中華民國史檔案資料滙編

第三輯

軍事（三）

中國第二歷史檔案館編

鳳凰出版傳媒集團　鳳凰出版社

军阀割据混战

目　　录

（一）历次主要战争

一　直皖战争

三　第一次江浙战争

（三） 北洋军阀抗拒国民革命军北伐及其失败

（一） 历次主要战争

一 直皖战争

1 曹锟请准予驻湘吴师北撤致大总统等密电

（1920年5月8日—10日）

（1）5月8日密电

急。三份。北京大总统、国务总理钧鉴：参陆办公处鉴：治密。前准院、参陆部漾电，以职军请求撤防，属为抚慰士卒，尽力防务，撤防暂难准行等因。立即电令前方该师、旅长等去后。兹据电称：现在军士思归迫切，附循勉慰，徒劳无功。前次院、部有商撤一部分之议，虽未能尽餍众心，尚有一线希望；今则迁延愈久，群情愈急。若不急筹妥善之方，则众意急切，势难强制。忧虑至再，不得已仍恳大总统、总理体念兵艰，特沛鸿施，准令职军撤防北归，以安众心。等情。该师、旅等所陈，确系实情。务恳大总统、总理迅赐核准，以示体恤而慰军心。无任翘首待命之至。曹锟叩。庚。印。

（2）5月10日密电

急。北京大总统、国务总理钧鉴：参陆办公处鉴：治密。湘南撤防一事，顷奉佳电，已谨读悉。所有前方困难情形，业经迭电陈明，早邀洞鉴。自非迫不获已，敢不仰体中央意旨，勉力支持。琐渎哓哓。惭惶滋甚。良以该官兵等远戍两年有余，积劳之后，加以气候不适，水土不宜，疾病相寻，弥形疲惫。按各师、旅兵士中，业有已届退伍年限者。战事既已久停，仍服现役，此项兵士，其思归尤属情切。故军心亦因此而生浮动。又去秋曾奉令准第八团撤归本省，今春复有撤退一部令之议。该官兵等得此消息，已咸喻中央德意，非令久戍不归，翘望明令早颁，已非一日。顷复迭据该师、旅长等恳切电陈，全军士卒，疾苦呼号，虽经慰勉交加，终难制止。凡此情状，皆为经过之事实，并非饰词以渎请。反复筹虑，惟有仰恳大总统、总理悯念戍行，附加体恤，准令早日北旋，俾得稍资休整，效力国防。该兵士等遵奉德音，知恩怀惠，各将领维持军纪，必当竭尽智能。揆之国家整军经武之谟，窃意其必有以相合也。情势所迫，敢为尽言。惓惓愚忱，惟祈垂察。曹锟叩。蒸。印。

〔北洋政府参陆办公处档案〕

2 湘督张敬尧建议将计就计暗准吴佩孚撤防密电

(1920年5月11日)

千万急。北京大总统、国务院、参陆两部钧鉴：治密。顷读院、部佳电，谨悉。三师撤防事，已蒙飞电曹经略使阻止，具仰中央维持湘省、注重防务之至意。惟敬尧近日默察三师情形，退防之举，其势已不可遏。所属之第二混成旅。日内已经开动，拟驻株州易家湾，逼近省垣。且前令两次提议北旋，地方惊疑，谣诼纷起，因之商务、金融，两均停滞，市面暗中亏损，已属不赀，今若再令强勉留防，则恐第三次之要求，势必接续而至，不但中央威信不能稳固，即湘省地方之损失，亦所不堪。以尧愚见，今该师长既以撤防来相要挟，莫若趁此解决，使其撤退。如中央因财政困难，恐明令一颁，该师复以所欠军费饷项为词，故意留难，发生别故，则请暂不发表明令，但令尧酌量情形，暗为接下，俾其北旋，看其再有何说。盖该师长此时自恃过高，几有天下无敌，靡伊不能解决大局之概。故尧以为与其留防，终为捣乱之媒介，不若趁此解决也。务恳钧座毅力主持，当机立断。至接防大致办法，昨于蒸电上呈，谅承钧鉴。是因省垣较为重要，又为该师归路之所必经，势不能将所有兵力，统移前方防地，以期兼顾。故先以小部接防，俟该师退守，再就所有兵力，统筹湘省全局，酌量分布。惟湘省此时子弹极形缺乏，且应从速补充，务恳由部立予拨给，或准如蒸电所请，电示汉厂，就近请领，以资补充。是所盼祷。贮〔伫〕候示复。张敬尧叩。真。印。

〔北洋政府陆军部档案〕

3 直军全体将士宣布徐树铮六大罪状檄

（1920年6月）

天降妖孽，蟊贼内讧，群小跳梁，政纲解纽，水深火热，靡有孑遗。谁生厉阶，至今为梗。敝军蒿目时艰，痛心疾首，谨为我全国父老兄弟缕细陈之：原夫徐树铮者，虺蛇为心，豺狼成性，邀荣希宠，滥典军符。德械吞款一案，本应明正典刑。乃以阿附要人，苟全性命，乘机复起，鼓荡噩潮。朦蔽总揆，胁制元首，以致合肥下野，黄陂蒙尘，国会夭绝，都门祸起。川、湘两役，妄逞干戈，重庆丧师，长、岳败失，合肥之声望扫地，中央之威信无余。战祸连年，烽烟四起，川、陕、湘、闽，满目疮痍。此其祸国殃民之罪一也。罪莫大于卖国，奸莫甚于媚外，徐树铮兼而有之。媚骨生成，甘心作伥。自合肥秉政以来，徐树铮经手所借日款，不下六亿万元。其抵押条件，虽合肥亦莫明其〔真〕象，局外者更无从悬揣。如中日军械借款也，军事协定也，高徐、顺济抵押也，筹边银行设立也，莫非徐树铮一手经营。对鲁案则主张直接交涉，西北军则权衡操纵〔之〕东邻。全国抵制外货，彼则殴辱学生以媚外；全国力争国权，彼则断送路矿以卖国。以天下为囊金，视疆土若敝屣，不惜分裂河山，屈膝外人，以为对内之凭藉。乘俄人内乱之际，冒陈毅垂成之功，勾结东人，取消蒙古自治。滥邀一时之名，隐伏无穷之患。此其卖国媚外之罪二也。黄陂即位，合肥当国，徐树铮不过一院秘书长耳。乃某督入觐，则需索分肥；某督莅新，则醵金作寿。假借奥援，擅作威福，上下其手，高下在心。唐长外交，则挡驾于津门；丁长秘书，则被排于公府；孙长内务，则受寄于阁席。洎乎直军告捷，安福诞生，结党营私，揽权窃柄。以国会为城社可据，以元首为奇货可居，以国军为一系之爪牙，以疆吏为一家之私产，盘据财政，垄断交通。曾、李弹冠，梁、周束手，龚、朱染指，钱、靳寒心。王揖唐拟老申江，丁士源并吞京汉。南池子则车马水龙，太平湖则兴波作浪。安福俱乐部竟成官僚营业场；朝列党藉〔籍〕，夕为阁员；未莅封疆，先纳党费。屈映光贻祸东鲁，王印川流毒中州。齐耀珊被逐两浙，则转任以祸鲁；沈金鉴结欢安福，则长浙以酬庸。四凶则跛扈于封疆，三贼则托庇于外府。饬令各省裁兵，而西北军则私添劲旅；限制各省借债，而西北军则仰给东邻。炙手可热，莫之敢撄。此其把持政柄之罪三也。全国本属一家，何尝有南北之判；北洋原系一体，何尝有皖直之分。乃徐树铮强分界限，挑拨感情。既思以北图南，更谋削直祸皖。川、湘、闽、陕，陡起烟尘；合肥、河间，无端水火。皖直斗力，南北构兵，煮豆燃萁，内讧不已。更肆其收买离间政策，而使南与南争，北与北战。曾毓隽密勾程、李，以谋湘、粤离心；王揖唐厚结孙、唐，以激滇、桂起衅。唆廖、周叛逆于溆浦，间二李反目于韶关。鲁省则借马以逐张，秦中则嗾刘以袭许。钩心斗角，离析分崩。使诈使贪，诡随百出。同室罹操戈之惨，阋墙无底止之秋。返〔追〕原祸首，豺虎不食。此其破坏统一之罪四也。陆建章为北洋耆宿，树铮曾隶帡幪，无论其有无不赦之罪，既为陆军上将，特任命官，总以请命中枢，提交军法会议，方为公允。乃徐树铮以新进后生，擅杀大吏，欺蔑前辈，藐视王章。专擅恣睢，莫此为甚。迨至各官省疆吏，群起责言，竟复矫命传宣，巧示掩饰。弁髦法律，扰乱纪纲。此其以下弑上之罪五也。徐树铮一微末司书耳。经合肥逾格提拔，扶摇直上，得有今日。对合肥应如何效忠补阙，矢志报称，方不负乃公提拔之厚意。而乃饰非怙过，长恶不悛，蒙蔽聪听，把持左右。合肥本无对内野心，徐树铮谬献军阀政策；合肥原非媚外主旨，徐树铮妄献亲日嘉谟。以致三造共和精白乃心之元老，竟至声誉扫地，不啻为徐树铮一人作牛马，徐树铮黩武穷兵，合肥为积怨之府；徐树铮败国殄民，合肥为众矢之的。部曲离心，士卒解体。胸怀叵测，别有肺肠。西北筹边使设制伊始，即思与边防督办对抗。公牍平行，目无长上。逢蒙学射，忘本背师。此其以奴欺主之罪六也。以上六罪，不过举其荦荦大者，其余穷凶极恶，罄竹难书。毒痡四海，民欲偕亡。恶贯满盈，途穷日暮。乱臣贼子，人人得诛。敝军义愤填胸，努不可遏。国危民病，军人之羞。为国除奸，决无反顾。谨励戎行，引满待发。扫清君侧，奠我神京。所望全国士民，一致声讨，灭此群丑，歼厥渠魁，取彼凶残，膏我斧钺。凡属袍泽，同仇敌忾，既非党恶助虐，必不观望周章。若能前途倒戈，亦当协〔胁〕从罔治。稍明顺逆，咸知大义。应天顺人，时不可失。谨此露布，咸与闻知。偕同安内，盍兴乎来！中华民国九年六月。

直军全体将士谨檄

〔北洋政府陆军部档案〕

4 直军全体将士为驱除徐树铮解散安福系致边防军西北军书

（1920年6月）

直军全体将士致书于边防军、西北军全体将士曰：我辈谊切袍泽，情属兄弟，谨抒亲爱恳挚之宣言，敬告于明顺逆、知大义者，夫同类不相残，同国无义战，千古之铁案也。我祖轩辕氏制兵之始，原为对外之用，北逐荤粥，南驱苗蛮，中原始有此一片干净土。洎乎北伐玁狁，西御氐羌，与匈奴、突厥、金、元、满、蒙，角逐中土，无非藉我国军，固吾圉也。充国屯田，德裕筹边，天下有道，守在四夷。我国边防军、西北军之设制，为对外御侮之嚆矢。凡属袍泽，畴不以手加额，距〔踊〕跃三百，边防有托，西北无忧矣。乃野心权利者，利用愚民政策，采取军阀主义，拥我数十万朔方健儿，以为同室操戈之用。不以防边，而以防内。凭藉西北，讨伐西南。直视我堂堂国军，桓桓武士，为一家之鹰犬。在昔专制时代，天子讨而不伐，诸俟伐而不讨。西南各省，同隶版图，既无卖国媚外之罪，又焉有侵凌讨伐之理。矧共和国家，以人民为主体。人民并非欲萁豆之煎，军阀偏欲作鹬蚌之持。剥我人民脂膏，以重苦吾民。耗我国家饷糈，以疲困吾国。我国民何负于军人，我军人更何仇于国家。天良未泯，夜气犹存，既非至愚，终当觉悟，孰甘为少数私人作牛马哉！亚圣有言：民为贵，社稷次之，君为轻。诗曰：戎狄是膺，荆舒是惩。凡我军人动作，均应以对外为主旨，以民意为依归。是在我军人有觉悟心，尤贵我军人有辨别力。彼野心私利之徒，动辄曰服从命令，拥护中央。试问此项征讨命令，是否出于元首本心？即令出自元首，是否本于真正民意？为治命耶？为乱命耶？稍有常识者，类能辨之。挟天子以令诸侯，久为权奸之惯技。唐文宗有言：昔周赧受制于强藩，今朕受制于家奴。安福系跳梁跋扈，殆甚于阉宦貂珰。而指挥安福祸国者，惟徐树铮一人。我昂藏七尺男儿，讵甘心供其驱使耶？渴不欲盗泉之水，饥不食嗟来之食，热不息恶木之阴。彼安福系以路矿抵押外人，屈膝借债，豢养国军，以残害同胞。我国军不乏忠义之士，明达之人，执〔孰〕肯为一党一系效死命哉？上年鲁案发生，我国军有协力对外之热忱；借债发饷，我国军有不受外饷之义愤。全国军人，闻风兴起，玉可碎而不可掩其白，竹可焚而不可毁其节。侠义高风，铁胆钢肠，诚足以凛烈千古矣！全国本属一家，焉有南北之界？北洋原系一体，何有皖直之分？国军同仇对外，又安有芥蒂之嫌？边防军创防边之基础，西北军开西北之宏图，我同胞方且崇拜之景仰之不暇，更焉有水火之虞耶？此次直军撤防，原为扫除殃民祸国之安福系，乃倡乱卖国之徐树铮。对于先进泰斗，同气友军，毫无挟带恶感，乃并峙对敌行为，乃彼少数奸人，自知无立足之地，故为捏造流言，怂恿当道，不曰与合肥督办为难，即曰与边防军、西北军构怨。是等无意识之谰言，希图妄施离间。我亲爱友军，必不为其稍动。此后凡我军人，遐迩一体，披肝沥胆，敌忾同仇。耿耿此心，可对天日。外御其侮，内息阋墙。堂堂男儿，绝不堕其收买离间术中。我军人幡然觉悟，不为利用，而彼术穷矣！夫权利乃一时浮云，名誉为第二生命，宁牺牲权利以息争，讵牺牲名誉以助虐。千秋万世，自有公论。燕赵古称多慷慨悲歌之士，我边防友军，暨西北同胞，果有能先我着鞭，驱除徐树铮，解散安福系，以顺人心而慰民望者，则既可建拥护元首之大勋，更可全维持合肥之令名。非但所以爱元首、爱合肥，亦即所以爱国家、爱人民也。直军愿执鞭弭，以从其后。他日历史增荣，俾直军得附边防军与西北军之骥尾，则荣幸多矣！袍泽志士，盍兴乎来！

中华民国九年六月

直军全体将士敬告

〔北洋政府陆军部档案〕

5 段祺瑞饬边防军训练处防范吴佩孚派员在京畿一带活动密令

（1920年7月3日）

督办边防事务处密令第四十二号

据宪兵司令部密报：吴佩孚由第三师各营挑选资深头目百余名，穿着便服，赴京畿一带，煽惑军队等语。除分行外，合亟密令该处，即便密饬严行查拿。如获其人，即以煽惑军队，宣布罪状，按律处置，切勿稍涉轻纵。是为至要。此令。

中华民国九年七月三日

督办段祺瑞

〔北洋政府督理边防（参战）军训练事宜处档案〕

6 关于直皖战争前徐树铮迭召军官会议讨论对待办法情报①

(1920年7月5日)

七月四日，据报称：徐筹边使以吴佩孚干预内政，得寸进尺，大有非战不能之势。然战则出师无名，不战则势必瓦解。是以迭召所属旅团长会议，讨论对待办法。决议数端：一、持镇静态度，以避其峰〔锋〕。二、暂取守势，以待动静。三、密令驻洛阳西北军两混成旅，牵制吴军。四、密电吴光新调队信阳，遥为声势。五、密令吴光新坚辞湘督，任南军扰鄂、侵赣，以分其势。六、遇事请示段督办，以资服从，而免遗恨。故近来对于政潮，绝不发言，不过暗令军队，严为防范。

七月五日

〔北洋政府步军统领衙门档案〕

7 段祺瑞声讨曹锟吴佩孚等通电

(1920年7月8日)

分送各省巡阅使、督军、省长、各都统、各护军使、各镇守使、各总司令、各师、旅长、北京参众两院、各衙署、京兆尹、上海王总代表、各代表、各报馆均鉴：本日祺瑞具呈大总统文一件，文曰：呈为揭奸凶，呈明拿办，以整纲纪而振人心事：窃维国于天地，必有与立。法制纪纲，人人所应恪守。封疆大吏膺方面之重寄，为群众所具瞻，宜如何正己率属，恪供尔职，以报国家倚畀之隆，而尽守法服官之责。若曹锟者，始以第三师长奉派入川，无功而归，尚无大过。适直隶督军员缺，遂以畀之。意尚不满，寻与张勋歃血为盟，秘图复辟。讨逆军突起马厂，声威甚盛，曹锟中慑，乃请附义军。首鼠两

---

① 此件系总统府秘书长吴笈孙缄送步军统领王怀庆的情报抄件。

端，论功已属可耻。事未几即定，而彼骤增兵三旅，并邀请上将头衔。比因湘战方亟，姑予报可，授以两湖宣抚使之任，兼第一路总司令，俾率众南征。讵彼徘徊汉上，拥兵不前。继假吴佩孚转战之力，获拔长、岳。而曹锟不以为喜，反从而冒嫉之。政府拟任吴佩孚湖南督军，曹锟则再四力阻，惟恐其名位出己上。嗣授以孚威将军，而曹锟仍怏怏，时出怨言，谓政府将夺其所部。于是委师北旋。逍遥津、保，嗾使吴佩孚叛变。一则要请经略四省，再则恳求增兵四旅，挟势邀赏，不获不休。政府欲资其力，以将统一之效，遂不惜委曲以徇所欲，尽允其请，而卒未出保一步。今大总统当选时，吴佩孚以曹锟部将仍敢妄肆诋諆，称曰五朝元老。至就任后，犹称东海先生。未尝一尽敬上之礼，与入衡前行止顿异。电文具在，海内切齿。而曹锟不惟不加约束，反代辩解，纵容嗾使情节，已属显然。吴佩孚驻守衡州，暗与敌通，受贿六十万元，沿途使用广东毫洋，证据确凿，无可讳言。擅自撤防，叛不奉命。逗留鄂、豫，吓诈金钱。盘据京汉、陇海各路，检查邮电，梗阻交通，搜检行人，碍及商旅。又监视恐〔巩〕县兵工厂，私留部械；扣阻陆军部采购军米，意令京军绝食；截留发给江西之枪弹，意令赣军陷敌。目无政府邻省，跋扈恣睢。而曹锟乃派兵横出京奉、津浦各路，监视德县兵工厂，遥与为应。且令所属津、保一带队伍，向京师修筑炮台，作长围之势。其胆大妄为，罪恶擢发难数。此次湖南失事，全出曹锟奸诈所蔽。自知湖南沦陷，无颜居湘鄂川赣四省经略之名，乃更觊觎直鲁豫晋四省巡阅之职。觊觎不遽得，羞惧无可掩饰，则造妄黑白，攻击西北边使，迫挟元首，违法出令，以泄骄蹇之气。外蒙全境大逾内地数省，辛苦收回，未费国家一钱，较之丧失湘省，损兵弃械，害民祸商，相去何啻天壤。不知为国进贤，乃独数数勾通陆荣廷，诱惑元首，屡请起用复辟罪魁之张勋，诚不识是何肺肠矣。至其贪墨黩货，不恤士卒，尤堪痛恨。南征时国货奇绌，强索军费数百万元，储之洋行，预避抄检。于私宅起造花园，穷极工巧，计费在数十万元之巨，而所部服装饷需乃勒欠数月之久，不复补放。现又派人四出煽惑军队，视北京俨如敌国。肆意设计，困绝京师粮食，图激民变，不复顾念各国驻使及侨居商民。似此包藏祸心，貌为戆愚，始则凭借宠灵，扩张权势，终乃奋扬凶狡，危害国家。其一切贪谋秘计均由其弟曹瑛为之布划，亦难兄难弟也。祺瑞创建民国，至再至三。参战一役，费尽苦心，我国国际地位始获超迁。此后正当整饬纪纲，益巩国基，何能听彼鼠辈任意败坏法律，牵惹外交，希图摇动邦本。谨用揭明罪状，上请大总统迅发明令，褫夺曹锟、吴佩孚、曹瑛等三人官职，交祺瑞拿办，余众概不株连。整饬纪纲，以振人心而定国是；去腹心之患，则统一可翘足而待。兵队现经整备，备齐即发。伏祈当机迅断，立沛大号，与天下更始。不胜激切屏营之至。谨呈。等语。谨录尘台鉴，伏希教及。祺瑞。齐。印。

〔北洋政府步军统领衙门档案〕

8 曹锟指责边防军第一师直趋保定给大总统密电

(1920年7月8日)

特急。北京大总统钧鉴：同密。顷据确报，边防军第一师已下动员令，直趋保定。警讯传来，殊深骇异。该军未奉明令，骤尔开拔，无端自由出发，示威压迫，俨如对敌行为。对于保定方面，意在开衅，究持何种理由。锟备位畿疆，应负捍卫地方之责。如该军有轨外行动，宜速定对待方针。保境卫民，责无旁贷。惟有仰恳钧座主持，迅示机宜，俾资应付。事机迫切，飞电驰陈。伏候训示遵行。曹锟叩。庚。印。

奉

批：交院处。

〔北洋政府参陆办公处档案〕

9 直军全体将士驱除安福系宣言书

(1920年7月10日)

直军全体将士，重申大义于天下曰：国于天地，必有与立。民者，国之本也。平民主义，政治之极轨也。我国既采用共和政体矣。九年来，干戈扰攘，民不聊生，望治愈殷，乱离愈甚。揆厥由来，则武人、官僚、政客举不得辞咎。军人亦国民也，请先言军人之天职与军队之用途。军人以保国卫民为天职，夫人而能言之。顾用得其当，则足以保国而卫民；用失其当，则亦足以祸国而殃民。比年来，军队益多，复杂益甚，其足称为正式国军，不以供私人之用者有几？征之往事，可为寒心。现在欧战告终，敦槃开始，从前武装和平政策，亦在废除之例。以言国防，对外既无宣战之日；以言平乱，对内尤不堪再战。矧南北诚意谋和，即有纠纷，不难解释，是无论对内对外，武力已不甚适用，可以一言而决。敝军有见于此，停战最先，主和最力，亟愿与民休息，左提右挈，以从事于和平建设之途。虽然和议可以进行，南北可以统一，即军队收束，尚非甚难之事。惟国家政治之中心，失去重力，政党横行，阴谋祸国，而为人民所深恶痛绝者，则安福俱乐部是也。试一溯该党之历史，则徐树铮氏实为倡乱之祸首。彼眼光较为过人，知国会为立法机关，可以左右政局，遂出其倘〔傥〕来之金钱，收买多数之高等流氓，于是安福部组织成立，而占有国会议员之大多数。名为代表民意，实则受其指挥。夫党、会原为民国所不禁，惟既曰政党，则必有其一定之政策。安福部不然。其表示于外者，争阁员，争党费，无弊不作，无利不搜。握财政、交通之要枢，施垄断利权之计划。小之贿赂公行，以官为市；大之私借外债，鬻路及矿。国人遂奉以卖国党之徽号。彼所产出之官僚，率以运动得之，一面供其党费，一面自饱贪囊。民既穷矣，财既尽矣，而党人方腰缠百万，裘马甚豪，不惜为亡国奴之前驱。殃民祸国，曷可胜言！顾安福特一政党耳，胡为祸之烈，一至于此？则以暗幕中大有人在，为之发纵指示。一言以蔽之曰：武人为其后盾而已。其为之党魁者，或拥有重兵；其间接所托庇者，更有特殊之势力，而皆为国人所大不利。人皆耳而目之曰：某督军安福之健将也，某省长安福之重要分子也。熟视之而莫敢谁何。夫暴民专制，已违政治之常规，兹更为武人所利用，为之推波而助澜，是不啻武人官僚政客，朋友〔比〕而为奸，孰能御之？故无论该党如何高压民气，如何助长外力，如何朘削脂膏，无敢有伸罪致讨、倡言与安福为难者。诚以城狐社鼠，其所凭藉者大也。彼方挟其法律政治之常谈，一若安福解散。不啻国会取消，而国会选出之元首，亦有连带之关系，而现状不能维持也。是不然。国会为民意所依归，元首为国人所共戴，非一党一系所得而私，是不得为解散安福之障碍。顾安福既以武人为后盾，投鼠忌器，恐或激成战端。是又不然。军人有入党之禁，其与有关系者，不过最高级之长官，并非全体为之鹰犬；况军人苟明大义，情同一家，何至甘为牺牲，戈操同室。是亦不得为解散安福之障碍。虽然解散安福，究系根据何种法律，不无疑义曰：根据全国之民意。安福为舆论所不容，罪状昭著，故为国人之先导，突起击之，如鹰鹯之逐鸟雀也。是亦有深意存焉，不敢不为国人正襟而道。共和主旨，全国一家，军民同等。无论武人政治，官僚政治，暴民政治，均为平民主义所不容。此辈在国内具有一种特殊势力，观察今日社会，不容再有特殊势力之存在。此世界潮流之趋势，不可遏抑。欧美国家，已视为一种重要之问题，而亟思所以解决之方。我国劳动界虽曰无人，谁能禁止过激思想之输入？惟是饭碗问题，不能视为官僚政客之独有物。多数贫民，迫于生活程度，时呈不稳之象，如劳动界之罢工是也。此吾国前途之危险也。故欲谋所以救国之方，而洞见其症结所在，必自解散安福始，而后政治始有轨道，而一切根本之建设，始能据以进行。抱定此旨，不屈不挠，且认为一种政变，政治上改弦更张，而国是上不受何等之影响，此我军人之私衷大愿也。我国不已渐有觉悟乎！不已对于安福口诛笔伐乎！若一任潮流之激荡，坐视国民之起而自决，其影响所及，有不仅政党之更迭者，或不幸而为俄国第二，其谓之何，是诚大可虑也。故必须以政变之手续，销沮未来之革命，使国家不再见此不幸之事。顾或谓我辈军人，加入政治活动，难免不怀挟野心。是又不然。天下兴亡，匹夫有责。我若热心富贵，对于安福方寅缘奔竞之不暇，藉以猎取禄位，分其杯羹，何必首先发难，为国人驱除祸祟。至如和议问题，善后问题，裁兵问题，犹当奉行惟谨。其有纪律严整，具文明程度，而表同情于我者，皆我之友也；其有焚掠奸淫，具土匪性质，为国人所共弃者，皆我之敌也。为社会驱除特殊势力，绝不扩张自身势力；为多数国民图谋幸福，绝不为少数人拥护权利。皇天后土，实闻此言。布告天下，咸使闻知。

中华民国九年七月

〔云南省长公署档案〕

10 曹锟张作霖等声讨段祺瑞出动边防军进攻直军通电

（1920年7月12日）

万急。北京大总统、国务院钧鉴：各部、院、各省督军、省长、各都统、各镇守使、各师、旅长、各省省议会、商会、教育会、各报馆鉴：国家多故，险象环生，南北相持，绵历岁月，盱衡时局，首当解释纠纷，共谋国是。尤应先求内部之一致，以促和议之速成。庶几一劳永逸，与国人休养生息。雅不愿自相破裂，致启危亡之祸。锟等分属军人，忝膺疆寄，惟知固结团体，拥护中央。中央保其尊严，而后一切设施，始能推行无阻。自安福部结党营私，把持政柄，挟其国会多数之势力，左右政局，而阴谋作用，辄与民意相反，实为祸国之媒，寖成舆论之敌。其尤影响国事者，政争所及，牵动阁潮，以致中枢更迭不定，庶政未由进行，甚至党派之后，武力为援，政治中心，益形杌陧。试察其行动之机，则发踪而指使者，多系徐树铮等所主持。恣睢专横，事实昭然。元首洞烛彼奸，于是下令开去徐树铮筹边使之职，解其兵权，籍纾党祸，併因靳揆辞职，提出周少扑氏，方期从容组阁，以文治之精神，奠邦基于巩固。讵倏传警耗，变出非常，合肥方面以段芝贵为总司令，派边防军直趋保定，昌言与直军宣战，并计定攻苏、攻鄂、攻豫、攻赣，强迫元首下令讨伐。近日元首已被其监视，言动均失其自由。假借弄权，惟出自一二奸人之手。此时政本已摇，发号施令，无非倒行逆施之举，似此专横谬妄，实为全国之公敌。夫元首有任免官吏之权，乃因免一徐树铮，彼竟敢遽行及〔反〕拂，诉诸武力，以直军而论，自湘南久戍，奉准撤防，无非藉资休整，备国家御侮之用。既无轨外之行动，有何讨伐之可言。讵合肥欲施其一网打尽之计，是以有触即发。为徐树铮之故，为安福部之故，乃不恤包围元首，直接与锟等宣战，总施攻击。锟等素以和平为职志，对此衅起萧墙，无术挽救，迫不得已，惟有秣马厉兵，共伸义愤，纾元首之坐和〔困〕，拯大局于濒危，扫彼妖氛，以靖国难。潮流激荡，综至于斯。蒿目时艰，痛心曷亟。我全国父老兄弟，其共谅之。曹锟、张作霖、王占元、李纯、陈光远、赵倜、蔡成勋、马福祥、王廷桢。文。印。

〔北洋政府零散军事档案汇集〕

11 吴佩孚暨全体直军将士宣布段祺瑞徐树铮罪状通电

（1920年7月12日）

对。万急。各省巡阅使、督军、省长、都统、护军使、镇守使、各司令、师、旅长、各省议会、商会、教育会、各学校、各报馆钧鉴：直、奉、苏、鄂、赣、豫诸帅文电，谅邀台鉴。窃以民国九载，海内分崩，追原祸始，段为戎首。谨为我邦人君子袍泽兄弟剀切陈之，段氏祺瑞，秉性凶残，专擅恣睢，阴贼险狠。自受知项城，厕身军界，嫉梁华殿为愈己，而暗杀以逞凶；妒冯河间为比肩，而排挤以构怨。洎乎共和肇造，入绾军符。高下在心，黜陟由己。援引小徐，朋比为奸。购械吞款，庇恶乱法。视总统若赘疣，视国疆若敝屣，视民意若刍狗，视约法若弁髦。以国军为一己之爪牙，以疆吏为一家之私产，以他人之从违为黜陟，以一己之喜怒为祸福。膜视民瘼，轻启兵端。嗜杀以争，残民以逞，唆使刘存厚祸川，而令吴光新攫夺川督，排斥谭延闿离湘，而令傅良佐盘据湘土。卒至重庆丧师，长岳败衄。连年烽火，满目疮痍，波及闽、秦，牵及滇、粤。谁生厉阶，至今为梗。尤可恨者，专横暴戾，性与人殊。用徐卖国筹边，则曰为国进贤，引贼扰乱内蒙，则曰为国启土。森林路矿，则抵押净尽；民膏国帑，则斫丧无余。利用参战，以供内争，对外则宣而不战，对内则战而不宣，腾笑全球，坐失机会，愧对友邦，亦当无地自容。稍有心肝，何忍出此。乃复藉端迁怒，殴辱议员。国会夭绝，西南祸起。制造安福系，以祸国殃民；创设边防军，以穷兵黩武。我袍泽本不愿为萁豆之煎，彼段氏偏欲作犬羊之斗。私筑债台，不下六万亿元，尽为鹰犬狐鼠所销费。阋墙无底止之秋，同室罹操戈之惨。清夜扪心，当自知悔。溯其覆前清而专制甚于前清，覆项城而狠戾过于项城。覆黄陂则教军人犯上，覆河间则致同气相残。兹对今大总统，又行故智。段氏之肉，其足食乎！试问定武谁设计而卖友？试问友邦谁作伥而卖国？三膺揆席，毫无成绩。分崩离析，统一无期。稍有廉耻，当知退避。乃权利热中，亟作冯妇。假藉边防督办，暗中操纵政权。凡此逆迹昭著，罄竹难书。元首罢除徐树铮，原为俯从民意，段氏以翦其羽翼，因羞成怒。团河会议，凶焰鸱张。特派徐树铮亲率军警，包围公府，软禁元首，强盖印信，擅发伪令。都门喋血，津、保弄兵，谋为不轨，窥窃神器。镇守使、师旅长等，忝列戎行，密迩畿辅，居晋、郑勤王之地，效李、郭拨乱之举，本救国恤民之志，出讨贼敌忾之师。为拥护元首计，为俯顺舆情计，为保存国民人格计，为培养国家命脉计，不得不整饬戎行，诉诸武力。歼厥渠魁，取彼凶残，攘除奸凶，以纾国难。现直、奉、苏、鄂、赣、豫、甘、新、绥诸省，业经一致进行。公等或任封疆，或治军旅，或属商学团体，或系言论机关，救国救民，谅有同情，除恶除奸，决无反顾。如能助兵助饷，均为全国之同胞。否则附逆盲从，恐贻后至之凶咎。既非党恶助虐，必不观望周章。若能前妓〔线〕倒戈，必当胁从罔治。凡属明哲之士，必知顺逆之分。应天顺人，时不可失。扫清君侧，奠我神京。谨纾至诚，海内共鉴。直军两路总指挥、第三师师长吴佩孚，东路总指挥蓟榆镇守使第四混成旅旅长曹锳，后路总指挥、第一混成旅旅长王承斌，直军总参谋长、天津镇守使赵玉珂，经略使署总参谋长兼卫队混成旅旅长潘矩楹，冀南镇守使周府麟，口北镇守使汪学谦，直隶全省保卫团总司令孙岳，第五混成旅旅长商德全，第二混成旅旅长阎相文，第三混成旅旅长肖耀南，暂编第一混成旅旅长王用中，暂编第二混成旅旅长李荣殿，新编第三混成旅旅长彭寿莘，第三师参谋长李济臣，第五旅旅长董政国，第六旅旅长张福来，率全军将士同叩。文。印。

〔云南省长公署档案〕

12 段祺瑞讨伐曹锟吴佩孚等檄

(1920年7月13日)

统率定国军建威上将军段为檄告事：案查曹锟、吴佩孚、曹锳等，目无政府，兵胁元首，围困京畿，别有阴谋。本上将军业于本月八日据实揭劾，请令拿办。罪恶确凿，诚属死有余辜。九日奉大总统令：曹锟褫职留任，以观后效；吴佩孚褫职夺官，交部惩办。令下之后，院、部又迭电饬其撤兵。在政府法外施仁，宽予优容。该曹锟等，应如何洗心悔罪，自赎末路。不意令电煌煌，该曹锟等，不惟置若罔闻，且更分投派兵北进，不遗余力。京汉一路，已过涿县；京奉一路，已过杨村，进窥张庄。更于两路之间，作捣虚之计，猛越固安，乘夜渡河，暗袭我军，是其直犯京师，震惊畿甸，已难姑容。而私勾张勋出京，重谋复辟，悖逆尤不可赦。京师为国家根本重地，使馆林立，外商侨民，各国毕届，稍有惊扰，动至开罪邻邦，危害国本，何可胜言。更复分派多兵，突入山东境地，迳占黄河岸南之李家庙，严修战备，拆桥毁路，阻绝交通，人心惶惶，有岌焉将坠之惧。本上将军束发从戎，与国同其休戚，为国家统兵大员，义难坐视。今先尽京畿附近各师旅，编为定国军，由祺瑞躬亲统率，护卫京师，分路进剿，以安政府而保邦交，锄奸凶而定国是。歼魁释从，罪止曹锟、吴佩孚、曹锳等三人，其余概不株连。其中素为祺瑞旧部者，自不至为彼驱役。即彼部属，但能明顺逆，识邪正，自拔来归，即概行录用。其擒斩曹锟等献之军前者，立予重赏。各地将帅爱国家，重风义，遘此急难，必有屦及剑及兴起不遑者，祺瑞愿从其后。檄到如律令。

中华民国九年七月十三日

〔北洋政府京畿卫戍总司令部档案〕

13 张作霖入关参加助直倒皖战争通电

(1920年7月13日)

大总统钧鉴：国务院、各部院、步兵统领、警察总监、曹经略使，倪巡阅使、王巡阅使、督军、省长、各都统、各护军使、各镇守使、各师旅长、各省议会、商会、教育会、各报馆钧鉴：窃作霖奉大总统令入都，本爱国保民之素志，抱宁人息事之苦衷，冒暑远征，力疾奔走，哓音瘖口，出为调停。原期暂息争端，藉以稍纾国难。无如我则垂涕而道，人则充耳弗闻。困难情形，有非笔墨所能罄者。厥后事机愈迫，险象环生。大总统日陷于荆天棘地之中，我商民日困于火热水深之下。见闻所及，惨痛难言，五内如焚，一筹莫展。不得已星夜就道，谋所以拯救之方。及甫抵奉垣，即闻京师、保定之间将欲发生战事，而由京到津避难者，已络绎于途，大有颠沛流离之象。侧身西望，愤不欲生。作霖本系军人，粗知大义，受人民托付之重，享国家宠赉之隆，平时一粒一丝，何莫非吾民之膏血。回忆民国六年，河间秉政，群阴煽乱，国难将生，作霖乃有秦王〔皇〕岛扣留军械之举，牺牲一切，排除众难。然后总统、国会改选问题，乃得次第成立，以有今日。舍身救国，不敢言功。而对于大局之沦胥，岂得置身事外。概自国体改革以后，干戈满地，灾歉频年，国频于危，为〔民〕不堪命。现在浙有水患，苏有米荒，直、豫、鲁、奉，赤地千里。天灾示警，民不聊生。稍有人心者，岂堪再启兵戎，害我无告之黎庶。又况京畿重地，遽作战场，根本动摇，国何以立。而京奉铁路关系条约，倘有疏虞，定生枝节。上年援湘、援陕，奉军之在关内者，尚散驻于潼、洛之间。若令阻绝交通，势必断我接济。作霖为戴我元首，卫我商民，保管我路线，援救我军旅，实逼处此，坐视不能。义愤填膺，忍无可忍。是用派兵入关，扶危定乱。其与我一致者，甚愿引为同袍；其敢于抗我者，即当视为公敌。大军所致，妖焰立摧。纪律严明，定秋毫之不犯；风云奋发，敢露布之先驰。皇天后土，实鉴此心。敬告海内，伏维公察。张作霖。元(十三)。印。

〔北洋政府步军统领衙门档案〕

14 曹锟关于皖系边防军分路进攻直军严阵以待通电

(1920年7月15日)

特飞飞急。京盛张巡阅使、蚌埠倪巡阅使、武昌王巡阅使、分送各省督军、省长、各都统、护军使、边防张督办、各镇守使、各师旅长、各省议会、商会、教育会、各报馆鉴：边防军称兵以来，扰害商民，近仍进行不已。以众大之兵力占据涿州、固田〔安〕、涞水等处，于寒、删两日向高碑店方面分路进攻。东路则占据梁庄、北极庙一带，向阳村攻击。炮声猛烈，枪弹如雨。敝军力为防御，未即还攻，而彼竟愈逼愈紧，实为有意开衅。事宜〔实〕如此，公论自在。惟有激励将士，严阵以待，固我防圉，而卫民生。特电奉闻，诸维察照。曹锟。咸。印。

〔云南省长公署档案〕

15 军政府声讨段祺瑞宣言

(1920年7月16日)

广东参议院、众议院，北京徐菊人先生、靳翼青先生、萨鼎铭先生、天津黎宋卿先生、熊秉三先生、张敬舆先生、正定王聘卿先生、张季直先生、盛京天津张雨帅、保定曹仲帅、吴子玉将军、南京李督军、武昌王督军、南昌陈督军、开封赵督军、上海南北各代表、云南唐总裁、贵阳刘总裁、成都熊总裁、资阳顾军长、泸州赵军长、南宁谭督军、长沙谭督军、岳州赵总司令、广东莫督军、马总司令、林总司令、汕头刘总司令、三原于督军、张会办夔州黎联军总司令、豫军王总司令、施南蓝总司令、王总司令、洪江王总司令、韶州沈督办、琼州李督办、汕头吕督办、诏安方会办、漳州陈省长、浙军陈师长、各省督军、省长、各都统、各护军使、各督军、各镇守使、各师旅长，各省议会、各教育会、各商会、各报馆钧鉴：军政府谨宣言以告天下曰：国贼段祺瑞者，三玷揆席，两逐元首；举外债六亿万，鱼烂诸华；募私军五师团，虎视朝右。更复暴捍徐树铮，排斥异己；啸聚安福部，劫持政权。军事协定为国民所疾首者，坚执无期延长；青岛问题宜会盟之公评，而主张直接交涉。国会可去，总统可去，阁僚可去，而挑衅煽乱之徐树铮必不可去。人民生命财产可以牺牲，国家主权、土地、森林、路矿可以牺牲，而彼辈引外残内之政策必不可以牺牲。凶残如朱温、董卓，而兼鬻国肥私；媚外如秦桧、李完用，而更拥兵好乱。综其罪恶，罄竹难书；古今权奸，晚造具极。军府忝承民意，奋师南服，致讨于毁法卖国之段祺瑞及其党徒，亦已三稔于兹，不渝此志。徒以世界弭兵，内争宜戢，周旋人人，冀遂澄清。而段祺瑞狼心不化，鹰眼犹存，嗾使其心腹王揖唐者，把持和局，固护私权。揖盗谈廉，言之可丑。始终岵拒，宁有他哉。乱源不清，苟和奚裨。吴师长佩孚久驻南中，洞见症结，痛心国难，慷慨撤防。直奉诸军，为民请命，仗义宣言。足见为国锄奸，南北初无二致。乃祺瑞怙恶饰过，奖扇奸回；盘踞北都，首揭内衅。以对南黩武之政策，戕其同袍；以不冒对内之边军，荼毒畿辅。天命不足畏，人言不足恤。但知异己即噬，不惜举国为仇。故曩诿为南北之争者，实未彻中铮之论也。道路传言，佥谓该军有某国将校阴为之助，某氏顾问列席指挥。友邦亲善，知必讆言；揣理度情，当不如是。然而敬瑭〔塘〕犹在，终覆唐宗；庆父不除，莫平鲁难。今者，直奉诸军声罪致讨，大义凛然，为国家整纪纲，为民族争人格，挥戈北指，薄海风从。军府频年讨贼，未集全勋；及时鹰扬，义无反顾。是用奋猛三军，与爱国将士无分南北，并力一向，诛讨元凶。其有附逆兵徒，苟知自拔，咸与维新；若或徘徊，必费心悔。维我有众，一乃忿力。除罪务尽，共建厥功。考浙自之魄，应或哭时，抄鄗岛之叩，现将饮至。昭告遐迩，盍簪乎来！军政府。铣。印。

〔云南省长公署档案〕

16 曹锟正式宣告对皖系作战通电

(1920年7月16日)

各省督军、省长、各都统、护军使、镇守使、各师、旅长，各省议会、教育会、农会、商会、各报馆钧鉴：天祸中国，降此残凶，安福祸国，段、徐两逆，种种罪恶，中外共晓。各省联军救国之大义，依法律之程式，呈请大总统，罢散祸国恶徒。段、徐为虎作伥，违逆总统之命，擅兴无名之师。各省联军于忍无可忍之中，仍严束所部，妥为严守，不敢轻启战端，遗害生灵。段等以无隙可乘，不能肆其野心，乃阴谋鬼〔诡〕诈：一方强迫元首下停战令，一方乃各省不兴①，暗行袭击，下总攻击令。昧〔是〕非曲直，事实昭然。是此强盗行为，立古国际照例，按诸本国法律、天理人情，皆在必讨之例。若〔兹〕谨正式通告各友部〔邦〕，及本国父老昆弟，自今日始，实行围困奸党

---

① 原文如此.

根据地，必将凶残除尽，以固邦本。惟赠〔祈〕公鉴。曹锟。谏。印。

〔云南省长公署档案〕

17 张作霖为皖系在奉制造事端宣布出师通电

(1920年7月17日)

分送北京大总统、段督办、保定曹经略使、蚌埠倪巡阅使、汉口王巡阅使、天津奉军司令部、各省督军、省长、省议会、农、工、商会、各报馆、都统均鉴：奉省侦获由北京派来姚步瀛等十三名，亲笔供认受曾云沛等指派，并有定国军第三军委任，给予大洋十二万元，来东省招募匪徒，在山里或中东路线一带，扰乱东省，使奉军内顾不暇，牵制奉省兵力。且据曾云沛云：款项如果不足，即由哈尔滨绥北木殖公司取用，不拘多少。该公司系曾云沛所开，并说此事详情，已与徐又铮议妥，商承段督办意旨，决定照此办理，等语。姚步瀛并自认为督办谋主，一切计划，均经详细供明。姚步瀛系大理院院长姚震之侄。姚震并经参与会议，此案获犯以后，即经急电段督办详询。接复，并无此事。督办素来光明，具有世界光明〔眼光〕，谅不错乱至此。惟真赃实犯，供证详明，设非奸人指使，以何得此重金。大理院为法律最高机关，乃竟预此奸谋，国事前途，何堪设想。作霖此次入都，对于奸人图直、图皖、图苏、赣、豫、鄂种种计划，均已详晰无遗。三至团河，垂泪而道。即出都以后，曾发庚电，对于督办痛陈利害，登诸报端，为天下人所共见。自向冒暑奔驰，往来调解，无负国人。即奸党意未洽，寻仇启衅，亦只及作霖一人。与东省人民地方，何仇何怨，必致使其同归涂炭。近且布散谣言，谓义师意旨，含有复辟思想。夫帝制之不可复存，此稍具常识者，皆能知之。凡我同志，皆属共和功首，岂肯生此拙谋，奸徒穷蹙无聊，乃造作诬蔑之语，举动如此，狗彝〔彘〕不如，当为有识者所共认，无足深办〔辨〕。近见报载督办呈文，自称本上将军，而文内乃痛诋吴佩孚之种种不法。夫对于大总统而自称本上将军，民国以来，亦尚无

【此】公文呈式，此皆奸徒有心构乱，陷督办于不义，祸全国之人民，便逆〔党〕之阴谋，逼疆吏以兵谏者也。作霖此次出都，为民国诛锄奸党，为元首恢复自由，拯近畿数百万人民于水深火热，倘国难不解，党恶不除，誓不重旋乡里也。特电驰陈。作霖。霰。

〔云南省长公署档案〕

18 皖系旅长宋子扬关于在廊坊与直军战争通电

(1920年7月18日)

各省督军、省长、护军使、镇守使、各师、旅长钧鉴：敝旅驻扎廊坊，时越两载，但冀为国练兵，与人初无争攘。近于改归陆部，静待接收。乃有直军忽突来相逼。扬以素主和平，故不惜多方忍让。讵彼恃其兵众，立意开衅，暗袭明击，更番无已。铣日拂晓，以二十营之众来相猛扑。敝旅为自卫计，不得不力为反攻。幸士兵愤激已极，人人争效死，以寡击众，遂溃直军。但扬之寸心，窃集百感，亦以同室操戈，生平所憾；同根相煎，何足自矜。故此次只击退直军，既溃，则绝未追逐。区区苦衷，天人共谅，诸公痌瘝在抱，悲悯为怀，果能力解阋墙，共谋御侮，直军虽相欺凌，敝旅亦当与释憾。若彼自恃武力，再事逼迫，是直欲致敝旅于死地，则无论其如何兵力，誓与之一决胜负。敬揭真象，伏乞鉴察。旅长宋子扬叩。巧。印。

〔云南省长公署档案〕

19 皖系旅长张国溶等部在高碑店前线宣布罢战通电

(1920年7月18日)

急。各省督军、省长、各师、旅长钧【鉴】：汉口、上海、北京各报馆公鉴：段氏不道，容奸卖国，犹派我各部官佐目兵，①宣布不受乱命宣〔停〕战矣。特此奉闻。陆军第十五师二十九旅长张国溶、各

① 此处似有脱漏。

〔三十〕旅旅长齐宝善代表全体官佐目兵全叩。巧。借。印。

〔云南省长公署档案〕

20 李纯关于直皖战争中皖军迅速败退给唐继尧等电

(1920年7月18日)

十万急。滇、唐蓂赓先生、黔、刘督军鉴：和密。安福祸国，恶贯满盈。曹张两帅，率师讨贼。本月十六日开始攻击，彼军内溃，节节退却，现奉直两军正在乘势进攻。鄂、赣方面，吴光新经鄂督扣留军署，其部队或解散，或输诚。张敬尧部，在鄂者归鄂改编，在赣者由赣遣散。妖氛迅扫，不日可告成功。知注特闻。李纯。巧。印。

〔云南省长公署档案〕

21 绥远都统蔡成勋宣布派兵与直奉一致讨皖通电

(1920年7月18日)

万急。北京大总统鉴：保定曹经略使、盛京张巡阅使、分送各省督军、省长、张家口都统、宁夏护军使、天津黎前总统、正定王聘卿先生、邕陆幹卿先生、粤岑云阶先生、滇唐蓂赓先生、并转各镇守使、各师、旅长，各省议会、各公团、各报馆钧鉴：数岁以来，外交艰棘，内政纠纷，军事频仍，财源枯竭，国无宁日，民不聊生。推原祸本，实惟凶顽窃柄，与安福系表里为奸，阴谋百出，厉阶为梗。甚至操纵和议，以阻挠统一，巧立官制，以援黟利用。始以鼓荡阁潮，终以盗弄兵力，协迫我元首，残害我同胞，荼毒我人民，蹂躏我权利，穷凶极恶，罄竹难书，罪有攸归，法在不赦。我同志诸公义师崛起，津、保合围，曲直之势既分，胜败之数可判。成勋介在戎行，位居西北，念敌忾同仇之论，切与众可弃之素怀，况以库伦一带为巨憝根据之地，京张一路，又败军溃退之途，设有疏防，诚虞漏网，恐除恶之不尽，将贻患于无穷。成勋为拥护元首计，为拱卫京师计，为廓清域社计，为保障西北治安计，责任所在，义无反顾，是用声明宗旨，特讨师徒，敬随我同志诸公之后，誓竭棉薄，以报国家。现令兵发南口，与直奉联军联络一气，待命进止。惟祈我大总统主持于上，同志诸公提阐于前，以根本之主张，为正当之解决。安福必予解散，凶玩〔顽〕必予扫除，勿留涓流星火之忧，庶收一劳永逸之效。如果彼辈横生枝节，难就范围，尚顾所力为之后盾，纵令捐糜顶踵，亦复匪敢告劳。至于成勋救民卫国，天日可昭，非忍于同室操戈，实求去害群之马。凡有宗旨一致者，我当亲为同胞，其有附和彼辈者，我即视为公敌。邦人君子，幸垂察焉。蔡成勋。巧。印。

〔云南省长公署档案〕

22 军政府参众两院声讨皖系通电

(1920年7月19日)

〔衔略〕钧鉴：昊天不吊，段祺瑞、徐树铮暨其党徒安福系，毁法卖国，荼毒蒸民，朝野惶骇，不知所届。我国会同人，受国民付托之重，为树护法救国也，弗存成见，统与西南当局暨海陆军将士誓师讨贼，四载于兹。虽罪人未得，而大义昭然。近者奉、直诸军，亦晓然于西南兴师之旨，仗义而起。而段祺瑞等复凭藉外助，利用边防军、西北军，敌而作战，陷我国于万劫不复之境。同人等沦胥最惧。□□声罪致讨。彼毁法卖国之徒，实全国国民之公敌，人咸得而诛，初无间于南北，更无分于派系。所望我爱国军人，忧时志士，同伸大义，联袂奋兴，扫除奸邪，恢复法治，庶几国本以立，民国〔困〕以苏。时不可失，义无反顾，惟我国人兵〔共〕速图之。参议院、众议院。皓。印。

〔云南省长公署档案〕

23 皖系旅长宋子扬在前线罢战主和所部归陆军部接受有关电

(1920年7月19日—23日)

(1) 宋子扬电(7月19日)

大总统、国务院、各部总长、段督办、段卫戍总司令钧鉴：前以直军过事逼迫，不得已武力反攻，将其击溃，详情已电陈在案。但职素重和平，岂忍自相残杀，是以已溃之队，则并未追击。区区此心，人当共谅。现闻京津既人民流离两处，又均干外交。阋墙之争，胜何足荣。职决不攻击津埠，有碍条约，但直军亦勿再乍〔困〕北京，震惊首都。职现静驻杨村，先行罢战。伏乞我大总统速令直军停进，勿再相逼，重生战祸，庶以保国家之精锐，亦以解生灵之倒悬。临电无任屏营待命之至。旅长宋子扬叩。皓。

〔北洋政府财政部档案〕

(2) 陆军部军务司复电稿(7月23日)

急。双桥一带探投宋旅长子扬鉴：箇、养两电计达。本日奉部长交谕：马、养两电悉。该旅既归部接收，宜速向通县、北苑两处驻扎，以多数驻通，少数分驻北苑，万勿再与他军冲突。已派部员迟春荣、严寿田、彭光湘、张子孚、宁振亚等分赴通县、北苑等处，候与该旅长接洽一切。除天津方面已由院、部派员阻止彼军前进外，奉谕特达。陆军部军务司。梗。印。

〔北洋政府陆军部档案〕

24 曹锟等宣布直皖战况与皖军败北通电

(1920年7月19日)

特急。各省督军、省长、各都统、护军使、镇守使、各总司令、各师、旅长，各省议会、商会、教育会鉴：群阴构难，误国殃民，久为舆论所集矢，国人所痛心。只以内讧频年，元气凋敝，但能坚忍以求全，谁甘无谓之纷争。讵彼包藏祸心，有触即发，以致种〔弄〕兵近畿，频开战衅。更不惜用飞机、炸弹，施种种害辣之手段，残民以逞。警耗传来，连日分东西两路进攻，津、保畿疆，竟论〔沦〕为战场，闾阎频惊夫风鹤。锟等兴亡有责，难遏同仇敌忾之心，民命所关，忍睹颠沛流离之惨。是用洒泪挥师，极力抵御，所幸曲直所在，诗谧自彰。西路直、奉军与边防军第三〔一〕师全部、第三师之第五混成旅及陆军第十五师全部、陆军第九师两营、陆军第十三师辎重一营，在涿州、宁〔固〕安、柑〔涞〕水一带，于十四日午后开始战斗，直至十八日午前止，激战四昼夜。边防第一师完全溃散，师旅团长等归向来保；陆军十五师已完全与直奉军相合，该师张、齐两旅长并已通电，宣言不受乱命；边防第三师第五旅弃炮溃走；十三师之一营亦完全来归。现在直、奉各军已至琉璃河、泊岳、马头镇一带布置妥协，前进部设在章〔窦〕店附近。彼军挫衄之余，已无斗志。以内部之分歧，视舆情之去就，益见天心人意悉向安宁。强力主退，许孚众望。锟等既不愿无端启衅，稍负和平之初衷，抑何忍祸结兵连，致使范围之扩大。国步阽危，万民情急。彼不进攻，我不前进。远道传闻，恐或失实。谨布悃忱，惟希谅察。曹锟、张作霖。效。印。

〔云南省长公署档案〕

25 张勋否认勾结曹锟重谋复辟通电

(1920年7月20日)

北京大总统、国务院钧鉴：各部、院、保定曹经略使、各巡阅使、各省督军、省长、各省议会、各报馆钧鉴：阅报载定国军檄文，内有曹锟等私勾张勋出京，重谋复辟等语。不胜诧异。窃勋自丁巳以还，杜门却扫，三载于兹，不闻外事。近日段氏称兵，京师震动，室家迁徙，比户皆然。勋既无在京安置之文，讵有私自出京之罪。所称勾引，何据云然。至于已事，在勋感受旧恩、思图报称，博浪之锥，止于一击，古之君子，容尚不以为非，况在徐州会议之时，徐树铮固尝代表段氏列席赞成，众目睽睽，事实可按。迨夫事举，段氏忽持异议，雨覆云翻，居心可见。勋则以于夙志为已偿，于君恩为已报，成败利纯，不以尤人。自后众意所趋，更非一人所能拂。勋年将七十，但得作太平之民，永拜共和之赐，于愿已足，尚复何求。檄文诬蔑，本无足辩。第恐远近传闻，惑于流口，特此电布，伏希鉴察。张勋。号。印。

〔北洋政府陆军部档案〕

26 察哈尔都统王廷桢转报皖系将领曲同丰投降曹锟通电

(1920年7月20日)

北京大总统、国务院、各部院、段督办、段总司令、王聘老、靳总理钧鉴：保定曹经略使、各省督军、省长、承德姜都统、归化蔡都统、宁夏马护军使、各镇守使、各师、旅长，全国各议会、报馆钧鉴：顷据张垣电局钞录一电，文曰：济南马师长、北京陈师长，并转边防军全体军官公鉴：此次战事之起，本为驱逐徐树铮及安福部，名义正大，全国共表同情。同丰率队南来，宁不知此，顾以段督办严令驱迫，不得不为一时之服从。及至交战以后，思及此次出师，实为徐树铮及安福部所利用。现以良心之主张，决计停战，俾国贼失所倚恃，以弭祸端。兹已将全部军械，交由四省经略使接管，所有官兵，亦极蒙优待。从此，大患既除，大局渐臻统一。我边防军同胞，当各晓斯义，立与经略使取一致宗旨，誓扫奸宄，共申天讨。除电知外，拟再派一二军官，面往接洽，以期倾陈鄙悃，尚祈鉴宥。曲同丰叩。印。等语。特此电闻。王廷桢。号。

〔北洋政府陆军部档案〕

27 张作霖指责皖系无端起衅直奉被迫抵抗通电

(1920年7月20日)

北京国务院、各部院、步军统领、警察总监、保定曹经略使、武昌王巡阅使、蚌埠倪巡阅使、各省督军、省长、各都统、各护军使、各镇守使、各师、旅长，各省议会、各教育会、各商务会、各报馆钧鉴：顷于二十日接奉院、参陆部巧日电称：近日叠接外交团警告，京师侨民林立，生命财产，亟关重要。战事如再延长，危险宁堪言状。应令双方停止进攻，听候明令解决。应即遵照。奉谕特达。巧。印。等因。当经拍复一电，其文曰：大总统钧鉴：国务院、参谋本部、陆军部鉴：巧电敬悉。仰见我大总统尊重友邦、爱护民生之至意，钦佩莫名。窃查作霖前奉谕令入都，当即冒暑力疾，星夜到京，极力调停，哓音喑口，原为救国保民、宁人息事，不料毫无效果。不得已含泪回奉，别图挽救之方。乃都中忽有定国军之宣布，作霖犹恐兵端一启，涂炭生灵，屡电曹使锟，饬令将士不可轻开兵衅。乃定国军竟分三路大举南下进攻。又复遣姚步瀛等携款来奉，招队勾匪，意图扰害三省，牵制兵力。作霖忍无可忍，不得不兴师定乱之，〔并〕声明出兵理由，系为拥戴元首，保卫商民，保护京奉铁路，以重条约，救援潼、洛奉军，以资接济，毫无自利自私之念，纯以救民救国为怀，皇天后土，实所共鉴。自奉令后，复电前方将士停止前进，而彼军各路进攻，不遗余力，使作霖失信于将士。事实具在，共见共闻。作霖以国计民生为前提，又为尊重友邦之条约，但能戡定祸乱，岂愿黩武穷兵。惟兴兵之道，岂可轻言，若无切实解决之方，未易服将士之心，遽行遏止。除再电令将士遵奉外，应请我大总统迅赐刚断，颁布明令，以服有众，而奠民生，不胜屏营待命之至。张作霖。哿。印。等语。谨录以闻，伏维公察。张作霖。哿。印。

〔云南省长公署档案〕

28 刘镇华于直皖战起宣布出兵潼关及战后返回陕西省城电

（1920年7月21日—28日）

（1）7月21日代电

急。北京大总统、国务院钧鉴：参议院、众议院、各部院、段督办、保定曹经使、盛京张巡阅使、蚌埠倪巡阅使、武昌王巡阅使、郑州吴总司令、开封赵督军、王省长、省议会、赵司令、成师长、柴旅长、归德宝镇守使、南阳吴镇守使、怀庆方镇守使、新安丁统领、汝州转郏县马统领、观音堂许司令、洛阳宋旅长、张旅长、衮州唐镇守使、河南商务会、各机关、上海和会总代表、各省督军、省长，承德、归化、张家口各都统，各护军使、各镇守使、各师、旅长，各省河南同乡、军官，各报馆钧鉴：皓电计早通达。迩日风云愈迫，邮电罕通，东望故乡，忧心如捣。窃查豫省东控青齐，西接秦晋，南屏江汉，北拱京畿，每当垒接兵触之时，易起铜山洛钟之应。现既意见分滋，党系岐出，倘以星火助燎原之势，必至阵云皆压地而来，将使全豫人民无一安土之足居，无一保障之可恃。而篝火狐鸣，萑苻丛起，连腹地揭竿之众，勾邻省梗化之民，抓灸良善，蹂躏闾阎，颠沛荡析，何堪设想。镇华忝厕军旅，深念梓桑，能尽一分保卫之心，敢辞万垒烽烟之险。现已秣厉所部，暂驻潼关，既为三秦门户之防，更察全豫安危之象。前此嵩洛父老以盗贼出没，民不聊生，公电下走，促嵩军回豫，保护治安。当以职守畛域之关，难为披发撄冠之救，虽已婉词谢拒，终觉惭对枌榆。今兹祸近陆沈，患迫眉睫，既不等癣疥一时之疾，又不止偏陬数县之殃。腹心之痛，自当乞药于刀圭；父母之邦，何敢观兵于壁上。倘有故挑战衅，蹂我乡闾，苦我父老，绝我商贾，欺我妇孺者，是陷中州千里于邱墟，并为全豫人民之公敌，无论发难出自何方，镇华等惟有联合全豫军官，各率组练，各砺甲戈，代我三千万人为正当之防卫。屠〔嗜〕哓之口既敝，求此意之得神，利钝之数谁知，惟吾力是视。吾豫军界同人，或握虎符，或统貔旅，其保卫乡闾、固全庐墓之念，公溥垦挚，百倍镇华，尚祈表一致之悃衷，为全力之防护，是不独中州之幸，亦国家之幸也。倚盾陈词，诸乞谅察。镇嵩军总司令刘镇华、镇嵩军第一路统领柴云陞、第二路统领张治公、暂代第三路统领冉祥征、第四路统领马河清、警卫司令王修已、陕西南路游击司令刘世杰、第二旅第四团团长魏进先、汉武军第三路分统郭金榜同叩。马。印。

(2) 7月28日代电

急。北京大总统、国务院钧鉴：参议院、众议院、各部院、段督办、保定曹经略使、盛京张巡阅使、蚌埠倪巡阅使、武昌王巡阅使、郑州吴总司令、开封赵督军、张省长、省议会、赵司令、成师长、柴旅长、归德宝镇守使、南阳吴镇守使、怀庆方镇守使、新安丁统领、郏县马统领、观音堂许司令、洛阳宋旅长、张旅长、河南商务会、各机关、衮州唐镇守使、上海和会总代表、各省督军、省长、承德、归化、张家口、各都统，各护军使、各镇守使、各师、旅长，各省河南同乡、军官，各报馆钧鉴：镇华职分陕右，系出豫西。邙背山河，曾是钓游之所；洛阳钟鼓，睠切庐墓之怀。前以京、保之间，战云陡结，深恐风扇条支，患连桑梓，是以抽调所部暂驻潼关，既思镇慑萑苻，遥制乡邦之匪患，兼欲维持门户，近安属境之人心，业经通电奉陈，谅邀洞鉴。日昨巡行抵关，历接赵督军来电，信阳、洛阳驻军均已和平解决，乡闾邑镇，鸡犬皆安，沪、汉、京、津轮轨已畅。是则殿梁不毁，未贻幕燕以难安，城火大熸，差幸池鱼之无恙。此不独全豫父老额首称庆，亦国家人民之幸福也。镇华希望已酬，欢忭无任，当即整饬所部，准于艳日回省。除呈报外，谨此逖陈。刘镇华。勘。印。

〔北洋政府将军府档案〕

29 关于驻华日使馆密议直皖战后中国局势拟乘机分五路进兵中国情报①

(1920年7月22日)

第百十一号

本月二十一日，某使馆秘密会议中，研究中国现状及将来。分

---

① 此件系北洋政府总统府秘书长吴笈孙送步军统领王怀庆情报抄件。

两派而言，一复辟派，一共和派。复辟派八省为首，南方岑、陆协助，张勋旧部相应。共和派某督为首，其亲信各督及南方孙、唐、伍、刘协助。目下形势，则复辟派得优势，共和党必作无前之大乱，秩序之浑杂，不可胜言。到此之时，外人如不实行干涉，更无安静之时日。其时帝国作何样态度，能得优胜之地位，且预测将来，或中日之开仗，日美之开仗，恐或因此而起。然则帝国不得不为预备计，乘机进兵于有关系各地，以观形势之变迁，图进帝国之利益。进兵区域，定五区：第一区长江沿岸。第二区上海。第三区济南、青岛。第四区山海关。第五区北京。

七月廿二日

〔北洋政府步军统领衙门档案〕

30 马良关于阻止直军通过鲁境进攻皖系等情通电

(1920年7月23日)

北京大总统、国务院、各部总长、段督办、参众两院、保定曹经略使、盛京张巡阅使、蚌埠倪巡阅使、武昌王巡阅使、各省督军、省长、护军使、镇守使、各师、旅长，各省议会、各报馆鉴：津、保用兵，鲁当接壤，风鹤传播，各市震惊。当经军民长官会同商决，以保境安民为惟一宗旨。良意极为欣赞。不料韩庄苏军断我南轨，驻德直军断我北轨，交通骤阻，阖省哗然。即时分别致询苏军，覆为误会，仍约各保各境，照常通轨。而直军坚持不让，并于泥河北岸挖掘战壕，着着进取，大有伺机南下扫荡济南之意。商民惶惶，环迫请命。复援苏议与商，始终执词不理。良不得已，始以督军命令率兵迎堵。仍商请暂回直境，藉释群疑。信使往返，非惟不允，益复增兵，迫〔德〕州、陵、恩，扼要密布。甚乃架置重炮，埋伏地雷，蹂躏乡间，劫夺牛马；既劫我民境，又虐我民，视鲁民如牺牲，视鲁地为占领；我于此守，彼已进攻。情理两缺，忍无可忍，不得已于十八、九日，以强力驱迫出境。沿途抢掠，概置勿较，视彼已入直界，我即止兵勿追，俾得全师而还，用顾袍泽之谊。现方整旅防边，静候命令。如能各守畛域，定当弗越雷池，倘其仍肆诈虞，只有惟力是视。诚恐远道传闻，不明真状，敬揭事实，播告同人。曲直有归，统维照察。马良。漾。印。

〔云南省长公署档案〕

31 广东省议会反对调遣边防军移供内争及谴责日本插手直皖战争通电

（1920年7月23日）

北京徐菊人先生、萨鼎铭先生、各部院、驻京各国公使、上海和会代表、广东军政府岑总裁、各总裁、各部长、参众两院、云南唐总裁、南宁陆总裁、各省督军、省长、省议会、教育会、商会、各报馆公鉴：世界趋势，倾向和平，中国现情，急谋统一。前闻边防军有内调消息，本会重友邦之信义，痛内乱之发生，曾于蒸日通电阻止。查边防军由日本供给军械，并由日本兵官助其编练。日本曾有宣言，谓不用以对内。近日内部政争，京畿变起，日公使及外务大臣复宣言严守中立。不料边防军竟调遣入内，与直、奉军队交绥。且昨阅报章，皖军有日本军官加入，败溃之时，被获三人。京奉路线，直军炮队，为日本卫队司令拒却开离，而皖军进占，未闻阻止。恶耗纷传，群情震骇。此次边防军之对内举动，固属增长内患，妨害外交。而日本之干与行为，如果报载属实，即系违背宣言，有乖信义。日本与中国素称亲善，似不至有所偏袒，参加国内战争，使中国日陷危亡，侨民同蒙损害。惟是遐迩传说，中外惊疑。本会以兹事关系中华治乱，初无南北之分，况惹起国际问题，更惕兵戎之祸。谨代表民意，越分陈词，恳请主持公理，阻止边防军移供内争。并请驻京日使，力践迭次宣言，俾战祸不至延长，邦交益形辑睦。中国幸甚。广东省议会叩。漾。省署代印。

〔北洋政府内务部档案〕

32 熙钰等报告接洽直皖停战情形密电

（1920年7月24日）

万急。北京大总统，参陆办公处罗部长、王将军钧鉴：同密。钰等于午后二时抵张垣，与王都统、绥远杨总司令接洽停战事宜，再四磋商，察绥方面，认为居庸关为重要门户，势必占领，方达保境安民之目的。刻下战机紧迫，刻不容缓，务请钧座飞令驻扎居庸关西北军，迅速退出，以免发生战端。再查西北军情形，颇为和缓，行止当可遵中央命令。据王都统、杨总司令声称：如该军迅即退出居庸，绝不进攻。熙钰、罗泽時、金昭曾。敬夜叩发。韦加日旁。印。

〔北洋政府陆军部档案〕

33 曹锟张作霖为宋张两旅电请拨归奉军并商定暂由曹锟节制致大总统密电

（1920年7月29日）

北京大总统钧鉴：陆军部鉴：统密。昨据驻扎洛阳西北军旅长宋邦翰、张鼎勋电称：该旅成立之初，与奉军渊源可溯，故全数官兵，均愿拨归作霖等语。当经电覆，以该两旅，现拟归部接收，未便照办。而该旅长等，再三商议，出自至诚。又恐稍有稽延，军械等项，不免散失。现经锟等协商，拟即由锟派旅长王承斌，前往接收，并由作霖饬由驻扎石家庄之旅长鲍德山，派员帮同办理，严饬申明约束，不准骚扰地方。该两旅接收后，暂行归锟节制、俟锟等赴京谒见时，禀承大总统，规定妥善办法，分别处置。特先电陈。曹锟、张作霖叩。艳。印。

〔北洋政府陆军部档案〕

34 齐振林就直皖之战分析各派系得失利弊及大局动向函

(1920年7月31日)

懋宣将军先生赐鉴：此次战役，林① 虽局外，始终均抱悲观。名为直淝〔皖〕之争，实则直与直战。淝〔皖〕军五师长，直居其三，旅、团、营、连长，直居五分三。直军败，则先进之曹、李、陈位置必不能保，淝〔皖〕军败，则后起之刘、魏、马以及属下直籍之百数军官尽行落魄。此役之损失权利，损失生命财产，皆不出吾直。林所极抱悲观者一。凡事有所牺牲，必别有所弋获，彼此乃可相偿。此役名曰直派战胜，曹、李诸公权利无可再加，吴子玉或可博一督军，然实鲁籍。张使三师长，将来督军必占其一，是奉不折一矢，不伤一卒，而获完全势力。直虽牺牲一总长、三师长、百数军官，反不得造出一督军、总长之资格。林所极抱悲观者又一。此役善后，必将影响于封疆大吏，田鲁督无实力，陈秦督有恶名，设或变更，不外二省。直、奉现虽一致，久则渐有违言，此亦势所必至。近视吾直曹、李二公用人行政，皆非张敌。若如报所言，鲁督内调，以张景惠督鲁，吴子玉或秦或淝〔皖〕，不惟接替有难易之分，将来大势判〔若〕天渊矣。东三省与鲁打成一片，直豫如釜中之鱼，李苏督亦不能出徐海一步矣。设以吴子玉督鲁，曹、王据京汉，李、吴据津浦。不幸有事，由京汉可直贯京奉，津浦横断其间，尚可有为，不至一败涂地。此特后虑，可为知己道，不敢为外人言也。吾直在京军人，我公受知于元首最久，果能便中隐达此意，俾元首成竹在胸，势力中心虽在天津，必经元首通过，乃成事实，从容措置，自无束缚驰骤之足虑矣。本拟趋谒崇辕，因曾受知于合肥，不欲以去年被挤于淝〔皖〕人，今辄出入于直系，致伤道义也。谨就大局略陈鄙见，以备采

① 齐振林，字晓山，直隶蠡县人，时任陆军部参事。

择。以后如有垂询，可嘱伯阳转语；时局稍定，或以电招，亦可立至。此肃，即颂勋绥。

乡教弟齐振林顿首　七月卅一日

祈阅毕付丙为祷。

再者边防一、三两师，虽曰皖派编成，兵官半属直籍，事前多不直其事，溃后略事改编，使隶于卫戍司令，即成劲旅，然业已遣散，无须赘言。近闻十三师有归直节制、九师归奉节制之说，林以为果尔，尤为失计。近畿各师，去年林曾校阅，九师官兵皆好，十三师中上级官及兵士亦好，下级官学识稍短，略加淘汰，莫非劲旅，我公曷不于此罗致属下，非徒省事，尤可保全吾直若干军官，所谓一举两得者矣。

林又及

〔北洋政府京畿卫戍总司令部档案〕

35 北洋政府向日使交涉引渡徐树铮等咨函

（1920年8月2日—19日）

（1）京畿卫戍总司令部密咨（8月2日）

京畿卫戍总司令部为密咨事：案于本年七月二十八日奉大总统训令内开：此次称兵构衅，情罪较重之徐树铮、曾毓隽、段芝贵、丁士源、朱深、王郅隆、梁鸿志、姚震、李思浩、姚国桢等，著该总司令督同京师警察厅一体严密缉拿，候令办理。此令。等因。奉此。遵即督饬军警明密派队一体严密查拿。先将各犯家宅一一查封，派兵监视。而于东交民巷界线，尤层层布置，星罗棋布，务期必获。顷据警察厅殷总监鸿寿密报，查得该各犯多半匿居东交民巷某使馆及某兵营内，若不设法引渡，终恐无从缉获等语。查该犯等祸国殃民，本非政事犯可比，根据辛丑条约中国人不得匿居租界之例，则该各犯当然在引渡之列，应请贵部会商外交、司法两部，根据法

理交涉引渡，以便归案讯办。除呈明大总统外，相应密咨贵部查照施行。此咨

内务部

兼署京畿卫戍总司令　　王怀庆

中华民国九年八月二日

(2) 国务院密函(8月5日)

国务院公函　　第一千七百六十一号

密启者：案奉大总统发下步军统领王怀庆密呈，查明祸首匿居地点，请饬部交涉引渡文一件。案关构乱要犯，情罪重大，应由外交部转向领袖公使妥速交涉引渡，俾早归案讯办。除分行外交、司法部外，相应抄录原呈① 函请贵部查照办理见复可也。此致

内务部

中华民国九年八月五日

(3) 外交部咨(8月12日)

咨　　第九七号

外交部为咨行事：缉拿徐树铮等一事，前准来咨，经部提出国务会议议决，由司法部根据法理办理。旋准司法部来咨，以此案现在尚无证凭书类可以钞送，请由本部依据约章及国际惯例办理。当经本部根据大总统明令，照会驻京领衔法使，将案内各犯转饬缉获引渡归案讯办，尚未准复。兹准驻京日本公使来文，以徐树铮、曾毓隽、段芝贵、丁士源、朱深、王郅隆、梁鸿志、姚震、姚国桢九人，投入该馆，请求保护，业将徐等收容该使馆护卫队营内。并声称此等处置，系顾念国际通义，及中国许多事例，认为不得已之事，且完全超越政治上之趣旨。各等因前来。除由本部一面咨催司法部仍照

① 所附原呈之主要内容同前件，兹略。

国务会议议决原案，迅行调集各该犯等犯罪证据，并根据法理成立刑事罪名咨送到部，再与日使严切交涉引渡外，相应将部致领衔法使照会底稿及此次日使来文钞送咨请查照可也。此咨
内务总长
附抄件　　　　　　　　外交次长代理部务　　陈　箓
中华民国九年八月十二日

致领衔法柏使照会　　九年八月七日

为照会事：准内务部、司法部、京畿卫戍总司令部密咨称：本年七月二十八日奉大总统令开：此次徐树铮等擅调军队，占用军地、军械、逾越法轨，恣逞私图；曾毓隽、段芝贵等互结党援，同恶相济，或参预密谋，躬亲兵事，或多方勾结，图扰公安，并有滥用职权、侵挪国帑情事。徐树铮、曾毓隽、段芝贵、丁士源、朱深、王郅隆、梁鸿志、姚震、李思浩、姚国桢等，著步军统领、京畿卫戍总司令督同京师警察厅，一体严密缉拿，候令办理。此令。等因。顷据京师警察厅总监殷鸿寿密报，该各犯多半匿居东交民巷使馆界内，若不设法引渡，终恐无从缉获等语。该犯等称兵畿辅，贻害闾阎，并有勾煽土匪、侵挪公款情事，应请交涉引渡，以便归案讯办。等因前来。相应照请贵领衔公使查照，并请转达驻京各国公使查照，暂饬将上开各犯切实查缉引渡，以便归案讯办，实纫睦谊。并希见复为荷。须至照会者。

照译日本小幡公使照会

为照会事：徐树铮、曾毓隽、段芝贵、丁士源、朱深、王郅隆、梁鸿志、姚国桢及姚震九人，各自来本公使馆，请求保护其生命。本公使馆顾念国际上之通义，及中国许多之事例，认为事出不得已，决定对于以上诸人予以相当保护，收容公使馆护卫队营内。且对以上诸人严重告诫，在该收容所内，不得干预一切政治。并使与外面交通完全断绝。本公使当将以上各节通告贵代理总长之际，深信

贵国政府当能十分谅解本公使馆此等之处置，全然超越政治上之趣旨。即现在以上诸人所受之保护，并非因其所属政派之如何，与以特别待遇；虽以上诸人不属他之政派，在公使馆亦不能因此拒绝。兹奉本国政府训令，相应奉达查照为荷。须至照会者。

〔北洋政府内务部档案〕

(4) 京畿卫戍总司令部咨稿(8月13日)

为咨复事：案于八月十二日准贵部咨开：缉拿徐树铮一事云云等因。准此。查本总司令前经奉令缉拿祸首十人，迭经派队设卡，明密放探京城内外，几于棋布星罗。复经悬赏购线，行文各省，一体通缉。此等罪魁，为天下所痛恨，一有疏虞，贻患匪轻。兹准大咨，既据日公使声明，该祸首等均在隐藏〔隐藏在〕日使馆内，条约所关，非敝总司令权力所及。查该犯等，或称兵构乱，或擅用公款，实属触犯内乱刑事罪名。若使之逍遥法外，则奸邪得志，必多扰乱，于此后之安宁秩序，影响甚大。必须设法弋获，依法惩办，以清乱源。敝总司令职司拿办，虽属责无旁贷，该犯等若在本国范围境内疏脱漏网，敝总司令则咎无可辞；兹徐树铮等既在日使馆内，至应如何交涉，如何引渡，是贵部之专责。设或稽延日久，搀混潜逃，咎将谁归？应请贵部据理迅速严重交涉，克日引渡，以凭惩办而绝乱萌。除派队严为防范，并呈明大总统鉴核外，相应备文咨复贵部查照施行，至纫公谊。此咨

外交部　　　　八月十三

〔北洋政府京畿卫戍总司令部档案〕

(5) 外交部咨(8月19日)

咨　　第一〇四号

外交部为咨行事：缉拿徐树铮等一事，前经本部照会领衔法使。旋准日使来照，业由本部于八月十二日咨达在案。兹准领衔法

使来照，以此事经各国公使表示，均拟单独答复。兹以法国公使名义声明，贵总长所云各人物，并无匿居本公使或所属法国人民之使馆界住房之内。等因前来。除咨呈国务院，并分咨司法部、京畿卫戍总司令部外，相应将法使来文抄送咨请查照可也。此咨
内务总长

附抄件

中华民国九年八月十九日

外交总长　　颜惠庆

收领衔法柏使照会　九年八月十六日

为照会事：准贵总长八月七日来照，以近来充任政府重要职务之某某人物，嗣后应视同罪犯一律。贵总长并谓：据京师警察厅报告，上项人物匿居使馆界内，且表明甚愿将彼等引渡于中国官场。本领衔公使当将贵总长来照通知驻在使馆界之各国公使。嗣经各该公使表示，均拟单独答复。兹务应以法国公使名义附加说明：所有贵总长言明之任何高等人物，并无匿居本公使馆或所属法国人民之使馆界住房之内。特此照复。须至照会者。

〔北洋政府内务部档案〕

36 曹锟张作霖等为战争结束否认外传为复辟派已占优胜通电

(1920年8月4日)

北京大总统、国务总理钧鉴：各部院、步军统领、警察总监、京兆尹、各省督军、省长、各都统、海军总司令、各镇守使、各司令、各师、旅长，各省议会、商会、教育会、各报馆鉴：民国肇造，九载于兹，变乱相寻，迄无宁息。自四年帝制发生，而全国鼎沸；六年复辟变起，而首都震惊。继此以还，政潮日趋险恶，国事屡见动摇，兵革连年，民生凋敝。驯致纪纲坠废，道德沦亡，奸宄朋兴，正气消沮。其

黠之尤者，将挟持武力，以慑伏国人，制造政党，以潜移国柄。今兹安福之祸国与帝制复辟两大政变，均是为共和之障碍。国蠹不除，国难未已。各省疆吏，既负国家人民之重寄，不忍坐视沦胥。此次为国锄奸，迫而诉诸武力，实仰体我大总统崇尚民治之宣言，即以顺从全国真正之民意，现在战事已告终结，善后问题，次第解决。方期黜邪崇正，纳斯民于轨物之中。□应世界之潮流，永奠国基于巩固。讵意群小技穷，铤而走险，野心不死，肆口鼓簧，近复造作流言，谓我国现状，分复辟与共和二派，复辟派已占优胜，共和派亦将有所为。蜚语流传，令人不寒而栗。为斯言者，不第毁损我名誉，离间我同人，且将乱我国之秩序，势必至全局糜乱不止也。此等邪说，显系祸国诸奸，力竭势穷，为最后图谋破坏之诡计，藉免其天下公敌之罪恶。凡稍具常识者，类能辨之。惟杯蛇市虎，未免淆惑所闻。锟等救国之苦衷，业经迭电声明，当为国人所共鉴。我国不乏明达，当此时期，对于此种诐词，一为涉想，其用意所在，必能洞烛隐微。且于国体变更，自非狂愚之人，无不前车为殷鉴也。锟等为国家安全计，为人民幸福计，始终抱定拥护元首，服从舆论，造成真正共和国家之宗旨。耿耿此心，可质天日。谨抒诚悃，再为声明，惟祈鉴察。曹锟、张作霖、王占元、李纯、陈光远、赵倜、鲍贵卿、孙烈臣、蔡成勋、王廷桢、马福祥叩。支。印。

〔北洋政府陆军部档案〕

37 王芝祥等关于直皖停战后通州复遭驻军哗变蹂躏情形致王怀庆呈函

(1920年8月4日—30日)

(1) 王芝祥函(8月4日)

懋老仁兄大人赐鉴：祥自停战后回通，正直军队林立。弟与督察长施汉亭、团长王子培、县长李凤九竭力维持，现工兵三营，已由奉军第二旅接收，办理妥善，地方幸托安全，请纾锦注。惟商民支应各军，困苦已极。查通县向来每日通火车三次，兹停车已三星期，交通不便，盐米缺乏，千祈我公转知交通部，饬即赶紧开车，以济商民。军队遽添万人，若不交通，诸多困难，事关地方治安，用敢直陈，企盼福音。敬叩勋安。诸希垂察。

乡愚弟王芝祥谨启　八月四日

（2）施从滨呈文(8月9日)

为呈覆事：中华民国九年八月五日，奉总司令函开：据京师总商会呈称：为据情申请设法保卫事：案据本总会京师东坝镇分事务所声称：近因时局多故，市面不安，商民惊恐，请设法亟予保护事。窃前有由廊房开来宋旅军队数千名，在通县所属马各庄、八里桥、葛渠村、沙窝村等处驻扎，其营地离本镇八里之遥。今该溃兵在县属各村，时发现抢掳情事。日日该军三五成群，来本镇搅扰。日昨下午四时，县属北马房村离本镇二里之遥，该溃军又在该村抢掠。有孙河驻扎淮军巡哨相遇，两相开枪对敌，本镇商民逃避村外。本镇旧有驻扎游缉队十数名，昼夜防守，禁〔奈〕地面空阔，防守难周，本镇恐有意外之变。每日数惊，阖镇众商闭市，难安生业，商民有倒悬之危。现今二十九日，又有宋军一连之众来镇搅扰。勒令众商民交款千元，不然，放枪抢掠。商等恐被蹂躏不堪，应许给予四百元，当即付齐，始相率回营。深恐该军等再来勒要银元，扰害商民，本镇无法维持。为此，恳贵总会设法，转请派兵保卫本镇商民，以免宋军再来扰害，感戴无极。等因。据此。查东坝镇与通县壤毗连，均为近畿属境。该项溃军竟如此扰害闾阎，商民何以为生。或设法收容，或即行遣散，均应亟予办理，以除商民大害。既据前因，相应据情恳乞查核，亟予设法保卫，以安民生。等情。据此。宋旅长一连到东坝镇，勒令商民交款一节，是否属实，希即派员查明具报，以凭核办。等因。奉此。遵经饬委苗稽查官玉昆前往该镇确切查明，据实呈覆去后。兹据该委员呈称：遵即驰抵东坝镇严密访查，并面晤商会分事务所所长韩兆祥，详询一切。据称：七月二十四日，先有宋旅副官吴姓者，押同子弹车百余辆来镇，声言欲在该镇扎营。当经伊会代为觅妥房舍，并备办米面数千斤。嗣因军队已在马各庄、八里桥、葛渠村等处分驻，遂即中止。至二十九日早八点钟，有兵士六十余名，各持枪械，闯入商会，将伊捉住，用两人肩膀架著，持枪实弹，威吓逼索现洋数千元，声言如不付给，定行放枪抢掠。伊遂饬人向各商号先后共凑得洋四百元，交付而去。迨至晌午十二钟时，又来兵士约一连之多，亦各分持枪械，将该镇街巷各口堵住，不准出入。到会声言，索要现洋三万元，限五分钟交齐，否则将伊枪毙等语。伊畏惧，遂又向各商铺极力设措，共凑得现洋一千二百元。再三哀告，该兵等始各首允，将洋携去等语。诘以此项兵丁，有无肩章，据称并无领肩各章，是否系宋旅军队，不敢指实。惟至是日下午四钟，即有宋旅部下四团一营二连及三营七连兵士，先后到该镇驻防，声言专为保卫商民而来，如有溃兵来此勒索，伊等定当出死力为之捍卫，决不使尔等受丝毫骚扰。伊等初未深信。迨至今日，该连兵士果然恪守军纪，毫无越轨不法之行为，且弹压地方，巡缉盗匪，极其勤奋，商民赖以保卫地方，得以安全，感激殊深。昨闻七连连长刘伯刚之兵士述及，伊连有撤防之信。会中闻知，惶恐异常。务恳转请宋旅长，准许该连仍在伊镇留驻，万勿撤防等语。访诸该镇商民，众口佥同。至原函所称，谓该军正在北马房村抢掳之际，突遇孙河驻扎之淮军巡哨相遇，彼此开枪对敌一节，询诸附近村民，佥云：阴历六月十一日晚六钟，有持枪溃兵十余人，正在北马房村抢掠之时，适有驻扎孙河看守自来水之淮军巡哨至此，彼此互起冲突，开枪激战，溃兵因人少败退，声言回营纠众，明日再来报仇。淮军当夜添驻步兵四十名，预备抵御。次日，果有溃兵多名，在县属楼子村与淮军战斗，结果淮军被溃兵击毙一名，溃兵亦被淮军生擒三名，至孙河用车载走，不知下落等语。诘以是否系宋旅之军队，咸称不知。请鉴核转呈。等情前来。督察长查宋旅军队前由廊坊撤退，其时各路溃兵纷纷逃窜，被其蹂躏者，非止东坝镇一处，如通县马驹桥、马各庄、楼子村等处，损失均较东坝镇为重。今既派员查明，前往东坝索款之兵，并无肩领各章，显有他路溃兵，假借宋旅名义，肆行勒索。不然何以一经宋旅派兵弹压，地方立就安谧。且一再挽留，深恐兵去匪来，复蹈危机。是该商会所呈，在宋旅未派兵驻扎该镇以前之事，与宋旅毫不相涉，应请免议。所有东坝镇商民被溃兵勒索巨款案，现已遵饬派员查明缘由，理合据实备文呈报。为此，呈请总司令鉴核，并请令饬宋旅现驻东坝镇四团二营七连军队，仍留该镇，以资保卫，而顺舆情，实为公便。谨呈

京畿卫戍总司令王

通县军警督察长施从滨

中华民国九年八月九日

(3) 张国庆呈文(8月25日)

京师四郊游缉队第一大队统带张国庆为呈报事：据职队骑兵第一营李营长呈称：为呈报事：八月二十五日早十二点半钟，接统带电话，以奉电谕，通县驻兵暴动等因。饬即火速派员赴通县侦探等因。遵即派一连排长张凤山于早一点五十分出探。兹于本日上午八点五十分，据张凤山回营报称：奉派带正目王永才等于二十五日早一点五十分由营出发，于四点余行至通县郊外，闻大道北面尚有枪声，随即至城，城门大开，由西门入城，遍行访询。得悉由城内中仓所驻之宋旅步兵，于二十五日夜十二钟出发，先行开枪。嗣由各处驻扎之兵队一齐接应，大肆抢掠。查计被抢者交通、中国两银行及商户，共抢烧二百余家。幸人民尚无死伤。抢至四钟，由东北两门，全带武装走有二百余名。嗣闻各营吹归队号，亦有回营者。惟驻城外演武厅之骑兵二十团出队，进城弹压保护，尚无抢掠情事。见西街路北店内有木棺一具，询悉在该店驻之毅军伤一什长。排长

在城内游行二时之久，再无暴动情事。惟人心惶恐，均皆扑救余火。各等情前来。理合呈报等情。据此，理合缮单呈报宪鉴施行。

京师四郊游缉队第一大队统带呈

中华民国九年八月二十五日

(4) 通县商民呈文(8月28日)

呈为恳恩速赐赈款，以救灾黎事：窃查通县近畿四十里，佐辅神京。自边防军战端一开，竭尽脂膏，供应退兵，苦楚已不堪言。不意八月二十四日(夏历七月十一日)夜半，城内军队，无因哗变，四出抢劫。焚烧时，县长冒险登城中鼓楼，鸣钟喊救。直值日出，幸奉军大队临境，始有救护。余烬未熄，哭号之声不绝于耳。连日收拾溃兵，追捕殆尽。经地方官督同警察，会合商民，查明繁盛城区，烧毁大小铺户五十余家，被抢掠一空者三百余户。小民何辜，罹此浩劫。溯自前清庚子变乱，通县遭灾最重，及壬子又遇兵变。两次烧杀抢掠，元气大伤。今又遭此兵灾，城市变为荒郊，商民实不堪命。京师警察总监，新京兆尹、旧京兆尹、当即派员带款急赈死伤待毙灾黎。至于焚毁之房屋，被抢之商民，惟有叩恳恩施，颁发巨款，生活灾黎，上迓天和，下全民命，皆仰赖鸿慈拯救，数万生灵，实感大德于无极矣。谨呈

京畿卫戍总司令王

通县商民	简鹤年	毛　恩	李本鋆	于季苏	等谨呈
	方广寿	李冠生	李浚源	张蔼堂	
	王家骏	张乃赓	果松岩	潘文翰	
	薛士鸿	姚云阶	刘　田	刘殿英	

(5) 申振林报告(8月28日)

左翼翼尉振林谨禀报事：窃职于阳历八月二十七号，饬知左翼第三中队官常凌派长兵前往通州一带，密探阴历七月十二日夜内

变兵情形及现动作。于阳历八月二十八号，据该队官禀称：派伍长常庆、队兵林沛、保兴、永升、春禄等五名前往。于十一时出发，至午后一时余，至花闸迤北前荣中堂茔地。见宿毅军，询闻有正副目兵约五十余名。随向看坟人高姓询闻该毅军于十二日奉调至通州抢物，次日仍回处，照常当差。等情。又花闸西北上坡，有关帝庙一座，庙内亦宿毅军，约二十余名。前者已去通州抢物，次日仍回庙中守卫。今日午后十二时余，有毅军大兵一名，在花闸地方售卖衣物，当被该营严队官打死，复又熏活。由此分二班行走，在八里桥会面。三时余至八里桥，在路北茶社会遇，该社掌柜于姓，言谈过语，询闻十二日通州兵变情形。据称：自是日七点多钟兵变起，至十三日早四点钟，通夜焚抢，由西门内鼓楼前至牛市街，延烧铺住户约七、八十家。变兵抢夺后，仍回营当差。次日早持大令游街，见有贫民检拾物者，即就地正法，大约二十余名。前夜内铺住户烧死约二十余名。又十三日，太平仓兵，开往通州，行至三间房地方扎营，派探马往东探其情形。由东变兵响号，意欲攻打。该太仓之兵，往南至花闸迤南扎营，次日回营，已报过在案。据该社诸人云：由八里桥河迤西双桥地方那中堂茔地，宿毅军二棚，桂大人茔地，宿毅军二棚。又探闻北门外街市，并未焚抢。闻有毅军马队保险花银一千五百两之说。又探闻昨夜东南远方炮响声音。据该社人云：在通州迤南，至五时余，将保兴、永陞二名留此，今晚宿店等候，明早仍派长兵前往入城，详细询闻一切。由十三日晚至十四日，闻得通州城内焚烧铺住户情形，未烧抢之铺户，仍就开市，往南行人见稀少及安静。至今日甚见平静，路稍稀行人等情。禀报前来。职理合禀报堂宪大人台前。谨禀。

（6）通县城区商民函（8月30日）

军统钧鉴：此次通县军队哗变，焚烧抢掠各节，谅已早蒙洞鉴。数日来各军缴械，弹压匪氛，均仰赖奉军大队维持，是乃仁政之保障，极宜妥筹办法，以善其后。惟近日突有奉军三五成群，借搜赃物为名，竟在各商铺住户家，行掳掠之实。既遭兵灾于前，复被搜掠于后，商民何辜，罹此次第浩劫。搜赃之军队，鱼贯而至，甲往乙来，每次必攫衣物而去，即万贯家财，亦难敌此循环搜掠。长此以往，城市定为邱墟。以现在形势观察，善后各事，均不足论，独奉军之扰害，实令商民该死，并欲置被灾商民于死地。万恳军统施视民如子之心，速为设法，先将派赴通县之奉军，全部星夜撤回。灾区如何，再作道理。否则灾民无贴席之一日矣。冒昧渎请，千乞补救，以济民生，而保衣食。务请派员秘查设法，拯民于水火，则合城老幼，感戴鸿慈，永世不忘也。专此。叩恳。敬请福安。

通县城区商民三万八千九百人公启

〔北洋政府京畿卫戍总司令部档案〕

38 大总统查办曲同丰等皖系将领令

（1920年8月7日）

大总统令

边防军第一师师长曲同丰，第三师师长陈文运，陆军第九师师长魏宗瀚，第十五师师长刘询，谦威将军张树元，于此次徐树铮等称兵近畿，甘心助乱，以致士卒伤亡，生灵荼炭，均属罪有应得。曲同丰、陈文运、魏宗瀚、刘询、张树元，著即褫夺军官、军职暨所得勋位、勋章，交陆军部依法惩办，以伸军纪。此令。

中华民国九年八月七日

国务总理　　萨镇冰

陆军总长

〔政府公报，1920年8月8日，第1610号〕

39 京畿卫戍总司令部关于严缉安福祸首王揖唐等布告

(1920年8月)

京畿卫戍总司令部布告　　第三号

为布告事：案于中华民国九年八月七日奉大总统令：据江苏督军李纯电呈：王揖唐遣派党徒，携带金钱，勾煽江苏军警及缉私各营，并收买会匪，携带危险物，散布扬州、镇江、省城一带，以图扰乱，均有确凿证据，请拿交法庭惩办等语。王揖唐经派充总代表职务，至为重要，乃竟勾煽军警，多方图乱，实属大干法纪。除已由国务院撤销总代表外，著即褫夺军官暨所得勋位、勋章，由京外各军民长官饬属一体严缉务获，依法惩办。此令。又同日奉大总统令：前以安福俱乐部为构乱机关，业有令实行解散，所有籍隶该俱乐部之方枢、光云锦、康士铎、郑万瞻、臧荫松、张宣，或多方构煽，赞助奸谋，或淆乱是非，潜图不逞，均属附乱有据，著分别褫夺官职、勋章，一律严缉，务获惩办。其余该部党员，均查照前令，免予深究，务各濯磨砥砺，咸与更新。此令。各等因。奉此。除照印该犯等像片多份，通饬军警严密查拿，并分别通行京外各机关一体严缉外，合亟布告商民人等，一体周知。特此布告。

〔北洋政府京畿卫戍总司令部档案〕

40 北洋政府关于皖系战败后宣布胁从不问及调整官员通电

(1920年8月20日)

各省衙门钧鉴：大总统令，罔治胁从，古有明训。现在近畿乱事已戢，所有肇祸及附乱诸人，业有令分别褫夺官勋，严缉惩办；其余人等或迫于威胁，非出本衷，或罔识内容，误趋岐路，自应宽其既往，予以自新。经此次明令之后，除个人行为犯有干涉刑事案件，应另行依法办理外，余均从宽免究，以彰宽政。此令。前迭据四川、广东、湖南、江西，四川经略使曹锟电呈，恳辞经略使兼职等语。该经略使宏济艰难，勋勤夙著，历辞兼职，具见体国之诚。既据称揆察目前情势，无设置经略之必要，应准将四川、广东、湖南、江西四省经略使一缺，即行裁撤。此令。特任曹锟为直鲁豫巡阅使。此令。南阳镇守使吴庆桐着即免职。此令。任命李治云暂署南阳镇守使。此令。南阳镇守使吴庆桐业经免职，其所统先峰队，应一并交李治云接收。并着责成赵倜，将所有军队切实考核，分别整顿，以一事权。此令。……京。号。印。

〔云南省长公署档案〕

41 北洋政府国务院严禁"复辟"传说公函

（1920年10月17日）

国务院公函　第二千五百七十四号

迳启者：近有不逞之徒，造作种种谣言，希图煽惑人心，扰乱大局。其最甚者，竟敢语及元首政躬，牵及中国国体，生心害政，殊堪痛恨。元首昕夕勤劳，政躬康健，政事之暇，无日不延接中外人士，垂询国计民生，当为中外所共见。此种谰言，不足与辨。至于我国国体，自元年底定共和以后，凡我五族、血气之伦，莫不濡育于共和国家之内，一心尊奉，出于至诚。往者复辟之祸，违反世界潮流，不旬日旋即反正，可见全国人民拥护共和国体之热诚。今虽南北尚未统一，而其尊奉共和之心则同，故复辟谬说，虽妇孺皆知其谬妄，实无辩论之余地。现在内而政府，外而各省军民长官，方且一德同心，协谋和平统一，以巩固我共和国体之国家。而此种奸人，意存破坏，肆口淆乱诬蔑，以图摇惑人心，乘机扰乱。若不严行禁止，恐无知之徒，为所愚煽，其害不可胜言。应由京外军民长官，转行该管官署，严切查禁。如确实查出此等造谣生事之人，立予严拿究办，

毋少姑息，以靖浮言，而定人心。至切至要！除分电外，相应函请贵部立即转行该管官署，一面出示晓谕，一面严拿究办可也。此致
内务部
中华民国九年十月十七日

〔北洋政府内务部档案〕

42 王瑚详报京兆所属各县遭直皖战争损失情形呈

（1920年11月13日）

呈为呈复事：窃奉钧部训令内开：查京畿一带因战争被灾地方，亟应预为调查，俾便抚恤。曾据顺直省议员曹克祇等呈，京兆地方被害最剧，请赐抚恤等情前来。究竟京兆所辖各县现在溃兵土匪情形如何，以及被灾区域广狭，人数多寡，损失若干，应由该尹迅即一并派员查明详核报部，以凭酌办。此令。等因。奉此。查此次军兴，事起仓卒，所辖境内，师旅云集。前于战端将起之时，即经密令所属，关于军用车辆、夫役、干粮、草秣等项，设法妥为应付，不得张皇避匿。过境军队，亦须一例相视，不分畛域，藉维地方秩序，俾免军民直接致生滋扰。所有应付军需发价不足之数，及全未发价之损失，既未便责令知事赔垫，亦未便由人民负担。并经令准事后核实开报特别请款归垫，俾可放手办理，免误事机。迨军事告终，溃兵四窜，百十为群，肆行劫掠，衣服、财物、牲畜、用具，被抢之家，百无一存。京兆尹接任之始，正值战事甫停，溃兵四窜，土匪乘机互助勾结，一面严令各县筹办善后，并遵照收束溃兵规则，妥为办理。一面督饬各路警备队筹防筹剿，互为援应。复经厘定表式，通令各县知事，将战后损失详加调查，按照物值估列银数，俾便审核。现据各县知事先后呈报前来，经京兆尹严加考查，尚无浮冒情事。惟供给军needs两项，有由各县知事从正款垫支者，有由商会绅民筹资挪用者，加以人民损失，计全属统共合银洋三百四十五万二千余元。其通县兵变所受损失八十六万四千七百余元在内。当此库

款奇绌，拟请钧部迅赐先行呈请大总统特别拨款，减半指发一百七十三万元，俾便择要归垫抚恤。其余之数，自可分期请领，以纾财力。至人民伤亡，应如何从优抚恤之处，敬候钧裁。所有调查战后损失情形，理合造具统计表，连同各县总表、分表，具文呈请鉴核施行。再查接前任移交，因军事垫支现洋一千三百七十五元七角七分，不在各县范围之内，谨开摺附送，并请给款归垫。合并声明。谨呈

内务总长

计呈送统计表一纸　　总表一本

分表一本〔原缺〕　　清摺一扣

京兆尹　王瑚

京兆战后损失统计表

县名	大兴县	宛平县	涿县	良乡县	房山县	通县
供给车辆民夫挑挖战壕占用民地房屋估计银数	共洋二千二百三十六元四角	共洋八百元	共洋二万九千零九十元零一角二分	共洋三百六十七元五角三分	共洋九百八十五元	共洋一万七千九百十六元七角四分二厘
供给食品用品骡马估计银数	共洋八千七百六十五元三角三分	共洋一万四千一百零六元四角九分五厘	共洋九万七千三百六十五元七角五分	共洋五千一百六十七元六角三分二厘	共洋四千八百六十八元二角七分八厘	共洋六千五百零七元四角三分
溃兵土匪劫掠钱财衣物估计银数	共洋十一万五千二百二十四元五角六分六厘	共洋十万零四千五百二十五元七角五分八厘	共洋六十万零二千九百二十一元二角一分六厘	共洋五万八千二百三十七元二角五分	共洋四万四千五百二十元零三角二分六厘	共洋九十四万三千八百五十二元二角零四厘
伤	无	四名	十二名	无	十名	一名
亡	无	十一名	男二十名 女四名	无	十一名	四名

（续表）

三　河　县	宝　坻　县	蓟　　县	香　河　县	霸　　县	武　清　县	固　安　县
			共洋十六元六角	共洋六百十七元五角四分一厘	共洋六十四万六千一百四十一元一角五分	共洋七千九百六十四元六角七分七厘
	共洋一千零九十七元		共洋一百二十元	共洋一千三百十二元四角八分	共洋三万四千三百九十四元二角四分一厘	共洋三万八千零三十元零二角一分二厘
共洋八千一百六十元零四角六分	共洋三千二百十五元	共洋六百九十九元一角零三厘	共洋七元七角零零六毫	共洋一千七百元	共洋五十一万八千五百五十八元八角	共洋二万零五百十七元
无	无	无	无	无	七名	八名
一名	一名	无	无	无	二十八名	二名

(续表)

安次县	永清县	顺义县	密云县	平谷县	昌平县	总计	备考
共洋三千二百五十元	共洋四百二十八元五角七分一厘	共洋一千七百七十二元三角	共洋三百九十七元		共洋一百五十元	共洋七十一万二千一百三十三元六角三分一厘	查京兆所属共二十县，除怀柔县呈报并未被灾，所有表列十九县统计损失共洋三百四十五万二千四百八十元零五分四厘。又通县第三栏填有兵变损失八十六万四千七百九十三元四角四分在内。合并声明。
共洋七千六百六十二元三角五分三厘	共洋一千一百八十七元零七分八厘	共洋七千八百五十元	共洋一千零三十三元二角五分	共洋五十一元	共洋四千三百二十九元四角二分	共洋二十三万三千八百四十七元九角四分九厘	
共洋三万四千二百十四元八角零一厘	共洋二百一十六元	共洋一千九百十九元九角	共洋二千五百元	共洋七千八百七十九元	共洋三万六千六百三十元零一角九分	共洋二百五十万零五千四百九十九元二角七分四厘	
三名	无	无	无	二名	一名	四十八名	
七名	无	无	无	无	五名	九十四名	

谨将京兆所被兵灾据各县呈报损失数目缮摺恭呈钧鉴：

计开：

武清县	洋一百十九万余元
通　县	战事损失洋十万零三千余元，兵变损失洋八十五万余元
大兴县	洋十二万二千余元
宛平县	洋十一万七千余元
良乡县	洋五万六千余元
房山县	洋五万六千余元
涿　县	洋五万余元(乡区不在内)
固安县	洋四万三千余元
顺义县	洋一万一千余元
三河县	洋八千九百余元
霸　县	洋四千余元
宝坻县	洋四千三百余元
平谷县	洋三千余元
永清县	洋一千六百余元
昌平县第二区	洋一千五百余元(余正在查报)
密云县古北口	洋四百一十余元(余正在查报)
蓟　县	洋三十八元
安次县	尚未呈报

右列各款均系概数，俟各县查报完竣，再行详细列表呈报。合并声明。　　京兆尹　王　瑚谨呈

谨将前任移交垫支军事用款摺恭呈钧鉴：

计开：

一、支北路调兵保护公署、设立守备处经费，现洋二百六十元。

一、支赏守备处书记、兵士，现洋一百六十四元五角。

一、支委员徐绍烈赴京西一带调查兵灾状况车马膳宿等费，现洋

七十八元八角五分。

一、支派北路警备队赴孙河等处游防，现洋五百元。

一、支西路司令赴高碑店劳军，现洋一百二十五元零二分。

一、支南路司令招待奉、直军队用费，现洋一百九十二元四角。

一、支给译电员顾埙特别津贴，现洋四十元。

一、支听电话夫役三名津贴，现洋十五元。

共支现洋一千三百七十五元七角七分。

〔北洋政府内务部档案〕

43 邓豁然陈诉所开华盛行遭皖军洗劫请予抚恤呈

(1920年11月)

呈为因公被灾，损失甚巨，吁恳恩准咨请国务院，将查抄安福祸首财产酌提抚恤，以免亏累事：窃商向在杨村车站北开设制蛋工厂生理字号华盛行，去秋因货价跌落，工做暂停，家具、药料俱存厂内，共值价二万七千余元之谱。延至本年旧历五月，货价甫见起色，正拟开工制货，不幸适值安福祸起，讨逆军与直军第八团穆团长屯兵杨村，见商工厂地势宽阔，分兵来驻。为期不过十日，即与逆军开仗。尔时该逆势焰正炽，我军失利，该逆乘势将杨村占领。知商工厂曾驻直军，进厂大肆凶残，门窗户壁均被捣毁，家倨〔具〕、药料，非抢则砸。迨奉军开到，该逆始窜。查点各物，计损失九千四百余元之巨，曾请杨村警署勘验转报在案。该逆残暴如斯，实属罕有。推其所以致此之由，无非因恨商工厂为直军所驻，藉以泄愤报复，不然，抢则足矣，砸之胡为？且杨村商民甚夥，其间虽亦有被抢之家，不过零零星星，损失无几，且更无既遭其抢，复被摔砸若是之甚者。以此种种情形推之，则是该逆军纯乎其纯如上所述，出于泄愤报复之意可知。商以血本经营此厂，数年于兹，今为直军驻兵，突遭此祸，论情酌理，既系因公，自与普通被抢有别。况我直军兴师讨逆，宗旨正大，志在救国救民，五洲同钦，兆民共仰，谅不忍默尔置之，使商受此无妄巨灾。且此次之役，既肇祸于安福，所有商民损失，当然责令该党祸首赔偿。查前者连日各报登载安福祸首财产查封甚多，如蒙酌提抚恤，不惟名正言顺，处分得当，且移缓救急，自易为力。除呈直鲁豫三省巡阅使暨直隶省长、京兆尹外，为此吁恳大部俯念商厂因公被灾，准予转咨国务院，将查抄安福祸首财产酌提抚恤，以免损失甚巨，亏累不堪，实为德便。谨呈

内务总长

具呈人杨村华盛行行东邓豁然

现寓西城孟端胡同三十四号李宅

中华民国九年十一月　　日押

〔北洋政府内务部档案〕

二　第一次直奉战争

1 张作霖对美报旅奉天访员关于时局问题谈话

(1922年3月13日)

交通部抄送扣留旅京外国访员纪乐士致美国芝加高日报馆电报：

奉天访员，于昨晚谒见张使作霖。据张称：现时北京内阁，故于组织之初，予以赞助；阁员中除陆军一人隶属军籍外，凡国中最有能力者，均经罗致。吴佩孚现正竭力破坏之。其故由于大总统，先则对于商定各阁员，予以赞许，旋又与张携贰，密劝吴佩孚尽力反对现任总理暨某某阁员云云。查此种情形，为大总统柔弱之特征。张作霖又云：现正与广州政府磋商，以和平方法，使南北和好。伍廷芳之子，现充广州代表，已来奉接洽，颇有成功之望云云。张作霖现将驻京军队，悉行撤回，集中关外某处。此项举动，系证实其宣言。所谓大总统于重组内阁，无论有何办法，均不为之干预是也。又撤兵之举，亦欲使其部队，不致与吴军发生冲突。盖张意值兹华会成功之后，若在中国北方发见党派战争，实属不幸之事。且使仇人所持中国完全扰乱之说，竟至成为事实也。张作霖又谓：此次内阁风潮，其责任在乎吴佩孚，即大总统亦有关系。是以诸事须由彼等自行整理，已则不愿参预云云。张意此次事件，系铃解铃，固有负责之人在也。吴佩孚无建设能力，而大总统只负虚名，其变化之速，有如春日阴晴，殊乏成就之希望。若任总理辞职，则中国各银行，亦必不再援助，政府似不知此中情状。而张之撤退军队，使政府更处迷惑之境。同时广州北伐军队，正在向北进行。于是北京尤抱不安，因沿江某数省，是否倾心北向，殊不可信故也。现

有北军派往要隘驻扎，以备截阻南军。倘张使作霖不克设法谋和，则本年夏初，必将见有战事。　　纪乐士

〔北洋政府步军统领衙门档案〕

2 关于吴佩孚运动撤换田中玉企图攫取鲁督函电

(1922年3月13日—6月29日)

(1) 陈宝龙给王怀庆函(3月13日)

夫子大人钧鉴：日前在京，趋叩慈颜，备承训诲，寸衷感篆，五内钦迟。辰维勋福，崇隆是躬康泰，式符私颂。兹敬禀者，昨日来津，与边议长晤面，转据徐端甫先生云：此次晋谒元首，志帅事仍照原议办理，一俟鲍总长回京，即行发表等语。惟查鲁省军官郑施诸人，曾有阳电拥戴田督。兹据友人确实报告，昨日郑师长之胞弟子固来京，向伊言及，日前田督招集郑、施诸人会议，首先某旅长奔走京、津、保、洛间，联络倒予，并与汝等均有密约。予拟将某旅长逮捕惩治。郑云：密约固所未有，逮捕二字，亦未甚当。田云：汝等既无密约，自当有所表白。郑、施诸人势逼处此，始允列名拍电，实非出于本意，并间接向龙声明，该电仅以表白无密约，其它概不过问，所事如何办理，应即迅速进行。伏思田督，两年以来，种种野心，无可讳饰。尤鉴于大局，风云之险恶，鲁人之颠连，困苦呼吁无灵。始于日前奔走保、洛间，承曹、吴诸帅意旨，以志帅前往接替，毫无权力思想，纯系天良发现。乃于昨日接到田督令文内开：该旅长前经迭被控告有案，正在委查。又复控报病情，擅离职守，应先撤差，听候查办，遗缺以施丛滨兼代等语。查其所谓被控有案者，仍是前年不从其攻直乱命，致种恶感，伊即勾结本旅团长成维清、营长王允彪等，迭次捏造之匿名信也。欲加之罪，何患无词。现本旅如官兵对于该项撤差命令，咸怀不平，龙当即电招本旅参谋来津，面嘱回防，切实安慰，免生意外，并令赶速办理交代矣。龙一人之牺牲不足惜，惟念大局之危迫，鲁人之愤激，志帅事若不迅速发表，变端一

生，讵堪收拾。本拟趋诣尊前，面禀一切，因曹省长日内回津，俟晤面后，再行来京。素谂夫子关心时局，一言九鼎。敬恳就便于元首面前详述利害，尽力主持，俾资早日发表，以维前途曷胜叩祷之至。肃此奉恳。恭请福安！

门生陈宝龙谨禀

三月十三日

如蒙赐示，交来差带下为盼。

(2) 吴芨孙致王怀庆函(6月29日)

顷接山东秘密报告一件，并顷所谈河南国民大会来电，、·并抄奉台察，已商主座谕请公转知曹公昆仲，便知子玉此种作用，实非立定脚根之道。主座完全为关爱曹公起见，似不可不稍加制裁也。祈酌定函知何如？遵此奉达，即颂懋哥大人。

弟制名心顿首　　六月廿九日

照抄山东秘密报告：

前山东第四混成旅张旅长乘金乡何旅、派州李旅晋省贺节机会，派人秘密运动，签名通电，要求撤换田督与马良，欢迎吴佩孚督鲁。嗣经各镇守使、旅长，以为兹事，关系山东安危甚大，一致反对，已将此议打销。闻前途仍在秘密进行。查豫省前以易督问题，酿成八省联盟，致政象陷于纷纠。若东省再发生此掀然大波，恐东省一片乾净土，亦必陷于不可收拾之境。

〔北洋政府步军统领衙门档案〕

3 京师总稽查处长张德恂关于直奉双方分向京津调动军队等情给王怀庆函

(1922年3月31日—4月9日)

(1) 3月31日函

宪台钧鉴：敬禀者，窃据稽查任永和报称：查得直系侦查员报告，直隶宪兵司令部报告云：(一)奉天加派进关二十七师及两个混成旅，议住天津附近小站、静海、独流、军粮城等处。(二)京津各设司令部，并划京津归奉派范围。(三)派奉张预接京师军政要职云云。又查得陆军大学校，接吴使电令，直派学员皆回原差，并令四月一日起将涿、良、房等县地图，详加校对。该校长预备京南各处，实地演习测绘。因前者京北实地筑城测绘，未得完善，藉此进行云。又据稽查曹国琛报告：闻统一条件，俟双方认可后，孙中山即就大总统职于南京，段芝泉就副座职于天津，听徐自行解职。并闻公使团已有所接洽矣。又闻统一条件，各方面均已承认，惟吴巡阅使，力主反对，惟恐将来有破裂之说。并闻吴巡阅使，已将得力军队，集中津沽地点。又张巡阅使军队，亦均调进关内，一俟军队布置妥当后，张使即来京一行，有重大会议。又闻中交票，又要不妥说。又据稽查员尚文炳报告：查陆军部内索薪团，查军法司存有祸首曾毓隽在中国银行之存款十万元，拟提出以发暂时之饷，当由统计科会同军法司前往提取，不意该银行只允拨付三万元，余者以后再说。且闻暗中有次长示意，不能一次拨给，留作逐月维持现状之用。大家闻之，甚不谓然，乃于昨日实行罢工。金次长因此事，于昨晚招集各司长到宅会议，如何办法，尚未宣布。惟陆部之索薪团只七司，无总务厅、副官处、秘书处、机要科、统计科，其编成每司科长一员，每科科员一员，地点在考试委员会。要饷者皆要签名盖章，如不盖章，即以不在京论。且议此次军法司存款提出时，不归统计科，由索薪团发放，归军法司监视。以是总务厅各处人员，近两日来到索薪团签名盖章者，亦复不少。又闻索薪团不但查有军法司存款十万元要提，且查军械司尚有某项存款若干万，统计科有某项存款若干万，军需司有某项存款一百五十余万，现时正搜索证据，将来仍要要求一并提取。又据稽查张荣昌报告：查得清华学校，发起约请各国学生、中国各学校、京内各机关，自四月二日起，俟到齐后，定期开会，闻说讨论事项，有政治问题，直奉关系。俟

开会后，如何情形，再为续报各等情。据此理合禀报。肃此伏乞垂鉴。张德恂谨禀　三月三十一日

（2） 4月9日函

宪台钧鉴：敬禀者，窃据稽查曹振芳报称：刻据蒙疆输送所云：近日奉军总司令部，向京绥铁路局，要铁闷子车六十辆，转赴奉天，现该路局已经拨去九辆。并云：奉军二十七师以及卫队旅，于三五日内，确实开拔进关，其驻扎地点，在天津附近等语。又据毅军人云：此次直奉风云，倘或决裂，全军官长密秘会议，自行筹饷，包打奉军北部（即热河方面），因姜老帅实系奉军气死，故有此议云云。又据差遣张鸿勋报称：查奉军第一师，八号由连长以上之军官在司令部会议，其内容甚为密秘，尚未探悉。又据廊坊有人来云：奉军之家眷，奉大帅命令，限三日走净，所有营连缺额兵士，一律补齐；所用军需品，由奉补充完全，每日野外训练一次，夜间在五里以内巡哨。查其意思，专对吴使预备，与曹使无关。其奉军已竟入关之实数，只有一旅，现在滦州附近云云。为此呈报，伏乞钧鉴。　张德恂谨禀　四月九日

〔北洋政府京畿卫戍总司令部档案〕

4 张作霖宣布率师入关以武力为后盾解决时局通电

（1922年4月19日）

北京大总统钧鉴：各部总长、各衙门、各省巡阅使、督军、总司令、各师、旅长，省长、省议会、农、教、商、工各会，各报馆、各特别区都统、上海护军使公鉴：民国肇造，已逾十年。东北纷争，西南俶扰。兵戈水祸，民不聊生。大好河山，自为分裂。党争藉口，以法律事实为标题。军阀弄权，据土地人民为私有。扰曳不已，安望治平。谁生厉阶，至今为梗。况自华府会议以后，容为友邦视线所

集，阋墙未息，外侮频来，匹夫横行，昔人所耻。作霖不敏，惄焉心忧，戎马半生，饱经忧患。生平叹乱，无丝毫权利之心。一秉至诚，惟国家人民是念。睹邪说暴行之日甚，觉梁崩栋折之堪虞。窃谓统一无期，则国家永无宁日。障碍不去，则统一终属无期。是以简率师徒，入关屯驻，期以武力为统一之后盾。凡有害民、病民、结党营私，乱政干约，剽劫国帑者，均视为统一和平之障碍物，愿即执殳先驱，与众共弃。此心此志，海内贤达，谅必不乏同情。至新统一进行，如何公开会议，如何确定制度，当由全国之耆年硕德、政治名流，共同讨论，非霖之愚，所能妄参末议。但以国利民福为心，或有起靡振颓之望。作霖此举，悉本于良心主宰，爱国热诚，共谋统一者为同志，破坏统一者惟仇仇。决不背公义，而庇护一人一党，亦决不挟私忿，而仇视一党一人。耿耿此心，天日共鉴。倘使统一完成，国事宁息，甚愿解甲归田，享此共和幸福。惟国难未平，匹夫有责，披坚执锐，所不敢辞，共发公诚。远道传闻，恐多误会，用敢披沥奉告，敬希鉴察是幸。张作霖叩。皓。印。

〔北洋政府步军统领衙门档案〕

5 曹锟吴佩孚等反对张作霖率军入关通电

（1922年4月21日—23日）

（1）吴佩孚等通电（4月21日）

火急。北京大总统钧鉴：国务总理、各部总长、各衙门、各省巡阅使、督军、省长、总司令、各都统、护军使、各师、旅长，海军各司令、各省议会、农、教、商、工各会，各报馆公鉴：慨自军阀肆虐，盗匪横行，殃民乱国，盗名欺世，不曰谋统一，即曰去障碍。究竟统一谁谋，障碍谁属。孰以法律事实为标题，孰据土地人民为私有，弄权者何人，阋墙者安在，中外具瞻，全国共睹，当必有能辨之者。是故道义之言，以盗匪之口发之，则天下见其邪，而不见其正；大诰之篇，入于王莽之笔，则为奸说。统一之言，出诸盗匪之口，则为欺世。

言道义而行盗匪，自以为举世可欺，听其言而观其行，殊不知肉肝如儿。事实具在，欲盖弥彰，徒形其心劳日拙也。佩孚等忝列戎行，以身许国。比年来去恶除奸，止戈定乱，无非为谋和平求统一耳。区区此心，中外共见。无论朝野耆硕，南北名流，如有嘉谟嘉猷，而可以促进和平者，无不降心以从。其藉口谋统一，而先破统一。托词去障碍，而自为障碍者。佩孚等外体友邦劝告之诚，内拯国民水火之痛。惟有尽我天职，扶持正义。彼以武力为后盾，我以公理为前驱。得道多助，失道寡助。试问害民病国者何人？结党营私者何人？乱政干纪，剽劫国帑者又何人？舆论即为裁判，功罪自有定评。蟊贼不除，永无宁日。为民国付〔保〕庄严，为华族假〔存〕人格。凡我袍泽，职责攸在。除暴安良，义无反顾。敢布腹心，惟海内察之。吴佩孚、齐燮元、陈光远、田中玉、赵倜、萧耀南、冯玉祥、刘镇华同叩。马。印。

〔北洋政府陆军部档案〕

(2) 曹锟通电(4月22日)

北京大总统钧鉴：国务院、各部总长、各衙门、各省巡阅使、督军、省长、总司令、各特别区都统、上海海军总司令、各舰队司令、上海护军使、各镇守使、各师、旅长，各省议会、农、教、商、工各会，各报馆公鉴：民国肇建，战祸频仍，国本漂摇，民生凋敝。华府会议以来，内政外交，瀕难倍昔。存亡之机，间不容发。国内一举一动，皆为世界所注目。近者奉军队伍，无故入关，既无中央明令，又不知会地方官长，长驱直入，环布京津。锟以事出仓卒，恐有误会，是以竭力容忍，多方退让。乃陆续进行，有加无已。铁路左右，星罗棋布；如小站、马厂、大沽、新城、朝宗桥、惠丰桥、烧窑盆、良〔王〕庄、独流、杨柳青、王庆坪、静海以及长辛店等处，皆据险列戍。以致人民奔徙，行旅断绝，海内惊疑，友邦骇怪。锟有守土安民之责，何词以谢国家，何颜以对人民耶。向者国家多故，兵燹迭起，人民痛苦，不言而喻。设兵事无端再启，不惟我父老子弟，惨遭锋镝，国□〔家〕倾覆，危在目前。言念及此，痛心切骨。顷据张巡阅使皓日通电，“谓统一无期，则国家永无宁日，障碍不去，则统一终属无期。是以简率师徒，入关屯驻，期以武力为统一之后盾。”锟愚窃谓统一，当以和平为主干，万不可以武力为标准。方今人心厌乱已极，主张武力，必失人心。人心既失，则统一无期，可以断言。皓电又言统一进行，如何公开会议，如何确定制度，当由全国耆年硕德、政治名流，公同讨论，似此则解决纠纷，必当听之公论。若以武力督迫其后，则公论将为武力所指挥。海内人心，岂能悦服。总之，张巡阅使，若以和平为统一之主干，此固锟数年来抱定之宗旨，在今日尤为极端赞同。尤望张巡阅使迅令入关队伍，仍回关外原防，静听国内耆年硕德、政治名流之相与公同讨论，若以武力为统一之后盾，则前此凡持武力统一主义者，不乏其人，覆辙相寻，可为殷鉴。锟决不敢赞同。抑更不愿张巡阅使之持此宗旨也。锟老矣！一介武夫，于国家大计，何敢轻于主张。诸公爱国之诚，谋国之忠，远倍于锟。迫切陈词，伫候明教。曹锟叩。养。印。

〔北洋政府陆军部档案〕

(3) 冯玉祥等通电(4月23日)

万万火急。北京大总统钧鉴：各部院、步军统领、警察总监均鉴：保定巡阅使、洛阳巡阅使、各省督军、省长、护军使、镇守使、各总司令、各师、旅长，海总司令、各舰队司令、广东陈竞存先生、徐季龙先生、各省议会、各公团、各报馆均鉴：共和成立，缔造维艰，志士头颅，英雄肝脑，言之至为伤心。乃十年以来，纷乱靡已。揆其致乱之因，一由于项城醉心帝制，洪宪称帝。一由于张勋奴性未死，大办复辟。蔡松坡滇池起义。一合肥马厂誓师，两次喋血，千古同慨。盖国家之奇耻大辱，莫过于变更国体，背叛共和，糜烂全国，贻笑邻邦。此次奉军无端入关，甘冒不韪，以国家为前提耶？抑以个人之党见而主旨耶？国内识时之士，当可不言而喻。夫张勋复辟之罪魁，国人不齿，而张作霖奉为腹心，屡请起用。梁士诒帝制祸首，甘心卖国，而张作霖通电袒护，为之作伥。迹其举动，帝制行将复活。祥等厕身戎行，颇知开国之义，此次率师出关，将以共和国之军人，与帝制派之军阀宣战。行见为奉直之关系，而坐观成败者，帝孽猖狂，国亡无日，区区愚忱。我辈军人，与其帝制复活，苟且以求生，何如为共和效死，以慰国人，以伸公义，赴汤蹈火，所不敢辞。临电无任愤慨，诸希明察。署陕西督军冯玉祥、省长刘镇华、第七师师长吴新田、廿师师长阎治堂、暂编陕西第一师师长胡景翼叩。漾。

〔北洋政府步军统领衙门档案〕

6 浙黑绥热等省区拥护张作霖率师入关通电

(1922年4月21日—24日)

(1) 浙督卢永祥通电（4月21日）

急。北京大总统钧鉴：各部总长、各衙门、各省巡阅使、总司令、督军、省长、省议会、农、教、商会，各工会、各报馆、各师、旅长，各特别区都统、上海护军使公鉴：政纲日紊，国与俱危，含识之伦，所同焦愤。揆厥本原，外饰政治之美名，内争权利之私计。贫而纵欲，共趋于贫。愚而好之，自肆其诈。不仅一时之利害，而国家与人民，实将永受其祸。是以内争无时可息，外侮因以交乘，事变所至，有不忍言。永祥之愚，但知以爱国为心，向不徇因人之论。窃维巩固国家，当从求统一，解纷争为第一办法；统一之计，必先牺牲私见，而后可得。公权必先，各息纷争，而后能归一致。其尤要者，不合凭权藉势，强不知以为知，因利乘便，蔑公义以为义。昨读张巡阅使皓电，剀切陈词，其所谓统一进行，如何公开会议，如何确定制度，当由全国之耆年硕德、政治名流，共同讨论数语，尤为至公至平之论。永祥前曾迭次通电，固已列举此义，电荷同情赞成，仍愧空言无补。兹者国事已亟，所望群策群力，宏济艰难，本共同之觉悟，谋正当之解决，庶人民可免于痛苦，国家可跻于治安。永祥不敏，自当竭智效愚，以求万一之效。电布悃忱，诸希鉴教。卢永祥。箇。印。

〔北洋政府步军统领衙门档案〕

(2) 绥远都统马福祥通电(4月23日)

北京大总统、国务院、各部总长、并转各衙门，保定、盛京、洛阳巡阅使，各省督军、省长，承德、张家口都统，上海护军使并转各镇守使钧鉴：国事周螗，政潮俶扰，海内分裂，数载于兹。言法律者，每与事实相违。尚事功者，恒与道德相悖。政府几同虚设，民治徒托空言。元气坐伤，乱象未已。长此以往，不惟人民永无宁日。而外交紧迫，恐国家亦将日就沦亡。言念前途，不寒而栗。为今之计，自非有根本解决之图，断无有共和幸福之望。昨读张巡阅使皓电，通告派军入关宗旨，意在以节制之师，为镇守之计，共筹良法，力阻横流，荩虑苦心，始终以统一为前提，以和平为归宿。凡我泽袍，热忱爱国，谅具同情。福祥待罪边垂，罔补时艰，惟此力谋统一，渴望和平之心，尚堪自信。但期有裨大局，竭诚补救，义所不辞。倘获统一告成，归耕陇亩，尤惬初愿。所冀老成贤达，共抒谠论，详筹解决办法，庶国是早定一日，民生早安一日。仁言所及，全国实利赖之。敬布区区，伏候明教。马福祥叩。漾(廿三)。印。

〔直鲁豫巡阅使署档案〕

(3) 热河都统汲金纯通电(4月23日)

大总统钧鉴：国务院、各部总长、各衙门、各省巡阅使、督军、总司令、各师、旅长，省长、省议会、农、教、商、工各会，各报馆、各特别区都统、护军使公鉴：窃金纯谬长师干，忝膺疆寄，睹时局之扰攘，惧国祚之沦胥，念政策皆误于棼丝，而厉阶实由于作梗，自非刚断，难见廓清。顷读张巡阅使皓电，以统一未成，国家永无宁日。障碍不去，统一终属无期。本良心之主张，以武力为解决。词严义正，振聩发聋，以九合诸侯之心，为一匡天下之举；凡有血气，忍弗牵从。慨自民国建元，已逾十载，南北解体，将及五年。外患相逼，既披枝而伤根；内讧迭兴，复然萁而煮豆。民穷财竭，法敎纲沦。倘一旦而覆亡，将万劫而不复。乃邦人诸友，莫肯念乱，党魁军阀，各逞私图。子因纵而益骄，痈以养而成患。揖让救火，后悔已迟。夫穷阴凝闭，雷霆震而万物皆苏；小丑跳梁，挞伐行而群雄始服。其有甘心助逆，出首抗衡，奋螳臂以挡车，假虎威而吓众，即为公敌，誓剪凶残。孰顺孰逆，是非自在人心；或战或和，中外当蒙共谅。为万方而请命，劳怨奚辞，果一怒而安民捐糜，何惜愿随诸公之后。执鲁弭以周旋，庶奏耆定之功，出苍黎于水火，已间师旅驻卫京畿。敢布腹心，敬候明教。汲金纯叩。漾。印。

〔北洋政府陆军部档案〕

(4) 黑督吴俊升通电(4月24日)

北京大总统钧鉴：国务院、各部、各衙门、各省、各巡阅使、督军、省长，承德、张家口、归化、上海都统、护军使、镇守使，各总司令、师、旅长，各省议会、教、商、农、工各会，各报馆公鉴：政局扰攘，祸乱频仍，长此纠纷，国将不国，凡有血气，能勿心伤。推原所以致病之源，实由未能统一之故。每一念及，五夜徬徨。近读张巡阅使皓电，力谋统一之办法，以求根本之解决，爱国热忱，昭然若揭。其统一无期，则国家永无宁日；障碍不去，则统一仍属无期数语。至理名言，尤为洞见症结。俊升一介武夫，不学无文，惟知以国家为前提，从无党派之私见，深望群策群力，共济艰难。其有能从事于统一者，则崇之敬之；其有为统一之障碍者，则惟愿与天下共弃之。诸公爱国，谁不如我，俊升不敏，窃愿从诸君子后，以周旋于坛占间也。至制度如何确定，会议如何公开，老成人自有典型，政治家具有专学，俊升何人，义无干涉。敢布腹心，伏希明察。吴俊升。敬(二十四日)。印。

〔北洋政府步军统领衙门档案〕

7 步军统领衙门咨议某关于奉军入关计划及由张宗昌招编胡匪为藏军等情密报

(1922年4月23日)

为密呈报事：窃咨议据零号高等侦探探得奉军入关之计划，原拟豫赵【倜】、陈德修、鲁马良、陈干、吴光新等，同时发动。张宗昌所招胡匪编为藏军第一师(藏军编制另详)，为西路总指挥。由鲁省西三府及徐州一带所招土匪，各守原地。迨将海参威运往大连转至潍县土匪集齐准备后，占据潍县，取莱州府，顺道夺烟台为藏军根据地，即夺烟防。海军至青岛，会同吴光新等攻取济南，为临时联军总司令部。张又派前营长张联辉，充前锋炸弹队队长(该队约两千余人，均皆哈尔滨土匪)，以一千人担任前锋炸弹队，一千人散布京、津、保、洛、汉沿路，充暗杀直系及京中各要人之任。炸弹由海参威俄红党购来四千余个(炸弹式另详)。飞机队每支俱有三师旧人二名，用以上窥下测，远镜专视吴使在前线指挥时实行之。张宗昌各事未齐备，未能同时动作。而豫赵失于前，陈观于后。张、马、吴、陈以山东问题，颇招外人及国民非议，致预定计划，不克实行。奉张认为一字长蛇阵，为大不利，电责张、秦。又因吴使兵力雄厚，奉军输送未完，及入关之兵，有逃亡日见甚多。故奉张一面缩短战线，一面利用调停，将后援运齐，张再携同孙烈臣、许兰洲来津，提出最苛条件(恢复旧国会制宪，徐、梁同时下野，另组临时政府，处理善后事宜)，至不能解决时，再以兵戎相见，实行倒现〇〇〇，扑灭吴使。(并在奉对兵士演说，天津华洋界内，有两千万以上巨富，约五十余家，胜则准尔等抢掠三日，败则直属任尔所为云云。)伊即顺张绥路，流入蒙古为王，再图进取。又据二号高等侦探报称：彼系(直系份子亦有挽入者，足见为倒曹等离心之引线)有推王制徐之法，方耸王来京，故王入京后，拟赴津与段、张(勋)等接洽，以窥各方面对彼之意见如何，再定图谋。查张勋招募土匪、夺取徐州，恢复长江原有势力之建议〔制〕，理合缮具密呈，恭呈钧鉴。

藏军第一师编制如左：①

师长张宗昌。　　参谋长孙钵传。　　副官长娄和青。

第一梯团团长许昆。　一队长翟文林。　二队长张效同。三、四队长团长兼。

第二梯团团长程国瑞。一队长吴振星。　二队长岳柏苍。三、四队长团长兼。

第三梯团团长褚玉璞。一队长朱玉贤。　二队长张殿臣。三、四队长团长兼。

第四梯团团长王万金。一队长宗克章。　二队长祝相本。三、四队长团长兼。

第五梯团团长赵开运。一队长赵连成。　二队长张连星。三、四队长团长兼。

盒子枪队队长丁齐五(即土匪丁三花之侄)，带土匪七百余名。

前锋支队司令官贾振国。

奉天输送队分五队，张敬尧统带之(每队三五百人不等)。

协助藏军款项者，潘复二十万(财政部曾某经手)，王郅隆二十万，青岛刘之山二十万，卢子嘉二十万。

炸弹式系六棱瓜式，以蒂为机关，携带时将蒂摘下，无论如何，决不能发作。若将蒂接上，碰即爆炸。

四月二十三日呈

〔北洋政府步军统领衙门档案〕

---

① 末附张宗昌自带之“藏军第一师关防”朱色印模。

8 张锡銮郑士琦等呼吁直奉双方息争通电

（1922年4月23日—28日）

（1）天津张锡銮等通电（4月23日）

北京大总统、国务总理、各部总长、保定曹巡阅使、盛京张巡阅使、河南吴巡阅使、各省督军、省长、京兆尹、各都统、各护军使、各镇守使、海军各司令、西南各总司令、蒙青藏办事长官、各省议会、教育会、商会、天津黎黄陂、段芝老、梁燕老、严范老、熊秉三、陆干卿、靳翼青、范静生、刘霖生、李实忱、饶秘僧、梁任公、张绍轩、王子铭、陈二广〔菴〕、李阶平先生、北京周朴老、田焕老、汪伯老、钱干老、荫午老、平政院长张乾若、朱桂莘、夏仲膺、江宇澄、张勋伯、蔡孑民、萨鼎铭、孙慕韩、陆子兴、王铁珊、王幼山、谷九峰、张溶西、陈铎士、王懋宣先生、上海岑西林、谭祖广〔菴〕、康长素、孙伯兰、张仲仁、张溥泉、唐少川、柏烈武、谭月波、陈舜卿、林隐青先生、南通张季直先生、长沙赵炎午先生、重庆熊锦帆先生、南郑刘积之先生、三原县于佑任、胡丽生、王仕堂先生、南昌李木斋先生、广东孙中山、伍秩庸、陈竞存、徐固卿、李协和、魏丽堂、李登同、胡展堂、蒋伯器、程颂云先生、桂林汪精卫、许汝为、蒋雨岩、孔文颉先生、云南唐萱赓、褚懋僧、李印泉先生，盛京吴莲伯先生、杭州章太炎先生均鉴：华会协定原则，尊我主权，为人类友爱，国际相互尊重，开一新纪元。凡从前秘密外交，以强权代公理，视阴谋为当然者，经世界大战之牺牲，发人类共同之觉悟。故广土众民之我国，为世界经济需要之源泉，所受同情，致为真挚。邦人诸友，为酬答友邦之厚谊，尊重国际之人格，列国既不恃武力阴谋以凌我，我岂忍以武力阴谋而自戕。乃者统一问题，曹、张、吴三巡阅使及各省督军所标主义，皆为一致。倘能扫除客气，屏斥谗慝，从容商榷，同定国是，岂惟举国人民所仰望，抑世界万国所欢欣。乃目的不殊，而入途各异，失职不逞者，肆其簧鼓，至兴师动众，几使同袍相残，四民失业。

夫以少数人之私念，牺牲我四万万人之人格，凡有血气，宁能坐受。前者函电商榷，吴使有推重曹、张之电，张使有一听仲帅之言。顷曹使养电与张使皓电，希望统一，异口同声，浙督、陕督亦不谋而合。以国民全体之希望，得群帅共同之伟倡，事有易于反掌，理无待于称兵。是以张使谓，须武力为后盾；曹使谓，须和平为主干，所望张使恪守成言，尊重曹使和平之提议。曹使则力谋实行，用副众望。所谓耆年硕德、政治名流者，在全国人民中推选，用何法集会，在何地网罗，众意提出具体办法，务期切实可行，征求各方同意，俾海内耆年硕德、政治名流，集会一堂，决定用〔国〕是，庶几公道，获有力之赞助，民国得有再整之一日。凡完成法治，整理财政，减缩军备诸大端，自可次第解决，外以副世界期望之殷，内以成诸帅和衷之美。若推选无法，集会无地无期，则国是终未由决。若战争则争城夺地，固足以自杀。况和平亦麻木不仁，终无以立国。在思谋武力者，或别有所翼，我全国人民，其何以堪。锡銮等息影家园，不与政治，然忧宗周于恤纬，惧栋折而榱崩。诸公现瑁符节，坐镇兼圻，能使我辈作太平之民，则旂常锺鼎，皆所以铭诸君之伟绩。否则民国十载，拥兵自厚者，莫不有引戢自焚之忧。远瞻俄罗斯、墨西哥屠戮之惨，近睹滇、桂、川、湘攻劫之酷。载胥及溺，有识同悲。用敢披沥腹心，呼吁袍泽，顺应世界之新潮，尊重国民之公益，立罢军事，言归于好，以保全我至友良朋无穷之荣誉。民国前途，实利赖之。公谊私交，言非得已，敢效忠告，伫盼德音。张锡銮、赵尔巽、王士珍、王占元、孟恩远、张绍曾叩。漾。印。

〔北洋政府直鲁巡阅使署档案〕

(2) 山东帮办军务郑士琦等通电（4月26日）

北京大总统、国务总理、各部总长、奉天张巡阅使、保定曹巡阅使、洛阳吴巡阅使、天津黎前总统、段前总理、靳前总理、正定王前总理、各省督军、省长、总司令、都统、护军使、镇守使、各师、旅长，各报馆鉴：顷闻奉直误会，双方皆已备兵，道路谣传，几若祸至无日。巡帅皆国家元勋，军界泰斗，有何壮猷伟略，非师旅长等所敢妄参末议。惟是鲁省，地当南北枢纽，一经战事，首受其冲。且鲁案经国人奔走，政府坚持，友邦赞成，始有此交还结果。今胶济方开始接防，万国具瞻，治安问题，关系国家颜面。倘适于日兵撤退之初，妨碍治安，则数年抗争之辛苦，尽付空花。以后国际之地位，益陷绝境，千钧一发，岂容稍有差池。田督军近日通电，危言苦口，劝告息争，不幸至于交绥，惟有保境息民，山东一隅，宣告划出战区以外，不愿有所左右。是田督军爱护外交成绩，保全国际地位，维持鲁省和平，远识渊衷，当为诸公所赞许。师旅长等，执戈鲁省，积有年所，食禄忠事，义无反顾。谨当服从命令，淬励士卒，效忠尽智，以贯彻此保境息民之主张。倘为各方所尊重，则鲁省之福，国家之幸，同人等实拜嘉惠。万一不谅，牵及鲁疆，则既不顾鲁，并不顾国。同人无所逃死，惟有奋力决战，以告无愧于国人。今时何时，此地何地，鸟为鹬蚌，授利渔人，同人之愚，窃所不解。海内明达，鉴此区区。戆直陈词，愿闻金石。帮办山东军务第五师师长郑士琦、第九旅旅长徐鸿宾、第十旅旅长孙宗先、第四十旅旅长施从滨、陆军第一混成旅旅长潘鸿钧、第二十混成旅旅长吴长植、山东陆军第一混成旅旅长张克瑶、烟台镇守使兼第二混成旅旅长张怀斌、曹州镇守使兼第三混成旅旅长张建功、第五混成旅旅长李森、兖州镇守使兼第六混成旅旅长何锋钰、第七混成旅旅长胡翊儒、守备队司令戴以庸、宪兵司令居建同叩。宥。

〔北洋政府步军统领衙门档案〕

(3) 甘肃省长潘龄皋通电(4月28日)

北京大总统钧鉴：国务院、各部总长、奉天张巡阅使、保定曹巡阅使、洛阳吴巡阅使均鉴：除云南、贵阳、广东、成都、桂林、长沙，各省督军、省长、张家口、承德、归化都统，上海护军使鉴：奉读张使漾电，曹使养电，吴使效电，持论虽异，爱国则同，仁言蔼如，钦佩无任。惟风闻双方各筹战略，龄皋待罪西陲，惶骇交并，料非张、曹二使之本意，请缕晰陈之。鼎革后，灾祸洊臻，民生凋残，国势累卵，幸张、曹二使，宗旨纯正，奠我金瓯，威建萌销，得有今日。倘以偶乖政见，遽起衅端，元气早伤，岂堪再斫粤、湘、川、陕，殷鉴匪遥，十年保障之分劳，谁忍隳于一旦。此其一。泰西学说，以胜异国为荣，戕同种为耻。现在表面虽分奉直，袍泽均是弟兄，万一交绥，肝脑所涂。何非我国父兄子弟，疮痍满目，何非我民生命财产。张、曹二使，仁民爱物，大勇慈祥，念及前途，必有愀然不自安者。此其二。战端一启，倘保护稍疏，伤及外人，必招责备。张、曹二使，天马行空，神龙夭矫，岂甘低首受制外邦。此其三。财竭民穷，全持借债度日，再加战事，一日消耗，何止万千。贫极则破产，破产则国亡，必成埃及、波兰之续。夙任擎天之柱者，岂肯为之。此其四。总之兵凶战危，古人痛戒，两贤相厄，历史深讥。伏望张、曹、吴三帅，救国安民，毋信报纸讹传，毋受政客挑拨，毅然独断，将双方军队，同日撤回原防，一面会呈大总统，召集各省耆年硕望，妥筹统一，根本解决，开诚布公，集思广益，天下无不了之事也。张、曹二帅，笃秦晋之懿亲；张、吴二帅，复廉蔺之欢洽。栋梁华夏，同列元勋，带砺河山，贵寿无极，掬诚奉劝，伏候德音。甘肃省长潘龄皋叩。勘。印。

〔北洋政府步军统领衙门档案〕

9 吴佩孚等宣布张作霖十大罪状并对其作战通电

(1922年4月25日)

急。北京大总统钧鉴：国务院、各总长、各衙门、各省巡阅使、督军、省长、师、旅长，镇守使、各特别区都统、护军使、海军各舰队司令、各省议会、农、工、商、教各会，各报馆钧鉴：国人苦胡逆张作霖久矣！曩以国家多故，犯而不校，启大盗自新之路，存上天好生之德，涵育包容，以有今日。斯固父老昆仲，夙昔所怨责，而佩孚等所内疚神明者也。狼子野心，非我族类，德不能化，语不能感，矫命乱纪，犯阙称兵，罪恶贯盈，末日已至。长此容忍姑息，既无以拯国民水火之苦，更无以答友邦希望之诚，用敢厉兵秣马，整我戎行，宜揭罪魁，昭告中外；张作霖包藏祸心，窥窃神器，盗取戊谋统一之名，阴行破坏统一之实。曩岁国民大会，原期排难解纷，而张则力阻其成，比年西南北犯，无非增长内乱，而张则甘为作伥。近复勾结叛逆，四出构兵，障碍统一，其罪一。梁士诒洪宪祸首，张作霖则举为总揆。张勋复辟罪魁，张作霖则邀求巡阅。倒行逆施，危害国体，其罪二。害莫大于祸国，奸莫甚于通外，张作霖兼而有之。防耿玉田运械人，诱致蒙匪，袒护梁士诒，直接交涉，断送青胶，勾通外人，贻祸祖国，稍有人心，何忍出此丧权恃外。其罪三。华会告终，友邦劝裁无用之兵，而张作霖则招匪以为兵。青岛收回，吾国祝为新硼之试。而张作霖则运匪以扰鲁，丧心病狂，负罪友邦。其罪四。国之与立，惟在法纪，破法乱纪，张实作俑。以法令为刍狗，视元首若弁髦。法纪荡然，政纲解纽。擅调军队，挟制中央。垄断政权，屡召会议于京津。威迫河间，突为进兵于浦口。犹复陈师入关，危及元首，破坏法纪。其罪五。京师首善之区，中外属目，秩序森严。自张派奉军盘据，白昼劫掠，跋扈恣睢，闾阎则一夕数惊，商贾则谈虎色变。政以盗我，贼为民害。豺狼当道，狐鼠横行，纵匪殃民。其罪六。设官守土，各有其责。畿域攸分界限，斯判特别三区，原属直省管辖，京兆沽原为直军驻守。乃以德报怨，任其宰割。既占察哈，复据热河。京畿首都，乃成盗匪之外府。津沽要地，尽属盗匪之防区。既让小淫□徒，又让□海天津。彼竟得陇望蜀，占据永清、霸州，进窥保阳。让之不已，无所逃避。守土保民，义无反顾。彼先开衅，黩武逞兵。其罪七。昔截秦皇岛军械，今劫三家店军火。攫取饷糈，则竭泽而渔。剽窃金钱，则囊括以去。致使陆海各军，饷糈无着。曩昔叶恭绰长交，则受较〔效〕三百万，近今梁士诒入阁，又报效四百万。张弧发行公债，则所入无算。劫掠饷械，行同盗匪。其罪八。帝制安福之党，则盘据要津，梁、叶、张弧之辈，则援为护符。所有作奸犯科，亡命盗匪，无不收纳。关外为胡匪发源地，辽沈为罪人逋逃薮。招亡纳叛。其罪九。次山、金波、有恒义父也，而背叛之。阁忱、曙村、香岩兰友也，而驱逐之。孙烈臣、汤玉麟贫贱交也，而猜疑之。秘使耿玉田诱蒙匪，乃毙之于狱以灭口。狠若吕布，凶逾朱温。残杀同类。其罪十。综其罪孽，擢发难数，穷凶极恶，豺虎不食。作霖不死，大盗不止。盗阀不去，统一难期。若其常此肆虐，永为民害，则人道可以不存，国法可以不立。白山黑水之马贼，得以纵横一世，驰骋中原，国家之体面何在，国民之人格何存。佩孚等既负治盗剿匪之责，应尽锄奸除恶之义。爰整义师，歼厥渠魁，以泄公忿，以快人心，歼归一人，胁从罔治。□劫前途，倒戈□为桀哲之士。若其徘徊歧路，必贻附逆之羞。敌忾同仇，独夜气沮，人心厌乱，天意亡胡。从此残暴既除，和平可睹。障碍既去，民国以安。谨此露布，中外共鉴。吴佩孚、齐燮元、陈光远、萧耀南、田中玉、赵倜、冯玉祥、刘镇华同叩。有。印。

〔北洋政府陆军部档案〕

10 徐世昌发布奉直移调近畿双方接近地点军队一律撤退令

（1922年4月26日）

大总统令：

近日直隶、奉天等处军队移调，以致近畿一带人情惶惑，闾阎骚动，粮食腾踊，商民呼吁，情急词哀。迭据曹锟、张作霖等电呈，声明移调军队情形，览之深为怒然。国家养兵，所以卫民，非以扰民也。比岁以政局未能统一之故，庶政多有阙失，民生久伤，憔悴方谋，拯救之不遑，何忍斫伤之不已。本大总统德薄能鲜，不能为国为民，共谋福利，而区区蕲向和平之愿，则历久不渝。该巡阅使等相从，宣力有年，为国家柱石之寄，应知所有举动，民具尔瞻。大之为国家元气所关，小之亦地方治安所系念。生灵之涂炭，矢报国之公诚，自有正道可由，岂待兵戎相见，特颁明令，著即各将近日移调军队，凡两方接近地点，一律撤退。对于国家要政，尽可切实敷陈，以求至中至当之归。其各协恭匡济，奠定邦基，有厚望焉。此令。

大总统印　　国务总理周自齐　　陆军总长鲍贵卿

中华民国十一年四月二十六日

〔政府公报1922年4月27日，第2209号〕

附：京畿卫戍总司令部布告

为布告事：照得京西一带，现正发生变故，而京城地方顿形恐慌，人心惶惶，莫知所措。本总司令职司地方，责无旁贷。现经切实警备，加意防卫，所有京师居民以及各国侨商侨民，自应完全负责。业经本总司令严加防范，认真布置。为此布告军民诸色人等，一体周知。自此布告之后，务须各自镇静，照旧营生。毋得妄信风谣，徒自惊扰。倘有无故造谣，任意煽惑者，即由军警拘获重惩，以靖地方。仰即遵照，毋违切切。此布。

中华民国十一年四月　日

〔北洋政府京畿卫戍总司令部档案〕

11 奉军张作相等揭露吴佩孚藉湘战诈骗巨款等罪行并宣告对直作战通电

（1922年4月27日）

北京大总统钧鉴：国务院、各部总长、各衙门、步军统领、警察总监、京兆尹、保定曹巡阅使、各省督军、省长、总司令、各护军使、各镇守使、各师、旅长，各特别区都统、海军总司令、各省议会、总商会、农会、教育会、各报馆公鉴：窃维清政失驭，国体乃更。革命以来，于兹十有一载矣。丧乱频仍，日甚一日。自直军由湘鄂自由撤防北归，以后统一两字，希望毫无，南北和议，始终停顿，推原祸始，实吴佩孚一人□阶之厉也。国家要素，全在纲纪。军人天职，只有服从。当吴佩孚拥兵衡州之时，或乘胜进攻，或停战议和，皆不失为正当办法。乃以未得湘督之故，竟倒戈相向，合力谋驱湖南张督。而吴氏干政乱纪之行为，倒行逆施之举动，遂至肆无忌惮，层出不穷，虽罄南山之竹，亦不足书其罪恶矣。吴氏欺世盗名，向以清白自诩，而衡阳之役，即骗得西南八十万元。① 此外诈取及勒借各款，就所闻于各省官民言之，历历有据者，湖南省署及地方五百余万，湖北三百余万，江苏七十余万，河南亦百余万，其余敲诈，沿路地方各款，为数尤属不赀。是吴氏之贪。不得督军，则称元首，为先生得巡阅使，则改称我大总统。是吴氏之鄙。唆使成慎逐赵，继又助赵攻成，致成死于非命。是吴氏之狠。其决堤灌浔也，沿堤居民，聚集老幼男女，环跪于前，涕泣请命，吴氏悉怒而投之横流，并指挥掘挖益急。是吴氏之忍其夺位卖友也。以湖北地盘之故，对于王使，不惜多方掣肘，以牺牲其同系同乡同寅之老友。是吴氏之险。平居自命，不曰武乡侯，即曰岳少保，而居心奸狡，适得其反。是吴氏之妄。忽而国民大会，忽而虑〔庐〕山会议，甚至欲立第三政府，其实全无心肝，不过价空气以自重耳。是吴氏之诈。寻常对众演说，非扫灭东省，不足以横行中国，东省何负于吴，而野心勃勃如此。是吴氏之狂。尤复阴谋百出；自去岁以来，即时时欲将安徽、山东、河南、陕西、山西各省地盘，尽举而归之掌握之中。以遂其所大欲，而后快此。尤吴氏之明目张胆，大言不惭者。其他悖谬之举，国人著有专书，不待指数。是吴氏直一，不仁不义、不忠、不信之奸邪残贼耳。近年因中原多故，张使以曹使坐镇北洋，由曹一意整顿，而张使慎固边防，决不存丝毫权利思想。乃以吴氏横行之

---

① 据岑春萱致唐继尧密电系六十万元，见中国第二历史档案馆编《直皖战争》7页。

故，不但中国商民，受莫大之损失，而各友邦商业，亦受其影响。自华府会议以后，国势之阽危益甚，张使甚愿巩固北系团体，拥戴大总统，推举王聘老、段芝老及文武耆宿，共谋救国。张使尤素重曹使，果能协力同心，亦可贯澈此旨，协谋统一之进行。乃吴氏以受曹卵翼之人，反唇相稽，竟谓曹氏昆仲，除【枉】法贪赃外，别无好处于地方，是不唯破坏北洋团体。抑且辜负恩遇长官，负义忘恩，莫此为甚。又复反覆无常，一意捣乱，虽至荒旱荐臻，上干天怒而不恤。此次奉军入关，原本奉大总统派员挽留，驻兵增兵，亦复同意。而曹省长亲自到奉，亦同此旨。乃吴氏蛊惑曹使，必欲归罪奉军，迫令宣战。尤用其金口决堤之故智，填列多名，通电谩骂，以启衅端。若惟恐战祸之不速者，是真国家之妖孽，当道之豺狼。作相等义愤填膺，忍无可忍，用特宣告天下，剪此凶顽。但张使与曹使交谊素敦，与直军更无嫌隙。其无故挑衅者，只吴氏一人。我直军同袍将士，如仍归曹使者，作相等敬以礼之。如有甘心从逆，随吴抗我大军者，即当一律铲除。如有弃吴逆来归者，当请张使一视同仁，录功给饷，特别优遇。我大军纪律素严，秋毫不犯，经过地点，公平交易，商民勿庸自相惊扰，静俟我大军灭此朝食。以与我海内同胞，共享升平。区区血忱，天日可□矣。倚眉宣言，伏维公鉴。师长张作相、张景惠、汲金纯、吴俊升、邹芬、旅长赵明德、李振声、阚朝玺、郑殿陕、张学良、蔡平本、齐恩铭、鲍德山、李景林、郭松龄、牛永福、赵恩臻、汤玉麟、张荣、齐占九、王兹栖、田献章、梁朝一、赵王周、李栩林、张九卿、诚明、胡永奎、蔡永镇、刘香九、郭瀛州、张焕相、石德山、张明九、巴英额、彭金山、张奎武、陈辅升、张作涛、史魁元、杨德生、陈锡武、英顺、袁庆恩、张海鹏、万福临、李冠英同叩。沁。印。

〔北洋政府陆军部档案〕

12 张作霖于直奉接触后攻讦曹吴宣战通电

（1922年4月27日）

北京大总统钧鉴：国务院、各衙门、步军统领、警察总监、保定曹巡阅使、各省督军、省长、各都统、护军使、各总司令、海军总司令、各海军司令、各师、旅长，各省议会、农会、工会、商会、各法团、各报馆均鉴：窃以国事纠纷，数年不解，作霖僻处关外，一切均听北洋团体中诸领袖之主张，向使同心协力。无论前年衡阳一役，可以乘胜促统一之速成，即不然，而团体固结，不至摧残，亦可成美洲十三州之局。乃一人为梗，大局益棼，至今日而愈烈。长此相持，不特全国商民受其痛苦，即外人商业停顿，亦复亏损甚巨，啧有烦言。作霖所以隐忍不言者，诚不欲使一般自私自利之徒，借口污蔑也。不料去岁，竟无故招谤，遂拟将关内奉军，悉数调回。乃蒙大总统，派鲍总长到奉挽留。曹省长亲来，亦以保卫京、津，不可撤回为请。而驻军地点商会挽留之电，相继而至。万不得已，始有入关换防，酌增兵队，与曹使协谋统一之举。又以华府会议，适有中、交两行兑现之事，共管之声浪益高，国事之颠危益甚，作霖又不惜以巨款救济之。所以牺牲一切，以维持国家者，自问可告无罪。若再统一无期，则神州陆沉，可立而待。因一面巩京畿之保障，一面促统一之进行。所有进兵宗旨暨详情，业于皓日、漾日、通告海内。凡有血气者，睹情形之危迫，痛丧乱之频，仍应如何破除私见，共图挽救。乃吴佩孚者，狡黠成性，殃民祸国，醉心利禄，反覆无常。顿衡阳之兵，干法乱纪，致成慎于死，卖友欺心。决金口之堤，直以民命为草芥。截铁路之款，俨同强盗之横行。蔑视外交，则劫得盐款。不顾国土，则贿卖铜山。逐王使、刷荆襄，首破坏北洋团体。骗各方之款项，鼓动大局风潮。盘踞洛阳，甘作中原之梗。弄兵湘鄂，显为蚕食之谋。迫胁中、交两行，掠人民之血本。勒捐武汉商会，竭阛阓之脂膏。涂炭生灵，较闯、献为更甚。强梁罪状，比安、史而尤浮。惟利是图，无恶不作，实破坏和平之大憝，障碍统一之神奸，天地之所不容，神人之所共怒。作霖当仁不让，嫉恶如仇，犹复忍耐含容。但得和平统一，忍以干戈相见。不意曹使养电、吴氏马电，相继逼迫，甘为戎首，宣战前来，自不能不简率师徒，相与周旋，以巩固我国家。事定之后，所有统一办法，谨当随同大总统及各省军民长官之后，与海内耆年硕德，政治名流，开会讨论公决。作霖本天良主宰，掬诚悃以宣言，既不敢存争权争利之野心。亦绝无为一党一人之成见。皇天后土，共鉴血忱。作霖不敢以一人欺天下，披沥以闻，伏维公鉴。张作霖。沁。(二十七日)。印。

〔北洋政府步军统领衙门档案〕

13 奉系将领张景惠指责吴佩孚煽起直奉战争并公布与曹锟往来电

(1922年4月28日—5月1日)

(1) 4月28日通电

北京大总统钧鉴：保定曹巡阅使、盛京张巡阅使钧鉴：各部总长、各衙门、各省督军、省长、各都统、护军使、各镇守使、各直军行营、直隶全体将领、各司令、各师、旅长，各省议会、农、教、商、工各会、各法团、北京、上海、盛京、各报馆公鉴：窃谓人格不讲，无以判薰莸。事实不明，无以正功。罪我奉军，受国家豢养，蒙兵主提携，平时尽天职之服从，不为罔上，有事赴疆场而效命，一志驱邪。当纪纲凌替之秋，生道义沦胥之世，防巧口之乱德，恶紫色之夺朱。曹彬爱民，莫掩后人之论。庆父祸鲁。难逃共讨之诛。谨为揭橥追源，考核公论。世多明眼，宜各平心。倘有阙疑，尚希见教。畴昔奉军之入关也，基于戊午援湘之役。曹使当四省经略之职，节制一路之师佐，以奉军中枢有命，始临武汉，继进三湘株、醴、安、祁，陈兵戍守。直军所指，奉部追随，风雨杂居，泥涂互应，相维并系，共苦同甜。故尔后策绩铭勋，懋官懋赏，生荣死恤，直奉维均。册籍犹存，可赐稽考。此我两军缔交之始，亦即今日共事之人也。嗣以安系鸱张，北洋鼎沸，曹使折旆，奉军调归。维时密〔寇〕炽三秦，名城屡陷，声传潼洛，檄满幽燕。政府再令简拔奉军，提师戡乱，历时数月，迭复坚城，西安围解，岐山凯奏。此我奉军内驻之始，亦即所以示国人也。洎吴师撤湘，安系拒之，使无奉助，中央之令不施，则衡阳浦上，游魂莫招。直皖衅开，安系乘之，使无奉助，定国之军不败，则永定河边，枯骨可掬。此我奉军不持无惭于直，抑且大有造于吴也。比年宇内，跂望澄清。直奉中坚，曹张携手，外觇国势，内度人心，知统一之宜先，悚瓜分之不远。阁揆虚置，庶政纷如，财用绝源，瞬将破产。比应府召，联袂来都，乃中央之组阁朝成，而洛阳之恶声夕反。威凌揆席，抗阻宸谟，灭元首之尊严，废两公之赞佐。投鼠无忌，暴虎自雄。鳞逆难撄，缰腾莫勒。疆吏半舌桥齿震，国人皆仗马塞线。卒致阁局掀翻，枢臣引避。我张使心存扶厦，徒贻一木之讥。力尽同馆，转受推波之谤。当撤兵以求去，冀滋乱之无闻。乃枢府不恤，保阳不许，挽电盈尺，使骑在途，不撤军而释疑。又增防以句信，鲍总长持中央使节，曹省长为直隶主官，亲莅商量，面同决定，佥以误会，既悉经解释，行止自相互维持。乃我第七旅，甫回小站之防，而彼二十六师，竟弃马厂而遁。东路之车未集，西河之垒日成。远召湘鄂之军，近聚陕潼之众。抑省长之回津任，不顾政治荒芜，迁官眷以入汉阳，不管人民流徙，路金盐款，早已朘削中央，美〔?〕县捐商，迩更罗掘百姓。综计直军举动，莫非吴氏所为，而割裂王曹两师，已隐效陈平间楚，操纵军民诸政，是明为田氏代齐。趋数省精锐，以助其惟我独尊。竭万姓膏脂，以遂孤注一掷。今日金融滞塞，粮食恐慌，地方有垒卵之危，民众有倒悬之惧。吾军未暴，谁实为之。我张使皓电之发，具见申明大义，彼吴氏联电之应，居然谩骂为文。丈夫处世光明，出语宜良。支蔓进军，无与于梁阁，何竟指为保镳，国法未枉于张弧，何谓庇诸盗阀。曹詈□以快口，直挑战以居心。迨至巧取未偿，又假联名逼迫。既幽彼曹使于无权之地，更挟我张使以下野之词。抑知直奉结邻，曹张对等。弟兄恩好，儿女姻亲。吾侪借列偏裨，仰承颜色小子，遽膺疆吏，敢埒威光。若夫残贼为怀，戕直并以戕奉，灌夫战指，辱张即以辱曹，藉自扰而便私图，由蔑伦而彰叛逆。是宜亲疏一致，共励殄此渠凶。奈何袍泽相维，尚与扶同声气。思之至慨，言之可羞。至欲驱逐我军队出关，取消我京师干部，蓄志无非妒嫉，借题正好发挥，野心只为称雄，利器不妨小试。我三省人皆忠勇，不畏强梁，苟从鞭弭周旋，未卜死生谁属。特以奉邀驻节，被命入关。环顾大局其未安，肯徇个人之私斗。既非争城攘地，无须夺主喧宾。有干天和，重伤民气。用是戎装鹄立，静俟统一之观成。执殳前驱，待扫和平之障碍。为我张使留解甲归田之地；为我生民觅共登衽席之天。尔时虽被嚣拳以刖刑，窜拿翁于荒岛，理根于法，义无或辞。岂止区区屏弃出关，消灭干部而已。嗟呼！匹夫龃龉，将夺蹊田之牛，牧畜申申，不辨一邱之貉。是非曲直之判，带存天壤之间，因答直军将领，有电劝告之谊，敬布腹心，于海内通人，左右俾晓。然于事实之经过，憬然于人格之有真。至于经国良谟，自有邦人君子，吾侪军职，谨谢不敢敷陈也。张景惠率所部奉军全体将领士兵同叩。勘。印。

(2) 4月29日通电

北京大总统钧鉴：各部总长、各衙门、各报馆、奉天张巡阅使钧鉴：各省督军、省长、各都统、各护军使、各镇守使、各司令、各师、旅长，各省议会、农、教、商、工各会、各法团、天津、上海各报馆公鉴：勘电通辞，计尘左右。我军抱负，可质神明。迺艳晨，洛吴乘我不防，驱军猛扑长辛店。溯日昨曹使，尚有感电，征求最后和缓之方，未及作答，吴即发令挑战，是孰之主动，因不可知。然衅自直开，不能为讳。谨将曹使与景惠往复电报，敬录一通，用告国人，以求公论。一、曹使来电文曰：北京张都统叙五弟鉴：宥电敬悉。我弟至诚，溢于言表，兄再三环诵，不禁为之涕下。直奉一同骨肉，无事不相提挈，有何嫌衅可计。子玉戆直有余，究无他意，我弟亦甚知之。雨帅误于传闻之词，置之不论，亦何至劳及师旅，惊骇中外。直省为兄桑梓，决不忍轻启兵端。而旬日以来，险象环生，我弟明达，试为愚兄筹度，有何善处之法，足使两方疑云，一时冰释。非弟兄所渴望，亦全国人士所顶礼以求者也。临电怅惘，不知所云。兄曹锟感。印。景惠复一电文曰：保定曹巡阅使仲珊兄鉴：祇奉感电，具见急莫能筹，弟亦无策葬兵，不得双方冰释之法，犹冀调人，刻即分赴奉保，以图最后之缓冲。乃赴奉调人甫发，赴保专车未动，而本晨贵军，忽乘不备，拂晓攻击，竟猛扑长辛店我军防地。连日本有小扰，我军概置未闻，兹乃大举相逼，不得不正当防卫。弟今环甲阵地，正在指挥激斗中，生死关头，胜负姑不必计。特西路均弟所部，兄所素知，向主和平，兄所深信，忽而迎头痛击，究竟衅属谁开？吾兄若不负责，则带子玉执政，弟虽与役，仍抱初衷，倘可转圜，尚希住手，放过调人车去，和仗必有一决，再较雌雄，亦不为晚。若子玉冥顽不悟，兄始终无法制裁，是性善难抗好杀，公德不敌私欲，弟亦惟有奋我师旅，殄此元凶。吾兄长厚仁慈，弟决不丝毫侵犯，倚剑待命，乞复言。弟张景惠叩。艳戌。印。合并奉闻。张景惠叩。艳。印。

(3) 5月1日通电

火急。北京大总统钧鉴：各部总长、各衙门、各报馆、保定曹巡阅使、奉天张巡阅使钧鉴：各省督军、省长、各都统、各护军使、各镇守使、各司令、各师、旅长，各省议会、工、农、教、商各会、各法团、天津、上海、各报馆公鉴：呜呼！战事弥漫，天地为愁，炮火砰訇，山河欲碎。景惠枕戈束甲，卅载于兹。手足相残，乃为仅见。日昨西路战斗开始，系因洛吴邀击使然。镇日连宵，炮烟弹雨。景惠身临阵地，亲视指挥。双方断脰零胗，葬送英雄之血，个人圆颅方趾。谁无骨血之亲，命随魂魄以何依，泪涕洟而交下，天乎不察，胡为降此鞠凶，惠也无能，枉矣〔已〕调停本〔奔〕走。我奉直辅车唇齿，我军人缟纻同袍，当知两方拼命之争，皆吴佩孚一人所致，穷兵黩武，好乱喜杀，黄巢复来，献忠再世，此贼不死，民无噍类。景惠誓为亡者雪恨，为生者图存，愿我海内仁人，振臂一应。中外军籍，同声一哭。今日西路战场，直军骸具尤多，已令我卫生队妥为舁葬，俘虏甚众，谨遵我张使命，待遇从优。同仇夙本无仇，景惠心非市惠。冀歼首恶，不存虑胜之思。罔治胁从，予以自新之路。皇天后土，实鉴斯言，维我邦人，尚希共谅。张景惠叩。东。印。

〔北洋政府步军统领衙门档案〕

14 第一次直奉战争前夕英美日等国调遣军舰来华有关函呈①

（1922年4月29日—5月19日）

（1）林述栋致王怀庆函（4月29日）

将军大人钧鉴：谨禀者。本月念七日美国军舰一艘来岛停泊，曾经禀陈钧座。兹该舰有武官五员，带同水兵一百五十名，于念八日下午九时登陆，乘通车赴京。谨再奉闻。肃此奉禀。敬叩

崇安

汴恩林述栋谨禀

四月念九日

（2）史晨山给王怀庆报告（4月29日）

为呈报事：窃于四月二十九号下午三时二刻，美国海军一百五十余员名，武装全，分乘京奉到京，驻美军兵营。又闻近日荷兰使馆以有进兵之确息。今日界内存物者，尤见多种。六国饭店内，有华人赴彼定房，陆续去者，约有十数家。下午二点，美国驻京公使

① 信封为秦皇岛警察署林谨缄。

艾斯敦氏出一公事，照得六国饭店，不准容留华人，后该店所住之华人，是新住之客人，均已驱逐。又前德兵内水关内东城根一带，均已有中界电车，在露天地停驰若干。探询因何停存，据伊声称，恐抓官车，因此避匿该处暂停。谨将一切，一并呈报
恩宪钧阅。

沐恩史晨山　四月廿九日禀

(3) 步军统领衙门探员给王怀庆报告(5月2日)

近来直奉开战，驻津领事团恐有军队侵入天津，遂议调兵来津，以备不虞。查日本调(アセ十三)(ララ十三)(イリ十三)鱼雷艇三艘来津，停日本租界武斋码头。法国调兵舰一艘(Craomce)来津，停法租界万国桥以下海关河岸。英国调兵舰一艘(marayian)来津，停英国租界河坝一号路怡和洋行对过河岸。又天津近日宣传，奉天第六混成旅旅长在前线阵亡之说。

(4) 于恩泽致王怀庆密函(5月19日)

敬禀者：顷闻于五月十九日下午四点，接到滦县车站站长来电云：奉军于十九日早，将驻扎滦县之队伍，已陆续退至昌黎县一带。讫闻系英国人于十八日向张作霖提出劝告，限三十六小时，将滦县退出等语。因此于十九日退出滦县。闻吴巡阅使于十八日由保电调赵子声参谋长来保，面商要事等语。闻赵参谋长定于二十日早由津起程赴保。理合叩请
钧安

于恩泽密禀　五月十九日

〔北洋政府步军统领衙门档案〕

15 张作霖等指责吴佩孚首开兵衅并宣布东三省独立自主通电

（1922年5月2日—26日）

（1）张作霖复大总统密电（5月2日）

北京大总统钧鉴：昌密。艳两电均谨悉。奉军入关，本无战意，曾经迭电声明，并分饬前线，不准越雷池一步。原冀和平解决，乃调人方相属于途，而吴佩孚已开始攻击，衅自彼开，公论昭然。诸将士为正当防御，连日激战，各路吴军，或缴械投诚，或纷纷退却。作霖以两奉明令息兵，又经严令前方，不准追击，并切电曹巡阅使，嘱其收拾残部，安集生民，作霖亦决不作过情之举，迄未得其复报。恐系吴佩孚执迷不悟，牺牲国家，是其本性，残民以逞，风其〔夙具〕野心，以致奉军将士，愤不可遏。倘致穷追痛剿，多所伤残，实非作霖本意。作霖仰承钧意，服从之志，始终不渝。应请饬下曹使等，念时局之艰危，懔外交之忠告，一体遵从严令，以保威信，则大局幸甚。倘彼一味穷兵，不顾国难，则非作霖所敢知矣。谨此电复。伏维垂鉴。张作霖。冬。印。

〔北洋政府步军统领衙门档案〕

（2）张作霖致大总统等电（5月3日）

北京大总统钧鉴：国务院、各部总长、各衙门、步军统领、警察总监、保定曹巡阅使、各省督军、省长、总司令、师、旅长，张家口、承德、归化各都统、各护军使、镇守使、各省议会、商务总会、农会、工会、教育会、各报馆公鉴：窃以奉军此次入关，本无作战之意，乃吴佩孚藉端谩骂，作霖仍隐忍含容，置之不理。良以华会以后，各友邦协力赞助，始获有良好结果，岂忍同室操戈，自相残害。乃吴佩孚又复先开兵衅，各路猛攻，我军将士，迫于义愤，忍无可忍，姑为相当之抵御。而接战以来，吴军屡次大败，或溃或降，共闻共见，犹复强迫兵士，昼夜来袭，并欲用氯气炮，以残杀生灵，小民何辜，将士何辜，遭此荼毒。作霖鉴于人民之惨凄，将士之伤残，极为痛悼。仍命前方将领，爱护人民，非万不得已，不得轻用重炮攻击。对于敌军伤降军士，加意优待，渴望吴氏早日反省，即可迅速罢兵。乃吴佩孚不惜直省民命财产，任意蹂躏。近又宣言，非扰乱东三省地方不可，非杀尽东三省人民不可。竟派人勾结沿边胡匪，以扰东北边防，破坏全局，不知吴氏何心而忍出，此吴氏既首开兵端，贻害奉直，又复阴谋百出，坏我中原。海内贤达名流，仁人义士，直道具在，公论犹存，孰是孰非，难逃公鉴。谨将经过情形，暨吴氏阴谋，奉告天下，俾明真相。伏维公鉴。张作霖。江。印。

〔北洋政府陆军部档案〕

（3）张作霖等通电（5月26日）

孙中山先生、唐少川先生、伍秩庸先生、陈总司令、广西刘总司令、马省长、福建李督军、浙江卢督军、沈省长、安徽张督军、南雄大本营转李总司令、许军长、黄军长、赵总司令、重庆刘总司令、并转熊总司令、但总司令、刘总司令、云南唐总司令、贵州卢总司令、陕西陈总司令、山西阎督军、热河汲都统、河南赵师长、常统领、九江吴镇守使、上海何护军使、各省议会、各团体报馆公鉴：共合〔和〕肇造，丧乱频仍，国几不国。推原祸始，皆因军阀窃柄，昧于世界潮流，弃法令如弁髦，蔑民权如刍狗，非根本改造，断难谋统一，而企和平。吴佩孚以后生新进，摽掠虚誉，作霖等以望治心切，拟与协力扶掮，促成民治，故庚申之役，助之成名。不谓吴佩孚丧心病狂，跋扈愈甚，攘夺秦楚，专横地盘，蹂躏荆湘，残贼民命，迹其背弃信义，拂逆潮流，种种叛乱行为，殊非作霖等初料所能及。作霖等犹复曲于含容，不肯以不肖之心待人，始既助之成名，终必劝之改过，乃于月前帅师入关，警告吴佩孚，彻底觉悟，共策进行。吴佩孚竟怙恶不悛，逞其凶焰，向我开衅，近更盘据要津，把持政柄，倒行逆施。作霖等迫于救国，不得已于五月一日起，宣布东三省一切政事，与东三省人民，自作主张，并与西南及长江同志各省，取一致行动。拥护法律，扶植自治，铲除强暴，促进统一。伏愿天心厌乱，早日观成，使合法之政府，得以实现。作霖等立即解甲归农，不再与闻国事，区区此心，神明共鉴。用特电闻，伏候明教。张作霖、孙列臣、吴俊升。宥。印。

注：该电系步军统领衙门扣留邮局“由盛京至广东电报”。

〔北洋政府步军统领衙门档案〕

16 张作霖警告京津官商不得接济直军款项有关函电

(1922年5月3日)

(1) 京师警察总监薛之珩致王怀庆函(5月3日)

将军钧鉴：顷接张雨帅江电一件，送呈钧览。此项电报，殊难特置，若置诸不问，必岂疑窦，如与转达，恐受人指摘。珩将原电令银行公会、商会一看，并一面电复。是否有当，恳乞训示遵行。肃此敬请钧安。之珩谨禀。三日

附抄电一件

(2) 张作霖致京师警察总监薛之珩函(5月3日)

警厅薛总监、警务处杨处长鉴：此次奉军入关，粮秣饷需，业为充足，民间一草一木，概不扰及，为一般舆论所公认。弟对于京、津父老，可谓仁至义尽。现有各机关，亦无不和平对待。乃近闻敌军，有向京、津商号借款，并有某机关不肖员司，暗中运款接济情事。查敌军连日溃败，主要伤残，其亡可立而待。如仍暗为接济，不特辜负敝处优待商民之本心，而该商民等，血本亦尽归乌有。岂不大愚。至官立各机关，如有接济敌军之事，即与吴氏同其罪恶。将来查有实据，亦岂能姑容，应请分别传知财政各机关，及银行巨商，一体知照，倘通敌济款，必有相当对待，事定决不姑宽，其安分

谋生，及机关首领之确能保存公款者，定必一体保护，及现在地位，亦必力为维持，决无动摇也。张作霖。江。叩。

〔北洋政府京畿卫戍总司令部档案〕

17 冯绍闵等奉吴佩孚命令组织绥察军袭击奉张通电

（1922年5月5日）

北京大总统、各部总长、各衙门、各省巡阅使、督军、总司令、镇守使、各师、旅长，各省议会、农会、工会、商会、教育会、各报馆、归化、张家口、热河都统、上海护军使钧鉴：溯自民国肇造以来，军阀肆虐，战祸频仍，稍有知识者，莫不痛心疾首，抱隐忧于无穷也。绍闵忝为军人，粗知大义，素稔兵凶，战危之戒，原未敢轻试其锋，以贻阋墙煮豆之讥。然近闻奉军无故入关，大肆猖獗，凶暴之气，弥漫天日，地方痛遭涂炭，人民荡析流离，所至之处，庐舍为墟。稍有仁心者，何忍冒此天下之大不韪，以图一己之私利耶。复欲假借统一之旗帜，以逞蚕食之阴谋。试问如此横暴，纵使任彼为之，孰肯低首下心，翌然乐从耶。绍闵伏思荆棘不锄，禾苗难植；强暴不除，公理难伸。为国家大局计，为桑梓安危计，均未便放弃职责，瞠乎其后也。兹谨遵奉吴使及蔡师长之命，担任绥察各军总司令，并委郑团长金声等分任各部职务，马都统及李旅长亦均赞成。爰于本月微日，简率五旅之众，誓师东下，义旗所指，万众一心，先图张垣，次进居庸，南与吴使联厄进攻，誓歼丑类，灭此朝食。惟我奉省袍泽，同为一家，明顺逆暴大义者，谅不乏人。绍闵此举，原为国家靖内乱除蟊贼，以促成统一为目的，以整饬纲纪为要。义愤所激，难安缄默，用敢胪陈鄙臆，敬乞亮察。冯绍闵、郑金声、王麟庆、李西峰、陆镕、靳永泰、王禄、王廷佐叩。微。

〔北洋政府陆军部档案〕

18 曹锟吴佩孚等关于处理奉军溃兵办法与王怀庆往来函电

(1922年5月5日—15日)

(1) 吴佩孚致王怀庆等电(5月5日)

霸县探投王总司令、大城彭司令、北京王将军懋轩、薛总监、松坪孙京兆尹并转各县知事、天津曹省长并转各县知事钧鉴:奉军现已溃败,关于地方治安及善后处置,宜注意下列各件:(一)所有各处溃散奉军,难免扰害地方,应严加预防,遇有携带武器者,即行扣留。(二)作战区域之内,凡于重要地点,为奉军曾经驻扎处所,应多方检查,以防意外危险。(三)奉军遗留之物品,应防爆发及毒质。(四)凡交通要点,应派人防守,严行检查,以防溃兵逃窜。(五)战区以内,应多派宪兵及稽查兵,分区检查,搜索溃兵遗留军械及军用物品。(六)凡属我军范围内人民,应妥为抚慰。(七)遇有特别重要事故,应随时通告,以期周密。吴佩孚。歌。印。

(2) 王怀庆复电(5月7日)

保定吴巡阅使鉴:歌电敬悉。七条识虑周详,极佩。当经一一照办。敬复。王怀庆。阳二。印。

〔北洋政府京畿卫戍司令部档案〕

(3) 京畿卫戍总司令致参陆办公处函(5月6日)

京畿卫戍总司令部公函　　十一年卫字第九十一号

敬启者,案于本年五月四日准

贵处公函,内开:现在长辛店奉军,业经退却,其处置大部分办法,已另函请查照办理。惟全部既已退却,难保无零星逃散,三五成群,窜伏四郊,自应妥速收其枪械,资遣回籍,免其流而为匪,贻祸闾阎。等因。准此。查此次近畿事变,由前方散逸队伍,携带枪枝,武装未除,若任其分窜四乡,势必滋扰为患,所有大部退回各军,业经责成近畿陆军第一、第九、第十三各师，调派大部队伍，前往监视办理。其近畿各县零星散卒，自东直、朝阳、东便各门，至遵化、邦均、三河、宝坻、通县、顺义、密云、平谷、怀柔、蓟县等处，由毅军米司令派队严行搜索。自德胜、安定各门，至居庸关、南口、昌平等县，由陆军第一师、第九师前往搜索。自西直、阜成、西便、广安、永定各门，至房山、门头沟一带，由陆军第十三师派队前往搜索。遇有三五成群零星窜伏之溃兵，一律收抚缴械，资遣回籍。其离京较远之处，即由京兆各县知事，率同团警认真检查，并由本总司令部加派收束溃兵委员长张树田、高青云、甄文龄等，分往各处，妥慎办理，以靖地方，而卫闾阎。除分函并布告外，相应检同简章二份，函送贵处，即希查照，转行所属一体知照为荷。此致

参陆办公处

附简章

中华民国十一年五月六日

〔北洋政府参陆办公处档案〕

附：收束溃兵简章

一、此次溃退官兵应赶速设法收束，解除武装及枪枝，发给川资执照，遣送回籍。如有抗拒，不受收束者，应按照土匪，一律痛剿。

一、京师四郊地方分设收容所，专备各处，收容溃兵暂住。

一、遣送回籍之溃退官兵，应分别发给川资，计下级官长，一律发给二十元，营长以上三十元，其兵士应一律发给十元，其有特别情形者，酌量增加。

一、遣送回籍之溃兵，将其武装枪枝收回，如无便衣可换，应将其肩章符号撕下资遣之。

一、此次溃兵分窜，京兆所属各县，为数甚夥，应由京兆尹督饬各县知事，遵照所定简章，切实办理，并由本总司令部加派委员，

分赴各县督催，其各知事及派出委员所收之溃兵，应将武装枪枝收回，肩章撕下，暂按新兵逐日先行发给小口粮，汇总即行连同枪械等项，一并押解来京，俟遣送回籍时，再酌发川资。

一、溃兵所到之处，距离县署较远者，由该县知事收束后，交本总司令部所派委员，将溃兵等押送来京。如该委员所带弁兵较少，由县派警协同护送来京。以凭汇总，由火车资遣回籍。

一、溃兵枪枝丢失或价卖流落乡间者，应即给价收回，计每枪一枝，发洋十元，自来得手枪一枝，酌量增加。但给川资者，一律不发枪价。各村如有隐匿不缴者，科以私藏罪。其所派收束员弁暨各县员役等，不得格外勒索，藉端滋扰。倘敢故违，重惩不贷。

(4) 步军统领衙门与京师警察厅布告(5月6日)

步军统领衙门
京师警察厅 布告 第 号

为布告事：照得近畿战事，业经结束，前方退回城内官兵，所带枪械子弹及其他军用各件，应即迅速清理，即行资遣回籍，以安人心，而靖地方。兹将规定缴械资遣办法，分条列后，仰即遵照。迅将所带及私藏各项枪弹，就近缴送官厅区署，以凭给价，其有抗匿不缴者，如被查出，除将原件没收外，并以私藏军火科罪。此次专为清查军械起见，其他概不过问。该退回官兵及有枪各户，毋得惊疑。地方军警，如有忘取一草一木，经查实或被告发，定当呈请京畿卫戍总司令部，以军法从事，决不姑宽。为此布告，其各凛遵。此布。

计开

一、呈缴自来得手枪一杆，给价洋三十元。

一、呈缴各项步枪一杆，给价洋十元。

一、呈缴马枪一杆，给价洋八元。

一、呈缴普通手枪一杆，给价洋五元。

一、呈缴各项子弹，每百粒给价洋二元。

一、所有退回奉军官兵，拟即备车，一律资遣回籍。

一、衙门本厅现在先农坛设立收容所一处，公家备有饮食，所有退回奉军官兵，无可依托者，由各营泛区队，一律引送该处，收容候车。

一、所有退回奉军官长，其带有眷属，愿同时回籍者，亦准一律备车资送，以示体恤。

一、所有退回奉军兵士，如有不遵资遣，任意逗留者，事后查出，即按游勇惩办。

一、资遣回籍之下级官长，每员发给川资二十元。营长以上，每员发给川资三十元，其有特别情形者，酌量增加。

一、资遣回籍之目兵夫役，每名发给川资十元。

中华民国十一年五月六日

步军统领　王怀庆

警察总监　薛之珩

〔北洋政府步军统领衙门档案〕

(5) 曹锟给王怀庆密电（5月15日）

特别万万急。北京步军统领王将军鉴：宣密。据确报专轮送回之奉军俘虏，到营口登陆，即有张胥鲍团长在彼收集，按名赏洋五元，至沟帮子编练成军，仍开前线。揆其种种计划，似在旷日持久，厚集兵力等情。既有以上情形，所有收容奉军溃兵，务望不必运送，以免彼再集合。是为切要。兄曹锟。删。印。

(6) 王怀庆复曹锟密电（5月15日）

急。保定曹巡阅使仲珊兄鉴：宣密。删电敬悉。查今日遣送之奉军溃兵家眷，居其多数，此后如再有收束奉籍溃兵，自当遵照不再遣送。特复。王怀庆。咸三。印。

〔北洋政府京畿卫戍总司令部档案〕

19 绥远都统马福祥等表示附直反奉态度通电

(1922年5月6日)

万急。北京大总统、国务院、各部总次长、蒙藏院总裁、副总裁、步军统领、警察总监、洛阳、保定、盛京、巡阅使钧鉴;各省督军、省长、承德、张家口都统、上海护军使、海军司令并转各镇守使、各师、旅长,各省议会、各报馆钧鉴:自古国家治乱之机,全视乎当局者理国主念之转移。成周忠厚开敏,国祚长永。秦项强暴残虐,旋踵灭亡。嗣是以迄前清,未有恃公理而不兴,恃强权而不亡者也。即以我中国回族而论,贤臣名将,历史俱存。自元及清,宣力国家者罔不兴,残害民命者罔不亡。亦以公理永久,强权须臾,是非昭然,显垂法戒。福祥家世回族,生长边陲,弱冠典兵,三十秉节,内则戎行宣力,定大难于河湟,外则为国效忠,御联军于都下。正阳喋血,家族同殉,忠骨累累,聚葬京师,国而忘家,公而忘私,报国热诚,不在人后。洎乎共和肇造,偈率全甘回族,维持治安。十年以来,匕鬯不惊,只求出陇人于水火之中,决不为一己图权利之计。奉调绥区,即电明中央,不愿久官。入都展觐,历陈边情。蒙我大总统暨各巡阅使,多所嘉纳,勉以力维边局。到任以后,勤求治理。比见报纸传闻,保、奉、津、洛之间,渐已发生误会。窃以各巡阅使,或为十年心交,或为专辖长官,或为军界泰斗,定知廉蔺交欢,外御其侮,以期国力发展,与列强并驾齐驱。不料政客利用,时时拨弄,张巡阅使一时不察,遂致兴兵入关。福祥本同寅协恭之义,尽忠告善道之言,劝恳电函,非不痛切。漾日通电,一主和平,并分电曹、张两帅,暂以现有力量,保境安民,藉告无罪。讵料战祸竟成,忠告无效,连日文电不达,交通断绝,前方情形,多所隔膜。顷奉大总统微日明令,限令奉军一律出关,直军亦回原防,并严令拿办酿祸诸人。

仰见珍重民命，毅力遏乱。应请张巡阅使遵令退兵，静候解决。否则国步前途，何堪设想。福祥忝为西北回族表率，迭据甘肃省，凉、甘、宁各镇使来电，以倡义定乱相推许。本区主客各军，亦一致慷慨激昂，愿效前驱，大义所趋，势难独异。惟有代表群情，躬率所部，谨从义师之后，为民请命，事定之后，誓即归农，俾天下晓然于福祥，为国为民，毫无偏倚之心，权利之私，存于其中也。区区此心，天日共见。绥远都统马福祥谨率绥远主客各军、绥远混成旅旅长李焕章、陆军第一师第二旅旅长冯绍闵、陆军第五混成旅旅长马鸿逵、甘边宁海镇守使马麒、凉州镇守使马廷勷、甘州镇守使马麟、宁夏镇守使马鸿宾、暨各部全体官兵同叩。鱼。印。

〔北洋政府步军统领衙门档案〕

20 曹锟关于直军在长辛店等处击溃奉军及溃退奉军到处骚扰情形通电

（1922年5月8日）

北京大总统钧鉴：国务院、各部总长、步军统领、京兆尹、警察总监、各省巡阅使、督军、省长、总司令、各特别区都统、上海海军总司令、各舰队司令、上海护军使、各镇守使、各师、旅长，各省议会、农、教、工、商各会、各报馆公鉴：民国肇造，备历艰难，凡我袍泽，咸思共济。张巡阅使握符三省，兼控蒙疆，乃不以国家为念，惟知扩充兵力，垄断政权，穴庇私人，攘夺国帑。近复无故调兵，扼据京、津，此其包藏祸心，早为海内所共见。乃托词以武力为统一后盾，冀以淆惑听闻，实则剪除异己，破坏国家。以锟近在畿辅，拱卫中央，遂不惜干冒不韪，首发大难。五师十余旅之众，占据京奉、津浦、京汉各路线，节节进攻。布置战线，三百余里，连车运兵，昼夜不绝。国内耆□，交电劝阻，曾不删戢野心，曲从公论。锟素抱和平宗旨，迭经通电忠告，不加省察，益肆恣睢。锟以安民保土，职责有归，迫不得已，为正当之防御。曾于勘日，通电全国，是非曲直，天下昭然。所幸大义既明，人心共应，本省将士，戮力同仇，四方义师，千里援应。迭于长辛店、永清、马厂、大城等处，连获胜利。其在西苑、南苑、通州等处，残余军队，均令缴械遣散。所有奉军伤亡俘虏官长兵士，均经分别医药给养，优加待遇。现在奉军纷纷溃向滦州。外国公使，致函我外交部，指诘张使担负扰害责任。足见顺逆所在，中外同情。此次奉军士卒之众，器械之多，自谓横行无忌，曾不数日，遽致消亡。此皆由人心，公理战胜强权。非锟与诸将士之力所能致此。在锟承乏连圻，自不能不尽捍卫国家，保障人民之责，惟念作战，虽不盈旬，而环顾奉军经过地方，闾里为墟，疮痍满目，人民生命财产，伤亡损失，何堪数计。溃退之际，犹复肆行荼毒，焚掠奸淫，无所不至，伤心惨目，莫此为甚。穷究祸根，皆张使一念，争攘政权所致。张使此时清夜自思，宁复不知悔恨。锟奉命保疆，德薄能鲜，未能先事弭消，抚躬自疚，寝食难安，一俟直省全境宁谧，锟即解甲待罪，决不稍恋兵权，致违素志。竭诚敬布。伏候教言。曹锟叩。庚。印。

〔北洋政府陆军部档案〕

21 总统府日籍顾问青木与军事咨议卢静远等关于第一次直奉战争后军政条陈

(1922年5月)

(1) 青木顾问意见书(5月　日)

青木顾问意见书

奉直政争，行见告终，殊堪庆幸。际此时机，想政府当局，必有大计划发表。兹有数事，深望实现，谨述如左：

(一)废止巡阅使、督军等之名称，改称总司令官，或军司令官，俾单一之军事统率者之意义，可以明确。

(二)国防上必要之常备兵额外，所有军队，悉行裁撤。此等解散军队，设官民必要工场，使充工役，或与土地，使其开垦。

（三）今奉派没落，旧国会议员之运动，亮可中绝。新议员之活动，当予赞助。俾第三届国会，早日成立。万事依法进行，不但宪法及各种国法，可以确定，即国本基础，亦得巩固也。

（四）当政府实行上述事项，张作霖一派，对于外交关系，或出纷纠之手段，亦未可知。故刻下政府对于外交团方面，宜派适当之人，叩探列国公使之意，响使其谅解，备我参考，于事当有裨益焉。

（2）军事咨议卢静远条陈（5月　日）

大总统钧鉴：敬禀者：华会以后，各国皆愿我国组织强有力之政府。而环顾国中，强藩林立，省自为政，中枢几同虚设，号令不出国门，丧乱频仍，后患无已，危亡之惨，迫在目前，岂不大可哀耶。物理学家言，凡物皆有重心之点，能握重心之点，则万事万物，俱可举重。若轻庖丁解牛，十九年而刀刃。若新发于硎者，能用刀之重心点也。夫牛大物也，刀危器也，不善用之，不惟不能解牛，且有切肤之患；能善用之，虽解数千牛，而刀刃不钝。治国之道，何独不然。果能利用重心之点，则危而可使之安，亡而可使之存。迩者直奉一战，各省皆作壁上观。而吴卒胜张，全国之重心点，将集于吴佩孚矣。正可利用此重心点，以解决时局，谨陈办法如左：

一、任王士珍为内阁总理。

一、任吴佩孚为陆军总长，整理全国军政，厉行裁兵练兵。

一、任冯玉祥为督理裁兵大员，驰赴各省，实行裁兵事宜。

一、裁撤各巡阅使、各省督军、各都统、各护军使、各镇守使等缺，热河改隶京兆，察哈尔改隶直隶，绥远改隶山西。

一、曹锟以虎威上将军，管理将军府事务。各省督军，改任为该省省长，如有不愿为省长者，即回将军府之任。各都统、各护军使、各镇守使，如无师旅长职务者，亦任为将军、参军等职。

一、各省军队裁并后，即顺次编为号数（如陆军第几师之类），一律隶属中央，驻扎全国重要之地，不必以省为限例。如某师驻扎山海关附近，则锦州、滦州等处，皆可驻扎。某师驻扎岳州附近，则湘阴蒲圻等处，皆可驻扎。此项军队，不过中央暂令驻在该地，不得占据该地，藉作地盘。所有该地之民政，丝毫不准干涉。

一、世界各国，均已缩小军备，我国只留十余师，已敷国防之用。况兵贵精，不贵多，但能训练完整，军实充盈，即可以少胜多。此项军队，近畿屯驻三四师，其余屯驻边防最要之地可矣。至保卫地方，则各省应编保安警察队，先尽退伍军人挑选，专负保卫地方之责。

一、各省须实行地方自治。

一、迅速召集适当之国会。

以上办法，暂就现隶中央之省区，建设强固之政府。由是修明政治，简练师徒，树自治之规模，定民国之基础。至西南各省及蒙藏等区，自可默化潜移。就我范围之内。万一顽梗不服，妨碍统一之进行，当可张皇六师，大伸挞伐，以期光复旧物，完成我民国大一统之宏规。我大总统之丰功盛德，方将驾华盛顿而上之。是则静远之所馨香祷祝者耳。刍尧之见，是否有当，伏候钧裁。敬请崇安。军事咨议卢静远谨呈。

(3) 齐燮元电（5月11日）

大总统钧鉴：畿辅风云，欣闻谧靖，仰赖钧座威德，邦本入安，薄海苍生，胪欢腾庆。内阁改组，万方观成。前国务总理王士珍，早秉国钧，式孚民望，群愿再膺揆席，必能仰赞高深。钧座倚畀情殷，该前总理，亦当为苍生强起，伏愿俯徇众望，聿宏远谟，实为大幸。齐燮元叩。真。

〔北洋政府步军统领衙门档案〕

22 东三省各界反对北京政府免去张作霖本兼各职有关电

（1922年5月13日—21日）

（1）冯德麟等通电（5月13日）

由盛京致广东孙中山先生、张总司令、督军、总司令、省长、省议会、农、工、商、教育会，各报鉴：十日北庭乱命，免去张巡阅使本兼各职，并调任德麟等署理督军等语。德麟等具有人心，与三省桑梓为□，对此乱命，概不承认，合电奉闻。冯德麟、吴俊升、袁金凯、史纪常。文。

〔北洋政府京畿卫戍总司令部档案〕

（2）吉林省议会电（5月13日）

北京大总统钧鉴：国务院、各部钧鉴：顷奉电传中央免去张巡阅使本兼各职之命，东省人民，不胜惊悼。伏念民国肇造，日寻干戈，祸乱相仍，国无完土，独我东三省屏蔽边陲，安全无缺。十年来休养生息，商不易市，农不易物，地方繁富，不失旧观。揆厥原由，实皆张使一人保惠之功。前年直皖之役，张使仗义执言，亲率静〔靖〕难之师，以赴国家之急，其功勋照彰，在人耳目。况我三省区域，自经张使统治以还，地阜民丰，屹然为东省重镇。比年中央，屡有缓急，他省多力有不逮，独我东省，则无不竭诚拥护，一致输将。即如去冬中交停兑，立拨巨款四百万，接济金融，其他助粮、助赈，事难枚举。为中央计，正宜保完此富庶之区，为国家留一外府，不宜操之已蹙，激出意外变故，致令完善之东省，一举而残破无余。现在我三省议会，正拟联合，电请张使回奉，以息战争。而中央乃欲罢免其职，是酿成战机于前，又将延长战祸于后。一误之余，重以再误。我三省不自弃于中央，而中央乃欲弃我三省也。本会有代表人民之职，连日开会讨论，佥谓我奉吉黑三省，旧为我大总统开府建牙之地，视我三省人民，犹父兄之于子弟，必不忍其绵延战祸，尽致沦胥。本会为地方计，惟有沥情恳请钧座，收回成命，以纾眉祸，而保生灵。临电哀吁，急不择言。迫切冒陈，伏祈鉴察。吉林省议会叩。文。印。

〔北洋政府步军统领衙门档案〕

23 第一次直奉战争有关兵灾函呈

(1922年5月17日—30日)

(1) 参陆办公处致京畿卫戍总司令公函(5月17日)

迳启者：奉交下宝抵县公民王岫等呈一件，内称：溃兵勾结土匪，大肆荼毒，恳饬令大军火速剿灭，以解倒悬等情。相应抄送原呈函达。查酌办理。此致

卫戍总司令

附抄件

参陆办公处启(5月17日)

附：宝抵县公民呈文

呈为兵匪肆虐民命不堪，公恳准予令行大军火速往剿，而解倒悬事：窃自奉军败北，而中东两路之兵，均向东北溃窜，虽被收容缴械，及退往滦州者，已有若干，而散居京东者，实属不少。顷据乡人纷纷来告，溃兵勾结土匪，多则千百成群，少则或三十或五十，盘踞城镇，奸淫抢掠，无所不为各等情。岫等听闻之下，焦灼非常。虽前大总统顾虑周详，恐兵匪为患，已责成该受地方军民长官，妥为剿办。又见各报登载，吴巡阅使派队清乡，而毅军亦未知分布何处？迄今数日，未见何方军队前往，以致溃兵土匪，遂得肆其荼毒，糜烂情形，已达极点。若再稽延时日，民间之痛苦尤深，兹西南一带已告结束，而京东一带，则成匪界。护都之师，尚有数万众。为

此，哀恳我大总统悲惜群情，准予即命各师官长，酌派大军，火速捕救，以解危难。肃此，不胜迫切待命之至。谨呈

大总统

宝坻县公民　王　岫　张　澈　王乃春　周　岂
王　恣　高其和　周　镛　杨国华
刘濬清　何维岳　王　叶　谢广寅
赵如松　李德邻　李骙文　冯荫亭
赵文佐

〔北洋政府京畿卫戍总司令部档案〕

(2) 永遵十县致大总统呈文(5月30日)

呈为直隶永遵十县被匪蹂躏，恳饬拨巨款赈恤，以拯灾黎事：窃直隶遵化、玉田、丰润、滦县、乐亭、昌黎、抚宁、卢龙、迁安、临榆等十县，连年灾歉，民鲜益藏。今年复遭春旱，播种愆期，秋收已将无望。乃无端奉军入关，风鹤频惊，迁徙靡定。迨畿南战后，奉军东溃，大股万千，小股百十，到处搜索财物，奸掠妇女，焚毁庐舍，杀伤人民，蚤扰劫夺，所过为墟，颠沛流离，栖身无地。溃兵去后，土匪乘之，所有人民生命财产之损失，不可数计。旅京十县同人，以桑梓之乡，遭此浩劫，爰即组织同乡会，筹议善后，各项事宜。惟是损失过巨，灾区过广，非有大宗款项，不能救济。目前伏读五月七日大总统令；此次京兆、直隶等处，被兵地方，横遭蹂躏，村舍为墟。小民何辜，遭此荼毒，殊深轸念，亟应迅筹赈抚，以资拯济。著内务部督同各该地方长官，饬属查明各地情形，妥筹抚恤，善后办法。先由财政部拨银十万元，交各该长官，分别散放。勿令流离失所。此令。等因。又与五月十九日，奉

大总统令；京兆直隶所有被兵各县，本年应征钱粮，著直隶省长、京兆尹，迅即查明，分别蠲免等因。仰见大总统，痌瘝在抱，悯念灾黎之至意，钦佩莫名。但在五月七日所饬由部先拨之款，系为

抚恤畿南等县被兵地方之用，现在永遵十县，被溃兵土匪抢掠之惨，较畿南为尤甚。自应另拨巨款，赶办急赈。仰恳
大总统特沛恩施，饬部迅拨巨款，交由地方长官妥实散放，以维民命，而解倒悬。并饬令直隶省长，将永遵十县，本年应征钱粮，一并查明蠲免，庶劫后遗黎，尚有一线生存之望。除分呈国务院暨内务、财政两部外，理合呈请
大总统鉴核。训示施行。不胜惶悚，待命之至。谨呈
大总统

副会长薛之珩
具呈人永遵十属旅京同乡会会长史履晋谨呈
副会长田献章

中华民国十一年五月三十日

〔北洋政府热察绥巡阅使署档案〕

24 驻英代办朱兆莘关于奉军败退关外宣布独立后英国舆论情报电

（1922年5月19日）

收驻英朱代办电

外交部鉴：泰晤士报著论，略谓张既被黜，宣告独立，实为叛逆行为，照华盛顿会议决定原则，各国不得干涉中国内政，日本若（漏码）张，必牵动列强云云。政报各界议论，均袒吴。并闻。兆莘。十九日。

〔北洋政府步军统领衙门档案〕

25 步军统领衙门等关于奉军败退山海关一带情形给王怀庆报告

（1922年5月19日—29日）

（1）天津差弁于恩泽报告（5月19日）

敬禀者，顷闻于五月十九日下午四点，接到滦县车站站长来电云：奉军于十九日早，将驻扎滦县之队伍，已陆续退至昌黎县一带。讫闻系英国人于十八日向张作霖提出劝告，限三十六小时将滦县退出等语。因此，于十九日退出滦县。闻吴巡阅使于十八日，由保电调赵子声参谋长来保，面商要事等语。闻赵参谋长定于二十日早，由津起程赴保。理合叩请钧安。泽密禀　五月十九日

（2）科员尚致祥等报告（5月20日）

谨将五月十九、二十两日所得直、奉两军情况于左，开呈钧阅。

计开

一、十九日上午四点，奉军第一线（开平）、第二线（古冶）、自行陆续向东方退却。

一、二十日上午六点，开平、古冶等处之奉军，均已退至滦河西岸，陆续渡河。

一、奉军退却时，直军并未下总攻击令，因张作霖闻赵倜及张宗昌之失败，且直军大兵云集军粮城附近，拟从右翼稻地镇、夹坨镇、乐亭县，沿海岸取包超之势，故自行退却。

一、张作霖在滦县、孙烈臣在昌黎、吴俊升亦在滦县。

一、奉军残余兵力约三万余，但军心涣散，兵无斗志，此亦自行退却之一大原因也。

一、张作霖始终不屈，闻十八日穿马夫衣，同日人赴前线视查。

一、天津备书局，多悬直奉战争图，其图上之大旗字样王吴。

一、直军第二十三师及河南第四旅驻军粮城，第十一师之一旅驻芦台。

一、直军北路司令刘富有、副司令耿锡龄。

一、直军北路总指挥高在田。

一、直军南路司令彭寿莘、副司令董政国。

一、直军南路总指挥苏世荣、葛树平。

科员 尚致祥 许步清 谨呈

民国十一年五月二十日

(3) 秦皇岛警察署林述栋呈函(5月26日)

将军钧鉴：谨禀者：本月十二日专呈禀函，当陈座右，自十二至念六，续由吉、黑调来军队约一混成旅，子弹七铁蓬车，均开到昌黎、滦州驻扎，以备抵抗直军。忽于十七夜下退却令，十八早八时至十九早十时，共退回兵车十八列，计二万五千人，开往关外绥中一带驻扎。张使专车，于十九上午十时三十分到站，停半小时开往山海关下车，住天泰栈时，天泰栈一带，至车站即行戒严。嗣后续退来兵车八列，内有吉林独立团及第五旅、第六旅、第九旅、第十旅之兵，均开往山海关。大西关驻步兵四营，小西关驻骑兵一营。铁道南、马头庄、田庄、高建庄驻马步兵六营，炮十八尊。红瓦店驻步兵两营，炮兵一营。东李庄、东盐务、南李庄驻步兵两营。本岛驻步兵一营。由旱路退来马步兵约共万余人，均驻北庄及山海关城内外东罗城，均住铺房、民房。民人躲避不及，被抓作民夫，妇女不得避，须与炊饭，违则遭其拳打。张使到关，令厅县代雇民夫五百名，自带锹镐，每日工资五角，系为挖战壕之用。关城只有百余名，县专差持函来署，请向矿局借用小工三百名，经栋措辞拒绝。驻军地点，均挖战壕，似在此作战，人心惶惶，皆往开滦界内及轮船逃难。但兵无斗志，且退却时，沿途抢掠，私囊已足，更无效死之心。念二下午，张使令厅县所属警察、警备队、保安队，解除武装，将枪枝子弹，缴山海关商务会收存，均已照办。巡警仍持巡械，旧常出岗，但联署因交通不便，枪未缴到。海滨居住西人，闻信惊恐，急由开滦局转电英使。念四日下午，由威海卫开来英舰一艘到联，舰长登岸，亲见袁署长，请求持枪站岗，并允为张使代陈，如被拒绝，即派水兵登岸保护。袁署长已允英舰长之请，本岛各街市，由陆军帮同站岗。栋因被其嫌疑，甚属危险，只得谨慎从事。此间邮电不通，顷有升孚轮船开津，谨将此间情形，略陈钧鉴。肃此奉禀。敬叩崇安。再禀者，新建楼房，因交通阻断，尚未租出，工程亦未完竣。昨晚闻直隶兵车，已过滦州，由关开去北戴河，留守营间骑兵二营，步兵二连。

沐恩林述栋谨禀　五月念六日

(4) 副官长张德恂报告 （5月29日）

谨将卫队裴振才由奉来归，密探各情，分别胪陈，恭呈宪鉴。

计开

一、营口下船时之详情：

查现在由营口登岸，无论商人军人，一律检查。日前有遣送败兵一名，携带手枪，当被绑缚。所有归去军人，临登岸时，有数军官呼称：军人归一面，商民归一面。意在军人归去，仍编入伍，军人下船后，并各与奉票二元，馒首四个，咸菜数条，暂息即由火车运往奉天。

一、奉天现在之详细情形：

查奉天各店，以及北大营，现在所驻皆兵，以败退者居多数，其余即招募乡团，白日操练，夜间放卡巡梭，不准行人来往。督军署卫队各连，只有十数人看守营地，现在岗兵，均系吴俊生卫队。许兰洲二十日，由前线回奉，住督军署。吴俊生因与许兰洲意见不合，现回黑省，闻有袖手之说。再许兰洲并未受伤。

一、奉军主要各人之现在驻址：

查张作霖、张作相、张学良、冯麟阁均住山海关天泰栈。孙烈臣、蔡旅长现住锦州，整理队伍。

一、奉军之兵力：

查奉军自败北后，张下命令，所有败退及遣送各官长，均升一级，薪饷仍旧。所有巡官长，升连排长者甚多。留守头目，亦有升连排长者。闻其新队伍有五六万人，该军现以奉天为招募之区，以锦州为大本营，每日差操甚劳，稍为熟悉，即开往山海关，以山海关为前线。张作霖之意，仍图恢复。

一、奉军在山海关之情形：

查现在专事防守，尚无何种动作。

一、张作霖之威信：

查张之势力在奉，分毫未减，专制尤烈。数人以上不准聚集谈论等事。前在奉天城内，勒捐现款三百万，派人按户索取。

一、奉天之杂讯：

查日本兵现有开赴哈尔滨之说，并传闻张作霖由日本新购大枪十余万枝，大炮数百尊。

一、奉张之态度：

查张作霖现时决不回奉，日前其少奶奶来山海关住七八日，又回奉天。其四姨太太有来山海关之说，闻被张阻止。

一、交通之近讯：

查近日由奉天至山海关，已通票车。

副官长张德恂谨呈　五月二十九日

〔北洋政府步军统领衙门档案〕

26 步军统领衙门关于直军收容奉察两军溃兵情形报告

（1922年5月）

按查此次奉、察军开往西路长辛店战斗者，只奉军暂编第一师全部，开往西路前线，其余各军则分布中、西两路，各该军在两路前线死伤甚多，其残部奉军于溃退时，多数由芦沟桥向廊坊、黄村、丰台方面溃逃，其少数奉军则向南苑退却，十六师则向西苑退却，然为数均属无多。察哈尔军队则向察区败窜，当即由第十三师、第一师、第九师强迫溃兵缴械，收容备遣。兹将各该军加入战斗兵力，及溃退情形，收容大略情形列后：

计开

一、奉、察军开往西路长辛店方面战斗之军队列左：

奉天暂编陆军第一师。

陆军第十六师（缺步兵第六十二团）。

陆军第二混成旅。

陆军第二十八师之一部（约一混成团）。

陆军第九混成旅（约步兵两团）。

察哈尔第一混成旅。

陆军第二十五混成旅之一部（骑兵一团机关枪一连）。

一、奉、察军战斗溃败退归京城四郊地面及窜向察区南口之军队，并收容备遣之大概情形列左：

奉天暂编陆军第一师。

步兵第一旅旅部。

第一团。

第二团。

步兵第二旅旅部。

第三团。

第四团。

骑兵第一团。

炮兵第一团。

查该师此次战斗损失至巨，于战斗溃败时，其大部分即向南苑退却，旋由南苑向廊房等处溃逃，其残余官兵籍隶关内各省者，分散京营各地面，即由陆军第一师、第九师勒令缴械，收容备遣。

陆军第十六师。

师司令部。

步兵第三十一旅旅部。

第六十一团。

步兵第三十二旅旅部。

第六十三团。

第六十四团。

骑兵第十六团。

炮兵第十六团。

工兵第十六营。

辎重第十六营。

机关枪第十六营。

查该师官兵多籍隶本京附近，及直隶、河南、山东等省，故溃退时纷向西苑及京城附近麇集。惟因战斗力已失，损失甚重，现由陆军第十三师勒令缴械，收容备遣。

察哈尔第一混成旅。

步兵第一团。

第二团。

骑兵第一营。

炮兵第一营。

工兵一连。

辎重一连。

机关枪一连。

陆军第二十五混成旅。

骑兵两营(内有一营无马)。

机关枪一连。

据调查以上两旅,加入战斗,并未全部入口开往前线,故于溃退时,纷窜察区。闻有一部分窜赴南口方面,该处现有口北镇守使谭庆林率军堵截收容之。

一、奉军向廊房方面溃逃之军队列左:

陆军第二十八师之一部(约一混成团)。

查该部分在战斗期间,分驻丰台、芦沟桥等处附近地方,及闻西路前方战斗失利之消息,即退向廊房方面。

陆军第二混成旅。

陆军第九混成旅。

查各该旅于战斗期间,分驻丰台、黄村一带。地方只有第九混成旅一小部分,开往西路前线应战,其各官兵,多籍隶关外,故闻战斗失利消息后,群向廊房方向溃逃。

〔北洋政府步军统领衙门档案〕

27 曹锟等派遣毅军进攻热河及汲金纯退出承德有关电

(1922年5月22日—27日)

(1) 曹锟吴佩孚给陆军部密电(5月22日)

百万火急。北京陆军部、鲍总长鉴:昌密。查奉天溃散军队,盘踞热河,负嵎自固,若不派遣大军迅往肃清,实不足以纾国难,而安大局。现规定由毅军米司令统带全军,分路向热河前进。该军即归王将军茂轩指挥,俾一事权,而专责成。除电王将军外,敬祈再为转达。不胜盼祷。曹锟、吴佩孚。养未。印。

〔北洋政府陆军部档案〕

(2) 甄文龄致王怀庆密电稿(6月2日)

北京东四七条王将军钧鉴：宁密。卅电遵一日晚抵热，住广盛店一带，商民安堵如常。龄沿途查毅军接仗二十余处，奉军足一混成旅，首先在长山峪，击毙五十五旅史旅长魁元。此次接仗，张统领奋勇在前，幸早入热，维持治安，实系大功，可否赐电慰劳？查汲金纯临行时，兵等置洋油数筒，焚烧军械库及商民，经汲再三不允，痛骂兵众，自掏腰肆万元，发给众兵。查财政厅存现款三十余万，汲分文不要，反将自己米面、干草、子弹、枪等物，撇下太多。该汲即带溃军北奔赤峰县，绕道赴锦州，沿途军纪甚严，因此商民感激非常。查财政厅长栾骏声，系奉天人，屡劝汲速退，维持地方，非常出力，商民感激。查警务厅长王文藻，北京人，非常大坏，随汲逃走。文龄叩。冬。

〔北洋政府零散军事档案汇集〕

(3) 热河都统汲金纯致大总统等密电(5月27日)

北京大总统、国务院钧鉴：昌密。窃金纯谬膺疆寄，八月于兹，直奉失和，战事陡起。金纯职在地方，无时不以保境安民为主体，驻防古北，收容退兵。适毅军奉命前来，古北有人，金纯即遄回热郡。顷闻毅军无故增兵，陡来挑战。在此则步步退让，在彼则节节相逼，衅自彼开，金纯势难束手。此次奉直失和，尚未解决，而毅军遽加兵于热，则金纯保境安民之初衷，亦徒成虚愿矣。金纯得报，初不解该军之举动所由来，谨候明示。热河都统汲金纯叩。沁。印。

〔北洋政府热察绥巡阅使署档案〕

28 王怀庆等关于直奉两军在热河一带战况与曹锟等往来密电

（1922年6月3日—17日）

(1) 王怀庆致曹锟密电稿（6月3日）

保定曹巡阅使、吴巡阅使鉴：宣密。东亥电敬悉。极佩伟划。热河毗连辽沈，屏蔽畿疆，关系至重，非有大部军队驻扎，不足以断敌军之联络，而制其死命。现据探报：汲逆败走时，携去大炮机关枪多件，于距承德二百余里之茅荆坝一带，将集合驻赤峰之奉军团长李鸿文、杨德胜、并所部步队三营、炮兵一营、工兵一营、作最后之战斗。并电调二十九师骑兵一旅，由北道赴赤协助等语。游魂釜底，意图反攻，揆此情形，我公可谓料敌如见。遵拟筹备大宗军火，日内由京开去游缉队两大队，直向热河东边一带进发，并由十三师抽派混成团一团，陆续前往增援。军情万变，仍望随时指示机宜为祷。敬复。王怀庆。江。印。

(2) 梁克发致王怀庆密电（6月5日）

北京总司令钧鉴：成密。支电恭悉，职翼到平泉，拟即向凌源进发，业于三日晨，派常统领所部马队作前卫，进开凌源。三日，旋接凌源来电，并查凌源电局呈交通部电，均称奉军关、汤、张三旅，已入县署，兵队继续到凌等语。据此形势已急。当即千万火急，电呈米总司令，请求速派援兵。蒙复内开：业饬张司令率领马步炮各队，克日开赴凌源，以资援助，并饬职翼暂取防堵守势等因。奉此。遵饬所部，加意防堵。四日，旋又接常统领自卅家子飞函内称：我军至卅家子，已不能前进，奉军三旅陆续到凌，此处有两支大道，一通凌源，一通莽牛营子。闻奉军至莽牛营子，有直取卅家子，进占凌源消息。请速请兵增援等语。当即火急电呈米总司令，转饬张司令，火速开拔，以资援应。又殷镇守使支日通电，计达钧阅。查所称奉军进兵一旅，系由义州等处而来，凌源奉军，系由中后所分路而来。又闻此来军队，已与赤峰一带逆兵联合，似此两路进兵，蔓延燎火，颇堪忿恨，应请钧座速筹办法，以全大局。职翼俟张司令到平，即行进发，以灭朝食，[illegible][illegible]民庭。特此电禀，伏乞垂鉴。梁克发叩。歌丑。

(3) 王怀庆复梁克发密电稿(6月5日)

万火急。平泉毅军梁统领鉴：成密。歌丑电悉。奉军三旅，分路进犯凌源，并与赤峰逆军联合，请派兵应援等情。该处军事万急，本使已电饬米帮办督率毅军全部，即刻由承德出发，督饬各路，合力作战，迎头痛击。并饬陆军第十三师全部，游缉队两大队，已于今日由京开发；一路出喜峰口，一路出古北口，星夜兼程向平泉、凌源前进，协同我毅军作战。惟援军未到以前，务望该统领严为戒备，加意防守。敌情如何，仍望随时电禀为要。王怀庆。歌。印。

(4) 曹锟吴佩孚致王怀庆密电(6月7日)

急。北京王巡阅使鉴：宣密。支二电敬悉。承示进攻奉敌，并分区驻军各办法，伟划荩筹，莫名钦佩。当即转电王总司令，迅行进攻。再顷据赤峰沈总司令敬全支电称：汲金纯率溃兵三千余名，由热出走，取道茅荆坝。于六月东日至公爷府，拟以大军猛攻赤街，以图再举。幸我军先已派队守卡，占据公爷府、北小梁子、陈家店、穆家营子一带，相距约三十余里。江日上午八钟，与汲军接触，激战至天已昏黑，未分胜负，暂取守势。支日拂晓，我军五路总攻击，士气百倍，无不奋勇争先。惟我军兵力太单，敌军数倍于我，当以寡不敌众，乃诈退七八里，将敌军诱至卡内，向前猛击，复派奇兵绕道后方，前后夹攻，敌军荒乱，下午三钟始纷纷溃散，退走二十余里，现正在追击之中，尚未收队。谨先电闻。又据军粮城王总司令歌亥电称：本日据前方报称，敌人被我驱逐后，分向秦皇岛、海阳镇、石门寨方向退去，并将民间饮水、食粮，外布煤油毒药，或焚毁埋弃抢掠，不堪言状。又第百十二号铁桥烧毁。长城各山中，多有隐匿之溃兵，但北戴河今日又来兵车五列，其榆关之敌，仍在积极准备抵抗中。我军今日均调集于沟湾、留守营、陈各庄、烟墩山、聂口、台头营之线，整顿一切，以备进攻。我前进骑兵，已进至河沿、深河堡、平寺庄等处。并派骑兵两营，分出界岭口、冷口，掩护我军。左侧更向凌源搜索，向平泉连络，以防意外。除电令前线于明六日早六点，全部向山海关进攻外。谨此电陈各等语。特并奉闻。即希查照。曹锟、吴佩孚。阳寅。印。

(5) 殷贵致王怀庆等密电(6月17日)

急。北京王巡帅、保定曹巡帅、吴巡帅、承德米帮办钧鉴：统密。顷据许兰洲自奉天馪电称：日前相约，不相侵犯，不图遽起冲突，实生意料。现在双方已经下令停战，仲帅亦屡有来电言和。在榆关开始谈判，赞帅效伯已经见面，直奉方面，当不致再生战事。我兄素主和平，彼此感情尤厚，祈即下令罢兵，免致地方兵民，同遭蹂躏为要。并祈电复等语。当即复电，其文曰：汤逆率股猛攻，不得已，我军为正当之防卫，迭将汤部击溃，退守沈家台。援军云集，众志激昂。不难一鼓而下。弟力主和平，未越雷池一步。但我军以汤无故扰边，烧掳杀淫，惨无人道，行同盗匪，非将汤大虎歼除不止。既承台命，宁人负我，无我负人，自当勉守防线。惟客军集中行止，均须候令，毅军十八营，归米帮办节制。淮军八营，听曹仲帅命令。陆军陶、刘两混成旅及京师游击队两大队，均听王巡帅命令。弟所部仅巡防四营，新编马队两营，热河游击马队五营，热河陆军一混成团，归弟节制。除将尊电转呈王、曹、吴三帅及米帮办得复再达外，特先电复。仍希严饬汤、齐、张三股，勿开衅端，致难挽救等语。查阅该电，敌军求和，恐为缓兵之计。探报锦州空虚，一夕数惊，我军如援队到齐，若乘机攻锦，使敌首尾不顾，山海关敌军，必有溃散之虞。但事关大军行止，应候命令施行，除督同军严守防线，勿稍疏虞外，究竟应攻应守，伏候明令示遵。朝阳镇守使兼定热总司令殷贵叩。霰（十七日）酉。

〔北洋政府热察绥巡阅使署档案〕

29 彭寿莘报告奉军退据山海关反攻战况及日人暗助奉军情形致曹锟等密电

（1922年6月11日—13日）

（1）6月11日密电

飞飞火急。保定曹大帅、吴副使、军粮城开平探投王总司令钧鉴：永密。职路连日对敌酣战，所得详况，谨陈如下：（一）敌人兵力；第三、第四、第七、第八、第十、第十九各混成旅，并有关外巡警队万余名。（二）敌人阵地；自海岸经向河塞、孙庄、红瓦店、圣水庙前后、七星寨、茭棚，以及北方山地一带，均构筑坚固工事。并有各种防御；重炮有十数门，野炮四十余门，山炮未详。（三）敌之指挥官姓名；第三旅长郭松龄，第七旅长李景林，第十旅长赵某或李双凯，余系代理，未详。张作相在锦州，张作霖、张学良均在榆关。（四）战斗情况；今日拂晓，敌人全线大举反攻，屡向我军左右两翼猛攻。正面即以威烈之火战，历六小时之久。职于早四时，即率参谋，差遣各员，分赴前线督战。幸我军则用地物，竭力坚抗，叠用白刃，敌不得逞，遂仍退回原阵线，向我威力射击，现正激烈战斗中。我军左翼，刻已节节进攻，惟后方援队无□，务请钧座火速饬调大部援军，星夜来岛，无误时机。是役计获俘虏敌之团附张锡光，营长焦汉武，初级官数名，目兵卅余名，步枪数枝。击伤拼死敌人官兵无算。我军伤亡官长数员，目兵约七八十名。所幸我军士气颇振，誓歼渠魁，旦夕可下榆关。再请帅座迅将重炮弹，派员速运若干来岛，尤为至祷。知念特禀。南路司令彭寿莘叩。真午。印。

（2）6月11日密电

飞飞火急。保定曹大帅、吴副使钧鉴：永密。现在战斗激烈已达极点，敌有两师八混成旅之众，又多敢死队，闻皆敌人指挥炮队阵地，敌人又多。沿途电话电线，日人秘密与奉通讯，此等情形深属可虑。此时我军全部六五、七九子弹，异常缺乏，万分危急。充其量极力节省，仅敷一日之用。务请钧座星夜派员运送子弹，火速来岛。愈多、愈速、愈好。再预备队刻已增援无余，尤乞速电古冶张旅，飞速前来增援，为叩为祷。除将日人助奉情况，电请王总司令迅速设法交涉外，谨飞电禀。伏乞训示，只遵。南路司令彭寿莘。真申。印。

（3）6月13日密电

飞飞火急。保定曹大帅、吴副使、开平王总司令钧鉴：永密。今日午后六时，据法人贝地称述：刻有英人由榆关乘轮来岛，亲见奉匪。于今早由奉运弹药车五辆，兵车五列，其中装载确数，尚不能知。查连日激战，敌之伤亡甚多，弹药消耗亦甚，必系补充车辆。此次日人助奉，接济弹药，炮兵多系日人指挥，外人咸知。由此以观，敌之死守榆关，自不待言。据飞机探员报告，今早敌有大部骑兵发见，志欲突冲我军右翼。职已严饬各部，妥为防范，遇敌骑兵，即以机枪排枪扫射，当可无虑。兹又商妥海军甘舰长，饬其侧击向河寨一带之敌，施用极大之威力，破坏敌之坚强工事，庶我军易于进攻。又拟用洋油筒储以鞭炮，假充机枪，黑夜乱响，并吹冲锋号音，使敌惊扰，诱其多耗子弹。严饬我军前线，省俭子弹，确守发枪军纪。现时张旅已到步兵两团，十二团已到两营，有此续到援队，决无可虑。惟弹药一项，总以源源接济为祷。所幸士气壮壮〔旺〕，攻克榆关，为日不远矣。谨飞电禀。南路司令彭寿莘叩。元酉。印。

〔北洋政府直鲁豫巡阅使署档案〕

30 检查员丁珍等为查获东三省议会联合会关于呼吁直奉双方停战议和及其办法通电二则呈

（1922年6月13日—14日）

（1）6月13日呈

检查员丁珍、潘毓珍，谨将六月十三日派赴电报总局，检查往来各处电报，有关重要事故，开呈钧阅：

计开

一、由盛京致天津赵次老、北京王聘卿、鲍总长鉴：蒸电计达。是日，并恳奉直双方，即日罢兵，当蒙张使允可，曹、吴两使亦复电赞同。讵料直军前方仍取攻势，遂致战事复生，乃彼方不察，复来电责言。文曰：省议会联合会鉴：蒸电敬悉。商榷罢兵，必须双方，以诚相见。此间昨已将停战，命令前方将士遵行。乃顷据彭总司令蒸酉电称：昨午，张学良派人前来议和，已与接洽商订，昨夜双方停战，乃未至天明，奉军前线又复猛攻，刻尚在酣战中等语。足见所谓议和，毫无诚意，应请贵会切诫彼军。果欲实行罢兵，不可再行欺诈。否则和议难成，责有攸归也。敬布区区，仍希鉴察。曹锟、吴佩孚。真。敝会当复一电，文曰：保定曹巡阅使、吴巡阅使鉴：真电致悉。顷询张使，据前方报告，自庚日派人赴秦皇岛接洽后，至下午一点四十分，未及回防。前军突然炮攻，奉军一弹未发，有英人雍维廉、美人普赖德等可证，并附近外人，众目所睹。至蒸日夜间，更逼近防线猛攻。奉军为自卫计，始行反攻等语。并检阅各项报告，并无异词，是谁先挑战，自有公评。除劝张使敬念袍泽之谊，仍勒令停战外，请贵使多方澈查，诚伪自见。否则，诚如来电所云，和议难成，责有攸归也。抑更有请者，中国一家，统是同胞，奉直关系，尤为亲密，倘再延长战祸，驱最可爱之精锐子弟，并为鲸鲵，想亦仁人所不忍出。务祈推诚相与，同底于和，国家前途，实利赖之。

东三省省议会联合会。文。事实具在，讵容厚诬，录呈察核，藉明真相。务恳我公等鼎力敦劝曹吴两使，果欲弃战言和，亟应以诚相示，救国步之危亡，免民生之涂炭，岂但奉直之幸，亦全国之福也。临电不胜迫切待命之至。东三省省议会联合会叩。文。印。

以上电一件业经照发

中华民国十一年六月十三日

（2）6月14日呈

检查员丁珍、潘毓珍，谨将六月十四日派赴电报总局，检查往来各处电报，有关重要事故，开呈钧阅：

计开

一、由盛京致天津、上海、汉口电一件，内载各报馆鉴：昨日本会上北京黎总统、保定曹吴两使一电文曰：现在法统昭苏，统一有望，敝会同人为提〔促〕进和平起见，曾三次电请曹吴两使，暨恳请张使停战撤兵。张使前曾宣言：只求国家能以统一，虽牺牲性命，亦所不惜。况区区权利，更何足言。敝会亦深信张使光明磊落，纯以国家为前提，绝非穷兵黩武自私自利之人。今大总统既有统一办法，而直奉将士，仍相逼相持，不速令停战，当此四方人心浮动之时，设令内而乱端四起，外而外蒙勾结俄党，乱机蠢动，欲废督而其于督者愈众，欲裁兵而窃据兵者愈多，更何有统一之可言，此敝会所以不惮烦渎者也。今拟就办法如下：一、直奉两军相逼过近，易生接触，拟请直军退驻留守营，奉军即开始撤退出关，于七日内撤尽，以保双方安全。二、请中央派双方有友谊之大员，并双方各派公正人，在双方监视撤退，以期妥协。三、巡阅使督军之废止，两〔全〕国一致，东三省不能独异。四、撤兵后京奉路交通，当至恢复原状。以上办法，应请钧座贵使，鉴敝会之愚忱，维持全局，允如所请，迅赐施行，并迅饬双方停战。国家幸甚等语。特录奉闻。东三省省议会联合会叩。元。印。

以上电一件业经照发

〔北洋政府京畿卫戍总司令部档案〕

31 张作霖提出直奉双方停战意见致鲍贵卿等电①

(1922年6月14日—18日)

(1) 6月14日电

鲍总长鉴：盐电敬悉。弟前曾致电曹仲珊，以同类相残，徒伤精锐，国家统一有人。弟虽牺牲一切，亦所不惜。奈彼军逼人太甚，日夜来攻，不容我军撤退，以致将士激愤，不能不作正当之防御。即最初接触，亦系衅自彼开。元首如诚意息战，宜令彼军停止攻击，议定双方撤退办法。弟必勒令前方将士，撤出关外，以听解决。现已严令前方将士，不准进攻。倘彼军仍不停战，我军亦不能不作自卫之计。曲直自有公论。敬祈转陈。并候明教。张作霖。愿。印。

(2) 6月16日电

北京鲍总长并转王聘老、赵次老鉴：屡接来电，承诸公厚意，作霖亦不忍同类相残，致将士多所伤亡，人民久罹涂炭。故答仲帅寒电，定十五日六时停战，以免牵动外蒙，转致不可收拾。现在大总统已下令停战，作霖亦严行勒令前方将士，固守原防，不许前进。乃直军于议定停战时间之后，乃复屡次向我阵地开枪攻击。至今已距原约时间一日夜之久，何以尚未履行，应请电知曹使。如果诚意停战，应即实践前约，勿再攻击。并派员到前方约定地点，接洽撤兵办法，以息战争。倘直军以停战为手段，再向我军攻击，激起战斗，弟不能负其责也。究竟如何，即祈速复，以便弟早具决心，答复前方将士为荷。张作霖。谏。印。

---

① 以下三件系京畿卫戍总司令部检扣之电报。

(3) 6月18日电

赵次老、王聘老、鲍总长鉴：双方罢兵，已由孙烈臣与王承斌在秦皇岛英兵舰，订明于十八日起至二十日止，为奉军撤兵之期。奉军未撤完以前，直军不得有军事与行动。自双方签字后，须严禁射击。倘有违犯，唯该长官是问，而处以严重之惩办。中央前派监视大员，何日起程，以便严重监视。双方倘有违犯约定，激起战争，自有公论。谨电奉闻。伏维垂鉴。张作霖。巧。印。

〔北洋政府京畿卫戍总司令部档案〕

32 孙烈臣与王承斌等代表直奉签订"双方罢兵之规定"

(1922年6月)

双方罢兵之规定

一、奉直两军为维持大局，统一国家之目的，双方同意罢兵。

二、奉军之撤收，系撤出直境，直军亦不得入奉境一步。

三、于民国十一年六月十八日早九时至午后一时，南路有前进阵地之处撤收之。

四、于民国十一年六月十九日早六时起，奉军撤收南路方面之部队，但直军须于奉军撤收时之前一点钟，南路方面之部队，集合于阵地后方相当之地点。

五、于民国十一年六月二十日早六时起，奉军撤收北路之部队，直军之动作，亦与第四条同。

六、奉军两路自撤收日起，在三日内撤收完了。

七、在奉军撤收未完之前，直军亦不得有军事上行动。

八、双方自签字后，若某方部队有不本此规定，而自由行动者，则此方之签字人员，须完全负责任。

附记

一、奉直两军所占之线，以二郎庙——里峪为中交线，此线以内为南路，此线以北为北路。

二、自签字后，双方均须严禁射击。倘有违犯者，即以该管官是问，而处以严重之惩办。

孙烈臣　张学良

王承斌　杨清臣

〔北洋政府参陆办公处档案〕

33 杨清臣关于张作霖派张学良乞和暨与张议定停战等情致肖耀南等电①

(1922年6月19日)

武昌肖督军、岳州张总指挥、子恒兄、王旅长兄、锦堂兄、林旅长文阁兄、陈旅长献亭兄鉴：前电敝部准备航海绕攻营口，抄袭敌背，正在筹备船只之际，适我军南路战事紧急。清臣即率本部星夜往援。至秦皇岛时，左翼万分吃紧，前线官兵，伤亡达千。当将我十二团加入左翼，十一团暨骑兵团分援各路，激战一昼夜，敌势不支溃退。彤军趁胜追击，连破敌之盖沟铁网电硫镇雷数道，逼近榆关，正拟进行；乃张作霖派其子张学良偕同孙烈臣乘英舰，由英人介绍，负荆乞和。清臣奉王总司令嘱该代表等面晤，申明大义。该代表等，俯首遵从。乃承巡帅意早议定，限四日内，奉军退出直境。于皖□日实行停战，双方签字议决，我军将来进驻直边。是役战况激烈，从来未有。幸敝部完备，一战顺利。知关廑注。谨以电告慰。杨清臣。皓。印。

〔北洋政府京畿卫戍总司令部档案〕

---

① 此系北洋政府京畿卫戍总司令部检扣之电报。

34 直系探员李元德关于日人在山海关助奉作战及奉张联合各派系反直计划报告

(1922年6月21日)

津字第九号

为报告事：查张作霖自退至山海关，复又与直军接战，直军失利。因奉军内有日人指挥，又得其地势。而直军伤亡甚重，不能前进，用包围法由海道登岸，再朝阳夹攻。故张作霖又用缓兵法，又与直军构和停战，俟各处联络妥协，一致响应；查其内容，现在孙文、段祺瑞、卢永祥、张作霖、李厚基等，均已携手，破坏统一。计其伊等之计划列后：

一、张作霖曾在锦州开军事会议(孙文、段祺瑞、张勋等派代表列席)，用缓兵计，诱直军深入险地(日人设有电雷电网等)，实行攻击。会议后，该军全体官兵，均插血为誓。

一、孙文现派前江苏师长张迪秋(光复时充帮匪达字辈之首领为师长)，暗通江苏镇守使朱熙，在江阴要塞地方，临时发难，攻江宁。再浙卢、闽李、沪何、皖陈(德修)同时全力攻苏等处。又苏旅长官邦平〔铎〕经张勋派王海清运动成熟，为江宁内应。原拟攻下赣后实行，现已改变，不拘时期，相机动作。

一、使前江苏都督程德全，担任运动长江一带水上警察，同时发难。

一、卢永祥假电报之唱调，忽高忽低，使政府不防伊，方好图谋。现将温、台一带土匪(约两万人之谱)，均被卢永祥派人收买，以备临时应用。

一、奉军之分派，一部在山海关，一部由奉天绕赤塔，攻热河、察哈尔；一部往库伦攻绥远，会合南下，围攻京师，即□保定。饷械由日本供给，汲金纯为总指挥。

一、陕西靖国军于佑任自解职后，其部下统归陈树藩收复。

为合力攻陕，现已遣其部下潜入西安城内。迨江淮事起，彼即发难。

一、鄂边川军实行攻岳，业经发动。

一、江阴一见动机，各处响应，使直军疲于奔命。

一、孙文暗遣倒乱分子，假名政客，混入政府或议员中，相机挑拨，破坏统一之计划。

一、占据南京即行迁都，孙文为大总统，段祺瑞组阁，程德全为苏督，张作霖为全国总指挥，进驻北京。获清帝在盛京称王，张勋仍为长江巡阅使兼皖督各等情。今将所查大概情形，理合呈请宪鉴。李元德谨呈

十一年六月二十一日

〔北洋政府零散军事档案汇集〕

35 王占元等调停直奉双方在热河战事有关往来电

（1922年6月22日—30日）

(1) 参陆部给王占元等电（6月22日）

山海关一带电局、探送王上将军、宋前督办、奉天张镇威上将军、密云一带探送王巡阅使鉴：奉大总统谕，据王上将军占元等马电所陈，直奉两方罢兵办法，规定妥协，并奉军退出关外，直军遵照原议，并未进逼各情形，办理迅速周妥，极为欣慰。惟现在热河方面，尚有奉军，自应遵照本月十六日明令，一律停止战争。并照山海关一带办法，奉军一律撤回奉境，不得逗留热河境内，或致别生事端。热河军队，于奉军撤退之际，亦不得跟踪追击。兹仍派王上将军占元、宋前督办小濂，将此意与张上将军作霖、孙督军烈臣等，详为开谕，即由张上将军等，飞电在热奉军将领，迅即将在热奉军撤回，一面与热军将领接洽办理，所有热河军队，著由王巡阅使怀庆于途次接。奉此电后，飞电知照热军各将领与奉军将领，妥为接洽。于奉军撤退之时，不得跟踪追击，是为至要。著各遵照办理。

并将接洽办理情形，随时具报等因。遵此合电奉达。立盼电复。院参陆部。养。印。

(2) 王占元、宋小濂致王怀庆电（6月24日）

万急。承德探送王巡阅使鉴：院参陆部养电，计经入览。占元等现为奉热罢兵事宜，昨日来奉接洽，张上将军深以息事宁人为怀，即电前方奉军，一律立时退出热境，热河军队如不跟踪追击，奉军不准越境一步。至于撤兵条件，仍由双方将领协商，拟定各守疆界，惟请转电热河军队，停止前进，以免误会，别生枝节等语。查此等办法，似尚允协，我公爱护和平，谅表同意。应请电饬贵部查照，协商办理，并祈赐复为祷。王占元、宋小濂。敬叩。

(3) 曹锟吴佩孚致王怀庆密电(6月26日)

万急。承德王巡阅使鉴：宣密。漾二电敬悉。奉热罢兵，已饬殷使与奉军将领，妥为接洽，至以为慰。顷接王上将军、宋前督办敬电开：奉热罢兵事宜，昨晚来沈，已与张前巡阅使晤商妥协，并已分电尊处等语。谅已达览。近日商洽情形如何，希速电示为盼。和议岑〔？〕成，关于军队撤防，驻扎地点，前经规定，耿旅调回北京，高团调驻迁安，刘旅调驻何处，候台端核夺办理。兹承示已拟定刘、耿两旅及高团驻扎地点，容即转饬遵照，以顾热防。至奉张新招十二个混成□旅一事，如果属实，自□□□后图，不可不格外注意。业经转陈中央，请示办法，仍希转饬前方各军，密为戒备。勿稍疏虞，是所切祷。曹锟、吴佩孚。宥。印。

(4) 殷贵致曹锟等密电 (6月29日)

急。保定曹巡帅、吴巡帅、承德王巡帅、米帮办钧鉴：统密。顷据毅军张管带锦标函称：奉军在老达子沟之防卡，于昨日完全撤退。其前在前方指挥之王团长，闻亦撤换，并有已将其所率之部队遣散之说，现其集中大窑沟之部队，兵力不过一团，其主官闻系陈姓，纪律甚为严整。此种情况业经连夜报告，敝军梁司令，想系尚未转报钧前，因而未邀□见。今既奉到王巡帅此项电令，则炮兵添派与否，已无关系。应谨遵照钧谕，遇紧要时，再行禀请。赵哨官业抵大屯，关照一层，自应无分彼此，请抒垂廑等语。查职先后接王上将军、许兰洲自奉来电，均云张上将已饬奉军在热边者，一律撤回，各守各边，不必另订条件。该电均已转呈。惟朝阳商业，仰给锦州、营口，百货断绝，商旅不通，是为大困难之点。能否交涉恢复商业交通，再商和议之处，伏候示遵。朝边各军，一律仍守防线，毫无前进。并呈。朝阳镇守使殷贵叩。艳。

(5) 曹锟吴佩孚致王怀庆密电(6月30日)

急。承德王巡阅使鉴：宣密。顷接朝阳殷镇守使电称：准奉军司令许兰洲宥电开：宥电敬悉。前此直奉接触，与热河无涉，奉直既已停战，热河尚有何条件之可言。只要各守各界，彼此两不侵犯，可无事等语。职对于停战条件，两向奉军提议，该军以各守边疆，无须另订条件，究应如何应付，即候示遵等语。特此转达，希即酌核，转饬该镇守使遵照，并盼电复是荷。曹锟、吴佩孚。卅。印。

〔北洋政府热察绥巡阅使署档案〕

36 直隶旅沪同乡会揭露直系内幕与吴佩孚发动直皖川湘鄂奉等战争的阴谋活动致各方警告书①

(1922年6月)

顷者：奉直战局，方告一段落，吴佩孚正挟其全盛之势，假恢复法统，进行统一之美名，以破裂不全之参众议员，庸懦无能之黎废总统，为号召之具。世人对于吴氏之只手遮天，亦既目迷五色。除浙江督军卢永祥、上海护军使何丰林与南方诸隽、广东旧会，力持

① 此件原标题为“直隶旅沪同乡自治协进会警告书”。

正义，词辟其谬，及东北之张作霖，不受和议，始终反对外。余则大半慑于直系之有威可畏，或作应声之虫，或为寒蝉之噤。于此，非驴非马之法统主张，及似是而非之革命举动，殆皆置之不论不议之列，而以遵信吴佩孚之故，竟于直系之内幕，曹、吴之分裂，吴氏前后言行之不符，及其沽名钓誉，欺诱世人，包藏祸心，营私误国，种种之罪恶，毫不加以考虑。尚欲以其一纸空言，信其有废督裁兵之诚意，与虎谋皮，其愚诚不可及已。近据驻京某国武官某君谈及直军之内幕，至为详尽。某君历驻京津二十余年，对于北洋军队情形，及重要军官言行心理与事实，其留心考察，殆较吾国系心国事者，尤为详晰无遗，特为缕述于后，以正告世人，俾知名之不可苟假，而曹氏昆仲及各省爱国之士，亟宜合力起而为正当之营卫，慎勿再坠吴氏阱中也。

直系曹、吴两派之分裂：世人论及中国之党派，动曰直系直〔皖〕系，而自皖直战争以后，直系内部之分裂早有许多事实，接触吾人之眼帘，细按之则已判然为二，即曹派吴派是也。吴佩孚为曹锟之部将，本无自相携贰之理，但吴之为人，阴狠奸险，素以营私植党为务，毫无信义可言。皖直战后，即纷纷布置心腹，扩充军实。湘鄂战后，更亟亟推举督军，开拓地盘。奉直一战，遂肆无忌惮，演逼宫之举，为拥立之谋。此中经过，曹氏以其咄咄逼人，徒拥虚名，转成傀儡，故每遇一事，或赞或否，或泥之，或虚与委蛇之，其格格不相入，非一日矣。但就其所分配高级军官之派别而分解之，即可知双方暗斗之激烈矣。

曹为直隶籍，吴为鲁籍，曹之参谋长熊炳琦为鲁人、吴之参谋长李卓章为直人，鲁直相错，有似直鲁一家，然参谋长非拥有重兵者比，以籍贯之支配，表示直鲁之调和，惟其表面之调和，愈显内容之分裂，萧耀南、阎相文、王承斌、张福来，俱为吴在湘南时同盟结合之旅长，阎为鲁籍，首令督陕。萧鄂人，而鲁性者，故以滑稽之鄂人治鄂，以萧督鄂。不幸而阎氏凶终，冯玉祥乃以螟蛉式之吴派，继承陕督(冯镇湘西时与吴早相结纳)。然冯固皖籍,而吴党也。此三督者,或鲁籍,或皖、鄂籍,皆吴之心腹,无一直隶籍,而为曹之心腹者。推吴之意,宁援外籍为我用,决不使直籍为曹用也。赵玉珂曹之戚也,镇守天津有年。曹瑛曹之弟也,领二十六师兼镇守使,在直系言俱有督军之资格,且驾萧、阎而上之者。吴任两湖巡阅使,赵欲求一直、鲁、豫副使而不可得。吴靳之也,吴既不相让,竟以两湖巡阅使兼领直鲁豫副使头衔,宁受贪权攘位之名,不欲以直、鲁、豫地盘拱手让之曹派,曹固无如之何,而曹派之衔吴深矣。王承斌治军用众,为吴部诸将之最,转战湘、鄂,亦居首功,徒以其为满族奉人,至今不得一督军之位。而妨功害能之辈,养尊处优,窃位弄权,反使名将功高,追奔漠北之野。王悟吴氏之术,不忍以奉攻奉,自相残杀,乃倩其叔某赴奉联给〔络〕,吴侦知之,遂派彭寿莘助战,名任前敌,实则监军。王氏大愤,阴为牵掣,遂有营口之败,秦皇岛之败,山海关之败,近且向昌黎方向退却,王实为之也。故直系之破裂,已无可讳;而曹为吴制,亦无可讳。曹、吴之消长,直系之隐忧也。直系尚未统一,而况于全国乎。吾思之,重有忧矣。

曹锟引奉制吴之失败;奉军今将出关矣。吾人亦知奉军之入关,确为曹氏昆仲一再邀请,而始来乎。曹氏权力,既日为吴所侵夺,环顾海内,惟奉张与己有姻娅关系,兼富肝胆血气,故特派其介弟直省长曹锐赴奉,坚请奉军入关,为抵制佩孚计。观曹瑛率二十六师在马厂不战自退,与奉张到津,不准部下动及曹氏一草一木,可知曹氏兄弟之用意,与奉张周旋之苦心。然吴即以曹瑛之退,立逼曹锟将其撤换。而于曹锐,则嗾使直隶省议会及各团体大肆攻击,毫不相容。对于曹锟,则仍挟而弄之,以为愚不及觉。试思手足已去,枝叶剥落,本于何有。今曹锟不过一巡阅使耳,吴既巡阅使矣,复为曹之副使,其势力范围,与曹相较,孰优孰劣,不问可知。曹虽庸愚,此等事亦自了然,但无可如何耳。盘马弯弓,曹氏殆矣,吴之用心亦苦矣。

吴佩孚对于北洋诸将之阴谋：吴之对于师友及各同盟，素少诚信，姑举二年来之近事以实之；段祺瑞吴之老师兼长官，而又受其提拔者也。竟大放厥词，假名反对。张作霖、王占元、赵倜均与之同盟，攻击皖系者，皖既失败，吴乃乘湘、鄂之战，逼走王占元。对于奉军入关，首先发难，攻击张作霖。其于赵倜，初则唆令成慎，谋叛未成。近则假手冯玉祥，以夺其地盘。回想皖直战前，与直同盟之八省督军团（东三省直、豫、苏、赣、鄂），除直曹不计，江苏李纯已故外，被吴排挤而去。及战而寒盟者，已有五省之多，其所存者，仅一朝不保夕之江西陈光远耳。刻亦乘南军北伐之机，派蔡成勋率师往援，外张援赣之帜，阴行夺督之谋，其计诚狡，陈非不知之，故力请辞职，今已准陈之辞，而令蔡以总司令名义，节制江西军队。夫总司令与督军一而二，二而一者，以废督之名，行易督之实。吴计已狡，黎竟被其缘以为奸，而不之悟，洵属可叹。且蔡乃偏向直曹者也。蔡所统之豫军第一师常德盛，赵倜之旧部也。之〔此〕二人均吴之眼中钉，调以援赣，盖亦借刀杀人之故智耳。吴之反覆，不仅此也，李纯为皖直战时督军团之中坚分子，身死不明，举世共睹。吴于彼时，曾对齐燮元之代表，拍案大骂，谓何负心而忍出此。近以齐之附和之也，甘冒不义，结为党援，通电联名，情好愈笃，盖早已置李纯之死于度外矣。田中玉于奉直战时，诡言中立，实附曹吴，苏鲁无惊，俾吴得从容西路，侥幸成功，田之功为最巨。近乃有撤换田中玉之讯，鸟尽弓藏，可为深叹。即其最密之齐燮元，亦有调任鄂督，而以曹锟巡阅苏皖赣之说，是皆调虎离山之计，使各督亲信军队，脱离掌握，前后失据，彼乃得从容调度。位置私人，且曹果出镇，则北方兵权，吴氏可以独揽，是曹亦不见容于吴矣。不知受其愚者，胡一误而终不自觉也。

吴佩孚对于奉系诸将之阴谋：奉张退后，吴逼令徐世昌任吴俊陞为奉督，冯德麟为黑督，此皆吴佩孚以毒攻毒之策，张氏果败，吴、冯亦难久存，徐图恢复，此固吴佩孚始料所不及，而亦冯、吴二人识见之高超，始能洞烛其隐，不为一时权利所动，亦以见吴佩孚黔驴之技，作伪心劳日拙也。

吴佩孚对于南方各省之狡诈：吴又于攻段之时，剽窃一时虚誉，通电联南，意主息争，举兵撤防，痛诋内乱，报纸流传，各方颂赞，乃一审内容，徐观近事，不待盖棺之论，难掩前事之愆，方其驻军湘南，得南军六十万元之贿，即擅自撤兵，以防地为交易之具，致湘省为南军占领，既置北洋团体于不顾，复又何爱于南军。未几，果有湘、鄂之战，川、鄂之战，决堤死民，诈和诱敌，至是而吴之专意内争，攘夺地盘，草菅民命，破坏统一诸罪状，举曝露于世矣。食言而肥，吴氏果一迴诵其平昔通电之主张，当亦自惭无状矣。陈炯明惑于吴氏之假面具，与彼暗中联络，此则对民党为不义，对自身为不智，王、张、赵之覆车在前，吴俊陞、冯德麟之近事可法也。湘省创始自治，吴佩孚口中亦甚赞成。但两湖巡阅使之头衔，永不肯舍去，岳州永不肯交还，张福来候补湘督之驻岳军队，永不肯撤退，是其赞成自治，为真为伪，湘人可推而知之，毋亦利用湘人为缓冲之具耳。湘人其猛省，朝鲜因不能自立，忽联俄拒日，或联日拒俄，终为人所灭。湘省欲对南北，均守中立，须知能自立，始可言中立，毋步朝鲜之后尘也。可湘人其猛省，比闻湘省有力之军官宋鹤庚、鲁涤平、吴剑学、谢国光、陈嘉佑、夏斗寅，均倾向孙文，助粤攻赣，湘人可谓自己觉悟矣。又报载：四川大部分军官，通电赞成，恢复非法总统，其意见虽未确实言明，似亦承认黎氏复职，顺从吴佩孚之主张，此皆受吴氏之愚也。吴之于各省，事前惯施其笼络手段，事后即换其嫡派私人。如皖直战后未几，即易陕督陈树藩，甘督张广建，是其明证。川省此时若一昧盲从，他日不为吴氏所排除者几希。且川、鄂之战，何至健忘。湘军尚多血性男儿，川中岂独无之，甚望审慎以出之也。

吴佩孚之结合政学系，把持政权，妄分种族界限：吴氏之营私，不仅之于军权已也。高洪恩长交通、董康长财政、俱吴所力保，吴之私党也。黎虽就职，亦未敢稍拂其意而去之。是吴欲独揽全国财政全权。把持浪费，均非别派所得过问矣。政学系，吴氏在湘南通电所指，为“南之政学，北之安福，一邱之壑”者，今亦以臭味相投，互相利用，操纵时局，挑拨政潮，极光怪陆离之致。岑西林、温宗尧辈，俱政学系首领，以吴曾代向北政府乞怜，给予军政府收束费，亦遂感恩知己，自附于应声虫之列，真所谓贤者不免，可叹亦复可笑。再吴氏与政学系之主张，颇有以统一中原为能事，而置粤东、关外于化外者，观其排斥粤孙，及通电称张作霖为胡逆，可以想见。夫中华民国五族共和，胡人之称，闭关时之谬见也。今竟见于吴之电文，至可惊诧。矧东省由内地移民者甚多，更不得谬执成见，此于五族统一前途，至有关系。世人须知，吴氏谬唱种族之界，及粤孙除外之说，甚影响于民国前途也。

吴佩孚之掀动北京政局：徐世昌，吴在湘南时，固常称为菊人先生者，皖直战后，乃时时称之为大总统，且一再受命，而为巡阅副使，为巡阅使。奉直之战，彼矢言扪徐，徐乃私嘱京畿各军王怀庆、蔡成勋、陆锦之所部，攻击奉军后路，又令邹芬内变，奉张始下令退却。吴乘势追之，转败为胜。吴固应德徐已，乃不旋踵，而逼徐退位。徐之狡诈，固应有是报，然吴之反覆，其肉岂足食乎。黎元洪素以无能著者也。吴何爱于黎，爱其庸懦无能为耳。徐既被迫下野，乃以恢复法统相号召，于是拥戴泥菩萨（尼黎音近世人早有此称）之呼声渐高，黎左右有知之者，故尼之行，因有鱼电之主张。吴以中枢无主，恐酿巨变，遂令其参谋长等，向黎长跪哀求。果也，菩萨慈悲，被骗上路，而裁兵废督，依然徒托空言，被人愚弄，莫此为甚。究之，黎之总统，不过【过】渡焉耳。转瞬必将以曹为傀儡，即曹之总统，仍不过其过渡焉耳。转瞬必以总统正位及于吴之自身。且贪得何厌，独揽军政，密布爪牙，蚕吞各督，效法秦始皇之统一中原，皇皇而称帝焉。亦意中事耳。盖吴之左旋右转，固为此一步而设也。口含天宪，无往非法，一手遮尽天下，吾人正不知乱事之伊于胡底也。粤调正高，浙潮愈涌，榆关未靖，赣战方酣，内则直鲁之分崩，外则南北之扰攘，中原多故，反侧有人，四郊未宁，战云弥漫，吴氏其何法以弭之，统一云乎时，统一云乎哉。

以上均某国武官所畅论之要旨，吾人深觉其持论之精确，立言之透澈。年来地方主义，深入人心，一隅之见，私心以启。吴佩孚以偏僻之辈，侥幸成名，既负其师，又负其友，更进而负及其本系，并欲推翻其直接之首领，易直为鲁，以吴代曹，是可忍，孰不可忍。吾等均直省公民，不忍以桑梓之邦，为吴氏纵横之地，尤不忍见曹使之以庸愚，受祸自误，而转误他人，用将某武官所论，吴氏阴谋，及其种种欺诈行为，详志如右，以警告我顺直同乡，以警告曹使昆仲，以警告直军全体将士，并以警告南北各军将士，及全体国民，幸勿再为吴佩孚之甘言欺弄也可。

直隶旅沪同乡自治协进会全体会员公启

〔北洋政府京畿卫戍总司令部档案〕

37 直军阵亡官兵抚恤调查处请拨发第一次直奉战争中伤亡官兵恤金呈文

（1922年10月9日）

为呈报事：案查直奉战役，凡我直军作战，各师旅阵亡伤亡官兵人员数目，自经职处函电屡催，已经陆续报来，并分呈
宪鉴。现各师旅均已报齐，共需恤金欠饷洋二十二万三千四百九十八元五角七分八厘。理合列表呈请帅宪鉴核。饬军需处筹现发放，俾亡者家属均沾实惠，并藉以振兴士气，勉励官兵，是否有当，伏候指令遵行。谨呈
直鲁豫巡阅使曹

附恤金欠饷表一纸

直军阵亡官兵抚恤调查处处长王用中

曹锟批：准照办，款续筹发。

附：直军各师旅直奉战役阵亡官兵抚恤金欠饷数目表

区别 师旅名称	官长数目	兵夫数目	恤金数目	欠饷数目
十五师	二十五员	一百八十七名	二万四千四百六十元	一万零五百零四元七角八分三厘
二十三师	八员	一百零五名	二万二千三百元	三千四百一十六元五角八分三厘
二十六师	八员	二百八十八名	三万零七百六十元	已由该师垫发
十二混成旅	四员	十八名	二千六百元	一千九百三十四元三角九分四厘
十四混成旅	三员	五十五名	六千零六十元	一千七百一十七元七角九分八厘
十五混成旅	八员	一百零九名	一万二千七百八十元	三千七百二十元零六角零一厘
二十四师	十一员	一百九十七名	二万二千五百四十元	一万一千四百零五元九角三分一厘
十三混成旅	十二员	二百六十八名	三万一千九百二十元	一万二千九百七十五元八角八分九厘
第三师	十五员	一百七十七名	二万一千二百六十元	一万三千一百四十二元五角九分九厘
总数	九十四员	一千四百零四名	十六万四千六百八十元	五万八千八百一十八元五角七分八厘
恤金欠饷总共数	二十二万三千四百九十八元五角七分八厘			
附记	一陆军第二十五师重炮营航空队无线电话队卫队团虽参战事未有伤亡合并声明			
中华民国十一年十月九日				

〔北洋政府直鲁豫巡阅使署档案〕

38 京兆尹刘梦庚请发还直奉战争时所垫付款项给直鲁豫巡阅使署咨呈

（1922年12月8日）

京兆尹公署为咨呈事：承准大咨，准直隶省长公署咨，以京兆霸县知事唐肯呈，据该县支应总局支应员张蓬仙等，呈请据情转请直隶省长，发还因该县在直奉战事时期，本城总局支应费一万八千余元，全县支应军费，约共洋二十余万元等情。请贵使署转咨本署饬令霸县查明垫支各款，准照直隶各县办法，作正开支，咨行本署，查照办理等因。本应遵办，以副巡帅体恤民艰之意。惟是京兆地方，与直隶情形迥异，是以抚恤办法，亦自不同。盖京兆全区，仅二十属县，每岁所收正款无几，近年因水旱兵灾，蠲缓粮租，数目又复甚多，以目前收支概况而论，本已入不敷出，一切政费，支绌异常。若再准各县垫支军费，作正开支，则全区行政，几将因之停顿，然如仅霸县一县之款，为数虽在二十万元，无论如何为难，尚可勉强遵办。无如此次近畿之战，各县垫支及损失款项，统计约共三百万元。倘准霸县一县作正开支，则各县事同一律，必纷纷援例呈请，不准则厚薄显分，易丛民怨；准则罄数年正供，不敷恤偿。本署自战事停止以后，即着手筹划，抚恤兵灾。现在清乡枪械，次第办完，损失调查，亦多告竣，所有善后事宜，大致就绪，业经酌定办法，拟将查明各县各项损失、垫款数目，分别开单呈请政府颁帑赔偿抚恤，惟是国库空虚，款数过巨，纵使专呈，恐难邀准。本署拟俟呈请后，另案咨呈贵使署，届时拟请巡帅，俯赐维持，加电政府，代陈京兆地方困苦实情，请准早颁偿款，俾京兆各县，被兵商民均沾德惠，庶足以苏困厄，而免向隅，准咨。前因除令行霸县知事传谕商民知照外，为此，咨呈请烦查照。此咨。呈直鲁豫巡阅使署

京兆尹刘梦庚

中华民国十一年十二月八日

〔北洋政府直鲁豫巡阅使署档案〕

39 第一次直奉战争直军总司令部事前筹备及布置各军情形并支用各费报销数目底稿

（1923年）

前直鲁豫巡阅使曹锟。兹将民国十一年夏间直奉战役，所有总司令部事前筹备以及布置各军情形并支用各费，特详细开列册报。呈请
鉴核。

计开

查民国十一年夏间，奉张干政，进兵京畿，扰乱京、浦等路。实行侵略防地，狡焉思逞，势必兴戎。屡经劝告，迄不嘉纳。不得已为保卫畿辅及地方计，拟以兵力制之，电陈中央并征求各省意见，咸与赞同。遂于三月十三日电调所属各师旅长官集保会议。旋指派陆军第二十三师师长王承斌充中路总指挥。陆军第三师第六旅旅长杨清臣充中路副指挥，带领本师旅偕同第十二混成旅及第一补充团、第三师炮三团等，由保分赴雄、固等县前进。派原驻岳州之陆军第十四混成旅旅长彭寿莘充东路总指挥、陆军第二十四师四十八旅旅长苏世荣充东路副指挥，带领本旅偕同原驻马厂之陆军第二十六师重炮营，补充第四团等，分赴任邱、大城等县防守。派陆军第十五混成旅旅长孙岳充西路总指挥、陆军第十三混成旅旅长董政国充西路副指挥，带领本旅偕同补充第二三团等，由保沿定兴铁路一带直进。并派陆军第三师师长吴佩孚为中东西三路全军总指挥，带领第三师第十一团、骑三团、机关枪团及由陕调来陆军第十一师、中央第四混成旅、第二区守备队、无线电信队、航空队等，分左右两翼围堵策应。一面派副官、参谋等分赴河南、正定等处，招募输卒卫队团等，并令总军需处在保组织临时军需筹备处。嗣以敌军节节进取，势逼处此，随即筹设警备戒严总司令部于保定，并饬在保设立策源地给养总处，分设各路分处。又筹设各路总分军

医院，电务处，交通等处。三月底，次第一律成立。当于四月七日，电谕各路军队尅期进防。于十九日率同参议参谋、秘书、副官各等处，设总司令部于涿县，以期督率。四月二十六日各路军队，均小为交绥，互有胜负。五月四日总攻击。十日募奋勇队，由中路沿永定河、固安等县暗袭。至十九等日，东西两路敌军陆续溃退。连日乘胜进击，各军先后直抵天津等处。六月改派王承斌为京榆南北两路全军总司令，带领二十三师、第十五混成旅、第一、二补充团、第一区守备队，无线电信队，航空队，并陆军第十一师及海军陆战队等。一面派海军舰队在秦皇岛沿岸一带巡弋，遥为声援。并派暂编第一师师长彭寿莘充南路总司令，带领本师偕同第十二、十四混成旅、中央第四混成旅等。派二十四师四十八旅旅长苏世荣充南路总指挥，第十三混成旅旅长董政国充南路副指挥，带领本旅偕同第三四补充团，第三区守备队等。派陆军第九师师长陆锦充北路总司令，带领本师偕同三师第六旅骑炮三团等。派陆军第十三师二十六旅旅长张之江充北路总指挥，带领本旅偕同第四区守备队等各路军队，扼要布置，下令总攻击。自六月二十四、五等日后，四面分途抄击，先后鏖战十余日，敌军力始不支，陆续溃败出关，七月战事完竣。八月饬令各军一律收束分别退驻原防。除各路军队军事用费各路给养等处，及军医院、参谋副官、交通、电务、抚恤、调查等处。因此次战役，临时支用军费，饬由各该处造册送由汇报外，所有总司令部员司加给薪津，招募输卒卫队用费，成立用费，临时特赏各军犒赏官兵旅费以及杂支等。特分别于后：

员司薪津项下（略）

总计共洋一百五十四万一千八百〇三元八角八分五厘

〔北洋政府直鲁豫巡阅使署档案〕

40 总统府军事处关于第一次直奉战争直军各部所用经费总册给陆军部咨稿

（1923年）

咨陆军部

为咨行事：案查大总统前在直鲁豫巡阅使任内，于民国十一年夏间，直奉战役，支用军费一案，先后据当日设立之临时总参谋等处，并中、东、西、京榆南北路各给养处，以及各路军队，将彼时动支军事各用费，陆续册报前来，当经饬查总散数目，暨揆以当时事实，尚属相符，并连同总司令部，动支临时军事用费，计共用洋一千七百四十万零六千六百零一元一角九分七厘。兹特将总司令部用费编造清册，并粘据清册，连同各处及中、东、西、京榆南北路各军队等，原呈各清册粘册，并缮列总册，一并备文咨送贵部，希即饬交审查，准予支销。实纫公谊。此咨。

陆军部

计咨送　总册一本

总统府军事处

抄呈总册

大总统府军事处。兹将民国十一年直奉战役中、东、西，并京榆南北路各军，以及总司令部、总参谋、军法、军医、军需、副官等处，暨各路给养等处用费，缮列总册，送请查核。

计开：

一　总司令部　　共洋一百五十四万一千八百零三元八角八分五厘　清册一本　粘册一本

一　总参谋处　　共洋三十七万八千七百十五元二角八分五厘　清册一本　粘册一本

一　总军法处　　共洋十二万二千三百八十七元九角五分

清册一本　粘册一本

一　保定总军医院　　共洋二十六万三千零三十五元五角六分三厘　清册一本　粘册一本

一　保定总军需处　　共洋四百万零零二百六十九元六角八分清册一本　粘册一本

一　总副官处　　共洋三十四万八千七百五十元零五角五分五厘　清册一本　粘册一本

一　保定总给养处　　共洋一百十八万四千六百五十八元五角二分　清册一本　粘册一本

一　中路第一给养分处　共洋十五万五千八百零四元　清册一本　粘册一本

一　中路第二给养分处　共洋十一万三千二百十二元四角八分　清册一本　粘册一本

一　东路第一给养分处　共洋七万三千五百七十八元零三角五分　清册一本　粘册一本

一　东路第二给养分处　共洋十八万四千一百七十九元二角九分　清册一本　粘册一本

一　西路第一给养分处　共洋十八万五千五百六十三元五角四分　清册一本　粘册一本

一　西路第二给养分处　共洋十六万一千一百三十四元八角四分八厘　清册一本　粘册一本

一　交通处　　共洋二十二万六千五百五十九元七角四分　清册一本　粘册一本

一　电务处　　共洋五十三万二千七百五十九元一角　清册一本　粘册一本

一　运输司令部　　共洋五十七万四千零七十一元一角一分　清册一本　粘册一本

一　中路并京榆南北　　共洋九万五千二百九十五元零三分六

路总司令部　　　　　厘　清册一本　粘册一本
一　陆军第二十三师　共洋八十一万二千二百五十元零九角五分四厘　清册一本　粘册一本
一　陆军第十二混成旅　共洋四十万零八千三百九十四元二角一分　清册一本　粘册一本
一　陆军第一补充团　共洋十七万零零三十五元零九分六厘　清册一本　粘册一本
一　东路并京榆南路司令部　共洋六万三千五百九十元零一角四分六厘　清册一本　粘册一本
一　陆军第二十六师　共洋五十七万四千三百六十九元八角八分四厘　清册一本　粘册一本
一　陆军第十四混成旅　共洋四十三万零零零七元九角九分四厘　清册一本　粘册一本
一　陆军第二十四师步兵四十八旅　共洋三十五万九千四百十一元六角四分四厘　清册一本　粘册一本
一　陆军第四补充团　共洋十万零二千二百十一元三角四分八厘　清册一本　粘册一本
一　陆军重炮营　共洋七万五千三百五十元零零六分七厘　清册一本　粘册一本
一　西路司令部　共洋一万九千六百八十五元六角三分八厘　清册一本　粘册一本
一　陆军第十三混成旅　共洋三十七万九千四百五十七元四角七分　清册一本　粘册一本
一　陆军第十五混成旅　共洋四十一万九千一百七十七元三角一分二厘　清册一本　粘册一本
一　陆军第二补充团　共洋十七万六千六百八十二元七角六分六厘　清册一本　粘册一本
一　陆军第三补充团　共洋十五万五千四百七十五元六角三分

八厘　清册一本　粘册一本

一　直隶第二区守备队　共洋十四万零八百九十九元三角零三厘　清册一本　粘册一本

一　陆军无线电信队　共洋一万二千四百零七元九角五分　清册一本　粘册一本

一　陆军航空队　共洋一万五千七百九十元零二角九分　清册一本　粘册一本

一　京榆南路司令部　共洋三万四千五百七十一元三角八分五厘　清册一本　粘册一本

一　直隶第一区守备队　共洋十一万五千一百七十四元一角八分四厘　清册一本　粘册一本

一　直隶第三区守备队　共洋九万一千八百四十七元八角三分二厘　清册一本　粘册一本

一　直隶第四区守备队　共洋十一万七千三百二十四元一角九分　清册一本　粘册一本

一　保定临时戒严司令部　共洋十五万五千二百五十七元二角八分　清册一本　粘册一本

一　天津临时戒严司令部　共洋五万一千八百九十九元四角四分　清册一本　粘册一本

一　天津总给养处　共洋九十五万三千八百六十六元七角九分九厘　清册一本　粘册一本

一　丰台给养分处　共洋九万八千二百七十四元七角　清册一本　粘册一本

一　廊坊给养分处　共洋五万零二百七十二元四角五分　清册一本　粘册一本

一　军粮城给养分处　共洋八万四千七百五十元零三角七分四厘　清册一本　粘册一本

一　塘沽给养分处　共洋十二万零五百八十一元一角一分四

厘　清册一本　粘册一本

一　芦台给养分处　共洋十二万二千六百零六元五角
清册一本　粘册一本

一　开平给养分处　共洋十万零三千一百三十五元一角七分
五厘　清册一本　粘册一本

一　滦州给养分处　共洋二十二万五千四百二十七元七角六
分五厘　清册一本　粘册一本

一　昌黎给养分处　共洋二十九万三千九百九十六元七角六
分二厘　清册一本　粘册一本

一　秦皇岛给养分处　共洋十五万五千八百三十元零五角七分
七厘　清册一本　粘册一本

一　天津总军医院　共洋八万一千二百八十五元六角八分二
厘　清册一本　粘册一本

一　东北路军医分院　共洋四万八千一百四十三元五角二分九
厘　清册一本　粘册一本

一　西南路军医分院　共洋四万五千五百七十九元一角三分二
厘　清册一本　粘册一本

总共大洋　一千七百四十万零六千六百零一元一角九分七
厘

〔北洋政府陆军部档案〕

三 第一次江浙战争

1 外交部关于英美法日等国公使为江浙战争将起警告保护侨民致内务部函

（1923年8月14日）

外交部公函十二年里字第六〇〇号

迳启者：准驻京美、法、英、日本四国公使联衔照称：迭据报告，苏、浙两省有发生战争之可能，本公使等，固完全不知此项报告可信之程度若何，然有责任使中政府知侨民居上海及附近地方之外人之巨大利益。按照条约，中政府应行保护，若发生战争，此项利益，势不免受无限之损失。特郑重提醒中政府，有不能诿卸之责任，切实防范侨居上海及附近地方之外人生命财产，免受损失。并声明各国侨民利益，当然依赖中国政府保护。如中政府或该省长官，保全此项利益，有不周之处，所有一切损失，中政府应担负完全责任。本公使且于彼时，当采用一切适宜方法，自行保护侨居上海及附近地方外人生命财产及其商务等语。相应函达。即希查核，见复为盼。此致

内务部

外交部印

中华民国十二年八月十四日

〔北洋政府内务部档案〕

2 张书元关于利用江浙和平公约以治卢等情致陆锦等函

（1923年8月23日）

汉琴绣珊两兄均鉴：今日出席宪法会议、已增至四百四十余人，彼

方在上海根本，已大摇动，邀集同志，积极设法，力促议员北返，再俟一一礼拜左右，可希凑足法定人数。惟敌人预备破坏，方法至周且备，届时足法定人数，举行大计，须要迅速。今日，此间各报，均载有江浙和平公约，此纯系江浙两省人士，恐糜烂其地方，不管国家如何，要将其两省划归局外中立，妄言援前清庚子保守东南旧例，反为浙卢之保障，在表面观察，似于我进行大计，有百害而无一利也。而其实不然，试观其第二项，明明规定对两省境内保持和平，凡足以引起军事行动之政治运动，双方须避免之。又第四项规定，两省内各通商口岸，为中外人民生命财产所托，凡租界内，足以引起军事变动之政治问题，及为保境安民之障碍者，均一律避免之。查该约既有此两项规定，试问卢、何彰明较著，贿买议员南下，并在沪开会，岂不是引起军事行动之政治运动乎。又讵非在租界内，引起军事变动之政治问题，暨为保安之障碍乎。此应请齐督执此条文，向卢严厉质问，伊如遵约，将议员设法驱回，固属至善。否则以破坏公约讨之，可谓师出有名，罪有攸归，必操胜算。似此条约于我有莫大之利益，特须善于运用耳。此肃祗请勋安。诸惟照不宣。弟张书元敬上，八月二十三日晚

附：京报一纸

江浙和平公约成立

江浙风云，经两省长官签字，和平公约后，大约可保无事。据闻此项公约，最初有某君草就三条，持赴杭州与卢接洽。卢氏表示完全赞同，但使齐督签字，自身毫无犹疑。复由张一麟另拟数条，各方商酌之后，就某君以前后拟者合并为一。盖最初所拟仅注意两省互表和平。而外省军队侵入或通过之制止，则系张君奔走苏浙后，发见之注意点也。张君为此事，往返南京、杭州各两次。至十五日夜间十一时，在宁经齐督签印，次日持公约至沪，十七日晚车赴杭。十八日经浙江卢督辨、张省长签字。和平公约，经两省军政长官分别签字后，并由浙省绅商高云麟、吴庆坻、程良驭、徐京传、金

百顺、王祖耀等六人，亦为另纸签字。原约并无副稿，原稿仍由张一麟氏偕同浙江烟酒事务局长王吉增，于昨日同至龙华，请何护使签字。将来宣布以后，原约拟存沪总商会或中国银行代为保管。另行摄影，分送江浙各省长官，及绅商领袖存查。该公约之原文如下。

一、江浙两省人民，因时局飘摇，谣言四起，两省军民长官，同有保境安民之表示。但尚无具体之公约，共同宣言，仍不足以镇定人心。迭经两省绅商，驰电呼吁，仿前清东西互保成案，请求两省军民长官，双方订约签字，以尊重地方公意，脱离军事旋涡为目的。

二、江浙两省军民长官，徇地方人民之公意，对于两省境内，保持和平。凡足以引起军事行动之政治运动，双方须避免之。

三、在两省辖境毗连之处，如有军队换防之事，足以致人民之惊疑者，两省军事长官须避免之。其两省以外客军，如有侵入两省或通过等情，由当事之省，负防止之责任，于各保其境，各安其民之中，仍为精神上之互助。

四、两省内各通商口岸，为中外人民生命财产所托，上海尤为亚东最大市场，应由两省军民长官，饬由各交涉员，将此约通告各领事，对于外侨，力任保护，凡租界内，足以引起军事行动之政治问题，及为保境安民之障碍者，均一律避免之。

五、此项草约，经江浙两省军民长官之同意签字后，由两省绅商宣布之。

齐燮元 （盖章）
韩国均 （盖章）
卢永祥 （盖章）
张载扬 （盖章）
何丰林 （盖章）

〔北洋政府直鲁豫巡阅使署档案〕

3 京畿卫戍总司令部查扣关于直系即将发动战争新闻稿

(1923年11月3日)

江浙战祸在即

昨报，吴主联浙，而齐则主先内后外，武力解决，究其原因，吴之主张，盖有二因：一、知段系之潜势力，甚不可侮，联浙冀以消弥隐患。二、吴不欲苏齐势力过于膨胀，浙人齐手，将不可制。为吴计，不如以卢制齐。齐之主张攻浙，其因亦有二。一、浙卢不去，终为心腹之患。二、浙卢竟去，则苏浙一统大江以南，齐其为盟主，齐声望实力，岂不驾洛吴而上哉。曹三本以吴策为然。讵上海徐国梁被刺事件，曹系人，均以为出自卢指使，而十日前，蚌埠发觉某事件，捕获五人。又据皖马电告曹锟，谓浙卢主使。其实徐之被刺，纯由个人报复韩恢之仇，本无政治意义。至皖马行多不义，皖人皆欲得而甘心驱马之举，随时可有，与浙卢何干。乃不谓曹锟接阅马电，竟至大怒，立令陆锦于前日分电洛吴、津王，据谓浙卢竟敢如此捣乱，不受裁成，自应改变办法，酌予惩处云云。同时又得北京府方确讯，本日曹得洛吴密电，谓已令孙传芳率师由闽北直袭浙江衢州，请由府急电齐使，即协攻等语。是曹、吴、齐三人对浙意见，又已归一致。而江浙风云，不日变色，再有数日，必可听战报也。

〔北洋政府京畿卫戍总司令部档案〕

4 京畿卫戍总司令部查扣关于直系以浙攻浙之计划新闻稿

(1923年11月18日)

直系以浙攻浙之计划

浙省自曹锟贿选告成后，种种设施，浙与北京脱难关系。其宣布自治，尤足证明浙江已成变相的独立省分。曹锟以其不利于己，决定先礼后兵，特派鲍贵卿赴浙，名为疏通，实则密与苏齐商议最后办法。盖卢之态度坚决，不能就范，已成极明了之事实。而曹派又不便揭开假面具，实行攻浙；不得已，乃决定收买浙人，扰乱浙局，以便坐收其成。观孙宝琦对人表示，谓如果本人登台，决不令有讨浙之事发生等语。即可知曹派对浙，早有阴谋，但孙不讨傀儡，有何能力，免浙于难。曹锟用孙，或且有意使孙联络一部分浙人，对卢为驱逐之举动。而最近卢之通缉吕公望，亦即曹齐阴谋破败之一端也。

〔北洋政府京畿卫戍总司令部档案〕

5 总统府军事处关于曹锟吴佩孚对浙省改变方针致齐燮元等密电

（1923年11月24日）

南京齐巡阅使、蚌埠马督理鉴：亲译。恰密。顷接吴巡阅使筱四电开：寒电奉悉。主座谕令，对浙宜变方针，指受机宜，莫名钦佩。惟破坏大局，诡谋百出，运动各处土匪，勾结失职无聊军官，煽动谋乱各事，多属粤孙、奉张主动所为。现大局趋势，实以赶行收束西南各省为必要，对浙似应先之以和缓感情，继之以和平解决，形迹若过操切，实际或虞不妥。目前援川各军反攻，已有转机，湘粤战局，不日亦可望结束。当此之际，宜以全付精神，对付西南，消灭酿乱之源，一俟大局略定，再行徐图运转，当可渐就范围。目下惟有加意严防，处以镇静，拟乞饬令苏、皖等省有备无患，勿稍疏虞。然亦不可衅自我开，遽生枝节，愚昧之见，是否有当，即乞密陈等语。奉大总统谕：所拟对浙意见悉。中肯要准，即照办等因。除电复外，即希察照为何。军事处。迥。印。

〔北洋政府大总统府档案〕

6 靳云鹏关于如何解决浙粤奉问题的意见致陆锦呈①

（1923年11月28日）

夫子大人钧座：敬肃者，前呈电禀，谅邀慈鉴矣。恭维勋福并隆，至颂至祝。近据所闻时局情形，特缮折呈，伏乞钧察。惟事略稍长，未行楷书，不恭之处，尚祈鉴宥为祷。专肃祗叩崇安。伏希垂察。

受业云期鹏谨禀　十一月二十八夜四鼓

附：呈略折一扣

谨将最近时局情形略陈钧鉴

江浙问题，酝酿已久，虽为公约所束缚，终恐不免破裂。卢之态度，仍持强硬，对中央无输诚意，其所持者，南之广州，北之辽沈也。两旬前，卢阴遣皖系中下流人物，赴皖边谋变。甫发动，为马督侦知，一面派人查察，一面派人赴浙乞和。卢佯推不知，马惧甚，商之苏督（缘镇守使王普，系倪丹忱之婿，宗旨未定），图自卫策，闻有调拨可靠军队之皖固防务。而浙方密谋，尚未遏止，旦晚间，浙、皖交冲处，殊虑不能庆安全也。卢乞款于奉，奉允接济百万元，枪械八千枝，炮二十门，各色子弹二百万发，惟嘱其两月以内，不得先发难，须俟关外发动，始可响应。缘奉方兵工厂，现正扩充，延聘德人二十名主持其事。添置造枪炮机器，尚未从外洋运到，一俟运到，建设开工之后，日可出步枪百五十枝。目下所有机器，仅能造弹耳。近来所用武器，全仰于东邻，价昂而物不能应手，其令浙卢稍待勿动者，盖以此也。浙江本省军队，与卢貌合神离，曾宣言如有外兵入浙，则与北军一致拒外，倘外兵不来犯，卢欲侵人界，则主中立不附和。故卢对浙军，亦颇预忌。设卢向苏皖发难，浙必自主，

① 信封上有“识见甚对”批语字样。

是卢胜则尚可苟安，败则将成流寇。为今之计，惟有迅雷不及掩耳之手段，解决浙事，再图两粤。关外在内部未定夺前，决不轻举。浙若有失，和约当易就范也。厦门形势险要，攻之不易，渠若反攻，则较便利，臧致平本月初旬来沪赴杭，取得现款四万元，子弹数万发，一星期前返厦，志在反攻漳州。漳属现为黄大伟军占据，皆乌合之众，臧志若逞，黄必不守。惟闻臧之宗旨，并不坚绝，如可弃嫌修和，实系八闽之福。闻孙、王、周共事甚洽，近来闽南民军多有扑灭，但闽境皆重山叠嶂，如思匪迹全消，殊不易易，大股解体，小股自然慑伏矣。又闻陈竟存虽战败孙中山，其宗旨终不可测，如谓将来肯听命中央，恐无其事。其部下林、洪、熊、叶诸将，尚推重苏齐，齐之威望，亦足以使粤系钦崇，陈之与我接近者盖以此也。异日孙遁，则桂粤问题必接踵而起。未雨绸缪，是在钧座之划筹律尽矣。

〔北洋政府大总统府档案〕

7 总统府军事处关于孙传芳主张对付浙督卢永祥采取调离或武力办法致吴佩孚等密电

(1923年12月17日—26日)

(1) 致吴佩孚密电(12月17日)

洛阳吴巡阅使鉴：元密。顷奉主座交下孙督理东电内开：近据探报，浙省增兵布防，日益紧急。安福及奉张粤孙诸代表往来频繁，迭开密会；闻其计划，拟以全力攻苏，胜则在宁，以设政府。败则踞沪，以资负隅。是其积虑处心，决非空言所能就范。且卢自倔强以来，安福历为根据，奉张恃为声援，西南诸省，复与明相结纳，事实彰明，逆谋久著。令如再加优容，使彼更得从容筹备，沪浙财赋，供其所需；有上海兵厂，懋其接济，势充乱作，则长江流域及东南半壁，将不堪设想。加以土匪窃发，粤战陈部失利，以孙文势力复张，关外起而响应，而平时观望者，复因利乘便，则乱端蔓延，势将不可收拾，此皆事势之必然，非传芳敢作危词耸听。诚能乘卢氏布置尚未大定之际，以明令调卢京秩，如其奉命，自可免动干戈，固为国家之幸福。否则请颁明令，宣其罪状，加以讨伐，命苏、皖、赣三省屯兵边界，以相牵制。传芳会同周使荫人，躬率所部，自闽北进讨，以四省之兵力，共同追卢，则其内讧立起，不出旬日，浙事自可戡定，使长江流域呵成一气。悉秉威令，乱根既除，奉张及西南必皆俯首就范，不敢内犯。而外交团知我有定乱之能力，外交亦自易解决。故今日进谋统一，实以此举。系其机枢，传芳与齐巡阅使，往返电商意见相同。除加派参议陈席珍晋京面言外，传芳渥荷恩知，誓愿扫除梗化者，以尽拥戴之诚。所部队伍前锋，已抵崇安、浦城、政和等县，余亦陆续前进。又周护军使虞电内开：顷据探报：浙省衢州一带，近约增兵一旅，闻系潘国纲所部，江山仙霞关等处，亦有驻兵等语。伏念浙省反抗中央，已非一日，近更购械增兵，结合奉粤，待时而动，情迹昭然，失此不图，为患滋大，伏念主座迅施乾断，立决当机。荫人质虽驽庸，义无反顾，谨整师旅，以待后命各等语。奉大总统谕：着电吴巡阅使酌核盼复。等因。特电奉达，即希查照。军事处。洽。印。

（2）致孙传芳密电（12月26日）

急。南昌电局转福州孙督理鉴：恰密。顷据吴使叶电称：孙督所陈，未尝无见，但为闽省计，应以先肃清厦门为是，遽议图浙，事实上亦非甚易，且东南大局，中外属目，由我开衅，是犯天下大不韪，而引起全国之震动也。即至万不得已，亦应征取苏、浙民意，用为依据，谨陈鄙虑，敬希转陈主座睿察等语。当经转呈大总统，奉谕：前阅孙督理东歌等电已悉。此次吴使电陈各节，可抄转该督理阅看等因。奉此，特此。军事处。寝。印。

〔北洋政府大总统府档案〕

8 江苏县议会联合会等呼吁责成韩国钧转恳江浙军政当局保守和平暨要求孙传芳撤出入浙军队电

(1923年12月23日)

(1) 江苏县议会联合会通电(12月23日)

北京参众两院、苏议员、苏同乡会、上海旅沪国会、苏籍议员、江苏督军、省长、省议会、六十县各法团、暨全省人民公鉴：鼎革以还，四方多难，我江浙两省军政当轴，一以保境安民为职志，幸未卷入旋涡。最近又经地方绅耆奔走陈辞，双方允洽，订有公约，宜可消弭战祸，长保和平。讵我江苏现任省长韩国钧，初以苏人治苏名义，来膺民政，揭标民治，阴施高压，一载以来，徒逞私利，罔顾民隐，种种举动，无不引武力为后盾，自撤藩篱；类如财政会，该明知非法，竟以督军会衔召集，增加人民负担至七百万之巨，向各县催僭漕米量，本民政范围内事，亦引督军会衔，迫令解款。最近松沪警察厅长问题，亦袭彼故智，与督军会衔，挑动恶感，致江浙和平，行将破裂。韩以保护一私人地位关系，竟不惜借重武力，将全省民命财产，孤注一掷。我全省人民虽至愚且弱，安能任其牺牲，应请一致呼吁，责成韩国钧转恳两省军政当轴，保守和平，解铃系铃，责无傍贷。否则军事发生，生灵涂炭，所有全省人民损失，均认为韩氏一人扰害，苏人治苏乃至苏人祸苏，我苏民盖各谋自救之道乎。迫切陈词，诸希公鉴。江苏县议会联合会叩。

(2) 上海总商会致苏浙闽督等电①(12月23日)

本埠总商会、县商会，分电杭州卢督辨、张省长、龙华何使、南京齐督，韩省长云：江浙和平协约，叠经两省耆硕奔走呼号，得蒙军民长官，诚恳宣言，缔约以来，薄海同钦，方冀闾阎又安，永享保境

① 此件系京畿卫戍总司令部查扣的1923年12月24日上海《中国晚报》。

安民幸福。近见各方调动军队，沪地谣诼繁兴，人心浮动，明知当局酷爱和平，并无其他用意。惟道路流传，杯弓蛇影，咸具戒心，况年关逼近，商民益影恐慌，不特危及地方，实足影响全国。迭据本埠全体商民，纷纷敝会等提议；亟筹维持方法，佥谓止谣之方，惟有电请钧座，对于军队，均请暂免调防，并恳将现调各队撤回原防，镇人心即所以维大局，意兆生民，欢感曷极。除分电外，特电敬陈，伫候明教。上海总商会、上海县商会同叩。漾。

又致闽孙电云：顷见报载，电示军队调防，专为剿匪，并无出境入浙之事，仰见保境安民，与江浙和平公约同一用意，曷胜钦感，益望郑重前言，澈贯宗旨，始终爱好和平，合苏闽浙联为一致，想剿匪不难立平，即祈撤兵回防，以定人心，而维大局。除分电江浙当道，请各饬现调军各回原防外，合亟电陈。并候明教。"具名同前。"

〔北洋政府京畿卫戍总司令部档案〕

9 京畿卫戍总司令部查扣关于浙警厅长夏超被刺内幕新闻稿

(1923年12月24日)

浙警厅长被刺之内幕

浙江警察厅长夏超，被刺未中一节，已见各报。兹探此事内幕，与江浙问题，大有关系。因夏氏在浙，虽居警界之任，但在军界中，颇有潜势力，而其为人，亦甚机警。前此浙省内部，所生种种问题，夏均为中心人物，齐燮元以夏素有浙人治浙人之主张，思利用之，发生内乱，曾派人密商于夏，请运动浙军乘机发难，以将来浙省督理一席为酬报。但卢永祥虽非浙人，而督浙以来，种种措施，甚博浙人士之好感。且与夏氏亦极相得，夏以齐此种行为，不过陷浙省于内讧，即使卢氏失败，而浙人于苏省之手，于本人主张无利，自不愿引狼入室，遂婉词拒绝，一面并以此事，报告卢氏，苏齐闻之，怀恨在心，遂派人前往行刺，一面造谣，谓系卢之主使，以图中伤，现凶手已捕获，说将来必有水落石出之一日云。

〔北洋政府京畿卫戍总司令部档案〕

10 步军统领衙门密探刘汉超关于浙奉联盟及奉张备军遥为声援等情致王怀庆呈文

（1924年1月10日）

巡阅使钧鉴：敬呈者：汉超顷查得山海关外奉军，近日忽有增防行动，自锦州至绥中县，均在布置之际。奉军暂编第一师内中，多系胡匪，毫无军纪，现驻奉天省城南关外，每日训练。张作霖拟将该师全数调往锦州、绥中两处驻防等情。查奉军此次增防，纯因江浙战事，日趋紧急。浙奉曾联同盟，浙江卢永祥派亲信人员赴奉天，请求奉天张作霖实行出兵两师以上，驻防锦州、绥中一带，遥为声援。张氏曾开秘密军事会议，决定实行援助浙江，暂为出兵一师，即为暂编第一师，调至锦州、绥中两处驻扎，遥为声援浙江等情。用将所查各情，呈报钧鉴。肃此恭叩勋安。

密探员刘汉超谨呈

中华民国十三年一月十日

〔北洋政府京畿卫戍总司令部档案〕

11 总统府军事处关于卢永祥饬沪局赶造炮弹及召开军事会议备战等情致吴佩孚密电

（1924年1月10日）

急。由徐州、郑州线转洛阳吴巡阅使，由天津、徐州线转南京齐巡阅使均鉴：恰密。顷接萧巡阅使漾电称：据驻沪密探报称：（一）浙卢密电何使，饬制造局限二十日以内，制造炮弹二万发，该局现已加工赶造。（二）浙卢日开军事重要会议，此间团长以上，均赴杭参与会议，何使亦派汪参谋长代表前往。（三）近日何使严饬水陆军警，阻止闽省新招兵士登轮赴闽，并检阅所属各军枪弹服装，明系校阅，实备动员。（四）浙省内幕传布，陈乐山有续任督辨之说甚盛等语。特达。军事处。蒸戌。印。

〔北洋政府大总统府档案〕

12 京畿卫戍总司令部查扣关于江浙战事无可避免新闻稿

（1924年1月10日）

江浙战事无可避免

齐燮元对浙备战情形：及其甘为戎首之四项证明，已详前日通讯。兹更据由宁来津之某君所述，谓在宁会晤齐部之某团长，见其送眷赴沪，形色张皇。当诘以江浙和平声浪正在高唱之时，足下何以有此举动，岂战事已无可避免耶。某团长答云：君不知督署重要物件，数日来均已搬运一空。我辈处此，亦无法故为镇定。实告君齐督现已下有决心，江浙之战，诚属无可避免云云。某君与该团长有旧，于记者亦非泛泛之交，其言当属可信。齐燮元之布置如是，而谓江浙能免于乱，其可得乎。

日来有传、齐燮元拟保孙传芳为淞沪护军使，而将何丰林调往闽省，俾浙卢陷于孤立，容易对付一节。此举于孙传芳之地位问题，及江浙形势，似绝对不能实现。但闻齐于数日前，确有一密电到京，谓上海为江苏辖境，何丰林不听调动，一切设施极感困难，拟请调陈调元为淞沪护军使，对何另畀他种位置，以一事权，而免意外等语。外间所传之孙传芳，或即陈调元之误，但闻北京政府，以洛吴反对攻浙，齐之此举，不啻使江浙战事立即暴发。故接此电后，尚搁置未覆，一面已去电征求洛阳之意见，据云：齐本定于本月五号以前对浙下动员令，现因此事未决，悬悬有待，故迁延尚未发动，然其急战之情，已无可为讳矣。

〔北洋政府京畿卫戍总司令部档案〕

13 薛之珩检扣关于齐燮元发动攻浙新闻电稿致王怀庆函

(1924年1月28日)

巡帅钧鉴：顷据电报检查员扣电两件，藉可参考时局。某谋士赴宁一节，连日谒而不见，恐不为无因耳。原件送呈，伏乞钧阅。敬请崇安。　　之珩谨禀

一月二十八日

东文报九四四四号松村访员致东京国民新闻：齐燮元与卢永祥不顾人民之和平运动，将于三月间开始行动。苏齐于去年八月十八日虽签字江浙和约，并非真意，不过稍安江浙人心而已。近数年间，内乱不绝之原因，乃江浙不和之故，倘将浙江归入江苏势力范围之内，则南北统一，可不成问题矣。当即建意〔议〕于政府，并着着备战，或密遣心腹入浙军游说，或许协助闽孙军饷五十万，许成功后，荐孙为闽浙巡阅使，请闽派兵侵浙。但洛吴不赞成此策，政府亦踌躇，故隐忍迄今。其后吴派人赴浙卢劝说归顺，不得要领，吴声明不再过问浙事。最近苏齐云：不平浙江，不愿为苏督，不就苏皖赣巡阅之职。怂恿政府，确定驱卢宗旨，先以政治手腕而驱走之，不成，然【后】用武力，以三月间为期，江浙破裂，则奉张必出兵遥掣直兵南下，运兵入热河方面，不言可知。故直亦派十三师至朝阳，于二十六日挈带军械出发，直军谋士张志潭密赴南京参与齐之策划。(扣全文。)

去新闻九五八九号祝永和致上海申报：使团定下星期会议中国治安问题(因接津宁闽报告，本年二月，恐有秩序关系行动。)使团更将饬各内地居住外人注意迁于安全地域。(扣十九字。)

〔北洋政府热察绥巡阅使署档案〕

14 咨议柳世裕关于粤湘和战及江浙备战情形致陆锦函

(1924年1月)①

总长钧鉴：连上数函，计陈崇览。谨将粤湘和战及江浙风云，胪陈钧鉴。粤省局势，前则各界注意关余，继则趋于和议方面，近则东江陈军决定反攻；一由博罗出苏村，进攻石龙，洪兆麟为司令，李易标、陈修爵各部，分驻响水柏塘为策应。一由樟木头出常平，会攻石龙，以叶举为司令，练演雄、钟景棠为策应。一由龙华袭正果，进逼石滩，以林虎为司令，熊异等为策应。北江方面；方本仁、常德盛二部，已向南雄进击，留防湘军，败退韶关。沈鸿英已克阳山，进逼青莲。东北二江，均称顺利。粤省内讧剧烈，孙科与邹鲁等互争省长，江防司令，则新委之冯肇明，不能接任，各舰抗不交代，已成分崩之象。浙江前由荷兰人经手，向法国购有新式飞机八架，侦探小飞机四架，武装汽车十乘，分存上海兵工厂。近日表面虽趋沉静，而浙省利用和平，为缓冲之计，筹备军实，添兵购械，不遗余力。其饷糈大部分由潮州土贩，在外洋运来大批烟土，由宁波、海口登岸，转运上海，分存龙华沪军营，每箱抽饷五百元，经手者为要塞司令张伯歧、宁台镇守使王桂林。法界秘密批发处，在吉祥公平公司，十五日到有烟土五百箱，仍存沪军营。十三日，奉天派来熟悉飞机俄人库克洛夫等八人，已将浙省存沪飞机及武装汽车，悉数运杭，以便由该俄人驾驶。而卢督尤恐兵力单薄，已通饬各属，无分主客各军，一律补足，以示不分畛域。商民鉴于此等情形，颇发生恶感，卢督虽故示镇静，拜佛焚香，以收人心，而释群疑；然人民观其招兵补充，深忧和平之不可靠，愤怒异常。阴历年关以内，或可暂保无虞，至闽浙风云，已成一种不可掩之事。闽浙人士，奔走呼

① 原件未署日期，据信封上海寄出邮戳1月26日，大总统府军事处1月29日收到。

号，恐前途殊难乐观。此江浙及闽省之情形也。风雪北望，依恋曷极。专此，敬叩

钧绥。伏乞
亮察。不庄　　　　咨议柳世裕谨叩

〔北洋政府大总统府档案〕

15 阎祖培转达齐燮元力主趁浙奉粤联合未固时解决浙省问题缘由致曹锟密呈①

（1924年2月29日）

苏齐上曹锟密呈，敷陈对浙沪当局之军事计划，由苏齐驻京代表阎祖培氏，新年自宁回京时呈递与曹。原文云：阎祖培回，转达尊意，并促就苏皖赣巡阅使职，具见维护国权，期望统一之至意，感佩莫名。鄙意频年内乱原因，虽半由军人之执拗，与政客之挑拨，而中央政府遇事因循，不图根本解决，但求目前苟安者，亦居其半。如浙沪问题，屡抗政府命令，非特不加纠正，反遣使慰问，加以崇职，甚至以副座相许，而其结果所得，乃适相反。中央之示意有限，彼辈高调，乃至无穷。今更与皖匪携手，图袭击津浦车，利用激烈派，破坏列国商务，并有勾结浪人，运输军火等种种之报告，皆幸事前预防，未至爆发。彼辈最后目的，惟恐国内不乱，而江苏一省，乃无宁日。闻浙江第一、二两师已补充完全，开往南部。卢之第十师、陈乐山之第四师及卢之卫队，何丰林之第六混成旅，共二万三千人，均下动员令，集中上海、杭州、嘉兴、湖州等处，武装完备，待时而动。因段祺瑞抱养，乃暂中止。而铁路轮船各处，则皆侦探密布，表面提倡和平，暗中实准备战事。两省士绅为其所欺，专质问苏省戒备，不无偏袒。吴使之函，对燮元计划，有所讥评，实未悉真相，假若吴使处燮元地位，恐张皇为尤甚矣。查浙省国家岁入，年

① 此件系摘自京畿卫戍总司令部查扣1924年2月29日《浙民日报》。

达一千七百万，地方税收入，达四百万。去年所支军费，共五百二十万。而实际上第一二两师，在去秋仅四成，并未补足；第一师每月八万，第二师每月十二万，年须二百四十万。再如各镇守使署经费，尚不到三百万，故至少有二百万，系流入私囊。至第四师军饷，则系截留本省之烟酒税，第十师军饷，则系截留英德借款之偿金。两项年共有四百余万，其中又有百万入私囊。钱宗泽居浙多年，告燮元浙方每日有一万元入私囊。徐国梁之死，为军人分赃不均之结果。同时沪上不逞之徒，亦党于浙，对苏浙时局，常多数偏袒燮元，常屡要求引渡刺徐凶手，而卢、何皆坚执不允，盖恐泄漏其中真相。然燮元可预言，该犯终必瘐死狱中。现川粤战事，均甚得手，厦门叛徒，业归镇服，此时正可乘势解决浙江问题，否则若待彼与奉粤结合过固，恐益难图。若克浙沪之徒，则第十第四两师，卢之卫队，何之第六混成旅及浙一二两师，均可解散。自此不特浙江截留之款可以解归中央，即以今日浙省之经费，尚可供给他省中师之饷。且苏省此后亦可毋须留现时之军备，一转手间，中央政府收入，可增四五千万。军队至少亦可解散六万人。前总长张志潭近来宁，语燮元宁忍一时痛苦，定百年之治。此诚至论。除将鄙见另陈吴使外，爰乘阎祖培入京之便，附陈一切。门人齐燮元谨上。

〔北洋政府京畿卫戍总司令部档案〕

16 卢永祥何丰林增派军队赴南翔以防阻齐燮元图袭嘉兴代电

（1924年7月10日）

大总统、国务院、段督办钧鉴：各部院、各省督军、省长、护军使、各司令、各师旅长、各报馆钧鉴：比因国事蜩螗，政变迭起，凡我疆吏，均应本息事宁人之旨，尽保境安民之责。乃本月十日，南京方面，忽派浅水兵轮及拖船数十艘，载运军队，分布苏州、昆山一带，并将黄渡至陆家浜间之铁道掘毁，青佳港桥梁折断，安放火药，阻断交通，另派军队开赴平望等处，意图袭击嘉兴，后方军队尚陆续出发。先后据铁路局及嘉兴松江司令报告前来，时机紧迫，险象环生，商民恐慌，军情愤激。沪上华洋杂处，中外人民生命财产，所关至巨。兹为维持地方，保护侨商起见，不得已于十一日酌派军队驻赴南翔驻【扎】，藉资防堵，以安人心，而靖地方。诚恐远道传闻失实，谨此电闻，俾明真相。卢永祥、何丰林代。真。印。

〔北洋政府参陆办公处档案〕

17 两湖巡阅使萧耀南关于卢永祥联络各方及备战等情致军事处密电

(1924年8月11日—20日)

(1) 8月11日电

北京公府军事处鉴：永密。据沪探报告云：(一)安福党人与浙、沪当道，秘筹招募新兵两师，现已募有四团，属于嘉湖镇守使王宾防地范围之内训练。(二)浙卢去岁购有机轮三只，现既充商轮，一旦有事，可供运输之用。(三)近闻宁波炮台司令张伯岐赶修各处要塞。凡属浙、沪军队，表面似为沉静，内容颇有整军备战之态度等语。特电奉闻。萧耀南。真。印。

(2) 8月15日电

北京军事处鉴：元密。据沪探报告云：(一)闻浙卢自知势孤，暗中勾结奉张，邀徐树铮至浙，筹商军事计划。乃请徐赴奉陈说一切，奉如不愿首先出兵，浙省先动亦可。但浙事发生，奉须出兵牵制国军。(二)沪海关历年抄获之枪弹甚多，均为沪何没收，惟械弹各异，多不合适等语。特电奉闻。萧耀南叩。咸。印。

(3) 8月20日电

北京公府军事处鉴：巡密。顷接沪报：(一)浙卢现将第四、第十两师，集合于沪杭间并嘉湖松沪一带，暗中布防，甚为忙碌。尤恐苏皖赣闽四省境合兵，已调七旅赴常山，与臧、杨合作，调第一师郝旅，防景宁一带。(二)浙卢已委马鸿烈为师长，陈景初为旅长，其部下旅团营各军官，均委派各处，秘密招募，扮作苦工，纷纷赴浙。(三)闻浙系皖派要人范毓麟等，派无职军人，并曾充过工人者，前往津浦、沪宁、京、汉各铁路，暗中勾结各路工人，意图破坏各铁路，以阻军事运输。(四)津浦路南段土匪，已受浙卢委任勾结，俟战端一开，乘机扰乱，牵制国军各等语。特电奉闻。萧耀南。号。印。

〔北洋政府大总统府档案〕

18 黄琨揭露江浙战争前夕内幕情况及请向政府消弭制止致王怀庆函

（1924年8月24日）

巡帅节下：敬肃者，窃琨前因家有俗事，请假南旋，嗣接署友来信，谓上年保案，已邀核准，尚未叩谢栽培，至甚欠悚。近来江浙时局紧张，双方汲汲备战，人心惶惶，朝不保夕。此次风潮，皆缘臧致平、杨化昭回浙收编，为导火线。据嘉帅通电谓：臧、杨本系国家军队，其数在两师以上，孙、周欲剪而除之，以闽者所有军队势力，不能于漳同之间，及时解散，任令长驱千里，间关入赣。赣复以所有兵力，邀而击之，终莫能禁。然后获入浙境。当其转战而来之时，浙并未声息相通，比其来浙，不能不设法处置。彼时若迫使铤而走险，微论入赣入皖，咸意中事。即战争一开，而吾浙人民，必先受其恐慌，殊于保境安民之旨，有所未慊。恰值彼军愿受约束，姑予收容，减师为旅，以缩小其势力，划地而处，使恪守其范围，浙民既可相安，邻封亦可不扰。窃谓此举，正于恤邻保安之意，苦心经营，各方不谅，其谓之何云云。所称各节，其心未必尽然言之，尚足成理，其各方对浙之情形，各有问题，其说不一；孙传芳以闽督予閒之后，无聊已极，亟思得一地盘，却好臧、杨情事发生，于是，于吴、齐两大之间，极力怂恿。而齐与卢恶感素深，已非一朝一夕，又难得闽孙首先犯难，愿为前驱，推波助澜，不谋而合。在洛吴早冀申涨势力于长江下游，无如东南和平，无机可乘。今有可乘之机，故对齐不惜以重兵为后援之举，使其鹬蚌相争，坐收渔人之利。至于赣、皖，全系被动，自顾不假，岂能助人。此次内容虽复杂，要之不外纵横捭阖，互有私心而已。以苏省情形而论，有不可战者六：(一)、今年本省秋成歉收，各省偏灾更重，上海为通商巨埠，一旦商业阻滞，海关邮电附捐，必然减色。富厚之家，一闻战争，奔避不遑，岂能再谋振济。此天时之不可战者一也。(二)、江浙为东南财赋之区，执全国金融牛耳，无端兴戎，势必商人停业，转运不灵，苏省固先受害，而他省感受痛苦，亦必相同。且苏为水国，遍地桑麻，非用武之地，元气一伤，十年不复。此地利之不可战者二也。(三)、江浙商民，酷好和平，上年因齐卢龃龉，地方人士奔走骇汗，舌敝唇焦，始成立五省和平公约。乃口血未乾，墨痕犹在，已有一蹴，即发之势。人心即天心，顺天者昌。此人和之不可战者三也。(四)、江浙两省，为万国通商口岸，一旦蛮触之争，亟为外人所不许。现闻外人向政府责问，如不能制止，到必要时，惟有出于自卫，待到自卫之日，已引起国际交涉，摇动国本，将来外商损失，何所措词，以对好事者，岂能当此重咎者乎。此外交之不可战者四。(五)、苏省军队，素来复杂，从前冯河间尚不能统一，今以齐之所有基本队而论，亦复意见纷歧，平时不得兵心，临时安能致命。加之新招补充数千之兵，一旦驱诸前敌，如何足特。此军队不可战者五也。(六)、苏省自民国以来，为多兵之累，省债已至一千余万，库空如洗，而人民外强中干，业早捉襟见肘，平时军政各费，寅用卯粮，若再加以临时军费，民力实有未逮，借无可借，筹无可筹，强制执行，民心瓦解。此财政之不可战者六也。有此六不可战，而急欲轻于一试，胜则卢失，而齐未必得，败则卢、齐并失，古有黄雀捕蝉之戒，今有子春湖北之鉴。然而齐、卢孰胜孰负，在自身原无关轻重，惟可惜江浙两省为全国精华，不知当局者破坏和平，糜烂东南，不使国家有一片干净土，人民有一线生机，是诚何心也。更恐江浙而外，一发牵动全身，星星之火，可以燎原，心所谓危，难安缄默。我帅素以天下为已任，此次元首亦极主和平，而苏绅顾少川，颜骏人、庄思缄，与帅有故，拟乞向府院鼎力消弭，速为制止，岂惟东南五千万人民咸拜仁人之赐矣。临风默祷，无任主臣，专肃敬叩崇绥。伏惟垂察。

黄琨谨肃

八月二十四日

〔北洋政府熱察绥巡阅使署档案〕

19 杜锡圭指责浙省违约并调集闽厦及长江舰队拟于江浙战起收复沪队而统一海军致陆锦密启

（1924年8月24日）

绣山兄处长伟鉴：敬密启者，江浙两省，地方接壤，两省人士，素重和平，始有两省缔结和平之约。以该约第三条所载，无论何方，客军过境，须用全力制止，亦经两省军民长官签定，分存在案。信誓昭昭，岂容稍背。乃闽省臧、杨溃军窜浙之时，而浙省当道，不独不履行条约，竟将臧、杨各军，悉数收容，助以军械，给以饷糈。两省人士，群起责问，置之不顾，诚属破坏和平，责有攸归。闽省为扫除臧、杨余孽起见，不得不作军事上准备。但浙省蓄心备战，时非一日，并曾宣言，无论何省，对浙有军事行动，渠必以全力攻苏。苏省为地方计，应有正当防卫，调队布防，以固边圉，倘浙方不谅，终恐酿成决裂。敝军驻沪各舰，上年四月间，受浙省之贿惑，倡言独立，为时已历年余，叠经锡圭派遣代表，与浙卢开诚切商，而对沪舰方面，亦曾迭次派员与林建章少将接洽，奈有少数不训之徒，从中把持，以致始终未获解决，隐忍至今，未肯以武力收复沪队，为两省地方人民计也。迩者江防吃紧，业已调集闽厦及长江舰队，筹备出发，以资镇慑。假如江浙果有决裂，拟乘时收复沪队，而谋海军之统一。为大局计，为海军计，锡圭职责所在，义不容辞，谨将调舰及布防情形，特此密闻。敬祈转陈元首，聪听为祷。端此敬颂。
勋祺

愚弟杜锡圭拜启　八月二十四日

〔北洋政府大总统府档案〕

20 齐燮元关于双方调兵遣将积极备战并请派援军情形与王毓芝等往来密电

（1924年8月27日—28日）

（1）齐燮元致王毓芝陆锦密电（8月27日）

北京王督办兰亭兄、陆处长绣山兄均鉴：亲译。敬密。宥酉电敬悉。硕划尽筹，无任钦感。兹将彼我两方近况，分达如下：（一）敌军松沪方面，对我布置，原有一师一旅及特种部队，现又将臧致平所部开调沪上。湖州方面，对我布置，原有一师，现又将杨化昭所部开调始兴长、长一带。据报：日来敌方纷纷调遣，一俟集结完毕，约于月底，即向我军开始攻击。浙军一二两师，亦正调集浙东，专对闽军。该军对苏虽表好感，然决不为我用。此间因形势日迫，所有军队，已分向各地集中。目下昆山附近，已到约两师及混成一团，本日尚拟开步炮各一团赴昆山。宜兴附近，已到有两旅，广德已到一旅，其他一旅，本日可到宣城，海军亦派一部开驻江阊。（二）敌方正在输送中，今昨两日，尚无变化，惟双方情形，异常严重，旦夕破裂，亦未所知。前承玉帅允拨一旅一团协助，现在只到一团，其余部队，何日开拔，尚未接电。总上情形，如此两兄老谋深算，尚祈随时指示为祷。齐燮元。感。印。

（2）王毓芝陆锦复齐燮元密电稿（8月28日）

特急。天津、徐州线转南京齐巡阅使鉴：恰密。感电敬悉。当即陈明主座钧阅。现在情势已急，自应速调援军，以厚实力。顷已致电吴、萧两巡阅使，请其迅派寇英杰开抵芜湖，王都庆旅开赴南京，俾备援应矣。以全力援助，务望宽怀，知关注念，特电驰闻。嗣后情形，仍祈随时电知为祷。王毓○。陆○。险。印。八月二十八日

〔北洋政府大总统府档案〕

21 吴佩孚关于调遣豫鲁鄂等省军队援苏与陆锦等往来密电

(1924年8月27日—30日)

(1) 吴佩孚致陆锦等密电(8月27日)

急。北京公府王秘书长、陆处长鉴：永密。宥酉电奉悉。抚帅敬电，此间亦经接到调借军队，谊应协助。惟虑彰明调拨，或遗东北藉口。故已商定，由填防苏边之鲁豫各军，沿铁路线延申前进，加入战事，藉以暗中辅助。现在已规定拨归抚帅调用者，为豫军郭振才一团，至鲁军张烈一团，亦候令备调。湖北方面，并经告由珩珊转饬黄仁、刘佐龙准备一团候调，知注特复。吴佩孚。感。印。

(2)鲁督郑士琦致公府军事处等电(8月28日)

公府军事处、陆军部、参陆办公处钧鉴：承准吴巡阅使马电开：顷准江苏齐抚帅电称：以驻徐军队，现因必要，拟抽调回宁，所遗邳县、宿迁、睢宁三县防务，拟请由鲁省派遣就近军队接替为荷。以现驻郯城之张烈一团移调，则尤为捷便。并请将该团务于本月有日以前往接替，是纫公谊。除派员面谒郑督理接洽种切外，特电奉闻等情。除电复外。查张团既近驻郯城，应请迅饬该团务即如期前往接替，并盼电复为要。等因。除电复并电饬五旅张团前往，暨二十旅王团派队接张团遗防外，特电查照，即希备案为荷。郑士

琦。勘。印。

(3) 军事处致萧耀南密电稿(8月30日)

特急。武昌萧巡阅使鉴：元密。艳电敬悉。当即转呈主座，奉谕：江浙风云，日益急迫，寇王两旅，既均难调动，望饬由第四混旅准备之一团，星夜开拨赴宁，以赴事机，而资应援。苏省绾长江之中枢，设有疏失，动摇大局，深可危虑。万勿稍有延迟，是为至要等因。特电密达。敬希察照，并盼速复。军事处。卅。印。

(4) 陆锦等致吴佩孚密电稿(8月30日)

十万火急。洛阳吴巡阅使鉴：元密。顷接齐巡阅使艳电开：现在敌军以一师半在松沪取守势，以两师在吴兴、长兴取攻势，即日发动。此间以两师对吴兴、长兴，取攻势防御，诚恐右翼力薄，故需援甚急。主座拨调寇王两旅，来苏无期，务恳于卅一日以前，饬拨两混成旅到苏。不必拘定寇王两旅也。且即令寇王两旅目下准来，亦必须一星期内外，缓不济急。拟恳饬拨二十三师，即日南下，如不能，可拨二十四师，再不能，可由焕章处拨一混成旅。究应如何办理，请代陈主座睿断示复等语。当经转呈主座。奉谕：查此次之事，台端不欲显然相助，以免奉张藉口，与此间宗旨合符。惟现在长兴方面，情势急迫，前拟由鄂调拨两旅赴苏应援，顷接萧巡阅使来电，以寇王两旅均难调动。吴巡阅使所嘱由第四混成旅准备一团，听候调用。已饬刘旅遵照办理等语。望即转电萧巡阅使，速饬该团星夜开拨，以赴事机。一面饬在徐鲁豫两团，先行迳赴南京，以固防线。一面速派兵队赴徐接防。目下形势急迫，军情万变，苏省绾长江之中枢，设有疏失，动摇大局，深可危虑，望速办理，勿延为要。等因。特电密达。敬希察照。并祈速复为盼。王毓〇。陆〇。卅戌。印。

〔北洋政府大总统府档案〕

22 外交部关于英美法日等国公使为江浙战起重申负责赔偿上海及沪宁路一带侨民损益与内务部往来函

(1924年8月30日—9月9日)

(1) 外交部致内务部公函(8月30日)

外交部公函　年亲字第五七七号

迳启者：准驻京英、美、法、日本四国公使联衔照称：因闻有江苏、浙江两省省宪，将行开战之危急情，应向中国政府将本公使等于上年八月十一日去件内各语，加以提醒。并将该项去件内所提一切，关于中国政府在此危急时，有防免在沪及在上海一带外侨生命财产损失义务之声明，再行极为郑重重申等语。查上年该四国公使等来照，曾于八月十四日上午抄送在案，兹准照称前情，相应函达。即希查核，并见复为盼。此致

内务部

外交部印

中华民国十三年八月三十日

(2) 外交部致内务部公函 (8月30日)

外交部公函　年亲字第五七八号

迳启者：准驻京英使照称：目下流传浙江、江苏将有战争，沪宁铁路，因载运军队及在该处一带地方军事上之行动，以致通车断阻各消息，应请严令有关军宪免行干涉该路人员，并免损害。已作本国债权人抵押之该路及其各种产业，按本大臣所悉者，该路人员，对于有责管理军事输运官员之意旨，必按其所能为之办理也。再应向贵总长提醒，此次战争，关于沪宁铁路及在上海一带本国人民之利益，如受若何损失，其责任即由中国政府负之等语。相应函达。即希查核，并见复为何。此致

内务总长

外交部印

中华民国十三年八月三十日

（3）内务部致苏督齐燮元等电(9月9日)

南京齐督军、韩省长、上海何护军使鉴：准外交部函准驻京美、英、法、日本四国公使联衔照称：因闻有江苏、浙江两省省宪，将行开战之危急情形，应向中国政府将本公使等、于上年八月十一日去件内各语，加以提醒，并将该项去件内，所提一切关于中国政府，在此危急时，有防免在沪及在上海一带外侨生命财产损失义务之声明，再行极为郑重重申等语。希查核见复等因。同时又准函准驻京英使照称，目下流传浙江、江苏将有战争，沪宁铁路，因载运军队及在该处一带地方军事上之行动，以致通车断阻各消息，应请严令有关军宪，免行干涉该路人员，并免损害已作本国债权人抵押之该路及其各种产业，按本大臣所悉者，该路人员，对于有责管理军事输运官员之意旨，必按其所能为之办理也。再应向贵总长提醒，此次战争，关于沪宁铁路及在上海或上海一带本国人民之利益，如受若何损失，其责任即由中国政府负之。等语。相应函达，即希查核，并见复等因。各到部。特电查照。特加注意为要。

内务部印

（4）内务部复外交部公函(9月9日)

内务部公函

迳启者：准函准驻京英、美、法、日本四国公使联衔照称：云云查核并见复等因，同时又准函准驻京英使照称云云，即希查核并见复等因。各到部。除业经由部行知江浙军民长官查照，特加注意外，相应函复查照。此致

外交部

内务部

中华民国十三年九月九日

〔北洋政府内务部档案〕

23 孙传芳攻击入浙之臧致平杨化昭通电

(1924年9月1日)

大总统钧鉴：国务院钧鉴：各部院、各衙门、冯检阅使、王巡阅使、洛阳吴巡帅、南京齐巡帅、杜总司令、武昌萧巡帅、天津王副帅、南昌蔡督理、安庆马督理、各省督军、督理、省长、各护军使、镇守使、各师旅长、各法团、沪京津汉及各省各报馆鉴：前者臧、杨构难，荼毒闽南，幸赖各部队戮力同心，兴兵致讨，未逾匝月，克告肃清。此固将士用命，实由于害民之贼，神人共弃也。该逆等以窃盗之余，逃窜浙边，方意经兹痛创，应知悔祸，将不难释甲归罪，以谢国人，纵其野心未泯，冀然死灰。窃谓我浙闽父老子弟，亦断不忍以其生命财产与若辈之牺牲，况浙省军政当局，素以保境安民为宗旨，尤当本爱怀之心，并除恶之谊，或收其兵械解散之，或定其罪而拒绝之，同仇敌忾，大义懔然，不独闽浙之休，抑亦国家之福也。不谓臧、杨抵浙后，长驱入境，恬然如归，地方有交责之声，而主人无逐客之令。近且迭据探报，日见鸱张，济战增兵，窥扰边境，边境之民，恐惊万伏。传曰：一旦纵敌，数世之患。传芳不敏添膺边寄，甯敢纵一偶之残孽，贻大局之纠纷。兹特躬率三军，为民除暴，助我则友，逆我则仇。当局友军，果能顾全大局，爱惜地方，立将臧、杨残部完全解决，执渠魁而致之都门，听候中央处置。本军志在宁息，何敢多求。倘其悍然不顾，甘为罪魁，则大局之破裂，地方之糜烂，正名定罪，责有攸归。抑更有郑重声明者，本军致讨，只及渠魁，凡有胁从来归，无不优予宽纳。倘有同义友军，助锄凶逆者，尤当为我浙闽同胞百拜，泥首以谢。去违之数，顺逆之分，悉在于斯。传芳分为军人，只知爱国。我浙闽人士，生长兹邦，田卢所在，坟墓所寄，其恭敬爱护之诚自当百倍。传芳须知为地方除暴乱，即为乡里造幸福，权衡轻重，得失斯明。幸赐教言，共成义举。浙闽幸甚。大局幸甚。孙传芳。东。

〔北洋政府内务部档案〕

24 关于江浙战事的情报①

(1924年9月)

沪密电

第一号　　九月二日发

本月一号，在沪领事团协议，向苏浙两省军务长官，拟发一种通告，其意在因现战事发生，上海附近有受影响之虞，以各国陆战队及义勇队，共同守备上海地域。

第二号　　同日发

八月三十日，苏军决议调派陈调元指挥之两旅半，专保守势，以其余主力于昆山方面采攻势。

齐督军一日夜，由宁出发向昆山。

第三号　　同日发

八月底决定浙军计划：

右翼军　　(未知名称)

总司令　何丰林

副司令　臧致平

第十师　　(第三十八团欠)

混成第六旅

卫队旅第二团

暂编步第一团

臧致平之旧部

以主力由吴淞、上海、青浦三路分进向昆山。

---

① 原件未署姓名，信封上有专呈陆处长亲展，班拜缄字样。

左翼军

总司令　　　　陈乐山

副司令　　　　杨化昭

第四师　　　　（第八旅欠）

步第三十八团

杨化昭之旧部

攻击宜兴后，进出无锡、常州间之地区，拟断南京苏州之连络。

另有湖上小支队，以装载小口径快炮之小轮船，编成游弋太湖水面。

〔北洋政府大总统府档案〕

25 步军统领衙门密探刘汉超关于皖系为维持浙卢地盘在沪编练新军应付江浙战争呈文

（1924年9月2日）

巡帅钧鉴：敬呈者：汉超窃察得当江浙酝酿战事之时，四省攻浙之说，行将实现。安福系因倘若四省实行攻浙，则浙省地位，颇形危急。惟浙之胜败，关乎安福系生死关头，故安福系对攻浙一事，实有切肤之痛。徐树铮等，屡次密议，决定竭力援助浙卢。徐树铮、吴光新在沪，招集马良、曲同丰、及前西北军各旅长等，到沪会议。各自暗中招集旧部，编练新军两师，以备援助浙江，军械则系去岁苏方甚倡攻浙时，由卢永祥、何丰林、安福系财阀等，集资购有大批军械，足数两师之用，尚有余裕。现存浙沪两处，该边防西北各军官，均早已结伴，着便服到沪，兵士亦系旧日士卒，暗中互相招引，同党均穿便服，结伴赴沪，各投旧日长官，听候编制。已由马良等编制两师，因兵卒不足，有潜招各省土匪，充兵之计划。卢永祥已决定任徐树铮为前敌总指挥之职，现浙江连臧杨及徐树铮新编之两师，统计军队，将逾十万人之巨，军费亦颇充裕。徐树铮近复与吴光新先后联袂赴奉，与张作霖磋商，奉方实行进兵，遥为援助浙江。现徐树铮已返浙江，张作霖特派代表到浙，与卢永祥协商一切。卢永祥对奉代表言，奉浙无协商之可言，如浙江失败，则唇亡齿寒，真必以全力对奉等语。因事关大局，用特详细呈报钧鉴。肃此谨呈。恭叩勋安。

密探员刘汉超谨呈

中华民国十三年九月　日

〔北洋政府京畿卫戍总司令部档案〕

26 浙督卢永祥声讨曹锟通电①

（1924年9月3日）

各省军民长官、各省省议会、商会、教育会、各法团、各报馆钧鉴：自中枢失驭，强藩专政，神奸巨蠹，乘间窃发，假共和政府之名，行武力专政之实，恶贯已盈，显戮尚稽。彼曹锟者，素乏常识，安知治理，乱国之罪，事迹昭然，法所不容，义应申讨，邦人君子，幸垂察焉。东海就职，固贻非法之诮。黄陂总统，亦有任期之争。然曹锟则固后先翌戴，而且倚畀甚殷之一人也。既逐东海于前，复驱黄陂于后，恩怨恣于俄顷，进退凭其喜怒。威福之擅，纲纪之紊，至是极矣。临城一案，举国引为奇耻，四邻屡有责言。曹锟身任巡使，拥有重兵，坐视境内，伏莽思逞，不加预防，酿成巨变。指为临案罪魁，谁曰不宜。交涉结果，媚外求荣，归罪他人，而国际地位，路政主权，则已备受损失矣。夫其毁法如彼，误国若此。但今曹锟幸逃法网，盘踞近畿，已足为民国无穷之忧，不谓以数罪并发之身，竟敢作公然贿选之举，丑声四播，国民蒙羞。各省摊派之款，形诸公牍。议员买票之券，副在法庭，利诱威迫之下，果何所求而不得。国家人格，国会尊严，已横被蹂躏矣。贿选既终，乃复欲以贿宪欺国民，是

① 此件系京畿卫戍总司令部查扣《民国日报》1924年9月11日临时特刊第一版。

真愚不可及，而不知人间有羞耻事也。顾国民虽有誓不承认之表示，而一切对外交涉，依然为曹锟一人所把持。有藉解决悬案之机会，以分肥为政策，收回德发债票一案，内幕之黑暗，权利之损失，虽在受其指挥之阁员，与夫奉其伪命之疆吏，犹能言之。此外则有断送东三省铁路，有若承认法郎付金，有若攘夺兴学庚款等，国民一致力争之事，皆将悍然行之。至若嬖幸用事，布满朝列，秽德彰闻，居中狼狈，则阁员疆吏，仰其鼻息，纵兵骚扰；则国有警察，格杀勿论；缙伸之所不齿，都人为之寒心。总其罪状罪行，及今不图，噬脐何及。积污不除，浊流四溢。中国虽大，宁有完土。文化所遗，将无噍类。永祥等分属军人，责在卫国，不达保境安民之初衷，妄取拨乱反正之人义，迭经询谋，靡不佥同。爰于本日对于有众，歼彼元恶，罔治胁从，为国除奸，何与致幸，为民前趋，宁计成败。就大局言之，则举义已有先觉，我为步其后尘。就江浙而言，则我固志在保安，彼方实为戎首。当曹锟受判之日，即本军解甲之时。特电奉布，伏希明察。卢永祥。江。印。

〔北洋政府京畿卫戍总司令部档案〕

27 航空署督办赵玉珂报告派员调查浙江军事航空情形给大总统呈文

（1924年9月4日）

敬启者：窃查职署前派气象科科长金贤，赴浙调查军事航空情形。兹据该员报称：贤于八月十五日抵浙下车之际，常被车站兵士详细检查，而该处旅馆，亦以在戒严时内，非有担保不纳外客。适敝亲为德士古煤油总理，由其担保，居于钱江，无人注意，下榻既定，乃四出访友，时同学某君，在杭充教育团教务长，叩伊浙军大概。伊言浙省共有四师，即第十师、第四师、浙江第一师、第二师。第十、第四两师，兵额粮秣军械，无不充足，且所居之地，为浙省精华所聚之杭嘉湖三区。第一、第二两师，兵额原为对半，经今春之补充，始足七成，军械芜杂，咸不堪用。现分驻浙东金、衢、严、温、台、处、宁、绍等处，或一团，或一营，军制分割，统驭颇难。第一师虽有炮一团，但式样极多，第二师则合工队，轻重、机关枪、山炮、野炮组织为一队。又叩以臧、杨所在，则曰现居衢州之长山，有众约五千人，军械由卢接济者不少。现第一二两师，全数调至衢州，与皖、赣、闽交界处，以抵拒闽军。调臧致平军在上海高昌庙、昆山，担任浙江右路。杨化昭在吴兴担任左路。第十、第四两师，则分驻其间。卢永祥则率补充团、飞机队、卫队、居吴兴为接应。二十四日夜，臧军已至杭州，二十五日当可抵沪。至于航空情形，则以卢永祥重视之。故外间多不之知，而学习航空之同乡，复因筹备出发之故，难以出离。贤此次来浙，即为探察航空，住杭数日，而消息迄无所得，辗转思维，不如冒险亲赴航空驻地，于是约集本地同乡服务侦探者二人，同往杭城北门外数十余里之笕桥，四围均系驻兵，警戒颇严，每遇盘查，辄命同行者对答，及达航空教练所，岗兵虎视眈眈，如临大敌，贤避处墙隅，由同乡向前说明来历。兹将调查情形，分条列下：

一、航空教练所：今春二月间成立，所长刘同，教务长朱斌候，学员五人，所中一切之事，俱由朱揽管，所长备位而已。

二、教育成绩：朱斌候名为教务长，复兼飞行教习，教法一本法国，先令学员以四十马力单翼小机，在场习地面直线，然后带之上升。现在学习之学员，年均三十以上，故半年来，尚无一人能走直线遑论飞行。

三、飞机：计有教练用之莫恩舒而尼单翼四架，两架装昂杂尼式四十马力发动机，专供地面飞行。两架稍大，装格诺姆式一百十马力发动机，专供空中练习。用双翼四架，两架为百来盖式三百马力机，上装能转动新式机关枪，两架带小炸弹十六枚。又法人杜阿西赠送一架，又今年雇德人自造一架，曾在龙华试验，成绩不佳。

四、厂所：有铁篷飞机厂两座，修理厂一座，技工六人，飞行场东西约千米，达南北约六百米，达短草遍地洵良场也。

五、飞机之外附带器物：计自动自行车六辆，自行车二十余辆，能运物或装炮之汽车九辆，可在凸凹地面驾驶，构造与寻常汽车不同，水面滑船三只。

六、俄人六名：去年张作霖介绍来浙，因朱某嫉视，不许伊等接近航空，遂由卢督每月津贴，伊等闲散置之。近闻卢督已召集朱某及俄人会商，大约开战之时，即伊等加入飞行之日等语。除仍饬随时报告外，理合转呈钧座鉴核。谨呈。

大总统

航空署督办赵玉珂谨呈

中华民国十三年九月四日

〔北洋政府大总统府档案〕

28 齐燮元声讨卢永祥通电

(1924年9月4日)

大总统钧鉴：国务院、各部院、各省巡阅使、各督军、各督理、各都统、各督办、各总司令、各省长、各护军使、各镇守使、各师旅长、各机关、各团体、各报馆钧鉴：我国自统一破裂以来，民生日蹙，国势日危，百姓疮痍，万方涂炭，仁人志士，希望河清。乃有国贼卢永祥者，窃据方隅，梗塞南北，作和平之障碍，引背叛为声援，安危利菑，行私召乱，穷凶极恶，擢发难终。今请揭其罪状之尤着者，披沥陈之。卢贼狡猾凶徒，贪残败类，外饰老成之貌，中藏鬼蜮之奸。方其始隶戎行，即多秽迹，纵掠太原，肆同狂寇，丧师蒙古，患种边防。铁像之铸，犹存金瓯之全。几缺幸稽，显戳犹总师干。会办江苏，护军松沪，不思捐躯糜体，以赎前愆。毛羽甫生，便思搏噬。既获督理，遂露鸱张，去沪之时，竟不遵奉令规，分别权限，擅委何丰林代淞沪护军使，恣强梁跋扈之凶行，席卷囊括之计。苏督英威上将军，不责僭越，曲示包容。卢贼不知感愧，益肆披猖，不将其浙督部队，随调浙防，盘踞苏疆，俨同置戍，迫胁官吏，欺诱商民，收纳叛亡，掊击统一。英威患和议之梗阻，发愤授命遗书，衷恳卢贼，保全江浙治安。士民闻风，旁皇感泣，而卢贼悍然不顾，幸灾乐祸，遇事侵凌。向非江浙士民，深明大义，苏军保疆让步，加罪无词，则两省祸结兵连，民命早沦水火。卢贼自知身同独夫，众情不附，乘北方战役，诱驻闽师长臧致平，欲令钳制，浙军厚已。力以扰他省，事机中泄，臧为李闽督所罢斥，乃复嗾臧攻李，各军骚然，遂有延平独立之变。而许崇智因之扰闽，陈炯明因之失广，孙中山因之乱粤，谭延闿因之争湘，黔桂川滇胥受影响，蔓延溃乱，几半神州。卢贼一身实为祸水，乃复封豕无厌，毒螫自啮，少不快意，即肆凶谋。徐国梁为松沪警察厅长，本其故人，非其属司，辄因乱命偶违，购用凶徒，暗施惨害。且指使何丰林，显抗中央，擅委后任，招纳匪首王人樵，引聚匪党数千于湖郡。贼子卢耀号筱嘉者，以乳臭小儿，使其广敛巨金，勾结土匪，削朘民膏，豢义〔养〕丑类，将以肆扰皖南，俾中原无一净土。又勾结江北土匪，窜扰隳突，十有余处。密遣腹心，潜布牙爪，截电杆，拆铁轨，图乱蚌埠，将纵燎原。试问苏皖人民，何所害于卢贼，而乃乘机肆毒，弃好崇雠，非匹夫之和仇，实万民之公敌。至其寡廉鲜耻，蔑义毁仁，以重贿诱海军，迫令背叛，其长官又潜赴烟台，抢取北归军舰，固已顽甚巢温，行同跖盗。尤复屯膏吝赏，食言而肥。即卢贼军务督办之名，并未奉中央明令，辄以私人资格，非法机关，妄称众举，擅置寮属，乱比逆寇之自王，僭过强藩之留复。又复主张省宪，献媚浙人，及省宪议成，则又授意私人，沮其行使，翻云覆雨，信用何存，换日偷天，叛迹昭著。去岁国会议员，政见龃龉，卢贼观衅而动，号称正谊，挑拨两院同人，甘言厚币，招致南来，则又权舆不承，狐埋狐搰，受其欺者，困滞沪滨，蒙诟丧资，不可胜计。卢贼亦自知滔天罪重，覆载不容，冒认原籍四明，希图浙人亲昵，背本忘祖，顽钝无耻。乃又私自标榜，诡称服从合肥段公，挟以自重，合肥清望，中外交钦，岂卢贼所能比附，不过欺其性直，利其名高。卢贼且密语所私曰：合肥与我，犹组公司，我资本家，彼乃乾股，岂能强我，愿与经商。是则上欺神明，下侪市侩，无怪其视浙省为货物，而思尽入其囊橐，视邻省为鱼肉，而思悉供其刀俎也。卢贼既竭搜括之方，未满饕餮之欲，凭藉上海交通便利，与何丰林密订陋规，包运鸦片，每运私土一箱，各得洋元三百，纳污藏垢，两载于今，赃入已二千数百万元，但为利市三倍之求，罔顾四邻，责言之至，明目张胆，以国为市，丧心病狂，此岂复有人理。是真天生妖孽，祸我中华，既祸浙人，复祸邻省，既祸一方，复祸全国，道路皆见，其肺肝罪恶，昭于耳目。除奸救国，海内同心，徒以害马在群，投鼠忌器，待其贯盈而自毙，望其悔祸而自新，奈何倒行逆施，凶顽不变，近更饵诱臧致平等败军余孽，分布浙右要区，既背中央通缉之明文，显破江浙和平之公约，授以伪职，编为亲军，苛敛民财，私济军械，欲伺皖赣有隙之乘思，贻苏闽无穷之患，处心极虑，巨测难防。浙民既困于倒悬，邻境尤虞其暴掠。业已潜使党羽，煽动刀匪，肃聚皖北，攻夺名城，幸皖省将士，防御有方，立时驱散，虎兕已成出押之形，鲸鲵将肆吞舟之毒。今卢贼竟悉兵压境，一矢先加，燮元素爱和平，绝无私意，但求免我国覆亡之祸，安忍见斯民锋镝之惊，频年释恶，寻盟弃嫌，讲让恤皆不与辄，计豪夺任其凭陵。无非为灾祲遗黎，扶持生息，忍饥负重，勉与周旋，六载于兹，四方共见，终谓豚鱼可格，狼子能驯，孰知天骄横行，日暮愈甚。设在隐忍误国，姑息养奸，则沿江上下即见蹂躏之灾，全国南北，无复和平之望焉。能使神圣相传之黄族，被此污名，群贤新造之共和，败于竖子。用是恭奉中央，兴师讨逆，义无返顾，身效前驱。昔年已迟虺蛇之摧，今日难缓鹰鹯之逐，是非共睹，胜败不疑。但彼苍有厌乱之机，则此虏无不亡之理，义旗所指，惟剪罪魁，其有弃暗投明，立功自赎，悉予湔洗，仍列酬庸。如或党恶阻兵，去顺效逆，国人共弃。燮不敢私，露章奉闻，惟中外贤达，实共鉴之。齐燮元叩。豪。印。

〔北洋政府大总统府档案〕

29 齐燮元指责何丰林进攻昆山县通电

（1924年9月4日）

特急。北京大总统钧鉴：国务院、各部院、各省、各巡阅使、各督军、各督理、各都统、各督办、各总司令、各省长、各护军使、各师旅长、各机关、各团体、各报馆钧鉴：浙省叛督卢永祥，反抗中央，招聚乱党，分布边境，摩厉以须。接壤各省，咸怀戒备。苏省尤处密迩，为保境安民计，不得不设防自卫，以尽守土之责。乃该叛督纠同淞沪护军使何丰林，竟于九月四日拂晓，在江苏省区内昆山县附近地方数处，同时开发，先施攻击，希图掩袭不备，肆其凶残。苏省防卫疆土，素守和平，今逆寇相逼而来，自应悉力捍御，以期达保安之宗旨。窃恐四方传闻，不明真相，据实露报。惟希昭鉴。齐燮元叩。支。印。

〔北洋政府内务部档案〕

30 蔡成勋报告抽调军队归孙传芳指挥及赣闽军对浙作战计划致陆锦等密电

（1924年9月4日—6日）

（1）军事处致吴佩孚密电（9月4日）

急。洛阳吴巡阅使鉴：元密。顷奉主座交下蔡督理感电，内开：大总统训勉周详，敬聆之下，钦感莫名。成勋事大总统三十年，向以服从命令为天职，勉效驰驱，感激之微，忱区区之愚，差堪自信，亦早在大总统睿鉴中也。此次对浙问题，事关大局，自应积极进行，何敢稍存观望。至于齐使意存倾陷，百计为难，共经迭电转陈，固可无庸赘述。在成勋平时尚以彼此同袍，岂容芥蒂，以故概皆逆来顺受，不与计较，何况际此吃紧关头，成勋益当时时处处委曲求全，决不敢以小嫌而误大事。故自齐、吴两使动议以来，即经担任由赣出兵三旅，准备就绪，以便随同同志省分协力动作。总之对浙军事綦重，成勋病经三月，困瘁不堪，徒为拥护大局，以答报我大总统，不敢规避，力疾支持，届时无论如何，必当戮力同心，以赴事机，应请大总统察照释廑。至于赣东作战三旅，成勋以由孙督办指挥，缓急之间，似有未便。曾向吴使一再力争，未蒙见允。当时齐使亦经认可，并无异词。适接京电，陆总长以敌人重兵，在沪、杭、嘉之线对苏，令赣增兵助苏，成勋窃查赣省兵力有限，除以少数任防内地外，大部分早归赣南援粤之用，前拟酌量移调对浙，吴使力持不可，现在粤情孔急，林督叠电呼援，方总司令正在筹备开拔，委亦无可调拨。此次准备三旅，已属精疲力竭之势，而该三旅，既归孙督办指挥，并经列为第三军，则应如何配备，谅早在其通盘计划之中。临时变更原议，从中抽调，恐致牵动全局。此外又无他队可以腾挪，情形焦灼。前接吴使来电，探知浙方主力在苏，谓宜避实击虚，苏取守势，闽赣入浙，直捣杭州，可策全功，自系扼要之论。成勋对粤、对浙，兼顾并筹，事实为难，当邀共谅。成勋目疾渐稍轻减，虽医生力主留山，多顾以局势日紧，再阅三数日，如能大致全愈，即当回省。合并陈明等语。奉谕，从前计划与现在情形不同，究应如何变更，着电吴巡阅使查酌办理等因。特电布达，祗希察照。军事处。支。印。

(2) 蔡成勋致陆锦密电(9月4日)

特急。北京公府军事处陆处长绣山弟鉴：永密。对浙问题，日益紧迫，赣军所备三旅，前经吴、齐两使规定，归孙督办指挥，当将该三旅队伍开驻赣东沿边一带，待令出发，并电达馨帅，请将进行方略示知，以便协同动作。但迭电探询，迄未见以详细计划秘示。除再切电探询并请吴、齐两使去电催促，以利进行外，谨将顷致洛、苏电文录呈台览。原电文曰：对浙用兵自经规定后，赣军所备之三旅，经两帅规定，归孙督办指挥，早饬各旅先后开抵赣东沿浙边各县，妥为布置，统责杨镇守使率带，候令动作。上项情形，曾即次电陈，并通告馨帅请将全盘计划迅予示知，并速电杨镇守使遵照，以便协同进取。惟所接列帅来讯，自有日一电告知，宥日由省起程，艳日可抵延平，并以声讨臧、杨电稿见示后，遂未续接来电。其关于敝处感、沁、艳、世等日，可发询问方略各电，亦俱未见复。刻下计期馨帅当已行抵延平，数日以来，不知前次通电已否发出，悬盼殊深。成勋养疴卢山，所患迄未脱体，比因时局紧张，不敢自惜，于冬日力疾回省。据报浙省现状，已有剑拔弩张之势。窃念合力进行，早有规定。馨帅担任，系合闽、赣两军为一路，举动迟速，尤于全局有关。徒以馨帅一切规划，无从明悉，颇觉难于措注。除迳电馨帅探询作战计划，并进攻日期外，应请两帅迅予加电催促进行，并将详细计划告知，俾得早日勘定浙疆，无任迫切叩祷之至等语。特闻希察。并乞转陈。蔡成勋叩。支。印。

(3) 蔡成勋致陆锦密电(9月6日)

急。北京公府军事处陆处长、洛阳吴巡帅、南京齐巡帅均鉴：协密。鱼日接到馨帅冬电开：艳二世两电均奉悉。兹将本军备战大纲详述如下：(一)第一军第一纵队司令官孟昭月所部混成一旅，由广丰进攻江山之敌。(二)第二纵队司令官卢香亭一混成旅，由广丰以东五都街路线，协攻江山之敌。(三)第三纵队司令官谢鸿勋一混成旅，由龙泉进向龙游，威胁衢州方面之敌。(四)第四纵队司令官韩光裕混成旅支队、进入仙霞岭，威胁江山之敌，并掩护主力之运动。(五)第二军司令官彭德铨带混成三团分两支队，由福鼎、寿宁进占温州、处州，以攻浙东之敌。(六)海军派军舰八艘，载陆战队混成一团及陆军一师，开至宁波洋面，相机进取，以资牵制，此一般作战计划之概要也。至杨镇守使所部各队，应以两旅配置在玉山一带，即行进攻常山之敌，但右翼与孟司令连络，另以一旅对开化方面严行警戒，并牵制之，俟江常攻下后，再会师攻取衢州等语。除飞转前方将领遵照，并饬右翼妥与孟司令切实连络，以收协同进取之效外，特此电达。即希鉴察。蔡成勋。御。印。

〔北洋政府大总统府档案〕

31 孙中山勉励粤民申讨曹锟吴佩孚令①

（1924年9月5日）

大元帅令

本大元帅于去岁之春，重临广州，北望中原，国本未宁，危机四布。而肘腋之地，伏莽纵横，乘隙思逞。始欲动之以大义，结之以忠信。故唱和平统一之议，以期消弭战祸。扶植民本。不图北方跋扈武人曹锟、吴佩孚等，方欲穷兵黩武，摧锄异己，以遂其僭窃之谋。乃勾结我叛兵，调唆我新附，资以饷械，嗾其变乱，遂使百粤悉罹兵燹。北江群寇蜂拥而至，东江叛兵乘时蠢动，西江南路，亦跳梁并进。当此之时，以一隅之地，搘四面之敌，赖将士之戮力，人民之同心，兵锋所指，群贼崩溃，广州根本之地，危而复安。在将士劳于征战，喘息不遑，在人民疲于负担，筋力竭敝。然革命军不屈不挠之精神，已渐为海内所认识矣。曹、吴诸贼，既不获逞于粤，日暮途远〔穷〕，姑窃名器自娱，于是有骩法行贿，渎乱选举之事，反对之声，遍于全国，正义公理，本足以褫奸宄之魄。然天讨未申，元凶稽戮，转足以坚其盗憎主人之念。湖南讨贼军入定湘中，四川讨贼军规复重庆，形势甫展，而大功未就。曹吴诸贼，乃益无忌惮，既吮血于福建，遂磨牙于浙江，因以有东南之战事，逆料此战事且将由东南渐及于东北。去岁贿选时代所酝酿之大战，至此已一发而不可遏。以全国言，一切变乱之原动力，在于曹吴，其他小丑，不过依附以求生存。苟能锄去曹吴，则乱源自息。以广东言，浙江上海，实为广东之藩篱。假使曹吴得逞志于浙江、上海，则广东将有噬脐

---

① 此件系京畿卫戍总司令部查扣1924年9月22日《东三省民报》原标题为"弭满全国之讨贼声"。另参对陆海军大元帅大本营公报25号中华民国十三年九月五日令。

之祸。故救浙江、上海亦即以存粤。职此之故，本大元帅已明令诸将，一致北向讨贼，并克日移大本营于韶州，以资统率。当与诸军会师长江，饮马黄河，以定中原。其后方留守之事，责诸有司。去岁以来，百粤人民，供亿军费，负担綦重，用兵之际，吏治财政，动受牵制，所以苦吾父老兄弟者甚至〔多〕。然存正统于将绝，树革命之模型，吾父老子弟所有造于国者亦甚大。当此全国鼎沸之日，吾父老子弟，尤当蹈厉奋发，为民前驱，扫除军阀，实现民治，在此一举，其各勉旃毋忽。

中华民国陆海军大元帅之印

中华民国十三年九月五日

〔北洋政府京畿卫戍总司令部档案〕

32 蔡成勋指责卢永祥背约毁信电

(1924年9月6日)

北京大总统、国务总理钧鉴：各部院、衙门、王巡阅使、冯检阅使、洛阳吴巡阅使、南京齐巡阅使、武昌萧巡阅使、福州探投孙督办、安庆马督理、天津王副使、热察绥都统、各省督军、督理、省长、总司令、各镇守使、各师旅长、各省议会钧鉴：窃赣省处四塞之地，连年邻封多故，兵革繁兴，成勋区区之愚，惟以保境息民为事，苦心维护，辖境粗安。浙江一省，与赣疆土毗连，去岁以地理关系，会衔照苏皖先例，与浙订立公约。其赣浙公约第三款内载明：缔结此约，以后如遇有客军侵入两省区域以内，应由两省军民长官各自负责，设法防止。等语。原欲藉兹信证，保障和平，乃有臧致平、杨化昭两部，于今夏在闽构乱，被闽军惩创，无地自存，希图北窜，猝撞赣边各县。成勋恪守公约，派兵防守，该溃众乘间窜至上饶、玉山一带，复经跟踪追剿，前后酣战经旬，卒因逼近浙边，至无防堵之兵，致被免脱。当赣军追蹑之时，浙省当局，倘遣一旅之师，迎头截击，则游魂釜底，漏网何悖。该省不此之图，然任其长驱而入，又复择地安置，藉兵资粮，以致该逆等得事喘息，益见鸱张。成勋承乏赣疆，责在守土，见夫该省言出自食，祸生有胎，情势紧逼，难安缄默。特电请由吴、齐两帅，转为诘责浙卢，迅将臧杨解散，以保治安。原冀其稍有省悟，或可消释兵戎，乃顷阅卢永祥致外交团电文及何丰林所发江日通电，词旨悖缪，诋及元首，肆意称兵。是知前此之容纳臧杨，早蓄有同恶相济之意，处心积虑，不仅对于邻省毁信背约为然，今之政府，为国际所承认，卢永祥素爱摘奸，首先谋及外人。夫复自居，何等叛国犯上，岂堪更以口舌相争。除再电请吴、齐两帅，即予挈衔入告，明令讨伐。并督策部伍，与邻近各省，一致行动外，用特申述前由，俾明真相。迫切陈词，敬祈鉴察。成勋叩。鱼。印。

〔北洋政府内务部档案〕

33 冯玉祥声讨卢永祥电

（1924年9月6日）

北京大总统钧鉴：参众两院、各部总次长、王巡阅使、聂统领、薛总监、洛阳吴巡阅使、武昌萧巡阅使、南京齐巡阅使、天津王巡阅副使、各省督军、督理、督办、省长、报界、公会、各镇守使、各师旅长，承德、张家口、归化都统钧鉴：阅卢永祥江日通电，语言狂悖，若忘其为民国官吏，俨然背叛国家，甘作人民公敌。共和告成，十有三载，洪宪之乱，复辟之逆，皆不旋踵而灭已，以其违反全国人民之公理，不能侥免。中央政府本国家政宪所从出，国际交涉，咸赖政府之解决，岂有身为官吏，反视为无足重轻，而威福自作，公然破坏。而不顾苏皖士绅呼吁和平，非伊朝夕，既已允签公约，自应遵守勿渝，何以墨渖未乾，居然称兵倡乱，反复无常，义信安在。以若所为，如各省疆吏及统兵将领，不待政府命令兴师讨伐，彼又何说之辞。自取罪戾，岂可逃避。应请中央明令讨伐，以为背叛国家者戒。谨布胸臆，伫盼捷音。冯玉祥。鱼。印。

〔北洋政府热察绥巡阅使署档案〕

34 吴佩孚齐燮元关于江浙战争发生后声讨卢永祥罪状通电

（1924年9月7日）

北京大总统、参众两院、国务院、各部院、王巡阅使、冯检阅使、聂统领、薛总监、各省区督军、督理、督办、省长、都统、护军使、镇守使、司令、师旅长、省议会、各法团、各报馆钧鉴：顷阅卢永祥江日通电，公然称兵犯顺，盗言矫诬，凡有血气，同为发指。溯自法统重光，国会复集于首都，政局焕然一新，遂依法选举总统，中华民国宪法，亦同时制宜，宣布各国，已满一周，乃见百年大法，护法扰攘数年，乃见合法政府，薄海人民，方欣为千载一时之会，剥复否泰之机。卢永祥同隶民国旗帜之下，义当束身受命，共赞平成。而乃包藏祸心，阴窃自主之名，隐行割据之实，僭制自为，夜郎坐大，乘江海澄清之会，作潢池盗弄之谋，以内外共认之中央、而讼言反抗，以法律产生之元首，而肆意诋諆。在刑典为不赦，对全国为公敌，自居戎首，甘作乱人。此卢永祥背叛国家之大罪一也。卢永祥据浙六载，适值邦家多故，因乘利便，申足淞沪，供其回旋。非海外扶余之可比，岂泥丸函谷之可封，无河西窦融之贤明，有井底子阳之愚妄。属当法统恢复之际，外倡异议，内遂希〔奸〕图，标榜废督，而窃名僭号以自娱，扬言裁兵而反增卒，购械以为固。遂乃密输毒品，明吸民膏，半饱无底之私囊，半供无名之兵费。江、浙、皖、赣四省人士，烛其阴谋，怵于战祸，奔走呼吁，签立公约，期保和平。卢氏间于清议，谬为承诺，乃墨渖期乱，遂有收容臧杨之举。世非列国，而招纳叛亡以自广，地非殊邦，而巧设边防以增军，背约食言，信义何在。邻封责言而罔恤，人民号叩而罔闻，及乎图穷匕见，遂不惜举东南数千里富庶各区，江浙数千万人民生命，供其一逞。穷凶所极，即至糜烂全境，牵动外交，沦于万劫，尽为鲸鲵，亦非所惜。此卢永祥荼毒地方之大，罪又一也。凡斯二者，有一于此，国有常刑，而卢永祥皆身犯之。既托命于民国，而乃生成自外，受豢养于浙人，而与民命为仇，犹欲高张桀犬吠尧之口，奉进欢兜滔天之辞，实不啻自公爰书受谳，司败以殁，尽钟漏之帧，踞蕞尔钱唐之地，妄学董昌之闭门作贼，遂忘钱僚之知命，识时襄者，政府轸念民生，不忍破裂，优容至今。兹卢逆叛乱已成，罪无可逭，应请合辞，公请政府，明令讨伐，同仇敌忾，歼此大憝，还我太平，国家幸甚。地方幸甚。吴佩孚、齐燮元。曷。印。

〔北洋政府热察绥巡阅使署档案〕

35 全国各界联合会等声讨直系发动江浙战争通电①

（1924年9月7日—21日）

（1）全国各界联合会通电（9月7日）

各报馆、各团体暨各界公鉴：曹锟以贿选总统僭窃大位，骫法乱国，罪在不赦，早为国人所唾弃。复以金壬用事，穷兵黩武，辟幸弄权，倒行逆施。不顾国本，不恤民生。连年用兵，杀人盈野。搜括民财，尽入私囊。戎马所至，邱陵为墟。盗匪峰起，外侮频仍。嗟我国人，处此乱离之世，不死于兵火，即死于盗匪，不死于威刑，即死于苛税。武人专横，官僚贪黩，苛政猛如虎。虽帝政专制时代，有过之无不及也。兴言及此，不胜发指。况我民国主权在民，岂容悍仆豪奴，盗用威权，残民以逞，竟缄默而不言耶。若不行使主人职责惩治之，则功罪不分，是非不明，使我大好河山，任其破碎，亲爱同胞，任其鱼肉，国将不国，民无噍类矣。今者齐燮元无故称兵，举国震骇，彼为曹锟鹰犬，盘踞金陵，为一人一系争地盘，劳民伤财，甘为戎首。师出无名，侵犯浙沪，尤为国人所痛恨。读卢永祥、何丰林诸公江电，义正词严，本军人天职，顺国民心理，出师讨逆，差强民意。我国人应当亟起声援，誓为后盾。并请广州孙大元帅及守正诸将帅，尅日兴顺，一致声讨，伐罪吊民，期成汤武之业。毁

---

① 此三件系京畿卫戍总司令部查扣1924年9月22日《东三省民报》。

家抒难，竞尚卜式之风。为正义战，以伸国法，为民义战，而清乱源。顺存逆亡，不待耆察，惟我国人，亟起而图之。全国各界联合会。阳叩。

(2) 东三省议会通电(9月18日)

各省军民长官、各省省议会、商会、教育会、农会、各报馆、各法团钧鉴：邦家不造，祸乱横生，数年以来，各省同胞积尸盈野，流血成渠，巨劫大祲，超越前古，推原祸始，则武力统一之政策，实为之厉阶也。曹锟本一残忍成性之武夫，昔年窃据保阳，与北京俨成敌体，追逐徐逐黎，而后贿买总统，侈然自尊，政以贿成，廉耻丧尽，犹复纵容佞幸，日事荒淫，竟假解决悬案之机会，卖国自肥。如德发债票案，黑幕重重，贪私人之微利，致国家损失万万而不恤。此外若金佛郎案，庚款筑路案，虽举国一致力争，而曹锟竟悍然为之而不顾。综其罪状，罄竹难书，现在库空如洗，到期外债，无术整理，邻邦日肆责言，国际已失信用。南中兵祸，连接数年，人民荡析离居，求生无路，加以水旱巨灾，就直隶一省而言，已哀鸿遍野，待哺嗷嗷，我总司令尚胞与为怀，特发赈粮，以尽救灾恤怜之谊，曹锟僭居大位，宜如何遇灾而惧，侧身修省，以期与民休息。乃竟置民生于度外，恣其野心。今江、皖、闽、赣四省合力攻浙，事发之初，我总司令曾一再派员赴京劝告，以恤民为重，彼昏罔觉，转以忠言逆耳，迁怒东省，调遣重兵于山海关、喜峰口、热河等处，节节进攻，劫夺我车辆，骚动我闾阎。我总司令欲保境而彼来犯境，欲安民而彼来扰民，忍无可忍，不得已而誓师出发，以期达我保境安民之宗旨。我东三省人民，踊跃奋袂，共助我总司令灭此朝食，为国除害。凡我海内爱国志士，鉴于川、湘、闽、浙、之惨祸，自然当仁不让，声罪致讨，与我三省人民同仇敌忾也。专布义愤，伫望同袍。东三省议会联合会叩。巧。

(3) 讨贼同志会通电(9月21日)

直、川、粤、湘、滇旅沪公民袁澄、陆丹林、陈余生、蒋容、吴紫阳、王仲年、刘矩、陆洪波、袁世澄等,组讨贼同志会,其通电如下:溯自洪宪之役,曹锟率队侵滇,吴佩孚、齐燮元皆在前敌,效忠帝制,破坏共和,即无贿选,曹、吴诸贼,已属民国叛将,共和罪人,应当肆诸市朝,以儆奸佞。讵意免逃斧钺,反领师干,幸逭天诛,复张贼智,凭依城社,跋扈显著于京畿。经营地盘,荼毒惨临于湘鄂。金陵沦为贼窟,河洛陷为贼区,既已窃地自雄,尤复同恶相济。两演直皖、直奉之战,私利所在,不顾涂炭生灵,迭横祸川祸粤之谋,武力横施,妄思割裂疆土,巧弄权盛,益无忌惮,宪章藉作恶罪护符。构成国耻,元首竟以金钱贿买,异想天开,秽德彰闻,叛国已经两度。积恶早稔,稽诛不觉逾年。甚至甘心卖国,借债以作穷兵之计。幸灾乐祸,鬻爵擅假筹赈之名。似此倒行逆施,纵寇自乱,则中国将不国也。若穷凶极恶,有贼不讨,则中国为无人也。现幸浙沪联军,特申大义,粤奉将领,共励同仇,民心未死,国命可延。故今日之举,既非卢齐之争,亦非江浙之战,乃国民之讨叛窃,正义之敌凶残,公理之战强权,主人之驱盗贼。国本存亡,民意趋向,粤、奉、浙、沪,不过奉行国民公意,声讨群凶。根据国宪专条,驱除大憝,勿谓局部兴师,未能胜逆。须知人民效顺,即可亡秦,辛亥之覆满清也,只武汉一旅之众。丙辰之推帝制也,只滇黔南省之师。具见战争结果,曲直支配成败,疆场决斗,胜负系于是非。所望举国同胞,投袂而起,四方豪桀,仗义从戎,扫除祸国之奸邪,共作义军之后盾,芟夷狗鼠,再兴共和。其有各省镇戎,以及敌方官兵,胥受吾民给养之恩,应负与国锄奸之责,亟须及时反正,克日反戈。倘或从贼自骄,助桀为虐,不明顺逆之分,愿厕叛乱之列,则是自弃于国人,甘居于罪首,律有明刑,难逃显戮,贼濒暮气,忍就骈诛。公民等志在澄清,不惜奋椎一击,群贤意图改革,何妨卷甲齐来。直川粤湘滇旅沪公民讨贼同志会袁澄、陆丹林等一百三十余人。

〔北洋政府京畿卫戍总司令部档案〕

36 川军旅长王陵基关于江浙战争战局及四川形势致大总统等电

（1924年9月7日）

张梓芳兄惠鉴：乐密。请译转王秘书长兰亭先生代呈大总统钧鉴：江浙形势，陵基离京时，曾进谒总统，痛陈各方兵力之强弱，战事之胜负，及大局之利害。幸蒙采纳，并谕陵基到洛，详陈玉帅，斟酌进行。到洛，即以所陈于总统者，言之玉帅，谈论未久，玉帅称疾，未得要领。陵基因甫澄督办，迭电催返，遂于昨日来汉。据此间所得战场消息，苏军失利，已无可讳言，是陵基事前愚，已不幸而偶中。但江苏一隅，一时之失，尚不足忧。所虑者，因浙军之得利，东北与西南之形势，竟生变化耳。顷闻窜居黔边之熊、但，与湘赵已有秘密联络，专待时局转移，即乘机扰鄂。彼等原有政学系之关系。又李烈钧已闻有推为北伐总司令之说。似此情形，西南问题，今非昔比。东北因奉方之牵，吴、王、冯三使，不能分兵南顾。今苏军已稍稍退却，若再无善策，设南京更有意外，熊、赵等必不能再待。四川方面，尚有称未安之军，与素与合肥有密切关系之某督办，若皆乘乱崛起，大局不可收拾矣。惟四川一隅，情形虽复杂，但甫澄督办及子惠督理，均深明大义，尊重统一者。所部又皆精锐，即有不戢野心之徒，欲乘机作乱，若总统能二人腹心，委以专责，陵基敢力保其必能为大总统保全。熊、赵等果有异谋，亦必能出兵制止。至陵基个人，素受知遇，感恩图报，已非一日，万一总统有所使命，虽赴汤蹈火，亦所不辞。区区之忱，敬祈鉴察。赐电请交汉口福昌旅馆，旅长王陵基叩。虞。再陈者，陵基承总统赐给澄密本一，惟此电所陈关系军事秘密，特请王秘书长转呈，较为妥密，谨更陈明。王陵基再叩。

〔北洋政府大总统府档案〕

37 吴佩孚转齐燮元请速发联衔讨伐卢永祥何丰林致陆锦密电

（1924年9月8日）

北京公府秘书厅、军事处陆处长鉴：永密。顷接齐使虞电开：逆焰披猖，联衔讨卢、何之电，即请主持速发。广德方面，已电嘱皖军王旅，严加防范。马旅长已来宁，鄂军张旅仍请催令速来，敌势鸱张，于相机抵御之中，仍当遵明示方略，兼取守势，以待闽赣会师协攻荡寇等语。特抄奉达。乞转陈主座睿察为荷。吴佩孚齐。印。

〔北洋政府大总统府档案〕

38 杜锡圭指责卢永祥策动海筹永绩两舰独立通电

（1924年9月8日）

大总统钧鉴：参众两院、各部院、各省巡阅使、检阅使、督办、督军、督理、总司令、省长、护军使、都统、镇守使、师长、旅长、各法团、各报馆钧鉴：叛督卢永祥，违抗中央，盘踞两浙，营私植党，伤化虐民，首倡废督之声，自尊为督，迭发裁兵之电，私更增兵；藉开办西湖博览会之名，擅加盐税；藉整理各县征收费之款，勒种烟苗；盘剥民脂，饱肥私囊，扩张军备，侵占邻疆。中央悉予优容，各省亦皆隐忍。乃该叛督不知自悔，日益嚣张。我海军驻防江浙，对于两省地方，素负保卫之责，从无歧视之心，不意上年四月间，驻青岛海筹、永绩两舰，被该叛督贿惑从恿，开沪独立。海军纲纪，因以陵迟。近者又复勾引臧杨溃兵入浙，予以防地，给以饷糈，队伍特为改编，军火助其充足，破坏公约，构乱称兵，若再不除，国无宁日。自应一致声讨，以剪凶顽。我军在沪各舰艇员兵，不乏深明大义之人，尚望分明顺逆，拨队来归，自当予以自新，宽其既往，其有冥顽不灵，罔知忏悔者，惟有一并铲除，以肃军纪。临电掬诚，伏乞垂鉴。杜锡圭叩。庚。印。

〔北洋政府内务部档案〕

39 吴佩孚关于江浙战争爆发后加派鄂鲁等省军赴苏援助等情与总统府军事处往来密电

（1924年9月8日—11日）

(1) 吴佩孚致大总统密电（9月8日）

特急。北京大总统钧鉴：元密。阳电敬悉。卢永祥叛迹照然，佩通电声讨，抽调军队，积极援苏，以电鄂、鲁两省，再行各出一旅。豫省再出一团，星夜驰往，当于阳日电请在案。现马旅已到昆山，刘旅陈团，计日约可到达。前线顷据杜司令报告：双方当无胜负，并以奉闻。谨此电复。伏乞钧鉴。佩孚叩。齐。印。

〔北洋政府大总统府档案〕

(2) 军事处给吴佩孚密电（9月10日）

急。洛阳吴巡阅使鉴：元密。顷接山东郑督理有电开：奉吴巡阅使遇电内开：苏浙战事已开，奉主座谕：加派军队应援，请由尊处加派一旅，克日赴苏，以厚兵力等因。遵即电饬潘旅长鸿钧，迅速集合全部，克日开拨赴苏。惟枪炮子弹，颇形缺乏，各处军队，剿匪消耗甚多，现尚纷纷请领。此次潘旅长出发，并填防徐属，军队携带，尤须充足，库存原属无多，厂中因经费拮据，每月所造无几，拟请接济七九枪子一百万粒，六五枪子五十万粒，七五山炮子母弹一千粒，以备急需。至款项一层，实为拈窘，敝署毫无存余，所有开拨移防等费，财厅筹措维艰，因之举动稽延，不能即时应命。嗣后再有发生用款情事，更属不易。拟请暂为先行接济现洋二十万元，以济急需，而备应用。如蒙府允，祈先赐复，以便派员往领等语。查中央库绌万分，子弹尤形缺乏，郑督所请，为数甚巨，实属无法办理。

体察各省情形，似较中央易于设法，特电抄闻，敬希转电。郑督理于山东省内，竭力筹凑子弹，并电熊省长速筹现款，以应急需，至为盼祷。军事处。蒸酉。印。

（3）吴佩孚致王毓芝等密电（9月11日）

北京公府王秘书长、陆处长、昆山同鉴：怡密。顷接重【庆】张旅长元明蒸电称：灰电谅达均览。惟以苏事待援孔亟，职迭次与各轮交涉，以期迅速，而赴事机。刻已与新蜀通轮交涉妥协，所有职部在渝部队，计于真寅可同睿蜀一并输运至宜，谨此电禀等语。特据奉闻。并请兰亭秘书长，绣山处长转呈主座钧鉴为祷。吴佩孚。真。印。

〔北洋政府大总统府档案〕

40 吴佩孚关于海陆军在浏河一带与浙军作战情形致陆锦等密电

（1924年9月8日）

（1）9月8日致陆锦等密电

北京军事处陆处长、南昌蔡督理并速转孙督办、浦城转福州周督理鉴：巡密。顷接杜总司令阳电云：日来两方前线激战甚烈，尚无胜负。海军舰队在浏河一带作战，联合陆军进行，叛舰三艘，藉炮台为护符，均泊淞口，离我军约仅五十华里。谨闻等语。敬请绣山处长转呈主座钧察为祷。吴佩孚。庚。印。

（2）9月8日致王毓芝等密电

急。北京公府王秘书长、陆处长鉴：永密。顷接蔡督理虞亥电称：顷据驻宁于参议鱼电称：顷由职署探得战报：（一）我海军舰已集中浏河镇附近，歌日午后，浏河镇之敌，经我陆海军协力攻击，敌始顽强抵抗，被我军击毙甚多，其势不支，纷纷溃散。该镇遂被我军完全占领。(二)我军步兵两营由全家桥渡河包围敌之右侧，敌势不支，陆续窜去。至黄渡镇之敌，经我军猛烈击之，已现动摇之势，我军乘机猛进，遂占据该镇大河西岸等情。除电复续查速报，藉资考证，并转各将领外，特转奉闻等语。特抄奉达。乞转陈主座睿察为何。吴佩孚。庚二。印。

〔北洋政府大总统府档案〕

41 关于直系将领及其有关各省区督军等声讨卢永祥电

(1924年9月8日—24日)

(1) 热察绥巡阅使王怀庆等电(9月8日)

大总统钧鉴：国务院、参议院、众议院、各部院、冯检阅使、洛阳吴巡阅使、南京齐巡阅使、武昌萧巡阅使、天津王巡阅副使、各省督军、督理、省长、各总司令、各师旅长、各镇守使鉴：民国肇造，变乱相寻，海内苍生，望治如岁。迩者川滇渐定，粤桂粗安，方期寰宇澄清，与民休息。乃卢永祥，僭据浙滨，猖披沪渎，梗长江之孔道，为统一之荆桔。国家爱惜和平，几加孕育，冀其心存悔祸，共济时艰。不料犷性难驯，狼心思逞，收容叛卒，侵掠江淮。近且通电宣言，侮辱元首，称兵犯顺，逆施倒行，阅者眦裂，闻者发指，义愤填膺，奚能缄默，为揭罪状，敬告邦人。任免官吏，中央特权，疆吏服从，乃循政轨。卢永祥前攫浙督，虽奉明令而军务督办，任自何人，乃龙符虎节，僭拟钱镠，长颈鸟啄，自比勾践，夜郎自大，亘三四年。至于谬托众举，不知何所依据。盖前此去沪之时，擅将淞沪军使 ，自行委代，跋扈强梁，厥状已见，洎今发难，特其表现耳！其罪一。天灾通行，洪涛告祲，救危拯溺，犹惧不遑，浙江一省，幸少偏灾，休养生息，庶培元气，乃安民保境，恒有誓言，而自埋自搰，甘为戎首。又况和平公约，口血未干，臧杨窜入而如归，洛苏屡电而不省。弃信背盟，何以自解。迩者浙沪一路，荡析难居，流亡载途，骇汗〔骇〕相居，其交战期间之死，锋镝遭涂炭者，尚难逆计，报章腾载，怵目痛心，而自称浙民所推戴者，乃悍然视之而不顾。但遑封豕之贪，不计哀鸿之惨，名曰保民，实则殃之。其罪二。总统选举，载在宪典，受国民付托之重，即为全国信仰之人。前此两院议员，组织选会，入场投票，万目睽睽，既已依法膺选，正式受任，友邦致贺，庶民景从，讵容退有后言，忽生异议。乃卢永祥妄逞私臆，肆口诋諆，混淆黑白，荧惑观听，既干犯上作乱之咎，并负违宪祸国之愆。其罪三。烈士不背本以希荣，良友宁捐躯以报德。是以立身则义，谋国则忠。今大总统当统制三镇之时，卢永祥实为协统，训迪提携久，居卵翼久，羽毛丰满，甫可高飞，牙爪申张，竟思反噬。苏峻殁阳之守，便背荆州，怀玉代将以还，思逐希逸，旧年僚属，一旦寇仇，宁独何人，讵忍出此。夫向之以恩谊相结者，犹且背之，今之以利害猝合者，又何恤焉。其罪四。夫窃名割据则不直，残民黩武则不仁，干名犯分则不法，以怨报德则不义。虽大总统大度包容，未加呵斥。然如此而犹曲为隐忍，遂事含宏，恐国家之纲纪荡然，人民永无安席之日。伏乞大总统大张达伐，力遏凶锋。凡我同胞将士，服役军人，自应共举义旗，聿申天讨，助顺攻逆，谅有同情。露布以闻，伏惟鉴察。王怀庆、张锡元、马福祥、米振标。齐。印。

〔北洋政府内务部档案〕

(2) 豫督张福来通电（9月8日）

大总统、国务总理钧鉴：参众两院、各部总次长、王巡阅使、冯检阅使、聂统领、薛警察总监、洛阳吴巡阅使、南京齐巡阅使、武昌肖巡阅使、天津王巡阅副使、各省区督军、督理、督办、省长、都统、护军使、镇守使、各司令、师旅长、省议会、各法团、各报馆钧鉴：恭奉大总统阳日电令，浙省叛督卢永祥反抗中央，纠合何丰林，擅发逆众，攻击苏防，著由齐燮元相机剿办各等因。奉此。窃查卢逆永祥，厕身戎行，未闻建树，幸遭际遇，得领疆圻。应如何绝对服从，以报国家豢养之恩。而乃心怀叵测，盗窃主人，阳假自主之名，阴行割据之实。强劫民意，拥众称雄。否认中央，别树旗帜。其背叛国家之罪状，久已完全成立。我大总统以人民生命为重，不忍遽予征诛，曲示优容，冀其觉悟。讵被罔识宽厚，日益恣睢，行动自由，肆无忌惮，越境而窃踞淞沪，以遂其鲸吞蚕食之阴谋。开门而擅纳臧杨，实行其结党营私之诡计。甘为戎首，弄兵潢池。沪上为外人麇集之区，虽糜烂而不顾。苏浙为全国精华所萃，虽破坏而不辞。推其用心，若惟恐国亡之不速者，倒行逆施，至于此极。近更肆其簧鼓，通电各方，颠倒是非，诬蔑政府，此全国军民所为疾首痛心，而欲灭此朝食者也。伏念犯上作乱，邦有常刑，祸国殃民，罪在不赦。若罪状既已昭着，而犹任其法外逍遥，则中央徒拥空名，法律几同虚设，养奸长乱，贻害何穷。福来忝领兵符，靖乱有责，同仇敌忾，敢卸仔肩。谨当整领戎行，枕戈待命，发纵指示，跂候教言，专电奉布，伏维亮察。张福来叩。庚。印。

(3) 鄂督肖耀南通电(9月8日)

参众两院、国务院、各部院、王巡阅使、冯检阅使、聂统领、薛总监、洛阳吴巡阅使、南京齐巡阅使、天津王巡阅副使、各省区督军、督理、督办、省长、都统、护军使、镇守使、各司令、师旅长、省议会、各法团、各报馆钧鉴：恭奉大总统阳日命令，浙省叛督卢永祥，反抗中央，纠同何丰林擅发逆众，攻击苏防，著由齐燮元督率部队，相机剿办各等因。奉此。溯自法统重光，望治喁喁，期成统一。乃叛督卢永祥窃据一隅，倡言自治，反抗中央，显违法统。不效武肃之识时，窃敢夜郎之自大。今复逆谋昭著，向苏进兵，不惜以湖山锦绣之区，为黩武穷兵之地。衅自彼开，罪无可逭。凡我袍泽，均宜视为公敌，一致申讨，敌忾同仇，义无反顾。行见旌旗所指，迅扫搀枪，歼此渠魁，以伸国法。特此电达，伫候明察。萧耀南。庚。印。

(4) 陕北镇守使井岳秀通电(9月8日)

顾总理、陆总长、吴总长、程总长、李总长、张总长、颜总长、冯检阅使、王巡阅使、洛阳吴巡阅使、武昌萧巡阅使、南京齐巡阅使、天津王巡阅副使、闽南孙督办、济南郑督理、熊省长、河南张督理、李省长、西安刘督军、太原阎督军、兰州陆督军、安庆马督理、南昌蔡督理、福州周督理、萨省长、成都杨督理、邓省长、迪化扬督军钧鉴:北京参众两院、各区都统、各镇守使、各师旅长、北京益世报转各报馆钧鉴:窃思今日时局,欲谋统一,必正人心,欲正人心,必抑桀骜。盖桀骜者,患深似海,恶滔于天,妄贪权利,罔顾安危,以破坏为乐观,视建设若仇敌。譬溃疽之腐,非去则良肉不生;害苗之虫,非除则嘉禾不长。若优容奸,险心莫晉。承平我大总统量包四海,恩惠群黎,非万不得已,决不用兵。非顽不可化,决不加惩。盖频年兵燹不息,诸事邱墟,同属炎裔,何能自残骨肉,故垂拯以来,对于朝野,皆以至诚相感,腹心相推,以为人孰无知,或不难化干戈为和平,变相视为帖耳者。乃上愈退让,下愈竞争,上愈怀柔,下愈跋扈。不谅海涵之恩,竟谓国家可侮。是让之适以长其恶,怀之适以益其骄也。此等败类不去,奚为是知猛为宽济,兵继德穷,有苗可格,则羽干能化,蚩尤横暴,非用武无功。遇恩德莫感之辈,桀骜不驯之徒,即请总统明令去除,必能见悦人民,获谅中外。岳秀言此,非敢故意耸动,亦不敢黩武嘉兵,惟觉今日人心,恐非专恃宽大可能感孚也。如卢永祥事空言爱民,实行祸国,妄自独立,不谋和平,夜郎自大,非马非驴。而我总统犹大度包涵,不接诛责,使居位如故,拥兵如故,曲予矜全,冀知改悔。往之如斯,实同覆载。卢逆受此,当思图报,以酬殊恩,革面洗心,取销自主,尽忠竭力,拥戴中央,方不愧识皂白之士,去血性之人,世顽梗莫化,野性不消,暗联党群,欲逞阴谋,勾结奥援,时思蠢动,扩军队以张势力,购武器而充凶锋,种种行为,无非捣乱成性,司马昭之心,路人皆知。独夫受之,为调人可讨也。尤难宥者,在擅收臧、杨,臧、杨世〔乃〕跳梁小丑，败残游魂，正宜删刈，使蔓草莫滋，安可容留，使死灰复燃，即允其投诚，当禀承政府，何得不请训示，妄为收编，谂系目无中央，胸怀不轨，不法若此，非叛何为。报载吴帅累电解散，而藐抗不遵，始而擅收固已，当恋继而蜂抗，更属难除。此而不剪，国法胡申。岳秀特请诸帅，上体总统求全不得之廑衷，下怀神州不堪久糜之慈念。公电中央，声罪致讨，同心协力，诛暴锄奸，庶元凶殄，而庶孳消，锋镝尽而河山一转危为安，诚在此举。岳秀不敏，愿率所部，先效驰驱，原知爰爝火，莫益光明，而本诸热诚，或蒙谅许，则岳秀主战非扰民，实为黎庶祈福，敢请袍泽同仇，倘有助纣为虐者，是为国家之公敌，当亦诸帅所不容也。想诸帅去恶，早具决心，兹布微衷，必获一致，肃此电闻。统希垂鉴。陕北镇守使井岳秀叩。霁。印。

(5) 皖督马联甲通电(9月9日)

大总统、国务院总理钧鉴：参众两院、各部总长、冯检阅使、王巡阅使、聂统领、薛总监、洛阳吴巡阅使、南京齐巡阅使、武昌萧巡阅使、天津王巡阅副使、各省督军、督理、督办、省长、都统、镇守使、各司令、师旅长、省议会、各法团、各报馆钧鉴：恭读大总统阳日电令，叛督卢永祥纠同何丰林，首先破坏治安，违背全国。宜护和平宗旨，擅发逆众，攻击苏防。本大总统为戢暴安良起见，实难听其侜幻，徒若吾民，著由齐燮元督率部队，相机督剿等因。闻命之下，愤恨莫名。窃查卢永祥据有浙疆，于兹六载，平日矫同立异，自命不凡。迹其行为，无一而非，狡黠卑鄙，非浙人而冒充浙籍。借废督而权其督军，睥睨自豪，全不知人间有信义廉耻之事。而尤以反对和平，反对统一，反对中央，节罪恶之冠，腥闻秽德，遐迩羞称。我大总统轸念民艰，未忍遽张达伐，不谓幸邀宽典，遽肆逆谋，其江日通电，不惟毁谤中央，违反民志，凡我袍泽，无不视等仇雠，国体何存，国法安在，此而可忍，孰不可忍。皖浙连壤，利害较他省尤深。去冬既嗾使其第十师参谋长周良材谋攻蚌埠，今春复遣皖省通辑之乱党王亚樵谋袭广德，充其用心，非糜烂全皖地方，蹂躏全皖人民，不止不知何仇于皖人，何仇于联甲？而必欲肆其狼狈，鲸吞之志。联甲所以隐忍不载，无非尊重和平，今则逆迹昭彰，公然犯顺，和约之信誓不守，疆界之侵陵可虞，为皖浙人民所不容，中外人心所共弃。联甲惟有督率部伍，追随齐巡阅使之后，杀敌致果，以期遏此狂寇，还我和平，谨布区区，伏维鉴察。马联甲叩。佳。印。

(6) 甘督陆洪涛电(9月9日)

大总统、国务院钧鉴：各部、各衙门、冯检阅使、王巡阅使、洛阳吴巡阅使、天津王巡阅副使、南京齐巡阅使、武昌萧巡阅使、各省督办、督军、督理、省长、各区都统钧鉴：顷读大总统阳日明令，卢永祥叛抗中央，攻击苏防，颁令讨伐等因。查卢永祥假借名义，背叛中央，早为国人共弃。我大总统以和平为职志，大度涵容，实具爱护人民之苦心。乃卢永祥窃踞自雄，竟敢收容叛军，甚复袭攻苏境，破坏公约，扰害治安，是为人民之公敌，断非国法所能容。洪涛治军谆上，谊切同仇，谨率汉回各镇官兵，摩厉以须，祗候明令。肃电布臆，即乞垂察。陆洪涛叩。佳。印。

(7) 海军将领温树德电(9月10日)

大总统、国务总理、海军总长钧鉴：各部总次长、王巡阅使、冯检阅使、聂统领、薛总监、洛阳吴巡阅使、南京齐巡阅使、杜总司令、武昌萧巡阅使、天津王副使、济南郑督理、熊省长、孙师长、青岛高督办、各省督军、督理、省长、各师旅长、海军各司令、全国各法团、各报馆钧鉴：吴巡帅阳电、齐巡帅豪电，均已敬悉。溯自国会恢复，宪典告成，凡有血气之俦，莫不喁喁望治。卢永祥分属国民，职任封疆，宜如何顺从民意，共谋和平，乃敢僭窃自为，独树异帜，政府曲予优容，未遽加以显戮，稍有天良，宁不悔悟。今竟包藏祸心，收容臧杨，破坏和平公约，称兵侵犯苏境，罪大恶极，举国痛恨。窃查当其会办江苏军务护军淞沪之时，暴戾自恣，已可概见。既获任浙督，擅委何丰林代理淞沪护军使，不将军队随调赴浙，反令何踞苏境。及北方战起，诱惑闽师臧致平，扰乱邻省，嗣臧为李督斥罢，又嗾臧攻李，以致许崇智之援闽，孙中山之乱粤，谭延闿之祸湘，卢永祥实为厉阶。更张密遣乱党，图劫海圻，始纳绿林，肆扰苏皖，种种阴谋，行同盗贼。综其祸国罪状，实属擢发难数。方今国步多艰，天灾流行，百姓疮痍，万民涂炭，正宜戢戈解甲，息事宁人，谋国家之统一，图人民之福利。而卢永祥不此之图，竟无故兴兵，谋危大局，罪恶昭着，叛逆已成，天地不容，神人共愤。我大总统既经明令申讨，吴齐两巡帅并已出师协击，树德不才，愿执鞭以随其后，秣马厉兵，灭此朝食，明正典刑，用申国法，披沥陈词，希共图之。温树德叩。蒸。印。

(8) 苏督齐燮元电(9月10日)

大总统钧鉴：国务院、各部院、洛阳吴巡阅使、武昌萧巡阅使、北京王巡阅使、冯检阅使、天津王巡阅副使、各省督军、各督理、各都统、各督办、各总司令、各护军使、各镇守使、各师旅长钧鉴：九月七日恭奉大总统令，以卢永祥、何丰林等，罪大恶极，均褫夺官勋，相机剿办等因。燮元分属军人，惟知爱国，叛国之贼，即我仇雠。今卢永祥、何丰林等犯上作乱，祸国殃民，公然谣乱使团，冀以颠复政府，究其狂悖之无状，实为高厚所不容。越界称兵，犹其余罪。燮元平日不能除扰禁暴，弭患未然，致使逆党负嵎跋扈，上渎明威，愧愤填膺，莫可言喻，恭承明命，誓剪穷凶，申儆师徒，喻以大义，靡不奋呼慷慨，勇气无前，冒镝冲锋，获丑甚众，海内戎行同志，既蒙仗义执言，当能同仇敌忾，共歼国瘼，肃致天诛，扶整纪纲，布昭神武，军队所经，恪遵训谕；对于中外商民，认真保护，无犯秋毫，以副我大总统除暴安良之至意，披沥直陈，无任迫切激昂之至。齐燮元叩。燕。印。

(9) 直督王承斌电(9月11日)

急。大总统钧鉴：参众两院、国务院、各部院、洛阳吴巡阅使、北京冯检阅使、王巡阅使、南京齐巡阅使、武昌萧巡阅使、各省督军、督理、督办、都统、省长、总司令、师旅长、镇守使钧鉴：顷阅卢永祥江日通电，背叛民国，凡有人心，同深愤慨，吾国自共和成立，祸变频仍，海宇沸腾，岁无宁日，自国会复集，法统重光，合参众两院议员，依法选举总统，而所谓国立根本大法，亦既同时公布，积年扰攘之政变，至此始见转机。识时者所由，想望太平，愿合群力，而促成统一。况自江浙士绅，签订和平公约，信誓昭着，本应终始不渝。孰意墨渖犹新，即思背约，招亡纳叛，收容臧杨，以国家完善之区，为凶恶逋逃之薮。背国民望治之意，蓄干戈破坏之谋，反复无常，罔顾信义，甚至对一国元首，任意诋諆。既为人民之公敌，自为国法所不容。凡我袍泽，应遵奉政府明令，共整义师，一致讨伐，以期速平祸乱，披沥陈词。惟希鉴察。王承斌。真。印。

(10) 鲁督郑士琦电(9月12日)

大总统、国务院钧鉴：参众两院、各部总长、冯检阅使、王巡阅使、洛阳吴巡阅使、南京齐巡阅使、武昌萧巡阅使、天津王副使、各省区督军、督理、督办、省长、各总司令、各师旅长、各镇守使、承德、归化、张北都统钧鉴：卢永祥背叛中央，甘为戎首，糜烂江浙，涂炭人民，祸变之来，殊出意外，充全蓄谋，不惟绝望统一，且不知陷国家于何等危险，似此不畏国法，不顾地方，不恤外交，但期有利于己，虽山陬海澨，游魂息命之雄，溃败流离，蚁聚乌合之党，皆不耻引为同调，奉若尊亲，而反于依法当选之元首，与共患难之同胞，视为仇敌，倒戈相向，悖逆至此，真所谓自布肺肠，俾民率正者，知全国血气之伦，闻之莫不发指，连日通电声讨者，已有数省，山东为卢永祥父母之邦，乃竟有此狂悖。谨通电全国，共举义师，庶成早日平定之勋，而慰举国和平之望。临电愤激，惟希鉴察。郑士琦，熊炳琦。文。印。

(11) 闽赣联军总司令孙传芳通电(9月13日)

大总统、国务院钧鉴：各部院、各衙门、冯检阅使、王巡阅使、洛阳吴巡帅、南京齐巡帅、杜总司令、武昌萧巡帅、天津王副帅、南昌蔡督理、安庆马督理、各省督军、督理、省长、各护军使、镇守使、各师旅长、各法团、上海、北京、天津、汉口及各报馆钧鉴：顷由电局检获卢永祥拍至京内外各外交团江电一件，措词背谬，不惟侮辱元首，背叛国家，且公然向外交团乞怜，损失国体，厥罪尤不可逭。传芳为国讨逆，益属义不容辞。除督率联军迅扫逆氛外，用将卢氏倒行逆施之罪状，通电宣布，尚祈诸公一致声讨，以彰邪正，而纳国运，并盼惠教为荷。闽赣联军总司令孙传芳叩。元。印。

(12) 京兆尹刘梦庚电(9月13日)

北京大总统钧鉴：国务总理、各部总长、参众两院、王巡阅使、冯检阅使、步军统领、京师警察总监、洛阳吴巡阅使、南京齐巡阅使、武昌萧巡阅使、天津王巡阅副使、各省督理、督军、省长钧鉴：查叛督卢永祥者，于前清时代，身充第三镇协统，隶今大总统部下。于民国元年，分师太原，阴谋自统一军，始离三镇。为其不善治兵，扰害地面，而有铁像之铸。总统念在旧谊，曲示优异，年来兵乱相寻，举国望治，我大总统依法就职，秉和平之初衷，作统一之先声，南北行省，望风景从。卢氏旧日属僚，竟忘根本，收容叛逆，反抗中央，昔荷培成，今图反噬。综其所行所为，无非自私自利，西南护法，伊原赞同。鱼电废督，彼亦响应。而乃法统重光，复以金钱破坏，黄陂就职，命令竟又弗遵。反复无常，前矛后盾，似此国蠹，早应剿除。吴齐两帅，深识养痈之患，起为破痈之图，揭示穷凶，声请致讨。我大总统秉乾行健，明令立颁，虽看荆棘载途，行见太平有日。人心所在，殄灭克期。观旌旂所指之乡，即叛逆归命之地。梦庚职膺民政，念切国家，率首善以从风，除元憝而有愿，共申天讨，以靖地方。具按愚忱，统维亮察。京兆尹刘梦庚叩。元。印。

(13) 刘湘袁祖铭等电(9月14日)

大总统、参众两院、国务院、各部院、吴巡阅使、王巡阅使、冯检阅使、聂统领、薛总监、齐巡阅使、王巡阅副使、各省(除西南各省及东北三省)督军、督办、督理省长、都统、帮办、护军使、镇守使、各司令、师旅长、省议会钧鉴：顷读卢永祥江日通电，悖法乱纪，旨戾词乖。以自处爱护和平之人，实甘作破坏国家之举。值兹国宪初定，法统重光，正生民望治之秋，及土宇澄清之会，卢氏不谋效命中央，以巩固统一之合法，政府奠邦国于长治久安，竟逆施倒行，招亡纳叛，逞贪残割据野心，陷地方于兵凶火劫，谁非国人，而自居戎首，同为兄弟，乃视等敌仇，嗟我锦绣璀璨之河山，将随锋镝搀枪以俱毁，以彼阴谋僭窃之奸憝，投诸豹虎，北昊有余。幸我大总统，各巡帅，暨已盟诸载书，大张伐讨，庶几罚彼刻罪，同警叛逆之心，义有死殉，以竭趋向之路。湘等忝领疆圻，责在卫国，但知服从中央，赞助统一，有反此而誓不与存诸公奖善疾恶，景仰夙殷，尚望一致声讨，公锄奸囚，国家人民，胥深利赖。枕戈陈词，伏候明教。刘湘、刘存厚、袁祖铭、邓锡候、杨森叩。愿。印。

(14)洪兆麟电(9月19日)

曹大总统睿鉴：国务院、各部总长、洛阳吴巡阅使、南京齐巡阅使、武昌萧巡阅使钧鉴：北京冯检阅使、参众两院、南京杜总司令、天津王督理、青岛温司令、安庆马督理、济南郑督理、福州周督理、南昌蔡督理、延平探投孙总司令、成都杨督理、邓省长、重庆刘督办甫澄、袁总司令、长沙赵省长、方总司令、林总指挥、惠州叶总指挥勋鉴：民五以还，举国俶扰，元气凋残。本年入夏以来。南北各自奇灾迭见，哀鸿遍地，河山变迁。凡我军人，应如何牺牲意气之争，力挽弥天之劫。况自宪法颁布，群伦望治，如待云霓，而国内政权，未能划一，或拥党魁，自树一帜，或假窃名义，踞地称雄。属在国军，专注全力，以防反己，裁兵既难，于实行财政，复无可整理，施行宪法，庸敢急求。乃者卢永祥督浙有年，拥此富庶之区，足资东南之有，而乃效称自主，容纳叛徒，近竟听信莠言，进攻苏境，地方固受蹂躏，南北复起纠纷，哀我孑遗，无复晨夕。麟等不敏滥厕戎行，为国驰驱，讵有党见。惟对此违反宪法，障碍统一之举，责有攸归，义无旁贷。爰率部曲，枕戈待命，平东海之波，原为扫荡神州，靖西浙之潮。窃愿共谋国是，挥泪陈词，伏候垂察。洪兆麟呈叩。皓。印。

(15)新疆督军杨增新电(9月24日)

大总统钧鉴：参众两院、国务院、各部院、各省巡阅使、督军、督理、省长、都统钧鉴：九月十七日奉大总统阳日电令，藉谂叛督卢永祥，背叛中央，称兵犯顺，袭击邻境，黩武歧民各情，披览之余，不胜发指。溯自民国成立，一十三载，祸乱寻侵，迄元宁岁。幸我大总统就职于世，蜩螗之日，诸君子后先翊赞，促成国会制定宪法，奠万年不拨之基，垂百世无疆之利，薄海人民以为从。兹海宇律清，兵戈永息矣。不谓卢永祥外受干城之寄，内怀首鼠之心，据浙六载，跋扈自雄，流毒三吴，诛求焰艺，甚且轻启衅端，甘作戎首。若不刻日剪除，大则贻国家分瓜剖豆之忧，小则启军阀抗命弄兵之渐，迁流所极，伊于胡底。增新受命督边，同仇敌忾，为国除暴，义不容辞。当率塞外健儿，以随诸公之后，敢布腹心，伏乞垂察。新疆省长兼督军杨增新。九月二十四日。

〔北洋政府内务部档案〕

42 江苏督署参谋处关于江浙两军在宜兴浏河与龙华等地战况报告

（1924年9月10日—11日）

（1） 9月10日报告

通报第六号

一、我右翼军：宜兴方面，于七日对敌开始攻击，随后迭次击追敌人，占据要隘，各部队均已大获胜利。九日下午六时，结合各路司令电报：此役战斗，异常激烈，当面之敌，均被我军击破。计我军第七十七团，击毙敌人三百余名，掳获枪式十余枝，俘虏敌兵数十名。我军第七十四团，击毙敌人一百余名，炮弹击毁敌之帐棚数十架。我军催团，击敌伤已五十余名，俘虏数名。我军第一师王团，在襄王岭、茗阳岭，对敌猛烈攻击，敌之阵地，已有动摇之象。

二、我沿江支队，自今日开始，攻击对面之敌。敌据阵地顽强抵抗，我军备勇直前，节节进逼，连得敌人防线数道，刻已迫近敌军右侧背攻击。

督署参谋处。蒸。

（2） 9月11日报告

通报第七号

一、九月十日，我方对黄渡镇前方阵地之敌攻击，大有进步，现已迫近至黄渡河边，故占优势。

二、九月十日，黄渡镇铁路南方，有敌军来袭，当被我军击退，敌人受创甚大。

三、浏河方面，我军与敌军正夹河对战，形势颇佳。

四、杨化昭在前线受伤甚重，抬回上海医治。

五、我海军舰队，八日在浏河口，对敌阵地炮击。九日日暮，突有敌舰一艘，乘黑夜上驶窥探。经我海军炮击，敌舰远逃。

六、我军右翼军宜兴方面，自八日下午四时至九日下午八时，与敌酣战，经一昼夜，击毙敌军第四师补充第一团营长杨树芝及团附一员，连排长五员，兵七十余名，击伤敌团长范徽扬一员，并伤敌兵甚多。俘虏敌兵七名，夺获团旗一面，机关枪一架，盒子炮一枝，新式步枪三十枝。

江苏督署参谋处。真。

(3) 9月11日报告

通报第八号

一、浏河镇、嘉定、黄渡一带之敌，被我军连日猛烈攻击，敌人损伤甚多，后方兵力用尽，已无增援。现被我军包围攻击中。

二、我右翼宜兴方面，由十一日上午五时，我军南山前方，发见敌军，我军高团当即进攻，六时三十分，奋勇攻占该山，同时攻占兰山嘴前方向村庄，现已进占大港以南向村庄一带。此役计毙敌军副官一名，连长二名，士兵约五十余名，俘虏敌之士兵四名，虏获自来得手枪九枝，三八式步枪十枝，马枪一枝，步枪子弹一万四千粒，机关枪子弹带一条。又我军安营，俘虏敌军营旗四面，机关枪子弹五百粒，弹带三条，自来得手枪二枝，三八式步枪四枝，七生的五炮弹七十颗。

三、我军茗阳岭方面，十日晚敌军约七八百人，炮三门，机关枪四架，分三路冒雨来袭。我军备勇进攻，先将中路之敌击退。十一日拂晓战，延至上午六时，复将左右两侧强袭之敌击退，敌死伤甚多，现向下罗界附近退却。

督署参谋处。文

敬陈者：顷奉齐帅昆山来电文曰：真电悉。自支日开战以来，所有战况及全线经过情形，已于佳日电告。日内因连阴，我军仍在现阵地，与敌夹河相持。敌所占浏河、嘉定、黄渡各据点，虽每夜施行假逆袭，但始终均被我军压迫，未敢离其战沟一步。三日来，仍无变化，敌人死伤甚多。炮弹缺乏，后方亦极空虚。其主力本用于长兴、湖州方面，因我主攻猛烈，策应不及，刻亦大部调集于淞沪方面南翔、罗店、青浦，并有第二线阵地，惟庚佳两日，我右翼军反守为攻，奋勇冒危，已将敌击退至南山香山一带。迭次击毙敌团、营长各一员，团付一员，连排长十余员，士兵数百，夺战利品甚夥。皖军亦已节次前进。至浏河、青浦方面，情况如故。沿江一带，经我左翼军连日猛攻，曾突进数次，敌军伤亡尤多，海军在此方游弋，已将敌舰逐回。据沪报卢逆等白昼驻龙华，夜匿法界。臧逆致平在前线受伤甚重，有于庚日，在中红十会病院陨命之说。目下沪上商场，因卢逆顽强抵抗，延长战事，断绝交通，为损失过大，舆论反对甚激云。特此电告。齐燮元。文。

〔北洋政府陆军部档案〕

43 陈乐山拒受曹锟政府委任淞沪护军使并统帅第二军攻取宜兴通电

（1924年9月11日）

各报馆钧鉴：曹逆贿选，僭窃北京，秽德彰闻，普天同愤。乃复师袭奸雄之故智，阳示和平，阴相挑拨，授意强藩，唆使其互相残杀，已则坐收渔人之利，所谓司马昭之心，路人皆知之也。岂念国势阽危，民生凋敝，干戈纷起，四境驿骚。我浙沪联军总司令为保境安民起见，出师应敌，大义昭然。乃本月七日报载北京伪政府内阁特议，有以乐山为淞沪护军使之说，虽未征诸事实，然必有人怂恿伪政府，颁此乱命。以为虽间之谋，迹近滑稽，侜张为幻。乐山奉卢总司令之命，统帅第二军，直取宜、常，会师金陵。现在兵薄宜城，所向克效。江苏敌军，或不战而响风慕义，或交绥而辙乱旗靡，人心如此，天意可知。矧乐山束发受书，粗知大义，历史英雄成事，岂有利用人之部属而谋其主将，此种伎俩，只可施之于反复无耻之小人，乃不择人而施之，徒见其心劳日拙而已。呜呼！人心已死，国将不国，伪政府不知悛悔，独出此卑劣手段，以奖反侧之徒，岂欲举四万万人之人格天良，悉举而湮没之，然后为快耶。磬盾书此，热泪填眶，薄海贤豪，敬希共鉴。传檄中外，咸使闻知。第二军总司令陈乐山。真。

〔北洋政府京畿卫戍总司令部档案〕

44 张福来等关于攻克昆山湖州等地战况电

（1924年9月13日—23日）

（1）豫督张福来致陆锦密电（9月13日）

北京大总统府军事处陆处长勋鉴：新密。据副官刘志清真电称：九日到浦，与马旅长星桥接洽，十日仍〔乃〕抵昆山，郭团已至嘉定、太仓一带，扶助第六师作战两昼夜，敌军炮火猛烈，我团一营长稍受微□〔伤〕，伤兵十余名。李团于十日夜，由昆山开拨安亭、太仓一带为预备队。据本日总部通报右翼战况：（一）白师自昨午后四时至今早八时与敌接触，李哨官兵备勇，击毙敌军营长以下八十余员，伤兵无算，俘七名，夺团旗一面，步枪盒枪三十余支。并白师在抗□山、襄王山附近，先后击毙敌三十余名，敌势不支，退回白岗。（二）据探确报，南翔东方电捍电话，鱼夜被我工程队破坏多处。（三）嘉定、南翔、浏河之敌军，炮弹缺乏，华界警察欲暗中纠集千人助战，为徐故厅长报仇。（四）松江到有败兵四五百名、炮二尊、机枪三架，由青浦被我第三旅击败者。（五）敌除死伤，现余有两混成旅，炮弹缺乏，后方空虚，敌军左臂均缠蓝色布一条，中缀有白包大极图一个。又海军陆战队，在太仓方面，约有一团兵力，联络我军，一二日内决可加入战线。余容续报等情。特电奉闻。督理张福来叩。元。印。

〔北洋政府大总统府档案〕

（2）皖督马联甲致曹锟等电（9月23日）

大总统钧鉴：国务院、公府王秘书长、军事处陆处长暨各部院、吴巡帅、冯检阅使、王巡帅、天津王巡阅副使、武昌萧巡帅、衢州探送孙巡帅、南昌蔡督理、福州周督理、济南郑督理、开封张督理、李省长、下关杜总司令钧鉴：顷据广德王司长普漾电称：前派贾支队向湖州方面追去，业经电禀。兹据该支队长报称：已于养日下午五时占领湖州，敌人向嘉兴方面纷纷分窜等语。除饬该支队约派一部前往搜索外。谨飞电禀闻。等语。谨电驰闻。马联甲叩。漾申。印。

〔北洋政府内务部档案〕

45 孙传芳就任讨逆南路总司令率军入浙攻占衢州等地通电

（1924年9月18日—20日）

（1）孙传芳通电（9月18日）

大总统钧鉴：国务院钧鉴：各部院、各衙门、冯检阅使、王巡阅使、洛阳吴巡帅、南京齐巡帅并杜总司令、武昌萧巡帅、天津王副帅、南昌蔡督理、安庆马督理、各省督军、督理、省长、各护军使、镇守使、各师旅长、各法团、上海、北京、汉口及各省报馆鉴：顷奉大总统电令、叛督卢永祥，聚集叛党，反抗中央，祸国殃民，罪不容诛，前已明令褫夺官勋，并免去本兼各职，由齐燮元督率部队，相机剿办在案。现据前方报告，该叛督持凶徒众，顽强抵抗，不惮糜烂地方，以图一逞，人心共愤，国法难容，亟应一致进行，共张挞伐。兹特派齐燮元为讨逆北路总司令，马联甲为副司令。孙传芳为讨逆南路总司令，蔡成勋、周阴人为副司令，两路进兵，前后夹击，以期近扫逆氛，早定大局，用副本大总统渴望统一，除暴靖氛之意。此令。等因。奉此。传芳遵于本日就职，并由衢州即日督师前进，以期迅扫逆氛，奠安大局，谨电奉闻。尚祈惠赐教言。同心匡济，无任企祷。孙传芳叩。啸。印。

(2) 孙传芳通电（9月18日）

大总统钧鉴：国务院钧鉴：各部院、各衙门、冯检阅使、王巡阅使、吴巡帅、齐巡帅、杜总司令、萧巡帅、王副帅、蔡督理、马督理、各省督军、督理、省长、各护军使、镇守使、各师旅长、各法团、沪浦津汉及各省各报馆鉴：本军入浙之宗旨，迭经通电声明，对于浙人，一本爱惜维护，绝无丝毫仇视之心，亦经专电浙中官绅袍泽，诚以本军所讨伐者，为破坏统一，收容之叛逆军之卢，卢逆而外，决不稍有牵连也。乃浙军第一师师长潘国纲者，以中央任命之师长，此次公然充逆军第三军军长，督饬所部旅长伍文渊等，在江常一带，坚固布防，与国军顽强抵抗，是其甘心助逆，背叛中央之罪，已属显然昭着，法难宽容。潘国纲因一己助逆，竟使江常各县，变为战区，毁坏田禾，砍伐森林，致数百里内之人民，大受惊恐，同时失生业，似此不顾大局，罔恤桑梓，糜烂地方，不惟为国家之叛徒，要亦浙人之公敌也。传芳讨逆兴师，难容叛逆。潘国纲既有背叛中央，糜烂地方之种种罪恶，除电请中央明命褫夺其官职，并通缉惩办外，用特通电宣布，以彰顺逆，兼平浙人公愤。孙传芳叩。巧。印。

〔北洋政府内务部档案〕

(3) 孙传芳通电（9月19日）

大总统钧鉴：国务院钧鉴：各部院、各衙门、冯检阅使、王巡阅使、吴巡帅、南京齐巡帅、杜总司令、武昌萧巡帅、天津王副帅、安庆马督理、南昌蔡督理、各省督军、督理、省长、各护军使、镇守使、各师旅长、各法团、上海、天津、汉口及各省各报馆钧鉴：我军铣日攻下江山，业经电陈，谅邀鉴及，传芳督饬所部于巧日攻衢县，敌人溃散，虏获管退山炮十余尊，枪枝子弹无算，仍饬队向龙游追击中，传芳本日午后三时，行抵衢城，拟箇日仍督率全部经严州，直趋杭州。谨先电陈，敬乞鉴察。孙传芳叩。皓。印。

〔北洋政府内务部档案〕

(4) 杨以来电(9月20日)

急。北京军事处、参谋部、陆军部、王巡帅、冯检阅使、洛阳吴巡帅、天津王副使、南京齐巡帅、武昌萧巡帅、济南郑督理、开封张督理、福州周督理、南宁林督理、承德米都统、张家口张都统、归化马都统、九江吴帮办、赣州方总司令、平乡岳镇守使钧鉴：窃以来等，自奉令进讨浙卢，即遵照孙总司令方略，区分三路，进取常山，以便会攻衢州，左路由庆昶担任，由曹城关、炎川镇、璞石市前进，攻常山敌军右翼。右路由铁来担任，由太阳桥绕攻敌军左翼。并与闽军确实联络，以来率赣军，并兼任中路指挥。另由本部编成一混成支队，警戒开化方面，以固我左翼，循玉常大道进攻。麟庆为总预备队，随同中路继进。当经分别将曹城关、西村、草凫口、草萍镇、白石街、大羊桥各处敌军驱逐占领之。各该处虽有敌军，多不过数百，初仍顽强抵抗，追经我军各路大军到达，猛烈攻击，敌即鼠窜而逃。铣日，我军向敌阵地施行总攻击，中路在草萍山一带，与敌激战，敌军凭险抵御，极难得手。当由我右路部队绕击敌军左翼，施行侧击，敌军伤亡甚众，力不能支，纷纷后退。我中路遂将草萍山完全占领。我左路由龙庭绕击敌之右翼，以期威逼常山。至是敌军第一二两层防线，均被我军突破，距常山仅十余里，各部所占地势，皆属居高临下，射界颇广。惟敌人步步设防，工事异常坚固，后方层次增兵，前扑后继，极为顽强，相持一日夜，至筱日拂晓，战斗益形激烈，敌军伤亡甚众，血肉相搏，战四小时，各部将地段预备队，悉行加入前线，我右路乃得占领牛头坞以东地区，左路遂将九郏以东各山头占领，并出骑兵绕敌之各翼，拼力侧击，旁〔敌〕遂向衢州溃退，我军将常山完全占领。于时筱日上午十一时也。此役敌军死伤数百名，夺获机枪两架，步枪百余架，辎重弹药无算。当由旅长庆昶率部为追击队，跟踪追击，步步胁威，使敌不能占领阵地。职使以来团长铁来补充后，即向前进，直至巧日上午八时，复于招贤镇浮河巽之线，与敌激战，敌军尽力抵御，战斗甚烈，两军互有伤亡，庆昶率部包围敌军右翼，敌军遂弃阵地，向衢城且战且退，追至天气已昏，职使以来当饬陈团循道续进，旅长麟庆奉令派孙跟进，旅长庆昶从左翼急切进追至衢城，猛袭敌军，激战二小时，敌向金华方面逃遁。遂将衢州完全占领。于时巧日下午九时也。因曾有伏兵，当于敌军退却方向，派遣警戒部队，并经遴派侦探，广行搜索，以期占领确实。此役夺获步枪数十枝，途中截获敌军枪枝子弹甚多，并拾得敌军遗弃辎重无算。闻地民云：尚有巨炮两尊，藏匿民间，刻正在跟查中。现以来整顿各部，暂行停止，敬待后令，即行进击，以期灭此朝食，而奠浙局。此攻克常衢战斗经过之情形也。正译发间，适又接到左翼唐支队长报称：职率队筱日黎明，抵华埠西南端五里许，与敌前进部队约一连余接触，当即猛力压迫，该敌退入后方，预构坚固阵地，尽力抵抗，敌之阵地，左依村镇，右据冈关，前方各路，悉行阻塞。我以一部，由正面佯攻，以主力向敌右翼，利用遮蔽，再四运动，约至午间，已达其侧方较高山巅，即行猛烈击射。我正面部队亦即奋勇进攻，战约二时之久，敌势不支，纷向开化道路窜逃，我支队遂于午后二时完全占领华埠。此役敌约五六百人之谱，系浙军第八团。毙敌排长二员，兵夫二十余名，俘十三名，获枪数十枝，子弹饼干十余箱。我军计伤连长一员，司务长一员，兵四名，夫死一名。随于三点向开化追击，敌于沿道夹窄处，拟施破坏，因我军尾至，不敢少停，直进至开化城下，敌复据城抵抗，我以炮火相敌，未久，敌复不支，即向遂安方向窜逃。支队遂于巧晨完全占领开化。除向遂安衢州各道不严秘警戒外，谨此禀闻等语。此攻克开化战斗经过之情形也。除已分报孙总司令、蔡督帅外，谨此电陈，伏乞垂鉴。再常衢电报梗断，通信机感困难，此电系专差由玉山电局拍发，可并附闻。闽赣联军第一军司令官杨以来、旅长王麟庆、张庆昶、团长张铁来同叩。勘。印。

〔北洋政府大总统府档案〕

46 江苏督署参谋处关于黄渡与嘉定浏河等地战况及卢永祥携箱笼趋沪的报告

（1924年9月20日）

9月20日报告

战报第十五号

（一）黄渡方面，十八日我军对敌阵地攻击，敌大部队，已现摇动，敌军投降，约有一营以上之数。（二）嘉定方面，十八日我军对敌攻击，敌势不支，向后退却，我军猛进约千米达，敌死伤甚多。（三）浏河方面，十七日夜大火，至十八日，火仍未熄。我军马师及第二第四旅，正与敌激战中。（四）同日早，我军飞机四架，航至敌阵上方，抛掷爆弹，毙敌极多。（五）据闽军吴连络员来电，我军十六日占领江山，夺获敌机关枪六架，枪支子弹及军用品甚夥。敌军张团长率全团官兵投城。（六）蔡督理来电，我军十六日与敌激战，直至十七日午前十一时，完全占领常山，敌向衢州方面溃退。（七）据驻沪确探电报：（甲）浙军潘师，被孙督办大军压迫，业已携手，其队伍回抵杭州闸口，将有特别举动。陈乐山亦有倒戈内应之说。（乙）蒋尊簋在沪，十八日晨接杭州电云：此间将有大变化，可以缓来。（丙）卢永祥十八日午后三时，由杭来沪，携带箱笼百余件，情甚惶恐。督署参谋处。勘。

〔北洋政府大总统府档案〕

47 杜锡圭报告海军炮击浏河战况致大总统等电

（1924年9月20日—29日）

（1）杜锡圭致大总统等电（9月20日）

大总统钧鉴：国务院、各部总长、吴巡阅使、王巡阅使、冯检阅使、江山探送孙督办、天津王督理、济南郑督理、熊省长、南昌蔡督理、开封张督理、李省长、芜湖马督理、福州周督理、萨省长、重庆分送刘督办、袁督办、杨督理、邓省长鉴：昌密。据杨、李两司令皓戌电称：本晨率各舰轰击浏河镇，协同陆军激战甚烈。至午夜火焚浏河镇西门，彻旦不熄。本晨复饬应瑞以硫磺弹轰击，均著敌军阵地，以该弹之破坏力计之，敌方经此恶伤，定必不少。敌气顿挫，浏河旦夕可下等语。谨闻。杜锡圭。号。印。

(2) 杜锡圭致大总统等电（9月21日）

万急。大总统钧鉴：国务院、各部总长、吴巡阅使、王巡阅使、冯检阅使、湖北萧巡阅使、江山探送孙督理、天津王督理、山东郑督理、熊省长、南昌蔡督理、开封张督理、李省长、芜湖马督理、重庆分送刘督办、袁督办、杨督理、邓省长鉴：昌密。据杨、李两司令号电称：昨夕岸上鏖战全夜，我陆战队加前线合力进攻，敌军大挫，陆队伤十余人。本晨辰刻复激战，加派各舰，协同炮轰，敌势勉支，受创甚重。敌向浏河枇南退却。我陆海各军，兹定明晨再施总攻击，详情续陈。等语。谨闻。杜锡圭叩。箇。印。

〔北洋政府内务部档案〕

(3) 杜锡圭致陆锦等密电（9月29日）

急。北京公府军事处陆处长、吴巡阅使、交通吴总长鉴：昌密。据李司令艳申电称：昨奉钧电，以我军陆路，本日总攻击，饬派舰尽力协攻等因。景曦本日亲率各舰，协攻浏河之敌，敌用山炮多尊，连环回击，势甚激烈，我舰竭力炮轰，及闻敌炮无声，方停止攻击。查是役楚谦舰长杨度贞受伤，又阵亡兵士二名，伤十名，船身亦受伤数处。至陆路战情如何，容查明再陈等语。谨闻。杜锡圭。艳亥。印。

〔北洋政府大总统府档案〕

48 齐燮元报告在宜兴嘉兴等地击败浙军情形电

（1924年9月21日—25日）

（1） 9月21日电

万万火急。大总统钧鉴：国务院、各部院、吴巡阅使、王巡阅使、冯检阅使、武昌萧巡阅使、天津王巡阅副使、各省各督军、各督理、各都统、各督办、各总司令、各护军使、各镇守使、各师旅长钧鉴：顷据右翼军杨总指挥、白陈副总指挥等号电报称：连日以来，敌军累次向我阵地局部攻击，均被我军击退，敌人损伤颇多，我军亦不无消耗。本日拂晓，敌复同时向我全线大举来攻，势甚汹涌，我军全部，亦同时奋勉应战，累行逆袭，敌军顽韧异常，竟不稍退。直至正午，钧预备队由蓝山嘴附近，施行猛烈反攻，敌乃不支，向后溃退，移时全线之敌，亦纷纷向石店、水口、夹浦镇一带退却。我军趁势力追，旋抵张家村、丰咸山、青山嘴之线，刻仍在追击中。是役计击毙俘虏敌军官长三十余人，士兵千余人，夺获大炮四尊，机枪八架，步枪百余枝，子弹及军需品无算。除督率所部跟追敌军，以期歼灭外，谨此电闻等语。查敌军计分两路，一在淞沪，一在长兴。今宜兴之敌，既受重创，卢逆又为浙人所弃，势不能驻足嘉湖，已向淞沪转进，战斗重心，更全偏于沪宁路上。此间情形势之重，不卜可知。除整饬部队，力图克敌外，谨电奉闻。齐燮元叩。箇。印。

（2） 9月23日电

大总统钧鉴：国务院、各部院、吴巡阅使、王巡阅使、武昌萧巡阅使、王巡阅副使、各省各督军、各督理、各都统、各督办、各总司令、各护军使、各镇守使、各师旅长钧鉴：箇电计逆，日来综核，白副总指挥宝山、王司令普、史司令俊玉等报告，敌军自在宜兴、泗安，被我军击败后，直至吴兴，尚未成军，纷纷向淞沪方面逃去。我军各部业已陆续追至吴兴。查该敌受创之后，即继以卢逆被逐，物质精神，两经挫折，其弃湖嘉而趋淞沪，亦固其宜。顾遣散者转成乌合，鼠窜者变为兽斗。我尚散在各方，彼反归于一地。主军决战，益须慎重。将之现已转调宜兴陈司令调元、杨师长春普，所部来昆，以厚主军兵力。并令白副总指挥、史、王两司令及原在平望之赵支队长，督率所部，经湖嘉向淞沪迅速跟进，俾无喘息之时，更失增援之力，一面整饬主军部队，郑重总攻，务期一鼓作气，灭此朝食。知关锦念，谨电以闻。齐燮元。漾。印。

〔北洋政府内务部档案〕

(3) 9月24日电

大总统钧鉴：国务院、各部院、吴巡阅使、王巡阅使、武昌萧巡阅使、天津王巡阅副使、各省督军、各督理、各都统、各督办、各总司令、各护军使、各镇守使、各师旅长钧鉴：漾电谅达。顷据赵支队长漾电报称：本日午前巳时进抵南浔，忽遇步兵千余，火炮八尊之敌，占领钱家村至执师庙南端高地一带之牌地，向我炮射，幸未命中。职队急向周家牌楼朱家沟一带，展开攻击前进，鏖战多时，敌不稍却，正午左右，敌且向我左翼逆袭，经我步炮兵猛烈协攻，始退回阵地。下午二时，钱家村内陡起大火，我右翼更延申至该村西北端，包围逼进，倏向衡锋，敌乃不支，纷纷向南转东溃去，敌人伤亡及我军虏获甚多，俟查明再报等语。除令该支队猛力进击敌人外。谨电奉闻。齐燮元。敬。印。

(4) 9月25日电

大总统钧鉴：国务院、各部院、吴巡阅使、王巡阅使、冯检阅使、武昌萧巡阅使、天津王巡阅使、各省督军、各督理、各都统、各督办、各总司令、各护军使、各镇守使、各师旅长钧鉴：敬电谅达。顷据赵支队长敬电报称：职部本日攻占王江泾后，立即乘胜进攻，将敌击破，遂于下午四时占领嘉兴，又由嘉至沪铁路桥梁被敌破坏等语。除饬该支队设法修理铁路桥梁，搜索前进，并饬白王史三使迅速前进，合力追敌外，谨闻。齐燮元叩。有。印。

〔北洋政府内务部档案〕

49 关于孙传芳夏超被任命为浙省督军省长及其就职电

(1924年9月21日—29日)

(1) 齐燮元致吴佩孚等密电(9月21日)

万急。北京吴巡阅使、公府陆处长、王秘书长钧鉴：恰密。请转呈大总统钧鉴：顷接苏州以南，我驻平望赵团长先戴箇电称：顷有浙江代表沈鹏，持夏厅长、周参议盖有省长印电一通来平，因浙之电线不通，请团长代发。文曰：南京齐巡帅钧鉴：浙人自民国以来，服从中央，往事俱在。浙非用武之地，谅亦早在洞鉴之中。现在卢公业已离浙，张省长因病就医，不日即可回署。超等为维持地方秩序起见，暂行协同文武各职，力图善后，所有浙军，业已分电前方，退回原防扫境，以待后教。我公军界泰斗，全国共仰，务恳俯赐维持，转呈一切，一面分电前方各将领，停止进行。敬为全浙人民请命，临电不胜依驰待命之至。浙江警务处长夏超，浙江警备司令部总参议周凤岐叩。箇。印。等语。目前卢已离杭，浙事即由夏超等维持，并得确报，实际上夏超已执行浙江省长职务，周凤岐已执行浙江陆军第二师师长职务，观其来电所称各节，输诚我方，深堪嘉奖，当即电复，文曰：杭州夏处长、周总参议钧鉴：箇电敬悉。两公为国为浙至为钦佩。为苏为弟，尤为感激。除将尊意飞电中央，并请任定候兄长浙，恭先兄接长第二师外，拟恳迅派得力军队，出动嘉兴，以免长兴敌军，与淞沪相合，无论如何，务请作到为祷，因关系极为重要也。馨远何日抵杭，两公能促其军队，迅捣淞沪背后，以期早结战局。第四师已令调沪，一切情形，统希随时电告为祷，等语。仰恳大总统俯赐允准，即任夏超为浙江省长，周凤岐为浙江陆军第二师师长，以资奖劝，而励将来。如此办理，馨远在浙，即无障碍，一切皆可顺利进行，万乞乾断施行，不胜迫切待命之至。齐燮元叩。箇酉。印。

〔北洋政府大总统府档案〕

(2) 孙传芳通电(9月29日)

大总统、国务院钧鉴：各部院、吴巡帅、王巡帅、冯检阅使、京兆尹、南京齐巡帅、武昌萧巡帅、天津王副使、南昌蔡督理、安庆马督理、福州周督理、各省督理、督军、省长、都统、护军使、镇守使、各师旅长、各报馆钧鉴：窃传芳奉大总统令，特任为闽浙巡阅使兼督理浙江军务善后事宜等因。现于敬日行抵杭州，遵即宣布就职。自维德薄能鲜，值兹时局，深惧弗胜，尚祈教言时赐，俾奉周旋，勉图匡济，不胜企祷之至。孙传芳。径。印。

〔北洋政府内务部档案〕

(3) 夏超电(9月29日)

北京大总统、国务院、总理钧鉴：各部总长鉴：各省巡阅使、督军、督理、省长钧鉴：本月二十七日，奉大总统命令，特任夏超为浙江省长，此令。等因。奉此。窃超本武人，自服官以来，惟知奉公守法，何敢当此重任，滥冒荣名。此次兵争，以糜烂之浙江，忽警烽火。张前省长，足疾未愈，就医沪上，仓卒委代，本不敢承。其时四边多故，阖境骚然，讹言日兴，莠民思逞，饷糈则罗掘俱空，军机则瞬刻数变。值存亡绝续之交，遂不敢萌洁身自好之念。此实本张前省长爱护桑梓之心，故任之而辞，旬日以来，幸得阖境绅商、地方团体，通力合作，得以粗安，方期早释仔肩，俾全素志，何意大总统谬采虚衷，即颁荣命。军兴以来，哀鸿遍野，饥寒所迫，流为盗贼，万姓思安，百政待理，以超绵力，深尤覆丹。然超本浙人，庐墓所在，忧乐共之，又何敢粉饰词藻，规避艰难，上违大总统知遇之恩，下负父老之望，嗣后惟有督率僚属，绥怀素象，俟闾阎安定之日，再行避席让贤，以遂初服。遵于九月二十九日就浙江省长之职。除另文呈咨外，谨此电陈。夏超。艳。印。

〔北洋政府内务部档案〕

50 湖北省议会反对本省出兵助苏攻浙通电

（1924年9月22日）

北京参众两院、上海参众两院、洛阳吴巡阅使、南京齐巡阅使、热河王巡阅使、武昌萧巡阅使、北京冯检阅使、奉天张保安总司令、杭州卢督办、各省督军、督理、总司令、都统、护军使、省长、各省议会、各报馆钧鉴：鄂省绾南北中枢，频年时局不靖，间接直接受害匪浅。幸亥首议之损失勿论也，其因他省战争，输给饷械，而劳师以援助者，牺牲尤为重大。人民生命财产，推残殆尽。劫余遗黎，实难再增痛苦。顷者江浙构衅，势将牵动全局，湖北若复卷入漩涡，前途极为危险。以湖北现在财力论，军费政费，支绌异常，加税则闾阎之膏血已枯，筹款则公产之变卖早尽，自顾犹且不暇，安有大宗饷械接济他省。以湖北现在兵力论，川湘接壤，原有驻军，既难移动，加以内地盗匪充斥，尽省内之军队，分配防区，每苦顾此失彼，若以本省保卫之兵，供他省战斗之用，阖境治安，必将不保。况国内年来战事，多系为一人一系而战，虽有彼善于此，统名曰内乱而已。以人民汗血之钱，养国家正式之军徒，用以助内乱，即使财力兵力充足省分，犹且不应加入，鄂省凋敝极矣。舍己援人不惟违反正义，抑且无此实力。嗣后无论何省，如有要求吾鄂借助饷械兵力，以长内乱而妨治安者，已请鄂省政府一概拒绝。鄂省政府如拂众以逞，即系违背吾鄂三千五百万人民公意，将来所糜公帑，誓死不能承认，非鄂民自私自卫也。盖外观大局，内察实情，舍此不能自保，且可俾黩武者无从凭藉，仰促进和平之一道也。垂弟陈词，使维鉴察。湖北省议会。养。印。

〔北洋政府热察绥巡使署档案〕

51 齐燮元报告右翼军等在长兴击败浙军并追至嘉兴统归孙传芳指挥等情密电

（1924年9月29日）

万急。北京大总统钧鉴：国务院、军事处、吴巡阅使钧鉴：新密。敌在长兴、泗安一带，自被我右翼军及皖军击退后，中途复被我赵支队等，截击多回，情形甚为狼狈，卒不能稳占要隘，久行抗抵。迨我右翼军及皖军追至嘉兴，而孙巡阅使，适于是日，亲督两旅一团赶到，随令该右翼军等，悉归孙使统一指挥。前日以来，孙使节节前进，本日已抵枫泾。彼此既可策应，包围之势以成，敌知坐毙之非计，遂作各个击破之计，以一部占领松江，专取守势。余则悉数加入黄渡、嘉定之间，大肆全线反攻。自宥晚起，即迭次来犯，势均凶猛异常，然悉被我军竭力抵御，莫之能逞。刻下我军决于本日施行总攻，战况续报。知关廑注，谨以奉闻。齐燮元。艳丑。印。

〔北洋政府大总统府档案〕

52 江苏督署参谋处关于马陆镇激战状况与卢永祥内部分歧的报告

（1924年10月3日）

10月3日报告

战报第二十七号。

（一）前日马陆镇大战，为开战以来最剧烈之战斗，我军炮火及机关枪火力，异常急剧。敌军死伤约有三千人以上。（二）敌军在南翔马陆镇间之大愤山，配置大炮。二十九日下午八时，敌炮兵因情况紧急，误装炮弹射击，大炮炸坏数尊，死伤敌士兵百余名。（三）黄渡方面，敌军阵亡王团长一员，士兵无数。（四）嘉定方面，马良部下便衣兵约千余名，向我阵线突击，被我军击毙五百余名。（五）

据驻沪确探报告：（甲）卢永祥在龙华开会议时，何丰林主张、我方兵力及后援，均不易与苏军抗卫，且近日战斗亦不见得手，不如我辈少数人引退，静待时宜。臧致平闻之大怒，破口漫骂，欲饱以老拳，卢乃急起对双方求情，竭力排解，何臧二人均悻悻怒目，遂无结果而散。（乙）近日淞沪米价，陡然大涨，因卢何勒收米捐，每石一元二角，故淞沪居民怨声载道。督署参谋处。江。

〔北洋政府大总统府档案〕

53 齐燮元报告攻克松江青浦及浏河等地电

（1924年10月3日—13日）

（1）10月3日电

大总统钧鉴：国务院、各部院、吴巡阅使、王巡阅使、冯检阅使、武昌肖巡阅使、天津王巡阅副使、各省各督军、各督理、各都统、各督办、各总司令、各护军使、各镇守使、各师旅长钧鉴：据白师长宝山冬电称：我军于卅日晚攻击松江县属五库镇西方铁道桥北岸之敌，该敌顽强抵抗，激战将夜，毙敌甚多。东早拂晓攻击，敌恃险抵抗，战至午后八时，敌人动摇。冬早四时，我军乘机冲锋前进，进占松江属之石湖荡陆家浜杨家栅等处十余村，且进占至石湖荡以东约二千米之铁桥北岸。是役毙敌三十八团四连连长范振山一名，士兵数十名，俘虏十余名，夺获枪枝子弹军用品甚多等语。又据赵团长光戴、水警丁队长宝贵报称：冬日下午五时，我军占领青浦县之关王庙，夺获三磅快炮三尊，子弹两箱，马枪一枝，零星子弹等物甚多，俘虏三十余人，击毙敌排长一员，兵数十人，伤十人，落水者不计其数，我军警均幸无恙。等语。特电闻。齐燮元。江。印。

（2）10月8日电

大总统钧鉴：国务院、各部院、吴巡阅使、冯检阅使、王巡阅使、武昌肖巡阅使、天津王巡阅副使、各省各督军、各督理、各都统、各督办、各总司令、各护军使、各镇守使、各师旅长钧鉴：顷据白师长电称：职部及史旅与赵团自支日起陆续将敌击退，渡过斜泾及泖湖，敌复占领姚泾河小昆山、天马山之线，顽强抵抗，鱼日迄未得手，直至阳日下午六时，乃夺取敌阵，敌即纷纷向松江城及其北方溃退，我军已进至距松江城约四里之处，现仍在尾追中。又孙馨帅所部亦完全渡过黄浦江，将敌击退，距松江城亦仅二三里等语。特电奉闻。齐燮元。庚。印。

(3) 10月9日电

急。北京大总统钧鉴：国务院、各部院、吴巡阅使、冯检阅使、王巡阅使、武昌肖巡阅使、天津王巡阅副使、各省各督军、各督理、各都统、各督办、各总司令、各护军使、各镇守使、各师旅长钧鉴：顷据白师长宝山电称：山于本日拂晓亲率王团及宁吴万王齐各营，并手枪一二两队，向官塘河东岸之敌攻击前进。该敌顽强抵抗，经我炮火猛烈射击，并将其载炮火车轰出轨道，敌之陆炮，遂失射击效力，激战五时余，敌始不支，纷纷由松江城北上，向龙华方面溃退。同时并派史营为左翼纵队，带领步炮工机诸队攻击前进。该纵队官兵奋不顾身，冲锋多次，敌亦不支而退。又据华赵两团长报称：职等今早复向该敌攻击前进。激战五小时，敌乃越天马山退去。职等现正在追击中。等语。是役共毙敌官长十余人，士兵二百余人，俘虏官兵五十余人，获枪三百余枝，陆炮两尊，枪炮弹及军用品极多。除督饬所部追击敌人，并呈报孙巡帅外，谨电奉呈。等语。特闻。齐燮元。青。印。

〔北洋政府内务部档案〕

(4) 10月9日密电

急。北京公府军事处、吴巡阅使、枫泾送孙巡阅使钧鉴：新密。顷据派攻青浦李旅长殿臣报称：昨率所部及皖军贾支队，进展于青浦以北十余里之线，与敌激战，敌势不支，纷向青浦方面退却，当饬各队追击，现已迫近青浦城，本晚明早或可攻下等语。复据水上警察厅长赵会鹏报称：昨率各舰艇及承派高营，分向青浦以西各港进攻，当将敌军游击队长何嘉禄所率二千余人猛击驱逐，该敌分向青浦东南方面逃窜，除派舰警尾追外，现率本队及高营迫近青浦、距离仅二三里，更与李旅连络围攻等语。查青浦敌军约有步兵四营，游击队约二千余，现既围攻溃退，青浦旦暮可下。谨闻。齐燮元。佳戍。印。

〔北洋政府大总统府档案〕

(5) 10月10日电

万急。大总统钧鉴：国务院、各部院、吴巡阅使、密云冯检阅使、迁安王巡阅使、武昌萧巡阅使、天津王巡阅副使、各省区督军、各督理、各都统、各督办、各总司令、各护军使、各镇守使、各师旅长钧鉴：顷据派攻青浦李旅长殿臣报称：敌自昨日败退后，复于青浦城外占领阵地，顽强抵抗，我军自拂晓起，猛烈进攻，冲锋多次，并由马团长保海亲率一营，由右翼绕袭，敌始不支，向城北及穿城溃退，上午十一时，遂将该城安全占领，并派追击队跟追敌军。又我贾支队亦于昨夜击退重固镇之敌，遂占该地，是役计毙敌官长十二人，士兵百余人，虏获军械及军需品无算等语。特闻。齐燮元。蒸午。印。

(6) 10月13日电

万火急。北京大总统钧鉴：国务院、各部院、探投吴巡阅使、冯检阅使、王巡阅使、武昌萧巡阅使、天津王巡阅副使、各省各督军、各督理、各都统、各督办、各总副司令、各护军使、各镇守使、各师旅长钧鉴：顷据白师长电称：职部于本早，分三部攻击前进，右翼击退童泾桥至东西韩泾及殷家浜之敌，占领新河铁路，经殷家浜至童泾桥之线；中央队驱逐朱家溜之敌后，复展开于河木桥以南，向蟠龙桥唐家庙铁路之敌包围，突击多回，敌顽不退，现在北沈浜以南与敌对峙；左翼队击退张家桥之敌，占领卖花桥一带之线。又据赵团长无线电报称：职团于侵晨随同孙白两军攻击敌军，激战一日，至下午六时，敌始溃退，现已占领新桥镇，尚在奋力追击中各等语。特电奉闻。齐燮元。覃。印。

(7) 10月13日电

大总统钧鉴：国务院、各部院、探投吴巡阅使、冯检阅使、王巡阅使、武昌萧巡阅使、松江孙巡阅使、天津王巡阅副使、各省各督军、各督理、各都统、各督办、各总副司令、各护军使、各镇守使、各师旅长钧鉴：黄渡、嘉定、浏河各处之敌，连日复被我军痛击，昨晚今晨全线表示投城，并派代表多人来输，恳切之意。当饬我军前线，一律停战，现正办理缴械给资遣散事宜。谨先奉闻。余容续达。齐燮元。覃。印。

〔北洋政府内务部档案〕

54 孙传芳报告攻占金山龙华等地并请齐燮元来沪主持有关电

(1924年10月3日—16日)

(1) 10月 3 日电

急。北京大总统、吴巡帅钧鉴：传芳抵金山后，迭接前方报告如下：(一)卫队团李团长报称：职团于冬日攻击张堰，激战多时，敌军被我包围，遂即投降，俘虏营副一，连长二，排长四，目兵二百余，获机枪二，步枪二百余，子弹六万余，并击毙营长一，排长四，目兵无数。(二)谢旅长报称：冬日占领蒋沙滨松隐一带，时击毙敌之连长一，排长二，目兵数百，俘虏敌之副官一，排长一，目兵八十余，获山炮二，机枪二，步枪二百余，枪炮弹百余箱。(三)据卢司令报告，我第六团已过大柳港，并击溃对岸之敌人，沪杭火车开来三次，被我炮火击退。(四)统计松江南方之敌，被我右翼队击溃者，约有三四营矣。内有卅七团一营四连之工兵营，卫队团第一营等。谨电奉闻。孙传芳。江叩。印。

(2) 10月4日电

万急。北京大总统、吴巡帅钧鉴：昆山齐巡帅、下关杜总司令、福州周督理、萨省长钧鉴：江日得战况如下：(一)据李团长报称：职团占领张堰后，即攻金山卫，时有敌步兵一营，炮工兵各一连，机枪四架，凭险抵抗，激战一日，经我三面进逼，敌由东南两门溃退，我预备队沿河截击，敌人纷纷落水，其机枪及步枪并子弹等，多抛弃河中，敌众凫水溃散。马朋新街等处之敌人，亦闻风潜逃，遂占领金山卫一带。是役毙敌营长一，连长二，目兵无数，俘虏敌官长五，目兵卅余，获山炮二，迫击炮一，机枪二，步枪二十余及军装杂件甚多。(二)据谢旅长报称：职部占领松隐后，即行猛烈追击，敌经徐家堰，节节溃退，至姚家滨一带，时敌得增援队步兵约一营，并附炮兵及机枪若干，据险抗战，经我步七团由左翼袭其侧背，敌势不支，向松江溃退，我军遂占领姚家滨一带。是役毙敌百余，俘虏敌官长六，目兵二百余，夺获步枪七十余枝，子弹无算，我军伤连长一，目兵二十余，阵亡连长一，目兵十余。(三)据卢司令报称：第六团已占领沙滨一带，我野炮兵阵地已进至姚家滨北侧，正向松江及黄浦江对岸之敌人猛烈射击。横潦泾对岸之敌，被我炮火扫射，已有摇动之势。(四)总核各报告，黄浦江以南，已无敌人，我军可直迫松江。传芳即移曹家渡，电报仍由枫泾转。除督师进攻松江外，谨电。孙传芳叩。支。印。

(3) 10月5日电

北京大总统、吴巡帅钧鉴：传芳于支日进抵柳港，查黄浦及横潦泾南岸之敌人，业已扫尽，我军定于麻日拂晓渡江，直攻松江城。

谨电奉闻。孙传芳叩。歌。印。

(4) 10月6日电

北京大总统、吴巡帅钧鉴：我军第四旅全部，已于鱼日午后三时，完全渡过黄浦江，直迫松江城矣。谨禀。孙传芳叩。鱼。印。

〔北洋政府大总统府档案〕

(5) 10月9日电

大总统、国务院、吴巡帅钧鉴：各部院、各机关钧鉴：我联军连日鏖战，幸各官长指挥有方，士卒用命，于十月八日午后六时半已完全占领松江，敌人纷向上海方面溃退。传芳、白宝山、史俊玉、卢香亭、谢鸿勋、赵光戴叩。佳。印。

(6) 10月13日电

国务院、各部院、各衙门、王巡阅使、冯检阅使、天津王副使、武昌萧巡阅使、南京杜总司令、南昌蔡督理、蚌埠马督理、各省督军、督理、督办、省长、各都统、各护军使、各镇守使、各总副司令、各师旅长、各法团、各报馆鉴：顷据上海宪兵司令马葆珩派冯副官来辕称：敌被我攻击，节节溃退，已不成军。卢、何等见大势已去，已于本日乘洋舰逃走。该处地方秩序及制造局，暂由司令负责维持等语。据此。传芳一面指定地点，收容溃兵，一面饬所属军部，在距上海十里外地方停止候令。传芳即日自带卫队进驻龙华，维持地方秩序。特电奉闻。孙传芳。元。印。

(7) 10月16日通电

国务院、军事处、各部院、各衙门、王巡阅使、冯检阅使、天津王副使、武昌萧巡阅使、南昌蔡督理、蚌埠马督理、洛阳李省长、福州周督理、萨省长、下关杜总司令、各省督军、督理、省长、各督办、各都统、各护军使、镇守使、各师旅长、各法团、各报馆钧鉴：我军前线自元日克复龙华后，当经电请齐抚帅，即日来沪主持一切，并暂派苏军第一师白师长宝山为上海防守总司令，办理地方善后一切事宜。所有传芳直辖各部队，均令驻扎郊外，妥为警戒。传芳现驻龙华附近之华泾镇，因浙省待办要事甚多。俟抚帅到沪会晤后，立即班师回杭。谨电奉闻。孙传芳。铣。印。

〔北洋政府内务部档案〕

55 江苏省农会等为苏南遭受江浙战争兵灾请拨交通附捐赈恤致国务院电

(1924年10月13日)

北京国务院钧鉴：本年江北苦潦，江南苦旱，入夏以来，灾象已成。益以江浙战事，军队所过，村镇为墟，人民奔走迁移，颠连失业，富而贫、贫而死者，不知凡几。而江南战区如宜兴、昆山、嘉定、太仓、松江、青浦等县则尤甚。倘战事更延长，则不仅秋成无望，即春熟亦不及布种，哀哀小民，将何聊生。万乞钧院仰体上天好生之德，呈请任命江苏韩省长兼任督办江苏兵灾振务善后事宜，促组江苏兵灾振务，并乞筹备放赈之交通附捐，先拨若干成，请交由韩省长派委会同各战区地方长官散放急赈，以苏民困，而靖地方。迫切陈词，鹄候明布。江苏省农会江苏县农会联合会叩。元。

〔北洋政府内务部档案〕

56 鄂军援苏总指挥张允明报告攻占上海并分头迎接齐燮元孙传芳来沪等情电

(1924年10月14日)

火急。北京国务院总理、各部总长、督理、省长、都统钧鉴：各镇守使、师旅长、司令、各机关钧鉴：卢、何叛逆，负隅自固，困围经旬，奄奄待毙。职率鄂军全部，于元日拂晓，乘隙进攻，奋勇直前，遂占领石岗门马陆镇之线，当即尾追，遂于本日占领上海。所有秩序及上海治安，由职暂行维持。除派员分头欢迎齐孙二巡帅立到上海外，肃此禀闻。鄂军援苏总指挥张允明叩。寒。印。

〔北洋政府内务部档案〕

57 总统府军事处关于卢何潜逃及严缉臧杨等情致齐燮元电

（1924年10月14日）

昆山齐巡阅使鉴：恰密。顷据沪探元电报告，昨晚卢何微服，登日本兵舰，各种要件，共八十余船，均运存浦东日商扬子栈房。商会筹款二百万，作卢何川资，业由汇丰拨付。南翔卢军退至真如，军事交臧、杨主持，警长知事均逃，闻赴奉，沪局乏人主持等语。当经转呈主座均阅。奉谕。卢何既逃，臧、杨尚行顽强抵抗，殊属可恶之极。着电齐巡阅使，务设法严缉，勿任漏纲等因。遵特电达。既希查照。军事处。盐。印。

〔北洋政府大总统府档案〕

58 国务院秘书厅关于上海嘉定同乡会等为江浙兵灾请按唐绍仪拟以关税半数协济致内务部函

（1924年10月14日）

迳启者，顷接上海周师熊等又嘉定又江宁六邑同乡会虞阳佳来电，内称江浙兵争，人民困苦已极。唐绍仪等江电，请以关税附加税半数协济各等因，除该电业已分别抄录原文，相应函达。即希查照。此致内务部

国务院秘书厅　　十月十四日

附抄电

国务院、颜、顾、王、黄诸公先生钧鉴：并请分送江浙各同乡。江浙发生战祸，两省受创弥深，就苏论列，尤以嘉定、青浦、松江、太仓

四邑为最重，或全镇被毁，或抢劫一空，或转徙流离，莫名惨状。今枪林弹雨，尚未稍休，更难调查真相。总之工商辍业，农夫逃亡，六十年来，元气销亡尽矣。前华洋义赈会唐绍仪等，请以海关附税八百万元之半，救济两省兵灾办法，极为公允。各同乡等目击兵灾之重，不减于洪扬；金融之枯，百倍于同治。欲求善后，舍此靡从。惟有环求诸公，俯念同乡被灾奇重，准将海关附税之半，拨交华洋赈义会具领，俾分别两省灾情轻重，实施救济，不胜感激涕零之至。嘉定同乡会、青浦同乡会、松江同乡会、太仓同乡会叩。阳。

〔北洋政府内务部档案〕

59 齐燮元报告攻占上海及收容遣散浙军等情电

（1924年10月15日—17日）

（1）10月15日电

火急。北京大总统钧鉴：国务院、军事处、参谋本部、陆军部钧鉴：覃电谅达，当定缴械给资遣散办法，交敌方代表回营遵办。讵料敌军意见不一，行动分岐，纷纷引退。我军紧蹑监视，遂占浏河、嘉定、黄浦、南翔、真如镇、大场镇、罗店诸地，并令敌军退驻吴淞、江湾、曹家渡各地。听候办理。孙巡阅使所部及白师史旅赵团，亦已进驻闵行、莘庄、虹桥镇、张家塘诸地，令敌在七宝镇曹家渡集合，听命办理。孙巡阅使偕白师长已抵龙华。燮元俟部署稍定，即赴沪会商一切，并已派刘参谋长玉珂，赶赴龙华，先行接洽矣。谨电奉闻。齐燮元。删。印。

（2）10月16日密电

北京公府军事处鉴：恰密。盐电转示主座，钧谕敬悉。现残敌仍麇集沪北及真如以东，致铁路交通尚未恢复。我军已严予监视，一面派员前往接洽，期早结束。除详情续闻外，特先奉复。齐燮元。铣。印。

(3) 10月17日密电

北京军事处鉴：怡密。盐电敬悉。卢何潜逃，所遣军队，正在分别收容遣散。沪地政务，亦已派员克日前往分投接管。除遵电设法严缉卢何臧杨获案惩办外，用特奉复，并祈转呈主座，以释廑念为盼。齐燮元。筱。印。

〔北洋政府大总统府档案〕

60 项尧仁等请求赔偿浏河遭受兵灾损失给内务部呈文

(1924年12月17日—1925年3月17日)

(1) 项尧仁等给内务部呈文(12月17日)

具呈人项尧仁、尤继曾、郁宗铭、黄文灏、朱增元、朱大椿、吴镛秀、臧德基，呈为陈明请愿事：窃照本年十二月十二日谨呈一电文曰：江浙兴戎，以浏河为战场，相持历四十昼夜，人民生命财产始厄炮火，复遭淫掠，加以海军时时开炮遥击，故房屋焚炸独多。如学校、庙宇、商店、教会、善堂、医院、以及长途汽车，尽遭兵劫。除损害生命及其他一切损失，统由地方汇案调查，报县呈省咨部，请求察核外。兹单就商民等，痛甚切肤，自行查见合市被炮火全毁之房产，计一百五十四户，共一千五百二十九间，炮弹炸坏房屋约三千三百余间，综计损害断在七十七万元以上。而屋内之财物不与焉。夫商民等罹兹战祸，谁为为之，孰令致之，使居户则流亡在外，无家可归；商店乃屋宇无存，不能复业，其惨痛之情，势难自已。今幸执政府成立，为此电求钧座，俯念东南战祸，浏河最烈。凡对于炮火毁坏户屋一层，恳请准予提出国务会议，优加体恤，核议赔偿。一面遣派大员，会同江苏省长，亲莅浏河战场，勘验兵火摧残经过各情形。量予拨款赔偿，以苏灾困。实因商民等房屋，关于政争战斗而蒙损害，理合请求赔偿，以重民业。迫切陈词，伏祈垂鉴，祗候电遵。无任待命之至。浏河兵灾善后会代发等情，谅早投呈钧鉴。兹恐电码或有疑误，谨再具文呈明，以资印证，另绘浏河兵灾后地图一幅，一并附文呈请鉴核施行。

伏候批示祗遵。谨呈

内务部　总次长

附：地图一幅(略)　　浏河兵灾善后会之图记

中华民国十三年十二月十七日

(2) 浏河兵灾善后会致内务部呈文(1925年3月17日)

浏河兵灾善后会为呈请事：窃照前据项尧仁、尤继曾等暨合市商民以政争战斗炮火，毁坏浏河商市房屋，请求赔偿，迭经文电具报，并调查实在毁坏房屋损害表，呈送察核各在案。曾奉财政部批示，以目前库款异常支绌，殊属困难等因。今该商民等痛甚切肤，再三来会诉苦，佥称浏河战线之内，炮火毁坏房屋，甚于他处兵灾，请求赔偿。其理由有四：江浙战事，浏河当其冲，最烈最久，相持于市廛热闹之地，历四十昼夜，两军枪炮之外，更有海军助攻，开炮轰击，加害愈甚，致房屋毁坏特多，他处战事，无此重害。此浏河对于炮火毁坏房屋，不得不请求赔偿者一也。第一次战争，浏河之外，黄渡、南翔各处，虽云同时进退，然其战线离镇较远，商市未及炮弹，即间有烧毁，乃兵匪纵火劫略所致，尚遗烬余，非比浏河之毁坏，尽净抢劫一空。此浏河对于炮火毁坏房屋，不得不请求赔偿者二也。第二次战事，无锡、江阴争持不过数日，已言民不堪命，而我太仓之浏河，既遭政争战祸于前，重罹溃兵蹂躏于后，虽得义赈所施，尚不足两次逃亡之费。此浏河对于炮火毁坏房屋，不得不请求赔偿者三也。夫商民等，亦知兵灾广大，故仅请恤偿损害房屋，所有屋内焚净，并被劫之财物，汇案另报，留待从众解决，但现时屋宇无存，无居无业，颠困流离，何以为计。故以为蒙战祸而请赔，与遭兵灾而求赈，截然两事。且闻他处兵灾损失，尚在请求赔偿，况火线内炮弹毁坏之房屋乎。不得不请求赔偿者四也。凡诸特殊苦难，全仰执政在上者，垂怜体念，权衡至当，加以仁施。按部示以目前库空如洗，无可讳言为词，是洞知战祸之足恤，赔偿之难，却不过一时艰于拨款耳。恳再呈明商民等，实受异常灾困，务求逾格，矜全提出国议，优以恤偿，如现款果或不及，拟请截留太仓本县忙漕抵补，倘一年不敷，或分年截留，规定年期，俾我被毁灾户，得以假定基金，举债复业，坚固信用，以奠民生等情。伏查浏河商市房屋，为政争炮火焚炸，业经调查，计被毁一百六十户，房屋一千七百八间，合银五十二万三千九百十五元，炸坏房屋五百六十一户，计四千五百七十余间，合银十五万六千四百三十元，两共损害合银六十八万二千三百四十五元。其屋内焚毁及被兵匪劫去之一切财物，何止倍蓰于此。兹未计及东南战场惨祸，孰有其于浏河者，据称前情，理合具文，呈请鉴核俯准，提交国务会议议决赔偿，咨行江苏省长查照办理。祗候示遵。不胜迫切待命之至。谨呈

内务部总次长

浏河兵灾善后会之图记

中华民国十四年三月十七日

〔北洋政府内务部档案〕

四　第二次直奉战争

1 王怀庆向曹锟面陈奉张备战及筹饷等项节略稿

（1922年8月）

谨将应行面陈仲帅事实，开具节略如左：

计开

一、据确实探报：奉省联合浙卢、皖马及李烈钧，实行与直军决战，俟山海关发难，即同时响应。

一、奉省已派八个混成旅（每旅步兵三团附骑炮机），以李景林为敢死队，队长带三个混成旅，开至绥中一带，距关仅二十余里，其余五个混成旅，已进驻锦义等处，分为中西两路。

一、东路为土匪队，任张宗昌为总指挥，由朝阳进攻热察等处。

一、复据朝阳殷镇守使艳电称：据建平县吴知事、张统带报称：兹突有奉军一千余名，侵入热境，占据建平县属之小河沿，其后方大部奉军，刻已集中锦义两县，向绥中出动，意在窥视榆关。

一、据以上情报，奉张野心勃勃，此次卷土重来，声势浩大，我直军若不赶速筹备，深恐临时遗误事机。

一、京师军警及三大队，每月饷洋四十七万元，第十三师、第九师及毅军，每月共饷洋三十三万元以上，共洋八十万元。

一、京师军警，陆军第十三、九师及毅军，月需饷款八十万元。平时中央发放愆期，军心既已难固，若非预将饷款筹有著落，设遇战事一开，尤虑难资效用。惟有恳请仲帅电达中央，饬财、陆、外交各部，速与外交团交涉，每月由稽核所盐余项下，提款五十万元，由税务司提款三十万元，按月拨交京畿卫戍总司令部，发放京师军警之饷，以维军心，而保地方。此电万勿提及陆军十三、第九两师及毅军，因京师军警有保卫地方之责。陆、毅两军，遇有战事，即行出发，外交当以不接济战斗员为词，停拨饷款。是以对于中央外交各部院，只可言军警饷款，未便提其他军饷也。

一、热河收入，常年一百余万，仅敷热军及本区行政费，除此两项开支而外，则毫无盈余。

一、据朝阳电报，奉军进行甚急，热河建平县属小河沿地方，已发现奉军一千余名，观此情形，极为可虑。如开调大部军队，军事费尚须另筹，拟向中央先索九六公债五百万元，可实售一百五十万元。

中华民国十一年八月　　日

〔北洋政府热察绥巡阅使署档案〕

2 王怀庆防备奉张进攻布置热河兵力情况致曹锟等密电稿

（1922年10月4日）

保定曹巡阅使、洛阳吴巡阅使鉴：元密。迭据各方探报：奉张假秋操为名意，图窥伺山海关、热河，直热首当其冲，似不能不积极准备。现在热边驻扎队伍，计凌源刘富有一旅步兵六营，骑兵一营，山陆炮机各一连。朝阳龚镇守使防军八营，山炮一连。热河陆军骑兵两营，平房子陶经武步骑四营，山陆炮机各一连。阜新县梁克发毅军四营。绥东热河游击队两营。开鲁张连同游击队马步八营，陆炮四尊。赤峰张殿如毅军九营。林西热河陆军步兵三营。所有沿边各要隘，均经密饬，妥为布置，严行戒备。奉张军队，不犯则已，如果来犯，即行痛击。惟边防辽阔，前项军队，均在第一线，其第二线及总预备队并后方联络输送等事，均属空虚。可虑开火之后，非有大部预备队，不足以备策应。务祈我公迅将援热大支预备队，指派妥协，准备开拔。是否即日开拔，或临时再行开拔，统乞速筹电示为盼。王〇〇。豪。印。

〔北洋政府热察绥巡阅使署档案〕

3 步军统领衙门女稽查员刘汉超关于奉张败退关外积极整军给王怀庆呈报

(1922年10月13日—25日)

(1) 十月十三日呈报

巡阅使[①]钧鉴：敬呈者：汉超顷率眼线姚静娴，密查奉军动静，以资防备。顷据副官桂炳臣声称：奉天张作霖近日勤修战备，有意复仇，实与大局有关。前曾购买俄国日本炮枪子弹多箱，私运到奉，并聘请俄国机械工人多名，从事修理制造枪弹。近日扩充兵工厂，特命韩厂长加添机器，日夜赶造。但因工人短少，闻派遣多员，密往汉口、上海、德州、广州各兵工厂，用加倍薪水勾引、聘请头等工人赴奉，担任制造。一、可知我厂内出货之情形。二、可供彼制造之增加。实于国家大局，关系甚巨，用将所查情形，理合呈请帅鉴察核。无任待命之至。

肃呈恭叩钧安

密探首领刘汉超谨呈

中华民国十一年十月十二日

(2) 十月廿五日呈报

巡阅使钧鉴：敬呈者：汉超窃查奉军自败后，退散东省。假借民意，妄称自治，拥兵自卫，暂行割据，破坏统一，反抗命令，违法乱纪，实为国家之公敌。近日宣传张氏大招新兵，购买器械，强加赋税，四出勾结，养精蓄锐，野心不死，大有重整残败，希冀报复，甘为扰乱和平，欲作祸首罪魁，不灭不止之意。汉超仰体我帅拥护国家，保卫大局，统一南北，救民水火之苦心，不得不竭诚奔驰，图报万一，用特委托妥人，前赴奉省，细心实地调查张氏之计划，及奉军之

---

① 王怀庆于1922年5月调任热察绥巡阅使，仍兼京畿卫戍总司令职。所有对王的报告或函件，多称为"巡阅使"或"巡帅"字样。

真象，以备采择注意。兹查得所有详细情形，详呈于后：

一、张氏部下之情形：张氏部下，向分两派，即文治派、武力派，互相竞争，暗潮早烈。自张氏战败回归后，而文治派主张改良政治，根本刷新。武力派主张，扩充军队，急图报复。两派相争，复发生主和派、主战派、安福派、学生派、绿林派、交通派、有功派、败退派、公子派、宠妾派、亲日派、亲俄派，意见纷歧，各怀异志。表面虽为张氏威力迫制而不动，其实各行其是，阳奉阴违，互相疑忌。无知者，骄纵谄誉。有识者，缄默潜避。而安福、交通两派，因受怨谤，欲进不得，恐内部日见纷裂，自行攻击，冀团结振作，协力一致，必不可得矣。

二、军队之情形：张氏战败回奉，自知野蛮无教之高粱地，官军兵士，决难作战，与文明军队对敌。是以痛改前非，急图刷新，多用学生，改编军制，期行彻底之整理，而备扬威之需用。预计成立二十六旅，每旅三团，约六千，合卫队、保安核算，二十一万余名左右。一、可防部下之权大。二、可便作战之指挥。此皆日人谋士，与新派之计划。不知此议一起，暗潮剧烈，旧派官兵主张师制，把持甚坚。新派官兵受制难行，且旧派仇视新派，异常防范，不容插入。张氏所委学生军官，不但不能接军指挥，多有受其暗害，排斥而去。名为革新，实则更旧，较未战前尤为腐败。其所招致之学生，多畏难见机而去。张氏受旧派之包围，有志难遂，徒呼奈何而已。奉军欲图报复，决不可能之事，其打仗作战，一二年间，亦难实现也。

三、器械情形：张氏运动购买俄意军械机器，本欲扩充军实，以备军用。不料消息泄露，各国干涉，日本畏惧，风潮日见扩大，而所购之货，多不能用。所聘外人工程师，因无中国小工，一时不能开办。而原料房屋均无，又非一时立办。名为增设四厂，加造枪弹，实则一厂，尚未开办。所聘工师，近仅修整旧式破坏枪炮，敷衍时日。闻韩仿臣厂长，特赶上海，购买原料，勾结运动上海、汉口、德州各兵工厂工人，偷赴奉天，帮同工作，正在进行。此事关系国家军务，应请注意防止者也。

四、海军情形：张氏此次大败，第一吾帅援助讨击之功，而山海关海军，遥为声援，张氏亦殊仇恨。回奉后，欲购买俄国兵舰，成立舰队，不料外国监视，有志难遂。刻仅令江防司令王崇文，所管小炮船十二支，赶紧操练，以备需用。不知小炮船，用之江湾河口，可以剿捕河盗，用之巡洋征战，难御一炮，此海面威力，无法抵抗。一张氏不敢轻起野心之要点也。

其余飞机破坏待修，子弹缺乏无出，各国严重监视，边防时生匪乱，均为顾虑隐忧，一时力难解决，就以上所查情形，国家对奉不可不备，而开战发难，一二年间可保无虞。不过勾结他省，障碍统一，至国家难成升平之庆，人民难享安宁幸福，此不可不积极筹划，协力进行者也。汉超才识短浅，罔知大势，仅将所查奉张大概情形，呈报察核，略备参考。是否有当，伏乞

钧鉴。肃呈。恭叩

勋安。

密探首领刘汉超谨呈

中华民国十一年十月二十五日

王怀庆批：所查均属要点，可嘉。妥存。

〔北洋政府京畿卫戍总司令部档案〕

4 曹锟关于张作霖积极备战情报致王怀庆等密电

（1923年2月21日—9月1日）

（1）曹锟致王怀庆等密电（2月21日）

北京王巡阅使、冯检阅使、洛阳吴巡阅使、武昌萧督军、南京齐督军、开封张督理、天津王省长、济南熊省长鉴：昌密。顷接董旅长巧电称：据职旅密探报称：（一）查奉军张作霖通令于月之二十一日在锦州集合，二十三日实行检阅。（二）吉林督军孙烈臣，现被张作霖免职，以朱庆澜继任。孙部军队反对甚烈。张作霖将中东

路护路军集中长春，预备非常。（三）吉林、长春现发生大股胡匪，约七千余名，并举已撤前吉林第二混成旅长诚明为总司令，名曰护国讨逆军，并宣布张作霖十大罪状等情。谨电奉闻等语。特电查照。曹锟。箇。印。

（2）曹锟致王怀庆等密电（3月9日）

北京王巡阅使、冯检阅使、洛阳吴巡阅使、天津王省长鉴：昌密。顷据董旅长鱼电称：据职旅密探报称：一、奉张于二月一日招集紧急军事会议，孙烈臣、吴俊陞暨上级军官张作相等，均列会议，表决两项：（一）对于我军仍主战，系奉军新进派杨宇霆等主张。（二）对于俄乱党扰乱边地，责成吴俊陞率六个混成旅，进驻满洲里。将黑督军交朱庆澜代理。二、奉军新编之第八混成旅、系郭松龄统率，于二月二日叛乱，将奉天省城西关、北关抢掠一空，闻系要饷所致。三、京奉路唐山站工厂，已被旧交通系利诱，密定于三月十日全体罢工，已由油印宣布。四、查天津徐树铮所派党羽孙志成，在法界天堂里门牌三十九号，所设之暗杀机关部，因犯烟土，于月之三日被法捕拿获各等情。谨电禀闻等语。特电查照。曹锟。泰。（九日）印。

（3）曹锟致王怀庆密电（3月22日）

万急。北京王巡阅使懋宣弟鉴：宣密。朝阳殷镇守使皓电，谅已鉴及。顷又接胷电称：据林西急电报告，左右巴林旗均发现大股贼匪，距县不过百里，势甚危急。热河已电赤峰张镇守使，亲督毅陆各军往剿，并飞电开鲁张司令连同督队在后方协助等情。查奉张勾结内蒙，由日人包运军火接济，□〔牵〕制其力，图取热河，此次举动，显然可见。战机紧迫，热河兵单，后顾增患，朝、阜、绥、开，尤为可虑。交通困难，一旦开火，后援不继，岌岌可虑。务恳电商王巡帅速派主力大军增援，昼夜兼进，以维边局，而取攻势，伏候示遵等语。又接董旅长哿电称：据职旅密探报称：(一)查奉张于三月二十八日①同杨宇霆、孙烈臣、吴俊陞暨各上中级军官等，专车赴绥中、宁远视察防线。旋回奉天，应〔开〕军事会议。(二)查奉军锦州大本营暨绥中前后所并未增加队伍，惟闻其进兵计划，决定以喜峰口一带为中路，南路以地形近海，并不重视。北路想以吉、黑两省军队，直奔口外各大区。(三)查在天津所存意国未卖出之大宗械弹，现已与日本宪兵军官交涉，妥协担任保护，由天津出大沽，运往营口，转运奉天。(四)查前奉天省长袁金铠，现逗留津埠、确系为交涉订购此项意国军械，声言疏通，直奉和议，实是欺人之议。(五)查山海关商民，现已惶恐万分，纷纷有逃迁之状。(六)闻商人云：所有出口民船，皆不敢开往营口，因彼处大小民船，一律扣留之故等情。谨电禀闻等语。奉张积极备战，阴谋显露，朝、阜、绥、开等处，毗连奉境，地形尤为重要，殷镇守使所请派军增援一节，自系为巩固热防起见。特电奉商，敬祈酌核办理，以备不虞，是所盼祷。兄曹锟。养。印。

(4) 曹锟致王怀庆密电(3月26日)

北京王巡阅使懋宣弟鉴：宣密。顷据董旅长政国电称：据职旅密探报称：(一)查张作霖于三月二十一日专车带同孙文代表陆湘暨奉省军官等、赴沟帮子阅视队伍后，夜仍旋奉天省保安总司令部，大开会议，惟因关防严密，外人难知底蕴。(二)查黑龙江省陆军骑兵第一旅旅长英顺、步兵第三旅旅长袁庆恩，于月之十七日奉张作霖紧急动员令，限八日间开抵洮南，静候后令等情。据此。除令该员详探密报外，谨电禀闻等语。除电该旅长详密报外，特电布达。即希察照。兄曹锟。寝。印。

---

① 此电报中，董旅长所发哿电(三月廿日)，报告三月廿八日张作霖等视察防线，但在三月二十六日曹锟给王怀庆寝电中称："查张作霖于三月二十一日专车带同孙文代表陆湘暨奉省军官等赴沟帮子阅视队伍。"疑有误。

(5) 曹锟致王怀庆密电(4月22日)

急。北京王巡阅使懋宣弟鉴：宣密。顷接董旅长号电，据密探报称：(一)奉天张作霖现由奉至榆关，设盘查所十七处，所有京奉通车至榆关，即更换奉派人员。(二)徐树铮于四月十日，秘密离奉，风闻有赴天津或热河造乱之说等情。谨电禀闻等语。特电查照，即希格外注意为盼。兄曹锟。养。印。

(6) 曹锟致王怀庆等密电(5月16日)

北京王巡阅使、冯检阅使、洛阳吴巡阅使、天津王省长、武昌萧督军、开封张督理、滦州彭师长、马厂曹师长、保定葛旅长、曹旅长、赵州时旅长、大名孙旅长均鉴：元密。顷据第十三混成旅董旅长元电称：顷据职旅探报称：(一)张作霖造乱计划，外表虽稍缓和，内中仍是秘密进行，不遗余力。(二)奉军第一旅旅长阚朝玺，于本月五日，将所部之步兵两团，炮兵两营，集中辽源。(三)张作霖现在奉天车站，组设总兵站粮秣厂。(四)奉天省城新编保安队四营，并委于济川为统领。(五)营口所驻之炮艇四只，于月之五日，经张作霖密派海防营长鲍育才，率领赴葫芦岛驻防。(六)奉军第三旅旅长张宗昌，于月之五日，奉张作霖令，统辖由新民至洮南各旅军队，所遗经宁镇守使委第六旅旅长郭松龄兼充。(七)奉军于五月九日，派机关枪连长卢振武、押机关枪十五架赴锦县。(八)张作霖前雇之日本技师十三名，工匠二十名，于五月九日，抵奉兵工厂工作。(九)张作霖因三省胡匪遍地，通命三省军民长官，十户抽丁一名，编制保安队十二路。(十)奉军第二十五旅旅长蔡平本，现由黑省开拔至哈尔滨，第二十旅长胡永奎，同时亦由三姓开拔抵哈尔滨，并在该处抓大车数百辆，陆续向洮南出发。(十一)奉军骑兵第三旅旅长苏锡麟，奉张作霖令，由黑省开至奉北四平街集合。(十二)吴俊陞现在奉天省城，张作霖昨令其回黑省督军本任。因是新旧两派大起冲突。不久将有重大变化等情。据此，除饬详查密报外。谨电禀闻等语。特此电达。即希察照。格外注意为盼。曹锟。铣。印。

(7) 曹锟致王怀庆等密电(8月26日)

北京王巡阅使、冯检阅使、南京齐督军、武昌萧督军、西安刘督军、济南田督军、开封张督理、南昌蔡督理、天津王省长鉴：恰密。顷据密探报称奉省情形如下：(一)奉张由日购来抬炮，每步兵连发给十二枝，每次装填十粒，分空炸、碰炸两种，该炮口径约二生的五，于本月上旬在奉试验，有效射程为四千米突，射击时一抬一描，共二人。(二)向意商订购武装汽车八十辆，已于本月十五日运抵奉垣。四十五辆形势，与普通汽车同。惟内部较高，前面围以铁甲，系司机位置，炮位在中部之上及后方。每车容兵士二十余人。(三)奉张通令，扩充十五个混成旅。此项款械，系段祺瑞接济。又因该省应募无人，故派员进关，秘密招兵者极多。又于出关乘京奉车抵站时，除在奉有确实职业外，均迫令充兵，计至今日，已达万余，私逃者亦约半数。(四)又后所前所等处，确已增兵，每连分为两三次，增防以防明显。(五)奉军操课甚严，各步兵均每日练习架桥诸勤务，所有架桥材料，均系新购。并会议时谓，至八九月，新成之十五旅编齐，即进攻等语。特录奉闻。敬希注意。曹锟。宥酉。印。

(8) 曹锟致王怀庆等密电(9月1日)

特火急。北京王巡阅使、冯检阅使、天津王省长、北京北苑陆师长、马厂曹师长、芦台董旅长、涿州时旅长、大名孙旅长、保定葛旅长、曹旅长鉴：元密。顷据彭师长寿莘勘电报称：据侦探谍报各员报称：奉军情形如下：(一)吉、黑两省军队，开至长春、南岭后，因南满路不准输送，故以秋操为名，由陆路向奉天集中。(二)奉军军械均已补充，子弹均发给到连。(三)本月廿七日有十五生的口径加大重炮二门，在奉天新站装车，预备西运，每门计有俄人二名。(四)奉天大小南关及大西关一带客栈数十家，名为保安司令部差遣站用，实系预备吉黑两省军队开来。(五)本月廿二日粳米五铁棚，炒米二铁棚，电话电报等机械一铁棚，运赴锦州厚德栈。(六)奉天省城军队，向西开拔者，计有第二、第六两混成旅，第三骑兵旅，卫队炮兵团等部。省城治安，由新编第四骑兵旅维持。(七)本月廿一日，奉天航空队演习炸弹。(八)据奉天第六旅某军医官声称：在锦县、绥中、兴城一带秋操，确实准备向关内作战。(九)本月廿七日在榆关、长城以外，有便衣测绘员五十余人，用新式测量器具，测量地图，所带旗号，为唐山工业测量学校队等字样，现住榆关天太栈。(十)奉天兵工厂工人，现有二千余，内有俄人三百余，日人数十名，昼夜赶造枪炮弹药。以上各项，除饬职部严装待命外，谨电奉陈等情。查奉军积极准备情形，业经迭次电达，谅已鉴及。兹据该师长报告情形，日益紧迫，特此电达。务希查照，密饬所部，准备妥协，以待后命，是所切盼。曹锟。先戌。印。

(9) 曹锟致王怀庆密电(9月1日)

北京王巡阅使、冯检阅使、洛阳吴巡阅使、南京齐督军、武昌萧督军、开封张督理、天津王省长鉴：恰密。顷据密探报称：(一)张作霖前派副监姜登选密赴沪浙，视察形势，于八月二十五日业已回奉报告，当经张作霖汇寄浙卢大洋六十万元，助充军饷。(二)汤芗铭于八月二十六日，忽抵奉天，张作霖拒而不见，后见张学良，再三游说，统兵入关造乱之利，奉张仍拒未容纳。(三)奉张八月二十六日之军事大会议，因关防严密，无从探悉。惟对于段祺瑞之联络，业已一致反对，盖以安福派阴险难测。(四)查在吉林组织国民军，声讨张作霖之高云峰，现已纠合党匪六千余名，将有林、虎林、依兰等县完全占领，孙烈臣忽行回吉，系为奉令防范。(五)张作霖现又聘用俄国技士二十名，已入兵工厂，专造炮弹。(六)张作霖现将奉军师旅名义取销，一律改为第几军，重新编制等情。特录奉闻。曹锟。东。印。

〔北洋政府热察绥巡阅使署档案〕

5 朝阳镇守使殷贵为边防前线官兵欠饷年余请予速发致王怀庆密电

(1923年4月3日)

北京王巡帅钧鉴：宣密。军事日亟，战守孔殷，谨遵帅谕，严密筹防，大屯七道岭巴图营子，昼夜放卡，冒雨冲寒，士无倦色。惟职所带直军巡防四营，欠饷九月，兼辖炮兵连，欠饷十九月，艰难困苦，借贷无门。据各官长报告，目兵均愿尽力报国，危险不辞，惟请发欠饷，俾饱食养家，甘心乐意。去年苦战余生，死伤在道，仍不发饷。傥战事发生，难白买命，大家灰心。职即勉以大义，准予请饷，长此迁延，维持无力，况新降四营，兵心未固，尤赖饷糈，藉资训练。屡次电呈曹帅，亦无切实办法。伏祈帅座，俯念将士勤苦，客军孤悬，电商曹巡帅，发给欠饷，并恳切商陆军部，筹发炮连积欠饷项。如无办法，伏恳准职所呈亩捐，暂加一成，借垫炮饷原案，以资发放，而维军心。否则请另简贤员，来朝接替，职尽个人职务，追随马策，以答知过之隆。与其敷衍，贻误大局，不如知难而退。职质性愚鲁，傥有万一之法，决不敢临事辞职。伏维垂鉴，核示饬遵。朝阳镇守使兼东边防守司令殷贵叩。江二。

〔北洋政府热察绥巡阅使署档案〕

6 李德元关于海军总长李鼎新宣布海军独立附奉倒直经过等情给王怀庆报告

(1923年4月25日)

为报告事：访闻上海海军独立之原因，海军部总长李鼎新，因海军无饷，难以筹措，故令该部机械科科长吴德章，赴天津至华法银行，借款二百万，以欧战后，所分德奥轮船九只（重四万顿）作抵押，已成交款时，该银行交给佛郎，海部因吃亏甚多作罢。于是海部总长，意想欲将此船卖与奉张（先有国民党与奉籍同党人介绍张之左右接近者，非只一日），遂扬言于奉张，欲报战败之仇，必须有海军。今有德奥大船九只，虽系商船，以顿数论之，虽中国最大之战舰，亦无如此之大者，欲以五百万之代价，卖与奉天，并且以海军独立为附代之条件，再以若干金钱，可使中国海军完全归服奉天，即第一步海军独立；第二步海军宣布直军罪状（作文系沈幹周主笔），并选举（总统孙正、段副、或段正、卢副、或孙正、张副）。直军必不赞成，奉军藉此进兵同时，海军起而助之。计划李鼎新秘派该部秘书高某为代表赴奉，与张接洽。高至天津，访沈幹周，道及此事，沈谓高不可亲往。盖因兄（指高说）无论如何，系中央命官，奉张性情不测，倘有吃疑之处，恐不得好果。依余之见，莫若物色能尽职务之人，代表往奉一行，较为妥当。高依其计，由沈介绍冯海甫者（系福建人）为代表，冯先亦有名望之政客，惟刻下景况不佳耳。于是高为其更换衣履，以状行色，遂赴奉。当即与奉张见，述及以上各条件，并提及沈某，张曰：我旧友也。然所言虽近情理，我亦极端赞成，恐海军无此能力耳。冯与张谈说，观张之形色，是有不深信之状，冯又尽力赞扬海部之诚意，并提商九舰之价，然虽未成约，总有几分成立之希望（结果如何不知）。冯与张所谈（是否未详），冯返津报告高某，高遂回京复报李总长（内容未详），遂有近日一部分海军独立实现，方显海军之能力，使奉张信服也。其海军部与奉张之约，闻尚未成就，先露第一步之独立，尚非全体。其第二、第三能否实现，不得而知。又闻海军部与奉张之关系，上年旧历十一月间，至今年正月，两月之久，李总长派亲信人与奉张之代表吴子鉴（前充北京执法处之差）在天津法界裕中饭店，商办代买意国军械事，而海军部浪费金钱甚巨，该军械因难运奉，故大宗者，均未议妥，惟零星购定，尚有几次(其数目不详)。若以原数与当时之比较，原步枪五万支，现有三万余支；机关枪二十四架，今剩数架；其过山炮、陆路炮、重炮，与前亦不敷(其数不详)。此项事，今正月间，被王占元之大公子侦悉，遂秘密赴奉见张，并开呈清单，张阅及该单，较比吴子鉴之清单价昂五六十万之多，吴单五百万，王单五百六七十万。张因与王大公子之父秘交，不肯当面说明，遂与相告吴某在津亦办此事。并云：吴系吾之代表，汝回津与其商酌办理，万无不妥之处。王遂返津，当即将吴接至王家，办理此项事。久之与意人议妥，言定先将该军械，运至秦皇岛，张派人照收，该款即付，以便运奉。然未运奉以前，须先在陆军部办妥护照，伪言运回意国(该护照是否领到未详)。并先交现款五十万，已成草约。至交款时，吴所带皆系奉票，意人拒绝不使，彼时吴、王商酌，与奉张去电，请示办法，张回电令王，以五十万奉票，在盐业银行换借五十万现洋，以便交款。至大宗交款时，以现洋换回，以免迟误。王胆小恐吃亏，奉票与现洋差六七万之谱，倘有不妥，岂不自受损失，王即推却。吴见王不允，而且办事太已，把持其中，虽有若大津润，被王占去大半，遂与奉张回信，将王之坏处，全盘托出，吴遂搬出王宅，此事无形消灭。王见此事未成，白浪费川资，应酬万余，故而气怒，将奉张购买意国军火之实情，宣布报端，各方面始悉其中大概。惟此项军械，奉张非买不可。盖因冯海甫在奉，与张接洽海军独立事项时，彼时张对冯言购意械，并王大少从中破坏事，该军械非买不可，实因吾奉军人数充足，其实军械不足三分之一。然吴在津办理此项事，伊不知奉军军械不足也。及稍有闻悉，亦必不深信。冯又对言，吾返津必须设法购买该军械，如事成，仍得措词，此项军械运回本国，方能到奉等语。闻沈幹周仍有赴奉消息，与张接洽商量海军之事，各等情。今将以上访闻大概情形，理合呈请
宪鉴。

李元德谨呈

民国十二年四月二十五日

〔北洋政府京畿卫戍总司令部档案〕

7 林述栋等关于直奉企图妥协等情致王怀庆函呈

（1923年5月30日—10月25日）

（1）直隶临榆警察厅长林述栋致王怀庆函（5月30日）

将军钧座：敬肃者，本月二十七日下午六点，中央代表李将军乘快车到关，王省长带同随员，又奉天孙督军并于总办各乘专车于二十八日下午三点先后到关。当即分派警队妥慎保护，一面会长官绅并各团体在站欢迎。到关后，双方虽无正式开议，而彼此往还晤谈，感情颇觉融洽。二十九日下午七点，王省长、孙督军、李将军、于总办公请各机关各团体在裕中饭店宴会，筵前双方宣布解除误会，从此交好，永保和平等语。各团体鼓掌欢迎，地方人民亦深欣感。宴毕，夜十钟散会。三十日早八点，王省长、孙督军各乘专车同时分回津奉，各机关团体军警仍在站作乐恭送。知关注念，谨此奉闻。虔请，勋安。厅长林述栋

谨呈五月三十日

〔北洋政府热察绥巡阅使署档案〕

（2）张华堂给王怀庆呈文（8月7日）

为呈报事：前张景惠同鲍贵卿去保定，业经呈报在案。嗣查张景惠于五日上午六点四十分钟乘专车由保来津，副官闻信后，次日即往探询。始探悉张鲍二公在保定与曹巡帅所谈之详情，陈列于后。张景惠由津起身，当日抵保定，下车后即往帅署请见。当承曹帅延见，三人寒暄毕，即议国事。曹帅云：前者屡承奔走，诚为感激。今此为我二亲家之事，又承出为调解，际此炎天，尤觉不安。张答云：前者在张巡帅处，已失信用，言之甚为惭愧。对于雨帅多年同谱，又为旧属，虽不就差使，交情仍在，惟对不起巡帅矣。曹巡

帅云：我的事皆好办，惟雨亭办事，时时有变，今后办事，二公能担任雨亭遇事不变更否。张鲍二公同答云：能完全担任。惟雨亭三省巡阅使能否维持恢复。曹帅答云：我当代为办理，亦应当恢复。张景惠又云：三特别区能否归还。曹帅答曰：三特别区，系为国家之地，我不敢经许。东三省乃系雨亭原有之地盘，应归其所有。至特别区，非我敢擅自允许，以后无论谁任总统，亦不敢自专，但我能为力者，无不尽力。其时张景惠尚未答言，鲍霆九即对张景惠曰：若只给热河一区，能否办到？曹帅未容张景惠发言即云：虽热河一区，亦非我所敢专许，此节姑待后议，敢请二兄先请示雨亭之意见，我无不好办之处。议毕返津。遂定于明日即八日，鲍霆九携同张景惠之宋秘书长，晚车一同去奉，请示张巡阅之意见。俟返津后，再继续办理。除俟鲍督返津，探悉如何办理，另文呈报外，理合备文，呈报
宪鉴。

副官张华堂谨呈

中华民国十二年七月八日

〔北洋政府京畿卫戍总司令部档案〕

(3) 张作霖之谈话① (10月25日)

奉天讯：张作霖二十五日下午四时，向往访之记者，就最近时局问题，所语之大要如下：曹锟做大总统以来，近又传有奉直两派和议之说，但予概未与知。前传曹锟代表鲍贵卿、赵玉珂等来奉，传曹锟之意，谓恢复予东三省巡阅使原官，且兼副总统，或谓提出种种议和条件，此全属一场风说。纵然恢复官职，在予并不感谢。予现为东三省保安总司令，除东三省保境安民外，并无他念。奉直和议，无何等考虑，纵或直隶派向予提示如何有利条件，予断抱决

① 此件系京畿卫戍总司令部查扣的1923年10月30日上海《中国晚报》，原题为"张作霖之谈话"。

心，不与之应。实际上予亦认为无有与以接应之必要。曹锟当选大总统，全属伪选，不能认为合法。即为曹锟为国会选出之大总统，然予亦为东三省选出之东三省保安总司令，其间予信无若何差别。曹锟如能照所声明，促成南北统一，具此自信，尽可放胆做去，予定守傍观态度。但若直隶派进击东三省，则予誓当举其全力，从事防战。又曹锟如能完成南北统一，予亦乐于下野。今日东三省，所谓关外独立国，予对于中央之政局，取绝对不干涉之方针。予对段祺瑞、曹锟两人，由原来之关系上，在今日仍属友人。孙中山远隔粤东，不能合作何事，然亦仅作友人之交际，至与南方派、安徽派等，并无特殊关系。吴佩孚在贵国(日本)人士信之过深，予视彼并不算豪杰，故当然不成问题。要之予对于现在以直隶派代表之中央政府，既无和议，亦无战意，仅有维持现状而已。予之心事，谅为贵国人士所共知。予在奉天，静待吴佩孚之来击，但彼迟迟不来，令人待之焦急耳云云。

〔北洋政府京畿卫戍总司令部档案〕

8 同志军人揭露曹锟罪状书

(1923年6月)①

民国十二年六月，曹锟图窃总统大位，嗾其党驱逐黎元洪，雇流氓千百，冒充公民团，围扰黎邸，军警索饷，继以辞职以恫吓之。扰乱一星期，至十三日，黎氏出京，曹锟复嗾其党，要黎于半途，囚黎于天津车站，历十二小时，勺水不得饮，迫索印信，勒令通电辞职。一出逼宫好戏，我军人非目睹之，即耳闻之。夫黎元洪者，曹锟、吴佩孚所拥立以作傀儡者也。甫及年余，演此怪剧，中外之人，莫不骇叹，而曹锟方以为大功告成，贿买议员，筹备大选，骎骎乎拥号而称尊矣。

① 此件原题为“同志军人劝告书”从内容看，时间系1923年直系逼走黎元洪之后，曹锟未就贿选总统之前，故当在1923年6月。

虽然曹锟伧夫耳，无功于民国，何所恃而敢为此，曰：恃有我军人耳，恃有我军人之拥护耳。事成则彼享其富贵尊荣，设有反对，设有战争，彼则牺牲我军人之生命，作私人之保障。故敢躬行大逆，无所顾忌。质言之，我军人而服从曹氏者，生为鹰犬，死作刍狗而已。我军人而欲保此人格，雪此奇耻乎。则当明乎下述三者之要素。

第一、当知军人之责任。国家为何而用军人，为保国耳，为卫民耳。保国者乃对于外国人侵占我土地主权，或国际交涉，不能贯彻我政府主张，而诉诸武力，此我军人所当效死勿云，杀敌致果，以保障我国权者也。卫民者对于社会之秩序，人民之安宁，务当加意护持，如有匪类横行，蹂躏人民者，必出死力以保卫之，所谓民出税以养兵，兵出力以卫民者也。故为保国卫民而战，我军人天职所在，誓死勿辞。若今之曹锟、吴佩孚等，将我国家之军队，据为私有，专权跋扈，以太上政府自居，敲剥民膏，诛求无厌，种种倒行逆施，丧失国际地位，几使外人监督财政，甚至因临城劫车之变，将火车上保护队，归外人训练指挥，使我军人供彼驱使，作彼牛马，是而可忍，孰不可忍。迹其败国殄民之事实，与我军人保国卫民之宗旨，完全背道而驰。我军人对于曹锟等，分当鸣鼓而攻，灭此朝食，以免亡国灭种之祸，岂可作一姓一家之走狗，为国贼利用，招万口之唾骂，留万事之恶名乎。此我军人对于本身之责任，而应行觉悟者一也。

第二、当知人心之向背。事无古今，人无中外，事业之成败，莫不以人心为标准，若人心不附，虽有如何之权力财力，亦决不能成功。十余年来，吾辈经历之事实，可为殷鉴。当前清末年，满清贵胄，乳臭小儿，把持政局，斥去老成，阴主排汉，人心愤怒，舆论不容。武昌义起，各省响应，不数月将满清政府推倒，而建设中华民国。迨至民国二年，党人捣乱，所作所为，与望治之人心，大相违背，党人逆潮而兴兵，项城顺人心而定乱，旬月之间，党人败、项城胜。其后项城骄蹇，帝制自为，遂有民国五年洪宪之役。西南利用人心，编师号召，以弱敌强，项城一世之雄，坐是身死名裂。由此观之，成败之数，决于人心。以项城之魄力，尚不能违此通例，何况其他曹锟、吴佩孚。上年驱逐总统徐世昌，今年驱逐总统黎元洪，驱徐犹曰恢复法统，驱黎又何说乎。视一国元首之废置，如弈棋然，梁之侯景，唐之朱温，恶亦不过如是。微特中立之国民，人人疾首痛恨。即党于曹、吴之辈，亦孰敢公言赞成。可知正义所在，无论如何，不容抹煞。今国人已公认曹、吴为国贼矣，我军人而犹为国贼效忠，必将为全国所共弃，外人所耻笑。何如幡然变计，顺人心扶正义，共同建设全国人民所希望之政府，以免我神圣之国家，亡于曹、吴之手乎。此我军人对于人心之向背，而应行觉悟者又一也。

第三、当知国贼之罪恶。我军人而欲拥护人者，必其人为国民所信仰而后可。若曹锟之罪恶，通国皆知，我军人讵可淡然忘之。兹为历举于次：

（甲）民国元年，曹锟因索款不遂，纵兵焚掠京师，捆载宝物，至琉璃河分赃。他种军队，因之分出焚掠，天津被焚掠四分之一，保定被焚掠二分之一以上，马厂被掠一空，济南被焚掠六分之一，百姓怨恨呼天，冤痛入骨。迨各兵携带掠物，散归途中，又为曹锟设计截杀，无幸免者。导之为恶，又从而残之以掩其迹，阴贼险狠，至于此极。罪一。

（乙）民四、民五之交，曹锟怂恿项城称帝，领衔劝进，云南倡义，率兵出川，沿途掳掠，闾里为墟。项城殁后，黄陂继任，曹锟出其劫夺而来之赃款，对于政客红人，分途送礼，运动直隶督军，又挪用兵饷以补助之。洪宪功狗，一跃而为民国干城，而北军拖延欠饷之风，实始于此。以私害公，丧良无耻。罪二。

（丙）民国七年，拔湘之役，我军人在前敌者，受尽暑热蚊毒。曹锟则逗留汉口，每日招妓数十，饮酒打牌，并纳苏妓花宝宝为妾，报纸腾笑，恬不知耻。复敢拥兵要挟政府，加以川鄂湘粤四省经略之头衔，败坏军纪，莫此为甚。罪三。

（丁）民国七年，直隶大水，曹锟出其历年侵蚀之财，将新城至小站一带之稻田，以廉价收买。彼时水势将淹入曹家之田，锟闻信，命军队将南堤掘开十余处，水入十余村庄，田庐人畜，荡然无遗。当掘堤时，十余村人跪求，不但不允，竟将男女老幼，推入水中。以致水势成灾，各村未活一人。后各处捐助赈款，锟又扣出一部分，建筑光园，以供娱乐。残忍贪黩，古今中外，罕有其匹。罪四。

（戊）民国八年，曹锟侵挪军饷一百二十万，运动选举副总统，不成。遂暗令吴佩孚撤兵干涉行政，构起九年皖直战争，京、津、保一带，大受兵革之灾。是年直、鲁、豫、陕大旱，曹锟强迫各该省助出兵费若干，受灾之民，未获赈济，先被勒捐，逼死无算。迨政府以特抽海关火车捐款，汇往放赈，曹又提出三百余万，名为军恤费，不但灾民未得染指，即战伤士兵，屡次求恤，亦置不理。因之军心不服。是以保定兵变至七次之多。曹锟以一己之私，贻人民无穷之祸。又因购置私产，及开纺纱、面粉各厂。嘱其弟省长曹锐，将直境运河两岸李文忠时所栽防堤柳树，全行伐卖，充作资本。且将树根掘出，而缺处不填，将来大水时，必有冲开淹没之患。逞毒虐民，无恶不作。罪五。

（己）民国十年，三巡阅使在津会议，曹锟以王占元不能顺承其意，又忌其资深位重，将有候补总统之竞争。乃暗中遣人构煽王部兵变，并阴令赵恒惕出兵驱王，吴佩孚屯兵汉口，坐观成败，仍暗结王部孙传芳离王，王以内外夹击，不得不走。吴佩孚乃锐意进兵，大肆戕杀。决金堤之水，灌湘、鄂之区，以致两省军民陷于涂炭。卖友残民，居心险恶。罪六。

（庚）民国十一年，政府拟将全国地赋押与银行团，借款四万万，并将全国铁道归银行团共管。此种计划，曹锟首先赞成。嗣以奉张不与赞助，曹锟阴令吴佩孚打十三电报，谩骂奉张，百计挑战，欲借此以挫其锋，使不敢竞争大选。一面将战地饷需，科派各县，每大县派款五万元，小米高粱四千石。中县派款四万元，小米高粱三千石。小县派款三万元，小米高粱二千石。至今各县有案可稽，苛扰不堪言喻。迨奉直战后，奉张出关，凡系直军经过之地，莫不受害。最重者。为清县、大城、静海一带，市里凋残，如被赭寇。曹、吴乘战胜之余威，驱逐徐世昌，迎黎元洪复位，大发废督裁兵之电，纯盗虚声。尤复增加二师七混成旅之兵力，使人民负担饷糈每年一千余万。嗜利无良，残民以逞。罪七。

（辛）曹锟贪鄙猥琐，习与性成，既囊括直省所有，且私将清室东西陵百余年风水林伐卖，得款一千余万。清室敢怒而不敢言，其兄弟效其所为，流毒全省。长兄绰号花得雷，在大沽遇有姿色之妇女，强拉逼奸，有不从者，诛及其父兄。虽有告发，官厅承曹氏鼻息，不敢过问。其四弟曹锐，任直隶省长六年，不问民治，专意聚敛，其私产现有四千余万之多。其五弟在家，人称为恶霸飞得公，强占天津新城大沽一带民产甚巨。其七弟曹瑛为二十六师师长，不知军纪，务夺民财。天津自民六大水后，民间田庐契据，漂没者居多，曹瑛派遣无赖，钉椿占地，据为己有，被害者起诉法庭，反以无据罚办。综计所占地亩，约值千余万元，津人无不知之。纵恶殃民，伊于胡底。罪八。

凡此八端，皆其落落大者，余如勒停顺天议员，勒征明年田赋。酿成临城劫车重案，致贻国际之羞。贿卖差缺人员，大为吏治之玷。综其罪恶，罄竹难述。今又驱逐黎氏，图僭大位，恃我军人为爪牙，以济其无穷之恶。若不速加制止，势必害于而家，凶于而国，我军人而欲求国家之存在，人格之保全，乡里之安谧，家人父子之团聚者，必当服从正义，与众弃之，此我军人对于国贼之罪恶，而应行觉悟者又一也。

上述三者，为国家计、为人民计，为我军人自身计，无一语不至诚，无一字无来历。三光在上，誓不欺诬。时至今日，非速扶持正义，建设全国人民所希望之政府，不足以挽救危亡。凡我军人，孰不欲立功当时，扬名后世，岂愿从国贼长此梦梦乎。思之思之，盍归乎来。

同志军人公启

〔北洋政府多防镇守使署档案〕

9 曹锟吴佩孚布置热河防务对付奉张备战致王怀庆密电

（1923年10月4日—6日）

（1）曹锟致王怀庆密电（10月4日）

急。北京王巡阅使懋宣弟鉴：宣密。冬电谅达。迭据各方探报，奉方积极准备，情形紧迫，以此推测，则彼有意挑衅，不问可知。除已电令本军各师旅，速为准备集合铁路沿线，待命出发外，查朝、阜两邑，地处边界，关系巨重，亟应加驻重兵，以资镇慑，藉厚实力。兄意贵师留京残余部队，为数不多，拟请尽数调赴凌源，暂归刘旅长指挥，并为便于统驭起见，拟任刘旅长为朝阜边防司令，率部进驻朝阳，以一事权，用专责成，时机急迫，缓不可济。特电奉商。即请我弟查夺，速复为盼。兄曹锟。支。印。

（2）吴佩孚致王怀庆密电（10月6日）

急。北京王巡阅使鉴：元密。豪（四日）电奉悉。昨上仲帅微（五日）电文曰：热河为京畿屏蔽。亟须预筹防守，钧谕自当恪遵。佩意对热计划，应以凌源、朝阳、开鲁一带之地区为防线，由王巡阅使所部担任。凌朝防务，冯检阅使担任。开鲁附近之防务，张、马两都统所部及第九师为热河预备队，以劲旅严防，当可捍御无虞等语。特抄奉闻。即希亮察。吴佩孚。鱼（六日）。印。

〔北洋政府热察绥巡阅使署档案〕

10 日本驻奉天总领事船津辰一郎关于奉天军事情形向北京日本公使的报告

（1923年10月28日—12月2日）

（1）十月二十八日的报告

第六六一六号

大日本帝国公使馆

特命全权公使芳泽谦吉殿

因奉直有再战之虑，张作霖氏作军事之计划，张于奉榆线失修缮机关车铁道之工场，故提出二百万元之预算，拟于沟帮子设大工场，命奉榆调查，更聚集在奉之高级军官，前湖南督军张敬尧及张宗昌并邦人本庄等研究策划，似有出积极行动之状。但如彼之军队，焉能向此寒空实行战斗乎。将行补给衣装，募集临时兵，但临时召募之军队，在向后之寒季，能执枪作战乎。无防寒具，即发食粮。

驻奉天日本总领事馆

船津辰一郎印

大正十二年十月二十八日

（2）十一月二日的报告

第六六四七号

大日本帝国公使馆

特命全权公使芳泽谦吉殿

敬启者：张作霖保安总司令，以军队中有独立团、独立营、山林队、保安队、第四特别旅等等之特别名称，有难于划一之嫌，故由林西府出发，系正式陆军旅团、附大炮十二门、炮弹八箱、新式机关枪四架、子弹二十万粒、并或将提议岛村久兵卫氏及各队中之军官，沟有附入热河后援队之必要，亦未可知。

驻奉天日本总领事馆

船津辰一郎印

（秘密）

大正十二年十一月二日

〔北洋政府大总统府档案〕

11 吴佩孚关于运动粤海军司令温树德率舰北归并请委为渤海海军司令电

（1923年11月2日—1924年2月9日）

（1）总统府军事处致山东省长熊炳琦密电(11月2日)

特急。济南熊省长鉴：元密。顷接吴巡阅使艳电开：顷接港电云：省舰经温、刘二公，酌派得力人员入省，约定沁日晚，全队冲出，并派海琛舰开往接应，艳日当可开汕，赶即整顿北上。刘司令来港，就近策应等语。查粤舰北归，业已一切就绪，务请将前项情形，转陈主座，切电熊省长，速汇余款，以免功亏一篑，至深盼祷等语。当经转呈主座，奉谕：转电熊省长，将余款火速拨汇等因。除电复吴巡阅使外，特此电达，希速查照办理，见复为盼。军事处冬。戌。印。

（2）吴佩孚致曹锟密电(2月9日)

北京大总统钧鉴：永密。王秘书长、陆处长江电敬悉。遵查海军北归，各将校佥以温树德司令率所部舰队，自粤北归，义声所播，感动全国，此诚非常之功，宜膺不次之赏，非平时设官分职，按部就班者，所可同日而语。前经佩孚电恳我大总统简为渤海海军司令。蒙交阁议，深代感激。顷闻南京海军总司令杜锡圭，不欲该舰队直接归部节制，有电到京反对，以致阁议未决。衡情度理，窃不谓然。查杜总司令建节金陵，责任繁重，方赖约束所部，藉镇东南，未可以渤海防务，重劳兼顾。且自逃舰据沪，无异封锁长江，渤海辽远，尤虑鞭长莫及。若谓职权所在，不肯放弃，则黑龙江江防司令直隶海部，具有先例可援，曾非创举。即东西各国海军成规，亦咸因时制，宜划区防守，两舰以上，得为一舰队，两舰队以上，得置一总司令。直隶海军部者有之，直隶大元帅者有之，固不尽归一总司令指挥节制，其原理正与陆军相同。方今海内分裂，未戢干戈，直鲁沿海边防尤重，如该舰队归杜总司令遥制，设或调遣失宜，更有如海筹、永绩、靖安、辰字、楚泰诸舰艇等，□故发生，则星星之火，可以燎原，军情重大，谁尸其咎。佩孚身任兼圻，统筹全局，事关直鲁海防，未容缄默，请我大总统俯念愚忱，仍将简任温树德为渤海海军司令原案，交院速议，迅予发表，以劝忠义，而重国防，不胜屏营待命之至。吴佩孚叩。佳。印。

〔北洋政府大总统府档案〕

12 众议院议员吕泮林关于李有忱疏通直奉议和暨双方均以热河为隶属条件致王怀庆密呈

（1923年11月9日）

巡帅钧鉴：密禀者，昨晚有奉天议员李有忱来舍下，疏通直奉和议问题。据云：奉张非要热河改隶奉省不可，以热河为本省门户，关系非常重要。而直隶亦视热河为门户，不肯轻弃，现经伊从中斡旋，令张叙五都热，不带兵。直隶已允，特来征求地方人同意，要求出来帮忙等语。询其与何人接洽。据云：与李汉芹接洽。泮当将反对意见说明，无论何方，不能以热河作交换条件。兹拟联络同人，向直派各要人提出警告，不能以吾热作交换品，特此密禀，藉叩勋安。

治晚吕泮林谨呈

十一月九日

〔北洋政府热察绥巡阅使署档案〕

13 热察绥巡阅使署关于奉系召开军事会议情形致军事处函

(1924年2月11日)①

热察绥巡阅使署公函　十三年秘字第七十八号

迳密启者：顷据建昌陶旅长佳电称：顷据在奉密探回凌报称：由紧要机关探确，奉方于阴历年前军事会议议定，俟江浙开衅，奉、吉、黑三省即一致进内，黑省军队由洮南进攻开鲁，吉省军队由辽源攻取绥东，奉省军队分四路，榆、凌、朝、阜四处猛进。近日奉省由宪兵在各处搜查直方侦探，并检查信件甚严，是以未敢函报，亲自回防面禀等情。据此，谨电密陈等语。除密饬热区陆防各军严加范外，相应密达。希即察照是荷。此致

大总统府军事处

〔北洋政府大总统府档案〕

14 王怀庆请辞京畿卫戍总司令兼职专任热察绥巡阅使呈稿

(1924年3月4日)

呈为职务繁重，恳辞京畿卫戍总司令兼职，另简贤能，以专责成，仰祈钧鉴事：窃查民国□〔六〕年，我国对于德奥宣战，因设京畿警备总司令部，以资警卫。嗣以参战告终，即以警备总司令部改设京畿卫戍总司令部，为京畿一带军事高级机关。〇〇(怀庆)承乏斯职，适在皖系决裂之后，时则危疑震撼，险象环生，竭尽智能，差免蹉跌。未及一载，又值长辛店之役，风云弥漫，畿辅震惊，灿烂都城，几难瓦全。上年秋夏之交，复遭变故，内阁摄政，中外恐慌，幸得仰庇鸿福，化险为夷。〇〇(怀庆)自顾庸材，何裨时局，前之勇于任事者，意在消弭隐患，具有苦衷，故当京师杌陧之秋，断不容有畏难苟安之见。今则欣逢景运，国步方新，畿甸治安，巩如盘石，卫

---

① 文件时间为收文日期。

戍总司令一职，但期遴选得人，即可从容治理。拟恳大总统俯鉴微忱，准予开去京畿卫戍总司令兼职，另简贤能，俾〇〇得以总揽三区，随时巡阅，以免隔阂，致辜边民之望。所有恳辞京畿卫戍总司令兼职缘由，理合具呈。伏乞鉴核，批示施行。谨呈

〔北洋政府京畿卫戍总司令部档案〕

15 王怀庆告诫部属对奉军勿先开衅密电稿

（1924年4月7日）

（1）致米振标密电稿

承德米帮办鉴：宣密。阳辰电悉。奉方为防卫起见，积极备战，自系实情。我处已筹备大支军队，惟奉军不来攻，我军亦不便开拔，致冒开衅戎首之名，希本此意，密饬各处，一体戒备，勿稍张皇，至要。王〇〇。虞五。印。

四月七日发

（2）致殷贵密电稿

朝阳殷镇守使鉴：宣密。奉张积极备战事，实本不可掩。惟此次奉张寿辰，据保定周副官长代表祝嘏，不但亲见奉张发誓，决不攻人，即其一切动作，均极安静，证以各处探报及现在情形，其一切筹备，似专为防卫起见，未必有意攻人。我之一切动作，亦宜抱定宗旨，外示镇静，内实筹备，决不可有意挑战，亦决不可衅自我开。故此次开拔驻京队伍，均由陆路陆续前进，以免注目。总之用兵之道，有备方可无患，仍望随时严密防范，勿得轻事挑衅。果至最紧急时，自当以全力应付。该使久临大敌，略能一一见到，熟筹一切也。王〇〇虞二。印。

〔北洋政府热察巡阅使署档案〕

16 曹锟否认直军调动备战通电

（1924年4月29日）

大总统钧鉴：参议院、众议院、国务总理、各部院、冯检阅使、卫戍总司令、步军统领、警察总监、京兆尹、各省巡阅使、督军、督理、省长、总司令、下关杜总司令、各护军使、镇守使、师旅长、各省议会、教育会、商会、各报馆均鉴：自法统重光，兵端告戢，数月于兹，海内人心，期望统一，甚于望岁。窃念国家建设，常有为山之难，而破坏则若决川之易。为今之计，惟有合国人之全力，以谋建设，断不可更从事于破坏。锟和平素志，终始不渝，凡我军人，咸同斯旨。迩者道路流言，惊悚观听，甚谓兵事将见。目前此等造谣生事，或由妄意之推测，或出阴谋之掀阖，所幸国中明达，必不为所蒙蔽。直隶军队，向驻原汛，地有定点，兵有定数，从无调动之举，更无备战之事，耳目昭然，非可讳实。军人者，国家人民之一，直军者、国家军队之一，若锟者、又国军军人之一耳。人之爱国，谁不如我，当此国家多故，风雨漂摇，凡我袍泽，惟有以诚相见，同舟共济，幸免论胥豆合，轻启猜嫌，自召离析。纵有同异，犹当先国家之急，而悉泯其私。况我袍泽兄弟骨肉，本无同异事可言乎。锟虽不敏，尝奉教于君子，耿耿此心，天日共鉴。抑锟犹有不能已于言者，治国者当先正其根本，则枝叶自从之，而正法治者，今日国家之根本也。国家立法，当与全国人民共守之。国家行政，当与全国人才共任之。人人守法，自不容一人竞争权利，而有法律外之行为，人人效用于国家，则人才无见弃之时，而国家自无不办之事，以此而言，统一庶乎，其为真统一。以此而言，和平庶乎，其为真和平。锟在兵间，垂四十年，服务民国，亦逾十稔，艰难备尝，不敢虚为高论，谨就一得之愚，宏诸邦人君子，惟垂察焉。不胜幸甚。曹锟叩。艳。印。

〔北洋政府内务部档案〕

17 张作霖声明无备战之事通电

（1924年4月30日）

府、院、参众两院、各衙门、检阅使、赵次珊先生、天津段芝泉先生、张金波先生、王聘卿先生、王子春先生、上海章太炎先生、南通张季直先生、广东孙中山先生、各省巡阅使、督军、督办、督理、省长、各护军使、各镇守使、各师旅长、各区都统、海军各舰队、各省议会、各农工商会、各报馆均鉴：顷读曹仲帅艳日通电，尊重法律，渴望和平，企谋统一，宗旨正大，极表赞同。国人共兵祸久矣。火热水深，民生重困，厌乱心理，南北相同。倘再凭藉武力，逆此潮流，天道有知，宁非自寻覆灭。东省自去岁以来，只知以保境安民为帜志，他方理乱，概不与闻。但期和平统一之速成，毫无权利功名之可恋。海内贤达，有能福利国家者，无论何人，作霖罔不竭诚推重。当此外侮方亟，宁堪再启内争。报纸所传，敝处调兵备战之词，实无其事，尤愿各方谅解。此意从事提携，勿以挑拨为能，勿以兵力自恃，共守仲帅和平之旨，实为国家大局之庥。敬布区区。伏希公鉴。张作霖。卅。印。

〔北洋政府内务部档案〕

18 张连同为奉张组织蒙军驻边请增派援军致王怀庆密电

（1924年5月13日）

北京东四七条热察绥巡帅钧鉴：宣密。顷据探报，奉境宾图旗、剥王旗，有蒙兵共七千名，枪马齐整，大炮两尊，日前由奉天通辽县界，奔至达尔罕旗，往北联络。闻系奉方令其勾结外蒙扰边，南北牵制，意图大举等语。并据东札鲁旗巡官占巴东卜苏报同前情。查蒙性强悍，自古恒为边患，果施此计，不可轻视。职军防线，东接三省，北连外蒙，且距郑白铁路六七十里。查郑家屯、通辽、洮南等处，驻四混成旅之多，将来猛扑，数刻即至。职军骑七营、步两营、炮一营，散驻开、绥两县，地阔兵单，不敷分布，孤处一角，危险万分。况绥东距开三百余里，途尽沙沱，中隔两道大河，跋涉维艰，调动非易。又查奉天彰武县界大庙等处，驻有奉军两旅，该处距绥东防所七八十里。职军马队两营，共枪二百八十余枝，寡不敌众，无庸讳言。若不早为布置，一旦有事，不惟绥东全为困于绝境，即开鲁防所，亦恐陷入重围，此情此理，谅在帅鉴。司令对于此事，筹划至再，与其虚张声势，终归两误，何如略为变通，事属两全。势逼处此，不得不言。将绥东两营调归开鲁，全副精神，独当一面。然尤不敢自恃，仍仰抽军调驻开鲁附近，方觉胆壮。至于绥东防务，查朝、阜军队，较多职军四倍，抽调一团驻绥，最为相当。由阜至绥，百八十里，道路平坦，将来援助，亦多便利。司令带兵有年，既蒙帅宪恩遇力之所至，生死以之，决不敢畏难苟安，亦决不敢贻误全局。存亡所系，迫切陈词。是否有当，伏祈垂察，临电惶悚，无任侍命。司令张连同叩。元。印。

〔北洋政府热察绥巡阅使署档案〕

19 师长曹瑛关于奉系召开军政会议联络浙督卢永祥反直等情报致曹锟代电

(1924年8月9日)

陆军第二十六师快邮代电　第七号

大总统钧鉴：顷据职师所派坐探，由奉密报所得奉方近今对我种种极秘计划，甚为详确，谨用邮电分条驰陈钧座，请勿作市上流言，早为准备，以防临时仓卒不及，至为幸祷。敬叩钧安。师长曹瑛叩。佳。

计开：(一)旧历六月二十一日，奉方张某曾借名会议奉俄协约事宜，令招东三省团长道尹以上各级军政长官，齐集奉天省城。(二)奉方此次会议，实因内地水灾遍野，准予秋后乘我之危，出动大部敌军，由山海关热河等处，直攻我之天津、北京。(三)敌方为慎重起见，曾竭力联络浙江之卢永祥，其子小嘉现尚在奉，并以该省为首先发难之区。闻两省业将条件定妥，刻下只待机缘即动。（四）奉方之王永江、杨雨霆两人，因商此事，意见背驰，曾大起冲突。刻经张子学良竭力撮合，王永江始行由家回奉。（五）奉方此次之发动，实出于张学良等之主张，而黑吴大不赞成。以上各次确实报告，实系坐探得于奉方军官之口说，决非空谈，请正当注意。中华民国十三年八月九日自马厂发

〔北洋政府大总统府档案〕

20 吴佩孚主张对奉方仍运用和缓容纳旧派策略致陆锦密电

（1924年8月19日）

北京军事处陆处长鉴：永密。巧电奉悉。对奉策略，中央仍须主张容纳旧派，设法运用，以资和缓，敬请转陈主座钧察为祷。吴佩孚。皓二。印。（洛阳发）

〔北洋政府大总统府档案〕

21 吴佩孚请密询冯玉祥若果敢有为拟将东三省全权付托致王毓芝陆锦密电

（1924年9月11日）

急。北京公府王秘书长，陆处长鉴：亲泽。元密。卦戍电敬悉。考量现势，南京城若无危险，奉决不至进犯榆关。鄙意只要冯使果敢有为，至时拟以东三省全权付托之。请密询其意向何如。特电奉复。敬祈转陈主座钧裁为祷。吴佩孚。队。印。

〔北洋政府执政府档案〕

22 吴佩孚王怀庆等关于第二次直奉战争前后双方积极调动兵力各情往来密电

（1924年9月11日—14日）

（1）吴佩孚致王怀庆密电（9月11日）

北京王巡阅使鉴：顷接龚镇守使汉治电称：据探报，奉军情形如下：(一)驻锦廿七师，有在锦县集中之样。其分驻沈家台之步兵二连，于前日调回锦县。(二)义县现已增兵一旅。(三)佳日奉军开二列车到义界留龙台、留河沟附□〔近〕，其兵力约混成一团，已在留龙台收买草料。(四)沈家台、留龙台新到奉军第一师李景林之部队与廿七师换防。(五)现时奉省各县招兵，惟应募之人甚少。(六)闻阚朝玺在奉枪毙，明为开会后至，其实供为枪毙卢占魁之故。查奉方增兵换防，实有备战之意。乞速饬刘司令克日回防，实为德便。除严令各营戒备及续探外，谨电禀闻等语。特电奉闻。祈饬刘司令回防为盼。吴佩孚。真。印。

(2) 张殿如致王怀庆密电(9月12日)

北京王巡帅钧鉴：靖密。顷据开鲁张司令连同、阜新梁统领克发先后电告，奉方计划三路攻热：(一)由榆关。(二)取朝阳。(三)犯开鲁、新立屯及锦、义等县。刻均调集重兵，拟以李景林、阚朝玺等担任指挥，日内当可实现各等情。查奉张久蓄阴谋，此次乘机已先发难，吾热为正当防卫起见，自应严密防御，巩固边陲。惟我军棋布星罗，地方辽阔，不得不统盘筹策，以期万全。凌朝、开鲁一带，有十三师及龚使所部各营，并热河混成旅游击第一队，足资分布。阜新、林西两处，只驻梁、常等部。兵力极形单薄，拟请以驻锥子山之步四营调防建平，协同原驻之步十六营就近策应。阜新递遣锥防，著驻丰巡防拨队防守。真二电请调之马三营，仍乞迅饬开至赤峰，以便饬赴下洼，以作开鲁声援。第一路统领一职，祈准以刘帮统正芳升充，即令率带该营开赴前方，屯札小河沿一带，居中策应，兼顾各路。林西方面，即由常统领万里所部之一营三旗担任防守。驻经之第三旗一并调归林西，所遗经棚防务，电知察都饬由多伦军队填札。热河城防，将步三营，于管带金武提升帮统，带同该营驻热，以昭激励，而重责成。古北口地方，饬令驻通马统领派该营帮带率步兵三哨，驰往填札，以固后方防务。自热赴赤一路，由任帮带之骑兵节次设拨，足敷分配。至防卫地方，维持秩序任务，请饬警务处飞电各县，令将正预警察，一律调齐。对于该管地方，各自负责，认真巡缉。管见所及，披缕上闻，祈纳刍言，分别照办。事机紧迫，企待示遵。除迳报米都统核夺外，谨并电陈。赤林镇守使张殿如叩。文。印。

(3) 王怀庆致吴佩孚密电稿(9月12日)

洛阳吴巡阅使子玉兄鉴：元密。据开鲁张司令连同真电称：迭据确报，奉方沿边节节增防。通辽骤添阚旅，已到两千余，现正源源而来。查其情形，大有猛攻之势等语。查开鲁地势孤处一角，地阔兵单，千里求援，来之不易，度德量力，兵弹两缺。通辽车站劲旅极夥，距开防所，仅百余里，一旦猛攻，朝发夕至，即使拼命鏖战，子弹能支数日，而后方援军，非十数日决难赶到。全军存亡，在所不计，贻误全军，悔恨何及。战机紧迫，不得不报。除整军待命外，谨闻。又据朝阳刘旅长富有真电称：顷准驻阜新梁统领克发真电开：据侦探飞报，新立屯奉军，现已增添三旅，阚朝玺指挥进犯，李景林亦进犯朝阳，一二日当可实现。除预备抵御外，请增防各等情。除电饬热河沿边各军，严加戒备，暂取守势外，昨经呈明大总统预备分路应援。查现在热河防务万急。所有援军出发，应行筹备一切事宜，不容稍缓，尚乞我公统筹全局，速示方略，至深盼祷。王〇〇。文。

(4) 王怀庆致张连同密电稿(9月12日)

万急。开鲁张司令鉴：靖密。真电悉。奉方沿边增防，此间已有所闻，刻已筹有具体办法。开鲁方面，为一路一师三个混成旅，日内即行开拔前进。此项筹划，仰该司令务须严守秘密，万勿泄漏。以免敌闻。先机制发，致蒙不利，望即督饬所部，严为戒备。暂取守势，彼不来攻我军，万勿轻动，以免衅自我开。倘确悉敌军来攻，彼之兵力过大，该司令所部各营，万难抵御时，即行相机向敖罕贝子府建平一带退却。该军军实暨全队兵力，切勿损失。仍将探明详情，随时电闻为要。特复。王〇〇。文。印。

十三年九月十二日

〔北洋政府热察绥巡阅使署档案〕

(5) 董政国致曹锟密电(9月14日)

特急。大总统钧鉴：元密。顷据职师旅赴榆关内外密探报：(一)张作霖已派张学良为左路总指挥，姜登选为左路司令，李景林副之。中路以张作相为司令，张宗昌副之。右路热边吴俊陞为司令，许兰洲副之。(二)张作霖于月之八日，已秘密下动员令。(三)奉张连日由奉出发，队伍系奉军第七旅之一团，二十五、二十七两旅，均直赴锦州。(四)奉军第三旅张宗昌、骑兵第一旅穆春、步兵第一旅阚朝玺，均由奉开赴绥中，系以秋操为名。(五)奉天省城已实行戒严，张作霖派警务处于珍、宪兵司令陈兴亚，为守城正副司令。(六)张作霖密令吉黑两省各抽调两混成旅开赴洮南，意在进扰热河。(七)京奉车，已于月之十二日停止通行。(八)张作霖将京奉车关外段车辆，完全扣留在奉天锦州两车站，运军队军需。(九)卢小嘉、徐树铮于月之七日同行赴奉，煽惑奉张暴动。(十)风闻热边奉张已派张海□、汲金纯牵带西路游击队，实行进犯。(十一)奉天葫芦岛海防，张作霖于月之十二日，抽派奉军第六旅之两团，前往增防。(十二)又有李景林因嫌疑被押，阚朝玺被刺之说，其内部颇形破裂等情。据此，除饬详探密报外。谨电禀闻。师长董政国叩。寒。印。

〔北洋政府大总统府档案〕

(6) 彭寿莘给王怀庆密电(9月14日)

北京王巡帅钧鉴：宁密。元电敬悉。锦州绥中前所一带，奉军兵力颇厚，并筑有战壕多处，敝部于文夜戌刻，已占据榆关。关外万家屯车站桥梁，业经奉天破坏。又闻日本借与奉天南满车输送来往队伍，又到奉日兵二万名。已经报告公府，向日使交涉。又闻葫芦岛工程甚坚，地雷电纲设置多处。又闻锦州有飞机六十余架，内带机枪者数架，尊处有何情形，祈随时电示，至为盼祷。弟彭寿莘。寒子。印。

（7）王怀庆复彭寿莘密电稿（9月14日）

彭将军子耕兄鉴：宁密。寒子电敬悉。奉军节节进逼，阴谋叵测，榆关为东北屏障，问题至巨，贵部于文夜完全占据，仰见老谋深算，佩服曷既。连日迭据热区前方探报：奉军调集大队在锦西、绥中，义县一带挖筑濠沟，积极备战。该处距朝阳、阜新甚近，防务万分吃紧，业饬沿边军队严加防范，并调派重兵以备应援。尊处有何情形，仍乞随时电示为盼，特电奉复。王〇〇。寒。印。

九月十四日发

〔北洋政府热察绥巡阅使署档案〕

23 吴佩孚请饬冯玉祥增援北路及冯虚与委蛇往来密电

（1924年9月13日—29日）

（1）吴佩孚致陆锦密电（9月13日）

北京军事处陆处长鉴：永密。文酉电敬悉。请饬冯检使增援北路为要。吴佩孚。元。印。

（2）冯玉祥第三军总司令部通报（9月22日）

九月二十二日上午十一时
通报
于南苑第三军总司令部

一、据已出发各部旅长报称：第一路第七混成旅于本日可达古北口，第二十五混成旅于本日可达密云，第二十一混成旅于本日可达高丽营。

一、敝军总司令部率领各独立团营由南苑出发，先向古北口前进。

一、敝军第二路之第八混成旅拟即继续由南苑出发，先向古北口方面前进。此致

军事处

第三军总司令部启

九月廿二日

(3) 军事处给冯玉祥密电(9月28日)

火急。古北口探投冯总司令鉴：捷密。顷奉主座交谕米副司令迭电，请援建平，势甚危急。现时王总司令已出冷口，其先头部队及第九师已到凌源，十四混成旅已到大丈子，胡师亦由通州开拔。着电冯总司令迅饬所部，轻装前进，应援建平。是所切盼。等因，特此布达。即希察照。见复为荷。军事处。俭。印。

(4) 冯玉祥给曹锟吴佩孚密电(9月28日)

万火急。北京大总统、讨逆军总司令吴钧鉴：捷密。顷接赤峰骑兵总司令张殿如感电称：建平被敌军逼近，已处危险，虽尽力抵御，终恐众寡悬殊。又据报逆军穆、阚两旅，在开鲁方面实行备战，吴俊陞为接应建平县民成子香，受逆军指使，率众潜赴林西经棚一带扰乱等语。据此，可知建平危在旦夕。按建平、凌源两地，俱为紧要之点，倘有不利，则逆军可立下平泉，影响热河，除职军已遵令迅速北进外，伏乞迅饬经由冷口北上之部队，及经由赤峰前进之部队，兼程前进，俾可三面包围，使逆军无应付之余暇，如此夹击，收功必易。又林西、经棚一带，既有敌军扰乱，则我军对此方面，亦须有强大兵力，压迫敌之右侧，谨陈管见，伏候采纳。第三军总司令冯玉祥叩。俭。印。

（5）冯玉祥致曹锟吴佩孚密电（9月28日）

万急。北京大总统、讨逆军总司令吴钧鉴：捷密。职军第一路已由张司令之江率领，于本日出古北口北进。玉祥亦已到达密云，知关廑系。特电禀闻。第三军总司令冯玉祥叩。勘。印。

（6）冯玉祥给军事处密电（9月29日）

急。北京大总统府军事处呈大总统钧鉴：捷密。职军前因自来得手枪不敷应用，呈请再发二百支。顷准军事处函：业已拨发无存，候购到再行拨给等语。查张逆所部器械精良，职军筹备则多有未周，刻下接触在即，良窳利钝之分，一旦交绥，殊堪虑及。自来得手枪携带便利，效力宏大，出地作战，最为相宜，应请钧座再行饬拨二百支，迅运前方，以便早得分发应用，为效实非浅鲜。临电不胜企祷之至。第三军总司令冯玉祥。艳。印。

〔北洋政府大总统府档案〕

24 张作霖在第二次直奉战争前夕致曹锟电

（1924年9月15日）

九月十六日录

来官报二二九六号，奉天致曹仲珊三哥鉴：本年天灾流行，饥民遍野，四省图浙之举，弟曾切进忠言，兄复函力主和平，方深佩慰。乃墨犹湿，而战令已颁。同时又向敝处分路进兵，榆关扣车，交通顿阻，甘为戎首，是何用心。兄频年受吴贼包围，祸粤、祸桂、祸湘、祸川，惨毒之声，遍于海内。现在苏军迭次大挫，西南联军北伐，赣鄂震动，主张武力之效果，亦可概见一班。兄尊处自娱高踞炉火，危机四伏，不知曾否少动于心，弟恭敬桑梓，义当自卫，率师应敌，不得不然。近闻兄依然傀儡，仍在吴贼支配之中，此时行动能否自由，殊深悬盼。车行阻断，遣使为难，日内将派员乘飞机赴京，藉候起居。使者一介武夫，举止卤莽，倘有侵犯，请恕唐突。枕戈待命，伫盼福音。张作霖。咸。叩。

〔北洋政府大总统府档案〕

25 张作霖率师入关分道由热河榆关等处进攻请出兵北伐致孙中山电

(1924年9月15日)

(衔略)元酉电敬悉。大军北伐,旌麾进驻韶关,赴义之勇,佩慰曷极。敝部共编六大军合十七万人,分道由热河进攻,榆关一路前锋,已经接触,朝阳、开鲁指日可下。闻直系内部涣散,军士强半皆无斗志,所有劲旅,悉数驱之北上与敝军抵抗。长江防务单薄,贵部如能早日进攻,不特全赣指顾肃清,即武汉亦如破竹,顾筹所及,谅有同心也。战况如何,并请随时见示。张作霖。咸辰。

〔广州陆海军大元帅大本营公报第29号〕

26 王怀庆等关于奉军攻占朝阳阜新等地情形与曹锟往来电

(1924年9月16日—30日)

(1) 王怀庆致曹锟密电(9月16日)

急。北京大总统钧鉴:捷密。顷据朝阳龚使咸电称:据左翼指挥王管带报告,咸日早六时,敌军约兵力一团,包围朝阳寺,小枪、机关枪、陆炮、山炮同时并发。我之前进哨节次抵抗,现已退至旧烧锅附近,距巴图营子约二三十里。我左翼现已全数占领阵地,除令预备队即时增援外,乞速派援军,以资策应。复据阜新梁统领咸戌电称:据探报:清河门、新立屯、彰武等处敌军,今造干粮数夜,定期今夜明晨实行侵犯我境。清河门敌军中,有俄人数十名,该处为侧犯朝阳重点。新立屯为犯阜重点。关系均极重要。燕家营子又来奉军两团,携有巨炮,已至五道,距城仅五十里,阜新危在旦夕各等情。查我军驻扎朝阳地面,始终未赴防境一步,朝阳寺系属朝阳辖境,乃奉军节节进逼,于感日早六时,实行包围,枪炮齐发,衅自彼开，我军为正当防卫计，不得不竭力抵御。查朝阳地方，处处毗连奉境，三面受敌，万分危急，怀庆业经一面电饬龚使，会同刘、张两旅长，督饬所部，固守防地，合力拒敌，并饬阜新梁统领严加防范，不得稍有疏虞。一面飞饬职部，星夜开拔，驰赴前方，以备应援。现在战端既开，热区情势万急，伏乞大总统迅示机宜，以资遵守，不胜迫切待命之至。第二军总司令王怀庆叩。铣。印。

(2) 王怀庆致军事处密电（9月16日）

急。北京大总统府军事处鉴：元密。顷据阜新梁统领铣巳电称：铣日上午八钟，奉军步马炮机枪混成之支队，直向我前线攻击，战地在城南五里元保山，战甚剧烈，至十钟，其后方又增加大支队，现正在剧战中。复据该统领铣午电称：敌增援队，骑炮加入，炮火甚烈，我军伤亡颇多，克发露体冲锋，敌始稍退，但其后方又调大部队伍，实难支持，遂集合属队，向西北方占据阵地，以俟精锐，乘势再行反攻等语。朝阳方面：据十三师五十一团任团长咸电称：今早九钟，据左翼巴图营子驻扎王营长报告，现有奉军混成一团向朝阳寺三面进攻，我前进哨抵抗约二小时之久，该处为朝境门户，兵力单薄，势难久支，遂向后方吉祥沟退却。当令驻巴各部队，向各要道把守，以阻敌人进攻。右翼驻二十家子李营长报称：松岭门开来奉军步兵一连，闻俟黑龙江大队到时，即行攻击。又大窑沟开来奉军步兵一营，后方仍有续来之队等语。团长当即商承龚使督饬队伍，严加防范，并派段营附机枪一连，星夜向巴图营子一带增援，并通知平房子崔团长，率队向二十家子方面援应。令驻博罗赤援营两连，迅速来朝，以资调遣向右自六家子左至三义栈之线，其中通朝道路甚多，我军兵力单薄，实属不敷分布，请迅派援军，以备接应等情。除分饬阜新梁统领、朝阳龚使、刘张两旅长督率所部，拼命抵御，固守防地外，谨电奉陈。王怀庆谨叩。谏亥。印。

〔北洋政府大总统府档案〕

（3）热河都统米振标电（9月17日）

大总统、国务院、各部院、参议院、众议院、陆军检阅使、卫戍司令部、京兆尹、步军统领、警察总监、各省巡阅使、督军、督理、省长、都统、护军使、各师旅长、各镇守使、各报法团钧鉴：奉热比邻，划疆各守。比年以来，奉张攻热图直之意，路人皆知，自春徂秋，情势益显。我热以保境安民为心。沿边防军，严固吾圉，誓不自我开衅。乃本年九月删日，奉军突攻朝阳，在县东北之朝阳寺，与我军开始接仗。旋攻阜新，而开鲁、凌源等县先后告警。我驻朝驻阜军队报告，连日与奉军激战，该攻朝阳之奉军，欲抢渡大凌河架浮桥，以火车载兵冲过。我军开炮，将伊火车击坏，车坠河中。敌军以炮火攻击，三次冲锋，我军努力抵御，敌军退却，伤毙及溺毙敌人百余名，生灵涂炭，思之疚心。衅自彼开，罪有攸属。合电奉闻。伏维垂察。热河都统米振标。洽。印。

〔北洋政府内务部档案〕

27 吴佩孚就任讨逆军总司令通电①

（1924年9月18日）

北京参众两院、国务院、各部院、卫戍总司令、步军统领、京师

---

① 在此案卷内有王承斌于9月18日就任讨逆军副司令兼直省后方筹备总司令，王怀庆就任第二军总司令。冯玉祥就任第三军总司令，李济臣就任豫省后方筹备总司令，郑士琦于20日就任直鲁海疆防御总司令，米振标于24日就任第二军副司令，杜锡圭就任海军总司令，温树德、杨树庄就任海军副司令，李缋曦为淞沪海军司令，刘镇华就任陕西后方筹备总司令，张福来就任援军总司令，齐燮元于27日就任兼淞沪护军使，萧耀南于29日就任鄂豫湘防务总司令，阎治堂就任援军第六路司令，陆洪涛于10月2日就任甘肃后方筹备总司令，陈光远、汤乡铭就任军政执法事宜，张怀芝就任军政执法总长，蒋雁行、杨凤五、常耀奎、沈熙照就任军政执法副长，刘梦庚于10月4日就任京兆后方筹备总司令，曹瑛于10月8日就任第四军总司令，熊炳琦就任鲁省后方筹备总司令，周荫人就任讨逆南路副司令，李治云就任援军第八路司令，马福祥就任绥区防务司令、宋锡金就任京畿警备副司令以及京汉铁路警备司令部就任等函电。因文件内容，仅是就职，故不一一列原文，分别摘录备考。

警察总监、京兆尹钧鉴：本年九月十七日，奉大总统令，特派吴佩孚为讨逆军总司令。等因。奉此。遵于本月十八日正午，在京就职。除呈报并通告外，特此电闻。吴佩孚。巧。印。

〔北洋政府内务部档案〕

28 刘富有等关于朝阳失守经过请速派援军等情与军事处往来函电

(1924年9月21日—30日)

(1) 刘富有致大总统密电(9月21日)

火急。北京大总统钧鉴：捷密。自叛逆犯境以来，防线将士，莫不誓死固守，以待援军，现已激战七夜，援军尚不见到，长此延缓，则战局不堪设想。司令除督饬将士拼命抵御外，伏乞大总统颁发电令，严饬援军兼程前来，俾解危急。时机紧要，一发千钧，不胜迫切待命之至。谨闻。司令刘富有叩。箇酉。

(2) 军事处致吴佩孚函(9月23日)

函讨逆军总司令

迳启者，顷奉主座交下刘总指挥富有箇酉电一件。并奉谕。着吴总司令转饬各军，星夜驰援，迅赴戎机，勿延为要等因。奉此。相应抄录原电函达贵总司令，即希照办理为荷。此致讨逆军总司令吴。

军事处九月二十三日

〔北洋政府大总统府档案〕

(3) 军事处致吴佩孚函稿(9月24日)

函讨逆军吴总司令

迳启者顷奉主座交谕；朝阳失守，凌源吃紧，着电王总司令及董师长统率所部，迅占凌源，掩护本军前进。并通知吴总司令为要。等因。奉此。除分电外，相应函达贵总司令，即希查照为荷。此致讨逆军总司令吴。

军事处启九月廿四日

(4) 刘富有致大总统密电(9月28日)

北京大总统钧鉴：捷密。朝阳退却，暨近日前敌情形，业经电奉军事处在案。查朝阳失败原因，虽由□司令调度无方，惟李景林以一师两混成旅之众，与我不足四千人鏖战八昼夜，战线由廿家山至三义栈，延长二百余里，众寡悬殊，兵力不敷分布。且军队复杂，人各一心。究□失败之真因，退却之后，外八营与热河陆军向不守纪律，只除一意奔逃，不可制止，不得【不】带督率本部，在博罗赤□营子一带扼要防守，始于有日集合龚、张两部，分投防守。龚部向左翼朱力窗方向，张部向右翼木头城子方向，各专一路，并互相呼应。顷据确报，敌军以一混成旅以上，由西平房一带侵犯，深恐久疲之军，难当骤胜之贼，各路援军观望徘徊，屡催不到，不知何故。傥再迟延，一误再误，莫可收拾。富有受恩深重，急不择言。敬恳速赐指示方针，俾便遵循，不胜迫切待命之至。再龚使由平房晤面后，声言赴平泉收集队伍，至今不知何往。防营暂由职部统辖，合并陈明。司令刘富有叩。宥。博罗赤发。

(5) 王怀庆致聂宪藩等密电稿(9月30日)

急。聂正堂、薛总监、张留守司令均鉴：元密。查奉张以三路逆军，进攻朝阳，我军以数千之众，血战七昼夜，迨至万分危急，官兵誓死抵御，士气未尝稍阻。乃刘总指挥富有，二十一日到朝阳，二十二日未到前线，遽下令退却。以致朝阳不守，及退至平房子、叶柏寿，又不战溃退。其畏葸情形，兵民无不切齿。该总指挥又将凌源退出情势，岌岌不可终日。查该总指挥一误再误，除请将其调京外，所有该旅旅长一职，以崔维范升充。其前敌总指挥一职，以陶经武接充。副指挥一职，以张林接充，旅长一职，请同兰亭、绣山二公陈明，以明令发表，其余前敌总副指挥等职，以电令派充，以全文华颜面，务祈婉陈为盼。王〇〇卅。自叨尔登发。

〔北洋政府热察绥巡阅使署〕

(6) 军事处给刘富有密电稿(9月30日)

急。建昌速送博罗赤刘总指挥鉴：捷密。顷奉大总统交谕。有电悉。王总司令董副司令已于宥日抵大丈子。其先头步兵两团，已过叨尔磴向凌源前进。后方各部，正在督饬续进中，米副司令于艳日率队赴平泉。第三军第一路于俭日出古北口北进。胡师亦由通州开拔，望即转饬各部，坚守待援为盼。等因。查龚使于漾日，由建平来电，当日到喇嘛章营，敬日赴杜家窝棚集合待命等语。除分电外，特复。军事处。卅。印。

〔北洋政府大总统府档案〕

29 京畿卫戍总司令部查扣载有直隶公民揭露曹锟罪状之东三省民报

(1924年9月22日)

贼首曹锟，大沽之布贩也。弟兄姊妹十人，习为鼠窃狗偷，倚门卖笑，其长姊情熟于营弁某，荐锟为贱役，时以俚曲淫词，取容于营弁，久而尽识词曲之字，天津选学兵，锟以识字入选，逾三年授弁目，渐擢为哨官，久而得有今日。今者其长兄，仍以渔色玷良，为乡里患，中讲仍不修者，积习然也。及袁世凯升直督，曹谄事之，洊升偏裨。清末至专阃为统制，淫污之丑，与官俱长。李彦青者，彼之娈童也。与其妾某私，娄猪艾豭之丑，人人能道之，曹知之而甚喜。时或以长枕大被，聚而为欢，综其私行，殆禽兽而衣冠者也。武汉起义，曹受袁令，西抗义师，至于太原，焚掠奸淫，有过巢温。由太原至平阳，罔不罹其荼毒。南北停战，袁氏调之入京，元年正月十三，奉袁命大掠京津，中外商民，言次恨之入骨。而曹之宠，反日以固。袁氏叛国，知西南之必不服也，乃授曹锟为虎威将军，节制诸叛军，命冯玉祥、吴佩孚等，抗护国军于川南。叙府、庐州、綦江间，鏖战数月。曹封伪侯，吴封伪男，冯封伪轻车都尉。袁死曹狼狈逃归，赖段合肥之力，幸免于法。翌年，授直隶督军，及督军团倡乱，曹集诸逆于天津，俨为盟主，而已则居保定，以避恶名，世人但知其为匹夫，而不知实最猾贼也。国会遭非法解决，张勋倡乱京师，授曹伪巡抚。合段在马厂起义，晋督阎锡山，派兵出娘子关赴义，曹恐腹背受敌，不得已遂亦去逆。综其近事，无日不在反复模棱中，十三年来，更无日不与共和为敌也。初民六之变，曹遣其党羽南犯，三湘七泽间，倍受涂炭。民八授四省伪经略，畏葸不敢至军，段合肥念其旧劳，未绳以军法，但曹由是携贰于段矣。民九直皖之战祸，虽肇于吴氏佩孚，但发纵指示者，实曹也。其后曹惧张海城之威也，献媚交欢，无微不至，奉其女附为婿姻。十一年，张海城倡和平统一策，谋戢全国之乱，与人民更始休息。曹与徐贼世昌谋，实忌之，阴嗾吴佩孚犯抗，忘恩负义，背亲戚，均不之惜。战事告终，遂又逐徐迎黎，其阴险反复，重利寡信，有如此极。翌年盗国谋急，乃嗾冯玉祥、王承斌辈，逐黎元洪而自代。贿选用费五百万金。佐证之据，影印于各报。曹不知耻，处之蔑如也。于是志得意满，思以武力宰割天下，侵川、乱闽、祸桂、扰粤、排除异己，广布爪牙，居心至不可问，不第异已者，不能容，即效死尽忠之冯玉祥、王承斌，亦均在猜疑中，咸有鸟尽弓藏之叹也。本年大水，吾直百余县，尽成泽国，曹不之赈，并勒捐每县六万、四万金不等，居民皆鬻妻卖子，县官有自缢者。张海城派员查灾，曹目为谍，斥逐之，不容施赈。吾民皆切齿，其怨毒之中人如此。齐燮元者，曹氏之党，因助曹贿选耗二百万金，思有意取偿之，曹令其攻浙，得地即以予齐，并益皖赣闽为齐助。东南富庶之区，一变而为烽烟瓦砾之场，亦可哀已。初曹之贿选，费多金也，思早以取偿之，乃解决德发债票案，以两万万金之债权，仅得一千五百万金，即甘弃之。一半补其贿选之费，一半购置意、美两国军火。今日吾直子弟被驱于乱军之中者，不下数万，所持以乱东南乱东北之杀人器，即曹锟卖国之所得也。又虑战事延长，军费不济，急以颜惠庆组伪阁，冀将金佛郎案签订，此种卖国案，可望得外国贿赂千万以上。国库损失，约可万万金语云。日暮途穷，倒行逆施，其曹贼之谓矣。京津人皆云，曹已自知不久，已罄其财帛，移于租界，或亦自知恶贯满盈，作预逃之计乎。

此稿系由邮寄来，署名直隶公民，对于曹锟诛责，巨细不遗，录为代论，布之国中，可见彼贼人心已去，覆亡可立而待也。至其文字，记者未易一字。用以存其真编者识。

〔北洋政府京畿卫戍总司令部档案〕

30 苏鲁皖陕鄂甘豫川闽等省督军声讨张作霖通电

（1924年9月22日—10月3日）

（1）苏督齐燮元通电（9月22日）

大总统钧鉴：参众议院、国务院、各部院、各省各巡阅使、检阅使、各督军、各督理、各都统、各督办、各总副司令、各总副指挥、各省长、各护军使、各镇守使、各师旅长、各机关、各团体、各报馆均鉴：本月篠（17）日奉大总统令，前岁张作霖，藉端称兵，旋经戡定，方冀其徐知悔悟，痛改前非，复乘东南多事之秋，为扰乱中原之计，不得不以国家权力，强行制止，除明令总副司令，并分派各司令外，即责成各该将领，相机剿办，尅日肃清。等因。奉此。恭聆明命，义愤填膺。窃按张作霖，本以江洋剧盗，草泽余生，穷迫投诚，涤除擢用，洊膺专阃，作镇连圻。遂顾盼以自雄，辄猖狂而无忌，前踞畿甸，狡发师徒，竟弯射日之弓。将决滔天之察，赖吴巡阅使，驱除灶上，放逐海隅，本无难肩驰分蚩，角掎踣鹿，不过熏兹，社鼠犹悯，殃及池鱼，无法纲以稽诛，望穷途之悔罪，乃不念金鸡之赦，愈自恃铜马之凶，依然啸聚山林，凭依巢窟，敢于犯上，忍于殃民。随声越甲之鸣，肆口桀犬之吠，揭杆斩木，闯入边城，鸣髹探丸，本其丑类，我大总统推柄决纲，赐钺专征，分道出师，当阳用命，蝥弧所指，螳斧何支，俾蚪髯难返扶余，待钳面始知汉盛。以彼平新，结连罪忿，暴夺民财，总观黑幕之多观，悉踵黄巾之故智。乃伪藉口江浙之衅，岂真关心虞虢之盟，只欲诿其过于他方，痛其毒于全国。今卢逆孳盈难逭，势蹙无归，行伏天诛，是其殷鉴，潢池盗弄，曾有几时，渊薮逋逃，已临末日，燮元服膺正训，待命戎行，为国除凶，早盟于夙夜，危身奉上，不惮于驰驱，会当除釜底之淯魂，即共馘车前之逆首。凡我櫜鞬宿将袍泽，同仇共整义旗，誓歼奸孳，并望中原志士，大泽群雄，赴蜺知归，闻风助顺，陷虏者亟思自拔，倡义者即效前驱。众志成城，群邪绝迹，期成统一完整河山，庶知天驿跋扈之时，即为国运澄清之会。当仁不让，见义必为，救国救民，机不可失，惟我国上下一心，实图利之。齐燮元叩。祃。印。

(2) 鲁督郑士琦通电(9月22日)

大总统、国务院钧鉴：参众两院、军事处、各部院、吴巡帅、王巡帅、冯检阅使、天津王副使、昆山齐巡帅、武昌萧巡帅、开封张督军、太原阎督军、归化马都统、张家口张都统、承德米都统、各省督军、督理、督办、省长、镇守使、师旅长、前敌各总副司令、省议会、各报馆钧鉴：奉张匪心不逞，积有岁年。曩者畿辅陈兵，危害大局，当经国军协力驱逐，鼠窜出关，犹复不自悔改，顽抗负固，拥土自大，国法犹在，久应诛夷。我大总统地负海涵，未加显戮，但能悔悟，不惜予以自新。今乃东南多事之秋，分路进兵，拆毁铁道，出我不备，先施攻击，长蛇封豕，无可姑容，薄海人民，视为公敌，闻讯皆裂，咸欲得而甘心。恭读大总统篠(17)日命令，声罪致讨，大军云集，气奋神爽，佥谓此獠一日不除，边患一日不戢，邦基一日不安，毒蝎噬肤，壮士断腕，剑及屦及，敌忾同仇。士琦等分属军人，义无反顾，刻已遵令整兵，共张挞伐。凡我袍泽，义愤同深，谨布区区，伫候明教。郑士琦、熊炳琦。养。印。

(3) 陕督刘镇华通电(9月22日)

国务院、各部院、军事处、讨逆军吴总司令、王副总司令、第一军彭总司令、第二军王总司令、第三军冯总司令、各路正副司令、各省巡阅使、督军、督理、督办、省长、各都统、护军使、镇守使、各师旅长均鉴：恭读大总统篠(17)日明令，张作霖分路进兵，破坏大局，不得不以国家权力，强行制止。特派总副司令及各路司令相机剿办，尅日肃清等因。闻命之下，奋恨同深。查张作霖盘踞关外，数载于兹，割国圉为私封，拥重兵以自固。逆迹久昭，国法不容，我大总统处以宽仁，冀其悔悟，宁人息事，薄海咸钦。乃张作霖利用时机，逞兵犯顺，通电狂悖，尤堪于邑，比者明令申讨，义正词严，凡属泽袍，敌忾同仇，矧卢逆败逃，奉军气沮。揆诸顺逆存亡之数，实为国家统一之机，各路司令为国平垒，威望夙着，同心戮力，共奏荡平，扫穴犁庭，当在指顾。镇华忝膺阃寄，志切请缨，所有驻陕主客各军，奉令会讨，业经陆续开动，效命前驱，留陕各部，亦经妥速整备，听候驱遣，为国为民，义无敢后，谨抒诚悃，伫盼教言。刘镇华。养。印。

(4) 皖督马联甲通电(9月24日)

大总统、国务院钧鉴：参众两院、军事处、各部院、吴巡帅、王巡帅、冯检阅使、天津王巡阅副使、昆山齐巡帅、武昌萧巡帅、江山探投孙巡帅、各省督军、督理、督办、省长、都统、镇守使、师旅长，前敌各总副司令、省议会、各报馆钧鉴：张逆作霖，窃据辽阳，夜郎自大，长蛇封豕，野性难驯。前岁畿辅称兵，谋危大局，凶锋所至，井里为墟。旋经国军挞伐，驱逐出关，豨突狼奔，情势穷蹙，方谓经此惩创，或可戢其枭心。讵料张逆父子，驱黑继恶，益肆披猖，负固拥兵，时萌窥伺。我大总统豁达大度，振导和平，犹复遣使晓谕，冀其徐知悔祸，痛改前非。乃张逆悍然不顾，天骄横行。今乘东南有事之秋，为扰乱和平之谋，五路进兵，集中锦县，折毁铁道，侵犯阜新，一矢先加，甘为戎首。庆父不除，鲁难未已，恭读大总统篠(17)日明令，声罪致讨。凡我袍泽，义愤同伸，虺蛇之摧势，难刻缓鹰之逐。人有同心，苏峻诛而晋室以安，元济擒而蔡州始定。彼苍如果厌乱，此虏无不灭亡。联甲深维保国卫民，军人天职，凡属破坏国家统一者，视为公敌，誓顾鞭弭周旋，随诸公后，相期同仇敌忾，歼彼凶顽，还我太平，与民休息。民国前途，实利赖之。磨盾陈词，诸希亮察。马联甲。敬。印。

(5) 豫督张福来通电(9月25日)

急。若干份。北京大总统、国务院讨逆军吴总司令、王副司令钧鉴：军事处、各部院、第一军彭总司令、第二军王总司令、第三军冯总司令、各路正副司令、武昌萧巡阅使、南京齐巡阅使、杭州孙巡阅使、各省督军、督理、省长、各特区都统、各省边防督办护军使、镇守使、各师旅长均鉴：恭读大总统篠日明令，以张逆作霖破坏大局，藉端称兵，乘东南多事之秋，为扰乱中原之计，不得不以国家权力强行制止。时派讨逆军总副司令，分派各司令，督率所部，相机剿办，尅日肃清等因。煌煌明令，义正词严，凡有人心，读之发指，逆竖作霖，阻兵安忍，纠众叩关，电诋中央，响应卢逆，遥作犄角之势，冀为狼狈之奸，助恶为心，吠善有喙，敢冒天下之不韪，以逞一己之野心，不自知其罪恶贯满盈，早为国法所不容。姑就大者而言，已足使人切齿，该逆矫称保安司令，据地自娱，负固一隅，巧燕三窟，视三省之土地，犹彼之汤沐田园；视三省之人民，若彼之舆台皂隶。对内则弁髦国家之政令，假窃自治之美名。对外则贬损国际之尊严，妄称外交之独立。人民之膏血则掊取，计及锱铢。国家之正供则截留，俨同劫盗。似此割据土地，背叛中央，暴虐人民，私缔条约，傲扰法纪，紊乱财政，有一于此，法所应诛。况该逆为罪恶之归，群怨之府，而书罄南山之竹，秽流东海之波，早应正其罪名，与众共弃。国家犹复冀其觉悟，曲为宽容，今仍未革狼心，图为豕突，寇戎边境，扰我人民，该逆之罪，已诛不胜诛，国法之加，实忍无可忍。我大总统为国家计，为三省计，不能再为姑息，以养巨奸，始赫然震怒，命将兴师，衅自彼开，势非得已。以节制之众，摧乌合之徒，不待交绥，已判胜负。诸公今之颇牧，国之干城，夙怀敌忾之心，养育请缨之志，疆场胜算，想已熟筹。福来不方，忝任援军总司令，被命之后，积愤填胸，誓不与之戴天，必期灭此而朝食，刻期戒备，驰赴前防，顾与诸公共歼釜底之游魂，以我普天之公愤，肃此露布，鹄候指麾，张福来。径。印。

(6) 甘督陆洪涛通电(9月27日)

大总统、国务院钧鉴：各部、军事处、吴总司令、王副总司令、第一军彭总司令、第二军王总司令、第三军冯总司令、各副司令、昆山齐巡阅使、武昌萧巡阅使、各省督军、督军、督理、督办均鉴：恭读大总统篠日明令，奉军五路进兵，破坏大局，不得不以国家权力，急行制止，明令总副司令，并分派各司令，克日肃清等因。仰见我大总统明令讨伐，实具不得已之苦衷，始终以挽导和平为职志。乃张作霖逞其野心，希图扰乱，国法所不恕，亦为公理所不容，衅自彼开，师直为壮。洪涛忝膺疆寄，谊切同仇，甘省近接蒙方，职责所关，未遑他让。现已编成七个支队，督率汉回各镇官兵，集师蒙套，一面仍极力筹备简阅，敬俟明令，临电感愤，伫候教言。陆洪涛叩。沁。印。

(7) 川督杨森等通电(10月1日)

急。北京大总统、国务院钧鉴：参众两院、军事处、各部院、吴巡帅、王巡帅、冯检阅使、天津王副巡帅、昆山齐巡帅、杭州孙巡帅、武昌萧巡帅、各省各督军、督理、省长、各都统、海军总副司令、各总司令、各护军使、各镇守使、各师旅长，前敌各总副司令、各省议会、各报馆钧鉴：奉张叛国，割据边疆，妄肆称戈，响应浙乱，破坏垂成之统一，扰乱完好之治安。误国殃民，罪迹昭著。我大总统恭行天罚，独奋干纲，篠电颁来，同深愤激。森等谬膺疆寄，总领师干，执戈前驱，切同仇而敌忾，悉索敝赋，早秣马以励兵，情切请缨，愿为后盾。目极边关，秋草好衬，马蹄耳聆，破斧东征，欣附骥尾，枕戈待命，临电神驰，敬颂钧安。伏维鉴察。四川督理杨森，省长邓钧候叩。东。印。

(8) 闽督周荫人通电(10月 2 日)

北京吴巡帅、国务院总理钧鉴：各部院、各省各巡阅使、各督理、除东三省、各省长、各护军使、各师长、各旅长、各报馆公鉴：顷致各省巡阅使、督理一电文曰：年来国是蜩螗，致变迭起，强邻眈视，险象环生，盱衡时局，首当巩固中枢，共图挽救，岂可称兵助乱，危害国基。乃叛督张作霖，枭獍性成，阴贼险狠，自受招抚，受身军界，怙恶凭权，罔知悛改。曩者，陈兵京阙，豕突鸱张。经今大总统及吴巡阅使举兵挞伐，一战而定，该逆势蹙，逃遁关外。在政府仁施逾格，曲示优容，原冀其洗心涤面，自盖前愆。不图狼子野心，曾无省惧，乘时多故，益肆乱谋。岂曰无恩，终成难养。刻因浙卢抗命，东南云扰，张作霖辄修战备，作捣虚之计。近更拆毁铁路，阻遏交通，潜师西向，谋袭察热，逆迹彰著，共见共闻，大憝不除，荼毒何极。幸我大总统乾纲独断，明令申讨。吴巡阅使为国戡乱，各省景从，顺逆之势既殊，胜负之数有在，荫人受膺，疆寄绾摄，军符是用，简集师缴，待令进止，赴汤蹈火，义所不辞，伏愿共举义麾，以犁奸窟，奠邦基于盘石，还天宇于清明，则无疆惟休，国与民福交赖之，敢希〔布〕腹心，伏乞垂鉴。等语。谨电奉陈，伏乞垂鉴。督理福建军务善后周荫人。冬。印。

(9) 鄂督萧耀南通电(10月 3 日)

参众两院、国务院、各部院、军事处、讨逆军吴总司令、王副总司令、第一军彭总司令、第二军王总司令、第三军冯总司令、各路正副司令、各省巡阅使、督军、督理、督办、省长、各都统、护军使、镇守使、各师旅长、各法团、各报馆钧鉴：张逆作霖，拥兵犯顺，背叛中央，业于篠(17)日恭奉大总统明令申讨。耀南职虽专阃，义在从戎，窃愿负弩前驱，灭此朝食，当于号日通电声明在案。迩闻该逆进兵关外，已与国军，互有冲突，并敢迭次发表宣言，妄肆簧鼓，阅之至堪发指，不得不将该逆种种罪状，再为我全国上下覼缕陈之。夫建国大本，首在纪纲，纪纲既立，斯政治得，循正轨以进行，而人民咸居于法治之下，其有凭藉兵力，弁髦法纪者，则为国人所共弃，春秋所谓乱贼，人得而诛者也。逆贼张作霖，起自剽夺之徒，倖窃封疆之寄。自民国五年以来，跋扈一隅，阴图不轨。往岁称兵内犯，我大总统时在畿辅，有守土之责，诰诫不从，申以讨伐，旬日戡定，曾不劳师。及我大总统躬膺民选，亲揽万几，深念今日治国之要，必以和平统一为期，虽张逆之据土自私，罪无可逭，犹赦其既往，待以自新。不期狼子野心，冥顽更甚，辄敢侵扰边鄙，冀以震动京师。我大总统之明令讨逆，诚以国法不可不肃，而民害不可不除也。张逆之罪，擢发难穷，约举其尤，藉有炯戒，国宪初成，百政待理，国家安危，系在斯时，全力建设，犹恐不足，岂忍乘此，更谋破坏。张逆惮于国宪之束缚，仇视国家之安宁，首肇兵端，图危国本。其罪一。欧战既终，世界人民，均思休养生息，有持黩武穷兵之策者，即为世界之罪人。张逆逞其私忿，甘冒不韪，不惜百万之生灵，以供一念之荼毒。其罪二。东三省之地，国家之版图也。张逆妄思割据，竟视东三省为张氏之私产，以国家人民之财力，为其私家长养子孙。其罪三。东三省之人民，即国家之赤子也。张逆恃势，践藉其征兵之虐，至于髦稚，无遗不足，则又取之阛阓，列之伍籍，以国家之人民，等张氏之奴隶，驱笞就死，若所当然。其罪四。中央政本全国具瞻，封疆分寄，犹枝叶之于根本也。张逆恣睢不遂，称兵干涉，一之为甚，再犹不悛，倒行逆施，是孰可忍。其罪五。民国共和，南北一体，本为骨肉，岂有仇雠，卢逆野心，亦由张逆构煽，卢氏败不足惜，其如江浙人民涂炭何。其罪六。亲仁善邻，古有通训。张逆罔存，顾忌于商埠侨民，肆行炸毁，已为蔑视邦交，且又勾引国外无籍暴乱之徒，助其肆虐，毒害无辜。其罪七。恻隐之心，尽人同有，张逆习于残忍，屡轰村庄，任意屠僇，妇孺不免。其罪八。豺声蜂目，封豕长蛇，闯献之徒，无以加此。恶盈必毙，夫何待言。抑尤有进者，国家兵以卫人民，故军人常以保爱人民，服从国家为天职，若身居高位，手握兵权者，但知取便私图，而不顾国家之存亡，人民之利害，其人即为吾高尚军人所不齿。况如张逆者，乃更身为戎首，专以破坏国家，残虐人民，快其一人之私意，于国民共立之宪法，不知遵守，于国民共举之元首，不知服从，非惟国民中之枭獍，实为军人中之蟊贼。凡我袍泽，莫不深恶痛绝，誓以死灭为期，人心之共愤，即天诛之必功。除恶务尽，其在斯时，敢布腹心，愿共鉴焉。萧耀南。江。印。

〔北洋政府内务部档案〕

31 鲁督郑士琦关于防备浙奉联合反直拟定直鲁海疆划分防区情形致参陆办公处电

（1924年9月22日—27日）

(1) 致参陆办公处电（9月22日）

北京参陆办公处鉴：自浙奉犯顺，称兵抗命，我鲁沿海防区，与奉天一海之隔，自应严密防范。就原有沿海各驻队划分防区，以资警备，而专责成。兹特定防区地点，除分饬遵照外，特此电达，诸希钧察为荷。郑士琦。养。印。

计开

一、海防部队以原有沿海各驻队任之，兹划分各防区如左：

由日照县南端之岚山口、涨滩口、夹仓口、至石臼所，第五旅担任之。

由石臼所、万平口、北安家口、慕官岛、董家口、至诸城县之逄家台后，施镇指挥任团担任之。

由逄家台后经薛家岛、黄岛、绕至即墨县之胶州湾沿岸、至青岛、大清宫口、崂山口，第十旅担任之。

由崂山口经鳌山卫、鸭岛、老龙头、乳山口、白沙口、浪暖口、靖海湾、绕登州属东端、经金山港、荣城湾、威海卫、烟台、龙口、至掖县属之石虎嘴，第二旅担任之。

由石虎嘴经太平湾、虎头崖、沙河镇、至昌邑县属之胶河口，四十七旅担任之。

由胶河口经丹河口、小清河口、至利津县东端之寿光屋子，第十旅担任之。

由寿光屋子经薄家嘴，小山河口、新黄河口、久山河口、滨河口、沙土河口、至无棣县之大口、河口，第七旅担任之。

二、第十旅除担任指定防区外，应酌集队伍，为各方之援应。

三、另拟临时稽查联络处置五条，限各驻队于文到三日内，实行呈报备查。

〔北洋政府参陆办事处档案〕

(2) 致大总统曹锟电(9月27日)

北京大总统钧鉴：士琦奉直鲁海疆防御司令之命，业经电陈就职在案。兹督率僚属成立总司令部，悉心筹划。谨将防御布置情形，为我大总统缕晰陈之：查讨逆军主张作战地区在山海关朝阳方面，大军所至，名正气壮，直捣盛京，指日可待。惟此作战经过期间，奉逆不得逞志于东北，或于该方面改取守势。而运送奇兵由辽东半岛越海侵入山东，北扰国家后方之联络，南拊苏军之侧背，影响全局，实非浅鲜。虽航海用兵，专藉海军掩护，奉逆制海之权，尚形薄弱，似不足虑。然综合近日各情报，奉逆弋获我方商船二艘，改制兵舰，于营口增兵万余人，其沿海运输材料，如帆船渔舟等，素称丰富。又风传某国有改造汽船供彼航运之说。风鹤所播，在在堪虞。又奉逆平时即派遣多数改装匪徒至鲁，勾结土匪，侦探军情，希图破坏，屡经缉获不悛。近日黄县、掖县各属石虎嘴、虎头岩等处，屡有发现奉军踪迹之报。鲁军平时四出剿匪，已属寝食不遑。当此声讨期间，奉逆即不以大队相加，只此利用宵小，破坏治安，鲁军为维持秩序，顾全右侧海疆，及后方筹备起见，已牵制兵力不少。凡此情形，皆士琦所夙夜筹维，务求绥靖海疆，俾作战军无后顾之忧，以无负委任者也。惟布防首重地势。查山东半岛，三面滨海。其北面西部平陆入海，地多沙滩，大小轮船难于近岸，而帆船等到处尚可接近。东南两面，山脉起伏，多成港湾。如青岛、烟台、龙口、威海，其最要者也。虎头岸、石虎嘴、庙岛、荣城、金山、靖海、石臼所、岚山头，其次要者也。其他港汊纷岐，大小船舶可以接近之处，多不胜举。总之山东沿海二千余里，随处可为上陆地，或假上陆地，势非遍设监视队不可。而鲁军号称一师九混成旅，除第一混成旅赴赣，潘旅、吴旅编入援军，另二混成团协防徐州外，其余人数不足二万。即以此数就原防地区划分防御，已于养日代电，将海防办法呈请鉴核在案。惟此办法，只于沿海形成监视幕，并清剿内地余匪，无所不备，即无所不弱，如有大敌当前，或意外匪警，尚苦无可援应。兹复饬第五师，将驻省之步兵第九旅，除分防兵工厂及黄河以南津浦路外，余为基干，编成混成一支队，为总预备队，用以策应各方，镇慑省垣。以上配备，已将鲁军全部加入无余。再为援助后方筹备，便利军事行动，并盘诘奸宄起见，于济南及烟台先行宣布戒严令。此士琦于山东境内最近施行戒备情形也。至海州海岸防御，应随时商同吴镇守使鸿昌办理；直隶海岸防御，与直隶防军及作战军进出，均有关系，已派员商承王付使办理，随时具报外，应将直鲁海疆防御总司令部成立及筹划办理情形，呈请大总统鉴核。训示施行。郑士琦叩。沁。印。

中华民国十三年九月廿七日

〔北洋政府大总统府军事处档案〕

32 陈篆等关于日美法等国对直奉战争态度情报函电

（1924年9月23日—10月18日）

(1) 陈篆致国务院电(9月23日)

北京国务院鉴：改编电敬悉。遵示将本日复外交部电分电如下：日本拟劝阻停战事，顷向法外部探询，据称：法政府对于此事毫无闻及，且对于战事，决持中立态度。涉及贵国内政，除由驻京代办正式申明中国应负保护法人生命财产责任外，亦无他项训令云云。再报载，日本已准奉方借用铁路运兵，此间舆论颇怀疑虑。特覆。篆二十三日。

〔北洋政府国务院档案〕

(2) 王兆龙给张德惇① 呈(9月28日)

昆山将军钧鉴：队长于阴八月二十六日下午时，由京出发，至二十八日到滦。巡师于二十三日由滦起程，现至迁安县，跟随第三大队，并卫队营前往。现在九师第一大队、十三师炮团，旅绪前进。于廿四日下午三时，有奉军飞机三架，在滦县城内外掷施炸弹三十六枚，幸无伤我军一人，止伤百姓二人，不重。查滦梁车站，现住日军六十名，我等军情等事，均是该日人通电与奉天领事，辅致奉军，可恶之极。现与行营稽查处差遣聂绍武报告相同。为此特报。再该日人住滦，于我军诸多不便，请将军设法向外交部交涉为要。将军台前。

王兆龙谨呈

八月廿八日②

---

① 张德惇字昆山，直隶(今河北)易县人，1924年1月12日任将军府成威将军。

② 日期为阴历。

(3) 日本记者谈话(10月5日)

北京情报十月五日

吴总司令之思想，主张与部下军队之关系。日人某记者谈话之要旨如下：

吴将军之思想，为單纯东洋之思想，而吴将军又以东亚文明保护者自任，其主张在东亚民族之发展。中日提携之必要。然据最近旅行归京某日人之谈，吴将军势力圈内之军队及铁道人员等，彼等对于日本人与英美人显有轩轾。例如山海关战线之视察，英美人可以自由，日本人则禁之。又白人得乘军用列车旅行，日人则不许。如此而欲使日人对吴将军及其军队怀好感，真可得乎？口唱中日亲善，而行为相反。言行一致，先哲孔子之教也。自许东亚文明思想之保护者，吴将军其有以语我来，若吴将军以部下不能如自己思想之主张，是不能统率其军也。吴将【军】以十万之兵而不能统，欲得四万万之心，其有望乎？不如撤兵归洛，欲治人先治己，不能治自己之军，而欲治人，多见其不知量也。

(4) 美国高级武官情报(10月11日)

北京情报　十月十一日

美国高级武官，对于中日某通讯员之谈话。国内战争，外国原取不干涉主义。惟日本与满洲有特殊之关系，日本为自卫起见，对于满洲不能不有相当之援助。中国方面，虽有倡主权论反对之者，然在今日国际生活之下，主权亦非绝对的，光领土相接，利害攸关之地，政治现象，有不得不然者。观于我美国与墨西哥之关系即了然矣。

(附记)美国人此种论调，大可注意，愿国人勿遑内斗，致为外人窃笑。

(5) 军事处致吴佩孚密电(10月18日)

秦皇岛。吴总司令鉴：元密。顷奉主座交下天津李镇守使铣电称：奉谕：调查段之行动，兹探悉尚无离津意思。又晤日本吉冈司令，据称：伊已两次接到本国命令，决不偏袒逆军，并声明伊愿竭诚扶助中央，饬所属队伍力守和平等语。谨此电陈等语，并奉谕转电吴总司令知照等因。特此电达。军事处。巧三。印。

〔北洋政府大总统府档案〕

33 直系第一军司令彭寿莘报告在榆关等地被奉军击败情形致曹锟等密电

(1924年9月30日—10月8日)

(1) 9月30日密电

特急。北京大总统钧鉴：四照堂总司令吴帅钧鉴：捷密。顷接职军第二路王司令、维城电称，情形如下：(一)接第三路通告，已占领要路，沟忙牛营子一带布防，我第二军第二路之陶旅，于养酉与敌人接触，于和尚房子，石门药王庙附近，现在激战中。(二)姜团长报称：在丈子据时旅沈参谋长云：第二军刻在业柏寿与敌对峙中，敌筑工事，似取守势。(三)葛旅沁日，由界岭口向义院口前进。(四)孙旅于勘日抵干沟。(五)曹旅长现驻台头营，姜派感日抵土门镇，同日陈团抵界岭口。(六)职拟卅日进驻干头营等情，据此理合奉闻，第一军司令彭寿莘叩。卅卯。印。

(2) 10月3日密电

急，北京大总统钧鉴：四照堂总司令吴帅钧鉴：捷密。顷据王司令、维城报称：(一)葛旅于沁日完全占据榆树底下、三间房、义院口、城子路之线。(二)孙旅于沁日完全占据三间房，榆树底下之线。(三)曹旅已到土门镇巫封口山、大各河头界岭口等处。(四)除令葛旅及□旅坚筑阵地，以待后命外，并饬右翼与冯旅左翼与时旅，切实联络，可免无虞各等情。谨电禀闻。第一军司令彭寿莘叩。肴午。印。

(3) 10月5日密电

特火急。北京大总统钧鉴：四照堂总司令吴帅钧鉴：捷密。据前线报告，敌人向我榆关阵地，全线奋力猛攻，现正在激战中，除饬竭力抵御外，谨电奉闻。第一军司令彭寿莘叩。虞卯。印。

(4) 10月6日密电

特急。北京大总统钧鉴：总司令吴帅钧鉴：捷密。兹续报情况如下：(一)九旅左翼与冯旅右翼，在周家沟前方，发现敌人，约一混成团。于午后二时向前强扑，经我军猛烈射击，敌人前扑后继，我军奋力抵御，毙敌不计其数，敌始停止前进。(二)二十九旅正面之敌人，发射十五生的重炮百余出，伤我兵士十一名，又末家沟北□沙八里堡陶庄一带，增加敌人甚多，似有于今晚向我猛攻之势。(三)三十旅正面，李家洼、孙庄、巫庄、叨庄、单家岭、张庄之线敌人，已开大部兵力，并向我射击。(四)在午后二时，单家岭方面，发现敌之便衣敢死队二百余名，经我射击，敌始退匿。(五)今早七时，敌飞机抛炸弹四枚，炸伤司令部护兵王贯钧手部，又炸坏民房数间。(六)今在三十旅阵地内有降兵一名，携带全付武装，已送县暂押各等情。除饬前线各部，严加戒备，并调陕军第二师赵团应援九门口，五六团进驻秦皇岛，以资策应外，谨电奉闻。第一军司令彭寿莘。鱼酉。印。

(5) 10月 8日密电

特急。北京大总统钧鉴：四照堂总司令吴巡帅钧鉴：捷密。顷接葛旅长虞未电称：以冯旅退却，敌突进长城以内，致将职旅右翼及侧背包围，万分危急，请速派援抵御等语。已由陕军内抽调一部速往应援。又据派往九门口督战之张参谋登举报称：职于早九时抵九门口，即见大部队伍纷纷退却，当以总司令命令，召集反攻。乃目兵等，均大骂冯旅长。据云：自到九门，未至前线视察一次，致有此败。且山上所设之炮，完全弃去。再寻该冯旅，不知何往等语。查九门已于早九时失守，至晚十二时，未见一字报告。职本拟亲往收容部队，夺回阵地，而榆关亢形吃紧，各官长均不放行。该冯旅长及杨团长等，俱无下落，惟有李团长尚在石门寨，收容残部，已暂命令该团长作速收容全旅部队，及往援各部，奋力反攻，恢复原阵地，以赎前愆。请速遴员往代，藉维大局。谨禀奉闻。第一军司令彭寿莘叩。齐子。印。

民国十三年十月八日

〔北洋政府大总统府档案〕

34 张德恂等报告毅军放弃建平总统府拟派王承斌对各军督战致王怀庆密电稿

（1924年9月30日）

万急。凌源第二军总司令王巡帅钧鉴：巡密。恂由吴总司令处探来消息，建平毅军不战自退，遂致失守，府方对米啧有烦言。兹已确定王孝帅于江日由京起程赴承德，实行总司令职权，对于各军督战。我军凌防，务祈特别注意固守，不图进取，府方盼信甚切，并乞速电报告。又据米都统呈拨发军费壹百万元，业经吴总司令批发十万元。款尚未拨，谨电奉闻。德恂、世荣① 叩。卅。印。

〔北洋政府热察绥巡阅使署档案〕

---

① 王世荣，字桐轩，直隶（今河北省）宁晋县人，1922年7月14日任热河财政厅长，1924年10月4日免职。

35 军事处转达曹锟手谕将鲁豫鄂三省援苏军队调徐州青岛等地备用致吴佩孚函稿

(1924年10月1日)

迳启者:顷奉主座手谕。鲁豫鄂三省军队,凡调赴苏省之各旅团,俟苏事结束后,一并调至徐州、青岛、潍县等处,驻扎补充,一切整顿完毕,以备缓急。望将此意转商吴总司令妥为计划,以免临时措手,是为至要等因。遵特函达。即希查照,办理为要。此致
讨逆军总司令吴

军事处启

〔北洋政府大总统府档案〕

36 吴佩孚等关于奉张与卢占魁联合暨调集三省军队向山海关朝阳等地进攻与王怀庆等往来密电

(1924年10月1日—10日)

(1) 吴佩孚致王怀庆等密电(10月1日)

北京王巡阅使、归化马都统、张家口张都统、承德米帮办并转各镇守使均鉴:昌密。顷据确报,巨匪卢占魁,现为奉张所结合。卢匪到奉对张云:手下党羽有三万人之谱,均在特别三区,静候时机。如蒙大帅不弃,许为援应,所有一切军械粮饷,均行自备。三区人心向背,保可操纵我一人之手。奉张大喜过望,当赏洋五百元,令其回籍安排,乘机而动云云。查卢占魁为绥陕一带多年积匪,手下党羽颇多,今与奉张勾通,不无可虑。望即设法痛剿,严密查拿,务祈歼除,以消隐患。至为切要。吴佩孚。东。印。

(2) 王怀庆给米振标密电稿(10月5日)

承德米帮办鉴:宣密。顷接保定曹巡帅讲电开:顷据董旅长政国艳电称:据职旅密探报称:(一)张作霖于九月廿五日,将航空处及大小式飞机廿七架,一律移驻锦州。(二)张作霖以秋操为名,预

备调动队伍，系第一、第二、第六、第七、第十六各旅及第一师、第廿七师、骑兵第一旅。(三)奉张前兑给浙卢大洋六十万，系为收买沪上独立海军，并非补助浙卢兵饷。(四)驻吉奉军第廿六旅旅长李桂林，于九月廿六日统率全旅，由吉林开抵洮南。(五)张作霖于九月廿六日发布大批委任令，系委孙烈臣为总司令，李景林为右路总指挥，张学良为左路总指挥，齐恩铭为先锋奋勇团司令，阚朝玺为副司令，并据报称：奉张现扣留奉榆火车多各等情。除饬续查密报外，谨电奉闻等语。奉张积极准备，日益紧迫，殊堪注意，特此电达，务希查照，迭电密饬所部，从速准备，以待后命等因。特此电密达，即希格外注意为盼。

王〇〇。歌、印。

十月五日发

(3) 王怀庆致吴佩孚密电稿(10月10日)

急。洛阳吴巡阅使子玉兄鉴：元密。顷据朝阳龚镇守使青电称：奉张备战，日益紧迫，职迭饬严加戒备，并派干探详确侦查。兹据侦探穆先荣、赵殿魁、陈数年报告：奉张于九月卅日，招集团长以上各军官，开军事会议，议决事项如下：(一)奉西各县预备大车，大县八百辆，中县六百辆，小县四百辆。(二)绥中、兴成、锦县、北镇等县，每县要红粮五百石，谷草五十万斤。(三)张作相之廿七师，在锦县东关外演习，工兵架桥，炮车通过，行军电话五架，设夜间演习等事。(四)张作涛之第七混成旅，在兴成东关外演习，敷设电雷及探照灯之使用等事。(五)奉张委张学良、孙烈臣为总司令。张作相、李景林、郭松龄、万超六为司令。(六)此次作战，除奉天原有各师旅外，黑龙江出四混成旅，归张作霖指挥。吉林出三混成旅，归李景林指挥。(七)奉张通令各县，每县增募警察五百名，保甲四百名，维持各该县治安。(八)兴成、绥中之沿海各岸，现已派兵严加防守。(九)奉张通令各处，由十月六号起，严厉检查邮电，盘查行旅。

侦探等、行经新台门、兴成、锦县一带，受军队盘诘者六七次。(十)奉张令各师旅选派干练头目，持旗赴各县镇募兵，每人能募二三十名者，即委充排长、司务长等差。(十一)李景林现率所属师旅、向山海关前进。(十二)汤玉麟由义县清河门、张作相由沈家台、汲金纯由九关台门分三路进攻朝阳。(十三)现有齐恩铭之步兵两连，进驻新台门，其他两连及营部，进驻缸窑屯等情。除仍饬该探等严密侦查外，谨电报闻等语。除呈报大总统暨密饬龚使暨陶、刘两旅，督率所部，严加戒备外，敬电密闻。王〇〇。蒸亥。印。

〔北洋政府热察绥巡阅使署档案〕

37 冯玉祥报告建平凌源失守赤峰告急督队向热河前进致曹锟等密电

(1924年10月3日—10日)

(1) 冯玉祥致曹锟吴佩孚密电(10月 3 日)

万火急。北京大总统、讨逆军总司令吴钧鉴：捷密。据最近确报，建平、凌源，均已不守，赤峰、平泉，危急万状。敌以两师十二旅之众，对职军而来，兵力比较，虽众寡悬殊，然责任所在，玉祥决当勉与周旋，毫不反顾。第念致胜之道，贵能互相策应，职军第一路现已全部进达热河，相机迎击。拟恳速派平日有训练之生力军，尅日由大丈子直攻凌源，并一面电令山海关方面各军，同时猛攻当面之敌，庶可一举灭敌。否则，敌众我寡，胜负之数，实不可知。一得之愚，谨电上陈，是否有当，伏乞核夺施行。第三军总司令冯玉祥叩。江。印。

(2) 冯玉祥致陆锦等密电(10月9日)

万急。北京公府陆处长绣山兄、王秘书长兰亭兄、吴交通总长秋舫兄、赵督办子声兄鉴：捷密。前方情形，日益紧迫，祥为指挥便利起见，于本日率总预备队由口出发，下四时进抵三间房，明日仍继续向热河方面前进，关于各方面情形，尚希随时电示为荷。弟冯玉祥。佳。印。

(3) 冯玉祥致曹锟吴佩孚密电(10月10日)

万急。北京大总统、讨逆军总司令吴钧鉴：捷密。职率总预备队，于本日下六时进抵三道梁，明日仍督队继向热河方面前进，知闻廑念。特电禀闻。第三军总司令冯玉祥。蒸。印。

〔北洋政府大总统府档案〕

38 军事处转送彭寿莘为直军不设兵站致使军队沿途扰民等情给兵站总监部函稿

(1924年10月4日)

迳启者：顷奉主座交下彭总司令冬电一件，并奉谕：着兵站总监部，速行由滦至叨尔磴间并其他各驻军地点，酌设分站，以便给养，而利戎机为要。等因。奉此，除电复彭总司令知照外，相应抄录，原电函达贵部。即希查照办理，见复为荷。此致

兵站总监部

附抄原电一件　　　　军事处启

照抄彭总司令冬电

顷接时副司令卅电称：我军大举讨逆，吊民伐罪，民心所到，天意自归，克敌制胜，如操左券。而自军兴以来，视察沿途情况，一般农民，悉畏惧而逃亡，地方亦不出而帮助。究因于兵站，设未完备，粮秣不完，就地购办，设任非其人，则强派夺取，情所不免，仍属供不给求。而军队宿营，难望士饱马腾，势必四出搜求。兼之大车出口，道路困难，大车车卒，均不敷用，沿途拉夫牵畜，搜罗食物，种种情形，民不堪命，民心一失，前途何堪设想。伏查第二军自朝阳不守，刘旅始弃叶柏寿，而退据凌源。而该军各部，恐前缩后，涣散已

极，影响本军士气甚大。民意军心，情现于此，拟请转请资深望重，素抱热诚之大员，予以大权，赶赴凌源，维持军纪，督催作战。并请速派妥员，携带巨款，广设兵站，多备粮秣，以免军队之扰民，而人民薄轻担负等情。复又接该副司令艳戌电文，曾列尊衔，谅达钧览。查该副司令所陈各节，情挚语真，义奋可嘉。第二军既退守凌源，倘再不设法维持，大局实不堪设想，惟有恳请转饬第二军王总司令，赶速前进，以便督饬各部，相机攻守。廿三师王司令尚未到达指定地点时，旅之右翼堪虞，亦请严令兼程前进，免误戎机。至查大军运动，粮秣最要，对于各部兵站之分设，职部曾数次电达汪司令，仍未照办，以致兵食为艰，民不堪扰。惟恳钧座速饬，按照各驻军地点，就近斟酌设立，以免给养困难，不胜盼祷之至。

〔北洋政府大总统府档案〕

39 王怀庆报告凌源失守情形致曹锟等密电

(1924年10月6日—10日)

(1) 10月6日致曹锟密电

万急。北京大总统钧鉴：捷密。自九月廿九日据报凌源失守，赶即与董副司令，会商对凌方面防御计划，遂在茶棚一带，分布防区，由茶棚以西红石拉起至卅家子为职军防线。红石拉以东为九师防线。十月三日下午四时，敌人向我施行攻击，四日拂晓，其大部对职所部猛烈攻击，友军卅五团，全团溃退。同时职军右翼五十团，受敌包围，职急饬张旅骑兵增援，猛烈压迫，敌始退却。自十二时至下午三时，职军防线中，遂被敌冲破，伤亡甚重，不得已遂至三道河一带地区布防，仍与九师连络，以图最后胜利。谨电奉闻。第二军总司令王怀庆。鱼。印。

〔北洋政府大总统府档案〕

(2) 10月10日致颜惠庆密电

万急。北京颜总理钧鉴：捷密。此次讨逆各军奉令之后，均争先前进，火车拥塞，有迟至五六日者。庆与董副司令轻装出冷口直奔凌源。庆意驰到朝阳，惟冷口道上已先有四混成旅，二十三师经此路者，不下五万人，车数千辆，出口即入山沟，车行阻滞，经过车川沟数处，大山均须用滑扛始能通行，每过一车，须半小时。未出冷口，已闻朝阳不守，迤行七日，始抵叨尔登，至则凌源已弃。当与董副司令面商，各俟后方开到一部，即与敌决战。于卅日、一日布防设备，一日午后接触，四日拂晓，敌人向我防线攻击，我右翼九师三十五团全部，先行撤退，即时我军遂被包围。此次不得力原因，朝阳退军约四千人，车数百辆，漫无队伍，分别招抚待慰，甫经安顿。友军右翼九师先行撤退，收拾愈难。庆遂决心将所部移驻樊丈子，与第一军第三路分开，稍事整顿，俟第三军由承德出发，再协同动作。旬余以来，困于山沟，电报不通，消息迟滞，部队从未集中，虽躬冒锋镝，于事无补，此十数日之实在情形也，除陈报大总统催促援军星夜急进外，敬电奉闻。王怀庆。蒸。印。

〔北洋政府国务院档案〕

40 彭寿莘为第二军败退喜峰口承德重拟作战计划致曹锟等密电

(1924年10月7日)

特火急。北京大总统钧鉴：四照堂总司令吴巡帅钧鉴：捷密。迭据各路报称：第二军节节败退，以大部向喜峰口退却，一部向承德退却，致我三路董师痛受巨创。二路亦连带受其影响。现在二三路部队到达地点如下：(一)三路之董师，在阎丈子收缩待援，时旅亦退至阎丈子。援军之第四旅在喇喇岭，阎师在冷口萧营子。(二)二路王师之四十六旅在乾沟、三间房、龙王庙一带，其余部队，亦由界岭口前进。葛旅在嗔子峪榆树底下一带。以上各部队，或半途遇敌，或突出无援，若仍此涣散，逸不可收拾。兹谨拟办法如下：

(一)三路董师及时旅，业经退至阎丈子，已饬第四旅星夜往援，固守阵地，并催二师顺凌源大道，向阎丈子进发。(二)二路葛旅，已在城子峪，与敌接触，情况甚急。拟饬陕军赵团，抽调一营往援。王师之四十六旅，亦在乾沟遇敌，其静界岭口，确部队已前进赴援，而界岭口空虚，急无援队可拨，拟调汪铁松驻抬头营之一部，暂行驻守，仍须速催援军前进。至一□之冯旅，除饬程旅一营，业经赴援外，并催陕军第二师之赵团，火速赴援。其五、六两团，饬其驻秦皇岛，以资策应。惟各该部出发驰滞，实深系念。又据降兵边振海供称：敌人定于今日拂晓，各路总攻击。而我二、三两路部队，既未集中，又失联络，援军单薄，仍恐缓不济急。请再饬援军全部，火速齐进，并饬胡师速向第二军阵地增援，作第二线之预备，以增各部之声援。是否有当，伏乞钧裁。谨电禀闻。第一军司令彭寿莘叩。阳一。印。

〔北洋政府大总统府档案〕

41 曹锟为凌源失守命令胡景翼速援平原有关密电

（1924年10月10日—15日）

(1) 军事处给胡景翼密电稿(10月10日)

万火急。喜峰口、遵化一带探投陕军胡司令鉴：捷密。顷奉大总统谕：凌源失守，我军在叨尔磴、三十家子一带，与敌激战中，我第三军已有两旅，于支日到达承德。着电胡司令速率所部，兼程进出平泉，与友军协击逆敌。情势紧急，速赴戎机，是为至要。等因。遵特飞达察照，见复为荷。军事处。蒸。印。

(2) 胡景翼给军事处密电(10月15日)

万急。北京大总统公府军事处、山海关一带探送吴总司令、承德送王副司令钧鉴：捷密。据职部骑兵团长挺进队郑队长等元夜报称：敌分两路进犯杨树梁、黄土梁甚猛，平泉危急，请速派援等语。查邓宝□〔珊〕一旅，昨日已抵平泉，兹复严令驻宽城之岳旅长维骏、李旅长纪才，迅率全部并进增援。景翼俟后方布置略周，亲往督战外，闻第二军王总司令集合所部为数尚多，并中央第四旅均麇集，无甚举动，可否电令王总司令指挥，饬由平泉、大庙、九神庙一带前进，以威胁敌侧。又查进犯黄土梁之敌，即系赤峰分派而来，并可否令饬冯总司令选挑精锐，由承德进赴赤峰，以抄袭敌后，庶数面夹击，□虏不难歼除。再宽城商铺完全歇业，即日用之油盐酱菜亦溥难进，谷米草料更无一存，事关军食，并恳由后方火速接济，俾壮士气，以利戎机，至感德便。司令胡景翼叩。删。自喜峰口发印。

中华民国十三年十月十七日

〔北洋政府大总统军事处〕

42 张治公报告在沙河寨九门口等地与奉军作战情形致大总统等密电

(1924年10月11日—12日)

(1) 10月11日密电

北京大总统、军事处、吴总司令、山海关彭军长钧鉴：捷密。治公佳日上午至石门寨查看，前方情形甚属吃紧，即于蒸日早八钟赴沙河寨督战，与敌激战竟日，下午四钟，敌军突入我军阵地，势甚危急，幸各官兵用命，始将原有阵地完全恢复。是役俘虏敌军连长一员，兵士十三名，步枪十余支，炮弹廿六箱，引信八箱。我军六团一营杨营长炳山腿部受伤甚重，此外伤连排长司书见习军官各一员，兵士十余名，阵亡兵士五名。计自佳日夜四钟战事开始，迄今尚未消息。现我军仍占领猪熊峪、赵家峪、曹水峪、驻操营之线；赵家峪之右系杨团占领，左系赵团占领，赵杨两部之间，系十三混成旅之余部占领，曹水营附近系程旅占领，驻操营附近系二混成旅占领，职拟俟山海关方面之申团抽调回沙，即向□进攻，以期早日恢复九门口，藉抒钓廑 。谨电奉闻。余容谨呈。援军第七路司令张治公叩。真。印。

(2) 10月12日密电

北京总统府军事处钧鉴：捷密。真电计达。今日战况，较前愈形激烈，敌人时以强胜兵力，向前猛扑，职师各官兵等奋不顾身，肉薄攻击，前仆相继，仍不少却。并将沙河寨、石嘴子等处以东山头占领。前后夺获敌人机关枪六架，步枪一百余枝，生擒逆军连长一员，排长二员，目兵三十余人，击毙敌人无算。职师官兵等亦阵亡十余员，受伤八十余人。幸傍晚全旅暨申团均已陆续开往前线，即时加入，兵力稍厚，而敌人猛攻，仍未稍休。并据所获俘虏供称：奉军在此方者为第四路及十、二两混成旅，每旅有迫击炮一连，每该连有大炮六门，并称张学良拟日内再以三旅兵力来攻石门云云。所称似非无因，职拟明日派探由间道攻击，刻下正在激战之中，余容续禀。谨电禀陈。伏乞鉴察。援军第七路司令张治公叩。文。印。

〔北洋政府大总统府档案〕

43 吴佩孚亲赴前线秦皇岛督战并商借日本守备队无线电通讯有关电

(1924年10月13日—22日)

(1) 吴佩孚致曹锟密电(10月13日)

急。北京大总统钧鉴：永密。佩孚本日下午二钟乘海圻舰出发，带同楚豫、永祥两舰向葫芦岛连山湾开驶，明早五点钟到达该地。威胁敌人后路。明早八钟由连山湾开赴营口，明晚回驻秦皇岛。在佩孚未回秦岛以前，所有战况报告，由第一军彭总司令、第四军曹总司令署名拍发。谨此电陈，伏乞钧鉴。总司令吴佩孚叩。元午。印。

（2）直系秦皇岛指挥使周梦贤致陆锦等密电(10月13日)

急。北京公府秘书厅王督办、军事处陆总长、交通部吴总长钧鉴：捷密。吴总司令于真晚安抵秦皇岛，贤与彭司令等随同赴山海关视察我军火线。查此处近日仅夜晚及拂晓小有战斗，我军防线严密，定无他虞。即复乘煤车至柳江，经州里汉路到石门寨、赵家峪、沙河寨一带，即我军之第一道火线后方视查阵地，此处为我军之右翼。三道关一带较为激烈，吴巡帅编第三师之十团一混成团增加前线，并谕令各军师旅长等，明早务宜拂晓协同奋力攻击直夺九门口，并悬赏十万元。现彭司令已前往督战，至下午四时，吴总司令仍即回岛，明早乘海圻兵舰巡视沿海各岸，亦令贤同往，今夜贤可返京，特电奉闻。周梦贤叩。元。印。

（3）曹瑛给曹锟密电(10月18日)

万火急。北京大总统钧鉴：捷密。现在战局颇稳，各军赶到，谨将作战情况列左：一我军第三师之六旅，在长兴店小不老庄、驿庄、下峪瓦山、柳江一带，向前进攻。第廿六师曹永祥之混成团及工兵营在下平山、三羊寨、邱子峪一带，向前进攻，兼掩护六旅之左翼。曹世英之一旅，亦继六旅前进，第十四师分为两路，一由安民寨向长桥岭、水寨峪进攻沙河寨。一由安民寨取道趋九门口。曹景桐之步三连及骑炮两连，彭总司令调赴长兴店。现各军正在激战中。吴使亲往督战。此次战局，倘将石门寨、沙河寨、九门口指日恢复，逆军势力一挫，以战略论，即为战胜决局。但子弹在石门损失甚多，拍击炮弹多未装好，务请迅令工厂赶造及保定装好，以备接济。顷据确报，曹景桐之张团长光荣，于石门之失，被敌围截于上赵峪小刘庄之间，断绝归路。幸宁营长文祺，曾充开平营长，熟识山路，一面【振】臂抵御，一面绕山越岭，抄出长城，复经义院口走箭杆岭、由留守营登车回长兴店。该团兵力尚在，仍可作战，谨电奉陈。总司令曹瑛叩。巧未。印。

（4）吴佩孚给陆锦密电（10月22日）

北京军事处陆处长鉴：永密。兹与秦皇岛日本守备队商借无线电报，已承允予借用。惟虑内容泄露，经商定办法二条，（一）用密码发电，每日以五次为度，每次不逾七百字。（一）特定记号北京发电借用固西之名，此间借用土桥之名。用特转电奉闻。即祈察照。并转呈主座钧鉴为荷。吴佩孚。养。印。

〔北洋政府大总统府档案〕

44 王怀庆关于直军攻占赤峰等情给张昆山密电

（1924年10月16日）

急。北京东西七条张留守司令、王军需总监鉴：捷密。元电悉。第四旅请拨骆驼，已拨给一百头。本军自移于平泉道上，前方与米副司令、右翼与第二十师联络数日，均称便利。惟自胡师开到，非常无礼，任意掠夺，与本军兵士时生误会，致多阻碍。今胡师陆续前进，经过宽城，尚需时日。本军诸感困难，深恐因误会而生冲突，致授敌人以隙。兹为顾全大局起见，决定将本军本部，移于安大石一带，前方之主力配备，仍以挡邱到虎沟、梅岭、八亩地一带。对于卅家子方向作攻势防御；一可以击敌人之侧面，二可以阻止敌军包围平泉。其左翼仍与胡师毅军、右翼与第二十师联络，以资协助。而后方即以董家口为输送路线。再顷据赤峰骑兵张总司令、谭总指挥等盐电称：元日拂晓，三路进攻，铁刃相搠，炮火猛烈，次日上午四钟，敌势不支，向建平方面退却，一面派队追击，一面入城恢复秩序。是役阵毙击伤逆军官兵约在六百员名以上等情。此次我军克复赤峰，声威大振，敌锋经此大挫，不难次弟荡平。除赏洋三万元，以资鼓励外，特电布达。王怀庆。铣午。印。

〔北洋政府零散军事档案〕

45 聂宪藩等为山海关战事甚烈请速决定联合友军反攻热边以牵制榆关之敌致王怀庆密电稿

（1924年10月18日）

平泉。速转第二军王总司令钧鉴：巡密。昨电计邀钧览，所陈各节，亦不得已之办法，尚乞卓裁。近日山海关战事甚烈，闻逆军由朝阳调回三旅，加入榆关，热边敌情单弱，我公如能联合友军，乘虚反攻，牵制榆关之敌，藉振我军士气，政府甚盼前进。闻日昨已有电催矣。但我军情形，究竟如何，不敢遥断，务祈速为决定。否则，虽困难万分，不能见信于人，长此徘徊不进，他人则可，我军恐有人进谗，殊可虑耳。幸乞钧夺。至为翘盼。聂宪藩、薛之珩。巧。

〔北洋政府热察绥巡阅使署档案〕

46 冯玉祥倒戈回师北京组织国民军有关电

（1924年10月23日—28日）

（1）冯玉祥等通电（10月23日）

北京国务院、参众两院、各部院、北京王聘卿先生、熊秉三先生、汪伯唐先生、田焕亭先生、梁任公先生、王儒堂先生、刘霖生先生、天津段芝泉先生、张敬舆先生、严范孙先生、王一堂先生、陈二庵先生、上海唐少川先生、岑云阶先生、章太炎先生、徐季龙先生、柏烈武先生、于右任先生、南通张季直先生、广东孙中山先生、陈竞存先生、谭组庵先生、李协和先生、熊锦帆先生、各巡阅使、各省督军、督理、督办、省长、护军使、海军各司令、各都统、各镇守使、各师旅长、各法团、各报馆暨全国父老昆弟同鉴：国家建军，原为御侮，自相残杀，中外同羞。不幸吾国自民九以还，无名之师屡起，抗争愈烈，元气愈伤。执政者苟稍有天良，宜如何促进和平，与民休息。乃者东南衅起，延及东北。动全国之兵，枯万民之骨。究之因何而战，为谁而战。主其事者，恐亦无法作答。本年水旱各灾，饥荒遍地，正救死之不暇，竟耀武于域中。吾民何辜，罹此荼毒，天灾人祸，并作一时。玉祥等午夜徬徨，欲哭无泪，受良心之驱使，为弭战之主张，爰于十月二十三日决意回兵，并联合所属各军，另组中华民国国民军，誓将为国民效用。如有弄兵好战，殃吾民而祸吾国者，本军为缩短战期起见，亦不恤执戈，以相周旋。现在全军已悉数抵京，首都之区，各友邦使节所在地方，秩序最关重要，自当负责维持。至一切政治善后问题，应请全国贤达，急起直追，会商补救之方，共开重新之局，所谓多难兴邦或即在是。临电翘企，伫候教言。陆军检阅使第十一师师长冯玉祥、陕西陆军第一师师长胡景翼、大名镇守使陆军第十五混成旅旅长孙岳、热河都统米振标、旅长岳维峻、田玉洁、邓宝珊、李纪才、李云龙、冯宸东、曹世英、张之江、李鸣钟、宋哲元、刘郁芬、鹿钟麟、孙良臣、蒋鸿遇、孙连仲等同叩。梗。印。

(2) 王承斌等通电(10月25日)

各院部、参众两院、王聘卿先生、熊秉三先生、汪伯唐先生、田焕亭先生、梁任公先生、各巡阅使、各省督军、督理、督办、省长、护军使、海军各司令、各都统、各镇守使、各师旅长、各法团、各报馆暨全国父老昆弟同鉴：漾电计达。本日中华民国国民军会议，公推冯公玉祥为国民军总司令兼国民军第一军军长、胡公景翼为国民军副司令兼国民军第二军军长、孙岳为国民军副司令兼国民军第三军军长，业于本日一体就职，启用关防，特电奉达，并盼匡教。直鲁豫巡阅副使王承斌、热河都统米振标、旅长岳维峻、田玉洁、邓宝珊、李纪才、李云龙、冯宸东、曹世英、张之江、李鸣钟、宋哲元、刘郁芬、鹿钟麟、孙良臣、蒋鸿遇、孙连仲等同叩。有。印。

(3) 冯玉祥等通电(10月28日)

各部院、参众两院、王聘卿先生、熊秉三先生、天津段芝泉先生、广东孙中山先生、盛京张总司令、各省、各名流、各巡阅使、督军、省长、都统、各师旅长、各法团同鉴：民国创造，十有余年。兵戎迭兴，迄无宁日。军阀强藩、棋居鼎峙。分据国疆，自擅威福。意见参差，干戈即起。逞其武力，藉快己私，以多数之国民，殉一人之私意。美其名曰讨逆，文其过曰义师。实皆睚眦之争，全与国家无涉。旱潦频仍，而忿兵叠起。度支困竭，而黩武不休。以致九有疮痍，四方困瘁。哀鸿遍野，群盗满山。工商窒阻，农畴荒芜。万众倒悬，群伦涂炭。不特共和之真谛，未获实现，反致国际之地位，日益堕落。祥等睹此颠危，忧惶如捣。恐稍瞻徇，必致沦胥。内受良心之驱迫，毅然为和平之主张。使国人知武力之不足恃，开根本改造之新机。其目的纯在救国，其办法纯取公开。为全国统一之先导，定奠国永久之大计。期以此次改革，完成历来改革未竟之事业。解决历年纠纷之根本，永绝将来隐伏之祸胎。确立健全民治之基础，决非局部之争。恩怨之报，更无钓名沽誉之心，尤无倒甲拥乙之意。愿国事之完全，不屑顾个人之利益。知人民之困苦，不敢避一己之艰辛。返京以来，叠次通电。区区微忱，谅荷洞察。现在京师安堵，商民乐业。友邦谅解，群情翕辑。如有反抗和平，武力是逐。愿为国民公敌者，则祥等唯力是视，誓与国人共弃之。政府暂维现状，以免国际纠纷，此特为过渡之初步，并非最后之办法。当兹军兴初乱之际，自不免有多少委曲求全之处，此则不能不乞国人谅解者也。祥等以为此后一切政治善后问题，国家建设计划，非一二人所能集中，亦非一二党派所能把持，必须一国贤豪，同集京师，速开和平统一会议，将一切未决问题，悉数提出，共同讨论，以多数人之主张为指归、以最公平之办法为究竟，期得最良结果，实力奉行，以绝内争，以安邦本。为今之计，莫急于此。惟此和平会议、究应如何组织为妥善，如何产生为适宜，海内贤豪、南北硕彦，匡时共济，宏划应多，务祈不吝谠言，迅予指导，恢张伟论，见锡嘉猷，祥等虽戎行椎鲁、素知从善，德音早颁，虚己景从。时机迫切，披沥掬忱，引领教言，伏维鉴察。冯玉祥、胡景翼、孙岳同叩。俭。印。

〔北洋政府内务部档案〕

47 王光宇关于鹿钟麟率部包围公府并解除卫队武装等情致王怀庆呈

（1924年10月25日）

为呈报事：窃据侦察员赵湘报称：闻公府于昨下午二时余，有冯军鹿旅长至公府，劝导府卫队兵士，解卸武装。该卫队营刘营长当未认可。该旅长回归，至八时余，派有机关枪十数架，至公府门前安设。当经该管内右一区交通队巡官赵家林报告，该区茹署长令巡官长警等，在该府附近了望监视，有何动作。今日该冯军将所设之机关枪撤去，仅留二架，以资防堵。等情。前来。理合缮呈宪鉴。谨呈。

京畿卫戍总司令王

侦察处处长王光宇

中华民国十三年十月二十五日　呈

〔北洋政府京畿卫戍总司令部档案〕

48 冯玉祥等讨伐吴佩孚残部窜视京津通电

（1924年10月30日）

国务院、参众两院、各部院、王聘卿先生、熊秉三先生、汪伯唐先生、田焕亭先生、梁任公先生、王儒堂先生、刘霖生先生、盛京张总司令、天津段芝泉先生、张敬舆先生、严范孙先生、王一堂先生、陈二庵先生、唐少川先生、陈云阶先生、章太炎先生、徐季龙先生、柏烈武先生、于右任先生、南通张季直先生、广东孙中山先生、陈竞存先生、谭组庵先生、李协和先生、熊锦帆先生、各巡阅使、各省督军、督理、督办、省长、护军使、海军各司令、各都统、各镇守使、各师旅长、各法团、各报馆暨全国父老昆弟同鉴：频年内竞，国困民穷，迭电吁陈，情非得已。此次战祸渐兴，糜烂至十余省，骈殉军士，以累万计，耗费军需，以累百万计，各省被难人民，以累千万计。至其间直接间接，政府国民因战争影响，而受之损失，更不可以数字计。驯至五湖淞渎，血溢修渠，九塞榆关，尸填巨壑。生者呻吟于道路，死者狼藉于郊。原同胞何辜，遭此荼毒，谁为戎首，咎有所归。吴佩孚徒以不忍私人之忿，召乱逞兵，生此励阶，贻害全国。衡情按法，即令科以战，服上刑之咎一人之泯罢，宁足以偿万众之膏涂。乃政府宽大，仅令免职停战，既宽其方钺之诛，复畀以效力之路。吴佩孚稍有人心，宜如何感激涕零，立萌愧悔，即日投戈解甲，向政府国民，负躬引咎，自陈罪戾。纵前愆之莫赎，或晚盖之可收。所以本军义旅如林，整军待命，津沽咫尺，明知为军事险要，而迄未派有一兵一卒，前往布置，盖欲实践弭战之宣言。倘非衅自彼开，决不招豚入笠，此心共见，天日同昭。不料吴佩孚狂悖性成，昏顽罔觉，辄复迫胁残部，狼窜豕突，甚且占踞津门，窥视京邑，不惜以区区数千人之残余生命，付之孤注，叠向本军防线猛动进扑。若再姑息因循，不加制止，行见此祸国凶孽，披猖畿甸，将为大局奠安之梗。不得已，挥泪出师，重张挞伐。已宣令各军将领，分途并进，痛加剿刈，并请所在友军，协同防堵，无任窜逸。釜底游魂，难延喘息，犁庭扫穴，指日可期。所有申讨缘由，理合掬忱布告。谨此电闻。伏维亮察。国民军总司令冯玉祥、副司令胡景翼、孙岳等同叩。卅。印。

〔北洋政府内务部档案〕

49 鲁督郑士琦宣布中立通电

（1924年11月1日）

国务院、参众两院、各部院、各总副司令、各省巡阅使、督军、督理、都统、护军使、省长、镇守使、师旅长、省议会、各报馆钧鉴：民国肇建，十有三稔。国内战祸，循环代休。各拥封圻，讨争雄长。一言不合，万骨为枯。复辄相寻，照然可鉴。此次战争，蔓及畿辅，全国震骇，风云变幻，莫知适从。将谓为主义而战，则一人之先后，固自相矛盾也。抑或为党派而战，则一党之离合，又变化无方也。本属袍泽，忽而仇雠，既仇雠矣，旋复结合。仅以人民为刍狗，以国家为儿戏。孤行其无意识之同类战争，煮豆燃箕，摘瓜抱蔓。此则士琦等之不得其解者也。综计军兴以来，财用耗费，奚止千万。将士伤亡，奚止数万。而人民之流离转徙，受战争之影响，而耗费而伤亡者，尤不可以更仆数也。以人民敲剥，仅存之脂膏，不用以发展实业，而维于征调。以国家艰难，久练之师旅，不用以发扬国威，而毁于内战。志士伤心，友邦腾笑，惩前毖后，窃有未安。鲁省频岁灾祲，疮痍满目，伏莽蠢动，在在堪虞。外团质问，能否保护侨民？否则，即谋自卫，纷备诘责，应对几穷。方事之初，省议会曾议决，声明中立，不入旋祸，迫于事势，未能即时实行，言之愧负。今士卒皆悟内争之非，中央乃颁停战之令。今若犹长此牵率，则冤亲顺逆，乐然淆乱，何所折衷。士琦等因人民之请求，受良心之驱策，不得不为国军稍惜精锐，为人民稍苏喘息，为地方稍留元气，郑重宣告，自本日起，保境息民，静待和平解决。诸公爱民爱国，度越恒流，如能大彻大悟，同释矢戈，疹疠之气，立化祥和，岂非无疆之福。万一情形不同，各行其是，吾邻省之表同情者，相与订立公约，联防共守，保一分算一分，于国于民，亦不无毫发之裨。再不获命，即请鉴纳士琦等宣言，划鲁省于战区以外，勿以一戈一矢，加遗鲁人；勿以一兵一卒，通过鲁境。士琦等当率三千万鲁人同拜大赐，倘或不蒙谅解，无端侵犯，鲁虽孱弱，亦惟有殚竭群力，贯彻主张，知我罪我，听诸事后，国民之裁判。士琦等无仇无党，语出肫诚，敢布区区，伏维照察。督理郑士琦、师长孙宗光、济南镇守使施从滨、衮州镇守使张培荣、烟台镇守使张怀斌、曹州镇守使徐鸿宾、旅长张建功、李森、胡翌儒、吴长植、张培勋、王翰章、混成团团长梁世昌、补充团团长窦复祥、参谋长宋振纲。东。印。

〔北洋政府内务部档案〕

50 曹锟向国会辞总统职并将印玺移送国务院通电

(1924年11月2日)

国务院、各部院、检阅使、各省巡阅使、巡阅副使、督军、督理省长、热察绥都统、各省护军使、各镇守使、各师旅长、各省议会、各法团、各报馆钧鉴：本大总统缪承国民付托之重，莅职以来，时切兢兢，冀有树立，以慰国人之望。无如时局多艰，德薄能鲜，近复患病，精力不支，实难胜此艰巨之任。惟有请避贤路，以谢国人。除咨参众两院辞职并将大总统印玺移送国务院，自即日起，依法摄行大总统职务外，特此通告。曹锟。冬。印。

〔北洋政府内务部档案〕

51 王光宇关于冯玉祥倒戈反直在北京等地军事行动给王怀庆报告

(1924年11月)

(1) 11月2日报告

谨将第八百六十六号报告缮呈宪鉴

计开

一、据鲍宗元报称：兹闻国民军警卫司令鹿，现饬工程兵在东直、安定各城门楼上，挖防御炮眼，致商民等均甚惶恐。

一、据储维越报称：兹闻丰台车站人谈论，冯吴两军业在杨村一带开火。冯军所用均系小钢炮，将吴军击退。嗣吴军以重炮反攻，冯军不支，遂退至落垡云。

一、据赵尚武报称：闻冯军因前方战事紧迫，多受包围，恐措手不及，特遣派薛副官向警厅赶即预备汽车五六十辆，开赴前线。并令各区每日备馒首三四千斤，送往战地食用。

一、据曹华萱报称：查东四牌楼闻人民云：昨夜十二时后，在东单牌楼一带，闻炮声隆隆，后有飞机声音甚大，其前方战事之激烈，可以想见。

一、据姚文方报称：闻冯使此次倒戈原因，系受奉张之贿买，出奉票一千二百万，折现洋六百万元。俟成功后，另有极优之位置，故班师回京云。

一、据林炳辉报称：今查鼓楼上冯军，设有机关枪数架，楼下周围栅栏内，均垒砖墙，设有枪眼。闻各城上，均有冯使布置之官兵，以为将来溃败时，而备进城把守。又闻冯军在杨村附近一带所抓之民夫，现在该处平垫水路。又查各街巷僻静处，有用粉笔涂抹冯玉祥该杀等字样。而民情之向背，于此可见。

中华民国十三年十一月二日

王光宇　呈

(2) 11月3日报告

谨将第八百六十七号报告缮呈宪鉴

计开

一、据金世珍报称：兹闻内城守卫队，于昨日下午四时，由统部传知，将各目兵等枪支，一律收齐，呈交提署。又闻巡帅宅驻守之游缉队兵，于今早将枪支缴卸。

一、据韩景澄报称：兹闻公使方面传出消息云，现有新直隶派出巨资贿买外人，至军事最紧急时，乘间用汽车至公府，潜掳总统入东交民巷公使界内，以便通电各省，要求援助，闻一星期内，即可施行云。

一、据董德泉报称：兹闻驻守贤良寺冯军办公处现因军事紧迫，本军不敷分布，拟将宪兵营兵士及营翼队兵，一律编成常备军，计分两旅。并在京师附近招募护城军一营，每日每名发给铜元五十枚，半日下操，半日登城守卫等情。

一、据储维越报称：兹闻冯军因前方军事不利，于昨日派工匠将京绥各路火车，均钻有枪眼，以备开赴各前线攻击。致车站人员，均谓其阴谋不浅云。

中华民国十三年十一月三日

王光宇　呈

(3) 11月4日报告

谨将第八百六十八号报告缮呈宪鉴

计开

一、据叶华、赵尚武、舒嘉善报称：查天安门警卫司令部，有鹿旅长及副官长等代卫队两连并侦探等。正阳门东厅及城上，有二十二旅一连。宗人府夹道官厅驻冯军两棚。东长安街电报局驻冯军一排。崇文门及城上驻冯军一连。京汉铁路总管理局驻手枪队一连。前宪兵司令部内驻国民军宪兵司令部。军需学校驻陕军第一师幼年兵约二连。贤良寺驻冯军骑兵一营。电话东局驻冯军一排。朝阳门及城上驻陕军补充营一连。军医学校驻国民军总军医院医兵等约一排。东直门及城上驻冯军一连。安定门及城上驻冯军一连。京兆尹公署驻国民军两连。国子监、孔庙驻炮队工程营共一营。

一、据赵湘、程永祥、鲍宗元报称：查阜城、德胜、西直、宣武等门，均驻有冯军兵士一连，分布城上下，武装站哨。又查公府门前有国民军十二名。府右街南北巷口有该军四十余名。东四三座门有兵士十余名。团城内驻守一连。甘石桥国民军联军办公处有守卫兵士一连。鼓楼前有步哨兵四名。西长安街关闭之汽车行，驻有兵士一连。西苑门亦有兵士在彼把守，至各街巷站哨之国民军，已多数调往前线。又闻两翼各官厅，有于明日更换警察保安队接守之说。

一、据韩景澄报称：兹闻先农坛内曾有冯军第八混成旅两团，于日昨已开往廊坊。是夜冯军第二十二旅步两团，即移驻该坛云。

一、据刘起元、宋珍报称：今查有王芝祥、鹿钟麟、刘廷森、张璧等会衔出示，宣告曹大总统辞职，国务院摄行总统职权。又闻参谋部已被冯军撤销，改为国民军司令部。又闻昨夜吴、冯两军，在万庄一带交战，冯、胡两军伤亡官兵等五千余员名。又今日上午九时余，有冯、胡军伤兵八十余名来京，抬往仁民医院及内城官医院调治。又下午一时余开专车，有新任京奉路局长丁搏霄带冯军兵士一百余名，全扮武装，出京赴津就职。

中华民国十三年十一月四日

王光宇　呈

(4) 11月5日报告

谨将第八百六十九号报告缮呈宪鉴

计开

一、据关士英报称：查旃坛寺后身当铺胡同，现有冯使设立之侦缉处处长史某，有侦缉员二十余名，每日分派往丰台、长辛店、通县等处，侦查军事一切。又闻该处于昨日派周某在城内侦查各军事机关住闲之人。

一、据赵尚武报称：查东西北四条宪兵学校，今午见有冯军官长一员，带兵二名，至该校调查地点，有欲行驻兵之说。

一、据赵湘、叶华报称：今闻前警厅薛总监于交卸后，携眷属往六国饭店，其什锦花园住宅，有美国人在彼驻守保险。并闻聂宪藩亦往该饭店，其厂桥住宅，有法国人在彼驻守保险。薛某于日前有已向国民军总司令捐洋三万元之说。

中华民国十三年十一月五日

王光宇　呈

〔北洋政府零散军事档案汇集〕

52 段祺瑞号召全体将士讨直戡乱通电

（1924年11月4日）

国务院、各部署、冯总司令、胡副司令、孙副司令、盛京张总司令，广东孙中山先生、各省各名流，各巡阅使、督军、省长、各师旅长、各法团均鉴：日者巨蠹销亡，神京底定，兴师本旨，大体无违。念国步之艰难，感生灵之涂炭。自非任意负嵎，逆时肇乱，所当继行申讨外，军旅之事，略可告终，建设之业，由是发轫。窃惟纪元以来，变乱相寻，迄于今日，家发偕亡之叹，人兴抱蔓之思。幸有天缘，俾资收拾。然究为最后一役，抑属大难。方殷将以改革，是否及于本根，餍乎民意为断，因循为政，仍种乱原，颟顸为法，大违民意。瑞此物此志，迭有申明，心同理同，谅邀采纳。诸公或当方伯连帅之任，或集士农工贾之成，或共持国议，严守大防，或分主省议，深明疾苦。且复国多大老，野有遗贤，学者云兴，论师鹊起，大抵乃心家国，有志澄清，一言可以兴邦，亡夫不可夺志。幸各痛泄谠见，共挽时艰，俾集群言，见之行事，庶乎改造可期，彻底舆论，协乎至公，民国存亡，治乱之分，在此一举。瑞不敏谨体将士，讨贼戡乱，为国无我之本意，驰檄以闻。段祺瑞。支。印。

〔北洋政府内务部档案〕

53 张宗昌发表从锦州打到天津经过通电

（1924年11月4日）

火急。天津段芝老钧鉴：北京冯总司令、胡孙两副司令、各部院、各省督军、省长、镇守使、师旅长、各公团、各议会、各商会、各报馆并全国父老昆弟同鉴：宗昌奉我镇威军总司令之命，督师讨贼，由锦州出热河，克名城、夺要隘，进据冷口，直捣滦州，截断敌方榆津联络之线，即派重兵转向昌黎、永平、乐亭一带，对山海关、秦皇岛实行包围，会合我一、三、四各军前后夹击。敌以进退无路，全体降服。综计就俘不下五万余人，所获枪械，亦复称是。连其迭次战斗失败伤亡逃散，当在二十万人以上，举敌方所称精锐主力，已尽为根本覆灭之。宗昌即仍率本部乘势西进，经过古冶、唐山、开平、平芦台，节节扫除溃窜之敌，于本日下午十一时完全占领塘沽，所有榆关以西，天津以东及热河全部，均已次第荡平，一律肃清。战事既经解决，国事亦即底定。沿途所过区域，并随时宣布我总司令德意，抚慰商民，维持秩序，中外各界，欢呼若雷。窃维宗昌自率师出发以来，大小数十战，追逐数千里，胥蒙我总司令指授方略，并赖我将士踊跃用命，故能会合友军，群策群力，于不出两月间，驱除元恶，戡定大难，讨贼事业，粗告完成。实则曹吴祸国殃民，天怒人怨，彼固有自杀之道，我实无作战之功。此后和平企图统一大计，则我当代元老，海内名流，与我国父老昆弟，推诚商榷，自有促进刷新之法。至于贼氛虽清，余孽未清，宗昌衔命入关，仍当引为未了之责。除电呈我总司令外，谨陈大概，统祈垂察。张宗昌叩。豪。印。

〔北洋政府内务部档案〕

54 胡景翼攻克天津委张之江为天津警备司令通电

(1924年11月5日)

国务院、各部院、冯总司令、各省各名流、各巡阅使、督军、督理、省长、镇守使、各旅长、各法团、各报馆均鉴：景翼班师回京，通电主和，原期弭战息争，共谋国是。乃吴子玉氏阻兵，安忍率其残部，欲犯京师，经敬舆先生力劝，竟不听从，积极进攻。景翼不得已，始派李旅长纪才，朱旅长云龙、会同张司令之江，前往迎击。吴尚顽强抵抗，江日杨村一役，我军奋勇攻入，俘获陆军第一混成旅长潘鸿钧及其全旅官兵，余众纷然溃窜。津沧南线，微日晨我军完全收复天津。查津埠为通商要地，华洋聚处，自不宜驻扎军队，惟因塘沽等处，尚有溃兵蜂屯，不能不速筹收束，现已呈请总司令部，委任张司令之江为天津警备司令，以维持地方秩序。所有军队，一二星期后，即将两部退出津埠，以重条约。谨电奉闻。敬祈垂察。国民军副司令兼第二军军长胡景翼叩。微。印。

〔北洋政府内务部档案〕

55 张作霖宣布取销镇威军名义撤回原防听候中央命令通电

（1924年11月6日）

各衙门、各省军民长官、各法团、各报馆钧鉴：作霖保境安民，素以和平为职志。比者兴师救国，迫于正义，不得不然。而回念兵祸初开，双方将帅之死伤，本地人民之疾苦，同胞自杀，言之痛心。推究变乱，所自来实以军人干政为祸首。作霖鉴国民之心理，怵时局之潮流，但期中枢之主宰得人，即救国之愿望已达，私人权利誓绝于心。故此次政府人选，不添奉籍一员，都门首善，不驻奉省一兵，即日昨展觐执政，忽忽出京，乃专为收束军事起见，业经通令将镇威军各军名义暨战斗序列，一并取销。沿线驻军，准备分期撤回防地。嗣后东省军事进止，悉听中央命令为转移，既符本队出关之宣言，并守军人服从之天职。各方袍泽，谅有同心。敬布区区，伏希公鉴。张作霖。鱼。印。

〔北洋政府内务部档案〕

56 张作霖冯玉祥等公推段祺瑞为中华民国临时执政暨段祺瑞宣誓就职通电

（1924年11月15日—24日）

（1）张作霖冯玉祥等通电（11月15日）

急。北京各衙门、各省区军民长官、各总司令、各副司令、总指挥、护军使、镇守使、师旅长、各法团、各报馆钧鉴：国是未定，中枢无主。合肥段公，耆勋硕望，国人推戴，业经一致从同，合肥虽谦让未遑，然当此改革绝续之交，非暂定一总揽权责之名称，不足以支变局。拟即公推合肥为中华民国临时执政，即日出山，以济艰危，而资统率。敦促就任，诸公必有同情也。张作霖、卢永祥、冯玉祥、胡景翼、孙岳。咸。

(2) 段祺瑞通电(11月21日)

北京国务院、各部院署、冯总司令、胡副司令、孙副司令、各省、各名流、巡阅使、总司令、督军、督理、省长、督办、都统、护军使、镇守使、师旅长、各省省议会、教育会、学生联合会、商会、农会、工会、律师公会、各报馆暨全国父老昆季均鉴：共和肇造，十有三年，干戈相寻，迄无宁岁。驯至一国元首，选以贿成，道德沦亡，法纪驰废，诛求无艺，户鲜盖藏，水火交乘，野多饿莩，国脉之凋残极矣。人民之困苦深矣。法统已坏，无可因袭。惟穷斯变，更始为宜。外观大势，内察人心，计惟彻底，改革方足以定一时之乱，而开百年之业。祺瑞历秉大政，无补艰危，息影津门，栖心佛乘，既省愆于往日，冀弭劫于将来。迩者、彗起天南，芒系直北，征糈则千万一掷，招役则十室九空，萃久练之兵，为相煎之用，人民何辜，遭兹惨酷。所幸各方袍泽，力主和平，拒贿议员，正义亦连，革命既已，百废待兴，中枢乏人，征及衰朽，祺瑞自顾疏庸，讵胜大任，乃电函交责，环督益坚。不得已，拟于十一月二十四日入都，就中华民国临时执政之职，组织临时政府。斯维秩序，海内久望统一，舆论趋于革新，愿与天下人相见，以诚共定国是。如制定国宪，促成省宪，改订军制，屯恳实边，整理财政，发展教育，振兴实业，开拓交通，救济民生诸大端，必须集全国人之心，思才力以为之，庶克有济。现拟组织两种会议：一曰善后会议，以解决时局纠纷，筹备建设方针为主旨，拟于一个月内集议。其会议简章，另行电达。二曰国民代表会议，拟援美国费府会议先例，解决一切根本问题，期以三个月内齐集。其集议会章，俟善后会议议定后，即行公布。会议完成之日，即祺瑞卸责之时。总之，此次暂膺艰巨，实欲本良心之主张，冀为彻底之改革。谨宣肝膈，期表微衷，邦人君子，幸垂教焉。段祺瑞。马。印。

(3) 段祺瑞通电(11月24日)

北京。各衙门、各省区军民长官、各机关鉴：祺瑞于本月二十四日，就中华民国临时执政之职，兹将就职宣言电达文曰：祺瑞不才，恭膺中华民国临时执政之重任，誓当巩固共和，导扬民志，内谋更新，外崇国信。谨此宣言。段祺瑞。敬。

〔北洋政府内务部档案〕

57 冯玉祥宣布下野及规劝吴佩孚解除兵柄通电

(1924年11月24日)

(1) 11月24日通电

北京临时执政钧鉴：国务院、各部院署及各衙门、张总司令、各名流、各省议会、学生联合会、商会、农会、工会、律师公会、各团体、各报馆暨全国父老昆季均鉴：世运演进，政治革新，立国根源，当从民意。满清末叶，国是日非，民怨沸腾，不可复遏。是时玉祥方列戎行，情殷救国，滦州之举，事日垂成，余痛虽长，妒心未已。故洪宪复辟两役，或追随合肥之后，或参与陈督之机，勉效驰驱，冀安国本，区区愚悃，可质鬼神。上年曹氏当国，选以贿成，全国哗然，督责备至。只因民未喘息，不堪再兵。果曹氏有为民为国之苦心，国人或亦有略迹原心之雅量。乃一年以来，内则嬖幸用事，贿赂公行，淫佚自娱，上好下甚。财政则诛求无艺，吏治则纲纪全无。外复放任专阃，迷信武力，构兵入闽，肆毒三湘，粤、桂、川、黔无一幸免。近又变本加厉，倾全国之兵，糜烂东南，蹂躏东北。究竟因何而战，为谁而战，质诸当事，恐亦无词。呜呼！国力有限，民困已深，煮豆燃萁，胜亦不武。玉祥身在行间，亲知兵困，师行所至，益见民艰，用是联合友军，主张回师停战。窃念祥与曹吴，或曾受知遇，或谊属同胞，爱护固素，具是心而公私。却不能无别。今曹虽引咎，吴尚负嵎，天下滔滔，不知所届。幸而合肥段公，以三奠共和之元老，受全国一致之推崇，翻然莅都，总执国政，并通电全国，将集合海内贤豪，共商国是，平和可望，改革可期。祥何人斯，能不称庆。所望全国各界，本十三年变乱相寻之教训，为彻底的共同觉悟之主张，务使军不成阀，阀不代阀，一可斩循环报复之根，二可去民治推行之障。祥虽不敏，粗知大义，军行实践，请自祥始。兹特宣告解除兵柄，决心下野。所有部下军队，如何编制之处，完全听命于国家，尤望旧时袍泽，畴昔寅僚，务各爱护国家，服从命令，庶几政治，得渐循正轨，国势可日进富强，而祥亦得退为自由国民，永享太平幸福。除另呈临时执政，恳准辞职外，临风驰企，语出至诚。区区之愚，伏乞垂察。冯玉祥叩。敬。印。

(2) 11月24日通电

北京临时执政钧鉴：国务院、各部署、张总司令、各省各名流，巡阅使、总副司令、督军、督理、省长、都统、师旅长、省议会、学生联合会、各法团、各报馆均鉴：敬日致吴将军子玉一电文曰：民国以还，内争不已，此兴彼仆，覆辙相寻，追本穷源，皆由一二贤豪，自负太过，未解决共和国主权在民之真谛。往往以一人之意志，强天下人以从同。稍有异议，辄以武力相加，败者固心有未平，胜者复气齐过盛。于是相鼓相荡，起伏无穷，戕贼民生，斫丧国脉，目的何存，百思不解。本年两粤、八闽、三湘、四川，自杀经年，民无喘息，犹不知止，复倾举国之兵，以南征浙江，东逼三省，天灾之后，继以兵祸，吾民何辜，遭此荼毒。窃念弟与吾兄私情固甚深厚，然武力政策，无论为国家计，为人民计、实万万不敢苟同。此次陈师承德，目睹民艰，勒马悬崖，情难自已，故有旋师回都，倡导和平之举。抵京以还，首捕李氏彦青，其余府中媚子，府外谄臣，亦早星散。凡此诸端，皆吾兄曩日痛心疾首，力足以为，而碍于情，绌于势，未能断行者，弟不过一一代行之而已。未蒙鉴谅，屡电严责，天下汹汹，祸将复作。现在合肥段公，以三奠共和之元老，受全国一致之推崇，翩然莅都，总执国政，善后诸端，复通电声明，由会议解决，与当年兄在汉口所主张之会议，初无二致，想荷赞同。吾兄坚苦卓绝，廉洁自持，私心折服，不自今始。深愿彼此，以国家为重，勿因区区一二人间之误解，使举国人民危惧者，不能一日安。故弟已决定解除兵柄，除另呈执政恳请准予辞职外，望兄亦平心静气，将所统部队，完全交付国家，与弟共渡欧美，为异日效忠民国之备。牺牲一人之政见，服从多数之民意，不得谓之怯。解除兵柄，为废督裁兵之倡，不得谓之耻。且从此和平可现，统一可期，循环式之内争，可以永绝于神州大陆。则其智、其仁、其勇、尤足以昭示百世。吾兄明达，当亦谓然。剖腑陈词，伫候明教等语。特电奉达。诸希亮察。冯玉祥叩。敬。印。

〔北洋政府内务部档案〕

58 王敬玺为其父怀庆参加第二次直奉战争开脱罪责及其军队惟奉张之命是听等情致赵尔巽函稿

（1924年11月）

致赵次帅、大帅钧鉴：谨肃者，此次家严率师出发，原因种种牵制，具有不得已之苦衷。嗣经政变，集师隆化，困难情状，有目共睹，幾至无以自存。自蒙张雨帅竭力维护，环境之逼迫，始稍缓和。古道热肠，敬玺已三生莫忘矣。雨帅派张中将接收队伍一节，事极顺序，大致办法，业经妥协。讵意因接热河来电，雨帅忽生疑虑，比时敬玺迅即电询究竟，兹按前方来电云，自与相臣①接洽后，无论何方，均未去电，毅军事宜，更未便过问。返复思之，热河来电，确系捏造无疑，张中将现在奉招回京，敬玺已面述一切，伏乞钧帅俯赐，转达雨帅，解释误会。倘以敝军队为有用，自可直接致电前方，无不惟雨帅之命是听。如仍令张中将前往接收，更遂家严解甲之初

① 张九卿字相臣，奉天黑山县人。任吉林延吉镇守使。

愿，释此危困，俱依高厚。掬诚陈词，曷胜屏营。肃此叩恳，虔请崇安

王敬玺谨肃

〔北洋政府热察绥巡阅使署档案〕

59 孙传芳等关于吴佩孚兵败避居鸡公山岳州等情电

（1924年12月5日—1925年3月7日）

（1）孙传芳致张树元电（12月5日）

急。北京执政公府张军务长少卿兄鉴：日前致电吴巡阅使力尽忠告。兹得复电文曰：江电诵悉。深佩谠论，兄现已避居鸡公山，不问国事。特复希察等语。特电奉达。敬乞转陈师座为祷。弟孙传芳叩。歌。印。

（2）萧耀南致执政军务厅密电（12月7日）

北京执政府军务厅转湖北代表周远村中将鉴：平密。鱼电悉。据湖北驻豫军官鱼电报告，吴帅于江日抵信，经鄂豫各军将领婉劝下野，是晚，由各将领议决，代为通电，今日即可发出，明日赴鸡公山养疴等语。综合各方情形，吴使已失指挥能力，鄂省军队严守武胜关，实行保境安民，不患客军侵入。唯鸡公山地方，关系鄂豫疆界，易生各方误会，为玉帅安全计，为地方秩序计，均觉上地非宜。前经电劝出洋，以玉帅倔强，不肯听许。现拟设法令离出鄂豫，先住庐山或迁居上海，以免存为目标。人警伯有，可转陈执政，请释廑系。黄孝绢寓东安饭店，胡百城亦已到京，使命性质相同，自可合作。佩之不在京，已告子端。江密本作废不用矣。萧耀南。阳一。

（3）赵恒惕通电（3月7日）

万急。北京段执政钧鉴：各部院、善后会议、各省军民长官、各

师旅长、镇守使、各报馆均鉴：支日接武昌萧督办江电，文曰：顷据报告，吴将军子玉乘决川、濬蜀舰，已于昨夜上驶，开往何处，刻下尚未具报。特此电闻等语。同时接马慎堂将军电称：顷接武昌电话，吴玉公于昨夜乘决川、濬蜀两舰，并珩帅派往随候之楚善兵轮，一同向上游开驶，惟开往何处，尚未探悉等语。雨电到后，正拟电询究竟，随接子玉将军自岳州来电称：现政府已严令海军拘获决川、濬蜀两舰，并令捕佩孚入京，闻有前在上海独立之许德廷者已负此责，故佩孚于本日避地岳州矣。特电奉闻，即希亮照等语。得电惊异，殊出意外。曩日子玉将军留滞鸡公山时，恒惕曾劝以出洋游历，否则屏去兵卫，暂息湘沅。良以国内互争，皆缘政见偶异，并无恩怨可言。子玉果已解除兵柄，不妨随地优游，何必迫之侨寓租界，托庇外人，既非国家爱护将才之至意，尤乖政党互遵人格之美德，区区此心，始终如一。现已派员赴岳根据前义与子玉将军婉商，结果如何，容再奉告。恐远道传闻失实，特此电闻。赵恒惕叩。阳。印。

〔北洋政府内务部档案〕

60 张作霖自请解除东三省巡阅使并宣布回奉通电

(1924年12月5日—1925年1月11日)

(1) 12月5日通电

各部院署、各军民长官、各法团、各报馆钧鉴：本日上执政歌电一件文曰：北京执政钧鉴：窃查曹锟贿选黩武，流毒所至，全国骚然，邦有常刑，稔恶者固难逃法网。惟推原祸乱，所自始实，亦以地方官制之不善为之厉阶。民国改革之初，各省以都督主持两政，军权始形积重，然其威力，犹仅及一省而已。继乃专阃之外，进而兼圻，兼圻不已，遂进而觊觎大位。舐糠及米，势所必然。使曹锟昔年不为直鲁豫巡阅使于先，则去岁亦不敢遽谋大位于后。事实具在，尽人皆知。比年国民痛军阀之横行，乃日以废督裁兵相号召，根本救济之策，谁曰不然。即谓国内幅员太广，交通未便，军事善后收束办法，未经就绪，事实上尚不能无负责之人，则于此最短期间，各省暂留军事长官一人，已足以资过渡。其巡阅使名义，断应即日裁撤，以清祸本。我临时执政，应全国人民之请，出而救国，惩前毖后，睿照谅已无遗。伏祈毅然主持，申颁明令，并先由东三省实行，以为倡导。国家幸甚，地方幸甚。作霖谨于本日起，自行解除东三省巡阅使之职，披沥上陈，伏祈垂察。张作霖叩。歌。印。等语。谨请查照。张作霖。歌。印。

(2) 1月11日通电

各院部衙门、孙中山先生、冯督办、南京卢宣抚使、各省军民长官钧鉴：现军事业经结束，东省善后，百端待理，已于本日回奉视事，随从军队，亦命陆续开拔出关。特闻。张作霖。真。印。

〔北洋政府内务部档案〕

61 冯玉祥取消国民军名义并解除总司令职暨刘昌言挽留有关电

(1924年12月5日—27日)

(1) 刘昌言致段祺瑞电(12月5日)

内务部总次长钧鉴：顷上段总执政一电文曰：窃以诚信不孚，善教莫由行，刑赏不公，善政莫由兴。此古今中外立国之要道，郅治之本原也。民国号称共和，十三年来，政治终未脱一部分特殊武力之支配，而连年内争，胜败循环，辗转报复者，皆以军事善后，未得公平办法及彻底改革致之也。此次冯公玉祥，班师倡义，澄清畿辅，破军阀专横之迷梦，与国家改造以良机，天心厌乱，举国风从。我执政诸公，诚能于此时立法行政，完全注意拥护多数国民普通利益，而不专为少数之军人政客特别优遇着想。使凡奔走国事者，皆知为国民应尽之义务，不应取偿于政府，则政得其平，而怨莫由兴。

再将历年来卖国官吏，卖法议员，卖身政客，假藉美名，扰害乡里，暴发致富之各地方首领，准许由国民一一调查证据，宣布罪状，投诸八荒，永不叙用。使天下人心目中，皆有一公。是公非不为邪说横议所诱，则罚得其当，而乱莫由起。民国之定，共和之固，诚反手间事也。今读本月二十七号临时执政令，挽留冯公，共济时艰，不准其辞职，正谓政府措置适宜。嗣阅报章，又见齐燮元等，有要求冯公解除兵柄，然后罢兵之电陈，阅之，不胜骇异。查冯公此次组织国民军，推戴段芝老出任总执政，欲图政治根本改良，国民军实执政实行改良政治之长城，欲期政令施行有效，必须固此长城。今吴、齐等既自陈拥戴执政，自谓服从芝老，即应服从国民军，不应要求撤去执政之长城，且查吴佩孚素抱武力统一政策。此次于东三省响应浙省之后，始行入都，虽出兵东北，主战失败。而历年来未置私产，兵败不扰地方，尚不失为有主义有国家之军人，其道德人格，均不可没。若齐燮元则完全抱定割据地盘思想，迄今仍欲施其奸诈，虚伪手段，操纵中央，与冯公抱负，迥然不同。伏望我总执政明察隐微，毅然独断，万勿听其要挟，被其离间，以贻误大局。窃昌言更有进者，冯公之辞职，盖欲表明其心迹。此次之班师，纯为国家人民谋和平，而非有私意存其间。辞职后即可得吴、齐等之谅解释兵也，岂知民元，中山让总统于项城，黄克强自撤留守于南京，转以召癸丑之败，酿成项城之帝制自为，使天下失其重心，而国乱至今不已。是中山、克强务一时之高名，失百年之大计，故陷项城于自杀也。今我各部总长、各省爱国之士，既属诚意，拥护段总执政，彻底改造国家。窃愿加意挽留冯公，保存国民军领袖人物，俟民国根本大法成立，各省军事收束，完全入于自治时期，然后准冯公个人高蹈，民军全体归农，方足以鼓励后之主张正谊者。盖今日之事，乃是非问题，非对人问题。若立国之初，即无是非而专讲对人，则国何以立，虽有善政善教亦奚济焉。昌言心所谓危，不敢缄默，冒昧上陈，伏冀鉴纳等因。特达。尚祈公等一致主张，挽留冯公，迟回岁月，坐致清明，以固国基，而拥民权，不胜迫切盼祷之至。海军保卫沿海渔业监督刘昌言叩。歌。印。

〔北洋政府内务部档案〕

(2) 冯玉祥致段祺瑞电(12月9日)

北京临时执政钧鉴：窃玉祥猥以菲材，谬绾军符。十余年来，驰驱疆场，虽效微劳于国家，无补时艰于万一。此次班师言和，悉本良心所驱使，冀救国家之危亡。国民军之编组，为谋军事上统辖指挥之便利，本一时权宜之计。胡军长景翼、孙军长岳、又推祥为总司令，而协力以副之。虽自视才能薄弱，胜任艰难。然义旗共兴，不敢不勉尽职责。幸天心厌乱，大难削平，和平可期，解甲愿遂，钧座出任艰巨，国家大计，赖有主持，军事既戢，国民军名义，自应速行取消，并解除总司令职权，俾队伍直隶中央，以资统辖。除将国民军名义即日取消，电达胡、孙两军长外，谨肃电呈。伏乞垂察。冯玉祥叩。佳。印。

中华民国十三年十二月九日

〔北洋临时执政府档案〕

(3) 刘昌言致冯玉祥电(12月27日)

北京冯总司令钧鉴：顷阅报载，有钧座以执政就职，和平功成，拟束身引退一说，不胜骇异。窃以国家兴亡，匹夫有责。况钧座旋乾转坤，砥柱中流。刻中枢负责，虽曰有人，而元老国民两会议，均未举行。设言论庞杂，有乖和平，虑及将来，实堪畏惧。布恳钧座力任艰巨，坐镇都门，弥缝补救，委曲成全，俾两次会议告成，统一之局实现，斯世斯民，胥纳轨物。然后卸除仔肩，得遂初服。若此时洁身高蹈，则于国家为未竟全功，于人民为未满喁望。昌言至愚，期为不可。临电迫切，伏祈鉴纳，无任仰企。刻视察沿海军务情形，业经事竣到济，准勘日回京覆命。余容面陈，统乞垂鉴。海军保卫沿海渔业监督、国民军总司令部军务参赞刘昌言。沁。叩。

〔北洋政府执政府档案〕

62 安迪生请赈济第二次直奉战争热河遭兵灾情形致执政府呈

(1924年12月13日)

为呈请事：案据热河评议员李东莱、四川评议员胡炳堃、陕西评议员张继宗、新疆评议员袁进业等提议：窃东南战起，延及东北，而适当其冲，受害最烈者，厥惟吾热。夫热河地居边徼，家鲜盖藏，农产之外，别无生机，非若内地或服贾于远方，或游艺以谋生。加以本年夏春亢旱，播种愆期，夏秋之交，淫雨为灾，平野半成泽国，高原多患淹没，秋收无望，四野嗷嗷。忽焉兵端大启，介处其间，或视为南下之捷途，或视为北上之要道，炮火所经，魂飞魄落。兼之征调夫役，勒派车马，责成供应，村落萧然，鸡犬无存，十五县之间，甚至数十里无人烟。多少村无釜甑，而车马有自八月出外，至今无踪者。呜乎！抑何惨耶。尤有进者，热河兴业银行，本属省立，股商且居其半，是诚全热商民之命脉。而当兵马仓惶，被各统兵将帅，相继携去钞票至五百余万元之多。以若斯之巨额，微论吾热贫瘠，弗克胜此肩担。即以事理而言，亦岂能听其携取，而弗予过问。兹战事告终，和平底成，肃清万端，诸待整理，若不设法救济，商业前途，亦将不堪设想。拟请政府俯念热河受祸深烈，为数百万无告商农，代筹巨款，以资赈济。并于军事所用钞票，尤望早为筹还，庶吾热河，不致永陷沉沦，而得获休养生息之庥矣。应请公决等情。当经评议会公同讨论，佥谓热河本年既遭水灾，复罹兵祸，商农困苦，惨不忍言，若能活动金融，尚可徐图补救。乃该统兵将帅、相继携去钞票至伍百余万元之多，该银行既无此项基金，势必停止兑现。而兵士勒逼购物，小本营生，无法周转，影响商业，不堪设想。应请政府先行筹资赈济，以救民生。一面将该将帅等所提钞票，如数筹还，以充基金，而维持商业。当经全体通过，理合呈请执政府，如所请分别咨行内务部，迅予赈济热民，财政部筹还军事所用钞票，以恤商艰，而安生理。不胜馨香顶祝之至。谨呈
段执政

中华全国商会联合会评议会主席安迪生
中华民国十三年十二月十三日

〔北洋政府内务部档案〕

63 第五军司令部等关于察哈尔都统张锡元赴京辞职其驻张家口所部哗变糜烂地方等情文电

(1924年12月17日—23日)

(1) 驻京国民第五军军长张之江呈送报告(12月17日)

据张家口来人报告如左：

一、驻张家口之第四混成旅，于十二月十五日下午九时许哗变，约有数营之众，其原因为欠饷与无皮衣，都统不在防地。

二、自十五日下午九时起抢掠，迨至天明，焚烧房屋数十处，约计不下百家。

三、上堡下堡各铺户，均已停止营业，十之九家门口，贴被抢一空之字样。

四、电灯电话破坏多处。

五、该变兵抢后，悉数回营，至天明复出，维持地面，声言昨夜有匪人二百余名，是以扰乱。

六、队伍并无布防情形。

七、该旅及地面上各主要人之眷属，于昨日下午五点，乘车来京或赴天津。

八、驻张军队只此一旅外，并无别军队。

第五军司令部呈

段祺瑞批：应有以惩戒

(2) 执政府军务厅曹长春报告(12月17日)

曹长春谨将张家口来京人云：张家口被抢大概情形开呈钧鉴

计开

一、起事日期，在本月十五日下午七时半。

一、先变之军队，系陆军第四混成旅第一团，住在张家口下堡无线电营房，继则全旅均变，上堡及桥东，同时被抢。

一、由七点半起，事后在二三时，虽闻各处吹集合号，迨至次日早五点方止。

一、被抢之区域，上堡边路街，武城街、东关街、怡安街、福寿街、太平街等处，大小商铺及住户均被抢，共烧七八十家。

一、各兵抢完后，皆归本营，至十七日，对于起事之兵，及被抢各家，均无相当办法，因张都统未在张垣故也。

一、张家口被抢损失甚巨，商民惊恐万分。

一、张都统于十七日返张，究竟对于此事如何处置，尚未闻悉。

一、邮政局、洋商北方洋行，英美烟公司均被抢一空，并英美烟公司被焚，此系大概情形，详情探明续陈。

曹长春呈

中华民国十三年十二月十七日

(3) 绥远都统马福祥致执政府军务厅密电(12月17日)

北京执政府张军务长勋鉴：新密。张都统坐镇察区，舆情爱戴，近闻来京，颇有退志，土匪即乘机而起，察绥地方毗连，深虞同受影响。值兹冬防吃紧，为镇定人心计，务恳转陈执政，令其速回张垣，俾固边局，无任叩祷。马福祥。筱。印。

(4)张锡元致执政府军务厅电(12月18日)

万火急。北京执政府军事处张处长绍卿兄鉴：筱电谅达。四旅之变，业经查明，纯由该管长官，统驭无方，现已将该旅长张金标免职，听候查办。其余团长以下，亦经分别惩办，现在军心已固，商市亦经抚绥，请释远系，并请代陈执政为要。弟张锡元。巧。印。

中华民国十三年十二月十八日

(5) 曹长春致执政府军务厅密电(12月19日)

北京执政府军务厅褚处长钧鉴：东密。乱因为张都统离职，四旅一团为首，全旅随变，焚烧约五十家，被抢数千家，抢后均回营，逃二百余，商兵各死六七人，兵已照常服务，地方官无办法，造币厂未抢，商家均停业。详情面禀。春叩。皓。

中华民国十三年十二月十九日

(6) 执政府军务厅复马福祥密电稿(12月19日)

复归化马都统　　　　　　王治康撰　十二月十九日

归化马都统鉴：新密。据篠电声称：冬防吃紧各节，执政已令张都统速回张垣，办理善后矣。特达。军务厅。效。印。

发十二月十九号

(7) 执政府军务厅复张锡元密电稿(12月19日)

复张家口张都统　　　　　　王治康拟　十二月十九号

张家口都统鉴：昌密。据巧电声称：四旅之变，业经查明分别惩办，现在军心已固，商市亦经抚绥各节。奉执政谕：办法甚当，惟善后仍应负责维持，等因。转达。军务厅。效。印。

发十二月十九号

(8) 察哈尔都统张之江致执政府军务厅密电(12月21日)

万急。北京执政府军务厅张厅长译呈段执政钧鉴：□密。卸任都统张锡元，对于此次兵变，负有主使嫌疑并亏累地方公款，交代未清，竟不静候查办，突于本日午后潜行赴京，可否迅赐密令鹿司令，饬队在京站设法扣留之处，伏候钧裁训示。署察哈尔都统张之江叩。马。印。

段祺瑞批：特任大员，岂可随便扣留，果有不法，国家自有常典。

(9) 执政府军务厅覆张之江电(12月22日)

张家口新任张都统鉴：张密。奉执政谕：张前都统锡元，系属特任大员，果有不法行为，国典具在，当有法以绳。其后惟当此未经查实以前，似未便遽予以难堪，等因。特达。希即查照为荷。临时执政府军务厅。养。印。

发十二月二十二号

(10) 交通部铁路警备事务督办唐在礼呈文(12月23日)

谨将本处驻张家口车站稽查报告军队哗变前后各情理合录呈钧鉴

一、查陆军第四旅旅长张金标所部，第一团团长张宝初、第二团团长张华亭等全旅，自开到察哈尔，驻守上下堡地面，于兹数年。新近由前线回防，张家口天气寒冷，至今未发皮衣，及欠饷七个月，又兼本月十三日，张都统赴京辞职，恐将来饷项无著，藉此发生哗变之事。于十五日晚八点始，由第一团一三两营起首，继则全旅同时响应，鸣枪抢掠，复加本地穷苦之徒，纷扰一夜，秩序大乱。至十六日早六点止，鸣号归队后，仍出队弹压。当时有逃走者十三名，复被本军查街官兵获住就地正法。又目兵二名去堡子西门捶门，当被守卫警察，用枪击毙。以后军人均未得入，堡子里银行钱号，得以幸免。

一、所被抢烧地点，由大清门至都统署、武胜街、边路街、银安街、河东福寿街，共烧损八十余家。

一、上堡大小街巷，所有商家各户，均被抢掠一空，而以武胜边路两街为最苦。

一、下堡境内商铺住户，亦无一不被抢掠，其最惨者，银安、福寿两街。又青莱铺内柜上写帐先生，因军人索款未给，立受枪毙。

一、张家口全境商家住户，被烧抢损失，据商会中调查，约计一千六百余万。

一、张都统于十七日回署，随即将四旅旅长张金标撤差，听候查办，该旅归自行兼带，并出示安慰地面，办理善后。

一、于十九日晚，将第一团开往张北县一带，第二团开往大清沟、驼骡盖一带驻防。

一、张家口全境商铺，均行闭门，虽有资本稍裕者，年前恐亦无营业之望。

一、闻绥西包头镇，亦于十五日晚被土匪将镇内商铺住户抢掠一空，并绑去人票十余名，非巨款不能赎回。

唐在礼谨呈　十二月二十三日

〔北洋政府临时执政府档案〕

64 直督李景林关于国民三军在保定大名一带征敛苛扰及军务厅以孙岳查复各节复电

(1924年12月18日—24日)

(1)李景林等致执政府电(12月18日)

北京执政钧鉴：近保定大名各县官绅先后报称：国民军第三军分驻各县，军需用品，多系征自地方。通饬征解粮银，预征明年上忙，并强迫招兵，搜缴民械，抽调警察，以致人心惶骇，地方警扰，纷纷呈转中央，将该军调离直境，以卫民生等语。查孙司令前镇冀南，保卫地方，肃清土匪，口碑载道，勋绩昭然。此次讨逆功成，畿甸赖以维护，功在国家，人民共仰。据称各节，景林等本不信有其事，特以人言凿凿，呈报纷来，孙司令因病在京就医，自系尚未闻悉。查直隶自本年夏秋之交，洪水为灾，哀鸿遍地，军兴以后，征集粮草，勒派民车，商民困于诛求，老弱转于沟壑，水深火热，言之痛心，亟应竭力筹维，以苏民困。现在客军驻扎直境甚多，兵民杂处，易滋谣诼，窃恐政权不能统一，治安难以维持，拟请钧座俯念直民疾苦，转嘱孙司令迅赴河南新任，或将第三军全部调驻京畿，以资拱卫。究应如何办理，统乞钧裁，不胜屏营待命之至。署理督办直隶军务善后事宜李景林，兼代直隶省长杨以德叩。巧。印。

(2) 执政府军务厅覆电(12月24日)

天津李督办、杨省长鉴：昌密。奉执政谕：前接巧电，当以直隶保定大名各县官绅，所陈各节，电饬孙省长查明阻止去后，旋据覆称：原电所称第一款军需用品，多系征自地方一节。查职军自到保以来，从无征集粮秣之举，无庸置办。第二款所称通饬征解粮银、预征明年上忙一节。事诚有之，维时吴敌尚未离津，而省政又无人负责，本年下忙之款，若任各县解赴省库，即无异于资盗粮可乎？不可。至预征明年上忙，已严嘱保定大名两道尹，通令禁止，且职军负协同定豫之责，督率数万饥饿之士卒，政府未发一钱，试问安所取给借用保大等属之钱粮，纯作为国勘乱之义举。第三款所称，强迫招兵，搜缴民械一节。查职军委实有招兵之举，责言一起，立即停止。至搜缴民械之事，乃派员分往溃兵经过各处，与县知事协同收缴，其已为乡民购得者，备价买回，并定有极平允之办法，安有严行搜检之举。第四款所称抽调警察一节。在大名区以正式队伍，尽数开往前方，因调集当地游击队及民团，择匪区要点扼守，意在使之声援，未尝驱之应战，迨豫境敌人消灭，均已一律回防。所有遵嘱查覆及办理情形等缘由，理合电达，统惟鉴察不既等语。查孙省长查覆各节，当系实在情形，希即分别知照等因。特达。希即查照为荷。临时执政府军务厅。敬。

〔北洋政府临时执政府档案〕

65 陆军检阅使署参谋处为检送刘昌言劝说温树德归顺及收抚渤海舰队等情致军务厅函

（1924年12月19日）

陆军检阅使署参谋处给执政府军务厅函

迳启者：前以海疆不静，曾由敝处派海军保卫沿海渔业监督刘昌言君，前往沿海一带视察情形，相机接洽一切。现大局底定，刘监督昌言业于日前返京，合将报告及由各处发来各电一并检送贵厅，即请转呈

察核为荷。此致

执政府军务厅大鉴

陆军检阅使署参谋处　启

十二月十九日

附报告及各电一册

附：①刘昌言给冯玉祥的报告呈

为呈报事：窃昌言前奉钧命特派前往沿海一带，视察海军情形，相机收抚渤海舰队，并筹划海军善后事宜。业经十一月十号，将派员前往经过情形及元、梗、有、寝、沁、勘等日，亲至天津、青岛、济南等地接洽完妥，先后电呈在案。兹于十二月一日回京销差，特将一切经过详情，陈报于左，伏祈鉴核。

查温树德本洛、吴所识拔，此次鲁省军民长官，深明大义，宣布中立，不许洛、吴登岸，温乃奔走于吴郑之间，藉吴力要求将胶澳归其暂管，保障海饷，郑督理爱惜和平，为敷衍一时之计，姑为允许。温即派舰送吴离鲁，并派代表前往齐、吴等处声明，如到时机成熟，齐、吴于山东沿海，有需要之处，温仍为命是听。此昌言未到东情形

也。及昌言所派人员抵东接洽后，温知此方意思，乃先后将舰队调归原防，声称中立，与郑督一致行动。迄昌言亲到胶澳与温晤面后，宣布我总司令、副司令班师举义，倡导和平，南北将领，一视同仁之德意，反复声说，抚慰再三，温闻命之下，至为感泣。昌言复与各舰长会议，意见一致。温始允将派赴长江及驻洛阳代表撤回，改派前委京津坐探熊某为庆贺代表，一面电郑督理，请联衔电促段大元帅，早就执政，一面直接通电拥戴执政，俟有必要时，再由舰队公举一舰长赴京，为全权代表，以资接洽。此昌言收抚渤海舰队，接洽完妥之经过情形也。离青后道经济南，谒郑督理、宋参谋长、孙师长、施镇守使、龚护省长，宣布我总副司令德意，及维持和平种种困难苦衷，昌言以近年在鲁，办理渔业事宜，与各当道感情素洽，此行会晤之后，承各军民长官，表示信任，推诚接待，声言鲁省本拟于执政就职之日，取销中立，因传某军南下，恐有碍鲁省秩序，故尚迟迟，但始终服从段大元帅及惟我总副司令之马首是瞻。中央万一不得已而用兵，鲁省亦当体会段大元帅意旨，容许某军通过，惟不能下车云云。至于胶澳商埠，郑温商定，现拟收归省治之下，缩小范围，改为总办或局长名义。虽允许温树德暂兼，但外领方面，以华府会议，准还胶澳，曾经声明不作军港，今以海军兼管，领团尚不免有所误会。而鲁绅各界，又声请胶澳，应维持特别区域，扩充自治商业，以保国家收回体面，不能以胶澳收入，归海军支配，使商场愈趋衰败等情。惟省当局以既允温兼不便失约，虽有此种种困难，将来究应如何办理，一切仍听执政及主管各部核议饬遵云云。切嘱。昌言回京代为禀明。此昌言接洽鲁省军事长官协议妥洽之经过情形也。窃再密陈者，温树德为人，素无宗旨，亦无主张，一切行动均由各舰长会议取决，而操纵于参谋、秘书、副官三长之手。目下山东沿海，温部暂时绝无问题，惟须随时监察其行动，并加意抚循。其所部各舰长等，使其诚心归附，矢志无他，则我大元帅、总司令澄清中原，可无东顾之忧。至于统一海军方略，昌言早有陈述，不日再为

详呈。特此呈报，伏希鉴察。此呈

国民军总司令冯

海军保卫沿海渔业监督
国民军总司令部军务参赞　刘昌言

②刘昌言致王范庭等电(11月13日)

北京甘石桥联合办事处王参谋长范庭兄、童参议蒲生兄鉴：前晚抵津，昨谒总司令，谓合肥三四日内就职，嘱迅速进行，如有困难，当负全责主持。惟据在津温部云：总司令如对前陈四条办法，果有保障，当不难通电拥护，拔队来归。所有前派之员，今日已与温部、由海道同行出发赴沪，一切用度，均已由敝处垫发矣。昌言叩。元。

③刘昌言致王范庭等电(11月25日)

北京甘石桥联合办事处王参谋长范庭兄、童参议蒲生兄鉴：并转冯胡两总司令均鉴：抵胶后，叠与温司令接洽，彼当已通电竭诚拥护芝老，并电请郑督理联衔，电催芝老早就执政矣。此间任务已完，明日赴济，转车返京，一切请照原议维持为感。饬情面达。特先电闻。刘昌言。有。

④刘昌言致陈宧等电(11月25日)

天津、北京分送陈二庵将军、罗仲芳将军、段骏良先生、冯检阅使、胡师长均鉴：叩别后，渤海遇风，一周始抵胶澳。当晤温司令，伊表示拥护芝老之意，极为诚挚，并感诸先生厚意。已派代表驻京，俾便随时趋承教命。复以通电推戴芝老，早就执政，以定国是矣。一切仍恳诸先生采纳，羌呈各节，维持为感。余事回京面禀。刘昌言。有。

⑤刘昌言致冯玉祥段祺瑞电(11月25日)

北京冯检阅使鉴：并转段总执政钧鉴：抵青后，叠晤温司令，彼表示竭诚拥护，顷已通电推戴，并与郑督理联衔，电恳芝老早就执政，以定国是实。余情回京面禀，特先电闻，军事参赞刘昌言叩。有。印。

⑥温树德致段祺瑞电(11月27日)

北京段执政钧鉴：同根箕豆之箭，斗墙布粟之刺，四边戎马，比户哀鸿。不有仁贤，孰勘祸乱。云霓大旱，共侧南面来苏。霖雨苍生，端赖东山再起。救国不二法门，统括以两种之会议。安民惟一妙诀，胥顺乎舆论之革新，应时势要求，慰群黎之渴望，就任执政，克济艰难。天道好还，国其有豸。谨电驰贺，无任钦迟。兹特恭派本公署秘书熊梦宾先行进谒崇阶，乞即俯赐教诲，俾有遵循，不胜懔营待命之至。温树德叩。感。印。

孙树林、韩达铎、褚其祥、刘倚仁签注意见，军务厅长张树元批语：

胶澳本为商埠，华府会议，又声明不作军港。今以海军兼领，诚如该督办所云，外交团不免发生误会，鲁绅亦不愿归海军兼领，致碍商业。此事应由外交、内务、海军、农商四部会商办理为妥。当否乞示。照所议分别。

⑦刘昌言致王范庭等电(11月28日)

北京甘石桥联合办事处王参谋长范庭兄、童参议蒲生兄鉴：并转冯、胡两总司令鉴：焕密。温事已如命办到，业于有、寝两明电达览。现各舰队先后开回原防。前此该部尚不免观望迟疑，时与洛阳暗通声气。自经昌言到青后，连日召集各舰长会议，业已一致表决拥戴芝老。此后只要随时监察温之个人行动，密结其舰长等，即可完全归为我用，不致再生变化。本日接洽郑督理、宋参谋长、施镇守使、孙师长、龚省长，陈述焕公保障民国，倡导和平之苦心孤诣，晤谈之余，筹划一切，甚为周密，相约与焕公互相呼应，减少战祸，已照办理。密电码分交施、龚、宋三君备用。惟报载焕公宣言下野，郑督等均以国基未定，焕公尚未可遽解兵柄。昌言已有沁电致焕公，万勿遽卸仔肩，以助芝老彻底改造，用竟全功，请两兄力劝焕公勿萌退志为祷。至胶澳商埠事，前承冯、胡两公允言承乏，现温要求郑督由彼兼任，保障海饷，业经郑督暂允，改为总办名议，缩小范围，准温兼充。惟摄阁任命之东海关监督，胶济路局长，均经鲁省挡驾外，烟酒事务局长，亦须动摇。现郑督不日宣布取消中立，听命中央。以上三事，任择一席，给言充任，鲁省官绅，均表示欢迎。此情尚祈两兄转恳成全，早予明令为感。明早北返，余事面谈。弟昌言叩。勘。

抄交各部办并希见复。

〔北洋临时执政府档案〕

五　第二次江浙战争与奉浙之战

1 江苏各镇守使等宣布齐燮元引退后服从省长韩国钧指挥拒阻另派大员来苏总揽军政通电

（1924年12月14日）

万急。段执政钧鉴：各部院署、各省区军民长官、各团体、各报馆均鉴：顷奉齐督帅文电开：以遭际时艰，莫能补救，决即引退，并将一切军务事宜，交由韩省长接收办理。嘱即服从韩省长指挥，保卫人民，维持秩序，恪守应尽职责等因。奉命之下，曷胜惶悚。窃维比年国事纠纷，屡濒于危，江表乂安，惟赖齐帅，邦人君子，当共见闻。熙等鞭弭追随，备悉其坦白精忠，坚苦卓绝，卫民爱国，刻不去怀居，恒以神州漂摇，统一无望，大厦将覆，时萌去思。虽经熙等，环恳攀留，迄今未能稍释。更陈请缨之志，愿效前驱，以誓助我齐帅报国主张之贯彻。久亦以爱国家、爱地方之故，备加抚从，严为遏抑，坚嘱共维大局，勿背私衷。熙等惟有仰体德威，懔遵训谕，以安军人服从之天职。韩省长爱重乡邦，和平共策，熙等夙所钦崇。况苏省居长江下游，系大局安危，有国际关系。值此国是未定，大法犹虚，熙等保卫地方，责无旁贷，用特宣言：一致服从我齐帅电示各节，共负江苏全省治安责任，倘有危害苏境，或另有军事大员来苏，希图总揽军政，破坏现状者，定当剑及屦及，惟力是视，以勿负我齐帅在苏保安之夙怀。荷戈抒词，伏维公鉴。帮办江苏军务江宁镇守使朱熙、陆军第六师师长淞沪镇守使宫邦铎、江苏陆军第一师师长海州镇守使白宝山、第二师师长吴恒瓒、第三师师长淮扬镇守使马玉仁、第四师师长徐海镇守使陈调元、第十师师长郑俊、第十九师师长魏朝彦、第七十六混成旅旅长通海镇守使张仁奎、苏常镇守使水上警察厅长杨春普、旅长杨赓和、李和佐、王凯庆、李钺、唐业枢、陈景思、毕化东、刘凤国、李彦清、高葆恒、马葆琛、王健飞、四路要塞总司令赵学涛、宪兵司令宋玉峰、淮南缉私统领李殿臣、淮北缉私统领卢鸣书、苏属缉私统领黄振魁、警务处处长王桂林、宁路要塞司令成居敬、镇路要塞司令郭葆桢、沪路要塞司令赵福海、淞路要塞司令王景儒、淮扬水师统带戴春成、警备第一团统带王振声、警备第二团统带张继勋叩。寒。

〔北洋政府内务部档案〕

2 张作霖调派张宗昌韩麟春为第一、二军长归卢永祥节制暨卢宣布就苏皖宣抚使南下通电

（1924年12月16日—18日）

(1) 张作霖致段祺瑞密电(12月16日)

北京执政钧鉴：昌密。准军务长传谕：卢宣抚使南下，饬酌拨军队若干，暂归卢使节制调遣等因。遵即派张宗昌为第一军军长，韩麟春为第二军军长，其第十七、十八两梯队，原系吴军长光新所部，现仍请其担任第三军军长，均归卢使节制指挥。除分别咨令外，谨请察核备案。张作霖。铣叩。印。

〔北洋临时执政府档案〕

(2) 卢永祥通电(12月18日)

内务总长、各省督理、省长、护军使、镇守使、各军政长官鉴：永祥奉命特任为苏皖宣抚使。兹于本月十八日先行在津就职。即日南下，尚祈时锡南针，以匡不逮。专电奉闻。诸希亮察。卢永祥。巧。

〔北洋政府内务部档案〕

3 上海县议会等为弭兵祸请裁撤淞沪护军使与淞沪镇守使致段祺瑞呈

（1924年12月24日）

呈为上海商埠不宜驻兵，环请裁撤军职，永弭战祸事：窃惟上海，地处海隅，自通商后，万国辐辏，百货转输，为商业之重心，为亚东之大埠。经营缔造，外人接触恒多，通货均输，富国本源在是。虽曰吴淞要隘，然门户洞开，旧有炮台，犹且拆毁，示永久不复用兵。自项城怙势作威，阴图包扫一切，始置淞沪镇守使于高昌庙，生厉之阶，于今为烈。二次革命，全埠惊惶，思之心悸。迨民国三年复改镇守使为护军使，厚其兵力，益其威权，整军经武，恒若大敌将至，识者已有不戢自焚之虑。今果变生，苏浙燃萁煮豆，痛深自杀，祸起一隅，牵累大局。受祸最烈者，若浏河、嘉定、昆山、安亭、青浦、黄渡、南翔、白鹤港、吴淞、江湾、松江等处之人民，庐舍丘墟，生命蝼蚁，洪杨之浩劫再见，国家之元气何存。虽善后赈恤，发帑倾囊，何济于亡羊之补。夫祸必有所由，始慎其始，乃克善其终，患必有所由，因造其因，自必成其果。护军使如荼如火之兵，环境所迫，情难理遣。当风云蕴酿之际，阳示保境安民之态度，阴伏摩拳擦掌之动机，一旦爆发，遂至不可收拾。综览此次变乱之始终，默察东南战事之因果，群视护军使一缺，不可一日存在，裁之撤之，即所以弭祸而绝患也。况今摄政内阁，既任张允明为淞沪护军使，江苏齐督军，又委宫邦铎为淞沪镇守使，两使并峙，其意何居。为御外耶，则万国交通之地，无须驻有重兵。为对内耶，则灾黎创痛之余，何堪复见战祸。总之，沪上为纯粹商埠，无驻兵之必要，何必徒矜焦头烂额之功，而不为曲突徙薪之计乎。本会一再集商，于十二月四日邀集上海县参事员、上海县教育会、上海县教育局、上海十九市乡议事会、董事会，公共讨论，佥以护军使、镇守使，同驻沪地，险象环生，群情惶骇，议决电请中央。迅将淞沪军使、淞沪镇守使两缺，一并裁撤。

并推在京同乡唐在礼、朱寿朋两君，代表请愿等情。据此，除电呈外，相应备文，呈请钧座，俯赐鉴核前因，令饬裁撤淞沪护军使、淞沪镇守使两缺，以弭战祸，而保安全，不胜迫切待命之至。谨呈
总执政段

上海十九市乡议事会
上海十九市乡董事会
上海县参事会
上海县议事会
上海县教育会
上海县教育局
谨呈

中华民国十三年十二月廿四日

〔北洋临时执政府档案〕

4 苏督齐燮元宣布引退并望卢永祥勿率军来苏通电

(1924年12月26日)

各部院、各省军民长官、各法团、各报馆鉴：燮元自莅苏省，于兹八年。回忆此八年中，凡百措施，其有一政一事，有负苏人者乎。抑无有乎。藉曰有之，惟淞沪一役是已。是役也，其主动虽不在我，顾我之目的安在，曰将以是役，谋全国之统一者，先自吾苏始而已。曰待其战事告竣，统一告成，将循是实行吾平日之整顿军事计划，更进以谋全国政治之刷新而已。其对于苏，并将于战事结束后，期以两月恢复本省军事上之原有状况，三月裁减兵额，以适合于保卫本省治安之最低限度为止。凡兹数事，业于上月有日致电合肥，并于俭日，致电江苏诸父老电中，分别言之，可复按也。不图事愿相违，对于全国计划，固未获实行之机，对于本省愿望，亦鲜有措施之暇。因念身任疆圻，所职何事，既不能排除障碍，贯澈主张，有所措置，以保障长江流域者，巩固国本，捍卫地方，何以对人民，何以对

职守。用是毅然引退，通电宣布，所掌军政事务，概于本月卌日，移交韩省长接收，受代既毕，行有日矣。乃于是时，不惟宣抚之命，不能收回，而南下之师，抑且即至。报纸喧腾，遐迩惊愕，妇哭于巷，士罢于黉，商息于廛，工休于肆。而三军之士，袍泽之伦，更复剑拔弩张，心酸发指，群情岌岌，不可终日。燮元以解组之身，对此本无责任，何所流连顾人情，每眷于所习，而厚其所亲。民国本我躬与建设，苏省为我第二故乡。试一为保持国家，保持命脉，为地方避免战祸计，目击时情，何能恝尔徘徊，弗忍去此其由也。夫事莫甚于为亲者所痛，仇者所快，燮元区区之心固如此，而人之所以视燮元，与其所以自视者，乃或如彼，此则可为深痛者也。人非至愚，岂肯以一人行止之迟速，累及全局。今行矣，顾尚有不能已于言者，燮元既行以后，所望宣抚之使命弗临，南下之戎车不至，则有益于苏省，有益于大局者，至深且巨。否则以保持国命，避免战祸之苦心，而稍事徘徊，弗忍即去者，后之事实，与今之希望，或得其反。孰执其咎，必有所归矣。夫国有法，而军有纪，今日法不张，而纪已坏，国家前途，危险殊甚。主事者，不从此道，加以整饬，又从而导扬奖励之，将来祸患，恐有甚于洪水猛兽者，谓余不信，拭目以待。濒行忽忽，不尽欲言。率布衷曲，诸惟公鉴。齐燮元。宥。

〔北洋临时执政府档案〕

5 江苏海疆防守总司令白宝山为阻止奉军来苏并望齐燮元立即离宁藉释中央之疑通电

(1924年12月26日)

万急。北京段执政钧鉴：各部院、南京韩兼督办崇鉴：李帮办、吴师长、海军杨总司令、十一旅王旅长、唐旅长、陈旅长、补充旅王旅长、四路要塞赵总司令、苏州杨镇守使、黄统领、上海总商会、各报馆、海军李司令、宫师长、魏师长、李旅长、马旅长、高旅长、扬州李统领、南通州张镇守使、徐州陈师长、王旅长、宿迁郑师长、泰兴李旅长、宝应杨旅长、清江浦马师长、袁旅长、刘旅长、沭阳李旅长、板浦卢统领、各省区军民长官、各护军使、各镇守使、各司令、各师旅长均鉴：民国以来，干戈扰攘，循环报复，愈演愈烈，其间是非得失，无足深论，大都违背人民心理者，罔不失败，可以断言。宝山分属军人，素以服从为天职，而鉴于往事，私用兢兢。今者江苏人民，闻中央将派军队南下，顿起恐慌，希望齐督翩然离宁，藉释中央之疑，以为中央主张和平，断不至无故而加兵，此全省人民之心理也。齐督息事宁人，毅然高蹈，必能顺从民意，接淅而行。若中央不慊于攻浙之举，而以在事将领为有罪，必加惩创者，但以一纸命令，宝山当即首先连带去职，听中央之处治。决不敢违背民意，稍涉瞻顾，以祸苏人。谨此宣言。江苏海疆防守总司令、海州镇守使兼第一师师长白宝山叩。宥。印。

〔北洋临时执政府档案〕

6 孙传芳与陈乐山争夺陆军第四师与松江地盘有关往来电

(1924年12月27日—1925年1月4日)

(1) 孙传芳等电(12月27日)

北京总执政钧鉴：各部院、各省、各省区督军、督理、督办、省长、都统、陆军总副司令、海军总副司令、护军使、镇守使、各师旅长、各法团、各报馆均鉴：自中枢有主，全国人民无不渴想和平，凡属军人，应如何激发天良，保卫地方，以副人民之望。陈乐山前在第四师任内，骄奢淫佚，不理军政，淞沪之役，竟舍多年部曲，先自逃亡，当此之时，四师之危，间不容发，赖夏兆麟竭力维持，吁请保留。传芳等念多年袍泽，不忍其沦胥，是以委曲求全，加委改编，即令业经中央任命之夏兆麟为该师师长，所有将校概仍其旧，数月以来，甚为安辑。今大局略定，陈乐山假窃名义，蓄意扰乱，威逼师长，阑入浙境。传芳等受浙省父老付托之重，来安兹土，为人民疾苦计，为地方治安计，不得不派兵前往，严行拿办，以整军纪，而靖地方。

除陈乐山一人外，概不株连。凡我四师同袍，尚望各安职守，其毋惊扰。谨此布闻，伏维亮察。孙传芳、夏超、陈仪、周凤岐、卢香亭同叩。感。印。

（2）陈乐山给执政府密电（12月27日）

特急。北京执政府梁秘书长鉴：弯密。请转呈执政、陆军部长钧鉴：浙方迭在嘉兴增兵，积极备战。据驻嘉善八旅旅长范夺魁来电请示，师长本服从中央，尊重和平之旨，即饬严防，不可开衅。讵孙军节节压迫，范部先退出浙境，彼仍紧逼。本日午后四时余，在枫泾附近江浙交界之九里塘开火，范部伤亡兵士数名，迄未还击。师长奉令复任，孙何以骤加仇视？是否仅对师长而发，抑即为明抗中央之表示。伏祈迅电制止，并为职师主张，不胜迫切待命之至。陈乐山叩。沁亥。印。

（3）孙传芳致段祺瑞密电（12月27日）

北京执政段钧鉴：福密。此次陈乐山假借命令，潜赴松江，即询夏兆麟，如愿意为师长，须速率部攻浙。夏答以师长之任，受自中央，况四师昔当战后，因公弃责自全，几致流离失所，幸得孙督理推诚相待，并为择地休息，筹饷接济，给养服装，源源无缺。今若无故攻浙，已属不情，且中央无命令，何敢擅专。讵陈反颜变怒，即饬弁兵数十人，拥夏赴沪。自称师长，宣言以攻浙为目的。以致浙中各界父老，闻风恐慌。佥以浙人惊魂甫定，值此阴历年关，陈忽就沪杭路线之松江、嘉善一带，兴兵肇乱，是直扼浙人之咽喉，而困之死地，环请传芳贯彻保境卫民之宗旨，速为制止。传芳既有守土之责，又受人民委托，不得不酌派队伍，前往镇抚。如陈知爱惜地方，孑身引退，传芳但求得慰浙人之和平希望，对于四师官兵，自无他求。万一陈乐山甘为戎首，决心攻浙，致传芳不能委曲求全，惟有勉力于正当防卫。以上副钧座和平统一之宏愿，下慰浙人属望保卫之舆情。耿耿愚诚，谨电陈明，伏乞垂鉴，训示只遵。孙传芳叩。感。印。

〔北洋临时执政府档案〕

(4) 孙传芳通电(12月28日)

北京总执政钧鉴：各部院、各省督军、督理、督办、省长、都统、陆军总副司令、海军总副司令、护军使、镇守使、各师旅长、各法团、各报馆均鉴：顷据卢师长香亭沁四电称：本日下午一时，在枫泾西方遇敌，约步兵两团，炮兵两营，激战三小时，我军第一路谢总指挥鸿勋，率队猛力进攻，敌人顽强抵抗，卒被我军击溃，退往松江方向，毙数十名，伤百余名，渡桥落水溺死者，不计其数，所获装械无算，于六时三十分完全占领枫泾。职拟督队继续急进，以冀达到永静地方之旨。又敌退时拆毁铁路轨数段，职已饬路工修理，本晚当可通行。谨此电禀。师长卢香亭叩。沁四。印。等语。特闻。孙传芳。俭。

〔北洋政府内务部档案〕

(5) 执政府秘书厅复孙传芳密电(12月29日)

飞急。杭州孙督理鉴：福密。感日两电俱悉。查第四师原系中央军队，曹政府时代，以攻浙之故，易夏兆麟为师长，本属伪命。此次政局粗定，故仍电令陈乐山前往接充，并非假窃名义。该师长接任以后，所部沿昔日之旧，仍在松江一带驻防，初无攻浙之说。据报沁日午后四时，该督理所部，已在枫泾附近江浙交界之九里塘开火，陈师范旅始终未敢还击，似此情形，尤足证明陈师之无意开衅也。该督理等务即严令所部，停止军事行动，不得以镇抚为词，轻开战衅。除电饬陈师恪守原防外，仰即遵照办理等因。奉谕。特达。执政府秘书厅艳。印。

(6) 执政府军务厅复孙传芳密电(12月31日)

火急。杭州孙督理鉴:福密。俭两电转呈执政。奉谕。第四师师长陈乐山,原系中央任命,回防供职,并非假借。果有侵浙之举,呈候中央制止可也。不应擅自开衅,致碍和平。且该电所称:与敌激战,率队猛攻各等语。尤不可解。同为中央任命之官,不作友朋之视,反以仇敌是称,煮豆燃萁,相煎未免太急。务望关怀大局,顾念小民,此疆彼界,各存宁人息事之心,共泯尔虞我诈之念。万一势处两难,亦应静候中央,据理解决。须知兵衅一开,我苏浙两省,无罪之编氓,何堪痛苦。该督理身膺疆寄,民命为先,试审慎思之可也。等因。特达。执政府军务厅。卅一。印。

(7) 卢永祥致段祺瑞电(12月31日)

北京执政钧鉴:本日据张护军使允明、宫师长邦铎艳电称:此次孙陈冲突,亟宜速为解决,以免牵动大局,影响地方。自当遵照钧谕,合力通筹,妥为策划,用慰廑系。兹于本日联名电陈执政,密抒管见。其文曰:北京执政钧鉴:统密。陆军第四师军队,自战役以后,夏兆麟充任师长,分驻嘉善、枫泾、松江一带。近因前师长陈乐山,忽来松复职,夏兆麟被迫出走。孙传芳以未见中央明令,认为陈乐山假借名目,威逼师长,擅入浙境,蓄意扰乱,遂调集军队,向嘉善进逼。于沁日在枫泾以西,实行开火,四师军队,纷向松江退却,地方商民惊惶万状。本日双方尚继续接触,炮火未停。允明、邦铎近在咫尺,警耗频闻,职守攸关,谊难坐视。伏念四师系国家军队,孙传芳亦受命中央,本无敌视之心,何至兵戎相见。徒以陈乐山个人关系,遂至发生冲突,轻启衅端。钧座鉴空衡平,必能洞见症结。惟有吁恳睿谋独断,另简威望素著,与该师具有关系之员,接充该师师长一职,明令发表,责其抚绥部曲襄赞中央,定能立解纠纷,消弭巨患,国家有用之军队,亦藉以保全不少。允明、邦铎所见相同,未敢自守缄默,谨合词冒昧上陈,伏乞裁酌施行,无任悚惶待命之至。张允明、宫邦铎叩。艳戌。印。等语。查四师久隶钧麾，一切情形，夙邀洞鉴。若听其自由行动，牺牲精锐，殊为可惜。大局所关，事机尤迫。谨电密禀，伏乞代陈执政等情。查何丰林系第四师旧将，各方感情，亦颇融洽，如蒙明令，畀以四师师长一职，当能收束部曲，免致纠纷。谨此电陈，恳乞采择施行，大局幸甚。卢永祥。世。印。

(8) 陈乐山致段祺瑞密电(1925年1月4日)

北京执政钧鉴：弯密。此次乐山奉令复职，浙孙督突然构衅，业经一再让步，而孙不遵钧令，停止进行。职师力御一星期，款弹俱竭，难再维持，不得已将七旅及输工辎等部退至龙华、徐家汇一带，其八旅一部分亦退至泗泾青浦等处，应请速指驻扎地点，俾便遵办。至乐山才力薄弱，辜负恩慈，乞准解除职务，遴简大员接充；以资统率。乐山既仔肩得卸，实出逾极成全，临电不胜迫切待命之至。陈乐山叩。支。印。

〔北洋临时执政府档案〕

(9) 孙传芳等通电(1月4日)

执政段钧鉴：各部院、各机关、各省督军、督理、督办、省长、帮办、都统、陆军总副司令、海军总副司令、护军使、镇守使、各师旅长、各法团、各报馆均鉴：此次陈乐山强接四师，密谋犯浙，幸仗诸公威福，敝军已于冬日十时，完全占领松江。陈亦避沪。刻正抚绥四师余部，安辑战地人民，并饬沪杭路局，即日恢复交通，俾便商业。传芳等保境安民，迭经宣言，素志既伸，惟有整饬内治，与民休息，仍抱定人不犯我，我不犯人之宗旨。愿海内明达，不我遐弃，有以教之。孙传芳、夏超、陈仪、周凤岐、卢香亭同叩。支。

〔北洋政府内务部档案〕

7 王揖唐关于齐燮元联络孙传芳回宁组织联省政府抵御奉军等情致张树元密电

（1925年1月3日）

北京执政府军务厅张厅长鉴：昌密。迭据沪上报告，孙、陈相持，陈已退至新桥莘庄，孙军仍追击，将退沪境。又闻孙专意对陈，无力图沪。张、宫两使现联合保境，沪地尚安。惟张、陈、宫、何，不能合作，沪局似亦可危。齐氏近虽无具体动作，惟与岑西林、福开森等往还甚密。并闻有联孙回宁阴谋，前过南通时，曾与张季直接洽，有加入某系抵御奉军，在宁组织联省政府，并结关系各督，为一致反抗计划。沪关扣留浙孙军械二百卅三箱，悉由张使提去没收。皆近事，足备参考。顷接沪总商会冬电，以孙、陈相持，深恐地方糜烂，亟盼嘉帅即日南下排解制止等语。除转致嘉帅外，并闻。希代陈主座为叩。揖唐。江。印。

〔北洋临时执政府档案〕

8 秦洸就任苏省各军临时总指挥宣布不再卷入战争并力除各方障碍再电请卢永祥来苏致段祺瑞电

（1925年1月3日）

北京段执政夫子大人赐鉴：前肃电陈，谅邀睿察。此次生之举动，纯因苏民厌乱，并且体夫子力主和平宗旨，维持中央威信，推行命令起见，始勉徇同志及苏地绅商之请求，于敬日就职苏军临时总指挥职务。通电宣布，保境安民，不再卷入战事漩涡，促齐离宁，而保苏境，非敢别具野心，致蹈拥兵自重之覆辙也。闻齐督部下，除三五亲信人员，仍拟嗾使背城一战，负嵎自固外，余均深明大义，且无不尊崇钧座、息事宁人之苦心。生与省垣同袍，感情尚洽。故自通电后，群加赞成，绝无阻碍。各属士民，亦深知生之举动坦白，谣言顿息，安谧如恒。卢嘉帅奉命南下，并派代表雷君泮林来苏接洽，生敬当仰体中央宣慰德意，力任铲除各方障碍，务使阻力消弭后，再电请嘉帅驾莅苏境，宣布恩意，似与中央地方及嘉帅方面，俱有裨益。除派员将苏地详情面为禀陈外，敬先电陈，伏乞睿鉴，训示遵行。驻苏军队临时总指挥受业秦洸叩。江。

〔北洋临时执政府档案〕

9 浙督孙传芳关于陈乐山谋浙及奉军南下责问段祺瑞电

(1925年1月5日)

北京段执政钧鉴：陈乐山假窃名义，扰乱地方，传芳不得已，饬部防御，幸得驱除。然松江一带，已不胜迁徙焚掠之苦矣。陈乱未已，里巷又复纷传，奉军南下，意不专于对苏，证以齐督离宁，而奉军到宁，无的放矢，必更有的。传芳本无所惭，亦尝深省其咎。攻浙乃军人服从之天职，事纯被动，既不敢妄承戎首之罪，入浙乃浙江军民所欢迎，兵不血刃，亦不敢妄居克敌之功。至于入浙以后，市廛无惊。苟欲附敌为扰民，浙人先不忍罗织，舍此数端，百思不得。敢乞钧座勿对传芳一人，别有难言之隐，遂使浙民百姓，日陷恐怖之中。有罪而当夺职，固望明示其罪，以肆诸市朝。无罪而当避贤，亦恳明示其贤，以公之天下。倘于两者皆有难言，而疑传芳诚有未至，即恳明示，对国对浙必如何，而后可谓之诚之条件，传芳谨当商之浙士质之国人，决不敢违罪而抗所当从，亦不敢固位而默所当辩，若于宣布罪状之先遽以巧取豪夺相试，是直弁髦政府，毁堕纪纲。惟当视同穿窬御以盗劫，上肃国宪，下去害群，一息苟存，百死不惜。遭时方屯，高位难据。钧座天人顺应，尚有省愆弭劫之痛文，传芳忧患备尝，宁以厝火积薪，为得地所为，吁请明示者，上欲政府，示天下以光明；下求浙江，勿连类而涂炭。至于一身生死，且等鸿毛，进退更无足计矣。临电迫切，只候明教。孙传芳叩。歌。印。

〔北洋临时执政府档案〕

10 孙传芳要求淞沪概不驻兵及奉军南下不得超越南京致段祺瑞电

（1925年1月7日—17日）

（1）1月7日电

北京执政段钧鉴：歌电计蒙明察。此次陈乐山回任四师，事前既未奉中央明令通知，陈复宣言攻浙，浙人惊疑，群请制止。传芳为贯彻保境卫民计，不得不出于正当防御，经过情形，前经电陈。迨奉钧府秘书厅转达停止进兵电令，立即遵饬前方停战待命，并电复秘书厅恳代上陈各在案。东日，四师在松江城内放火抢掠，职部卢师因徇绅民请求，于冬日进驻松城，维持秩序，并将四师一部分，妥为抚辑。饬知路局，限日通车，恢复交通。现沪杭火车，业于歌日照常通行。但松江以北四师，溃兵尚多，职部未便前进，已电请张护军使，妥善维持。松江为沪杭交通之枢纽，上海又中外商业之中心。现浙中父老，佥以欲保安宁，必须办到松沪两地，双方各不驻兵，环请转恳钧座俯顺民意，竭力维持，以保江浙永久和平。倘蒙鉴察，允准电商卢宣抚使同意，传芳谨当首先奉行，用副钧座和平统一之宏愿。谨电陈明，伏乞训示只遵。孙传芳叩。阳。印。

（2）1月17日密电

北京段执政钧鉴：福密。传芳保境安民，始终不渝，现已令前方部队，悉数退归原防，不出浙境一步，但沪杭铁路为两省交通及经济命脉所系，必须安全行驶。在政局未大定以前，拟由传芳派少数军队，专任护路。上海为通商要埠，前循人民之电请，淞沪两不驻兵，未蒙赐复。窃念自上海设军使驻重兵以来，危害丛生，毫无利益。此后除警察以外，不别设军事机关及驻扎军队。兵工厂亦宜迁移他处，永绝乱源。伏乞速颁明令，以慰两省人民之望。再奉军南下，人民污喘相告，果能服从钧座命令，不再渡江，固为上策。万一必须护卫卢使，则请以南京为止。若越句容、下蜀之线，则是有意侵略，破坏和平。传芳虽欲袖手，决不足以安江南人民之心。斯虽欲罢不能。伏乞钧座，防患未然。以收人心，是为叩祷。孙传芳叩。篠。印。

〔北洋临时执政府档案〕

11 何丰林等关于齐燮元勾结孙传芳运动旧部攻夺淞沪护军和镇守两使致李思浩等密电

(1925年1月10日—11日)

(1) 何丰林致李思浩密电(1月10日)

万急。财政部李总长：赞密。齐燮元在沪密谋，希图再举，勾结浙孙，合力反抗。意在解决苏沪秦、张两军，以淞沪为根据，与镇江、江阴齐之旧部联为一片，进逼金陵，以谋发展。业经先后电陈卢宣抚使密为筹策。昨日风闻齐拟在江湾设立司令部。今晨又闻齐已刊刻联军总司令关防。顷据探报驻沪六师、十九师均已受齐运动，今日各营长已在齐寓签字，先逐宫邦铎，次即解决张允明。驻江湾秘队，已有一营集合，准备动作，势甚岌岌。当即派人往询宫振声，宫已先知其详，无力挽回，拟即引咎辞职。林以振声对于六师、十九师尚不乏心腹之人，自应赶紧团结，密加防范，力嘱不可引退，尽力挽救。一面密告张克斋，嘱其严为戒备，为宫声援。此事能否消弭，尚无把握。除急电卢宣抚使核办外，特电奉达，敬希转陈，余容续报。何丰林。蒸戌。印。

(2) 卢永祥致张树元等密电(1月11日)

北京军务厅少卿、润田、筱舰兄鉴：宣密。译呈执政钧鉴：顷据张护军使允明灰电称：据宫师长密报：孙、齐勾结，运动驻沪第六师、十九师营长以上完全签字，已下动员令，准备今晚袭击职军，闻之骇异。除严饬所部极力抵御，飞电奉达，迅示机宜等情。事机急迫，应如何制止，以及消弭办法，伏乞明定方略，俾可遵行。曷胜悚企。卢永祥。真。印。

〔北洋临时执政府档案〕

12 宫邦铎请辞淞沪镇守使与陆军第六第十九两师师长等职致段祺瑞电

(1925年1月11日)

北京执政段钧鉴：窃邦铎服务戎行，已逾廿载，稍知大义，未敢逆情，秉服从为准绳，视保安为主旨。所以事长官即所以率所属，亦即所以报国家慰士民也。到苏以来，历事李齐两帅，悉本此意，未解其他。江浙军兴之时，既系惟令之是遵。绾军淞沪以来，尤以治安为急务。自齐前帅宣布下野，将所属军队，移交我督办管辖，邦铎奉命，惟谨一如曩昔之事齐帅，亦系遵齐帅移交之令也。所以尊重现长官新猷之威信，在此所以留前长官去后之令名，与夫保全地方之治安者，均无不在此。既未尝希冀高位，因个人权利而竞争，亦不敢立异鸣高，置命令于不顾。耿耿此心，早在鉴中。淞沪地方之关重，应付之困难，无可讳言。两月以来，托国家上宪之鸿庥，赖地方绅民之爱护，得免陨越，幸告无罪。冀俟卢宣抚使莅苏之后，将军事规划就绪，再行退让贤路，以全公私。至十九师长一职，迭经电请韩督办派员接替，尚未奉令发表，正以力难兼顾，焦灼万分。沪上连日以来，又兴谣诼，虽属风来空穴，亦事出有因，诚恐宵小，乘机假借名义，一经煽动，收拾维艰，在彼等虽以害人为名，终收害人之果，在邦铎则职责所寄宽猛，极费踌躇，诚恐应付失宜，至滋贻误。与其负咎于事后，累及治安，曷若引退于机先，或资补救。伏恳俯念地方为重，准予辞去淞沪镇守使、陆军第六师师长暨江苏陆军第十九师长各职，分别另选贤能，尅日来申接替，俾卸仔肩，免深咎戾。除电呈执政、宣抚使外，谨迫切电陈，不胜待命之至。师长兼镇守使宫邦铎叩。巧〔真〕。印。

民国十四年一月十一日上下午二四时十四十五分发收

〔北洋临时执政府档案〕

13 韩国钧报告向义国驻沪领事交涉齐燮元离沪未果暨沪宁沿路军事紧张等情与执政府往来密电

(1925年1月11日—13日)

(1) 韩国钧致执政府密电(1月11日)

北京段执政钧鉴:绵密。齐前督燮元,前奉明令免职之后,留滞南京,多日未去。国钧以苏省兵灾之后,仰体钧座和平之义,不惜委曲求全,以免地方糜烂。厥后齐前督势迫,离宁逡巡,沪上人言藉藉,谓其勾结旧部,多方煽惑,驻宁军心,几为摇动。国钧内筹戒备,外示宽容,艰苦支持,幸未发生巨变。区区之心,但期地面得免危害。虽处杌陧万分之境,亦甘于茹痛不言。惟是齐前督在沪一日不去,苏人之心一日不安。前月交涉员陈世光来宁,谒见时,饬令相机应付,旋据该交涉员庚日密禀,晤商领袖,义总领事谈判结果,仅能派探暗中监视,别无对待方法。近因陈乐山军队溃败之后,沪局紧张,而沪宁沿路,军队尚多,一经结合,则苏常完善之区,势将复遭荼毒。本日复据宫镇守使电辞本兼各职,并称已将所部,分别派员护理。沪宁火车,苏锡一带,据报已不通行。传闻彼方计划,先图上海,再攻苏州,以为根据之地。情势迫切,民心皇惧。幸卢宣抚使蒸日抵宁,苏皖大局,主持有人,国钧已与晤商,力持镇定。究应如何布置,伏祈密示机宜,俾安南北,伫候训示,毋任盼祷。韩国钧叩。真亥。印。

(2) 军务厅复韩国钧密电稿(1月13日)

南京韩省长鉴:绵密。奉执政谕。真亥电悉。齐事措置适宜,殊堪嘉慰。惟齐在沪一日,祸机依然潜伏。义总领事答复,实不足以昭公允。前徐在沪，谓其扰乱治安，对于军事动作，严行监视，两事相较，齐则更甚于徐，事同一律对待，讵宜歧异。仍盼责成陈交涉员，再行切实交涉，据理力争，务期各得其平等因。特达。希即查照为荷。临时执政府军务厅。元二。

〔北洋临时执政府档案〕

14 上海总商会为军阀连续在沪混战今后无力向任何一方代筹饷糈致段祺瑞电

(1925年1月11日)

北京段执政钧鉴：去秋有江浙之役，最近有孙、陈之争。陈师结束，甫庆更生。忽于本日又有齐、孙合组江浙联军司令部，举兵向龙华进攻。人民半岁之中，三经战乱。以前种种损失，正苦剜肉医疮，补偿无所。旧历年关逼近，祸机又作，商力摧残已尽。今代表上海全埠商民公意，郑重声明，无论何方，凡有军事饷糈等项，无力再为代筹。惟求政府为人民计，为外交计，速筹弭兵，保民万全办法，以安地方，无任切祷。上海总商会叩。真。

〔北洋临时执政府档案〕

15 韩国钧为卢永祥抵省军政主持有人请准辞军民两长职致段祺瑞密电

(1925年1月11日)

万急。北京段执政钧鉴：绵密。窃国钧再长苏政，于兹三载，无补时艰，徒增咎戾。上年江浙开衅，再三劝阻，冀使乡邦不见兵革。乃弭兵有愿，填海无方，目睹疮痍，神明内恢，方思自劾，以谢乡人。而宠命颁来，俾兼军职，铨才重任，自问难胜。只以苏省当绝续之交，未敢恝然求去，军书旁午，负责无人，将士环呼，乡人敦促，不得不暂肩艰巨，共策和平。受事以来，夙夜兢兢，各方应付所处，殆非人境精力，益觉难支，而督责纷来，愆尤丛集。兹幸宣抚使卢永祥已抵省垣，军政主持有人，大局有来苏之望，曷胜庆幸。惟是苏省值疲敝之秋，当冲繁之地，此后军民两政，棘手殊多。就军事言，齐督有七师六混成旅之众，统系凌乱，号令不专，罗掘一空，饷源已绝，以言收束，戛乎其难。就民政言，则库空如洗，债积如山，百政俱废，遑论整顿。至若弦诵，辍于黉舍，商旅停于市廛，每一念之，黯焉心伤。加以兵灾之后，尚乏绥辑之方，来日大难，吾民何罪？国钧七十之年，精神本已就衰，近来稍感劳顿，胃病辄复屡作，废寝忘食，病体侵寻，实难复任繁剧，合无仰恳钧座，俯鉴下忱，准予开去江苏省长及督办军务善后事宜本兼各职，分别另简贤能，俾便交替，而资休养。前此苏省在震撼之中，自非疆吏，乞休之日，此后大局，有清明之望，庶无临难苟免之讥，务乞恩准施行，不胜感激待命之至。再者苏绅庄蕴宽、张一麐，勋望懋著，志虑忠纯，才力十倍于钧，如蒙择一任命，必能造福乡邦，庶成郅治，荐贤为国，言出至诚，并乞俯赐遴简，民国幸甚，苏省幸甚。江苏省长兼督办军务善后事宜韩国钧叩。真戌。印。

〔北洋临时执政府档案〕

16 王揖唐等转报齐燮元与孙传芳合组江浙联军攻入上海并调部向宁进军致张树元密电

（1925年1月12日—13日）

(1) 王揖唐致张树元密电（1月12日）

急。北京军务厅张厅长鉴：昌密。顷接上海专员连日报告，苏军第六师受齐指使攻龙华，十九师占县署警厅。孙派两旅来沪，张使决逃沪，让孙四师加入齐部。齐孙布告，谓卢带奉军与苏军寻衅，又行奉票，贻害小民，特组江浙联军，保境安民，齐任第一路，孙第二路，新派万鸿图为秘书长，万为小孙派等语。又据报：真日上午四钟，张使与苏军开火，胜负未分云云。特电奉闻。淞沪吃紧，牵动大局，孙齐联合，尤为可虑，中枢应付方略，尚希切实密示。并请代陈主座为叩。揖唐。文。印。

(2) 李启佐致张树元密电（1月13日）

北京执政府军务厅张少卿厅长、段骏良先生、刘子云参议均鉴：任密。虞电计达。崇鉴：元午接上海齐燮元真电文曰：济密。本日拂晓，我第六师二十二旅及十一旅王团、第十九师全部、协同浙军会师龙华，张允明部悉被包围，刻正收缴枪械，即日可告肃清。沪张部既已解决，则将来进行，利钝立见。我军各部队，第一亟宜先就各驻在地，扼要设防，以防敌军侵入。孙传帅明日来沪，协议进行。即日令浙军第二师进驻镇江，与我原驻镇丹各部队，协同进复南京，并由浙江两师中各抽编一旅，由周凤岐率领，经宜兴协复南京，实行清除侵入之敌。敌方孤军深入，首尾势难兼顾，一经掩击，定可歼灭。至苏州秦洸，已饬陈旅长率队收复，该处各部队，业经迭次派员，表示竭诚推戴，内应反正，极易解决。白、马两师及暂编第一、第二两旅与驻徐四师之两旅，望即迅速严行准备，静待后命。再我联军组织伊始，同志各省，颇有响应，闽、皖日内，即将举动，表示同情。鄂、赣、湘、粤各省，刻正协商合作，行将加入，特电布闻，即希知照。齐燮元。真。等语。谨将原电抄呈，敬恳转禀执政，迅筹消弭，勿使燎原。启佑奉韩兼督电令，准于寒日，敝旅全部，移防宿迁，率队剿匪。本日又奉卢嘉帅电令，嘱即赴宁会议，遵于今夜星驰赴宁，并携齐之原电，密呈嘉帅，请示机宜。启佑拥护中央，誓无渝异，群奸煽乱，决不盲从，乞伸天讨，奠定东南，谨率健儿前驱效命，倘承明令，赴蹈不辞。特电奉闻，并颂勋祉。李启佑叩。元。印。

〔北洋执政府档案〕

17 卢永祥报告孙齐联军攻入上海暨考察苏省各方面困难拟请辞职致张树元密电

（1925年1月14日）

北京执政府军务厅张少卿、陶筱轩兄：宣密。译呈执政钧鉴：顷奉元二电敬悉种切。查孙传芳、齐燮元互相勾结，肆行扰乱。蒸日晚，竟向龙华攻击，张允明仅拒战八小时，因两面受敌，势不能支，已经逃入租界，其部下一部分由法界收械，一部分为孙、齐收械，或监视。于文日完全失败。孙、齐已于真日通电，号称江浙联军，齐为第一路总司令，孙为第二路总司令，大有长驱而下，窥伺南京之势。蔑目彰彰，非言可掩，人民惶恐，危迫异常。在中央崇尚和平，始终以怀柔为意，政尚宽大，钦服良深。惟此次永祥奉命宣抚而来，连日考察各方情形，人民之痛苦已深，地方之凋敝已极，抚绥休养，方且不遑。乃疮痍之患未平，而锋镝之惊又起。永祥亲临目睹，实堪悯伤，不亟筹防卫之方，何以副钧座爱护人民地方之意。惟是困难情形，约有数端，不得不剀切上陈，以冀垂察。一、永祥奉命宣抚，顾名思义，自当以宣布德意，抚绥民生为职权，于军事动作，本有不能放手施行之顾虑。此困难者一。韩省长虽兼督办，微论其本无可用之兵，即或有之，亦未能听其调遣，相与筹商，殊难生效。此困难者二。苏省财政被齐燮元搜括一空，悬罄徒嗟，罗掘乏术，万一战事发生，无米之炊，何由著手。此困难者三。审此情形，权力所限，实难负责。坐以待缚，国事何补，返躬自省，弥切疚心。窃维永祥困苦频年，益增衰朽，本无竞进之心，亦乏肆应之术，惟此硁硁自矢，可质帝天，他方藉口，只在永祥。再四以思，中央另简贤能，纠纷自可谅解。永祥实不忍以一人之私，遗误大局，想钧座必有以处此，敢布愚忱，惟希谅察，不胜悚惶待命之至。卢永祥。寒戌。印。

〔北洋临时执政府档案〕

18 曾毓隽等认为卢永祥持门罗主义造成孙齐联合占沪并请预防进窥苏北致执政府电

(1925年1月14日)

梁秘书长、执政府、北京并转吴总长、李总长均鉴：济密。嘉帅持门罗主义，以为利用一时，则将来无办法；殊不知一时不利用，则一时全无办法。此次孙、齐联合，不可谓非嘉帅为渊殴鱼。今者沪上归其掌握，全国空气，已另影响。设江北再有响应，则收拾愈难。臧部已矣。陈部破碎矣。而杨部之在江北者，为李旅、杨旅，分驻泗阳、高宝一带。李启佑、杨根和为齐氏金钱所固结，决不可用。李旅团长何若亭，倾向中央，态度坚决，赞兄所知。当齐未去时，本拟令何恢复廿四旅名义，逐出李氏。盖两旅原有下级官兵，心目中不忘廿四旅。名目资为号召，事可立成。电商赞兄得复，谓畀何旅长，尚待考虑，旋因齐去，亦即电止进行。近齐、孙占沪，而何团又派副官刘顺达来沪，请示方略。据称李启佑秉齐令，急欲去马玉仁，以何不授意而止。此时若无办法，江北各军难保不为齐、孙所惑。倘能以廿四旅，畀何若亭，并令杨化昭到江北指挥，杨旅亦不能不听命，资以械弹，或由沪宁攻沪，或由皖南窥浙，必可成功。来人在此候信，乞呈明速复。此事以中央管不管两字为断，万万不可转商嘉帅。缘嘉帅成见在胸，不但以沪上所计划为多事，且视为荒谬。故中央不以为然，则此间告以无办法可矣。若以为然，宜由中央直接发命令，不特何团可效力，即此间之马旅等，未始不可反正，此系经过事实如此，切勿视为负气之谈。盖嘉帅边幅不修，而辅佐乏人，常以一时利用，将来无办法为虑。故不敢放手做去。但中央既无援队，此间又不利用，坐待蔓延，前途殊不堪设想也。再中央若以为非商嘉帅不可，即以此意，作为中央之意，令嘉帅酌行，或可有济，万不可告系隽锦等所接洽，转致误事。毓隽、云锦。寒。

〔北洋临时执政府档案〕

19 赣督方本仁拒绝接受齐燮元委任江浙闽赣联军第四路总司令电

(1925年1月15日)

特急。北京执政府、段骏良兄鉴：骏密。请译呈执政钧鉴：顷接齐抚万真电云：此次卢永祥率胡军南下，同志友人，若不力图互保，必至同归于尽。迭与孙馨帅熟商，先将张允明除去，诚恐□□北进，□卢胡等周旋，一面电促冯、胡、孙照原约计划，协力环攻。蒸日已同馨帅组织江浙联军，径为第一路总司令，馨帅为第二路总司令。本日拂晓，□□龙华，现张允明部，业已溃败，正在包围缴械中。福州周樾帅亦即加入，为江浙闽联军第三路总司令。兄与弟休戚相关，患难与共，闻弟此举，当为欣然。拟请兄加入为江浙闽赣联军第四路总司令。将来同志响应者，究有若干，然后再对政局，商定主张，另□斡局面，吾兄志在天下，当必有以慰弟也等语。当复一电文曰：急。上海探投齐抚帅鉴：真电敬悉。承示赣省加入联军，以本仁为联军第四路总司令，闻命之下，惶恐莫名。查赣省连年征调频繁，民不堪命，今岁解决蔡部，驱逐湘军，展转血战，两月于兹矣。兵士疲劳，民力凋□，盖欲促进和平统一，并谋赣省之安全也。幸蔡部已分别去留，湘军已悉数溃散。大军之后，亟应筹办善后事宜，上副执政和平救国之怀，下脱赣省水深火热之苦。有此种种原因，实不敢无故兴师，再开战祸。抑更有进者，民国肇兴，兵祸相寻，生灵涂炭久矣。江浙战役，两省离乱之民，靡有孑遗，东南财赋之区，多成灰烬。因无一线和平之望，故成万劫不复之灾。今中央悲天悯上，以和平统一相号召，潜消兵气，振导祥和。此其时也。现在馨帅电致中央，以实行保境安民为一旨，政府甚为嘉纳。仁素迂谨，惟知服从中央，区区此意，谅蒙鉴察。况苏省当百战之余，顷闻人民畏兵，兵士畏战，环境如此，士气如此，与其起而相争，势成孤注，不若遵养时晦，希望将来。且我弟卓识英才，年华方富，务恳体察时宜，悬崖勒马，前道尚远，来日方长，不患无所建白于天下也。我辈同事，有对谊若兄弟，知无不言，言无不尽。尚乞俯赐采纳为祷。本仁叩。删。等语。查抚万出自门墙，久蒙培植，图报师座，历有岁年，近因政变之不常，以致步趋之各异。可否示以宽大，予以虚荣，俾知感奋之处。出自钧裁。本仁叩。删。印。

〔北洋临时执政府档案〕

20 卢永祥等关于张宗昌在镇江击溃齐燮元军并进抵常州等情致执政府等密电

(1925年1月18日—24日)

(1)卢永祥致张树元等密电(1月18日)

北京执政府军务厅少卿、筱轩、润田诸兄：宣密。译呈执政钧鉴：齐燮元潜居沪上，勾结党徒，希图扰乱。由上海以及苏镇江一带，节节前进，势甚凶张。永祥体中央崇尚和平之意，以尽职宣抚为心。绝不愿轻启兵端，致贻口实。乃齐燮元肆行无忌，竟嗾使李廷玉在镇江设司令部，招集王凯庆、王健飞各部，掘壕备战，拆毁桥梁，逼迩省城，人心惶恐。迭经韩兼督办派员前往，晓以诚意，初犹虚词搪塞，继则李廷玉明言，无可商量，旅长等竟避而不见。永祥窃察情势，已迫不能不酌派军队，于镇江丹阳一带，以冀镇定人心，而使彼等闻风知儆，消患无形。乃彼等竟悍然不顾，出兵迎截。张军长宗昌，见此形势鸮张，无可退让，不得不作正当防卫之计。爰于篠日早六时开始交绥，至下午三时敌势不支，始行纷溃，当虏获山炮、野炮十数门，其余枪械辎重等项，尚未查清。现正相机追剿，以期早定苏局。此次仓卒作战，实出于不得已之举动，而该将士等，奋勇不挠，得以首挫凶锋，夺敌之气，殊堪嘉许。除已先行酌给奖励，并饬抚恤伤亡，并饬相机慎重进行外，合将经过情形，谨此电陈，伏乞垂察。卢永祥。啸。印。

(2) 张宗昌致段祺瑞等电(1月20日)

北京段执政、盛京张总司令、南京卢宣抚使钧鉴：北京冯总司令、开封胡督办、保定孙总司令、天津李督办、济南郑督办、蚌埠王督办及各省军民长及各报馆均鉴：卸任江苏督军齐燮元，突于上海附近，举兵称叛，并勾结驻常州、镇江各部队，意欲窥窃南京。宗昌奉卢宣抚使命令，率部讨贼，于十三日在浦口附近渡江，十六日进抵高资、句容之线，十七日拂晓，向马步桥、许家跳、全州镇之敌攻击，激战六七小时，敌人数次向我反攻，经派队由鲇鱼套、五洲山等处包围敌翼，并令迫击炮队，向敌阵猛攻。至午后二时，马步桥及全州镇附近之敌，开始向东退却。当即尾随，追击至十八日早，遂将镇江、丹阳两处，完全占领。十九日复进抵常州，敌人沿途抢劫，纷乱争乘火车东退，互相击杀，已不成军。查敌之兵力，计第六师、第十九师全部、及补充旅，约二万余众。战斗结果，共计获大炮二十余门，机关枪数十架，步枪三千余支，及枪炮弹军需品无算，并获俘虏三四千人，敌之死伤约一千余人，现镇江各病院收容几满，我军伤亡亦二百余人。现总合情报，齐燮元亲率残部，约万余人，在江阴、无锡附近占领阵地，犹思一逞。宗昌拟集合各旅完毕后，即向之攻击，肃清余孽，指顾间事。是役，能于数日之间，平此大难，皆仰赖执政与各帅之威德，及将士努力用命之所致。宗昌赋性庸愚，此后作战，尚恳俯赐指教，俾地方早日安靖，国家大局幸甚。第一军军长张宗昌叩。号。印。

(3) 宫邦铎致张树元密电(1月22日)

北京执政府军务厅张厅长鉴：镇密。顷据丁副官万△濬持函回沪报告：弟事多承维持，无任铭佩，沪局骤变，当经迳电辞职，复将变局情况，电禀五次。据丁副官云：政府均未接到，恐被扣留矣。齐免职留沪，以七十万元运动第六师及十九师官兵等，抵抗卢兵，并计于蒸日矫命发动，协同浙军先将张宗昌部解散，旋即强迫出发，至无锡、镇江与第十师及张宗昌部对抗。因士兵不愿效命，遇战即退，致官兵伤亡甚多，军械损失亦巨，现士气涣散已极。如宣抚军迅速进击，不难歼灭。弟现奉韩督办委任办理收束第六师及十九师事宜。业经著手进行，祈转陈主座为感。并叩春喜。回电请寄杰群路卅八号。宫邦铎叩。养。

〔北洋临时执政府档案〕

（4）吴光新通电（1月24日）

北京各部院、各省区督办、省长、各行政军事机关、各公团、各商会、各报馆鉴：天心厌乱，时局更新，执政入都伊始，即殷殷以和平建设为职志。苏省绾毂江淮，为中外通商重地，中央施政方针与地方望治布理，既属上下交孚，内外胥同，则苏省善后诸端，自可本此意旨，和平解决。是以中央宣抚之差，亦拟于其时实行收束，凡已来者则停止前进，即可北归，其未来者，亦停止出发，不复南下。似此维持大局之苦心，即属爱护地方之微意。讵苏前督齐燮元，于免职赴沪之后，仍复勒逼旧部，苛累商民，占据镇江，窥伺金陵，苏省和平之局，至此遂为齐前督一人所破坏。卢宣抚使与张军长迫于万不得已，乃以实力节节制止。而镇江、丹阳、常州等处，齐部溃兵又敢于退散之余，烧杀淫掳，无所不至，虽经张军长次第收复，加意抚恤，然损失已不可胜数，即痛苦亦不可胜言。现齐燮元尚在裹挟残部，纠合余孽，盘踞锡、澄、苏、松一带，不惜糜烂江南繁富之区，以作个人困兽之斗。光新视察及此，目睹该部溃兵骚扰惨状，至为痛心，地方父老，又以桑梓关系，环请出我乡人，于水深火热之中，情词迫切，不容或待，即经商同卢宣抚使、张军长设法救济，务期于最短时间，将锡、澄、苏、松各区，迅速肃清，以解苏人倒悬之苦，更纾执政南顾之忧。日内必可完全底定，即当赶筹善后，共策完成。诸公爱苏之心，不后于我，用敢略举实况，一为陈之，统希亮察是幸。吴光新。敬。

〔北洋政府内务部档案〕

21 沪宁路局长沈成栻关于齐燮元率残部自无锡狼狈逃沪情形致交通部密电

(1925年1月19日—28日)

(1) 沈成栻致交通部密电(1月19日)

交通部总次长钧鉴:甲密。齐军昨退无锡,兵士擅动车辆,致损及该站分路,车辆出轨,因在战线以内,路又阻断,无法修理。松江孙军卢香亭部,闻已开往宜兴一带,进窥南京,今日龙华闽军,开三列车往锡,约一旅之众,特此密陈。局长沈成栻叩。皓。

交通总长叶恭绰批:

来电送阅,似应密察真相,惟不宜宣露沈君来电,以免其办事为难。少卿、仲异两兄。

恭绰　一月廿日午

(2) 叶恭绰致张树元函(1月28日)

少卿仁兄大鉴:顷得上海沈成栻来电,报告齐行动。兹将原电录出送阅,专此即颂

大安。

弟叶恭绰启　一月二十八日

上海来电一月二十八日上午十一时到

宥电谅达钧览。齐昨由锡回沪,闻途中在锡萧之间,因两车争出岔道,彼此挤撞,车辆翻倒,军实财物尽数丧失。齐在车中救护得免。旋由卫兵背负,行十余里至周泾港站,始获搭车,于今晨六时接沪。所部饱载劫物,沿途星散。齐接沪后,尚欲调动军队,而部下已不听命。但齐仍无离沪意,余容探明续报。局长沈成栻叩。沁。

（3）沈成栻致交通部密电（1月28日）

交通部总次长鉴：甲密。晚昨齐军败退回沪，一千余人，漫无纪律，散驻北站，齐部派人强迫开车赴苏，接回其余溃军，讵车到唯亭，遇溃兵开放排枪折回，二次又迫开车，仍被开枪折回，司机火夫因前有被兵开枪击毙情事，畏缩不前，来局环请停工。齐军仍复在站威迫，站员无法应付。当由栻派人到齐司令部接洽，该处已无统率能力，遂与何护军使、宫镇守使商议，先将全站员役暂时一律退出，一面由宫使出任，收容败兵，一俟秩序稍定，车务即行恢复原状。沪杭车，本日由南站照常开行。闻齐已上日升丸，于本日上午离沪。余容续报。局长沈成栻叩。勘。

〔北洋政府执政府档案〕

22 孙传芳转送江浙绅耆黄以霖祝大椿等要求卢、齐、孙停战撤兵给段祺瑞电

（1925年1月25日）

北京执政段钧鉴：顷接苏浙绅耆黄以霖、祝大椿等梗电：杭州孙馨远先生鉴：苏人苦兵久矣。淞沪之创未平，常锡之祸又作，菁华灰烬，家室邱墟。人民何辜，重遭荼毒。各军事当局，而不忍苏民沦胥以尽也。尚恳根据苏公团，迭次乞要求实行下列各条件：(一)子嘉先生，速率奉军俄军及所部十师，开离苏境，实践以苏还苏之宣言。(二)抚万先生实行号电主张，立即偃旗去国。(三)馨远先生速饬部下，开拔回浙，淞沪区域，交由淞沪地方人民完全自治，一切善后事宜，由苏省行政长官妥为处理，本各方互让之精神，解群生倒悬之痛苦，默察现时情势，惟此或可挽救危局于万一。如蒙鉴纳，即请双方先行停战，并乞即赐电复，以便公推代表，分投商榷，先定缓冲地点，再商撤兵日期，以资解决，并恳中央毅力主持，至为感祷。黄以霖、祝大椿、沈恩孚、马士杰、袁希涛、张一鹏、

黄炎培、张嘉森、吴家煦、张福墟。梗。等语。谨转奉闻，伏乞钧座，尊重民意，严令卢军停止进攻，先定苏浙两省之人心，不胜感祷。孙传芳叩。有。印。

〔北洋临时执政府档案〕

23 张宗昌等报告攻占无锡苏州及浙军阻止奉军至上海北站下车等情致执政府等电

(1925年1月26日—29日)

(1) 张宗昌致执政府电(1月26日)

急。北京执政钧鉴：宗昌于克复镇江、丹阳、常州等处后，曾将经过情形，电请转陈在案。漾日督率所部，向江阴、无锡方面出发。敬日拂晓，先后接触逆军，兵力实在五旅以上，占据惠泉山、青阳镇、月城镇、南角镇、夏港镇之线，抵抗甚力，战斗极烈。青阳、月城两镇，为无锡、江阴间重要之点，我军施以猛烈射击，冲锋突阵，互有伤亡。而惠泉山、夏港镇两阵地，尤为险要。双方激战，炮火之盛，较前尤剧。相持约两昼一夜，卒经宗昌督饬我军进攻益猛，逆势披靡，纷纷溃退。我毕旅即于径(25)早九时占领江阴。程旅及方梯队于午后二时占领青阳、月城各镇。许旅于午后四时进据高桥。王旅于午后五时占领惠泉山。所有要害，悉归占领。而无锡附近逆众，尚图反攻，复经我军竭力痛击，续战更至一夜之久，遂乃大溃，我军完全占领无锡。齐燮元徒步逃遁。宗昌督师入城抚慰商民，办理善后，一面分道派队向苏州、昆山追击。是役，逆众据负隅之势，作背城之图，竭其全力，顽抗异常。又兼连日阴雨，河流纷歧，我军进攻，尤感困难。赖将士踊跃用命，要塞名城，同时克复，夺获枪炮弹药甚众，俘虏阵毙数亦无算，逆军已完全失其战斗力，仍当缩短战期，务期尅日肃清，底定苏局，以仰副我执政眷念南服之至意。谨此驰陈，伏乞鉴察。张宗昌叩。宥酉。印。

〔北洋临时执政府档案〕

(2) 卢永祥致张树元等电(1月29日)

急。北京执政府军务厅张少卿、陶小轩诸兄译呈执政钧鉴：顷接张军长勘子电称：宗昌率队追击，于沁(27日)夜占领苏州，勘(28日)申电称：续派有力部队猛力追击。据报业已占领昆山南翔。直下真茹，上海即在掌握之中等语。谨闻。卢永祥。艳午。印。

(3) 齐岳英致善后筹备处电(1月29日)

北京善后筹备处许总长、张厅长、陈将军钧鉴：沁电敬悉。岳英在杭，连将王督径宥两电，请孙督派代表赴宁面商，调停办法。岳即于沁日由杭偕同孙督代表杨建章来沪。比晚闻齐氏由苏退回上海，即拟逃，当决定勘早乘日光丸东渡。勘晚岳仍偕杨建章、刘亮章等，乘长沙轮赴宁，即闻奉军开到上海北车站，计四百人，续到尚有八百人。龙华住有浙军约一团，闻奉军到来，立时纷纷出发，势将冲突。龙华及北车站毗连租界，沪人士恐战祸重开，危险万状，当由刘亮章赴北站制止奉军，不准下车。龙华由孙代表王湘汀负责制止，暂维本晚现状。一面由亮章电宁，请吴总长、张军长来沪，一面由湘汀电浙，请孙到沪，三面解决，并商结束。岳英同亮章等欲行即回，俟得宁浙复电，可定行止。敬祈转陈主座。齐岳英叩。艳。印。

〔北洋临时执政府档案〕

24 丁姬请严惩在无锡抢劫之溃兵并发还所掳妇女致段祺瑞电

(1925年1月28日)

北京段执政钧鉴：无锡于一月十八起，被溃兵连抢数日，焚杀劫掳，惨不忍睹，损失无算。夫兵以卫民，而反害民，民何以堪。仰仗德威，伏乞立电水陆交通各埠，文武官长，将改装犯兵，严密立获，明正典刑。截留赃犯及被掳妇女，发还无锡县署招领，为国家肃军纪，为人民留元气。咸知国有常刑，戒惧将来，临电涕陨，不胜感戴之至。上海海宁路无锡丁姬叩。俭。

〔北洋临时执政府档案〕

25 宫邦铎报告齐燮元战败逃离上海及收束溃兵等情致张树元密电

（1925年1月28日）

北京执政府军务厅张厅长鉴：镇密。弟前奉韩督办委任收束第六师及十九师事宜，曾经电请转陈在案。齐逆感晨逃沪，俭日即乘日船日光丸逃走。其前方队伍尚有一部，死力支持，当即派员前往收束，现已收复步兵三团以上，炮兵约两营，工兵三营，枪械完全，刻下仍陆续来投。其中各官长均逃亡无多，各级遗缺，速遴员代理。乞代陈主座，余容续陈。宫邦铎叩。俭。

〔北洋临时执政府档案〕

26 孙传芳关于齐燮元已败退不问兵事责问卢永祥为何仍派兵进驻上海通电

（1925年1月28日）

北京临时执政钧鉴：各部院、南京卢嘉帅、各省、各省区督办、省长、各师旅长、各护军使、各镇守使、各法团、各报馆均鉴：苏军自无锡溃退后，齐前使即宣言不问兵事，苏事正可结束，为地方稍留元气。传芳本中央筹划和平之意，业将齐部酌为收容，以免溃散为患。而嘉帅所统军队，现仍纷纷驰赴上海，未知是何用意。查淞沪永不驻兵，政府已有明令，苏事平定，正宜切实遵行。若公然弁髦明令，图攫地盘，将何以维持中央威信，昭示天下。若云讨齐，则齐已自退，何必无的放矢。若云与传芳对射，则为正当防卫计，势不得不饬部严防，相与周旋。但衅自谁开，自有公论也。特电陈明，并候惠教。不胜企盼。孙传芳俭。叩。

〔北洋临时执政府档案〕

27 孙传芳要求卢永祥率其来军还辕北上通电

（1925年1月28日）

各部院、各省各督军、督理、督办、省长、帮办、都统、护军使、陆军总副司令、海军总副令、各镇守使、各师旅长、各法团、各报馆均鉴：本日致卢嘉帅一电文曰：南京卢宣抚使鉴：抚万下野以后，苏浙军民咸欣欣焉，谓无他虞，可享和平幸福也。然卒至发生战祸者，实因苏省本无用兵之必要，而公竟带大军压境而来，苏军昔有对敌之嫌，今处严威之下，由疑生惧，由惧启争，衡以人情事属激变，非必苏军之好乱也。然目前战地，虽仅一隅，而地方人民之困苦流离已至，堪悲悯度，公闻之，当亦凄恻不安。浙以紧邻，大受震动，徒因公昔督浙，遗爱在民。今公又再三宣言，决不扰浙，浙人因恃公言，以自宽慰。而其望公以爱浙之心，为爱苏之事，率其来军，还辕北上，辅合肥以固根本，息苏争以缆东南，则苏浙绅民，具有同情。极盼公加怜恤，而顺从其意也。夫以公之耆德重望，何所处而不得伸其志。今因率军来苏，激生战祸，就令武力堪胜，而战后灾黎之惨痛，固已重伤苏人之感情，曷若毅然决然尊重民意，以安军民之心。系铃解铃，一转移间，苏事自然平息。其所保全者，不仅苏浙两省，即东南大局，亦隐受无穷之福。而公高处近枢，赞襄合肥，以发施号令，可以促成统一，敷畅和平，成不世之奇勋，庆大名于永久，较之争胜一省，反酿纠纷者，其得失轻重，固大不侔，公又何乐而不为哉。传芳于公为后进，又共扮榆爱公，至切且深，故倾诚一贡其愚，愿公祥择而速行之，不胜万幸，并候明教。孙传芳叩。等语。谨录奉闻。伏候明教。孙传芳。勘。

〔北洋政府内务部档案〕

28 镇江五邑旅沪同乡会为避免镇丹再罹兵祸呼吁双方停战致段祺瑞电

（1925年1月29日）

段执政钧鉴：镇江、丹阳两地，突遭战祸，人民皇骇，迁徙流离，全城内外，十室九空，愁苦怨詈，告诉无门，商业顿耗，更不必言。秋间所受损害，至今尚未少复，乃又重罹兵祸，火烈水深，刺心刻骨。伏念钧座仁慈在抱，屡经宣言，主张和平，不事兵革，务恳力践前言，贯彻初志，迅电双方立刻停战，并乞中央速筹解决善策，以免战事延长，俾劫后遗黎，稍有甦苏之望。感戴大德，何啻再生。敝郡向苦瘠薄，商民终岁辛苦经营，尚不足以赡身家。兹当岁暮，各事紧迫之秋，更何忍以胜兵之枪炮与败兵之劫夺，毕其余命。临电呼吁，无任迫切。镇江旅沪五邑同乡会冯煦等叩。效。

〔北洋临时执政府档案〕

29 军务处转报张宗昌沿沪宁线由镇、丹、锡、苏、沪等地击溃齐燮元军经过给段祺瑞报告稿

（1925年1月30日）

汇抄卢宣抚使兼江苏督办及张军长报告如下：

齐燮元潜居上海租界，勾结匪徒，希图扰乱江苏，嗾使李廷玉在镇江设立伪军司令部，召集王凯庆、王健飞等众，掘壕备战，经韩兼督办派员前往，晓以大义，彼竟悍然不顾，不得不酌派军队，于镇江丹阳一带，镇定人心，彼复敢恃凶抗拒，本军为救护中外人民生命财产，不得已始出于制止之一途。稍有接触，齐部即纷纷溃退，张军长率同所部，于一月十七日收复镇江、丹阳。十九日收复常州。二十五日收复江阴、无锡。齐燮元徒步逃遁，张军长入城抚慰，商民筹办善后。二十七日进至苏州，遂即收复。二十九日收复上海。齐燮元乘日轮他遁。张军长驰赴上海，溃兵一律收束遣散。地方秩

序，维持如常。现正赶筹善后事宜。计自据镇谋乱之日起，仅十二、三日，沪局即完全底定矣。

〔北洋临时执政府档案〕

30 外交部录送公使团关于中国军队在上海开战不准进入外侨住所或租界附近照会致军务处公函

（1925年1月31日）

外交部公函　年贞字第七一号

迳启者：准领衔和欧使照称：中国军队首领又在上海附近开战，重行危及外侨生命财产，且鉴于中国军队，曩曾进入租界，破坏该处中立。兹为全体居民利益起见，承各国公使特嘱，请严电苏省，不许军队开到外侨住所或租界附近，并切盼中国政府，负责保护外人生命财产，及维持上海附近秩序等语。除函陆军部外，相应译录来照函请查照，电知苏省军事长官，查照办理。并希见复为荷。此致

执政府军务厅

附抄件

中华民国十四年一月三十一日

照译和欧使来照　一月廿七日

为照会事：查中国军队首领，又在上海附近开战，重行危及外侨生命财产。且鉴于中国军队，曩曾进入外国租界破坏，中国政府曾允于战争中，予以维持之中立。此项战争，久为国内中外人民及其商务职业暨各种利益之祸原。兹为全体和平居民，不问隶何国籍者之利益起见，承各国公使特嘱，相应照会贵部长，务请严电现在参与苏省战争之各派，无论如何，不许中国军队开至外侨住所或外国租界附近。并切盼负有责任之中国政府，于现时中国军队间之战争动作中，保护外人生命财产及维持上海附近秩序，并希从速

见复为荷。须至照会者。

〔北洋临时执政府档案〕

31 卢永祥宣布经段祺瑞准予取消宣抚军名义电

(1925年1月31日)

各部院鉴:昌密。本月二十七日敝处电呈执政文曰:前为绥辑苏皖地方起见,组织宣抚军,以期军事上指挥之便利,本一时权宜之计,现在军事既辑,第一军均随张督办驻鲁,驻苏之邢蔡各旅,亦已规定归姜总司令节制,宣抚军名义自应速行取销,以便统辖。理合电呈鉴核施行。兹于本日准执政府军务厅艳电开:奉执政谕照准。用特电闻。嗣后关于第一军及邢蔡两旅事宜,希贵部院迳电张督办、姜总司令分别核办,以免辗转迟误,是所公感。卢永祥。卅一。印。

〔北洋政府内务部档案〕

32 卢永祥声明驱逐齐燮元离苏并未使所部侵害他省境地通电

(1925年2月1日)

各部院、各省区督办、省长、帮办、都统、陆海军总副司令、护军使、镇守使、各师旅长、各法团、各报馆鉴:本日上执政一电文曰:北京执政钧鉴:窃永祥此次奉命南下,责在宣扬德意,抚辑军民。自莅南都,恪循斯旨,期以副执政垂念东南之盛意,亦以达永祥渴望和平之素怀。乃齐燮元妄图抗命,荼毒地方,既非理遣情喻所能奏功,不得不以武力驱除余孽,所幸天心悔祸,将士同仇,不及崇朝,克复全境。凡所不得已用兵之苦衷,当亦为海内所共谅。至所部军队悉令驻守本省境内,如驻扎宜兴等处,纯属苏省境地,并未稍越范围,且时以切勿侵害他省境地,严申诰诫,疆界划然,何令谣诼。永祥只知严地方之捍卫,绝不存虞诈之私心。第恐远道传闻失实,或生误会，谨电陈明，伏乞鉴察等语。谨此奉闻。卢永祥。东。印。

〔北洋政府内务部档案〕

33 孙传芳与卢永祥争夺淞沪管理权与上海撤军善后事宜有关电

(1925年2月1日—12日)

(1) 王彭年致张树元等密电(2月1日)

北京执政府梁厅长、张厅长勋鉴：行密。卅电敬悉。孙齐同恶，不待烦言。今嘉帅率兵驱齐，孙自疑惧。年到杭时，渠仍参预齐军，决心共谋抵抗，以督办命令发表，在攻沪之后，不能认为善意。经年切实宣示执政德意，并多方解释，始获不与齐联合动作。宜兴方面，勒兵未进，沪方亦未与张效坤军冲突，此年等托执政德威，调停为之也。但馨远申言，齐氏应去，卢公亦当还辕北上，辅弼中央。不然淞沪管理权不能因卢公为转移。卢公督苏，传芳则应秉卢公成规，暂行管领沪境，若第三者出而承乏，则危疑尽释，一切均听命中央。所谓第三者，即默指自堂总长或筱琨，此乾公共同担任，亦无不可。年纵不明言，吾兄谅亦能料及之，此间近日调停，均照上所拟进行，情形极佳。王彭年叩。东。印。

(2) 齐岳英致善后筹备处密电(2月1日)

北京善后筹备处、许总长、张厅长、陈将军钧鉴：通密。世电计达。连日军事接洽，双方均由亮章兄奔走磋商，可望和平解决，今日吴总长、张将军、刘亮章、王金钰、宫邦铎、陈调元、何丰林等会议，提出条件，溃兵由商会筹款遣散，由吴总长负责。一俟溃兵遣散后，江浙两军撤兵离沪百里外驻扎。兵工厂交商会接收偿价，似此军事，可望结束，特此奉闻。仍乞转呈主座。齐岳英叩。东。印。

〔北洋政府执政府档案〕

(3) 孙传芳通电(2月9日)

临时执政段钧鉴：各部院、各省军民长官、各法团、各公团、各报馆均鉴：前以淞沪废使、撤兵、改厂三大问题，为保障和平，消弭东南隐患之唯一要点。自民二以来，曾经竭力主持，侪辈虽引为讳言，均以出越范围，言之尚早。客岁淞沪战事发生，竟致牵动全局。传芳适在闽省，顾瞻初衷，良用太惜。到浙以还，利害益切，内受人民之托，外负国家之寄，乡邻斗争，斗及兄弟，痛痒弥关，殊难袖手。是以不顾越俎之讥，将以上三大问题，通电远迩，力主施行，中经变乱，幸吴总长、张司令，翩然莅沪，历经晤商，均讳是议。遂于即日立见实施。从此纷纠立解，大难初平，防患造福，百端待理，不第淞沪，全国皆然。窃以为天下之患，不在有形，而在无形。有形者，如沪之军使、驻兵及制造厂是，尚易铲除。无形者乃在人心变幻百出，最难预防。敬告国人，不胜大愿。尚望惩前毖后，思一劳永逸，愿随诸君子之后，以竟厥功，敬布始末，尚希鉴察。孙传芳叩。佳。

(4) 吴光新通电(2月12日)

盛京张边防督办、北张冯边防督办、北京各部院、南京卢宣抚使、杭州孙督办、各省军务、督办、各省长、各军长、各总司令、护军使、各镇守使、各师长、法团、各商会、各报馆均鉴：光新衔命来沪，事竣回京。顷上执政一电文曰：执政钧鉴：光新衔命南来，妥谋平复各节，业经先后电陈在案。现在兵工厂，已完全交商会接收保管，各部军队，亦陆续遵令离沪。将士谅解，中外讴歌，一切手续，均遵照一月十五明令，办理妥协，即日回京。至于其他善后事宜，自应由中央责成苏浙两省长官、分别进行。惟是苏浙人民，两经兵燹，流离伤亡，号啼载道，光新备位中枢，关怀桑梓、躬历目睹，愧责难安，东南富庶人民。仅留一线生机，国步艰难，政治不堪，多方纷扰，绸缪未雨，寝馈不遑。窃以今后苏浙事宜，务望中央处之，以公，疆吏相示以诚，内外同心，上下努力，为长治久安之计，祛尔虞我诈之思，则岂徒两省人民之幸而已哉。和平统一，实肇基于此，怵目痛心、言出其位，冒昧上陈，伏乞鉴察。谨以奉闻。吴光新。文。叩。

〔北洋政府内务部档案〕

34 韩国钧请严电孙传芳撤退金山驻兵暨松江金山两县仍由苏省委任致段祺瑞电

（1925年2月11日）

执政钧鉴：陆军部、内务部鉴：上海吴总长鉴：近日江浙形势，自经孙督办表示撤兵，军事已可结束。兹据金山县知事赵尔枚报告：浙督派兵两营，移驻该县，并于本月鱼日，由浙督经委张晋为金山县知事。时赵尔枚因公在省，国钧以该县为苏省区域，当饬迅速回县，照常任事。旋接该县电报，张晋庚日到县，武装胁迫交卸，并将县署科员刘凤笙、赵鼎桢看管文卷、税款、尽行占夺等情。查孙督办既经表示和平，而于所部军队，不令开回浙境，复行移驻金山，已属自相矛盾，乃又将苏省地方官吏，擅自更委，殊堪骇诧。上年十一月间，松江县知事吴镇南，经孙督办撤换，另行委员接任。昨以军务粗定，电商孙督办，请将苏省管辖区域任免官吏，循章办理，迄未允行，当此执政奠定东南，力谋统一，疆吏治事，同属受命中央，浙省撤兵，应亦未忘息壤。国钧以衰病之身，迭陈休假，岂有意气之争。惟念国家体制与省政权限，职责所在，不容迁就，应请严电孙督办务将金山驻兵开驻浙境，所有松江、金山两县，仍由苏省委任，以免紊乱，大局幸甚。伫候电示，韩国钧叩。真。印。

〔北洋政府内务部档案〕

35 张宗昌表示无督苏之意通电

（1925年2月15日）

各部院、各省军民长官、各公团、京津沪汉并各埠各报馆同鉴：

自齐燮元潜师再起，反抗中央，扰乱大局，宗昌投鞭渡江，旬日平之，邦人君子，谬采虚声，推奖其戡乱，有神速之长。即誉其治军，有严明之象。而督苏之说，亦遂见于报章，腾诸人口，初尚以为一时揣测之词，久而自息，何须置辨，不意近日遐迩喧传，更复甚嚣尘上，是不可无一言以明之。宗昌此次奉命南下，于嘉帅只知竭其拥护之诚，于个人只知竭其服从之责。本此二义，期以贯彻嘉帅，国家元老军界灵魂，坐镇金陵，允孚众望。宗昌区区之见，嘉帅一日在苏，则拥护服从之心，一日不容稍懈。果能军事收束，国事平定，更愿解甲归田，承欢庭闱，藉遂平日养亲之志。抑或率师回奉，专意训练，冀达将来对外之图。否则嘉帅一日离苏，亦惟有相随以行，不知其他。总之，嘉帅留苏，宗昌或当与之俱留，嘉帅去苏，宗昌定当与之同去。我镇威上将军教宗昌者原如此，宗昌所以自处者，亦若是也。谨披肝胆，愿共鉴察。张宗昌。咸。

〔北洋政府内务部档案〕

36 卢永祥再倡废督并拟定凡驻苏国军一律调赴国军区域等情致段祺瑞电

(1925年2月27日)

执政钧鉴：窃永祥忧患余生，饱经世变。曩者以邦家不造，纪纲全沦，躬冒万艰，忍痛誓志，反此不得已而用兵，当为天下人所谅。今日大难已平，有罪窜散，正宜及时布惠，上昭天和，与民休息，若非有心黩武，谁敢再言兴戎，贻青史羞，为邦人辱。夫立予共和政体之下土地，既非可自私欲，措东南大局之安，人民宜感以真意。废督之议，创之久矣。上既惮而莫敢为下，遂锲而不忍舍。独永祥以一日不废督，则一日不能息兵。废督以前，大要者有二，曰定军制，曰划军区。然此非一省之事也。有一省以倡之，中央鼓其激昂之气，推之邻省焉，推之全国焉，则事无不举矣。就苏言，暂以徐州一带，定为国军区域，大江以南，永不再驻国军，凡驻苏国军，一律调赴国军区域，悉听中央指挥，饷由部给，不干省政。苏省故有师旅，酌量苏之财力，均另行改编，归省长节制。循此定规，垂为成例。江苏军务善后督办一职，即请迅颁明令，永远废除，为各省倡，并请开去永祥宣抚使，以资结束。抑永祥尤有言者，苏之江南五属，多与浙毗，浙省之事，非永祥所敢越俎。顾考之史书，五代干戈之际，江浙交会之区，独以钱武肃之力，休养生息，涵煦于百年。永祥在浙，与浙人相处最久，今又谬官苏地，习知江浙人民，互相亲善，士大夫夙敦礼让，譬诸兄弟和乐，且湛惴惴外侮之来，是可悼也。且江浙同隶㥄幪之中，皆为富庶之区。国家元气之所在，似宜并筹永久安宁之策。拟请执政迅令浙省，同时将国军调赴国防规定区域，不得仍驻江浙毗连境壤，并将军务善后事宜，悉听中央主持，以示廓然大公之意。自兹以往，吴越联为一家，兵甲于以长息，既可为行省自治之模范，亦以贯中立不倚之精神。俾废督以后，再有凭籍土地，肆意妄行，而无所顾恤者，政府仍得执法，以继其后。而两省人民亦以待以公敌，竭其力以自卫，长保其和平之局，且激昂之气，偏于全国，多有取法者焉。永祥退为齐民，躬观郅治，所以报我执政与报我患难相共之朋友者，固在此而不在彼也。昔陆贽有言：惟忠恕易地之情，休至公徇国之意。苏轼有言：天下之患，无常处也。就其所出而从之，则可久，而无忧。永祥不敏，窃愿我执政俯察愚忱，毅然独断，立予令准施行，无任迫切待命之至。伏乞垂鉴。训示祗遵。卢永祥谨叩。感。印。

奉批：军部厅同议之。

〔北洋临时执政府档案〕

37 穆藕初请撤退驻无锡奉军以恢复工商营业致段祺瑞呈

（1925年2月）

呈为无锡叠受兵劫，育蚕期迫，恳请撤退驻兵，以安良民，而裕税源事：窃维江苏富饶，甲于全国，年来各县改良蚕桑，发展实业，为国家开辟富源者莫无锡。若无锡水陆交通，户口虽仅达壹百二十万，而工厂密布，商业辐辏，论工则纱厂、丝厂、面粉厂、砖米厂、肥皂厂等有八十二家，工人十五万人，间接恃工厂以生活者倍之。论商则全国对外贸易之丝，大都出产于是。全省人民日用之米，大都荟萃于是。每年贡输于国家之税额，达壹百十余万两，丁漕尚不在内，如此财赋之区，政府宜保护之，培养之，不但以裕税源，藉舒正供，并可于商业上对外竞争，增进国家地位。自齐氏称兵东南，无锡搜括一空。迨齐氏两次构衅，兵无斗志，而无锡受灾独重，数十年经营渗淡之商场，悉成瓦砾，血汗所得之资财，尽付东流。盖自无锡车站至城垣，及城垣周围三十里之内，莫不被劫。且有连劫七八次之多者，其焚掠奸杀，视洪杨为尤甚。齐氏去而奉军来，驻守之兵，纪律虽较佳，而言语不通，军士日用所需，不能不稍稍取给于此，少数下级兵丁，又难免不无轨外举动。故全邑人民，除老弱男子外，仍流连在外，莫敢还乡。溯自一月十八日，齐氏祸锡，迄今一月有余，全邑工厂商场，完全停顿，而人民之颠沛流连于境外者，欲归不得，欲留亦不得，困顿情形，笔难宣达。时当春令，育蚕期近，苟失其时，则三千万之富源，全邑人民于一岁中，日用所需之仰给于是者，又将完全损失。果尔则不特人民皆成饿莩，而国家百余万之税额丁漕，亦将无着。为特迫切陈词，务恳执政，本慈祥之念，拯救苏民，迅饬该奉军长官，速将驻锡军队，悉数调回。如有军事上万不得已，亦请调开，至少距离城垣二十里以外，倘车站重要，不得不妥为布置，可酌留兵士一二排驻站供职。如此于军事民情，两无不便，则人民安，而工商恢复，国税裕，而正供无亏。湘玥甫自南来，目击情形，不敢安于缄默，用特缕述详情，呈请钧鉴。伏乞指令批示祇遵。谨呈

执政

善后会议经济专门委员　穆湘玥谨呈

中华民国十四年二月

〔北洋临时执政府档案〕

38 上海总商会欢迎卢永祥废督撤销宣抚及苏省驻军划区供应等情致段祺瑞电

(1925年3月2日)

北京段执政钧鉴：顷于报端，获读卢宣抚上钧座电文，请撤销宣抚及江苏军务善后督办等职，驻苏国军调赴徐州一带，饷由部给，不干省政，苏省固有师旅，酌量财力另行改编，归省长节制，等语。循诵再三，窃叹为今日苏省起死回生之良剂，凡在人民，无不欢迎鼓舞，群颂贤明。顾嘉谟入告，权在疆吏，而大计主持，端由政府，惟恐堂高帘远，未悉实情，或有犹豫，用敢以今日苏省百孔千疮之情形，再渎清听。查苏省自上年两次用兵以来，国库省库，积亏近三千余万，不独地方公款挪借一空，而各县商会，垫用之款，闻每县亦均在十万以上。苏省原有军队，除第二、第六、第十九师等，相继溃散以外，现尚存有四师四旅之多，而宣抚第一军南来之五旅三团，尚不在内。近以省库罗掘一空，饷糈无著，乃议加征津浦特别货捐，续抽淞沪房租，商民呼吁，迭见报端，迄今尚未解决。苏省军警两费，战前为一千一百余万，合全省收入四分之三，今则据闻军费一项，已将及一千三百余万。不独其他行政经费，丝毫无着，即最关重要之淞沪警饷，数月以来，亦均由地方设法筹垫。以言财政，既濒于绝境，以言民力，更元气大伤。苏省去年两次战争，均在苏松常太境内，为全省最繁富之区，无锡工商之盛，亚于上海，江阴以厂布著名，机织之盛，与直隶高阳伯仲，此次均被齐军劫掠一空，菁华已竭。沪宁铁道沿线，向除宁镇苏三埠，驻有军队外，其余各处人民，类皆耕凿相安，毕生未见金革。今则东自昆山，西至无锡、武进，大军云集，兵民杂处，虽长官尚能约束其部曲，然军需征发，既不免涉及地方。而江以南，民风柔弱，鉴于两次之兵祸，尤不免群相惊疑，迄今流亡在外，未敢回里者，比比皆是。各处商店，虽以官长之劝告，勉为复业，类皆虚有，其表一落千丈，商民蹙额相告，咸谓不知何日，方能昭苏。长此因仍，非特人民田园荒芜，生计萧条，而公家税收，亦将益见短绌。总之苏省现时纷乱，凋敝情形，为民国十四年来所仅见。非将国军移驻相当防地，苏省原有军队，力谋收束，则人民无复业之机，财政无整理之望，虽以管乐之才，主持苏政，亦复无从措手。本会忝为法团，人民疾苦，苏省症结，未敢壅于上闻。江浙接壤，情形相同，卢宣抚所谓吴越联为一家之言，尤为两省人民日夕祈祷之事。应请钧座，查照原电，迅予核准施行。庶几顽廉懦立，推之各省施行尽利。上海总商会叩。冬。

中华民国十四年三月二号自上海发

〔北洋临时执政府档案〕

39 上海总商会请收回英法工部局所缴华军枪械拨归商团代电

（1925年3月3日）

北京内务部钧鉴：上海自本年一月间战事发生以后，溃散军队，分向英法两租界，缴械收容，计数达万余人之多，此项枪械，均由英法两工部局，暂予保管。惟本埠自迭遭兵事以来，人民为自卫计，迭经依照地方保卫团条例，于南市闸北及各乡镇相继筹设保卫团，一面并拟根据民六颁布之商团组织大纲，将旧有商团次第恢复，而枪械缺乏，捍卫无资，实为最大困难。窃思上海商埠，永不驻兵，已奉明令，则此后人民自卫之□□不□□□□□□□□□□□拟请钧部咨商外交部向使团交涉，如数索回转交商会承领，为拨充商团保卫团防操之用，如有余存，并再分给上海各乡镇保卫团，庶几兵气潜销，自卫有资。而外人方面，以此立论交涉，亦易于就范。除已请宣抚第一军张军长转陈外，谨再电呈。即请察核示遵。上海总商会叩。江。

〔北洋政府内务部档案〕

40 江苏兵灾各县善后会请求筹款赔偿江浙战争遭受兵祸损失致执政府呈

（1925年3月24日）

呈为请求筹款赔偿兵祸损失事：窃维政体变更，揭橥民国，民为主体，确定于约法，第一条：故民国政府之设施，当然以民意为根据，苟有所违，反不论功罪，对于主体之人民，均负完全责任，无可疑也。江浙战事，酝酿有时，两省人民，奔走呼号，以求和平者，无时或息，而烽火之警，自去秋至今，迄未少休。人民生命之牺牲，财产之损失，不知凡几。考其致此牺牲损失者，均为国家吸收民富以豢养之军队。夫人民之愿尽租税义务，为国家养兵者，将以御外侮也。今外侮日亟，低首以迎之，而出死力以从事者，惟荼毒人民之是务，以德报怨，至于如此，政府宁能稍诿其责。故希涛等，本去秋以来，被兵损失，各县人民之公意，请求政府，对于去秋以来，人民之兵事损失，一律予以赔偿，以实践民为主体之法文，而为将来施政之鉴戒。查去秋兵事开始迄今，受灾者计嘉定、宝山、昆山、宜兴、上海、松江、青浦、金山、奉贤、江阴、无锡、武进、丹阳、常熟、丹徒、吴江、吴县等十八县，均为江苏财富之地，所有损失大概情形，就省长公署，委托东南大学教授，组织调查团，到地切实调查，刊有报告之。嘉定、宝山、太仓、昆山、宜兴、上海、松江、青浦、金山、奉贤等十县，为去年九十月间，齐燮元军队所蹂躏，而损失者约计六千万元有奇。其次则陈乐山部，张允明部所蹂躏者，计松江、上海、青浦、嘉定四县。次则江阴、武进、丹阳、丹徒、无锡、常熟六县，为本年一月齐燮元叛军所蹂躏。又次则吴县、吴江，为秦洸部队所骚扰。此三次之灾，况尚未调查清楚，约而计之，人民损失当在五千万元左右，合计自齐燮元部队出动，以迄于今，江苏人民之有形损失，必不弱于壹万万元。所有详细清册，现正分县按户调查，尚未蒇事，谨举约数，为政府筹款赔偿之标准，伏乞鉴察。至筹款之途，权在政府，希涛等暨被灾十八县人民，本无越俎代筹之责。惟自顾邦本之古训，默念主体之地位，不得不就人民希望之公点，为吾政府陈之。查齐燮元为肇祸首魁，政府已有没收财产之令，然未切实从事，殊不足以昭示公信，颇闻齐燮元在原籍宁河地方，置有巨大地产，天津、北京、上海各银行，均有巨大存款，其各地股分公司，合资公司中，均有巨大股分，在农商部主管公司董事名簿中有可稽考，应请迅令各地机关，切实调查，一体没收，以供赔偿赈恤之用。灾地人民，希望有着之款。此其一。被灾各县，无辜被祸，计算损失，虽五十年不能回复，而赋税之输纳如故。是政府既纵军队，夺人民快乐之生命，而更将压迫其劫余之生命也。于理当免除之，以休养民力。顾被灾各县人民，以为免除赋税，病在不均。拟恳仍按各年丰欠情形，分别征收，将被灾各县之忙漕，属于国税部者，一律截留汇交省政府掌管，按照受灾轻重，审定分率，按年分赔，以十年为度，比实人民自救，而非政府之殊恩也。灾地人民，所希望有着之款，此其二。交通附税，权自我操，海关附损法须协议。然使政府有顾念主体人民之诚意，一面将交通附税延长若干年，一面切商通商各国，继续附损，使人民之生计，得以稍裕，则购买力加增，商务因之而盛，亦非绝对不可能者。伏愿政府切实交涉，连同交通附税，均以江苏境内所得者为限，逐年交付省政府管理，按率分偿，以若干年为度。灾地人民，所希望有着之款，此其三。总之，此次战争，经人民呼吁，经年而不得达其目的，肇祸当事者，又为政府之官吏，其军队为国民脂膏所蓄养，则人民既遭反噬，政府不能不负赔偿之责。愿政府重为注意，切实施行，以慰民望。况战事所损害外人财产生命，政府万不能不切实赔偿，则本国人民之损失，更不可避充分之赔偿。而为少数之赈恤，重外轻内，国乃不国，比理至明，愿政府参照而反省焉。兹推毛祖模，蒋乃曾赴京吁请，伏恳鉴核施行。不胜激切待命之至。谨呈

执政府

具呈江苏兵灾各县善后联合会主任　袁希涛

副主任　李锺珏

陈陶遗

中华民国十四年三月二十四日

〔北洋临时执政府档案〕

41 叶恭绰等关于驻沪奉军与海军包运烟土内哄要求驻沪军队一律撤出等情函电

(1925年5月8日—6月13日)

(1) 叶恭绰等致张树元函(5月8日)

少卿仁兄大鉴：顷接上海来电，特抄请察阅。专此并颂公绥

叶恭绰
郑洪年　拜启　五月八日

照抄上海电政监督孙绳武来电

○密。此间金融界得津电讯，谓张、冯备战甚急。日内即将发动，因之各项债券暴跌，真相如何，乞电示为祷。又沪上海、陆军近因包运烟土，暗潮甚烈。前夜浏河烟船被劫，伤多人。昨晚海筹泊高昌庙，亦被袭击，一时机枪大炮声闻全埠。今日沪南一带戒备极严。闻其内幕，系有大批印土进口，存于海军医院，而陆军护送者则被邀截，因起内閧，现仍相持。谨闻。绳武叩。虞。

(2) 上海县议事会致段祺瑞呈文(5月12日)

呈为吁请海陆军，一律退出沪境，以遏乱源，而符法令事：案查沪地永不驻兵，煌煌明令，中外咸钦。按驻兵两字，原无分海陆，嗣后南京海军司令部，有移沪之说，本会迭请制止，以期顾全中央威信，而保全地方安全，履霜坚冰，懔之于渐。彼时地方各法团，同声响应，一致呼吁，讵该司令部不顾民意，贸然移沪。至陆军方面，虽

撤退大部份，而尚有司令部、军法处、稽查处等之设置，用意何居，固均非局外人所能揣测。弁髦法令，莫甚于此。本月六日晚，海容舰开炮轰击海关差遣船经明号，船身受一大洞。九日晚，通济舰开炮射击亚西亚煤公司汽油船德黎斯号，枪炮并发，至二百余响，中伤英人劳逊霍尔腿部，引起交涉事。虽误会命意，究在何处。而浏河方面，又发生客民劫土，致被陆军枪毙二命，抚恤了事。蛛丝马迹，饶有意味可寻。况近日沪南忽发现土行二十余家，公然贩卖，官厅非但不加禁查，且有军警从中包庇。上海总商会等六十七团，业经电请根据前令办理在案，群情愤激，可见一斑。揆厥烟土来源，无非由吴淞、浏河两海口输入。海关所以不能顾问者，护符所在，尽人皆知。即去年战祸，世人共目为鸦片战争。烟土不除，沪难未已。故欲求禁吸，必先禁卖。欲求禁卖，必先禁运。大批公运，谁能禁阻，分肥不匀，械斗随之，沪地宁有安靖日耶。又查本月十一日报载：北京电使团谓，应依苏绅请不驻舰，鸦片自较少等语。冷嘲热讽，可谓深悉沪地情形。总之，沪地驻兵，实为禁烟之大梗。本会为地方代表民意机关，耳目切近，讵忍缄默，为敢据情备文，吁请钧座，令出维行，电饬所有海陆军，一律退出沪境。所以遏乱源者在此，所以符法令者在此，所以为禁烟根本计划者亦在此。伏乞批准，迅予施行，实为德便。谨呈

总执政段

上海县议事会

中华民国十四年五月十二日

(3) 何丰林致张树元密电(5月31日)

北京执政府军务厅张厅长鉴：茂密。日昨第一军第二十八旅旅长程国瑞，由济南奉张宗昌军长命令来沪查办案件，于昨日上午十时在闸北第一军驻沪司令部会议，在座为程旅长暨军务处长李奎元，军实处长袁致和三人，关防甚密。不知因何冲突，发生开枪轰

击情事，袁受伤甚重，李负伤坠楼殒命，程越窗而出，腿部受伤，当时各人卫兵在外，闻警开枪互击，秩序甚乱，地方恐慌，军警立时戒严。至今晨人心稍定，究竟系何原因，外间尚未得其真相。事关重大，特电奉闻。又昨日下午公共租界，因各学堂学生游行演讲，散发传单，巡捕制止，不服，当场逮捕少数学生，余众蜂集捕房门首哄闹，加以流氓小工浑杂其间，秩序大乱，捕房开枪示威，击毙数人，伤十数人，风潮扩大，现正由官厅向领团交涉。传闻暗中有人鼓吹，意将罢市罢工，能否消弭，尚不可知。并以奉闻。何丰林。卅一。印。

〔北洋政府执政府档案〕

（4）内务部致陆军部公函稿（6月13日）

内务部公函

迳启者，准江苏省长代电称：据上海闸北地方自治筹备会暨闸北各公团卅代电称：驻沪第一军司令部办公处，于卅日下午一时开军务会议，不知何故，致生误会，持枪冲突。闻军法处长袁育生、二十八旅旅长程国瑞均受伤，军务处长李奎元因伤致命。当时办公处秩序凌乱，商民震惊，地方秩序，幸经当地警察及闸北保卫团协同弹压，旋即安宁。查沪埠近来军警冲突，屡见报载。地方人民，自去年兵燹以还，畏兵如虎，惊弓之鸟，何堪再受虚惊。今幸大局安宁，已无驻兵之必要。为此，电请令行驻沪军队，开拔离沪，上副执政、永不驻兵之意。再淞沪市政条例，已经阁议通过，群盼市政督办，即日莅沪就职，以副众望，则地方幸甚，人民幸甚等情。请贵部转商市政督办，查照办理。并希见复。等因到部。正核办间，又据上海闸北地方自治筹备会等代电，呈同前情。查军队开拔问题，事属贵部、陆军部主管，除分函淞沪市区督办、陆军部并电复外，相应函达贵部、贵督办查照核办迳复，并希将办理情形，知照过部，以资接洽。此致

陆军部
淞沪市区督办

内务部印

中华民国十四年六月十三日

〔北洋政府内务部档案〕

42 卢永祥关于段祺瑞准予辞去苏皖宣抚使兼江苏军务善后事宜通电

（1925年8月11日）

北京各部院、各省各军民长官鉴：永祥前以病体难膺烦剧，迭电呈请辞职。江日，奉执政电令：苏皖宣抚使兼办江苏军务善后事宜卢永祥，迭呈因病，恳请辞职。该宣抚使久镇东南，舆情爱戴，上年赞襄国是，尤著勋勤，当国家多事之秋，岂老成洁身之日。惟既据呈称，病体难支，自应暂予节劳，以事静养，所有江苏军务善后事宜，已有令郑谦着暂兼办，尚望安心调治，用资倚畀等因。奉此。兹遵于八月十一日将兼办江苏军务善后事宜印信文卷，移交省署接收，除呈报并通告外，特电查照。卢永祥。真。印。

〔北洋政府执政府档案〕

43 姜登选为奉浙之战日迫请孙传芳力主息争归和通电

（1925年10月17日）

万急。北京各部院、各省区督办、省长、都统、护军使、各路司令均鉴：现因江浙战争迫于眉睫，迭以公谊私交之关系，特电浙江孙督办，力主调停，以息战事而归和平，今特录呈，敬希鉴察。其电文曰：曩在徐州，辱蒙遣使远来存问，并以时局方针，垂询下走，弟曾掬诚相告，共策和平。自弟移皖抵蚌以后，又复信使往还，重伸此义，方冀东南半壁，兵气暂消，匕鬯不惊，与民苏息。不意近数日中，道路流言，苏浙战起，车马征发，濠堑布置，风声所播，草木皆兵，商市停顿，居民惊徙，去冬现象，复见于今。窃意一年以来，中央政局，略觉安然，各省情形，亦皆自理。其在中央各省间，以及各省相互间如有隔膜情事发生，皆可疏通情感，讨论方法，以期归入和平之途，庶几各地人民不致年年苦于兵燹，若夫无正当之名义与不得已之事实，而动执兵弭以周旋于战场，不特中外舆论讥为黩武，即吾人自返天良，果以何因，而必如此。今以苏浙近事而论，苏督杨君决不犯浙，弟所深知，亦曾奉函告之执事，彼此皆有同学，并无相煎太急之情。而必一逞干戈，以争胜负，弟以和平为旨，深觉此义不安，即弟为执事计，舍浙图苏未必遽为得计。今事势已急矣，非空论所能挽回，惟以公谊私交，不能不一尽其忠告。传闻执事调动军旅，意在秋操，如其果然，实为大局之幸，极望宣布宗旨，以安人心。设或对苏真有何种问题，未能谅解，则乞我公明白于示弟，如可以尽力，必当力与调停，总期东南人民不罹战祸，区区之心，惟祈谅察，临电不胜迫切待命之至。弟姜登选。洽。云云。姜登选篠。印。

〔北洋临时执政府档案〕

44 江苏陆军第一师师长白宝山等为响应浙军会师浦镇驱逐奉军通电

（1925年10月17日）

北京段执政钧鉴：各省军民长官、各法团、各报馆、暨全国父老兄弟均鉴：上年江浙之役，为统一苏省，收复淞沪，不得已而用兵。张作霖乘变兴戎，图扰大局。冯焕帅悯民涂炭，中止战争。而奉方早誓兵不入关，夕即袭取津保，背义灭信，误国殃民，直鲁两省，首遭荼毒。以直鲁灾祲之余，陡增驻兵十数万，而反勒索横征，储之奉库，时未一年，数逾千万。欲竭各省之财产，征服各省之用，凡此事实，举国咸知。宝山等为国除暴，早有同情，只以我苏战后，元气已伤，仅能自固吾圉，久宜宁人息事。乃奉方视为征服之地，戍兵沪宁，肆行无忌，贩鸦片，造伪币，纵兵焚劫，勒索绅富，种种秽德，罄竹难书。近复苏皖易督，津浦增兵，并探悉以苏产押外款三百万元，谋复上海兵工厂。又向某国购械十五万支，以驻防各省奉军，取缔人民抵制某国商货为条件。如此悖谬，岂独祸苏，直欲亡国，虺将成蛇，难再坐视。宝山等保国卫民，责职所在。兹已响应浙军，会师浦镇，驱逐奉军，沪浦路线，旦夕肃清。已电恳吴玉帅、孙馨帅主持大计，全苏将士愿听指挥，并请同志诸帅，分途进剿，直捣胡巢。大寇不除，国难未已，全国志士，盍共图之。江苏第一师长白宝山、第三师师长马玉仁、第四师师长陈调元、第十师师长郑俊彦、江宁镇守使朱熙、通海镇守使七十六旅旅长张仁奎、第一旅旅长杨赓和、第二旅旅长朱启佑率全体官兵同叩。篠。

〔北洋临时执政府档案〕

45 军长谢鸿勋击溃奉军占领镇江电①

（1925年10月19日）

吴玉帅、冯督办等等均鉴：敝军前卫第二支队王团长咨和，于皓日午前六时行抵镇江南方，与敌军约二千人接触。敌军沿山扼守，顽强格抗。我军猛攻，敌死守不退，迄十一时十分，我军第四支队王团长廷栋，率部到达，抄袭敌军右后，将敌包围，敌势摇动，喊声大震，全线冲锋，大部被俘缴械，小部向四乡溃窜，遂于午后卅分，完全占领镇江。是役毙敌二百余名，俘掳约千人，缴枪九百余支，机枪三架，迫击炮十余尊，军用品无数。前已饬我第二、四支队，向南京进击前进。除报敝总司令外，谨电以闻。军长谢鸿勋叩。皓。

〔北洋临时执政府档案〕

---

① 此系执政府军务处长张树元抄呈段祺瑞电文。

46 郑俊彦等关于解除南京奉军武装及杨宇霆郑谦潜逃暂由陈调元维持秩序等情通电

(1925年10月19日)

各省军民长官、各法团、各报馆均鉴：奉军入关，肆行无忌，普天同愤，苏军各将领，义愤填胸，忍无可忍，前经宣布奉张罪状，通电声讨，以示决心。调元、俊彦属在行间，为国前驱，义无反顾。兹于本月十九日，督率本军将士，同举义旗，立将驻屯省城奉军第八师部队全数解除武装，暂为收容，分别遣散。其由溧水一带退九〔却〕之八师残部，业经派队追击，悉予解散。同时有奉军第二十师部队，由镇水退至下关，并分往浦口，当经我军分头堵截，一律缴械。其沿津浦路线窜至乌衣之兵车数列，被我驻扎该处之徐团预将铁道拆毁，敌即下车顽强抵抗，经我军猛烈痛击，敌势不支，向后溃退，适派出江北之追击队孙团赶到，前后夹击，歼灭殆尽。是役也，计各路解散奉军共为两师，夺获枪枝子弹军用物品以及马匹等件无算，并俘虏八师长丁喜春，旅长田得胜，及参谋长、营长等十余员，官兵一万余名。杨宇霆当即逃出无踪，闻系化装潜乘外舰东去，郑谦亦弃职，不知去向。军民两长皆无下落，省垣无主，调元以地方各法团及商民之请求，暂任维持秩序。现在地方安堵，商市如常，街谈巷议，佥以公敌已去为快，人心所向，天意可知。敬述颠末，惟希公鉴。陈调元、郑俊彦叩。皓。

〔北洋临时执政府档案〕

47 鄂赣等省督军响应孙传芳声讨张作霖通电

(1925年10月19日—22日)

(1) 鄂督肖耀南等通电(10月19日)

北京段执政钧鉴：各部院、岳州吴玉帅、张家口冯督办、杭州孙督办、夏省长、开封岳督办、西安孙督办、太原阎督办、福州周督办、海州白护军使、清江马护军使、南昌方督办、九江邓督办、宜兴卢司令、长沙赵省长、重庆袁督办、王督办、周会办、四川刘督办、赖省长、贵阳彭省长、各省军民长官、各法团、各报馆均鉴：民国以来，国内多事，我湖北地方，当南北之冲。要居长江之上游，上以捍卫国家，下以维持地方，几经辛苦艰难，始获有暂安之一日。耀南抱保境安民之志愿，亦惟各省安宁则鄂省安，各省危则鄂省危，竞竞此心，数年以来，总期贯彻宗旨。不意天不厌乱，奉天张作霖以侵略之野心，蓄并吞之异志，读孙督办铣日通电，凡有血气，莫不寒心。孙督办通电大旨，祈永久之和平，去一人之祸首。耀南复电，亦以彼方果能洗心悔罪，自应通电输诚。乃近接报告，奉方军队，阳示退让之名，阴图扰乱之实，将以纵横鲁豫，侵及鄂疆，国贼不除，鄂将不保。迭据武昌首义地方绅民呈请，倡义戡乱，耀南服从民意，职责所关。窃维吾鄂为首义之邦，国体改建共和，牺牲无数军士，无数民命，无数金钱，无数商业，始速成今日之中华民国。张作霖有帝制之思想，藉复辟为先图，密谋之金梁之官，奉省金张同谋之说，京师早已播传。以张作霖今日之所为，俨然挟天子令诸侯，大有暴秦始皇之大志。国体之危，势如累卵，以保全国体论，鄂省当视为仇雠，以保全湖北论，鄂省更不能坐毙。用是简拔军队，誓定中原，驱胡人之乱华，保义邦之令誉，兴师讨贼，保国保家，祸迫燃眉，义无可诿。伏乞全国公鉴，不胜翘企之至。肖耀南谨率全省将领同叩。皓。印。

(2) 赣督方本仁等通电（10月21日）

南昌发。北京段执政、各部院、汉口吴玉帅、张家口冯督办、南京孙督办、陈帮办、郑师长、杭州夏省长、武昌肖督办、开封岳督办、西安孙督办、太原阎督办、福州周督办、海州白护军使、清江马护军使、宜兴卢司令、芜湖王镇守使、颍州华司令、蚌埠採投倪司令、马司令、高司令、长沙赵省长、重庆袁督办、王督办、周会办、成都刘督办、赖省长、桂阳彭省长、各省军民长官、各总商会、各法团、各报馆均鉴：国步多艰，灾祲洊至，本仁等悯倒悬喀容解，鉴黩武之非宜，方期洗我甲兵，救民水火，乃前准孙督办、夏省长、周督办铣日通电：奉张攘利夺权，视江南为私有，违上海永不驻兵之令，中五州驻沪，破坏和平之局，遂其狡逞之心是用，率我傥师，惟祸首张作霖一人之是讨。顷又准肖督办皓日通电：奉张以侵略之野心，蓄并吞之异志，阳示退让之名，阴图扰乱之实，将以纵横鲁豫，侵及鄂疆，国贼不除，鄂将不保，用是简拔军队，暂定中原，驱胡人之乱华，保义邦之令誉，各等语。查张鲸吞江表，蚕食中原，纵横爪牙，行气敌忾同仇。况长江绾毂沪、汉，屏蔽东南，赣省属长江之中枢，与沪汉同休戚，沪汉如被奉张攘夺，是长江上下莽为盗区，不惟赣省有不保之虞，即大局亦不免破裂之患，本仁等乏争权攘利之心，有守土卫国之责，为赣省计，为大局计，为整六师共张挞伐，暂当巩固长江，保持大局，平元济以削同藩，去庆父以纾鲁难，务使重鲵焰息，江海波澄，靖祸变于目前，谋和平于永久，邦人君子，幸鉴区区。方本仁、李定魁同叩。马。印。

(3) 肖耀南通电(10月22日)

急。北京各部院、汉口吴玉帅、张家口冯督办，上海、无锡探投孙督办、杭州陈省长、开封岳督办、西安孙督办、太原阎督办、海州白护军使、清江浦马护军使、南京陈帮办、郑省长、宜兴卢司令、南宁方督办、九江邓镇守使、长沙赵省长、重庆袁督办、刘督办、王督办、周会办、成都刘督办、赖省长、贵阳彭省长、各省军民长官、各总司令、各护军使、各镇守使、各师旅长、各省议会、各商会、各法团、各报馆均鉴：顷上执政一电，文曰：顷由赴府秘书厅电传巧日明谕。伏读之下，仰见钧座，眷念和平，深惧兵祸，仁言利溥，钦服莫名。耀南服务乡邦，亦惟保境安民，始终抱定宗旨，惟地方与国家，相维相系，无国家何有地方。自张作霖率师入关以来，其始伪以听命中央为名，其继遂行挟持政府之实，终乃威胁政府。凡钧座之所设施，几无一不出之奉军挟成，京内任用文武官吏，亦无一不求之奉方同意。即质之政府，亦复无可讳言。我执政渊量海涵，要惟是默化潜移，希望强藩之敛迹。乃不意该张作霖者，蓄有异志，以胡兵匪兵布满宇内，自榆关以西，由津浦以至宁沪，驻军之地若滦州、若大名、若天津、若南京、若上海，统兵之将，若赵思臻、若李奕铠、若郭松龄、若张学良、若丁吉春、若邢士廉，如火如荼，大有席卷幽燕征服东南之势。又于直、鲁、苏、皖四大省，安置四大将帅，以统握黄河南北及扬子江中心之全权，中央几等衰周，奉张直同秦政，并吞六国，入主中原，以钧座之天聪，未必不窥其大志，只以中央威信日替，渐至君侧包围，纵性天骄，欺蒙孱弱。更至天津海口潜行封锁，运输器械，藉端扣留。乃如冯督办西北开垦之远谋，亦为其强横而制止。以冯督之良友，尚为其寒盟。以钧座之宽恩，尚为其胁迫。宜其视各省若属地，渺国军如土苴。凡隶奉军旗帜，可以全国自由驻扎，无防地无界线，囊括四海，谈者谓其有帝制思想，将以辽东王复效胡人，故智非苛论也。夫我执政为中华民国之元勋，再造共和，大有功于国家者也。东山再起，志在救民。兹以直鲁两省之现状言之，且承张作霖之意旨，搜括民财，暴厉恣睢，无所不至，鄂省远在楚疆，初犹不以传言为信也。乃阅孙督办铣电及其布告，乃叹张作霖残民以逞，驱策属吏，竟有如斯其甚者，中央近畿宁有不闻惩罚之条，特有畏惧。我执政慈悲在抱，视民如伤，使召直鲁两省之民，而询其疾苦；恐扶老携幼、叩九阍而哀号者，在执政闻之，亦必潸然下泪，而有不安于宵旰者也。耀南以巩固中央之苦心，矢保守义邦之素志，若如张作霖者，任意侵略，破坏共和，与其羽翼长成，贻钧座他日之追悔，曷若燎原，预戢表联省卫国之同心，惟佳兵总属不祥，非各省之本志，一言可以九鼎，在钧命之转移。伏读传电，已令迅撤回防等谕。窃惟奉军之防在关外也，不在关内也，电谕又谓统其将吏，慎守疆土。奉军之疆土在东三省也，不在黄河南北与扬子江中心也。应请本巧日传谕之宗旨，明令撤兵，各回原防；榆关以内，所驻军队，直辖张作霖者，俱退关外，一卒不遗。其直鲁两省人民所受痛苦，准其控诉，有官守者，依法惩治。国威一振，民怨屈申，国体不摇，兵祸自灭。耀南身膺军职，捍卫国家，有所知不敢不言，有所言不敢不尽，刍荛之献，实本良心弭乱之方，要惟讨贼出师之意。一则为国家伸其军威，一则为地方严其防务。正系仰体电谕，不使好乱之徒逞机起事，邦家多难，矢志澄清。在鄂各将领，戮力同心，要惟一国安、则一省安，一国危、则一省危，与耀南之保境安民不肯稍渝其初志，此又耀南暨各将领等所应抒诚上达，而惟冀我执政有以洞察者也。伏乞抒南顾之廑，念中央之大信。迅颁明令，以安军心。大局所关，间不容发。乾纲独断，立召庥和，不胜惶惑，冒渎翘企待命之至云云。于养日译发。伏乞公鉴赐教是祷。肖耀南叩。养。印。

〔北洋临时执政府档案〕

48 徐树铮主张杨宇霆不宜督苏并指出若一意南图必有大乱不可收拾通电

（1925年10月22日）

北京执政钧鉴：各院部、署、厅、监、各省省长、省议会、总司令、督办、督理、督军、都统、京津沪汉各报馆鉴：顷致奉天王省长一电文曰：王省长岷源：(甲)盛京总参议邻葛兄鉴：昨致雨帅巧电，谅经台阅。顷思此事，源委由邻葛督苏而起，邻葛向来盛气，必不甘罢，但年来事局曲直，得与天下论之，请邻兄平气听之。去岁邻兄辅助雨帅，与曹、吴为敌，声明拥段。弟以合肥，国家人望，当戴之以为国行政，不当拥为己私，易此者必败，即幸而胜，其祸尤巨。曾与雨帅切言之。邻兄视听之，岷源兄可证。弟到津又向合肥痛陈，故事起之初，合肥并无一言，嗣见奉军危急，始稍露袒奉语气。榆关之役，使冯焕章兄坐视不动，则奉军作战结局，诚不忍言。事后论功论私，当奉应如何酬报，乃毫未位置，俾无驻足之区，准情酌理，岂可谓平。后此焕章移扎，兄乃志得意满，遇事凭陵。凡有要求到京，则言雨帅，意在必得。到奉则言芝老坚执。弟目睹公文印呈中，有奉张总司令面谕。照办。特此呈报等语。且明令竟施之督军省长，即陆军总长，亦挂奉军第几军名义。兄且以奉军总参议，遥领江苏重镇，试问成何政体，图博雨帅欢心，而不问天下后世，议雨帅为何如人？以雨帅为何如人？以雨帅待兄之厚，而兄辅之。若此爱人以德之谓何？良可叹矣。八月三十日，兄督办令下，京友专电见告，谓如此权利平分，可庆相安。弟复谓正恐不平不安，从此多事，不谓不幸，言中如此之速也。奉省兵力，兄所明知，匪多财困，蹑后有人，千里作战，何以持久。果仍一意南图，不出数月，必有大乱，一旦土崩瓦解，不可收拾。兄纵不为雨帅惜，独不为奉天桑梓计乎。兄今日当为雨帅策万全，不可私逞意气，妄动干戈。江南之地，固不必争，江北之地，亦不必守。宜劝雨帅力持三省，全力修德行义，以待天下之归心。兄不患无开府兼圻之日，正不必急急今日也。岷兄素明大局，不规邻葛之失。责备贤者，不为无咎。鄙言是否，仍请妥商。弟已电请芝老，关涉奉局诸事，务采岷兄意见矣。树铮。养。

（乙）盛京、齐齐哈尔、吉林探投张督办辅臣、吴督办兴权两兄鉴：昨致雨帅巧电，谅经台阅，顷思此事，由邻葛督苏而起，已剖述利害，电邻勿逞意气。三省之事，两兄熟知，若保养全力，以待后图，来日方长，前途无量。倘逞意气，则入于困战，奉军尽失所长，再经挫败，奉事何以善后，大局益无根蒂。两兄素号持重，盼与雨帅妥计之。雨帅为拥戴合肥中坚，奉事即大局之事，故弟不避多言之咎，希并谅察。树铮。养。等语。谨此布闻。伏希赐察。树铮。养。印。

〔北洋临时执政府档案〕

49 讨贼联军总司令吴佩孚发表外交宣言通电①

（1925年10月22日）

急。各省军民长官、各护军使、各镇守使、各师旅长、参众两院、各省省议会、各法团、各公团、各报馆钧鉴：本日发表外交宣言文曰：本总司令此次统率联军讨贼，系为谋我国统一起见，纯属内政范围，对于有约各友邦，从前所定之通商条约，暨已经解决之成案，必特加以尊重。刻在我联军范围以内，各省侨居外人之生命财产，必一律切实保护。在战事期内，深愿各友邦，依据国际不售武器之协议，禁止政府借款之规定，对于我国任何方面，不与以军器及借款之援助。至于关税会议，自出各友邦之盛意，惟须俟诸合法政府成立之后，方能得国民之信任。凡我友邦素笃睦谊，必能主持正义，严守中立，谨此宣言，幸共鉴之。吴佩孚。养。等语。抄将察照。吴佩孚叩。祃。印。

〔北洋临时执政府档案〕

50 赣皖联军总指挥邓如琢关于响应孙传芳声讨张作霖通电

（1925年10月24日）

急。北京段执政、各院部钧鉴：汉口吴联帅、张家口冯焕帅、南京孙联帅、南昌赣皖联军方总司令、杭州周督办、武昌肖督办、开封岳督办、西安孙督办、杭州夏省长、福州周督办、南京陈帮办、郑师长、海州白护军使、清江马护军使，宜兴卢司令、芜湖王镇守使、颍州华司令、蚌埠探投倪司令、马司令、高司令、长沙赵省长、重庆袁督办、王督办、周会办、成都刘督办、赖省长、贵阳彭省长、太原阎督办、各省军民长官、各总司令、各都统、各护军使、各镇守使、各师旅

① 1925年10月21日吴佩孚在汉口就讨逆联军总司令职。

长、各法团、各报馆钧鉴：天祸中国，匪性难驯，封豕长蛇，鲸吞蚕食，有席卷囊括之意，无悔过迁善之心，暴戾恣睢，未有如国贼张作霖之甚者。上年兵戈惨淡，城野萧条，马拥残旗，部曲有招魂之痛，月照白骨，深闺多噩梦之人，稍具天良，应销凶焰。乃野心勃勃，挟执政以令藩封。虎视眈眈，立苏皖而窥赣，遂破坏和平之局。上海驻兵，变更国体之谋，清宫有奏，允称叛逆，咸指神奸，不予剖除，终贻脐患。所幸浙闽苏皖赣联军孙总司令首举义旗，赣皖联军方总司令共匡国难，如琢秣马食士，擐甲服兵，挟经秉武，载裳建鼓，誓平元凶，希光颜重赝之荣，毋忘夫差，雪勾践会稽之耻。敢附群众骥尾，愿为赣皖前驱。指日会师，黎庭扫穴，行看获丑，发腐摧枯，各友军相互提携，实同忧乐，无南北进行一致，以永和平。谨布愚忱，诸希鉴察。赣皖联军总指挥邓如琢叩。敬。印。

〔北洋临时执政府档案〕

51 吴佩孚申罪致讨奉军南侵屠掠直鲁苏皖人民等情通电

(1925年10月24日)

汉口致各省区军民长官、各法团、各报馆、全国国民公鉴：自去岁军兴，佩孚鉴国家之多难，日唯和平统一是望，合肥段公既奋身出任艰巨，用辍关外膺惩之师，息影南服，静观后效，引颈长顾，思睹久安者，于兹一年。乃者张作霖贪天之功，不自戢其兵，既盗直隶，旋攫山东，更为豕蛇，洊食苏皖。奉军所至，贪饕姿〔恣〕虐，种种无状，实建国以来所未有。前为山东礼义之邦，今乃率本国外国土匪数万，号曰军伯，聚而亡之。游骑所栖，则妇女蒙垢，科敛所及，则鸡犬为空。佩孚鲁人也，一年以来，父老子弟从故乡来者，每相见辄觳觫涕泣，戚然不知命在何时。直隶瘠土，重以频年水旱兵燹，生民憔悴已极，奉军所以朘而削之者，一如山东不足，则更在津保各地，或土棍栽赃，或土匪绑票，或厉行搜括，中产之家荡析，贫民委沟壑得尽。江苏东南盛区，上海商业所萃，中外观听于〔焉〕系之。撤兵工厂，永不驻兵，实市民所哀求，亦政府所明令。奉军嘶然不顾，乘虚袭取，其兵又不知纪律，横行都市，遇之者殃，甚至以军官争贩鸦片，戛刃相残，万邦腾笑。最近浦东驻军陡变，长官坐视，莫敢谓何，哀此孑遗，惨巨屠掠。国家养兵以卫国，设官以牧民，今乃假节钺之威，公然行盗贼之事，人纪灭绝，至是而极。去年今日，奉军十余万，今已骤增数十万。近又向某银行借三百万，密谋恢复沪兵工厂。又以全国销货特权，谋购大宗枪械。窥其意、非将直、鲁、江苏之痛苦，敷于天下不止。合肥耄和，事不如志。外之张作霖，恃翊戴之功，恣其劫持，内则安福余孽，藉从亡之劳，擅其威福。中央威信，日益坠弃，政界腥闻，甚于曩时。金佛郎案，昔者通电反对，今乃秘密擅行，出尔反尔，前后若两人。沪汉外交发生，故意延宕，藉固其位。期年以来，政府所入几七千万，其数之巨，为近数年来所未有，挥霍瞬尽，国民瞠然，莫识其用途。政治黑暗之结果，影响及于社会，百业凋零，即以上海一隅，本年损失已及一万万以上。国人皆所喁喁然，原期合肥以统一各省刷新者，至是而希望全绝。夫以中央辜天下之望也。如此奉军，为天下之害也，如彼国人，若偷息坐视，则神州陆沉，其何日之有民，苦兵祸久矣。自非有所万不得已，诚不敢轻劳师众，以惊我父老。况当关税会议召集在途，各友邦方将以亲善诚意，赞助我国政自主，尤不愿于此时有所动作，以启危状。虽然易〔昔〕人有言，螫华在手，壮士断腕，直、鲁、苏、皖诸省倒悬之民，谓非吾昆弟，宁能视其呻吟，垂危而不一拯。况张作霖方张之寇，失今不摧，后且益难为制。关税会议，友邦以好意相助，将来整理财政，将于此发轫。在今政府之下，庶政清浊，用途不明，结果只有以所入，尽充土匪军扩充之用，盖以鱼肉吾民，而塞中外商业进展之路。是则委良贶于草莽、负疚良多，佩乎早作夜思，彷徨累日，以为不忍目前之痛，不足除将来之患，不戡部落之暴，不足图大局之安，既承各省长吏，各军将士，责以议难，忝在戎行，义无反顾。已于十月廿一日雪涕渡江，执鞭弭以随诸将之后，誓歼戎丑，为民请命，其济也、国民之灵与诸将之助不济，则佩孚无所逃罪。敬布腹心，唯普天下爱国恤民之君子共鉴之。吴佩孚叩。敬。印。

〔北洋临时执政府档案〕

52 白宝山等公推吴佩孚齐燮元为讨贼联军正副司令职电

(1925年10月24日—11月2日)

(1) 白宝山等电(10月24日)

十万急。各省军民长官、各护军使、各镇守使、各师旅长、各司令、参众两院、各省议会、各法团、各报馆均鉴：同志各省，以义兴师，业经公推吴上将军为讨贼联军总司令，到汉就职，主持大计，统一事权。惟军务殷繁，需人赞划，宁武上将军齐抚帅，久膺军寄，坐镇东南，上年奉军入关，觊觎长江，藉端侵略，抚帅激于义愤，首抗强顽，事虽未成，而大义昭于霄壤，兹拟公推抚帅为讨贼联军副司令，赞襄一切。玉帅与抚帅志同道合，相得益彰，务祈袍泽同人，一致赞成，以期敌忾同仇，早日奠安大局，不胜企盼。白宝山、马玉仁、陈调元、郑俊彦、张仁奎、杨赓和、李启佑、朱熙同叩。敬。印。

〔北洋临时执政府档案〕

(2) 齐燮元电(11月2日)

各省军民长官、各团体、各报馆均鉴：曩者、江浙一役，燮元与孚威举义师，嗣复有淞沪之役，两次起义苦衷，大之则预防胡贼，乱我中原。小之则争回苏人固有区域，何期丧乱未已，事与愿违，念天道之难，知慨人心之未悟，用息兵甲，驾言出游，既涉东江，将度欧美。初不料贼之自召其乱，有如是其速也。自孙馨帅首举义师，我苏将领，群起杀贼，不旬日而江南底定。时则同志各省，已组讨贼联军，首戴孚威总司，号令东山再起，群庆来苏。乃急难甫归祖国，而使车已莅沪浜，勉徇众请，引抵宁垣，各将领环请留苏，主持大计。孙馨帅面商军略，共策进行，比以苏境一隅，虽获救干，而讨贼大业，尚未告竣。爰复溯江而上，中经皖赣甫抵汉皋，旋承萧、孙、周、方诸帅、联电公推为讨贼联军副司令。吴总司令复电，促即日就职视事，苏皖两省，各军将领，亦各率部众，先后来电，同声推戴，大义所在，宁独后人。当于本日在汉，敬就讨贼联军副司令之职，诸公体国公忠，同仇敌忾，指臂所及，靡敢奚辞，谨布肫诚，伫候明教。齐燮元。冬。印。

〔北洋临时执政府档案〕

53 海军总司令杜锡珪响应吴孙声讨张作霖通电

（1925年10月25日）

汉口吴玉帅、浦口孙总司令、南京陈帮办、张家口冯、武昌萧、福州周、萨省长、杭州夏、南昌方、开封岳、西安孙、海州白、淮海马、芜湖王、蚌埠联军皖军各司令、各报馆均鉴：去岁政变，双方尚在相持，而锡珪即毅然宣布下野，诚以对内战争本无胜负可言，既不忍穷兵，以涂炭生灵，要惟有一退，以顾全大局，并冀彼方敷政，恰合民心，则为善莫大，与人成功，何必自我。乃瞬经一载，或则横征暴敛专务搜括民财或则蚕食鲸吞，但知扩充势力，以内地为征服，以同袍为寇仇，所谓中央者，既不能维持，裁制横暴，复不能消极扶植，善良日谄，强藩运用私系。即如金佛郎一案，为全国人民所反对。从前政府所不敢为者，今竟贸然为之，且表面不过只得千余万元，实际损失何啻十倍，即其所入，只限于同派之分赃，间以供强藩之军费，各省灾祲频告，视若无睹。海军舰饷亏欠多月，任催罔应。宜以假和平揭櫫，而言行不符，以国家为前提，而名实相反，坐令劫余黎庶，宛转于刀俎之间，大好河山，消磨于棋枰之里，此诚可痛哭流泪长太息者也。读吴玉帅、孙总司令先后通电，本不忍人之心，为不得已之举，锡珪夙共患难，谊自进退，敢不投袂而起，以从诸公之后，惟力是视。然而民生凋敝，国本动摇，仍抱哀矜勿喜之心，绝无横逆必返之意。但期假和平之面目早一日揭除，则真和平之精神早一日实现，与民更始，请忍痛于须臾，为国争存，达澄清之志愿，缨冠披发，盍兴乎来。挥泪陈询，伏维公鉴。杜锡珪。有。印。

〔北洋临时执政府档案〕

54 孙传芳关于举兵讨奉问题复赵尔巽等电

(1925年10月29日)

赵次帅、吕镜帅、王聘帅赐鉴：养电敬悉。仁恕之心，溢于楮墨，国家之念，发诸言辞。诵读再三，可感可泣。惟传芳尚有不能已于言者，为诸公陈之。尊电云：苏浙违和，原以局部问题生误会，此得见传芳此次兴兵之迹，或未察传芳所以兴兵之心。夫奉张祸国殃民，无愚智皆知之，而不敢与之争者，处于彼积威之下耳。传芳始亦姑与相安，尚冀其有一旦之觉悟，不料贪人败类，日肆淫凶，海内骚然，其已占之土，则据为私产，人民则视为俘虏，一方如此，他处可知。总之，奉张力所及之处，种种罪恶，挑发难数，言之污口，笔不厚书，小民何辜，罹此惨毒，传芳乃不量力，至此已忍无可忍，又为大义所迫，同性所推，不得已举兵而讨之，亦为国家根本计，救民水火计，并非对张作霖一人有何恩怨也。区区之心，如此局部云云，还希垂察。现在所谓关税，内容如何，姑不具论，就使关税会议成而收入增，善后会议成，而选举立。奈尾大不掉，张作霖握有政府之权，又其党群爪牙布满要津，助其气焰，政府忍而弗与较，自当别具苦心，而张作霖得以益肆其猖狂，生无忌惮，吾恐将来关税所入，彼或曳之为私用，议会所举，被或藉之供私图。语云："有治人无治法"，大憝不除，良法组难致耳。虽然君子于人不为已甚，倘张作霖小惩大诫，率队出关，痛改前非，又行初政，仍为同胞同泽，亦复何嫌何疑。盖传芳酷爱和平，不居人后，又重以诸公雅教，敢不惟命是听，此亦视奉张趋至何如，而传芳则毫无成见也。谨此复闻，敬乞垂鉴。孙传芳叩。艳。印。

〔北洋临时执政府档案〕

55 孙传芳呼吁孙汉新等同申义愤一致驱歼奉军以慰鲁民通电

（1925年11月3日）

蚌埠孙传芳发通电

第五师孙师汉新，北京第九十四团团长步云补、各局、各军官均鉴：窃以军人天质，首重除戎安民，而祚宗坟墓之邦，痛痒饥急，尤难坐视。年来奉军横暴，虐我邦人，曾未周岁，增负担至四千万之巨。哀我人斯，将无噍类。芳远在两浙，闻之心痛，是而可忍，孰不可忍，为整师徒剪此狂寇，经交绥罔不披靡。诸公或籍属直鲁，或久官鲁省，向虽劫于淫威，不克同申天讨，而吞声饮恨，谅有同心。今值残逆溃败之余，愿公等同申义愤，一致驱逐，歼其丑类，以慰鲁民。俾礼义之邦，脱劫掠之苦。芳虽僭才，誓陈师徐兖，为诸公后盾，为父老雪此奇耻，凡我袍泽，实鉴斯言。孙传芳江。印。

〔北洋临时执政府档案〕

56 张作霖斥责孙传芳兴兵侵扰苏皖电

（1925年11月6日）

北京。中华民国省议会联合会诸君鉴：各报馆均鉴：东电敬悉。诸君弭兵望切，救国情殷，语重心长，至深钦佩。此次浙孙无故兴兵，甘为戎首，霖以爱护和平之意，不忍国民重罹水火，严令所部，节节退让。乃孙传芳好乱乐祸，甘为戎首，率其部下，骄狠之卒，煽诱苏皖反侧之师，其理由本以沪上撤兵为题。而乃侵苏扰皖，节节近逼，政府制止之明令，视若弁髦。元老忧国之呼号，曾无听睹，恣睢凭陵，且将席卷北上。山东张督办，为自卫封疆计，是以有徐州防御之举，事实具在。孙为肇乱天下，当有公论也。作霖戎马半生，饱经忧患，年来鉴于兵祸之相，仍痛念人民之涂炭，是以上年之役，不忍穷追，释釜底之余魂，置沙中之偶语，含容隐忍，以迄于今，自谓爱护和平，可与邦人共谅。今虽事机愈迫，第阋墙之争，贤达所鄙，即使一战而胜，于历史上亦不足增长荣光，倘有一丝和平之望，仍期无负初心。诸君为地方代表，人望所归，苟有平和之方，谅无偏袒之说。敬陈衷曲，伫候教言。张作霖。鱼。

〔北洋临时执政府档案〕

57 孙传芳击溃张宗昌占领徐州通电

（1925年11月9日）

各省军民长官、各师旅长、各镇守使、各团体、各报馆均鉴：顷据联军浙军卢前敌总指挥、暨各将领庚电称：张宗昌所部匪军，自被我军在固镇击溃，旋即退据乾山、鹤□、夹沟一带，扼北殷河之险设防，啸聚余党，意图反攻，似此撩冥不灵，全无悔祸之心，倘再以时日，直是养痈自害。爰于鱼日，整我师猛力迎剿，义师所致，耗市不惊，箪食壶浆，载途夹道。阳日拂晓，与匪军集顺河集，延至左翼符离集一带，斯时匪军约四混成旅以上，异种兵千名，张逆宗昌亲出督师，挟奋怒之心，作困兽之斗。我军第一、五两军在右，二军在左，四军及三军之一部，由正面协力猛扑，激战经一昼夜。卒被我中央突破，将匪军冲断。同时左右两翼，兵围匪军，前经巨创，当即纷纷溃毙，张宗昌亦受伤疾遁。斯徒夺获大炮、迫击炮、机关枪、枪械子弹、不计其数。俘虏约三千余名，异种兵已死伤殊尽，其逃出之余匪，亦复不能成军。我军于庚日，乘胜完全占领徐州，安抚人民，搜查余匪，并行追击。谨将经过情形，专电奉闻，等语。传芳佳日入徐，详再电达。联军总司令孙传芳。佳。

〔北洋临时执政府档案〕

58 靳云鹗就吴佩孚委任讨贼联军第一军总司令职通电

（1925年12月8日）

各省军民长官、各法团、各报馆均鉴：云鹗奉讨贼联军总司令吴、浙闽苏皖赣联军总司令孙委任为联军第一军总司令，遵于本月八日在浦口就职。即日驰赴山东，前敌督战。特电奉闻。靳云鹗叩。齐。印。

〔北洋临时执政府档案〕

六　直鲁奉军阀联合进攻国民军

1 山东省议会等共举张宗昌为山东保安总司令并实行鲁省自治通电

（1925年12月5日）

北京执政府、各部院、赵次珊、柯凤荪、天津吕镜宇、王子春、张子志、卢子嘉诸先生、各省督办、都统、省长、军长、总司令、护军使、镇守使、各师旅长、各法团、各报馆公鉴：吾鲁当南北要冲，有中外通商大埠，外交内政，均关重要。军兴以来，急应保境安民，共图自卫，现在政府已不能行使职权，山东人民陷于兵祸之中，水深火热，呼吁无门。我鲁人为全省治安计，已公举山东督办兼省长张宗昌为山东保安总司令，维持鲁省公共安宁，并实行鲁省自治。任何方面军队借口侵入，定即合力抵御，以免扰害地方。在中央政府未完全恢复政权之先，无论有何命令，概不承认。除以公恳张督办即日就职，以慰民情外，特电奉达。山东省议会、省教育会、济南总商会、省农会。歌。印。

〔北洋临时执政府档案〕

2 直隶军团司令李爽垲等附和李昌林反对冯玉祥乱畿赤化蔑弃礼教通电

（1925年12月5日）

万急。北京执政钧鉴：各部院、王聘老、赵次老、天津黎宋老、蔡虎臣先生、陈秀峰先生、王子春先生、唐少川先生、孙伯兰先生、张敬舆先生、熊秉三先生、章太炎先生、汉口吴玉帅、盛京张雨帅、吉林张辅帅、黑龙江吴兴帅、武昌肖珩帅、南京孙馨帅、济南张效帅、湖南赵炎帅、江西方耀帅、四川刘辅帅、沙市阎伯帅、福州周樾帅、云南唐蓂帅、各省督办、省长、各都统、各总司令、各师旅长、各护军使、各镇守使、各法团、各报馆均鉴：查冯贼玉祥，穷凶极恶，包藏祸心，唆使匪军，以扰乱畿疆，利用赤化，以蔑弃礼教，实为人道之蟊贼，社会之公敌。昨由李督帅通电全国，声罪致讨，义声所播，中外欢呼。爽垲等分属军人，情殷敌忾，愿追随李督帅，以期伸大义于天下，庆父不去，鲁难未已，除奸靖乱，念切同仇，荷戈陈词，伏气垂鉴。直隶军团正司令李爽垲、副司令马瑞云，师长张宪荣、胡毓坤、窦联芳、王宾、朱益清、朱同勋、混成旅长孙宝伦、赫文衡、尹立泰、李书凤、游击总司令李际春、蓟榆警备总司令苏毓麟、副司令高青云、马宝成同叩。歌。印。

〔北洋临时执政府档案〕

3 绥远都统李鸣钟声讨李景林背信弃义五端通电

(1925年12月12日)

北京执政钧鉴：各部院、各省区军民长官、各总司令、各师旅长、各公团、各报馆鉴：窃鸣钟等、前以李景林好乱成性，窃据津海一隅，称兵犯顺，希图扰乱公安，破坏大局，曾经通电致讨，冀其及早觉悟，俾近畿一带，不罹兵祸，人民得以安居乐业，再图善后，以期贯彻。我督办始终主持和平之志愿。讵意旬日以来，李氏调兵遣将，北拒郭军义师，南联张匪除孽，包藏祸心，近窥京畿，尽其所欲。无非以势蹙援，尽逞其兽欲，以快一已之私，使京津附近之居民，同归涂炭。似此居心不仁，理应声讨者一。再则举国讨奉，无非以张氏父子，贪暴淫凶，违背公理。郭【氏】俯顺舆情，直捣沈阳，原得李氏之同意。况李之生命，曾于上年直奉战后，为郭所保，于公于私，均不当乘人之危，不思救援。乃李氏佯为附和于先，忽焉反复于后，以怨报德，忘恩负义。理应声讨者二。夫此次江浙兴师，李氏函电纷驰，求助于我督办者，不一而足，我方始终劝其爱惜民生，顾及国本。盖以直省，一年以来之苛政，罄竹难书，无非李氏一手所造成，民不聊生，愿与偕亡。李氏稍有人心，应为何知愧知悔，早让贤能，以苏民困。乃至死不悟，惟恐免其职守，遂至以小人之心，度君子之腹、肆口谩骂，直等村妇此失礼不德。理应声讨者三。至若桀犬吠尧，各为其主，李氏果有尽忠于奉之心，犹可曲谅其衷。乃拥兵自卫，坐观成败，迨至奉方见疑，尚甘以母为质，借以交换其饷械。其居心残忍，行事卑鄙，真可谓利令智昏，有亏人道。理应声讨者四。若夫自古有死，无信不立，李氏身膺疆寄，所藉以表示于人民者，始则以和平相召号，继则以独立告群众，乃其结果，竟至助桀为虐，甘为祸首，其背信忘义，非惟愧对友军，抑且愧对居民。似此反复无常，惟利是图，是为人妖，是为国贼。理应声讨者五。总以上五端，李氏为我全国军界之罪人，同袍之公敌，人人得诛是人，我全部将士，义愤填胸，誓将灭此朝食。盖天下不仁、不义、不礼、不智、不信之人，不啻自绝于人类，得道多助，失道寡助。谨敢本师直为壮之旨，统率二师六混成旅之众，本日进驻丰台，以为各方讨逆之声援，务期元凶早除，生民早安，则国家幸甚。谨电奉闻。敬乞垂察。李鸣钟叩。文。印。

〔北洋临时执政府档案〕

4 李景林对所属官兵发布作好一切准备不日会同奉吴两军向国民军进攻的命令

（1926年1月3日）

命令（一月三日于济南行辕发）

一、以前作战，各级主官，对于敌情多不明了，敌之兵种、兵力、主官姓名、械弹种类数目，均不知底蕴。又可笑者，敌之所占地势，亦不知其形势如何。故每次前进攻击，竟至失败。

二、各部队在作战区域及驻扎地点，对于使用侦探、间谍或利用本地商民等，务须探查清楚。仰各部队参谋人员，对于使用侦探一项，为唯一之任务。前者何竟茫然，切加注意。

三、本军会同奉军及吴子玉军队，不日北攻，仰各旅长三日一次、团长两日一次、营长一日一次、连长一日两次，逐日施行精神讲话，藉以振士气，并减除作战一切不利之点。

四、本军天津总医院养伤官兵，不下四千人，为国民军到津，一体杀害，古今中外无此道理，此仇不能不报。天津警察，暗杀本军官兵，亦甚可恨。

五、官兵如有愿回家，不愿充差者听之，不必强留。凡在伍者，均升一级。到津以后，更为另行优待。即与本督办同患难，即可与本督办同富贵。

六、为日仓卒，不暇教练，以逐日精神讲话，实地讲解为第一制胜之道，各主管、务切实遵照，施行一切为要。此令。

直隶督办兼直鲁联军前敌总司令　李景林

〔北洋政府零星军事档案汇集〕

5 西北军将领张之江等发表关于冯玉祥引退后拥护中央开发西北力避内争通电

（1926年1月6日）

十万急。北京执政钧鉴：许总理、各部院衙、南京孙督办、陈省长、武昌萧督办、南昌方督办、赵省长、开封岳督办、天津孙督办、西安刘省长、太原阎督办、赖省长、袁总司令、邓清乡督办、蚌埠陈总司令、杭州夏省长、云南唐省长、兰州薛省长、魏总司令、上海海军杜总司令、各省督办、省长、帮办、各区都统、各省区各总司令、各护军使、各镇守使、各师旅长、汉口吴玉帅、吴廉伯先生、张亚农先生、天津张敬舆先生、卢子嘉先生、靳翼青先生、严范荪先生、孙伯兰先生、张乾若先生、北京王聘老、赵次老、熊秉三先生、汪伯棠先生、孙慕韩先生、柯凤孙先生、陈二庵先生、梁任公先生、王幻山先生、王亮畴先生、王儒堂先生、颜骏人先生、王一堂先生、黄膺白先生、李小垣先生、张镕西先生、谷九峰先生、徐佛苏先生、吴稚晖先生、徐季龙先生、蒋雨岩先生、李石曾先生、范静生先生、屈文六先生、江翊云先生、蒋梦麟先生、上海唐少川先生、岑西林先生、张溥泉先生、郑蕴卿先生、顾少川先生、南通州张季直先生、开封柏烈武先生、各法团、各报馆均鉴：国家不幸、战祸频仍、民国难纾、国危日亟、徒恃武力，莫补时艰。十四年来，覆辄相寻，实予吾人以绝大之教训，追怀往迹，殊堪痛心。之江等厕身行伍，忝绾军符，绠短汲深，冰渊时惕，追随冯公逾十余载，平昔秉其爱国爱民之志，勉效驰驱，共图匡济。冯公近鉴于国事之纠纷，飘然引退。之江等侧听之初，即一致挽劝，暂共去留。无如攀留之念虽殷，讵引退之志已决。且谓之江等不可以一人之私，而妄国家安危之计，谆谆训谕，义重词严，卧辙无方，望尘莫逮。所有冯公辞职下野各情，业于东日分别电呈，谅邀鉴及。当此时艰孔亟，来轸方遒，支柱倾危，敢辞努力，仅以三事，告我同胞。中央政府国本攸关，五族一家，素深翊戴，冯公虽去，此志不渝，属在防区，益当听命，拥护中央。此其一。共和国家，民为主体，爱民主旨，时所服膺，休戚相关，好恶与共，救灾捍患，敢不竞竞尊重民意。此其二。奉令防边，于兹一载，一切计划，以次推行，大业初基，成规粗具，同心协力，深惧弗胜。此后内争，誓当力避，开发西北，注重民生。此其三。本此规筹，互相策勉，□我军范，扬我国威，□我前功，报我知己，一日在职，百折难移，耿耿此心，天日共鉴。伏乞海内贤达惠而教之。张之江、李鸣钟、鹿钟麟、刘郁芬、宋哲元、刘骥。鱼。印。

〔北洋政府陆军部档案〕

6 张树元关于奉军击败魏益三部攻克山海关进占昌黎等情致段祺瑞报告稿

（1926年1月22日）

一、奉军确于十八日攻克山海关，现已进占昌黎，魏部因其部二十团投奉，故其抵抗，未至半日，即归失败。

二、南路战事，自十七日后，沧州以南即无国军纵迹，现张、李急图北进，邓宝珊部驻扎马厂。

三、热河方面，朝阳北票皆有奉军，闻暂不取攻势。

军务处　张〇〇

〔北洋临时执政府档案〕

7 张作霖决与北京政府脱离关系就东三省自治保安总司令兼军务总统官之通令

(1926年1月25日)

张作霖决与中央脱离关系自上尊号一节，迭见报端。兹据东报所载：张为就东三省自治保安总司令兼军务总统官，业已发出通令，惟正式就职，当在二月十三日(即夏历丙寅年正月元旦日)。同时吴俊陞、张作相二人，亦当就副司令之职云云。兹将其通令大意录下：本上将军与东三省人民有同乡关系，因受一般之推戴，而为东三省之表师者十有三年，努力以图东三省之政治、风俗、教育、交通、实业之盛大开发。皖直两役，我奉天颇占利益，惟于第二次奉直战事及本年郭军背叛，劳民伤财，实损东三省之元气。郭氏伏诛后，大局虽已安定，然作霖深夜自省，德薄能鲜，理应下野，让政权于贤者，无如东三省各法团、各会议长，已开联合会议议决挽留，推作霖就任东三省自治保安总司令兼军务总统官，此实出以三省人民之诚意，既有东三省父老及各法团之推戴，义不容辞，不得已，于二十五日，勉允收拾东三省之残局，以谋父老之幸福。今后定当万机俟诸公论，实行我三省之自治，保全外交，使财政压全国，势威凌驾他省，是不独作霖一人之幸，实东三省父老子弟之幸也。兹特公布，聊表微忱云云。

〔北洋政府零散军事档案汇集〕

8 国民军第二军长岳维峻击退寇英杰军的进攻通电

(1926年2月1日—5日)

(1) 2月1日通电

万急。北京段执政、国务院、各部院、平地泉冯焕帅、南京孙馨帅、武昌萧珩帅、张家口张督办、蚌埠陈总司令、杭州卢总司令、福州周督办、归化李都统、天津孙督办、太原阎督办、南昌方督办、长沙赵省长、成都刘督办、赖省长、邓督办、刘帮办，袁督办、贵阳王督办、彭省长、周帮办、云南唐省长、承德宋都统、雷庄魏总司令、各省军民长官、各省机关、各法团、各报馆、并转全国国民均鉴：比年战事频仍，民生憔悴，元气斫丧，国本动摇。推原祸始，吴佩孚实阶之厉，我军前岁班师，倡导和平，得道多助，遐迩风从。佩孚弃甲榆津，遁迹鄂岳，犹复包藏祸心，蓄意扰害，乘东南战起，攘臂下车，盘踞武汉，剥削商民。近更途穷日暮，倒行逆施；勾结土匪，滥委军官，联帅自娱。方罪奉而觍颜结奉。世电初出，倡和平而破坏和平。迭据各县电呈，群匪受吴委任，扰乱中州，事实昭彰，证据确凿。似此廉耻丧尽，信义毫无，袍泽同羞，实应共弃。维峻待人忠厚，曲予涵容，加以至诚，冀其反省。乃据蒋师长世杰径电报告，吴派寇英杰入寇，猛袭信阳，业被我军击溃等语。查佩孚决堤求胜，文著凶残，纵匪殃民，惨无人道，勒捐逼命，重苦鄂民，挑拨煽惑劫持当道。今又多行不义，重苦豫民，罔恤地方，希图一逞，良心何在，人格何存，此诚民国之罪人，百姓之公敌。维峻锄奸矢志，疾恶如仇，将士义愤填膺，誓遏寇虐，横戈躍马，挥泪陈词，曲直既分，利钝弗计。至于大局将来如何解决，维峻因属军人，夙懔干政之嫌，惟知服从民意，邦人君子，幸垂察焉。国民第二军军长岳维峻率全军官兵同叩。东。印。

〔北洋临时执政府档案〕

（2）2月5日通电

北京段执政、各部院、张家口张督办、南京孙督办、天津孙督办、长沙赵省长、武昌萧督办、南昌方督办、重庆刘督办、徐州陈总司令、各省督办、省长、总司令、各报馆、及全国国民均鉴：顷据驻信阳蒋师长世杰报：寇英杰敬日率部犯豫，职因频年战争，民生憔悴，不忍再启战衅，重累吾民，节节退让。乃我愈退让，彼愈进逼，并勾结匪首李振亚等，截毁铁路电线。职忍无可忍，随派队伍分途迎击。激战十日夜，敌势不支，向南溃退。毙敌二千余名，俘虏千余名，夺获大炮二十四尊，机关枪四十余架，步枪两千余支，马二百余匹，军用品无算，现正追击中。等语。现各方战事渐就结束，方冀海内贤达，群策群力，共谋建设。讵寇英杰于举国望治之际，率领部曲，侵扰豫疆，并勾结土匪焚掠奸淫，摧残民命，破坏交通。维峻酷爱和平之心，始终不渝，除饬前方部队严守豫境，不准穷追外，特电奉闻。敬祈明察。岳维峻叩。歌。印。

〔北洋临时执政府档案〕

9 国民军第三军长孙岳出师讨伐吴佩孚通电

（1926年2月9日）

北京执政府、各部院、各省区督办、省长、总司令、都统、镇守使、各法团、各报馆均鉴：岳督办来电，张督办、李都统诸公鱼电声讨吴佩孚各文，均经诵悉。结匪纵兵，扰邻开隙，凡在守土，咸所同仇。吴氏于大局垂转之时，为拂逆人心之举，分崩溃裂，自彼开先，辗转牵连，宁知所届我军帅天下一仁，不忍帅天下以暴。外侮逼前，义无坐视。启行急难，无待询谋，所望出师以律，无忍胜残，去杀之心，与子偕行，共成全国弭兵之业。谨宣诚悃，奉许驰驱。孙岳率国民第三军全体军官同叩。青。印。

〔北洋临时执政府档案〕

10 鹿钟麟等击败李景林并攻克马厂沧州等地通电

(1926年3月7日—8日)

(1) 3月7日通电

万急。北京执政、国务院、各总长、各部院、各报馆、南京孙馨帅、南昌方耀帅、太原阎百帅、各省区钧鉴：钟麟等连日在前线督战，我军将士奋勇异常，李逆景林率其死党，乃将数□俄籍流民，并新招土匪顽强抵抗，经激战三昼夜之久，逆军死伤过多，万不能支，于昨晨开始退却，我军乘势猛进，步步接触，杀虏极伙，连克复马厂、青县等地。乃今日拂晓，敌人有数部由官长率领投降，余部全部溃退。我军现编成三支队，一面肃清伏莽，一面南下穷追。现沧县以北，已无逆军只影。计是役前后，毙敌四千余名，生俘约一千余名，投降达两团之众，毙俄籍匪人八十余名，俘四十余名。获大炮八门、迫击炮十门、步枪卅余枝，机枪十五架，铁甲车辆两列，飞机一架，马匹军用品无算。同时又据王指挥镇淮电报：已率骑兵占领南北泊头，毙敌五六百名，俘四百余名，枪百余枝等语。窃维李逆景林，天性凶狡，好乱以逞，此次复纠合土匪，及俄籍匪凶争残民，可称罪大恶极。钟麟等为维持宪典，救国拯民起见，不得已，禀命出师。幸赖钧座德威，将士用命，遂能一战破逆。料李景林经此痛击，党群已尽，指日获擒。惟地方遭其涂炭，里社丘墟，睹之可惨，极应妥为抚恤，施以仁民之政，除极力经辑地方，力清余孽，并通报各方面外，谨电上闻，伏祈睿鉴。总司令鹿钟麟、京兆尹刘骥同叩。虞。印。

(2) 3月8日电

十万火急。北京执政、贾总理、各部总长、张家口张督办之江兄、北京李督办晓东弟、马督办云亭兄、平地泉上将军冯钧鉴：津南败退之敌，由昨日起，被我军追击，在青县南关，因争渡河，自相冲突，旋我军追击队赶到，将该敌包围，其大部完全缴械，所获甚伙。现我前线已通过兴济，继向沧县方面追进。韩指挥部已达青县，即与我骑兵集围追击，并有三军刘武胡各部，向交河前进。想沧县之敌，不难歼灭。知念特陈。鹿钟麟、刘骥同叩。庚申。印。

〔北洋临时执政府档案〕

11 张之江声述冯玉祥离军出国后由其负责国民军之责通电

（1926年3月26日）

急。北京各部院、各省区军民长官、各师旅长、各法团、各报馆钧鉴：顷者，敝军不忍战祸之绵延，生民之涂炭，毅然撤兵，曾经一再通电，想为国人所共鉴。刻冯上将军洁身去国，之江自知棉薄，难胜重任，本应度德量力，早卸仔肩，从免陨越。惟本军全体官兵、以大义相督责，欲去不能，不得已、曲徇众情，勉膺艰巨。自后敝军一切事，之江敬当代表全体，负责办理，以随国内诸贤豪后，共拯危局。冀诸公不吝时教，督策进行，是则之江所切祷者也。谨布区区。诸希鉴察。张之江叩。宥。印。

〔北洋临时执政府档案〕

12 石友三击退李景林等进犯黄村通电

（1926年4月8日）

万急。汉口吴玉帅、北京王聘老、赵次老、孙慕老、熊秉老、南京孙馨帅、太原阎百帅、北京孙禹帅、保定靳军长、田总司令、魏军长、北京方军长、各部院、各省军民长官、各报馆及全国同胞钧鉴：窃敝军素以救国救民为主旨，不忍延长战祸，重苦吾民，遵从聘老诸公号电撤兵京畿，静待和平。曾经各元老信使往还，磋商和议。不意李景林等好乱成性，置若罔闻。竟于本月七号午后二点，率队来攻黄村，破坏和平，咎由自取，雇用多数俄国流氓，惨杀同胞。我官兵忍无可恶，只好严阵以待，敌军向我阵地猛力攻击，肉搏数次，敌始不支，向后溃退。又经我军追击数里，几不成军，我军仍持和平，未加穷追，仍待聘老诸公之解决也。第二路右翼军右友三率第二混成旅旅长程希贤、第三旅旅长许长林、第四旅旅长韩德元、第八旅旅长张凌云、第二旅旅长刘玉山叩。齐。印。

〔北洋临时执政府档案〕

13 新闻社关于鹿钟麟逼走段祺瑞释放曹锟及列强态度的社论译文①

（1926年4月13日）

北京政变又起，临时执政被放逐，前大总统曹锟恢复自由，此国民军京畿警备总司令鹿钟麟之作为也。北京之攻防战争，须一决胜负，抑或双方妥协，国民军明让北京，二者必居其一。盖奉天骑兵师团，已迫北京东南之顺义、通州，而直隶山东之联军，则达黄村。张学良领奉天主力军作后援矣。一方面吴佩孚之军队之先锋，北达芦沟桥。北京之三方面，被包围于十里以内之近距离。冯玉祥之主力军，原在西北驻防，北京内外而号称可信赖者，仅余鹿钟麟所部而已。此国民军之穷境也。然而鹿钟麟欲另辟一新局长〔面〕，在政略上获胜利，于是有释曹胁段之举。此事不能不谓为国民军之穷策。盖鹿氏之意，以为释曹，则可以结欢于吴佩孚之旧直隶派，而逐段则回复法统，使黎元洪复位也。

夫北京政变，乃国民军与反国民军之内争，对列国无大问题，此类事情，曾屡逢之矣。自今年起，每传段执政退位或逃遁，今果实现矣。列国与北京政府之关系，自不能照段氏在位时之旧状，最少亦当与前年曹、段废兴之期相似也。关税会议中断乎？抑不问

① 此件系萧道存译大坂每日新闻社论。原标题为"关于鹿钟麟之北京政变"并有题要为：此篇大意谓联军三面围攻北京，鹿钟麟欲结欢直系取得政略上胜利，故有释曹胁段之举，竟国民军之穷策云云。

对手之执政，是否存在仍然继续乎！类此之问题甚多，吾恐列国亦当看中国自然之变化而后决定。

民国成立十五年，居大总统之位者凡几人，除徐世昌在位满四年后，其余则绝无满一年，而不生事变者，除死凶则被逐矣。中国政局之转变无穷，谁能预测之哉。

〔北洋政府全宗汇集档案〕

14 北京日报关于国民军退出北京后之政局社论译文①

（1926年4月17日）

国民军已由北京撤退，各城门依然关闭，以俟奉军之停止进攻。就常理度之，奉军当可罢战，因国民军已退，奉军既无交战之敌人，自应止息战争。现在之情形果何若乎！北京城内除保安队维持秩序外，论及政治，其纷乱可谓已达极点。段上将军因避国民军之扶持，匿居不出。现在系在交民巷何国之使署，尚不可知，惟仍不废行使其执政职权也。以此时之形势观之，是危险之期已属过去。段上将军其将复职，仍任临时政府之元首欤。然舍此实无他途也。抑或其左右安福党系，仍欲运动段氏复出，以保国家之威信。即使在位数日，亦所弗计，未可知也。此外，曹前总统之地位，亦为现时政局重要之人物。曹氏是否恢复自由，本属难悉，惟彼现在固仍在宫内住居，而即以此宫为彼之监狱也。曹氏以后，其将脱离此宫，仍为政治与军事之活动，以谋复回大总统之职位欤。抑将屏弃一切，遄回其在天津租界之故居欤。据中国各报纸之登载，吴上将军佩孚亦不欲曹氏复任总统，则曹氏当亦不至别有主张也。

段上将军、曹前总统如皆无意于政治与军事之活动，并不愿参

① 此件系肖宽译《北京日报》社论，原题为"国民军退出北京后之政局"并有题要为：此篇大意以国民军退出北京政局又为之一变，亟应召集和平会议，聚各军首领于一堂，开诚布公，以谋解决，不妨先将地盘问题议定办法，再行切实着手组织政府。而组织政府以维持临时执政府为较有益，因关税会议之附加税不久实行，当有直接之利益云云。

加于任何方面之新势力，中国政局之发展，又将成何景象耶。近来战事领袖，为各方所推重者，当以吴、张两氏为巨擘，次如宁孙、晋阎、鲁张，亦皆为一时重要人物。政治与外交方面则有王、赵、熊诸公，首当其选。吾人兹且未将国民军各首领列入，如国民军仍不脱离军事之活动，则上列各巨头，固应将国民军提出任其参加也。依吾人意见，如以上述各重要人物，发起召集和平会议，以谋重新组织政府，当属可能。且其中既无阻碍横生，自可尽量发挥，以期一致。新召集之会议，应先着手于地盘之分配，截至此次战事之日为止，应以何处地盘，分配何方军队，务得其平，以免争执。迨分配既经确定，然后再行讨论，如何组织政府。夫组织政府不外两端：一曰：恢复临时宪法。则国会与临时宪法产生之黎总统地位，皆在恢复之列。二曰：维持临时执政，如段上将军无意于政局，则以王士珍氏代其之。政纲既定，元首得人，然后徐图改组内阁。张绍曾、靳云鹏、颜博士皆为一时之彦。因张为复宪运动之首领，而靳、颜与各方多有感情，易于发展也。惟是恢复宪法，实为一种过渡办法，因黎将军如果承诺前来北京，其所余总统任期，只有八十三日，过此以往，任期既届，势必须办理选举。现在各省情形又属如此，则选举一层，万难办到。可以预决，届时或须将黎总统任期延长，或须俟新总统选出，或须另定他种政体，皆属不可知之数。若维持临时政府，段上将军不出，则以王士珍氏代之，固无须拘定任期之久暂。尽有伸缩之余地也。是第二之办法较为优胜，可免一切困难之问题发生，想各军首领当能予以采纳也。临时政府如果继续维持，改组内阁，又不免为各军争端之所由起，然亦不至达于无法解决之域。吾人固已言及，首先将各军地盘，分别列定。如果将铁路先行划定，则一切之支配，当不难迎刃而解。京汉铁路，应由吴上将军管辖。京奉应归奉军，当已确定。惟津浦、京绥两路，不免尚有问题发生，如以津浦南段属之孙氏，其北段又将谁属乎？抑须俟直隶军事结束，始行决定谁属乎？此节不得不出以慎重，以免又生支节。津浦之外，尚有京绥，晋军岂有意于斯乎？抑国民军放弃京绥亦犹之放弃北京欤。

铁路问题，既经解决，其次即为直鲁问题。直鲁地盘，应属之于奉军欤。如果张宗昌氏愿行退出山东，当属较易解决。惟亦尚有问题，因吴上将军意欲以靳云鹗氏督鲁，而奉军亦尚不能忘情于鲁，然则只有以张宗昌氏继任已。此外三特别区，亦连带发生问题，国民军是否从此完全放弃，尚属难知也。

再次，则为国民军问题。国民军既经退出北京，是否一意开往西北，与北京之政局及与中国之无论何项之政治与军事，皆愿缄默，不欲参加欤。以西北之生产，实不足以供给国民军之生存，抑将从此安于边僻，不至有新发展之机会欤。吾人实又不知国民军之首领，又将何以为计也。

此外，吴佩孚氏不欲国民军驻兵北京，势必须与联军合作，假使将来吴氏所请奉军退出关外，而奉军拒绝之，则又不免发生争端，此亦或然之事，不可不加以注意也。现在欲求解决中国问题，就北方而论，无论和平之实现或属暂时、或稍延久，要不可不召集会议，使各军首领皆得参与，首先讨论地盘分配问题，随后再议组织政府，应不至各走极端，而一切问题，亦必易于解决。依吾人之意，维持现在临时政府比较上似尚易于收效，而其直接相关之利益，则为关税会议不久，当有决定，行将实行之附加税，固为临时政府所享有亟待结束者也。

照以上揣测，似一时之和平，当属易于实现，若将来又起争端，重见干戈，是在各军首领之好自为之，吾人当拭目静观其变化之所届也。

〔北洋政府全宗汇集档案〕

15 张作霖关于北京政府如何组织理应公开讨论不宜专断独裁通电

(1926年5月1日)

急。北京各机关、各省军民长官、各总司令、各法团、各报馆均鉴：此次讨赤之役，用兵至十数万之多，鏖战至数月之久，人民横遭痛苦，国家重大牺牲，所以然者，固将为政局谋永久之安宁，非为个人谋一身之权利。是以作霖屡经通电声明，对于法律政治概不过问，悉听海内贤豪公司解决、靳合共和真理。良由武人干政、为从前最大症结，专制独裁，亦即民主最大障碍。近因中央失驭，各方商榷政策，函电纷驰，有谓宜恢复约法黄陂复职者；有谓宜恢复宪法仲珊复者；有谓革命事业合肥继续有效者。有谓仲珊退位，宜从黄郛执政者；有谓宜以胡维德、颜惠庆执政者，就表面观之，言之似各有理由，考其内容，是否为无聊政客，视为奇货可居。又将以傀儡武人，助其威权复活，愚如作霖，于政治、法律素少研究，实未能测其究竟。惟国家大事，理应公开讨论，不宜专断独裁，区区此心，始终如一，实鉴于累岁战事，民生困苦，实未能再纷扰，作霖抱分崩离析之忧，懔军人干政之惧，识见所囿，实不敢轻作主张，妄参未议也。敬告国人，诸希鉴察。张作霖。东。印。

〔北洋政府陆军部档案〕

16 北京四郊难民代表华仲民控诉直鲁奉联军强占民房等情传单

(1926年5月7日)

农民不敢造谣，生不如死，国存不如国亡。谨将四郊之一隅，现时饱受之痛苦情形说说。去年常听人说，国民军是共产党，也不知共产党是何滋味，而人民就知安居乐业过日子。后来听说有讨赤军与国民军开战啦！现时国民军也败啦！讨赤军也到啦！将四郊的民房也占啦！人民的食物财产也净啦！未住兵的人家，也任兵爷爷天天随便出入，院内屋里的东西，眼睁睁的也不知那里去啦！最幸是人民的田地还未拿去，那虽然地尚存在，可怜无有于种，宿食住所也不能耕种呀！这等苦情，兹可对王治安将军说说，中国兵无人管，北京治安有人管，但不知四郊之民，为何国所属，若再不给四郊人民想治安之法，农民誓举白旗到荷兰使馆去请愿，作共管国民去啦！叩请有应管之责者；有闻必录者鉴，若不管若不录，我可无法。

四郊难民代表华仲民同启　五月七号

〔北洋政府京畿卫戍总司令部档案〕

17 直隶省议会揭露军阀混战扰民罪行十项通电

(1926年5月9日)

汉口吴玉帅、奉天张雨帅、江苏孙馨帅、山西阎百帅、天津李芳帅、张效帅、张军团长、诸总司令、北京王聘老、王懋仲、齐抚帅、保定靳军长、杨军长、王总司令、石家庄王总司令及各军长、各司令钧鉴：直隶近年以来，屡经兵燹，而受害区域，以此次为最广，且为最甚。列帅旌麾所指，罔不维持治安，严肃纪律，张贴布告，以俾军民遵守。然甲军朝行，乙军夕至，甚或一区域内，甲乙两军，同时驻守，卒伍既多，流品遂杂。列帅纵爱民卫民，而或以难于稽查，或以不相统摄，种种流弊，遂因而起。哀我小民，一生九死，呼天无路，避地无方，浩劫奇灾，无以幸免。议员等为人民代表，倘不思补救，缄默无言，非特有负于乡邦父老，且有负于列帅保民苦心。绘郑使之图，效贾生之哭，当亦列帅之欲知欲闻也。客店庙宇，官屋闲房，仅足供军占用，因无物可取，无人可役，遇焉弗人，而必居民房，劝之则詈，阻之则殴，饮食取于斯，器物取于斯，供给餐榻，如见上宾，役使房主，几同奴隶。留房少许，使翁媳主仆并居之，甚且使邻里并居之。欲远避则舟车不便，欲寄居则亲友皆然。除风餐露宿之外，别无他法。即幸大军速退，而数日或数月之困苦，已属一息尚存。况门窗焚毁，屋垣倾圮，无家可归者，更比比乎。此须急陈者一。征发车马，按户而搜之，逼村长佐而索之，合村集资而为购买，则目曰羸敝，搜而索也如故，必期城乡村镇，牛马无一留，车辆无一存，始为不误军用，牛马以惫而半死于途，车辆以损而半委于路，得安全以归，十无四五，农何以耕种，商何以运输，不能假于邻，不能购于市，将可不望收获，不事懋迁乎。此须急陈者二。拉用人夫，只求其数多，不顾为何如人，或富绅、或巨贾、或斑白、或幼童，亦必驱入大营。与以金钱，而始获释，借拉夫之名，行勒赎之实，居民闭户，行人裹足，任薪米缺乏，亦不肯入市交易，致罹意外。道路因以断交通，邻里因以绝往还。此须急陈者三。乡村妇女，闻军过境，猝不及避，往往潜于林莽，伏于沟壑，饥无食，寒无衣，因以死，因以病，已不知其凡几。偶有未及于伏，或伏焉为军队所见，则驱之以供缝纫、供洗濯、供炊爨，或从而调笑之、奸污之，强者陨命，弱者忍辱，见不一见，无庸讳言。谁无妻女，肯听被害，至于斯极。此须急陈者四。败兵逃兵，持械行强，所过为墟，无庸论矣。即在正式军队，亦或三五成群，深夜潜出，要人越货，用饱私囊。受者损失虽巨，惟恐轻于告讦，微特原赃难追，且以触军怒而重致祸，故隐忍不言，长官遂不之觉，然或于行囊中，而携珍物。或于军衣内，而装锦服。藉非豪夺，何由得斯。此须急陈者五。敌兵枪械，能遗几何，即偶有之，亦献于官，而不敢藏于家，乃借搜械为名，逐户追求，倾囊倒箧，脱有自卫器械，则目曰通匪，或曰通敌，轻则没收，重则惩罚。一械所值，纵属无几，而大兵之后，土匪蠢动，无以自卫，将任匪之宰割乎。抑赤手空拳以御之乎。此须急陈者六。驻军之地，因给养不足，或向商户借用，或向地方筹集，自出一时权宜。然一乡一邑，精华有几，米粮刍秣，战时之取求尽矣。仍朝于斯，而夕于斯，纵令补疮挖肉。罗掘百万，终有竭蹶之日，雨粟无时，点金乏术，富者皆贫，贫者皆丐，军饷仍形不足，将复何以继之。此须急陈者之七。行政司法权，操于地方官，乃有时军界出而干预，谓某事宜如何著手，否则误谓某事宜如何判断，否则屈偶不循其所请，则多方威吓。强以必行，故戈矛所列之地，即其行政权司法权所及之地，官吏隐忍，莫可如何，庶政因以淆乱，是非遂以倒置。此须急陈者八。扣留货车，谓备运军队，征发粮栈，谓备供军需，实则出于讹诈，奉上令者，百无一二。夫人民所恃者交通也。所急者食品也。全省不尽产米之区，即使旧有储积，而以供军食之故，仓廪咸空，任军人之勒索路局，骚扰粮商，致食料不能源源接济，将何恃以利用厚生。此须急陈者九。国家培植人材，端赖学校，校舍半住军队，致青年之求学光阴，掷于无何有，将奈何。代表民意之机关，端赖者议会，议场遍住军队，致善后之种种事宜，无从开会议决，以期逐渐而推行，将奈何。此须急陈者十。上举十事，特其显著者，其他痛苦，言不胜言，创巨矣。痛深矣。即今而休养生息，非迟以三五年后，元气不易回复。仰我列帅痌瘝在抱，施济为怀，定不忍直隶之百十九县，三千万人，永归沦陷。惟以地位特殊，关河远隔。纵派员调查兵灾，未必至详至尽。用敢即身之所受，目之所见，耳之所闻，披沥直陈，上尘钧听。希我列帅各饬贵部，即前述各弊，查部下之或有或无，有则严加惩治，以戒效尤。无则预为防闲，以永令誉。俾直隶全省各县，劫除水火，望慰云霓，且使袍泽观摩，引为模范，议员等幸甚。各界商民幸甚。直隶省议会议员同叩。佳。

〔北洋政府京畿卫戍总司令部档案〕

18 张之江等声明国民军退至南口多伦反对非全民真意所组织之政府及其一切行为通电

（1926年5月21日）

十万急。北京。全国父老兄弟、各报馆、各法团、各机关、临时治安维持会、各省区军民长官均鉴：改革以还，频年膠扰，阋墙未息，郅治难臻，而城郭邱墟，生人沟壑，日有甚焉。此岂非吾人所心痛心者哉。甲子仲冬，本军师于京畿，首倡和平，昕夕筹维，冀推消灭内乱，共保安宁，尊重全民，力图治理。未敢以爱戴之私，忘国家至计者。区区之愚，惟在是耳。讵意痼疾难瘳，权奸敌政，未解倒悬之局，已蒙不测之灾，剑戟周旋，缘兹复起，元元涂炭，无所依诉。顾佳兵不详，先贤有训。矧吾国状态，犹飘摇于风雨中欤。本军夙殷和平之望，恒怀恻隐之心，重以元老诸公，海内时贤，启迪有加，备蒙指导。乃师退至于南口、多伦，从事实边，用符初衷，亦以戈操同室，虽有胜负之别，要无强张可言，躬自厚而薄责于人，不敢不勉耳。惟国体既建共和，政治当由民主中央政府总揽纲维，苟非由全民真意所组织，或为强权所窃据，是政治难期改良，人民永罹浩劫，国家之弊，恒必由之。本军食民脂膏，敢忘国难。兹谨郑重宣言，在全民政治未能实现以前，凡非全民真意所组织之政府，所有一切行为，非所愿闻。并望邦人君子，共起匡救，务纳政治于共和轨节，以跻隆盛也。掬诚奉布，诸维荃察。张之江、李鸣钟、鹿钟麟、刘郁芳、宋哲元、刘骥同叩。箇。印。

〔北洋政府军事部档案〕

19 中国通讯社关于张作霖在津召集奉军将领讨论进兵多伦策略问题通讯稿①

(1926年7月1日)

中国通讯社云：兹据津讯，吴张在京会晤时，对攻击西北之军事问题，曾经决定吴军攻南口，奉军攻多伦。故张氏到津后，即晚召集在津奉军将领，讨论多伦进兵策略，业经拟有具体办法，电告吴俊陞矣。并闻张氏以奉天军民要政，极待料理，已预定日内即返奉天云。

〔北洋政府京畿卫戍总司令部档案〕

---

① 本件系京畿卫戍总司令部查扣之中国通讯社7月1日1001号通讯稿。

20 中国通讯社关于吴佩孚由长辛店赴三家店前线督战通讯稿①

(1926年7月1日)

中国通讯社云：吴佩孚近日对攻击西北军事，异常积极，除前日亲赴三家店视察防线外，昨日又加派毅军连夜开赴前防，已见另条。今晨四时半，吴又乘车由长辛店转西直门转赴三家店前防督战。吴所乘之列车用两机头拖带，共带车十余辆，吴所乘之车在列车之中。此行吴并未多带随员，前日吴进京时，所乘之车及随员办公车，今日尚留于长辛店车站。直至本社上版时。尚未闻吴有返回消息云云。

〔北洋政府京畿卫戍总司令部档案〕

21 中国通讯社关于直鲁联军第五军长王栋率部开赴沙河参加进攻南口通讯稿②

(1926年7月1日)

直鲁联军第五军军长王栋，前日曾随褚玉璞前往沙河视察防务，兹悉王昨日业经回京。张宗昌、褚玉璞已令王即命所部驻扎于清华园一带者。速为开拨之准备。以便开赴沙河，加入包围南口之战事。王奉令后，已传令军中，著即准备一切云云。

〔北洋政府京畿卫戍总司令部档案〕

① 本件系京畿卫戍总司令部查扣之中国通讯社7月1日1001号通讯稿。

② 本件系京畿卫戍总司令部查扣之中国通讯社7月1日1001号通讯稿。

22 中国通讯社关于李景林所部接受奉张改编开赴南口作战通讯稿

(1926年7月1日)

中国通讯社云：李景林所部，业经张作霖命令张学良张宗昌二人负责改编。兹续据某军事机关消息，目前奉军所改编之李景林军，于昨日下午三时，已开至北苑，内有一千余名，正式改编奉军，督归十军节制，所有军械则尚未发给云。又今晨某方接天津电话云：关于改编李景林军队事，昨晨张学良正向奉报告详细情形。闻李书风、李夹恺各部，亦将遣散或改编。据调查李部军队，尚有一师三混成旅，驻于京津线之一旅，则由鲁督张宗昌改编云。

另一消息，李景林部改编等情，已见各报。兹闻李部各队官佐，均未更动，已定归张学良节制。并即开赴南口前线，加入作战云。

〔北洋政府京畿卫戍总司令部档案〕

23 中国通讯社关于田维勤部开到三家店拟绕道进攻南口后方怀来等情通讯稿①

(1926年7月1日)

中国通讯社云：关于前方战争，田维勤节节向前进发。兹又据某方面消息，田军第四混成旅步兵第一团，原住芦沟桥、西便门、跑马厂一带，现已向前方开拨。昨晚十二时，已开到三家店，准备参加作战云。

中国通讯社云：田维勤昨由三家店电京，大意谓：该军据绕道进攻南口后方怀来县之计划，今已按照预定步骤进行，军队现已出青白口，将抵怀来县。不日即当开始攻击云云。

〔北洋政府京畿卫戍总司令部档案〕

① 本件系京畿卫戍总司令部查扣之中国通讯社7月1日1001号通讯稿。

24 京师四郊军警督察处关于奉直鲁联军与国民军在昌平沙河一带作战情况的报告

(1926年7月15日—18日)

特种报告{七月十五日上午一时 京师四郊军警督察处}处长程侍墀

据前派赴沙河侦探何敬一十五日报称：

(一)查十三日下午五点，开到沙河东北陆军三十七旅九十二团，驻扎沙河。第三团去前方。

(一)查十四日上午五点，褚总司令带卫队约一营回沙河。

(一)探闻前方各师旅兵士，均宣言不发双饷，决无战斗之事。前欠八九个月未放，今又作战，未免公愤太难。前方情形，昨今两日无甚发展。

(一)探得联军以铁甲车冲击，国军则决死坚守，联军铁甲车出发，敌人炮击数十发，联军甲车，还击二发而回。

据前派赴清河镇侦探刘玉书十五日报：

(一)查东北陆军第三十七旅旅长赵鸣皋之旅部，由清河镇移至沙河城内。闻该旅长带兵士两团，其第三团开往前线，其九十二团亦驻扎沙河附近一带。

(一)查炮十四团团部，昨日已赴沙河行动者，今日其团部，仍驻在陆军织呢厂，其各营亦驻在猪房等处。

特种报告{七月十五日下午十一时 于京师四郊军警督察处}处长程侍墀

据前派赴沙河镇侦探何敬一十五日午后报告：

(一)查直隶保安总司令褚玉璞，上午六时带卫队一旅，去前方视察防线。

(一)查第五师十一旅约一团，在南口附近接触，激战三小时之久。系十四日下午六时许，大雨之际，结果联军伤连长一员，兵士七名，送往后方医院调治，敌人死伤，不悉其数。

（一）查今日前方炮声，时有所闻，惟不甚烈，联军之铁甲车，现住昌平车站。

（一）查东北骑兵第八旅一部，在蒋家村之西北一带，与西北军冲突，不甚巨烈。

特种报告{七月十六日下午五时
于京师四郊军警督察处} 处长程侍墀

据前派赴清河镇侦探刘玉书十六日报称：

（一）查十四日午前九时，褚督办由京赴沙河东站住粮栈，今晨赴前线视察炮兵阵地，至下午一点回原栈休息。

（一）查第十军军长于珍，十四日午前八点赴前线视察防地情形，至十点回清河飞机厂预备学校院内。

（一）查第九军军长高维岳，率全军由锦州开来，军长住黄寺外馆，其旅团之兵士，刻下尚未到齐，现来之兵士甚伙，均在火车上住宿，陆续前往进发。迨至大队到齐时，再下总攻击令等语。

据前派赴{昌平县
昌平车站} 侦探{于　发
张崇熙} 十五日会名密报称：

（一）报告鲁联军第四军，在杨坊一带防线、在昌平正西偏北，距离南口二十里之谱，该军军医务处设在白家滩，在杨坊四五里，据该医务处士兵王得升云，每次炮响，绝不见敌军踪影，我军枪炮虽打，亦系迹敌炮声中响应还击，络不见敌军目标，敌炮一响，总要伤人，该军士兵或有恐惧之叹云云。我军防线虽严，络不见敌军，并证敌军地势之完善，可想而知。大约联军防线，左至杨坊旧县一带为防御界线。

（一）闻驮菓脚夫云：田维勤所部，全军攻击高鱼口，现正积极进攻，约距怀来县六十里许。

(一)查第十军军长所辖之第十师、所辖之旅团及数目住址，开列于后：

1．第四旅旅长刘辅廷所辖第一团，第二十五团、第五十九团，以上兵士，均住中滩。

2．第三十七旅旅长赵鸣皋所辖第九十二团、第三团、第五十七团，住清河附近，其余均住沙河一带。

据前派赴门头沟侦探曹文光十六日报称：

(一)近在王平口调查前方情形，近日田军并无大战，闻国民军在羊肠山一带，兵力不足一营，多用诱敌法，一击即退，田军曾在此处被国军地雷轰一百余名。现田军山路崎岖，多有埋伏，不能前进，与国民军两相对峙，每日仅以步枪射击，现田军司令部设在王平村街。

<table>
<tr><td rowspan="2">据前派</td><td>昌平县</td><td rowspan="2">侦探</td><td>于　发</td><td rowspan="2">十六日会名密报称：</td></tr>
<tr><td>昌平车站</td><td>张崇熙</td></tr>
</table>

(一)调查十号所响重炮，确系敌军，以我军加布兵力之际，而我军正面之西部，约在白水洼新口，在旧县阵地射击，约有二十余发，我军其实未受损伤，敌军前数日，每晚约在九十余钟，在山顶向我阵地放光照灯探视。此数日间，并未大战斗，因鲁联军及东北各军，由沙河陆续开赴大碾头(即昌平车站)，西北楼子庄、大新庄、横道子、马市口、白水洼、双塔史桥、旧县等处附近一带防御。该各村距南口十八九里之许，俟各军布置完，不日定有猛烈总攻击。碾头车站，前月二十几号，为敌军将16号道防附近截路拆毁。奉军鲁联军，以车站分界，鲁联军担任车站以西至与田军东部联络。奉军担任车站以东及昌平以东风山张格庄等处为防御线，现在布置之际，而大本营设在沙河集中。

(一)据昌平乡民云：敌军在官沟内设防御线三道，头道线引水及障碍物。二道线设地雷。三道电网，以车头为引电机关。

(一)查沙河以北昌平附近一带，所有商民住户房屋，均被各军所占，而商民路见人稀，日需粮煤盐等物，堪堪断绝，惟双塔、旧县、白水洼一带，房屋多被敌军重炮轰塌等情。沙河车站，虽然每日有大令查街，而夜间常有军人越墙、骚扰各情事。

特种报告{七月十八日下午七时 于京师西郊军警督察处}处长程侍墀

据前派赴清河镇侦探刘玉书十八日报称：

(一)东北陆军第十军参谋与联络员，由前线回来时云：南口一带，沟垒甚为坚固，设立电网数道，实难攻破，须由别处攻破，再为进攻，暂时军队在此防守，如必欲攻击，不过伤兵损将，亦难成功。

(一)又据十二旅兵士路过清河云：第十二旅旅长富双英，于七月十六日带兵士开往城外一带驻扎，预备前线开火时，以作十军预备队，作为后援云。

(一)于十六日下午四时，由前线送来伤兵三十余名，由清河经过。

特种报告{七月十八日上午九时 于京师四郊军警督察处}处长程侍墀

据前派赴沙河镇侦探何敬一十七日报称：

(一)查十六日全线均有冲突，联军死伤四十余名；敌人数目未详。

(一)十六日闻褚司令与后方拍电，令速调三旅，增加前方作战。

(一)十七日上午八点，褚司令带汽车三辆，乘火车去昌平，再骑马赴前线布置，不日将有大战。

(一)查前被国军破坏之四十截铁轨，现已修妥，二十号铁桥，仍未修竣，因距火线太近，甚不易修，步枪尚可射击。

特种报告{七月十八日下午一时 于京师四郊军警督察处} 处长程侍墀

据前派赴昌平县、昌平车站侦探于发、张崇熙十八日报称：

(一)查十五日下午三点余，西北炮声突发，约有十数声，确探询问前线鲁联五军十一师司令部勤务兵王中福云：系敌军向我军前线杨房北台头、聂各庄一带二十二旅之防线射击。幸敌炮弹落防线前禾田之中，我军未受伤损，我军因炮力达不到敌军山顶之防线，故未还击云云。

(一)调查我军前线雇民夫，在各防线内挖战壕，以备久守之计，现正进行，偶与由前方回来士兵，谈及前方敌军情形，云及敌军重炮不时射我防线，我军因地势所限，无法还击，若再令我赴前线，似有难色之意。

(一)探查各军防守之计划，鲁联军第四军全军，防御昌平、旧县、楼子庄、大新庄、马市口一带，正面右翼，约距南口二十里之谱。第五军全军，防御在南口正面及杨房、台头聂各庄、白水洼、史桥东西屯一带，约距南口十三四里之谱。第六军全军防线，在杨房以西。前后章村贯市、白虎涧、新屯、马房一带，正面之左翼与高鱼口田军接近。

特种报告{七月十八日下午一时 于京师四郊军警督察处} 处长程侍墀

(一)探闻十一、二日，鲁联军由昌平车站北开，铁甲车冲赴南口，以益进攻，不料被敌军用火车，由上往下放车数辆，遂阻铁甲车前进。

(一)奉鲁联各军，现均集合沙河，往北陆续前进，而沙河以南各户乡民，皆陆续由京归乡，清河现驻有各军留守及医院、该处生意中，亦有贸易者，稍有回复之意。

特种报告{七月十九日上午八时
于京师四郊军警督察处} 处长程侍墀

据续派赴沙河侦探傅正斌，自十四日至十八日报称：

(一)侦探于七月十四日晚到沙河，夜间因大雨未能出探。次日早赴沙河城内，游行一周，见城角设哨兵，驻有奉军一混成旅及第七方面军第一师，统驻城内。

(一)查张效帅驻沙河城，东门内赵宅，暂为行辕，张少帅来，亦驻即于此。

(一)驻沙河街俄兵特遣队副官方松山、被居民李姓二女，在直鲁联军总执法处，喊告为强奸案。已由该处将方犯官缉获押处讯究。

(一)褚督办在火车上办公，有信赴昌平前线查防。

(一)七月十六日山东号铁甲车，由沙河夜间开赴昌平车站念头村外约二里许，一面作战，一面修复铁路，车头满装枕木铁轨，机车在当中，至天明九点，复开回念头村，本日西北军，确已退却数里。

(一)查铁甲军俄兵，每列车一百名，现在沙河昌平前线，俄兵共一千八百余名，归李宝昌统率之。

(一)本日上午十一点，褚督办令执法总处长李希颜，将强奸案犯俄兵特遣队副官方松山，押赴街南头，就地枪决。

(一)查东路谭庆林部，已占领永宁，此系本街无线电消息。又闻南口东十余里丈头村落，有西北军炮弹二粒，死伤民妇九口。南口战事，西北军确已退却数里，取守势。褚督办督战之力，士气颇振，本日夜间炮火甚烈。

(一)十七日褚督办夜间十二点，由前线到沙河，稍停即返京。

(一)卫戍司令部侦探杨韩二名，抵沙河车站，旋随该次火车又返京。

(一)俄兵因枪决方副官事，颇怀报负，曾暗向居民方面探询李姓住址，其长官为防患未然之计，本日将该俄兵一大部七百名特遣队，由于副官率领，步行开赴贯拾村杨房一带，分攻西北军。

(一)本日前线进占二里许，惟炮火不甚激烈，盖南口正面居高临下，实不易著手。据兵士云：须待西路田部、东路谭部抄袭后，再向南口冲锋，否则白耗子弹云。

(一)本日午间，俘虏兵五名，押在直鲁总执法处讯办，并十六日拿获国民军便衣侦探五名，乃系居庸关一带之人，闻已枪决。

(一)闻直鲁军进占哈吧屯七间房等处。又河南号铁甲车回念头村，山东号开赴前线。在昌平村附近铁道上，起出地雷，乃俄官查勘所得。

(一)奉军工兵修沙河街往南口大道，因雨水积存之故，鲁军粮车经过其路，倾轧不堪，当经奉军斥之，几至动武，后经民人劝解，始散。

(一)十八日，山东铁甲开回念头村，河南号前进在哈吧屯道上，起出西北军埋伏之大地雷一枚。

(一)查昌平西土城一带，驻山东第五师吴可章一旅，攻南口侧面数次，不过前进数里，实未大胜。

(一)包围南口一带驻军、村庄、地名列下：计昌平北辛店、横桥、四各庄、进子庄、杨房、楼子庄、西里屯、白水村、梅新屯、西屯、上东屯、上土城。

(一)昌平迤南驻军村名，计杨庄、白堡、西沙屯、马食口、横道子、楼子庄、满井、昌平、东南陆村、北大桥。

〔北洋政府京畿卫戍总司令部档案〕

25　褚玉璞呈请报销攻击南口等地所用军需各费文电

(1926年11月—1927年7月)

(1) 褚玉璞呈报军需费用清册(1926年11月)

直隶保安总司令褚玉璞，兹将所部各军奉令讨赤，揭自民国十五年四月起，截至十月止，津、京、张沿途所需军事各费银洋数目，造缮总清册。送请鉴核。

计开

直隶保安总司令部共支洋叁拾壹万捌仟捌佰玖拾柒元玖角伍分。

第七方面军团全部共支洋柒佰贰拾玖万柒仟壹佰玖拾伍元柒角捌分玖厘。

以上总计支洋柒佰陆拾壹万陆仟零玖拾叁元柒角叁分玖厘。

保安总司令褚玉璞

军需课长李福源

中华民国十五年十一月

附表〈一〉

（2）褚玉璞致张作霖密电（1927年7月30日）

北京大元帅钧鉴：瑞密。窃职于去春奉令讨赤，南口战役，历七月之久，所需军事各费，计支洋七百六十一万六千另九十三元七角三分九厘。已由职部汇造清册，连同单据，咨送军事部，核销在案。查此次所需之款，系由省库挪垫，兹拟请饬财政部指款拨还，并恳钧座饬部速予核销，俾资分期结束，实为德便。职褚玉璞叩。卅。印。

〔北洋政府军事处档案〕

26 京畿卫戍总司令部转发张作霖在天津就任安国军总司令训令

（1926年12月4日）

京畿卫戍总司令部训令　秘字第七号

令本部军务处

为训令事：顷奉镇威上将军张，东日通电内开：此以国政不纲，暴民乱纪，宣传恶化，勾结外援，年余以来，夺地争城，残民以逞，长此披猖，国将不国。顷据孙馨帅诸君，以时局艰危，暴徒肆虐，联名电请，以安国军总司令名义统率同志，保安国家。作霖自分驽骀，岂堪膺兹重任，屡经电辞，未承谅许。当兹危急存亡之秋，敢昧匹夫有责之义。爰于十二月一日，在津就安国军总司令之职，所冀袍泽同仇。共纾国难。凡有敢于危害我国家安宁者，愿与同人共逐之，以全我安国军保安国家之素志。近年暴徒骚扰，全国若兵。凡安国军师行所至，军纪风纪，整齐严肃。但知救国，决不扰民。作霖戎马半生，饱经忧患，只期国家谋永久之安，决于个人无权利之见，事平之日，仍当与海内名流，共商国是，总期造成真正法治之共和国家，不致使神明华胄陷于洪水猛兽，免为世界人类所不耻，则幸甚矣。特布区区，敬希谅詧等因。奉此。除分行外，令行训令，令到该处，即便转饬一体遵照。切切此令。

于 珍

中华民国十五年十二月四日

〔北洋政府京畿卫戍总司令部档案〕

（二）南北战争及各地割据混战

一　湘省之南北战争

1 湘督张敬尧报告吴佩孚撤师北返前拟定接防办法偏利湘军如何对待密电

（1920年5月17日）

北京段督办夫子钧鉴：治密。铣电敬悉。吴师长佩孚此次自行定期撤防，全军北返，尧接其两次佳电之后，比即据实转陈均核。并将拟定就近派兵接防祁阳、安仁及派暂编第一师师长吴新田为前方总司令官，暨由省派兵接防衡阳各情，详晰电请训示。盖尧之本意，实欲尽其力所能及，以固湘防而维大局，仰抒中央南顾之忧。讵顷据派赴衡阳之参谋温其荫、参谋孙宗尧交到吴师长来函，并请折、另单各一件，实有令尧万难办到者。其请折原文曰：直军撤防后，维持防务之规定：（甲）防线：一、停战以来，双方防线迭经变迁。直军现驻黄阳司、祁阳城、渌江铺、松柏、耒阳城、安仁城一带之线，湘军现驻大忠桥、萧村、黄家渡、淝江、龙海塘、彭蠡村一带之线。张军接防后，应仍照旧遵守。二、由祁阳城起至松柏一带之河道、为直湘两军公共河道。常宁、永兴间之小水铺一带，常宁冷水滩间之白水市一带，均为湘军原来交通路线。张军接防后，应仍照直军在时规定，双方各不得阻碍。（乙）交通：一、凡往来行人，持有湘军或张军护照及公文者，一律通行。二、电信邮件，彼此通行无阻，说明从前湘军直军，无论任何方面，除军队须预先通知，方可运动外，如私人行动，有湘军或直军护照，无论在何方面，行动均无留难，明密电报及邮件，亦概常通行无阻。此后张军接防，应遵原有规定办理。（丙）粮秣材料：一、凡有湘军护照及公文，采购粮秣材料，于衡阳、衡山区域，一律通行。亦有时以直军护照至湘潭采购者，说明湘南各地军民应用之粮秣材料，悉购自衡阳以下各处，湘、直军主和以来，凡所需皆购诸上述各处，由直军担任保护。有时舟车困难，并由直军代雇船只，或竟代运者，无论军民，因采购上述物品，携有现款或通行纸币，载明护照，悉由直军保护，从无遗误。此后张军应遵照直军原有办法，负责保护，不加留难。（丁）金融：一、张军对于湘军金融机关、负完全保护之责，说明湘军自湘南银行倒闭之后，民间所受损失极大，若不设法维持金融，小民几不能为生活。所以永州湖南银行设兑换处于衡州马嘶巷，以资民间周转，实有苦衷。直军因湖南银行确有设立之必要，故极力保护以利人民，此后张军对于该银行亦应负完全保护之责，决不使民间受意外之损失。（戊）居民：一、凡在张军防线内与湘军有关之学生或居民，统归张军负保护之责。说明：凡在直军防线以内之学生及居民，与湘军有关系者，直军前皆保护。此后张军仍当极力保护，不得骚扰及加害等情。（已）经济：一、常宁全数田赋及耒、安等县田赋之一半，自停战后，即归湘军征收。此次张军接防，自应照旧。二、湘军因经济缺乏时，有时函请直军发给护照，特派专员在直军防线内，向民间借贷，此次张军接防，亦应留此余地。其另单原文曰：请将祁阳、耒阳、安仁三县全境，划归湘军管辖，另单说明：湘军自与直军携手言和以来，即困守一隅，以待和议成功。不幸和议延至两年之久，尚无解决希望。其间虽承直军友谊的补助，在予以便利。无如人数既众，地面狭窄，若非直军之优遇，及坚忍自守之精神，几不能暂守原线。现时局混沌如故，军食维艰，及地方匪患堪虞，有不可不变通者。在祁阳、耒阳、安仁三县，困于湘、直军者，已两年之久，人民免于匪者，即不免于饥荒。地方之行政，难于遍及，扰民之匪祸，易于藏逃，湘、直军长官，早有救民之意，而又以移动军队困难，屡次设法，屡次停止。此次直军撤防，正可将耒阳、祁阳、安仁三县，全交湘军管辖，以示和平诚意等语。而吴师长来函，则属于请折办法，请仍继续施行，永远有效，而于湘军代表要求将祁阳、耒阳、安仁三县，划归湘军一节，则属尧稍为退让，藉联感情，并催尧初拟派为前方总司令官之吴师长新田，迅速来衡，以便主持一切，将所拟办法，双方签字，以资信守等语。查南北自停战以来，彼此相约，各守原防，不相侵犯。今湘军忽于直军撤防之际，私相授受，且要求祁阳、耒阳、安仁三县，归被管辖。吴师长久处前方，岂不知三县属人，则衡阳三面受敌，万难扼守。乃前日佳电既有衡阳化为中立地之言，隐隐将三县让于湘军之表示，今则居然为之代求，并属尧稍为退让，并有请折所开之种种利敌条件。尧若依从，是让地非接防也。揆之院、部铣电教命商接之意，将置中央威严于何地耶！祁致尧若遵吴师长之命，派兵前往，兵少则无济于事，兵多则恐因误会而生冲突，甚且激成争端。反复思维，惟有将初拟接防各办法暂行中止，俟吴师长撤退全军整队北旋之后，如果湘军乘虚侵入我防划定防线，尧即一面呈请师门坚毅主持，一面即凭藉中央之威灵，竭尽心力，誓必扫除，决不畏难苟安，拱手以受人欺侮。是即敬尧捐糜顶踵报国之秋也。现察吴师长此次撤防意见，似有预定计划，且坚决而难商量。尧为事势所迫，不得不暂取镇静，再定相当防卫。傥中央筹有周密至计。能令吴师长拒绝湘军之无理要求，与尧和衷共济，保全湘南原防，岂惟尧之私幸，大局实利赖之。期迫事急，危险堪虞。究因如何消弭，救济之处，伏乞迅速裁夺，飞电示遵。迫切陈词。无任叩恳。学生张敬尧叩。筱。印。

〔北洋政府督办边防事务处档案〕

2 张敬尧报告南军进占祁耒之后又占衡阳等情密电

（1920年5月28日—30日）

（1）5月28日密电

亿兆万万火特急。北京大总统、国务院钧鉴：参陆两部、参陆办公处鉴：统密。直军奉令撤防，北归休养，业于有日通过长沙，及南军侵占祁阳、耒阳两县，并进逼衡阳与寥田铺、观音桥等处各情，均经电呈在案。现经驻衡州吴司令新田俭二、三电称：南军已进至东阳铺，距衡仅二十余里。本日午后四钟，已与我军开战，我军迫不得已，还击自卫。现敌军以三旅之兵，向衡州攻击甚急，我军兵士伤数名等语。除电张总指挥由攸派队援应外，特由省派队接应，以固湘局。查连日南军著著进逼，尧均屡电前方坚忍退让，以期力保和平。不料谭延闿、赵恒惕等不但不将原防地点及祁、耒两县退出交还，且逼衡阳，向我军开衅，实属有意开衅，甘心破【坏】和平。尧让无可让，忍无可忍，不得不督饬所部，为目前之防御。务恳钧座飞电谭延闿，严词诘问，究竟是何居心，明白宣布，以待天下之公论。战衅既启，事机万变。并乞钧座随时训示一切，俾有遵循。至为叩感。张尧敬叩。勘。印。

〔北洋政府陆军部档案〕

（2）5月29日密电

万火急。北京段督办夫子钧鉴：治密。吴师长奉令撤兵休养，当由尧分派各队前往接管湘南各防区。并由吴师长居中介绍，与南军订约六条，彼此相约，各守原防，不相侵犯。不料南军箇日竟将祁阳防地争据，有日将耒阳防地侵夺。尧犹再三退让，忍不计较，无非委曲求全，保全大局之和平。讵赵恒惕竟由耒阳以三旅之众步步进逼寥田铺、观音桥等处，感日午后四钟，率队三面并进，环攻衡阳。该城兵力单薄，实因尧部分防各处，一时不能调集；又因直军撤兵迅速，南军骤逼，事出意外。现衡阳仅有先前所派维持治安第二十五团，仓卒应敌，恐难抵御。除直电谭延闿交涉外，特电上陈，务恳速示方略，俾资遵守。再，南军甘冒不韪，进攻衡阳，直军现在湘阴停滞，似此情形，谅有阴谋，乞我师予为准备。湘省情形，骤形危急，尚不知如何变幻。尧责任所在，自不得不尽力筹备。维持目前，但恐是非淆乱，敬乞飞电南北，主持公论，严诘谭延闿，俾天下咸知此后战争，实属咎有攸归。事机万分迫切，诸祈迅颁明谕。不胜感叩待命之至。学生张敬尧叩。艳。印。

(3) 5月29日密电

万火急。北京段督办夫子钧鉴：湘省自南北停战以来，各守防地，两不相侵，非〔静〕候大局解决，以期永久和平。曩岁叙浦一带，南军内讧，国军徇绅民之请求，进驻马市桥等处。旋得谭君组安来电，内称：力足剿匪，请勿越防。敬尧当即电令驻新杨司令缵绪，速将所部撤退，谨遵信约。虽违背人民之请求，然以信义攸关，亦难兼顾。此次吴佩孚将军因将士久戍思归，呈准中央撤军北旋；又恐湘南防地两军接近，偶有误会；并兼为南军筹及生活起见，会同谭组安代表肖光礼、敝处接防总司令吴新田，暨湘南镇守使赵春霆、衡阳道尹胡睿，订五条约六款，在衡签字。一曰防线，系照吴师长所部驻扎地点，由我军派队接防。二曰交通，彼此无阻。三曰粮秣材料，准其采购。四曰金融，代为维持。五曰居民，力任保护。六曰经济，设法救济。此等条件，虽多逾分要求，敬尧为遵重和平、顾全大局计，稍加说明，当即一一承诺。敬尧坦然自信，毫无疑虑。故此次接防，仅派少数军队分驻各区，深恐兵多易启嫌疑，致生误会。委曲求全。殆以论私交，则保全吴将军之威信；论公谊，则预防湘省糜烂，累及无辜。皇天后土，实鉴此心。苟有诈虞，是即和平之蟊贼，人民之公敌，当亦举国所共弃也。讵意湘军蓄意破坏，一面缔约，一面侵防，见我兵单，分途侵占我军防线，先行逼近祁阳、耒阳等城，尧犹忍不与较，严饬所部，慎守现状，以俟从容交涉。盖尧意但期湘军适可而止，则我虽稍让，可免激成战争，牵动大局也。乃我军接防祁阳之陈团长率队号日抵祁、三师撤退，南军即于同日夜间起，连日三路围攻祁城。开枪狙击，勾结土匪，分头滋扰。陈团长邀托邑绅，根据彼此范围，再三交涉，毫无效果，进攻益力，我军不忍还击，恐糜地方，禡日湘军即占祁阳县城。又我军派往耒阳之赵副司令兴发，敬日接收耒阳防地，旋有赵恒惕所部四面包围耒城，强被占领。敬尧前后接据电报，均令各接防部队仍应静守本分，保持现状，以待交涉。因双方条件系经吴将军居间规定，尧为〔曾〕迭电吴将军转为交涉。并将各【方】面情形，随时电谭君延闿，直接诘问。讵伊复词狡展，多不承认，而派队猛进，依然如故。本月有日，吴将军启行离衡北上，该日赵恒惕所部已进至距衡数十里地方。据接防衡州吴司令新田及赵镇守使春霆寝、感各电，南军赵恒惕所部廖、宋两旅三路逼衡；一由耒阳北进，经廖田铺至观音桥；一由常宁潜过松柏市，已抵牛头山，一由祁阳北进，已抵八塘，现仍进行不已云云。又宝庆、新化方面，日来越防添兵，有增无已。已屡电诘问，乞无答复。可见谭氏此次确是立意破坏和平。现已将衡阳占据，仍行进逼。安仁方面，迭增军队，势将来攻。谣诼纷纷，居民惊恐。敬尧一再退让，原期暂维和平，然默察南军情形，咄咄逼人，以土匪为先导，以军队为后援，至是始悟谭氏纯以欺诈手段，得寸进尺，甘冒不韪，乘机侵略，希图扰乱和平。敬尧武夫也，束发从戎，只知信义，倘彼方漠视信约，则敬尧有何畏怯。况负守土之责，义当保境卫民，更何敢一再退避，任人欺侮。第念和平希望，举国同情，南北朝野，方图以互让精神，力促其成。谭氏竟敢乘三师撤防之际，侵我边区，占我军所辖之祁阳、耒阳、衡【阳】三县，且仍节节进逼，暗窥新、宝，糜烂乡邦，扰乱大局，丝毫无所顾忌。敬尧循分率职，当此危机四逼之际，自不得不督饬所部，分途前进，为正当之防御。谭氏如不觉悟，还我原防，仍逞兵锋，希图侵夺，则发生战事破坏和平之罪，应由彼方负责，敬尧不任咎也。事机迫切，谨敢据实直陈，敬候明教。幸甚！感甚！张敬尧叩。艳。印。

〔北洋政府督办边防(参战)事务处档案〕

(4) 5月30日密电

万万火特急。大总统、国务院钧鉴：参谋部、陆军部、参陆办公处鉴：统密。南军此次因三师撤防我军尚未到齐之际，分途以大军占据耒阳、祁阳之后，复以三旅之众，三面围困衡阳各节，业经电陈在案。顷据吴新田总司令电称：南军以三旅分三面围城，我军维时只到一团，又系初到，事变出于仓卒，情形又不熟悉，新田督饬所部，正与南军相持之时，□〔讵〕意南军预在城内伏兵，乘夜向我军开枪，我军内外被攻，犹复奋斗。卒因伏兵枪伤我兵太多，士气惊慌，万难抵御，新田迫不得已，遂于俭日夜半率领所部冲围而出，退驻距衡城三十余里之樟木市，暂作攻势防御，坚守待援，再图恢复等语。尧接阅之下，极为焦燥，始知南军确系立意破坏和平，故占据衡阳之后，犹复进迫衡山，窥伺省垣。尧已委张敬汤为援衡总司令，率领第一支队于今午出发。旋命第二支队于下午启行。现尚编成第三支队，以备续进。尧当此事变，惟有督饬所部，分途防御，以期保卫地方。惟连电请示方略，迄未奉复，伏乞迅赐训示只遵。不胜万分迫切待命之至。张敬尧叩。卅。印。

〔北洋政府参陆办公处档案〕

3 张敬尧关于吴佩孚撤防后南北双方兵力布署及交战等情密电

(1920年6月3日)

亿兆急。北京后铁厂杨处长季璠弟鉴：豫密。昨奉院、参陆部东电，询问湘省前后军情。兄若迳电中央，诚恐牵涉某方，破坏大局，用将长电，直达台端。文曰：参、陆部东电奉悉。三师驻衡两载，宗旨屡变；始则拥护中央，继则主持和议，最近于粤，列席于政务会议，决定自行撤防，不待中央命令。敬尧为顾全中央威信起见，代为呈请关于此时接防之准备，预为筹划，颇费苦心。倘以重兵接防，则该师经过长沙省垣，即有绝大危险。敬尧一身虽不足惜，其如数万国军，同陷前方之生命何？再则留其一部，分驻祁阳、安仁，敬尧仅接衡阳之防，则与南军增实力，亦非良策。情出无奈，惟有听其全师退出，为孤注之一掷。三师吴师长又复代为筹划，与西南代表订立信约六条，并代为签字，且派员嘱令接防，勿带多兵，免致发生误会。敬尧谨遵照办。讵意我军未入防地，南军即接防于三师之手，要击我军于途中。衡阳则签约之次日，南军距城仅三四十里，半夜袭击我军。且于各防地内预设暗杀队，差幸敬尧于各处接防军官，均有密令，遇伙遇敌，均令退出防地，再行据约诘问。是以军队虽有损失，不至大伤元气。分途退却，彼遂节节进攻，此接防时代之实在情形也。再就接防前，在湘主军、客军之兵力，与驻扎地点言之，(一)宝庆方面：系田树勋所驻，其兵力由第七师抽调两团，补充新兵两团，暂编为湖南第一师，以便统率。然新兵操练未久，实力仅第三团之用。(二)新化方面：驻扎补充步兵两团、东坪驻扎一团，以为宝庆右侧之掩护。(三)永丰方面：驻湖南暂编第一师步兵之第一团，以掩护宝庆后方之连络。但田师新兵操练未久，指挥颇形困难。(四)衡州方面：原由第七师驻扎攸县之二十五团，移赴衡州接防，最后以敌人进逼，先派新兵一营助防。现正由省集结之新旧各兵，编组三支队，前往赴接。惟由长往衡，河水逆流，应援迟缓。兼之在湘小轮，均被三师撤防时带往汉口，迄今仍未放回。(五)第十一师分驻浏阳、湘阴、益阳、宁乡、安仁、汉寿等县。军防移动，土匪即行四起。且一时缓不济急，移动非款不可。诸多碍难，实难尽述。(六)省防与株州及湘潭诸重点，亦各驻兵一团，以资镇援。(七)安武军五营，现驻湘乡一带，而陈统领在皖未回，调遣无人、主持颇难。(八)攸茶方面：系张师长宗昌担任防务，现时亦战斗甚烈，并请增援，势难抽调赴援。且该队系遵中央命令减六成、八成不等，平均每营约二百八十人左右。至若现时战斗之情况：(一)攸县、茶陵方面：敌人约有兵力八千进攻，其势甚猛。(二)衡阳方面：敌人约有一师。共以上人数，约在一万五千。(三)永丰方面：敌人约有三千。(四)宝庆方面：敌人兵力，约有二万五千以上。(五)新化方面：敌人兵力，约有四千余名。(六)东坪方面：敌人兵力，约有一千五百左右。(七)桃源方面：敌人兵力一万三千余人。合计敌人正式兵力，约近六七万之谱。其余潜伏土匪甚多，到处扰乱，我军作战困难，固有兵力单薄，然受土匪牵制亦一端也。至湘南湘西各方面经过及现在之战况：甲、衡阳方面：(一)攻我衡阳之南军，系赵恒惕所部之两旅，旅长宋鹤庚、廖家栋，兵力约一万五千余人，自永兴由公平墟取道廖田铺，经观音桥，直窥衡阳，并未经过耒阳。我军兵力既单，又无援助，遂退于麻林桥，力图恢复。乙、宝庆方面：(一)进攻宝庆之南军，南路为江道区司令刘梦龙，率兵六营，进攻花桥。副司令陈林戢，永属区司令谢国光，各统兵五营，屯我之白仓市附近之珠田、唐渡口、回龙市等处。西南路为张子余，率兵七、八营，进至两条。东南路为张振五，率兵六营，伏我文明市，共计三万六千人。五月二十九日，陈林戢、谢国光向我军仓袭击。次日，刘梦龙亦由花桥向我五峰铺进逼。张振五亦向我吊井岭进攻。惟张子余兵力稍厚，包围梅子岭。我军现已退至长烟铺，数日均在激战中。丙、湘西方面：桃源虽无变况，而辰州南军已开两营至辰巳关，并遣小部队向我张家湾游击，其大部邬〔集〕中辰、洪。查其兵力，田应诏约有五千人，张学济约有二千五百人，林德轩、胡瑛亦各千余人，黔军向涛原有混成一旅，现已开到一团，约共五千五六百人。约共一万数千人，等攻常、桃之用。洪江吴剑学约二千余人，田镇藩、蔡巨猷约三千余，刘树懿、陈嘉祐、王小山

亦各有千余人 。有分向我武岗进发者，系与谭延闿一致行动，拟夹攻宝庆。再则后尧部节次避战，及田树勋与张宗昌不能同时联络战斗之情况：甲、退出祁、耒、衡阳、衡山各处之情况：防务交替之先，祁、耒已暗伙南军。迨我接防部队到城，吴师官长力言南军不食盟言，且吴师长亦曾电保南军无他。乃吴师所部各处防地尚未接清，即一拥而下。其吴师朝退，南军夕来。我部因兵力过单，势难久驻。衡阳、衡山退出情况，亦复相同。乙、田树勋与张宗昌不能同时应援战斗之情况：衡山相距过远，道路亦复崎岖，敌逼衡阳，宝队赴援，非三四日不能达其目的地。兼之当时宝庆亦有发生战斗状情，图上战术，碍难施于实地。张宗昌所部，不能应战，其势概略相同。总之，田张两军，距离较远，碍难互援。又加之防御线较宽，尧于是电令缩小防线耳。斯时攸、茶之队，绝无抄击衡山之能力。缘张师长宗昌，现驻攸茶之队，兵力虽属两师，而张旅长克瑶一旅，系巡防队、每营不过二百八十八人。目下攸、茶方面，南军计有一万五千之多，业已进攻，正在激战，时机迫切，屡电请援，自守尚虞不及，何有余力抄袭衡山后。夹攻一层，按目前湘东之情形，实难办到。总之，敬尧奉命督湘，原有守土之责，凡计划军事，筹及守备，但意料所能及者，尚能防范未然，若夫事出情理之外，甘心破坏和平，扰乱大局，不顾国家，只知权利，则固防不胜防，为能力所不及。倘中央不下明令，不增援队，敬尧只得就力所能及，缩小防线，保全实力，图报答于将来。再湘南赵镇守使自衡州退出后，只接该使一次报告，后不知信息，传闻业已附和南军，合并声明等语。希抄密折，面呈大总统。至嘱至盼。张敬尧。江。印。

奉批：密交院、处。

〔北洋政府参陆办公处档案〕

4 易宗祓等谴责谭延闿等破坏湘局电

（1920年6月3日）

北京大总统、段督办、国务总理转各部总长、参众两院，报界同志会转各报馆均鉴：自和议停滞以来，我湘父老昆季，咸惴惴焉，惧阴谋之煽乱，至战祸之重开。幸南北当局，内审舆情，外察大势，未肯甘冒不韪，以国家为孤注一掷，湘民始得苟延残喘，稍事休息。何物谭延闿，竟敢乘吴师撤防，侵占耒、祁、衡、宝等处，置天命人言于不顾，是国家桑梓之俱忘，甘作戎首，破坏和平，不特贻南北军界羞，且当为国人所共弃。尤可异者，岑春萱〔煊〕藉政学会首领名义，垄断权利，破坏西南大局之不足，犹欲逞兵湘境，贻祸吾邦，反为谭氏辩护，谓衅自北开，颠倒是非，淆乱正听，岂真欲以一手掩尽天下人耳目耶？且闻谭氏肆其阴谋，派人游说冯旅，假道常德，更为侵犯岳州之计。不知冯旅长驻兵浦口，即已渴望和平，声闻遐迩，焉肯顿易初衷，受人簧惑。谭氏之不仁不智，可哀孰甚。今者报载，外交团对湘之将提出警告，若果属实，是不独祸及湘省，且以辱全国也。谭氏之肉，其足食乎？诸公或秉国钧，或负时誉，痌瘝在抱，义岂后人，所望主张公道，速解倒悬，非独湘省之幸，抑亦全国之幸也。祓等念切桑梓，自救乏术，缨冠披发，无任主臣。临电曷胜涕零待命之至。湖南省农会会长易宗祓，湖南省农商教育会联合会主任王钟对、陈季虎，湖南和平促成会主席辜天保暨会员全体同叩。江。

〔北洋政府陆军部档案〕

5 张宗昌报告在泗汾作战情形密电

（1920年6月6日—11日）

（1）6月6日密电

万万万万特飞火急。国务院、参陆办公处、参谋部、陆军部钧鉴：同密。歌电计达。本路各军队，已遵湘督电示，迅向醴陵集中，听候指挥。而敌节节进攻，我军且战且退，三面受敌。宗昌奋力支持，官兵劳苦尤重，幸士气尚佳，尽有最后奋斗之力。惟株州紧急，早晚不保、而潘张两旅，在醴陵存储军火及第一师所存等件，为数尚多，不得不移存安全之地，以备不虞。然为目前计，即无他处可存，尤无输卒可用，困难实不堪言状，只有就近移存萍乡，酌派队伍，随同掩护，以济眉急，事机至迫，军实至重，万恳院部飞电陈赣督，迅饬方镇守使本仁，查照办理，以资接洽。否则，军队随时出发，无法携带，并有借寇赍盗之虞。无任盼切，立候电准，倘至万不得已，应向何处退却待命。并乞训示。张宗昌叩。鱼巳。印。

（2）6月10日密电

最特飞火急。北京国务院、参陆办公处、参谋部、陆军部钧鉴：同密。佳蒸各电，计均邀察。确查泗汾之敌，系李仲麟、罗先闿、何健等所部，陆续加入火线，计共十八营，猛扑我军，至为激列。经第一师贾旅长振国、褚团长玉璞，率队奋击，并令潘旅长鸿钧所部加入本军左翼，张旅长克瑶所部，加入本军右冀，鏖战至十五六小时之久，敌势仍未稍衰。本日拂晓、我军悉力攻击，连次冲锋，各官兵勇不顾身，战至上午八时，敌力渐形不支，始向黄土岭一带纷纷溃散，其情状已狼藉不堪，计夺获步枪一百数十支，毙敌二百余名，追击三四十里。生擒其连长宋化中一名，俟讯明就地法办。第一师伤亡官长目兵亦四五十名，所有战斗详情容当另电继陈，除电请张湘督迅饬株州正面各军除乘势进攻衡山，本路亦可协同动作，驱敌出境，俾我右侧不至悉为暴露外，谨将泗汾大致战况，先行驰报，用备察核。再，此次李仲麟等乘湘西南屡胜之后，猛力来攻，其势甚锐，几于不可遏抑。既经我军一战破之，敌力实亦大挫。固由将士用命，克奏肤功，而后方联络灵便，接济无匮要，亦制胜一大原因。合并附陈。张宗昌叩。蒸酉。印。

(3) 6月11日密电

十万急。北京国务院、参陆办公处、参谋部、陆军部钧鉴：统密。昨在泗汾战线，生擒敌军连长宋化中，由其身畔，搜获敌军总司令令一件，布质方式，形同符号，上段刊有总司令令字样，中间刊有救国救湘，在此一战，勇往前进，拼命杀贼字样。并盖有湘南总司令印一方。是其志在破坏大局，略可想见。另获其连长符号一纸。谨此驰闻。张宗昌叩。真午。印。

〔北洋政府陆军部档案〕

6 张敬尧指责谭延闿违约开衅进逼不已通电

(1920年6月9日)

大总统、国务院、各部院、段督办、警备总司令、吴总司令、保定曹经略使、盛京张巡阅使、蚌埠倪巡阅使、南京李督军、武昌王督军、南昌陈督军、库伦徐筹边使、各区都统、各省督军、省长、各总司令、各护军使、各镇守使、各师旅长钧鉴：本日接阅西南四总裁宣言书一通，盖目击时局之蜩螗，生民之涂炭，非大局早谋解决，国家将立就危亡。渴望和平之心，昭然若揭。乱极思治，人有同情。敬尧爱国之心，夫岂甘居人后。湘省为南北门户，适当双方对峙之交，一自界约划分，即谨守要盟，从未轻越雷池一步。盖信约不可背，而当此外侮频仍，国本飘摇之会，内讧尤不可开也。乃谭延闿野心不死，久蓄阴谋，运械增兵，已非一日。当直军三师将撤未撤之际，首先以割让耒、祁、安三县，为尝试之先声。尧心知其然，顾不愿因此龃龉，破坏将成之和局。当由吴将军居间，为双方防务之规定，作一度界约之声明，以为息事宁人，从此各不相犯。乃吴师朝发，而谭军夕来，签约未乾，无端反讦。占我衡阳、衡山，而犹未餍其欲，复占我宝庆、永丰、新化。今又萌暗袭湘西之志。甘为戎首、遗祸乡邦。和议甫露一线之曙光，乃有意作临时之捣乱。就兵力而论，何难与之一决雌雄。况衅自彼开，曲不在我，声罪致讨，亦可求谅于国人。徒以全国久望和平，一旦与之作无意识之争，亦自觉太不解事。是以节节退让，上以保我中央之威信，下以示尧不欲以小不忍而乱大谋，曲直是非，自有公论。兵连祸结，俶扰何为 。无如尧则委曲求全，彼则得寸而进尺，有意扰乱大局，破坏和平，徒以个人权利之私图，甘作全国人民之公敌。兹上海和议方幸，准备赓续重开，而南军违约开衅之情形又如此。用特将经过事实及敬尧隐忍退让之苦衷 ，重行通电沥陈，俾邦人君子，得明是非，而一为评判，则敬尧之幸也。张敬尧叩。青。

〔北洋政府内务部档案〕

7 张敬尧报告自长沙溃退岳州情形并恳准辞湘督致大总统等密电

（1920年6月11日—12日）

（1）6月11日密电

万万万飞飞急。北京大总统、国务院、参陆办公处钧鉴：统密。连日战况及燕电，谅荷钧察。本日情形，益形危急。湘潭业已不守，省城旦夕可危；查此战事，主客各军，名虽数万，而应敌者，仅敬尧所部，自宝庆、新化、永丰、衡阳、衡山、湘乡、湘潭，相继失陷，我之精锐沿途被害者，不计其数。虽客军如林，皆无斗志，任意后退，其理不明。初则安武军由永丰退至湘乡、湘潭矣。十一师由宁乡不战退至湘阴矣。本日湘潭廿师之一部抵抗未久，则又退至易家湾矣。似此遇敌即退，尧以孤军四面受敌，其何能支？念自战衅初开，西南已认为局部之战，中央亦认为局部之战，无怪客军皆视为敬尧一人之私战，不肯出力，目击敬尧之兵，死伤盈野，弃尸山积，胥不足动人毫末忠愤之心。若再驱之使战，敌以全力，我以一部，敌以全胜之师，分进合击，我则毫无策应之卒，是犹以犬羊而当虎狼，惟有见其同归于尽而已。于湘无益，于大局奚补？再四思维，南军所以认为局部之战，中央所以认为局部之战，客军所以观望，吴军所以撤防，皆无非为一督军。敬尧无状，待罪两年，不能抚绥地方，辑和将士，致有此失。故阳、蒸两电，有另简督军之请，亦无非为仰承大总统爱护和平，不使战祸延长，生灵涂炭之意。务乞大总统迅予照准，并请派员将敬尧所部军队接收，从此解甲归田，藉资休息，徐图报效。在中央未派员接收以前，尧请暂以前敌总司令名义，躬率所部，暂回原驻防地整顿，再候后命，以期恢复。至其中黑幕情形，此时无暇致辩，姑俟归罪中央时，再行面陈。临电迫切，立候示遵。张敬尧叩。真。印。

（2）6月12日密电

万急。北京大总统、国务院、参陆办公处钧鉴：统密。两真电计达钧鉴。现各部军队业已集合，即行退出长沙，暂至岳州候命。谨电上闻。张敬尧。文叩。印。

〔北洋政府参陆办公处档案〕

8 范国璋报告南军攻克株州占领长沙北军溃退及湘省民变等情电

（1920年6月13日）

万火急。北京参陆部钧鉴：统密。文电略报情形谅达。师长在易家湾收容部队时，闻株州攻破，敌人大约直趋，已陷长沙。此次战争，前线固然有军队抗御，后路多半民变为匪，地方次序紊乱，莫可言状。吴新田部在株州，不知溃退何处。田树勋所部，前十日已被击退，田已受伤，神经痴颓，损失甚巨，闻本人已去皖矣。昨日督军先到，岳师长率已收容之部队，随退随击，联络下驶。然有孔、杨、李、张四营，尚未出围，一俟收容整齐，查明损失，缕细详呈。余遵钧令，特陈。师长范国璋叩。覃。

〔北洋政府陆军部档案〕

9 范国璋报告溃兵抢掠岳州商埠波及教会等情密电

（1920年6月14日—19日）

(1) 6月14日密电

万急。北京国务院、参陆部钧鉴：同密。元电谨悉。覃电谅达，职部沿江战获收容，寒日抵岳，其半数尚在水陆途中，奉电令退平江天岳关，据险掩护岳州。整顿再图，实为□略至理。惟自督军出走后，兵站给养，遗弃净尽，沿途断炊，各部弹械，损失无数。其沿江陆退却之兵，纷溃无序，前途万险。其原因由于开战以来，指挥未能统一，联络不能一致，其他友军不知者，责其观望，实因消息不敏，筹备毫无给养，援兵无非电纸空文，遂致节节失败。现时职部到岳之兵，不过半数。督令饬往平田铺、武长铁道沿线整顿，藉以渐次收容，暂维现状。如必达恢复湘省之目的，必须简任知兵大员，指定区域，统系收容溃兵外，备劲旅先头迎敌，余队尾随增援，或可复收失地，管窥之见，聊贡采择。又岳州商埠抢劫，触目皆是。美国湖滨教〔会〕学校被劫，西人均求璋派队保护地方次序，当已报知督军。砻矶商埠罢市，溃退之兵，麇集无算，如能自治其乱，方可对答外人，免生交涉。合并电陈。余俟续闻。师长范国璋叩。寒。印。

2) 6月15日密电

十万急。北京国务院、参陆部钧鉴：统密。职部已收容半数以上，现已遵张湘督令，由岳境之城陵矶，分向平田铺、零溪各处整理待命，师部暂设城陵矶。寒日、岳州商埠，经督部溃兵抢掠一空，并波及教会，美教会湖滨学校，枪毙西人奈牧师。该西人请求职师保护，事后已派部队兼卫，将侨岳西人护送美国兵舰去矣。昨晚张督正法该部溃兵数名，今日次序稍整，然商民迁徙已空。赵刘两旅，离开岳境。职部除收容尚待整理部队外，允地面商会要求，尽所有兵力，分布暂任维持。顷商店罢市，给养输运，一切动步需款。师长以国家财政，艰窘在心，不敢烦渎，电请恳将陆部前允拨军费一万元，即日赐汇，以济迫切，合并电呈。候后续报。师长范国璋叩。删。印。

（3）6月19日密电

急。北京国务院、参谋部、陆军部钧鉴：同密。奉巧电饬秘查击毙奈牧师一案，遵派参谋长马凯，详切查察，并派该员来京，代表复命，禀陈一切。去后。查此案发生，乃六月十三日午后四时间，其时除督部第七师溃兵外，他师溃兵均尚在长沙、湘阴途中，据此一端，足资研究。又职师曾奉暂归张督指挥之明令，现张督即已离长，收容所部，一切调度，自顾不暇。幸奉钧电，直接饬璋整顿完竣，以备调遣。闻命之下，诸将士神志奋发，踊跃非常。盖为中央效驰驱，固诸将士所争先恐后也。国璋刻正遵命赶速整理，伫听后命。师长范国璋叩。皓。印。

〔北洋政府陆军部档案〕

10 王占元转报南军进逼常德桃源密电

（1920年6月17日）

北京国务院、参陆部钧鉴：同密。据冯玉祥铣电称：敌军约七千人分途逼进宋某所部，三千余人，自新店驿陆路进发。张云龙所部二千四百人，由水路下驶。陈玉谋为总司令，带全部四千余人断后，直捣常桃。职旅四面受敌，危险万状，恳电令第八师速派队伍来常，以维现状等情。除电催王师长派队应援外，务乞筹派大军，驰赴援助，伫候电示。占元叩。篠。印。

〔北洋政府陆军部〕

11 范国璋报告张敬尧退出岳州至嘉鱼及新堤等情密电

（1920年6月30日）

北京大总统、参陆部钧鉴：同密。宥电谅达。自张督退出岳州，职师断后，掩护城岳，敌仍围攻，临湘相继发生大敌。幸所部抵御甚力，尚无意外伤失。职师现全部停止新堤、宝塔洲两处，以待钧院部最后调遣。日来张督所部溃兵，漫散于水陆各处，三五成群，沿途抢掠。职师为保护地方起见，分队在新堤、陆溪口、宝塔、裂龙口等处，准备水食，招待收容，俾该溃兵等，陆续向嘉鱼集合。亦电鄂督矣。缘张督所率大部，现均齐集嘉鱼，民船三百余只，统数不满万人，探得赵恒惕军驻岳州，其一部驻城矶、道人矶，由五里牌、云溪包围职师。敌人现据临湘，其侦探并有至监利界白螺市者。上游司令刘、赵两旅，避驻螺山。职师所到之处，军民相安，余□续陈。谨闻。师长范国璋叩。卅。印。

〔北洋政府陆军部档案〕

12 新化等县公民控诉张敬尧所部在安化等县淫抢烧杀请按军法制裁通电

（1920年8月18日）

北京总统府、国务院、各部院、保定曹经略使、天津张巡阅使、南京李督军、武昌王督军、冯旅长、南昌陈督军、长辛店吴将军、广东军政府各总裁、各省督军、省长、各团体、各报馆钧鉴：张敬尧所部旅长兼清乡司令刘振玉、副司令王记三，督同史殿臣、郝开泰两营长，暨马稽查等，于前六月间，由新化退经安化、宁乡等县，沿途淫抢杀烧，惨无人道。曾经三县代表，以被难情形，详报湘政府在案。兹恐远道未明惨状，用再通电缕陈。该军于将退之初，勒令县置商会，掳夫二千四百余名，四城内外，纵兵劫抢、杀四人，尽一昼夜，始行在途；计抢青峰、桑梓、满涸、冒水江、漩塘湾、连溪、长铺子、毛易铺八处乡市，并掳夫送行，然犹未烧屋也。惟于夫之老弱不胜任者，概予枪毙。自此以下，计烧筻溪桥八家，石子岭十余家，辜姓垣二十余家，土硃、大冲青、擅桥、谢托山、花桥等处，一百余家。此在新化境内之烧抢情形也。入安化境，计抢四房头、梁家湾、黄泥湾、桐车湾、三甲等处，并烧五十余家，杀二十余人，伤百余人，其最惨者，犹为蓝田。该处为湘省繁盛市镇，商店有一千八〔百〕余家，民居二千余家。该军以大炮架山，以步兵守市口，分队劫抢之后，复四处放火，逢人便杀，尽两昼一夜始行。事后清点，仅存零星商店二十余家，民居三十余家，天主福音等堂，亦均灰烬，其被杀人数尸首，已发现者，计六百余具，梁姓妻身孕将产，轮奸后复剖其腹，彭姓女年十三岁，轮奸后腹断其头；被溺人数尸首，计雷总寺内四十八具，妇孺救济会、门首塘内三百余具。被烧人数，则或余手足，或余一背，或并手足一背俱无，其埋没于颓垣瓦砾中者，不知凡几，其最惨者，仁发店之学徒二人，避匿水缸中、上覆以锅，蒸成肉酱。自蓝田而下，计烧马蹄幼五家，桥头河八家，并杀二十余人，堂子亦被抢杀。此在安化境内，淫抢烧杀并施之情形也。入宁乡境，计在翳粮仓杀团绅一人，滩山铺烧商店四家，民居六家，回龙铺捣毁教堂一所，杀教士一人。抵县烧南正街二十余家，东门口数家、杀百余人，奸淫抢劫亦如新安各处。此在宁乡境内之烧抢情形也。以上各情，字字皆实，目不忍见，耳不忍闻，实为三县自有历史以来，未有之惨剧。查世界陆战法规惯例，对于敌人未设防守之处，禁止攻击，如有认为必须攻击时，应先令人民移避。该刘、王等，计自新化退出，沿途六百余里，并未正式遇敌发生战斗，乃竟纵令各兵，肆行屠毒，而于蓝田一市，四处放火，且派兵堵守街口，不准走漏一人，此种土匪行为，实犯法律上之私罪，万不能以俘虏待遇。倘不除民贼，匪惟以无整军纪，抑实无以服人民纳税养兵之心。泣恳我大总统及当路诸公，主持人道，电达谭督，立按军法，明正典刑，以雪海冤，而昭炯戒，无任号恳待命之至。新化公民代表苏鹏、余炽、李景侨、谢振鹗、刘鑫、萧钟华，安化公民代表彭国钧、梁岱锷、易凤祺、梁铸球、梁光瑾、谭国頳、梁劲、刘驭皆，宁乡公民代表文怀亭、张光煦、黎兆枚、杨纪铼、喻杰、王泽洪、竣光毅等同叩。

〔北洋政府陆军部档案〕

13 阎相文关于湘省谭赵程三派之争暨请领枪弹备防致靳云鹏密电

(1921年1月4日)

北京陆军部靳总长钧鉴：统密。文因湘省叠生变幻，内容复杂，捣乱分子较多，以致酝酿如斯险象。师长特派精干人员，前往调查内容真相。现据回称：湘省军政要人，原分二系，即谭、赵、程潜等。谭系为旅长宋鹤庚、司令陈嘉祐、张辉瓒、吴剑学，团长唐生智、贺祖耀、叶开鑫。程系旅长廖家栋、鲁涤平，司令李仲麟，团长瞿维英、张振武、郭步高等。上年程虽失败，党羽未除。今夏倒张后，因谭、赵居要，而野心不死，复谋倒谭拥程目的。奈民意未定，仍推赵，待时适李烈钧蹈道而来，该逆等佥以时机不可失，即与李烈钧谋合内应，实行倒赵，以湘省为根据，并分兵入赣入鄂，实行自治。其肆力者，惟仲麟、瞿维英、廖家栋、张振武、郭步高等。讵意被赵侦知。分电招来，伪为会议。于十二月二十四日夜半三小时，击毙李仲麟、瞿维英、张自雄、郭步高暨军政要人共十七名。廖逆闻已逃，鲁逆存亡未卜，同时将四团解散。此次赵之手腕异常敏捷，否则又不堪设想。但湘省表面似属安静，其内容仍未敢逆料。现赵之分兵堵御，李、鲁二军地点，正与鄂境毗连，职师首当其冲，不得不严加防范。古语云：兵可备不用，不可无备。现职师炮位及枪炮弹缺乏，稍有不静，无所措手。除另派员赴部请领枪弹及补充炮弹而外，故将湘省状况，特电奉闻。并乞指示方略，以便遵循。师长阎相文叩。寘。印。

〔北洋政府陆军部档案〕

14 中国晚报关于赵恒惕败退平江通讯函稿①

（1923年10月30日）

二十七日，湘函云：自姜畲和议破裂后，战端重开，虽醴陵渌口一带，直行接触，炮火甚烈，而近数日来，前方战事，亦无大发展，想是双方兵力，都不十分充足之故。乃昨下午三时许，省河两岸，水陆州纺纱厂一带，忽然枪声炮声机关枪声，同时并作。于是沿河及水陆州之省军，当下紧急动作，于通泰门、福星门外沿岸上下，临时增加机关枪三四座，对河蔡军，以大炮向水陆州之省军轰击，弹落州尾茅屋上，茅屋立时倒毁。另有大炮轰倒新河沙白龙王庙之戏台。在新河省军，亦用大炮向纺纱厂轰击，弹多落在纱厂旁山上，彼此互攻，至三时之久，枪声始渐稀疏，然零碎枪声炮声，昨晚通宵，未尝间断。据一般人云：昨下午三时，有对河军一排，由潆湾市乘小河干浅，意图过河，被军察觉，彼有准备，向省军开枪。于是双方始行冲突，担任江防之第一团团长胡芳闻报，即令所部第一营各连乘划过河攻击，并安设机关机数座，大炮数尊，向对河猛击，致有此次之激战。然据记者探查，昨日枪声陡起之由，因下午二时许，大西门军轮码头，开差轮一支，载兵士二连，前往霞凝港，驶至牛头洲，被对河蔡军探见，疑系向彼进袭，即开枪射击，船上兵士，与驻扎牛头洲之省军，亦开枪还射，双方并用大炮掩护，于是上自猴子石起，下至新河止，枪声亦相继起，如放鞭爆。然流弹达大西门小西门灵官渡一带。伤毙百姓，不一而足。当枪声骤起，人心惶惶，各商店纷纷关闭铺门，居户紧将大门封闭，其街上行人，惊骇奔窜，至为狼狈。省长署周围，戒备严密，如柑子园、理门街、藩园后一带，沙包堆积，每处伏数人，架起枪支，禁止人民通过。戒严司令

---

① 此件系京畿卫戍总司令部查扣的1923年10月30日上海《中国晚报》通讯函稿。

部、鄂军司令部等处，亦断绝交通，河干商店，竟有将什物搬入城内者，船上水手，亦相率登岸，一时秩序大异平常。戒严司令部，恐有不轨之徒，于夜间拆毁电灯线及军用电话线，饬警严密防范，并唤各商店，照常开门营业，而正街、西长街等处，则未复开焉。闻今日午后，仍将继续攻击。又函：二十四日湘赵以谭军占据岳鹿山，虽自开仗以来，只轰四炮，而长沙全城震动。蔡军一日不去，则长沙终不免于危险，乃亲至敌督率军队，自大托铺进攻岳鹿山蔡军，惟蔡军居高屋建瓴之势，赵军仰攻甚难，屡次被蔡击退，最后赵督率兵士，奋勇前进，冲锋而上，膀臂遂为枪弹所伤，仍旧退回大托铺。赵受伤后，因长沙危险，由鄂军团护送至平江医治，一说赵氏受伤系因乘火车往前敌攻岳鹿山，不料蔡军忽由侧面扑来，猝不及防，遂尔中弹。至易家湾株洲等处，战事尚无变化。但赵军来势日弱，只有军火接济，援湘北军，只观望不前，谭军虎踞岳鹿，俯瞰城中，洞若观火，枪炮所及，亦多命中。湘军情形，异常危险，加以使团方面，与商团方面，要求离开长沙作战，以免地方人民，与侨商之生命财产，遭其蹂躏，湘赵因于本月二十号，亲率卫队两营，由湘阴退走平江，并令鄂军团严防醴陵、浏阳一带，以御谭军张辉瓒之侵迫。

〔北洋政府京畿卫戍总司令部档案〕

15 顾问杨岳转报邬盛禧派往湘西联络军事的报告致陆锦函

(1924年1月28日)

绣山总长仁兄勋鉴：前派往湖南湘西联络军事之邬君盛禧，昨日返京，缮具报告，托岳代呈。兹特加函汇上，并希察核。据邬君言，近日湘中情形，异常复杂，尚须面陈一切，请由电话示以时日，岳偕邬君叩谒崇阶，关于湘事面呈办法。肃此敬请

勋安

弟杨岳顿　一月廿八日

附呈报告一纸并湘西戴指挥函一件，阅后赐还。

电话西局一千四百二十九号

为呈报事：窃盛禧于九月十日由杨顾问岳、吴议员莲炬等专函介绍到保面聆钧谕，当即驰赴汉口，时湘省赵省长尚驻醴陵，在汉得晤唐军务司长义彬，始悉湘省后防空虚。若非请中央军队援助，则省长万难回省。且赵军进攻，深虑敌人袭其后路，曾经电达钧座，请派兵援湘，分驻岳州、常澧等处在案。旋同唐司长赴湘，时赵军初入省垣，匪军驻对河岳麓下至临资口一带，舟行两岸，枪弹射击颇烈。到省居住数日，湘西道路，水路不通，不能前进。于十月二十日返汉，正值日轮初次绕道开往常德，盛禧即买舟前往，至流星塘地方，突遇湘西匪军，检查船支，势极汹涌，将盛禧邀截登岸。幸其军官褚罊书、张松本、张毅卿、梁少卿等与盛禧前均相识，当劝其以桑梓为重，勿得扰害，并晓以国家大势，彼等深以为然。次日至常德，著名土匪周朝武为湘西第一军总指挥，盘踞该城，威劫良家子女至十余名之多，军饷三月不发，军心因之解体。是时褚罊书等，以周昏于酒色，均出怨言。盛禧得乘间说以利害，暗嘱褚等分居外埠。常德城中，毫无戒备。时澧州第二师第二旅参谋储材在常，与盛禧相遇，储系盛禧旧属，当令其绕道赴省，报告常德实在情形。请赵省长迅令二旅旅长唐荣阳，派兵攻入常德。周匪大掠城乡，窜逃上流一带，城中人民，被流弹击毙者，二百余名。焚烧房屋，商民损失，在三十余万之多。常德商会，当有传单通告全省在案。盛禧窃思辰州为湘西第一险要之区，恐周匪窜入，为将来负嵎之患，即乘舟冒险赴辰。时蔡巨猷闻常德败耗，逃往溆浦、洪江一带。辰城空虚，四乡土匪竞起，风鹤频惊，盛禧当邀同沅陵县知事易应焜及绅商各界等，函请湘西统领陈渠珍，发兵来辰，一面督饬团防戒备。三日夜，土匪得未入城。时常德败兵回辰，周匪朝武将城中士绅胁赴商会，盛禧亦在其中，该匪大肆咆哮云，辰城绅士函请陈兵，殊为不合，称渠系蔡司令所委令驻扎辰城，倘镇篁陈军前来，一有冲突，当效临城故事，城中中外票齐绑。斯时地方骇然，外人亦惶恐不安。时陈军已至北河一带，离城百余里，当由地方绅士，公举盛禧，并代表数人，往晤陈军军官与陈军总指挥戴斗垣及统带田义卿等，相遇于泗芳溪地方。盛禧当劝陈军急进，至乌宿地方驻扎，离城四十里。时陈军仅开到一营，周匪人数千余，当派人回辰，约周匪派员前往会议，周遂派参谋长丁绍良、参谋董诰生，由地方士绅邀请美国教士二人、法教士二人，同往乌宿地方会议。两方军官及盛禧等开会议时，戴指挥发言，本军统领前已宣誓不加入此次战争，以保境安民为宗旨。辰城为本军饷源地，断不能容尔等驻扎，尔等既随蔡巨猷，可随往蔡军驻在地方，限即日开差，等语。周之参谋丁绍良等，唯唯听命，即让出辰城，沿途抢劫，绑票不少。又该匪经过辰州所管之浦市，将绅商劫入商会，一律绑票，至今尚未续回。于十一月漾日，陈军正式入城。盛禧已将情形电知杨顾问岳，请其转达钧座。此盛禧入湘前后之实在情形也。窃盛禧此次冒险入湘，经过危险之境，一、在靖港临资口，两岸炮击，子弹飞入船舱。二、在常德被掠时，行李金钱均被抢劫，枪弹从身旁飞过。三、在辰州劫入商会时，幸托钧荫，得以无恙。辰州既安，当即买舟赴保靖县，往见陈统领渠珍，告以国家大势，并中央德意。该统领以保境安民为言，若省政府服从中央，渠亦服从中央，决无他意。至刘叙彝方面，盛禧本拟由常德前往益阳，及至常探听、刘已退往溆浦。拟由辰城前往，时战争剧烈，道路不通，不能前进，遂星夜回省，与唐军务司长义彬密商，由唐司长与盛禧通电，劝刘表示态度，刘当通电服从省政府，听候编制。蔡巨猷刻已逃往湘黔边界，湘西完全克服。惟溃兵携枪散布各地，以致土匪如麻，地方蹂躏，惨不忍言。若非由中央设法处治，将来又必酿成后患。查湖南原有枪枝约一万八千余。现由谭延闿带往粤省，溃兵枪枝，将近三千。赵恒惕部各师长，如叶开鑫枪枝二千余，唐生智二千余、刘型七百余、贺耀祖三百余，此为赵之心腹各军。至新任常澧镇守使唐荣阳，系土匪出身，赵恒惕平日亦甚恶之，唐亦时出怨言，此军将来赵恒惕必有以处治之，其枪亦不过二千余。湘西陈渠珍枪枝虽多，其最新式者亦二千余。至于新服从省政府之刘叙彝、田镇藩两旅，枪枝在三千余之谱。其散布于各土匪之手者，尚有三千余，中央宜设法搜集，以除后患。因此时土匪尚散布各处易于收服，若仍听其团聚，将来集成大股，野心家利用之，势必又有反抗中央之举。宜令我军在所驻扎之地，合同地方正绅招安，以除后患。又查湘省各军子弹，均极缺乏，现在大乱已平，无论何方，中央均不宜再给与子弹，实为清源办法。所陈各情，是否有当。伏乞钧鉴。陆军部谘议邬盛禧谨呈。

〔北洋政府大总统府档案〕

16 民国日报关于湘省军阀政客乘赈济水灾敲诈筹款情形通讯稿①

（1924年7月11日）

此次湘中水灾，实为近数十年来浩劫，尤以宁乡、湘潭受灾最巨，灾民流离转徙，无以为生。湘中各种慈善机关，及赈济会、商会等均极力筹捐救济，各县灾民代表，亦纷纷来省向各界呼吁。同时军阀政客乘机敲竹杠筹款，甚至假灾区同县的关系，外传怀仁之思，内行中饱之实。是以此次筹赈声中，五花八门，奇离百出。

宁乡原为湖南出产军阀政客之区，就现在言之，如师长位之贺耀祖、叶开鑫。政客如梅尉兰（前任军资处处长）、詹正黄（现水利局局长）等，在湖南均具有特殊势力。其余如小军阀小政客之流，狐假虎威之辈，更不胜发数。此次宁乡受灾，彼等大使军阀政客的伎

① 此件系京畿卫戍总司令部查扣的1924年7月11日上海《民国日报》新闻稿，原题为"湘赈灾中之军阀"。

俩，向长沙殷实商店及富室，筹捐款已达二万元有奇。其实此款已否尽作赈款，尚属疑问。至湘潭乞赈代表，该县因无军阀政客为之凭藉，迄今来省半月之久，不独未能筹得一钱，即欲与政府及富室接洽应酬，受一慰问语亦不可得。现各方之持正义者，对此均大为愤激。佥谓筹款赈灾，应统筹全顾，不应各分畛域，至灾民受赈不匀，而民〔军〕阀政客又得从中中饱。并拟于日内联络灾民，发出宣言，反对军阀政客，垄断赈款，至使多数灾民向隅待毙。

〔北洋政府京畿卫戍总司令部档案〕

17 肖耀南转报湘军贺龙等驱逐熊克武部至辰州致执政府密电

（1925年4月19日—5月1日）

（1）4月19日密电

急。北京执政府军务厅鉴：务密。顷据驻湘参谋晏道刚巧电称：湘军克复常、桃后，熊、蔡诸军分途败溃，其势甚蹙。其大部，据前方报告，确向大庸退却。熊克武亦同在此路。现已令贺、刘、叶三师及贺龙部分途追击，无庸我军前进，加之贺龙现正效忠于湘政府，对我军进至澧州附近，多所疑虑。湘政府恐起误会，欲我军王、胡、刘各旅停止前进。而以于旅进至桑植等语。又接赵省长电同前情，除饬鄂西各部队遵照办理外，特电奉达。祈代呈执政，用释廑念为荷。肖耀南。效。印。

〔北洋临时执政府档案〕

（2）4月20日密电

北京执政府军务厅长：务密。顷据湘军叶总指挥开鑫铣电报告：第三路之蒋锄欧旅，于删日完全克复桃源，敌向慈利方面退却，邹振鹏旅占领郑家驿、沙坪、杨溪桥等处。致桃辰水陆交通，完全断绝等语。特电奉达，即希转陈为荷。肖耀南。号。印。

（3）4月27日密电

北京执政府军务厅鉴：务密。顷据长沙马济有电称：顷由赵炎午省长抄送贺龙祃日来电文曰：龙据贺(耀祖)军皓日宿营皂角市号会，由皂市前进至螺丝峡及桐梓溪之押险，敌人首先占据，向我猛力射击，我军以地势险阻，正攻不易，当派易、刘两团分向左右两面越岭包抄，直出敌人之后，敌势不支，将桐梓溪浮桥折断，向壬阳方面退走。我军因沿浮桥泳汛而过，跟踪穷追，夺获敌人辎重无算，午后一时抵井孟垩，敌人及向我反攻，血战二小时，敌力不支，纷纷溃退，我军仍复趁势猛追，已抵上仙阳联宫宿营。据土人云：敌向王家厂方面退却，拟稍事休息，仍向王家厂方面追击。本日计获步枪一百余支，辎重无算，敌军伤亡至三百余人，积尸累累，我军亦阵亡士兵二十余人，伤三十余人，战斗之激烈，实为自追击以来所未有等情。据此，查我军连日穷追，敌胆已落，所遗残部无多，犁庭扫穴，日内当可竣事。除一面飞令贺旅向王家厂方面穷追，务以拏获首逆为目的外，并一面飞令澧县留守谷旅出大堰，当向王家厂迎头夹击，区区残虏，当不难即日肃清也。等语。特电奉闻。乞转呈为荷。肖耀南。感。印。

（4）5月1日密电

北京执政府军务厅鉴：严密。顷据慈利贺龙陷电称：我军自第一步得手后，现在第二步计划，职部担任右翼进攻大庸，日前已将谿口肚胆慷江堤等要隘占领，大庸县城，指日可下。至敌人方面，熊已到辰州，洪江之滇军，确与熊等联络策应。但其人数，不过数千，或不致十分费力也。等语。特电奉闻。乞转呈为荷。肖耀南。东。印。

〔北洋临时执政府档案〕

18 朱彭寿关于熊克武被湘军包围自常德逃往辰州致张树元密电

（1925年4月21日—22日）

（1）4月21日密电

北京执政府军务厅长张将军钧鉴：彭密。篠电敬悉。遂将钧意转达珩帅，函件备齐，即日派寿赴都面呈。顷据探报：熊克武被湘军四面包围，遂弃常德窜往慈利，贺耀祖复率大队由后追击，又弃慈利间道大庸，遁往辰州，残部相随、不能成军。彭汉章深恐熊军入黔，已派大兵在印一带堵截。又闻熊趁川局不清之秋，自松桃逃赴川东，另谋活动去。彭寿叩。马。

（2）4月22日密电

北京执政府军务厅长张将军钧鉴：彭密。顷据探员详报，熊、汤、林、蔡在湘西作战之兵员，约有二万七千余人，枪约一万四千余支，子弹甚为缺乏，每人多则十数粒，未参加战事之唐继虞部在洪江者，约三千人。沈鸿英、邓郁文部在绥宁附近，约四千余人。熊军虽退出常桃，现又集合残部，凭险抵抗，求与滇军联合，图谋反攻。然湘军贺、刘、叶克复常桃，贺龙克复慈利，鄂军进至澧州，四面包围，熊军无能为力。现定之战，略将以贺、刘二师转向西南，攻敌正面，叶师直趋辰州之后，以附其背。贺龙进向大庸，攻其左翼，鄂军进至桑植，截其西去之路云。彭寿叩。祃。印。

〔北洋临时政府档案〕

19 张学颜关于湘鄂军联合驱逐熊克武唐继虞等情致执政府密电

(1925年4月23日—5月3日)

(1) 4月23日密电

急。北京执政府军务厅张厅长、段骏良兄钧鉴：务密。湘西战况，迭电陈报，谅邀钧览。兹将详情再为缕述，敬祈垂察，以明颠末。当湘西战事酝酿之始，湘省派员到鄂，要求出兵协助，接济子弹，鄂中悉应其请，对于湘军子弹，源源接济，以求动作之协同。湘军于蒸、真两日，以其动员之三师，集中于常德、桃源附近，节节进逼，于寒、删两日，先后克复常、桃。敌以子弹缺乏，军无斗志，未经剧战，即行退却，情形极为狼狈，先后经过慈利、大庸，一部向西入川，一部折向辰州逃窜。当常、桃未克之际，贺龙驻军澧州，阳为当归湘，然与熊克武关系太深，态度迄不明瞭，湘政府甚以为虑，要求鄂军进至澧州、石门一带监视贺部。鄂省当饬各部进向石澧。现在贺龙表示效忠于湘省，由石门进至慈利，追蹑敌人、要求鄂军暂停于石澧附近。鄂省军队悉依湘政府之要求，以为止进，俾湘军得尽力于战斗。此时敌退辰州。湘军第二步计划，预料敌人或据观音寺、辰龙关之险，以图抵抗，即令一、二两师追敌正面，而从第三师直趋辰州之后，以拊其背。贺龙胁敌侧翼，鄂军应援正面，并扼敌西窜之路。现在双方军队，正在运动，如敌据辰抵抗，则不日即可在辰龙关接触也。唐继虞所部在洪江者，枪不过二千枝，原为桂省滇军及湘省熊军之策应。顷以滇军在桂、在湘，均当失败。闻对湘有自愿退出，请勿穷追之要求，在湘敌军，势极穷促，子弹缺乏，军士离贰，殊无抵抗之实力。湘军拟第二步，不能将敌歼灭，则第三步作战以各队追至洪江，进向绥宁，将敌驱逐净尽，以肃清湘西。综要双方兵力，湘之动员约枪二万四千支，敌人现合熊、唐之力，不过一万七千余支，而湘军士气均属奋勇，若无特别枝节，纵使熊、唐真能联合，湘军亦可操多数之胜算也。除今后战况，随时电陈外，谨将湘西战事经过始末、择要奉闻，请代转禀为荷。弟张学颜叩。漾。印。

(2) 5月3日密电

特急。北京执政府军务厅张将军、段骏良兄钧鉴：务密。顷接湘省冬日电告，勘亥克复辰谿，东午克复辰州，敌向保清麻阳等处溃退，现正分途追击中等语。除战斗详细经过情形另电外，特此飞闻。并请转禀执政为祷。张学颜叩。江。印。

〔北洋临时执政府档案〕

20 孙忍龕等关于赵恒惕允川军熊克武入湘又驱之出湘使湘民遭劫等情致段祺瑞呈

(1925年5月11日)①

呈为呈报湘西兵祸，吁恳派员考察，以恤民隐事：窃以湘局自谭赵纷争以来，政权入于赵氏手，肃清湘土以一事权。去岁曹吴新败，赵氏因环境空气不利于湘，允从熊克武入境，敷衍一时，以待机会。讵知熊氏入湘后，政权复杂，真令人所难逆料，竟演成川军中之湘人与湘军中之湘人，复与川湘非川湘之军队，彼逐我争，甲应乙付，兵与匪互相勾结。湘民何辜，遭此浩劫。公民等素稔我执政视民如丧，非派湘中熟习湘情，不偏不党之军事大员，据实考察，不能彻底湘民之隐痛。然我执政既以全国一视同仁，绝不以湘民为化外。公民等切肤深痛，亦不以湘治所拘束。当直接呼吁，为我执政前缕晰陈之。盖赵氏处于南北之冲，藉省宪保境息民，自九一政变后，几经艰巨，熊氏以曹吴失势，饵以友善，假道北伐，冒川滇黔联军总司令之虚名，以欺赵氏。而赵氏亦藉熊之势力，以灭蔡林，所以报九一祸首也。自条约交换后，不惟熊不与蔡仇，反与蔡友，攻

---

① 文件日期为收文日期.

守同盟，关系至密。断定吴氏新败，赵氏势孤，遂将湘西沅、澧流域，千数百里之地盘，全行占领。赵氏引恨切骨，以仇蔡加以仇熊，其所以不露于形色者，实鉴于内部，将有涣散之势。其时常澧镇守使唐荣阳，宁将本系军队舍其侄孙唐生明劲旅，即行解散，以揖熊氏。可见湘军因吴氏失败，首先媚敌，得近水楼台者，仅一唐使哉。此湘人迎熊入湘之大略情形也。迨熊氏抵辰，川军有余，喻各师旅，其实力不及汤子谟之一师，贺龙之一旅。汤、贺均属湘西健将，其兵士多属湘西子弟，以湘人得荫，川军名号，正逢唐氏公孙破裂之际，不及旬日，未折一矢，常澧竟垂手而得。所有熊之强盗军队，得常、桃、津、澧繁盛之区，强捐暴勒，横征无忌，自洪至常，敛财将及千万，人民受其宰割，城乡遭其涂炭，均有实据可凭，纸不胜书。去岁十二月，赵派代表钟才宏来常几经会商，暗自加入北伐，藉以收回湘西，财政两权，归诸省有，即赵亲与熊会议于临沘口，终无结果，而赵氏外观大局，势之缓迟，内揣执政府之宽大，隐忍至今，而驱熊除蔡之运用，蠕蠕欲动矣。于是暗促省议会，提出省宪客军，不准入境之条文以逐熊，又复暗派能员，乘机说贺以倒熊。再以省军包围湘西一带，分熊势力，然虽属得手，而吾湘人民所受之苦痛，自湖南改革以来，从未有如此次之惨且酷也。此湘人驱熊出湘之大略情形也。然事已往矣！嗟何及矣。公民等谊切桑梓，处此匪乱如麻、兵恶如虎，湘省当局，对于熊蔡目前之态度，即熊蔡对于湘省当局之心理，各自为谋，不以民生为念，其中复杂离奇，时友时仇，欲剿不能，欲抚不得，长此悠悠，终无了日，纵使湘西人民同归于尽，亦不能破此黑幕，他事不论矣。即显而易见，制湘民之死命者，所谓湘人川军，如蔡巨猷、林支宇、汤子谟、周朝武等，虽甘心与熊氏蔡为伍，然部中多属湘军之夙将，如赵视以情而改编之，则怀疑畏若毒蝎。如赵动以威而驱除之，则合力能为困兽，甚至移花接木，张冠李戴，魔术幻情，神鬼莫测。如两唐之交换，汤贺之离合，其他张田两旅之改头换面，林唐之辞职，贺使之受职，均为索民命、勒民财之极大武器，非得素悉湘情，两有好感者，不能窥其事之微情之曲也。况赵氏深察时局，且知我执政，不以毁联治之精神，以拂舆情之口实，又不以强有力之军队，而逼自治之省区。想我执政，长者仁人，恫瘝在抱，岂拘小嫌，而误大体，泥成见而失民心哉。第念我湘西父老兄弟诸姑姊妹，处此水深火热之中，残喘余生，呼天无路，惟有哀恳我执政悯恤民情，洞察民隐，请即简派湘人中得力人员，实地考察近日湘情，俾明真象，庶使内部倾向有方，范围可就，未始非釜底抽薪之一法也。从此处界无机可乘，而野心家亦目标既失，不闭门而客自谢，人民得以休养，均感戴我执政之恩德于无量矣。不胜惶悚迫切待命之至。谨呈执政段。

田彦目
吴学培　谢继安
张　恒　苏莘垞
旅沪湖南绅商学界代表孙忍龕　彭叔铭　既三百六十五人同叩
刘少皋　许贵卿
邬翊穴　唐方南
李少兰

民国十四年五月

〔北洋临时执政府档案〕

21 方本仁转报湘西战况及贺龙就澧州镇守使致何丰林密电

（1925年5月23日）

北新华街二十号何处长鉴：京密。顷据长沙探报：（一）退大庠、辰州之敌，现在疚口市、观音寺、柳溪、汉新店驲之线，布置工事。（二）各路部队于明日起，按第二步作战计划开始运动。（三）贺龙正式通电，湘军归湘，脱离熊、汤关系，就澧州镇守使职。（四）唐荣汤部团长江之斌寒电称：愿归唐旅长生智节制。（五）长沙安谣等情。除分电各方外，即希转呈执政为盼。方本仁。梗。

〔北洋临时执政府档案〕

22 王育质关于川军要求退出湘境与贺龙凯旋澧州致张树元密电

（1925年6月16日）

北京执政府军务厅张厅长钧鉴：云密。东电计早达钧鉴：川军现已抵凤凰、乾州一带，要求炎午省长许其安全出境。谅不久可告肃清。湘西巡防营统领陈渠珍，因部下被熊、蔡诱惑，受创甚巨，损失枪枝在五千上下。幸贺镇守使龙派队应援，未至全军复没。查此次兵燹，人民流离，饿殍载道。共计直接间接伤毙者约二十万人。加以旱象，又呈米贵如珠，质奉命宣布德意，睹此惨状，理应上达，我元首以仁慈治天下，视黎庶如赤子，自有拯救之治。谨恳转呈湘西千万生灵，当感再造之德。贺镇守使上旬凯旋、澧防目下正在办理清乡筹赈等事。湖南趋向将俟湘西完全肃清后，开军事会议取决。质即晚赴长回京之期，当在端节前后。谨此奉报。王育质叩。铣。印。

〔北洋临时执政府档案〕

23 湖南澧州镇守使贺龙报告贺耀组等师进迫澧州情形电

（1925年10月12日）

北京段执政、各部总长、张军务厅长、梁秘书长、马子贞将军、曹云沛先生、林长民先生、熊秉三先生、范静生先生、陈坤载将军并转旅京同乡诸公、各报馆、上海章太炎先生、聂云台先生、奉天张督办、张家口冯督办、南京杨督理、徐州姜督理、济南张督理、武昌萧督办、汉口陈总司令、宜昌卢总司令、公安王师长、成都刘督办、赖省长、刘帮办、重庆袁督办、王督办、何师长、贵阳彭省长、昆明唐联帅、广东国民政府各委员、蒋总司令、川军熊总司令、湘军谭总司令、程总司令、衡州唐督办、辰州叶督办、岳州吴将军、马将军、长沙夏旅长、各省督军、省长、各镇守使、各护军使、各师长、上海新申报转各报馆、长沙大湖南报转各报馆均鉴：窃吾湘不幸、丧乱频仍，民喘未苏，兵戎又见，此中经过，至极繁复，谨掬血诚，用渎清听。上春湘西战役，川湘两军，势本相等。政府迫而用兵，实摄川军威势。惟时龙以一身，关系战事全局，不忍以爱乡者，转而祸乡，于是毅然还湘，冀减战祸，并一面进攻石、慈，扫除唐荣阳等，不旬日间，迭克石、慈、庸、永、澧等名城，战事遂告结束。及还湘以后，适值凶年，抚字未遑，何忍用兵，以故绝对服从政府、敦睦友军，所有掳获之大炮炮弹，暨造枪机械等件，先后缴呈政府，表示缩减军备诚意。乃不意驻防常桃之一、二两师贺师长耀组、刘师长铏，竟予凶年饥馑之时，不听政府命令，不顾地方糜烂，协而谋我。日来迭据报告，该两部军队，纷纷向澧属进迫，并以精锐进攻慈利，截我防线，似此不顾大局，本不难缴，我部曲予以痛创，惟以政府之命令未颁，人民之苦痛过甚，揆以还湘本旨，断不忍重苦吾民。除一面飞电赵省长、请求核示，并严令制止外，爰于本日率部退驻慈、庸待命，倘再不顾大局，无故进逼，则衅自彼开，糜烂地方，自有负责之人。龙虽不敏亦惟有悉率敝赋，相与周旋也。谨电呈明，伏维垂察。湖南澧州镇守使贺龙叩。文。印。

〔国民政府档案〕

二 湘鄂及川鄂战争

1 王占元扣留吴光新并解除卫队武装有关电

（1920年7月16日—21日）

（1）王占元通电（7月16日）

北京大总统、国务院、段督办钧鉴：各部院、步军统领、警察总监、保定曹经略使、盛京张巡阅使、蚌埠倪巡阅使、各省督军、省长、都统、护军使、镇守使、各司令、各师旅长均鉴：长江上游总司令吴光新，驻军鄂省，数载于兹，占元优礼容军，事事退让，有时该军缺饷，无不竭力筹措，勉为其难。近已新任湖南督军，仍复盘踞汉上，横生枝节。近更将其防守长江军队，任意调动，分驻京汉铁路南段，扣留车辆，阻断交通，行旅戒心，商民嗟怨。占元忝绾鄂疆，势难坐视，明知此等举动，决非吴使本意，度必汉口游民匪党，设词煽惑。自堂受人拨弄，以致越轨横行，兹复敢来武昌，肆意簧鼓，意在离间军队，冀图一逞。占元迫不得已，惟有暂行监视，勿令回汉，以免再为奸人利用。区区此举，现对于自堂个人，仍优加待遇，决无他意。所辖军队，亦应推与，毫无疑忌。特恐远道传闻失实，谨电奉陈，伏乞亮鉴。王占元。铣。（十六日）

〔北洋政府陆军部档案〕

（2）王占元通电（7月17日）

分送北京各部院、步军统领、警察总监、保定曹经略使、吴将军、盛京张巡阅使、蚌埠倪巡阅使、长沙谭总司令、赵总指挥、各省督军、省长、都统、护军使、镇守使、各司令、各师旅长均鉴：长江上游总司令吴光新，前自川省溃退来鄂，士卒离心，经鄂省接济饷械，始得苏息。其时荆沙有事，鄂省派队进攻，吴在宜昌残部，饥困思归，因令参与斯役，无非为彼恢复名誉起见。自鄂军克复荆沙，吴以于军委任县官，更置局所，遇事夸张，妄自尊大，占元以地主之谊，忍不与较。后乃扩充军队至六旅之多，驻在鄂境者，往往因饷项不继，时间地方会挪借巨款，鄂省亦量力筹垫，中央饷到，并不及时关放偿还，军民交怨。近以京保政争，吴乃潜居汉口，日与著名乱党田桐、白逾桓等秘密计划，又欲利用湖南溃兵，候隙滋扰。后见各军俱已编遣就绪，乃变计煽动土匪，希图扰害地方，又复占据铁路，截扣火车，断绝交通，扰累行旅，暗调所部一旅潜赴信阳，经占元热心力劝阻，誓以不再调动。未几，又调现驻荆沙两旅，秘不与闻。占元面询其何以食言，特复诡称，并无其事。近由襄阳电局检查吴自堂与某处密电，私相联络，欲仍图分扰豫境。并据密探报告，有派人炸弹，冀图暗杀豫、直重要军官，对于鄂省所购军米及招募新兵，一再扣留。在汉宣言，不出旬日，即见武昌有乱，伊乃出而靖难等语。以此夸诞诡辟，包藏祸心，不为制裁，必制发生巨变。占元职司守土，保境安民，是其专责。武汉华洋杂处，商务殷繁，其有蓄意破坏者，即是占元之敌，为国家计，为地方计，势不能勉徇私交。吴自堂年(富)有才，倘能恪守范围，未使非后起之秀。占元不忍其为奸徒煽诱，致有越轨行动，以贻害大局。因于昨日来署，延使暂住，不令回汉，此为机会所迫，不得不然。至与自堂私交，固自始终一致，决无他意。其所部各军，比已分途劝谕，要皆洞明时局，不为一人一〔家〕之所私，其驻汉卫队、游击军，曩经已派队弹压，一律解除武装，地方亦可安宁，试恐远道传闻失实，谨摘其大要，伏乞海内袍泽，谅此苦衷，至悯为幸。王占元。洽。印。

〔云南省长公署档案〕

(3) 长江上游司令部参谋处通电(7月21日)

北京大总统国务院、参众两院、参陆部、段督办、王统领、段警备司令、吴总监、王京兆尹、京畿各师旅长、保定曹经略使、盛京张巡阅使、蚌埠倪巡阅使、南京李督军、徐州张督办、各省督军、省长、各师旅长、各镇守使均鉴：吴总司令前以湘事失制，上游吃紧、驻节汉皋，规划防务。旋奉令检阅湖南，继又拜命湘督，皆经数辞，未邀俯允，仍不敢轻于受任，贻误事机。旋以湘鄂防线，接近直豫，军事踵起。武汉为长江上游，南北枢纽，设有摇动，大局倾危。因于十六日午后四钟，谨集武汉军民两界，高级官长，于武昌之直隶会馆，将以共商维护，期保治安。吴总司令并先时渡江，往晤王督军。讵意时至四钟，诸宾咸集，独王督军与吴总司令未至，初不疑其有他，忽闻督军令传与宴高级军官，赴署会议。旋又传命，政界各员回署，而吴总司令被禁之信，随与俱来。时正五钟，长江上游军队在汉者，只有卫兵三百，借驻十八师司令部，大江遥隔，消息莫通。忽于六钟，有鄂军一团，开往围击，声称奉有督军命令。卫队惶骇，不知所措，悉力抵御。相持约四十分钟，卒众寡不敌，缴械受拘。经查明卫队，死者三人，伤者数人，鄂军死伤八十余人，毙马五匹。当时奋斗情形，可以概见，同时探知是日下午，汉口各领事接有王督军公函，告以警备，并有负完全责任之语，可证阴谋在先，吴总司令素怀坦白，接物以诚，既无党派尤□徇私。惟其居心正直，不以欺诈待人，故亦不解自卫。此次单骑前往，只从仆从二人，苟非聋瞽，应共闻见。不意世情阴险，有非常理所能推测者。且湘督之任虽辞，批留之谕犹在。上游职权未去，司令本属同官，乃竟蔑视官章，横生波浪，在吴总司令本无愧�，自能宠辱不惊，倘国家犹有纪纲，如何公平以处理，合将当时情形，据实以闻，敬希亮察。长江上游司令部参谋处。谨呈。印。

〔北洋政府陆军部档案〕

2 师长李奎元报告攻入信阳收缴吴光新部移防直省情形致大总统等密电

（1920年8月7日）

北京大总统、国务院总理、参陆办公处、参谋部、陆军部钧鉴：

同密。七月文日，师长率部进抵武汉，因吴光新所部赵、陶两旅，据守信阳，铣日，接奉王巡阅使命令，著职师即晚开赴武胜关南北一带集合，斟约情形，再行前进等因。师长当即率部北上，巧日进抵武胜关。个日占据信阳，赵陶两旅均已缴械投诚。养日，奉经略使曹电令，著职师星夜开赴保定。径日，职师各部，陆续抵保。沁日，复奉经略使曹训令，著职师开赴高阳、任邱、河间一带驻扎。分别担任防务。东日，各部陆续开抵各防地。二十一混成旅驻河间，二十二混成旅分驻任邱、高阳一带，其余各部队随师司令部均驻高阳县城内外。所有职师，由鄂至保暨驻扎高阳、河间一带各情形，理合肃电禀闻。伏乞垂詧。十一师师长李奎元叩。虞。

〔北洋政府陆军部档案〕

3 第十一师李奎元部在高阳河间等六县哗变蹂躏情形有关文电

（1920年11月—1921年4月）

（1）孙贤致曹锟呈（11月23日）

使帅钧鉴：窃十一师欠饷过多，寒困交迫，曾于本月十八日夜间暴动，幸知事与李参谋长先有所闻，筹备防御，未克起事，前已电报在案。昨日李师长由保到高，剀切劝勉，并云：不日准可领到四月之饷，军心稍定，商民亦皆安业。知事先后筹借军饷洋三万二千五百元，大费经营筹划，未敢畏难苟安，昼夜奔驰，眠食俱废，幸保地方秩序，卒得安全，艰苦备尝，谅蒙洞鉴。如此时欠饷一到，即可化险为夷，倘仍迟不给发，殊恐前功尽弃。除仍尽心竭力，设法维持，以安军心，而保商民外，合即电恳查核，迅赐仍催发欠饷，以重地方。高阳知事孙贤谨呈。漾。印。九年十一月二十三日。

大帅批：参谋处复。

参谋长批：候中央不日派员发款解决。

(2) 孙贤致曹锟密呈(11月26日)

使帅钧鉴:窃十一师因欠饷所迫,并于本月二十三日夜,在各乡强抢,前已四次电报在案。知事与各军官协商防范,严密布置,虽城关无恙。讵二十四日夜间,复有驻扎他处军队,勾结为患,又在南北蔡口等村并安新、蠡县所属各村庄,抢掠财物,并有烧房伤人情事。受害者皆不敢来案呈报。自应查明被害家数,妥为抚恤。除仍竭尽心力,设法维持外,理合电请查核。高阳县知事孙贤谨呈。宥。印。九年十一月二十六日。

再密禀者,十一师此次生变,一因欠饷过多,二因有遣散之说,如不设法遏止,每夜骚扰不已,则职县与邻封各县,民生何堪。拟请设法拯救,或速饬该军队移驻地处,以免地方糜烂。如蒙迅赐办理,则邻近各县数百万生灵,当必焚香祝之矣。临禀悚惶不胜迫切待命之至。知事孙贤密叩。九年十一月二十六日。

大帅批:参谋处急转中央从速设法。

参谋长批:急转中央,前日已电请中央,速派员携款来保,迅速办理,何迟迟未奉复。请速来员至要。安新县可由十五旅派步兵二连,前往堵截抢掠衣物。

(3) 兵灾善后联合会呈(附六县损失财物数目单)
(1921年3月)

呈为兵灾奇重,恳请拨款抚恤,以救商艰民命事:窃河间、高阳、蠡县、任邱、安新一带,去年亢旱异常,地方已极惫困。自十一师移住五县,各城镇勒索搔扰,商民愈不聊生,虽极力供应维持,卒有九十两月,河高兵变之惨祸,洎今该师虽已遣散,而各处难民,尚未尽还乡里也。惨毙之骨,犹是暴露道旁也。勒索饷糈,被抢货物,各商号现且倒闭,与折阅者,比比也。元气大伤,恢复无力,若不急速设法抚恤,则数十万无辜,将尽索诸枯鱼之肆矣。前次通县城内,兵变一夜,闻政府拨款巨万。为抚恤河高五县受兵变之害,前后约计月余,创痛巨深，十倍于通县，不止想早在钧座洞鉴之中。况我巡阅副使，爱民如子，胞与为怀，为此不揣冒昧，涕泣上陈，除将各县垫款，另呈恳请偿还外，谨汇集六县受害各村镇报告损失数目，抄粘具文，呈请鉴核。特予拨款抚恤，不胜迫切待命之至。谨呈巡阅副使。

附抄单

兵灾善后联合会代表张调辰、马翰文、刘恩源、李长生、齐宗颐、齐振林、齐树楷、王道元、陈赓虞、刘钖畤、籍忠寅。

计开六县损失财物数目

一、河间县　共计洋八万四千七百三十六元九角一分七厘。

二、高阳县　共计洋六万七千二百十一元。

共计布六千零二十八匹。

共计衣物一万五千九百零二件。

共计房屋一百间又六所。

三、蠡　县　共计洋八千四百十八元三角五分。

共计金钱三千四百零九吊八百四十文。

四、任邱县　共计洋三千二百七十三元八角六分四厘。

五、肃宁县　共计洋一万五千一百三十二元。

六、安新县　共计洋三万六千一百三十八元五角。

中华民国十年三月　日呈

〔北洋政府直鲁豫巡阅使署档案〕

(4) 陆锦密函(4月21日)

敬密陈者：本月二十日午后四点，忽由邮局交来印刷品一卷。查其内容，首曰兵变歌。乃观其文，语多背谬激动之词，想系奸人借此煽惑，其计甚毒。职以此物既成印刷，他处亦恐发现，于军队颇为不利。除职队各长官当经面饬严密检查防范外，即请钧部鉴核，可否通传京外各队之处，即乞酌夺施行。谨此密陈。敬颂钧祺。

第九师师长陆锦谨启　四月二十一日

附印刷品一纸

兵变歌

莫打鼓,莫打锣,听我唱个兵变歌。处处兵变有原因,提起原因恼煞人。今日杀,明日战,替官长做了一碗现成饭。官长日肥兵日瘦,半年军饷全刻扣。你督军,我司令,装满腰包不嫌重。曹家花园盖得真好看,高楼大厦赛金殿;银行存款存不了,租界地皮买的也不少。这些银钱那里来?大家舍命他发财。记得两军曾对垒,长枪火炮描(瞄)的准,司令后营将牌打,兵士前敌当枪靶。打了胜仗官得功,文虎金章挂当胸;打了败仗兵晦乞,到处逃兵要枪毙。不平事,这样多。兵不变,做什么。正饷不发早该闹,着急就绑官长票,冯国璋的儿子二十万、陈树藩的老子五百串。这种票儿绑得好,人人都说要得少。银钱到手即分散,打富济贫谁不愿。为同胞,除大害,做出一个好世界。为同胞,争自由,不为民贼争封候。你拉炮,我提枪,轰轰烈烈闹一场。大家去革政府命,不会欺侮小百姓。兵变只要主义好,赃官财主一齐倒。兵变只要宗旨正,全世界兵变更高兴。社会革命大成功,人人自做主人翁。打平阶级真爽快,无富无贫大自在。四万万同胞笑嘻嘻,幸福不让俄罗斯。奉劝大家快些变,大家不变无法办。

河间高阳变兵作此歌以告兵界同胞,即乞自由传播。

〔北洋政府陆军部档案〕

4 湖北旅京同乡会揭发鄂督王占元指使所部孙传芳以武力阻止夏寿康接省长印电

(1920年12月7日)

〔衔略〕钧鉴:近年以来,由军阀专横之反响,激起国民自决之新潮,民治主义,各省风行。中央见舆情之不可过于拂逆。徇此次鄂人治鄂之请，特简夏寿康为本籍省长，王督占元坚不同意，迭电请假，以事挟制；有嗣后军队欠饷及地方秩序，概由省长负责等语。政府恐生事变，一再疏通，信使络绎，迄无端绪。夏省长迫于乡人敦劝，勉强南下，乃养日轻装莅鄂，暂寓都府堤柯宅。是晚，王督忽电请辞职，并宣布戒严。漾日下午六时，竟由王督部下暂编第一师师长孙传芳派营长王铸民至省长寓内，肆行要挟，声言不准接印，速自为计，否则大兵一到，不可测也。等语。旋出孙传芳等公函内称：军气激昂，于执事不利，请缓到任云云。函尾列署该师长及军官等数十名。旋有军队数百人踵至，包围夏寓，咆哮威吓，逼将要求各条，一一承认后，仍不肯退。经杜镇守使、韩政务厅长、省会议长等再三排解，延至鸡鸣始渐散去。夏省长见军纪紊乱，市民惊慌，爰于次晨，渡汉 孙振家，为个人前途计，将省长印信，派员送交汉寓。夏氏以为奉命长鄂，自应接篆，惟旧省长公署在武人积威之下，遽行到署，必又滋生事端，不得已，始借汉口督办商场事宜处，暂行视事。王督藉电政府，饰释暴行，一面欲赚省长入城，一面又由孙传芳函致夏氏，促其早离鄂境，至以天门钟祥兵变罪名相加。顷孙传芳直辖暂编第一师第一旅，又在宜昌哗变、城厢内外，全付一炬。阳新、樊城、大冶等处警耗叠见报告矣。不及旬日，变乱蜂起，苟非统驭乖方，即系另有作用。且孙传芳以一师长，敢于暴胁中央大吏，王督若不授意，何至颟顸乃尔。综计前后狡谋，王督以二三爪牙，为抗命拒夏之利器。该爪牙辈又踪使数万豺虎，以为仇视鄂人，胁迫夏氏之毒矢，不顾国家威信，不顾地方秩序，紊乱军队纪律，牺牲人民生命财产，卑劣险狠，已达极点。似此情形，省长虽已到任，能否行使职权，不待推测。窃维省长与督军立于对等地位，省长到任，应否由督军许可。领兵将吏，应否干涉民政。特任大员，应否受军人胁迫。军队专恣暴动，督军应否负责。督军纵容所部，驱逐命官，政府应否制裁。现时武昌尚未解严，孙传芳等诡谲奸险，一旦酿成巨变，恐武汉一隅，牵动全局。用将经过事实，缕陈左右，是非曲直，自有公评。特电奉闻。伏乞垂鉴。

湖北旅京同乡会叩

〔北洋政府将军府档案〕

5 湖北旅京同乡会揭露鄂督王占元罪状并急宜屏除参加天津会议电

（1921年4月26日）

北京大总统、国务院、各督军、各省长、各总司令、各师旅长、各镇守使、各护军使、各省议会、各团体、各学校、各报馆、天津黎前大总统、洛阳吴巡阅副使钧鉴：本会致天津曹、张两巡阅使，其电文曰：天津曹巡阅使、张巡阅使钧鉴：国事蜩螗，于今为烈，赖二公劳苦功高，匡扶危局，中央倚为柱石，国民恃若长城。此次天津会议，必关国家大计，万目具瞻。乃闻鄂督王占元现亦来津与会，殊深诧异。查王占元督鄂以来，罔利营私，殃民蠹国，罪浮于桀，罄竹难书。其最著者，如滥发官票，紊乱金融。吞没军饷，激成兵变。戮辱学生，摧残教育。驱逐省长，藐视中央。抽换选票，指派议员。利用军舰，运贩烟土。干没官钱局盈余、铜元局附铸、汉冶萍砂捐。贩卖芦盐余利，皆不列入预算，尽饱私囊。凡鄂中重要商业，如矿局、纱厂、石膏公司、交易所等类，非有王督干股在内、必尽力摧残，阻止营业。下至新市场、大旅馆、戏园、娼寮、凡有伤风化之事，反得由该督或其亲昵，出资提倡，垄断无忌。近数月来，鄂中兵变，凡数十起，受害人民，流离转徙，数千万户。损失财产，数千万金。而该督漠不关心，反多方讳饰，呼吁不闻，以致土匪横行，生灵涂炭，种种渎职罪状，迭经呈请府院，立予罢斥，以苏民困在案。近复野心勃勃，外假联络川、湘等省，为中央谋统一之空名，以给政府。内则偷窃机会，阴欲造成长江特殊势力，别树一帜，割据地盘，觊觎非分，隐然挟西南与中央成鼎立之势，居心叵测，鬼蜮万端，究其实际，军心离异，民情怨愤，徒为架空欺世，安足与二公抗衡。曾忆去年，二公仗义讨伐安福之时，该督首鼠两端，始则提鄂银六十万元，为逆军助饷，继又暗助吴光新，运上游之劲旅，扼京汉之要冲。及闻义师战胜，乃复翻身变计，诱擒吴氏，以为卸罪邀功之地，阴贼险狠，于此可见一斑。此等贪鄙小人，与之共事，鲜有不败。征诸往迹，可为殷鉴。如听其参预国家大计，不惟于国家不利，亦且有损二公盛名，急宜屏诸会外、勿与之齿。大局幸甚，二公幸甚。冒昧胪陈。伏希矜鉴。湖北旅京同乡会叩。寝。

〔北洋政府步军统领衙门档案〕

6 鄂督王占元关于武昌兵变及其惨杀变兵情形有关函电

(1921年6月8日—28日)

(1) 王占元致大总统密电(6月8日)

急。北京大总统国务总理钧鉴：维密。占元蒿目时艰，知京外财政，同一枯竭，锐意裁兵节饷、以救眉急。前者解散十三混成旅暨毛旅两团，欠饷八九个月，均仅给三四关饷，幸得遣送竣事。此次在京请款，以部库支绌，领到有限，所拟继续退伍兵士，势难格外加多。讵各兵士，遽生觖望，加以土匪乘机煽惑，军心不免动摇。占元探知情形，正在速赶筹划遣散，突于八日早一时，有少数队伍，放火抢劫，城内商店，颇受损失，官钱局、造币厂，亦付一炬。嗣经竭力弹压，至四点钟许，始分道逃窜，现在秩序回复，汉口、汉阳亦未波及。惟军饷过缺，困难万分，伏乞垂念武汉地方，关系重要，迅予电汇巨款来鄂，俾得维持现状，迫切上陈，无任叩跂。占元治军无状，致此变端，负国负民，痛恨欲绝，应请严加议处，以肃纪纲。除查明肇事官兵，严拿惩办，并会同省长抚恤商民外，谨待罪以闻。王占元。庚。印。

(2) 京城巡捕南营参将刘凤藻等给王怀庆报告(六月十日)

京城巡捕南营{调署参将刘凤藻
署理游击刘全福} 为报告事：

据车站探访李得福回称：探闻得京汉路，于六月十日，由汉口开来北上车一列，载有武昌哗变溃兵六七百名。车行至孝感县迤南，该溃兵等均被王督军派去机关枪击毙，当将该溃兵等所抢掠财物，一并搜回等情。回话前来。理合报告将军台前。

（3）王占元致王怀庆函（6月28日）

懋宣仁仲大金吾惠鉴：鄂省之事，远劳清神，派员慰问、深感隆情。查宜昌之变，系由川、鄂土匪，贩运烟土，贿买军队保护，因宋旅长约束过严，遂酿此祸。武昌之变，则由老兵不甘退伍，又因正饷不足，为节省公款起见，议将津贴之米价、饷银两项，裁去所致。而内容实有安福余孽，与民党勾结，派员分途煽惑，希图扰乱鄂境，乘机起事。除退伍变兵，当饬孝感刘旅长截获、悉数枪毙。此外由各营捕获正法者，亦复不少。该旅团长呈经免职，其营长以下枪毙十数员。至被灾商民，已组织善后事务所，捐集款项，竭力抚绥。此前后办理之大概情形也。兹派杨课长文恺晋谒台阶，代谢盛意，并详陈一切，务祈进而教之，是所企祷。专此鸣谢。顺颂勋绥。

如棠王占元拜启　六月廿八日

〔北洋政府步军统领衙门档案〕

7 汉口日本总领事向北京日公使报告鄂督王占元与湘总司令赵恒惕互相勾结情形电

（1921年7月7日—9日）

照译日本使馆来电一件

大正十年七月七日

湖北省因武、宜相继兵变，故两湖省民议决，请愿湖南政府以兵力驱逐王占元，而王氏密派鄂军参谋余范传赴湖南，疏通一切。

查余氏系湖南人，又为日本士官学校之出身，对于湘军之将校旧友甚多，可望施其圆滑之手段，并携带现款十万元，子弹二十万粒，军米二千石，以王督之名义，赠与湖南赵总司令。当经赵总司令明白宣示，湘军决无出兵攻击湖北及有意侵略之举动，务将此意转达王督，万勿疑虑云。

汉口日本总领事濑川浅之进电
北京日本代理公使吉田伊三郎殿

照译日本使馆来电一件
大正十年七月九日
王督军接湖南赵恒惕来电，因军费缺乏，兼之程潜一派又跃跃欲动，故恳于一星期内，由汉口银行团借款五十万元等语。王复电云：如有相当之担保品，即请遣派委员来鄂，与财政厅长接洽云。

汉口日本总领事濑川浅之进电
北京日本代理公使吉田伊三郎殿

〔北洋政府京畿卫戍总司令部档案〕

8 申振林关于旅京鄂人在湖广会馆开会驱逐王占元等情给王怀庆报告

(1921年7月8日)

呈为报告事：七月八日，据探员高维汉、杨林报称：奉派查得湖广会馆于本日上午九时余，有旅京湖北同乡，在彼开会，到会者二百零一人，公推李继膺主席报告开会宗旨：(一)湖北同意驱逐王占元。(二)各府加举代表赴府院请愿。(三)以和平请愿，法律解决。(四)请愿人分为五排，如达不到圆满目的，至死不出府院等语。报告完毕，除上次举出李继膺等十一代表外，今又举出(武昌)代表周子印、陈邦杰、夏纪孝、胡宗华、金光华五人；(汉阳)代表萧幼元、周棠、李善谦、黄丙蔚四人；(安德)代表彭邦栋、黄宝华、陈东山、王建奎、朱一位五人；(德安)代表左学昌、李纪英、沈忠和三人；(荆州)代表马鸣谦、李操权、汤文英、吴澄章、罗国良、谢盛祥六人；(襄阳)代表张伯谦；(郧阳)代表朱念五、邓玉林、徐骏、莫士特、耵援五人；(宜昌)代表黄恭森、栗宗山、高宏庆、李金章四人；(施南)代表李大容、饶风璜、唐燊、杨德蓭五人；(荆门)代表罗黄华、梁邦福、陈雨苍、何力华、罗延之、杨必生六人；(黄州)代表范济华、何葆华二人；选举毕，正在欲赴公府请愿之间，适值殷总监到场，据云：我代诸公赴府请愿，三日后，听我回音等语。众未允。殷云：待明日答复可乎？众仍不允。最后，各代表在会馆等候，限殷总监以四小时之答复，殷遂去。至下午三点余，殷总监与湖广会馆罗琢章通电话云：本日大总统因办公劳倦，未得面谒，明日偕同王将军入府，请示办法，再行答复等语。众代表接电后，约定明日在湖广会馆等候，如无相当答复，下午二点，仍赴公府请愿，至四点余各散等情。报告前来。据此。除饬该探员等仍进行侦查外，理合呈报将军钧鉴。

申振林谨

附呈该会传单二纸

迳启者：兵灾救济会，前经大会决议，凡属同乡，均得自由加入，自由认捐。兹定于七月十日(星期日)上午八时，在湖广会馆开发起会，筹商一切，届时务乞拨冗早临为荷。湖北兵灾救济会发启人公启。七月三日。

湖北人最后之请愿

今天我湖北人为何又来请愿？因为徐大总统合靳总理说王占元，应该严惩，却不予严惩，明明是枉法徇情。王占元是个如狼似虎纵兵殃民，大大的罪人。杀一个王占元，尚且抵不了数千百无辜被害的性命，救不了几百万被抢、被烧、流离失所的灾民。湖北人含冤负屈，到而今政府，还许罪人王占元做督军，太不足以服民心，叫湖北人怎能答应。湖北人屡次请愿的理由，政府业经一一认承。我们要尊重元首命令，我们尊重国家常刑，不能不再向政府问一问，问他如何令出不行。

奉告北京市民，奉告各省旅京同人。今天这一次大请愿，就算我湖北人，含酸茹痛，向现政府呼冤呼屈的最后一声。政府如果还不痛快答应我湖北人死里求生，终究要想几个自决的方法，伸我民气，戮彼凶人。

〔北洋政府步军统领衙门档案〕

9 湖北组织自治军并推蒋作宾为总监讨伐王占元有关文电

(1921年7月)

(1) 湖北自治军将士兵民及各团体代表通电(7月24日)

(衔略)王占元出身舆台，役于戎伍，遭逢时会，窃领疆圻，盗鄂七载，痛毒四方，其屠僇生民，摧残教育，侵吞公款，劫掠民财，滥发纸币，横揽政权，蹂躏法宪，钳制舆论诸罪恶，早已敷腾中外，妇孺周知，事迹昭彰，无待覼缕。近更变本加厉，嗾使亲兵焚杀，劫掳宜昌、武昌百年繁盛之地，均以一夕而成荒墟。而人民之死于水火、死于枪弹、死于刃挺、死于饥饿者，以千万计，非王占元穷凶极恶，有以使之然耶。数年以来，吾鄂各界人士，奔走北庭，请其惩撤。乃北庭不仅无悔祸之心，且广给饷械，济其凶残，厚锡禄章，奖其暴戾。视我三千万鄂人，宛转于刀砧水火之下，含笑而旁观。人性之不存，天理之斯悖，有如此其极乎。语曰：自救则强，自奋则立。同人不忍桑梓父老昆季之惨痛，卧薪尝胆，自决图存。今以群策群力，创立湖北自治军。复以集思广益，制定湖北省自治临时约法，昭示自治之轨道，经于七月二十二日开会通过，依法公举蒋公作宾为湖北临时省总监。其职权之最重要者，为管理全省军民政务，统率全省军队，蒋公谦衷硕德，固辞至再，经全体以极诚恳之要求始允，当场依法宣誓就职。克日统率自治军，声讨祸国殃民之王占元，以铲除自治之障碍。惟是独立者精神，互助者天职。有各省自治，乃能树国基，有联省自治，乃能求统一。武昌绾毂中枢，是关系全局，鄂民水深火热，力竭声嘶。幸赖湘省本救灾恤邻之谊，概允出师，川省同此怀抱，一致援助。诸公上怀国、下恤民瘼，或已开其先路，或欲步其后尘，禁暴扶危，心同此理，亟望仗义执言，扶持正义，加以匡导，诱启愚蒙。谨布微忱，诸希亮鉴。湖北自治军将士兵民及各团体代表孔庚、李书城、施洋、陈时、(中略)胡鼎铭，等一万五千人同。敬。

(2) 湖北临时省总监蒋作宾通电(7月25日)

(衔略)本月廿二日、湖北自治军将士兵民及各团体代表孔庚等万五千余人，开会议决，湖北省自治临时约法，依法公举作宾为湖北临时省总监。作宾之渐谅德，不克荷任，当众力辞，诸君子责以大义，不相谅许，义不可却，遵即当场宣誓就职。窃作宾赋性愚鲠，饱尝忧患，寸材敷笠，曾何补于时艰，来日大难，尤深慄乎。覆竦惟以迫门封豕，故里沦墟，三户覆奏，匹夫有责，输握火抱冰之志，为麾戈返日之功。诸公或同袍泽，或托仁邻，气类之感，既同他山之助可待，远瞻泽惠，极切心期，临颖神溯，无任盼祷。湖北临时省总监蒋作宾。有。叩。印。

(3) 湖北临时省总监蒋作宾电(7月25日)

(衔略)，吾鄂不辰，遭逢凶丑。七年痛祸，四境为枯。罪迹昭彰，中外共恫。具如檄列，无待赘陈。同人有监于民国之俶扰多故，不欲重事兵革，苦我乡人，强自忍抑，冀其反省。讵王占元怙恶鲜耻，为祸日深，宜、武百年繁盛之区，中外士商荟萃之地，竟亦嗾使其亲信军队，一再劫掠，继以焚屋杀人，无辜良民，死以万计。货财损失，以数千万计。伤心怵目，亘古罕闻。焚劫之灾，不仅毒及吾鄂一省，而损害邦交，遗羞与国，党书腾责，影响国权。是王占元不仅吾鄂罪人，实全国盗魁祸首。凡我中华民藉，人人得而诛之。苟北庭之威信犹存，国家之法律有效，早已陈尸东市，传首九边，岂待吾民，亲执挺刃，挞彼凶残，抑使吾民生命，稍得苟延，则亦惟偷一夕之安，决不愿挺而走险。今也黄台之瓜，一摘再摘，民穷财尽，创巨痛深，将再匍匐呼号于燕市乎。吾父老昆季，亦既屡为之，而不一为之矣。新华闭拒，厌听民瘼，宁可置吾鄂三千万人民于死地，而不之恤，决不忍王占元一旦失其地盘。吾鄂民求生路，决忍无可忍，迫不得已计，惟有自觉图存之一法。作宾忝负乡人，付托重任，惟有亲率诸军，指日东顾，驱除残慝，绥靖灾黎。此纯为鄂人自救之谋，但求恢复乡邦，实行自治，成败利钝，所不敢期。幸赖湘、川两省顾念唇齿相依之谊，不忍吾民之呼吁，慨允出师相助，诸公仁心仁术，继绝扶危，夙有同志省宪建国，亦已公认，甚望加以提携，扶持正义。岂惟吾鄂民受其赐，抑亦我四万万同胞所共馨香祷祝者也。临电激切，统希鉴示。湖北临时省总监蒋作宾叩。有。印。

(4) 湖北省自治军敬告本省父老昆弟诸姑姊妹书(7月)

维中华民国十年七月吉日，本军确守铲除军阀，发扬民治之宗旨，大兴讨王之师，期树联治之业。用敢掬其血诚，以正告于我最亲爱之父老昆弟诸姑姊妹之前而宣言曰：今日之趋势，非自治潮流最汹涌，最壮烈之趋势乎。潮流所趋，谁敢逆之，救亡图存，固已舍此，别无良策矣。是以湘、粤开其创局，黔、滇步其后尘，川、浙则遥为声援，闽、陕亦互相策应。北政府早失统驭之能力，各省已成联立之情形，我湖北居天下之中心，握南北之枢纽，万难以不能自治之省，孤立于漩涡最急之中，终作亡省之奴，以遭各方之攻击，而受永久之沉沦也。我父老昆弟诸姑姊妹，其亦知今日之湖北，久非我湖北人之湖北乎。自王占元霸占湖北以来，爪牙密布，盘据要津，视我湖北为彼个人殖民地，自官吏兵队以至路矿工役，我湖北人，无一可以插足者，此即亡省之最可痛心者也。犹复杀戮我学生，摧残教育，效秦政之愚民，紊乱我金融，滥发官票，陷鄂民于破产。报界为舆论机关，彼则多方钳制。商会为全省命脉，彼则任意诛求。盗卖公产，悉饱私囊，朘削民膏，难填欲壑，苛政甚于猛虎，遍野尽是哀鸿。我父老昆弟诸姑姊妹，固无日不在水深火热中，第以处于军阀积威之下，重足侧目，莫敢谁何，亡省之痛苦极矣。方之法人之待越南，日本之待台湾、朝鲜，亦蔑以加矣。聆齐东之野语，瞻楚北而怆神，一般志士，迫于切肤之痛，自治运动，乃应时而起。无如王占元逞彼凶残，必以威力，阻遏我鄂人自治之机运，且有一般走狗，为虎作伥，如崇正派之违法议员，拥王党之无耻政客，皆不惜以杀父求金之牺牲，作卖省求荣之代价。王占元之毒焰，益形滔天之势，七八年来，我湖北人所受亡省之种种痛苦，彼犹以为未足纵兵殃民之惨剧，乃愈演愈烈矣。是以未及两载，而湖北兵变十有余起。近则宜昌之重要商埠，竟遭第二次之惨灾，武昌之省治都城，有尽付一炬之浩劫。烧杀奸抢，无所不用其极。嘉定之屠城，扬州之十日，当亦无逾于斯，此皆我亡省民所身受之痛苦，而呼吁无门者也。彼王占元者，且更怙恶不悛，变本加厉，大兴党狱通缉之伪令频传。添募新兵，防民之手段愈辣，施一网打尽之计，为老马恋栈之谋。自今以往，我湖北人，其尚有噍类乎。本军前之所以隐忍而未发者，诚以我湖北创巨痛深，不欲以干戈相见，重累我父老昆弟诸姑姊妹，每思以和平运动，获最后之胜利，今则和平绝无希望矣。本军亦忍之无可忍矣。盖欲于王占元武力之下谋自治，是犹与虎谋皮，不先搏虎，皮焉能得，此本军之所以万不得已而兴师讨逆也。要知本军此次之战，为我湖北人争自由而战，争人格而战，苟有以丝毫权力之野心存乎其间者，非独我湖北人民之公敌，明神亦当殛之，曷言乎为争自由而战也。人权天赋，法律上具有保障之条文，凡身体、言论、居住、职业、集会、结社等等，皆我人民固有之自由权利，非依法律不能加以干涉者。王占元毒鄂以来，我湖北人饱受种种不自由的痛苦。诚莫可以言喻，本军确信人类自由之历史。未有一国非由人民费一点一滴的血汗购换而来。亦未有肯为自由而战之人民，不能有真正的自由出现，况自治即自由之表征，不自由必不能自治，我湖北人与其长以不自由之身，困苦频连，屈死于王占元一人之手。曷若以精神之奋斗，或尚可于死里求生，忍须臾之痛苦，而购换真正之自由，则永远之痛苦，可以减免矣。一劳永逸，其斯之谓欤。本军所以为争自由而战者此也。曷言乎为争人格而战也。自治独立之国家，谓之有人格之国家，自治独立国家之人民，即谓之有人格之人民，是故国家灭亡，即丧失其国家之人格，其人民亦即为无人格之人民，群将以亡国奴待之矣。亡国如是，亡省亦何独不然。湖北为辛亥起义首创共和之邦，在当日是何等的雄壮，是何等的光荣，今则以屈伏于王占元之下，七八年来，徒供其蹂躏，其宰割而莫敢呵声，已为无人格之民矣。值此自治潮流澎湃之时，正我湖北人有一线生机之希望，犹复伣伣伈伈，不思振作，将来联省自治成功，匪独不许加入，且将立于被征服之地位，何有人格之可言，辛亥首义之荣誉，从此一落千丈，而永无恢复之期矣。虽然，失之东隅，收之桑榆，未为晚也。现在王占元之天怒人怨，已予我湖北人之绝好机会，本军之所以为争人格而战者此也。本军此次兴师讨逆，既具有以上之两种理由，谅我父老昆弟诸姑姊妹，当必有彻底的觉悟，而能曲为谅解，决不至发生误会，自相惊扰，而有碍本军之进行也。况本军素具爱乡愚忱，惟桑与梓，必恭敬止，亦万不敢有以暴易暴之行为，而损我自治军之名誉。总之自治潮流，震荡世界。顺应者存，逆遏者亡，本军兴师之日，即为自治发韧之时。自治成功之时，即为本军解甲之日。顺应自治，扶植本军者，仇吾友也。逆遏自治，阻挠本军者，友吾仇也。顺逆攸分，存亡立判。谨布微忱。诸维亮察。

附注：另有"王占元的兵士听我说"传单，临时省总监蒋作宾署名布告各一件，当时送京警厅。

〔北洋政府步军统领衙门档案〕

10 鄂督王占元报告湘军攻鄂应战情况密电

（1921年7月—8月）

（1）7月26日密电

万火急。北京国务院钧鉴：参陆部鉴：昌密。驻湘鄂军夏斗寅，已于迥(24)日通电就任鄂军总司令，并有即日风驰长岳，直下武昌等语。是前线接触，即在目前。前日赵恒惕来电，尚佯为不知，显系缓军之计，在我自不可为其所愚。除电饬所部，预备迎击外，至祈催促援军，火速开拔来鄂协防，至要至盼。占元叩。宥。印。

（2）7月29日密电

万急。北京国务院钧鉴：参谋本部，陆军部、保定曹巡阅使、洛阳吴副使、南昌陈督军、开封赵督军均鉴：昌密。据旅长宋大霈自前方来电称：敌人距我前线三里哨，似于明日□拂晓攻击，旅长已准备作战。同时又据该旅长电称：艳日早四时，敌前队向我军开始攻击，我前哨顽强抗拒后，进入本旅阵地各等情。前方紧急，亟待增援，□祈电催各援军，迅速南下，并希仲帅、子帅加电靳旅，克日前进，以备应援。占元叩。艳。

（3）8月3日密电

千万万万火急。北京国务院钧鉴：参谋本部、陆军部鉴：盛京张巡阅使，保定曹巡阅使、洛阳吴副使、济南田督军、南昌陈督军、开封赵督军、南京齐督军、蚌埠张督军均鉴：昌密。我军开始战斗情形，曾于卅日电陈。兹将鉴〔？〕日以后，战斗经过，摘陈如下：据孙师长传芳电称：卅日早，敌军行全线猛烈攻击，至十一时，左右翼愈形激烈，遂令我穆团，由官山右绕攻敌之左侧，孟旅长由官山铁路方面拟攻，宋旅长由铁路以左反攻，传芳亲赴前线督战，始将正面与左方之敌据退，伤亡敌军千余名，我军亦有伤亡，俟查明再报。东日，据该师长电称：战事剧烈，敌军肉搏数次，我军稍有动摇，传芳亲赴火线督战，刻已大见时机，正面与左翼之敌，渐觉不支，现仍在攻击中。惟我军兵力太单，决难进攻，务乞本晚来队增援，以期全线并力反攻。同日，据崇阖刘镇守使电称：今早五时，敌军在我左翼距通城七里之太平桥，已经开火，敌军分路进攻，我军兵力，势难抵御。马颈方面、亦有敌军，前队五六百名，后有大部队在续进，现由各团营两力抵抗，尚在激战。一同日又据沙市王师长电称：石属郑公渡阵地、现发现敌军千余名。调口亦有敌军发现，塔市驿已被敌军占据，兵力约千余名，刻已准备渡河。松滋通澧州之张家厂，亦有大部敌军发现，已饬罗团长率所部前往松滋方面防堵。公安方面，由刘旅长担任抵御。石首、藕池方面，由傅团长率队扼守。监利方面，由张团长担任防堵。沙市仅有步兵两营，为各方面之总预备队各等情。羊楼司方面，激战四昼夜 ，我军虽力竭精疲，而犹奋力抵拒，卒无馁气，敌军向伤亡过多，锋锐已挫。崇通公石各方面，刘旅、王师分途迎击，战事上颇为得手。现靳旅已抵前线，萧师行将开拔，援军一到，蛸臂何言挡车，破竹之势，可立待矣。知劳远注，谨电奉闻。王占元叩。江。印。

〔北洋政府陆军部档案〕

11 冉绍雍等关于湘军进攻汀泗桥宝塔州暨萧耀南调舰队迎击等情致国务总理密电

（1921年8月14日）

万急。北京国务总理、陆军总长钧鉴：卓密。昨晚敌军以两师以上兵力，继向我军进攻，当由靳旅及廿五师之一旅，在汀泗桥一带迎击，战斗颇为激烈。闻之赵旅，今亦有令开赴前线。惟新堤方面，王旅退回金口，右翼空虚，以致陆溪口、宝塔州均被敌军占领。肖总司令拟派兵舰二艘、鲁军一混成团，即日出发前往，攻击陆溪口、宝塔州一带之敌，以期恢复新堤，并将驻扎孝感之刘佐龙一旅，调赴仙桃镇附近，遥为策应。至前线鄂军及王前督招练新军，闻有分途开赴武穴一带之说，其崇阳刘旅至今不知下落。谨此驰陈。绍雍、之元叩。蒸。

〔北洋政府陆军部档案〕

12 陆军部科长李竟容冉绍雍报告直军攻下岳州后吴佩孚与赵恒惕商谈湘鄂停战各情密电

(1921年8月21日—10月31日)

(1) 李竟容致陆军部密电(8月21日)

特急。北京陆军总长钧鉴：卓密。吴使十九日收复新堤，二十日到咸宁方面，规定反攻计划，大纲如下：(一)前充正面总指挥之张福来师长，现充第一路总指挥，率四十八旅主力及二十一混成旅、山东张旅、长江舰队、水陆并进，二十三日拂晓开始运动。(二)第六旅长张清臣，为第二路总指挥，率直军两旅并河南赵旅，二十二日拂晓，先从咸宁方面，转取攻势。(三)第八混成旅、四十九旅及五十旅主力，于二十三日拂晓，沿铁道线与第一路同时前进。按吴使此项计划，系整理战线，以为各方总攻击之预备。谨闻。竟容叩。箇。

(2) 李竟容致陆军总长密电(9月4日)

特急。北京陆军总长钧鉴：卓密。东日两电计达钧览。容本日由岳返汉，谨将重要情形，分报如下：(一)湘省兵力，自岳州下后，完全破坏，其军实均在岳，遗弃残余部队，奔窜平江及赣边附近，现已大半弃械归田。惟沈鸿英之两旅，尚驻株州附近。(二)停战条件签字后，赣军胥均在醴陵停止，直军一部，按照条件，于冬日向汨罗江北岸前进，其余分驻岳州以北铁路沿线，藉事整顿。(三)宜昌方面，卢师长连电告急，吴使已派孙传芳率二师全部往援，约两三日后，由汉出动，并已派兵舰上驶。(四)鄂省旧日军队及多方调查，已形稳固，此后鄂省内部当无他虞。谨闻。竟容叩。支。

（3）李竟容致陆军总长密电(9月6日)

特急。北京陆军总长钧鉴：卓密。歌电奉悉。吴赵停战办法，前据吴使云：已分电部院，故未专禀，承询谨报告如下：（一）沈鸿英所部军队，克日撤出湘境。（一）江西军队，退驻老关。现有湘军，仍驻醴陵。（一）石首、公安、塔市、驲调关方面，湘军撤归湘境。第八师驻现在防地，不得追击。（一）平江通城方面，湘军调驻浏阳，鄂军驻扎通城。（一）正面以汨罗江为界，三日后，湘军撤至湘阴、白水一带。直军撤至长乐街、黄沙一带。（一）长山株萍路及江面交通，均照常通行。（一）自电令到日起，勿论直湘各军，退归指定地点后，不得有作战行为。（一）本法系暂时休战折中办法，俟确定办法后，再实行罢兵。（一）在暂时停战期内，如湘军尚有在直军防线内者，由直军许其通过撤回湘境。又东二电十条两字，系九条之误，合并禀闻。竟容叩。鱼。

（4）冉绍雍致陆军总长密电(10月31日)

特急。北京陆军部部长钧鉴：卓密。吴使日由岳回汉，绍雍随来，住汉华旅馆。谨将吴使到岳后，集合各师长会议情形，报告如下：（一）一般方略，各部队应于防御地段，详细侦察地形，并施充分工事，以期有备，无须衅自彼开、我军不得驻进。（二）防御部署位置，海军于洞庭湖待机进攻，第一线沿汨罗江北岸至通城之线，配备一师三旅，即二十五师。右翼自沉沙港，左翼至蜈蚣市。湖北第四旅由蜈蚣市至张家坡，鲁军张旅由张家坡至通城，第二混成旅位置通城附近，馀驻原地，四十八旅调集岳州。又沈鸿英所部，与湘赵军队冲突，吴使曾电赵制止，尚无回报，合肃电闻，余详函禀，绍雍叩。卅一。印。

〔北洋政府陆军部档案〕

13 曹锟关于同意吴佩孚拒绝孙传芳要求担负鄂西防务缘因致国务院等密电

（1921年8月23日）

千万急。国务院、参陆部鉴：盛密。顷接吴巡阅使马电开：查孙传芳以长江上游总司令名义，自请担负鄂西防务完全责任。目前曾派该司令部陈参谋长席珍来署，当面要求，当经佩孚惋言拒绝而去。且孙现在病中，其所部第二师队伍，自溃败后，收集整顿，尚无眉目。鄂西省防，若归孙担任，近日警报迭闻，殊属缓不济急。业经委任十八师卢师长金山为鄂西防务总司令，十八混成旅赵旅长荣华为鄂西前敌总指挥，和衷共济，巩固鄂畛，并加派军队，开赴宜昌上游，归卢、赵节制调遣，以厚兵力，庶几鄂西门户，可保无恙。将去岳州克服、即由孙率领第二师驻岳州护长江，俾其名实相符，谨电禀闻等语。查是项办法，深属妥洽，特电密陈。即希查核是荷。曹锟。漾亥 印。

〔北洋政府陆军部档案〕

14 魏家琪关于王占元被驱去鄂暨请下令讨伐夏斗寅蒋作宾等情致王怀庆函

（1921年8月25日）

军门钧鉴：敬禀者，前呈芜禀、谅蒙电阅。兹将湖北政局纷更情形，略为陈之：自二师哗变之后，王督军深以为愧，捐廉三十万，严办作乱兵士，竭力维持，恢复旧序，满期云消雨霁，如旧绥安，不图贤者，固自贴服，不肖者，因缘为奸，勾结夏斗寅、蒋作宾，欲行元年革命之事，任意称兵，饱其私欲。查夏斗寅系鄂军第一师石师长星川部下连长，洪宪时若辈逼迫石师长独立，希图乘乱窃权，迨石师长暗走，军中无主，该连长约集一团之众，投归湘省，野心久蓄，非自今始。兹闻湖北有隙可乘，更得党人臂助，以故大胆进行，肆无顾忌。据闻吴巡阅使战事得手，节节克服，湘人视之生畏，惟赖报纸造谣，党人离间，各法团排解。夫排解一法，自来党人惯技，譬如甲乙斗殴，排解者暗封甲者之手，使乙者专事出气，南人对北，即犹是也。自段内阁用兵以来，凡所失败者，皆不出此奸计之外，若以兵力械弹饷需而论，南军无一能优我者，而反受其先发制人，腾笑中外，固所宜耳。湖北全省，尚无若何变相，报纸之言，不足为训。所幸党人诡谋智者，尽知彼党黔驴技穷，复以自治，摇或地方，使野心者借此出头，互相遥应，可遂私愿，若不再下讨伐令，听其肆意狂悖，前途不堪收拾矣！遑问南北统一耶。王督军守楚数载，可称平妥，此次去鄂、实受援军暗激，仅恃党人曷克臻此，其所遗人口实者，亦有由来。已于十一日，由鄂首途。家骐送别时，当蒙而谕；仍旧供差，我虽离去，尚有人在等语。窃思家骐命薄才疏，凡遇主官，均无异说，其所以不能发达者，盖缘间接无援，酬应无力，壹心事上，又弗克分走他门，孤立无依，每苦于此，只得守分而已，秋气深来，拟赴京门，藉谒慈颜，而聆训示。为此肃禀，恭叩崇安。伏乞垂鉴。

帮办鄂城县财政委员魏家骐谨呈

〔北洋政府步军统领衙门档案〕

15 曹锟转报吴佩孚下总攻击令及各军部署情况致国务院等密电

(1921年8月27日)

特千万万火急。北京国务院、参陆部鉴：昌密。顷接吴巡阅使有电开：现在前方布置妥协，定于感日总攻击，详录命令如下：(一)蒲圻、崇阳、嘉鱼一带之敌人，约有三师，该敌因连日与我军作战，子弹缺乏，故宋师、鲁师及叶师之一团，已向新店、滩头、官山、羊楼洞、朱楼坡一带之线退却，其缺一团之叶师，现由崇阳拟向大沙坪通城退却。(二)本军拟驱逐该敌柏师长，铲除宋、鲁、叶各师之骄兵悍将，以副湘人望治之殷。(三)第六旅旅长杨清臣，代本使为正面总指挥官，督率第八混成旅，经过蒲圻向新店，滩头追击，并督率廿五师缺一团，沿铁路线向官山、羊楼洞追击。赵司令督率所部，向羊楼洞追击。（四）董旅长督率该旅全部及一百团，由崇阳向朱楼坡及桃林方向追击。（五）寇旅速开至崇阳，连合田团刘旅，向大沙坪通城及平江方向追击。（六）张师长为攻岳总指挥官，连合海军舰队，率领苏旅、刘旅、鲁军张旅及十二混成团，速向南津港登岸，占据金鹅山以下岳州。（七）岳州下后，应令苏旅向城陵矶、云溪驿、茶港前进。刘旅向桃林前进，以堵截敌后，第十二团酌留队伍守南津港、金鹅山、三眼桥。鲁军张旅经过醴陵、株洲、相机进取长沙，但湘潭方面，应酌留队伍，掩护左侧。万载、铜鼓之军队，应相机进攻浏阳。（八）驻沙市第八师王师长，应督率所部，歼除当面之敌，相机进取常德。（九）宜昌卢总司令、赵总指挥、应督饬所部，谨防川军侵入。（十）二十一混成旅王旅长，以驻嘉鱼、花口附近之队，相机占领嘉鱼，其驻宝塔州之队，相机占据陆溪口。（十一）长江上游孙司令应整备第二师，届时填防岳州。（十二）各路军队运动时、以到岳州指挥一切。注意：（一）凡有俘虏，每名按路途远近，给洋一、二元，当时释放，不得擅杀。（二）携带枪枝投诚者，每兵给洋五元，令其回藉。（三）凡军士败坏军纪者，准由直接长官就地正法。（四）限于八月廿七号，开始运动，不得迟误。（五）萧督军担任筹备补充。谨以奉闻。敬乞转陈等语。特电奉达。曹锟。感。印。

〔北洋政府陆军部档案〕

16 曹锟关于吴佩孚与赵恒惕面订休战办法九条致大总统等密电

（1921年9月3日）

急。北京大总统、国务院钧鉴：盛密。顷接吴巡阅使冬电称：岳州克复后，正在支配军队前进，长沙赣军，亦在湘东开始进行。赵恒惕特托英舰介绍，于东日午后三时，亲至岳阳，与佩晤会，为弭兵之请。查直军迫于前，赣军出其后，长沙本在我掌握，惟岳阳一战，湘军蹶而不起，其嚣凌之气已消，并察赵之来意，亦颇诚恳，故本恢复息事宁人之原状，业于东日由佩与赵恒惕面订草约办法九条，先行停战，俾共谋和解，已双方分令各军，遵照施行。其余条件容修，继续协商，当可早日解决，能得圆满结果。谨照录所订休战办法如下：(一)沈鸿英所部军队，克日撤出湘境。(一)江西军队，退驻老关，现有湘军，仍驻醴陵。(一)石首、公安、塔市驿、调关方面，湘军撤归湘境。第八师驻现在防地，不得追击。(一)平江、通城方面，湘军开驻浏阳，鄂军驻扎通城。(一)正面以汨罗江为界，三日后湘军撤□□至湘阴泉一带，直军撤至长乐街、黄沙街一带。(一)为湘军尚有在直军防线内者，由直军许其通过，撤回湘境。(一)长岳株萍铁路及江面交通，均照常通行。(一)自电令到日起，无论直湘各军，退归指定地点后，不得有作战行为。(一)本办法系暂时休战办法，俟确定办法后，再实行罢兵。除分电通知外，谨此奉闻。伏乞垂鉴。曹锟。江。印。

〔北洋政府参陆办公处档案〕

17 鄂督萧耀南报告川鄂战争北军由败转胜情况密电

（1921年9月5日—10月13日）

(1) 9月5日密电

千万急。北京国务院钧鉴：参陆部鉴：昌密。支电敬悉。冬日，据鄂西防务总司令卢金山、总指挥赵荣华电称：川军犯宜实行包围计划，中路唐师、一师、张冲一旅、萧笙三团，由秭归向宜前进。右翼方面，有费东明一旅，由兴山向宜前进。右翼方面，有邓旅一混成旅，由江南岸前进。两翼均已开战，左翼段团被围，阵亡营长一员，现正固守待援等语。支日，复据报：段团及十八师一部，在江南岸，支持两昼夜，彼众我寡，伤亡相继，现已陆续退却，其余部队，均在前线抵御，无从抽拔，请迅派援军等语。除电复令坚守待援外，已令到沙市一团，星驰上援。又派十八师马旅，乘轮上驶，诚恐缓不济急，有误戎机，复电请吴巡阅使，酌派军舰，先行开赴宜昌，以保江面，并请令十八师就近派队赴援，承准前因，待电奉闻。仰祈指示机宜。俾资遵守。萧耀南叩。歌。印。

(2) 9月14日密电

急。北京国务院均鉴：陆军部鉴：保定巡阅使钧鉴：昌密。据卢总司令覃电称：我军自蒸日退至原阵地，敌人连日仍猛烈向我攻击，并冲锋数次，均被我奋力击退，毙敌甚众。我军稍有死伤，现尚待对峙中。吴使寒日抵宜，俟筹定攻防方法，再闻等语。特电希察。萧耀南叩。寒。印。

(3) 9月22日密电

北京国务院、陆军部钧鉴：昌密。据张旅长允明马电称：前方战事，仍属激烈，川军盘踞西陵山、狮子山、狼子峒、东山一带。安安庙系敌军占领，其兵力约三师四混成旅之谱，不过炮少弹乏耳。现宋、马两旅，闻已到茶店子、大包山附近，绕击敌侧。第八师之一团，由长阳击对岸之敌，敌伤亡已达四五千名，我军伤亡有限。各方援军已到，不难一鼓而下。目下有人调和，而川军条件甚刻，如湖北改总司令，荆沙宜汉允驻川军，偿我此次损失等项。似此情形，和议恐归无效等语。查上项报告，系张旅长巧日到宜后所得消息，并未另接。有吴使通知，其所报我军行动暨敌军条件，均关重要，并请密而勿宣为祷。萧耀南。祃。印。

(4) 10月9日电

百万万急。北京国务院钧鉴：参陆部鉴：顷承吴巡阅使佳电开：庚日午后四时，我中路追击队，完全克复秭归，敌军分向兴山、巴东败退，现仍饬各路协力追纵兜击，以期早清鄂疆等因，特电奉闻。萧耀南叩。青。印。

(5) 10月13日密电

北京国务院钧鉴：陆军部鉴：昌密。承准吴巡阅使文电开：我中路赵总指挥，率队于真日午后克复巴东。右路十七混成旅之王团及第二师之先遣部，亦均于蒸日进抵兴山。左路第八师刘旅长，率队于佳日进占巴东，施南中间之大竹坪，南北两岸之敌，因被兜击，均分向鄂川交界之龚家桥及施南方向逃窜。除仍饬两路扫荡，早日肃清鄂疆外，特此电闻等因。谨电驰陈。萧耀南叩。元。印。

〔北洋政府陆军部档案〕

18 赣督陈光远报告吴佩孚与赵恒惕订立暂时休战办法赣军撤回赣境致大总统等密电

(1921年9月12日)

北京大总统钧鉴：国务院、参陆部、保定曹巡阅使鉴：盛密。查江西派出预备援鄂方使本仁、萧旅长安国所部，各军八月震日，奉院电传谕：所有各省援鄂军队，应即一律归吴巡阅使指挥调遣等因。遵即电将该军交吴巡阅使指挥调遣。嗣方使本仁、萧旅长安国，奉吴使总攻击命令，进克醴陵，亦经光远于世东各电驰陈在案。旋准吴使东电知会与赵恒惕面订暂时休战办法。江西军队，退驻老关，现在湘军，仍驻醴陵。复准吴使阳电开：赵前晚到，议定办法六条，第二项内开：醴邑赣军，俟沈军离株，湘派正式军队接防，彼此通知，即行撤退各等语。现据方使本仁、萧旅长安国，先后电称：沈军已离陵洲，醴陵防地，刻经赵恒惕派团长刘涛来醴接防，本军遵照吴巡阅使与湘规定办法，于真日上午交接清楚，完全撤回赣境，严为戒备。除径电吴使外，谨此禀闻等语。谨电驰陈。光远叩。文。印。

〔北洋政府陆军部档案〕

19 张国溶报告湘鄂川战争经过及赵恒惕向吴佩孚乞和等情致王怀庆呈函

（1921年9月13日）

将军钧鉴：远隔㭰晖，溯回棨范，寸衷孺慕，尺素难宣。兹逢瑞启秋中，允卜厘延，月满洪维，华骏著，福曜骈臻，至以为颂。国溶驹光虚度，鸠拙难藏，所幸托庇，顺平差堪，奉纾廑念。月前鄂垣兵变，湘军乘衅进窥，演成战剧。当奉曹帅委派前赴武汉视察前方情形，于上月二十六日到汉，二十七日晋谒萧督，二十九日赴岳州，面谒吴使，并到前线视察一切。旋奉吴使命，即行回保，报告前方情形，已于本月九日抵保。此行于前敌情势，略得梗概。谨具报告一纸，呈请詧览。窃惟此次战争，所关重大，我公京畿坐镇，中外具瞻，对于各方情形，自必洞悉底蕴，何庸国溶赘述。然一得之愚，情殷献曝，管窥蠡测，或可以资参考也。肃此具陈，敬请崇安。并祝节禧不既。

张国溶谨上　　十年九月十三日

附报告一纸

报告

谨将此次战况经过之大概，分析报告，以凭参考，恭请鉴核。

直军方面：

(一)此次直军御湘分三路，右路在石首、公安、监利一带；中路是水路，在金口、嘉鱼、罗山一带，左路在汀泗桥、咸宁、蒲圻一带。

(一)右路以第八师师长王汝勤指挥，在石首、公安、监利一带，暂取守势。

(一)中路以兵舰七只，陆军两旅，在金口、嘉鱼攻击，由吴巡阅使指挥，于上月二十八日下午三点，攻下岳州。

(一)两方面主力均在左路，以二十四师张福来为总指挥，战斗极为激烈。上月二十五日，湘军不支，节节退却，不能成军。二十九日，直军追到新墙、桃林一带，停止待命。

湘军方面：

（一）湘军攻鄂，亦分三路，石首、公安一带，中路仅沿江一带，以鲁涤平之一旅，而兵力均在羊楼司、蒲圻一带，经大败后，均退到汨罗江以南，不能成军。

（一）此次湘攻鄂，计划颇大，在岳州赵恒惕司令部检出湘军攻鄂方略并地图。第一期占据羊楼司、蒲圻。第二期占据武汉（官兵到武汉，符号印出若干、并关三个【月】饷纸票，经鄂军兵变、势在必得武汉）。第三期占武胜关，左右长江势力。

（一）上月二十九日，赵恒惕挽英舰长，介绍到吴巡阅使处乞和，本月二日，赵坐英舰到岳州、未下舰。国溶随吴使乘兵舰到英舰。吴、赵晤面，订约罢兵九条。吴使责赵无故攻鄂，而赵唯唯，以骄兵悍将，无法约束为对，其肉袒牵羊之状况，甚为无味。我军人战不能败，诚败不如死也。

鄂西方面：

（一）巴东失守已久，川军并未前进。二日，卢师长、赵旅长告急，吴使派兵舰二只赴宜昌，萧督派马金荣旅长赴援，在宜昌西交战，将北岸之川军击退三十里。直、湘已罢兵，想川军无能为患。倘川军不退，吴使决意到鄂西指挥攻击。

吴使刻下在岳州。庐山会议虽是吴使之同意，绝不干涉。经国溶与之谈论数次，而吴使以定国宪，拥护中央为职志，绝对不赞成联省自治。武汉安谧如恒。

张国溶谨呈

〔北洋政府京畿卫戍司令部档案〕

20 刘之元报告川鄂战争停战议和致陆军部密电

（1921年12月3日）

急。北京陆军部长钧鉴：卓密。前派刘基炎赴渝，昨已返宜。闻与刘湘接洽情形如下:(一)川鄂暂行停战。(二)施南方面，川军后退三十里,我军亦不前进。(三)正式议和罢兵。闻关全局,川军不能单独办理。谨此禀闻。之元叩。江。印。

〔北洋政府陆军部档案〕

21 湖北各县市自治联合会散发驱逐省长刘承恩的传单

(1921年12月18日)

启者,刘承恩出身微贱,赋性贪庸,夙为鄂人所不齿。乃夤缘王占元,攫得省长一席,王在则助其虐焰，王去则席其余威，作恶万端,甘为公敌。虽经我旅京同乡会胪陈罪状,请政府立予罢斥,而明令一日未下,吾人即一日难安,痛切肌肤、讵容再忍用揭刘氏祸鄂之罪,急谋一致驱刘之方,凡我同人,幸垂察焉。

(一)摧残自治。夏前省长,提倡自治，省设筹备处，县设筹备员。刘氏到任,即裁减筹备处经费，取消筹备员职务，现仍自兼处长、以便任意摧残。

(一)破坏教育。吾鄂教育费,较诸他省，已嫌微薄，刘氏素恶学校,乃以经济困乏,各校经费,积压数月,始得一发，校长要求时遭申斥。

(一)玩视民瘼。王家营堤工,上年费款一百三十余万，本年夏泛堤危,当地官绅,电请救护,刘氏置若罔闻,竟使溃决，淹没二十余县。临时既不派员抢险,事后又不闻惩办。承修人员及各县灾民,呼吁旅京同乡诘责,而刘氏始以一纸空文,呈报中央。迄今工赈款项,尚无着落,转瞬春泛,民何以堪。

(一)武断选举。选举理应公开,乃刘氏专守秘密，对于各县选民额数,任意增减,虽经省议会再三质问,而选民表册，竟不咨交,其用意可知。

(一)侵吞公款。查铜元附铸赢余，各县禁烟罚款，及丝麻四局,红砖厂余利,解交省署者,动计巨万,刘氏尽入私囊。

（一）扰乱金融。官钱局为全省金融机关，即财政命脉所在，刘氏视同私库，予取予求，毫无顾忌。即造币厂附铸铜元一项，近以铜价日昂，钱价日落，以铜铸钱，实受亏折。乃刘氏强索余利，其亏折责归官钱局垫偿损公利己，致官钱局日在亏折之中，官钱票发生危险之象。

（一）贿卖差缺。刘氏到任未久，差缺即更换频仍，某以出赀若干，得委某差，某以出赀若干，得署某缺，报纸宣传。人言确凿。

（一）信任奸邪。黄允熙、谢石钦等，皆安福余孽，刘氏倚为心腹，藉其联络党徒，无币营私，多出若辈之手。

（一）提倡赌博。刘氏于汉口生成里二十五号，组设赌场，每星期招集僚属，赴赌一次，不分昼夜，并呼妓助兴，名分荡然，而贿赂亦集中于此。

（一）实行公妻。刘氏酷嗜淫乱，赌后常住汉口某租界某局长私属寄宿，外间喧传省长与局长公妻。

以上数端、特其荦荦大者，揆诸国法人情，罪无可逭。有此败类，吾鄂之羞，去此害马，吾人之责，特定于阳历十二月十八日（即星期日）正午，武昌假黄鹤楼，汉口假刘园，同时开驱刘大会，讨论驱刘办法，届时务望贲临，吾人有一致之主张，斯吾鄂有一线之生息，凡有血气，谅表同情，勇跃争先，尤为盼祷。

〔北洋政府内务部档案〕

22 孔庚关于北军旅长赵荣华袭击施南鄂军蓝文蔚请饬归原防致黎元洪电

（1922年7月28日）

万急。北京前大总统黎黄陂、国务院、参陆两部均鉴：顷据鄂军先遣司令蓝文蔚自四川来电称：北军赵荣华突率所部，暗袭施南，我军众寡不敌，暂退川属庙宇漕待援等语。骤闻之下，不胜骇异。查蓝司令文蔚，为故将军蓝文蔚之胞弟，毕业于保定军官学校，向随乃兄治军鄂西，靖国护法，无役不从，故将军兵败入川，蓝司令率部随行，暂驻川境。去岁吾鄂驱王自治，蓝司令先锋锐进，返旆施南，驱逐北军，绥定七属。川军援鄂，复随攻宜昌。迨弃战言和，互结盟约，蓝部退驻施南，与北军划疆而守，两不侵略。今春北伐军起，庚奉孙总统令，为讨贼军中央直辖鄂军军长，同时以蓝君为鄂军先遣司令，正拟敌忾同仇，恢复鄂土，为吾人洗亡省之痛。旋以黎公既职，明令停战，北方各督，亦皆声言，恢复法统，服从黎公鱼电，裁兵废督之主张。全国舆论，趋重和平。吾人方深庆幸，以为和平可以立见，相戒勿为戎首。讵知赵荣华盗□主人，擅行启衅，将置黎公停战明令于何等□。卫国自卫，一方面为义务，一方即为权利。人民有当兵义务，载在约法。乃驻防式之北军，在吾鄂境内，如星罗棋布，而吾鄂土著军队，硕果不使，仅存鄂人，苦于箝制，苦于扰害，苦于朘削，呼号请命，迄未得当。复共此弹丸僻壤，必使尽属驻防。□此小部鄂军，必使尽驱境外，则所谓遵重法律，废复法统者何在。蓝部驻守施南，系根据川鄂和约，兹忽乘川省之争，夺我军之防地，是岂得谓之信湘赣皆□，鄂省自当一视同仁，乃岳阳既不驻客军，施南反不容主体，对赣尚遣使莅军，假意言对鄂，则反客为主，毫不客气，是得谓之平，政府如欲保存威信，力求统一，应即饬令赵荣华督率所部，退出施南，仍归原地，让蓝部仍回施南原防，各守疆界，靖待统一后，和平解决。非然者，则衅自彼开，鄂境从此多事，将来战端重启，吾辈不负责任，特此作声明。立候明教。孔庚叩。俭。印。

〔北洋政府陆军部档案〕

23 曹锟等报告办理岳州各军撤防情形致大总统密电

（1922年8月1日）

特急。北京大总统钧鉴：国务院、参陆部钧鉴：昌密。前奉明令，办理岳州撤防事宜。遵即体察情形，拟具撤防条件，与湘省当局，切实磋商，并饬驻岳张总指挥，妥为准备。嗣继双方接洽妥协，遂规定各军撤防日期及次序，依照实行。至上月二十七日止，各军已陆续撤退完毕，计二十五师全部，开驻于武岳铁路沿线，二十四师骑团工营，已开回郑州，张总指挥艳日抵郑、预军林旅开驻广水、武胜关一带，鲁军张旅开驻武穴，湖北四混成旅，开驻黄州，鄂城一带，均已开抵防次，所有岳州撤防事宜，现已完全告竣。谨电奉陈。伏惟垂詧。曹锟、吴佩孚、萧耀南叩。东。印。

〔北洋政府陆军部档案〕

24 湖北松滋县绅韩玉宸等控告直系第八师罗凤钧团在驻扎期间荼毒地方电

（1923年3月6日）

（1） 3月6日电

北京大总统、国务院、各部总长、参众两院、保定曹巡阅使、洛阳吴巡阅使、武昌萧督军、宜昌王师长、京、津、沪、汉各报馆、各同乡钧鉴：缘松滋自石星川在荆州独立之时，兵匪叠乘，四境骚然，其间所受痛创，实令言之泪下。迨石军西走，国军第八师二十九团团长罗凤钧，率营长郝钟风、拜炜、周凯臣等，带领军队，满布城乡及公松毗连之申津渡等处。而后吾民方谓大乱略定，从兹可以偷安旦夕矣。讵该军到县荼毒之方，愈久而愈残，搜括之术，愈演而愈精。于是吾民日呻吟于刀俎者遍地，因而死亡残废荡产离析者，不知其几，反不若石氏之役，为时尚暂，人民犹可幸而获免也。该军勒派钱银，动辄数万，串摊收柴米，少亦数千石，偶尔短少，则鞭棰随之。稍有迟缓，则抢杀立见。甚至诉讼，必随该军，以判胜负。土匪必赂该军，以求保护。妻妾生辰、父母冥寿、小姐周岁、营长病故，亦必按户索资，迫令庆吊；或假售罂粟，而强索重值；或托禁烟赌，而勒罚巨金；或白日行刦于通衢，或深夜伙抢于民家，畏锋逋逃者，则株连戚族，避害他徙者，则罪及邻人。以行为之残虐论，则黄巾贼尤为宽大。以搜括之周密言，则亡国奴无此惨状。哀我松民，吁我县境，何莫非黄帝神胄之苗裔，何莫非中华民国之领土，遭此浩劫，怵于积威，每欲从事呼号，又虞实效未睹，奇祸立至，因是忍气吞声，于水深火热者，又数载矣。今者该军移驻宜昌，省军第二混成旅填防荆江，往事已矣。本可弗言，惟是痛定思痛，犹有不能已于言者，该旅到县、如再沿例效尤，则有尽之财源，恐难供此无厌之诛求，吾民生命财产，终有罄绝之日，故不得不冒死陈词，泣叩钧座，以争此奄奄待毙之蚁命也。县境地处江南，粮额不过数千两，纵横不过二百里，上自彝陵，下至沙市，江流交通，则尽属之。江北再下，则公安、石首地大物博，实为湘西要道。松滋既非饷糈策源之地，而防川防湘，又非军事上必争之区，以之驻扎重兵，究亦无补。实际徒令上干天和，下背人道。揆之情理，窃谓不然。况国家置军，原以防患，县中向无大股土匪，团防近亦整理妥善，力足自卫，若言防匪，则更患无可患，防无足防。倘沐鸿施，为存民物，胞与之怀、洞恤民艰，以体天地，好生之德，即予转达陆军部、湖北督军，促其从速撤去驻县军队，并撤查前此违法军官，治以相当处分，则全县父老昆弟、感恩再造于无既矣。除径呈陆军部、湖北督军外，合即附录该军违法实事于后，伏乞俯顺舆情，毅力主张、临电涕泣，毋任祷盼。松滋县公民韩玉宸等九十五人公叩

计附录事实一纸

磨市黄发祥水路运款，至沙舟过小南海，白日被军人劫去钱壹千七百串文。

磨市黄太和栋记陆路送款至新江口，路过飞凤山，白日被军人劫去钱壹千六百串文。

团防总公所办事员罗经五家人，送款至城东门外，白日被军人劫去钱八十串文，家人记识肩章报罗，转告军官，反谓污蔑军誉，经众劝解始了。

唐少卿黑夜被军人抄抢，损失壹千余串，经官团乡团总面禀营官，反谓败坏名誉，四出捉拿，致少卿全家流离转徙，至今不敢归家。

黄仰陶白日被军人抄抢，杀伤其子振华，乃锣集团勇，捉获兵士一名，由团局缴送营长，竟薄责军棍数下了事。

罗团到县，每月勒出给养费三千串。名目时而翻新，数目时有增加，柴米亦随时摊派，沿乡骚扰，人民即已难堪。乃一营长驻防新江口，又于此数之外，另责团总，每保捐钱三十串，洋八十元，柴壹万五千斤，限期缴纳。精字保人民黎鸿来、鸿雁，应派钱五串文，因迟未交清，该营长即将黎氏兄弟各重笞皮鞭壹千贰百，血肉横飞。经众多方调解，交钱壹千三百串，始行释放。

谢幹卿应缴米十三石，稍迟，营长派兵士多人，荷枪实弹，围绕谢宅，谢闻讯全家逃亡，兵士抢约千余串，营长坐落谢氏旅长，缴钱二千串乃罢。

二营长拜炜，驻公安之申津渡，常在县境裴家场，搜括军米约三百石，在紫林乡搜括军米约四百石，均有证据。团总沈景虞承军官意旨，买步枪壹支，既重索其值，寻谓私藏军火，罚钱叁千串文。医生邓丹亭，因营长病故，被罚钱壹千串，其友捐资援救，送钱至城东门外，被军白日劫去若干，数目未详。

沈玉山被罚钱壹千六百串文。

该团军官，凡婚嫁丧葬及周岁、冥寿，莫不迫令庆吊。一区团总胡寿金送礼钱六十，填少璧还，增至百串乃收。

旧岁九月，收买军米，以为五个月需用，责令富户收租百石者，卖谷十石，折米五石，定价十一串。嗣闻移防又勒限五日缴齐，不惟不按米给价，并令每石交钱二十三串，代米一时远近输送不便，以糙湿或短少或迟缓而被鞭被罚者，不可胜数。其米随收随卖，行同商卖，再收买柴草，方法亦同。

县城设军事招待所，以免军士直接人民，讵该军直向人民需索如故，而招待所频频应付，所费之赀，日是加多，近已耗去数万矣。初只招待军官，购置物品，继则兵士，亦须妥为招待，至购买物品，竟可乾折钱银。

近城胡晋占家，被军士黑夜统抢，门墙坚固，未及撞入，伺其既去，追踵里许。茶店内见有军服四人，捉缴县署，军官闻讯，当请入营谈话，胡恐非吉兆，旋即避去，此事现未接得县函，不知结果如何。

驻公安县李团长之弟李维钧及陈石生、陈邦和、吕公望、李南阳等，由罗团强迫知事，委任办理烟赌牙帖提工警察诸事，率同兵士，荷枪实弹，分乡出发。计官团乡属之磨市、划市、共罚钱八千余串，郑张两家被罚约四千串，余祝三家被罚三千五百串。明道乡属之新陈市、白溪桥、上陈市、共罚钱二千串、系龚巡官经手。沈玉山被罚钱二千串，伍道发被罚钱八百串，紫林乡属之杨林市纸厂河，共罚钱三千五百串，系团绅谢伯融经手。邱体臣被罚钱一千串，参政乡属之。街河市雷井口共罚钱四千串，系县绅李杏六经手。丰乐乡属之西寨敖家嘴，共罚钱三千串。峻极乡属之刘家场，被罚钱二千串，明道乡属之裴家场，被罚钱八百串。磨市徐伯生、徐衡卿，被罚钱五百串。吕公望亦系罗团强迫县令委办永定垸堤工，带兵二十余人，侵吞土费，强卖烟土，捉人勒罚所入约近数万串。

二十九团一营三连连长舒长珍，驻扎新陈市，勒诬擅罚所入约二万余串。计紫林乡黄子林被罚钱五百串。明道乡保董沈金生罚钱二百串。余春山被罚钱三百串。公安龚贤凤被罚钱一百五十串。刀一里保董龙壁臣被罚钱二百串，邓敬斋被罚钱一百串。明道乡余宏被罚钱一百串。泽国乡胡同太被罚钱三百串。王辅臣、王选臣、陈大号被罚钱一千一百串。卢载卿被罚钱四百串，并拷打重伤。明道乡刘同巨之子，被罚钱二百串。严成章被罚钱四百串。张焕然被罚钱五百串。鹅颈湖唐绩熙被罚钱一千串。雷福元被罚钱三百串。陈本荣被罚钱四百串。公安彭老四被罚钱三百串。卢谋福之母被罚钱二百串。明道乡郭丹九被罚钱四百串。紫厂河卢登三被罚钱三百串,余东生经手。卢谋富、卢谋贵被罚钱四百串,佘载阳经手。张士经被罚钱五十串,李枣伯经手。邓春臣被罚钱二百串。王良臣之侄被罚钱三百串,王冠生经手。陈发荣被罚钱四百串,参政乡邹某被罚钱一百串,李杏六经手。纸厂河卢祝三被罚钱六十串。杨林市全镇因军米迟交,被罚钱二百串。卢燕灿被罚钱二百串,佘彩五经手。佘开荣父子被罚钱三百串。唐海桥被罚钱二百串,佘载阳经手。公安曹老二老三被罚钱八百串,陈伯林经手。陈正桐被罚钱二百串,陈伯林经手。徐永炳被罚钱一百串,陈伯林经手。萧玉桥、寿桥被罚钱壹千串。周策臣被罚钱壹百五十串。张鼎臣被罚钱壹千串。隗天青被罚钱壹百串。张德斋被罚钱壹百串。其他四乡勒罚者,不可数计。此不过县中一隅之见,舒连一部所作耳。其由佘东生经手者,约三千以上。由紫林乡保董陈高轩经手者,约四千内外。由佘载阳经手者,约壹万以上。由徐海堂经手者,约一千串以上。由萧和轩经手者,约二千四百串之数。由胡保元经手者,约四千之数。由陈伯林经手者,约三千内外。由巡官龚岳乔、文牍张子纯、保正佘卿、牌甲佘朗卿、纸市巡官胡宜琴、张杏臣等经手者,约五千内外。其他贩卖灰膏烟土,约壹千余两。每两勒价六串,计所入亦数千串。

二十九团在县招待所需索物品,日必数次,钱数动至数串或数十串,即裱糊小小房间,所用纸张面钱,竟至数十串之多,其余藉故勒索,亦可概见矣。计罗团借钱七千八百五十串,三营长借钱壹千八百串,团营部机关枪连过境索钱约壹万四千八百五十串,共二万四千余串,分文未偿。此又仅招待一部分事也

该团驻扎各处,买货内不给钱。兹就城内一隅,有数可稽事实显明者言之,计欠万太公货钱八百余串,欠罗茂昌货钱六百余串,欠兴顺炳货钱四百余串,欠张丰盛货钱三百余串,欠胡兴盛、贺万盛、吴天吉、森茂云、茂昌贞各家货钱百余串,或数十串不等。其余小店货摊,亦莫不各有索欠,开拔时均未还给分文。

该军肆意抢劫，他处无论矣。即如县城为团营长驻在之所，日夜拦劫不下数十起，从未稍事惩儆。其中有无情弊、故勿备论，特略举数端，以例其余。计兴顺炳在城外碑亭子，被抢花票四百串。高等小学生在城外五里墩被抢钱六串。雷僧默在城外七里坑，被抢钱十六串。罗经五在城外宝塔下，被抢钱八十串。近城刘仰遽家被抢，损失壹千余串。胡寿金家被抢，约八百余串。其余劫案，暂付阙略。

该军驻县数年，无论营内外及亲朋公馆，官兵密室，以县款尽量购制物品，或强借民家用俱，已属不少于开拔之先，月余又加雇工人，日夜添制，估计所值，亦不下千余串。临行拉夫、搬运月余，道路为之梗塞，吾民沿途泞望，目击心伤，此情此景，请为受害者设身思之。

该军离境及寻常调动，必强带妇女多人，其平日咨淫事实，更可想像及之。因属闺房，有碍风化，故未备载。

上列各端，不过就证据之确凿事实之彰著者、略为条举，以见梗概。其他种种恶迹，罄竹难书，姑勿置论。如蒙委任亲近廉干之员，以和平方法，召集被害者，细加咨询，不难水落石出，一洗积年沉冤。不然则言者立召奇祸，受害者，啣冤结舌。将来全鄂父老，虽频万死、历万劫、亦不敢再问。

当道有所陈诉矣。此间隐忧及各地兵士，对付小民伎俩、谅在洞鉴中也。合并呈明。

（2）三月六日电

北京大总统、国务院、各部总长、参众两院、保定曹巡阅使、洛阳吴巡阅使、武昌萧督军、宜昌王师长、京津沪汉各报馆、各同乡会钧鉴：我县自国军第八师二十九团长罗凤钧与营长郝钟凤、拜炜、周凯臣等，带队布满城乡及申津等处而后，日夜抢劫，视同故常。保匪贩烟，习为专业。索捐索饷之方，愈变愈奇。勒柴勒米之法，愈演愈精。太太生辰，父母冥寿，小姐周岁，营长病故，亦勒派份金，四出搜括。烟赌、警察、堤工、牙帖、亦强迫知事委员，下乡带兵滥罚。于是老者转乎沟壑，壮者散之四方。富者为之倾家，贫者因而失业。嗟我穷县，膏血有几，长此剥蚀，其何能堪，现该军虽经开拔，而填防者需米需饷，毫未末减，吾民生计，仍在危险之中。前车后鉴，讵忍再安缄默。矧我县地处偏僻，无险可守，实非军事重要之区，即令驻军，亦同虚设。倘蒙当道大发慈悲，主张人道，即将驻军撤退，并查明前此团营连排长及军官介绍之委员李维钧、李南阳、吕公望、马子和、孙柏连等，予以相当处分，则我县数十万父老昆弟，当馨香祷祝，共呼生佛万家矣。除将事实另文详录外，合即电达、冒死再呈，伏祈垂怜是幸。湖北松滋县公民韩玉宸等一百零三人同叩。鱼。印。

〔北洋政府直鲁豫巡阅使署档案〕

25 旅沪湖北同乡会为阻止武昌商埠借款致萧耀南电

（1924年2月26日）

武昌萧省长钧鉴：报载武昌商埠借款，至为骇然。读蒋雨岩先生致公号电，爱卿爱公，俱至深切。我公明达，谅能虚衷采纳。倘犹执市政之说以相蒙，请查汉口建筑借款成案，当可了然。武汉对峙，一误何堪再误。历年军阀，假名债款，非饱私囊，即作军费，此中黑幕，妇孺皆知，鄂人虽愚，岂能长受欺蔽。昔瑞澂督鄂，为川汉路借款，遏抑舆论，激起辛亥之变，清命告终，瑞亦身死名僇，为天下笑。殷鉴不远，良用惕然。夫弃数千万人，以媚一二人，智者不为，况武昌名都，镇江汉之咽喉，司南北之枢纽，市政果操自外人，祸将波及全国。鄂人纵畏威不敢言，国人亦万难缄默，且渴望和平久矣。该款若成，势必移作军费，再逞武力。十余年来，创巨痛深，谈虎色变，公又何忍出此，以祸天下人乎。爰披肝胆。勉进刍荛。伏维矜鉴。旅沪湖北同乡会全体公叩。

〔北洋政府京畿卫戍总司令部档案〕

26 王汝勤关于援湘驱逐川军等情致张树元密电

(1925年4月19日—20日)

(1) 4月19日密电

急。北京执政府军务厅张厅长少卿兄勋鉴：幼密。洽二筱二电均敬悉。湘省各要人，多系后期同学，均派有代表在宜，兼以湘鄂毗连，有唇齿关系，是以彼此信使往来，俱称融洽。此次湘事，已决心尽力协助王、胡、刘各旅，由皓日向湘西前进。至于贺龙所部，现据澧州，赵炎午因其反复无常，已决定将其解决。如贺龙始终服从赵省长，不变初志，或可无事。弹药一节，须从缓议为宜。并以奉同。并持呈执政释念为祷。弟王汝勤叩。皓。印。

(2) 4月20日密电

北京执政府军务厅张厅长少卿兄勋鉴：幼密。顷接萧督办效子电开：顷准长沙马慎堂将军皓电开：济西刻抵长，与赵省长接谈，据云：湘西事得鄂军援助，至为感激。贺龙揆鄂军入境，彼不谓然。且深知贺不可靠，惟熊、蔡退出常桃，损失不多，主力军尚未消灭，不得不稍放松，免激变以资敌，故对暂取和缓主义，拟请俯谅曲衷，饬进取各部，暂就现在戒备，俟团结兵力，歼灭熊、蔡后，再为设法对付，至第二期作战计划，亦已决定。查熊、蔡负固辰州，若正面由常攻辰，山路崎岖、联络不易，接济尤难，故令一、二师向正面佯攻，别令第三师由桃绕回，转东堡、出溆浦、攻辰之背，东堡攻下，成功较易，且熊、蔡现谋与洪江唐继虞之军联络，并截断之，对贺事不便明言，嘱代电云云。谨照奉闻，乞赐垂察。等因。特电查照。藉明详情。并饬我军立即停止前进为荷。等因。查我军已于皓日出发，兹接来电，自应停止前进。除令各部就地停止待命外，特电奉闻。弟王汝勤、卢金山叩。哿。印。

〔北洋临时执政府档案〕

三 闽省派系混战

1 留日福建学生会指控闽督李厚基祸闽罪恶主张闽人自治民选省长制呼吁书

（1920年8月7日）

福建省议会、省县教育会、农会、商会、学生联合会、各界联合会、各学校、各地福建华侨、各报馆、各团体旅京、旅沪、旅粤、暨旅各地之各界联合会、同乡会、北京萨代总理、陈代总长、郭秘书长、广州林总裁、方总司令、上海林议长、兰总司令、各地闽籍海陆军诸将领、即省内三千万同胞公鉴：民国肇建，吾闽岁被兵灾，揆厥原因，李督实尸其咎。溯李以旅长入闽，夤缘当道，骤握军符，倒行逆施，擢发难数。兹举其大者略言焉。袁氏称帝，李与其谋，假造民意，危及国本，非有云南起义、再造共和、则全国同胞，复沦于奴隶矣。丁巳复辟，李实赞成，龙旗高揭，众目共瞻。俟闻马厂誓师，辫逆败遁，旋复结段以自容，绳以国法在所必诛，乃不知自悔而怙恶，更甚闽粤发难，李先挑衅，致使八闽糜烂，九府烽烟，风鹤惊心，商农辍业，陷吾民于水火之中，及乎丧师失地，乞请援兵，既无节制之才，益增闾阎之苦。唐营哗变，杀戮无辜，浙军撤防，强夺妇女，乱军所过，哭声震地，至今闽南父老，言之犹有余痛。且勒种烟苗，四募公债，搜括有限之脂膏，以供无谓之军费。去岁五四运动，吾闽学生，接踵响应，成绩卓著。全国钦迟，李独逆民好恶，不恤人言，庇纵奸商黄瞻鸿，解散学生联合会，以取媚强邻。因是闽江流血交涉失败，辱国丧权，贻笑中外。他若诬良为匪，杀戮志士，兴言及此，宁不痛心。方诸张敬尧之祸湘，其罪更浮十倍矣。幸也霹雳一声，阴霾四伏，安福倾倒，政局丕更，军阀专制之政治，当不复容于民权恢复之下，吾闽同胞，正宜乘此潮流，驱彼巨獠，以闽人治闽省。既有共井同乡之关系，又有相友相助之义务，感情融洽，扞格不生，兴利除弊，效果易见，恢复自治，扶植民权，此其时也。公等或膺重寄，或总师干，或负社会重望，或为国民代表，关心桑梓，迥异他人，九鼎一言，收效倍速。恳请向南北当轴，力争将闽省客兵撤退，以苏民困。罢免李厚基，以谢同胞。废止督军制度，实行省长民选。闽事悉由闽人自决，则同人等虽不敏，愿奋袂随诸公之后，倘昧自决之义，忘桑梓之情，坐令乡土蹂躏，军阀逞凶，千秋万古，自有公论是非，同人等所敢闻矣。涕泣陈辞，伏维公鉴。

留日福建学生同乡会全体公启

九年八月七日

福建的同胞快快起来“自决”、“自救”啊!

诸君啊！现在是什么时代呢！岂不是全国公认的“国民自决”时代么？我们如果懂得这“国民自决”的真意义，我们就可以彰明较著的说福建是福建人的福建，不是某派某系应酬品的福建，我们福建从前被段派强夺去做应酬品，所以闹出闽粤的战祸，弄得我们三千万的同胞流离的流离，失所的失所，说起来实在是痛心。可是我们弄到这步田地，是谁的功德呢？这不待说又可以晓得是李督军的栽培呢。所以去年有许多觉悟的福建人，主张“闽人自闽”，但是因为时机未熟，所以还不能实行，现在操我们福建生死权的李厚基，已经没有靠山了，我们的束缚也可以解松了，可是又忽听说某派某系要强夺我们福建去做他们的应酬呢。哎哟！危险啊！快起来啊！凡是我们福建的人，都要同心协力，出来做自决的事业。但是我们自决法子要怎么办呢。

第一、各县和旅各地的同乡，赶快起来组织“闽人自决会”，互相讨论自决一切的事情。

第二、责成南北在职的同乡，去要求南北的政府，撤回在闽的军队。并且要求北政府惩办李厚基。

第三、废止督军制。

第四、实行省长、县长、由国民选举。

诸君啊！赶快起来！不要把我们的福建再让他们强夺去做他们的应酬品啊！

留日福建同人又启　九年八月七日

〔北洋政府零散军事档案汇集〕

2 徐树铮在延平设立建国军政制置府自任总领通电

（1922年10月2日）

总统府、参众两院、局、署、步军统领、警察总监、卫戍司令、京兆尹、督军、督办、督理、保安司令、帮办、巡阅使、护军使、镇守使、军长、师长、旅长、总司令、舰队司令、省长、道尹、县知事、农会、商会、学会、华侨联合会、各区都统、各报馆、徐大总统、靳总理同鉴：前者，树铮痛念国无政府，难安缄默，曾于七月二十一日缮印公函，遍寄各省区道具学商诸会，以及各民军，并附寄建国诠真，远希照察。至今两月间，北京则群儿相贵，自号总统、国务总理、总长者、盘踞府院部衙，各利所私，虽所属员司，键门停办、国院匈欧，仍各好官自为，觍然不知羞耻。各省则兵溃匪扰，较前益剧。即北京内外城、南苑、北苑，皆所不免。加之风雹水旱、迭苦吾民。而居民上者，酣嬉如恒，但知掊剥脂膏，趋奉渠帅，窃舐其余腥以自食，吾民析骸卖子，曾所费恤。质言之总京内外，不农、不商、不工、而以官谋利者，皆吾民何不闭目一想其情状，思所以自救者乎。京内外诡秘借款，滥发公债、仍复有加无已。田市辍业，财政之脉，竭学校饿毙，不知人材之源涸，犹且藩镇争长曹肆奸，扰扰营营，无非金资利欲，不念及列国共管之讯，日迫一日，即拥多金，亦复何用。彼辈痴遇树铮，何用与较，自顾束发受书，弱冠从军，至今一衣一饭，莫非食国之惠。天下誉我者众，是愿我进德也。谤我者亦众，是责我迁善也。此皆国人之挚爱，皆我亲友可邀之知遇也。此国家急难，安得不捐摩顶踵，为国驰驱，即七年逃窜，手无寸铁，而义诚所振奋自信，此志可贯金石，当日袍泽，必不忍终于弃我，是以比岁经营，罕见成就。而近来结契，乃极坚刚，各省区军将民吏朋好不少，而闽中部分尤多，迭经函电，信使分征，福建、汀漳、泉延各军，意属群愿，相从救国。因此，间道先来延平，妥为筹备。谨于民国十一年十月二日，焚香誓天，本此志节，出任国事，力谋统一，冀挽危亡，丝毫私曲，神明殛之。即于是日设立建国军政制置府，树铮自任总领。建国军政制置宜，克日移驻福州，处理一切军民诸务，依建国诠真，胪列诸端，切实办理，尽德信威力范围所及，自行其是。他省区将帅大吏、率我旧侣。前此或有嫌怨，一概蠲割，树铮决不置怀。后此交结厚基，一视能否推行，建国诠真，为枢用人，求材亦不难，此经纬不拘何项吏民人士，凡有改正吾书，俾更有益于国者，吾师之孰能授我，以国家全力，使实践吾书所言。克奏成效者，吾尊之愿，以吾书为行事之。目约共安危者，吾乐与结刎颈之交。修阐吾书，愿奉约束者，吾即编为部曲，不至通国合一，复设正统政府之日，无论概何人命令，树铮概所弗受。惟以致诚至敬，尊奉合肥段上将军祺瑞、中山孙先生文，为领导国家根本人物，服从其谋义、在今之日，我中华民国，非此纯洁坚贞之二老出任艰巨，国基万难告安。故树铮敢膺此议，明告天下，冀天下有力豪贤，竞起图之，何日日见此二老共践尊位，发号施令，树铮即日束身归罪，听候质讯，即令颈血洒地亦甘矣。制置府及地方军民各官制陆续制定布达，谨此电檄，伏希明照。树铮。冬。印。

〔北洋政府币制局档案〕

3 闽督李厚基关于镇压徐树铮在延平发动政变情形致大总统等密电

(1922年10月8日)

北京大总统、国务总理钧鉴：参众两院、各部院、卫戍总司令、步军统领、警察总监、京兆尹均鉴：保定曹巡阅使、洛阳吴巡阅使、各省督军、省长、各都统、护军使、下关杜总司令均鉴：查徐逆树铮、祸国殃民、罪状昭著，业经奉令通缉在案，乃不知悛悔，此次竟潜赴延平，勾结驻延陆军第二十四混成旅旅长王永泉及许崇智等，于本月二日在延平宣布独立，妄窃名义，希图假闽省为根据地，以扰乱地方、破坏大局、其居心实不堪问。业经电请将该逆王永泉褫职拿办，一面调集各部队，星夜兼程前往痛剿，连日战事，极为激烈，我前方将士，一致奋勇，义愤同深。据前敌总指挥唐国谟迭次电称：我军自与逆敌接触以来，均甚得手，鱼日午刻，猛力进攻，夺得敌人阵地三处。嗣又由支队长荣宝兴、王夺勇队，从侧翼冲击、逆势不支，渐次溃退。阳日早，我军往前进追击，夺获敌人大炮一尊，快枪百余杆，旗帜、子弹、军用品无算。并俘虏附逆官兵百余名，敌退向延平方面，我军士气大振、正在奋力穷追。而长汀之王献臣旅，亦已开赴永安，克日由永县直捣延平，期于前后夹击，一鼓荡平、以安地方、而维大局、谨电奉陈。伏希鉴督。李厚基叩。庚。印。

〔北洋政府陆军部档案〕

4 赣督蔡成勋转报王献臣请与陈炯明曹锟等酌派重兵公推联军总司令收束闽局致大总统等密电

(1922年10月18日)

急。北京大总统、国务院钧鉴：陆军部、参谋本部鉴：昌密。顷据上杭闽军王旅长献臣筱电称：粤军尹总指挥铣日到杭，经协同计议，通盘筹算，并将尊电所示计划，由尹总指挥电呈陈总司令、俟计划一定、当即进行。惟目下形势已非局部问题，事关全国大局，请钧座与粤陈总司令协商，特请中央及曹、吴两使，酌派重兵，公推联军总司令、收束闽局，方易收效。现李督军在海容军舰，名为保护，实不自由等语。查该旅长所报情形，实与全局攸关，现虽规复闽省，自非另推定联军总司令，不足以除逆氛，而收速效。除分电曹、吴两使外，究应如何办理之处，敬乞大总统、钧院、大部，迅示机宜，俾资率循，曷胜跂祷。蔡成勋叩。巧。印。

〔北洋政府陆军部档案〕

5 师长常德盛关于援闽军与王永泉部在邵武等地作战情形致王怀庆等电

(1922年10月18日—11月4日)

(1) 常德盛致王怀庆密电(10月18日)

万急。北京王巡阅使钧鉴：昌密。职师自攻克将后，敌军无日不思反攻。前在邵武、杨场减、廖家排一带，激战经旬，卒被我军击败，退守拿一麻沙等处。近来该敌军复向我军右方活动，在高滩地方，增队布防，狡马思逞。当被我军探悉，于本月八日，令驻将乐第一、二两梯队，分路进攻高滩，以期先发制人。业于支日电陈吴巡帅、蔡督理鉴核，转达各路援军在案。兹于铣日，据高指挥际有报称：查高滩敌军，原有一团之众，由伪指挥汇巩统率。嗣后增队四连，山炮三尊，机枪四架，王逆永泉之弟，永禄亲来指挥。原以高滩为闽西天然险隘，敌所凭恃，我军若不乘机占取，不惟进攻顺延费力，即将乐防线，亦必时受侵扰。兹派陈、杨梯两队长，分路先后出发，陈队长率杜、丁两营，八日进驻州里高屋房，趋敌之左，杨队长率张、马、崔三营，九日进驻廿里三江渡，趋敌之右，定于十一日黎明，实行攻击，并顺令陈队长，先遣孔、郭两营副，各带兵两连，于十日晚，线攻距高滩十五里之渠山，以为高滩之后方，敌军约两连，最关险要。该营副等于十日晚六钟，进抵渠山，分路猛攻，出敌不意，在约两小时，敌仓卒败退，我军于夜十一钟占领渠山。十一日早八钟，陈队长进抵渠山，迨敌军增队一营许，并力返攻。当派孔、郭两营副，据守山卡，派杜、丁两营长，分队追击，抢占五六山头，敌军据险死守，陆续增援，激战至晚八时，复夺敌卡六处，毙敌十余名。我军受伤兵三名，敌退至距高滩七里之山上，坚负沟垒，抵死坑拒，在遍山放火，藉便返攻。幸我军有备，预伏猛击，追夺山头六七处，毙敌三十余名，获枪二十余枝。我军阵亡排长一员，兵士受伤者八名，敌仍据山死守。十二日早，仍在激战之中。杨梯队长率张、马、崔三营长，于十一日早五钟，由三江渡进攻，距高滩十里之常口，分三路猛攻，连夺数卡，晚三钟占领常口。当派张营长志恒率兵三连渡河，绕攻敌之右后方。杨队长率崔、马两营，带同炮队直前，猛攻五钟，将距高滩三里之小山夺获，敌退至高滩附近之五凤山，恃险整饬机枪山炮，向我齐射，经我军用还击，第一法炸毙敌兵数人。第二法即将敌炮击毁一尊。我军乘势进逼至五凤山下、同时张营长志恒亦攻克马山，夹攻五凤山之右，第该山悬崖陡壁，不易仰攻，数次冲锋，未能收效。十二日早五钟，加派骑兵二营，张营长国忠，选所部奋勇百名，由新路口间道，仰趋前助战。同营长德顺，亦拨奋勇百名、分仰攀而上，攻至山腰，击毙敌人十余名，生擒五名。卒以形所限安全，退归阵地。探查高滩附近，山杂路险，地势天然，敌匪据守抵御，节节增援，殊非急切所能攻克。幸我军士气奋勇，激战两昼夜，力未少弱，现仍在攻击中。战况续禀，务请迅催援军入闽策应，并飞令左防常队长相机进队拿口，以牵敌势，各等情前来。查高滩要害，势在必取，敌失此险，进如破竹。除令该指挥等激励将士，速下高滩，严【加】防御，并飞令左方常队长进队拿口、实行牵制外，合电报闻。伏维鉴察。师长常德盛叩。啸。即。

(2) 常德盛致国务院等密电(11月4日)

北京国务院、参陆部、各部总长转呈大总统钧鉴：王巡阅使、步军统领、天津王省长、承德米代都统镇守使、济南田督军、蚌埠马督理、武昌萧督军、南京齐督军、李督军、萨会办、广东陈总司令钧鉴：福州尹总指挥、王旅长、陈师长、张旅长、沈总司令同鉴：昌密。闽局危亟，日昕难安。盛自奉令赴援，深虞材辁不堪。重幸仰赖列宪指诲，诸公提挈，赴难急公，汤火安避，现德盛于本月一日，已进抵黎川，并饬副指挥高全忠及第一、五两梯队长杨学怀、陈家魁等，加攻建泰。而左方侧总队长常锡荣已首先抵闽，于卅、卅一等日，占领杉关、止马、常山各要隘，并乘胜克复光泽，进占河口、合顺两镇，连战皆捷。逆军为何团长、赖营长、胡营长两处兵，约二千，自经我军痛击，均望风披靡，遁退邵武，计毙逆兵数十名，连长一，胡营长左臂伤断，获枪卅一杆，子弹锅灶甚多。据探邵武原驻逆军一团，近复增加败兵，势必整队反攻。除严令飞速进攻督饬第一、二两队，急下建泰，集中顺昌，协取延平，并随时电呈曹呈巡帅即冯督宪，蔡督理查核外，谨电报闻。统乞鉴察。援闽总司令常德盛叩。支。印。

〔北洋政府热察绥巡阅使署档案〕

6 福建各界联合会请设法阻止孙传芳等入闽通电

(1922年12月27日)

北京参众两院、王统领、冯检阅使、福建同乡会、保定曹巡阅使、南京齐督军、杜司令、福建同乡会、洛阳吴巡使、杭州卢督办、上海何护军使钧鉴：李厚基祸闽，罪状昭着，闽人本自治自救之决心，合力驱李，李氏败逃，正在筹备省宪，实现民治。当局不谅，复以孙转芳、张克瑶、周荫人之师入闽，扰乱闽局。闽亦宁甘玉碎，誓死抵抗。诸公明达，倘能设法阻止，以弭兵灾，尤为感祷。福建各界联合大会叩。感(廿七日)。印。

〔北洋政府热察绥巡阅使署档案〕

7 蔡成勋报告常德盛师在乐县被王永泉部击败退回黎川等情致陆军部密电

(1922年12月28日)

北京陆军部、张总长鉴：肃密。顷据临川杨知事急电报称：顷据探报，驻扎将乐县常师所部高团、陈团，步炮五营，于马日被敌围攻，勒缴枪械后，退回黎川等语。除报告十二师部，并加派侦探，前往调查，详情再行飞报外。谨此电闻。溃退兵士、倘若大邦溃至余县，应如何办理。如需索柴米车船费用，应否供给用，用款是否准予作正开支，敬祈训示，以便转知各县。再十五师四十七团，本日全团到临，合并呈明。临川县知事杨建勋叩。有酉。印。等语。正核办间，复接福州王永泉宥电称：查常师自入闽伊始，经派员接洽，概置不演成前次高滩攻击之惨剧，当将不得已防务情形，电陈鉴核在案。乃该师前敌将士，自愤高滩之败，施行反攻。兹接触为常师所逼出战斗，并俘获官兵千余名、枪枝七百余杆、炮五门、机枪四架等语。深为诧异，除飞饬停止进攻，并免惩俘获官兵外，恐传闻失实，惟恐彼方退回将士，诬为衅自我开，谨电祈鉴，并恳鼎力维持，谨闻。永泉。宥。印。等语。查将乐被围，常师虽无电报，但据此两电，互相印证，当系实情，除需沿闽各县及周副司令、王旅、杨旅对于退后之兵，妥为收容。约官长率领之有械散兵，收械押送来省资遣，并面商馨远，请即飞饬援军，星夜进发外，特此驰闻。即希鉴察。蔡成勋。勘二。印。

〔北洋政府陆军部档案〕

8 冯凤鸣报告李厚基委为讨逆军总司令部参谋长暨粤军因与卢永祥交谊阻止进攻失败等情致张绍曾函

（1923年1月5日）

总长钧鉴：敬禀者，窃职曩于四镇，获隶仁帡，感深鳌戴，自违慈宇，情切驰依，历年迹类转蓬，未遂凫趋之愿。此日心如丛棘，弥殷蚁结之思。伏维钧座德迈群伦，望隆寰宇，军符总绾，扫四境之搀枪，揆席行膺，定一统之基础。即见大勋告集，定占元极居尊，引领云灰，倾忱露祝。职近年供差闽督军署，恒奔走于粤中，及培帅莅厦后，值臧逆之变，僚属星散，间有随者，亦多主张休息。职以培帅受中央付托之重，决难中道卸肩。即力排众议，主张恢复，当蒙培帅以参谋长一职见委，自顾庸昧，本不克承，因值危难之秋，未敢诿谢。当时作战计划，先清漳、厦，以与泉州联成一片，然后进取省垣，本属必然之势。不意粤军一面惑于臧逆之巧言，一面虑绝浙卢之交谊，按兵不动，阻我进攻，遂致泉州为逆所陷，臧许转获，乘机会合，而我乃不得不反攻为守。时机既失，局势益乖，因恐逆军乘势环攻，我军腹背受敌，乃急将王师集中连城，以与赣军相联络。凡此种切情形，以及将来计划，职已于日前曾同王师长电陈钧鉴，蒙赐复电，仰见钧座不遗刍尧，钦忭曷深。抑职犹有不能已于言者，方今闽局得失，大局系之。粤军观望形势，以定趋向，已属显然可见，苟非速定闽局，即统一前途，必致更多荆棘。钧座高瞻远瞩，度亦早见及。此现在泉州虽失，张部所部尚多不屈，陆续乘帆船而来者，达数千人，均已从事收容，约可编为一混成旅，计目下兵力尚有一师一旅之众。惟是饷项子弹，在在堪虞。若无中央接济，亦难持久。职随培帅有年，受恩綦重，观其谋国之忠，处已之约，实生平所罕见。此次叠遭挫折，且多疾病，尚无丝毫懈意，求之今日，能有几人得主如此，能勿效申包胥之哭耶。用敢不避谴责，辄肆狂夫之言，伏冀钧座，悯其愚忠，迅赐拯救，庶几闵局早定，大局早安，则钧座之所以爱培帅者，即所以指国家于磐石之固也。不朽盛业，将垂亿载，岂微末如，职者所能称道其万一哉。临颖无任惶恐忧辱之至，专禀敬叩崇安。伏乞垂察。

讨逆【军】总司令部参谋长冯凤鸣谨禀　一月五日。

〔北洋政府陆军部档案〕

9 杜锡珪转报刘冠雄请免去李厚基闽督致高凌蔚密电

（1923年1月7日）

内务部高总长鉴：昌密。顷接刘镇抚使鱼电文曰：□密。冠雄对于李督办甚深□，以此事纠纷，诸事均形棘手。兹致政府歌电略称：李厚基在闽，人心全失，效力已无，万无振刷希望，用之徒滋纠纷。且建国军早经灭绝，情势已迁，请明令取销讨逆名义，并免李之职，请调京位置，并将闽督一缺裁撤，此后闽省善后，即由冠雄会同萨省长协同各方继续办理，以一事权，实于闽局关系匪浅等语。查李之任闽，除王献臣一团，或可指挥外，其余军民，莫不切齿。非请李暂退，不特可息众忿，于恢复闽局，尤有至切关系。切望我兄代为沥恳曹吴两使，转电中央，迅予照行，闽事不难迎刃而解。切盼切祷。再泽畬①，秋舫、孝伯、兰亭诸兄，并请分电敦托，俾底于成。因弟在津时，与诸君商议此事，均允俟到闽后，察看情形办理，并闻等语。除分别转电外，诸乞垂察为祷。杜锡珪。虞。印。

〔北洋政府内务部档案〕

10 萨镇冰等就任办理福建主客各军善后事宜之职电

(1923年3月15日)

北京大总统钧鉴：参众两院、国务院、各部院、各省巡阅使、督军、督理、督办、检阅使、总司令、都统、护军使、海军司令、各司令均鉴：奉大总统箇日命令，迭据萨镇冰、刘冠雄电呈，及臧致平、王永泉一再来电详述，前此不得已之情形，及拥护中央之赤忱、所有前此讨逆军总副司令名义，应即撤销，其援闽军队，著即停止进行，所有闽境主客各军善后事宜，即责成萨镇冰、刘冠雄、孙传芳妥为协商办理，总期彼此相安，勿再发生枝节，以重民生。此令。等因。自应尊照办理。除合电孙总司令传芳来闽就职，并请饬前锋援闽军队，遵令停进，以待后命外，镇冰、冠雄尊于本日就办理福建善后事宜之职，在省设立公署。谨闻。萨镇冰、刘冠雄叩。咸。

〔北洋政府热察绥巡阅使署档案〕

---

① 高凌蔚字泽畬，吴毓麟字秋舫，王承斌字孝伯，王毓芝字兰亭。

11 陆锦为游说厦门臧致平勿倾向南军致李品珊函

（1923年5月9日）

品珊仁兄惠鉴：京华咫尺，时企光仪，比维履社春和，潭祺日懋，慰如所颂。顷据密探报称：臧和斋现与李协和及许崇智之总指挥何成濬、自治军张贞等，结合极固。彼等盛言川粤失败、即在目前、某某两方，必得响应。预备先定闽、后入赣、助许定粤。粤省定后，进规长江，现设联防办事处于漳州、外方均有代表与议等语。查此报告甚属确实，和斋如此动作，殊为失策。以我北洋袍泽，与若辈结合，纵暂得其助，亦不过被人利用耳。奚能始终一致，和斋精明稳健，宁能见不及此，英雄作事，宜磊落光明。兄与和斋交契最深，应本交友，知无不言，言无不尽之义，电致和斋，婉言劝告。如果宗旨不同，胸怀大志，不妨明白表示。若仍持初衷，倾向帅座，亦可通电表明态度、拒绝一切。奚必如此动作，滋人疑虑。为和斋前途计，似应倾向帅座，结合孙肩、奠定闽疆，以显明我北洋团体之巩固，方为上策。专函奉布，敬祈察照办理。是所盼祷。此上顺颂台绥。

弟陆锦拜启

五月九日

〔北洋政府直鲁豫巡阅署档案〕

12 闽督孙传芳与帮办王永泉等发生矛盾暨孙北上并调兵驻赣蔡成勋向曹锟告急有关电稿

（1923年5月16日—10月7日）

（1）陆锦致孙传芳密电稿（5月16日）

万急。福州孙督理馨远兄鉴：巡密。近日风闻樾恩与我兄有发生意见之说，无任驰念，究竟真相若何，务望详细赐复，无任盼祷。弟陆〇。铣。印。

(2) 孙传芳复陆锦密电(5月19日)

保定巡署陆参谋长绣山兄鉴：巡密。铣电敬悉。具征关爱，感纫良深。弟与樾恩情同手足，欢然无间，道路言毫不可信。即使有人调拨，弟亦当推诚相待，决不致发生意见也。承询特复，祈纾锦系。弟孙传芳叩。皓。印。

(3) 蔡成勋致陆锦密电(6月14日)

万火急。保定陆参谋长绣山弟鉴：亲译。虎密。顷接馨远元电云：南昌蔡督理虎臣兄鉴：巡密。弟因筹商闽省善后事宜，定于本月寒日，由闽启行北上，晋谒仲、玉两帅及我兄面商一切，所有地方治安及防务、即暂由王帮办负责维持。把握匪遥、余容面罄。弟传芳叩。元。印等语。当即转陈大帅，我弟谅已鉴及。唯馨远匆匆出此，有何筹商，百索不解。前奉大帅来电，有谓馨远将率一师一旅，巡行闽西，联合王使，肃清漳厦。彼时接到此电，以战略判断，由福州先经闽西，再入闽南，舍近图远，深为诧异。具福州为根本之地、一旦弃之，尤属动出常轨。而此间辄接探报，馨远与浙卢、厦臧，有所连络。且浙之常山、江山一带部队，业已进至浦城，闽省并未拒止。似此举动，馨远联浙、联厦，本可证实。但勋终以北洋团体为观念，未敢以小人之心，而度君子。故久默然，未置一语。乃近又据报，馨远对于中央发表闽中护军使等命令，以事前未征其同意，极含愤怨，并闻去电质问政府等语。兹又接其北上，筹商闽局之电，以此互相印证，馨远此行，含有作用，恐无异议。彼果若为赣而来，勋之一已位置，业成鸡筋，毫无可恋。第恐其含有决大问题，从此西南局势，又将变化。即或勋言不中，而舍入闽根本之地，遽尔北上，闽省亦难归我有矣。现赣省东部，异常空虚，省垣仅有一团兵力，倘彼果挟特种目的而来，勋之成败，固不足惜，其如大局何？统上所述，务恳吾弟密陈大帅，速示机宜。俾勋有所遵循，盼切祷切。伫候复示。蔡成勋。寒。印。

(4) 陆锦复蔡臣勋密电稿(6月18日)

万急。南昌蔡督理虎臣兄鉴：虎密。寒电敬悉。已如嘱转陈仲帅。日前仲帅接馨远来电，略谓关于闽局种种内容及东南大局情形，亟应会商同志，积极进行。现拟乘此时机北上，密陈一切，计往返不过十余日，省事责成王帮办暂任维持云云。仲帅当经复电，以闽局未靖，端资坐镇，北上一节，务望从缓等语拍发去后，又接来电，已于寒日附新济轮启行，准铣日到沪，由沪赴宁，由宁往保。去电阻止，业经不及、但观其来电词意，系因闽省情形，诸多困难，实欲北来商洽一切，并请款项，用资应付，似无他项作用。至与卢臧连络之说，此间尚无所闻。仲帅嘱弟，转达我兄，我辈北洋袍泽，遇事自有关照，请勿过虑，特电奉达。祈纾廑念。弟陆〇。巧。印。

(5) 华世中致陆锦密电(6月18日)

万急。保定巡阅使署参谋长钧鉴：译呈大帅钧鉴：中密。世中由沪出发，适吴志堂因相约共同出兵事，亦同船来闽。灰日抵省，省城即特别戒严。中与吴巡帅所派之张少石，颇受嫌疑，函电皆不自由。张于元日夜潜归，中已托其将此间情形，由洛转电帅座矣。谅蒙钧察在案。惟中对于孙、王，仍不敢骤现形色，依旧周旋。且谒吴两次，虽不免嫌疑，然伊等一时亦无如之何。对于王使，曾刺探其能否就职，并宣传大帅恩人之厚，德量之洪，及参谋长与伊即属旧交，又同乡谊，劝其假此因缘，来归大帅。伊颇感动，随即声言，愿负收拾闽南之责，似已承认就职矣。窃意不如就此机会，以陆绣公个人名义，致伊一电，以示怀柔，勿观内变，兼作缓兵之计。一面亟呼师团，集兵力扼其饷源。再以一旅之师，进至赣边，以厚周师后劲，或可真能收抚，亦未可知。惟孙督当此空气溷淆之际，忽于寒日乘轮北上，伊此次对中，因属秘交，尚稍敷衍。待吴亟派员，则非常难堪。亦幸十二师尚有一团，由李生春率驻省垣，经其派兵保送，于巧日返延，叙晤周使，其感激我师及佩服玉师之肯诚，溢于言表，并力任支撑闽北危局。即对蔡督从前稍有误会，则敢以大局为重，只求不断饷源，则无他望。仍望我师遇之，向蔡督解释，使蔡、周联成一气。虽有跳梁，亦难越闽北一步。闽北吃紧，自治军对于周师，畏威怀德，感情颇佳。知关钧注，谨此奉闻。敬候午禧。再，中拟在延、略住数日，藉探省垣消息。惟归途恐难再过省垣，或须绕过江西，藉可报告蔡督，以固赣防。惟蔡督能否信许不疑，正未敢定，应请由参谋处预电蔡督，以免误会。华世中叩。巧。印。

（6）陆锦复蔡成勋密电稿（6月21日）

南昌蔡督理虎臣兄鉴：永密。日前仲帅派华参议世中赴闽，与孙、王、周接洽事件，不日由延平赴赣，谒见我兄，有所陈述。到时敬祈延见赐教，优予照拂。华参议与樾恩素称至契。樾恩现驻闽北，不惟屏蔽闽省，兼可掩护赣东，近且对于我方，极表服从，务望我兄与华参议切实接洽，乘此与樾恩加以联络，与赣事极有俾益也。特电布达，希即察照为盼。弟陆〇。马。印。

（7）陆锦致王永泉转孟卓然密电稿（9月12日）

急。福州王帮办请转孟谘议卓然兄鉴：宪密。蒸电悉。已如嘱转陈帅座，百川维持闽事，孤诣苦心，仲帅无不尽知、每与弟言，深为器重。现在对于百川，加以师生关系，因之情谊肫挚，关爱尤切。至馨远此次返闽，将来或驻厦门，以便控制粤省，好在大选不日告成，百川兄之前途，正未可限量也。尚望便中劝慰百川，对于闽事，务望竭力维持。弟窥帅座倚重之心，极为诚恳，遇事无不尽力接助也。特此电复。弟陆〇。文。印。

（8）胡冠生致陆锦电（10月4日）

保定巡署陆参谋长绣山兄鉴：生密。顷奉蔡督理东电开：大选观成有日，至为欣幸。惟卢子嘉感日通电反对大选，并有所举者，未敢承认之语。卢素圆滑，此次倡言无忌，首先发难，似非一无布，而徒为空气作用也。事机已迫，未可忽视。又孙馨远所部二师第一混成团，久留南城，屡以供给为难，商请调闽，迄未见允。不图本月删日，复由向闽境光泽，邵武部队中，抽调两营来驻南城，事前均未到署，该县先留兵有孙部三千余人。当此闽局吃紧之际，不将留赣之兵调闽增防，并将在闽之兵来赣驻扎，举动离奇，显系别有作用。由成勋电请调回，置之不理。孙对我方早已貌合神离，其处心积虑，不能忘赣，为执事所深知。当两次过沪时，与反对派各方面均有接洽。前据探报，粤孙浙卢助孙图赣、为反直运动之导火线。现在浙卢闽孙，均属毫无顾忌，蛛丝马迹，显有可寻。赣将首当其冲，东西两路，尤为吃紧，殊不能不早为准备。如果苏省始终不变态度，实行牵制，浙或不敢遽有动作。现在苏省态度冷静，是否可靠，殊难逆料。赣省防广兵单，空拳莫奋、实觉异常危险。究竟有何正当办法，望执事便陈大帅，请示机宜，以凭应付，切盼电复等因。奉此。应请我兄代陈大帅，如何主持，祈赐示复。以便转达。恩光叩。支。

(9) 陆锦复胡冠生电稿(10月7日)

北京板厂胡同、督理江西军务驻京办公处胡冠生兄鉴：快邮支电敬悉。闽督近将光邵部队，抽调两营，开驻南城一节，日昨，帅座接江西省议会等来电，业经据情转电孙督理查照矣。浙卢感日通电，公然反对，倘有变动，齐督决不袖手，对浙计划，早有准备。当可无虞。特此电复，即希转达为荷。弟陆〇。印。

〔北洋政府直鲁豫巡阅使署档案〕

13 蔡成勋关于臧致平与黄大伟接洽情报致军事处等电

（1924年2月5日）

急。北京公府军事处、洛阳吴巡阅使、南京齐巡阅使、武昌肖巡阅使均鉴：协密。顷据厦探报称：臧氏自与黄大伟接洽后，双方近无举动，惠安被焚十余乡，现正办理善后，臧拟乘机以逞，被惠安人民拒御。昨赖世璜因故与黄大伟口角，几至用武。又赖氏在漳，大招土匪，居心叵测，与张毅近日意见颇深，张与王军携手，早有离黄之决心，故与王訾取一致后，再联赖对黄，宣布独立，甫欲发动，经筹饷局长沙醒南，出而调停暂止。然而张已独树一帜矣。又沁日，宋渊源、光云锦等由沪来厦，联军对于厦岛，似有封锁之势，张毅扣双和海丰轮于同安，赖王扣新马大通轮于嵩屿，皆一得通厦。同日、张遽溪携款来厦，交张贞、何成濬。臧因众军窥伺，特别戒严等语。除饬续探详报外，特转奉闻。即希鉴察。蔡成勋。歌。印。

〔北洋政府大总统府档案〕

14 福建长乐县旅京同乡李兆珍等为海军陆战队旅长杨砥中丈田勒费请即撤惩致大总统等电

（1924年2月10日）

北京大总统、国务院钧鉴：迭据福州各界急电，以海军陆战队旅长杨砥中、占据长、连、屏三县，藉口筹饷，豪夺强取，民不聊生。近又于长乐，擅行丈田，按亩勒费，声言要立收三四十万元充饷，暴徒恶役，随而指捕诈索，骚扰万端，呈奉萨省长令饬停止，电奉海军部，派员查办，概置不理。谓恃有洛阳吴使声威，不受省部节制。抑思田赋属国税范围，清丈为全国政事，如何重大 即奉中央明令，尚恐未易施行，今以一旅长轻举妄动，倘因勒逼激变，则惠安之乱未平，长邑恐将继起，大背治安之旨，恳予迅电吴使，移行海军总司令，将杨旅长撤惩，以苏民困，不胜追切待命之至。福建长乐县旅京同乡李兆珍、柯鸿年、欧阳钧、陈祖烈、林彦京、曾宗宜、陈保棠、林禹年等同叩。蒸。

〔北洋政府大总统府档案〕

15 旅京福建仙游同乡会等胪列仙游军民长官暴政劣迹请愿书及呈文

（1924年2月22日—27日）

（1）旅京福建仙游同乡会代表杨信廉等的请愿书（2月22日）

具请愿书。旅京福建仙游同乡会代表杨信廉、黄棠元、黄经芳、陈林村、陈振德等为仙游军民长官暴敛横征，肆行杀戮，请特派大员查办事：窃仙游在福建省城西南蕞尔小邑，光复以来，匪祸兵灾，无岁无之，地方凋敝，民膏枯竭。近驻仙团长崔锦溎、知事周宝选两人，朋比为奸，日以苛剥民财为事，数月之间，勒筹捐税二十余次，为数不下三百余万元。名目繁多，百姓疲于供给，流离载道，良者逃出外洋、黠者变为匪类。去冬以来，因苛捐酿成事变者，不胜枚举，敢胪列劣绩最著数端，为钧院陈之：

一、勒种烟苗。禁烟事关国体，法令森严，该团长以筹饷为名，勒民栽种烟苗，每亩征大洋十六元，名为田亩捐，总额共征一百五十万，人民不愿种烟及无力缴捐者，军队登时到门，罚外有罚，刑外有刑，闾阎骚扰，鸡犬不宁，计被迫自杀者，至四百余人之多，其藐法违禁之罪一。

二、屠戮良民。烟苗捐百五十万之外，又继以特别捐三十万，预征民国十五年丁粮三十余万，民穷已极，无力担负，匪类乘之；一月二十四夜，有散匪二十余，抢劫梧店村征捐局，同月二十六日，散匪率众攻城，地方几酿巨变。仙游交界永德，万山连续，匪类出没无常，崔团长不分皂白，归罪良民，将梧店附近乡村任意焚掠，计毙民命数十，抢掠人家无数，又将被匪占领之富洋村以及附近村落，全行屠戮，焚民房数十座，杀死男妇数百人，虽黄口小儿，无幸免者，民既苦匪，又遭兵祸，其逼变滥杀之罪二。

三、枪杀学生。变乱甫变之后，理应劳来安缉，以慰良民，乃崔团长、周知事更逞淫威，四出搜索，一月廿九日，周派委员李正道，带同崔锦淮军队，往榜头街征收铺捐，将商民恣行苛勒，值省立第四师范学生林金煦、郑豪在街购物，能操国语，代向理论。该军队竟敢开枪将林金煦枪毙，喉部胁下中两弹而卒。郑豪在旁声喊，又被一枪击中，头脑破裂而卒。照片附缴，其残杀士类之罪三。

以上三端，即昭著之罪恶言之，其余恃势违法之类，不可胜纪。似仙游蕞尔小邑，数阅月间，竟加以三百余万元之苛征，不已益以残杀，国宪之谓何？人权之谓何。福建军民长官，对于民隐，尚多隔瘼。此案巨冤未伸，若仅交本省长官查办，未免敷衍了事，终无昭雪之日，惟有仰恳钧院，提出阁议，由京特派公正大员，赴闽查办，然后中央之威信可树，而地方之民困将苏，为此依法请愿，恳请察核施行，以解倒悬，不胜迫切之至。谨呈

国务总理

请书人

陈林村

黄棠元

杨信广

黄经芳

陈振德

现住海运仓朝阳大学

（2）旅京福建仙游学会总干事郑志光呈文（2月27日）

呈为军人残杀学生，恳请依法究抵事：缘本年一月二十九日，驻福建仙游崔锦淮团军队，偕县铺捐委员李正道，在折桂里、榜头街，肆意勒索，商民稍行分说、即被毒殴。值师范学生林金煦、郑豪到街购物，观此情形，代向理说、告以商民艰苦情状，不意触犯淫

威，该委员及该队队长，竟喝令军人开枪，将林君击中喉部倒地。郑君见同学遭殃，诘问何得任意杀人，言未毕，弹已中额，继又一弹，贯透脑顶，血肉横飞，林郑二人均登时殒命。该军队仍继续开枪，市民逃避一空，乃从容归去。查崔团自去年秋间到仙，军纪全无，与县知事周朋比，日事苛索，因而时肇事变，月前托名剿匪，将梧店富洋两村、及其附近村落，任意焚掠，焚屋数十座，杀死人民无数，仙民方敢怒而不敢言，淫威所及，竟波及学界，忘其丑民之天职，而为匪类之所不敢，为非将该团撤换查办。并查究主使行凶以及下手军人，依法严惩，何足以伸军纪。爰声叙情，恳请钧部严电将该团团长崔锦淮撤换查办，并查拿凶手，究抵以重人命，而安地方，不胜迫切之至。谨呈

内务总长

具呈人旅京福建仙游学会总干事郑志光

现年二十四岁，原籍福建仙游县

住址：北京鲍家街二十一号

〔北洋政府内务部档案〕

16 孙传芳关于袭击王永泉及王逃离泉州等情致大总统等电

(1924年3月10日—15日)

(1) 3月10日电

北京大总统钧鉴：参众两院、国务院、各部院、各衙门、冯检阅使、王巡阅使、洛阳吴巡阅使、南京齐巡阅使、武昌萧巡阅使、天津王巡阅副使、各省督军、督理、都统、省长、护军使、镇守使、各师旅长、各公团、各报馆鉴：传芳于本月冬日，移驻延平，适值周护军使奉到吴巡帅密令，略以王永泉操纵闽局，罪大恶极，命将其新械扣留，以消隐患等因。周使遵于歌日办理，并将护械之耿团解散。伯川闻风，遂于阳日离省。其驻省军队，亦纷纷向下游逃去，行抵乌龙江，复经海军截堵，收容二千余人，获械六百余支，合前解散之

耿团，将近四千人，所余实力，已无几矣。省垣治安，赖有李卢两派，协力维持，安静如常，人民因百川纵容王永彝，在惠安、晋江、仙游等处，横肆恣睢，屠洗乡村，尤为切齿，故于百川兄弟去后，各界欢声如雷，纷纷来电，颇多溢量之词，披读之余，益增叹慨。回忆传芳与百川相处，将及一年，法语巽言，久敝唇舌，讵彼终难感悟。缘有结局如斯，眷念私交，曷胜伤感，现因闽南等处，尚有其残散部队，若不迅谋收束，势必贻害地方。周使业于佳日督队前往，传芳迫于公谊，既已无法两全，只得挥泪会师，以期绥定闽疆，维护大局。兹恐传闻异词，用陈概略，敬祈鉴察，尚希惠鉴。孙传芳叩。蒸。印。

〔曹锟批〕：阅。此电可询子玉，馨远有无用意之处，甚为不解。

(2) 3月15日密电

北京大总统钧鉴：良密。传芳因上游各军，均已部署就绪。以省垣关系重要，善后诸务，尤应从速进行，以慰民望。遂于盐日，自延平启行，本日上午八时返署，各界颇为欢慰，地方亦极安宁，堪以上慰。仅系探悉，王永泉已于文夜离泉，遗部尚众，亟须根本解决。芳部早经分道驰往，周使亦于今晨前往献率矣。特电奉闻，伏乞鉴核。孙传芳叩。咸。印。

〔北洋政府大总统府档案〕

17 闽北护军使周荫人关于袭击王永泉情形通电

(1924年3月10日—13日)

(1) 3月10日电

北京大总统、国务总理、各部总长、洛阳吴巡帅钧鉴：直隶、奉天、河南、上海、陕西、甘肃、安徽、江苏、湖北、湖南、江西、福建、山东、四川各省巡阅使、各督理、各总司令、各省长、镇守使、各师长、各法团、各报馆均鉴：歌电谅达，我军于鱼晚袭击王永泉，该部兵力不支，纷纷逃窜。当时被击交械者千五百余人，其余在乌龙江被浙军邀击交械。王永泉兄弟即于是晚逃向福清，荫人现奉孙督理令，为讨逆【军】总司令，遵于本日驰抵闽城，已饬各部追踪痛击，并拟日内率师南下，以期捣其巢穴，一鼓荡平。闽垣秩序，平静如常。谨电奉闻。惟伏垂詧。闽北护军使周荫人蒸叩。印。

(2) 3月13日电

北京大总统钧鉴：赣密。据报王永泉逃至泉州，招集余部，集中涵江，以图反攻。荫人奉孙督理令，委为讨逆军总司令，遵即分路进兵，现委卢旅长为右路司令，孔旅长为左路司令，分向永泰、福清方面进攻，卢旅业已开动。左路四十五团，于真日开拔青浦、赤屿等处，并商准海军杨司令派舰游戈涵江侧面，以资协助。张镇使毅、高旅长义均已来闽、赣又正在准备从速夹击，荫人即日督师削簪捷衲，一举荡平，消除隐患，谨电奉闻，伏乞垂鉴。闽南护军使周荫人叩。元一。印。

〔北洋政府大总统府档案〕

18 孙传芳奉吴佩孚密令截留王永泉所购械弹及王离省其官兵被收容等情电

(1924年3月10日)

北京大总统钧鉴：参众两院、国务院、各部院、各衙门、冯检阅使、王巡阅使、洛阳吴巡阅使、南京齐巡阅使、武昌萧巡阅使、天津王巡阅副使、各省督军、督理、都统、省长、护军使、镇守使、各师旅长、各公团、各报馆鉴：传芳于本月冬日，移驻延平，适值周护军使奉到吴巡帅密令，略以王永泉操纵闽局，罪大恶极，命将其新械扣留，以消隐患等因。周使遵于歌日办理，并将护械之耿团解散。伯川闻风，遂于阳日离省，其驻省军队，亦纷纷向上游逃去。行抵乌龙江，覆经海军截堵，收容二千余人，获械六百余支，合前解散之耿团，将近四千人，所余实力，已无几矣。省垣治安，赖有李、卢两旅，协力维持，安靖如常。人民因百川收容王永彝在惠安、晋江、仙游等处、横肆恣睢，屠洗乡村，尤为切齿。故于百川兄弟去后，各界欢声如雷，纷纷来电，颇多溢量之词。披读之余，益增欢嘅。回忆传芳与百川相处，将及一年，法语巽言，久敝唇舌。讵彼终难感悟，致有结局，如斯眷念私交，曷胜伤感。现因闽南等处，尚有其残散部队，若不迅谋收束，势必贻害地方，周使业于佳日督队前往，传芳迫于公谊，既已无法两全，只得挥泪会师，以期绥定闽疆，维护大局。兹恐传闻异词，用陈概略，敬祈鉴察。尚希惠教。孙传芳叩。蒸。印。

〔北洋政府热察绥巡阅使署档案〕

19 师长张毅关于联合闽南各部队直捣泉州讨伐王永泉通电

(1924年3月12日)

提前特急。北京大总统、国务总理、各部总长、检阅使、卫戍司令、洛阳吴巡帅、南京齐巡帅、海军杜总司令、湖北萧巡帅、各省督军、督理、省长钧鉴：各区都统、护军使、镇守使、各师旅长、各报馆钧鉴：王永泉素性奸诈，桀傲〔骜〕难驯。溯自民国七年奉令援闽以来，军队过境，到处骚扰，殴辱官吏，勒索商民，舆论沸腾，弗知顾惜，上峰诘责，置若罔闻。盖其早已目无长上，隐存作乱之心矣。前福建督军李公，以其系属客军，曲予优容。使驻省垣，道以礼义，期知悔悟。九年仲春，收复闽南各县，乃令开赴上游接防。孰意狼子野心，终不悛改。当其才抵延平，即于该旅旅部添设政务处，意将闽北各县知事，妄自更调。把持民政，擅设机关，纵兵殃民，敛财肥己。报纸记载，遐迩宣传，当已共见共闻，毋庸追述。李督驭下宽仁，未予撤换，养痈成患，遂有十一年九月之变。该逆搜刮民财，积资甚厚。即其昆季亲朋，亦荷李督栽培，均登仕版。讵料枭獍性成，恩将仇报，恶奴叛主，逆子忤亲，蔑理丧心，莫以为甚。嗣以民军回粤，自恐法网难逃，又复输诚中央，诈称归顺政府。因念国家内乱频仍，外侮孔亟，疮痍满目，民不聊生，奚忍再动干戈，重伤民命。特命孙督理督师莅闽，从事抚辑，縻以利禄，俾其自新。以兴泉永护军使而帮办福建军务，地位不为不高，官职不为不崇。该逆稍具天良，应如何仰体深仁，立功赎罪。而乃贪心未足，故态复萌，盘踞省城，操纵政柄。复使伊弟永彝，借称卫戍司令，蹂躏地方，鱼肉百姓，霸占盐税，勒种烟苗。最近在惠安县属山腰等乡，因勒捐不遂，焚毁房屋数百所，杀害良民五千余人，暴虐如斯，诚所罕睹。毅闻噩耗，眦裂发指，早欲歼此元凶，以苏民困。只以闽南兵燹之余，元气未复，暂时隐忍，良非得已。该逆恶贯满盈，尚不自戢，乃复招兵购械，逞彼凶残。闽北护军使周公，不忍坐视闽局糜烂而不救，特举义师，大伸讨伐。凡我袍泽，万众一心。毅焉何人，敢不响应。现已联合闽南各部队，克日直捣泉州，扫除贼穴，谅兹小丑，不难指日荡平。谨电奉闻。伏乞公鉴。驻福建同安县师长张毅叩。文。印。

〔北洋政府内务部档案〕

20 王永泉等为孙传芳阴谋袭击省城及周荫人扣劫所购械弹致大总统等电

（1924年3月15日）

（1）王永泉致大总统等电（3月15日）

北京大总统、国务院、参众两院、王巡阅使、冯上将军、外交部、陆军部总次长、财政部总次长、内务部总次长、教育部总次长、交通部总次长、司法部总次长、航空督办、全国烟酒事务署督办、宪兵司令、警察总监均鉴：永泉涖闽六载有奇，历经变故，均以拥护中央，保卫地方为主旨，事实具在，皆可复按。上春孙督理及周师入闽，即系本此宗旨，商准孙周同意，电请中央任命来闽，主持一切。孙督入闽之后，泉商承办理善后各事，稍有端倪，即经电请辞职，藉遂初衷，乃蒙中央复电慰留，及各地方挽系之殷，无可诿卸，始以帮办兼兴泉永护军使之职，勉任维持，遇事商承孙督，未尝丝毫自主。惟是闽省复杂情形，久邀洞鉴，萑苻遍地，宿莽丛滋，原有兵力，不敷分配。曾一再电请中央，核发枪械，以为肃清地方，统一闽南之计。适值各省兵事方殷，鞏、沪、汉各处制造之品，供不应求，不得已，就军费节省项下备款，商由孙督理，电托苏皖赣齐巡阅使代购直存枪支，并由直鲁豫王副使呈准中央，填给海关及陆军部验发护照，以及大总统在巡阅使任内拨发之枪弹十万，炮弹五百颗，一同取道豫省运闽，案牍合稽，事实昭著。不期本月五日，运抵延平，周护军使荫人称：奉直鲁豫吴巡阅使电令扣留，并诬以操纵闽局，电派其旅长李生春、第二师旅长卢香亭率队迫胁王永泉离职。查永泉所运枪械，既系孙督理电托齐巡阅使代为购运，经过直、鲁、苏、皖、赣五省，均蒙派员照料，路人皆知，其非私自购运，昭然若揭。且有大总统核发之件，尤不能认为朦蔽中央，自谓操纵闽局，更不知何指。回溯孙督入闽后，永泉无日不往督署，襄理军务，凡属要政，无不惟中央与孙督理之命令是从，即有不当，亦应由孙督呈请中央，派员澈查，秉公核办，不应由周荫人假借直鲁豫巡阅使电令，破坏中央管辖之大权。当李、卢二旅长武力胁迫之际，永泉在省部众，均极愤懑，众请挞伐。永泉因恐糜烂地方，再三制止，不准妄动，乃率所部退出省垣赴泉，静待中央裁决。讵知周荫人罔顾地方，一再逼迫，竟自率队侵入莆田。似此无故称兵，甘冒不韪戎首之罪，当有所属。但恐相逼过甚，激生战祸，届时永泉虽欲避让，而部曲迫于义愤，不得不取正当之防卫，是则战衅一开，地方倘有糜烂，周荫人应独任其咎。特电直陈，诸祈鉴察。再泉州电报，经过闽垣，恐有阻滞，特派□赴沪拍发。合并声明。王永泉叩。删。

〔北洋政府热察绥巡阅使署档案〕

（2）旅长姜明经等致大总统电（3月15日）

北京大总统、国务院、军事处、参众两院、王巡阅使、冯上将军、财政部、教育部、外交部、内务部、交通部、司法部、陆军部总次长、航空督办、全国烟酒督办、宪兵司令、警察总监均鉴：明经等隶从王帮办在闽南年夙以服从命令，保卫地方为职志。孙督理入闽之后，王帮办遇事和衷共济，无不逊让推崇。上年孙督离闽赴洛，称病汉皋，久不回署。王帮办联合闽省将领，电请中央，促其回闽，主持正局，足征对于孙督，开诚协助，毫无诈虞，此次孙督前赴上游，煌煌布告，以检阅军队为词，省城治安，咨由王帮办暂任维持，乃墨沈未乾，本月六日卢旅长率队开拔省防，司令李生春亦于是日全部开行，不辞而别，至西门外甘遮地方，突然反戈相向，乘夜袭击省城。周护军使荫人亦号称奉吴巡阅使电令，加王帮办以操纵闽局之名，扣留我军由津运闽新械。查此项械件，曾经王帮办，商由孙督电托齐巡阅使在津代购，并由直鲁豫王副使呈准中央，经照验放，尚有大总统在巡阅使任内拨发之枪弹十万，炮弹五百颗，一同运闽，经过直鲁苏皖赣五省，均蒙当地长官派员照料。而周护军便以同官一省之中央命吏，径行拥兵扣留，并将护运新械之耿团长运发，当场击毙，其蔑视中央威信，破坏统一法权，无待赘论。矧孙督以一省最高军政长官，当出巡时，既以省城治安，咨托王帮办维持，而暗中嗾使所部，乘虚袭击，幸王帮办顾念地方，严令明经等退出省垣，集合泉州，静待后命。设令当时背城借一，以省城为战场，地方必遭糜烂。试问孙督，其何以对闽省人民，似此险诈百出，船中敌国。其将何以令下。明经等誓即整率师徒，奉王帮办固安吾圉，以候中央及各方之裁决，如周荫人罔顾地方相逼过甚，惟有厲兵秣马，与之相见疆场，直捣省垣，以雪此耻，届时战衅一开，牵动全局，谁为戎首，作此厉阶，曲直是非，自有公论，谨此布臆，伏乞亮察。福建陆军第一旅之长姜明经、第二旅旅长王永彝、第五旅之长高义、廿四混成旅团长傅席珍、炮兵团长徐国亨、工兵教异团长吴大洪、第一混成团团长陈荣标、步兵团团长崔锦淮、李启佑、郭寅皋、刘天相、殷秉义、曹家彦、杨增福等率领营连排长全体官兵同叩。删。

〔北洋政府大总统府档案〕

21 蔡成勋关于孙传芳周荫人袭击王永泉致军事处等密电

(1924年3月15日—26日)

(1) 3月15日电

急。北京军事处、洛阳吴巡阅使、南京齐巡阅使、武昌萧巡阅使均鉴：恰密。顷据厦探元电报称：(一)闽海军杨部连日占据东山，王赖各部被逐退漳。(二)厦臧竭力转动各方近状如下：(甲)派人赴泉连络、适值王永彝晋省、不在泉州，故尚无结果。(乙)派人往同安游说，闻张毅答以王永泉来，决行收纳。(丙)日派亲近跑黄大伟处开会，内容甚密。(丁)杨叶陈各部，向臧索饷弹，愿与合作，此均系最近变化状况等语。旋又据元电称：王永泉到泉州，联军集合同安、拟愿日进攻等语。特此转闻。即希鉴察。蔡成勋。删亥。印。

(2) 3月17日电

急。北京公府军事处、洛阳吴巡帅均鉴：巡密。顷据闽探报称：王镇守使献臣攻泉，闻尚未出动，周师长荫人以讨逆总司令名义来省，克日督师追击，王永泉所部尚有三旅，恐将抵抗等语。除饬续探具报外，特转奉闻。即希望察。蔡成勋。筱午。印。

(3) 3月17日电

急。北京公府军事处、陆处长绣山弟鉴：虎密。顷据厦探震电报称：(一)联军助孙督兵力，赖、王各出枪千支，张出枪二千支，真日开始动作，张部已集合同安王部已抵集美。(二)泉州人民深恨王氏弟兄，如孙、周纠合联军攻泉，乡团既高义部队，必为内应等语。复接据该探谏电称：臧联伯川，铣早攻嵩屿，经联军击退。铣电称：谏日贼占屿仔尾，联军力难抵御各等语。究竟双方胜负若何，并此后情况，除饬续探具报，再行奉闻外，先此电达。即希鉴察。并祈转陈元首为盼。蔡成勋。筱申。印。

（4）3月21日电

急。北京公府军事处、洛阳吴巡阅使、南京齐巡阅使、武昌肖巡阅使均鉴：怡密。顷接孙督理筱电开：据厦门交涉员刘光谦电称：本早六时、贼军已由港尾登岸，向漳平反攻，拟乘机窜入赣境等语。除电饬前方海陆各军注意截堵外，特闻。希饬贵部相机堵截，以免蔓延，无任企盼。等语。除电复并饬属派队防堵，俾免窜扰外，特转奉闻。即希鉴察。蔡成勋。箇亥。印。

（5）3月25日电

急。北京军事处、洛阳吴巡阅使、南京齐巡阅使、武昌肖巡阅使均鉴：昌密。顷据方总司令漾电称：顷据瑞金夏知事养电称：顷接长沙黎知事专人报称：本日十二点，接王师长电，王、赖、黄联军与贼战，贼胜得漳州，联军退龙州之汁头，赖、黄拟由瑞金退赣，嘱转总座。如得总座电报，不必电汀，以后汀如有要事，随时专人来报等语。总座如何准备，乞查核示遵等情。查赖、黄等部图赣，已非一日，王师阮有此报，当是实情。等情。前来。除电覆会商冯旅，严为防范，以备不虞外，特此电达。即希鉴察。蔡成勋。径。印。

（6）3月25日电

急。北京公府军事处、洛阳吴巡阅使、南京齐巡阅使、武昌肖巡阅使均鉴：怡密。顷据厦探霰、效两电报称：（一）周使督师，涵江铣日占莆田。（二）贼部筱日攻占浮宰、白水营，赖氏无力抵御，督退漳州。（三）联军攻泉王之前线，退同灌。（四）方声涛、林知渊由沪相率回厦。（五）伯川被高群勾认、邬团于翰日驱逐出泉，残部三千余人，归杨化昭率领，分据惠安、南安、安浪等处。（六）王献臣于啸晓返漳防御，臧军巧晚占嵩屿海沧。（七）闻洪兆麟有率部来援消息等语。除复饬续探具报外，特转奉闻。即希鉴察。蔡成勋。径巳。印。

（7）3月26日电

北京公府军事处、洛阳吴巡阅使、南京齐巡阅使、武昌肖巡阅使均鉴：昌密。顷据闽探祃电报称：周荫人进驻枫亭，王余部联臧及民军抗周，臧效日陷漳州、赖屈伏漠庭，暂退保长汀、谨闽等语。除饬续探具报外，特转奉闻。即希鉴察。蔡成勋。宥。印。

〔北洋政府大总统府档案〕

22 孙传芳转报洪兆麟愿配合攻击臧致平给陆锦等密电

（1924年4月1日）

北京公府军事处陆处长、王巡阅使、冯检阅使、洛阳吴巡阅使、武昌肖巡阅使、南京齐巡阅使、天津王副使、南昌蔡督理、开封张督理、济南郑督理、蚌埠马督理均鉴：昌密。顷接洪总指挥艳电开：顷接敬（廿四日）电只悉。承示闽南各情形，荩筹至佩。惟臧逆此次胆虚袭漳，实期与粤军、湘、滇敌军前后夹击，危害闽、粤。贵部乘胜压迫，臧逆必进扑潮汕，希图窜扰。若为巩固闽粤边防计，自应严防。现敝部已于俭晨开拔，不日集中潮汕，直向闽边进发，协同贵部会剿，务期一致荡平。一俟闽南肃清，立即回师援粤，尚祈随赐机宜，无任盼切。洪兆麟叩。艳（二十九日）等语。除电复外，特以奉闻。孙传芳叩。东。印。

〔北洋政府热察绥巡阅使署档案〕

23 蔡成勋关于孙传芳周荫人与臧致平杨化昭在漳厦等地作战等情致军事处等电

（1924年4月2日—7日）

（1）4月2日电

急。北京公府军事处、洛阳吴巡阅使、南京齐巡阅使、武昌肖巡阅使均鉴：昌密。顷据厦探报称：（一）臧逆以杨化昭知兵善战，派宋渊源等多人劝杨就职。（一）高义确真诚欢迎周使，约日内到泉，杨汉烈等亦归周改编。（一）许崇智日内来厦，与臧面商大举。（一）洪兆麟因东江战启、不暇顾闽。（一）泉州陈国晖等，怨高义私通周使，将群与高战。（一）黄大伟径日率眷乘芦大轮赴沪。（一）王献臣已赴上杭，赖世璜到永定。（一）臧氏眷属宥日到厦。（一）臧氏到汉后，连日调集各部，大开会议。财政攻守各事极密等语。除饬续探具报外，特转奉闻。即希鉴察。蔡成勋。冬巳。印。

（2）4月3日电

急。北京公府军事处、洛阳吴巡阅使均鉴：永密。顷据厦探报称：（一）泉州方面，当王永泉出走时，委高义为卫戍司令，臧与孙均委高为第一师长，高均辞不就，仅就公举保安司令，统辖各民军，计有十一营，每营约百人以上，闻高确有意归顺，孙督因有不得已之苦衷，故未就所委之职。（二）王部李启佑全团、并炮兵一营、机枪六连，傅团步兵两营，计五千余人，均归杨化昭统率，于上月养日反攻马川、同安、刘五店，先用诈退、诱敌张毅所部，被其击毙数百人，余众分向官桥新圩冲出，被庄文泉、叶定国等包围，均缴枪投降，张毅完全失败，自安海至同安，均为杨氏所有。现臧委杨为第三师长，杨亦不就聘。（三）漳州方面，上月马日，臧部到抬桥，乃分别驻守天宝、南靖、海澄、浦南、漳浦一带，王献臣之蔡营五百余人，经臧改编补充，一团驻漳浦，王部仅有高盛二营，工兵二连之兵力。(四)赖世璜仅千余名之兵，于箇日退岩城。(五)漳州驻军，现有臧部第二师四旅二营、四旅四营、侯准成一旅四营，何成濬全支队千余名及新收二千余名，张贞、许卓然、孙本成等、计收三千余名，此外尚有溃兵二千余名、正在设法收编中等语。除饬续探具报外，特转奉闻。即希鉴察。蔡成勋。江。印。

(3) 4月4日电

北京军事处、洛阳吴巡阅使、南京齐巡阅使、武昌肖巡阅使均鉴：怡密。顷据厦探报称：(一)赖世璜兵散难聚，只身自永转到汕头。(二)臧致平集中漳州，方事整军。(三)许卓然、张贞之徒，为臧利用防守。(四)臧因杨化昭现就第三师长职，故由漳回厦，面嘱口兵往泉御周。(五)粤陈部队由君骥率领，以助孙周等。(六)闽省闻前卫杨旅，经汕陆续转来诏安。(七)周使率兵，已抵距泉六十里之地。(八)杨化昭急遣第一支队长张义纯，驰泉州方面抵御，勘日已到安海等语。特此电达。即希鉴察。蔡成勋。支亥，印。

(4) 4月5日电

急。北京公府军事处、洛阳吴巡阅使、武昌肖巡阅使均鉴：昌密。顷接王师长献臣冬午电开：(一)献于东日返汀，在漳队伍已带回整顿休息。(二)漳平方面，苏世安扇动葛部，联合陈国华、勾结厦臧、纷纷脱离赖军关系，近日四出蠢动。据确报，该两部志在进占龙岩，出扰汀杭，刻敝处已抽调部队，向龙岩一带开进，严密布防。(三)闻李烈钧抵厦，赖军全部，恐有不稳等语。特转奉闻。即希鉴察。蔡成勋。微亥。印。

(5) 4月6日电

急。北京军事处、洛阳吴巡阅使、武昌肖巡阅使均鉴：巡密。顷据厦探报称：(一)周部先头部队，勘日到惠安。陈国晖等率尔接触，即败退永春。(一)闽舰应瑞、通济、楚观，沁日到金门。杨敬修当拟率舰来金，督攻厦门。(一)粤陈派员与闽孙商妥，三路出兵，荡清漳厦，兵均出发。(一)臧逆突见三面敌临，仓皇返漳，与各军首领，急商堵御善法等语。又据该探续报：臧驻港罢战，杨化昭病等语。特此电达。即希鉴察。蔡成勋。鱼戌。印。

(6) 4月7日电

急。北京公府军事处、洛阳吴巡阅使、南京齐巡阅使、武昌肖巡阅使均鉴：恰密。顷据厦探卅电报称：(一)孙督派招抚使姚建屏，泌日到泉，高义欢迎入城。(二)城中各军退出，备为周师军队驻扎。(三)张毅残部剩九百余人，逃南安辖之英全等语。特此电达。即希鉴察。蔡成勋。虞午。印。

〔北洋政府大总统府档案〕

24 军事处饬派海军截止臧致平运械至厦门给杜锡珪电稿

(1924年4月5日)

万急。南京下关杜总司令鉴：慎密。顷接南昌蔡督理径酉电开：顷接王镇守使献臣马电开：一、臧氏于皓日乘山东轮、密秘回厦门。浙卢助以款廿万、弹五十万、枪一千五百枝，不日将由沪运厦。二、卢恐厦门一失，时局将生变化，故令臧迅回固守，以成牵制之势。三、此间攻厦计划、已禀承馨帅切实进行，容当再报。谨此电陈等语。特转奉闻等语。当经转呈大总统。奉谕。臧氏败守厦门，野心未死，近复求款贷械，意图反攻，居心祸闽，实堪痛恨。着电杜总司令迅速饬舰要截，勿使利器运厦、以免资敌为要。等因。特电查照。军事处。歌。印。

〔北洋政府大总统档案〕

25 方本仁报告赖世璜失约致使王献臣为贼致平击败漳州失守等情致陆锦等密电

（1924年4月13日）

急。北京军事处长陆、洛阳巡帅吴、武昌巡帅肖、南京巡帅齐、南昌督帅蔡钧鉴：巡密。顷据职署派赴汀州坐探四月五日快邮报称：此次王师长献臣失败原因，系友军赖世璜于会议时，表示力任漳州防务，决无他虞。王师长深信不疑，遂与张毅所部，向同安方面会合进攻。讵赖世璜因中央发表张毅厦门镇守使后，心颇怏怏。迨厦贼乘虚反攻，赖军顿爽前约，不战而退，致漳州为贼军所得。王师长后路断绝，危险万分，只得取道冲出，随战随退，及仟河溪赖军陈国华部，通敌反攻，变生意外，王师长猝不及防。损失颇巨，并被掳去参谋副官多人。幸王师长得脱重围，始于次日退守龙岩，李旅亦陆续集合，军势稍振。龙岩防务暂由赖军易团长担任。王师已于四月一日安抵汀州，惟赖部已变去三分之一，余亦退守永定、峰市等处，态度甚不明了，将来龙岩能否保守，尚难预料。现贼王连合，勾结土匪民党要人，多聚漳州，北伐声调，高唱入云。倘龙岩有失，则汀杭方面，处处受敌，入粤入赣，可东可西。又闻洪副总指挥，已饬所部第四师□旅入闽，并派李参谋长来汀州，与王师长商议反攻，但洪师一时未能开到，贼王声势已大，赣边亦自吃紧等语。除饬继续探报外。谨电奉闻。本仁叩。文。印。

〔北洋政府大总统府档案〕

26 海军总司令杜锡珪报告攻克厦门致大总统等密电

（1924年4月20日）

飞急。北京大总统、国务总理、海军总长钧鉴：交通部吴总长王巡阅使、冯检阅使、洛阳吴巡阅使、南京齐巡阅使、天津王督理、武昌肖巡阅使鉴：昌密。据杨司令巧电称：我军于铣日登陆，完全克复厦门。其时敌军四散，铣晚复集中磐石炮台，负固一嵎，作困兽之斗。昨复经我开炮轰击，计鏖战一日夜，敌力不支，始肯乞降，除死伤不计外，获俘虏三千余人，步枪一千余支。现秩序已复，请抒仅注。又据杨旅长啸电称：据马周长坤贞巧电称：铣日率队随军舰进攻厦岛，分途登陆，当即占领五通高崎，至禾山时，与敌激战，敌约一营被我包围，敌力不支，全营投降，各队四出兜剿，至铣晚完全克复厦门。翌晨复率队向磐石搜捕余孽，舰陆夹攻，毙敌甚多，先后俘敌三千余人，枪千余支，机关枪三架，战斗品无数。谨先报捷各等情。除由锡珪电复嘉奖外。谨闻。杜锡珪叩。号。印。

〔北洋政府大总统府档案〕

27 孙传芳攻克漳州通电

(1924年4月24日)

大总统、国务院钧鉴：各部总次长、王巡阅使、冯检阅使、洛阳吴巡阅使、天津王副使、南京齐巡阅使、武昌肖巡阅使、各省督军、督理、省长、护军使、镇守使、师旅长、各报馆钧鉴：顷据周帮办马电称：我军占领同安，当即督率各路军队，乘胜追击。近畿二师卢旅，巧日占领角尾，张师巧日占据石美，高师皓日进占石码，职率孔旅于皓日到角尾，遂会合各路军队同向漳州进攻，敌军在江东桥万松关两要隘，凭坞固守，激战一昼夜，经我军奋勇督击，敌始不支，分向南靖、华封方面溃退。我军于号日完全克复漳州。是役毙敌甚多，夺获无算。刻正追击溃敌，余情续报。等语。谨以奉闻。孙传芳叩　敬。印。

〔北洋政府内务部档案〕

28 厦门镇守使张毅关于海军占据厦门阻止本部进驻致陆锦电①

(1924年5月17日)

衔略。十二号电敬悉。查厦门一埠，为通商口岸，入闽咽喉，关系福建大局，至为重要，得之则福建安，失之则福建危。自杨树庄以现款十万，子弹二十万与臧致平交换后，则厦门完全为海军所有，陆战队严行戒备，探照灯彻夜不息，对于我军目之为敌，凡经过该地之电报函信，悉被检查。并由孙文之死党林支渊联络各路民军，藉自治之名，行自私之实。民军首领方声涛、宋渊源、张贞、庄文泉、陈国辉等，亦皆乐通款曲，互为声援。杨初到厦，即委林支渊为警察厅长，继恐引起物议，致生反感，乃改委他人，但其内幕一切事宜，仍由林一人主持。至与民军之结合条件，民军方面，担任海军后盾，为久据厦门之援助。海军方面，则担任民军购运外洋军械之保障，此为林支渊亲与各民军首领协商议决者。方、宋俱系民党健全份子，现在潜踪永春，宋已就自治军总司令之职，其各部间，有受省政府委任者，但依附民党，始终不渝。此后民军若果得以自由购械，则其实力，势必日见扩充，闽祸潜滋，正未有艾，不惟防害援粤之进行，闽南一隅，且将成民党之渊薮矣。关系前途，良非浅鲜。毅自在漳州就职后，整饬部署，静候中央解决。海军虽有战舰六艘，但年久失修，无多战斗能力，陆战队不过千人，从未经过战斗，而且秩序紊乱，劫案横生，商民畏之，无可如何。杜锡珪到厦后，声言不让我军一兵一卒渡过厦门。似此情形，大有久据之势，何得谓之调停。弟惟以吴师之意旨是遵，决不操切行事。兹拟派冷鉴泉兄返京赴洛，报告详情，请示方针。我兄如未起行，即请偕来，亦甚妥贴。前报载厦门专电，谓弟与洪兆麟战于闽南，殊属失实。弟部与洪部

① 此系福建陆军第一师厦门镇守使署驻京代表办事处抄呈大总统府军事处处长陆锦的电，信封上有陆锦批示："人心不一，应当注意"字样。

前年讨臧之役，曾在黄岗，云霄、漳浦、漳州一带，共同作战，此次重逢，官兵均异常亲睦，从何有作战可言。知关远系，谨以附闻。弟毅叩。篠。

〔北洋政府大总统府档案〕

29 孙传芳报告臧致平杨化昭部拟经贵溪广丰方面入浙等情致大总统密电

(1924年5月31日—6月9日)

(1) 5月31日电

北京大总统钧鉴：新密。顷据张旅长卅电称：顷接光泽县第十二师高团长艳电称：据派赴赣探报告：臧杨残部，窜至硝石，即函令资溪县知事，于桐埠地方，预备柴米万斤，嗣后改道 南城之小竺珀珍，后因该处大桥猛水冲断，残逆约数千人，即于□宥两日，□经其部，向渫溪之黄逐孔回奔窜，拟经贵溪、广丰方面入浙。又据柴团长派赴赣省密探报告：残逆已由广方窜至南城属硝 石 石 硖 等处，职拟由资溪、广丰入浙各等情。谨电禀闻。等语。除电饬各军追剿外，谨禀。伏乞钧察。孙传芳叩。世。印。

(2) 6月9日电

北京大总统钧鉴：新密。顷据孟旅长虞电称：顷据职旅参谋王福昌电称：据报赣军于上月马日回黎川，属卢□地 方，与敌接触，因大受损失，遂与敌约限勘日前部出发□，故于养梗等日，敌由硝石分三批，安然北窜，赣军并无截阻。现赣南 各县军队，节节布防，对于闽赣往来行人，盘诘极严，依此情形，似有疏敌防我之意，各等悼〔情〕，赣既刊〔利〕敌假道，臧杨须逆，谅已入浙，前蔡督前次来电内称：敌在金溪弋阳等处，被围各节，纯系堵塞 之词，意在阻止我军出境，除将前情转呈李王两团长，饬队注意，并随时严行侦查外，谨此据情禀闻。等情。谨闻。等语。谨禀。伏乞钧察。孙传芳叩。佳。印。

〔北洋政府大总统府档案〕

30 蔡成勋关于在贵溪黎川等地围击臧致平杨化昭等情暨与孙传芳互相责难致军事处等密电

（1924年6月3日—28日）

（1） 6月3日电

急。北京公府军事处、洛阳吴巡帅、南京齐巡帅、福州孙督理、周督理钧鉴：昌密。臧杨北窜，王旅连合各部，在贵溪弋阳一带，围攻情形，节经电达，谅邀鉴。及旋于日前，接延平孟旅长昭月宥电，略谓臧杨由黎川方面窜浙，职已派王团长向黎川迎剿，请速饬南城防军知照，以免误会等语。查敌已渐次北移，王团进抵黎川，再行追击，远道跋涉，势难接应。况贵溪弋阳一带，我军跟追部队，已将敌人圈入重围，如其无路可逃，势必转窜闽属崇安、光泽一带。当将此情，电达馨远督办。孟旅长请即转饬王团速赴光崇，应机防堵，以期聚歼余逆，永除后患。并电杨使及黎川知事，转达王团在案。兹接黎川刘知事卅电称：孟旅二团，经知事派员告知，现时作战地点及围剿情形，请其移驻光泽崇安一带，令防臧杨残部回窜，现王团全部，业于卅日，由黎川樟村折回原防矣。等语。特电奉闻。即希鉴察。蔡成勋。江子。印。

（2） 6月17日电

急。北京公府军事处、洛阳吴巡帅、南京齐巡帅、福州孙督办、周督理、安庆马督理钧鉴：昌密。真午电计达尊阅，顷据王旅长等寒酉电报称：佳三寒酉电计呈钧览：齐早八点，敌军散溃溃走，职等当即稍整部属，区分追击队，分向各路溃军，接续追击。顷接各部队，追击队先后报告如下：（一）王团附骑兵一营，炮机各一连，跟追东窜之敌。据报敌约二千余人，至□浙交界之太平桥、曹城关之线。该敌进入浙属常山境内，职团恐再前进，即与浙军防线接触，不得已督在边隘布置，监视敌军动静。除搜获敌人有枪兵士十四名，无枪者十二名，解送玉山外，沿途无激烈战斗。(二)孙团长率所部二三两营跟追北窜之敌。据该团长真文及元夜先后送来报告云：敌千余人，佳日清晨，复分数小股，向三青及柴门等大山内乱窜。当经寻觅响导，分头搜剿，至迟头集合。据土人云：有少数溃兵，经白沙关北走，余尚未明去向，刻正搜查中。(三)张团长率所部第二营及十、十二两连，追击南窜之敌，迭据报称：追至广丰属八都地方，据士探云：敌人南窜，多数已化装，向闽边木太平等关逃去，其军衣沿途遗弃，中有将枪弹转卖民间者。(四)魏团李□营长，率所部附机炮两杆，追击西窜之敌。据报：敌众数百人，初沿德与大路西奔，后折向北窜。据雇探王振东等密报：该逆等在大茅山附近小村落，夜将军装枪械卖与皖赣浙三省处界匪人，向皖边逃去。职营达到十五都光止，未见敌踪，请即转禀上宪，饬县会军，搜查敌人，散布民间装械等情。查是役共伤毙敌人四五百名，俘虏及各探搜获敌兵二百余名，业派孙团在大桥头，将虏去民间驮骡等，五十余匹夺回。刻已发还民间，共收获步枪及杂枪二百十□杆，子弹三万一千余粒，我军在上饶及玉山附近两次战役，麟庆所部阵亡士兵三十一名，受伤官长九员，士兵五十七名，玉书所部阵亡士兵一十九名，受伤官长五员，士兵五十二名。至我军数次作战，所有子弹消耗，装械损失，容详查再行呈报。现各路追击队均已到达边界，因恐越境追击，发生误会，不得已乃令暂停，边隘分布，监视搜查，伏乞钧座，分电邻省派队搜剿，以清余孽，是为叩祷等语。除电复该旅长等，饬属严为监视，切实搜剿境内潜匿敌人，并令各县知事会军，查收逆敌散卖民间装械，以清隐患外，特电奉闻。敬祈鉴察。蔡成勋。筱午。印。

(3) 6月28日电

急。北京公府军事处鉴：虎密。有电敬悉。关于闽省派队赴黎川勋处，往返与孙督办商洽情形，前奉智电，当于马日据实电复，计邀鉴察。并荷转禀主座矣。查尊电转示孙督办电开各节，与事实不相符合者，较前尤多。谨再一一证明之。查孙督及孟旅对于派队赴黎，系上月宥俭两日，先后拍电通报，而杨镇守使及黎川营县，接得闽军第十旅王团公函云：实系于上月艳日，由建泰开始出发，此节前于马电奉复，时业经详述，往返电文及该团公函俱在，出发日期，岂能任意颠倒，所谓有日向黎川追击，赣军出而拒止等情。是其前后自相矛盾，事实为何，不问可知。又如所云，一再派员交涉，仍坚决拒阻，声色甚厉等情。更非真相。缘当时曾接孙督办复电，饬该部移光泽、崇安，该部队派赴黎川前站，与营县接洽时，系本月东日，且据杨使东电报称：接驻黎李营长报告，闽军王团派来黎川，前站声称，奉其团长命令，召回□□，以备同回原防。惟团长带机枪三连，经黎川往光泽等语。是此项队伍回闽，系奉其本营长官之命令，所述坚决拒阻，声色甚厉，更属无稽之谈。至所谓敌人尚在南城附近，尤属信口雌黄，毫无根据。查杨使报告，追剿情形，赣军系上月养日到达黎川边界桃树岭，察知敌人复行内窜，至敬日黎川防军与敌接战，因兵力过单，暂避凶锋，会合主力，旋在王家窑狙击敌逆，俘虏其最后一股百余名，敌人北窜等情。于经亥电转陈贵处在案。不难察知，迨闽军入黎川时，查已本月东日，若谓敌人仍在南城附近，则勋脊子电转报王旅战况，系上月艳晚及卅日战斗经过，此时所对敌军，又系从何而来。总之成勋电请孙督转饬派赴黎川部队，就近转移光泽，纯为敌情变迁，若远从黎川向贵溪一带追剿，无补实际，期望协同应付，以战区既转移上饶一带，不能不请闽军预在光泽布置，以防溃军滋扰。此外绝无他意，实事可考，至赣省各部队，截击贼杨作战经月，所有战斗情形，节经电陈，其中不无闽军协剿机会，且孟张两旅，分驻上游，运动亦不费时，孙督办果系不分畛域，期在共歼逆敌，自不至坐视敌人，沿边北窜，迨至敌人窜入赣境，正值赣军在贵溪弋阳作战之时，始由建泰派队故作遥追，安能济事。其是否诚意协剿，不待智者而识。成勋向以大局为怀，团体为重，从无道及人非，今孙馨帅既肯一再向主座及尊处对我指谪，不得不将经过事实，缕晰陈明。兹已将详细情形，电令驻京胡处长恩光，代表成勋入府报告。尚祈垂询。并请转陈主座，赐予延见，俾便面禀一切。是所企祷。肃复。蔡成勋。勘。印。

〔北洋政府大总统府档案〕

31 孙传芳就任闽粤边防督办及交卸闽督篆务给大总统等电

(1924年6月24日)

(1) 6月24日通电

大总统、国务院钧鉴：各部总次长、王巡阅使、冯检阅使鉴：洛阳吴巡帅钧鉴：南京齐巡阅使、武昌肖巡阅使、天津王副巡阅使、各省督办、督军、督理、省长、都统、帮办、护军使、海军总司令、各省总司令、镇守使、各帅旅长鉴：窃传芳奉大总统令，特任为闽粤边防督办等因。遵于本月漾日将督理福建军务善后事宜关防一颗，送交新任周督理接收。传芳即于是日交卸福建督理篆务。谨电奉闻。伏维鉴察。孙传芳叩。敬。印。

(2) 6月24日通电

北京大总统、国务院钧鉴：各部次长、王巡阅使、冯检阅使鉴：洛阳吴巡帅钧鉴：南京齐巡阅使、武昌肖巡阅使、天津王副巡阅使、各省督办、督军、督理、省长、各都统、帮办、护军使、海军总司令、各省总司令、镇守使、各师旅长钧鉴：窃传芳自民国十一年冬间奉令援闽，翌年四月，遂督师来省，闽省年来，内则公私匮竭，民力凋残。外则兵匪杂蹂，群谋割据，顺环境之情势，我委曲以求全，终惭诚信未孚，不免今兹兵役。幸托元首之威灵，兼仗列帅之维护，月余之间，泉同漳厦，次第克捷，使壬戌以来，扰乱破坏之闽疆，粗臻统一，还隶中央，斯诚国家之福，闽人之庆。非仅传芳之私幸也。现闽省境内，已一律肃清。惟念传芳当昔遵令入训之际，即有衹任援闽之言。兹幸让贤之悃忱，以荷中枢之鉴纳，业于本月漾日，交卸闽督篆务，私衷克遂，深感高厚之成全，付托得人，当为邦家以造福，于国于闽胥堪庆慰。而传芳自今以后，释责地方，愿竭驽骀，追随列帅之后，为国宣力，是尤传芳所自幸，以图报明时者也。敢陈始末，兼摅愚诚，伏祈明训，无任主臣。孙传芳叩。敬。印。

〔北洋政府内务部档案〕

32 闽督周荫人请接济退闽赣之陈炯明等饷弹以援陈抑许为当务之急致张树元密电

(1925年4月12日—20日)

(1) 4月12日密电

万急。北京执政府军务厅张厅长勋鉴：樾密。顷据第三师师长李凤翔支电称：顷准粤军刘志陆军长由武平电话称：敝军五六千人驻武休养，急需筹措军费，以资给养等因。职处款项，本已奇窘，而退驻上杭，永定之洪部，亦须供应，军食实属罗掘无术，而饥军嗷嗷，又难坐视。不得已恳请钧座迅筹接济，以救燃眉等情。当即饬属赶筹二万元，藉救目前。惟闽本瘠省，实难长此供应。而许崇智素抱赤化主义，此次公然有赤威军之证，倘或得志，则俄国前车，即我殷鉴。故援陈抑许为目前急要之图，务请禀明主座，迅速设法，由汉阳拨济子弹一百万粒，由财政部拨给现款卅万元，以资接济，而图挽救。是为至祷。周荫人叩。文。印。

(2) 4月13日密电

北京执政府军务厅张厅长勋鉴：樾密。顷陈炯明代表，来闽请援。据述该部情形，非有充分援助，急切不易恢复。现陈、洪两部，退入闽南平和、永定、武平者万余人。林部退于赣南敦幼者万余人。火食供给，日数千元。瘠贫如闽使图，而许崇智据有潮汕财富之区，若不迅速剿除，实难为继，多迟一日，实力即增进一日。况挟赤化主义，极力宣传，一旦养痈成患，突出闽赣，扰乱长江，不惟大局，益增纠纷，而俄国前车，殊堪颤栗，固未可以寻常变乱视之也。务希统筹全局，迅筹饷弹，充分接济，妥定方针，早靖粤难，以塞乱源。无任盼祷。并希转陈主座为荷。周荫人叩。元。印。

(3) 4月20日密电

急。北京执政府军务厅张厅长少卿兄鉴：槭密。咸电敬悉。自粤军陈、洪等部败退闽边，许崇智拟率所部乘势追入，民军蠢之思动，又复秘联许军，东南大局，岌岌可危。当经电商湘赣两督，协助粤军反攻，亦询悉粤军饷弹俱缺，非有充分接济，势难再举，曾于文元两日，电请转陈执政鉴核，迅赐速决在案。兹咸电承函陆部，转饬汉厂拨发子弹，曷胜欢忭，惟函请饬拨若干，未承明示，殊难预筹准备。再闽省夙称贫瘠，供应陈洪两部给养，已觉万分为难，长此以还，决难为继，嘱先由省筹拨饷款一节，筹维至再，际此闽属春雨为灾之际，委实万难筹措，尚希转陈执政，俯念许军，挟赤俄主义，希图冲出长江，破坏大局，非寻常扰乱闽赣可比，迅赐抽拨数十万元，以便尽力，协助陈洪反攻，以维大局，无任祷祝。周荫人。哿。印。

〔北洋政府执政府档案〕

33 福建公民严秉诚等揭发省长萨镇冰媚美祸闽罪恶电

(1925年4月13日)

北京段执政、各部总长、福建同乡会、晨报、益世报均鉴：上海福建同乡会、新闻报、申报、时报、并转各省省议会、教育会、商会、晨会、报界联合会均鉴：吾闽不幸，兵燹灾祲、比岁迭苦，水火鱼肉，民不聊生，凡我伯叔兄弟，举方痛心疾首。乃有萨镇冰者，乡愿神奸，尸居末路，怼邦人之不齿，藉群小以乘机，结王永泉为后盾，逐林子超而窃官。按其长闽以来，纪纲堕弛，傀儡浮沉，市侩若魏树滋，败类若张仁山，凭依城社。无耻如蔡凤玑，流氓如毛一丰，参预机枢，政以贿成，此辈互相表里，官自我好，万民共叹。仳离典守抛荒，仰军伐之鼻息，治容是好昵恶少，而腥闻鄙夷耆旧绅矜，不事桑恭梓敬，断送教育实业，罔思国计民生，乃犹优游款段，米贵而问肉糜，吟咏折枝，颜厚自居风雅，为张藻宸所侮辱，为孙毅威所逼迫，尊严责任，所不计及，昏庸龌龊，阴忮卑污，贻误全闽，流毒当世、即罄竹而难书矣。迩者因仓前山教会学校之风潮，借中亭街华民私斗之事件，任凭外人指挥，警探逮捕行人，谄承美领开列名单，枉拘学子。本月七日省会学生千余人，哀向省署请愿，释放无辜，乃萨氏以媚外之羞惭，肆淫威之压迫，于暴雨滂沱之中，为人道灭亡之举，虎狠狼贪，令卫队剑枪俱下，兰摧桂折，致学生血肉纷飞，卒至轻伤重伤被害者数十人，阛阓震惊，连夜因而罢市，鬼神号泣，赤子视若仇仇。呜呼！李厚基之残忍，犹不敢为，马联甲之穷凶，曾无少減，外交失着，民气将从此而陵夷，国际欺凌，汉奸乃俨然。为当局如萨氏者，不南不北，即等于冯道之历事五朝。媚东媚 西，复甚于秦桧之暗通敌国。闽之为闽，受祸已酷，国将不国，实如之何。伏冀中央执政，举国同胞，本良心之判断，为公道之主持，有以膺惩萨氏，挽救闽疆，则国家幸甚。地方幸甚。福建公民严秉诚等四百三十七人同叩。

〔北洋政府内务部档案〕

四　川军派系之争及直系与滇黔军图川之混战

1 川督刘存厚诱解钟体道第二十二师长职酿成南郑事变及张澜责刘有关文电

(1919年11月19日—1920年1月)

(1) 张澜致二十二师官佐电(11月19日)

飞急。西乡唐旅长昌九、潘团长仲三，分转李竞枝、韩子纯、李子俊、陈畴九、罗艺三、鲜特生、李翰臣、庄晓阶、向时俊、甘树嘉、何告成、赵锡之、李珪如、钟和光、王元辅、黄瑾怀、叶良一、谭鸿勋、林仲虞、杨觉民、陶顺卿、陈竹溪诸君鉴：据刘督元电称：乃庵统驭无方，二十二师兵官文电纷呈，请归其统，声称与乃庵脱离关系，刘已令乃庵解职赴京等语。至深骇异。诸君与乃庵始兴义师，继同患难，转战频年，流离相依，谊气英风，情逾骨肉。乃庵性情长厚，待人以诚，图谋举措，咸与诸君共之。须因政局不定，饷项稽迟，乃庵公电私函，声嘶泪竭，诸君设身处地，自可谅其苦衷，何至以隅尔纤介之微，遽忘数年袍泽之谊。此举若实，其害有四：乃庵若去，则本师对于中央旧有之关系，必因而断绝，现当裁兵之际，必至失去二十二师之单位。害一。假使诸君别有拥戴，去故即新，则一切利害情感，必不相习，诸君所有势力，必将尽为其所兼并，不独未来之希望不可得，即现有之位置亦不可保。害二。乃庵功高资深，与中央素通声气，若为诸君所不容，则中央必相猜疑，饷弹军械，难望接济。害三。川省现编七师，已苦无饷可给，非藉中央后援，回川必难安置，进失中央之信任，退无后路之可归。害四。诸君若能取消前项文电，调解同事，挽留乃庵，表示服从，乃庵素性明达，断不以此介怀。澜对于诸君之将来，不独可保其无他，即诸君别有隐曲，亦请尽情披露。澜当力负责任，务尽情理之平，必使彼此了解，必不至于觖望。澜与诸君共事有年，因前方筹饷械，确已办妥，诚不能不为二十二师惜，为诸君下一苦口，转危为安，机在毫发，深希熟权利害，力图补救。凡举事勿为他人利用，勿为雠仇者所快。张澜。效。

（2）敖盛周抄呈西安高等审判厅厅长贾晋呈(11月29日)

敬禀者，汉南事变以来，已逾半月，兹接西安高等审判厅厅长贾晋来电，陈述大概情形：(一)廿二师师长钟体道刻尚淹滞途中，被刘督所派军队监视，已失自由。(二)刘督将师部参谋长罗纬、参谋袁福安、鲜特生，团长韩祖武、营长黄骥，派兵看管。(三)钟赵两营士兵，群将刘督所派安抚员祁副官击毙，并有一部引归川境。王黄两营，誓死不服。(四)钟部为刘督所利诱者，仅团长潘文华、李宇杭，退职团长陈廷杰三数人，其部下咸相反对等语。揆此次刘督伏兵，枪击钟师长，以暴力劫夺解职，兼并国军二十二师，事出国法情理之外。川军追随钟师长有年，必致积愤莫遏，万一与刘督发生冲突，致使地方糜烂，即或溃裂引归，亦必摇动川陕边境。目前钟师长尚为刘兵所羁，一时莫有收辑，恳请垂念久战官兵，顾全地方大局，电令陕西督军陈树藩，妥为招集抚绥。所有廿二师官兵，概行暂归节制，事定之后，归还建制。既可免生意外之冲突，亦可保全地方之安宁，复可收该师之溃散，以为将来国家之用。一举三善，用敢贡其刍荛，是否有当，俯祈钧核施行。谨呈。
参陆办公处

陆军第二十二师驻京办事员敖盛周谨呈

（3）刘存厚给靳云鹏处密电(12月16日)

急。北京国务院靳总理钧鉴：和密。昨电陈张澜漾敬两电，计蒙垂鉴。查此次二十二师官兵，因钟体道挪蚀饷项，统驭无方，激动军心，几致全部铤而走险。幸赖各级官佐中，多深明大义之员，设法缓和，先行向厚上诉，经厚将钟体道解职，始获化险为夷。复经竭力抚绥，并就地筹借款项，将钟体道任内侵蚀各饷，逐一补发，军情始定。刻正力求整顿，以期为国干城。惟钟体道既未遵令赴京，张澜等复多方勾煽，存厚迭呈请酌发欠蚀，至今尚属虚悬，深恐该部官兵或有未明政府苦心之人，不免为张澜等浮词所动。存厚仰蒙知遇，何惮捐糜。而汉南为秦陇咽喉，设有疏虞，虽百身岂能自赎。素承庇荫，用在沥陈，可否勒限钟体道立即离陕，严斥张澜等妄造谣言，并酌发大批饷款，以固群情，而安边圉之处，无任迫悚待命。刘存厚叩。铣。印。

（4）钟体道给大总统呈文（1920年1月）

呈为奉职无状，恳请免职惩处，并沥陈南郑事变暨本师历年经过情形，仰祈钧鉴事：窃职待罪陆军二十二师师长，突生事变，迭经刘督严电参劾，乃蒙俯予矜全不遽，置之斧钺，迭催来京，商询善后，无任感激。谨将此次事变之远因近因，为我钧座撮要陈之。溯职师自反对帝制成立以来，即以拥护中央，保卫地方为帜〔职〕志。六年迭奉明令，讨伐侵川滇军，自是由川北防区，转战川东南，恢复资阳、内江、自流井、富顺、沪县等处，中更大小数十百战，荡决二千余里，经历十有余月。七年孤守汉南，被敌包围，拚死撑拒，久而后解。总计三年来，职师旅长四人，李进成督战阵亡，陈经两足伤废，张鹏舞、吴震积劳致病殁，于防守官兵死伤者，前后近四千余人。其间救死扶伤，流离饥冻，极人世不堪之苦，忍人生难言之痛，官兵相依，卒无引去。乃于去岁十一月十一日，和平无事之时，突有南郑之变者，则以刘督存厚积嫌原因之所致也。刘督前在川军第二师师长任内，当周督道刚在渝告急时，拥兵抗令，不救重庆。职师舍泸救渝，刘军又不接泸防，遂致渝泸相继失守，贻误川局。及任川督，全以饷械自私，对于前敌军队勒掯不发，致令职师在内江、隆昌、安岳、乐至等处鏖战，旋得旋失，死亡众多。驻汉而后，职师与刘部分编国军，乃刘督于汉南，由道署每月借拨之款十一万五千元，仅分给职师四万五千元。前年中央前后发饷四十四万元，仅分给职师十四万元。所发枪弹二百数十万粒，仅分给职师数十万粒，炮弹二千数百发，仅分给职师数百发。职以同处患难，委曲含忍，而职部以同属国军，乃发厚薄，相形之下，未免觖望。职不得已乃与刘督相商以后，中央所发饷械，由两师划拨分领，乃昨年财政部所发之京钞四十万元，刘督仍坚持独领，不予平均。于是职师益形失望，颇有谪定。刘督不思设法消弭，反暗职师免职之团长陈廷杰，记过之团长李宇杭、觊觎旅长未遂之团长潘文华，暗相勾结，诱之以名，许之以利，有刘督见官升级文件，可以凭证。突于十一月十一日，乘职师卫队全部野外演操之时，乃邀职出城饮宴，设伏截击，倘非十五旅旅长王鸿恩及团长刘惠心竭力救护，已不免为其所戕。综计此次事变，其始也刘督，既以克制饷项，俾职贾军士之怨。其继也复以名利诱惑，以间我部下之心。其终也乃不顾法纪，悍然以诈术兵力相逼夺。而刘督朦电中央，反诬职以克扣重饷，任用私人。查职所部兵额，与刘相等，职所领军饷，比刘倍少。而职部每月发饷八成，较刘所发每月七成，孰扣孰非，不辩自明。至用人一层，非属循资按格，即为衡劳，论功大小，职员自问，家族亲戚，无一位置，将来如蒙中央查办，是非曲直，自当有归。至职所以不容已于言者，原职前在川时，与刘督分长二三师，比肩并立，无所系属。及刘督招罗戴之祸，滇黔所指目，而欲得甘心者，只刘督一人。故战事初起，各师群怀观望，惟职师以近碍川局，远关统一，毅然先行加入，以致苦战经年，丧失精锐。比刘督去川时，久已大失军心。即其直属部下，亦复强半留川。独职师以其为中央任命长官，患难因依，流离汉南，孤危共命令。幸南北议和，无须血战，复有饷械，遂欲置职于死地，同仇相煎，一至于此。此职所以椎心饮恨自疚不置者也。惟有恳请钧座，先行免去陆军二十二师师长一职，将刘督诬劾各项，秉公查办，虽获重谴，亦所甘心。弟职所部官兵，多属百战余生，虽屡历艰险，其倾向中央之忱，始终不渝，即对职个人事变，无一兵反抗，事后则相向哭闹。赵钟诸营，愤击刘督所派运动副官，是其明证。诚不能以陈廷杰、李宇杭、潘文华三人之被诱，致累全师之名誉。尤不能以职个人之去就，致没频年之勤劳。俯愿钧座，迅赐维持，力筹善后，免致如赵钟两营忠勇之官兵，相率溃归，使四年教练蓄养实力，隳于一旦。庶慰死者地下之心，藉作军人报国之气。所有陈述南郑事变，暨恳请免职等缘由，理合恭呈

大总统核赐，准行。　　　　　　　　　　　钟体道谨呈

奉批：交院处。

〔北洋政府参陆办公处档案〕

2 张广建转报川边镇守使陈遐龄关于英帝窥伺川边请速拨款弹及与川督熊克武发生牴牾等情电

(1919年12月22日)

北京大总统暨国务院钧鉴：陆、参 外交各部，蒙藏、参众各院均鉴：顷接川边镇守使陈遐龄有电开：北京大总统、国务院、陆、参、外交各部、蒙藏、参众各院均鉴：十月漾日，西宁专差递到甘肃张督九月江电，转奉院参陆部，八月养电敬悉。自当谨遵，惟遐龄管见所及，并现在大概情形，不能不为我大总统部院缕晰陈之：(一)边藏界线，原有定案。案查前奉部电，英人提议，率皆恫喝欺朦，兹又阻我进兵，暗侦藏番，正积极准备，其用心已可概见。至于界线，已迭恳万勿承认。倘隐忍定议，即成铁案，藩篱永失，贻患无穷。遐龄忝膺边寄，誓雪国耻，一年以来，屡恳筹备。殊料迄今款弹，一无所有，言之痛心。然边藏问题，舍兵力仍无解决之方。现在停战期满，筹备亦嗟不及，与其坐以待毙，何若于不及筹备之中，

仍急为筹备之计，尚可望补救于万一。查藏番运道，较我尤远，惟此次英副领事庆路易出关，实用隐忧，彼盖悉我国情，必力为藏番主持。已特派财政厅长陈启图兼程进京，面陈一切，万恳俯准遐龄迭次所请、飞速筹备，总以两月内，实行运解大批款弹到边，并电甘滇两省，分道进援。国防关系，张唐两督、必能协力一致。似此龄当驱策饥军，贾其余勇，如一年内不能完全恢复，甘以全家坐罪。至于英使交涉，须声明我国自平内乱，与人无涉，或仍虚与委蛇，听龄进行。待失地一复，界线自解。如再迁延，挽救真无术矣。将来劳师，縻饷百倍。今日即有力对藏，恐无力对英也。言念及此，五内如裂。如欲和议之不失败，必恃先有准备，以为后援，不从正当防御上计划，始终扼守原防，苟延时日，待彼筹备已周，无论和议如何让步，终不能餍其所欲，彼肆猖獗，我则束手，龄窃危之。有强权而后有公理，此古今世界之定论。如不蒙俯念愚忱，龄惟有先事仰恳我大总统，早拣贤员来边接替，龄当面缚来京受政府之显戮，不愿受人民之痛骂也。(二)川督对边事，实历历可考，龄与熊氏素无睚眦之嫌，凡所争论，无非为国防起见。惟现已八阅月，未见川中分文粒弹颗米寸缕济边。乃熊氏屡电中央，自欺欺人，贻误国防，罪实难逭。遐龄前以边事危急，通电宣布，意在忠告。乃熊不知省悟，辱龄去使，促龄离边，随派刘王各军，甘冒不韪，分道寇边。经我军死力抵御，相持荥汉间者月余。计不得逞，复改用其上年逼侵雅防之故智，又以三万元为交换荥汉地方之条件，并允实行其上年所许接济伙食军米等语，以相诱龄。因外侮之急，且知边去京远，纵有接济，火近水远，万难济事。故仍推诚答复，并剀切以边事危迫告熊，欲其筹备临时经费，大宗粮弹，克日运边，失之东隅，尤冀收之桑榆。复声明雅防为边地粮源，荥汉为运输要道。自上年雅防让后，我军仅赖糌粑糊口，经年未得一饱，如熊果能实行接济，龄亦何争于荥汉，其所以不惜委曲求全者，无非欲为国防多支一日，勉复寸土，外可以雪国耻，内可以对国人。然熊疑忌性成，日光如豆，决非顾念大局之人。如中央欲责成熊氏，即请明令准龄归田，饥军退伍，免因熊误龄，因龄误边也。总之，边事始末，遐龄呈报文电盈尺，上年八月，绒坝岔与番激战二十余昼夜，敌已不支，适因不顾大局之刘成勋，乘机侵我后方雅防，以致粮断弹竭，不能乘胜长驱，无已暂作停战待援之计，期以一年，原声明与藏之存之胜负，视后方接济之多寡迟速。龄愚以为川边虽属窎远，然以六月筹备，四月运输，尚余两月，从容布置，进行恢复，如左券之可操。讵呼吁已泪尽声嘶，而文电终半途扣留，一误再误，迁延至今，令人空拳徒奋，悲愤欲死。伏望我大总统早定方略，俾龄有所遵循。披沥陈词，血与泪俱，临电不胜惶悚待命之至。川边镇守使陈遐龄叩。有。印。等因。谨电代陈，伏祈钧鉴训示。张广建叩。养。印。

中华民国八年十二月二十二日

〔北洋政府参陆办公处档案〕

3 刘镇华等报告川督刘存厚退驻陕南苛敛殃民等罪状致大总统等电呈

（1920年3月）

（1）刘镇华致大总统等密电（3月3日）

北京大总统、国务院钧鉴：参谋、陆军、财政、内务部鉴：统密。据汉中道尹楚纬经电称：刘督加派重要官佐，带兵分赴各县，逼清烟款，王佐亦亲至西乡一次。其办法先责官绅，如数完缴，缴不足数，即直向团约，勒出期条，届期兑现，或勒价收土，严酷不通人情，甚至将妇女用铁索拴系游街，沔县庄姓妇人，即因此服毒自尽，不独南郑有环颈投井之事已也。现在汉中城内开设裕通钱号，计存现款约三四十万，再拨付号内本金二十万两，内分刘督十万，各官款十万，由上海定印票纸五十万张，尚未运到，市面恐惶已极，为言其将吸尽现金。而刘督尚日与王佐密谋聚敛之方，对于兵士，则刻苦万分，以致各邑，在乡间封仓截粮，拉夫伐树，无所不为，民间怨愤吞声，无可控诉。王佐反自矜得计，以为莫可谁何。其对于纬经所设施，则广布腹心为侦探，不特检查邮电，并步递卡，亦检查之。自南郑至西安，沿途分设机关，各置弁兵数人，往往路劫银钱，为害行旅。洋县曾发现此案，有卷可稽。道委禁烟委员，赴褒沔者，皆被威吓折回，赴略阳者几遭毁辱，甚至并非禁烟，亦加盘诘，人人见七县为畏途。南郑城门防守权，自去岁解围，即落彼掌握，反客为主，事极离奇。尤可怪者，月之六号，纬经前往城固，临出关时，门令竟阻拦诘问，有无刘督通过证，被经叱退，竟又扣留卫兵三人，不令出门。经饬南郑县、向询理由，始据刘督以手条，谕知通过，绅商莫不诧为新闻。总观种种悖谬情形，实出天理国法人情之外，今欲以空言，达到禁烟目的，诚知其难。非求省长密电中央，请示具体办法，不能为功。现纬经暂驻城固，指挥各县，严厉铲烟，以避行政上之困难。另呈请示南郑承审员郭翼，昨已释出，并以奉闻。迭次电函，多有未达，故办特别步哨，递以防截留。刻下川督钟师长去后，人怀疑忌，军无固志。近潘旅又与刘督水火，颇有暗潮，以经观之，断难持久。中央如果赫然震怒，简派大员，或就内务部所派专员，莅汉查办，如摧枯朽。又据本署派委陕南禁烟员马浩电称：近查刘某接中央来电及陆军部派人查办消息，遂开秘密军事会议，详情未知。惟闻刘某似觉恐慌，欲将烟苗尽行铲除，其部下多数反对，因刘某已收款百余万，目的已达，部下自行包种，非收烟不能见利，反对亦属自然之理，众议纷纷，究无结果。又昨楚道尹出府城时，竟被伊守城兵士阻当，不令出城。非十五旅派人先为开导，必不能越城门一步，各等情。据此。查刘督欲滥发纸币，吸收现金，镇华早有所闻。业于一月卅一电，上呈钧鉴。今则印运票纸，拨付本金，信而有征，已成事实。又复显阻烟禁，兵逼派款，虐及妇女，朋毒戕生，摧款之方，愈逼而愈紧，违法之举，愈出而愈奇。越志横行，肆无忌惮。然察其内容，实已官有离心，军无固志，色虽厉而内已荏，外虽强而中已干，日暮途穷，故遂倒行逆施，至于此极。论地方之情形，迫于倒悬之待解，论刘督之能力，又实专欲之，难成君子，如怒乱庶遄阻。惟有仰恳大总统钧院大部，俯赐主持，迅定办法，舒邦交，恤民命，申军纪，张国威，一举数善，关系綦重。临电不胜待命之至。陕西省长刘镇华。江。印。

〔北洋政府陆军部档案〕

(2) 汉南士绅黄礼宾等条呈(3月18日)

谨将汉南士绅黄礼宾等陈诉川督刘存厚祸陕殃民事实条例于左：

(一)客岁盘踞宁羌，任意搜括，加以李知事维翰助桀为虐，及各旅营团，向民间估借银钱，均有印结，及收据可凭，合南褒沔略等县指军需借款，有据无据，数约四十余万。

(二)占住民房损毁器物，奸淫焚杀，无恶不作，人民含怨无可伸诉，骄纵亲信，激成彭周之变。未见贼而伊之部曲，先事抢劫。宁沔两县所过市镇，财物一空，即铺板窗户等，亦烧毁殆尽。沿途军民，迁徙流离，其困苦情形，惨不忍闻。如抢劫沔县黄沙贡生卢亮甫及宋育德家财物，焚烧宁羌某乡民房数十家，枪毙略阳贤村良民数十命，均呈报有案。

(三)汉城被围，藉口击贼，而以敛财为目的，供给稍迟，则鞭挞随之。更有加以通匪及窝匪诸名目，恣情科罚，行同盗贼。匪退则又藉名缉捕，搜括财物。凡被盖及鸡鸭猪羊等，亦一律被劫。苛待人民，虽绅首亦有被押受拷者；如南郑东区前省议会议员陈子昭，被罚洋六百元。北区胡首士善德，除将家财搜劫外，并罚洋数百元，并酷拷其家人，因此胡善德丧命。查该军驻扎陕南各县，其受害情形，大致皆然。

(四)任意拉夫，使人民不得尽力于畎亩。民间骡马随时拉用，视为已有。甚以此人骡马转售于彼人，或以值钱若干之猪，而以半价买之，则又转售于屠户，从中渔利。

（五）砍伐树木，虽填茔柏树，庙宇古木，均被砍伐。又于人民坟内。随意占葬，倘有阻遏，即遭毒手。以致人民敢怒而不敢言。

（六）汉南府县各仓及乡间义仓，所积谷石，原为备荒救民起见，刘督到汉，纵令部属，估食罄尽，稍形陈腐者，即以饲马，并强令人民转运。查驻汉川军，名为两师，实则一师不足，所有粮秣，均浮冒支领，有余则转卖于市侩。

（七）驻扎学校，损坏校具，使青年学子，不得就学，以致学校荒芜，教育废弛。现犹霸住汉中中学校，及宁略褒沔各县高小学校。

（八）占封民仓，拦路截米，定价强买，以致农民裹足，粮价陡涨，百物昂贵。更以号粮，故有南郑北门外三里店某佃客，被该军估号谷籽八九十石，该佃客情急，遂走告田主，纷纷来扐租谷。翌日该军派夫取谷，佃客答以被主人取去，遂将该佃客拿回酷拷，今犹监禁。并藉号粮号树，苛索民财，稍有不遂，即加罪科罚。

（九）假名筹饷，包庇种烟，使人民俱罹法纲。此事王佐主张甚力，兼之刘督部曲，群往乡间，翻麦种烟，不计其数。强取人民肥料，培植烟苗，如有人民擅自翻犁者重罚，有南郑东区某畏法翻烟二分，遂罚钱三百串文。又东区李春芳向人民谈说种烟违法，劝令勿种，被该军黄营长侦悉，将李春芳劫去，索财不遂，勒令县知事以煽惑军心等词监禁。

（十）招募新兵，勒令绅道保送，限期严迫，逾限则挞罚交加。不得已由绅雇夫呈送入伍，到营后百端苛待，新兵不胜其苦，乘间脱逃，藉名通缉，大肆搜括。而保送绅首，尤须赔偿军服军装等。逃逸一人，则赔偿约数百元之多，藉募兵而为敛财之具。

（十一）设粮务局，以收烟亩罚款，每县估摊数目约在二三十万两，均提前催收，如南褒沔等九县，现已征收一百六七十万两。正拟开设银行，兑换纸币，以吸收民间之现银。窥其意如中央认真查禁，则又嫁祸于民，彼则以客军自居，更以封仓截米。故地方设立军米代办局，以一千五百之价售之，军人亦属优待。乃川督部属，均浮冒支领，有余则转卖于米商以渔利，而拦路截米如故，以致人民不敢上市卖米，故米价腾涨，每斗值钱四串五六百文，每斤值钱二百余文。

（十二）刘钟交哄，驻扎牟家坝、喜神坝及法慈院等处者，因变估向民间借钱，如驻黄永勋家之钟营长，临去时曾赠伊川资洋五百元，各士兵均有馈遣，去无几时即有士兵多人到黄永勋家声称借盘川，旋即鸣枪肆掠，并将黄永勋之弟元勋劫去，待遇严苛，惨无人道。嗣后用三千元赎回。又有士兵多人，将周世琨家中财物掳掠一空，并劫夺其家要人。又罗级三家，是日亦被劫。又法慈院驻军，因估借不遂，大肆劫掠，均呈报有案可稽。

（十三）刻闻购有枪械六千枝，不日即将运汉，是与虎添翼也。人民闻悉之余，不寒而栗者，比比皆是，若不设法禁阻，其祸患不可思议。

中华民国九年三月十八日

〔北洋政府参陆办公处档案〕

4 退陕川督刘存厚侦报川中滇黔军与熊克武刘湘等部作战及拟率部回川各情密电

（1920年3月5日—8月6日）

（1）3月5日密电

北京国务院总理钧鉴：参谋部、陆军部、参陆办公处鉴：治密。本日奉到宥电，遵即转饬所部，加意严防。顷又据前线及川中各确报称：（一）旧历腊月廿七日，熊克武由成都派兵取销邓锡侯所部独立旅，双方业在仁寿开战，正月元日，已有伤兵抬回省城。（二）卢、黄、吕前图倒熊，已被熊侦知，各该军恐邓旅取消，将续邓后，倒熊趋势愈紧。（三）石颜两军，因争防地，业在营山大起冲突。又颜属团长喻海淮，袭击南江。石属易溪初旅部，伤毙易军八十余人，掳去械弹银物，易部罗营退驻果河口，又被颜属郑启和派兵截击，刻下石、颜驻防桂门关、沙坝前线一带，军队均经撤回。又青阳正派大队，恐不日将有剧战发生云云。据此情形，川中难端已发，厚部地当前线，不能不未雨绸缪，前电请领饷械，伏望早行筹济，以期有备无虞，毋任企祷，并祈示覆。刘存厚叩。歌。印。

（2） 5月28日密电

急。北京大总统、国务院总理钧鉴：参谋部、陆军部鉴：统密。有电驰陈，川敌倒熊，战端暴发各情，计蒙垂鉴。兹据派赴重庆、遂宁等地探称：（一）重庆镇守使余际唐，被黄复甡武力迫胁，已于真日潜逃。（二）驻渝黔军、已与熊部江防军于文日在江北县属之寸滩及悦来雒等处开战。（三）云山方面，滇军与熊部陈军，尚在激战中。（四）讨熊军总司令部，设在遂宁，吕、石、卢、黄及伪县长杨庶堪、滇黔代表，均在该处。（五）双方主力，均趋集于赵家渡。又据住镇巴团长向成杰报称：巴中靖军颜属旅长郑启和，已经唐继尧任为川军第七师长，驻万源之颜属王团长，已被所部看管，并枪毙营长杨继宗，实行推倒颜德基。闻唐继尧令叶荃、卢占魁回扎南江，对我军相机攻守各等情。谨电飞陈，伏乞核示。刘存厚叩。勘。印。

（3） 6月11日密电

北京大总统、国务院总理钧鉴：参谋部、陆军部鉴。治密。豪阳两电，缕陈川战情况，计蒙垂鉴。兹据川中各处探称：（一）滇军自简阳却退后，因防线太远，已将资阳让出，扼守资中。（二）五月敬日，滇军与熊部陈师，在荣县、威远激战，陈师败退，荣威俱被滇军占领。（三）黔军由长寿、邻水追击余际唐所部之江防军，连破广安、岳池等县。刘湘派兵追蹑黔军之后，复将各县克服。（四）刘湘分兵攻取重庆，在悦来场、鸳鸯桥一带，被滇军田中穀旅邀击，迭受大创。（五）石青羊〔阳〕因刘湘分兵四出，川合空虚，派所部汤旅，同黔军由岳池回击，于本月江日攻破合川，刘湘司令部退驻安居塘。（六）黎天才、王天纵闻已由夔万上援重庆。（七）颜德基之旅长郑启和，刻已通电讨颜。（八）川中将领，因滇黔顽强，战祸日深，渴望驻陕川军，速返川东，共御外侮，以免川局久遭糜烂各等情。谨陈鉴核。刘存厚叩。真。印。

(4) 6月17日密电

北京大总统、国务院总理钧鉴：参谋部、陆军部鉴：治密。豪、阳、真电陈川战情况，既蒙垂鉴。兹据川中各处探称：（一）本月冬日，刘湘川悦来场，与黔军激战，适滇军田钟穀，由梁山方面前进，夹攻吕、石、卢诸军，复从侧面袭击，各方死伤极众，刘湘败走大河坝，其攻在合澶部校，相继失利，退驻潼南。（二）滇军任廖谦为师长，收容刘湘溃兵，壁山、壮足、荣昌、隆昌、永川等县，已为滇黔军占领。（三）刘湘团长邱华玉攻克广安、岳池后，联合石军之钟团，在烈面溪地方，遂截黔军大炮二门，黔军回攻，广安复陷。（四）滇军团长□参□刘湘复由安岳进占遂宁。吕超所部暨石、卢诸军，退驻太镇，蓬溪一带。庚日，石青阳由顺庆移驻合川、顺防更、汤子模接管。（五）滇军顾品珍率部让出资中、内江、自贡，向叙泸府退却。并□电与唐继尧断绝关系。闻系缓兵之计。（六）滇军集中叙泸、永川，黔军集中重庆、合塘，俟援兵大集，再行反攻。（七）唐继尧带兵一师入川，在渝组织临时政府。黔军亦增兵一师赴渝，均准备倒熊后，分兵□犯。（八）闻孙文已由安南入滇赴渝。（九）、叶荃所部，移驻昭广，窥伺汉防各等情。谨陈鉴核。刘存厚叩。筱。印。

(5) 6月26日密电

北京大总统、国务总理钧鉴：参谋部、陆军部鉴：统密。迭电缕陈川战情况，计邀睿察。兹据川中各处探称：(一)唐继尧亲率援兵入川，拟俟驻湘粤之滇军到川后，以黔军暨黎、王各部，由渝扑灭刘湘，以叶荃联合吕、石、卢、黄等军，由川北直捣成都。(二)刘显世又派兵一旅，增援重庆。(三)刘湘所部陈能芳旅攻渝，进至距渝卅里之鸳鸯桥引退。人谓陈退系因与唐继尧新任之川军师长廖谦勾结所致，刘遂恨陈旅团长彭君浦及营长陈能芳之弟某，因此军心摇动。石青阳乘势复克复刘湘所占领之遂宁、蓬溪，刘甚狼狈。(四)熊克武命邓旅由安岳进援刘湘，并以一团两师之一部攻隆昌，四八两师之一部攻富顺。(五)熊虽任吕超为北防总司令，暗仍防之。(六)熊因主力悉集东南，复因叶、卢等军之逼，已组行署于简阳，将藉名督战，以作退计。(七)熊提盐款六百余万，以充战费。另在成都估筹现金三百万元，兼以来收房捐，沸腾民怨，渴望我军回川平乱各等情。谨陈鉴核。刘存厚叩。宥。

(6) 7月1日密电

北京大总统、国务总理钧鉴：参谋部、陆军部、西安陈督军鉴：统密。迭报川中战况，计邀睿察。兹据川中各处探称：(一)熊克武免吕超第五师长之职，以该师团长王维纲代吕，现吕加入讨熊军，对成都方面作战。(二)阴历四月勘日，刘湘部队，在太和镇击破吕超所部第十七团，同时熊部向师之一部，进住德阳，吕部退守罗江。(三)叶荃率滇军到川，得吕超之欢迎。经江由中坝，趋梓潼，向遂宁开拔，宣言将赴泸、渝，与滇黔军合队。(四)叙、泸一带之滇军，现因援兵将到，已预备反攻各等情。谨陈鉴核。刘存厚叩。东。印。

(7) 8月6日密电

北京大总统、国务总理钧鉴：参谋部、陆军部鉴：统密。川中战况，节经电陈，计蒙垂察。近顷以来，战事日急，呼号载路，糜烂不堪。迭据前川边镇守使熊克武暨川军师长刘湘、但懋辛、向傳义、刘成勋、陈洪范，旅长何畴、邓锡侯、陈国栋、邱华玉、廖谦等，先后遣派代表来汉请援。正拟飞电请示，复据广元，昭化等县绅民，以兵去官逃，土匪蜂起等情，纷纷奔叩行营，请兵拯救，痛哭涕泣，驱之不归。自维边防待罪，数载于兹，屡电请辞，未邀俞允，救焚拯溺，责有难辞。加以所部官兵，关情桑梓，睹斯惨状，愤不欲生，环请出师，汹汹声势，遏制无从。迫不得已，曲徇众请，编制靖川军，由存厚兼任总司令，饬由旅长田颂尧兼任第一路司令暂代第廿二师师长，唐廷牧兼任第二路司令，江防军司令官张邦本兼任第三路司令，旅长赖心辉兼任川北边防司令，率队返川。但期川疆早定，上纾中央西顾之忧，俯遂生平报国之忠，庶几涓埃获效，藉补愆尤。除入川后，详情随时续报外，肃电驰陈。伏乞训示。刘存厚叩。鱼。印。

〔北洋政府陆军部档案〕

5 四川民军总司令赵南森等驱逐滇黔军克复重庆通电

（1920年10月15日）

徐大总统、靳国务总理、各部总次长、曹巡阅使、张巡阅使、李巡阅使、王巡阅使、吴巡阅副使、广东岑总裁、伍总裁、孙总裁、林总裁、唐总裁、陆总裁、各省督军省长、镇守使、各师旅长暨各省议会、各法团、各报馆钧鉴：吾川苦蹂躏久矣，八年以来，七十万众，十室九空，肝脑涂地。此固天下所共闻，仁人所不忍言者也。及今民和如丝，民怨刺骨，谓我等何幸，遭此荼毒，因之追述祸始，莫不归滇黔军之至，今为梗也。其初也，假护法联军之义，据我川土，食我川食，我川民犹谓曰礼待客军，固应尔尔，继以一事不惬，一兵不和，遂出其驱官灭法，焚掠淫杀之手段，我川民犹隐忍以谅之，曰暂受痛苦，倘护法功成，我小民尚有生活之一日，今何如也，以言护法，何以年年增兵，曾未越夔门一步。藉曰客军何以喧宾夺主，甚有毁我室家之嫌。然此犹省接之痛，于是乘机窃发，盗贼因而蜂起矣。棘地荆天，鸡犬亦因之不宁矣。残乎忍乎，是何怨毒，而祸我川民，至于此极也。今者万众一心，实行民军主义，合吾川救死队之人众，而为师旅团连之数，公推首领，为蜀先驱。南森既为川民一分子，为众所迫，义实难辞，用特涕泣誓师，谨率本军乘势而东，于删日先复渝城，肃清江面，务使祸除，而市廛不惊，外人是保，则枕戈以待，我川中将领，早莅戎轩，共筹善后，则南森虽退老岩阿，亦无遗憾矣。临电神驰，不胜祷盼之至。四川民军总司令赵南森率左翼司令金声、右翼司令陈畴耕、中路司令范坤、前敌司令谢绘维叩。删。印。

〔北洋政府内务部档案〕

6 杨森刘湘等关于驱逐滇黔军出境经过通电

(1920年10月21日—11月4日)

(1) 杨森通电(10月21日)

大总统、国务院总理、各部总长、广东军政府各总裁钧鉴：各省督军省长、参众两院、各师旅长、各省议会、各道尹、各法团、各报馆、绵阳刘总司令转张师长、赖师长、各旅团营长、熊督军、但师长、余师长转各旅团营长、陈师长转各旅团营长、重庆刘军长转各旅团营长、颜师长转各旅团营长、邱旅长、袁旅长、刘总司令转各团营长、陈镇守使、刘卫戍总司令转各旅团营长、省公署各厅长均鉴：顷致唐督一电文曰：云南唐督军钧鉴：戊午别后，时念英仪，男儿报国，各行其志，今岁森驻戎马，一悲中夏之纠棼。一痛桑梓之沦亡。故毅然决然，义无反顾。曩者，凤公来电，愿让叙泸，以固唇齿，而陆邻疆。森当具复，披沥肝胆，乃未践言，徘徊岐路。森不得已，督师在途，私情公义，交战胸中，克复泸城，凤公舆尸，目不忍睹。虽已优厚，殓殡下怀，究百余哀，谁实为之，责在我公，欲执三省之牛耳，而牺牲川、滇、黔数十万之健儿，图据不人事腹地，而自坏乡邦万里之长城，我三省之同胞苦矣。我三省之财力尽矣。民治之义维何，联军之旨，固在于川，固种巨祸于滇，抑独何利。清夜扪心，公当奚如。森刻振旅泸水，奉令南来，惟念国家之多难，实欲委曲以善邻，倘尽如公所为，岂不变本加厉，虐无罪之生灵，自造成为豪杰，公志公行，森敢为耶。现在向北谋和，新潮尤为冲动，讨北复自外于南，废督又自称联帅，以公所言，按公所欲，即今之因，推后之果，匪特掩耳以盗铃，抑且南辕而北辙，公之于滇，功德何如，今兹之彼情势显然，财力消磨于外，反逆滋生于内，民意所在，公岂不知森此人也。酷好和平，公戢一人之野心，顾三省之大局，以一人统三省，无以三省徇一人，急公弃私，为有速卸督军于顾公筱斋，卸省长于黄公裴章，庶几高蹈内外，协和川滇，始可休息，放手共济时艰，森愿立停进攻，居间调解，则弗舍鸡肋，恐贻平西之憾。森虽相爱，其如国命何，今竭诚相告，伏维亮察。杨森叩。等语。特此奉闻。杨森叩。马。印。

（2）刘湘等通电（10月24日）

急。大总统、国务总理、各部长、广东军政府各总裁、部长、各省督军、省长、各巡阅使、各护军使、镇守使、都统、上海孙唐伍总裁、章太炎先生、北京傅沅叔、蒲伯英、张表方、涂子厚、王叔钧、胡文澜、周吉珊、钟乃安、刘玉书、罗椿士、陈学钧各同乡先生、刘总司令、熊督军、赖师长、成都刘卫戍总司令、刘心泉、李蔚如、胡春田三参谋长、陈镇守使、陈师长、唐师长、颜师长均鉴：渝城克复，肃清在川、滇、黔敌兵，谨将东南各路军事详情，陈明概要。窃自泸叙既下，滇军大股退据永宁，朱培德所率滇军鲁、杨两旅，踞守永川，彼此犄角，意图反攻，黔军主力拒截北道，我军乃分前敌各军为三大部，南路追击永宁，以杨师长森任之，并拨第三混成旅唐式遵，二师王旅长丽中，八师刘文辉、梓其如，挥北道友军，但军长懋辛，率所部余师长际唐，何光烈，喻培棣二旅长之刘团及第二军之袁旅长彬归，其指挥分向合川、铜梁，以攻渝北，湘自任东道居指挥，分兵为二、一邓师长锡侯，田师长颂尧、刘司令斌、沿江北进，以攻渝南。二师陈能芳之张旅秉升、七师师长陈国志、自陆路东进，以攻渝西。三面合围，形势大见，湘不忍极我兵力，先期致电黔督刘显世，驻渝总司令王文华，限于寒日，令黔军退出渝城，重修邻好。乃刘、王不悟，反以黔军抗战我北道。川滇军李培德之各旅，由永川西进。我军以敌来犯，遂行分道进攻，北路余师袁旅出嘉陵江左岸，喻何张三旅出嘉陵江右岸，会攻合川，合川既下，进克铜梁壁山，占领渝北要隘之青木关。东路陈师张旅进克永川，占领渝西要隘之老关口、白师驿。南路邓、田、刘各师旅，扫荡合江敌人，进克江津，以扼渝南之退路。我军长围已合，敌乃退向渝城，滇军一旅，扼据距渝十五里之浮图关，收容各方退军。我喻何张三旅跟踪追击，击破浮图关滇黔军之收容队，敌势溃散，纷纷向大江南岸退走。我喻何二旅张旅之刘团，遂于删日半前克复渝城。同时永川溃回之敌，被陈师及张旅猛追退渝，不得南走。江津方面，又被邓田刘师旅截击，敌乃纷向綦江窜走。余师袁旅已将嘉陵江左岸一带，吕、卢、石、黄诸军，驱逐进利，江北吕等，不得归渝，东窜涪陵。自渝退出之滇黔军，扼据渝之真武山，时以巨炮射城中。嗣经居留外人交涉，准其于四十八点钟内，退尽限内，不行追击敌人，逾约发炮射击毙美人一名，各国领事大愤，英兵船开至，向敌轰击，敌乃稍向后引我。巧日约满，湘乃命陈师国栋、喻旅培棣，率兵由渝渡河，向綦江正道追击。邓师锡侯、田师颂尧及司令斌，由江津向綦江侧面，截敌后路，双方压迫，敌势不支，且战且退，我军奋击，夺获大炮一尊，步枪数百枝，毙敌数百人，截获辎重行李甚夥。綦江遂于个日完全克复，敌人大部，均向贵州、松坎退却。我军严扼川界，分兵搜索江津、南川、綦江一带溃散残敌。此克复重庆，追击黔军出境之大概也。当渝城克复之先，我杨师王旅缵绪、第三混成旅唐式遵及八师刘文辉旅，扫江安、江门一带之敌。跟踵追击，敌军无暇集中整顿，穷追直捣，攻克永宁附近鄢家关、天池、马岭各要隘。敌尚顽强抵抗，于永宁城多激战竟日。谏日拂晓，我军猛攻酌战，直至午后三时，将敌击溃镇雄、毕节方面退却。我军遂完全克复永宁。是役敌我死伤数百人，夺获枪枝辎重甚众，分头尾追，严扼川境，一面搜索雪山关长官司少数残敌。此克复永宁。追逐滇军之大概情形也。渝城既下，吕超、石青阳、卢顺谛、黄复生等部众，分窜东下，踞守泸陵。当派余师长际唐、袁旅长彬、由长寿进攻其后，邱旅西扼忠、万，截击其前。度此孤军残部，不难一鼓荡平，此追击东窜川寇布置之大概情形也。查滇、黔祸川，五载于兹，此次恢复名城数十，驱除全军出境，转战弥月，遽告成功。此固官兵协力一心，致死效命，亦缘受苦太深，人自为战，故能所向克捷，扫荡积寇，此后甚盼我川人惩前毖后，力求力振，以期地方发达。对于国家有所供献，尤望诸公念外侮之日迫，哀民生之多艰，开诚布公，俾南北问题，速行解决。庶有以副川人望治之忱，而团结全国对外之气。川军前敌各军总司令刘湘、第一军军长但懋辛、师长杨森、邓锡侯、田颂尧、陈能芳、陈国栋、余际唐、旅长唐式遵、何光烈、喻培棣，袁彬、张冲、刘文辉、王缵绪、王丽中、张秉升、刘斌、邱华玉。叩。敬。印。

(3) 刘湘等通电(11月 1 日)

大总统、国务院、各部总长、广东军政府、各总裁、各部长、各省督军、省长、各巡阅护军使、镇守使、都统、各省议会、商会、北京日报、晨报社、蒲伯英、涂子厚、傅沅叔、王章祐、胡文澜、周吉珊、钟乃安、胡寅安、刘玉书、罗椿士、陈克钧、陈剑秋、尹尧卿、邹明叔、肖秋怦、羔〔罗〕子青、李吉安诸同乡先生，上海孙伍唐各总裁、商会、工会、时事新报、新申报馆、旅泸各同乡先生、毕节顾军长并转各旅长、卢司令、颜司令并转各旅长均鉴：窃唐氏祸川，于兹五稔，兵力压迫，阴谋煽动，事实文电，历历可征。乃阅唐继尧、刘显世通电，捏称滇黔军撤退之后，川军搜戮滇黔在川商民，在渝国会议员，亦多遭杀害等语。湘等此役，本川省七千万人共同心理，力图自为，成都喋血，龙泉攻坚，资中、合川、叙府、泸州、重庆之役，大小数十百战，线延二三千里。攻泸、攻渝、皆先期函电顾、赵、刘、王，对其克期撤兵，图修邻好，乃顾、赵、刘、王置诸不答，反攻愈力，自取溃败。在湘等以同种相残，大背人道，滇黔唇齿，终须和好，诚不欲极我兵力，肆行穷追。唐继尧乃以撤退自饰，欺罔天下，以自愚其人民，复诬川军搜戮滇黔在川商人，杀害在渝国会议员，以挑拨滇黔人民之恶感，冀以摇惑天下之观听。无论川图自保，对于国会议员无关，克渝出示保护，众目共睹。即如唐电在川、滇、黔商人，在渝国会议员，被杀者何人，受害者有几姓名，数目能否实证。以湘等所见，顾、赵包围成都，炮弹专击四圣祠教堂，击毙英人儿童一名。退出重庆，违约放炮，击毙英商一名，酿成交涉，有案可证。此外括搜商款、盐款贰百余万，焚烧大面铺、龙泉驿、石洞镇，杀害川人不计其数。不独川人饮憾甚深，外人客籍，亦代为抱不平。湘等以川人屡年受制束缚、于滇黔暴力之下，受痛如山，积怨成海，诚不能悉数缕举，告哀同胞。今乃断断及此者，非与唐继尧较匹夫匹妇之诟谇，实藉此引端，举川人所受冤苦之万一，以白全国，而求诸公道之主持者也。至于滇黔军队之祸川，实出唐继尧个人割据并吞之野心。三省人民，原属一家，即黔刘督，亦被威迫。湘等以唐继尧一日不去，则川、滇、黔一日不安，深冀滇、黔明达人士，爱国健儿，共锄奸凶，为三省真诚之携手，以共卫国家，岂特川人之幸，实亦中国前途之庥。川军前敌各军总司令刘湘、军长但懋辛、刘成勋、师长陈洪范、杨森、邓锡侯、陈能芳、田颂尧、陈国栋、赖心辉、唐廷玉、混成旅长唐式遵、喻培棣、张冲、何光烈、袁彬、刘文辉、张成孝、蓝世证、司令刘斌同叩。东。印。

(4) 刘湘等通电(11月4日)

火急。大总统、国务总理、各部总长、各省督军、省长、省议会、成都靖川军总司令、刘省议会、各法团、各报馆、重庆督军熊均鉴：窃以唐继尧挟持滇黔，侵略四川。当年赵又新等，率领滇黔两军，侵占我川东南疆圉，如重庆、泸、叙、涪、万、荣、隆、内、资、阳、简、富、荣、兴一带，精华财赋之区，概为盘踞，破坏四川之统一，即以破坏中华民国之统一。湘等暨各军将领，疾首痛心，非一致将在川之滇黔军，驱逐出境。不足以安川，即不足以统一中华。激战数月，流血千里，幸仗德威，一月之间，将叙、泸、渝各要地，次第克复。滇黔败溃，赵又新阵毙，杨庶堪、吕超、石青阳、黄复生、卢师谛等，一律东窜，刻正穷蹙于夔、万之间，已派队分别办理。湘等对于川局，幸已告一度之结束。但历年川不统一，中华不统一之害，我同胞父老子弟，流离转徙，死亡枕藉之苦状，罄纸难书。为目前计，湘等非促进川政统一，国家统一，万难解同胞之倒悬，救生民于涂炭，而挽中国之危亡。要知此役战征，牺牲无算头颅，非系权利之私争，实伸统一之正义。湘等认促进统一，为救国不二法门。自今以后，凡关于促进中华及川政统一，进行诸端，湘等惟有披肝沥胆，竭诚辅助，矢守不二，掬忱布忆，伏乞垂察。川军前敌各军总司令刘湘、军长但懋辛、刘成勋、师长杨森、邓锡侯、陈洪范、田颂尧、陈能芳、赖心辉、唐廷玉、陈国栋、余际唐、混成旅长唐式遵、何光烈、喻培棣、袁彬、张冲、张成孝、蓝世钲、司令张邦本、刘斌叩。支。印。

〔北洋政府内务部档案〕

7 刘湘唐式遵等关于击败入川之滇黔军并反对顾品珍假言和议通电

(1920年11月7日—10日)

(1) 刘湘等通电(11月7日)

徐总统、国务院、靳总理、各部总长、上海商工总会、各法团、广东军政府各总裁、川滇旅京各先生、各省督军、省长、各省议会、各巡阅使、各护军使、各都统、各镇守使、各师旅长、熊督军、刘总司令、赖司令军长、余总司令转各旅长、王师长殿觥转各旅长、刘卫戍总司令探转唐师长、李参谋长郁生、刘参谋长崖泉、省议会、成渝商会、教育会、各报馆、陈镇守使、陈师长转各旅长均鉴：麻日、复顾品珍一电，文曰：筱斋军长伟鉴：两电奉悉。具佩佼佼卓见，迥异庸流，滇川谊关唇齿，迭次共和，义声护国护法，尤征其开肇衅斗争之情，不尽关于主客之见。前年渝城会议，川滇当局，未常无所协商，而蓂赓所提条件，竟使渝、泸、叙、资，全归滇黔所放镇守使之囊括，存川督之虚名，割地方之大半。谓无并川之野心，割据之阴谋，虽三尺童子，倘不可欺，而谓川人受公愚弄乎。熊督抗不画押，蓂唐翻然自觉。乃蓂赓不悟，谋蜀愈急，欲藉联帅之公名，为垄断川省盐款共同之实利，蔑视川省之人格，强迫令其承认。一面复嗾川中之吕、石、卢、黄，煽动内讧。饵吕超以副司令之头衔，助其叛上作乱。此皆执事所亲见，而为今日兵祸之张本者也。即以川人对于执事而论，未常以蓂赓私人相待。故当熊督欲靖川乱之时，首向南方政府，请委执事为滇督，一以合川滇之好，一救云南之民。乃军政府方电商同意，而执事已合兵反攻，竟抵成都。及我军分道恢复，进克成都，方拟遣使交涉，以求正当解决。乃执事阳电之口血未干，而成都之长围已合，使尽执事自卫之力，川人尚有立足地乎。及诸执事良知，当亦哑然自笑，其矛盾者也。嗟乎！往事已矣。今犹可追，川人力争省格，尤尊重他省之省格，对于滇中勇战之将士，未常不为国家惜。对于不被征之人民，未常不为人道悲。苟如阳全两电所云，或率师出境，退出泸永，或辞职自洁，以明其心，则对于川滇将来，未常无从容商量之余地。若以前事为未已，而复以饰词为缓兵之计，则不独损毁执事个人之名誉，且破渝川滇之怨仇。机不容发，决在今日军中恢复。即颂公安等语。伏祈公鉴。以明是非。川军前敌各军总司令军长刘湘、川〔师〕长田颂尧、邓锡侯、杨桓、陈能芳、混成旅长唐式遵、陈国栋同叩。虞。

（2）唐式遵致大总统等电（11月10日）

大总统、国务院、各部总长、次长钧鉴：参众两院、各省电局抄送各督军、省长、省议会、各巡阅使、镇守使、各路总司令、各军师旅长并转各团营长、各道尹、各法团、各报馆、上海章太炎、孙中山、伍秩庸、唐少川、广东岑云阶、南通州张季直诸先生，成都抄送周池、徐申甫、曾焕如、赵尧生、曾笃斋、颜雍顾、徐子休、骆公骕诸先生钧鉴：天祸吾国，战事频仍。民国以来，迄无宁日。唐继尧假护法之名，破坏统一，荼毒西川，心腹刘、王，爪牙顾、赵，对蜀将领挑拨，以危词虚名以笼络无识之辈，昧心盲从，不惜糜烂先人歌哭之地，甘为鹰犬。遂使吾川荧烟遍原野，肝脑涂郊土，逆军所过，十室九空，少壮流离，老弱孳殍。人非木石，孰克忍此。是以吾川各将领，义愤填膺，剑及屦及，鞠旅陈师，用张挞伐。式遵不敏，忝领师干，为国为民，义何敢让，猥随诸将领，溽暑遄征，转战千里，扫荡川北，克复蓉城。既破龙泉之险，旋摧玉蟾之坚，简、资、隆、泸一带名城，未及兼旬，叠次收复。赵又新击毙江阳，顾品珍奔逃合纳，金朱耿项四散兽奔，田、胡、叶、吕分头鼠窜。敌胆已破，滇黔震动。然而庆父不去，鲁难未已。遵岂好乱，甘于穷黩，诚以非武装，不足以促和平，非武力不足以谋统一。况据唐继尧歌日密电，顾、赵等敦嘱死守叙泸，以待和议，期得最后胜利，并遣缪某等分赴京泸，促成和议。并谓如叙泸不守，则尧亦不能负责云云。而顾品珍既力竭势穷，乃通电全国，造意饰词，淆乱观听。察其内幕，此次滇黔空国而来，失众丧师，只身难返，妄希和议，保厥声威，南人反覆，谲诈性成，当其狼狈之际，扫灭唐、刘，如燎毛发，倘失此不图，谬言和议，坐使夜郎日大，重张旗鼓，噬脐何及。欲谋统一，云胡利赖，心所谓危，未敢缄默。正逐穷寇，倚骑陈词，略布区区，伫候明教。四川陆军第二军第三混成旅旅长唐式遵叩。蒸。印。

〔北洋政府内务部档案〕

8 川省军长但懋辛等公推刘湘为川军总司令兼任省长通电

(1921年6月6日)

徐菊人先生、靳翼青先生、各部院、广东孙中山先生、唐少川先生、上海岑西林先生、各省、各巡阅使、各督军、总司令、省长、各都统、各镇守使省议会、各报馆、成都各机关、省议会、各报馆、各道尹、各县知事局长钧鉴：军民分分治，为时已旧，川省自去年战事发生后，军民政务，均乏主持。于是各将领乃就渝成立各军办事处，以代行其职，初意不过暂维政局，故未遑细为划分。兹复召集混成旅长以上各将领会议，于六月六日推举刘湘为四川总司令。军事固已有主政负责之人，惟省长一席，虚悬已久，谂以法理论，川省为自治省分，自当以民选为正鹄。惟现值省长，未经选定以前，政务讵可任其久停，且此次各将领会议议决，关于川局善后各事，宜在在与民政相关，目下倘无人负责，庶政何由执行，反复商榷，咸以在省长未经选定之时，唯有推总司令暂行兼任，以图整理，而免旷废。一俟民意机关依法选出时，即行交替，庶可以济行政之穷，仍吻合乎民治之义。除合请总司令兼任外，特电奉闻。四川陆军第一军长但懋辛、第三军军长刘成勋、第一师师长喻培棣、第二师师长唐式遵、第三师师长邓锡侯、第四师师长潘文华、第五师师长何光烈、第六师师长余际唐、第七师师长陈国栋、第八师师长陈洪范、第九师师长杨森、第二十二师师长唐廷牧、第一混成旅旅长刘文辉、第二混成旅旅长张冲、第三混成旅旅长李树勋、第四混成旅旅长袁彬、第五混成旅旅长张成孝、第六混成旅旅长刘炳勋、第七混成旅旅长蓝世钲、第八混成旅旅长田颂尧、第九混成旅旅长刘斌川、北边防军总司令赖心辉、川边镇守使陈遐龄。鱼。叩。印。

〔北洋政府内务部档案〕

9 周正朝主张吴佩孚暂缓派军援助刘湘武力统一川省自请入川疏通致张绍曾函

(1922年8月25日)

敬舆总长钧鉴：日前趋谒，恭贺荣任陆长，适值公出，又兼公务忙冗，未敢烦扰。故至今未聆钧教，殊深歉仄。正朝前奉大部令开：奉大总统令，将正朝公府侍从武官原缺原薪，每月由大部发给，并设法任用等因。奉此。正朝素叨爱末，相知有年。我总长素抱救国救民热忱，久所钦佩。今又出长陆部，知必有硕划良谋，力谋统一。以私交言，正朝伏处京师，无从建树，谅必能格外垂青，玉成一切。现在川省各将领，因争权利，又开战端，糜烂不堪。闻刘湘乞援吴使，已饬北军开入川东下游，拟以武力解决，为川民请命。正朝闻之，极端欢迎。在吴使力谋统一，救国救民，故不惜劳师动众。惟川中党派林立，又兼崇山峻岭，北军对于四川地理形势，素不谙悉，若纯用武力，无所准备，万一川军各处埋伏，以逸待劳，稍有不慎，锐气即挫，中央威严，吴使令名，两俱有碍，甚非良策。此次调军入川，力弭川乱，师出有名，中外共仰。愚见如纯用武力，不如一面借重兵以壮声威，一面派人与各党派首领，接洽疏通，为釜底抽薪之计，其利有四：(一)免旷时废日，师出无功。(二)川省人民，免遭涂炭。(三)川省容易收复，为中央所有。(四)滇黔胆寒，易收统一。此恩威并用之策，有百利而无一害也。如虑疏通无人，川省各派将领，时与正朝，函电往来，正朝愿冒险，担任入川疏通一切。正朝此举，不过为救全川糜烂起见，(一)则正朝籍隶川省，不忍川中父老，长罹兵燹，庐墓为墟，本良心上之主张，愿尽此番义务。(二)总长暨吴使，既热心爱国民，钦仰无暨，愿效微劳，奔走一切。(三)则当此多事之秋，正朝身为军人，欲藉此报效国家略尽军人天职。有此三因，故不惮烦渎。如蒙采择，请何时有暇，先为示期。正朝即趋叩钧颜，详陈一切可也。不胜激切待命之至。肃禀敬颂。勋安。诸惟垂察。

前公府侍从武官陆军部谘议周正朝谨禀

〔北洋政府陆军部档案〕

10 川军邓锡侯等声罪致讨杨森通电

(1922年9月17日)

飞急。北京黎宋卿先生、各部院、国会、广东孙中山先生、各部院、国会、各省议会、各巡阅使、护军使、各省督办、总司令、省长、各同流、各报馆、全川各局、省议会、各军师旅团长、康定陈镇守使、各道尹、各县局、各机关、各法团、各绅耆、各报馆均鉴：吾川不幸，战祸频仍，顷者第二军军长杨森，肆其野心，复称兵发难，经各将领绅民迭电警告，冀其悔祸，早以转环。乃旬日以来，据第一军各将领先后电称：杨军刻尚向大竹、绥定猛攻不已。似此穷兵黩武，拒绝调停。若竟听其猖獗，人民恐无遗类。同人忝领师干，卫民有责，是用陈其罪状，告我国人。查盐税约载不得附加，杨森乃借清乡费为名，重征巨额，嗣经军事会议议决，由刘前总司令明令禁止，乃妄改为公益捐，变本加厉，凡征二百余万之巨，外人啧有烦言。其罪一也。川军公约，所有械弹，应由各军平均分配。杨森自上年六月起，至本年二月，兵工厂所出子弹，私行攫取，达三百九十余万发。援鄂军兴，所有接济前各方军械弹，运输过泸，杨森不顾各军利害，尽数劫留。要挟权位，乃晋军长之秩。其罪二也。该军驻防营山、蓬安及万县一带，部队肆行帮掠，妇孺流拨，哀声满道，遂至激动民卒，揭竿驱逐，贬累川军荣誉。其罪三也。军事会议议决，统筹军费，禁止自由筹饷。杨森占据川东南，广阔富庶，各区巧立名目，如附加丁粮，附加肉厘，加收酒捐及纸业捐、炭捐、船捐、猪毛捐、糖捐、丝茶竹果类捐、盐水捐等等，多至二十余种，恣意搜括，供其挥霍。其援鄂部，又在施南一带，强收烟捐七十余万，横征暴敛，民不卿生。其罪四也。团防武器，购以保持地方，杨森乃将川南民团，任意编提，扩充军旅，并派员抚集匪徒，以至东南土匪蜂起，民不安业。其罪五也。川局迭遭变乱，无不起于各部相猜，杨森意图扩张实力，多方挑拨友军，如上年诱惑三师之杨纵队及郭团，令其附己。本年复协诱一军以攻涪，杨全旅亦畏袭一军之后，又于事前故泄其谋，于该两部驻渝之代表，藉以市恩，希其助己，凭证确凿，皆可复查。曩昔新汉之役，亦由杨森主张，迨将三师部队，诱去一部份后，乃发电调解，掩耳盗铃。去岁援鄂之师，忽欲排除内部异己，首倡扑灭邓、田、刘之议，经各友军反对始寝，继复托名秋操，欲遂改编二十二师，扩张己势，亦因公论不容，未能逞欲。其罪六也。他如藐视舆论，肆却谰言，擅据川南盐款，以并泸铁路，抵借外债，种种成乱，罄竹难数。同仁等勒队行间，义无反顾，除呈请总司令明令讨伐外，沥电奉闻，伏祈鉴察。邓锡侯、赖心辉、陈洪范、田颂尧、刘斌、陈国杰、唐廷牧、张成孝、蓝世钲叩。篠。印。

〔北洋政府内务部档案〕

11 刘成勋关于攻克涪陵杨森军溃解甲东去暨刘湘护送回籍等情通电

（1922年9月22日）

急。北京黎大总统、各部院、保定曹巡阅使、洛阳吴巡阅使、武昌萧督军、宜昌孙总司令、北京国会议员诸先生，同乡诸先生、广州孙大总统、各部院、非常国会议员诸先生、各省巡阅使、督军、省长钧鉴：此次川军一致讨伐杨森，所有东北两路戡定情形，节经电陈，谅邀明鉴。杨森由渝即奔长寿，殆长寿为我军堵塞，又奔涪陵。顷据石司令青阳文电内称：已于虞日攻克涪城，杨森残余部队，连夜逃窜北山坪、李渡一带，即予扫除。又据二军四混成旅长袁区，元日通电逼称：子惠军长业于文日解甲东去，所部分居川军，若认为有咎，则请给资遣散，如荷体全，则请迅示办法，用便遵循各等语。查川省和平之局，实为杨森一人所破坏。兹既穷蹙无期，缴甲纵逃，则全川底定，如愿可期。用特电闻。奉行廑念。至刘前总司令湘，已由成勋电饬前方，派队护送回籍，并令各军查核陆军定制，一体崇敬。合并达闻。川军总司令刘成勋叩。养。印。

〔北洋政府内务部档案〕

12 鄂军师长卢金山报告与川黔军联合作战失败经过致陆锦密电

（1923年9月10日）

急。保定陆参谋长秀山兄鉴：大密。俭电凛悉。川战情况，屡次皆有专电报告。总之，敌众我寡，敌富我瘦，故土匪军队，多有劣迹者。我军所持者，不过子弹较足耳。我军自开战以来，先以大部归杨军长直接指挥，敌以先对内后对外之计划，主力均在川北，杨军长乘虚直达龙泉驿，此时敌正将邓、田、陈各友军击散，转而对杨。于是杨军长大败，三次退至距渝数十里。我鄂军损失士兵枪炮，约在三分之一，杨对我军信仰已失，无法统驭。弟始受命赴前线，督率鄂军，杨率川军合力反攻，先行克复永川，彼时黔军亦加入战斗，乘势截敌归路，敌受大创，我军又与黔军合力战胜，迎祥街敌人，受创更巨。惜者此时敌过沱江后，江水大涨，浮桥不能架设，未能跟纵追击耳。隔河防御二十余日，又奉命协同杨军克复内江，内江占领后，正追击时，杨军子弹告罄，不能支持，我军正分兵援应，不意杨军溃退，将我援军冲散，浮桥压断，人械损失甚多。此时前岸劲敌，后方土匪遍山，弟为保全人械计，始率残部向侧方退却，至大足两三日，始将队伍收集，然敌亦跟转追到。我军经此次损失，因后路不通，人械并未补充，单独何能抵此大敌，故又大受损失。于是我军之战斗力，完全失去矣。加之饷项缺乏，兵士久无分文，衣帽破如乞丐，实无再行鼓励之法。于是退至合州，意欲与黔军合力再战，终以战力大减，黔军恐无把握，后随黔军变更计划，退至江北境，奉令与三七师换防。此系我军作战情形也。川友军人械，虽常补充，因子弹常乏，时进时退。现守泸北黔友军，共有六混成旅，现因正路上交通不便，亦未深入。正守重庆三七师，现已乘虚进攻遂宁，我鄂军现分防重庆以下，保持交通。川军李旅长树勋，率我七十团同三师罗团，现攻涪州，开通池踏昭秕。到达我军上游之子弹八十万，已被吴西成截去矣，现正攻击中。弟因受湿过重，旧病复发，两腿不能行动，已在长寿电请病假。所有鄂军已请袁、赵两司令直接指挥，本师职务已交本师刘旅长代理矣。特复。卢金山叩。蒸。印。

〔北洋政府直鲁豫巡阅使署档案〕

13 吴佩孚关于攻川战况致曹锟等电

（1923年10月8日—28日）

（1）10月8日致曹锟电

急。保定曹大帅钧鉴：巡密。袁总司令江亥电，谅邀钧察。佩顷复电云：江亥电诵悉。大佛轮船，业于麻日由泸启碇，计日到宜，即行起运子弹。目下保护江道极关重要。鄂军上自长寿，下至夔门，各地防务，甫经布置妥当，现时似难拨调他处也。特复。即希亮察等语。谨陈。佩孚叩。霁。印。

（2）10月28日致陆锦电①

吴巡阅使等勘电。查第十八混成旅旅长兼施宜镇守使赵荣华，援川诸多不宜，请加威字将军，调归将军府供职，以该旅团长于学渊升充旅长，施宜镇守使缺，即可裁撤，以十八师师长卢金山兼任荆宜镇守使，当较妥适。敬请转陈。早发表为祷田。

〔北洋政府大总统府档案〕

---

① 原电未查到，此电系信封面摘录。

14 四川忠县商会为该县惨遭兵祸致总商会函①

(1923年10月30日)

总商会昨接四川忠县商会来函云：窃吾忠滨临大江，间于万渝，商务冷淡，市民繁多，比年驻军，皆在一旅以上，筹垫款项，则在百万有奇，每垫款一次，城区商民必首当其冲，以有限之血本，讵能供无底之要求。其匪徒之拉榼，流氓之敲诈，抢场劫镇，不一而足。忠民怯懦不敢言，恐遗祸也。洎乎颜军来忠月余，筹款七八万元，挑葱卖菜，无一得免，鬻妻买〔卖〕子，在所弗惜。而又改弦更张，竟置忠民于枪林弹雨之中。好在为日无久，贺旅巫团接防忠城，以为从此人民之休息，地方元气得以培养，不图七月初二日晨间，巫团方营全部哗变，击毙团长，秩序大乱，挨户掳掠，能携者携去，不能携去者毁损无遗，直至正午，始呼啸而去。计掳去妻妇老幼四百余人，死者十余人，团练早已避往乡间，兵匪更觉自由，无所忌惮。是夜复行大举入城，放火数百余起，其意欲将全城绝灭以为快，火光烛天，哭声震耳，分段围捉，枪声乱鸣，以致全城人士无一得免，偶有幸逃者，亦皆焦头烂额，身受重伤，蔓延至十三日火势始衰。城内外共焚烧民房商店百余家，男妇老幼被捉者又七八百人，死于飞祸者数十人。越二日巫团未变之陈营巫连，入城维持秩序，部防未定，而颜部彭连又陷县城，复行搜劫半日。初六日巫连反攻，彭又退去。十六日颜残部率队来城，益肆劫掠，竟无漏户。未及一日，复为陈营巫连、毕团击退。统计扰两旬之久，搜劫八次之多，人民为之掳尽，货财为之掠空，市井萧条。闾里为墟，逃于渝者，有托钵之势，散处四乡者，亦有绝粮之忧。城区之惨，现更及于四乡；旧谷无余，新谷未收，农具毁尽，耕牛宰完，日居岩穴，夜伏深山，父子不能相见，兄弟妻子离散，伤心惨目，有如是耶。所幸王知事，萧局

① 此件系京畿卫戍总司令部查扣的一九二三年十月三十日上海《中国晚报》原标题为《忠县惨遭兵祸之呼吁》。

长暨毕团谢营等部，驻扎维持，县绅并组织一临时维持会，以维现状，始有一线生机。嗟乎！忠民何不幸而生于今日，更不幸而生于忠县。既受破产之苦，复遭亡家痛，转瞬冬至，饥寒交迫，不知何以为计，大会为商民代表，必有以善其后也云云。

〔北洋政府京畿卫戍总司令部档案〕

15 大总统府军事处关于攻川战况致吴佩孚密电

（1923年12月15日—21日）

（1）12月15日电

洛阳吴巡阅使鉴：元密。顷接吴帮办世电云：顷据巴中坐探报告，敌人熊军及赖之一部，归喻师长率领，进攻保宁。田师已与敌军接触，战事异常激烈，保宁危急万分，田部曾旅长，已率后方两营加入前线，田师长亦拟亲赴前方督战。并闻该师军官会议，如至不支，即拟退往三汇绥定。并闻该师孙旅长与田师长意见极深，恐生意外。且该部军心不一，恐非喻逆之敌等语。除严令王、罗两旅速攻剑阁，藉为保宁声援，并对道〔通〕南巴方面，预筹防御，以免田师退走。敌人乘虚窥陕外，谨此报闻等语。奉主座谕：除电吴帮办转饬所部，乘机收复剑阁，以固北道外，着电吴巡阅使查照。等因。特此奉达。即希察照。军事处。删午。印。

（2）12月15日电

洛阳吴巡阅使鉴：恰密。顷奉主座交下刘督军鱼电云；兹据总指挥邓锡侯歌子电称：克复垫江后，奉命进攻邻水，敌军余际唐，郑启和两部，约兵三团，分踞金了场、打岩桥一带险隘，侯派李旅长家钰率兵三团分道猛攻，激战六小时，将敌截为两段，敌军溃入邻水婴城死守，侯复派兵截击牟家坝，敌遂于夜半溃退，我军完全克复邻水，刻已分兵留守。并由侯督率大部向江北张关铁山追击中。又据师长陈国栋支酉电称：被我击退之敌，约兵六团，在澄溪铺、云台铺、石院子等处，踞险死抗，经我段罗两旅猛击，已占领石院子。又据总指挥杨森支电报称：我军江晨克复酆都各等情。前来。除饬该总指挥等奖励官兵，乘胜奋击外，特此飞陈，伏祈鉴核等语。奉谕：川战获胜，良堪嘉慰。着电吴巡阅使查照，酌颁赏金，用示奖励等因。特此奉达，即希察照，办理为荷。军事处。咸酉。印。

（3）12月19日电

急。洛阳吴巡阅使鉴：元密。顷奉主座交下刘镇守使卅电开：窃职军编师一节，前奉钧座齐电，适值垫邻继陷，梁万震惊，因将钧电宣示各队，藉安众心，并资激励。各支队颇知感奋，故虽大敌压境，风鹤皆惊，亦能固守危城，屏蔽梁万。两旬以来，取竹攻渠，昼夜血战，现曾田各部已孤军深入渠区，日在激战之中，无非希望编师，藉图报称日前刘积督莅临宣达，目睹血战，亦为动容，因于马日电请吴巡阅使转呈中央准练成师。盖以现正用人之际，不如是不足以昭激励，而安众心也。谅已转呈钧鉴。近自邓、陈、袁、潘、王、彭各师发表各支队，皆以渠等实有枪数者，不过四五千枝，少者不过二三千，较之我军，似尚不逮，同负援川之责，迭奏杀敌之功，当然受同等待遇，遂生艳羡之心，以编师相要求，职以各将士皆直鲁豫健儿，屡经战斗，忠勇可靠。为维持兵心计，当允代为呈请。适吴帮办新田寄到编师函电，遂便相示，各将士极为欣感，一月以来，梁万危急，绥属独安。攻垫之军，尚未实行，职军独先取竹攻渠，以达壮川黔军声势，皆编师激励之也。若久不发表，不惟职有失信用，抑且无以维系军心。现值军事吃紧，鼓励将士之际，合并仰乞钧座，准将职旅收抚，各部改编为中央师旅，或改为援川暂编第一师，以资激励，毋任待命等语。奉谕：着电吴巡阅使酌订等因。特此奉达，即希察照。军事处。皓酉。印。

(4) 12月21日电

洛阳吴巡阅使鉴：元密。顷奉主座交下万县刘督军删电开：顷据前敌报称：我军于寒日克服重庆，详情续报等情。谨电驰陈，伏乞鉴核等语。奉谕：重庆克服，殊堪嘉慰。着赏洋贰万元，电吴巡阅使分配转发，以示鼓励等因。特电奉达，只请察照。军事务。马。印。

〔北洋政府大总统府档案〕

16 大总统府军事处为四川保宁失陷令川陕军联络进攻陈炳焜致刘存厚密电

(1923年12月31日)

急。万县刘督军鉴：昌密。顷奉大总统谕：据报敌军乔华伟、王鹿中等、已于支日攻陷保宁。田、唐、彭、张各部，现退至滥泥沟、凉水井、老官场一带，似有退入绥定三汇之势等语。查东路战事，现正得手，各军已深入长、涪，若任北道敌军逼近江口，与漫汇之敌，联成一气，不但绥定危险，东道必受极大影响等语。又据刘镇守使删电称：所部于元日克复三汇，次晨进占土溪。颜德基、张威等向营山方面溃退，郑启和等向渠县溃退，陈炳锟等向石桥河溃退。惟石桥河为三汇、江口联络要路，若不将陈逆等扫清，不惟我军不能与我川军切取联络，且将受敌人右袭击。溯江口驻队，尚无动作等语。查三汇虽经我军占领，而陈炳锟等尚横梗石桥河一带，不但攻渠部队，有右袭击之虞，江口友军，亦殊难与我军联成一气。除饬该支队就近商同曾旅速进，并请刘积督、田师长飞令驻江口曾旅，即将石桥河之敌驱逐，以便川陕军联成一气，得以协力攻渠外，谨此奉闻等语。除电刘镇守使联络江口曾旅协力进取外，着电刘督转饬田、唐、彭、张各师长，切勿再退。并饬江口驻队，迅即前进，扫清陈逆，与刘使所部确实联络，协谋进取，是为至要。等因。特此电达。即希转遵照。军事处。世亥。印。

〔北洋政府大总统府档案〕

17 刘存厚转报熊克武在成都造械召兵速饬各路大军进攻省会致大总统电

（1924年1月15日）

急。北京大总统钧鉴：军事处鉴：昌密。迭电计蒙垂察。兹据川边镇守使陈遐龄庚电称：勘电阳日奉悉。饬与刘师长眷蕃协同动作，已遵派牛副官长往商，尚未得复。近来敌军心理，极为涣散，省城民怨沸腾。禹部集中上南，似仍决与熊一致。熊之计划，东路取守，北路取攻，赶造子弹，强募新兵，声称已组百营，向东开发。职意我军进攻，似宜偏重小北路，而后方接济，尤须充分，以追到成都，犹有余裕为标准。大北路宜得陕甘大部，捣虚压迫，则胜算可操。职部整备待发，但得东北路友军。有一部接近时，即行突击。又探得滇唐允熊、禹之请，以张汝愚部、由松坎来援。特并附闻。仍祈核示等情。除复电迅同刘师直趋省会，并通饬东北各路，备力夹攻外，谨电驰陈。伏祈鉴核。刘存厚叩。咸。印。

〔北洋政府大总统府档案〕

18 援川各军前敌副司令杨森报告攻占安山并分向遂宁乐至追击等情致大总统府军事处等电

（1924年1月17日）

特急。北京军事处、洛阳大帅、武昌巡帅、宜昌王总司令、重庆刘督军、西安刘督军、兰州陆督军钧鉴：万县区副司令、宋旅长、重庆张指挥、于旅长、卫代旅长、南郑吴帮办、天水孔镇守使、宝宁田总挥指、并转唐彭张各师长、荆关一带探投赵司令、王总指挥、并转罗旅长、绥定探投张总指挥均鉴：大密。删亥电计达钧览。敌余、张、郑、鲁、蒋各部，自删日在三汇塘坝等处，节经森部击溃后，复于龙台场、牛王寺、山兴场各要隘，节节抵抗，均经森部猛烈摧破，该敌分向遂宁、乐至方向，狼狈退走，沿途遗弃辎重行李文卷甚夥。已于筱日午后一时卅分，将安山确实占领，刻正跟踪追击中。惟敌多狡诈，兵贵神速，刻间敌势虽属强弩之末，仍虑困兽犹斗。亟应乘胜长驱，免致滋蔓难图。谨当商承袁总司令、邓副司令联络各路友军，一鼓西下，早定川局。谨电驰闻，余况续报。再大密改名成密，业经通电在案。查近日各方来电，间有用大密者，请以后一律改用成密，以昭信用。又安山无电线，送由合川拍发，合并声明。副司令杨森叩。筱未。印。

〔北洋政府大总统府档案〕

19 陆军第七师长帮办陕西军务吴新田报告率师援川在樟潼绵阳等地战况致军事处等电

(1924年1月22日—2月2日)

(1) 1月22日电

万急。北京总统府军事处、西安刘督办钧鉴：成密。顷据保宁电话报告，保宁对岸之敌，见我大军进击，于皓日拂晓，向监亭方面退却。我王、罗、陈等部，是日渡江，进入保城。田师会晤我军，方于号日派队渡江，向敌追击，进抵保宁西南六十里之万年垭。适喻华伟援队六连，加入反攻，田部不支，仍退保宁。箇日由保宁增加部队，再行反攻，仍将万年垭占领，刻正相持中。近由田总指挥转述顺庆李伯喈通知消息，黔军皓日克复安居，刻向乐至前进。袁总司令现抵合川，三七两师皓日克复遂宁，拟即进攻潼川。又据探报，熊、但、赖等在简阳会议，熊、但请赖加入战斗，结果，赖仍支吾，意在暂取观望，至不得已时，即归服中央，刘禹九亦同此态度。熊见势将瓦解，又因省兵不愿纸币关饷，军心涣散，遂以但、张孤守成都，自率兵两团，并带行李八驮，现款十驮，铣日离省，以赴中江潼川督战为名，究不知其何往。张冲仍在省城，督练新兵。刘、赖欲对我方表示善感，已将前占昭广之陈纵队长万仞撤换，以参谋金某接充。嘱与我军联络。闻金已抵德阳，惟闻陈万仞刻在梓潼，拉夫甚急，扬言进攻剑阁，实不知欲退何处。刘季昭所部团长谢家驹，受熊运动，勾结各营，意欲叛刘独立，刘因不敢妄动，进取绵阳计划，一时未易实行。又据保宁电话转述，田总指挥通报顺庆李伯喈已向邓、陈及该师表示一致，邓、陈嘱先行协取潼川，不必进攻顺庆，现在田总指挥计划，拟嘱我王、罗、陈各部，协同该师进取盐亭，以便会攻潼川。俟占潼川后，即令李伯喈通电，正式表明态度各等情。据此。查邓、陈、田等，与顺庆李伯喈素有接洽，前此刘积督屡令进攻顺庆，迄未实行，此次李受环境压迫，表示与我一致，按其平时圆滑手腕或人势所必然，除令王、罗、陈各部，遵照田总指挥计画，迅赴戎机，并对顺庆方面，仍加警戒外，谨此电闻。师长吴新田叩。养。印。

(2) 1月30日电

特急。北京总统府军事处、陆军部总长、洛阳吴巡帅、西安刘督帅钧鉴：成密。顷据保宁报告，我王旅协同田师，由盐亭进攻潼川，适黔袁、川杨各军之一部，绕占中江，遂与王、田两部，会攻潼川，于感日将潼川占领，敌军尚未远退等语。查盐、潼既经克复，亟应进取梓、绵，以便与潼川友军联络，肃清北道。除嘱王、罗两旅长、陈团长商同田总指挥严催顺庆李伯喈即日通电表明态度。并令□陈团仍驻保宁，对南部严加监视外，已令王旅长率该旅第二团之两营及职部张旅之何团，由剑阁进攻梓潼，罗旅由保宁进攻梓潼，以资夹击。克复梓潼后，仍继续进攻绵阳，藉以威胁刘季昭表明态度。俟梓、绵均以占领后，如李伯喈仍不表明态度，再行移师，与渠县联部会攻顺庆。除饬各部迅赴戎机外，谨电报闻。师长吴新田。叩。卅。印。

(3) 2月2日电

急。北京总统府军事处、陆军部总长、西安刘督帅钧鉴：成密。顷据前方报告，何团东日下午，确实占领梓潼，王旅长□长正向梓潼前进，同时安县刘季昭师，已派一旅进占绵阳，敌向罗江溃退，刘季昭另派一旅，向罗江追击。又由锦阳派兵一连，令早开抵桿摩与我军联络，王旅刘、郝、俞团已随田师进抵中沈〔江〕，顺庆李伯啫仅有通电宣布中立等语。除令王旅速与刘季昭接洽，乘胜向罗德，广新继续进取，以期早定川局外，谨电报闻。师长吴新田叩。肖。印。

〔北洋政府大总统府档案〕

20 援川各军前敌总司令袁祖铭等关于击败熊克武等战况致军事处等电

(1924年1月22日—27日)

(1) 袁祖铭致军事处等密电(1月22日)

特急。北京军事处陆处长、洛阳吴大帅、武昌萧巡帅、宜昌王司令钧鉴：南密。号亥电计达钧览。现就各方情形及士人传说，判断敌主力，似系退集中江，其退潼川方面者，在太和镇前十二里布置警戒，已令邓、陈两师，由柳树浩沱渠家河，向该敌攻击前进。一队令二军黔军，仍向淮州赵家渡追击前进，俟占领淮州赵家渡后，再看中江之敌如何移动，相机应付。谨电陈明，伏乞鉴核。前敌总司令袁祖铭、督办刘湘同叩。养亥。印。

(2) 袁祖铭等致军事处密电(1月27日)

特急。北京军事处陆处长、洛阳吴大帅、武昌萧巡帅、宜昌王总司令钧鉴：成密。敬亥电计达钧览：铭等有日行抵距淮州五十里之兴隆场，侦知一军主力，确在潼川。熊克武、但懋辛及所部喻华伟师、王丽中旅、并鲁平舟梁绪等部，集中潼城。其在淮州方面者，不过少数。而余际唐师、有绕攻我后方之模样，当即决心暂置淮州方面，以便集合全力，专攻一军主力，借免逼近三边，或转迫其加入，即令二军黔军，于昨日改向潼川，攻击前进。铭等于本日移驻中江，督率指挥。顷接潼城杨副司令电话，略谓我二军在乐安铺前方，与敌接触，战三时，即将敌击退，俘获敌营长一员，检获敌人口令，即以一部跟踪追击，敌人狼狈向城内逃走，斯时紊乱异常，无暇检查，我军乘势入城，大部继进，敌尚不知，当即围缴，获敌人步枪数千枝，大炮数尊，，机关枪廿挺，子弹八十万，白药数十箱，造弹机器若干架，俘虏数十名，完全占领潼城。同时田颂尧师，率部亦由盐亭攻击该方之敌，致达潼城，与我相合。查熊、但原拟集中抗拒，不料我军突如其来，故损失如此之巨。闻若辈现尚在城内藏匿，正饬队搜查等语。当令严密搜查熊、但，务期拿获，并与桂花园方面邓、陈两师，确取联络，即一面扫清北道之敌，一面回兵西取成都。至余际唐全部，刻由大磴磜回顾潼川，已派队分别尾追截击，一面设法截断成都方面来援潼川之敌矣。合并陈明，敬祈鉴核。前敌总司令袁祖铭、督办刘湘同叩。感亥。由中江专寄遂宁发印。

〔北洋政府大总统府档案〕

21 吴佩孚转报援川各路军进攻遂宁成都等地战况致陆锦等电

（1924年1月28日—2月23日）

（1）1月28日致陆锦密电

北京公府军事处陆处长鉴：永密。宥寝两电奉悉。前接吴帮办冬电，当即转电刘积督、刘甫澄督办、袁总司令等。对于刘斌等部，由甫澄负责接洽，优予收容，以剪除敌势，乘时东道各军，亟取遂宁、顺庆北道，同时收复剑阁、保宁，当即分头进行。嗣保宁，遂宁、剑阁相继攻下，业经迭据转呈在案。彼此进行，川事当易解决也。寝电遵即转电刘积督查照。谨复希察。吴佩孚俭。印。

(2) 2月16日致曹锟等电

北京大总统钧鉴：国务院鉴：顷接刘川督侵电云：顷据前敌副司令杨森、邓锡侯、总指挥田颂尧、陈国栋等蒸电称：我军青日克复成都，敌向新津、仁寿溃退，现已决定由各将领指挥所部，分道跟踪，俾敌无收容余地。详情续报等情。谨陈鉴核等语。除电前方各将领，分攻搜剿，早告肃清外，谨抄陈钧察。吴佩孚叩。铣。印。

(3) 2月23日致陆锦电

北京公府军事处陆处长鉴：顷据邓副司令锡侯等虞戌电称：侯等于支日直攻至成都北门，我援友各军，亦于歌日陆续到达。敌方阳则乞和，阴实备战，负隅自固，息祸无心。侯等以城坚难攻，决主先扫除城外之敌，于虞晨躬率陈李罗段各旅，向仁敬堂大草坪西河场之敌攻击前进，并以一部出赖家店，协同援友各军，攻队牛师口，会攻兵工厂。殊敌六师及第十混成旅全部，在西河场前方踞岗傍河，建筑工事，死力抵抗，激烈异常，接战一日，我右翼将大草坪前方大樑子高地占领，左翼冲过河桥，敌始不支，纷向平安场龙泉驿溃退，酉刻乃将西河场完全占领，追至平安场附近，天晚、就地住夜警戒。是役毙敌营长一员，官兵无算，夺获快枪百余支。我部亦伤亡连长五员，排长十一员，兵士百余名。除联络援友军，一面环攻省城，一面跟踪追击外，谨电驰闻。师长邓锡侯、陈国栋、田颂尧叩。等语。除复电嘉慰，并饬将所有伤亡官兵照例抚恤外，特电奉闻。敬请转陈主座钧察为祷。吴佩孚漾。印。

〔北洋政府大总统府档案〕

22 刘湘关于总结反熊克武等战争胜利的战略战术致大总统等密电

(1924年1月31日—2月3日)

(1) 刘湘致军事处等密电(1月31日)

提前。军急。北京军事处陆处长、洛阳吴大帅、武昌萧巡帅、宜昌王总司令钧鉴。成密。感亥电计达钧览。窃查川省战况，经年莫解。其原因盖由局部复杂形势牵混，苟不审缓急轻重，乘时赴机，以为适当之激劝，则措施既失其宜，奏功亦殊非易事。故自我军攻克重庆后，湘亟思仓皇乱局，利于速进，分别为之攻击、收抚，或者延久不决之问题，得有一定之结束。乃迭与各将领往复熟商，决定开放一面，专击一面之策；以杨春芳、刘文辉、魏楷、郝绮富各部，牵制东道。并令刘文辉向刘成辅、赖心辉接洽，许以保存，令归附中央，不与熊合。而敌势一面，团结兵力，冒险专出北道，视敌主力所在，一鼓而歼，解川事之纠纷，或能操其左券。此当日在渝，审量情势之全般布划也。乃至率兵西上，三七师由潼、遂而上，二军及黔军经铜壁而出安乐，所遇敌兵，一击即溃。刘、赖似已入彀，不相侵犯。旋进驻淮巍兴隆场时，接刘成勋、赖心辉由叙、渝转来电称：渠等在南津驿与熊克武及其师旅长会议，已劝令熊氏将兵工厂及一军部队交与刘禹九，并由自动通电下野。熊氏首肯，惟要求我军停止前进。心辉并单骑来寓，磋商办法等语。我军经过地域，全无电线。其时业至兴隆场，相距已在三百里外。湘查刘、赖虽有此说，而预料熊氏阴谋多狡，即刘、赖未见有若何把握，殊难深信。于是我各军将领，条陈和战意见，及攻取方向，莫衷一是。正筹议间，探得熊氏将兵厂交禹九，以掩饰耳目，潜携机件工人，趋往潼川，赶造子弹，厚集兵力，以攻我田师屏盐亭，劫我邓、陈于太镇。当即决心以黔军扫除淮州当面之敌，以二军全部向潼川攻击，当其攻入潼城，巷战街击，敌势已穷，适然我田师又由盐亭逼进，腹背受创，仓皇莫遁，熊、喻诸逆，仅以身免。是役我军生擒及击毙敌人官兵，夺获枪弹乐辎重之多，皆为历来川战所未有。熊逆造弹机器之阔大，每日可达二万之数量，又为意外之创局，详情业经早呈，兹不赘述。旋赵家渡淮州方面，张冲、郑英各部，复向中江进逼，图我后方，我黔军在半边山激战一日夜，复将该敌击溃，现正追击中。查敌军主力，虽经我痛击，已无完整部队，与我复抗。然当前局势，益趋紧急。刘、赖果属推诚，始终不渝，但扫清残破，川战即可如日结束，刘、赖当然有容纳之地。倘刘、赖二人联络敌党，及时参加，而敌势尤可乘隙团集，死灰复燃，战事延长，到何程度，殊难逆料。盖刘、赖疑虑自危，深恐我解决一军后，不相容纳，转而谋彼。现正调集兵力于成都、简阳一带，似有备战之势，此诚千钧一发，稍纵即逝之时。湘意趁此时机，于一军则分道前进，务期剪除净尽而后已，对刘、赖则尽力疏解，倾向果出诚意，即请中央收抚，一体同视。否则惟有商同袁司令祖铭，以武力次第解决。为统一除障碍，为生民解倒悬，川事庶或有豸。所有经过及现在情形，谨电缕述，并候训示。督办刘湘叩。世。印。

(2) 刘湘致军事处等密电（2月3日）

飞急。北京军事处、洛阳吴大帅、武昌萧巡帅、宜昌王总司令钧鉴：成密。世电计达钧览，敌军自中潼败溃后，连日收集残部，凭沱江之险，在淮州、赵家渡沿河一带，死力抗拒。我军分途进击，冬日于赵家渡令唐式遵向对岸佯攻，一面令黔军魏旅率部于下游磨磨店择浅徒涉强渡，将敌击溃，纷向金堂、姚家渡两路退却。黔军复占领金堂向新都追击，唐师进击姚家渡之敌，我军两路计夺获机关枪两挺，囤缴步枪二百余枝。同日、又据邓锡侯、陈国栋、田颂尧师长报称：淮州之敌为六九混成旅及周西成各部，死守淮岸。乃令我罗李段各旅及杨团，各选精锐一营，在东门滩徒涉强渡，激战多时，敌人溃走，我军遂占领淮州。追击部队，已达云顶山高地。又江日据杨军长报称：熊克武率残部团余，由绵阳经刘眷蕃师截击，溃奔汉州。适与我军相遇被创，退守汉城，围攻一日两夜，现正交涉缴械。惟据俘虏供称：熊氏经沿途打击，手足面部俱被铁伤云云各等情。除仍饬各部分头攻击，扫清残孽外。湘于本日午间，同袁总司令移住金堂，值刘禹九该部秘书王梓舟代表前来表示，三边不加入战斗，并愿援助我军，以此判断，三边倾向，似出诚意，拟到达新都，斟约派人接洽，妥慎布著，相机前进外，谨将连日战胜情形，合应电陈，统乞训示。督办刘湘叩。江亥。印。

〔北洋政府大总统府档案〕

23 杨森等报告攻克新都与成都战况致军事处等电

（1924年2月4日—12日）

（1）杨森致军事处等电（2月4日）

特急。军。北京军事处、洛阳大帅、武昌巡帅、宜昌王总司令、西安刘督军、兰州陆督军、重庆刘督军钧鉴：万县卢副司令、宋旅长、潘师长、十六师部谢参谋长、重庆张指挥、于旅长、卫代旅长、二军部向参谋长、南郑吴帮办、天水孔镇守使、绥定张总指挥、绵阳探投刘师长、王司令、罗旅长、绥定唐彭张各师长、泸州杨师长、北京永光寺中街十二号胡代表仗实、汉口汉洁里卅六号熊代表宅廉、并转熊代表扬勋均鉴：冬午电计邀垂察。广汉城内之敌，除留一部相当兵力，严密围困，务期歼灭外，森于江晨，复亲率主力部队，向新都方面之敌攻击前进。敌势不支，纷纷溃走，成道闭城拒守，我军已将新都确实占领。兆头部陆唐师、于支日午后二时到达成都北门檐箕街，刻正联络各友军，猛烈攻击中。是役毙敌官兵廿余员名，夺获枪械百余枝，辎重行李甚多，森部伤亡士兵拾余名。查该敌自潼川溃败，痛巨创深，极为狼狈，兹虽固守省门，而奔北之余兵无斗志，实已形见势窜，背城克复，渠魁授首，谅在旦晰间矣。余况续报。杨森叩。支申（发于成都北门外）。印。

（2）吴新田致军事处等密电（2月12日）

特急。北京总统府军事处、陆军部总长、洛阳吴巡帅、西安刘督帅钧鉴：成密。昨晚据保宁转来前方报告，我大军围攻成都，已将东北两关之敌击退，敌军入城，闭门固守正在进攻中。顷又据报告，我大军于青日将成都克复。敌向仁寿退却，杨军长已率队跟踪追击，其余各友军，均在成都各等语。谨电飞闻。师长吴新田叩。侵。印。

〔北洋政府大总统府档案〕

24 刘存厚邓锡侯报告击溃熊克武等部攻克简阳合川及隆昌等地战况致大总统等电

（1924年2月15日—28日）

(1) 刘存厚致大总统等电（2月15日）

急。北京大总统、国务总理钧鉴：军事处、参陆部鉴：迭电计蒙垂察。兹据北道总指挥田颂尧蒸午电称：职自会师攻克成都后，当即督率所部，乘胜进击，夜袭石桥之敌。当将熊赖各部击破，于本日克复简阳，敌向资阳溃退。是役杀敌数百名，夺获步枪肆百余枝，辎重无算，刻正联络友军猛追中等情。谨陈鉴核。刘存厚叩。咸。印。

(2) 刘存厚致大总统等电（2月19日）

北京大总统、国务总理钧鉴：军事处、参谋部、陆军部鉴：顷据旅长戴天民筱电称：奉令协合黔川各军、进攻合川，业于篠日克复，敌向赤水退却，详情续呈等情。谨陈鉴核。刘存厚叩。效。印。

(3) 邓锡侯等致军事处等电（2月28日）

提前。特急。北京总统府军事处、武昌萧巡帅、宜昌王总司令、西安刘督军、兰州陆督军、成都袁总司令、刘督办钧鉴：南郑吴帮办、天水孔镇守使、成都杨副司令、刘师长、雅州陈镇守使、绥定张总指挥、万县卢副司令、宋旅长、潘师长、重庆张副指挥、于旅长、卫代旅长、成都李师长、刘师长、重庆李师长均鉴：成密。尧等率部已于有日占领内江，曾经电达，惟敌赖部败退，兹于感日督率各部，鸿恩为先头，以廿二混成旅及陈何两团、并廿一、卅、卅一、各师之次序，向隆昌之敌，猛力追击，敌势不支，我军已于勘日确实占领隆昌，赖敌纷向荣昌方面溃退。据探报赖敌退至隆、荣间，被该地匪徒截击，有南窜之势，除派分头追击外，谨电奉闻。副司令邓锡侯、总指挥田颂尧、副指挥王鸿恩叩。艳。印。

〔北洋政府大总统府档案〕

25 两湖巡阅使萧耀南转报攻克简阳战况致公府军事处等电

（1924年2月18日）

急。北京公府军事处、王巡阅使、冯检阅使、天津王巡阅副使、济南郑督理、熊省长、开封张督理、南昌蔡督理、安庆马督理、福州孙督理均鉴：顷接前敌总指挥田颂尧蒸午电报告，于克复成都、肃清省城附近残敌后，即向简州追击，于蒸晨将简阳完全占领，敌向资阳溃退等语。特电奉闻。萧耀南。巧。印。

〔北洋政府大总统府档案〕

26 杨森攻占成都后被推为留守主持川省民政的通电

（1924年2月18日）

各部总次长、洛阳大帅、武昌巡帅、宜昌王总司令、各督军省长钧鉴：森于巧日上北京府院一电，文曰：北京大总统、国务总理钧鉴：森自随军后，克复成都。袁总司令、刘督办召集各将领，开军事会议，决定军事暨善后办法，以各路残敌，亟须追灭。而成都重镇，宜筹防守。爰于二月咸日，森奉到袁总司令刘督办命令，内开：后方一带防务，前方接济子弹饷款，均由该军长完全负责，所有后方驻在军队及军属机关，统由该军长节制指挥。至成都为政治中枢，所有行政司法事务，暂由该军长主持，等因。窃森自奉命讨伐，转战经年，仰赖中央威灵，所向克捷，省会既下，志欲萧清余孽，躬赴前敌，用竟全功，坐镇后方，良乖素愿。惟因袁、刘两公，会同督师，坚以镇摄不可无人，接济不可无备，民政不可无主。令森留守，俾克后顾，森固辞不获，勉抑素志。谨于本月巧日宣布视事。自维才轻任重，陨越堪虞，矧大乱之余，万端待理，森以武人承乏，何能振废起兴，惟有勉维持现状，静候中央处置。仰恳钧座迅简贤能，接收民政事宜，用释仔肩，而减重责。仍当率领编师，迅赴前方效命。谨电陈情。不胜迫切待命之至。伏乞钧鉴等语。窃森忝列戎行，猥摄民政，在中央未行简员，接替期内，尚祈不遗葑菲，时锡良诲。谨电奉闻，伫候明教。援川军副司令十六师师长兼第二军军长杨森叩。巧。印。

〔北洋政府内务部档案〕

27 袁祖铭关于成都下后以刘存厚邓锡侯杨森三人中选二人为正副首长主持川局电

（1924年2月26日）

袁司令转李旅长(衔略)南密。成都下后，曾有电达，谅以鉴及。刻刘禹九所属之三军，已经商量，甫澄收编。赖心辉亦可望来归。一军及吕、石、周、汤诸部，愚欲打通稽州，与滇军联络，再图活动。惟屡经挫折，力量已减，现以主力，向该敌追击，先头导达内江、富顺一带，兄明亦可到达自流井，如杨春芳能固守泸州，则数日内必能解决川局，于此可定。所可虑者，川军系派复杂，在前虽号为甫、积两派，然邓、杨又各成一系，邓出而代积之，比较邓为强，子惠欲代甫澄，则因其为人，跛扈专横，器量太小，将士不服，尚难独自称雄。至禹赖虽(电码不明)二人感情素好，兼有姻绻，三军亦服赖。而一军之零星小部，亦向赖归集。则匪势力不小，将来三派鼎立，甫澄又不肯出任首长，切实负责。可断定积之、子惠、晋康诸人，非赖之敌手，加以子惠之任性，必遭其他之攻击，且赖惯居两者之间，从中操纵，以高自己之责价，而图渔利。又与积之、子惠感情最恶，如中央将川事交与积、晋、惠等主持，而又收三赖与彼等相处，且彼等各自扩张，互相排挤，毫无顾念大局之心。彼此情形，不乱何待。苟处理得法，用得其人，亦未尝不能办好，在鄙意于积、晋、惠三人中，选二人为首长，一人为会办，善符前言；以甫澄为川黔边防督办，已有川滇黔巡阅使，以之为副使，率一部实力，从中随时调融，又不受彼等之牵制，使其常保平衡，至对赖心辉，可助其向外发展，就此觅一位置安之。赖去禹不成问题，川局可以稳守。吾弟可设法找月笙，或其他说话有力之人，向中央说明，因兄避嫌不便深说也。兄拟克泸州附近之敌，再加一度打击后，即交由川军肃清除孽，兄即返部回渝，整顿补充，进行黔事。所有前敌总司令一职，业经专电中央请辞矣。并闻。铭。寝。

〔北洋政府大总统府档案〕

28 川边镇守使陈遐龄请调队进攻新邛以阻刘成勋寇边通电

（1924年2月29日）

大总统、国务总理钧鉴：各部院、洛阳吴巡帅、各省巡阅使、督军、督办、省长、都统、护军使、镇守使、各师旅长、各行政公署、各法团、报馆均鉴：川局粗平，刘成勋通电解职，所辖三军各部，已经刘督办湘改委在案。乃该刘成勋自称督办、嗾使蓝、张等阳奉阴违，冀图私逞。本日拂晓，竟敢派兵侵我原防，其全部犹复增加邛蒲东道，向名邑蠢动，实属有意寇边，破坏大局。遐龄不已，飞调关外各军，入关抵制，国防有失，引起外交，成勋实尸其咎。除电四川督军及援川各军，前敌袁总司令、刘善后督办、立派大军进攻新邛，殄此凶顽，以巩固防外，转电陈明，伏乞谅察。川边镇守使陈遐龄叩。艳。

〔北洋政府内务部档案〕

29 袁祖铭等报告由泸州重庆永川合攻熊克武等残部及滇军暗作退回滇境等情电

（1924年3月5日）

万急。北京总统府、军事处、国务院、陆军部、参谋部、洛阳吴大帅、武昌萧巡帅、宜昌王总司令钧鉴：窃查成都下后，敌众南窜，猛扑泸州，似欲接通滇军，复燃死灰。铭等当即由蓉出发，指挥各军，分道跟追。一面电令泸州杨、赵两师，努力撑持叙府，刘师出内应援，内外夹击，泸遂解。刻敌残部，又窜拢合江、江津。已令各军分由泸州、重庆、永川三面进攻。至敌所恃之滇援，近得黄中探报：因铭部在内者，有欲动之势，滇军日在风声鹤唳中，已暗作退回滇境之准备，目前实难再行出川等语。如果属实，敌援既绝，不久即可伏法。谨电陈明，敬乞鉴察。援川各军前敌总司令袁祖铭，督办刘湘同叩。微。印。

〔北洋政府大总统府档案〕

30 肖耀南转报攻克隆昌恢复成渝交通等情致军事处密电

（1924年3月7日—12日）

（1） 3月7日密电

北京军事处、王巡阅使、冯检阅使、南京齐巡阅使、天津王巡阅副使、济南郑督理、熊省长、开封张督理、南昌蔡督理、安庆马督理、延平孙督理均鉴：昌密。迭接前敌报告，我追击队于上月有日占领内江，感日向隆昌之敌攻击，于勘日确实占领隆昌，敌向荣昌方面溃退，我军继续追击，敌向大江南岸逃去，于东日占领荣昌，与我驻永川之友军连络。现在成渝间之东大道上，已无敌纵各等情。知念特闻。肖耀南。鱼。印。

（2） 3月12日电

北京公府军事处鉴：巡密。真电转传大总统训渝，祗悉一切。援川军队，自克复荣昌后，成渝交通，业已完全恢复，可保无虞。奉渝前因，仍当转饬援川鄂军，严密布防，以免疏忽。特复。并祈转呈。萧耀南。文。印。

〔北洋政府大总统府档案〕

31 袁祖铭关于四川首长问题认为吴佩孚以刘存厚为主不能保持各派平衡复陆锦密电

（1924年3月15日）

提前。特军急。北京军事处陆处长钧鉴：胜密。顷奉东电，密询川情，仰见相厚之意，无任感激。成都下后，首长问题，遂为纷争之点，弟既躬与其事，理宜向中央有所陈述，惟前曾择要电陈吴巡帅，巡帅意在维持原议，仍以积之为主，弟遂不便多陈。而积之甚不洽人意，又以省长畀邓晋康，完全偏一系，致令他方失望，枝节必多。今对川事，既不顾用绝对统一办法，惟有出于保持平衡，此中大有商量之余地。既奉密示，不敢缄默，已另电详陈，惟电文甚长，恐一时难达，敬乞注察。如弟袁祖铭叩。删亥。印。

〔北洋政府大总统府档案〕

32 吴新田报告所部攻占广安岳池致军事处等密电

（1924年3月26日）

急。北京总统府军事处、陆军部总长、洛阳吴大帅、西安刘督帅钧鉴：成密。顷据绥定职师张旅长耀枢报告，职部王贾两支队，进攻广安、岳池，迭与张藩、孙杰敌匪各军，激烈战斗，卒能以寡胜众，先后将广、岳两县，完全占领。贾部现住广安、王支队长仍回渠县，该部赵梯团暂驻岳池等情。据此，谨电报闻。师长吴新田叩。宥。印。

〔北洋政府大总统府档案〕

33 吴佩孚转袁祖铭刘湘关于滇军多路攻川拟订布防办法及筹拨款械致陆锦密电

(1924年5月2日)

北京公府军事处陆处长鉴：巡密。顷接袁鼎卿督办，刘甫澄督办艳电云：顷据派往滇黔侦查敌情之官长侦探报称：在滇黔之滇军，近来对于川省方面，各路增兵甚多，何海清率兵约三旅，有由滇东分向南川、涪州、酉阳、秀山方面前进之势，张汝骥、胡子嘉率兵四旅各匪队若干，在贵州之松坎遵臑〔义〕一带。对于綦江、江津方面防备，均龙云率兵三旅，由云南之昭通，有进窥叙泸之势。一军残部约万余人，现盘据贵州之毕节，大巅〔定〕黔西仁戈〔襄〕一带，与滇军勾结甚密。唐继尧与法国私订条约，购步枪三百枝，子弹一千五百万发，现已运到枪七千枝，子弹三分之一等语。查熊、但勾结滇军，似有防我进攻，或图燃死灰之势。铭等志在平定滇黔，促成统一，上答知遇。铭当举黔军全力，俾听驱策。湘亦令赖心辉准备全部，三军准备一部，二军准备一部，从事经营滇、黔。将来鄂、陕各军，尚可以资策应。惟进取需时布防，刻不容稍缓。兹拟定布防办法如下：(一)会理方面；以川军第三军担任，第八师策应。(二)老雅滩、昭通□方面，以川军第九师担任。(三)赤水、合江方面；以黔军第三师周西成全部担任。(四)永宁方面；以川军第四师杨春芳全部担任。(五)江雄、綦江方面；以黔军第一师担任。(六)南川、涪州方面；以黔军第二师担任。七、酉阳、秀山方面；以川军第二师林树勋全部及黔军之一部担任。(八)以赖心辉全部集驻东大道一带，为昭东、永宁两道之应策。(九)鄂军张密两旅及陆军三十四师、三十二师、十八师、陈军十六混成旅、二十二混成旅、黔军吴何两旅，布置于川东一带，为赤□津綦南培酉秀各路之应策，并保持长江之交通。(十)直接担任边防部，应一面筹防，一面切实整理待命，其余各军，均已就地整顿，认真清乡。

此目前布防之概略也。惟名虽布防，实即准备进取，时机一至，立即发动，所应切筹者，即款械两事。查防边各军兵力，集聚驻地不多。饷款奇绌，应请指拨盐税五分之二，为经营滇军各军之军费。其余三分之一，则以调剂四川军政各军之盈虚，统由中央□划拨，所需械弹，应饬汉阳、德州、成都三厂，在八九月以前，赶造步枪三万枝，子弹一千五百万发，机关枪百架，子弹二百万发，将来供经营滇黔之用。枪由铭湘照价筹交，定八月内外交清，决不至误。至于子弹，拟由中央接济，转饬各厂，尽先赶造，他方不急需者，请求缓交，务求如期造齐，俾得早日发动。伏查成都六工厂，每日可造步枪七八十枝，子弹三四万发，拟请中央将此厂收回，选派得力人员经理，所出枪弹，以三分之二供经营滇黔之用，余数分配各军，以资补充，而便剿匪。所有分区布防及筹拨款械各缘由，是否有当，伏候训示祇遵等语。除电复布防计划妥洽，暨赖部驻地须磋商妥协外，所有关于筹拨械弹等事，即请据陈主座钧察，转饬筹备为祷。吴佩孚。冬。印。

〔北洋政府大总统府档案〕

34 蓝世钲与孙涵争夺汉源、泸定等地战况有关电

（1924年7月1日—1925年2月4日）

（1）蓝世钲等通电　（7月1日）

大总统、国务总理、蒙藏院、各部院长、参众两院、洛阳吴巡帅、南京齐巡帅、武昌肖巡帅、各省、各特别区域军民长官、各护军使、各镇守使、各报馆、成都杨督理、重庆袁督办、刘积之督办、刘甫公督办、邓省长、各指挥官、各师旅长均鉴：顷奉本省长官电令，据川边镇守使陈遐龄电及各代表报称：三军进逼不已，粮道断绝，将放弃国防，调齐关外部队，背城一战等语。闻之骇异。窃世钲等，本年春间，奉刘督办甫澄命令，回驻原防，陈使袭我于途，致起冲突，当奉袁总司令黼青，刘督办甫澄明令，各就原地停止，听候呈请中

央解决。旋陈氏因所部哗变，退回关城，世钲等则尚静待后命，未敢越雷池一步。川边粮秣，陈使现犹派孙上校兆禄驻雅设局提运，亦并未尝断绝，其间经过实情，经迭次电陈本省各长官在案。陈使之故事呼号，尽欲藉此以掩说弃国防之咎耳。查陈氏自民国四年代理边军旅长，即垂涎镇使一缺，所欲未偿，侦知帝制之难将作然，即移关外部队入屯泸、雅。护国军兴，陈氏即乘机逼走刘锐恒。罗戴在成都与川军冲突，又以武力驱逐殷承青，下欺下朦，攫得镇篆。而又忌彭统领日昇，资深望重。以边军心，恐其久而妨己，蓄意图之。适藏番冲动，连陷边城，彭统领力战撑持，粮尽弹绝，遣使乞援，陈使竟按兵不动，坐视彭统领、张、田、沈各营长阵亡，十年戍边之健儿，十二营几全覆没，未及半年，北路遂失。恩达、昌都、察雅、德化、石渠、贡觉、同晋、邓科、武城、宁静、白玉、及类况齐三十九旅等县，直捣甘孜。南路夷匪，亦乘时将兵离边陆两军击溃，陷巴塘、里塘、乡城、稻城、义敦、丹巴等县，直逼泸口，康定震动。陈氏束手无策，乃怂恿张煦，在宁远以靖也。近犹宣布独立，冀事成遂近高位，遂掩前咎。旋见外势布告，复移兵讨煦，饱掠建南，一面哀求外人转圜，密与夷匪首洛桑外王等订立和约，互不侵犯。陈氏虽得苟安，而川边数十州县，遂长此沦陷矣。近数年间，川乱频仍，中央政府，鞭长莫及，陈氏亦借征边为名，要求饷弹，又在宁、雅两属，年收粮税廿余万元，烟税四五十万元，保商费三十万元，自流井五通桥月拨盐款八万元。以省历任政府，以国防关系，不惟未加制限，且时额外补充，合计五六年间，数已溢于千万。而于关外失地，则尺寸未能恢复，现仅存者止康定，泸定两县及甘孜与河口之一部而已。陈使自知丧以溺职，罪无可逭，当此统一告成，以局大定，深惧败士，以逮国法，故出此掩首家祸之下策。岂知陈使移兵内地，在六七年以前，抛弃国土，至数十县之广，事实具在，决非空言所能变更。世钲等久驻宁雅原防，对于边事，本不应过问，因陈使情急相诬，用敢略陈事实，以资印证。除已电请本省长官查办外，应请大总统派员彻查。总理、巡帅及各省长官，力持正谊，海内人士，一致主张公道，以固国防，而伸大法。世钲等如涉虚诬，愿甘反罪。谨电驰陈，伏维明察。四川陆军第四师师长蓝世钲、第十一师师长张成孝、第一混成旅旅长刘国孝、第三混成旅旅长蓝文斌、第八混成旅旅长郑世斌。东。

〔北洋政府内务部档案〕

（2）孙涵通电 （7月7日）

急。北京大总统、国务总理、参众两院、各部院、检阅使、洛阳吴巡帅、各省巡阅使、督军、省长、都统、镇守使、各师长、重庆刘检查使、袁督办、刘督办、成都杨督理、邓省长、田帮办、陈总指挥并转各师长、各报馆钧鉴：陈使于五月删日入京，觐见面陈边情，饬第一旅旅长孙涵，暂代镇署行拆，曾经通电有案。孙中将兆鸾于七月一日啣杨督理命来铲宣慰，职等请其查照。陈使原电暂代使职，孙中将以无中央明令及省委为词。职等歌日电明，杨督理，请予加委兼代，仍转电中央促陈使早日旋边在案。尚未奉复。乃据泸定侯戴两团长报称：迭据侦报，蓝师蓝旅两部，约兵八团，附机关枪大炮，于七月三号，由汉源出发，一部由富庄翁岗坪小道，向我化林、泸定、康定各点前后开进，其先头部队一团，已于昨夜到达我泸定右前方之雨洒坪，将我军步哨团丁拘押，本晨已达得押地方，距泸定县城约百里，其一部，则由河道安顺场向大树堡开进各等情。除饬前线各军尽力抵御，并护道防守外，应恳我大总统、总理、各部院长、巡帅、检查使、督军、省长、督办、师长，一致主张，进援国防，共伸天讨，以固边圉。又查蓝部违令寇边，业已深入川边辖境，风声所播，关外动摇，土匪势必蜂起，南北两路军队，保毋回顾。所有各县外人生命财产，或被损失，及藏番乘虚内犯，以致全边沦陷。时何军由内地寇边，即何军长官尸咎职等，概不负责，谨此声明。临电不胜迫切待命之至。川边陆军旅军孙涵、朱宪文、聂清全、苏华州、指挥官贺中强、代理道尹韩光钧叩。虞。印。

〔北洋政府大总统府档案〕

(3) 刘成勋通电 (11月28日)

北京段芝老上将军、天津孙中山先生钧鉴：北京各部院、参众两院、各省区军民长官、各督办、各镇守使、护军使、各省省议会、各报馆、重庆袁督办、刘督办、邓省长、嘉定刘督办、成都杨督理、各机关、各法团、各报馆、分送各师旅长均鉴：窃查本军进驻泸城各情形，昨经通电详达，计已入览。顷复据第四师师长蓝世钲电转据第七混成旅旅长蓝文彬叠电称：职旅昨奉令由汉源出发，向泸城猛进，孙涵乱军闻耗溃走，当于号日占领泸城，业经专报在案。入泸后，即遵我师长转到督办历次电令，一面抚慰军队，安辑流离。一面分兵南北两路，镇摄地方，招集溃散。现在关外北路原驻边军朱宪文旅、南路原驻马成龙司令，闻我军入泸，均各分派代表赍书、兼程来营，表示服从，愿听命令，情词迫切，出于至诚。职仰体钧座和平之旨，当令南北各军停止前进，并分谕该两部仍驻原防，照常供职。其泸属绅商人民，昨因乱军扰害，避难出亡者，亦纷纷回籍，安时其各路夷人，亦复相率投诚，市井晏安，商旅无阻，全边秩序，实已完全回复各等情。转报前来。又据蓝师长迭电略称：自我军进入泸城后，边军旅长任清全，闻耗即率军自来营，表示输诚，愿听派遣，情词恳挚。已由职酌予编制，并委以相当名义，仍为另指驻地，饬令保持地方，该员感服异常，刻已宣布就职。其余边军残部，散在宁边者，现已派员屡往，分头抚绥，宁巴各地，自可不劳而定各等情。据此。窃念川边重镇，关系国防，为国屏藩，责有专属。前镇守使陈遐龄，戍边十余年，耗饷数百万，而失地数千里，乃不力图恢复，转事内争，内争而致败。复擅自离职，致使所部溃乱，蹂躏全边，汉夷流离，藩篱糜决，腐物虫蚀，空穴风生，外患内虑，迫于眉睫，失今弗图，后患之来，实有不堪设想者。兹幸远托德威，全局荡定，汉夷相安，隐患日消除，由成勋权委蓝师长世钲兼任川南屯殖军总司令，蓝旅长文彬兼任炉边安抚司令，饬令将善后各事宜，妥为筹办外，知关远注，特再缕晰电闻。仍乞惠示方略，俾策进行，边局幸甚。全国幸甚。刘成勋叩。勘。

(4) 孙涵通电 (1925年2月4日)

北京临时执政、国务院、各部院、各省巡阅使、督理、省长、都统、护军使、镇守使、各师旅长、各报馆、北京探投川边陈镇守使、成都杨督理、孙代镇守使、重庆袁督办、刘督办、邓省长、田帮办、各电局、抄送各师旅长、各报馆钧鉴：上年十二月俭日通电，计邀垂察。日来迭据敝军驻汉源骑兵团长张利琛、驻化林代理第二团团长向仕宝等报称：川军十一师二十一旅旅长陈万仞，率所部两团及方朝深所部独立团，于上月廿七日由荥经属之泗坪新庙场出发，向我汉源属之泥东富庄等处分道猛扑，于卅日年前十时，与我各隘守兵接触，激战数小时，敌向凉风岗溃退。卅一日我军分道追击，敌军不支，由打马岗向泗坪新庙场全行溃退等语。查川边两军先后冲突，皆衅自彼开，敝军为保全国防起见，不得不尽力抵御。然自克复汉源、康、泸以后，职旅即严令所部，停止追击，原遵甫公督办，惠公督理上年屡次指定防区之电令办理，希望与三军重修旧好，不图陈旅忽又加入，兵连祸结，伊于胡底，国防即不顾惜，人民荼毒何堪。务恳我当国诸公、全川将领，排解制止，以息纠纷，实所盼祷。伫候明训。川边镇守使署代行折孙涵。叩。

〔北洋政府内务部档案〕

35 川军将领赖心辉等指控吴佩孚图川呼吁川军息内争一致声讨曹吴宣言

（1924年9月14日）①

四川各电局分送四川省议会、各法团、各报馆、刘甫澄、周举池、尹顾权、熊锦帆、周吉珊、曾奂如，尹仲锡、宋云子、骆公骕、赵尧生、颜雍耆、徐子修、徐申甫诸先生，各师长、各旅长、各清乡司令，各道道尹、各县局并转北军，黔军各将领均鉴：四川自治，倡于前总司令刘公甫澄，虽内部迭起纷争，而政体初无更改，良以大局未定，意见纷歧，一入南北漩涡，必为他人利用。我惟主张自治，乃能应付自如。三年以来，粤、湘、滇、黔互为提挈。上年甫公秉政，主张援鄂，义声震于遐迩，所谓乾侯之战，虽败犹荣。自我杨军退处鄂西，洛吴乃大肆笼络，处心积虑，以图川省，于今一年。盖洛吴多行不义，不容于北，见绝于南，以为川省地大物博，攫取以为地盘，则可以进取滇、黔，退联关陇，其所谓统一国家，声讨熊、但者，皆彼藉口之词，实则征服川省，奴隶川民，以遂其大欲而已。我杨军久客思蜀，堕其计中，势本相需，情有可谅。然后开门揖盗，今且盗憎主人，况复拔茅连茹，呼朋引类。试看北军、黔军猖獗如此，彼杨子惠有无主权？然则我甫公惨淡经营之自治省分，将遂灭止于北军、黔军之手。省格何在，人格何存，岂不寒心，岂不痛心。我军当未与北、黔军接触之先，亦曾迭请甫公，派员开导子惠，说明洛吴之狡谋，与夫亡省惨痛。不蒙明察，战祸遂开。犹幸天佑吾川，三战三捷。然我东路各县，上自简阳，下及永川，皆为敌军蹂躏，奸淫我妇女，掳掠我钱财，驱使人民有如马牛，拆毁房屋以供薪爨，赤地千里，路断人稀，耳不忍闻，目不忍睹。北路邓、田、陈等亦奉洛吴命令，勾结陕军、甘军，扰我绵、保各县。虽经我军击溃，而荼毒地方，

① 原件无年月，此系按附签考证年月时间。

戕贼人民，其惨状不亚于东路。而下川东各县之陷于敌中者，更无论矣。至于死亡战士，除敌军外，统计川军死亡何只万人，而杨军及邓、田、陈等损失尤重，此皆我川省之元气也。查洛吴以统一相号召。今则驱逐元首矣。何云统一，以援川为义名，今则荼毒川人矣。何谓援川，我川军痛恨洛吴设计之毒，利用川人亡川，不得已为省格而作战，为人格而作战，以保全川土、捍卫川人为天职，即只有一枪一弹，亦必致死于外来敌军，驱之出境，义无反顾。至我前敌将士，对于川军，无论其为友军与否，皆视如一体，情等弟兄，无论何处相逢，均不与之对敌，冀得保存川军元气，以免自相残杀之讥。如此后尚有川军，加入敌军后面攻击我军者，是甘心卖川亡者，人民自有公论，罪恶亦有攸归。近闻甫公恐杨军一误再误，川省遂亡，意在调解停战，并嘱杨军避免战斗，共息内争，一致对外。又接京电云：黎、段结合，奉军入关，全国一致，声讨曹、吴。孙大元帅亦属电促令讨贼，大局变化，即在目前。我前敌将士，以为杨军果有悔心之萌，川省或有不亡之日。盖亡于客军，犹可说也，川人亡川，不可言也。甫公见及于此，实为全川之福，故令我军暂扼内江，以观行动。倘北军、黔军，鉴于统一面具，业已揭开，及时觉悟，立刻出境，仍不失为亲善。万一藉故逗留，再利用川人祸川，则我前敌将领士兵，亦惟有拚命作战，谢我川人，特电宣言。惟希查照。赖心辉、石青阳、吕超、余际唐、喻培棣、何光烈、彭远耀、蓝世钲、张冲、郑英、陈万仞、张成孝、王丽中、刘国孝同叩。寒。印。

〔北洋政府陆军部档案〕

36 杨焕然黄德宣等谴责川边镇守使陈遐龄罪状电

（1925年1月5日—2月5日）

（1）杨焕然等致段祺瑞电 （1月5日）

段执政、国务总理、各部院总长、总裁、各省军民首长、各特别区护军使、都统、各镇守使、各官厅、各报馆均鉴：窃查川边镇守使陈遐龄，附和曹吴，参加内地战事，遂将国防三十余县抛弃不顾，现所存者，仅康定、泸定两县及甘孜殷口之一部而已。又查该使搜括民财，先后不下数百万，而又不发军饷，致所部军队，随地骚扰我川边，宁雅人民，受其蹂躏者，十之六七，流离满道，惨酷莫名。兹闻该使已潜逃至武汉，尚时通令川边旧部贺中强、张先典、孙兆鸾等，令其勾结夷匪，扰乱边局，并谓曹吴即将复起，必邀重赏等语。似此抛弃国防，蹂躏地方，犹复一再鼓吹内乱，应请明令拿办，追赔侵吞军饷，以恤被难人民，不胜迫切待命之至。四川川边宁雅公民代表杨焕然、吴希贤、王子才、赵伯平、文仲明、李君武、刘建邦等同叩。歌。

(2) 黄德宣等致段祺瑞电 (2月4日)

段执政、各部院钧鉴：窃前川边镇守使陈遐龄，阴谲贪狠，恶蹟多端，国人咸知，无待悉数举。其罪之显著者，查遐龄以湘中差弁，投效入川，滥厕行伍，惯能逢迎，暗施排挤，不间竟膺使职。即达目的，遂置边事于弗顾，而惟联北通南，附川和滇，覆雨翻云，以全禄位。民六之役，藏番构衅，前统领彭日昇鏖战数月，弹尽矢竭，遐龄夙忌彭统，拥兵泸城，不谋救援，不筹接济，合集军队入关，从事阋墙，以致关外各县沦失殆尽，边军九营全覆，官兵陷没者达数千人。前清赵大臣科年精练之部队，缔造之边局，一旦瓦解，而边事愈不可闻矣。更就财政而论，核计全部收入，如丁粮课税，协饷关税及遐龄私收之土税，岁约三百万。乃遐龄在边数年，军政费之积欠如故，其私置之产，则不下千余万。湘津各处，不难调查。如此半殖，何自而来，设非侵蚀克扣，其孰信之。上年，遐龄附和吴佩孚，助长川战，及致败挫回炉，竟尔擅离职守，近闻往来津汉，挑拨政潮。德宣等均隶籍川南，边局兴衰，实有切身利害，又曾身历边地，知之较详，用将该遐龄丧师辱国，侵款助乱诸大罪，据实撮陈，仰恳查拿归案，治以应得之罪，以维纲纪，没其赃私之款，以济军需。庶国法可伸，而奸邪知警。遐龄归案后，德宣等甘赴法庭，与之对质，如有虚诬，愿坐不悔。代表前清川滇边文按候补道黄德宣、前西军第一营管带张云魁、前西军第八营管带杨德盛、宁雅属公民代表前川南宣慰使张庭翥、文生徐国治、伍文焕叩。支。印。

（3）黄德宣等致段祺瑞电 （2月5日）

段总执政、各部院长、善后会议、列席诸公钧鉴：窃前川边镇守使陈遐龄，丧师辱国，罪恶昭着，迭经呈请撤究，以昭国纪在案。兹逢执政莅任，澹浊扬清，当不容此奸凶幸逃法网。谨将该使罪恶，撮要上陈，伏乞查究。查陈使不尽职守，丧失川边二十余县，此拖弃宝疆之罪一。查前请赵钦使拱定川边之后，留边军精锐十营，驻防镇摄。自昌察〔都〕被围时，统领彭日昇，分统刘赞征、帮统聂明德，文电告急，该使按兵不救，致昌都失陷。聂帮统阵亡，彭统领被囚，百战之军，丧失殆尽，此陷害边军之罪二。查陈使原属旅长稽廉之团长，陈嗾步三团叛变，戕害稽廉全家，要挟张镇守使毅，升任旅长，继又反叛刘使锐恒、殷使承瓛，乘川滇罗刘交阋，遂自取代镇使，此背叛长官之罪三。查陈使任职以来，每年所领边饷，所征粮税烟捐，约七百余万，综其所支，不及百万。所部愈肆劫掠奸占，为所欲为，民怨沸腾。该使置若罔闻，此吞蚀贪婪纵兵殃民之罪四。查宁雅各属，向称安谧，乃自陈使略占后，大开烟禁，以致痞匪麇集。办烟保烟为名，杀人越贷，劫屋伐塚，视为寻常。该使不但不加剿捕，甚至受匪军职，以为羽翼，匪有护符可恃，愈益鸱张，光天化日之中，竟成匪徒世界，此招匪虐民流毒遍地之罪五。以上五条，均属有案可稽，现该使弃职远飏，惟有飞电专呈，伏恳我执政饬属严拿陈遐归案审办，查抄财产以偿西军。代表前清川滇边务大臣文案候选道黄德宣、前西军第一营管带张云魁，第八营管带刘德廷、宁雅公民代表前川南宣慰使张庭翥、文生王国治、伍文焕叩。歌。印。

〔北洋政府内务部档案〕

37 四川督办杨森与帮办刘文辉等为争夺自井盐税款双方起兵有关电

(1925年3月9日—4月11日)

(1) 参谋长张秉升致刘肇乾密电(3月9日)

特急。北京前王公厂七号刘肇乾兄鉴：川密。送转龙杰三兄鉴：书密。川省自杨通电统一盐款，迫取自贡，九师亦尽力抵抗，宣扬罪状，决与一战。双方情况，京中想均知悉。就现势研究，一可见二三边八九自相残杀，实则刘根本利害之反冲。一证明刘无统治关系，并无团结三边八九为基干，以统驭四川之能力。查杨素恶刘之私树外援，运用联治手腕，以妨害其统一策略。故乘其部置之初，为剧烈之打击。其表面云：摧破大邑，系实则锄刘，根本大计摧破之，使其不能立脚也。惟杨安忍无亲，举事孟浪。近来动作已引起各派危惧不安之心理，促成劝人共弃之趋势。全局震撼，群思图之，恐由此扩大战事，难以收拾。刻本系同人，对今后川局之部置及首领之承继问题，正在研究中。京中接川电后，是何态度，如何应付。又闻刘电中央，非予以全权，则不负处置川事之责任，确否？统希从速查探，见告为盼。至刘、杨前项情形，不防密呈中枢。弟秉升叩。青申。印。

奉

批阅

(2) 刘湘致执政府密电(3月9日)

特急。北京执政钧鉴：畲密。川情复杂，波澜易生。前荷逾格擢荣，当请收回成命，未邀俯准，慰勉有加。传语到淀之日，正湘检阅赴万之时，方拟事毕回署，再陈悃怀，乃甫抵忠县，骤闻杨督办森派兵南下，将抵荣威。刘帮办文辉、陈师长洪范集中部队，共图抵御。前部接触，间不容发。军民恐慌，走相惊号。当此危疑震摇之际。敢存畏难趋避之思，鼓轮返淀，切电调处。杨督办则以派兵驻井统提盐款为名；刘帮办、陈师长则以稽所存案盐款，由驻军提拟。中央既无明令变更，杨督究何所根据。且事前未先通知，大兵遽然临境，尤显有其他之意，各执一词，战祸立发。川民苦兵久矣！橐弓耶矢已苦，赋繁敛苛，设竞龙蛇，起陆蛳角，愤争一隅之事，牵动全局。况值善后会议期间，钧座明令不得擅启兵端，湘仰体钧意，虽尚未就职，未便行使职权，而为纾钧座西顾之忧，调解制止之任，在所不避。窃以为川省之祸，在纲纪之不能整饬、在防区之未破除，盐款一端，亦无具体之办法，以致时肇兵戎，苦累黎庶。在前政府时代，更利用将领，互相牵制，在上者无专注之精神，在下谁负完全之责任。湘荷我执政特达之知，并锡以节制川康之命，苟利于国，不敢自逸。除设法弭止兵祸外，覆电奉闻。伏乞睿鉴。刘湘叩。佳。印。

奉

批。好为弭之。

(3) 执政府军务厅复刘湘密电(3月13日)

重庆刘督办鉴：奮密。奉执政谕；佳电悉。惩前毖后，弭止兵祸。谋国公忠，殊深嘉慰。青日曾有通电到川，所望于主持者，正复相同，尚希好为弭之。等因。特达。希查照。临时执政府军务厅。元。

(4) 杨森致胡仲实密电(4月1日)

胡代表仲实兄鉴：密译呈执政钧鉴：查三边两军，殆成世仇，甚深难解。盖自刘成勋为旅长之时，即与川边镇守使陈遐龄，累经兵戎相见，去年以来，双方苦斗于雅、泸之间，兵带祸结，国防大受其影响，以至去冬双方又经接触。当由森设法制止，始幸无事。然彼此仇视尤甚。今若循刘成勋一面之请，则盐款微论，其勒措不给，致惹纷争。但令边军稍失此项饷源，剔归刘使转发，亦必忿怨，至于挺而走险。且查边军将领，皆属陈使旧人，其仇刘使更甚。谓彼能受节制，无乃自欺欺人。就现情形而论，双方且严阵相持，不知暴发在于何目。森以国防关系綦重，故不敢妨嫌，缄默不言，敬谨以现状入告，惟钧座裁察是幸。杨森叩。东。

(5) 执政府军务厅复杨森密电(4月9日)

成都杨督办鉴：厚密。奉谕：东电悉。三边两军，虽宿怨甚深，但在刘使统辖之下，盐款拨到，令其照常发放，则可不令与闻其事，似未妥善。然而此事犹小，该省盐款之分配，恐有纠葛于其间，望与刘督、赖长和衷协商。防区之制，固碍财政统一，盐款不均，亦难免另起纷扰，应相提并论，详细商榷，折衷一是，以安川局，是予之深望，速为确定也。等因。特达。执政府秘书厅。青。印。

(6) 执政府军务厅复杨森密电(4月10日)

成都杨督办：厚密。青电计达。向者川将咸谓兵工造币两厂，悉被把持，盐款尤为不均，消息险恶，势将决裂。故有上月之青电，酝酿至今，责言备至，甚于往昔谓执事密令黄毓成、唐倡九、郭松云指挥东北南三路，同时出击，统一期在节。前各将协谋自卫，出以相当之对待，且为川民减痛，另有要求甚力。在执事责任心重，未便假借，而情势所趋，胡可执一。川祸连年，民不堪命。战端再开，罔知所届父母之邦，执事忍乎。余亦甚不愿闻名利场中，遇眼繁花，古往今来，历历可数，凭陵意气，甚无谓也。天下事，争之则不足，让之则有余。余意兵事，应即收束，两厂盐款，并交刘督，分配救济，蜀虽当无愈。此正发电间，庚电亦到，捐除意见，适获我心。执政。蒸。印。

(7) 杨森致执政府密电(4月11日)

胡代表转呈执政钧鉴：实密。顷奉青电。以派驻自井军队事，上烦廑念，悚惕莫名。自川乱戡定后，军队如林，耗饷至钜，寅粮卯吃，财弹力厥，不得已始议以自井盐税，由森统提分配，使各军咸有接济，期有合于钧谕，不患寡，而患不均之旨也。派队出发之日，曾通电川中各将领，多获赞成。惟刘师长文辉驻兵自井，颇滋疑虑，现经刘督办湘去电开示，正与磋商，谅不致再涉误会。川中苦兵革久矣！与民休息，实森本怀善后事宜，当与刘湘协商总期和平办理，以仰副钧座，轸念西陲之至意，谨此复陈，统祈睿察。督办杨森叩。真。

〔北洋临时执政府档案〕

38 王天培报告川军形成两大派互斗并分析川滇黔局势拟联滇金汉鼎反唐继尧有关电

（1925年3月30日—4月8日）

（1）王天培致甘凤章等密电（3月30日）

西四平安里五号甘凤章、傅代表觉民鉴：新植密。川局酝酿，已成弁目速成与保定系两大派，相对峙之势矣。保定系即军官之邓、田、潘、刘、刘、何、陈、□、李、□、相各师，孙震、夏重实各旅，□速成之陈能芳师长、张毅师参长陈能智，受刘湘扰残于前，军官受刘扰残于后。弁目速成，即杨、刘两首领，唐、李、洪、郭等及王治易、王聚奎各混成旅，现杨挟二军先扰残保定系后，其他自降，刘又挟欲二军先容纳保定系，利用中央命令去杨后，即减保定系，所谓阴谋之卖空买空，又加以八面谋应付之，赖德祥作俑于其间。保定系实力尚优，欠阴谋手腕，几无应付，现目下各将领，均集中渝城，同学最多，川同学最近数月，颇为觉悟，非团结不能生存。此次商量，若得刘湘川康督办，邓川督办，刘自乾帮办，共同解决，杨必成功，并易就轨道。否则两系必有决战之日，胜负未可逆料。保定系胜，则完全根本改造，败亦不致大损。培与保定军官速成同学，颇有联络。目下一面准备回黔，一面暗中立墙观变，意在川局有办法，而黔易治也。黔中军事已告彭，令于仁、哲渔、马、杨、张各部，就击在洪江及入桂之滇寇，并与湘赵、桂李、黄范等联络一致讨唐。川黔联同志，扶持金铸九入滇，与范合作，因滇唐下之资格，金一人而已。又范为人，无异川杨而甚之，人皆畏之。有金在其滇，则省制易合作，此意请渐输入执政闻之。如何？黔局悲观多矣。因宪政派仍夺主，财政行政，事事把持，所委之人，非亲即友，或拜门者。处处关闭，人民大失望。又请袁老太爷入省，以为必得门径，仍属无望。人民及有良心者，均日嗷号。培回黔振里，而该派即在筑，渝、京三处，种种破坏牵制。培曾有不回黔之宣言，放弃之彼等又失望；欲理之，彼等如此奈何奈何。现查该派在黔积极谋把持牛耳，在外同研究系与滇唐同谋南北对峙，请查在京津秘密会议，及窥查善后议中之议论者，知第一步与执政抗衡，第二步拥黎、唐或徐、唐登台，第三步唐独作皇帝。此种想梦，固不易做到。但妨害国家地方事业，人民何日得安。现西南同志已决心驱唐制滇，而亟行剪除障碍，求达素所主张拥护中央统一军权，扶持民治之主义，请将此意转输当局为盼。培现虽在渝就职，不過挂头衔而已。该派仍积极运动，要彭不就省长职，谋督与彭而任或张夺其长也。本师枪弹之良莠多寡及能否领得，想不言而喻。欲图谋滇，本师械弹不充足，颇难为功。若有枪万枝，每枝配弹四、五百发，必可牺牲以求人民之安也，请代谋之，并盼随覆为要。培亲笔。卅。

(2) 临时执政府军务厅复王天培密电（4月8日）

重庆探送贵州王督办鉴：新植密。甘、傅两代表转到卅电，已呈执政。奉谕：黔事具赖经划，时事多艰，仍希对于各方加意联络，互相维系等因。特达。临时执政府军务厅。齐。印。

〔北洋临时执政府档案〕

39 王天培关于川督人事安排与讨伐杨森及其回黔反滇等情与临时执政府往来密电

（1925年4月6日—11日）

（1）王天培致傅党民等密电(4月6日)

提前。特别急。西四平安里傅代表觉民、甘代表凤章鉴：亲译。新植密。川局酝酿已深，经培约刘文辉及多数同学到渝，与刘、赖、邓各公，请开诚商量，现颇得具体办法，一致讨杨，第一步已由执政请罢免杨职，集中兵力。第二步实行作战，务除独夫。培因此关系，须集中军队，暗为援助，俟川局定再回黔。执政有所问，请代表衷苦。川将领攻杨之电，有请执政另简贤能，或命刘湘兼任之语。查川中将领，除保定系绝对服从执政外，其他只有利用中央者多，此间同人，以同学刘文辉为浦澄之叔，公私均有关系，甫澄既负川康督办，何暇兼顾，均主张文辉升任川督办，邓锡侯同学兼川路政督办。赖公亦极表赞成。执政果能照此颁令，刘甫澄、德祥、自乾、晋康、禹九诸公皆不满意吴子玉者，川事可期于平，必能助本军经营谋滇，请向鸣阶、赵曲两校长、张厅长等说明，转达执政。又桂之、李、黄已与我一致讨滇，西南可勿忧矣。此事愈速愈妙。培回黔之事，一因川事未平，一因任张、陈、丁等尚内外作用，鼎公又不彻底，故彭尚未就职。已一面催彭就职，勿使执政怀疑，一面分县清乡，令周兼办西匪路，彭兼中区及西南路，李子仁、王哲渔办东南路，培派军队办东北路，又集彭、李、王之兵，各挟击洪江及白色之滇军，周则只知经营各县地盘，八面方针而已。然对我尚表服从，催我回黔也。子仁夸大，又迷忽可叹，请函劝之，并嘱其代表速回也。要在京惹起各种反感及笑柄。素元已到渝，鼎公令转京，素答回家养老，彭亦来电欢迎。内人于三月初六有午未间生一子，甚健。培拟将眷属送出京沪，寄居教会学校，俾得教养，而免奔波之累，请代绸缪。培叩。鱼。

(2) 临时执政府军务厅复王天培密电（4月11日）

特急。重庆探送贵州王督办鉴：新植密。傅、甘两代表转到鱼电，已呈执政核阅。川省近状，廑念至深，执事筹划回黔暨对滇各办法，均臻妥协，甚为嘉慰。仍希与各方随时接洽，相机办理，奉谕特达。临时执政府军务厅。真。印。

〔北洋临时执政府档案〕

40 川督杨森与刘成勋等在隆昌内资一带交战情形有关电

（1925年4月12日—7月24日）

(1) 杨森致段祺瑞等电(4月12日)

段执政钧鉴：各部院、各督办、省长、都统、各部长钧鉴：逆军刘成勋，滥厕戎行。僭称军长，盘踞新津及隽、温、宁、灌、邛、蒲、彭、名、大、庆、资、雅、叙、洪等县，十年以来，恶迹卓著，远事姑勿论。自上年熊克武败走后，成勋输诚就抚，仍驻原防，森以战事既平，许以自新待之，极为恳挚。该逆貌为服顺，阴蓄异图，搜刮民财至一千余万。广招匪徒，扩充师旅。去年春冬两次，谋取川边，将为进战退守之地。今年四月，竟与刘文辉、赖心辉等勾结为乱。一面袭攻成都，一面进攻康定。森制止无效，迫而下令讨伐。该逆负险顽抗，激战旬余，幸赖执政威灵，将士用命，卒于上月巧日克复新津，余部退守邛、蒲、雅等县。复由边军孙涵等，从荥经进攻。该逆腹背受敌，已不能支，所部缴械者半，逃溃者亦半。成勋知众心不附，始率蓝、张等带弁兵数名，往嘉定潜匿，而上川南各路，遂一律肃清。查该逆经过各路，搜刮抢劫，人无幸逃。败则沿途焚烧，千里尽赤，残忍行为，过于闯献。闻者无不裂眦。除由森极力抚绥，维持善后外，伏望我执政悯念疮痍，惩此叛乱，明令全国各军长官，一律协缉，尽法惩办，以肃国贼，而维纪纲。所有讨伐叛逆地方肃清情形，谨此缕陈。伏祈垂察。督办四川军务善后事宜杨森叩。冬。印。

(2) 尹昌龄致段祺瑞等电(4月12日)

段执政、善后会议、各部院、各省军民长官、北京、四川会馆转旅京各先生钧鉴:绅等顷致吾川各将领一电文曰:蜀乱经年,民不堪命,休养生息,端赖仁贤。自杨督办就职以来,注意弭兵,专事教养,元气稍复,民庆来苏。乃近日道路传言,有渝中分军五路,进攻成都之风潮,并闻资内一带,业起冲突,绅等庸愚,极深惶骇。同是川军,同处川境,有何深怨,必至兴戎,若徒快意当前,不惜残民以逞,而前仆后继,事类循环,殷鉴匪遥,可胜悼叹。况川省去年奇荒,民食不饱,抚辑之事,将苦术穷安,可再事武力蹂躏,以重苦人民。各军将领,皆川中明达,回顾乡井,民命如何?试观闾阎,宁忍出此。袁刘两督办,坐镇渝中,功高观重,宅心仁爱。全蜀同钦,甚冀痛念疮痍,力为调解。务期战事得以停止,所有一切事宜,尽可集议,为公平之解决。绅等劫后余生,魂惊烽火,涕泣以道。伏祈鉴垂等语。溯自建正以还,川中亟矣!川民苦矣!何堪再罹兵祸,务恳我执政垂念孑遗,明令止战,勿为私斗,以误国家。更望各省军民长官及旅京同乡诸先生,悯国家之多难,戒阋斗之非宜。仗义责言,劝归和好,仁言利溥,拜赐实多。尹昌龄、徐炯、陈钟杰、曾鉴、宋育仁、文龙、颜楷、刘咸荥、周道刚、徐孝刚等同叩。文。印。

(3) 杨森致段祺瑞等电(4月14日)

北京执政钧鉴:善后会议、各部院、各衙门、各省区督办、省长钧鉴:川战甫平,民困未苏,稍有人心,忍再滋乱。乃第九师师长刘文辉辄与第一师师长赖心辉、西康屯垦使刘成勋、近复联结,称兵犯上作乱。森受国家付托之重负本省安危之责,不得不命将出师奉辞伐罪,以戢暴乱,而奠川局。谨此露布。即希荃察。督办四川军务善后事宜杨森叩。寒。印。

(4) 刘成勋致段祺瑞等电(4月25日)

执政钧鉴：各部院长、各省、各特别区军民首长，各师旅长钧鉴：日前杨森无故兴兵，攻我部属，详情历经电详，计邀垂察。成勋为爱护和平，一再退让，殊杨森节节进逼，忍无可忍，乃督饬各部于邛崃前方，迭加痛惩，彼势不支，始行溃败。查该杨森利欲熏心，有同狂瘈，月来分兵四出，凡我川中各军，靡不被其攻击，似此藐视中央，破坏统一，应恳我执政褫职声讨，以申国纪。我军攻诸公主张公道，一致驱除。不胜迫切待命之至。西康屯恳使兼管民政事宜刘成勋叩。有。印。

〔北洋政府内务部档案〕

(4) 赖心辉致段祺瑞等电(7月24日)

执政钧鉴：心辉谬蒙特简，畀长川民，亦欲循序程功，纳民轨物，乃事与愿违，诚难孚众。省谕各怀意见，政令不免纷歧。心辉本钧座和平统一之旨，遇事迁就，疏通刘督办湘，节制川康，初意亦主调解，不图省方一意孤行，视部属为仇敌。迨奉明令查办，刘督办犹信使劝谕，冀其自悛。乃此愈退让，彼愈逼迫，中央明见万里，委曲求全。调京令下，全川懽忭，以为鲁去庆父，大患可纾。岂意狼子野心，裂冠毁冕，等命令于弁髦，并通电诋毁刘督。川军内情复杂，纲纪荡然，暮四朝三，时生变化。杨森以同学团体为号召，以师旅名义为招徕，近更发表军长多人，无知背义之小人，不免从向附和。刘督办湘，熟思审处，顾虑徘徊，诚有苦心，非关畏葸。今则联军觉悟，一致反杨，公推袁督办祖铭为川黔联军总司令，团结指挥。杨森欲先发制人，分道袭击。十四日以五师七混成旅之众，向我荣昌防线猛攻，经刘帮办文辉击退。敌又于十七日移攻大足，复经邓督办锡侯击退。心辉见于箇日，驰赴前线，商承袁督办命令各部，一致进攻，计日内必再有激烈大战，以现时战况而论，联军确占优势，士气尤为奋发。隆昌、内江、泸县、三台指日可下，川局或可一战而定，足纾钧座西顾之忧。惟子弹至为缺乏，中央前允拨济之二百万，以措缴弹价，艰难之故，尚未领得。应恳钧座免其缴价，电令汉厂从速发给运济，庶不至功亏一篑，妨害统一进行。余情由魏代表军藩、贾委员晋面陈，不再赘渎。耑肃恭叩钧安。四川省长赖心辉谨上

七月二十四日

〔北洋临时执政府档案〕

41 四川万县旅京同乡代表何金门等沥陈四川人民受军阀兵祸苛敛请开放鄂赣两省关津粮道救济呈

(1925年9月19日)

呈为沥陈民生困苦，及历年隐痛，恳请重申命令，饬四川长官免非法取求，并饬湖江两省大吏，开放关津，以策救济，而解倒悬事：伏读政府公报八月二十九日命令：取民有制，古训昭然，国体虽更，治理则一。比年国家多故，飞刍挽粟，杼轴已空，加以灾沴频仍，流亡载道，休息生养，且虑不遑，更何忍以有限之脂膏，供无穷之朘削，所赖各省区长官，体念时艰，勤恤民隐，正当税捐之外，所有一切非法杂捐，悉与蠲除。倘有不肖官吏，巧立名目，藉端苛敛者，应即依法严惩，以纾民困。但使闾阎轻减一分负担，即为国家多培一分元气，著内务、财政、陆军部，通行遵照，用副本执政轸念民艰之至意。此令。等语。捧读之下，感与恸俱，不知涕泣之何从。缘四川一隅，自民国以来，中央威令，为剑关夔门所隔绝，沈沦于兵匪域中，掳掠任情征求，无艺小民，无所告诉久矣。兹以刘湘、赖心辉就督办省长职官，刻以战胜，录功请奖。又以饥馑入告，蒙赐赈济，统一之效，渐及西南，其吾民重见天日时乎。谨以历年涂炭之苦，以及今年凶旱之灾，而又加以竭泽之渔，为我执政哀鸣之。四川军阀，几于无岁不争，滇黔客军，就食兹土。军杂则匪乘之，全省大势皆然。但就我县约言之，匪之毒在于挪肥，为之伥者曰卖肥，其始视巨富者，破门入室捉之，避寨洞则围攻之，量其家产之半数或过半

数，鸣价限赎。待之又不以人道，捶楚严刑，鸣哀之声四达，缴价略迟，则杀其人以示威，而赎者不能不出以踊跃，最富贵者尽次，则选中人之产次，则一二百金，亦不能免，民间经此种勒取者，以数百万计。然此犹诿之于匪，试言军队团长赵国莹驻兵我县，以私藏军火罪名，穷搜富室，无论新枪旧枪土枪，皆执以为据，不得其据，则拷打备至，必使承认为有枪，无枪以缴则认罚，又或搜索之时，自携子弹栽诬，此种损失，又以数十万计，然犹日取之无端也。滇军驻县城，始督民种罂粟，且为之购种于滇，一经下种，名目歧出，苗长数寸，即收捐曰鸾捐，收割之时，照斤两核收。滇军既收，川军又至，无论其出售与否，立时威索，民间被逼胁，有自经死者，而索钱不稍减。家藏烟土，又有他军指为禁物，非重罚即没收，创深痛巨。我县民自今誓不再种，其损失又数十万。然犹曰：民受其愚，而蹈其穽也。且言赋税，名目纷出，曰护商、曰保安、曰水警、曰乐输、曰船捐、曰统捐，水道上下游，设局聚鱼沱明镜滩，陆路则四面局卡，名目至八九种之多，货物至微，一二斤皆须上捐，船只运载，任意留难，索票索钱，形如抢掠，稍与争执，责以军棍。总上碎捐，又岁约数十万，然犹曰额外之杂捐也。正当赋税，则更有难者，万县正粮，旧额九百余石，每石约银币七元，今则加至一百五六十元，益以附加统计，约二百元，较旧额至二十倍，中有清乡费，每石七十元，累请免而不得，尤为吾县所独有，历年计算，逾额征收，又至二百余万。至若无定数、无定时，军队争夺，此去彼来，去者曰需军费，来者曰筹军饷，或数万或十余万，或二三十万。而最酷者则卢师谛、黄复生、预为败计，限一月筹六十万，又提取庙款无数，此即当时所称革命巨子，今则逍遥沪上，花酒流连，此皆剜肉于万民之身心，而听其削剥者也。总计军需所取，又三四百万。此皆前十余年，县民身受之痛史也。以此之故，富者贫，贫者愈贫，然犹未至尽转于壑者，则赖年谷丰收，延命之尚有资也。万县常年仓、义仓，各甲之积谷仓，储存逾万石，历年军队至此，任意取食，食不已又卖之，以至空无一粒而后已。且又有自由征发之举，军士自行下乡，强开民仓，任意载取，民哀恳者，与以收条，否则不与，杼轴告空，略无存蓄，去年已觉不支。犹幸县民不再种烟苗，冬季豆麦尚可苟延。今夏大旱，禾苗枯槁，所获不过一二成，来日方长，延生无术，而驻县之军食，又万不可少，转瞬饿莩，计日可待。督办刘湘，去秋于军费统筹川东十一县，我县与焉，派军费三十万元，曰后此不再筹县民。以割削之余，勉力缴纳，遂至刮肉见骨，更难维生，而今夏犹令筹六万，哀鸣求免，减至四万六千，不能再少，今则又令筹十六万元矣。历年筹费办法，限令城乡四堡三十三甲，团总促期立办，否则勒令团总垫解，续由各花户补缴与团总，加四五分利息，否则鸣之官，为团总追缴于正数之外，又加十分之三四，官且严为之罚。而簪之费，又踰于正数，民力至此尽矣。凶年谷价昂贵，每石现值三十元之谱，财产日消，生活日艰，无食何有民，无民何有国，存此二十万六千元于县，民以之购买食谷，犹惧不能赈数十万人旦夕之命，况欲饮其点滴之膏血耶。此恳饬我省长官，速行免收之大愿也。去冬今春，县民以食物缺乏，乃集赀至下游购米，明知湖北粮米存储无多，自向江南江西远购，而宜昌关阻之。鄂民固虑粮米上行、米价渐昂，不利于已。县民不购自湖北，则非湖北自有之米必阻之，而使归湖北自用，以平其价。然又其如川民何。是恳饬令湖北长官，对于我省采米粮，立与开放之大愿也。川东自督办刘湘统筹军事以来，整饬行政，任委各县知事，事权渐归画一人，又常以民困为言，非法杂捐，逐渐裁撤，所余有几，且倾心北向，仰赖政府，其心在在可白。是望政府，俯顺与情，命其以慈祥之心，为公平之举，怜垂死之民，为救济之方，重申八月二十九日通令之必行，仁人之言，必更遵从，亦统一有效之时机也。所有旅京万县绅民，合词追述历年苦衷，并垂危现状，请愿执政允予批准，分饬遵行，则我县未死之民，皆执政出水火而拯救之。不胜锎阖待命之至。谨呈

执政府

四川万县旅京同乡代表何金门、徐天彝
四川万县公民来京代表刘进修、何恩宽

中华民国十四年九月十九日

〔北洋政府内务部档案〕

42 四川乐山县各界报告惨遭杨森兵祸荒灾请求蠲恤以全民命致执政府呈

（1925年9月20日）

呈为兵祸荒灾异常奇重，谨缕陈实情，吁恳蠲恤，以全民命，而保孑遗事：窃川省频年战乱，迭受兵祸，最称惨剧者，厥惟东路资内、荣隆等处，乐山古嘉定治僻在西南，民六以还，八师陈洪范，驻兵于此，时值兵燹之后，力谋休养之方，数年之间，幸免于难。乃本年自杨森肇衅，首陷眉嘉，经春徂秋，半年鏖战，人民罹锋膏兵刃者，遍川东南西七八十县，其筹款之逼迫，供应之浩繁，拉夫之无时，军队之蹂躏，举凡经过县境，靡论山区僻壤，同一创巨痛深，而详较此次受祸之酷，被灾之惨者，尤以嘉定为最甚，被围之日，恰等扬州荼毒之残，无异张献。推其特异之由，厥有数端，可指请为我执政缕晰陈之：（一）时期之延长也。自三月战事发生，八师退走，杨部入城，从此军队络绎往来，民舍尽成营房，拉夫无时，或息交通梗阻，市面萧条。延至八月，杨森穷蹙，退保嘉城，军队约四五万人，战线亘三四百里，相持一月，杨森潜逃，联军四面合围，残部负嵎固守，十日之间，粮道水源，均被断绝，饿殍枕藉，惨不忍闻。综计战事以嘉定起，以嘉定终，时期之长，实无有出其右者。（二）地理之阻阨也。嘉城三面临江，东为岷江，西南则青衣，大渡二河，惟北路通陆，又半枕山。杨部恃此险要，登陴据守，罔恤民生，彼时联军东则刘帮办所部，北则邓部，西南则陈八师所部，昼夜环攻，枪林弹雨，人民逃生无路，杨部肆虐愈凶，时阅浃旬，哭声震地。夫彼资内、荣隆，虽云战事必争之地，然无险阻可凭，不过暂时进退，从未集五六万众，相拒至十日之久者，此又因地理关系，而遭祸惨酷之特异也。(三)时节之巧合也。战事初起，正当播种之时，乡民大半被拉，天气又复亢旱，栽种之田，业不及半。洎杨森退嘉，又届秋获，乡农被掳，田谷不登，厥后十日被围，城内绝粮，人将相食。盖嘉城习惯，民间食米，概系预算，买至新黄，其在平时，人民藏米尚富，尽可供亿军糈。今际秋收之期，又逢荒歉之岁，前两三月，以钱三十余串，尚不能易斗米，故此时富家食米亦罄，贫民更不待言。乃杨部于围城之内，下令征发，自由搜索，沿门挨户，囊橐为空，登屋攀垣，财物净尽，日复一日，无一幸逃。因时节而遭惨酷，亦为嘉定之特异者。(四)饥军之麋集也。各军作战费用，无不取之民间，初则各就原防，预征抬垫，以资供应，继后转战千里，经时半年，在民间已罗掘俱穷，在各军犹伙饷难给，最后抵嘉，联军合围于外，统系既已复杂，杨部死守于内，统驭又无专员，以致城围之日，城内之搜索，焚掠固甚于洪水猛兽，及城围既解，而城外各乡之掳掠劫夺，亦等于饿虎饥鹰，田稻则颗粒无存，仓储则椽瓦仅俱。联军各部长官，佯为不知，且仍自由筹拨，勒逼威吓，无所不至。诉之帮办，亦未如何。此饥军麋集，尤为嘉定特异之最大者。综上四因，以故吾嘉一县之区，半年之内，筹款则先后计百万有奇，供应则粮秣达万石以上。夫役不返，哭子痛夫者，约数万家。蹂躏难堪，闭城鱼肉者，盖十余日。今者、城市坵墟，桑田沧海，人怀流亡之惨，富无斗石之储，古称室如悬磬，野无青草者，览嘉定之景象，不禁潸然伤之。诚者果将上述四项特异之原因，平心推测，虽远在万里，亦当知所言不诬也。呜呼？往事已矣。来日大难，绅等溯因知果，毖后惩前，计有两端，必难幸免。一曰经济断绝。人生问题，厥惟经济，经济要素，劳力为先。嘉定自罹战祸，无日不拉夫役，数月之间，行人绝迹，卒至挨门捉获，无殊石壕巨室绅衿，均不可避。今则盐煤停工，莫由恢复。舟舆毁，无路可通。农亡于野，荆棘满田。商绝于途，货财尽耗。从此抚循休养，尚须一二十年，方能回复原状。而况大军云集，供亿浩繁，生产无方，生计递绝，此必不可免者一也。二曰饥馑交臻。嘉定山多田少，丰收之岁，仅足半年，今则发自由，收获无着，目前民食已苦不支，然使上下两河，一如往年接济，未尝无法补救。无如东北苦雨，西南亢旱，灾荒之象，几达全川。战事延长，遍东南西三路。报灾县分，十之七八，筹赈处有案可稽，绝非臆说。回顾吾嘉三十余万生民，行将同为饿莩，徬徨五夜，悲从中来，此必不可免者二也。由上四因，斯生二果。故论吾嘉此次所遭之兵祸荒灾，尽应与黄赤闯献同科，不仅与资内、荣隆并论，绅等声嘶力竭，血尽泪穷，素谂我执政，具大悲心，行菩萨道，只得据实缕陈，务祈我执政大施法力，宏展仁慈，轸念灾黎，俯赐拯恤，饬下财政内务两部，迅拨帑藏，核实散放，蠲免赋税，藉杜繁苛，并祈转饬川督省长，悉心图维，施放急赈，则绅等残息尚存，庶有昭苏之望，寒冬将届，得免转徙之忧，共沐恩施，实沾德便，所有吁恳蠲恤各缘由，理合备文，邮请同乡京官代呈，伏乞训示祇遵。谨呈

总执政段钧鉴

四川乐山县筹赈分处会办团练局局长　欧阳惠

商会会长　施　泽

团务协进会理事　刘清泰　李在瀛　杨继琮　王畏岩　唐　渫

农会会长　刘中兴

教育会长　王志仁

帅镇华

地方收支所所长　王修龄

李　均

教育局局长　秦文魁

实业所所长　陈萍伯
城区团总　罗文盛

中华民国十四年九月二十号

〔北洋政府内务部档案〕

43 杨森宣布就四川讨贼军第一路总司令职通电

（1925年10月26日）

特急。汉口讨贼联军总司令吴钧鉴：各省军民长官、参众两院、各省议会、各法团、各报馆均鉴：顷奉讨贼联军总司令吴漾电开：特委杨督理森为四川讨贼联军第一路总司令。电到即日就原驻地点就职，并自行刊刻关防一颗，文曰：四川讨贼联军第一路总司令，俾资修安。此令。等因。奉遵于宥日在万县行营就职。并刻关防颗，即日坐用。窃以国贼弄柄，纲纪荡然，皇皇中枢，动受挟制，森澄清有志，敢让先鞭，誓挽既倒之疑，澜勑作中流之砥柱，谨瞻玉帅马首，敬步诸公后尘，除率本部将士待命外，特电奉闻，候明教。四川讨贼联军第一路总司令杨森叩。

〔北洋临时执政府档案〕

44 胡运休为四川长宁县遭杨森残部兵劫请求赈恤呈

（1925年11月）①

呈为惨遭兵劫，泣恳赈恤事：窃长宁小邑，僻处边陲，山多田少，民积贫困。自去年欠收以来，半以泥土充饥，曰食仙米。曾经杨知事悯念孑遗，呈准拨款千元赈济。尚未实行，今岁军兴，又加筹款筹米，计征粮税，已至民国十八九年。如是搜括，民不聊生，乃不蒙天眷，尤复大劫当头；突于十月十二日，杨军残部约二万余人，由横江开来，编归川黔边防军吕总指挥所部。绅民阻止无方，警惶万

① 原文未有日期，内务部系十二月一日收到，

状，弹丸城邑，麇集兵山，势焰汹汹，毒如洪水，军纪散失，士卒如狼；凡过乡城市镇，如硐底场，龙透铺、铜锣井、安宁镇、开佛场、古家河、下场与所住治城，壁户全空，门窗灰烬，肆行焚杀，任意刦拉，无家不破，无屋不空。老弱者不能应其驱，使施以鞭笞。少者未及逃亡，横罹黑弹。吞声敛泣，失所流离，茫茫惨酷，不辨晦冥，实长宁自来未有之浩劫也。查此次全县损失，垂怜数万家，灾民之生活无依，倘乏矜恤，百万人性命何托，局长情迫气阻，冒昧泣呈，仰望我大执政，令饬现驻防军，停止征取米款，以苏民困。再拨巨款，分赈灾黎。庶白骨重生，以副仁意。铭心刻骨，戴德不忘，所有惨遭兵劫，泣恳赈恤缘由，理合迳呈钧府，俯赐矜恤，指令祗遵。谨呈

中华民国政府大执政段

四川长宁县团练局长胡运休

中华民国十四年十一月

〔北洋政府内务部档案〕

五　直系图粤之战

1 晋督阎锡山关于无兵可援以阻孙中山北伐致国务院等密电

（1922年2月23日）

北京国务院钧鉴：参谋、陆军部均鉴：昌密。箇电敬悉。孙文北犯，关系大局安危，凡属军人，均应厉兵秣马，志切同仇。尊电以北犯设成事实，地方治安，实首蒙其影响。愚意亦以为北犯，果成事实，恐北方受其影响，晋省地方治安，尤先大为可虑。晋军本极单薄，平时仅敷维持地方，去冬因陕北匪乱，逼近晋边，不得已始派队过河协防，迄尚未能调回，而内地已属空虚，边防更无可抽填。设外有边匪之警，内受潮流之冲，恐临时专为保境公民之谋，尚不免有岌岌可危之虞。赴难驰援，本属义不容辞，分兵远征，实恐力有不逮。锡山忝任疆寄，守土有责，自当秉承中央意旨，先筹保卫地方治安，以免祸及人民。披沥直陈，诸希察谅。阎锡山。漾。印。

〔北洋政府陆军部档案〕

2 沈鸿英等拥护桂省议会票选岑春煊为广西省长并请北京政府明令任命通电

（1922年6月19日—7月6日）

（1）沈鸿英等通电（6月19日）

万急。北京大总统、各部院、各省区巡阅使、督军、省长、总司令、上海岑云帅、陆干帅、谭月帅、莫日帅、天津陈舜帅钧鉴：广西省议会、各县议会、各司令、各报馆、各商会均鉴：顷据驻桂旧部各将领钟明阶、李飞、张希烽、谢重光、叶士衡、沈健飞、何海鸣、黄芝华、沈杭延、张世英、叶干桢、吴定国、李时风、黄鄂三、廖炳坤、戴德斋等及各公团、次第发来函电称：桂省议会，经票举岑云帅为广西省长，各将领及地方各法团，均一致拥戴，迭电敦促速回，主持大计，请尊处仗同电催等由。逖听不胜欢迎，伏念桂自粤军退后，全省无主，丝棼待治，犹解倒悬，非云帅老成硕德，出任主持，不足以奠危局，务请克日回桂，宣布就职，早慰云霓，俾桂局危而复安，九百万人民同登衽席。鸿英等执殳于役，亦得释乡土之念，一意效力死守，无任企祷。诸公忧时望治，谅有同情。并恳一致以大义相责，劝拯此方，桂局之幸，亦大局之幸也。援赣西路司令沈鸿英率部下副司令黄鸿猷、旅长沈荣光、何才杰、邓瑞征、李易标、团长沈志威、陈寿山、杨子德、沈恩甫、黄振识、张耀廷、麦胜芳、邓翱坤、萧镇湘、李刚、陈春光、吕定祥暨全体官兵同叩。皓。

（2）广西自治军第十三路司令钟明雨通电

万火急。北京大总统、各部院、各省区巡阅使、督军、省长、总司令、上海岑云帅、陆干帅、谭月帅、莫日帅、天津陈舜帅、莲花厅沈总司令、迁江林总司令、韩司令、南宁韩总司令、盖总指挥，刘总司令，陆旅长、省议会、浔洲送武宣刘总司令、江口张司令、贵县李总司令、自抄送桂林梁总司令、李处长、雷旅长、沈军司令、石厅长、侯知事议参会、商会、各报馆、广西各局、分送各正副司令、各旅团长、各统领营长、各县知事、各议参会、各商会、各报馆均鉴：自粤桂构兵，客（译文原注：电码有错）山鸿我领在林总司令，早经全省军民公推，出维军政，总摄师干，大厦之支，匪资一木。破坏告复，启设方新，吏治民生，丝棼待理。全省大计，主持无人。前由省议会及各界推举岑云帅为广西省长，各军将领地方团体，极表欢迎。明阳等尤愿竭诚推戴，当此时危势迫，一发千钧，我云帅硕望老成，万流仰镜，非得出膺艰巨，不足以救危亡，务恳顾念桑梓，启节回桂，宣布就职，藉慰九百万人民云霓之望。诸公爱乡爱国，定能统顾兼筹，尚乞一致敦促，俾桂局危而复安。岂特吾省之幸，大局前途，实攸赖之。谨布悃诚，伫闻训诲。广西自治军第十三路司令官钟明雨、副司令兼总指挥李飞、第一支队司令钟玉春、第二支队司令卢斗北、正司令叶干朴、第四支队司令周嗣人、第五支队司令叶梗甫、第六支队司令梅伯初、第七支队司令钟仁周、第八支队司令聂德乐、第九支队司令谭志武、第十支队司令何海正、第十一支队司令冯俫泰、第十二支队司令毛平西、暨全体官佐同叩。支。

（3）广西自治军第四路司令兼桂林道属清乡会办余明健通电（7月6日）

北京黎大总统、各部总长、诸同乡、上海、香港、天津、送澳门诸同乡、先生、保定曹吴两帅、龙州林总司令、南宁省议会、广西各司令、各统领、各支队长、各县知事、议参会、各法团、萍乡沈总司令、暨旅赣同乡诸公钧鉴：江日接旅赣同乡艳电。敬悉桂省议会票选岑云帅为广西省长，共庆得人，应请中央政府，尊重民意，加以任命，何物某氏，尚欲把持桂省政权，请任私人，再图盘踞，殊堪痛恨。溯桂省自改革以来，人民所受痛苦，匪言可喻，一之为甚，异堪至再，明健虽一介武夫，当为议会后盾，违反民意之省长，誓不承认，尚祈旅京、沪、港、澳诸同乡先生，本省各司令、统领、各支队长、各县知事、各议参会、各法团、一致主张，务达目的，桂省之幸，亦全国之福也。广西自治军第四路正司令兼桂林道属清乡会办余明健呈叩。鱼。

〔北洋政府内务部档案〕

3 两湖巡阅使吴佩孚解释沈鸿英军队回乡绝无祸滇扰桂之谋复张绍曾函

（1922年9月16日）

敬舆仁弟大鉴：惠笺暨郭君宇镜大札，俱诵悉。沈鸿英、朱培德，先后与此间，均有接洽，要属直接为之。深知其绝无祸滇扰桂之谋。兄与冀赓契交已久，且倚为西南统一之臂助，倘有不利，决不坐视。沈军久役于外，当然回乡，并无若何野心，外间传说，容有不得真相之处，抑或别有党派作用，我方应付西南，向以公诚二字为主旨，并不过于干预，谅尊见当以为然也。专复。即颂
公祺。

兄佩孚拜启　九月十六日

〔北洋政府陆军部档案〕

4 广西迁江总司令林俊廷被公推为兼代省长就职通电

（1923年2月23日）

万急。北京大总统、国务总理钧鉴：参众两院、各部总长、保定曹巡阅使、洛阳吴巡阅使、南苑冯检阅使、各省督军、省长、总司令、都统、各护军使、镇守使、海军各司令、上海爱文义路岑西林、福煦路谭月波、镇根路莫日初、北江下路张子武、暨旅沪同乡诸先生、天津耀华里陈舜卿、暨旅津同乡诸先生、香港兴汉道林士达先生、转旅港旅澳旅粤同乡先生、北京参众院同乡诸先生、暨旅京同乡诸先生、苏州蒙门十全街李印泉先生、龙州陆老师、广东沈将军、南宁自抄送省议会均鉴：财政厅榷运局、菸酒公卖局、印花税处、广西各电局、分送各法团、各司令、支队司令、统领、各族长、团长、各报馆均鉴：各海关、常关监督、各统税局、各县知事鉴：桂省去夏，邕垣克复，客军溃逃，其时秩序粗定，政争中绝。当经省议会选举岑春煊为广西临时省长。前奉大总统任命张其煌为广西省长，均未就任。现准代理省长，蒙仁潜寒日通电辞职，并将印信送过署，请俊廷暂行兼摄等因。惟军民分治，国有常经，俊廷军人，未便干预，经将省长印信，送请省议会，公议解决，旋准驻会议员代表曾象贤、韦炳章亲送印信来署，面称省议会现值闭会期间，无从开议，仍请俊廷暂为兼摄，以维现状等语。自维材轻任重，越俎滋咎，覆车堪虞，力辞兼任。嗣经本省各法团临时集议，佥以省政，关系綦重，未便一日虚

悬，现在临时省长、特任省长、均未到任，代理省长又复坚辞，若主持无人，必至陷广西于无政府之境。群情惶恐，四境搵攘，危险情形，何堪设想，力推俊廷暂行兼任，情词恳迫，坚辞不获。当于二月漾日就任兼代省长职务，暂维治安，静候交代，谨此电闻。林俊廷呈叩。漾。

〔北洋政府内务部档案〕

5 关于直系策划驻粤海军温树德叛离孙中山北附电

（1923年2月23日—1924年1月14日）

（1）香港电报局长沈子良给刘承恩① 密电(2月23日)

保定巡阅使署刘浩春首长钧鉴：量密。孙文箇日往省，由滇军拱卫，现将江门舰队调集省河。温树德为孙所疑，已将海舰开往赤湾，饷绌势迫，已派人来港与陈炯明、沈冠南磋商结合。惟无款可筹，尚在观望。沈、陈联合条件已订妥，陈任先扑汕山，后剿许部，沈则担任省城方面。惟军事须相机动作耳。谨闻。子良呈。

〔北洋政府直鲁巡阅使署档案〕

（2）海军第一舰队司令周兆瑞通电(9月24日)

万急。大总统、颜总理、吴巡阅使、各部总长、海军李总长、下关杜总司令钧鉴：民国肇造，十有三载，阋墙之衅，无岁无之，蹂躏闾阎，贻讥中外，长期以往，国将不国，家于何有。我中华民国之海军，何分彼此，往者分崩离析，贻祸万方，兆瑞于次战潮发生之初，即抢生灵，复遭荼毒之忧，地方又看糜烂之惨，旁皇终夜，愤不欲生。窃以战祸延长，地方不堪设想，遂思先行统一海军，为各省统一先声之导，保地方之元气，拯涂炭之生灵，人各有心，愿同此志。兹于九月二十一日，亲率海筹、永绩、建康、列字四舰艇，开拔归队，

① 刘承恩将此电密呈曹锟，曹在信封上批：海军此时处于困点，若趁此收归我用，必忠诚服从。须商慎后为妥。饬子玉。

拥护中央，服从命令，除将善后事宜，会同杨司令村庄，禀承海军杜总司令办理外，兆瑞待罪，海军时艰莫补，既获重咎，复愧疎虞，恳请严加惩治，以赎前愆。肃电摅陈，伏祈训示。海军第一舰队司令周兆瑞叩。敬。

〔北洋政府内务部档案〕

(3) 吴佩孚致曹锟密电(9月27日)

急。保定曹大帅钧鉴：巡密。寝酉电敬悉。钧谕自当恪遵。粤舰□令速行北归，以便调用。胡师亟须将留陕队伍，全部出关，业分电刘督、胡师长，敬请我帅加电迅饬，切促进行。义械请钧座饬令速行运保，以备应用。谨电奉陈，并请钧裁。佩孚叩。感二。印。

(4) 曹锟复吴佩孚密电(10月1日)

洛阳吴巡阅使子玉弟鉴：巡密。感二及勘电均敬悉。粤舰北归计划，甚属妥善。此时自当从速办理，惟须先与海军各方面接洽妥协，方可进行无阻。否则，粤舰北来，北舰又生枝节，反多不便。务望我弟妥为筹划，期速办成，以备缓急之用。并希将接洽办理情形，电示为盼。兄已电秋舫，就近与慎臣酌商矣。得复即达。胡师留陕队伍，全部出关，已电刘督军查照办理。义械一事，已饬从速设法运保矣。特并电复。即希詧照。兄曹锟。东亥。印。

〔北洋政府直鲁豫巡阅使署档案〕

(5) 军事处致海军总司令杜锡珪密电(11月20日)

下关杜总司令鉴：巡密。顷接齐巡阅使真电，转据林隐青庚电内开：驻汕海军有两礼拜内开赶烟台之说，果成事实，则孙所辖之江丰等舰，势将活动于汕头汕尾之间，请钧座预商慎臣司令，届时调一二舰出守汕海，俾前方将士无后顾之忧，得专志杀敌，前途幸甚。等语。奉大总统谕。粤舰北归，业经商妥杜总司令，一俟彼舰离汕，即行派舰前往，以昭慎重。等因。除电复齐使外。特达。即希查照办理为荷，军事处。哿。印。

〔北洋政府大总统府档案〕

(6) 海军舰队司令温树德通电(1924年1月14日)

大总统、国务总理、海军总长、参众两院、各部总次长、洛阳吴巡阅使、南京齐巡阅使、武昌肖巡阅使、济南郑督理、熊省长、省议会、各省督军、督理、省长、上海新闻报、申报、转全国各法团、各报馆钧鉴：国难频仍，兵争弗戢，天胡此醉，民亦劳只。溯自难兴以来，解散国会，而法统垂绝。倡言复辟，而国体颠危。我海军同人，深惟大法凌夷，国将不国，是用间关万里，率队南下，冀延民国一线之光，遂存法统濒绝之绪。驻粤六载，宁处未遑，蒿目神州，忧心如焚，而政局扤陧，犹昔社会，纠纷如故，分道扬镳，各行其是，载胥之溺，罔恤阋墙之祸日烈，以致铁路来共管之声，法权无收回之望，谁生厉阶，至今为梗。况复常此因循，听其土崩瓦解，势将沦于不救，浸致豆剖瓜分。我海军本以救国为前提，护法为职志，苟于国事有益，虽艰险备尝，亦何所惜，只以道远任重，心长力绌，揽辔之志未酬，烹鲜之喻已左，抚衷循省，疚心曷极，及今国权，有讬大法昭垂，朝野上下，渴望统一，正相与更始之日，亦实为拨乱之机。夫以事实殉理想，可决其永世而无成，以民心为向背，乃合乎经邦之正轨。我海军同人，是用全体一致，决定北归，藉为统一之先河，聊作弭争之小祥。树德谨统率所辖舰队，于十二月十九日自汕头起碇，至一月五日已安抵青岛。窃愿南北当局各界胞，与本息事宁人之旨，矢推心置腹之诚，共弭前衅，言归于好，从此甲兵净洗，日月重光。以政争之精神，普及教育。以军事之费用，广兴实业。行见国载富强，民生优裕，为一时空前盛举，垂万世不朽大业。倘丹有挑拨是非，不顾大局者，树德为国为民，义难坐视，掬诚披沥，伏乞垂察。海军舰队司令温树德率全体官兵同叩。寒。

〔北洋政府内务部档案〕

6 陆宗宇[①] 关于林俊廷就任广西督理并出兵图攻孙中山大本营请济饷弹致曹锟函

(1923年3月27日)

帅座钧鉴：前奉铣电，荷承特电中央速设法拨饷，俾资接济，感奋交并。除转电敝督理外，业复携呈敬撰，亦承俯许，酌给饷需，远慰袍泽之望，近动枢衡之听，非我帅座德威，所被一视同仁，曷克臻此。随奉敬撰，转饬与刘财长接洽，当派秘书面商，毫无办法。似此实负我帅座筹划之盛心，而误两粤军务之机要。近日迭接敝督理寒、删、效等电称：奉玉帅叠电催促出兵，协定粤局，并饬宗宇就近再三苦求饷弹，从速接济，今已守候两月，仍无消息。忖敝督理连年苦战，毁家为国，竭诚翊卫中央，从未蒙受协济。近已尽力出兵粤省，且将迫进两阳，以图攻孙文大本营之江门，师行在途，饷弹俱缺，系念前途，实深焦灼，除将最要效电，另行抄呈外，惟有仍本敝督理平昔拥戴之专诚，代沥陈于帅座。伏望俯念危急，迅赐设法，俾得飞转南中，以维军心，而免中蹶。一俟有着，即当兼程遄返，秉承钧略布置，仰答高厚于万一。千钧一发，稍纵即逝。心所谓危，用再苦读，只候示复。肃此敬请

钧安

陆宗宇谨呈三月廿七日

附呈林督理由南宁发来效电一纸

再前接敝督理文电称：已于二月皓日，呈报就职，并另电呈谢帅座，合并奉闻。

北京陆军部转陆竹朋兄鉴：如密。顷奉吴巡帅阳电开：械弹当力筹接济，理与冠南协搀复两粤还诸中央等因。奉此。查孙派势力，

---

① 陆宗宇时任广西肇罗阳镇守使兼陆军第四师长职。

现均集中江门，大本营设立于此，拟联络冠南，同时进迫，一面飞电申总指挥葆藩，急取两阳，以为围攻江门之初步，一面派甘朗亭赴粤，与冠南协商进攻方略，顺道晋京领械弹，并报告两粤情形，祈将此意报告曹、吴、张三帅为盼。俊廷叩。效。

〔北洋政府直鲁豫巡阅使署档案〕

7 吴佩孚关于进攻英德失败并请惩办遇敌未战先溃团长曹铁林致曹锟密电

（1923年5月15日—19日）

（1）吴佩孚致曹锟密电（5月15日）

万急。保定曹大帅钧鉴：巡密。顷接方镇守使文电云：顷据邓旅长鱼电称：现奉沈督令，退至南雄，休息补充，再图反攻，此次致败之由，已有另电报告，曹团归钧部指挥，事已至此，望赐大计，以便遵循为祷。又据曹团长铁林等真电称：职部支日到清远属之琶口布阅〔防〕，因敌四面猛攻，陷于重围。支持一日，本晚奉令退至黎洞，在麻洞防御，鏖战一昼夜，因众寡不敌，微晚奉令退守英德。鱼日午前二时，随九旅黄参谋长划分防线，九旅已设之防线，发现敌情，战线摇动，随即将职部，完全加入战线，遂猛攻不已，冲锋十数次，午后五时，全线被敌冲破，齐向韶关方面溃退。虞日到韶关，齐日到周界，五日到江口，灰日到始兴，真午到南雄。是役全军大炮完全损失，枪弹接济，损失殆尽，官兵伤亡甚多，尚在调查中。俟查清后，再一并请钧宪派人在赣收容。复接夏处长国桢真电谓：由韶发收鱼三电计达，桢同邓旅长昨日抵雄，此次六号，英德一役，桢在英德，目击由曹团先溃，继各部同溃退，韶关已无法收容。十号溃至始兴，闻曹团入城，肆行□劫，抢掠一空，并有溃向龙南者。南雄幸盼邓旅长到，得保秩序。地〔现〕沈督与九旅第一团犹在始兴，邓旅长在南雄收容各部队。此次失败，由前不守所致，请我使速定方略，图恢复为祷各等语。除饬蔡团加防南雄，布置防守，以待援军，大集区口反攻外。查此次曹团奉命援粤，先由龙南赴始兴，路程仅二百余里，该团竟行走十日之久，到始后，又复逗留两日，迨勉强加入前线。迭据前方报告，逼〔遇〕敌即退。此次英德失败，又系该团事先溃退所致。顷近据南雄四团张营电话报告，邓旅大致已收容完毕，派赴前方布防，而曹团到雄者，团长及全团士兵，现今三百余人。其余尚不知分溃何处，似此情形，对于该团长若不从严惩办，何以肃军纪，而励戎行。至应如何撤换之处，伏乞电示祗遵等语。当复一电云文曰：文日两电诵悉。查曹团长铁林，先事玩愒不进，致误戎机，遇敌未战先溃，牵动全线，仓皇奔退，械弹尽弃，似此遗误，诚属难逭，应严加惩处，以肃军纪。至应如何惩办之处，希留贵总司令便宜行事。事有赶行，收容余部俾整顿就序，即便再接再厉，以图反攻。嗣后子弹可酌为接济，勿令多带，致多损失也。并复希察等语。谨抄奉陈。敬请钧察。吴佩孚叩。合。印。

〔北洋政府直鲁豫巡阅使署档案〕

（2）陆锦致蔡成勋密电稿（5月19日）

急。南昌蔡督理虎臣兄鉴：亲译。虎密。顷闻曹团，此次援粤，战斗甚为不利。且该团自溃至始兴后，迄今尚未收容完毕，似此遗误戎机，实属罪无可逭。惟查该团长曹铁林系属曹克忠之子，与仲帅甚有关系，拟请我兄先将该团长撤差，另委他人，一面转饬该团长迅速来保，以免长期贻误，有碍戎行，是所至盼。并盼赐复。弟陆〇。效。印。

〔北洋政府直鲁豫巡阅使署档案〕

8 赣督蔡成勋提出攻粤前途未尽乐观并请接济林虎饷弹致曹锟密电

（1923年5月17日）

万急。保定曹大帅钧鉴：永密。咸戌电敬悉。东江胜利，此间叠据探报，多不相符。近接抚帅所转竞存删电，是可证实，未可尽抱乐观也。且尹骥元电，王使迫其防李，尹准能与洪兆麟一致与否，殊未可必。苏、赖两部与李结合极深，更未可轻视之也。樊部先头，现已至赣，业经敦促速赴事机。雷旅据报，亦由赣东，业经出动。至隐青火食费，待用綦急，我公所规定接济隐青八万元，深表赞同。尚祈催促苏、鄂，迅即汇寄，以便转交，而应急需。子弹一项，抚帅允拨廿万粒，尚未运到。已电方总司令就近设法，先为抽拨。但赣省子弹极形缺乏，承饬汉厂所拨六十万粒，甫运到省，一经分配，即均告罄。务恳催促玉帅转电汉厂，请对允拨之四十万粒，刻即拨发，是为盼祷。专此奉复，诸希鉴察。蔡成勋。洽。印。

〔北洋政府直鲁豫巡阅使署档案〕

9 蔡成勋建议曹锟攻粤必先固赣并报告南北战况有关来往文电

(1923年5月18日—8月16日)

(1) 蔡成勋致陆锦密电(5月18日)

飞火急。保定陆参谋长绣山弟鉴：永密。删电敬悉。果如尊示情形，宁非大局之幸，愿证以敝处探报，暨抚帅咸电转述竞存删电所言，似不尽无已，于谏巧两电陈明仲帅，吾弟当能察及，无庸赘陈。所抵尊处报告，但详粤事，其他方面，未经注意，于李烈钧之实行图赣，复不据实上闻，信之过甚，恐误大事。敝处派员分驻沪厦，与民党接近，实地侦查，所得消息，似稍真确。现在粤事并无把握，李又急急思逞。统计在赣军队，顾此失彼，不敷应亟。且终必致于援粤保赣，两无裨益而后已。赣局有失，大局随之。况当总统任期，依法届满之时，继任问题，行将发动，若令赣局枝节猝起，恐该问题必受至大打击。吾弟谓目今要图厥为定粤，自是不刊之论。成勋更进一言，若谓欲定粤，必先固赣，以赣省毗进七省，为东南半壁之中心，又为援粤军之后路也。成勋受仲帅付托之重恩，迩来虽值此吃紧关头，心所谓危，不敢缄默。但愿预备于机先，不愿追悔于事后。但愿成勋言而不中，贻误张皇，不愿成勋不幸而言中，致费收拾。区区寸心，全为仲帅计，为大局计，初无丝毫其他作用，故以危词耸听也。此次两电，请筹正当办法，并分电玉帅有案，仲帅若犹以成勋之言，认为无足重轻，期便商同玉帅主持办理，则在成勋委系一筹莫展，将来财政不知所属，殊非成勋所敢当此重任也。尚求吾弟详切敷陈，代为请示，实深祷盼。仍候示覆。蔡成勋。巧。印。

(2) 陆锦复蔡成勋密电稿(5月23日)

急。南昌蔡督理虎臣兄鉴：永密。巧电敬悉。当经陈明帅座。奉谕：赣事即如我事，应当尽力扶助，现在粤事已呈佳象，赣省概可无虑。兹派胡观生赴赣面详一列，望嘱虎弟放心等因。除转促观生兄克日前往外，特电奉达。即希察照，弟陆〇。漾申。印。

(3) 蔡成勋致陆锦密电(5月26日)

万急。保定陆参谋长绣山弟鉴：永密。漾申电敬悉。大帅引赣事为己任，慨允扶助，慰勉殷殷，曷胜纫感。粤局不定，大局堪忧。成勋邻封密迩，实负筹援之责，节次请派正式队伍大举进言者、初非怯敌畏难，不能恃以镇静也。诚知敌势嚣张，未可轻视。本省既若不敷调度，常、樊等部，又复疲顽，不能得力。既有所见，不辞晓渎，若蒙俯采刍言，或可早着尺宽之效。现在冠南各部，阳已预备反攻，而据其军长古日倬，昨来晤谭，似精志已竭，难操胜算，事恃方使独当其冲。敌众我寡，不无可虑。常、樊两部，迭催不前，即使加入前方，恐亦未能克敌致果。况顷接吴使来电，肇庆已失，惠州叶举，亦极危急，仅以东路林部之胜，未敢遽抱乐睹，傥能事机转顺，完全戡定，当可告一结束。成勋才具固短，谬膺付讬，次序已周。艰苦备尝，心力交猝。近来须发皆白，疾病时侵，来日方长，终虞贻误。既幸稳渡难关，藉告无罪。即拟请准稍予休息，兼图报效。尚乞吾弟，于燕见时，代陈下悃，仍赐预备，替人以便，届时乞退。观生不日南来，容当面与详洽，特电布臆，敬希密照。小兄成勋。宥。印。

(4) 陆锦复蔡成勋密电稿(5月29日)

急。南昌蔡督理虎臣兄鉴：永密。宥电敬悉，肇庆虽陷，敌亦难求发展，现林军业复潮汕，洪率尹、李各部，亦既加入战线，东江战况极佳，沈方刻正力图反攻。综观全局，较前益趋佳境。赣省亦当日益平稳，此后一切进行，端赖老成谋画，务请为国宣劳，力任艰巨，余情俟观生兄到赣，当能面陈，肃此奉复。诸惟鉴察。弟陆〇。艳。印。

(5) 蔡成勋致曹锟等密电(6月3日)

万火急。保定曹大帅、洛阳吴巡阅使、南京齐督军、武昌肖督军钧鉴：协密。抚帅东电敬悉。又如王使献臣卅辰电以述，臧、李助许各节，业于勋电转达在案。是则臧李与许联络一气，觊觎赣疆，可以想见。兹复据寻邬余知事急电报称：林护军使深入吁河堡，右路之队，在甜子洞地方，溃退梅县，兴宁复被敌军占据。中左两路，信息不通，赣防堪虞等语。综以上各种情形，臧、李与许，拟图赣疆，益可证明，毫无疑义。查赣南地当闽粤之冲，稍有疏虞，则大局系之。除迅急筹备抵御之方，另电详陈，特此电达。即希鉴察。蔡成勋。江西。印。

奉

帅批：林部退败，赣省吃紧，应当加队增援，以保长江，而维大局。急电子玉。

(6) 蔡成勋致曹锟等密电(6月6日)

万急。保定曹大帅、洛阳吴巡帅、南京齐督军、武昌肖督军、福州孙督军均鉴：协密。顷据汀州王镇守使嘱转一电文曰：万万火急。

南昌蔡督理钧鉴：昌密。有、俭电均奉读复电。并乞转保定曹巡帅、洛阳吴巡帅、南京齐督帅、福州孙督帅钧鉴：近据确报，沈军在粤挫折已甚，方军正向韶关进攻，叶举各部响应，或可转败为功。潮汕方面，据报有、宥等日，洪部与许相持于隍高陂之间，胜负未定。林军则确已占领丰顺、揭阳。职部曹、杜两支队，进驻上杭、武平后，正拟进兵分取汙龙，经日杜支队长起云，率带一营，向龙川前进，与协和所部，相值正冲突间，赖师全部混入龙川。职部以众寡相悬，暂守杭边、白沙、丰年一带，赖复嗾许部罗伟、李大猷等，率众千余，扰乱新泉、朋口，牵制我军。勘日，饬高营往剿，连战皆捷，毙敌廿八人，生擒十九人，得枪卅余捍。兵士负伤七名，子弹耗去五千，余众四散。敌方侦悉职师兵力四分，遂由何成浚拨兵一旅，臧致平拨兵一团，密由平和、饶平出发援许，许军得此援助，剿除又将费事，乞速进兵兴泉，牵制漳厦，一面迅拨南平队伍，进驻永定，并恳速拨职部子弹十万，以应急需。倘任其终不应，日内李饬赖师逼取杭武，兵已出发，应战在即，徒于御敌，成败之数，可以预决。临电迫切，惶恐待命。职王献臣叩。卅辰。印等语。查何、臧拨兵援许，诚恐死灰复燃，再欲歼灭，綦感困难。除由赣州勉筹子弹八万粒，就近补充该部，以应急需外，尚祈诸公迅为接济，俾免枯竭，并请馨帅进兵兴泉，速行牵制，南平部队进驻永定，以分其势，至为盼祷。特此电达，即希察照。蔡成勋。江未。印。

奉

帅批：急电孙馨远拨队袭敌侧背，以资歼灭，并拨七九子弹十万粒，交蔡督存备外。并复。

(7) 曹锟复蔡成勋密电稿(6月6日)

万急。南昌蔡督理虎臣弟鉴：虎密。江未、江酉两电均敬悉。臧、李联许图赣，实堪注意，希即严行戒备，加意防范。子弹一项，先由本署拨给十万粒，交由尊处，以备应用。除已电达子玉，请其

通盘筹划,维持赣防,并转电馨远查照办理外,嗣后情形,仍祈随时示知为盼。兄曹锟。鱼。印。　　　　六月六日发

(8) 陆锦致蔡成勋密电稿(7月27日)

万急。南昌蔡督理虎臣兄鉴:亲译。虎密。顷由外交方面得来确息,段派计划,先由湖南发动,次用福建对李培之故智,对待我兄。刻湘西已有动机,望兄密密严防是要。弟锦〇。沁。印。

(9) 陆锦致蔡成勋密电稿(8月16日)

万急。南昌蔡督理虎臣兄鉴:亲译。虎密。顷读我兄致仲帅元已电敬悉。种切上月沁日,弟曾致兄一电,计邀详察。现湖南谭延闿已公然发动,核与前情,正相符合,以大势观之,赣西如得安全,自非援助炎午不可。盖赵存则赣西可固,赵去则湘赣绝无相安之理。况萧安国内情若何,兄所深悉,目今援赵即所以固赣,亦即以防谭、肖之勾结。我兄明达,谅早鉴及。至炎午请济子弹一节,弟意可于萧使所部内提借,如此办理,不惟湘军军实充足,得以拒谭,而炎午地位,因之巩固,必当感激我兄,并可藉以稍戢萧使邪念也。事关大局,用特秘闻,敬希鉴察,并候赐复。弟陆〇。铣。印。

〔北洋政府直鲁豫巡阅使署档案〕

10 直系于孙中山回粤后勾结广东各军阀倒孙有关函电

(1923年5月22日—8月11日)

(1) 参议院议员郭椿森致陆锦函(附抄沈鸿英电)(5月23日)

绣山先生参谋长赐鉴:梁范西趋谒,谅已洞悉各情。顷接冠南来电,另纸录陈,请转呈仲帅核阅,如何援济,立盼示知。又弟另接港电报告,择陈于左:(一)林隐青在五华、兴宁等处,已发动员击许,连战皆捷,前锋已到翁源。(一)杨仲如在惠州,亦分攻石龙及河源。(一)邓本殷已占雷州。(一)申葆藩(桂军与沈一致)、李宗仁

(林隐青部）已进攻高州。(一）李耀汉已占恩平、开平，进攻江门。(一)沈部及桂军刘炳宇、刘达庆部，已集中肇庆，乘胜进攻三水等语。似此情形，中山败已旦夕间事，惟仍请注意二事：(一)恳曹、吴两师，大力主持，调和沈、林，共维国事。(一)请勿假競存名义，免再倡联省自治，破坏统一。弟此次回京，本拟再赴保，面陈一切，因侧身议席，一时未能分身，倘蒙
赐教，乞时函示为盼。专此敬请
勋安。

弟名正肃　五月廿二日

参议院议员郭椿森

附抄沈鸿英电：

宣密。巧电悉。英感蒙曹、吴两帅知遇，付托之重，无论如何艰苦，此志终始不渝。英本日亲率部队抵始兴，准明日向韶关前进。据确报：三水兵变，东西两江，战事甚烈，敌情吃紧。敌军已集中省城，留一部守韶。顷得方使来电，准马日启行，预限三日抵南雄，英俟方使抵雄，即行反攻，务期积极进取，以报知遇。乞代陈帅座，蒙允加拨饷械，并乞催请从速拨济，由汉转解。何日拨发，乞探明电示。鸿英由马市发叩。效。

(2) 直系侦探宪浩自香港致陆锦密电(6月16日)

局转保定巡阅使署陆参谋长钧鉴：荣密。□日Shai抵港，查询各方实况，报告如下：

一、洪部占领潮汕后，驻闽许部何成濬旅，纠合民军张贞窥汕，业为洪部击溃，退回诏安，无力再举。

二、惠州叶、林、洪等部，已克复县城、南津河岸一带，克日向包围惠州之逆军行总攻击，闻定可得手。

三、许军残余约千人，退守博罗，均无战斗能力。

四、北江方、沈与滇逆军相持于乌石、马坝之间。

五、西江军已下至都城，但能力甚微，故不能直下。

六、闻吴光新入闽，闽局恐生波折，浩已约王永泉兄代表刘金镛偕赴港。

七、王永泉现有四混成旅以上兵力驻闽，实力在孙以上，闻其对于大帅甚为钦佩。

八、乞电达闽孙督王帮办前往接洽，并盼复汕头洪处长。

九、臧与李烈钧联合，已成事实，对闽对粤，均属为患，乞格外注意。

十、林、叶、洪等军费支绌，乞源源接济，俾粤省早定。宪浩叩。铣。

(3) 吴佩孚致曹锟密电(7月18日)

急。保定曹大帅钧鉴：永密。顷由张子武省长代表王鸿达持函来洛，略称广西军队，归干老直接统辖者，有边防军五路司令，此外则陆福祥、韩彩轩、刘日福三部，均听命令，共实约八九千人，又李宗仁所部约二千余人，亦受指挥。林莆田所部，只八百余人，好枪约二百余支，莆田所以能立足者，实为干老以大局为重，遇时维持之故。其代表多非心腹，如陆宗宇、甘日畅、贲克昭，皆非好人，内部又为无耻投机之人所包围，挑播是非，干老稍知莆田忠厚长者，前刘邕与莆田定实言之，莆田大悟，将甘之参谋长撤换，近已融洽。今日情形，整理军队不难，惟必须有钱，则能着手耳。干老始终赞成统一，而对于驱孙，则尤愿尽力，虽自出督师，亦所不辞。欧廉方面，申葆藩有三千余人，为听干老命令者，共出万人，田高雷欧廉以逼西江，随时可办，惟须我公接济饷款十万，子弹百万粒，枪二千支耳。鄙意中山即去，而当此政局未定，競存以联治，耸动甚易，不可不为之防。若得干老屯兵高雷，以迫其西隐青湘，丞在潮汕，以迫其东，中央军队及沈部，共临其北，以粤局可定。粤定则大局无复瓦解之患，虽少糜费，利益则普等语。查桂之实力，实操之陆督办，林督实力，殊为薄弱，故欲定粤驱孙，或防止联治，实不无借助于陆之处。春间马慎堂来洛，协议已有大概。五代表亦陆旧人，研商当为详明。佩意伊饷款乃十万，可由中央筹拨，子弹夔与马慎堂议定六十万粒，计七九子弹，汉厂为备四十万粒，六八子弹汉厂已存二十万粒，此外再由新购项下筹拨枪二千支，子弹四十万粒，如数拨付，督促出师，当可早日助奠粤乱。所有各情，敬请我帅钧夺主持，示遵为祷。佩孚叩。巧二。印。

(4) 曹锟复吴佩孚电称(7月22日)

急。洛阳吴巡阅使鉴：元密。巧二电敬悉。陆干老翊赞统一，合驱孙文，不胜欣快。其饷款一节，已电请中央从速筹发矣。至枪弹两项，兄意可分两步办法，第一步先由汉厂拨给七九子弹四十万，六八子弹二十万，共计六十万粒。第二步俟新购之枪提出时，再行拨给枪枝二千及子弹四十万粒，较为妥协。特此电复。即希察照。曹锟。印。

(5) 齐燮元致曹锟密电(8月11日)

保定曹巡帅钧鉴：敬密。据香港沈炽昌佳电称：陈军坚守惠城，孙军进攻不利，变更计划，中路取守势，以刘震寰、刘玉山任之，拟厚集右翼兵力，由平湖樟木头冲入淡水，取道平山、三多祝，直趋海、陆丰出潮汕，以滇军蔡、范两部及李福林之一部任之。鱼日，范部二千余人，开赴深稽，阳日、复有蔡部二千余人出发，合计此路约七千人，不日当有剧战。叶举驻平山，洪兆麟已派二旅，由揭阳、河婆、公平来援，陈炯明以孙军放弃攻惠，刻调沫源、黄业兴部加入惠州。伯熙佳日，乘俄国皇后船来宁回保。阳如轩因暗示一二两师闹饷，不关赴南雄。孙迭派蒋光亮、朱培德送四千元，劝二杨就大本营高级参谋，随孙督战。杨因此一时，未能离港。故伯熙先行，俟巡帅电召炽昌，即偕如轩前来，请示一切。据二杨担任，池生结合内部，如轩为北军响导，收服驻雄韶一二两师，直取广州，如做不到，二杨愿请枪决。李仪亭经刘晓岚向王孝伯处保荐，现已来港，正遇蒋光亮来劝二杨之便，与李接洽，当由李电呈巡帅，云已与蒋接洽就绪。炽昌审度，滇军内容，蒋如能与二杨内外同时齐举，收效较易也等语。特录奉闻。齐燮元。真。印。

〔北洋政府直鲁豫巡阅使署档案〕

11 陆锦为沈鸿英克复韶关暨梁士诒叶恭绰到港与孙中山洽商有关临城劫案致王怀庆函稿

（1923年5月27日）

懋宣大哥惠鉴：顷据港探电称：沈军于养日反攻，克复韶关，滇军杨希闵大败。又交系梁、叶等来港，与孙文勾结，意图报复云云。用特照录一份，函请察阅。即希转饬京中各报馆登载，是为至盼。专布敬颂勋绥。

如弟陆○拜启

附抄件

港讯：沈鸿英军于养日反攻，克复韶关，滇军杨希闵大败，退至英德。又林虎已攻克潮州。洪兆麟赴上杭，招收尹骥，李云复、赖世璜各部均已投降云。

又讯：交系梁士诒、叶恭绰来港，与孙文勾结，意图报复。临城劫案，亦由梁、叶等在港指挥。连日彼辈频频。与天津电报往还，均系勾通。临城土匪，久羁外人，一面捏造空气，阻止剿办。种种举动，均以港为策源地云。

〔北洋政府直鲁豫巡阅使署档案〕

12 方本仁报告抗拒孙中山进攻英德等地请援械弹与曹锟往来密电

(1923年6月27日—7月20日)

(1) 方本仁给曹锟密电(6月27日)

特飞火急。保定巡帅曹、洛阳巡帅关、南昌督帅蔡钧鉴:易密。惠围自解,孙撤东江之兵,全力对付北江,今早已向我英德一带据地反攻,正在激战中。除饬前线各部队死力支持,以待增援外,但兵单弹缺,殊可虑耳。拟请飞令高旅各部,星夜来援。并恳迅赐补充七九、六五两种子弹,是所至祷。本仁叩。沁。印。

(2) 曹锟复方本仁密电(7月20日)

急。赣州方总司令鉴:易密。江晨电悉。所请子弹,除电吴巡阅使设法筹济外,其军费一项,拟由财政部拨给沈督理十万元内抽出五万元拨交分用,除已电沈督理外,用特电复。希即查照。曹锟。二十日

(3) 曹锟给吴佩孚密电(1923年7月20日)

急。洛阳吴巡阅使鉴:永密。方总司令江晨电谅达。其所清军费,本应速拨。奈当兹财政困窘之际,实无妙法。今拟由财政部拨给沈督理十万元之内,抽五万元拨给该使分用。至子弹一项,尤应设法接济,望由弟处酌夺办理。除电复外,用特电达。希即查照是荷。

曹　锟

二十日

〔北洋政府直鲁豫巡阅使署档案〕

13 汀洲镇守使王献臣关于与粤军李协和部在上杭一带半月来之战况电

（1923年7月13日）

急。北京国务院、冯检阅使、王巡阅使、天津王省长、武昌肖督军、开封张督理、济南田督军、蚌埠马督理钧鉴：献臣奉命镇守汀杭，惟以保境安民为职志。讵李协和率赖、苏两师，勾同土匪，无端向我构衅，敢将近日战况略陈于左：

（一）六月漾日，敌众攻我上杭，激战七日夜，敌势不支，退却五十里外。

（二）敌觉杭埠难下，遂改攻濮泊、新诂兵单弹竭，遂于感日失陷。至本月江日，该防杜团长反攻新泉，同时刘旅长反攻莒溪、朋口，均幸克复。

（三）敌因连战不利，复倾众攻我迢杭，并将汀杭电线割断，围困七日夜，献臣闻报，率队于青夜，亲往救援，真（十一日）日辰，与敌相持于距杭城廿里之上水铺，敌以赖、苏两师主力并土匪约三千余人，踞险抵抗，献臣率健营一营、卫队一队、机枪两架、炮一尊，与敌死战，敌遂不支退却，于侵（十二日）日晨，我军进至高地，距城五里，遇敌七百余人，激战甚烈，城中闻耗，遂倾队出迎，双方夹击，敌遂溃败。午后一时，杭围遂解。

（四）现另编一支队，追击新泉旧县之敌，明晨，献臣乃拟亲往督战，所有半月以来战事概况，理合公报，统乞亮察。余容续陈。王献臣叩。元未。印。此电自上杭送汀洲发。又及。

〔北洋政府热察绥巡阅使署档案〕

14 滇军杨如轩杨池生背叛孙中山投降直系有关密电

（1923年8月6日—12月27日）

（1）牛向辰等致曹锟密电（8月6日）

上海局转保定曹巡帅、陆参谋长、王秘书长钧鉴：靖密。滇军自杨如轩、杨池生来港，暗示韶关一、二两师士兵闹饷，延开南雄。孙文悉其内容，江日特派蒋光亮来港，劝二杨先就大本营高级参谋，随孙督战，并允稍迟，即为复职。又拟派杨如轩赴奉天代表。辰与炽昌警告二杨，返省抵奉，必受危险，莫如北上，面请大帅助其复职。可否？万乞钧裁速示。香港循环报、华字日报，价值最高，中西人士，争先购阅。两报社主任及总编辑者，均经接洽，并上海新、申两报驻港特派员，亦面商就绪，皆愿拥护大帅，拯救粤民，统一南北，并承着论说，申扬大帅威德。凡我方电函意旨，皆照登载，遇有不肖反对电闻，完全删除。辰等拟恳大帅择主任编辑者，奖给谘议名义，每人月发百元谨陈察核，一并示遵。牛向辰、沈炽昌同叩。鱼。

(2) 杨如轩等致曹锟等密电(8月17日)

上海局转保定曹巡帅、陆参谋长钧鉴：箴密。孑箴兄转示真盐两电，均奉悉。池生等念年为国，一片忠忱，自顾菲材，愧无建树。乃蒙钧座宠眷，益觉惭感交萦，谨当趋赴铃辕，面领机宜，以定粤局。池生因部署内部，不能偕行，如轩同孑箴，须即日北上，晋叩崇阶，面呈一切，谨电奉闻，杨池生、杨如轩叩。筱。

〔北洋政府直鲁豫巡阅使署档案〕

(3) 杨如轩致军事处密电(9月7日)

急。北京总统府军事处转牛伯熙兄鉴：益密。歌电奉悉。粤事已详龙将军电，前商事因孑箴事急乱扯，刻已安然，请释念。粤事变化在急，孙炮虎门，内部来电，得援粤军，近逼南雄，即同时发动，俾免将来顾虑。惟此间开拔费，请转陈上峰，赶速筹济，俾得早日出发。又前蒙总统接济轩等之五万，亦请转求克日汇来。此间俟樊部解即入粤。弟如轩。虞。印。

（4）吴佩孚致陆锦密电(12月17日)

急。北京公府军事处陆处长鉴：恰密。粤局扰攘，未能即时荡平，既足障碍统一，又为赣、湘腹心之患。应急筹善策，竭力进行。顷杨如轩师长，派戴团长锡琨来洛，面述一切，倾向颇殷。现拟以方使本仁为援粤第一师师长，令负前方责任。以杨池生为滇军第一师师长，杨如轩为第二师师长，责令收服滇军，以便齐午众情，藉资号召，期以早奠粤乱。且滇军怀顺，酝酿已深，得此一着，响应必速。除电商齐巡阅使、蔡督理外，敬请办呈主座睿察，赐准发恤为祷。又滇军两师长命令如蒙俯准，应请暂缓以明命发表最好，由主座密令照准较为稳妥。刻因川事正在进行，骤行发表，滇军师长，云南方面，不能不略为考虑，合再声明。并乞转陈。吴佩孚。感。印。

〔北洋政府大总统府档案〕

15 蔡成勋关于方本仁借筹饷不赴前线及沈鸿英虚报军情致陆锦等密电

（1923年8月18日—9月12日）

（1）8月18日密电

特急。保定巡阅使署、陆参谋长绣山弟鉴：虎密。赣南方部补充一事，业由省垣多方筹措，罄其所有，以应急需，此项械弹，已于寒日，由省运赴赣州矣。并已赶派委员分赴汉巩两厂，商购大批械弹，重劳吾弟代陈仲帅，加电各厂，已有头绪。现正与各厂磋商，分期起运。付款办法，并急筹方部入粤军费，以赣省凋弊之余，如此积极进行，勋之对于援粤，虽未能尽如人意，自问无疚我心。且传闻方总司令，近致玉帅一电文曰：文电谨悉。自应遵办。查樊部已陆续开赴大庾布防，樊统领元电所称，南雄给养无着，不便前进情形，已另电续陈，度蒙垂察。职属高旅，因前次挑选混成一团，加入战争，实力损失，无可讳言，补充即未就绪，病兵复待医治。遽令作战尚无把握。至沈军自李易标部开赴东江，投隶陈炯明后，所部不过卫戍司令所属千数百人，现时集合□□□。李部杂枪不过百余枝，对于作战，并无若何之能力，彼因北江敌人，大部遂乘机开赴南始等处。敌人驻在韶州，并未施以若何之抵抗。沈督理鱼电所称：率队激战，毙敌俘虏，夺获各节，不无铺张欺蔽情形。此事曾经职使就近查明，并不确实。因沈军每当进退维谷之时，辄窃布浮词，诱人帮同动作，如前次电催仁速出发，仁以准备给养相属。伊云：购存南雄、始兴、周田等处军米极多，可供军食之用，既到各处，颗粒无存。非仁临时设法筹购，几误大事。此时进退失据，迫不及待，欲诱职部军队开赴前方，图侥幸于万一。至各军队已否补充，有无接济，可否作战，即令克复城池，可否保守皆不计也。顷据职部驻汕密探报告：自北政变消息传粤，叶举即通电各粤军，论徐实行联络好机。其办法，作为第一、二两步，并有俟孙既去，再遂北沈之语。职使若仓猝令高旅开赴前方，陈部又将纵敌再集北江实行拒我，我军既无切实之补充，又无可靠之接济，孤注一掷，设不幸蹈前覆辙，窃恐遗误钧座，遗误赣疆，遗误大局。职使分属军人，以捍卫国家，服从命令为天职，命令所在，不敢畏难，不敢追遛，与沈督又职责既同，患难与共，亦无丝毫嫌隙也。诚以援粤计划，前既师出无功，今必慎终于始，拟俟补充就绪，接济确有把握，定遵照钧座宥电，转属各部，积极进行。临电悚惶，伏乞垂鉴等语。细索电文大意，无非藉口补充给养，延宕入粤时机。然而究其真正厚因，系与冠南有所龃龉，芥蒂已深，纵使补充齐楚，第恐未必即行入粤。惟前者率尔退回赣境，曾以弹尽援绝，归罪于勋，今不出动，又以补充给养，处相责难，彼与冠南为难，托词补充给养，而使勋居间受过，幸勋早见及此，故对于补充一事，不惮庞琐，迭电仲、玉两帅，俾知真相。否则将又受各方责难矣。然而粤事方殷，常、樊尚能急进耶。倘生他变，诚为勋之未忍言者。特此电达，尚希乘便婉陈大帅，俾知一般真相为要。蔡成勋。巧申。印。

(2) 8月20日密电

特急。保定巡阅使署、陆参谋长绣山弟:虎密。前接冠南青蒸两电,嘱促方总司令迅即进援,当即转饬查核速进。兹据方总司令筱电称:元电谨悉。冠南青蒸两电,均经接到,该部此次赴雄,事前未与职使电商,通盘筹划。冠南为人,向多欺饰,如该军现无防医防药,南雄亦无医院,前次有战,该部伤病官兵,均送职部医院收容。兹迭据来电谓:与敌军如何激战,何以始终未送一伤人赴后方医治,兼见所报情形,不尽确实。且查该部自白云山失利,以其遇敌即退,早无战斗能力。况李易标部近复投隶陈炯明,其能力极减,果有正式敌军,必望风退却无疑。好在冠南铣日通电,指明请樊部增援,如樊部能即时出动,固所愿也。至职属所部,必俟补充给养一切,筹备完妥。樊、常两部遵照吴帅宥电前进后,再随之接进,以贻慎重,而免他虞。是否有当,仍乞电示祇遵。但常、樊两部一切近情,文电均不便述。兹乘乌沙局刘局长赵省之便,已托其向帅座面陈,到乞赐见垂询为祷等语。查方总司令所述,固系实情,但对方部补充,前已尽省库勉筹械弹,新兵业经运赣,其余亦已分向各厂起运,续募前已电述,谅均鉴及。至各军在赣境给养,亦经筹有办法,另电方知照。今细绎方总司令来电大意,无非仍以补充给养为藉口,不欲前进,足征与沈确有龃龉,芥蒂已深。援粤前途,至堪为虑。除复电外,特此电达,尚希乘便禀明大帅,务请早为之计,免误大局为要。蔡成勋。号亥。印。

(3) 9月12日密电

特急。保定陆参谋长绣山弟鉴:永密。蒸电敬悉。适接肖使蒸电称:顷据由衡州四探报称:谭之计划,拟急进拒赵。如赵攻下,即行攻赣,以牵制赣南兵力,而解北江之危等情。赣西兵单可虑,伏乞先事筹划,以备不虞等语。据此。探报各节,早有所闻,实为意中之事。炎午情见势绌，谭计得逞，则湘粤敌氛，连成一片，赣局不堪设想。目下常、樊两部，迭催不前，方使亦非巨款，不能开动。中央接济，至今未拨，而节关在迩，各军饷项，毫无着落，万分危险。其赣西方面，仅有兵力一旅，谭果由湘攻赣，实属无法应付。除电复该使，处以镇靖，严为戒备外，究应如何办理之处，应恳大帅筹示正当办法。未雨绸缪，以免临时贻误。不然以成勋之庸才，实难担此危局，不能不重伸求去之请矣。尚乞吾弟切实借著一筹，至深致盼。成勋。文。印。

〔北洋政府直鲁豫巡阅使署档案〕

16 胡恩光关于蔡成勋为防备卢永祥与谭延闿攻赣拟调驻赣援粤军增防致陆锦密电

(1923年9月8日—10月4日)

(1) 9月8日密电

保定巡署陆参谋长绣山兄鉴：生密。顷奉蔡督理鱼日两电，因赵炎午退驻醴陵，赣西形势吃紧，又虑浙卢乘机思动，赣东亦须布防，现苦兵力薄弱，难资应付，令光会同我兄切陈大帅，务恳推念利害，关系过巨，代向玉帅商洽主持，准于赣南援粤军队，抽调一两部，分防赣省东西两路，以固根本等因。想兄处已接有同此电报，无须备述。窃以援粤大计，玉帅决不变更，若由光遽请抽调，必为玉帅所不许。惟赣省形势吃紧，果如鱼电所云，则东西两路，处处可虑。万一防患偶疏，诚恐牵动大局，光因疲于奔走，现抱微恙，未能即时赴保，面请明教。而虎帅迭电催促，意颇不安。务恳我兄代为陈请，可否由大帅意旨，转向玉帅商洽，抑或大帅另有规划，俾赣省有备无虞，尤为至善。鄂已否进兵岳州，赵炎午有无恢复能力，均乞迅赐详示，以便转达。光亦藉得休息数日，安心调理，实拜我兄之赐。恩光叩。庚。

陆锦批：批复。抽调队伍事，已电商子玉，湖北出兵一师一旅进占岳州，想已出动。赵炎午能否恢复，虽不可知，然必须设法利用，为吾们效用。

(2) 10月4日密电

保定巡署陆参谋长绣山兄鉴：生密。顷奉蔡督理东电开：大选观成有日，至为欣幸。卢子嘉感日通电反对大选，并有所举者，惟未敢承认之语。卢素圆滑，此次倡言无忌，首先发难，似非一无布，而徒为空气作用也。事机已迫，未可忽视。又孙馨远所部二师，第一混成团，久留南城，屡以供给为难，商请调闽，迄未见允。不图本月删日，复由向闽境光泽、邵武部队中，抽调两营来驻南城，事前均未到署。该县先留兵有孙部三千余人，当此闽局吃紧之际，不将留赣之兵调闽增防，并将在闽之兵来赣驻扎，举动离奇，显系别有作用。由成勋电请调回，置之不理。孙对我方早已貌合神离，其处心积虑，不能忘赣，为执事所深知。当两次过沪时，与反对派面均有接洽。前据探报，粤孙、浙卢，助孙图赣。为反直运动之导火线。现在浙卢、闽孙均属毫无顾忌，蛛丝马迹，显有可寻。赣将首当其冲，东西两路，尤为吃紧，殊不能不早为准备。如果苏省牵制，浙或始终不变态度，实行不敢遽有动作。现在苏省态度冷静，是否可靠，殊难逆料。赣省防广兵单，空拳莫奋，实觉异常危险，究竟有何正当办法，望执事便陈大帅，请示机宜。以凭应付，切盼电复等因。奉此，应请我兄代陈大帅，如何主持，祈赐示复，以便转达。恩光叩。文。

〔北洋政府直鲁豫巡阅使署档案〕

17 关于转达陈炯明致滇军刘晓岚电详述滇军失约受骗致攻博罗失败给陆锦等密电

(1923年11月18日)

北京大总统府陆处长、转孟参议倬然鉴：浩密。电悉。

(一)大总统寿辰，务请我兄在京晋祝贺。

(二)我军连获胜利，现已进抵省垣附近。

(三)滇军为孙文出死力，现在退到省垣，尚不宣言脱孙，并谓专候谭延闿由湘退回残部，以期反攻。弟上次已被滇寇欺骗，同禁中赠以鲁肃徽号，闻此次牛处长亦遭其骗，言之可惭。兹将陈总司令致滇军刘晓岚先生一电便详。原诿文曰：顷致刘晓岚兄电文曰：江、鱼两电敬悉。此事如此办法，寇闹不清楚，遨捻之役，粤军本于皓日行总击。嗟以尊处失约，故只攻河源，叶、洪等部，按兵不动，以符践约，不图养日克复河源后，追敌至博罗，滇军竟无动静，并抽调部队来攻惠城，围垣十丈。一增博罗，希闵、世贵、培德、石生等，亲自督战。前敌将士，愤激异常，不能坐以待毙，乃于有日向平驭进击，滇军仍死力抵抗，两日卒受大亡，始退淡水，龙岗、平湖，均节节抵抗。蒋光亮又率部反攻，卒不得逞。尚有滇军不退淡水，而退马巩。又与洪部血成一日，又退飞鹅岭，与别逆合力抵抗，血战两日，始混合溃退。亮捻乘胜追敌，安能分别为滇为刘，即属滇，又安能分别何部，即尊处游动，何部则否。惟见当面之敌，均是最力激战，此为当日实在情形。乃与尊处接按，翌竟以让出平、淡相欺，尊处不察，难免被朦。前得尊电，即转前方，知照支之役，系江日敌由谢来犯，粤军警戒部队无多，博罗尚未肃清，何以突出石龙，实因中旅纠缠，以至茶就。现我兵径退回广和、黎村一带，滇刘各军，虞戌等曰，用轮载兵向广和冲击，似此情形，若不及早反戈，敝殊难办。到今为我兄约，凡确受命令者，请克日标明旗帜，集中新墓一带，或在前敌倒戈，即证明为贵军为友军，否则博罗方面，既有大部滇军作敌，东江下些，又有滇军来犯，请易地处，何以对付，何以认为贵军，务望兄速转锃、九、鸿、石、诸兄，立下命令，着速反戈，以便提携，否则实闹不清楚也。等语。佳。等语。希即抄转。炯明。佳戌。等语。阅此便知滇军之鬼蜮矣。强叩。巧。

〔北洋政府大总统府档案〕

18 陆宗宇关于组织广南八属联军推林俊廷兼任总司令拟攻肇庆等情致曹锟呈

（1923年12月1日）

大总统钧鉴：日前克复廉灵高雷各属十余县，曾经电函呈报，谅蒙钧察，嗣蒙林督加拨劲旅，归职调遣，复联合邓本殷、申葆藩等部，组织高雷、罗阳、钦廉、琼崖八属联军，公推林督兼任总司令。现在两阳三罗各属，经职会同联军各部，一律克复，敌势穷蹙，已处四面包围之境。职以机不可失，即日由两阳督师进攻四邑肇庆，直捣羊城，伏乞迅饬驻韶北军，克日协同动作，以分敌势，俾敌首尾莫顾，即不难聚处而歼，戡定粤局，在此一举。惟念职部久战师劳，饷弹俱缺，前此向由林督竭力筹助，然以素称瘠苦之桂省，而供长年战争之需要，林督纵极万能，亦难以为继，际此千钧一发之秋，若不乘胜直攻，诚恐时乎不再，功败垂成，则非所以仰副我大总统卫国保民之至意。伏乞俯念困难情形，对于林督迅予接济，俾竟全功，不胜屏营待命之至。谨肃，敬叩

钧安。广东肇罗阳镇守使兼陆军第四师师长陆宗宇谨呈十二月一日

由高州发

〔北洋政府大总统府档案〕

19 方本仁关于攻粤失利退守大小梅关等地请饬援湘军队向乐昌仁化进取致陆锦等电

（1923年12月8日）

急。北京军事处长陆、洛阳巡帅吴、南京巡帅齐、武昌巡帅肖、南昌督帅蔡钧鉴：昌密。陆处长歌电、吴巡帅之歌电并御电、蔡督帅两歌电及未尾物各电均谨悉。职部自高旅偾事移至南雄、野东、邓坊之线后，所有反攻不利，退守大小梅关至青龙、黄龙、新城南方

一带之线各情形，业经电呈蔡督帅，并恳分转列帅各在案，谅蒙垂察。现职部拟俟三旅新旧旅长，接代队伍，整顿补充完备，再为相机反攻。惟是士卒大少，战斗一次，即减少一次。僻境作战，不惟运输困难，且搬运伤病官兵，在在减少兵力，务恳蔡督帅迅赐拨补三千名，以资分配，而利运输。查敌军利广韶铁道运输较便，故对战部作战，毫无顾虑，虽唐帅沈军分向乐昌、仁化进攻，敌因其兵力甚薄，不足为虑，仍向我方前进，不稍停顿。为计出万全起见，拟恳吴、萧两帅，俯赐迅饬援湘军队，协同唐帅，克日由湘向乐昌、仁化进取，以期一鼓歼敌，而免被敌各个击破。无任感祷，谨电禀陈。伏乞垂鉴。本仁叩。庚。印。

〔北洋政府大总统府档案〕

20 关于常德盛就任孙中山委任建国奉军总司令及军事处派探密查并主张攻粤固赣有关电

（1924年1月10日—11日）

（1）常德盛通电（1月10日）

孙大帅、段执政、冯总司令、胡副司令、各部长、盛京张总司令、张、李、姜各军长、上海各报馆、锦州胡留守、杨、阚、刘各总司令、云南庚总司令、贵阳刘总司令、探送熊总司令、谭总司令、方部长、宋朱两总指挥、各省各省长、总司令、军师旅长公鉴：顷奉到大帅孙特任状开：特任常德盛为建国奉军总司令此状。等因。奉此。遵于十二月一日就职。除呈报大本营外，特电奉闻。建国奉军总司令常德盛叩。此电系由常总司令部参谋廖永福携稿来韶拍发，特为申明。

（2）常德盛通电（1月10日）

孙大元帅、段执政、冯总司令、胡副司令、各部长、各省省长、总司令鉴：德盛自奉大元帅特任以来，已于十二月一日通电就职，惟恐赣省北部不易达到，特遣参谋建〔廖〕永福携稿到韶拍发在案。窃德盛生长沈阳，从戎塞北，于今四十余年，一介武夫，颇解大义，只知为国奉公，不识侯门绪纳。慨自曹、吴祸国，排除异己，枉杀宝德全于中州，迫走德盛于闽北，强我有为卫国之师，以作同室操戈之用，德盛不忍，引退赣东，乃吴氏愈形疑忌，重兵威迫，严令犯粤，德盛深知吾粤为义师根本重地，又为我大元帅驻节之处，是有心肝何敢盲从，无已暂驻三南，忍辱待命。今我北伐联军，大举驱蔡，铲除吴氏余孽，德盛逢此盛会，即无一兵一卒，亦当执鞭随镫，以为诸公后，何幸如之。又蒙我大元帅委以重任，自当鼓舞三军，谨听帅令，努力杀贼，以期建国大纲可立，三民要义得申。尚望诸公暨各友军将士，特加训诲，用匡不逮，倚剑陈辞，祈为亮察。建国奉军总司令常德盛、第一师师长常钖荣、第二师师长李象山暨全军将士同叩。蒸。

〔北洋政府内务部档案〕

（3）军事处致吴佩孚密电稿（1月11日）

急。洛阳吴巡阅使鉴：允密。顷据港探复称：查常师事，一星期来，孙派机关报，迭有宣传，或称常师倾向西南，或称赵杰赴赣，与常接商。迨经分头托人在省密访，尚无确证。职以事关军事大员嫌疑，恐堕敌人离间之计，故未敢选擢入告。顷奉饬查，业再托人暗中侦刺，俟得确报，即行奉复。抑有陈者：孙党造谣煽惑，素最擅长。而近年人心叵测，又往往由谣诼演成事实。现孙已派赵杰为鲁豫招抚使，赵与常本旧僚，难保不遣员游说。中央对此急持之，固恐激变，缓置之防备殊难。应如何适宜处理，钧座自有衡平之方，无庸职鳃鳃过虑。惟管见以为对粤用兵，利在大军急进，否则偏师受辱，徒寒前敌之军心。积日迁延，只予党徒以播弄。又况各军远役省外，饷项弗充，诱以利禄，殊易入彀。赣为敌人所眈视，尤非知兵大员驻镇，不足以驭所部，而杀逆氛。因承明问，并敬缕陈等情。

据此。转希裁夺。军事处。真。印。

〔北洋临时执政府档案〕

21 吴佩孚拟乘驻粤滇军内哄电促驻赣粤各军合力图粤致陆锦等电

（1924年1月15日）

北京公府军事处陆处长、南京齐巡阅使、武昌萧巡阅使、天津王督理、南昌蔡督理均鉴：元密。顷接港电局侵电云，粤局内幕，现连日侦探所得，系湘豫两军，因滇军垄断粤省财政，暗与孙部粤军，合制滇军，逼使向坪江进，并阻免一部北附。蒋光亮为环境所迫，通电自表心迹，诿过于王秉钧等数人，王以蒋落井下石，嗾使驻佛山之四师炮团，暨在东江前敌之十五团抗蒋，并拟将密通中央内容，彻底宣布。十五团经由石龙开拔回省。嗣杨、范出而调停，劝双方迁就，饬十五团仍开回前敌，故广三路，灰日解严，讵十五团甫去复回。现滇军六、四两师，业于尤日下午，在广三路开剿，今早尚未停息。王秉钧则悉率所部改隶杨希闵，同时湘军又占驻滇军原有之英德以下一带防地，以逃兵事在省复有小冲突，其中互轧情形，甚为复杂。以上所陈，仅举概略，如何变化，容续查报。再孙部分裂之兆已见。拟请电知沈、湘、方各部，积极准备。如孙部内争，再为扩大，即可一鼓而下也。等语。孙部内讧，势将瓦解，亟应乘机荡平粤局，以促成统一之功。除电促湘、沈、林、洪暨赣南各军，合力进行外，特抄奉闻。敬请绣山处长转呈主座，睿察为祷。吴佩孚。咸。印。

〔北洋政府大总统府档案〕

22 军事处为阻止孙中山进兵东江再行北上请接济林虎洪兆麟饷弹给齐燮元等密电

（1924年3月19日—5月23日）

（1）军事处致齐燮元密电（3月19日）

急。南京齐巡阅使鉴：恰密。艳东电均诵悉。隐青困难待款情节，业经呈奉主座谕云：中央无论如何拮据，亦当设法筹拨，速为接济等因。并已转行财部，促其从速筹措矣。顷据蔡督理电称：孙氏既拟先图东江，再行北犯。东江方面，既万分危急，林、洪各部，倘有疏虞，粤局前途，更为棘手。为今之计，无论如何，务促隐青速返东江，以资指挥，而便抵御。一面饬援粤部队，联合赵、沈各部，迅即牵制北江之敌，使之不能绕三南而出五华、兴宁，包围林、洪后路，为第一要着。除电抚帅，就近敦促隐青，迅即回防，共筹应付方略外，特先奉复，容俟续闻等语。东江对敌策略，即待隐青主持，希敦促其先行回防，以资应付一切，至于所需款项一节，请查照前因。并转告之为荷。军事处。皓。印。

（2）军事处长陆锦复孙传芳的签呈①（5月23日）

吴巡阅使效电、孙督办传芳呈主座铣电，计亦察及。兹有复孙督办效电文曰：篠电奉悉。粤省为统一关键，尊论极为中肯。而注重于公事筹备，尤见谋虑深远。林、洪两部，现方开诚布公，拟欢迎弟为闽粤巡阅使，弟宜激励奋发，迅图进行，为林、洪一张声势，则粤事自易奏功，事一定之勋猷，冠绝侪辈，政府论功行赏，自必特别酬庸。况贵部驻在闽南，进兵潮、梅，较近较易，必欲取道北路。弟一再熟筹，宜以进兵东江，协助林、洪，速图进占为是。至于饷弹问

① 此件系陆锦在信封上批复孙传芳签呈电稿。

题，自当商承政府，竭力筹措等语。特抄陈即乞转呈睿察由。

民国十三年五月二十三日到。

〔北洋政府大总统府档案〕

23 吴佩孚为沈鸿英回桂驱陆荣廷及其调解等情复陆锦等密电

(1924年3月28日—6月11日)

(1) 吴佩孚致陆锦密电(3月28日)

北京公府军事处、陆处长鉴：永密。经酉电奉悉。沈事此间亦有闻，迭经电询冠南，据复略谓：因后方防地问题，与陆督有所争执，事诚有之。惟于外间谣言，则认为各方不明真相，实际上实系具有运用环境，吸收敌军，种种作用，并力白无他。词意极为挚切，时已派人赴桂，与陆督剀切商酌。马济来洛，又与商定调解办法，为沈留有余地，当不至别生枝节。除俟调解妥协，另行电陈，并切电冠南，努力援粤外，谨先撮要复陈，即乞转呈主座，钧察为叩。林蒲田事，想亦无甚问题，容俟探确另闻。吴佩孚。俭。印。

(2) 吴佩孚致陆锦密电(4月16日)

北京公府军事处陆处长鉴：永密。咸删两电，均奉悉。沈冠南不学无术，被人播弄，致其部下有藉口防地，开动回桂之事。迭经分电两方谅解制止，现闻陆干卿表示退让，沈亦渐有悔悟之意。兹当转录删电，再行切告冠南，或不致酿成巨患，牵动大局。调解情形，续当随时电陈，即乞转呈主座，钧察为叩。吴佩孚。铣。印。

(3) 陆宗宇致曹锟电(5月23日)

大总统钧鉴：窃职自去年夏间，奉命南下，抵邕之日，即秉承林督意旨，出师钦廉，会合郑本殷、申葆藩等部，于数月之间，下高雷、克两阳、拔罗定，组织八属联军，收复三十余县。讵是时陈军大败于东江，北军犹存观望，八属联军因亦同取守势，以资休养，而待补充，凡此详情，迭经函电呈报，谅荷垂察。日前中央改任陆干老为广西督理，调林督为钦廉边防督办，林督对于中央绝对服从命令。乃沈鸿英军竟与陆干老发生战争，陷桂民于水火之中，困干老于维谷之内。林督迭次调停，终归无效。干老及桂省军民各界极力挽留林督，镇摄邕垣。惟林督以功令所在，但求负责，有人即当遵令交卸。而八属军民亦以林督德望隆重，同时函电交驰，迭举代表，欢迎移驻钦廉，主持八属大计。林督乃于五月四日莅钦，军民欣跃之余，即公推为八属联军军务督办，俾八属益以巩固，而谋全粤之解决。查八属联军之成立，基础之坚固，全赖林督鼎力组合，有以致之。而林督之所以经略八属，组合联军者，亦无非效力中央，亟图统一耳。今八属联军共达三万余众，兵多饷绌，自去年底停战以来，老师糜饷，似甚非计。惟内政未修，不足以言对外，林督决以短促时间，整顿八属，军民财诸要政务，期早日解决粤事，促成统一。职部刻亦着实扩充，厚增部队，加入前线，担任中路作战任务，职拟俟部署略定，再为一度之请训，而求彻底澄清之方。伏思我大总统轸念民生，眷怀时局，伏恳训诲时颁，俾有遵循，不胜激切屏营之至。谨肃，祇叩钧安。伏维垂鉴。不在。广东陆军第四师师长兼肇罗阳镇守使陆宗宇谨禀。五月廿三日。

(4) 吴佩孚致陆锦密电(5月29日)

北京公府军事处陆处长鉴：永密。顷接沈督办鸿英自广西光塘所发有戌电云：苏旅长世荣、陈咨议琪林、参议叙松、李参谋志全，敬日行抵六塘，奉读钧谕，乃以河上逍遥之罪，犹逃刀锯斧钺之诛，帅座委曲矜全，诸公爱挚备至，莫非木石，能无感激。早已令饬前方悉遵帅座命令，谨候代表判断。倘干老仰体德意，一致遵从，所有障碍，涣然冰释。本日苏旅长等已函知干老，定期接洽矣。情形如何，容后续陈各等语。除电复作速撤队，静候解决，一面准备继续援粤，并电饬苏世荣等，随时报告情形外，特此奉陈，乞转呈主座，钧察为叩。吴佩孚。艳。印。

（5）陆荣廷通电（6月11日）

北京大总统、国务院、广西国会议员并各同乡先生、洛阳吴巡阅使、武昌萧巡阅使、南京齐巡阅使、长沙赵首长并转马将军慎堂、汕头林总司令隐青、钦州申总指挥介臣、各省督军、省长、省议会、上海岑云帅、莫督军日初、天津陈督军舜琴、南宁林总司令、张省长、省议会、陆善后处长福祥、龙州谭督办、谭司令官澄、李司令官绍英、刘善后处长日福、浔州李善后处长宗仁、景康韩善后处长彩辉、桂林韩善后处长彩凤、黄指挥官日高、广西各局分送各县知事、各法团、各商会、各报馆均鉴：荣廷自去岁十月，勉徇众请，出办广西全省善后事宜。当即划定区域，遴委善后处长，各专责成，期在统一内部，以便整理地方。复承桂林人民吁请，来桂巡视。抵桂后，据沈鸿英所部邓师长瑞德，面请以沈奉命援粤，拟恳以桂林、平乐两属，为该军后方各部，暂作屯驻给养之地。当以该军效力中央，留驻部队，本可通融，该部又原属桂林，就地筹济火食，亦应摊情洽与。惟该军职在进取，调发不时，难负地方责任。善后各事，应由善后处长，完全负责。再四磋商，经指定平、乐两属为该部屯驻地点，俾得接近粤方，以便向外发展，并将平乐全属财赋收入，悉数拨归该师长管理，以资给养。其余留驻桂林各属队伍，仍由善后处按月拨给火食，以资接济。该部初无异议，乃沈鸿英忽以争防索饷为名，将在粤收复防地，概付敌军，受孙伪命，率其全部反戈攻桂。荣廷以其外受卵翼，近且效顺中央，是以遇事容纳，冀其悔过迁善，乃狼子野心，悍然反噬，竟率所部，进踞全灌、兴安、灵巉〔川〕、阳有〔朔〕各县，围攻桂林，所过地方，纵兵骚扰，奸淫掳掠，无所不为。各属人民恨之次骨，诸将领义愤所激，忍无可忍，誓与宣战，以卫地方。全省军官亦以其逆迹暴露，出师声讨。该员反复性成，屡次叛变，行同枭獍，海内皆知。此次倒行逆施，又复背叛，为人民之公敌，即为全国所共弃。我同袍自卫讨贼，为国家诛此无恶，即为吾乡除一败类，特恐远方不察，致淆观听。谨此宣告。即希明鉴。陆荣廷。真。印。

〔北洋政府大总统府档案〕

24 军事处关于利用孙中山平定商团叛乱企图与洪兆麟林虎攻孙与吴佩孚往来密电

（1924年9月2日—13日）

（1）军事处给吴佩孚密电（9月2日）

洛阳吴巡阅使鉴：恰密。顷据汕头洪兆麟感午电称：据港函，孙氏扣留商械，伪发中央纸币，商民愤激，群谋倒孙。现石龙、佛山、顺德各处，一律罢市。粤中绅商联络各路乡团，同起讨孙，愿为我军援助，要求出兵，函电纷至，乘此时机，似可进取。麟召集所部将领会议，佥称民气如此，正天亡孙氏之时，失此不图，商民枪支悉被敌人得去，敌势益张，更难收恰。兵贵神速，时会难逢，应恳迅电湘赣各省，同时出兵，并饬财部速筹接济，以利戎行，麟拟不日，驰赴前线，察看形势等语。除业转呈主座钧阅外，特电奉闻，即祈察酌情势，相机办理。军事处。冬。印。

九月贰日发

（2）吴佩孚复陆锦密电（9月13日）

北京公府军事处陆处长鉴：永密。顷接林隐青督理鱼电云：商界怨孙已深，表面似受屈服，若我军能速速攻，商乡各团必乘势内应，雪其积愤。现虎部均在前线，荷戈待发。除就近电促方使，赶速出兵合作外。惟有急等行动资耳。我帅爱虎素深，仍恳婉电中央，将前允拨虎部之款，提前给发，俾得与方部同时进攻，实为至感等语。谨抄奉闻，敬谨抄奉闻。敬请转呈主座钧察为祷。吴佩孚阮。印。

〔北洋政府大总统府档案〕

六　直系援赣混战

1 赣督陈光远转议长龙钦海等控诉师长张宗昌部在赣边糜烂地方饬各路军分往弹压致大总统等电

(1921年1月—4月)

(1) 陈光远致大总统等电(1月27日)

万急。北京大总统、国务总理钧鉴：参陆部鉴：顷据江西省议会议长龙钦海等公呈称：窃张宗昌于本年夏间，自湘省溃退赣西，当时督军省长为尊重国军，顾全地方起见，一面拨济饷项，一面叠请移防。乃时阅七月，中央对于移防，迄无解决方法，赣省财促民穷，而接济该师饷项，数达四十余万之多。是江西对于客军，确算尽忠竭欢，仁至义尽。乃该师在袁州附近各县，四出骚扰，人民不堪荼毒，屡派代表恳求援救。近及藐抗陆军部命，擅招输卒来赣，重累吾民，现更自由行动，分扰各县，叠接高安、上高、奉新、万载、新喻、安福等县公团飞函告急。并据各该县逃来难民，纷纷泣诉：该师在各县挖壕堵城，断绝交通，纵兵肆掠，城乡涂炭，惨不忍睹。奉新、高安距城咫尺，会垣人心，大为震动。似此情形，实同寇盗，若不赶予扑灭，蔓延日广，赣省生灵将无孑遗。查该师显视赣省为征服地，视赣民为几上肉，任意侵掠宰割，悍然不顾，实为我赣三千万人之公敌。前恳中央调防，既不获请，赣人忍无可忍，为自卫计，不得不环恳军民两长，按照国法军纪，迅发大兵，立予剿办。除电呈大总统、总理外，仰恳俯从民意，救民水火，以解倒悬，而奠闾阎。江西省议会议长龙钦海、副议长饶正音、胡廷銮、南昌总商会会长龚士材、卢皋、江西省教育会长宋育德、副会长桂汝乾、江西省农会会长辛寿恒、绅商各界黄大埙、陈永懋、熊正瑗、包发鸾、毛至麟、戴秉清、袁绛、傅国俊等谨呈，等情前来。查该师目无国纪，自由行动，各省公愤切请剿除，光远等有守土卫民之责，迫于民意，不能不上秉国法，下从民请，饬各路军队，分投前往弹压，以救生灵，而保地方，谨电驰闻。陈光远、戚杨叩。感。印。

奉

批交院处

〔北洋政府参陆办公处档案〕

(2) 张宗昌通电(4月24日)

保定曹巡阅使、奉天张巡阅使、正定王巡阅使、武昌王巡阅使、洛阳吴巡阅副使、各省督军、省长、各都统、护军使、镇守使、各师旅长、各司令、各团体、各报馆均鉴：窃宗昌自维庸愚，谬膺重寄，空怀国事，无补时艰。上年夏间，奉令移驻赣西，国帑奇绌，饷项维艰，以致积欠至二百余万之巨，士卒困苦，达于极点。节经文电呈请撤防，藉资收速。属以时局不靖，未邀允许。而饷糈告竭，朝不谋夕，百计张罗，不得一饱。万不获已，乃出于分防就食。于上月巧日，陈明中央，暨经陈督核准，指定地点，并遵照财政部号电，所筹款米，概由正饷扣抵办法，于筹借款项县分，均先付以国库券。商民深悉本师困苦，辞不肯受，乃改付具正式印收。即此权宜之计，手续不为不周。且皆禀命而行，并无擅专之处，宜可以告无罪于赣矣。不意陈督过听人言，谓宗昌将不利于彼，虽一面规定万载、宜丰、分宜三县，为本师分防地点，而一面命将出师任四路司令，挟五混成旅之兵力，节节包围于本师，上年原驻新喻之工兵一连，及奉部令派赴鄱阳湖、保护鄱乐煤矿，道经高安之百余人，悉认为有军事行动，电告中央，要求解散。宗昌犹以陈督或系出于误会，故将两处队伍，即日撤回，不惜委曲服从，无非表明心迹。乃廿日以后，风声益紧，陈军蝟集中央发寄宗昌之电，与宗昌报告中央之电，并往来人员文件，均被陈督完全扣留。宗昌恐其更为左右所惑，益走极端，特派参议孙钵传持函晋省，将以谒诉真情，请其谅解。并先于马日，专电知照。而该参议行至临江，彼处陈军，问明来历，突然开枪射击，致毙随从官兵仆役船夫五名，该参议亦为所拘留则并信使而亦遭荼毒矣。嗣是太平罗坊等处，陈旅光逵军队，屡以散兵前进，向我驻兵攻击，宗昌闻报，先后均各严饬所部，力求退避，不得以一枪一弹还加于陈军之身，私心妄揣，窃冀一再忍让，在陈督稍明事理，必能鉴此苦衷，似不难于转圜。是以此时，本师队伍，仍各照常驻扎，并未加以准备。及廿九日，忽接分宜警报，陈部骤以大队掩袭，事变之来，出于不意，宗昌始恍然于陈督处心积虑，阴谋倾害，已非一朝一夕之故。且复受人唆使，别有作用，尤非情理所能排解。彼时即欲悉我甲兵，以为正当防卫，将来胜负谁属，亦正在不可知之数。第念近来国事艰难，皆由内争不已所致，若复兵连祸结，鹬蚌相持，不惟糜烂地方，更置中央命令于何地，加以文报不通，信使阻隔，既无宁息之望。当求解决之方，因将一切事宜，交由贾旅长振国代拆代行。其时军心愤激，不可遏抑，仍经谆谆诰诫，务须始终坚忍，对于划定防区，不得越出一步。一面即于上月廿九日绕道北上，冀以陈述确实状况，听候中央设法处置。及到京后，得悉陈督进攻袁州，四面围击，竟以武力强迫收械，擅行解散。并有本月一日，宗昌致彼缴械之函，宣示中外。此项函件，是否出于本师人员被逼所为，抑系他人捏造，以为掩饰播弄之计。尚属无从悬揣。更知陈督凭借电报，肆意污蔑。一则指为自由行动，再则谓为蹂躏商民，又用强奸民意手段，拟出电稿，威迫地方团体，代为拍发。凡可以攻击宗昌者，固已作伪心劳，无所不用其极。以堂堂封疆大吏，而颠倒黑白，淆乱观听，至于如此，夫复何言。宗昌性本坦率，才尤粗疏，既素无机械变诈之心以待人，亦未料人以机械变诈之心以待我，受人暗算，亦固其宜。然宁人负我，毋我负人，耿耿此心，始终若一。至于平日申明纪律，顾全大局，虽以士卒捐腹从戎，辄复力为拊循，绝无闹饷哗变风潮。即此次陈督来攻，本师节节退让，亦于商民一无骚扰。而分宜、罗坊等处，则为陈光逵所部抢掠净尽，赣人具有天良，或亦敢怒而不敢言。故宗昌数年以来，纵使鲜所建树，而自信对于中央、对于地方、并对于个人职务，及陈督公谊私交，实无丝毫愧怍之处，事实具在，久而自明。陈督能朦敝于一时，而终不能诬罔于将来。顾以横遭猜忌，遂被摧残，致令中央直辖军队，陈督擅作威福，得以自由遣散，上辜政府委任之隆，下负将士追随之苦，抚衷自问，惭悚奚如。业呈请府院，派遣大员，澈底查办。区区之意，实已不欲。复有所白。只以远近流传，易于失实，用敢不嫌挂漏，略陈梗概，其中详细情形，则尚不及缕述。想是非曲直，海内亦当有公论也。谨电驰闻。伏惟鉴察。张宗昌叩。敬。

(3) 陆军第二混成旅步兵第二团张林致王怀庆函（4月）

恩宪大人钧鉴：敬禀者，沐恩暌隔仁帡，每忆鸿施之泽，遥钦德宇，莫铭鳌戴之忱，恭维潞公勋各汾阳福德，为祝为颂。沐恩前岁承嘱购办磁品数端，随派专人赴景德镇官窑，按数定划定烧，现已完竣，搬运到省。今特派弁目王焕臣押送，奉上尊像磁板一座，大痰筒一百个，小痰筒一百个，恭碗二百套、茶壶二十把，不惟物美价廉，似乃工精质巧，甚可□观也。伏乞赏纳，是为至盼。再者，张师自去岁由湘失败，退入赣西，狼狈异常，无容身之地。深蒙敝督军优礼相加，格外关顾，指示驻扎地所，接济粮秣饷糈，千方供给，百计筹躇，筋疲力竭，仁至义尽。是以数月之久，该师不至溃乱者，实赖敝督军源源接济，始终如一之所至耳。惟张师不思感恩报德，乃反以德报怨，以无节制之师，行野蛮之动作。竟于十二月中旬，潜师占据高安、上高、万载、安符、新喻、分宜等县，监押官吏，勒索商民，甚至掳掠烧杀，惨无人道。商民纷向敝督军请除赣中之大患，安四民于衽席。敝督军仍念国家缔造，不忍加除，屡派代表开导，该师置若罔闻，乃竟分兵四出，狡马思逞。敝督军有卫民保土之责，奈难坐视，万不得已，乃派敝旅一旅，前往安抚商民，藉以防御。不略该师野蛮性成，开枪搏击，至清江县之罗坊、新喻，均有小战斗，迨至分宜，该师兵力全数增加，与敝旅血战两昼夜，互有杀伤。俟经沐恩率混成一团超围其后，猛力截击，敌势始退，力不能支，而纷纷溃散矣。敝旅夺获枪炮无算，杀亡一千余名，俘掳二百余名，张师变服潜脱，全体瓦解，完全缴械投诚。此一役也以少胜众，以弱克强，实赖敝督军旅长指挥如意，深合机宜耳。沐恩于十二月二十五日由清江开拨，于一月二十一日一律肃清，仍回原防。沐恩自到赣以来，屡蒙敝督军不次拔擢，感德殊深，惟念新恩虽厚，旧义难忘，未尝不心想往也。此次战役，论功又推沐恩为首，仍有简放旅长之说，而尚未发表。知关仅注，特敢奉陈。专肃芜禀，恭请钧安。伏乞垂鉴。诸希荃照不宣。沐恩张林

〔北洋政府步军统领衙门档案〕

2 关于曹锟等请令蔡成勋为援赣总司令并由常德盛改编一师同往以防李烈钧攻赣文电

（1922年2月25日—7月16日）

（1）胡文藻签呈（2月25日）

本月二十五号准陆军部机要科付到曹、吴巡阅使敬电开：万急。国务院、参谋部、陆军部均鉴：昌密。漾电敬悉。赣防紧急，亟应迅速派队往援，请即呈元首，速颁明令，以蔡将军成勋为援赣总司令，率所部第一师刻日前往应援。并由豫省改编一师，由常镇守使德盛率领同往，该军即归蔡总司令统辖指挥，以专责成，事机紧迫，伫盼施行。曹锟、吴佩孚。敬。印等因。到处。当经陈部长金，奉谕：此件业由参陆处拟办等因。理合抄录全文，呈请钧阅。谨呈会办。

办理毅军事务处处长胡文藻谨签

〔北洋政府零散军事档案〕

（2）蔡成勋致大总统等密电（7月16日）

北京大总统钧鉴：国务院、参陆部鉴：昌密。顷接前日师旅团长等电称：顷奉总司令电开：准陆军部金金两次长虞电开：兹奉元首派欧阳武、徐元诰、刘启坦、程守箴四员赴赣，向前与双方接洽，以便解决赣事。该员等如用武密发电，寄李协和，专为疏解赣事，为与军情无妨碍者，希代转并饬前方军队，一律遵照免扣。等因。仰见我大总统止戈偃武之心，赤君子息事宁人之意，钦仰莫名。第鸿英等率军驻赣，积有岁时，言守言防，素以保境安民为职志，连年西南错扰，从未加入漩涡，盖知黩武穷兵，适足殃民而祸国。不料南军北伐，假道庾岭，赣疆遂从此多事矣。查自南至北，赖道□多，不由他省而由赣，已足滋疑。且假道入赣者，又为李协和，其用心更可想见。维时我军，因破坏防务，出而抵御，仍供尽保卫封疆之天职，相持月余，互有胜负。嗣以两军伤亡过众，地方蹂躏不堪，以不忍人之心，暂为退遁。彼乃乘机窃据，业已隐忍至今，耿耿此心，神人共鉴。兹幸总统复以护法已告成功，况大总统及吴巡阅使对于李协和，电促北上，共谋国是。如居心无他，自当严令所部，退回原防，应召入都，力促大局统一，遂其护法之初志。且不以此为务，中于来战命令，概置不顾，并有割护江西之谋，是以今所拥兵据地，盘踞依然，尚复利用土匪，四出滋扰。近更屡次派队，侵我现驻之防地，所谓护法者，固如此乎。不惟先以欺人，恐亦无以自逞。鸿英等顾循职守，慨叹民生，清夜疚心，不能自已，苟不尽我天职，何以对此灾黎。如彼退出境外，我军保境卫民之职志已达，是所素愿，尚复何求。否则，职责所在，惟有恢复固有防地，出民水火，弭乱兴戎，惟彼南军是视，决不衅自我开。用副我大总统、总理、总次长、总司令尊重和平之至意。肃电谨布，伏乞亮察等情。到署。查该师旅团长等所称，历年保境安民情形，均属实在，且来电词义正大，为国为民，无可指责。成勋到赣不久，各军初归接管，诚信未孚，设竟□为制止，义愤陷在，诚恐激成他变。奉派来赣之欧阳武等四员，如已在途，拟请令其折回北京。如尚未起程，暂缓命履。成勋现已派员分投设法疏解，一俟疏解有效，再行请该员等南来。□□赣局，上慰望知之愿，下弭无形之忧。谨此电陈，敬希亮察。蔡成勋叩。铣。印。

〔北洋政府陆军部档案〕

3 赣东镇守使岳兆麟等联名发表拒绝任命谢远涵为江西省长通电

（1923年1月8日）

大总统、国务总理，各部总长、参众两院、保定曹巡帅、洛阳吴巡帅、北京王巡帅、各省督军、督理、各都统、护军使、省长、暨各团钧鉴：窃以谢远涵氏，祸赣长赣，既倡北伐，又仕中邦，所有全赣军民，仇雠未能，情理难安各情，早经兆麟等缕陈衷曲，以去就争，呈请蔡督理转电中央在案。不料数月之久，政府未予解决，而谢氏益肆猖狂。近更乘援闽军队过境，地方人士招待迎接之时，暗差党羽，巧布讹言，谓已结有外援，助令就职。一面假借影射，自壮声威。一面朦蔽侜张，潜图离间。迹其阴谋，所自不难，使国军自扰，全赣为圩。在孙司令本无容心，在该党人殊大得志。最近谢氏订期来赣之说盛传，江汉危机四伏，一夕数惊，祸迫须臾，宜穷根本。方今时局险危，封疆责重，制度虽军民分治，内容实呼吸相关。中央日握政枢，岂其竟昧斯义，既已命将出帅，责之守士，而又信奸亲小，委以同城，是则名为保障，而实以摧残。视等滑稽，而故为矛盾。如诚爱国，索解何从。何况军队，非蔡氏之私人，将领亦国家之命吏。任险任劳，忍饥忍暑，危邦辜保，喘息未遑，纵不望赏，岂遂当诛即欲遣归，无不从命，有何负国，必以馈仇。且赣土固吾国土，赣人亦吾国人，自非政令两歧，早已军民和协。今乃特种恶因，亦观天意，假以名义，恣其纠纷，问赣何辜，膺兹酷毒。综上数节所言，几无一端之是。前者谢远涵长赣之命，仓卒失策，无可曲讳。在昔帝制之朝，尚容反汗，岂今共和之国，竟碍转圜。兆麟等惊魂未定，忧念如焚，四顾旁皇，罔知所措，以为国军与谢，非仅利害下两立，亦且是非不两存。中央如尚认赣境为国土，兆麟等军队为国军，则宜毅然将任命谢远涵之前令取消，如前令碍难取消，则宜在谢氏抵任之前，先将兆麟等暨所属官员，悉行罢免，以保国军人格。如其两无宣示，永听纷纭，则是中央放任，非国军激昂。兆麟等受命自国，义当为国保境，为国存军，本自决之精神，行自卫之权利。如谢氏公然到任，誓当得而甘心。先伸公理，后伏国法。兆麟等饱经患难，久厌兵戎，既无所爱于军符，更无所私于土地，惟以利害是非，实逼处此，不得不为最后之呼吁，垂尽之呻吟。鸟有哀鸣，兽当困斗。决胸披臆，所冀垂怜。赣东镇守使岳兆麟、赣北镇守使吴金彪、赣南镇守使方本仁、赣西镇守使萧安国、旅长杨以来，冯绍闵、绥远第一混成旅旅长王麟庆、赣省第二旅旅长李鸿程、第三混成旅旅长高凤桂、第九混成旅旅长邓如棕、警备队统领向得高、第一师参谋长王祖檠、管春藻、宋芳宾、李钧、陈钟麟、朱文澜、杨文麒、廖刚、黄述钧，副官长韩金元、崔胜全、张士镛、李芳镜、方肇璋、雉文伦、赵世杰、李好义，参谋于炳洪、李荣春、刁源、唐祚祯、邹继峄，团长陈釜衡、张庆昶、关纯一、韩明海、胡建中、张玉书、王廷佑、李德铭、朱恩铭、唐禋山、曹铁林、李克信、王疑元、张夙岐、绳秀山、刘之元、蒋镇臣，团附郗萃田、刘国桢、黄绍煦、潘涛、孙玺、唐科第、徐墉、陈夙翔、刘汉寿、佟永涵、鲁阳开、萧克澄、窦振宗、张学鹏、郑鹤洲、刘国佐、少校副官刘征惠、李钟奇、营长常守经、朱玉栋、赵晋宸、王成锦，程玉洲、张芝田、韩金如、胡恩煜、焦仰澄、秦虎宸、王连升、白勤伦、韩国士、王用宾、刘树山、王树琚、牛葆衡、刘鉴瀛、刘连昌、兰彬、王琴望、徐鄂、杜廷太、赵山、郎国琛、牛文田、刘长杰、赓音珠、关宝珠，韩凤玉，傅庆珩、曹福泉、王慎机、高培臣、赵长聚、薛履新、陆邵望、刘宝题、田德昌、王樊善、孙富庆、宋复昭、王炎、沈恩锡、岳思寅、何必浚、张树斌、常继斌、李永瑞、吴维乾、彭定祥、郑辅贞、冯金奎、白玉胜、张袭候、陈桎荫、沈仙杆、宪兵营长张凤歧同叩。庚。印。

〔北洋政府参陆办公处档案〕

4 陆锦转达曹锟关于江西得失的重要性并嘱按计划进行复蔡成勋密电稿

(1923年2月4日)

急。南昌蔡督理虎臣兄览：永密。勘日两电，均敬悉。并已转陈仲帅矣。赣省得失，于我方关系极为重要。此间对于我兄，无不竭力维持。务望处以镇静，勿因稍有浮言，遽萌退志。现黄陂对于保、洛及同志各省之态度，大致相同，亦不独对赣为然。但我方决心既定，应即照原定计划，放手做去，勿庸多所顾虑，致碍进行。仲帅嘱将此意转达，即希鉴察为荷。弟陆〇。印。

〔北洋政府直鲁豫巡阅使署档案〕

5 陆锦关于电商苏闽两省各派一旅援赣并令林虎恢复东江复蔡成勋密电稿

(1923年3月23日)

急。南昌蔡督理虎臣兄鉴：虎密。漾电敬悉。当将尊电转呈仲帅，极为系念。昨日已由仲帅电商抚万，请其准备一旅，候命进援。本日复又致电子玉，请其转电馨远，饬令张克瑶旅，留赣备用。如是则江西骤增两旅兵力，即可无虑。隐青退赣边一节，仲帅甚不谓然。已切电不可擅动，并令恢复东江，以遏逆氛。至子弹事，仲帅现已严电，责成珩珊办理。请即与之接洽可也。特电奉复，诸惟鉴察。弟陆〇。感。印。

〔北洋政府直鲁豫巡阅使署档案〕

6 蔡成勋请奖程毓璘镇压讨贼军徐荣忠等咨

（1923年7月16日）

江西省长公署为咨请事：窃查赣省广丰县属，界连闽浙，地势险要，素为盗匪渊薮。上年六月间，土匪纠众攻城，虽经大军击散，而凶酋追获无踪。继以闽省战事，邻县浦城，又被南军占据，该匪党故态复萌，冒充南军，在于该县封禁山设立司令部，匪首徐和尚即荣忠，伪称讨贼军游击队总指挥，招集闽浙边匪计达七八百人以上，持械抢劫，掳人勒赎。本年二月犹复肆无忌惮，以县十五都为根株地，日益猖獗，势甚蔓延，附近各都，均被抢劫，甚至有杀人放火情事。该县知事程毓璘，电经拨兵剿办，其时余匪，虽经荡平，而匪首徐和尚在逃未获，该知事复行悬立重赏，一面督率团警，严密购线侦缉，在于铅山、崇安交界之新塘庙地方，查获到案。提讯供认，充讨贼军游击队总指挥，招集闽浙边匪，占据十五都，设立司令部，置备军火，派余老四崽等充伪营长，并设参谋教练等职。啸聚七百余人，以报仇勒捐为事，并详举杀掳张衷仁、张志怀等多名不讳，报经核饬，依法就地枪决。匪患肃清，地方获以安全，据本管豫章道尹曹本章，以该知事程毓璘剿平匪乱，并获首要惩办，得保境内之安宁，询属有功地方，请按照知事奖励条例第八条第四、五等项转呈给奖等情。前来。本兼省长、查广丰县知事程毓璘，抵任未久，即能尽心治匪，歼厥渠魁，地方赖以保全，贤劳洵不可没、该道尹呈请将该知事程毓璘查照查知事奖励条例第八条第四、五等项给予勋章，核与条例相符，相应开造履历清册，咨请大部查照，转呈给奖。此咨

内务部

计咨送履历清册一本　（缺）

督理江西军务善后事宜兼省长蔡成勋

中华民国十二年七月十六日

〔北洋政府内务部档案〕

7 方本仁驱逐蔡成勋有关电

（1924年11月20日—12月9日）

（1）方本仁通电（11月20日）

各衙门并转各省各巡阅使、督理、省长、各护军使、各镇守使、各师旅长、各总司令、各议会、各公团、各报馆均鉴：窃查兵以卫民，民能养兵，官视民如生民，兵奉官若神明，一理浑论，关系密切。搜括民财，吞蚀军饷，图灭军人，是民之蟊贼，兵之仇敌。去蟊贼、驱仇敌，是救民，是自卫，是不得已而起，谓之愤兵。此义夫人能知，夫人能言之也。本仁暨各军将领士兵，征戍南疆，不遑启处，勉尽职责，服从命令。以职务关系言之，所以报国家，所以报人民。以隶属关系言之，所以报蔡督，皇天后土，可鉴此心。乃蔡督乖意营私，既不知有兵，又不知有民。本仁及各将领，前则冀其翻然悔过，隐忍不言，今则见其变本加厉，忍无可忍，试就其危害本仁所部军人者言之：李英威督赣四年，各军饷项，按月发给。陈前督在赣五年，所欠军饷，不过两月。蔡督在赣仅两年，共欠军饷已达八月之久。凡我军士，长年行役，效死疆场，一钱莫名，转成败残。且蔡氏督赣，民政被其把持，财政被其垄断，加税率、验旧契、清理积欠、滥发纸币，私开银行，发行军用手票，敲骨吸髓，竭泽而渔，收入既已，锐加军饷，愈见积压，是何以故。因察督祗知图饱私囊，不顾发给军饷。为一督理兼省长，而又秘密派人代己主办龙开河、二道子统税局，其弟蔡用勋，身为参议厅长兼戒严司令，而又秘密兼办三湖、江口两税局，是彼取尽钱财，犹填壑之明证。况赣省财力有限，上既有余，下自不足，乃蔡督兄弟侵占所有诈欺，所取胁迫所得之厚资，即赣省人民，长年忍痛，卖儿鬻妇之金钱，即我袍泽，冒矢口，填沟壑，应得之薪饷，此其一。其在赣行，电报局查出蔡督与参谋长王祖启及冯绍闵、杨以来两旅长往来私密电报，详细译出，个中黑幕，始而由蔡督指示，开驻赣行之。冯绍闵对于仁部，捏造谣言，实行煽惑。

继而蔡督指示冯绍闵等，乘仁部入粤，绝我归路，将仁部军队，合力排除。终而蔡督密令冯、杨自动移防，严为布置。对仁部军队，四面包围，一举扑灭。蔡督主持于上，冯、杨两旅长效命于下，待参谋长运筹赞助。于其新密电尚在，可以提出证明。有蔡督视我为鱼肉、为寇仇、心欲宰割歼灭而后快，又其一。至其搜括民财，贿卖县缺，劝种烟苗，公卖烟土，种种贪赃枉法之行为，赣人所共愤，国法所不容。于仁部军队，不发生直接关系，皆存而不论也。蔡督既已蚀仁部军饷，乘欲歼灭我部。军人仁咸，对于纪律，划一遵守，对于命令，绝对服从。并未负国家、负蔡督、负同胞，乃蔡督及其左右，图害仁部之计划，阴险狠毒，愈接愈厉。顷据报，蔡令其心腹队伍，向泰和、另川、万臆方面，节节进逼，实行扑灭我部，凡我将领官兵，人人自危，朝不保夕，啮齿决皆愤激，同深愤激情形，与蔡督势不两立，本仁等再三开导，无法制止，不得已统率所部，实行抵御。义愤同深，仇雠务去，刀铲鼎镬，在所不辞，所到地方，一切秩序，由仁部负责维持，中外人民，由仁部负责保护。本仁等此种动作，挽为速发久饷计，是为正当防卫计。合电陈明，伏乞亮察。赣粤边防督办方本仁，师长常德盛、杨池生、杨如轩、旅长邓如琢、唐福山、蔡镇臣、雷长禄、李象山、常锡荣、□永钧，团长李克信、刘宝鼎、李钧、传应行、张凤夔、陈檬荫、张国忠、常锡侯、常怀仁、王玉墀、莫立赣、师德顺、尹效先、史元忠、田守先、戴锡锟、刘辉南率全体官佐士兵同叩。哿。印。

〔北洋政府内务部档案〕

(2) 方本仁致段祺瑞等电(11月29日)

北京总执政段钧鉴：国务院、各部院均鉴：蔡氏吞蚀我军饷，摧残我军队，近更分派大部军队，节节向赣南进逼。仁为正当防卫计，不得已率所部实行抵御，所有一切情形，业于哿日通电在案。仁马日由赣出发，蔡部望风逃溃，五日之内，遂万泰和一带，相继肃清。

蔡军旅长冯绍闵等，以三旅之众，凭恃吉安险要，希图抵抗。仁于感日下午五时，下令分途进攻，剧战至俭日午后四时，敌不能支，纷纷逃溃。仁部即于是日完全占领吉安城。此役计获冯绍闵等各旅大炮六门，炮弹千余发，机枪十九支，步枪三千余支，步枪弹一百六十余万粒，并夺获其他辎重军用品无算，俘虏官兵三千余人，内有团长二员，营长二〔七〕员，敌部残败之余，不复能军，现正跟踪追击，务期直下南昌，去我仇敌，所有一切事宜，尚祈随时赐示，俾有遵循为祷。区区苦衷，诸惟亮察。方本仁叩。艳。印。

〔北洋临时执政府档案〕

(3) 蔡成勋致段祺瑞密电(12月3日)

特急。北京临时执政钧鉴：昌密。此次方本仁鼓众兴师，犯上作乱，暨成勋饬军处置，并将平日种种越轨举动，于沁日通电详陈，谅邀鉴察。无庸渎陈。成勋闻警之初，犹以时局艰难，地方重要，不愿内部发生事故，致使孑遗之赣民，益有水深火热之痛。当经驰电剀切解释，一面派员前往宣慰，其遂万一带驻军，飞令实行撤退，以冀解除误会。方本仁悍然不顾，乃于成勋去电，竟不答复，宣慰之员，亦被拒绝，不允通过，前线我军节节退回，彼则节节进逼，业于沁、勘等日在吉安、吉水等处，公然衅自彼开，实行向我攻击。成勋维酷爱和和平，不忍以敌人待我部曲。但逼人太甚，为维持地方，整饬纪纲起见，不得不为正当处置，连日前方正在相持，但仍饬令设法防御，不令进攻，以免糜烂地方。成勋诚信来孚，变生肘腋，拨躬自省，抱疚何穷。用特胪陈事实，伏恳钧座明令，特领严行诰诫，以制止其轨外行动，饬令尅日撤回原防。赣局幸甚，大局尤幸甚。曷胜企祷待命之至。蔡成勋。江。印。

〔北洋临时执政府档案〕

(4) 方本仁通电(12月4日)

急。各部院、检阅使、各省督军、督理、督办、省长、都统、护军使、镇守使、各师旅长、各议会、各公团、各报馆钧鉴：我军克复吉安，业于感日通电，度邀鉴及，本日午前十一时，我蒋师及滇军杨二师将赣州完全克复，残敌约二三千人，向南康、南雄方面溃退，赣城秩序已定。除严令追击，期迅肃清外，知关廑注，特电奉闻。方本仁叩。支。印。

(5) 蔡成勋致段祺瑞等电(12月6日)

特急。北京临时执政钧鉴：各衙门、各省、各军民长官、师旅长、海军总司令、各公团、各报馆均鉴：窃维疆吏有守土保民之责，军人以服从命令为正，自应上下同心戮力，循此正轨，以济时艰。比年道德沦夷，人心险诈，狂波莫挽，叛乱相寻，此搁盏已久矣。成勋莅赣之初，赣南失陷，各属土匪蜂起，全省几非我有，勉图恢复，幸获保全。厥后邻氛不静，先后、援粤援闽、援湘、援浙，诚不于兵劳财匮之余，尽缨冠往救之义，晌将三载，心力交劬。复以中央委任之重，人民属望之殷，但求有益地方，有裨国是，自应殚精竭意，以尽应尽之责。然兵间千载，厌乱已深，积劳之身，久思引退。曩者乞骸之请，曾已至再至三。此次中央政局肇新，统一有期，实为成勋息肩机会，原冀中央得人付托，俾获甲遂初衷，其无希恋权利之诚，当为天下所共谅。不意方本仁利用时机，觊觎非分，竟省称兵倡乱之举。成勋痛疮夷之满目，不忍再操同室之戈，经饬前方将领，步步退让，派员劝慰，冀其悔悟，乃竟节节进逼，衅自彼开，不能不为正当防卫，业经通电全国在案。成勋德能解薄，诚信未孚，出此变端，能无引咎。为整饬纪纲起见，自应大张挞伐，不便再稍姑息，第恐战事延长，必致兵连祸结，兵起糜烂，孑遗之民，益有水深火热之痛。成勋素怀淡泊，酷爱和平，本非以令人权利，而用兵又不肯以保赣者祸赣，应即电令前方军队，停止攻击。成勋即日宣告退职离赣，并将督理篆务，咨交赣西镇守使岳兆麟，省长篆务，业已特任胡思义，现在尚未到任，咨交豫章道尹曹本章暂行护理，第一师师长篆务咨交第一旅旅长杨以来分别接管，维持现状，靖候中央秉公，摘发明令解决，以维法纪，而奠赣局。谨布。统希察照。蔡成勋。鱼。

〔北洋政府内务部档案〕

(6) 张树元复蔡成勋密电(12月 8 日)

南昌蔡督理鉴：江密。奉执政交下鱼电一件，奉谕：阅电甚为骇异，该督疆寄有责，何得擅离职守，师长职任重要，尤不应私相授受，且以资劳论，冯绍闵应在推荐首列，何以授与杨以来，所请应毋庸议等语。奉谕特达。执政府军务长张树元。庚二。印。

〔北洋临时执政府档案〕

(7) 方本仁致段祺瑞等电(12月 9 日)

特急。北京总执政段钧鉴：各部院、各省巡阅使、督军、督理、省长、护军使、镇守使、各总副司令、各师旅长、各议会、各报馆均鉴：艳、阳两日通电，计邀垂察。仁已于本日率部进抵南昌，对于地方治安，竭力维持，幸获安堵。蔡督先已于鱼晨离赣，并将军饷及各种款项，席卷一空。查蔡氏督赣三载，专恃曹、吴为护符，民财被其搜刮，军饷被其侵吞，为所欲为，无恶不作，军心愤激，民怨沸腾，火热水深，呼吁无所。以故师行所至，或则送茶送饭，或则引路搭桥。计自赣州出发，以抵南昌，不出兼旬，而数倍于我之蔡军，竟如摧枯拉朽，俘降过半，瞬告肃清。推原其故，固由各将士奋勇用命，要亦地方人民，恨蔡刺骨，竭诚助我，有以致之也。至本仁官毅十有二年，德薄能鲜，每用疚心，向无阿附之能，敢执自私之见。此次举动，适值中枢无主，无从请示，迫不得已，毅然实行。兹幸段公执政，薄海景从，仰托威福，幸告成功。元恶既除，军民之心已慰。所有赣省民政，应请还之赣人。其江西军务善后事宜，百端待理。拟恳中央迅简贤能办理，以专责成本仁暂时维持地方治安，一俟新任来到，即行解甲归田，遂我初服，敢布区区。诸惟鉴察。方本仁叩。佳。印。

〔北洋政府内务部档案〕

8 文群请任命方本仁为江西督军致张树元函

（1924年12月8日）

少卿将军赐鉴：午间趋教，至快返寓，后接汉口来电一通，据云蔡已于六日逃往九江，兹附上原电，敬乞转呈执政一阅。又闻今日检阅使署接有江西岳兆麟来电报告，蔡逃后，省城秩序，暂由岳维持等语。想此电亦经转呈执政察核矣。窃蔡既败走，岳兆麟毫无实力，不过维持数日，以待方本仁之至。现在方部前队已入南昌，方君本人三四日内即可到省。在中央似宜即根据岳兆麟报告，明令方本仁责成办理军事善后一切，使方君有知遇逾格之感。群亦可坚促其拥戴执政之心。否则在事实上，方已统一江西，而中央明令迟迟不发，不但使群等在北方鼓吹，拥戴执政之人，将来对方君无词以解。且长江方面空气不同，万一别生枝节，赣事更难收拾，群之所以急于为方诸命者，正为此耳。又如方本仁之命令发表时，尚请我公力向执政陈明，所有日前任命之省长，务须与蔡成勋同日免职，以慰赣人多数之望，免致赣人因驱蔡而连带驱胡（因胡为蔡所援引之人），在胡更觉难堪，而地方因中央未即免胡，必且纷纷自举省长，增加纠纷，故不如迳由中央乘此时将军民两长一律更新之为妥也。群因爱戴合肥，故知无不言，言无不尽，幸勿以多言见哂。此上敬问

晚安

文群敬上八日晚

〔北洋临时执政府档案〕

9 方本仁阻止谭延闿率滇湘北伐军入赣有关电

（1924年12月9日—27日）

（1）方本仁致段祺瑞密电（12月9日）

特火急。北京总执政段芝老夫子钧鉴：昌密。仁部此次驱蔡，其名藉词索饷，其实因蔡为曹、吴心腹，去蔡即所以去大局之障碍也。兹蔡督既去，大局之障碍已除，所有军事善后事宜，亟应及时办理。乃近忽据报，在粤滇、湘、赣各军，实行犯赣，闻之实深骇异。查仁部准备驱蔡未发动以前，曾与中山先生派来代表李君翊东接洽，托其与谭组庵磋商，彼此各不相犯。并言明驱蔡之举，由仁负全责。且已禀承吾师，旋接组庵来电，对于仁提出条件，完全容纳，是彼此可以相安无事矣。兹竟背弃信义，实出意料之外，刻闻中山先生业已北上，与吾师共商国是，拟恳俯赐，商由中山先生电令滇、湘、赣各军克日撤回粤境。静候吾师与中山先生和平解决时局，免至再起纠纷，不胜祷跂之至。谨电禀呈，伏乞垂鉴。门生方本仁叩。青戌。印。

（2）段祺瑞致孙中山密电稿（12月17日）

天津孙中山先生赐鉴：昌密。据暂行督办江西军务善后事宜方本仁删电称：属部进驻南昌，在粤湘、赣各军违约侵赣，祈商请中山转电制止等语。查赣省自蔡军溃走，已完全听从中央命令，方督办既抵南昌，当能收拾一切，已无军事动作之必要。在粤湘、赣各军，对于此项情形，容有未能了然之处，务恳明白解释，设法制止俾赣事得以早日奠定，实为大局之幸。祺瑞。篠。印。

（3）方本仁致段祺瑞密电（12月19日）

特急。北京总执政钧鉴：陆军部、军务处鉴：昌密。顷接中山派驻赣州代表李翊东巧未电称：顷奉谭组庵铣电开：寒亥电悉。我军出师目的，已详支戌电。现在蔡虽被逐，国民军及奉军已沿京汉、京浦南下，迭派代表请求会师。大势所趋，机不可失，局部之事，情况不许。望达方公协同一致，飞令前方，勿稍误会，澄清中原，特此一举，前途远见，必表同情。得使盼复等因。特达。等语。查该电所云，是侵略长江，破坏统一之野心，昭然若揭。除饬属仍遵前令追击，并于马日亲出督师外，合电奉闻。方本仁叩。效。印。

(4) 临时执政府军务厅复方本仁密电稿(12月21日)

急。南昌方督办鉴：昌密。奉执政谕，效电悉。吴、齐皆去。目标已无。谭电所称国民军及奉军，迭派代表，请求会师之说，纵当时容有此举，现时势既变，早无会师之必要。中山现仍在津，已与之协商此事，谓谭军不应前进，致碍统一之局，请予设法阻止。仍盼妥为应付，俾协机宜为要等因。特达。希即查照为荷。临时执政府军务厅。箇。印。

〔北洋临时执政府档案〕

(5) 方本仁通电(12月25日)

各部院、各省区督军、督理、督办、省长、都统、护军使、镇守使、各司令、各师旅长、各议会、各公团、各报馆均鉴：天不福赣，祸乱相乘，讨蔡之师，甫告结束。而于驱除暴吏，开留饷源，暨以后百端，刻不容缓者。方期惨淡经营，上副政府和平之旨，下洽地方望治之心，就职之日，业经郑重宣言，当邀亮察。弗料在粤之谭延闿所部宋鹤庚、鲁涤平、朱培德、李明扬等，率队乘虚侵入赣境，声言连合北上，乃竟占领赣县，逐吏劫民。复由万安犹〔泰〕和直下，扰我叶安，志在先取江西，后图湘、鄂。将领迭电陈情，异常愤慨。只以执政就职，力主和平，一切纠纷，应由代表国民两会议，从容解决。同泽相煎，夙所痛心。且查赣省本年水旱奇灾，离居荡折，十室九空。蔡氏赋性贪残，剥髓敲脂，民生尤困。加以蔡部溃兵四出骚扰，分途追剿，将告肃清，凋敝之余，仍堪再罹战祸。乃我则严令防军，节节退让，彼则力驱悍卒，着着进攻。迭据探报所过之地，焚杀奸淫，闾里为墟，呼吁之声，市廛俱遍，乞救之电，几案皆盈。赣民何辜，亦云惨矣。夫师出贵有名，以云为国，则破坏和平，以云为民，则生灵涂炭，执政电阻，充耳不闻，戎首自甘，罪岂能宥。本仁服官章贡，十有三年，上下相安，情同骨肉。久客成主，早任赣省为第二故乡，既已拒虎于前，何忍进狼于后，安民保境，义不容辞，极溺救焚，势难刻缓。特率所部，躬任指挥，誓剪凶顽，规复疆土，民害既除，国基自固。挥戈洒涕，欲罢不能，倚马陈词。伏维钧鉴。方本仁叩。径。印。

(6) 方本仁通电(12月27日)

急。北京各部院、各省督军、督理、督办、省长、都统、护军使、镇守使、各司令、各师旅长、各议会、各公团、各报馆均鉴：谭部滇、湘各军，无名兴师，破坏和平，所有扰赣境，节节进逼，所过成墟，惨无人道，各情形业于敬日通电陈明，谅邀鉴及。本仁督师至樟树镇，接据前方报告，敌军已到吉安，我军集中峡江及其附近一带，当令我邓师为本军右翼纵队。滇军杨师为本军左翼纵队。唐师为本军中央纵队。第九混成旅、李旅、由萍莲向安福方面移动，为本军独立支队。蒋师为预备队。并令各师旅，互联声气，分四路前进，迎击敌人。而敌军宋鹤庚、鲁涤平、陈嘉佑、吴剑学、谢国光、朱培德、李明扬、路孝忱、何成濬等部众，约一万数千人，亦分四路来犯，径日正午左右，我唐师在三会〔曲〕滩附近，我杨师在吉水附近，我邓师在潘水村附近，我李旅在安福附近，均各遇敌接战，敌军顽强抵抗，战斗异常激烈，夜间时来袭击，均被我击退，战至宥日午后，我各路将士，愤不顾身，前进冲锋数次，始各将敌军击溃，此即跟踪追击，敌人已难成军，其大部分向赣南方面溃退，其余四散。我邓师首先入吉安县城，唐、杨、蒋、李各师旅，继续到达吉安及其附近。令蒋师为追击队，其余各师旅，稍事整顿，仍即分途追击，以期早日荡平，固我疆圉。是役也，计唐师方面，伤毙敌军三百余名，俘虏百余人，夺获枪枝子弹甚多。邓师方面，伤毙敌军五百余名，俘敌营长二员，敌军总指挥受伤。左翼杨师及独立支队李旅方面，亦各伤毙敌军百余名，俘获甚多。我军伤亡亦众，先后据各师旅飞报前来。本仁慨敌焰之凶张，哀赣民之痛切，幸仗威福，将士效命，如此众大强悍之敌军，竟于旦夕之间，一鼓奏效，克复吉城，殊非始料所及，倘亦所谓天心厌乱，国运交泰者耶。兹拟一面驰抵吉安，着手安抚，一面督师跟追，肃清赣地，以期上释政府南顾之忧，下慰群生解悬之望。所有追击情形，容俟随时驰布。谨此电闻。诸希垂察。方本仁叩。感。印。

〔北洋政府内务部档案〕

10 建国北伐军中路总指挥宋鹤庚宣布出师北伐要求方本仁践约通电

（1924年12月31日）

北京段执政钧鉴：天津张总司令、冯总司令、卢总司令、黎宋卿先生、熊秉三先生、范静生先生、臧杨两副司令、云南唐联帅、贵阳刘旅长、辰州熊总司令、广东八步沈总司令、河南胡总司令、上海唐少川先生、章太炎先生、张行严先生、聂云台先生、南通州张继直先生、各省长、各督办、各都统、各副使、各司令、各商会、各报馆均鉴：顷致南昌方本仁一电文曰：联军北伐，原以直出长江，肃清逆党为目的，蔡氏盘踞江右，附逆为梗，自在首先驱除之列。方奉命出师之初，而执事亦以逐蔡为请，当以趋向正同，故相约一致行动。计划甫定，忽闻樟树告急，贵军退守峡江，属在同仇，义难坐视，鞍马未整，倍道趋援。蔡氏闻风潜逃，执事不事追逐，以绝根株，转将所部调回上游，节节乘防，阻我行程。又复来电，谓驱蔡为局部问题，诚不解命意所在。窃以为局部问题，乃少数人之私事，伸正义诛逆贼，为全国人之公意。一蔡虽去，余冠尚多，若谓蔡去，而赣局遂定，曹倒而天下已安，重少数人之私事，违全国人之公意，失信误约，贻诮国人，当亦执事所不取也。我联军正义而来，正义以外，罔知所计，师行在途，义无所顾。今谨率全军遵奉帅命，刻日前进，务希贵军立践前约，一致进行，早达江□，共定国是，区区之意，统祈谅察等语。合行电陈，统祈公鉴。建国北伐军中路总指挥宋鹤庚叩。世。印。

〔北洋临时执政府档案〕

11 常德盛为赣督方本仁逼退皖境被缴械等情电

（1925年3月27日—5月8日）

（1）常德盛等致段祺瑞电（3月27日）

十万火急。北京段执政钧鉴：职师于十一年奉令南下援闽、援粤、征调频繁，驻军江西，备尝辛苦，师行所至，保境安民，服从中央，宗旨坚定。正拟请命率队北归，乃赣督方本仁，利我所有，蓄意破坏，勾诱我师第一旅齐参谋审铨及尤团曹营，潜逃归附。近竟发出布告，宣言意图。实施攻击。师长平昔整肃军纪，爱护声誉，根本素属健全。方督无计诋毁，乃构造齐、尤等逆供称：职师第一旅旅长常锡荣，串通南军，图扰赣局，毫无实据，谅在洞见。职师原驻赣东南城、南丰、宜黄、黎川等县，彼方于临川、全溪各处，节节增防进逼。伏念我执政出膺艰巨，通电弭兵，力谋举国平和，提倡善后会议，婆心救世，海宁咸钦。师长仰体尊意，何敢同室操戈，即与方督分属同袍，谊犹昆李，兵戎相见，殊乖本怀。况赣东久罹兵劫，元气大伤，职师所经，备承优待，尤不忍轻启战端，糜烂地方。业经迭电剖释，表示退让。而方督仍欲寻仇，褒如充耳。上背钧座力谋和平之旨，下违人民苦兵厌乱之心。衅由谁开，咎将安属。职师现暂退驻黎川，枕戈自卫，倘再相逼太甚，难免触发戎机。用特沥陈钧座，恳予设法制止。一面电令撤兵，毋肇战祸，一面派员疏解，消弭无形。并乞指由赣省助资，令调职师北归，以免飘泊南方，徒招疑忌。倘蒙俯遂微忱，谨当涓埃矢报，追随执鞭，惟命是从，伫待拯援，曷胜翘盼。再赣电须受检查，特派妥弁绕道赴京投递，合并声明。河南陆军第一师师长常德威、第一旅旅长常锡荣、第二旅旅长李象山、第一补充旅旅长常怀仁、代理第二补充旅旅长赵瑛同叩。感。印。

(2) 常德盛致段祺瑞电（4月19日）

段执政钧鉴：春间迭奉军务厅转传电令，饬盛协助方督共维赣局。遵奉之下，驻守赣东，思以副命。乃方督以生忌，蓄意改编，始则藉口剿匪，移调频繁，欲使疲于奔命。继则扣留协饷，阴谋破坏，欲令自肇分崩。峻使团长尤效先等，乘机潜逃，宣言背叛，彼即据为口实，密派重兵，布散流言，异图缴械。盛始终开诚相与，彼则相逼益甚，相煎过急。当此善后会议未闭，纵至忍无可忍，并未敢以兵戎相见。爰于三月哿日，统率所部退驻黎川，以示让步，并容纳彼方意见，请求和平解决。代表甫行，省军已进南城，滇军相逼黎川，是不惜负涂炭斯民之责，以泄忿于职部。此时在彼范围，函电不能发寄，乃绕道闽、浙，边山跋涉，弥月始抵皖疆。查我师原系豫军，统辖省属，改编无权。且在赣三年，奉命无误，援赣之后，闽、粤相继，孤军远戍，痛苦备尝。此次政局革新，本思回豫休养，适奉钧令，仍留赣东，非对彼有何野心，而妄思染指赣事也。现在山行一月，消息阻隔，道路传闻，莫名真相，仅凭方督片面之词，影射之电，诬诋职师，朦禀钧座，捏造事非，荧惑观听，实属漠视政府，欺凌客军，以一手掩尽天下耳目，违法蔑理，莫此为甚。职部官兵，愤激莫名。盛为法律计、为公理计、为全军之声誉计，实难缄默。用转电恳钧座，俯赐矜全，盛即督驻婺源附近之之海口一带，整装待命，乞示遵行。至与方督纠葛事实，具存曲直，有在或对簿公庭，或派员查办，盛均唯命是听，静候解决，临电迫切无任悚惶祇照钧安。伏乞垂鉴。典威将军河南陆军第一师师长常德盛叩。皓。

(3) 常德盛致张树元电(4月19日)

北京执政府军务厅张厅长钧鉴：月前司咨议北上，职师留赣经过情形，谅邀洞察。嗣以方督见忌，曾由九江密电请归，迄未奉覆。查年前职师未受方督编制，本欲助方效力，嗣蒙我公迭电托庇关垂，并令职师暂维赣防，何敢遽行开动。讵料方督垂涎军械，蓄意改编，职属客军，岂能承认，以此竟为所忌。今春数月，除克扣协饷不发外，故藉剿匪，移调频繁，既调赴抚属宜崇信用，又令赴建属丰、黎、各邑，既使不相联络，复令疲于奔命。并派员运动，不肖官兵，乘隙潜逃，彼乃收容安置。幸职部尚多深明大义者，不为所动。彼见破坏不成，乃派重兵压迫，发表宣言，妄图缴械。并以含沙射影之词，朦电各方，事实具在，何能一手掩尽天下耳目。惟职部驻防建郡，函电不通，以致无从辩耳。徒以未奉明令，且恐糜烂地方，不便与之接触。因于三月二十号，亲率职部，由闽浙边境，绕行近月，本日方抵德兴县之海口，暂驻待命。跋涉艰巨，匪言可喻。除电禀执政暨通电各方，表明真相外，特电禀陈，伏乞我公矜怜士卒困苦，迅赐维持，俾数千子弟，不至流离，则感戴鸿慈，实无既极。不胜迫切待命之至。河南陆军第一师师长常德盛叩。皓。

(4) 王揖唐致执政府军务厅密电(5月8日)

北京执政府军务厅鉴：良密。阳电敬悉。据婺源徐营长等鱼电报告，常师全部，业经该营压迫缴械，尚查有该部徒手官兵三千余人，现正妥筹遣送地方安谧。谨先电闻，即祈代陈主座为荷。王揖唐。庚。印。

〔北洋临时执政府档案〕

七 胡憨之战

1 吴新田率部赴西安与刘镇华合作致执政府密电

（1924年11月24日）

急。北京执政府段骏良兄鉴：寿密。铣电奉悉。前奉电示，即已决定率敝部一师三旅，顺流而东，直捣武汉。因王、卢两师接洽未妥，致王两电迄未得复，因而迁延未发。旋因吴子玉已到洛阳，恐西安刘督举棋不定，遂改定计划，拟率全部进迫西安，使之与我同谋，或一致图豫，或分道攻鄂，均无不可。正令所部向西安冲进中。适刘督亦来电催我入省，以便合作，及奎荃庄兄箇电，转告师座命令，所示机宜，恰与此间计划吻合。刻敝部前头部队，已抵西安，并令筱轩即日赴省，弟不日亦随大队之后，进至西安，静待师座后命。特以奉闻，仍祈随时赐示为盼。弟吴新田。敬。印。

〔北洋临时执政府档案〕

2 胡景翼报告攻克彰德寇英杰王为蔚退出豫境至段祺瑞等电

（1924年12月3日）

万火急。北京段总执政，国务院、陆军部、冯总司令、天津孙中山先生、张雨帅钧鉴：景翼奉令赴豫，率部南下，敌军寇英杰、王为蔚、马灿林所部各师旅，蜂屯彰德，阻遏孔道。上月廿一日首向我军攻击，势极凶猛。当令步兵第二旅旅长李纪才，率部由彰德北面迎击；令步兵第三旅旅长李云龙率部继进，由彰德东面侧击。敌据漳河南岸、彰德以西高地，建瓴俯瞰，依水为固。我二旅四团团长崔峻峰，于上月廿二日麾军渡漳，直扑敌阵，激战半日，率因众寡悬殊，主客异势，未遽得手，仅毙逆众二百余名，伤者无数，夺获快枪二百余支。我军亦阵亡官兵百余名，受伤二百余人，而士气倍奋，敌胆已寒。景翼据报，以正面敌军、隔漳固守，其左翼居高临下，仰攻甚属不易。因电令李纪才旅暂取攻势防御，一面令马文元骑团及杨世昌步团加入左翼，由李旅长云龙指挥，侧击猛进。本月廿五六等日，血战于东西太平獐豹、韩陵山、八里庄等处，将士奋勇争先，前仆后继，鏖战两日，逆众不支，纷纷向彰德东郊退却。我左翼遂渡漳河，逼东城八里，而该是役击毙敌人三百余名，伤者无算。我军夺获快枪五百余支，马百余匹，各种子弹数万。敌军正面队尚据守漳河，而右翼已难支持，遂于本月廿六夜，派使求和，请准收回战场尸躯，停战两日，商榷投诚条件。景翼以班师主和，原期息事宁人，止戈为武，不欲延长兵祸，重苦吾民，当经允其所请。而敌狼诈异常，一面乞和缓兵，一面增援顽抗，无悔祸诚意，迨停战期满，仍无圆满答复。遂令田生春团加入左翼，胡景铨团加入右翼，并调杨世昌团由左翼增加右翼，于冬日行总攻击。景翼由顺德亲赴前方督战，我军杨、胡两步团，首由正面攻击，士殊死战，立渡漳河，李旅长纪才麾军继进；左翼杜云龙旅亦肉搏东城，短兵相接，血战一昼夜，江日正午，完全克复彰德。敌军纷纷南窜，狼狈异常，遗弃辎重甚多，伤亡逾千，我亦伤亡官兵百余名，夺获快枪七百余支，一面搜索敌人，安慰民商，一面派队尾随。旋据报黄河以北已无敌踪，寇、王两部业已退出豫境，马灿林现在开封，暂维治安，已电欢迎我军进省。此次战事幸赖国家威灵，将士用命，卒以旬日激战结果，克收名城，大挫凶锋，此后军事进行，当可顺利。知关廑系，谨电奉陈。胡景翼叩。支。印。

〔北洋临时执政府档案〕

3 憨玉琨等关于攻克洛阳郑州吴佩孚南窜暨请胡景翼勿再南下致段祺瑞电

（1924年12月4日）

万急。北京执政钧鉴：职师等克复洛阳后，当即率队尾追，进攻

郑州，曾将各路布置情形及击退黄河沿岸各军队，并包围郑州状况，电陈在案。惟由洛东下，沿途铁路桥梁均被拆毁，节节修复，节节进攻，其工程较巨，一时不能修复之处则躬冒矢石，徒步尾追，击破电网及地雷数处，各将士不避艰险，奋勇直前，于支夜攻下郑州。吴、张、李均沿铁路向南奔窜，敌人处处设伏，夜深未敢穷追，一俟天明，仍当整队南下，不令死灰复然。惟地方饱经战祸，人心惶惑。窃虞胡副司令、孙副司令两军再来，郑埠为全国商业之中心，深恐军队纷歧，发生误会，致安民转以扰民，各绅商纷纷恳请暂驻郑州，维持秩序，未敢固辞。且查黄河桥已被敌人败退时拆毁，飞渡为难。拟恳饬下胡孙两司令停止南下，职师等一面办理郑州善后，一面收复省垣，并清理全境余孽，俟一律肃清，听候明令解决，以期仰副执政息事宁人之意。是否有当，鹄候训示。憨玉琨、张治公叩。支亥。印。

〔北洋临时执政府档案〕

4 张树元为憨玉琨率师援豫拟授以陕军援豫总司令给胡景翼密电稿

（1924年12月6日）

顺德胡军长鉴：笠密。奉执政谕：据山西阎督军冬电内开：以转准陕西刘督军卅电称：此次出兵本遵执政迭次电令，惟憨师长豫军总司令名义系属一时权宜，指日取洛下郑，必与胡、孙两军相会，若无中央特授相当名义，深恐发生误会，益增纠纷，除迳电执政陈请外，务请主持速电执政，无论任何名义，即祈核酌明令发表等语。所虑亦是，惟该督所定之豫军总司令名义，原属一时权宜，钧座如虑与胡副司令收束军事职权将来发生抵触，可否明令授憨玉琨为陕军援豫总司令，以符名义而专责成之处，敬请裁夺施行等语。现憨师长率师援豫，自应与以相当名义，阎督军所请授为陕军援豫司令之处，似尚可行，希即协力进行，以期早日肃清等因。特此奉达，希即查照，并见复为荷。临时执政府军务长张○○。鱼。印。

〔北洋临时执政府档案〕

5 憨玉琨攻下洛阳郑州后张树元电胡景翼进驻开封等情电

（1924年12月6日—8日）

(1) 憨玉琨给段祺瑞电(12月6日)

万急。北京执政钧鉴：玉琨等奉令出师郑洛，迭将进取情形电陈。现洛、郑先后均下，军事完全结束，所有奉令饬办事宜，已告终结。汴垣并安抚就绪，应如何结束之处，伏候明令祇遵。憨玉琨、张治公叩。鱼。印。

(2) 张树元致胡景翼孙岳密电稿(12月7日)

顺德胡
保定孙军长鉴：笠密。奉执政谕：迭据憨师长报告，已率队攻下洛、郑等情。当以吴在鸡公山所部军队，亦拟节节后退，有固守武胜关为最后之决战消息。已饬憨师长即以郑州为界，勿再东进，迅速率队南下，跟踪追击。至开封方面，关系重要，希即前往肃清。憨军此次援豫，劳绩可嘉，仍盼协衷共济，早奠全功等因。特此奉达。希即查照为荷。临时执政府军务长张○○。虞。印。

(3) 憨玉琨等致段祺瑞电(12月8日)

北京执政钧鉴：玉琨等攻下洛、郑后，因开封省会关系綦要，复循绅商人民环请，移兵驻汴，以资震摄，曾将安抚省会情形电陈。顷接胡总司令电：奉命督办河南军务善后事宜，率队赴汴等因。自应遵令将省会队伍撤回，所有省垣治安统由胡督办负责，除电复胡督办外，谨电肃陈，憨玉琨、张治公叩。庚巳。印。

中华民国十三年十二月八日

〔北洋临时执政府档案〕

6 河南省议会代表胡鼎元等为吴佩孚离豫胡憨隔河相持祸在眉睫请明令停止前进呈

(1924年12月8日—10日)

(1) 马吉樟等给临时执政府呈(12月8日)①

呈为防止豫省战祸，筹设善后会议事：顷据河南省议会及各法团文电称：吴、张、李现均离豫，憨军东下，胡师南来，人民惶急，诚恐发生误会等语。又据武陟绅民王士杰等阳电内称：胡憨隔河相持，祸在眉睫，除电呈执政外，请设法斡旋，以惠桑梓等语。经旅京豫人民集议，佥以胡景翼、憨玉琨两军，均系奉令讨逆，憨既先克洛阳、郑州、开封，将吴、张、李诸逆首驱逐离豫，胡自不得或有所藉口，再向憨军挑衅。且促成联省自治，为执政出山之主旨。憨为豫人，其军队皆豫籍，理应藉此机会听由豫人自决，方不负此次改革之精神。方今胡、憨相持，危险万分，恳乞执政府念豫人水深火热，速饬前防各军，按照所到地点暂勿前进，以免误会，而维地方。一方面由樟等发起河南善后会议，谨拟简章呈明备案，尅期在郑州或其他相当地点召开会议，以解纠纷，用副执政和平之至意。此呈

临时执政

河南旅京同乡代表　马吉樟　金　焘

张华祖　王　绎

(2) 胡鼎元等致段祺瑞呈(12月10日)

执政钧鉴：敬呈者，豫省连年兵匪交加，水深火热，不堪再受战祸，及李济臣等在豫敛款殃民情形业经呈明在案。现吴佩孚、张福来、李济臣均已潜逃，所部亦均溃散，豫省全局似有平定之望。惟胡景翼之军已由彰德南下，孙岳之军闻将渡河前赴开封。而三十

① 文件日期系信封收文日期。

五师憨玉琨等占领洛阳之后，又进据郑州、近复布防黄河南岸，与胡军对峙，胡军若积极前进，万一与憨军发生误会，一经冲突，战祸即不可收拾，哀我豫民，疮痍满目，若再受糜烂，势将孑遗靡存。钧鉴主张和平，顺从民意，何忍以大好中原迭遭兵燹，致与和平主旨背道而驰，不仅此也。豫省绾毂、南北关系最大，豫省战事不能结束势必牵及邻省，而长江方面亦不能不发生问题，是以为河南一省计为中国大局计，胡孙憨三部非有解决善法，均足为和平统一前途之大障碍，钧座统筹全局，成竹在胸，当此千钧一发之际，恳乞迅予颁明令，严饬各军暂停进行，悉听中央妥为处置，以安地方而全大局，不胜迫切待命之至。肃呈恭叩。

钧安

河南省议会代表　胡鼎元　苗怀新　魏锡庚
郭　平　关升阁　赵永年

〔北洋临时执政府档案〕

7 胡景翼与憨玉琨为河南省权力之争异致段祺瑞有关电

（1924年12月10日—1925年1月22日）

（1）刘镇华致段祺瑞电（12月10日）

提前。万急。北京执政钧鉴：顷接憨张两总司令电开：顷上执政一电文曰：北京执政钧鉴：恭读明令，特任胡军长督办河南军务善后事宜。等因。奉此。玉琨等遵即与胡军长双方遣派代表，交换意见，将所部驻郑军队移防京汉铁路以西，专事剿匪以靖地方；郑州防地完全交由胡督办驻扎，谨电肃陈。憨玉琨、张治公叩。佳。等因。特电驰陈等语，谨电转陈。再阳日奉军务处虞电，饬令追击各节，当经转电该总司令等遵照。据电前因，想系尚未奉到。除再电饬与胡督办会商办理外，并以附陈。刘镇华叩。蒸。印。

（2）刘镇华致临时执政府张树元密电（12月13日）

万急。北京执政府张军务长勋鉴：政密。接奉文电，仰蒙厚眷，感悚同深。窃以憨师长奉令驻豫，自应禀承胡督办收束豫局，并无分外。希冀所请名义一节，实为融洽双方避免误会起见，再四思维，似以帮办河南军务名义较为妥协，各省成例具在，该师长定能一听胡督办指挥，谨遵令拟复。是否可行，抑由执政酌予何项名义之处。伏乞转陈裁夺示遵。刘镇华。元午。印。

(3) 临时执政府军务厅致刘镇华密电稿(12月23日)

西安刘督军鉴：政密。奉执政谕：元午元酉两电悉，当以河南军务帮办一职，应电询胡督办意见，旋据覆称，已保热河米都统为河南军务帮办。刘督军电保憨师长一层，未便自相矛盾，又予赞同。等语。查胡督办既已另保有人兼系豫省之事，似不宜拂其所请等因。特达。希即查照为荷。临时执政府军务厅。漾。印。

(4) 胡景翼致段祺瑞密电(1月19日)

万急。北京执政钧鉴：笠密。闻憨玉琨将被命为剿匪司令，不胜骇异。查憨驻豫西，广收溃兵，糜烂城邑，且近出布告，北自怀庆、南迄许汝，皆该军防区，是破坏豫省之行政统一，而陷豫西人民于水深火热之境。景翼仰承钧意，专以剿匪安民为务，徒以憨部障碍收拾殊艰，若再轻加以特殊之任命，则景翼更不能行使职权，匪特豫西匪祸，无法制止，即全省善后亦无从进行。而憨部任意扩张，有加无已，将未必有溃裂之日，兴思及此，异常焦悚。目下办法，惟恳钧座严令该师长，服从豫省政令，力自收束；一面景翼与之和衷协商，共同剿匪。盖景翼绝非歧视该师，第为豫局计，为大局计，钧座如不信，请派员来豫调查。使知翼言不谬耳。临电悚惶，特布鉴察为幸。胡景翼叩。皓。印。

(5) 憨玉琨致段祺瑞密电(1月22日)

北京执政钧鉴：恭读明令，派玉琨为豫陕甘剿匪副司令等因，祇聆之下，悚惶无极，豫省为中原重地，陕甘尤西北要区，祇以萑苻未靖，重贻宵旰之勤，玉琨分属军人，志存弭乱，荣膺宠命，深虞弗胜，惟安民戢匪义无可辞。敬谨于一月二十二日就职，惟有勉竭驽庸，力图报称，随时商承孙总司令相机办理，以仰副钧座之知遇。谨陈蚁忱，恭谢鸿慈，伏乞宥鉴。憨玉琨。养叩，印。

〔北洋临时执政府档案〕

8 关于胡景翼请命毅军都统米振标为河南军务帮办与段祺瑞等往来函电

（1924年12月14日—1925年7月7日）

（1）胡景翼致段祺瑞密电（12月14日）

万急。北京段执政钧鉴：笠密。顷闻明令调热河都统米振标来京供职。查该都统为毅军宿将，声望素著，此次赞助和平，功有足录。现在河南土匪蜂起，亟应剿除，毅军在豫者尚众，尤资统率，恳请以该都统为河南军务帮办，俾免投间，而资效力之处祈令发表，不胜祷切。胡景翼叩。寒。印。

段祺瑞批："帮办则可，队伍如何？"

军务厅批："抄送军部"

（2）胡景翼致段祺瑞密电（12月28日）

万急。北京段执政钧鉴：笠密。米都统昨晚来汴投翼，追溯前事，不胜感慨，翼询其过京，曾否面谒执政，以待罪不便，至为歉然。忆热河鏖兵之际，时执政尚未出山，曾嘱令勿进兵，可保奉军将来退出热境，孰意事实相反，竟至此极。使景翼失信之事小，使执政失信之事大，万祈将景翼呈报米都统为河南军务帮办一案，即日明令发表，并请对于其所辖毅军数千人南开来豫，沿途妥为保护，勿滋纷纠，全信义而励人心。无任迫切待命之至。景翼叩。勘。印。

段祺瑞批："毅军既与奉鏖战，奉军不能不视为敌人，去之解辞。该督昨电，豫省兵有廿万，何以若是之多，自应力为后来，以顾财政，恐无力再养毅军。该军本令交热河，而擅自入关，从宽仍留。”

(3) 临时执政府军务厅覆胡景翼电稿(12月30日)

开封胡督办鉴：笠密。奉执政谕：勘电悉。毅军本拟留热，嗣以米都统已带其入关，故饬令暂在现到地点停止，归张司令殿如指挥，商承陆军部办理，并电允米都统率卫队一团赴豫。诚以前电所云：豫省兵数已有二十万之多，供给已虞不继，倘再加以毅军负担，必至更感困难。至请以米都统为河南军务帮办一节，已饬陆部速办矣。等因，特达。希即查照为荷。临时执政府军务厅。卅。印。

(4) 张作霖给段祺瑞电(12月27日)

急。北京执政钧鉴：年密。张次长来津，钧意敬悉。米部责成阚都统负责收束，奉有明令。乃米振标抗令，率队入关。作霖为中央威信起见，不得不敬请示遵。但使该部不驻京畿附近，扰及治安，亦不扩张部伍，影响财政，中央善为处置，作霖绝无成见可言。除详情由张次长面陈外，谨此电陈，伏祈鉴核。张作霖叩。感。印。

段祺瑞批：“军办法可以详告之。”

(5) 执政府军务厅覆张作霖电(12月31日)

天津张总司令鉴：年密。奉执政交下尊处感电一件谕：将先后办理情形详复，等因。查前闻米前都统振标率队入关之信，当经迭电阻止。嗣以该军业已入关，饬将偕来队伍，暂在现到地点停止，归张司令殿如指挥，并随时商承本部办理。至米前都统振标前往河南，仅许其率卫队一团南行，俾资护卫，请即查照为荷。陆军部、临时执政府军务厅。卅一。印。

(6) 米振标上段祺瑞呈文(6月26日)

呈为毅军向隶中央，并非热区军队，仍恳核准改编预算恭呈，仰祈钧鉴事：窃振标前呈毅军改编预算一案，奉陆军部函开：准呈称：所部毅军，并添拨团警，改编四混成旅及混成一团，造具预算书，备文请核一案。查上年十二月十一日，曾奉执（政）明令，业经收束在案：该队何时赴豫，亦无调队明文，忽加此项军额，当中央财政匮乏，殊难措此巨款，所请各节势难照准。等因。查上年钧座明令，未蒙指出毅军自系就热河都统所辖军队而言，当经遵照将热河陆军巡防游击各队交由后任，妥为收束。至毅军向隶中央，并非热区军队改编一案。系为划一军训，力求整顿起见，编置之初，即经电陈钧座暨陆军部有案，嗣振标交卸热河都篆，率部入关，满拟屯驻近畿，策适河南胡前督办电调赴豫，协助剿匪，亦经迭电陈明。伏思毅军成立七十余年，捍卫国家转战南北，无役不从。迨民国初元以后，蒙匪肇乱，振标受命督兵，迭次深入，终岁十二月，八九在疆场，先后数年，乃获蒇事。调豫以来，剿办东南各县大股焊匪，奔驰数月刻始渐就数平，作战则御侮折冲，驻防则安民保境。拊衷循省，虽无功之足录，尚乏罪之可言。中央财政固极艰难，而军队为国宣劳，实亦不得不仰求顾念。拟仍恳饬下陆军部核准前呈改编预算，俾维现状，所有仍恳核准毅军改编预算缘由，理合恭呈具陈。伏乞执政钧鉴，训示施行。谨呈

临时执政

帮办河南军务善后事宜毅军总司令米振标

中华民国十四年六月二十六日

(7) 临时执政府军务厅致陆军部公函(7月7日)

公函第一四一六号

迳启者：案据帮办河南军务善后事宜毅军总司令米振标呈称：毅军向隶中央，前曾呈请改编豫算，拟恳饬下陆军部核准前呈，俾维现状，等语。当经呈奉执政批谕：军部酌等因，相应抄录原呈，函请查照办理。并希见覆。此致

陆军部

附：关于毅军简史及请以姜桂题之孙姜兆潢为毅军帮办节略

(作者阙)(1925年1月26日)

敬略者：窃以为久练之兵，远胜于新募之众。民国以来，求一历久不变，曾经百战之劲旅实不恒有，有之厥为毅军。查该军创自前清宋忠勤公，其中兴功业，昭昭在人耳目。继宋而接统为马忠武公，其最著者，庚子之役，马以孤军抵抗十余国联军，俾两宫得以西幸，毅军之力也。马故，姜上将军接统，民国二三年间，白狼窜扰豫、皖、晋、陕，惟毅军转战数省，跟踪追剿，卒使巨魁受首，余孽肃清。其他拱卫京师驻防，边徼关内外，功绩最多。迨晚年精力就衰，神情恍惚，而犹能从容坐镇者，皆其长孙兆潢苦心维持。再查姜君兆璜，由诸生入陆军学堂，毕业后，以员外郎郎中供职陆军部。嗣奉毅军咨调，随办营务，并兼全军教练。民国肇兴，仍随侍上将军襄办一切，屡派充军事会议。五六年间，毅军内部实赖以主持。是以该军自翼长以下，感情悉与之最厚，现充旅团长、多有由伊手成全者。姜上将军故后，接统者即令之米司令，声望较姜远甚，自移防豫境，军队既属复杂，饷项益形支绌，其分扎豫西、豫南各县，动辄数百里，统驭尤属为难，近闻将士渐怀觖望，而商民感于应给之困难，咸切怨咨，致使数十年百战之雄师，搀杂于四面楚歌之地，将来不为他人所利用，恐求自固，而不能此留心时局者，不得不欷歔长叹，为之痛惜者也。今以愚人之愚，略陈管见，倘于此时仍委姜君兆璜出为该军帮办，或副司令，责成切实顿理，其旅团长等必心悦诚服，军声当为之一振，较新募之众，得力多矣。且姜君倾心执政，于兹有年，间常形诸眉宇之间，设遇有事，更感恩知己，一意服从，上下一心，洵足以备缓急。如蒙采纳，政府多一精锐之师，即地方多一安宁之处，利国福民，莫此为甚。尚祈察夺施行。谨略。

〔北洋临时执政府档案〕

9 直隶保大七十七县公民联合会控诉国民第二军胡景翼部在直绑掠奸淫焚劫各情通电

(1925年1月4日)

北京段执政、各部院、各省督办、省长均鉴：兹为豫军祸直，特致李督办一电文曰：天津李督办钧鉴：溯自浙孙称兵，延及皖鲁，畿疆震撼，群情驿骚，剑拔弩张，间不容发。幸赖我督办深明大义，饥溺为怀，上念国家，下关桑梓，雅不欲以意气之见，作阋墙之争，是以通电言和，光明磊落。此次让防保大，原所以贯彻主张，乃彼方不谅，谬以为时机可乘，节节进逼，残民以逞。自国民第二军入驻保大以来，地方则视为领土，人民则视为仇雠。近若保属之满城，大属之南和任县，彼皆分布匪军，狼贪虎视，每至一邑，辄先包围警团，夺取枪械，下及服装财物，亦无不搜括一空。地方官受其逼陵，绅商界听其绑掠，巨赃到手，然后大肆焚劫，无能幸免。甚且奸淫幼女，有十四岁女孩，因轮奸而致毙者。该匪军犹以为未足，竟复破狱纵囚，以为快意。迹其所为，虽洪水猛兽不若其凶，丰豕长蛇未如其暴，哀哀我民，果何辜而遭此荼毒耶。查该军本皆陕右土匪，因缘时会，改编为军，强悍本乎秦风，残忍由于天性。李自成、张献忠皆陕人也，殆其明证。既名为军，而乏饷无械。靡不以抢掠为资，甚至一食一啄，一器一物，罔不取给民间，而供其恣肆。土匪扰民，如鹰之得肉，饱即扬去，则受创不过一时，其祸小。匪军扰民，如蚁之附膻，不尽不休，则受创将无宁日，其祸大也。现该匪等方且得寸进尺，步步蚕食，凶焰日张，不可响迩。若不迅为剿办，锄此凶顽，则满城南和任县之事，将遍及于吾直，则吾侪小民，尚有噍类乎。应请督座立举义旗，以清疆圉，而保生灵，庶闾阎免鸡犬之惊，而人民幸脱虎狼之口矣。云云。谨电奉闻。伏维鉴察。直隶保大七十七县公民联合会叩。支。印。

〔北洋临时执政府档案〕

10 胡景翼部旅长曹世英在禹县强收民团枪械酿成屠城悲剧有关文电

(1925年1月27日—3月26日)

(1) 刘镇华致楚子襄等密电(1月27日)

北京丰盛胡同四号楚子襄兄转呈军务处长张少卿兄鉴:襄密。昨电计达,顷据憨师长玉琨、张师长治公有电称:据汝州张旅长报告:禹州曹世英部,迫收商团民团枪枝,激起反抗。集合襄、郏、许昌附近各县武装警察、民团数万人,与曹部开战,已将该部枪械收去。该处与职旅防地毗连,商民惊惶,迭经电请从速派队前往,以维秩序等语。查禹州商民与曹部屡生冲突,此次因迫收民团商团枪枝,激成民变,集合警团数万人,出此走险之举。禹州距职部郏县防地甚近,迭据该处商民吁请,不得不派队弹压,代维秩序而安地方。当饬常团长好仁,率部驻往,相机维持。谨电陈明等情。查禹州驻军与民团发生冲突,激成民变,该师长等因商民吁请,就近派队暂驻,原为维持治安、销弭变乱起见,除电复该师长等转饬常团长暂驻该处,妥慎维持,并电胡督办查照外,谨再奉闻,即祈转陈鉴核为盼。弟刘镇华。感。印。

〔北洋临时执政府档案〕

(2) 师长憨玉琨训令(2月4日)

训令

陆军第三十五师司令部训令参第八四号

令团长万选才

为令遵事:顷据北京电称:执政府陆军部日内派员来豫调查禹州事件,并考查我方军队情形。其意在以我方军队与胡部军队双方比较,以定优劣等情。据此,查政府派员勘查极关重要,两相比较,最足生出关系。况整顿军纪风纪及禁止目兵外出,早经通令在案。

兹据前因，尤宜严加取缔。除分令外，仰该团长转饬所属。对于军纪风纪极力整顿，目兵随便外出亦须一律禁止。倘有违犯情事，即惟该长官是问。其各凛遵毋违。此令。

师长 憨玉琨〔章〕

中华民国十四年二月四日

〔北洋政府内务部档案〕

(3) 张林泉致段祺瑞等电(3月26日)

北京段执政、奉天张督办、察哈尔冯督办、南京卢宣抚使、天津李督办、徐州张总司令钧鉴：敬肃者：陕军屠禹一案，曾经难民李尧勋等代电，上陈均座，第仓猝出险，见闻未周，邮电把持，真相难言。兹特将详悉情形，再为缕晰陈之。自民国十一年，陕军曹世英来禹，即将地方巡缉枪弹收殁，并拘留县长，勒收商团枪械，且虎视各区民团，当由商务会长樊海瀛等面诉。前吴巡帅曾经电令悉数发还，乃仅将商团枪械发还，然对于商民各团枪支，固未尝一日忘也。在禹三年，奸杀抢掠日有所闻。又复勾结恶绅方富文、李文健等，以咨议书记等职，朋比为奸，保匪干政，殴官辱绅，无恶不作，有证可据。其明索供给，计达四十余万，栽赃科讹，约亦六十余万。名为军队，实过土匪，绅民衔冤，百呼莫应。迨榆关败后，该旅枪械损失过多，其团长王祥生投隶胡督，名称团长，枪不满百，与恶绅方富文率空手数百返禹，谋夺商民各团枪械，曹世英在京闻之，恐其捷足先得，偕李文健星夜奔回。乃事为商民侦知，严加防御，百法罗致，奢欲未遂，遂竟招土匪，各思称雄。而曹世英则以岳师长为后援，王祥生则恃胡督办为护符。然所有军需均仍由禹人供给，商民受其荼毒，痛入骨髓，而所以忍痛供给者，不过欲苟全性命耳。时届年关，曹世英先以京津废钞五万元，迫商民换现，违则自由行动。商民畏祸，勉为应付。甫经兑讫，王祥生又勒索现洋四千元，限二日缴齐。商民措款逾限，讵意竟于旧历十二月念八日夜，率兵迫令武警缴械，曹旅团长王成章乘之亦向商团攻击，武警商团以无明令缴械，势不得不为正当防御，遂致巷战数日，伊等乃捏电请救，然伊等志在枪械。既经抗拒，未暇大掠。迨岳师长派大兵到禹，武警商团力屈退走，乃大肆焚掠，痛加屠戮，无贫富在城，无幸免之家，无老幼相遇，无幸免之人。更可惨者，聚商民数十于一室，灌以洋油，举火焚烧，叫哭连天，腥臭逼人。至财物告罄，烧杀少止，每街更索保险费洋五六千元不等，否则一火焚毁，商民四处罗掘，牵动邻邑金融。嗣又藉名搜枪，实行残害，百般苛虐，惨不忍言。刻查商民死于街衢，经十字会验埋者四千七百余人，死于商号民宅内自行殓殡者一千五百余人，焚为灰烬者二千余人，缒城逃避死于城壕内外者，九百余人。损失财物计达千万，焚烧房屋二千余间，计值亦在百万以上。所抢财物，除将城内车马用尽外，复抓乡民之车数百辆，分送许昌和尚桥车点，搬运十余日，有目共见，可询可查者也。岳师到时，恶绅方富文、方谦柄叔侄，竭力奉迎，说新换知事李清，着军警持签，分赴四乡，勒索钱款粮馔，支应少缓，即以军法从事。绅民受其凌虐，饮泣输将。夫以黎庶血汗之所致，供残杀父老之豺狼，情更何忍。时局粗定，难民归来，非尼瓦无存，即室如悬磬，无奈称贷，乡间亲友，聊度余生。距至正月念八日，国民第二军道经禹邑，开赴豫西，又挨户搜掠，沿路抢劫，所过则鸡犬无留，而城一贫如洗。现哀鸿遍野，饿殍载道，触目伤心，痛何如之。窃思禹邑为各省药材会萃之所，中州一小商埠也。兹乃遭此惨祸，遽尔变为焦土，则李闯、张献未必忍为，而扬州、嘉定恐无是甚。夫扬州、嘉定夷族之苛令也，李闯、张献盗贼之行为也，孰谓所称国民军者而竟有是行也。每言及此，口未启而泪先零，唇欲张而声已失。方冀上宪明察实情，按法处办，以肃国典而浅公。乃胡督迫于公论，仅将王祥生正法，曹世英虽经布告撤退，通缉严办，而以岳维峻受其自禹辇来金钱运动，设法庇护，置之不理。兹胡督弃世，岳维峻竟贪其贿赂，不顾法律民意，复委曹世英为旅长。夫曹世英与王祥生均罪魁也。王既按法当死，曹何得逍遥法外，况复予以官职耶。且发难者虽王祥生、曹世英，而主使者实胡景翼、岳维峻也。矧残杀横掠，更系岳师按法治罪。岳维峻罪岂容诛，兹竟明目张胆，收容罪犯，甘冒不韪，则岳维峻之罪不更浮于胡景翼乎。公民等睹故墟之焦土，念无辜之非命，视父老之冻馁，痛元凶之未除，不啻心如刀劈，泪尽继血，是以不惜余生，冒死上陈，泣恳垂察，迅将岳维峻、曹世英等明正典刑，以维纲纪，而雪奇冤。并从速赈恤，以救灾黎，则阖邑殁存均感。除分电外，谨此电陈。禹县难民张林泉、李继唐、冯汉民、陈震东、樊广福、霍人俊、于秉均、陶守业、杨祖时等三百二十四人叩。宥。

〔北洋临时执政府档案〕

11 甘肃省议会反对段执政任命孙岳憨玉琨为豫陕甘剿匪副总司令暨军务厅复电

（1925年1月30日—2月4日）

（1）甘肃省议会致段祺瑞等电（1月30日）

北京段执政、国务院、陆军部钧鉴：顷见命令，任命孙岳为豫陕甘剿匪总司令、憨玉琨为副司令，先后发表，不胜惊疑。夫设官以为治事筹边，要于安人，既系治匪之官，自当设于有匪之地。甘虽边僻近实乃安，桴鼓不鸣，匪徒息迹。本省军队林立，尽足镇摄地方，是以国变垒经，风潮未起，且复西防青海，北援套蒙。近来陕省西部亦有甘军驻防，事实昭然，非可虚诬。然犹以军额增加，饷军殷繁，农民困于输纳，阛阓为之萧条，方幸我执政倡导和平，辑绥兵气，仁心仁政，遐迩昭闻。今乃于无事之地设治匪之宅，于极窘之区增新驻之兵，事理既所未安，民力尤所不逮，明令颁宣，万众惶惑，猜疑一起，影响何堪。以我执政谋国之忠，爱民之挚，岂其以治事者反以生事，安民者反以扰民。遥忖荩猷，殆必不然，用是敬以至诚。幸恳我执政府念边局，将甘肃一省划出该总副司令剿匪范围，则我甘千万人民，无不深感鸿慈。抑又有请者，年来内乱始于军阀，而势大由于拥兵之众，兵众由于辖地之广，我执政方涣汗大号，裁撤巡阅使，废改督军，谓宜举类此制度根本更张，纵或势有未能，亦岂可新有增置。今者督军虽已易为督办，而军事繁要之官，如边防督办、如宣抚使、如剿匪司令，迭见命令，拔茅连茹，大者拥据数省区，小者控缩数万人，此其流弊所及，岂复稍异于前，多日谋戢兵，其效殊寡，今易其名，而存其实，谓可长治，谁则信之。尤愿我执政毅然决然，废此厉阶，使我国家前途日入于宁静安谧，则天之民皆引领而望之。受其赐者，岂惟甘人，掬诚至祷，万祈采纳。不胜呼吁待命之至，甘肃省议会。卅。印。

（2）临时执政府军务厅覆甘肃省议会密电(2月4日)

兰州督办公署译转甘肃省议会鉴：新密。卅电呈奉执政谕：剿匪司令之职权，均于有匪之区行之，此外名义虽存于地方，无甚关系，该省既称安谧，自可无虑。等因，特达。临时执政府军务厅。支。

〔北洋临时执政府档案〕

12 关于胡景翼与憨玉琨在河南混战各项函电

(1925年2月4日—3月8日)

（1）楚纬经致张树元函（2月4日）

少卿将军先生大鉴：昨接憨司令来电两件，兹抄呈阅。查当初憨司令击走吴军，奉中央电令，让出开、郑，退驻京汉路线以西，是京汉路本划在我军范围之内。刘督办仰礼中央酷爱和平至意，复饬憨师京汉路线让出，旋又让出郑西路三十五里之铁路车站。乃胡军破坏和平，不遵中央命令，竟分三路侵犯中路，既派队进据铁炉，孙军近又由北方开至郑州，除开赴铁炉一营外，余在郑路上均不下车。左路胡军侵至禹州一带，右路胡军侵至温孟一带，时开枪寻衅。似此分路侵犯，包围我军，万一将士忍无可忍，发生冲突谁负其责。

时迫势急，难再缄默。用特函陈，伏乞我公代禀执政，迅电胡、孙两军退回原防，以免冲突而维和平。无任迫切待命之至。肃此敬请
勋安

楚纬经顿首　初四早

(2) 刘镇华致张树元密电(2月14日)

万急。北京执政府军务厅张处长卿兄：坚密。呈执政钧鉴：刻据报告。胡督集合军队，委任前敌司令指挥等职，拟即向我作战，以遂其扰乱大局，破坏善后会议之阴谋，衅自彼开，戎首之罪，自有攸归。惟战端一开，影响至巨，除电饬憨师长竭力忍让，冀却戎锋，以维大局外，伏祈钧座迅速设法制止，以弭兵祸。事机迫切，敬候明示祈遵。刘镇华叩。寒。印。

(3) 憨玉琨致段祺瑞电(2月18日)

北京执政钧鉴：顷见报载，胡督办转蒸电，披诵回环，惶惑无地。琨奉命东下，杨旅西发，彼时中原多故，京师震撼，京电督促出师，恨无飞越之军，省民函电交迫，青以敬恭之义。琨上感执政知遇之思，下念桑梓倒悬之厄，振旅出发，绕由河渡，旬日光复，廛市不惊，彼时琨若鼓行而东，直据汴梁，凭城自卫，有何不可。顾乃退师郑县，坐待后命，谓有野心，谁肯如是。迨胡氏率师南下，被扼相州，屡战皆北，捐兵折将，倘非琨大兵压迫，拦腹一击，事之成败未易卜也。当胡未渡河来电哀恳，愿以京汉路线为鸿沟，分防驻扎，胡东我西，各不相犯。情词迫切，义无反汗。窃念比年以来，军阀互哄，煎同其豆，无关国计，徒苦生灵，但能彼此相安，何肯重累吾民，是以拱手退让，罔计利害，自汴而郑，自郑而洛，以奉令驻郑之师，作退避三舍之计。亦谓逼处一城，军事庞杂，偶有误会，遗害匪浅，是以班师荥阳，还甲洛水，无非欲避免冲突，与民休息。窃意此时可告无罪于胡氏矣。孰知胡食言而肥，得陇望蜀，坐席未暖，息壤遽寒，屡来

挑衅，希图袭我防线，遏彼狡谋，经琨严勒部属，制止行动。而胡乃悍然不恤人言，铁炉〔路〕防地，肆意侵夺，禹县平民，纵兵屠杀，父老呼冤，绅耆求救，攀辕卧辙，泣求出师。琨于此时，温言劝慰，令无越轨，据鞍勒马，无泪可挥。诚以善后，方当开幕纷争即可立解，于执政振导和平之初心，固不容稍有违背也。孰知胡蓄意启衅，罔恤民艰，潜师夜行，节节进逼，犹恐师出无名，遽电中央，百方挑拨，谓琨逼处洛阳，形同割剧。要之琨系奉命驻郑，前案可稽，还驻洛阳，亦是格外谦退，得指为逼处。况京汉为界，曾有宿约，口血未干，遽渝前盟，此等翻覆，令人难堪。又谓把持民政，招纳土匪。夫土匪扰民，夙所痛恨，凡在琨防线以内者，方派遣队伍，分区剿办，限日廓清。胡督身绾军符，不问治匪，有何方略，而日悬牌，委派民政，是孰干涉，是孰纵匪，举国悉知，更无待琨复置一辩。又谓琨声言：曾奉密令悉众东移，既属密令，何肯声言。且中央专员尚驻郑州，禹县视察为日不远，实竟有无其事，讵能一手遮天。揣其用心，欲先启衅，又恐无辞，乃不惜捏造谍报，欺罔执政。身为大员，行同儿戏，军中有此，吾为国羞。三复胡军，无非欲破坏和平，拨弄是非，不畏民言，狡然思逞，是以豫东豫北，土匪遍地而不剿，民团枪械，挨户搜求而不禁。今豫中民怨鼎沸，民气难遏，万一激起变乱，孰负其责。连日以来，胡军全部集中郑州、许昌铁路之交，节节逼进，迫我防线，一触即发，朝不保夕。京汴非遥，一日可通，敢乞速派大员前来视察，公是公非，静候钧裁。临电迫切，不知所云，憨玉琨叩。巧。印。

（4）胡景翼致段祺瑞密电（2月19日）

万火急。北京执政钧鉴：笠密。豫西憨事：迭派孟广澎、杨铭源等前往磋商和平办法，始终未邀刘督、憨师见谅。嗣奉中央委员调查结果，电令换防，景翼遵重命令，极端服从。原期息事宁人，实现和平，速解纠纷，早奠豫局。而刘、憨方面漠视明令，效力不生，调兵遣将，不遗〔遗〕余力，于最短期间将陕西军队完全东开。现以十万兵力布满豫西，东则直逼郑县，而就地招募之匪，尚不在内。近更日夜备战，意在寻衅。景翼部下触目惊心，人人危惧，纷请自卫，节经剀切告诫前方，万勿堕彼奸计，致使衅自我开。但暂时虽可制止，来日实觉大难，防范偶疏，误会甚虞。况近数日西来货车完全停顿，是刘、憨之蓄意祸豫，姑不必责，而刘，憨之藐视中央，殊难为讳。假使刘督、憨师若早具有决心，何至强横如此，既不能以理喻，又不可以势禁，此景翼所为对国对民寝食难安者也。当此进退维谷，将何法以善后，徨恐陈词，伏乞鉴察。胡景翼叩。皓。印。

(5) 刘镇华致执政府密电(2月19日)

北京军务厅转呈执政钧鉴：坚密。铣篠两电，计尘钧聪。所陈秦豫换防种种困难，必须解除之处，谅邀洞鉴。冯督办电中，双方派遣代表，彻底规划，实深明此中情形之言，将来会议解决，苟有曲全之方，自当竭力奉行。故前电复呈赞成双方会议，并请于会议前先行缓冲，并所以避冲突而全地方，仰副我钧座保障和平之至意。乃日来迭据报告，胡军增集重兵于许、禹、郑州、怀庆方面，输送大宗粮秣为作战预备，委任司令，侵逼防地，必欲一试其锋，闻之不胜骇异。我军出兵豫省原系奉命而来，驻扎郑州以西亦属中央规定，大部军队防地调动，关系全局，绝非一言片时所能做到。回思胡督漳河之役，迭次于渡河之前致电憨师长，有大河以南任贵军驻扎之语，曾几何时，竟至相逼，不能终日。镇华素性退让，迭电前防将士坚忍勿动，冀免战祸。伏祈电饬胡督严切制止，以维大局，无任迫切待命之至。刘镇华叩。皓。印。

(6) 临时执政府军务厅等致刘镇华胡景翼密电(2月22日)

特急。西安刘督办，开封胡督办钧鉴：密。奉执政谕：驻豫军队，距离过近，万一发生事端，殊非地方之幅。已特派孙总司令岳驰往检查，望转饬两方军队各距铁路五十里退驻，以免接触。仍听候孙总司令实地检查办理，至所企盼。等因，特达。临时执政府军务厅。陆军部。祃。印。

(7) 刘镇华致段祺瑞密电(2月22日)

万急。太原局转北京执政府钧鉴：坚密。顷据张师长治公箇电称：据驻郏县常团长好仁报称：智日樊秀部突至我郏境冢头镇，旋侵入我驻东黄道武团之防线，施行射击，我军不得已，为正当防卫，现尚在战斗中。并探胡督派岳师全部开至禹县，向白沙移动，与樊部协同进攻等语。查前接胡督办铣电，派樊部赴禹县接防，当经电饬汝郏驻军妥为接洽；一面恪遵钧令筹议换防，以期和平解决，顾全大局。乃胡部进袭郏防，突施射击，寻衅挑战，责有由〔攸〕归。现值善后会议正在进行，意在乘机破坏，以逞阴谋，影响时局，尤非浅鲜。镇华尊重和平，不愧初衷，伏祈俯赐主持，迅示祗遵，无任迫切待命之至。刘镇华叩。养。印。

(8) 刘镇华致段祺瑞密电(2月22日)

急。北京执政府军务厅大鉴：坚密。智、马两电敬悉。陕、豫换防，仰蒙执政眷注殷殷，再三诰诫，钦佩殊深。现正遵派代表会议换防办法，藉息纠纷。讵驻禹县胡部无故袭击，侵我防地，并向荥阳县之顺水、三官庙、京水等处增集重兵，向我防地进逼，业于本日电陈执政，计已鉴及，承示胡督皓电称：我军以十万兵力布满豫西一节，查我军驻豫均系前时规复汴、郑之部队，众目共睹，讵容欺饰。窥其用意，显系欲与我军开衅，因先造此澜言，以耸听闻。似此故意寻衅，扰乱大局，恳祈转陈执政俯赐主持，俾有遵循。无任企祷，并候示复。刘镇华。祃。印。

(9)临时执政府军务厅致胡景翼密电(2月23日)

特最急。开封胡督办鉴：笠密。奉执政谕：据叶师长致孙总司令祃电称：禹州已于今午开火。又据刘督办镇华转据张师长治功

〔公〕箇电称：哿日樊部突至我郏境冢头镇，旋侵入驻东黄道武团之防线施行射击，我军不得已为正当防卫。并探岳师全部开至禹州，向白沙移动，与樊部协同进攻。并据憨副司令马电称：李虎臣率领全部于今早五时侵我神垕一带阵线，已饬神垕驻军暂时退避，不准还击各等语。查两军换防之议正在协商之中，嗣复迭次去电饬双方距铁路各退五十里，即执事来电亦有决不自我开衅之语。今征之前项报告，似前线已有冲突，或各将领不能领会长官意旨致有此项行为，亦未可知。要知戎首所在，咎无可辞，宜严禁前线各军恪遵明令办理，勿得再有军事行动。况孙总司令已兼程南下，更应听候检查，徐图解决之方，再现在状况究竟如何，希速查明具复等因。特达。希即查照为荷。临时执政府军务厅。漾。印。

〔北洋临时执政府档案〕

（10）胡景翼通电（2月23日）

北京各部院、盛京张雨帅、张家口冯焕帅、南京卢嘉帅、保定孙省长、各省督办、省长、帮办、都统、总副司令、护军使、军长、镇守使、师旅长、各法团、各报馆钧鉴：顷上执政一电文曰：北京执政钧鉴：顷据蒋旅长世杰养电称：禹州附近驻憨玉琨之军队，本日拂晓突扑我军，当经极力抵御，仍遵钧令未敢追击，现正严阵以待，谨电飞陈等情。查憨玉琨近日增兵河阴，占据南阳、桐柏、新野、泌阳、泚源等处，节节进逼情形，迭经飞电陈明在案。景翼恪遵钧座换防命令及善后会议，各省停止军事行动之电，事事退让，力求和平解决，期免糜烂地方，乃竟不为憨玉琨所谅，首启衅端，蔑视命令。战祸一开，设想何堪。现据探报，荥阳、密县等处憨军又增重兵，距离京汉沿线职军防区至近不过二三十里，防不胜防。除电各部队加意严防，不许开衅外，应如何应付之处，伏乞训示祗遵。胡景翼叩。漾。印。等语。谨电奉陈。胡景翼。漾。印。

〔北洋政府内务部档案〕

（11）临时执政府军务厅致刘镇华密电（2月24日）

特急。西安刘督办鉴：坚密。奉执政谕：据憨副司令电称：已将侵我神垢之敌悉数驱逐。又据胡督电称，荥泽县属之霸王庄地方，憨帅开来步兵千余人占据该处，近又派人扼制黄河桥附近。其禹县驻军，漾日拂晓突扑蒋部，而荥阳密县等处迭增重兵各等语。查核双方报告，似皆有备战之举，憨副司令前后所言，更不无自相矛盾之处，恐对于各退五十里之明令，尚未能切实奉行。仍盼转饬憨副司令，不得再有军事行动，前已谆谆告诫，务各遵令退兵，倘若藉词延宕，即系有意违抗，咎有攸归，固无可辞。等因，特达。希即查照为荷。临时执政府军务厅。迥。

〔北洋临时执政府档案〕

（12）胡景翼通电（2月24日）

北京各部院、善后会议、盛京张雨帅、南京卢嘉帅、张总司令、天津李督办、武昌肖督办、太原阎督办、济南郑督办、保定孙总司令、各省区督办、省长、帮办，都统、护军使、各总副司令、各司令、各镇守使、各师旅长、暨各法团、各报馆均鉴：窃查憨师长玉琨，自去冬率兵占据豫西以来、垄断财权民政至四十余县之多，收编土匪溃兵有三十六旅之众。十二月间，密令其旅长袁英占据正阳，继遣其新收匪首张得胜、袭陷郏县，本年十一月，复煽惑禹县团警哗变，地方损失数逾千万，人民死亡委积沟衢，豫民何辜，罗兹惨劫，商民环恳声援，地方迭电请援。景翼待罪此间，责在守土，祇求息事宁人，不忍生灵涂炭。乃屡派代表赴洛，往返磋商，迄无正当答复。此次奉执政电令，在善后会议期间各省停止军事行动，应靖候解决，等因。遵即严令各部队谨守防地，不许轻动。不意憨师节节进逼，用武力擅更汝阳、开封两道之知事，派重兵进据京汉，陇海两路要津，破坏交通，擅提款项，证据确凿，事迹昭彰，业经先后呈报在案。

咋据旅长李云龙电称：憨师长密遣匪首王老五，率步炮兵约二千余人，于二十二日夜突来袭击禹县附近之白沙。职旅猝不及防，伤亡甚众。当经竭力抵抗，敌始退却。应如何办理，请示遵行等情。又据师长岳维峻电称：憨师长昨派兵千余人，在黄河南岸霸王庄附近挖壕，意图占据河桥，破坏交通，我军黄河附近兵力，仅有一连，不敷防御，恳派队援应，等语。景翼为维持和平，始终忍让，而憨破坏大局，再三进迫，不恤弁髦法令，荼毒人民，除一面电令各军严守防线、勿任侵越，并呈报执政外，谨先电陈，敬希亮察。胡景翼叩。敬。印。

〔北洋政府内务部档案〕

(13) 胡景翼致执政府军务厅密电(2月25日)

火急。北京执政府军务厅公鉴：笠密。漾电敬悉。查禹州附近憨军扑攻蒋旅之事，业于漾电陈明执政在案。叶师长所报实即指此。禹州为职军防地。战事在此发生，其为憨部来攻昭然易见。至张治公电称：樊钟秀所部侵入郏县武团防线。据樊司令钟秀报告：近正剿办土匪，匪众以郏县为逋逃薮，恃有奥援，我军进攻深感困难等情。必因此事冲突。又云：岳师全部开至禹州云云，全属子虚，未知何所据而云然。至憨玉琨马电报告：李虎丞〔臣〕侵入神垢阵线。适接李旅长云龙电称：憨师长密遣匪首王老五率步、炮兵约二千余人，于廿二日夜突袭禹县北山，我军猝不及防，伤亡甚众，幸竭力抵抗，匪始退却等情。是马电所云，实系有意反噬，预为卸责地步。伏查憨玉琨自盘踞洛阳后，逐渐侵占河洛全道，进略京汉以西开封、汝阳两道所属各邑。于是大收土匪，强编团警，扩充军队，任免道尹，驱逐知事、局长，把持民政，截用赋税，扣留火车，迫去南阳镇守使，睢恣暴横，为所欲为，历经呈报请示在案。景翼为尊重中央换防明令之主张和平起见，事事退让，隐忍至今。乃憨玉琨竟纵所部分途攻击我军，不恤违抗中央明令，争桑梓地方，得寸进尺，甘为戎首。职军为正当防卫计，不能不予抵御，以遏乱萌。现在孙总司令现已兼程南下，一经调查，则是非曲直，不难水落石出。事实具在，情势瞭然，虚词断难文饰，真相终必大明。我执政明见万里，亦无待景翼哓渎也。即希转陈执政睿察为感。胡景翼叩。径。印。

〔北洋临时执政府档案〕

(14) 临时执政府军务厅致孙岳密电(2月26日)

特急。郑州探投孙总司令鉴：禹密。奉执政谕：据胡督办景翼径电称：禹为职军防地，战事在此发生，其为憨部来攻明甚。樊部报告匪以郑为逋逃薮，剿办深感困难，必因此事冲突。至岳部开至禹县，全属子虚，实则憨遣王老五突袭禹县北山，又派兵千余人在黄河南岸掘壕。又据刘督办镇华有电称：郑县、神垢、白沙一带为我军右翼防地，胡部以三旅之众深入猛攻，至河阴一带系我军左翼，胡部又以数团进击，即系衅自彼开。如胡督遵退铁路以东，并遵孙总司令缓冲之约，华即严饬退兵各等语。查双方各执一词，均谓已为正当防卫，而以开衅之咎，委之他人。神垢、白沙、河阴等处冲突，系由何方开始，应即详查确情，俾知责任所在。先责令各方军队立即退兵五十里，以免接触之虞。其有违抗命令藉词延宕者，迅予据实呈报，咎有攸归，决不宽假等因。除电胡督办憨副司令外，特达。希即查照为荷。临时执政府军务厅。陆军部。宥。

(15) 胡景翼致执政府军务厅密电(2月26日)

火急。北京执政府军务厅公鉴：笠密。梗电敬悉。憨玉琨皓电所称，初到豫时秩序未定，徇人民之请求，曾委知事数员，暂维现状，现在对于行政事项，决不干涉云云。查憨师初到豫时为去岁十二月初旬，两伊任免河洛道尹则为本年一月中旬，有憨玉琨皓电可证，其尽撤河洛全道十九县之知事，易以私人，均非初到之时，亦不止数员而已，甚至本年二月初旬，憨玉琨又将汝阳道所属唐河、泌阳、桐柏、新野、方城各县知事，以武力威逼全换，省汝阳道尹刘荣棠报告：齐电及憨玉琨所委知事王一浩方旭等报告，就任之电呈可征。未几，又将开封道属之密县、襄城，各县知事，继续强迫更换，历经呈报有案。是其不实者一。原电又称，袁英自招旧部，意图牵制吴李，吴李既去，开赴鲁南剿匪，并非职部招兵等语。查袁英曾有鱼日通电，自称十三年十二月二十二日，奉豫军憨总司令命令来正阳、新蔡等县，招募豫军第一混成旅，现已编制成立等情。又据正阳等县知事及汝南田旅长等报告，袁英召纳土匪，蹂躏地方情形，均经呈报有案。证据确凿，焉能狡饰。此其不实者二。综其全电所云，无一不淆乱黑白，颠倒是非，宜其首先开衅，袭攻我军，而反先发伪电诬人。戎首刘督办远在西安，据以呈覆，是否有意袒徇，难逃洞鉴。我执政明见万里，必不至信其一面之词，为所蒙蔽也。谨据实呈覆，敬乞转陈执政为感。胡景翼叩。宥。印。

(16) 孙岳致执政府军务厅电(2月27日)

万火急。北京执政军务厅公鉴：岳自京晋谒执政，面陈对于胡、憨双方退兵一节，应由军队现驻地为基准，各退五十里，曾经主座允许。岳到豫后，即本此意进行。忽接刘督办宥电称：奉军务厅，陆军部祃电开。奉谕：令两方军队各距铁路五十里退驻等语，殊深骇异。兹按禹州方面而论，该县距铁路西九十里，憨军驻地，尚有禹州西方二十里，果如此办法，即不啻使憨军就原驻地前进六十里，胡后退百四十里也，夫何可行。查原定两军各退五十里者，亦不过先留调停之余地，今又有此令，是予疏解前途，以莫大之困难。岳疾病之躯，星夜驰来，不敢自惜，方翼调解有成，藉报国家于万一，不料如此艰困，将何以副执政寄托之殷。反复思维，惟有再由尊处呈明主座，仍照原定办法，以现驻地为基准，先行退后五十里，然后徐图解决之方，全豫军民幸甚！国家幸甚！孙岳叩。感。

奉

批：即如来电所拟办法，并嘉之。

(17) 临时执政府军务厅复孙岳电(3月1日)

特最急。新乡孙总司令鉴：禹密。奉执政谕：感电悉。所拟办法，甚为公允。惟本月二十四日明令：即系饬令两军按照现驻地点各退五十里，并于有日由厅部分别电知在案。现既实行退兵，当以明令为准，除再电胡、刘两督暨憨副司令外，应即查照明令，妥为接洽等因，特达。希查照为荷。临时执政府军务厅、陆军部东。印。

(18) 胡景翼致段祺瑞等电(3月4日)

北京执政钧鉴：各部院钧鉴：盛京张雨帅钧鉴：张家口冯督办钧鉴：郑州孙总司令、太原阎督办、兰州陆督办、武昌萧督办、济南郑督办、各省督办、省长、总副司令、护军使、帮办、镇守使均鉴：顷接刘督办勘电开：迭奉执政电令：[illegible]陕两军各退至距铁路五十里，速行停止军事行动。镇华恪遵命令，迭饬前方军队力持退让，并亲自到洛约束部伍藉与孙总司令就近会商办法。乃胡军乘我退避，猛烈进攻，迫人于险，是何居心。现惟有整军待命，听候公裁，人心不死，公理常昭，谨此电陈，伏维垂鉴。刘镇华。勘。印等因。查所称各节，均系淆乱是非之言，毫无置信之价值。刘督办果系恪遵中央命令，何以擅离职守、潜到洛阳指挥一切？并亲率豫陕军队，悉数开抵陕州以西，参与战事。景翼有守土之责，自不得不为防卫计，业经电请善后会议选派公正人员前往豫西彻查，目明真相。究竟谁非谁是，衅自谁开，应请政府严行惩办，以警效尤。谨此电陈，伏维垂鉴。胡景翼。豪。印。

(19) 憨玉琨致执政府密电(3月5日)

特急。北京执政府、军务厅钧鉴：平密。两沁电均于本日始奉到。当兹军事紧急，钧厅急电经过，彼境任[illegible]压搁，即此一端，已属目无法纪，遑论其他。胡军深入登封内地，进侵巩境，皆因我军遵令退兵所致。执政明谕，果真遵令后退，彼方又追击不已，则其曲在彼，烛照万里，敬佩莫名，现彼曲已属显然，玉琨亦再不敢沽直名以退避。惟有整军待命，迫候执政明令申讨，以振霆威，余均迭电陈明，仰恳迅予转迅呈。憨玉琨。歌叩。印。

(20) 憨玉琨致执政府军务厅密电(3月5日)

特急。北京执政府军务厅钧鉴：平密。东电敬悉。我军与胡督原约驻扎京汉路线以西。前奉执政电令，确已就现地点退驻五十里以外，惟我退彼进，胡督即日占领。似此破坏统一，罪有专归，即乞迅速下令讨伐，以遏乱萌。憨玉琨。歌叩。印。

(21) 临时执政府军务厅复憨玉琨密电(3月6日)

洛阳憨副司令鉴：平密。奉执政谕：歌电悉。已电孙总司令查明核办矣。等因，特达。希即查照为荷。临时执政府军务厅。鱼。印。

(22) 临时执政府军务厅复胡景翼密电(3月6日)

急。孝义胡督办鉴：笠密。奉执政谕：豪电悉。自颁布退兵之令，迭次敦促速行，乃双方迄未退却，彼此均难辞其咎。应自现驻地点各退五十里，否则空言辩白，终恐无以自明。等因，特达。希即查照为荷。临时执政府军务厅。鱼。

(23) 阎锡山致驻京代表苏象乾等电(3月6日)

北京东西南灯草胡同温宅苏象乾、潘太初：密。准洛阳刘督办江电开：胡军樊老二勾结我驻登封境之李有才旅叛变，遂同胡部李、蒋、邓三旅侵入偃师南境，连日痛击，毙胡部五百余人，获大炮八门，机枪十二架，步枪千余枝，残部溃窜南山、荥、汜。胡部乘我撤兵，突然侵入汜水以西，本日，华亲率部队由黑石关进击，胡部溃退，正在追击中。又据运城丰旅长报告：自寝日起，憨胡两部在铁炉、荥阳间始有小冲突，感日胡下攻击令，分兵四部兵力，留一师乘火车直攻兵工厂，巩县、荥阳、汜水、憨部三团分守各该处。胡军先以小部队诱憨军至铁道以南，勘日正午即将巩、荥、汜三县及兵工厂完全占领，遂进至黑石关，同日李有才连同樊、李各部乘憨军不备，攻下偃师。勘日刘督带兵到洛合憨部三团分为两部，一部返攻偃师；一部返攻黑石关，将樊、李等击退至偃师东南之会郭镇、杨村一带。冬日樊李等部复涉洛河返攻偃师，又被憨军及洛阳开到之炮兵击退。同日张治功〔公〕亦带兵往围登封，剿樊、李等后路。支日刘督督同憨师长攻过黑石关十余里，并将樊、李等击退至登封附近各等语。特告。希转达少卿厅长。山。鱼。

(24) 孙岳致执政府军务厅密电(3月7日)

万急。北京执政府军务厅公鉴：禹密。阳电敬悉。所询胡、憨双方孰进孰退一节，岳在京时，双方军队已起冲突，原来驻地早已更变，故面谒执政时，即以军队现驻地为基准，双方各退五十里为请。夫现驻地者，换言之，即双方军队到着地耳，曾蒙主座面许，复颁明令，岳方敢南下，至到豫以后情形，已逐日报告，双方依然相持，互有出入，但退兵仍宜以现驻地点为准。然现驻地必至实行停战之日始可确定，战斗一日不停，现驻地亦日日迁易。倘若照刘督矫令所称以京汉线为基准，则憨军在未战之前，早已距京汉线百里矣。如以胡军为前进，则在战斗之后，憨军溃兵已过京汉线以东。总之。孰进孰退，此决难断言，必至双方停战，始克确定退兵地点。承询、谨复。并请转陈主座。孙岳叩。阳。印。

(25) 临时执政府军务厅致阎锡山电(3月8日)

太原阎督办鉴：寅密。奉执政谕：温转鱼电悉。欲息豫西之事，在使陕军返旗。久据豫地，不应视为固有之权利等因，特达。希即查照为荷。临时执政府军务厅。齐。印。

〔北洋临时执政府档案〕

13 冯玉祥等调解胡憨之争失败有关往来电

（1925年2月11日—3月6日）

（1）冯玉祥致段祺瑞电（2月11日）

万急。北京执政钧鉴：佳日致陕西刘督办，河南胡督办、洛阳憨师长、郑州岳师长一电文曰：我邦不幸，自辛亥以还，战祸迄无宁息，加以外患，重以天灾，环顾局中，令人心悸。是以于纷扰之际，亟与诸君子图反正之业，以期与民休息，早奠国基。乃近日道路宣传，陕豫违言，将以兵戎相见，果非捏播，殊非我辈初衷。夫陕豫壤地相接，历年灾患救恤，其关系至为密切，玉祥历官两省，视其人民土地，爱护无异故乡，即以诸公现处之感情而论，亦无不可从容磋商之地。方今大局初定，万端须理，倘以区区小嫌竟祟大怨，不惟有辜民望，而责言之至设想何堪。惟是两防密迩易起误会，不有善法何以维持。愚意以职权论，渭北应归陕，豫西应归豫；以驻军论，渭北之师应归豫，豫西之师应归陕。宜由雪亚、笠僧各派全权代表，将渭北、豫西军队彻底计划，先清军区之界，再定去留之额，互相维系，如换防然，总以两督能行使职权为期。此后各尽力于地方兴革诸端，其勋名不愈于取之善战者乎。且陕之与豫，德齐而地丑，前于公有言，两贤不宜相厄，而谓诸公之贤，忍作相煎之急，稍加思考，奚待调言。玉祥饱经忧患，潜迹养疴，任何政施，从无哓舌，惟以笃爱同志。又惩前事，为公为私，不得不达千虑一得之言。如邀亮察，将种种意见，悉纳洪炉，释诸杯酒，推诚安处，竭力扶持，一切举措自可昭示于天下，岂徒陕，豫之幸而已。掬心而道，伫盼明言等语。理合电禀，伏乞垂鉴。冯玉祥叩。真。印。

（2）刘镇华致驻京代表楚子襄等电（2月12日）

急。北京丰盛胡同四号楚子襄、胡季方兄鉴：湛密。接冯焕章来电以豫西、渭北互相换防为言，湛麈来电，谓刘定吾主张此说最力，此系彼方迫我让路之阴谋，必向政府百方鼓励，期达目的。兹将此事万难办到之理由，详述如下：执政明令，善后会议议决，在会议期间内各方不得有军事行动，渭北部队素性不驯，调防出关穿过层层防地，必至发生枝节，引起战事，华阴之役可为前鉴，此其一。省西各县已调甘军吴部慎防，为军事上关系，万难调回原防，即令渭北胡部调出，为数不及一师，而我豫西驻军数在四师以上，悉数调陕，不惟给养无出，亦且驻扎无地，此其二。至豫西为晋、陕、甘三省门户，豫西不守三省皆危，此尤根本问题不能承认者也。务商华卿、筱轩两兄，密陈执政及军事当局，洞明此情，勿为所动是祷。弟刘镇华。文。捌玖号。

(3) 孙岳致段祺瑞电(2月13日)

万火火急。北京执政钧鉴：顷分致秦、豫两军电文曰：西安刘督办、开封胡督办、洛阳憨副司令、郑州岳师长暨两省长各机关团体父老兄弟均鉴：秦、豫两省困于兵灾匪祸久矣。双方军队本同具救国热诚出师汴、洛，目标甫去，竟以生计防区所迫，演成对抗之形式。牵制虽多，果能真意解和，共维国难，总有相安共谅之余地。维今之计，莫若以留陕河北余军调至河南，驻豫陕军全数开回关内，彼此推诚互让，自不难立解纷争，共达救国保民之目的。此外再有细目未解者，当联结同人妥商办法，若坚执成见，则星星之火适足燎原，未能保民，先以害民，恐为全国舆论所不许。岳本披〔被〕发缨冠之义，对于双方再作最后之忠告，并代两省父老兄弟，匍匐请命于两军之前。区区之愚，伏惟察纳，谨此奉陈。豫陕甘剿匪总司令孙岳叩。覃，印。

(4) 临时执政府军务厅致刘镇华胡景翼电(2月14日)

特至急。西安刘督办、开封胡督办均鉴：坚笠密。据冯督办玉祥真电：陕、豫两防密迩，愚意渭北之师应归豫，豫西之师应归陕，宜由雪亚、笠僧各派全权代表彻底规划，先清军区之限，再定去留之额。又孙总司令岳罩电称：维今之计，莫若以留陕之豫军调至河南，驻豫陕军全数开回关内，彼此推诚互让，自不难立解纷争各等因。忠诚谋国，具征事理之平。原电计达，望即妥筹办法，切实进行，至所企盼。奉谕特达。临时执政府军务厅、陆军部。寒。印。

(5) 张钫致段祺瑞密电（2月19日）

万急。北京执政钧鉴：政密。寒电奉悉。豫境军队林立，疑窦环生，风鹤频传。钫奔走其间，但求中原不作战场，人民免罹锋镝，以副我执政眷念黎庶，振导和平之至意。与胡、刘两督，憨、张两师所商事件如下：(一)防地以现驻地为界。(二)分责剿匪。(三)地方行政权由省政府统一。憨、张两部饷项由省政府筹拨。(四)两省军队，分为地方驻军及应机调遣两种地方驻军，维持地方秩序，应机调遣军队，训练裁并，以资捍卫。(五)恢复交通。以上等项，均经胡、刘两督，大体赞成。惟实行手续。正在确商。此事关系重大，未知所拟，是否有当，迅乞正当主持，以免枝节丛生。窃愿使此有用军人，皆化干城之选。免操同室之戈。国家地方，实利赖之。临电不胜迫切待命之至。张钫叩。效。印。

(6) 孙岳致段祺瑞等电（3月6日）

万火急。北京执政钧鉴：善后会议暨各省区军民长官赐鉴：各团体、各报馆均鉴：溯自胡憨构衅，岳以双方袍泽情谊所关，全豫人民生命所系，调解之责，义不容辞。两月以来困心焦虑，信使纷驰，但冀共策和平，使三千万人民获免锋镝乱离之苦。乃愈演愈烈，愈解愈结。适奉执政命令，命岳检查，以久病之躯不敢自惜，星夜来豫，两军已起冲突，百方排解终归无效。究其真相，胡憨双方本易疏解，而憨之背后有一刘督为其主使，其对憨也，使之不得不争，其对胡则迫之不得不战。口言退让，而心有希图，以其在陕自知地位不坚，遂决计弃陕而争豫。肇事以前，一面言和，一面以倾国之师连贯东下，最后来到洛阳，名为就胡讲和，实则督师决战。在此时机，胡憨双方已有遵令退兵之意，而刘督竟矫称中央明令，以京汉线为基准，双方各退五十里，此电一出，和局全非。彼除积极进兵外，并鼓励地方团体以禹州事变之罪，加于胡之一身。夫禹州肇事之动因，实起于曹世英与王老五，王老五憨部也，曹世英虽为陕军，实系由山海关作战被虏归来投胡而不见纳者，事变之后，胡曾斩其团长王祥生，并通缉曹世英。而王老五之暴戾恣睢，并未闻有何等处分。以此罪胡，胡何能甘。更兼冲突之始，刘督先派兵由河阴直扑黄河桥，见敝军先在而退，遂藉此自居退兵之名。一面更将其荥阳前进阵地之兵退回黑石关，集中兵力，以据险而决战。江日胡军已遵约束停战后退，憨部复乘势追袭，刘督则电称胡来攻我，其居心狡诈、应事之离奇，路人皆见。歌日由岳所派军使，手执白旗，在弹雨之中要求双方停战。两军甫停射击。此军使即前进向憨方作同样之要求。憨军竟悍然不顾，枪炮齐发，击死军士胡玉山、周召棠二名，重伤四名，轻伤八名。似此行为，居然弁髦中央命令，有意破坏大局，邦人君子，幸垂察焉。孙岳叩。鱼。印。

〔北洋临时执政府档案〕

14 胡景翼请将国民二军各师旅改归中央直辖电

（1925年2月20日—22日）

（1）胡景翼致军务厅密电（2月20日）

万急。北京临时执政府军务厅公鉴：笠密。窃查中央军事善后会议，业经正式开幕，讨论进行。关于国民军各师旅改编任命各事宜，似应早日规定，以符建制而专责成。近闻国民军第一军现已编定三师六旅，国民军第三军现已编定一师三旅，均经先后呈请中央任命，并请中央直辖各在案。查职部计有四师五混成旅，一旅骑兵，事同一律，自应援案改编，除第一师师长由景翼兼任，改为中央陆军第二十四师，第二师师长岳维峻改为中央陆军第二十六师外，其余第三师师长田玉洁、第四师师长陈文钊、暨第一混成旅旅长李云龙、第二混成旅旅长李纪才、第三混成旅旅长蒋世杰、第四混成旅旅长邓宝珊、第五混成旅旅长彭富魁、骑兵旅旅长郑庠，各部尚未规定队号，分别任命。伏思该师旅长等，此次戡定国难，卓著勋劳，若不优加奖叙，殊不足以昭激劝，可否援照国民军第一三两军成例，将职军各部队暨各师旅长酌改编任命，并归中央管辖之处，伏乞转呈执政，迅赐核准施行，临电无任感盼之至。再其余豫省未经改编各部队，一俟豫西憨师撤防后，一律遣散，合并陈明。督办河南军务善后事宜胡景翼叩。智。印。

奉

批军部查核

(2) 军务厅复胡景翼密电(2月22日)

开封胡督办鉴：笠密。奉执政谕：智电悉。各师旅改编之事，已交陆军部查核矣。等因，特达。望即查照为荷。临时执政府军务厅。养。

〔北洋临时执政府档案〕

15 憨玉琨发给双饷鼓励官兵驱胡出境并颁布作战要领十二条训令

(1925年2月22日—3月2日)

(1) 2月22日训令①

训令

① 原件系照片。

陆军第三十五师司令部训令　第五号

令步一百卅九团团长万选才

为令饬同心破贼事。溯我师自出关以来，原倡豫人治豫主义，而胡景翼无端南来，扰害我疆域，蹂躏我土地，残杀我人民，以致我父老兄弟日困于水深火热，凡稍有人心者，莫不思所以除之。况我嵩洛子弟，素号勇健，倘不灭此朝食，何以对我桑梓。今胡贼罪大恶极，天人共怒，各省友军亦拟群起而攻，又激于我同胞义愤，爰誓师灭此国贼。自宣战之日起，凡我兵士，皆友给双饷，以资鼓励。除分令外，仰该团长转饬所属，一体周知，务各奋勇争先，共歼大憝，驱贼出境，救民水火，以达我豫人治豫之目的而后已，是为至要。切切此令。

副司令　憨玉琨

中华民国十四年二月二十三日

〔北洋政府内务部档案〕

(2) 3月2日训令

训令

豫陕甘剿匪副司令部训令　第三〇号

令姜团长宏模

为令遵事：刻因军事紧急，关于作战之要领急应规定，俾我军一体遵照。兹发给军事要领十六份，仰该团长，即便转饬所属，给部下确实讲究，遵照施行。切切此令。

计发作战要领十六份旅团营连各一份

中华民国十四年二月廿三日

副司令憨玉琨印

我军作战之要领：

一、我军各部队于作战开始时，务取攻势防御之姿势，绵密侦察敌情地形，遇机转守为攻(秘密)。

二、各部队须将自己所受之任务确实遵行，并本长官之意图，勉尽职务，切不可逾越。

三、各部队须努力协同动作，彼此确实联络最关紧要，万不可自由进退，致误全局。

四、各部队遇特别时机，为临时适宜之处置，而须独断专行者，各部队长官务须于施行时立即呈报本部，说明理由，不得迟误(凡战时报告通报等之文字，不必拘泥工致，以明瞭迅速为要)。

五、各部队须将自己战斗正面之一切情况，随时报告自己本部队之长官，并通报于友军为要。而各部长官务于每日午后九点前后，将本日本部队战斗经过情形之概要，迅速汇报本部参谋处，纵情况无变换亦须申报为要。

六、各部队长官须多派各种侦探，详细搜索敌之兵种兵力。考查地形之利害得失，妥为运用兵力，即规定自己某方面为主攻，某方面为助攻，预备队位置于某处为适当是也。

七、在战斗开始时各部队应多控置预备队，以备侧方或后方不时之事变，并遇必要时得以扩张第一线枪火之效力，及振兴本军之士气。

八、现在枪火炮大均异常猛烈，各部须力行构筑各种工事(盖沟尤好)，减少敌火之损害，最为紧要。

九、弹药之多寡，战斗胜败攸关。各该部队之干部、人员，须严紧部下弹药之浪费，并随时对于部下详细讲解节用弹药一事，使各兵士枪不妄发，发必命中，均明了节用二字之要义。至吃紧之时机，使各兵士均保持有充足之弹药，最宜注意。

十、各该部队于战斗激烈时，更须坚忍奋励，不可稍萌退志，波及全体，否则无异自灭。

十一、军纪风纪在战斗时尤关紧要，各干部须竭力维持，不可怠忽。

十二、此项战事恐非短少时日即可解决。我军均应存持久战之性质，并保有持久战之能力，切不可稍因挫折即便退却。更不可以一线式战斗卤莽从事，各部队须将本部兵力三分一或四分一，留作预备队，位置于第一线之后方，愈阴蔽愈妙，到最后之五分钟再使用预备队，与敌人誓决胜负，皆奋发至死不退之勇气。切记！切记。

以上数条，皆我军此次战斗时之最关紧要者。仰各部队官长。均应切实遵行，绝不可视为具文。就中通报报告及彼此连络，节用弹药，侦查敌情地形等项，尤宜时时与部下讲说，务得战胜之良好结果，不负本总司令保护桑梓，为国为民之苦衷，是为至要。切切此令。

〔北洋临时执政府档案〕

16 刘镇华离陕赴洛督师宣布讨胡暨与胡军在偃师荥阳等地发生战斗有关电

（1925年2月25日—3月3日）

(1) 刘镇华致执政府军务厅密电（2月25日）

万急。太原局转北京执政府军务厅鉴：坚密。漾及两梗电均敬悉。迭奉谆谕，惶悚殊深。此次郑、密、荥、登、河、阴等处，胡部节节进攻情形历经电陈。承示胡督电称：憨张两部增兵河阴及占据新郑之戴岩、观音堂各节，显系捏词闻听，为逞狡卸责之言，窃以战衅开自何方，战线均可考查。如郑县神垢、白沃〔沙〕一线，为我军右翼防地，胡部以三旅之众，距离县原防百里之遥，深入猛攻，发〔登〕、密两县，远在隔境，亦同时告急。至河阴一线，为我军左翼防地，胡部又数团部队进施攻击。以上各线均系侵入我防，即系衅由彼开，自属显然。且两军各退之令，自宜双方遵守，乃彼不于铁路东退五十里，反于铁路西进百余里，抗令逞兵，尤在洞鉴，镇华服从命令，爱护和平，如果胡督遵退铁路以东之令，并遵孙总司令缓冲事〔之〕约，镇华当严令队伍，恪遵退兵，以维大局而弭战端。否则退寸进尺，责有攸归，在中央主持正义，整饬纪纲，自有正当处置，当无待镇华之哓哓也。再孙总司令奉令查处，极所赞同，镇华拟即日内赴洛，严整部伍，力持忍让，并藉与孙总司令就近会商，以期彻底解决，维持和平。约两星期即行回陕，所有军政事宜暂由吴帮办妥为料理，并祈准予备案。谨并附陈，即乞转呈。刘镇华。有。印。

(2) 吴新田致聂华挺密电(2月25日)

安定门内谢家胡同念四号聂华挺兄鉴：光密。嵩军与胡军部约两万人占领白沙，正向登封猛烈攻击，战端已发，势难制止。雪督拟明日离陕，亲赴洛阳督战，所有陕省军民两政统交弟暂代维持，自不便过于推诿。雪督之意，谓豫胡甘为戎首，自系民党，从中主持。此次战争为大局安危关健，不得认为局部问题。嵩军为大局及自身存亡计，不得不与之作最后之奋斗。惟事关国计，无论如何必求中央予以相当援助，如获战胜，可挫民党之凶锋，否则民党得志，国事将不可问等语。嘱为转达中央。特据情奉闻，望速密禀当道，迅予裁夺，并速电覆为要。弟吴新田。有。

二月二十五日发
二月二十七日到

中华民国十四年二月二十五日

(3) 刘镇华致段祺瑞密电(3月1日)

提前万急。北京执政钧鉴：坚密。勘日肃电谅尘钧聪。日来镇华到洛，恪遵明令，仍饬河阴、荥阳部队节节退让。胡部仍行猛攻，并由登封进扰。镇华企望和平，力竭声嘶。胡督违令逞兵，甘冒不韪，和平已无希望，为维持中央威信计，为整饬国家纪纲计，万恳俯赐，主持明令讨伐。镇华已调集在陕部队，为国锄奸，义无反顾。并祈电饬邻省，协力进剿，期早荡平，无任迫切待命之至，刘镇华叩。东。印。

(4) 刘镇华致段祺瑞密电(3月3日)

万急。北京执政钧鉴：坚密。胡督无故逞兵，侵占职军防地，始攻神后，继攻白沙，节经电称，迭奉明令制止。职军节节退让，胡督置若罔闻，遣匪军樊老二以重金勾结驻防登封之李有才旅叛变，益派李云龙、蒋朗亭、邓宝珊各旅，侵入偃师南蛙，窜扰忝驾店、府店、回郭镇等处，行同流寇。职军连日派兵四面围击，计毙敌军五百余人，夺获大炮八门，机关枪十二架，步枪千余支。除残部窜入南山外，余已渐次肃清。至铁路方面，乘职军荥阳、河阴遵令撤兵之际，突然乘虚袭击，侵及汜水以西。本日职军由黑目关反攻，敌势不支，溃退廿余里，正在追击中，此近日之情形也。伏念豫省迭遭突变，创痛最巨，乃胡督悍然不顾，甘为戎首，上抗明令，下残生民，仍恳明令讨伐，以申国纪。镇华当勉竭驽庸，为国家除此凶残，谨电渎恳，伏惟垂鉴。刘镇华。江。印。

〔北洋临时执政府档案〕

17 孙岳击败憨玉琨占领洛阳郑州等地通电

(1925年3月14日)

北京段执政、各部总长、冯军长、各省区督办、省长、各司令、各师旅长、各公团、各报馆钧鉴：同室操戈，为军人最不幸之事。维峻酷爱和平，讵忘斯义。此次豫西之役，实属迫不获已，谨将经过情形，为天下人一痛告之。溯自敝军来豫，胡督办即以安民剿匪为职志，讵意憨、张两师，盘据洛阳，屡经托人劝告，为地方计，为人民计，为彼此袍泽计，但能相安无事，均可委曲求全。仍信使往还，三月于兹，调停之声浪愈高，骄恣之气焰愈炽，自由任官吏，自由征税款，自由招土匪，豫西二十余县，形势伊若敌国。自号三十六旅，遍布嵩洛河阴，咄咄逼人，民命奚堪。各将士义愤填膺，环请灭此朝食。维峻上体督办维持地方之心，下悯百姓荡析离居之苦，不忍轻啓衅端，为和平留一污点。上月卅日，忽据探报，刘陕督出关督师已抵洛阳，并赴黑石关督战等语。越日，又据前方报告，憨师已兵次禹郑，直向我军攻击。维峻忍无可忍，不得已而挥泪陈师，幸赖将士用命，友军赞助，浃旬之间，奠安洛郑。今虽军事行将结束，而环顾疮痍，满目灰烬，微特无以对豫西人民，即返诸义战原则，未常不潸然泣下也。现恶氛虽已顿杀，而憨张残余奔命溃逸，难保不暗结土匪，扰害闾阎。维峻职责所在，惟有督率部属随时防御，俾死无复燃之机，而商民有更生之望，则区区之衷怀，可以对天地而质神明者耳。远道传闻，每遗真相，谨具巅末，缕陈清听，邦人君子，幸垂察焉。岳维峻。寒。印。

〔北洋政府内务部档案〕

18 穆湘玥等吁请设法制止胡憨之争并令驻江浙客军限期撤退给执政府呈

（1925年3月19日）①

呈为代表全国商民请命事：窃维善后会议所足以巩固政府与民更始者，将以结束以前之种种纠纷，而力图以后之种种建设也。故善后会议既开之后，全国皆应遵守和平，力谋建设，乃不谓数月以来，戎机四伏，有增无减，最着者为豫省胡憨之争，政府虽已派员调停，然报线传载，仍有日趋扩大之势。京汉交通被阻，商业停滞，社会经济顿受压迫，此应请政府速行严令制止者一也。次则江浙问题，亦应求一结束，各地客军既未完全撤退，而地方又复日事扩张军备，人民岌岌危惧，纷纷迁徙，几有不可终日之势。江浙富庶，首重丝茶，际此育蚕采茶之期，竟使商民流离失所，实不啻断送此一年数万丝茶之利，全国经济将大蒙其影响，此应请政府速为救济者

① 原文无日期，此系收文日期。

又一也。总之，河南军事若不速筹消弭之法，必至扩大战事区域。上年江浙战争可为殷鉴，况当此亟谋善后之时，非铲除障碍和平者，固无以副执政和平统一之苦心，更无以慰人民企想和平之渴望，谨提出意见，吁请政府迅将河南军事设法制止，令行江浙军事长官将各地所驻客军，限期退回原防，以苏商困，而维实业，实为公便。谨呈

临时总执政

善后会议经济专门委员　穆湘玥　张　超

严智怡　谢复初　黄藻奇

曾　牖　张　芹　周明焯

恩和阿木尔　马元杰

籍树勋　廉劭成　孙学任

鲁　琏　旋景琛　顾　琅

甘　铉　王　均　郁　嶷

中华民国十四年三月　　日

〔北洋临时执政府档案〕

19　刘镇华率部退陕请电饬胡军停止乘势截击致执政府军务厅密电

（1925年3月19日）

急。北京执政府军务厅鉴：坚密。昨奉执政谕旨，饬镇华率队回陕，仰见眷注殷拳，莫名钦感。此次镇华请假出关，原以会同孙总司令筹商撤兵，维护和平，副中央诰诫之殷，免地方糜烂之祸。讵到洛以后，职军遵令撤回，胡部节节进追，以致战祸蔓延，愧悚同深。节将详情电尘清聪。刻镇华率队退抵陕州，即日恪遵钧令率队回陕，以期弭兵息战，贯彻初衷。惟嵩洛各部部队陆续西退，诚虞胡军乘势截击，再起战端，伏祈电饬胡军严为停止，无任企祷，即祈

转呈。刘镇华。皓。

〔北洋临时执政府档案〕

20 阎锡山为刘镇华辞职力劝其渡河整率队伍勿遽退志及其部退扼函谷关与胡部鏖战等情电

（1925年3月23日）

急。北京执政府军务厅张厅长鉴：寅密。顷准刘督办由运城来电称：华辞职电已拍发，陕省军民两长请特任岂荪、华清接充，所有镇嵩军各师旅统交师长柴云陞、张治公统带，华拟日内先到太原等语。正在肃电奉闻，适奉养电，具见执政主持正义，廓然大公，无任敬佩。刘督奉此必当感激图报，已派员星夜持交刘督阅看，并力劝其渡河整率队伍，勿遽萌退志。再迭据运城驻军及永济等县探报：陕州以西，刘部退扼函谷关，在陕胡部冯子明、杨虎臣等箇日为刘部等七混成旅击败，退至华阴西铁一带，吴帮所部第七师亦正在远县与胡督田玉洁鏖战各等语。知注附闻，并请转呈。阎锡山漾。印。

〔北洋临时执政府档案〕

21 胡景翼击败刘镇华憨玉琨后陈述此次战争始末通电

（1925年3月25日）

万火急。北京执政府军务厅、秘书厅、各部院、王聘卿先生、赵次珊先生、熊秉三先生、张督办、南京卢督办、张家口冯督办、郑州孙总司令、各省督办、会办、帮办、总司令、都统、省长、护军使、镇守使、师旅长、省议会、各报馆钧鉴：顷据陕督刘镇华箇日自运城通电，声明已向中央引咎辞职等情及养日来电，嘱敝军停进，并保护镇嵩军官长在豫家属等情。披览之余，不胜感慨。查自豫西事件发生以来，景翼除随时呈报执政听候处分外，未尝渎全国父老昆季之听闻，诚以曲直所在，不辨自明。兹者刘督以戎首而自称牺牲，既肇祸而复言宁息。诚恐是非淆惑，故不得不举其始末，觇缕陈之。伏念景翼追随张、卢、冯、孙诸公之后，献身国事，誓求和平。及受命来汴，肃清阀孽，事虽粗平，疮痍满目，非才重任，夙夜忧惶。而身隶陕籍，服官豫省，刘、憨皆属故旧，两省同所敬恭，方共祷全国之和平，岂愿见陕、豫之兵祸，其理至明，其情至显。乃不幸憨师长玉琨，不谅愚诚，苦相侵逼，广收匪类，自由增军，专擅民政，扩大防区，不受豫省节制，亦于中央无所禀承。而且四出勾煽，危机遍于全省，兵匪糅杂，祸毒尤中于豫西。景翼职司保境，不能坐视，苦口调和，曾无寸效。迨中央宣布换防退兵之议，景翼立表服从，憨师显然抗拒。然景翼犹勉为忍耐，不忍开衅。乃孙总司令，奉命来豫检查军队之日，即刘督办率全军离任来豫督战之时。中央方令退兵，憨部包围郑县，当是时也。敝军于是祸迫危亡，士民惶骇，全省岌岌。然景翼犹以忍辱抚众之心，冀调停之有效。熟意刘、憨战兴方甜，竟将调人军使戕害。于是调解望穷，将士愤慨。景翼始以殉职之念率兵堵截。凡此皆孙总司令鱼电所声明，非景翼一方之辞也。迨洛阳变乱，刘、憨奔逃，景翼派队进驻，维持地方。一面将多数军队调回原防，除剿匪外，停止军事行动。经于蒸日电呈执政，自请严予处分在案。伏念景翼治军无状，防患未周，上劳执政，下苦军民，课以溺职之衍，应无可恕。惟戎首之责，必有所归，曲直之间，不容假借。憨驻豫省，何以任意招匪殃民。刘氏督陕，何故弃职来豫督战，是国法若在，是非必可大明，清议苟存，诡谲未必能售者也。景翼刻以待罪之身，勉为善后，所有此后处置，静听中央主持。惟敝军职务，以肃清豫境剿匪安民为限。至于镇嵩军官长家属，尤宜一体保护。与刘、憨并非私争，与该军更无私憾，景翼虽愚，尚足知此。所有以上情形，谨掬诚电陈，不胜悚惶待命之至。胡景翼叩。感。印。

〔北洋临时执政府档案〕

22 胡景翼病危举荐岳维峻继任河南军民两长通电

（1925年4月10日）

各部院、善后会议、奉天张雨帅、张家口冯焕帅、南京卢嘉帅、武昌萧珩帅、蚌埠王督办、各省区督办、省长、都统、帮办、总副司令、护军使、镇守使、各军长、师长均鉴：顷上执政一电文曰：北京执政钧鉴：窃景翼因患臂疾，请假十日，以资静养，并将河南督省两署职务暂委岳维峻代折代行，业经佳电陈明在案。方冀调治早愈，执国日长，何图病势辄剧，诸医束手，自分恐将不起。伏思景翼猥以疏庸，谬膺重寄，任事未久，待理百端，豫西之乱事忽生，地方之元气大损。补牢羞后，心力交疲，竟致沉疴撄身，无由报称上负，钧座倚畀下辜人民殷期，清夜抚衷，疚愧何极。惟念军民两长，关系全省安危，敢循举贤所知之义，竭以人事国之诚。查岳师长维峻，勋务久著，众望咸孚，实堪任以大事，兼辖军民藉安，人心切恳，伏赐察纳，明令发表，用奠豫局，谨肃电呈，不胜感激待命之至。胡景翼叩。蒸印。等语。特电奉陈，敬祈察照。胡景翼叩。蒸。

〔北洋政府内务部档案〕

23 岳维峻哀陈胡景翼病故暂代折行河南督省两职等情电

（1925年4月11日）

北京。执政钧鉴：各部院、善后会议，盛京张雨帅、张家口冯焕帅、南京卢嘉帅、各省区督办、省长、都统、帮办、各总副司令、护军使、镇守使、各军长、师旅长、各法团、各报馆均鉴：胡督办比患臂疔，延医割治，曾谋执政给假十日疗养，方冀早疗，遽意病势骤变，于本月蒸日，在河南督署出缺，哀此电陈，伏乞垂察。暂代折行河南督省两署职务岳维峻、帮办河南军务善后事宜米振标同叩。真。印。

〔北洋政府内务部档案〕

24 楚纬经等为憨玉琨自杀不确请暂缓抚恤有关函

（1925年4月25日—5月17日）

（1）楚纬经致张树元函（4月25日）

少卿先生勋鉴：昨由津回，因病未及趋谒至歉。憨师长润卿自尽事，兹据孔督办华卿电及李旅长电，均谓非事实，即证之。由洛来者亦云不确。前刘督请恤电，闻执政已交陆部议恤，至为感激。惟此事万一不确，恐明令发表，诸多不宜，可否请公转商陆部，暂缓发表之处。伏乞酌夺。手此即请

勋安

楚纬经拜二十五日

（2）张树元致贾德耀函（5月17日）

焜庭仁兄阁下：敬启者，前接刘前陕督东电，请恤师长憨玉琨一案。文经录批，函请贵部查照在案。顷据楚代表纬经函称：憨死尚非事实，请转商暂缓发表等语，特将原函送祈亮察。专此敬颂

公绥

弟张树元拜启十七日

〔北洋临时执政府档案〕

八　皖直与奉直军阀争夺河南之战

1 豫督赵倜转报王天纵在四川召兵并派赴豫西等处活动希图起事等情致国务院密电

（1919年11月3日）

北京国务院钧鉴：参谋本部、陆军部鉴：统密。豫省毗连南北、地当冲要，铁轨交萦。当此政局不安，党匪时肆勾结，大有思逞之势。加以内地伏莽，时虞煽发，防范稍有未密，即恐滋蔓难图。往者王天纵、李魁元等，在豫谋乱未成，被驱出境，邻封各省，蹂躏多处。顾若辈野心不死，犹复不时派其党羽在豫，到处勾煽。经倜严饬各军长官，加意防范，并加派密探多起，分投侦察，以遏乱萌。本年以来，据南阳吴镇守使前路田统领，毅军丁、马两统领，及各密探，先后多次报告，据称：王逆天纵，在四川号招亡命，二三十营，派遣逆党多人，潜入豫西，运动土匪军队，阴图起事。又据报称，王天纵派遣党羽，分赴豫境西南，散发伪状，勾结土匪，煽惑军队，希图扰乱。又据报称：张逆现派党羽多人，来豫运动，为破釜沉舟之计，派马某在豫北方面，彰德一带，暗带数十，以勾结土匪。查马某系陆军学生，曾充秦军团长，籍隶临漳，恳即严密缉拿。又据报称：秦匪樊老二在西坪附近官庄一带，窥视豫境，请速严防。又据报称：王天纵、李魁元在四川大宁、万县一带，被熊克武、黎天才驱逐，由夔州白帝城北窜，欲约山东散县土匪，并勾结豫南，豫西党魁富绅伙各扰豫，除约鲁□鼎肃、孙鼎勋，赵岙四等党羽，多以接济枪弹，粮饷为应，先从定南，东渐至省，所携机关枪炮数目甚巨。又据报称：乱党王国平、张宗周二名，在南阳、邓新一带，郭仲隗在彰德一带，王子山、丁全忠自称河南靖国军副司令，在西峡口一带，招集土匪，联络军队，希图谋乱各等语。倜比得报，均经随时飞饬各处营县，分别严为防拿，曾经先后拿获该党伙十余名，并搜获伪信伪据，讯供惩办。尚幸各军防范严密，未酿成事端。惟是豫省界连七省，交通便利，往来飘忽，在在堪虞，防闲偶疏，即虑祸患。倜职责所在，惟有督饬各军，竭力慎密，防维冀以消隐患，而保治安，所有据报乱党潜谋扰豫防范情形，特电奉闻，并乞转陈，无任企祷。赵倜。江。印。

〔北洋政府陆军部档案〕

2 河南省议会请将吴光新部调出豫境电

(1920年2月12日)①

北京大总统、国务总理钧鉴：窃闻养兵原以卫民，出师固在备战，自古为大将者，未有不整饬军纪而能决胜疆场者也。敝会顷接沿京汉铁路各处居民纷纷来电陈请，据称：长江上游吴总司令所辖军队，或持纸币向商铺勒换现洋，或恃蛮横在地方扰害乡愚，人心惶惶，不可终日。敝会代表地方民意，对于国家军事行动，原不敢越俎妄干，惟当此和局险恶、防务吃紧之际，鄂西一隅，伏莽四起，敌氛方张，在吴总司令既拜师干之选，自有守土之责，其所统军队，与其逗留中途以扰民，何如开往前敌以御寇。吾省绾毂南北，轮轨交错，年来招待输送之劳，固已疲已〔于〕奔命。使吴军果志在挫敌，当悉数开赴荆、宜，以扼江汉之要冲，来往送迎，豫省自当悉索敝赋，箪食壶浆，以尽地主之谊。倘久屯豫南，不进不退，日以骚扰为事，兵民交恶，激而生变，谁尸其咎？尚祈我大总统、总理体念地方，俯顺舆情，迅将此项军队调出豫境，全省人民不胜急切盼祷之至！河南省议会叩。文。印。

〔北洋政府参陆办公处档案〕

① 此件无年代，据内推断，当为1920年。

3 河南省议会反对更易豫督赵倜有关电

（1920年2月—3月）

（1）康世华等电（2月14日）

北京大总统钧鉴：顷据北京来电，豫督又有更动消息，群情惶骇，不可终日。赵督削平巨寇，功德在民，本无更替之必要。且豫省为我大总统庐墓所在，利害切肤，关系较深，必不忍无故自扰，听人觊觎。务恳毅然独断，以息纷纠而安人心。临电不胜迫切待命之至。河南省议会议长康世华、孙正宇、王树玉及全体议员同叩。

〔北洋政府内务部档案〕

（2）河南豫政筹进会电（2月14日）

北京大总统、国务院钧鉴：日来谣诼纷传，谓中央将更动豫督，民意军情，恐慌殊甚，风声鹤唳，险象环生。伏念赵督在豫数年，初绾军符，万众同心，继兼民政，百废俱举。国当纷乱之际，豫处腹心之中，得安厥居，正赖有此。一旦更易，将与士不相习，官与民不相信，猜嫌所在，祸乱随之。茫茫前途，至堪忧虑。伏恳我大总统、总理眷念地方，顾全民意，勿令浮言得成事实，岂特豫中安危所关，中原大局实利赖之。临电悚惶，伏祈鉴察。河南豫政筹进会叩、寒。

（3）洛阳商务会电（2月15日）

北京大总统、国务总理钧鉴：顷闻豫督有更动之说，众情汹汹，咸有不安之象。赵督歼灭巨寇，奠定邦国，功德在民，凡我豫民，呼为万家生佛。乡里妇孺，皆有赵公来，白匪走，白匪走，放蹇牛之歌。人民感戴，可想而知。倘一旦易以他人，窃恐伏莽乘隙而起，地方糜烂堪虞。况值此大局未定，更非更动封疆大吏之时，谅政府必不轻易出此。恳即立止此意，以慰众望。洛阳商会长李兆灏等同叩。

(4) 河南教育促进会电(2月16日)

北京大总统、国务院钧鉴：赵督削平流寇，功在国家。督豫数年，老成坐镇，对地方既殷殷抚绥，对中央更竭试拥护，解款裁兵，奉命唯谨。事实俱在，可以覆案。年来武人跋扈，疆吏专横，政府号令几不能出国门一步，藩镇势成，无庸讳言。对此奉公守法者，正宜优予褒奖，以示趋向而资观感。乃道路纷传，中央竟有更易豫督之议。事果属实，将老成者引以灰心，强梁者益肆骄纵，不独地方安宁从此不保，窃恐中央威信益以贬损。草野愚见，深望我大总统、总理之明决不出此也。伏乞毅然中止此议，以维地方而安大局。河南教育促进会叩。

(5) 河南省议会电(3月1日)

北京大总统、国务总理、各部总长钧鉴：吾豫赵督，剿除白匪，转战数省，论功授职，保障桑梓。五六年来，全省秩序井然，除二三阴谋家蜚语诬蔑外，无不歌功颂德，奉若生佛。议员等具有天良，绝非阿好也。近复整顿吏治、兴办各种实业，积极进行，为地方谋幸福。数月前忽有更换督军之耗。及省会电询国务院，复云：大局未定，政府决无更易疆吏之意。今言犹在耳，乃险恶较前尤甚，而更易督军之声浪乃愈高。内阁为发号施令之处，威信所在，岂可食言！省会系地方立法机关，代表民意，又岂肯甘受欺骗！今沿京汉铁路一带所驻吴光新军队，连日扣留火车，备置战品，纷纷调动，其为包藏祸心，显然可见。省垣人心惶惶，奔走呼号。军政士民，惶骇愤①，相率至督军公署及议会门首，哀求振救。各县地方亦异常惊忧，深恐吴军一到，立遭屠戮，扶老携幼逃徙者，相继于途，惨苦

① 显有脱字。

之状不可言喻。吾赵督举措宜重,不知何负于中央,而必欲胁令退休;吾豫民生性服从,不知何恶于政府,而必欲陷之水火。豫民虽至愚懦,凡有血气,谁能坐以待毙。自此项惊耗传来,省会迭电而不复,代表赴谒而不见,各界公民交电呼吁,亦置若罔闻,岂河南非中央故土,人民皆化外异类耶?抑为位置私人、扩张一系之势力,不惜举河南三千万同胞尽付凶焰耶?当此外交紧急,舆论沸腾,中央政府危如垒卵之际,益复倒行逆施,自便其私,司马之心,路人皆知。倘因此酿成全省縻〔糜〕烂,大局亦遂以瓦解,试问政府将何颜以对我豫民?又将何术以收拾此纷纠耶?议员等职司监督,对于赵督主持公道,对于人民尤难卸责。乃恳我大总统、总理怜悯两河生灵,立饬吴光新军队撤出豫境,勿令奸党把持,贻误大局。否则,非我河南不服中央命令,是中央先自绝于我河南也。吾豫人民为自卫起见,一息尚存,誓难忍受。迫切上陈,伏乞鉴查示遵。河南省议会叩。东。

〔北洋政府内务部档案〕

4 河南公民彭既安等陈控豫督兼省长赵倜劣迹给大总统电

(1920年2月17日)①

大总统、国务院钧鉴:位至将军职兼省长,宜如何勤政爱民,乃不负国家。如河南督军兼省长赵倜者,但知肥己,罔知利民,撮其大政,则私造铜元,包种鸦片,卖官卖差,营私罔利,操纵银币跌涨之权,用钱七百,收卖豫泉银洋票至四十余万张,乃出示兑现,复造多数纸币,强迫各县令兑现款,而纸币乃不准完粮纳税,以苦商民,如斯之类,笔难胜书。计其私蓄,至数千万,民脂民膏,尽入一人之私囊。有心世道者,如不韪余言,河南具在,人民具在,政绩具在,尽一调查,为河南人民以锄此蠹也。河南公民临漳县彭既安,

① 文件无日期,此系收文日期。

王子佩、何允璋，安阳县任同堂、任镜寰，胡士卿，辉县李国秀、李克修、赵宗度叩。禀。

〔北洋政府参陆办公处档案〕

5 吴光新关于驳斥吴佩孚指责豫督更易问题的通电

（1920年2月）①

保定曹经略使，奉天张巡阅使，蚌埠倪巡阅使，南京李督军，热河归化、张家口各都统、上海护军使，分送各省督军、省长、各镇守使，各师、旅长均鉴：豫事发端，本不相涉；政府措置，尤不与闻。月前请假来津就医，久不与闻国事。乃阅吴佩孚漾日通电，疑及光新，诋诬备至。硬指安福，谓有主谋。孩稚之言，不置一哂。夫疆吏之任免，权操执政；豫督之贤否，公论在人，政府是否为舆论易督，权位能否为一姓所有，质之当局，不谓明了。爱国服从，尽我天职；明令所在，固不敢避；名器非私，尤不敢要。光新军人，不知有党，安福固无烦代谋，枢权亦不容假借。足见架空诬谤，实属出语无伦。吴佩孚偏稗后辈，事理糊涂，屡为出位之言，不量身份，妄自尊大，显系别有阴谋，意在挑衅。眷念袍泽，良切隐忧。诸公老成在望，义闻昭然，远道异辞，恐淆清听，用臂〔辟〕邪说，以释群疑，诸维垂察。吴光新。

〔云南省长公署档案〕

6 岑春煊关于皖系急于图豫直系暗联西南抵制给唐继尧密电

（1920年2月25日）

急。对。滇唐总裁鉴：靖密。顷接豫督赵倜来电文曰：王君从粤来汴传达盛意，感佩莫名。时局纠纷，已达极点，非速解决，难救危亡。靳阁现正竭力图豫，计在统一北方，破坏长江，然后进取

① 此件无月日，内容系反驳吴佩孚漾电，发电时间当在2月23日之后。

西南，贯彻主战初衷。刻北方军人多已解体，宜速拒绝和议，连合各省，以定时局。敝省商定，均愿执鞭，强随诸君后。机不可失，祈即图之。宏威军总司令赵倜叩。寒。等语。又接吴佩孚来电，文曰：顷豫省议会通电，京汉、京绥两路，贯穿边腹，中央日暮途穷，倒行逆施，若不惜牺牲全国命脉，仰息外人，以扩张内争之势力。言之痛心，闻者发指！外人债权所及，即外人兵力所及，民气一息未亡，何忍掷此孤注。近据豫省会通电云：吴光新节节进逼，袭取豫督，联豫、秦、湘、鄂为一气，以扩张其军阀之实力。乘此和局未成，鬼蜮百出，前途危险万状，除由敝处电请曹经略使设法，严拒力争外，尚希尊处联合西南各军全体，警告中央，以破阴谋，而杜后患。至盼至祷。吴佩孚漾。印。等语。赵督从前曾派人来此接洽，合观两电，是吴光新之用兵夺豫事已证实，中原或有事变。兹特电奉告，余容续报。春煊。径。印。

〔云南省长公署档案〕

7 赵倜阻止南阳镇守使吴庆桐回任互相交哄等情致大总统电

（1920年3月16日—18日）

（1）赵倜致大总统密电（3月16日）

北京大总统钧鉴：统密。窃倜前将南阳镇守使吴庆桐种种破坏河南大局情形，并沥陈万不能令其回任理由，迭次电禀披览，并请以现代使李治云接署在案。迄今多日，未奉发表，深为悬悬。顷闻该使已抵信阳，即日回任。伏念倜与该使共事六年，恩礼有加，迭登荐功。自谓相待不薄，尚有如此乖谬行为，殊觉出人意外。乃因此次所谋未遂，又复力图回任，其中别有阴谋，更为显然可见。且据探报，近日又有暗勾土匪，煽惑军队情事。似此肘腋为患，殊于地方治安有碍，倜负有维持全省治安之责，明知祸患，伏于眉睫，未便缄默自安，并非有所仇于该使不能相容也。况以情理论，属吏之于长官，恶感既深，岂能相处。我大总统烛照万里，自必均在洞鉴之中。务恳俯念地方为重，请先电饬该使回京，俾消隐患。一面准照前电所请，迅赐发表，以专责成，地方幸甚。大局幸甚。临电不胜迫切待命之至。河南督军赵倜叩。谏。印。

奉批。交院处

(2)吴庆桐致大总统等密电(3月18日)

三分。北京大总统、参陆办公处、国务总理钧鉴：统密。庆桐遵令销假回任，咸日到信阳。业经电陈钧鉴，比因谣言四起，许昌、漯河、驻马店各处队伍布置，均为害庆桐一人，庆桐遂绕桐柏、沘源回宛。巧日行至桐柏境之平氏镇，接南阳来函，称赵督真日给李治云一电，文曰：庆桐久旷职守，已电请中央，勿令回任，即以该代使署理，并将先锋队一部兼统，日内中央即可发表，本督军有统辖全省军务之权，即吴使回宛，无本督军命令，不准交给。无论何人，不得干预等语。又派副官詹乐雅，犒劳先锋队。该副官并云：督军与吴使誓不两立，如不承认，即另派员等语。经李治云答复：吴使系奉中央命令，断不能承认。现派毅军马志敏，拨马步三营到南召，又马团长带步一团到南阳、新店，藉剿匪，意在夺占南阳，逼令庆桐不准回任之意。庆桐行至此镇，明日便可到宛，特将此情略陈钧鉴。一面专送信阳发电，一面由函缮呈。缘各电局皆派员监视，嗣后非由襄阳、汉口不能达。惟庆桐既遇此等举动，倘逼桐太甚，难免不动干戈，即庆桐能忍，恐部下决不相让。究应如何应付，惟有电示祗遵。吴庆桐叩。印。

〔北洋政府参陆办公处档案〕

8 王天纵关于皖系攫取豫省地盘赵倜急谋抵御等情与唐继尧来往密电

(1920年3月26日—8月23日)

(1) 王天纵致唐继尧密电(3月26日)

滇唐联帅钧鉴：旭密。前奉巧电，谅登台览。兹因段逆派该党吴光新督豫，以逐赵倜。吴已率兵驻信阳、郑州一带，大肆威逼。赵倜恐惧，急谋抵御，遂派人四出联络。现已与直隶督军及长江三督联兵拒段。而近日报纸所载，且有八督同盟会议天津之说。又请前河南省议会议长，今广东国会议员王君从周代表至军政府，愿与西南携手一致进行。军政府当即欣允。王代表返豫，即与赵督计划，集合全省军队分为三路：第一路司令成慎，系河南第一混成旅长。第二路司令□归德镇守使兼毅军统领宝法〔德〕全。第三路司令宏卫〔威〕军统领、赵督之弟赵杰。当即派出分驻要隘，准备抗拒北廷。业经通电广东军政府报告，请下令前敌将领出兵援助。一俟各方援助确定，即当积极进行。迨豫省安置妥协，赵督复请王代表来夔联络职部，已于前数日到夔，商酌一切。职拟派员同王代表至豫，集合豫中旧部，以待钧命。此天亡段逆之秋，不可失也。我联帅若以时势之便，命令川、滇、黔各军队赶急准备，以待河南举动，一致进行，大局不难定也。特奉电以闻。豫军总司令官王天纵叩。宥。印。

(2) 唐继尧复电（8月23日）

夔州豫军王总司令鉴：旭密。宥电悉。段派野心未戢，直欲殳除异己，以遂其宰割山河征服南方之计。此次更动赵督，即其见端。此间接豫省议会及各界来电，迭经复电赞助。执事拟派员赴豫集合旧部，乘隙动作，极所赞同。愿共勉旃。无任企伫。联军总司令唐。删。印。

〔云南省长公署档案〕

9 黎天才关于利用皖系更易豫督直皖内讧益剧西南应速定应付方针与唐继尧往来密电

(1920年3月26日—4月15日)

(1) 黎天才致唐继尧电(3月26日)

火急。滇唐联帅钧鉴：兴密。昨有旧国会豫籍议员王杰，代表赵督由汴来夔。所谈云：北段久欲排斥直系，其最初计划，因吴佩孚力争湘督，即拟以湘督与吴，张敬尧调豫，赵调热河。此节做到后，再设法谋去直曹、鄂王、赣陈、宁李诸督。南北要区，密布心腹，力制西南，宰割天下。因于上年八月，段商老徐促赵赴京，面示更调意，赵以反对张敬尧为词，不得解决。星夜回汴，酝酿至今。段有非去赵不可之势。近因吴光新谋豫复急，赵之弟不能耐，前月曾密开军事会议。赵所部之宏威军部属，多数主张保全现有地位，以其五十营之兵力，谋相当对付。赵恐势孤，因复结合直系各督。现在直、鄂、宁、赣四省，已与赵营密为联络，而李督且更主张八省联盟之说。如事势紧迫时，则不得不联合西南，共趋一致。目前吴光新正图与南阳镇守使吴庆桐协谋图赵，争端愈迫，故奉命来夔与豫军王总司令，有所协商。等语。接豫省暗潮宣传已久，此次王代表所言，已有不能不动之势。一朝揭开暗幕，对于时局及北方，必有重大之变化。我军允宜密为筹备，藉可乘时发展。如我军势力扩张，则协以谋我者，怵于局势，必将转为亲我。钧座综揽全局，万恳电商军政府，速定应付方针。随时电示，不胜叩祷。职黎天才叩。宥。印。

(2) 唐继尧复密电稿(4月15日)

夔州黎联军总司令鉴：兴密。有电悉。段派更易豫督，引起直皖内讧，如果暴发，实予我以绝好机会。此间前接豫省议会及各界来电，迭经复电赞助，保全赵督地位。赵督又因吴子玉介绍，厕身救国同盟，与西南联为一气，亦经军府赞许。现在应付方略，但能表同情于我，即推诚相结，以广声援。一面仍积极准备，以便乘隙动作。执事坐镇前方，尚望相机联络，并切实筹备。著鞭枕戈，无任企伫。继尧。删。印。

〔云南省长公署档案〕

10 赵倜关于保持豫省地盘反皖附直通电

(1920年7月19日)

北京大总统钧鉴：保定曹经略使、盛京张巡阅使、武昌王巡阅使、蚌埠倪巡阅使、各省督军、省长、各都统、各护军使、各镇守使、各师旅长、各省议会、商会、各教育会、各报馆钧鉴：窃自安祸〔福〕跳梁，纪纲解纽，把持政【柄】厚树党援；包藏祸心，肆行凶恶；外增国债，内括民财。国会听其指挥，阁员受其支配。上不承于总统，下不谋于庶民。鬻爵卖官，名为党费；穷兵黩武，假托防边。海内为之寒心，道路于以侧目，虽钟鸣而漏尽，犹倒行而逆施。近更愚弄合肥，威胁元首。甘冒不韪，妄自构兵。挟政府以胁群藩，行操莽而矫伪命。乞彼外力，残我同胞。成则为石敬塘，败则为李克用。既为天下所共弃，自必尽人而得诛。曹经略使首举义旗，张巡阅使同申天讨。同志固奋戈而起，各省皆闻风而从。论心则彼暴而我仁，论事则彼曲而我直。对元首则【彼】胁而我尊之，对国家则彼卖而我保之。顺逆之势即殊，胜负之操〔券〕可券〔操〕。义麾指处，百姓箪食以迎，先声夺人。前徒倒戈。以〔西〕北边防军十五师已宣言停战，上游军五旅长亦通电输诚。天育所昭，民情可见，孟子曰：得道者多助，失道者寡助，多助之至，天下顺之，寡助之至，亲戚叛之，此之谓也。倜志存清侧，誓贼同仇，愿率中训〔原〕三千万健儿，争进全国四百兆人格。为民除害，誓以家国为前提，杀贼效忠，早置死生于度外，论〔诸〕公夙怀锄奸之志，各挽救国之忱，伏望俯顺民心，曲从舆论，共扶大义，力扫凶氛，出元首于危境之中，奠邦基于盘〔磐〕石之固。时哉勿失，智者见机。敢布腹心，伫候明教。赵倜。皓。印。

〔云南省长公署档案〕

11 河南公民大会代表高镇瀛等指控豫军师长成慎称兵与赵倜争哄等情通电①

（1921年5月）

（一）

北京大总统、国务总理、各部总长、保定曹巡阅使、奉天张巡阅使、武昌王巡阅使、洛阳吴副使、各省督军、省长、各都统、各护军使、镇守使、师长、旅长钧鉴；各省议会、教育会、农会、各团体、各报馆钧鉴：昊天不弔，祸我豫民，当旱灾频仍之年，遭叛贼焚杀之劫，谁为戎首，谁为厉阶，痛定思痛，成慎之肉诚不足食也。查成慎前充河南陆军师长，飞扬跋扈，早已居心叵测，当直皖战时，奉赵督军命令，赴信阳堵剿上游叛军，伊竟勾结安福逆党，屯兵郾城，逗留不前，欲乘机作倒戈之举。幸吴光新在武昌被获，直军又早告成功，伊之阴谋未遂，大局未得牵动。事平之后，中共不加罪责，仅予罢斥，已属法外施仁。乃不知愧悔，反迁怒于赵督军，力图报复，以泄私忿。遂结合在京豫人中二三宵小，为鬼为蜮，以作荼毒桑梓之举，为孤注一掷之计，竟于四月十四日潜入彰德，约同孙团长会友，煽惑军队，勾结土匪，伪称豫北总指挥，进据卫辉、潞王坟一带，与官军抵抗。幸赖赵督调度有方，立派赵司令、宝师长率队痛剿，吴副使亲临指挥，将万余叛贼，一鼓荡平，逆首成慎，弃械潜逃，豫北人士如出水火，方庆更生。当成慎在彰倡乱之初，占据城池，断绝交通，彰德城关及水冶镇等处，富庶之区，按户搜掠，百无一免。纵火烧房，不下三千余间，并将男女掳去，不计其数。虽经赵司令追

① 本组文件系步军统领衙门所收到的传单，原文无日期，此系信封上收文月份。

击，奔回数百人外，尚有二百余人，至今查无下落。统计城乡损失不下四五百万元。豫北灾情奇重，经中外人士，多方赈济，方觉稍苏，复又突然遭此浩劫，哀我孑遗，或骨肉分离，或衣食断绝，闾阎化为邱墟，死亡行填沟壑，言之伤心，闻者酸鼻。现中央对于成慎虽有严缉法办明令，然闻伊依然潜匿沪上，逍遥法外，若不将该逆所有财产，全行抄没，以赔偿我地方损失，是伊等争权不妨倡乱，失败仍可保家，将见彼野心不死之徒，效尤而起，法纪荡然，国将不国，大局前途，何堪设想。敢乞中央再颁明令，命赵督军、张省长查明成慎财产，共有若干，一律没收，为办理善后赈济抚恤之资，庶民怨稍平，大憝可惩，想诸公关心民瘼，痌瘝在抱，尚希毅力主持，以彰公道，无任感激之至。谨此电陈，伏维垂察。河南公民大会代表高镇瀛、任桐亭、胡振铎、牛际飞、杨泽普、胡震、高书范、张鸿楷、崔毓楠同叩。

（二）

北京大总统、国务总理、各部总长、保定曹巡阅使、奉天张巡阅使、武昌王巡阅使、洛阳吴副使、各省督军、省长、各都统、各护军使、镇守使、师长、旅长钧鉴：各省议会、教育会、商会、农会、各团体、各报馆钧鉴：成慎以被撤师长、倡乱彰卫，扰害地方，其敢于甘冒不韪，倒行逆施而不顾者，因有袁乃宽，王印川等为之主谋，彼不过作人机械而已。袁乃宽本势利小人，王印川乃安福余孽，去岁勾结吴光新，图祸我豫，幸赖我豫措置咸宜，彼辈阴谋未遂。现又利用成慎煽惑军队，勾结土匪，抢掠焚杀，攻城夺地，以期推倒赵督，攘窃政权。彼辈亦豫人也，为争权利泄私忿之故，竟不惜以桑梓之邦，肆其荼毒，使所计得遂，河南全省糜烂，不堪闻问矣。丧心病狂，天良昧尽。查成慎盘踞卫辉、潞王坟之际，吴副使、赵司令、协力痛剿，成慎方将溃散。袁乃宽、王印川等，竟敢假同乡会名义，来电赞成成慎之举动。诬诋赵督军，并虚声恫喝，主张停战，以为割据豫北，再图进取之计。其同谋叛逆，证据确凿，法有明条 今中央对于成慎，既有严缉法办明令，而对于袁乃宽、王印川等元恶大憝主谋指使之人，反漏法纲。按之刑律，即不平允，揆之情理，尤属乖戾。彼辈野心不死，益将弁髦法律，图谋不轨，从此豫乱靡已，人心恐慌。为此，恳祈中央再颁明令，将袁乃宽、王印川一并严缉到案，速加惩办，以肃法纪，而儆效尤，无任祈祷之至。谨此电陈，伏维鉴察。河南公民大会代表高镇瀛、任桐亭、胡振铎、牛际飞、杨泽普、胡震、高书范、张鸿楷、崔毓楠同叩。

（三）

北京大总统、国务总理、各部总长、保定曹巡阅使、奉天张巡阅使、武昌王巡阅使、洛阳吴副使、各省督军、省长、各部统、各护军使、镇守使、师长、旅长钧鉴：各省议会、教育会、商会、农会、各团体、各报馆钧鉴：成慎煽惑军队，倡乱彰卫、攻城掠地，甘作叛逆人心之所痛，恨国法之所不容。乃驻扎信阳第十六混成旅长冯玉祥，竟暗与勾结，突然响应，看管道尹、知事，截留解款，勒提豫南二十七县丁漕，每县一万元。逼收确山等县巡警、巡缉队枪械二千余枝，围攻驻马店毅军司令部，用大炮轰击焚毁民房三百余间。更复率全旅北上，直欲进据黄河南岸，断绝吴副使、赵司令后路，与成慎作前后夹攻之计。幸成慎失败潜逃，该旅长始收队返信，使所谋得遂，不惟糜烂全豫，更将牵动大局，其甘心附逆事迹，昭彰刑典俱在，岂容曲宥。乃成慎已有严缉法办之令，而冯玉祥依然逍遥法外，迄未闻中央有若何处分。刑罚不平，人情愤激，且据该旅长举动之悖谬，居心之叵测，观之若不预为防范，恐将来对于吾豫，更有阴贼险很，令人不可思议者矣。公民等俱有身家性命财产关系，不得不奔走呼号，拼死求救。务恳中央迅将冯玉祥军队，调离豫境，严加惩办。使附逆者罪无幸免，庶法纪可肃，乱源可弭。河南幸甚，大局幸甚。谨此电陈，伏维垂察。河南公民大会代表高镇瀛、任桐亭、胡振铎、牛际飞、杨泽普、胡震、高书范、张鸿楷、崔毓楠同叩。

〔北洋政府步军统领衙门档案〕

12 赵倜关于转述河南省议会等指责吴佩孚干涉豫省行政勒令出兵出饷及对直奉战争宣布中立通电

（1922年5月5日）

万万万急。北京大总统、国务院钧鉴：步军统领、警察总监、京兆尹、各省、各巡阅使、各督军、各省长、各都统、各护军使、各镇守使、各师旅长、各议会、各团体、各报馆钧鉴：窃准河南省议会、参事会、暨三十六团体公称：河南自遭白狼之祸，幸赖我督军削平大艰，坐镇雍容，九年以来，元气得渐恢复。不意直皖战后，巡阅副使吴佩孚，竟盘踞洛阳，分军遍驻郑、许各要隘。官不同云留，安事有异于监，□适从感来遽□于此，凡豫省司法行政，无事不出而干预。迭次截留各县丁粮，勒指商民巨款，有至十万者，有至廿万者，有限三日者，有限五日者，稍迟不缴，枪毙随之。待官吏如奴隶，视人民如牛马，无不含垢忍辱，下气吞声。我督军仍大度涵容，犯而不校。此次奉直开衅，我督军对于双方袍泽，均无恩怨可言，乃竟勒令出兵出饷，甚至势逼威吓，令人无地自容。陕督冯玉祥，前地在信阳，截饷劫械，毙我军民，人所共悉，究不知其所奉何令，无端出关，到处供张，沿途索扰，官绅可忍而不可受，商民敢怒而不敢言。殊不知豫省水旱频仍，饥馑迭洊，岂能竭我膏血，任彼诛求。不得已而惟有公具决心，严守中立，如有意图破坏者，自当实力抵御，誓合三千万人民以后盾。除派代表面陈外，理合公请，即日宣布实行等语。并据各代表当面痛陈利害，前来。伏念倜安分守己，本其素怀保境安民，尤其职志。战衅既启，民命何堪。况河南水旱频年，灾祲迭告、哀鸿遍野，伏莽在途。言饷则久处困穷，言兵则仅堪自保，如再袒彼护此，舍己芸人，不特厝火添薪，转以重北方之战祸，且恐池鱼贻累，无以保境内之治安。察核省议会等所陈，均系确有见地，应亟宣布实行，严守中立。凡有加入战争之客军过境，均须一律卸除武装。如或不谅此衷，有意破坏中立者，河南为正当防卫计，自当不畏强权，唯力是视。除直隶中央之第八旅靳旅长所部，及与豫军善意之各军队，另行派员接洽外，敬布腹心，幸祈亮鉴。伏候明教。不尽神驰。赵倜叩。歌。

〔北洋政府陆军部档案〕

13 冯玉祥指责豫督赵倜背约袭攻郑州被击退通电

（1922年5月7日）

万万万。飞火急。北京大总统、国务总理、各部院、保定曹巡阅使、丰台探投吴巡阅使、除盛京、吉林、齐齐哈尔外、各省督军、省长、总司令、各师旅长、各省议会、各团体、各报馆钧鉴：自共和军与帝蚕马贼开衅以来，豫省表示与我一致。我军出关，迭经派员接洽，事事推诚，方期患难相扶，同舟共济。不意赵督密蓄阴谋，口蜜腹剑，竟乘我军多数开赴前方，欺我兵力单弱，突于鱼日早，密派大部队，袭攻郑州，破坏铁路。幸经我驻节第八混成旅、第二十二旅、第四十七旅及早发觉，协力防御。鏖战一昼夜之久，业经全数击退，郑防得安。似此甘心附贼，卖友求逞，居心鬼蜮，神人不容。现正集合陕军第一师、第一混成旅，第二混成旅，第三师第五旅，镇嵩军第三路，会同我驻部〔郑〕军队，克日进剿，誓当一鼓荡平，除丑叛俾天下欲顺逆所在知反覆之不足以自存也。谨电奉闻。冯玉祥。虞。印。

〔北洋政府陆军部档案〕

14 关于赵倜部袭击直军事件及冯玉祥取得豫督情形函电

（1922年5月11日—17日）

(1) 赵倜致大总统密电（5月11日）

万飞火急。北京大总统钧鉴：昌密。窃倜约束无方，致生误会，业经引咎自责，电请钧座，立予罢斥，迅简贤明大员，赴汴接替在案。所有第一师暨第一混成旅队伍，亦已饬第二师师长兼归德镇守使宝德全缴械结束。拟请即以该师长帮办河南军务。并以毅军司令常德盛，暂兼归德镇守使，迅赐与河南督军一职，分别明令发表。现闻冯军当豫军撤退之际，移队前进，且闻有袭取开封一说。均因阻隔，不克进行，似此逼退情形，实有暂不终日之势。倜仍处以镇静，竭力维持省垣治安，现尚秩序如常，一切堪纾廑系。惟彼军既刻不容缓，自非立请发表明令，万一发生意外，深恐地方先受糜烂之忧。钧座知倜最深，爱豫忧切，务乞当机立断，速赐根本解决。一面飞饬冯军，叙明已辞职，静听后命，万勿开抵省垣，再致误会。如因逼勒太甚，设或激成事端，非倜所能负其责任。至此事起，原第一师师长赵杰，不得辞咎，追原祸始，实属有攸归，应请先行褫夺官勋，听候查办。事已至此，夫复何言。势迫机危，稍纵即逝，且辞职之举，外间亦已传闻，如再发表稍迟，则各军闻信惊疑，难保不纷纷溃散。设将来贻为口实，其将谓倜何哉。所谓欲加之罪，何患无词也。为今之计，舍此并无别法，明令朝发，河南夕安。临电不胜迫切待命之至。河南督军赵倜叩。真。印。

(2) 张凤台致大总统电(5月13日)

北京大总统、国务院钧鉴：本日冯督军全队到汴，纪律严明、阖城安堵如常，商民异常感颂。惟军队未到以前，豫兵溃散扑城，不无危险之虞。旋凤台与宝师长德全昼夜抵御，分别资遣，幸未入城。迨冯军到后，面订保安事宜，所有两方各军队，均令分段驻扎，各管各营，以防冲突，而靖地方。现皆安靖无哗，以副我总统制治保邦，七鬯至意，无惊之至意。至一切善后办法，仍应与督军随时筹商，俾兵民相安于无事，知关仁廑，特先电陈。河南省长张凤台谨叩。元。印。

(3) 宝德全致大总统电(5月13日)

北京大总统、国务总理钧鉴：真日电传命令，任命宝德全邦办河南军务。此令。闻命之下，感悚莫名。伏念德全谬镇豫东，兼摄师旅，时难责重，陨越深虞。兹复恭奉恩纶，襄办军务，荣邀非分，益凛冰渊。惟有勉竭愚诚，力维秩序；追随新督，绥辑地方。所有感激下忱，理合肃电叩谢。伏维钧鉴。虔叩崇安。帮办河南军务宝德全叩。元。印。

(4) 冯玉祥致大总统等密电(5月14日)

万火急。北京大总统、国务院、保定曹巡阅使、吴巡阅使钧鉴：各省督军、省长、各都统钧鉴：昌密。窃玉祥奉命为河南督军，遵于十三日督率所部，前进省城履任。讵我陕军第一师王团长占棻所率部队行抵距城十里之外，豫军第二师师长宝德全竟敢公然抗命，率队迎头向我军射击，我军伤亡甚多。幸我官兵奋勇，异常出力，将敌部完全击散，并将宝逆德全当场击毙。本日正午十二时，已占领开封省城。现在办理善后一切事宜，省垣尚称安谧，知关荩念，谨电奉闻。冯玉祥。寒。印。

(5) 张凤台致吴笈孙函(5月17日)

世缃仁兄秘阁：自奉直构衅之初，弟与周人磋商，抱定与直军一致进行宗旨。无奈赵三暗地蛊惑周人，竟致违背前约，攻击郑州。弟闻有此种消息，即赴督署，探询确耗，周人竟拒而不纳。据传达云：明日再见。伊时宏毅军队，业经出发，万无挽救之策，可为痛哭者一。正当两军相待之日，本城青年会暨绅商各界，仍望双方停战，和平解决，乃请求赴郑讲和，弟视各界异常惊惶，一面电恳两方停战。一面委托裴将军其勋、青年会柯总干事绅商各代表赴郑，与冯督军当面商订停战办法与时间，无奈行至中牟、白沙一带，两方仍然激战，未能前进，电线亦断，如此往返者三次，均为战兵所阻。然豫省溃兵，已络绎于道，阖城绅商，奔走号呼，虽经弟强为慰勉，而仓皇失色，皆有朝不保夕之虞，可为痛者二。当兹危急万分之时，忽接南京齐督军、武昌萧督军，先后电弟，速赴郑州，与冯督军面商，先行停战，再为磋善后之策。绅商闻之，甚为欢喜。弟即与冯督军电约，赴郑准期，正在束装就道，而白沙桥中断，越日豫军又纷纷逃溃至汴，势难前往，和议无望，赵督潜逃，只有弟与宝师长督饬军警，抵御溃兵，保卫全城生灵之一策。两昼夜间，炮声隆隆，全城危险万状，虽幸获无恙，而商民一息数惊，不堪言状，可为痛心者三。延至十三日，冯军大队已抵中牟，豫省军队，业经四散。弟乃与裴将军速同乘轮前往，亲自接洽，以安人心，行至韩庄，冯军已由中牟开至韩庄西边五六里，即在此间，与冯督军面订即日驻扎自城南关，暂不进城，以防商民惊扰。请督军暂驻南关，以节制军队，一切军用品，概由本城绅商暨各机关如数担认。全城安堵如常，王胡两旅，亦先后开至开封，夙闻冯督军纪律严明，诚非虚言也。弟对于此次战端，事前虽毫未与闻，但身膺民政，目睹惨状，请心自问，何以对乡人，何以对元首。且周人曾与直军协约，更无以对曹吴两巡阅使，每念及此，声泪俱下。现目前秩序尚未大定，倘一呈请辞职，则商民异常惊恐，拟俟秩序稍稍就绪，即赴京请罪，听候处分，以谢桑梓。如果中央早日简放贤员，更有辞以对乡人。务祈转呈元首鉴察为荷。顺颂。弟张凤台顿首十七日勋祺。再两次电呈元首，究竟曾到达京，未敢逆料。兹特遣郭谘议海峰面禀一切，以纾廑念。风又及。

〔北洋政府步军统领衙门档案〕

15 河南公民善后维持会等要求解散省议会撤换昏愦溺民省长张凤台呈

(1922年6月5日—11月22日)

(1) 河南公民善后维持会呈(6月5日)

大总统钧鉴：为呈请事：赵倜督豫以来，贪污凶暴，无恶不作，豫人切齿痛心。兹迺不明顺逆，嗾使其弟赵杰，称兵倡乱，幸直

军一鼓荡平，赵氏兄弟，业经明令罢职查办。凡属豫人，莫此为快。本会不能已于言者，特对于豫省善后各端，敬祈特别注意：(一)解散省议会。该会议员选举时，即系军民两长所指定，全出于金钱势力，绝非代表民意，机关群目为大僚走狗。而赵之死党，尤居多数。观其素昔，不附督军天诛地灭之誓词，及此次动兵造乱之呈请，即可概见。应将该议会议员，全体解散，以为附乱党恶者戒。(二)裁撤匪兵。豫省宏威巡辑各营，原系招收土匪，编制而成，素无名以养兵，兵以卫民之知识，加以凶残，如赵杰为之统率，尤无训练之可言。故通匪抢掠为其职志，民之畏兵，更甚于匪。有兵不如无兵，应除此次叛乱，痛经击溃或俘虏外，余众悉予遣散，以免豫人无穷之祸。(三)慎择省长。张凤台老愦昏庸，本属无能，徒以见知当局，并加夤缘，始得长豫。到任以来，甘作赵倜之伥，职权半操于督署，信任李秘书长及田秘书等，勾结其他恶劣官绅，同恶相济，卖官鬻爵，横征暴敛，官场丑态，秽不可言，吏治卑污，达于极点。赵倜既经罢免，此辈讵能独容，且其昏阘冗阘，亦断非道德品行正直严明，中外赞扬者，所可同年而语，势必铲除已成铁案。第其所遗之缺，各省群争自治，当然属之豫人。豫人有省长之希望，且迭次运动最力，未曾到手者，厥为袁乃宽。其次，有魏联芳、吴镜弥等，或帝制余孽，民国罪人，声名狼藉，乡邦耻恨，或号称聚敛能手，终必遗祸桑梓，或声誉颇宏，究无实力，或资望尚浅，经验亦少，若令长豫，断难承认。求其免以上诸人之短，而道德学问操守，足以令人钦佩不置者，惟秦宥横先生及马积生先生，任择其一。以任省长，必能为吾豫造福除害，此非故为揄扬也。本会同人，类皆青年学子，毫无党见，不偏不倚，热诚爱国，因而爱省，非敢对于先生长者，妄加取舍，实以省长一职，为民生吏治之源，得人与否，小则关乎全省，大则及于国家。故本良心上之主张，为此最公允之评论。凡属豫民，苟具天良，自非受人贿买，甘效奔走者，谅必赞同。我大总统既为吾豫扫除积弊，澄清吏治，更祈俯从舆论，选择循良大吏，为彻底之整顿，实河南数千万生灵、夙夜心香祝之也。诸希鉴察施行。敬请钧安。

河南公民善后维持会谨呈

〔北洋政府内务部档案〕

(2) 公民张秉钧等通电(11月22日)

北京大总统、国务院、各部总长、参众两院、保定曹巡阅使、洛阳吴巡阅使、各省督军、省长、省议会、各团体、各报馆钧鉴：豫省自前清以来，承平已久，改革以还，吾民呻吟于张凤台虎狼暴政之下,已数年于兹矣。公民等若再隐忍不言，驯致全省将无噍类,吾民何辜,任其一再残害,用特胪列罪状如左：

(一)滥杀青年,坐视匪乱也。张夤缘项城表弟,河南都督张镇芳得长民政后,遇事仰承意旨,以莫须有锻炼成狱,滥杀青年,造成恐怖世界。豫南匪患,初本疥癣之疾,听其燎原,不事剿办,卒酿白狼之乱、蹂躏半天下,劳师糜饷,数逾百万,始获肃清。大罪一。

(一)扩充党势,谋攫地盘也。张为安福卖国党中坚分子,以二十万元贿买被选，为安福国会议员，并助其同党大头目王印川长豫,直皖战前,王氏窜逃,彼又出巨资运动继任,重祸豫民，是河南地盘,永为安福系盘踞也。大罪二。

(一)助逆昌乱,为党复仇也。王氏窜逃,张氏重来,阿附赵氏,日以脱离直系,一战而覇之。言鼓惑赵氏兄弟,迨直奉战起，赵氏惑于张言,于后路空虚时，猝然发难,夹攻直系。沿京汉、汴洛两路,各县城镇村乡,惨遭兵燹者，皆食张之赐也。大罪三。

(一)离间将帅,再酿匪患也。赵氏失败,冯督莅任,日以鸟尽弓藏,兔死狗烹,功高震主,早自为计之,言聒冯,冯用其谋,私自添招两混成旅,一意扩充势力,豫南豫西匪祸蔓延，袖手不理。幸调冯命令，颁于调解妥洽以后，未致酿变。然老洋人已横行大河以南,各县蹂躏殆遍,其焚杀奸淫，枪架之惨，远过白狼百倍。大罪四。

(一)通匪种烟，专卖毒品也。张之乃弟仙台，原系车夫，绰号五掌鞭，张任以省署卫队统带，支应处长兵财大权，胥归掌握，又纵令着名巨匪白驴及其跛叔，在安、汤、临各县，架票勒赎，其原籍崇义村一带之烟苗，年年阡陌向望。又制造白丸，保险运向邻近各县销售。仙台娶着名暗娼王升亭(人称张五太太)，令其所养之人，仍操神女生涯。总计张氏兄弟，千得通匪，种烟卖毒、卖淫，利益数万元，以一省之长，经营犯法事业。大罪五。

(一)从容党徒，鬻卖官缺也。张初长豫，其高足弟子李学钧，任内务司长时，声名狼藉，即有贿买官缺之事。张再长豫，特别加信任，委为省署秘书长，欲得差缺者，视所送特别点心(内装贿款)之多寡，定差缺之优劣。赵氏倒后，李潜逃京师，仍为张作经纪，以信中之圆图章(现洋五千元见信发表)方图章，(一个月期条三千万收款后发表)为挂牌之迟束。贿赂公行，吏治岂堪闻问。大罪六。

(一)阴谋保位，陷冯督于不义也。赵氏败走，冯来督豫，张恐位置不保，日以媚言柔语，鼓惑冯氏脱离直系，独树一帜，而已得以操纵保位，不雇大局，陷人于不义也。大罪七。

(一)反覆无耻，对友坠井下石也。张之二次长豫，本受赵氏提携而成，直皖战后，日以远交近攻，怂恿赵氏兄弟，联奉倒直。迨赵氏败后，又谄事冯督，痛诋赵氏以为固位之计。及冯调检阅使，张督来豫，又对张骂冯，如此反复卑鄙，二三其德，真人类之害马也。大罪八。

(一)联络死党，把持政权也。冯督他调，张督来继，张见新督之易与也。于是联络把持公产之公司，系首领孟广澎等同一臭味之安福系首领、安福国会议员何霁峰、郭景岱等，赵氏除孽，四凶首坐之省议会议长胡鼎元、常三省等，迭开秘密会议，讨论把持政权，垄断利禄之计划，陈善同之任河务局，常秀山之任政务厅长，其见端也。大罪九。

(一)沾染嗜好，不理政事也。张镇芳、赵倜均有烟癖，张与有同好，两次长豫，除与张镇芳、赵倜日在烟霞乡中过生活外，一切政事，概置不问，悉委之群小处理。其次子张孝钦，死去二年，彼尚不知，家事不知，何况省事。大罪十。

以上各款，皆其荦荦大者，其他罪状，罄竹难书。总之，张凤台阴鸷险诈，反复无耻，若再令其假豫人治之名，勾结煽惑，豫难将无已时，恳乞列宪，俯顺舆情，另简贤能长豫，以苏民困。无论其人，贯隶何籍公民等，概无成见，但求素谙豫情，能脱豫民于水火，登之衽席者，则感德无既矣。河南公民代表张秉钧、刘联第、马德炳、李儒林、时逢春、王桂秋等一万三千七百六十三人同叩。养。

〔北洋政府内务部档案〕

16 河南商邱县商民代表郭树棠等关于河南陆军第二师留守军队哗变焚掠请求赔偿损失致大总统呈

(1922年8月27日)①

为被兵焚掠，室烬财空，据实哭诉，公恳恩赏损失，以明责任，而恤商艰事：缘商邱县城内，驻扎河南陆军第二师，系豫东镇守使宝德全兼带，宝师带队出发，留守五营，保护城池，其参谋长宋敬熙代行使其职权。突于五月十七日下午十钟、留守军队，全数哗变，肆行抢掠，城内商号无一幸免，并且到处放火，东西南北大街，所有市房，多成灰烬，直午十八日天明，始行捆载而逸。统计城内商民，除焚死数十人不计外，其损失财物，合洋为数实达一百一十余万元。内中尤以钱商谦茂恒、显茂昶、福豫洋等受害最巨。全城损失清单附呈，迭经商民呈报官厅，报章登载，悽惨之状，灾劫之大，谅早为中外人士所共同闻见。乃时历三月，除冯督军发给马前知事维骧罚款洋五千元振恤外，政府至今不惟无正当办法，且无一言弔唁，我商邱人民商等，窃思政府养兵，本以卫国，非以残民也。人民

① 原文无日期，此为收文日期。

纳税供政府养兵，期其保安，非期其反噬也。且人民纳税于政府，固与纳保险费于保险公司，无异水旱偏灾，人民冻馁，政府犹有发帑，振济之义举。况正式军队，掠夺民财，焚毁民屋，政府讵能免除损害赔偿之责任乎。商等极知现在政府，财政困难，官俸军饷，犹苦无着，安有余力及于赔偿。继思赵前督军及宝之参谋长宋敬熙，均为此次兵变应负重大责任之人，彼等逆产孽业，悉数查抄，未始非赔偿损失之一助，如果政府大发慈悲，实心为民者，固弗能置被灾之商民于不顾也。且商等，苟有一线生路，亦可自认晦气，不为赔偿之请求，无如情势逼迫，万难自已。盖欲安居，则室家焦土，欲乐业，则财货皆空，欲行乞四方，苟全蚁命，则又被无情债主追讨存款，呈诉于法庭，此情此境，真有升天无路，入地无门之苦。楚哀此劫后余生，反不如兵变之夜，为大火烧死之为愈，揆之穷则呼天，疾痛呼父母之义。惟有吁恳我大总统派员勘验商等罹劫之惨，受害之大，照数赔偿，俾得还人存款，续行营业，则有生之日，皆报德之年，我大总统痌瘝在抱，一视同仁，念此全城焦烂之惨状，知必感动悲悯之慈怀，公乞鉴怜下情，设法赔偿，商民损失，则感戴大德，如同再造矣。谨呈大总统

河南商邱县商民代表　郭树棠　陈陆楠
白万全　叶致芳　杨永礼　乔茂明
延启霞　刘玉尊等同叩

〔北洋政府大总统府档案〕

17 密探刘汉超关于吴佩孚为冯玉祥不听指挥更其豫督等情给王怀庆密呈

(1922年11月4日)

巡阅使钧鉴：敬呈者，汉超近率眼线姚静娴，留心时局，四出调查，以图冀报。兹查得豫督冯玉祥，自莅豫省，果断进行，凡事认真，对于军务政治，操之过急，不守常轨。所有豫军客军各将领及

各行政部人员，对冯感情不合，暗潮时起，意存反抗。前次冯督清理赵氏逆产，整理税务，所得款项，为数甚巨。冯氏自行提用，作招练新军及筹办学校经费。洛阳吴巡使催提未予，各客军请饷，亦分文不发。而各处对冯意见横生，号令不行，土匪四起，调兵不动。豫省人民，受害实深。加之李济臣欲谋豫长，为冯辱污。张福来欲谋豫督，为冯抵制。内部风潮，更形冲突。吴巡使因冯野心大炽，不受指挥，深恐盘踞中州，尾大难制，是以密行计划，移调他处，另置心腹。一可借经济以迁〔牵〕制，二可便自己之方策，纷传月余，造因甚久。豫省国会议员，周维屏等，因图报巡帅，维护国家计，一面在京开豫人同乡会及自治协进会，赵府院保洛请愿，主张废督，抵制谋夺豫督之人；一面运动开封各法团，挽留冯督，以免他调，有碍时局。并屡次要求张陆长函电，劝阻冯为巡阅使之计划。吕代表均来京，时复又痛陈利害，无违公理，自取灭亡等言相进。不料巡阅使之阴谋虽消，而更调督军之命令，竟逼迫发表，人民对此无任惶惑。顷由豫省来京要人，密查情形，言冯督表面完全服从命令，急求交代，而张、靳已在郑州一带，调布军队，先为预防。惟冯督部下军官兵士，因赏罚不明，功罪不分，群情甚为激昂，人心异常愤慨，大有不遵调动迁移之势。冯督甚难处置，意犹未决，张陆长已去电规劝，遵令而行，以御外侮，而维大局。不知能否可以息事宁人，消患无形。因事关国家变乱，地方治安及中央威信，是非功罪极巨，用将所查大概情形，详细密呈鉴核。以备注意。肃呈。敬请勋安。

密探首领刘汉超谨呈

〔北洋政府京畿卫戍总司令部档案〕

18 河南于第二次直奉战争时全省军事布署情形通讯稿①

(1924年10月14日)

北京中华通讯社云：开封通讯：豫境主客各军，纷纷他调，张福来又就援军总司令职，业已北上，豫境防务，未免空虚。兹闻吴子玉与张福来已早有筹备，现因大战在即，援军急待出发，而豫境防务，亦于日内布置就绪。据闻豫东方面，以逼近大兵云集之徐州，仅由归德镇守使刘焕臣坐镇。郑州则留十四师之五十四团驻守，不另派军队。开封则由当地之警察(约六千人)及河南第二混成旅之一部。武装警察两大队，(一队分驻周口)维持治安。豫南方面，以京汉路之关系，较为重要，除南阳一带仍由镇守使马志敏负责外，内乡、淅川则有陕军两营(张治公部)，叶县则由第一混成旅之营底(豫军)，汝南则有第廿六混成旅之一部，并由吴使电令湖北第二混成旅寇英杰开赴许昌、郾城、信阳等处，专护铁路。闻寇旅长已于二日开抵信阳，所部第三团团长贺国光，担任由驻马店以北(确山境)至许州一带防务。第四团团长贾万兴，担任由驻马店迤南至花园一带防务，旅部及骑、炮、工、辎各营，以及机关枪连，技求队，则均驻信阳。豫西方面，除潼关、阌乡一带，由陕军第一师憨玉琨所部负责外，陕州、灵宝、观音堂一带，则由豫西镇守使丁香玲负责。洛阳、伊阳、巩县、临汝等处，则由第三师第五旅旅长兼洛阳留守司令马汝淞负责。豫北方面；新乡、卫辉、焦作、道口等处，及黄河北岸，均由廿四师师长杨清臣所部分驻(该师出发之一部为二十七旅旅长王为蔚部)。彰德、汤阴等处，则由陕军胡师所部一部分防守。此外各重要城镇，一律责成武装警察会同地方保卫团负责，并由李省长督饬警务处(因武警现仍归警务处节制)电令各大队长及县知事严为防范。日前临颍、许州发现土匪，夏处长立时将两知事

① 此件选自北京中华通讯社送给王怀庆阅批快稿。原标题为“豫省防务之严密”。

各记大过一次，以示儆惩，若在平时，则不过去一电报饬令剿办而已。又河南第一师常德盛所部，久戍赣南，近忽奉令回豫（闻抽调一旅回豫），大约一二两日，已由汉口北上。该师到豫，将先驻郑州、中牟、荥阳、新郑一带，听候调遣，或久驻郑埠，或开赴他处，此刻尚无所闻云。

〔北洋政府热察绥巡阅使署档案〕

19 河南省长李济臣关于应付各军战争征调之苦交卸省长印信的通电

（1924年12月17日）

临时执政、各部总长、各省督军、督理、督办、省长、各师旅、河南省议会、各厅道、各镇守使、各县知事均鉴：慨自江浙购难，关塞鏖兵，豫省介居腹地，频受征调之务，大军过境，悉索敝赋以供。济臣待罪中州，周旋整付，极具苦心，既不忍遇事掊克，重苦吾民，又不能遵令延备，转滋贻误，此等情形，当为各方所共谅。迨至边疆告警，退让未遑，迭电中央，请求解决。旋奉执政蒸电，饬即遵令交替。兹于删日，委派本署前参议焦秘书携带省长印信，驰赴开封，先行移交孙省长收矣。所有省署一切档案，均在洛阳，亦饬厅科迅办移交，以清手续。至军兴以后，所筹款项，现正清理。账目业将收支大概，通电登报宣布，以昭大公，而彰覈实。济臣忝长斯邦，荏苒一载，本冀致力于生养仍苦征绩之频繁，五中焦灼，抱疚何穷，今幸付托有人，仔肩得释，善后诸端，专赖贤豪，息影田庐，遂我初服，得以闲散之身，共睹升平之乐，固出于执政暨诸公之所赐，抑济臣之初愿也。专电陈辞，即希詧照。李济臣叩。筱。印。

〔北洋政府内务部档案〕

20 张干臣等控诉河南前省长李济臣及督理张福来借直奉战争勒捐民款并请查抄家产呈

（1925年3月13日）

河南一百零八县公民代表、张干臣、刘国华、何秀济、高尚志、李维新、陆文乡等住北京河南会馆叩禀，为呈请派委查办追款，以作军饷事：窃查前任河南省长李济臣，出身武夫，不明政治，在豫祸国殃民，私吞肥己，种种不法，笔难尽述。甚至于去年直奉作战，省长李济臣，派员分赴各县，勒捐民款，每县勒捐。至少十万、二十万、七八十万者，共勒捐洋三千余万元。征收十四年钱粮七百余万。押派公债，每县押派三五万、九十万者，各县捐款，知事给民人执据可证。兼之去年河南水灾，李济臣不但不设法赈济，重行勒捐款项，各县人民倾家败产者，不计其数，设有无款者，轻则拘押，重则枪毙。督理张福来并派四镇守使，在各县勒捐款项一百万元，自入己囊。豫省人民何辜，遭此大恨。自直派失败后，张福来、李济臣自知大势已去，河南难保。李济臣随将在豫勒捐各款数千余万，携款潜逃，隐匿汉口租界，逍遥法外，国法何在。所幸我执政以国家为重，恺然出山，爱国爱民，无不仰颂，恳乞执政饬委赴汉，将李济臣、张福来在豫勒捐各款及家产查抄，或作公款，或还民间，以平民气，而儆效尤。实为深幸。谨呈执政段钧鉴。

〔北洋政府临时执政府档案〕

21 河南沈邱皖阜亳等七县代表控诉国民二军收编匪部为害地方各项函电

（1925年6月24日—7月4日）

（1）高景祺致段祺瑞禀

执政钧鉴：敬陈者，窃景祺前以沈邱唐匪倡乱，惨杀皖豫两省村民甚众，转呈各绅董函禀，旋蒙我执政电饬胡前督剿办，嗣经派队痛剿，该匪等见势甚猛烈，遂占据邑城，闭门乞降。适逢胡督适〔逝〕世，乃贿通现驻周家口第五师师长王为蔚，王因利其枪物等件，竟收编该匪首唐存羲为营长，伊胞弟二人，凶横尤甚，亦同在营次。倘使伊等悔祸改悟，似无庸追其既往。讵料狼子野心，急于报复，因次第派党羽，先以收枪为名，讹诈乡邻，继复潜令，乱党杀烧，致死灰复然，势颇蔓延。而皖豫两省七县各团练绅董，心焉尤之，公派代表韩存贞、王毅来京商酌，并嘱转呈稿件。咸以为该匪等蹂躏各村，地属两省，界联七邑，向为匪等渊薮，一经痛剿，而各处伏莽稍为敛迹。今见唐匪因作乱得官，必以枪杀为终南捷径，势将闻风兴起，况现值青纱帐起，尤彼等绝好机会，以中原之地，万一大乱再起，窃恐为包藏祸心者所利用，则大局益不堪设想矣。景祺为公义所迫，豫清乱源起见，应请电饬岳督，务将唐匪兄弟缉获，按法惩治外，倘乱仍不解，迅即派遣得力军队，前往剿办，以绝乱萌，地方幸甚，大局幸甚。为此渎陈，敬请钧安，故吏高景祺谨禀六月二十四日

来稿及信件附呈。

韩存贞、王毅致高景祺函：

养翁省长乡台大人钧鉴：日昨赴京，趋谒崇阶，关于唐存义谋反，蹂躏地方，诸承指示进行，同乡人等，均甚感激，本拟即为在京进行，奈贞毅二人，才短年轻，未敢冒然，兼之困于经济，是以返汴，临行往辞台端，适逢公出未晤。甚以为欠，到汴即将尊意，向同乡叙明，均以为然。兹于又四月二十二日在汴电禀执政、陆司两总长，原文抄呈，仍恳大人在京代为维持，并祈请愿政府，务于饬令将唐存义提案法办，以绝后患，则豫皖连界七县人民生命，皆出于大人之赐也。再蒙约赐馔，本当遵命，惟贞初次进京，是日同毅游万胜公园以致误，实深抱愧，尚祈恕之为叩。肃此。虔请钧安。顺颂政祺。

乡晚生韩存贞王毅谨禀又四月廿二日

(2) 沈邱等七县代表致段祺瑞等电

北京临时执政，陆军总长、司法总长钧鉴：窃沈邱逆贼唐存义兄弟等、图谋不轨，烧杀奸掠，迭分禀在案。前蒙河南胡故督派队剿办，该贼占据沈邱城，闭门乞降，经第五师长收编，唐存义为营长。公民等闻编丧胆，料知仇害地方，果然贼心不死，刻又密派腹党，带枪潜回，烧杀如故，并恃军威，强掳武警民团枪支，狼子野心，惨无人道，非蒙饬将唐贼明正典刑，以绝后患，则豫皖连界县民，性命难保，情迫无奈，除禀请督办省长提案法办外，理合电恳饬令枪决，以申国法，而重民生。临电情急，不胜待命。豫沈项、鹿、淮、皖、阜、太、亳七县公民代表赵荫昌、辛济众、韩铭勋、王其范、尹云凌等三十二人叩。

(3) 尹云凌致锐武等函

锐武、恒乡二兄雅鉴：削浮赴京之事、谅已与高仰翁道及矣。兹者刻又有辛廷用自家奔省，携有信件及沈县县长谕单各一纸，(另呈)所述家中情况，更不如前，各区长赴县署开会，赵副官首先发言，谓奉命而来，有照无照之枪，一律收缴。(有照者给洋十元)限七日缴署，不缴者以私藏军械论罪，以后还须下乡搜枪。咸谓借搜枪为名，将有无穷之害，莫不惊恐万分。故特派辛廷用兼程赴省，以求挽救方针。同人等当求熊先生，又拟一呈，即于今午(九日)呈递，不过大着胆子，已将王师行为不规写上，将不卜是福是祸，特此函知。请再商之高仰翁。设法急救我七县乡愚为荷。不然非遭大害不可。肃此敬颂旅安。留省诸同乡代表仰翁不另。

小弟尹云凌代笔

附沈邱县谕单

国民二军五师副官及沈邱县知事谕

国民第二军第五师司令部副官赵
代理沈邱县知事韩　为谕饬事：

案奉

国民军第二军第五师司令部函开：唐存义所部，前在槐店纸店及沈项太和等处，被军队击溃之后，或将枪支插藏隐匿，或寄存各区团局，如不设法收回，诚恐漫散各处，遗害地方。兹派本师赵副官荣昌，携带布告多张，特函前往该县，遍贴各村镇，从事办理，搜缴枪支事宜，希即妥为照料，并协助一切为要。等因。除分令各区外，合行令仰该区长，务于五月卅日齐集县署开会，商办要公，切弗推诿，致干未便。此谕。

（4）七县代表禀呈（7月4日）

具禀七县代表（略）。为谕饬搜枪情迫万急，再恳速电制止，以便保境安民事。缘公民等前以验枪发照等情，呈请在案，应候核办，曷又呈烦，现又奉沈邱县知事公署谕单内开：为谕饬事（请看另纸）致干未便。此谕。至期十七区区长，均到县署会议，据赵副官首先发言，无论有照之枪、无照之枪，奉令均一律收缴，有照给枪价洋十元，无照者按私藏军火治罪，限一星期内完全缴案。如过期不缴，即从事逐区搜查，勿谓言之不预也。伏思各区所有枪支，均系民国公共购来，以便保卫地方所用，并非唐匪遗失，一旦被其强迫搜缴，其何以御土匪，而安闾阎，将人民性命身家，均不能保。况前奉胡故督办布告，武警民团，一律恢复战前原状，所有枪械，已收者归还，未收者不准再行收缴。今者强行收缴，其对于皇皇布告，未免违抗不遵，前收武警之枪，其报告情形，谅已转呈钧署。现又勒限各区民团缴械，更不属不合。推原其弊，究由唐存义前在槐店纸店及沈项太和等处，招匪行抢，被军队击溃，与该处人民挟仇，又兼余党赵树基、候贞元、孙尚勋、张兴邦、孙天衢、申宗文、李浩然、陈秀章、王抡秀等，从中助恶，嗣经第五师收编，伊为营长，伊一得志，即生方陷害。故以枪支插藏隐匿，及寄存各区团局为词，耸动师长，贪图枪械，即信以为真，因派赵副官前往搜缴枪支，扩充军势，观上述第五师司令部函开：云云。即知唐存义为本案罪魁祸首，不蒙法办唐存义营长，则七县人民，终无生活之一日。前崔丹仙、李彩辰，被赵副官强搜枪支，将贵重之物件及钱财，抢掠一空。并将其子带去，因畏其军威，不敢告发，较强盗行抢架票，殆有甚焉。以强盗行抢架票，尚有处告诉伸冤，一系军官，告则灭门灭族，前车之鉴，古有明征。倘实行搜枪，不惟公民等各家及地方人民，又遭李彩辰之惨祸。若正当防卫与之抵抗，窃恐又酿成禹县之惨剧矣。灵耗传来，惊骇万状。为此再恳速电第五师迅将赵副官撤回，先行制止收枪，以免地方受害。致激他变，再一面派员前往检验枪支，发给护照，俾其久远保存，再一面惩办唐存义等，以除祸根，保境安民，在此一举，如蒙赏准，则皖豫联防各地，均感大德无涯矣。谨呈

原批：此件既据呈称，已禀督办省长，自应毋庸置议。

七月四日记

〔北洋临时执政府档案〕

22 靳云鹗为吴佩孚罢免讨贼军副司令兼前敌总指挥职务发表交卸通电

（1926年12月30日）

特急。提前。北京国务院、各部院、各省区军民长官、各机关、各法团、各报馆、河南各总副司令、各军长、各师旅长均鉴：顷奉吴大帅俭日通电，兹将靳副司令兼前敌总指挥职，即行罢免。所有前敌任务，交由田副司令，魏总司令，商承寇副司令负责办理等因。当覆一电文曰：云鹗奉职无状，重蒙体恤，下颁温谕，得遂初衷。除饬属赶办交代外，至前敌总指挥一职，因各军饷弹均缺，筹集需时，未敢就职。所有关防，并由前敌联合参谋处封存。前敌总指挥关防，

并亦由前敌联合参谋处保存。兹谨将联军副司令关防，即日遵令派员赍交田副司令、魏军长接收。云鹗老母年逾八旬，从役军旅，子联久亏，既职责已卸，自应归省，从此优游事外，俾得休养，皆大大帅之赐也。特此电闻。靳云鹗叩。艳午印。等语。谨电奉闻。靳云鹗叩。卅。

〔北洋政府陆军部档案〕

23 寇英杰关于吴佩孚准予废除河南督理并委寇为讨贼联军第三军军团长及该军团编制情况通电

（1927年1月18日）

北京张大帅、国务院钧鉴：各部总长、南京孙馨帅、济南张效帅、太原阎百帅、各省军民长官、各军团长、各军长、各总副司令、各师旅长、各镇守使、各省议会、各法团、各报馆、郑州齐抚帅、陈戒严总司令、开封米帮办、第四师李师长、米司令、薛司令、吴司令、信阳田总指挥、魏总司令、洛阳张护军使、许州王总司令、马师长、并转大石桥何旅长、彰德王总司令、阎师长、驻马店陈总司令、奏师长、李代旅长、徐护军使、马师长、李师长、郭镇守使、光州转潢川任师长、禹州李师长、阎师长、贺师长、贾师长、刘参谋长、息县袁旅长、项城马旅长、叶县转舞阳王旅长、明港冯旅长、河南各局送各道尹、各县知事均鉴：顷奉吴大帅篠电开：督理河南军务一缺，业经寇督理呈请废除，照准。通电行知在案。寇督理原有直辖各师旅，亟宜改编成军。兹特派寇副司令，为讨贼联军第三军团长，并将暂编第九师、暂编第六师、合编为第十三军，以寇军团长兼任总司令。以暂编第四师及河南第五混成旅，第六混成旅，合编为第十四军，派陈师长德麟为总司令。以暂编第五师及河南第四师，合编为第十五军，派贺师长国光为总司令。第十四、第十五各军，归寇军团长统辖。其余未改编成军之各师旅，一概由本部直辖。除发委任状关防，特达。即希查照等因。查本军团长，呈请废除河南督理，及改编军队各节，业于巧申电达在案。兹奉前因，遵于一月十八日在郑州行辕宣告就职，并启用关防。特电奉闻，希即查照。寇英杰。巧。戌。印。

军务司长邓翊华签呈：案准河南寇督理巧电开：顷上吴大帅一呈，请废除河南督理一缺、并就职第三军团长等因。查各省督理一缺，为中央特任之军事长官，虽经前执政改为督办，督理，名目虽异，皆系政府规定之官制，此次寇督理自行废除该缺，专就军团长职务，未经阁议，本部似未便邀复，是否有当，理合签请示遵。

军务司司长　邓翊华谨签

〔北洋政府陆军部档案〕

24 吴佩孚在豫扩招军队任命洪忠恺为讨贼联军直鲁豫皖临时别动队司令电

(1927年2月3日—24日)

(1) 洪忠恺电(2月3日)

万万急。北京国务院各部院、张大帅、张军团长、韩军团长、卫戍总司令、济南张效帅、南京孙馨帅、太原阎百帅、天津褚督办、安庆陈总司令、各省军民长官、各报馆钧鉴：一月卅一日，奉讨贼联军总司令吴令忠恺为讨贼联军直鲁豫皖临时别动队司令、遵即在郑就职，设立司令部，呈报总司令在案。以樗栎之材，深虞勿胜，尚冀时赐教言，俾免陨越，是为企祷。谨电奉闻。伏乞亮察。洪忠恺叩。江。印。

(2) 敖振翔电(2月14日)

吴大帅、齐大帅、各军师旅长、北京安国军总司令张雨帅钧鉴：国务总理、各部院、各司令部、各公署、三四方面军团、张军团长、韩军团长、卫戍于总司令、各法团、各报馆、济南张效帅、南京孙馨帅、开封寇弼帅、米将军、各军师旅长、各总司令、各报馆、太原阎百帅、天津褚蕴帅、各法团、各报馆：安庆陈雪帅、盛京杨总参谋长、齐齐哈尔吴督办、吉林张督办、杭州探投闽督周樾帅、孟总司令、迪化杨督办、归化、张家口、承德各省、各都统、各护军使、各镇守使、各师旅长、各省长、各法团、上海总商会、南商会、各报馆均鉴：慨自赤氛南侵，纪纲荡然，战云沵满，夫中原狂澜，沸腾乎海内，既极流离颠沛之祸，应尽亟起直追之功，振翔束发受书，久服膺乎礼教，壮岁从戎，更饱尝夫艰苦；比者感国是之多故，悯桑梓之劫运，奋志投笔，敢抒讨贼之忱，毅然请缨，凛切复仇之念，列帅勋望，懋绩日月同昭，节麾义旗，河山共誓，爰整我旅，藉备驱策，谨率所部，静待指挥。业于本年二月十三日在郑就职讨贼联军直鲁豫皖临时别动队十路司令，矢勤矢诚，敬随列帅以驰驱，允文允武，勉竭驽钝而报称忽布。所臆，伏准垂察，讨贼联军直鲁豫皖临时别动队十路司令敖振翔叩。盐。印。

(3) 吴衮等电（2月20日）

北京国务院、各部院、张大帅、济南张效帅、南京孙馨帅、太原阎百帅、徐州褚总司令、安庆陈总司令、北京张军团长、韩军团长、于卫戍总司令、河南讨贼联军各总司令、各军长、各师旅长、各省军民长官、各报馆钧鉴：案本总司令洪令开：奉孚威上将军第八六五号令开：委吴衮为讨贼联军直鲁豫皖临时别动队第三路司令，此令。等因。奉此。遵于本月二十日在郑行营就职。启用关防，猥以樗材，谬膺重寄，誓竭忠奋，勉效驰驱。除呈报外。转电奉闻。伏希亮察。司令吴衮率旅长王恩毁、林福寿、年德寿、宋希年叩。马。印。

(4) 周鸣岐电（2月24日）

万急。北京国务院、各部院、张雨帅、济南张效帅、徐州褚璞帅、南京孙馨帅、太原阎百帅、安庆陈雪帅、保定张少帅、天津齐抚帅、寇弼帅、靳总司令、田总司令、魏军长、开封米总司令、第一军王军长、第八军王军长、洛阳刘雪帅、张护军使、南阳徐护军使、归德孙军长、郭镇守使钧鉴：各省军民长官、上海、天津、北京、济南、各报馆均鉴：二月廿日，奉讨贼联军直鲁豫皖临时别动队总司令洪转奉孚威上将军讨贼联军总司令吴委任内开：兹委任周鸣岐为讨贼联军直鲁豫皖临时别动队第八路司令此状，并颁发木质关防一颗。文曰：讨贼联军直鲁豫皖临时别动队第一路司令关防等因。奉此。遵即在郑行营就职，启用关防，督率指挥王继周支队长、史久恒、马结元、刘向鲁、王万选、王仲瀛、高云鹏、乔龙海、王琢芝、朱鸥滨、聂同发、张思鸿、郭齐云等严整所部，请候调遣，凡宗旨纯正，爱国保民，与我吴大帅洪总司令正义讨逆者，皆在敬佩之列，莫非袍泽之交。饬有心存不轨，志怀吞并，渎武构兵，破坏大局，甚冒不韪者、不辞者，鸣岐不才，惟有躬率所部，追随我吴大帅、洪总司令及列帅之后，以与祸首相周旋，惟鸣岐以樗栎之材，谬膺重寄，蚊负岱宗，陨越堪虞，尚祈不弃下愚，锡以南城，俾有遵循。河任拜祷。讨贼联军直鲁豫皖临时别动队第一路司令周鸣岐叩。敬。印。

〔北洋政府陆军部档案〕

25　田维勤等反对奉军入豫并推举靳云鹏为河南保卫军总司令电①

（1927年2月12日）

田维勤等电曰：奉张本我旧仇，彼以国事多难，不惜曲与同调，得我方声援，仅免于灭亡。大惠不酬，反以为怨。以合力所得之察热，据为己有。乘我之危，又夺取我保大，占我归德，收我枪械，必欲扫灭我各军而后快。诡诈阴险，至斯而极。若不同心防卫，非特我军之生存，不能维持，即吾辈之团体名誉，亦将为古今中外所耻

① 此电选自中华民国史料县编稿十六年二月十一日。

笑。靳将军得军民之信仰，前防后防，视同一体，对内对外，均有远谟。吾辈群起推戴为帅，必能行军得所，因应咸宜。维勤等为时势危急，未能先征同意，谨就晤商所及，联合公推靳将军为河南保卫军总司令，以期总帅各军，迅速退敌，务期同声响应，一致教求，存亡所紧，不容踌躇。抑更有进者，非号令统一，不足以固士气抗强敌。非有统一，即不足以言号令统一。吾辈共戴靳将军之后，将军之精神，即吾辈全体之精神。将军之命令，即吾全体之命令。上下一体，退迩合心。战和缓急，饷弹给养，亦惟将军之命令是听。一洗从前涣散观望，察之□弊，庶急潮之下，不受淘汰，大地之上，犹可立足也。存亡之间，伏乞努力为之。临电不胜盼祷待命之至。田维勤，魏益三，王维城、贺国光、马吉武、庞炳勋、梁寿椿、任应岐、高汝桐、阎曰仁、徐寿椿等同叩。文(十二)。印。

〔国民政府国史馆档案〕

26 豫东镇守使兼师长郭振才宣布加入讨贼联军通电

(1927年2月13日)

北京。安国军总司令张、国务院、各部总次长、南京孙总司令、济南张总司令、郑州吴总司令、徐州褚总司令、各省督办、省长、军团长、护军使、镇守使、各师旅长、各省法团、各报馆钧鉴：时局紧迫，赤祸方张，武汉险危，江西陷落，近复举兵北犯，窥伺中原，邪说横流，危亡堪虞。民国以还，变乱之极，莫如豫省。负担之重，莫如豫民。地丁加征，至十九年，附税每两已加至数十串。尤复巧立名目，勒派苛捐。会汇横行，日夜难安，人民痛苦，犹恐不及。若更加以赤祸任彼猖獗，民无孑遗，国何以国。安国军张总司令保民为重，救国志切，屡次通电讨赤，誓澈终始。直鲁联军张总司令、诸副司令、犹复躬率六师、与赤周旋。正谊仁心，全国景仰。振才从军有年，亦知大义，除恶之责，岂敢后人，用特整率部属，完全服从于安国军张总司令及直鲁联军张总司令，褚副司令之命令，誓竭驽钝、殄灭赤党。凡我袍泽，凡我豫民，谁无妻子，谁无职业，岂忍受公妻共产之祸，背伦灭理之羞。是以不惜一己事牺牲，誓同灭此而朝食，谨具愚忱，恭候明教。邦人君子，其共鉴之。豫东镇守使兼河南陆军第一师师长郭振才叩。元寅。印。

〔北洋政府陆军部档案〕

27 齐燮元在郑州自请解除讨贼联军副司令通电

（1927年2月14日）

百万急。北京各部院、各局、各总司令、各师旅长、各省长官、各法团、各报馆钧鉴：燮元前承各省公推再闻军事，周岁以来，追随诸袍泽之后，与玉帅相助为理，本期竭虑殚精，安民定国。乃事实与希望相左，欲谋国而国事愈纷，欲救民而民主益困，降至今日，虽伤心蒿目，亦已无可如何。固因时势之迭迫，抑以赞襄之乏策，抚躬自责，愧憾交并，爰于二月十四日，在郑州自行解除讨贼联军副司令职责，从此永赋遂初，决不复闻国政。惟望当轴诸公同胞贤达，同心协力，灭此漏舟，俾濒危之国渐即安全，垂绝之民，群登衽席。燮元虽为在野编氓，亦仰叩仁人之赐，荣幸有加焉。谨布衷曲，诸希鉴及。齐燮元。寒。

〔北洋政府内务部档案〕

28 靳云鹗就任河南保卫军总司令并宣布讨贼军一律改为保卫军团结反奉复齐燮元等电①

（1927年2月15日）

靳云鹗复齐燮元等电曰：云鹗下野，即已无心问世，近者奉张侵豫，我袍泽为自卫计，乃复谬相推举崇，以河南保卫军总司令，借图应敌，鹗虽不才，何忍坐视，正当此穷蹙之后，强敌压境之时，非

---

① 此电选自中华民国史料长编稿十六年二月十一日。

有团结之觉悟，牺牲之精神，即不足以杀敌而致果。如能以二十万人如一人，二十万心如一心，即使归德失陷，精神不亡，必有恢复之日，并可进步洗我保大丧地之辱，还我直鲁固有之荣，祇视勇气何如耳。决心何如耳。即云鹗今日之毅然就职，亦唯望诸兄之勇气与决心，此应互相勉励，始终无懈者也。总之，此举系以旧有之团体、从新之组织，所有讨贼军，一律改为保卫军，师旅号仍其旧，不许有前防后防之界，视南视北之分，庶我大团体，不失从前之坚固也。再现已移驻信阳，筹定一切。除电各处将领，即日进展外，并于日内亲自北征，合亟电达查照。靳云鹗。咸。印。

〔国民政府国史馆档案〕

29 褚玉璞谴责靳云鹗破坏张吴合作致使湘鄂抵御北伐军失败等情通电

（1927年2月20日）

北京各部院、济南张上将军、南京孙馨帅、郑州吴玉帅、太原阎百帅、蚌埠陈雨帅、吉林张辅帅、吴兴帅、北京张军团长、韩军团长、承德汤都统、张家口高都统、信阳田总司令、杭州孟总司令、各省军民长官、各法团、各报馆钧鉴：顷读靳云鹗致安国军张总司令元电，信口雌黄，不胜骇异。当复靳云鹗一电文曰：信阳靳荐青兄勋鉴：顷诵执事致张总司令元电，抹煞事实，淆惑听闻，殊深骇异。溯自奉吴合作以来，二公俱有彻底之觉悟，一致讨赤，终始不渝。若能本此决心，共谋贯彻，则馨帅何致一再失利，赤祸何至侵入长江。徒以执事私愿过高，顿兵鲁南，妄思督鲁，幸效帅见机神速，应玉帅之请，筹拨大宗饷弹，助贵军入豫。豫南底定，执事得荣任省长，始勉强奉命讨贼，而对玉帅则仍蓄存贰心，顿兵保阳，观望不进。弟遂率师北上，转战津南，驰书相劝，务贯初衷，乃漠视忠言，阴结赤党，人言啧啧，举国为惊。玉帅恐祸起萧墙，将执事免职，而儆观望，卒至迁延数月，始能连合奉直鲁豫各军，攻克南口，扫除北赤，此中顿挫起伏，皆执事破坏合作，不顾大局，谋叛玉帅之往事也。设使执事之职不去，玉帅之令不行，则南口未必下，北赤未必灭，黄河以北，受军事之祸，不知何所底止。究以执事二三其德，使玉帅久驻洛阳，不能兼顾鄂事，致岳州失守，武汉动摇。迨玉帅南下誓师，而赤焰已不可收拾。且汉口之役，执事阴嗾刘佐龙，迎敌倒戈，致令玉帅仓皇返走。万不得已，乃派蒋宾臣跪求执事，再度出山。而执事阴毒险狠，仍复按兵不动。玉帅见执事终不可用，故又再行夺职，是又执事贻误前敌，坐失武汉之大罪，昭之在人耳目也。今乃托于豫军之见，揭豫民之求，拥伪言粉饰，自掩咎戾。抑知豫中将领，皆我坚持到底之袍泽，豫省人民，皆我待救之同胞，岂受执事煽惑，以叛玉帅，而抗义师耳。乃执事不自忏悔，犹喇喇不休，一则曰占热察，再则曰夺保大，又曰我河南、我归彰。夫执察保大，乃中华之土地，河南归彰，宁执事之私产。执事果尊爱国土，则奈何抛弃武汉，而使湖北人民陷于水深火热之境耳。是乃目光短浅，但希盘踞中州，翻令赤贼日炽，屠毒长江。玉帅每一念及，辄不禁潸然流涕。自念初忠，誓在救民，牺牲比身，收复鄂、赣，以为玉帅一雪此耻。且玉帅素常以服从为天职，以救国为亟，刺骨鲠在喉，虽安缄默。据实揭白，以质天下。区区愚直，尚希亮詧。褚玉璞。皓。云云。特电奉达。敬祈詧阅为荷。褚玉璞叩。荷。印。

〔北洋政府将军府档案〕

30 直鲁联军司令部转发张学良率军入豫暨指斥靳云鹗叛吴通报

（1927年3月2日）

通报（三月二日上午十时于北京司令部发）

顷准师部参谋处通报内开：顷奉安国军直鲁联军副司令部参谋处通报内开：顷据张军长学良等由京篠电开：顷致河南各军民长官暨全省人士电文曰：顷奉吴玉帅交阅靳云鹗蒸日通电，妄造谰言，词旨背谬，故意挑拨，冀成奸谋，种种呓语，原无驳斥之价值。第我军正在进行，诚恐各方为其淆惑，兹将详细情形，为豫中袍泽及各方绅耆人民言之。查靳云鹗在数年前不过一旅长耳。吴帅一手提拔，致有今日。不图只顾个人权利，毫无国家思想。迹其所为，略举如下：(1)恶化流毒，中外共愤。玉帅暂与我军合作讨赤，纯为救国救民，精神所结，天日可表。独靳氏心怀疑贰，居中阻挠。去岁利用玉帅军威，勉强服从，提兵北上，徒以未得豫督之故，遂生怨望之心，非独屯兵不进，且复别蓄阴谋。试观冯逆军队于包围之中，仍得安然进出北京，则彼所持之态度，可以想见。此乃北方大局安危，关系綦重。幸赖玉帅温犀所照，毅然予以免职，不得无故牺牲。(2)武汉告警，玉帅弃瑕录用，靳氏身总三军，应如何激发肺肝，武汉危急，坐视不救，玉帅情势迫切，至派蒋宾臣参谋长，恳切慭促，竟置不理。又复乘人之危，事以种种权利，一味要挟，陷陈嘉谟、刘玉春于垂绝之境，坐误戎机，使大局不堪设想。殃民祸国，实靳氏一人之咎。(3)又因慾有未洽，重演反侧。玉帅虽抱定与我合作之旨，始终不渝，即袍泽亦属深明大义之人，服从罔懈。然而退自武汉，困居豫中，时越半年。靳氏固拥重兵，未进寸步，坐令敌焰益张，长江滋蔓，追维祸始，谁尸其咎。误国之罪，岂可胜诛。(4)豫省近年凋敝，人民夙称困苦，试问军队拥塞，长此供应，民何以堪。玉帅为其恩主，致处进退维谷之境，地方遭其涂炭，水深火热，民不堪命。孰为厉阶，司马之心，路人皆见。故就大义论，侮弄其主帅，倾陷其袍泽。并就事迹论，徒为赤逆，极阻反攻军队，得以安然侵犯长江各省。(5)始则忽南忽北，尚存首鼠两端。继则明目张胆，毫无顾忌，密订敌方雷池之约，高揭党人青白之旗。玉帅迫不得已，仅予二次免职，不加追究，已属宽容。乃阳居下野之名，阴握全军之实。刘旅拟颖之动，孰为操纵之人，马迹蛛丝，何难复按。以上各节，犹日已往，况忽敢以待罪之身，竟鼓其如簧之舌，公然通电，抗拒义师，无非希图结合新旧各军，树其势力，明保团体，暗通党军，不恤认贼为父，以叔为敌。靳氏之人格何在？是则发难，指使情秘，显然故意扰乱，是非已白。要之靳氏如此居心，出此手段，不过为争地盘，图权利，遂不惜误国家、害地方，牺牲恩主，煽惑袍泽。一言蔽之，自利而已。此诚罄南山之竹，不胜书其罪矣。至于我军此次进兵入豫，前经我上将军通电，郑重申明宗旨，谅为国人所共见。诚以与玉帅合作讨赤，必须坚持到底，方可贯彻主张。现在赤祸蔓延长江流域，将成燎原之势。玉帅徒受牵制，迄无进展之期。我军披发缨冠，分所当尽除暴靖难，责负耑征。论手续则事先对于玉帅及各袍泽文电，往还使络绎，早已有所商洽，原非唐突进兵。论目的志在收服武汉，奠定赣、湘，扫灭赤祸，早戡大局。非进兵不能讨赤，非入豫不能进兵。同志友军，苛能协力合作，扶助之不暇，焉有假虞为灭虢之理。凡具常识，靡不共喻。况我军师行以义，心出至诚，往事昭昭，足资佐证：(一)前当鹿锺麟宣布冯靳合作，我军已与玉帅既已誓同讨赤，合作在先，金石可望，河山不改。终使离间伎俩，不为所动。(二)妙峰山买马事变，适南口吃紧之时，我军尚一分兵应援，协同平定，顾全友军之事实，人所共知。(三)在武汉紧张未先之时，我军曾助械助弹，并愿会师夏阳，实行应援，经玉帅方面既有可征。凡我袍泽，亦当闻见。(四)我军如以靳氏之心为心，惟地盘是争，权利是图，则遂机乱危亡，早已长驱入豫，何待经径数月，以至今日，当时因尊重玉帅之庇，一再迤延。惟盼豫省早有解决办法，整旅反攻。讵盼之已久，闽赣继陷，秦关不守。今则江浙又变化，皆由豫省方，不克牵制党军，以致各方受其影响。大好河山，已去半壁。馨帅、雪帅迭电告急，催我进兵，地方呼吁，函电盈筐。我军为国家计，为友军计，实属忍无可忍，毅然进驻，以张挞伐。苛期贯彻讨赤，岂敢有所私图。(五)上年我军以兵力援绥事定，议由晋军接防，馨帅迭将地盘相让，坚拒不受。又以械款克利，接济刘雪帅、孙馨帅，而植合作之精神，凡此事实，当为各袍泽所共闻。如靳氏原电所即，岂能以一人而欺天下，以一手而掩人耳目耶。总之，赤祸为总国之公敌，豫省非靳氏所私有，我军为国为民，但知救国，此心可志，可鉴天日。不计地盘，不计利害，故无靳氏自计之周详。假使靳氏早以国家及人民为重，以玉帅及团体为念，则豫省何致今日之现象，武汉久已反攻而到手，固不劳我军入豫也。靳氏违背长官，贻误国家，是谓不忠。谰言煽惑，陷害同胞，是谓不义。不忠不义，是谓蟊贼。此则愿我袍泽及全省人士一详度之，万勿为其所惑，堕其奸计。当此时机切迫，师发在途，戡定国难，端期群力，断不宜稍滋误会，致有阋墙之争。凡属袍泽，如与我军宗旨相合，协力一心，为国讨赤，不但无分疆域，一当敬之爱之，互相提携，竭力援助，皇天后土，息壤在兹。倘阳以服从主帅为名，阴图个人权利，徘徊歧路，搜括地方，则为维持纲纪，亦属在所不待。耿耿此心，悉出肺腑。玉帅烛照万里，体国公务，各袍泽素负重望，明于辨别。当不河汉斯言，披沥以陈，统希朗查等语。合亟通报，希即饬属周知为要。此致

第三大队

镇威第七方军团第二十五师第百三十五旅司令部参谋处

〔北洋政府军事零散档案〕

31 褚玉璞斥靳云鹗暗投北伐军电

(1927年3月4日)

各部院钧鉴：顷致靳云鹗电一通文曰：靳荐青兄大鉴：巧电计达。左右顷论执事马日来电，词遁而穷，心劳日拙，哓哓辨伪，自欺欺人，远道传闻，恐淆观听，爰抒所见，惟亮察焉。执事以为统一中国，非武力不为功，而感慨于谋统一者之非其人意在他人，皆以自利为心，以驰骤为术，以互相牵制为自固之秘诀。故往往一败涂地，不可收拾。弟则以为统一，不难于实现，而难在礼义之不兴犯上作乱之徒，簧鼓其邪说，惟恐不力，遂致中原鼎沸，盗贼横行，谁为厉阶，言之疾首。执事又责芳帅不忠，而执事以不敬免职。溯自奉吴合作之初，愿惩于冯部助贼之诡谲，以故同心合力，实行携手。

当弟等会师北上，执事亦整队西征，通国皆知，无可讳饰。讵料执事二三其德，顿易初衷，步武郭、冯，阴结赤党，不忠不敬，固执事之自道，罢官免职，实玉帅之宽大。执事苟于此时，翻然觉悟，养晦自韬，岂遂一厥不振，愈陷愈深耶。弟一介武夫，只知爱国，抱定此旨，百变不移。但得赤祸早日肃清，大局早日底定，便当银河洗甲，还我初心。岂肯阳奉阴违，效执事以功狗自况耶。执事致豫中各将领之皓电，竟称焕帅发动于西，党军进逼于皖云云。是执事安心投赤，不啻自画口供，悚目惊心，可以复案。为义师之障碍，固已确凿无疑。而尚有面目向吾辈，较是非曲直耶。总之，讨赤之旨，须贯彻到底，中道而变，似近于反复无常。弟与执事，谊切同袍，生同里闬，愿念前好，缄默难安，揆之实情，固不必再尽忠告，但中心拳拳，难已于言，聊贡愚忱，尚幸详察等语。特电奉达。即希明鉴为祷。诸玉璞叩。支。

〔北洋政府内务部档案〕

32 张宗昌谴责靳云鹗不救援武汉反而拒阻奉军入豫通电

（1927年3月6日）

各部院钧鉴：顷复靳荐青将军一电文曰：接诵元、马两电，不禁喟然。我辈合力讨赤，信誓旦旦，原期奠国家于苞桑，出斯民于水火，而其要尤在内结同心，乃能外御大敌。不意吾兄坐拥重兵，阴怀异志，武汉危急，坐视不救，遂致玉帅北退，赤焰南侵，使馨帅独力支持，闽、浙相继沦陷。倘贵军能抚赤军之背，尽力牵制，何致遽有今日。是吾兄虽揭讨赤之旗，实举助赤之效。遥知蒋介石辈，当与之相视而笑，莫逆于心矣。玉帅委曲求全，使吾兄再总师干，吾兄当如何努力杀贼，以赎前愆，乃仍顿兵不前、令敌坐大矣。玩时愒日，赤党遂能自毙耶。雨帅念人民之苦急，国家之难，半年以来，忍无可忍，不得已派兵入豫，与玉帅合作，贯彻原旨。始以玉帅之部下，既不能秉玉帅之意，反攻武汉，雨帅遂不得不勉力扶持。欲攻武汉，非经过豫境，何能飞渡，苟思图豫、何待今时。吾兄乃故为谰诂，阻挠义师，以友为敌，以敌为友。是何来电，以顺乎风气，自诩知机，不知随波逐流，小人所为，挽回颓风，君子之责。当前清道咸之际，天下之风气，衰弊极矣。曾涤生自誓，与二三同志，力挽浇风，卒能成中兴之业。宗昌虽椎鲁无父，于曾氏旨趣，窃有微尚。所望吾兄，翻然大悟，不远而复，立释兵柄，闭户自思，暂处山林，储为大用。否则身名俱裂，悔无及矣。忝在车笠之交，敢掬肝胆以告。惟兄察之。弟张宗昌。鱼。印。等语。特此奉闻。敬祈察教。张宗昌。鱼。印。

〔北洋政府陆军部档案〕

33 张学良等攻占中牟电

（1927年3月14日）

百万火急。北京国务院、各部院、卫戍司令部、警察厅、太原阎百帅、南京孙馨帅、张效帅、诸督办、盛京杨总参议、莫代省长、吉林张辅帅、诚代省长、齐齐哈尔吴兴帅、于省长、承德汤都统、绥远商都统、张家口高都统、哈尔滨于督办、张长官均鉴：我第十军元日占领中牟，第十七军主力寒日，藉炮兵掩护，由黄河铁桥强制渡过，到达南岸，敌已溃退，俘获甚多，我军刻均向郑州追击中。特此奉闻。张学良、韩麟春。寒。印。

〔北洋政府陆军部档案〕

34 张学良等攻占郑州及吴佩孚退洛阳靳云鹗退许昌通电

（1927年3月18日）

十万万飞火急。徐州张效帅、南京孙馨帅、褚蕴帅、太原阎百帅、开封赵宣抚使、米总司令、商州刘总司令、绥远商都统、承德汤都统、张家口商都统、盛京上将军、公署莫省长、吉林张辅帅、诚省长、齐齐哈尔吴兴帅、于省长、哈尔滨于督办、张长官、北京国务总理、各部院、警察厅、陈总监、卫戍司令部、各省军民长官、各报馆钧鉴：我第十七军荣胡军长，于篠日躬率所部、猛扑郑州，敌人负城固守，势极顽强，直至未刻，始将郑州确实占领。当攻城最烈时，吴向洛阳出走，靳贼云鹗向许昌窜去，守城之陈德霖部步兵四围，完全被我缴械，计获步枪四千余支，炮三门，大车廿余列，辎重无算。刻正检查中，除派队向许昌、洛阳、中牟分头猛追外，特闻。张学良、韩麟春。巧辰。印。

〔北洋政府陆军部档案〕

35 张学良等关于高汝桐被击毙靳军瓦解及迎吴佩孚回郑筹商善后等情通电

(1927年3月24日—25日)

(1) 张学良等通电(3月24日)

千万万万急。北京各部院、警察厅、卫戍司令部、徐州张效帅、南京孙馨帅、褚璞帅、卢军团长、周军团长、郑军团长、太原阎百帅、盛京上将军、公署莫省长、吉林张辅帅、诚省长、齐齐哈尔吴兴帅、于省长、绥远商都统、热河汤都统、张家口高都统、洛阳张护军使、陕州刘雪帅、归德寇军团长、禹县廿一军李军长、哈尔滨张长官、于督办、各省区军民长官、各报馆均鉴：我军自占领郑州后，敌人屡谋反攻，均被击退。敬晨敌军长高汝桐，亲乘铁甲车率卫队，敢死队等前进冲锋，行至京汉路十五里堡附近，被我军包围，用炮将其铁甲车击破，高殁车内，余众尽数覆灭，业将敌铁甲车同高尸运来郑州车站，妥为装殓。高为敌方悍将，靳某倚为腹心，高已阵亡，敌军瓦解，全部溃退。我军现正分途痛追，一鼓荡平，即在旦夕。我军入豫，原为协助吴玉帅，规复武汉，徒以靳氏一人，反戈相向，遂致相见以兵。现靳氏已除，障碍自去，业迎玉帅到郑，筹商善后，共策讨伐直豫榛莽，改加整顿，仍由玉帅主持。特此电闻。张学良、韩麟春。敬。印。

〔北洋政府陆军部档案〕

（2）镇威军第十七军参谋处电（3月25日）

百万急。北京各部院、各报馆均鉴：敌军自进占郑州后，敌自廿晚，向我军返攻，彼此在郑州以南，小李庄车站，东西一带，激战四昼夜。敌经被我击退数次，毙敌三四千，余众大半溃散，最后靳云鹗思为困兽之斗，行孤注之一掷，亲在前方督战。敬日午刻，悍酋高汝桐，乘铁甲车一列，向我防地猛冲，被我军步炮兵，将车击坏，高汝桐及其参谋长沈其昌、旅长宋家贤以下官佐四十余员，均被击毙车中，敌全线向新郑溃退。我俘虏敌官兵千余名，得铁甲一列，大炮八门，其余枪支无算。高酋等尸骸均经押到郑州车站成殓。我军仍继续向新郑猛烈追击，扫清此敌，绥靖豫省，指日可待。第十七军参谋处。径。印。

〔北洋政府陆军部档案〕

36 张学良等攻占新郑开封与许昌等地通电

（1927年3月27日—4月2日）

（1）张学良等电（3月27日）

千万急。〔衔略〕钧鉴：本日我军南路确实占领新郑，东路占领开封、敌军向东南方向溃退，沿途遗弃军械弹药及军需物品无算，出车十余列，野山炮多门，数日激战以来，敌将高汝桐阵亡，其余高级指挥官以下伤亡甚多，似已溃不成军。明日我军仍大举追击，期歼余逆。张学良、韩麟春。感丑。印。

（2）镇威第十七军参谋处电（4月2日）

万急。北京各部院、各省区军民长官、各报馆均鉴：敌军自克郑州以南地区，血战数昼夜，大获胜利后，即施行猛烈之追击。现敌军十数万，均已望风丧胆，纷纷南窜，完全不能成军，敌军已于卅一日午刻，完全占领许昌。特闻。镇威第十七军参谋处。卅一午。印。

〔北洋政府陆军部档案〕

37 张学良等攻占漯河通电

（1927年4月18日）

万急。〔衔略〕钧鉴：由临颍被我军击退之敌，望风披靡，狼狈溃窜。我军进取，势如破竹，于巧日完全占领漯河邑，获敌军官兵械弹军需品甚多，刻正跟踪追击，务尽歼该敌，肃清豫境。特闻。张学良、韩麟春。巧酉。印。

〔北洋政府陆军部档案〕

38 河南汜水巩县人民呼吁制止吴佩孚残部苛征暴敛电

（1927年4月20日）

北京张雨帅、各部院、各机关、各报馆、徐州张效帅、郑州张韩军团长钧鉴：河南巩县、汜水，地狭民贫，为全国吴军驻郑，十万饥军，仰给于附近数县、丁粮既一岁收逾三年，而捐款更十数倍之，其柴草一切杂支，尚不在内，尽田产所得，尚若不足，日餐糠秕，苟全蚁命。时日盍丧，愿与偕亡也久矣。及安国军到郑。吴部西窜，方冀乱杂余生，得旦夕安寐。【不】意吴部退兵，止于巩、汜，奸杀枪虏，陷两县于万劫不复之域，其毒害更甚于昔乎。在昔驻军有限，供给已竭。今则溃散官兵，群集一隅，每地一亩，日派米粮四两，始尚派员征收，继则挨户搜索，无论贫富，莫不绝粮，略着丰富，更拘勒金钱，无异盗匪。又复乱下委任会匪流氓，均予名号。而架票勒赎之事，直视为天理、国法、人情之所当然。呜呼！吴天孰陷，巩、汜至于此极乎。我帅发令施仁，伐暴救民，大军到豫，苛捐杂税，地方支应，一概免除，虽始为居住民房，稍有骚扰，而秩序施复，民庆更望。东境荥阳，俱蒙抚苏，何殃巩、汜，大军不肯一顾耶。哀此生黎，胡为原薄耶。敬恳钧座，一视同仁，赫然震怒，驱此豺狼，保我孑遗，则巩汜人民，当生世世顶感不朽生死一线，用敢缕陈，伏乞鉴察。不胜屏营。南巩县、汜水县全体人民泣叩。号。

〔北洋政府陆军部档案〕

39 张学良等关于率军入豫收编各军番号电

(1927年5月1日)

北京国务院、各部院、顺承王府行辕军事厅、光明殿军团部、卫戍司令部、警察厅、太原阎百帅、扬州孙馨帅、蚌埠张效帅、褚蕴帅、盛京杨总参谋、吉林张辅帅、齐齐哈尔吴兴帅、热河汤都统、绥远商都统、张家口高都统均鉴：敝军团入豫后、新收各军师旅队号如下：李振亚部为十九军、于学忠部为第二十军、请治功部为第二十一军、徐寿椿部为第二十二军、兼暂编第三师阎曰仁部为第二十三军、郭振才为暂编第一师、李鸿翥部为暂编第二师，李元藻部为第四师，马文德部为暂编第五师，安锡嘏部为步兵第四十八旅，秦永义为步兵第四十九旅，李树林部为第五十旅，高景福部为第一百六十七团，均已改编就绪。特电奉闻。张学良、韩麟春。东未。印。

〔北洋政府陆军部档案〕

九　奉直军入陕与靖国军战争

1 奉军许兰洲部入关援陕所开潼关会议议案

（约1919年1月3日）

谨将潼关会议议案分条列左恭呈

钧鉴

计　开

一　军队区分及任务之支配(按照作战计划)。

二　入关后,对敌人应宣布剿抚兼施之主义。故使各股匪知此消息，以缓其穷则互援之谋。而各部队于所负之任务，须努力进行,以行各个击破之策。

三　对于地方人民,应竭力抚恤,务使其爱我而不畏我。遇有交涉,须与以和平之态度,并力反奉军之所为,以维持地方之秩序,保护人民之治安为目的。

四　对于各旅团，应行训谕事项：(一)须使本军全体官兵共晓，然此次入关,纯系张巡阅使上体大总统轸念民瘼之至意,下念陕省久罹匪患之惨状,不避险阻,派兵入关,本军全体官兵,对于奉军之名誉,须力求增大。(二)对于友军须明示和蔼联络之意,以去其猜忌之心,而对于秦军与镇嵩军,尤须格外联络,以敦主客之谊。(三)入陕后,交通困难,饷械弹药,运输不易。须切实训谕士兵,对于装械要格外保存,对于弹药要格外爱惜,以防平时浪费，战时缺乏之虞。(四)入关后友军林立,凡一动一静均须慎重,稍一不慎,定遭友军之讪笑,而损本军之素誉。观瞻所属,务于军纪风纪,力维维持。(五)本军名誉素为人所共仰,然须上下一体保全，始可历久不敝,如有一二人稍有不合，必影响全体,故曰须上下一体保全。

五　兵站给养事项：本军兵站，一切给养量数皆为总部所规定，稍有出入辄遭驳饬，与前者徐副司令代时迥乎不同。各部队须体念国库支绌，物力维艰，凡一切物品力求节省，以免给养缺乏之虞。

六　各部运动，须严守秘密，以防为敌暗算。本军在潼关集中后，已入战备区域。各匪对于本军之行动，必时加侦探，以定对付方法。故凡本军移动，务须格外秘密，或日住夜行，或兼程前进，或故示驻军之势于日间，而入夜即密向前进。总以使敌不能确知我之行动为要。

七　驻军时各方面之态度，须格外注意，并须严加警备，以防意外之变局。我军入关，俨同异国，行军各方面，对我之心理，夫岂能得其真实。非但各股匪大半系土著者多，人民因与匪有密切关系之故，未必不加妨害于本军，故我军所驻之处，须严防意外。

八　行军时须严防敌人之袭击，与后方辎重敌人驰骤陕省，行将数载，各处道路必较我熟悉，稍有掩护不密之处必为敌乘，故行进时须格外警戒，以防敌袭。

九　进攻时万勿轻敌急切进攻，务须稳健前进，以图万全。查此次陕匪情形各别，有乌合者，有正式队伍变乱者，匪情既异，而攻击方法亦须不同，无论对于何匪，在攻击前须竭力筹备，即遇小股亦按照大敌对待，并须觉有必胜之算，而后始行攻击，以期动出万全。

十　凡克复一地，须力谋安抚，该处人心之策，并严防敌人之反攻，人心向我，匪情易得，且无形中所获之利益甚大，故对于收服人心一层万不可忽。再悍匪如张舫、樊老二等，久经战事，变诈异常，遇彼退出守地之时须详察其是否真退，曹刿辄乱旗靡之训，堪作模范。

十一　本军入陕，非但匪党疾忌，而匪党之外，更有疾忌，尤甚者或利用金钱，或假借位置，潜行煽惑之术，以冀摇动我之兵心，或离间我之将领，均须预防。

十二　实行攻击，以前电约友军协击，以牵匪势，而期必胜。如确定攻击凤宝之期，即电约管使出兵汉中，以攻匪之后，电约甘省东路军队，以攻匪之左，务取包围，有不大获全胜者乎。攻击他匪，亦取同一方法，肃清之期，定当迅速。

十三　秦军党歧派别。本军如与秦军接触须格外注意，以防意外之变。秦军对匪之情形，久为众所共知，我军教育有素，自无虑其效。秦军之所为，但彼则接济之，我则痛击之，且彼与各匪，半系旧时同人，袒彼谋我，亦意中事耳。故须格外防之。

十四　子午谷如镇嵩军担任防御之责，即可将预定防守该处之兵力，移加攻击凤宝之列，以收一鼓荡平之利。

十五　秦军虽不可靠，亦不可完全置之不问，以生彼之疑忌，彼如要求协剿，可择一与本军无关之地点，请其独立剿办，以免纵敌之传染。

十六　各部队官兵，总以少与秦军往来为宜，然事实上又不能绝迹，不相交通，如遇交际之时，无论官兵，须为一致之言论，以防出言纷歧，致启主客之疑。至应吐之言论，其方针可由各主官秘密宣布于部下。

十七　口令及相遇时之记号，须预行规定，以防误会。至如何规定，俟会议时再共同酌议，总以单简易行且不至误会为宜（此条参照预定草案）。

十八　须预选熟悉各匪所占地点之地理者，使作向导，选拔此项人员须格外慎重，总以既有妥实保证，且有可靠身家者为宜。

十九　各部队应视同一体，不分畛域。非但战时互相援助，即平时遇有不守军纪者，亦须不分是否，已所应管，宜一视同仁，以改其过失，而约束之。万勿蹈自己之部下有过，不准他人过问之恶习。须将此种善意，使各部队之主官切实提倡，并使各下级军官切实讲解，使全体兵士共知。本军之官，即应管本军之兵，并分属下级，即应服从上级之精意。

二十　凡攻克一地，对于人民之疾苦力求革去。对于该地负有重望公正之绅耆，须加之以隆礼崇之，以荣名约其出而襄佐一切，以维持地方之治安，非但有利于地方，且与本军之利益亦多。

二一　入关后各方面意见纷歧，其中之真相断难侦知，稍有格模，不便甚多。然欲侦知各方面之真相，莫如与各电局之主任联络，或委以咨议顾问之荣名，或加以顾问之显职，务使其暗中协助，遇有与我有关之消息，即行电报，然最宜于秦中总局行之。如各方面之内容为我所知，则对我之对付各方面，较有把握。

二二　如匪情变迁，而所定一切计划及议案，须按照变迁之情况另行规定。

〔北洋政府零散军事档案汇集〕

2　古相山关于陕省防御靖国军情形及其剿抚兼施政策致王怀庆函

（1919年5月10日）

军门钧鉴：敬禀者，今春曾肃芜禀，藉叩崇禧，谅邀慈鉴。谨将陕省大概情形，肃具寸禀。敬请钧安。伏乞垂鉴。

沐恩古相山谨禀　五月十日

第四支队自到榆以来，分扎榆南横山、石湾一带，防守要隘，近因给养困难，骑八团一营移住榆东神木县，司令部仍住榆林城内，取其适中。骑二团一营、绥远警备马队，仍扎横山、石湾前线。

月前匪首曹老九（约千余名）意欲北窜，因各要塞兵力雄厚，仍退据宜川、延长一带，与卢占奎联合，骚扰愈甚。

地方军队多属收抚，因陕局不靖，野性勃发，以致叛不旋踵，生灵涂炭，触目伤心，被害灾区，十室九空。

匪众共分六路，于佑〔右〕任为总司令，郭坚、胡景翼、樊钟秀、高竣、曹世英、卢占奎为分司令。

闻胡景翼部，稍有秩序，其余日事焚杀，郭坚较他股尤甚。卢占奎曾被其侮弄，损失许多枪枝，近闻有就许军收抚之说，似此野心难驯，抚后复叛无疑。

自张专使到陕调停，两方暂时停战。我军厉兵秣马，严装待命，一俟匪区划定，即整队南下，直捣匪巢，歼除群凶。

昨阅陕督布告，该省匪患拟剿抚兼施，如拿获带人之匪首，赏洋二百元，带五百人之匪首，赏洋千元，余类推。

带百人之匪首投诚，赏洋二百元，带五百人之匪首投诚，赏洋千元，余类推。若缴径口套筒三十年三十八式曼利夏马步枪一枝，发价五十元，子弹百粒发价五元。缴缺少零件，在陕省能修快枪一枝，发价二十元。缴老毛瑟等枪一枝，发价拾元，缴废枪一枝，发价五元，并发给免罪执照，按路程远近，每日发给路费，满钱二百，解回原籍，取保释放。无枪投诚亦照此办理。若在战线受伤，不能行动，发医调治，以重人道；一俟痊愈，发给免罪执照、路费。解回原籍，取保释放。

〔北洋政府冀南镇守使署〕

3 陕督陈树藩关于靖国军与镇嵩军等驻地情形暨对于右任虚与礼貌等情与国务院往来密电

（1920年3月6日一8日）

(1) 陈树藩致国务院等密电(3月6日)

北京国务院钧鉴：参谋部、陆军部鉴：统密。感电敬悉。查陕省内部，除叶荃、郭坚等部据凤翔及岐山附近，郭坚之一部据乾县城内，于右任据三原，曹世英据高陵，卢占魁据耀县，高峻据白水、澄城，曹老九据宜川，岳维峻、田玉洁两部据泾阳、三原、富平等处，现正议抚外，余均为我军驻扎地点。现许军驻扎兴平、武功、扶风、及岐山县城一带。镇嵩军统领刘镇华驻扎鄠县、盩厔、郿县、高店、齐家寨、彪角镇、及凤翔城东南一带。甘军驻扎长武、邠县、栒邑、永寿、汧阳、陇县、柳林铺及凤翔城西北附近一带。管使所部，驻扎宝鸡、益门、虢镇、及凤翔城西南附近一带。陕军第二混成旅旅长张金印及第一混成团团长张鸿恩，率所部驻扎乾县城附近。新改编汉武统领白鸿仪所部，驻扎咸阳、醴泉、阡东镇、店张驿、及乾县城附近一带。东路则中央第四混成旅，驻扎二华、渭南、零口、相桥、田市一带。晋军驻扎韩、郃、及澄、白附近一带。陕军第一混成旅旅长刘世珑所部，驻扎同州、朝邑、蒲城、荆姚、施家堡一带，第五旅第九团团长褚保杰，第十团团长郭秉成，率所部驻扎蒲城、兴市镇一带。骑兵第四团团长劳华，率所部驻扎蒲城，骑兵第三团团长率所部驻扎下邽、固市、及关山附近一带。陕北井使所部之田维勤团，驻扎洛川、宜君一带。第三混成旅第六团团长张耀庭，率所部驻扎潼关。游击司令刘世杰，率所部驻扎商雒一带。陕南则襄郧镇守使张联升所部第一团王宗荃，驻扎平利一带。第二团刘文驻扎白河、洵阳一带。陕军第三混成旅旅长张宝麟，率所部驻扎洋县、宁陕、石泉、安康、城固、紫阳、佛坪、岚皋、镇巴一带。第十五旅旅长王鸿恩所部，驻扎宁羌、汉中一带。四川刘督军所部廿一、二两师，驻扎阳平、燕子坡、大竹坝、黄坝、高阎家坡、关口、毛坪沟、大安、羊圈关、喜神坝、牛家坝、西乡、镇巴一带。陕边南军则王天纵所部驻大宵。王安澜所部驻城口。颜基所部分驻通南巴沿边一带。但懋辛部据我陕境之教场坝、七盘关。彭斗胜所部据我安乐河、广平河。江防军驻曾家河、两河口等处。至钧院大部，前月覃电饬查南军驻地，业经分行陕南各队，现尚未得刘督军张旅长之复，并闻。陈树藩。鱼。印。

(2) 国务院致陈树藩密电(3月8日)

西安陈督军鉴：亲译。祺密。陕事迭接瞿参谋长来电，田、岳均已受抚，右任已无能为，并俟通线后，由公与右任联名通电，告陕事之结束，深佩荩筹。但思上海空气，右任尚未尽知，此时孤立无援，自易就范，若任其远飏，则以后必将反噬。且中央已允派张瑞玑赴陕区分，若张未到，而于已行，则划界亦成虚语，转有形式上之障碍。现拟将右任仍安置三原，虚与礼貌，勿任其走。最好令田、岳两营亦暂驻原地，略示保持现状之意。一面饬张瑞玑速行赴陕，为表面之区分，区分既定，则陕事已告终了，右任可以行动自由，剿匪亦可继续办理。至所云通电词气中亦应注意，只能说确已停战，匪亦不剿，专候划分云云。其于部归我接收一节，电内万不可提，务希照办，中央委曲求全，具有苦衷，当在亮察也。院。庚。印。

〔北洋政府零散军事档案汇集〕

4 陕西灾民请救济陕省靖国军与直奉军交战所遭兵灾文电

（1920年4月22日—5月23日）

(1) 陕西灾民补救会致国务院等电（4月22日）

北京。国务院、转大总统，分抄参众两院，转各公团，上海和平期成会，南北代表，转各报馆、各善会鉴：天祸秦民，遭此剧惨，图不能绘，笔难尽言，以一隅而供十数省之兵匪，以一处而受百余次之残贼为寇，为军旁观，几无定论，忽剿忽撤，后轸弗鉴前车，生灵将无孑遗。解者犹云民意。溯自肇乱迄今，奄及两载，独以南北异趣，遂致奸人剩隙，引虎自卫，箧子不防，假狐以威，倾城罔顾，转殳夷为羁縻，增巢闯以声价。试约旧经历惨状，一陈下风(一)毒杀之惨，有屠全村、歼合户，用水、用火、用竹、用石，备极凶恶，反美其名曰，贴金额、坐火车、吹肥猪，外堆雪狮，点人烛者。(一)奸淫之惨，有老妪女孙，同宗至戚，亦并裸缚聚轮奸，俾互省观，贻务破名节，或羞惭恶詈，即凌迟处死者，若卢匪，则并奸及男童。(一)搜掠焚毁之惨，有剥衣倾箧，掘地撤屋，乔木为空，事涂尽发，而携带不便，因付一炬者。乃者双方议和，为苏民命，陕民方忍死须臾，如大旱之望雨。讵停战以来，若岐山、武功、蒲城、富平、耀县、高陵、白水、岚皋、平利、镇巴等处，杀掠奸毁，仍然猖獗。而宜川则较前更甚。至乾县一隅，大军退后，彼等出城报复，杀烧之范围益宽。凤翔方面，收缓以来，公然奸掠，任意蹂躏。茫茫苦海，重重劫灭，灾黎奔窜，不知所之。加以旱魃为虐，疫疠时作，辗转死亡，枕籍道路。嗟嗟！惨雾悽霈，不言之怨气，久弥重霄，碧血青燐，无主之冤魂，徒沈九地，乱将焉弥，毒伊胡底。公民等解悬惟期，复仇至祷，罪人所在囚，自能言阕，盖遇难盗录，已编成帙，只作衷鸟，鸣不为伯犁之手，即寄邮筒，公此电陈。陕西灾民补救公会代表武鲁山、薛良臣、寇立如、王佛斋、马翰臣、张海船、刘乐天、朱武、王巽訾、杨星平、贾璧珊、罗森如、宁芝瑜、褚筱崧、吴敬则、容谦甫、王锡侯、荆养斋、李季代、徐奉伯、黄似月、柏窈农、张西轩、王树森、童笃生、康子政、刘宝三、任万锺等及各县灾民同叩。

(2) 陈树藩刘镇华通电(5月6日)

北京。参众两院、国务院、各部院、各省督军、省长、各巡阅使、承德、察哈尔、归化、各都统、龙华、宁夏、各护军使、各镇守使、上海唐朱两总代表、各代表、各省议会、商会、各和平会、各报馆公鉴：陕省频岁以来，军事纠纷，匪复□扰三辅，既遍遭蹂躏，南北两山之地亦祸患迭更，抢劫奸淫，焚烧杀戮，拉票勒赎、毒考索财，民生之涂炭已深，商业之萧条曷极。流离尽于道路，十室岂止九空，残虐及于婴孩，百闻真惊一见，农田芜秽，学舍薪蒸，故鬼新殇，胔骼之掩埋奚恤。判妻别子，孤寒之涕泪常流。法斁纲沦，创深痛巨，不图振古文明之域，乃遘斯民奇特之灾。树藩、镇华等，待罪疆圻，抚绥乏术，悯兹遗子，时切忧惶。前年冬间，察及灾深，曾经着手调查，乃乱事频生、望剿并急，议蠲议振，迄鲜余闲，本公私抑地之靡存，复军政用□之两乏。抚衷自问，负疚何穷。现幸停战划区，兵戎已息，南北和会，此已重开，敉定准望，可期赈抚，断难再缓。昨已缕陈灾状，入告中央，恳乞轸念严疆，特须重帑，用资提倡，而系人心。惟是灾区极广，款绌用系，地方残破，绝无罗掘之能。天道幽遐，复有灾荒之象。春久不雨，禾已渐枯，哀此蒸黎，迭罹兵歉，就地已艰于规划，呼天竟处于困穷。夙稔饥溺为怀，痌瘝在抱，式念救灾恤邻之大义，或廑博施济众之辄图，或竭义浆仁粟之输将，或停右粥在餐之辅丐，但冀酿膏之曲逮，庶几残喘之全蕴，事迫智穷，掬诚奉恳，除例须捐册等项随时刊印邮宗办理外，特无通告，伏乞垂鉴。惓惓愚忱，曷胜衷吁。云天在望，伫候德音。无任迫切待命之至。陈树藩、刘镇华。微。印。

(3)乾县灾民吴以庄等致大总统等电(5月23日)

北京。大总统、国务总理、参众两院钧鉴：客秋郭匪陷乾城，沿村劫掠，民之衣食被暴殄者无论矣。男被酷考，女被淫掳，死者疾熏，惨不忍言。尔时秋禾露积，逃亡者虽啼饥号寒，莫敢收敛，而城内受祸尤烈，被毒刑遭奇辱者，虽至亲不敢认，不敢哭。迨官军合围，匪无接济，日夺民食以为食，碰民房以为薪，全城除匪住居外尽成瓦砾，民皆露宿败垣中，形同鬼魔。日为匪所奴隶，乞食其余。匪又驱之挑壕助守，致毙于炮火者甚众。及停战撤围，方冀重生，不意官军甫退，匪得大肆淫威，酷刑严拷，妇孺不免，而又时出搜掘，近城各村，烧杀倍酷于前。时届麦秋，远乡虽罗掘已空，糊口尚有可望，近城之民不敢归农，匪反取之以为资。至城中难民，非被拷死，亦成饿殍。哀哀乾民，将无孑遗。恳速设法救此方民，不胜迫切待命之至。乾县灾民吴以庄、梁守典、胡文炳、倪秉铎、黎兆兰、李锡命、杨邦桢、金德龄、王效曾等一千五百八十三人敬禀。

〔北洋政府零散军事档案汇集〕

5　管金聚被卢占魁等战败后重整溃军及其布署防守等情致大总统等密电

(1920年6月10日)

飞急。北京大总统、国务院、参陆部、边防处钧鉴：统密。此次凤县战后，职一面安抚该县民心，并派员会同知事办理地方善后，一面电陈负伤，晋京请罪，想均荷鉴察。比抵宝鸡，巡视各防，见军心恐惶殊甚，凤战冲散之兵又纷纷来宝，外间谣言四起，土匪亦乘机扰乱，部属遂再三恳请维持地方，安慰军心。职念凤县之战，以寡敌众，未能完全尽职，惶愧已觉无地。此时目睹军民惊慌之情形，何敢再执己见，摇动人心，当即勉如所请，暂缓前议，并暗中改为电请辞职各在案。嗣后收容散兵，重整部伍，按地势之缓急，为防守之布置。兹已分布妥协如下：(一)陈村以第三团二三两营附骑炮各一连驻守，归杨代团长葆胜节制。(一)屈家山以第三团一营驻守，有窦营长金甲指挥(一)虢镇以第二团两营两连附骑炮各一连驻守，由严代团长际明指挥。冯家嘴头底店各驻兵一连，亦由严代团长指挥。(一)汧阳以四团二营王营长傅德带兵三连驻守。(一)县功镇以第一团二营李营长带兵两连附骑兵一连驻守。(一)张家什子驻步兵两连，由营副指挥。(一)宝鸡驻第一团一、三两营，惟在城北垣上布置四连，城内亦令驻三连，又角牛铺一连，益门镇驻兵一连，系炮营改编，至工程辎重两营，营部均驻宝鸡城内，所部官兵皆由外转运粮秣，或在各防考查，修造电线沟垒等事。骑兵团团部置骑兵一连、一团部、炮兵营营部、现亦在宝鸡城内。此布置防守之大概情形也。窃念此次叶、卢勾结，郭逆施用诈术，职虽受伤，现已平复，目下防务布置妥协，军心亦至为奋勉，该匪等或再侵线，职当督率所部，大施挞伐，区区小丑，不难荡平，刻已激励将士，赎我前愆，是非曲直，天下当有公论。肃此，电闻。职管金聚叩。蒸。印。

〔北洋政府军事零散档案〕

6　陕西渭北十五县国民代表左子缙等关于召集国民大会由胡景翼取消靖国军名义及推于右任为陕西自治筹备会会长通电

(1921年9月26日)

北京徐大总统、靳总理、各部总长、张翔初将军转同乡诸先生、广东孙大总统、参众两院、陈总司令、各部总长、保定曹巡阅使、汉口吴副使、张敬舆先生、张伯英副司令、西会馆李约之先生、转各同乡诸先生、盛京张巡阅使、上海岑西林、章太炎、唐少川、王儒堂、伍秩庸、景枚九、李印泠、孙伯澜先生、李龙门、周愚夫、寇圣扶先生、转同乡诸先生、南通州张季直先生、成都熊锦帆先生、各省督军、总司令、省长、省议会、各特别区域都统、各师旅长、北京、天津、上海、汉口各报馆均鉴：陕民不幸，天降鞠凶，段陈勾结，祸陕连年。总指挥胡公，恫念民生，树帜靖国，兵连祸结，历时五载，加以饥馑交臻，土匪蜂起，淫掠烧杀，侵暴不辜，陕民十室九空，疮痍满目。兹幸吴巡阅使，本爱民之怀，法往救之义，奋然率先，陕人影从，段倒陈继。人望太平，爰求胡公招集国民大会，解决陕局。于本月十九日起至二十一日止，在三原城庙开会，到会十五县代表二百九十六人，首由各代表请求，胡公提议，取消靖国军名义，经大多数赞成通过，欢声雷动，且由大会公推于总司令，改充陕西全省自治筹备会会长，主持民治，造福将来，亦经多数赞成通过。至善后一切问题，旋经各代表提出议案七则，均属切要，全场一致认可，请求军民长官承认施行。余如民选省长诸大问题，静待庐山大会解决处诸公俯顺民意，尊崇高论，俾瞬睫陕局得一结束，庆幸何如。谨先电陈大略，仰抒廑注，详情后布，伏乞垂鉴为祷。陕西渭北十五县国民代表左子缙、耿秉耀、王自荣、田树楷、刘舲溪、韩宪、魏伟琴、高登畲、邢国佐、同保瑞、李辑井、高仲藩、穆焕堂、宥宋朊、吴仲突、纪缄三、侯伸厚等二百九十六人同叩。印。

〔北洋政府陆军部档案〕

7 陕督冯玉祥报告靖国军总司令于右任与总指挥胡景翼改编为师等情有关函电

(1921年10月6日—13日)

(1) 冯玉祥致大总统等密电(10月6日)

万急。北京大总统、国务院、陆军部钧鉴：盛密。自定陕军入陕，陈树藩败退后，靖国军总司令于右任、总指挥胡景翼等，迭派代表到省，表示服从，愿受编制，并请两湖吴巡阅使主持，将该部改编为师，以资收束。业奉吴巡阅使令，准照陆军章制，改编为陕西暂编第一师，饷由陕出，并任胡景翼为师长，该部队伍尚在编制中。惟于上月有日，已通电取消靖国军名义矣。谨先电禀，伏乞备案。署陕西督军冯玉祥叩。鱼。印。

奉批

交院处

（2）国务院给陆军部函（10月8日）

院函第二千〇七十五号

迳启者，准西安冯督军鱼电称：于右任、胡景翼等迭派代表到省，表示服从，并请吴巡阅使主持，将该部改编为师。业奉吴使令，照准为陕西暂编第一师，饷由陕出，并任胡景翼为师长，于右任总司令名义已通电取消等语。除原电业准分致不录外，相应函达贵部，查核办理可也。此致

陆军部

（3）冯玉祥致大总统等密电（10月13日）

万急。北京大总统钧鉴：国务院、陆军部大鉴：盛密。此次我军入陕，本中央救民水火之意，仰托国威，陈氏溃逃，余部虽未尽肃清，而三秦人民咸知国家德意。靖国军总指挥胡景冀于九月十九日，在三原招集河北十五县公民开会，当众宣布靖军树帜缘起及亟应取消之理由，业于九月廿五日通电取消靖国名军义矣。该部队伍改编为师，已奉两湖吴巡阅使令，以胡景翼为陕西暂编陆军第一师师长，该部现正改编，拟以岳维峻为第一旅旅长，田玉洁为第二旅旅长，电请转请任命前来。查此次该部，毅然取消靖国军名义，归诚中央，仰体国家拯救陕民之德意而深明顺逆，其功其心亦甚可嘉。拟请任命胡景翼为陕西暂编陆军第一师师长、岳维峻第一旅

旅长、田玉洁为第二旅旅长，以专责成，而示鼓励。如蒙允准，即请早日发表，以昭激励，不胜叩祷，待命之至。署陕西督军冯玉祥叩。元。印。

奉

批交院处

〔北洋政府参陆办公处档案〕

（三）北洋军阀抗拒国民革命军北伐及其失败

1 孙传芳孟昭月[①]等报告在浙省与北伐军作战情形电

（1927年1月11日—30日）

（1）孟昭月通电（1月11日）

北京国务院、各部总次长鉴：张雨帅、吴兴帅、张辅帅、张军团长、韩军团长、郑州吴玉帅、南京孙联帅、太原阎百帅、济南张效帅、徐州褚蕴帅、蚌埠陈雪帅、开封寇弼帅、信阳田总司令、魏总司令、各省总司令、省长、各都统、各护军使、各镇守使、各师旅长、各法团、各报馆均鉴：昭月讨赤素志，曾于前电略陈梗概，想邀鉴及。连日以来，迭克富阳、新登、桐庐等县。西路之敌，已有望风溃窜之势，此时倘能邀彼觉悟，翻然改图，则我两浙之锦绣河山，，或不致再遭蹂躏，是岂仅浙人之福，抑亦昭月所深幸也。不意之江沿岸，仍有附和党军之大部，乘我进攻桐严之际，日夜肆扰，荼毒吾民，若不先事肃清，则肘腋为患，重扰地方，仍不能不与之相对待。是以忍无可忍，饬我三军相与周旋。爰于佳日移师东指，全线渡江，该敌初尚顽强抵抗，继经我军猛力压迫，其势不支，遂致望风披靡，节节败退。我军跟踪追击，连占萧山、诸暨、绍兴等县，直迫宁波。同时桐庐李、韩各部，进攻严州，二三日来，敌氛大半敉平，两岸友军已连成一气，现正督饬各路向前进展中，两浙荡平，指顾间事耳。谨电奉闻，伫候明教。孟昭月。真。印。

〔北洋政府陆军部档案〕

---

① 孟昭月原任浙江省督军，孙传芳在江西失败后，纠结残部成立五个方面军，孙以五省联军总司令兼第一方面军司令，孟昭月为第三方面军司令。

(2) 孙传芳通电(1月12日)

急。北京国务院、各省军民长官、各法团、各报馆均鉴：顷接周总司令齐电云：顷据西路总指挥阳申电称：职部陈支队阳早六时，在永康南方遇敌五千余人，当即猛攻，激战十小时之久，冲锋十余次，遂将该敌击溃，完全占永康。此役计毙敌官长廿余员，目兵五百余名，俘虏三百余名，并获枪及军用品甚伙。复据李司令真午电称：职于即日午后三时，率队行至狮子口，与敌三千余名接触，该敌扼险顽抗，激战至灰日午时，复令奋勇队向敌右翼包抄，冲锋数次，敌势不支，遂向淳安溃退，当即督队乘胜穷追，至六时完全占领淳安，敌向茶围方向逃窜。是役计毙敌三百余名，俘敌数十名，并获枪二百余枝。除跟踪追击外，谨闻。各等情。特达。孙传芳。震。印。

〔北洋政府国务院档案〕

(3) 李炳文[①]致陆军部密电(1月30日)

十万急。北京陆军部张总长钧鉴：桥密。(一)联军与党军大部在兰溪、上龙、游间，自艳日起正在激战中。(二)联军系孟昭月，兵力约步兵十三个团。(三)党军系白崇禧、鲁涤平二部，约三万人。此战系决战。(四)其他党军人，浙省有赖世璜、何应钦三部，约二万人，均在他路，未加入此路战斗。(五)联军在浙杭周荫人部，防闽何应钦部党军。在浙西有冯召闵、白宝山二部，约八团人出遂安、开化，绕党军后方。现冯召闵已到籍安矣。(六)孙馨帅盼咨皖北队伍速进，以分敌势，否则恐党军。吾所顾虑，又多加兵力于浙，则又演九江前辙矣。顾问李文炳。卅申叩。印。

〔北洋政府陆军部档案〕

① 李炳文时任北洋政府陆军部顾问。

2　黔军总司令袁祖铭发表反对国民革命军北伐通电①

（1927年2月1日）

抄上海来电一件

百万火急。北京张雨帅、郑州吴玉帅、南京孙馨帅、济南张效帅、褚蕴帅、太原阎百帅、云南唐蓂帅、成都邓晋帅、万县杨帅、兼转各省军民首长、各军长、各师长、各总司令、北京国务院、转各部总长、全国各报馆、转各法团农工商学各界均鉴：邦家不幸，蟊贼内生，外寇乘之，以酿赤祸。蒋中正、唐生智之流，本为争权夺利之徒，谬窃国民革命之说也。惟全国父老多受其欺，即统率将领，亦于易所诒。祖铭于役西南，历十余稔，但知卫国，不解其他。方粤赤之初兴，即移师而赴难，徒以交通梗阻，形格势禁，未能行其所志，尽我天职。今则蒋、唐更变本加厉，为虎作伥，外奉苏俄为共主，内以赤党为天骄。阳假三名主义之名，阴行共产专政之实，破坏国家，扰乱社会，穷凶极恶，无所不为，不禁义愤填膺，用是声罪致讨。已于一月二十八日在常德正式接触。祖铭刻已移驻桃源，督饬所部猛力进攻，一面联合友军会师武汉，斯与南北群帅荡此妖氛，惟念赤党阴贼险狠，尤以蒋、唐为甚。诛锄异已。惟力是视，与之为敌者，因难免反动之罪名，与之为友者，亦辄蒙投机之指目。似此凶横，亘古不见，不加讨伐，正义何存。祖铭百战余生，饱经忧患，个人利权之念久已淡然。此次兴师讨赤，为国家除蟊贼，为同胞申义愤，以亲民爱众为职志，以锄奸救国为目的，成败利钝在所不计。所望四方豪杰及时兴起，歼此群丑，以奠邦基，国家前途实利赖之。擐甲陈词，不胜悲愤。黔军总司令袁祖铭全体将士同叩。东。印。

〔北洋政府陆军部档案〕

① 袁祖铭曾被国民革命军总司令部委任为左翼前敌总指挥，于1927年1月31日被唐生智第八军教导师师长周斓诱杀于常德。此电疑非袁本人所发。

3　张宗昌与孙传芳合组安国联军总司令部并任总司令统一指挥江南作战通报

（1927年3月3日）

通　报（三月三日下午四时于北京司令部）

为通报事：顷准师部参谋处通报内开：顷奉直隶保安总司令部参谋处通报内开：顷奉义威上将军敬电开：义密。现与孙馨帅商定在江南地域以内，有联军与苏皖联军联合作战。兹为便于统一起见，组织安国军联军总司令部，总司令由孙司令传芳与本总司令担任，凡有各项传知命令，由馨帅与本总司令并列署名，俾一事权，而利军事。特此电知等因。奉此，相应通报。

贵队一体知照为荷此致

第三大队

镇威第七方面军团第二十五师百三十五旅司令部参谋处

〔北洋政府零散军事档案〕

4　李炳文关于程潜至芜湖时陈调元与叶开鑫投归北伐军致张景惠密电

（1927年3月8日）

千急。北京陆军部张总长钧鉴：桥密。（一）党军程潜全部昨日已进至芜湖，其前线距当涂十数里，此方较吃紧，我鲁军在归〔当〕涂防守，约三旅多人。（二）陈调元已受任党军卅七军长，昨日由芜湖去合肥，其部下均被所惑投党军矣。叶开鑫、哈颖庵态度亦附党。（三）沪宁线近日略安静。（四）效帅不日移驻徐州坐镇津浦线。皖北前方交褚督办指挥。顾问李文炳。庚叩。印。

〔北洋政府陆军部档案〕

5　张宗昌关于在苏南溧水溧阳与北伐军作战通电

（1927年3月22日）

万万急。北京镇威上将军安国军总司令张、巩县洛阳探投吴玉帅、扬州孙馨帅、太原阎百帅、齐齐哈尔吴督办、吉林张督办、哈尔滨张长官、郑州张军团长汉卿、韩军团长芳宸、北京国务院、各部院、各省军民长官、各总司令、各军师旅长、各法团、各报馆均鉴：顷据前敌李总参谋长藻麟马未电报称：我军自十四日开始，战斗以来，敌军自当涂、溧水、宜兴等处分道向我军猛扑，约有拾余万众，势极猖獗。我军士气百倍，昼夜均战，战斗异常激烈，继以溧水、溧阳两线，敌军骤大部援队，我军众寡悬殊，决计逐渐佯退，诱敌深入，一面加入预备军，准备敌军主力，聚而歼之。本日拂晓，由板桥镇、牛首山一带继续进攻，我于旅长世仑率精锐三团以上，向板桥方面施行侧击，复由徐总指挥源泉督所部向正面猛力进攻，敌军始犹顽强抵抗，我军奋勇冲锋，敌卒不支。至午后二时，敌已全线摇动，形势极为凌乱，即将全部溃退。我褚总司令现率步兵三旅以上，各手提机关枪队，亲往督战。我第十军杜军长凤举，亦率所部到达，立即加入作战，敌军伤亡甚重，其主力业经丧失，预计目前即可大获全胜，不难指日荡平。又我军连日作战，计前后伤亡官兵约八九百名之谱，合并附闻各等语。查前方情形极称顺利。我军加入作战部队，计有第四军之第五师，第十四军之卅五师，第一师之于旅，并手枪队、一团、第五军之卅一师、第六军廿三师之一部及入藉军之一旅，其余大部军队均在南京附近集中，尚未加入战斗。逆料敌军经此挫败，拉枯摧朽，即在指顾之间。特电希察，余容续达。张宗昌。祃申。

〔北洋政府陆军部档案〕

6　张宗昌报告在皖北明光等地与北伐军作战通电

（1927年4月3日—9日）

(1) 4月3日电

北京国务院、各部总长、各法团、各报馆钧鉴：顷杜军长凤举由明光来蚌面称：冬日午后四时，敌人陈调元、王普等部及党军三旅之众，进犯明光。经我许总司令琨之第二十七师张师长继善、五十七师张师长宗辅、及杜军长凤举所部，猛力迎击，激战至本午，敌势不支，纷纷向东南溃退。刻已追至管店，斩获甚众，现仍在督队追击中。特先电达，希即查照。张宗昌。江。印。

(2) 4月4日电

急。北京安国军总司令上将军张钧鉴：国务院、各部总长、太原阎百帅、清江浦孙馨帅、开封张军团长、韩军团长、天津褚蕴帅、济南林省长、金参谋长鉴：昨据杜军长凤举报称：在明光击溃敌人两旅之众，夺获大炮两尊，机关枪两架，毙敌千余名，业经电达在案。顷又据该军长支电开：昨日包围敌人两团，已被我军缴械，今日敌明光右翼，离明光廿余里之遥猛力反攻，又被我军奋勇击退，现正在追击中等情。除饬继续进击外，合电驰闻。张宗昌。支。印。

(3) 4月4日电

北京国务院各部总次长、太原阎百帅、清江浦孙馨帅、郑州张军团长、韩军团长、寇军团长均鉴：顷据本部铁甲车队总指挥车合夫，由明光来豪电称：连日我军士气甚锐，压迫所到，敌势不支。今日在阵地正面之小卞庄地方，复经我猛力冲击，敌军大败，望风退却。我军乘胜追袭，获得机枪等件甚多，并俘虏敌军无数。刻下我军前部已到管店附近，略事整顿，并抄乘机前进，以期尽行歼灭。又据杜军长凤举支电称：明光战事，与敌人激战两昼夜刻已解决，将敌人击退，离管店五里之遥，俘敌三百余名，击毙无算，获步枪五百余支，机关枪两架，山炮二门，军需品无算各等语。特此电达，即希查照。张宗昌。豪。印。

(4) 4月6日电

北京国务院、各部总次长、太原阎百帅、清江浦孙馨帅、郑州张军团长、韩军团长、寇军团长勋鉴：顷据本部杜军长凤举自明光来微未电称：职军连日与敌人激战，各官兵等均奋不顾身，以致战况异常激烈，刻间已夺得大红山一带要地，复经乘胜猛力进击，敌军望风溃窜，压迫所到，死亡狼籍，此路敌人已不成军。并已与第十三军刘志涛部联成一气，并力前进，期扑灭此獠，务绝根株。此役计获枪炮子弹战利品无算，俘虏甚多，并各种旗章等，详细数目容查汇报。又据驻小溪河之工兵团长郑俊声称：并获得敌人武装便衣队及女侦探数十百名等语。除饬该军及该地各部队仍迅猛进外，特电报捷。即希转饬所属，一体知照。张宗昌。鱼丑。印。

(5) 4月9日电

北京国务院、各部总次长、太原阎百帅、高邮、宝应孙联帅、郑州张军团长、韩军团长勋鉴：庚日午刻，接据凤阳第十三军刘军长志陆阳戌电称：日昨管店之敌被我十军、七军击退后，大红山之敌尚顽强抵抗。经职部陈师之彭旅绕出大红山右前方，对敌腹背施以猛烈攻击，敌势不支，即分向两路退却，一由池河、一由三界方面纷纷溃退。陈师跟踪至七里河，适谢师之陆旅，同时出至我基，复将该敌双方夹击，敌四散逃窜，陈逆调元几为我军所擒。是时谢师之倪旅已得情报，又截击于胡，再受重创，遂不成军。计被我军夺步枪千枝，机关枪九挺，辎重等件无算，毙敌数百名；我方亦伤团长两员，连排长各数十员，士兵四五百名。又该敌沿路骚扰，被人民夺械、击毙无数，陈、王两逆均向安庆方面逃窜，余敌卒皆星散。周凤岐、赖世潢两部，亦向浦口方面溃奔。除饬两部相机猛进外，特此电陈等情。据此。查敌人居心诡谲，妄举思逞，熟知我义师难抗，经受重击，不复成军，均已闻风丧胆，各顾奔逃。除令前方各军跟踪追剿，俾早肃清余孽外，特此电达。希即转饬所属，一体知照。张宗昌。佳。印。

〔北洋政府陆军部档案〕

7 江宁区要塞司令部关于各炮台配合国民军攻克南京及抗击褚玉璞反扑的经过实录呈

（1927年4月3日—5月19日）

（1）革命军克复南京

初军阀孙传芳雄据南京，自称五省联军总司令，我革命军自广州起义，长驱北上，孙率师御战于江西大败而回，收拾残部约有四师，分布于秣陵关、桃红、江宁镇一带，命褚逆玉璞驻南京扼守。已则潜往山东，勾结张宗昌，希图恢复。时本区要塞归褚掌握，司令唐孝谦，唯唯受命而已。但各炮台官兵，早与革命军先锋柳世裕、王南贵接洽反正。于是十六年四月三日，第二军鲁涤平军军长、第四十军贺耀祖军长，由秣陵关四方山进取南京，各路守兵望风而溃。各炮台均不受褚逆之命，故未开炮。惟第一台台附杨荣华被褚逆枪决，该逆知人心已去，仓皇北遁。是日国军进城，秩序如恒，欢声雷动。

（2）褚逆反攻之战役

是年四月十五日，褚逆玉璞由济南收拾残部，沿津浦路线窥取首都，齐集浦口一带，设炮于浦镇东门大厂，向我方射击数百发，其弹均落下关江边。此时宁区要塞司令姚琮，令第二、第三各台对敌猛力还击，敌始退。二十一日五时许，浦口开到敌人铁甲车一辆，架设重炮向我方射击。令第二、第三各台以炮迎击，敌即向后退。

惟江边尚有少数残兵，陆续用步枪隔江射击而已。是役，第二台二等兵陈克一名被敌弹炸伤腮部。二十二日六时许，敌人由西北乘划船，向我方袭击，令第二台以炮击之，敌划船中弹落水甚多，向后溃退。同时浦镇方向开来敌军千余，用步枪机关枪，向我射击，即令第三台以炮向该敌还击，十余发，敌势不支而退。二十六日晚十一时，小河南一带发现敌人，约有数千，构筑战壕，以图防守。经第二、第三各台以炮发射，多命中，敌奔溃。三十日五时，浦口洋油栈附近发见敌人枪声连连，烟雾漫天，渐渐逼近江边，经第二台发炮猛击，受创甚巨，始退却。五月四日晚七时许，敌方复开到铁甲车二辆向我方猛击，令第二、第三各台以炮迎击，命中敌车，就地倾倒，敌众惊溃。九日晚，浦口枪声又起，对我方射击，令第二、第三各台还击数炮，敌方枪始止；至九时许，江中发现敌之小划数十只，向我方前进，经第二、第三各台以炮射击，中弹沉没甚多，遂向北岸退却。十三日，敌于老河口芦洲内安设重炮，经我方侦悉，令第二、第三各台协同友军，并力猛击，敌始退却。十四日九时，敌又来铁甲车一辆，对射四小时，经第二台弹中敌阵地房屋，即时着火，敌车始退。十八日，敌于六号堆货栈设重炮，经第二炮击，中弹焚毁，该处房屋数座，至晚敌踪消灭。十九日上午六时，令第二、第三各台对敌发击，掩护我友军渡江，此时我军于浦口高地举火为号，各军均向前进，敌势不支，完全退却，方告结束。

〔国民政府战史编纂委员会档案〕

8　张学良等谴责外舰炮击南京呼吁南北一致对外通电

（1927年4月5日）

百万急。北京各部院、各省区军民长官、各法团、各报馆钧鉴：顷致党军各将领电一通。衔略。文曰：顷阅报载，南京军失纪，引起外舰炮击，戕杀同胞，言之泪零，闻者发指，我国今日内变，无可讳言，然终属阋墙之争，胜败得失皆一家之事。若因偏隅之扰，动天下之兵，敌国外患，何堪设想。窃维行军之有军纪，固今中外所同，实法律之制裁，亦文明之通例。当扰攘之时，行抢掠之事，虽暴徒必当制止，岂惟军队。虽妇孺不宜凌虐，岂惟侨民。此次金陵之变，致我数千无罪之同胞，受死于二百无情之炮火，乱靡有已，责将谁归，收之也难。学良、麟春曾屡电及之也。幸其言之中也。公等皆知识阶级，度越等伦，顾今兹举动，不惜牺牲内部千百万性命财产，求快意于一逞，兹非学良、麟春所能强同也。学良、麟春忧时救国之愿，未敢后人，缕缕陈词出之肺腑，切愿公等，同心觉悟，毋徇个人之利害，而忘全局之安危。整饬军纪，禁止暴行，保全社会秩序，以回天下之观听。神州赤县，固可有为，挽回劫运，岂异人任。夫一人之成败事小，异族之凭陵事大。朝鲜东学之乱，尽人道而皆亡，巴黎山僻之争，将百年而始定。殷鉴不远，固亦诸公所知。吾辈政见，即不顾友邦，究何以词天下。即不畏清议，究何时对神明。或者谓为预定之计划，其说纵近于苛，而谓为排外之表征，想亦无以自解也。学良、麟春非有厚于外人，实痛切于中，不能己耳。果诸公有救时之良策、爱国之真诚，同是国人，一致对外，千难万难，夫何敢辞。若其逞愤一时，肆雪群众，纠合佣保，挑衅强邻，师秦始之愚民，衣商君之教战，坐令民无安业，海无静波，四境烽烟，生灵涂炭。揆之中山先生民生主义，岂宜出此。公等利用血气未定之青年，训练数月，速成之行伍，无善教而图近功，其势必至横决发之也。易同异自，当轰轰烈烈正正堂堂准诸公理，则樽俎折其是非，逼于时会，或疆场决其胜负，安忍以一党一系之私，而置国家于万劫不复之地。无论后事不可知，而目前千百生命，果谁为之赔偿，而谁为之伸讨者。兹尤学良、麟春所愤慨激昂，垂涕而道者也。临电徬徨，诸希照察。等语。谨电奉闻，伏候明教。张学良、韩麟春、微。印。

〔北洋政府陆军部档案〕

9　孙传芳痛陈赣江三战败北誓随张作霖与北伐军决战电

（1927年4月19日）

孙馨帅由扬州顷复雨帅一电文曰：文电诵悉，潸然下涕，天降丧亡，生此妖孽，致令灿烂之中华民国，几倍于胜源。庚子之惨状，言念及此，痛心曷极。传芳治军二十年，同抱使全国之民安居乐业，令其自由向上发展。故凡宗旨相同，均可推诚合作。其主旨相异，则不惜以重大牺牲与之角逐。稔以赣江之役，三战三北，而此志未尝稍杀者。以党军勾结俄人鲍罗廷、加伦等，利用俄国之金钱，引诱血气未定之青年，以共产主义破坏现在之经济制度，造成无产阶级，促成无产阶级革命，以达其在俄试验失败之理想主义。闾阎受其骚扰，道义为之沦丧，此仁人志士所为痛哭者也。外侮凭陵，国势危卵，鹬蚌相持，渔人得利，彼若悔祸自新，扑灭共产党，驱逐俄国人，则同是国人，何必以相争为快。若赤党逞欲，肆志倒行，而逆施之，则传芳惟有军擐甲胄，追随我公之后，与之一决而已。谨掬悃诚，伏希鉴察。孙传芳叩。皓。

〔北洋政府军事零散档案〕

10　直隶保安总司令部参谋处关于第二军军长张敬尧在皖北抗拒北伐军战绩通报

（1927年4月21日—9月7日）

（1）镇威军第二十五师参谋处通报（4月21日）

通　报　（四月二十一日下午一时于天津二十五师参谋处发）

为通报事：顷奉直隶保安总司令部参谋处通报内开：顷奉义威上将军张（一）咸电开：查合肥方面，敌人前被击退，迭次反攻，旋又进至上窑一带与我军激战。我第二军张敬尧部、第五军王栋部，均正面与敌抵抗至五六昼夜之久。我右翼据怀远，由褚总司令玉璞督饬黄凤岐师、宫梅峰师、张克瑶师进击。寿州方面仍有我军一团，在彼坚守，徒以赵宪堂师迂回敌人后背。今晚战亦极为激烈，张军长敬尧亲临火线，竭力进功。王军长栋，复率预备队加入战线，遂将敌军击破。敌之右翼高地，完全为我占领。赵师时已绕至敌军之后，是以敌人全线紊乱，纷纷溃退，向新镇口渡河逃命，溺死者无算，且有大部分为我军包围，正在缴械中。顷复派许总司令琨明晨出发，督我军全线追击，以抑敌氛。特此电达，余容续布。(二)咸亥电开：顷据张军长敬尧、王总指挥栋删已电称：谨将连日战斗情形报告如下：(一)我对面之逆敌，确系马祥斌、陈华廷、秦庆麟、史久华等，共全力共约五旅之众。(二)职军自占领考城前方阵地后，与敌冲突数十次，互有伤亡，连日天雨，山路油滑，故未反攻。(三)昨日下午三点，敌人忽在大瓮山一带增加大部队，向职军右翼阵地猛力射击，我九十一旅因士兵激战四昼夜，极形疲敝，稍有失利，职当即亲率手枪营、手提机枪队、预备队及第五军之卫队团，竭力反攻，始将正路逆军击退。(四)职部及第五军王师等于午后十时，全线总攻击，职亲率官兵猛力反攻，激战四小时之久，始将大小山头次第占领，敌势不支，纷向上窑溃退，已不成军。(五)现我军已完全克复上窑，正在乘胜渡河追击中。(六)据赵师长宪堂报告，敝师于本日下午一时在姜家圩与敌接触，正在猛烈攻击中。(七)我班旅因右翼薄弱，用守势待机，以协攻敌之侧背。(八)此次击破逆党，仰信总座德威，及王师长宝庆、赵师长宪堂出力尤多。(九)此役计毙敌约数百余人，俘虏官兵若干名，所获战力枪械无算，以俟调查清楚，再行奉报。(十)请转电各路总指挥总司令一体知照为祷。等语。特此电达，余容续布，各等因。奉此。相应通知贵师转饬所属，一体知照。此致
第三大队

镇威第七方面军团第二十五师参谋处

(2) 镇威军第二十五师参谋处通知（4月22日）

通　知（四月廿二日下午四时发于天津二十五师参谋处）

顷奉保安总司令部参谋处通知内开：顷奉义威上将军巧电开：顷据本部第二军张军长敬尧、班副军长茂波、第五军王军长栋、王师长宝庆、第三军黄师长凤岐、何师长长保、第六十五师谢团长民富、第七军赵师长宪堂、宫师长梅峰等报称：我军自占领上窑一带要地后，各将士均奋不顾身，与敌激战数昼夜，我军士气百倍，敌维顽强抵抗，终不能支。我军节节进逼，遂于本日将寿州完全克复，乘胜追击，敌势溃乱，不复成军，均纷纷向六安、霍山方面溃逃。计俘虏击毙各数千人，夺获枪炮、子弹、辎重等物不计其数。现正督饬部伍，乘机进击，期将江北之敌一鼓荡平。此次我军中最可佳者为王翰鸣部之宋旅长永安，溯自寿州失援，中经浃旬，至该旅长率数百人，困守孤城，屹然不动。敌军百计围攻，均能设法抵御，卒至应援军到，还我寿城，实属艰苦卓绝，难能可贵等语。特此电达，余容续布等因。又奉总司令交下：义威上将军浩电开：根据敌军高桂滋部窥伺豫东，经我第六十六师军部在鹿邑迎头痛击，业将击溃。正向追击等情。寿州既经克复，即希酌留相当兵力协同六十六师及十八军等部，务将豫东逆军解决，然后再行追击。刻下豫东逆军窥伺详情，并望随时查探明确，详晰禀报为要。等因。奉此。相应通知，即希将以上各情形，饬属知照为荷。此致

第三大队

镇威第七方面军团第二十五师参谋处

(3) 镇威军北京司令部通报(4月22日)

通报(四月廿二日上午十一时于北京司令部发)

为通报事：顷准师参谋处通报内开：顷奉直隶保安总司令部参谋处通报内开：顷准第六军徐军长元电开：总座文晨赴蚌，前方正面，我军在明光与敌谭延闿部并陈、王两逆所部激战一日夜，敌已不支，向南溃退，我军乘胜追击，滁州、乌衣同时克复，昨晓可进至浦口。是役毙敌官兵三千余人，获枪二千余支，炮数门，机枪数十

架，军用品甚夥，我部亦不日前进，扫清江北余孽再为南指，知关远念，特禀奉闻等因。相应通报，贵队饬属一体知照。为荷。此致

第三大队

〔北洋政府军事零散档案〕

11 镇威军司令部关于孙传芳攻占苏北扬州泰兴与瓜州等地通知

（1927年4月22日—24日）

（1） 4月22日通知

通　知（第100号四月二十二日正午于北京司令部发）

为通知事：顷准师参谋处通知内开：顷奉直隶保安总司令部参谋处通知内开：顷准孙馨帅（一）庚未电开：顷据郑总司令阳巳电称：鱼日率部进攻泰州，激战一昼夜，敌向三江营、霍家桥方面溃退，毙敌三百余名，俘虏二百余名，于阳丑完全克复泰州，刻正跟踪追击中。又据宋师长福田虞未电称：督率五十七、九两团，于虞晨拂晓向泰兴县城猛力攻击，激战五小时之久，敌势不支，纷纷向马佴、天星桥方面溃退。于午刻完全占领泰兴县，是役计获步枪二百余支，毙敌二百余名，俘虏百余名，一部向靖江方面逃窜，现正饬队分途进击中各等语。余分饬跟踪极力穷追外。特闻。（二）佳辰电开：顷据第六旅吴旅长观乐齐未电称：职旅于七日夜二时相继占领夏庄、陈家沟后，是晚即在陆庄、包庄一带构筑工事，原地抵抗。次日（八日）拂晓即向樊家桥、许家庄之敌猛烈攻击，该敌顽强抵抗，经我旅官兵奋勇直前，激战二小时，敌势不支，且战且退，当即率队追击，于本日上午九时卅分追至扬州，敌闭城坚守，复经炮火猛击，敌即向后逃窜，除敌之大部被缴械外，余向瓜州溃退。计此役毙敌官兵四百余名，俘虏二百余名，并获敌十三军营旗一面，连旗二面，枪械子弹甚夥，现在调查中。职旅亦有伤亡。谨闻。又据第三旅段旅长承泽齐电称：职率第五团以炮火掩护渡河，并派一部由严宸桥渡

河绕攻敌之右背，于午后一时将万福之敌击溃，遂即全部渡河，跟踪向扬州追击。下午二时卅分，五二营薛营长在扬州汽车站截俘敌兵四百余名，获步枪三百余支，机枪一架，同时并与第六旅确实联络，〔令〕五二营向霍家桥进击，五三营向施家桥追击。除呈报崔指挥官外，谨电奉闻各等语。谨闻各等因。相应通知贵师即祈转饬所属，一体知照为荷。此致

第三大队

镇威第七方面军团第二十五师第百三十五旅司令部参谋处

(2) 4月24日通知

通　知（第102号四月廿四日午后二时于北京司令部发）

为通知事：顷准师部参谋处通知内开：顷奉直隶保安总司令部参谋处通知内开：顷奉总座交下案准义威上将军庚电开：接孙联帅歌酉电开：顷据段旅长报称：本日拂晓，率所部对扬州仙女庙之敌猛烈攻击，协同吴旅于薄暮完全克复扬州，获枪二千余支，俘虏五六百名，击毙千余名等情。除饬跟踪追击外，特电奉闻。等因。又据张师长克瑶报称：风拜河街之敌约六百余人，已被职部二十三团暨炮兵营击溃，向姚家湾骑山集一带溃退。刻正向寿州前进。又北芦桥之敌约千余人，经职师二十六团击溃，该团随即占领北芦桥等情。特此电达，希即转饬所属，一体知照等因。又奉盐电开：接孙联帅元电开：据温团长报称：该部已抵天长，第二营已向来安前进矣。又据崔指挥桂报称：十六旅之一团文晚可抵六合，转向浦口前进。其余各部，文早已由仪征出发矣。请饬贵部互相连络，勿生误会等因。合行电达，希即转饬所属一体知照为要。等因。奉此。相应通知，希即饬属一体知照为荷。此致

第三大队

镇威第七方面军团第二十五师参谋处启

(3) 4月24日通电

通　知（第105号四月二十四日午后二时于北京司令部发）

为通知事：顷准师部参谋处通知内开：顷奉直隶保安总司令部参谋处通知内开：顷奉义威上将军佳电开：顷据孙联帅佳电开：我军自攻下扬州后，曹万顺、赖世璜、何应钦等迭以大部增援。顷据西路总指挥崔锦桂报告，已于佳日完全占领瓜州、十二圩。是役俘虏敌人官兵五千余名，步枪四千余支，炮十一尊，机关枪卅六架。施家桥一带尚有残敌二千余名，现正在围缴中等语。查敌人北犯蓄志已久，经此次痛击，其精锐损失殆尽。各路亦不难迎刃而解，特此电闻。等因。特此电达，希即转饬所属知照。又蒸电开：顷接部伯孙联帅蒸辰电开：顷据南通李师长宝璋佳电称：据上海确报，因我进攻激烈，敌势不支，南京、上海极为恐慌。阳庚两日，连夜将刘孟两师运宁增援，势甚张惶，一夕数警。现上海只有周凤岐部，浙军防守兵力不足两团。并闻明光一带，敌确受创甚重等语，转达到部，特此电达，即希转饰所属，一体知照。又寒电开：顷据王军长栋电话称：今晚战况极为激烈，张军长敬尧竭力抵御，栋复率卫队团加入战斗，遂将敌军击破，敌之右翼高地完全为我占领。敌之左翼，更不成问题。赵师长宪堂所部向敌人后部抄击，现已彼此联络，敌人纷纷溃退，渡河逃命，溺死者无算。我军正在追击中等语。除饬段副军长鸿祥等猛力追击外，希即知照。各等因。奉此。相应通报贵师所属一体知照为荷。等因。奉此。相应通知贵队饬属一体知照为荷。此致

第三大队

镇威第七方面军团第二十五师第百三十五旅司令部参谋处

〔北洋政府军事零散档案〕

12 直鲁联军司令部转发张学良攻占临颍与前敌总司令部会师反攻浦口通知

（1927年4月26日）

通　知　（第107号四月廿六日上午十二时于北京司令部发）

总司令部参谋处通报内开如左：

（一）顷准镇威第三、四方面军团张、韩两军长筱电开：我军当面之敌，自真日以来反攻许昌，甚为激烈。寒辰经我军小本出去，敌受重创，其势不支，狼狈奔逃。除师长刘培绪，马德风已被擒获，押解来郑外，并毙其旅长，团长以下军官甚多。获其械弹军需品无算。我军已于今午占领临颍，敌向郾城，漯河溃窜。刻正跟踪追击中。特闻。

（二）又准直鲁联军前敌总司令部行辕参谋处巧电开：此次会师反攻，夺回浦口，已于十号通车，俘获敌军五千余人，并大炮十余尊，机关枪十余架，各种枪五千余支。其他马品及辎重夺获无算。敌人纷纷溃退，落江者不可胜数。孙联帅占领江北，拟即进窥江浙。我军刻由定远、洛河、怀远、蒙城、许昌各路攻取寿州，则皖北肃清即在指顾之间。帅座拟于筱日由怀远回徐，现抵枣庄，召集鲁南路驻军，拟将山东一带土匪克日肃清，俾固后方，再会师大举南下，以贯彻讨赤之本旨。知注特闻，相应通知，希饬属一体知照。为荷。此致

第三大队

镇威第七方面军团第二十五师第三十五旅司令部参谋处

〔北洋政府零散军事档案〕

13　张宗昌为战败的直鲁联军将士打气通告书

（1927年6月）

通告直鲁联军将士

众位兄弟们！如今又到“无决心则死，有决心则生”的时候了。

决心为何？就是拿定主意，向前打仗。打仗便有死生，为甚么必要犯这死生呢？因为无犯这死生的决心就要死。有犯这死生的决心必定可生。欲为何无这决心就要死呢？兄弟们！可要明白，这回打仗与从前直奉直皖战争不同，那直奉直皖的战争战过之后，政治、风俗、伦常、生计无不变动，败了的不过扔下枪回家去，不失作个百姓。这回可就大不相同了，只为这回敌人动兵的宗旨，战胜之后必要有一番不合咱中国历来人情的大改造。若是容他办去，简直便说咱一国民军民人等，一切身家性命产业，全要拿在他一党人手里，由他支配处置。咱们的性命产业，自家全失了主持之权，他们却有好听的说法，无非是拿"济贫均富大公无私"作门面话，然而大家想一想，他那一党成千百万，岂能全是圣人，倘若不到圣人身分，用一群政客、连上各城镇村坊乱杂团体，来处置一国的军民人等，权在手、钱在眼，那是一定要假公济私的了。全国人民自然供他们鱼肉。咱们反抗他的军人，一定更要比人民处置加虐加重，更是不待言的了。兄弟们想想，咱若是打败，还有退身留命的地方么？前者还有租界躲避，这番若是他们一统了，南北租界必然者全无，万一若有，也不能留政治人犯，大家能在何处退？既是打败了，身无处退，命无处留，何若把这身命拚出，求个可进可退、可续可留的生路呢。这不过浅浅简便的说，若说到他们这个宗旨，毁纲常、坏法纪、纵私党、灭人权，那些话多哩，现在也无功夫细说。若不是有这大关系，咱为何放着安生日子不过，起来讨赤生事呢？现时他们分左右派，右派声明，不是赤化共产，他是为种种内幕声明，不是本心，是不用说了。就是不共产、不赤化，他那三民五权主意，与赤化共产也是一样，用一党人，主持全国各地方，支配人民财物、毁廉耻、坏名教。我已查明他的办法，也差不多。大家不要为他左右派名目所惑，是最要紧的。如今已经闹到与他们不能并存的地步了。就是失败到底，咱们做回军人，为全国人民生命财产争战失败，为四千年纲常名教争战失败，也是民国以来第一的有价值战争，失败也是荣耀的了。

况说有这死生的决心，必定可生的道理，更是拿得稳，靠得住的。若说一时现况，咱们是战败退却，他们敌人是步步顺利，那必定可生的道理在那里呢？众位兄弟可要想想，咱打仗不是一回两回了，就说今年的比例；界首战争，沧州战争，那不是先败后胜的吗？况且民国七年黄土岭败后，我还能拿一千多败残之兵，在洙州打溃敌人数万，屡胜之众呢？就是界首取胜，也不过四万多人，打他十一万人，而且外无救援，四面皆敌，弟兄们都是身同甘苦，经过见过的，那时拿的稳、靠的住。如今尚有一二十万人，河北相助尚有奉军鲁东相助尚有苏军，比从前强的多了。难道说还拿不稳、靠不住不成么？这都是咱们自家过去的事实。实在的比较，大家都想得起、看得见的，岂是说大话、仗胆子么？这是生死的决心，必可生的道理，还虚空么？总而言之，从前退却，是还有路退却，退却还可求生，如今可有进的路无退的路了。拚死便可死里求生，退却就是求生寻死。何况拚死是好汉，退却是懦种，为甚么拿着个轰轰烈烈的军人退却寻死作懦种，不拚死求生作好汉呢？说到这里，也就说到家了。众位弟兄，与他们打仗，也不是一回了，难道说他们是铁铸的人不成？振起精神干罢，这是大战斗胜败的结局，不在一时进退，也不在一战胜败，那变化多哩，只要气不懦、心不散，长途胜利必落到咱手里。那就要立民国以来，无比的功劳了。

总司令　张宗昌

中华民国十六年六月　　日

〔北洋政府军事零散档案〕

14　北洋政府军事部参谋署关于许琨刘志陆等攻克临城巨野通报

（1927年7月7日）

通　报　（七月七日于北京军事部参谋署）

军事最高机关昨接鲁张鱼(6)电报称：接据许总司令琨、徐军长源泉、王军长栋歌(5)酉电称：本日督队向临城进击，午后二时将临黄沟泉、拿家庄之敌军三团击溃，纷纷向韩庄方面窜逃；午后四时将临城完全克复。我右面顾、林两旅，今日辰由笈孛前进，亦将敌人击退，跟踪追至夏镇，正在围攻之中。徐军长已到临城，我军既克临城，徐州之敌已甚摇动。又接张效帅歌(5)电称：据刘军长志陆支(4)电称：我军克复巨野后，即分道进攻，连日激战，已将占据扬庄、马庄、刘家桥、九子江，卢家桥等地之敌次第击退，驱过全乡，先后俘虏敌方官兵数千名，大炮十九，机枪、水机枪、手提机枪共三十九挺，步枪四五千。故敌方受此巨创，其气已馁。又敌方马祥斌部千余人，悉被我谢师缴械，马祥斌踪迹不明。除饬乘胜进攻外，谨闻。

〔北洋政府军事部档案〕

15　褚玉璞关于张作霖统一整编各军为七个方面军团及其就任第七方面军团长通电

（1927年7月13日）

北京国务院、各部院、济南张副司令、北京张军团长、韩军团长、济南孙军团长、齐齐哈尔吴军团长、吉林张军团长、承德汤都统、张家口高都统均鉴：顷奉大元帅鱼电开：兹为统一军制，应将作战军、各部队概行编为方面军团，统归本大元帅直辖。军团以下为由各军团长统率之。所有安国军、镇威军、直鲁联军、五省联军、东北军各名称，钧着一律取消，以一系统号。特任孙传芳为陆军第一方面军团长、张宗昌为陆军第二方面军团长、张学良为陆军第三方面军团长、韩麟春为陆军第四方面军团长、张作相为陆军第五方面军团长、吴俊陞为陆军第六方面军团长、褚玉璞为陆军第七方面军团长，特任状关防，另行颁发。各团所辖各军，迅行具报，统候另编令布。除令院部查照外，特电遵照。等因。奉此。玉璞遵于阳日在济南行署先行就职，除电呈并分别呈报及令行外，相应电达。敬希察照。褚玉璞。元。印。

〔北洋政府军事部档案〕

16 褚玉璞报告郑俊彦溃入鲁境及彭德铨放弃郯城代电

(1927年7月16日)

代 电

天津督署张参谋长、军团张参谋长、袁副军长、大名孙军长、马厂张师长、沧州骑兵张司令、胡旅长、张团长、顺德谢副军长、济宁刘军长、大名骑兵张军长、嘉祥骑兵吴集团长、济宁史戒严司令、王团长、巨野杜军长、卞师长、单县十八军王军长、潘军长、大名冠县探投赵旅长、于旅长、炮兵邹团长、郝团长、德州褚团长、刘团长、禹城骑兵吴团长、喻团长、申队长、王队长均鉴：顷奉义威上将军文午电开：据郑总司令俊彦由涛雒镇来蒸电称：职率所部掩护大军撤退后，于庚日午后六时到达新浦，遇敌数千，血战两昼夜，因背河临海，受敌围攻，损失极巨。于本日抵安卫，拟即日经过日照，进驻鲁境，恳乞钧座电知沿途军队，以免误会为叩。密本遗失，改寄明码等语。当已覆准，该部暂行进驻日照，休息整顿，所需给养，即仰祝课长迅为筹拨，以维箪食，并仰褚总司令等迅速通知沿途经过各驻军，一体知照等语。去后，复据彭副司令德铨自郯城蒸电路镖〔谓〕：前方战况失利，拟今夜向沂州撤退，集中整顿，继图反攻等语。查郯城防务至关重要，岂可轻易放弃，经已飞饬方师长永昌迅派混成一团前往接填，以免敌人乘虚北犯。并已通报孙总司令查照矣。特电知照等因。希即饬属一体知照。褚玉璞。铣。印。

镇威第七方面军军团长关防

〔北洋政府军事零散档案〕

17 周君南截获关于张宗昌与孙传芳合谋镇压陈以燊起义等情电

（1927年7月16日）

限即刻到。南京。中央党部、国民政府、总司令蒋、总政治训练部主任吴、副主任陈、刘钧鉴：我军即日夺回韩庄，真日恢复峄县、枣庄防地。经于文日电呈在案，谅邀鉴察。此次追击敌至周家营、沙沟等地时，搜获逆军密电多通，内有关于孙军陈以燊部，据胶独立两电，于战局前途影响颇巨。特录电呈，藉备参阅。其一系张逆致各伪总副司令、军长、师团长等，文曰：特急。天津褚总司令、许总司令、王军长栋、徐副司令源泉、刘军长志陆、杜军长凤举、潘军长鸿均、史旅长晟思、吴集团长彭卿均鉴：兴密。关于孙军周荫人部陈以燊盘据胶州，背叛一节，经与孙馨远切实磋商，现在规定大张挞伐：由馨远派遣两师一旅，听郑俊彦指挥之。由昌派出步兵两旅，附炮队、铁甲车、骑兵一旅，听总参谋长藻麟指挥之。正在运输中，准备集中潍县出击，协同扫清胶州，高密一面已经增加兵力，以厚声势。并已饬驻青祝师，由城阳向西夹击，使敌首尾不能相顾。查陈逆所部，数仅万余，又均残疲老弱，战斗力极为薄弱，以给养弹械均属缺乏，一经接触，谅不日即可肃清也。特此电闻，仍望饬知各部，协力进攻，勿生顾虑为要。张宗昌。歌。印。等语。其一系牛逆麟致王逆华者，探投三十二号机车，速呈第三路总指挥王参谋长华均鉴：新橘密。微电报告，周荫人部陈以燊主力在胶州独立，谅早鉴察矣。（一）该路已经修竣，票车通至潍县。（二）张、孙二帅着郑俊彦率师前引，先以和平办法调停，否则武力解决。（三）郑俊彦六日午率俄兵三师，铁甲七列，及孙军十四师、第四师、鲁军炮兵四旅、卫队旅等，均陆续东开。（四）褚督六日午后奉电召来济，系协商陈问题，谅日内即可解决也。（五）现装妥柴草五车及各种物品，即应送前，谨奉禀。职牛麟叩。虞。等语。由上二电观之，敌军内部自起变化，张、孙二逆，既已穷于应付，兼以此次大败，士气沮丧。党军北进，日逼未已，前后夹击，势成穷蹙，山东残寇，当可传檄而定张、孙授首期，当不远矣。谨此电呈，伏乞均鉴。四十军三师[1]政治训练处主任周君南叩。铣。印。

〔国民政府档案〕

18 镇威军司令部关于张宗昌总结失败教训及今后注意事项通知

(1927年7月16日—21日)

(1) 7月16日通电

通　知 (第218号七月十六日午十二时于北京司令部发)

为通知事：顷准师部参谋处通知内开：顷奉安国军直鲁联军副司令部参字第三七号令开：顷奉义威上将军第一八六五号训令内开：为令行事：此次战役，我军挫折原因固甚复杂，而其主要则在各自为谋，不能互相联络协助，被敌各个击破，有失全般计划。夫共同作战，所授之任务虽各有不同，而歼敌致胜之目的，则一能实行本部队之任务者固属可贵，而能协助友军所不能行之任务，俾一部之胜利成为全体之胜利者，尤为可贵也。譬如人之一身，主官者犹头脑也，各部队犹五官四肢百骸也。设有人欲戕其身之一部，吾知其必尽其五官四肢百骸之性能协助防卫，明乎此，则知必须互助之真精神矣。嗣后，各将士应以全般之胜负为胜负，设因援助友军而失本部队之任务者，虽失不罚；倘坐视友军困厄而不救援者，虽胜不赏。且胜者负之基，负在胜之母。古今中外战争之胜负，则在最后之决战，不可因一时挫折便阻丧其志气，务须戮力同心，互相协助，万不可再踏前辙，各存私见，展转推诿，影响全局。不但各部队如此，即步骑炮工各兵种，亦须各尽其特种之性能，共谋全体之胜利。兹特

---

[1] 国民革命军第四十军军长为贺耀祖，第三师师长毛炳文。

规定十条印发各连，仰各带兵官对于士兵详为解释，切实遵行为要。此令。等因。奉此。合亟附发原令注意事项十条，仰即转饬所属，各带兵官对于士兵详加解释，切实遵行为要。此令。等因。奉此。相助补发通知，希即饬属遵照为要。等因。准此。相应通知贵团，希即饬属一体知照为荷。此致

补充团

镇威军第七方面军团第二十五师第百三十五旅

司令部参谋处

附防战时各部队协助应行注意之事项如左：

一、防战时甲部队胜利前进，其比邻乙丙部队应一同前进，协力歼敌，或不幸陷于围困，乙丙部队应尽力驰救，若同时受敌压迫，则并力抗拒，坚守待援。

二、倘因驰救友军，致失本部应有之任务者，不加罪。

三、主官阵亡，应由次级资深者权且代行职务，不得推无主官放弃职守。

四、主官阵亡，而所属全部生存，未达任务者一律治罪，其全军覆没，而主官一人幸存者亦同。

五、共同防守一区域，设敌由甲部侵入，而比邻乙丙部，亦同负其咎。

六、有令共同攻击某方之敌时，应始终互助，必达到任务之目的，不能以一部畏缩而中止。

七、共同防线，各部应确实互相联络，及明瞭彼此兵力任务，甲部队遇有敌情，应随时通报比邻乙丙部队。

八、步炮兵共同作战时，炮兵应尽其性能任务，协助步兵攻防。而步兵应实行掩护，倘失利时，炮位遗失，步兵长官与炮兵长官同罪。

九、防战间奇袭敌情，搜索两翼，警戒及破坏架设通信联络诸事皆甚需要。骑工兵亦应各尽其性，能协助他兵种，以收战胜效

果。

十、以上各条，自颁布日实行。

总司令　张宗昌

(2) 7月21日通电

通　知(第223号七月廿一日午后四时于北京司令部发)

为通知事：顷准师新参谋处通知内开：顷奉直鲁联军副司令部通令内开：顷奉义威上将军张感电内开：我直鲁联军以数十万众，誓师讨赤，秉安国之正义，应同德而抱坚，讵各部队与敌甫经接触，类皆警讯频来，旋后遂意放弃。详查来敌，大部有限。似此自动溃败，纯由将不用命，士无斗志，良深遗憾。兹我军退结鲁边，实已濒于止境，等狂澜于既倒，正一发之千钧戮力坚持，宁可再容其操纵，乃各该将领，不但不知痛矫前非，且仍自相畏缩，未解征袍，即思肥遁，试一自问，安乎不安。弟念直鲁两省，类为我各部官兵桑梓之邦，亦即田庐邱墓所在之地。其非籍隶直鲁者，亦皆与本总司令袍泽多年，患难与共，论公论私，利害俱切。但在忽于图振，瞻念来日，将用何依。所望我将领设身处地协力同心，懔国家之飘摇，为最后之奋斗。彼敌间关远出至此，要如困兽，斩程披荆，果无返顾，敌虽顽抗，定不遂乘隙而击破之，莫懋来功，除分行外，特此电达，仰即遵照努力前驱，毋再轻忽为要。

一、又奉勘电内开：顷据方师长永昌感电称：今夜战况愈佳，敌人锐气大有挫折，我军乘机猛进，大有一鼓歼灭之势等语。特此电达，希即转饬所属，一体知照。

二、以上等因奉此，仰即饬属，一体知照为要。等因。奉此。相应通知希即转饬所属，一体知照为荷。等因。准此。相应通知贵团，希即饬属一体知照为荷。此致

补充团

镇威军第七方面军团第二十五师百三十五旅司令部参谋处

(3) 7月21日通知

通　知　(第224号七月廿一日午后四时于北京司令部发)

为通知事：顷准师部参谋处通知内开：顷奉安国军直鲁联军副司令部参字第三八号令开：顷奉义威上将军宥电开：查用兵之道，先须有必死之心，而后有必胜之事，我讨赤军之在今日已属有进无退之时。若不抱定宗旨拚一死战，不但国家大局陷于危亡，即我同袍亦决无幸存之理。前者苏皖撤兵，犹曰在他人地域之内，今则尺地寸土，莫非我鲁之封疆，饷源所关，即全军命脉所在，倘再日蹙百里，试问何以为生。况以鲁省财力养现有之兵，饷绌兵多，不敷支应，倘非向外发展，财政金融，均将枯涸。此次大元帅毅然出任艰巨，有沉舟破釜最后之决心。本总司令以大元帅之心为心，亦深盼各将士以本总司令之心为心。如果有宗旨不同，不以讨赤为然者，不妨自行请假，人各有志，本总司令亦决不相强。否则，存亡与共，性命相依，即应一致反攻，并力杀贼。有前一尺，无退一寸，战胜有功，自受上赏。倘仍畏缩不前，借口保存实力，见敌轻退，或遇少数敌军，并不竭力支持，但知张大其辞，慌报求援，以为逃避，卸过地步，本总司令应按其情节，轻则撤惩降调，重则军前正法，以肃军纪，而儆方来。懔遵切切。等因。奉此。除分令外，合亟令仰该师饬属，一体遵照。忽违。切切此令。等因。奉此。相应通知。希即转饬所属，一体遵照为要。等因。准此，相应通知贵团。希即饬属，一体知照为荷。此致

补充团

镇威军第七方面军团第二十五师百三十五旅司令部参谋处

〔北洋政府军事零散档案〕

19　镇威军司令部关于师长方永昌在沂州抗拒北伐军白崇禧等部进攻的通知

（1927年7月27日）

通　知（第230号七月廿七日午后三时于北京司令部发）

为通知事：顷准师参谋处通知内开：顷奉直隶保安总司令参字第8×0号训令开：案奉义威上将军文电开：第四师方师长永昌固守沂州，旬日间电线中断，消息不通，曾派飞机传达命令，侦查敌情，仍令始终坚守待援，一面分派李、王两旅，进出临朐、沂水、及新泰、蒙阴两路，兼程驰援。顷据方师长专派副官张魁荣，于昨到济报告战况，系于真日由沂绕道而来，详查方师长报告，沂州方面，敌人系第一军白崇禧之一、三两师，师长为邓心泉、顾祝同，又第四十四军叶开鑫全部，第六军师长杨东之部，及陈调元之一部，号称数万，进攻甚猛，更利用江北等处土匪，四处扰乱，杀掠甚惨。志在心得沂州，进窥胶东线。方师长督率所部尽力奋斗，先将敌人白部邓、顾两师，于上月有日完全击溃，杀伤过半。叶开鑫、陈调元等部继续增援，更番攻击，层层围困，该师长亲率所部决以死守，更挑拔奋勇队，每日早晚相机开城出击，子弹告匮，乃以白刃冲锋，短兵相接。当时白崇禧在沂州城南廿里之唐崖，叶开鑫在十里铺，杨杰在城西韦屯，陈调元在郯城码头附近，共同督战，并屡次派员持函到沂，威胁利诱，百般劝降。经该师长严词拒绝，誓决胜负。靡日必战，靡战必烈。双方伤亡甚众，方部旅团营长皆身先士卒，伤亡达数十人以上。至本月蒸日夜间，复经方师长率部出击，士卒振奋，以一当十，突破敌人阵地，敌势不支，始分两路溃窜，一路经傅庄庄头向码头镇溃退，一路经大李庄向郯城溃退，为状至为狼狈。我军援军未到，即经方部奋斗，结果已解沂州之困。方部以子弹缺乏，正在请求补充，乘势进击。除已充分补充，星夜运往，并饬其极力进展，务歼余孽外，特此电达，希转饬属知照。等因。奉此。除分行外，

合亟令仰转饬所属，一体知照。切切此令。等因。奉此。相应通知贵团。希饬属知照为荷。此致

补充团

镇威军第七方面军第二十五师百三十五旅司令部参谋处

〔北洋政府军事零散档案〕

20 直鲁联军第三路总司令刘志陆反攻荷泽定陶等地有关令电

(1927年8月2日—24日)

(1) 刘志陆命令(8月2日)

命令(八月二日午前九时于济宁总司令部)

一、侵扰我鲁西边界之敌，现在荷泽、定陶一带停止。我中左两路友军现在会合徐州，沿津浦线向南进取中。

二、本路以肃清鲁境之目的，决攻击荷泽、定陶之敌。

三、军队区分及各部队之任务，如别纸所示。

四、各部与总部之连络，在未架设电话前，可使用汽车传骑或雇用诚实土人专送。但各部队须派遣联络副官二员来部，以便联络确实。

五、济宁设立兵站医院，其战地裹伤所，由各部自行设备。

六、各部给养于出发时，应自行携足七日粮食，并筹备以后接济。

七、予随左翼队前进，但围攻荷泽时，另有指定。

右令

一三五旅补充团五团长

传达法　笔记传达

安国军直鲁联军第三路总司令刘志陆

军队区分

一、防守部队

甲、单县防守队

1．部队　一九五旅之乔团。

2．任务　主防守单县，对陇海路线方向警戒，使本路在攻击荷泽、定陶期内，左侧得十分安全，如情况有特别变化时，该团应固守单县候命。

乙、济宁防守队

1．队长　史戒严司令。

2．部队　一九五旅缺乔团，一三五旅之补充团。

3．任务　主维持济宁秩序，警戒本路后方，对于联络运输诸事宜，必要时应由该队维持处理之。

二、荷泽攻击部队

甲、中央队

1．正指挥官吴骑兵集团长禩卿，副指挥官金旅长尊华。

2．部队　骑兵集团，一百六十二旅，杜旅炮兵。

3．任务　见攻击计划表。

乙、右翼队

1．部队　十七旅。

2．任务　见攻击计划表。

丙、左翼队

1．部队　十三军。

2．任务　见攻击计划表。

三、定陶攻击部队

1．部队　二十四军。

2．任务　有占领定陶之任务，使我攻击荷泽之部队容易进展。但八月四日须由单县进至成武。八月五日进至折桂集附近，八月六日实行围攻定陶，并占领之。

〔北洋政府军事零散档案〕

(2) 军事部参谋署通报(8月11日)

通报((常)第二十四号八月十一日于北京军事部参谋署)

甲、我军津浦方面:据第一、二方面军团长及调查员陆世恩电:

一、围攻济宁之敌约四千名,被二、七方面军、俄兵及郭振荣、刘振邦、史晟恩等旅于佳日上午四时击退,敌死亡及捕获甚多,济宁附近已告肃清。

二、攻徐西路之敌已向砀山退却,我二、七方面军已过黄口、至下楼一带。

三、东路之敌,经我二、七方面军李旅、党旅,于支日在新安东站击溃,击毙、夺获无算,现在乘胜攻窑湾镇。

四、虞日早,我第一方面军李耀先旅之第八团,在固镇左翼七里沟与敌激战,敌向固镇退却,该旅跟踪猛进,遂将固镇完全占领。是役计俘虏敌人千余名,枪数百支,给养车二十余辆,内米面十余辆,炮弹两辆,五七山炮一门

五、我第一方面军李耀先旅之第七团,于虞日由左翼绕道袭击敌侧背,遇由灵壁退来敌之第三十三军,我军迎头痛击,敌向东北溃退,现正在尾追中。计毙敌无算外,获敌火车三十余辆,俘虏五百余名,枪三百余支。

六、在固镇对抗我军之敌,系四十四及三十三等军,被我军击退后甚形狼狈,现正在追击中。

七、我第一方面军,佳日已迫近蚌埠,当夜即已占领。

八、退聚八义集敌之第六、第十四、第三十七、第四各军,经我第二、七方面军段旅长林祥,协同第一方面军团部队猛烈攻后,向灵壁、宿县等处溃退,八义集完全为段旅占领,现正在尾追中。

九、徐西陇海线之敌约一师,占领海寨、日庄、全寨、之线,徐大庄、徐楼、小刘庄一带,有敌一部,经我一、二方面军团联合攻击,以第七方面军之第七旅张逊廷部为右纵队,以第二旅赵纶勋部为中央纵队,以第一旅马龙竣部为左纵队,分头猛攻,齐午敌溃退西

窜，我军已进杨楼、何家寨之线。

〔北洋政府军事部档案〕

(3) 军事部参谋署通报(8月19日)

通报((常)第三十三号八月十九日)

甲、我军津浦方面：

一、据本署驻徐探员筱电称：

1. 大名之围已解，南乐、清丰两县，现已被我孙魁元部占领，敌向濮阳、东明退却。

2. 第二方面军第三路司令刘志陆，由济宁派郭旅、丁旅攻荷泽东门，另派骑兵集团、郭旅、迂回攻荷泽南门，曹西指日即可肃清。

3. 第一方面孙军团长到蚌后，沪商会会长虞洽卿特派代表谒见，请孙军团长过江。

二、据路透电，周凤歧部现已占领上海，我第一方面军再向南进展，则周军即可投诚。

三、据路透电，白宝山已充我第一方面军先锋队，本(十七)日占领扬州。

(4) 军事处参谋署通报(8月24日)

通报((常)第四十号八月廿四日于北京军事部参谋署)

一、据本署驻徐探员梗(二十三日)电：

1. 刘志陆部自哿(二十日)占领荷泽后，连续将定陶、曹县完全克复。敌梁寿恺、郑大章部均逃入豫境。现鲁境曹西一带已告肃清。

2. 我第十三军刘志陆军长，拟由东明、考城直袭开封，敌鹿钟麟部不久当即抛弃归德。

……

〔北洋政府军事部档案〕

21　京畿宪兵司令王琦关于徐源泉等部在徐州击溃北伐军情形给军事部呈

（1927年8月4日—8日）

（1）8月4日呈

敬陈者：顷据徐州探员江电报称：各路战事情形，开列于后：（一）东路之敌，占据佟家山、大张庄、黄山圩之线顽强抵抗，经我军上官师、梁师、崔师等部猛力痛击，激战一昼夜，敌始不支，纷向八义集、三汊河方面溃退，当被我军绕至敌之后路痛击，杀敌甚众，缴械甚多，当将三汊河占领。（二）南路之敌，于昨晨沿津浦路线分向徐州来攻。徐军长所部占据前二堡，至驴尾山之线迎头痛击，激战终日，以敌顽强抵抗，无甚发展。今午以我左翼有隙可乘，敌之一部，窜入我左后方之十赓堡附近，适我军第八师张旅到徐，即派赴骆驼山应击。经各官兵猛冲迎击，始将敌击退，刻正在追击中。（三）西路以沿陇海路线，故防军稍薄，致敌之十军三十师，于今午绕至徐州附近，适我军第十三旅二十七旅开至徐州，即令迎头痛击，于今日申刻完全将该敌解决等语。理合呈报钧鉴。谨呈

次长杨

京畿宪兵司令　王琦　八月四日

（2）8月4日呈

敬陈者：顷接林省长江亥电开：我军徐军长源泉，本日率部向津浦线正面猛烈进攻，当将曹村完全占领，刻尚在乘胜追击中。孙馨帅所部在陇海东段，距徐州九十华里地方，将陈调元部击退，亦在追击中。陇海西路，刻无战事等因。理合呈报钧鉴。谨呈

次长杨

京畿宪兵司令　王琦　八月四日

(3) 8月4日呈

敬陈者：顷据上海军探报告：蒋介石近因武汉军逼近浙江、安徽，而周凤岐部且有倒戈表示，津浦线战事又复节节失利，兼以军队复杂，兵心涣散，备感应付困难，现决定缩短战线，中路已退至宁浦，右路已退至杨镇。据一般观察，蒋介石现处四面楚歌之中，决难支持永久。又据南京密探报告：李景林前曾在南设立办公处，现因难期发展，已将办公处取消各等情。前来。理合呈报钧鉴。谨呈次长杨

京畿宪兵司令　王琦　八月四日

(4) 8月5日呈

敬陈者：顷据徐帮办源泉自徐州毫电称：自上月世日以来，敌白崇禧、贺耀祖、叶开鑫、王天培、杨杰等部，分向徐州反攻，不独将徐州东西南三面包围，即柳泉、茅村各处亦有敌侵入。幸我军竭力抵抗，联帅部队适时应援，于最短时间将敌击溃，徐路未为所断。西路由萧县、南宿州侵入之敌，直逼我云龙岳、九里岳、及南西北城角下，当时徐州形势岌岌可危。幸孙联帅处以镇静，源泉即在城外，分派奋勇官兵竭力迎击，徐城附近，冬日始告安定。当时南敌敌军兵力极厚。蒋介石亲率其独立二十一师加入攻击，蒋在云龙岳、下清、桃园督战，战况至为激烈，当日下午四时，城南掩泰岳复被敌占领。江晨四时，我军及联军全线出击，敌在王岳、鲫岳、猪岳、走马岳、西北之线，顽强抵抗。我方屡次冲锋，均未得手。嗣后经联军派刘培堂团协助，我倪占魁旅并集中炮火猛攻王岳，下午三时将王岳、阎岳次第克复，敌阵线摇动，向南溃退。联军及我军乘胜追击，江日追至曹村，今日续向夹沟追击中。东路溃退之敌，现已经我联军追过刘圩子，双楼、苑岳之线，仍向八义集进追中等语。理合转

报钧鉴。谨呈

次长杨

京畿宪兵司令　王琦　八月五日

(5) 8月6日呈

敬陈者：顷接济南林省长宪祖鱼寅电开：据前方歌日捷报，我军于徐州以南击破蒋逆所部主力之军，乘胜猛追，于支夜克复宿州等语。理合呈报钧鉴。谨呈

次长杨

京畿宪兵司令　王琦　八月六日

(6) 8月8日呈

敬陈者：顷据职部徐州行营参谋报告：连日以来，战事极为剧烈，敌军将兵力集中八义集、任桥、符离集等处，分路来攻。第二路之敌为白崇禧，第三路之敌为蒋中正，此路之右翼为贺耀祖，左翼为王天培，西路为马祥斌、王金韬。而第一路之敌则由冯玉祥派兵一部，暨铁甲车一列，在陇海丁楼一带向我进攻。徐城几被包围，东冬两日尤为危急。幸我军各部及孙联帅部奋勇堵截，激战五昼夜，敌人分向三汉河、邳县、八义集溃退，蒋中正亦狼狈南窜。是役约毙敌两万余人，我军亦伤亡一万余人，刻尚在分路追击中。现褚督办已调南路，大队到来，拟稍事整理，即令西出砀山，进据归德，以期握有陇海，而解曹西及大名之危等语。理合呈报钧鉴。谨呈

次长杨

京畿宪兵司令　王琦　八月八日

〔北洋政府军事部档案〕

22 王琦等关于张敬尧在皖北抗拒北伐军暨张作霖传令嘉奖令呈

(1927月8月11日—9月7日)

(1) 王琦给陆军部呈(8月11日)

敬陈者：顷接林省长蒸亥电开：(一)我军第二军张军长敬尧，在亳州将马祥斌之部完全解决，并将马祥斌当场生擒，解送前来。日内可到济南，刻张军长敬尧率所部已与我津浦正面之师会合于南宿州，并以一部由间道直捣蚌埠。(二)我津浦正面之师乘胜追击，敌人狼狈之余死伤甚众，其残部均望风溃窜，我军已占领固镇，正向蚌埠追击中，浦口指日可下。(三)我东路各军已通过海州、宿迁，正向清江搜索追击中。(四)我西路各军大破敌人。今日可占领砀山，特撮要电闻。请代呈等语。理合转呈钧鉴。谨呈

次长杨

京畿宪兵司令　王琦　八月十一日

〔北洋政府军事部档案〕

(2) 军事部参谋署通报(8月19日)

通　报　((常)第三十四号八月十九日于北京军事部参谋署)

甲　我军津浦方面

一、据驻徐调查员巧(十八日)电

1. 我第二方面军团所部张军长敬尧部，已将颍州、太和、霍邱、亳州等县完全占领，现进至正阳、寿州一带。

2. 第一方面军之第二师已占领乌衣镇。

3. 第一方面军在东路之七、八两师已迫近扬州，节节胜利，江北已无问题。

4. 陈调元眷属已送至我第一方面孙军团长处为质，表示归投之诚。

〔北洋政府军事部档案〕

(3) 陆军廿五师百三十五旅司令部训令(9月7日)

陆军第二十五师百三十五旅司令部训令书字第　号

令补充团

为训令事：顷奉师部训令书字第一二九号内开：案奉军团长诸训令行书字第二五〇号内开：案奉义威上将军巧电内开：案准国务院元电开：顷奉大元帅谕。张军长敬尧，自夏间出师淮北，所自克捷，前自大军改变战略之始，该军长所部深入重地，以致未能同时进退，犹能存全实力，誓志不渝。此次攻克徐州之役，该军长依旅相从，会攻蚌埠，至将马祥斌擒获，是征该军长宗旨坚定，谋勇兼优，应予特命嘉奖。着张督办电行知照，当希益振军威，庶封懋赏等因。遵谕特达，等因。准此。除电复访代呈谢悃并分行外，合行令仰该总司令转饬所属，一体知照为要。等因。奉此。除分行外，合行令仰该师即饬属知照。此令。等因。奉此。陈分行外，合行令仰该旅，即便饬属知照。此令。等因。奉此。除分行外，合行令仰该团，饬属知照。此令。

旅长　王琦

中华民国十六年九月七日

〔北洋政府军事部档案〕

23　济宁戒严司令部关于褚玉璞与徐源泉攻占砀山捷告

(1927年8月13日)

捷　告

顷准第七方面军团参谋处蒸日通电内开：(衔略)敌逆鹿钟麟、杨虎臣、王仲廉、及王金韬各部，计约四师，由鹿逆亲自指挥，据守黄口，负固顽抗。总座及徐副司令源泉亲临前线，督率激战，历一昼夜，前仆后继锐不可当，并在两翼各出奇兵抄袭敌之侧背，数冲敌阵，死伤枕籍，敌势不支，纷向砀山、归德方面狼狈溃窜，我军遂于蒸丑进占砀山。此役夺获枪炮甚伙，俘虏尤众，并据该俘虏供称：敌方粮弹消耗殆尽，兵心涣散，已无斗志等因。合行印送，仰即知照。此告

中华民国十六年八月十三日

济宁戒严司令部

〔北洋政府军事零散档案〕

24 镇威军司令部关于孙传芳部击溃蒋介石反攻徐州的通知

（1927年8月15日）

通　知（第253号八日十五日午后五时于北京司令部发）

为通知事：顷准师部参谋处通知内开：顷奉直隶保安总司令部参谋处通知内开：顷奉总座交下准北京公府军事办公处支电开：日昨蒋逆亲率全力，集中宿州一带，分三路于东日反攻徐州，激战两日。顷接孙军团长由徐州江电，此次获得敌军作战计划，东路之敌系白崇禧为总指挥，所部为杨杰、陈调元、叶开鑫、曹万顺诸军。南路总指挥蒋逆自兼，所部为贺耀祖、王天培、马祥斌及其他各军。东日下午，蒋逆亲率其教导队、第廿二、廿三两军，自宿州下车，蒋逆亲至云龙山附近之桃园督战，战事异常激烈，云龙山、台山、及其附近高地，屡失〔屡〕得，伤亡甚众，比至夜半二时敌势不支，蒋逆即乘车南遁。江晨，我军全线总攻击，敌军遂至全部溃退，刻已追至夹沟。又据沪谍报员江电称：据报党军中路退至宁浦，右路退至杨镇，队伍极乱。蒋在宁召集军事会议，各将领均未到，蒋已眷送沪，宁垣极恐慌。下关扣留三北招商大轮十余艘，当拟逃粤。周凤岐已反蒋。李宗仁残部在采石矶哗变，沿路抢至巢湖。讨蒋军程、鲁两军进至大通。朱部至衢州，宁方并未派队抵御。宁沪舆论，对蒋种种不法行为，怨声载道，望北军南下甚切，街市青天白日旗已无踪。特闻，等因。相应通知，即希饬属一体知照为荷。等因。奉此。相应通知，希即转所属，一体知照。等因。准此。相应通知贵团，希即饬

属一体知照为荷。此致

补充团

镇威第七方面军团第二十五师百三十五旅司令部参谋处

〔北洋政府军事零散档案〕

25 北洋政府军事部参谋署关于孙传芳由浦口泗源沟渡江进攻南京镇江等地通报

(1927年8月24日—9月3日)

(1) 8月24日通报

通　报　((常)第三十九号八月二十四日于北京军事部参谋署)

甲、我军方面(津浦)

一、据本署驻蚌探员养(二十二)午电,我第一方面军团长,现积极筹备渡江,已将驻蚌第十三师及十一师之一部开赴浦口。

二、据本署驻蚌探员梗(二十三)酉电称:

1.我第一方面军将合肥、六安完全克复,敌军残部已退至芜湖、安庆一带。

乙、敌军方面(津浦)

一、据本署探员养(二十二)午电,敌军在南京,以攻守意见纷歧,不可收拾,敌军长李宗仁、何应钦现将所部集合于苏州、镇江一带。人民极为恐惶,秩序大乱,驻南京敌军,只有由徐州败退之溃兵,然亦纷纷逃亡。

(2) 8月24日通报

通　报　((常)第四十号(第一页)八月二十四日于北京军事部参谋署)

甲、我军津浦方面:

一、据我第一方面孙军团长马(二十一)来电,

1.我军第一路前敌总司令郑俊彦所属铁道纵队,已完全占领

浦口。

2．右纵队已过乌江，向和州前进。

3．左纵队已抵六合。

4．我第二路总指挥刘士林所属，于鹄（十九）晨，占领扬州，其第八师驻十二圩，第十四师驻瓜州六圩，第十五混成旅驻三江营、仙女庙，二十九混旅驻邵伯一带。

二、据本署驻蚌探员祃（二十二）申电称：

1．南京、上海各界均派代表来蚌，谒我第一方面孙军团长，请我军乘敌内部意见纷歧之际，早为渡江。

2．我军第一方面军大部，均抵江岸，敌军益受压迫。拟假上海退保浙江，现外交团议决，倘我第一方面军不急渡江保护上海，即行出兵松江、昆山、柳河一带，拒止敌军。

三、据本署驻蚌探员养（二十二）酉电称：

1．敌军长王普现抵安庆，派代表谒我第一方面孙军团长投诚，孙军团长已令其先将合肥、定远一带之敌解决。

2．我第一方面军之第十三师及十九旅全部，与二十九混成旅，现正在肃清皖境中。

四、据第二方面许总司令漾（二十三）电，我第一方面军左翼，于智（二十）日由瓜州过江占领镇江，正面由浦口过江，敌之残部均向浙东溃退，但正阳关尚有余部若干，现我军正在搜剿中。

（3）8月27日通报

通　报　（（常）第四十三号八月二十七日于北京军事部参谋署）

甲、我军方面（津浦）：

一、据本署驻蚌探员径（二十五）申电称：我第一方面军之第十三混成旅，于敬（二十四）日寅夜由吴江镇潜行渡江，拂晓时安全到达南岸，现正在攻击中。

二、据第一方面孙军团长宥(二十六)未电称：我军前敌总指挥郑俊彦，率第一路全部于今日(二十六)拂晓完全渡江，占领幕府山 栖霞山各地区，克复南京期在指顾，现正在激战中。

(4) 8月29日通报

通　报　((常)第四十四号八月二十九日于北京军事部参谋署)

甲、我〔军〕方面(津浦)：

一、据第一方面孙军团长宥(二十六)电称：我军右翼在乌江，已全部渡江。

二、据本署探员寝(二十六)电称：

1. 第一方面军之第十三混成旅及第二师，已于昨夜占领南京。

2. 第一方面军团部保安队今日下午五时由蚌开赴南京，孙军团长及各部拟于今日进赴浦口，备驻宁垣。

(5) 8月29日通报

通　报　((常)第四十六号八月二十九日于北京军事部参谋署)

甲、我军方面(津浦)：

一、据我第一方面孙军团长感(二十七)电称：

1. 第一路郑总司令俊彦之右纵队王指挥乐善，率部渡江后与敌激战，刻已攻过板桥镇。铁路纵队一部及左纵队，已于宥(二十六)亥全部渡江，与敌屡次肉搏，已将幕府山、紫金山诸要隘完全占领，现预备队正在接续强渡中。

2. 第二路十二圩刘总指挥士林之第十四、第八、第四等三师，及第二十九混成旅，第一补充旅，于宥(二十六)日拂晓，乘雨由泗源沟渡江，占领下蜀，第七师及第十五混成旅，已由三江营附近渡江，进取丹阳。

(6) 8月30日通报

通　报　((常)四十五号八月三十日于北京军事部参谋署)

甲、我军方面(津浦)：

一、据本署驻徐探员俭(二十八)已电：

1．由泗源沟过江之第二路刘士林部，已占领金山、焦山一带，现正清理镇江。

2．由浦口过江之第一路郑俊彦、李宝章部，正在围攻南京。

3．由乌江过江，第一路右纵队王乐善旅，现绕攻南京。

乙、敌军方面(津浦)：

一、据上海探员寝(二十六)电：

1．宁垣人民逃避已空，沪宁来往客车均停，电报仅通镇江。

2．谭延闿、孙科诸逆已到宁，但汉宁合作，仍难妥洽。

3．下关房屋被炮火轰毁净尽。

二、据上海探员宥(二十六)电：

1．白崇禧拟据沪，现总揽一切机关，近日，浏河一带布防甚密，但兵力薄弱。

2．党军退却，各部大半军器遗失。

3．何逆应钦拟全部退浙保守，但浙现为周凤岐据占，周、何之间，不久难免冲突。

4．狮子山炮台，现已完全失其效力。

(7) 8月30日通报

通　报　((常)四十八号八月三十日于北京军事部参谋署)

甲、我军方面(津浦)：

一、据本署蚌埠探员沁(二十七)电，我第一方面军，东路各军，昨日已完全占领镇江。

……

一、据本署浦镇探员俭(二十八)电，第一方面军于二十六日由六合县划子口渡江，占领栖霞山之第九师，现已进至沪宁路龙潭车站，截断党军归路。

(8) 9月1日通报

通　报　((常)第四十九号九月一日于北京军事部参谋署)

甲、我军方面(津浦)：

一、据本署浦镇探员艳(二十九)电称：

1．我第一方面军之第七师、第八师、第二师之第四旅、第十九师及第十六旅等部，于龙潭车站，将与我第三师抵抗之敌，完全击退，占领车站，夺获子弹枪械甚多，现龙潭十五里以南，已不见敌迹。

2．今(二十九)日我第十四师已进抵镇江。

二、据本署浦镇探员陷(三十)电称：

1．昨(二十九)夜我第一方面军之第四师及第二师之一部，由浦口完全渡江，直达南岸，敌已失却战斗力，仅发炮数响。

2．第二十九混成旅、第十三师、第十二师、均由划子口渡江，一面迫南京，一面沿沪宁路南展，现南京已成包围之势，指日可下。

乙、敌军方面(津浦)：

一、据上海密探艳(二十九)电称：

1．沪宁路水旱均不通，铁道被拆毁者，英人不准敌军修复。

2．敌军曹万顺部，今(二十九)日由江阴退至浏河，与周凤岐部发生误会，两方死伤颇巨。

3．白崇禧与李宗仁意见甚深，李向汉方，何意拥蒋，两方难免冲突。

二、据南京电：汉宁妥协，似已成立，但汉派渺视宁派，压迫不已，以致何应钦等宁派各将领，现已放弃南京，向浙江退却。惟李宗仁对于汉派，尚取亲近态度。

（9）9月1日通报

通　报　（（常）第五十号九月一日于北京军事部参谋署）

甲、我军方面（津浦）：

一、据第一方面军孙军团长于六合大河口世（三十一）电称：我军战况极为顺利，现已将龙潭、高资一带完全占领，宁镇恢复，在指顾间。

二、据驻蚌李顾问文炳世（三十一）酉电称：我第一方面军团各军已有七完全师、二整旅、完全渡江，兵力雄厚，战情甚占胜利。

（10）9月3日通报

通　报　（（常）第五十一号九月三日于北京军事部参谋署）

甲、我军方面（津浦）：

一、据浦镇探员世（三十一）电称：

1．宁垣炮声，终夜不绝，且沪宁路及电线等被我军拆毁，敌之窜沪归路已绝。

2．周凤歧将沪杭路掘断，在杭独立，梵王渡一带铁路铁桥等，均被英日军破坏，以阻敌军。

3．合肥已被我第一方面军完全占领。

〔北洋政府军事部档案〕

26　张宗昌报告所部在河南考城兰封等地抗拒北伐军战况电

（1927年10月19日—11月10日）

（1）张宗昌致张作霖电（10月19日）

万火急。限即刻到。北京大元帅钧鉴：国务院、军事部、杨总参议钧鉴：顷据职部第三路刘军长志陆巧电称：职率部进攻新考城，力战两日夜，次第占领小宋房、马槁、新兴各集后，益加猛烈。敌逆刘镇华部，迭受巨创，已夺其魄，维新考城周围四十里之村寨，敌均施以坚固工事，奈我军士气奋扬，争先恐后，遂将敌之阵地击破。职昨夜复令各部总攻，敌终无力抵御，纷纷溃退入城，尚欲据险死守。而我军追击迅速，猛烈冲进。遂于今晨八时，占领新考城。夺获辎重枪械无算。刻敌纷纷分三四路，向兰封溃走。查是役潘军及吴、郭两旅及入籍军谢骑兵旅，最为得力，请电奖慰。现职除派一小部驻考城维持秩序外，严令各部，立向敌猛进，限于即日克复兰封。目前柳河、野鸡冈，已无敌踪。乞饬左中两路，兼程速进，以便协力攻击开封，为叩等语。除飞饬中左两路各军兼程猛进协攻兰封，并令刘军长志陆统率全部，向兰封进击，俟兰封下后，即乘机进取开封。谨电飞禀，伏乞鉴察。再职于本早四时由宁赴徐督师，尅日进击，力歼余敌。合并奉陈。职张宗昌叩。皓子。印。

(2) 张宗昌电(10月23日)

顷据职部徐军长源泉养午电称：今日上午五时，职督令各部，向兰封进攻，并派骑兵支队，向杞县胁敌之侧背。顷据入籍军百零旅西旅长报告，已于本早十时占领兰封车站，兰封城内有少数敌人，正在追击中等语。职现督其余各总队急进。又刘军长伟昨晚已将新考城攻下，夺获甚多，详情续报，谨先闻等语。谨电转禀。伏乞鉴察。职张宗昌叩。漾。印。

(3) 公府军事办公处电(10月24日)

急。(衔略)：顷据褚军团长漾午电称：敌军自归德、柳河败退后，负隅兰封，希图顽抗，经我官兵猛勇急进，奋不顾身，激战两昼夜，我中央军徐源泉部，遂于祃午克复兰封。我右翼军刘志陆部，于马申克复新旧考城。刘逆镇华部在定曹一带，亦溃不成军，已分饬地方堵截缴械，不日当可完毕。我左翼军张敬尧部已进至睢杞。此役计毙敌人两千余，俘虏一千余，获枪两千余支，敌屡受重创，势已不支，均纷向罗王砦、开封溃退。据报：开封溃兵，大肆抢掠，足征敌方军心涣散，士无斗志，中州指日可定。再亳州之张继武部，宁陵之武衔周部，虞城之王鸿恩部，均已诚意来归，会同西进矣。除饬各军乘胜猛进外，知注谨闻等情。特达。公府军事办公处。敬午。印。

(4) 张宗昌电(11月4日)

顷据职部于旅长世铭江电称：固守漳河南岸之敌，经我猛攻，并选拔奋勇部队渡河，接近敌人，以手溜弹抛掷，敌人伤亡极多，势不能支，于冬晓全线退守安阳河岸，职仍饬部跟踪追击，于冬早三时，我追击队廿八团先头进拒安阳河北岸，又复与敌接触，一面占领阵地，至早四时，得探报，彰德城关及安阳关之敌，已弃城向南撤退，职率部于四点廿分，占领安阳县城，彰德遂完全克复等语。谨电禀闻。伏乞鉴察。张宗昌叩。豪。印。

(5) 张宗昌电(11月10日)

(衔略)顷据职部于旅长世铭庚电称：顷据刘团长和贵报称：职率部于号早，向汤阴攻击前进。午后一时，进抵汤阴北关，与梁逆所部骑兵第一团接触，当令第一营猛攻北门，二三两营袭击东西关，激战三小时，敌势不支，弃城纷纷向鹿楼集方向溃退。遂于本日午后三时将汤阴完全克复等情。除饬该团严守该城，防敌反攻，并待命进击外。现职为谋与我淇县、卫辉孙军联络，正与胡旅长惠风协商进击中。谢军先头已达甫县，甲车随谢军长在邯郸一带。并闻等语。谨电禀闻。伏乞鉴察。张宗昌叩。蒸。印。

〔北洋政府军事部档案〕

27 张宗昌抗拒冯玉祥围攻徐州通电

(1927年12月9日—10日)

(1) 12月9日通电

急。通电。(衔略)窃维数年以来,赤逆披猖,既以共产邪说,祸国殃民。复以一党专制,排除公理。凡属国民,靡之痛恨。此次冯逆以重兵来犯徐州,该逆乘铁甲车,来往砀山,亲自指挥。鹿钟麟为总司令,韩复渠为总指挥,率领孙良臣、石友三、庞炳勋、常好仁、王海门、王鸿恩、郑大章各部,共二十余师之众,于江日拂晓,围攻徐城,凶悍异常。经我联军及于军并宗昌所部,坚毅相持,血战逾六昼夜,毙敌无算。继以短兵相战,白刃交横,战争激烈,为向来所罕见,敌因伤亡过重,势穷力蹙,于庚日全线溃退。纷向砀山、归德方向逃窜,当即分兵三路追击,务期迅扫逆气,早定中原,宏礼教之纲维,救斯民于水火,区区愚诚,伏希公鉴。张宗昌。佳。印。

(2) 12月10日电

急。限即刻到。北京大元帅钧鉴:国务院、军事部鉴:治密。顷得前方报告,敌人狼狈窜逃,几不成军。其掩护一师,在杨楼,昨已退却。常好仁师共五团,仅剩一团,六十八师完全无存,六十九师向夏邑零星奔窜,其余每营集合仅剩六七十人,敌兵三日夜未进食水,共伤一万数千人,其实力已消灭各等情。除饬各路追击队,迅速猛击,勿使漏网,俾清余孽外,特电驰闻。张宗昌叩。蒸寅。印。

〔北洋政府军事部档案〕

28 关于晋奉两军争夺涿县的兵灾请筹赈恤呈

(1928年2月6日—5月2日)

(1) 京兆尹给内务部呈(2月6日)

呈为呈请事:窃据涿县城乡地方临时维持会、绅商公民各代表朱德恒、杨世恩、李玉书、王惠、周宝铨、朱德裕等呈称:涿县战后灾情奇重,恳恩救济,以利商民,而培元气事:窃于十六年十月十一日,晋军突入涿县,战事发生,竟历三月,商凋民敝,流亡载道,室庐劫灰,城郭圮毁,商民交困,满目疮痍,拟恳恩施,以苏生命,请为我尹堂一详陈之。当晋军入涿之初，事出仓猝，两军相搏，廛市变为战场，枪炮集于闾巷，竟至两昼一夜。迨围城坐困，炮火纷飞，屋圮庐黔，比比皆是，战后多日，商民居于地窖，无屋可栖者，十之八九，房屋损失，约两万余间，此商民房屋被毁之情形也。民之所恃，以食为天，斗大一州，储粟无几，闭城三月，兵食已尽，何论商民。始则计口授食，尚获一餐，继则限制购粮，仅谋半饱，甚至人食牛马之食，迨牛马之食用尽，则食酿酒之糟，百病丛生，死亡相继，饥民匍匐，号泣求赈，于晋军司令之门者，动至数千，此商民绝食之情形也。晋军给养以及一切所需，无不开条向地方维持会索取，以资供应，凡所取求，则由维持会发据，向各商支取，而煤米百货，又由晋军数次搜查登记，无论商民，不准私用私售，完全作为军用之品，即树株房料以及庙宇，无不砍伐折毁，以作燃料，计有晋军收据，所用各物之价，共合洋十四万三千三百六十四元六角五分三厘。至地方维持会，因军事用款，约洋一万余元，尚不在内，其由军人，私行向商民取用货品，未开收据者，尤难悉数，苟不给价，则有负商民，如照付无遗，则苦无的款，无米为炊，殊难应付，此商民供给损失之情形也。涿县屡经战事，久苦贫瘠，此次供给晋军，地方向无的款，于是或借诸商家，或假于绅富，三月之久，百物皆无，非出重价，则供不应求，在商民忍痛筹资，原冀目前免患在地方，一时挹注未便，久假不归，无如精疲力竭，有愿莫偿，日夜疚心，深负桑梓，刻残年已尽，合城商号，无复业者，其冷落情形，目不忍睹。筹思再四，不得不呼吁于我尹堂之前，合无仰恳恩施，拯垂毙之商民，偿因公之垫款，将军用有据各款十四万三千三百六十四元六角五分三厘，以及发生巷战时，因障碍焚烧商民各房，计洋六万余元，一并筹拨，以维商业，而救民生，不胜待命之至。等情。复据涿县城乡地方临时维持会代表萧文理等呈称：续陈涿县灾情，恳请俯赐救济，以苏民困，而恤商艰事：窃查涿城此次惨遭兵燹，实为历来所罕见，日前业将被灾各情，披沥直陈，谅邀鉴察，但其中尚有未能尽述各状，谨再续为详陈之。此次晋军仓猝入涿，并未携带粮秣，盘据历三月之久，所有军需用品，以至煤米百物，无不取自商民。当时城内设立维持会，专办支应，凡晋军所取之物，均由该司令部发给收据，统计所费约银洋十一万余元，其无法取具收据者，尚不在内，此应请政府亟筹拨款给恤者一也。晋军入城后，即向地方借款，涿县屡受战祸，久苦瘠贫，供给军用，苦无的款，于是或借诸商家，或通挪于绅富，当时无现款交付，遂发出一种流通券，计三万二千余元，藉资周转。嗣晋军交涉出城之际，曾经商民与之接洽，此款当由红卍字会吴会长兆毅与绅商各界切实声明，此项流通券，俟军事结束，必有现款交涿，以凭收兑，无论如何，政府必筹切实办法，绝不使商民受亏。刻下晋军出城，业经多日，此项流通券，商贩均不使用，交易因之停滞，是此券一日不收回，市面一日不活动，商民存有此券，既等于废纸，将何以贸易乎。此应请政府亟为筹发现款，迅速收回流通券，以恤商艰者又一也。查晋军入城后，发生巷战，焚毁商号民房，计二三十家，损失数目，约六万余元，后因炮火轰击，丹塌倒毁之房屋，约两万余间，全城树株及民户所存木料门窗等项，或为掩盖壕沟之用，或供军队燃料之需，一时虽未调查确数，其损失亦在数万元。以上各项，为数颇巨，此应请政府速赐筹拨巨款，以示抚恤者又一也。涿县为近畿重地，惨遭兵燹，创巨痛深。现晋军既经改编，地方秩序，亟应恢复，伏乞速沛恩施，拯垂毙之商民，偿因公之垫款，俾数万生灵，得以早复元气，理合剀切，陈请尹宪俯准，据情转呈大元帅，速赐拨给垫款，以救民生，无任祷切施行。等情。又据署理涿县知事李振江呈转涿县城乡临时维持会公函，呈同前情。据此，伏查该县此次灾情之重，早在洞鉴之中，人民所受损失，为数甚巨。叠经职尹召集华洋振务委员暨全区士绅开会，筹议救济之方，当经京兆救济会全体议决，在于前存海关附加项下支配各县尚未发放之振款，提拨二万一千余元，又本署振务处振款存余项下提拨二万元，共洋四万一千余元，另组涿县振务执行委员会，分别购办米粮，赶放急振，业经派委本署振务处长刘锡廉，前往涿县，代表京兆尹，会同华洋各委员办理在案。惟据该县绅商先后陈请垫付支应晋军食用各种货物，持有收据者十一万余元，流通券三万二千余元，巷战焚毁房屋损失六万余元，共计二十余万元。以区区一县之大，担任如此之巨款，其人民膏血枯竭，金融停顿，势所必然，维今之计，先须设法筹一巨款，俾其金融活动，商贾可以往来，则一城生命，乃有复苏之希望。惟兹事休大，职尹力薄，应如何筹款抚恤之处，非呈请
钧部转呈
大元帅饬下财政部，协商筹划，不能集事。至对于该县救灾善后办法，亦仰恳
钧部主持于上，督饬职尹积极办理，庶涿民更生，地方有托，所有办理涿灾，应迅筹抚恤方法，暨筹款情形，理合呈请
钧部鉴核，转呈批示只遵。再涿县本年粮赋税捐，奉令查明，分别蠲免，已饬财政厅派员往查，分别何者为灾区，应在蠲免之列，其余未受灾之区收入，能有若干，可以量为调剂，即此项抚恤巨款，能否即恃为挹注，应俟查复后，方能核拟，此时尚难悬揣。合并陈明。谨呈
内务总长沈

京兆尹　张济新

中华民国十七年二月六日

〔北洋政府内务部档案〕

(2) 涿县商会给内务部呈文(5月2日)

为呈请事：窃以本城商号义成公、义成永、天利斋、恒兴烧锅、德义厚、德升号、天利兴、广顺烧锅、元昌号、文兴斋、永春和、汇丰茶庄、百和花店等，为投具说帖事：上年奉晋两军同时入城，发生巷战，是时枪炮之声，不绝于耳。始而到处掷放炸弹，继而焚商等铺面房屋，所有被焚毁各商家货物及各项器俱衣服等件，完全付之一

炬，其未被焚各号损失，与被焚相等。缘晋军来涿，并未携带给养，困守三月余久，所需用粮食各物，均向各商号索取。商等所存粮食及各种物品，征用殆尽。彼时取货之际，虽经维持会作价，随给收据，俟军事结束，再为归款。然军事告终，迄今毫无着落。商等原来成本无几，惟赖息借以资周转。自上年十二月中旬开城后，债权者纷纷前来索款，咄咄逼人，正在为难之际，忽奉县署令催各商即日复业，以维市面等语。不知商等息借之款，无法偿还，而所需各项货物，亦无款购办，是以一时不能恢复营业。闻曩日京、津各埠，被兵灾各家，呈请法庭维持商业，将所有息借各款，减成免利，缓期归还，恳请批准在案。商等现处绝境，无计可施，意欲暂行撑持，恢复原业，又恐债权人纷纷索款，无法应付，再四思维，只得投明说帖，吁请贵会设法维持。一面向法庭代为备案，是所至祷，等因。准此。伏查各商损失，为数甚巨，无法复业，自系实情。城闭数月，全城各号无一幸免，迄今各项善后，次第进行，而惟此最为重要之债权债务问题，一日不决，一日不能复非，社会即有莫大之危险，各商生死安危，间不容发。窃闻前在京、津兵变之顷，对于被灾各债户，有减成免利，缓期还债之明令。涿县此次兵灾，为国人所共见，事同一律，若使援照办理，则在债权者，不过稍为减缓，归本尚属可望，无甚损害，在债务者，履行将有依据，可谓彼此均沾其利，各商安心复业，社会立转生机诚属至善。前经函请涿县地方审判分庭监督推事廖，转呈司法部核办在案，兹奉

部令，以事关内务、实业、司法三部，应分呈

钧部及实业部，查明确情，咨行核夺等因。伏查此次涿县被灾情形，迭经呈明

钧部有案，事实明确，早在洞鉴之中，兹因复业，刻不容缓。惟有恳祈

大部，迅赐将涿县商人被灾详情，咨商司法部，以凭及早会同主持办理，俾免日久，羁延往返，能早日将此关系生死安危之问题，予以

解决，即早一日使全数商人复业，社会早一日得以苏息，不胜惶恐待命之至。谨呈

内务部总长

涿县商会会长　朱德恒

中华民国十七年五月二日

〔北洋政府内务部档案〕

中華民國史檔案資料滙編

第五輯 第二編

政治(三)

中國第二歷史檔案館編

鳳凰出版傳媒集團 鳳凰出版社

目　　录

〔六〕政党与社团

(一)党派的组织活动

一、中国青年党

(1) 在国民党统治区的活动

(2) 在敌伪占领区的活动

五、对鄂南赣北新四军袭击

1. 陆军第三十集团军王陵基部在鄂南赣北与新四军第五师等部战斗详报

（1943年4月）

一、鄂南方面：

（一）进剿前奸匪行动及我军态势：

甲、奸匪兵力及行动：

江北奸匪新四军李先念部，人一千五百余名，枪八百余枝，辰月元日由大冶、鄂城间渡江窜至阳新、太子庙、天王殿及崇边境飞鸡墩、毛山海各地积极活动，宣传赤化，企图建立鄂南边区根据地，经令第五、第八两纵队分别进剿，未见成效，复经以新十五、十三、十六各师主力配合各纵队进剿，大挫匪势，续饬七八军军长沈久成率新十三师，并指挥第五、第八、第六各纵队进剿，将匪击溃，主力窜渡长江北岸。酉灰迄亥灰间，该匪四一、四二两团乘我剿匪部队在富河南岸轮调整理之际，复渡江南窜，其主力在鄂大阳通，一部在崇蒲间地区活动，并积极蛊惑民众，企图扩大窜扰。

乙、我军兵力及态势：

七八军长沈久成初次率领新十三师渡过富河南岸，进入匪区，未能遇匪，主力复被日寇妨碍，遂于酉月灰日回驻横石潭附近，乃以新十三师清剿富河南岸之龙港燕厦一带散匪。第五纵队在江源、第八纵队在大磨山、第六纵队在崇阳、高枧，鄂省保安第十二团在崇阳，大源均正整训，复遵长官薛戌寒戌电：饬沈军长续即进剿，并将鄂南分为三区：以第五纵队配合新十三师三九团清剿阳大区奸匪；以第八纵队配合新十三师三八团清剿武鄂区奸匪；以第六纵队配合鄂保十二团清剿咸崇蒲嘉区奸匪。各部分于

亥月铣日出发，分别进入任务区索匪主力攻剿。（附图第一）〔图略〕

（二）有关剿匪作战之地形及天候

甲、地形：

鄂南边区系指鄂城、大冶、阳新、通山、崇阳、通城、蒲圻、咸宁、嘉鱼等九县而言。该边区自沦敌手后，各重要城市均筑有坚固工事。其鄂城、大冶、阳新三县濒长江右岸，旧有公路北通武汉、东南至江西瑞昌、武宁境内，湖沼纵横，地形复杂，为江北奸匪渡江南来北往之冲要及散匿滋蔓之渊薮。通山在富河北岸，其南有九宫山，其北有大磨山，富河横断，该县中部，全境山陵起伏，便于奸匪出没。崇阳、咸宁、蒲圻、通城四县分在粤汉铁路两侧，境内河山交错，湖沼亦多，为奸匪东西流窜寄生之所。

乙、天候：

亘作战之全期曾下雪一次，前半期多晴明，后半期多阴雨，气候白昼较温，夜间酷寒，常结冰霜，军队行动颇感困难。

（三）为剿匪所下之命令：

甲、奉长官薛申删辰戈电开：着七八军长沈久成率新十三师并指挥第五、第八纵队剿办鄂南奸匪，务索匪主力分进合击，穷追歼灭，并对敌暂避免冲突。等因。遵即转饬沈军长、黄、方司令遵照准备进剿，同时并以楚肃作命第二号分令七八军军长沈久成、七二军兼军长王陵基命令如次：（一）窜扰鄂南奸匪新四军十四、十五两旅，兵力二千余，经我挺进部队及新十五、十三、十六各师增兵进剿后，匪主力渡江北遁，残置政工人员及零星散匪部勾结地方盲从份子，约千余人，仍在阳新县北之�山及其以北地区大冶南之龙角山，杨桥、刘仁、八高桥、大唐山西南地区活动中。迄本九月上旬以来，江北匪复陆续回窜，有扩大窜扰之样。（二）集团应继续清剿鄂南奸匪，限期彻底肃清。（三）着七八军沈军长率新十三师配属党政总队之一分队并指挥第五、第八两纵队，遵本部所示剿匪要领，取道向匪区开始行动，向奸匪扼堵攻剿，务于短期间彻底肃清。（四）着七八二军遵前续计划：令所属第一线部队对奸匪可能窜扰方面之要隘严密警戒，适时堵剿奸匪，协助剿匪部队完成任务。并于驻在地境内督饬及协助地方机关清查户口，严密实行检查哨所赋之任务，以防止奸匪之侵入。（五）剿匪部队之补给事项，除粮食应俟请示，另令指示外，余如通信、卫生事项参照前颁计划办理。（六）余在修水总司令部。

乙、沈军长遵本部楚肃作命第二号之指示随即率部进剿鄂南奸匪，继因奸匪主力北窜及三溪口、金牛、大畈各据点之敌于西支分五路进犯，我大磨山剿匪根据地复于鱼日分路向我剿匪部队进迫，经呈奉长官薛酉庚辰戈电：饬将剿匪各部调回富河南岸整训。沈军长遵于酉灰率部回驻横石潭附近。续奉长官辞戌灰戈电开：兹指示鄂南剿匪办法如次：（甲）以十一月为准备期间，各剿匪部队在此期间须整编完毕，准备妥当以十二月至二月为剿匪期间，在此期间应将鄂南奸匪彻底剿灭；（乙）在剿匪期间，鄂南党政军统归沈军长指挥，鄂一区专区须随七八军部办公，以军事力量剿匪，以党政力量清乡；（丙）仍以第五、第八、第六挺进纵队、鄂保十二团担任剿匪，按需要以新十三师之一部协力进剿；（丁）每月剿匪特支费四万元，发第五、八、六纵队各一万二千元，鄂保十二团四千元，补助给养费之不足及供剿匪杂支之用，严禁向地方需索，使人民乐为我用；（戊）在阳、大、武、鄂、咸、通六县范围内之挺进部队、地方团队能确实服从沈军长指挥者仍服剿匪任务，否则一律缴械；（己）凡驻扎鄂南之伪军以及未立案之挺进部队、游击队、地方武力等愿投诚者呈由本部转请核准后开崇通以南地区归沈军长编训，不愿投诚并妨害我军剿匪行动者一律缴械；（庚）各纵队若能依限肃清该剿匪区内奸匪者，由本部呈请中央按国军待遇，以励有功；（辛）关于剿匪计划，由副长官指导沈军长拟定实行，于本月铣日以前报核，除分电沈军长、龚专员外，希转饬确遵为要。

奉右指示后，即以戌元巳励代电转令沈军长遵照，秘密准备并速拟计划呈核，同时转电中国国民党鄂南党务办事处主任袁雍，及鄂省第一区专员龚薰南遵照，秘密准备，慎勿泄漏。去后，沈军长以第五纵队彻底整编，人事更动特大，戌月底始可改编竣事，电请将准备时间延长半月，自亥月铣日开始至寅月删日截止。经呈奉长官薛电准可照办，并转饬沈军长知照。

戌巧辰励电令沈军长：奉长官薛戌寒辰戈电开：据报：鄂南奸匪现又猖獗，希饬沈军长续即进剿，务于短期内肃清为要。等因。希即遵照继续进剿，依限肃清，达成任务为要。

丁、子皓巳忠电令沈军长：奉长官薛子寒钦电开：奸匪自首人员及俘虏请饬解兄部分别讯明，依法办理。等因。希即遵照并转饬五、八、六各纵队即将所有奸匪自首人员及俘虏一并押解本部讯办。

戊、寅麻巳忠电令沈军长：奉长官薛寅江珍电开：查剿鄂南奸匪限期将届，务希严饬努力搜剿，依限肃清。等因。希即转饬各部遵照，努力搜剿，依限达成任务为要。

（四）战斗经过及作战指导（作战经过如附图第二）〔图略〕

三十一年十二月十六日至三十一日

一、作战经过：

甲、一般行动：

各剿匪部队，十二月十五日分由各驻地出发，业于十六日通过公路，十九日到达指定地区，二十日开始攻剿。沈军长仍驻横潭指挥督剿。

乙、第五纵队（阳大区）：

该纵队附新十三师三九团及别动军第二纵队一部，二十日起以一部于大田畈向由谭家桥流窜伍氏祠、蔡家祠之奸匪四一团攻剿，主力集结于高桥西南地区，二十一日进至咸宁胡家街，二十三日以一部向将军岭、凡冲搜剿，在八斗畈与散匪二十余遭遇，战约十分钟，匪不支，向东北逃窜。是日并与第八纵队会合于茶地铺。

二十四日咸宁敌约数百，三路向我剿匪部队游击。北路杨家畈之敌被我击溃，敌于二十五日窜返原防。该队亦于是日转回太平塘。二十七日向伍上庄、金柯一带搜剿潜匪，据报无匪踪。二十八日，在毛家铺搜获奸匪伪乡长刘海清等六名。二十九日，协同第八纵队搜剿谭家桥、解家畈以北地区奸匪。三十一日，搜剿窜据黄京南、大小茗山之匪，与匪四百余激战一小时，将其击溃，经追击至保安附近，毙匪二十七名，获炸弹四颗、步弹五十粒、雨笠两顶、破夹被四条、棉军服一套，仍续搜剿中。

丙、第八纵队（武鄂区）

该八纵队附新十三师三八团，预计先将咸通边区剿清后再向武鄂区进剿。该部二十一日搜剿坳下董、刘家桥、包梅山一带，据报无匪踪。二十二日，搜至杨桥彭附近，发现奸匪五十余，经十四支队攻剿，伤匪二名，匪不支，向咸宁方面逃窜，是晚该部到达四门楼。二十三日，与第五纵队协剿将军岭、八斗畈、茶地铺一带之匪。二十四日，在森墩附近与柏墩出发游击之敌战斗，将其击溃后，敌于二十五日窜返原防。

该队二十六日进至王婆坳，包山姜获匪探何元成等六名。二十七日，向蔡家祠、石毫一带搜剿潜匪，据报无匪踪。二十九日午刻，十三支队向据谭家桥东北大小雷山奸匪攻剿，与匪六百余激战二小时，毙匪五名，伤匪三十余名，俘匪七名，夺获步枪六枝。三十日，复向洪滨桥、栖仆桥一带搜剿，捕获奸匪余德文等三名，获步枪三枝，木柄手榴弹两箱。三十一日，续向西野山、石鼓楼一带追剿，匪主力分向龙角山、黄石港、鄂城、梁子湖各地散逃，其一股经洪盛乡向下陆方面北遁，该队追击至田家畈，毙匪八名，伤匪十余名，获步枪一枝及奸匪要函一件，仍续搜剿中。

丁、第六纵队（咸崇蒲嘉区）

该纵队附鄂省保安十二团，十九日起以第九支队及鄂保十二团之一营位于前沙坪；以第十五支队主力位于黄沙畈，分向花坎泉之匪攻剿；以第十五支队一部位于黄茅山搜剿蒲圻西北地区奸匪；其剿匪指挥所及第十支队与鄂保十二团之两营进驻木兰张家。

二十日申刻，第九支队分由大竹山、白油岭两路进剿花坎泉之匪，在陈基附近与匪三百余人接触，激战至戌，将其击溃，毙匪十六名，俘匪一名，夺获步枪三枝及伪宣传品多种。二十二日，第十五支队一部向据小柏山市匪搜剿，与匪百余激战，毙匪十二名，夺获步枪十六枝，轻机关枪一挺，手榴弹十余枚，步弹数百发，伪宣传品一束。该队复于二十四日在八斗角、车埠附近截击流匪，毙匪百余名，俘匪五十三名，夺获步枪三十二枝，仍搜剿潜散匪徒中。三十日，第九支队复向盘据花坎泉、土寨岭、道安寺、七星冲地区奸匪攻剿，毙匪三十余名，伤匪十余名，夺获步枪三枝，残匪向挂榜山逃窜。三十一日，该支队协同第十五支队一部清剿土寨冲之匪，与匪二百余战斗一小时，毙匪十七名，伤匪九名，俘匪五名，夺获步枪三支，残匪向四门楼逃窜，仍续追剿中。

二、战斗期中本部之临机指示：

甲、据方司令报称：将该纵队剿匪地域分为两地区，先剿清咸通边区，再进剿武鄂边区。等情。后当以亥号巳励电饬其寻匪主力所在，与友军密切协调，积极攻击，不必限定地域，务努力依限完成肃清任务。同时并电沈军长知照。

乙、由得悉各剿匪部队业于亥月铣日通过公路进入任务区后，即以亥梗午励电令沈军长督饬各部努力寻匪攻剿，务获决定战果。

丙、以亥艳午励一电令沈军长：

（一）犯我剿匪部队之敌，既于有日分退原防，应饬各部及时转向奸匪进攻；（二）希饬各部索匪主力，从速攻灭勿任到处流窜。

三十二年一月一日至三十一日

（一）作战经过：

甲、第五纵队（阳大区）

该纵队自上月二十五日转回太平塘后，即于第八纵队协定采取稳扎稳打战法，在太平塘、分水岭、傅家山、谭家桥、王婆坳一带建立根据地，构筑碉堡，阻匪流窜。

该部搜索队队长李文涛率队在大冶、张克成附近工作，一月四日被匪捕去，经各队员奋勇袭击，毙匪鄂大政务工作团主任李洛等三员名，伤匪兵五名。十八日，该纵队出发东剿，并与八纵队协力，二十一日令击龙角山。二十二日令击大王殿、太子庙各地区之匪。是日，匪四一团独立营营长杜超群向该部投诚。

二十日该纵队搜剿龙角山匪，在七峰山、三教山、棋盘老一带与匪百余接战，毙匪二十五名，伤匪十三名，夺获刺刀一把，棉大衣二件，夹军服十余件，残匪北遁，经第八支队及别动军之一部续于追剿，将龙山角一带匪工事完全摧毁。二十三日，第六、第八两纵队、三九团及别动军一部在太子庙、王官山、大王殿一带，与匪四零团之特务营及新兵队并鄂南政务委员会桂平手枪营三百余激战，我分路猛击，匪狼狈溃退，主力分由黄颡口、海口、湖沛、源口渡江北窜，追至黄颡口江边，并与由田家乘艇来袭之敌接战，匪一部经阳新湖渡过富河向宋家山及赣北胡田畈、横口山方面窜去。是役毙匪五十余名，伤匪二十余名，俘匪十四名，夺获步枪三十八枝，手枪一枝，马一匹，军毯二床，军用品多种，并击沉敌汽艇一艘，毙伤敌十余名。

二十四日，第六支队及别动军一部搜剿太子庙、筠山附近散匪，发现匪五十余名，当即击毙二十一名，俘匪鄂南政务工作团训练班主任梁涛（女性，即奸匪鄂南政务工作团副主任鲁明建之妻）、指导员李铮、中队长形杰、副官冯大可、萧平、情报员霍桂南等六员，缴获三八式步枪十六枝，马一匹。该纵队即沿江警戒，防匪回窜，并仍续搜剿黄颡口、太子庙、大王殿地区残散匪徒。

二十九日晚间，阳新县敌炮击大王殿、中庄铺。三十日，该纵队以一部留搜原地区奸匪，主力移驻长乐源正通过九顶山时，与由阳新县出发游击之敌发生战斗，将击回，毙伤敌十余名，并向敌警戒。

乙、第八纵队（武鄂区）

挂榜山、古田畈、花坟泉地区奸匪，经第六纵队于上月攻剿受创甚重，以后陆续窜踞茶地铺、毛山海、四门楼一带，企图乘虚窜犯大磨山第八纵队根据地。该纵队于本元月上旬将谭家桥地区奸匪，与第五纵队协力追至田家畈以北后，除以十四支队及新十三师三八团各一部留驻谭家桥外，其余部队十三日转达茶地铺、坳下、董店厂一带，准备攻剿四门楼、梅家山之匪。

十四日，该纵队侦悉包梅山、梅家山一带有匪四一团及鄂南攻务工作团人三百余名，机枪七挺，步枪二百余枝，即以十三支队由坳下向北攻包梅山；以新十三师三八团一部为堵剿部队，由毛山海经张家铺向南攻梅家山，前后夹击，激战两小时，将匪完全击溃，残匪东逃龙角山。是役击毙奸匪咸通蒲三县政务办事处伪主任陈觉先以下九十二员名，马三匹，伤匪八十一名，俘匪豫鄂赣皖四省省委兼鄂南政务工作团主任吴师筑、政治部工作科长李鑫、营长胡绍林、咸宁县工作队伪队长周传命等以下六十三名，夺获轻机关枪两挺，步枪七十一枝，手榴弹十五枚，五瓦特无线电机一架，电池十六只，马二匹，文件一束（共六十余种内含密电本、编制表、吴师筑日记、训令、命令、计划、代字、代名、代号各表等）、棉夹军衣五十二套。该纵队将包梅山、四门楼一带奸匪肃清后，十七日转抵谭家桥附近，为协力第五纵队之东剿，二十一日到达龙角山追剿北窜之匪。二十三日，十四支队搜剿太子庙、王官山、大王殿间之匪，在枫树塝一带将匪二百余击溃，匪分向海口、湖沛、源口窜去，追击至茅草山乃止，毙匪十一名，伤匪二十余名，俘匪八名，夺获步枪五枝，马三匹。三十日复回驻谭家桥附近，继续构筑碉堡，清剿残匪。

丙、第六纵队（咸崇蒲嘉区）

一月一日第五支队一部对于由汀泗桥、中伙铺南犯木篮张家该部指挥所之敌，出击激战一昼夜，毙敌二十余名，伤敌四十余名，获马一匹，敌不支，毁民房百余，回窜该队，并续搜剿中坪地区。

三日，第九支队分由王家冲、赤剥林、天竺庵三路合剿石门附近奸匪，与匪四一团罗部及独立团李屏部二百余战斗，毙匪十八名，伤匪首张俊等三十六员名，匪不支，向洪口溃窜。六日，该支队复由望亲台、大洞坪向挂榜山北侧奸匪攻剿，第十五支队一部于土寨、冯家、佛平庵一带支援协剿，与匪激战，匪仓皇向马桥方面逃窜，当追击至崇咸公路附近，共毙匪二十一名，伤匪三十四名，俘匪七名，夺获步枪十一枝，轻机关枪一挺，军用品多种。七日，该两部继续清剿挂榜山附近残匪，据报匪于连日来受创甚重，均窜过崇咸公路以东，路西已无匪踪。

二十三日，第十五支队一部剿八斗角匪，毙匪二名，伤匪九名，俘匪五名，夺获步枪二枝。二十八日，第九支队一部清剿白杨东南大湾岭散匪，毙匪十二名，伤匪二名，夺获步枪二枝，仍续彻底清剿中。

（二）战斗期中本部之临机指示

甲、以子江午忠电令沈军长：

据报：此次分区进剿，恐不易收分进合击之效，且奸匪备悉我方计划与其长成亦渐有力，且必将乘我虚疲而猛偷袭，若能一举将主力击破，徐图肃清其潜伏之细胞为最善。等语。查所称尚有见地，希转饬各纵队当匪一再退避之际，须力防匪由两翼向我行反包围并集中主力向我作一次猛袭，应多派侦探详查匪之行动及其主力所在，随时判明其企图，以有力之一部击破匪之包围部队，而以主力猛向匪主力攻击，方易扑灭，希于此点切实注意为要。

乙、以子支辰忠电令方司令：

查避实击虚为奸匪惯技，须防其先行逃窜，然后乘我不备由四面抄围袭击，以图一逞，希饬属随时详细侦明匪之行动及企图，严加戒备，切勿为其所乘至要。

丙、以子虞午忠电令沈军长：

希饬五、八两纵队切实连击行动，以一部严密封锁奸匪可能向西向南流窜诸要隘，迅以主力向窜龙角山之匪攻剿为要。

丁、以子齐午忠电令沈军长：

据报：奸匪雷同及李屏部近由古田畈窜据茶地铺、毛山海、四门楼一带，声言将犯大磨山。等情。希即注意侦查该匪行动，相机令八、六两纵队协力进剿为要。同时并电方司令切实注意该匪行动，防其向我右侧背窜扰。

戊、以子真午忠电令沈军长：

奉长官薛子微珍电开：查鄂南剿匪部队开赴进剿区以来已达半月，各部队行动仍欠统一指挥，此剿彼窜，未能予匪以决定打击，实背本部根绝赤祸之旨，希严督所部务索匪主力捕捉歼灭，并积极展开党政工作，迅速组训民众，宣抚地方，如有剿匪不力，毫无战绩，或妄报匪情战绩者，自支队长以上均予严惩，仰即切遵。等因。希即切实遵办，务期依限肃清为要。

己、以子文戌忠手令电盛方司令：

查沈军长逐日战报，各剿匪部队现采取稳扎稳打战法，努力建筑碉堡，防匪流窜，此固属剿匪办法之一，但过于消极，收效微缓，难达到上峰短期内根绝匪患之要求。此后应各就任务区，以全力积极行动，索匪主力攻剿，并严密协同互相援应，力树战绩，依限肃清奸匪，以符层峰殷望，至要至嘱。

庚、得悉崇蒲敌四出窜犯，咸蒲区剿匪部队径酉子元忠电沈军长饬转咸蒲区剿匪部队与敌避免决战，仍积极行动，服行原任务，同电并饬李司令对崇蒲各据点四出窜犯之敌，务避免决战，以期达成剿匪任务。

辛、以子筱辰忠电令沈军长：

奉长官薛子寒珍电开：近查鄂南剿匪各部队作战不力，成绩毫无，希严厉令饬务必迅速索匪主力剿灭，依限肃清，至嘱至要。等因。希即遵照严厉督饬力剿为要。

壬、得悉五、八两纵队遵子文戌忠电之指示协力东剿龙角山之匪后，更以子祃午忠电方司令饬其努力攻剿迅速歼灭，并须注意北方奸匪之窜蹑尾袭，同电并饬李司令迅速肃清该区零星散匪，并防堵阳大区及武鄂区之奸匪西窜。

癸、据报：五、八两纵队到达太子庙、王官山、大王殿后，即以子勘辰忠电沈军长督饬各部迅速动作，一面肃清当面残匪，即以主力立向溃匪追奸，拟早扑灭，完成使命。

二月一日至三月十五日

（一）作战经过：

甲、第五纵队（阳大区）

二月三日，大冶湖西岸匪便衣大队长谭会芳携步枪三枝、手枪一枝、棉军服八件、棉大衣一件向该部投诚。

十一日，该纵队主力由长乐源追剿向大箕乡逃窜之匪，到达刘盛湾宿营。江北奸匪连日向江南偷渡，均被该部击退。十五日，复向黄颡口偷渡，仍被击退，毙匪五名。十六日，该部主力以一部前往金福区协助清乡，其司令部及新十三师三九团进驻费海桥。其协助清乡之部队，十七日向郝砚游击，获步枪六枝。该部为断匪南北连络，便于清剿计，自本（二）月十八日起重新部署：以一部（第六支队三九团、一个连别动军一千）担任富池口至石灰窑江防，主力进驻太平街附近。其江防部队搜剿黄颡口一带散匪，并派队向道士袱、道人山、黄京南游击，先后搜获步枪十五枝，毙匪五十余名，奸匪李国良携马枪二枝投诚。二十四日派队围剿由道士袱窜扰八鸽颈散匪，毙匪二十三名，余匪由风波港口渡江北逃。二十六日该纵队之司令部及新十三师三九团移驻王官山附近。三月三日新十三师三九团派队搜索大冶、东彭、和庄匿匪，俘匪三名，获步枪一枝，子弹二百粒，马一匹。

十日，搜剿据保福寺残匪，毙匪指导员一，伤匪团长一，获步枪十二枝，余匪向樊湖逃窜。

此外，因该纵队长期驻剿，搜索严密，先后自首之奸匪及参加组织之民众共约三百五十余名，该纵队仍继续彻底清剿潜散奸匪，并严密防匪南渡。

乙、第八纵队（武鄂区）

二月三日，第十三支队搜剿石鼓楼、梅爱竹附近潜匪，俘匪乐祥之等二名，获伪大冶县府文件一束。十一日保安、金牛、殷祖之敌向其袭击，该队即于十二日转移至天台山一带，并续搜鄂大区奸匪。

十三日，该纵队（欠十二支队）回抵茶地铺。十四日辰刻，搜剿四门楼、余从西间潜匪，与马桥敌发生战斗，敌伤毙十余溃走，是晚该部抵坳下、董刘氏祠、毛山海一带，并续以三八团搜剿龙泉山、包梅山；十四支队搜剿钟台山、杨家山、四门楼各地区潜匪。

该纵队遵长官薛子敬诚电并编第五纵队以后即无战报。

丙、第六纵队（咸崇嘉蒲区）

二月三日，第十五支队一部剿太平口匪，毙匪十余名，伤匪十五名，获步枪十五枝，手枪三枝，余匪向江北逃窜，该纵队刻仍继续彻底清剿中。

二、战斗期中本部之临机指示：

甲、由得悉第五纵队于巧日重新部署后，即以丑敬酉忠电令军长饬对奸匪南北流窜之惯技，经谭家桥一带各要隘，仍须注阻塞，以防奸匪乘虚窜扰。

乙、以寅豪辰忠电令沈军长：

希仍饬各部继续努力清剿散匪，期尽余烬，并严防江北溃匪南渡窜扰，免致功败垂成为要。

二、赣北方面：

（一）进剿前奸匪兵力与行动及我军兵力与态势

甲、奸匪兵力与行动：

奸匪四二团王兴发部，人枪约五百于一月上旬窜据横列山、胡田畈一带；一部在横路铺、双港桥活动中。又近日来奸匪四一团漆少川部在包梅山、梅家山一带被我剿匪部队痛击后，向龙角山、大王殿、太子庙一带溃退，我剿匪部队跟踪追剿后将龙角山、大王殿、太子庙完全占领，该奸匪亦渐向瑞昌西南之胡田畈一带窜扰，并有三个团番号在胡田畈附近发现，似有另辟赤区之样。

乙、我军兵力与态势：

第五纵队附新十三师三九团在阳大区黄颡口、太子庙、大王殿一带继续搜剿残匪，并严防溃匪回窜中。

第八纵队、新十三师三八团在鄂大区大王殿、谭家桥一带仍继续搜剿残匪中。

第六纵队附鄂保十二团在咸蒲区大竹山、花坟泉及黄芋山一带继续搜剿残匪中。三十四师零二团任留阻桥、九宫山、上陈一带守备。赣保十五团在张坊附近对王家铺之敌警戒，并防堵及搜索横路铺、双港桥一带匪情。

第二纵队第二支队在靖安方面任阵地守备；第一支队在洞口、杨州一带向拓林之敌攻袭中。

第二纵队遵长官薛子寒辰珍电，将靖安迄修江南岸一带任务交由赣保第四团接替，康司令亲率两个支队于子月艳日到达张坊，先肃清横路铺至龙港间土匪后，向胡田畈之匪进剿。三十四师一零二团以一营守备原阵地，余由刘团长率领自西向东肃清芭蕉、龙港至洋港间土匪，丑月冬日到达龙港以东地区，准备协剿横列山、胡田畈之匪。

二、有关剿匪作战之地形及天候

甲、地形：

横列山、胡田畈在瑞昌西端，阳新之东南端，界于鄂赣两省之交界处，藉瑞阳公路横经其北，四围山陵起伏，西南尤多大山接岷山西之支脉。

乙、天候：

亘作战之全期曾下雨一次外，皆晴明气候，昼温夜寒，每夜凝霜结冰。

三、为剿匪所下之命令.

甲、长官薛子寒辰珍电

（甲）鄂南奸匪经我痛剿后，其一部分人枪约一百余于子江窜至瑞昌之横路铺、石人岭一带之后、续匪约两营窜到木港东约十二公里之胡田畈，似有再窜赣北模样。

（乙）已着第一纵队以赣保十五团仍以岷山为根据，任南浔线及瑞昌方面之攻袭破坏，康司令亲率两个支队迅进入瑞昌西南地区，以柯乐源、大王山、桃花尖为根据，务必剿灭由富池口、阳新流窜横路铺、石人岭一带奸匪，勿使蔓延赣北，并归兄指挥，除迳电康司令外，希遵照并严饬鄂南剿匪部队，依限肃清鄂南奸匪为要。

奉右电后，即以子皓巳忠电转饬沈军长、康司令遵照，切实督剿，依限肃清，同电并转饬王兼军长知照，并饬转三十四师遵照。

乙、以子宥亥忠电令、沈王兼军长、康司令：

命令：(一)据确报：奸匪四零、四一、四二计三个团之主力现窜据横列山、胡田畈一带，其一部在横路铺、双港桥一带活动，似有另辟赤区之企图；(二)集团以迅速彻底肃清该匪之目的，决即派遣有力部队分别跟道进剿；(三)部署于沈军长以现在龙角山、大王殿、太子庙一带之第五、八两纵队中（含已配属于纵队中之新十三师两团）酌于指留有力之一部仍在该一带地区清剿残匪并严密堵截横列山、胡田畈一带奸匪向北回窜外，应以现在该一带之主力向胡田畈、横列山方向随匪之大部跟踪追剿，并与康纵队及刘团切取协同，会同歼灭之。至第六纵队除应在原地区清剿残匪外，应以一部兵力东移剿灭李桂枝匪队。丑、康司令率第一、二两支队及赣保十五团由柯乐源、水断山地区向横列山、胡田畈方向搜剿前进，寻匪主力所在，与沈军长所派遣之追剿纵队协同聚歼之，并以三十四师刘团长祚汉所率之两营归该司令指挥。寅、三十四师应以一零二团刘团长率约两营之兵力，由龙港方面向东协剿，并受康司令指挥。(四)各剿匪部队须以积极行动，务在横列山、胡田畈一带地区索匪主力，聚歼为要。(五)除已呈报长官薛并分令外，仰将使用部队及部署情形先行报核，尔后逐日行动随时报部为要。

附记：此命令下达后，旋奉长官薛子报诚电：饬沈军长指挥新十三师及第五纵队解决第八纵队方步舟部，并编于第五纵队，故此命令子之项主力向胡田畈一节未照行动。

丙、以寅支午忠电令康司令：

奉长官薛丑感珍电开：(子)康纵队主力移驻武宁北横路、双娇山地区集结整训，并以一部轮番攻袭破坏箬溪、王家铺间敌交通通讯；(丑)以一支队以大王山、桃花尖为根据地对北搜索匪情，对南攻袭破坏瑞昌、王家铺间敌交通通讯；(寅)赣保十五团附铁道破坏队挺进岷山、大屋建立根据地，专任南浔铁道之攻袭破坏，希饬遵办具报。等因。希即遵办具报为要。

同时并以寅支午忠电转饬王兼军长知照。

四、战斗经过及本部之临机指示(作战经过如附图第三)〔图略〕

(一)作战经过：

二月一日至三月十二日

该部遵本部子宥亥忠电之指示：自二月一日至九日间清剿洋港至龙港间土匪，并搜剿横路铺、石人岭一带奸匪，据报无匪踪。十日辰刻，以第一支队为右纵队；三十四师一零二团为左纵队，分由双港口、下马、石街会向胡田畈一带奸匪进剿。第二支队及赣保十五团为预备队，位置于双港桥。未刻右纵队在雷公老附近与匪百余接触，战至申刻，将胡田畈占领，伤毙匪十余名，夺获步枪五枝，余匪向横列山逃去。

十一日，左、右两纵队肃清胡田畈附近散匪进占其东南之黄金塘、美女岭两要点后，分向坳上柯搜索。第二支队及赣保十五团进至胡田畈。十二日辰刻向据横刘山之匪围剿，正行动中，木石港及王家铺、北山源敌分道来犯，经迎击并破坏胡田畈至木石港间交通通信，激战至巳，将敌击退，仍继续进剿。未刻右纵队进占横刘山西南之王家岭、道士岩；左纵队进占横列山西之狮子山、吴家脑各要点，伤毙匪二十余名，夺获轻机关枪一挺，步枪九枝及步弹电线等多，残匪狼狈溃逃，并陆续由洪湾、富池口渡江北窜。十三至三月十日间该纵队以一部留胡田畈地区清剿潜匪，主力移驻张坊、洋港一带；三十四师一零二团亦移驻芭蕉洞口附近整理。三月十一日该纵队遵长官薛丑感珍电之指示：主力移驻横路、谢家坪并部署服行新任务。

（二）战斗期中本部之临机指示：

甲、由得悉该纵队到达张坊后，本部旋奉长官薛子敬诚密电饬沈军长指挥新十三师及第五纵队盛瑜部协力解决第八纵队方步舟部并编于第五纵队，故在鄂南之两个挺进纵队及新十三师，因此未照本部子宥亥忠命令子之项向南跟追堵剿。此时本部复以子引辰忠电饬其严密搜索警戒，如奸匪兵力不大，即行进剿，并指挥刘团长协剿，以期一鼓歼灭，达成任务。

乙、由得悉该纵队占领胡田畈后，以丑文巳忠电饬其努力搜剿，以竟全功，特须注意奸匪伏击及抄袭。

同时并电知沈军长：第二纵队已将胡田畈占领，希饬堵剿部队切实堵剿，俾收协歼之效。

三、进剿后奸匪行动及我军继续彻底清剿之部署（附图第四）〔图略〕

甲、奸匪兵力与行动：

（一）赣北方面：横列山、胡田畈地区奸匪，自经进剿后，已渡江北窜，仅横列山以北尚有极少数散匪，仍续图潜渡江北。

（二）鄂南方面：武、鄂、阳、大、咸、通、蒲、嘉各区奸匪经进剿后，其主力窜集江北马口湖、赛花洲、管家窑一带，其残匿鄂南者仅阳新县之朱家山有匪四二团一部，约三百余人；武昌县之保福寺有匪突击团雷同、江萍部，共约六百余人；咸宁之泉洪岭、冯家山有匪独立团李屏部，约百余人；蒲嘉区之太平口、陈家咀有流匪二、三百人，均陆续向江北潜逃中。

乙、我军部署：

（一）第二纵队部及第一支队在蔡家庄、横路一带整训，并以一部轮番攻袭破坏箬溪、王家铺间敌交通通讯。第二支队在大王山、桃花尖、石人岭一带对北搜索匪情，对南攻袭破坏王家铺、瑞昌间敌交通通讯。赣保十五团附铁道破坏队挺进岷山、大屋，专任南浔铁道之攻袭破坏。(二)三十四师一零二团归还建制，服行原守备任务。(三)第五纵队附新十三师三九团及别动军第二纵队一部，主力在太平街、王官山、太子庙、大王店一带继续彻底清剿奸匪；以一部沿黄颡口至石灰窑江边之线担任警戒，防匪渡江南窜。(四)第二纵队附鄂保十二团在东流港附近仍继续彻底清剿崇、咸、蒲、嘉区流匪。(五)七八军指挥所及新十三师（欠三九团）驻横石潭。(六)总司令部驻修水。

中华民国三十二年七月

〔国民政府军令部战史会档案〕

2. 陆军暂编第五十一师林茂华部袭击黄安麻城地区新四军战斗详报

(1943年5月25日—6月7日)

一、战斗前敌我形势之概要

师自大别山战役后，仍任军之右地区：以第二团担任三河口、麻城、阎河等要点之防剿；以第一团担任桢家楼、大坳等要点之防剿；以第三团控置于木子店附近积极整训，并随时策应各方之作战。旋奉军部辰齐昆仑电：饬即遵照剿匪计划第七号：以第一团归中央地之指挥，所遗任务另行派队接替。等因。正部署向复奉军部辰巧昆仑电：饬师应即受八十四军之指挥，其第一团仍应归制，接受新命。

截至五月二十四日止，当面敌伪除大部均已抽调湘北、鄂西作战外，计黄安百余，桃花、尹河、门前湾各三十余，中驿八十余，宋埠二百余，歧亭百余，黄陂城内九百余，其甘棠铺、横山市、中石港、花石桥、骆驼铺、善安砦、横店、碾子冈等处各四、五十名不等，均敌伪参半。又任家大湾、长轩岭驻敌各百余，许家桥驻伪十一师李宝莲部之一团。上列各该敌伪均凭籍坚强之工事，敏活之通信网暨灵便之交通工具，机动防守。至当面奸伪，计有：独立大队杨子宽部四百余，在谢店以南地区活动；四一、四二两团二千余，在潘塘西南地区活动；周志坚、罗厚福股匪五千以上，在木兰山、洪界山一带活动。其他近敌据点，尚有小股奸匪出没，各该地区内行政机关均被破坏无遗，并强征丁暨田亩捐，以图势力之膨胀，人民痛苦不堪。

此期敌伪匪及我军之态势如附图第一〔图略〕

二、影响于战斗之天候气象及战地状态

自五月二十五日至六月七日，天候晴雨寒热不一，在战斗最烈时，暴雨连日，道路泥泞，攻难守易，入夜则黑暗如漆，部队行动连络自感困难。每日日出为四时十分，日没为十八时三十分。

当面敌据点附近地形多属开阔，水田交错，更有沙河环绕，天雨则水势暴涨，阻绝交通。敌后大阳山至黄陂城一带间有平原、丘陵、小溪纵横，行动不便。黄陂城正东与西北、西南均有公路畅行无阻，但大阳山、观音殿东北地区崇山峻岭，东南则岗峦起伏，丛林繁茂，河流交错，村落稠密，攻守均悉困难。

三、敌兵力番号及主将姓名

黄安、桃花、尹河、门前湾、中驿、宋埠、歧亭各据点，综合敌伪兵力在七百以上，指挥官为松山少佐，黄陂及其附近各据点，综合敌伪兵力在三千以上，指挥官为夏木大佐；奸匪特务旅、独立第一、二团、第十三旅及第十四旅干部队先锋队及政工人员，总计约万余人，指挥官为周志坚、罗厚福、陈大姐、张振亚等四人。

四、战斗经过：

五月二十二日，奉八十四军参作辰哿辰电译命令要旨如次：

（一）暂五十一师以主力扫荡两道桥、料棚、谢店等地区之奸匪，一部在麻城、白果阻其流窜后即进入八里湾附近扫荡奸匪，并准备进击黄陂之敌。（二）一八九师五六五团除留一营在经扶外，主力与暂编五一师协同清剿两道桥、佛塔山奸匪后，即到七星坪附近，准备侧应两面之作战。（三）统限于辰有前准备完毕，开始剿匪至袭敌行动，候令实施。师基于上述要旨，即以师作命第四号专送各团其要旨如次：（一）师奉命归八十四军指挥，以主力扫荡两道桥、料棚、谢店等地区之奸匪；一部在麻城、白果阻其流窜后即进入八里湾附近扫荡奸匪，并准备攻袭黄陂之敌。（二）第一团由现地经闵家集、晏家店与一八九师五六五团协力扫荡两道桥、料棚、谢店等地区之奸匪后，主力即于两道桥、谢店附近防匪流窜，并作攻袭黄安、桃花、尹河、门前湾敌据点之准备；第三团位于麻城、白果之线，阻匪流窜，并作攻袭中驿、宋埠、歧亭敌据点之准备；第二团暂集结麻城西北附近相机钻隙敌后，扫荡八里湾附近之奸匪后，即于大小金山、木兰山附近作攻袭黄陂敌据点之准备。各部队应于五月二十五日前准备完竣开始剿匪。至敌据点之攻袭，应候另令实施。（三）师司令部暂移阎河，尔后进至林店附近。同时拟订本师作战指导实施方案，（如附录第一）于五月二十三日颁发各团，并呈报八十四军核备。五月二十五日复奉八十四军参战辰梗未电译命令要旨如次：（一）军为策应友军之作战，并指挥暂五一师向黄陂、孝感之敌攻击，另以有力一部同时搜剿感、礼、安、麻、陂、孝地区之奸匪，乘时肃清之。（二）林师主力即由现态势向黄陂之敌挺进攻击，并以一部攻击宋埠之敌据点，以保其袭击部队侧背之安全。（三）一八九师五六五团原路开七里坪附近，任安礼边境奸匪之清剿，策应两方面之作战。（四）各挺进袭敌部队暂又停止剿匪任务，俾袭敌任务易于达成，但须防范匪军之不意袭击，而乘机剿除之。（五）各挺进袭敌部队须有乘时清剿奸匪之准备。（六）各部队统限于辰敬前完成诸准备。

辰有拂晓开始攻击。

师遵所示，于同日六时电令各团，其要旨如次：(一)第一团即向林店推进，袭击黄安、桃花、尹河、门前湾之敌；(二)第二团即钻入敌后，进出八里湾，袭击黄陂之敌；(三)第三团即进出麻城、白果之线，袭击中、宋、歧之敌；(四)各团均限辰有前到达指定地点，充分侦查，准备待命袭敌；(五)师司令部暨直属连队于寝日向阎河推进。

师部于五月二十六日下午冒雨到达阎河，以黄陂附近敌伪匪环伺，情形复杂，为便利任务计，将三团二营配属第二团指挥，并以辰感品重电令各团：(一)师另派第三团二营属第二团指挥，即经宗埠、歧亭间钻入八里湾，于艳午会合第二团攻击黄陂之敌；(二)第一团除以一营位置麻城附近策应作战外，主力即就两道桥、谢店附近对原目标开始攻袭；(三)第二团即由麻城经谢店钻入八里湾附近，并指挥第二团第二营向黄陂敌攻袭；(四)第三团（欠第二营）于麻城、白果之线担任分剿，并即对原目标攻袭；(五)师为阻敌兵力转用起见，攻袭实施时间由第二团先期报部，再经全面据点统一实施。

第一团（欠第三营）于五月二十八日就两道桥、狮子口、段家村等处准备攻袭中。第二团于五月二十九日正午与第三团二营在八里湾会合。据报该处及其附近地区匪化甚深，奸匪特务旅暨十三旅兵力约五团在塔耳岗、洪界山一带活动。第三团(欠第二营)暨第一团三营仍准备攻袭中。

据第二团王代团长辰陷巳电称：“团准世日推进至黄陂属大阳山，以为攻袭之根据地，并准巳东晚开始。等情。师即以辰引辰品重电：饬第一、三团对原目标之攻袭于巳东晚同时实施，策应黄陂方面之作战。旋据第一团周团长电称：奸匪经我扫荡后，主力西窜，其两道桥、七里坪间尚有另星小股窜扰，当面据点伪军续有增加，工事强固并布有铁丝网三层，正积极设法破坏中。”又据第二团王代团长辰世亥电称：于世日由大小金山推进太阳山之途间，于分水岭、林家湾等处与匪战斗，共毙匪二百五十余，俘获男女匪犯五十四名，战马一匹，望远镜一具，手枪一枝，卫生材料及器械共五七种。团已于世午到达大阳山小砦附近地区，完成进袭准备，预定巳东戌进袭黄陂及其附近各据点。计师自六月一日起开始全面之进袭战斗。兹将详情分述如次：

第一团（欠第三营）对黄安、桃花、尹河、门前湾敌据点之攻袭；该团第一营（欠步兵一连）附迫炮二门于东亥分向黄安及夏店敌据点进袭，当将夏店攻克，并击毙敌哨兵一名，该敌向课子山据点逃窜。我进驻夏店后，即破坏该处附近桥梁三座，公路四段，电杆二十根，剪获铁丝三斤；并将该点付防御全部摧毁。至冬午，奸匪六百余向我侧背袭扰，为避免敌匪夹击起见，乃转向黄安、桃花间积极破坏交通通信，兼对敌匪防范。至巳江申，奉令集结汪家河待命。该团第二营（欠第四连）以第六连（欠一排）附重机枪一排攻袭桃花；第五连附重机枪一排便衣一分队攻袭尹家河、门前湾；其余部队策应各攻袭部队之作战，并防奸匪流窜，各于六月一日二十一时以果敢之行动向指定目标前进，不断以攻袭扰袭，使其兵力疲劳，并以一部与当地民众之协力彻底破坏敌交通通信，于冬辰将桃花东之烟灯岗攻克后，敌窜据其北之宋岗固守，我毁烧堡垒兵舍各二处，击毙敌兵二名。尹河、门前湾敌据点构筑强固，火力封锁严密，我步兵攻袭殊觉困难，激战至冬日黄昏后，我为避免无谓之损耗，遂转移兵力，作交通通信之破坏，并分派兵力一部对敌监视，防止其兵力转用，计破坏电杆一五四根，桥梁五座，门前湾仓库一所，尹家河敌储室一间，击毙敌兵八名，我负伤士兵三名，于江亥前遵令达汪家河集结待命。

第三团（欠第二营）对中驿、宋埠、歧亭敌据点之攻袭。

该团第一营（欠第二连）附第一团第八连，迫炮一门，工兵一班，以第一连附机枪四挺，炮一门，工兵一班，由副营长李一帆指挥，任中驿之攻袭；第三连附一团八连之一排，机枪二挺，以主力于彭家炉子附近设伏，专任伏击阻击宋埠增援之敌，以一排组织民众，并掩护对东岳庙附近交通通信之破坏。第一团八连（欠一排）位于许家咀以南高地，掩护攻袭部队之侧背，并担任对奸匪之防剿，自东亥开始攻袭以来，因敌点工事坚强，经三日之战斗，于支丑已将该据点予以攻克，并俘获伪警二名，剪获电话线八斤，卤获伪麻自卫队旗一面，六五步弹四十粒。该敌除一部逃窜外，余十余名困守大西门坑道工事内，极力待援。支午宋埠增援之敌百余，由多红中尉指挥，向彭家炉子绕进，遭我三连之伏击，激战约五小时，敌伤亡过半，不支溃逃。申刻营奉令撤至雨林山待命。该团第三营附迫炮一门，以第七连仍任大坳防务，主力向岐亭之敌攻袭，于冬子到达攻击准备位置，以第八连（欠一排）附机枪两挺，位于岐亭背杨家荡公路近傍设伏阻击宋埠增援之敌，并以火力制压北城之敌，协力第九连对岐亭之攻袭。第九连附机枪两挺，分路攻袭岐亭，并以一部对郭三屋方面阻击新洲增援之敌。自冬丑战斗开始，经我机炮火力猛烈射击，及步兵反复勇猛冲杀，卒将岐亭攻克，敌仓惶逃遁，击毙敌军三名，伪军五名，俘获伪军六名，步枪五枝，掷榴弹四枚，电线三十二斤，东南门碉堡及以南公路桥梁二座俱遭破坏。旋有新洲敌人百余增援，虽经我阻击后，仍绕道驰援，我为避免胶着，遂于午刻返防。

第二团附三团二营对黄陂敌据点之攻袭暨长岭岗、八里湾等处之血战。

该团到达太阳山作攻袭准备完竣后，即于东亥开始进袭黄陂及其附近各据点，企图压迫敌于河东而歼灭之。当时进袭部署如次：（一）闪荡大队及三营九连为城镇进袭队，以主力出敌意表，破坏其重点军事组织及各种设施，并阻绝由汉口增援之敌人。（二）

第二营附迫炮二门为河东各据点进袭队，以主力由甘露山向双凤亭前进，一举猛攻任家大湾、韩家垸等敌据点。(三)第三营（欠第九连）推进至甘露寺附近，掩护第二营侧背；其第八连应位置大路边附近，阻止骆驼铺、许家桥之敌伪向西增援，并破坏其交通通信。(四)第一营以第一连附机枪一排，位置于河西柿子山、铜钱山附近，阻止横山寺之敌向南增援，并破坏其交通通信，掩护城镇进袭队之侧背；至该营主力在歧凤山、大阳山一带占领阵地，掩护各进袭队之撤退，并防奸匪袭扰。(五)第三团二营在王家冲、观音殿一带占领阵地，确保团之根据地，掩护团之辎重。

各部□于东戌前到达指定位置，即开始袭敌，激战约三小时，奸匪千余由甘露山方面扰袭我后，该团即以一部兵力分头迎击，并为避免敌伪匪之多层危害计，经于巳冬拂晓前即将进袭掩护各队逐次转进至观音殿山麓集结以后，正拟遵师之指示向塔耳岗推进，经高桥河、七星坪至黄土岗待命。殊部队甫经离开观音殿之制高点，奸匪即乘机占领该山向我扰射。迨我以第二营之五、六两连将该匪击溃，占领该山制高点之舜时，通塔耳岗之要道复完全为匪独立第一、二团占领，长轩岭、观音堂、红毛砦等处之奸匪亦已窜至分水岭以南地区，其先头部队并已与我游击部队接触，其主力似在上古山附近。此次团遂决心于冬午向长岭岗前进，并将团之主力保持通长岭岗大道以北，以期一举攻略歼灭该匪。其前进部署如次：(一)闪荡大队即刻前进，侦察当面匪情及其主力，并后续部队之所在；(二)第三团第二营为前卫，仍在原线掩护团主力之前进后，经龚家湾、潘家田、汪家田、洪家田逐次以主力驱逐沿途之伏匪，尔后直向长岭岗之线前进；(三)第一营为右翼挺进队，由集中地出发，经潘家田、喻家大湾、汪家田、张家祠、夏家岗迂回向长岭岗前进，掩护团之右侧背，匪若突进时，须确保夏家岗之线；(四)第三营为左翼挺进队，由集中地出发，经郭家田、桥头寺、铁匠湾、杜家岗之线；(五)团直属部队为本队，在三团二营后尾跟进；(六)第二营为后卫，特须注意左侧之警戒。

至巳冬申，第一营已占领长岭岗；第三营则与匪成胶着状态，其长岭岗左翼大小据点均为匪先后占领，匪之主力在上古山砦内，团即决心乘时将其主力击溃而歼灭之。重点指向上古山北端，其部署如次：(一)闪荡大队警戒团左翼，对陈家岗、江家田特须注意；(二)第三团第二营附迫炮一门为右翼队，展开于王家湾迄罗家田之线，先以一部攻略匪之小砦后，继续攻击以北地区，进出三各砦后端之线；(三)第一营附迫炮一排为左翼队，展开于下袁家迄陈家林之线，先以一部攻略上古山北端三各砦，进出上古山中间地区；(四)第三营猛攻当面之匪，掣制其主力之转移；(五)第二营为预备队，位置于长岭固附近。

至巳冬夜深风雨交加，与匪鏖战五小时，迄巳冬亥大雨如注，狂风四起，匪首罗厚福身负重伤，匪兵溃乱，疑团满腹，因误会自相火并着约一小时之久，该上古山大砦遂为我完全占领，我王营长济美亦于是役壮烈殉国。

师以该区匪化程度太深，我第二团与匪主力如果胶着过久，殊为不利，故据报后即于冬戌电饬第一团速将当面敌据点予以攻克，准备待命，钻隙前往大小金山协力第二团之围剿，同时并饬第二团不惜牲生，将匪主力予以解决，必要时得转进大小金山附近，仍注意敌情之变化。江日拂晓前，奸匪陆续增至七千以上，集中于长岭岗作战地区附近，将我第二团重重包围。卯刻该团遂决心突围，向八里湾前进，拟诱匪于开阔地区而歼灭之。其突围部署如次：(一)闪荡大队□任匪情之侦察搜索，即经田铺湾、江家田、许家田、洪家田向八里湾西北曾家田、何库湾、张家田等地区搜索前进；(二)第三营于江日三时三十分先行突围，前进至许家田占领桃家咀、涂家咀、王家咀之线，掩护团之进出，尔后逐次向八里湾西北目的地推进；(三)第二营附迫炮一排为前卫，即经田铺湾、江家田、许家田、洪家田向八里湾西北曾家田、张家田前进；（四）第三团第二营及团直属部队为本队，按第三团第二营、团本部、特务排、通信排、迫炮连（欠一排）、输送连、卫生队大行李之次序，准前卫行进路向目的地前进；（五）第一营为后卫，以一连掩护大行李暨伤病患者，另以一连在本队后尾，逐次占领阵地，拒止奸匪尾追。

巳江辰掩护队、前卫、本队均依次到达目的地，殊八里湾附近各据点早为匪所盘据，所有集团村落亦均为匪预布埋伏，盖居民已全部匪化。此时八里湾附近计有匪队之十三、四旅，特务旅（各辖三团），独立第一、二两团，兵力在一万以上，复将我第二团重重包围于八里湾西北一带地区。

师据报后，即饬第一团主力暨大坳之第三团三营火速分别钻隙前往救援，并电一八九师五六五团王团长即派队向林店、两道桥间搜剿奸匪，同时师以第三团第一营尚在中驿与敌战斗中，林店、大坳方面均无兵守备，即电请两军部派队向该两地推进防剿，复电饬第二团极力支撑，俟与周围张营会合后，即予匪以重大之打击。该第二团遂决心攻占八里湾以西大路口、龙脊山、左大山各据点，掩护固守八里湾城寨，相机将匪击破歼灭之。其固守配备如次：（一）闪荡大队续将前任务若受匪之压迫，可移城镇附近警戒团之左翼；（二）第三营附三团二营之第四连、第六连与机二连之一部立即占领大路口、龙脊山、左大山各据点后，竭力固守；（三）第一营为城镇外围守备队，占领四周各要点，特须以一部侧防据点守备队之前地；（四）第二营附三团二营之第五连与机二连（欠一部）为城镇守备队，占领城垣四周，特须以一部侧防城镇外围守备队之右前地；（五）麻城自卫第一、第三两中队，担任城镇巷道及内围之警戒；（六）迫击炮以一部协力据点守备队，以主力在城垣南侧占领阵地亘战斗各期准备炽盛之火力压倒匪兵，使守备部队得依情况许可相机出击而歼灭之；（七）特务排归黄副营长指挥，位置城镇西侧附近督战；（八）卫生队在城内开设绷带所，并组织义勇救护队；（九）输送连组织民众运输队；（十）政工同志组织城镇青年为宣传队；（十一）各守备队应赶筑工事，并充分设置照明材料，以备匪夜袭时予以痛击；（十二）通信排以团部为基点，迅速架设各守备队间之通信；（十三）行李辎重位置于城内。

巳江黄昏匪集中全力向我猛攻，反复冲锋肉搏，激战竟夜，始未得逞。旋以一团之众攻击我三营九连之左大山阵地失而复得者。再其匪伤亡之数竟达五百余我仅伤亡三十余名，而始终保有左大山阵地。巳支拂晓匪遭我重大打击后，各守备队遂窥破好机，断行逆袭，匪尸遍野，血流成渠，是役综计奸匪伤亡三千余人，其参谋主任及作战科长俱被我击毙，我亦伤亡连长以下官兵约八十员名。巳支辰由第一、二、三营各挑选加强连一连即按指定目标分途追击败退之匪，并清扫战场，掩埋阵亡尸体，各守备队调整部署，加强工事。

师以第三团第三营因河水陡涨，不能徒涉，仅得第一团（缺第三营）驰援，以匪数相差悬殊，乃令该营随师之第一团三营、师直属部队经中驿附近会合。第三团第一营直趋八里湾救援，限支申集结麻城待命出发。旋奉兼军长刘巳支未昆仑电：以大坳为主要据点，不可无兵设为敌匪所乘，影响整个战局甚钜，饬仍勉力兼顾。等因。师遵即勉力抽调加强步兵连开驻大坳防剿，但自支至微丑刻迄未接到第二团消息，师决心于微日拂晓经中驿钻隙直趋八里湾救援，至申刻到达喻家河，正准备当夜钻隙续进间，旋据第二团报称：（一）巳支申我第一团主力已抵中和司，惟因河水泛涨，经隔河与匪对战后，派员取得连络，推进谢家湾沿河附近，掩护本团后背；（二）巳支黄昏后，匪复进犯，率领爬城队携带木梯竹竿绳索等，利用地形地物向我接近，我用燃料堆积于阵地前适当位置，待匪接近即行照明射击，匪伤亡惨重，匪政委陈大姐有被我击毙说。第二团附三团二营微日拂晓在第一团掩护下渡河，已微申与第一团在代家河会合，即协定按二、一团顺序钻隙敌据点，经西张园到达谢店，于鱼寅与奸匪十四旅主力遭遇于谢店西南地区，师据报后，即派一团三营由喻家河向该匪侧背猛烈压迫，激战终日，遂将该匪击溃西窜。旋奉八十四军巳微酉一电：暂五一师进出八里湾向黄陂袭击之部队，为免除敌伪匪三面夹击起见，应相机转移兵力向中宋黄据点之敌攻袭。等因。同时骑骡铺附近忽报有大股奸匪窜扰。师鉴于阵地防务之重要，即电各部即日回师。其部署如次：(一)第一团三营即开谢店；第三团二营即阎河以西地区，各归建制。(二)第一团仍就两道桥、谢店等处积极整补，防匪流窜，继续袭敌。(三)第二团即开麻城附近地区，积极整补。(四)第一团仍一、三营任大坳附防务，主力即开阎河以西地区整补，继续袭敌。(五)师指挥所设沙河集。(六)限各于鱼辰开始行动具报。师指挥所于鱼申到达沙河集。第二团附三团二营虞抵麻城。第一团于齐午抵麻店，寒日奉令归制转移剿匪态势。

全战役战斗经过如附图第二〔图略〕

五、敌我伤亡损耗之比较

综合袭敌剿匪各役，计敌伪伤亡七、八十名，俘获伪军八名，步枪五枝，电线四十余斤，子弹四十粒，掷榴弹四颗，匪伤亡在伍千以上，其重要份子之被击毙经证实者，计有参谋主任、作战科长、兵站医院院长各一员，匪首罗厚福负重创，并俘获匪官兵三百余（除情节较轻取得保释放省外，其余二十七名均经审讯属实呈解法办），战马一匹，望远镜一具，勃朗林手枪一枝，步枪六枝；子弹五百发，电线百余斤，卫生材料及器械五七种，文件一束。我军人马死伤失踪数目如附表一，卤获如附表二，我军武器弹药损耗如附表三〔表略〕

六、战斗后敌我之行动

匪主力被我击溃后，已回窜长轩岭、木兰山老巢，一部化整为零，分窜黄岗、应山等地。

七、经验与教训

袭敌方面：

一、敌军优劣点：甲、优点：1．战斗意识坚定，能死守待援；2．据点大，网严密，工事强固。乙、劣点：1．援军时被截断，疲于奔命；2．离开据点，无战斗力量。

二、我军优劣点：甲、劣点：1．射击技能未臻熟练；2．受奸匪侧背威胁太大；乙、优点：1．士气旺盛，愈战愈强；2．奉行命令彻底。

剿匪方面：

一、奸匪优劣点：甲、优点：1．侦察精细，善于乘虚；2．运动力大，决战方面兵力能适时集中；3．化整为零，动作迅速，利用时机，巧于退却；乙、劣点：1．素质不良，士气不振，一经摧破，即仓惶逃窜；2．破坏抗战事实卓著，一般人民多被迫胁，从内心怀恨。

二、我军优劣点：甲、劣点：士兵战斗动作尚不熟习，如蝟集一处，浪费弹药，重火器不能协调等。乙、优点：1．将士用命，能彻底奉行命令；2．能打破危局，主动支配战场；3．战斗前诸准备绵密妥当。

戊、军令后作战应注意之点：

(一)能坚忍不拔，勉力支持至最后五分钟者必获最后胜利。查第五团附三团二营固守八里湾之役，与匪万余激战，亘六昼夜，被匪重重包围，然能沉着固守，不稍动摇，并适时予以至当之处置，摧破其锐气而能与匪以重大之打击者，即此也。(二)冒险愈大，其战果亦必愈多。查此次攻占观音殿、上古山，突围长岭岗等处，在巳冬前对观音堂、红毛寨、大小金山各方面向我前进之奸匪，情况始终不明，若至情况明瞭后，再行攻击不致迟误，故于匪军立脚未稳断行攻占观音殿、上古山，以迅雷不及掩耳之手段，突围长岭岗，诱匪于开阔地区予一(下缺)。

陆军第三十九军暂编第五十一师作战指导实施方案

第一、方针

一、师于地区之奸匪扫荡后，以一部仍任防匪流窜，主力得同时发动对敌各据点全面攻袭，以达成阻绝其兵力转用为目的。

第二、指导要领

二、各团除任对敌据点攻袭外，应按照以必要之兵力，防匪流窜。

三、担任攻袭部队，对敌据点之编成，兵力工事之强度（尤其侧防机关）暨交通通信之设施等，事先应有详确之侦察。

四、对敌据点之攻袭，正面使用之兵力宜小，应以机动部队积极破坏其交通通信后，向其侧背压迫而攻略之。

五、担任正面攻袭部队务宜勇猛，以吸引其兵力，对敌交通通信之破坏，尤宜彻底，以防制其兵力转用，应并酌派部队监视，阻敌抢修。

六、各攻袭部队务以机动之态势，乘其弱点，相机攻略之，惟须注意避免与匪胶着。

七、各攻袭暨剿匪部队须互相切取连络，并应讲求秘密，以适应机宜。

八、各挺进深入部队，应自乘挺进敌后及回师之便，彻底搜剿敌后奸匪之准备。

九、剿匪部队于扫荡后，应协力地方重建，并发动民众协助军队。

十、应利用地方谍报机关组成严密之情报网，随时侦知敌匪行动，以为适当之处置。

第三、攻袭实施

十一、步兵第一团对黄安、桃花、尹河、门前湾敌各据点，应按其状态，适宜编组若干攻袭部队，预行所要之准备。

十二、步兵第三团对中驿、宋埠、歧亭敌各据点，应按其状态，适宜编组若干攻袭部队，预行所要之准备。

十三、步兵第二团应于大小金山、木兰山附近选择要点，构筑工事，并屯集粮草，以为攻袭之根据地，除应事先对攻袭黄陂敌据点行所要之准备外，并应对匪注意防范。

十四、攻袭开始时期为使敌各据点不能呼应，处处薄弱起见，由师统一归定，再行饬遵。

十五、师司令部于攻袭开始时，即进至林店附近。

第四　其他

十六、战伤患者尽量设法后送，不得遗弃，违者定予严惩。

十七、输力不足时，得由地方另行设法征集。

十八、通信暨粮弹补给，仍如前令所示。

〔国民政府军令部战史会档案〕

3．陆军第八十四军张尧玮部与新四军张体学部在鄂东罗田作战机密日记

(1944年1月—2月)

元月二日，天候：雨。宿营地：湖北滕家堡，依限肃清防区内奸匪军调整部署情形。

一、决心处置及命令主要内容：

1．奉总部总惟作亥全未电开：参一亥俭电悉。可饬五六师参加积极剿匪，依限肃清区内奸匪。该师配属日期不能预定。

奉右电后，经军参一子冬午一电，调整孔、张、牛三师部署如左：

军为使各师以主力并指挥辖境内地方团队、党政人员积极搜剿奸匪，期于二月底以前肃清起见，特调整部署如下：(一)一八

九师（五六六团任务暨驻地同前）五六五团（木子店之一营归建）将白果防务移交一六八团后，即开骑龙铺附近地区，并派一加强营驻林店，接替五六七团之任务。（二）五六师（配属第十八挺进纵队、党政第十四分队）即以一六八团接替五六五团白果防务。（三）五六七团（在林店之一营交防后归建）仍归军之预备队，驻木子店、三里岗一带。（四）一七四师配属及欠缺部队不变。（五）作战地境：（1）军与三十九军、鄂东挺进军地境不变；（2）五六师与一八九师为程家河、沙河集（麻城北约八里）、晏家店、门前湾、八里湾、长堰市之线，线上属左；五六师与一七四师为木樨河、龟头河、道观河、旧河街、新洲、仓子埠相连线，线上属右。上各项仰各遵照实施，并将剿匪情形随时具报。

2．据张师参一全申电称：师部及直属队艳申开抵木子店；五六七团（欠第二营）麻城防务已于艳日交一六七团接替完毕，卅开抵熊家铺附近集结。

元月三日，天候：雨。宿营地：湖北滕家堡，五二零团搜剿部署指示进剿部署：

一、决心处置及命令主要内容：

1．据牛师亥卅酉电转苏团亥寝电称：（一）第一营（欠一连）附步炮一门，宥由六神港开浠水附近；（二）团率直属队及二、三两营决于俭日由浠水分向铁炉坳、汪家岗、竹瓦店之线前进，就搜剿部署。

据右电后，经军参一子江巳电饬进剿如左：

参战亥卅酉电悉。五二一团除以一部在浠水向匪敌警戒外，主力应不时分为数个小纵队，相机由铁炉坳、竹瓦店之线向新洋铺、巴水、驿河坪、广福寺之线进出，搜剿散匪，剿灭滨湖区匪之活动及东西流窜。至望天匪之船舶可同时搜捕焚燬之，并将剿办情形具报。

2．军读寅江未电，饬孔、牛、张三师如下：查迩来各部进剿，一经部署完毕，每陷于停顿状态，坐待匪来，始于应付，未能发挥机动与穷追痛剿，膜视其滋长蔓延，自由窜扰，倘不力求改善，安足以遏彼嚣风而扬我士气。此后各部进剿，务采机动奇袭区，分多数有独立作战性之小纵队，分途搜剿，反复扫荡，使匪无法零整互化，自易根绝。至一七四师五二一团、五二二团应常进出江岸，控置匪惯窜路线，遮断其连络，搜毁其税收机关，使其经济来源日竭，收效自宏。至沿江各湖匪军船舶，务宜搜捕焚毁，免资匪用，仰各切实遵行。若党政机关配合不力，或粮弹补给困难，务速呈报原因，俾资改善，以利剿办而达成副长官所付与吾辈之使命为要。

元月五日，天候：晴。宿营地：湖北滕家堡。

一、决心处置及命令主要内容：

军参一子微未电，饬牛师长改正三项：(一)该师重点应置于右翼；(二)五二二团正面应向西；(三)五二一团主力及团部应移驻浠罗大道附近。

元月十日，天候：晴。宿营地：滕家堡，一七四师设立前方指挥所。

一、命令通报报告主要内容：

1．据牛师参一子佳未电称：兹拟派本部参谋长吴致中率五二零团之一营并指挥各团赴前方设立师指挥所，限期清剿巴水两岸奸伪。

据古电经军读耀子灰未二电：饬子佳未电悉。准暂设临时指挥所，以便就近指挥剿匪事宜，但须注意酌留兵力于后方，以便阻袭匪之内窜，并须准备以一加强营援助程纵队。又右翼须与接替十八纵队之五六七团连系。(二)军读耀子灰申电转报总部备案。

2．军耀子灰电，饬牛、孔、张三师长新部署计达，希各迅速行动，于元月底肃清区内奸匪。

十八纵队归建。军调整部署。

3．奉总部总惟作子虞申电略开：一八九师五六六团即开鄂东。十八纵队解除挺进陂汉任务，归建。

奉右电后，经军读子灰未电，饬各师调整部署如下：（一）张师（设指挥所于阎家河）即与孔师换防，两师地境改为程家河、沙河集、中馆驿、宋埠、十八里湾、长岭关之线，线上属一八九师（其余地境不变）。（二）五六五团（林店防交与五六师）即开麻城附近，接替一六七团防务，并积极剿匪。（三）五六六团开木子店、南石头坳附近，为军机动部队，应常派兵赴三河口、长岭关一带游击，并作夜行军，以期发现奸匪而歼灭之。（四）五六七团以一部开白果接替一六八团防务，主力开望花山附近，积极向西剿匪。（五）五六师交防后，即开新防地积极搜剿林店、谢店、两道桥一带奸匪。（六）十八纵队俟五六七团到达望花山后即速归建。（七）各部除积极剿匪，对敌警戒外，特须与左、右翼友军互派武装部队紧密连系，并常派部队侦察各所在地后方地形及道路，以资熟习而利作战。

元月十三日，天候：晴。宿营地：湖北滕家堡。

一、命命通报报告主要内容：

1．递奉委座子微令一元牺电开：据报奸伪近来每待国军危难之际，故示小惠或予走私方便，或于对战时先俘复纵，从而优待资遣，使对方感动，于是曾予接触接近之部队第二次进剿，即不积极进行，甚至由感激连络有立互不侵犯条约者，似此情形殊属可虑，除饬政工单位对奸伪兵运手段严加防范检举外，嗣后各部队并应一体严防，可派清剿部队及保安司令团队并应更换，派遣各前线部队，团以下非会战时间，并应两月或三月施行局部调防一次，以防隐患，希饬各军、师、保安部队酌情切实办理，勿忽为要。

右电经军读耀子元未电转各师并饬属切实遵照办理具报。

五六师进剿部署。

2. 据五六师子文未电称：师交防后，拟以一六七团进驻林店，并以一加强营推进谢店，担任该地区之搜剿。一六八团以一营开驻骑铺，搜剿该地散匪，其余随师部（附一六六团第三营）驻福田河，担任该地区之驻剿。当否？迄示。

右电经军读耀子元未二电指复：子文未电悉。贵师须顾虑对两道桥、西张店各周围山地奸匪之搜剿，而配置之其他如拟。

3. 据牛师参战子文电称：参一亥戌二电奉悉。经饬遵在案。据称：总指挥亥世电称：保二团第三营开眠龙寺向诸葛团长报到，但接防部队尚未能到达，拟先由本军十六纵队派一个大队开驻团陂归诸葛团长指挥，俟十八纵队派队接替防务后，再饬该团第三营前往报到，可否？敬希

示复。等由。谨电核示。

右电经军读耀子元申电复可照程所拟施行。

元月十七日，天候：阴。宿营地：湖北滕家堡。

一、决心处置及命令主要内容：

奉总部子铣参一电开：(一)着五一军即开潢川，接替五十一师防务，限丑东交接完毕；(二)三十九军（欠五六师）俟暂五十一师防务交接后，即开唐河县归长官部直辖；(三)五六师归本部直辖，以一部驻经扶沙窝、七里坪一带搜剿残匪，主力即开商城策应鄂东之剿匪，并以一连担任固始机场之警戒。

奉右电后，经军读耀子筱午电饬如次：(一)一八九师即延伸右翼，以一加强营接替五六师林店防务，并积极向西向南搜剿奸匪；(二)五六师交防后，即开新防区；(三)一八九师与右翼友军之作战地境同本部作计第十二号所示，仰各遵照具报。

元月十八日，天候：雨。宿营地：湖北滕家堡。

一、决心处置及命令主要内容：

据牛师子铣电转五二二团子文辰电称：寒晚派第一营由方家坪、黄家湖南端拆向北扫荡；第二营全部由眠龙寺经淋山河，删

拂晓攻击石盘咀匪穴，再向王家方扫荡，与第一营会合，当晚宿营金鸡山；（二）铣日全部沿公路附近扫荡南下，经黄大岗、铁铺、鸡子湖等地；第三营（欠二连）经范家巷，拂晓攻击孙家咀。筱日第一营由巴铺回防；第二营经长岭岗拂晓与三营围攻孙家咀，并与进占新洋铺之卢营相呼应扫荡；（三）皓日派队至路口，主力在陶店扫荡；（四）智日回防。

据右电后，经军读斌子巧戌电：饬韦团注意左翼警戒，并向西向南游击，以资策应进剿而保安全。

元月十九日，天候：雨。宿营地：湖北滕家堡。一七四师剿匪部署

一、报告主要内容：

据牛师指挥所参战子铣电略称：为彻底清剿防区奸匪，部署如次：（一）五二一团（留少数警卫现驻地）分数纵队进出望天湖西岸亘广福寺之线，指挥所率一营进出新洋铺以南地区，分别反复搜剿浠河、巴河间地区奸匪；（二）五二二团主力进剿巴河西岸该团防区奸匪，一部进出孙家咀阻剿匪之西窜；（二）各部队限子铣行动，拂晓到达预定位置，开始进剿。

右电经军读耀子皓申电转报总部。

元月廿日，天候：雨。宿营地：湖北滕家堡。五六师开新防地对剿匪指示：

一、命令报告及主要内容：

1．据孔师长巧酉参电称：（一）麻城、白果交防已毕，各部队皓开新防地；（二）师部及直属队号开商城南之下马河。

右电经军读耀子智午二电转报总部。

2．递奉委座子覃令一元电略开：训令：查倭寇狡诈，乘间投隙，乃其惯技。兹值农历年关在迩，难免其无乘机窜扰企图，我官兵或尚有不明大义于旧习致对防务有松懈情事，各战区长官应严督各部队随时作战斗之准备。子号起至丑灰期间内，尤应随时

严加警戒，不得丝毫虚忽。

奉右电后，经军读耀子哿未二电饬两师遵照。

3. 军读子哿戌电：饬一七四师剿匪，以奇袭为主，该师以约五个营之大部队位置于长江附近，不但剿匪不到兼将引起敌之注意，仰即适宜处置具报。

元月廿一日，天候：雨。宿营地：湖北滕家堡。我第一线距敌第一线太远。

一、决心处置及命令主要内容：

1. 递奉参谋总长何戌寒令巳代电开：密。据本会武汉军事特派员王达电节称：(一)我第一线距敌第一线太远，最少有三十余里或百余里者，似此不但反攻受敌迟滞前进之害，且予敌以活动之地带似应将警戒阵地再行推进，以杜此弊；(二)各地驻军驻久即易发生以驻地为家之念，因之有调动迟滞之弊，对于师以下可否在短期移动互调。等情。特电希查照参考酌办。

左电经军读耀子马午三电转饬牛、张两师参考酌办。

2. 递奉长官李瑾韬亥马未代电开：通报：戌马敌在桃源附近使用伞兵情形如次：(一)敌机十六架，内有运输机若干（数目不详）；(二)伞兵共约六十余人，于马申开始跳伞；(三)跳伞时约在一千五、六百公尺之高度；(四)于伞兵着陆稍前，即有类似装备物体投下（何物不详），伞兵距其目标较近降落；(五)我军曾向降落之敌捕捉，敌机低飞扫射；(六)查敌予桃源附近使用伞兵，曾先行多次侦察；(七)敌机与伞兵未着陆前，即在其目标附近以机枪先行猛烈扫射后，于四周行浓密射击，并低飞投弹轰炸，伤害我捕捉部队；(八)此次敌伞兵之指挥者投落于地形较高之处，并举火为号，同时配合敌之便衣队向我攻击；(九)敌在桃源使用之伞兵似系试验性质，其着陆后约有三十分钟以上始见行动，希并饬属知照研究对策为要。

右电经军读耀子马未代电转两师及各直属队饬属知照，并研究对策。

遵照阵中勤务令上卷第二篇命令各条及作战教令二十号切实实施。

3．递奉长官李亥寒瑜廖代电开：查各部队对于作战命令，常有未能彻底实施者，原因固多，而发令者与受令者多未发按照阵中勤务令草案上卷“命令”各条实施，为最大症结。曾于三十年三月颁布命令实施监察办法作战教令第二十号，以求补救。兹查仍有遵行不力，视如具文者，此种恶习并应彻底纠正。兹再重申前令，仰一体遵照阵中勤务令上卷第二篇“命令”各条及作战教令第二十号切实实施。

右电经军读耀子马午电转两师并饬属切遵照实施。

元月廿三日，天候：雨。宿营地：湖北滕家堡。

一、报告主要内容：

1．据牛师参战子马午电称：五二二团扫荡陶店路口地区散匪后，以第三营归师参谋长指挥，并掩护抢购。第二营皓辰经范家岗，午抵宿陈德岗。

右电经军读耀子梗巳电转报总部。

元月廿八日，天候：雨。宿营地：湖北滕家堡。对调动应确保守机密。

一、命令报告主要内容：

1．递奉委座笴令1204调电开：查部队调动极关机密，乃近来时有当地党民众团体联衔电请挽留情事发生，无论是否出于自动，均有未合此种情事，嗣后严厉禁止，并特注意行动秘密，以重军机。

右电经军读耀子俭来电转两师及各直属队饬属一体遵照。

2．据牛师长参战子养来电称：读耀笴戌电奉悉。遵即处置如次：

（一）师部指挥所于养日撤销，所受指挥各部队着即归建；（二）

五二二团向西布防，团部移驻东岳庙；(三)五二一团主力移浠罗犬道，团部驻黄大坳，并饬各团常取机动姿态，随时积极侦剿。

右电与军读子智戌电，经军读耀子俭巳电一并转报总部。

元月廿九日，天候：阴。

一、决心处置及命令主要内容：

递奉司令长官李光瑾字第一六五零号训令开：近查各地发现有散兵土匪不顾廉耻，冒充挺进军别动军等名义到处招谣撞骗，敲诈勒索，擅缴民枪，奸淫掳掠，殊深痛恨。嗣后如无本部命令或友军事先通报，而擅自收缴民枪，扰害地方者，准就地缴械扣押，电报本部核办。除分令外，仰即遵照，并饬属遵照为要。此令。

右训令经军读耀字第0128号训令转各师并转属遵照。

元月廿一日，天候：阴。宿营地：湖北滕家堡。

命令报告主要内容：

据牛师长参战子俭午电称：师指挥所经已撤销，吴参谋长及归其指挥各部均于子宥分别回防归建。

据右电，经军读耀子引午二电指复如下：参作子俭午电悉。指挥所撤销后仍须督饬各团积极进剿，勿稍松懈。

二月一日，天候：雨。宿营地：湖北滕家堡。派部进剿横车桥、灵蛇山附近奸匪。

一、命令通报报告主要内容：

1．奉总惟绥子艳辰电开："据报：横车桥、灵蛇山(均浠水东南)等地区奸匪日渐滋蔓，应及早肃清。兹饬如次：(一)一七四师应以有力一部由浠水、关山之线向东南搜剿；一三八师以两营以上兵力由观音岩、桐梓河以西之线，向西搜剿；挺进军以主力由现驻地向南搜剿，务将该匪包围蒋家山附近地区内而歼灭之。(二)在协剿期间，各进剿部队由程总指挥统一指挥，以期协同确实。(三)各部统限丑微以前准备完毕，开始行动。"

奉右电后，处置如下：(一)军丑东未电转饬一七四师派兵一团（欠一营）归程指挥协同进剿；(二)军丑东未二电达，程总指挥与该师派部就近连络；(三)军丑东申电呈总部遵饬牛师派兵一团（欠一营）归程部指挥进剿矣。

二月二日，天候：阴。宿营地：湖北滕家堡。匪情：派鄂在浠水城附近集结。

一、命令通报报告主要内容：

1．据五二二团保五团报称：张体学率匪股约二千余在辛家冲一带活动。

据右报告，经军读耀丑冬午电，饬一七四师应即查明，由五二二团、保五团各派一加强营进剿具报。

2．准鄂东程总指挥丑东午一电略开：贵军派出清剿部队请于丑微在浠水城附近集结，并将部番号、兵力、指挥官姓名电知为荷。

右电经军读耀丑冬未电，转饬一七四师遵照办理，并通报程部。

二月三日，天候：雪。宿营地：湖北滕家堡。

一、报告主要内容：

1．据牛师子卅丑东两电转报：五二一、五二二两团部署如次：(一)五二一团率第三营移驻豹龙庙附近；第二营（欠四连）主力移驻汪家岗；第一营仍驻浠水。(二)五二二团率第二营驻东岳庙附近；第一营驻眠龙寺、林家湾、神仙岩一带，负责清剿回龙山、长岭口、孙家咀地区散匪，各营均对敌警戒。

右电经军读耀丑江巳电，转报总部呈察。

二月六日，天候：晴。宿营地：湖北滕家堡。

一、命令主要内容：

奉总部惟作丑江辰电开：鄂保八团着归鄂东行署指挥。

右电经军读耀丑鱼巳电，转牛张两师知照。

二月七日，天候：晴。宿营地：湖北滕家堡。

一、报告主要内容：

据牛师长丑微电转五二一团丑江未作电称：为积极彻底剿清防区奸匪，派唐副团长率第三营主力及一、二两营有力一部支日出动，搜剿巴水汨、袁家桥、杨铺岭地区，微日搜剿望天湖东西岸后，余第二营一部回原部防外，余暂移驻浠水。

右电经军读耀丑虞未电，转报总部。

二月十日，天候：晴。宿营地：湖北滕家堡。

一、报告主要内容：

1. 据牛师参战丑齐电称：查王富六、辛家冲、王家方等地河泊交错，常有匪盘据，师为便于进剿及尔后作战容易起见，特派工兵一排携带所要器材于鱼申抵东岳庙，归诸葛团长指挥。

2. 据牛师丑齐电转苏团长丑鱼申电称：奉程总指挥丑微指建电：令团（欠第一营守备浠水）于鱼日移浠水集结，候命行动。

右电经军读耀丑灰巳电转报总部。

二月十四日，天候：晴。宿营地：湖北滕家堡。

一、决心处置及命令主要内容：

1. 奉总部惟绥丑虞未电略开：查各防区奸匪原定本年元月底前肃清，现限期已过，而各防区奸匪仍甚猖獗，且有蔓延侵入腹地之势，为期彻底肃清以利反攻计，特再延展一个月，仰各并饬所属积极搜剿，务于丑月底前确切将各该区内奸匪肃清。

右电经军读耀丑寒午电，转各师切实遵照，并饬第一线团营自动搜剿，依期肃清具报。

二月十六日，天候：晴。宿营地：湖北滕家堡。

一、报告主要内容：

1. 军读耀鸿丑铣辰电呈报总部：鄂保五团已奉令归建，尚有鄂保二团第三营自奉总指参作亥齐午电拨归本军指挥以来，迄今未见到达，有碍防剿工作，恳饬归建。又请赋予保二、保五团任务，以便连系协剿。

2. 据牛师丑元电转五二一团丑文电称：浠水边境奸匪经剿后已化整为零，散匿两县边境山地中。又寒日以第二营搜剿策山、江家河一带。第三营搜剿六庙铺、彭思桥地区奸匪。余部仍在六庙铺协助办理善后。

右电经军读耀丑铣未电转报总部。

二月十七日，天候：晴。宿营地：湖北滕家堡。

一、命令报告主要内容：

奉总部惟战丑支午电开：本部幕字第一号剿匪计划原定元月底肃清，现限期已满，着各将剿办情形及所获成果，限丑灰报部，以凭转报。

奉右电后，经军读耀丑筱代电，将进剿经过、计划、检讨意见具申等列册呈复总部（如原件）。

陆军第八十四军进剿鄂东奸匪之检讨

甲、进剿经过：

军于亥支奉到总部幕字第一号剿匪计划后，随即策定军剿匪计划（见军作计第十二号），饬两师以主力进剿，其经过情形如下：

（一）十二月份：

1. 一七四师

十二月四日至九日，五二一团以主力搜剿巴河东岸望天湖以北及浠水西南地区潜匪以后，常以小部队游剿散匪。廿八日，复以主力分三路向巴河东岸扫荡，于竹瓦店附近击溃匪四十团后，分置主力于汪家岗、竹瓦店、杨家祠、铁炉坳等地搜剿潜匪。该师五二二团乘与十六纵队换防之机会，沿途搜剿。

2. 一八九师本月中旬以前在后方集结，末旬接替五六师一部防务，只能实施机会进剿匪，未克布置有计划之计划进剿。

（二）元月份：

军因鉴各部进剿迟缓，收效甚微，颁发子江电饬采机动奇袭，分途搜剿，反复扫荡。各部奉电后，遵照行动，所获成果至大。

1．一七四师：

元月八日，五二一团以有力一部进剿河坪、茅江港、父子岭一带，十日进出蒋家山、彭思桥地区搜剿，同时五二二团以一加强营向黄家湖东岸及陶店地区搜剿，于竹林湾附近破获匪合作社一所。

该师为统一剿匪计，自子灰起派吴参谋长率兵一营设游动指挥所于巴河东岸，督饬第一线团实行全面搜剿。自十五日迄廿日，五二二团本其原定计划以主力搜剿马驵湖以东，巴河以西，长江以北袋形地区，用夜强行军，实施奇袭，于黄家湖滨摧毁匪主要根据地，击破匪十七团及四十团共千余，毙匪四百余，匪主力向马驵湖西溃散。该师吴参谋长亲率第三营搜剿巴河以东，望天湖以西地区，于汤铺岭附近击破匪谢挺部队百余，并破获匪税收机关一所。五二一团主力搜剿望天湖缘迄浠水河以西地区，并反复搜捕，是役匪遭我奇袭及全面反复搜剿纷纷退入敌后，或渡江南窜。我各部以大股匪已或死或逃，目标消灭，乃分于廿一、廿二日返防，并不时派小部搜捕残留潜匪。

2．一八九师五六七团第二营元月六日由林店向西道桥方段福股进剿；五六五团主力接替五六师麻城及林店五六七团之防务后，于元月廿八迄卅一进出谢店搜剿刘自元部，该匪闻风散窜，努力进蹑，乃能捕获少数残匪及地方党政人员。

乙、所获战果：

以上各役共毙伤匪五百六十余（渡湖渡河溺死者不计），俘六十余，摧毁合作社五所，税收机关两所，匪损失物资约值百余万元。

匪大部深入敌后防区及江南仅余零星散匪。现林山河以东，浠河以西，我军控制地区之附匪民众相率反正，刻正督饬各团办理善后，恢复党政中。

丙、剿匪计划之检讨：

（一）适切实施之部：

1. 沿江自团风迄浠水，匪固定税收机关及合作社均遭我摧毁，匪经济来源、物资储屯等颇受打击。

2. 浠水、黄冈两县高级党政人员（区长以上）均率队随军进剿，尚能配合军事行动。

3. 部队以实行全面夜袭与全面反复搜剿，使匪散窜潜匿，与化零为整均感困难，尚能适应军剿匪指导要领第七之要求。

4. 沿江滨湖及近敌之匪根据地，已按计划指导要领第七、第八所示，分别予以摧毁。

（二）未适切实施之部：

1. 进剿部队缺乏自动性与强韧性，未能切实勤剿与不断奇袭，以出匪意表，而穷追捕杀之。

2. 各部之谍报耳目无绵密组织，地方基层力量（乡保以下）未能切实配合，尤以地方情报网未普遍设立，以致情报迟缓，延误进剿时机。

3. 于肃清匪伪区域内以党政推动不力，碉堡未能及时建筑，且地方团队力量微薄，致近接敌区各要点不时有散匪回窜，我方党政无法重建。

4. 以一八九师初期集结五六师后方以后，复以换防关系，调动频繁，致施剿不能按计划，以全力进行。

5. 左翼友军战力薄弱，不能连系协剿，致散窜于蒋家山附近奸匪不能扑灭其主力。

6. 原定元月底肃清匪患，终以匪利用湖沼及长江与敌后为掩护，且地方基层力量配合不力，民众通匪尚多，虽军事方面无往不利，仍无法彻底肃清，因彻底工作有赖行政方面也。

丁、剿办意见：

1. 牛师利用夜暗近剿，匪猝不及防，收效颇宏，请通饬各部以后进剿在可能范围内，以利用夜间行动，并不可临时雇请响导为宜。

2. 匪常于沿江主要道设置固定或游动税收机关，我方应以武装便衣扮为商人，以便缉捕而减缩其税收。

3. 地方情报网之组织几经督饬以行政机关别成系统，不能强健使迅速完成，请统一指示，统一方案，严令地方机关切实遵照组织完成，以利剿办。

4. 地方党政人员关系进剿至巨，协剿努力者，应予其职位以保障非经当地驻军同意，勿予更换；协剿不力者，由驻军建议撤换之。

5. 进剿部队为期党政协助适切，每将进剿行动过早通报地方机关，致泄机密，请通饬各部队以后如利用当地协剿时，应力矫此弊，以维机密而奇袭。

二月廿一日，天候：晴。宿营地：湖北滕家堡。

一、命令报告主要内容：

1. 据牛师丑皓电转五二一团丑筱午电称：查职团主力奉命自齐日由浠水出动配合挺进军进剿蒋家山地区奸匪，迄旬日该区奸匪早已敛迹他窜。现我各部出兵六庙铺附近整六日，程总指挥既无命令行动，又未颁令还防，而职团防区浠西望天湖方面奸匪乘我抽兵虚隙近以活跃，似此将有用兵力屯于无用之地，似非所宜，拟恳准予即日率队回防，以便西出搜剿而巩防务。

右电经军读耀丑马午电转报总部，拟请准予回原防如何？仍候示遵。

2. 军读耀丑马巳电，饬张师五六六团派兵一连驻月形塘；另以一加强连在杨家冲一带游剿，并密查匪之交通连络组织具报。

3. 据张师长丑胥电称：师长定马日率必要人员及直属队，经龟头河至望花山、麻城各处巡视，并指示各部剿匪后回阎家河设指挥所。

右电经军读耀丑马未电转报总部。

4. 军读耀丑马巳二电呈报总部，杨家冲、月形塘等地散匪，经饬五六六团各以连分驻各该地游剿。

二月二日，天候：晴。宿营地：湖北滕家堡。

一、命令主要内容：

递奉军事委员会亥文会一元戌第二四八八九号代电开：前据该战区戌江瑜绥电所呈清剿意见第一项，终于本年十一月十五日代电行政院转饬豫鄂两省政府遵照办理。去后。准仁贰字二七零一一号函复李长官，请饬豫南、鄂北两省政府在清剿奸匪期间，所有豫南、鄂北匪区地方党政各机关、地方武力应归清剿指挥官统一指挥一案。查在清剿匪区域内所有地方武力，应归清剿指挥统一指挥，地方党政机关应以与剿匪事项有直接关系者为限。地方行政机关对于清剿有关事项，应尽量协助清剿部队办理，不得推诿。惟清剿指挥官应将其清剿计划通知过该区内最高行政机关转饬所属遵行。其与清剿无直接关系者，仍应由主管机关依照法令办理。除饬河南、湖北两省府遵办外，相应电复。

右代电经军读耀丑养来电转各师，并饬知由。

二月廿三日，天候：雨。宿营地：湖北滕家堡。

一、命令主要内容：

奉总部惟维丑皓未电略开：着五二一团仍暂留一营归程总指挥指挥继续清剿外，余（含四一四团）即归建。

右电经军读耀丑梗巳电，转饬一七四师遵照具报。

二月廿五日，天候：晴。宿营地：湖北滕家堡。

一、报告主要内容：

据牛师参战丑梗申电称：读鸿丑巧午电奉悉。并将师部署调整如次：(一)五二二团改为右地区队，原中央地区队撤销；五二一团仍为右地区队。（二）五二一团之战斗地境与师作命第二号区分同，但五二二团应不时派队向保五团前任防区游击。上二项，除饬遵外，谨呈请予核备。

右电经军读耀丑有巳二电指复准予备案。

二月二十六日，天候：晴。宿营地：湖北滕家堡。

一、决心处置及命令主要内容：

1．奉总部惟作丑啸午电开：读鸿丑铣辰电悉。鄂保二团第三营着即归建，至抗敌剿匪，仍由张军长统一指挥。

奉右电后，经军处置如次：(一)读耀丑寝未电请鄂东行署将两保团详细位置电告，俾便协同。(二)读耀丑寝申电将总部电转一七四师并饬归建。

2．据张师长丑回电略称：师长出巡，经于有日返抵李店师部。

右电经军读耀丑寝未一电转报总部。

3．据牛师长丑有电，转苏团丑梗电称：(一)职率第三营(欠八连)梗晨由六庙铺向浠水回剿，申刻到达，无匪情。(二)第二营（欠两连一机排）附第八连归程总指挥指挥，已开洗马畈。

右电经军读耀丑寝申电转报总部。

〔国民政府军令部战史会档案〕

六、对苏浙皖新四军袭击

1．陆军第五十二师张乃鑫部在苏南地区袭击新四军第六师第十六旅战斗详报

（1943年4月10—17日）

第一　匪情

数月以来，奸匪（新四军）伪第十六旅（辖四六、四七、四

八三团)、第十七旅五一团之一部及特务团，兵力约四、五千，步枪二千余枝，轻重机枪百余挺，迫炮四门，小炮两门，盘踞于竹篑桥、曹山、苇蓬山、芳山、芝山、邵村、新桥一带，构筑工事，近浚向我上沛埠、汤家桥、安兴一带进犯，其一部窜扰沈家山、骆山一带，主力盘踞芳山东南附近地区，企图向南扩展。

第二　友军情况

我江苏省保安第一纵队，守备于上沛埠、汤家桥、安兴、漆桥之线，防堵奸匪南窜；我江南挺进第二纵队，以一部守备上兴埠，防堵奸匪南窜；主力于四月十一日开始向曹山、苇蓬山、白马桥一带攻击，并有占领该地区之任务；我忠义救国军之一部于四月十一日开始行动，向竹篑桥奸匪攻击，尔后挺进白马桥以北地区，有防堵奸匪北窜之任务。

战斗前匪我态势如附图第一〔图略〕

第三　任务

本师(欠一五四团)奉命向梅渚附近集结，行动开始时编为左翼进剿纵队（以下简称本纵队)，先在东坝以北地区集结，尔后经漆桥、孔镇向匪后挺进，攻占新桥后再向右旋转攻占观山、芳山，捕捉奸匪主力而击溃之。

第四　战斗经过

四月十日以前，第一五五团、一五六团两个团及师指挥所先后到达梅渚，奉二十三集团军副总司令部前进指挥部指挥官刘作禽剿字第一号命令如下：

命　令　四月八日廿一时于戈村指挥部

一、当面奸匪伪六师十六旅四六团现盘踞上下芝山，四七团盘踞上埠附近，四八团盘踞曹山附近，其旅部位置于芳山附近。又十七旅五一团现盘踞竹篑桥附近，均构筑工事中。总计兵力约四千余，其主力仍猬集于白马桥、新桥以南地区，似有据守顽抗之模样。敌于京沪沿线开始清乡，当面敌情无变化。

二、本军决实施卯齐辰达代电颁发之清剿计划，将奸匪压迫于白马桥、新桥以南一带山地包围而歼灭之。

三、军队区分，如清剿计划第四项所示。

四、各部队部署任务，如清剿计划第五项所示。

一九二师一二八团应于灰日到达山丫桥受领给养后，真日推进至社渚附近集结待命。

五、清剿计划第五项所示七日为本（四）月真日代字。

六、清剿计划第五项第廿一条所示，应另候令实施。

七、匪后挺进纵队应向左右进剿纵队切取连络。

八、各纵队应按期到达指定位置，如有延玩以贻误戎机论。

九、余现在戈村指挥部，真日进驻涛城铺附近。

右　令

左翼进剿队张指挥官。

注意事项：

甲、真日后各纵队行动均于四时开始(标准时间)。

乙、如遇匪凭据工事顽抗时，应将迫击炮集中使用之。

丙、搜索部队以使用便衣队为主。

丁、搜剿时对于形迹可疑之青年壮丁应加以拘留监视、加以侦察审讯，如情节较轻者交地方县府处理之。

指挥官刘兼哲

并奉到清剿计划及附件各一份，如附件第一基于右令及清剿计划，本纵队下达作命甲字第一号如左：

命　令

四月十日廿四时于梅渚。

一、匪情如贵官所知。

天王寺、溧水、洪蓝埠、高淳等地敌情无变化。安兴、漆桥有我保一纵队驻守。

二、本纵队奉命于明（十一）日在东坝以北地区集结，开始行动。

三、第一五五团于明（十一）日午前11时卅分由现地出发，经定埠、下坝、朱家庄道向新化寺附近集结待命。第一五六团于明（十一）日午前十一时卅分由现地出发，经定埠、下坝、和木间南赵村道白马村、芳山附近集结待命。

四、清剿计划第五项所示'X'日为本（四）月十一日之代字。

五、部颁参字第〇〇〇六号代电所规定各项，自明（十一）日起开始使用。

六、各部队于行军及驻军间对于警戒联络特须注意，每团应派传令兵两名来指挥所任连络。

七、余现在梅渚，明（十一）日十五时在和木间，尔后随第一五五团团部行动。

右　令

一五五、一五六段、朱团长

纵队长张乃鑫

附录各团团长应于明（十一）日十五时来和木间保一团团部集合，商讨战斗指导。

十一日黄昏前，各部队到达指定位置，纵队指挥所位置于赵家庄，综合各方情报如左：

1．奸匪主力于佳未移沈家山、荷塘（邹村西）一带，刻十六旅旅部在大王埂，四六团在荷塘附近，四八团在云鹤山，确否？待证。

2．佳日安兴有奸匪便衣散贴标语。

3．灰戌孔家到奸匪四、五千名；高楼下到奸匪六、七十名。当以卯真亥电转报并下达作命甲字第二号命令如下：

命　令

四月十一日十八时于赵家庄。

一、奸匪第十六旅盘踞于上沛埠、上下芝山、云鹤山、郜村、孔镇、东流一带构筑工事，企图顽抗。安兴、孔村附近各有其小部队出没。其旅部位置于大王埂附近，计兵力约二千人。

敌情无变化。

漆桥有我保一纵队一连对高淳之敌警戒。安兴有我保一团一部，明（十二）日拂晓前向塔山之匪攻击，以掩护本纵队之右侧，并于尔后协攻云鹤山。

二、本纵队决于明（十二）日以两个团并列对当面奸匪进剿，并向东流、雀鸪山匪后挺进。

三、第一五五团为右翼团，应于明（十二）日晨四时开始行动，向云鹤山、郜村一带之匪攻击，攻略后，该团主力迅速向东流及一二五·〇高地、一九四·四高地一带挺进，并领占之。第一五六团为左翼团，应于明（十二）日晨四时开始行动，向孔村、沈家塘及其东西附近之匪攻击，奏攻后，该团主力即向孔镇、雀鸪山、刘家渡一带挺进，并占领之。两团战斗地境为：豆山下——强村——郜村——七里亭——东流一九四·四高地之线，线上属右。

四、各部队行动时应密切连系协同，每攻占一地后，即以狼烟一堆为信号，追击开始时，即以狼烟两堆为信号。

五、各部队于行动间应严密搜索，于进驻每一地区后，应即封锁交通，构筑工事，严密警戒。

六、尔后各部行动应于晨四时开始，十八时停止。

七、各部队政工人员于进剿时应实施宣传，注意提高士气，维持军纪，地方民运及肃奸工作。

八、师卫生队在郎溪开设绷带所，下坝、东坝均有军民合作站，办理伤病兵接运事宜。

九、各部队行动时，应向地方保甲妥觅响导。

十、余现在赵家庄，明（十二）日随战况之进展在第一五五团后跟进。

右　令

第一五五段、一五六朱团长

纵队长张乃鑫

下达法：先面示命令要旨，后以笔记命令徒步送达。

十二日晴，四时各部队开始行动，指挥所随一五五团前进。九时第一五五团进至射洋圩附近，发现匪军警戒部队，经驱逐后继向云鹤山攻击前进，激战约半小时后，指挥所进抵朱光上附近，接得该团段团长于云鹤山十时四十五分报告如左：

一、云鹤山奸匪约一营与我第二营接触后，即分向新桥、上下芝山溃退，于九时卅分确实占领云鹤山、七里埂、汤村一带地区，现正肃清残匪中。

二、我第一营已向雀鸪山、新桥挺进中；第三营肃清东流附近之匪。

三、职现在云鹤山即至东流以北地区指挥。

当命该团以一部占领云鹤山，搜索杭村一带地区，并任掩护主力迅速向雀鸪山、观山挺进。同时接得一五六团朱团长在毛公埠八时卅分报告如下：

一、毛公埠、孔村已于本（十二）日午前占领。

二、孙家有匪约三百余，并附炮一门。

三、袁营刻正向孙家、沈家塘挺进中。

当命该团迅速向新桥、雀鸪山挺进，并以一五五团战况示知。

十二时我朱团正由孔镇向北推进中，当即指示段团续向观山之匪攻击，朱团以一部接替云鹤山段团掩护任务。十三时顷指挥所进至东流，得悉段团经一度激战后，已将雀鸪山全部占领。乃根据段团长报告及尔后决心行动转报如下：

报告　十二日十四时卅分于东流镇。

一、一五五团第一营已将鸪雀山之一营匪军击溃匪，一部向芳山逃窜，另一部向新桥以北退去，我先头部队已抵新桥。

二、纵队本日晚决以一五五团之一部挺进观山，便与友军协同连络。

三、一五六团本晚以主力集结东流。

四、匪之主力似在芳山附近，今晚将可能在苇蓬山、观山之间北窜。

五、本日战况另详报。

六、职现在东流镇指挥。

另，通报保一纵队单指挥官如下：

通报　四月十二日十五时于东流镇

一、当面之匪一营被我击溃，现已占领云鹤山、东流一带地区。

二、现段团以一部进攻观山。

三、朱团今晚派一部接替云鹤山防堵任务，约于黄昏时到达。

四、朱光上有本部朱参谋任后方通话联络。

五、奸匪大部已向芳山、芝山退去，希转饬注意警戒，并随时通报。

十八时接得段团长报告如下：

报告　四月十二日十七时

一、观山、陈村岭之匪约六百余名顽强抵抗中，我第一、三营已协同攻击中。

二、请飞派一五六团接替新桥以南一〇·四高地防务。

三、请师后方速送迫炮弹。

当即授与该团作命甲字第三号命令如下：

命　令　四月十二日十七时卅分于东流指挥所

一、奸匪主力已向芝山、芳山一带，一部已向新桥退窜。

二、我纵队决按预定计划，对芝山、曹山一带奸匪完成包围。

三、一五五团除留置兵力一连于东流，俟一五六团到达交替后归还建制外，以一营占领观山南曹之线，向苇山、白马桥挺二纵队、忠义救国军密取连络。

另以一营占领风厢岭(不含)、陈林岭之线，其第二营应俟一五六团接替部队交代后开始移动。

四、一五六团约在二小时后到达云鹤山东李村、风厢岭(含)之线。

五、该团右与第一五六团本晚警戒地境为雀鸪山、风厢岭、驼背山之线，线上属右。

六、今晚指挥所在东流镇。

右　令

第一五五团段团长。

并授与一五六团朱团长作命甲字第四号命令如下：

命　令

四月十二日十七时卅于东流指挥所

一、奸匪主力已向芝山、芳山一带，一部已向新桥退窜。

二、我纵队决按预定计划对芝山、营山一带奸匪完成包围。

三、一五六团即以一营接替一五五团东里村、云鹤山、六一九〇一带高地防堵（对芝山芳山方向），以主力集结东流以东地区待命。

四、一五五团已令向观山、风厢岭（不含）之线进攻。

五、该团应与一五五团本晚警戒地境线为雀鸪山、风厢岭、驼背山之线，线上属右。

余现在东流镇指挥所。

右　令

一五六团朱团长

十八时卅分得段长报告如下：

报告　四月十二日十八时十五分于雀鸪山

一、当面之匪为十六旅教导团及四六团之一部约六营，计千余人。

二、我第二营及第一营一部已攻占风厢岭、陈树岭一带高地。陈林岭、无名庙有匪大部队顽强抵抗中。

三、第三营固守风厢岭、无名庙之线。第一营在坡山里、雀鸪山之线，对东对北严密警戒中。第二营在曹家。职现在雀鸪山东端高地。

四、本日弹药消耗及俘获尚在清查中。

当即通报单指挥官如下：

一、第一五五团于十四时攻占雀鸪山，刻正攻击观山中，战斗尚未结束，陈树岭已于十七时占领。

二、第一五六团以一部防堵云鹤山亘汤村东李村之线，其主力在东流附近。

三、本指挥所今晚位置于东流。

四、新桥以北山地中尚有残匪二、三百名。

五、明日本纵队行动于情况探明后始可决定。

六、贵纵队当面情况请告知贵部派来毛参谋转知为荷。十九时我一五六团已到达指定位置，因天晚乃令各部队暂时停止行动，并发出报告如下：

报告

四月十二日十九时卅分于东流指挥所

一、一五五团已于本（十二）午前九时卅分占领云鹤山、七里埂一带。十四时占领雀鸪山、新桥一带。十七时攻占陈树岭，刻正向观山攻击中。

二、第一五六团于本（十一）八时占领毛公埠、孔家。十时占领沈家塘。十六时到达新桥、东流之线，刻以一营任云鹤山至汤村防堵勤务，一营在大城村亘陈树岭一带。团部及另一营位置于东流及以东附近地区。

三、残匪约二、三百名刻占领夏侯村六二·六高地亘赭实之线及观山一带企图顽抗。

另于廿一时四十五分呈出情况及明日行动要旨如下：

报　告

四月十二日廿一时四十五分于东流指挥所

一、据俘虏供称：

(1) 本日与我一五五团接战之匪为特务团（计十个连，每连兵力六、七十名，第三、六、九连为指导员及支部书记编成，其余均为匪军干部编成）。

(2) 匪军第四八团在芳山一带，四六团在上下芝山，四七团在金坛、延陵地境，旅部在曹庄（芳山西侧）。

(3) 奸匪拟在上沛埠、老虎山及芳山间地区与我决战。

二、本纵队决于明（十三）日晨五时开始集中主力攻击观山，占领后即会同右纵队南攻芳山。

三、据报孔镇附近尚有残匪四、五十名，化整为零潜伏。

四、请派兵一连前来任俘虏收管，并维护后方交道。

另根据各方情况及判断下达作命甲字第五号命令如左：

命　令

四月十二日廿一时于东流指挥所

一、匪情如贵官所知。敌情无变化。

二、本纵队决于明（十三）日晨五时开始向观山之匪攻击。

三、第一五六团应于明（十三）日晨五时开始攻略驼背山，占领后即留置兵力一部于驼背山、李家山及大城村一带，主力即向观山协攻并占领之。

四、第一五五团应于明（十三）日晨五时开始向观山、二三六·九及一六六·八高地攻击占领之，并留置兵力一连于雀鸪山，另派兵力一排附重机枪一挺于东流以西附近，向西向北警戒。

五、该两团占领观山后，段团及与苇逢山挺二纵队觅取连系后，即会同该纵队转向芳山、杨树山一带攻击。

两团战斗地境为无名庙（陈林岭西一里）、傅家南曹之线，线上属左。

六、余现在东流。明（十三）日晨五时后在曹家，尔后俟战况之进展随一五六团跟进。

右令　　一五五一五六团团长段建嵩朱丰

下达法：笔记命令面授。

另，通报单司令如左：

通报　四月十二日廿二时于东流指挥所。

一、一五五团攻击观山，因天晚暂行停止，刻匪（特务团）我对峙陈林岭附近。

二、本纵队决于明（十三）日拂晓以主力攻击观山，攻占后，再会同二挺南攻芳山。

三、奸匪主力似在芳山东南地区。

四、明（十三）日晨五时请饬贵部向芝山及上下芝山一带推进，以协力本纵队攻击。

本日战斗经过如附图第三（图略）

十三日晴，据昨（十二）日一日来战况及匪情判断，决先攻占观山，并呈出报告如下：

报告　四月十三日三时四十分于东流镇。

一、四月十二日夜间本纵队当面无战斗。

二、决先攻克观山，再向芳山、芝山推进，因观山形势险要，其部队质量较优，我若直趋芝山，则观山匪将南下附我侧背。

三、弹药极待补给，请饬送朱光上旬明朱参谋，再向东流方向追送。

各部队于四时开始行动，与匪激战于驼背山附近地区。七时指挥所进至曹家东侧高地，目击两团之攻击.段团于争夺陈林岭、观山；朱团争夺驼背山及其以西无名高地，均发生惨烈之白刃战斗，卒以我官兵忠勇，精神奋发，终能克制匪军。当于七时顷呈出如下之报告：

报告　四月十三日七时十分于曹家东高地。

一、两团正与匪激战于观山、驼背山一带，略有进展，战斗至为惨烈。

二、请派员星夜追送弹药。

三、一五四团可以抽调兵力一连来任特别任务。

同时接得一五六团朱团长报告如下：

报告　四月十三日午前六时廿五分于曹村。

一、职团第三营已于晨五时五十分占领驼背山全部与风庙岭东南小高地。

二、匪军有向右翼逃窜之模样，李家山内现有匪约二百余名。当即如下之指示：

命令　四月十三日七时廿五分于曹家东高地。

一、据探息芝山一带为匪军主力所在。

二、该团应以兵力一部协力一五五团攻占观山，主力使用于右翼。

三、先求稳当，次求进展。

八时卅分接得段团长报告如下：

报告　四月十三日八时廿分于雀鸪山。

一、我第二营已攻占一六六·八高地；第一营已占领二高峰，协同第三营正向最高峰二三六·二高地攻击中。

二、职团弹药携行者已补充各部队，请饬后方速送弹药来前方，职团后方弹药在梅渚。

三、职赴无名寺指挥。

九时顷目击观山均已全部占领。同时接得朱、段两团长报告如下：

报告　四月十三日九时于无名寺。

一、观山最高峰已于八时卅全部攻占。

二、观山之匪据俘虏报告，昨系教导团两营，击溃后分向芳山、白马桥撤退。

三、第一营正向芳山搜索中；第二营已进占南曹，刻向败退之匪追击中；第三营（欠第八连机三连）在观山警戒；职在观山最高峰。

四、一五六团进展情形，如何，盼示。

报告　四月十三日午前八时四十分于风庙岭。

职　段建嵩呈

一、第二营现已确实将驼背山、李家山占领，并着该营固守驼背山、李家山之线，向芳山、上下芝山警戒，掩护第三营进攻观山。

二、第二营攻击李家山、驼背山，伤亡官兵廿余名。

三、第三营因感兵力单薄，对尤村、大城村之第七连可否撤收。

四、弹药交付所已推进何处？乞示。

职　　朱丰呈

当予一五五团命令如下：

命令　四月十三日九时于风庙岭北端高地。

一、该团应即留置一部占领观山、南曹村对北警戒，主力向东庄头、八六·九五七·四高地、小李亘大李巷之线推进，俟左翼与友军取得连系后，开始向芳山攻击。

二、第一五六团已攻占驼背山一带，现命令该团即攻占夏候村、六二·六高地亘赭山头东侧高地之线以便尔后进攻芳山。

三、弹药现存数量若干，应努力节省，后方补给，约于今日夜间可达此地。

四、余现在风杉村北端高地。

并予一五六团朱团长命令如下：

命令　四月十三日九时五分于风杉村北端高地。

一、观山现已由段团占领，该团应即攻占赭山头东侧高地六二·六高地亘夏候村之线，攻略后，在与左翼友军未能取得连系之先，相机向芳山、芝山之匪攻击。该团主力应控制于右翼，并派队来风杉村北端高地对北警戒。

二、余现位置于风杉村北端高地。

并于九时卅五分呈出报告如下：

报告　十三日九时卅五分于风杉树北端高地

一、八时卅分顷第一五五团已攻占观山，刻已令向东庄头、小李亘大李巷之线推进，并以一部占领观山及南曹，另派兵向左翼友军切取连络。

二、九时一五六团已攻占驼背山，刻向夏候村、六二·六高地、赭山头之线推进。

三、纵队拟暂在上述之线防堵，相机向芳山、芝山之匪攻击。

四、一二八团及挺二队均未到达苇蓬山，现该部究在何位置？乞示。

五、弹药极缺乏，请饬迅速由安兴、云鹤山、东流线路前送为祷。

十一时接得朱团长报告如下：(略)。

各团弹药极缺乏，上六项谨闻。并通报单指挥官如下：

通报　四月十三日十四时于枫庙岭。

一、观山、驼背山均已攻占。

二、奸匪约五、六百名在芳山以北潜伏。

三、已令各团于本（十三）日黄昏前应占领六二·六高地、赭山头、曹庄、小李、大李巷及南曹之线。

四、左翼与忠救军二挺尚未取得连络。

五、指挥所住曹家。

十五时廿分得朱团长报告如下：

报告　四月十三日午后三时于尤村。

一、职团第三营刻向夏候村、赭山头进攻中，尔后战况再呈。

二、团指挥所刻在东流镇东尤村。

同时接得一五五团段团长报告如下：

报告　十三日十五时于观山。

一、据俘虏称：白马桥昨（十二）日到有敌人约三、四百名，李家边百余人，是否敌兵奸匪友军不得而知。奸匪大部窜逃芳山。

二、苇蓬山方向闻有枪声及号音（号音代字二长一短）是否友军或奸匪，在侦察中。

三、第二营位置于傅家及观山最高峰第二高峰对东北西三方向警戒；第三营位置于无名庙左右高地对北严密警戒（第八连仍在雀鸪山东流）；第一营位置于李家山以南以东小高地对芳山警戒。

四、职在李家山。

附记：

1．俘获步枪廿余枝，其它尚清查中。

2．务祈于今晚补充弹药与炮弹。

十七时顷指挥所于曹家南端高地目堵一五六团赭山头附近之惨烈战斗，匪我反复争夺，数度冲锋，我卒将该高地一带占领。

十八时五十分，顷得朱团长报告如下：

报告　十三日午后六时卅分于大成山以东高地

职团第三营已于午后六时占领赭山头高地，匪已向芳山退窜。

此时我一五五团已推进至东庄头、大李巷、南曹之线，并派员向左翼友军密切连络，当由朱光上连络站转电报指挥官如下：

一、本日本纵队已攻占夏候村、六二·六高地、李家山、大李巷、南曹之线。

二、右翼尚未与保一纵队取得密切连络，左翼未见友军。

三、芳山四周匪集结五个团：计特务团（十个连）、四六团（两个营）、四七团（三个营）、四八团（四个营）、五一团四个连及旅直属部队（内有机枪连三七平射炮二门）。

四、奸匪拟以特务团死守芳山，主力分由两翼包围本纵队。

五、溧水敌八十余到达李家边（新桥东北十五里）。

六、孔镇附近尚有少数零星奸匪便衣潜伏。

七、请饬保一、挺二、二一八团迅速推进，俾能会攻芳山。

八、芳山地形险要，攻击颇难进展。

九、本纵队明日拟确保现地，相机攻占芳山。

当因时间已晚，乃予一五五、一五六团以如左之命令，调整配备。

命令　十三日十八时于曹家

一、着该团即以兵力一营接替第一五六团罗泗巷亘驼背山及其以东附近高地之线阵地。

二、该团主力应向驼背山、凤厢岭方向集结。

三、观山留置兵力部于最高点。

四、雀鸪山兵力仍旧。

该团本晚警戒应特别严密，在雀鸪山之连尤须注意。

右令　第一五五团段团长。

命令　十三日十九时于曹家

着该团即将驼背山、罗泗港之线阵地交第一五五团派队接替，本晚警戒，须特别严密。

右令　第一五五团朱团长。

同时接奉指挥官刘卯元申电要旨如下：

一、二挺六团之一营在苇蓬山；主力在曹山附近；四团在上兴埠至上沛埠西南地区；五团为控制部队；一一一八团在汤家桥一带。

另由朱光上连络上转来指挥官命令迟到如下：

（一）奸匪两千余于元子袭击上兴埠，挺二四团伤亡很重。六团于元晨由白马桥续向苇蓬山进攻。

（二）张、单两纵队元晨攻占芝山、芳山、娃娃里后，应即向上沛埠、曹山之线进击，夹击奸匪。

（三）张、单两纵队前进时务取连络，严密搜索，以免疏虞，并右与徐团，左与程团互取连系策应，如遇匪激战时，可就近指挥之。

（四）尔后报告，应用电话转报，以求迅速。

廿一时四十五分接得一五五团段团长报告如下：

报告　四月十三日廿时四十五分于李家山

一、驼背山及罗泗港之阵地已派第一营接替中，惟赭山头及通东流之大道一五六团应确派兵固守，我第二营主力仍在观山未动，防敌袭击。

二、职率步兵一连即转风厢岭，第三营仍在无名寺，一部在雀鸪山。

又据一五六团第二营姜营长报称：赭山头一带高地以东附近地区我第三营与匪尚在战斗中。又接得段团长在风庙岭于廿三时报告如下：

一、白马桥、新桥所到之部队系匪后进剿部队，该部昨晚在白马桥以东山角宿营，今日经白水塘、宋家边到达白马古寺附近，与被我击退之奸匪二百余名遭遇，奸匪旋即向溧水方向逃窜。该部追剿至新桥以北地区，共有兵力千余在白马桥与二挺一度误会遭遇，双方均损伤士兵十余名。

二、溧水增敌七、八百。马古寺、李家边本日确曾到有敌人，惟不久即退去。

三、除将奸匪情况及本团位置通报外，另又派员前往连络，并转来忠义救国军通报如次：

迳启者：敝纵队今夜在西宋家（新桥北约五华里)附近宿营，贵部状况如何，请予示知，以便连络。兹派谍员陈恒龙、周长仙前来面洽，希赐见为荷。匪后挺进纵队郭墨涛张光代廿二时，顷得朱团长报告称：

我第三营赵山头一带高地受铜山（赭山头东图上无名）之匪射击，该营长自动向其攻击，已于廿时顷确实占领。

综合本日战况及上峰电令，乃决心于明（十四）日作如下之行动，并下达如左之命令予朱、段两团：

命令　四月十三日廿一时四十五分于曹家指挥所

一、据俘虏供称：奸匪于芳山附近集结兵力约十数营，有持久顽抗之企图。

二、本纵队决于明（十四）日确保现地，并攻击芳山，相机占领之。

三、第一五六团于明（十四）日应以主力确保夏候村、六二·六高地亘赭山头、傅家之线，一部向董家村、店郎头、周家边、伏山子、狗毛山、芳山南端之线攻击，相机占领之。

四、第一五五团于明（十四)日应以主力确保观山及大李巷、东庄头南北高地亘罗泗港东北高地之线，一部向曹庄、江巷及杨树山攻击，相继占领之。

五、两团战斗地境为罗泗港、周家边、小茅山之线，线上属右。

并通报单指挥官如下：

通报　四月十三日二十二时于曹家指挥所

一、芳山附近奸匪集五个团兵力，计四六团两个营、四七团三个营、四八团四个营、五一团四个连、特务团十个连及旅部直属连，共计兵力约三、四千人，拟以特务团死守茅山，主力向本纵队两翼包围。

二、贵纵队保一团左第一线位置于何处，希示知。

本纵队右翼部队为一五六团第三营，祈予连络。

三、本纵队明（十四）日以一部向伏子山、狗毛山、芳山攻击，相机占领之，希饬保一团攻击芝山及上下芝山以为协同。

四、据探息孔镇附近当有奸匪便衣潜伏，希注意。

五、本纵队现已占领夏候村、六二·六高地、赭山头、李家山亘大李巷之线及观山，左翼尚未与友军取得确切连络。

六、李家边到敌军八十余名。邱虎山有奸匪二百余名潜伏。

七、匪后挺进纵队一部到达新桥以北地区。

并以元亥楷电呈明日部置如次：

（限即到）指挥官刘：〇密。决于寒日以主力确保观山及夏候村、赭山头、东庄头亘大李巷之线，一部向芳山攻击，相机占领之。谨闻。

本日战斗经过如附图第三[图略]

十四日晴，四时各部开始行动，我左翼段团除派员与友军切取连络外，并向曹庄、岗上、杨林山进攻，以策应我右翼朱团作战。并与当奉指挥官刘卯元酉达电如下：

右纵队第六团～部守苇蓬山，主力推进大李巷，正面单纵队是否攻占芝山？该两纵队已否均取得连络？希即电复为要。

复奉卯元戌贤战电如下：

命令：兹为便利指挥以收协同之效，着匪后挺进纵队归右纵队顾指挥官指挥。

该匪后挺进纵队务于明（寒）日拂晓以前达上沛埠〔略〕。

八时接得指挥官六时卅分由朱光上连络站转来电文如下：

一、二挺六团之一个营已到达苇蓬山，可迅派人连络。

二、保二团现已进抵破窑头、祠堂头之线。

三、保一团刻已占领叫化子岭、王岗山之线。

四、单指挥官刻位置于五马村（安兴东）。

五、该纵队即将兵力集结，选占有利地形，监视芳山奸匪，并协力保一纵队之攻击芝山，奏功后，即会同攻击芳山。

六、右翼之保一团，左翼挺六团统归副师长指挥。

附注——命令已由无线电下达。

当以寒巳楷电转知各团。

十一时，奉指挥官刘寒丑手启电如下：

限即到。张副师长：〇密。电话转来情报悉。应集中兵力，一面择要扼守，一面协助单纵队先攻占芝山，再会攻芳山为宜。如能诱匪主力以击溃之，亦为上策。

当即以朱、段长寒巳繁代电如下：

奉指挥官刘寒丑手启电开：该纵队应集中兵力，一面择要扼守，一面协助单纵队先攻占芝山，再会攻芳山为宜。如能诱匪主力以溃之亦为上策。等因。该团应一面确保原阵地，一面协力保一团向伏子山、狗毛山攻击，先占领芝山，再会攻芳山。除分电单指挥官外，特电遵照为要。

并予段团长寒午阶代电如下：

奉指挥官刘寒丑手启电开：该纵队应集中兵力扼要据守，一面协力单纵队攻占芝山后，再会攻芳山。等因。除电朱团向伏子山、狗毛山攻击协力保一团攻占芝山，再行会攻芳山外，特电遵照为要。

另予单司令寒午繁代电如下：

奉指挥刘寒丑手启电开：左翼纵队应集中兵力一面择要扼守，一面协助单纵队先占领芝山，再会攻芳山。等因。除电一五六团向伏子山、狗毛山之线攻击协力贵纵队攻占芝山外，特电知照。

十一时卅分，得挺六团八连连长何勋报告该团元日晚失利情形，当即以寒午电转报指挥官。其原文如下：

限即到。指挥官刘：〇密。据挺六团八连何连长报称：该团于元亥与匪三千余，炮三四门在苇蓬山地区激战，损失颇重，形成溃不成军。现苇蓬山、白马桥、曹家桥均被匪占领，乃退芳山。

等情。除饬段团确保观山暂以攻势防御，防匪转用兵力，等待补充弹药，并收容挺六团部队外，仍饬朱团协攻芳山可否？乞电示抵遵。并予段团长指示如下：

命令　十四日十时于曹家

一、着该团即以主力确保观山、驼背山之线，暂保持攻势防御，期纵队能集中力量转移右翼以袭占上下芝山。

二、协力挺六团收容部队。

十二时接得朱团长报告如下：

报告　十四日午前十时四十分于杭村东高地

一、职团第一营于本（十四）日午前七时卅分进展至伏子山、狗毛山山麓。

二、芳山有匪坚强工事与芝山形成八字阵地。

三、右翼保一纵队，现正派员连络中。

四、职现在杭村东高地指挥。

当于该团指示如下：

命令　十四日十一时廿分于曹家

一、挺六团昨夜十时在苇蓬山，但战失利，该地得而复失，颇有损失。

二、保一团已占王岗山、叫化子岭。本（十四）日六时后，即向芝山攻击前进中。

三、段团暂改攻势防御，集中力量以策应该团作战，其右翼为第一连，务须切取连系。

四、该团仍以协攻芝山为主任务，注意稳扎猛攻。

五、黄昏前应预为筹划，防匪夜袭。

十二时，又得朱团长报告如下：

报告　十四日十一时于杭村东高地

一、狗毛山、伏子山一带高地于十时先后由袁营占领。刻该营已向和尚山、小茅山挺进中。

二、右翼已与保一团取得连络。

当指示该团确保既得之线，准备会攻芳山。同时以寒朱楷电呈如下：

限即到。指挥官刘：○密。朱团第一营于寒巳攻占狗毛山、伏子山一带高地，刻正向和尚山、小茅山挺进中。该团右与单纵队取得连络。谨闻。

复得段团长报告如左：

一、芳山仍有奸匪活动，据俘虏供：系四十六团、特务团各一部。我第二营一部进出大李巷、小李、八六·九高地向杨树山搜索前进。该营主力仍在五六二一五六·三·六一·五等高地及观山之尾部向东警戒，防匪包围。第一营主力控制李家山、驼背山、罗泗港及其以东以北高地，以一部由东庄头、曹庄向芳山搜索前进。团部在李家山指挥。

二、一五六团情况盼告。

三、俘获特务团第六连干部二名，列兵一名。

当即将该项俘虏略加审讯后，即转送指挥部，并将朱团状况告知。

同时得悉奸匪主力已集结茅山、曹山附近，似有北窜模样。当以寒申楷电呈如次：急。指挥官刘：○密。我一五六团攻占伏子山、狗毛山后，残匪向芳山退却，其主力似有经苇蓬山、白马桥北窜之模样，决于删日与保一纵队协同，以全力攻略芳山，挺进苇蓬山。挺六团现已于李家山收容三、四百名。职今晚进驻李家山。谨闻。

十四时许，接得朱团长报告如下：

报告　十四日午后一时于伏子山附近

一、据袁营报称：于十二时廿分占领和尚山、小茅山一带固守待命。

二、当面之匪经我进击后，已向芳山以北逃窜，尚有一股残留芳山。

三、上下芝山已有我保一团，业已确取连络。

四、左翼部队正派员连络中。

五、团部及机动部队已进至伏子山附近，尔后行动如何？乞示。

当予该团指示如下：

命令　四月十四日十六时四十分于枫厢岭

一、该团应即将小茅山、和尚山交保一纵队接替。

二、该团应以有力一部确保狗毛山、伏子山。

右二项，除分电保一纵队外，特令遵照。

并通报保一团杨团长如下：

通报　四月十四日十六时四十五分于枫厢岭

一、第一五六团已攻占小茅山、和尚山一带高地。

二、为整理战线连络协助容易计，请贵团即派队迅速接替朱团和尚山、小茅山一带高地。

三、已令朱团派兵力一部确保狗毛山、伏子山，希与该团连系。

十四时得悉我保一纵队已攻占芝山及上下芝山一带，与我朱团已取得密切连系。乃奉指挥官刘寒午手启电如下：

限即到。转张副师长寒辰楷电悉。徐团已攻占上沛埠向芝山协攻，手启寒丑电计达。如本日攻击无进展，弟意以挺六团保持驼背山，主力适时集结汤家桥东北会攻芝山，再取芳山，或由单纵队正面出攻芳山。兄裁决见复。

复于十七时得保一纵队单指挥官通报如下：

通报　四月十四日十五时四十八分

一、一九二师一二八团已占领上沛埠，与我沈团已取得连络。

二、上沛埠以西及芝山、芳山之匪似已向曹山、苇蓬山逃窜。

三、本纵队本日攻占芝山后，沈团在千西头以北地区，杨团在金山口以北地区待命。

四、指挥所现位置亦家。

当即予单指挥官通报如下：

通报　四月十四日十七时卅分于枫厢岭

一、本纵队明（十五）日决以主力攻略芳山，奏效后，续向苇蓬山攻击。

二、贵纵队请于明（十五）日普陀寺王家边及芳山东麓附近地区协攻，与本纵队会师王家边附近。

三、徐团（一九二师）奉有协攻芳山任务，请派员连络，免生误会。

四、和尚山、小茅山阵地请于本（十四）日晚派队接替（已通报杨团长）。

五、本指挥所今晚进驻枫厢岭。

六、攻略每一地区以放烟火两堆为信号，以资连络。

并以寒戌楷电请示指挥官刘要旨如次：

限即到。指挥官刘：〇密。当面奸匪特务团、四六团、四七团经我连日进袭，伤亡颇重，其主力已向苇蓬山、曹山移转，企图北窜。本纵队已与右翼友军取得连系，决于删日以全力攻占芳山，相机进攻苇蓬山。已收容之挺六团部队暂接替观山警戒。令朱团由狗毛山进攻芳山；段团由观山进出杨树山。另已电饬保一纵队协攻芳山东南麓之线，徐团主力指向曹山，忠救军东移向白马桥进袭，期收全效。谨电乞示。

廿一时，顷接得挺六团程团长补报在苇蓬山失利情形，当即以寒灰楷电摘报如下：

急。指挥官刘：〇密据挺六团团长程树槐报称：该团真、文两日未经激烈战斗，即进至白马桥一带。元日攻占苇蓬山、欧家山、李家山之线，六晚该团集结主力于金家村附近，严加警戒，待命协攻杨树山。当夜遭奸匪二千余名猛烈之袭击，演成混战，致掌握不确而溃散。寒日该团长于李家山收容残部，仅集合三百余名，编为六个连，守苇蓬山之罗营陈副团长所率贾营尚未获悉其位置。等情。除令积极整顿外，谨闻。

二十一时卅分，依据上峰指示及状况判断之综合与决心，乃下达作命甲字第六号予朱段程三团长如下：

命令　四月十四日廿一时卅分于枫厢岭指挥所

一、匪情如贵官所知。

二、本纵队决定明（十五）日晨五时开始攻略茅山，并相机攻占苇蓬山。

三、一五六团应于明（十五）日晨五时开始攻击，该团重点应指三二〇·五高地，攻略后，即继续向杨树山推进。

四、第一五五团应于明（十五）日晨三时将观山及陈林岭西无名庙南北高地交挺六团接替，五时先以一部迅速占领南曹西侧高地亘娃娃里西侧高地之线，主力即向杨树山攻击。该团在雀鸪山之一连着于明（十五）日拂晓撤收。

五、芳山攻击奏功后，再相机攻占苇蓬山。

六、挺六团应于明（十五）晨三时以前将一五五团观山亘陈树岭西无名庙南北高地之线接收，并确保之。

七、第一五六团、一五五两团战斗地境线为：罗泗港——经巷——曹庄——一九四·三高地之线，线上属左。

八、右翼友军同时向芳山东麓协攻，须注意切取连系。

九、余在枫厢岭，攻击开始后进移驼背山指挥。

右令　第一五五、一五六段、朱团长

　　　挺六团　程

下达法：笔记命令分送。

本日战斗经过如附图第四〔图略〕

十五晴，五时各部队开始行动，五时卅分接得单指挥官通报如下：

通报　四月十六日廿一时于六家

一、本（十四）日十七时通报敬悉。已饬第二团遵时（明十五日拂晓）向普陀寺沿芳山东麓攻击，至王家边与贵纵队会师。

二、徐团已派人取连络。

当即以电话转知朱团长，与之切取连络。

六时卅分，奉指挥刘寒酉道电要旨如下：

特急。张副师长：〇密。希饬一五五团转知邱虎山之忠救军迅速向苇蓬山之匪攻击，并向左纵队切取连络。

当即通报该纵队如左：

通报　四月十五日六时四十分于枫厢岭指挥所

一、奉指挥官刘寒酉道电开："即转知邱虎山之忠救军迅速向苇蓬山之匪攻击，并向左纵队切取连络"。等因。相应通报，希迅速向苇蓬山攻击。

二、本纵队删日攻击芳山之匪。

三、雀鸪山、观山有挺六团之一部占领。

四、本纵队攻略芳山后，即由南向北进攻苇蓬山。

五、占领苇蓬山后，请焚烟火两堆为连络信号。

右通报：忠义救国军张代指挥官

并以电话转知一五五、一五六团免生误会。八时四十分得朱团长报告如下：

报告　四月十五日午前八时十分于小茅山附近

一、据袁营报称：职营第一连已于本日午前七时卅分占领芳山。

二、匪军于拂晓前向东北窜去。

三、已令第三营以兵力一部接替芳山；第一营正向苇蓬山推进中。

四、固守赭山头、六二·六高地之第三营可否撤收集结为机动部队？乞示。

五、团指挥所刻在小芳山东北，尔后随第一营后前进。

九时卅分，指挥所进至驼背山，目击我一五六、一五五团两团已将芳山、杨树山全部占领。乃予朱团长以如下之命令：

命令　四月十五日八时五十分于驼背山

一、该团攻占芳山、杨树山后，即以小部留置杨树山，主力向石怪一四〇·一高地、星斗东山一带挺进，协力段团长攻占苇蓬山。

二、速通报王家边附近之保一纵队，请向曹山攻击。

三、已令段团以一部向金家村、曹家桥之线推进，主力向苇蓬山攻击。

四、该团左与段团战斗地境为：娃娃里、一四〇·一高地北侧、傅家山、杨塘头之线，线上属左。

五、攻击时应与朱团密取连系。

六、余现在驼背山，尔后随在一五五团后跟进。

并以删邱楷电报指挥官刘要旨如下：

限即到。指挥官刘：〇密。职在山上瞭望我部已确占芳山、杨树山，匪主力似已早退，尔后将指示挺进苇蓬山。谨闻。

另通报单指挥官如下：

通报四月十五日九时四十五分于驼背山

一、本纵队已攻占芳山、杨树山。

二、余令朱团于攻占芳山、杨树山后，即以一部留置杨树山推进至金家山、曹家桥之线，主力即向石怪、一四〇·一高地、星斗、尤光、东山、苇蓬山一带攻击，并令段团协力攻击。

三、贵部即向曹山攻击，以行策应。

四、本指挥所在驼背山，尔后随段团推进。

十时廿分，得段团长报告如下：

报告　四月十五日九时五十分

一、职团已于九时攻占八一〇高地，右与一五六团已切取连络。

二、职位置于八九·四高地。

同时接得朱团长报告，知该团已确实占领芳山，正向苇蓬山搜索前进中。

十一时，顷，复得段团长报告如下：

报告　四月十五日十时十分八一·九高地

一、奸匪大部已于昨夜溃退。

二、小部残匪经我驱逐，即北窜，现职团正向曹山、苇蓬山搜索前进中。

十二时，复接得段团长报告如次：

报告　四月十五日十一时

一、已令第三营向苇蓬山推进占领之；第二营向金家村、蒋村、曹家桥、九家桥挺进；第一营向娃娃里集结。

二、职即到娃娃里指挥。

同时接得单指挥官通报如下：

通报　四月十五日七时廿分于小芳山

一、我沈团已于本日六时占领芳山东端最高峰。

二、刻我沈团已向王家边搜索前进中。

当综合以上情况以删午楷电呈指挥官要旨如次：

限即到。指挥官刘：〇密。我段团张营已推进至苇蓬山，主力现停止娃娃里附近。奸匪主力于删子向下张方向逃窜。尔后行动如何？乞示祇遵。

并授予段团长命令如下：

命令　四月十五日十四时　岗　上

一、着该团迅向奸匪溃窜方向追击，如匪已脱离，即于苇蓬山及其以南高地地区集结，并对敌方严密警戒待命。

二、余位置于岗上。

另予朱团长命令如下：

命令　十五日十二时四十五分　岗上

一、着该团集结于大李巷、小李、江巷、杨树山地区，并以杨树山为依托，警戒待命。

二、余位置于岗上。

十二时廿分，据溧水县李书记称：

新桥孔镇附近尚有奸匪潜伏活动，请派队清剿，因部队尚未集结，无法转用。乃以删午电呈指挥官刘：〇密。据确息孔镇及新桥以南地区仍有散匪潜伏，是否即派小部队前往清剿并查追匪物？至地方保甲、清查检举、办理自首自新安抚、健全地方自卫武力等项。均需急盼行署应派要员前来督办为佳。

综合各方情报得悉奸匪主力约三、四千人于昨夜一时许北向白马桥方向逃窜，除分别派便探侦察外，另以删未繁电呈指挥官刘要旨如次：

限即到。指挥官刘：〇密。当面奸匪主力已于删丑由白马桥向北溃窜，除派部队继续追击外，余集结苇蓬山、杨树山地区待命。

并通报单指挥官如下：

通报　十五日十三时　于岗上

一、奸匪大部已向白马桥方向窜去。

二、本纵队主力现集结苇蓬山、杨树山地区待命。指挥所位于岗上。

三、贵纵队拟请在牛首山附近地区集结机动如何？仍盼裁夺。同时以删朱楷电向指挥官刘具申判断及意见如下：

限即到。指挥官刘：〇密。据探息奸匪主力经白马桥向北退窜。(甲) 判断当面奸匪企图如下：

(1) 回窜溧武路以北地区；(2) 化整为零，潜伏敌据点附近，利用行起敌我战斗，企图得机卷土重来；（3）转移金溧边区老巢潜伏，尔后待机。（乙）作战对策：（1）以数纵队分向竹箦桥、下张、白马山搜剿奸匪主力；（2）或以有力部队封锁苇蓬山、观山、新桥、孔镇之线，向当面先行侦察派队以进剿，并在该线以南地区开始清乡。谨电鉴核。

另以删未繁电呈各部队位置如下：

特急。指挥官刘：○密。本纵队现以匪军主力已脱离北窜，本（删）晚命段团于苇蓬山及其以南高地；朱团在杨树山、大李巷集结；职位置于岗上。另通报单纵队于芳山东麓牛首山附近地区集结待命。友军位置乞示。

黄昏后派侦察匪情之便探入部返回后报称：向白马桥溃窜之匪约三、四千人已向竹箦桥方向窜去。另邱虎山北麓之魏家与傅家边有匪军六、七百名，系四十六团之残部及其旅部兵员约三、四百名。根据以上情况，以删酉楷一、二两电呈指挥官刘如下：

限即到。指挥官刘：○密。据探报匪之主力向竹箦桥方向逃窜。又息奸匪四六团、四七团及十六旅部共千余窜邱虎山北二里之魏家附近。等情。谨闻。

限即到。指挥官刘：○密。情报：确息，奸匪千余经金家村退至魏村，其政工人员均潜伏溧水、灵峰、傅家边、蒲塘、水晶、上窑附近。等情。谨闻。

嗣又据报上兴埠以北奸匪溃窜动态，当以删戌楷电呈指挥官刘，另以删亥楷电具申意见，乞示方针，以便计划明日之行动。其电文要旨各如下：

据二挺情报员李明报称：〈一〉删未目睹奸匪六百余窜陶村（上兴埠北五里），并于附近构筑工事中；〈二〉据东岳庙（上兴埠北）土民称：删朱奸匪一部（行军长经约七里）向竹箦桥窜去。等情。谨闻。

未酉戌三删楷电计呈判断奸匪主力似分股逃窜潜伏，待机重返，为避免兵至匪窜，兵去匪来计，我应迅以数纵队暂在避免引起对敌伪战斗原则下，分别向竹箦桥、陶村、魏家之匪进剿，并办理匪区诸事项。谨电鉴核。

本（删）日战斗经过如附图第五〔图略〕

十六日晴，三时奉指挥官刘删酉贤战十三电要旨如下：

即刻到。张〇：密。单纵队杨团暂归张纵队指挥，务于铣日五时前到达娃娃里为要。当即转知一五五团免生误会，并通报单指挥官，饬该团即速开来。

五时卅分，奉指挥官刘卯删酉贤战十四电令如下：

限即到。张〇：密。命令：(一）匪情如贵官所知；(二)本军决予追剿；(三)左纵队附保一团以一部控制观山、雀鸪山，构筑工事，清剿散匪，主力向欧家山、胡村、大山头之线追剿残匪，黄昏前开回季家山附近待机；(四）挺六团着即归还建制。基于右令纵队下达作命甲字第七号命令如下：

命令　四月十六日六时十分于岗上指挥所

一、当面残部约千余，刻潜伏邱虎山及其以北附近地区。

溧水有敌二、三百名，炮数门，洪蓝埠有敌四十余，官塘、蒲塘均有伪军据守。

二、本纵队遵层峰命令指示，即分三纵队向该匪追剿捕捉而歼灭之。

三、保一团为右侧支队，应以一部控制苇蓬山，主力向白马桥、山角南角附近地区追剿。

四、第一五五团为右追击队，应即以一部控制观山，主力即向欧家山、胡村、大山头一带追剿。

五、第一五六团为左追击队，应即以小部控制雀鸪山，并向孔镇附近地区清剿散匪，另以一排留置杨树山，主力向邱虎山、金家山、双尖山尾一带追剿。

六、各部队战斗地境如下：

保一团 ⎫
　　　 ⎬ 二岗、梅家、东阳庄、二〇·〇高地之线。
一五五团 ⎪
　　　 ⎬ 周家庄、唐家庵、一七八·〇高地、本山头之线。
一五六团 ⎭

线上均属右。

七、追剿时各部应避免与敌伪战斗。

八、追剿时各部应密切协同。

九、各部队应注意清查化整为零之散匪。

十、各追剿队应于本（铣）日黄昏前归还李家山、风庙岭附近集结待命。

十一、余现在岗上，尔后在观山指挥。

并另予保一团杨团长以如下之命令：

命令　四月十六日七时四十五分于岗上

一、奉指挥官刘删酉贤战十三电，令保一团归余指挥。

二、该团本（铣）日行动应遵照本纵队作命申字第七号命令施行。上二项仰遵照。六时顷奉指挥官刘卯删巳达电训示如下：

限即到。〇张：密。训令：查奸匪于文、元两夜对上兴埠、苇蓬山均乘我立足未稳，集中力量，以夜袭手段，击退我右纵队四、六两团，当此残匪主力，尚未击溃，今后必仍袭故智，对我立足未稳之部队实行夜袭，或短促突击。兹特知示对策如下：(一)各部黄昏前应在占领地后方选择要点，完成工事，主力伏置于待机位置，诱匪进入，尔后实行逆袭；(二)阵地前方通匪要道，黄昏后派队伏击，以粉碎其企图，仰各凛遵。当即将上项训令转知朱、段、杨三团长。另予挺六团程团长命令如下：

命令　四月十六日于岗上

奉

指挥官刘：卯删酉贤战十四电令开：该团即归还建制，仰将观山防务交一五五团派队接替后，即向上兴埠附近归还建制为要。

此令。

八时，顷各部已遵作命甲字第七号命令所示部署完后，并开始行动。指挥所即向观山推进。同时得挺六团程团长报告如下：

报告　四月十六日于李家村

一、确查匪首江渭清（十六旅政委）率匪千余，现盘据于魏家（邱虎山以北）、毕山里（邱虎山东麓）一带，又大曹家、后曹家、周庄、薛家、黄乌、蒲塘东南地区均有匪之政工人员，共约二百余人，奸匪日来颇为惊慌，传有向石臼湖、横山方向逃窜企图。

二、上午二时曾有少数散匪向我观山及以南高地偷袭，经我哨兵阻击即行逃窜，判断其企图似在探察观山有无我军驻守。

三、昨日判断匪部确有袭我之企图，故将防区缩小，保持重点于制高点。

当即于段团长指示如左：

据确报：奸匪十六旅政委江渭清率部千余潜伏邱虎上北二里之魏家附近，大曹家、后周庄、薛家、黄乌均有其政工人员潜伏，希注意搜索。

同时并以铣巳楷电呈指挥官刘要旨如下：

特急。指挥官刘：○密。卯删酉贤战十四电奉悉。遵令保一团以一部控制苇蓬山，主力向白马桥、山角南角一带搜剿；段团以一部控制观山、杨家山，主力向胡村、大山头一带追剿；朱团以一连控制雀鸪山，并向孔镇一带清剿散匪，主力向邱虎山、金家山、双尖山尾一带追剿；挺六团已令向上兴埠归还建制。除战况续呈外，谨闻。

当前进途中目睹匪区状况，遂即以铣巳楷电呈指挥官刘如左：

特急。师长刘：○密。曹山、观山、杨树山中间地区民众壮丁逃避一空，奸匪宣传所致，安抚宣传工作急待举办，乞饬党政编组临时宣抚队出动工作。

十一时，顷指挥所于观山最高峰目击我部队已有一部到达邱虎山顶并继续北进，枪声时作时息。十二时，顷闻炮声隆隆，机枪声隐约可闻。十三时四十五分，接朱团长报告如次：

报告　四月十六日午后一时廿分于新桥

一、据第二营营长报称：本（十六）日上午十时匪军约五、六百名自邱虎山向西南逃窜，已到达朱达村、窑上，有向西南逃窜之模样，该营刻正向金家山、双尖山尾搜索中。

二、第一营（欠一连）刻向窑上搜剿中。

十四时，接得杨团长报告如下：

报告　四月十六日十二时于金家村

一、白马桥以南，苇蓬山以北均无匪踪。

二、我第一营尚在白马桥附近地区搜剿中。

三、据一般土民称：匪大部已于十四时夜向公路以北逃窜。

四、职现在金家村，午后五时遵命返杨树山附近。

嗣于十六时卅分接得探报：新桥以西六里之水晶、窑上午刻发现股匪千余开饭，尚未移动，当判断该股匪于交通不便，朱团搜索空隙中隐伏，待黄昏后向石臼湖围窜，当即命由邱虎山追剿。并得段团长面报：本日追剿情况，知匪已他窜，并行起与土山之敌战斗，我伤士兵二名。我卤获步枪一枝，俘匪一名。

十九时，指挥所随一五五团抵新桥，接得朱团长报告如下：

报告　四月十六日午后七时廿分于曹村

一、据第二营营长报称：经西宋家、沈李家、双尖山尾、薛家所得敌匪情如下：

1. 敌约百余名，附小炮一门，于本（十六）日上午十一时经薛家向双尖山尾东北方向而去。

2. 奸匪约四、五百到达马家、薛家，于本（十六）日中午时为敌军压追向朱达村、窑上窜去，经搜剿，均无匪踪，于黄昏时撤回东流镇。

乃即令段团返防。

十九时接得杨团长报告如下：

报告　四月十六日十七时卅分于江港团部

一、白马桥以北五里外尚有少数残匪，魏家附近奸匪已于拂晓前向东北逃窜。

二、官塘敌增二百余名，炮数门，曾向马古寺方向发射。

三、团遵令于本（十六）日十七时廿分归还杨树山、岗上附近宿营。

四、宿营地区如附图〔略〕。

五、团部位置于沈巷。

为即综合本日状况，以铣戌楷一电呈指挥官刘如次：

限即到。指挥官刘：○密。（甲）我进剿各纵队均未能与匪接触，段团进剿至马古寺、胡村、大山头之时，受官塘之敌伪炮击十余发，伤士兵二名。（乙）匪情：（一）白马桥以北尚有少数散匪；（二）删日窜魏家之匪千余，于删夜向白马桥方向窜去；（三）潜伏邱虎山、傅家边之匪六百余，铣已窜窑上，旋向西北逃窜，朱团追剿未及。（丙）明（筱）日拟派一部分赴可疑地区清剿，主力在原地休息，整顿待命，可否？乞示。谨闻。

另呈铣戌楷三电呈各部位置如下：

特急。指挥官刘：本晚各部队位置：段团在李家山；朱团在曹家；保一团在杨树山；指挥所在风杉岭。

更以铣亥楷电呈所得匪情如下：

限即到。指挥官刘：○密。铣寅奸匪千余名由水晶、山窑经梓树巷、陈家、卞家向石臼湖逃窜，多数化装。溧城敌略有增加。铣未与奸匪激战数小时。

十七日晴，晨六时，奉指挥官刘铣贤战十五电指示要旨如下：

该纵队附保一团改称左翼清剿纵队，担任观山、雀鸪山、沙岗之线封锁，与普陀寺、杨树山、陈达里、王家边（均不含）之线以西及普陀寺、杨家桥、郃村、骆山（均不含）之线以北地区清剿及追剿。

当即根据上项电令，变更部置，实施清剿、追剿及封锁。

第五、人员伤亡械弹损耗俘获

人员伤亡，如附表第一〔略〕

械弹损耗，如附表第二〔略〕

俘获及卤获，如附表第三〔略〕

第六、战斗经验与教训

一各部队间之连络协同太差，通讯设备毫无，战斗间对于友军情况不明，本纵队于进至东流、观山后，对左右友军均未觅得连系，致使十三日之战斗未能如最初决心作积极之行动，应平时对地方之递步哨，地方情报之搜集应有妥善之准备，以补助解决上项之缺憾。

二、弹药补充迟缓，使本纵队十三日之战斗未能有如期望之进展；十四日午后补充弹药送达而奸匪主力北窜，战斗将行结束，遂致坐失战机。

三、奸匪长于近战，其手榴弹、大刀甚多，故攻击部队应于到达冲锋位置时（距离七十公尺），即扬声叫杀，以耗费其手榴弹，并以优良射击手狙击其守备士兵，迫其手榴弹投掷将罄后，再行猛烈手段之冲击，必可奏功。

四、奸匪长于夜战，故一入夜间，须避免与匪接触，对于警戒更须严密，部队应极端避免舍营（最好露营至少应行村落露营）。

五、对奸匪警戒，除应派出步哨外，更应于步哨附近三四十公尺内密选能火制步哨位置之地点，构筑隐蔽工事，潜伏自动火器（不能换班避免音响），一俟匪军冲突我步哨（多以密集队形）

时，即以盛炽之火力歼灭之。

六、对奸匪作战，应稳扎猛攻，如属可为，应先取得支撑点，或可依之要点，应始终作守点不守线之控制，庶可以进能攻，退能守，应付裕如。

七、奸匪短于大战，我攻击时展开疏开等距离应尽量缩灭〔减〕，使指挥掌握确切运动灵活。

八、剿匪之团应有便衣（六十人以上）之组织，战时配合运用。

第二十三集团军副总司令部前进指挥部对当面奸匪清剿计划

第一　情况

一、当面奸匪为伪第六师十六旅及第十七旅五一团与新六团，兵力约四、五千，步枪约半数，轻重机枪七十余，迫炮四门，小炮两门，其主力盘踞于竹箦桥、曹山、苇蓬山、芳山、芝山、新桥、郜村一带，构筑工事。一周以来，向我上沛埠、汤家桥、安兴保一纵队当面进犯，先后被占骆山亦发现奸匪征集船只，判断奸匪似有于我进剿前击破我一点，乘机流窜之企图。

二、我右翼一九二师兵力二团，位置于孝丰、广德一带，保持机动；左翼新七师主力集结章家渡附近。

第二　方针

三、本部以巩固我控制区，加强党政效能，以期尔后对敌作战容易，决将当面奸匪实施清剿，并粉碎其内犯企图。

第三　指导要领

四、各部应随时将当面匪情侦察明确，以利追剿。

五、清剿奸匪务以迅速、秘密、轻装、急进、包围、闪击诸手段，击溃其主力而歼灭之。

六、进剿部队于行动间应讲求严密搜索、警戒，于进达每地后，应封锁交通，构筑工事，严密戒备，防止奸宄潜入袭扰。

七、不论行军、驻军及作战，均须控制高点，先求稳扎，再求猛打。

八、进剿部队应确切配合各级党政机关人员，于每占一地后，即应开展党政设施，如清查户口，编组保甲，组训民众等之绥靖肃奸诸工作。

九、各守备部队应适时策应进剿部队作战。

第四　军队区分

十、匪后挺进纵队长　忠救军第三纵队指挥官郭墨涛

忠义救国军第一纵队

十一、右翼进剿部队长　　挺二纵队司令顾心衡

挺二纵队（欠一个营）

十二、左翼进剿纵队长　　五二师副师长张乃鑫

第五二师（欠一五四团）

十三、正面堵剿纵队长　保一纵队指挥官单　栋

保一纵队

十四、本部直辖部队

五二师第一五四团之两营

一九二师第一一一八团

通信连无线电排各一部

第五、部署及任务

十五、匪后挺进纵队

X－1日集结于胡桥附近，七日应先向竹篑桥奸匪攻击，相机占领。X＋1日挺进至白马桥以北地区，以遮断路北奸匪之增援，并协力右纵队攻占白马桥。X＋2日即以主力向官塘以南高地及邱虎山进出，阻匪向当涂境逃窜，在进剿期间，如敌乘隙蠢动时，则以诱致敌匪战斗为原则。

十六、右翼进剿纵队

七日在上兴埠以南地区集结。X + 1 日除以一营守备上兴埠，一营略取上沛埠外，主力务攻略曹山、苇蓬山、白马桥而占领之。X + 2 日酌留部队择要固守，主力进出观山，捕捉匪之主力以击溃之。

十七、左翼进剿纵队

七日在东坝以北地区集结。X + 1 日经漆桥、孔镇地区向匪后挺进，务攻占新桥及以南高地。X + 2 日酌留一部择要固守，主力进出观山，捕捉匪之主力，以击溃之。

十八、正面堵剿纵队

七日推进至汤家桥、安兴之线。X + 1 日协同两翼纵队向上沛埠、芳山、上下芝山、汤家桥、郃村之线进出，应严防奸匪由上沛埠、安兴之间地区向东南突围。

十九、进剿、堵剿纵队务协力将匪包围于上下芝山、云鹤山之间，或压迫于石臼湖东岸，以歼灭之。

二十、如匪向路东或当涂境逃窜时，进剿队应占领东山、苇蓬山、观山、新桥南高地刘家渡、河岗之线，构筑封锁工事，并协同挺进纵队跟踪追剿。

二十一、任务达成后之区处如下

1. 匪后挺进纵队即担任封锁线外之游击，俟令归还。

2. 右翼进剿纵队、堵剿纵队改为守备部队，担任上兴埠、上沛埠、上下芝山、白石观、郘村迄骆山之线守备，与封锁线之警戒，同时配合党政办理守备线外之清剿与线内之清乡。

3. 左翼进剿纵队即回剿固城湖、南漪湖间之散匪后，待命归还建制。

二十二、本部直辖部队应分在周城以南及涛城铺地区集结，保持机动。

二十三、本部于X－1 日进驻涛城铺，尔后随战况之进长向前推进。

〔国民政府军令部战史会档案〕

2. 陆军顾祝同部袭击苏南皖南地区新四军工作报告

（1943年4—7月）

1. 匪情综合

奸伪新四军自卅年六月在皖南泾县被我剿灭后，残部仍在苏、皖、豫、鄂、浙、闽、赣等省潜滋暗长，迄未稍戢。

截至卅一年底以前，散布于苏南者，有伪第六师及其杂色团队约六千余人；皖南者，有伪第七师之一部约千余。

本（卅二）年六月中旬起，江北奸匪亦有南渡连同原来之匪由分散而集结，迄三月廿日为止，集结于丹阳西南延陵镇者约千余；集结于溧阳西北白马桥附近者约万余；集结于溧水以西博望镇附近者约千余。大肆猖獗搜缴民枪，劫夺物资，袭击国军，颇有由溧阳、东坝进攻郎溪、广德、天目山等地企图。同时皖南各匪则极力与苏南匪主力呼应，亦大有由铜繁窜搜泾县、旌德，恢复廿九年之趋势。

2. 剿办经过

战区遵照委座丑真令一元特电意旨，命第廿三集团军副总司令陶广负责统一剿办苏南奸匪，同时令新七师及第一四四师将主力集结于泾县以西及石埭附近，监视防范皖南奸匪南窜，并准备适时围剿。

四月十三日，陶副总司令指挥第五二师、第一九二师、挺二纵队、苏保一、四两纵队及忠义救国军主力开始围剿溧阳以西上突埠、上浦埠、白马桥、曹山、苇蓬山、芳山、芝山、云鹤山、新桥、东流镇、骆山等处一带奸匪，经三昼夜之激战，于十五日将匪主力击溃，残匪狼狈纷向长荡湖、茅山方向逃窜，我追剿各部猛烈跟踪，追剿扫荡至月之廿日，残匪化整为零，潜伏敌后避匿，是为第一次之剿办，共伤毙匪军约千三百余员名，俘匪一百余名，卤获步机枪卅余枝及其他等战利品。奸匪于四月下旬乘我回师之际，陆续回窜，卷土重来，迄五月底，先后窜据后周镇、竹箦桥、白马桥、芾蓬山、观山、云鹤山、新桥、东流、孔镇等地一带窜扰。

六月六日仍由陶副总司令统一指挥第一次进剿各部队开始进剿，经两昼夜之激战，将匪击溃，残匪狼狈纷向长荡湖、茅山、石臼湖西北方向逃窜，化整为零，潜伏敌后。我进剿各部撤回原防整理，并清整善后，是为第二次之剿办，共计伤毙匪军一百余员名，俘匪廿余员名。

自第二次剿办后，匪时以小股回窜，我则以适当之兵力不断往返进剿追歼，迄七月廿七日江北奸伪第二师长罗炳辉率部千余连合第六师谭震林部共约三千余，突然窜据芾蓬山及上兴埠一带，经陶副总司令指挥第五二师及挺二纵队附苏保第一团猛烈进剿，血战两昼夜，将匪击溃，现仍派队跟踪，追向敌后，搜剿歼灭中，本役共伤毙匪军四百余名（四月至七月战绩附表二）。

3. 检讨及对策

（1）奸匪械弹缺乏，战力脆弱，煽惑力特强，潜滋力颇大。

（2）皖南之匪在我对苏南奸匪三次围剿中，均未有显著大举进犯行动，判断该匪力量不强。

（3）奸匪虽有窜扰广德、天目山及徽屯、黄山之阴谋，以力量有限及我军加紧围剿，决难得逞。

（4）我军第一、应加强军政力量，健全保甲，第二、应不厌其烦，反复围剿；第三、派遣有力挺进部队进入其后，与之争面，以便为进剿之支撑。

〔国民政府军令部战史会档案〕

3. 顾祝同部在苏南一带布署重兵袭击新四军电

（1943年6—7月）

（1）顾祝同密电（6月26日）

铅山。特急。渝委员长蒋：整密。机密。据陶广、刘秉哲巳寒电称：（一）当面奸匪经我连日搜剿，其主力四八团、五一团及四七团之一部已由茅山北窜。四七团仍有一部盘踞于长荡湖西岸地区。四六团已由石臼湖西窜。（二）已元各部部署及任务：（1）右纵队：我二纵队附第一一一八团以一部任长兴之杨巷、杨庄、前马、上兴埠、曹山带蓬山、南曹之维持守备与构筑碉堡工事，另以竹篑桥、华山为前进据点构筑碉堡群扼守，并派一部向后田以东移动，主力集结七里山附近整训；（2）左纵队：第五二师欠一团以一部任观山、雀鸪山、沙冈迄石臼湖东岸守备及构筑碉堡工事，另以欧家山、金家山为前进据点构筑碉堡群扼守，并派一部向王家边、洪蓝埠、石臼湖北岸游击，主力集结茅山附近整训。待续。顾祝同。巳宥。企一甲。印。

（2）顾祝同密电（6月26日）

铅山。特急。渝委员长蒋：整密。续巳宥企一甲电：苏保第一纵队侦探石臼湖匪情，控置船支，任上浦埠、上芝山、杨家桥、云鹤山、郃村、骆山碉堡工事之修复，完成后交辖区内地方团队守备，该纵队即集结郃村、杨家桥一带整训；（三）各部工事之构筑与修复均限寒日开始，智日前完成；（四）左、右两纵队作战地境为定埠、椏港、上芝山、曹南、王家边之线，线上属左；（五）前进指挥部仍驻南渡。续完。等情。谨电呈察。顾祝同。巳宥。企一乙。印。

（3）蒋介石复电（7月1日）

铅山。顾长官：巳宥企一甲乙各电悉。翘密。转报堵剿奸匪部署准予备案，并饬肃清残余，加强地方自卫，以杜后患。中〇。午东。令一元丙。印。

〔国民政府军令部战史会档案〕

4．顾祝同部对浙东地区新四军进行围剿部署情形电

（1943年7月9—19日）

（1）顾祝同密电（7月9日）

铅山。

渝委员长蒋：翘密。竺处长鸣涛午冬到部经商浙东绥靖方案如次：第一、方针：（一）战区以绥靖浙东俾利尔后作战之目的，配合政治之力量，先将敌我中间地域各股奸匪及其潜伏势力彻底肃清，再逐渐剿抚游击部队；次向敌后挺进，扰袭敌人，依状况以何静一股为主剿，目标侭先歼灭之。第二、指导要领：（二）以三分军事七分政治之力量清剿奸伪，组训民众；（三）浙东三北地区依目前实际状况划为鄞奉、馀上、绍嵊三个清剿区，各设绥靖指挥官负责剿办：（四）鄞奉绥靖区以俞济民为绥靖指挥官；馀上绥靖区以张俊升为指挥官，藉示羁縻；嵊绍绥靖区以贺钺芳为指挥官，必要时设统一指挥机构指挥之。待续。顾祝同。午佳。午秉一（1）。

印。

（2）顾祝同密电（7月9日）

铅山。

渝委员长蒋，翘密。续午佳午秉（1）。（五）该三北地区之党政机构应与浙省府及党部切实协办并责成各绥靖部队协助组织民众，办理保甲，俾党部业务得于武力扶植之下而长成。其详细办法，按各项绥靖区特殊情况订定之。（六）招抚自新分子，乃策动奸伪、敌伪使之互相火并且由党方设定机关实施之。（七）各绥

靖区于进剿之先与地方政府作一协定，与充分准备。(八) 各该绥靖任务统限本卅二年底完成。第三、兵力部署：(九) 俞济民、张俊升、贺钺芳，各指挥其原有部队，为进剿支队，并由各该指挥官指挥其辖境各县自卫团队，扼要围剿。待续。职顾祝同。午佳。午秉一。印。(2)印。

(3) 顾祝同密电（7月9日）

铅山。

渝委员长蒋：续午佳午秉一（2）。翘密。(十) 以浙保二、五两团为堵击队，在天台、临海、仙居一带严密布防，堵匪西窜，必要时调突击营参加围剿。第四、附记：(十一) 战区依本方案，另订浙东绥靖计划，颁布实施。(十二) 清剿奸伪告一段落后，张俊升、田岫山及俞济民诸部均应后调整训，另以卅二集团军突击营或浙保安团开入接潜防务。上各项当否？谨电核示。职顾祝同。午佳。午秉一（3）。印。

(4) 蒋介石复电（7月19日）

铅山。顾长官：〇密。午佳午秉一电悉。准予备案。中〇。午皓。令一元丙。印。

〔国民政府军令部战史会档案〕

5. 顾祝同部袭击浙东地区新四军部署的工作报告

（1943年8月）

1. 奸匪情形

浙东民性强悍，民间散枪颇多。去岁浙赣战时，经过敌人蹂躏，俟敌退后，一切陷于纷乱，游杂遍地，盗匪如毛，经数月之剿办，零星土匪次第肃清。而何静股渐成燎火，现该匪首已自任为三北游击队司令，并委连柏生为副司令、胡志萍为政委，共辖四个支队，约计人枪一千五百余，另有轻重机枪八挺，盘踞鄞西上虞、嵊县、余姚、慈北、慈东、慈西、姚山、胜山、临山各地，其最近企图拟夺取四明山为根据地，再图向外发展。

2. 绥靖方针

战区以稳定浙东，俾利尔后作战之目的，配合政治组织力量，先将敌我中间地区各股奸匪及其潜伏势力彻底肃清，游杂部队予以编剿，再逐次向敌后挺进，扰袭敌人，依状况以何静一股为主剿目标，侭先清剿，务绝根株。

3. 剿匪设施

基于绥靖方针，浙江保安处长竺鸣涛来部，指示其要旨并令第三十二集团军李总司令赴天台会议，听取各方军政报告。八月初，本部复召集黄主席、李总司令来部座谈，决定设施如下：

(1) 成立卅二集团军前进指挥部于天台（下辖军事党政两处），并请委浙保安处处长竺鸣涛兼任该集团军副总司令，代行前进指挥部职权。内部组织由李竺协同编组，所属人员由卅二集团军总部、浙保安处及浙东行署三、六两区署调兼为原则。

(2) 剿匪经费由浙江省政府统筹支拨。

(3) 剿匪部署由李总司令、竺处长按实际情形修正呈核。

〔国民政府军令部战史会档案〕

6. 顾祝同报告在皖南浙东分别组设反共机构呈

(1943年8月)

窃以当前之内忧，莫过于奸伪窃据流窜，潜伏滋蔓，日渐坐大。在第三国际宣告解散后，奸伪之动向，一仍其旧，是其割据政权，扩大武力，发展组织之一贯阴谋，迄未放弃。本战区奸伪三年来经迭次剿办，虽稍抑毒焰，但在内地则藉其所谓隐蔽政策与精干政策之伎俩，流窜潜伏，终未能达到廓清之目的。在沦陷区，则藉混乱之局面，乘机发展，扩张武力，盘踞剽窃，有增无已，尤以苏南、皖南、浙西及浙东等地为猖獗。现苏南方面，伪新四军部队不断由苏北南渡，配合苏南原有之奸伪残部及潜留皖南之伪游击队，企图打通苏皖南进而窥占浙西，建立黄山、天目山根据地。浙东方面，奸伪控制之游击队，自去年浙赣战役乘机发展以来，仍日有增加，到处流窜，为数不下三、四千人，若不设法加强党政军总合之力量，及时予以打击，势将不堪收拾。本战区各省各地对奸伪之防制与清剿，虽各设有机构或以步骤不能一致，或以力量未能集中，或以人事配合未尽适宜，以致未能达成预期之任务。今后诚宜集中力量，统一指挥，以武力打击武力，以组织瓦解组织，以政治粉碎政治，以行动制裁行动，分力合击，作成统一性全面性之总动员攻势，始能收彻底肃清之效。本部为根据上述情形及针对事实之需要，于苏皖南及浙西方面，已令饬第廿三集团军陶副总司令就该副总部所在地，组设党政军联席会报，以该总司令为会报主席，所有苏南、皖南、浙西各行署，各省党部办事处及有关部队机关主官，一律参加按期举行会报，并准于该部增设党政督导处，所有工作人员分别由副总部及各行署，各党部办事处遴选调用，前经转报奉准在案。于浙东方面，已呈请由第卅二集团军李总司令成立前进指挥部以浙江保安处长竺鸣涛为副总司令主持其事，下设军事、党政两处，党政处长由浙东行署主任兼任，业经拟据计划呈报在案。此项机构之设置期在加强党政军联系，发动地方党政各层之组织配合军事力量及地方武力，作有效之扫荡与清剿。惟各该机构之设置，尚无固定之经费，对于工作推行，殊多困难，拟请提前赐予核准并一次拨发此项业务专款若干作为各该机构所需之经费以及战区其它方面办理此项业务需款之用，使战区肃奸工作得以顺利推行，是否有当？敬乞鉴核示遵。谨呈

总长何转呈

委员长蒋

职顾祝同

〔国民政府军令部战史会档案〕

7. 蒋介石密电实查浙东新四军实力以彻底“肃清”命令

（1943年10月16—19日）

（1）蒋介石代电（10月16日）

军令部徐部长勋鉴：该部第一厅九月二十九日匪军情报悉。顾长官九月二日电所陈浙东奸军实力并其阴谋分三期进行企图控制浙东游击区一节。另据报告：该方面奸军实力远在该长官所报之数以上，应即转饬切实査明奸军实力，并应彻底肃清，切勿轻忽诒误为要。中正。酉删侍秦。

中华民国三十二年十月十六日

（2）蒋介石密电（10月19日）

铅山。顾长官：生密。据报：浙东奸军实力远在该长官所报之数以上，仰即切实查明，彻底肃清，切勿轻忽贻误为要。中〇。酉皓。令<1102>丙。印。

〔国民政府军令部战史会档案〕

8. 顾祝同部袭击四明山新四军部署情形电

（1943年11月21—23日）

（1）顾祝同电（11月21日）

铅山。渝委员长蒋。据竺明涛筱电：教密。进剿奸军部署如下：（一）以彻底肃清奸军之目的，即以挺三、四、五各纵队向四明山附近前进包围而歼灭之。（二）挺三纵队铣日前进至北庄市以北附近地区，铣晓开始向唐田、北溪方面攻击。左翼与挺五纵队连系，尔后向张村大皎之线进出。该纵队已于铣午以主力向王家庄、青亭冈之线前进，一部向周公宅、西岭侧击陈家岩之敌。（三）挺四纵队铣晓夺取梁街，尔后向杜徐、陆埠镇方面攻击前进，另以有力一部向芝材、火鸿岚各附近迂回攻击，以防北窜。该纵队已于删辰以主力向后陈、八字牌之线挺进，一部进驻下营。（四）挺五纵队铣晓前进至诊岙下管篰排之线，向陈家岩方向攻击前进，尔后左右席卷，以主力协力挺进四纵队，以一部协力挺三纵队之作战。该纵队已于删未到达阮庄、上许、太平岸之线，另以一部进至石佛村、王莽桥之线。待续。顾祝同。戌马。巳英一甲。印。

（2）顾祝同电（11月21日）

铅山。渝委员长蒋：戌马巳英一甲电：教密。（五）宁波警察总队选派三个大队以上兵力铣日开赴凤岙市鄞江桥各以东地区，沿四明山以东各要隘严防奸军东窜，并适时向横街头附近攻击。（六）定象目卫总队选一个加强大队以上兵力铣日由龙山附近秘密登陆，先确占鸣鹤场附近地区及三七市附近高地，妨奸军北窜，并与镇慈两县之地方武力切取连络，并以有力一部在观海卫以北海面袭毁其游船。（七）为求各部连系便利，行动齐一起见，已令挺三、四两纵队暂归挺五纵队张司令临时指挥各等情。谨电核备。顾祝同。戌马。巳英一乙。印。

（3）蒋介石电（11月23日）

铅山。顾长官：戌马巳英一甲乙电悉。密。所报进剿四明山奸匪部署准予备案。中〇。戌梗。令〈1102〉丙。印。

〔国民政府军令部战史会档案〕

9. 顾祝同报告袭击浙东新四军密电

（1944年4月—1945年8月）

（1）电之一（1944年4月10日）

铅山。急。渝委员长蒋：寅有巳刚电计呈。牒密。本部对浙东绥指部，除规定仍由李总司令默庵指挥外，兹复指示如次：(一) 绥靖区为镇海、鄞县、慈溪、奉化、余姚、上虞、嵊县、新昌、绍兴以及诸暨属之铁路以东地区。(二) 兵力暂卅三师一团、突一队一个营、挺四、挺五两纵队、浙保二、保五两个团、浙保独立第三大队及定象宁警等地方武力。(三) 绥指挥部组织就前之指挥部规模缩小三分之一，并加设参谋长副指挥官周陶漉应进入四明山负责清剿。(四) 经费暂由浙东行署支。(五) 绥靖计划拟由该绥指挥部按照实际情形拟订报核。上五项，除分电外，谨电核备。职顾祝同。卯灰。酉强乙绥。印。

(2) 电之二 (1945年8月7日)

铅山。渝委员长蒋：6379 (表)密。据忠救军总指挥马志超报称：(一) 浙东匪游击纵队第五支队诸亚明部辰月中旬窜入奉贵境内，经我迭攻围剿，伤亡惨重，步向南汇回窜，巳支复在南汇、仓镇附近遭我痛击，匪首诸亚明阵亡，残部二百余，轻机枪十一挺，步枪百余支，经我南汇县长吴建功收编。(二) 匪因诸部被我击溃，为确保其浦东地区势力，乃另调浙东海防大队于巳感向浦东增援。谨闻。职顾祝同。未虞。参情。印。

〔国民政府军令部战史会档案〕

10. 陆军暂编第十四师在涡北进击新四军第三十四师战斗详报

(1944年9月8日—10月24日)

甲、战斗前敌我形势概况

溯自中原战起，大部国军奉命西调，奸匪中共乃以为争夺政权，千载难逢之机，遂弃抗战，倒戈内向，以趁火打劫之手段，企图一举窜占豫皖边区，以达其既定破坏国家统一之狡计，阻挠抗战，丧心病狂，莫此为甚。九月上旬，匪首陈毅、彭雪枫等，奉其奸匪之命，率其匪众第四师、第三师（欠一旅）、第七旅骑兵两团，数约一万二、三千名，分自鲁南、鲁西、苏北西犯，先后窜至肖永边区，藉环境之矛盾，用敌伪之掩护，集中力量，明攻暗袭，于瞬息之间几将我之挺进部队收缴大半，并拟于扫清之后直下涡蒙，再犯边区，野心无厌，曷其有极。查我边区为苏鲁豫皖之军政中心，地管南北，道通东西，为抗战反攻之基地，大军进出之枢纽，胜败攸关，故本师、骑八师、暂三十师，遂于九月中旬奉命开进涡蒙，担任防剿，相机予以歼灭，巩固边区，俾尔后反攻之容易。（附图第一）

乙、敌我兵力及战匪之番号与指挥官姓名：

A。我军兵力：

1。暂十四师（辖步兵三个团骑炮兵一连）；

2。骑八师（辖骑一团“四个连”、步兵两个团，每团四个连）；

3。胡开祥支队；

4。刘显庭一部（百余人附属本师作响导）；

5。刘子仁一部。

B。奸匪兵力：

1。新四军第四师（三旅九团制十二旅尚未发现）；

2。第三师第九旅；

3。骑兵两个团；

4。运河大队；

5。第七旅（最近由津浦路北调来辖一九、二〇、二一等团）。

C。奸匪指挥官姓名：

1。新四军军长　陈　毅

2。第三师师长　　黄克诚

3。第四师师长　彭雪枫

政　　委　邓子恢

参　谋　长　张　震

政治主任　吴芝圃

4. 第十旅旅长康志祥：

廿八团团长　赵　明；

廿九团团长　倪玉彬；

三十团团长　王其瑞。

5. 第十一旅旅长藤海清：

卅一团团长　陈治国；

卅二团团长　陈胡子；

卅三团团长　张　明。

6. 第三师第九旅旅长韩国清：

廿五团团长　王　林；

廿六团团长　潘隆昌；

廿七团团长　孙绍荣。

7. 骑兵团团长及运河大队队长姓名未详。

8. 第七旅旅长赵承全：

十　九　团；

二十团团长不详；

二十一团。

丙、部署：

九月九日奉指挥官王九月九日八时命令如左：

一、奸匪彭雪枫部步骑兵约五千余，窜掳萧永宿各地区后刻在树立政权中。

二、本部决以主力将彭匪压迫于澥河南岸地区，包围而歼灭之。

三、暂十四师（附山炮兵一连，骑八师之骑兵一团）限九月十五日前于铁佛寺附近地区集结完毕，向薛家湖（永城东北）之奸匪攻剿。

四、第三十师（欠九九团）限九月十五日前于澥溪口（宿县西北）附近地区集结完毕，向洪河集（永城东北）之奸匪攻剿。

五、苏北第九纵队刘显庭部随主力军向北推进。

六、刘子仁（欠李光明支队）蒋心亮、鄷逊之各部即向太邱集（薛家湖西北）之奸匪攻剿；胡庆鋆、李光明两部即向姚纲集（薛家湖北）之奸匪攻剿；耿继勋、刘瑞岐两部即越路向张大屯（薛家湖东北）之奸匪攻剿。上列挺进部队由魏副司令官振铎统一指挥。

七、王副军长秉钺即进驻蒙城指挥骑八师（欠一团）及蒋心纯部巩固蒙城及其以北地区据点，以一部（附韩金山部之一个大队）向桃园（宿县南）附近之奸匪攻剿，并随时策应主力军之作战，并于蒙架设浮桥一座。

八、直属第十纵队、苏北第卅二纵队仍在原地巩固据点；韩纵队另抽派一个支队归吕参谋长钊指挥，向桃园附近地区之奸匪攻剿，策应主力军之作战。

九、暂卅师应于九月十二日推进至涡阳，以一部占领石弓山、龙山掩护我攻剿部队前进，并巩固涡阳及其以北地区，随时策应主力军之作战，并须于涡阳架浮桥一座，限十二日前架设完成。

十、第一百一十七师仍在董家集附近集结待命。

十一、攻击开始日期九月十六日起，预定于两日内攻占指定目标。

十二、担任攻剿各部队务须切取连系，紧密协同，并适地萧、永、宿、临、溪集敌伪各据点应酌派队监视，不得引起战斗。

十三、余现在张村铺，尔后进驻涡阳，攻击部队到后，即推进铁佛寺。

本师基于上令遵于九月十二日到达涡阳附近，停止待命。

十月十二日八时奉

指挥官王命令作命第七号如左：

一、窜据萧、永、夏、砀边境奸匪三千余，经敌伪于申马西冬先后分由徐、砀、黄、口、夏、永向保安山、洪河集、王白楼一带扫荡后，奸匪大部又集结于薛家湖、张大屯、鱼山、保安山一带，一部千余于灰日流窜于砀山以南附近地区与我胡庆鋆纵队战斗中。

敌伪对奸匪之扫荡刻已停止。

二、本部对该匪决取分进合击之态势，先夺取薛家湖、洪河集、张大屯、保安山建立据点，尔后踪匪逃窜方向猛追，包围而歼灭之。

三、骑八师配合魏振铎纵队之胡开祥支队为右纵队，于十月十三日开始行动，十四日到达百善站村附近地区，十五日即与左纵队切取连系，向洪河集之匪攻击前进。

四、暂十四师配合刘显庭纵队之一部为左纵队，于十月十三日开始行动，十四日到达界首集附近地区，十五日与右纵队切取连系，即向薛家湖之匪攻击，并应加强右翼警戒。

五、刘指挥官子仁指挥所部及胡庆鋆纵队、蒋心亮纵队、张朝纲支队于十月十四日开始行动，十五日即向太邱集以东保安集之匪攻击前进。

六、耿继勋、刘端岐部于十月十四日开始行动，十五日即向张大屯之匪攻击前进。

七、王副军长秉钺指挥一一七师及蒋心纯、韩金山各部巩固蒙城及其以北地区，并以一部进击桃园附近之匪，以策应主力军之作战。

八、暂卅师附刘树元支队巩固涡阳及石弓山据点、维护主力军后方交通并应随时策应主力军之作战。

九、部队无论行军、驻军力求秘密，一面应严密监视匪之流窜，一面应绝对封锁我方消息，使敌匪无从探息我军行动。

十、所有涡北、永夏、肖砀各县地方行政人员应一律随队行动工作。

十一、余现在涡阳指挥部，尔后推进至石弓山。

本师基于上令遂下达命令如左：(其一)

一、敌情及友军情况（如附件所示）。

二、本师（附骑炮兵一连并刘显庭之一部）于明十三日开始向界首集附近前进。

1. 工兵连于即刻出发，限本晚修复涡阳东关外之浮桥，尔后除配属每团一班外，主力归本部穆军械官指挥，掩护浮桥，并于西阳集及高炉集渡口派出一小部组织招待站。

2. 第一团应于明十三日上午六时出发，渡河后经龙山集到达大路叶附近宿营。

3. 第三团应于明十三日上午七时由现地出发，渡河后经龙山集到达火星庙附近宿营。

4. 师司令部及直属部队应于明十三日上午八时在刘庄西北端集合，按特务连——司令部——通讯连(无线电排)——卫生队——输送连之次序出发，到达龙山集附近宿营。

5. 第二团附山炮连应于明十三日上午八时卅分出发，到达三里庄附近宿营。

骑炮兵第三连随第二团行动，尔后行动归该团长区处。

三、骑八师之骑一团，着即归还建制。

四、通讯连应以师部为基点，构成通讯网，无线电即开设通讯。

五、野战医院在张村铺开设。

六、余行进时，在师部先头。

(其二)

一、奸匪主力仍盘踞洪河集、薛家湖、保安山一带，其另一团于昨十二日由永城方面窜抵李口及西南地区。

二、本师（附骑炮兵一连及刘显庭纵队一部）准于十四日续向石弓山方向前进。

三、第一团为右纵队，应于明十四日上午六时出发，沿通石弓山大道搜索前进。

四、第三团为左纵队，应于明十四日上午六时出发，经大路叶——小罗庄——罗后砦向王斌庄搜索前进。

五、师司令部及其直属部队（附二团郑营）于明十四日上午七时在龙山集、北通、石弓山大道旁集合，按第二团三营——特务连——司令部——通讯连——卫生队——输送连之次序准左纵队行进路向李家楼前进。

六、第二团（附骑炮兵一连欠第三营）应于明十四日上午八时出发，准左纵队行进路向十八里庄前进。

七、通讯连到达宿营地后，以师部为基点，构成通讯网，无线电即开设通讯。

八、各部宿营地区（如附图）。

九、各部到达宿营地后即行构筑工事，并对李口方向注意警戒。

十、余现在三里庄师部，行进时在师部先头。

（附匪情及宿营地区略图乙份）

丁、战斗经过：

十月十三日奸匪第廿五团盘据李口（石弓山北）及其以西地区，本师十四日进驻石弓山附近，经我第三团第二营将浍河之匪驱逐，该匪闻风即晚向西逃窜。

十月十五日奉指挥官王命令如左：

一、匪情如贵官所知。

二、本部决取分进合击态势，将窜扰洪河集、薛湖、王白楼、太邱集、大屋集（吴信元部）一带之包围而歼灭之。

三、骑八师（附胡开祥支队）为右纵队，于明十五日早六时由耿瓦房出发，经岳口、胡庄集（西）、菊集（西）准驻阎楼以南地区，严密配备警戒，并与我左纵队李鸿慈师切取连络。

十四日匪情及宿营地区略图

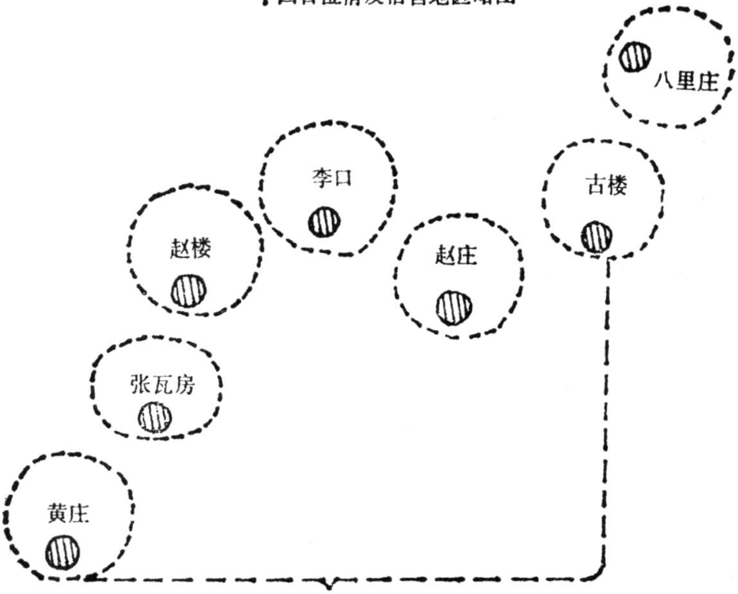

共约奸匪一团

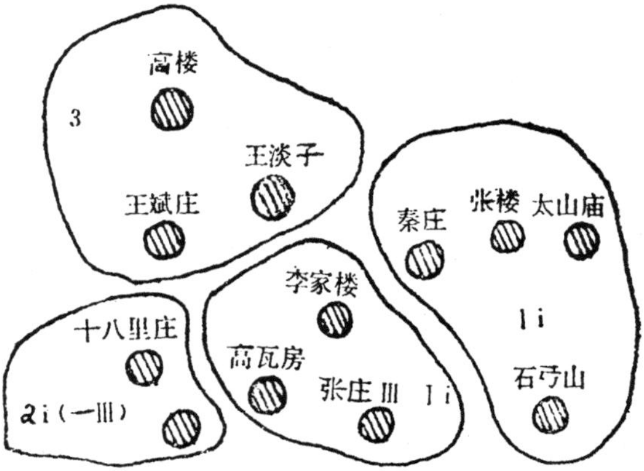

暂十四师（附刘显庭之一部）为左纵队，于明十五日早六时

由李家楼出发，经王谢庄、郝寨西进驻王庄附近地区，严密配备警戒，并与我右纵队马步康师切取连络。

两纵队前进时，应密切协同，紧密搜索为要。

刘子仁及耿继勋部行动，如前令所示。

洪显成师（附刘树元支队）仍以一部进驻石弓山，主力控置于涡阳至龙山间地区，策应各方作战。

四、余随右纵队行动进驻李集（菊集西）附近。

本师基于上令遂下达命令如左：

一、敌情如贵官所知。

骑八师在本部右翼齐头并进，到达阎楼附近宿营。

二、本部（附骑炮兵一连）于明十五日分两纵队续向薛家湖方向前进。

三、第一团为右纵队，应于明十五日前六时由现驻地出发，经岳集子——二十里铺——向寅集方向搜索前进，并右与骑八师取连络。

四、第三团为左纵队，应于明十五日午前六时由现驻地出发，经李家口——韩天——王谢庄向寅集方向搜索前进，对于左侧永城之敌应特别警戒。

五、师司令部及直属部队（附二团三营）应于明十五日上午六时卅分在李家楼北端集合，按二团三营——特务连——司令部——通讯连（无线电排）——卫生队——输送连之顺序准左纵队行进路前进。

六、第二团（欠三营附骑炮兵连）应于明十五日上午七时出发，准司令部行进路前进。

七、各部宿营地如附图所示。[图略]

八、通讯连到达宿营地后构成通讯网（应以师部为基点），无线电即开设通讯。

九、各部到达宿营地即行筑构工事，并成圆形警戒。

十、余行进时在本部先头。

（附敌情及宿营路线图）〔略〕

十月十六日奉指挥官王作命第三号命令如左：

一、匪情如贵官所知。

二、任务同前。

三、明（十六）日前进部署如左：

1. 右纵队——骑八师（附胡开祥支队）于明（十六）日午前六时由菊集驻地继续前进，经阎楼——邱庄——张庄——李楼——大孟庄——侯庄——陈楼——万寿庵——王集刘楼严密搜索前进，到达刘楼、王砦楼附近就宿营位置配备警戒。

2. 左纵队——暂十四师附刘显庭一部于明（十六）日午前六时由王庄驻地继续前进，经程庄——韩砦梁河——周庄——孙城寺——周楼——柳河砦——侯楼严密搜索前进，到达侯楼、张楼、柳河岩附近就宿营位置配备警戒。

3. 两纵队前进时应随时各派出连络班，互相切取连络，协同行动。

规定第一次连络线：右纵队到达大孟庄附近（丁集东约三里）；左纵队到达梁河附近（丁集西约四里）。第二次连络线：右纵队到达王集附近；左纵队到达柳河砦附近。

4. 指挥部及直属部队准右纵队行进路到达第一次连络线时在大孟庄，第二次连络线时在王集之西附近村庄宿营。

四、两纵队行进时，如发生情况，应向本部切实连络，协同作战。

各纵队到达宿营地后即行构筑工事，配置警戒，并切实与本部架设电话。

五、余现在菊集指挥部，行进时在右纵队指挥。

本师基于上令遂下达命令如下：

一、第一团（附无线电乙部）为右纵队，应于明（十六）日上午六时出发，经过谢庄——前洪庄——李大庄领庄——罗家庄——王庄向侯楼搜索前进。

二、第二团（附骑炮兵一连欠三营）为中央纵队，应于明（十六）日上午六时出发，经程庄——韩寨——梁河——周庄——逊城——周楼向䣝楼搜索前进。

三、第二团（附无线电乙部）为左纵队，应于明（十六）日上午六时出发，经过李窑——刘庄——王庄——高庙——郑庄——朱楼——陈集大朱庄向黄营搜索前进。

四、师司令部及直属部队（附二团三营）应于明（十六）日上午六时卅分在王庄西北端集合，按特务连——司令部——通讯连（无线电排）卫生队——输送连第三营之顺序准中央纵队行进路前进。

五、各部宿营地如附图。〔略〕

六、各部到达宿营地后即行构筑工事，并成圆形警戒。

七、通讯连到达宿营地即以师为基点构成通讯网，无线电即开设通讯。

八、余行进时在本部先头，

（本日）战斗经过

我第一团于本（十六）日上午十时行抵罗官庄附近发现枪匪八十余名，当被我前卫击溃后向侯楼东北方向逃窜。我第三团亦于同时行抵黄营以北地区与枪匪二百余名遭遇，激战约二小时，继以迫击之掩护，匪颇有伤亡不支即溃向薛家湖方面逃窜。我亦伤士兵两名。旋以骑八师在菊集附近遭匪袭击并成胶着状态。本师奉令支援该师作战，当令第一团转进至阎楼、魏庄、杨楼、戴楼、老庙之线；第三团转进王土楼、韩寨之线；师指挥位置于李林；第二团控置于孙阁附近为预备队。该匪闻风当于是晚八时以后主力向东北逃窜，其另一股向西北流窜。

十月十七日上午十时奉指挥官王命令如下：

一、据报奸匪主力向西北流窜，一部向东北逃窜。

二、本军以扫荡该匪之目的，仍按预定计划向西北挺进，先歼灭其主力。

三、本（十七）日前进部署，以交互姿态搜索前进。

1．骑八师附胡开祥部为左纵队，严密搜索前进，于本（十七）日十一时由现地出发，经杨楼、官庄、葛明庄、刘楼、练楼庄、大陈庄到达张楼，即以该处为核心，取三角姿势，就宿营位置配置警戒，构筑工事。

2．暂十四师附刘显庭之一部为右纵队，严密搜索前进，于本（十七）日俟左纵队后尾通过葛胡庄后即由李林出发，经刘庄、刘竹园、阎庄、陈双楼、姚路口到达罗楼，即以罗楼为核心，就宿营位置配置警戒，构筑工事。

3．两纵队行进时应各派出侧卫及后卫，确实掩护主力军前进，并切实互相连络。

4．本部及直属部队率右纵队行进路线前进，本（十七）日晚即在张楼宿营。

四、余现在阎楼指挥部，行进时在左纵队主力先头。

本师基于上令遂下达命令如左：

一、据报奸匪主力向西北流窜，一部向东北逃窜。

二、师遵军令仍按预定计划向西北挺进，先歼灭其主力。

三、本（十七）日行军部署如下：

1．第三团为右纵队应于（十一）时出发，经王三楼——陈庄——朱楼——向戴井附近搜剿前进，到达戴井附近宿营。

2．第二团（附山炮连欠第三营）为左纵队，应于（十一时）出发，经刘庄——刘竹园——阎庄——陈双楼——姚路口向罗林搜剿前进，到达郭庄附近宿营。

3．师司令部（附二团三营）及直属部队应于（十二）时于李林西北端集合，准左纵队行进路前进，到达罗林附近宿营。

4．第一团应于（十二）时出发，准左纵队行进路跟进，到达姚路口附近宿营。

四、各部到达后，即构筑工事，并严密布置警戒。

五、通讯连到达后即以师部为基点，构成通讯网，无线电即开设通讯。

六、余行进时在本部先头。

（本日）战斗经过：

是晚匪第四师三二团向我一、三团陈集、朱大庄驻地激夜袭击，卒被我击溃，不支向东北逃窜，奸匪伤亡三百余，生擒十二（内该团直属连指朱成轩等二名以负伤过重翌晨毙命），我军伤亡如附表（第一）〔略〕，枪支损失及弹消耗如附表（第二）〔略〕，敌我态势如附图（第三）〔略〕。

十月十八日奉指挥官王作命第五号命令如下：

一、匪情同前。

二、任务同前。

三、明（十八）日行进部署如下：

1．暂十四师附刘显庭之一部为右纵队，明（十八）日午前七时由罗楼出发，经赵楼、十字楼、韩庄、赵路口、刘庄、蒋大楼、蒋庄、姬庄行进路严密搜索前进，到达姬庄即以姬庄为核心就宿营位置严密配置警戒，构筑工事。

2．骑八师附胡开祥部为左纵队，明（十八）日午前七时由汗道口出发，经高平庄、理头集、陈营、蒋庄西、黄桥、太邱集行进路严密搜索前进，到达太邱集，即以太邱集为核心就宿营位置严密配置警戒，构筑工事。

3．行进时各纵队应派出侧卫及后卫掩护纵队前进。

4．本部及直属部队准左纵队行进路前进。

四、余现在汗道口指挥部，明（十八）日行进在左纵队主力先头。

本师基于上令遂下达命令如下：

一、匪情同前。

二、任务同前。

三、明（十八）日行进部署如下：

1. 第三团为右纵队，明（十八）日上午七时由戴井出发，经赵楼——石字楼——薛庄——赵路口——刘庄——蒋大庄——蒋庄向秦楼严密搜索前进。

2. 第二团（附骑炮兵一连）为左纵队，明（十八）日上午七时由郭庄出发，经李湖同——高井——韩庄——前赵营——后赵营——高庄——郭庄——朱庄刘庄向蒋杜园严密搜索前进。

3. 师司令部及直属部队（附二团三营）明（十八）日上午七时在罗楼西北端集合，按传骑排特务连——司令部——三营——通讯连（无线电排）——卫生队——输送连——王大队（刘显庭之一部）之顺序准左纵队行进路前进，到达阎楼附近宿营。

4. 第一团明（十八）日上午七时由后双楼出发，随右纵队路前进，并派出后卫到达张楼附近宿营（但行进先头应于司令部并头前进）。

四、各部宿营地（如附图）〔略〕到达后严密警戒，构筑工事。

五、通讯连即以师部为基点构成通讯网，无线电即开设通讯。

六、余行进时在本部先头。

十月十九日早十一时奉指挥官王命令（作命第六号）如下：

一、本军本（十九）日续向东北扫荡该匪，其部署如下：

1. 右纵队——暂十四师及刘显庭之一部于本（十九）日上午七时由现地出发，经洪小楼、陆湾、洪寨、侯寺、李菜园、张楼、十字楼、王楼行进路严密搜索前进，到达王楼，即以王楼为核心就宿营位置配置警戒，构筑工事。

2. 左纵队——骑八师及胡开祥部于本（十九）日上午七时由

现地出发，经黄寨、陈楼、孟楼、许河、韩孟庙、乔楼、王阁、谢庄、李奶奶庙、菜瓜楼行进路严密搜索前进，到达菜瓜楼即以菜瓜楼为核心就宿营地配置警戒，并加强工事。

3. 本部及直属部队准左纵队行进路前进。

二、各纵队应各部派出传骑兵互相连络，以免误会，传骑连络兵均以白布(或毛巾)缠左臂以为识别记号。

三、余现在太邱集指挥部，行进时在左纵队主力先头。

本师基于上令遂下达命令要旨如下：

一、第二团（欠三营）为右纵队，于本（十九）日上午七时由现地出发，经洪小楼——陆湾——洪寨侯寺——李菜园——张楼——十字楼向王楼搜剿前进，到达后以王楼为核心就宿营位置。

二、第一团为左纵队，于本（十九）日上午七时由现地出发，经刘庄——洪路口——张庄——康庙——郑庄——向棚厂搜剿前进，到达后以棚厂为核心就宿营配置。

三、师司令部及直属部队（附二团三营）应于本（十九）日上午八时由现地出发，准左纵队行进路前进，到达张厂附近宿营。

四、第三团应于本（十九）日上午八时由现地出发，准右纵队行进路前进，到十字楼附近宿营。

五、各部到达后迅速构筑工事，严密布置警戒。

六、通讯连应以师部为基点，构成通讯网，无线电即开设通讯。

七、余行进时在本部先头。

（本日）战斗经过：

本（十九）日午后一时许，师部行抵张楼附近，奉指挥官王手令："刘子仁部已占领窑山集，主力刻已到达陶山附近，该师应仍照前令继续前进。"等因。我第二团行经郑庄遇匪骑百余，当被我该团四连驱逐向东南逃窜。同时得悉匪约步兵两团，骑兵四、五百人盘据曹阁、王楼、吕楼、棚厂、保安山一带，当令第二团向曹阁、王楼、吕楼；第一团向王庄、刘庄、棚厂协同攻击前进，匪负隅顽抗，激战约四小时，继以炮火掩护前进，曹阁、王楼、棚厂及王楼以西之村落卒被我第一、二团攻占，残匪仍在吕楼负隅顽抗。入晚，除奉令以一团（附二团二营）固守既占领之据点外，第二团（欠第二营）控置于张厂师部附近。第二团位置于十字楼亘郑庄之线。是日，匪伤亡六百余人，第一团负伤尉官两员。攻击部署如附图（第四）。〔略〕

夜九时，匪卅一团及运河大队向我第一团（附二团二营）棚厂、王楼及曹阁；另以两个团向我十字楼第三团及张厂师部驻地分别彻夜猛攻，我官兵沉着应战，奸匪伤亡惨重，卒被我于拂晓前击退。是夜匪伤亡千余，其陈尸我阵地前未及运走者计四十八具，伤亡之重概可想见，并擒匪兵朱士轩一名，获三八式步枪二支，汉造步枪十枝，地雷一个。我军伤亡如附表（第一）〔略〕，枪枝损失及弹药消耗附表（第二）〔略〕，俘获战利品如附表（第三）〔略〕，攻击部署如附表（第五）〔略〕。

十月二十日十时卅分奉指挥官王作命第七号命令如下：

一、奸匪约步兵三团、骑兵一团现盘据保安山一带，一部现占据芒砀山、窑山集之线，其主力似在保安山东侧。

二、本军决向该匪攻击而歼灭之。

三、着暂十四师以有力之一部为攻击部队，先驱逐吕楼之匪，即向保安山攻击前进，一举而攻占之，尔后协同刘子仁部相机进占山城集。

刘子仁部以主力攻占芒砀山，尔后协同暂十四师部队相机进占山城集。骑八师应骑兵两连掩护刘子仁部左侧安全。

胡开祥部以一大队接近十四师张厂据点，加强工事，严密警戒，以巩固我十四师之侧后安全。

四、本军主力仍控置于菜瓜楼附近地区，随时准备各方作战。

五、余现在菜瓜楼指部。

本师基于上令遂下达命令如下：

一、奸匪约步兵三团、骑兵一团现盘据保安山一带，一部现占据保安山、窑山集一带，其主力仍在保安山东侧。

刘子仁部同时以主力攻击芒砀山，尔后协十四师进攻山城集。

二、本师决向该匪攻击歼灭之。

三、着第二团（欠第一营附骑炮兵一连）即向吕楼之匪攻击，确实占领吕楼，协同刘子仁部攻击保安山。

第一团除派一部向李楼之匪佯攻外，其余仍固守原阵地。

第三团仍在原阵地加强工事，对当面之匪严密警戒。

四、师部仍在张广。

（本日）战斗经过：

我第二团当于下午一时十分向吕楼及保安山之匪攻击，战约一小时半，即攻至山麓及吕楼外围，但以吕楼工事坚强及保安山西面为断崖并有王引沟横，其前不能攀登，故未奏功，双方互有伤亡，匪仍凭工事负隅顽抗。此时刘子仁部攻击芒砀山亦未奏功，旋于下午四时卅分奉指挥官王电话仍以第一团（附二团二营）固守原阵地，其余二团部队仍调回控置于张广附近。六时许匪约步兵三团主力指向我王楼，一部向曹阁、棚广等处围攻。另一股约千余人向我十字楼及郑庄三团与张广师部进犯，激战约三小时，我官兵沉着应战，匪伤亡惨重。惟王楼战况尤烈，旋因众寡悬殊，官兵伤亡特重，弹药消耗殆尽，卒被突破，顿成混战状态，而曹阁、棚广方面愈形孤立。奉军长王电话派K 8 D一团向王楼之匪反攻未果，至九时许，又奉令以魏振铎亲率胡开祥支队反攻该匪未果，至九时卅分又令K 8 D之一排出击，结局均未出动，本师当令第三团抽兵一营增援曹阁，中途被匪截击，胶着未到达，为时已十点钟，此时而十字楼及张厂师部方面战斗亦烈，整个态势愈呈不利状态。旋奉指挥官王电话：准以十时卅分向太平集方向转进，并规定届时通话一次，取一致行动，而本师准时报告开始行动，此时电线中断，选派员兵查线，均被匪击回，同时军部电台亦连络不上，旋闻机关枪声向西北延展，惟恐军部未动，乃延至十二时零五分开始移动。斯时我三团除留一部掩护一团撤退外，职率第二团（欠二营）及三团同时撤出。我三团第七连担任掩护，被匪截击，伤亡颇重。我一团及二团二营突围后，因匪到处截击，致未经指定路线（太平集）迳向南撤退。当时敌我态势（如附图第六）〔略〕

十月二十日晨到太平集西之杨楼，正拟早餐，又闻东南枪声向西北延伸，奉指挥官令该师应即经夏邑向会亭集附近转进，惟第一团退出后，即沿途到处被匪截击，且战且退，行至太邱集与埋头集中间地区与匪追击部队及该处伏匪约八、九百名发生激战，我官兵沉着应战，卒被击退，毙匪甚重，我亦颇有伤亡。续向西南转进，行抵酇集附近，被匪骑八百余名、步兵两团冲为三断，分别抵抗，激战三小时，我以伤亡过重乃撤至酇集，不意该处为奸匪区署内部纵火，里外夹攻，不得已拟向西突围。斯时官兵伤亡惨重，弹药消耗殆尽，顿成混乱状态，遂失掌握。该团长王刚事先既不遵照指定路线行动，事后又不能切实掌握部队被匪各个击破，致遭重大损失，殊为痛惜。战斗经过如附图〔略〕。固守棚厂之一团一营因掩护该团撤退较迟，匪乃跟踪尾追，且战且退，该营行抵张厂附近，复被匪步兵千余、骑兵四百余名包围，官兵奋不顾身，激战约至午后一时，迭经突围未能奏效。我军伤亡惨重，该营附张秀龙坚毅不屈，继续挥白刃往来冲杀，而匪愈增愈众，层层包围，我以弹尽援绝，卒未冲出重围，殊深痛惜。官兵伤亡失踪如附表(第一)〔略〕，枪枝损失及弹药消耗如附表(第二)〔略〕。

十月二十二日奉军长廖酉哿午忠岳代电节开："（五）暂十四

师任务完毕后，于敬日前开回阜阳归还建制”等因。本师遵令续向涡阳前进,行抵鄲县城西得悉柘树集方面约有奸匪四个团(步兵)、骑兵一个团向我迂回截击，除派一面报指挥官王外，乃决定折向西南经泥台店由大寺集（亳州东廿五里）渡过涡河，廿三日到达古城附近，廿四日到原墙集指定地点整补。

戌、作战经验与教训：

一、奸匪之优点：

1。地形熟习；

2。消息灵通；

3。民众组织健全；

4。封锁严密；

5。惯于夜战；

6。手榴弹特多。

二、我军之缺点：

1。孤军深入；

2。民众多向匪，情况不易侦察；

3。奸匪统制食粮给养困难；

4。国军与挺进部队之配合未臻确实，不能发挥整个力量；

5。夜间战斗教练不娴熟；

6。连络不确；

7。策应不灵。

三、我军所受之教训：

1。注重夜间教育；

2。注重政治教育；

3。改善士兵生活；

4。养成官兵各自有为战的精神；

5。养成退而不溃的精神；

6。稳扎稳打；

己、战绩及其他：

是役毙匪连长一、指导员二、毙匪二千余名，战利品如附表（第三）〔略〕。

我军伤亡、失踪如附表（第一）〔略〕，弹药消耗如附表（第二）〔略〕。

〔国民政府军令部战史会档案〕

11．韩德勤等关于袭击苏皖边区八路军与蒋介石往来密电

（1944年9—10月）

（1）韩德勤电（9月6日）

无线。即到。渝委座蒋、总长何：乾密。（加表）关于苏鲁奸伪大举向我徐属各地犯扰情形，迭经电呈，谅邀钧鉴。顷奉汤副长官临指申冬午战电开：查路东奸匪大举西犯，宿南、桃园、灵西、固镇先后被占。有匪一股出动于永萧间地区。本部为歼灭该匪计，除已调集兵力积极部署予以痛击外，并已电饬卅三师师长段海洲即率部西进夹击，期易事功，特电知照。等因。查段海洲师现驻睢宁灵璧边区，与睢东之独六旅互相呼应为路东主力部队，如将段部西调则津浦路以东地区，现有军政力量均无法支持，敌后政权完全放弃，不无影响今后收复大计，且东西辽阔唇亡齿寒，亦难确保。待续。韩德勤。申鱼。诚一。印。

（2）韩德勤电（9月6日）

无线。即到。渝委座蒋、总长何：乾密。（加表）续申鱼诚一电。回忆过去因有中条山、太行山及鲁南苏北之不保，始有此次中原战事之发动。前车可鉴，且此时将段师开回路西临泉指挥所，事前并未通知本部，使职无余裕时间作重行调整路东部署之严备情形至为可虑，敬恳钧座：（一）准将段海洲师仍留路东支持路东

局势;(二)对窜入萧永之匪,由边区迅速抽调有力部队积极进剿。职当令耿继勋率部由陇海路北向南夹击不难收复萧永政权，确保整个徐属，以利反攻。敬乞迅赐鉴核示遵。续完。太职韩德勤。申鱼。诚二。印。

(3) 蒋介石电(9月18日)

无线。“加表”。“呼号”。太和韩总指挥：申鱼诚一、二电悉。○密。查边区奸伪猖獗，着即令卅三师西进协剿，俟将该股奸伪剿续后再议，仰即遵照。中○。申巧。令一元甲。

(4) 陈诚电(9月11日)

渝委员长蒋：申庚卯孝征俊电计呈，申微令一元申电奉悉。1087密。除转饬何柱国、陈大庆遵照外，兹据何柱国申支辰电，呈对边区奸匪窜扰之处置:(一)组织皖北剿防指挥部以陈大庆兼指挥官、蒋当翊副之。(二)已饬刘子仁、魏振铎分别指挥永夏及宿西挺进部队，确保涡北及浍西。另于涡阳太和间集结骑兵第八师及暂十四、暂卅、十七等四个师，伺机渡涡剿办，先确保永夏宿边而收复萧砀。(三)原在丰沛萧砀之挺进部队已饬积极整理收复已失根据地。(四)太康、淮阴西华边境奸匪已饬陈又新部剿办。(五)豫南、淮河两岸奸匪已电豫八、九两区专员指挥地方团队剿办，并分电豫南张总指挥转饬五一军协剿，以期消灭等情。除剿办情形续呈外，谨复鉴核。职陈诚。申真。孝征俊。印。

(5) 蒋介石电(9月14日)

有线。特急。南郑陈长官：申庚、申灰、申真孝征俊电均悉。○密。第卅三师西进尾击奸匪暨转何柱国申支辰电呈对边区奸匪窜扰处置部署均准予备查。查边区奸匪日益猖獗，希转陈兼指挥官大庆即督饬所部迅将该窜扰奸匪击溃，相机收复涡北萧砀已失根据地为要。中○。申寒。令一元甲。

(6) 陈诚电(10月5日)

渝委员长蒋：申文、申寒、申铣、申巧四令一元申电均悉。

5738密。查对路东之作战指挥及部署业已先后电呈在案。谨再综合呈报如次：(一)第十五、第十九两集团军及四省边区各挺进部队已责成何柱国统一指挥。在何柱国未到期间由陈大庆代理并经呈报核备。(二)就最近情况奸匪主力在东正面萧、宿、沛、耒、砀一带，一部在南正面正阳附近，我以确保边区相机进剿；收复宿萧沛阳之目的，留驻有力部队于汝南、项城、沈邱、临泉一带会同五战区路东部队防剿正阳奸匪，以主力（第117师、暂卅师、骑八师暨14师）集结涡阳、太和间相机渡涡。另编组有力挺进部队确保涡北浍西向进犯奸匪痛击，并于太和组织皖北剿防指挥部，以陈大庆兼指挥官，负责指挥。(三)各部队元于涡河西岸构筑碉堡，完成据点工事，封锁渡口，组织民众，严防奸匪潜入。(四)原在萧砀以北挺进部队积极整理规复据点。(五)窜至太康、淮阳、西华边境奸匪由陈又新部剿办。以上均经分别饬遵实行，除以后情形续报外，谨复鉴核。职陈诚。酉微。征。印。

〔国民政府军令部战史会档案〕

12．顾祝同报告袭击苏南新四军密电

（1944年12月17日）

（1）电之一

渝委员长蒋：4241密。据陶总司令转据刘师长壎浩先后电报进剿苏南奸匪经过：戌感职率一八六团、一二六团全部及忠救一团三纵第一支队、广西行署保一团一部在障吴村景和里石溪一带集结完毕。俭开始向广泗公路搜进。艳辰分三路向槐花、勘市、白砚镇及流洞桥匪巢前进剿，进占梅花岗、大王村、独山之线，匪一部与我接触后不支向青砚山、牛头山溃退。亥东我各路开始攻击，匪顽强抵抗，迄午我占领4944、2444高地及西门卡、流洞

桥之线。冬晨匪一部增援牛头山侧击一八六团，经我一二六团突击，一举攻占牛头山、燕子卡及2171高地附近匪军坚强阵地，迄午匪集结主力二千余向西门卡一八六团猛攻，经我痛击，匪伤亡惨重，我牺牲亦大。未刻匪续增援，自东北两方向我猛扑，为避免夹击不利态势与整个战力起见，乃以一二六团及贾支队在独山掩护转进。自江晨我各部概到达李村、东湖亭、阳岱山之线。待续。

（2）电之二

渝委座蒋：4241密。续亥筱始绥电："是役共毙伤匪官兵二百余，刻匪军十六旅主力窜据独山、流洞桥之线。十七旅仍驻白砚、槐花。匪第六师谭震林近并将原驻苏北战力较强之十八旅全部约万人调来溧阳、宜兴一带，企图向我再攻。等情。查此次进剿奸匪似早窥见我方行动，故在九、十月即对共匪封锁交通、构立工事，先后集结匪军六、七千人。并据报：此次匪军装备充实，每连约有百人及轻机枪六挺，每兵有手榴弹二枚，非如以往实力薄弱兼之地方团队战力薄弱，如续以现有兵力进剿殊难达成任务。除饬刘师长迅予调整部署，在现地构工防匪南侵外，谨电核示等，以饬陶总司令从新调整部署，准备尔后进剿。并将此次进剿各部队官兵过失与伤亡损失情形查明具报外，谨电鉴核。职顾祝同。亥筱。"始绥续。印。

〔国民政府军令部战史会档案〕

13．戴笠报告第一七一师在定远袭击新四军呈

（1944年12月22日）

我军一七一师曹茂琮部进剿定远澄岗奸军失利情形，据立煌十二月十九日真申电报称：我驻防安徽全椒一带之国军第一七一师曹茂琮部于十一月廿日进剿定远澄岗一带之奸军新四军第二师

罗炳辉部于该县境董小圩地方被奸军包围，致损失轻机枪六十余挺、炮四门，被俘官兵六百余名。奸军复于廿四日将我方谢家老圩、谢家新圩抢劫粮食。现又窜杨店一带派便衣队向我梁团防区四面窜扰。谨呈
总长何

生戴笠
十二月廿二日情渝
一二七一号
〔国民政府军令部战史会档案〕

14. 忠义救国军马志超等部与新四军粟裕部在浙东天目山一带战报摘要

(1945年2月)

本年二月间，苏浙皖边区奸共大举流窜皖南、浙西，企图夺取沿海地区，阻扰国军策应盟军登陆。我六二师、一九二师、忠义救国军奉命遏阻防剿。兹谨将第一九二师暨忠义救国军自二月十一日以来与奸军作战战报摘要，汇录如次，并附略图于后敬请参阅。

一、据忠义救国军总指挥马志超二月梗、有两日电称：

（一）查奸匪新四军第一师师长粟裕于废历年前亲率所部由苏北南渡至荡山与匪军第六师第十六旅王必成部汇合，并召开干部会议，宣布粟裕为“苏浙皖总司令”指挥江南全部匪军，总计兵力约二万余人，且武器装备优良，经发现之匪军番号计有：第八师之一、二、三、七、八、九及特务团等七个团及第六师第十六旅之第四六、四七、四八等三个团，自二月十一日起分二路流窜，匪军第一师向孝丰属障吴村、吴村一带进犯；匪军第十六旅向天

目山、莫干山一带进犯。

（二）本军以第二纵队全部附第一纵队第三团之第三营占领犁壁山、韦村、小桥头、丁岭之线，以第二团全部及第三团之一营作总预备队。匪军约三千人，十一日在况塔沟宿营，十二日匪军约一团进犯小桥头、梅家山，与我二纵队第六团第三营接触，激战二小时，匪即败退。十三日匪军第七、八、九团开驻障吴村。另匪一团仍在原阵地激战。十四日匪第八团进至白村。第九团进至韦村、汪村之一线。第七团仍与我二纵队第六团第三营对峙中。同时匪军第十六旅王必成部三千余人窜抵鹤鹿溪，与我第六十二师及浙保二团接触。十五日我全部接近敌阵地前，与匪主力激战终日。十六日第六十二师与我军协同攻击障吴村匪军主力，战斗最烈，匪军伤亡惨重。惟六十二师被匪反扑击溃，故孝丰与十六日午后四时陷入匪手，匪军复向报福镇、汤口、天目山一带追击，六十二师则退守羊角岭之线。我各部于十九日仍返原防。

（三）是役共击毙匪二千余人，生俘七十名，缴获枪五十枝，其余战利品若干；我阵亡官兵各一人，伤十三人。据守杭圩岚村、汪村一带，待命进剿。

二、据马总指挥志超三月灰日电称：

此次陈毅、粟裕、王必成、陶勇等匪首亲率所属十一个团，共约二万余人，倾巢南犯。我防剿部队多系零星抽调，计第一九二师一个团，第五十二师两个营，六十二师残余部份，浙保两个团，挺一纵队一个支队及本军，以至步调不能一致。本军为争取生存，始终与匪在西圩虎岭关小百店中保村之线坚韧苦战，而友军动作迟缓，且彼此观望，致匪军得集其全力攻击本军，企图消灭本军，故本军作战至感吃重，且经二十五日来之苦战，迄今能参加作战之官兵仅有一千八百余人，而长官部最近突将本军防区扩大右至孝丰、杭圩沿广德、韦村，左至月亭街止、共有百华里之正面奸匪复已窜至我右侧背。本军兵力薄弱，既须进剿奸匪，复任广大地区之守备，以日前局势而论，诚堪虑也。

三、据马总指挥志超四月微日电称：

据报：(一)匪首陈毅现由江北开援军二师已到张渚(宜兴属)、煤山(长兴属)一带。

(二)窜至德清、吴兴、武康一带有匪军四千余，临安、横畈二千余，孝丰境内有四个团，广德境内有四个团。

四、附注：

中美特种技术合作所美方负责人梅乐斯准将于二月二十四日起程回美，行前曾接其派在忠义救国军随军行动之美员电告：此次共产党军队向忠救军进犯，忠救军曾一度避战及最后不得不予以还击之经过情形，梅准将认为此系共党军队违害抗战之事实，业将原电携返华盛顿矣。

军事委员会调查统计局三十四年四月十四日印制

〔国民政府军令部战史会档案〕

15. 陆军第二十八军陶柳部在浙西袭击新四军第六师战斗详报

(1945年2月11日～3月19日)

一、战斗前匪我之态势

盘据长兴境内匪第十六旅王必成部与由江北窜来之匪第一师第三旅陶勇部会合后，改编为第十六师十六、十八两旅，以粟裕为师长，谭震林为政委，兵力约万余人，丑灰前在浙皖边境之槐花坳、白岘、张渚、砖桥地区集结，丑真起分两股：一经长潮岕，一经独山倾巢南窜；另一股经合溪犯晓墅，兵力番号不详。丑文与我孝丰地区第一线守备部队浙保第二团发生战斗，当令集结孝丰城西南北地区及潜门口村附近整训之六二师迅速准备战斗，并统一指挥，浙保第二团以期乘匪离集之际，一鼓捕捉而歼灭之。同时电令集结德清附近准备西调临安地区整训之挺一纵队（缺第二支队）迅速取捷径进击钱坑桥附近后，并统一指挥浙西第二行政区于专员所辖之地方武力堵匪东窜，以协助六二师之作战。其匪我态势和附图第一〔图略〕

二、匪我兵力番号指挥官姓名：

甲　匪军

第六师师长粟裕

- 第十八旅（第三旅）长陶勇
  - 五十四团（第九支队）—兵力千五百余人　长余丙辉
  - 五十三团（第八支队）—兵力千五百余　长汤五成
  - 五十二团（第七支队）兵力千五百余，战斗力最强　长陈云祥
  - 教导总队（特务营）兵力六百余，战斗力强
- 苏南独立第二团—兵力约千余人　长许区珍
- 第十六旅　长王必成
  - 四十八团（第一支队）—兵力二千余，战斗力最强　长方自强
  - 四十七团（第三支队）—兵力千五百人　长谭广
  - 四十六团（第二支队）—兵力千五百人　长陈彪
  - 警卫营（特务团）—兵力八百余党员50战斗力最强　长廖坚持

总计战斗员兵约一万二千余人

乙　我军

第二十八军军长陶柳

- 六十二师长刘墉浩
  - 一八四团长黄仲球
  - 一八五团长蒋方奎
  - 一八六团长汤家楫
    - （以上三团）兵力约五千余人
  - 浙保第二团长李谟焯—兵力约八百人
  - （以上）参加全期战斗第一期
  - 战斗中损失人员二分之一强
- 一九二师副师长文道平
  - 一二八团长蔡时彦—兵力一千二百余人
  - 五二师
  - 一五六团长朱丰（缺一营）兵力约九百余人
  - （以上）参加第二期战斗
- 挺一纵队司令钟先仁
  - 第一支队长包冠群—兵力约一千余人
  - 第三支队长黄孟风—兵力约一千余人
  - （以上）参加第二期战斗
  - 浙保安第三团长王志中—兵力约八百人—第二期战斗终局时始到达

总计参加第一期战斗兵力约五千八百人；参加第二期战斗兵力约七千九百人。

三、影响作战之天候及地形

第一期：二月十一日至二月十八日。

一、天候：战斗伊始适值严冬，积雪盈尺，我军装备欠优雨具缺乏，运动殊感困难，尤以爬越天目山之部队为然。

二、地形：孝丰西北山岭重叠，竹林丛深，且多凹道隘路，展开通视困难，而潜伏甚易。

第二期：三月三日至三月二十日。

一、天候：战斗开始后，大雨连绵，雾霭沉沉，有防碍部队之运动及通视，以致掌握不易，运动连络困难，加以士兵棉衣皆为雨水浸润，天寒地冻缯纩无温，殊影响军队之士气，故攻击前进甚为缓慢，匪则乘机转用兵力。

二、地形：孝丰西南山岭综错，竹木密布，展视搜索与联络均感不便，以致匪乘黑夜钻隙迂回，使我攻击顿挫。

四、各时期战斗经过概要及部署：

（一）第一时期（二月十一日至二月十九日）

二月十一日晨刻，盘驻长兴附近地区之奸匪第十六旅窜抵障吴村，一部向梅溪移动，十一时顷其一部千余与浙保二团在施庄附近发生战斗，军为顾虑孝丰之安全，遂将控置孝丰前后村附近整训之六二师一八六团向孝丰以北移动，并随时准备作战。

十二日施庄之匪继续南下，与我浙保二团暨一八六团对战于塘福至塔山之线，其后继部队约二千人，亦续行南进，本部令刘师长率领全师，并统一指挥浙保第二团迅速将该匪驱逐。同时请总部饬忠救军以一部进出障吴村，挺一纵队迅速西进，堵匪东窜，以协同六二师作战，十四时顷浙保二团阵地被突破，退至三湾界附近，与匪对战中，此际奸匪主力有向我右翼移动模样。同时奉到总部丑文绥信电之指示如左：

（一）着二八军即以六二师迅将该匪歼灭并肃清广泗公路以南之匪，毋使坐失，否则我军无立足之地。

（二）忠救军即派兵一团归陶军长指挥，迅向障吴村方向进击，截击匪之侧背。本部奉到上项之指示后，即以丑元辰荣庚电令如左：

（一）本(文)日与我六二师浙保二团在孝丰以北地区接触之奸匪主力向递铺王市移动，似有东窜莫干山地区之模样。

（二）为歼灭该匪并肃清广泗公路以南之匪军，派归本部指挥之忠救军一个团着归六二师师长统一指挥，迅向障吴村方向进击，截击匪之侧背。

（三）六二师附浙保二团捕捉该匪于塘福递铺间地区而歼灭之。

（四）浙二区于兼保安司令应即集结所属之地方团队，于钱坑桥附近堵击该匪东窜，待挺一纵队主力到达后归钟司令统一指挥，协同六二师聚歼该匪。

（五）挺一纵队钟司令应即率第一、三两支队取捷径兼程赶开钱坑桥地带，并统一指挥浙第二区之地方团队，竭力堵匪东窜，并协力六二师将该匪歼灭。

（六）挺一纵队第二支队对该匪应严加防范。

（七）六二师与挺一纵队第二支队之作战地境为太子庙、古城、武康之线，线上属右。

十三日六二师正面之匪乘夜变更部署，主力于辰刻侵入递铺、王市，共约三千余人，闻系匪军四八、四六两团，十四时半其主力向莫干山地区移动中，一部仍留递铺、王市间，有构筑工事模样。障吴村附近亦有股匪千余盘据。

十四日早晨，递铺、王市间残匪全部向莫干山移动，并有继续东窜模样。另有一股千余经梅家边窜抵新村附近。于是刘师长变更部署，准备向新村附近之匪攻击，惟以时间太迟，未开始行动。

十五日八时，据六二师电话：该师全部正向新村梅家边前进中。同时，据浙西行署电话：莫干山匪千余刻有向双溪、黄湖前进模样。本部即将此种情况用电话通知六二师及挺一纵队第二支队，十七时倾据挺一纵队第二支队万副支队长电话：刻百丈西北十华里附近发现兵力不详之匪一股，正行动中，即以电话通知六二师促其严密注意。

翌晨接到刘师长丑删申电于左：

黄团进至迂迨里，蒋团进至善永里，刻与匪于毛羊岭、瓜岭之线，战斗中职所率汤团于未刻进至老村、尚书圩、梅村边之线等语。

本部见黄团右侧背暴露，感受极大之威胁，即以丑铣未荣庚电指示如左：

（一）黄团右侧背应特别戒备。

（二）尔后情况仍随时具报。

十七时，据邓支队电话：有匪约七百余，十四时窜尺五，刻已到达塘福以东地区。本部即电话通知六二师，廿一时复接到魏副师长电话。其要点如左：

（一）塘福以东之匪一股约八百人，刻到达观音桥以南附近地区；同时有兵力不详之匪，由西亩急进中。

（二）已着浙保二团向塘福之匪侧击。

（三）着一八六团迅速开回塔山附近。

于是刘师长率领一八六团连夜转进于塔山之线。

十七日六时，顷据六二师电话：塘福、递铺间之匪会合西亩南窜之匪约一千五百余，刻向我塔山一八六团之阵地进犯，一八四团、一八五团连络中断，状况不明，钟纵队始终未见西进。八时顷，莫干山匪约一千人向西急进，而一八四团、一八五两团仍未取得联络。本部为挽回战局计，即以丑筱未荣庚电：令五二师派得力一部，于丑巧酉前向障吴村方向进击，连系忠救军，威胁匪之侧背，策应六二师之作战，十二时继续攻击。与我一八六团、浙保二团激战于太阳山附近之线，匪后续之十八旅亦向南急进，孝丰城电话中断。十七时一八六团与匪在孝丰城附近作激烈战斗，双方伤亡均重，旋孝丰陷入匪手，时匪陆续增加至六千余人。

斯时接六二师电话：闻一八四团大部及一八五团一部，已由郭笑山、塘福附近突围转进至大竹园附近，收容正派员联络中。

十八日拂晓，匪向巴山、老石口以南阵地猛扑，战斗甚为激烈，十一时攻抵统里报福镇附近。其战斗经过如附图二〔图略〕

军复作如下之处置：

（一）以丑巧晨电：着五二师所派之一个团由宁国、孝丰大道经杯杆镇向孝丰以北地区进击，协同六二师作战，并与忠救军切取联络。

（二）以丑巧晨电：请浙西行署饬浙保第四纵队迅速向孝丰前进，并严督所部连系友军，协同围歼，更饬浙西全体自卫军武力向安孝地区协助部队作战，以期一劳永逸。

（三）以丑巧树电：饬挺一纵队钟司令希迅速统一指挥浙保第四纵队兼程西进，限丑皓午前到孝丰附近，攻击孝丰之匪。

（四）以丑巧晨电：请忠救军兼程向孝丰攻击前进，并请与六二师密切连系，协同作战。

已而闻钟司令率领一个支队到达黄湖附近。

廿时接六二师黄参谋长电话：

一、匪窜抵天目山、冰坑村附近，继续进犯，其后续部队陆续不绝，总计约六千人，主力控置统里报福镇附近。

二、本师一八六团扼守告岭，搜索连扼守羊角岭，工兵连扼守泥岭，与匪苦战中，嗣由淳安赶到之一九二师一一一八团郭营于潜城用电话报告全部已到达后渚桥附近。

十九日二时，匪一部窜抵孔夫庙与一八四团一个连、忠救军一个连对战中，我五二师一五六团已到达皤溪市附近，一八四、一八五两团亦有少数部队转击。

军基于匪我之情况，即以丑皓晨荣庚电处置如下：

（一）着一九二师文副师长率领一一一八团郭营，并统一指挥五二师之一五六团（欠一营）占领豪干关（福寿岭）、千秋关附近之线，堵匪南窜，待军后续部队到达后，再行策定以后之作战。旋奉到总部丑巧辰绥信电如下：

一、窜孝丰、障吴村地区匪约四五千，连日与我六二师及忠救军一部作战，略有所获。

二、为乘匪顷窜南犯彻底歼灭该匪起见，由陶军长统一指挥，合力围歼。

三、忠救军即派足一个纵队，归陶军长指挥，积极向孝丰以北障吴村地区进击，攻击匪之侧背。

四、五二师着抽一个团，限丑皓前到西圩市附近，归陶军长指挥。

惟匪到达告岭、羊角、泥岭、孔夫庙之线，经我扼隘堵击后，战斗遂暂告沉寂，嗣受我不断压迫，复退由综里、报福镇、汤口以北地区。第一期战役遂暂告一段落。

第二时期（二月廿一日至三月二十日）

自六二师堵剿窜犯安孝地区之匪失利后，其势日益猖獗，先后窜据城统里、报福镇西行各要点，我挺一纵队于丑皓以第三支队由钱坑桥向递铺、白水湾挺进；第一支队由里山村向井村潘村挺进；浙保第二团失去联络。六二师凭天目山脉扼守龙王庙、景溪坞、洪家庄积极加强工事，收容所部堵匪南窜，左翼忠救军与匪仍相持于孔夫庙、杭秆、坟岱亘韦村之线。

军以围歼该匪，规复孝丰之目的，决与忠救军密切协同，于丑宥起转移攻势。乃以如左之丑马午荣庚电调整部署，令各部就开进配置：（如附图三）〔图略〕

一、奸匪约五千余，仍盘据孝丰地区莫干山。障吴村附近，尚有匪军一部。

二、军以围歼该匪，规复孝丰之目的，丑敬以前于白水湾、统里、汤口、新桥头之线行战略展开，并搜索匪情，侦察地形，准备尔后之作战。忠救军仍在石溪、韦村与匪对战中。

三、挺一纵队（缺第二支队）于丑敬以前于白水湾、山坞一带地区，就开进配置搜索匪情，侦察地形，准备尔后之作战。

四、浙保第四纵队于丑敬以前于皇路庄、统里一带地区就开进配置，搜索匪情，侦察地形，准备尔后之作战。

五、六二师于丑敬以前于报福、下张坞一带地区就开进配置，搜索匪情，侦察地形，准备尔后之作战。

六、一九二师文副师长率一一一八团并指挥五二师一五六团（缺一营）于丑敬以前于汤口、章村一带地区就开进配置，搜索匪情，侦察地形，准备尔后作战。

七、电忠救军饬派出之一纵队于丑敬以前在新桥头、杭杆一带地区集结。

八、原归六二师指挥之浙保第二团，着归还建制。

九、搜索警戒地境：

A、挺一纵队与浙保第四纵队为山坞、孝丰之线，线上属右。

B、第四纵队与六二师为统里、孝丰之线，线上属右。

C、六二师与一九二师为下张坞、老石口、孝丰之线，线上属右。

D、一九二师与忠救军为新桥头、大岭头、孝丰之线，线上属右。

十、各部到达指定地点后，应速具报。

十一、余现在于潜方元铺，候各部到达指定地区后进至孔夫庙指挥。

旋奉总部养辰龙电开：甲、匪情如贵官所知。乙、我应乘匪立足未定，先击破孝丰、西亩、障吴村各附近之匪，再逐渐肃清广泗公路以南之匪。部署如左：

一、陶军长指挥六二师、挺一纵队及一九二师之一团、五二师之两营及浙西地方团队，于有日在白水湾、统里、报福镇之线完成攻击准备。

二、忠救军于有日在西圩市、小百店之线完成攻击准备。

三、陶军长主力保持于左，忠救军主力保持于该序列中央。

四、攻击开始预定宥日拂晓。

五、攻击前进时两序列应密切连系，防匪伏击及集中兵力突破我军一点。

每攻占一地，应构筑工事，并防匪利用暗夜反扑。

六、两军作战地境为：云梯、章村市、汤口镇、四明山、许家庄、西亩相连之线，线上属右。

七、刘指挥官应于前村埠月亮街附近集结有力一部，任忠救军左翼掩护，并严防绩溪、旌德散匪之扰乱。右项除分令外，特电遵照。

接上项部署与丑马午荣庚电无大差异（惟忠救军之一纵队不归本部指挥），故仍饬各部遵原令施行。

丑敬本部成立指挥所，进驻云梯指挥。

丑有接马总指挥函称：该部尚未彻底集中，攻击开始日期须展延至俭日。

同时接浙西行署贺主任电话：浙保第四纵队与六二师并肩作战颇感不便，请使用于挺一纵队之右翼。

军为求行动与友军一致，并接受贺主任请求，以浙保第四纵队使用于挺一纵队右翼之意见。本部乃以丑有午荣庚电下达攻击命令如左：

一、匪情如贵官所知。我忠救军在杭杆、小百店一带协同军之作战。

二、军以肃清该匪，收复孝丰之目的，自丑俭起，由现地逐步攻击前进，预定寅江前进出灵峰山、塔山、许家庄、上下平乐、西圩之线，坚工固守，准备第二步之进剿攻击，重点保持于左。

三、挺一纵队（缺第二支队）丑俭由现地向五峰山、孝丰城一带攻击前进，预定丑俭进出孝子桥、大竹园、海笼山，寅东进出灵峰山、石塘山、凤凰山，冬进出五峰山各附近，重点保持于右。

四、六二师并指挥浙保第二团丑俭由现地向塔山、许家庄一带攻击前进，预定丑俭进出青德坞、王北坞、老石口、茶园里，寅东进出巴山、下汤、青山，冬进出太阳山、横溪坞(含)，江进出塔山、许家庄各附近，点重点保持于左。

五、一九二师文副师长率一一一八团并指挥朱团（缺一营）丑俭由现地向钱河山、上下平乐一带攻击前进，预定丑俭进出太白山、官音桥，寅东进出大竹杆、二石山村，东进出横溪坞（不含)、大岭头、南渡村，江进出钱河山、上下平乐各附近，重点保持于左。

六、浙保第四纵队（缺第二团）丑俭由递铺、王市向塘福、兴山市进出，威胁匪后并掩护挺一纵队之右侧背。

七、作战地境：挺一纵队与六二师为皇路庄、上市村、下毛坞、五峰山、下庄之线，线上属右。六二师与一九二师为下张坞、青山、许家庄之线，线上属右。

八、攻击时各部应互相联系，密切协同，如某部紧急，应自动支援，不得观望。

九、各部进展情形应随时具报。

十、余在云梯，尔后随战况前进。上十项，仰遵照。

旋为慎重起见，特以丑有申荣电指示六二师如左：

丑有午荣庚电计达。判断匪之主力似在孝城以西山地，该师攻击前进时务望保持主力于左翼，并与文副师长所部密切连系，以便随时协同作战。丑感又接马总指挥函：该军第三纵队鲍步超部兼程由桐庐赶到，须稍事休整，且连日天候不良，攻击开始日期须再展延至寅月江日。等语。当即以丑感申荣庚电转令各部遵照。

本部为使攻击容易，更以丑感未荣庚电令五二师派一加强营由宁国向芦村方向挺进，觅匪侧背攻击，收牵制之效。

感子六二师电话：匪千余，分三路于宥晚向报福袭击，一经王北坞，一经老石口，一经老溪向我夜袭，负创退去。惟驻施布村附近之浙保第二团遭匪夜袭后，已向天南青云桥撤去，正派员连络中。

同时据挺一纵队丑感参英电称：

据报：奸匪第十六旅于宥晚经报福镇、罗村前白水湾、山坞等处向我三路进攻中。

一、经白水湾向我进攻之奸匪约千余人，本日上午二时一股在山坞与我第一支队第二大队激战二小时；一股在井村、港口、大关一带与我第一支队一、三两大队激战中。

二、本纵队以主力扼守大关、新岭、前陈坞之线，与匪决战。等语。当以丑感申荣电指复：

一、宥晚窜报福镇附近之匪，已被刘师痛击，退回孝城。

二、贵部当面之匪望速击退，并即以主力占领山坞、皇路庄、施布村之线，积极构筑工事，站稳脚跟，并左翼与刘师统里部队密切连系。

旋据挺一纵队丑感申参及丑俭申参电节称：（一）奸匪约千人，于丑感上午二时窜抵山坞，与我一支队第二大队发生激战，该大队众寡悬殊，即向潘村转移阵地，旋该匪复窜井村西南地区与我一支队第三大队接战。另一股约千余人，由孝丰经白水湾于本日上午三时深入港口、新竹坞附近，与我第一支队第一大队激战至拂晓时，该支队之右侧背已为奸匪包围，即饬第三支队以一部由五月里出击掩护第一支队右侧背之安全。其余固守新岭、大关一带，至本日上午十时因第一支队损失过大，已令转移至临安附近（边岭脚）整补。

当以丑俭午荣庚电指示如下：

一、希掌握余杭杭县、临安各县地方武力，掩护贵部右侧背安全。

二、贵部除以小部与匪保持接触外，主力应迅速整顿，俟军于寅江开始攻击时，即按原定计划向匪攻击前进。

三月一日

据报：港口附近已无匪踪。浙保第四纵队第一、三两团均未到达指定位置，当以寅东辰荣电指示挺一纵队应以小部掩护右侧背安全外，主力移至施布村、统里之线，左与刘师密切连系，稳扎稳打，以免为匪各个击破。

旋据挺一纵队寅东酉参电称：

一、第三支队已遵于寅东经大溪村、大坞山、曹家坞进出于山坞、潘村、皇路庄、施布村之线。

二、第一支队因损伤过重，暂在横街头附近整补。

复以寅东以荣电指示浙保第四纵队二项：

一、挺一纵队已令移至皇路庄、统里之线，向匪正面攻击。

二、贵部除以第二团暂控置青云桥附近外，其余请迅速进出白水湾、山坞之线，左与挺一纵队密切连系，稳扎稳打，并限寅东前到达指定地点，开始攻击。

三月二日侦得安孝地区匪军详情如后：

十六旅部六四房附近，旅长王必成。

四七团一部莫干山地区，主力西亩附近。

四六团团部赤坞，分驻新村、赤坞、渔溪口、登兵山一带。

四八团团部李家衖，分布鹤鹿、溪塔山、太阳山至渔溪口一带。

第十八旅旅部小百店、叶坞桥，教导总队叶坞桥，人数约七百人。

七团团部韦村、下保村、柏家村、牛山之线，约二千人。

八团团部小百店、虎岭关一带。

九团团部上吴村，集结上吴村、上保里、上下白羊机动，约三千人。

三月三日，拂晓我军各部均按原定计划攻击前进。惟浙保第四纵队未到达指定位置。挺一纵队第一支队亦未能参战。酉刻接忠救军电话：第三纵队鲍步超部已攻占西圩。当电话指示文副师长速进至新桥头附近，以期与友军动作协调。

戌刻忠救军第三纵队放弃西圩市，占领该市南端高地百步山。我挺一纵队、六二师及一九二师文副师长所部占领皇路庄、施布村、王北坞、下汤、新桥头之线，小部并已搜索至巴山、灯笼桥各附近，正继续前进中。

浙保第四纵队仍未到达指定位置，挺一纵队第一支队亦未担任攻击任务。

三月四日，午刻六二师一八五团驱逐罗村前之匪，进至王北坞；一八六团占领下汤、青山之线。

一八四团控置老石口附近；一九二师文副师长所部已占领大竹杆、二石山村之线。

忠救军占领百步山、大王坑、虎岭关、小百店、桃花山之线；浙保第四纵队仍未到达；挺一纵队第一支队仍未参战。

三月五日，各部因忠救军未进展，同时天候大雨，遂仍在原地，停止构筑工事。

三月六日，据一九二师文副师长报称：匪主力盘据新村、上下白羊、牛头坞、珍珠坞、赤坞地区，孝丰城郊仍有匪千余。

本日挺一纵队之第三支队进至王金扁、上市村一带；六二师进至王北坞、青明山一带；一九二师文副师长所部进至横溪坞、石坑坞、里上、平乐之线；忠救军进至百步村、大王坑、高岭、螺丝岭、完岭、吴老鼠山、后村之线，续向渔溪口、小王坑攻击前进中。

据挺一纵队寅鱼巳瑛电称：浙保第四纵队仍未到达。

三月七日，匪一股，兵力不明，于六日午夜由渔溪口、合山乘隙袭忠救军，因之西圩陷于匪手。同时一九二师文副师长所部亦遭匪夜袭，激战达旦，阵地无变化。

是晚六二师亦遭匪夜袭，但匪负创而退，我仍占领巴山、青明山之线，与匪对峙。挺一纵队第三支队已占领大竹园、中官村。

是日浙保第四纵队第三团已进至港口一带，当即电令该团归挺一纵队钟司令指挥。

（连日战斗经过如附图四）〔图略〕

三月八日，七日午夜，匪向我巴山、青明山、龙头山、西圩附近阵地夜袭，屡扑屡挫，迄八日拂晓，我仍乘势向匪猛攻。该匪一股约五百，已于虞晚由渔溪口经合山、野乐村、杭岭头迂回至新桥头东南吉才坞附近，袭击我之左侧背，其后续部队两千余，亦由西圩以西山地向我左侧包围。同时，正面之匪约二千，亦分经王北坞、青明山、大竹杆向我正面反扑，已刻文副师长在吉才坞附近与匪遭遇，指挥部被冲散，部队失去掌握，各自为战。一五六团朱团长率两个营由上梅村附近突围，血战至午，始抵汤口与文副师长恢复连络。该匪跟踪追至汤口，我以兵疲弹尽，在汤口附近未能立稳脚跟，乃转移章村附近，占领阵地，收容部队。而六二师因左翼失利，且正面被匪分途进扑，遂逐次转移至下张坞、报福、统里之线。原一九二师一一一八团之一营由东突围，随同六二师转移至洪家庄。其余朱、蔡两团各一营，均因掩护友军突围而全部壮烈殉职。

忠救军于是拂晓转移至杭杆村附近，其转移情形及由该军正面钻隙迂回我左后背之匪情，均未得其通知。

（本日战斗经过如附图五）〔图略〕

军基于当时情况，即以寅齐午荣庚电作如左之处置：

一、军以堵匪南窜之目的，暂扼守天目山北麓，俟机转移攻势。

二、挺一纵队（缺邓支队）应以保三团之一部扼守皇路庄，主力扼守施布村，其余扼守统里附近。

三、六二师应扼守报福镇、洪家庄、下张坞之线。

四、一九二师文副师长应在章村附近，占领阵地，堵匪南窜，并收容部队，积极整顿。

五、本部军士大队，限九日拂晓前占领豪千关、千秋关，堵匪南窜。

三月九日，匪主力分途向六二师挺一纵队正面继续猛犯，与我激战于洪家庄、景溪坞、统里附近之线。

军以匪势南侵，为确保天南计，除令各部凭天目山脉堵匪南窜，并令六二师龙副师长留云梯收容散兵，并指挥军士大队及一一一八团、一五六团残部堵匪南窜外，指挥所撤返方元铺。

三月十日，汤口之匪续窜章村、石门坎、郎村一带，与龙副师长所部接战，挺一纵队六二师正面激战之匪，亦续向天南猛犯。

军为防匪钻隙包围我挺一纵队六二师与天目山地区，并准备尔后之攻势转移计，乃以寅灰酉荣庚电调整部署如左：

一、当面匪情如贵官所知。盘据章村、石门坎附近之匪千余人，灰晨与一九二师一一一八团在孔夫庙附近接战中，其后续部队二千余集结于章里庄附近。

二、挺一纵队并指挥浙保三团除以小部留置现地与匪韧强战斗外，其余应即转移至千家村、临安、青云桥、百家庄、亘白滩溪附近之线，占领阵地，构筑工事，堵匪南窜。

三、六二师并指挥浙保第二团，除以小部留置现地与匪韧强战斗外，其余应即转移至白滩溪、官音桥至泗洲殿附近之线，占领阵地，构筑工事，堵匪南窜，重点保持于左。

四、挺一纵队第二支队着即归还建制。

五、挺一纵队与六二师作战地境为：藻溪、南庄、太子庙之线，线上属六二师。

六、各部队限寅真拂晓前到达指定位置具报。

三月十一日至三月十八日，窜山坞、龙王庄、景溪坞、冰坑之匪，复循山径小道钻隙南窜，本部以兵力单薄，不能在天目山脉中处处周密防守，乃令挺一纵队占领临安、青云桥之线，以由徽赶到之一九二师一一一七团及一一一九团之一部占领白滩溪、泗洲殿亘千秋吴之线构筑纵深式之碉堡，严密固守。六二师因疲敝过甚，暂调牧亭、堰口一带整顿，朱、蔡两团残部，亦均令其归还建制，积极整补，以准备尔后之作战。

浙保第四纵队第二团已自动撤至新登附近；第三团闻已撤至路东，均无法连络指挥矣。

（连日战斗经过如附图六）〔图略〕

五、战斗后匪我之态势（如附图七）〔图略〕

六、经验教训（匪我优劣）

一、非建制部队指挥时须往返磋商，不特不能收指臂之效，且每每泄露秘密。

二、命令不能贯彻，部队未能如期到达战场，致予匪以各个击破之好机。

三、通讯连络不良，各部队协同连系不确实。

四、谍报经费太少，情报工作不良，匪情常不甚明了，以至判断失据，甚至为匪所摇惑。

五、缺乏牺牲精神，战斗意志薄弱，侧背感觉锐敏。

六、指挥官对部队之指挥掌握欠确实。

七、兵力薄弱，军未能控置战略预备队。

八、攻击准备时间因受友军牵制，一再展延予匪以战斗准备之余裕。

九、党政未能切实配合，民众对于剿匪之胜负如秦越之肥瘠，漠不相关，故对军粮之运补困难，副食征集无着，影响军队士气与军民之感情。

十、未能严密利用保甲组织，以为我情报及防奸防间网，甚至为匪潜入利用，以刺探我军情。

十一、干部士兵均缺少剿匪经验，并未能明剿匪战法，故常为匪所乘。

十二、匪每声东击西，避实就虚，而对战斗力韧强之部队与坚固之工事（尤其碉堡），常不敢轻进。

十三、匪之优点：

1. 党政教育与政训工作极强，军民组织严密。

2. 宣传力大并能抓着要点，故军民常被其眩惑麻醉。

3. 谍报工作特强，凡我军之行动，政治之景况无不明了。

4. 党政军步趋齐一，尤其对于党政之组织力大。

5. 军队团结坚固，侧背感觉迟钝。

6. 士兵营养优良，体格健壮。

7. 战斗意志坚强，冲锋力大。

8. 擅长夜间袭击及窜隙迂回。

9. 善审虚实，运奇正以行阳动。

10. 射击军纪尚好。

十四、匪之劣点：

1. 射击教育差弛，命中甚欠精确。

2. 配赋弹药少。

3. 手榴弹构造不良，破片甚大，杀伤力甚小。

4. 缺乏重火器。

十五、我军之优劣与匪实得其反。

七、匪我伤亡及俘获损耗

此次战役，匪以优势兵力，集中向我攻击，或迂回包围，但我六二师仍能以逸待劳，利用有利地形及既设工事，予匪以迎头痛击，计伤毙匪大队长以下约二十名，俘获匪官十六员，兵一八三名，步枪五支，轻机枪预备枪管一（其中障吴村附近初期战役所俘获匪之官兵及战利品因最后突围时均先后遗弃）。匪军最精锐之四八团及警卫营几丧失过半。我挺一纵队亦能迅速由陷区西进，策应守备部队之作战，杭〔机〕动打击来犯之匪，予以相当损害，计伤毙匪官约三〇员，士兵七百余名，俘获匪官二，士兵二七名，步枪十四枝，手枪二支。一九二师文副师长所部虽因匪由左翼友军迂回侧后层层包围，但我官兵均能团结一致，集中火力，英勇沈着冲杀，竟日突击重围，匪之伤亡亦不下千余人，其十八旅精锐之第七团受损尤大，综计全役伤毙匪官兵约四千有奇，俘匪官兵二百三十余名。我之伤亡损耗详情如附表〔表略〕

〔国民政府军令部战史会档案〕

16. 蒋介石密令三战区合力攻击临安孝丰新四军致顾祝同电

(1945年4月26日)

无线电。

铅山顾长官：〇密。据报：我剿匪军驻于潜、昌化、分水各县，共约七师之众，单位多，且指挥不统一，时生误会互击情事。现奸匪精锐集结于富阳、青云桥一带，企图围我一九二师，夺取于潜，似可由战区速饬挺一纵队由临安进攻，七九师自三溪口急出临安，五十二师或忠救军攻孝丰，断其后路，一鼓歼灭。等情。希参照办理，并照迭电指示集结必胜兵力，统一指挥，迅速剿办具报。中〇。卯(寝)。令一元丙。

〔国民政府军令部战史会档案〕

17. 陆军第二十五集团军李觉部在浙西新登临安孝丰地区袭击新四军第一、六师战斗详报

(1945年5—6月)

第一　战斗前匪我形势概要

奸匪自三十二年秋敌寇流窜苏浙皖边区后，即乘隙逐向浙西蔓延，以匪新四军第六师粟裕部为基干，建立所谓苏浙军区，不断蚕食我团队，袭击我国军，迄本（三十四）年三月间，因我迭次进剿失利，势焰愈炽，竟已侵占广德、安吉、孝丰、天目山、临安诸地区。骎骎乎，有南下新登、桐庐渡富春江与浙东奸匪合流之势图，将两浙连成一气，阻我接应盟军登陆，妄思制造既成事实，淆乱中外视线，争取中外同情，以遂其独立割据之野心。

综计当面之匪为新四军第六师全部及第一师一部，均由第六师师长兼苏浙军区司令粟裕统率，计辖第六师之十六旅王必成部编成第一纵队；十七旅谭震林部编成第二纵队；十八旅陶勇部编成第三纵队；又第一师之第一旅廖正国部编成第四纵队，每一纵队辖三个支队（团）及一个特务营。另外有苏浙军区直辖之第二、第五两个独立团。考其分布区域：第一纵队临安城及桐岭、桥头、青山镇、圣塘、洪村、洪桥、青云桥、钟家、叫口、化龙镇、让平田一带地区，并随时流窜于方家井、湘溪、溧溪镇一带；第二纵队位广德东西地区；第三纵队孝丰境内及盘据天目山；第四纵队新由江北南来集结于临安东北五柳桥附近，其独立一、二、三、四团在安吉、广德间，掩护前后交通。此次与我直接作战，由文件证实者为第一、第三、第四等纵队全部及第二纵队之第五支队，约三万余人。

当时我军浙西及皖南守备部队为第二十八军军长陶柳指挥之挺进第二纵队、第七十九师第三十三独立旅，第一九二师附六二师之第一八六团，扼守马剑、场口、方家井、云昌、范氏镇、于潜亘千秋关之线；军委会别动军忠义救国军马志超所部之第一纵队（欠第一团）、第二纵队、第三纵队扼守千秋关、冷渡桥、夏江庙之线；苏皖边区绥靖指挥部刘秉哲指挥之第五十二师、苏保第四纵队、挺进第二纵队，扼守下江庙、梅林、长虹铺、葛子庙、水东、黄渡港口、马头镇、童家疃、三里店、吴公殿、何家湾、牛山木镇之线。以上各部均隶挺进军总司令部之指挥。

本部奉命接任浙西、皖南防务，五月底由光泽移抵淳安，同时突击第一队亦开抵淳安附近。其时匪我态势如附图第一〔图略〕。

第二 影响于战斗上有关之诸事项

其一、匪军部队编制装备概况：

此次本集团军于浙西新临孝剿匪诸役，根据各方情报及匪俘口供与卤获文件等综合判断，探得其编制装备如次：（一）纵队辖步兵三支队及特务营、教导大队、通讯排、卫生队、侦察队；（二）支队辖步兵三大队、特务中队、机炮中队（重机枪三挺、迫击炮一门或二门，但炮弹缺乏）、侦察队（手枪一排、步枪二排、配有小型无线电机一）；（三）大队辖步兵三中队、机炮一排（重机枪二挺、迫击炮一门）；（四）中队辖步兵三排，每排三班，每班轻机枪一挺，步枪六七枝，手榴弹每人配发三至四枚（土造杀伤力弱爆炸声大）。其番号兵力推断如附表第一。

其二，我军参战部队概况

本部于五月廿八日奉长官顾辰感事战电指挥廿八军（欠五二师、六二师"欠一团"）、忠救军江南苏皖边区绥【靖】指挥部、七九师突一队、独立卅三旅、挺三纵队等。六月五日复奉长官顾巳东临战电：着贺司令统一指挥浙保第四纵队。六月七日又奉长官顾巳鱼临战电：着一四六师（欠四三六团）即开宁国归刘指挥秉哲指挥。计先后参加新登、临安附近诸战役者：有七九师、独立卅三旅、突一队、廿八军（欠五二师及六二师"欠一团"）、挺三纵队及忠救军一部之策应作战。其指挥系统及主官姓名、兵力装备、参战经过等见附表(二)。

殆新临战役结束，从事天目山扫荡及准备向孝丰进剿之前，经奉长官顾巳佳临战电：指挥廿八军(欠五二师、六二师"欠一团")、忠救军右进剿兵团（由突击总队胡副司令琪三指 （下转第148页）

第二十五集团军浙西剿匪诸战役对匪军参战部队兵力推断表

民国卅四年六月至七月参二课调制

番号		匪首姓名	兵力	备考
苏浙军区野战军司令部	司令	粟裕	约2000	
	副司令	叶飞		
	政治委员	谭震林		
	参谋长	刘先胜		
	政治主任	钟期光		
	特务营			
独立第一团		约2000		
独立第二团		约2000		
独立第三团		约2000		
第一纵队	司令	王必成	约7000	一、匪第一支队长方自强六月四日于新登战役被我军击毙。二、匪首王必成在新登战役被我击伤讯。
	政治委员	江渭清		
	参谋长	张开荆		
	特务营	廖持坚		
	第一支队	方自强		
	第二支队	谭广		
	第三支队	陈彪		
第三纵队	司令	陶勇	约7000	
	政治委员	阮英平		
	参谋长			
	特务营			
	第七支队	陈云祥		
	第八支队	汤玉成		
	第九支队	俞炳辉		
第四纵队	司令	廖政国	约7000	
	参谋长	夏光		
	政治委员	韦一平		
	特务营			
	第十支队	王宣群		
	第十一支队			
	第十二支队			

附记

一、本表系根据综合所得各方情报及俘虏口供卤获文件等加以整理判断而调制。

二、匪军第二纵队据报有于广孝地区发现讯迄未证实。

第二十五集团军新临战役参战部队指挥系统主官姓名兵力装备及参战经过概见表　五月廿九日至六月九日

部队番号			主官姓名	兵力	编制装备概要	参战经过	备考
总司令部			李觉			六月一日进驻分水指挥各部以事战斗	
第二八军	军司令部		陶柳	一一六三	该部编制系按国军正规部队现行编，制组成，装备颇全武器亦多数适合制式。	五月廿九日至六月五日新登战役时该部以一部向于潜以东之匪出击，以策应主力作战，六月六日至八日曾协力攻略临安，惟五七五团全系新兵未经参战。	
	第一九二师	师司令部	王堉	四五七一			
		第五七四团	费荣章				
		第五七五团	蔡时彦				
		第五七六团	刘浩然				
	第六二师一八六团		敫心如	五八六			
军委会别动军忠义救国军	总指挥部		马志超	一七八七八	该部系按特种部队编制，步兵重火器及辎重部队较少于正规军，尤以第三纵队为然，惟全军三分之二以上均经配发美国新式武器，火力颇较一般部队为优。	该部除扼守于潜横路头、千秋关、狮桥夏红庙线外，曾以一部向当面之匪出击以策应新临附近我主力之战斗，并先后攻占白滩溪、黄树坞、双树塘、章立庄、磻溪镇各要点。	
	第一纵队	第指挥	李禯				
		第一团	安我华				
		第二团	薛涤愁				
		第三团	余越				
	第二纵队	指挥部	王春晖				
		第四团	邹用元				
		第五团	陈杰生				
		第六团	姜建中				
	第三纵队	指挥部	鲍步超				
		第一支队	贾维禄				
		第二支队	朱炳奎				
		第三支队	任献廷				
	新编第一团		谢献锟				
江　南	指挥部		刘秉哲				
	第五二	师司令部	张廼鑫	四五〇二	与一九二师略同	主力任宁国附近守备，一五五团向小白店附近出击新临附近主力作战策应。	
		第一五四团	张俊清				
		第一五五团	段建高				

苏皖边区绥靖指挥部	师	第一五六团	朱丰			
	第一四六师	师司令部	戴传新		同右	新登战斗时该师正向宁国附近开拔中，未参战。
		第四三六团	骆周能			
		第四三七团	郭英			
		第四三八团	马国荣			
	挺二纵队	司令部	顾心衡	四二五一	编制与正规部队略同，惟装备稍逊	住泾县青阳附近守备、未直接参战。
		第三支队	程树槐			
		第四支部	皇甫毓超			
		独立支队	李振璜			
	苏保一纵队	指挥部	蔡润祺		同右	住木结旌德附近整训，未参战。
		第一团	黄俊			
		第三团				
	苏保四纵队	指挥部	张水华	一九〇二	同右	任沙湾至杨柳守备，未直接参战。
		第七团	王国成			
		第八团	程维新			
第七九师		师司令部	段霖茂	五七二〇	与一九二师略同	六月廿九日至二日任新登附近保卫战，三日至五日统一指挥突一队反攻新登城，六日至九日任新北追击及攻击临安之右翼部队。
		第二三五团	魏逢林			
		第二三六团	李乃赓			
		第二三七团	胡立民			
		突击第一队	胡旭旰	四九三七	辖五个营每营步兵四连。重机枪迫击炮各一连装备良好	六月二日配有七九师指挥反攻新登城，五日后任新登东北警戒。
独立三三旅		司令部	曾振	七二二四	该旅编制相当于正规部队之师，装备优良。	六月三日起协力七九师反攻新登城，六日至九日任新北追击及攻击临安之中央部队。
		第六九七团	苏寅初			
		第六九八团	张英京			
		第六九九团	鲁策三			

备注（第一四六师）：兵力未据报

续表

挺三纵队			
浙保第四纵队	第六支队	第五支队	司令部
韩治	潘克智	祝镇绪	贺越芳
二九五二			
同右	与挺二队略同		
未参战	任场口附近之守备及桐庐东北之警戒		

附记

兵力系按各部五月份电报现有官兵数目列记之。

第二十五集团军参加天目山扫荡、孝丰攻击战役部队指挥系统主官姓名兵力编制装备及参战经过概见表

六月十日至二十六日

部队番号			主官姓名	兵力	编制装备概要	参战经过	备考
总司令部			李觉			指挥各部以事天目山扫荡与孝丰攻击。	六月十六日移昌化指挥
右进剿兵团	指挥部		胡琪三		由突击总队必要幕僚及通信部队组成。	六月十六日开始负责指挥以事孝丰附近之攻击战。	指挥官由突击总队副司令兼。
	第七九师	师司令部	段霖茂	三七九三	见附表（二）	六月六日至十八日住临安附近阵地守备，十九日开始向孝丰前进，廿一日至廿三日与匪激战孝丰东郊附近，廿四日至廿五日向临安转进，廿六日后在临安西南占领阵地对匪取待姿势。	六月十六日前由段师长统一指挥突一队
		第二三五团	魏蓬林				
		第二三六团	李乃赓				
		第二三七团	胡立民				
	突击第一队		胡旭盱	三六二一	同右		
	突击第二队		魏人镳	四二四二			突二队欠九、十两营
左进剿	指挥部		刘秉哲		即原苏皖边区绥指挥部编成		指挥官由江南苏皖边区绥靖指挥部指挥官兼。
	第五二师	师司令部	张酒鑫	七二七五	见附表（二）	六月十九日开始向孝丰攻击廿日至廿一日，与匪激战百步山八角山一线，廿二日在杭圩潘溪间整理，廿三日续向西圩之匪攻击，廿六日后转移西溪岭附近占领阵地向东北警戒。	
		第一五四团	张俊清				
		第一五五团	段建嵩				
		第一五六团	朱丰				
	第一四六师	师司令部	戴传薪		同右	主力任宁同附近守备、一部随兵团对孝丰之匪攻击，担任左翼掩护•	兵力未据报
		第四三六团	骆周能				
		第四三七团	郭英				
		第四三八团	马国荣				

续表

兵团	独立第三三旅	旅司令部	曾振	六八四六	同右	六月十九日在五二师左翼向孝丰攻击前进、廿日至廿五日与匪在新桥头杭圩镇附近反复激战，廿六日后开千秋关损路头附近集结，归本部直接指挥。
		第六九七团	苏寅初			
		第六九八团	张英京			
		第六九九团	鲁策三			
	挺二纵队	司令部	顾心衡	五四〇〇	同右	任泾县青阳附近守备，未直接参战。
		第三支队	程树槐			
		第四支队	皇甫毓超			
		独立支队	李振璜			
	绥一纵队	指挥部	陈邦荣		编制与正规部队略同，惟自动火器及步兵重兵器较少。	当兵团向孝丰攻击前进之初期任总予备队，廿三日后配属五二师指挥向西圩之匪攻击。
		第一团	张尔豪			
		第二团	苏祖武			原苏保纵队改编成立，兵力未据报。
	绥二纵队	指挥部	张水华		同右	一部任水东亘杨柳铺守备，一部随兵团向孝丰进剿担任总予备队。
		第三团	王国成			
		第四团	程维新			同右
第二八军	军司令部		陶柳			
	第一九二师	师司令部	王堉	八七三六	见附表（二）	六月十日至十八日担任天目山之扫荡，尔后扼守天目山北麓各隘口并于廿三日至廿五日以一部向孝丰及港口附近出击，协力右兵团战斗。
		第五七四团	费荣章			
		第五七五团	蔡时彦			
		第五七六团	刘浩然			
		第一六八团	殷心如	五八六		

军委会别动军忠义救国军															挺三纵队				附记
总指挥	第一纵队				第二纵队				第三纵队				新编第一团		司令部	第五队支	第六支队	浙保第四纵队	
	指挥部	第一团	第二团	第三团	指挥部	第四团	第五团	第六团	指挥部	第一支队	第二支队	第三支队							
马志超	李穆	安我华	薛涤愁	余钺	王春晖	邹用元	陈杰生	姜建中	鲍步超	贾维禄	朱炳奎	任献廷	谢相锟		贺钺芳	祝镇绪	潘克智	韩浩	兵力系按各部六月份电报现有官兵数目列记之。
一八〇九五															二九五二				
同右															同右			同右	
六月十日至十八日担任天目山之扫荡战，尔后扼守天北各隘口，廿二日至廿六日并以一部对孝丰西南之匪攻击，以策应主力方面之作战。															任场口及新登附近守备，未直接参战。				

（上接第140页）挥，辖七九师突一队、突二队(欠两营)），左进剿兵团（由江南苏皖边区绥靖指挥部刘指挥官秉哲指挥，辖五二师、一四六师、绥一、二纵队、挺三纵队）。六月十二日又奉长官顾电话：着卅三旅开宁国归刘指挥官指挥。计参加天目山扫荡者为忠救军、廿八军。参加孝丰围剿者为右兵团全部，左兵团之五二师、卅三旅、绥一队及一四六师、绥二队各一部。其指挥系统及主官姓名、兵力装备、参战经过等见141页—147页附表。

其三　后方勤务状况概述〔略〕

其四　战斗地区之地形交通居民景况

浙省因富春江之自然分划，分称浙东、浙西，浙西与苏南、皖南相邻接，在富阳、余杭、武康、吴兴以西地区，类多山峦层叠，以天目山为最著。天目山分东西南三峰，标高均在一五二〇公尺以上，多僧道所居之寺院宙宇，居民及耕种地甚少，竹林茂密，山峰高耸，峻峭处攀登困难，但南北向之大小道路颇多，且均上敷石板，无碍部队通过，与东北之莫干山同为风景优美之著名避暑胜地，今均沦为战场，其与皖南毗连之处甚多关隘，均极峻险。全境以常山港、新安江、天目溪为最大溪流，皆自西北流注于富春江、新安江。自皖南徽州至淳安可通行载重千斤以上木船。淳安至富春江则可畅行载重三千斤上下之舟楫。其余小流水浅滩多，逢天雨，山洪则湍急，平日勉强可行小竹木筏。陆路交通，原有杭州至寿昌公路，杭州至徽州公路衔接，徽州经淳安通常山、玉山公路。卅年初夏敌据杭州后均经破坏，现可通车者，仅徽州至淳安，淳安至常山、玉山公路。惟因路面不佳，车辆缺乏，运输力量有限，淳安东北地区行旅往来，端赖徒步肩舆。自三十一年夏秋浙赣战役及三十二年秋敌寇浙西流窜以后，浙西居民，壮健者流徙他乡，且民风多习畜蚕缫丝，桑田随处可见，又以山地关系，平素粮产自给，尚感虞缺，况自廿七年以来，敌伪匪患频仍，居民疾苦日甚，以草根树皮度生，甚至饿毙者迭有所闻，故军队粮食全赖后方运济。

其五　影响于战斗之天候气象

本战役全期自五月廿九日至六月底，计一个整月，其中天候气象颇多变化，兹就作战上受影响者，概述如次：五月廿九日至六月九日为新登、临安战斗时期，正值初夏，气温摄氏平均在七十八度左右，每两三日午后必有一阵骤雨，时令尚属匀调，月龄为四月十八日至廿九日下弦期，夜半后始与群星并现，夜袭甚适时宜。六月十日至十八日为扫荡天目山战斗时期，适逢夏季雷雨，湿度甚重，天气闷热无风，道路常呈泥泞，部队行动颇受限制，月龄为五月初一至初九日上弦期，惟每为阴霾蔽障，入夜黝黑，行动困难。六月十九日至六月底为孝丰围剿时期，天气晴朗，间有阵雨，但转瞬即止，微风和畅，气温平均在摄氏八十二度上下，月龄为五月初十至廿日入夜以后，星月皎洁，适于夜战。综其全期，虽于夏季，但居山地，气温调和，部队不感酷暑作战之苦，而夏间植物繁茂，林木杂草丛生之地道路以外行动至感困难，视界亦受限制，惟易于掩蔽设伏，攻防各有利弊。

第三　　战斗经过

其一　概述

集团军奉命接任浙西、皖南防务，五月底由光泽驰抵淳安，正拟遵照长官顾辰感事战电部署及所颁临孝地区剿匪计划准备进剿，乃匪先倾巢南犯新登。五月廿九日开始战斗，六月二日新登城陷，五日被我规复，旋乘胜追剿，八日克复临安，同时并对天目山进行扫荡，准备继向孝丰围剿，至十八日天目山匪已全部肃清，为我控制，十九日开始以左右两兵团倚天目山为依托，向孝丰分进合击，结果因通信不健全，补给不圆滑，协同不紧密，使匪得依内线挣扎，遂行其各个击破之狡计，率致功败垂成。至廿六日我为适应状况，重新调整部署，准备尔后再举进剿。综计全役毙匪逾万，我亦损伤颇重，将经过详情分段陈述如次：

其二　新登附近诸匪南窜（参照附图第二）〔图略〕

五月中旬，本部奉命由光泽开常山待命。廿六日先头到达常山，旋遵令于廿八日率主要人员，依汽车输送至淳安甫行到达。乃奉长官顾辰感事战电令开：

战区为适应当前情况，分区清剿奸匪，准备接应盟军登陆，特调整部署如次：（一）第二十五集团军指挥第廿八军欠第五十二师第六十二师（欠一团），忠救军江南苏皖边区绥指挥部（配属仍旧）及七十九师、突击第一队，独立第卅三旅、挺三纵队担任浙皖边区防务，该集团军应在桐庐、分水、昌化、宁国、泾县、太阳、铜陵线及沿长江下游亘钱塘江北岸迄富春江至桐庐、桐连之区域，为苏浙皖边区清剿；（二）并指挥该区内党政及地方武力，担任该区内奸匪之清剿特需置重点天目山敌我中间地带奸匪之剿灭，同时并以有力一部分别挺入杭州、嘉兴、吴兴、金山卫、上海、太仓、常熟及镇江、丹阳、句容各附近地区，彻底建立以军事为主之党政军一元化据点；（三）党政军一元化据点之建立，应配合敌后游击部队，运用伪军（本部适时指示）广为巩卫据绝奸匪之活动，对非奸匪之活动点之外围，并常备必要译员（由本部适时配发）及响导，准备接应盟军之登陆；（四）该集团军之作战地境：右与卅二集团〔军〕为开化、寿昌、桐庐沿富春江迄杭州之线，线上属该集团军，左与陶总部为焦村、石棣、青阳大道之线，线上属陶总部，该总部应即进驻淳安并于昌化设置指挥所。等因。当时受命仓卒，全般情况模糊，正拟多方连络，从事部署研究，讵于五月卅日得知临安奸匪开始集力我犯，于昨（廿九）日十六时顷分三路一经铁坎攻方家井，一经铁坎攻大岭，一经山口至何阜殿边，分犯马登、石家等处，我七九师之阵地。当今已抵淳安之突击第一队胡司令星夜开分水附近候命，本部鉴于状况必要，决先打击南窜之匪，再策后图，并定率所要人员即日进驻分水指挥，当以电话告知廿八军陶军长，在本部指挥所未抵分水前，该方面之作战仍由该军长就近统一指挥。三十日晚，段师与匪在马登、石佛山之线激战终宵，迄三十一日晨施家村、释子山东北高地被匪攻占，该师转移松溪上云山以北阵地。匪又续增向释子山、云昌、石佛山等处进犯。六月一日午匪万余，以主力东移方家井以西地区，廿一时顷由官地里、施家村、云昌分路猛攻新登城及松溪阵地，激战至廿三时，松溪失陷。匪续向新登城及黄山、大雷山七九师阵地猛扑，战至二日拂晓，率以匪众我寡后援未至，新登城遂被突入。

六月一日晚，集团军指挥所赶抵分水后，次第得知上述状况，决先巩固阵地，调整态势，集结兵力，向新登附近之匪攻击，包围于新登地区而歼灭之。当以巳冬卯仲电：令集结毕浦附近之突一队向新登附近急进，归段师长指挥。后以巳冬未智电对各部指示：(一) 七九师应努力维持现态势，左与卅三旅连系，确保七板桥并统一指挥突一队，以一部扼守双庙庄、西山、大老山、小岭头概略之线，阻匪西窜，主力集结桐岭、胥口南间，准备于江拂晓向当面之匪猛攻，规复新登，进击方家井、唐家坞之线。(二) 卅三旅应巩固天柱山、马弓坞线，并以一部扼守三溪口，主力集结长兰、陈家、练头间，准备于江拂晓连系段师猛攻当面之匪，进出云昌、何阜殿边一线，归本部直接指挥，其范氏镇、龙门桥、竹岭坞线碉堡着即交由廿八军接替。(三) 作战地境：七九师与三十三旅为高飞山亘天柱山、大雷山、释子山各南麓之线，线属左。(四) 廿八军应即以一部向右延，接守范氏镇、龙门桥、竹岭坞碉堡仍须以有力一部继向临安方面挺击，与卅三旅作战地境为：保安、平塔、石坞尖、天井岗、杨树尖、龙王山之线.线上属左。旋奉长官顾巳东临战电节开：

“(一) 战区决以包围该匪于临安附近而歼灭之。以一部凭碉堡固守新登、于潜、千秋关、夏红庙、水东镇之线，主力向临安地区袭匪侧背包围而歼之。(二) 七九师附突一队守大树下，西经云昌、三溪口（不含）之线，阻匪南窜。(三）第廿八军(欠五十二师六十二（欠一个团））附独立卅三旅以一部凭碉堡固守三溪口（含)、范氏镇、于潜、千秋关之线，主力向石门、临安城之线攻击。(四）第一九二师及第六十二师之一个团攻击前进，并协力七九师将匪包围于临安附近地区而歼灭之。(五）忠义救国军以一部凭碉堡固守既占阵地，主力由马总指挥率向石门（含)、孝丰城（含）攻击前进，到达该线后，筑碉堡固守并相机以主力向临安攻击，协力第廿八军之作战。（六）五二师一部筑碉堡固守既设阵地，主力由该师长亲率向孝丰城（不含)、障吴村攻击前进，到达此线后，筑碉固守，并相机以主力协力忠救军攻略孝丰城。(七）挺三纵队及浙保第四纵队归贺司令统一指挥，确保富春江南西岸对匪南西窜确实掩护。作战地境：七九师，廿八军为三溪口、大郎坞、口湘溪、樟村之线，线上属七九师，廿八军与忠救军为千秋关、西天目山、皇图村、石门村线，线上属忠救军；忠救军与五二师为夏庙抗杆、孝丰线，线上属忠救军。李总司令即在分水附近设立指挥所。(八）各部队于巳东准备，并由巳冬拂晓开始攻击。(九）各部队攻击时间，应确切掌握协同友军之作战，并携带三日以上口粮，纵然被匪切断连络亦应发挥独立作战精神，以待友军支援。”又巳东酉临战电：

“各部应遵照巳东临战电所示，妥为部署，密切协同，转移攻势（但五二师应注意广德方面之行动，酌量实况或以一个加强团协力忠救军向孝丰以北附近攻击)。奸匪主力转移他向，各部应即固守阵地，准据本部前颁临孝地区剿匪计划(由该总司令转发)作周到之准备后再行进剿，希秉此要领，由李总司令妥慎处置。”等因。当经遵体意旨，依照现实状况，适时分别予各部队以适切之指示：

各部遵巳冬未智电令调整部署后，自三日辰起，无分昼夜，不断向新登附近之匪攻击，突击第一队司令部在西山村，其第一线展开于梨头尖、西山之线，重点保持于左；七九指挥所在唐南王家，其第一线展开于黄山、七板桥及其以北之线；独立卅三旅指挥所在练头，其第一线展开于大岭、甘坑以东高地之线。各对当面之匪亦向我集力猛犯，战斗极为激烈，尤以新登以南突一队方面及七九师右翼方面为甚，碧照寺、应家坑整日往返争夺。但因突一队方面与本部及段师长均未保持连络，且该部始终未能与七九师右翼取得密切连系，不免稍有空隙，入夜匪三千余一股由五里、白家、百丈岭山麓向西山、木棉山阵地夜袭，复以主力由裘抗坞山麓袭西山村司令部，与守军短兵相见，战斗倍极惨烈，西山一部为匪突入，匪复不断密集冲锋，官兵浴血奋斗，几陷混战状态。其时七九师方面魏、李两团各以有力一部南向大老山及其东北高地之线夜袭，战斗亦极猛烈，匪因受三面围击，伤亡异常惨重，迄四日晓，大部返新登城。突一队，以日夜苦战伤亡甚大，一部仍与匪保持接触，主力左移葛家岭附近整顿，密接七九师，准备再举。是役毙伤俘匪计近千名，匪副师长叶飞负伤，第一支队支队长方自强阵亡，我夺获机枪一挺，步枪卅余枝，掷弹筒一个、弹药及其他军品甚多。突一队第一营连长沈宗熙阵亡，宋本基、朱惠秋及副连长王贤负伤，王副司令理真亦于西山战斗身负微伤，总计死亡及失散官兵二百余人。独立卅三旅方面于天柱山、大雷山、马弓山迄王家、程家之线战斗中亦阵亡连长贾长山及以下官兵三十余员名。廿八军及忠救军方面自一日起亦不断派队分向于潜以东及叫口、泗洲殿、汤口、杭圩镇、汪村等处出击，均小有战斗。忠救军先后进占双树塘、孔夫关、唐舍、关西溪坞、桥头村各要点。江南苏皖边区绥靖指挥部刘秉哲方面之五十二师于四日亦已以一加强团（一五五团附一五六团之第二营）兵力进抵小百店，并向北东南各方游击。

集团军决于四日晓以主力由西向东继续攻击新登附近地区之匪，规复新登城，阻匪南窜。经对段师突一队、曾旅贺纵队下达巳江戌智电令：

（一）段师长统一指挥突一队、七九师，肃清新登小河南岸之匪，并向新登城松溪（含）之线攻击前进。

（二）卅三旅着向松溪（不含）、唐家坞之线攻击前进。

（三）战斗地境：段师长所部与三三旅为天柱山南麓长盘、松溪、上蒋家相连之线，线上属段师长。

（四）挺三纵队应固守桐庐，占领下（上）江亘桐庐各渡口，阻击匪之南窜。

上项电令下达后，旋得知段师夜袭结果，已确占大老山及其东北高地各要点。本部为扩张已得战果，乘匪气馁，把握战机，一举攻克新登城，于四日丑时先以电话与段师长、胡司令、曾旅长、陶军长命令：

“（一）明（四日）晓开始着突一队先肃清新登小河南岸之匪，占领笔峰塔、百丈山，协攻新登城；七九师以全力攻略新登城，归段师统一指挥。

（二）卅三旅四日晓继续攻击当面之匪，务占领松溪、施家村、释子山各要点。

（三）廿八军一九二师之一团继向临安城之匪攻击，相机占领，其余将于潜以北防务交由忠救军接替后迅向范氏镇附近集结待命。”

并于巳支戌智补发电报命令：

四日段师长指挥七九师及突一队以一部扼守原阵地，主力继续向新登城攻击，至黄昏已占百丈山、五里、白家及其以北高地线，并将新登小河南岸之匪扫数驱逐，入夜左翼亦攻占黄山迄风山亭间要点，匪呈动摇状态，主力开始向北逃窜。卅三旅方面，四日傍午攻占大、雷山、官塘、药王庙、程家诸地，午后继向松溪、云昌攻击，与匪战斗甚烈，十六时先后迫近松溪、云昌，匪第七支队千余正聚松溪用膳，当迅予猛烈攻击，该匪仓皇狼狈向施家村、马登溃退，入晚我确占松溪、云昌。新登匪以后路被断，乘夜夺路纷纷向北溃退，我各部分派小部队四出搜击，五日晓后，我即规复新登城。是役计毙伤俘匪二千名以上，卤获军用品甚多。详见战斗成果附表第一〔表略〕

其三　由新登向北追剿与临安之克复（参照附图第八）〔图略〕

犯新登匪经我围击伤亡惨重，四日黄昏前后，残部分两路：主力经方家井、铁坎；一部经云昌、山口开始向临安回窜。集团军以追歼该匪之目的，决先清扫战场远出搜击。即以巳歌午智电对段师长、胡司令、曾旅长、陶军长、贺司令作如次之指示：

（一）七九师应即清扫搜索大树下、方家井、千家村、观音岭、何阜殿、边松溪间区域内之匪，主力集结松溪附近地区待命。

（二）卅三旅应即清扫搜索大重岭、石门、杨树尖线以南区域内之匪，主力集结练头附近地区待命。

（三）七九师与卅三旅搜索地境为上云山、杜家、蔡坞、求坞、张坞里、里子西之线，线上属七九师。

（四）廿八军〔欠五二师、六二师（欠一团）〕应即向临安进出，截击北窜之匪。

（五）挺三纵队应即肃清富春江南岸之匪，恢复该纵队原态势。

（六）各部应于鱼晓前呈出搜索报告。

（七）突一队着在新登、胥口间集结待命。

（八）各部应尽量接通有线电话，并饬无线电台随时注意与本部电台连络。

五日各部搜击结果，据报：匪另有大部伏方家井、马登、何阜殿、铁坎间山地，马登、何阜殿边各有匪数百，与我七九师搜击部队顽强战斗。集团军决于六日继向该匪攻击，期于临安东南山地内捕捉歼灭之。经下达巳鱼辰智之电令：

（一）段师长指挥突一队，以一部分向大树下、方家井搜击，掩护七九师右侧背，主力集结新登附近，随战况进展，适时向陈家山、松溪推进。七九师击破贝山寺、马登、沈家村、毛竹湾线上之匪后，续向白山头、千家村、祝家桥之线进出。

（二）卅三旅击破何阜殿、边山口之匪后，续向观音岭、大重岭、下山头之线进出。

（三）廿八军应占下鱼桥、师姑屏、峡石之线，努力向临安方面搜索匪情。

（四）作战境地：段师长所部与卅三旅为上云山、毛竹湾、木俗坞、沈塘湾、凤凰山、狮子山相连之线；卅三旅与廿八军为唐峰尖、天井岗、海风尖、司箕山、雷鼓山之线，线上均属左。

（五）各部应切实互取连系，不得此攻彼望。"

七日午，七九师已将上台门、祝家桥奸匪驱逐并占领上台门、山谷峰、青树岭、丰坞尖、青唐头、前山之线，师部到达洛坞。卅三旅到达山口、下钱、常明、枫树坞、湘溪附近，旅部下钱。廿八军第一九二师攻占上家头、下鱼桥。挺三纵队方面，六日晨向深山、□横山、东梓关搜击，经将该处散匪驱逐，午刻占有该处。七日续向场口攻击，稍遇抵抗，匪即向龙门、大章村逃窜，傍午进占场口，至是已恢复前态势，并仍派队向龙门、大章村续剿。

据报：伏踞铁坎、山口之匪已分向亭子头、玲珑山北窜。本部为准备攻击临安城，决于七日夜饬各部派队尾匪袭击，特下达巳虞申智电令并分配目标如次：

"（一）七九师向亭子头；卅三旅向临安城；廿八军向玲珑山并将派出兵力及指挥官姓名报部。

（二）明（八日）各部主力应进据如下之线：七九师桃源岭、板桥、子西里线；卅三旅里子、西樟村、下山头线；廿八军上家头、师姑屏、硖石线，准备攻击临安城。

（三）作战地境：七九师与卅三旅为沈塘湾、观音岭、龙王山线；卅三旅与廿八军为唐坞尖、石头山线，线上均属左。

（四）突一队仍归段师长指挥，以一部于铁坎、千家村筑碉警戒，掩护七九师侧背，主力控置松溪附近。”

为把握夜袭战果，乘机攻克临安城，乃以已齐智电对段师长、曾旅长、陶军长、胡司令下达攻击临安命令：

（一）集团军决攻击当面之匪，占领临安及其东西地区，增强碉堡，准备继续进剿。

（二）本（齐）日各部之任务及行动如次：

(1) 七九师应攻占九池山、狮子山、琴山之线，以一部进出五柳桥，协攻临安城垣。

(2) 卅三旅应攻占临安城垣。

(3) 廿八军应攻占玲珑山、棋盘山，并协力卅三旅攻击临安城，但须以有力一部于化龙镇、藻溪镇线扼占要点，向北警戒。

(4) 作战地境：七九师与卅三旅为张坞里、龙王山、蛇山、长桥山相连之线，线上均属右。

(5) 各部攻击前进开始时间预定为本（齐）日八时。

(6) 突一队除留一营位置铁坎于方家井、千家村配置警戒外，主力应即向三溪口附近集结，归本部直接指挥。

七日各部夜袭未获良好战果，但七九师八日晨驱逐高墙头残匪，继围攻亭子头，匪凭民房顽抗，激战一小时，十四时许除一部突围北窜外，就歼者达百余名，黄昏前即已进抵公山、岳山头、琴山、蛇山之线。卅三旅夜袭后退伏下山头附近之六九八团第一营配便衣四十名，八日晨分派便衣向临安城搜索，侦悉匪大部北退，一部第一支队尚在城内及西街一带，九时该营即开始向南门猛攻，城内匪怆惶向西街及西北高地溃退，十时攻入城中搜击市街内残余，其时旅主力亦先后赶到，即对近郊及西北溃窜之匪扫荡，十一时许完全占领临安城。廿八军之一九二师主力午后亦占玲珑山、九洲山、师姑屏、硖石、化龙镇，一部在唐家桥。六十二师之一八六团占藻溪镇。九日晓，七九师以有力一部攻占青山镇、西坞里、潘家山及棋园里各要点，并向冷水桥、横畈镇搜剿。卅三旅以主力赶筑碉堡，另以一部向横畈高六村方向搜击。廿八军之一九二师及六二师之一八六团亦续向棋盘山、青云桥及藻溪、横塘铺东北搜击。军部指挥所进抵范氏镇附近。是役总计毙匪三百余，伤百余，俘七十余，我方伤亡五十余名。其他卤获损耗详见战斗成果附表第一、第二、第三〔表略〕

其四　扫荡天目山之战斗（参照附图第九）〔图略〕

当新登附近战斗方酣之际，本部为策应作战，经于六月二日以巳冬未智电，饬忠救军向天目山进击，又以巳冬戌智电饬向右延接一九二师千秋关、于潜防务。该军即以第一纵队（欠第一团）附新一团一营为右翼队，除以一个团固守于潜外，主力在泗洲殿附近就攻击准备位置；第二纵队附第二支队为左翼队，在昊天关、孔夫关、唐舍之线，就攻击准备位置；第三纵队（欠第二支队）为预备队，除一部接替防务外，主力位置于仙家村；教导大队在横路头云梯、千秋关地区，扼要构筑工事；军指挥所推进于杨村。经多次向匪进击，至九日该军已先后进占绍鲁、朱湾村、黄树坞、双树塘、章立庄、唐舍庄、磻溪镇各要点。六月十日奉长官顾巳佳临战电开：

“临安克复后，贵集团军剿匪指导要旨指示如次：

（一）迅以有力兵团先行肃清东西天目山筑碉固守之，主力组成左右进剿两兵团，依东西天目山之支撑，分由临安、宁国两地向孝丰之匪分进合击，务期一举略取孝丰，求匪主力而歼灭之。

（二）贵总司令亲督第廿八军（欠五二师及六二师主力）、忠救军迅即分区扫荡东西天目山，务期于巳文前彻底肃清歼匪，筑碉固守。

（三）第七九师、突一队及突二队主力为右进剿兵团，在突击第一纵队胡副司令未到达以前，暂归段师长霖茂统一指挥，即予临安城附近地区，准备向孝丰奸匪攻击。

（四）着刘指挥官秉哲指挥第五二师、一四六师主力（但一四六师主力以固守五二师原碉堡线及准备对宁国以东北附近地区之作战），绥靖纵队必要时得配属独立卅三旅为左进剿兵团，先于宁国以东地区完成攻击准备，尔后与右进剿兵团协力略取孝丰，求奸匪主力而围歼之。

（五）左右两进剿兵团攻击准备，均限寒日以前完毕。

（六）独立卅三旅控制于潜附近，依状况适时转移参加左兵团之作战。

（七）贵总司令应即进驻昌化指挥。”等因。遵先扫荡天目山，即以巳灰巳仲电对陶军长、忠救军马总指挥，作如次之指示：

“奉长官顾巳佳临战电节开：该集团军先行肃清东西天目山之匪，筑碉固守，着廿八军（欠五二师及六二师主力）、忠救军迅即分区扫荡东西天目山，务期于巳文前彻底肃清残匪，筑碉固守，为略取孝丰之支撑。等因。仰即迅予准备于真拂晓即向指定目标开始攻击前进，并划定廿八军与忠救军作战地境为杨梅山、观音山、金坞山、鸡龙尖、泥坞山、望江尖、南屿山相连之线，线上属忠救军。”并以巳灰午仲电转饬廿八军陶军长、七九师段师长、突一队胡司令、卅三旅曾旅长、忠义救国军马总指挥、苏皖边区绥指挥部刘指挥官遵照。仍对各部行动作如下之指示：

“（一）陶、马两军对天目山之清剿已于巳灰巳仲电指示，但陶军应即派队接于潜城防。

（二）段师即派队接替临安城防。

（三）突一队（欠新登之一营）即由三溪口向下山头、石头山、下鱼桥集结、归段师长妥为部署。

（四）卅三旅于临安城防交替后，先向化龙、藻溪集结，对北警戒，暂归陶军长指挥。

（五）刘指挥官秉哲应即进驻宁国墩指挥，遵长官顾指示调整部署，迅速完成准备。”

六月十一日晓，廿八军方面：一九二师之五七四团向青云桥；五七六团向碧淙村、油口村之匪攻击，激战至午，匪不支向北退去，我进占青云桥及上溪山、鹤鸣山之线，黄昏前匪千余由金岫，七百余由南庄分向我反扑，与我相持于青云桥以南地区迄鹤鸣山之线。十二日拂晓前匪复增至二千余，分两股：一经硖石、石宝坞，一绕金头、大山脚、化岭脚向五七四团侧背猛击，激战于化岭、石宝坞、琊下村之线；另一股由龙溪村经油口村向五七六团猛击，激战于高家村、横塘铺以北附近山地。本部于电话得悉是项之报告，当令由临安开于潜集结之曾旅及于下山头、石头山集结之突一队，各派有力一部向化龙求匪侧击，午刻王师长率五七五团与六二师之一八六团一部增援，激战于化龙、花石坞、门前山、横塘铺之线，双方互有伤亡，迄十六时匪不支退据碧淙村、油口村、荷花塘、南庄地区。忠救军方面：第三纵队以第二支队归还建制后，十一日晨即开始向西天目山攻击，迄十五时先后占领玉王峰、石门山、西湾山、龙王山、高峰庵、亭子岭线要点，其纵队部推进于昊天关。十二日第一纵队于绍鲁、泗洲殿向明空寺、高沼头、龙岭推进，先后占领白虎山、龙岭、东面坞各要点，续攻昭明峰。第三纵队附第四团之一营于午刻攻占西天目山最高点及广竹科长湾各要点，匪分两股：一向东南后园村，一向北炳坑村方向溃窜。又第四团之一营向扁担岭、裘山攻击，战斗甚烈，裘山往返争夺入夜，匪势稍挫，仍对峙中。第二纵队（欠第四团之一营）除加强固守已占领之广福庵、章三庄、唐舍庄线外，并以小部进出汤口、杭圩镇地区搜索。十二日奉长官顾巳灰临战电令：

“（一）突一队主力已饬续开范氏镇。

（二）已令突击总队胡副司令琪三即率必要人员乘车输至临安指挥七九师、突一队、突二队主力担任该方面之作战，归李(贵)

总司令觉指挥并限巳铣到达，在未抵临安前，仍由段师长统一指挥。”

又十三日九时奉长官顾电话谕：

“着将卅三旅即开宁国墩归刘指挥官秉哲指挥。”

当遵以巳元仲电饬陶军长并即转曾旅长遵照。集团军以独立卅三旅他开为策应廿八军之扫荡及其部队右侧背之安全，与尔后前进容易计，乃以巳元午智电饬段师长以有力一部肃清棋园里、松林山、吴马里附近残匪，特须进占棋盘山、将军山、白洋山鹤山线要点严密警戒搜索匪情与一九二师互取连系左翼主力适时推进于九洲山硖石间地区。

十三日晓，一九二师及一八六团之一部以主力续向碧淙村、冷水坞及其以北地区；一部连系忠救军右翼部队，经徐村山湾向门口村攻击。是夜南庄附近匪千余，乘夜暗经冷水坞，企图迂回我进出白滩溪以北部队，当在分水岭东北高地及徐村附近先后为我王师五七六团及一八六团警戒部队发觉，匪即密集猛扑十余次，投手榴弹六七百枚。该部沉着应战，经将匪击退。十四日拂晓，该师以集结于六槐附近之五七六团主力向匪侧击，忠救军亦派队协助，匪势大挫，向北溃退，我乘势出击，经冷水坞、紫金山尾追。同时高家村附近之五七四团乘虚略取碧淙村、油口村，匪纷纷向南庄鼠窜，至黄昏先后占领上清、上溪山、鹤鸣山、横溪山、紫金山、龙王山各要点。忠救军方面：十三日起即分头清扫西天目山附近匿藏之残匪，我第一纵队先后占领禅源寺昭明峰，第三纵队先后占领五里亭、狮子口开山老殿、大溪庵、石门坑、水村诸要点。十三日午窜至扁担岭之匪，仍向四团一营阵地进扑，激战于昼，眉山、扁担岭、裘山间，入黑始告沉寂，翌（十四）日晨匪全部北窜，我即派队分向东北方向搜索。

集团军为督饬所部迅速扫荡天目山之匪，以完成攻孝丰之准备，即以巳寒戌仲电对陶军长、马总指挥、段师长之指示如次：

（一）廿八军明删日务进占樟村、门口村线。

（二）忠救军一纵队明删日务进占后园村附近。

（三）段师长所部务遵本部巳元午智电示部署要旨，以有力一部挺进青云桥附近，确占白洋山、鹤山各要点，掩护一九二师右侧背安全，以利尔后进剿。”

十五日，段师方面：突一队以主力向强盗山、将军山、狼山，有力一部向白洋山、鹤山之线推进，司令部移上街头附近。廿八军方面：第一九二师附六二师之一八六团拂晓前分三路向盘踞荷花塘、横路村、南口村约一千五百余之匪攻击，八时右翼队五七四团攻占荷花塘，左翼队一八六团及五七五团各一部攻占门口村各要点，匪退集南庄、上下杨村山地，经中央队五七六团猛烈攻击，与左右翼队分经牛角尖（研头东北图无）、研头、龙头山包围，匪不支，夺路向上下杨村、浪岭溃窜，其时后园村之匪为忠救军击溃，经长排岭、昭明庵北窜，随协力追击，一八六团一部越云洞山、璋村、浪岭脚附近；另一部经昭明庵向东天目山搜索，黄昏前师主力进抵横路村、上下杨家、龙泉庵之线。忠救军方面：第一、二纵队亦先后占领朱陀岭、后园村、细境坞各要点；第三纵队向梅村、野绿村等处搜索，与匪搜索队战斗，将其驱逐，占通西圩及野绿村要道。

十五日晚，突击总队胡副司令琪三至分水指挥所，当告以全般状况与进剿应注意之事项。并给予巳删戌仲代电命令：

“着该副司令为右兵团指挥官，该部先推进范氏镇附近，开始负责指挥第七九师、突一、突二队，遵照长官顾巳佳临战电（已另抄发）妥为部署，迅速完成准备。”

十六日六时，本部指挥所推进昌化，当日十八时全部到达。廿八军方面：一九二师第五七四团续向莫弓山、太子庙方面之匪攻击，午刻五七四团占众社岭；五七六团占领浪岭；一八六团及五七五团各一部占东天目山顶昭明寺各要点，继向穆公山、太子庙搜索。十七日五七团由众社岭主力经下高村、上高村、宋元里一带，向莫弓山，一部经木板向破石坞、东坑村搜击。五七六团经皇图村、太子庙、白沙村、市岭附近搜去。一八六团经告岭向董岭搜击。迄十八日先后占领各该地重要据点隘口。忠救军方面：至十八日，第一纵队先后占领东关、乌木殿山；第三纵队占领大境坞、千亩田、龙王庙村各要点隘口。除饬各扫荡部队将已占要点，互为犄角筑碉构成纵深固守外，并派队彻底清扫残匪及北击搜索。十九日据各部报称：东西天目山已无匪踪，扫荡之战于焉告终。全役计毙伤匪千七百余，俘四十余，我方伤亡四百五十余，获步枪廿余及其他军品甚多。详数见战斗成果附表第一第二〔表略〕

其五　孝丰之围剿（参照附图第十）〔图略〕

新登附近区战斗，匪军受创甚重，其向北溃窜时状极狼狈，我乃进克临安后，继对天目山施行扫荡并准备续行大举进剿，截至六月十八日止，天目残匪完全肃清，而为我控制矣。当时综合各方情报得知：匪军大部退集孝丰附近。集团军遵长官顾巳佳临战及巳灰临战两电之指示，决组成左右两进剿兵团，以天目山为依托，由东西两侧向孝丰分进合击，期将该匪包围于孝丰地区而歼灭之。乃以巳铣未智电令对右兵团胡指挥官琪三、左兵团刘指挥官秉哲、廿八军陶军长、忠义救国军马总指挥作如次之指示：

“(一) 综合情报匪大部现在孝丰附近地区。

(二) 集团军遵长官顾巳佳临战电决以左右两兵团将该匪包围于孝丰地区歼灭之。

(三) 右翼兵团七九师突一队、突二队（欠两营）应于皓日开始行动，逐次击破当面之匪于双溪镇、石门村线施行统制，智日进出白石岗、山坞、施儒村线为所要攻击准备，该兵团之行动对余杭、武康之敌注意戒备。

(四) 左兵团(五二师独卅三旅一四六师主力（主任守备)绥

靖纵队）应于皓日进占报福坛镇、大竹杆村、渔溪口线，为所要攻击准备。

（五）攻击开始时间定于马日拂晓，两翼兵团在攻击开始之同时各以有力一部，由外翼向递铺镇挺进，截匪退路。

（六）廿八军（欠五二师及六二师主力）、忠救军于皓日前彻底肃清天目山内线匪后，忠救军应扼守南天目山北麓各要点，廿八军在璋村、南庄地区集结待命。”

十七日，右兵团胡指挥官琪三偕指挥部人员进抵范氏镇。十八日率同突二队主力进抵临安城附近。七九师以一部向冷水桥、横畈镇、高六村搜索警戒，主力集结于临安城棋园里、大马里、吴马里地区；突一队以一部于金岫、青云桥向北搜索警戒，主力集结于玲珑山、新桥村、横街头桥东附近地区。据该兵团胡指挥官巳巧亥航两电呈报前进部署概略如次：

“（一）七九师于明皓日经横畈镇进出于双溪镇、门龙山之线，晉日经黄湖镇古城木桥头主道向白石山岗百丈港口之线推进。

（二）突一队明皓日经高六村进出于七二九高地、仙人坑、石门村之线，晉日经罗柴坞向港口山、施儒村之线推进。

（三）指挥部及突二队于明皓日推进横畈镇，晉日推进四家壁附近。”

又据左兵团刘指挥官秉哲报称：该部于十六日午后于宁国墩、狮桥、黄栗树以东等地区先后集中完毕，并据以巳筱申电具体意见如次：

“左兵团为避免森林区作战，攻略孝丰容易计，为阻匪北窜达成围歼目的计，拟由小白店、西圩市之间地区向孝丰西北进出，报福坛镇、汤口地区仍请由忠救军原在章立村、杭圩之部队负责防堵。”

本部以其在前线状况，应更明了抑且企图旺盛，自应遵重其意见，同时复据各方情报：匪军本有继续北窜之徵兆，乃经覆准照办。惟杭圩镇通孝丰城之道路，仍由该部负责。并电忠救军马总指挥饬清扫汤口镇附近地区残匪，并扼守报福坛镇、老溪村各要点。嗣刘指挥官以中巧午海电呈其前进部署概要如次：

“兵团即开进磻溪镇、长久坑及其以东地区。

（一）卅三旅为右纵队，皓日向杭圩镇南北地区开进，智在新桥头、西圩市、百步村之线完成准备，并以一部占领百步山（三四五四）高地，掩护主力沿渔溪口以右地区向孝丰进出攻略之。

（二）五二师为左纵队，皓向长杭郈及刘郈以东开进，智进占台山、虎岭关、小百店之线，完成准备，并以一部占领八卦山、大王山、牛头岭，掩护主力沿渔溪口以左地区向孝丰城进出而攻略之。

（三）一四六师四三八团（欠一营）为左侧掩护队，皓日夜控制犁壁山、中保郈，智随兵团攻击推移，并向西亩市，卢郈地区游击搜索，阻匪增援并堵击孝丰奸匪北逸。

（四）绥一纵队主力附绥二纵队一部为兵团预备队，皓向磻溪镇集结。

（五）本部指挥所皓由宁国墩推进磻溪镇附近，尔后随攻击进展在右纵队后跟进。”

又据中巧申海电变更部署如次：

“（一）右纵队编组成有力部队，于皓日进出报福坛镇、大竹杆村之线，搜索当面及孝丰匪情。

（二）左纵队于皓日进出西圩市、小百店之线，搜索当面匪情，尔后即编组有力部队进出孝丰西北地区，并相机攻占孝丰城，

（三）左侧掩护队仍服原任务。

（四）指挥所暂在宁国墩，俟匪情明了，补给就绪后，再定

行动。”

十九日起左右两兵团开始行动，右兵团除留置突一队第一营任临安城警备及后方连络线之维护外，七九师、突一队（欠第一营）、突二队（欠第九十两营）于十四时进抵双溪镇、石门村之线；七九师到双溪镇、斜坑、梅岭、洪村地区；突一队到水涛、涨村、西市坞、拜节庙、怀王庙地区；指挥部及突二队到横畈镇、洪桥头地区，并由七九师、突一队各派搜索队向黄湖镇、祝家湾地区搜索。左兵团卅三旅六九八团十二时进占汤口、上下梅村线；五二师十四时进占新桥头、百步山、桃花山线；其一四六师派出之左侧支队，十六时许进占白亭、月亮村、犁壁山线，并向中保村搜索。二十日右兵团续进其先遣部队将港口百余敌击溃，午后七九师到达平天堂、百丈、幽岭、忍簧地区；突一队到达北衖、前陈坞、港口、椅子塘地区；指挥部及突二队到达祝家湾、千头山、后牌坞地区。右兵团卅三旅六九八团攻占观音桥、唐华村东高地；六九九团进出汤口、老石口村中间地区；五二师一五四团攻占一九二五高地、红庙、百步村等要点；一五五团攻占老鼠山、虎岭关、鹭丝山、八卦山，匪向登兵山、姜公山逃窜。指挥部于十六时进至礌溪镇。

廿一日右左两兵团开始向孝丰攻击，右兵团方面：七九师以一部向小坑村、王市搜索匪情，并掩护右侧背安全，主力于九时由幽岭、忍簧山、港口之线，就攻击准备位置，分向官沙村、白水湾、青山地区挺进，将该地少数便衣匪击退，即向尖山、大竹园、屠家塘攻击，至十一时击破匪之抵抗，续向五峰山、东山据点猛攻，匪不支，向西北方向溃退，十三时占领五峰山，十六时匪主力由塘福镇、鹤漉溪向五峰山、北村及由孝丰城向东山反扑，争夺战至为激烈，双方伤亡甚重，乃撤至冲天山、石塘山线。突一队亦于九时由何岭附近就攻击准备位置，向黄金、扁田垓、里村、上市村挺进，至十一时攻占五里亭、凤凰山、上下毛坞之线，并乘胜向城郊进迫，旋匪大批增援，转扼守已得之线。入晚各部除留置少数部队于已占得之线警戒外，七九师就尖山、观音堂、大竹园、白水湾地区；突一队就居家塘、中官村、大木桥、芝婆岭、木畚山地区；指挥部及突二队就井村、西水坞、何岭、山坞、武袖岭地区，以行撤夜。左兵团方面：匪（二十日）入夜就占领线附近彻夜，廿一时大竹圩方面之匪由塘华村突入，一部与卅三旅于观音桥、唐华村激战，主力分向五二师一五四团百步山、新桥头等处包围，另一股潜至杭岭头向该团后方猛袭，激战竟夜，匪八支队倾其全部围杭岭头、百步山，至廿一日晓后，复以三股分围新桥头、石山村、西圩市，并切断其通信，向位新桥头以西团部猛袭，阵势因之大乱，该团主力即向百步山三四五四高地集中，受匪层层包围，多次突围，激战至午，伤亡惨重，一部仍在百步山被围中。同时匪七、九两支队分由障吴村、西圩市向虎岭关、小白店一五五团围攻，该团亦受各个包围被切断通信，苦战至廿一日午，伤亡极重，弹尽突围，迄十七时一五五团段团长率其第二营主力抵岭西村（磻溪东北十里），第一营残部十八时亦抵杭圩梅村附近，副团长崔九楹负伤，第三营长谢尚廉及团指导员失踪，该师即于杭圩、磻溪镇间地区收容整理。本部得悉上述战况，即以巳马酉智特急（限一小时到）电分对各部为如下之指示：

“（一）与忠救军马总指挥之示‘我左兵团自马子起与匪主力在杭圩镇、西圩市、小白店间激战，贵官应趁夜乘虚以有力部队迅向下汤村、大竹杆村挺进，协同左兵团求匪夹击而聚歼之。’

（二）与右兵团胡指挥官之指示：‘我左兵团自马子起与匪主力在杭圩镇、西圩市、小白店间激战，贵部应趁夜乘虚向孝丰城鹤鹿溪挺进，相机占领，协同左兵团求匪夹击而聚歼之。’

（三）与左兵团刘指挥官之指示：‘巳马午电悉。已令右兵团趁夜攻占孝丰城、鹤鹿溪，忠救军趁夜向下汤村、大竹杆村挺进，与贵部协同求匪夹击，务希严督所部站稳阵脚。无失聚歼良机为要。'”

又以巳马戊智电：

“促各遵巳马酉智电，果敢迅速行动，努力夹击顽匪，以求战果。”

又以巳养辰于启电与各部以勖勉：

“（一）据报奸匪王必成及陶勇等部均在孝丰附近，扬言以突破战术，打击我反攻准备，并以孝丰附近为主力决战地点等语。

（二）查奸匪以乌合之众惊弓之余，尚能团结困斗，务望我各级指挥官着眼大局，切取连系，各自向任务迈进，以打破匪之诡计，而免旷持遗误，以报长官之期许，是为切望。”

又以巳养巳智电饬胡指挥官、刘指挥官、马总指挥、曾旅长等“督饬所部确实掌握部队，彻底集结力量，放胆行动，努力奋进，协力求匪攻击以竟全功。”

廿二日午前，先后接得左右兵团电报。廿二日之部署行动概要如次：

“右兵团明（养）日四时开始以七九师由冲天山、安头山、尖山现阵地向塘镇、鹤鹿溪、五峰山攻击，重点指挥向五峰山，以突一队由羊明山，牛头坞现阵地向东山、山公潭、南金村、巴山攻击，重点指向东山。左兵团卅三旅一部扼守杭圩镇地区既设工事，主力控置于松坑、景梁地区机动。五二师附绥一团（欠一营）于养辰移皤溪镇及以西以南阵地。绥二团（欠一营）为兵团预备队位黄山村，指挥部养辰移黄山村。”

本部为使各部积极行动挽回战势，决于漾日求匪决战，乃以巳养午智电重整部署如次：

“（一）查匪主力仍在孝丰附近，集团军决于漾日求匪决战。

（二）右兵团应先确占五峰山、东山、凤凰山、巴山之线，漾晓一举攻占孝丰城，或留一部监视，主力继续向西压迫，进出许家庄、横坑坞、青明山之线。

（三）左兵团应集结全力，于漾晓起放胆行动向东猛进，务进占龙头山、渔溪口之线。

（四）忠救军应集结一个纵队于报福镇附近，漾晓开始向杨坑桥、四明山挺进。

（五）各部务排除万难，一意迈进，不得遇匪辄止，坐视友军致遭各个击破为匪所笑，希各级指挥官抱最大决心，尽最大努力竟此全功。”

廿二日，右兵团四时起全线向塘福镇、鹤鹿溪、五峰山、东山、山公潭、南金村、巴山之线攻击，重点指向五峰山、东山，战斗至十一时顷，突一队三、五两营各一部由南金村攻入孝丰城，嗣以受巴山、太阳山、五峰山、东山匪之瞰制，即退出，确保既得冲天山、羊明山之线。又本（廿二）日六时顷，匪约五百余，由山坞越山窜至井村西地区，企图迂回我左侧背，经突二队驱逐，战斗约二小时，双方稍有伤亡，匪不得逞，向王金扁回窜，又遇突一队之第四营迎头痛击，死伤甚重，残余数十名不支，向耕种地附近窜去。是晚七九师就尖山、大竹园、灵岩山，孝子桥，姚家郎地区；突一队就屠家塘，支婆岭、木笤山、耕种地、狮姑桥地区；指挥部及突二队集结于白水湾附近高地以行彻夜，并以一部在山坞、何岭、大坞岭搜索警戒。夜暗匪由屠家塘、木笤山潜入孝子桥、大竹园、尖山、白水湾一带，匿于山林内，复以四个支队由下山村、仁渡门村桥、王金扁向我彻夜地区分窜，廿三时许先夜袭七九师大竹园、孝子桥、尖山阵地，并猛冲孝子桥七九师师部，战斗甚烈，继而白水湾西北亦起战斗。迄廿三日晓剧战仍继续不断，兵团指挥部即于白水湾西北无名高地指挥，以突二队主力向白水湾西北高地，一部绕七九师左由森林区出援，战斗进展颇为顺速，其时突一队又被匪围于羊明山，未能出援，匪倾其主力约万余众，向七九师、突二队正面不断冲击，战斗极为惨烈，匪复以一部越山迂回至白水湾以北地区，际兹七九师、突二队以后方补给不继，已将陷于粮弹两绝之境，午后突一队又数度突围未遂，兵力分散，到处被匪围攻遭受绝大损失。是时王市方面又有敌骑数百向官沙村冲来，该兵团遂于黄昏向港口转移。左兵团方面：廿二日卅三旅在二二一六及二二八一高地并马头坞、杭杆一带警戒，主力控置马头坞以西地区；五二师在磻溪、杭杆、杭岭头等处收容整理。廿三日晚，卅三旅以一团向塘华村、石山村进击，主力于杭圩镇保持机动。五二师由韩师长指指一五六团姜营及绥一团（欠一营）向石山、百步村间进击，一五五团仍在磻溪镇附近整理，绥四团向上下梅村、上庄一带游击。十时各出击部队进占上庄、新桥头、百步山线，仅遇散匪即予驱逐，十二时进至二二〇〇高地及西圩市线以西地区。忠救军方面：第二纵队廿二日以有力一部进占全山、青山线，廿三日晓全力向杨坑桥、四明山线攻击，第三纵队（欠一个支队）廿三日晨向大竹杆、新桥头线挺进，至廿三日午后该部先后将老溪村、老石口、下汤匪驱逐，第四团占老石口村西南高地，第六团占全山，第五团占鲍坞村以东地区与四明山、青山之匪对峙，第一纵队亦以一个营进抵摄坞村以为二纵队之策应，第三纵队进抵彭宅村附近。

廿二日，右兵团与匪夜战达旦，廿三日为匪众围攻，激战终日，迄黄昏突围，向港口转移。本部当时始终未得报告，电台呼叫不应，经奉长官顾电话命令：着限定敬日各部应攻占目标（胡琪三部孝丰城、太阳山；马志超部龙头山、四明山；刘秉哲部渔溪口），限一小时到之特急电，亦以该兵团电台久叫不应，无法发出，延至廿四日晨始发，由突二队接转，由于通信中断将近两日，致该方情况无法明了，乃以电话令廿八军陶军长：

"速即派队进出山坞向白水湾、港口间与右兵团密取连络，并将战况及行动随时电告。"

以巳漾亥智电对陶军长、忠救军第一纵队规定天目山北麓各要口之封锁如次：

"（一）第廿八军对龙王庄（含）、大溪村、钱村以东各要口派队筑碉固守。

（二）忠救军第一纵队对龙王庄以西统里庄、报福坛填、龙王庙村等要口派队筑碉固守。

（三）希各就该区内之主要道路作纵深之扼守，并具报为要。"

又以巳敬辰仲电令刘秉哲部、马志超部行动如次：

"梗午后据报黄于山匪一股向白水湾，另一股向施儒村窜犯，闻我右兵团已转移港口附近，判断当面之匪已将主力东移，希即向东求匪稳进猛击并极力搜索孝丰匪情具报。"

又以巳敬巳智限即到即复电胡指挥官如次：

"该当面之匪究有若干？贵官所部究作如何行动？电台两日呼叫不应，希火速具报为要。刻已严令马、刘两部由老石口村、新桥头向孝丰猛进并告。"

以巳敬午手启促胡、刘、马各部勉力奋进图功，原电如次：

"查当面奸匪总计不过万余，以我任一单位均可予以打击，而连日来竟任其以内线挣扎，实行其各个击破之狡谋，我各兵团始终未能各向其指定之任务与目标一意迈进，徒以期求连系，转失真正协同之义务，盼吾兄放胆指导，使各部发挥自动作战之精神，与为友军先驱之气势，如再坐误，则今日他向之匪，来日将向我，恐来日之困难，更有甚于今日，望激励所部全力奋进，毋失歼匪立功良机，要知无功，即是过，勿忽是幸。"

廿四日午始接胡琪三梗酉电告：廿二、廿三两日遭匪二万余夜袭及围攻，以至突围向黄湖镇、祝家湾转移收容整理等概略战况，部队详情仍未明了。以巳敬未智电复胡指挥官如次：

“（一）据一九二师派赴突一队连络人员报告：敬八时突一队确在白水湾附近，匪千余亦退孝丰。等语。究竟所属各部现在何处？情况如何？盼立详复。

（二）梗酉航雨电悉。段师及胡、魏两队位置未见报及，仰即在黄湖镇、祝家湾线极力阻击，另候处置为要。”

此时集团军以左右两兵团作战先后失利，为防匪乘机南下或西窜，乃继然以巳敬申智电令胡指挥官、陶军长、马总指挥、刘指挥官调整部署如次：

“集团军为适应状况特调整部署如次：

（一）右兵团在双溪镇、祝家湾、后板、高家塘线扼要筑碉固守，于黄湖镇、幽岭、港口构成前进据点。

（二）二十八军所部在潘村、施儒村线扼要筑碉固守，并向南构成纵深。

（三）忠救军在统里庄、报福坛镇、下张坞、汤口镇线扼要筑碉固守，并向南构成纵深控置于水村、南坞里、川资亭间地区。

（四）左兵团在上下梅村、马头坞、杭杆镇、高村线筑碉固守。

（五）作战地境：右兵团与二十八军为破石坞、草山岗、高坞岭、椅子塘、大坞岭；二十八军与忠救军为鸡笼尖、高尖、望江尖、南天目山、罗村、前巴山；忠救军与左兵团为仙人塔、高山庄、班部衖、吉方坞、大竹杆村、许家庄各相连之线，线上均属左。”

同时电突二队魏司令、

“巳敬午壮电悉。胡指挥官已至黄湖镇、祝家湾附近收容整理。敬巳曾与本部电台联络，贵兵团改在双溪镇、祝家湾、后板、高家塘线扼要筑碉固守，并与黄湖镇、幽岭、港口构成前进据点，希速与胡指挥官连络具报。”

其实廿四日二时右兵团转进到达港口，主力正在集中部署之际、因立脚未稳，又突遭跟踪之匪袭击、部队甚形混乱，匪又跟踪追迫，幸各掩护队力战，尤以七九师掩护队于港口东西高地掩护颇为得力，十八时各部先后达黄湖镇、祝家湾附近，匪亦分股接踵而来，沿途与掩护部队断续发生战斗，其主力已抵北衕，该部又改向临安集中，廿五日十六时先后到达。左兵团方面：廿四日十时卅三旅攻占西圩市及百步村附近高地，匪数百被逐东窜。五二师一部附绥一纵队十二时攻占屏风山、台山、登兵山匪五百东窜。兵团指挥所十四时许推进至塞岳村。廿八军之一九二师廿四、廿五日除派小部向孝丰附近东南地区搜索及与右兵团取连络外，五七四团及七六团各以一个营在市岭、董岭要口构筑工事扼守，主力五七四团门口村，五七五团浪岭，五七六团白滩溪各附近，师部位于过溪。忠救军方面：第二纵队廿四日晓由全山附近向青明山、四明山进击，十时先后占杨坑桥、下汤村续向各附近搜剿散匪，并以步炮击毁青明山碉堡。

廿四日廿一时本部接右兵团胡指挥官巳敬申航雨电略称：

“兵团梗晚复与匪周旋，现已到达黄湖镇迄上高一线地区，各部队战力大失，拟向临安集结可否乞示。”

集团军为期尔后对孝丰之进剿容易，不宜再事后撤。即以巳敬戌智即到急电复饬如次：“巳敬申航雨电悉。(一) 希饬各部迅将伤亡、损耗火速查报。

(二) 匪军参战番号、人数及伤亡概数、最近动态速查报。

(三) 贵兵团应遵巳敬申智电令妥为部署具报，但主力应适当集结机动地点，如匪继犯，即予痛击。”

嗣后胡部是否转移临安城，则未再接报告。本部为急切明了该兵团转进后确实情形起见，先后续以巳有辰智、巳有午智、巳有未结、巳有申绥各电饬报各部现位置，伤亡损耗详数，及收容情形等。

廿五日午刻廿八军陶军长电话报称：

“据派出索搜队（约一班）自大竹园突围返报：本（廿五）日晨突一队约一营以上兵力在大竹园、王金扁一带与匪激战达二日，刻仍苦战中。”

乃以巳有午智电：

一、饬陶军长即时派有力一部向港口、白水湾、大竹园急进，与友军连络并转该各部队，由其最高级官长统一指挥向双溪镇、祝家湾归队。二、饬胡指挥官、胡司令、魏司令、段师长火速派队前往收容。又以巳有戌智电督促胡指挥急切答复如次：

“据确报：突一队在大竹园、王金扁附近与匪独立苦战两日，闻胡司令生死不明，贵官突围时对其有所指示否，现在位置及各部队收容集结状况如何，务盼立复，本部连日迭次电报均经发出何故未复。”

又集团为确定占领天目山以为尔后进剿之支撑，特以巳有午信电严令陶军长并转一九二师王师长、马总指挥并转第一纵队李指挥官如次：

天目山为我攻守重要支撑，仰确遵巳敬申智电令妥密部署，固守北麓各要隘，无论大小路口均应注意扼要筑碉，形成纵深配置，确实控制，倘有疏虞，即惟该守备部队是问，毋得轻忽为要。盼复。”

廿五日廿三时许先后接到胡指挥官琪三如下两电：一、巳有航雨电称：

“各部队官兵经两昼夜之惨烈战斗后，复受连日匪众跟踪窜扰，体力上疲备不堪，战力已极微弱，可否减小正面集中兵力固守临安城一处备匪来攻以免处处形成薄弱，乞即示遵。”

二、巳有十九时卅分电称：

"顷据确报：(一)有匪四个支队向临安挺进中，现已抵达古城北弄附近，钧座指示在祝家湾一带筑碉不克实施，故兵团现已开抵临安城附近。

（二）兵团各部队以四日乏粮，激战一昼夜，行程百廿里，官兵疲劳已极，尤以突一队此次白水湾作战损失殆尽，突二队及七九师均损失半数以上，故战力极微。

（三）基上二项恐临安城难保，故目前部署如下：临安城内派兵一营，城东、琴山、何村、塔山一带归七九师守备，城西畔湖、狮子山、玲珑山一带归突二队守备，如此守备如何？乞示遵。"

集团军被阅右兵团胡指挥官已有前录两电，并综合连日来之状况，鉴于右左进剿两兵团部队损失之严重，与志气之沮丧，势须切实，整理恢复战力，同时顾虑匪军乘胜追摄，或转移他向被其次第各个击破，将益不利，不能不就现实全般状况，调整整个部署，极求兵力集结，或可挽回颓势，进而相机与匪打击，以为继续进剿之准备，仍决心采准备阵亡机动态势，以天目山为支撑，在其西南地区集结兵力，而为后述，巳宥午智电令之部署，一面电话长官顾请示，一面又先以巳宥巳智电（大略同巳宥午智部署）之各别要旨命令预对各部指示。另与胡指挥官巳有亥智电：

"巳有十九时卅分电悉。贵指挥所可移下鱼桥附近向下园头接线与本部通话。"

与曾旅长巳宥子智电：

"贵旅可于杭杆镇构成前进据点，主力应固守礵溪镇。"

与胡指挥官、马总指挥、刘指挥官、曾旅长巳宥子手启：

"据突一队归回官兵报告：我队在孝丰东南高地孤军苦战三昼夜，匪军行密集冲锋，为我机枪、手榴弹击毙不下三千，伤者无数，我队虽牺牲壮烈，终屹立不动。等语。足见匪无他凶，只知猛冲，我如沉着，实不足畏，故无论处境如何困难，务期周旋到底，切戒侧背稍有情况辄先自乱，希各部均能如次本自主自发之精神，及稳扎猛打之要旨，则匪技自穷，希饬属凛遵为要。”

迨至廿六日午，本部所预定之新部署业经呈奉长官顾之允许，即以巳宥午智电对胡指挥官、陶军长、马总指挥、曾旅长、刘指挥官下达如次，全般部署调整命令如次：

“集团军以集结兵力于天南求匪击灭之目的，特调整部署如次：

（一）胡琪三部占领司箕山、师姑屏、一善山线，以一部于下山头、坑上、姚家村层次扼守，重点在左。

（二）陶柳部除以一部扼守东天目山各要隘外，主力占领白洋山、众社岭线，重点在中。

（三）胡、陶两部作战境地为高家村、大王山、一善山、上山坞、新桥村、竹林桥线，线上属胡部。

（四）马志超部除以一部扼守西天目山各要隘外，主力集结白滩溪、叫口、绍鲁附近。

（五）曾振部集结横路头、千秋关附近，但须以一部于章村市扼守，归本部直辖。

（六）刘秉哲部在西溪坞、西溪岭、长虹铺、葛子庙线扼要守备。上六项限于晓前遵照，完毕部署具报。”并经电呈长官部核备。

上项部署各部均按预定实施，匪亦未敢大举穷追，此后彼此各仅有小部队之活动接触，我阵势因渐稳定，而从事部队之整理，工事之构筑，为未来继续进剿之准备。孝丰围剿之役，自此暂告段落。

综计孝丰围剿战役期间，以廿一日至廿三日战斗为最惨烈，匪每密集冲锋死伤于机枪火下者计近万数。我方伤亡失踪官兵，右兵团方面：阵亡将级官（突一队司令胡旭旴）一员，校级官七员，尉级官卅八员。伤校级官四员尉级官七十八员，失踪校级官七员，尉级官七十员，伤亡及失踪士兵二千七百六十二名。左兵团方面阵亡校级官三员，负伤一员，失踪二员，伤亡失踪尉级官廿余员，士兵一千八百余名。详细伤亡损失，另见附表第一〔表略〕

第四　战斗后匪我形势概要

孝丰围剿，我虽因作战失利转进，但匪伤亡损失更倍于我，其第一纵队及第四纵队一部之追蹑部队，主力至古城北弄后即行停止，旋即集结于白水湾、港口间地区整理，一部曾进抵冷水桥、横畈、临安城附近；其第四纵队主力在孝丰城附近整理；第三纵队主力在孝丰西南西圩市、汤口、杭杆镇地区，一部曾出没于樟村市、狮乔、宁国墩、西溪岭等处抢粮，其独立第一、二、三团于孝丰、长兴、广德地区间掩护交通线。

我军各部遵巳宥午智电调整部署后，各部位置：胡部之七九师师部位钱家，守备上下山头、坑上、司箕山、下鱼桥亘下元头之线；突二队石宝坞，守备师姑屏、一善山线；突一队第一营及指挥部驻横塘；陶军一九二师茶乾村，以五七四团守备白洋山、众社岭线；五七六团浪岭，各以一营扼守破石坞、市岭及东天目山北各要隘；五七五团（欠一营）集结荷花塘；六二师之一八六团及五七五团之一个营集结六槐、冷水坞附近；军指挥所于潜。忠救军第一纵队后园村，以一个支队位东关扼守董岭村、炳坑村及西天目山北各要隘；第二、三纵队集结鲁叫口附近，总指挥部甲子村。曾旅旅部及六九九团横路头；六九八团丁村、千秋关附近；六九七团小岭脚及其东北地区水村樟村市扼守；刘部之五二师附绥一纵队梅村，守备葛浦岭、铁岭、关西、溪岭、桥头铺线；一四六师（欠四三六团）宁国王家祠，守备杨滩、月亮弄、洪板桥、九曲岭、葛子庙线；指挥部宁国万福村。又本部为防匪绕经临安以东向临安以南地区窜扰，以巳俭午键电着胡部常以小部队或便衣向临安以东以南地区游击搜索，并以巳艳酉仲电着挺三纵队以主力开新登附近防匪南窜。六月卅日奉长官顾巳艳一临战电：

“着贺司令钺芳统一指挥挺三纵队、浙保第四纵队，以一部确保场口、主力固守新登以北方家井、石家、王家、郎坞口既设之碉堡线，左翼连系胡副司令琪三部。”

遵以巳卅午仲电着注意纵深配备，保持重点于大岭石家附近，对铁坎山口应各推进一部，并向北深广搜索，左与胡部七九师上山头附近部队连络。各部作战地境：胡、陶两部为高家村、大王山、一善山、上山坞、新桥村、竹林桥相连线，线属胡部。陶、马两部为鸡笼尖、高尖、望江尖、南天目山、罗村前、巴山相连线，线属马部。马、曾两部为黄树坞、高岭庵、水村、九峰寺、下坞相连线，线属曾旅。曾、刘两部为仙家村、仙人塔、上梅庄、百步山、乌石山相连线，线属曾旅。

七月初奉长官顾午东申沉战电令开：

“兹为适应状况便利剿匪起见，特调部署如次：

（一）第二十五集团李总司令指挥第廿八军〔欠五二师第六二师（欠一团）〕第七九师附突二队、忠救军、挺三纵队，附浙保四纵队（欠一团）仍服原任务。

（二）挺进军陶总司令指挥第五十军（欠一四八师）附一四七师，江南苏皖边区绥指挥部（辖五二师挺二纵队、绥靖第一、第二纵队，苏保五纵队）第四六师，第三十三独立旅，鄱湖警备部（所部仍服原任务）。

（三）第四九军集中淳安待命。第三十五集团军与挺进军作战地境线为颊口镇、黄花岭、云梯、孔夫庙、章材村、汤口镇、老溪村之线，线上属陶总部。”

又奉午江午沉战电：

（一）着突击总队胡副司令琪三率突一队遵本部巳卅巳临战

电（系先饬突一队调玉山附近整补）开玉山整补。

（二）该员指挥任务交由段师长（指挥突二队）。

旋又奉午微戌沉战电：

“兹为适应匪情，特再指示如次：

（一）第二十八军（欠六十二师（欠一个团））五十二师即开胡乐司附近，归陶总司令指挥。

（二）李集团以确保天目山之目的，除应确实扼守天目山各要点隘口以及其东南亘新登北临安以南现碉堡线外，另以有力一部控置于潜附近。主力控置横路头、千秋关间地区，保持机动。

（三）陶集团……〔略〕

（四）李、陶两集团之作战应密切协同，暂不受作战地境之限制。”各等因。本部先后遵经调整部置如次：

“（一）贺纵队所部仍服原任务。

（二）段师长指挥所移横塘铺，所部七九师以一团接任大山、师姑屏、一善山线守备，并派出一部于下山头、下渔桥间活动，掩护右侧背主力控置章街头、琊下村、高家村间地区；突二队即以三个营接任陶军白洋山、众社岭线守备，其余控置观音桥、荷花塘、章家头间地区。

（三）忠救军除原任务外，并向右延接陶军董岭、大溪村亘大山岭、破石坞、浪岭线各要隘守备，另以一部接任曾旅石门坑、郎村、小岭脚、昊天关、千秋关、桐岭关各要隘守备，并以一个大队扼守老岭，主力控置于横路头、四洲殿各附近地区。

（四）段师长部与忠救军作战地境为鹤山、大树山、大脚山、尤头山、余家板、蜈蚣岭、后坞山、窑岭山、棋盘山相连线，线上属左。”

并令卅三旅、廿八军交防完毕后，即遵令开胡乐司归陶总部指挥。其匪我态势如附图第十一。〔图略〕

第五　　经验教训

一、匪军战法：

1. 新登附近之役，匪向我攻击时，系采用锤形突击方式，以少数部队牵制我广正面，主力集中于一点猛扑突破我阵地后一部向右监视，一部继续深入。

2. 孝丰附近之役，当我向匪包围攻击时，彼系依内线作战指导之方式乘我右左两兵团分离之际，先对左兵团，继对右兵团实行各个击破。

3. 匪军无论攻防均能获取主动地位，彻底集中兵力，猛攻一点。

4. 正面使用少数兵力佯动，以主力向我侧背行深远之迂回包围，并常于战场上，依第一线部队之移动，形成包围。

5. 分散小部（一、二百人）多途伏扰截击。

6. 以有力部队，利用夜间乘隙渗透，袭击我指挥机构。

7. 部队行动之前，多先遣便衣兵活动。

8. 不占山头，多隐伏山麓村缘丛林。

9. 白昼多蜷伏不动，夜间则蠢动，向我突袭，其在夜间前进时，区分三人为一组周围并进，依一处哨音或学雀叫之口技，指挥前进，整齐行动，一举突击群向机枪声最浓处猛扑。

10. 少行远距离火战，多作短兵突击，以手榴弹为主要兵器，每人平均带四颗，战时有增至八颗者（手榴弹系土制爆炸声大，杀伤力小，积小量轻，便于多带。）

11. 冲锋时士兵卸去背包愚民前驱兵卒继之，最后为坚决干部，分成数波（五至六波），不断猛冲，到处吹号大声喊呐，期摇撼我精神，消耗我子弹。

12. 不事穷追而多预设伏兵截击。

二、匪之优劣点：

1. 优点：

A。组织严密彻底，党政军配合紧凑。

B。体力强健，老弱士兵甚少，机动力大，小部队行动，尤为活跃。

C、善于夜战、近战、山地战。

D、官兵生活绝对一致，能不断注重学习，与切实检讨。

E、小部队（或数人编成之组）能独立遂行战斗任务。

F、射击军纪良好，连络确实，善于利用补助通信。

G、间谍活动力甚强。

H、政治教育彻底普及，至每一兵卒，不仅本身了解且多数士兵能作政治宣传与领导，官兵均能知作战目的。

I。政工人员工作热忱，尤以服侍伤兵为甚，干部行动，均能以身作则。

J、军中无封建思想，部队建制可随便分割使用。

K、行李简单，作战时高级司令部行李不超过四担。

L、眷属均有正当工作，使各自食其力，已生育者，由公家负责供应，官宾不感家室之累，后顾之忧。

2。劣点：

A、战斗技术低劣，常以密集队形冲锋，致伤亡率颇大，干部尤甚。

B、弹药缺乏，火战力小。

C、协从民兵甚多，逃风颇炽。

D、粮秣来源缺乏，补给不继。

E、到处拉伕征粮，人民痛恨，不能收军民合作之效。

三、我军之优缺点：

1。优点：

A。官兵尚能刻苦耐劳，士气旺盛，逃亡甚少。

B、纪律严明，深得民心倾向。

C、装备齐全，武器良好，弹药充足，火力炽盛。

D、官兵素质优良，训练程度较高。

E、防御时能确实利用碉堡工事，发扬火器威力。

L、劣点：

A、兵力分散，连系忽略，致被匪各个击破。

B、搜索欠活跃，且距离太短，警戒欠严密，且正面狭小。

C、战术上不能获取主动地位，部队每受匪军牵制，疲于奔命。

D、剿匪战术思想不统一，经验缺乏。

E、缺乏小部队独立作战精神，中下级干部对部下掌握欠确实。

F、平时对夜间教育未能确实注意，匪军夜袭时不能沉着应战。

G、昧于协同真义，无自动互相策应援助之精神。

H、工作器具不敷，致未能完全发挥工事效力。

I、士兵营养不足，体力孱弱。

J、通讯器材缺乏，无线电连络不确实，且多失时效。

K、后方连络线过长，临安方面尤为暴露，且缺乏掩护部队，同时多赖人力肩挑，运输力小，军粮补给，不能及时接济。

2. 行李太多，影响部队行动，尤于夜间容易阻塞道路与引起混乱。

M、政工欠活跃，未能充分发起民众协助进剿。

四、今后改进之意见：

1. 作战方面：

A、匪以敌后为根据地，依托敌伪，利则进，不利则退，欲图四面围剿，一网歼尽，则非有彻底优势之兵力，难期达成目的，且有分散兵力被匪各个击破之不利，故尔后我军进剿，应彻底集中兵力于决战方面，求匪主力，予以歼灭性之打击，制其深入，防其蔓延，挫折其士气，瓦解其军心。

B、对匪作战应以静制动，以正制奇，密切协同，互助支援，向枪声而前进，则当面兵力装备战斗技能均劣于我之匪军，静亦战，动亦可战，正可战，奇亦可战，不难予以打击也。

C、无论攻防应多控制强大预备队，当匪向我包围迂回时，以预备队向侧翼移动对匪行反包围反迂回，或大胆的先突破其正面，再向两翼席卷亦可制胜。

D、对匪进剿时应先占稳阵脚，然后利用白昼（十二时前）放胆行动，午后即开始占领有利地形构筑工事，以便于夜间固守，所谓先立于不败之地是也。

E、调整充实指挥机能军队区分，力保建制期能独立作战。

F、夜间防御兵器须区分使用，第一线刺刀梭镖、手榴弹（梭镖优于刺刀最好，由新兵使用，但须以三人为一组前后相依，防匪由侧后摸来，手榴弹须集中由善于投掷之老手或军士使用）；第二线枪榴弹、掷弹筒；第三线轻机枪，其第二、三线之火器须由连排长自行掌握，俾能依情况对周围来摸之匪活用火力。

G、搜索部队须深广活动，警械要周到严密。

H、夜间防御时应多征集照明器材，如稻草、干柴等是也。

I、每日行军最好在正午十二时以前即就宿营位置，或彻夜配置，俾有构筑工事之余裕时间，如宿营太晚不及构筑工事时应利用村落宿营，将房屋墙壁、屋顶开设枪眼，并构筑外围与巷战之所要工事，同时清查户口，封锁交通，盖据守平原村落远胜于无工事之山地多矣。

J、各级指挥官无论在任何疲劳时机，均须亲自侦察地形警戒，未配置妥善工事未构筑完成不言宿息。

K、碉堡之构筑应力求坚固，并与其他碉堡或野战工事配合，相互侧防支援，成为据点群，碉堡周围应设置三层以上之障碍物（如外壕鹿柴竹竿地雷拉（触）发手榴弹等），每层距离约五十公尺。

L、构筑工事顺序以先做鹿砦副防缶，次挖散兵坑，次筑碉堡为有利（因对匪作战对其火力之防御时间较少，而特须防其夜间摸入我阵地肉搏之时间为多故也），如在丛林时必须将山顶据点附近树木砍倒，以扫清射界，俾能发扬火力，但须注意可利用为碉堡支柱者不砍。

M、构筑工事时应注意警戒与搜索，以防匪袭击。

N、固守碉堡时宜多储备粮弹及饮水，并炊具柴火等物，射击不可过早，应俟匪进入近距离内以炽盛火力歼灭之。

O、每班均须征备所要之斧锯、刀凿等工作器具，以备构筑碉堡，设置鹿砦扫清射界之需，因浙西山地森林甚多故也。

2。教育方面：

A、注意特种地形（山地森林地带）战斗及据点之攻防教育。

B、注意良好射击军纪之养成与沉着之刺枪技术及手榴弹投掷训练。

C、注意夜间教育及紧急集合与行军之养成及爬山之训练。

D、注意碉堡构筑及障碍物设置之训练与迅速作业力之养成及近迫作业之训练。

3。情报方面：

A、充实谍报人员及经费，并组织师团营特种搜索部队。

B、充实谍报用之小无线电机，以使情报传递迅速，而不失时效。

4。后勤方面：

A、充实通讯机能，指派专员监督通讯实施。

B、进剿前应有充分之通讯准备计划，使用第一线部队随时能与最高级指挥官利用有线电话连络。

C、后方连络线须逐段留队维护，并充实兵站辎重输力，使补给圆滑。

D、进剿部队本身须携带三日以上之粮秣，并由兵站预先完成追送补给之准备。

E、尽量减少部队行李，行军时不向民间雇佚，以增大部队机动力。

5. 政治方面：

A. 多派政工人员赴收复地区宣抚，以争取民众。

B、部队纪律须绝对严明，禁止雇佚、拉佚、派工、征粮等情事。

C、恢复后之匪区，须缓其兵役，免其赋谷，以苏民困，而揽人心。

第六　战斗之成果

此次浙西新登、临安、孝丰地区剿匪诸役，总计匪军之伤亡及我军俘获见第一号附表。我军各部队参战人马及死伤数见第二号附表。我军各部参战武器、弹药损耗见第三号附表。〔表均略〕

总司令李觉

中华民国三十四年七月

〔国民政府军令部战史会档案〕

18. 忠义救国军袭击孝丰--带新四军作战部署代电

(1945年6月14日)

重庆军令部部长徐钧鉴：据本军忠义救国军总指挥马志超巳支成战电报称：

(一) 本军最近部署与行动战报如下：

奉长官顾辰感争战电开：陶总司令另有任务，兹着二十五集团军李总司令进驻淳安，指挥二十八军欠(五二)(六二)师之一个团、忠救军、七九师突击大队、独立卅旅、挺三纵队、江南苏皖边区绥靖指挥部，担任皖苏一线来犯该区之奸匪之清剿。等因。

(二) 奉长官顾临孝地区剿匪计划，以逐步构筑碉堡等之办法，除饬担任中央进剿队应逐次规复各要点，协力右进剿队攻击孝丰城。作战地境右为千烁关——孔夫庙——章村、汤口、虎领关之线，线上上属右，二十八军左为郎家店、夏红庙、西溪岭、大刘院、乔屿之线，线上属本军。等因。

（三）奉长官顾巳东啸战电略开：

奸匪万余连日激战新登附近，战况不明，决以包围该匪于临安附近而歼灭之目的，以一部筑碉固守新登、于潜、千烁关、夏经庙、水东镇之线，再向临孝地区之匪侧背包围而歼灭之。忠救军以一部筑碉固守现阵地，主力向石门村、孝丰城攻击前进，到达该地复筑碉固守，并向临安附近攻击，协力二十八军作战。该军作战地境：右千烁关、西天目山、皇图村、石门村之线，左为夏红庙、杭杆、孝丰之线，限巳东准备完毕，巳冬开始攻击。等因。本军遵即于东戌刻准备布署：饬第一纵队附新一团一营先以有力一部冬辰确占千烁关、昊天关、孔夫关之线，主力在仙家村就攻击准备位置；饬第二纵队及以有力一部冬辰进占唐舍关及西溪坞之翁村，主力在狮桥村附近就攻击准备位置；饬四县游击指挥邓国清部冬辰进占桥头、汪村之线，并饬各部各派小队向西幅山、白马站村、汤口、小白店、下松林之线搜索匪情，其余各部均在原地集结待命，至冬午各部均先后到达各指定地点，并将少数散匪均驱逐。惟因新登失守，奉李总司令巳冬戌轻椿电略开：着忠救军向南挺进，接替一九二师千烁关亘于潜间守备任务，限支晚交换完毕，并规定右翼与友军作战地境为双庙村、龙潭庄、采芹尖、甘坞里、杨大村相连之线，线上属右。等因。本部遵命并以积极行动策应右翼我主力作战起见，于江午饬第二纵队向右延伸接替千烁关、孔夫关之线之第一纵队防务，限江申交接完毕，并另派一个营于支辰向汤口出击；饬第一纵队交防后即接替于潜附近之贵效桥、绍鮀、泗洲殿、横路头之线之一九二师防务，限支接替完毕。该两纵队之作战地境为横路头、西天目山、皇图村、石门村之线，其余各部队均在原地集结待命。复据该总指挥巳鱼辰战电报称：

奉长官顾巳未临战电饬本军进击临安之匪军。等因。军基于任务积极行动并以连攻取孝丰寻求匪军主力而击破之。其策应部署如下：

（一）以第一纵队（欠第一团）附新一团一营为右纵队，除以一个团固守于于潜外，着纵队指挥亲率主力于鱼申在泗洲殿附近就攻击准备位置，限虞卯经龙岭图村、皇图村向石门村前进。

（二）以第二纵队附第二支队为中央纵队，于鱼申在焦急加天关、孔夫关、唐舍关之线就攻击准备位置，限虞卯向孝丰攻击前进。

（三）以孝部宁游击指挥部队为左纵队，在高村就攻击准备位置，限虞卯沿磻溪、杭杆、西行之道迂回孝丰匪军侧背。

（四）以第三纵队（欠第二支队）为总预备队，饬以一部接替原有防务外，主力用于仙家村。

（五）本部组织战斗指挥所，位置于杨村，职于鱼日亲赴前方督战，关于后方事务交副总指挥王春晖负责。各等情。据此。除复准备照办外，理合调制要图一份随电报请鉴核为祷。职徐志超叩。巳寒。午斗渝禹。附呈忠义救国军部署要图一份〔图略〕

〔国民政府军令部战史会档案〕

19．蒋介石密令十战区沿江截击新四军致李品仙电

（1945年6月15日）

无线电。立煌李长官。〇密（加表）。一、奸匪第六师师长粟裕指挥兵力约三万人，企图占领浙江之莫干山、天目山，控制杭州湾，与浙东奸匪会合。二、我三战区正向临安、孝丰地区间奸匪猛力围歼中。三、据报江北皖北奸匪陆续南窜增援。四、贵十

战区应饬沿江部队设法截击并对当面奸匪行牵制攻势，以利浙西作战。希遵办具报。中〇。巳(删)。令一元丙。

〔国民政府军令部战史会档案〕

20. 陆军第一九二师王堉部与新四军粟裕部在临新地区战斗详报

(1945年6月)

一、战斗前匪我态势概要

A、匪：

苏浙皖边区司令粟裕率匪第十六旅、十七旅、十八旅及第四纵队各部，自去年冬以来，由苏南、皖南先后流窜浙西孝丰，进占天目山，迫令我军采取攻势防御，与匪于孝丰、天目迭起激烈战斗，迄五月下旬，奸匪主力约二万人集结于孝丰东南之白水湾、港口、井村山坞地区，企图乘我剿匪军未集中完了以前击破我防守部队，窜占临、新、富、分、桐等县，一举渡过钱塘江与浙东之匪会合，流闽浙沿海，阻挠我军策应盟军登陆。

B、师（欠第五七五团两个营）于本年二月间奉命自皖南之绩、徽、屯开于潜应援，抵达昌化附近时，适匪大举窜犯于潜、天目山及临安之青云桥，此时于潜、昌化人心惶惶，难民拥塞于途，师以两团兵力奉令固守于潜城亘横路头、千秋关之线，受命后乃决心以主力扼守上记地点构筑碉堡工事，以一部不断向匪攻击，以摧破其凶焰。数月来与匪于一都、横路头、千秋关各附近迭起激烈战斗，匪死伤重大，凶焰稍戢，昌化分水之门户以固，匪乃转移目标，向新富流窜。四月二十九匪集结主力向我第七九师新登以北之大岭、云昌阵地进犯，旋奉军长陶巳江辰电开：奉总司令李巳冬戎智椿电开：奉长官顾电话谕：

（一）该集团军应集中兵力击歼窜集新登附近之匪。等因。

贵军第一九二师原任于潜、千秋关碉堡守备任务，着由忠救军就近派队于支晚接替完毕。

（二）作战地境：右与三十三旅不变，左与忠救军为双庙村、龙头庄、采花尖、甘坞里、大杨村相连之线，线上属忠救军。上三项希即遵照具报。等因。希即将防务交替后，即集结范氏镇、龙门桥间地区完成作战准备具报为要。等因。当下达如左之要旨命令：

1. 师附六十二师第一八六团（欠第五七五团两个营）遵令将于潜、千秋关一带防务交忠救军接替后，即向新登、范氏桥、龙门桥间地区集结完成战备。

2. 着第五七四团将于潜城亘甲子山、紫阳坞一带防务交替后，于本六月五日四时经京河口、南沙坞、牧亭向罗完桥以南附近集结，对应家岭、龙门桥派出警戒，努力搜索匪情具报。

3. 着第五七五团混成营于五日拂晓经九里桥向横塘埔附近之匪突击，掩护师之集结，尔后即迳向张家附近集结。

4. 着第五七六团将横路头、千秋关一带防务交替后，于六月五日四时经太阳方元铺循第五七四团行进路向范氏桥以南附近集结，对童家桥、赵安桥派出警戒，努力搜索匪情具报。

5. 着六十二师第一八六团殷团长并指挥搜索营保安队，除以一部防守地风山亘方坑桥防守外，主力集结太山坞机动。

6. 师部循五七六团后跟进至朱家村。

五月六日，天候晴，各部均于五月五日到达指定地点集结完了待命，向匪攻击。

C、匪我兵力番号及指挥官姓名：

1. 匪：

苏浙皖边区司令兼第一师师长粟裕。

第十六旅旅长王必成辖第一、二、三支队及警卫营，约八千人。

第十七旅旅长罗振林辖第四、五、六支队，约五千人（其第六支队似未参加）。

第十八旅旅长陶勇辖第七、八、九支队及特务营，约七千人。

第四纵队队长姓名未详辖第十、十一、十二支队，约五千人。

2．我：

第五七四团团长费荣章，约一千八百人。

第五七六团团长刘浩然，约二千人。

第五七五团团长蔡时彦，率第一、二营在昌化附近训练新兵未参战。

其第三营营长徐士锐，约五百人。

第六二师一八六团团长殷心如，约二千人（新兵甚多能参战者约六百人）。

D、影响于天候、地形等：

1．天候：晴，温和。

2．地形：山岳绵亘，森林丛茂，最适奸匪潜伏钻隙迂回，且射界局促，火力不能发扬，采取防御较为困难，尤以去岁秋收歉薄，人民屯粮甚少，经奸匪劫掠之后，饥馑荐至，军行所至，余赖后方接济。

二、战斗经过：

五月六日，天候：晴。月龄二五。

师于分水、朱村坞奉到军长陶巳微辰有电开：奉总司令李巳支戌智椿电开：

（一）明微拂晓开始对敌攻击，着突一队先行肃清新登、小河南进之匪，占领笔峰塔、百文山，协攻新登城。七九师以全力略攻新登，仍归段师长统一指挥。

（二）卅三旅明拂晓继续攻击当面之匪，占领松溪、施家村、释子山各要点。

（三）二八军一九二师之一团继向临安之匪攻击，相机占领，其余交防后迅向范氏桥集结待命。等因。希即遵照指示行动具报为要。等因。正部署间，旋奉军长陶巳未午自电开：奉总司令李巳歌午智电摘开：二八军（欠五二师附六二师一八六团）应即向临安进出，截击北窜之匪。等因。希以一部巩碉固守，主力即向临安进出，阻击北窜之匪，并将战况随时具报。等因。给予各部队之命令要旨如下：

1. 新登附近之匪经我军连日痛击，似向北溃窜中。

2. 师（附一八六团欠五七五团两个营）以阻歼该匪之目的，决心以一部防守竹岭坞亘范氏桥防务，主力分两纵队向临安进出捕捉该匪于临安城附近而歼灭之。

3. 着第五七六团为右翼队，由范氏桥经新岭向下鱼桥、上下山头搜索前进。

4. 着第五七四团左翼队，由罗宅桥经赵安桥向化尾镇、青云桥以东地区搜索前进。

5. 六二师一八六团除以主力防守尾门桥亘竹岭坞防务外，并组织突击队一队向藻溪、叫口一带之匪突击而占领之。

6. 师部即推进至范氏桥附近。

各部奉到右记命令后，于午后六时前，右翼队五七六团已进至新岭、滴水岭附近；左翼队五七四团进至施家岭附近，时侦知藻溪之匪约一大队，由百丈岭向新桥头进犯，乃令该翼队以全力向匪围击歼灭之，一举进出于化龙镇向青云桥搜剿。五七六团仍向原目标搜索前进。

六月七日，天候：晴。月龄二十六。

第五七六团本午主力集结新岭、滴水岭附近，一部突击队向下鱼桥、上下山头岭、珑山之匪突击。同时第五七四团主力集结东山畈附近，一部向新桥头之匪围击。迄戍第五七六团突击队将下鱼桥之奸匪百余击溃后，占该处，并毙伤奸匪十余名，获步枪壹枝，仍继续向玲珑山搜索前进。

第五七四团本午以一部将新桥头之匪百余击溃后，追至大岭脚，匪连夜向青云桥、荷花塘窜去，该团主力于黄昏时到达大山脚附近，仍以一部向师姑屏、硖石搜索前进。

第一八六团主力集结竹岭坞、竹村间地区，一部向藻溪搜索，本禾占领该处向横塘铺、叫口警戒。

师部率领五七五团之混成营进至钱家附近。本戌奉到军长陶巳虞酉自电开：奉总司令李虞申智电开：

（一）本虞夜各部队应派队向匪袭击。兹指示目标如下：

（1）七九师向亭子台。

（2）三十三旅向临安城。

（3）二八军向玲珑山并将派兵力及指挥官姓名报部。

（二）明齐日各部队应进据如下之线：七九师桃源岭、板桥、子西里线；三十三旅里子西、下山头、樟村线；二十八军师姑屏、上家头、硖石线。准备攻击临安城候令开始。

（三）作战地境：七九师与三十三旅为沈塘湾、观音岭、龙王山线；三十三旅与二八军为唐坞尖、石山头线，线上均属左。等因。当下达如左之要旨命令：

1. 着右翼队第五七六团派有力突击队，于本虞夜向玲珑山东南侧之奸匪突击而占领之。右与三十三旅连络。

2. 着左翼队第五七四团派有力突击队，于本虞夜向玲珑山西南侧之奸匪突击，协同右翼队将该处奸匪围歼之，限本云夜二十二时开始攻击。

3. 各部队派出兵力及指挥官姓名限令到后报部。

右记命令下达后，第五七六团派该团第三营刘代营长昆南，第五七四团该团第一营任营长勇，各率所部如限向指定目标附近开始对匪攻击。此时奸匪约二百余占领玲珑山及九洲山山麓，经我两突击队奋勇猛袭，匪不支，退守两山制高抵抗，我突击队奋勇爬山，尾匪突击，匪死伤甚大，向将军山、棋盘山窜去，我以主力占领玲珑山，以一部尾追击。是役毙伤匪约二十余名，俘匪五名，获步枪二枝及其他军用品甚多。

六月八日，天候：晴。月龄二十七。

第五七六团与第五七四团一部于昨（七）日二十二时占领玲珑山、九洲山后，匪昼夜分向横潭、临安城、青云桥溃退，我以主力占领阵地，以一部向匪跟踪搜击。本齐辰该团策应三十三旅攻击临安城起见，乃以主力向卧龙桥、横潭之匪攻击，匪不支，向西街方向溃退，我遂占领横潭，与占领玲珑山九洲山之我军取得连系。是役毙伤匪军十六名，俘获四名，获步枪三枝，手榴弹五枚，我负伤士兵二名。

第五七四团除以一部协助第五七六团攻占玲珑山、九洲山后，主力于本齐丑向师姑屏、化龙镇搜索前进，迄辰与占领该地之匪百余接触，该团以优势兵力予匪猛击，一举攻占师姑屏、硖石、化龙等处，乃以主力构筑工事，一部向青云桥之溃匪追击。是役击毙匪军二十名，击伤匪军十余名，我阵亡士兵二名，负伤五名。六二师一六团于昨（七）日占领藻溪后，齐丑以一部向横塘铺搜剿，将匪便衣队击退后，奸匪向油口村方向退窜，横塘铺遂为我占领，并以一部向退窜之匪搜击。

六月九日，天候：晴。月龄二十八。

一时许奉军长陶巳齐戌电开：奉总司令李巳齐巳智电摘开：

一、集团军决心攻击当面之匪，占领临安及其东西地区，增强碉堡，准备继续进剿。二、明佳各部之任务及行动如次：

（1）七九师应攻占九池山、狮子山、琴山之线，进击五柳桥，协攻临安城。

（2）三十三旅应攻占临安城亘。

（3）二八军应攻占玲珑山、棋盘山，并协助三十三旅攻占临安城亘，但须有力一部于化龙镇亘藻溪之线扼占要点，向北警戒。

（4）作战地境：七九师与三三旅为张坞里、龙王山、蛇山、长桥山相连之线，线上属右。三三旅与二八军为屏风山、司箕山、石山头、平山相连之线，线上属右。

（5）各部攻击开始时间，预定为明佳六时。等因。当下达要旨命令如次：

（一）第五七四团主力集结化龙镇附近，一部进出硖石、瑯下村向青云桥搜剿；第五七六团以一部协助三三旅略取临安城亘后即集结横塘铺附近，并以一部进出高家村、荷花塘搜剿；第五七五团混成营集结滴水岭附近；第一八六团主力集结于潜城附近，一部进出绍鲁、叫口以南地区。右记命令下达后，各部均遵令在指定地点集结完毕，齐向指定目标之匪搜索前进。六时许第五七六团以主力向棋盘山、强盗山攻击前进，以一部向西街及吴马里攻击，以协助三三旅攻击临安城，当经该团乘战胜之旺盛士气，鼓勇向棋盘山、强盗山之匪攻击，与匪激战甚烈，经数度冲锋，始将匪击溃，午刻遂完全占领强盗山、棋盘山；同时向西街、吴马里攻击之部队，将匪击退后占领该两地，构筑工事防守，并向将军山搜索前进。是役毙匪伤约卅名，俘匪军三名。第五七四团及一八六团仍在原位置构筑工事，搜索匪情。

六月十六日，天候：晴。月龄二十九。

未时奉军长陶巳灰午齐电开：

（一）奉总司令李巳灰巳仲春电开：奉长官顾巳佳临战电节开：该集团军先行肃清东西天目山，务期于巳文前彻底肃清残匪，筑碉固守。着二八军（欠五二师六二师）主力及忠救军速即分区扫荡东西天目山，务期于巳文前彻底肃清残匪，筑碉固守，为略取孝丰之支撑。等因。仰即速于准备，于巳真拂晓即向指定目标开始攻剿。并划定二八军与忠救军作战地境：为杨梅山、观音山、金坞山、鸡龙山、泥坞山、望江夹、南岭山相连之线，线上属忠救军。等因。

（二）贵师附六二师一八六团应于文前彻底肃清东天目山、浪岭、金岫、化龙、藻溪、叫口、门口村地区之匪，进出东天目、浪岭、金岫之线，筑碉固守，主力保持重点于左，并对右侧背特别注意。等因。当下达如下之要旨命令：

（一）着第五七四团为右翼队，于真六时由化龙镇向金岫——青云桥——李板之匪攻击前进。

（二）着第五七六团为中央队，于真六时由横塘铺向荷花塘、浪岭攻击前进。

（三）着第六二师一八六团并指挥保安大队为左翼队，于真巳六时由叫口向门口村、东天目山攻击前进。

（四）作战地境：第五七四团与第五七六团为横塘岭——高岭山——云洞山——穆弓山之线，线上属右。五七六团与六二师一八六团为下赵家——脚山——下杨村——法善寺相连之线，线上属右。六二师一八六团与忠救军为杨梅山——观音山——金坞山——鸡笼夹之线，线上属忠救军。

（五）第五七五团混成营为预备队暂位置于年家山附近，中央队跟进。

（六）师部推进至里渚源坞。廿时先后，据各部报告均遵令集结兵力至指定地点，并完成攻击准备。

六月十一日，天晴。月龄初一。

第五七四团真六时向盘据青云桥附近之匪千余攻击前进，八时许将桥东石门岭、老山、鹤山等处之奸匪警戒部队驱逐后，十时许与青云桥附近之匪主力接触，激战至午，我官兵奋勇冲击，将青云桥以南各山地之匪击溃而占领之。残匪向青云桥以北山地及金岫附近退窜，我即占领青云桥，构筑工事。迄申金岫之匪千余，会合北退之匪向我反扑，与我在青云桥南侧山地激战约二小时，当因我士气旺盛，咸抱有匪无我之决心，将反扑之匪击溃，匪仍向金岫外田青附近退窜。我以右翼突击防匪夜袭，乃令该团除以一部向青云桥方向警戒外，主力撤至化龙镇、琊下村之线占领阵地。是役毙匪七十余，遗尸廿余具，俘匪十二名（内七名因乘机潜逃当场格毙），卤获弹药及军用品甚多。我亦亡排长一员，伤排三员，士兵伤亡二十六名。第五七六团真六时向盘据碧淙、油口村之匪六百余攻击，激战至巳，匪不支北窜，我追击至上溪山、鹤鸣山附近，酉刻南庄村附近之匪六百余增援反扑，经该团沉着堵击，及一八六团突击营由左翼侧击，匪死伤枕籍，仍被我击退。该团为防匪夜袭，并减少官兵疲劳，仍令该团以一部转移至高家村、东族村之线警戒，主力至横塘铺附近，占领阵地。是役毙匪指导员一名，匪兵百余，并奸匪守则及文件甚多。我负伤官一员，士兵廿名。师部推进至青牛岭之多福寺指挥。本日二十三时许，奉到军长陶巳真酉庚电开：贵师附六二师一八六团（该团主力须接替于潜城防务）应以主力于明拂晓由现地经叫口、门口村向东天目山，以一部由现地经油口村、荷花塘、南庄、上梅村向东天目山进剿，左与忠救军李指挥所部密切协同，齐头并进，但对右侧背特别注意，前进时尤应绵密搜索，如匪向东北退窜，应适时果敢截击获致果，并将进展情形具报。等因。当以右翼友军到达临安后正休整，态势准备攻击中；左翼忠救军将于潜城区防务交替后，亦正向泗洲殿、朱湾等处运动中，尚未到达攻击准备位置，而青云桥、荷花塘、南庄等处之匪仍有倔强抵抗模样，乃决心下达如下之要旨命令：

1．奸匪经本师各部连日攻击，伤亡甚大，刻在青云桥、荷花塘、南庄一带构筑工事中，并有对我顽总抵抗模样。

2．师（欠第五七五团两个营附六二师一八六团）决以明文拂晓向青云桥、荷花塘之匪攻击而歼灭之，一举进击于东天目山而占领之。

3．着第五七四团为右翼队，由现位置向青云桥之匪攻击前进占领，一举进出于浪岭、市岭，右与三三旅密取连络。

4．着第五七六团为中央队，由现位置向荷花塘之匪攻击前进，占领该处后，一举进出于东天目山。

5. 着六二师一八六团突击营为左翼队，向白滩溪、门口村之匪攻击而歼灭之，一举进击于东天目山西北地区。

6. 着第六二师一八六团殷团长率领该团两个营接替于潜忠救军防务。

7. 师部及第五七五团混成营进至藻溪附近指挥。

六月十二日，天候：晴。月龄初二。

第五七六团七时卅分进至碧淙、油口村近而占领，该地以北山地之匪，攻击激战至十时许，匪不支向龙溪村、南庄方向退窜，该团主力遂占领上溪山、百家庄，一部向败退之匪尾追，当击毙匪军十余名。五七四团六时由化龙出发经大王山、老山向盘据青云桥千余之匪攻击前进，七时与匪激战至青云桥及外囤一带山地，迄八时卅分匪不支纷纷向金岫外田青方向逃窜，该团遂完全占领青云桥及其外囤一带山地，伤毙匪八、九十名。一八六团主力于八时将于潜城防交替完毕，突击营进至叫口、冷水坞附近。师部八时许推进至藻溪附近指挥。据报：金岫、外田青、横路村、上下杨村以北地区匪军集结三、四千人，将乘我工事未固，乘夜向我袭击，左右友军仍未前进，乃令五七四团于黄昏后仍以主力移至化龙镇既设工事，一部占领其外围工事，对东北严密警戒；同时第五七六团主力移至油口村、碧淙坚固房屋，一部占领东北地对荷花塘方向严密警戒；一八六团突击营移至叫口附近，准备侧击来袭之匪。

六月十三日，晴雨。月龄初三。

拂晓前金岫亘上下杨村之匪约三千人，分三路：一向硖石、石宝坞；一迂回师姑屏、化岭脚向化龙镇五七四团猛扑与我激战硖石、石宝坞、高岭头及金家村东族之线，十时许令第五七五团混成营、第一八六团突击营迂回攻击匪之侧背，反复后冲杀，迄十三时，匪因伤亡重大，不支狼狈分向青云桥、南庄方向溃窜，我各部乘胜余威跟踪追击至青云桥、荷花塘附近，共击毙匪八十余名，伤匪百五十名，生擒匪二名，械弹装具俘获颇多。时因黄昏，且山地绵亘，仍令各部利用既设工事固守原阵地。

六月十四日，天候：晴。月龄初四。

当据各方报告：昨被我击退之匪约三千余，仍盘据荷花塘、南庄一带搜劫民食；门口村、东西天目山、白虎山地区有匪二千余，负偶固守。一时三十分下达要旨命令如次：

一、昨在化龙镇、横塘铺附近败退之匪三千余，仍盘据碧淙、油口村、荷花塘、南庄地区；门口村、东西天目山、白虎山地区有匪二千余构筑工事，企图固守。

二、师（欠五七五团两个营附六二师一八六团）之突击营，决于本十四日六时向当面之匪攻击前进，乘机捕捉而歼灭之。

三、着第五七四团为右翼队，于本十四日六时由现地出发，经石门岭、高岭向荷花塘之匪攻击前进，将匪击灭后一举进出于破石坞、市岭之线。

四、着第五七六团为中央队，于本十四日六时由现地出发向碧淙、油口及南庄之匪攻击前进，一举进击于东天目山。

五、作战地境如左，线上均属右：

右翼队（第五七四团）、中央队（第五七六团）花石坞——毛公庙——龙头山——磨子央；中央队（第五七六团）、左翼队（岳副团长所部）六槐——冷水坞——紫金山——石洞山。

六、通讯连以藻溪为基点，向各翼队构成通信网。

七、余在藻溪附近。

右记命令下达后，各部遵令向目标攻击前进。七时三十分匪三千余与第五七四团、第五七六团激战于观音桥、柴家坞、脚山之线，相持迄暮，我因军粮不继，连日士兵仅食粥一餐，加以连防守阵地澈夜疲备已极，乃令五七四团、五七六团除以一部与匪保持接触外，主力于黄昏后转移瑯下村、朱家头、东族村、六槐地区，并构筑工事。左翼队十一时许已攻占白淮溪，乃电令岳副团长所部构筑叫口亘白淮溪工事，对冷水坞及门口村方向警戒，并与左翼友军协同搜索当面匪情。

六月十五日，天候：阴雨。月龄初五。

一时许油口村、南庄各附近之匪第二支队一千余人乘暗经冷水坞及徐村各附近，企图包围我叫口、白滩溪岳副团长所部，当以我第五七五团混成营及一八六团突击营在分水岭东北高地及徐村附近发生激战，匪不顾伤亡，向我猛扑，前仆后继冲锋十余次，投掷手榴弹不下四百枚，我利用工事及夜间设备予匪猛击，匪伤亡枕籍，攻势顿挫。同时令集结六槐附近之五七六团之一部向冷水坞迂回出击，匪惊惶循原路溃退，我乘胜出击，啣尾猛追，并令集结高家村附近右翼五七四团乘虚略取碧淙、村油口村进出横溪庄截击败北之匪，匪纷纷向南庄退窜，战至黄昏，右翼五七四团占领上清村、上溪山之线。中央五七六团占领鹤鸣山、横溪山。左翼队岳副团长所部占领徐村、紫金山附近要点。师部十四时进至过溪指挥。

六月十六日，雨。月龄初六。

据报：荷花、下杨村、南庄亘门口村一带匪军约三千人构筑工事，企图负隅顽抗。本日一时许师下达如下之命令要旨：

一、匪情如贵官所知。

二、师以歼灭当面奸匪之目的，拟即向下杨村、南庄、门口村一带之奸匪攻击前进。

三、第五七四团为右翼队，于本十六日五时经高岭、潘村向荷花塘、下杨村之匪攻击前进，一举进出于李板、皇图村之线。

四、第五七六团为中央队，于本十六日五时经龙溪村向南庄之匪攻击前进，一举进出于东天目山。

五、岳副团长指挥所部（五七五团混成营一八六团）突击营为左翼队，于本十六日五时沿公路向门口村攻击前进，一举进出于东天目山。

六、作战地境如左线，线上属右

第五七四团、第五七六团童岭——龙头山——磨子尖相连之线。

第五七六团、岳副团长所部冷水坞——紫金山——石洞山、东天目山相连之线。

岳副团长所部、忠二纵队冷水坞——紫金山——石洞山、东天目山相连之线。

七、通讯连以过溪为基点，构成通讯网，尔后随战况进展向前延伸之。

八、余在过溪。

于右记命令下达后，各部均照实施。第五七四团于七时半许攻占荷花塘向潭村追击；岳副团长指挥所部于六时卅分与匪接触，经激战一小时后，已占领门口村附近各要点，匪军三千余纷纷集结南庄、上下杨村以东一带山地；五七六团自六时向南庄之匪展开激战，匪凭坚固守，迄九时经我左右翼队威协，匪不支向浪岭、皇图村溃退。同时后园村奸匪第三支队亦经我忠救军击溃。据报后乃令岳副团长派一部越石洞山向该匪超越追击，战至十七时，我主力已占领昭明寺之线。是役毙匪十余名，伤匪卅余，生擒七名，其余俘获文件器材颇多。

六月十七日，雨。月龄初七。

一时许奉军长陶巳铣电庚电开：

（一）匪情如贵官所知。

（二）贵师附一八六团应即以主力确实占领众社岭狼春山、狼岭伏叶岗并东天目山之线，扼要筑碉堡工事防匪，限二日内完成；一部经向穆弓山、破石坞、太子庙瞓尾搜剿。等因。当下达如次之命令要旨：

一、昨由横路村、上下杨村、昭明寺败退之匪，我各部奋勇尾唧猛追，狼狈向太子庙方向溃退。

二、师（缺第五七五团两个营附六二师一八六团之一营）以歼灭该匪之目的，拟于本十七日拂晓继续向匪攻击。

三、第五七四团主力于本十七日拂晓即占领众社岭之狼春山清扫该地残匪后，扼要构筑工事，仍以一部向穆弓山、罗柴坞搜索。

四、第五七六团主力于本十七日拂晓占领浪岭、皇图村、东天目山，清扫该地残匪后扼要构筑碉堡工事固守之，另以一部向太子庙方向搜索前进。

五、岳副团长指挥所部。

上五项仰合遵照，并将遵办情形随时具报。

十一时据各部报称：

第五七四团四时五十分向众社岭搜索前进，六时与众社岭东北山地之匪八、九百人激战，我官兵勇猛突击，匪不支向穆弓山溃退，该团以一部向败退之匪跟踪追击，主力于众社岭筑碉并清扫该地残匪。第五七六团四时四十分向浪岭之匪攻击前进，六时顷与狼岭奸匪七、八百人发生激战，匪凭工事顽抗，该团以主力向匪左右包围，纷纷向太子庙溃退，我遂占领狼岭，该团以一部向白沙及昭明寺之匪追击，主力于浪岭东西高地扼要筑碉固守。岳副团长所部五时自门口村附近出发，向长排岭搜索前进，七时四十分将该处附近之少数匪军驱逐后，即在该处构筑工事清扫残匪，是役毙匪卅名，伤匪九十余名。

六月十八日，月龄初七。

本日辰第五七四团以主力构筑众社岭工事，一部仍向罗柴坞、大溪村搜索；第五七六团以主力构筑浪岭附近碉堡，一部担任董岭、龙王庄搜索；岳副团长所部会同地政府清查收复区散匪。

六月十九日，阴。月龄初八。

师遵照军令于十九日三时将东天目山地区残匪完全肃清，主力集结众社岭、狼岭地区构筑工事，并以一部向罗柴坞、穆弓山、潘村、皇图村搜索匪情。

〔国民政府军令部战史会档案〕

21. 陆军第五十二师张乃鑫部在浙西孝丰附近袭击新四军三纵队战斗详报

(1945年6月)

甲、战斗前匪我态势

子、六月十五日，我集结态势如附图（一）〔图略〕

丑、战斗前匪我态势如附图（二）〔图略〕

乙、影响于作战之天候、地形等

六月下浣以来，连日阴雨，山洪瀑发，交通补给困难，以致士兵营养不良，病患者增多，兼以连日行军、筑工、警戒、搜索等之疲劳，与孝丰、杭杆、小白店三角地区内地形山地连绵，且多属崇山峻岭，竹木丛生，攀登展望不易，部队运动与通信连络亦感困难不利之地形，减消战力，影响作战者不少。

丙、集中经过：

子、先遣加强团（一五五团、一五六团第二营）：

本月一日奉指挥官刘电谕："着本师以一部凭碉固守既设阵地，主力即行集结，准备向孝丰进出。等因。"师为集中诸准备乃发布命令如下：

六月一日
命令
于万福邮

一、师为策应浙西友军作战之准备，除以一部留于现阵地服行原任务外，主力即行集结决变更部署：

二、一五六团：

1. 以一个营（欠一连）接替长虹铺之警戒任务。

2. 以一个营接替葛子庙、兵山、水东之线警戒，其主力集结大汪村附近。

3. 以一营步机各一连由该副营长率领，即接替后方东岸美山脚地区，师基地之清剿勤务。

4. 团部及其余部队位于河沥溪附近。

三、一五五团：

1. 第一营俟将长虹铺防务交替后，即进驻杨滩附近搜索当面匪情，并掩护师主力集中。

2. 团部暨第二营（欠第六连）该连于本（六）月二日归还原建制即向河沥溪东三里亭附近地区集结，该团第三营明（二）日即可到达河沥溪附近归还。

四、一五四团除于水东留置一个连后，将防务交一五六团接替后归还建制外，其余部队均向河沥溪北刘村附近地区集结。

五、各部队统限本（一）日亥时前集结完毕，并作出发诸准备。

六、余在万福村。

六月二日奉指挥官刘巳冬辰海二参两电转奉长官顾巳东临战电示：以临安、新登方面匪势猖獗，着本师一部凭碉固守，主力向孝丰、章吴村地区进出，以协力忠救军对孝丰之攻击，嗣复奉指挥官刘电令辰海三参电转奉长官顾巳东酉临战电开：□本师应注意广德方面奸匪之行动，酌量实况，以一个加强团协助忠救军向孝丰之匪附近攻击。等因。遵决以一五五团附一五六团第二营以协力友军作战。乃予各该团要旨命令如下：

命令　六月二日十时六十分
于万福村司令部

遵奉层峰电示，师改派一加强团即可向章吴村、孝丰方面挺进，以协力右翼忠救军向孝丰攻击。等因。兹着一五五团附一五六团第二营迅即集结九宫庙、长虹铺间地区，并完成出发诸准备，待命行动。

又为重新部署，予各部队要旨命令如下：

命令　六月二日十三时
　　　于万福村司令部

一、一五五团附一五六团第二营仍集结九宫庙附近地区。

二、一五四团除仍以第三营住葛子庙、兵山、水东之线防务并积极构筑葛子庙附近碉堡外，另行派一部□□一五六第三营九宫庙长虹铺之线防务，该团部□□除部队暂在河沥溪附近集结并派队□□构筑姚家塔碉堡，俟一五五团出动后，即可向九宫庙附近推近，负收集月亮街、独树街、桥头及苏姚□方面敌伪匪情。

三、一五六团除以第二营配属一五五团外，其余部队仍在原驻地续行整训。

六月三日，奉总司令李巳冬未娘电：

(一)"长官顾巳东临战电计达，希即遵照连系，并将两翼友军实行连系情形随时具报。

(二)匪方余连日与我七九师激战于新登附近，刻我在留防山、大雪山、马公坞之线，与匪对战中。

(三)刻正调整部署，准备以突击队加入协同七九师以全力于江晓向新登、云昌猛攻，另由二十八军以有力一部向临安挺击。

(四)希贵部务遵长官顾电，积极行动，策应右翼方面友军，希即遵照为要。"等因。乃予一五五团段团长握江未翔代电命令如下：

"命令：顷奉总司令李巳冬未娘电开（同前故略）。等因。

(一)着该团（附一五六团第二营）即以一个营于江晓前挺进杨滩，其余部队迅即向九宫庙、杨滩间地区挺进，并限江戌前到达。

(二)支弗晓经钱村铺、遐嵩岭、小白店道向孝丰、障吴村间地区搜攻前进，并右协力忠救军向孝丰攻击。

（三）沿途对白马桥、柏埜、犁壁山、刘村、西圩市方面严密搜索警戒。

（四）进剿期内务对本部握冬午翔代电颁发作战要则所示适切遵用。

（五）该团行动应随时电报，并派员与忠救军连系。此令。”

基于右令，处置以握江成翔电转报总司令李、军长陶、指挥官刘并调整守备部署（详见六月四日握支辰翔转报军长陶指挥官刘原电）。

六月四日，为调整部署，以握辰翔电呈军长陶、指挥官刘如下：

“握江成翔电计呈。职师段团附、朱团、姜营出发后，江日调整部署如下：

（一）本部工兵连接替东山渡梅之碉堡守备及增修。

（二）一五四团第一营于长虹铺守备及机动并增修碉堡，另以一个连任姚家塔碉堡守备，第三营除以第九连任九曲岭、葛子庙之警戒守碉，并于2010高地、兵山、水东、狮山派出警戒，营及其□部队于张邨附近，田部及第二营于九官庙并准备策应出击之段团作战。

（三）一五六团（欠第二营）第三营集结河沥溪附近机动，并住小老虎山、三里亭附近碉堡守备，团部及第一营（全系新兵）于王家□附近训练。

（四）师司令部仍于万福邨。

（五）苏保四纵队第一、二大队任沙湾、(1440)高地、将军庙、黄渡之线守备；第三大队任薛家岭亘周王林之线守备；其司令部及预备队控置于朱毛店附近，除部署详情另行图报外，谨先电闻。”

一五五附一五六团第二营江日由九官庙经杨滩、钱村铺道向小白店方向搜攻前进，四日以右翼忠救军未能取得连击，迄五日向小白店猛攻，六日拂晓向孝丰、渔溪口方面搜攻，午刻占领小白店、关八挂山，并以小白店为轴心筑碉，仍向杭杆、孝丰、障吴村方面搜攻。而右翼与忠救军始终未获连络。七日遵奉指挥官刘电示，将该团主力撤移尖平桥附近，不断派队搜索侦察，并击灭散匪。

丑、交防后集中经过

六月十三日，月龄一、二、三、四。晴。

师司令部于万福村。

奉指挥官巳挂西海参电开：

命令：本师为准备进剿，变更部署如下：

（1）着一四六师（欠四三六团）挺进宁国，接替五二师及苏保四纵队水阳江东面，迄宣城正面防务。

（2）五二师于防务交替后，即向河沥溪东北地区集结待命。

（3）苏保四略。

（4）各部队限元午前交接完毕具报，除分电外，仰即遵照。

复奉指挥官刘巳真午电："着该师配派兵力接替保七团水东防务"各等因。以一四六师接替部队，迄十三日始到，同日乃予各部队交防集中命令如下：

命令　六月十二日十三时
于万福村司令部

一、师奉令将梅钵、杨滩、月亮街、姚家塔、葛子庙之线防地于本（十三）日交由一四六师四三七团接替后，主力向河沥溪东北地区集结待命。

二、工兵连俟将福林迄三棚桥之线防务交接后，着留兵一班□林任监护外，余即向沙埔附近集结待命。

三、一五四团（欠第三营）除留置兵力一排于杨滩任补给站掩护勤务，其第二营仍留置钱村铺策应段团作战并掩护第二补给外，余于杨滩迄月亮街之线防务交替后，即向九宫庙附近地区集结待命。

四、归本部直接指挥之一五四团第三营将姚家塔、九曲岭、葛庙、双峰山之线防务交替后，应于明（十四）日向九宫庙附近归还建制。

五、归本部直接指挥之一五六团第三营（欠第八连）仍各以一分驻水东、黄渡任警戒，其余位于港口、赵村。

六、余在万福村司令部。

右令

工兵连朱连长：

一五四团张团长：

一五四团第三营李代营长：

一五六团第三营邱营长：

下达法：先电话授予要旨，再以笔记专送。同时发一四六师戴师长握元巳翔代电：案奉指挥官刘巳佳酉、海参巳真午、海参巳真午三电，略以□□□□□杨滩、月亮街、□山浦、蔼子庙、□壁岭、□□防务交由贵师接替，并限元午前交接完毕具报。等因。兹随电检送本师兵力部署、敌伪态势、□□□工事位置、宁广宣地区碉堡位置、通信网设施等要图共五份，希请查照见复为荷。

六月十四日，月龄五。雨。司令部于万福村。

据一五四团张团长元亥金电称：职团杨滩至月亮街之防务于元酉交四三七团三营接替，第二营驻钱村铺及该营派兵一排掩护师粮弹交付所，团及其余部队于九宫庙、杨□、梅林地区等情。除以握寒巳吉二电转报指挥部外，并电复该团如下：“元亥金电悉，一五五团当□□□现匪二纵队全部及第二支队分驻小白庙、西圩、新林头一带地区，师饬第三营严密搜索警戒，并与一五五团切取连络。”

六月十五日，月龄六。雨。司令部于万福村。

□□指挥官刘作命皖监甲字第54号命令如左：

命令　六月十五日
于舒良村指挥部

一、奸匪陶勇部九支队刻分踞姚家、虎岭关、八卦山、牛山、老鼠山一带加强工事中；其七、八支队蝟集新桥头、西圩市地区；渔溪口有匪第二支队；又障吴村新增匪四纵队一部约七百余。

右翼忠救军已进占扎夫关、西天目山之线。

二、本部决于本（六）月（十六）日前向宁墩、狮桥、苏村地区集中完毕，准备进剿。

1. 第一四六师除一部任梅林、姚家塔迄葛子庙之线碉堡守备，以并有力一部即日进击钱村铺掩护兵团之集中，并留置一个营任宁河之守备，另派部队任胡乐司以北地区清剿，与胡乐司——宁国城及胡乐司——宁国墩间交通通信监护。

2. 第52D除段团仍以原驻态势对匪警戒外，主力于本（六）月（十六）日向苏村、黄栗树地区集中。

3. 独立33B即在狮桥地区集中。

4. 绥一纵队到达红龙甸后，续向宁国墩集中。

5. 绥二纵队着以第四团（欠仇大队）即向宁国墩集结，归绥一陈司令指挥，余部接替兵山、水东、小阳江西岸及杨柳铺52D防务，由本部直接指挥并限十七日拂晓前接替完毕具报。

宣城县自卫队着归该司令指挥。

6. 第一四六师与绥二作战地境为：朱毛店——小岭关——麻家岭——汪掌祠——上何村亘洪林桥相连之线，线上属一四六师。

三、集中间各部队通信连络卫生及补给要领另命指示。

四、余现在苏良村指挥所，十六日后向宁国墩推进。

右令　　张师长等因。师为明（十六日）出发，予各部队作命剿战字第一号命令如下：

陆军第五十二师作命剿战字第一号

命令　六月十五日十六时半
　　　于万福村司令部

一、匪第三纵队七、八两支队于新桥西圩之线，其第九支队主力于小白店附近，另于桃花山、老鼠山、虎岭、关八卦山各有其一部占领；又障吴村有第四支队，约六七百人。

二、我一五五团（附朱团姜营）仍于尖平垱附近侦剿中。

三、师奉命进剿孝丰方面之匪，决于明（十六）日向双桥、苏村、桥头地区集中。

四、一五六团（欠第一、二、三（欠八连）营）应于明（十六）日上午八时由朱村——龙门村——沙浦——梅林——桥头速向苏村前进，其于沙浦渡河后应于师司令部暨直属部队通过后（该团第一营新兵仍应任继续训练优秀者送任补给基地万福村警备监护勤务，第三营欠第八连于十六日交防后，即经梅林、苏村道跟进，归回第二营于十七日可到达潘溪附近归还跟进）。

五、一五四团应于明（十六）日取捷径向双桥及其以东地区前进，其第二营可由钱村铺直接向双桥附近集结。

六、搜索队应于明（十六）日由滨口渡渡河经沙铺准一五六团行进路向苏村、桥头地区前进，担任行进路之搜索警戒，但该队于十二时前到达梅林后，应等待主力部队到达后续进。

七、师直属各部组于明（十六）日上午七时前在万福村集合完毕，待命出发，其行军序列如下：

特务连——司令部——〔参谋组（电务室）——政治部——副官组（传令排）——军需组——军医组——军械组〕——战炮连——通信连（电排）——输送连——辎重营——卫生队大行李——工兵连（在梅林集结待师通过跟进）。

八、行军路线：万福村——杨村——平亭渡——梅林至桥头附近宿营。

九、休息地：平亭渡（小）——梅林（大）——将军岭（小）——桥头（宿营）。

十、一五六团第三营（欠第八连）将防务交保四接替后，即经梅林、苏村道追进，归还建制。

十一、通信、补给、卫生、轻重等任务之规定如本（六）月十五日参字1372号命令所示。

十二、平亭渡渡河准备由工兵连于明（十六）日上午六时卅分前完成渡河船只征集。

十三、余现在万福村司令部，行进时在司令部先头。

此令　　各部队长

师长张乃鑫
副师长韩德考
参谋长熊介生

下达法：先电示要旨，尔后笔记送达。

六月十六日，月龄七。雨。司令部于桥头。

本日自晨起晚大雨滂沱，道途泥滑，各部队如命行动抵达梅林稍事休整，并以握铣辰翔电呈军长陶原文如下："师奉层峰命令：将柏墊迄杨柳铺之线防务分别交由一四六师暨第四纵队接替后，并全部于铣晨由宁国经梅林向桥头、苏村以东地区集中待命。谨电复备。

午刻除以一五六团两部留置梅林，其余部队仍继续前进，于申刻到达宿营地，乃以握铣酉吉电呈指挥官刘、军长陶原文如下：职师欠一五五团及一五六团第一、二、三营铣晨曲原驻地出发，申刻到达宿营，一五四团驻大刘村、汪村；师部及直属部队驻桥头附近；一五六团（欠各营）于梅林，筱晨继续前进。

二十二时三十分，为明（十七）日前进，于各部队作命剿战字第二号命令如下：

陆军第五十二师作命剿战字第二号

命令

六月十六日廿二时卅分于桥头司令部。

一、当面匪情无变化。其主力现集结于孝丰、报福镇间地区。我忠救军于本（十六）日已攻占西天目山，明（十七）日拟向羊角山攻击。又其游击指挥部于杭杆附近；我一五五团所部仍于尖平墙附近。

二、师决于明（十七）日续向磻溪镇（土名磨盘口）、苏村间地区挺进。

三、一五四团应于明（十七）日上午六时由大刘村宿营地出发，七时廿分前复尾通过苏村经董岭、新杭（土名新王）向磻溪镇集中，并与杭杆方面忠救军游击指挥部密取连系，详侦匪情。

四、师司令部直属各部组应于明（十七）日上午七时于桥头集结完毕，向苏村前进，行军序列仍前，但工兵行进时，于特务连先头。

五、一五六团（欠一、二、三（欠八连）营）应于明（十七）日上午六时半由梅林经桥头向汪村附近地区前进。

六、余现在桥头，行进时于司令部先头。

此令　　一五四、六团张、朱团长；直属各部组

下达法：先电示要旨，尔后笔记交付。

六月十七日，月龄八。雨。司令部于苏村。

本日各部队仍冒雨如命行动，司令部于未刻到达苏村附近，以通信线路关系，决于此宿营，并为示尔后行动呈指挥官刘、军长陶、握筱申战电如下；“握铣酉吉一电计呈。师暨直属部队未刻到达□村宿营，一五四团推进磻溪镇侦察匪情；一五六团所部于汪村宿营。巧日行动，乞示。谨闻。”

同时于一五四团张团长握筱申吉电如下：

(一)师因对后通信关系，本晓于苏村附近宿营，该团到磻溪

镇第二营是否归还？

（二）与忠救军邓指挥官及一五五团已取得连络否？

（三）当面匪情如何？希迅电报为要。

一五六团第三营（欠第八连）于本日归还团建制。

六月十八日，月龄九。雨。司令部于苏村。

帅奉指挥官刘电令三件如左：

甲：皖进甲字第55号作命原文如左：

命令 六月十七日
于宁国墩指挥所

一、当面匪情如另纸要图所示：

第二十八军已进占门口村、东天目山之线。

忠救军第一纵队攻进后园、东关、西天目山；三纵队一部向裘岭、扁担岭攻进中；其二纵队刻在章□市、唐舍地区；又西溪坞、高村、杭杆镇有该军部指挥部所、五县游击队。

二、兵团□杨街、□□、杭杆、□□□□、刘村、□□地区，而后逐次击破当面奸匪，将其压迫于孝丰、□□而捕捉之。

1．右进剿纵队应于十九日向杭杆镇南北就开进配置，二十日进占新桥头、西圩市、百步村之线完成攻击准备，二十一日即以一部占领百步山、3454高地掩护主力沿鱼溪口以右地区向孝丰城进出而攻略之。

2．左进剿纵队应于十九日以一部向刘村东厕，主力于长坑村就开进配置，二十日进占台山、虎岭关、小白店之线完成攻击准备，廿一日即以一部占领八卦山、大王山、牛头鸡，掩护主力沿鱼溪口以右地区向孝丰城进出而攻略之。

3．左侧掩护队，十九日应控制犁壁山、中保村，二十日随兵团攻击推移，并派队分向西亩市、卢村地区游击搜索，阻匪增援及堵击孝丰奸匪北逸。

三、作战地境如下：

右进剿纵队
左进剿纵队 } 磻溪镇——杭杆镇——野菜村——百步村——登兵山——鱼溪口、3257高地区横坑坞相连之线，线上属右。

四、兵团预备队十九日沿沙子坑、天锦堂、高村道向磻溪镇集结待命。

五、作战间对兵团及各部队间通信连络，概以无线电为主，传递补助之。

六、余在宁国墩指挥所，十九日移驻磻溪镇指挥，尔后随攻击进展在右纵队后跟进。

右　令

五十二师张师长

指挥官刘秉哲

江南苏皖边区绥靖指挥部作命皖进甲字第55号另纸(一)

军队区分：

右进剿纵队长　独立第卅三旅旅长曾振：

独立第卅三旅。

左进剿纵队长　第五二师师长张乃鑫：

陆军第五二师(欠朱团孔营)。

左侧掩护队长　第一四六师四三八团团长马国荣：

陆军第一四六师四三八团。

兵团预备队长　绥一纵队司令陈邦豪：

绥靖第一纵队；

绥靖第二纵队第四团(欠仇大队)。

乙、中巧午海电：

命令：兵团为彻底明瞭当面奸匪兵力位置、行动及其阵地状态等，以便尔后我进出容易。

(1) 独立33 B即编组搜索队，向报福坛镇、孝丰地区实施侦察。

（2）五二师即向孝丰、西亩市、障吴村地区搜索。

（3）一四六师向广德、芦村、警节渡地区搜索敌匪情。上项除分电外，希即遵照侦察具报为要。

丙、中巧申海电：

皖进甲字第55号作命计达。

（一）当面奸匪有北窜模样。

（二）兵团为适应当前情况，变更部署如次：

（1）右纵队曾旅应即编组，有力部队于皓日进出报福坛镇、大竹杆村之线，搜索当面及孝丰匪情。

（2）左纵队该师应于皓日进出西圩市、小白店之线，搜索当面匪情，尔后即编组，有力部队挺进孝丰西北、障吴村地区，攻占孝丰城区。余仍在宁国墩指挥。上项除分电外，仰即遵照实施具报。

师基上三项电令，处置如下：时间应于记载。

甲、予一五五团段团长握巧戍翔电令如次：

命令：（一）当面奸匪有北窜企图，我右纵队曾旅于皓日进出报福坛、大竹杆之线，搜索当面匪情。

（二）师奉命皓日进出新桥头、西圩、小白店之线，搜索队由磻溪进出红庙、西圩市、百步村之线。

（三）着该团应于皓日将小白店附近之匪驱逐后，续向露石山、分界岭、八角山之线推进搜索。

（四）即饬一五六团第二营向杭杆归还建制。

（五）余率一五六团（欠一二营）皓巳进出磻溪镇，续向杭杆推进。

乙、予一五四团张团长命令如次：

命令　六月十八日廿二时
于苏村司令部

一、师奉指挥官刘中巧申海电命令：当面之匪有北窜模样，右纵队曾旅明（十九）日进出报福坛、大竹杆村之线搜索匪情；左纵队该师明（十九）日进出西圩市、小白店之线搜索匪情，尔后应即编组有力部队挺进孝丰西北地区之障吴村并攻占孝丰城区。等因。兹决定各部队行动如次：

1. 一五五团明（十九）日进出小白店后分向露石山、分界岭、八角山之线搜索匪情，并驱逐该地之匪。

2. 着该团明（十九）日由现地经杭杆镇分向新桥头、西圩市之线进出搜剿，右与卅三旅进出大竹杆村之部队切取连系；左一五五团进出小白店之部队切取连系。

二、师部及一五六团明（十九）日晨六时由苏村出发向杭杆方面推进，到达杭杆后，即向该团架设线路。

三、余现在苏村司令部，明（十九）日寅末向杭杆推进。

丙、基右甲、乙两项处置，以握巧戌翔二电呈指挥官刘如次：

“中巧午申海两电暨55号作命奉悉。职师遵于皓日以段团驱逐小白店之匪后进出露石山、分界岭、八角山之线搜索孝丰西北地区匪情；张团进出红庙、西圩市、百步村之线，右与曾旅切取连系，搜索孝丰方面匪情。职率朱团主力皓已进出磻溪镇后，续向杭杆方面推进。谨闻。”

丁、师司令部及一五六团预定明（十九）日向杭杆推进，行所要之准备并通报有关各部队。

丁、战斗经过：

六月十九日，月龄十。上午雨，下午晴。

司令部于杭杆东梅村。

是日仍间雨间阴，一五四团由磻溪抵杭杆附近就开进配置，十时顷团主力展开于杭岭头南北之线，预定以第一营向新桥头以西高地，第二营一部由野乐村向西圩市攻击；一五六团所部位于师司令部后，经董岭、磻溪至杭杆；司令部续向梅村挺进，该团所部乃控置于杭杆为师预备队。

十三时顷，师司令部行抵梅村，得知情况如下：

一、一五四团方面：如预定攻击部署，正向新桥头、百步山之匪攻击中，其团指挥所于杭岭头附近，话线亦已架就。

二、一五五团方面：据段团长皓未一电称："皓午将匪驱逐后已进展至老鼠山、桃花山、牛山，刻续向小白店、八卦山、分界岭搜攻中，俘获伤亡待查报。"

师基右项情况，处置如下：

一、电话指示：一五四团长应以主力先攻占百步山，尔后再转向新桥头之匪攻击。

二、予一五五团段团长握皓未吉电："皓未一电悉。张团刻正向新桥头、百步山之匪进攻，黄昏前后可占领。右翼卅三旅先头团刻已到达唐舍庄附近，该团左翼对四三八团能否连络，障吴村、芦村一带匪情如何？速报。"

三、呈指挥官刘握皓未翔电：

"(一)职率朱团主力于皓午抵达梅村。

(二)张团午抵抗岭头向占领百步山、新桥头以西高地迄1925高地之匪搜索，并以第一营向新桥头攻进，第二营攻击百步山，迄未刻仍在激战中，新桥头东有强团工事，约匪二百余固守。谨闻。"

十九时顷，获得各方情况如下：

一、张团方面：

1. 新桥头、龙头山一带为匪八支队，大竹杆村、灯笼桥一带有其主力。

2. 第一营未刻攻占新桥头，续向其以东匪之强固据点2200高地猛攻，激战至酉刻尚未奏功。

3. 第二营申刻攻克百步山。

二、段团方面：据该团皓申电："匪九支队约五、六百人，刻据守八卦山顽强抵抗中。”

基右项情况，处置如下：

一、综合上述情况以握皓酉翔电报指挥官刘。

二、予段团长握皓酉翔电指示如下：“皓申电悉。（一）黄昏后可守要点，警戒待命。

（二）张团酉刻攻克百步山、新桥头。”

廿一时顷，张团黄营（第一营）攻占石山村后与石灰山（红庙北侧高地）2200高地之匪对峙中。

廿二时黄营复攻占2200高地孙营（第二营）攻占西圩市，该团本日共伤亡官兵廿余员名，弹药消耗待查。

师综合上二项情况，处置如下：

（一）以握皓戌翔电转报指挥官刘并为师明日行动请示。

（二）对张团指示以一部固守既得阵地，主力撤至河西百步山、新桥头间澈夜。

段团方面以通信关系，截止廿四时止未据电报，详见明(廿)日。

六月二十日，月龄十一。晴。

司令部于杭杆东梅村

上午三时顷据张团长智子全电：

“团向当面之匪攻击，已逐次将1925高地、新桥头、2200高地、红庙北侧高地及百步村、西圩市攻克，我阵亡排长一员，士兵十名，伤士兵十名，匪阵亡三十余员名，俘匪二，步枪二，消耗七六二机弹一五五八〇发，步弹五五四八发，迫炮弹、八一弹九发，八二弹二八发，手榴弹二〇发，枪榴弹二〇发，掷榴弹二五发。当面匪为八支队，约六百余，经我击退后仍占2410、3040高地、龙头山各制高点，2510高地（南渡村南）有其坚强工事，刻黄孙两营各以一部占领既得阵地，主力分别集结新桥头、百步山，团直属第三营于新桥头西二里许无名高地。谨闻。”等情。当以握智辰翔三电转报指挥官刘并以握留辰翔电示张团长如下："皓子全电悉。（一）该团除确占既得2200高地及西圩市外，并将红庙南北高地之匪肃清后增强工事，确保此线。

（二）段团已攻占八卦山之一部。"

四时顷据段团长皓申皓亥两电称：

一、皓申电："（一）匪七、九支队经我猛攻伤亡重大，遗尸卅余具，刻蛸集于八卦山、石鸟山一带，由九支队队长俞炳辉一面指挥顽强固守，企图抵抗，我二、三两营向匪围攻中，计俘获步枪十余支，卡柄式两支，俘获匪兵及其他物品待查，我炸伤排长二，士兵九，阵亡一，弹药消耗另报。"

二、皓亥电："八卦山之匪集中辎重武器顽抗，我三营攻至小白店附近一带高地警戒，计负伤士兵五名，阵亡二名；皓日共消耗迫炮弹九六发，七六二机弹一五〇〇〇发，七九机弹三五〇〇发，手榴弹一五〇枚，枪榴弹四〇余。"

师基右两电，当以握留卯翔电转报指挥官刘。五时顷据段团长皓戌二电称："1．崔营已占领老鼠山、虎岭及螺丝山，一部分向北及孝丰暨尖平垱方向警戒。

2．刘营一连占领牛山，其余撤至叶坞桥以北高地整顿。

3．谢营攻占八卦山，一部后即以一连固守，其余占领小白店西北一带高地，对虎岭关、分界山警戒。

4．职在下西坑附近指挥。"等情。当以握留辰翔二电复示如下："皓戌电悉。（一）张团已攻占2200高地、西圩市并续向红庙南北高地攻击中。

（二）该团应即攻占分界山岭、虎岭关、露石山之线，并以螺丝山为支撑，尔后相机向白虎村、登兵山、渔溪口方面进击。"

基于右项情况及处置，以握留辰翔四电转报指挥官刘。

综合昨（十九日）战况及伤亡损耗概要，以握留卯翔电呈军长陶如下："皓日：

（1）一五四团由杭杆向新桥方向攻击，迄申刻攻占新桥头、2200高地、红庙、西圩市之线，毙匪卅余员名，俘匪八，枪各二，我阵亡排长一，士兵十，伤十一。

（2）一五五团向小白店方向攻击，酉刻攻占八卦山、螺丝山，匪伤亡甚重，遗尸卅余具，我俘获步枪十余枝，俘匪及其余物件清查中，我炸伤排长二，士兵十四，阵亡士兵三。

（3）皓日我消耗迫炮弹一八三发，七六二机弹三〇五八〇发，七九步机弹九〇四八发，手榴弹二六〇发，枪榴弹七〇发，掷榴弹二五枚。谨电核备。”

本（廿）日拂晓以来，师行动奉指示后，以右翼曾旅迄未到达，深恐孤军突出，易遭不利，乃命所属保持原态势，积极加强工事，并侦察当面匪情、地形，以利尔后之攻击。

原配属段团之朱团姜营于本日上午到达杭杆归还建制。

十三时四十分奉指挥官刘中皓亥海电：“握皓酉翔电悉。（一）兵团迅予击灭当面奸匪，并行进出孝丰以北地区一举而攻略之。

1．右纵队（曾旅）智晓前向老石口、大竹杆村、二石山村之线进出，主力保持于左。

2．左纵队（张师）应确保西圩、小白店之线，并续行攻击当面奸匪。

（二）余率兵团预备队智午推移磻溪镇指挥。上项特电遵照。等因。师为尔后攻击容易，乃作如左处置：

1．派遣连络军官一员备文往塘华村、大竹杆村方向与曾旅连络，并行所要之协定。

2．师长亲率炮二连长及参谋一员赴新桥头、石灰山（红庙北侧高地）视察第一线作战情况及地形当面敌阵地状态于现地，对各部队长行所要之指示。

3．予段团长号酉致电如下：“希于马晓前完成攻击诸准备，命令另电示。”

十八时半师长侦察归来，行经杭岭头乃命师搜索队曹队长（系上尉参谋兼）率领所部即晚推进百步村主对登兵山、渔溪口方面侦察匪情及工事位置、强度等，限于明（廿一）日拂晓前具报。”十九时予段团长握留申吉电如下：

“（一）右翼友军曾旅已到，刻达上下梅村附近，明（廿一）日进出报福镇、老石口之线。

（二）该团左翼与四三八团是否连络，当面匪情若何？迅电报。”

同时为左翼易以适切协同，乃予一四六师戴师长叔田握留申吉电如下：

“（一）本部巳皓抵杭杆镇附近，侦悉当面匪为第二纵队七、八、九支队，扼守于新桥头、百步山、石灰山、西圩市、渔溪口、八卦山、虎岭关、小白店、老鼠山、桃花山之线，午刻我一五四、五两团分向该匪攻击，激战至酉，始将新桥头、2200高地、百步山、石灰山、西圩市、虎岭关、八卦山、小白店、老鼠山、桃花山之线攻占，是役俘匪人枪十余，伤毙匪七、八十名，我伤官兵卅余员名。

（二）我右翼卅三旅刻抵上下梅村，贵师四三八团现进抵何处？迄未取得连络？请电复。”

廿时据张团长留酉全电称：“团为尔后进出容易计，留午以第三连将2410高地全部攻占，该匪向大竹杆村逸去，计消耗七六二机枪弹一二五〇发，七九步弹四〇五〇发，手榴弹十九枚，枪榴弹九枚，匪伤亡十余。”等情。当以握留酉吉电转报指挥官刘。

同时据段团长留酉电称：“（一）我崔、谢两营于留午未占领虎岭关、分界山，奸匪百余经我击溃，分向登兵山、姜公山搜索前进，计俘获步枪一枚，我消耗机弹二千发，步枪六五〇发，迫炮弹二五发。

（二）八卦山、石乌山、丁岭五垒山匪千余在赶筑工事中。”

等情，当以握哿亥翔电转报指挥官刘。

廿一时许指挥部到达下松坑，师长奉指挥官电台率领作战参谋前往面聆机宜。概述如下：

一、曾旅即到，着该师张团西圩市以右防务交曾旅接替后，主力向百步村附近转移。

二、段团应以螺丝山为依托，主力向大王坑转移。

三、该师明（廿一）日应向登兵山攻击，占领后向渔溪口方面进出，并侦察孝丰、障吴村间匪情，地形具报。等情。廿一时廿分师长当于下松坑指挥部，以电话告韩副师长转示张团长及通信连搜索队如次：

一、一五四团既得阵地交曾旅接替后，明（廿一）日主力向登兵山攻击，相机占领登兵山以东地区并与一五五团主力会合。

二、本（廿）日晚着搜索队及一五四团第二营各派便衣会同向登兵山侦察，拂晓前具报。

三、着通信连送线两圈，使搜索队暨第二营构成通信线路。同时奉指挥官刘铣进甲字第57号作命（要旨如面示以从略）乃处置如下：

一、予段团长握号戌吉电如次："号酉攻电计达哿酉电悉。

一、师决于马晓后推进至寨岳村附近，张团将西圩市以右防务交由曾旅接替后，即向登兵山方面严密警戒，务须与进出中堡村附近之四三八团切取连络；另以一个加强营于马晓后开始沿虎岭关、露石山、姜公山协攻登兵山，并对九龙山、牛角尖方面特别警戒为要。"

二、予张团长要旨命令如次：

"（一）师奉命确保西圩市、小白店之线，并续行攻击当面奸匪，主力决向百步山方面集结，段团主力马日集结小白店、虎岭关间，并以加强营马晓后由露石山、姜公山向登兵山协力该团攻击。

（二）该团除留置一部于2410、2200高地迄新桥头之线，俟曾旅到着交替后，回百步山归还，另以一部确占百步山亘3454高地之线，马晓后主力向登兵山之匪攻击而占领之。

（三）余在梅村，马晓后率一五六团主力向寨岳村前进。”

廿二时卅分，张团长电话报告：“一、石灰山、2410高地我第一营与匪战斗甚烈，匪四处吹号并猛冲。

二、另匪二百余，由官音桥、塘华向西窜。”

移时枪炮声渐激烈，而接近小白店方向枪炮声亦隐约可辨，师长乃策马约廿四时而返，甫达梅村师部，耳闻枪声号声愈烈时，与一五四团通信连络渐绝，而前方情况难以明瞭，师准指挥部陈处长电话，嘱派通信兵携线向上庄架设，以便与曾旅密切连络。等语。师除饬通信连派遣查线班由杭岭头向一五四团查勘线路，另派架设班自梅村向上庄架设。

六日廿一日，月龄十二。晴。司令部于梅村。

上午一时卅分顷，杭岭头发生激烈枪声号音逼奏，当与我杭岭头西麓工兵连主力发生接触，移时马头坞方面亦枪声大作，是我工兵连派出之排哨与迂回之匪接触，旋据所派之通信兵报告：“马头坞与杭岭头方面均为匪占，我通信兵被俘二名，击伤二名，现与工兵连激战中，致架线查线均无法施行。等语。是时前方情报中断，司令部亦将受匪威胁，面师控置之预备队一五六团（欠第一营）以第九连任补给线之掩护，第七连任杭杆南侧高地暨设碉堡工事之直接警戒外，能资机动者仅，第二营及第三营第八连、机枪连而已。为解目前危困，顾虑尔后突变，即以电话命令一五六团朱团长派一加强连迅向杭岭头攻击，与工兵连协力，设法与张团连络，另饬占领杭杆南侧高地既设碉堡阵地之部队向马头坞、景渠村方面警戒，以防匪迂回。”

二时半综合判断情况，以握马丑翔电呈指挥官刘如下：

廿二时前杭杆东南卅三旅当面闻悉枪炮声，廿二时卅分接张团长电话："石灰山、2410高地当面向我袭击号音特多，另一股匪约二百余，由2410高地窜至塘华村，续向西进，迄马丑仍在激战中，杭岭头已为匪占，马头坞亦有匪踪，刻与我杭岭头、梅村(师位置)间地区之工兵连激战中，判断当面之匪拟为有计划夜袭，除饬朱团派一加强连向杭岭头、新桥头方面攻击，与张团取得连络，另以一部占领杭杆南侧既设碉堡阵地，向南警戒，详情续闻。"

是时一五六团派出之第四连与工兵连协同向杭岭头之匪攻击，未能奏功，师为急解张团之围一面以电话报告指挥部，一面电话命令朱团长派第二营即由杭岭头自南向北攻击，与匪发生激战。张团方面战斗至烈情况始终未明，天甫拂晓，马头坞方面发现匪迂回部队，该营即派加强一排向其猛攻，并以迫炮两门向马头坞方面猛击，该匪未敢轻进。

同时据段团长马子电称："匪千余以八卦山为根据向小白店、姚街、齐蒙山、老鼠山我阵地扰袭。"师基于右项情况处置电话报告指挥官刘，并电告段团长以张团方面战况与指示集结主力严密警戒搜索。

六时顷奉指挥官刘皖进甲字第59命令如下：

命令　六月二十一日，于松坑。

一、沿塘华村西犯奸匪刻将我张师张团包围于新桥头、百步山，共股仍在马头坞有继续西窜模样。又另匪约千余向虎岭关、小白店段团阵地扰袭中。

二、兵团决先扑灭孝丰西扰奸匪：

1. 着绥一纵队即占领景渠村东西亘松坑东侧高地之线，阻匪西犯。

2. 曾旅主力迅速占领马头坞以南之2210、2410高地，尔后向新桥头、杭岭头之线进出，协力五二师突击犯匪。

3. 第五二师主力速沿杭岭头道路两侧东行攻击。

三、余在松坑指挥所。

同时奉指挥官刘皖进甲字第61号要旨命令如次：

“着绥一纵队第一团（欠一营）即赴杭杆镇归五二师张师长指挥。”

师基右二项命令处置如下：

甲、命令一五六团者及苏保一团者：

“一五六团第八连附迫炮一门、重机枪两挺应即占领野乐村南侧高地，掩护苏保一团进出，尔后即归保一团张团长指挥。此令。”

乙、命令面授苏一团张团长者：

一、杭岭头方面约有匪三百余踞守，本师朱团姜营由其以南地区向匪攻击中，一五四团当面情况不明，朱团第八连附迫炮一门、重机枪两挺于野乐村南侧高地，掩护贵团进出，尔后归贵田指挥。

二、贵田奉命暂归本部指挥，应即向杭岭头以北地区进出，以协力姜营之攻击，尔后依状况之进展，姜营由杭岭头、新桥头道攻进，贵团于路北地区向百步山以南高地进出之。

三、余在梅村司令部。

丙、命令一五六团第二营姜营长者：

“一、苏保一团奉归本部指挥，刻贵团第八连附炮一门、重机枪两挺占领野乐村南侧高地，掩护保一团向杭岭头以北地区进出，协力该营攻击。

二、该营连系保一团由杭岭头向新桥头进攻，以接应张团。

三、余仍在梅村指挥。”

迄八时顷，各部队如命东面攻击，惟无甚进展，旋一五四团第二营副营长代理团附万如瑛率领一部突围脱险、来部面报：昨（廿）日廿二时塘华村方面枪炮声连续射击时，当时团长判断系匪夜袭，急派便衣向该方面侦察，半时许匪大部队约三千余向我侧背迂回，乃命第七连派队向该匪迎击，以掩护预备队（第三营）

主力及直属部队能予以占领阵地之时间，嗣正面号音吹奏，步步近逼阵地，为匪军包围，我第一线营正面枪声亦烈，此时判明匪有计划夜袭，突围非善策，出击又恐兵力不足，乃决心固守现阵地，与匪经战澈夜，团长头部负伤，将近拂晓，奉团长命以第三营掩护，职率直属部队非战斗员兵先行突围，计官兵二百四十余员名，请示尔后行动。等情。当集结整理收容。

同时据段团长马卯二电："匪七、九两支队分途向我包围，职刻在高岭下。"嗣后据段团长八时报告称："战团于智亥受匪千余，分四路向我高岭围攻，经激战十二时，旋被围，因请速派队并运弹药援救。"各等情。当以握马辰翔电指示如下："张团在新桥头激战，中午可效功，即移主力策应，希集结掌握主力稳打，特殊时转移高鲁坞南高地，弹药皓已已追送下西坑。"

午刻杭岭头为姜营攻占，同时据朱团长报称：

"职团奉命以第四连由杭杆向该处搜索，三时该连到达杭岭头西方高地，即与匪遭遇，战斗甚烈，四时顷复奉命以第二营全部向该匪攻击，匪踞山顽抗，分组扰窜，激战至十二时，始不支渐向杭岭头以东高地溃窜，该营以火力追击后，占领该线警戒，并收容。此役计毙匪四十余，卤获步枪一枝，我伤亡列兵各一名，消耗七九步弹1711粒，七六二机弹6650粒，掷弹27枚，八一迫炮弹29枚，手榴弹67枚。"等情。当以电话转报指挥部。

据段团长马午电："匪五千余分四路向我包围，一、三营被截断，情况不明，我弹药已尽，伤亡太重，职率第二营突围之磻溪北十五里鹅山头与匪激战后于岭西村收容。"等情。当以马午亲电指示如下："马午电悉。速向磻溪镇撤整。"并转报指挥官刘。

午后以来，当面之匪因经我反击，主力渐向东移，百步山方面仍与张团一部战斗中，突围部队零星归来。段团方面：第一营主力及三营一部与张团二、三营各一部于百步山以北地区会合后，经野乐村冲出重围，亦达梅村。综合各方所得情况，以握马酉翔代电电转报指挥官刘、军长陶如下："（一）皓戌一五四团进占至新桥头东南2410高地红庙迄西圩之线，亥刻大竹杆方面之匪数百，由塘华村沿点线道潜入杭岭头，猝然向我猛袭，激战竟夜，对匪八支队主力约一千余陆续乘隙钻入杭岭头、百步山间地区，马拂晓后以三股分别包围新桥头、二石山村、西圩并切断我通信，首向新桥头以西张团团部猛袭，继即向二石山村、西圩市围攻，该团主力即向百步山暨3454高地集中，奈受匪层层包围，全般情况不明，时王必成部三十余跟踪尾击，激战至午刻，张团伤亡惨重，现一部仍于百步山被围中，该团团营长均无下落。

（二）一五五团方面：皓亥匪七、九两支队五千余，由障吴村、西欧市向虎岭关、小石店该团围攻，亦以各个包围，切断通信，激战至午刻，伤亡惨重，弹药告绝，乃决心突围，迄申刻段团长率第二营主力突抵岭西村（磻溪东北十余里），第一营、第三营残余部队酉刻已抵杭杆梅村，第一营营长崔九楹负伤，第三营营长谢尚廉失踪。

（三）该两团损失待查报。

（四）师遵奉命于杭杆、磻溪镇间地区调整部署中。谨闻。"

并予段团长握马申吉电："（一）该团第一营崔营长及一、二、三、七、八机一连，共官兵二百余，轻机枪八挺，已抵梅林。

（二）磻溪镇警戒仍须特加注意，防匪尾击。"据报：由小白店南下尾追之匪七、九支队主力由寨岳村西向吴村、高村道追击，并有迂回我左侧背企图。等情。即转报指挥部并饬绥一团注意警戒。"

十九时顷奉指挥官刘皖进甲字第63号作命如左："一、匪情如贵官所知。

二、各团为适应情况转移内线作战，变更部署如次：

1．第卅三旅应以上庄2220高地迄杭岭头东南侧高地为前进阵地，2276、2470、2807等高地之线为该旅主阵地带，旅主力集结2807高地东侧机动。

2807高地有我绥一王营守备，杭岭头有张师姜营一部守备，统由该旅派兵于本（廿一）日黄昏前接替完毕。

2. 第五二师附绥一张团（欠一营）应以野乐村及其南北高地为前进阵地，主力以3071高地为依托，固守杭杆核心据点，该师段团应向磻溪镇续行收容整顿并对北警戒。

三、作战地境线如左：

杭杆（不含）——杭岭头——新桥头迄红庙相连之线，线上属右。

四、绥一纵队（欠张团）应即占领景渠村西侧亘松坑以东以北等高地为主阵地，另一个营于上下松坑、潭头警戒。又五二师段团未到达磻溪镇前，着由该部酌派一部先行占领。

五、余在松坑指挥所，五时后移驻下童村指挥。”

等因。复奉指挥官刘电话指示与右令略有变更，师遵示予保一团张团长、一五六团朱团长、第二营姜营长命令如左：

命令　六月二十一日十九时，于梅村司令部。

师基于指挥官刘电话指示，决定调整部署如次：“一、第一五六团（欠第一、二营及第三营之一连）附一五四团机枪一挺，一五五团第七连战防炮连，确保杭杆镇。

二、第一五六团第二营将杭岭头守备勤务交卅三旅接替后，即占领杭岭头，遵以北迄点线道南间高地，右与卅三旅，左与野乐村以南地警戒部队切取连络协同。

三、保一团以一部占领野乐村东南北高地，主力确占5071高地之线，对东西北三面警戒，右与我一五六团姜营切取连络，对3071高地东南河流湾曲部特加注意。”

天将黄昏，师搜索队负伤突围，便衣来部报告：“一五四团团长、副团长暨我队曹队长、徐排长均阵亡，一五四团损伤殆尽，战斗已告一段落。”

昨今两日来，一五四、五团战斗经过详情如附录(一)、(二)。

入晚后，我如命调整部署，惟杭岭头方面卅三旅未行派兵来接，乃以原附保一团之朱团八连改归姜营长指挥，任野乐村方面之警戒。

戌 战斗后经过概要：

子、撤整及清扫战场：

六月廿二日，月龄十三。雨。司令部于梅村转移松坑。

自晚迄拂晓前，匪常以小部队不断向我阵地扰袭，以我守备严密终未得逞，杭岭头方面卅三旅迄未来接，乃仍由姜营守备。

三时顷，师以各部非战斗人员及所收容部队先行向磻溪镇以西地区转进。大要处置如下：

“一、一五五团第一营及第七连主力、八连一部向磻溪镇归还团建制，到达后确占3510高地、王山永顺桥要点工事，对东北西各方面警戒，并派出便衣严密搜索。

二、一五四团万代团附率领所收容部队即向磻溪方面转进。

三、政治部卫生队（留三分之一)、军需组各单位人员即向太平桥转进。”

命令 六月廿一日廿四时于下童王指挥所。

一、当面奸匪一、三、四纵队以一部扼守要点，集中大股（七个支队),采取内线作战，企图各个击破我军。

二、兵团为粉碎奸匪翼侧包围，决集结兵力，先求其外翼而击破之。兹变更部署如左：

1．独立第卅三旅即以一部扼守杭杆镇地区既设工事，对上庄、新桥头、高村等地实施游击，侦察匪情，其主力分别控制于松坑、景渠村地区机动。

2．第五二师所部附绥一团欠一营将杭杆阵地交卅三旅接替后，向磻溪镇转移，即在该镇以西以南地区占领阵地，并对岭西村、高宽桥实施游击，搜索匪情。

三、两地区作战地境线如左：

潭头——岭西村——尖坪垱之线，线上属左。

四、绥一纵队欠张团，为兵团预备队，位置于黄山村。

五、各部队于明（廿二）晓后交防，限八时前调整部署完毕具报。

六、余于明（廿二）日八时移驻西汉坞之黄山村指挥。

右令　第五二师张师长　指挥官刘秉哲。

下达法：笔记命令送达。等因。师遵令部于五时四十分下达命令如次：

命令　六月廿二日五时四十分于梅村司令部

一、当面奸匪一、三、四纵队以一部扼守要点，集中大股(七个支队)，企图各个击破我军。

二、师附绥一团（欠一营）将杭杆附近既设阵地交卅三旅接替后，向磻溪镇转移占领其以南以西地区，并向北游击。决变更部署如下：

1．绥一团（欠一营）除留置一个连于现地待命随师部行动外，主力即经上下松坑向磻溪镇集结，并即占领磻溪镇以北以西阵地，赶筑工事并不断派队向岭西村、高宽桥方面游击。

2．一五五团所部即向太平桥以西地区集结，并以一部占领太平桥西北（五万分一图纸一公分半）无名高地对北对西警戒。

3．一五六团（姜营于杭岭头即归还建制）俟卅三旅将杭杆防务接替后，全部即向磻溪镇西南地区集结，并以一部占领磻溪以南高地。

4．一五四团所部随师司令部行动。

三、绥一团（欠一营）右与卅三旅作战地境线如左：

潭头——岭西村——尖坪垱之线，线上属左。

四、余现在梅村，八时后向磻溪镇西南地区推进。

右令：

一五五团段团长；

一五六团朱团长；

一五四团王副团长文彬；

绥一团张团长。

师长张乃鑫

副师长韩德考

下达法：先电话示以要旨，尔后笔记分送。

八时后，师司令部暨各部队于风雨途中如命行动，午后始行部署并宿营完毕，姜营附第八连重机枪等亦归还。

一五四团李代营长勇为率部突围归来，师即命指挥该团所部南移苏村整编，并清理伤亡损耗情形。

十三时顷奉指挥官刘皖进甲字第61号命令：以主力控置杭杆以北地区，并派队分向百步山、寨岳村、高村一带游击侦察，另由韩副师长指挥一五五团于杭杆为预备队，并积极收容整理。各等因。嗣复奉参指字128号代电命令开：“皖进甲字第67号作命暂缓实施，仍在现地整理补充，完成攻击准备，嗣后部队行动另令饬遵。”等因。师仍如原态势警戒宿营并整补。

十八时，综合所得及收容情形，以握养成翔电呈指挥官刘、军长陶原文如左：“握马西翔代电 〇密握马西翔电计呈。晢日围攻张团之匪为一、三纵队主力，围攻段团为四纵队主力及三纵队一部。张团方面：以山地连络困难及未获友军适切协力，师仅使用预备队一营猛烈反击，奈以众寡悬殊，陷入重围，通信断绝，伤亡过重。段团方面：亦以丛山隔绝，交通通信困难，致均形成独立作战而蒙受重大损失。谨将张、段两团伤亡损耗概数续陈如下：

（一）人员：一五四团阵亡团长张俊清、副团长殷广金、连长罗寿峰等，第二营营长孙芳被俘，不屈被杀，负伤连长张振大，生死不明者一、三营营长，第一、机一、第四、第六、第九等连，建炮连等六连长、排长以下当无统计，现收容者约二百四十余员名，内非战斗员占多。一五五团第一营营长崔九楹，第二营连长一员负伤，第三营营长谢尚廉，第九连、机三连连长等三员生死不明，传闻养晨率部于西圩市与匪战斗中，该团除第二营尚完整，第一营损失稍轻，第三营第七连尚完整，第八连尚剩余二十余员名，余均损失。

（二）武器：一五四团计收容得迫炮一门、重机枪三挺、轻机枪四挺、步枪约四十枝、掷弹筒一。一五五团损失重机枪四挺、轻机枪约十挺，步枪百余枝。

（三）师上尉参谋兼谍报队队长曹日旺阵亡，损失轻机枪一挺、步枪十余枝、十响驳壳枪六枝。

（四）一五四团全部印信均告遗失。

（五）其余损失详情容续查报。

（六）遵奉命全部集结上下松坑附近整理待命中。松坑张乃鑫握养戌翔。”

二十二时奉指挥官刘皖进甲字第68命令略开：派本师韩副师长指挥绥保一团及朱团明（廿三）日起百步山、石山村间地区游击侦察，并清扫战场。等因。师遵示下达如左之命令：

命令　六月二十二日，于下松坑司令部。

“师奉命为游击搜索匪情并救护杭岭头东北战场负伤失散官兵，遵派副师长韩德考指挥绥保一团及一五六团（欠第一营之第九连）于明（廿三）日四时前到达下松坑附近候命前往，黄昏前仍各归原驻地，除分令外，仰即遵照为要。此令。”

六月二十三日，月龄十四。晴。司令部于松坑。

拂晓前任游击侦察并清扫战场各部队于松坑集结，由韩副师长率领出发。

七时顷为昨（廿二）日宿营及继续收容情形，以握梗辰城电补呈指挥官刘、军长陶如次：

“职遵于养午移松坑指挥一五四团，所部暂由该团李代营长率领移苏村清查编整；一五五团除谢营营部、九机两连外，余大部到齐刻驻磻溪镇附近整补；一五六团（欠第一营）随司令部于松坑附近待命。谨闻。”

十七时顷韩副师长率领所部游击归回，当将搜索情形电呈指挥官刘、军长陶如次：“梗丑师奉命以一五六团（欠一营）及苏保一团编为左搜索队，由韩副师长指挥挺进至百步山、石山村搜索，并侦察匪情、清扫战场，当以绥一团主力占领野乐村东北高地及3652高地左侧要点警戒，掩护一部向明照坞搜索，并收获伤散官兵；一五六团即向百步山进出并实驰威力搜索，计俘匪便探二名伤兵四名，步枪三枝，弹盘七个，并掩埋遗尸卅余，一五六团计消耗762，轻重机弹519发。谨闻。”

丑、出击：

六月二十四日，月龄十五。晴。司令部由松坑向单舍村挺进后，折回磻溪。三时顷奉指挥官刘皖进甲字第70号命令如左：

命令　　六月二十四日二时，于下潼玉指挥所。

一、当面匪情如贵官所知。

昨（廿三）午右兵团段师攻占五峰山、东山，突一队占领巴山并一度入城。

中央兵团马部第二、三纵队已进据青明山、四明山。

二、兵团决于本(廿四)日五时向大岭头南北渔溪口线进出，攻击顽匪。

1．第卅三旅应先行肃清新桥头、3454高地间地区散匪，即攻占西圩市，确实占领该市东西高地及百步村东侧高地，掩护主力向大岭头南北攻进。

2．张师所部应先肃清童代山、中代、高圩一带散匪，即攻占屏风山、台山，确实占领阵地，掩护兵团左侧，并以有力部队继向登兵山、渔溪口攻击。

3．左侧掩护队应攻小白店，进出虎岭关，向左纵队张师切取连络。

三、作战地境如左：

杭杆镇——野菜村——百步村——上平乐——枝干坞（枝字处）迄卢村里相连之线，线上属右。

四、兵团预备队（程团）于六时前下潼王集结完毕，待命行动。

五、第十二兵站即由玉皇亭向狮桥推进。

六、于本（廿四）日八时后沿杭杆镇、野菜村道路前进。

指挥所于行进间情报所设塞岳村。

右令：

第五二师张师长

指挥官刘秉哲

下达法——笔记命令送达。

师基于右令，即予各部队剿战字第4号命令如左：

命令　　六月二十四日三时，于松坑司令部。

一、匪情如贵官所知。

二、师附绥一纵队先肃清重代山、中代、高村、吴村之线以北残匪，尔后一部进占台山，掩护师主力向登兵山、渔溪口攻击。

卅三旅肃清新桥头、百步村之线残匪后，一部进占西圩，主力向大岭头攻击。

三、各部队任务行动如左：

1．一五五团（附一五四团机三连欠一排）沿松坑——中代——高村——吴村道搜剿其南北山地散匪，应于本（廿四）日午到达台南麓集结为机动部队。

2．一五六团（欠第一营及第三营之第九连担任杭杆补给站监护）于本（廿四）日上午六时出发，经杭杆——野乐村——寨岳村（以西渡河）道前进并向登兵山、渔溪口攻击而占领之。

3．绥一团（于廿四日上午六时出发）准一五六团行进路跟进占领台山、屏风山向北警戒，以掩护一五六团之攻击。

4．绥二团（于二十四日上午六时出发）准绥一团行进路于百步村西北地区集结机动。

四、余现在下松坑，行进时于绥一团后尾。此令

一五五团段团长；

一五六团朱团长；

绥一团张团长；

绥二团苏团长；

绥一纵队陈司令；

一五四团机三连段连长。

师长张乃鑫　副师长韩德考

（对绥一、二团加司令陈邦豪）

下达法：先电示要旨，尔后笔记分发。

各部队于受挫之余，经两日来稍事整补，兹再度进击，六时出发，午刻师主力进抵寨岳村附近，略事休息给养，听取各方情况。迄十五时顷综合各方情况所得，并转报指挥官刘如下：

一、绥一团主力已进抵屏风山以南地区，台山匪数百企图顽抗，我续向该山攻进中，一部已占领屏风山。

二、师与朱团绥二团均抵寨岳村附近。

三、该团将童代山、中代、高村一带散匪肃清后已占领寨岳村以北高地，十六时廿分顷我绥一张团已攻占台山，现以该山为依据，筑支撑工事。朱团邱营仍向登兵山续攻中。段团向高村搜索，无情况，刻抵吴村集结。其余部队已确占屏风之线。师指挥所于屏风山西南端。综合上述情况，转报指挥官刘。

于十七时顷师司令部进抵缫合村（缫合村实位置于寨岳村东北约四华里左右，该地区地形与图上颇多不符），各部亦如命完

成部署，积极筑工，同时我一五六团续向登兵山攻击，迄二十时顷我一五六团已攻占登兵山并续向渔溪口向追搜。师另以一部经大王坑向小白店方向搜索，以为尔后攻击指导之基础。同时将上情电话报告指挥官□寅转进。

廿一时奉命指挥官刘皖进甲字第71号命令：

命令　　六月廿四日廿时廿分，于寨岳村

一、当面匪情如贵官所知。

莫干山匪一股窜向水湾，另一股窜施儒村，右兵团已移黄湖镇附近。

二、兵团奉命乘夜暗向杭杆镇、磻溪镇之线固守待机。

1. 曾旅应即酌留兵力占领百步山、新桥头及以南山地，掩护主力沿杭岭头向杭杆、景渠村转移，星夜赶筑碉堡工事。

2. 张师所部应即酌留兵力于屏风山，掩护主力沿吴村、高村、中代向磻溪镇筑碉固守。

3. 兵团预备队程团除留必要兵力仍任警戒外，主力即在寨岳村西端集结，待命行动，留置兵力俟本部转进后任卫警戒。

三、余二十二时后经野菜村、杭杆镇道转移松坑指挥。

右令

五二师张师长

指挥官刘秉哲

师基右令处置如下：

一、师战炮连、通信连(欠一排)、输送连等随一五五团即沿吴村、代岭、西村道向磻溪镇转移，该团抵达后并占领其北侧高地，筑碉固守。

二、绥一纵队占领台山、屏风山，掩护一五六团撤移，尔后于一五六团后沿寨岳村、野乐村、杭杆道向磻溪西南地区转移，到达后，一五六团于磻溪河南诸高地筑碉固守，绥一纵队于右口村附近地区。

三、师司令部暨直属部队循一五五团行进路向礌溪镇、西银场村转进。

六月廿五日，月龄十六。晴。

司令部由礌溪镇转移岩边村。

三时顷各部队分别到达指定位置：

一五五团于礌溪附近并对东对北警戒。

一五六团于礌溪河南占领阵地，筑碉固守。

绥一纵队于石口村附近集结，并向南警戒。

司令部于银场村附近（礌溪西）。

拂晓后，师长率参谋主任、作战参谋赴各团视察工事，并召集段、朱两团长行所要之指示。

十三时奉指挥官刘皖进甲字第72号命令节开："兵团奉令即于上下梅村、马头坞、杭杆镇、高村线筑碉固守待机；第五十二师（附绥一）为预备队，即构筑松坑、礌溪镇之纵深碉堡工事，分于石碧村派队扼要构筑侧翼据点守备之，指挥所十五时后向岩边村姚村转移。"等因。师遵令决以一个团推进松坑北侧地区，择要筑工事。乃予绥一纵队司令陈邦豪以如左之要旨命令：

"贵纵队迅以一个团推进上下松坑东北及西北侧高地，选择要点构筑纵深碉堡工事守备之，对高村、中代、岭西村方面派出搜索部队活动，其余部队集结石口村附近机动，并构筑掩护碉堡工事。

师为适应尔后作战指挥并便于纵横通信连络，黄昏前将司令部移岩边村；绥一（欠一团）于西溪坞、吴村；一五六团于黄山村北侧东西之线，筑工守备；一五五团及绥一之一个团仍于松坑、礌溪之线。

六月廿六日，月龄十七。雨。司令部由岩边村转移桥头

十五时奉指挥官刘皖进甲字第73号命令如左：

命令　　六月廿六日午后三时于姚村指挥所。

一、当面匪情如贵官所知。

二、兵团暂调整部署如次：

1．着绥二程团即移长久坞扼要筑碉，对东派出警戒，并右与汤口忠救军，左与下潼王曾旅连络。

2．第卅三旅以景渠村及杭杆镇构成前进据点，主力即移磻溪镇石碧村筑碉固守。

3．张师所部即向黄山村、岩边村、姚村集结机动。

三、余午后三时移驻高村指挥。

十六时卅分复奉指挥官刘皖进甲字第74号命令如左：

命令　六月二十六日午后四时廿分于姚村指挥所

一、兵团奉命即向西溪坞、西溪岭、长虹铺、葛子庙之线扼要守备。

二、着该师即向梅林附近集结，积极整顿待机。

三、余于五时卅分后移驻宁国墩指挥。

师基右二令，决先向苏村、桥头间转移，即以电话下达要旨命令如左：

“一、师即向苏村、桥头间地区转移。

二、各部队行动如下：

1．师司令部暨直属部队十七时即由岩边村经百尺坞、葛蒲岭、汪村向桥头集结。

2．一五六团向汪村、桥头中间地区集结待命。

3．一五五团于汪村集结待命。

4．师其余部队仍于苏村、汪村待命。

5．绥一纵队于苏村、汪村待命。”

各部队遵令于××时先后出发。

巳、转进后我于梅林铺集结态势：

六月廿七日，月龄十八。晴。司令部由桥头移龙门村。

司令部于寅刻抵达桥头，其余部队以行军长经过长亦于拂晓前后抵达，略事给养休息，八时顷予各部队如下之命令：

命令　　六月廿八日八时于桥头

一、师基于指挥部皖进甲字第74号命令即向梅村附近集结，积极整顿待机，兹规定各部队位置与任务如次：

1. 一五四团移上下朱村整补。

2. 一五五团于沙铺积极整顿待机，并派便衣一组赴白马庙搜索匪情。

3. 一五六团于梅林、南山后村、塔山、田村积极整顿待机。

4. 绥一纵队仍于苏村并对菖蒲岭、铁岭关方面派出警戒。

二、原有第二(梅林)、三(苏村)补给站着即清结，撤销人员，各归还建制。(清结手续另有详示)

三、轻重营移驻梅林附近，仍任运输任务。

四、搜索队着留置便衣一组（配属电话机一部）于汪村设置情报所。

五、师及直属各部队十二时后向沙铺河南龙门村附近转移。

迄十五时顷各部队分别集结宿营完毕，乃以握感申吉电转呈指挥官刘如下："师与直属部队感申到达沙铺南之龙门村附近；一五四团移上下朱村整补；段团集结沙铺；朱团于梅林南塔山整顿待机，绥一纵队于苏村。谨闻。"

全部进剿至此告一段落。

庚、孝丰战役经验教训：

（一）作战方面(奸匪方面)：

1. 匪此次以少数兵力向我正面扰乱，牵制引诱我主力深入，其主力分别潜伏于中央后两翼，利用夜间奇袭，实施重重包围，并一面阻截我军增援部队，使我军不能相互策应，致遭各个击破。

2. 匪以孝丰以西之线龙头山、八卦山及大竹杆村各要点，构筑强固阵地，利用少数兵力吸引我主力实施其后退包围，前进包围等惯用战法。

3. 匪常用近战、夜战、奇战、及冒充我友军接近我阵地扰乱以侦察我火力及配备运用其优势兵力，布置包围。

4. 匪土造之手榴弹轻小，投掷较远，其杀伤力较小，但瓦斯及响声仍大，可予我士兵精神上之威胁。

5. 匪作战部队数充足，常区分冲锋组（携手榴弹）、攻击组（步枪掷弹筒）、掩护组（轻机枪）、扫荡组（手枪及卡比步枪）、防御押阵组（重机枪），于参战前后得充分休养和准备。

6. 匪着重之山地战，均能适切运用并能发挥是项特长。

7. 匪常用集束手榴弹投掷及集中其主力施行韧强攻击，突破一点渗透全面。

（二）装备方面（奸匪装备）：

1. 匪着灰黑色服装，适合夜间行动及景况，目标小不易发觉。

2. 匪彻底轻装行军力强（官兵一律没有背包及挑担者）。

（三）通信连络（奸匪方面）：

1. 匪每中队有号兵一名，经常用号音连络，夜间并有用口技（虫声鸟声）连络，使我步哨不注意，逐渐接近后，以手榴弹及数倍兵力一举而冲入之。

（四）作战方面（我方）：

1. 稳扎稳打战术，因后方交通运输补给困难，再限于地形，实施困难（不能如赣南之稳扎稳打彼时公路汽车碉堡工事能同时并进），在此次我进剿地区辽广，空隙较大，彼此友军不能协同连络。

2. 我部官兵心理均以夺取阵地为目的，或自满自足，而不以歼灭奸匪为任务，收容易中匪反扑之计。

3. 我谍报未能深入，我各级指挥官及士兵均不能适时明瞭当面情况。

4. 我各级指挥官判断情况不确实，处置不适当，又不迅速果决。

5. 我官兵轻敌，同时精神又不能贯注战场（如匪夜暗向我包围实战，各级指挥官及士兵均认为夜袭或天明必退）。

（五）通信后勤：

1. 我团以上指挥机关非战斗人员过多，遭匪袭击时即生混乱，掌握困难，影响作战甚巨。

2. 在情况突变而通信中断时，下级指挥官常株待上级指示，不能独断处置，致失战机。

（六）警戒：

1. 昼夜间部署多未变更。

2. 警戒欠周密，其线应改为面。

3. 匪常以连以上兵力偷扑我哨兵，尔后□哨、军士哨均感无多大作用。

4. 我各部队不分平战时，均以宿营为主，警戒为副，致易遭受匪军袭击与扰乱。

附录（一）

战斗详报　　七月三日于石□湾

一、时间：

六月十九——六月廿一日。

二、地形：

孝丰以西地区为东西两天目山之余脉，山地拔海200公尺至300公尺不等，倾斜均在60度以上，每座小圆周率极小，个个孤立。此次作战地带，颇少绵绵不断，土质坚硬，上生茅柴，多年不伐，以至人行其间掩设不见，尤以百步山3454高地腹部以上茂竹丛生，其间地形狭小，通视不远，连络不易，行动困难。

三、气候：

久晴不雨，正值本团进军之际，雷雨交作。自十六日至十八日不分昼夜，雷响雨鸣，温度降低，身必覆以夹衣，夜必覆以夹被。十七日行军至磻溪镇河水暴涨，便衣不能越杭杆河绕道侦查。自十九日攻击以来，天气放晴，气候宜人。

四、战斗前匪我态势：

自六月十日以来，奸匪第八支队即调至大竹杆村、龙头山之线阵地之坚守，新桥头正面为第一大队；西圩市为第三大队；大竹杆村为第二大队警戒；部队位置于1925高地迄百步山之线2200高地石灰山（红庙以北高地）似为前进阵地，龙头山为主阵地带，阵地东西纵长。我友军忠救军游击纵队之一个大队住杭杆镇附近要点碉堡之守备，第八支队于夜间常派少数部队夜袭，有时亦调集数百人行强袭，均不能乘。

五、战斗经过：

十九日六时，团在磻溪镇奉命师令向新桥头、西圩市攻击，进出于各附近高地之线。团遵令于七时卅分编成纵队前进，九时抵杭杆镇行开进，当时策定计划：以第一营向新桥头以西高地之线进出，尔后以一部占领既夺阵地，以主力协同第二营攻击西圩市。第一营派步兵一连经野乐村向吴村行佯攻。十时卅分团长位置于杭岭头，亲自侦查。匪新桥头、百步山阵地工事坚强，十一时枪声传来，是为匪之警戒地之战斗，经一小时之战斗，新桥头2200高地为我占领。红庙以北高地(石灰山)，工事坚强，堡磊式阵地交通壕并加以掩盖数层，团长为第一营攻坚容易计，即决心以第二营占领百步山，掩护第一营攻击，第一营愈战愈激，利用黄昏向阵地突击，匪军顽强抵抗，我黄营官兵有不下石灰山不停止攻击之势，士气旺盛，尤以第二连刘排长身先士卒，进出匪阵地前集合手榴弹二、三十枚从枪贯入，匪伤亡过众，官兵胆寒，八时卒将阵地攻占，我伤亡官兵计廿一员名。西圩市亦为我第二营攻占。十八时，副团长侦察地形，策定夜间防御配备。计划如附图一〔图略〕

二十日停止攻击，师电话通报传：右翼卅三旅已进抵上下梅村，团派连络人员与卅三旅连络。卅三旅八九七团第一营亦派员前来，入暮仍按昨（廿一）配备，廿二时新桥头以南塘华村方面发生机枪声炮声，续行射击。当时团长以下判断：匪袭击卅三旅，但仍不敢依赖友军，为明瞭匪在我侧背活动情形，仍急派便衣一组向塘华村、观音桥侦察。廿二时卅分便衣一名，归还报告：匪已越过塘华村向我侧背前进中。十分钟后，第二名便衣又归还报告：匪大部队继续急进，向我侧背迂回。团长对第一次报告处置：

（一）着步兵第七连派兵一班，由排长率领向塘华村方面前进之匪逐次抵抗，使第三营及直属部队能予以进入阵地之时间。

（二）匪情报部对第二次报告之处置：

1．着特务排派步枪兵一班由指挥所以西上点线路搜索，如遇匪军逐步抵抗，出发行一里许与匪军先头遭遇，团指挥所、输送连、绷带所即行登山，当时正面号音吹凑，步步逼近，我阵地匪军包围部队分为数层，适我第一营正面机枪声亦激烈，团长此时判明匪军系有计划的大举夜袭，突围非善策，出击又恐兵力不足，乃坚定固守现阵地待天明出击，战至廿二时卅分匪军猖狂射击，榴弹集中，三时开始，局部冲锋数次，官兵大部均能遵命死守，但八、九连之接合部匪众我寡，且匪之突击队抛榴弹如雨，用手枪横扫，伤亡过多，系被突破，大部即蜂拥而至，第二线攻击部队赶至占领已得阵地，突击队继续冲杀，团长仍在八连位置继续指挥，绝无退意，力求挽回局势，不料终因第三营伤亡过大，众寡不支，团长头部已负伤裹扎后，仍不忘第一、二两营，即率领第三营第八连之一部，副团长率领第九连分向百步山第二营靠近，令第三营营长留置原阵地部队竭力抵抗，掩护万团附率领直属部队、重火器等突围，此时主力占领3454高地，以一部占领西圩市以西高地。自匪夜袭我团指挥所以来，匪在第一营正面2410高地迄石灰山高地之线不断攻战，至廿一日晨八时我守兵仍屹立不动。团长到石灰山即命第一营自3454转移阵地，九时许全营退出工事，向百步山转进，命第六连向杭岭头方向搜索，掩护王副团长脱险。同时团长位置可观四方匪军动态，眼见匪军从四面八方合围百步山团之阵地，团长亦明鉴匪我人数过于悬殊，乃决定全团突围，部置留置一部占领3454高地，掩护主力撤退，第二营主力、第三营一部先行向3454高地西南方向突围，第一营向寨岳村方向突围。团长、副团长均随同第二营行动，十时向包围之匪军冲击，匪军包围设伏，地形掩蔽，突围部队数次为匪伏击，冲破一层又一层，团长头部流血颇多，经两次冲杀，精神极度疲乏，誓死不做俘虏，决流最后一滴血，亲率第三连欲打出一条血路，匪军愈集愈多，火力越射越猛，卒以头部饮弹捐躯。副团长从始至终随时在团长身旁，团长既殉难，更为愤慨，乃率残兵承团长遗风，本成仁之决心，而后于团长殉职，自此以后各部队组织系统击坏，分成数股，各自突围。第四连、八连各一部向寨岳村方向突围。第一营长闻百步山以西枪声浓密，未越大山改变方向，向百步村突围。黄营的去路上与一五五交锋之第七、九支队南下之匪已设置伏兵，枪声一响，各路匪军向枪声方向猛扑，黄营长此时亦率队行猛冲，作最后挣扎。第二营长行踪不明。万团长附于廿一日六时首率直属部队二百余人先至梅村，师部失散官亦踵接而至，匪本穷追，后因转用兵力，战斗告终。

六、匪我伤亡、俘获及武器、弹药、器材及附件被服损耗如附表〔表略〕。

七、战斗后敌我态势：

十九日我攻击颇为得手，第八支队于当日夜间即撤至于一五五团正面，我团正面则为一、二、三支队，为便于作战指挥计行此举，战斗结束后，匪并未绵密扫清战场，集结大军转用孝丰近郊，突敌抵孝丰近郊，我友军行要点争夺战，入竹杆村迄龙头山主阵地之线交第七支队防守。

八、经验与教训：

A。匪军优点：

1。匪军能利用我空隙而钻进，向我迂迴，并截断后方连络线，袭击我首脑部，使我指挥机能失去作用，促第一线部队频于惊乱。

2。作战地带地形掩蔽匪一小部队带自动火器占领制高点，主力掩藏两翼行战斗包围，对付我突围部队战法。

3。匪军轻装，行动敏捷，每每炮步善于爬山，机动性很大，各层干部以致于士兵均有独立自动作战之精神。

4。军队组织均超于严密，班有小组、大组之分，小组三人，大组六人；以战斗任务又区分为突击队、占领队、追击队、扫荡队，手榴弹有多到六个以上，冲入敌（我）阵地瞬间以手枪猛击之。

5。每一支队特赋以兽类名字，如老虎支队，平时训练有老虎特性。

6。因徒手兵较多，携带弹药量大，手榴弹型小弹体轻可多带，又可远掷，手榴弹投掷，我不及之。

7。副通信完善，连络确实，如烟火通信，手榴弹之烟幕、火炬等，音响通信如号角、口笛、口技（鸟音、兽音、虫音等）。

8。每一支队隶属一游击大队（地方部队），平时任正规军前方之敌情之搜索（指我），警戒匪我，战斗时变更任务，而任后方勤务部队。

9。战斗时指挥者位置尽量接近前线，提高士气。

10。中上级指挥者能应用战术原则。

11。大队以下无预备队。

B、匪军劣点：

1。由于音响视号通信连络，我军可以发现匪军所在位置与企图。

2. 钻隙战如为我识破，极其危险。

3. 匪就地补给，在浙西闹米荒的今天，匪拼力作战后，一天不得一饱。

4. 匪常作强行冲锋数次之多，以致死伤率颇大。

C. 我之指挥错误与劣点：

1. 匪军眩惑我之听闻，错估匪力之主观心理，以致养成上下一致轻敌，系促成一下诸错误：

2. (1) 干部不侦知地形；

(2) 不准备夜间战斗，不行夜间射击设备；

(3) 不构筑工事；

(4) 随便暴露了自己的兵力和企图。

3. 指挥官的处置太少，而且是被动的位置。

4. 战斗时第一线部队与团非战斗人员混为一齐，担子太多，部队如白象、如耕牛行动迟钝。

5. 乱发射乱射枪，助威助胆，不敢用刺刀。

6. 团与上下通信中断，未派多数连络兵，争取之连络。

7. 各层干部不讲求掌握部队方法。

D、我之对策：

1. 多派便衣于空隙处活动，或派潜伏斥候停止隘路口监视。

2. 夜袭时少行射击，秘密位置，时间能余裕，派部队设伏兵，乘匪向我军阵地袭击时秘密转移兵力于匪之侧后方，正面仍以部队与匪保持接触。

3. 兵轻装，减少担子。

4. 提高精神训练，振奋士气。

5. 多行夜间教育。

6. 入夜以后部队宜集结，勿分散，构筑工事，行四周防御。

7. 绝对封锁道路，封锁消息。

附录（二）

第一五五团六月二十、廿一两日小白店附近战斗要报

师长张钧鉴：查团当面奸匪第七、九支队约两千余，自本月十九、二十两日经我攻击后，伤亡重大，蝟集于八卦山、乌石山、丁岭一带构筑工事，企图固守。哿日巳刻奉师握哿辰翔电：命应攻占虎岭关、分界山间渔溪口向登兵山搜索前进。当以第一营第二连攻占虎岭关。第二连由螺丝山、登兵山搜索前进。另以第三营第七连攻占分界山，向渔溪口搜索前进。该两营均于当日于未刻先后攻占虎岭关、小王坑及分界山、大沟井派队向登兵山、渔溪口搜索前进。计是日战斗击毙匪百余，卤获步枪二十余枝。旋据情报所及各营便探报告：障吴村到匪五千余，企图不明。又匪二支队约八百余，马三匹，由障吴村窜上吴村（距八卦山北约十里），有增加百卦山之企图。又大王山附近有匪二、三百名，炮一门。当将情况于哿午电报师长，旋于戌刻复奉师握西考电："希于马晚完成攻击准备，命令另电示。"当遵命令一、三两营就攻击准备位置，补发弹药，配属炮兵，将攻击准备完成，十一时卅分突围齐家山（姚街后面）第三营左侧后牛山、老鼠山方面发生枪声手榴弹声，旋该营部附近亦发生激烈战斗，以电话询问第一、三营方面尚无情况。惟闻西圩市有枪声不止，即令刘营预备队向袭击之匪反击，并判断匪深夜间偷袭扰乱，令刘营将匪驱逐确保老鼠山，以备明日总攻。至十二时卅分第一、三营方面亦发生激烈枪声及手榴弹声，当以马子电报师。斯时团决心将兵力集中于老鼠山、螺丝山、高岭之线，当以电话令一、三营螺丝山、高岭依靠，惟此时枪声四起，战斗激烈，各方均为截断，传令连络亦无法通行，各营已成独立战斗状态，时已四时卅分，匪对我形成包围，情况瞬息万变。职率一五六团之一排于上西坑左侧高地指挥，副团长韩延武率特务排在原地抵抗，并令第一连余指导员带王排

占领高岭要点，与老鼠山之第四连切取连络。五时第二营以老鼠山情况不明亦撤至上西坑。职即令占领高岭东西之线，对老鼠山之匪攻击并固守高岭，天已大明。六时许，我以迫击炮向包围之匪猛烈射击，虎岭关方面枪声激烈，螺丝山亦发现敌人与我第三连猛烈冲击，匪伤亡累累，阵前均皆匪尸。十时中山方面发现匪两千余，炮四门，分由老鼠山、姚街向我左右翼包围，第三营仍被隔断，弹药亦多用尽。至十时卅分决心向鹅陀山方向突围，并逐次掩护撤退。至十二时以第六连在徐沟掩护四、五连占领鹅头山高峰及鞍部并于途中伏兵阻止匪之追击，并派便衣再与一、三营连络。十四时，奉师马午亲电：嘱向磻溪镇撤整。于十八时刘营及直属队到达磻溪镇，并于该镇西北十二里大桥附近留置兵力警戒。我第一营及七、八连均相继突围而出，人枪齐全。惟谢营长及第九连、机三连被匪层层包围，无法突出，消息阻绝，生死莫卜。计是役匪以七、九、十、十一、十二支队五千余之众向我突击。幸赖钧长德威，官兵奋勇沉着战斗，毙匪大队长以下千余名，所有卤匪武器文件均因突围无法携带，中途遗落。至职团人员伤亡及武器弹药损耗如附表〔表略〕。

经验与教训：

（一）查职团在匪区活动二十余日，匪闻风远扬，惶恐万状，尤畏惧我轻机枪射手及迫炮威力，士气振奋，战斗上可完全胜过匪军。

（二）对警戒配备，工事构筑，巡查便探，无不尽所有手段行之，尤是团、营长均所亲自规定，惟恐有失。而此次遭匪夜袭，以忙于翌日之攻击准备，部队就攻击准备位置过于突出分散，警戒亦形疏忽，致有此失。

（三）发生情况后，总以为少数匪军扰乱，未能急早转移兵力，同时又恐部队一动，配合不上明日攻击，责任重大，致谢营郭连、曹连全部罹难。

（四）匪军战术时变，我部队各级官长对剿匪经验仍感不够，尤以中上级官为甚。

（五）担任掩护队应专负掩护任务，不应参加其他战斗，并应确保要点达成任务，侧背方可安全。

（六）应彻底集中必胜兵力并列使用，免匪各个击破，或实行步步为营，稳扎稳打。

（七）附伪抗币一张，山地战术一份以资供参考。职段建嵩。附呈：损耗械弹统计表一份、山地战术一本、抗币一张、战利品之用途一份、伤亡失踪统计表二份〔附件均略〕。

〔国民政府军令部战史会档案〕

22. 顾祝同报告袭击浙西新四军密电

（1945年6—8月）

（1）电之一（6月27日）

渝委员长蒋：5777。表。特件。浙西剿匪战况：（一）忠救军漾日推进位置：甲、第一纵队以一个营进驻摄坞村，余在西天目山扼守。乙、第二纵队四团占领老石口西南高地团全山；五团鲍二村；指挥部进驻头官村孝丰西南十一公里附近，与四明山青山之匪对峙。丙、第三纵队（欠第三支队）一支队正向大窍圩推进；二支队进驻港口；指挥部章村。丁、总预备队仍在仙家村"孝丰西南三十八公里"并派一部致孔夫关警戒；总指挥部杨村仙家西四公里。

（二）右兵团：甲、七九师养寅一部对塘福镇，主力向孝丰城五姑山贯击，巧未进抵淦山、石山、尖山冲天山、安头山之线，即与匪接战双方反复争夺，迄已该要点相继被我占领，嗣继向雀鹿、溪塘镇挺进，反向五姑山猛攻，战斗至烈，五姑山经我冲锋肉搏得而复守。至申控置于马山、大竹园、孝子桥地区。乙、突队养寅向东山南金村攻击，午刻我一部由南金村攻入孝丰城，旋以受太阳山、五锋山、东山之匪反击退出，并于五金所附近将匪六百余围歼，匪不支向石召塘逃窜。至晚，该队控置于屠家坞、下架山、师姑桥地区。丙、匪七、八百养由区山坞侵入井村，经突击二队驱退，激战二小时，匪不支，向耕种坟窜去，入晚突二队（欠一营）随兵团指挥部集结于白水湾附近高地。待续。职顾祝同。巳感。巳临战一。印。

（2）电之二（6月29日）

S D。渝委员长蒋：5777密。特件。巳感巳临战一二电计呈。浙西剿匪战况：

1．右兵团：养晚匪以全部约二万人，由大竹园向克婆岭（孝丰东五公里）间向我七九师猛攻，激战达宵，突二队由白水湾以北高地向北；突一队由北向东夹击，与匪肉搏，正在决战阶段。匪复由江北增援四个支队参加战斗，四周均被包围，卒以众寡悬殊，突一队司令吴旭盱及其第三营营长熊壮猷、五营长陈士瀛均未脱险，该队损失特重，七九师突二队亦均损耗三分之二。梗晚突击第一纵队胡副司令及突二队一部突围至黑水镇（临安北廿五公里）、祝家湾收容整理，敬日转进至临安西十四公里北龙镇附近收容。七九师掩护兵团转进后，亦转进至柳畈镇洪桥村之线，构筑工事。

2．忠救军第二纵队梗午进抵七汤以西附近山麓与匪数百接触，毙匪二百余名，迥辰占领杨坪桥、下汤村，现靡明山碉堡已为我步炮击毁。

3．左兵团：独立卅三旅敬午攻占百步山、西圩市；五二师附绥一纵队攻占屏风山、登兵山、台山，匪五百余被迫东窜。兵团指挥所未刻推进寨山村（孝丰西十四公里）。四六师四三八团（欠一营）任兵团左侧支队，皓申已确占白亭月削村、犁壁山（小白店西北十八公里）。

4．据俘供：养申孝丰城郊及其东南地区匪番号为：第一、二、

三、五、七、八、九、十、十一、十二等十个支队，刻有四个支队向临安挺进中，养、梗两日与我右兵团战斗至烈，匪伤亡二千余名。谨闻。职顾祝同。巳艳。申临战。印。

(3) 电之三(6月31日)

急。渝委员长蒋：6292密。特件。浙西剿匪战报：

(一) 突二队第十营附行动队于午智卯刻由青云桥出发向横畈(临安东北十公里)游击，正午在横畈附近遭遇小股匪，经激战后，毙匪六名，俘伪排长一员，士兵二名，匪向冷水桥溃退，我经临安城返防。

(二) 午感辰奸匪百余由横畈窜抵五柳桥，我七九师另三七团两营前往搜击，迄卯与匪在长桥山附近激战，伤毙匪四十余名，俘匪一名，卤获步枪一支。谨闻。职顾祝同。午世辰。沉战。印。

(4) 电之四(7月21日)

渝委员长蒋：5777密。特件。浙西剿匪战况：

(一) 巳迥忠救军第二纵队第四团(欠第三营)在孝丰西南四公里明山、项山一带与匪第三纵队第三支队千余人遭遇，激战十小时，匪不支，于黄昏退向孝丰城。

(2) 巳陷戌匪三百余，由罗柴坞(临安西北廿公里)向我廿八军一九二师六七六团第六连防地进犯，激战至午，匪不支，仍回窜罗柴坞。

(3) 午寒晨七九师二三六团史营附师搜索连向临安城北地区搜击，与匪二百余在西街激战一小时，匪不支，向吴马里溃退，迄已于柳桥平山南麓圳经扫荡，已无匪踪。突二队第三营进抵将午山东村与匪五十余名发生战斗，约廿分钟，匪不支，向大马里溃退，我进占领东村(临安西北七公里)、黄枰，各部均返下鱼桥、白洋山(临安西十公里)卸防。

(4) 午寒丑刻忠救军第二纵队第四团二营姚营长亲率领二排往章村南汤口(孝丰西南十公里)搜索，至矛山村被匪三千余包围，因众寡悬殊，致全部覆亡。该团部团长详讯即派第一营马援收容后，仍返石门坑原防。谨闻。职顾祝同。午马。沉战。印。

（5）电之五（8月15日）

限二小时到。渝委长蒋：6379密。（表）综合目前匪情：孝丰附近奸匪主力渐向北移，江北奸匪陆续南渡，刻集中南京外围及广宣地区，约五、六万人，抢先我占领南京，并扼制苏浙皖边区湖藻地带各隘口，以阻止国军之进出。现战区除集结第一线所有兵力准备直向杭州、上海及芜湖、南京道挺进外，并于未真又急调廿一军、廿五军、七十军共计六个师兵力，分向云和（七十军）、绩溪（廿五军）、黟县（廿一军）三地集中，计程未月底方可先后到达。按目前匪我一般态势，战区因兵力、时间、地形种种限制，实不能先匪占领南京，万一南京为匪首先盘据，能影响国内外观听甚大，拟请即由后方空运有力一个师兵力到南京，主动同反正之警卫军固守国都，以待本战区部队之到达。可否？乞速示。顾祝同。未删。巳亲。印。

（6）蒋介石复电（8月17日）

无线（加表）

呼号。顾长官：未删巳亲电悉。6184密。

（一）希即饬所派进占京沪部队兼程挺进，务期达成任务。

（二）空运一个军前往京沪，已饬有关机关计划中。中○。未（筱）。令。一元丙地。

〔国民政府军令部战史会档案〕

23．陆军独立第六旅黄炎部在皖北睢宿与新四军第三师第九旅部战斗详报

（1945年7月）

（一）战斗前敌我态势概要：

1. 奸匪因鉴于国际情况于我日趋有利，敌寇末日在即，其浑水摸鱼之命运亦为期不远，故不得不以其全力加紧肃清，我敌后部队一面乘机扩充实力，一面抢占城镇点线，企图淆惑听闻，转移视线，提高其对国际之地位，因此我驻高楼卓圩（皖省灵壁县境）等据点之张克修、刘天展两部均被迫而放弃。午月虞、齐两日复纠其主力约四千人连陷睢宁、高作两重镇，凌城伪军被迫而投降，匪焰万丈，得寸进尺，遂转其锐锋指向我王夏圩据点。

2. 我外围据点为匪全部侵占后，本旅处境更形孤立，虽能凭险据守，惟因孤军无援，且械弹方面向未补充，致失固守能力。

（二）影响于作战之天候气象及地形：

1. 时当中暑，暴雨连日，部队于夜晚运动颇为不便，我据深沟高垒，以逸待劳。

2. 外围青纱帐起，展望不便，且地区平坦，易于匪骑活动。

3. 连日夜间黯黑，风雨声交作，匪军易接近我圩垣。

4. 圩外地区土质多属砂地，便于土工作业。

（三）敌我兵力、兵种及主官姓名：

1. 匪第三师第九旅赵汇川部、泗灵睢县独立团张宗商部、邳睢铜县独立团张国权部、泗宿县独立团夏玉华部、第四师骑兵团及区乡自卫队两千余人。

2. 本旅全部暨保安第十五团夏薇官部（百五十人）、苏北挺进军独立支队徐秀史部（五十人枪）及蔡久香部（计人枪八十余）。

（四）战斗经过：

七月五日晚，我获得情况如下：

1. 匪军约两团之众，于五日晨由大庄镇（泗县境）窜抵袁甸、新庄一带（睢城西南十三里），并征有大批民伕、木梯、绳床等物，企图进攻睢宁城。

2. 本旅即着第十六团派第二营何义德部于（五）日晚十二时前往睢宁城策应，并相机占领睢宁。

六日上午十时，据我派驻睢宁郊外之第十六团何营长报告如下：

1. 睢宁外围村落窜到匪军甚多，城内颇显惊慌。

2. 城外伪军均于六日晨悉数撤驻城内，该城四门闭塞。

七日晨二时，获得情况如下：

1. 匪军约三千余人，于六日晚十二时以主力向睢宁猛攻，并以兵力一部袭击高作镇(睢宁境)。

2. 邱集迄凌城西之吴集一带于六日晚窜到匪军一部，对我戒备极严。

3. 我驻地以南之小李庄及大邹、小夏(王前林四一里) 等地亦到有一千余匪军出没窜扰我圩外，交通完全断绝。

本旅处置如下：

1. 着第十八团派兵一营附迫击炮一门向王楼及其东北地区出击，以搜索匪军兵力及凌城方面情况为目的。

当日晨四时廿分即于王楼以北王庄胡庄之线，与匪接触约半小时，匪军不支，逐步向东北逃窜，我跟踪追击至李庄、陈庄一带，匪增援部队陆续到达，我未予穷追，遂撤返原防。

当晚十时迭获情况如下：

1. 匪军约三团兵力于六日晚十二时向睢城猛犯，并以一部向我十六团第二营进犯，至午后六时睢城遂陷于匪手，伪县长夏铄武以下均被俘。匪军复转其锐锋，全力向我第三营猛扑，血战约两小时，是时我王圩与睢城之间，匪控制有力部队，以致无法驰援，何营长弹药皆尽，不得已向西南突围，当演成极惨烈之肉搏战，匪军重层包围，我何营长往返冲杀至吴庄七里井一带（睢城东南)，终因寡不敌众，伤亡惨重，何营长被俘。

2. 高作已被匪攻陷，凌城伪军全部向匪投降。

次日晨三时，我为集中兵力指挥便利，而与奸匪搏斗，计当时将进驻夏圩之保十五团夏薇宫部、蔡久香部、独立支队徐秀夫部全数撤回王圩，所有夏圩防务由第十六团派队接充。下午四时睢宁、高作一带之匪均窜集于邱集、高河、大邹、小夏之线，黄昏后，以一部向我王圩扰乱，主力开始向夏圩进攻，鏖战二小时，圩墙西北角及北门小堡垒(夏圩自卫队负责守备)均被匪突破，我三度冲锋，均未得成，当展开极烈之巷战，我派十八团第三营附迫击炮二门向大邹、小夏之匪猛攻，以策应我夏圩部队向东突围，接战半小时，奸匪向邱集方向逃窜，我以火力追击。是时我进驻夏圩之十六团第三营已冲出匪军重围，进抵大邹西缘与十八团出击部队取得连络后，遂全部撤返王圩。

是晚十时，本旅为加强王圩防务，重新下达部署命令如下：

1. 奸匪日来连陷睢宁、高作、凌城、夏圩等据点后，似有向我王圩进攻模样。

2. 本旅为确保王圩据点，以待机歼灭当面奸匪之目的。

3. 着十六团(附土火炮十尊、标枪十枝)固守王圩西部(含南北两突出部)第十八团(附土火炮十尊，标枪十支)固守王圩东部，西与第十六团切取连络，并应派兵一部确保东小圩据点。

4. 独立支队徐秀夫部、保十五团夏薇宫部及蔡久香部均为旅机动部队。

5. 王圩消防队、自卫队统归第十六团王团长指挥。

6. 以上统限于本晚十一时前部署完毕。

7. 余在王圩旅司令部。

八日晚十二时许，匪进占夏圩后，遂转其兵力攻我王圩（王前林）据点，我官兵沉着固守，约四小时，匪未得逞，即行后撤，但仍以小部兵力不断在我圩外窜扰。九日晨五时许，大雨倾盆，匪军一千余向我北圩墙突出部猛攻，经我痛击后向东北窜去。

九日晚九时许，匪约两团之众、骑兵三百余名，配合民兵千余人向我全面猛攻，势极猖獗，我官兵同仇敌忾，奋勇应战，卒将匪击退；又当晚十一时三十分，匪复以小部兵力向我射击，其主力配合民兵于我外围之胡庄、小夏、小邹、小李之线加紧构筑工事。

十日上午九时情况如下：

1．匪征集民夫六千余名，牛车、麻袋甚多，企图于我外围逐次分途向我据点挖掘交通沟，以期接近我核心，并用麻袋积土置于车上，势如碉楼，向前推进，以掩护其部队攻击。

2．以地方团队不断向我进扰，俟我弹尽力竭时再转用其主力，一股作气将我击溃。

3．在大邹设炮兵阵地，不断以迫击炮向我圩内射击。

十日下午七时情况如下：

1．我圩外各村落，匪征到民伕甚多。

2．王楼至小候一带时有匪骑，约一营活动。

下午十时奉到第十战区副长官兼苏北挺进军总指挥王电，略开：该旅于必要时可突围向后马、张庄转进，与该地之张克修、刘天展等部切取连络。等因。基于右电，本旅决心及处置如下：

录作命智字第一〇七号：

1．综合近日匪情，似有长时向我围攻模样。本旅因孤军无援，粮弹两缺，无法与匪决战，除由第十六团派兵一连（不附机枪）配合王圩自卫队仍与匪保持接触外，其余各部队分统于本（十一日）晚乘暴风大雨之际，向后马转进。

2．各部队除军用必需品外，所有笨重物件均得自行埋藏，并限于十一时前在旅部大操场齐集待命出发。

3．着第十八团派兵一营为前卫，由王前林经邱集、朱楼、胡集外缘向后马前进。

4．第十六团派兵一部为本旅后卫。独立支队徐秀夫部为左侧卫。省保安第十五团夏薇宫部为右侧卫。

5．本队行军序列——第十八团——旅司令部——蔡久香——第十六团。

6．各部队统以本部暂时规定之织别旗连络，必要时可以传令兵补助之。

7．余在本队先头。

次晨一时，我前卫部队行至邱庄、王庄一线，即与匪遭遇，激战约一小时，我伤亡甚重。乃匪因我孤军无援，不得已时必向西与钱庙后马家各部集中，故于邱集迤西至睢城之间预先控制主力与骑兵，以行堵截，是时又值风雨交加，天候极度黑暗恶劣，我几次猛冲，不获通过，不得已乃改向东北方向转进，企图由宿城附近空隙地区通过，前往邳县与我挺进军董鼎铭部合力。五时三十分，先头部队进抵张庄、小刘圩（凌城东北六里）一带，与匪泗宿独立团夏玉华部接触，激战时许，我深恐与匪胶着，乃以十八团一部掩护主力由凌城迤北地区前进。十六团为前势所迫，分途转向耿车方向，时因路途泥泞兼以民兵沿途阻挠，我行军迟滞，迨迂回至沙圩附近，天已拂晓，即为匪追击部队赶及，十六团至耿车东里许，亦被骑兵跟踪追击及各村庄自卫队民兵等同时乘机向我射击，枪声四起，形势险恶非言可喻，我除以火力分途制压外，且进且退，匪势益形猖獗，迄八时四十分我进抵叶庄、吴庄之线（耿车南二里），十六团仍胶着于耿车地区。匪二十五，二十六等各团均先后赶到，将我包围于该地区，惨绝之战斗于斯演成，历三小时，我弹药大部告罄，副旅长程砚农因伤被俘，参谋长谭秉彝、政治部主任陶明鹏、十六团长王学阶、营长陈明伦、惠荣华、王安元均先后被俘，十八团长顾视琛、营长蔡希丈均负伤，是役伤亡之惨为转进八年来所未有。经以孤军无援，仍不得不率部突围，反复冲锋，向宿迁城郊转进，匪复跟踪追击，匪区民兵不断向我堵截，我负伤官兵多数被俘，损失空前惨重，步步荆苦，战至午后四时始抵古城（宿迁西南五里），又遭匪宿东独立团第二营伏击，我官兵无不死命挣扎，往返冲杀，与匪战斗一小时，卒将匪击退，当即占据宿迁西二里之沈庄加紧修筑工事，运用伪方，以期稍事喘息，并掩护收容，对宿城之敌与西南之匪仍取严密警戒。是时一昼夜八十余里之长途血战暂告结束。于廿七日复由沈庄转至宿北骆马湖、仇圩、嶂山一带与我宿迁县政府所部配合。王圩一役经过概略如此。

（五）经验教训：

（一）奸匪贯用战法：

甲、据点攻击：

1. 选择我兵力配备薄弱，或不能十分发扬火力之地段，集中兵力一举突破，尔后再迅速扩张战果。

2. 占据外围村落，长期围困，如无村落利用时，则由圩外挖掘深沟，并逐次接近我核心，以不付重大牺牲，随时攻击我据点。

3. 征集大量牛车、麻袋，堆积砂土，形成碉楼，向前推进以掩护其地面部队攻击。

乙、野战：

先以骑兵向我冲锋，以混乱我部队建制，使我指挥不能裕如，再以步兵向我猛攻，以求于短时内结束战斗。

（二）对策：

甲、据点：

1. 控制有力之一部为预备队，以便随时策应，并须于匪军攻势顿挫之际，断行出击。

2. 于外围设置大量机动部队，以争取主动，并收夹击之效。

3. 不时清查户口，并扫清圩外射界。

4. 设置障碍，以阻其车辆，并得广为收集土炮土药。

5. 储藏食粮及一切日用必需品。

乙、野战：

1. 占领村落圩垣，以逸待劳，平时对于骑兵战斗须特别注意。

2. 注意翼侧警戒，以防其迂回，并得争取主动，以受外线作战之效。

（三）此次本旅于睢宿地区与匪搏斗，虽因弹尽援绝，损失较重，惟各级官兵多能同仇敌忾，视死如归，故每于战斗结束之先，或于负伤之后，仍凭最后一口气，与匪周旋，如争夺武器，破坏器材，纵或为匪获得，亦无法使用。（据报此次匪军所得武器内有三分之二不堪应用）

〔国民政府军令部战史会档案〕

24. 陆军第一七二师朱乃瑞部在安徽合肥青白龙厂一带与新四军罗炳辉部作战详报

（1945年7月23～28日）

甲、战斗前敌我态势概要

是年春间，皖东地区奸匪甚为猖獗，屡侵犯破坏我行政组织。本师为协同我一七一师之剿匪，于合肥属黄疃庙剿匪战役后，复奉命与一七一师互调防务，继于四月间本师各部先后开抵合肥属梁园附近。两阅月来为巩固防区，积极构筑各据点之工事，再图进展，迨六月底各地区工事大致完成，五一四团以第一营担任第一线守备（王子城富旺集杨店子），余集结于梁园附近，为机动部队；五一五团除第三营驻三官集分任鸡鸣桥、小龙山之守备外，其余于本（七）月初奉令归皖东指挥部指挥，进攻含山县属之陶厂、南义地区之匪；第七师马长圆部清剿旬日，各该地区悉为我占据；五一六团之第一营集结于梁园待命；其余于本（七）月中旬归李副军长指挥，攻克含山县城，仍开回合肥属赵集（梁园东三十五里）附近集结，从事整训。

当时据查匪情如下：皖东合肥、全椒、定远边区之奸匪系第二师（师长罗炳辉）之第十三、十八两团，分驻合肥东萧家圩、吴家集、响导舗、许集、花张集一带，宁家庙、青龙厂、白龙厂地区有匪巢北支队，人枪约千余，各据点均有简单工事，惟白龙厂

之据点颇为坚固。其一般态势(如附图)〔图略〕

乙、战地状况：

宁庙、青龙厂、白龙厂地形均系波状地，是时高粱遍野，展望困难，该地区因匪盘据数年，民众多受其麻醉。

丙、战斗经过：

七月二十日，天候：时雨时晴。月龄十二日。

两日来综合各方所得情况：

1. 合肥城之日寇并无增加，不时换防。

2. 当面奸匪约三千余，分驻定远属藕塘、张桥、郭集、青白龙厂之间地区。

判决：敌匪近来仅固守其占领区域，并无积极企图。

任务：师为求攻占白龙厂之据点，便利尔后逐步扫荡。

地形：白龙厂系匪南北交通路线，若我攻占白龙厂，是匪最痛苦之处。

理由：倭敌将淮南沿线据点范围缩小，节约其守兵，并严密防匪，奸匪罗炳辉部自黄疃庙战役后，其主力集结于津浦路东整理，常防我军进攻，若能确占白龙厂，皖东定合边区之奸匪不难一鼓肃清。

处置：即将决拟实施计划，分别呈报军部及指挥部备案。〔文略〕

七月二十一日，天候：晴明。月龄十三日。

奉皖东指挥部兼指挥官漆参作指马电核饬参一智电悉。准予备案。仰将实施战果随时具报为要。

本日拟定实施进剿计划，遂给与五一四团封团长及五一六团第一营蔡营长之命令如次：

命令　　七月二十一日，于梁园师指挥所。

一、盘据宁庙、青白龙厂之奸匪(巢北支队)，人枪约千二百余，各据点均构筑有坚强工事。

二、师为肃清青龙厂、白龙厂、宁庙方面之奸匪确占白龙厂之据点，控制宁庙、青龙厂之间地区，以便利尔后逐次扫荡而恢复重建。

三、五一四团(欠一营)及指挥定远自卫一中队为第一攻击队，沿白连寺、张祠向青龙厂攻击前进，如攻克青龙厂后，即向青龙厂以南地区扫荡，当日须与第二攻击队会合于白龙厂附近，协力肃清该地区之残匪。

四、五一六团第一营及指挥合肥之自卫一中队为第二攻击队，须与第一攻击队切取连络，沿草庙集、双庙向白龙厂之匪攻击。

五、各部队着于七月二十三日午前三时到达草庙集（白龙厂南）集结,开始行动。兹将进剿计划随令颁发；仰各遵照,并将战果随时具报为要。三时三十分（实施计划另详秘密日记）

七月二十二日，天候：晴。月龄十四日。

是日所得情况无变化。

午刻召集封团长及蔡营长指示实施要领及规定部队集结与行动之准备。

七月二十三日，天候：晴。月龄十五日。

是日拂晓前，各部均就指定地点集结，依时行动。午前十时据第二攻击队长（五一六团第一营蔡营长）报告：

（一）白龙厂之匪借强固工事及街市顽抗，经激战后，现已占领白龙厂街市。

（二）该街南头据点尚有少数匪军据守，我正构筑工事围困中。

（三）现并搜剿附近残匪，但与第二攻击队尚未取得连络。

午后一时许接第一攻击队长(五一四团团长封尧)报告：

（一）青龙厂闻之贺郢子附近有匪粮食库三所，现经饬当地民众尽量运搬，余皆焚毁。

（二）第三营续向青龙厂扫荡，约与匪激战时许，即占领青龙厂，毙匪五十余，刻按预定计划实施完毕。黄昏后当与第一攻击队会合于白龙厂地区。当日围攻白龙厂南头据点之匪，至暮并未进展，且该地小股散匪不时向我阵地袭击。

判断：该匪死守据点待援。

理由：白龙厂据点系匪与巢南银屏山之连络交通要点，绝不轻易放弃。

处置：我为攻略该据点计，令五一六团第二营即开梁园附近待命；又令五一四团封团长所有白龙厂部队统归该团长指挥。

黄昏时遂给与五一四团封团长及五一六团邓团长之命令如左：

命令　七月二十三日，于王子城师指挥所。

一、五一六团着胡副团长率领该团第二营即开梁园附近待命。

二、白龙厂地区之攻击各部队统归封团长指挥，积极扫荡该地区残匪，并攻占白龙厂南头匪之据点。

三、上两项，除分令外，仰即遵照。此令。

上项战况及处置各节，经分别电报军部及皖东指挥部。(原文略)

七月二十四日，天候：晴。月龄十六日。

六时给五一四团封团长手令如下：

白龙厂以蔡营(五一六团第一营)固守，并监视匪之据点，候命再行攻击。

据五一四团封团长十一时三十分于白龙厂报告称：十时以来，匪约四百余由商冲方面向我白龙厂翼侧阵地袭击，企图解白龙厂匪据点之围，现已将匪击退，均纷纷向北青龙厂方面溃窜，俘匪一名，俘获步枪二支。

基上项情况，为我迅速攻克白龙厂南头匪据点，俾尔后之扫逷计，乃以电话请指挥部派山炮连之一排(炮一门)即日开抵王圩归本部指挥。五一六团胡副团长率第三营及山炮排于本(二十四)日午后二时到达王圩。

据报：匪约五六百名由花张集方面分成数小组向我前进，刻到达宁庙附近；又由藕塘调来匪一团约三四百人，现抵江巷。本日各部于白龙厂继续构筑工事，以包围匪据点。上项情况及战况经转报军部及皖东指挥部。

七月二十五日，天候：晴。月龄十七日。

午后一时，师长亲临前线视察敌情、地形并下达笔记命令与封团长配炮兵连梅排长、工兵肖排长命令如次：

命令七月廿五日，于白龙厂。

（一）军属炮兵连之梅玉冰排及师工兵一班，概归五一四团封团长指挥。

（二）着封团长指挥所部于七月二十六日拂晓攻击白龙厂奸匪据点，须详为计划周密准备，务期一鼓攻占之为要。

（三）上项除分令外，仰即遵照。此令。

据五一四团第一营龚副营长报告称：匪军第十三团、第十八团于本日黄昏后到达花张集附近，人数行动正调查中。

判断：奸匪对白龙厂之据点，无论如何困难企图确保。

理由：因白龙厂据点系匪交通、经济重要地区，若不能固守，整个盘踞皖东地区均须放弃，故连日来即抽调各方之匪之集结，企图夹击。

处置：决心不变，仍饬各部遵前令（攻击白龙厂南头据点）实施。上项匪情及战况分别呈报军部及指挥部。〔原文略〕

七月二十六日，天候：晴。月龄十八日。

我攻击白龙厂匪据点部队，以五一六团第一营为攻击队，五一四团第六连为攻击队之预备队，拂晓前藉炮兵及机枪火力掩护，强行填塞据点外壕，据点工事一部摧毁，屡行猛攻，虽占据点，一部士兵非伤即亡而告顿挫。当我攻击激烈之际，增援之匪二千余，骑兵百余，山炮一门，由宁庙方面向白龙厂我军背后猛扑，但我沉着应战，匪终不得逞，至日没前五一四团第二营对增援之匪由右翼转移攻势，遂将匪击溃，驱逐于宁庙及胡庵子以北地区。（附图三）〔略〕当时为振作士气，加强攻击精神及获得第一线实际情形计，于本日午刻亲自到白龙厂附近视察，我一般士气甚佳，且充许各官兵声请攻占白龙厂南头匪据点，并围歼增援之匪。遂给予封团长胡副团长如左之命令：

“（一）奸情如贵官所知。

（二）师决以继续攻略白龙厂南头匪据点。

（三）着五一四团（欠第一营）于现地集结为机动部队，适时对来援之匪予以包围而歼灭之。

（四）五一六团胡副团长指挥该团第一营，本二十六日晚继续攻略白龙厂南头匪据点。”

当晚我攻击队借月光未明，潜行接近匪据点，拟以地雷破坏其堡垒后，步兵即蜂拥而入，讵近该据点时，即遭其猛烈射击，经五次冲锋，均不得手，我士兵亦多受伤亡，遂令停止。黄昏后由宁庙方面来援匪军主力，乘我攻击之际向我五一四团北面小宁岗、张墩攻击，企图解围，冲锋数次，匪伤亡惨重，被迫北溃。是日午后三时，我为续攻白龙厂匪据点，且奸匪连日来增援极众，乃以电话令驻赵集之五一六团（欠第一第二营）即刻开回突围、王圩附近，俾便集中兵力予匪以重大打击。该团约午后十一时到达，黄昏时将续攻白龙厂之据点转报军部及指挥部。〔文略〕

七月二十七日，天候：晴。月龄十九日。

据报先后增至白龙厂附近之匪，为十三、十四、十五、十八等团及巢北支队，约五千余。

判断：该匪陆续集中全力，企图包围夹击而应援被包围之据点。

理由：连日来皖东区匪军彻底抽调集中，举其全力，期在救援其据点。我军所占据地形及部署态势均攻守自如，并拟反包围以攻灭之。处置：我为确保已占领之白龙街市起见，乃给予五一四团封团长、五一六团胡副团长命令如次：

"一、为确保白龙厂要点，以便控制宁庙、青龙厂地区起见，着五一六团胡副团长指挥蔡威营（第一营），以步兵一连扼要警戒，守备白龙厂、集上并蓝视该集南头奸匪之据点，其余部队赶速构筑集上北头之据点，即三日内完成，所需材料可酌量拆运该集房屋及砍伐其附近树木。

二、五一四团（欠一营）为机动部队，适时对应援之匪取攻势而歼灭之。

三、山炮兵团弹药缺乏，着即开回王圩附近。"

据五一四团封团长黄昏时报告：宁庙方面发现匪军约千人，在宁庙旷地集合，正向南运动中，其步兵先头超过沟井、李宁庙南三里，并以号音与白龙厂之匪军连络，似有窜扰我后方或占领双庙一带高岗，切断我白龙厂部队后方交通连络模样。等情。据报后当即派五一六团之一排及地方团队一个中队进驻双庙，以资掩护。是日午后七时，由宁庙增来之匪向我五一四团驻地大小曹户、大塘面、小宁岗等施行猛烈冲锋，搏斗通宵，终被我击退，匪因伤亡惨重，始稍后撤，与我对峙。是役毙匪团长一、营长二，伤亡一千五百余，战场遗尸约百具，俘匪十九名，夺获轻机一挺，步枪二十二枝。（如附表三）〔略〕我亦负伤官三员，士兵十八名，阵亡士兵十名。此次与我作战之匪，据俘供为第二师第五旅之十三、十四、十五、及十八等团与巢北支队共约五千人，大小炮十余门。上各项均一一电报军部及指挥部。〔文略〕

午后十时许，奉皖东指挥官漆及副军长李电饬要旨：如无必要，可勿攻坚。我为顾虑尔后皖东战局，若与匪长久胶着，实非得计。

七月二十八日，天候：黄昏时大雨。月龄二十日。

据报三家户（白龙厂东南）方面发现匪约二千余，似有进占双庙，截断我白龙厂部队与后方模样。

判断：奸匪不惜牺牲，保持要点，我以扫荡为目的，避免与匪胶着，应不寸土之得失。

理由：青白龙厂匪之据点，为匪经济路线南北交通重点及淮南路东西连络之根据地。

处置：先着山炮兵排就王圩附近占领阵地，并由五一六团派兵一连掩护。同时给封团长、刘团长命令如下：

命令　　七月二十八日午前八时，于王圩师指挥所。

一、敌情如贵官所知。

二、师以击破双庙西北地区应援之匪，相机包围白龙厂以北奸匪之主力而歼灭之。

三、五一六团（欠一营）着于七月二十八日午前十一时挺进双庙，先驱逐三家户方面之匪后进占三家户附近，向宁庙及白龙厂间地区严密警戒，以策应五一四团转移兵力之作战。

四、五一四团（欠一营）及师指挥之蔡营同时以有力之一部向三家户、宁庙之匪攻击，相机与五一六团协力围歼该方之股匪，而确定掩护主力之转进于草庙集附近。

五、师指挥所现位置于王圩。

右五项，除分令外，合行令仰各遵照，并将战果具报。此令。

是日，五一六团（欠第一营）于午前十一时到达双庙，即以主力驱逐三家户方面奸匪，约午后一时，奸匪二千余由沟井李方面绕向双庙该团之翼侧包围。斯时白龙厂之五一四团（欠第一营）并指挥五一六团第一营同时以一部向胡巷子、白连寺之匪猛攻后，旋即脱离战场，各部按时转进至指定地点集结，又值大雨滂沱，全部安全到达草庙集，剿匪遂告结束（附图四）〔略〕。至是

役先后弹消耗及损失。（如附表一、三）〔略〕

丁、敌我优劣点：

一、匪优点：

1．有牺牲精神，攻击时则前仆后继，防御则有与阵地共存亡之决心。

2．长于夜战、近战，能捕捉有利战机，则进无利，绝不轻举暴进。

3．组织运用民众怀柔强迫兼施，凡盘据地区及活动地区之民众悉为彼用。

4．情报组织严密，一经奸匪编组之民众，无一不在有形或无形之中被匪指定或利用为一当然情报员。（如服盘查报告、放枪鸣锣、放烟火等工作）

二、匪劣点：

1．攻击时以密集队形猛冲，易招致重大损失。

2．兵员重量不重质，武器窳劣，弹药缺乏，且一般炮弹杀伤力小。

3．匪兵多系被迫来者，意志不坚。

4．翼侧感触过于敏锐。（与匪作战使用侧击，无不奏功）

三、我之优点：

1．官兵深明大义精神，团结动作协同。

2．官兵镇定，被围不惊，夜战不乱。

3．部署适切。

4．轻重火器射击技术优良。

四、我劣点：

1．轻敌行动迟缓，工事无全盘计划。

2．浪费弹药。

3．对民众之运用情报组织均感不足。

戊、所得经验教训：

一、部队行进选择地形集结为主，疏开时须缩短距离间隔，可适应各方情况，停止时亦须注意天然地形地物之利用，但无论行进、停止特须注意侧背警戒。

二、村落宿营，务宜构筑屋角堡垒，以构成浓密火网，注意扫清射界，如屋旁之草堆与厕所、猪栏等，均足妨害射击，应拆卸或烧毁之。

三、进入村落，应在十四时以前构筑椅角据点工事，利用墙壁挖枪眼，并将居民集中一处派兵看守之，以防为匪内应。

四、屋脊上应做掩体，俾便瞭望及投掷手榴弹。

五、部队驻地切忌分散，不宜一班或一组单独服行任务，因匪军常以多胜少，所谓蜜蜂战术。

六、对匪作战应以急进勇退为原则，勿与胶着过久，免为匪乘。

七、部队长若常予调动，因德威未立，指挥每不如意。

八、深入匪区如因粮于敌，则将匪粮食仓库应设法搬运，否则焚毁之，不要患得患失，为小利而忽略大敌。

师长朱乃瑞

中华民国三十四年十二月　日

〔国民政府军令部战史会档案〕

25．顾祝同勾结敌伪袭击浙西浙东新四军密电

（1945年8月25日）

铅山。特急。渝委员长蒋：6379（表）。为增强剿匪兵力，谨调整部署如下：

（一）第49军除以一部与余抗日军保持连系外，主力即以临安为核心，向临安冷水桥、横畈东北地区集中，准备对孝丰奸

匪作战，着先以有力搜索部队搜索双溪、黄湖、石门以北地区及武康、孝丰各附近地区匪情。

（二）陶总司令迅速抽派兵力接替192师防务，并饬该师不待交防完竣，应取捷径逐次向临安跃进归还建制。

（三）第28军（欠52师）俟先头到达昌化，即迅速向临安附近地区集中。

（四）挺三纵队仍服前任务。

（五）伪36师陈桐部、伪37师丁聚堂部固守吴兴、武康、德清各要点，务须确实配合25集团军之作战，尔后归李总司令统一指挥。上五项，除饬遵照外，谨电鉴核。职顾祝同。未有。着战。印。

〔国民政府军令部战史会档案〕

七、对闽浙赣抗日根据地袭击

1. 蒋介石转报黄绍竑呈送浙江第九次反共会议决议电

（1943年5月2日）

本会何总长勋鉴：查前据黄主席绍竑电称：奸匪何静连、柏生等自组三北游击司令部，拟夺取四明山为据点各情，经以寅阳侍秦代电，饬提交特种会报核议具报在案。兹续据黄主席卯祃电称：本月十九日第九次党政军联合会报：

（一）佥以奸匪何静连、柏生部日益猖獗，若不及时肃清，将蔓延为患，惟苦于国军及保安团队不敷分配派遣，卒难为有效之防止。

（二）匪部盘据三北富庶之区搜刮财富，官兵待遇优厚，示民小惠，复以重金引诱，我军兵械且与敌伪军难处，须有精良部队深入方可予以痛歼。

（三）本省保安团队及自卫武力年来配合国军布防作战枪弹耗竭，已无从补充，应请迅赐拨济，且深入部队衡以目前情势以敌伪盘据区域，故抑法币比值，非酌予提高官兵待遇，不易固我军心，即一切措施亦在需费，本省预算经中央核定用途，无款可移，不得不仰赖专款济用。

（四）另设绥靖机构已奉钧谕遵即停止，为配合政军统一指挥，集中权责，仍请准予暂设临时组织，俾能灵活运用等语。即希并案核办具报为要。中正。辰江。侍秦。

中华民国卅二年五月二日

〔国民政府军令部战史会档案〕

2．第三战区制订闽浙赣三省边区“剿共”计划

（1943年10月）

第三战区闽浙赣三省边区清剿残匪计划三十二年十月一日

甲、进剿方针：

一、遵奉军委会午微令一元特电：各该战区应照既定计划部署清剿，随时予以打击，毋惮反复施行之要旨，并本部（卅三）年八月第二次军政联席座谈会关于加强三省边区剿区之决定，以奸匪曾镜水、陈牯老等股流窜地区为主剿区，并以崇安为中心，又以沿各公路两侧各三十公里内为确实维护交通重点。（如附图）〔图略〕

乙、指导要领：

二、各项清剿及绥靖事宜，统由三省边区绥靖指挥部负责办理，并划定剿匪绥靖区域如下：

1．浙东方面：第八、九两行政区均属之，计永嘉、平阳、瑞安、乐清、泰顺、玉环、丽水、龙泉、遂昌、青田、缙云、景

宁、庆元、松阳、云和等十五县。

2. 赣东方面：计第六行政区之上饶、广丰、横峰、弋阳、铅山、贵豁；第七行政区之金豁、资豁、光泽、黎川等十县。

3. 闽北方面：计第一行政区之寿宁，第二行政区顺昌、将乐，第三行政区之浦域、邵武、建阳、崇安、松溪、政和、水吉等十县。

三、绥靖指挥部仍设浦城，下设区指挥部：第一区指挥部驻崇安，第二区指挥部驻广丰，第三区指挥部驻青田，各区指指挥部辖区附图。〔图略〕

区指挥部除区指挥官由本部选派外，并以各专署副司令兼副区指挥官，襄办一切绥靖任务。

四、进剿部队应注意点式清剿，并应本以国军守线，保安团队及其他地方武力守点之要旨行之，尤应区分为追击队与堵击队等，以资各有专责。

五、绥靖指挥部使用兵力、均应通盘计划，不受地方性质之限制，但以不分割使用至连（中队）以下为原则，尤注重特务工作，各县已设立之行动队（或特工队）其不健全者，应以调整加强，并直接隶属于绥靖指挥部指挥之，以期不受牵制。

六、各县区及乡保甲已设情报网及递步哨、瞭望哨，均应予以加强。

七、自首自新分子之改编及管训，均应严行考察，以免其复施狡诈企俩。

八、每一匪区之收复后，一切善后事宜，均应以前颁各项办法办理，尤应注意保甲之整理，户口之登记及清查。

九、绥靖指挥部应与该辖境内建阳、南城、丽水、铅山各警备司令部密取连络，各警备司令部应随时协助有关一切剿匪绥靖之设施并情报之供给，但各警备区辖境内除护路及对成股奸土匪之清剿等任务，仍由绥靖指挥部负责外，其他一切清理事宜，应由各该警备部办理。

十、绥靖区内党政配合军事之连系事项，如附件其一之规定办理。

丙、部署：

十一、军队区分：

绥靖指挥官：钱东亮。

区指挥官：李逾群、何世杰、郑邦鉴。

第二五军四十师一个营。

第二六军四四师一个营。

闽保第六团。

浙保第三团。

赣保第二团（欠一个大队）。

绥靖区内各县自卫团队暨行动队（或特工队）。

十二、绥靖指挥部应将国军控置于公路沿线，以期确实维护交通之安全，以保安团配合地方武力，不分畛域，向各匪窠相机进剿，并先截堵其流窜路线，形成各个包围圈，严密封锁，再渐渐紧缩包围圈，使匪再无法免脱。

丁、通讯及补给：

十三、通迅以递步哨、电话为主，无线电为辅，但各团及独立行动之大队间，各应配以五瓦之无线电台、至向导、密探等，均由地方政府派遣。

十四、进剿部队所须之弹药，由本部补给之。

十五、进剿部队之盐米由地方政府代办，并由县检据汇报绥靖指挥部如拨归垫，各分区指挥部官兵月须盐米，由兵站公给。

戊、赏罚：

十六、在规定剿匪期内，凡有关于该区剿匪之奖惩，绥靖指挥官得以全权处理之。

“对其他行政人员”及剿匪部队长，均得先办后报，并得直接调遣，各县地方武力“及监督其人事、经济、教育等”，各地方政府又得籍词梗议。

十七、凡剿匪出力之行政人员及部队长，得呈请照国军对日作战之奖励条例，优予叙奖。

庚、经费：

十八、绥靖指挥部剿匪临时费，均由各省府分别担任，至肃清残匪结束时为止。

兼副司令为无给职，但得酌支办公费。

十九、本计划自公布实施后，前颁剿匪计划即行废止。

二十、本计划之配发如附表〔表略〕。

附件：其一

绥靖区内党政配合军事之连系事项：

一、绥靖指挥官为求事权之集中，使清剿工作进行容易，于清剿期内，应统一指挥该辖区境内党政军各级机关有关剿匪绥靖事宜，各项设施，俾连系确实，运用灵便。

二、地方党政方面之专员、书记长、县长对于清剿实施，如有奉行不力，或因循敷衍致误剿匪机宜，并有显著事实可资证明者，得由指挥官将事实呈由本部，电各省党部、省政府先行停职，以军法审讯惩处之，其乡、镇、保、甲长之通匪者，得由指挥官先行以军法讯后，再送由专署或县政府执行之。

三、与剿匪有关之各项地方行政设施，如刷新吏治，整理保甲、清查户口、检举奸伪、抚恤流亡、筑碉护路、维护交通、取缔集会结社等，均应受绥靖清指挥官之指挥。

四、地方行政主官，如县长、区长、乡、镇、保、甲长之考成，以清剿工作列为首要，此项考成表由剿匪绥靖指挥部填送各省县政府考核之，尤以各级主管机关对于剿匪绥靖指挥官对功过人员之检举请议者，不得搁置，或稽延，尤不得有所袒护。

五、绥靖辖境内所有各项地方武力（包括国民兵团、常备队、保警队、警察队、特工或行动队以及其他一切自卫团队）均得由绥靖指挥官直接命令指挥调遣之，不受畛域及地方性质之限制，各级地方政府不得藉故违令。

六、地方政府应组织便衣行动队、递步哨、瞭望哨、响导队、运输队等，各党部亦应组织宣抚队，以协力剿匪绥靖之进行。

七、进剿部队如因地形特殊，补给困难时，地方政府暂时代办其盐、米，但须由进剿部队给予连以上之正式领据，此项盐米得迳报绥靖指挥部扣还归垫，除此以外，县（含）以下各地方机关不担负剿匪绥靖任何供给之责。

〔国民政府军令部战史会档案〕

3. 顾祝同为"三省边区绥靖区内党政配合军事之连系事项"致蒋介石代电

（1943年10月）

第三战区司令长官司令部代电参一字第1965号

军事委员会委员长蒋钧鉴：查本战区三省边区剿匪自去（卅一）年六月分区清剿以来，虽将股匪势力逐次击破，然其潜伏势力迄未完全肃清。检讨其原因，厥惟地方基层组织多不健全，地方绥靖善后事宜不能与军事行动并进。为加强剿匪区内党政军之配合起见，谨拟订绥靖区内党政配合军事之连系事项一种。除分令实施外，谨将原电随电赍呈核备。职顾祝同。酉鱼。旃一。附件如文。

中华民国三十二年十月　　日

绥靖区内党政配合军事之连系事项

一、绥靖指挥官为求事权之集中，使清剿工作进行容易，于清剿期内，应统一指挥该辖区境内党政军各级机关有关剿匪绥靖事宜各项设施，俾连系确实运用灵便。

二、地方党政方面之专员、书记长、县长对于清剿实施为有奉行不力或因循敷衍致误剿匪机宜，并有显著事实可资证明者，得由指挥官将事实呈由本部，电各省党部、省政府先行停职，以军法审讯惩处之。其乡、镇、保、甲长之通匪者，得由指挥官先行以军法讯后，再送由专署或县政府执行之。

三、与剿匪有关之各项地方行政设施，为刷新吏治、整理保甲、清查户口、检举奸伪、抚恤流亡、筑碉护路、维护交通、取缔集会结社等均应受绥靖指挥官之指挥。

四、地方行政主官，如县长、区长、乡、镇、保、甲长之考成，以清剿工作列为首要，此项考成表，由剿匪绥靖指挥部填送各省县政府考核之，尤以各级主管机关，对于剿匪绥靖指挥官对功过人员之检举请议者，不得搁置，或稽延，尤不得有所袒护。

五、绥靖辖境内所有各项地方武力（包括国民兵团、常备队、保警队、警察队、特工或行动队，以及其他一切自卫团队）均得由绥靖指挥官直接命令指挥调遣之，不受畛域及地方性质之限制，各级地方政府，不得藉故违令。

六、地方政府应组织便衣行动队，递步哨、瞭望哨、响导队、运输队等，各党部亦应组织宣抚队，以协力剿匪绥靖之进行。

七、进剿部队如因地形特殊，补给困难时地方政府应暂时代办其盐米，但须由进剿部队给予连以上之正式领据，此项盐米得迳报绥靖指挥部扣还归垫，除此以外，县（含）以下各地方机关不担负剿匪绥靖任何供给之责。

〔国民政府军令部战史会档案〕

4．顾祝同呈报第三战区绥靖实施计划电

（1944年8月）

第三战区司令长官司令部快邮代电参一字第1752号

军事委员会委员长蒋钧鉴：本战区为肃清残匪安定后方起见，特拟订绥靖剿匪实施计划，除分饬各部遵照实施外，谨电核备。职顾祝同。未马申登一。附件如文。

第三战区地方绥靖剿匪实施计划

三十三年八月本部未马申登一代电颁布

第一　方针

一、为肃清浙东、苏皖、南赣边区闽浙赣三省边区各地区内奸匪之目的，特设立必要机构，指定必要兵力配合地方党政，限本年内完全肃清之。

第二　绥靖区域及部署

二、绥靖区域：

1. 浙东绥靖区——浙东第三、六两行政专员区所辖各县及浦江一县。

2. 苏皖南及浙西绥靖区——苏南各县、浙西各县以及皖南之一部（当涂、芜湖、宣城、郎溪、广德、宁国、南陵、繁昌、泾县、旌德、绩溪、歙县、太平、铜陵等县）。

3. 皖赣边区绥靖区——皖南之青阳、石埭、贵池、东流、至德、休宁、祁门及赣第五行政专员区浙属各县。

4. 闽浙赣三省边区绥靖区——赣属之光泽、贵溪、铅山、广丰，浙属遂昌、松阳丽水、缙云、青田、永嘉、乐清、玉环、龙泉、云和、景宁、庆元、泰顺、瑞安、平阳，闽属之浦城、崇安、邵武、建阳、水吉、松溪、政和、建瓯、顺昌等县。

三、绥靖部队区分（如另纸）

第三、各部队行动之准据

四、苏皖南及浙西绥靖区——第一步应肃清我第一线后方散匪及一切潜伏势力；第二步追入敌我中间地区及敌据点附近清剿之；第三步派精干部队深入苏皖南觅取股匪主力剿灭之。浙西亦准此要旨，相机挺入吴长地区廓清之（但该两区国军应以对敌作战为主，以剿匪为副）。

五、皖赣边区绥靖区——得按右述之要旨先肃清我第一线后之散匪；第二步挺入东流、彭泽及沿长江左岸廓清之。（该区应以主力对敌作战，一部协力地方团队实施之。）

六、闽浙赣三省边区绥靖区——第一步策定辖区内各公路安全；第二步用逢山必搜，逢巢必捣方法，觅取股匪主力而剿灭之；第三部肃清一切散残各匪及其潜伏势力，尤其对于庆元、龙泉、柘岱口以西该辖境内警备切实注意。

七、浙东绥靖区——第一步肃清四明山、会稽山奸匪，并彻底摧毁其根据地，严密阻止其回窜；第二步肃清义浦边区残匪；第三步挺进入三北觅取股匪主力痛剿之。

八、各绥靖区在绥靖剿匪积极进行当中，应与敌避开真面目之作战，以免力量分散，并对伪军应切实设法运用之。

九、各剿匪机关及部队应切实实行地方保甲组织，并严予督促，俾臻健全，又对敌后政权之扶植仍不可忽。

十、如敌进扰我剿匪部队，除运用游击战术原则与敌周旋外，至对于绥靖剿匪仍须不断实施。

第四、党政之联系

十一、党政之联络各事项如附件规定实施之。

第五　附则

十二、各绥靖区应依据本计划分期拟具进度，确定实施，每期末必举行检讨，将成绩之优劣得失功过详列报以凭奖惩。

十三、本计划以命令公布实施之。

绥靖部队指挥系统

一、司令长官顾祝同，参谋长温鸣剑：

1．第卅二集团军总司令李默庵

①浙东绥靖指挥部指挥官竺鸣涛

A、挺四纵队

B、挺五纵队

C、浙保一团

D、浙保纵队

E、浙保二团（欠一大队）

F、暂三十三师第三团

G、地方自卫部队

2. 浙苏皖边区挺进军总司令陶广

②（浙西）第二十八军军长陶柳

A、二十八军（欠52D　192D）

B、挺一纵队

C、挺三纵队

D、地方自卫部队

③（浙皖边区）忠义救国军总指挥马志超

A、忠义救国军

B、地方自卫部队

④（苏南边区皖南第六、七行政区及第八行政区一部）苏皖边区绥靖指挥官刘秉哲

A、五十二师

B、苏保纵队

C、挺二纵队

D、皖南地方部队

⑤皖南第八行政区及江西行政区一部第五十军军长田锺毅

A、五十军之一部

B、皖八区地方部队

C、赣五区地方部队

3. 闽浙赣三省边区绥靖指挥部指挥官邹文华

A、闽保第六团两个大队

B、浙保第三团一个大队

C、赣保第二团一个大队

D、各县自卫队

〔国民政府军令部战史会档案〕

5．顾祝同为拟订协同盟军登陆前后防制八路军新四军活动办法与蒋介石往来文电

（1944年12月～1945年4月）

（1）顾祝同致蒋介石报告（1944年12月26日）

自桂柳战事发生后，东南战区益形重要，为适应尔后战况之演进及配合盟军登陆作战，在军事、政治、党务、经济方面固应有充分之准备，尤其对奸伪之防制不容稍加忽视。盖东南奸伪自新四军在皖南叛变以来，其残余部队藉沦陷区敌伪之掩护，控制长江渡口，往来流窜，日渐长大。最近复自苏皖北纷纷南调，向赣东北、皖南沿江、苏南沿沪宁路及浙闽沿海一带潜谋发展，即在我控制区域内如浙南、闽浙赣、闽粤赣边区亦时有秘密组织潜伏活动，且公开宣传将迎接盟军登陆，似此若不事先加以严密防制，则一旦盟军登陆，藉接近盟军为掩护，益滋蔓难图，妨碍反攻，阻扰胜利，其为害之烈，不在敌寇之下。依据东南目前情势，针对奸伪此项阴谋，谨拟订本战区协同盟军登陆前后防制奸伪活动办法，其中除建立沿海军政一元化据点一项，已电闽浙两省府及沿海负责军事机关，着手办理外，余正分别积极策划，逐步进行中。兹检呈该办法一份，是否有当？敬乞鉴核示遵！谨呈

委员长蒋

职顾祝同

甲、第三战区协同盟军登陆前后防制奸伪活动办法

一、盟军登陆前防制奸伪活动办法

（一）建立沿海军政一元化据点：

1。盟军在本战区可能登陆之地点：金山卫、镇海、象山、海门、温州、福州、泉州、厦门、漳州。

2。在以上各处建立军政一元化之据点预与盟军连系。

3。此项一元化据点，军事为主，其他沿海党政为辅。

4。建立办法程序：

（1）调查登陆港湾、船舶输力及粮食；

（2）健全保甲，严密组训，运用民众；

（3）消灭奸伪组织；

（4）各党团设联席会议商讨事务进行。

（二）肃清第一线后方残匪及其秘密组织：

1。依据既定方案，限期剿灭奸匪。

2。规定剿匪各机关责权，并厉行考核奖惩。

3。剿抚兼施，慎选专员、县长，健全保甲，实行联保连坐法，扩大宣传，加强自新份子管训。

4。整理地方团队，编练民间武力，罗致公正士绅。

5。以地方团队协剿，以国军或保安团队担任进剿。

6。以专员兼绥靖分区指挥，以县长兼督剿官。

7。遵守三分军事七分政治之剿匪原则。

（三）加强敌后工作：

1。为期行动迅捷秘密，凡在沦区之党政机构，必须力求简单一元化。

2。县长、专员、各级党部须以少数党政人员随同剿匪部进入沦区从事宣传安抚工作。

3。励行军民合作，统筹剿匪部队供应，绝对守纪律。

4。统一策反运动，削弱奸伪力量。

核议意见：甚妥。

二、盟军登陆后防制奸伪活动办法：

（一）加强登陆盟军之联系：

1. 请中央在战区设一军事外交机构，统一加强登陆盟军与战区之直接连系。

2. 由战区各省预先组训通译人员，并禁盟方自行雇用。

3. 预先指定挺进部队与盟军取得连系，并阻止奸伪与盟军接近。

4. 用非官方名义发行刊物，宣传奸伪罪行。

5. 对内宣传，务使东南人民对奸伪之态度言论一致。

（二）划分区域，建立据点，组织先遣部队：

1. 利用策动成熟伪军之掩护，于淞沪宁锡及江北划分若干区域，各别建立秘密工作据点。

2. 选拔忠纯智胆之人员，打入伪军伪组织内工作。

3. 确实掌握已策动成熟之伪军，慎选策动优良之伪军，并注意伪保安团队以及地方武力。

4. 加强此项先遣部队实力，必须有一定经费。

5. 此项部队潜伏沦区重要城市，非必要时不见诸行动。

6. 临时迅速通知登陆盟军与之密切连系。

（三）健全地方武力，巩固后方及新收复城市：

1. 严令第一线部队追敌之前，加强防范奸伪。

2. 本“组堵抚”三字要诀，彻底剿灭奸匪。

3. 当我大军追敌前进时，应暂时保留各绥靖指挥机构，重要城市须设警备司令部，以便配合防剿并维持后方交通。

4. 本敌匪并重要领，一面紧追敌寇，一面防范奸匪。

核议意见：委座批示：注意严督施行。

（2）蒋介石致程潜电（1945年1月7日）

本会程代总长勋鉴：兹发交第三战区加强敌后准备工作、改进策反办法、第三战区先遣部队组织办法及第三战区协同盟军登陆前后防止奸伪活动办法各一册。除改进策反办法内三、四、五、六、七、八各项，准予照办，先遣部队组织办法内第七项应照准，第八项及防制奸伪活动办法内乙项应注意如何训练与严密实行外，其余各项希核办。中正。子虞。待参。

(3) 蒋介石致顾祝同密电（4月25日）

特急。铅山顾长官：○密。三战区前拟防制奸匪各办法尚欠积极，应再研拟积极清除之办法报核为要。中正。卯有。机渝。

〔国民政府军令部战史会档案〕

6. 国民政府制订“东南战场作战计划”

(1945年5月)

东南战场作战计划

第一　方针

一、东南战场为期与盟军会师之目的，应即划分剿匪区，集结必要兵力，以军事为主，党政为辅，先积极剿灭防线内及沿海沿江各要地之奸匪，再于沿海沿江各要地挺进有力部队彻底建立以军事为主之党政军一元化据点，准备接应盟军之登陆。

第二　指导要领

二、各战区应以剿灭奸匪接应盟军登陆为主任务，以保守根据地为副任务，针对实况划分剿匪区，集结必要兵力配合党政地方武力、敌后游击部队及运用伪军，限制奸匪之活动区域，而逐次剿灭之。

三、挺进敌后沿海各要地之部队应彻底以军事为主，建立党政军一元化据点，并运用伪军广为巩卫据点之外围，绝对清剿除奸匪之潜伏，常备必要译员及响导，准备接应盟军之登陆。

四、对于敌我中间地带大股奸匪之清剿，应针对敌匪我之态势集结必要兵力妥为部署，一面以稳扎猛打之原则，依碉堡构成坚固地带，区分进剿部队及守碉部队，逐次推进而剿灭之；一面防制敌之流窜，以免防害国军之进剿。

五、盟军登陆时应排除困难，集中主力钻隙，向登陆点挺进，先与盟军会师，其他各方面仅留置最低限兵力扼制交通，掩护主力之行动，但第九战区主力应以衡阳为目标，截断粤汉路敌之交通，策应黔桂路方面国军之反攻。

第三　各战区行动准据

六、第三战区以杭甬路、浙赣路东段(向北)及天目山、广德、宣城、南陵、铜陵、大通、东流县各地区之奸匪为对象，划分剿匪区，指派干员集结必要兵力，配合党政地方武力担任各该地区之奸匪之清剿，再以有力部队挺进闽浙沿海附近要点及杭州、全山、上海、吴县、镇江、丹阳、句容各附近地区，分别建立以军事为主之党政军一元化据点，准备盟军之登陆，该战区先置重点于天目山敌我中间地带奸匪之剿灭。

七、第七战区以从化、增城、石龙、东莞、九龙、海丰、陆丰及三水、商要、德庆、云浮、高明、南海各附近地区之奸匪为对象，划分剿匪区，指派干员集结主要兵力配合党政地方武力担任各该区奸匪之清剿，再于惠阳、淡水、九龙、东莞及潮州、汕头各附近地区挺进有力部队，即刻建立以军事为主之党政军一元化据点，准备接应盟军之登陆。

八、第九战区以浏阳、平江、崇阳、神山、修水、武宁、瑞昌各附近地区之奸匪为对象，划分剿匪区，指派干员集结必要兵力配合党政地方武力担任该地区奸匪之清剿，主力适时以衡阳为目标，截断粤汉路敌之交通，策应黔桂方面国军之反攻。

九、敌以不充分兵力向我进犯时，各战区应集结兵力击破之，如大举向我围攻时，应依既定计划避实击虚，保存根据地及战力，对围剿中之奸匪非万不得已不得停止。

十、各战区交通通信之整备及盟军登陆时之作战指□，另行策定。

〔国民政府军令部战史会档案〕

八、对广东人民抗日游击队袭击

1. 第七战区司令长官余汉谋关于惠淡守备区第三区清剿区内奸伪计划与蒋介石往来电

(1942年12月～1943年1月)

(1) 余汉谋致蒋介石电 (1942年12月28日)

第七战区司令长官司令部快邮代电　智安字第0188号

重庆委员长蒋钧鉴：特件。戌宋智靖一电计呈。兹据余兼总司令转据惠淡守备区张兼指挥官呈缴该地区第三期清剿区内奸伪计划乙份请察核等情。核尚可行。除电饬余兼总司令迅予实施外，谨收该计划乙份，随电抄呈察核。职余汉谋叩。亥俭。智安计。印。附件为文。

中华民国卅一年十二月二十八日

惠淡守备区第三期清剿区内奸伪计划

三十一年十月十六日

第一　方针

一、本部遵照十二集团军总司令部戌文已学震电所示，以彻底肃清区内各地奸伪，以利抗战之目的，特再定计划继续清剿而歼灭之。

肃清限期，预定自十月十八日开始至十二月底止。

第二　指导要领

二、以挺进第六纵队（缺第二支队）附一八七师五六零团、五六一团各一营及迫击炮连又一排，划分为二个区域，以主力解决乌石岩、龙华、平湖、横岗一带之王作尧、曾生部奸匪，一部解决杨西、罗坦埔、大怀、德霄边一带之残匪，进剿时务先击破奸匪主力，然后分头逐次肃清之。

三、奸伪常用化整为零，星散流窜，各剿匪部队务求行动迅速而飘忽，部署秘密而周详，无论宿营、行军均应严密警戒搜索。

四、奸伪根据地及交通收税地点应先行紧密封锁，继而合围摧毁及肃清。

五、调派党政工作人员配合清剿部队工作，在各匪区恢复后及深入匪区，发动协助行政基层组织，健全保甲，从事宣传组训及破坏分化诸工作，尤应针对奸伪之宣传争取民众。

六、奸伪多利用敌后及附近为其依托，各部应力避免引起与敌之战斗，乘机诱致敌匪之冲突。

七、如优势之敌进犯惠阳时，挺六纵队应适时占领要点，集结兵力，分途侧击尾击，一八七师之剿匪部队逐步向新圩镇、隆万方面转移，遵照预定计划歼灭敌人。

八、不参加围剿奸匪之部队，应严密监视敌人之动态并严饬防奸伪之造谣，更应随时准备照预定计划作战及策应剿匪部队之完全任务。

第三　　部署及任务

九、剿匪部队以挺六纵队（缺第二支队）附一八七师五六零团、五六一团各一营及迫击炮连又一排任之统归邓总司令琦昌指挥。

十、各区兵力部署及任务区分如下：

1. 乌石岩、龙华、平湖、横岗附近以挺六纵队第三支队（缺一大部）及五六零团之张营（附迫击炮连）、五六一团之黄营（附迫击炮一排）并配合指挥部一八七师挺六纵队政工人员之一部担任清剿，统归徐支队长东来负责指挥。

2、杨西、罗坦埔、大怀、德霄边附近挺六纵队第一支队并配合指挥部一八七师挺六纵队政工人员之一部担任清剿，统归袁支队长华照负责指挥。

3．其余各部队由邓总司令控制于塘头厦附近地区，策应各方面之作战。

十一、东宝两县国民兵团各在原驻地任后方警备及维持治安之责。

第四　　通讯

十二、通讯以有线无线电报及电话为主，军事及徒步传达为副。

第五　补给卫生

十三、各部队弹药必须准备充分，给养以自行携带及就近采办为原则，伤病兵之收容后送由各部队及政工人员发动当地民众或行政机关雇夫输送之。

（2）蒋介石复电（1943年1月13日）

有线。曲江余长官：〇密。亥俭智安计电及附件均悉。准予备查。中〇。子元。令一元。

〔国民政府军令部战史会档案〕

2．军令部密令袭击广东人民抗日游击队东江纵队电

（1944年3月11日）

代电。曲江余长官：据报：潜伏惠阳、东宝一带之奸匪部队，经于去年亥东扩组为“广东人民抗日游击队东江纵队”，由曾生、王作尧任正副司令、杨康华任政治部主任，且由延安派来林平为政治委员，公开发表宣言，接受共党指挥领导。等情。特密电，希查照，注意扑灭，勿使滋蔓为荷。军令部。寅真。一元庚。

〔国民政府军令部战史会档案〕

3. 蒋介石密令“清剿”广东人民抗日游击队致余汉谋等电

（1944年4月～1945年1月）

（1）致余汉谋电（1944年4月21日）

曲江余长官：丛密。卯元会秘二电悉。应迅予清剿，勿使滋蔓。又收揽人心，为抗战四要之一，希转饬部队及省府照抗战手本所要旨争取民众为要。中○。卯马。令一元庚。

（2）致余汉谋电（10月18日）

抄十月十八日酉巧机渝于令111号

曲江余长官：（　）东江奸匪如不再积极负责肃清，则势成燎原，尤其是沿海与广九路一带，将来与盟军配合作战更不能不有正规部队负责肃清。现在北江，除保留防守韶关之部队以外，应可抽出一个军速向东江与广九路进剿奸匪，以保国体。此比任何事重大，希即拟定具体计划，切实负责并望详报中○。手启。酉巧。机渝。印。

（3）致余汉谋电（1945年1月22日）

余长官：6503密。据报：粤省奸伪近在东江、西江方面肆行蠢动，乘机断截交通，勾结叛兵，并袭击我军等情。除电李主席力剿外，希注意防范为要。中○。子(养)。令一元庚。

（4）致李汉魂电（1月22日）

李主席：亥文秘电悉。○秘。仍应勉力督饬地方团队防剿，并对地方团队武力分驻各地者，应分派可靠干员加强政治工作及控制力量，除电余长官注意外，希遵办为要。中○。子(养)令。一元庚。

〔国民政府军令部战史会档案〕

〔六〕政党与社团

（一）党派的组织活动

一、中国青年党

（1）在国民党统治区的活动

1. 中国青年党代表左舜生为表示拥护国民党抗战建国与蒋介石、汪精卫往来函

（1938年4月）

(1）左舜生致蒋介石、汪精卫函（4月21日）

介石、精卫先生惠鉴：

敬启者：国难尚在极严重之阶段中，中国青年党同人虽坚信长期抗战胜利必属于我，但在目前尚不敢以轻忽之心，遽弛其戒慎之念。

国民党最近发表临时全国代表大会宣言及抗战建国纲领，同人等详细阅读，并以极端之善意迎之；深信果能斟酌缓急先后，逐一见诸实行，必于国家有益。

中山先生毕身奋斗之目的，其一在争取中华民国之自由平等，此次国民党领导全国抗战即此遗教精神之具体发挥。其一在建国必以宪政为指归，此次国民党临时代表大会，在此非常时期，不忘国民参政机关之建立，国民言论、出版、集会、结社自由之保障，亦即异日宪政实施之端绪，与同人等夙昔主张之国家主义民主政治适相符合，愿表甚深之敬佩。

国民政府为今日举国共认之政府，亦即抗战唯一之中心力量同人等必本爱国赤赤忱，始终拥护。

中山先生谓“三民主义为救国主义”，如公等认同人等夙所主张无背于救国之原则，俾同人等十五年来所惨淡经营之一集团，在抗战建国过程中，得尽其最善之努力，庶于国家前途，能有较大之贡献。同人等唯认定国家至上，故在过去十五年中，虽对政治不负任何直接责任，而爱护国家，始终不渝，补偏救弊，未尝以环境艰难而稍懈其努力：至其成绩如何，固不欲自为陈述。

总之，同人等观目前之艰巨，念来日之大难，仅有与国民党共患难之一念，此外都非所计，及仅知国家不能不团结，以求共保，此外亦无所企图。

坦率直陈，力求实践。耿耿之怀，敬候明教。此颂勋安！

中国青年党代表左舜生谨启

二十七年四月廿一日

(2) 蒋介石、汪精卫复左舜生函（4月24日）

舜生先生惠鉴：

展诵来书，承示对于国家前途之观察，思深虑远，至为钦佩！并且示及夙昔主张，与本党总理孙先生毕生奋斗之目的相符合。㮣示拥护政府之赤忱，顾〔愿〕为抗战建国而尽最善之努力，诚挚坦直，矢共艰难，循诵之余，弥深感谢。

本党对于抗战建国大计与期望，已具详于临时代表大会宣言与抗战建国纲领。责任所在，无可旁贷；而实践之功，必赖群力。今日举国共同之期望，唯在攘除外侮，实现三民主义以救国。本党念责任之艰巨，惟望集中全国之心思才力，以共济此日之艰危，而谋国家久远之福利。苟从同样之方向，必团结而无间，此愿共相黾勉者也。

辄因来书，布其诚款，即维鉴察。祗候

台绥！

蒋中正
汪兆铭谨启　二十七年四月二十四日

〔各小党派全宗汇集档案〕

2. 中统局关于四川青年党组织活动情形公函

（1939年12月16—21日）

（1）朱家骅等致社会部公函12月16日

中国国民党中央执行委员会调查统计局公函

中华民国二十八年十二月十六日

兹有关于川青年党举行十六周建国〔党〕纪念报查一件，相应抄同原报告，函请查照参考为荷。此致

中央社会部谷部长

附抄原报告一件

局　长　朱家骅

副局长　徐恩曾

川青年党举行十六周建党纪念

（李璜之演词）

成都十二月十二日讯：

青年党于十二月二日在成都支矶石街举行十六周建党纪念，到党员一百余人，由该党川省党部主席李幼春领导，仪式简单，除向"中华民国"单条行三鞠躬礼，与为死难同志静默五分钟志哀外，并读该党宗旨如下："本党本国家主义之精神，采全民革命之手段，以外抗强权，力争中华民国之独立与自由，内除国贼，以建设全民福利之国家为宗旨。"旋由四川省党部委员（现任省政府民政厅视察员）陈翰珍主席。

一、主席报告，略谓："今天举行本党十六周纪念，检讨过去

奋斗之光荣历史，十六年前之今日，本党主张全民革命，内除国贼，外抗强权，以飞潜政策，军国民教育，取消党治，实行宪法，是早已见到中国必有今日之大难。惟当日当局不察，一般人士又昏迷不醒，虽经大声疾呼，但均置若罔闻，反被骂为腐败，反观今日国势，无一不合需要，全国朝野，无人不跟着此走，可谓我们的主义，业已成功，而党却失败。以后吾侪应加紧努力，以完成使命。”

二、李璜演词：

1. 长期抗战，业已造成，长期抗战，才好以事实来宣传吾党主义，于国民心理中种下万古不拔之深根。

2. 傀儡组织正在潜滋暗长，正因其潜滋暗长，才好分化团结，造成国贼事实以资藉口。

3. 现在应努力宪政运动，促进民生，拉拢民众，竞争选举。

4. 现阶段抗战之困难：一、因英德交战，英对中国法币不能支持；二、因中国外交失败，日本处于优势；三、因各省部队与中央军待遇不平，中央军存监视态度，前方将士均不效命。

5. 抗战假使失败，则使各省将领割据独立，是时战不能战，乱不能平，当然出之议和一途，届时吾辈即出而联络各方，与苏、日继续作战，扫除汉奸政府，实行联省自治，重组中枢，以全民政治相号召，各党各派及民众当然拥戴吾党出而主政，此即不流血革命，吾人宜努力之。等云。

（2）朱家骅等致社会部公函（12月21日）

中国国民党中央执行委员会调查统计局公函

中华民国二十八年十二月廿一日

兹有关于川省青年党之组织与活动报查一件，相应抄同原报告，函请查照参考为荷。此致

中央社会部谷部长

附抄原报告一件

局　长　朱家骅

副局长　徐恩曾

川省青年党之组织与活动

成都十二月十五日讯

（一）查青年党四川省党部设成都东胜街十二号，主席李幼春（化名伯谦），秘书喻孝权。该党成都市党部，设成都上汪拐三十二号附二号，主席萧资生（现任市府教育科长），秘书殷忠民。其在四川各县均设有县党部，县党部之负责人多为各该县之县长或县府秘书科长。

（二）该省党部经费，除自筹一部份外，向由刘故主席按月津贴，现津贴已断，由该党份子现任公务人员之所得税内扣支，计月薪在二十元以上五十元以下者，前缴百分之二，现缴百分之三；月薪在五十元以上百元以下者，前缴百分之四，现缴百分之五。又最近起征收月捐，但仅限于由该党之介绍得任工作之党员，私人活动所得之工作概予免征。征收标准为：月薪在五十元以下者免征，月薪在五十元以上者征千分之一。其经费之分配为：省党部每月四千元；成、渝、自贡三市。每月各二百元；县党部每月仅特别费一百元。至各级人员待遇：1．省党部主席每月支活动费三百元，委员支车马费五十元，秘书支生活费八十元，助理秘书月支生活费五十元，书记月支生活费三十元；2．市党部主席每月支生活费八十元，委员无津贴，秘书月支生活费五十元；3．县党部主席、秘书、委员均无生活活动等费之规定，平时开支以吸收新同志及升级团员之基金维持，无论多寡一任自由处置，概不呈解。

（三）该党各级工作情形

〈一〉省党部之工作：除领导市党部外，再作政治活动与社会活动。

1．政治活动：介绍各党员潜入政府机关，攫取地方行政权。

2．社会活动：派各党员参加社会各种组织与民众团体。

（二）市党部之工作：办理临时分配登记，协助省党部举行训练事件。

（三）县党部工作：除应付地方环境外，负吸收同志训练同志之责，其每月工作进行并无预定计划。

（四）各党员之工作：除指定一部份党员专办党务外，其余多潜迹政府机关活动。

（五）特务工作，最近发动人数仅五十人，由熊作云负总责，编为一组，在训练中。

〔国民党中央社会部档案〕

3．中统局关于“川省青年党筹划防共”的情报

（1940年2月7日）

情报 中华民国廿九年二月七日号
字　　第　　6　　号

〔上略〕

川省青年党筹划防共

成都二月二日讯：

中国青年党因川省为该党历来根基最厚之地，现鉴于共党在省内积极活动，恐碍其开展，乃筹划防共，除积极加强组织，整理该党党务以外，并决定防范共党活动之办法如下：

（一）翻印《铲共须知》与《共产主义批判》、《唯物史观批判》等书，散发各同志与各界民众，使发生同仇敌忾之心理。

（二）多翻印《国家主义浅说》，俾将该党主义普遍深入于民

间。

（三）多集合该党忠实同志，聆听该党主义、生物史观之讲演，力图心理建设。

（四）令该党同志多读反共书籍。

（五）加强该党组织，并令各县从速整理党务，训练同志，护党反共，必要时再帮助政府铲共。

以上办法已由该党川党支部通令各级遵行云。

〔下略〕

中国国民党中央执行委员会调查统计局第一组

〔国民党政府国史馆档案〕

4．八千：国家主义运动的意义①

（1941年4月　日）

现在中国的国家主义运动天天的在那里发展，我们这个提倡国家主义的团体也就随之而日渐扩张，这不是一种偶然的事，我们不可不深深了解这个国家主义运动所以发展的原因和其意义，不过在未讲原因和意义之前，还得要将“运动”、“主义”，这两个名辞诠释一下，然后才免得误会。

甚么是运动呢？运动一字在英文为Movement，意指一件东西，或由外来的力量，或由本身的力量，或同时由于前两者的力量，而变动了他原定的方位，就叫做运动。譬如一只表放在这桌的角上，我将他一推，这只表便移动到桌的中心，这便叫做运动。又譬如人跑路，从原来站立的地方跑到别的地方，这便叫做运动；

①此件选自青年党内部刊物《中青半月刊》创刊号（1941年4月15日）。作者八千即李璜。沿用原标题、原标点。

又譬如一颗炸弹的爆发，由手里掷到障碍物上，霹雳一声，火光四射，这也叫做运动。表的移动方位是全由外力的推动，人的向前跑路，是由本身内发的力量，炸弹的爆发是由于外力推动与内力自发。政治和社会事变上来用这个运动一字，便是说，本着环境的外力和思想的内力，而在政治和社会上起的一种动摇(agitation)和一种酝酿(fermentation)。

甚么是主义呢？这个字看来好像明瞭，无须解释，其实一般人颇有误会。譬如今日动辄自家创出一个主义以便自称先知先觉的人，和“只谈问题，不谈主义”的人，以及听见主义一字便怕有作用，便走开了的人，这些都是不明瞭主义一字而有了误会。因此我不能不在此地顺便解释一下：

主义的第一个意思是“趋向”的意思。趋向就是走路向前的方向。在这个意义之下，我们要问问听见主义一字便怕的人：你走路有不有一个明瞭的方向？如果有的，你便算是有了主义！走路不能同时走几条路，只能向一条路上走去。而谈问题不谈主义的的朋友便往往要叫我们同时去走几条路：今日这个问题向东，明日那个问题向西，甚至向南向北，头头是道，令我们不知那条先走为好，直令我们站在十字街中，徬徨歧路了！走路不能向前去而同时又向后转，一面叫向前，一面叫向后，那吗，这个路怎么走法，我们只好不走，站着了事，因此这种指路的办法是不生效力。如像孙中山先生个人所创的三民主义便是这样的在指路。一面在三民主义里主张要人孝亲，一面又主张要人革命。孝的第一义是要顺亲心，恐怕狠少为父亲的心理是要儿子去革命的罢！顺得亲心，便只有向后转去晨昏定省，又那能同时去向前干那拚命的工作咧；况且中山主张的孝还是祠堂里所标明的那个有一定信条的儒家的孝。那些信条是：“身体发肤，受之父母，不敢毁伤”；“父母在，不远游”，“不孝有三，无后为大”，等等都是不革命的，向后转的，如何又要我们向前去流血革命呢？中山的三民主义如像这类前几千年又后几千年彼此冲突矛盾的主张狠不少，所以令国民党中新旧冲突，左右分家，不能走上一个路上：这是自命先知先觉，却未曾将路向指得明白，直令后人无从开步走。

主义的第二个意思是"目的"的意思。"的"是箭的靶子；射箭的时候，以目对"的"，向"的"射去，射中了，就算达到目的。主义不但有向前的方向，而还要有个走到的地方，有个目的地。我们向人指路，不能说长途悠悠，任你向前走去罢了。今日青年人之所以烦闷，惆怅，踌躇，无聊，种种无端的幽怨，都表示出目的不定或没有目的的样子。主义既为人指出目的，以便向前趋赴，以免中道徘徊，那吗，所指的目的还要狠明瞭，容易看得清楚然后才便于目不旁瞬的向前直往；如果是那种"漆黑一团"，莫明其妙，或杂糅造作，目光四射，都不足以称为主义。因为主义是要人抱定去实行，不是说得好听，或能自圆其说便算完事。如像中山的民生主义，说是共产主义，又是社会主义，又是大同主义，真可谓目光四射，说得热闹之至，而行起来，主张大同的无政府者向西，主张共产的左派向东，各向各的目的，便把国民党分成几块。

主义的第三个意思是"宗旨"的意思。宗是有所本，旨是旨趣，宗旨是有所本的一个旨趣。这个有所本，换言之，就是有所根据。主义或根于环境之变迁，或根于内心的酝酿，绝不是吴稚晖高了兴的那种东拉西扯，无根之谈，也不是孙中山那种徒有创作的冲动，而便东抄西袭，自命发明。——三民主义中所抄袭的各家不同的理论，原都各有其根据，而被抄袭来镶砌成功一个三民主便毫无根据了。——主义不是自由谈，不是豆丁品，百衲衣，而且不是任何天才的创作，他是根据着四围的环境事变，多数人心趋向，而自然发生和发展的。

把上面这两个字解释明白了，我们便连带而明白了国家主义的意义：根据上述主义的三个意思，则国家主义的趋向是向国家这条路上走去了，所谓“以国家利益为前提”，便是这个意思。在这个前提之下，来求各个问题的解决，各个问题便有所依归，如百川归于海的样子不会彼此冲突了。其次，国家主义的目的是在国家的繁荣。繁是生产发达，生活丰富；荣是文化发展，文明悠久。我所抱着这个目的，则在消极方面，凡足以妨害我们国家生产国民的生活文明的向上和延长的行为，无论国外的侵略或国内的战争，都为我们所不容许的；至于在积极方面，凡足以使国家繁荣的行动，我们都是一意努力趋赴的。但是国家主义何以有此趋向与目的呢？他不是无因而生，是有所根据：（一）是根于社会的环境，社会的环境一日不安，我们个人的生活便一日不能安。譬如家庭是一个社会，个人为家庭之一员，假使一家之中父子兄弟皆饥不得食，寒不得衣，而只是个人生活安适，又岂能安？犹太的富翁虽亡国已数千年，而犹太富翁的生活如此其舒适也就够了，而何以还有犹太的复国运动？因为寄人篱下，这个社会环境太不能堪的原故。明白了这数千年后的亡国遗民，犹太富翁的生活意义，便足以了解国家主义之所根据了。（二）是根于爱群的本能。爱群的天性是低下的动物便已有了的。我们生在中国，长在中国，左右前后，凡所亲爱之人皆在中国，因此我们便自然的要爱护这个国家。每次外力压迫的结果，纵然打死的不是我自己，伤害的不是我自己，然而我自己总觉得不痛快，不舒服，这就是所谓虽无伤于“小我”而有损于“大我”，大我之成就便本于社会环境和人类本能，这就是国家主义之所根据。

现在我们依次谈到国家主义运动之所以发生及其意义了。

方才一开始曾经说过，运动是由两种力量发生：外力的推动和内力的发动。自鸦片战争以来，八九十年的外患侵入，辱国丧权，这一部伤心的国耻史，不能不算一种狠有推动的力量！中国国民既不是一个死的东西，遇着了这样压迫的外力，当然他的内心要起一种感应。并且在历史上看来，中国这个民族屡经外力侵入，而都终久胜过了外力，回复了本来；所谓“还我河山”一语，是最令人起感兴的。既然又有这一部屡经灭国而又复兴的民族史，因此中国国民的内在自发力量是有相当强度的。于是戊戌变政，辛亥革命，都是这种外力的推动和内力的自发，而不得不发生的一种国家主义运动。我们试看戊戌变政时康梁一派人的救亡论调，辛亥革命前孙文、黄兴一派人的民族思想，在在都足征这个国家主义运动的开始。

不过那时候只可以说国家主义运动在开始，要到今天来，国家主义运动才算十分成熟了，这何以见得呢？因为那时候不过是少数士大夫的救亡论，而今日乃是多数国民的自决了。这也是因为外力愈迫愈紧，内力也愈愤愈发，因此到今天来，国家主义运动，在大多数国民生活中，不只是一种感触的意识，而简直是一种急迫的需要了！

我在下面来说明这种环境（外力）和他所引起的问题，然后再说明今日的国家主义运动与辛亥革命以前的略异其性质。

关于环境和他所引起的急迫问题，可分四点来谈：

（一）经济压迫与生存问题。

从戊戌到辛亥，中国的国民。大多数都不是立刻感到亡国以后，自己便无法生存，可以说那时只有少数人在脑海中想像亡国惨状，心中不安罢了。自从欧战以后，列强在中国历行经济压迫，中国固有的实业纷纷破产，即以丝织物一样而论，从前畅销国内，还要推行国外，到今天来，因为受了毛织外货和人造洋丝的压迫，丝织业便纷纷破产，机织工人失业而来拉黄包车，绸缎商人失业而来贩卖洋货者不知多少，这是任何人都感到的。其他实业大都如此。所以我们在市场上去一看，除了贩卖原料品和土产食物以外，则全市场皆是洋货生意。在这种不能自家生产而只消费别人的制造品的情形之下，当然谋生日难，而生活要日益腾贵，大多数人都陷于无法生活的境地。譬如这回的外汇狂涨，法币低落，眼看着我们老百姓手中一元法币变成了两角几分，而政府简直没有办法。一元法币的购买力既只有两角几分了，以后的生活当然更要昂贵：看看的，不但贫穷工人要无法支持，就是中人之家或小商、小官、小教员，都不足以仰事俯畜，可以说在现今国内，除了狠少数发国难财的大富翁而外，无人不感觉到生存问题的逼迫。

（二）内乱外患与救治问题。

民国以来，军阀火并，一直内乱十八九年，差不多没有停息过，打一仗暴敛一次，大杀一次，人民的生命财产的牺牲不知道若干。所谓"乱世人民不如鸡狗"，这几年的中国老百姓真正的亲身觉受到了。尤其是近十年来的所谓革命，打遍了全国还不算，国共磨擦迄今仍未了结，中国老百姓到了此刻，无一人不感觉到这种局面是不得了！内乱将如何才能收拾？外患将如何才能解决？太平日子是如何才可以再行得到？要如何的政府才能使我们得到安宁？我们要如何的去谋救治？这些问题，人人心中都是有的，无非意识有明暗之别罢了。所以在戊戌变政与辛亥革命时代的士大夫的心境，今天大多数人都有了：那时是一部份的士大夫认为不得了，而今日是大多数中国人都在□不得了！

（三）交通便利与眼光扩大。

有了这样内外夹攻的环境，已使人不能旦夕安，而要想法子。况且还有这样的交通，一天的便利，使闭塞的人们一批一批的从远乡迁到大都会或甚至到了外国；眼光扩大了，对于国家的兴衰存亡，有个实地观察，明白比较，于是乎大家知道国家这样乱法，是有前因后果，并非偶然，大家才知道来想何种法子，所以近年来，留学国内国外的学生便不能不先行动了起来，从事政治社会的各项运动。

（四）国家生活与国家觉醒。

也因为交通的便利，中国人的物质生活早已从家庭经济时期到了城市经济及国家经济时期。从前的衣食住等生活不出家庭供给设备，而现今至少以都市或以国家为供给的范围了。以前是关在私塾读书，而现今是在国立学校里了。既有国家生活，即当然有国家的觉醒。从前有的是皇恩家庆，现在有的国庆国耻；从前是“扬名声显父母”，现在是“赴国难，爱国家，或革命救国”，这些风尚在在都足以表示国民心里的国家觉醒。

以上四点都是我们大多数中国人——特别是青年学生——的生活实况。实况如斯，当然要发生一种力量和行为，这个力量和行为便是使国家主义运动成熟而不可片刻停止的推动机。这种力量和行为，有形或无形的在那里活动，统而言之，谓之国家主义运动，分而言之，便可剖为下面的四大运动。

（一）自存运动

俗语说：“天生一人，必有一路”。又说：“与其饿死，不如闹死”。中国人受这国外的经济压迫，国内的军阀剥夺，简直渐渐有死之门，无生之路；职工流为贱工，贱工流为乞丐，即使有几文臭钱，住在乡里怕兵匪，住在租界怕绑票；至于当学生，也除了睡在洋大人怀里去当买办而外没有其他的安定的职业可谋。中国大多数人的生活都是过了今天，不知明天，过了今年，不知明年。像这样“无常”是最难受，最难安的！人是求生的，而今生活如此其困难。推原其故，明知被强权剥夺，国贼蹂躏，大家焉得不起来内除国贼，外抗强权，以图自存。明白些说，内除国贼，外抗强权的国家主义运动就是中国全体国民的求生运动，自存运动；人要生存，不要死亡，便不能不有这个天经地义的运动！

（二）自救运动

这个要生存不要死亡的救国见解在从前并不是没有。但从前的和现在的不同，从前是希望有人来救，我们可以坐待其救，坐享其成。在国内，或是希望神圣文武的皇帝，或是希望有能力的大总统主席或总司令们，在国外，或是希望国际联盟，或是希望第三国际，但到现在，一一都失望了！不但不能救我，而反多受其害。所以到了现在，只有自救之一法。这两年余来有这样多的青年人出来革命。便足以表明这个自救的现象。如果用勖名辞就叫做“革命的需要”，即自救之谓也。不过人类易生惰性，近十余年革命尚未成功，自救尚未得活，而又有一部份去希望总司令们去了，所以到今天，又上了大当，吃了大亏，这是很可痛惜的事情。我认为这也好，再吃一回大亏，这个自强自救运动必能要扩大起来。

（三）自觉运动

在五四运动，读书的学生知道出来且敢于出来打曹、陆、章等卖国贼，便是自救之心使然。同时伴着这个运动而起的新文化运动，便是一种自觉运动。新文化运动的总目标，可以说是在打倒家族主义及礼教。这种家族主义及其礼教，在从前或者也有他的好处，不过到了现在，已成僵石，不但不能使我们生活丰富，而且阻碍了我们的生路：大家关着门只去孝顺，生孩子，看看都会要饿死，所以不能不跑了出来；跑了出来，才看见国家的生存该当在先，要有了国家的生存，然后才有家族的生存，并且看见了人权和国民权这个东西的价值，所以才有真正的解放运动渐渐的起来。我常觉得，从五四运动到今天虽则不过十年，然而这十年的进步意义，在历史上却很大，因为可以比之欧洲从“启蒙运动”(Enlargement)到“人权宣言”，这三百年的进步意义——这并不是夸大眩耀，其实这个话向欧洲人说去，便很惭愧；人家已是三四百年前便办到了，我们至今还未完全办到，而反被老新党，新军阀阻碍着，不得进步，又何足夸呢！——我们知道启蒙运动与人权宣言都是与十九世纪法、德、意、波、土等国的革命建国运动大有影响的，可以说，没有前两种运动，便没有人权和国民权这种观念的普及，而欧洲之民尚拜倒在教皇与帝王脚下，又那有甚么革命建国之思想和行动发生呢？所以国家主义和民主主义是在欧洲同时并进，而不能分离的，在中国亦然。不在祖先崇拜的宗教里逃了出来，是看不见人权和国民权，人权和国民权的思想便是民主主义和国家主义的骨干。

（四）自立运动

因为有了比较的参考，有了劣败的事实，有了国家的觉醒，一向关着门夸大的中国人渐渐知道事事不如人了。于是看见物质生活不如人，便有了实用科学，振兴实业的呼声；看见精神生活也不如人，便有创造新文化，推翻旧制度的主张。我觉得国耻当以精神物质的文明都不及人为耻，所谓“耻不若人”。耻不若人而要求所以自立之道，这是年来中国的好现象。——并不是如一般老先生的见解，认为这是舍本逐末，其实中国便没有多少本可以守着，并且拿着这点本是不能生存的了——可惜这几年来太乱了，社会秩序太不安定，使中国科学家，实业界都无法工作，无法去求所以自立的机会。如果政治清明，如果将前面第一第二两个运动收了功效，而得着太平日子，我相信这个自立运动必定长足进展，而开始所说国家主义的目的——中国国家的繁荣便在这个运动上可以达到。

以上将自存、自救、自觉、自立的国家主义下应有之四大运动，正在那里进行的实况说明了。这四大运动的总趋向，总目标便是一个建国运动。因为要想自存、自救、自觉、自立，必得要有所凭藉才行，大家合力才行，于是本着欧美历史的先例，要如此，必得建设一个近代的新国家方可。

中国在近代新国家的意义上看来，还不能算是一个国。所以法国哲学家尔朗说“像中国、埃及，只算一大堆人，被一个天子或‘法拉洪’(埃及国王通称)带领着，而没有一点近代国家的意义”。我们知道十九世纪中间，法、德、英、意等国家之所以物质如此发达，教育如此普及，政治如此安定，文化如此发展，民生如此富足，精神如此康乐，皆是别人各自努力建立了一个民主主义，国家主义的近代新国家。近代新国家的特色是国民有政治权，而人人问政；国民有生活权，而国家须照管其生活；国民有得知识以自求进益之权；而国家须经理其教育；国民有以正当手段发展其生活之权，国家须给与机会的均等。凡此，皆处处扶持并发展自存，自救，自觉，自立的运动。故国家主义的趋向在自存，自救，自觉，自立，而此四大运动之总目标又在近代新国家的建立。现在列表以便一眼明了，至于建国运动的办法，则详见本党全民革命，全民政治的政纲中可以去自行考究：

国家主义运动
- 自存运动
- 自救运动
- 自觉运动
- 自立运动

建国运动
- 全民革命
- 全民政治

〔各小党派全宗汇集档案〕

5．中统局关于青年党对中共问题之意见的情报

（1943年1月　日）

青年党对"奸伪"问题之意见

成都元月五日讯

青年党机关报《第二代》月刊，对本党及"奸伪"均有所评论，其创刊号《我们对于共产党问题之意见》及第二期《第五纵队在中国》文称（摘要）：

甲、我们对共产党问题的意见

（一）马克斯主义之根本性质

一、马克斯主义之根本性质为国际的而非国家的。要一个信仰国际性的马克斯的共产党变为国家性的党，无异叫他取消他的根本信仰，并取消他的党。如果他的党没有取消，这便是他的信

仰没有取消，这就是说他仍是一个国际性的党，他所喊的一切拥护祖国的口号，便都是一些骗人的名词，通是一种临时性的政治斗争的法宝，因为国际和国家根本是两回事，绝无调和迁就的余地。苏联是国家其实、国际其名，马克斯主义是他对国际的斗争法宝。中国共产党则国际其实，国家其名，因为政权未在握，不得不以拥护国家为政治斗争之工具。试看他们今天竟在后方公开歌颂别人的祖国，公开赞扬别人的战争，骨子里是包什么药，当然也就不难知道了。

（二）我们对于中国共产党问题的意见

一、我们认为七七战争根本是中日两大民族生死存亡的国家战争，绝非国际性的阶级斗争，中华民族必须永存于世界，国际性之马克斯主义必须消灭，信仰国际性的马克斯主义之共产党必须消灭。人只能为自己的祖国而效死，绝不能为外国人而捐躯，歌颂别人祖国，就是汉奸和汪精卫歌颂日本一样，绝不容许其存在。

二、人们对于陕北的欣然神往，并不是对于马克斯主义有若何之了解，完全是由于对现行社会不满，自身无限苦闷，思欲寻找新的刺激。所谓陕北也者，不过情场失意、政场失意以及一切作奸犯科和无出路人们之收容所而已。用政治力量来阻止这批人到陕北，只有增加陕北之神秘性，用文字来宣传陕北之丑恶，只能被人认为是撒谎，必须社会改良，政治上有办法，把一般人尤其青年之苦闷祛除，才是澄本清源之道。

三、共产势力之另一成因，由于其有严密之组织，不妥协的态度和偏激的行动。虽然这些都不为中庸份子所欢迎，但中庸份子根本就是无用的东西，因为消灭共产党之道，只有团结一批真正爱国份子，组织最严密的集团，以铁的纪律，血的精神，比共产党更急进彻底，以暴还暴，以恐怖还恐怖，对共产党之一切份子只有一个字："杀"！对共产党之一切言论，出版集会结社……

只有四个字："严厉禁止"！因为对于良好公民的制度，根本不能适用于汉奸。

乙、第五纵队在中国

第一，这些第五纵队，能在后方占据一块领土，拥有一份武力，且在国库中取有一份经常费，参政会中取得几员议席，俨然像中国允许他国条约上的特权一样。

第二，这些第五纵队，能在中国大后方办报纸、出杂志、开书店，公开替主子宣扬德政；且凡其主子之国内有何纪念日，他们便要出特刊、出杂志专号，举办书籍廉价，以资响应，而与其主子共同庆祝或哀悼。

其他所举之点还多，可是单这两项已经是何等的惊人。然而国人"明足以察秋毫之末而不见舆薪"，于这些汉奸倒行逆施行为公然会忽略过去。这不得不令人赞叹这些第五纵队的宣传之技术高明，能驾汪精卫之上，且较德第五纵队尤有过之。

这些第五纵队是谁？我可明白告诉国人：就是中国的共产党匪徒。这些苏俄所豢养的走狗，这些被莫斯科牵着鼻子走的赤色汉奸，苏俄这一个奸狡贪鄙的民族，处处都在阴谋以对世界，其狼子野心比起希特勒来直不过半斤八两。他的第五纵队和德国的第五纵队一样，世界各处都有。中国在困难重重危险万状的今日，除日寇所豢养的汪派汉奸外，复被另一个国家的第五纵队充满，这还有何话可说！我们要请国人莫只注意白色汉奸，更须要注意赤色汉奸。中国的土地不许分割，中国人应该爱中国，不合理的什么边区政府应该取消，一切违反祖国利益而为他国讴歌的言论必须严厉取缔，一切为他国奔走的红白汉奸均须彻底消灭。中国的代表是中国的政府，一切国际交涉只有政府才有权办理，除政府外政治上任何事不该与他国发生关系。十一月七号苏联革命纪念日，共产党去贺电，毛泽东去贺电，此种行为除了认为是一种汉奸向真主子献媚外，我们找不出更好的解释，而此种贺电竟在一月七日《新华日报》刊登出来。我们要问新闻检查处究竟所干何事？我们要问政府究竟为什么要容许此等汉奸存在？我们要问舆论界和老百姓，为什么有人不征求你的同意而竟代表你们去向其主子献媚，你都不开一句腔么？

〔国民党中统局档案〕

6. 中统局关于青年党在四川活动的情报

（1943年10月—1944年3月）

（一）

青年党李璜对国民参政会及总裁就任主席之评论

成都十月二十八日电

青年党李璜近由渝返蓉，对此次参政会及总裁就任国府主席批评如下：

一、谓国民参政会、宪政实施协进会之成立，乃经青年党若干年来之主义奋斗，始获有初步成功，亦为此次参政会之最大收获，盖宪政实施协进会内十分之六七系与青年党有关。并谓其在渝与左舜生、陈启天、张君励、黄炎培、王造时等，曾作充分之活动，故中国虽向无真正三民主义□□□已进步。

二、青年党对于国际宣传，素极重视，认为对英、美尤为必须联系之友人，企图获得各种援助。拉铁摩尔与威尔基来蓉，均曾有数次晤谈并赠以物。彼等亦深知中国之不民主，其了解程度实较中国人民为深。威氏返国时，曾在其著作中谈及中国並非为民主国家，亦有人询问真相，威氏□□有数屋之报告材料可以证明。李又谓威氏等对国民党之态度，仅系对执政党之态度而已。

三、至总裁就任主席一节，彼谓以核少一票于于右任而膺选显系国民党内在之矛盾与不合理。如以于氏之革命历史与经验，身为元老，并不能做□□主席，因此难免引起元老派之不满；再观各地庆祝情形，□□星期□始发动，以各省及各国之贺电研究，亦无真诚热烈之感，比诸罗斯福获选及连任时各国欢狂热烈之情相差太远，盖一般观感，认仅为一种照例文章而已。

（二）

青年党李璜张澜最近在蓉攻击本党之言论

成都十一月五日电

成都记者联谊会于十一月一日在新新新闻报社敦请李璜、张澜作学术讲演，题目为《研究实施党政问题》，当时曾公布不得在报端发表或作笔记，谨将李璜及张澜言论择录如下：

（一）李璜谓：此次出席国民参政会，曾提出四项意见如下：(1)言论自由问题。认为目前言论不自由，较专制时代尤甚，实为新闻界之耻，亦当前政治之黑暗。(2)集会结社自由问题。目前除国民党活动外，其他各党派活动均遭禁止，应即开放。(3)党派问题。党派纠纷应即停止，并使各党派平等发展，否则祗有动干戈。(4)宪法问题。认为五五草案颇不合理，应由各党派共同拟定，并希蒋主席以元首地位不欺国人，以实现国民党与各党派一律平等之诺言。

（二）张澜言词颇为激昂，攻击本党最烈。谓：蒋主席现受党人包围，毫无主张，善良民意，均被抹杀，故此次不愿出席国民参政会。对五五宪法草案，以中国为三民主义共和国，认系标榜苏联国体，对本党之主持政权拟定宪草之不民主作风表示愤激，并曾提议主张：(1)停止学校党化教育；(2)不强制公务员入党；(3)禁止军队党化；(4)取消特务机关。又称：国际人士如邱吉尔、威尔基、赛珍珠、美国各女作家，洞察中国为非民主国家，故邱吉尔曾有战后拒绝中国参加议和权利之言论，实因国民党为法西斯化之作风。最后，主张以和平方式争取民主，需牺牲一部份人，张愿为最先牺牲之一人云。

（三）

青年党对省县公职候选人考试法之意见

自政府颁布省县公职候选人考试法后，各党派多表不满，尤以川、康之青年党为甚，在成都之青年党党报《新中国日报》，近发表《为县参议员的考检问题》一文，兹将其内容择要录陈如次：

（一）首论彼等素来主张民主宪政，对川省各县参议会，明年正式成立，及划为宪政实验区各节，颇表欢迎。

（二）继论及国府公布之省县公职候选人考试法；对该法“第三条：甲种公职候选人考试及格者，得为省参议员或县参议员候选人。第四条省县公职候选人之考试法分下列两种：（一）试验（二）检核。前项检核除审查资格外□举行测验或口试”等二条多所评论，谓与小学生入中学考试之同样待遇，令人窘困，其理由为：

（1）资格未必符合。

（2）书抛荒，记不得。

（3）口试更不易立刻答出。

因此真正有声望的老先生，只有放弃县参议员的候选人，此种对候选人考检淘汰，在世界任何民主先进国家所无有，县参议员系代表全县为民众利益而来，应注重其能否代表民众不必问他文章好坏。

（三）谓中国大多数人还没有投票或公开竞选之现代选举习惯，政府如热心于民主宪政，应设法如何诱导使有声望之士绅出来应选。这样或许勉强选出人民真正代表。

（四）最后，主张政府应改变办法或径行取消，以便县参议员能多几个真正的代表参政。

（四）

青年党最近动态

成都十二月七日电

青年党最近在蓉、渝二地动态如次：

（一）青年党中委李璜于十一月二十六日，对其干部发表谈话：为把握宪政机会训练党员计，决拨发专款，搜集有关宪政书刊，成立宪政研究室，指定李为负责人，现正积极筹备中。

（二）青年党为扩大宪政宣传，决定在重庆出版报纸一种，由左舜生负责筹备。

（三）青年党为吸收知识青年，决在成都成立文艺研究会，由汪致公、张泽沛负责，曾于十一月二十八日在《新中国日报》印刷所召开会议，商讨进行。

（五）

青年党在蓉举行建党二十周年纪念会

青年党于本月二日至五日，在蓉支机石街经济策进会举行建党二十周年纪念会，到李璜、杨叔明、魏时珍等高级干部二百余人。二日，为高级干部聚会；三日，为公教自由职业党员聚会；四日，休会；五日，为蓉市委同志及学生聚会。

该党高级干部聚会时，杨叔明致询，略谓：该党目前党务进行迟缓，认为李璜与蒋主席交往过从系拖牵行为，表示不满。嗣经李璜报告谓：该党自曾琦至沦陷区后，彼即代理中央主席，对党务未敢稍懈，所有工作无不配合党务进行。川省设有党务视察十名，川东川南经常均有四人往返督导工作，经济策进会之视察，即负此任务。对各地指示文告，亦由其负责。最近成立民宪运动委员会，曾通令各县同志切实把握各乡镇、各学校、各团体，以备将来竞选之用。蓉市成立宪政研究室，训练党员，际此政府实施宪政期间，训练党员对宪政之认识及促进宪政工作，准备竞选，为目前中心任务云。

（六）

康省县参会筹备中之隐忧

青年党阴谋操纵

康定二月十四日电：

据报：西康各县参议会之筹备，已由省党部与刘主席洽定，依照中央颁布法令办理，并推定民政厅长张为晋〔炯〕、省府秘书长李静轩、省参议会议长胡恰先、省党部书记长张廷蛟、组训处长刘静之等五人，成立审查指导小组，办理县参议会成立事宜。青年党以为有机可乘，乃暗中发动省训团学生，假拥护李静轩（李为省训团领导人，又为刘主席用以联络各党各派之人物，野心颇大）为名，企图以亲李之手段而拉拢刘主席，达成挽救在康之政治势力。兹刘主席已下令各县参议会人选须以省训团学生为主，各县名单须送雅安、由刘主席亲核，指导小组毫无作用。李秘书长刻已赴雅与刘主席商讨办法，倘无适当解决，则此次省党部毫无控制力量，民意机关果落入青年党之手，今后康省党务将不堪设想云。

（七）

青年党在富顺綦江泸县之活动

成都三月十五日讯：

一、青年党李为宪（富顺人），于去年年底以返家度岁为名，即在该县赵化、怀德、石灰毛桥等地大肆活动，近更入城与其党羽钟世鹏、殷君伟、聂重叔、邹岱儒、李志庚、王子春等秘密往返，对于实施宪政，争取民选，作积极之商讨与计划。

二、青年党夏尊言，在綦江县组织“乡人联谊会”。该会公开名义虽称乡人联谊会，实即为该党外围活动之组织，系利用各乡镇哥老会领袖为会员，藉图把握地方力量。该县扶欢乡罗德清（哥老领袖）已在该乡设立分会，名为“智字社”。孙中一、陈克超、张鸿绪、沈楷儒等，在永兴乡成立分会，名为“永联社”。现全县参加人数约二千余，阴谋企图把握地方势力，并从而吸收会员为该党党羽，以为实施宪政竞选时之准备。

三、青年党陈晓初，现服务于国民公报，因事请假回原籍泸县，联络该县党羽大肆活动。二月四日午后，在泸县南门外刘家庄发起组织宪政研究会，作为该党之推动机关，藉图争取宪政竞选之胜利。

〔国民党中统局档案〕

（2） 在敌伪占领区的活动

1. 赵毓松致左舜生等参加"和运"书

（1940年　月　日）

舜生、幼椿两兄执事：客岁初春，弟由渝转道东来，自南徂北，复由北徂南，寒暑载更，间关万里，喘息未定，复返故都，虽风景不殊，而举目新亭，不禁山河之感。当此暮春江南，莺飞草长，去国怀人，回肠百结。遥念诸兄与诸同人，行都羁泊，漆室旁皇，束手忧天，徒呼负负。伤时恨别，谅有同心也。

抗战以来，三年倏满。吾人于仓皇奔命之余，所闻者失地丧师，所见者疮痍荆棘，长此沦胥，不寒而栗。近者欧战日形扩大，其影响远东战局者，已于法币暴跌，露其端倪，大势所趋，或遂演成独力抗战，至于无力抗战之局。否则托庇苏俄，苟延残喘，瞻望前途，不知伊于胡底。实则似此归趋，皆我同人所早为逆料者。所谓抗战必胜，建国必成，本属自欺欺人之呓语。今图穷匕见，祸近眉睫，吾人对于国家民族，断难坐视，已迫于不能不重新考虑方策之时矣。

战难，和亦不易。和平问题，归结于条件问题。苟能保持国家之独立自由，可和则和，固亦不失为救国之道。汪精卫先生，一年以来，所舌敝唇焦力争而得之和平方案，弟已获窥涯略，实无悖于保持独立自由之大旨。抗战前途惨淡如彼，则舍和平外，实无他途。此实弟此次参加和平运动之动机，诸兄与诸同人，当能洞察谅解者也。三年以前，蒋氏提出全面抗战口号。既称全面抗战，必须先有全体性之政治组织，使民众之感情利害，与政府之感情利害，息息相通，然后人民乃心悦诚服，拥护政府。若假全面抗战之名，行独裁专政之实，成则政府独享特权，败则民众同受牺牲，欲求民众之拥护扶持，其何可得？以此言战，全军一致且不可能，遑论全民。昔曹刿与鲁公之论战也，问何以战？公曰：衣食所安，弗敢专也，必以分人。对曰：小惠未遍，民弗从也。公曰：牺牲玉帛，弗敢加也，必以信。对曰：小信未孚，神弗福也。公曰：小大之狱，虽不能察，必以情。对曰：忠之属也，可以一战，战则请从。故必加惠于民，信孚于民，忠及于民，而后可以言战，自古已然，于今为烈。吾人于抗战之始，希望当局毅然改制更张，使天下之人，智者能尽其谋，勇者能竭其力，以增强政府之力量。乃复按事实，完全相反。自有九一八之变，始有国难会议之召集。而所谓谈话会者，亦不外集合学者名流报告谈论而已，非有法定机关之性质权限也。自八一三全面抗战既起，始有最高国防委员会、参议会之组织，乃所约参加之党外人士，亦仅寥寥二十人，无关宏旨，何裨大局。迨至首都失陷，武汉播迁，乃有国民参政会之召集。其二百名之会员，亦皆由要约指派而来，共谈国难，共听国难而已。议而不决，决而不行，虚名徒拥，力量毫无，实则政府即根本不需其有力量也。直至武汉沦陷，退保西南，以过去递接递近之比例推之，宜可迈进一步，开放政权，组织国民联合政府，以谋最后之一致，乃其结果适得其反，不惟开放政权毫无希望，反退而攘夺饭碗，争取地盘，驯至后方皇皇，不可终日。故开放政权云云，纯属骗人骗术；全面抗战联合政治云云，亦属自欺欺人而已。忆国民参政会于汪离重庆蒋继议长之时，蒋在闭会致词中曾言，诸君此时欲谈民主宪政，可谓不达时务，现在实已恢复军政时期，训政尚且不能，遑论宪政，必俟肃清敌人，打倒一切帝国主义反动势力之后，乃有宪政可言云云。司马昭之心，路人皆见。如是则河清无日，所谓宪政，所谓民主政治，国民联合政府，盖将束之高阁，俟之百年可矣。盖独裁武夫，本无开放政权之诚意，特为环境外力所迫，而出于朝三暮四朝四暮三之法，以愚弄国人。嘘尔而与之，行道之人弗受，蹴尔而与之，乞人不屑也，况嘘而不与，蹴而不与者耶。忆弟当时有感时诗曰：与虎谋皮亦大难，狂飙那惜百花残，最怜甑破犹回顾，莫待舟沉始坐叹。至今思之，固字字可为铁案也。据此间所得消息，蒋氏有令自三月一日以后，所有公务人员及全国教职员均须入党。乃又传闻，渝府将于今冬，召集国民大会，实施宪政。一面则实行党化官吏，党化教职员之政策；一面则以召集国民大会实施宪政为言。虚伪矛盾，一至于此。盖所谓宪政云云，纯为对付此间实施宪政之一种先发制人策略而已。不宁惟是，前此南京国民大会之代表人选，皆以蒋氏一派指名团体指派代表充当，即令此次居然开成，依样糊涂，亦一骗局，无关宏旨，无裨大局，可以断言。

今日中国，实处于存亡呼吸关头，但政府之存亡与国家之存亡，截然两事，日本开战以来，已三易内阁，数更主帅矣。英德法战争，甫经数月，法英两国亦已先后易阁矣，政策失败，则引退以谢国民，乃现代国家之例。是故政府可倒也，而国不可亡。苟政府倒而国不可亡，或政府不倒而国反以速亡，则吾人必当速为决择取舍者矣。若谓今日仍宜以党专国，以蒋专党，则吾人夫又何言。否则，宜速谋所以救国之道。救国途径，不外两端，一为抗战，一为和平，抗战既经失败，且无转败为胜之可能，则吾人必当别开生面，由和平途径以谋生存，谋自由独立，此从国家立场察者也。至从政党立场观察，则十余年来，蒋氏初以他党为敌人，继以他党为玩物。时至今日，吾人为国家大局计，苟能开诚相与，固不妨与国民党同志同负仔肩，同担国难。但若仍以吾党为外人，为工具，则吾曹虽懦，民众虽愉，又焉能忍与此终古也。

汪精卫先生，此次由和平运动过程中，产生国民联合政府为一昭然之事实。今后即将设立宪政实施委员会，筹备召集国民大会，图以全民之力量，冲破国难关头。平心论定，实可许为非时代之民主政治家，所言所行，前后亦能一致。故为国家计，则有和平条件为其保证；为政党计，则有联合政府为其始基；为政治中心计，则有贤明先进为其领导，以视渝府日暮途穷，蒋氏倒行逆施，前途之黑暗与光明，可以立判。另一方面，则日本态度方针，较之从前亦已大有改变，盖既知难以武力征服中国，则惟有诚心协力，共谋东亚之复兴，故和平前途，中日合作前途，实非无望。现在西方战火，扩大蔓延，欧美援助，去题愈远，中国命运，惟有中国人自决。今日之势，已临最后关头，吾人不宜袖手旁观，必须决一态度，奋然兴起。救国卫国，人同此心，所不同者，方法而已。而方法之选择，不属感情，而属理智；不在高调，而在近情。诸兄皆理智超越，洞达物情，望于危难之中，筹一解救之道。慕韩兄为首创本党之人。尤不宜致身事外，近闻避地昆明，遵时养晦，更望两兄设法敦劝，促其兴起，勿为壁上之视。盖天下纷纷，鸟乱于上，鱼乱于下，固不容吾侪苟且偷安也。临风布臆，不尽欲言。

〔各小党派全宗汇集档案〕

2. 中国青年党中央政治行动委员会宣言

（1940年3月14日）

中国青年党宣言

战争与和平都是用来保卫国家民族独立生存的手段，而不是目的。假若战争能有制胜的把握，或虽无制胜的把握，至少也能立于不败之地，或虽败而不至于屡败大败，国人皆不至于怀疑战争，反对战争。若战争的结果，是丧师失地，国家民族的生命岌岌可危，所采取的手段与所祈求的目的相反，继续抗战下去，国家民族实有灭亡之虞。虽然抗战是既定的国策，也就不能不重新考虑了。当中日战争战事爆发之初，一般人希望苏联至多在半年以内，能够实行参战。现在中日战争，已经二年过半了，不但苏联中途参战的希望成了镜花水月，而且苏联因为要向西方发展之故，不能不回转头来反而和日本妥协，由和平阵线一跃而入于侵略阵线了。其由一般人所迫切希望的英、美、法联合制裁日本，初不料自第二次大战爆发以后，英、法因为要以全力对付德国，其势也不能不在东方对日本有所让步，如驻华英兵之撤退，天津的白银问题之妥协，便是事实的表现。最近并且盛传英日对远东问题已缔结秘密协定，规定苟日方不侵犯英国之产业，英国准许日方在华自由行动，英日如果真有这种协定，英国是否还愿意继续支持中国抗战，已经大成问题，联合制裁日本简直是痴人说梦。再看美日关系，自美日商约废止后，美日关系正面似乎有些紧张，但这也不过是美国对日本一种经济上消极的报复，而乃进一步的实施禁运与宣传已久之关岛设防，至今未能通过议会，可见美对日并无积极行动的意思，其目的只在消极自保，充其量也不过想作出一种将欲有所行动的姿态，迫使日本相当的尊重美国在东方的权益也就完了。有人说，美国虽不欲对日马上单独有所行动，但美国的意思拟俟欧战结束后，联合英、法共同对日实施制裁，所以我们仍愿坚持既定方针，抗战到底，以徐待国际形势之转变，联合英、法共同裁制日本，以维持他们在东方共同的权益。这种意思美国也可说是有的。但是美国这种意思要见诸实行，还有两个先决问题：第一，要在欧战结束之后；第二，最后胜利，一定要属于英、法。欧战究竟要到何年何月才能结束，恐怕任何人也不能预断。以历年的前例来论，第一次欧战足足的打了四年，这一次战争双方所取的都是守势，假若中途没有意外的变化，时间恐怕比上次还要延长，况且希特勒曾声言作十年长期战争的准备。假若这次战争竟延长至十年之久，试问中国抗战的力量是否尚能支持十年？美国要等到欧战结束以后，才来联合制裁日本，恐怕欧战尚未结束，中国已经做了阿比西尼亚了。即使这次战争的结束，得比上次还快，最后胜利是否一定属于英、法，仍是问题。假若不幸英、法战败了，英、法本身的生存而且发生问题，联合制裁日本的话，更无从谈起。总而言之，今日的国际环境实大不利于中国抗战，期待国际形势的好转来帮助中国，终必事事落空。假若不管国际环境如何，而只凭感情意气用事，仍旧在那里无办法的死拖，其结果真是不堪设想。抗战下去，最后胜利必属于我，主和就是汉奸，妥协就是投降，这种论调共产党唱得最高。共产党所以为此热心抗战，有两个重要原因：第一，想利用中国抗战来牵制日本以解苏联东顾之忧，以便于向西方积极进展，苏联所以毫无顾忌的进兵波兰，更进而攻略波兰，就是因为中日战争相持不决之故。第二，想利用长期抗战的机会，巩固自身的基础，扩大红军的实力，战到最后国民党的实力消耗了，组织动摇了，于是共产党乃自然而然的取国民党政权而代之。至于国民党以外的各党各派，那更不在共产党的意下了。共产党明知以中国单独的力量继续抗战下去，结果只有失败，不会成功。但他却很巧妙的运用史太林的失败主义，利用中国抗战的失败以促进他们的成功。这种最毒辣的国际阴谋，国人不可不严密注意。反共救国是中国青年党一贯的主张，也可说中国青年党历史的使命。我们因为反共并反对国民党的联俄容共政策，当民国十三年国民党实行联俄容共的时候，我们便大声疾呼，认为这种政策足以陷中国国际地位于孤立，危害国家民族的生存，虽因此而受到无情的压迫与摧残，然而我们的主张，仍旧屹如泰山之不可动摇。及后，国民党也随着反共份子更因反共之故，实行绝俄了。我们当时以为国共两党自今以后，决不会再有恢复友好的可能，殊不料七七事变发生，国民党最高当局忽又由反共一变而为联俄。我们对于这种前门拒虎后门进狼的政策，当时虽未便表示反对，然而我们的内心，始终是抱着无穷的忧虑怀疑。现在共党的阴谋不幸而竟成事实，则不但重庆政府要在日、共内外夹攻之下而根本动摇，即整个国家及民族的前途亦随之而完全断送。根据以上的分析，我们可以得到两个结论：第一，国际环境有利于日，不利于我，单独抗战，只有失败，不会成功，非和不可。第二，共党阴谋凶狠毒辣，抗战下去，牺牲的为中国，成功的只苏联，非和不可。我们不赞成因为要顾全我人的面子，要苟延一党一派的政权，遂不惜以国家民族为孤注。我们更反对共产党失败主义与四大政策，牺牲国家民族的前途，来替苏联和共产党造机会。我们经深思熟虑的结果，认为要救此垂危的中国，只有迅速停止战争，实现和平，所以才毅然参加此次和平运动，继续我们原来反共救国的主张。我们之参加和平运动的目的，在保持国家之独立生存。汪先生既已郑重宣言：吾人敢负责为国民保证，此等方案决不轶出近卫声明的范围之外，并使不与其原则有所抵触，于中国之独立生存，无所危害。我们相信循此前进，必能挽救国家于危亡，保留复兴的基础。至于和平运动为甚么要组织政府，我们认为这其间有五大理由：第一，有了新中央政府方能代表中华民国履行和平条件，收回许多已失的国权及人民的产业。第二，有了新中央政府，方能统一全国政令，使过去一国三公，无所适从之痛苦得以解除。第三，有了新中央政府，方可以从军事上逐渐树立自卫的力量，以维护国家民族的独立与自由。第四，有了新中央政府，方有负责的机关，从事整理或收容沦陷区域游击队，使人民得安居乐业。第五，有了新中央政府，方可以与日方恢复正常的外交，并进而与欧美各国发生友好的关系，以维持国家的体面与尊严。根据以上五种理由，我们认为和平运动进而组织政府，不但是必然而且是必要。我们今后对于新中央政府，认为是国家的最高权力机关，而出于至诚的拥护与全力的支持。同时我们今后将以全力对内，促成真正的民主立宪，对外促进中日对等的和平，最后扩大而为东亚全体的和平。

（二十九年三月十四日）

〔汪伪国民政府档案〕

5. 中国青年党建党第二十周年纪念宣言

（1943年12月2日）

（一）本党过去奋斗的三大纲领：

为实行国家主义而奋斗；

为反对赤化运动而奋斗；

为要求全民政治而奋斗。

（二）本党参加和运的三大贡献：

力争修正五五宪章以期完成实施宪政；

建议修改基本条约以期促进全面和平；

主张签订太平洋大宪章确保共存共荣。

（三）本党对当前时局的态度：

认为全面和平必先肃清英、美在东亚的恶势力；

认为全面和平必须举国一致的协力方可办到；

认为全面和平必须从政治廉明、民生安定做起。

（四）本党今后工作的途径：

决本先烈遗志继续努力，不因环境困苦而移易初衷；

决本既定方针继续奋斗，不以艰难而忽视时代使命；

愿与全国各党各派合作，完成中华民国独立与自由。

中国青年党创党于中华民国十二年十二月二日，在巴黎玫瑰村共和街举行结党式，迄今适为二十周年，而正式宣言参加和平运动，则肇启始于中华民国二十九年三月十四日，距今亦已三年又九个月。此具有二十年历史的政治集团，不知经过若干次惊涛骇浪，和无数的摧残诬蔑，终于在多灾多难的环境之中，由孩童时期达到成年时期。这其间，当然有赖于本党同志们的努力和牺牲——或牺牲时间，或牺牲家产，或牺牲精力以至生命，——一唱百和，前仆后继，使摧残者无所施其技，诬蔑者无从圆其说。二十年来，国内政治社会状况，千变万化，极波谲云诡之致，尤其自中日事变发生以后，国家更遭遇到亘古所未有的重大困难。但本党的主张，反因事实的证明，逐渐为全国民众所认识，所同情，所拥护。吾人回顾已往的艰难困苦，固不胜其感伤凄恻之怀，远瞻将来的任巨责深，又不免有欣惧交并之感！因此，在本党建党二十周年纪念日，谨将过去奋斗的纲领，参加和运的贡献，对时局的态度，及今后工作的途径，披沥真诚，昭告中外有识之士，幸垂鉴焉！

回溯本党创立之初，一方面由于一部份曾受近代国家教育的青年，认定国家高于一切，具有救国建国乃至殉国的神圣志愿的自然结合。一方面由于当时国内政权完全操纵于北洋派军阀之手，武夫横行，土匪遍野，法律等于弁髦，民命贱如刍狗；复值山东临城劫车案发生，英、美、法、比倡议共管中国铁路，在富有强烈国家意识的本党海外同志，受此重大刺激，乃大声疾呼，鼓动华侨，反对共管，从事国民外交运动。同时，复鉴于当时国民党实行联俄容共之非计，因吾人灼见苏俄指挥中国共党的阴谋，知其西守东进政策将以我国供牺牲，国民党从而联之，从而容之，对苏俄一党专政的政治制度，复从而仿效之，似此不惟贻患于国家，并且有害于该党！国民党既种此祸根，吾人不能不预谋补救，于是真正爱国志士，愈感产生新党之必要，遂相聚而组织本党。因此，本党成立后，即首先揭橥下列三义，以为活动的纲领：

第一、实行国家主义　本来生息于专制统治与家族制度之下的我国人民，数千年来浸淫于大同思想与妄自尊大的心理之中，遂祇知有天下而不知有国家，祇知有朝廷而不知有国家，祇知有家族而不知有国家，祇知有个人而不知有国家。但近百年来海禁一开，情势大变，以一个缺乏国家意识而又无现代国家机构的老大帝国，与意识和组织均已进步的国家相接触，遂无往而不失败。自一八四一年鸦片战争失败后，列强的侵略，纷至沓来，不平等条约，日益加甚，于是领土被割裂，主权被侵害，如割让地，租借地，领事裁判权，内河航行权，内地驻兵权，海关邮政盐务管理权等等，予取予求，不一而足，结果遂使中国沦于半殖民地的地位。忧时爱国之士，鉴于军事的挫败，外交的失策，国家情势危急，有如累卵，于是纷纷奋起，鼓吹国家思想，从事救国运动，中间经过戊戌维新，辛亥革命，五四运动等数度变革，国家意识虽已逐渐昂扬，但因祇限于知识阶级，并未普及到全体国民，故变革的结果，仍然失败多于成功。以是本党认为欲唤醒全国人民，一致奋发，共同担负救国的责任，以期达到"内求统一外求独立"的目的，非普遍的广泛的灌输国家思想不可，非主张实行国家主义以确立"国家至上"的中心信仰不可。此种主张，本党同志自信平正通达，适合国情，惟与国共两党不无歧异之处，遂致二十年来招受种种无聊的嫉视，无理的压迫，甚至加以"危害民国""反革命"的罪名，吾人为着国家，为着信仰，为着真理与正义，曾经孤独地接受一切环境的猜疑，讥笑，排斥，干涉。现在事过境迁，吾人追念过去为国家主义而奋斗的本党死难同志，实不胜其哀痛之忱。

第二、反对赤化运动【当本党未成立之先，其时受第三国际指挥的中国共产党已经开始在国内收买青年，积极活动，并鼓吹"阶级斗争"，"一党专政"、"世界革命"、"工人无祖国"等等谬论，国民党复不择手段，实行联俄容共，以致理论与行动都受了很大的影响。本党认为此举足以动摇国本，故极力表示反对。首先在巴黎发行《先声周报》，发刊反对中国国民党收容共产党与共产党加入国民党问题专号。同时，并忠告国民党员蔡元培，王宠惠诸人，历述联俄容共之谬误，蔡、王诸人，虽亦知其危险，而不敢有所纠正。旋有谢持之婿曹任远君，持本党所发现之共党阴谋小册子回国，交谢持向中山先生举发，于是国民党内乃有清共之运动。民国十三年秋，本党领袖曾琦先生偕同志联袂回国，在上海发刊《醒狮周报》，主张拥护国家利益，反对赤化运动，主张中国问题应从自强自救着手，反对依赖外人解决国事，此外并就唯物史观，剩余价值，阶级斗争，劳农专政，世界革命等理论，撰著论文，一一指摘其错误，并说明共产主义之不适合中国国情，以期唤起国人，勿受欺骗。及至中山先生过沪北上时，当由曾琦先生与之而谈，力陈容共之危险，希望国民党自图补救，中山先生亦曾允予考虑。因此共产党徒，对本党同志，痛恨澈骨。以后本党提倡的国家主义运动，在中国一天一天的发展，共产党的捣乱手段也一天一天的激烈，他们不但在言论上诬蔑本党及国家主义青年团，而且在实际行动上也公然挑战。例如在民国十五年三月十日，由本党李璜同志在北京大学主持召开的反俄援侨大会。同年六月十三日，由陈启天同志在武昌中华大学主持召开的国家教育协会，共产党都雇用打手，侵入会场，大肆扰乱，不过结果都被吾人迎头痛击回去。此后共产党更假借国民党的力量，在广东、湖南等省查禁《醒狮》发卖，举行反国家主义运动周，利用英帝国主义者的力量在上海查抄醒狮社，本党领袖曾琦先生及经理汪洋同志即因之一度被捕，而本党在上海方面领导工运的马致祥同志，则被共党杀死，至前年因劳瘁逝世的张翊同志在当时则被砍遍体鳞伤，医治数月始愈。国民党北伐进展以后，共产党更在长江以南各省对本党肆无忌惮的压迫，计封闭学校十余所，禁止报纸廿余种，没收同志财产约三十余处，拘禁并杀戮同志百余人，此外因同情被累者更不计其数。迄至民国十六年夏，国民党始觉悟前非，开始清党，国共从此分家，然而养痈遗患，为时已晚，以致后来“剿共”十载，弄过红光满地，白骨如山，谁为为之？孰令致之？兴言及此，实有余憾！况国民党清党以后，对于鲍罗廷，加拉罕，马林，越飞，加伦之流，从莫斯科带来的一党专政的毒素，依然甘之如饴，不肯舍弃，因之对本党仍然继续共产党的政策施行压迫，但本党却不因此而松弛其职责，尽管外来的压迫加深一步，吾人反对赤化运动便更进一步。例如当民国十八九年共产党在长江中部各省施行其烧杀政策时，本党陈启天同志所领导之湘鄂赣铲共救民会，和成志达同志在华北所领导的铲共特务队，以及散布在苏、浙、皖、川、滇、黔、粤各省市县同志，无一不在党的统一指挥之下，从事铲共运动，以是颇获全国广泛的同情与热烈的援助。假使后来无西安事变发生，共党实已陷日暮途穷之境。无如近六七年来，共产党利用抗战的美名，成立边区政府，重提“国共合作”的口号，极力扩张地盘，培养实力。抗战尽可失败，而共产党的势力，却日见增高，抗战时间愈延长，共产党愈为得计。共产党最会利用坐大政策与失败主义，以逐渐扩张自己的势力，至国家民族的前途，与人民大众的生死，当非所计及，此种残忍自私的集团，乃是国家民族的公敌。吾人追念往事，深感当局一念之差，卒陷国家民族于万劫不复之境。虽不敢自诩有先见之明，但在国内有组织有系统有理论有行动地反对赤化运动，实以本党为嚆矢！

第三、要求全民政治　近代中国建国运动的目标：对外，为摆脱欧美列强所加于中国的重重桎梏，而争取国家的独立与自由；对内，为推翻一姓或少数人的寡头专制，而实现民有民治民享的全民政治。因此，吾人既主张全国国民应该共同负起救国建国的责任，则必须使人人先感觉到国家乃是大家共有共治共享之物，每个人与国家都有休戚相关祸福与共的切身利害关系。如此则全国国民人人都有过问政治的权利与机会，不能让一党一派甚至个人包办。

是以本党成立后，即主张要求全民政治，因而对一党专政与一阶级专政皆未敢苟同，过去二十年来与国共两党不断有理论上及行动上之斗争，当为社会周知之事实。惟本党同志认为国家利益应超过党派利益，不欲因党派之纠纷而妨碍国家之进步；尤其思想之争，应笃信理性主义，诉诸良知，非万不得已，绝不以武力或暴力作解决政争的工具。故本党过去在策略上往往采取极端慎重之态度，宁可忍受“秀才造反”之讥评，绝不愿徒逞感情取快于一时，更不愿因缘时会侥幸以成功。昔日本名将西乡隆盛有言：“所称为机会者，有两种：有侥幸的机会；有设想的机会。世人所讲的机会，不外是指侥幸的机会，然而真正的机会，是在尽理而行，审势而动，一临大事，是必引起机会的”。此种名言，实与本党同志平素所持之信念相吻合。二十年来其所以无急遽之发展者以此，其所以不失坚固之立场者亦以此。犹忆九一八事变发生时，本党外审大势，内度舆情，毅然主张“政党休战”。国民党中明达之士亦有此同感，故民国二十一年国民政府召集国难会议，本党同志曾有九人被邀，但以政府限制议题，范围太窄，本党同志遂皆未出席。二十四年七月，本党领袖曾琦先生向国内各方提出一“改革现制创造新局之方案及其理由”一文，其中说明维持一党专政之害有十：(1) 训政之结果不良，维持徒成怨府；(2) 由一党一派包办，全国人才不能集中；(3) 党派超于国家之上，难以使人信仰；(4) 一党专政之下，民意不能伸张，国力难以增强；(5) 频年党统之争，颇似过去法统之争，人民已有极端厌恶之感；(6) 未来之国难严重，非一党所能独当；(7) 国民党自订之六年训政，期限已满，延期结束，徒失信用；(8) 训政之无期延期，与中山之遗嘱不符；(8) 待外力之逼迫，而后取消党治，于国家之尊严有损；(10) 国民党领袖所自发的言论，及迭次结束训政实行宪政之约言，迄未实践，既失国民信用，复损自身威信。至提出创造新局之原则有四：(1) 依主权在民之原则，实行结束训政，开始宪政；(2) 于结束训政之际，依孙中山先生十三年北上之主张，召集国民大会，其组成份子，略仿中山九团体之遗志而变通之，尤以各政党之参加，足以证明一党专政之取消必须实行，以昭大信；(3)宣布训政结束之后，即日开放党禁，凡不抵触国体之政党，一律许其公开活动，不得任意限制；(4)训政结束之后，成立各党联合举国一致的政府，由此新政府负责进行宪政及一切对外事宜。此项意见，当时极博得各方的同情，国民党当局也开始与本党作意见上的交换。到二十六年夏中日关系更趋紧张，庐山谈话会中，本党干部遂有多人被邀参加；及沪战爆发，政府成立国防参议会，网罗各党各派领袖，本党最高干部亦在其中；二十七年国民参政会成立，亦邀本党多人参加，并由本党代表左舜生先生与国民党蒋汪正副总裁正式交换函件，于是各党各派合作之局，可算初步实现。不过，本党认为国民参政会虽然不是纯粹的民意机关，但如能好好运用，尚不失为由一党专政进入宪政的过渡机关，所以遂集中全力，在国民参政会中，继续为全民政治而奋斗，始则提出成立各级民意机关，继则要求召开国民大会，制订宪法，实施宪政。此两项主张均获通过，并且全国各省已有过半数以上省参议会民意机关之设立，尚属差强人意。可惜国民党内一部份党员依然迷信军权万能，竟自一党专政趋向个人独裁，对国民大会之一再延期召集，推诸战后，始可实施宪政。因此各党各派极感愤慨，不得不另辟蹊径，从事奋斗，因是而有民主政团大同盟的组织，本党即其领导份子之一，其政纲中即明白规定限期结束训政，实行宪政。目前这个大同盟虽还没有正式与国内独裁势力采取对垒的形势，但将来终不失为全国各方要求民主政治运动中一大主流则可断言。本党同志一面深憾自主张政党休战以来，朝野协力之局，卒未能完全达到目的，一面则又欣喜吾人过去所提一切原则，口号，主张，以及国家高于一切的信仰，经过血的教训，已成为中国国民全体共同信守的真理，当无人能再加以反对了！

当吾人对国民党无意实施宪政感到极度失望之际，适值国民党领袖汪精卫先生飞离重庆提倡和平运动崛起之时，汪先生鉴于个人独裁的误国，与一党专政之为全国团结的障碍，遂大声疾呼，宣布取消一党专政，实施宪政，并欢迎各党各派及无党无派参加合作。且在二十八年八月三十日国民党第六次全国代表大会宣言中声明："本届大会特郑重宣布，授权汪同志，延请国内贤智人士，参加中央政治委员会，前此中央政治委员会为政治之最高指导机关，其人选限于党员，今当破除此例，以收集中全国人才之效。"并郑重宣布："除共产党外，凡属人民，皆当有集会结社言论出版之自由，本党愿以至诚联合有志之士，不分派别，共同担负收拾时局之责任。又说明："自今以后，当易抗战建国之口号为和平建国，且鉴于共匪之死灰复燃，为祸未已，特再郑重宣布，以反共为和平建国之重要工作，盖和平所以顺利建国之进行，反共则所以扫除建国之障碍。"二十九年三月三十日国民政府还都宣言中更谓："实现和平与实施宪政两大方针，为中央政治会议所郑重决议，国民政府当坚决执行之。当此战后，百废待举，端赖举国同胞，集中心力物力，勇往精进，以完成现代国家的建设，过去个人独裁，为全国人民精诚团结之障碍，必当革除。共产党挑拨阶级斗争，尤为国家民族之大敌，必当摧陷廓清，使无遗毒。至于各级民意机关之设立，地方自治之举办，以及国民大会之召集，宪法之制定颁布，皆当克期举行，以慰海内人民之望。"因此，本党一部份同志有感于汪先生"罪己的精神"之伟大，与吾人夙昔之主张，不谋不合，遂由赵毓松同志领导，以本党中央政治行动委员会名义，正式宣言参加和平运动，表示愿与国民党人共同负担收拾时局的重责。

国府还都后不久，准备实施宪政的宪政实施委员会即于同年七月二十九日成立，其第一步工作即开始审订二十五年五月五日所公布的宪法草案，及二十六年五月二十一日修正公布的国民大会组织法和代表选举法。本党认为此项宪法草案，系由国民党四届三中全会决议责成立法院根据中山先生遗教所起草者，以一个有关国家根本大法，而必须根据一个政党的主张，以为制订的范围，其为“党宪”而非“民宪”“国宪”，不问可知。因此，本党在宪政实施委员会中郑重提出三点，认为应该修改或取消。

（一）宪法草案第一条，关于三民主义共和国问题：吾人以为近世各国，除苏俄以外，绝无有在宪法上以主义规定国体者。国府还都，方以和平反共建国为最大使命，自不应在宪法上反而抄袭苏俄作风。且在国内，国民党并非惟一的政党，而盛行于国内的主义，又不仅三民主义一个主义，若宪法上须冠以主义则冠以何种主义方称适合？那就仁者见仁，智者见智，聚讼纷纭，莫衷一是！转不若将宪草第一条修正为“中华民国为民主共和国”，较为切合事实。

（二）国民大会组织法第三条，关于国民大会当然代表问题：吾人以为祇规定“中国国民党中央执监委员及候补执监委员为国民大会当然代表”，其他合法政党仍摒不与列，未免党的优越感表现太露骨，殊示人以不广，且与汪先生主张取消一党专政，邀请各党各派无党无派共同合作之意旨不符。故主张修正，添列青年党、国家社会党及其他合法政党之中央干部，为国民大会当然代表。

（三）国民大会组织法第六条，关于国民大会代表宣誓接受中山先生遗教问题：吾人以为国家根本大法如认中山先生遗教为可取，未始不可为精神上的接受，不必拘泥形式，尤不可令国民大会代表于举行开会式时宣誓接受，以强人所难。因为宣誓的实际效用，须视其宣誓后能否履行其誓言以为断，与其誓而不能行，不如直截了当取消之为愈，盖有时过重形式，往往失其本真，况国民大会代表愿否接受遗教，系其个人自由，似不必以宣誓为强制之工具，故吾人主张此条须加修正。

上述三项意见，经过会场上的唇舌争辩，与会外的文字往复讨论，虽明知此种主张，不为维护党宪论者所喜，但吾人仍本不屈不挠之精神，据理力争，结果在二十九年九月十一日宪政实施委员会第二次全体委员会议中，终于议决：

（一）宪法草案第一条，修正为“中华民国永为统一共和国”。

（二）国民大会组织法第三条，修正为“中央政治委员会委员，宪政实施委员会委员为当然代表”。

（三）国民大会组织法第六条，删除。

由此可见本党所争者，绝无党的私见存乎其间，而汪先生所领导的国民党，亦能够相当接受党外的善言。虽后来已经决定召集的国民大会，一再延期流产，至今宪政迄未实施；已经全部审订完竣的宪法草案，迄未公布；甚至宪政实施委员会已经两年余未曾开会一次；其中原因何在？明眼人当知端的。然吾人参加和平运动以来，仅就汪先生所主张对内实施宪政而言，所贡献于国人者，确已尽其最善最大的努力。

其次，中日事变以来，兵连祸结，寇仇不解，双方人民生命财产之损失，难以数计。幸有二十七年十二月二十二日日本近卫首相发表对华三原则于前，而汪精卫先生复于同月二十九日发表艳电主张言和于后，中日问题遂急转直下，由是而有二十九年三月三十日之组府还都，由是而有同年十一月三十日中日调整国交基本条约的签订。迨至三十年十二月八日大东亚战争发生，日本首先移师南征，将英、美百余年来侵略东亚的恶势力，加以痛击；继则我国复于三十二年一月九日，向英、美正式宣战，声明决与友邦日本同甘共苦。中日关系，遂更进展到另一新的阶段。吾人对于日本朝野不以战胜国自居急谋结束中日事变的道义精神，以及驱逐英、美侵略势力的英勇战绩，深表无限的敬意！所憾者，自国民政府还都时起，至我国宣言参战时止，这将及三年期间，中日全面和平，迄无进展。推原其故，确如汪精卫先生最近所说：

“在和平运动的当初，还有些同胞认定中日提携是无望的，抱着这种悲观心理，拒绝和平，几年以来，虽有种种事实可以证明和平不是无望，却是也有种种相反的事实，迟延了决心与行动。”所谓同胞认定中日提携是无望的悲观心理，自不能不渊源中日基本条约内容的规定，如防共驻兵权，治安驻兵权，以及治安确立后二年内开始撤兵，华北蒙疆与长江下游等特殊地带的设立，这些都足以引起全国人民对于和平的怀疑与忧虑，因而迟延了决心与行动的。以是本党同志于大东亚战争发生后，对全面和平的前途，曾经深思熟虑，毅然主张非修改基本条约，袪除人民的怀疑与忧虑，不足以促进全面和平。去年春夏之交，本党干部负责同志，曾毫无顾忌地向日本驻在南京的军政外交最高当局建议，此后复直接间接将此意传入日本国内，促其朝野有识之士的注意和考虑，祇以时机尚未成熟和当时情势所不容许，故未将具体方案公开发表。且本党自参加和运后，关于外交上一切措置，悉听当局之所为，素抱成功不必自我的态度，不欲将苦心孤诣的改约运动，表白于国人。

所幸日本朝野方面亦认为打开和平僵局，非改善与中国之关系不可，此种认识与吾人主张，实如桴鼓之相应。例如去年十一月二十五日《新申报》载：日本兴亚同盟副总裁松井石根大将出席上海兴亚会，对日侨讲演，大意谓“中国事变迄已五载，在此期间，日军纵横南北，扬威于中国大陆，但中国事变犹未结束，日军占领地内，战时情景，仍未完全消除，倘与事变初一二年相较，亦不觉有何显著之进步，故吾人必须互相改善反省与中国之关系，以求达到作战目的。”又如今年一月十日日本政府发表声明谓：“国民政府自还都以来，早具与帝国同样之意志……帝国期待两国关系，以中日提携之根本精神，实现划期之发展，同时深望中国以自主独立及国民政府政治力之发挥根基，使新中国能迅速建设，因此决退还帝国在中华民国之专管租界，并承认收回上海公共租界，厦门公共租界，以及北京使馆区域，撤废治外法权等，暨其他各种好意之措置，竭力支援新中国之建设。再者，今后为适应中日新关系之发展，对于已有之各种约定，亦决依同样旨趣。重加考虑。”旋二月二日日本众议院预算总会开会时，议员鹤见佑辅氏提出质问，谓敌国英、美屡称此次战争乃解放世界之战争，而施其欺瞒之宣传，不知政府对此虚伪宣传有何对抗之强力宣传方策？当由东条首相对此表示意见称：“帝国之战争目的，乃使万邦各得其所，使人民各安其身，此即帝国肇国以来之理想……较诸美、英予他国以差别待遇，牺牲他国以追求本国繁荣之传统野心，完全不同。……帝国前此决定撤废中华民国百年悬案之治外法权，交还其租借地，以及认为缅甸于本年内独立者，即为实现此大理想之开始。……如美、英之贪而无厌企图制霸世界者，吾人敢言此决非帝国之意图。”及至本年六月十六日，日本第八十二届临时会议开会，东条首相发表施政演说中复谓“对中日两国所订立之条约，从根本上予以改订，俾两国之协力关系更趋紧密。”由是修改基本条约遂渐趋表面化具体化，终于十月三十日中日两国在南京签订同盟条约，附属议定书三条，除规定互尊主权领土永维善邻友好，及基于互惠立场加紧经济提携外，同盟条约第五条更明白规定：“自本条约实行之日起，中华民国二十九年十一月三十日即昭和十五年十一月三十日签订之关于中华民国日本间基本关系条约，连同其一切文书，一并失效。”又附属议定书第一条规定：“日本国约定于两国间恢复全面和平，战争状态终了时，撤去其派在中华民国领域内之日本军队。日本国根据北清事变北京议定条款及其有关文书所有之驻兵权，概予放弃。”此次根本修约的决意，诚如汪精卫先生最近所说：“是由日本政府提出，乃至此次同盟条约及附属议定书换文的底稿，也是由日本政府提出，将上次订约时日本方面所得到的特权加以抛弃，丝毫没有一点保留，同时对于中国方面所忧虑的各点，澈底的予以扫除。”因此，吾人对日本此次高度发挥东方道义精神，树立中日两国永久友好关系，毅然提出缔结同盟条约以代替基本条约，其政府及人民的好意，极为感佩！同时，吾人过去在这一方面所努力的，实已达到预期的结果。在今日，吾人虽不欲自我宣传夸张自己的功绩，然就本党参加和运以来，协助汪先生从事促进全面和平而言，所堪告慰于国人者、本党确已尽其最大的贡献。

复次，依据民国二十七年十一月三日日本政府声明，对华战争目的，在“冀求建设一可以确保东亚永久安定的新秩序”，而对中国所希望者，则为“分担此项建设东亚新秩序之任务”。但自前年十二月八日大东亚战争发生后，因日军节节胜利，遂致从来为英、美势力所压迫的东亚各弱小民族，均已获得解放。为适应新情势起见，吾人认为今后所应该紧密提携的，似已不限于中日两国，应该扩大范围而为亚州全体民族国家的紧密提携。至于如何建立东亚新秩序，如何确立东亚的永久和平，如何完成东亚经济共荣圈，甚至如何澈底肃清亚洲的英、美势力，这都应该由中日两国扩大而为亚洲全体民族国家所共同担负的责任。因此，为汇合全亚洲各民族国家力量的共同协力起见，非有一种显明而足以代表全体意识的确定文献不可！同时，为澈底打击英、美用以欺骗世人的大西洋宪章起见，尤非有一种足以宣示共同目的于世人之前的全东亚民族的精神宣言不可！此种适合东亚实际情势需要的意见，本党已故关作瑸同志，曾草《大亚洲主义与中国前途》一文，发挥极为详尽。而中日舆论界如名外交评论家田村博士的主张，如《新中国报》去年九月二十三日的社评，如《政治月刊》孟祺君的论文，均提出太平洋宪章或大东亚宪章的要求。至吾人则于去年十二月二日本党第十九周年纪念刊中，由沈志远同志在《太平洋大宪章与东亚新秩序》一文内，提出更具体的意见：

（一）“太平洋宪章”必须说明建设东亚新秩序的目的，有如田村博士主张，决不含有日本优越于亚洲其他民族的意义，决不企图使亚洲其他民族从属于日本，反之，是在使各个民族得自由发挥其本然的特质，以实现共存共荣的目的。

（二）"太平洋宪章"必须说明澈底肃清亚洲民族过去所有依赖英、美思想的决意，有如田村博士主张，大东亚共荣圈内的事务，必须大东亚人民自由处理，毋须亚洲以外民族越俎代庖。

（三）"太平洋宪章"必须明白揭出今后东亚各民族应以共谋大亚洲主义的实现，为同一目标。

（四）"太平洋宪章"必须说明凡涉及大东亚经济构造的场合，完全以促进东亚民族共存共荣为主旨。过去英、美等国祇图利用优越武力及广大金融力量，掠取我东亚土地的资源，及压榨我东亚民族经济者，必须澈底加以清算。

（五）"太平洋宪章"必须说明在争取大东亚战争胜利的途程中，随时完成大东亚民族的解放，并保证决不在获得最后胜利之后，始给予被压迫民族独立与自由。

（六）"太平洋宪章"必须指明今后东亚各民族的紧密提携，完全以东方道义精神为基础，所有各民族国家间的国际条约，一律以太平洋宪章为准则，凡在大东亚战争前所订结之条约，足以妨害东亚民族团结，及与太平洋宪章相抵触者，必须加以修改及废除之。

（七）"太平洋宪章"的公布形式，不妨由日本以大东亚战争的指导者地位，召集全亚洲民族会议，或东亚联盟会议，而以亚洲全体民族国家的共同宣言出之。

上项主张发表后，本年五月一日《申报》社评，亦提出太平洋宪章的期待一文，国民党中委陈孚木君在《中国与东亚》杂志中，亦提出与吾人相类似的意见。而日本名评论家吉田东祐氏更坚决地说："印度民族是反对英国统治的，然而一直到今天还不能完全信赖日本骈肩作战者，就是因为他们还未看到日本不会成第二个英国的证据。"可谓一针见血之论。直至上月五日，中、日、满、泰、缅、菲六国及自由印度所组成之大东亚会议在东京开幕，于是吾人所要求之亚洲全民族会议，遂由理论而竟成事实，而由大东亚会议所产生之“大东亚共同宣言”，与吾人夙昔主张之“太平洋大宪章”，其内容初无二致。试将“大东亚共同宣言”所规定之五项纲领：

（一）大东亚各国共同确保大东亚之安定，根据道义，以建设共存共荣之秩序。

（二）大东亚各国互相尊重其自主独立，求互助敦睦之实，确立大东亚之亲和。

（三）大东亚各国互相尊重其传统，发展各民族创造性，以阐扬大东亚之文化。

（四）大东亚各国于互惠之下，紧密提携，以图发展其经济，而增加大东亚之繁荣。

（五）大东亚各国以增进万邦友谊，撤废人种差别，普行沟通文化，进而开放资源，以期贡献于世界之发展。

——与吾人主张签订“太平洋大宪章”的前述具体意见相对照，即可知其中相同之点正复不少，尤其是在大东亚战争尚在进行中，日本即行支援缅、菲、印三民族的解放，以及在大东亚战争前中日所订结的基本条约，日本毅然撤废，以为促进东亚各民族团结的保证，更可见吾人主张已获得初步的实践。今而后，将如何充分发挥大东亚共同宣言的精神，予英、美所标榜虚伪欺骗的“大西洋宪章”以澈底痛击，乃东亚各民族所应负的共同责任和使命。惟吾人敢郑重正告国人者，即本党自参加“和运”以来，对建立东亚新秩序主张签订太平洋大宪章，以确保东亚各民族之共存共荣，理论上确曾贡其一得之愚，至今日能幸成事实，亦决非偶然。

本党过去活动的纲领及参加和运后的贡献，具如上述。然则对当前中日两方所渴望的全面和平，果将以何道促其实现？此一问题，吾人于献身和运之初，即已郑重考虑誓竭全力以协助政府完成此项目的。然三四年来战争状态，并未中止，全面和平，遥遥无期，其中原因错杂，要非一端。虽最近中日基本条约已因签订同盟条约而失效，战争终了即行全部撤兵的条文业已明白规定，中国人民所怀疑和忧虑的似已完全祛除，然而全面和平，依然毫无动静，这其间，当然还有许多障碍未曾澈底清除及人事未尽的地方，也是无可否认的事实，因此，吾人愿把握问题的症结所在，提出三点意见，以供中日两方朝野的商榷和参考。

第一，吾人认为实现全面和平，必先肃清英、美在东亚的恶势力，因为过去离间中日亲善，挑拨中日战争者，其元凶实为奸猾之英、美，今日阻挠重庆政府从事全面和平的最大障碍，亦为奸猾之英、美。关于此点，日本思想界权威大川周明氏曾透辟说明："欧罗巴之常套手段，乃以离间而加支配，其使亚洲各国互相离间，实行抗争，而在亚洲扶植势力，为使波斯与土耳其反目，日本与中国实行抗争，甚至憎恶抬头。"又谓："盎格鲁撒克逊憎畏日本之抬头，尤憎畏中日两国之亲善提携，曾利用一切方法，加以阻止。"至其憎畏理由，则引曾经对英国对华政策负有重责之威尔在一九〇九年所著《人种斗争》一书中所言："若中国与日本协力合作，则自库页岛至交趾支那，以及爪哇，苏门答腊止，将见必对白人怀有敌意黄人帝国之出现。务须觉悟东亚之黄人世界，若其以东京为中心而统一，则当以与白人加诸黄人相同之限制，加诸白人。"(引自大川氏著《中国与日本》一文)近三四十年来，英国接受威尔的警告，竭力离间中日两国之关系，卒致挑起两国之长期战争，而今日重庆政府始终愿意依存英、美者，其原因亦即在此。故吾人苟欲致力全面和平，而不将盎格鲁撒克逊民族利用中日两国互斗的心思揭穿，则对全面和平的认识仍嫌不够。

在大东亚战争未发生前，英美在亚洲的侵略势力，计在亚洲总面积四千二百万方公里中，为英国所分割去的有八百万公里，为美国所分割去的有三十万方公里，其占亚洲总面积百分之二九·六，亚洲人口有十一万一千三百万，为英国所奴役的竟占其中百分之七七·三，为美国所奴役的亦占一一·五。在英国所奴役的人口之中，有五分之四是亚洲人，在美国所奴役的人口之中，亚洲人竟占五分之四以上，这是何等的耻辱！幸而在大东亚战争爆发后，有赖于日军的英勇战绩，将英、美在东亚根深蒂固的势力，逐一击破，使久处压迫之下的东亚弱小民族，均从兹解放。然而"去山中贼易，去心上贼难"。英、美在东亚有形的侵略势力，虽已击溃，但散播在东亚各民族间的无形毒素，却已深入腠理，决非短时期所可肃清。此无形毒素为何？即八十高龄之日本头山满翁在告英美国民书中所谓："过去之长时期内以英、美为领导之世界，因物质万能，功利主义，与自私心理之过分之发展，以致堕落为兽的世界。"而肃清之道，则又当如翁所说："今者，英、美行将没落，为刷新世界计，世界人类全体，当抛却自身一己之利害得失，置身心于无我之境，为别人而尽力，互相亲切地竞争前进，使地球处处成万民之乐土。"故吾人苟欲致力全面和平，而不将英、美散播在中日两民族间的无形毒素，加以澈底肃清，则对全面和平的促进，仍不无隔靴搔痒之感！

因此，吾人不必惊诧重庆政府未能认清英、美利用中、日互斗之奸计，何以如是之蠢笨！更不必苛责重庆政府甘心供英、美之驱策，深中其毒素而不觉，何以如是之愚昧！这犹如对一个久沦黑籍的吸食鸦片者，不必责备其何以因循坐误不肯与鸦片绝缘，却应该从正本清源入手，先将鸦片禁绝得干干净净，则吸食鸦片者不戒自绝。以是吾人对于实现全面和平固应该将"和则两存，战则两伤"之义，广泛的唤醒国人，而尤应深切反省地将从英、美所吸收过来的功利主义自私心理等毒素，一扫而空，更为当务之急！

第二，吾人认为实现全面和平必须举国一致的协力方可办到。

关于此点，本党自主张政党休战后，即屡以集中全国人才共赴国难之义，喧聒于国人之前，其要求举国一致的协力，殆非自今日始。然而近十余年来，此最低限度之要求，卒未能办到，即纵有一二点缀门面的场合，未尝不以举国一致、集中人才等口号相标榜。但一揆实际，即可知大谬不然，无非阳借民主政治之美名，阴行独裁专制之实而已！以视盟邦日本自事变以来，其政制虽已由解消政党政治趋向于国家全体性的组织，然尚有大政翼赞会及翼赞政治会等民意机关，为沟通朝野意见贯澈国策的实践机构；大东亚战争发生后，日本于两年内曾召开临时议会四次，正式议会两次，其为极端尊重民意可知！至其内政上之剧烈变革，尤堪惊异，如设立内阁顾问制度，实施行政考查制，就两院议员及全国各界中铨衡各省委员四百零五名（内众议院议员二百六十名，贵族院议员九十五名，各界五十名）。采取适材适所主义，在战时体制下，共同效力国家。本年四月中旬内阁改组，复将翼政会总务山崎大麻两氏，与翼赞会副总裁安藤氏引入内阁，尤为巩固官民一体之证明。当时新《申报》社评谓："山崎、大麻两氏之入阁，宛有民意导入内阁之感，盖因两氏乃自旧政党时代以来，以领袖之资格在议会努力奋斗之人物。现今时代，固不能视为旧政党的势力之复活，但民意乃为如两氏之人物所可代表。"又谓："山崎、大麻、安藤三氏同时充任阁僚，使国民动员的组织之翼赞会，与可视为国民的政治意欲的代表组织之翼政会的结合，臻于圆滑，此可视为东条内阁政治势力之一大强化。翼政会曾辄被批评为缺乏政治力，又曾以为翼政会缺乏与翼赞会之联系，故其政治力未见充分伸展，今因三氏之入阁，已将此等批评加以解决。政府、议会、翼政会、翼赞会之综合的进军力，今可谓业已完全获得愈更飞跃发展之前提条件。"该报对日本政治飞跃变革之揄扬，吾人实有同感！而东条首相复于第八十一届议会中，反复力说排击独裁主义与尊重国民创意，及阐释自身所负重责的立场，说明与西洋式独裁不同之故。其公忠体国之精神，尤足资吾人景仰！在八十二届议会中，东条首相施政演说除允予缅、菲两国以独立外，对马来、苏门答腊、爪哇、波罗洲，西里伯等地住民，亦愿根据原住民之希望，分别适应民情，在本年中逐渐实施关于原住民参与政治之措置，其中对于爪哇，因鉴于其民众之水准，决尽可能使其实现，以应民众之望。此种给予久被英、美压迫的弱小民族之真诚解放，较诸口惠而实不至的英、美对殖民地的统治方式，其间相去不啻霄壤之别。

然而返顾我国情形则如何？吾人过去对重庆政府所要求之举国一致，业已因厉行个人独裁而宣告失败，因继续一党专政而宪政卒告无望。所幸还都以后的国民政府，虽不是直接对选民或对国会负责的政府，但为全国各党各派无党无派人士所共同组织，则为无可否认的事实。因此，本党自始对于此“政党神圣联合”的雏型政制，即抱有无限的热望，以为夙昔所要求的举国一致，或者有实践的可能！无如经三四年来事势的推移，当初组府还都时一种极可宝贵的根本精神，如今已成为历史的回忆。所谓“一个党，一个主义，一个领袖”的口号，不仅在和平区域重新喊出，在事实上亦渐渐由理论而成为行动。因是，使人对于宁渝两方政治制度之最大区别，渐有模糊而不易辨别之感！当此组府还都之根本精神逐渐消失之时，而侈言全面和平，则吾人敢断言全面和平仍属无望。盖支援重庆政府之英、美从中作梗，固足以阻挠全面和平，而和平区域以内许多未用的人才与未尽的力量，未能集中圆滑使用，亦足以延缓全面和平的实现。况且在现在的国土之内，除了还都以后的国民政府而外，还有各自挟持一部份领土与人民的重庆国民政府，与共产党的所谓边区政府，如果将这两方面所犯的虚伪无信的罪恶，以及“专政”“独裁”足以阻碍举国一致的因素，一一舍弃而不再蹈其覆辙，那么，不仅和平区域内人民一定可以矢诚拥护，即非和平区的人民也就望风来归。如此，全面和平自然而然会达实现之境。

第三，吾人认为实现全面和平必须从政治廉明民生安定做起。关于此点，吾人素来认为国事的败坏，人民的痛苦，政治贪污是一最大的原因，要想政治清明，要图人民福利，非澈底肃清贪污不可！民国廿七年本党第九次全国代表大会宣言中，曾明白指出："近十年来……最可痛心者，为官吏贪污风气之继长增高，骄奢淫佚之风，由首都以至于四方。国家每年向人民增加亿万的赋税，募亿万的债款，是否真能滴滴俱用于建设事业，已为天下所共疑。一般不肖官吏，平时假借官府，浪费公帑，营利罔私，鱼肉平民，以致社会愈趋穷困，而通都大邑官署私宅，反有畸形的繁荣。国家富藏，祇有此数，官吏愈趋奢侈，即平民愈加穷困。中国今日国民经济的不均平，与其说是由于社会问题，毋宁说由于政治问题。"可见本党过去对于政治贪污的现象，曾大声疾呼加以纠弹。参加和运后，仍继续本此态度，协助政府，积极主张肃清贪污，以解除人民的痛苦。所憾者，近三四年来，和平区域政治贪污的现象，不但没有肃清，反而有变本加厉的趋势。以是屡劳政府派员查办，而贪污之风并未稍戢。吾人细考其原因所在，不外和平区的失败主义者，对于和平信念尚缺乏坚定性，诚如《申报》本年四月二十二日社评所说："他们（指失败主义者）误认目前不过是过渡时代的现象，暂时的局面，具此心理，于是利用机会，作混水捞鱼的勾当。这辈人虽不是领导人物，却都占据各机关要津，凭借职位为掩护，以行利令智昏之举，发表谈话，一片为民为国，而实际行为，尽得其反。"因是，此辈失败主义者充分利用其特权地位，尽量作混水捞鱼的打算，如投机、囤积，操纵物价，造成人民生活陷于历史上空前所未有之困苦状态。另一方面，则盟邦日本在和平区域内之经济政策未曾收获相当效果，反而为品格最低劣的政治掮客，以阿谀谄佞的方式，欺骗单纯正直之日本当局，作成榨取民脂专肥私囊之手段，亦为造成今日和平区内民生不能安定之最大原因。日本思想界权威大川周明氏对于此点，更较吾人有透辟之说明。渠谓："日本占领地区，尤其是上海、北京、天津等大都市，其物资之缺乏，物价之暴涨，因而民众生活之困苦悲惨，令人酸鼻断肠，而无知的中国民众，将此痛苦，归罪日本，抱怨刺骨……。职是之故，不论何人，均与以日本为敌而战者为伍。若民众存此敌意，则蒋介石虽死，而中国事变亦无从期待其整个解决。……战争先后相亘七年，中国民众苦楚备尝，衷心莫不切冀和平，若日本以适宜之经济政策，稍苏彼辈之生活，则彼辈抗日情绪当渐趋淡薄。彼辈若失对日敌意，则重庆政权虽欲战亦不能战。"又谓："美辞丽句，中国民众早不为动。增给彼辈一勺二勺之配给米粮，较诸向其罗列千言万语，尤为有效。吾人切望于南京政府及日本当局，亲日政府须为吸引民心之机构，因而其根本方针不在如何统治民众，宜在如何收揽民心。若祇倾力于如何统治，则统治亦将归失败。……因此，亲日政府为把握民心，获得民众信用起见。须先除恶行善，重庆政权与亲日政权之胜败，与其谓由于武力的战争，毋宁谓由于能否获得民众之道义的战争而决定。"（引自大川氏所著《中国与日本》一文）由此可知今日和平政府所切要者，厥在如何收揽民心，不在如何统治民众；而如何收揽民心之法，则不外先从和平区内政治廉明民生安定做起。若今日祇见从为善良人民所不齿的贪官污吏、地痞奸商，以日本为背景，自鸣得意，到处横行跋扈之状态，而真正善良之人民反辗转呻吟于此辈淫威之下，则民众心理方将切齿厌恶和平之不暇，设再期其促进全面和平，不将有缘木求鱼之感！

因是，目前中日两方所渴望焦虑之全面和平问题，今后能否在最短期间得获实现，须视吾人提供之上述三点意见能否办到为转移。本党同人不敏，愿本过去二十年奋斗之历史及实际斗争之经验，竭其全力，协助政府，以完遂此项目的，深信大东亚之黎明业已来临，而中日两弟兄之重新握手言欢，共定百年友好之大计，亦不过时间上问题。愿我中日双方有识之士，共念“为山九仞”之不易，勿忘“功亏一篑”之教训，不灰心，不自馁，则全面和平终有实现之一日。

最后，吾人有不能已于言者，即本党自建党以来，至今已整整二十周年，回忆二十年前的今日，一群壮怀激烈的书生，鉴于祖国情势的阽危与共产主义的猖獗，毅然揭起国家主义的大纛与内求统一、外求独立的口号，以号召全国，建设全民福利的国家。二十年来，吾人这一群书生，凭着自己对国家的一点血诚，赤手空拳，无权无势，继续不断与专制独夫及共产党徒相抗争，中间虽遭遇种种无情的压迫与摧残，如王建陌、赵登弗、马致祥、成志达，李天佛、盛中谦，黎工侠等同志，且牺牲其宝贵的生命，而吾人前仆后继的精神，仍旧是再接再厉，最后终且认为合法政党之一。虽目前本党同志分处和平区与非和平区两地，但今后工作的趋向决不因地域限制而有差别，其共为同一目标而奋斗，不啻可喻。今当建党二十周年之期，吾人回顾过去光荣的历史与夫目前国势的艰难，吾人愈感责任的重大，惟有忍受当前生活的困苦与环境的歧视，仍本本党先烈的遗志，继续迈进！此其一。

再自本党产生二十年来，迄今党团员加入者，为数虽尚未满百万，但所吸收份子，一向采取严格主义，与公开征求及强迫入党的方式，迥异其旨趣，且本党所抱社会及政治理想，绝非旦夕所能成功，而入团入党之后，更是有义务而无权利。然二十年来本党党团员竟能相结不解者，其原因无他，实由吾人所提出的主张，合乎天理，顺乎人情，不涉空想，切合需要而已。例如吾人首先反对包办国事，认军阀官僚为国贼，而全国同声响应；吾人首先揭发苏俄阴谋，反对赤化运动，而至今日举国骚然，谁能否认；吾人首先反对一党专政，要求全民政治，到今日一党专政之不良应该取消与宪政之应该早日实施，已成全国一致的要求；吾人首先提出国家主义，主张立身行世以救国为前提，而至今日则以事实的教训，国家意识业已普遍觉醒，国人始了然国家主义之真谛，不复再有误解曲解之辞。是则吾人过去二十年的奋斗，尚不致谓为“光阴虚掷”“徒劳无功”。惟目前对于全民政治之实现为期尚远，主张维持一党专政甚至倾向个人独裁者，仍有绝大潜在力量；加以全面和平之促进，尚有待于最善最大的努力！是则吾人今后惟有仍本既定方针，不屈不挠，继续奋斗，以完成其时代使命！此其二。

抑尤有进者，过去二十年来国人往往鉴于吾人主张之坚决，及与国共两党在理论和行动上斗争之激烈，遂误认本党有排斥其他党派单独以一党的力量从事救国的野心，甚至认为本党为国民党惟一大敌者，如日本政论家室伏高信氏在其所著《中国游记》(昭和十四年即民国二十八年出版）所说：“国民党目下当面的敌人，不是左翼，不是外部的敌人，而是国家青年党，此一政党的力量，甚为微弱，以国民政府的武力，不难将其作寸寸断，然此政党所揭橥的中国主义，却凭藉中国数千年的历史为后援，而且又和中国的现实有深刻的关联，今日虽说是微弱，但明日如何，是难以逆睹的。这在国民党也是不可轻视的敌人。”实则吾人自始即从事唤醒全国人民，一致奋起，共同担负救国责任，反对军阀政客乃至一党一派包办国事，从未敢妄自尊大以为一党之力单独可以救国，事实具在，不辩自明。况本党自主张政党休战以来，极愿与全国各党各派开诚合作，其目的亦无非欲使中华民国早日完成其独立与自由，进而谋东亚各弱小民族国家的全体解放，舍此别无奢望。故在民国二十七年四月廿一日本党代表左舜生先生致国民党蒋汪正副总裁书中，曾谓：“同人等唯认定国家至上，故在过去十五年中，虽对政治不负任何直接责任，而爱护国家始终不渝，补偏救弊，未尝以环境艰难而稍懈其努力。至其成绩如何，固不欲自为陈述。总之，同人等观目前之艰巨，念来日之大难，仅有与国民党共患难之一念，此外都非所计，及仅知国家不能不团结，以求共保，此外亦无所企图。”迨至和运开始，国府还都，吾人对国民党固仍本此见解，彼此合作，即对其他友党亦仍本此见解，相互提携，纵观点未尽相同，主张不无出入，仍竭力弃其小异，就其大同，以避免无谓的党争，而对国民党，吾人始终处“与党”的地位，持“诤友”的态度，以尽其协赞的责任，未尝稍存敌意。今后吾人仍将贯澈此项意旨，力求实践，并望国民党及其他党派共念责任之艰巨，必须团结无间，集中心思才力，方可共济艰危，而谋国家永远之福利。此其三。

总之，吾人今后工作的途径，其趋向当如上述三点，概括言之，即决本先烈遗志继续努力，不因环境困苦而移易初衷。

决本既定方针继续奋斗，不以艰难而勿视时代使命。

愿与全国各党各派合作，完成中华民国独立与自由。

尚望中外有识之士，进而教之，则本党幸甚，中国幸甚！

中国青年党中央政治行动委员会谨布

中华民国卅二年十二月二日

〔各小党派全宗汇集档案〕

4. 中国青年党第三届省市干部代表大会宣言

（1944年8月2日）

中国青年党第三届省市干部代表大会宣言

本党成立迄今二十余载于兹矣。在此二十年中，本党同志，因信仰国家主义，外则与帝国主义斗争，内则与军阀、共匪决战，奋斗牺牲，前仆后继；虽吾人尽力图事，迄未稍衰，而世变日亟，国运多乖，凡吾人所大声疾呼以唤醒国人注意之赤祸阴谋，独裁专制与帝国主义之侵略等，均不幸言中，演成事实。曲突徙薪，未蒙采纳，焦头烂额，举国无措矣。中日事变以还，全国上下，盲目抗战，国家元气，丧失殆尽，汪精卫先生有见及此，乃发表艳电，提出和平反共建国主张，发动和运。本党因汪先生主张之正确，遂毅然参加，于二十九年三月还至南京，同组政府，为此种运动之一单位。五载以来，赖汪先生之惨淡经营，友邦日本之热忱协助，外得国际列国之承认，内有抗战份子之来归，我政府国际地位日益巩固，民生疾苦渐得昭苏，光明前途日见开展。惟自大东亚战争爆发以来，中日和平问题，已进而为建设世界新秩序问题。现者国际风云日益澎湃，东亚局势随之紧张，我国今后责任较前尤重，如何与友邦同甘共苦，肩此重任，谋中国之复兴，东亚之解放，至非淬厉精神，努力迈进，不易为功。因此，本党遂于本年八月二日在南京举行第三次省市干部代表大会，重新调整机构，强化组织，决定今后重要工作如下：

（一）澈底反共工作：共产党为社会之蟊贼，人类之公敌，不将其铲除，则莫能保障治安，增加生产，而致国家于富强之域。彼在第三国际策动之下，我国受其毒害，亘二十年，农村破产，秩序紊乱，为祸深大，不遑缕述。近者共产党更与帝国主义勾结，在欧洲演成无底战争，在我国造成焦土抗战，扰害人群，罪不容诛，非澈底扑灭，世界永无宁日，国家永不复兴。本党反共，远在二十年前，今仍本既定目标，尽其最大努力，务使根本铲除，以为正本清源之计。

（二）促成全面和平：中日两国无不解之仇，有可和之道。祇以重庆政权，外受帝国主义之诱迫，内受共产党徒之挟持，和战失其自由，人民惨遭荼炭。大东亚战争中，友邦节节胜利，滇缅之通路切断，内受包围，外无应援，自应从速讲和，为国家留仅存之元气，谋东亚永久之和平。本党以为重庆苟不及时言和，机会一失，后悔无及，为国家前途计，自当发动本党力量，以促成全面和平之实现。

（三）协助宪政实施：国府还都，以实现和平，实施宪政，为主要国策。立宪政制，本党主张最早，是乃人类政治进化之结果，亦中华民国之精神；惟本党所提倡之宪政，非经济自由主义式之虚伪民主政治，系一种超越阶级超越个人性质之全体民主集权制度，亦即国民党所谓之中心势力。此种真正宪政，实为最平衡之政制，政府有宪政实施委员会之设置，以推行其事，本党本固有主张，当以最大努力，以协助其进行。

（四）复兴国民经济：复兴国民经济，为救国之基本工作，与反共有联系性。共产党之能狼奔豕突者，皆因生产锐减，国民经济破产所致。我国国民经济经战后破坏损伤，元气大亏，法币贬值，物价高涨，人民处困苦颠连之境，如悬待解。如何开发国家资源，增加生产，节约消费，改善统制，安定金融，救济民生，实为急不可缓之图。本党建党之初，即定社会政策，以发展国家资本，改善国民生活，为经济建设之基础。当兹残破之余，宜标本兼治，使国民经济从速复兴，社会机构，合理发展。

本党内审国情，外察世变，认上述诸端，确系济时救国之重要工作，业经本届代表大会一致决议，照此方向，努力迈进。海内贤达，幸赐亮察。

中华民国三十三年八月二日于南京

〔汪伪国民政府档案〕

二、中国国家社会党

1．中国国家社会党宣言①

（1938年4月　日）

中国这个民族到了今天，其前途只有两条路：其一是真正的

①此篇原名为《我们所要说的话》，发表于《再生》杂志创刊号，1938年4月重印时，略加删节，改称为《中国国家社会党宣言》。此系档案印件，沿用原标点。

复兴；其一是真正的衰亡。先就衰亡来说罢，自清末以至现在，在表面上好像在那里时时刻刻挣扎着以抵抗这个衰亡的趋势；但实际上抵抗的效力却远不及落下的力量。所以到了今天，从国民经济上看，从国际地位来看，从政府纲纪上看，从民众道德上看，都未见得高出于四五十年以前。我们固然知道一个大民族有他的悠久历史与广大地域，决不会一旦即致灭亡。但历史上却亦不乏这种先例。就是无论你民族如何大，只须你长久不能统一，长久在内战之中，你就会逐渐为外族所吸收了。中国这几年可谓毫不振作，毫无觉悟。我们且把这近三十年的历史作一个回顾。

当清末的时候，一方面由于中国人的昏瞶糊涂，他方面亦由于外国的有计划的侵略，遂结成所谓不平等条约，把中国自身的发展遂束缚着了，不但束缚，并且愈陷愈深起来了。在那个时候有识之士以为照这样下去必致于瓜分，所以在清末的时候最足以惊心动魄的便是所谓瓜分论。其实在当时却并非全属杞人忧天，假使欧洲自身不起变化，这个可能性未见得就会消灭。因为要挽救危亡，于是乃起了革新运动，从此中国人的心中都有一个必须救国的意思，这个意思几乎普遍于全国。但一谈到救国便须有救国的方法，救国是人人所同的，而救国方法则各人所见不同了。所以从表面上看来，这多少年的混乱与争斗好像是救国方法的互相争斗。平心而论，无论何人当其初动念想救国的时候未尝不有些清明平旦之气，但到了后来因为愈争斗便愈横决，愈活动便愈私欲发达，以致外族的压迫每深进一次，国人对于救国的自觉虽愈感得切要些，然却因此引起内部的纷争亦愈烈一层。其故由于外族的压迫还没有到唤起民族自觉的程度。所以内部的纷争每加烈一层，而外来的侵略又随之深入一步，直到现在，差不多已将达一个“转机”时期。这个转机不是别的：就是中华民族或则从此陷入永劫不复的深渊，或则即从此抬头而能渐渐卓然自立于世界各国之林。

二

现在且就复兴的方面来说，所谓转机的关键就在以敌人的大炮把我们中华民族的老态轰去，使我们顿时恢复了少年时代的心情。这便是民族的返老还童。就心理学上讲，以个人论，往往在重大刺激或重大压迫之下，其心理可以突然变化，且其变化亦未尝不可是幼年光景的再现。须知惟有少年或青年心理方有胆量。有些明白的人们都在那里提倡民族自信力与民族自信心，但苟没有少年性情，外患一压，便使得自信心减少。庚子一役于中国在精神上的损害实在很大，就是把自信心丧失了，现在虽渐渐恢复，但依然流于浪漫。因此我们以为中华民族的复生，必在如何对付那个重大刺激。现在这个客观条件的刺激是已具备了，只是希望所产生的心理变化，却须看我们的努力如何了！说到这里，且容我插一段无直接关系的话。

我们以为中国所以糟到今天完全是由于士大夫阶级的道德破产。中国有五千年的历史，但所有的统治阶级却并不是士大夫。士大夫始终处于辅佐的地位，不过这辅佐却与治乱很有关系。所以中国的历史虽都是一治一乱之局，然而其治大概都由于士大夫。但自海通以来，中国的情势必须跟着世界潮流。这种治国的旧法应该完全结束了。旧法虽然结束，士大夫阶级的人们却没有接受新法的资格。在上文已说过，无论何人，当其初动念想救国的时候，未尝不有清明之气。但这个清明之气经过了许多的磨折，便只剩了实际利害与个人私欲。所以中国人们直接间接与政治有关系的，降至今日，其道德破产已成了公认的事实。这一班人，无论是握军权的也罢，经手财政的也罢，作官吏的也罢，甚至于读书与教书的也罢，都免不了下列的毛病：（一）取巧；（二）嫉妒；（三）伪善；（四）营私；（五）玩手段；（六）虚骄；（八）工趋避；（九）不负责任等等。要而言之。几乎很少有人是坦白，赤诚，勇往，与忘我的。换一句话来说，就是只有好像老人一样，富于阅历，多心机多瞻顾，多自私，而不像少年人，多热血，少顾忌，无计较。因此我们以为民族的返老还童是不能专属望于士大夫这一班人。

三

我们说这句话却不以阶级为立场。从狭义上说，即是不主张排斥任何阶级（假定阶级这二字是可用的。）老实说，士大夫一类的人亦有其长处。不过自从欧风东渐以后，把士大夫讲气节讲理学的优点完全丧失了，这真是一件最可痛心的事。我们相信民族观念是人类中最强的。阶级观念决不能与之相抗。无论是已往的历史，抑是目前的事象。凡民族利害一达到高度无不立刻冲破了阶级的界限。日本人压迫我们到这种天地，虽平日在对抗中的资本家与劳工，平日在仇视中的人民与军队，亦都不由得不联合一气，从事于抵抗。所以民族观念是深中于人心而较阶级为强。因为民族观念固由于种族本能而生，却依然有深切利害的背境。例如日本的无产阶级在这一次事变中很希望能随着他们代表帝国主义的军阀而得解决生活问题。

倘使他们真笃守马克思的遗教，果然想先自革命，则他们是否能得有确实的好处恐怕亦未敢自信。所以马克思思想以阶级作大的横断而有以打破民族国家的纵断，实是一种迷梦。实际上已经屡次试验了。只有民族的纵断而能冲破阶级的横断，却未有阶级的横断而能推翻民族的结合。即以苏俄论，他的成功处不在阶级斗争的国际化，却只在社会主义的民族化。换言之，即以民族持为一体，形成一个强有力的国家；于内部实行集产主义的生产法，对外则更与帝国主义无稍异。以俄国现在的办法，愈证明民族观念是强于阶级观念。所以我们不是以阶级为立场而来说话。关于民族一层我将于下段再论之。

我们既不站在阶级的观点，但又承认士大夫的普遍的道德破产，则论者必疑我们逢着了困难。其实历史所昭示于我们的却近在目前：决不是无路可走。当马占山在最初于黑省对日本打了几个胜仗，全国的人无不慷慨输将；十九路军血战兼旬，屡败敌人，几乎没有一个人不愿牺牲一切以相助。从这两点上看来，中国的民族自觉心，即所谓民族意识，确是在那里抬起头了。中国前途的一线出路亦就在这个有民族自觉心的民众。所存的问题只是：如何把这有民族自觉心的民众组织起来。

四

我们说以民众为立场乃是注重在民众心坎中的真正要求。所以我们既无须排斥任何阶级，亦须联络任何阶级。凡以阶级为立场的必是以争斗为目的。以流行的时髦话来说，这是以“恨的哲学”为出发点。我们虽不必高揭“爱的哲学”为标语。然而却必须以全力排斥这个恨的哲学。须知以恨为出发点，想排斥他人，想打倒他人，其结果必更引起他人的排斥；于是恨乃更甚。好像火上加油一样，决不能以油来灭火。所以由恨为立场，其结果决得不着和协与平安。

我们相信以民族作出发点，其中无论如何利害错纵，然总可以寻得出一个一致点。在这一点上好像卢骚（J. J. Rousseau）在二百年以前已经见到了。他以为一个人，苟其是成年了，对于他自求多福之道必是由自己见之方为真切。如其人人都能自求多福，则必可有一个共同的途径。这就是说：把各人利害不同私益互相抵消以去，而尚余有个公益。这个公益却是一切私益的基础。没有了这个公益，则各人的私益亦必无所附丽。例如中国人是世居于中国这块土地上的，倘使国土被人侵略了，则无论工人，农民乃至于官吏、兵士，虽各人因地位而有殊特的利害，然受这个侵略的影响则是共同的。一国的土地虽丧失一隅，而在未丧失的地方人民则立刻都受了影响。所以一切的私人各别利益都是“上层建筑”(此是马克思唯物史观上的术语，现在借用一下)，而必须有一个公同利益作其“下层建筑”。这虽是卢骚的议论，然而于此却可藉此证明民意就是力量。所以我们相信只有民众关于自己切身的共同利害而发出此心坎中的真正要求方才是力量。无论你有千军万马，这个力量是不能摧残的，往往有人把古语“水能载舟亦能复舟”来比喻民心，想来亦就是这个意思。

五

怎样能使中华民族复兴？我们以为必须有下列条件：

A. 有一个极大的智慧；

B. 是全民心坎中的要求；

C. 有由渐而扩大的信用；

D. 有最后而决不轻易使用的实力。

所谓大的智慧不是指一个人的头脑：到了今天，无论任何经验丰富，学识充足的人亦决不能凭一个人的脑力足以应付这个难局了。所以必须集合无数人的智慧而形成一个极大的智慧。其中有固定的原则，有全盘的计划；有统一的配置；有分层的步骤；且有修改的余地。尤其要包括各方面：例如政治制度，经济政策，教育方针等等。这个大智慧必须是在理论上可称为比较上最圆满的学理，在实际上可称为比较上最合需要的方法。换言之，即不仅是创立一种新制度，想出一种新计划，而且必须有一个新哲学。倒过来说，不仅必是有一个空泛的理论，而且必须是一个具有一百二十分科学性的方案。老实说，从这二十余年的经验来看，必使我们恍然大悟，知道数十年以来所有国人言之有故持之成理的救国方案与主义都是浮光掠影之谈，经不起一再推敲。所以我们敢说这个大的智慧始终未曾形成。以往所有的几乎可以说都是庸医乱投药。医而不自知其庸已是可怜，乃竟至惹起包医的争斗更是不堪了。总之，这个最合需要的大智慧未出以前，愈是乱投药，换言之，即愈是你创一个主义，他起一个运动，势必使国家愈纷纠，人民愈疲倦，以致于更难有起色。所以我们首先最不赞成的便是那些盲动，而愿把我们的区区精力先作一个小小的引子，俾全国知识界得共同从事于这个大智慧的创造。

六

在这个当中却包含有许多的问题，必须加以讨论。我们现在首先要讨论的就是"民主政治"。我们固然知道政治制度无不以经济为基础。现在亦并非离了经济而单讲政治，不过为便利起见先提出而已。要讨论这个民主问题不能不联带述及国人对于民主政治的观念。在辛亥革命前后，似乎在论坛上的政治主张已趋向中国非行民治不可的样子。迨后来国会成立，几度令人失望。加以最近国民会议的选举，在这些实例上遂致有许多人对于民主政治的实施不能无所怀疑。国民党公然主张训政，虽是侮辱全民的人格，然却亦有一部人听了不觉得有甚么逆耳，则其故可以长思。因此我们以为民主政治在中国确是十二分重大的问题。我们不能专凭感情说话，否则你只能得一部分人的满意，而不能得着另一部分人的同情。

我们的意思既不同于无条件主张民主政治的人们，却亦决不同于主张中国不适于民主政治的人们。细加分析起来，这其中却由于有一个大误会。先就反对民主政治来说，其持论不外乎两点：第一点是中国人民知识能力不够实行宪政。第二点是世界各国中，多有趋向于专政的样子，可见这个非民治的趋向已是世界共同的潮流。为国际间互相争强起见，自不能不亦采取这个态度。我们对于这两点都可加以强有力的驳论。

就中国人民知识能力不及格来说，倘使为事实，则必是全国的人民都如此。决不能有一部分人民被训，另一部分人民能训。

被训的人民因为没有毕业，所以必须被训。试问能训的人民又于何时毕业过呢？何以同一人民一入党籍便显分能训与被训呢？可见训政之说真不值一驳。所以即主张中国人民程度不够，势必亦得不着训政的结论。倘训政说不能成立，则我们对于人民程度一层原不必计较。换言之，即无论如何，终不能不向民主政治而趋，便是了。说明得明白一些，即我们可以不管人民的程度，总得在可能范围内尽量使民主政治为之实现。我说这句话不包含建立一个不合人民程度的民治制度。须知我们的意思只是主张民主政治仅仅是一个原则。按照这个原则而实施于中国，当然必须看人民的程度而定其可以实现的量度。就是说：能实现到百分固然是好；若使不能，则九十九分亦好；再不能，便降至九十八分亦未尝不好。照这样下去，纵使降至五十分或四十分，却都不能说不是民主政治。明白了这一点，则人民程度便不生问题。换言之，即只能作为实施时酌量的根据，而绝对不能作为反对或延缓的口实。

七

而况人民程度如其是不够实行民主政治，则必定亦不能由专政而得获福利。为甚么呢？我们固然在历史上看见不少的圣君贤相，以一个人的能力，握行政的大权，而把国家弄得到富强之域。须知这是可遇而不可求的。中国既改了共和以后，贤明的人若是能起来秉政，以大权为人民谋福利，则人民至少必须真正认识这个人的价值。苟人民能辨别贤不肖，以从事于推举与信任，则不啻说人民已有实行民主政治的资格了。所以在人民程度不够的时候而主张专政，这是徒然为枭雄造机会。因为无论如何，所能起来的执行政者必定流于窃国祸民。可见以人民程度不够为理由而反对民主政治，势必供奸人利用，以致于政治更形败坏。

现在的讨论又可移到第二点了。老实说，当一个国家在紧急的时候自然容不得发言盈庭日中不决的事情出现。我们亦承认普通的民主政治诚有效率迟缓与力量分歧的弊病。但我们却须回头一看战时的各国政府的组织。例如英国的战时内阁，不但是各党混合，并是头数很少。这样的战时政府很能集中全国力量，做起事来亦非常敏活与迅速，所以效率是很高的。但我们却不能说这种政府是反乎民主政治的原则，我们反而可以说这样的政府所以能集中权力正由于根据民治主义的真正精神。不然，便流于专制了。可见政权的集中，换言之，即行政效率的加高，实在与民主政治根本上不相冲突。所以我说这其中是由于有一个误会。这就是把政权的集中与敏活认为与民主精神不相符合，其实稍有知识便可剖释。至于说世界的潮流，如赤俄的共产党专政与意国的棒喝团专政，好像民主主义是不时髦了。在我们看来却亦可用上述的眼光来解释之。我们承认这个世界上的各国，因为经济情形愈趋愈失其自然，所以几乎都有紧急状态陈于他们自己的目前。他们为了解决自身的困难起见，不得不要求有个强有力的政府。俄国之所以有共产党专政，在我们看来，是和英国之所以有混合内阁一样。意大利之所以有棒喝团专政，亦是正和俄国之所以有共产党专政一样。同是应他们的紧急需要。可见凡是处于紧要的时代，当局的权限自不能不求其统一与集中与敏活。这是事实使然。但在这个多事之秋，自然各国都有他的危险与困难。所以从容论道的民主政治不能不有变化，乃是理所当然，势所必至，原无足怪，但却不可认为这是与民治原则相违背。因此我们亦承认确有这样的世界潮流，不过不是政治制度的自身有何不足之点，乃只由于时势的要求。且须知这个时势的要求，在各国，因为他的历史不同与环境不同，不可以一概而论。所以民主政治原则是不摇动的，各国得依他的环境情势与时代要求而设法变化之，以得适应。

经此一解释，读者便可明白第二种理由的反民治论是由于误会而生，而所以产生此误会的事实却不可抹煞。我们现在愿根据这个事实，仍依照民主政治的原则，来提出一种“修正的民主政治”。

八

我们的修正民主政治其实乃真是真正的民主政治。至于普通所谓民主政治却是根据民主政治原则而生有偏弊的政治制度。我们为便利起见，名为“修正的”，而其实只是去其偏枯，救其过甚。

须知民主政治的精神在使国家的实际意思即完全等于人民的共同意思，所以没有一个民主国家不在宪法上规定民意发出的所在，即所谓民意机关。但不幸民意机关往往为党派所冒名顶替，以致所代表的不是人民的公意，却是党派的意思。这是任何民主国家所最易犯的现象。原来照卢骚所说，最好没有党派方可以选举表示公意，在近代国家已是绝对不可能的事了。现在所须注意的不是求办到没有党派，乃只是必须求办到虽有党派而于重要关头仍不能压倒人民的公意。换言之，即必须求办到人民公意仍能于党派意见中脱颖而出。按党派的原理来说，只有两党轮替秉政，是最理想的形式。无如国家政事到了紧急的状态，政策却没有两大类的分别。而党派的活动又不能因为政策的要求一致即趋于不分。所以愈是小党纷立的国家，各党所主张愈少相异之点。总之，从民主政治的精神来说，政党的存在本不是原则上的。换言之，即只是出于运用民主政治时一种不得已的情势。在这个情势上固然以两党轮流当国为正态，然却亦是可遇而不可求。即只可依情势的自然而推演以成，决不能勉强用人力以致之。这样看来，岂非民主政治本身即含有一种流弊么？我们不像一班迷信民主政治的人们，对于这一点却很愿意不为掩饰。这便是我们所以提议修正的缘故。

我们所想出的修正的拟案是甚么？首先可说是便是：必须建立一种政治制度在原则上完全合乎民主政治的精神，在实施上必须使党派的纵操作用不能有所凭藉。于是这种政制，在平时，不拘两党或多党都能运用，即假定无党亦可运用，而在紧急时候立则可以集中全民的意思与力量，不分党派。我们相信这样的制度不是不能创造的。倘使成立则民主政治的弊病便减去殆尽了。并且说得极端一些，在这种制度下，万一只有一党，表面上或许有点类似一党专政，而实际上却依然是民意政治。因为这个硕果仅存的党必定是真正民意的表示。所以我们心目中的修正的民主政治在一方面固是既打破多党的纷争，又防止一党的专擅；而在他方面却对于多党或一党的事实上存在亦未尝矫柔造作加以不容许。总之，修正之道只在一方面须遵从其自然，而他方面须设法矫正其过甚。至于详细的内容则暂缓叙述。

九

我们提议修正民主政治却不仅有见于党派捭阖之有碍于国家大计一端，实在又觉得普通民主政治太把人性的差异忽视了。老实说，一个国家的形成乃是一个异质的结合（heterogeneous unity），而不是同质的结合。所以其中的人才各有不同。此不同的人才又各与国家的职司相当。以浅显的例来说，如工程师是因为他的天性近于此道而始学习成功的，但国家社会却正需用这一门技术。所以一方面是人性本来不同，而他方面是国家的职司本亦有种种。首先见及此点是古代大哲柏拉图。他在理想国（The Republic）中详述此理。无奈后来反为近世初期的"平等"思想所埋没。我们以为仍须对于这一点用近代科学的眼光来补充之。换言之，即必须取近代科学上关于人性差异的研究与关于社会组织互相关联的研究来证明此说。

以各种个人的差异与社会的各种职司相当，可从横的与纵的两方面来观察之。先说横的方面，这便是以个人的专长而发挥总体的异质结合。人们最初只知道人性与择业有关，职业与全体相配而已，但近世的科学发达到所有的知识都成为专门的，所有的技能都成为特长的了。所以国家政治的事情已不是具有常识的人所能应付措置了，政治上用专门家虽始于市政，然而却已逐渐推广及于全部。近世的政治一天一天向着借重专门家知识的路走去已是无可讳言的，不过我们还觉得未能满意。我们主张不仅是借重专门家的知识，并且必须使专门家占有地位，这个地位是不为党派作用所左右，或政潮所冲动。这样的主张不仅在于使政务各部都由专门知识来处理：并且亦在于使政务的大部分因为由专家设计，便可比较上成为坚实稳定，不致于时常发生无谓的变化。这一点是和上述对于民主政治的修正同其命意。总之，我们于行政总希望能尽量办到专门化，稳定化，敏活化，与统一化，但必须在不违背民主政治的原则之下。用比喻来说，我们固然不愿因噎而废食，同时却亦不愿因食致噎。就是不愿以求行政之顺利而流于专政，但决不愿因开放民意而使行政停滞且招纷乱。在这个兼顾之中我们求得一个一举两得之路：即注重专门家是已。须知此后的国家政务一天一天趋于专门，非有专门技能与知识不足担任。这乃是趋势所使然。顺着这个趋势而再推进一步，便可把政务的各部变为专门学科，其内人物亦必是专门家。这便是政务各部的专门化。

十

再从纵的方面来说，照科学所讲，人的智力是有先天的不齐：有人智力高，便宜于用脑；有人智力低，便宜于用手。我们的意思却不须依照这个定命的不平等论。须知智力的等差以外，尚有兴趣的分别。有人对于读书起兴趣；另有人对于耕田有兴趣。经济学者往往把劳工认为“乐在其外”。这实是近代机械文明的流弊，而决不是劳动的本态。我们相信苟能把机械的生产法加以改良，必可恢复劳工的乐趣。从这一点上说，我们不承认耕田是一件苦事，而读书是一件乐事。其所以在现社会中耕田不及读书的缘故，不在于耕田与读书自身有何上下，乃只由于社会制度所使然。假定仅就耕田与读书自身而论，不顾及其社会的报酬状态，则两者纯可说是兴趣的不同。这句话不过举例而已。这种境况当然不是可一跃而跻的，不过我们专就对于政治一点，似即在亦可适用。例如有人，终年在乡里，当然对于乡政特别有兴趣。如其不使这种人来与闻乡政，而使奔走国事的人们来担任之，必是不得好结果，所以反之。一国的政事亦不可交给专心乡政的人们来讨论。因此我们主张被选者的资格可以分类，就是乡村镇的被选者，其资格只须住在那个地方对于他们自身有关切与兴趣就够了，不必再加甚么条件。县的被选者便可稍异于乡村镇，因为担任县政的人所需要的知识便与乡村不同。例如乡村镇可以人人都有被选权，而县的被选则不能不限于那些对于县政有能力的人们。这些有被选权的亦多宽不定：有一县有权者较多，有一县则较少，这都是可以的。总之，县的被选者与省的被选者以及中央被选者须各编成册，都依其资格定之。

其资格如何规定呢？当然只好以经验与学历为标准，或者更可用测验再甄别之，最后还须俟本人的更正。这样的程序，即先调查，再测验，又更正，自是比较上繁重。不过我们希望国人要破除一个先入之见：这个就是以为选举必须取其简便易行。我们以为选举是一切政治的根本。倘使根本不清，则一切皆无办法。中国自有选举以来，始终没有人真正尊重他，总是想利用或操纵，甚至于引用英法美德的事例，以为凡选举都离不了金钱。我们以为国家机关的产生只有两个方式：即选举与世袭。世袭的方式是为君主。中国既非君主国，当然只有出于选举一途。所以选举在民主政治上绝对不可免的。明白了这一点，便可知道我们只可改良选举而不可轻视选举。并且我们以为中国政治所以弄到这步天地决不是因为选举制度不好，实只是因为二十年来从未有真正的办过一次选举。详言之，即不论政府或选民或当选者，没有一方面是真有诚心对于选举的。因此我们相信倘有一个机会能使中国人民对于选举有诚心，有认识，得实行，则必可有法免去那些为人所诟病的弊病。所以第一步应得把藐视选举的心先去掉，必须使人人养成一种习惯即对于选举觉得是一种神圣不可侵犯的天职与权利。他人若侵犯我的选举权或褫夺之便和侵占我的财产妻子一样。这样观念的养成固然大部分有待于公民训练的教育，然而亦与制度有关。即必使选民所投的那一票可以发生影响，例如蒋政府下的国民会议，差不多都是写好了几百票填在匮中。自然有许多人不愿去投，因为明知他这一票是不生影响的。所以只须防止这一类的操纵与破坏，而听投票者自行竞争，则纵使一票之微，必定亦有了价值。根据这个理由，我们提出这个分类的被选资格法。

总之，我们亦知道调查选举的程序如此，本是一件难事，但总以为中国苟要施行新政，则三件大事——清查人口，清丈地亩与编定选册——是绝对不可因此困难即可有些马马虎虎的。

十一

我们根据上述的两点可以说把民主政治略加修正，而这个修正却是使民主政治由空想的而趋于科学的。因此不妨即名曰科学的民主政治，用以别于十八世纪民约论派的基于平等原理的民主政治。

说到行政求其敏活，自然政权不能不求其统一。有人便怀疑起来，他们以为立法与行政固是必须打通，然而却亦不可把行政完全依靠于立法。因此主张这两部的关系还得有相当的制限。例如不信任投票是内阁更换的方法。我们既不愿把行政完全投到立法的怀抱中，则对于不信任投票的制度当然不能采用。再如弹劾亦是立法所以左右行政的一个把柄。我们既不愿有不信任投票以致行政随立法而时时变迁，则当然亦必不愿有弹劾的制度。总之，我们在精神上赞成平衡与钳制之原则，但以为宜由司法任之；至于行政与立法虽可合一，然仍须有相当制限。

十　二

政治论完便应得论到经济。老实说，居今日中国，那一个不知道造产（即增加生产）是一百二十分重要。但以何办法（即制度或途径）能造产，则却大足绞干我们的脑汁。为甚么呢？即率今之道，无变今之俗，走资本制度的路，恐怕是绝对无希望了。在这一点上我们敢说一句干脆的话：即中国不但不应走资本制度的路，并且亦很难走上这条路去。现在即请稍稍加以说明。

中国资本制度已否成立有许多人在那里作无谓的争论。今天不是问中国的资本制度建立了与否，乃只是问此后开发产业能否由资本的方式来推进。因为纵使在都市大埠已有了资本的形式，然而总是没有发达，不能与各国抗衡，则无可讳言。所以中国已否成立资本制度的讨论与现在所要研究的问题无关。英国的柯尔（G. D. H. Cole）说：有人以为人类最大祸害，第一是贫穷，第二是奴役，而他则以为贫穷是征候，奴役是疾病。所谓奴役就是不平等。照他的意思，是以为贫穷由不平等而生，不是因为贫穷而方有不平等。但我们在此处则以为：若无平衡抵制之力势必流于专制。我们亦见到此。所以主张行政愈趋于集中，则司法非十分独立不可。原来行政立法司法三权分立在近代已稍稍变化了。虽则变化了，而其原来命意在于平衡与钳制则依然是不可忽视的。所以我们以为由立法而监督行政往往把行政的稳固化与计划化减低了，便不如以司法来任此钳制的作用。须知我们怕行政的专擅无非是怕他侵犯人民自由，而人民生命财产等自由权的保障则当诉之于司法。在中国这种情形之下，有人主张设监察院，仿照前清的御史制度。我们以为照近世法治国的原理来讲，这种只有参奏权的御史制度是不能相容的。因此便不能不特别注重于行政诉讼。关于行政诉讼应得在各法院中另设一庭，即于民庭刑庭以外另有行政诉讼庭。这样的主张和所谓平政院完全不同。

因为平政院仍是行政范围以内，不能有独立之权。并且在现在的中国确有一个大问题横呈在我们面前：就是官吏的贪墨，差不多已弄到中国的官吏没有一个人不是贪赃舞弊的了。这实在是中华民族衰老的征候，亦真是一个极大的污点。须知旧俄帝国之亡即亡于官吏因贿赂而腐化；而新俄共产国家之兴亦即在党人中究以能奉公洁己者居多数。国民党之所以为全国所吐弃亦正是由于其党员自身的贪墨以及招纳无数的弄钱的官僚。最可笑的是廉洁政府之呼声愈高而贪污收贿之程度亦立刻飞涨百倍。所以苟不能把这个弊病澈底铲除，则无论何派组织政府亦必等于建筑高楼于沙漠之上。因此我们以为这是中国当前的一个大问题。而这个问题若求解决又舍诉之于司法没有别的径途。

照这样说岂不是把立法与行政列在一边，又把司法列在另一边么？把平衡与钳制之道专委托于司法么？此处自然又牵涉到立法的问题了。原来在三权分立说初起的时候却未曾料到后来的推演必至于立法与行政愈趋愈密。内阁制的产生就是为了沟通这两部而应运以生的。但我各国的情形或有不同，以中国目前的情形而论，恰与之相反，实在是患寡而甚于不均。亦可以说，是急则治标，须知疾病真是贫穷。所以中国的唯一无二的问题是如何增加国家民族的富力。或则有人说，倘使国内能去掉各种妨碍，则产业自然便可发达。到了今天已证明这句话未必可靠。因为国内种种障碍尚可假定有去掉的一天，而国际的势力断乎不容你一踢而就倒翻。所以想不藉国家的力量而听人民各自企业必不能与外来的压迫相抵抗。因此我们看到顺自然的趋势，走资本主义这一条路是不能得有符合我们希望的结果。就是说，仿照欧美资本先进国家的样子，顺着现在的状态再进一步，变成一个产业革命，这件事是不容易的，并且亦未必很好。翻过来，以为前途绝望，非先打倒四围的帝国主义不可，这一种办法亦是幼稚得可笑。但可以总结一句：就是想增加生产，必须由民族自己努力。甚么利用外资，甚么联合无产者的国际，这都是有害而无益的。

十 三

我们正在苦闷之中，而俄国的有计划的经济颇给予以刺激。俄国自承他现在的办法还是一种过渡。但不站在俄国的立场上看来，却有若干点足为经济学上的一个极大转向。老实说，在经济思想上，以前立在个人主义与放任状态上的经济学已早不切于当今的世界了。无如好像中国人都知道旧式建筑的房子不切实用，但却没有机会把他完全拆毁而另建筑新的。俄国的情形正好像无端起了大火：既把房屋烧了，则自然不必再建筑旧式的了。所以俄国给予我们的教训不是思想上的新趋向，而乃是在实行上指示许多的实施方法与经验。我们以为这个有计划的经济之实施在经验上与方法上是人类最可宝贵的一件事，至于他们那些理论，阶级斗争啊，唯物史观啊，完全不相干。

这个在某一种意义之下就是所谓集产主义（Collectiuism）。亦就是所谓国家社会主义（State socialism）。在此似乎有一个名辞的争论：就是国家社会主义与国家资本主义之区别。老实说，学者对于名辞不免有所爱憎。假如真正无所容心，则这个区别便可不立，不过另有一点须得声明。即人们往往把人类的经济就各种主义而划分。好像有一个资本主义的经济而与社会主义的经济截然不同。其实在实际上就本来没有纯粹的资本主义。任何机械生产的社会中本杂有手工生产。在资本制度中合作社居然可以存在，并且可以发达。自有资本主义以来即附带有社会政策。社会政策的堆积苟依一定的方向便可成为社会主义。凡此种种足见实际的经济状态无不是复杂的与混合的。明白了这一点，便可知道所谓国家社会主义只是在原有的混合经济上再增加一方面，而并不能办到国家社会主义的清一色。不过我们却主张原来由自然演化而成的混合经济依然是根据于放任原则，所以是不切于我们今天的需要。我们必须把原有自然的混合经济而一变为全盘计划的混合经济。其要点可述之如下：

我们根据大量增加生产的需要，按出有效的方法，而把国家资本的经济与私营的经济以及合作的经济制定一个相当的比例，在统一计划之下进行。

十　四

照上述的话来看，我们所主张的即是把国家社会主义的要素加入中国的经济中。怎样加入呢？第一是必须把一个民族在国际上对外作一个经济单位。换言之，即一个国家必须办到完全自给；至于仍有不得已时所需要的外国货品则必须由国家代为采办。于是国家可以酌定何种需要何种不需要。藉此则外国的倾销政策（或译音为吞并政策）乃可免除了。第二是必须把全国的经济由国家来通盘计划，定一个统一的发展方法。换言之，即国家必有一个统筹全国经济的计划权。第三是必须国家以公道与平和的方法吸收或移转一大部分私人经济的社会生产上剩余价值而由国家用于再生产。这三点可简括之如下：(1) 国际贸易管理权；(2) 一切产业通盘计划权；(3) 吸收一部分社会生产余剩价值以充国家资本权。这三种权应得赋予于国家。关于国家操对外贸易权一点在目前的中国自然是很难办的。但我们的意思却不在以此而为排外的根据。我们相信国际经济还是于相当的限制度内仍必须建筑在合作的基础上。中国若始终以完全仇视外国的心理，把他们一律认为帝国主义者，则非谋产生一个世界革命，中国不能翻身。不过使各国（或许日本在例外）了解世界经济必须合作，亦不是绝对不可能的。所以我们一方面极力设法把国家弄成一个对外贸易的唯一枢纽，他方面却仍可不完全违反世界经济的互助与合作的背景。从此点上讲，我们所主张的对外贸易由国家办理是和打倒帝国主义的意义并不相同，不可误会。我们所谓国家社会主义即指此意。

在现在的中国最先要设法解决的问题就是贫穷，则我们相信只有采取这样的国家社会主义方是办法。因为这种主义的凭藉便是民族主义，以民族的团成一体来作一切的根据。其所以与共产主义不相同的地方亦就在共产主义以阶级为立场，而这个主义即以民族为分野。我们亦知道共产主义于发展经济上较现行的资本主义国家为优。因为资本主义的国家究竟以经济托于人民，国家只在旁边，任保护之责而已。共产主义则可把经济与政治冶于一炉。所以不是经济自行发展，而国家加以助力，乃直是一个东西在那里生长。换言之，即政治完全与经济合一，只成了一个发展而已。这样自然于发展上更为强有力。但我们所不满足的就是因为注重于阶级的缘故，把国内的一部分原气牺牲了，同时又想求那不可必得的国际上同等阶级的联合。这样一来，在一方面把民族的团结性完全打破；在他方面徒然引起其他民族的畏惧。所以俄国的办法在本国是牺牲太大，殊不值得；在国际是徒然起疑忌，毫无益处。可见在经济的改造上以民族为出发点与以阶级为依凭却须看情形而定。熟知俄国历史的人必能见到这一点。俄国利用阶级来发生革命，后来的建设却仍走回到民族的路上去了。总之，中国的情形很与俄国不同。想以阶级为立场而翻造经济，其难必倍于以民族作根据的重整经济。并且以阶级而破坏民族的团结尤有弊害。关于此点便是我们所以毅然决然反对共产主义的缘故了。

十　五

共产主义还有两点是我所要反对的。第一是一切生产工具收归国有以后，势必都变为官营。第二是一切生产工具属于社会以后则私产制度必是废除了。现在先从第一点讨论起。

民主国家的主权属于全民，但全民不能个个自己执行政事，于是必有官员以组织政府。在经济方面，所谓一切生产工具属于社会公有亦正与这个情形相等。因为社会全体不能个个人都去管理，势必即由这个代表社会全体的政府去担任。所以共产主义和国家社会主义是一样的。倘使一国没有很多的廉洁的公务人员，则这个国家休想能实现国营的企业。在俄国的情形似乎是共产党员在那里担负这个职务。而在中国则向来是官营事业的腐败数倍于私营事业。所以这种主义下所附带的官僚政治实在是一个可怕的东西。英国大哲罗素（B、Russell）游历俄国，远在五年计划开始以前，但他却早就见到这一点。他说这样把产业管理权集中于国家势必产生“官僚政治”（Bureaueraly）。虽则我们亦知道官僚政治不一定是坏的。不过在积弊已深的中国却绝对不可再火上加油了。因此我们对于孙中山的国有论始终有些怀疑。证以国民党当国的成绩，更没有人再敢主张这种国家资本主义了。这固然是共产主义的弱点，却亦未尝不是我们所提倡的国家社会主义的难题。倘使此难题不得解决，则国家社会主义之遗害岂非亦与共产主义相等么？我尝对人说，共产主义在经济上确是开了一个新天地，即把放任的经济变为计划的经济；但在政治上，即在权力的分配上，却并未曾有何新贡献。因为他依然不能对于自由与权力（Freedom and authority）之间作有巧妙的调和。罗素说这种制度是有亏于自由，这确是不刊之言。所以我们一方面因为增加生产的需要太急切，所以不能不主张国家社会主义；而他方面又不能不设法防止官僚政治。

我们自认在这一点上或许是我们在思想上的新贡献了。老实说，有计划的经济实在是人类的一条新路，有百利而无一害；所可惜的只在于执行的人们恐怕要流于专制，以致妨害大家的自由权。现在倘能把自由亦设法参纳于其中，真可以说是世界上最完美的制度了。侧重于自由的有所谓行会的社会主义（即基尔特社会主义Guild socialism)，这种社会主义在产业已发达的国家自是可行。惟中国尚不足以语此。不但因为中国是农业国，工业还极不发达；并且中国的同行公会等职业团体却是比较上保守性质很浓，对于开发实业不能有所推进。经过多少年的变化，可算已证明“业治论”在今天的中国还是谈不到。不过这种主张却大有优点。因此我们以为宜酌取其精神之一部分，以加入于“计划的经济”之中。

详言之，即国家对于产业只有全盘计划之权，至于经营管理的公务人员不妨即为所委托的同行公会的“行员”（Guildsmen）。换言之，即国家依自定的大计划而从事于开发或整理各项产业，但不需有大批官吏为之经管，仅托付于职业团体的各行公会便可以了。至于如何委托，如何分配其利益，如何监督，如何奖励，这是细目的问题，现在尚谈不到。今天只能决定这个大体的方向而已。我们所要说的亦只是这个大体的趋向。

十　六

第二点关于私产的存废，我们以为这是与生产工具有关的。大约生产技术的工具愈幼稚便是愈不社会化。凡不社会化的便是属于私有。所以现代的人类学家很少有赞成穆尔刚（Morgan）的古代社会的。须知古代社会是共产的，这假说业已动摇了。据今所知，原始人类的生产器具大概是私有的。所以私产虽不能说是根于人类天性，却至少可以说决不是资本制度所创造，换言之，即不是与资本社会俱始。将来万一有废止的一天，至少亦必须视生产的工具发达到了绝对不能由个人处理的地步。所以居于今日而谈废止私产真是不明经济发展的历程。罗素于最近的新著（Scientificoutlook）中述及科学上新发明的应用及于人类的住、食与家庭，以致日常生活完全变了样子。例如以前是家家自己烧饭，现在都可不必。因此便牵及房屋的式样：就是每家都不必有厨房了。此种举例还是自其浅者言之。倘使人类因为科学发明的大进步而竟至于不食生物，专用化学品来注射，则私产的需要必更减少到极度了。所以私产的存废不是问题；而真问题乃在如何利用科学的发明以逐渐减轻私产的需要。根据这一点便知道对于私产是不能用革命手段来废止的。俄国之所以翻然改途而采用新经济政策便是个证明。现在科学的应用尚未充分，生产的工具还十分幼稚，而竟要咀咒私产，真是妄人妄谈。我们以为这是有识之士的责任，即应得以全力攻之。

所以我们不妨即主张承认私产的存在。须知资本制度所以发生以及其所以演成现在的畸形，其故不是由于私产制度，而实由于放任状态。质言之，即有了私产再加以放任，乃始有资本主义。所以至多只能说资本主义由私产而演出，却决不能说有私产则资本主义必随之而来。明白了这个界限便可知道资本制度的摇动不必完全连累及私产的存在。而况我们在上文已说过，经济的历程在实际上总是混杂的，即在社会主义的国家中亦正不妨有私产。这是我们所以承认他的理由。

此外尚有一点就是私产的保留足以奖励人们从事于生产的努力。最近俄国对于工作效率特别高的工人给以特别工资，而同时又奖励人民的贮蓄，这些都是利用人类遗传下来对于私产的心理。并且俄国在前几年因为政府强制征收农产以致农人不愿多种，遂演成食料恐慌。这个又正是反面的好例。总之，人类于其自己所手造之品不无爱护宝贵之心，而想自己受用。可见私产之用处亦很大。只看你如何处置：若是处置得当，则私产不但不是弊害，而反是利益。

十　七

我们虽承认私产，却亦未尝不知其有弊。我们以为其弊害不在私产自身，而在其偏枯。近来有一个很好的教训：就是欧洲有许多的小国，他们虽是比较上落后的国家，其产业居然亦非常发达，但他们都鉴于各先进国的弊病，却不期然而另开拓了一条新道路。这个新路就是所谓产业普遍化。为了行文方便起见，曾有人名之曰普产主义。其普遍化的方法，例如在农业，则画定耕作单位，把佃农变为自耕农；于是大农变为小农，人人都有土地了。在工业上，更可分给工人以股票，则工人便尽为股东，这样的办法虽是一种社会政策，但与普通为了资本家保护其权利的社会政策大异其趣。这完全是国家的一贯方针。本了这个方针，用了各式各种的社会政策，累积起来以求达到目的，这便是所谓普产主义。我们发见有许多国家，有鉴于资本主义的流弊，已不知不觉走了这一条路。而这个路却颇足予我们以参考。于是我们遂主张关于私产一方面应将采用这样的普化方式。

但这样的产业普化必须有国家公有的财产方可有所调剂，所以并不是纯粹的私产普遍化。公产的作用有二，都是根据产业的性质而成。就是说有若干产业不宜归于私有，万一私有了，便致不能普化。这便是说，若要私产而不致集中于少数人手中，则有若干种产业必须归于公有。此外尚有许多产业是资本大而利息轻的，倘使由私人来办，则人人必都愿办那些成本轻而获利厚的，以致于这种产业便无人去创办。但为一群的福利起见，却又是不可缺少的。所以这一类的产业必须属于公有，因为公家的企业，无论由国家抑由地方，总是不以营利为目的。照这样来说，可见在私产方面我们主张办到普遍化，但并不是只存普遍化的私产。换言之，即在私产以外必须有公产。这个主张和上文所述的混合经济是相通的。

至于所谓普遍化就是指人人以劳力所得由本人保有之。而所谓保有即指本人能使用，能出让，能享受，他人不能侵犯而言，并不限于管理与经营的方法。例如一亩田，属于一个农人，因为他能耕种，而他人不能抢夺。但这个农人若听其荒废而不耕，则国家便有权干涉他——或没收之。可见“所有权”之观念到了近代已没有了绝对性。因为一个人既是社会中的一分子，他的财产自然亦必是社会的财产之一部分。他若处置其财产而竟违反社会全体的公益，则他虽直接对付其所有，而实即间接对付社会。因此社会不能不加过问，所以个人对于财产的自由处置权，换言之，即所有权必须以不妨害社会公益为限。又如一个股票，凡持票都可向公司发言，参加公司的议决。然而却不能提议解散公司，各把股款领回即分头归家。所以财产尽可私有，但并不因私有，而失却公家的干涉权。明白了这个道理，便知道私有财产是与上文所述的社会主义不相冲突的了。

十　八

与私产有密切的就是农业。俄国虽宣布一切土地属于国有；农人耕地只有使用权而无所有权。在此我们须把使用与所有两个观念略加分析，则必可见这纯是一个名辞的争论，在实际上毫无意义。前清的地契上又何尝不是属于皇帝而由人民使用。在实际上使用与所有并无分别。俄国的农民不仅可以出卖其田地，并且即在集合农场亦可自由退出，只须有人出相当的价钱来顶受。这和股票的买卖以及商店的出盘受盘一样。可见凡使用权而能固定便可买卖；但一经买卖即无异于所有权了。这仅是名辞的区别，与实际上不相干。所以我们以为与其主张土地国有而农人有使用权反不如主张土地私有而国家有全盘整理权与支配权并公用征收权。因为这两句话是一个意义。我们并不反对这个精神，只以为用我们的言语来表示更切确些罢了。

说到国家如何支配土地，自然第一个标准是田地的所有应该以实际耕种者为限，第二个标准是田地的多少应该以实际耕种者自力所能及为限。由第一而言，是变佃农为自耕农，即所谓耕者有其田便是。从反面来说，乃是废除坐食的地主阶级。这种办法在许多国家早已实行了。大家都知道罗马尼亚有此法，其实此一类的办法还有多种，不过不是用暴力行之罢了。由第二而言，是免除雇农，即农工或长工。现在中国的赤色区域所行的“均田制”

亦是对于此事而生，不过这种无赔偿的夺田亦有背于公道。这一点是比较上困难的，因为即在俄国迄今尚有所谓“富农”（此乃指使用他人帮同耕田而言）存在。但我们亦未尝不可斟酌各地的特别情形设法依平和与公道之原则间接化除之。

以上所言仍是一个抽象的原则。至于实施的时候，各地方情形不同，断难有一律的办法。要之，在未开垦的边陲既是土地广大，则当然可以酌采俄国的集合农场的办法；而在已开垦的内地，还以规定耕作单位，听其各别经营为宜。这是关于经营方面的话。须知经营与所有不一定有必然的关系，尽可各别所有而仍不妨合作经营。至于如何合作又须看各地情形而定了。

不过中国的农业问题不仅是分配问题而实另外有一个重要点：即是应用科学技术于农业生产的问题。例如改良种子，改良副业，兴办水利等等，在在都是根本之图不可忽略。关于此点完全属于技术专门，我们于此容不多述。

此外，尚有一个农业金融的问题。我们以为这确是一个最紧急的。现在一班农村的困苦全在金融枯窘。所以首先非解决这个问题不可。关于这一方面恐怕合作社是一个最好的法子。须知改良种子等科学技术的应用亦非依赖于此不可。因此农业银行与合作社的设立实在是解决农业问题的总枢纽。

十　九

于农业问题之次，我们要说一说工业。老实说，中国本是农业国，所以对于农业的整理应该比工业更切要。我们以为除了若干重工业与国防有关系的以外，工业的开发应该与农业联合。这就是说除了已有的工业应加保护使其发展以外，国家创办新工业必须先立一个通盘计划。这个计划在性质上大可类似俄国的几个五年计划。先调查主要的工业有若干种为必需品，然后根据这个需要定出开发的步骤。其中有关于国防的当然须以全力提前赶办。

至于其他须以性质分类。例如凡系独占性质的当归国家或地方来开办。又如人民日常生活必需品之轻工业则不妨奖励人民自办。至于与农业有关，亦宜统筹兴办。于是我们的主张可约分三点：

（一）全国工业必须在一大计划下，分期兴办；

（二）工业区域务必与农业调和，使两者互助，以致都市与田园无极大分别；

（三）在大计划中的各种工业，视其性质，以定那一件归国家创办，与那一件由人民开发而由国家奖励与扶助之。

此外如与工业有关系的交通，不屑说是应该以经济为本位。计划全国的铁路与汽车道以及航空事业，以经济与国防为标准而定开办的先后。凡此都是技术方面的话，自有待于专门研究。将来我们当有详细讨论，现在在区区一短段中自不愿多论。

不过工业问题还包有一个劳动问题，似乎亦可一加讨论。我们还是深信科学管理法的；以为惟有改善劳工的生活，提高他们的体力与知力，并加以训练，方可以使生产的效率提高。所以长期的工作，徒增疲乏，于效率无补。因此在现在要生产大量提高的时候固然不可贼戕劳工，然而亦不可太把劳工引坏了。如养成怠工的习惯等是绝对要不得的。所以在这个时候劳工运动务必慎重。须知劳工享受的改善当以其效率为正比例。就是生产效率愈增高则工人生活愈可改善。效率倘是逐渐增高，则工人生活亦宜应逐渐改良。并应该仿照俄国的生产竞赛的办法，规定工作单位，由团体或个人首先做完便可得奖。此说完全以生产为本位，和所谓温情主义根本不同。其不同之点即在温情主义只是给一些小惠于劳工，而并不承认其人格。我们主张于一方面防止劳工的堕落以致生产低落；而于他方面却非提高劳工的人格不可。如何以承认劳工的人格呢？第一便是承认罢工权。按理而论，工作本是一种契约；结约中的一方倘有不满意当然可以提议修改；修改而不能成立又当然可以毁约。所以罢工权的存在是不能否认的。但不得扰乱秩序罢了。第二是团体承顾权，即劳工以团体而向工厂缔结劳动条件之契约。换言之，即工厂招工由工会承包，而不对于工人个人发生直接接洽。这样则工厂方面使不能任意挑剔工人，亦不能随意进退工人了。不过关于工会的组织，国家须有规定，以防止工会自身的流于专制。换言之，即国家必须制定一个以民治主义为精神的工会法，用以监督各工会。第三是所谓工厂立宪制。这种制度是好像把一个工厂等于一个国家，内中设有一个会议，由工人选出代表，议决一切厂政。德国曾试办过。我们以为未经训练的工人遽然来议厂政是不行的。所以此制不是由一条法令便可举办。而必须先择国立的工厂中一二处来试办，以树模范。这三点都是关于劳工人格的制度，无论如何必须使其逐渐实现。

二十

与农工业有密切关系的便是租税制度。须知租税不可仅为国库收入计，原来各国为实行社会政策起见大都利用租税，于是有所谓租税政策。查中国所有租税只顾搜括国民精力，丝毫无一定原则。倘使现行租税制度不完全改变，则中国国民经济决无发展之望。所以我们以为今日应确立一定政策，把所有租税澈底改正一番。此项政策原则大致包括有下列各项：

第一，租税必须合于经济学上租税原则；

第二，租税必须能藉此以达到社会的经济公平；

第三，租税必须不妨碍企业的发展；

第四，租税必须兼能吸取私有产业的剩余价值以归公有，为再生产之用。

关于征收方法，我们以为中国的租税倘能涓滴归公，为数必亦可观。故除租税自身应改正外，征收方法的改变实为唯一切要。我们主张统一征收机关；不分租税的性质是属中央抑属于地方，亦不论租税的类别，凡可以统归一机关征收的不妨即归一处办理。

这样便可减少大批冗员。于是除了关税等以外，如所得税，营业税，土地税等等都可统办。规定百分之若干归中央；百分之若干归地方。如此则地方亦不得自由增税。便可把全国的租税列在一个统一计划下与一个统一计算中了。至于征收人员的养成则宜另立专门学校。不仅注意专门的技术，并且须有坚苦卓绝的操行。同时又想严定单行法规，专对于经手财务的官吏有贪赃舞弊而设。

此外在经济方面可说的话尚多，不过不必在本篇中一气说完，因此我们且换一个论点，

二十一

现在要论到教育方面。现在的教育亦和经济一样，其弊病就在于放任状态。因为如此，所以有最显著的缺点三端：第一是好像在个人主义下的经济竞争一样，只知大批制造，而不预计将来的销场如何。现在的学校总是在那里制造毕业生，尤其是所谓"大学"的。至于制造了毕业生出世了以后，对于社会有何用处，则毫不过问。第二亦是好像商品一样，出甚么价便买得求甚么货。所以没有钱的人便受不到良好教育。但有钱的人未必个个聪明，可有造就；而没有钱的人亦未必个个愚鲁，不堪造就，因此，所造就的未必是好的；有资质的又未能造就。第三是退一步讲，纵能免上述两点，而所有教材亦仍是不切于中国现在的需要。这可名曰古董的制造。换言之，即制造废物，从第一点上说，是数量的漫无标准与分配的毫无比例；从第二点上说，是教育受财产制度的支配不能使人各尽其才；从第三点上说，是教授的内容不适应于现时立国造产的急切要求。根据这三点，我们便有一个改革案。其精神尤在把教育认为是造成民族团结之唯一方法与再造国民经济之最好途径。

我们的意思是必须办到人人都受教育；受教育的结果是把他

变成民族国家的总动员之一；于是每人都是生产者。换言之，即我们的目的是把全国的人每个都要变成军事动员之一与生产动员之一。这样才是教育的成功；不然，说一句干脆的话，简直不必要教育了。因为现在的教育只是制造消费者，只是制造文人。这些文弱的消费者的民族的生存上简直是赘疣。

但大家须知长期的动员决不限于能力的技艺，而必尚有道德的条件。有一个朋友曾说过一句话，这话却足以代表我们的意思。他说：在现在的中国应以三个标准而测验教育的成功与否。第一是看所教出来的人是否能开枪；第二是看是否能做工或种田；第三是看是否能与人合作。反之，倘其人第一无军国民的能力；第二无生产能力；第三处于一群中动辄闹意见，则这样的人便是教育的大失败。这个朋友的一番话是与我们所见相同。现在中国人不仅体格不胜军事之训练，与技能不是生产的，并在行为方面素来缺乏合群的良好习惯。所谓中国人无三人以上的团体，虽是一句骂人的话，却亦含有真理。因此我们的教育标准必须注重三点：（一）军事训练的普遍化；（二）生产能力的普遍化；（三）共同生活的新道德习惯的创造与养成。

二十二

根据上述的第一点所谓必须人人都受教育，就是指强迫教育的实施。第二点所谓不受经济的限制，就是指免费的实行。近来已有许多国家不仅小学完全免费，并且中学亦办到免费了。但以为宜多设专门学校，而这些专门学校亦须有相当的免费办法。至于大学为造就高深学术的人才而设，当然不必人人都入，所以无免费的必要，仅设有奖学金足以使有天才者不致因经济而失机会就够了。第三点所谓生产技能的普遍化，就是说把所有的小中各级学校都与其所在地的产业发生联络，使所有学生同时为生产的实习，且于毕业后得有生产技能。第四点所谓军事训练的普遍化，其目的在养成民族自觉心与军人生活的习惯。就养成民族自觉心而言，公民教育必须与军事教育合一。务使人人就主动方面都成为良好的公民，作国家主人；而从受动方面，都成为良好的军人，服从命令。换言之，即养成国人有参政的能力同时有服从的习惯。就军人生活而言，不仅是对于物质方面，要养成吃苦耐劳，造成一个强健的身体；并且在精神方面还须培植勇敢、牺牲、服从，奉公，守法等的道德。但现行的军人却有无数恶风，当然必须把现在军队风纪完全改变了以后，方能谈到以事训练普遍于全国学校。因为这种办法不仅是预备对外可以一战，并且对内亦可永绝军阀的产生。学校的军事训练与民团等自卫组织亦可打成一气。平时是一个自卫的工具；有事即可一呼而集，用以为对外之助。第五点所谓共同生活的习惯的养成，是指另造一种生活态度而言。大凡一个新制度要用旧人物来运用总是不行。因为他们的机体上已印就了旧日生活态度的痕迹，而这些态度是不合于新制度的。所以凡要一个新制度能确立起来必须要设法造成人民有一种新的生活习惯。我们虽不相信那种严格的唯物史观，以为必须境况先变然后人的性质方可稍稍改易，但却亦主张造成一种新生活态度必须有新环境。不过所谓环境不必是整个儿的社会，只须把学校办得和所谓“新村”一样，亦足以供其新生活的实习了。我相信苟能造成新的学校制度，自然亦可以把旧日生活习惯改掉了。所以教育的目的不祇在授以技能，乃兼在造成新人。

以上所述是关于我们对于教育的主张，但仍可把其要义归纳如下：我们的教育必定是有计划的教育。所谓“有计划的”是指政治经济等统隶于一个计划之下，从政治言，可以说是有计划的政治制度与运用；从经济言，可以说是有计划的经济分配与发展；所以从教育言，当然是有计划的教育方针与施设。但在此处所谓有计划的却有两个意思，一个是指教育制度自身而言，就是说教育依那个大计划而定；另一个意思是主张教育乃系贯澈大计划的工具。须知教育是造人的，则可换言之，必须依我们的计划来造人但同时又必须造出人来实现那个计划。可见教育的重要乃远在政治经济以上。教育的实施有待于政治制度经济情状的助力，而最后政治的成功与经济的改造却必又有待于教育的收效。这便是我们所以重视教育的缘故了。

二十三

与教育相关的思想问题。我们以为第一宜仿欧洲各国的通例，办到学术独立。所谓学术独立不仅须以法令规定，并且于事实上养成自由讨论的风气，尤重要的是学术机关自己维持秩序，不受外力干涉。倘能如此则思思〔想〕自由在学术界已可谓完全成立了。第二是言论自由的问题，这个本属于民权范围。中国二十年来亦颇有人疚心于自由权无保障，所以有人曾主张甚么人身保护状。我们亦有见于此，总觉得对于自由权而仅谈到空泛的原则是不够用的。惟中国的情形与欧美不同，不能专抄他们的先例即得解决。因此我们以为应得按照中国情形规定保护人民各种自由权的单行法。这单行法是实施法，至于原则当然列入于宪法中。普通有所谓“非依法律不得制限”一句话，足见只有法律限制自由，而从没有以法律保护自由。我们以为应该在保护中寓有限制，而不可随时立法漫加制限。这一点却亦与思想自由有密切的关系。

或有人以为思想与言论太开放了，势必致国论纷纭，使政治不能顺利进行。我们亦知道议论纷杂足以低减行政的效率。但以为这是一个错误的观察。国家的政治求其敏捷与效率高只在于行政系统是否如身之使臂，臂之使腕，而对于社会上的舆论并无关系。并且社会上舆论愈发达，行政反可得其助力。因为既许可言论自由以后，反对政府的思想固然可以发表，而赞助政府的言论更可以发表。因为真正民治的政府，他的基础是坐在产生政府的大多数公民的同情上，其政治的设施又适合大多数人民生活实际的需要，所以言论愈自由政府愈能得舆论的赞助。“要知道赞助政府的言论”这决不是专靠政府自己所制造的宣传。倘使不许言论自由，而政府一味宣传，决不会生何等效力。所以从这一点上可见政治上效率的提高与社会上自由的开放不但无抵触与矛盾并却正相助相成。因为我们虽则很爱护政治的效率，但我们却更爱护思想的自由。以为无政治的效率则行政失其意义，但倘无思想的自由，则国家失其灵魂。所以思想自由是人民的根本。纵使两者即有冲突，我们亦断乎不可牺牲自由而迁就效率，像俄国那样的办法，必须先经过一个阶级的专政，把人民所有的自由暂行牺牲，而以为将来或可有一个自由天国出现。我们则以为国家是一个民族全体的公器，断不容那一个阶级来霸据一时，而牺牲其他的自由，倘事实上有此，则宜努力打破，于理论上更不可认为应该。所以我们主张为政治效率增高起见，政府权力当然宜于集中，但集中的限度是以行政为界，断不容侵犯到社会上去，把人民的自由亦受管辖。国民党的所为正与此相反。他们对于社会无往而不用压迫。但对于行政却不求其集中。任何土豪，任何官僚，只须一旦加入彼党，则辖据自若，不奉命自若，自由行动自若。所以他们的党是分裂的，他们的政权是分裂的，而他们对于党外却是压迫的。说一句可怜又可笑的话，他们因为对内分裂所以必是对外压迫。我们的意思以为必须做到恰正与他们相反：即政权务求其统一，行政务求其集中，而社会务使其自由，思想务听其解放。因为我们知道他们的办法是古今中外最坏的办法，而这个相反的路是人类达到幸福的最良途径。

二十四

关于教育的话尚有多端，现在不必详述。读者看见了我们一番话以后，或许有一个疑问：就是好像我们认中国是一片平地，由我们爱种甚么花草在上头就种了下去一样，而忘却了中国现存的一切障碍。其实我们又何尝不知道中国的现状决不像平地，乃正是满地荆棘。非澈底的铲除了这些荆棘不足以言种植。中国现在为建设上最大的障碍自然是军阀与土匪。所以军队问题是一切问题的前提。

因为历年内战的结果，使中国人对于军事及军队大都不免有轻忽或厌恶的心理。但经过这一次日本对华侵略事件以后，我想大家心理应得改变。这却给我们以对于军事问题的一线光明。老实说，今天的中国决不是"废兵论"所能解决。前十年有许多人大倡废兵论，到了现在必恍然大悟，知立国于今日世界非军事无以自存。各职业的人尤应与军人融洽联络视同一体，则终止内战，改进军政，并不是没有办法，亦不是困难到一百二十分的事。我们一方面要大大地提倡对外的军备，提高军人的人格，使他们有一条光明的路可走。他方面须以全国的力量反对内战，同时大减常备军额。至于维持秩序则当由人民自办民团，专为自卫之用。苟民团能普遍，则土匪自可绝迹。而同时亦可消除军阀。总之，对于军队问题必须好像导河一样：一方浚导，一方堤防。积时稍久，便可自然上轨道。既入轨道以后，便可按照我们的国防计划完全改组。说到此，则可知我们所应努力的是：(一) 如何使现在祸国殃民的军队变为救国卫国保民的工具；(二) 如何制定一个国防大计以与经济计划教育方针打成一片。

关于国防计划不是此处所应说明。关于处置不上轨道的军队其实并无秘诀：只须把编制权教练权调遣权统一于国家；把军队的驻扎与地方行政完全划分为二；把所有军费由中央统一支给；把军人的地位由法律来确定之，即规定服役资格与奉给，以便递升；把军人的活动由法律严加制限，例如不得兼任任何官吏，不得对于政治问题发表任何通电与谈话等，就可以了。总之，我们的意思是以为专从消极方面收拾现在的军队是不行的，而必须另有国防计划在积极方面足以指示一条新的出路于军人方可。至于减少常备兵，把他们化为农人（或工人）亦是很有办法的。其详似乎可以不必在此处多说。

二十五

以上所说虽不免有涉零星，然而却仍是在一个统一的原则之下。根据总原则乃有整全的计划。现在且说一说总原则以为结论。

我们感得人类文化有三个要素是不可缺一的。就是进步，公平与自由。为求进步则不能不讲效率。倘若不然，则人类必常留于贫困疾病的状态。所以人类必须求文化增加的“进步”乃是因为背后有所逼迫使然。但有时为了进步而致有亏于公平，即平等。就是把这一部分的人供给那一部分的人的牺牲。进步得了而公平未得，这不是最高的理想。然而又有时因为得有公平而反失却自由。罗素在他的到自由之诸路上述及艺术与科学在各种社会主义下的情形。他说：在资本主义下亦未见得不如社会主义。这真不愧为尊重客观的言论。老实说，各国的情形不同，未可一概而论。本有自由的国家，其所急需的当然是公平。本有进步的国家亦然。中国在今日各方面都感大大不足。不过比较上还是贫乏为最大之患。其次即为外患。我们应得尤其注重进步，换言之，即重视效率。所以必须有一个全体的计划，把政治经济教育军备冶于一炉，对于中华民族所以生存与发展之道作一个大大的推进。于是使政治经济教育军事合成一个大效率。但这样办法之中，却又须切切铭记：不可有亏于公平与自由。换言之，即必须在不丧失公平与自由之范围内来提高效率，促进进步。因为没有自由，则国家便常在变态中，纵有效率得不得真进步。没有公平尤是一种社会的病态。我们所求是在正态中的进步，而不求那些变态的效率。决不希望有所谓一治一乱之局。那种治就为乱的因。正态的进步乃是所谓长治。须知长治惟依常轨始可得之。所以决不能抹煞公平与自由而专求效率并且亦惟于平和中可以求得。中国数十年来因为政治不良，主张革命。其结果革命以后又继以革命，乃演成所谓循环革命与连续革命。而国家元气，民族精神却都于此耗尽了。我们以为非打破这个循环的连续的革命之趋势则中国永无希望。因此主张此后有计划的改革必须在一方面是取消旧的，而同时在他方面是建立新的。所谓新的决不是指政权而言，乃是立刻敷设一条新路，以便全体民族人人都能循此向着一个目标而竞走。如果全国大家都有一个目标，共同努力，则决不会引起内部的纷争。现在大弊在于包办（说的确切些，乃是包而不办）。须知包办是制造二次革命的原因。国民党以革命起家，却天天在那里制造第二次革命。这真是愚笨到可怜的程度了。所以要免除继起的革命则于新制度中必须有公平与自由。这便是我们所以虽注重进步而绝对不肯对于公平自由有些放松的缘故。不但必须兼顾公平与自由，并且须使公平与自由各能发展到高度方可。换一句话，就是在不妨碍效率的范围内须使公平与自由发展至最高度。如俄国在法律上规定不平等，这种制度实在比资本制度的法律上规定平等而实际不平等还要有弊病。但他们为贯澈其主张起见，亦未尝没有苦心。不过我们以为不必十分牺牲公平与自由，亦未尝没有贯澈计划的可能，尤其是在中国的情形之下。所以我们主张这三个要素须得并重，务使其各不相妨。

二十六

以上所说的话虽已冗长，然仍不过是我们所要说的话中百分之一而已。有许多话自然是记者一人的口吻，不能算完全代表我们。但大部分的意思却是我们公同的。总之，我们于政治是把根据效率的科学与个性差别的科学以与站在平等原理上的民治主义调和为一；于经济是把易于造产的集产主义与宜于分配的普产主义以及侧重自治的行会主义调和为一；于教育是把淑世主义与自由主义调和为一；然后三方面再总综合之，成一整个儿的。现在更把我们公同议决作为此后言论的根据的几条列在下面①：

（甲）总　则

一、以国家力量使民族有一体之自觉，社会尽协合之机能，个人得自由之发展；并对外取得平等地位，——改善国际关系，期达永久平和。

二、基于（甲）确定平等基础（乙）保持个性自由（丙）力求效能增进三点，建立关于政治经济教育之整个计划。

（乙）政　治

△原　则

三、以民主政治为根本原则，依国情充量实现之。

四、国家政事重在效率，贵乎敏活切实；社会文化欲其发展，当任其自由歧异；以此为集中与开放之分界。

五、政治制度中使专门家占有地位，以减少党派操纵与捭阖之作用。

△制度要点

六、国民代表会议行使国家主权。由全体公民每若干万选出代表一名组织之。其职权为（甲）选举宪法起草委员与修正案起草委员；（乙）表决宪法与宪法修正案（丙）表决政府所提之各种定期建设计划大纲如经济建设等。

七、中央议会为一院制。其选举法为直选选举。其职权为（甲）立法；（乙）议决预算决算。

八、中央行政院由中央议会选出行政委员若干名组织之。其任期与中央议会议员相同。互选委员长一人，对外代表国家，对内公布法令。余分任各部政务。

九、实行司法独立。法官须超出一切党派，并须有严格保障。

---

①下列九十八条主张，于1938年4月重印时改称为《中国国家社会党党纲》。

十、行政诉讼隶归司法范围广设法庭俾得人民对于行政处分受害所有救济，其检察官亦得自行检举起诉。

十一、设立全国经济议会，由各种从事于生产之职业团体，推举代表组织之。为全国经济计划之咨询与建设机关。

十二、各级政府（乡县省中央）组织与选举法，以宪法规定其大纲。

十三、各级议会之选举以普选为原则；被选举权以人民之能力资格为标准而定。但其当选名额分配，须依社会生活各方面之情形规定各类技能团体（如工程学会农学会经济学会会计学会等）以及各种专门学术家技能家职业家务得分取得最低限度之代表。

十四、设立审计院审核各级政府之决算。

十五、确立文官考试制度以分科考试登庸之；并励行保障与惩戒法。

十六、凡关于宣战媾和以及借款之条约缔结必先得中央议会之同意；但变更领土须得国民代表会议之认可。

十七、宪法上规定人民身体言论结社集会信仰等自由权，除扰害公安外不加制限，并规定任何立法与此相背者无效。

十八、政府为执行行政及司法行政职务，使人民或财产受不当之损害由国家赔偿之。

△行政要点

十九、为社会经济发展及文化分布之便利计，得更定省区县区等。

二十、国家财政严格用预算制度与决算制度。

二十一、财政管理与支付由各别机关掌管之。

二十二、对于各友邦另立平等之新条约，以代旧日一切有损国权之条约。

二十三、减少常备兵额，化兵为农工，给予土地或职业；并试行征兵制度。

二十四、设立中央军政机关，以统一制度编制训练并调遣全面军队。

二十五、依国防计划定驻兵地点，并扩充兵工厂使军事制造与普通工业有相当联络。

二十六、国家规定条例优待军人，但现役军人，于军职外不得兼任何官职；军人一切行动应对于普通法庭负责；对于政治不得以通电或宣言或公开谈话发表其意见。

二十七、除中央政府依宪规定许可外，任何军人不得宣布戒严。

二十八、另定官吏纳贿舞弊之单行法，以加重刑罚为其要点。

二十九、奖励人民自卫组织之民团；并另定治匪条例，以加重刑罚为要点。

（丙）经　济

△原　则

三　十、为个人谋生存之安全并改进其智能与境况计，确认私有财产。

三十一、为社会谋公共幸福并发展民族经济与调剂私人经济计，确立公有财产。

三十二、不论公有与私有，全国经济须在国家制定之统一计划下，由国家与私人各分别担任而贯澈之。

三十三、依国家计划使私有财产渐趋于平衡与普遍，俾得人人有产，而无贫富悬殊之象。

三十四、国家为造产之效率增加及国防作用计，得以公道原则平和方法移转或吸收私人生产或其余值，以为民族经济扩充之资本。

三十五、谋民族经济在世界经济上取得平等地位并得辅助之，并促进世界经济问题之解决。

△政策要点

△关于农业

三十六、国家对于全国土地有支配权与整理权及公用征收权。

三十七、农业区务使能与工业区联合，俾农人得兼为工人。

三十八、规定耕作单位。

三十九、依法律与公道使佃农变为自耕农。并以公道与平和方法化余工农。

四　十、普遍设立农业贷款银行，并补助与奖励农业合作社之建立。

四十一、大兴与农业有关之水利等。

四十二、以科学方法改良种子与耕作器具以及种植方法並改良副业。

四十三、提倡或奖励畜牧与造林。

△关于工业

四十四、国家于全盘经济计划中，依社会之需要，规定工业开发之程序。

四十五、依工业之性质定公有私有之分别；凡天然富源与公用事业如矿业电力铁路等，以公有为原则；但已归私有者得议价收回之。

四十六、各项企业依计划所定得招致国内外商家参加，其首先投资者许以减税或减轻运费等优待权。

四十七、由国家就交通发展状况依农林牧矿所在地势，在全盘工业计划上制定各种制造业之分配。

四十八、奖励特种国货之制造，并保护技巧之手工业，由国家予以补助或保证其贷款之利息。

四十九、原料品免除运输捐税。

△关于劳工

五　十、设立劳动保险。对于工人死伤疾病失业以国家力量救济之。

五十一、承认工人对于雇主有团体缔约权。

五十二、承认工人有罢工权，但不得扰乱秩序。

五十三、提高工人知识能力品行以渐达于工厂立宪制度。

五十四、以生产效率为标准定分红制度，得分给股票于劳动者。

五十五、以各地生活指数为最低工资标准。

五十六、设立调解机关以劳资双方与代表消费之第三者组织之，以执行强制调解。

五十七、另定完善之工厂法，注重工人福利。

△关于租税

五十八、根据租税原理与社会政策，废除恶税，重订税制。

五十九、所得税遗产税土地税等采累进制。

六　十、力谋征收机关之单一化，以统一机关征收各税，以比例分解中央与地方。

六十一、关税力谋完全自主，并办到入口贸易由国家办理。

六十二、划一币制，统一国库，并统一纸币发行权。

六十三、由国家设对外贸易银行并置对外贸易准备金。

六十四、依全国人口分布与经济状况分区以定银行设立之数目，过此得限制之。

六十五、设立调节物价之机关并限制投机事业。凡民食以及其他生活必需品尤须使其价格各地无甚高下。

△关于交通

六十六、依农林牧矿之天然产地及海岸河流为根据，筹建全国平均发达之铁路路线。于最短期间先成干线及在边陲之环线，其分线支线得招商承办。

六十七、整理内河航路，制定保护航业办法，并收回内河外人航权。

六十八、收回外人沿航权，并补助或创办远洋航业。

六十九、提倡或兴办大规模航空事业；平时供人民交通，有事时得充军用。

△关于人口

七　十、平衡与调节各地人口之密度，实行内地移民。

七十一、垦荒殖边。以国营农场或集合农场法创办之。

七十二、根据淑种学原理于教育卫生以外，更以刑事政策汰除不良人种；并设法予人民以节制生育之便利。

（丁）教　育

△原　则

七十三、发扬民族文化，普及国民。

七十四、增进人民生产能力。

七十五、励行公民训练。

七十六、养成共同生活之道德习惯。

七十七、提高贡献于人类之学术研究。

七十八、保障思想自由与学术独立。

七十九、使人民不因财产限制而失其受教育之平等机会。

△方案要点

八　十、实行强迫教育，以县为单位，分区实施，分期推行，并缩短年限。

八十一、设立工作学校，养成就各地方需要上人民之生活技能。

八十二、使各级学校分别与农村或工厂联络，实施个人生产技能与共同生产习惯之训练。

八十三、实施公民训练，养成国民对于国家负责之观念。

八十四、中等以上学校严格实施军事训练，使军人生活之优点为之普及。

八十五、以社会教育方式，对于男女成年人实施民众成人教育。

八十六、设立托儿所，就农村与城市分别实施之。

八十七、设立分区之教育视导制度。

八十八、设立感化院，对于不良少年施以特别感化教育。

八十九、各学校教学活动励行团体竞争法，以矫专用个人竞争法之弊，使共同生活与个性发展有所并重。

九　十、中小学校以及托儿所成人教育平民教育等一律免费。膳宿书籍全由国家或地方供给。

九十一、多设专门学校，专门学校与大学不论国立私立均由国家就所需用之人才与社会各业之需要指定各科学额之比例与人数；超过限制者国家得禁止之。

九十二、大学设奖学金制度，使家贫者仍有求得高等学识之机会。

九十三、为全国平均发达起见，中等以上之各学校须视人口密度与地方需要分开设立之。私立学校亦同一办理。

九十四、各种学校教员实行按若干年为一级之进级增薪制，并予养老金。

九十五、设立专攻高深学术之研究院，颁布学位法，以提高中国对于世界文化之贡献。

九十六、规定国外留学办法，限制资格。

九十七、改师范学校为教育专门学校，养成健全师资，俾有领袖社会与建设工作之道德知识与能力。

九十八、划出一部分教育行政权限由教育会执行之。

二十七

上列各条虽是我们的主张，但我们并不愿立刻定为金科玉律不加讨论而就遽然加之于国家，我们只是把他认为一个讨论的基础。老实说，中国到了这样的地步了，那一个人不应该牺牲成见，放弃自己的历史，抛开局部的利害么？所以我们之所为，依然只是在唤起国论，使大家平心静气，从理性的指示与良心的左右而求出一个可以走的道路。凡是有诚心的倘蒙赐教，不论全部赞成或一部赞成，亦不论全部反对或一部反对，更不论以往的立场是甚么，我们都愿虚心承受。但讨论的结果若认为我们所见到的确可算是一条新路，则大家便可不问以往而共同起来集中力量向着这一条路走了；到了那时，我们亦无所用其谦抑，愿为努力者之一。我们的区区之意就在于此。

〔各小党派全宗汇集档案〕

2. 国家社会党代表张君劢为表示拥护国民政府共赴国难与蒋介石等往来函

（1938年4月）

（1）张君劢致蒋介石汪精卫书（4月13日）

介石总裁、精卫副总裁赐鉴：本月三日中国国民党临时代表大会宣言，举诗经“嘤鸣求友”之义，昭示海内，同人等捧读之下，怦然有动，不敢不勉竭愚诚，冀赞盛业。同人等以为一国人民言行之所不能逃者，厥为历史上遗留之民族性，吾国圣贤之宇宙观，曰万物并育而不相害，道并行而不相悖，惟其心目中注意之方面多，故不好为一偏与排他之论。反之，最近欧洲各国政局，常有我无他之象，立足于无产阶级者，不容资本家之存在，立足于个人自由者，不愿及全社会之幸福，以是党派对立与其相残之酷，颇有为我东方人所不克瞭解者矣。中山先生奔走革命以还，举民族民权民生三者为立国要义，主张个人自由而不忘社会公福，主张民族本位而不忘世界大同，其于采用西方政制，固已贯以吾国民族性于其中矣。今之持共产说者，渐自阶级立场转而努力于民族生存，持极权说者，亦知法西斯派主义难行于中土，此吾民族性不走极端而好调和之明证也。惟吾国有此民族性，故言治术则儒法同进，言宗教则释道并尊，未尝有如欧洲之相排相残，此实吾族含宏广大之优点，而应谋所以保存之而发挥之者，此次大会宣言即为代表此种中庸性之重要文献。语云："和气致祥"，吾国而有此气象，其为民族性本然之表现，同时即为复兴之朕兆，有何疑乎？同人等鉴于十余年来青年惟务外驰，竟忘国本，乃标国家社会主义，且组织国家社会党以矫正之。昔年曾刊布"我们要说的话"一节，胪举各项主张，内容繁复，非一函所能详。然吾人之言与中山先生遗教有若合符节者，兹奉三点言之，以资参证。

第一，国家民族本位，吾辈政纲中曾有语云：

"吾们相信民族观念是人类中最强的，阶级观念决不能与之相抗，无论是已往的历史抑是目前的事象，凡民族利害一达到高度，无不立刻冲破了阶级的界限。日本人压迫吾们到这种地步，虽平日在对抗中的资本家与劳工亦都不由得不联合一气，从事于抵抗。所以民族观念，是深中于人心，而较阶级为强。"

只有民族的纵断，能冲破阶级的横断，却未有阶级的横断，能推翻民族的联合。即以苏俄论，他的成功处不在阶级斗争的国际化，只在社会主义的民族化。

第二，修正的民主政治，吾辈政纲中曾有语云：

"吾们所想出的修正的拟案是什么，首先可说的便是必须建立一种政治制度，在原则上完全合乎民主政治的精神，在实施上必须使党派的操纵作用不能有所凭藉。于是这种政制在平时不拘两党或多党都能运用，即假定无党亦可运用，而在紧急时候，立刻可以集中全民的意思与力量，不分党派。我们相信这样制度不是不能创造的"。

但欧战之后，批评民主政治者，往往而见，如今之意、德等国，竟目民主政治为恶劣政治。同人等以为政治的社会之要素，不外乎二：其属于国家者为权力，其属于个人者为自由。为行政之敏捷，与夫应急之处置计，不能不抬高权力；为个人之自发自动与养成自己负责心计，不能不许以言论结论之自由、地方自治与夫参政大权。惟有此等权利，而后人民有实际上参预政治之机会，而后知舆论界议场上政府中言论之不可以苟发，而高调与笑骂之无济于事。盖民主政治之下，人民得真正参加政策之决定，其责任心自养成，其政治智识自增进，及至国难临头，尤贵乎事权之统一与执行之敏捷，彼此同心一德，以最高权力托之于战时政府。可见正惟平日民主政治之实行，及至战时人民自然感觉权力集中之必要，如欧战时各民主国之战时内阁，皆其彰明较著者也。

第三，社会主义关于经济制度，同人期望社会主义之实现，政纲中曾有语云：

“一、为个人谋生存之安全，并改进其智能与境况计，确认私有财产。

二、为社会谋公共幸福，并发展民族经济与调剂私人经济计，确立公有财产。

三、不论私有与公有，全国经济，须在国家制定之计划下，由国家与私人分别担任而贯澈之。

四、依国家计划，使私有财产趋于平衡与普遍，俾得人人有产而无贫富悬殊之象。

五、国家为造产之效率增加及国防作用计，得以公道原则平和方法，移转吸收私人生产或其余值，以为民族经济扩充之资本”。

自此三点观之，可知同人等之主张与中山先生民族民权民生之三大主义措词容有不同，而精神则并无二致。良以中山先生之三大主义，固已确定吾国立国之大经，而莫能出其范围。然立说内容间有出入，则以政象因时而异，药石自难尽同，此环境使之然也。况衡诸抗战建国纲领二十六条，在抗战期不违反三民主义最高原则及法令范围内，对于言论出版集会结社当予以合法之充分保障云云，则政府态度与在野党派所要求不谋而合，在同人等自当开心见诚，以国家社会党之主张行动，向公等公开而说明之。顾政治不独限于若干项之大纲，尚有因时因地因事而生之问题，非今日所能预测。同人等更愿本精诚团结共赴国难之意旨，与国民党领导政局之事实，遇事商承，以期抗战中言行之一致，此同人等愿为公等确实声明者也。更有进者，方今民族存亡，间不容发，除万众一心对于国民政府一致拥护而外，别无起死回生之途。吾辈同志之中，有参加民元之革命者与反对洪宪之帝制者，平日自命为对于中山先生创建民国之工作亦尝负弩前驱，因此爱护民国之心尤为深切，则处今日强寇方张僭窃潜起之际，尤当追随公等之后，巩固主权，保全国土，使中华民国长保昔日之光荣，且得今后之自由发展。此亦同人等区区志趣所存，当蒙鉴察者也。特布肺腑，惟祈亮照。专此。敬颂勋安！国家社会党代表张君劢拜启。四月十三日。

(2) 蒋介石汪精卫复张君劢书（4月15日）

君劢先生惠鉴：顷诵来书，承示所有主张与三民主义最高原则在精神上并无二致，今后更愿本精诚团结共赴国难之旨，遇事商承，以期抗战期中言行之一致，而于拥护政府维系民国尤拳拳致意。语重心长，至为敬佩，而态度之坦白，情意之恳挚，尤见谋国之忠，忧时之切，实深欣慰。中国国民党对于抗战建国之大计与期望，已具于临时全国代表大会宣言中。本党同人念国难之方殷，责任之未尽，在国民大会未召集以前，自当竭其心力，勉负责任。更望全国贤智之士，或加入本党，共同负荷，或秉持共信，一致努力，俾捍御外侮，复兴民族之使命，得以早日完成。凡此热忱，定荷垂察。至言论出版结社集会之自由，抗战建国纲领第二十六条既已确定其范围，并加以保障，自今以后，惟当本此方针，共相策勉，庶几同心同德，弘济艰难，国家民族，前途光明有系于此。掬诚奉复，诸祈鉴察。专此。敬候台安！蒋中正汪兆铭谨启。四月十五日。

〔各小党派全宗汇集档案〕

3．张君劢为请将共产党领导的军队完全托付蒋介石并放弃马克思主义致毛泽东的一封公开信①

（1938年12月10日）

泽东先生惠鉴：顷读先生六中全会报告书〔指毛泽东在中共六届六中全会上所作的《论新阶段》的报告〕，判析抗战情势，至为详尽，且抱定长期作战政策，决心尤为坚定，佩仰无已。窃以为战事胜败，为民族之存亡，非独一党一派之利害。彼日人先以兵力占领土，继则组织伪政府以代之。夫政府者行使国家最高权力者也，此而可以由敌代为指定，何异乎中国之为未成年者而须由监护人代行使其权力，彻底言之，不啻彼自居于上国，而以中国为被保护国。此而可以容忍则更有何事不可容忍。故我以为中华民国应继续作战而不可以言和者，以其视吾国为可由彼代处置之一片土地，而不视为平等独立之国家故也。日人所提条件，有时出于近卫，有时出于坂垣，要不外二端：一曰国民政府改组，二曰与伪政府合流，意即在反对蒋先生。此两条果有人起而接受之者，则国民政府不成其国民政府，降而与汉奸为伍矣！日人既已提此二条，其心目中已不以国民政府为对手，而更有何和议之可言，在我更何从而有妥协之可能。惟其然也，今后之国策，除国内团结以图作战之持久外，别无他途。虽然，国内之团结如

①此件选自《统一问题论战》（独立出版社，1939年9月初版）。

何而后可以永保，不能不惟先生与所率领之共产党是望矣。第一，号为近代国家统一为特征，尤贵乎军权之统一，英、美、俄、法等，何尝一国之内而有两种军队，诚以军队之教练与使命，必须出于一源，而后行动乃能一致。而先生文中曾有下列语句："国共两党都有军队，这是特殊历史造成的结果，不是缺点而是优点。由于有两党的军队，使得抗日战争中两党克尽分工合作的最善责任，互相观摩激励的好处也更多了。"依吾人所见，军队应属于国家，不可使军队与特殊主义发生联系，如以资本主义灌输于军队中，则彼等遇国内之信社会主义者将起而压迫之；反是者如以社会主义灌输于军队中，则彼等遇见国内之资本主义者将起而推翻之。可见军队唯有属于国家，不可属于一党。目前之中央军不可目为党军，且信奉三民主义，未见有何特殊之政治路线，希望将来走上隶属于国家下之途径，当不甚远。先生所率之军队名曰国民革命军，更望毅然首倡以八路军之训练任命与指挥，完全托之蒋先生手中：此所以增进全国之团结而利于抗战之持久行其时者一也。第二，各国之政党，从无有占领一特区以行特殊政策者，以一国之内惟有一种法律，一种行政系统，乃能成为现代国家。是稍有特殊化者则如阿尔蓝之于英，以其本为被压迫者乃争取独立以得之者也。其次为少数民族，如昔日德意志民族之处于捷克国中。今吾国号为统一，先生等亦以拥护国民政府自号于国中，而今则特区之内，俨然自成一天地，自立官制，自立税制，自立学校。若国中凡组织政党者，皆起而效法先生等之所为，则中国将分成若干政党之若干行政区，而国家非反于封建割据之局不止矣。先生等与其同志以打破割据相号召，更望取消特区之制，以增进全国之团结而利于抗战之持久者二也。复次，所欲与公言者，则为共产党之理论。共产党之特点与其所以异于他党者，在其阶级性，在其认定以阶级斗争为夺取政权之出路。公等昔年所以特注意于无产者，且标土地革命之说者，即在于此，此马克思之学说，而列宁从而实现之者也。乃公等社会革命工作正在进行中忽而"九一八"之巨变，于是先生等悟阶级斗争之不适于中国，转而标出民族战争之说。此种转变，诚为国家之大幸，应表而出之者也。然民族斗争云者以全体人民为主体，不应更有阶级之成见。至于三民主义，本以"民族"为出发点，与马克思之视阶级为历史支配者迥乎不同。先生之报告，乃有下列之语："谁要是不忠于三民主义的信奉与实行，谁就是口是心非，表里不一，谁就不是一个忠实的马克思主义者。"自此段文字观之，似乎信奉三民主义者，即是忠实的马克思主义信徒，二者之间，可以划一个等号。此种说法，不独使国人对于三民主义的内容更加糊涂，即对于马克思主义，亦令人有迷离惝恍之感。此种名词之意义扩张，在先生文字中之后段如"爱国主义就是国际主义在民族革命战争中的实施"云，亦事同一律。窃以为目前阶段中，先生等既努力于对外民族战争，不如将马克思主义暂搁一边，使国人思想走上彼此是非黑白分明一途，而不必出以灰色与掩饰之词。诚如是，国中各派思想，同以救民族救国家为出发点，而其接近也自易易矣。此所以促进全国之团结而利于抗战之持久者三也。抑吾人所以为此言者皆根据近代立国之常轨而言，必如此而后抗战乃胜，建国乃成，谅高明定能鉴察。盖国家遭此大难，其存其亡，间不容发，内部多一分诚意，即抗战增一分实力。如公所谓动员民众与政治民主化云云，非各方诚即孚，决无实现之望。苟在蒋先生领导之下，而别有一党焉，自有党军，自有特区，自标马克思主义，则先生所提出之"长期合作方式中之民族联盟"如何而有实现之可能乎？目前之障碍，即在此三点，应谋所以消除之，乃能达于真正之团结。吾辈既存心于御外敌保祖国而念念不忘为国家至上之一义，则何必沾沾于一党一派之利益而不肯抛弃之乎？吾读先生报告以光明前途属望于国中各党，因此不敢自安缄默，聊奉本先生所谓"互相规过是友朋间美德"之语，而竭诚言之，倘蒙采纳，则精诚团结更进于今日，而一切鼓起民众以共趋一的之效自见矣。非然者，仍今日之旧状而不变，则精力之消耗于猜疑与摩擦中者，不知几何，而天下后世必以抗战之失败归罪于今日之党争有断然矣。先生等近年爱民族爱国家之心为有目所共睹，若能更进一步而图之，岂独抗战之幸，中华民族万年不拔之基，亦在是矣。专此。

敬祝

为国努力！

张君劢谨启　十二月十日

〔各小党派全宗汇集档案〕

4. 中国国家社会党政务特别委员会宣言

（1940年3月16日）

中国国家社会党宣言

溯自我国全面抗战迄将三载，失地之广，牺牲之重，空前未有。而国人对此，复主和主战，各不相谋，见智见仁，难归一致。实则二者纵令方式各异，固可殊途同归，相成而非相反。在不得不抗战之时，抗战即可以卫国。在可觅取和平途径之时，和平即所以图存。见解虽有仁智不同，其为民族国家，则无二致。秉国钧者，贵在周咨博访，因时制宜，以谋适当之解决。前年十一月三日及十二月二十二日，经日本近卫首相两次声明，尊重中国主权独立，领土完整，后汪先生即毅然发表艳电，与众呼应。重庆当局虽持异议，而一般人民倾向和平者，实与时俱增，盖以战祸蔓延益广，民众颠沛流离，甚于水深火热。而国际形势，又有变化，殊不利于继续抗战。苟非别开途径，势难挽救危殆。汪先生抱救灾拯溺之怀，不避艰险，挺身而出，既以调整邦交为己任，并保证和平方案，不轶出近卫声明范围，于中国之独立生存无所妨害，则凡属渴盼和平之民众，靡不以满腔热忱，赞同斯举。值此一发千钧之际，组织中央政府，尤为不可须臾或缓。盖日本既已声明其真正希望，在恢复善邻友好之关系，则吾国岂可无中心领导机关，急起图维，以蕲和平建国之实现。兹举其理由约如下列各端。日军占领区域，既为渝府权力所不及，假借名义之游击队，比比皆是，不免有骚扰闾阎情事。萑苻遍地，交通阻梗，秩序破坏，民不聊生。此有赖于贤明之新政府为之澈底澄清，俾劫余之民得出水火而登衽席。此其一。事变以来，已成政权先发生，政令纷歧，不相联贯，则须改弦更张，统一政令，举凡兴革各端，庶可通盘筹划。此其二。各地厂矿及交通机关，多为日方占用，加以各种事业，悉受统制，人民生计阢陧不安。此后惟有期待统一政府，据理折冲，冀得改善现状，挽回利权，保民生而维国脉。此其三。国人渴望日方撤兵，在日方亦无久驻不撤之意，但接防部队，以不含敌意者为宜，故必待组府告成，训练劲旅，足资填防，日军方可以次撤退。此其四。综上各端，是组府之举，实出于万不得已，可告无罪于国人者也，本党同人，对汪先生之热忱，为国不辞牺牲，尤深感奋之。愿共同努力，助其成功。抑有不能已于言者：组府告成，以后一意解除民困，勿酿成内战，以免箕豆相煮。此应注意者一。实施宪政以捐除党派成见为前提，此后必能一秉大公，相期与民更始。此应注意者二。和平运动之初旨，本在全面的和，倘能斡旋其间，促成双方停战，冀得完成使命。此应注意者三。本党同人竭成赞助之余，敢贡管见，以资质正，所望邦人君子，进以教之。

〔汪伪国民政府档案〕

三、中华民族社会党

1. 中华民族社会党暂行党则

（1942年5月1日）

第一条　本党称为中华民族社会党。

第二条　本党以实践新民族主义，完成民族革命，以期亚细亚秩序之再编成为宗旨。

第三条　凡属中华民族皆有加入本党之资格。

第四条　本党党员为达成本党之宗旨，须能牺牲其生命、自由、权利成为条件，当加入本党时，须经立约、宣誓之手续，声明永久遵守本党之党规。

第五条　当加入本党时，须缴纳入党费一百元，及每月十元之党费。但现在从事党务活动者，经上级党部之认可，得酌量免缴党费。

第六条　各党员最少须介绍一名之新进党员。

第七条　凡属党员如有违背党则及党令者，根据另定之党规处罚之。其介绍人亦须负相当之责任。

第八条　根据本党全体党员之公意，推选总理一人、副总理二人。

第九条　总理对外代表本党，对内统率全党，并有主持民族革命军之全权。副总理襄助总理执行一切党务，遇必要时得代理总理之职权。

第十条　本党得置顾问、参议等，由总理聘任之。

第十一条　本党各职员均由总理任免之。

第十二条　本党之组织如次：

（一）党务局

1. 总务课；

2. 财务课；

3. 组织课；

4. 宣传课。

（二）政治局

1. 第一课；

2. 第二课；

3. 第三课。

（三）保卫调查局

1. 第一课；

2. 第二课；

3. 第三课。

各局置局长一名，副局长一名，课长若干名，课员、职员若干名。

第十三条　本党另设下列各机关，在总理指导下独立组织之。

（一）创制局；

（二）司裁局；

（三）监察局；

（四）考试局。

第十四条　创制局之职务如左：

1. 规定之创制；

2. 修改章则之提议；

3. 支部章则之批准。

第十五条　司裁局之职务如左：

1. 各局或职员间之冲突之裁判；

2. 党员之裁判及处罚。

第十六条　监察局之职务如左：

1. 党务进行之监察；

2. 党员勤怠之检查；

3. 审查党内一切记录。

第十七条　考试局之职务如左：

1. 测验党员之能力，以决定其职务；

2. 调查党员之劳绩，以评定其功过。

第十八条　全体会议为本党之最高决议机关，由党员代表及本部职员构成之，每年开会一次，由总理召集之。但总理认为有延期之必要，或由代表党员三分之二以上之要求，得延展其开会期。

党员代表，由各省党委会公选。其人数另定之。

第十九条　中央执行委员会在本党全体会议开会期间外，为本党之最高议决机关。

中央执行委员暂由总理任免之。总理认为有必要时得随时召集开会。

第二十条　设置中央咨询委员会为本党之咨询机关，各委员由总理任免之。

中央咨询委员会遇必要时始召集之。

第二十一条　各支部为本党之基本组织，有三名以上之党员得成立支部。支部得议决种种之章则，但须呈请本部之批准。

第二十二条　各地支部长由各地党员公举，再由总理任命之。

第二十三条　支部之最大任务如次：

1. 图党与党员之联系；

2. 宣传新民族主义；

3. 实行本党之决议与本部之指令；

4. 网罗党外之名众〔流〕，使在本党影响之下，指导民众之要求与行动，使之革命化、组织化。

第二十四条　支部为实行（党的生活）组织小组，从事于党员所属职业情状之报告、工作之研究及讨论等。以期党的活动之彻底。

第二十五条　本党则颁布之日实施之。

中华民国三十一年五月一日

〔各小党派全宗汇集档案〕

2. 中华民族社会党宣言

（1944年8月1日）

我同胞！我父老昆仲！其亦知今日之时势为如何之时势乎？其亦知中国处今日之时势，除民族革命外，再无出路乎？欧风美雨，澎湃迫人，外患内忧，接踵而至，我同胞今日之处境，犹之燕处焚巢，鱼游釜底，然尚不自知其危殆，仍旧从事于个人权利之争，置国家民族于不顾，是诚何心哉！

国力日蹙，民气日衰，固有其种种之原因，就中最大之原因厥为大多数同胞之生活及教养未得合理的解决也。尤其是占有全国同胞约百分之九十之勤劳农工无日不在饥饿线上挣扎，加以频年战乱，致哀鸿遍地，野有饿莩，然各方面之从政者均汲汲于权力与地盘之争，对于处水深火热中之同胞，则均冥然罔觉也。

夫勤劳工农大众，国家之基本成员也，无勤劳大众，何能立国。谚曰：皮之不存，毛将安附？故凡蔑视勤劳大众生活之政府，终必为人民所反对而终趋于崩溃。故善治国者必先训农惠工，富之教之，然后可以获取大多数之民心。

本党之第一主旨即在先讲求如何能使一般勤劳大众之安居乐业，如何使农村日趋于富庶。

饥则思食，渴则思饮，寒则思衣，而对于本身国家、民族毫无自觉，则其生活虽不能称为禽兽之生活，亦等于原始野蛮人类之生活也。无国家、民族之自觉者，仅名之为自然人，不能称为国民也。居住于北极圈附近冰窖中之爱斯基摩人，散在于非洲野洲中之霍登脱、布斯曼人，皆自然人也。在过去有光荣之历史，有千年之传统文化之黄帝子孙，其亦自甘与文化落后之野蛮的自然人为伍耶？

吾人若不甘坠落为自然人，则对国家、民族，必须有自觉而成为现代之国民。吾人尤须认识，本身能为中华国民实为一种之光荣与矜夸。全国人民既有国家、民族之自觉，然后授之以种种学问与技术，以启发其智能，俾其能尽国民之义务及享国民之权利。

本党之第二主旨即在如何促进国人对于国家、民族之自觉及启发其智能，俾其能成为完全的国民。

国人既有国家、民族之自觉，并具足以为模范国民之资格矣。但若对于所学所知不能实践，另〔？〕亦无裨益于国家、民族之前途也。

当普法战争时，费希特博士痛心于德国民族道德之沦丧，德国人除极少数者外，利己主义实风靡全国，遂致内政腐败，祖国命运为之凭〔濒〕于危殆，因发表告国民书，以警醒其同胞，促德国国民必须实践其爱护民族、爱护祖国之训条，盖徒在言论上高呼爱国而不能加以实践，是无异于自弃于祖国，自弃于同胞也。嗟夫！有其国而不爱，有其同胞而不亲，则终有至欲爱其国而不得，欲亲其同胞而不得之日也。彼辈无日不从事于物质之夺取，利欲之满足，而自侪于犹太人、吉卜西人者，则其人非丧心病狂者而何？

犹太人多金融巨商，亦富于智慧，尤长于商业之才，亦产有曾获得诺贝尔奖金之文豪及科学家，但今日之论犹太人者，仅在历史地理上索其残影，而非政治上之国名也久矣。彼辈何尝不知国民必须爱其祖国，但因未能实践其所知，而终流为在世界上到处遭人白眼之民族也。身虽为巨富之商人，虽为金融资本家或大地主，虽有宫室之美，妻妾之奉，若无可属之祖国，无光荣之民族为其后盾，则终不免被亡国奴之恶名、试思在精神上之痛苦为何如耶？

凡是国民，各人与其祖国、民族，实赋有同其生命之有机的关系，若脱离祖国、民族，即将失去其精神的存在。换言之，一个国民之于祖国、民族，犹之于一血输之于人身也。血输既脱离人身，唯有腐败、灭亡而已。

祖国忧则其国民辱，祖国辱则其国民死。凡系国民必须为祖国、民族效忠、服役、牺牲，以求民族之永久的光荣与繁昌也。

本党之第三主旨即在教示国人必须实践其爱祖国、爱同胞之信条也。

祖国、民族乃整个一不可分者也。回顾我中华民族，有令人不堪浩叹者。今日之中华民族不仅一国三分，实为四分五裂，遂致社会日乱，国事日非，终至民难以为民，国不成其国，此何故耶？因无一纯正之思想、主义以指导之、统帅之也。

今日中国民族在政治思想上，可概分为三大派，在政治上之组织亦分为三大集团。兹分述〔之〕：

（一）共产主义集团，此以延安为中心而散漫于全国，为一般勤劳大众所最崇仰之政团也。……

同时，据其党人之解释，新民主主义即在实现孙中山先生之三大政策：联苏、容共，解放农工。故知实现此三大政策之新三民主义即为民族化之马列主义，换言之即为欲达到中国无产阶级革命之过渡的社会主义，亦为一种改良的社会主义，其位置当介在于共产主义与社会民主主义之间也。

中国是否能适用此种过渡的改良的社会主义，实为一大问题。纵令有成功可能，中国今后是否要求无产阶级革命，更为一大问题。试翻观作共产党后台之苏俄，自十月革命以来，几近三十年矣，不仅未完见马列主义之完成，伟大的政治家史太林氏深知纯粹马列主义实不能适用于斯拉夫民族，因斯拉夫民族自有其固有的血缘与地缘之传统文化，不能无条件接受马列主义也。贤明的领袖史太林氏修正共产主义，使之日益民族化，犹如毛泽东先生之提出民族化之马列主义。苏俄今后果能实现纯粹之马列主义，亦与中国之能否实现无产阶级革命无关，何况苏俄亦未必能实现马列主义耶。中国共产党若徒以形式规定内容，欲削足适履于新民主主义实现之后，即以马列主义强施之于中国，则势必引起更甚于苏俄十月革命时之危险与混乱，而陷我中华民族于阶级争斗、血肉横飞之惨剧中，届时唯有噬脐耳。此不能不预为国人警戒者也。

至于永久苏俄亦为一值得讨论之问题。一个独立国家自有其一定之外交政策，但应国际形势之推移，在策略上固非一定不变者，甲国之政策有利于我国之时可联之，乙国之政策有害于我国之时，则拒之。一国与其他国家之外交固非一成不变者也。若谓永久必须与某国相联，是无异于谓本国无外交之自主权也。

其次关于容共，亦有问题。在民主主义之国家，唯有在政策上相竞争之多数之政党，并无所谓甲党容乙党者，即有可能为之，乙党亦决不求甲党之相容。若谓在民主主义之国家，在议会制度之国家，容许多数政党之存在，在中国无妨容许各政党之互相竞争，是无异于承认资本主义国家之政策，无乃太矛盾乎？共产主义固反对资本主义制度，政党政治者也。今日之苏俄岂非一党专政耶？

至于今日中国共产党在军事、政治、经济上之种种设施，其一部分虽足供给吾人之参考，且有为吾人所称许者，但此亦仅属于人才与技术之问题，非必限于共产党始能有为也。

（二）渝方之国民党，其所标榜之思想为三民主义，但共产党称之为旧三民主义而逐渐法西斯化矣。此集团之领袖为蒋介石先生，先生近著有《中国之命运》，其中论思想之部分为反自由主义与共产主义，而主张旧式的传统的民族思想。吾人并不反对民族思想，但不能赞成停滞于封建社会、封建时代之民族思想。历史唯有前进，并不后退，现代的民族思想并不能为独裁或专制之政治家所利用，而为全民族，全国民对于其所属体之尊严与独立之自觉。蒋先生仅在旧民族主义中旋转，不能亦无勇气将旧民族思想发展至于新民族思想。

世界上有种种之文化类型，但皆必为历史的、民族的文化，而与其所属民族必有血缘与地域之关系。具有我中华民族特质之固有文化必然为中华民族文化，决不能冠之以舶来之思想之名词而称之为中国的马克斯文化或中国的德谟克拉西文化。

民族思想应世界形势之要求，既发展至于现阶段之新民族思想，即革命的民族文化。惜蒋先生未能见及此点，即未能从社会主义之观点研究民族，故“中国之命运”实不能成立其理论的体系。

蒋先生对于今日中国之政治思想如何，今姑且不论。吾人试观察渝方之实际政治之情状及趋势，亦多未能令人满意者。渝方政府之重要构成分子大部分出身于买办阶级及官僚军阀之大资本家、大地主，尤多托庇于美国金融帝国主义者之大官巨绅而为一群反革命的集团。此辈必然反对社会主义，但不反对自由主义及由是所产生之资本主义。蒋先生虽唱反对自由主义之论调，但不宣明反对资本主义，此即蒋先生在思想上之矛盾。

渝方政府对共产党之民众与理论之攻势，即无法防御，而又未能脱离英、美资本主义者之桎梏，其前途颇难乐观也。纵令其对现在局势，表面上能打开一条出路，结果仍将使中国再次转落为在经济上受英、美资本主义的帝国主义之榨取对象。届时欲再觅革命之出发点，亦唯有噬脐耳。

（三）南京国民党以汪精卫先生为中心之集团也，亦以三民主义为号召，一般称之为修正的三民主义。南京之三民主义自非渝方之三民主义，孰是孰非，颇难判断。但南京之三民主义究修正至于如何程度，修正至于接近如何之思想主义，实难以领导民众。汪先生虽曾一次提及全体主义，但又未能放弃其在过去之民主主义主张（宪政筹备委员会之设立，即其证明）。南京国民党在思想上前抵后触，无法展开。故知南京国民党在思想上已失去其领导民众之资格矣。

南京政府之最大失败即是党同伐异，排除异己，唯集大批官商于一堂，而其规模又远不及渝方之大资本家、大地主，有如小巫之见大巫，殊令人可悯。南京政府中虽有不少廉洁自爱之士，但大多数均为势利之徒，乘机谋利，混水摸鱼，而置国家民族利益于不顾，更谈不上为勤劳大众谋福利矣。特别关于粮食，其贪赃枉法，实骇人听闻，尤失人民之信仰。其前途亦令人忧虑不堪也。

上述三集团，均无一贯之理想与主义，其理论大都支离破裂，削足适履，实不足以领导民众而挽救国家民族之危亡，同人有鉴于斯，因组织民族社会党，提倡新民族主义。新民族主义及中国固有文化之精华，因历史之进展而发展至于现阶段，为目前祖国、民族所迫切要求之唯一的救国救民之思想也。

本党不主张“一个党，一个领袖，一个主义”，但承认“一个国家，一个民族，一个指导原理”，即新民族主义之理念及整个国家整个民族之不可分及对于指导原理必须有坚决之信仰。本党核心干部由全体同志公选，在新民族主义指导之下，与全体同志共同为国家民族服役、努力。关于一切设施及计划亦取共同研究，共同实行之方式，本党中并无特殊英明之领袖，亦无天纵之圣之指导者。在新民族主义之上冠以某某之姓氏，而称之为某某思想，某某主义，亦不夸张新民族主义与某某姓氏为不可分也。

新民族主义为如何之主义，可参读《新民族主义之理论》，今唯简括列举其重要原则如次：

（一）在国际上不藉任何国家之势力为后盾，以保持我民族之外交自主权。

（二）每个国人都先天的附属于其民族体，然后能有其存在。凡与民族体游离者即不能称为中华民国。

（三）大家有饭吃，特别注重一般勤劳大众之生活。

（四）大家有工作，凡信仰新民族主义而赋有健全之脑力体力者，不令其失业。

（五）普及教育，扫除文盲。

（六）养成爱祖国、爱同胞之精神，使尽能为祖国民族服役、牺牲，以达成愉快的有意义之人生。凡我同志必须度其坦荡荡喻于义之人生。

我民族社会党经二年之奋斗，现既有同志十八万人，就中以农民为最多，占全体百分之九十以上。以外，武装同志亦有三分之一，散在于江淮河汉之间（即江浙苏淮鲁冀晋豫皖鄂等地域）。同人认为在四万万五千万同胞中，必尚有多数徬徨于上述三集团外之有志之士，即尽于上述三集团而自觉其无光明前途之明达之士，亦当非少数。苟能翩然来归，群集于新民族主义旗帜之下，共同努力，共同行动，以统一中国之革命战线而建立光荣之新中国，此即同人所日夜馨香祷祝者也。谨此宣言。

中华民国三十三年八月一日

〔各小党派全宗汇集档案〕

3. 新民族主义之理论

（1944年　月　日）

（一）绪论

每当社会发生变动，一般秩序动荡不定，道德日趋衰颓，因之民族临于危亡，国家临于崩溃，旧日的政制无法维持，旧日的思想主义亦不足以资应付及挽救之时代，必然有一种新的思想主义应时而生，以革新社会，及挽救民族国家之危亡。试一翻读历史，即不难明瞭各种思想、主义随时代变迁而有兴替也。

如社会思想史上所说明，各种思想主义也，起源各不相同，故其思想主义之核心及对象，亦各具特征。凡是思想主义必有其理论上之构造及方法论上之诸问题，否则仅能称为一时的思潮。一时的思潮亦能鼓动人心，支配行动，其与生活相接触时，成为一种社会力，亦具有相当之影响，但此种影响仅属一时的现象，在短时期中，纵令如风起云涌，似能引起普遍而热烈的反响，但终归如昙花之一现，对于国家民族究无何等之贡献，因此种思潮实缺乏历史的传统的理论之基础也。

上述一时的思潮，例如一时的流行思想，舶来思想，模仿思想，因其在国家民族体（血液协同体）内无根深蒂固之基础，更无历史的文化价值，其所以偶然为人所欢迎，或陶醉者，亦不过如在酷暑之时偶然觉冰水之可亲，及至寒风凛烈〔冽〕时又觉夏期之烈日亦颇足令人怀恋而已。

凡是由民族固有文化所凝成的思想主义，并非抄袭的模仿的，而是民族的创造，同时是民族的传统。若多数国家或民族所能假借的思想主义，纵令其有能自圆其说之理论，或由人工勉强作成之体系，结果亦不外为一种削足适履之思想主义。今日仍有人刻舟求剑，欲依据卢骚之《民约论》，以建立自由主义的德谟克拉西国家，或根据马克斯主义，以建立无产阶级专政的国家，此不仅削足适履，其实是痴人说梦。

由民族固有文化所凝成之思想主义，不仅常浸润于该民族之内心，并成为实际社会生活之基准，而具有其生命力，同时无时无刻不表现于从事社会生活之各个人之实际行动上。此种思想主义——毋宁谓为真理——可以促动及支配个人之行动，而诸种社会亦由是受其影响，因个人本为精神的社会之一肢节，无社会则个人无存在之意义与价值，换言之即精神的社会乃由人间之无形的精神的纽带所联系之精神的协同体。故由民族固有文化所凝集的思想主义，实足以促动及支配其民族体——亦为一种精神的协同体（精神的社会）。所谓无形的精神的纽带，固因各人的意识不同而有明暗程度之差，但必然内在于各人意识中之道义的精神力、生命力。

一个精神的社会——协同体，若无一种适合于该协同体（国家或民族）之主义思想为之综合统一，则该协同体生活之平衡必趋于毁坏。就最小的精神协同体之家庭言之，父子、夫妻、兄弟之间，对于结婚、职业、财产等家庭问题，若各人所抱思想不同，见解各异，则不仅家族、社会之和平无从保持，即该协同体亦将趋于毁灭，因彼辈无足以维系此家族之核心力量——该家族所应遵守的中心思想或家风也。扩而大之，至于一国家、一民族体，若在思想上四分五裂，或信仰自由主义，醉心于资本主义的国家，或盲从马克斯主义而梦想世界无产阶级革命之完成，则其国家民族前途亦将如彼辈在思想上之分裂，必然趋于分崩离析，言之殊堪痛心也。

在同一的精神协同体中，何以竟发生此种不幸之现象？无他，盖由于思想主义之一般性与特殊性之争执也。思想主义何以有一般性与特殊性之争执，实由于新旧思想交替时之冲突，欲改革社会者，大事鼓吹新思想之一般性，而欲维持现存社会秩序者，则坚持旧思想之特殊性。其实此种争执犹之与影子赛跑，与月亮竞走，永无结果。盖彼辈数典忘祖，从未认识其本身属于具有光荣历史之民族体也。由民族固有文化所凝成之思想主义，实具有适合于民族体之普遍性，断不至因皮毛的一般性与特殊性之争执而发生分崩离析之不辛〔幸〕现象也。总而言之，发生于某一时代，某一民族体中之思想主义，乃最适宜于该时代之该民族体，决不容许其他民族之转借或抄袭。因该思想仅为该时代、该民族体在事实上之要求，若好高骛远，徒尚新奇，而不注重事实上之要求，徒事抄袭舶来书籍中所载之思想主义，削足适履，用狗拖犁，勉强施之于本国本民族，其危险性之大，固无待赘言矣。未具资本主义之素质，而强令其步英、美之后尘，犹之以人参、鹿茸喂婴儿也，婴儿不病者，岂可得乎？唯就现代二三都市劳动工人生活之状况，略加观察，即认为有鼓吹无产阶级革命之必要，此无异于强使喜服装纯朴，爱好天然之女子披上奇装怪服，招摇过市也，其不为观众所诽笑者，又岂可得乎？唯民族之命脉在数千年间得藉以维持者，其固有文化实与有力焉，其全民族必然在不知不觉中，倾向及信仰由其固有文化所凝集之思想主义者也。此种适合于该民族体之思想主义在过去典籍上未有明瞭之表现者，因从来未加以理论的探索及阐明也。

（二）现代思想主义之流派

现代世界各国，思想主义之派别纷繁，愿一一加以介绍及说明，不仅非本篇之目的，亦无此篇幅为之容纳也。现代社会之三大要素为政治、经济及文化，浸润于此三大要素中，比较具有统括性之主要思想，大别之有三种主义，即自由主义、马克思主义及民族主义（或称国民主义）是也。此外，由自由主义与社会主义之结合而作成社会民主主义，由工团主义(Syn dicalism)与马克思主义相结合而作成今日之苏维埃主义，由民族主义与自由主义之结合而作成民族自由主义，由帝国主义与民族主义之结合而作成集体经济思想，由自由主义与独裁主义之结合而成立宪的独裁主义等等，不外由上述三大主义诱导而成之思想。即上述三大主义可喻之为三种金属，而此等诱导的改良的思想则不可喻为自由。上述三种金属相配合而成之合金。吾人固不反对此等诱导的改良的思想主义，但总以能适合国情，不违反民族之传统的固有文化为条件。

今唯就现代世界中所流行之三大主义，自由主义、共产主义、民族主义分别加以介绍及批判。

（三）自由主义及其批判

自由主义在过去实曾支配一世之大思想，即在今日亦尚逞其余威，横行阔步于地球之上，但究其本质实不适合于今后之世界趋势，其必逐渐归于消灭可无庸疑也。然则，最初发生于西欧，终于弥漫全世界而作成近代文明之自由主义，究具有如何之本质耶。在中世之黑暗时代，宗教阶级及封建势力滥施其权力，对于一般人民徒事强制其度极端的禁欲生活，此种忽视人性，非中庸的中世专制思想，终引起人性之势〔剧〕烈的反抗。换言之，自由主义及反对中世专制思想之一种反动文化、反动思想，亦决未能称为中庸之思想，今试申论之。

欲研究自由主义之本质，当先区别为两个论点加以论述，若不区别其论点而作混同之论述，决不能把握自由主义之正体。

自由主义即系一种社会思想，则必然有主张自由主义之主体，同时亦必然有藉自由主义而要求特定对象之自由。在主体与对象之间，亦必然有微妙的内在的关系。在论述上加以区别者，为便利于批判也。

所谓思想乃于一人对于他人或事物之关系上，规定其自己之行动及态度之原理也。在复杂多端之社会关系中，若无思想，则无从指导自己，故思想乃基于吾人对于社会之认识及意欲而发生，并经一定的人群之自觉的把握之后，始能具有作为思想之机能。

无论任何思想，总有一部分人认此思想为纯正的，有前途之思想，此一部分人即为该思想的拥护者。自由主义亦自有拥护者，此即自由主义之主体问题，亦即把握及主张者究属何种样人之问题。

人类全体决不能同时成为自由主义者。读者诸君试自反省，君等本身能否成为一个彻底的自由主义者？此并非由于君等财力、智力之不足，而实由于有关国家民族之客观条件在今日不容许君等成为自由主义者故也。

试读法国之人权宣言，据称人类从母胎产生以来，即赋有自由及平等之权利，除为公共事业之外，不许社会上有不平等之现象存在，在不妨害他人之自由时，各人得有其自由。各人之行使其自然的权利，若能使社会之其他各人均能享有同样之权利，决不加以限制。又此种限制若不根据法律，不能制定之。

自由主义确系理性之产物。凡属人类所有之思想，均含有多少理性，在自由主义，理性尤为显著。其实自由主义亦主张对于人与人之关系，即对于社会及国家之事象，多作成理性所能尽力之余地。但自由主义之理念究非信念或信仰，即并不有绝对性。理性何以限于特定的时期与特定的地域始能多发生作用，否则陷于静止之状态，此诚一大问题。换言之，曾经一时发射万丈光芒之理性，何以至后代即完全失去其力量？由此考之，即知理性本身并无能独自发生作用，而实由于对理性有自觉之特定的人群未曾经尽量善。故知自由主义者之理性实不足恃。自由主义高唱“公而忘私”，但其本身早既丧失其理性，虽力竭声嘶，亦并无补于国家及民族也。

上述缺陷实为自由主义发生变化及转变之最大原因。在自由主义之主体中，有其历史的社会的等种种制约，同样自由主义亦有种种之对象。自由主义究欲使如何之事物成为一任主体之自由运用？欲令其转化为自由性者究为如何之事物？此等对象亦各具有一定之种类与限制。

第一，人群之要求自由并非无限制之自由。诚如英国三屋拉士所云：人群对于自然或非人格的存在，并不要求自由。地震毁坏吾人之房屋，洪水淹没吾备之田园，吾人对于此等自然力实无所用其攻击或弹劾。吾人惟有归咎于建筑构造之不完全，堤防工事之不讲究，或森林改革之缺陷而已。

对自然力既不发生“自由与否”之问题，然则自由观念实属于人对人之问题，即以人类感情为根据。但在人与人之关系中，即在社会关系中，作自由之对象者为如何关系耶？人类全体在悠久年代间对于人类所作之社会关系或社会制度，亦与其对自然力相同，早预知其为不自由，而无意识的表示服从，直至于今日。即往昔之人，亦认社会关系为自然之一部分，两者并无区别。故成为自由之对象之社会关系，必须藉特定之时代、场所、人群，而认识其为人对人之问题，并发生"同是人也"之自觉时，始可能成立。其结果即自由主义之主体个人要求其对象社会让步，容许自由。自由主义无论从其主体或对象言，皆属于个人问题，或个人与个人之关系之问题，即按自由主义，社会仅为个人所集合，一切以个人为基准，视个人为绝对的存在。彼辈并未认识民族体并非个人之结合，个人须融合于民族体中之特性，仅视民族体为自由主义之一对象（例如政府），得自由运用或操纵之。否认超越个人之民族体之权威，更无从认识超越个人之民族魂。所谓个人主义即自由主义的产儿，故知个人主义与民族主义实难相容。

其次，自由主义必以一定之历史的形态而表现，即必须藉历史的现象形态，特定的自由主义始能表现。认识超越历史的本质，虽不能为无益之工作，但此种认识亦唯有以历史的现象为对象时，始能达其目的。

故知自由主义之历史的形态之分析实至关重要。但此处所谓自由主义与十八、十九世纪之资产阶级自由主义并非完全同一意义，亦不欲遽尔断定两者之固定的关联。此点实为马克斯主义一派认识论所常犯之错误。因马克斯主义者，对于自由主义之历史形态，过于作固定的解释，将一切自由主义导入于特定阶级之关系上，仅注重主体性之观点，结果无法说明无产阶级所要求之个别的具体的自由（作为对象之自由），而使其本身之理论自相矛盾，虽曾加以若干之诡辩，但终于为勤劳大众所遗弃。然则，吾人当如何规定自由主义之历史的形态，又当如何加以考察？

先从主体类别观之，在历史占有最重大之位置者为市民之自由及由是转化为资本家之自由。市民之自由：市民之自由之要求，为获取此种自由而演之斗争，非必限于十八、十九两世纪之产物，其最古的形态乃希腊、罗马时代之市民权之争取。所谓市民在历史上有种种之属性，若加以综合及抽象化，本应种〔称〕为“自治的被治者”，此岂非一种矛盾的诡词耶？既自治、又被治，此即证明要求自由之市民对于国家或民族体尚无认识也。既有自由，又能自治，又何须将大部分政治委之于国家耶？但在历史上确有此种市民自由之成立。

既获得一定的市民的自由之后，即发生将如何保障此自由之问题，以市民的自由为目的之自由主义，此时必然更以政治的自由为其目的。换言之，本此之目的是市民的自由，但讲求保障此目的之手段时，当然要求一定的政治上之制度，是即议会制度或法治制度。彼辈本来并非认识此种特定制度本身有如何之价值，仅为保障市民的自由而要求此种制度，即为市民之方便计而设立之制度，并非完全适合于国家或民族之一成不变之法则也。

在议会制度或法法〔治〕制度，因历史之进展，必然发生一种内在的矛盾，此即证明此种制度之不健全。例此〔如〕在议会中党派分歧固属议会制度本身之特色，但至后来，竟有反对议会制度之言论亦发现于议会本身中。换言之，即此种反对论者乃欲利用自由主义，以打倒自由主义而已。就中最明显者乃以建设社会为目的，注重实践工作，代表无产阶级的意识之一派，因议会主义仅采用以言论手段决定意识之方法，此正系欲维持现存秩序之资产阶级的意识之发露。

一定的市民的自由，既藉一定的政治的自由而获得保障，其在历史的现象形态上遂逐渐在二者间，成立不可分的关系。市民的自由之目的纵令不仅在谋资产阶级之利益（法国大革命之目的即其例证），但特定制度一旦归资产阶级之支配及运用，即既操于特定的主体之手中时，则政治的自由亦必至特权化，特别是此种议会制度或法治制度常为资产阶级之经济自由而被利用。例如有时在通商上采用自由放任主义，有时藉国家之力为之保护及助成其私人的经济的自由。结果，保障市民的自由之政治的自由在不知不觉中遂与资本家的自由相混同。

市民的自由以依据特定的保障制度之政治的自由为媒介，其在实际上之具体的作用是偏重资本家之经济的自由，其结果市民的自由之观念反见衰颓，一般市民自在经济上丧失其自由矣！

如上述，自由主义之流弊，遂产生个人主义、资本主义。资本主义之决定是非，完全根据彼辈之有名的黄金天秤，在黄金天秤上是物质的、技术方面之重量最大，精神的、道义的方面之重量最小。换言之，即外在的要素重于内在的要素。

最现代式之资本家大都行踪无定，走向难明，其随身所携之最重要者为一手提皮包而已，在皮包中尽是银行行摺、支票簿及股票一类之物。彼辈所居为世界各大都会最豪华之旅馆；彼辈多数不偕家属，皆四海为家，无所谓家庭，无所谓故乡，亦不重视国籍；彼辈之希望乃在世界上各大都会均有其投资，在世界上各大都会银行，彼辈可以随意支取钞票。何谓国家民族，在彼辈实为无足轻重之问题。资本主义之流弊，即是少数之富人加紧榨取大多数之穷人，结果使富者越富，穷者益穷，即为经济上之弱肉强食主义，故吾人称资本主义为现代最野蛮之主义，决非过言。然今日中国有一部分人士，尚欲步英、美后尘，走上资本主义之道程，岂非自掘坟墓！

（四）共产主义及其批判

一般对于共产主义为如何之主义，较之对自由主义，当更为详尽——此处似无须毋为〔毋为衍〕赘述。唯关于今日共产主义之沿革，似有加以简单说明之必要，盖为便于对之批判也。

共产主义原来脱胎于马克斯主义，而马克斯主义乃是以德、法两国为中心，在欧洲大陆具有比较绵长的历史之思想。因有苏俄十月革命，此种思想更扩展至于东亚，即在资本主义之策源地英、美两国亦逐渐注意而加以新的解释矣。总之，在今日世界诸思想中，当推马克斯主义为最流行、最新颖之思想。

马克斯主义何以能抬头？尽人皆知，实由于近代资本主义过于跋扈之结果。换言之，马克斯主义乃对于自由主义之一种反动思想。资本主义一日不没落，则马克斯主义亦必一日存在，而与之相对立。但马克斯主义是否能完全克服资本主义，就今日之世界局势为判断，尚属一大问题。吾人以为资本主义既无力抑制共产主义，而共产主义又无能消灭资本主义，为解决此种矛盾，吾人在思想上亟须另谋出路，别求一种能打倒资本主义同时亦能消灭马克斯主义之新思想，否则世界之动乱将无已时，而各国内之秩序亦将处于动荡无宁时也。

欧洲大陆之马克斯主义思想，乃应用黑格儿精神辩证法于物质发展之理论，主张社会关系之科学的法则，将此理论与劳动运动之实践相联结，而树立阶级斗争之思想体系。故彼辈称马克斯主义为具有科学体系之思想。

但就阶级斗争之理论与实践之特征加以观察，则马克斯主义之具体的成果，亦如由第一个国际至第二个国际之变迁，及如德法、两国之社会党所明示，与其称为此等运动之指导原理，毋宁谓批判之原理。即社会党之领袖等虽读马克斯与恩格斯之著作，亦曾□□□其指导，但其实际行动亦未能完全一如马克斯与恩格斯之理论也。故知马克斯主义之理论与实践终无法为之统一。

果然在马克斯与恩格斯逝世之后，即有所谓修正派之抬头，彼辈在欧洲社会党之指导原理中，否定唯物辩证法，而企图倾向于民主主义制度的社会主义之实现。此种非革命的思想一时颇具势力，当前次欧洲大战勃发时，此社会党之行动为完全非革命的非斗争的，即其铁证。总之，在前次欧洲大战以前，马克斯主义之重点理论与实践之统一之革命行动实未见诸具体化也。

根据马克斯主义之认识论，各人之精神是受各人所生活之客观的环境——物质之规定，故与其人之意识无关系，唯有人之实际行动能表示其人之思想本质。欧洲诸国之社会党大都口头上否定资本主义，否定帝国主义之战争，但在实际行动上则完全相反，因此辈在本质上实属于资产阶级的，而该社会党亦为虚伪的无产党。

故知欧洲社会党所奉信之马克斯主义并非真正之马克斯主义。真正的马克斯主义乃能实现苏俄革命之列宁主义，故在前次欧战后，在马克斯主义阵营中亦发生争论。至苏俄之革命思想家，对于马克斯主义，始加以新的解释而使之发展，即列宁，就于马克斯主义之基础上溯至于所发生渊源——黑格儿之精神辩证法，在实在认识上加以新的装饰，同时关于物质之发展理论，多采用恩格斯之唯物辩证，因之阶级斗争之理论亦恢复其新朝气。在俄国当时一般皆信仰此种列宁主义为一种新历史之推进力，新文明之创造力。总之，列宁主义给与各国民之印象与欧洲社会党时代之马克斯主义完全有别，特别为列宁所示"理论与实践之总一"之具体的实例，对于曾有社会运动经验之各国，其影响更为重大，故列宁实为马克斯主义之最理想的注释者。但列宁主义在苏俄之实现，亦仅如昙花之实现。列宁逝世后，在莫斯科阵营中之革命思想家复四分五裂，左倾之托洛茨基先被逐出国，右倾之布哈林亦终补〔被〕排挤，列宁主义遂逐渐变质。今日之斯大林主义实与民族主义相接近，斯大林之聪明实超于列宁之上，彼并不拘泥于立理空论，而能参酌俄国血缘与地缘等关系。富于乡土性斯拉夫民族，其土地之缘政治的条件及国情等均不适于接受纯正之马克斯主义或列宁主义故也。马克斯主义、共产主义本系为对付资本主义而始得其存在之思想，在今日资本主义文明与生产力之发展达至高度之英、美，尚不能实现纯正的马克斯主义，在经济落后之俄国当更不能实施列宁主义之政策。伟大的革命理论家列宁确为马克斯主义之最忠实信徒，彼确有一件最珍贵之皮裘——纯正马克斯主义——所可惜者，彼之将此件皮裘赠与生长于热带之非洲黑人，此非洲黑人虽感谢列宁之厚意，但彼终无穿此件皮裘之机会。

马克斯主义之最大缺陷是仅观察"人与人之关系"之一侧面，即仅见及人与人之利益斗争之一侧面，而忽视民族体之整一性，即忽视人与人间之精神的纽带。其流弊遂使各人之实践革命变为无核心之行动，即共产主义者之实践革命究为谁何而尽其忠诚？反问彼辈，亦瞠然莫能对也。其结果共产主义者之行动终流为争取其个人或一群少数人之利益之行动。马克斯主义之特征本在"理论与实践之统一"即王明之"知行合一"，此固无可非议。但共产党员仅知其应"知行合一"，而不知其何以必须"知行合一"，即知其然而不知其所以然。若仅为一阶级一部分人争取物质的利益而实践革命，则其动机及目的反远不及自由主义时代要求自由之市民之高超而合理矣！此即马克思主义者所以日趋于穷途也。

吾人所要求"理论与实践之统一"者乃为吾人之最高核心民族体而服务而牺牲也。"知行合一"并非当局课于吾人之一种法令，实为吾人对于民族体——精神的血液的——之先天的职责，先天的义务，亦即我国之固有民族精神，"忠孝"之实践。

如上述，马克思主义误认历史之存在仅系物质的超个人的环境所规定之人群之实践行动，结果不能在过去之意义之关系上把握由现在以至将来之行动意义。因为在人类思想中尚有重视历史的传统之纵断的连续性之民族文化，无论任何民族均不能否定其传统的固有民族文化。吾人虽未能断定民族文化主义者之历史的文化可以超越的绝对的规定人群由现在以至将来之一切行为，但在广大的复杂的人顾〔类〕社会，大部分实受历史的民族文化之强有力之支配。若忽视此种事实，实为一大谬误。因马克斯主义者不能正解历史的意义，故现在多数国家，多数人民对于马克斯主义毫无感奋，反惹起种种之反动。关于此点，马克斯主义者应有所反省也。此乃马克斯主义之第一谬误。关于人类社会之构成形式问题，马克斯主义亦有偏见。一般社会的结合，有种种之结合因子与契机，但马克斯主义之说明社会结合专着眼于人类为满足其生存之必要而进行之协同形式——生产方式，即注意生产力与生产手段之所有、非所有，亦即注意于生产关系之关联的变动。但此种看法仅能说明社会结合之一面。若以此种见解为基准，以说明其他一切人类结合之诸关系，特别对于精神的协同体、血缘协同体，亦加以机械的说明，是犹之以动力施之于发动机之关系，亦为一种谬见。五伦之关系及血缘协同体亦可以生产力或生产关系为说明耶。夫妻关系有时亦许适用唯物辩证法，其实亦属仅少的例外。至于父母子女之天伦关系，决不能以马克斯主义之公式为说明也。此为马克斯主义之第二谬误。

第三，马克斯主义者所犯之最大错误，即彼辈在唯物辩证法之适用上，亦陷于单纯的观念的辩证法之谬误，此即关系于苏俄革命之意义及成果之认识问题。

在西欧资本主义极发达之国家并不发生社会主义革命，在生产力未发达之俄国，反有共产革命之发生，此果何故耶？根据唯物辩证法之说明，即由于俄国内部生产型之不均衡的存在及作为独立国家之俄国与其他西欧帝国主义诸国之殖民地的关系之矛盾的存在，故在俄国实有发生共产主义革命之可能。

但以苏俄革命之发展为中心之世界，革命论及其作为实践行动之第三国际方策，明明承认苏俄革命仅为过渡的现象，由是达到唯物辩证法上之矛盾的发达之完成而已。若认以共产主义为目的之苏俄革命之成功，仅系世界革命之唯物辩证法的发展之一动因，在理论上虽不成为重大的问题，但在第三个国际之势力，由没落而至于解消及各国共产党对莫斯科亦表示叛变之前，第三国际之思想又改变为承认苏俄革命不外为完成其本身之共产主义革命之道程，其他各国之革命则为朝宗于苏俄之细流而已。

欲以唯物辩证法适用于世界的秩序，此诚苏俄共产主义理论家之重大错误。其实苏俄共产革命之发生，在一方面为俄国本身内部之问题，即对于藉革命而新诞生之国民的存在，将加以如何的统制及计划。换言之，苏俄革命之真意仅为俄国国民事业之新创造而已。由俄国之立场言之，在言观〔？〕上纵令谓为建设共产主义社会之过渡期，但由世界之资本主义国家言之，不外为新发生一个对抗的势力而已。果能适用辩证法的发展之理论，亦不外以俄国革命为“正”之“反”的存在而已。

关于世界秩序及其体制，若考察苏俄革命之发生，其本身或可成为唯物辩证法所说明之对象。但世界各国内，共产党之活动并不发展，亦无发展之余地，此种事实不能不请〔？〕系唯物辩证法之适用大受限制之结果也。

总之，苏俄革命之成立及其之发展结果，已证明与第三国际之思想及预测完全不符。然则今日号召共产党之在□之士，仅以改革政治，改良国民生计为目的，又何必固执共产主义之旗帜而始终与苏俄结不解之缘耶？苏俄近十余年来，经伟大的政治家斯大林苦心惨澹经营之结果，益趋向国民革命之完成，国家资本主义之建设，而日臻于强盛，所谓马克斯、列宁主义在莫斯科名存实亡。今日仍有以共产主义相号召者，亦自欺欺人耳。

最后尚需一言者，即共产主义本身尚含有一大矛盾。自由主义、资本主义是对于宗教势力、封建阶级之反动思想，要求自由之主体为个人。马克斯主义、共产主义是对资本主义、帝国主义之反动思想，要求自由之主体为特定阶级。故知共产主义者亦以自由主义为摇篮，前者所唱之标语为“个人之政治的自由”，后者所提出之口号为“个人经济的平等”，均忽略在人类社会尚有较此等理想更为高超、更为神圣的精神之存在。吾人之目的不仅在政治的自由及经济的平等，尚须为更高超、更神圣之目标而服务而牺牲。此最高超、最神圣之目标，即是中华民族之永久的光荣（精神的）与繁昌（物质的）。

（五）新民族主义

吾人对于外界之事物及现象之认识，常根据理性之科学的思维，始终欲在主观上构成客观。此种努力即系对于社会现象及社会关系之合理性之研究。“有此因，故有此果”。各人均以此方式反问凉〔自〕身之理性，然后能使自己心抒，个人主义、自由主义、民主主义等等思想所以能在大多数人中，特别在智识阶级中，占有绝大势力者，即由于彼辈之理性作用。

一般现象，大概可以理智为判断，在此种前提之上，若以自身之理智不能判断之事象，即不欲加以承认或信服从前所迷信或盲从之自然的神密，至今日即由科学之力加以解决而显出其理智之光明矣。同样，对于社会现象亦采取同样之方法，凡是超越理智之事象，则不欲加以承认，最多仅在法则上、概念上明示其发生的根据及发展的过程而已。自文艺复兴期以后，与自觉同时发达之科学，以一切事物之存在理由教示吾人，亦训练吾人必须探究其理由。

科学虽极发达，理性虽极重要，但尚有一种科学及理性之力所不能处理之事象，而必须以另一种思想加以探求者。换言之，即尚有一种超科学、超理性之力存在。例如我之自觉，就于我之存在究竟能探求此存在之奥义至于如何之程度，此诚一大问题。生物进化论曾就自身之存在，以一串之因果法理教示吾人，令吾人必须打破宗教迷信，但吾人乃以汉族为祖先为父母而生于中华之民族，并非美国人亦非俄国人，此种事实乃超越于生物学所教示吾人之法理之上。发生学所教示吾人之法理，总未能彻底说明吾人之此种存在。吾人所以有此种疑问，此种思考，即证明尚有超越因果法理并能令吾人深为感动之历史的意义。现在之"我"对于过去固有其传统的联系，而对于将来又必有其一定之发展，此实类似运命〔命运〕而可以支配吾人者也。吾人不能因父母之穷困而否定其所生，吾人不能因自己面貌之丑陋而怨及双亲，吾人不能因国家之贫弱而悔恨不生于美国、俄国、日本。又凡是肉胎必有时无端兴奋，无端伤感，此等心理的事情，虽理智力极锐敏之智识阶级亦不敢加以否定，何况理智薄弱、意见、感情强烈之一般民众。故知在科学理性之外，尚有历史的感情，民族的意识，宗教的情绪，对于民众实具有更为伟大之推动力、感奋力。

如上述，超越个人之主观，尚有无数之精神力，例如信仰常胜于理智，谛观常胜于判断，盲从常胜于批判。美国哲学家科恩氏称，与理性相对峙而竞取而代之者，约有四种，即权威、纯粹经验、直观及创造的想象力。就中，教会、传统、专门家的意见对于一般民众常超越其批判而成为常识所不能判断之"权威"。往昔之神权及天子即其适例。即在号称理性时代之十九世纪，亦有多数反对理性主义之思想，例如浪漫的心理主义，传统的历史主义及直观的生命主义等是也。

对于有力的理性，既有不少之反对力量及思想，故欲单以理性所示之基准以究求人类全机〔体〕之生活行动，或欲纯依理性支配作为整一体之社会关系，实为一大谬误。无真实活动之确信，固不能连立于蔑视理性的感情、意欲、幻想之上，但因人世事象及人类行动亦非必基于根据理性之确信而后能发生□特别如政治及经济之社会制度，其本质在理性上虽具合理的性质，但欲利用此制度者，则未必能出于合理的实行。

如前所述，自由主义之经济制度——资本主义，信赖个人之合理的精神及创意，排斥国家干涉。若有自觉之个人及阶级能按守理性，使之实现，亦未常不可收效。岂知有大谬不然者，其结果反作成弱肉强食之独占的状态而产出极不合理之社会。若系容许个人或一阶级依据其利己的获得欲而作理智的私利的活动之社会，就民族全体而言，结果是反乎理智。此固就于民族全体无统制的滥用其个人的部份的理智之结果也。

理智或合理本身并非恶性的，但就人类之思维全体观之，则并无何等伟大的力量，个人或一个阶级因不正当之目的而利用理智或合理时，遂使理智主义之信用日见坠落。

一定民族或国家，使用一定之言语，保持一定之风俗习惯，亦具有一定之信念，凡此现象不能仅认为单基于理性所承认之结果，科学可以证明言语之变迁、风俗之转变、信念之推移，但若不能使之归一同化于全世界的，则吾人不能不承认此等特殊性之价值。言语、风俗、信念之所以有特殊性而具有历史的价值者，尽由于血缘与地缘关系之结果也。代表此等特殊性者，即是民族体——不可分割的超越个人理性之整一体。此整一体是完全否定其内部再有个人、阶级或派别之主观的存在。此种历史价值之总体是超越个人或阶级之一切批判之精神的最高核心与权威。

陆象山应朱熹之请求，曾在白鹿洞书院作一场之讲学，讲题为“君子喻于义，小人喻于利”。听众有为之感极涕零者。听众何以感极涕零，此决非理或性科学所能说明也。

自由主义与马克斯主义喻利之思想也，不能令人感极涕零之思想也。然则能令人感动奋发之思想究为如何之思想耶？

吾人之回答为新民族主义。

精神的社会（或称协同体）最小者为夫妻、友谊、家庭等等，其最大者则为国家或民族，此最大的精神的民族协同体是整一不可分析的，吾人称之为民族体。民族体有起过去光荣的历史，同时亦有其繁荣之将来，吾人以此民族体为最高目标，尊敬之、信仰之，由是发生一种信念。由过去之历史的传统的信念结晶而成立一种思想，是即新民族主义（民族同胞主义）。

民族体不仅为一种有机体，并为一个生命体，此民族生命体乃以一定之土地为根基而成长之血液的凝集体。属于此生命之个人，不论在过去、现在及将来，仅为此生命体中之一个血轮，由此生命体游离出来后之血轮之运命只有腐化及消灭。血轮亦必须存在于生命体中，始能发挥其机能，血轮必须融化于生命体中，使其主体之生命体日见强健，日见繁荣。

譬之一株大树，有繁茂之枝叶，若有一片落叶脱离此株主体之大树，断绝其与大树之有机的关系，则此一片落叶唯有枯朽、湮没。

古来称同胞为手足，手足断，不可续。在新民族主义指导下之同胞，尽兄弟也，同附属于一民族体。脱离此民族体之各人即等于陌路之人，而无兄弟之义矣。有兄然后有弟，无弟何由有兄，所谓兄弟最少乃指两人以上之血液协同体也。若在兄弟间无友爱之情，则兄弟之名义无从成立。此数人者亦等于互不相识之陌路人而已。对于父子关系、家族关系，国家、民族同样可以适用此种整一体之理论。

同属于一渊源之民族体之民族不应分裂为多数之个人，阶级或派系之弱民族体之生命力，若分裂为多数之政权之耗蚀民族之元气、精力，更非所宜也。其所以犯此种错误者，无他，因尚未认识民族体之整一性，又无新民族主义之理论中指导之，根据自由主义、个人主义之资本主义、共产主义等舶来思想，遂得乘虚侵入而诱惑之故也。

号称黄帝子孙之我中华民族实有其悠久的光荣的渊源，经过极自然的生命发展而至于今日，即对于将来亦有无穷的前程，此种民族体所固有之民族精神即所谓轩辕魂也，同其血液之中华民族皆赋有此种高尚而伟大之轩辕魂。由此轩辕魂之发挥，吾人必须实践为民族而服役而牺牲之信条，而所出行动亦必然为超越物质的利害关系，超越个人、超越阶级之意识。

（六）新民族主义运动之原则

在新民族主义领导下之运动必须尊崇民族体之权威，服从主义及严守秩序，同时燃起其热烈之信念为动力，时时刻刻想念及轩辕皇帝之丰功伟业及我民族之光荣历史，继承者之吾人，必须保持勿替。

换言之，即吾人对于祖国之中华，须有强烈之信仰，此信仰即为民族革命运动之出发点，坚同金石，使之实践。现在之中华民族，若不能自加反省，不能不称为日趋坠落，加之以一国三公，政出多门，彼辈均为个人权利而从政，其目中未常有民族与国家也。吾人必须以全民族之努力，振剧〔刷〕我中华民族之精神，重建我具有光荣历史之祖国。

中华在大地上为一个政治的单位，凡藉国际势力以侵害此统一的政治单位之阴谋，吾人必须猛烈加以指摘及摧毁。凡故意就于我中华国家作分离运动者，实犯最大之罪恶，当为国家民族之千古罪人，因中华国家乃一个不可分割之历史的运命协同体。

吾人唯就自由及马克斯主义，加以严格之批判，以证明其不能适用于中华民族。至于在过去误信此两种主义者，若能觉悟，翩然归来，则亦为吾人所热烈欢迎，因彼辈亦为吾人之手足兄弟也。

我中华在国际上必须要求独立自主之优越的立场，但不希望国际的孤立，亦不欲外国加以干涉。在文化上有共同之渊源，在经济上有共同之利益，在政治上又能互相援助之国家，吾人尤须与之作更密切之友谊。

在东亚，我国在过去曾成一个光荣之国家，自受资本主义的帝国主义之侵略以来，在政治上与经济上遂日趋坠落，加以共产主义之乘虚而入，民族精神复日见衰颓，青年思想日益混乱。吾人有鉴于此，认为非亟提倡强烈的民族主义，实无以拯救中华民族之危亡，新民族主义，即为吾人所信奉之主义，其第一个要求即为血液之统一性。

赋有共同血液之吾人，必须为祖国全体而服役，因为我中华国家为一全体主义机构，凡是中华民族得应用其家族，市、镇、乡、区等组合机能，参与国家之政事，但须在新民族主义指导为条件。

吾人承认国民之尊严、人格及自由，但以能巩固构成国民之有机的部份为条件。若妨害祖国之团结、权力及自由者，必须禁制其自由。若不违反国家全体利益，在一定限度之内，吾人承认其利人的企业。

在经济上，中华全社会必须为中华民族之全体而服役。故吾人承认各职业团体之组织立体的公会。

吾人极端排斥资本主义制度，因资本主义制度蔑视民□大众之利益，承认私有财产之非人格化及陷勤劳阶级于极度之贫困。共产主义者之改革政治，改善勤劳大众之生活，固为吾人所赞同，但此仅属政策与技术之问题，至其主义本身在我国之历史的传统上全无根基，实与我中华民族精神相抵触。因共产主义之特色只在理性与技术，新民新〔族〕主义之特色则为信念与精神。

吾人严厉限制国民间之无限的经济斗争，亦严厉防制强大的社会阶级之压迫弱小的社会阶级。吾人主张“富”与“教”同时并进，以改善民族全体之生活条件。吾人绝对不容许因少数人之奢侈生活而陷大多数民众饥饿线上作惨痛之挣扎。吾人仅承认以正当手段达到正当目的——个人的、民族的或社会的——之私有财产，但严厉制裁大金融家、投机者及高利贷者之榨取。

中华国民皆有劳动之权利及义务，若不与民族全体利益相抵触，或不犯国家之法律者，须救济其失业。但寄生于他人之劳力者，不加以任何保障。

传统的民族精神之涵养及保持，全在农村。以工业为本位之都市最易耗蚀民族精神及民族感情，个人主义、自由主义即由是侵入。在以农业为本位之乡村，人民生活与土地有不可须臾离开之关系，祖先传统由是维承及保持，故须积极提倡农本主义，以涵养对于乡土之虔敬的情操。又国力之培养亦全在农村，故必须从速改善农村社会及经济。

设立严格的教育制度以养成坚强而统一的民族精神，务使国民皆能理解以中华为祖国实为一种最高之光荣与矜夸。凡是中国男儿均有被编入中华民族革命军之荣誉，故须厉行普遍的军事教育。

在过去因经济政策之不健全，故影响及于文化教育，致国民无从发挥其天分与才智，今后必须彻底革新文化教育政策，俾赋有资质者皆得受高等教育。

新民族主义运动乃由于各人内心所赋轩辕魂之发动，使我祖国达到最光荣之水准，为一种最荣誉的运动。为实现吾人之主义，必须与国内现在之徬徨于资本主义或马克斯主义之团体相斗争，而向民族革命之途迈进，其方式是直接的、赤热的、斗争的，人生即是战争。以藉服役与牺牲而纯化之精神，争取祖国与民族之光荣，始得称为有意义有价值的人生。

〔各小党派全宗汇集档案〕

（二）社团的组织活动

一、战时人民团体组织法规

1. 国防最高委员会抄送非常时期人民团体组织纲领施行细则草案等公函

（1940年2月10日）

国防最高委员会秘书厅公函　　国治字第七〇四一号
　　　　　　　　　　　　　　中华民国二十九年二月十日发

准中央执行委员会秘书处渝（28）机字第一五一零八号函略开：关于非常时期人民团体组织纲领实施事宜，经社会部召集有关机关拟具方案三种，送由党务委员会审议，将各方案归并，另行拟具非常时期人民团体组织纲领施行细则草案，提出中央第一三四次常会讨论，决议送国防最高委员会审议。检同原草案及各委员意见请查照转陈。等由。经陈奉批：交法制、经济、教育三专门委员会审查，并邀教育部、政治部、社会部部长参加。兹法制、经济、教育三专门委员会报告审查意见，复奉批：先函请社会部签注意见。相应抄同原附件及审查报告函达，即希签注见复。再，本厅第三处第二科陈子才同志对于本案所签意见一并抄附，以备参考，并希查照。此致

中央社会部

附抄原草案及审查报告各一件，又意见两件。

秘密（修正案）。非常时期人民团体组织纲领施行细则草案

一、非常时期人民团体组织纲领（以下简称本纲领）所称之人民团体，谓由人民自动组织之社团，如职业团体（农会、渔会、

工会、商会、同业工会、自由职业团体等)、学生自治团体（学生自治会等)、妇女团体(妇女会等)、文化团体（教育会及其他学术文艺国际文化等团体)、宗教团体（佛教会、道教会、回教公会等)、慈善团体、公益团体、抗敌后援团体及其他社会运动之团体。

二、本纲领所称之政府，在中央为国民政府各院所属之各主管部会，在省为省政府或其主管厅局（直属行政院之市与省同)，在县为县政府，在市为市政府。

三、本纲领所称依法许其有纵的组织之人民团体，包括下列三种：

（一）上级团体以下级团体为会员，而上下级有隶属关系者。

（二）一团体由他团体联合组织，而无隶属关系者。

（三）不以团体为会员，而团体间有总会、分会、支会之关系者。

四、各种人民团体之最高权力机关，应为会员大会或会员代表大会，其执行及监察权之行使应属于会员大会或会员代表大会所产生之执行及监察机构。

五、人民团体之组织程序为：

（一）团体于发起组织时，须由具有各该团体法规所规定之资格者，依照法定之发起人数连署推举代表，具备理由书，向政府主管官署申请许可，并向当地高级党部申请派员指导。

（二）政府主管官署对于申请认为合法时，应即核发许可证，如认为不合法时，当据法驳回。

（三）发起人领得许可证后，应组织筹备会，推定筹备员，并呈报政府主管官署备案。

（四）筹备会应依照民法第四十七条及其他法令之规定，拟定章程草案，并进行组织。

（五）筹备完成时，应在党部指导、政府监督之下举行成立大会，通过章程，选举职员。

（六）成立大会举行后，应将其章程、职员名册、会员名册，附载依民法第四十八条及其他法令所规定之事项呈请政府主管官署立案，其职员名册及会员名册并应分呈当地高级党部备案。

六、人民团体之组织程序法令另有规定者，应依其规定。

七、战地之人民团体得用各种不同之方式或不同之名义变通组织之。

八、边远区域因特殊情形不能依照本施行细则组织人民团体者，得呈请政府另定组织办法。

九、人民团体之组织许可证，须载明团体应遵守左列事项：

（一）不得有违反三民主义之言论及行为；

（二）接受中国国民党之指导；

（三）遵守国家法律，服从政府命令；

（四）团体会员以法律许可者为限；

（五）有反革命行为被告发有据或受褫夺公权之处分者，不得为会员；

（六）除例会外，各项会议须得政府主管官署之许可，方可召集；

（七）违反上列规定者，应受法令之处分。

十、凡人民团体之组织不健全或发生纠纷时，应由政府主管官署饬令依法整理；其因法规变更而现有之团体组织不合规定时，政府主管官署应饬令其依法改组。

十一、凡在同一区域内之人民团体性质相同者，其主管官署得斟酌情形予以合并或调整之。

十二、凡人民团体有下列情形之一者，由政府依法制裁之：

（一）违反组织者；

（二）违反三民主义者；

（三）违反抗战建国纲领者；

（四）有其他不法行为者。

十三、各种职业团体设书记一人，应在各该团体章程内规定，其派遣、训练等办法另定之。

十四、本细则自公布日施行。

说明

人民团体之组织与管理，自非常时期人民团体组织纲领颁布后，应从新修订，以适应需要，故特参酌从前颁布之成规及新进之事实，拟订非常时期人民团体组织纲领施行细则一种。兹将应行说明之点分条叙述于下：

（一）第三条第一项系指农会等团体之组织，如农会分省农会、县市农会、乡农会三级，省农会以县市农会为会员，县农会以乡农会为会员，而省县市乡农会均有隶属关系。第二项系指商会与同业公会之关系而言，如同业公会虽为商会之组成份子，但商会与同业公会间并无隶属关系。第三项系指铁路工会等团体而言，如铁路工会虽设分会、支会等，但分会并非为总会之会员，支会并非为分会之会员，其会员仍为自然人故也。

（二）人民团体之组织，本纲领中既规定应由政府许可，故本细则第五条第二项内规定由政府核发许可证。

（三）人民向政府申请许可组织团体时，党部与政府必须切实合作，商酌妥善，然后由政府许可，此种合作手续已另拟办法，不规定于本细则内。

（四）人民团体章程过去均由党部审核备查，现在许可证已规定由政府颁发，故此种审核章程之手续，党部可以省略，且各重要团体之章程准则大都已经规定，而筹备员于拟定章则时，已受党部指导员之指导，是更无须审查，仅依法呈向政府立案时，由政府审查可也。

（五）第十条中所规定之整理及改组等事项。从前均订有法规可资依据。

（六）第十二条所载职业团体书记之训练、派遣等办法，业已拟订，俟与有关机关会商后即可呈核。

抄关于订定非常时期人民团体组织纲领施行细则案各委员意见摘要　第一三四次常会

甘副秘书长：非常时期人民团体组织纲领，早经国防最高委员会通过，并由国民政府颁行，本草案系为便于实施而订定。查从前管理人民团体事权全在党部，现在是将管理之权名义上归诸政府，实际上仍由党部主持。根据此原则，现在县政府设有社会科，科长是县党部的人当然可以做到，惟在省与中央方面，应如何联系，尚成问题。在人民团体中为加强控制力量起见，所以要设书记一人，书记须受过训练，他可以做协助指导的工作，照细则第五条所规定党部方面十分让步的，可以免除各方之反感，本案最重要之点亦即在此一□。其第十、第十一两条规定之用意，便于解决另有作用之团体，留一调整之余地。关于第三条总的组织是维持原案，并无变动，因为事实上已有许多纵的组织存在。在第十四条未载明由中央通过字样，是因为此细则将来要公开的，所以不写出来，实际上是由中央通过交政府公布。

张委员群：本案是根据组织纲领来的，最重要的一点，从前由党部发许可证，再由政府立案，现在许可权亦归政府，有了本案之后，以前不统一的情形可以统一起来，如果以前通过的纲领没有问题，本案亦可通过。

戴委员传贤：关于人民团体之指导，从十七、八年的时候就想走到现在所要走的路——即第五条所定的办法，惟第五项所称由党部指导，实际上政府原由党来组织的，似可不必写出来，因为这是事实问题，如果党管不住政府，写出来亦无甚用处。第一条规定谓由人民自动组织之社团云云，下面举出许多种类，似可不必，因为各种人民团体的性质不同，其组织有的是含有强制性的，有的是全任自由的，在现行法律虽没有详细的分别，然事实上人民团体并不能都是自由组织的。有的要人民能够自治强制他组织，例如商会，其城市到了某种情形一定要他组织的，无论商人愿意与否，因此这一段文字不如改为谓由人民依法组织之团体较为妥当。

段委员锡朋：团体在社会上的功用与权利义务不一样的，像同业公会、商会和学生自治会，性质相差甚远，戴先生的意见是对的，现在的办法当然比从前进步了。不过有一个问题值得研究的，所称人民团体由党部指导、政府监督，但是指导的范围如何，监督的范围如何，没有分别，实际上有因指导尽到了监督责任，也有因监督而尽到指导责任的，所以最好由党部督促政府，由政府督促人民团体，现在定的指导与监督办法恐怕将来还是要发生问题的。别的国家党在团体中发生作用，是运用党体的团体受法律的拘束，所以最好在法律上表现，否则事实上总会有点参差的。

甘副秘书长：送国防最高委员会交法制专门委员再研究一下。

总裁：今天大家讲的意见，附送国防最高委员会。

马委员超俊：由党部指导，恐怕在事实上党部处于协助的地位了，本席以为在军政、训政期内，党部对于组织民众之权不能放弃。

总裁：现在党部对于指导监督人民团体的方式，一定要先透过政府，而后去执行指导监督的任务，这是最完善的办法。如果由党部派人去指导，常会引起人民的反感，结果还是不能指导，所以原则是指导人民团体要党同政府一元化，党透过政府不要在文字上写出来。现在这个办法和从前的无大分别，如果明年国民大会召集以后，一切法令不能再有党的字样，我们要在国民大会召集以前一年之内，实现党透过政府的工作，达到指导监督的目的，这个办法虽比以前稍有进步，但未澈底。

甘副秘书长：党透过政府在县已无问题，只有省和中央要有一个办法。

孔委员祥熙：一样的，省政府也可以就省党部的人派去指导。

总裁：省现在有党政联席会议，省政府对于人民团体的事情自然要先与省党部商洽，人民团体的指导人也可由省党部委员或书记长担任，但是要用政府的名义派出。本案交国防最高委员会审议（众无异议）。

〔社会部档案〕

2. 国民政府公布非常时期人民团体组织纲领训令

（1940年6月1日）

国民政府训令　渝文字五三一号
中华民国二十九年六月一日发

令国民政府政务官惩戒委员会

为令知事：查非常时期人民团体组织纲领，现经制定明令公布，应即通饬施行。除分令外，合行抄发该组织纲领条文，令仰知照并转饬所属一体知照。此令。

计抄发非常时期人民团体组织纲领一份。

国民政府主席　林森

立法院院长　孙科

非常时期人民团体组织纲领　二十九年六月一日公布

一、一切人民团体均应以抗战建国为共同目的，在奉行三民主义，拥护国民政府，服从最高统帅之原则下，为整个民族利益而奋斗。

二、人民团体之组织，应以适合战时需要为前提，每一团体均应尽其战时之义务，对于政府所定之动员办法、国防及生产计划等，应努力促其实现。

三、各种人民团体之组织，不得违反民主集权之精神。

四、各种人民团体之成立，无论下级团体或上级团体，均应先经政府之许可。

五、各种人民团体组织之区域，除因特殊情形另有规定或另经政府许可者外，以行政区域为其组织之区域。

六、各种人民团体依法许其有纵的组织者，其组织应由下而上。上级团体之组织，原则上应有该区域内下级团体半数以上之成立并参加，始得成立。其因情形特殊不适于采用此原则者，得先成立总会，然后成立分会或支会。

七、人民团体确有民众基础及救国工作表现而依法组织者，应予合法之保障。

八、职业团体之会员入会，及下级团体加入上级团体，均以强制为原则，退会应有限制。

九、全国人民除受法令限制者外，均得分别参加人民团体之组织，侨居国外之人民亦同。

十、各种职业团体应设书记一人，以曾经特种训练合格之人员充任，必要时得由政府指派，承各该团体执行机关之命，办理事务，并负推进各该团体各种活动之责任。

十一、各种人民团体除受中国国民党之指导、政府主管机关监督外，关于抗战动员工作，并受军事机关之指挥。

十二、对于战地之人民团体，应斟酌情形，分别为适当之指导与援助，团体未成立者，应促成其组织，并得另定办法，以应实际之需要。

十三、自卫组织应另定法规，使全国人民均有普遍参加之机会，不规定于各种人民团体组织法规之中。

十四、现行各种人民团体组织法规，与本纲领不相抵触者，仍适用之。

十五、边远区域因特殊情形，不能依照本纲领组织人民团体者，得呈请政府另定组织办法。

〔国民政府档案〕

3. 国民政府公布非常时期人民团体组织法训令

（1942年2月10日）

国民政府训令　渝文字一五二号
中华民国三十一年二月十日发

令国民政府政务官惩戒委员会

查非常时期人民团体组织法业经制定，明令公布，应即通饬施行。除分行外，合行抄发该法，令仰知照并转饬所属一体知照。此令。

计抄发非常时期人民团体组织法一份。

国民政府主席　林森
立法院院长　孙科

非常时期人民团体组织法　三十一年二月十日公布

第一条　非常时期各种人民团体之组织，依本法之规定。

第二条　人民团体之主管官署，在中央为社会部，在省为社会处，未设社会处之省为民政厅，在院辖市为社会局，在县市为县市政府。但其目的事业，应依法受该事业主管官署之指挥监督。

第三条　人民团体因同一业务而结合者，为职业团体。

第四条　各种职业之从业人，均应依法组织职业团体，并应依法加入各该团体为会员。

各种职业团体依法许其有级数之组织者，其下级团体均应加入各该上级团体为会员。

第五条　职业团体之会员，除法律另有规定外，以现在从事本业者为限。

第六条　凡具有两种以上人民团体之会员资格者，得同时加入两种以上之团体为会员。

第七条　人民团体组织之区域，除法令另有规定外，以行政区域为其组织区域。

第八条　人民团体在同一区域内除法令另有规定外，其同性质同级者以一个为限。

第九条　人民团体均应置理事、监事，就会员中选择之，其名额依左列之规定：

一、县市以下人民团体之理事，不得逾九人、

二、省或院辖市人民团体之理事，不得逾二十五人。

三、中央直辖人民团体之理事，不得逾三十一人。

四、各级人民团体之监事名额，不得超过该团体理事名额三分之一。

五、各级人民团体均得置候补理事、候补监事，其名额不得超过该团体理事、监事名额二分之一。

前项各款理事、监事名额在三人以上时，得按名额多寡，互选常务理事、常务监事一人至五人，必要时并得就常务理事中选举一人为理事长。

第十条　各职业团体置书记一人，以曾经训练合格之人员充任，必要时得由主管官署指派。

其他人民团体遇必要时，得依前项规定办理。

第十一条　人民团体之发起人数，除法令另有规定外，应依左列之规定：

一、县各级人民团体之组织，应有十五人以上之发起。

二、中央直辖及省或院辖市之人民团体之组织，应有三十人以上之发起。

三、依法有级数组织之人民团体，应先组织其下级团体，有过半数之下级团体组织完成时，得发起组织其上级团体。

第十二条　人民团体之章程，应载明左列事项：

一、名称。

二、宗旨。

三、区域。

四、会址。

五、任务或事业。

六、组织。

七、会员入会、出会及除名。

八、会员之权利与义务。

九、职员名额权限任期及其选任、解任。

十、会议。

十一、经费及会计。

十二、章程之修改。

第十三条　人民团体之组织，应由发起人向主管官署申请许可，经许可后，主管官署应即派员指导。

第十四条　人民团体经许可组织，其发起人应即推定筹备员组织筹备会，呈报主管官署备案。

第十五条　人民团体于召开成立大会前，应将筹备经过，连同章程草案，呈报主管官署，并请派员监选。

第十六条　人民团体组织完成时，应即造具会员名册、职员略历册，连同章程各一份，呈报主管官署立案，并由主管官署造具简表，转送目的事业主管官署备查。

第十七条　人民团体经核准立案后，应颁发立案证书及图记。

前项立案证书及图记之式样暨颁发规则，由社会部定之。

第十八条　人民团体违反法令、妨害公益或怠忽任务时，主管官署得分别施以左列之处分：

一、警告。

二、撤消其决议。

三、整理。

四、解散。

职业团体经解散后，应即重行组织。

下级主管官署为第一项第三款或第四款之处分时，应经其上级主管官署之核准。

第一项第一款及第二款之处分，目的事业主管官署亦得为之。

第十九条：现行法令关于人民团体组织之规定，与本法不抵触者，仍适用之。

第二十条　本法自公布日施行。

〔国民政府档案〕

4. 行政院核准公布收复地区人民团体调整办法

（1942年7月6日）

收复地区人民团体调整办法

民国卅二年七月六日行政院核准

第一条　社会部为调整收复地区之人民团体，特订定本办法。

第二条　收复地区之人民团体，除系受敌伪指挥组织成立者，应一律勒令解散外，凡经各地政府、党部或军事机关核准有案者，均应依本办法调整之。

第三条　人民团体之调整办法如左：

甲、有左列情形之一者，予以解散：

1. 份子多数附逆或负责人附逆影响团体行动者；

2. 团体久无活动，且其存立之基本要件已不具备者；

3. 团体活动违反法令妨害公益或有破坏地方安宁秩序情事者。

乙、有左列情形之一者，予以整理：

1. 负责人一部份附逆者；

2. 团体被压停止活动而组织尚有相当基础者；

3. 组织不健全或内部发生纠纷者。

丙、有左列情形之一者，予以改组：

1. 组织法令有变更者；

2. 战时成立之团体有依法改组之必要者。

丁、有左列情形之一者，予以改选：

1. 组织健全负责人任期业已届满者；

2. 负责人缺额过多无法替补者。

第四条　前条所列整理改组之实施，分别准用人民团体整理办法及指导人民团体改组办法之规定。

第五条　收复地区人民团体之调整，由当地县（市）政府办理，必要时得斟酌情形会同党部及驻军高级政工机构合组委员会办理之。

前项调整委员会，由县市政府就党政军各机关及地方适当人员遴选聘任，并以县（市）政府派出之人员为主任委员，党部与驻军政工机构派出之人员为副主任委员。

第六条　凡应整理改组或改选之人民团体，均由当地县（市）政府派员指导。

第七条　人民团体整理改组或改选完成后，指导员应将指导经过分别填具整理改组或改选总报告表，呈报县（市）政府备案。

第八条　每一县（市）区域内人民团体全部调整完竣时，应由指导员造具总报告，由县（市）政府递转社会部备案。

第九条　院辖市人民团体之整理适用本办法之规定。

第十条　本办法自呈奉行政院核准施行。

〔社会部档案〕

二、社团组织活动

（1）牺牲救国同盟会

1．山西省政府准予牺盟会备案批

（1936年9月28日）

山西省政府批　　省字第52号

牺牲救国同盟会常委梁敦厚等

呈送组织章程及职员履历表请备案由。

呈件均悉，准予备案。此批。

中华民国廿五年九月廿八日

〔社会部档案〕

2．国民党山西省执委会关于牺盟会组织活动情形公函

（1936年12月2日）

中国国民党山西省执行委员会公函　晋字第四二号

查太原左倾分子牛佩瑶等，藉政治势力之掩护，组织最后生路社公开活动，本会业经函报查禁在案。顷据报告，山西公道团及牺牲救国同盟会，均系左倾分子牛佩瑶等所操纵，倡导联合战线，诋毁中央。兹将牺牲救国同盟会过去与现在，另文详述函报，

即希查照为荷。此致

中央民众训练部

附报告一份

中华民国二十五年十二月二日

牺牲救国同盟会之过去与现在

自邓初民奉命来晋，倡导联合战线以来，潜伏太原以及公道团之左倾份子，大为活动，卒由公道团左倾分子牛佩琮、刘岱峰等，主使公道团受训之下级人员，发起筹备牺牲救国同盟会，更得梁化之之允许赞助，遂公开发表不分党派、不分阶级、贫富、平等底一致联合的联合战线主张，竟由发起而成立筹备委员会，选定筹备委员十五人，从事筹备工作，积极活动，而一般人士，不加深察，亦盲从附和，一时联合战线之理论，高唱入云，笼罩全并。惟因选举筹备委员，全由左倾分子所主使之小组操纵，遂引起外人之反感与攻击，加以梁某事先未将筹备委员之预定人，呈阎核准，因而阎氏竟将选出之筹备委员完全停止职权，在外表上另委杜任之、牛佩琮、续如楫等三人，负筹备省县全责，而在实际上即无异限制其活动，故前筹备委员会所定召开之成立大会，亦奉命停止，临时改为宣传大会，以对付外界。自此牺牲救国同盟会之工作，由紧张而消沉，浓厚弥漫之联合战线空气，几如朝露般过去。于此可知阎氏当初对联合战线之态度，既不绝对禁止，亦不完全放任，只采一种限制干涉方法，使完全在自己支配下，从事活动，努力工作。惟为时不久，一般左倾分子，不甘寂寞，复重振旗鼓，积极活跃，卒借梁某之力，使一度消沉之工作，转趋紧张，并积极开展，以最高权力饬令公道团全体团员，一律参加，计划组织义勇、政治工作、除奸、警卫后方、救护、缉私等十二队工作人员，参加实际救国工作，于前周已开始征求团员，自由报名参加，现仍在进行中。于此又可知该牺牲救国会，现已为阎氏之中心组织，得阎之信任，尽量活动。此外，自该牺牲救国同盟会筹备委员会，宣布工作计划以及宣言、告民众书后，北平学联总会，首先来电备道钦佩，继而山西留平学生会，亦来电颂扬慰勉，并请求该会诸人，向当局请求释放政治犯，取消政治犯通缉令及保障民众爱国运动二条。而北平学联总会，除来电外，又派代表二人来并活动，住于山西旅馆。经多日多方之探查，确知该二人均为左倾分子，一姓杜名德字润身，太谷人，曾住太原国民师范，现住师大，一姓萧，名未悉，亦师大生，来晋后经牺牲救国同盟会人员之介绍，曾谒见山西当局，请求北平学生来并参加政治工作，当局乃命梁化之与之来往，现在各校成立之后援救国等团体，均为此二人所策动，并曾亲往女师、太师等校讲演。至该二人来并，尚带有共党宣传品，如"怎样敢"一小册，纯系共党工作技术之研究。此外尚有令人注意者，一般左倾分子，贯用造谣之法，煽动社会人士，分化统一局面及诋毁政府，如谓："南京政府受资产阶级之威胁，放弃对日抗战政策，不得已乃召开杭州会议，亲对北方将领解释苦衷"；如谓："张学良来晋使命系联络华北及西北诸省，从事联俄容共倒蒋抗日之工作"；又谓："阎之赴陕转洛，系保驾张学良，调解中央与张之隔阂也"；更谓："此次蒋来并赴济不过与塘沽协定前北上保定之意义相同，绝无对日作战之决心"。更有笑者，当此华北局势紧张之今日，竟造谣谓中央已接受日本要求，调宋哲元南下主赣，调傅作义离绥主豫。似此荒谬怪诞之谣言，层出不穷，虽可待事实证明其荒谬，然一般人不察，竟受其煽惑，随从而怀疑政府，诋毁政府，我政府在社会上所受之影响，亦非浅鲜。而此类谣言之发源，在太原即全由所谓牺牲救国同盟会诸要所产出耳。

〔国民党党务机构档案〕

3. 国民党中执委秘书处转发牺盟会组织与活动公函

（1939年6月7日）

中国国民党中央执行委员会秘书处公函　渝（28）文字第6852号

顷准军政部何部长函转第九十三军军长刘戡所作《鸟瞰下的山西姿态及其改进的我见》一文，节述(1)牺牲救国同盟会之组织与活动，(2)共党报纸刊物等充斥晋省〔略〕，(3)请在晋南创设大规模印刷所〔略〕，等情，相应摘抄原文密达查照分别核办，并希见复。此致

中央宣传部

附摘抄原文一件

摘抄原文

山西有一个新兴的政党性质的团体，叫作牺牲救国同盟会，是抗战后产生的，其中分子有些是共党的党员，大部分是共党同路人，一少部分则系纯洁的爱国青年，他们执行的所谓路线或政策，大多是拾共党的唾余，现在也已认识环境而渐渐的修改了。起初他们与剿共时候所产生的公道团彼此摩擦很利害，后来他们两个团体合并组编了牺公联委会，实际是牺盟会并吞了公道团。山西民运工作，完全是牺盟会办理的，他与各级政府的关系，非常密切而一致，可以说完全两位一体，行政人员大都是牺盟分子，不是牺盟分子便难立足，即勉强立足，也是受多方的牵制，困难万分。如第七区专员关民权，比较对中央及我军观感较好，然而他们就认为他是背叛了牺盟会的行动。牺盟最重要的分子是梁化之、薄一波、张文昂、戎伍胜等。但其中的干部，以我的观察，薄一波要算首屈一指，他很有能力而执行一切，同时意志也很坚决。他原是共党党员，曾被政府监禁数年，抗战时才释放的。他

曾宣称脱离共党，可是他一切作风完全是共党的一套，而与共党及八路军都有密切的联系。这是据我的观察，是值得注意的人物。牺盟会可以说是把握了山西的政治与军事，各级政府都有牺盟会特派员，以至于县以下的区村都有，他们完全代替了国民党的地位。在他们的领导下，组织了各级救国会，如工救、农救、妇救等救国会，他们广大的训练干部，吸收干部，并普遍的组织民众，训练民众。现在山西有九个军事政治干部学校，阎司令长官任校长，各行政区专员任副校长，造就出来的学生（牺盟会员）分任军事、政治及民运干部。阎先生的新军，牺盟认为是基本武力，如青年决死队（即在中央备案的独立一、二、三旅），有四个纵队，每纵队有三团，牺盟在这里建立了很好的政工，政治委员可以领导一切，薄一波是一纵队的政治委员，戎伍胜是三纵队的政治委员，由纵队一直到连，都有多数政工人员在工作着，连上有一个指导员，两个协理员，他们要以这个为基础为模范，来改造其他的晋绥军。现在有一部晋绥军，也有政工的建立，好多部分的军队，下级干部都是牺盟的分子，除了这些以外，还有游击团、政治保卫队，都是牺盟的武装队伍，现在他们又在组织工人游击支队。山西的扩军是很可惊人的，他们真正执行了共党的游击队正规化的口号了。正规化是应该的，编成正规番号而实际离正规化很远，要求中央负担，可是不合理的。如独立第八旅，就是地方团队、游击部队凑合编成的。他们现在有若干队游击团，若干的游击小部队，恐怕也要编成正规军，要求中央负担军费。我看有点不妥，因为他们战斗力太差，确不能作正规的战斗，如果他归其他军事高级机关指挥的话，说不定他走了，不仅不知道，恐怕还要吃他的亏，这是有事实足以证明的。关于牺盟会的组织，当然是阎先生领导下的一个类似政党的组织，不过既没有主义为中心思想，又没有正确的理论以领导行动，完全跟共党的尾巴走，这是非常危险的。他将这政治集团之网张开了，是否能收得回来，尚是一个问题，以现在的情形观察，就有尾大不掉之势，这是要请中央特别注意。

〔国民党党务机构档案〕

1. 牺牲救国同盟会简章

(1939年9月5日)

第一条　本会定名为牺牲救国同盟会。

第二条　本会以实践民族革命，牺牲救国为宗旨。

第三条　不分派别，不论贫富，凡不愿做奴隶、做汉奸而赞成本会宗旨，经本会会员一人介绍履行入会手续者，皆得为本会会员。

第四条　本会组织如左：

一、会员代表大会为本会最高权力机关，每年举行一次，决定本会一切进行事项，其组织法另定之。

二、执行委员会由会员代表大会选举执行委员二十七人、候补执行委员七人组织之，每月召开会议一次，在会员代表大会闭幕期间为本会权力执行机关，执行委员任期一年。

三、常务委员会由执行委员推选常务委员九人组织之，承办执行委员会交办事项，并处理日常事务，常务互推主席一人。

常务委员会下设总务、组织、训练、宣传四部，各部设正副主任各一人，由常务委员分任之。

四、各部得因事务繁简聘请干事若干人。

第五条　本会分会之组织法另定之。

第六条　各种会议遇有必要时，得召开临时会议。

第七条　本会经费由会员自由捐助，不足时请政府补助。

第八条　本简章如有未尽事宜，得经代表大会通过修改之。

第九条　本简章由本会成立大会通过施行。

民国二十八年九月五日

〔社会部档案〕

5．牺盟会总会职员履历表

（1939年9月5日）

牺牲救国同盟会总会职员履历表

民国二十八年九月五日

职别	姓　名	性别	年龄	籍贯	履　　历
常委	梁敦厚	男	33	山西	第二战区政治部副主任
常委	薄一波	男	31	山西	山西省第三行政区督察专员
常委	牛荫冠	男	28	山西	山西省政府参事
常委	傅雨田	男	26	吉林	新二十五团政治主任
常委	冯基平	男	30	吉林	新编游击十九团团长
常委	宋时昌	男	33	山西	晋冀察边区政府主任委员
常委	雷任民	男	27	山西	前决死第四纵队政委
执委	梁膺庸	男	27	山西	民族革命大学教务主任
执委	李力杲	男	29	陕西	陆军独七旅政治主任
执委	杜春沂	男	49	山西	陆军第八三军军长

续上表

执委	顾永田	男	32	江苏	山西省文水县县长
执委	郭挺一	男	32	山西	山西省第二行政区督察专员
执委	周子贞	男	30	浙江	二〇七旅二一团团长
执委	张幹臣	男	30	山西	山西省军政民干部训练委员会第二处副处长
执委	张文昂	男	34	山西	山西省第六行政区督察专员
执委	刘岱峰	男	27	山西	太原绥靖公署政治部副主任
执委	戎子和	男	30	山西	山西省第五行政区督察专员
执委	董天知	男	26	河南	陆军独立第二旅政治主任
执委	张隽轩	男	32	山西	山西省第四行政区督察专员
执委	徐宏文	男	30	河北	山西省总工会常委
执委	王永和	男	31	山西	山西省总工会常委
执委	智生元	男	21	山西	山西定襄县中学教员
执委	薄右丞	男	34	山西	山西省政府委员
执委	楼化蓬	男	27	浙江	第二战区司令长官司令部秘书

〔社会部档案〕

6. 牺盟会会员统计表

(1939年9月5日)

区　　别	会员人数
上党中心区	253800
五台中心区	142300
太原中心区	42310
岢岚中心区	61112
临县中心区	70923
洪赵中心区	115390
乡宁中心区	73012
翼城中心区	75048
晋绥边委会	59099
合　　计	892994

〔社会部档案〕

（2）华北青年协进会

1．华北青年协进会会章①

（1937年7月7日）

第一章　总则

第一条　本会章依照人民团体组织法订定之。

第二条　本会定名为华北青年协进会。

第三条　本会以团结青年，互相提携，促成抗建大业，复兴中华民族为宗旨。

第二章　会员

第四条　凡同情本会之青年，明悉抗建大纲，有爱国尚武之精神，有公益先于私利之观念者，皆得为本会会员。

第五条　有左列情况之一者，不得为本会会员：

1．有违背三民主义之言论者；

2．违反民族国家利益者；

3．褫夺公权者；

4．有不良嗜好者。

第三章　会员之权利与义务

第六条　本会会员有发言权、表决权、选举权、被选举权及一切应享之权利。

第七条　本会会员有遵守会章，服从本会决议案，及缴纳会费之义务。

---

①原件上注明：本会章系根据民国二十年九月十九日在东京组织之东北青年同志会临时会员大会颁布之会章，民国二十六年七月七日临时理事会第十次会议修正。

第四章　组织及职权

第八条　本会组织系统，为总会——分会——支会——区会——通讯处。

第九条　本会得按产业、职业、机关及其他特殊性质之部门，或区域，设各直属组织，其各组织法另订之。

第十条　本会设理事若干人，监事若干人，由会员大会选定之，以得票最多者为当选。并定候补理事若干人，候补监事若干人，补充缺额以得票次多者为当选。

第十一条　本会由理监事，组织理事会、监事会，由理事会选举理事长一人，理监事会各选书记长一人，分掌本会一切事务。

第十二条　本会得设名誉理事长二人，名誉理事若干人，由理事会提出有关怀华北公益，及有社会信望之同志，经会员大会通过聘请之。

第十三条　本会理监事有左列情事之一者，应即解任：

1。因不得已事故，经会员大会决议，准其退职者；

2。旷废职务，经会员大会决议，令其退职者；

3。发生第六条各款情事之一者。

第十四条　理事会为便于推行会务起见，得设以下各部：

1。总务部；2。组织部；3。文化宣传部；4。交通工作部；5。社会工作部；6。情报侦探部；7。政治训练部；8。军事训练部；9。经济事务部；10。革命行动部。

第十五条　每部设部长一人，副部长二人，干事若干人，由理事会聘任之，但正副部长，以理事兼任为原则。

第十六条　各部之工作细则另订之。

第十七条　凡本区各县有五人以上同情本会会章之青年，得设立通讯处，二十人以上者，得设区会，五十人以上者，得设支会，酌量地方情形之需要，得设立分会，其工作情形呈报本会备查。

第十八条　本会理监事任期概为一年，连选得连任。

第十九条　理事会之责权如左：

1. 执行全会代表大会决议案；

2. 决定各部工作计划；

3. 组织分、支、区会及通讯处，并指挥监督之；

4. 办理监事会移付执行之案件；

5. 编制预算决算，支配全会财务。

第二十条　监事会之职权如左：

1. 监察会务进行；

2. 监察理事会，执行会员大会之决议案；

3. 审查理事会处理之会务；

4. 稽核理事会之财政出入；

5. 决议理事会提出之处分会员案件；

6. 指挥下级监察工作。

第五章　会期

第二十一条　会员大会，每半年举行一次，由理事会召集之，遇有必要时，经理监事会决议，或会员三分之一以上之请求，得召开大会。

第二十二条　理监事会，每月举行一次，由理事长召集之，理事长遇有特殊任务缺席时，由理监事会书记长共同召集之。

第二十三条　遇有必要时，得召集理事联席会议。

第六章　工作纲领

第二十四条　1. 团结革命青年，力行三民主义；

2. 振作尚武精神，确立负责任、守纪律之信念；

3. 以精诚团结、互助、互信、互爱、互勉为原则；

4. 要有创造性与进取心，尽力推行有关国家民族利益之事业；

5. 要知公益先于私利，以劲疾之风，扫除社会上污秽之恶习；

6. 注重青年人格道德之修养，以薰和之风，培养社会上之生机与正气；

7. 提高青年文化政治水准；

8. 提高青年科学研究，养成人生以服务为目的之观念；

9. 力求中华民族与世界民族处平等之地位；

10. 力求恢复并发挥始祖黄帝之神武德威。

第七章　纪律

第二十五条　本会会员应遵守下列之规律：

1. 会内各问题得自由讨论，但一经大会决议，即须绝对服从；

2. 不得违背国家与民族利益；

3. 不得于会外抨击本会，及诋毁同志或互相倾轧、陷害；

4. 对于时事发表意见时，不得违背国家抗建宗旨与本会工作纲领。

第二十六条　如有违背前项规定者，予以左列之处分：

1. 警告；

2. 记过；

3. 停止半年以上之出席；

4. 停止一年以上之选举权及被选举权；

5. 除名；

6. 其它适当之处分。

第八章　基金

第二十七条　本会基金，即系前东北青年同志会所余之基金。

第二十八条　本会基金，一次在百元以上使用时，须由理事会会议通过后开支。

第九章　会费

第二十九条　本会会员入会时，须缴纳入会费一角。

第三十条　本会会员，每月须缴纳入会费一角，遇有特别需要时，得由理事会另募集捐款。

第十章　附则

第三十一条　本简章如有未尽之处，得由会员大会修正之。

第三十二条　本简章经会员大会通过，呈准备案之日施行。

〔社会部档案〕

2. 王启元关于将东北青年同志会改为华北青年协进会请予备案呈

（1940年10月20日）

案查东北青年同志会成立意义及始末并各部负责人名册，已于本年四月呈送三民主义青年团组织处备查在案。此次奉命视察，行抵晋南一带，适逢旧日同志多人，来晋相寻（因彼等知元前在河北民军工作住陵川），彼等均潜伏于平汉、道清沿线，且有冀、鲁、晋、豫各省若干青年同志及十余万有联络之安清同志，因地方情形特殊，不易大举活动，更不能因中枢实力不能达到关系，而加入任何政党，以致误入歧途，故均纷纷请求加入本会，共图良策。元应大家之请，与大会决议，将东北青年同志会改为华北青年协进会，扩大组织，共同奋进，俾作我党之外围，以加强抗战力量。谨将会章及改组经过上陈，伏乞钧座鉴核，准予备案，俾得进行工作，而利抗建，实为公便。谨呈部长谷

附呈：会章一册〔略〕

各地分会一览表一份〔缺〕

我们的认识与任务一本

报告一册〔略〕

华北青年协进会理事长　王启元

中华民国二十九年十月二十日

我们的认识与任务　　启元手订

第一条　本会同志共同遵守之目标：

（一）民族至上，国家至上。

（二）意志集中，力量集中。

（三）军事第一，胜利第一。

第二条　本会同志之基本精神：

（一）要有国家民族之观念。

（二）要有责任心与自信心。

（三）要有自强不息之精神。

（四）要不知有难字。

（五）要有纪律性。

（六）要有创造性。

第三条　保守民族固有之道德

（一）爱国。

（二）尚武。

（三）明礼。

（四）守义。

（五）知耻。

（六）勤奋。

（七）清洁。

第四条　努力促进新生活运动：

（一）识字运动。

（二）工读运动。

（三）□□运动。

（四）□□运动。

（五）守时运动。

（六）救饥运动。
（七）卫生运动。
（八）合作运动。
（九）保甲运动。
（十）筑堤运动。
（十一）补路运动。
（十二）保林运动。
（十三）保险运动。
（十四）防灾运动。
（十五）防空运动。
（十六）提倡储蓄保险运动。
（十七）提倡服用国货运动。
（十八）协助调查户口运动。
（十九）协助警察侦缉运动。
第五条　战时的任务：
（一）在后方者：
1. 构筑防御工事。
2. 维持地方治安。
3. 协助军队作战。
4. 帮助国军运输。
5. 救济伤兵难民。
6. 消灭汉奸敌探。
7. 努力生产建设。
8. 推行节约储蓄。
（二）在前方者：
1. 散布谣言，动摇敌方军心。
2. 刺探敌情，报告国军。
3. 毁坏敌方工事，削弱敌方兵力。

4．破坏敌军交通，阻碍敌军运输。

5．劫夺敌军给养，牵制敌军进攻。

6．实行游击，分散敌人兵力。

（三）在敌人占领地者：

1．侦察敌伪军攻防部署及其态势。

2．侦察敌伪军高级司令部组织及作战计划。

3．侦察敌伪兵士素质、训练程度及其生活。

4．侦察敌伪军长官特性及其经历。

5．调查伪政府设施。

6．调查敌伪特务机关组织及收买、训练、派遣汉奸情形。

7．详加调查真伪汉奸。

8．侦察敌伪兵站设施及其仓库集积所在地。

9．侦察敌飞机场停留机数、机种及油库。

10．调查敌在华北各地大企业公司会社之内容与组织。

11．考查民众对敌我态度及其生活情况。

12．调查各地金融状况与物价。

13．调查各地奴化教育与毒化情形。

14．争取伪军与汉奸反正。

第六条　战时的信约：

（一）先民众而犯险，后民众而休息。

（二）先民众应战时一切之需要。

（三）泯除平日一切偏见，亲爱精诚，共赴国难。

（四）帮助各级政府，肃清一切反动势力。

（五）行动神速化。

（六）工作勤谨化。

（七）生活劳动化。

（八）思想主义化。

（九）武装自己的头脑，充实自己的政治宝库，随时准备着走向民族革命的最前线去。

（十）我们要动员一切体力、物力、智力、财力，支持神圣的抗战。

第七条　本会同志应有的信念：

（一）本会同志不分性别，须人人右手一枝枪，左手一部书，随时准备武装斗争与理论辩争。

（二）青年是国家的命脉，是人类幸福的创造者，必须善用生命中的每一瞬间，对祖国的前途，抱极大的信仰与努力。

（三）本会同志须有新进的思想，清晰的头脑，热烈的情感，忠诚伟大的心地，勇于服务的精神，为本会、为国家、为社会而具备健全的体格。

（四）青年毕生的工作，就是建设新社会，无论平时、战时，均应警觉、紧张，不断的努力，才不会发生坐而言，起而不能行的空谈毛病。

（五）本会同志应当敬老、惩贪、助困、扶弱，一视同仁。

（六）本会同志应□□□□分子之总结合，不应有区分性别、地域之观念。

第八条　本会同志应有的认识：

（一）对党国

忠党爱国，牺牲个人。

（二）对同志

精诚团结，确立互助之基础。

（三）对民众

军民一致，一心一德，共争取最后胜利。

（四）对友邦

1．遵重各友邦独立自主之精神。

2．保障国际和平公约。

3．对于各国现存之友谊，当益求增进与扩大。

4. 制止帝国主义侵略，奠立东亚和平之基业。

第九条　三要：

（一）中心信仰之建立：

1. 一个领袖，一个政府，一个信仰，一个主义。

2. 民族意识之培养，国家观念之加强，团结精神之巩固，必胜信念之确立。

（二）组训民众技术之修养：从消极适应中，而作积极的领导。

（三）游击战术之习得：出奇制胜，避实击虚，利用潜伏力量，自然条件，发挥被压迫民族自卫战术的伟力，集散靡定，进以制敌死命，出没无常，守以蹑敌后方，使敌疲于奔命，不战而胜。

第十条　十诫：

（一）我们的祖宗是黄帝，我们应当尊崇黄帝之开国精神。

（二）为国家尽忠，为民族尽孝。

（三）国家之敌人，即是个人之敌人，需尽所有力量，与以无情的打击。

（四）中国之贫苦大众，都是同胞，须尽各人力量，帮助解决一切困难问题。

（五）人人要具有政治头脑，人人要具有武德。

（六）克服工作中的一切困难，扫除依赖、敷衍、怠惰、散漫、游移、投机之恶习，接受过去一切经验与教训。

（七）随时准备为国牺牲。

（八）只有相信将来，才能获得最后胜利。

（九）中华民族一切都是光荣的。

（十）本会同志都应是前进的。

〔社会部档案〕

3. 吉德梁关于华北青年协进会签呈

(1941年1月12日)

查该会组织庞大，会员众多，其任务颇合抗建原则，如在前方的后方战时工作，推行社会教育，及提倡新生活运动等工作，非本部所职掌，兹为加强领导与运用力量起见，拟召集战地党政委员会及内、教两部，会同商讨领导该会办法，再行决定核准与否。是否有当，请核。

职 吉德梁

一、十二

〔社会部档案〕

(3) 中国铸魂学社

中国铸魂学社敬告全国国民并前方将士书①

(1938年1月22日)

铸魂运动开展敬告全国国民并告前方将士

安若定

国难的火焰已经烧遍了半个的中国，百年来的睡狮已经矍然惊醒奔跃起来为全身挣扎的巨吼！上自中央要员下迄在野的各党各派莫不化除异见，一致在国族最高意识及“抗战救亡”的大旗之下，服从政府，统一领导，集中力量，共同奋斗。由全国军事政治形式上的统一，渐渐到了军事政治实质上的统一，这种现象可以说是民国二十六年来最难多得的收获；也可以说在“九一八”六年来惨风凄雨的中国前途上发现了一线的曙光。

①此文原载，《大侠魂》周刊第七卷第一期（1938年1月22日）。

本社应国难产生，六年来大声疾呼的“铸魂运动”，到了今日可以说已经收到了相当的成功。这种化除异见，认清国族最高利益，集中全国力量，服从政府，一致站拢在最高领袖统一领导“抗战救亡”的大旗之下，这确是受过历史上伟大的教训以后廿六年来，一大转变的未有的好现象！同时，更是适合于“民族至上”与“全民革命”的伟大的国民革命之最高原则，播下了转入新阶段——未来新中国建设的新生命的种子，而将开辟一个不久到来的崭新的环境与灿烂的世界。

这样，才是适合于我们“大侠魂”六年来的使命与唯一的愿望。

这“大侠魂”是有六年历史的救国刊物，它除了呼号全国一致在政府领导之下努力救亡以外，还发扬它中心思想与独一理论的大侠魂主义。但是，很有人怀疑大侠魂的说：

（一）大侠魂不应称做主义；

（二）大侠魂是英雄主义；

（三）大侠魂是怀疑派哲学。

这几个问题，我认为是关于大侠魂学术性上的根本问题，确乎有检讨的价值。我这里顺便简单解释一下：

第一点，他底意思，以为主义是一个政治上或经济上的名词，大侠魂是思想哲学，所以不应称做主义。但是主义并不是这样狭义的解释。“主义”是近时代的名词，在古时代就称做“道”。道，以性质分，有王道，霸道；以门户分，有老庄的道，杨墨的道，孔孟的道，释迦的道，耶苏的道……。即拿时代名词的主义来说：有自然主义(Naturalism)、人文主义(Humanism)、人生主义(Anthropologism)、人格主义(Personalism)、生气主义(Animism)、古典主义(Classicism)、正统主义(Orthodooxy)、直观主义(Intuitionism)、浪漫主义(Romanticism)、理想主义(Idealism)、象征主义(Symbolism)、蒙昧主义(Obscurantism)、写实主义(Realism)、严肃主义(Rigorism)……这都是思想上的主义，一时也写不完。况且大侠魂本身是一个“主义之主义”所以在“大侠魂”后尾加上“主义”两字，是合理无碍。

第二点，他底意思，以为大侠魂刚强不屈，高视一切，富有英雄性，只有少数人可以做得到。这实在是最大的误解。大侠魂云：“无论男的女的老的少的强的弱的智的愚的丑的俏的……只要一念真实，便是一个大侠魂者。”凡物不得其平则鸣，这种“一念真实”唯平哲学的大侠魂主义，不但人类有之，物类亦有之，所以“大侠魂”是弥满于天地宇宙之间！更何分乎性别的男女，年龄的老幼，阶级的贫富，以及英雄不英雄？反乎“大侠魂”便是“小鬼魄”，假使大侠魂是英雄，那末这英雄亦是合理的，正义的，道德的，是真是美是善，更是有科学上根据的优生主义。

第三点，他底意思，以为“大侠魂人生态度”上第一个“真理的态度”有“没有神，没有人，没有我，没有道”四个要义，便误认大侠魂为怀疑一切了。而不知大侠魂之四个“没有”是“由疑入信”的阶段，是一种客观上“批判”的精神，决不是“由疑入疑”以怀疑为目的而陷入于“独断论”之范畴。所以在“真理的态度”四个“没有”之后，马上就接上第二个“革命的态度”之“有认识，有主张，有计划，有行动”四个“有”了，这是很清楚的说明（详见《大侠魂人生态度》）。

此外，还有人说大侠魂是唯心的。大侠魂固然主张天助自助，人定胜天，然而同时更未尝忽略了知识的追求与客观环境之研究。它究底是唯心？唯物？还是唯生——是“生命”“向上”“创造”——心物综合的唯生哲学，这已有不少的大侠魂著述可供说明。

又有人说大侠魂太空洞，太无实际。我答：大侠魂原是一个思想名词，是一个人生规范，譬如说要叫你做“好人”，你不能说这是太空洞，要你做一个“民族英雄”，你亦不能说这太无实际。何况大侠魂的内容，还并不是这样“空洞”或“太无实际”，它自有一个思想的组织与理论的系统。尤其是平爱原理为大侠魂之唯一根据。并且所说实际与不空洞，还要看你是否有大侠魂干的行为而决定。唯物大师的马克思亦曾说过："思想一经侵入群众，便成为物质的力量。""思想在群众"已经成为物质的力量；倘"思想在群众"而更发动个个群众干的行为，那末这"思想"不但可以改造各个的人生，而更可以创辟整个未来的世界。

大侠魂是生命哲学，所以大侠魂是始终拥护三民主义而奋斗。现在我国的全面抗战已经作前哨的开始，我们大侠魂"人格斗争"有六年历史的铸魂运动更将加速地开展。我爱国的全国国民，前方浴血抗战的爱国将士，都是万古不朽有历史生命价值的大侠魂者，一肩重担，负着大时代的使命前趋。大侠魂要为民族争独立，要为人类打不平。

我们要肃清唯心派的神学观念与扫除唯物派的机械人生。大侠魂云："大侠魂从认识自己入手，以解放民族及人类为归……"，所以大侠魂是唯生的，是成长的，是生机主义（Vitalism）的。它是一贯的被称为修心立命匡人救世之学。我们可以说：

没有了大侠魂，就没有人生；

没有了大侠魂，就没有民族；

没有了大侠魂，就没有人类。

我们高呼：

拥护血战疆场死难殉国的大侠魂！（阵亡烈士及其家属）

拥护抗战救亡为国献身的大侠魂！（各界民众）

拥护奋战杀敌不扰百姓的大侠魂！（前线军队）

拥护应战反暴伸张正义的大侠魂！（全球各国）

〔国民党中央社会部档案〕

2. 中国铸魂学社报告数年来社务概况并请拨发基金呈

（1938年8月13日）

中国铸魂学社为呈报社务及恳请指示者两事，仰祈批示祇遵。

为呈报事：窃职社自九一八后鉴于国难日亟，曾集合同志，组织成立，以研究学术，发扬大侠魂精神，巩固国防为宗旨。并于二十五年九月二十八日备文呈请前南京市党部正式立案在案。数年以来，类似分社之通讯处遍设于全国各通都大邑者，计有长江流域二十四处，黄河流域十四处，珠江流域四处（另附详汉口铸魂学社成立大会记、安社长大会报告）。其文化工作状况：如南京有出版之《大侠魂周刊》及组设之铸魂书局，长沙之《大侠魂日报》，济南之《侠魂月刊》及抚州之《国魂周刊》，以及太原、保定、嘉定等各日报附刊之鼓吹；南京与上海两次举行全国运动大会，印发大小宣传品数十种，为广大之抗日宣传。此外，如济南有社员二十余人组织无畏挺进队，参加关外义勇军等等。现在全国社员已发展至一千二百余人，其中尤以军人与国术界同志及学生青年为最多。去冬汉口铸魂学社成立，又组织抗敌工作团，计有（一）演讲队，（二）编撰队，（三）壁报队，（四）话剧队，（五）歌咏队，（六）画报队；并成立乡镇支队五处，努力参加抗敌救亡工作亦将半载。最近又经卫戍司令部政治部审查认为属于“扶植”一类之民众团体。此近数年来工作之大概情形也。关于汉口部分社务，应由汉口分社向汉市党部另行呈报外，关于职社南京部分，因不悉南京市党部现在临时办公地址，故无从正式呈报。现须请求钧部指示者计有两事：（一）职社虽在南京市党部立案，但事实上确已为全国性质之团体，以后可否改由钧部直接领导；（二）职社同伴已有一千余人作基础，且有七年之历史，从此积极推动发展社务，提高民族意识，拥护三民主义，当非难事，惟最感困难者，厥为经济问题，以后可否恳请钧部一次拨给基金若干，以利进行。以上两项，理合呈报缘由，仰祈批示祗遵，实为德便。谨呈
中央社会部部长陈

中国铸魂学社理事长安若定

附呈：汉口铸魂学社成立大会记一页

通讯处：汉口清芬路七十七号

中华民国二十七年八月十三日

汉口铸魂学社成立大会记① 徐霖 李乡朴 笔记

铸魂学社系本社主干安剑平先生所创造，在九一八、一二八事变后，二十一年二月成立于南京，发行《大侠魂周刊》，宣传大侠魂为推行三民主义动力之理论，鼓吹"人格斗争""新人运动"为抗日救亡之途径，全国风行，社会争读。武汉三镇有本社同伴一百二十余人，为积极发扬大侠魂精神以应抗战需要起见，最近特呈准当地党政机关组织汉口铸魂学社，于本年元月十日下午二时假汉口市党部开成立大会，除因职务离汉者外，计实到男女社员四十余人，暨市党部代表叶本厚，市政府代表徐靖，军委会第六部武汉文化团体指导专员刘百闵（项学儒代）等。南京总社安主干及理事蒋抱一、殷震夏等亦均出席。行礼如仪毕，当推筹备主任张雨安为临时主席，徐霖、李乡朴为纪录。兹将开会经过详情缕列于后：

（一）主席张雨安报告开会主旨及筹备经过：

本社在此非常时期，于汉口开成立大会，是很有意义的；现在在未报告筹备经过以前，特别将我们组织铸魂学社的意义略为报告一下：

兄弟是个大侠魂的信仰者，因为大侠魂是二十世纪对国家对

①此文原载《大侠魂周刊》第七卷第一期(1938年1月22日)。

人类有极大的贡献的哲学，现在是亟需应用的时期了。大侠魂的内容是替人类打不平，今天倭寇利用其优越的军事力量来欺压我们，这种不平的事件是临到我们的头上来了！我们就得要发扬大侠魂精神，打倒我们的最大敌人日本帝国主义者，再进而为世界人类打不平。

我们要实行大侠魂，表现大侠魂的力量，就得要有组织，例如日耳曼民族，能在全球称霸，就因为他们的民族，到任何地方有组织，有团结，所以后来德意志国家虽在第一次世界大战后，受到极高度的压迫，仍然能很快的复兴起来了。

本社自从在南京总社领导之下工作以来，三年于兹。今天来开这个成立大会，是要将许多对大侠魂有认识有信仰的同伴组织起来，拥护政府，努力抗战；况且二十世纪为一个组织时代，不组织无以生存，现在已是一个组织世界，这是我们组织汉口铸魂学社的第一个意义。

其次，我们的国家，虽为一个民主共和的国家，但是贫富不平均，生活不平均，任何方面，都表现不平，就是说，尚未实现三民主义，须得用大侠魂精神推行三民主义，实现平等的生活，普爱的生活，这是我们组织汉口铸魂学社的第二个意义。

现在将本社筹备情形报告一下：兄弟前年到武汉来，看到许多很热情的同伴和许多很困苦的同伴，都能实干硬干快干，兄弟亟为感奋。于是在汉口清芬路七十七号租赁房子，在一年多以来积极进行，去年五六月正在呈请党政机关成立的时候，至七月，适值卢案发生，全面抗战发动，特组抗敌工作团，工作成绩尚能不比各民众团体落后，而且还站在前面。为了便于活动起见，特呈请党政机关立案，于十一月份得到许可证，嗣以事务迟延，以致今天才在此地开成立大会。

今天我们在此地开会，承市党部、市政府及文化团体指导专员都派了代表来参加．甚为感激，并且很荣幸的是本社创造者安主干及南京许多先进同伴也都在此地参加。很希望各代表、安主干及各先进同伴指示工作方针。并望本社各同伴今后对大侠魂各种丛书要多加研究阅看，本大侠魂的精神，修心立命，努力抗战工作，更须严密组织起来，以对于今后民族及人类，作伟大的贡献。

（二）安主干致词：

讲词甚长，兹摘录其要点如下。

（1）本社努力之经过　本社于一二八以后，鉴于外祸日亟，创立于首都。六年以来，计出版《大侠魂周刊》六卷，大侠魂丛书二十一种。又于民国二十二年创设铸魂书局于南京，各埠设推销处，积极促进大侠魂文化运动。此外更注意于组织工作。现已正式成立铸魂学社分社者有南京、无锡、汉口等三处；设立通讯处（即未立案之分社）者有北平、济南、天津、上海、长沙等五处。其他为设通讯主任。如以区域论：长江流域计有二十四处，如上海、常熟、蚌埠、温州、杭州、临海、宜昌、重庆、黄梅、宜兴、郧阳、蕲春、苏州、无锡、盐城、襄阳、通山、应山、徐州、汉阳、武昌、汉口、南京、南昌等处。黄河流域计有十四处，如北平、天津、济南、保定、太原、西安、朝邑、邹平、商河、济宁、招远、郑州、南阳等处。珠江流域有四处，计广州、贵州、泉州、福州等处。至于各通讯处文化工作与实践工作之可得而言者，计有长沙之《大侠魂日报》，济南之《侠魂月刊》及抚州之《国魂周刊》，太原、保定、嘉定各日报附刊之鼓吹，以及上海筹备将竣忽遭沪战中止之《生存月刊》。而在前年，南京与上海两次举行全国运动大会，本社印发大小宣传品数十种，为空前之扩大宣传，每当本社宣传品临风四飘之际，全场群众鼓掌如雷。各该地社员更全体动员，奔走讲述，阐发“黄魂重铸”之义及“大侠魂”之抗敌精神，甚至使辽宁、吉林、黑龙江等省亡省同胞，涕泗滂沱。本社同伴于慰问与策励之下亦相对饮泣。更广赠大侠魂丛书于各省健儿，将大侠魂抗敌精神带回各省。此二次运动尤觉轰轰烈烈，有声有色。此外如济南有二十余同伴组织出关调查满洲伪国及参加关外义勇军之“大侠魂无畏挺进队”，两广异动时，张同伴在贵州联合在乡军人组织游击军，以及卢沟桥事变后北平罗同伴之组成万余人义勇军等等。此皆为荦荦大者。

（2）本社成分之分析　因本社特重于文化及实践的缘故，所以成份以知识分子、武装同志暨国术界占大多数。尤以军队，国术界与在乡军人等优秀之分子约占百分之六十以上。其他为学生、青年、公务人员及各界志士，农工大众现在尚占很少之比例，不过以后我们很想向这一方面发展。

（3）本社分子之分布　全国各行省，差不多都有本社之同伴。大概黄河流域，以平、津、直、鲁一带为最多；长江流域，以两湖、川、豫为最多；珠江流域，以贵州一省为较多；其间不少慷慨侠烈有思想有热情有行动之青年领袖人才。更多军队下级干部，常随军队移动，转辗各省，至难统计。边省如黑龙江、绥远、热河、新疆、西康，以及云、贵等省。再远至南洋、澳洲、西欧等处，亦有本社读者与同伴之足迹。

（4）本社最初之起源　我国自袁世凯接受二十一条后，全国均惕然于日本帝国主义之为我国死敌，而群思所以抵御之。在当时我们知道日本的民族精神是武士道的“大和魂”，所以他全国的民气强盛、精神振奋以致一战胜我，再战胜俄，而我们国民气质脆弱消沉，民族精神萎靡，遂致相形见绌，所以我在民国十二年时，就创办《孤星报》一种，公开提倡大侠魂，发扬中华民族精神，结合同志，积极从事铸魂运动。除总理亲题报楣以示激励外，其他中央委员如吴稚晖、汪精卫、胡展堂、廖仲恺、于右任、戴季陶诸先生等，均曾与以精神上或物质上之援助。当时孤星社分社有十余处，社员均为大中学青年学生，对于革命北伐时贡献尤多。惟十六年清党时颇受打击，且有一部牺牲。然即此可以看到本社大侠魂主张十余年来，在客观上确有适合我国政治社会时代上之迫切需要。

（5）大侠魂之唯生哲学　大抵主张唯心的多注重人治，主张唯物的多倾向法治。大侠魂根据于唯生哲学，它既不偏重于唯心主义，又不偏重于唯物主义，它主张把心与物综合起来成功一个唯生主义。它把握住活的历史法则和社会本质，而以真情热肠无畏的实践精神，努力以赴事功，所以它被称为“主义之主义”。这种唯生哲学表现在政治行动上的，是它底不偏重领袖，也不漠视群众。在加强中心势力执行集团要求的时候，它承认领袖的重要；在监督领袖行动推进革命势力的时候，它又重视群众。领袖失去了群众，领袖便没有存在的价值；群众没有了领袖，群众便很难表现他伟大的力量。最近苏联大选举的时候，国防委员长伏诺希洛夫对选民演说：“我们为增加更大效力起见，须保持党的本身团结与其一元性”。所谓党的本身团结，就是指群众而言；一元性就是指领袖而言。可见俄国理论表面上虽然倡的唯物，而在实际行动上还是唯生主义。从前北洋军阀只知得拥护领袖而忽略了广大群众，十年来中国共产党只知得夺取群众而忽略了领袖人格之号召，以致都受到严重的惨败。群众共同需要及共同意志的表现，就是所谓主义。故主义即是代表群众的共同意志与共同要求，是二而一的。现在国民党有正确的三民主义，又有伟大的领袖蒋委员长，这便是证明国民革命有最后胜利的保障。假若有人因我们主张领袖与主义同等重视，认此种立论乃大侠魂二元论哲学，那末我将答以领袖与主义是不可分，仍是一元的，我们不愿说“以领袖为中心”，也不愿说“以主义为中心”，我们必须把领袖与主义联系起来，配合起来，这便是组织。我们要“以组织为中心”，这组织便是一元。我们主张唯生，这组织也就是生命。所以有组织就是有生命，无组织即是无生命，组织健全，便是生命健康，组织不健全，便是生命脆弱。所以说到“生命”，就有心有物；说到“组织"，也就是有领袖有群众。这组织便是我们的生命，便是我们的一元。

（6）本社今后之希望　现在我国领土，业已丧失其半，本社全体同伴之使命，异常重大。汉口地居全国中心，战后尤为全国文化人集中之地，今日汉口铸魂学社正式成立，此后武汉同伴责任更感重大，希望全体同伴本大侠魂主义所昭示者，努力迈进，在三民主义政治之下，以完成本社"重铸黄魂"运动之伟大使命。

（三）市党部代表叶本厚训词

今天兄弟能代表市党部来参加贵社成立大会，很觉荣幸。对于贵社宗旨之伟大与切实，更觉钦仰。我们知道在一个民族垂危的时候，特别是要视气节，而贵社之"大侠魂"，即为我国固有道德中之"气节"与"义气"之两种涵义。我国现在已到极危险的最后关头，希望贵社全体同志，将这包涵着"气节"与"义气"的大侠魂主义，多加宣传，身体力行，以保卫我中华民族的人格和生命。

（四）政府代表徐靖训词〔略〕

（五）文化团体指导专员代表项学儒训词

我过去对于贵社的详细情形，不大熟悉。六年来贵社有这许多书刊出版，我不曾细读，真是惭愧。以后，我很想将贵社的出版物多多加以研究。刚才听到安先生的报告，我深感大侠魂主义的伟大，因为它是实现三民主义中民族主义的最具体的办法，也就是说大侠魂是实行民族主义的推动机。没有了它，我们的民族危险，就根本没有解除的可能。同时安先生报告今后要希望农工大众都能参加，这更是我极感同情的一点，是民众的一个福音。不过贵社以后的出版物，希望能愈加通俗化才好。此后我们文化界行动委员会很愿与贵社合作。因为同舟方能共济，最忌的是步骤零乱，自相践踏。所以这时候最需要的是大家开诚相见，共同拟定出一个确能医治社会病态的有效方案。这个方案当然是以三民主义为最高归宿的。唯物史观哲学创造者马克斯所倡导的"斗争创历史”的学说，早已被孙总理以互助为中心的“生存唯一”的定义所补充，所修正，这就是唯生哲学，这就是以民生为历史的中心的社会法则。而大侠魂主义恰恰合乎此点，所以拿大侠魂主义去推动三民主义，以救我国家民族，这都是历史所赋予贵社同伴的责任，也是历史赋予我们大家的神圣责任。

（六）南京总社理事殷震夏同伴演说

兄弟自首都随国府西迁来汉后，正逢到汉口铸魂学社开成立大会，实感兴奋。关于本社成立的历史和意义，有主席和主干安先生的详细报告，关于本社今后的动向，有各代表的详尽指导，所以兄弟实觉没有好的意见向大家贡献。现在兄弟所说的是个人的一点感想：本社在南京成立时，正在一二八炮火连天的时候，而汉口分社之成立，也正是日寇加紧进攻我们的最后关头，这一点可以说我们大侠魂的同伴是在民族最危险的中间成长并锻炼出来的，所以我们要特别认识这一点历史的教训。此外，我们知道在这次民族抗战里面，有一件最值得我们痛心的，就是汉奸的众多与活跃，这就是证明我们大侠魂确乎适合时代的需要，证明我们今天的民族，急切地需要一个大侠魂理论中“人格斗争”的铸魂运动。我谨以此点请求大家的特别与努力，使我们的大侠魂“人格斗争”的铸魂运动，能普遍地深入整个中华民族的各阶层，以健全我民族抗战的精神，而为争取最后胜利的最大保证。

（七）通过章程（略）

（八）通过提案

甲、电慰致敬者

1. 电蒋委员长致敬案（筹备会提）

2. 电中央拥护抗战到底案（筹备会提）

3. 电慰前敌将士案（筹备会提）

4. 电唁苏绅张仲仁不屈死节为民表率案（筹备会提）

乙、建议中央者

1. 建议中央彻底实行三民主义之政治以救危亡案(筹备会提)

2. 健全各行政机构罗致各方爱国人才增加救亡工作效率案(张雨安提)

3. 厘定限制官吏人民之私产最高额其余捐充国饷以利救亡案(筹备会提)

4. 厘定降低文官生活待遇符合革命政治而利救亡案(筹备会提)

5. 严令战区行政长官申明守土有责并严惩抗战不力将士以振国家纲纪案(筹备会提)

6. 各机关遣散之公务人员应实行编组战时服务团以加强抗日力量而免闲散流离案(张雨安提)

7. 切实慰劳伤兵编遣难民进行垦荒生产以应长期抗战案(罗春台提)

丙、呼吁全国者

1. 呼吁全国各界抗敌救亡应共同信仰三民主义以赴事功案(筹备会提)

2. 协助政府尽量举发各地贪官污吏以苏民困而振士气案(徐霖提)

3. 实行保甲连坐以期彻底消灭汉奸案(李实清提)

丁、电告本社全国社员者

1. 一致自动参加各地抗敌除奸工作案(张雨安、李实清、罗春台提)

2. 发动各地民众组织充实抗战力量案(张雨安、李实清提)

以上各案，均经大会全体决议通过。

(九) 通过宣言(下期发表)

(十) 选举

甲、监选人　市党部代表叶本厚、市政府代表徐靖

乙、开票人　何竺

丙、唱票人　徐霖

丁、选出理事长一人　张雨安四二票

戊、选出理事九人　李实清三三票　徐霖三〇票　刘之盘二七票　张侠生二三票　黄鹤鸣二三票　张延龄二三票　胡光炳一九票　李乡朴一八票　刘寿祥一五票

候补理事五人　王荣东一四票　李秋农一四票　蔡尧夫一三票　石径三一二票　刘崇礼一〇票　罗春台一〇票

罗春台与刘崇礼同票，当经监选人以拈阄方法，抽出刘崇礼同伴当选为候补理事。

（十一）大会口号

大侠魂同伴实行组织起来！

发扬真情热肠无畏的大侠魂！

打倒伪意冷血懦怯的小鬼魄！

以大侠魂的精神实行三民主义！

以大侠魂的精神打倒日本帝国主义！

拥护中国国民党！

拥护蒋委员长！

驱逐日本倭寇！

收复国家失土！

中国国民党万岁！

蒋委员长万岁！

中华民族万岁！

会场中自始自终，空气热烈紧张，精神异常饱满。散会已六时许，全体同伴共赴中山路品芳照相馆摄影纪念毕，又至某菜馆聚餐。餐时，各同伴相继发言，互相勉励，且有“打退敌人”“到东京聚餐”之壮言，一时鼓掌之声不绝，各同伴勇敢热烈之精神，充分表现，乃尽欢而散。

〔社会部档案〕

3. 社会部关于中国铸魂学社请求备案批答稿

（1938年9月21日）

批答

批中国铸魂学社

呈一件：为呈报数年工作概况，并请示可否受中央直接指导及拨给基金若干由。

呈件均悉。查该社于民国廿五年四月间向前中央民众训练部呈请备案，经批答须修正章程并拟具工作计划草案呈核等语去后，该社迄未遵办。兹据来呈，仍仰遵照前中央民众训练部批答办理后再依法呈请本部备案为要。此批。

〔社会部档案〕

4. 中国铸魂学社报送修正组织章程及职员名单备案呈

（1939年3月　日）

呈为缕陈属社事实经过，恳请准予备案事：窃若定鉴于九一八以来，为唤起国民爱国意识及发扬民族精神，以巩固精神国防起见，特组织铸魂学社，发行《大侠魂周刊》，荏苒光阴，于今八载。民国二十五年曾呈请前民训部备案，蒙批指示改正各点，已经遵办。惟第二条宗旨一项，删去“大侠魂”三字，以碍于事实，姑为保留，盖各地分社均以大侠魂一词为社员之精神连系。又查属社在南京、汉口两市党部均经先后呈请成立备案事实经过，对大侠魂一词均未删去。八载光阴，社员已遍全国，统计已逾千人，自全面抗战以来，或在前方担任游击及民训工作，或在后方负起生产及宣传重责，均以发扬大侠魂文化运动，贯彻三大主张（拥护一个主义——三民主义，一个政府——国民政府，一个领袖——蒋委员长）为行动之守则，如一旦变更，不但旧日社员失去维系之精神，尤恐转为其他不健全分子所假借。现在适应抗战急迫需要，各地社员均已纷纷自起成立分社，就地活动，倘无总社遥为节制，统一领导，势将意见分歧，各自为政，甚或为人操纵利用，遗患无穷。此非若定拥护党国之诚心，亦非钧部爱护属社之至意也。最近最高领袖训示，全国精神总动员，似与属社八年来奋斗不懈之中心工作有相互吻合。属社发扬大侠魂精神，以巩固精神国防，此正为拥护最高领袖之主张，而确合于今日抗战建国之需要。为此重陈事实经过，恳请钧部斟酌情势，对第二条宗旨大侠魂数字，准予保留。又前领南京市党部许可证书及批示各一件，附呈鉴核；汉口市党部所领许可证及批示原件，因该分社负责人现在湖南，未能呈缴；另附《大侠魂周刊》七卷一期，内载有汉口分社成立记事，足供参证。除分呈内政部外，理合呈请钧部鉴核，准予备案，实为德便。谨呈

中央党部社会部

属社章程一份及职员名单一纸

附呈　南京市党部许可证书及批示各一件〔缺〕

《大侠魂周刊》一本〔略〕

中国铸魂学社社长安若定谨呈

社址：重庆王福街王福里二十九号

中华民国二十八年三月　日

中国铸魂学社总章

第一章　总纲

第一条　本社定名为中国铸魂学社。

第二条　本社本发扬大侠魂文化运动之使命，以提倡读书风气，鼓吹尚武精神，改造民族气质，建设人类心理为宗旨。

第三条　本社社址，设立于中华民国之首都。

第二章　社员

第四条　本社社员，分下列各种：

一、赞助社员　凡年高德劭或学行优胜，以精神或经济，热心扶助本社事业之发展者，得由本社征求同意，聘为赞助社员。

二、基本社员　凡社员经分社德业督励，确有真情热肠无畏精神者，呈经干事会审查合格，得为基本社员。

三、社员　凡具有真情热肠无畏精神，赞同本社旨趣者，由本社基本社员一人或社员三人以上之介绍，经分社审查合格，得为本社社员。

第五条　本社基本社员及社员，须绝对遵守本社纪律，切实发扬大侠魂文化运动，充分表现真情热肠无畏精神，完成人格斗争，促进新人运动。

第六条　本社除赞助社员得随时声述意见及指导外，基本社员及分社对干事会均有建议权、检举权，惟基本社员须有十人以上之连署，分社须有三个以上之连署，方为有效。

第七条　本社基本社员、社员及分社应有接受干事会之决议，担任指派各项工作，及推销各种出版丛书刊物之义务。

第八条　本社各种社员，均得享受本社一切出版物优遇赠阅之权益。

第三章　组织

第九条　本社设社长一人，代表对外，并综理全社事务。干事十一人至十九人，候补干事五人至七人，组织干事会，决定本社一切进行事宜。

社长、干事，由代表大会于基本社员名单中选任之。

第十条　干事会推选干事长一人，主持会务。会设若干组，每组设组长、组副各一人，由干事长提请社长聘任，分别处理日常事务。暂设组名如下：

一、研究组　主管研究、问学、编译、图书、出版等事宜。

二、演讲组　主管星期演讲、巡回演讲、特别演讲及其他谈话文字之通俗宣传等事宜。

三、国术组　主管国术教练、球艺、运动技术等事宜。

四、社员组　主管登记、甄察、指导、督励等事宜。

五、总务组　主管文书、收发、交际、会计、庶务、新闻等事宜。

各组办事细则得另订之。

第十一条　本社得应事实需要，社设董事及名誉顾问，组设指导员，协助社务进行。

第十二条　本社于必要时，得分设省、县分社，及酌设各种研究委员会，设计委员会，协助社务进行，其组织规则另订之。

第十三条　社长任期三年，连举得连任。干事任期两年，但每次得改选三分之二。选举规则另订之。

第四章　事业

第十四条　本社应举办事业，其范围如左：

一、编印丛书。

二、发行定期或不定期刊物。

三、公开演讲及请名人演说。

四、研究国术及改良音乐。

五、组织进德会合作社。

第十五条　本社应事实需要，社员兴趣，得随时举行游艺会、演说会、联欢会、恳亲会，或组织游猎团、旅行团、调查团、远足队、探险队等。

第五章　经费

第十六条　本社经费之收入，分社费与捐募二种。社费规定如下：

一、基本社员

1. 基金捐拾元或伍元。

2. 常年社费每年伍元或两元。

二、社员

1. 入社费壹元。

2. 常年社费每年壹元。

入社社员除应缴入社费外，一次缴纳本社常年社费贰拾元者，以后永免缴纳常年社费，如递充为基本社员时，并得免收常年社费及基金捐。

第十七条　本社社员入社费及常年社费，由社员向分社缴纳之。基本社员基金捐及常年社费，应由基本社员向本社缴纳之。

第十八条　本社捐募规定如下：

一、志愿捐　社员、基本社员除应缴各费外，尚有余力愿再捐助者，及各界人士赞助本社旨趣，自愿捐助者属之。

二、征募捐　本社推广事业，遇财力不足时，对内或对外公开征募属之。

第十九条　本社与分社之经费，各自独立。但社员入社费应由分社汇缴本社。分社举行对外募捐，须先得本社之核准。

第六章　会议

第二十条　本社代表大会每年举行一次，由干事会召集，但因故得延长一年。其组织规则另订之。

第二十一条　本社干事会每年春秋二季，各举行一次，由社长召集之。

第二十二条　干事会闭会期间，应由各组组长每月举行社务会议一次，代行干事会职权，由干事长召集之。

第二十三条　干事会各组组务会议，每月举行一次，由各组组长召集之。

第二十四条　前项各会议，如有临时发生重要事故，得召集临时会议。

第二十五条　干事会议，如干事因故不能出席者，得委托候补干事一人代行表决权。干事不委托时，得由社长指定候补干事一人代表出席。

社长对各项会议认有违反宗旨时，得有提交复议权及最后决定权。

第七章　纪律

第二十六条　本社各种社员，如有违反三民主义之言论行为，及不遵守社章，或假借本社名义在外招摇妨害本社名誉者，经干事会查明，或基本社员检举，或由分社呈报，视情节轻重，由干事会决议与以下列处分：

一、劝告或警告。

二、停止社籍或登报开除。

第二十七条　干事会各组组长、组副、组员，如有不称职时，得由干事长解除其职务。

第二十八条　本社干事如有违反本社精神及有不守纪律行为者，得经基本社员检举后召集临时干事会议议处之。

第八章　附则

第二十九条　本章程解释之权在干事会。

第三十条　本章程如有未尽事宜，得经社长或干事会提议，由代表大会修正之。

第三十一条　本社第一任干事，得由社长于基本社员中选任其半数。

第三十二条　本章程自呈准中央社会部及内政部之日施行。

中国铸魂学社最高干部人员表

社长	安若定	三十九岁	江苏无锡	上海大学社会学系毕业	前国民政府文官处编审主任
干事	蒋抱一	四十四岁	福建泉州	上海大学中国文学系毕业	监察院
	徐　霖	三十一岁	湖北钟祥	武汉中央军校毕业	别动总队部
	瞿明宙	三十七岁	江苏靖江	东京帝国大学研究院研究员	前国立中央研究院研究员
	马星阁	三十七岁	江苏无锡	南京工业专门学校毕业	行政院战地服务团
	曹功锦	四十三岁	南　京	暨南大学毕业	前中央组织部职员
	孙其铭	四十二岁	安徽桐城	美国普渡大学机械工程学士	河南省农村合作委员会
	殷震夏	四十二岁	江苏无锡		河北民军总指挥部
	仝道云	三十二岁	安徽和县	上海新华艺术大学毕业	前中央组织部干事

续上表

	张雨安	四十三岁	湖南长沙	长沙师范学校毕业	湖南省党部
	罗春台	三十八岁	湖北房县	武昌师范大学	宜昌赈济委员会视察员
	冯超如	四十八岁	陕西大荔	南京法相大学毕业	审计部会计主任
	田镇峰	三十六岁	河北清苑		前山东省立国术馆教务长
	施织荪	三十七岁	江　苏		内政部
	雷仲山	三十五岁	陕西洽阳	上海大学美术系毕业	陕西民政厅督导委员
	陈铁庵	三十三岁	湖南长沙	上海大学文学系毕业	福建浙江监察使署秘书
	张仲玉	三十岁	湖北松滋	中央军官学校军官班毕业	河北民军总指挥部政治组组长
	宋国枢	四十二岁	浙江海宁	法国巴黎大学法学博士	中央政治学校教授

续上表

	马步周	三十岁	河北河间	华北大学教育系毕业	陆军十四军参谋主任（山西垣曲）
	贾蕴高	五十一岁	山西清源		晋绥边境游击队（前太原国术研究会会长）
	戴培元	三十二岁	湖南湘乡	中央军需学校毕业	前南京铸魂书局经理
	陈培德	四十六岁	江苏上海		前上海特别市党部监委
	刘寿祥	二十五岁	江苏江阴	中央大学政治系毕业	桂林正中书局编辑
	徐东星	三十六岁	江苏武进	中央大学政治系毕业	浙赣边区游击队
	陈子英	三十八岁	安徽	上海大学社会学系毕业	南徐门游击队
	以上干事共计二十四人				
候补干事	吴石天	三十九岁	江苏	文治大学	经济部
	刘之盘	三十二岁	湖南湘乡	莫斯科中山大学毕业	湖南郴县邮电检查所

续上表

	魏秉智	三十五岁	江　苏		甘肃民运工作
	邓定人	三十七岁	湖南零陵	上海法政大学毕业	前文化学院教授
	李乡朴		河南南阳		河南民运工作
	冯子恭	四十二岁	湖北咸丰	香港大学毕业	前湖北大冶县长
	贺　郿	四十七岁	山西崞县	国立北京工业专门学校毕业	前津浦铁路机厂厂长
	柳非杞	二十八岁	江　苏	上海正风文学院	大侠魂周刊社助理编辑
	李实清	三十七岁	湖北秭归	中山大学毕业	前湖北省教育会监事
	文静约	二十九岁	河南邓县	南阳民众师范毕业	邓县第一区署
	邹　良	二十八岁	江西南昌	北平中法文学毕业	前平汉铁路职员
	以上候补干事十一人				

中国铸魂学社职员表①

社　　长	安若定	
干事长	瞿明宙	
研究组长	冯超如	
演讲组长	孙其铭	
国术组长	田镇峰	
社员组长	徐　霖	
总务组长	施织荪	

〔社会部档案〕

5．社会部批准中国铸魂学社备案指令稿

（1939年4月12日）

指令

令中国铸魂学社

呈一件：为陈述该社设立经过，暨遵令修正章程情形，检具章册，请鉴核备案由。

呈件均悉。准予备案。惟章程不合之处，应依附开各点修正，并检具章册，依法具呈内政部备案。除分函外，仰即知照。此令。

附件存

①职员的年龄、籍贯、学历、通讯处因同前表，均略。

附：该社章程应行修正各点一份。

发还南京市党部批答及组织许可证书各一份。

中国铸魂学社章程应行修正各点

一、第九条　社长、干事之选举一项，应将本项文内"基本"、"名单"等删去。

二、第十条　干事长应改为"总干事"，并修订本条文如左：

"干事会推选总干事一人，承社长之命主持会务。干事会之下设下列各组，每组设组长、副组长各一人，承社长之命、总干事之指导，办理各该组事务。组长、副组长〔下残〕通过聘任之。"

三、第二十二条　条文中"代行干事会职权"一句删去，干事长改为"总干事"。

四、第二十七条　全文删去，

五、第二十八条　全文删去，

〔社会部档案〕

6. 安若定为与重庆分社合组重庆服务队请求备案呈

（1939年5月12日）

窃属社联合重庆分社合组重庆服务队，现已成立一小队，共计十名，由社员李仲烈、黄少诚率领。除已造送名册函请重庆市党部及重庆空袭紧急救济联合办事处查照分派工作外，理合检同原名册一份，呈请钧部备案，实为公便。〔谨呈〕

中央社会部部长陈

中国铸魂学社社长安若定

中华民国二十八年五月十二日

中国铸魂学社重庆服务队队员名册

李仲烈　黄少诚　端木方　陈靖安　李飞　韦大洲　胡祥林　邱文台　黄业启　孙志远

〔社会部档案〕

7. 国民党重庆市执委会核准中国铸魂学社在渝设立分社呈

(1939年5—8月)

(1) 致社会部呈(5月19日)

案据重庆铸魂学社发起人严醒初等呈称："窃自安若定先生等鉴于外寇益亟，国难日深，感河山之破碎，神洲之危亡无日，痛人心之麻木，匹夫之大义不伸，曾集合同志组设铸魂学社于南京，研究学术，改良风俗，发扬大侠魂之精神，以巩固精神国防，从事复兴民族之工作，力行七载，风及全国，各省市设立分社者更日益进展。重庆为抗战中心，人文荟萃之地，殊有提倡之必要。爰依法联署发起组织重庆铸魂学社，拟具社章，备文呈请鉴核，祈准予备案，赐给许可证，俾得合法组织，促进民族文化，唤起抗战精神"。等情。据此。当经派员视察具报，该社系属中国铸魂学社分社。等语。正核办间，复奉钧部渝字3012公函以据铸魂学社呈述该社设立经过，除准予备案并修正该社章程外，函请查照。等因下会。查中国铸魂学社既呈准钧部有案，如在渝设立分社似属可行，据呈前情，理合转呈，仰祈鉴核示遵。谨呈

中央社会部

中国国民党中央直属重庆市执行委员会主任委员洪兰友

中华民国二十八年五月十九日

(2) 致社会部呈(8月15日)

案据中国铸魂学社重庆分社筹备员严醒初呈称：窃本分社自奉总社令开始筹备暨呈请钧部恳予准许组织后，于今数月，尚未邀颁给正式组织证书，工作方面殊感不便。当斯抗战进入严重阶段，本分社为推扬三民主义，唤醒国魂，发展社务起见，工作亦日形繁重，用特具文呈请鉴核，伏祈迅予颁发正式组织证暨图记，以利工作，实为公便。等情。据此。查该分社前以重庆铸魂学社名义具呈本会申请组织，当经派员视察，以该社系属中国铸魂学社重庆分社；复查中国铸魂学社既经钧部核准设立分社，自应呈请钧部查核经转呈核示在案。先后奉到钧部渝字第四二一二号函，第四四三四号函，以核定该社具呈该社分社组织规则，除准予备案外，相应抄附原规则函达查照。各等因。奉此。除依据该项规则指令准予组织，并派徐鸣亚同志为该社组织指导员外，理合呈请鉴核备查。谨呈

中央社会部

中国国民党中央直属重庆市执行委员会主任委员洪兰友

中华民国二十八年八月　日

〔社会部档案〕

8. 中国铸魂学社报送分社组织规则请备案呈

（1939年6月15日）

呈为拟具本社各分社组织规则请鉴核备案通令查照由。

窃查本社总章业经呈奉钧部令准在案。依本社总章第十二条得于各县市组织分社，现有社员严醒初等发起组织重庆市分社，及原有汉口市铸魂学社亦应改为本社汉口市分社，俾昭划一，其有各分社组织规则，尤应由本社先事拟定，呈准通行，以期步骤一致。爰特拟具中国铸魂学社分社组织规则，备文呈赍钧部，伏祈鉴核备案，并通令各省党部转令各县市党部查照，实为公便。

谨呈

中央执行委员会社会部部长陈

附呈分社组织规则一份。

中国铸魂学社社长安若定

中华民国二十八年六月十五日

中国铸魂学社分社组织规则

一、本社根据章程第十二条之规定，得在各县市组织分社，其定名为“中国铸魂学社××县（市）分社”，但分社组织至少须有三十人以上方得成立。

分社得自称“本分社”，不得迳称本社字样。

二、分社须受本社之节制及接受本社一切决议案。

三、分社宗旨及社员各条，须遵照本社章程之规定。

四、分社组织设理事七人至九人，候补理事三人至五人，组织理事会，决定一切。会设理事长一人，代表对外及综理全会事务，由本社决定指派之；理事由社员大会选举之。

五、分社理事会得斟酌实际情况设立各组，分别办理日常事务，其组长由理事长于理事中选派之。

六、分社得设研究委员会、设计委员会，协助推动社务进行。

七、分社理事长、理事任期二年，连举得连任。

八、分社事业须照本章程之规定，但在不违反宗旨原则下得斟酌实际情况加以增减。

九、分社经费须遵照本社章程之规定。

十、分社社员大会每年举行一次，由理事会召集开会时，本社得派员出席指导。

十一、理事会每月举行一次，由理事长召集之；理事缺席时，由候补理事出席代行表决权。理事长对各种开会决议认为有违反本社旨趣时，得有权暂缓执行，并呈请本社解释之。

十二、分社纪律须遵照本社章程之规定，但对社员停止社籍及登报开除之处分，须由分社呈请本社核准后方得公开发表。

十三、本社得随时派员视察分社工作情况并随时纠正之，如分社理事会有发现违反本社纪律时，本社得将理事长停止职务及呈报主管机关备案，并代行召集该分社社员大会改选其理事会。

十四、本规则为组织分社时议定章程之依据。分社依据本规则之规定拟定章程呈经本社核准施行，并呈请主管机关备案。

十五、本组织规则自呈准中央社会部及国民政府内政部之日起发生效力。

〔国民党中央社会部档案〕

9．社会部批准中国铸魂学社分社组织规则备案指令稿

（1939年6月23日）

指令

令中国铸魂学社

呈一件：为拟具该社分社组织规则，请鉴核由。

呈件均悉。查该社分社组织规则不合之处，应依附开各点予以修正，其余尚合，准予备案。关于该社汉口市分社组织，应将现在情形查明呈复候核。除检发该项规则函知中央直属重庆市执行委员会外，仰即知照。此令。

附：该社分社组织规则应行修正之点

一、第四条应修正为：分社设理事七人至九人，候补理事三人至五人，由分社社员大会选举之，组织理事会，综理分社社务。理事会设理事长一人，由本社于理事中指定之。

二、第十三条应修正为：本社得随时派员视察及指导分社之工作。分社如有违背章程及本规则之规定而不接受本社之指导时

得撤换其理事长，情节重大者得由本社呈准主管党政机关召集分社临时社员大会，改选其理事会。

三、第十五条应修正为：本规则自呈准中央社会部、内政部之日起施行。

〔国民党中央社会部档案〕

10. 安若定报告中国铸魂学社汉口分社活动情形呈

（1939年7月18日）

为遵令呈复本社汉口分社现在情形祈鉴核令知由。

案奉钧部二十八年六月二十三日渝字第四四三三号指令本社呈具分社组织规则一案，略开：“查该社分社组织规则不合之处，应依附开各点予以修正，其余尚合，准予备案。关于汉口分社，应将现在情形查明呈复”等因。奉此。除将分社组织规则遵照附开各点分别修正外，查汉口分社中心工作，则为抗敌工作团所担任之抗战宣传，武汉紧急时，奉令退至宜昌工作，团员三十一人，经分送受训入学及因本身工作关系离团者十六人外，尚余十五人，其经费由团员合力生产、卖书报、擦皮鞋为来源。本年三月宜市被炸，所恃为生产者皆失效用，兼之该地当局又令疏散，复流亡至四川万县工作，均随时在各当地党政军指导之下从事各项抗战宣传及救济工作，近则分派一部分团员至忠、酆各县流动宣传，并义卖图书以资济。该团团长原为该分社理事长张雨安兼充，副团长为该分社理事李实清兼充，总干事为该分社理事石径三兼充。该团长张雨安因公留湘，副团长李实清于本年三月奉行政院非常时期服务团饬知来渝工作。所有该分社抗敌工作团等事务，由该团总干事石径三负责代行处理。其该团工作经过，详《大侠魂周刊》八卷五期、十期。特此备文呈复鉴核，并祈令饬万县党部查照，实为公便。谨呈

社会部部长陈

附：《大侠魂周刊》八卷五期、十期。〔略〕

社长安若定

中华民国二十八年七月十八日

〔附录〕李实清：汉口铸魂学社及抗敌工作团一年来工作①

本社及抗敌工作团成立，已分载《大侠魂周刊》，原毋庸赘述，惟其详细经过，及实际工作情形，各界人士，恐未能尽悉。际此二十八年春神届临，抚今追昔，抗敌救亡责任尤重，爰特检讨过去，录请我侠同伴，及各界同胞，予以指正，俾于今后一切工作，得由岁序而更新。

一、学社及抗敌工作团成立与流动经过

九一八以后，安剑平先生在南京倡导大侠魂主义，为实现三民主义之主义，亦即拥护唯一领袖蒋委员长，复兴中华民族之一种新文化，促进国人抗日除奸之一心，血性青年及各地人士，多所风从。二十二年，徐霖、蔡尧夫等同伴来武汉推行，当得曾式如、刘崇礼、秦倚言、罗春台、李实清、范侠逸、方近思、王荣东、张显侠、陈锵辉、朱弘远等赞同加入南京铸魂学社。并成立汉口通讯处，由蔡尧夫负责。蔡离汉后，改推刘崇礼、曾式如先后任通讯主任，负责指导。二十四年，张雨安同伴由南京来汉口，力促推进，又得石径三、赵超、罗宗柏、沈新亚、何竺、李秋农等加入学社。至廿六年七七事变及八一三抗战后，总计在武汉三镇及附近各县加入社员达一百二十余人。继以国难日亟，众认为个别从事大侠魂文化宣传，不足以拯当前国难，应积极致力于抗敌救亡工作，遂于二十六年秋间由武汉同伴组织铸魂学社抗敌工作团，由南京总社直接领导，并委张雨安同伴为团长，张侠生同

①此件选自《大侠魂周刊》第八卷第五期（1939年3月25日出版）。

伴为副团长，以主其事。既而首都沦陷，总社迁汉，各地同伴亦均纷来汉口，社务益呈活泼之趋势，于是二十七年一月，有汉口铸魂学社之成立，市党部代表叶本厚、市政府代表徐靖、文化团体指导专员代表项学儒诸先生，及总社安主干，理事蒋抱一、殷震夏、徐霖等均出席指导。并选出张雨安同伴为理事长，及理事李实清、徐霖、刘之盘、张侠生、黄鹤鸣、张延龄、胡光炳、李乡扑、刘寿祥等九人，后补理事王荣东、李秋农、蔡尧夫、石径三、罗春台等五人。经理事会议决定改组汉口铸魂学社抗敌工作团，以张雨安同伴任团长，李实清为副团长，并向党政军机关正式备案，批准成立。其主旨根据铸魂学社宗旨及大侠魂精神，以反抗暴日侵略，铲除汉奸活动，在政府领导之下，进行各项抗敌救亡实际工作，争取中华民族之独立自由。除本社汉口社员均为当然团员外，吸收爱国青年加入为团员者，亦复不少。宣誓拥护国民政府，服从领袖蒋委员长，复兴中华民族，打倒日本帝国主义，坚守大侠魂者必备“真情以立”、“热肠以行”、“无畏以至”三信条，严正其态度，站在“人格斗争”的立场上誓不与汉奸妥协，厘定工作部门，为（一）抗战宣传，（二）战地救护，（三）战地通讯，（四）清查仇货，（五）检举汉奸等项，使消极文化宣传，而变为积极救亡行动。嗣遵政府令示各救亡团体工作部门太多，力量不易集中，应加改革之原则，改定本团之实际宣传工作，应时事需要，先后分置讲演、壁报、话剧、歌咏、文化供应、劳动服务及总务等七组活动。同时以乡村工作重要，分设宣传支队，于阳逻（由×××同伴负责）、蔡甸（由陈祖馨同伴负责）、新沟（由×××同伴负责）、藕池（由×××同伴负责）、大集场（由汤江村负责）、宜昌等处，实地宣传我政府抗战救亡之伟大意旨，具有相当成效。本团，及各宣传分队之团员增至三百人之多。并策动团员徐远、赵超等十余人赴敌人后方参加我游击部队，直接与暴日血拚，实行变敌人后方为我们的前方之战略，俾扬我大侠魂之真实精神。本团负责人除正副团长外，原由李秋农同伴为总干事，旋因李同伴他适，改推石径三同伴为总干事。先经团长张雨安同伴之苦斗，及总社随时指示，先后督促团员努力工作，计达年余，此外并得武汉人士匡赞不少。迨至二十七年十月，政府疏散团体，本团原定赴湘、桂等省流动工作，因时局紧急，交通不易，改道西行，由副团长李实清率领，于十月二十三日在敌机狂炸之下，抢上江顺轮西上，二十七日抵宜昌，沿途人多船小之困境，及遭受敌机威胁等情况，处处表现为倭寇暴行所给予，实足增强我中华民族抗战之最后决斗力量。本团到宜，又逢宜昌当局布告疏散人口，原有宣传团体，多已星散，宣传工作至为缺乏，本团于觅定锁堂街五十三号房屋之后即继续工作，以资担当宜地救亡宣传青黄不接之务，一星期后西迁团体加多，本团与之联合工作。计至现在，两月有余，在党政军领导之下及各界人士策励中，努力推进工作，成绩尚有可观，并颇得社会之同情。兹将组织系统列后：

团　长张雨安 副团长李实清	总干事石径三	干事兼讲演组长	石径三
		干事兼壁报组长	邹　鹏
		干事兼话剧组长	吕　岚
		干事兼歌咏组长	何　竺
		干事兼文化供应组长	陈靖安
		干事兼劳动服务组长	王　靖
		干事兼总务组长	褚云泉
		干事　汪子逵	
		团医　汤江村	

二、工作情形

1．讲演组：本组团员五人。于廿六年九月起，至廿七年十二年底止，在汉口及宜昌地方街头，乡村公共场所，经常讲演抗敌意义外，并于各种纪念日及政令颁布时特加演讲一周，重于三民主义之实行，须发扬大侠魂精神，拥护唯一领袖蒋委员长，尤重军民合作，俾完成抗战建国之目的。

2. 壁报组：本组团员三人。于二十六年九月起，至二十七年十二月底止，在汉口及宜昌出壁报，共一二七期。各种纪念日，及政令颁布时，特加宣传周，均各出特期，每期一百张，每张用文字、漫画合组，内分国际情势，国内政治，全民动员，抗敌军事，后方经济及敌人暴行，敌人内部崩溃等等，以资启迪民众自信观念而增抗战力量。

3. 话剧组：本组团员十五人。自二十六年九月起，至二十七年十二月底止，在汉口及宜昌参加各种纪念会联合公演，街头、乡村化装宣传。在汉口曾单独公演两次。在宜昌参加联合公演，及话剧座谈会。各地公演节目为《烽火》、《中华民族子孙》、《黎明》、《打东洋》、《死守盛家桥》等剧，颇得社会之奖评。现值二期抗战开始，拟重行排演三剧：1.《放下你的鞭子》，2.《捉拿汉奸》，3.《卖报的童子》等剧，准备二十八年元月出演。惟女演员缺乏，进行不无阻碍。

4. 歌咏组：本组团员十三人。自二十六年九月起，至二十七年十二月底止，在汉口及宜昌地方于各种纪念日参加游行，或到公共场所歌咏抗敌救亡等歌曲，如《大侠魂》、《八百壮士》、《壮丁上前线》、《保卫中华》等曲。每日上午七时至七时半，下午六时至七时练习歌曲，每星期每人可熟三曲。曲谱以合乎时代为原则，尤重吸收附近儿童加入练习，俾资印入脑海，而坚异日复仇信念。

5. 文化供应组：本组系到宜昌后鉴于人口疏散，文化供应乏人，经徐霖同伴建议，于二十七年十一月设立，团员十人。同时书报又感缺乏，仅有《武汉日报》一种，每日由各团员于清晨四时前往领报一百份，分途出售，约三小时即全部售完。曾由徐霖同伴函大侠魂周刊社寄发刊物，以邮递不便，仅得三十份，不够团员分读，当不能供应他人。幸有江民声先生翻印抗战地图，即为之定售一千份，俾供社会需要，且可稍得利润，维持团务开支。

6．劳动服务组：本团到宜时，值疏散人口令下，社会日用饮食均感缺乏，尤其是负伤将士无法购物，同伴等有见及此，乃设立本组，团员五人，担任购制热食，转售各伤兵将士食用。取价低廉，以表慰劳。嗣因战局稳定，社会商业渐次复原，毋须本团再行担任是项工作，又以青年生活互助社赴川，其担任之擦皮鞋工作，已成社会人士所必需，于是商承该社负责人江民声先生，继续工作。并承江先生慨允赠卖原料、工具等物，各同伴亦愿为社会服务，俾一面生产，一面抗敌。惟缺地板油、制靴油，恐难持久。现已实行十余日，每日八人轮流工作。准于二十八年元月一、二、三等三日将所得工资尽数捐献国家。

7．总务组：本组团员二人，分任文书、会计、交际等事务外，并联合各组遵奉党政军各机关命令，担任征集、劝募、慰劳、写信等项工作。

以上为本团在汉口成立及迁宜工作经过一年来之大概情况。日来工作紧张，报告容未详尽，当再补述。至于南京总社及大侠魂周刊社迁汉后之工作情形，不在本分社范围内者，均不详及。

〔社会部档案〕

11．中国铸魂学社报告汉口分社及抗敌工作团改组情形呈

（1939年10月28日）①

案查本社前遵令拟将汉口分社改为万县分社，汉口铸魂学社抗敌工作团改为本社抗敌工作团，饬令来渝办理各项手续各情呈报在案。旋奉钧部渝字第五九四四号指令内开：呈悉。该社汉口

---

①系收文日期。

分社改为万县分社，尚无不合，准予备查，惟应即指示该社依法向当地党部办理设立手续。至该社抗敌工作团已据另呈到部，俟另案核办，仰即知照。此令。等因。奉此。已分令遵□外，兹据该抗敌工作团呈称：本团奉调来渝，改易名称各节，业经分呈在案。兹奉中央社会部渝字第六五〇七号批开：呈悉。查该团属于中国铸魂学社，仰即呈由该社转呈核夺可也。此批。等因。奉此。特此具文连同团职员名册一并呈请钧社鉴核转呈备案。等情。据此。本社复查无异，理合连同该团团职员名册各一份及组织规章一份一并转呈，恳祈鉴核，准予备案，实为公便。谨呈
中国国民党中央执行委员会社会部

中国铸魂学社社长安若定

中华民国二十八年十月　日

中国铸魂学社抗敌工作团组织规章

第一条　本团定名为中国铸魂学社抗敌工作团。

第二条　本团以反抗暴日侵略，铲除汉奸活动，在政府领导之下进行各项抗敌救亡工作，争取中华民族之独立自由为主旨。

第三条　本团团址暂设于重庆。

第四条　本团之宣誓如左：

实行三民主义；

拥护国民政府；

服从领袖蒋委员长；

复兴中华民族；

打倒日本帝国主义。

第五条　本团之信条如左：

真情以立；

热肠以行；

无畏以至。

第六条　本团之态度如左：

一、站在民族自决的立场上誓不与日寇妥协

二、站在人格斗争的立场上誓不与汉奸妥协

第七条　本团之工作如左：

一、抗战宣传及慰劳；

二、检举汉奸及仇货；

三、战时生产及救济、文化及劳动服务及文化供应。

第八条　本团之组织如左：

一、团设团长一人，副团长一人，总干事一人，干事五人，书记二人，会计、庶务各一人，组设团本部，秉承团长及副团长之指命处理日常团务。

二、团本部之下设总务、生产、宣传各组队，各设组长、队长一人，编配团员五人至十五人（其生产组、宣传队得按事业发展情形酌编组队流动于战区或后方工作）。

三、本团团长、副团长由中国铸魂学社社长推任之，各项工作人员由团长、副团长选任呈社备案。

四、各项办事细则另定之。

第九条　团员之入团手续如左：

一、凡铸魂学社社员均为本团当然团员，但须填具入团申请书一份。

二、凡赞成本团主张，志愿加入本团者，由团员二人以上之介绍，填具入团申请表，经审查通过者得为本团团员。

第十条　本团经费来源如左：

一、团员入团费每人一元；

二、团员常月费每人二角；

三、生产所得利润。

第十一条　本团住团工作人员得酌支生活费，余均无给职。

第十二条　本团开支用费按月结算公布。

第十三条　凡本团团员均得忠实履行本规章第四、五、六条之规定，如有违背者得受申斥及革除之处分。

第十四条　本规章如有未尽事宜得随时修正之。

中国铸魂学社抗敌工作团订

中国铸魂学社抗敌工作团团员名册〔略〕

中国铸魂学社抗敌工作团职员名册

姓　　名	职　　别	备　　考
张雨安	团　　长	
李实清	副 团 长	
石径三	总干事兼宣传总队长	
李仲烈	总务组长兼干事	
许伯琴	书记兼干事	
张力奋	壁报组长兼干事	
吕　岚	话剧组长兼干事	
朱　影	歌咏组长兼儿童领队	
万永鉴	讲演组长兼干事	
许季琴	画报组长	
章万里	服务部劳动组组长	
陈云龙	服务部文艺供应组组长	

〔国民党中央社会部档案〕

12. 中国铸魂学社报告筹设四川万县分社呈

(1939年11月—1940年3月)

(1) 致国民党中央社会部报告(1939年11月20日)

报告 十一月二十日
于中四路一一四号

兹派本社社员汤江村、王斌、吴子威、牟宝兹、李玉山、贺绍业、王镜明、端木方、李希文等七人为中国铸魂学社万县分社筹备员，并以汤江村为筹备主任。除分行外，理合呈请钧部鉴核备查为祷。谨呈

中央社会部

中国铸魂学社社长安若定呈

(2) 致国民党中央社会部呈(1940年3月24日)

案据中国铸魂学社万县分社呈称：查本分社已于三月十二日午后二时，在万县西山公园县党部大礼堂召开成立大会。当在党政机关指导监督之下，选出汤江村、沈济、王斌、王结青、杨新如、马长泰、周天祥等七人为理事，张力奋、周清如、端木方、杨从、王治乡等五人为候补理事。理合呈请鉴核并请指定理事长。等情前来。查该分社核与组织规章相合，除指定汤江村为该分社理事长电饬查照外，理合呈请钧部鉴核备查。谨呈

中央社会部

中国铸魂学社呈

中华民国二十九年三月二十四日

〔国民党中央社会部档案〕

13. 中国铸魂学社抗敌工作团请求补助费呈

（1939年12月　日）

窃本团于七七变起始立于汉皋，原以吸收热血男儿，从事抗战宣传，检举日货、汉奸及一切反动分子为宗旨。讵料武汉撤退，本团临危奉命抢救青年，转移后方工作。嗣后团员均告失业，生活维艰，乃决计自力更生，以其生产盈余兼资生活，而从事抗战宣慰。如此流动经年，辗转至今，而倭寇凭陵靡有抑遏，吾人身荷抗建大任，未敢稍懈，故特拟定今后工作方针，竭立〔力〕为党国效命。因思钧部爱护青年，奖掖团体，不少成例，特恳酌给补助，并赐指导，实为公便。此呈

中央社会部部长

中国铸魂学社抗敌工作团团长张雨安

李实清

附：规章一份〔略〕

计划一份〔略〕

训练纲要一份〔略〕

中华民国二十八年十二月　日

〔社会部档案〕

14. 国民党重庆市执委会报告中国铸魂学社抗敌工作团组织活动情形呈

（1940年5月6日）

案奉钧部利组字第三〇三七号函关于中国铸魂学社抗敌工作团组织及工作情形，嘱迅予查明见复等因下会，自应遵照办理。查该团系中国铸魂学社附属团体，前经呈准汉口市党部许可组织

有案。追武汉撤退，该团全体团员结队来渝，从事各项救亡工作，出刊铸魂壁报、组织服务队推销抗战图书杂志、擦皮鞋及流动各乡镇宣传，年余以来，颇有成效。惟该团现以经费困窘，各团员相继就业，仅于业余之暇从事是项工作。奉函前因，理合抄附该团组织系统表暨职员表各一件赍呈鉴核。谨呈

中央社会部

附呈：抗敌工作团组织系统表、职员表各一件

中国国民党中央直属重庆市执行

委员会主任委员陈访先

中华民国二十九年五月　日

中国铸魂学社抗敌工作团职员名册〔略〕

中国铸魂学社抗敌工作团组织系统表

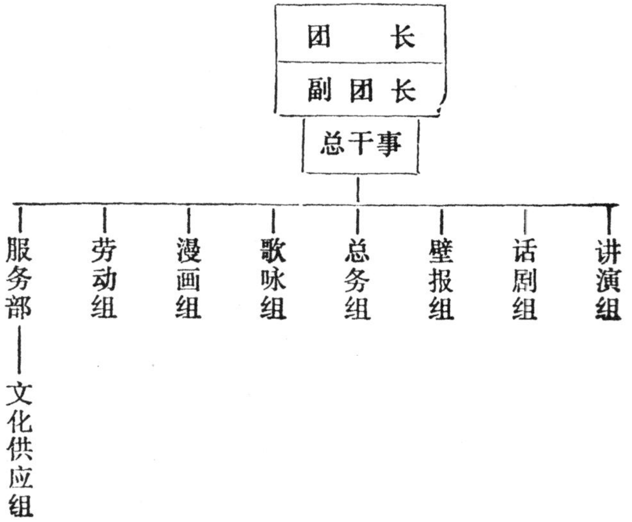

〔社会部档案〕

15. 中国铸魂学社组织成立川西边区分社呈

(1940年8月27日)

案据中国铸魏学社川西边区分社发起人曾德五等四十五人呈称：窃查松潘、理番、茂县、汶川、懋功、靖化六县，位居川西边地，为第十六专区所辖，面积在黄胜关内纵横约八百余里，而在关外者竟有二千余里之草地，有夷、番、羌、罗四大特种部族栖息其间，政令大半操于各土官之手，生活语言显与外异，人民骑射之精、经营之力，以及坚忍慓悍之习性与体魄，实为内地所不能及，惟尚保持原始时代之固有文化，易受外界所愚弄，每因细故酿成巨变，猜疑心理尚未泯除。倘能基于平爱精神，互相提携，想此大好富源，尚武民族，正可备为国用，充实抗建力量。间有注意边务者又多不切实际，求一真情热肠无畏之士躬往穷研制宜利导，几如凤毛麟角，因之高唱筹边竟成绝响。兹者大侠魂运动宣达边区以后，咸知相期以爱，相见以平，为民族间最高无尚之准则，满怀侠情无限生动，颇足以轨纳群类，携手前进。德五等欢欣之余，拟发起组织中国铸魂学社川西边区分社，以便精诚团结，发挥力量。除请将分社组织章程颁发遵照外，所有筹备情形及发起人表册，理合备文呈报钧社鉴核，恳予转函四川省党部备案，边区幸甚！侠运幸甚！等情。附社员表一册。据此。查该员等愿以大侠魂运动开化边区，俾大好富源，尚武民族，备为抗建之用，所见极是，自应准予依法组织，以利抗建。据呈前情，除指令准予筹备外，理合汇造发起人简历册一份，赍呈钧部电转四川省党部准予依法指导组织成立，实为公便。谨呈

中央社会部

附呈：中国铸魂学社川西边区分社发起人简历册一份〔略〕

中国铸魂学社社长安剑平

中华民国二十九年八月二十七日

〔社会部档案〕

16．中国铸魂学社请补助经费呈及社会部指令稿

（1940年12月—1941年4月）

（1）致社会部呈（1940年12月30日）

查本社自奉准成立以来，即督饬各省市县社员发展组织，努力侠运，运动国民精神，加强抗建工作，计已成立分社者有重庆市分社、万县分社、川西边区分社等处，计正在筹备中者有甘肃拉撲拉分社、河南邓县分社、陕西西京市分社、上海市分社、长沙分社、桂林分社等处，务期使全体社员在我中央领导之下发扬中华民族之大侠魂精神，使国人有汉贼不两立之修养，有敌我不共天之操守，以完成抗建大业。惟社务日渐发达，费用日渐浩大，且陪都物价日渐高涨，以致社内办事用费远非有限之社费所能担负，理合呈请钧部准予每月补助经费五百元，以便社务，实为公便。谨呈

社会部

中国铸魂学社社长安若定

中华民国二十九年十二月三十一日

（2）致社会部呈（1941年4月4日）

案查本社为人民团体，努力抗战工作已届十载，前以社务发展经费支绌，呈请发给补助费以资进行而利抗战事，曾奉钧部批：以大部正在改组之际，俟改组竣事，预算确定再行批给。等因。奉此。查本社工作繁重，需款甚钜，专靠社员缴费，实难维持。现大部预算业经确定，理合再行呈请俯予如前所请，批准按月发给补助费伍百元，以资维持而利抗战，不胜感祷！谨呈

社会部

社长安若定

中华民国三十年四月四日

(3) 社会部指令稿(4月17日)

指令　字第　号

令中国铸魂学社

三十年四月四日呈一件:呈请按月补助经费五百元以资维持由。

呈悉。本部经费有限,所请碍难照准,仰自行筹划,以利工作。此令,

〔社会部档案〕

(4)国际反侵略运动大会中国分会

1. 国际反侵略运动大会中国分会简章

(1938年1月23日)

本简章于二十七年一月二十三日经大会通过施行

一、名称:本会根据国际反侵略运动大会系统,定名为国际反侵略运动大会中国分会。

二、宗旨:本会以在国际反侵略运动大会拥护国联,遵守盟约,缩减军备及反对侵略战争四大原则之下,团结同胞,反抗侵略,争取中国自由平等,保障世界和平为宗旨。

三、会员:凡赞成本会宗旨,愿为本会会员,不分个人或团体,经会员一人之介绍,得本会常务理事会通过者,均可为本会个人或团体会员。

四、组织:一、本会设理事会,以理事八十五人至一百五十

人组织之，在大会闭幕时负责处理本会一切事宜。理事由大会选举之。

二、本会理事会推举常务理事十七人至二十三人组织常务理事会，处理一切日常事物。

三、常务理事会设主席一人，副主席二人，并总务，宣传，组织，财务四部，每部正副部长各一人，常务理事会及各部细则另订。

四、本会理事任期一年，常务理事一年，连选得连任。

五、本会设名誉主席团，以赞成本会主张，资望隆重者组织之。

五、会期：常年大会每年举行一次，理事会每半年举行一次，常务理事每月举行一次，必要时各会部得召集临时会议。

六、会址：暂设汉口。

七、会费：本会个人会员每年应缴纳会费辅币一角，团体会员每年五元。经费遇有不足时，得由常务理事会决定募集之。

八、本会简章经大会通过后发生效力，如有未尽事宜，得由理事会提议得大会同意修改之。

附注：一、民国二十七年四月十五日，本会第四次常务理事会议决：

第一案：将原有常务理事会之总务、组织两部合并为执行部；原有之财务部扩充为财务委员会，宣传部扩充为宣传委员会。

第五案：常务理事会之正副主席名称改为正副会长。

〔国民政府教育部档案〕

2. 国际反侵略运动大会中国分会名誉主席团题名

（1938年1月23日）

计七十七人，经二十七年一月二十三日大会选出（排列次序以姓氏笔画多寡为先后）：

丁惟汾	于右任	于　斌	王法勤	王晓籁	王德林
王庆元	孔　庚	毛泽东	石　瑛	宋子文	宋美龄
宋庆龄	宋蔼龄	朱庆澜	朱霁青	李石曾	李　杜
李根源	李烈钧	李扬敬	李德全	李济深	何成濬
何　东	何香凝	沈钧儒	杜月笙	但懋辛	居　正
周寿臣	胡　适	马占山	马君武	马相伯	孙　科
许崇清	梁漱溟	张伯苓	张君劢	张季鸾	张万生
张静江	张　继	黄文植	黄炎培	陆徵祥	陈公博
陈友仁	陈果夫	陈　时	陈　诚	陈绍禹	陈铭枢
陈济棠	冯玉祥	曾　琦	彭泽民	杨　虎	杨靖宇
虞洽卿	叶楚伧	邹　鲁	赵戴文	熊克武	蒋方震
蒋光鼐	蒋梦麟	蔡元培	蔡廷锴	刘湛恩	钱新之
颜惠庆	戴季陶	萨镇冰	罗旭和	严立三	

〔国民政府教育部档案〕

3．国际反侵略运动大会中国分会理事题名

（1938年1月23日）

计一百五十人，内常务理事二十三人，经二十七年一月二十三日大会选出（排列次序以姓氏笔画多寡为先后）：

丁文安	方　治	王亚明	李荐廷	吴开先	杭立武
周鲠生	邵力子	胡秋原	罗予遂	徐蔚南	张志让
陈逸云	陈独真	陶希圣	梁寒操	曾虚白	刘百闵
邓飞黄	邓颖超	钱俊超	谢维麟	钟可讬	

以上为常务理事

方振武	方秋苇	王兆祥	王寄一	王崐仑	王造时
王锦霞	王礼锡	左舜生	田　汉	包华国	江述之

江康黎　安　娥　朱家骅　朱学范　任西萍　沙千里
杜重远　李公朴　李平衡　李章达　李　璜　吴秀峰
吴国桢　何公敢　何思敬　谷正纲　沈兹九　林庚白
林崇墉　林植夫　周星堂　周恩来　孟庆树　洪　深
查良钊　胡光炳　胡先骕　姚宝贤　唐国桢　马哲民
袁守谦　徐光英　徐恩曾　徐寿轩　徐闾瑞　章乃器
章伯钧　许克诚　许德珩　郭沫若　郭秉文　郭春涛
郭斌佳　康　泽　黄少谷　黄松龄　黄季陆　黄琪翔
麦朝枢　盛　成　张　文　张申府　张　冲　张西曼
张仲实　张定璠　张道藩　陈文彬　陈立夫　陈光甫
陈希周　陈柱天　陈春圃　陈培德　陈乐三　陆京士
贺衷寒　贺衡夫　陶百川　陶行知　陶　钧　温广彝
曾仲鸣　彭文应　彭乐善　彭泽湘　梅龚彬　喻育之
程希孟　程　远　阳翰笙　叶溯中　万　灿　杨公达
杨有壬　杨秀林　杨景昱　雷沛鸿　董冰如　董必武
董显光　邹韬奋　詹显哲　熊式一　潘公展　潘梓年
潘汉年　刘志陆　刘叔模　刘炳藜　刘清扬　刘健群
邓文仪　邓初民　卢作孚　钱端升　鲍静安　谢承炳
谢寿康　谢澄宇　戴　笠　萧同兹　罗家伦　罗隆基
酆　悌

〔国民政府教育部档案〕

4. 国际反侵略运动大会中国分会工作报告

（1938年8月29日）

半年来中国分会的工作
——健全组织与扩大宣传——

中国分会自从本年一月底扩大组织，直到现在（二十七年九月)，已经满了七个月。其中三、四两月，因为专注意于执行机构的改组，所以工作的进行，停顿了一大部份。因此实际上从事推进会务的时间，只有五个月。现在把这几个月来关于组织和宣传方面已经完成的工作，作一个简略的报告：

（一）组织方面：

分会自从扩大组织以后，在代表大会之下有一个由一百五十人组成的理事会，再由理事互选二十三人组织常务理事会，负责一切。构成理事会的人物，都是党、政、军和社会上各界的领袖，本来很能够代表各方面的意见的，不过因为理事人数太多，就常务理事来说，也有二十三人，虽然常务理事会之下有秘书长和副秘书长，此外还有总务、组织、财政、宣传四部，每部设正副部长各一人，可是这些重要的职位，都是由负有其他重要任务的常务理事分别担任的，实际上不能在会专负责任，因之会务的进行，自然感受很大的困难。根据初期工作的经验，宋会长认为要切实推动会务，应把执行会务的机构予以充实，因之在四月十五日第四次常务理事会中，一致接受宋会长的建议，决定在常务理事会之下，设一执行部，以负责推动会务。同时议决将原来的组织和总务两部工作拨归执行部负责，原来的财务部则改设财务委员会，由社会上有声望而又热心社会工作的人士组成之。又因为宣传工作特别重要，所以将宣传部改为宣传委员会，由它来负起一切对国内外宣传上的设计责任。经过这番改组之后，常务理事会的执行机构比较的算健全了。现在执行部为着便利推动各项工作起见，分设总务、宣传、组织和联络四处，各处工作同志现正根据工作上实际需要，逐渐扩充。

因为分会与总会的距离太远了，所以我们在欧洲设了一个常务代表团，由李石曾、吴秀峰(日内瓦)、袁冠新(巴黎)、王礼锡(伦敦)、陶行知(纽约)诸先生共同组成，以李石曾先生为主席，其他各代表分别在各地负责，总办事处则设在日内瓦。这个代表团的主要任务，在就近代表分会出席各种有关的国际会议，促进分会和总会的关系和增强各主要分会援华制日的工作。成立以来，予分会工作上以很大的便利。

此外，在欧洲还有一个属于顾问性质的中外合作委员会，由几位热心世界反侵略运动的中国朋友和我国的常务代表共同组成的。这样，中国分会和总会之间便没有隔膜，许多工作也易于推动了。

分会的执行部和上述两个机关，都保持着很密切的联系；和总会国际秘书处更不时互通情报，协商各项工作的进行。到现在，可以说，分会与日内瓦常务代表团和中外合作委员会间，及分会与总会间的相互关系，已经有了很好的基础。就是我国分会与各国分会间也曾做过交换刊物和消息的工作了。

在国内方面，我们认为各地支会、区会的组织是健全本会社会基础的最重要工作。可是目前已成立支会的只有广东一省，请求设立地方会的也只有四川宜宾一县。因此，我们不能不努力于组织方面的工作。支会、区会的组织办法大纲，经七月二十七日的第六次常务理事会会议通过了，组织须知也编成了，支会、区会的简章也订定了，这些文件不久便可印发，以促进分会各地方组织的工作。

依照分会会章的规定，本会会员原分两种：一是团体会员，一是个别会员。现在团体会员，正着手征求中，各方面在过去对分会既表现了热诚的赞助，那么在最近期间内，健全的、合法的民众团体一定会踊跃加入分会，以加强反侵略力量的。说到个别会员，现在已经有了六千余人，包括各界人士，现在正从事增进他们相互间的联系工作。

（二）宣传方面

宣传工作，可以分开对内和对外两种来说：

（甲）对内方面

中国分会成立未久，因之一般民众甚至一部份有地位的社会人士，对于反侵略运动底目的、意义、工作现状和将来计划，还不十分明瞭。为着便利推进各项工作起见，本会一方面利用国际上关于反侵略的集会，如本年二月十一日在伦敦举行的援华制日大会，及其后续在各地举行的反侵略运动分会和执行委员会，最近在巴黎举行的世界反对轰炸不设防城市恢复和平大会，作为具体的宣传题材，以引起国人对于反侵略运动的注意与认识，一方面利用报章、杂志，和国内各种集会，以文字或语言说明分会的性质、任务和这种运动与抗战建国的关系。日内瓦总会用中文刊行的通讯，其中有不少材料，读后可令人对反侵略运动有更深切的认识，因之分会除逐期将其中比较重要而受人欢迎的文字送交各报刊载外，还把比较有系统的长篇的通讯，如“总会执委会第十次会议纪要”，“包立德对中日战争的观察”，“色斯离汉前的观感”，“欧洲学者名流对反炸运动的书札”和“巴黎反轰炸大会议决案”等，送登各报，各报对于这类新闻和通讯也表示热烈的欢迎。为了使一般民众明白伦敦援华制日大会的成果起见，分会曾将“救中国所以救世界和平”的大会说帖译成中文，最初送交各报逐日发表，其后再由分会印成“反侵略运动丛书”第一种，备共宣传。这丛书的第二种，是由伦敦大会各重要演讲词编成的，正在印刷中，周内便可出版了。图画是对国内民众宣传最有效的一种工具，因此，分会曾特别制成许多与反侵略运动有关的壁画，在繁盛的市区内适中地点悬挂，或在有关的各种集会中陈列，收效很大。分会除自行编印小册子及各种宣传刊物外，并设法鼓励一般著作家编著与反侵略运动有关的文章，送交各报发表，或另印专册。现在关于反侵略运动的著述已日见增多，这是很好的现象。

关于各地为着响应伦敦援华制日大会而举行的反侵略运动宣传周的详细纪载，已经由国际宣传处编成英文小册，不再赘述了。

分会曾于七月二十三、二十四两日在巴黎举行的反轰炸大会，曾予以热烈的宣传和拥护。除了订定响应大会宣传大纲于会前通告全国作一致的响应外，并且在大会开幕这一天，在武汉召集了一个各界代表会，到会的共有二千余人，由邵副会长主席，演讲的有各界代表和党政军领袖。其他各省市会根据分会的宣传大纲举行大会的，一共有四十六处，由分会译转巴黎大会的电文（代表文化、教育、工、农、商、妇女、宗教各界及其他救亡团体）也有一百零九通（海内外团体或个人直接寄去的还不在内）。可见民众对于这个大会实在有特殊的注意。

经过这几个月来的努力，我国民众对于国际反侵略运动大会及分会的了解，已有极长足的进步。主要的原因应归功于总会继续派遣各国名记者，如包立德、色斯及毛那诸先生来华考察和袁冠新代表的努力。因为总会代表的来华，一方面我国党政军和社会各界有机会聆取他们对于总会的工作报告；一方面我们在竭诚欢迎总会代表的各种集会中，也可以使一般民众藉此了解反侵略运动的意义。尤其是各代表在考察期间所发表的种种言论，回到总会以后所提出的报告，在国内发表了以后，都很能够引起一般读者的注意。袁代表冠新在留国期间的历次讲演，在宣传工作上更收极大的效果。这些成效，不特见于政治中心的武汉，而且藉着报纸、杂志的广播和各代表的各地访问，很能普遍地深入于各地，因此分会对于各来华代表的接洽、招待与协助，也成了一种主要的工作。

此外，分会常常接到各方面来信，提出关于反侵略运动的种种问题，我们自然没有放过这些机会来实施通信联络的工作。总之，分会对于国内的宣传，在过去还不感觉困难，自从《反侵略周刊》出版后，一切进行更比较容易。将来人力物力稍有增加的时候，自然可以得到更大的收获。

（乙）对外方面

对外的宣传工作，可说至今尚未踏上迈进的阶段。现在已做到的只限于下面所述的零星工作：

（1）供给总会和它的来华代表以各种宣传工具，如照片、漫画、标语，国内各种机关团体所出版的宣传小册和抗战电影片等，以充实他们在欧洲的宣传工具。单就照片一项来说，由分会征集汇送总会的总在一千二百张以上了。

（2）在欧美举行的各种与反侵略运动有关的集会，直接的如伦敦大会、巴黎大会，间接的如第二次世界青年和平大会，分会都曾去电申贺、策勉，或提出建议，使本会意思得透过这些会议而传达于欧洲各地爱好和平的人士。

（3）利用各种偶发事件，如澳洲政府压迫工人反日运动，国际劳工局阻止中国劳工代表自由发言，美国国务卿赫尔阻止售卖飞机与日本，暴敌在各战场施用毒气，上海工部局非法移送爱国青年，波兰政府拟承认伪满事件，陈理事柱天被炸毙命，日苏张鼓峰事件，广州天主教堂被炸，墨西哥以汽油输倭和桂林号案等等，分会都曾经发出电文，或致总会，或致分会，或致有关的机关，作严正的表示，以推进各项反侵略工作。

（4）将国内报章、杂志所载与反侵略运动有关的言论或文字，剪帖汇寄总会，备资参登，使他们也了解我国反侵略运动的实况，和一般舆论的趋势。

（5）与国外各国际团体，如国联同志会，世界青年和平大会，世界学联会等等，直接发生联系，以便从事于各项宣传工作。

（6）欢迎来华各国记者，如包立德（Vernon Bartlett）、色斯（Pierre Scize）、毛那（Edgar Mowrer））萎莱（Henrr Rohrer）、阿特丽（Freda Utley）、蕾那（Jean Raynaud）、罗士富国（Rochefoucauld）、梅白德（Colonel Baron de Lapomarede）诸先生，同时尽量予以情报上、考察上的便利。

（7）招待驻汉外国记者。这是利用伦敦和巴黎两大会的前夕举行的。

(8) 参加招待世界学生代表团招待委员会各项工作。这个委员会是由十一个有关的团体组成的，负招待该团到国内各地旅行的全责，内设总干事、副干事和总务、宣传、交际、财务四组。分会被推为总干事和总务组主任。

(9) 促请总会加强对日封锁和抵制日货运动。为着达成这个目的，曾由常务代表团李主席石曾先生向总会提出一个很详尽的说帖。现在已经由总会分送各国分会了。

(其他工作)

除了组织和宣传的工作以外，分会还参加了下面的工作：

(1) 营救八百壮士运动；

(2) 发起组织国际禁烟问题研究会；

(3) "七七"献金运动和火炬游行；

(4) 响应三十万封慰劳信运动；

(5) 保卫大武汉的各项工作。

民国二十七年八月二十九日于执行部

〔国民政府教育部档案〕

5. 国际反侵略运动大会中国分会各地支会简章

(1938年10月1日)

本简章于二十七年十月一日经会长核准施行。

一、名称：支会定名为国际反侵略运动大会中国分会××支会(英文译名为××Center of the China Branch of the International Peace Campaign)(注)支会应冠以其所在地之地名，如属于广东者，因其会址系在广州，应称为国际反侵略运动大会中国分会广州支会。

二、宗旨：支会在分会领导之下，以遵照国际反侵略运动大会："拥护国联，遵守盟约，缩减军备及反对侵略战争"四大原则，团结同胞，反抗侵略，争取中国自由平等，保障世界和平为宗旨。

三、统属：支会直接隶属于分会，并须与分会建立密切之联系。

四、会员：凡支会区域内已依法登记并经呈准备案之各社会团体、职业团体，及救亡团体，皆得为支会团体会员。其热心反侵略运动及赞助本分会宗旨之各界人士而不属于上述法团者，若经会员一人之介绍、得常务理事会之通过，得为支会个人会员。

五、组织：支会之组织如下：

甲：会员代表大会：支会以会员代表大会为最高权力机关，由各团体会员之代表及全体个人会员或其代表共同组织之，每年举行一次，但于必要时，得召集临时代表大会。

代表之人数及其产生方法，由理事会另定之。

乙：理事会：支会设理事会，于代表大会闭会期间，代行该会职权，由代表大会选举二十五人至四十九人组织之；每两月开会一次，但遇必要时得召集临时会议，会议时以常务理事之主席为主席；理事任期为一年，但连选得连任。

丙：常务理事会：由理事互选七人至十五人为常务理事，代表理事会负责处理一切会务，并指导执行部执行会务；每月开会二次；常务理事会之主席，由常务理事轮流充任之。

丁：执行部：常务理事会之下设执行部；部设主任一人，由常务理事会推选提请分会会长聘任之，根据常务理事会之决议，处理该会一切会务。

执行部之下，得视事务之繁简，分设总务、组织、宣传三处，各处得分组办事，处设主任一人，组主任及干事若干人，由执行部主任提请分会会长聘任之，以分别处理各项会务。

戊：各种委员会：支会得应事实上之需要，分设各种委员会，专理各种会务，其委员由常务理事会推定之。

己、名誉理事：除分会之名誉理事在支会地域以内者，均为支会当然名誉理事外，支会得另由会员代表大会聘请地方党政军及各界领袖若干人为名誉理事，与当然名誉理事共同组织名誉理事，为支会之最高指导咨询机关。

六、会员：支会会员之会费应暂照分会简章第七条之规定：个人会员每年应缴纳会费辅币一角，团体会员每年五元，其全部会费收入，得由支会分配之，但须将决算书报告分会备案。

七、经费：支会经费由支会就地设法筹集，但如有特殊情形者，得请由分会辅助之。

八、附则：本简章由分会会长核准后施行，如某地支会因特殊情形，有修改之必要时，得呈请分会会长核准修正之。

〔国民政府教育部档案〕

6．国际反侵略运动大会中国分会各地区会简章

（1938年10月1日）

本简章于廿七年十月一日经会长核准施行

一、名称：区会定名为国际反侵略运动大会中国分会××省××区会。（注：区会以县为单位，区会之上冠以该县县名。）

二、宗旨：区会以在分会领导，支会系统之下，遵照国际反侵略运动大会："拥护国联遵守盟约，缩减军备及反对侵略战争"四大原则，团结同胞，反抗侵略，争取中国自由平等，保障世界和平为宗旨。

三、统属：区会直接隶属于支会，在分会领导之下，进行工作。

四、会员：凡区会区域内已依法登记，并经呈准备案之各社会团体、[illegible]，[illegible]之团体，皆得为区会团体会员。其热心

反侵略运动及赞助本分会宗旨之各界人士而不属于上述法团者，若经会员一人之介绍，得常务理事会之通过，得为区会个人会员。

五、组织：区会之组织如下：

1. 会员大会：为区会最高权力机关。如会员过多或事实上不易举行大会时，得改为会员代表大会，每半年开会一次，代表之人数及其产生方法，由理事会决定之。

2. 理事会：区会设理事会，由会员大会或代表大会选举七人至十一人组织之，于大会闭会期间，代行该会职权；除必要时外，每两月开会一次，以常务理事会主席为主席；理事任期为一年，但连选得连任。

3. 常务理事会：由理事互选三人为常务理事，组织常务理事会，代表理事会分别负责总务、宣传、组织等日常会务，于必要时得设干事若干人襄助工作；常务理事会之主席，由常务理事轮流充任之，每月开会二次。

4. 各种委员会：区会得应事实上之需要分设各委员会，专理各种会务，其委员由理事会确定之。

5. 名誉理事：除分会、支会之名誉理事在区会地域以内者，均为区会当然名誉理事外，区会得另由会员代表大会聘请地方党政军及各界领袖若干人为名誉理事，与当然名誉理事共同组织名誉理事会，为区会之最高指导咨询机关。

六、会费：区会会员之会费应暂照分会简章第七条之规定："个人会员，每年应缴纳会费辅币一角，团体会员每年五元"，其全部会费收入，得由区会分配之，但须将决算书报告支会转分会备案。

七、经费：区会经费由区会就地设法筹集，但如有特殊情形者，得请由支会或分会辅助之。

八、附则：本简章由分会会长核准后施行，如某地区会因特殊情形，有修改之必要时，得呈请分会会长核准修正之。

〔国民政府教育部档案〕

7. 国际反侵略运动大会中国分会职员一览表①

（1938年）

职别	姓名	备考
会长	宋子文	
副会长	邵力子	
执行部主任	郑彦棻	
总务处主任	章骏锜	
组织处主任	徐寿轩	
宣传处主任	尹葆宇	
联络处主任	郑彦棻	兼任
会计	王君韧	
干事	张支于	
	魏怀珍	
	余惠霖	
	吕志澄	
	苏德用	
	谢晨光	
	王嘉仁	
	辛克	
	丁继忠	
	谭则敏	
	朱厚富	
编译	林昌恒	
书记	隆则灵	
	张根炳	

①沿用原标题。

胡钰如

赵国昌

服　务　员　　李复初

孔令全

郑介尔

吴忠良

戴克达

王醒民

田荷生

〔军事委员会委员长侍从室档案〕

8. 反侵略运动地方组织须知

(1938年)

一、本会的历史和组织上的分布

本会产生于世界多事之秋，和平受着严重的威胁，而强权武力正企图扩大它的领域的时代，虽然以国际和平运动大会命名，但是它的任务实质上自始就是举世同情的反侵略工作。因此这个会的名称，在英文为International Peace Campaign，在法文为Rassemblemeent Universel Pour La Paix，在中文应该是"国际和平运动"的，便一变而为"国际反侵略运动大会"了。反侵略运动移植在我们的中国，特别有它的实际意义，因为"我们在抗战很艰苦的过程中，早抱定日本侵略一日不止，中国抗战一日不休的决心：虽然我们最终的目的仍在和平，但我们所求的和平，必须是符合于公理正义的永久的和平"。

国际反侵略运动总会于一九三六年成立，现已在四十三国内设立分会。加入该会的国际团体有四十几个，各国民众团体有七百五十几个，所代表的人数达四万万〔？〕。主要的工作，以与我国有关的来说，就是以全世界为范围的抵制日货运动。参加这个伟大的运动的，计有：

1. 国际工会联合会，会员人数一千六百万人；

2. 关〔国〕际合作社同盟，包括十五国的合作社总会；

3. 国际妇女合作基尔特，会员人数一千万人；

4. 国际妇女团体所组织的和平裁军委员会，会员人数四千五百万人；

5. 世界青年运动大会，会员人数五千万人；

6. 比利时工会联合会，会员人数五十四万五千人，和合作社；

7. 布加利亚公团一百五十个单位；

8. 捷克斯拉夫工会联合会，会员人数七十万人，和合作社；

9. 丹麦全国总工会，会员人数三十八万一千人，和合作社；

10. 芬兰总工会，会员三万四千人，和社会民主党；

11. 法国的分会包括参战人员会三百万人，总工会五百万人，合作社三百万人等等；

12. 挪威工会联合会廿五万八千人，和合作社，工党党员十二万二千人；

13. 瑞典工会联合会，工党妇女社会主义者同盟，社会主义青年农会，教职员联合会，共九十万人；

14. 瑞士工会联合会，会员人数二十二万一千人；

15. 英国的合作运动，共有会员七百五十万人；

16. 印度各合作社；

17. 澳大利亚职工总会，会员人数六十万人，和合作社；

18. 南菲洲工会联合会，会员人数二万八千人，和合作社；

19. 美国劳工联合会，会员人数一百四十四万一千人，和产业工会委员会，会员人数三百七十一万八千人，女青年会，会员人数五十万人。

二、本会的性质和工作

不问而知，我们这个会是以反对侵略战争，保障世界和平为意志的国际的民众组织。事实上，也只有国际力量坚强的结合，普遍的配置，才可以予侵略者以有效的打击。然而我们这个会不是军事团体，不是学术组织，也不是政治集团，各党各派，以及无党派的人都可以参加本会，不受政治立场的限制，不受宗教教义的拘束，不受社会地位的阻隔，凡是热心于世界和平的保卫，努力于反侵略工作的，本会都欢迎其参加，无论是团体或是个人。

本会的基础是建立在下列四大原则上面的，就是：

1．确认条约义务之尊严；

2．运用国际协定，以减缩及限制军备，并取缔军火制造及贩卖之牟利；

3．运用集团安全及互助的组织，增强国际联盟之力量以避免及制止战争；

4．就国际组织内建立有效的机构，以调整足以引起战争之国际事态。

中国分会即在上述四大原则之下团结同胞实际的从各方面参加反侵略的工作，以争取我国的自由平等，和保障世界的和平。

至于中国分会范围以内的工作，一般的说，有下列几种：

1．与国内各民众社团密切合作，以推进抗战工作；

2．建立国内抗战社团及各职业团体与国外反侵略运动机构及职业团体之联系；

3．推进国民外交；

4．从事国际宣传；

5．研究国际问题；

6．增广民众之国际知识。

三、本分会的组织

国际反侵略运动总会（其原文则为国际和平运动大会）设在日内瓦，会长为美国人薛西尔爵士（Lord Cecil）、法国人哥特（Pierre Cot）。中国分会与欧洲总会的距离太远，除经常与总会通讯之外，新近还有中国分会驻日内瓦而由李石曾先生领导的常务代表团，和中外合作委员会的组织，作为彼此间联络的枢纽。

中国分会的会员，分个人会员与团体会员两种。照各国分会的组织成份来说，个人参加的，本无政党、宗教、性别的限制，有保守党党员，有工党党员，有社会民主党党员，有共产党党员，有自由主义者，有无政府主义者，至于团体参加的，其范围也很广阔，凡工会、政党、合作社、宗教团体、妇女会社、参战人员团体、文化团体、青年组合等等，都可以参加。

然而世界各国分会的会员主要的还是团体会员。他们的社会都有普遍的组织，而这些组织都有悠久的历史，以团体为组织单位自然是容易实现的。现在中国分会成立之初，参加的多数还是个人会员，单以武汉一区而论，人数亦已近万。本分会一方面希望在不久的将来，将支会、区会的组织推广至各省，各重要城市，以至于乡镇，一方面更希望合法的职业团体尽数的参加，在政府领导之下，从事对外宣传工作。

本分会的会长是宋子文先生，副会长是邵力子先生。在代表大会之下有由一百五十人组织而成的理事会，另由理事会互选二十三人组织常务理事，在理事会闭会期间，代行它的职权。参加理事会的人都是党、政、军和社会上各界的领袖。常务理事会之下设执行部，并设财务委员会、宣传委员会，后者负一切对内对外宣传上的设计责任。执行部为便利推动各项工作起见，分设总务、宣传、组织和联络四处。

四、如何进行地方组织

为什么我们要有地方组织呢？我们的需要地方组织其目的和国内一般的社会团体不同。我们的主要意思是使上述工作的执行能推广至于各个地方，而这些工作都是国际的反侵略工作，对外的宣传工作，如果没有全国民众做我们的后盾，是不能发生强大效果的。我们一方面要国际的人士明瞭我们的抗战工作，一方面又要我国的人士明瞭世界的人士援助我们的种种工作。而且我们既是国际性的民众组织，我们不能单希望人家援助我们，我们有可能时还要预备响应人家。所以我们需要地方组织。

本分会的地方组织，第一级是支会，以省为组织单位，其会址则应在该省的中心城市，如广东的广州，云南的昆明，陕西的西安等，其名称即冠以该会所在地的名称，例如属于广东省的，则称之为广州支会。第二级是区会，以各省的县市为组织单位，其中心则在该地的重要城市，如广西的梧州，湖南的衡阳等，其名称冠以该地的名称。至于会员人数过少而又不能不有一中心以互相联络的地方，则可以设一通讯处，隶属于各地的支会或区会，或直接隶属于本分会。这种通讯处的组织，遇必要时可以扩大为区会或支会。海外组织，则以占重要经济地位及交通中心之城市，如星嘉坡，菲列滨等等为组织支会之单位。

组织支会的初步手续有两种：一是由本会派人到各地组织，一是由当地热心者自动发起。在第二种情形之下，该地的发起人应先取得本分会的同意，然后进行组织，这样可以避免不必要的麻烦，不至于破坏组织上的统一系统。

至于组织区会的，若果当地已经有支会的存在，那么这种手续可以由该地支会负责办理，区会即隶属于支会下。但若果当地没有支会的组织，而该地又不是重要城市，那么，那些发起人最好还是先行直接与本分会联络。

为着获得组织上进行的顺利和宣传上影响的扩大，应先商取当地党、政、军负责人士的同意，参加发起。然而组织工作实在繁重，仍须有能负专责的人出来主持，始得健全，工作方能推进。发起人的选择，除党、政、军人士之外，必须展开到社会各界的领袖，使组织群众化，使组织的根蒂能深深的种在群众意志的泥土里。

支会组织的基础，最好是建立在职业团体的结合上面，使反侵略运动不至限于少数个人上层的呼喊，使反侵略运动和世界各兄弟会一样深入到群众的里层。不过现在各地除了极少数的重要城市之外，职业团体的数量仍然是异样的微小，所以，开始时，组织工作的重心，不可避免的放在少数的知识分子的个人或组合上面。然而他们的热情的拥护是绝对必要的，所以，我们可以用谈话会的方式，向他们联络，同时，亦可以用谈话会的方式，向社会各界的领袖人物联络，希望通过他们，逐渐展开这个会的社会基础。

欲扩大这个会的基础，主要的还是靠实际的工作。没有实际的工作是不会获得人们的同情的，至少我们也要以国际运动做中心举行某种宣传运动，如反轰炸大会之类，才可以使社会上热心反侵略运动的优秀分子，自动的来参加我们的工作。事实上，我们这个会也不是徒以组织的扩大为满足的。我们固然需要组织范围的扩大，而尤其需要的，是国际宣传工作的展开。支会的主要任务，是通过宣传使我国社会上各种分子明瞭世界的形势，明瞭国际对我的援助而提高自己的抗战情绪。

五、地方组织对本分会的关系

支会或区会与本分会，或区会与各该地支会的关系，不单是组织上的，而且是工作上的。

支会与本分会组织上的关系是这样的：支会组织之初须先与本分会联络，取得本分会的同意，然后进行筹备，以避免组织上的孖生现象；组织之际，须依照本分会所制定的简章组织和选举；组织之后，须呈报本分会，印章的样式也须呈报本分会而后启用。

支会与本分会工作上的关系是这样的：支会须时时和本会保持书信上的联络关系，使本分会明瞭各地支会的工作状况，以及当地群众反侵略运动的情形，同时本分会的一切工作，也须取得各地支会的赞助，才可以推进，如关于敌人暴行的材料的搜集，各种反侵略运动的举行，无不是依赖各地支会的努力乃抵于成，同时本分会对于各地支会在材料的供给上，消息的传达上，工作的商讨上，亦负起最大的责任。

〔国民政府教育部档案〕

9. 国际反侵略运动大会中国分会迁渝前的工作报告

(1939年1月)

五月来的分会工作（民国廿八年一月编印）

——民国廿七年八月至十二月——

分会工作人员于十月十七日始全部迁离汉口，但十月三日已先在衡阳设置办事处，负责发展西南会务。十一月十七日复离衡迁桂，廿三日在桂林开始办公，直至十二月十六日始离桂取道贵阳赴重庆，民国廿八年一月十一日在渝开始工作。兹将五月来主要工作，择述如次：

（一）组织工作

一、编印“反侵略运动地方组织须知”，为组织各地支区会的根据。

二、分请中央组织部、社会部、海外部和各省市党部及政府，对各地支区会之组织，予以协助。

三、促进桂林支会的组织：民国廿七年十二月十日组成筹备委员会。本年一月廿五日桂林支会已正式成立。

四、促成贵阳支会的组织：民国廿七年十二月二十三日组成筹备委员会，贵阳支会日间即可成立。

五、促进昆明支会的组织：已于一月一日成立筹备委员会，积极进行中。

六、派定驻菲联络员，负责促进该地支会的组织。

七、广征会员。

（二）宣传工作

甲、对内方面

一、继续将总会刊行的中文通讯及其他文件择要送登各报。

二、策动全国，特别广州、汉口等地于九月间国联大会开会时，举行拥护国联援华制日大会。

三、继续出版反侵略周刊，已出至第九期。

四、反侵略运动丛书第二种“伦敦援华制日大会代表讲演实录”已出版，第三种是反对轰炸不设防城市大会的专集，已在著手编订中。

五、编刊会报，第一期已编订就绪，日间即可出版。

六、除定期刊物等外，随时在各地发表与反侵略有关之文字，以资广泛宣传。

七、在衡阳曾举行抗战图片展览会，在各报出版反侵略特刊，并每周刊出壁报。

八、在桂林举行各界招待会，流动漫画宣传队，并在《扫荡报》出版反侵略特刊。

九、关于口头宣传方面，曾分别对伤兵、军政部陆空联络人员训练班（衡阳）、党政人员训练班（桂林）、港侨与及广州大学、知用、梅芳等校学生（香港）演讲关于国际反侵略运动之意义及其发展。

十、在由桂林迁重庆途中，除在贵阳促成该地支会的组织以外，在河池、独山、贵阳、松坎等处，均曾绘制反侵略大标语。

乙、对外方面

一、继续将国内有关反侵略运动的文字、图片，供给总会。

二、分请专家编著英法文小册，“八百壮士及其他战时特写”（英文）、“蒋委员长重要抗战言论集”（法文）等两种，并已寄款付

10. 国际反侵略运动大会中国分会职员录

（1942年11月7日）

国际反侵略运动大会中国分会 职员录

三十一年十一月七日制　通讯处：枣子岚垭四二号

级职 阶级	职别	担任工作	姓名	别号	性别	年龄	籍贯	学历	经历	到职年月	永久通讯处
聘任	执行部主任		郑彦棻		男	39	广东顺德	巴黎大学研究员	中山大学教授兼院长	1938.1.1	本会
聘任	代主任		尹葆宇		男	32	山东掖县	美国霍金斯大学政治学博士	国立中山大学教授、委员长行营秘书	1939.6	本会
聘任	总务处主任		吴本中		男	37	吉林	法国政治经济学及外交学博士	国际劳工局秘书、第四战区司令长官部少将参事	1942.10	外交部
聘任	宣传处主任		缪培基		男	32	广东五华	伦敦巴黎两大学研究员	国立中山及武汉大学教授、中央海外部专门委员		广东五华增坎
聘任	联络处主任		梁大鹏		男	35	广东乐会	美国政治学博士	海外部专门委员	1941	广东乐会上四里

续上表

聘任	秘书	临时运动	苏德用		男	32	广东茂名	中山大学法律系毕业		1938.9	本　　会
聘任	秘书	文牍	黄倚云		男	28	广东花县	国民大学法学士	甘肃油矿局课员	1942.7	本市九三号信箱
聘任	秘书	助编	彭　清		男	28	江西万载	江西法专政治系毕业	报社记者编辑	1941.3	江西万载晨光书局
聘任	秘书	文书	陈振棋		男	30	广东揭阳	中山大学政治系毕业		1940.3	广东揭阳厝村
聘任	干事	美术	盛振鸣		男	28	江苏武进	上海美专毕业	十五补训处政治部科员	1940.3	江苏武进凤鸣镇
聘任	干事	收发保管	李玉钿		女	27	四川南充	四川大学教育系毕业	西北中学教员	1941.11	四川南充东观场
聘任	干事	资料室	杨昭伦		女	27	四川巴县	四川大学政治系毕生	重庆市社会局科员	1942.10	渝千斯门水巷子七十九号
聘任	助理干事	助理出纳	刘淑仁		女	20	河北蠡县	淑德女商中毕业立信会计校商训班毕业		1941.7	渝一八五号信箱李鹤田转
聘任	助理干事	会计出纳	吴素兰		女	31	广东香禺	广东大学经济系修业	粤香战时贸易会科员	1942.8	广东平乐罗溪街忠信里吴素云转

续上表

聘任	助理干事	校对监印	张拙民		男	25	南京市	江苏省高毕业	交通部业务员	1942.5	南京中华路十三号
聘任	书记	缮写	牟乃纯		男	26	山东日照	山东第四联合高中毕业	报社编辑	1942.10	山东日照县城内中山路四二号
聘任	服务员	庶务	谢良璧		男	20	湖南沅陵	沅陵县初中毕业	中训团机要科司书	1942.5	沅陵南门上泰康号
聘任	服务员	管理书报	毕琏章		女	19	江苏武进	州立九中高中毕业		1942.2	
聘任	服务员	登记	王生贵		女	19	四川綦江	贵州桐梓县初中毕业		1942.7	贵州桐梓一〇九号

〔军事委员会委员长侍从室档案〕

印，印成后即由本会驻欧常务代表团就近广为送发，以广宣传。

三、本分会驻欧代表团与总会国际秘书处合作，编印法文小册《黄祸论》，已在欧美发售。

四、九月间举行的国联大会，本会除发动国内各地举行拥护国联制日大会响应外，并策动全国文化界、新闻界及学术机关团体，去电国联表示拥护和策勉之意。

五、随时将暴敌轰炸各地惨酷情形，详函向总会报告。

六、利用偶发事件，透过总会及各国分会，推行国民外交。

七、商得中国制片厂同意，已将“八百壮士”及“抗战特辑第五集”各一套寄赠总会。

八、派尹保宇先生代表分会出席第二次世界和平青年大会，会毕，尹先生以分会代表资格，应各方之请，分往美国各地演讲。

九、计划灌制与抗战有关的声片，已分别约请国内抗战领袖等进行灌音。

〔国民政府教育部档案〕

11．世界反侵略运动大会中国分会团体会员表

（1942年）

团体名称	负责人	会员数据	通讯处
中国劳动协会	陆京士	在重庆登记中	重庆商业场永龄巷九号
新生活运动促进会妇女指导委员会	张蔼真	41人	重庆市商会内
中国经济学社	马寅初	700人	立法院财政委员会殷锡琪先生转
中国合作学社	陈果夫	506人、团体1个	南温泉中政合作学院转

续上表

中国佛学会	释太虚	1700人	重庆长安寺佛学社
四川省银行经济调查室	张润苍	8人	重庆四川省银行总行
中国教育电影协会	陈立夫	876人	中四路一一二号
中国教育学术团体联合办事处	章　益	2万余人	中四路一一二号
中国战时生产促进会	毛庆祥	400人	上石板街四十二号
中华农学会	梁　希	3000人	沙坪坝中央大学农学院转
中国水利工程学会	陈湛恩	693人	重庆川盐银行四楼
中国工程学会	曾养甫		重庆川盐银行三楼
中国度量衡学会	吴承洛	484人	巴县北碚新村全国度量衡局转
中国计政学会	杨汝梅	297人	国府主计处岁计局
中国化学会	吴承洛	1500人	经济部吴润东先生转
中华职业教育社四川办事处	孙起孟	19700人	重庆张家花园
西北建设协会	陈立夫	约800人	重庆春森路十四号王惠畴转
中国青年新闻记者学会	范长江	803人	重庆邮箱九十九号
中苏文化协会	孙　科	1884人	观音岩义林医院内

续上表

中华全国文艺界抗敌协会	舒舍予	450人	重庆邮箱二三五号
中华全国木刻界抗敌协会	邦中铁	205人	重庆公园路十九号
民意周刊社	叶溯中	5人	重庆商业场中大街二一号二楼
现代读物社	高显鉴	8人	重庆忠烈祠街二十四号
中山半月刊	梁寒操	359人	重庆大阳沟三十号中山学社
妇女文化社	徐兰瑞	48人	回水沟一号
时与潮社	金长祜	8人	重庆沙坪坝九十一号
西南导报社	张国瑞	6人	重庆学田湾衡舍左内院
时事新报	崔准吾	57人	重庆新街口
新民报社	陈铭德	104人	重庆通远门中一路
新华日报社	潘梓年	85人	重庆西三街二号
扫荡报社	丁文安	131人	小较场特十七号
新蜀报社	周钦岳	99人	白象街四十五号
国民公报社	康心之	4人	售珠市三十四号
国立中山大学	邹　鲁	1805人	云南澂江县

续上表

国立广西大学	白鹏飞	884人	广西桂林
国立同济大学	赵世卿	1249人	昆明
陕北公学学生会	陈　载	553人	陕西省栒邑县看花宫
陕北公学同学会	成仿吾	7000人	陕西栒邑陕北公学校内
陕北公学华侨同学会	张然和	55人	陕西省栒邑县看花宫
中华民国留日同学会	黄炳阳	3500人	重庆枣子岚垭二十七号
中国物理学会		245人	昆明西南联合大学理学院转
中华理教总会	王有才	50000人	巴县石桥乡观音小学校
中国艺术史学会	常任侠	32人	中央大学文学院宗白华转
中国边疆学术研究会	张西曼	82人	重庆邮箱二五五号
中国童子军总会	陈立夫	42人	重庆西路口市立初中内
复旦大学	吴南轩	805人	重庆北碚黄桷树
四川省立重庆大学	叶光龙	996人	巴县瓷器镇沙坪坝
四川省立教育学院	高显鉴	244人	巴县瓷器口
国立戏剧学校	余上沅	88人	四川江安文庙内

续上表

中国留法比瑞同学会	毛庆祥	750人	重庆上石板街四十二号
中华海员工会特派员办事处	杨　虎	43834人	重庆幸仁街四十九号
重庆匹纱捆制运输业工会	陈玉章	598人	米什字太红岗口
重庆泥水业职业工会	刘玉林	185人	百子巷一一五号
重庆市屠宰业工会	张森云	130人	重庆石灰市
重庆市提装业工会南岸龙门浩分会	汤锡和	80人	龙门浩码头观奇□
重庆市提装业工会二码头分会	陈盖卿	82人	太平门门外下行街刘姓茶社十三号
重庆运输业工会南岸区下龙门浩分会	赵兴洲	104人	下龙门浩正码头华光庙
中华工商协进会	温火鹤	个人177人 团体25	重庆市商会
钱业同业公会	王伯康	14人	下陕西街十九号
重庆皮头绸缎业同业公会	卓德生	140人	白象街十三号同庆公所
重庆五金电料业同业公会	周芸柏	85人	二府衙街三十四号
重庆煤业同业公会	谭乐臣	590人	接圣街三五号
重庆扇业同业公会	吴应南	45人	新丰街集福百货商店
中国国民外交协会	陈铭枢	367人	重庆青年会九号

续上表

中国国际联盟同志会	朱家骅	300人	重庆两路口中三路六十七号
中国国民救国协会	白崇禧		重庆张家花园六号柏庄
全国征募寒衣运动委员会总会	简泰梁	24人	
全国慰劳抗战将士委员会总会	简泰梁	24人	
四川抗战建国协进会	吕　超	557人	重庆公园路十六号
中国战时儿童救济协会	许世英		重庆打铁街
汉口业余歌咏团	王大成	2000人	反侵略中国分会张友于转
广东旅渝同乡会	方　兴	1100人	重庆二牌坊三十二号
广东旅渝同乡抗敌救国协会	谢作民	660人	重庆二牌坊三十二号
南华艺社	张思俊	165人	南充省立师范学校
环球幻术歌剧学社	傅润华	57人	成都上中东大街二十号内三号
青年职业互助会	唐介泉	168人	重庆上左营街十五号
江苏青年协会	汪宝宣	248人	重庆五福街宽庵子二十一号
军委会政治部教导剧团	洪　深	30人	军委会第三厅转
兵役实施协进会	吕　超	500人	重庆下石板街四十六号

续上表

南溪县李庄头职业团体	罗南陔	312人	南溪县第三区四所
通俗读物编刊社	顾颉刚	200人	北碚对岸东阳镇石子山
血路周刊社	陶百川		重庆五福街五十三号

〔军事委员会委员长侍从室档案〕

(5) 中国青年励志会

1. 中国青年励志会会务状况报告书

(1938年9月2日)

壹、组织缘起

九一八事变以后，敌人谋我日亟，国本阽危，民心惶惚。环顾国内青年，或颓唐萎靡，或盲目乱动，长此以往，殊非国家民族之福。同时受感于欧美各国青年运动之蓬勃，及其所给予民族之实益，爰发起组织中国青年励志会，期集结全国有志青年，在本党领导之下，从事于修养身心，磨砺志气，服务社会，复兴民族工作。其宗旨经明文规定为：基于三民主义之精神，以探讨学术，修养品性，锻炼体格，培育急公好义之美德，实践为众服务，矢志忠诚，于国家民族之复兴。

贰、扩大组织

本会组织范围，初仅及乎杭州。嗣以本会之基本工作，侧重社会事业，且莫不言行一致，以树风声。因是博得青年之同情，而加入本会者，不两年间，即有二千余众，不第普及浙江各县，即全国各省青年而为本会会员者，数亦不少。为求会员易于联络，工作易于发展起见，爰先就浙江各县设立分会，渐次在各省扩充，民国二十六年七七事件未爆发以前，本会经叙述详情，呈请中央党部准予备案。嗣以战事卒发，遂形搁置，而于各省扩充组织，亦未进行。本年七月十三日，复经备文呈请中央党部准予备案在案。现本会会员共计四千二百三十七人，各县分会成立者五十二县。

叁、成立日期

中华民国二十三年三月二十九日

肆、立案日期

中华民国二十三年四月二十一日

伍、地址

浙江杭州长生路三十五号，现暂设会址于金华塔下寺前街二十二号。

陆、指导员

陈立夫　陈布雷　叶溯中　许绍康　罗霞天

柒、过去沿革

一、第一届职员于民国二十三年三月二十九日到会办公，理事姓名及职务分配情形如下表：

姓　名	年龄	籍　贯	学　　历	所任职务
王守伟	27	浙江嘉善	之江大学文学士	常务理事
邱　玺	22	江苏武进	国立杭州艺术专科学校毕业	常务理事
卢　琰	23	浙江黄岩	河北保定农学院农学士	常务理事
张锦朝	28	浙江义乌	国立浙江大学教育学士	理事兼总务股主任

续上表

屠　达	23	江苏武进	国立浙江大学工学士 美国密西根大学硕士	理事兼组织股主任
黄祥楙	24	江苏武进	国立浙江大学教育学士	理事兼研究股主任
梁洽民	25	四川遂宁	国立艺术专科学校毕业	理事兼出版股主任
曹平旦	20	浙江于潜	河北保定农学院肄业	理事兼宣传股主任
史伯良	21	浙江临安	浙江省立杭州高级中学毕业	理事兼调查股主任
杜　久	22	浙江青田	之江大学法学士	候补理事
李　诩	26	浙江瑞安	之江大学文学士	候补理事
饶　琪	25	河南固始	之江大学法学士	候补理事
卞贻谋	26	江苏灌云	国立浙江大学农学士	候补理事
沈　基	20	浙江于潜	浙江省立院州高级中学毕业	候补理事

二、第二届职员于民国二十四年九月二十五日到会办公，理事姓名及职务分配情形如下表：

姓　名	年龄	籍　贯	学　历	所任职务
王守伟	28	浙江嘉善	之江大学文学士	常务理事
邱　玺	23	江苏武进	国立杭州艺术专科学校毕业	常务理事

续上表

卞贻谋	27	江苏灌云	国立浙江大学农学士	常务理事
楼次善	25	浙江诸暨	国立浙江大学教育学士	理事兼总务股主任
曹平旦	21	浙江于潜	河北保定农学院肄业	理事兼组织股主任
潘祖永	24	浙江绍兴	之江大学法学士	理事兼研究股主任
梁治民	26	四川遂宁	国立杭州艺术专私学校毕业	理事兼出版股主任
张锦潮	29	浙江义乌	国立浙江大学教育学士	理事兼宣传股主任
沈　基	21	浙江于潜	浙江省立杭州高级中学毕业	理事兼调查股主任
孙　铭	28	浙江永嘉	上海法学院法学士	候补理事
王星吾	31	浙江平阳	浙江省立地方自治专修学校毕业	候补理事
王惠民	28	浙江东阳	旧制中学毕业	候补理事
张漂芬	26	江苏淮安	国立杭州艺术专科学校毕业	候补理事
洪毅然	25	四川达县	国立杭州艺术专科学校毕业	候补理事

捌、现任职员

第三届理事（即现任）人数为五十八人，于民国二十五年十二月二十五日举行第一次全体理事会议，选举常务理事九人，组织常务理事会，负责处理会务。常务理事姓名及职务分配情形如下表：

姓　名	年龄	籍　贯	学　　　　历	所任职务
徐　浩	37	浙江上虞	日本明治大学法学士	兼主席 常务理事
余刚夫	34	浙江于潜	日本大学肄业	兼秘书长
王守伟	29	浙江嘉善	之江大学文学士	兼人事科长
王思本	26	浙江永嘉	中国公学政治经济系毕业	兼文化事业部长
杨　明	35	浙江临安	上海法学院毕业	兼社会事业部长
顾达一	41	浙江海宁	大同大学肄业	兼经济科长
孙　铭	29	浙江永嘉	上海法学院毕业	
沈明才	33	浙江鄞县	金陵大学毕业	
江筱峰	31	浙江于潜	浙江省立高级中学毕业	

注：常务理事傅文象，于本年一月间，被汉奸狙击殒命，由得票次多数理事江筱峰递补。

玖、现在工作状况

一、关于抗敌后援工作者（另附工作概况一册）

自七七抗战以来，本会从事于抗敌后援工作，未或稍懈，所有工作情形，业经本会秘书处于本年八·一三纪念日编印有抗战军兴以来本会工作概况，兹检呈一册，恕不另赘。

二、关于普通工作者

1. 视察分会：本会为整饬分会组织，考核会务，开展未来工作起见，复派干练会员分区视察各地分会，并指导今后工作。

2. 重新制发会员证章：此次制发会员证章，寓有整理会员之用意，其目的在使本会会员益加奋发，俾各个会员均能为实现本会宗旨而努力。

3. 征求新会员，增强新力量，统计每月加入本会之青年，约在一百人左右。

4. 发展分会组织：最近计划成立之分会，有新昌、缙云、定海、遂昌、兰溪、汤溪等县。

5. 举办暑期青年讲读会：本会为利用暑期，训练青年学生以战时知能，并培养其服务精神起见，经与浙江省战时作者协会联合举办暑期青年讲读会，参加者各界青年四十二人，讲读期一个月，七月二十日始业，八月二十日休业。讲读期内，除民众运动、政治经济、战时新闻事业、社会调查、谍报、宣传技术等科之讲授及实习外，并练习游泳、射击、驾驶等技能及参加其他社会活动。

三、关于敌人后方工作者

1. 会员工作情形：据会员通讯统计，会员中在东战场方面直接从事抗战工作者，计在海盐、海宁、嘉兴、崇德、桐乡、平湖、吴兴、杭县、长兴、嘉善等沦陷区域内者四十七人，在安吉、孝丰、余杭、富阳等战地者十六人，在失地县长者二人，任行动委员会副主任委员者二人，游击队长者一人，其他各战场及未能调查确实者不在内。

2. 本会督导概况：本会以在沦陷区域内从事抗战工作之会员人数颇多，为使各会员于工作上取得互助，并加强工作效能起见，爰在浙西沦陷区分区设置工作督导员，计平湖、海宁、海盐区顾达一，崇德、桐乡区沈明才，嘉兴、嘉善区王梓良，德清、武康、吴兴、长兴区张友才。最近并派会员贝再然负责主持调查在沦陷区域内从事抗战工作致死及受伤会员，准备定期追悼，并设法抚恤，以崇正义，而资激励。

四、近今各地分会单独举办之事业

除本会统一指挥办理之工作，各地分会均遵令举办外，目前由各分会个别自动举办之事业颇多，特择录于次：

1. 青田分会，举办励志暑期学校、合作事业工作团，暑期学校于八月二十五日结束，合作事业工作团近正在下乡工作。

2. 嘉善分会，组织嘉善青年救亡团，由该分会常务理事储裕生领导，近在湖南长沙一带，从事戏剧宣传工作。

3. 绍兴分会，编印青年战号旬刊，虽目前经费十分困难，然以该分会负责人之努力，仍能按期出版。最近并在筹备办理战时图书馆。

4. 上虞分会，最近设立民众服行兵役问事处，协助政府推行兵役法令，并组织战时宣讲团，分城区、大泽、章镇、百官、崧厦、小越、谢塘、沥海等八区，每区由一分队负责，动员全体会员，出发宣传。

5. 义乌分会，举办战时民众歌咏团，有团员三十二人，举办壁报，惟近来因经费无法筹措，恐不久即将停办。

6. 于潜县，地处东战场前线，本会该县分会，近动员全体会员，组织政治工作团，分队分区负责，普遍实施民众政治教育，并筹款四百元，向正中书局等采办大批书报，创设励志书店，在东战场前线，努力发展文化工作，宣传本党主义。

7. 平阳分会，组织战时宣传队，分组轮流出发各乡宣传，并带有电影。

8. 诸暨分会，组织战时义务劳作团，为出征军人家属代做农事劳作，不受报酬。近又计划组织被难儿童施教团，办理难童教育工作，顷在筹措经费中。

9. 临安分会，组织战地救护队，以会员二十三人为干部，并联络当地青年，随军服务，备有担架十副，办理战地救护工作，但药品非常缺乏。

10．江山县分会，以抗战以来，民众对于兵役推行，颇多隔膜，且常有舞弊情形，因动员会员四十六人，出发各乡宣传兵役，并监督壮丁抽签。

11．八一三淞沪战起，嘉兴在军事上即成要地，敌机轰炸，几无虚日。本会该县分会，组织青年服务团，从事宣传、防护、交通、警卫等工作。嗣后参加嘉兴县抗敌后援会战地服务团，由本会会员江山担任大队长。嘉兴沦陷后，江会员率同服务团团员潜留乡间，从事游击工作，上月中，间道来会报告工作，承浙江省党政当局及第十集团军予以物质上之援助，现仍在嘉兴工作。

12．龙游分会，开办战时妇女训练班，训练期间三星期，业已结束。

13．鄞县分会，曾组织乡区流动施教团，实施战时民众政治训练。旋因浙江省各县民众教育馆，均改称流动施教团，故该团自动办理结束。

14．天台县分会，鉴于出征军人家属，应予慰问，藉资鼓励，爰于本年三月间，组织出征壮丁家属慰问队，馈赠应用品，并代为服务，接洽家事问题，先后共计慰问一百七十三家。

拾、现在会员情形

会员人数，截至民国二十七年八月底止，共四千二百三十七人，兹列统计表四种于次：

一、会员性别统计表

性　别	人　数
男	4034
女	203
总数	4237

二、会员年龄统计表

年龄组距	二十岁以下	二十一岁至二十五岁	二十六岁至三十岁	三十一岁至三十五岁	三十六岁以上	总计
人数	717	1406	1011	619	484	4237

三、会员教育程度统计表

教育程度	人数
留学生	39
大学	356
中学	3209
小学	633
总数	4237

四、会员籍贯统计表〔略〕

拾壹、所属分会概况

截至民国二十七年八月底止，共计已正式成立之分会五十有二，尚在筹备中者九县，兹分别列表示明于次：

一、各县市分会概况表

分会别	会址	成立年月	现任职员		会员数
			常务理事	理事	
浙江杭州市分会	杭州长生路三十五号	民国二十四年十二月二十九日	王守伟	俞凤池 李青云 朱象宗 余光荣	190

续上表

浙江嘉兴县分会	嘉兴县精严寺街	民国廿五年二月二十三日	沈炳麟	卢其美 晁公盂 江　山 羊大鹏	173
浙江平湖县分会	平湖东大街七号	民国二十五年一月五日	钱杏生	冯大楣 凌志英 陈　恢 罗文清	51
浙江嘉善县分会	嘉善学前	民国二十五年三月二十七日	储裕生	周尚文 陈旭东 张　开 王雪心	78
浙江嵊县分会		民国二十五年二月二十三日	袁雄杰	刘章新 裘寿恒	174
浙江临安县分会	临安播鼓台门	民国二十四年十二月三十一日	李　珏	杨维礼 方文德	149
浙江绍兴县分会	绍兴门鸡场	民国二十五年二月二十四日	金　林	朱东钧 张光楷 董剑萍 叶纯青	126
浙江桐乡县分会	桐乡县前街二号	民国二十五年五月十日	蔡　敏	张治身 吴文洪 陈育心 吴伯勋	88
浙江萧山县分会	附设萧山县党部	民国二十五年二月二十三日	丁一愚	丁　鹤 诸蕾达 赵宏宇 陈乐欢	76

续上表

浙江上虞县分会	上虞城内	民国二十五年三月十六日	叶维善	冯敏才 陈如昌 王云蛟 減肖波	88
浙江诸暨县分会	诸暨铺前街十六号	民国二十五年一月一日	何立生	骆家煜 周定湖	89
浙江于潜县分会	于潜镇郭头	民国二十五年二月二十五日	邵　斌	黄步青 董　棨 沈　基 鲍自兴	58
浙江昌化县分会	附设昌化县民众教育馆	民国二十五年二月二十五日	邵思义	潘国婉 商德仁	133
浙江海宁县分会	海宁西学弄一号	民国二十五年五月五日	王家熊	陈胜雄 朱文洪	57
浙江富阳县分会	富阳城内	民国二十四年十二月二十二日	金守庚	何　政 李宝濂 李子安 李关安	43
浙江新登县分会	附设新登县党部	民国二十四年十月一日	何定中	鲍振伦 何文义	39
浙江分水县分会	分水大街	民国二十五年五月二十九日	王文藻	刘嘉谷 张玉琼	42
浙江寿昌县分会	附设寿昌县党部	民国二十五年六月二日	翁豫清	童康年 方仰贤 徐寅克 洪鹏辉	64

续上表

浙江永嘉县分会	附设永嘉县民众教育馆	民国二十五年五月八日	邱鸣和	邹益浩 叶秉志	68
浙江瑞安县分会	附设瑞安县党部	民国二十五年二月九日	苏兆麟	王锡涛 曾鸿逵	46
浙江云和县分会	云和城内	民国二十五年二月二十八日	高　震	祝　明 叶　池 林　开 魏　振	51
浙江松阳县分会	松阳城内	民国二十四年七月五日	兰　深	王　文 周朝胡 周　强 叶　萧	32
浙江鄞县分会	宁波中山公园	民国二十五年五月十七日	陈仁璇	郭泊之 李　洁 陈　横 藏万模	44
浙江青田县分会	青田城内	民国二十五年五月二十四日	陈朝朔	林琴心 林珍奇	43
浙江孝丰县分会	孝丰城内	民国二十五年六月二十八日	沈遂真	贾知时 潘　震	49
浙江宁海县分会	宁海城内	民国二十五年五月十八日	赵佑藩	石　研 袁时望 胡为干 胡晓凤	58
浙江崇德县分会	崇德晚村路六号	民国二十五年六月二十八日	郭　俊	蔡家骏 吴　党	63

续上表

浙江淳安县分会	淳安县前衔	民国二十五年七月五日	王治隆	宋继唐 王晋侃	42
浙江乐清县分会	乐清城内	民国二十五年七月十二日	邱太康	汤易中 周为民 倪自锐 陈　旦	80
浙江丽水县分会	丽水府前五号	民国二十五年七月十九日	关中瑶	金逢孙 金肇孙 叶明南 郑凤钧	43
浙江义乌县分会	义乌城内	民国二十五年七月二十八日	毛如珪	方永槐 葛德闲 金传书 叶　苍	52
浙江武义县分会	武义城内	民国二十五年七月三十日	何如圭	俞雄胜 何元顺 刘资富 何邦性	45
浙江安吉县分会	安吉城内	民国二十五年七月二十九日	余　乐	丁名操 张国纶 梅克珩 徐　兴	67
浙江余姚县分会	附设余姚县党部	民国二十五年八月九日	蔡礼传	鲁若水 倪天爵 许强康 陈南漠	43
浙江余杭县分会	余杭北门	民国二十五年八月十五日	李胜金	诸滑临 吴鼎铭	50

续上表

浙江慈谿县分会	慈谿城内	民国二十五年八月八日	毛子磻	费心华 高　吾	61
浙江遂安县分会	遂安书院路七号	民国二十五年八月十四日	王复植	童训德 余兆熊 余　钧 洪嘉德	65
浙江金华县分会	金华塔下寺	民国二十五年八月二日	钱有壬	田发耤 王振声 傅士林 蔡槐卿	42
浙江奉化县分会	奉化城内	民国二十五年九月二十八日	董梦痕	袁伯华 陈浩森	43
浙江江山县分会	江山市心街	民国二十五年十二月二十日	黄　桂	柴　路 王嘉浦 王渭水	46
浙江天台县分会	天台城内	民国二十五年一月九日	曹士权	余一樵 蒋士权 施俊杰 叶绍春	41
浙江镇海县分会	镇海中山路	民国二十五年十月二十五日	李　敬	徐肇宗 黄佑栻 陈子英 寿儆行	95
浙江浦江县分会	浦江城内	民国二十五年十一月八日	陈士林	祝世昌 石宝璋	36
浙江衢县分会	衢县城内	民国二十六年四月十一日	段燮卿	胡瑞富 吴仁俊	45

续上表

浙江开化县分会	开化城内	民国二十六年四月十日	吕乐山	方永泉 张鼎义	35
浙江温岭县分会	温岭城内	民国二十六年八月二十日	李伯周	林子卿 袁　滚 蔡若望 蒋声远	38
浙江龙游县分会	龙游城内	民国二十六年四月十六日	徐养浩	徐兆吉 蒋祥兴 郑惠卿 张宗海	45
浙江景宁县分会	景宁城内	民国二十六年一月五日	林　壬	叶葆程 吴之杰 朱绍熹 章　卓	29
浙江平阳县分会	平阳县城内	民国二十七年四月五日	王　玄	方福基 王尊俅 杨慕平 刘向铭	40

注：建德县分会，在整理中，暂不列入。

二、各县分会筹备会概况表〔略〕

拾贰：目前困难

本会各项事业之推动，均以会员为基础，故在人力上，尚不致发生若何困难；惟目前经费，拮据异常，每月经费来源，仅自本年六月份起，浙江省党部准予恢复之补助一百四十元（本年一月份起至五月份止，均未领到补助费），除拨支一百元，印行《青年》抗战特刊，拨补二十元补助本会绍兴分会编印《青年战号》外，本会事业费及办公事务、生活津贴等费，月仅二十元之数，不敷甚巨，虽系竭力紧缩，每月不敷之款，亦在百元左右）。此项不敷之款，一部由理事私人筹借垫用，一部分则向经济比较充裕之会员临时募捐充之，□□月于兹，已感罗掘俱穷，此后在事业发展上之困难，当不知超过目前若干倍也。

拾叁、今后工作计划

本会工作计划，原系每半年拟订一次，兹特将本会民国二十七年下期工作计划，予以修正如次：

中国青年励志会六个月工作计划

自民国二十七年十月至二十八年三月

甲、工作原则

一、适应战时环境，于可能的及为法令所许之范围内，协助党政军当局致力于民众动员工作，以充实抗战力量。

二、把握基本要点，履行基本任务，以增进民众基本知识，培养民众理解能力，激发民众抗敌情绪，务使团结力量益臻坚固。

三、精神的或物质的务必竭其所能慰勉前方抗敌将士，并慰问抗战阵亡将士家属，发扬舍生抗敌救国之光荣，增高士气，激励热血青年乐于从军。

四、继续鼓励本会会员参加战地服务，并于沦陷区域内号召青年予以组织训练，建立中心力量，以为沦陷区域内民众力量发动之基干。

五、甄别原有会员，其有意志消沉不愿担负工作或不努力于本位工作者，悉于淘汰，并征求忠诚有为之青年加入本会，以强化本会抗敌救国之力量。

乙、工作实施

一、举办民众政治教育

1。侧重乡村农民；

2。以中国国民党临时全国代表大会宣言及抗战建国纲领为编制教材最高准则。

3。方式采用口头讲演及故事图画；

4。与乡村小学教师及乡保长联络举办；

5。受政治教育之农民，在本期内期达五十万人；

6。组织战时农民政治教材编辑委员会，负编辑教材之责。

二、推行农民识字

1。调编战时农民最低限度必需认识之字；

2。每一县分会必须举办战时民众学校四所至十所，每所入校农民三十人至六十人；

3。组织战时民众识字教材编辑委员会，负编辑识字教材之责；

4。斟酌当地情形，单独或联络乡村小学举办。

三、举行兵役宣传

1。于适当机会——各项集会或欢送出征壮丁时举行兵役宣传，宣传兵役意义及兵役法令等；

2。当地壮丁应征出征时，各县分会应□□或参加欢送大会，并赠纪念品，以壮行色，鼓励来兹。

四、组织出征壮丁及阵亡将士家属慰助团

1。组织本团之目的，为随时或于过年过节时，以最大之同情与敬意，精神的或物质的予出征壮丁及阵亡将士家属以慰问或协助（如财物或需人力之工作）；

2。该团组织，本会会员务须分别一致参加，原则先以村庄为组织单位，其他参加分子先征求邻里、自族及亲友。

五、劝募寒衣

1。劝募旧冬衣二千件，分送难民；

2。劝募新制棉背心一千件，分送抗敌将士，此项棉背心得募现款汇寄本会代制；

3，捐募者台衔及寒衣品质数量在本会《青年》抗敌特刊披露。

六、鼓励增植冬季作物

1．举行增植冬季作物宣传周；

2．本会会员应于自有可耕地增植，以示范例；

3．宣传大纲由总会制发。

七、推行节约献金

1．组织抗战民众节约献金会；

2．本会会员应全体参加，并征求会外分子参加；

3．以每月收入及家庭经济状况为准，各自认定每月缴纳节约献金数额，数目不计多寡，但求持之以恒；

4．每月汇交本会转送，并将姓名、数额在《青年》抗敌特刊公告。

八、鼓励会员从事战地服务

1．设立会员战地服务介绍指导处；

2．设立会员战地服务联络所于沦陷区域之内，并派干练会员入沦陷区督导工作；

3．筹措战地服务会员生活津贴费及伤亡医药抚恤费，以资救济；

4．会员战地服务，或加入其他团体、部队或自行组织，悉可斟酌实际情形决定之。

九、举办战利品巡回展览

1．向各部队征求或商借战利品；

2．战利品巡回展览侧重在乡村。

十、甄别并征求会员

1．全体会员予以甄别，凡不健全者悉行淘汰；

2．征求新会员，侧重农村青年。

十一、会员进修

1．各县分会设置图书、报纸阅览室，俾会员有图书阅读之处所，书报由会员捐借存室；

2．举行时事及各种专门问题座谈会，彼此交换意见，增进知识；

3．举行工作检讨会，以促进会员抗敌救亡及本位工作之效能。

十二、增强会员联系

1．总会方面扩充会员寄宿舍；

2．会员工作之介绍与指导；

3．会员行止之询问与通知；

4．书报等件之代购代寄；

5．举行新会员欢迎会。

丙、附录

各项详细实施办法，由有关各部草拟提交常务理事会议通过施行。

〔社会部档案〕

2．徐浩关于会务进展情形及请求补助经费呈

（1939年2月4日）

窃本会自民国二十三年三月二十九日成立以来，在本省党政当局领导之下，组织青年互下切磋之苦功，共图生活之向上，集中意志，齐一步骤，致力于民族国家之复兴，坚毅苦干，实事求是，不嚣张以自夸，不畏难而自馁。五年以来，各界人士对本会各项工作之表现，已予深切之同情。今会员数逾六千，分子普及各界，全国暨海外各地均有本会会员之分布。自去年呈奉钧部渝字第四七一号批准立案后，会务日益发达，事业亟待开展，诸如民众政治教育、会员战地服务、战时流动宣传、会员训练等等，虽经分别积极进行，惟以经费之极端拮据，不能不受绝大之制肘。查本会目下经费月仅浙江省党部补助壹百四十元，除编印青年半

月刊月须八十元及月贴绍兴分会出版战号费二十元共需壹百元外，余如职员工役、办公事业等费，均无法弥补，一年来幸仗经济较优之会员自动捐输，藉资维持，迄今已感罗据俱穷，无法维持。为此，呈请钧部鉴核，仰祈俯念本会会务之重要，准予按月拨补经常费五百元，俾本会事业得以发展，数千青年益所奋励，不胜迫切待命之至。谨呈

中央社会部

中国青年励志会主席常务理事　徐浩

中华民国二十八年二月四日

〔社会部档案〕

3．徐浩关于励志会第四届理事大会经过情形呈

（1940年6月）

中国青年励志会呈　秘字第10号
民国二十九年六月　日

窃本会总会第四届理事大会定五月二十五日在本省方岩举行，业经电呈在案。兹已准期举行，出席者计徐浩、刘湘女、何永德、华封、贝再然、陈仁旋、黄桂、谢伯容、金厥光、金林、许焘、毛如珪、曾振、李渊杰、郑宗敏、余西江、筱峰、丁一愚、卢炘、柳运垚、余刚夫、高振、郑惠卿、叶维善、胡文华、葛其谭、李伯周、王尊倸、杜芳、余重辉、叶高、应菁敏、吴望霖等三十三人。是日上午八时至十二时，举行谈话会，并推定徐浩、何永德、谢伯容为主席团。下午三时起，举行开幕典礼，省党部代表吴望及三民主义青年团浙江支团部代表暨总会指导员宣铁吾、总会指导员阮毅成出席指导。晚间及二十六日上午均举行提案分组研究会，下午举行正会会议，直至七时始行结束。议决案件计

有二十九起，并选举徐浩、刘湘女、许焘、金刚夫、顾达一、何永德、郑惠卿、金林、贝再然等九人为常务理事，江筱峰、丁一愚、华封、陈仁璇、谢伯容五人为候补常务理事，复由常务理事互推徐浩为主席常务理事，并决定将会址迁移方岩，现本会会址已熙迁妥。理合将大会经过情形并检奉决议纪录一份，备文呈报钧部鉴核备查。谨呈

中央社会部

附第四届理事大会纪录一分〔略〕

中国青年励志会主席常务理事　徐浩

〔社会部档案〕

4．徐浩关于中国青年励志会改称建国励志会及社会部核准密电

（1946年7月）

（1）徐浩密电（7月9日）

中央社会部：2052密。案据本会总会理事丁一愚等联名提议，以本会组织宗旨原为修养身心，磨励志气，服务社会，复兴民族，窃念修身励志之功夫，建国新民之大任，不仅限于青年，凡属中华男女均应有此修养，且本会会员实际上大多已超过青年年龄，在兹抗战胜利之时，似宜广罗有志之士，相互砥励，在本党领导之下，共同从事于建国工作，故拟将本会名称改为建国励志会，以求名实相符一案，提经第二次常务理事会议决议通过，并呈请备案等语纪录在卷。除分呈浙江省党部外，谨电鉴核，准予备案。中国青年励志会主席常务理事徐浩叩。佳。

（2）社会部密电（7月26日）

浙江省党部鉴：成密。据中国青年励志会负责人佳电呈报，该会改定名称为建国励志会，业经本部核准备案，即请饬知。中

央社会部。午宥。印。

〔社会部档案〕

(6)江苏青年协会

1. 钮长耀等关于发起成立江苏青年协会呈

(1938年9月29日)

窃同人等鉴于江苏省青年自八一三抗战以来，辗转流亡后方各地者为数甚多，为谋集中力量，以互助合作精神服务社会，并从事救乡建国起见，发起组织江苏青年协会。业经筹备就绪，订于十月二日中午十二时，假本市永年春举行成立大会，理合附具本会规程并发起人名单各件，送请鉴核，并恳请派员指导，实为公便。谨呈

中央社会部

钮长耀
江苏青年协会筹备会代表人 汪宝瑄
江康黎

中华民国二十七年九月二十九日

通讯处：青年会310号

发起人：

王平陵　王慕尊　任西萍　江康黎　汪宝瑄
邱有珍　吴湘山　周　还　洪钧培　程厚之
陈松年　钮长耀　钮长震　张道行　张世希
张　铭　邵诚存　刘季洪　薛伯康　谢承炳

江苏青年协会规程

一、本会定名为江苏青年协会。

二、本会集中苏省青年，以互助合作精神服务社会，并从事救乡建国为宗旨。

三、本会事业纲要如左：

甲、关于研究与训练者

举办各种座谈会、研究会、训练班，编印刊物及开办学校等。

乙、关于生产与企业者

发起开垦、开矿及主办或指导及帮助会员设立商店、工厂及其他轻重工农业。

丙、关于合作与协进者

设立同乡服务所、同乡寄宿舍，办理同乡失业、失学贷金，升学就业指导，并发起组织有关同乡生活上之各种合作社等。

丁、关于联络与情报者

举行同乡联谊会，刊印桑梓情报等。

四、凡籍隶江苏青年志愿加入本会，能履行规章，经本会理事会通过者，均得为本会会员。

五、本会得聘请名誉理事五人至九人。

六、本会设理事九人至十一人，由会员大会选举之，组织理事会，处理本会会务，并由理事互推常务理事五人，主持日常会务，

七、本会设监事三人至五人，由会员大会选举之，组织监事会，处理本会监察事务，并互推常务监事一人。

八、理监事任期各为一年，但连选得连任之。

九、本会会员大会每年举行大会一次，必要时得由理事会临时召集之。

十、理事会每半月举行常会一次，监事会每一月举行常会一次，皆由常务理监事主席，并得视事务之繁简，增加或减少。

十一、本会得视会务之繁简，由理事会聘用干事若干人襄助会务。

十二、本会理监事皆为义务职，职员得视事务之繁简，酌送津贴。

十三、本会会员除于入会时征收入会费一元外，每月收入在五十元以上者，应缴公积金率如下：

（一）月入五十元以上者，每月应缴0.5%。

（二）月入百元以上者，每月应缴1%。

（三）月入百五十元以上者，每月应缴1.5%。

（四）月入二百元以上者，每月应缴2%。

（五）月入三百五十元以上者，每月应缴2.5%。

（六）月入四百元以上者，每月应缴3%。

上项月收暂依其本身职业收入净余为标准，会员非有特别事故经允准者，不得延迟缴纳其公积金，连续三个月违者，由会务会议取消其会员资格。

十四、本会会员有享受本会一切权利，及参加本会举办各项事业之权。

十五、本会各项事业方案另订之。

十六、本规程经会员大会通过施行。

〔社会部档案〕

(7)西北青年抗敌协会

1. 郭英夫关于西北青年抗敌协会成立经过呈

（1938年9月30日）

案据西北青年抗敌协会呈称：呈为呈请鉴核备案事：窃自抗战以还，敌人步步进逼，中华大好山河被蹂躏者，南北已达十省，国家经济、政权被破坏者，几乎无余，人民生命财产之损失更不可以数计。此虽不致动摇我抗战必胜之坚决信念，然后方工作之未能积极动员，大中国潜伏之人力、物力、财力亦未能尽量运用，至为遗憾。尤其自娘子关失焰后，国防要隘之西北突告危机，因此发动组织并团结西北青年更为迫切。当时即由西安学生王恒芳、史开明、杨洪绩等负责发起联络思想纯正、工作积极、忠诚信仰三民主义、服从领袖、愿效忠党国之热血青年，共同组织西北青年抗敌协会。业于民国二十六年十月十日在西安民众教育馆开会成立，当场案章选定王恒芳、杨洪绩、史开明等正式负责推动工作，并召集西安各中小学分会，开全体大会，通过简章，函知各机关、学校已正式成立，并定西安总会会址于北大街省立幼稚园。等情。理合将抗协成立经过、负责人及会员名册一并具文呈报，恭请鉴核备案。等情。据此。经核尚合，理合检同该会职会员名册及章程各乙份具文转请钧部鉴核备查。谨呈
中央社会部

附呈原章程及职会员姓名册各一份

中国国民党陕西省党部常务委员　郭英夫
冯钦哉

中华民国二十七年九月卅日

西北青年抗敌协会职员名单

主任委员：史开明
总务部长：杨洪绩　郭天柱
政治部长：任南强　刘钦德
组织部长：宋纯礼　刘书蕃
交际部长：宋玉贵　杨利民
军事部长：王尊贤　张子范

西北青年抗敌协会简章

第一章　总则

第一条　名称：本会定名为西北青年抗敌协会，简称抗协。

第二条　宗旨：本会组织誓愿为中华民族独立自由与日本帝国主义者抗战到底之热血青年，在抗敌领袖领导之下，与各救亡团体精诚团结，自我教育，相互协助，以实施实际抗战工作为宗旨。

第三条　会旨：由历届各分会代表大会决定——总会由各分支自由决定之——分支会

第二章　会员

第一节　资格

第四条　凡赞同本会纲领及宗旨者，均有参加本会之资格（该地无组织者可以函参加）。

第五条　本会会员不分籍贯、年龄、性别、职业等。

第二节　权利

第六条　凡本会会员均有享受本会选举、罢免、创制、否决之权，及其他应享之权利。

第七条　凡本会会员在可能范围内均有享受本会印刷品及出版品之权利。

第三节　义务

第八条　凡本会会员均有遵守本会纲领、简章之义务。

第九条　凡本会会员均有严守本会纪律，执行本会决议案之义务。

第十条　凡本会会员均有纳给本会会费之义务。

第三章　组织

第十节　原则与单位

第十一条　凡本会组织绝对公开，凡赞同本会纲领及宗旨，忠诚为抗敌与建国，并相互协助而参加之同志，我们都欢迎。

第十二条　本会组织系统之严整统一，工作实施时，各分会可自由采取各种方式，适应各特殊环境，但系统上各分会，如有意见可建议或提议交总会，如有决议案，各分会无特殊情形均须绝对执行。

第十三条　〔残缺〕

第十四条　本会组织以分会为基本单位，直辖于总会，各分会成立为工作方便与否而决定，这不受区域限制。

第十五条　各分会附近同志时为工作灵活计，可成立支会，直辖于该分会。

第二节　组织系统

第十六条　本会组织系统如下表：

第三节　总会

第十七条　全体代表大会由所有各单位组成之，为总会之最高权力机关，闭幕后，为执行委员会。

第十八条　全体代表大会每年开会一次，必要时，由执委会通过召开之。

第十九条　各单位如欲召开全体大会时，得经该分会全体大会通过后向总会建议之，但总会得经执□通过后始可召集之。

第二十条　执委会为全体代表大会闭幕后之最高权力机关，闭幕后为常委会。

〔下残〕

第二十三条　常委会为执委会闭幕后之最高权力机关，并由执委会推出十五人组成之，并出席人为主任委员，负召集会议之责。

第二十四条　常委会下设总务、政治、组织、交际、军事各部，每部设部长二人，由常务委员分任之，执委会推□之，并各部干部得由各该部长介绍经常委会通过聘请之。

第二十五条　常委会每两周开会一次，必要时或经各部要求时，得由主任委员召集之。

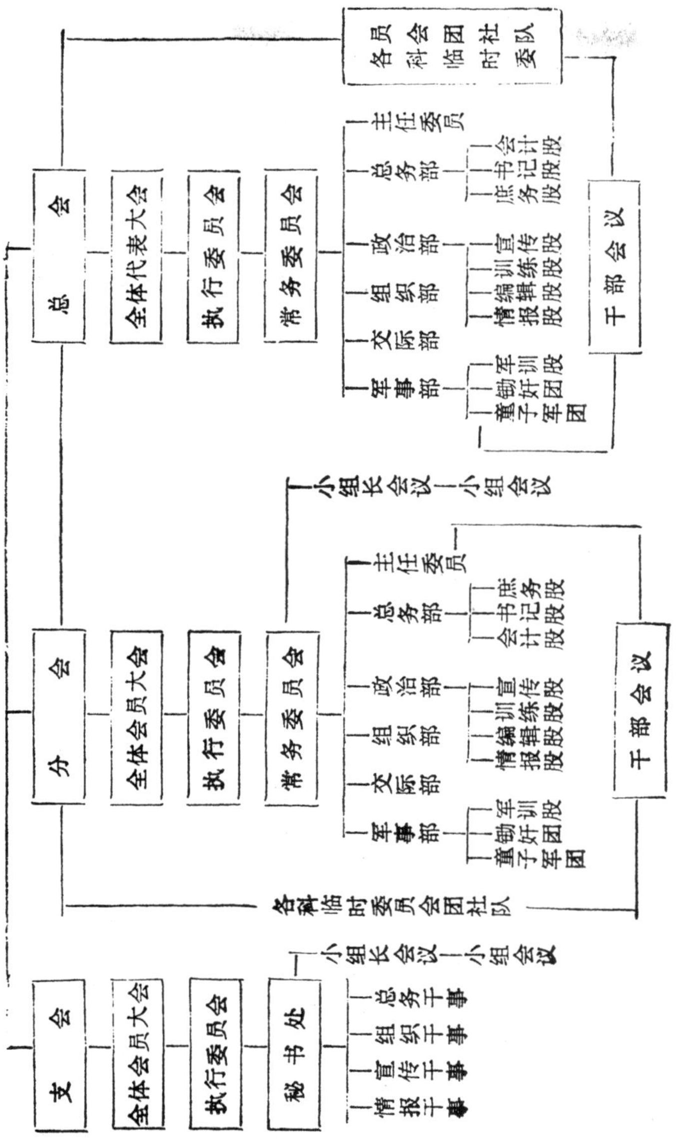

总会
全体代表大会
执行委员会
常务委员会
主任委员
总务部
庶务股
书记股
会计股
政治部
宣传股
训练股
编辑股
情报股
组织部
交际部
军事部
军训股
锄奸团
童子军团
各科临时委员会团社队
干部会议
分会
全体会员大会
执行委员会
常务委员会
小组长会议
小组会议
主任委员
总务部
庶务股
书记股
会计股
政治部
宣传股
训练股
编辑股
情报股
组织部
交际部
军事部
军训股
锄奸团
童子军团
干部会议
各科临时委员会团社队
支会
全体会员大会
执行委员会
秘书处
小组长会议
小组会议
总务干事
组织干事
宣传干事
情报干事

第二十六条　各部干事及委员有列席权。

第二十七条　干部会议为总会之唯一最高执行机关，由主任委员、各种临时委员会、团社队及各部组织之。

第二十八条　干部会议之内容仅限于执行常委会之议决案，不得有新的决定。

第二十九条　干部会议至少每周开会一次，工作紧张时，临时召集之。

第三十条　总会各种委员会及各种团社队等简章另定之。

第三十一条　总会各种团社队及各种委员会，须依全体代表大会或执委、常委会决定原则施行，□〔惟〕办法可自由决定之。

第四节　分会

第三十二条　全体大会由分会直属之全体会员及各支会代表三人至五人组成之，为各分会之最高权力机关，闭幕后为执委会。

第三十三条　全体大会每半年开会一次，必要时经执委会通过召集之。

第三十四条　执委会为全体大会闭幕后之最高权力机关，闭幕后为常委会。

条三十五条　执委会由全体大会推出委员十五人组成之。

第三十六条　执委会每月开会一次，必要时经常委会通过召集之。

第三十七条　常委会为执委会闭幕后之最高权力机关，由执委会推出十一人组成之，推出一人为主任委员，负召集会议计划工作之责任。

第三十八条　常委会下设总务、政治、组织、交际、军事五部，每部设部长二人，由常委分任之，由执行委员决定之。

第三十九条　常委会每周开会一次，必要时或经各部要求时，由主任委员酌情召集之。

第四十条　干部会议为分会之最高执行机关，由主任委员及各种临时所组成之委员会及团社队及各部部长组成之。

第四十一条　分会干部会议，各部干事、各种委员会、各组长均有列席权。

第四十二条　干部会议之内容限于执委会之决议案，不得有新的决定。

第四十三条　干部会议每周须开会一次，必要时随时召集之。

第四十四条　分会所组之各种委员会及各团社队等简章、纲领另定之。

第四十五条　分会所组之各委员会及团社队视其需要，得与总会所组之各委会及团社队发生横的关系。

第四十六条　小组会议为本会之基本组织，由会员三人至五人组成，每组设组长一人，负该组一切事宜。

第四十七条　小组会议每周至少须开会一次，必要时由组长召集之。

第四十八条　小组会议及组长联席会议直属于分会常委会。

第四十九条　组长联席会议，每周需开会一次，必要时由分会常委会临时召集之。

第五节　支会

第五十条　全体会员大会为支会之最高权力机关，闭幕后为执委会。

第五十一条　全体会员大会每月开会一次，必要时经执委会通过后召集之。

第五十二条　执委会为全体大会闭幕后之最高权力机关，由全体大会选出七人组成之。

第五十三条　执委会每周开会一次，必要时由秘书处召集之。

第五十四条　支会秘书处系由委员会推出正副秘书组成之，负该支会日常一切事宜。

第五十五条　秘书处下设宣传、组织、总务、干事各一人，由执委推选之。

第五十六条　支会小组会议组织与分会相同，但直属于该支会秘书处。

第四章　任期

第五十七条　本会总会各单位任期一年为限。

第五十八条　本会总会、分会及支会执行委员任期半年为期。

第五十九条　各分会及支会之组长由各该组同志轮流担任，每四周一次。

第六十条　本会所有负责单位及个人，连选得连任之，惟不能兼职。

第五章　经费

第六十一条　会费——本会会员每半年纳会费一角，由各分会按工作之需要处理之，并得以半数与总会。

第六十二条　募捐——由本会按工作之需要，经执委会通过后，以演剧捐册等式募集。

第六章　附则

第六十三条　本简章如有未尽事宜，经三个以上之单位提出，经半数以上之单位同意修改之。

第六十四条　本简章的解释权属于全体代表大会。

第六十五条　本简章自全体大会通过后，呈准当地高级党部备案后施行之。

二七年三月一日

〔社会部档案〕

2. 郭业等关于西北青年抗敌协会性质电

(1938年11月11日)

重庆。中央党部骆委员姜兴勋鉴：江电奉悉。西北青年抗敌协会系政治部与本党领导，政治部、省党部派员指导，与省党部直接领导之抗敌先锋团等均为本党在西安有力之组织。谨复。郭业、严峻叩。亥真。印。

〔社会部档案〕

(8)救国青年同盟会

1．姜豪关于救国青年同盟会组织经过呈

(1939年1月11日)

呈为呈报组织经过恳请准予备案并赐指导事：窃自七七案发，全民族神圣抗战之运动随之以起，本市民众乃有上海市各界抗敌后援会之组织，以之集中全市人力物力，供献于实际的抗战事业。同时又因全市参加抗敌后援工作之各种团体，数逾五百，为期统一指挥与平调整运动步骤计，由后援会另设组织委员会，专责办理民众团体之组织与指导等事宜。豪以菲才被推为该会主任委员，惟事关抗战大业，责无旁贷，勉力以赴。及国军西撤，后援会负责者大都易地工作，沪市会务遂告中止，而各方热血青年，一时失所领导，顿形徬徨。无归之众为应环境需要，豪乃发起组织牧羊会，取苏武坚贞不屈之义，以为各同志由消极的自勉始，进而使其继续努力于抗战工作，此义颇能感应人心，于国军西撤后汉奸得以公开活动之际，由于牧羊会本之此义之活动，在社会收效不鲜。及本年八月，牧羊会为发展更积极的任务起见，因之改组为救国青年同盟会，扩大工作范围，希望集中较大力量，以促进抗战建国大业之从速完成也。兹将属会组织经过及工作近况，另文呈报，务恳钧部准予备案，并予以指导，俾使工作有所遵循，实为党便。此呈

中央社会部

救国青年同盟会会长　姜豪

中华民国二十八年一月十一日

救国青年同盟会会章

第一条　定名：本会定名为救国青年同盟会。

第二条　宗旨：本会以团结热血青年，奉行三民主义，拥护领袖，完成抗战建国之大业为宗旨。

第三条　会址：本会会址设于上海。

第四条　会员：凡中华民国之国民，年满十六岁至三十六岁者，不分性别与职业，由会员二人之介绍，经本会审查合格者，得为本会会员，但本会各级干部人员及经特许者，则不受上述年龄之限制。

第五条　组织：本会组织系统，分为会务委员会、支部、小组。

第六条　总会：总会设会长一人，会务委员六人至廿四人，组织会务委员会，内设书记长一人及组织、训练、社会服务、宣传、总务五部，每部各设部长一人，副部长二人，由委员互推，或由会长指派兼任之。各部遇必要时得增设委员会，由会长聘请委员若干人组织之，以各该部正副部长为正副主任委员。

总会得聘请名誉会长一人，名誉副会长二人及名誉会董若干人。

第七条　支部：在同一集团内有小组三个以上者，得设立支部，支部设部长一人，干事二人至四人，由总会会长指派，或由小组组长联席会议中选举之，干事内指定或互推一人兼任书记。

第八条　小组：小组由会员五人至十人组织之，内设书记一人，由会员公推或由会长指派之。

第九条　纪律：本会会员，应恪守会章，服从命令，并遵守下列之规律：(一)不得泄漏本会秘密；(二)不得于会外评击本会及诋毁同志；（三）不得加入与本会宗旨相反之团体；（四）不得发表违背本会宗旨之政治主张。如有违犯前条规定者，予以下列之处分：(1)警告；(2)记过；(3)除名；(4)特别制裁。

第十条　经费：本会经费，由会员会费及捐款收入充之，会员会费分入会费一次二角，及月捐每月一角，遇必要时得征收特别捐，数额由会员自认之。

第十一条　会议：全体会员大会或会员代表大会为本会最高权力机关，每年举行一次，会长及会务委员均由大会中选举之，会务委员均由大会中选举之。会务委员会以至小组等各级会议，均每星期举行一次，遇必要时得由主持人随时召集临时会议。

第十二条　附则：本会各级组织之详细办法及各种纲要、规则另订之。本会会章呈准上级机关备案后施行，如有修改或补充之处，亦须呈准备案后施行之。

救国青年同盟会小组规约

（一）小组会议由书记召集之，并任经常会议之主席，但遇问题讨论时得推举临时主席。

（二）小组内各项工作，得由书记指派会员担任之，但书记每周须作一综合报告，并负责所报内容之责任。

（三）小组工作要项如左：

1. 收集各方情报，并加以有系统之整理。
2. 有系统的研究各种时事问题。
3. 有系统的研究政治学理。
4. 如期办理上级指定工作。
5. 吸收新会员。
6. 督促各会员就所在环境用种种方法宣传抗战建国之意义。
7. 指导会员参加各种实际救国工作。
8. 督促会员合作从事生产事业，并协力服务于社会事业。

（四）小组经费以各该组会员常费充之，如需特殊费用时，得向会员征募特别捐，惟每月须将收支情况呈报。

（五）小组会议程序如下：(1)主席恭读总理遗嘱；(2)时事报告（主席和上级代表）；(3)会务报告（主席及会员）；(4)工作讨论；(5)问题讨论；(6)散会。

（六）小组通过之新会员，由总会审查核准后编组，在未经总会核准前，不得出席小组会议。

（七）新会员于第一次出席小组会议时，举行宣誓仪式。

〔社会部档案〕

2. 救国青年同盟会概况

(1939年1月)

一、组织经过

牧羊会系于去年二月初成立，其动机因自国军西撤后，上海市各界抗敌后援会随之停止活动，一般救国团体中之热诚分子及后援会组织委员会所训练之青年千余人，失所联络与领导，纷纷要求继续工作。当时环境虽甚恶劣，但鉴于一般青年之热诚可嘉，乃毅然组织牧羊会，取义于苏武守节不屈、刻苦自励精神。自消极的与敌人不合作始，进而积极的与敌人奋斗到底终，此义颇合于环境情绪，工作颇收效果。惟其后沪市情形渐由摇荡而趋稳定，民心由沉着而趋兴奋。盖人民均信最后胜利之期渐近，乃有此心理之转变，而一般牧羊青年愈各跃跃欲试，为适应此种情绪计，乃于八月初将牧羊会改组为救国青年同盟会，期以积极向□[①] 的工作方面推进也。

二、组织概况

---

①缺一字，当为“上”或“前”字。

牧羊会之组织干部机关为会务委员会，其下分设会员小组，每组会员自五人至九人，设组长一人，会员以以前后援会组委会之补习学校(即普通训练班)学生为基础，各校原有同学会之组织并亦以十人为一组，因即由同学会之小组择优改编为牧羊会小组，其余思想较差者则仍以同学会名义联络之。其□小组本由会务委员会直接指导，后因小组数量颇多，指挥不易，乃分四区指导，以专责任。兹将会务委员会及小组概况分列如下：

会务委员会委员：

姜豪(主席)、徐勇义(组织)、姜梦麟(总务)、倪大恩(宣传)、钱释云(事业)、李剑虹(调査)、杨鸣孝(交通)、张泳春、余耀球

务区小组：

第一区(公共租界东区)，指导员徐勇义，小组九组(以组委会大陆商场之第二校为基本，该校原有学员二百人，分廿一组，于此中择优改编一部分)。

第二区(公共租界西区)，指导员李剑虹，小组十一组(以组委会金业广东二校之第一校、民智之第五校、私立上中之第六校为基本，原有学员五百六十人，小组六十，择优改编一部分)。

第三区(法租界东区)，指导员倪大恩，小组三组(以组委会华东之第三校为基本，原有学员一百人，小组十，择优改编一部分)。

第四区(法租界西区)，指导员姜梦麟，小组十二组(以组委会比德之第四校为基本，原有学生一百九十人，小组二十，择优改编一部分)。

总计内层会员(三十五组)二百五十人，外层会员（即以训练班同学会名义现有联络者）三百人，此外直接指挥之飞鹰剧社社员五十人。

牧羊会改组为救国青年同盟会后，其内部组织仍以会务委员会为最高执行机关，并以会员增多，普及于各界，乃一度以职业

类别设立分会，其下设支部及小组，分会成立者有三，第一分会为职业青年，由姜梦麟负责，第二分会为学校青年，由张泳春负责，第三分会为附近各县青年，由余耀球负责。惟随后对于分会制感觉缺点有二，一为人力分散，一为会员分类不易，近乃取消分会，各种工作集中于会务委员会之各部办理之。兹将内部机构及各部分主要负责者分列于下：

名誉会长：吴开光

名誉会董：蔡洪田　吴修　陶百川　童行白

会长：姜豪

书记长：李时雍

会务委员：李时雍　姜梦麟　徐勇义　李剑虹　张泳春　钱释云　倪大恩　余耀球　朱耀　顾廷凤　赵侣青　王晋琦　程德源　陆永洪　钱剑秋　顾森千

组织部长：姜梦麟　副部长：徐勇义　程德源　委员：洪光华　王庆涛　朱声扬　项翔高　骆光炳　王震白　陆人杰　张亚华　余耀球　李剑萍　金啸东　姚秉章　方谦　傅德培　杜天闻　金克浩　金作宾　陈嘉谟

宣传部部长：张泳春　副部长：王晋琦　顾森千　委员：钱颂平　徐因时　吕君豪　潘湛钧　袁清萍　吴东

训练部部长：李剑虹　副部长：陆永洪

社会服务部部长：赵侣青　副部长：顾廷凤

总务部部长：倪大恩

小组书记：严福生　胡世章　张光成　李伟民　陆廷佐　温和　俞雷　顾明　叶秀珍　陈章百　陈恩铭　顾宗英　朱绍熹　沈家英　朱应农　杨援真　钱虞三　任超民　姜奎章　张恩庆　魏天白　沈默　侯伯蕃　杨音豪　卢冠六　李树滋　周钟淦　戴伊丽　姚秉章　曹琪玲　张亚华　朱声扬　杨旭　朱焕章　周石屏　骆家嵘　郑师韩　浦备荪　胡大章　鲍照　欧阳浩　黄达卿

严荣　施鼎成　胡迪　李兰英　许凤　姚鉴清　严锡祺　唐保成　汪雅仙　邱德昌　刘健　林锦祥　方玉卿　程毓华　张迪南　丁慰萱　张始民　王自强　徐疾也　贾德超　陈湘云　周聪嫣　蓝义学　祁德明　刘怀仁　王日月　蒋吟　俞振虎　李泰定　丁光荣　李祖鹏　郑浦　张晓鹤　苏复生　升昌升　曾俊生　吴运开　胡维广　杨欣　郭耀明　洪祖培

总计内层基本小组八十三，会员四百八十人。

本会吸收会员，以重质而不重量为原则，故限制甚严，所吸收者均为各方面有力分子。惟求会务普遍发展计，乃以同志为主体，分别组织外层团体。兹将纯粹由本会指挥之外层团体分列于下：

民义社（市民联合会及华人纳税会等有力分子所组织）：

社长：林康侯　副社长：张德钦

干事：余耀球、曹志功、陶乐勤、刘仲英、葛福田等。

现有基本社员五十余人。

民兴社（洪门组织）：

社长：汪禹丞　副社长：白玉山

常务委员：姜豪、李剑虹、徐逸民、范文照、杨渭滨等。

现有基本社员百余人。

飞鹰剧社：

社长：徐勇义　副社长：李剑萍

短期补习学校同学会（即前抗敌后援会训练班）：

常务委员：姚秉章、倪翰如、郑师翰、曹琪玲等。

现有会员三百余人。

宝山义社：

社长：姜豪

干事：姜梦麟、洪光华、陆人杰、王玉鸣、余耀球、金克浩、张亚华、陈嘉谟等。

上海文化界联谊社（正在进行中）

三、工作概况

本会工作在经常组织方面者，注重于内部机构之充实健全以及会员思想与工作技术之训练，至于组织概况，已详上节，不另赘述。在宣传方面者，除策动会员作经常口头及文字宣传外，每逢纪念节均发表宣言，于去年“八一三”纪念日并特制标语十万份，分发于全市各热闹场所及街市，于双十节印制党国旗一万面，分赠各商店张贴于橱窗，今年元旦制就贺年片一万张，分发各界。此外，为求宣传工作之经常化计，已设立通讯社二及旬刊一，兹分别列述其概况如左：

民族通讯社（已发稿，二月专发特殊政治新闻，系秘密性，仅送报馆及各机关）：

社长：姜豪　主干：王晋琦、吴东

国光通讯社（已成立多年，以前专发体育新闻，现由本会同志与原经办人合作，增发教育新闻，系公开性者）：

社长：张葆奎　副社长：倪大恩

雷雨旬刊（系用中美日报附刊名义公开发行，惟关于编辑发行等完全独立，另组雷雨旬刊社，独立办理，版式为十六开单行本，每期二十页，约三万字，内容评论占三分之一，余为文艺）：

社长：姜豪　编辑主任：张泳春　发行主任：赵侣青　广告主任：姜梦麟

此外，关于宣传方面者，拟出版适合抗战建国时期所需要之丛书，现正在计划中。关于社会服务者，自下学期起，拟设立一职业补习学校，现正在筹备中。并计划设立一社会服务机关，如以前市党部所设之社会服务处者，办理各种社会事业。总之，本会工作原则在以利用会员之人力、物力来发展事业，并于事业中物色优秀分子，并以此训练新人材，故目前虽因困于经济，致各种工作每难如愿实现，但本之若干实干精神，必于艰苦中努力奋斗也。

〔社会部档案〕

(9)广东省青年抗日团体

1. 李汉魂关于调整广东青年抗日先锋队经过函

(1939年7月19日)

广东省党部公函　民联字第五八二　号
民国二十八年七月十九日发

案准贵部艳电，嘱将本省综合性抗敌青年团体于七月底以前组织或调整完成等由过会。查本省综合性青年团体有广东青年抗日先锋队、广东青年群文化研究社、抗日青年前卫团、青年抗日前卫社等四个，除后列三个青年团体现正在调整中另行报告外，广东青年抗日先锋队业经订定调整办法，分别实施。又以各县抗先队分子复杂，为切实领导起见，订定指导监督西江各县抗先队深入乡村及武装团队工作办法，通饬西江各县党部遵照办理，并检发其他各县党部参照办理。关于调整广东青年抗日先锋队办法第一项机构之调整，第一目设置指导委员会，业经成立，聘定余森文等十四人为指导委员(附名单)；第二目调整各级队部机构，订定各级组织系统表，业由总队部遵照新订系统表加以调整，于一个月内完成。第二项工作之协进，拟按月补助经费国币二百元，候提会决定。设立直属工作队，经常派员视导，抽调干部训练，编行队报等工作，候确定补助经费后，即分别进行。第三项领导之加强，关于发动党员加入抗先，现已征得张超良等十一位同志加入，尚在陆续征求中。组织党团，则正在进行中。派员经常指导，业经派本会民众训练科主任干事刘伟森为指导员，负责指导，确定区以下各级队部组织程序，业经转饬该队及各县市党部、各县市民众抗敌后援会遵照办理。至该队人数及分布情况，前经检送广东青运动向一书报部有案。准电前由，相应检同调整广东青年抗日先锋队办法暨指导监督西江各县抗先队深入乡村及武装团队工作办法、广东省青年抗日先锋队指导委员名单，随函送达查照，仍祈核复为荷。此致

中央执行委员会社会部

主任委员　李汉魂

（秘密）调整广东青年抗日先锋队办法

本办法根据中央社会部六个月工作计划中应由本会直接办理之民众组织事项实施方案甲项第三款第二节调整及扩充广东青年抗日先锋队总队部及广东青年群社为本省综合性抗敌青年团体，建立本党外围组织，于五个月内完成之规定订定之。

一、机构之调整

1. 设置指导委员会

为加强本党及政府之领导权力起见，在总队部之上设置指导委员会，由总队部分别聘请党政军机关民运主管人员及社会上对青运有经验者担任，负责经常指导监督一切队伍（本案业经提出总队部队务会议通过，并已在筹组中）。

2. 调整各级队部机构

以前各级队部机构多不一律，名目淆混，系统欠明，遂致影响指挥之统一，现为划一组织起见，各级队部在队长以下机构拟规定总队部称部，区队部称组，县队部称股，独立支队及大队称干事，并于各级队部酌量增设训练及服务部门，推进青年训练及社会服务工作。兹将新订广东青年抗日先锋队组织系统表附后。

二、工作之协进

1. 按月补助经费

总队部经费以前系由谌书记长小岑、陈书记长宗周按月补助

(最多七、八百元，最少三、四百元)，自广州撤出后始行停拨。目下总队经费甚为支绌，幸工作同志尚能刻苦耐劳，仅藉个人捐助勉强支持，惟影响工作之推进实至重大。本会迁韶后，屡据呈请按月补助经费，本会当以该队正待调整，未予允准，现又复据呈请前来(本会粤收字第一八〇三号收文)，拟从本年七月份起按月拨助总队部经费国币贰百元，并协助分向其他机关请求补助，俾利工作之推进。

2. 设立直属工作队

查区队部以下各级队部大多有工作队之组设，参加及推动一切战时工作，独总队部无之，致形成总队部纯为设计及指挥机关，本身无若何实际行动，此其缺点有二：(一)总队部无工作上之模范作用，下级向心力减低，工作方针纷歧；(二)党部运用不切实际，队部工作亦犯空洞。拟先协筹经费，招收思想纯正青年若干人成立直属工作队，参加及推动一切战时工作。

3. 经常派员视导

为使各级队部工作方针一致，免除与总队部隔阂起见，总队部应经常指派干员分区巡视，督导各级队部工作。过去总队部控制力量薄弱，致下级队部间有为党外分子所利用，行动失检，而总队部无所闻知，虽或知闻，纠正亦欠切实，如实行分区轮回视导，此种困难可以部分解决。

4. 抽调干部训练

分期抽调各级队部干部来韶集中，施以短期训练，训练班可由总队部主办，分聘党政军机关主管人员担任讲授课目，此其意义：(一)加强总队部领导力量；(二)统一工作方针；(三)推进党的青年训练。

5. 编行队报

由总队部编行队报，按期分发各级队部，指导工作方针，提供工作经验，传达党的战时青运意旨及工作办法，以培植青运中心舆论而减少错误之思想及行动。此种队报如限于经费，可由小型做起，渐求扩大，达容理论与实际一致，本会应派员协办。

三、领导之加强

1. 发动党员加入抗先

发动党员及信仰三民主义者尽量加入抗先队为队员，并吸收队员中优秀分子为本党党员(附拟征求参加抗先总队同志名单及登记表)。

2. 组织党团

在抗先总队中组织本党党团，于本届代表大会前成立，积极活动，务期在将来代表大会中取得决定性权力，在总队部下届职员中占得五分三席位，以后一切活动确切把握党的领导权。

3. 派员经常指导

由本会指派工作同志一人为该总队部指导员，负责经常指导该队一切活动，如参加队务会议，联络队中成员参订工作计划等，配合党团之秘密活动，以加强党的领导权力。

4. 确定区以下各级队部组织程序

过去县市党部对区以下各级队部之组织，虽或有据呈核备，而以总队部即为省党部核准设立，其分支组织似即可一律认为合法，以致对某一队部之组织虽或有他种问题，在下级党部立场未□即予核准，但于此种情形下，亦不敢处置，可否祇转呈省党部核示，此不特稽延时日，抑且权责不清，处理手续殊不一致，似有改善之必要。现拟确定区队部之发起组织，应分向省党部及总队部申请，县队部之发起组织，应依照抗敌团体组织程序，向县民众抗敌后援会申请，并分呈总队部、抗敌后援会及总队部据呈后签具意见，转呈省党部核示，省党部据呈后，然后令派当地县市党部书记长代表本会前往视察，填具视察报告□呈复核示。本会如认为合□时，即核发许可证，并派该书记长负责指导筹备。此外，一切组织手续悉照人民团体组织程序办理。如此，既可免与当地县市党部及总队部隔阂之弊，并可符合全省性团体分支组织程序之法理，此项办法拟订入抗先队组织规程。

（秘密）指导监督西江各县抗先队

深入乡村及武装团队工作办法

一、由本会函请广东省政府令饬第一区行政督察专员古鼎华（按西江最近成立抗先区队部，总队长由古专员兼）暨西江各县县长，对西江各县抗先队深入乡村及军队中工作，密切注意指导监督；团队政训工作，应选拔本党党员及思想纯正分子担任，其已入团队中担任政训工作之左倾分子，应速予以考核淘汰。

二、各县市党部应即与当地军政机关商定指导监督该地抗先队活动办法，切实推进。

三、各县市党部应即遵照本会本年六月九日民联字第二八八号训令，与各该地民众武装团队负责人会商政训工作，切实推进军队中党的政治力工作。

四、各级党部宣传工作，此后应侧重深入农村。

五、严密监督各级抗先队部切实遵守下列各项规定：

1．一切宣传及活动，必须以三民主义抗战建国纲领及蒋委员长迭次训示为最高准绳；

2．凡举行各种民众集会及队员大会，应事先呈准当地县市党部派员指导，始得举行；

3．凡对民众之一切宣传品，如告民众书、宣言、标语及口号等，均应事先呈缴当地县市党部核准，始得散发及张贴；

4．各级抗先队，无论到达任何地方，于开始工作前，均须先行向当地县市党部报告，以便指导，而收工作上之联系。

（第一至第三项经本会于本年三月十六日以民字第二二一号训令饬抗先总队部转饬遵照，第四项于本年五月二日以民联字第一一九号训令饬抗先总队部转饬遵照。）

六、尽量发动党员及信仰三民主义分子加入各地抗先队，并吸收各地抗先队中优秀分子为本党党员，从速在各级抗先队部建立党团或民运小组，确切取得党的领导权。

七、各级党部应注意民运干部之吸收与培植。

八、各县市党部应即依据战时民众团体整理补充办法切实整理各地抗先队。

九、党部应与各级抗先队取得人事上、工作上之联系，加强指导，打破隔阂。

十、如发现各地抗先队有非法活动（如宣传阶级斗争，鼓动抗租、抗税，罢课、罢市，破坏保甲，扰乱社会秩序及其他反对现政府、妨碍抗战建国之行为），应会同军政机关予以严厉制裁。

十一、各县市党部应付各地抗先队之活动，消极的防范与积极的领导，应同时并重，尤须注意于党部民运工作之□□，期以实际工作之表现，加强党在社会上之领导地位。

〔社会部档案〕

2. 广东省党部关于具报全省综合性抗敌青年团体调查表代电

（1939年10月20日）

中央执行委员会社会部：筱电奉悉。兹将本省综合性青年团体名称、组织及会员人数列表具报备查，请察核。广东省执行委员会。号。印。附缴广东省综合性抗敌青年团体调查表一份。

广东省综合性抗敌青年团体调查表

团体名称	成立日期	组织概况	主要负责人	会员人数	备考
广东青年群文化研究社	1937年12月12日	总社设韶关，台山、恩平、开平、鹤山、阳江、阳春、蕉岭、河源等县均有分社	社长高信书记薛超	总社63人，全省共约4千人	本会派员指导，加强工作
广东青年抗日先锋队	1938年10月1日	总队部设韶关，其分支组织有中区区队部西南及东江两办事处，新会、台山等一个县队部	总队长：邓明达	总队部30人，全省共约6千人	由本会订颁调整办法，全省各级队部在实施整理中
青年前卫社	1938年底	社址设三水县，韶关设通讯处，海防设有分社	主任秘书：李鲜舟	150余人	本会派员协助推进工作
抗日青年前卫团	1938年1月		干事：吴楚、邓鲁戴等	520人	本会派员指导

〔社会部档案〕

3. 广东省党部关于呈送广东青年群文化研究社等章程代电

（1939年12月18日）

中央执行委员会社会部勋鉴：案准贵部本年十一月冬日代电，嘱将广东青年群文化研究社、青年前卫社及抗日青年前卫团之章程与工作计划报查等由。准此。除分令饬将工作计划呈会核转外，相应检同各该社团章程、组织大纲三份，先送查核。至工作计划，一俟补缴前来，再行报核。广东省执行委员会。巧。社。印。附送广东青年群文化研究社、青年前卫社、抗日青年前卫团章程组织大纲三份。

广东青年群文化研究社组织章程

第一章　总则

第一条　本社定名为广东青年群文化研究社（简称青年群）。

第二条　本社以研究并实践三民主义及一切救亡理论，参加抗战工作，开展青年运动为宗旨。

第三条　本社在各县市得成立分社，在总社领导下从事工作。

第四条　本社社址暂设曲江风采路上后街四十三号。

第二章　社员

第五条　凡同意本社社章，得本社社员一人以上之介绍，经本社社务会认可者，得为本社社员。

第六条　凡为本社社员得享有被选权及选举权、罢免权、创制权、复决权及其他一切社员所应有之权利。

第七条　凡本社社员须负担本社社费及遵守本社一切议决案之义务。

第八条　凡为本社社员，特别努力本社社务，或不遵守本社社章者，则由社务会议决分别奖惩之。

第三章　组织

第九条　本社以全体社员大会为最高权力机关，在全体社员大会闭会后，社务会为最高权力机关。

第十条　本社社务会之下设社长一人，书记一人，下设总务、宣传、组织、训练四部，每部各设部长一人、干事若干人，其人选由社员大会选举之。

第十一条　社长、书记及各部职权如左：

一、社长：掌理本社对外对内之一切事务；

二、书记：秉承社长意旨，处理日常一切事务；

三、总务部：掌理文书、财政、交际及一切不属于各部之事宜；

四、宣传部：掌理本社之一切宣传事宜；

五、组织部：掌理本社社员之登记、调查、联络、审核及一切组织事宜；

六、训练部：掌理本社社员文化、政治、教育等训练事宜。

第四章　会议

第十二条　本社全体社员大会每半年举行一次，由社长召集之，如有特别事宜，得全体社员三分之一以上请示，得召开临时大会或代表大会。

第十三条　社务会每星期开会一次，由社长或书记召集之，如遇特别事宜，得经部长二人或三分之一以上之干事请示，得临时召集之。

第五章　经费

第十四条　本社社员每月缴纳社费壹角。

第十五条　本社社费如有不敷时，得由社务会决议设法筹措之。

第六章　工作

第十六条　本社工作如下：

一、三民主义、领袖言论及各种救亡理论之研究；

二、出版刊物及小丛书；

三、动员广大群众参加抗战工作；

四、团结各界青年共同负担救国责任。

第七章　附则

第十七条　本章程如有未尽事宜，得由全体社员大会议决修改之。

第十八条　本社章程呈奉广东省党部批准施行。

青年前卫社社章

总则

（一）定名：本社定名为青年前卫社。

（二）宗旨：在奉行三民主义，实践抗战建国纲领，拥护政府，拥护最高领袖，坚持统一战线的原则下，团结青年，以前卫精神完成抗战建国之任务，争取中华民族解放，为建立自由独立幸福的新中国而奋斗为宗旨。

（三）社址：本社暂设韶州。

（四）凡本社社员之一切思想行动，应以本社之政治纲领及行动纲领为准绳，并应以最大努力促其实现。

社员

（五）入社资格：凡赞成本社社章及各种纲领，并努力于抗战建国工作之热情分子，皆可按照规定入社手续加入本社。

（六）入社手续：凡欲加入本社，必须得本社社员一人之介绍，并得秘书处批准。

（七）本社社员义务：

（1）对本社之一切章则及各种纲领，必须绝对忠实遵守；

（2）执行各级领导机关的决议和分配工作；

（3）积极发展组织，参加战时工作；

（4）缴纳社费与所得捐。

（八）本社社员权利：

(1) 有参加本社一切集团之权利；

(2) 选举权、被选举权、监察权与罢免权；

(3) 政治上、工作上及组织上之提议权。

(九) 本社社员须按月缴纳社费,以其经济能力如何分别担负：

(1) 一角；

(2) 一角以上。

(十) 凡本社社员须缴纳所得捐，由三十元起五十元以下捐率0.5%，五十元以上至一百元为1%，百元以上为2%。

(十一) 凡本社社员之言论行动有违犯社章、各种纲领及决议案者，按照情形施以下列的惩处：

(1) 劝告；

(2) 警告；

(3) 开除社籍。

(十二) 本社组织系统如下：

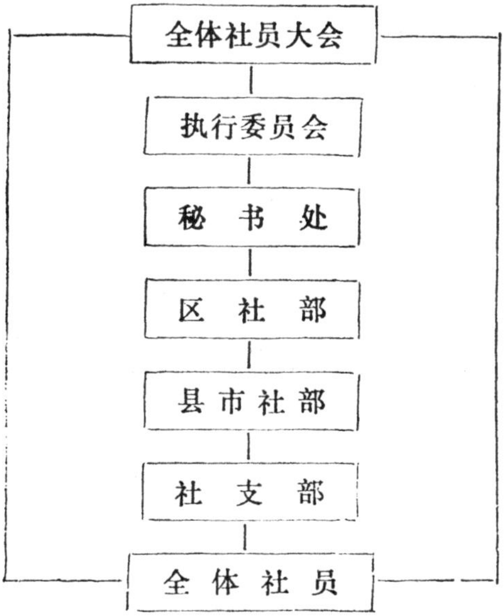

（十三）本社以全体社员大会为最高机关，闭会期内以执行委员会为最高机关，执行委员会由委员七人组成之，并于七人中互选秘书二人及主任秘书一人组织秘书处。

（十四）本社之秘书处为常务执行机关，其中以秘书一人主理组织事务，秘书一人主理督导事务，皆听命于主任秘书之指示。

（十五）本社各区县市及地方支部之组织，得参酌当地情形权宜决定之，但须经秘书处之批准。

（十六）本社全体会员大会每年开会二次，于必要时或半数社员以上之请求，得由秘书处召开临时大会。

（十七）执行委员会每月开会一次。

（十八）各地支部须有三人以上组成之，并互选支委一人，共同过着支部生活。

（十九）本社为团结愿为本社主张而奋斗之群众起见，得在各级地方领导机关或各地社支部之下，设立少年团、儿童团、妇女训练部及各种团队，其组织由各级领导机关或各地方支部决定之，但须呈秘书处备案。

（二十）各级领导机关负责人每半年选举一次，在全体大会选出，倍数由秘书处指定，但得连选连任。

（廿一）执行委员会须服从于全体大会之决议，各级领导机关须服从上级领导机关，各社员服从各级领导机关。

附则

（廿二）本社章经全体社员大会议决通过之。

（廿三）本社章由通过之日起有效施行。

（廿四）本社章如有未尽善处，临时由全体社员大会通过修改之。

抗日青年前卫团组织大纲

二十七年十月二日第二次团员大会通过

一、定名：全团定名为抗日青年前卫团。

二、宗旨：a、联合一切青年参加抗日战争，促进中华民族解放。

b、愿在三民主义大旗下，不惜任何牺牲，拥护政府抗战到底；

c、实现抗战教育，肃清文化败类及其他一切汉奸；

d、教育自己，训练自己。

三、团员：凡愿遵守本团规律及从事抗战工作者，经团员二人之介绍及干事会之认可，得为本团团员。

四、组织：A、原则

a、本着彻底的民主制；b、适应抗战需要；c、确定集体生活基础。

B、纲领

a、纵的方面

1. 本团以小队组织为基干，每小队以五人至九人为限，合三小队为一中队，中队由团部直接指挥。

2. 小队及中队各设正副队长一人，由队员选任之，任期半年，连选得连任。

3. 不能经常在总团所在地工作者，倘能建立二中队以上，则可设立分团，一切工作大纲及工作计划，仍应本总团之原则，其名称为抗日青年前卫团××分团；在各地人数不足两中队时，得设立支队，其名称为抗日青年前卫团直辖支队。

b、横的方面

1. 整个工作机构：

说明：

甲、本团以团员大会为最高权力机关，大会闭会后，干事会为最高执行机关。

乙、团员大会中推十三人为干事，组织干事会，干事会内推

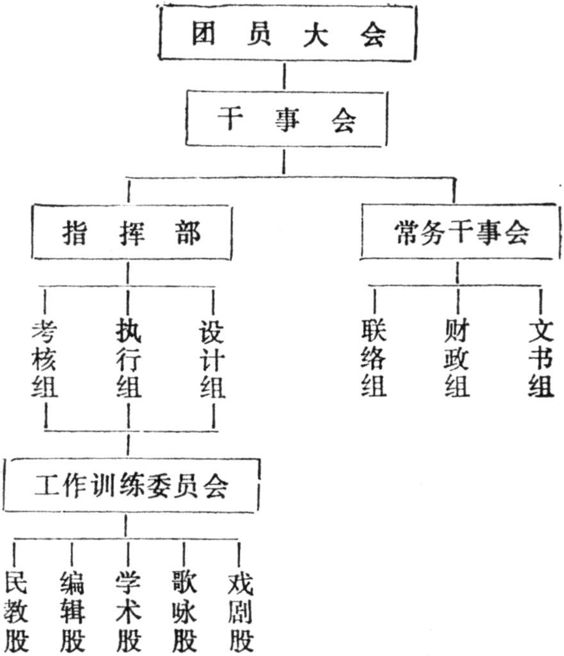

三人为常务干事，另组常务干事会，其余十人又另组指挥部。

丙、常务干事会下分财政、文书、联络三组，三组负责人员由常务干事兼任。

丁、指挥部下分设计、执行、考核三组，由干事十人中推选三人主管设计，二人主管执行，三人主管考核；复由设计、执行、考核三组主管人员会同组织工作训练委员会，该委员会辖戏剧、歌咏、学术、壁报、民教五股，每股定负责人员二人，仍由指挥部干事十人认定，分别责任之。

2。工作机构之运用：

甲、常务干事会对外代表本团，对内统理日常一切事务，如文书往来、财政收支、联络内外等工作。

乙、指挥部为策动一切训练及宣传工作之中枢，为着实现现在、过去、将来工作□□上的三位一体，以促进本团工作能力之增加与政治水准之提高，故指挥部之下分设计、执行、考核三组，设计组担任起草各项工作计划，交干事会复议，认为可行即交执行组执行，至于考核组则于每次工作后指出优劣各点，某应改善，某应保留，而发扬光大者，提供各组股工作联席会议作为检讨材料。同时为着工作上的集思广益，再由指挥部干事十人组织工作训练委员会，以便各方面工作更能密切发生关系，为该委员会最大之任务。该委员会之戏剧股，主理戏剧排演及上演工作，歌咏股负责搜集各方面有关抗战新歌曲，训练同志，训练民众，编辑股负责出版本团壁报、文章及图画，并负责各壁报站质与量之分配，学术股工作可分主观及客观两方面，主观方面，针对整个团的政治水准及工作认识的提高而设各种问题座谈会或研究会，客观方面经常派遣同志前赴各工作据点参加教育民众的基本工作入手，利用工作有利的条件开展组织和训练民众的工作，使参加神圣的全民抗战。

丙、凡未列入任何部门的工作，概归常务干事会处理。

丁、各分团常务干事得出席总团干事会。

五、开会：a、团员大会每隔三日一次。

b、干事会每周举行一次。

c、各组股工作联席会议（凡团员皆得参加）每两周举行一次。

d、中小队长联席会议每隔两月举行一次。

e、中队会议每月举行一次。

f、小队会议每周举行一次。

g、各会组部委员会服务会议，由各主管干事召集之。

h、读书会(即学术股之座谈会或研究会)随时召集之。

i、上列由a至h八种会议，得由各项负责人召集之，在全体团员四分一连署请求得召临时全体大会，其余各会均需要有三分一分子连署请求，方得召开临时会议。

六、经费：基金及常费由各团员加入本团时自由认定基金一次，经常费按月交。

七、附则：1。本大纲如有未尽善处，得由团员大会时提出修改之。

2。本大纲自团员大会通过日发生效力。

3。我们的信念：

a、不惜任何牺牲，拥护政府抗战到底。

b、拥护国民党及蒋委员长，实现民族解放。

c、争取农工的合理生活。

d、拥护真正的民主政治。

f、动员大众在国民党的领导下武装起来。

g、以我们的行动实现我们的主张。

h、为实现抗战建国纲领而奋斗。

〔社会部档案〕

4．广东省党部呈送广东青年群文化研究社等工作计划代电

（1940年1月18日）

中央执行委员会社会部勋鉴：案准贵部廿八年十一月二日渝字第七三七二号代电嘱将广东青年群文化研究社等团体之章程与工作计划报查等由。当经检同各该团体之章程、组织大纲等件送请查核在案。现据广东青年群文化研究社、抗日青年前卫团先后将工作计划呈缴到会，相应抄同原计划电送查核。广东省执行委员会。子巧。社。印。附送广东青年群文化研究社、抗日青年前卫团工作计划各一份。

抗日青年前卫团工作计划大纲

本团成立经已两年，同志间恒以刻苦奋斗，少讲多做，互相劝勉，故前岁六月初旬，敌机狂炸羊石，青年团体，几尽星散，从“五卅”以至“七七”，能赓续于广州断垣残壁之下，救死扶伤工作者，唯本团而已。双十以后，惠、博频危，本团首应战区动委会之紧急号召，以留省全部团员，编为战时工作队，以配合各地分团工作，或出入敌人火线，或散布各地乡村，时经五月，死者一，伤者三，其壮烈坚贞之处虽足以为百世范，然本团未尝为之标榜，此即所以表示本团之一贯作风。今奉命呈缴工作计划，乃本此旨，不实者不列，夸饰者不列，盖本团成立至今，其全部工作费用，均用团员自行筹措，固无所用其报销也。

关于组织方面：

1．分派团员前赴各县，普遍建立通讯站及分团，以资联络，而推进工作之发展，其已设立者，并加强其组织，使其与各江办事处取得密切联络。

2．体察各地情形，以通讯站为工作中心，分别拔选干部，担任组织该地青年，联络当地团体，编组救护运输队、慰劳队等，协助军队工作，并建立各团队参与战地服务。

3．定期召开工委会各组联席会议，研讨各地团务开展困难问题及指示今后实际工作应注意事项，并经常派员分赴各分团办事处及通讯站视察与指导及联络。

4．协同各地分团或通讯站同志，就其职业与环境，努力宣扬国策与本团任务，而促进抗战建国之成功。

关于训练方面：

甲、自我训练：

1．定期召开小组会议，研讨国内外军事、政治、经济、文化各部门之问题，并于每四次举行三民主义专题讨论一次，以加强团员对党义之正确认识。

2。定期召开全体团员大会，商讨过去与未来之内部健全问题，及工作推进之难易与优劣，及今后推进计划。

3。随时召开座谈会，讨论关于本团团务之开展、团员工作之技术及生活暨其他专门问题。

4。每项工作完竣后，必召开检讨会，检讨各该次工作之成效。

5。每日由总团部拟定一般的生活日程，除有特殊情形者外，均应遵守，以收在工作中求得学识，充实自身之健全与需要。

6。团部继续搜集各项新歌剧本以及其他一切有关于抗战工作之材料，编刊分寄各团员，以增加其工作技术与智能修养。

7。举办小规模之流通书馆，以各江办事处为中心，以满足团员求智欲望。

乙、对外训练：

1、根据本团一切团员一年来战工队之生活经验，拟具体工作方案，分发已在各部队里负责政训工作之同志，使士兵之文化水准得以有效之改进。

2。凡团员所在各乡镇内，均拟酌设民众夜校，训练失学儿童及成年壮丁，灌输战时常识，使参与战时工作。其民教办法仍参照总团广州时期所揭橥教□做合一方式。

3。联合当地机关筹办战时讲座国民月会。

4。普遍设立民众书信代笔处，以期间接输入抗战常识，确立抗战信念。

关于宣传方面：

1、各地团队员，各就其工作岗位定期出版壁报及漫画、周刊、旬刊，并编演救亡戏剧暨其他一切化装口头等宣传，但仍以配合当地社团工作为主。

2。本团总团部每月分期编印抗战名曲、时事汇报、工作报告、时论介绍、专题解释。分发各县市分团及办事处与通讯站转发各团员。

3．各县市分团通讯站、各江办事处，每月应将该地团员工作情况编列报告，分送团部，以资联络。

4．各分团团员得分组前赴各乡作家庭访问，并协同农民工作，但以取得当地党部及行政长官或驻军同意后举行之。

其他关于社会服务之工作：设立民众书信代笔处、民众问事处，并推动农村消费合作社、工业合作社等工作，以适应战时需要，其详细电话另订之。

广东青年群文化研究社工作计划

本社为着团结全省青年，健全广东青年运动，并使全省青年在中国国民党领导下，肩负抗日救国的使命，特订定三个月工作计划如次：

（一）关于总务方面：

总务的工作是在各部工作之外的一切工作，它本身是存在着繁琐的，不过，在原则上说它是肩负着财政、交际、文书等事宜。

一、财政计划：

A、确定概算：

a、办公费：60元（以国币为标准）；

b、出版费：150元；

c、工作费及分社联络费：90元。

B、请求补助：

a、请求省党部按月补助国币300元；

b、各分社经费分别向当地党政军机关请求补助。

二、公文管理之改善：

A、规定公文收发程序；

B、编印文稿。

（二）关于宣传方面：

A、我们根据什么原则去宣传

一、在三民主义与建国纲领的最高原则下，向一切违反抗战、破坏抗战的错误理论和行动做坚决的斗争。

二、依据政府的一切法令和设施以及总裁的一切言论，做广泛深入的宣传和解释，提高民众对抗战的认识。

三、针对敌人的阴谋、策略以及欺骗狡猾的手段，给予无情的揭破和痛击，使民众彻底了解，加强团结，坚定信心。

四、根据三民主义理论以及一切关于抗战的经验教训，进行教育青年、训练青年、号召青年直接参战。

B、我们用什么方式和方法去宣传

一、扩充青年战线社刊：

A、编排方面：

1．检讨第一期的缺点，改善版面，使更艺术化。

2．严密排版及校对工作，克服文字错漏。

3．筹措经费，增加篇幅，容纳更多稿件。

B．内容方面：

1．每期订出中心问题，由编委会召集讨论。

2．征求名流学者写稿，尤其各乡村和战地的通讯。

3．发扬本刊特性，着重青年问题研究。

4．每期出版后须加以检讨，听取各方意见，克服缺点，力求进步。

C、发行方面：

1．有计划的分发各县市各战地以及其他关系进行推销或赠送，并建立发行网，经常检查散布状况及数量（注：以县为发行单位）。

2．与各社团密切联系，按期交换刊物。

3．由各地分社负责代售。

4。征求外省书局或社团代售。

二、充实各县分社刊物内容：

a．经常供给研究材料或稿件。

b．各县分社之间应交换刊物，互相批判及提供意见。

c．经常供给各种刊物书报。

三、督促与帮助尚未出版刊物的分社出版刊物：

a．通告该社将实际情状及困难向总社报告。

b．根据主观力量及客观的需要出版某种性质的刊物（现以出版青年战线为原则）。

c．必要时应代向各方募捐，给以经济上的帮助。

四、建立各地民校及宣传队：

a．通告各分队以建立民校为基本任务之一，限于十月底以前每分社应成立民校一间。

b．根据当地实际情形组织广大的妇女和儿童到民校去，并按月将情况报告总社，尽可能供给各种教材。

c．民校建立后，应配合一切抗战工作进行，组织若干宣传队开展民运。

五、统一宣传步骤与内容：

a．总社应按期作政治形势分析，分发各分社。

b．向党部及其他机关团体征集宣传材料，有系统的供给各分社。

c．把握战争形势的特点，及时提出宣传的中心内容。

C．我们当前宣传的中心内容

一、集中火力揭破敌人以战养战的阴谋，从政治上、经济上、军事上、文化上去粉碎敌人的一切企图。

二、反对汪精卫及一切汉奸的卖国通敌的行为，反对妥协，反对分裂，拥护团结，坚持抗战国策。

三、响应政府号召，扩大国民精神总动员的宣传，提高民众抗敌情绪。

四、广泛开展兵役宣传，号召壮丁应征，加强抗战力量。

（三）关于组织方面：

A．组织工作的意义和原则

抗战到了目前，民众运动已经成了抗战转败为胜、转守为攻的重要关键，民众运动如果不能加速地开展，则到处袭击敌人、牵制敌人的对策就不能有效的实施，而民众运动的一个基本任务是组织所有的工作与要求，要依靠组织的力量来实现。显然的，我们的组织力量和抗战以前比较起来已有飞跃的进步，然不容讳言，我们今日的组织工作距客观的要求还现得很远，这是应急起直追的。在这二期抗战的新形势下，我们应根据什么原则去开展组织的工作呢？

（一）在三民主义抗战建国纲领及不违背政府一切法令的最高原则下，去开展组织、动员民众参加抗战，尤其注重广大未组织起来的青年。

（二）面向着广大青年群众，要坚持不仅以自己的历史和工作成绩来取得群众的信仰，而且要以坦白热诚要求政府切实领导。

（三）组织的发展要与抗战形势密切的配合，把握住当前的需要。

（四）我们组织本身的发展必须和一般群众运动的发展配合起来，一方面青年是群众的先锋，要负担起推动一般群众的任务，另一方面青年在社会中不是孤立没有一般群众运动的援助，也不能广泛地发展的。

（五）当我们着手进行或开展组织时，一定对当时当地的环境有深刻的分析，把握住所有的特点，从最具体的工作来着手。

（六）更进一步我们要了解各个阶层青年所有的特殊需要与传统习惯、信仰、趣味，按照这些条件用各种方式把他们吸到组织里来，或建立起性质不同的团体在我们的周围或领导之下。

（七）我们不能把组织看做一个呆板的东西，它必须有一定的形式才算组织临时工作分配与进行，如开群众大会、座谈会、晚会、集体生活、游戏，对于落后群众都含有初步的组织意义。

B．组织方面。

（一）联络各分社。我们社过去在广东省是有着最长久历史之青年团体之一，有光荣之传统和庞大的力量、众多的社友，是党领导下的有力团体。惜自广州失陷，总社迁来韶后，因为客观的限制，使我们总社和分社不能紧密的联系起来尽量发挥我们应有的潜伏力量，这是件很大的损失。为了力量集中，意志集中，步骤齐一，发挥更大的力量起见，我们实有把各分社加紧联络起来的必要。

1．由组织部制定调查表，分发各分社，将调查各项详细填报。

2．总社和分社每半月交换工作报告，或由总社经常供给工作指示给分社。

3．在可能范围内，由总社选派同志到各分社去切实联系及检查工作。

4．划分全省各分社为若干区，在各区内选派适当社员为该区总联络人，沟通上下层联系。

5．由总社尽量供给书报刊物。

（二）统一各县组织机构

1．各分社组织必须依照总社订定之各县分社组织条件组织，如因客观环境须要有修正或酌量增改之必要者，得请总社批准后施行。

2．成立之分社必须依照总社订定之各县分社组织条例，如有特殊需要，不能完全照该条例者，须经总社批准后施行。

（三）团结社友

1. 经常举行问题讨论会。

2. 每月或半月作近郊旅行，或爬山运动。

3. 开办书报阅览室。

4. 经常过小组生活并健全之。

5. 经常号召社友参加政府所发动之工作。

（四）吸收社员

1. 标准

a. 信仰三民主义，服从最高领袖，拥护中央政府者。

b. 真心诚意并具有热诚，愿为抗战建国而奋斗者。

c. 对抗战认识有相当了解者。

d. 同情本社宗旨和执行本社决议，服从本社纪律者。

2. 数量

总社社员在十月十五前每人最低限度发展一人。

（五）建立各种工作队

（六）发动各地青年统一组织

1. 通告各分社将该地青运情形详细报告总社。

2. 根据各分社所在地具体情形以对青运统一的具体意见。

（七）发展分社

1. 原则上在十月卅日前除将以前准备组织分社的县份帮助他们组织成立，并成立五个以前未有组织基础的分社。

2. 办法：通过各种社会关系发动并完成之。

（八）发动敌后青年组织及扩大参加游击队运动

1. 总社及分社利用文字及戏剧各宣传方式，鼓励广大青年到敌后去。

2. 发动欢送会，欢送到敌后去的青年。

3. 尽量给予到敌后去的青年以种种帮助。

4. 利用各种社会关系与敌后青年作密切的联系后，发展在敌后组织。

（四）关于训练方面

（甲）进行训练的意义在于：

一、提高社员的政治认识。

二、提高社员的工作热情。

三、坚定社员的革命思想。

四、使全体社员的力量没有一分一毫的用在战争之外，把大家的目标都集中在争取最后胜利上。

（乙）方式和内容：训练的意义在上面已指出了，而我们怎样去训练，训练些什么？在这里应该提出具体的办法。

（一）举行三民主义座谈会

一、内容：发扬三民主义，宣传总理遗教。

二、办法：每半月举行一次，敦请社外对党义和总理遗教有深刻认识人士参加。

（二）举行讲演会

一、内容：讲述抗战理论，解剖国际形势，分析战局演变等问题。

二、办法：每半月举行一次，敦请各项有深刻研究之社会名流学者主讲。

（三）举行小组会议

一、内容：时事问题，工作问题，生活问题。

二、办法：将留韶同志分为五组，每组五人，每周举行一次，每周由训练部拟定题目和纲要，发给各社友，举行时，敦请省党部派员指导，所得结论在本社青年战线刊登。

（四）设立图书阅览室

一、内容：三民主义，总理遗教，领袖言行及有关抗战的书报。

二、办法：书报除分函各机关、书局、文化团体募集并向各社友劝捐或交换外，尽可能由社酌量购置，以备社友阅读及供外界阅览。

（五）供给和介绍书刊各分社

一、内容：最新出版的书刊如广东民众满地红等，并调查最新出版和正确之理论书刊介绍各分社购阅。

二、办法：除尽可能向各方募集外，并由社设法购买，用邮寄发给各分社。

（六）设立妇女问题讨论会和妇女短期训练班

一、目的：提高妇女认识，加强妇女抗战力量，训练妇女干部。

二、内容：三民主义，总理遗教，有关抗战知识、技能。

三、办法：设立妇女问题讨论会，每半月举行一次，号召社内社外妇女参加，利用社员工余时间设立妇女短期训练班，以吸收和训练所在地之妇女干部。

（七）发动社员积极参加所在地各项工作

一、内容：各种宣传组训及政府号召之工作。

二、办法：加强对外联络，争取工作，号召社员积极参加。

〔社会部档案〕

5．李汉魂关于遵令统一广东青年运动代电

（1940年5月28日）

中央社会部勋鉴：案准皓利组字第二五七四号代电嘱将粤中青运状况查明见复等由。准此。自应照办。查过去本省各地青年团体每有分子复杂、思想纷歧、行动不少越轨，当经邀集有关机关商订统一广东青年运动实施办法，使青运统一，领导集中，以协助三民主义青年团之发展为本年中心工作。业令本党外围组织之青年群社、前卫团、前卫社、县青抗会等自动取消，策导加入三民主义青年团，并将言动诡秘之岭东青抗会及抗先总队部暨各

地抗先队等一律明令解散在案。至于其他措施亦与粤青年支团所定之统一青年运动、建立各地组织、救济失业失学青年三项中心工作，取得密切联络，并会同广东教育厅办理招致失业失学教职员、学生，以利抗战。兹准前由，相应检抄统一广东青年运动实施办法暨补充办法各乙份．电复查照。中国国民党广东省执行委员会主任委员李汉魂。党社。俭。印。

〔社会部档案〕

（10）中国青年抗战建国协会

1．熊英等发起组织中国青年抗战建国协会呈

（1939年8月）

窃自抗战军兴，于兹二载，举国上下，精诚团结，共御外侮，尤以我青年忠勇之士，更多投袂而起，于前方后方咸能竭其精力，不辞劳瘁以为国家用，是以敌寇虽强悍，亦难逞其乖戾，而抗战最后之胜利，固在指顾间耳。惟以我国因抗战而完统一，是为建国必经之途径，且抗战胜利之永保亦赖乎建国之成功，二者盖相辅而并进不可偏废。因之中央有抗战建国纲领之颁订，意欲于抗战中建立新中国之基础，凡我国人固宜共同体仰而遵行，以期抗战必胜，建国必成。我辈青年以抗建之工作乃属责无旁贷，日夕兢兢以求实现者，比比皆是，俗谓一夫莫举，众志成城，今日青年咸有此志又何患抗建之不成。然而一矢易断，束薪难折，果能集全国青年抗战建国之鸿志为一心，其力量之宏大殆不可思议。熊英、孙祁等有见及此，爰乃发起组织中国青年抗战建国协会，要在集全国有志之青年，精诚团结，一心一德，瘁励奋发，以达抗战之胜利建国之必成功。抑尤有进者，熊英、孙祁等以为今日之建国工作不在政治建设之改革，而在经济建设基础之奠定。苟

经济建设有成，社会经济富裕，人民生活安定，于是一切政治改革、文化事业，□得迎刃而解。因之，熊英、孙祁等所以发起组织之中国青年抗战建国协会，亦欲以增进生产事业为目的，奠定社会经济基础为宗旨，非徒以政治意识相号召者也。伏维钧部领导青运夙具热忱，必能俯允所请，准予成立，实为公便。谨呈

中国国民党中央执行委员会社会部

熊　英	孙　祁	韩宗祥	游德培	王鸿益	吴　棠
谢　昆	吴伯俊	邵镇华	郑孝威	陈　闾	周彦勋
杨先誉	龚家槐	孙　鼐	皮作淼	王凌云	王志曾
赵剑豪	张兆勋	汤宗舜	杨宜河	谭永昌	黄奠民
马嗣忠	龙之鹏	贾文献	朱大同	冯幼成	柯荣鑫
伍庭珍	李曙轩	彭惠兴	夏德坤	余业宏	黎筱琛
杜谨如	周以洞	蒋树沅	王　猷	吕佩英	孙仁澐
周仕珊	宁恒九	彭兆奎	张本萱	王临材	谢寿国
黎　俊	罗发迪	余逢安	彭乃瑶	张佩琼	梁于荃
胡致濂	郭迪义	刘伦善	吕　宽	刘起廉	司马成栋
田维武	周美华	施　铠	邓开尧	傅　平	熊映玙

中华民国二十八年八月

〔社会部档案〕

2. 中国青年抗战建国协会筹备会定期召开成立大会呈

（1939年8月24日）

呈为筹备就绪定期召开成立大会，恳予派员出席指导事：窃本会自发起组织，经呈请钧部准予成立发给许可证在案。兹已筹备就绪，经第四次筹委会决议，定于本月二十七日上午九时，假沙坪坝中央工业职业学校大礼堂召开成立大会等语记录在卷。除另通告各会员准时出席外，理合备文呈请钧部派员出席指导一切，

实为公便。肃此。谨呈
中国国民党中央执行委员会社会部

中国青年抗战建国协会筹备会　谨呈

中华民国二十八年八月二十六日

〔社会部档案〕

（11）东北抗战建国协进会

1．王星舟等为组织东北抗战建国协进会与社会部往来呈批

（1939年11月23—29日）

（1）王星舟等呈（11月23日）

查东北民众自九一八后，散处关内外各地，素乏有力组织藉资联系。不同等鉴于此种情势，为团结东北人士拥护领袖协助中央完成抗战建国工作起见，谨发起组织东北抗战建国协进会，藉期众志成城，协力迈进，所有发起组织团体缘由，理合申叙报请钧部派员视察，并核发许可证，俾即着手组织，实为公便。谨呈
中央社会部

发起人代表：王星舟　刘不同
卞宗孟　单成仪

发起人：王秉钧　李梦庚　王宪章
马　毅　张潜华　杨萃一
马　亮　石九龄　于明洲
吴焕章　孟广厚　曹德宣
赵昕初　马愚忱　韩介生
高惜冰　彭志云　齐世英
梅公任　刘赞周　侯庭督
王寒生　董宣献　师连舫

傅沐波　王君培　刘广英

（2）社会部批签稿（11月29日）

批签

批王星舟等

呈一件：为发起组织东北抗战建国协进会请核发许可证由。呈悉。准予组织，发给忠字第叁拾号人民团体组织许可证书一纸，应即推定筹备委员，组织筹备会，并呈报内政、教育两部。除呈报并分函外，仰即知照。此批。

〔社会部档案〕

2. 刘不同等关于遵令成立筹备会呈

（1939年12月10日）

案奉钧部渝字八一一四号批开：呈悉。准予组织，发给忠字第叁拾号人民团体组织许可证书一纸，应即推定筹备员，组织筹备会，并呈报内政、教育两部。除呈报并分函外，仰即知照。此批。等因。奉此。遵即推定刘不同、卞宗孟、王星舟、马亮、吴焕章、张潜华、齐世英、马毅、孟堃如等九人为筹备员，成立筹备会。除分别呈报内政、教育两部外，理合呈请鉴核备案。谨呈

中央社会部

东北抗战建国协进会筹备员　刘不同

卞宗孟

王星舟

马　亮

吴焕章

马　毅

孟堃如

通讯地址：中央调查统计局刘不同转
中华民国二十八年十二月十日

〔社会部档案〕

3. 东北抗战建国协进会检送会章理监事名册呈

（1940年1月18日）

查前为团结东北人士，奉行三民主义，拥护领袖，协助中央完成抗战建国工作起见，发起组织东北抗战建国协进会，奉钧部核准发给忠字第三十号组织许可证书，依法筹备，业于上年十二月二十八日下午二时假中央宣传部大礼堂举行成立会，到会员一百八十九人，并蒙钧部派郑燊畲同志莅临指导，当场通过本会章程，选举刘不同等三十一人为理事，姜健伯等十人为候补理事，王秉钧等二十五人为监事，张岳时等七人为候补监事。除各该理监事年籍资历另行专案呈报外，理合检同本会章程暨理监事名单各一份，呈报钧部鉴核备案。谨呈
中央社会部

东北抗战建国协进会理事会谨呈
中华民国二十九年元月十八日

东北抗战建国协进会章程

第一章　总则

第一条　本会定名为东北抗战建国协进会。

第二条　本会以团结东北人士，奉行三民主义，拥护领袖，协助中央完成抗战建国工作为宗旨。

第三条　本会设于国民政府所在地，分会设于重要城市。

第二章　会员

第四条　本会会员分下列两种：

一、个人会员：凡属东北人士赞同本会宗旨，经会员二人以上之介绍，理事会之通过，得为本会个人会员。

二、团体会员：凡属东北人士组织之学术、慈善、救国等项社团，赞同本会宗旨，经会员十人以上之介绍，理事会之通过，得为本会团体会员。

第五条　本会会员有选举权、被选举权及遵守本会宗旨、按期缴纳会费之义务。

第三章　组织

第六条　本会设理事会，由全体会员选举理事十九人至三十一人、候补理事五人至十一人组织之，其职权如左：

一、执行会员大会之决议；

二、审核常务理事会工作报告；

三、计划并商决会务之进行；

四、筹集并支配举办事业之经费。

第七条　本会设监事会，由全体会员选举监事十七人至二十五人、候补监事三人至七人组织之，其职权如左：

1. 审查会务发展之成绩；

2. 稽核经常费及事业费之预算、决算。

第八条　本会设常务理事会，由理事选举五人至九人组织之，于理事会闭会后，代行其职权。

第九条　本会设常务监事会，由监事互选三人至七人组织之，于监事会闭会后代行其职权。

第十条　本会设名誉理事若干人，由常务理事会聘请之。

第十一条　理事会之下设总干事、副总干事各一人，襄助常务理事策进会务，设组长五人，襄助总干事、副总于事分任各组事宜，设干事若干人，均由常务理事会聘任之，其各组职掌如左：

1. 总务组：掌文书、会计、庶务、会员登记、分会筹备及不属其他各组事宜。

2. 调查组：掌同乡人士之调查、登记及有关一切情报事宜。

3. 研究组：掌抗战建国工作之设计及东北问题之研究事宜。

4. 宣传组：掌刊物、小册之编辑、发行及宣传资料之征集事宜。

5. 事业组：掌东北失学青年、失业民众之指导、救济事宜。

第十二条　本会于理事会认为必要时，得设各项特种委员会。

第四章　会议及任期

第十三条　会员大会定每半年举行一次。

第十四条　理事会、监事会各定每三月举行一次。

第十五条　常务理事会、常务监事会各定每两周举行一次。

第十六条　会员大会如有会员过半数之声请，理事会或监事会、常务理事会或常务监事会如有理事或监事、常务理事或常务监事过半数之声请，均得分别召集临时会，但须有请求召集者过半数及本会所在地会员过半数之出席，方得开会。

第十七条　理事、监事之任期为一年，于会员大会举行时改选之，连选得连任。

第五章　经费

第十八条　本会会员年纳会费一元，团体会员年纳会费十元，于入会及年初时缴纳，充发展本会事业之需。失业或在学之会员如有特殊情形者，经理事会之许可，得免缴会费。

第十九条　本会为发展事业经济力量不足支应时，得经理事会之许可，向会内外征募捐款。

第六章　附则

第二十条　本会各项办事细则另定之。

第二十一条　本章程如有未尽事宜，经会员大会之通过修改之。

第二十二条　本章程经会员大会决议通过及主管机关核准备案后施行。

东北抗战建国协进会理事监事名单

理事（三十一人）：

刘不同　冯　庸　田雨时　高惜冰　王君培
黄衡浩　张潜华　梅佛光　李永新　金长佑
马　亮　王寒生　刘赞周　卓公成　吴焕章
赵昕初　齐世英　孟堃如　师莲舫　石九龄
曹重三　齐　廉　卞宗孟　王家籁　张松筠
马　毅　徐寿轩　朱　纶　韩立如　王星舟
刘伯华

候补理事（十人）：

姜健伯　王一之　王子范　王绍琛　孙中阳
徐光清　张慎修　王太兴　李世镜　宋醒池

监事（二十五人）：

王秉钧　王宪章　李梦庚　吴瀚涛　万国宾
驾　奎　杜清轩　苑崇穀　杨致焕　纪清漪
杜荀若　魏大同　冯愚忱　彭志云　魏　鑑
张立衡　洪　舫　李西霖　于明洲　杨萃一
董宣猷　刘达夫　王冠吾　赵雨时　孟传大

候补监事（七人）：

张岳升　刘义方　邓建中　王子耀　何兆麟
姜书阁　孙绍兴

〔社会部档案〕

4．东北抗战建国协进会检送工作纲领呈

（1940年1月25日）

谨呈者：前以团结东北人士，奉行三民主义，拥护领袖，协助中央完成抗战建国工作起见，经发起组织东北抗战建国协进会，

业奉钧部发给组织许可证书，派员指导，组织成立，并呈报备案在案。兹以本会发动东北旅居内地及现时尚在东北群众从事抗战建国，必须训练大批有志青年，为派往各地干部、工作人员，方可收实际功效。谨此具文呈请钧部鉴核，转函训练委员会，准本会每期保荐东北籍有志青年十名参加党政训练班受训，以利会务，实为党便。谨呈

中央社会部

附呈本会工作纲领及理监事名单各一份

东北抗战建国协进会

中华民国二十九年元月二十五日

东北抗战建国协进会工作纲领

一、本会为达到团结东北人士，奉行三民主义，拥护领袖，协助中央完成抗战建国工作起见，特制定本工作纲领。

二、本纲领所规定之工作，关于组织者如左：

(1) 举办关内同乡调查事项；

(2) 依照本会规定，设法介绍赞成本会宗旨、志愿加入本会之同乡入会；

(3) 凡重要城市，有成立分会之必要，会员超过三十人，经本会核准，分别先后逐渐成立分会。

三、本纲领所规定之工作，关于调查者：

(1) 调查东北人士之数目、年龄、学历、职业及专门技能等，并分别加以统计；

(2) 有关东北事件及敌伪情况之侦察报告。

四、本纲领所规定之工作关于宣传者：

(1) 出版旬刊或半月刊物一种；

(2) 发行关于东北民族、地理、历史、经济、政治等各种小丛书十种。

五、本纲领所规定之工作关于研究者：

(1) 研究东北有关军事、外交、经济各种问题，制定方案；

(2) 设计本会各种工作技术及工作方法。

六、本纲领所规定之工作，关于事业者：

(1) 协助政府及慈善团体办理东北难民救济工作，并就各地情形，尽量设法使东北难民得以参加生产工作机会；

(2) 协助政府及有关教育救济机关，对于东北失学青年及在学青年，予以救济；

(3) 协助政府办理东北在乡军人登记及介绍参加抗战工作；

(4) 组织东北妇女并发动参加抗战建国工作。

七、各项工作，由各主管部门分别制定实施方案，由常务理事会通过施行。

八、本纲领由理事会通过施行。

〔社会部档案〕

5．王星舟等检送工作简报呈

(1940年6月7日)

窃查本会自本年二月份开始工作以来，迄今历有三月，所有工作情形，兹特造具简报，理合具文呈请鉴核。谨呈

中央社会部

附呈工作简报一份

东北抗战建国协进会总干事　王星舟

副总干事　刘不同

中华民国二十九年六月七日

东北抗战建国协进会第一次工作

简报　自二十九年三月至五月

一、本会发起主因及其成立经过

查自九一八事变发生，东北失守，逃散于关内各地之一部分人士，家乡沦陷，感流离之痛苦，认识不清，疑中央之政策，加以别有用心分子百般煽惑，于是致有走入岐途者。迨夫七七抗战以还，东北之一部分人士思想益趋庞杂，行动多有失当，其有害于抗战建国者至大。在渝之东北三民主义信仰者，目击上述情形，懔然惊惧，咸认为亟宜谋所以补救之道，爰结合东北爱国人士，发起组织东北抗战建国协进会。其目的在团结一般人士，信奉三民主义，拥护领袖，在中央领导之下，统一意志，集中力量，努力抗战建国大业。当经会商，依法呈请中央社会部许可，并推定筹备员积极筹备。乃于二十八年十一月间假中央宣传部大礼堂开成立大会，中央社会部、教育部、内政部均派代表莅临指导。是日，计到一百余人。当通过章程后即选举刘不同等三十一人为理事，姜健伯等十人为候补理事，王秉钧等二十五人为监事，张岳时等七人为候补监事，并聘请万福麟先生等十六人为名誉理事。嗣于本年一月十七日仍假中央宣传部大礼堂举行第一次理事会，通过工作纲领，推举马亮等十一人为常务理事，并推举王星舟为总干事，刘不同为副总干事。同时，依据章程确定理事会之内部组织，计设五组，又特设四委员会。旋于一月十八日、三十一日先后举行第一次、第二次常务理事会，决议草拟预算、寻觅会址，并确定各组组长及各委员会正副主任委员与委员。嗣租定金汤街七十八号为会址。至于第一次监事会，则于二月十八日举行，当推定王秉钧等五人为常务监事，并确定监事会之组织及各组负责人。此本会筹备与成立之大略也。兹将其组织系统列表于下：

二、工作述要

本会以筹措经费、寻觅会址之故，延及本年三月方任用人员正式工作。但因经费关系，本会工作尚未有长足之进展，兹择其重要工作，略分别陈述于左：

甲、总务工作

东北抗战建国协进会组织系统表

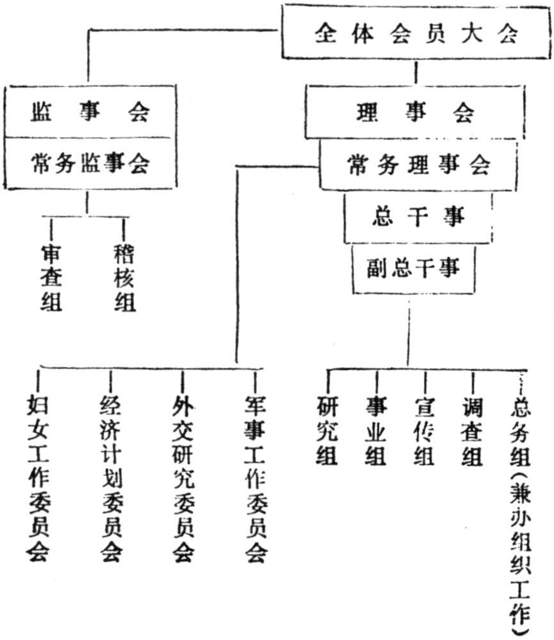

1．租定会址，并布置一切。

2．向中央社会部、内政部呈请备案，均已奉到指令准予备案。

3．拟订本会工作纲领及办事细则。

4．拟向委座致敬电及慰劳前方将士电。

5．与东北有关部队之参谋人员于三月间来渝开会，本会开会欢迎，计到十一人。

6．第六期党政班东北受训学员四十余人、第七期党政班东北受训学员三十六人，本会均先后招待，而受训学员加入本会者甚多。

7．五月九日全体理监事及各委员会委员聚餐于嘉陵宾馆，并请立法院院长孙哲生先生讲演。

乙、组训工作

本会会员之组训工作，由总务组兼办，兹为叙述清楚起见，另列一项。

1. 整理会员名册及理监事名册。

2. 征收会员三百四十一人。

3. 设立湖北省、湖南省、陕西省、甘肃省、青海省、云南省等六个分会及榆林一个直属支会，已聘定筹备委员积极进行。

4. 保送张道彭等三人参加党政班第七期受训，郝嘉忱等五人参加党政班第八期受训。

丙、调查工作

1. 草拟调查工作计划大纲。

2. 调查党政班第一期至第七期及中央政治学校之东北学员。

3. 调查在渝东北公私团体。

4. 调查华北各地伪军之番号、主官及驻地、兵力等情形。

5. 调查敌伪官吏。

丁、宣传工作

1. 草拟宣传工作计划大纲。

2. 发表通电否认日汪协定。

3. 发表通电声讨汪逆伪组织。

4. 聘定编辑委员，筹备定期刊物。

5. 发行壁报（已自五月一日开始）。

6. 参加总理逝世纪念大会及革命先烈纪念大会。

7. 参加五五革命政府成立大会。

8. 为豫鄂会战大捷电前方将士致贺。

戊、社会事业工作

1. 拟订东北青年救济纲要，其主要之点是，第一，凡东北失业、失学青年，均得向本会申请登记；第二，凡登记青年，本会分别予以救济，欲择业者，则介绍工作，欲求学者，则介绍学校，欲受训者，则设法保送；第三，登记青年未有工作或未有入学以前，本会请其参加战时服务团工作，并酌给生活费；第四，举办奖学金、贷金、救济金等。

2．为实施东北青年救济纲要起见，本会已决定在本会及分会所在地设立东北青年招待所若干处，现在已拟就招待所组织章程及规则等，正进行中。

3．组织东北青年战时服务团，以发动在渝之东北青年努力战时社会服务工作，现拟就战时服务团组织规程，即将开始进行。

4．举办择业贷款工作，以救济东北同胞，关于此项工作，已拟就法规四则：

A．择业贷款审查办法。

B．择业贷款审查委员会组织规程。

C．失业贷款救济办法。

D．择业登记须知。

己、研究工作

1．草拟研究工作计划大纲。

2．刻正遵照该计划大纲开始进行。

庚、妇女工作委员会工作

1．举行三次委员会议。

2．草拟组织规程及工作计划大纲。

3．参加三八妇女节工作。

4．参加国大代表妇女竞选运动，朱纶等三人均已当选为全国妇女竞选会理事。

5．参加妇女宪政座谈会。

6．会同其他妇女团体招待女参政员及孙孔二夫人。

辛、军事工作委员会工作

1．举行第一次委员会议，决定工作方针，并定每周各委员聚谈一次。

以上系本会工作之大略。此外，外交研究委员会、经济计划委员会之工作亦在着手进行中。

〔社会部档案〕

6. 王星舟等关于成立战时青年服务团请鉴核并拨津贴呈

（1940年9月20日）

查本会宗旨为团结东北人士，奉行三民主义，拥护领袖，协助中央，以完成抗战建国之大业。自成立以来，我各界东北人士多感意志有归，共谋工作推进，若同乡服务、同乡调查、特刊出版、召开同乡座谈等，无不次第举行，收效綦大。惟迩来散在各地东北青年，因时势易动，每多流散，使此有为之抗建基动力逐渐消失，殊堪痛惜。尤以沦陷敌伪者，更无招致来归，导之正途之整个计划。本会有鉴此项工作之急不可缓，爰特成立战时青年工作服务团，先之为青年感情上、思想上、学术上之融合切磋，以达于思想集中、意志集中、力量集中，为抗建工作而努力。次第谋招致家乡青年，加以辅导、训练，使其升学或参加抗战建国工作，俾中华民族在东北之生命得以绵续。经拟订战时青年服务团组织规程及工作章则等。惟兹事体大，本会财力有限，无米之炊，第恐功败垂成，谨此恳请钧部体念东北青年工作关系之重大，准月拨津贴二千元。附呈本会战时青年服务团组织规程及工作章则共四份，至祈核示指令祗遵。谨呈

中央社会部部长谷

副部长洪

副部长王

附组织规程及工作章则共四份

东北抗战建国协进会总干事　王星舟

副总干事　刘不同

中华民国二十九年九月二十日

东北抗战建国协进会战时青年服务团组织规程

第一条　本团定名为东北抗战建国协进会战时青年服务团。

第二条　本团以从事战时青年服务为宗旨。

第三条　本团设团务委员会，由本会常务理事会聘任委员十五人至三十五人组织之。

第四条　团务委员会设主任委员一人、副主任委员一人，由本会常务理事会就团务委员中指定之，主任委员掌理本团一切事务，副主任委员协助主任委员办理一切团务工作。

第五条　本团团务委员会每两星期开会一次，由主任委员召集之。

第六条　本团分设总务、调查、宣传、服务、指导五股，每股设股长一人，由团务委员会就团员中派充之，受主任委员之命办理各股事宜。

第七条　本团如必要时，设各种工作队，每队设队长一人，队员若干人，由主任委员派充之。

第八条　本团如必要时，得设指导员若干人，由主任委员提请团务委员会聘任之。

第九条　本团队长以上人员每二星期至少须举行工作会报一次，讨论工作进行，交换工作意见，由主任委员出席。

第十条　本团队员工作时间之生活费，由本团酌予供给。

第十一条　本团工作大纲另定之。

第十二条　本规程如有未尽事宜，得随时修改之。

第十三条　本规程经常务理事会通过后施行。

〔社会部档案〕

7. 王星舟等关于陕西分会筹备成立情形呈

（1940年10月11日）

查本会陕西分会经函聘王德溥、董汉生、陈东震、王维新、佟一星、刘政因、富广仁、王与九、祁大鹏九人为筹备委员，在积极紧张工作下，于本年九月十八日成立，计会员五百余人。本会因时间匆促，特电请陕民政厅长王德溥代表出席指导，当场推举各理监事及常务理监事，并推定各职员，业经开始工作。除随时工作情形容继续呈报外，理合检同理监事名单、职员名单各一份，呈请鉴核备案，指令祇遵。

谨呈

中央社会部长谷

副部长洪

副部长王

附：本会陕西分会理监事名单一份、职员名单一份。

东北抗战建国协进会总干事王星舟

副总干事刘不同

中华民国二十九年十月十一日

东北抗战建国协进会陕西分会理监事名单

理事：

王德溥　王维新　祁大鹏　魏大同　陈再房

熊正平　孟吉荣　王锡龄　刘政因　胡介眉

金典戎　韩启英　李丹山　王镜寰　王今文

王奉瑞　陈东震　富广仁　王墨林　郑为中

王景涵　王仲超　侯克伦　齐继宗　高造都

候补理事：

李树桂　臧绍武　林　駉　萧之仪　王雨春
刘兴沛　徐维藩

监事：

任作楫　张政枋　董学舒　张瑞三　李澄寰
佟斗枢　林耀山　解茂棣　张　炯　熊文洪
黄庭煌　徐肇宸　张国栋　金崇安　王銮庭
杨集生　刘永庆

候补监事：

孙英武　周凤舟　张式纶　高贵恒　李象泰

常务理事：

王德溥　魏大同　王维新　祁大鹏　胡介眉
金典戎　孟吉荣

常务监事：

任作楫　张政枋　张瑞三　解茂棣　杨集生

东北抗战建国协进会陕西分会
职员名单

总干事：刘政因

副总干事：陈再厉

总务组：

主任干事：王镜寰

副主任干事：刘永庆　张炯

调查组：

主任干事：齐继宗

副主任干事：王雨春　肖之仪

宣传组：

主任干事：高造都

副主任干事：杨集生　解茂棣

事业组：

主任干事：郑为中

副主任干事：臧绍五　徐维藩

工作计划委员会委员：

王墨林　王仲超　侯克伦　王锡龄　王今旺

李政华　富广仁　林　鹏　韩启英

东北抗战建国协进会陕西分会九支会筹备员

大荔支会筹备员：熊正平

南郑支会筹备员：金崇安

凤翔支会筹备员：王奉瑞

城固支会筹备员：陈东震

安康支会筹备员：李澄寰

褒城支会筹备员：杨子奇

沔县支会筹备员：王景涵

双石铺支会筹备员：孙镜清

〔社会部档案〕

8. 王星舟等检送工作计划呈

(1940年10月15日)

查本会本年十月十日举行理事会第二次会议，讨论事项第五案常务理事会提拟具六个月工作计划请核议案，经议决通过在卷。理合检同是项计划一份，呈请鉴核备案。谨呈

中央社会部部长谷

副部长洪

副部长王

附：工作计划一份

东北抗战建国协进会总干事　王星舟

副总干事　刘不同

中华民国二十九年十月十五日

东北抗战建国协进会六个月工作

计划大纲　二十七年十月至三十年三月

第一、工作期限

本会为便于推进工作起见，暂定自本年度十月份起至明年度三月份止为依照工作计划实施期间。

第二、工作要项

甲、组织工作

一、扩大征求会员，详细办法另定之。

二、加速成立各地分会及直属支会。

三、会内外密切联系工作。

乙、宣传工作

一、编刊工作

1. 定期刊物

(A) 月刊（或双月刊）：每月（或每两月）刊行一次。

(B) 会员通讯，每月刊行一次。

2. 不定期刊物

(A) 特刊：遇有纪念日及特殊情形时，临时发行特刊。

(B) 丛书：根据研究调查之结果，编刊丛书，暂以每月刊行一种为原则。

二、宣传工作

1. 壁报：每半月编制一次。

2. 标语：随时遇必要时编制张贴。

3. 宣言：遇必要时发布。

4. 讲演：遇必要时，举行公开讲演或街头讲演。

三、征集工作

1. 搜集资料。

（A）剪贴报纸。

（B）抄录参考资料。

2. 征购图书杂志

四、联系工作

丙、研究工作

一、个别研究

1. 专题研究：由会指定专题分别研究。

2. 个人研究：个人自定题目从事研究。

二、集体研究

1. 举行讲演会

2. 举行座谈会

3. 举行分组研究会

丁、调查工作

一、与东北有关之机关团体调查

二、东北人士之职业调查

三、东北籍各校学生调查

四、关于情报之搜集

戊、青年工作（详细办法均另定之）

一、成立战时东北青年服务团，为工作上联系的中心。

二、编刊《东北青年通讯》，为文字上联系的中心。

三、设置东北青年招待处。

第三、工作进度

以上五项工作均各分别拟定进度表，切实依据推行。

第四、工作报告

依照每月工作进度实施情形，拟具工作报告，提会并向主管机关报告。

东北抗战建国协进会六个月工作进度表

十月

组织工作：

一、甘肃分会、云南分会成立。

二、各地设置联络专员。

三、根据会员分组研究问题办法，将会员分组完竣。

四、草拟扩大征求会员办法。

宣传工作：

一、会员通讯第二期出版。

二、起草征集资料及剪贴报纸办法。

三、编辑委员会第三次会议确定刊物发行。

四、草拟东北小丛书编辑办法。

五、东北问题座谈会第二次会。

青年工作：

战时青年工作团成立并开始工作。

十一月

组织工作：

一、湖南、青海分会成立。

二、扩大征求会员。

三、会员分组研究问题开始。

四、会员交谊会第一次晚会。

宣传工作：

一、定期刊物之计划与筹备。

二、会员通讯第三期开始编辑。

三、总理诞辰壁报与标语之制贴。

四、剪贴报纸及整理资料开始。

五、聘定各地特约编辑委员及通讯员。

研究工作：

一、东北小丛书第一种开始编辑。

二、东北问题座谈会第三次会。

调查工作：
调查各地、各机关、各团体内东北同乡。
征集工作：
向各方面征集图书、杂志及有关资料。
青年工作：
计划青年俱乐部之成立。

十二月

组织工作：
一、青海、贵州、榆林分会成立。
二、督促各地分会成立。
三、扩大征求会员。
四、会员分组研究问题继续举行。
五、会员交谊会第二次晚会。
六、会员之统计。
宣传工作：
一、定期刊物之征稿与编辑开始。
二、会员通讯第三期出版。
三、民国成立纪念日壁报、标语之制贴。
四、剪贴报纸及整理有关资料。
五、东北青年通讯之计划与编辑。
研究工作：
一、东北小丛书第一、二种付印。
二、东北问题座谈会第四次会。
调查工作：
一、东北同乡之职业调查。
二、东北青年失学、失业之调查。
青年工作：
一、青年俱乐部成立。

二、东北青年征文之办法。
本会第一次年会之举行。

一月

组织工作：
一、根据东北同乡调查结果，计划并筹备分会、支会之成立。
二、计划各地分会之密切联系。
三、会员分组研究问题继续进行。
四、会员交谊会第三次晚会。
五、会员之统计。
宣传工作：
一、定期刊创刊号（民国成立纪念号）出版。
二、会员通讯第四期开始编辑。
三、剪贴报纸及整理有关资料。
四、东北青年通讯创刊号出版。
研究工作：
一、东北小丛书第一、二两种出版。
二、东北问题座谈第五次会。
三、东北问题扩大讲演会之举行。
调查工作：
本会会员职业及专门技能之调查与统计。
青年工作：
东北青年失业、失学之救济。

二月

组织工作：
一、各地分会密切联系之实施。
二、会员分组研究问题继续举行。
三、会员交际会第四次晚会。
四、东北同乡之统计。

宣传工作：
一、定期刊物继续编辑与出版。
二、会员通讯第五期开始编辑。
三、剪贴报纸及整理有关资料。
四、东北青年通讯第二期之编辑与出版。
研究工作：
一、东北小丛书二、三种之编辑开始。
二、东北问题座谈会第六次会。
青年工作：
一、东北青年招致训练之设计。
二、东北青年征文之评判与发表。
三月
组织工作：
一、召开各地分会代表会。
二、会员分组研究问题继续进行。
三、会员交谊会第四次晚会。
四、东北同乡之统计。
宣传工作：
一、定期刊物继续编辑出版。
二、会员通讯第五期出版。
三、剪贴报纸及整理有关资料。
四、东北青年通讯第三期之编辑与出版。
研究工作：
一、东北小丛书第二、三两种之编辑。
二、东北问题座谈会第七次会。
青年工作：
东北青年招致机构之成立。
编辑工作：

一、编辑六个月报告。

二、拟定下期本会工作计划。

〔社会部档案〕

（12）东北青年学会

1. 李荫春等发起组织东北青年学会呈

（1940年3月1日）

查自抗战军兴，同志等虽各尽忠职守，以求身心之所安，慧承总裁统一意志集中力量之感召，深信业余公暇，有发挥团体效能，贡献党国之必要。同志等又均籍东北，夙遭亡省丧家之痛，时切复土还乡之愿，誓在中央领导下，努力于抗战建国事业，期观祖宗庐墓于故园，并慰父老殷望于桑梓。为达到最高目的，一时不可骤及，则由浅入深，当为推进工作之准绳。故先自团结青年同乡着手，施行前后方精神总动员，同时研究各种有关学术，作为身体力行之方案。

同志等于最近期间，已征得同志一百一十三人，均系现职公务员，又为本党之忠实分子。集议结果，已草就东北青年学会简章及工作大纲，并遵照人民团体组织法之规定，申请许可。除分呈内政、教育部请予登记外，理合检同会员名册，及本会简章，工作纲要草案各一份，呈请鉴核照准，实为公便。谨呈

中央社会部部长谷

附呈：东北青年学会简章草案〔略〕

工作纲要草案各一份〔略〕

会员名册一份〔略〕

东北青年学会发起人

王同寅：中央调查统计局干事

王崇熙：中央调查统计局专员
王治民：军委会政治部设计委员
王凯亭：军委会办事厅上校主任参谋
王振志：重庆市警察局督察
安永瑞：国立中央大学教授
白　澄：战地党政委员会
石显儒：国立造纸印刷科职业学校校长
杜荀若：东北挺进军驻渝办事处少将处长
吴宝云：军委会办公厅上校参谋
金长佑：三民主义青年团中央团部训练处编审组组长
周慕文：时兴湖社事务主任
姜健伯：中央团部社会服务处
秦靖宇：军政部少将部附
李荫春：绥东骑兵司令部、热河先遣军司令部少将总参议兼驻渝代表
林　鹏　绥东骑兵司令部政治部少将主任
高　磊　中央银行经济研究处协纂
高洁心　军委会顾问事务处
张一尘　军政部军械司
张鸿图　交通部材料司科长
张申甫　军政部上校部附
张政枋　军委会少将参议
宁向南　国防最高委员会秘书
冯兆异　立法院立法委员
董芸生　四川伤兵管理处视察主任
赵石溪　中国边疆文化促进会研究员
樊广武　时与湖社印刷所经理
裘震宇　军令部上校参谋

中华民国二十九年三月一日

〔社会部档案〕

2. 郑燊畬请准予成立东北青年学会签

（1940年4月14日）

本案遵谕与三民主义青年团中央团部组织处战地组组长漆中权同志商洽两点：（一）对东北青年学会发起人之背景，经查该会发起人在三青团中央团部服务者计有于希武、姜健伯、金长佑等三人，其余多属中央党政军各机关高级职员，间有一部分且系中央党政训练班毕业学员，分子尚属纯正。（二）对该会成立之意见：东北情形特殊，中央团部对于东北青年刻正仅量设法吸收入团，俾于短期内成立直属东北分团，该会组织分子既属正当，中央团部甚望该会得以早日成立，以期将来工作上便于取得联系。基于上述洽商结果，拟请仍如前签所拟，准予组织。当否乞核。

职　郑燊畬　四月十四日

〔社会部档案〕

3. 社会部准予成立东北青年学会批

（1940年5月3日）

批签

批东北青年学会发起人李荫春等

呈乙件：为发起组织东北青年学会请予核准由。

呈件均悉。准予组织。兹发给忠字第45号人民团体组织许可证书一纸，并派郑燊畬同志为该会组织指导员，仰即推定筹备员，组织筹备会，积极筹备，并分呈本部及内政、教育两部备案。除分函外，合行检发人民团体组织许可证书乙纸，仰即知照。此批。

件存。

〔社会部档案〕

4. 李荫春等检送会章图模及理监事名单呈

(1940年6月)

案奉钧部二十九年五月三日利组字第三五八五号批签：附发忠字第四十五号人民团体组织许可证书，并派郑燊畬同志为组织指导员，饬即积极组织等因。奉此。遵于五月十日下午二时，假重庆中国留法比瑞同学会礼堂，召开成立大会，在郑同志指导之下，通过会章，票选理监事，并依式刊就本会图记一颗，文曰：东北青年学会图记，已于六月一日正式启用。除分呈外，理合检呈会章、图模及理监事名单各一份，备文呈请鉴核备查。再，本会会址，前在中华路九十六号，因被敌机波及，遵令疏散，已迁入李子坝正街十一号之二办公，合并声明。

谨呈

社会部长谷

附呈会章、图模、理监事名单各一份

东北青年学会常务理事李荫春

林　鹏

赵石溪

张鸿图

周慕文

张申甫

王崇熙

中华民国二十九年六月

东北青年学会会章

第一章　总则

第一条　本会定名为东北青年学会。

第二条　本会以团结东北青年，研究学术，力行三民主义，服从领袖，拥护政府，完成抗战建国之大业，达到复土还乡之目的为宗旨。

第三条　本会会址设于国民政府所在地，并得于各地设立分会。

第二章　任务

第四条　本会之任务如左：

一、奉行三民主义，统一东北青年之思想与行动。

二、团结东北青年，努力于抗战建国及复土还乡之工作。

三、研究各种学术。

四、研讨东北问题及有关抗战建国之一切问题。

五、研讨青年问题。

第三章　会员

第五条　凡本会发起人均为本会当然会员，其志趣与本会宗旨相合之东北青年，不分性别，经会员二人以上之介绍，由本会理事会议通过者，均得为本会会员。

第六条　凡有左列情事之一者，不得为本会会员，

一、违反三民主义之言论与行动者。

二、违背抗战建国纲领之言论与行动者

三、褫夺公权者。

四、患精神病者。

五、有不良嗜好者。

第七条　会员之义务如左：

一、有绝对服从本会章程及决议案之义务。

二、有爱护本会名誉，不得任意抨击本会或诋毁会员之义务。

三、有扶助会员之义务。

四、有谋会务发展之义务。

五、有捐纳会费之义务。

六、有集体自我批判之义务。

第八条　会员之权利如左：

一、有选举权、被选举权及发言权、表决权。

二、有向本会提出建议之权利。

三、有请求本会扶助之权利。

四、有享受本会一切设施之权利。

第四章　组织及职权

第九条　本会以会员大会为最高权力机关，在会员大会闭会期间由理事会代行其职权。

第十条　会员大会之职权如左：

一、审议本会工作计划。

二、选举本会理监事。

三、审核本会预决算。

四、听取并审核理事会、监事会及会员之工作报告。

五、审议理事会、监事会及会员之提案。

第十一条　本会设理事十五人，候补理事七人，组织理事会。

第十二条　理事会之职权如左：

一、执行会员大会之决议案。

二、聘请名誉理事。

三、审议会员入会及出会事宜。

四、处理本会偶发事项。

五、筹措并支配本会预算外之各项费用。

六、设计并推进本会会务之发展。

七、审核常务理事会工作报告及提案。

第十三条　理事会设常务理事七人，由理事互选之，组织常务理事会。

第十四条　常务理事会对外代表本会，对内综理本会一切日常事务。

第十五条　本会设监事九人，候补监事五人，由会员大会选举之，组织监事会。

第十六条　监事会之职权如左：

一、审查本会会务发展之成绩。

二、稽核本会之预决算。

三、监察并指导本会会员及职员之行动。

四、审核理事会之工作报告。

第十七条　监事会设常务监事三人，由监事互推之，组织常务监事会，处理日常事务。

第十八条　本会设名誉理事若干人，由理事会聘请之。

第十九条　理事会下设左列三组：

一、总务组：掌理本会文书、交际、庶务、会计及不属其它各组等事宜。

二、组织组：掌理会员之征集、组织、联络、调查、纪律之维系及筹设分会等事宜。

三、研究组：掌理一般学术之研究、东北问题之讨论、各种刊物之编印、发行以及召开座谈会与讲演会等事宜。

第二十条　各组设组长、副组长各一人，干事若干人，由理事会就会员中聘任之。

第二十一条　本会于必要时得组织特种委员会。

第五章　会议及任期

第二十二条　会员大会每半年举行一次，各分会得推选代表参加，理事会及监事会每月举行一次，理监事联席会议每两月举行一次，常务理事会、常务监事会每两周举行一次，遇必要时，经各该应出席人数三分之一以上之提议，均得召集临时会。

第二十三条　会员大会由理事会召集之，常务理事、监事会由常务理事、监事轮流召集之，并均以召集人为各该项会议主席。

第二十四条　各种会议均以过半数之出席及出席人过半数之表决为有效。

第二十五条　本会职员之任期为一年，连选得连任之。

第二十六条　本会会员得轮流分为若干小组举行小组会议，其办法另订之。

第六章　经费

第廿七条　本会经费由左列方法筹集之：

一、会费：会员每半年纳会费一元。

二、自由捐：由会员按月自由捐纳之。

三、补助费：向关系方面请求补助。

第七章　附则

第二十八条　本章程如有未尽事宜，得经理事会之提请，或会员三分之一以上之连署提议，由会员大会出席人三分之二以上之通过修正之。

第二十九条　本会办事细则、分会组织章程及各种会议规程另订之。

第三十条　本章程经会员大会通过后，呈准主管党政机关后施行。

5. 东北青年学会会刊发刊词①

(1940年8月1日)

赵石溪：发刊词

东北青年学会已于五月十日在重庆正式成立。此一新生之团体，其所负使命，至为重大，此为我全体会员及关心本会人士之

---

①选自《东北青年学会会刊》第一号，1940年8月1日出版。

东北青年学会理监事名单

职别	姓名	别号	籍贯	年龄	出身	现任职务
常务理事	李荫春	仲颖	辽宁盖平	38	东北大学毕业、北京储才馆毕业、长安军官团毕业	绥东骑兵司令部少将总参谋兼特别党部执行委员
常务理事	林鹏	啸鲲	辽宁盖平	32	日本东京高等师范学校毕业、中央训练团党政训练班第一期毕业	绥东骑兵司令部政治部少将主任兼特别党部书记长
常务理事	赵石溪	公皎	辽宁沈阳	32	东北大学中国文学系毕业	中国边疆文化促进会研究组组长
常务理事	张鸿图	雨峰	辽宁法库	40	国立师范大学数理系毕业、德国柏林大学电工系毕业	交通部技正兼供应委员会储运组主任
常务理事	周慕文	慕文	辽宁辽阳	29	东北大学外国文学系毕业、中央训练团党政训练班一期毕业	时与潮社事务部主任
常务理事	张申甫	岳时	辽宁怀德	36	东北陆军讲武堂毕业、奉天外语专门学校毕业	军政部部附
常务理事	王崇熙	缉纯	辽宁辉北	37	日本东京高等工业学校毕业、中央训练团党政训练班第一期毕业	中央调查统计局专员

续上表

理事	冯兆异	淝侯	辽宁沈阳	45	北京大学毕业、德国柏林大学及不比齐锡大学毕业，经济博士，中央训练团党政训练班第六期毕业	立法院立法委员
理事	王同寅	宾如	辽宁海城	34	东北大学毕业、中央训练团党政训练班第一期毕业	中央调查统计局干事
理事	金长佑	仲颐	辽宁辽阳	33	东北大学毕业、(日本早稻田大学毕业）中央训练团党政训练班第三期毕业	时与潮社总编辑
理事	金庆三	华封	辽宁辽阳	36	东北大学毕业	东北协会第二组总干事
理事	沈　默	绍蕲	辽宁庄河	34	东北大学外国文学系毕业	时与潮社编辑主任
理事	石themselves		辽宁北镇	36	美国雷尼文尼大学毕业、教育学博士	国立四川造纸印刷学校校长
理事	高　磊	在石	辽宁凤城	32	中央政治学校毕业	中央银行经济研究处协纂
理事	樊广武	维扬	辽宁凤城	35	东北大学毕业	时与潮社印刷所经理

续上表

常务监事	于希武	希武	辽宁庄河	34	东北大学毕业、中央训练团党政训练班六期毕业	三民主义青年团训练处编审组组员
常务监事	龙　兢		辽宁	30	冯庸大学毕业	妇女指导委员会委员
常务监事	姜健伯	健伯	黑龙江	28	东北大学毕业	三民主义青年团社会服务处干事
监事	鞠秀熙	缉光	辽宁安东	32	国立清华大学毕业、中央训练团党政训练班第一期毕业	国立东北中□中学校校长
监事	王纯陛	心泉	辽宁盖平	32	中国大学毕业、中央训练团党政训练一期毕业	绥东骑兵司令部政治部科长
监事	田树滋	紫荆	辽宁开原	33	德国柏林大学毕业、经济硕士	朝阳学院教育长
监事	柳宗周	映溪	辽宁辽阳	29	中央警官学校毕业、中央训练团党政训练班第五期毕业	绥东骑兵司令部政治部秘书
监事	冯　庸	独慎	辽宁	30	东北陆军讲武堂毕业	中央训练团总务处中将处长
监事	安永瑞	文然	辽宁辽阳	37	北京大学毕业、德国柏林大学毕业、经济博士	东北大学校教授

〔社会部档案〕

所同喻。我东北青年，生于此邦家多难之秋，暴敌凭陵，桑梓沦陷，田园籍没，族党为奴，而落荒出走，流浪多年，艰辛苦痛之状，笔难罄述。我同志胥为有血性、有志气、有抱负、有作为之青年，对国家与乡里所遭遇之厄运，应如何与之奋勇苦斗，以求无负此生。抗战以还，敌寇穷蹙，日就溃灭，回家之夙愿可期，而抗建之工作益钜。我青年同志既痛感实际需要之迫切，对本会咸具无上热忱。而关心东北青年之人士，亦多愿加意护持，属望至为殷切。本会在此种觉悟与扶持之上，奠其基石，则本会未来之成就，固可预期。

吾人当前之路径有二：一为加强团结，一为谋求进步。盖不团结则力量不能集中，不进步则工作难求开展。须知今后唯有发挥集体的力量，始能保卫国家，拯救民族，唯有展开切实的工作，始能披甲还乡，收复东北。抗战譬就洪炉，熊熊烈火，炽燃其内。吾人在此洪炉之中，受其猛烈煅冶，所有自私自利之个人主义与夫浪漫消极之颓废思想，必须彻底一扫而空，然后吾人始有近接与把握此伟大时代之资格。是故，吾人需要团结，且亦必须团结，吾人需要进步，且亦必须进步。

本会为加强团结与谋求进步而产生，其初步工作，将以此原则为指标，向前迈进。为欲使会员同志及关心本会之人士明了本会之情况，故发行会刊，以为相互砥砺勖勉之资。若各同志藉本刊之助，能更提高团结与进步之效率，则本刊方无负于其使命云。

〔社会部档案〕

6．东北青年学会成立大会宣言①

（1940年8月1日）

自从九一八事变，暴敌侵占我们的东北故乡以后，我们就为了

①选自《东北青年学会会刊》第一号，1940年8月1日出版。

准备反抗而开始流亡。我们蒙受着奇耻大辱，我们怀抱着机缘，要为驱除倭寇复土还乡的工作，尽毕生最大的努力。

芦沟桥畔，伟大的反抗强暴的火炬，突然高举了，我们每个人都欢欣鼓舞的来迎接这伟大的时代。我们一定会从这次抗战中，得到整个国家民族的解放与复兴，我们一定会把企图并吞中国的日本军阀彻底摧毁，我们一定可以回到我们的故乡东北。

我们在迎接这伟大的时代当中，一向我们是在中央领导下，分别站在个人和个别团体不同的岗位上，从事于抗战建国的各部门工作。我们曾以同样狂炽的热情，奔赴于唯一共同的目标。我们曾在各种不同的环境中，从事于殊途同归的工作。我们都想紧紧把握住这伟大时代的重心，为我们使命而牺牲一切。

为了使我们的认识更加深切，为了使我们的工作更加合理，为了使我们的力量更加集中，我们是需要一个研究学术的严密组织，所以成立东北青年学会。在这样一个组织当中，我们要把雪耻复仇、忠党爱国的狂热赤诚，作为我们集体奋斗的动力。我们要在这综汇洪流里，实现我们的志愿和建设我们的人生。

我们已经计划了许多要逐渐着手的工作，我们要充实自己，健全自己。我们要以学术研究，作为互相攻错，互相提携的基石，这种学术研究，将以复土还乡，为其主要课题。我们当以研究所得，作为身体力行的方案，而于可能范围内，逐渐的付诸实施。我们不作幻想，也不尚空谈，我们的唯一姿态是切实研究，切实工作。

因此，我们要绝对效忠党国，服从领袖，我们要诚恳的接受海内硕彦和东北先进的指导，我们也要虚心的追随着其他各种团体，对于抗战建国，共作切实的活动，以期集中整个的意志和力量，而求抗战胜利，建国成功之早日来临。我们希望党政先进和青年朋友们，监临我们的约誓，而予我们以同情与教训。

〔社会部档案〕

7. 李荫春作该会筹备经过与工作概况报告①

（1940年8月1日）

关于本会成立的意义和将来的使命，已经详载于本会宣言中，勿庸赘述。兹承各同志之委托，要把本会筹备经过和工作概况，摘要的披露出来。至于叙述拉杂，语焉不详，还求各同志加以原谅，并请海内先进，多予指导为幸。

一、筹备经过

本会奉到社会部颁发人民团体组织许可证书后，就在本年五月十日举行了成立大会。在未正式成立前，自二十八年十二月间，开始酝酿。最初结合者，不过数人，原为互相介绍的同乡朋友，本想扩大朋友的范围，增强复土还乡的力量，并未想到组织什么团体。嗣后因为人数递增，私自集会，恐多不便，经过多次研究的结果，才决议成立本会，以坚强同志的团结，而符法定的程式。我们在筹备期间，曾经召集六次聚餐会——相当于发起人会——六次筹备会，兹将经过的情形，分别摘录于下：

（甲）第一次聚餐会，是在二十八年十二月二十四日举行的，出席九位同志，互相交换意见，均以团结东北青年，统一意志，集中力量，为复土还乡之先决条件，并推春为下次聚餐会召集人。第二次出席二十二人，佥以为依法成立团体，为坚强团结，公开活动之要件。有主张称为“东北问题讨论会”者，有主张称为“聚餐会”者，为谋集思广益起见，议决留待将来确定，并推春与冯兆异、田树滋三同志为下次召集人。第三次出席者卅人。或拟命名为“力行学社”，或拟称为“东北问题研究会”，并公推春与林鹏、王崇熙、姜健伯、孙中阳五同志，为会章起草委员，兼负下

①选自《东北青年学会会刊》第一号，1940年8月1日出版。

次会召集之责。第四次出席者四十二人，有拟命名“九一八学会”者，有拟命名为“东北青年联谊会”者，有仍维持“力行学社”之名词者，并加推周慕文、张一尘、高洁心、安永瑞、白澄、李文正六同志，协同起草。第五次出席者五十七人。均以研究学术与修养锻炼为前提，协助抗战建国，达到复土还乡为目的。有提议定为“东北青年励志会”者，有拟称为“东北青年学会”者，议决假定为“东北青年学会”，俟举行大会时，再提请决定之。又加推袭震宇、张申甫、张鸿图、董芝生、王同寅、石显儒六同志，参加起草，以期完善。第六次出席者七十二人，对于会章草案，作初步审核后，即另推筹备会负责人。由林鹏、金长佑、王治民三同志，负召集之责。春与张申甫、王振志、樊广武四同志，洽租会所。由王同寅、王崇熙、赵石溪、袭震宇四同志，草拟工作计划。由宁向南、杜荀若、石显儒、张政枋四同志，研究筹措经费办法。由董芝生、秦靖宇、白光里、王凯亭、吴宝云、高磊六同志，复核会章草案。统计先后参加聚餐会者，共为一百三十五人。

（乙）筹备会系包括起草委员会，筹备员会议和主席团会议而言。第一、二、三次会议，均为起草委员会，研究名称，修正会章与工作大纲，讨论立案手续，召集第四、五、六次聚餐会。第四、五、六次会议，乃为纯粹的筹备员会议。除其他职务，均由聚餐会推出各同志，分工合作外，另推春与林鹏同志，分谒主管长官，进行立案手续。春与王治民、赵石溪三同志，负呈文、通电与宣言起草之责。复承社会部代表郑燊畲同志，热烈的指导，订于五月十日举行成立大会。并推春与林鹏、张申甫、张鸿图、赵石溪、姜健伯、王崇熙、王同寅、金长佑、王凯亭、宁向南诸同志为主席团。又互推林鹏同志为总主席，春负报告筹备经过之责。第六次为主席团会议，厘订会序，研究票选方式，并请董微、樊广武、周慕文三同志布置会场，王纯升同志司仪，黄显超同志油印，王斗南、孙祖绳、何叔康、于希武诸同志纪录，袭震宇、柳宗周诸同志为总副招待员。

从上述的筹备经过情形，我们可以看得到的：第一点就是本会的名称，是经五次聚餐会所假定，而由大会所议决的。这真是集思广益的结昌，并不是依照任何个人的成见。第二点就是负责人屡有更换和补充，很足以证明出来，本会并无人事上的重心。凡属会员都可以负责办事，也都能够负责办事，这才是民主精神的真正表现。第三点，就是分工合作，相得益彰，更足以证明出来，没有包办的嫌疑。基于以上三点的观察，可以充分表现我们研究和学习，修养和组训的态度。因为没有人事上的重心，就是全体同志，本会的中心思想就是本会的宗旨。我们都是站在这一个大环上，来联系感情，来研究方案，共同努力于抗战建国复土还乡的工作，环以外没有小环，环以内也没有小环，我们立场一致，思想行动和目的，也都是一致的。换句话讲，完全是些不谋而合的同志们，有了谋而合的经过，才成立了本会，我很相信，我们都能站在水平线上，各尽所长，努力奋斗，担负起我们伟大而艰巨的使命。

二、工作概况

本会从成立到现在，虽然不过两月，但是我们的工作，在筹备期间，已经开始，并且继续不断着，积极的向前推进。我们将来的进展，是无可限量的。兹将已经进行和正在进行中的工作情形，按照本会组织的顺序，撮要列举于左：

（甲）理监事会工作要项

子、本会成立后，已经举行了各种会议，共谋会务的发展：

（一）举行理监事联席会议五次。

（二）举行常务理事会三次。

（三）举行常务监事会一次。

（四）召开会员聚餐座谈会三次。

丑、理监事会，除指导各组努力工作外，并经议决了许多章则：

（一）遵照社会部代表的指示，修正本会会章。

（二）厘定分会章程。

（三）遵照教育部文化团体登记的规定，厘定本会六个月工作计划。

（四）拟定理监事会会议规程。

（五）拟定常务理监事会会议规程与办事细则。

（六）议决各组工作计划与办事细则。

（七）议决本会东北青年招待处暂行办法。

（八）拟定工作设计委员会章程。

（九）关于选举规程草案，议决留待会员大会审议，以重公意。

寅、已由常务理事连署盖章，将本会成立经过，呈报社会部、教育部、内政部备查。并□□组织部、宣传部与三民主义青年团中央团部，以便遇事请示祗遵。

（乙）总务组工作要项

各组的职掌，已详载于会章中。总务组为分工合作起见，又分为文书、交际、庶务、会计和社会服务五股，再按各股的顺序，摘录其工作要点：

子、关于文书处理情况：

（一）拟具呈文，分呈主管机关，呈报成立经过，与启用图记日期。

（二）拟具该组工作计划与办法细则。

（三）草拟本会选举规程。

（四）草拟本会东北青年招待处暂行办法。

（五）司各种会议之纪录，备有纪录簿。

（六）将各种会议经过和本会工作情形，随时通报各会员，已印发通报三次，并备有通报簿。

（七）印送各种会议开会通知，备有会议通知簿。

（八）编制本会各室内所悬之标语。

（九）经管档案事宜。

（十）拟办其它例行文件。

丑、关于交际方面者：

（一）已经分谒主管机关长官，报告组织本会的宗旨。

（二）会同社会服务股，访晤东北难民救济委员会石总干事，商洽青年同乡救济问题。

（三）函达各机关法团，切取联络。

（四）为已故同志张则文先生，撰送挽联，并募捐款。

（五）时与潮社成立一周年纪念，撰送贺联。

（六）参加中法比瑞文化协会所召开之联欢会。

（七）王师长铁汉，綦师长新亚、蕲主任汝民，先后来电，赞助本会，参加工作，已经分复函电，表示欢迎，并努力会务之发展。

（八）承办欢迎东北籍抗战将领事宜。

（九）承办欢迎东北籍参政员事宜。

（十）承办欢迎游击队之母赵老太太事宜。

（十一）承办欢送林常务理事赴防及欢迎王同志乃卓来渝事宜。

寅、关于庶务方面者：

（一）洽租中华路九十六号为会所，分设会议室、办公室、图书阅览室、会客室、职员寝室、东北青年招待处与东北青年俱乐部，并添置电灯，涂刷墙壁。

（二）购置一□器具与用品，备有物品登记簿。

（三）洽定历次开会会场与聚餐地点。

（四）购置各种挂图。

（五）刊制本会图记与各种□□。

（六）征聘□记，并雇用工友厨司。

（七）□办东北青年招待处伙食团事宜。

（八）注意会内之卫生清洁事宜。

（九）关于会刊、丛书及一切用纸之付印事宜。

（十）中华路会所，前被敌机波及，并为遵令疏散起见，迁入李子坝正街十一号之二，继续工作。

卯、关于会计方面者：

在本会成立伊始，工作尚未展开的期间，完全采取会员养会办法。唯一收入，就是会员缴纳的会费和捐款，备有收支簿、会费收据，捐款收据及会员认捐簿存查。计已支出一千六百四十元四角一分，除收入会费捐款共为一千二百二十六元四角四分外，尚不敷四百一十三元九角七分，均已由春垫付。现查本会成立，为时不过二月，已树工作之楷模，并经理监事联席会议议决，即拟分请主管机关，予以补助，藉利会务之开展。

辰、关于社会服务事宜，其荦荦大者，就是下列几项：

（一）东北青年招待处：招待经济困难之青年同乡，供给住宿，并成立伙食团，免多耗金钱，同时养成新生活习惯，浏览本会图书，更能增强抗战建国复土还乡的意志，影响殊非浅鲜。前后招待同乡，计为那尚志、王忠恕等三十七人。已经离处就业及升学者三十二人，现在住会者尚有五人。

（二）东北青年俱乐部：备有简易之象棋、军棋、乒乓球等游艺，提倡正当娱乐，不以无益害有益。现在添置各种游艺品，藉臻完善。

（三）处理薛鸿恩同乡请求救济事宜。

（四）会同交际股，向东北难民救济委员会洽商青年同乡救济问题。

（五）七七抗战建国纪念日，缮制标额、张贴标语，以增高抗建之热情，促进复土还乡的工作。

（丙）组织工作要项

（一）拟具该组工作计划与办事细则。

（二）草拟会章程。

（三）备有会员签到簿与留言簿，藉以考核会员对于本会的观感。

（四）会同研究组，召开座谈会三次，举行小组会议二次。

（五）印制入会志愿书，订有会员名册，征集会员，截至现在止，共为四百二十四人，仍在扩大征求中。

（六）筹备分会的组织

1．已经筹备就绪的分会及各该负责同志如左：

西安分会：张政枋、孟吉荣、佟寿勋、王锡龄、边勋

三台分会：白世昌、陈克孚、安永瑞、苍宝忠

自流井分会：鞠秀熙、杨予秀、崔万达

湖北分会：高士栋、靳汝民、高人俊

汉中分会：赵云飞

渭南分会：张人杰

尔当分会：王永才

2．正在着手筹备的分会及该负责同志如左：

成都分会：田树滋

兰州分会：王克勋

贵阳分会：关志澄

柳州分会：何济刚

榆林分会：佟树藩

大荔分会：田应麟

凤翔分会：杨国光

宝鸡分会：徐仙谱、田桂林

江津分会：王化启

广元分会：王高成

白沙分会：高崇英、赵纯孝

江西分会：王铁汉

湖南分会：卫德纯

绥远分会：慕新亚

察哈尔分会：孟克敏

静宁分会：林鹏、柳宗周、王纯升、韩家珍

（丁）研究组工作要项

（一）拟具该组工作计划与办事细则。

（二）印制研究调查表，分送各会员填复，以便会同组织组编组，从事研究工作。

（三）遵照教育部文化团体登记办法，拟具应填复的表件和六个月工作计划。

（四）会同组织组召开座谈会三次，小组会议两次。

（五）参加中法比瑞文化协会历次召开之学术讲演会。

（六）为研究方便计，分门别类，组成各种问题与学术研究会。

（七）征集各种图书，置于图书阅览室，备有图书登记簿。

（八）征集会刊资料，编印第一期会刊，出版一千册。

（九）编印图书第一种——总裁对青年的训示与东北青年之路，出版一千册。

我们在这经济困难，和敌机肆虐的期间，还都能够利用公余之暇，竭尽人力、物力和财力，共同的推进会务，所以才有上列工作的表现。虽然，并没有什么惊人的成绩，但是不断的继续去做，积极去做，既然可以增加个人的学识，更加强了我们对于国家民族的贡献。同舟共济，众志成城，"百二秦关终属楚，三千越甲卒吞吴"，我们相信苦干到底，一定能在最高领袖领导下，完成抗战建国的大业，达到复土还乡的目的！

廿九年七七纪念日于重庆本会

〔社会部档案〕

8. 林鹏作该会的精神与使命报告①

(1940年8月1日)

自从敌人侵略的魔手，攫取了东北四省以来，我们东北的三千八百万同胞，无时无刻不在敌人的铁蹄下呻吟着；尤其是我们东北的青年更遭遇着特殊的厄运，随时随地都有被捕的机会，随时随地都有被害的可能。可是正因为敌人的残暴手段，却增高了我们的反抗情绪。所以，有成千上万的青年，跑到敌人的后方，组织游击队。也有成千上万的青年，跑到关内投入正规军。更有成千上万的青年，参加其它各部门的抗战工作。在在都是表现着东北青年奋斗的精神。东北青年虽然受尽了千辛万苦，却无时不在热烈地期望着复土还乡驱除倭寇拯救在敌人蹂躏下的东北同胞。

我们东北青年所遭遇的环境既然相同，则改造这种环境的需求，也当然一致。所以精诚团结，患难相共，便成了我们东北青年的共同认识与觉悟。在这个共同的认识与觉悟下，便产生了东北青年共同意识中的东北青年学会。

一个团体有一个团结的精神，正像一个人有他的灵魂一样。东北青年学会的精神，都表现在些什么呢？我可以具体的提出下列几点，希望和全体同志共同勉励，更希望党国先进和其他各团体不客气的指教。

一、我们只有团体，而没有个人。因为团体好，个人才会好。所以要以大家的力量，来健全团体；以团体的成绩，来表现大家。这便是我们全体同志对团体应有的精神。

二、我们对于工作，是由小处着手，是从个人做起，做完一件事，再做第二件事，与其百举尽废，莫如一举即成。要以实际

①选自《东北青年学会会刊》第一号，1940年8月1日出版。

工作，取得社会同情与援助。绝对不尚空谈。这便是我们对于工作应有的精神。

三、我们对于处世，要以学习的态度，我们不怕失败，我们要以失败的教训，探取将来成功的途径；检讨旧的缺点，以改正新的错误。如此缺点渐渐的少了，则成功的途径，也渐渐的近了。这是我们对于处世应有的精神。

四、我们对于待人，要开诚相见。以友谊的联系，来维护团体。无论其他团体或个人，只要不存意摧毁，都是我们的同情者。我们很愿意和他发生很好的友谊关系。我们很诚挚的接受外界的批评与指教。更愿意追随东北及其他各团体共同工作，以增强抗战力量。这是我们待人应有的精神。

五、我们对于解决一个问题，应当捐弃自己的意见，服从共同的意见。我们不要个人做领导，要以共同的意见做领导的中心。因为我们的命运一样，目标相同，大家所企求的都是复土还乡，所以绝没有什么权利的争执，更谈不到利害的冲突。这是我们对于解决问题应有的精神。

本会蒙各界的同情与援助，到现在是正式成立了，但是他究竟有负着些什么使命呢？是要做些什么？或要达到何种程度，才不负各界的希望和满足我们的要求呢？这实在是值得我们检讨的。

三年来的抗战，证明了胜利确属于我们。可是胜利越近，意想得到的艰苦也越多。因之东北青年所负的使命也俞大。我们不能忘掉东北的三千八百万父老兄弟以及沦陷区里无数同胞，还在敌人的铁蹄下被蹂躏着。我们不能叫我们大好山河长久的被敌人占有，我们不忍再看着我们祖宗的枯骨在田野暴露。我们为了对得起祖宗，对得起子孙，我们必须坚定抗战必胜建国必成的信念。我们必须咬紧牙关，忍受一切痛苦，不顾一切牺牲，精诚团结在最高领袖领导之下，完成光复国土复兴民族的使命。

〔社会部档案〕

9. 田久安撰《我们的工作》①

(1940年8月1日)

总裁曾说："青年为革命之先锋，为国家之新生命，举凡社会之进化，政治之改革，莫不有赖于青年之策动，以为其主力。"从这点训示看来，青年为建设国家之柱石，复兴民族之中坚。也可以说，青年是继往开来的生力军，对于现实发生推动与促进的工作，对于未来发生创造与主宰的作用。自国难发生以来，尝尽辛酸的东北青年，在这两□鹊的当中，更负有一个特殊的任务，就是复土还乡的工作。所以无论任何救亡的场合，都曾经充分表现着我们的活动，为祖国奋斗，为故乡复仇，光荣悲壮之举，前仆后继。东北青年一直在国难中生长，也一直在国难中奋斗的。自东北事变以来，故乡沦入敌手，仍在关外的东北青年，虽在敌人铁蹄束缚之下，仍不断的挣扎。多数的热血青年，脱掉了敌人的枷锁，自动的联合同志组织义勇军与敌人作坚强的斗争，于是抗日的烽火燃遍了白山黑水之间。而一般投到祖国怀抱的青年们，也在积极的充实自己，训练自己，更以种种方式，把东北的惨状带到了全国每一个角落，使全国同胞莫不同仇敌忾积极掀起抗日的旗帜。"七七事变"发动了全民抗战，与疯狂的敌阀作殊死战，展开了民族解放的战争。于是东北青年几年的怨气因之而发泄了，参加抗战建国工作之热浪高潮，传遍了所有都市农村，有的跑到前方，参加了军队，直接协助抗战；有的纠合同志自动组织游击队伍，随时与敌人以严重打击；有的以为训练不够，就跑到各种军事学校，来充实自己，作抗战的预备军；有的深入了农村，来组织民众，训练民众，结成抗日的广大队伍；有的来到后方，

①选自《东北青年学会会刊》第一号，1940年8月1日出版。

从事各种建国工作，以为抗战之支柱。在各种工作当中，青年是占了一个主要的岗位，同时的确也有可歌可泣的壮烈牺牲，东北青年过去种种血肉奋斗的史迹，都在写出一部民族复兴的历史，在民族求生存的道路上，东北青年在每次奋斗中都担负了先锋的工作。但是我们不能即认为已够，仍须继续着已往的努力，再加紧的担负起了所应尽的工作。总裁在本届参政会开幕词中宣布："我们已确定了一个第二次的三年抗战计划"。我们长期抗战正在继续，直至将敌人逐出领土之外为止，所以抗战建国的重大工作，仍在需要我们去积极策动，何况东北青年更负有一个复土还乡的特殊任务呢。但是单独说收复了故乡还不算到达任务，进一步就是收复东北之后，还要建设东北，于是收复东北建设东北，便是东北青年的特殊工作了。我们愿就东北青年所应当担负的各种工作，综括的供献几点意见：

第一，对于参加抗战工作具有各种的不同方式，但是在这里提出特别注意的一点，也就是我们应该积极担当的工作，这个工作就是敌人后方民众的组织和训练的问题。我们应该发动大批的青年同志，跑到游击战区里来作这种坚苦卓绝而有力的工作，假使这点工作，若能作到的话，不但可以减少敌人利用我们民众来作她的兵员补充，而且在敌人后方，我们仍蕴藏着伟大的潜势力，随时打击敌人，使敌人始终不能安然去开发和建设，其所谓"以战养战"的阴谋诡计，必然完全粉碎。

第二，每个东北青年，除了把我们的生活、思想、行动都置于抗战当中以外，在抗战延续了三年的现时来讲，最重要的工作还是从事于建国工作，这也就是整个民族的主要工作。总裁在本届参政会开幕词中继续宣布："这第二次三年抗战计划，亦就是积极的建国计划，所以我们要格外奋斗，格外努力，格外要共同负责，加紧充实我们的政治、经济、军事各种的力量。"因此我们知道在第二个三年抗战当中，是注重建国。是的，决定全面抗战胜负的因素，是在全民族所有各方面的力量，包括所有人力、物力、财力的集中与开发，我们应该积极的开发资源，改良政治，扩展军力，作扩大的建国运动。东北青年不但要在抗战当中流血，而且更应该在建国途中来流汗，并且动员全国同胞一致奋起来作建国工作。同时对于建国工作也要提出一点特别注意的工作，就是游击区里经济富源的开展，政治力量的建树，尤属重要。我们应该纠合同志们，去到战区里作这种建国的工作，以打破敌人的利用战区资源的迷梦。

第三，除了上述两点之外，东北青年更应当积极起来，为全国先锋，来作收复东北与建设东北的伟大工作。东北青年不论现在仍在东北的，或散在其他各处的，都应当积极的在东北各地，展开了游击队伍的组织，扰乱敌人，打击敌人，使东北三千万父老整个怒吼起来，使敌人无安枕之日，而加强整个抗战的力量，那么，复土还乡自然为期不远。

但是一旦收复东北之后，因为它占在我们国防最前线上，为了保持起见，而建设东北的工作，就负荷在我们的肩上了。因此在现时，我们就应该作建设东北的准备工作，为了准备起见，就应当先认识东北，为了认识起见，就应该研究东北。所以每个东北青年都应当急切去研究东北的国防、经济、政治种种建设问题，更应当唤起全国人士去研究东北，以作建设东北的准备，这也可以说是我们工作当中最主要的一点。

总之，我们的工作，是从事抗战建国的大业，作收复东北与建设东北的工作，谨望东北青年朋友们一致奋起，继续以往的努力，更展开广大而积极的工作，为祖国奋斗，为民族复仇！

〔社会部档案〕

10. 李荫春等关于成立河南分会呈

（1940年8月25日）

顷接本会河南分会二十九年八月五日第一号通报略开：本会已于八月一日，在河南邓县五十五军防地举行成立大会，计到会员七十六人。曹军长以下军部来宾，热烈致词，颇多勖勉。公推高同志士栋为主席，报告开会意义及筹备经过，当场通过总会厘订之分会简章与工作大纲，并票选高士栋诸同志为执行委员及候补执行委员。旋于八月三日，召开第一次执委会议，互推常务委员五人。除将工作情形，按月通报外，兹特检附执委与会员名册三份，希即分别存转，并予指示为荷。等由。理合检同该分会执委及会员名册乙份，呈请鉴核备查。谨呈

社会部部长谷

附呈名册乙份

东北青年学会常务理事　李荫春

赵石溪

周慕文

王崇熙

冯兆异

张鸿图

张申甫

中华民国二十九年八月二十五日

东北青年学会河南分会执委及会员名册

职别	姓名	年龄	籍贯	出身	现任职务
常务委员	高士栋	34	辽宁	黄埔军校毕业、中央党政训练班九期毕业	陆军第五十五军政治部主任兼特别党部书记长

续上表

	孙雅峰	35	辽宁	大夏大学毕业	第五十五军政治部中校督导员
	郑　巩	32	辽宁	东北大学毕业	第五十五军政治部科长
	杨奉春	32	辽宁	中央军校毕业	第五十五军政治部中校科长
	兰庚生	36	辽宁	北平民国大学毕业	八十五团中校指导员
执行委员	陈丕人	35	吉林	吉林法政大学毕业	八十六团少校指导员
	张德彦	36	辽宁	东北大学预科毕业	八十七团少校指导员
	周润岐	32	辽宁	朝阳大学毕业	二二〇团少校指导员
	王湛如	32	辽宁	民国大学毕业	二二一团中校指导员
	倪志翔	34	辽宁	朝阳大学毕业	二二二团少校指导员
	黄应麟	27	辽宁	沈阳高等师范毕业	五十五军政治部少校科员
候补执行委员	谢世清	33	黑龙江	北京大学毕业	五十五军政治部少校科员
	高鸿新	32	辽宁	朝阳大学毕业	五十五军政治部二等军需正
	吴英林	34	辽宁	民国大学毕业	五十五军政治部少校科员
会员	〔下略〕				

〔社会部档案〕

11．何济刚关于成立广西分会呈

（1940年9月10日）

本年八月二十日准东北青年学会公函略开：公推济刚组织东北青年学会广西分会，附寄会刊十册，并嘱将筹备组成日期，迳报钧部，等因。查会章内工作大纲要点，以共同研究学术、为实现三民主义而努力，法良意善，与济刚素志相符。兹准前由，当即连络在桂同乡，积极筹备，经于九月一日在柳州成立广西分会，并刊用本会图记，文曰：东北青年学会广西分会，于九月一日正式启用，理合检同图模暨现有会员名册各一份，备文呈请鉴核备案。谨呈

社会部部长谷

附呈图模及会员名册各一份

第四战区战地党政委员会分会上校专员
兼宣传队总队长　　　　何济刚
东北青年学会广西分会筹备主任

东北青年学会广西分会会员名册

姓　名	性别	年龄	籍　贯	现　任　职　务
何济刚	男	35	辽宁凤城	第四战区战地党政委员会分会上校专员兼宣传队总队长
邹大华	男	38	吉　　林	第四战区防毒训练班上校教育长
鲍士惠	男	32	辽宁安东	军事委员会委员长桂林办公厅上校参谋

续　表

赵侯封	男	34	辽宁凤城	财政部所得税广西办事处柳州分处主任
王占清	男	35	吉　林	桂林省立医院外科医师
吴月辉	女	25	吉　林	桂林中山纪念学校教员
周冰如	女	38	辽宁黑山	桂林中山纪念学校教员
周之风	男	35	辽宁黑山	桂林省立中学教员
范　杰	男	32	辽宁海城	第四战区参谋处中校科员
吴墨林	男	33	吉　林	广西大学医学院讲师
胡天乐	男	35	辽宁海城	湘桂路柳州车站站长

中华民国二十九年九月十日

〔社会部档案〕

12. 李荫春等报告纪念九一八工作情形呈

(1940年9月20日)

查本会自成立以来，所有招待东北青年，组织分会，编印刊物等项工作，均已详载于第一号会刊，并在积极推进，随时呈报中。兹将纪念“九一八”九周年工作情形，报告于左：

一、筹办旅渝东北同乡“九一八”九周年纪念大会：本会与东北旅渝同乡会、东北抗战建国协进会、反侵略辽、吉、黑、热四省支会、东北救亡总会各团体（东北协会未参加），共同筹办旅渝东北同乡"九一八"九周年纪念大会。先假中苏文化协会礼堂，举行筹备会议三次，并于"九一八"早七时，假中国留法比瑞同学会会场，举行纪念大会。到东北同乡约二百人，为避免党派冲突，公推东北元老主席报告，尚属相宜。惟街头漫画、会场标语以及歌咏队等，均由东北救亡总会所主办，未能表现本党之革命精神，殊为遗憾。因本会仍采会员养会办法，限于财力，莫可奈何。但为本党而奋斗，决当尽其最大之努力，争取将来之成功。

二、在《扫荡报》辟纪念刊：本会为扩大宣传抗战建国收复失地之国策，揭穿敌寇征服不了东北之事实，并申明东北青年努力之途径，以及发表各项通电与敬告东北同胞书，经于《扫荡报》辟印"九一八九周年纪念专刊"。已批购二千份，分送市民与各分会、各机关、各法团矣。

三、组织宣传队，在街头讲演：本会虽未获观其他东北团体之实际讲演，但本会已于"九一八"纪念日上午，分在林森路街头茶馆，举行讲演。因会员多系现职公务员，未便请假参加，故仅由常务理事与会员十人，编成两队宣讲，以增高市民服兵役、平价售粮之热情。同时利用《扫荡报》之副刊，宣传节约建国储蓄运动，藉培抗战建国之财力。

所有以上各情形，理合检呈会刊及扫荡报各乙份，呈请鉴核示遵。谨呈

社会部部长谷

东北青年学会常务理事　李荫春

赵石溪

王崇熙

张鸿图

张申甫

冯兆异

周慕文

中华民国廿九年九月二十日

〔社会部档案〕

13. 东北青年学会订东北青年招考计划

1940年9月21日）

东北青年招致计划

一、东北在国际上之重要性

东北拥有五百三十余万方里之平原，三千五百人口，矿产森林之富，甲于各省。从历史上言，周初辽东已隶于幽州，足征东北为中国之版图。从民族上论，除一部分达呼尔人、索伦人、鄂伦春人、巴尔虎人，及布里雅特与厄鲁特蒙古人外，十分之九为汉族生息区。依民族自决言之，东北与中国为不可分，在国防上，尤为中国不可缺之屏障。中国外患，向多发生于东北，倘能控制东北，可保中原如盘石之安。远如宋、明，近如“九一八”事变以来，无不足资警惕。且敌人以东北为实现大陆政策之发轫，利用东北富源，达成养战之阴谋，乃我抗建上之最大障碍，故惟有收复东北，始能保障华北与西北，亦惟有收复东北，始能驱除倭寇，而对抗苏联也。

二、招致东北青年之真谛

东北凭其财力物力之优越，乃兵家必争之地，为贯彻抗战建国之国策，东北一日不复，即无以完成艰巨事业。衡以“有土”“有人”“有财”之义，在国军尚未挺进东北以前，则争取民众，实为当前之急务。敌人为培其将来之人力，不惜运载各战地之幼童，驱回倭巢，使之倭化。即在东北方面，亦积极施以奴化教育，行其“以华制华”之伎俩。“九一八”瞬届九周年，如任敌人长期奴化，此消彼长，后患曷极。且旧东北军，号称百万之众，其在十九年入关者，不过二十万，留住东北者，实居大多数。虽因抗敌而牺牲一部，但以敌人之羁縻政策，与被迫胁从而保存者，仍不下五六十万。伪高级将领，因被敌人监视甚严，苟延残喘，已无活动之余地。惟中下级干部，眷念祖国之情绪颇浓，故敌方关东军不敢出动，时在监视警戒中。且恐旧东北军乘机反正，故常令北开以防苏，而不敢派遣入关。诚能设法深入东北，策动局部或全部反正，均有补于抗战，而予敌人以致命伤。东北幼童，向睡摇车，在长成后，最适于飞机之驾驶，如能因势利导，决能为国效命。高志航、刘粹刚、阎海文、李桂丹诸烈士之为空军人杰，非偶然也。滨海沿江一带之人民，多习游泳，性殊勇悍，故旧东北海军，亦惟国人所重视。至于工业之发达，兵工之猛进，现均资敌，影响尤巨。故招致东北青年施以相当之教育与训练，策动中下级伪满军反正，吸收技术人员努力生产，以增加党国之人力，实于全面抗战，有最大之收获。如在来归之前，首先破坏敌伪之建设，尤足使之惊惶失措。

三、招致机构之组织

为便于招致工作之推进，应请先予成立东北青年招致委员会，负统筹办理之全责。设主任委员、副主任委员各一人，委员九人，按辽、吉、黑、热四省人口与教育程度之比例，主委与委员之合并分配，辽宁五人，吉林三人，黑龙江二人，热河一人。委员会之下，设主任秘书及总务、招致、交通、宣传、训练五组。组置组长一人，得按事务之繁简，各设组员、录事、公役若干人。由会派赴东北及平、津、沪、汉、港、越工作者，应请加委特派员或招致专员二十至三十人，分负招致、招待与平津、东北秘密站之任务。另在各省市设立招致站，站置站长一人，得按事务之繁简，酌设干事若干人。受委员会之指挥监督，负责办理宣慰、招待等事宜。按交通路线必需设站者：（一）为察哈尔、绥远（榆林、宁夏、甘肃）、西安、成都、重庆线，应设七站；（二）为河北、山东、河南、西安、成都、重庆线，除重复者外，应设三站；（三）为沪、浙、赣、湘、桂、黔、川线，应设六站；（四）为沪、港、越、滇、黔、川线，除重复者外，应设三站。依照上列四路线，共应设置十九站。关于委员会及各站之组织章程与办事细则，应另定之。

四、招致人选之建议

招致工作，是行的而不是静的，是艰巨的，是期在必收绩效的。故关于招致之人选，必须富有革命精神，而勇于负责治事者，始足以达成任务。东北过去官僚与政客，以及在党多年者，所在偾事，多已失去东北青年之信心。故在渝之东北团体，如东北协会、东北抗战建国协进会等组织，会员均极寥寥，更不能组成各地之分会，可概见已。本会全体同志，基于青年之自觉，完全利用私人信用，私人感情，私人行动，作扩大之团结，为复土之努力，实东北集团之最有影响力者。故关于东北青年招致委员会之人选，拟由本会公推之，以孚众望，而利招致，尤符于民主自治之精神。其散在各地之分会，如河南、西安等处，已经正式成立，他如察、绥、鲁、沪、赣、鄂、湘、桂、黔、滇、川等二十余处分会，亦均正在组织中，确适于承办招致站事宜，而为有系统最便利之组织。至于派赴东北、平、津各地工作者，如由本会遴选推同志前往，则知之必切，经过详尽考核，与多数保证，尤当始终负其全责。在平津方面，有东北同乡所主办之北方中学与弘达中学，均可密负招致之协助任务。至于招致来归者，无论文武青年，均以能与东北籍部队取得连系，始易安抵内地。查本会绥远、甘肃、山东、江西、湖南、湖北、河南等分会，分由东北籍将领郭希鹏、慕新亚、常恩多、王铁汉、朱鸿勋、赵镇藩及五十五军政治部主任高士栋、江防要塞守备总队政治部主任薪汝民诸同志所主持。对于招致东北青年之协助，尤能尽其最大之努力。复查郭司令希鹏，常率其所部骑兵，挺进于绥晋察冀边区，有时深入河北易县，距北平不过一百公里，愈便于招致之工作。

五、招致经费之估计

战时经济，关系抗建之前途，至为重要。应以耗费少而收获大——事半功倍为最高原则。暂拟招致委员会之经费（人事、公杂、事业、训练等费均包括在内），月为一万元。先派二十人潜赴平、津、东北招致(平、津各派二人，辽宁七人，吉林四人，黑龙江三人，热河二人），每人以五百元计，月支薪旅特费，共为一万元。其散在各省市之招致站，应按事务繁简，分别核定经费为五百元至一千元，预算月支一万元。在初办期间，工作尚未开展前，委员会与各站之经费，均不得招过预算之半数，并采有限制之核实报销制，以节国币。但得以其节余，补助深入东北、平、津之招致费。拟自派员深入东北两个月后，每月暂按招致东北青年一千人计，除俟到达内地，即应利用国家交通工具外，因其路途远近之歧异，平均每人约需旅费二百元，合计月支二十万元。如系招致反正部队，当请军政部依照反正官兵奖励办法，颁给番号与经费，自不应另支旅费，以免虚糜。其有支给特别费者，应由军政部核发之奖金扣抵。上列月支二十三万元之预算，均须注重实际之报销，并得按照招致情形，酌予流支，或列节余，以利事功，而重战时之经济。

六、实施招致之步骤

（一）招致之先决问题，应力求人事上之调整，必须选用负责青年，始能努力推动。在招致委员会内，尤须同寅协衷，以免意见之纷歧，而利工作之进展。各招致站之负责人，亦必与招致委员会之精神一致，始能一贯运用，而无制肘之嫌。派赴东北、平、津之招致人员，尤必择其意志坚定，素行正直，有临机应变之才，而对东北青年有深切影响力者为前提，并应由各该员缮具实施步骤，存会备核，再采连保、宣誓各办法，以促其任务之达成。

（二）招致之地区，自应以整个东北——辽、吉、黑、热——为渊薮，其次即为流亡平、津一带之东北青年。故招致工作之推进，当以平、津为策动地，而以东北为目的地。潜在平、津之招致人员，可以直接间接之手段，策动东北青年多入平、津。在东北工作者，亦势须招致东北青年，先赴平、津，始易化装赴绥，再来内地。如入平、津者人数太多，恐易引起敌人之注意，即须酌令改道大连，分赴鲁、沪，绕入内地。至于招抚反正部队，固当以游击战术，活动于热察绥边区，而与国军切取连络耳。

（三）招致之青年，应以十七岁以上四十岁以下，为年龄之标准。但有特殊能力，而富于抗建精神者，当不在此限。就职业上分类，须多招致中学、大学生与职教员，以及失学失业之青年，因受压迫较重，且于托词升转学，或赴平、津等地就业，故较易于招致。其对于抗战影响最大者，厥惟招抚伪满军中下级干部率部反正。其次则为招致技术人员，增加战时生产。至于警察、劳工，亦可因势利导或编入国军之东北籍部队中，藉增抗战复土之力量。

（四）与招致并行而不背者，即为策动工作，寓策动于招致之中，乃相得而益彰。东北人什九被迫而屈服，尚有不顾一切，从事破坏工作者。在进行招致时，既晓以投入祖国怀抱之生路，更当行所无忌，大显身手。利用劳工与部队，破坏铁路、电线；利用青年、劳工与军警，焚毁兵工厂、迫击炮厂、飞机厂、粮秣厂、被服厂以及其他重要工厂、矿厂、火药库、汽车库。并在策动伪军反正时，杀戮倭寇，袭扰敌军，既予敌人以严重打击，尤增强被招致者内向之决心。且可利用反正之部队，胁从多人来归，以免其家族之被株连，实一举而数善备焉。

七、招致后之训练工作

东北青年既经招来之后，应由招致委员会，先令填具自传，及其他有关东北之详密报告，作为初步测验之资料。并即施以短期之精神训练，如阐扬总理遗教，总裁言论、抗战建国之国策、复土还乡之计划等要项，均须切实注入其脑海，以增强对于抗建复土之努力。在训练期间，同时应严密考核其思想与行动，务使合于本党之要求而后已。训练与考核办法，均另定之。由会训练毕，再请中央施以特别之训练，酌令就学就业，或派遣东北工作，以发扬抗建之力量。

八、结论

"青年为革命之先锋队，为国家之新生命，举凡社会之进步，政治之改革，莫不有赖于青年之策动，以其为主力"，以沐总裁之感召，自当加勉以报国。为增强抗建复土之力量，总裁已令招致东北青年，遂德之余，尤殷感奋。伏乞特予主持，早为有系统之组织，俾收招致之实效，而利抗建之前途为祷。谨呈。

社会部部长谷

东北青年学会常务理事　李荫春

赵石溪

王崇熙

冯兆异

张鸿图

周慕文

张申甫

中华民国二十九年九月二十一日

〔社会部档案〕

14. 东北青年学会检送分会章程呈

（1940年10月14日）

顷奉钧部二十九年九月三十日利编字第七七七八号指令，饬即补报分会章程备核，等因。奉此。理合检呈分会章程一份，具文呈

请鉴核示遵。谨呈
社会部部长谷
附呈分会章程一份

东北青年学会常务理事　李荫春
赵石溪
王崇熙
冯兆异
张鸿图
周慕文
张申甫

中华民国二十九年十月十四日

东北青年学会分会简章

一、名称：本会定名为东北青年学会××分会。

二、宗旨：本会依照总会之规定，以团结东北青年，研究学术，力行三民主义，服从领袖，拥护政府，完成抗战建国之大业，达到复土还乡之目的为宗旨。

三、会址：本会会址设于

四、任务：本会以统一意志、研究学术为前提，而努力于抗战建国及复土还乡之工作。

五、会员：凡本会发起人均为本会当然会员，其志趣与本会宗旨相合之东北青年，不分性别，不限年龄，由会员二人以上之介绍，经执行委员会议通过者，均得为本会会员。

六、组织：本会之组织如左：

（一）会员大会：由全体会员组织之，有决定一切会务之权，每半年举行一次，但必要时，得召开临时会。

（二）执行委员会：由会员大会选举执行委员七人至十一人，候补执行委员三人至五人，组织执行委员会，每月开会一次，遇必要时得召开临时会议，执行委员之任期为一年，连选得连任。

（三）常务委员会：由执行委员互选常务委员三人至五人，组织常务委员会，对外代表本会，对内处理一切日常事务，每二周开会一次，遇必要时，得召集临时会。

（四）各股：执行委员会之下分设总务、组织，研究三股，遴聘各股股长一人、干事若干人，分别处理各该股事务。

（五）各种委员会：本会遇必要时，得设各种委员会处理特殊事务。

（六）代表团：本会于总会举行会员大会时，得由执行委员会推选代表一人至五人出席，以资取得联络。

七、经费：本会会员每半年纳会费一元，并得按月自由捐纳之，经费不足时，应向关系方面请求补助。

八、附则：

（一）本会与总会及各分会间之联系，概以通报行之。

（二）本简章未尽处均得适用总会会章之规定。

（三）本简章自总会理事会议通过后，分送各分会施行，各分会如认为有未尽事宜，得提请总会之同意修正之。

〔社会部档案〕

15．东北青年学会报告工作要项及请优予补助费呈

（1940年10月26日）

查本会自本年五月十日正式成立后，即在钧部领导下，积极推进工作。谨将工作要项，胪陈于左：

一、租赁会所：本会会所，原在中华路九十六号，因受空袭影响，迁入李子坝正街二十二号（旧门牌十一号之二），继续工作。系分租新式楼房六间，因限于间数，故多一室两用，□□□

□时，即当另行选赁。现有会议室兼图书阅览室一大间，办公室兼职员寝室一大间，东北青年招待处、东北青年俱乐部两间，会客室、厨房各一间。

二、组织情形：本会在理监事会与常务理监事会指导之下，分设总务、组织、研究三组。另置设计委□〔员〕会，分工合作，共策会务之进展。现已组成西安、河南、广西、广元、湖南、长寿等地分会六处。现正在组织中者，为兰州、静宁、三原、宝鸡、汉中、成都、三台、白沙、江津、云南、贵州、江西、湖北等地分会十三处，约在一个月内，均能先后成立。仍在筹备中者，为绥远、察哈尔、山东、河北、上海等地分会五处，因距离较远，约在两个月后，始能成立。查本会成立伊始，会员不过二百余人，因为本党吸收东北青年，在质量并重之下，现已增至千余人。俟各地分会完全组成后，即当增至数倍以上。将来潜赴东北活动，尤能发挥特殊影响力。

三、关于职会员会议事项：本会已经举行常务理事会议十次，常务监事会议五次，理监事联席会议八次，设计委员会议三次，会员小组会议十二次，各种学术研究会六次，聚餐座谈会五次。在各次聚餐座谈会中，均已附带举行欢迎会：一、为欢迎东北籍抗战将领之来渝参加幕僚与兵役会议者；二、为欢迎东北籍参政员，讲演战时经济教育各问题；三、为欢迎游击队之母赵老太太；四、为欢迎东北大学校长臧启芳；五、为欢迎党政训练班第十一期毕业东北籍学员。

四、关于东北青年招待及救济事项：本会为招待东北青年及救济失学失业起见，特附设东北青年招待处，供给住宿，代谋就学就业之机会。并组织伙食团，以免多耗金钱，暇则浏览本会图书，藉增进其学识。前后接受本会招待训练及代谋职业与升转学者，共为六十一人，现在住会者尚有三人。

五、关于救国与复土运动者："七七"纪念日，本会曾经悬制标额于通衢，张贴标语于市墙。“九一八”纪念日，筹办东北旅渝同乡“九一八”九周年纪念大会，又在《扫荡报》辟印专刊，批购二千分，分送市民与各会员各机关各法团，并在街头讲演，提高市民服兵役、献寒衣、平价售粮与节约储蓄之热情。先后委托林鹏、秦钟宇二同志，分赴西北、东南慰劳东北籍抗战将士，由刘达人同志赴国外宣传，最近尚有二三同志，潜赴东北活动。

六、关于刊物之编印：本会已出第一号会刊一千册，并在《扫荡报》辟印“九一八”九周年纪念专刊。现正编辑丛书中，约在一个月内付梓。将来并拟刊行定期杂志与壁报，兼增研究宣传之效率。

查本会自成立以来，向采会员养会办法，而各会员又多散在各分会，故每月平均收入，不过数百元，以致会务尚无长足进展，殊为遗憾。在此全面抗战期间，东北处境特殊，而尤具有国防上之重要性，为完成抗战到底之国策，则对东北之党政攻势，实为迫切之图。钧座高瞻远瞩，自能宏筹尽划，亟谋有利于党国。本会同志，亦亟愿在钧座领导下，努力于抗建复土工作，惟所在需款，实非会员养会所能应付裕如。理合具文呈请鉴核，准予按月优发补助费伍百元，以利进展为祷。如蒙转请专拨巨款，尤深感戴。谨呈

社会部部长谷

东北青年学会常务理事　李荫春
赵石溪
王崇熙
冯兆异
张鸿图
周慕文
张申甫

中华民国二十九年十月二十六日

〔社会部档案〕

16. 东北青年学会请求续发经常补助费以利发展会务呈

(1940年12月10日)

前奉钧部二十九年十一月八日发文利组字第九〇一八号指令：以据会呈报工作要项，并请补助经费以利进展由。内开：呈悉。准予发给一次补助费叁百元，仰即前来具领。等因。奉此。遵于上月领讫，同殷感戴。惟查前请按月补助，实切实际之需要。本会各种活动，均待再接再厉，持久推进。分会继续组织，丛书业经付梓，会刊杂志，亦已着手编审，其他工作，均按预定计划分别策进，亟需经常之补助。理合具文呈请鉴核，准予按月补助经费三百元，以利进展，实为公便。谨呈

社会部部长谷

东北青年学会常务理事 李萌春

赵石溪

冯兆异

张鸿图

周慕文

王崇熙

张申甫

中华民国二十九年十二月十日

〔社会部档案〕

17. 王高成等关于成立东北青年学会广元分会呈

(1940年10月)

案查钧部发给东北青年学会忠字四五号人民团体组织许可证后，高成等奉东北青年学会之命，在广元组织分会，已征得同志

十二人，均为现职公务员，又为本党之忠实分子。同志仰承总裁统一意志，集中力量之感召，深信业余之暇，有发挥团体效能，贡献党国之必要。同志等又均籍隶东北，夙遭亡省丧家之痛，时期复土还乡之愿，誓在中央领导下，努力于抗战建国事业。为达此目的，一时不可骤及，故先自团结青年同乡着手，施行前后方精神总动员。同时研究各种有用学术，作为身体力行之方案。谨遵照人民团体组织法规之规定，申请许可。理合检同分会简章、工作大纲、会员名单、执委名单各一份，具文呈请鉴核照准，实为公便。谨呈

中央社会部部长谷

附呈东北青年学会广元分会简章、工作大纲、会员名单、执委名单各一份，图记一份。

王高成
东北青年学会广元分会　李景祥
赵清和

中华民国二十九年十月

东北青年学会广元分会简章

一、名称：本会定名为东北青年学会广元分会。

二、宗旨：本会依照总会之规定，以团结东北青年，研究学术，力行三民主义，服从领袖，拥护政府，完成抗战建国之大业，达到复土还乡之目的为宗旨。

三、会址：本会会址设于广元东街甲十二号。

四、任务：本会以统一意志、研究学术为前提，而努力于抗战建国及复土还乡之工作。

五、会员：凡本会发起人均为本会当然会员，其志趣以本会宗旨相合之东北青年，不分性别，不限年龄，由会员二人以上之介绍，经执行委员会议通过者，均得为本会会员。

六、组织：本会之组织如左：

（一）会员大会：由全体会员组织之，有决定一切会务之权，每半年举行一次，但必要时得召开临时会。

（二）执行委员会：由会员大会选举执行委员七人至十一人，候补执行委员三人至五人，组织执行委员会。每月开会一次，遇必要时，得召开临时会议。执行委员之任期为一年，连选得连任。

（三）常务委员会：由执行委员互选常务委员三人至五人，组织常务委员会，对外代表本会，对内处理一切日常事宜。每二周开会一次，遇必要时，得召集临时会。

（四）各股：执行委员会之下分设总务、组织、研究三股，选聘各股股长一人，干事若干人，分别处理各该股事务。

（五）各种委员会：本会遇必要时，得设各种委员会，处理特殊事务。

（六）代表团：本会于总会举行会员大会时，得由执行委员会推选代表一人至五人出席，以资取得联络。

七、经费：本会会员每半年纳会费一元，并得按月自由捐纳之，经费不足时，应向关系方面请求补助。

八、附则：（一）本会与总会及各分会间之联系，概以通报行之；（二）本简章未尽处，均得适用总会会章之规定；（三）本简章自总会理事会议通过后，分送各分会，如认为有未尽事宜，得提请总会之同意修正之。

东北青年学会广元分会六个月工作计划

自民国二十九年十月一日起至翌年三月底止

甲、依据会章及工作大纲之规定，分会之工作精神如左：

一、团结东北青年，拥护政府，服从领袖，奉行三民主义。努力于抗战建国事业，以期达到复土还乡之目的。

二、以联络感情、研究学术之方式，统一意志，集中力量，完成共同事业。

三、以互信互助之精神，推动会务之发展。

乙、依据上述之工作精神，确定本会之工作范围如左：

一、团结工作；

二、互济工作；

三、研究工作；

四、编译工作；

五、宣传工作；

六、参加各项救国工作及社会运动。

第一、团结工作

一、东北青年俱乐部之设置：在本六个月内，拟设置东北青年俱乐部一所，以调整旅广东北青年之生活。

二、各项集会之召集：在本六个月内，拟按规定之程序召集下列各会：

（一）茶话会：研究关于本会发展之各项问题。

（二）座谈会：实施自我批判，或相互批判，及研究抗战建国复土还乡之一切问题。

（三）小组会：讨论时事，并阐扬总理遗教与总裁言论。

第二、互济工作

一、调查工作：调查东北青年及流亡同乡之生活与工作状况。

二、救济工作：（1）东北青年招待处之设立：对旅广之东北青年，供给宿食，并谋求其种种方便。（2）东北青年失学失业之救济：东北青年失学失业者，拟由本会设法救济之，并为代谋入学就业之机会。

第三、研究工作

一、研究资料之征集：在本六个月，拟先征集中西文书刊物报纸、对于抗战建国有关之各种资料。

二、研究工作之实施：(1)研究课题：在六个月内，本会研究之课题，拟以东北问题与青年各项为经，以抗战建国与复土还乡各项问题为纬。(2)研究方法：子、团体研究：召集读书会、讲演会及举行小组会议。丑、个人研究：个人认定专题，于指定时期内，提出研究报告。寅、通讯研究：由本会分期拟定专题，分发给各会员，研究结果后送会汇核。

第四、编译工作

一、会刊之编辑：在本六个月内，拟每月发会刊或杂志一次。

二、丛书之发行：在本六个月内，拟发行丛书三种。

第五、宣传工作

一、文字宣传：会刊、壁报及丛书之编辑，拟尽量以宣传抗战建国各项问题为中心，必要时，并拟印发传单，拍发通电。

二、口头宣传：在本六个月内，拟组织兵役及宪政宣传队，如可能时，拟赴战地从事抗敌宣传。

第六、各项救国工作及社会运动之参加

在本六个月内，拟对各种救国工作及社会运动，随时尽量参加，以增强抗战建国之力量。

东北青年学会广元分会执委会名单

职别	姓名	别号	籍贯	年龄	出身	现职任务
执行委员兼常务委员	王高成		辽宁盖平	32	北平中国大学毕业、重庆军需训练班第二期毕业	军政部军粮总局第二粮秣厂股长兼三民主义青年团剑阁分团第七区队长
执行委员兼常务委员	李景祥	聚五	辽宁盖平	32	辽宁省立新制第三师范毕业、重庆军需训练班第三期毕业	第二粮秣厂股长兼三民主义青年团第七区队第一分队长

续　表

执行委员兼常务委员	赵清和	济川	辽宁锦西	34	教导队毕业	第二粮秣实验厂课员
执行委员	胡赓哲	首明	辽宁新民	36	新民县立中学毕业	第二粮秣实验厂课员
执行委员	韩桂阳	其昌	辽宁营口	31	北平军需学校第二期毕业	第二粮秣实验厂课员
执行委员	康国忱		辽宁抚顺	25	抚顺县立中学毕业	第二粮秣实验厂课员
执行委员	肖恩涛		辽宁盖平	38	营口甲种商业学校毕业	第二粮秣实验厂课员
候补执行委员	赵国印		辽宁盖平	31	陆军百十八师教导队毕业	第二粮秣实验厂特务队队长
候补执行委员	徐翰风		辽宁昌图	24	昌图县立中学毕业	第二粮秣实验厂课员
候补执行委员	李济方		辽宁昌图	35	营口甲种商业学校毕业	第二粮秣实验厂课员

〔社会部档案〕

18. 东北青年学会报告工作近况及检送贷金奖学金各办法与社会部往来呈令稿

(1940年4—5月)

(1) 东北青年学会呈（4月28日）

查本会自去年成立以来，即在钧部领导之下，积极推进工作，已由儿童节起始，缮贴壁报，并在付印第二号会刊与第一、第二两种丛书中（第一种丛书为马克思唯物史观之批评，第二种丛书为国防论）。为警告异党，刻又草拟告东北青年书及告东北中国共产党书，即印成小册子散发之。苏日中立条约签订后，有被停止活动某团体内之数分子，利用机会，招开旅渝东北同乡临时大会。当经本会同志，予以严格之纠正，并议决嗣后大会之召集，必须经过同乡会理事或常务理事会之议决行之。对于苏日条约之宣言，本会负责人亦参加起草，并决在市党部公开研究，以昭慎重，而免影响外交。此乃本会为党国努力之动态，故不惮扼要向钧部密陈之。再，为救济东北籍优秀贫苦青年，本会已自二月份起，施行贷金办法，平均每月贷出之款，约在一千五六百元。并为奖励东北籍优秀学生，以昭激劝，而蔚成新东北知识分子起见，已订定奖学金办法。拟于每学期终了，接到各校成绩通知单后，发给五千元以上之奖学金。惟本会向系采取会员养会办法，时感心余力绌之叹，夙仰钧部经费有限，亦不敢故作过分之请求。如蒙按月补助数百元，以示倡导，当不影响钧部收支，而多士实拜嘉惠矣。除俟各刊物印就，再行检呈外，理合检同贷金奖学金办法各一份，呈请鉴核，准自四月份起，按月优予补助费，实为公德两便。谨呈

社会部部长谷

附呈贷金、奖学金办法各一份

东北青年学会常务理事　李荫春

冯兆异

赵石溪

张申甫

王崇熙

周慕文

张鸿图

中华民国三十年四月二十八日

东北青年学会救济东北贫苦优秀青年贷金暂行办法

第一条　东北青年学会为救济东北贫苦优秀青年，特订定救

济东北贫苦优秀青年贷金暂行办法（以下简称本办法）。

第二条　本办法由本会事业组秉承常务理事会议决案处理之。

第三条　贷金总额暂定为本会经费金额百分之二十，并得向主管机关请予补助，或由会员自动捐助之。

第四条　申请贷金者，每次暂定为二千元，但得斟酌情形增减之。

第五条　贷金申请人必须具备左列各款：

甲、籍隶东北四省（辽、吉、黑、热）者；

乙、确系贫苦或经济来源断绝者；

丙、思想纯正，学品优良者；

丁、有志向上努力准备复土还乡工作者；

戊、志趣与本会宗旨相合者。

第六条　请求贷金者，须经本会会员二人以上之负责介绍，填具本会印制之贷金申请书，送由本会事业组审核之，依收到次序之先后，提出常务理事会议决施行。

第七条　贷金领得后，如为不正当之用途，经查明属实者，得追还原款。

第八条　贷金核定后，由事业组会同总务组发给之。

第九条　本月贷金超过定额时，延至次月发给之。

第十条　贷金申请人接到总务组通知后，于一周内填写收据到会领取之。

第十一条　领取贷金人于谋得职业后三个月内偿还本会，但有特殊情形者，得申述理由延期偿还。

第十二条　本办法如有未尽事宜，得由常务理事会随时修正之。

第十三条　本办法自常务理事会议决通过之日起施行。

东北青年学会奖学金暂行办法

第一条　本会为奖励东北籍学生刻苦向学起见，特制定东北青年学会奖学金暂行办法（以下简称本办法）。

第二条　本办法由本会事业组秉承常务理事会议决案处理之。

第三条　奖学金总额暂定为本会一个月经费之金额，并得向主管机关请予补助，或由会员自动捐助之。

第四条　奖学金之给予，俟各校学期考试终了评定成绩函达本会审定后行之。

第五条　凡东北籍学生之学业操行成绩均在八十分以上者，得尽其最优者给予奖学金，如名额太多而不敷支配时，得与次优者以书报之赠与。

第六条　凡合于前规定者，给予专科以上学生奖学金之最高额暂定每名为一百元，中学生为五十元，小学生为二十元，其成绩次优者得按本会之经济情况及学生名额酌予以相当数之奖学金或改赠书报，定其等差。

第七条　本会接到各校关于东北籍学生品学成绩均在八十分以上之通知后，应即由事业组会同总务组作初步之拟议，提出常务理事会议决施行之。

第八条　凡会员捐赠奖学金之附有意见者，本会核议施行时，应尊重其意见。

第九条　本会核定之奖学金，交由事业组会同总务组发给之。

第十条　本办法如有未尽事宜，得由常务理事会随时修正之。

第十一条　本办法自常务理事会议决通过后之日起施行。

（2）社会部指令稿（5月21日）

指令　字第　号

令东北青年学会

三十年四月二十八日呈一件：呈报工作近况并送贷金、奖学金各办法，请按月优予补助由。

呈件均悉。准自本年五月份起，按月发给该会补助费二百元。该会工作报告及每月收支概况，应按月呈部，以资考核，并仰知照。此令。

〔社会部档案〕

(13)中国民主青年同盟

1. 中国民主青年同盟宣言

(1944年12月14日)

重庆三月九日讯：中国民主青年同盟最近在北碚出版油印刊物一种，名为“UDY初期文献”，内刊该盟宣言一篇，原文于后：

UDY的宣言

一、自由是人格的尊严，是生命的养料，它容许人生，充实人生，并且只有在自由中，人生才可能扩大、发展、完成。

二、自由，因平等而取得了真实的定义，唯赖平等，自由方得充实，普遍，在平等中，确切保证了社会个人的自由。

三、自由与平等，交组成和谐旋动的整体。

四、我们的土地，播下的自由被践踏，我们的国度，只有主人、奴隶，我们的世界，是贫弱、死寂、分裂。

五、人民已巨量付出一切，但只被许在奴才与奴隶间选择，只换得饥寒、横暴、谎骗……

六、是谁把中国停滞于厄运线上，远落在世界后面？

七、历史不能倒退，亦不容推进歧途，中国的人民要求变，要求□，善良的百姓要活，要活得好。

八、人民不能永远被惑于空渺的目标，却要审断实际上所成就的种种，认识到：国家须从自己手里拯救出来。

九、人民必须自己来！

十、滴水合成溪河，溪河汇成江海，把大家的叹息，愤怒，组织起力量。

十一、我们如今结成力量，在一个模式里：UDY，它民主，而且坚凝。

十二、一切自由主义者汇流！

十三、谁处没有自由，即须争取；那里有我们，立刻结合。普遍，蓬勃，坚决。

十四、自由主义者的结合——自由，自由主义者的结合——亲和，自由主义者的结合——刚强。

十五、我们愿与一切自由主义者的集团拉住！

十六、我们不仅愤怒，而且出击；我们准备奉献所有，我们的视线、脚尖永指向自由。

十七、我们在不自由中生，但要在自由中死！生命在不自由中开始；脚要在自由中终结！我们向自己默许，并默许给下代。

十八、我们不仅用文字宣言，同时更用行动！

一九四四年十二月十四日

〔国民党党务机构档案〕

2. 中国民主青年同盟总章草案

（1944年12月）

重庆三月七日讯：兹检获中国民主青年同盟中央执行委员会组织部所厘定之总章草案一件，原文于后：

UDY总章草案

一、总纲

（一）藉着中国民主青年同盟，我们想联和二十世纪的自由主义者，摧残各种阻挡，为中国人民争取一民主的新中国。

（二）本组织总盟暂设重庆北碚。

二、组织精神

（一）民主精神：分子的意见，应得到组织及他分子底尊重，分子底才能，无论其大小，都能成为组织中不可缺少的动力。

（二）战斗精神：组织的决议，分子必须服从，且强化它，分子应有应变及单独作战的能力。

（三）组织应有高度的机动性：对外来压迫的适应力，对操纵形势的主动性是必要的；我们要求和时间一同前进的效率。

（四）组织应有适度的亲和力：对敌友的辨别力，对一般要求的领悟力是必要的；我们愿和一切爱好民主的政党或组织外的个人作有条件或无条件的结合。

三、盟友

（一）我们的盟友必须是个真正的人。

在思想上：必须是爱好民主且深知其所以然的。

在生活上：必须是朴实而具有敏锐警觉性的。

（二）我们拒绝任何带有“小布尔”劣根性，犹豫、脆弱、浪漫、骄傲、虚伪、嫉妒、易怒、贪啬等，而不愿清毒的人。

（三）为了战斗，我们将同情者和盟友分为：

1．外围分子：即经过考察，符合上列条件的同情者，他们通过组织细胞和核心发生一种他们自己并不知悉的关系。

2．核心分子：经过考察的优秀外围分子，深刻了解而且热烈表示愿为UDY政治纲领而努力后，经过宣誓手续即为核心分子（即盟友）。

（四）盟友在组织内可享有一切民权。

（五）盟友在组织内应尽的义务是：

1．尊重全体盟友（或全民代表）大会及执行委员会决议。

2. 推进本身所属部别及战斗小组工作。

3. 作为组织细胞，拉拢及考察外围分子。

4. 有促及检讨其他分子底工作。

5. 担负本组织经费。

（六）盟友已入盟后，非遇工作上必要时，不得参加其他政治组织。

（七）盟友有泄漏秘密及破坏本组织的行为发生时，经执行委员会议决后，酌予惩处。

（八）盟友欲脱离本组织，必须经过全盟大会通过。

四、组织范围

（一）我们的触角可伸向全国各地，但在现阶段，其重心应在北碚、重庆、成都、昆明等地。

（二）大学生、高中生及公教人员是我们吸收盟友时的现阶段对象，同时也是我们底群众基础。

五、组织形式

（一）在现阶段，除核心分子外，不容有任何人稍闻其端倪。

（二）盟友应竭尽可能方法，保守本组织底秘密。

（三）组织将来是否公开及其公开底程度视国内政治情势好转底程度而定。

六、组织内容

（一）本组织最高权力机关为全体盟友大会，于不得已情况下则为全盟代表大会，经常会期为每三月一次。

（二）本组织最高执行机关为总盟所在地的中央执行委员会，经常会期为每半月一次。

（三）中央执行委员会由全盟大会产生，由常委三人及委员六人组成，连选得连任。

（四）中央执行委员会底职权，

1. 对外代表本盟；

2. 组织各地盟友并指挥其推行工作；

3. 分派及考核盟友工作；

4. 支配本组织经费及财政；

5. 委任本盟机关刊物人员。

（五）中央执行委员会互选常务委员三人，组织三人小组，执行日常盟务，其分掌工作为总务、研究、组织。

（六）总务部、研究部、组织部各部本身即为一战斗小组。

（七）总务部底职权：

1. 财务方面：筹募经费，收集并支配其用途。

2. 事务方面：经管不属于其他二部的事务。

3. 保管方面：保管一切文件及资料。

（八）研究部底职权：

1. 研究方面：研究一切有关之资料。

2. 出版方面：拟草本组织各种文告及编辑本组织机关刊物。

（九）组织部底职权：

1. 组织方面：吸收新盟友，巩固及扩张组织。

2. 调查方面：收集并调查友敌组织和分子之情报。

3. 联络方面：与本组织外的民主政治或个人取得联络。

七、组织系统

（一）组织系统如左图解：

（二）战斗小组为本组织机动单位，同一地点的盟友人数达三人以上时，可组成一战斗小组，其工作为执行该所隶属的盟部执行委员会所给予的任务，人数不满六人时，仍为一小组。余照此类推。

（三）同一地点的战斗小组，数目在三个以上时，得总盟执行委员会许可后，可组成一分盟，其最高权力机关为分组盟□〔友〕大会，会期由各该分盟按其实际情况自订。大会开幕时，由分盟

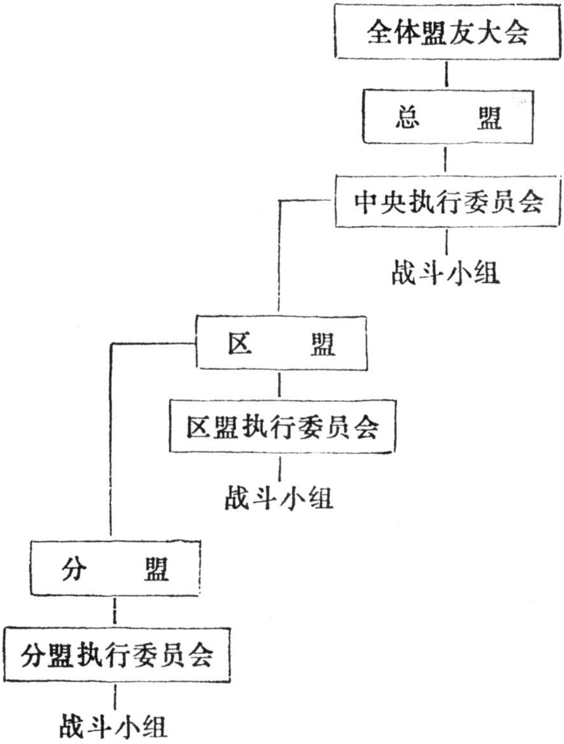

执行委员会代为执行其职务。

（四）同一分盟的每一战斗小组，推举一代表组织该分盟执行委员会，该代表在组织内为一战斗核心。

（五）同一区域的分盟，数目在三个以上时，得组织一区盟，其最高权力机关为区盟盟友大会，会期由该区盟按其实际情形自订，大会开幕时，由区盟执行委员会代为执行其职务。区盟执行委员会，产生见前条。

（六）区分盟执行委员会内部组织及职权，略同于中央执行委员会，区分盟可按各该地实际情况，于其执行委员会内部设立与中央执行委员会所属各部不同的组织。

八、经费

（一）本组织经费，来自盟友的捐助及其他收入。

（二）总盟及各区分盟财务独立，经费自筹，必要时，有互相捐助的义务。

九、附则

（一）本草案有不完善处，任何盟友皆可提出修正，但必须经全盟代表大会通过。

（二）本草案以活用为原则，不得拘泥于字句。

UDY中央执行委员会组织部

一九四四年十二月

〔国民党党务机构档案〕

三、压制人民抗日团体

1. 四川省党部等阻挠川浙等省人民组织文化抗敌救亡团体有关文电

（1938年4—6月）

（1）四川省党部密电（4月15日）

汉口中央党部武汉办事处钧鉴：○密。近据人民阵线份子请组织团体，如文化救亡等会，察其用意实藉以为活动之掩护，自应密加阻止。闻中央刻改定人民团体组织原则中，拟在组织原则未确定前，对此项团体令暂缓组织。当否恳电示遵。四川省党部叩。删。印。

（2）金祖懋签注（5月20日）

查此项团体另有政治背景，本党既不能以党团作用使其完全接受本党领导，自应设法阻止其活动，而免分散民族抗战之力量。

本案拟：(一)令暂缓组织，候本部依据临全代会及四中全会决议案修正法规后，再行核办；(二)如党部不愿居妨害他党活动之名，则拟准其组织，严密监视其行动，如发现有危害民族国家利益时，即通知政府以行政力量裁判之。如何请核示。

金祖懋　五月二十

(3) 社会部函（5月24日）

中国国民党中央执行委员会社会部公函　中华民国廿七年五月廿四日

准中央武汉办事处移送贵部删电：为人民阵线份子请组织文化救亡会等团体，意在掩护活动，拟在中央改定人民团体组织原则未确定前，令暂缓组织，恳电示遵等由。准此。查人民团体组织方案正在修正之中，俟公布后，再令遵照办理，暂时可取监视态度。相应函复，即希查照为荷。此致

四川省党部

(4) 国民党浙江省执委员会密电（5月24日）

汉口中央党部办事处钧鉴：解密。查不依照中央法令规定，擅自组织团体，业经蒋委员长暨第三战区顾司令长官先后电饬取缔，本省党政联席谈话会亦决定取缔办法通饬遵照在案。人民阵线份子在浙组织文化界抗敌协会事，先并未依照法令申请许可，擅自在各县设立分会，且作种种非法活动，所发刊物满载曲解总理遗教诋毁本党政府及离间民众与政府之感情等言论，本会迭函浙江省政府及该县政府取缔，迄未照办。顷据密报该会将于隔日在金华成立总会。理合电请准予电饬浙江省政府迅行一并取缔，以遏乱萌。浙江省执行委员会。敬。印。

(5) 社会部电（6月6日）

浙江省政府勋鉴：据报：人民阵线份子在浙组织文化界抗敌协会，并擅在各县设立分会，言论行动均多悖谬，事前又未依照法令申请许可，请迅予查明依法取缔，并希见复。中央社会部。鱼。印。

(6) 国民党浙江省执委会呈（6月9日）

中国国民党浙江省执行委员会呈

案查本年二、三月间，人民阵线及共党份子在本省组织浙江省文化界抗敌协会，事先并未依照中央法令申请许可，擅自活动，而其发行刊物满载曲解总理遗教、诋毁本党政府及离间民众与政府感情等言论，且纷在本省各县普设分会，积极吸收份子，扩张势力，若不严予取缔，非特有违法令，实足以淆惑社会，分散抗战力量，迭经本会呈报中央暨蒋委员长并函浙江省政府转饬严予取缔在案。旋又迭据报告，该文化界抗敌协会，定于五月三十日下午一时在金华县三牌坊三十五号举行成立大会，各县分会并派代表参加。当再函浙江省政府，严办制止，又在案。旋金兰警备司令部宣布自二十九日起施行特别戒严，禁止非法集合，该文化界抗敌协会遂自动登报停止开会，本省政府方面亦准函复，已分令各区专员、各县长及金兰警备司令遵照取缔。除饬所属暨函省政府通饬随时注意防止其非法活动外，理合将经过情形备文呈报鉴核备查。谨呈

中央执行委员会社会部

中国国民党浙江省执行委员会常务委员　方青儒

罗霞天

胡健中

中华民国二十七年六月九日

〔社会部档案〕

2. 陕西省党部下令查封西北青年救国联合会等十三个进步团体与中执会等往来文电

（1938年6 —10月）

（1）郭英夫等呈（6月7日）

案据中华民族解放先锋队西安地方队队长于志元呈称：为陈述情委呈请撤销解散前令以利青年救亡运动之开展事：窃敝队部曾于本年初具呈钧部请予备案，未及接奉批示，而钧部解散十三非法团体明令即行公布。敝队部于惶惑之余，当即派遣李连壁同志趋谒钧部，幸蒙郭特派员亲予接见，并谓取缔原意，只在整顿青年组织，非必解散取消，且前此立案呈文未尽合法。等情。敝队部乃遵从指示，再具呈文依法呈递。前日临时全国代表大会颁发抗战建国纲领关于民众运动于二十六条文明确规定：在抗战期间于不违反三民主义最高原则及法令范围内，对于言论、出版、集会、结社当予以合法之充分保障。查敝队宗旨及纲领并与三民主义最高原则及政府法令无所违反，自应享有合法之充分保障。敝队总队部前亦奉到军事委员会政治部批示谓：具呈人中华民族解放先锋队总队长李昌呈报成立经过请准予立案由：呈悉。查目前全国性之青年抗敌救国团体已达十余种之多，组织分歧，力量分散，于抗战前途无甚裨益，仰候通盘计划，统一办理，所请应毋庸议。此批。敝队部当遵总队部指示，一面遵候统一办法之颁布，一面继续工作，以期在实际工作上有所表现。乃于本月十七日又奉到钧部解散前令，且限期结束，势不容缓，敝队部遂又具文呈请备案，再三续请，实不获已。迩者寇氛益张，中原受侵。纲领宣言既一再昭示国人以集中意志统一行动，敝队章程亦定有服膺三民主义遵从政府领导之明文。军事委员会委员长西安行营第二厅前于三月二十六日亦函示敝队总队长李昌谓：该队队员多系青年学生，其中不乏有为之士，应使同在本党领导之下，共负救国之责。上下意志并无殊违，是以敢冒渎陈情，恳祈钧部撤消解散原令，准予在党政长官指导下，从事抗战救国工作。情词迫切，敬祈亮察。等情。据此。查该队份子复杂，言论荒谬，私自活动，淆惑视听，前经本部明令取缔，限期自动结束在案。据呈前情，除批示：该队业经勒令解散，所请应毋庸议。并分呈军事委员会委员长西安行营主任蒋外，理合备文呈请钧会鉴核。谨呈
中央执行委员会

中国国民党陕西省党部常务委员 郭英夫 冯钦哉

中华民国二十七年六月七月

（2）郭英夫等呈（6月7日）

案据西北青年救国联合会主任委员冯文彬呈称：呈为成立西北青年救国联合会依法声请登记，并求领导，以统一步骤而利救亡运动进行事：窃敝会于二十六年四月十日在陕西肤施正式成立以迄于今，一秉政府国策，努力团结西北青年，从事救亡运动，自年前南迁后，亦曾一度邀请社会人士莅临报告敝会志趣及工作经过，惟以未得钧部直接领导，以致救亡工作尚未获得更大效果。当此抗战严重关头，为统一救亡步骤而利国策推行起见，敝会特选定本市北大街平民坊五号为办公地址。兹更缮述各由，呈请钧部登记，时予指导。是否有当，理应呈请鉴核示遵。等情。据此。查该会份子复杂，言论行动均不正确，且与民众团体组织系统亦有未合，当经本部明令取缔，限期结束在案。近复私刻图记，擅自派人向各县多方面活动，淆惑视听。据呈前情，除批示：该会未经本部批准，竟自擅刻图记，对外活动，殊属非法，仍应严予取缔外，理合备文呈请钧会鉴核备查。
谨呈

中央执行委员会

中国国民党陕西省党部常务委员 郭英夫 冯钦哉

中华民国二十七年六月七日

（3）陕西省党部电（6月18日）

汉口中央执行委员会社会部陈部长钧鉴：6043。查中华民族解放先锋队总队部及其所属各级队部、西北青年救国联合会等十三非法团体，未经本部许可，擅刊图记，开大会，设机关，发宣言，其言论行动多属荒谬，前经本部一再明令取缔，并函军警机关执行。迄今数月，抗不结束。甚复派遣多人向军警及青年团体内多方煽惑，反动益显。当经省会警察局传唤民先队负责人于志元、西救会负责人何志诚等到局剀切开导，促其停止活动。该于、何等仍不自悛，竟指党政当局为非法。不得已，将于、何等暂留警局，期其悔悟。除分呈并续报外，谨此电闻。陕西省党部叩。巧。印。

（4）社会部密呈（6月25日）

密呈

准陕西省党部巧电：为中华民族解放先锋队等十三非法团体，前经一再取缔，抗不结束，已将负责人暂留警局，期其悔悟。谨此电闻。等由。准此。本部先后准该省党部呈报取缔西北青年救国联合会暨否准撤消解散中华民族解放先锋队西安地方队原令两案，经汇案呈报钧会察核在案。准电前由，除复准备查外，理合附抄原电呈报钧会备查。谨呈

中央执行委员会

（5）郭英夫等呈（6月26日）

案据中华民族解放先锋队西北队部队长李连壁等呈称：为成

立中华民族解放先锋队西北队部，依法声请登记，并请予以领导，统一救亡步骤，而利工作进行事：窃敝队部于二十七年四月七日，由中华民族解放先锋队西北代表大会正式产生后，即秉政府抗战国策及地方党政军当局关于动员民众的决定，努力救亡工作，并从事促成西北青年之精诚团结。唯以未得均部直接领导，以致工作尚未获应有之成绩，特此呈请钧部登记，并恳予以领导。附呈敝队部负责人名单一纸及重要文件二份。敬祈鉴核示遵。等情。附民先在西北该队章程及负责人姓名各一份。据此。查该队有全国总队部、西安地方队部及西北地方队部等名目，份子复杂，主张荒谬，组织既不合法，行动又不准确，曾于本年一月间赍请登记前来，当径本部批令将该队并入陕西省各界抗敌后援会后援队工作在案。迄今数月之久，该队并未向后援会申请归并其组织，亦未曾取得合法手续，仍四出私自活动，企图混惑视听，似此违法团体，极应停止活动。除警告该队负责人并限立即将该队自动结束，不得再有所活动，并令饬各县严密注意切实取缔随时具报外，理合备文恭请钧部鉴核备查。谨呈

中央执行委员会

中国国民党陕西省党部常务委员 郭英夫 冯钦哉

(6) 军委会代电（7月28日）

中央党部朱秘书长勋鉴：奉交下西安行营蒋主任文政一代电一件，并奉谕转中央秘书处及政治部查照等因。除电政治部外，用特抄附原电，即希查照为荷。(鄂)军事委员会办公厅。俭。办四。印。附抄电一件。

抄西安行营原代电

武昌委员长蒋钧鉴：谦办四鄂代电奉悉。查民先队等十三非

法团体，前以未经许可妄行活动，其言论行动率多攻击中央，诋毁领袖，离间民众对政府感情，削弱政府威信，屡经陕西省党部开导制止无效，迫不获已，遂由该党部加以取缔，所有办理经过均经呈报本行营有案。近迭据各方报告，该民先队等仍复散布各地秘密活动，作种种挑拨煽动抗敌后方之举，经随时分饬严究并注意取缔在案。奉电前因，理合复请鉴核。职蒋鼎文。文。政一。

（7）政治部函（8月6日）

国民政府军事委员会政治部公函　治民（一）字第二六四六号

案准贵部本年七月十三日第六六一号公函：以据西北青年抗敌协会暨陕西各界抗敌后援会等呈请取缔非法团体活动，嘱查照核办等由。查此案前据西北青年抗敌协会及陕西省各界抗敌后援会等团体迳呈到部，业经电陕西省党部慎重处理，并通令各省市党政军当局严予取缔，暨批复在案。准函前由，相应函复查照。

此致

中央执行委员会社会部

中华民国二十七年八月六日

（8）陕西省党部密电（8月7日）

中央执行委员会社会部均鉴：密。案查中华民族解放先锋队之组织，有全国总队部，其负责人为李昌，西北地方队部负责人李联壁，西安地方队部负责人于志元，以上各该非法团体前均设立机关于西安，嗣因本部严予取缔，并由省会警察局将于志元扣送警备司令部法办，各该民先队负责份子以在西安不能充分活动，除由李昌将民先队全国总队部移往汉口外，其西北地方队部仍由李联壁负责移往三原，在三原城内设立公开机关，并派民先份子向各校、各联保及军警团队积极活动，作抗捐抗租、反对兵役、污蔑党政当局等反动宣传。本处据报，即电三原县党部严予取缔，勒令克日遵令结束出境。讵该李联壁不但不遵令办理，反唆使民先份子向各方指斥党政机关，意图激起反抗党政之风潮。该县县党部指导委员会，以该李联壁反动情形益趋严重，乃会同三原县政府将该李联壁传案究诘，并剀切开导，冀其悔悟。因该李联壁怙恶不悛，态度顽强，该县县长侯良弼无法处置，乃备文将其于七月十五日移送本部核办，复经本部饬科劝导无效，遂于当日下午转送西安警备司令部讯办。除饬三原县党部继续注意各该民先份子会同县政府依法防制外，谨将该李联壁反动情形暨扣送经过电请鉴核备查。陕西省党部叩。虞。

（9）陕西省党部密电（8月13日）

中央党部社会部钧鉴：密。据报中央领导下之西北青年救国联合会，已决定将其行将召集之第二次代表大会，扩大范围，向全国各地各界青年团体和青年群众提议召集全国青年代表大会。其召集方法及大会议程如下：（一）筹备：总筹备处由西北青年救国联合会负责，全国各中心城市经总筹备处同意，得由各青年团体设分筹备处；（二）代表：每团体按人数多寡选派代表一人至五人，自备路费，到会后食宿概由筹备处招待；（三）时间：九月十八日起，会期长短由到会代表商决；（四）议程：大会议程暂分下列六项：1．抗战以来全国青年运动的报告；2．边区青年运动的报告；3．青年参战问题；4．青年生活问题；5．青年教育问题；6．青年统一战线问题；（五）临时通信处：陕西安吴堡西北青年救国联合会。等情。据此。除分呈外，谨特电请鉴核示遵。陕西省党部叩。元。

（10）社会部密呈（9月8日）

密呈

案准陕西省党部虞代电内开：密。案查中华民族解放先锋队之组织有全国总队部，其负责人为李昌……谨将该李联壁反动情形暨扣送经过电请鉴核备查。等因。准此。除函复该省党部，仍应继续注意该非法团体之活动，并随时取缔其非法行动，并分函湖北省党部汉口特别市党部，关于该非法团体全国总队部负责人李昌移往汉口活动一节，应特别予以注意外，理合将本案办理经过，据情呈报，敬祈鉴核。谨呈

中央执行委员会

中央社会部部长陈〇〇

副部长张〇〇

马〇〇

（11）国民党中执会函（9月9日）

中国国民党中央执行委员会秘书处公函　渝字二八六八号

中华民国二十七年九月九日

准渝字第四一五号函为：查西北青年救国联合会，既非合法组织，又未经中央特许，竟企图扩为全国性质，定期举行代表大会，实属悖谬，请迅电陕省党政军各机关妥筹制止，并分电各省市党部切实注意等由。准此。自应照办。除分别电行外，相应函复，即希查照为荷。此致

中央社会部

（12）社会部密函（10月15日）

公函（密）

准贵处转来行政院公函一件为：关于陕西省政府所拟防范青年救国联合会举行代表大会一节，应否通饬各省一体查防，函请查照转陈核定见复等由。准此。查本案前据陕西省党部电告后，当经函请贵处呈准分别电令陕西省党政军机关妥筹制止，各省市党部切实注意在案。兹查该项联合会各地既有分会，陕省府所请

通饬各省一体查防，应予照准，以严防范。相应随函检还原案，即请查核函转，并希见复为荷。此致

中央秘书处

附奉还渝仁三六八九号文件一件〔缺〕

部长〇〇〇

〔社会部档案〕

3. 陕甘宁边区民众抗敌后援会等团体抗议在西安解散救亡团体代电

（1938年6月）

（1）陕甘宁边区民众抗敌后援会等代电　（6月6日）

蒋总裁、汪副总裁、中国国民党中央委员会、国民政府林主席、行政院孙院长、监察院于院长、军事委员会陈部长、八路军办事处转《新华日报》钧鉴：自抗战建国纲领发表以来，全国人民同声拥护，一致努力，期于实行。不意西安方面竟迭次下令封闭十三救国团体，并逮捕救国青年于志元、何志詹、蔺克义三人之党人举动。值此抗战紧急关头，正应全国上下加紧团结，一本中央意旨，一致对外之电，忽有此种加重磨擦与对立之举动，至堪惋惜。敝会等志切救亡，未敢缄默，特此电恳诸台制止此种举动，释放被捕青年，并对肇事负责人员予以必要处置，以平公愤，而利救亡。临电不胜屏营待命之至。陕甘宁边区民众抗敌后援会、青年救国会、文化界救亡协会、妇女救亡联合会、边区总工会、民族解放先锋队延安地方部队、延安市商会、延安新文字促进会、国防教育研究会、世界语言协会、陕北公学学生会同叩。六日。印。

（2）安吴战时青年短期训练班代电（6月11日）

国民政府林主席钧鉴：窃本年二月底，陕西省党部曾下令解

散西北十三救亡团体，至五月十八日又重申前令，限期结束。但各团体以宗旨、章则、工作均未违背抗战建国纲领第二十五、二十六条之规定，故一面依法呈请省党部备案，并请求领导，一面仍继续工作，而省党部亦允许转呈军事委员会政治部核夺。不幸在最高领袖蒋委员长电勉西北青年救国会及其附设之青训班努力工作效忠党国以期完成民众复兴之大业之后，西北青年救国联合会西安办事处负责人何志诚、民众解放先锋队西安地方队部队长于忠元及西北中文拉丁化研究会负责人蔺克义，竟于六月一日先后被西安警察局拘押，且未宣布拘押之法律上的理由。在敌人铁蹄踏进中原，二期抗战极度紧张之时，全国上下应如何在政府领导之下，精诚团结，正齐步伐，挽救危局，尤其对于成绩已经昭著之救亡团体，政府更应使其取得合法地位，并积极领导其工作，今竟有此种误会事件发生，诚觉痛心。本班全体同人皆系赤忱于民族解放事业者，对于西青救民先队等忠于抗战之救亡团体，素具同情，为此代为声请当局依法予以合法之地位，并立即释放被拘押各团体负责人等，使其在政府领导之下，为实现抗战建国纲领，争取最后胜利而奋斗，则西北青年幸甚，中华民族幸甚。安吴战时青年短期训练班全体工作人员暨学生同叩。二十七年六月十一日。

(3) 山西和顺县工人救国会等代电（6月×日）

国民政府林主席、军事委员会蒋委员长钧鉴：徐州失守，全国民众激愤异常，不但不因此泄气，相反的却更加紧抗战工作，巩固和扩大统一战线，坚决支持持久抗战，以争取最后胜利。不料在此万分紧张之际，西安省党部及警厅竟无故逮捕民先总队部总队长李昌及民先西安队部西北青年救国会和拉丁文研究会各负责人员，并先后解散了十五个民众救亡团体。此种事件，显系违反我中国国民党临时代表大会所厘定之抗战建国纲领和宣言。我们相信党部诸君不会居心违反党纪，破坏统一战线，其中必有汉奸、托匪挑拨离间，致发生此种不幸事件。惟望钧座本抗日高于一切的原则，为了精诚团结争取抗战的最后胜利，为了达到民族解放的目的，请迅即电令西安省党部和西安省政府，立即释放被捕人员，并准许十五个救亡团体立案，和平解决，以便继续救亡工作，并保障救国运动自由，彻底执行抗战建国纲领，国家民族实利赖焉。山西省和顺县工人救国会、农民救国自卫队总队部、妇女救国会、晋东牺盟战地工作委员会、牺盟会、公道团工作委员会同叩。中华民国二十七年六月。

〔社会部档案〕

4. 李宗黄检送河南青年救亡协会活动情形总报告公函

(1938年6月)

中国国民党河南省党部公函　临字第五七一九号

案据第十区指导专员呈称：查此间异党活动虽经职分别设法制止，但仍在力图挣扎中，其外围组织河南青年救亡协会自搬到洛阳后，各种情形前迭经报告有案。自职赴宛归来，则见该会又复猖獗，遂又分向各方洽商制止办法，旋于九月二十三日经密查报告该会在洛阳北大街二百一十号楼上住扎，职当晚即招警察局长宋复初告以地点，嘱即查抄，于是晚下一时即将全案抄获，职遂将抄出表册报告件内整理一过编具该会活动情形总报告，油印多份，除迳呈第一战区司令长官部一分外，谨检同该报告两份具文呈请鉴核办理，实为党便。等情。附呈河南青年救亡协会活动情形总报告两份。据此。相应检同该报告一份函送大部备查为荷。此致

中央执行委员会社会部

附送河南青年救亡协会活动情形总报告一份

特派委员　李宗黄

中华民国二十七年十一月九日

河南青年救亡协会活动情形总报告

中国国民党河南省第十区指导专员刘锡五于民国二十七年十月五日在洛阳编造

甲、青协之来历

（一）共党在各地活动

自“七·七”抗战以来，中国共产党也一样的大喊“打倒日本帝国主义”，说什么“抗日民族统一阵线”，从这里取得了活动地位，更进一步的建立了特区政府，例如陕甘宁边区政府、冀察晋绥边区政府，都是他们初步的收获。随后因着战区扩大和沦陷区域的加多，他们的活动也就因应时会越发紧张而扩大。濒临战区的河南是南北的关键，西北的门户，他们当然要注意的了。据各方面报告，他们在延安开办的陕北公学、抗日军政大学以及马克思共产主义大学都在一大批一大批的吸收青年，训练干部，连半生不熟的都派到各地指挥工作，拚命奋斗。来到河南的分子，尤其不少，几乎无处不有，例如确山、西华、泌阳、南召、无阳、信阳、洛阳、扶沟、伊川、偃师、登封、密县、南阳、新郑等多县，均可听到他们的消息。

（二）青协为共党公开团体

现在共党是拿青年救亡协会作公开的主干的有系统的活动，说着这个名义吸收青年，麻醉青年，做他们的外围组织，以次的养成干部人员、御用的忠实工具。

（三）青协由舞阳搬至洛阳

自从中国青年救亡协会在武汉成立以后，各省分会随即以次成立，河南分会就是应着这个趋势于今年六月间（二十三日）在舞阳召开代表大会而产生的。洛阳是河南的门户，是重要的军政机关所在地，是共党认为地形最好、民性可用、枪枝可凭的地带，所以他们的青协分会就从舞阳搬到洛阳来了。起初附设省立洛阳初中一院，后来因为周校长换了，才又搬到城内北大街二百十号，最初负责人有李振山、王文堂、王效力等。

乙、制止青协活动经过

（一）奉有密令制止

本处（十区指导专员办公处，下仿此）于本年七月间奉河南省党部临字第一〇八二号密令，以中国青年救亡协会在舞阳召集开会，曾令电中央执行委员会社会部及军事委员会政治部询准社会部微电复：皓电悉。中青协会曾遵令解散，应制止其活动。及准政治部齐治机电复：皓电敬悉。解密。中国青年救亡协会并未经本部备案，请即设法取缔为盼。各等由。除函河南省政府及第一战区司令长官司令部转饬制止外，等因。

（二）在洛阳制止经过

奉到上项制止密令后，当经本处分函第十区行政督察专员公署、战地警备司令部、洛阳警察局及通告《河洛日报》、《行都日报》一致注意制止。嗣后派杨隆潮同志调查该青协会活动详情。据查出该会负责人姓名、住址，并检得该会组织条例、简章、宣言、工作纲要等件，察其内容俨然共党有系统之党章及言论办法也，当经转呈省党部有案。

丙、查抄青协机关

（一）查抄经过

自河南青协搬入洛阳北大街二百十号以后，与各地联络日益积极，并极力开展工作，除暗地与各地青协互取联系及吸取当地青年学生（如洛中）并指挥其工作外，对外力求树立社会地位。经于九月间联合洛阳文化座谈会、妇女救国会及记者协会，在报上公开露名欢迎洪深。节经派李治华同志先后至北大街一百二十八号及二百十号秘密调查其份子、行动及往来人员。又就该会驻会人在人事关系上探悉其会址确设二百十号楼上，内部表册、地图、文件颇多，并知其重要负责人他去，一为吴祖贻，赴汉口，一为袁岩实，随省立洛中学生宣传队赴第五区。当于九月二十三日下午六时许，密召洛警察局长宋复初告以该会地点及现状，嘱即查抄。遂于当晚下一时，会同保长及有关机关以清查户口为名，全案抄获。附住一人，范舟，大学肄业生，新安人。

（二）抄获物证

查抄物证计有：中国地图一本，信件五封，各地救亡团体调查簿一本，中国学生救国联合会代表大会纪录九页，青年团体调查表七张，其他调查表大小十七份，河南战时教育工作促进团工作概况一份，息县巡回宣传队长金佑民之息县半年来救亡工作报告一本，青年救国团镇平分团工作报告一份，舞阳东南区青年运动工作报告一份，参加青协团体一览表一份，征募寒衣运动紧急通告一份，代募寒衣办法一份，其他杂纸片多份。

丁、青协与各地联系

（一）青协对西北联系

在抄获函件中可查出青协重要负责人为吴祖贻、赵碧淌、范履祥（即范舟，名人瑞，履祥当为其号）、刘嘉谟，有关系之人员最显著者有振山（洛师毕业，前学联负责人）、许涛（洛县师学生）、段方、刘挺、路可楠（女）、吴忱（女）、刘智太、姚新民、姚法圃、志贞（女）、燕孔（女）、晓山、嘉猷等，而对西北联系之机关及人员则为延安抗大政治部俱乐部主任缪正心。

附：各函件实证

（1）一信封：范舟先生转赵碧淌先生收，又载范履祥先生收；

（2）一信封：洛中一号河南青年救亡协会段方同志面交吴祖贻、刘嘉谟先生；

（3）一信：晓山于又七月十日致碧淌函，述及刘智太被捕及新民还在孟鸣，志贞有喜了，燕孔已在湘结婚，嘱购《时与潮》；

（4）一信：县立师范学生许韬致陈先生函涉及李振山等，最后亦有“敬祝民族解放敬礼”；

（5）一信：致履祥、碧漪同志，九月十七日函，署名居然注明真名姚新民，在西安有通讯处（许士庙二十二号），并有“赴晋之行”等语，语并涉及安阳县府姚法圃（安阳人）；

（6）一信：缪正心九月十四日致嘉谟、祖贻函，有“嘉猷来了”、“后方同志在洛人地生疏，我人帮忙”，又述及“三月间入学，六月间调政治部工作，后改俱乐部职务”；

（7）刘挺用明信片问延安抗大政治部俱乐部主任缪正心，涉及路可楠、吴忱二女士及嘉谟。

（二）青协对全国联系

兹根据查抄之参加青协一览表指出，其对全国联系如左：

上海青年救国服务团内地工作团　20人　汉口界南山路12号

青年救国会　200人　武昌三道街39号

中国学生救国联合会　20人　正在迁移

民先办事处　10人　武昌育婴堂街7号

中华青年急进救亡协会　10人　汉口新市场西路8号

中华青年抗敌工作团　30人　汉口成忠街48号

东北救亡总会青年部　50人　武昌明月桥14号

无锡青抗工作团　150人　汉口生成南里43号

武汉职业界抗敌工作团　220人　汉口生成南里7号

武汉青年义勇救国团10人　汉口清芬路77号

首都平津学生救亡宣传团　30人　汉口日界小路24号

中华青年战时服务团　30人　汉口新安市场落帮港8号

学生生活社汉口分社　30人　汉口江干路79号

华北流亡学生武汉同学会　20人　武汉三道街39号

三八女子歌咏队　100人　汉口保华街96号

汉口铸魂学社抗敌工作团　50人　汉口清芬路77号

武汉华民歌咏宣传队　30人　汉口日界中街53号
京沪沪杭甬铁路　2000人　汉口联保里7号
员工抗日服务团中义社　300人　汉口前花楼法兴里8号
汉口业余歌咏团　30人　汉口保华街96号
云南妇女战地服务团　200人　汉口会通路心勉女中
津浦铁路旅汉员工救国会　300人　汉口联保里6号
汉阳兵工厂抗敌工作团　300人　汉阳兵工厂
群声歌咏队　20人　武昌三道街39号
汉口民众教育馆青年宣传团　10人　汉口中山路颍音关
业余青年社　100人　汉口联保里96号转
上海童子军战地服务团　50人　汉口日界西小路70号
法国瑞士同学会　200人　汉口江汉路96号
战时书报供应所　汉口铭新街福新里8号
中央大学救国会　重庆中央大学内
成都战训女同学会　成都包家巷省立女职校
成都学生救国联合会　成都祠堂街星艺通讯社转
国立湖南大学学生会　湖南大学学生会
大学生友谊社　上海法租界马浪路新民村十八号
武昌文华团专科学校战时服务团　武昌云华林十五号
武汉基督教学生联合会　武昌女青年崔亚汉女士转
江西平津同学会　南昌三道桥章江中学
山东荷泽县旅外抗敌后援会　山东荷泽县城内府东街
寿县旅外学生抗敌别动队　寿县黑泥子村
江苏漂泊学生救亡工作团　江苏淮安县党部
鲁东南游击区学生救国会　山东县诸城县
第五战区抗敌军团　河南潢川
平津同学会第五战区分会　徐州中学第二院
第三战区青年救国团　徐州公安街小学

桐城民众抗敌后援会　桐城寺巷五号

南京学生抗敌宣传团　长沙教育会坪中堂二楼

陆军第三十一师战地服务团　新郑陆军第三十一师战时服务团

北平学生移动剧团　徐州中学第二院

戊、青协活动方式及其内容

（一）活动方式

第一、方式

1．青协整个的活动即是共党的活动方式，因为不说是共党，而说是青年，而说是青年协会，而说是以救亡为工作的青年救亡协会，拿住这个公开起来，扩大起来，来吸收青年，团结青年，来欺瞒社会，煽惑民众，那是比较容易收效，比较容易取得合法地位的，这个方式可以叫做“轰动的鼓舞起来”，此其一。

2．在公开活动中以共同相信的事件吸收群众心理，博得社会同情，骗到官厅谅解，于是和各方接近起来，再用些宣传手段，用预定的可以公开的团体名称把大家广泛的组织起来，然后发生领导作用，逐渐坚定其信仰心、团结心，以为共党的基干组织，这个方式可以叫做“沉默的组织起来”，此其二。

3．青年发展组织的目的是要把握住群众，是要巩固及扩大其御用团体，以次〔此〕来争取政权的，所以他们对于武装民众的工作要借着抗敌自卫的口号和时机毫不放松的实干、硬干，这个方式可以叫做“结实的武装起来”，此其三。

第二、证据〔略〕

（二）活动内容

青协活动内容，除上列宣传、组织等项工作外，其注重者约仍有以下三方面：

（1）地理形势

证一：抄获中国地图内，河南图上县名用蓝色十字号者计：

一、由永城、商邱、宁陵、睢县、杞县、陈留以至开封；二、由鹿邑、拓城、以至睢县；三、由淮阳、太康以至杞县；四、由扶沟、通许以至开封。察其记号，当均以开封为目的，似有军事上意义。

证二：抄获审查登封县报告中载有地理形势、经济状况、政治状况、文化状况、党政军民关系等目，就中对于地理形势一项似甚注意。

（2）武力调查

（3）其他调查

已、青协活动应如何制止

以上边的报告中我们对于青协活动当可认为确有其他企图，是抗战建国过程中一个隐患，足足理由需要制止他们、防范他们的阴谋发展到有力的地步，在这里，愿把以下的意见贡献出来，作为本总报告的结论。

（一）已查出实据者，应分饬严厉制止活动。

（二）登记失业、流亡、失学青年，为谋出路。

（三）对青年学生加强正当领导。

（四）对一般抗建工作，各部门应切实做，而且切实领导。

（五）清查教育界不正确分子。

（六）清除政治机构中不正确分子。

（七）注意乡村中逗留之失业教职员、失意军人及文化人。

（八）积极发展三民主义青年团，并举办青年宣誓。

〔社会部档案〕

5. 中宣部等制订取缔抗日团体办法函呈

（1939年1—2月）

（1）中宣部函（1月28日）

据调查，本市各党派所组织之外围团体甚多，殊堪注意。兹定于本月三十日下午三时，在本部会商应付办法，即希查照准时派员出席会商为荷。此致
中央宣传部

（2）郭登敖等签呈（2月1日）

奉派出席会议，经于当日前往，决议办法三项，呈中央核定办法呈

登敖
中襄
一日

附办法一份

查渝市现有各党派组织之外围团体二十余种，平日藉参加宣传工作与战时服务，利用各种机会宣传违反三民主义之主张，企图麻醉青年，发展组织，别有作用，亟应加以取缔与防止。兹拟具对于该项团体管理取缔办法如下：

一、地方党部对于当地各种战时服务团体，应切实整理，其未经立案者，应限期依照法定手续向党政机关立案，其逾期不遵办者，一律停止其活动。

二、嗣后各团体如进行宣传（讲演、演剧、散发文字图画）、募捐、集会等工作，应先期将日期、地点、办法、内容各项详报市党部，以便派员指导或监督，如发现有违反国策之言论行为，应予以取缔或惩处。

三、由教育部通令全国各学校，凡各校学生除于课余参加校方所指定（或许可）之各种战时服务外，不得擅自参加社会活动或团体之组织，中等以上学校之各级导师尤须切实注意学生平日之言行，期得专心向学，纳于正轨。

（3）李中襄签呈（2月1日）

奉派赴中宣部开会，商讨应付本市各种外围团体办法，遵于一月三十日午后按时前往。计到中宣部许孝炎、吴企云，教育部张廷林，政治部杜心如，市党部吴云峰及本部郭登敖、李中襄等七人，首由主席中宣部代表许孝炎报告，渝市各党派之外围团体甚多，亟应设法管理取缔，爰特约请中央各有关机关代表及市党部代表开会商讨管理取缔办法。继将中宣部所拟办法加以修正（原办法由六条，第一、二、五条保留，三四六条删去），复呈请中央常务委员会通令各省市党部切实施行。以上为出席会议情形，理合报请鉴核。

李中襄

二、一、

（4）中宣部函（2月23日）

本部前以各党派所组织之外围团体甚多，亟应注意，经于一月三十日函请贵部派员出席会商，当经拟定各地战时服务团体管理取缔办法三项，并由本部函请中央秘书处转陈核夺。兹准函复，该项办法经移送党务委员会审议，决议照（一）（二）项办理。等由。除由本部照录原办法第一、第二项，密函各省市党部查照切实办理外，相应抄送该项办法一份，即希查照为荷。此致

中央社会部

附送办法一份

部长　叶楚伧

中华民国二十八年二月二十三日

秘密。各地战时服务团体管理取缔办法〔略〕

〔社会部档案〕

6. 吴云峰等阻挠组织游击区抗敌工作协进会呈函

（1939年1—4月）

（1）吴云峰签呈（1月31日）

近有文化界张申府、邹韬奋、沈钧儒等倡议组织游击区抗敌工作协进会，邀请各党各派人士参加，计已被邀请参加发起者约有六百余人之多，并成立筹备会干事会，推梅龚彬、赵康、谢大祺、王寄一、万灿、王克道等为干事，进行一切。彼等且曾与李济琛先生接洽，李允尽力赞助，政治部方面亦已派人疏通。其筹备工作正积极进行中，拟即向本部申请发给组织许可证。查该会发起组织动机如何，姑置勿论，惟其份子复杂，工作范围又极广泛，难免不为他党利用发展势力之工具，亟须严密注意，切实防范。兹觅得该会会章草案一份，呈请核阅。究应如何处理，敬请裁夺示遵。谨呈

处长

秘书

主任秘书

部长

职吴云峰谨签

一、卅一、

游击区抗敌工作协进会会章草案

一、总则

第一条　本会定名为游击区抗敌工作协进会。

第二条　本会以协助政府推进游击区抗敌工作为宗旨。

第三条　本会设总会于国民政府所在地，各地得设分会。

二、工作

第四条　本会工作如左：

一、促进游击区抗敌工作之各种援助。

二、保持各游击区与后方及各游击区间抗敌工作之密切联络。

三、研究交换各游击区抗敌工作之经验与教训。

四、出版关于敌后抗敌工作之刊物及丛书。

五、举办关于游击抗敌之演讲、座谈及展览会。

六、设计游击区抗敌工作之各种方案贡献政府。

七、组织游击区之各种民众服务。

八、协助各方有志者深入敌后工作。

九、举办其他有关促进游击区抗敌工作之事业。

三、会员

第五条　凡赞成本会宗旨，并愿参加本会工作，经本会会员二人介绍，填具入会表，提经常务理事会通过后，均得为本会会员。

第六条　凡会员入会时，应缴纳入会费壹元，每年应缴纳会费壹元，无力缴纳者，请求常务理事会经通过后得免除之。

四、职员

第七条　本会设会长一人，副会长三人，理事三十五人，候补理事十五人，由会员大会选举之，组织理事会，除会长、副会长为当然常务理事外，并由理事互推十三人共同组织常务理事会，任期一年，连选得连任，会长因事不能出席主持会议时，由副会长代理之。

第八条　本会设名誉会长若干人，名誉理事若干人，由会员大会推选之。

第九条　常务理事会下设：

秘书处：司理各部间之联络及处理本会一切日常事务。

组织部：司理本会一切组织训练事宜。

宣传部：司理本会一切对外出版宣传事项。

研究部：司理本会一切研究工作事项。

服务部：司理本会与各游击区间之通讯联络事宜。

救援部：司理一切救济及后援工作。

第十条　秘书处设主任秘书一人，由常务理事会选任之，设秘书数人，由主任秘书提请常务理事会聘任之。

组织、宣传、研究、服务、联络、救援六部，每部设正副主任各一人，均由常务理事会中互推之，各部得设干事若干人，由各部主任提请常务理事会聘任之。

第十一条　本会经常务理事会之决定，得设各种专门委员会，人选由常务理事会推定之。

第十二条　理事会、常务理事及各部处、各专门委员会之办事细则另订之。

五、会期

第十三条　本会会员大会每年举行一次，遇必要时，经理事会决议或会员三分之一以上之请求，得召开临时大会。

第十四条　理事会每月举行一次，常务理事会每两周举行一次，各部部务会议每星期举行一次。

第十五条　本会得临时举行各种研究会、演讲会、座谈会及展览会等。

六、分会

第十六条　各地会员数目在三十人以上者，得声请总会核准成立分会。

第十七条　分会设会长一人，理事九人至十一人，候补理事五人，组织分会理事会，任期半年，得连选连任。

第十八条　分会会员大会每半年举行一次。

第十九条　分会须接受及执行总会之一切决议案，并定期向总会呈报工作。

七、经费

第二十条　本会经费除会费及其他捐助外，得呈请政府机关给予补助。

第二十一条　本会经费由常务理事会推定常务理事二人负责保管，存入中央银行。

八、附件

第二十二条　本会章经会员大会通过后发生效力，如有未尽善处，得向会员大会提出，以到会会员三分之二以上同意修改之。

(2) 社会部呈（1月31日）

据报近有赵康、张申府、阎宝航、谢大祺、张柏亭、董必武、于毅夫、赵侗、曾琦、梅龚彬等数十人，在本市发起组织游击战区抗敌工作协进会，已举行筹备会多次。本部除秘密派员参加以监视其行动外，理合呈报鉴核。又，如其呈请立案，可否批准，并请指示祗遵。谨呈

中央执行委员会

中央社会部部长陈〇〇

(3) 国民党中央执委会密函（2月3日）

奉交来呈为：近有赵康等筹组游击战区抗敌工作协进会，如请立案，可否批准，请示等情一案。并奉谕：此类团体运用不善，易滋流弊，且军委会已有战地党政委员会之设立，更无组织此类团体之需要，伊等如有呈请立案情事，应不予批准。除分函军委会外，相应密复查照。此致

中央社会部

（4）社会部函（4月12日）

案准贵会机渝字第五七号公函：为王葆真等发起组织游击区抗敌工作协进会一案，请迅赐核准立案等由。准此。本部同时复据该会发起人王葆真等具呈，为发起组织请签核示遵前来。经拟准予组织，呈请中央执行委员会核示在案。顷准中央秘书处函称：本案奉谕：现行人民团体法规并无此类团体之规定，立案一节应予依法批驳。相应函达查照办理，等由到部。除批答该发起人等知照外，相应函复查照为荷。此致

军事委员会战区党政委员会

〔社会部档案〕

（三）三青团的组织活动

一、历史沿革

1．中央团部关于三青团历史概况的报告①

（1945年）

第一章　团的产生筹备与正式成立

一、团的产生筹备与改组

在抗战烽火孕育着的大时代中，在青年群怀抱着投效国家的热烈情绪中，为适应国家民族和全国青年的迫切需要，团在武汉诞生了！

团的诞生，是我国历史上空前的划时代的大事。民国二十七年三月二十九日，本团在武昌举行临时全国代表大会，并以本党总裁兼任团长。同年六月十六日团长发表告全国青年书，特揭橥团的产生的三大意义：第一、为求国民革命新的力量的集中；第二、为求抗战建国的成功；第三、为求三民主义具体的实现。同时公布团章。七月九日，中央团部在武昌宣布成立，从此，全国的优秀青年在同一组织和训练之下，将一致参加抗战建国的大业，成为建立三民主义新中国的主力。

中央团部成立以后即设置中央临时干事会，先后选派干事三十一人，并就干事中选派常务干事九人（名单附后），书记长一人，奉派以陈诚担任，下设七处，各处因主管业务的不同，分别设置室与组。嗣以筹备伊始，一切本着团长所示“作始也简”的原则，遂于九月十五日，呈准团长调整内部的组织，改设书记长办公室及组织、宣传二处。同时陈书记长诚以担任前方军事，由团长改

①此件选自三青团中央团部撰《七年来团务工作总报告》。

派朱家骅代理书记长。

二十八年一月，由于战事的转进，中央团部由武昌移设重庆。七月十七日，临时中央干事会举行第四次会议，根据一年来工作的实际经验，决定修改团章，并增设临时中央监察会。九月一日，经团长选派干事三十七人（内常务干事九人），候补干事十五人，监察三十五人（内常务监察五人），候补监察九人（名单附后），并仍派陈诚任临时中央干事会书记长，派王世杰任临时中央监察会书记长。临时中央干事会的内部组织，较前扩大，设书记长办公室及总务、组织、训练、宣传、经济、社会服务六处，临时中央监察会则仅设书记长办公室。二十九年四月十一日，本团召开临时中央干事监察第一次联席会议时，又决议在中央干事会之下，增设女青年处。

二十九年九月一日，临时中央干事会书记长一职，由团长选派张治中接任。其内部组织，又有局部的调整。原有总务处归并于书记长办公室，经济处撤销，其业务分别归并于组织、宣传及社会服务三处，调整后的组织，计为一室五处。

综上所述，团的产生筹备与改组，已经历了三个过程，自民国二十七年三月至七月，为团的产生时期；自二十七年八月至二十九年八月为团的初步筹备时期，自二十九年九月至三十二年三月为团改组后第二步筹备时期，至三十二年三月以后，团始由筹备时期进入正式成立阶段。

团在中国是属于草创的，因此团的一切都在草创中求改进，上述两年间中央组织的调整以至改组，正是在草创中不断求改进的表现。自成立后到现在（三十二年十二月），七年来的工作情形，本篇将作详细的报告。

二、团在艰苦中成长起来

团自从成立之时起，就具有两种特殊的困难：第一、团是在抗战的第二年代建立的，必须克服一切由于战争所引起的内在的困难，然后能确保其成长。第二、团是新兴的革命的组织，必须突破敌伪、奸伪所加予的一切外在的困难，然后能确保其发展。所以，团的发展与成长，无疑地必将经过许多的艰苦与困难。

但是，由于团长伟大的号召，由于抗战过程中的迫切要求，团自成立以后，全国革命青年，无不闻风而起，抱着火一般的热情，铁一般的意志，为了革命，为了抗战与建国，争先恐后投到团的组织里来，使团的组织，获到很迅速的发展，中间虽经过许多的困难与艰苦，但由于干部的坚定与团员勇敢牺牲的精神，团终于在艰苦中成长起来了！所以，自二十九年九月至三十二年二月，团务在第二期的筹备当中，无论是在中央、在地方、在学校、在海外，都有很显著的发展。

首先，从中央来说，为罗致全国的优秀青年干部，充实中央的执行机构起见，特于三十年十一月呈准团长增加干部名额，计干事为三十五人至四十九人，候补干事为十一人到十九人，常务干事为十一人。监察名额，暂不变更。旧有干事监察的任期，适已届满，均由团长重行选派(名单附后)。又为加强团务的指导起见，决定增设指导员九人至十五人，由团长聘任(名单附后)，备团长的咨询，并指导中央团部团务的进行。中央干事会的内部组织，也依据事实的需要，重加调整。计将书记长办公室改为秘书处，社会服务处撤销，业务分别划归组织处、训练处及宣传处；女青年处撤销，改设女青年工作指导委员会。至是，中央干事会的组织，计有秘书、组织、训练、宣传四处，视导、编审二室，并于原设之法规审查委员会、人事甄核委员会、财务委员会之外，增设女青年工作指导委员会、体育运动指导委员会。

其次，从地方来说，各级团队多已普遍建立。团在成立的初期，缺乏干部，所以组织的发展较缓。迨武汉转进，迁移重庆，团乃逐步的发展。到三十二年三月，共计建立支团二五，区团二七，分团六四八，区队四九八四，分队二五，七七六。从这些数字看来，可知团队的建立，几可遍及内地各省市县，并已深入边区各地了。

复次，从学校来说，全国高中以上学校多已有本团组织的建立。根据三十二年三月份统计，专科以上学校已成立分团五三，区队一六八，分队六〇九，国立中等学校已成立分团二六，区队七七，分队三一二，其他各种训练班团已成立区团二,分团一五，区队三九，分队一四〇。

末后，从海外说，在南洋一带的马来西亚与荷印，在中南半岛的缅甸、泰国与越南，在南海中的港、澳，在美洲及加拿大等地，都建立了团队的组织。根据三十二年三月份的统计，已成立海外区团一三，分团十二，区队二三，分队八八。

综上所述，团在筹备的四年半期间，组织的发展异常迅速，团员的总数共达五十四万八千八百一十四人。为完成团的组织程序起见，在地方方面，特依照团章的规定，由各级举行团员大会（或代表大会），成立各级正式团部；在中央方面，经拟订法规，规定各级出席代表人数，呈奉核定实施。于是，团的第一届全国代表大会，便于三十二年三月二十九日在重庆举行了。

这次大会的召开，诚如团长所诏示："对于党国兴亡，民族盛衰，革命成败，都有极重大的关系。""在革命史上，这一次会议可以说和民国十三年本党第一次全国代表大会是同样的重要。"

大会出席的人数，计有中央干事、候补干事、中央监察、候补监察八十二人，各级代表三二〇人，济济一堂，正象征着全国革命青年第三次大结合的开始。大会共收到提案五七三件，经过十五日的缜密讨论，共制成决议案十九案，其中最重要者如下：

（一）发展团务十年计划总纲要——为加强本团的组训宣传及服务工作，以达成领导青年实行三民主义，复兴国家民族的使命起见，特制定发展团务十年计划总纲二十条。

（二）统一全国青年组训纲领案——为使全国少年与幼童的训

练，能与青年的训练相衔接，且在同一系统之下，同时发展，特制订统一全国青年组训纲领。

（三）发动青年建设新中国案——为发动全国青年，从事于三民主义文化建设、经济建设、国防科学技术、地方自治与新生活五项运动，以建立三民主义的新中国，特就每项运动各制订办法九条，作为今后实施的准绳。

（四）建立青年工作管理机构案——为加强本团团员参加抗战工作的力量，以蔚成政治社会调剂人才事业的楷模，特决议建立青年工作管理机构，务期事得其人，人尽其才，且可储才养才，以应建国的需要。

（五）增进青年福利案——为辅导青年及儿童的生活，并维护其健康起见，特制订增进青年福利的办法十四条，以达成培养民族生机的任务。

（六）制订本团团纲以利团务案——为训练干部与团员，特决议将团长历次的训示与大会决议各案，汇集成编，使之条分缕析，纲举目张，成为一有系统有计划的团纲，并设立团纲起草委员会，从事草拟。

（七）请规定青年节日期案——为激发青年的革命情绪，使其效法革命先烈的精神，经奉核定以三月二十九日为青年节。

（八）表扬本团殉难同志，并慰勉敌后工作同志案——为表扬各级殉难同志，特决议将其生平事迹与殉难经过，宣付团史，其功绩特殊者，并请国府明令褒扬，并致电慰问其家属，分别给予恤金。又致电敌后工作同志，以示慰勉。

（九）检举贪污舞弊，取缔囤积居奇，以转移社会风气，严肃战时生活案——为稳定战时经济，解除民众痛苦起见，特决议检举贪污舞弊取缔囤积居奇办法五项，以期各级团部，均能协助政府，普遍施行。

（十）建立本团经济基础，分别筹募贷借资金办理团营经济事业案——为达到"以团养团"的目的，特决议筹募或贷借资金办法十项，以便办理团营经济事业，建立团的经济基础。

（十一）拟请规定团员生活，限制干部资产，以巩固本团革命基础案——为确保团员及干部的革命精神，以巩固团的革命基础起见，特决议限制团员及干部的资产办法四项。

大会在闭幕的前一日，举行选举，并依照新修订团章的规定，选出中央干事七十二人，候补干事二十四人，中央监察四十九人，候补监察十九人（名单附后）。大会闭幕后，第一届中央干事会及中央监察会，即正式宣布成立，并选派常务干事十五人，常务监察九人（名单附后），仍由张治中及王世杰分任书记长。中央指导员的名额，依照新修订团章的规定，由十五人增加为二十五人，由团长另行增聘（名单附后）。又依照新修订团章的规定，特设置评议会，设评议员三十五人至四十九人，由团长聘任（名单附后），评议团的人事与工作等重大事宜。至是，团中央以至各级的组织程序，都已告完成了。

第一届中央干事会和中央监察会的内部组织，为适应大会所付予的重大任务，特分别扩大与调整。中央干事会，计设秘书、组织、训练、宣传、服务、青年、工作管理，女青年七处，视导、编审二室及法规审查委员会，人事甄核委员会、文化建设运动委员会、国防科学技术运动委员会、体育指导委员会、海外团务计划委员会、财务委员会；中央监察会，则将原有书记长办公室改为秘书处。

团在抗战的艰难环境中产生，自筹备改组以至正式成立，由于各级干部的坚忍努力以及全国青年的扩大结合，终于在艰苦中成长起来了！

第二章　团与党的关系的确定

团的产生，由于党的临时全国代表大会所决议，其经过已在第一章里叙述过了，但是，团与党，同一主义、同一领袖、同一政纲政策，且同为实行革命建国的组织，两者之间有什么不同呢？其关系又是如何呢？

在党章第九条，规定有“本党为训练青年，设青年团，其办法另定之”。所以，组训全国青年的责任，已由党交给团，团即负荷了这个责任，就是团的特殊任务，也就是团与党的不同之处。关于这点，团长曾有明白的指示：“凡属有志革命的青年，要由团予以严格的组织和训练。因为青年一切尚未成熟，必须有特殊的管理和启导，才能够养成他的革命精神，发展他的聪明才智，使他成为一个顶天立地的革命者，能够依照领袖的命令，实行主义，贯彻到底。这就是青年团特殊的任务。团与党的不同之处，只在他负有特殊任务这一点”。

团即负荷了组训全国青年的任务，成为党内组训青年的机构，因此，就组织的意义说，成年的国民入党，青年的国民入团，团必须征求优秀的青年，使之成为党的生力军，以增加党的新力量。就训练的意义说，团必须培植优秀的团员，使之成为党的新细胞，新血轮，以开创党的新生命。就整个的工作说，“团必须要服从党的领导，党必须要扶植团的发展”。以上三点，就是团与党的关系。

但是，团在成立后的初期，少数同志对于以上诸义，尚未有明确的认识，以致团与党的工作有重复，抵触之处。二十九年十一月，为彻底调整团与党的关系起见，经拟定“确定党与团之关系办法”一种，会同中央党部，提经第五届中央常务委员会第一六三次会议通过，呈奉总裁兼团长核准。这个办法，对于团党地位，工作性质，年龄区分，活动范围，以及联系等方面，都有明确扼要的规定。办法原文如下：

确定党与团之关系办法〔略〕

（二十九年十一月二十五日第五届中央常务委员会第一六三会议通过）

确定党与团关系办法实施细则〔略〕

（三十六年六月二十三日第五届中央常务委员会第一七八次会议备案）

查察党与团之关系及考核办法〔略〕

第三章　团的工作纲领与计划

一、本团工作纲领

团的产生，负荷了复兴民族，捍卫国家的重大使命，所以，团的业务范围，就异常广泛。为求集中力量，齐一步调起见，必须斟酌当前的需要，确定工作的重心，然后能开展工作，达成任务。经于二十九年十一月订定“本团工作纲领”，呈奉团长核准后，通令遵行。计分总则、组织、训练、宣传、社会服务及附则各章，共为三十五条。对于各项工作，都确定了具体的方针，所以能统一各级团部及全体团员工作的步调，共同向着明确的目标迈进。原纲领照录如下：

本团工作纲领〔略〕

二、发展团务十年计划总纲

团是革命的新兴的组织，自正式成立以后，对于团务的推行与发展，必须制订整个计划，以树立团的永久的基础，因此，“发展团务十年计划总纲”，便在第一次全国代表大会中决定了。

发展团务十年计划总纲共为二十条，有关实际业务的计为十七条，对于加强团的组织、训练、宣传及服务等项工作，都已提纲挈领，概括无余。兹照录如下：

发展团务十年计划总纲〔略〕

以上纲领十七条，经呈奉团长核准后（总纲五奉批“可缓”），即着手拟订实施计划。为适应抗战军事及国家情势的发展，并切合实际的需要起见，特将实施计划分为三期：第一期为二年，自民国三十三年一月起至三十四年底止；第二期为三年，自三十五年一月起至三十七年底止；第三期为五年，自三十八年一月起，至四十二年底止。第一期实施计划，经依抗战时期的环境和团的现状，并就总纲各项，分别拟订实施纲要、实施进度及经费预算等（详见专册），于三十三年三月二十九日呈奉团长核准施行。

这个计划，可说是极详尽精审的计划。从此，团的工作已有了确切的依据，只要切实的按步实施，团务必将突飞猛进，获得更长足的发展。

三、团纲草案的厘订

团自成立以后，到三十二年三月，已有了将及五年的历史；但是，团的性质和任务，不仅社会上少数人士，不很明了，就是少数团员，也认识不清，没有得到正确的了解。由于少数人士不明了团，便不免曲解团，甚至误解团，使团的发展发生了一些困难；由于少数团员对团的认识不正确，便不能忠实的履行对团的义务，甚至失却联络，使团的组织发生了一些障碍。为泯除这些困难与障碍，必先使每一团员，深切的认识团；然后能使社会上的人士，普遍的明瞭团。因此制定团纲的提议，便在团的第一次全国代表大会里决定了。

在团成立以后的五年中，团长曾谆谆的不断予以启示。在屡次告青年书及发交团的各项手令中，团长不仅启示了团的性质和任务，且指示了许多工作的方针。在民国三十二年团长所发表的《中国之命运》一书中，更付予团以很大的期望。在团的第一次全国代表大会的训词中，尤其是宏谋硕画，语重心长，再三的指示团的职责与工作。这些伟大的启示，正是每一团员所应深切认识的。至于中央与各级团部过去的工作经验，及团的第一次代表大会决议各案，也是每一团员以及干部所应深切明瞭的。团纲的意义，便是要遵照着团长的启示和其他各种资料，分别编订，使之条分缕析，纲举目张，成为一个有系统的小册，使每一团员以及干部都能普遍的阅读，从而加深对团的认识，加强团务的发展。

制定团纲的提案在第一次全国代表大会通过后，当即组织团纲起草委员会，推定起草委员十一人负责草拟。三十二年十一月，初稿完成；经中央常务干事会组织小组审查会，一再予以审订，并送请中央各指导员分别予以指正。三十三年三月，复提经第一届中央干事监察第二次联席会议讨论，又有部分的修正。现在，这本团纲草案，正呈由团长核阅中。

团纲草案的草拟，费时八月。最初是采用条列式的叙述，但是条列式的叙述，内容往往过于简单，不足以适应现在一般团员的需要，因此，仍采用分章式。全草案共分八章，兹将各章内容摘要，照录如下：〔下略〕

第四章　担负起统一组训全国青年的任务

团的成立，以团结并组训全国的青年力行三民主义，捍卫国家，复兴民族为宗旨，所以团的组织与训练，是以全国的青年为对象的。但是人生在青年时期之前，还有少年和幼童两个时期，如果欲求青年健全，便必先从健全少年和幼童做起。因此，少年与幼童的组织与训练，必须与青年组训相啣接，使其在同一系统之下，同时发展。就团来说，团的工作，除了组训青年外，所有少年和幼童的组织与训练，都应该包括在内，务使每一国民从学令起，即接受国家的训练，成为国家组织的一员，这是现代进步国家所必采的途径，也是团所应担负起来的任务。

为求实现上述的目的起见，在团的第一次全国代表大会里，“统一全国青年组训纲领案”便被提出和议决了。原案内容大要如下：

一、年令：(一)学校学生：初小在七岁至十岁期间，一律编为幼童军；高小、初中十一岁至十五岁，一律编为童子军；十一岁至十七岁之社会青年，一律编为少年团。(二)童子军、少年团考核合格始得加入青年团。

二、机构：(一)童子军

(甲）中央机构：

（子）中国童子军总会改隶本团，其全国理事会理事长，由青年团中央干事会书记长兼任。

（丑）中国童子军总会荣誉评判委员会改为中国童子军中央监事会，其监事长由教育部部长兼任。

（乙）地方机构：

（子）各省（市）县设中国童子军支分会，内设理事会、监事会。

（丑）各省（市）县童子军理事会设常务理事一人，由各支（区）团部负责人兼任，并以同在一处办公为原则。

（寅）各省（市）县童子军监事会设常务监事一人，由各省（市）县教育厅（局）科长兼任。

（卯）幼童军及童子军团，以学校为单位，其团长、教练员均由青年团团员充任，受省县市理事会之指挥。

（二）少年团：少年团由所在地之团队管辖，其编制另定之。

三、训练：

（一）幼童军训练应根据儿童身心发展，配合现行教育法令实施之。

（二）童子军训练，除依中国童子军训练原则实施外，务须与青年团之训练相配合，主要之点，在增强其对国家民族之观念与对主义之认识。

（三）少年团除采用童子军训练方式外，应特别注意识字教育与职业教育。

（四）青年团之训练，应依照青年团训练纲要彻底实施。

（五）高中、大学军训应与本团取得密切联系。

四、干部：幼童军、童子军、少年团之基层干部，统由各地团部实施训练，其高中级干部则由本团中央干部学校统一训练。

这个纲领的目的，很明显的，第一、在使幼童军，童子军和少年团都隶属在团的系统之下，同时发展；第二、在使幼童军、童子军和少年团的组织与训练，确能与本团的组织与训练相啣接。循着这个途径，按步实施，不仅全国的幼童、少年以至青年，都将接受到国家的训练，而且国民的素质，也将提高到现代的水准，其意义的重大，自不待言了。

中国童子军的成立，远在团的产生之前。民国元年二月二十五日，由严家麟在武昌文华学校创始，随后各地也陆续兴办起来。民国十五年三月五日，党中央在广州决定了领导童子军事业，在中央组织童子军委员会。这就是童子军的中枢机构的开始。以后，这个中枢机构一次一次的递嬗演进，先由童子军委员会改组为童子军司令部。民国二十一年四月十日，党中央决定变更司令部组织为中国童子军总会；旋即成立筹备处，推定领袖为会长，戴季陶、何应钦为副委员长，并由戴季陶任筹备主任。二十三年十一月一日筹备工作已告完成，总会即宣告成立，同时设置全国理事会，由理事十五人组织之，互推一人为理事长。下设常务理事会，由理事互推四人组织之。二十六年由教育部部长陈立夫兼任理事会理事长。三十一年，根据总章规定，设立荣誉评判委员会，由张伯苓等十五人充任荣誉评判委员，并由张伯苓担任评判长。至于在地方的组织，省市有省市理事会，县市理事会之下，便是实际负训练责任的各团。现在，中国童子军的组织，已遍布到我国整个的版图，计达省市二十六处，海外一处，更跨过海洋，伸展到海外侨胞居住的地域里去。童子军的数量，也一年年的激增，截止三十三年十二月底止，全国男童子军计达七十八万二千四百二十三人；女童子军计达一十三万四千七百七十四人；幼童军计达二万三千五百二十一人。全国童子军团有五千三百九十一处；女童军团五百一十一处；幼童军团有八十七处。总计全国童子军有九十四万〇七百二十八人，全国童子军团有五千九百八十九处；全国领导着这些孩子活动的服务员有二万二千二百七十八人。皆已接受了童子军的训练，领受着三民主义继承者的薰陶。

自“统一全国青年组训纲领案”，在团的第一次代表大会通过，并呈奉团长核准后，“即分别规划实施。关于童子军部分，首先是，修订中国童子军总章，除总会理事组织照旧外，将总会荣誉评判委员会改为总会监事会，设监事七人，以一人任监事长。至于地方组织，凡省（市）或县（市）设有童子军省支会理事会，或县分会理事会的地方，并设监事会”。“次即会同教育部拟具童子军改隶办法三项：（一）中国童子军总会改隶本团，由中央干事会书记长兼任总会理事长，教育部部长兼任总会监事长。至于地方组织，由省县支分团干事长兼任省县支分会常务理事。省教育厅长及县教育科长兼任省县支分会常务监事。（二）童子军组织不变。（三）童子军总会迁入中央团部办公。以上办法，经签奉团长批准后”。中国童子军总会便于三十三年六月一日正式改隶本团，并于三十三年六月十八日迁入中央团部。关于少年团部分，现正着手研究筹备，在不久的将来，即可付诸实施。

中国童子军总会改隶到团里来，实在是我国幼童的训练与青年的组训相啣接的开始，也是团担负起统一组训全国青年的任务的开始。将来少年团的组织成立后，统一全国青年组训的机构才算完成。在此，我们期待着少年团的组织即早成立，也蕲求着团能达成这个伟大的任务。

第五章　团的干部政策

团是新兴的革命的组织，必须选用真正的人才，才能加强领导，健全组织；而人才的选用，尤须订定完整的制度，以确立人事行政的永久规模。所以团的干部政策，便被提出和决定了。

民国三十一年七月一日，团中央在陪都召开第一次全国干事工作会议，特提出“确定本团干部政策案”，详细研讨。接着又提经临时中央干事监察第二次联席会议讨论。根据两次会议的意见，订定“本团干部政策纲要草案”，于三十一年八月一日签奉团长核准实施。原纲要的内容，将干部区分为领导干部、工作干部和社会干部三种。工作干部在服务满了一定的期限之后，即可回原业；使团员都明瞭为团服务，是团员的荣誉与义务。至对于干部的选拔、任用、培养与考核等，在原则上都有明确与合理的规定。根据着这个纲要，又另行订定人事法规与实施细则，分别实施。

人才的任用与人事的管理，在我国历代以来，都是最繁杂的问题，在现在欧美进步的国家中，也还在不断的设计与改进。上述的纲要，仅是团的干部政策的发轫，我们相信，在不断的实施与不断的设计与改进中，必能完成团的人事行政的宏远规模。原纲要照录如下：

干部政策纲要〔略〕

第六章　团员的当前任务

神圣抗战的目的，在于求取民族的解放，因此，惟有获得最后的胜利，战争才能告结束；否则，不仅解放的目的不克达到，且更加深民族的祸患，加速国家的覆亡。在历史上，任何民族在求取解放的战争中，无不是以弱敌强，以寡敌众，无论环境如何险恶，敌人如何强暴，自身如何艰苦，只是抱着百折不挠的精神，万众一心，奋斗到底，结果，诚如古语所说："师直为壮，曲为老"，且由于正义的感召，必能广邀助力，击溃敌人，不仅赢得了最后的胜利与民族的解放，且更步入建国的坦途。

民国三十年六月，抗战时期已达到了四年，由于战事的一再转进，由于国际形势的演变，由于国内经济情况的困难，一部份青年对于当前时局和社会的情况，多发生了不安与疑虑的心理。他们不知道，在抗战初期，战事的失利是"以弱敌强"所难免的过程；国际形势的恶化，是正义尚未伸张的表现；至于经济的困难，更是从事于战争的国家所必有的现象。如果为这些不可避免的困难所屈服，不仅使神圣的抗战的发动为无意义，且将使国家民族沦入不可挽救的境地。所以，这种不安与疑虑的心理，必须绝对予以根除，以坚定抗战的信念，争取最后胜利。经拟订对全体团员的指示一种，列举当前任务六项，呈奉团长核准后，通令全体同志，一致遵行。兹照录如次：

为克服当前之困难与争取最后之胜利对全体团员之训示

一、抗战胜利的基础，确已奠定，艰难困苦的增加，为革命必有的过程，今后无论国际形势如何演变，与国内经济情形如何困难，均应为革命成功之前必有之现象，本团团员应本健全本身与自力更生之主旨，以坚苦卓绝的精神，坚定信心，立稳脚跟，咬紧牙关，领导全国民众，克服一切困难，以争取最后的胜利。

二、我们抗战的最大目的，在争取国家民族的独立生存，所以国家民族高于一切。凡是违反此种原则，在言论行动上，如有影响社会治安，破坏经济法令，与动摇抗战信心，直接间接足以削弱国家民族意识，分散国家民族力量，出卖国家民族利益者，本团团员应视为全国公敌，予以驳斥纠正，揭发而彻底肃清之。

三、我们在此伟大民族斗争中，一面抗战，一面建国。建国的首要，在完成民生主义的经济建设，对于经济割据的趋势，与各种把持粮食，操纵物价，营私谋利的行为及藉抗战以发国难财者，本团团员均应坚决反对之。同时我们应提倡国防科学运动与实行劳动服务，并协助战时经济管制的推行，以达成民生与国防经济建设。

四、我们建国必须着重政治的刷新，俾完成革命民权的政治建设，也就是树立一种真正的民主政治。本团团员应切实扶助社会舆论，提高民众智识，协助地方自治，健全保甲组织，凡有假借"民主"名词，而作违反军事第一原则，以破坏抗战者，此种"假民主"之言行，应一律排除之，以奠定真正民主政治的基础。

五、官僚恶习是政治腐化无能的最大原因，凡是不负责任，因循敷衍，欺骗虚伪及其生活腐败者，皆为官僚恶习，本团团员应以身作则，树立一种革命新风气，痛切矫正之。

六、贪官污吏，土豪劣绅，以及流痞奸商，为政治建设与经济建设的最大障碍，本团团员应本不畏强御的精神，以公民资格向合法机关检举惩治之。

上面这个指示，就对内说：在于坚定全体团员对于抗战的信心；就对外说：在于使全体团员领导全国民众，克服当前的一切困难；目的是争取抗战的最后胜利。嗣遵奉团长指示，又根据上述指示的原则，订颁"团员行动指导纲要"，作为行动上的指针，我们相信这个指示和纲要，在心理上正予全体团员以及全国青年以坚定的力量，在行动上更予以明确的指示。兹照录如下：

团员行动指导纲要〔略〕

〔三青团中央团部档案〕

2．三民主义青年团的建立①

（1946年8月）

一、本团诞生之意义及其时代背景

自民国二十年"九一八"事变发生，国家民族面临空前之危机，领袖随即有"抵御外侮，复兴民族"之训示。全国国民因以奋发图强，共赴国难，本党尤力谋健全本身，以期领导国民进入国民革命之新阶段。当时本党有志之士，受领袖精诚之感召，益思积极奋起，努力集结全国革命青年，以共同担负此艰苦神圣之使命。

迨二十六年初，时局愈见严重，领袖预见对日战争，瞬将爆发，国家之自由平等，民族的存亡盛衰，在此一战，而以积弱之中国，欲于全面长期抗战中，获致最终之胜利，必须使全国青年之意志与力量，有新的团结与集中，因决心创设三民主义青年团，组训全国青年，期以长足之进步，促进抗建工作之完成，与三民主义具体之实现。

①此件摘自1946年8月中央团部编《三民主义青年团团史资料》。

二十六年五月，为本团实际筹备工作开始时期。迨抗战军兴，苏嘉国防线，被敌军突破，首都形势紧张，领袖深感青年团有从速建立，以加强国民革命继起力量之必要，乃于警耗频传日理万机之际，在亡总理陵园，约集并指定本党有关重要人员，对于成立本团各种计划，正式作初度商讨。嗣复每周集议，积极进行。迨南京撤守，领袖复庐山牯岭，召集会议，同时加紧筹备组团工作。自统帅西迁武汉，复召集本党干部十余人，研究青年团之组织方式，干部选拔及成立时机等具体问题，并指定团章起草人。设立青年团之一切部署工作，此时大体告一段落。

惟党内少数人士，对团的组织方式，及其名称，尚有不同之意见，可分为三类：一、主张在党内设青年部，以为不必另设青年团；二、以为青年团不必冠以"三民主义"字样；三、以为团的组织应与俱乐部相似。领袖以卓越之见解，认定对外抗战，为实行三民主义必经之过程，为国内统一后之革命第二阶段。本党领导革命，曾有灿烂光荣之历史；但本党从事斗争，已五十余年，事实上已必须有新的力量之集中，以发扬本党革命之精神；而欲集中新的力量，必在党的系统下，有新的组织，始克号召青年，故必须有本团之创设。

其次，抗战为实行三民主义必经之过程。军兴以来，中国共产党宣言实行三民主义，张君劢、左舜生等，亦先后代表各该党派、表示其政见，决不违背三民主义，故三民主义，为抗战建国之最高准则，固已为全国人士所公认。且全国青年，为发展其救国爱国之抱负，允宜不分畛域，捐弃私见，于三民主义领导之下，团结一致，共赴国难，故团必须以三民主义领导青年，使青年认识主义，服膺主义，为主义而奋斗，故本团名称，冠以三民主义，实为不易之至理。

再，本团吸收团员，采取志愿方式，凡志愿入团之青年，固皆有牺牲小我，以尽力于爱国报国工作抱负与热忱，必不愿见本团组织等纪律之松弛，以埋没其志趣。俱乐部之方式与内容，将无以满足其期望可知也。

总之，本团之诞生，有其特殊之意义，与神圣之使命，此时代之产儿，固当堕地铿然，不同凡响也！

二、本党临全大会之决议

二十七年三月二十九日，本党在武昌举行临时全国代表大会，决议修改总章，加列第五条，“本党为训练青年，设三民主义青年团”，其办法另定之。同时，取消预备党员制，并为统一党的组织起见，规定在党内不准有其他组织，三民主义青年团遂正式应时代之需要而诞生，于是党内同志步骤，因本团之产生，遂愈趋于一致。

同年四月，本党召开第五届中央执行委员会第四次全体会议，总裁交议三民主义青年团组织要旨案，经决议通过。全文计六条：（一）为谋全国青年意志之统一，能力之集中，以充实国民革命之力量起见，依照本党总章第五条之规定，设立三民主义青年团（以下简称青年团）；（二）青年团设团长一人，由本党总裁兼任之；（三）青年团设评议长一人，评议若干人，组织评议会；（四）青年团之干部由团长指派之；（五）青年团为公开之团体；（六）青年团团章另定之。其中第一条，确定本团的使命与成立目的，第二条确定本团领导重心，第五条确定本团之组织形式。根据此项决定，复经一再商榷，团章草案之订定，方告完成。

三、团章之颁布

本团于南京开始筹划时期，团章内容初步之设计，始于二十六年农历中秋后数日，此后数次会商之内容，亦无不与团章有关。嗣经领袖正式指定为团章起草人者，为谭平山、陈立夫、康泽等，其非正式协助起草工作者，为任觉五、白瑜、鲁学瀛、张宋良等。经依据领袖之指示，党的决定，逐渐草拟完成。复由书记长陈诚于珞珈山召集研究会，几经磋商研议，始于二十七年六月，提经本团筹备委员会，确定最后之草稿，呈奉总裁兼团长核定，遂于六月十六日正式公布。团章草案内容，在团员方面，规定年满十八岁至三十岁之青年，经介绍，并经核准后，均可入团。(当时有少数同志，主张以二十五岁为团员最高年岁者）在组织方面，规定其系统为中央团部、支团部、区团部、分团部、区队、分队，由团长总揽团务，决定一切，至重要方策之议定，则属于评议会。团章草案又详订纪律条文，同时于附则中，说明各级组织，俟发展至相当程度时，采用选举制，以确定本团民主集权制之精神。

四、中央临时干事会之创立

二十七年春，本团筹备会正式成立，经团长指定陈诚、陈立夫、贺衷寒、谷正纲、康泽等为筹备员。团章颁布之日，团长复选派中央临时干事会干事三十一人，以陈诚、朱家骅、陈立夫、贺衷寒、张厉生、段锡朋、陈布雷、谭平山、谷正纲等九人为常务干事，并以陈诚为书记长，組织中央临时干事会；于民国二十七年北伐誓师记念日——七月九日在武昌正式成立。所以称临时干事会者，以当时团员未吸收，组织未开展，正着手初期筹备工作也。团长对干事人选，极为审慎，经六易名单，然毫无畛域派别之见。

本团中央临时干事会第一届全体干事三十一名名单如左：

陈　诚　陈立夫　朱家骅　梁寒操
康　泽　张厉生　李任仁　周佛海　（其后因附逆，开除团籍。）　陈布雷
李扬敬　谷正纲　曾宝荪　严立三
段锡朋　王吉杰　张道藩　刘健群
郑彦棻　贺衷寒　谭平山　黄仁霖
胡宗南　卫东原　黄季陆　甘乃光
卢作孚　何　廉　陈　良　叶溯中
陈沧波　章乃器

其中包括党内重要负责人、青年将领、学者、社会事业家、无党无派者，即反对党派组织者，期容纳全国人才于此中央领导机构，以求全国青年意志力量之集中。七月十一日，中央临时干事会举行第一次全体会议，讨论中央临时干事会组织条例，及团务推行计划纲要草案。七月十八日，中央临时常务干事会举行第一次会议，审议征求团员暂行办法草案等各项要案。

同日，团长出席中央团部总理纪念周，讲“青年团团员办事的精神和方法”，对本团初期筹备工作所应注意之点训示甚详。（见附录）〔略〕

中央临时干事会依照团章之规定，订定中央临时干事会暂行编制表，设书记长办公处、组织处、训练处、宣传处、社会服务处、经济处及总务处等七处，处以下分组或室。全体工作人员名额，仅为一百五十名，每人月支生活费不逾百元，最低三十元。

中央临时干事会成立时方两月，书记长陈诚因兼负前方军事重寄，团长乃加派当时中央党部秘书长兼本团中央临时干事会常务干事朱家骅兼代书记长职务。

兹将中央临时干事会各处室副主任以上第一任负责同志名单录列如左：

书记长：陈　诚

代书记长：朱家骅

书记长办公处处长：叶溯中　副处长：项定荣

秘书室主任：李惟果　副主任：谢然之

人事室主任：刘泳尧　副主任：徐君佩　代副主任：陈叔渠

计政室主任：闻亦有　副主任：余成源

调查室主任：毛庆祥　副主任：张子扬

组织处处长：胡宗南　代处长：康　泽　副处长：任觉五、程思远

训练处处长：王军原　副处长：李扬敬　副处长：戴之奇、

谷正鼎

宣传处处长：黄季陆　副处长：郭斌佳（未到职）、邓文仪

社会服务处处长：卢作孚　副处长：黄宇人、张伯谨

经济处处长：何　廉　副处长：白　瑜、陈介生

总务处处长：陈　良　副处长：黄　雍

五、第一次入团宣誓典礼

二十七年八月一日上午七时半，团长召集中央临时干事会全体干事及工作人员，在武昌湖北省党部大礼堂，举行第一次入团宣誓典礼。计到常务干事，干事，及工作人员一百八十二人。团长亲缮誓词，并当众宣誓，其文曰：

“中正正心诚意，与本团全体同志一心一德，矢忠矢信，继承总理遗志，实行三民主义，捍卫国家，复兴民族，以克尽上对亿万世之祖宗，下对亿万世之后代，中对全国国民与世界人类所负之责任。谨此誓言，永矢勿渝。”

继之，全体人员在团长监临之下，集体宣誓，其词曰：

“余誓以至诚，力行三民主义，服从团长命令，严守团纪，执行决议，实践新生活信条，为国家尽忠，为人民服务，不辞劳怨，不惜牺牲，如违誓言，愿受最严厉之制裁。谨誓。”

同日，军事委员会战时工作干部训练团第一期学员四千人，于举行毕业典礼时，集体入团，由团长亲临监誓，并讲述革命哲学，革命人格，因而恳切说明吾人入团应有之目的。训话时间，逾三小时，训词全文，经记录整理后，印成专册，并规定每逢宣誓典礼，必由监誓人持此册朗诵一过，一如团长亲临致训，使全体团员，咸能记取团长训词，以为毕生奋斗之基准。

〔三青团中央团部档案〕

二、基本理论与主张

1. 蒋介石为创立三民主义青年团告全国青年书

（1938年6月16日）

三民主义青年团，兹已制定团章，开始组织。中正受命于党国艰危之际，负责于民族存亡之交，视本团之组织，为吾国家民族生死存亡所系之唯一大事。特于组织之始，以本团产生之意义与使命，及所希望于我全国亲爱之青年者，胪举而明告之。

青年为革命先锋队，为国家之新生命，举凡社会之进化，政治之改革，莫不有赖于青年之策动，以为其主力。证之我国近代历史，如辛亥革命之推翻满清，民国十六年之打倒军阀，参加者，大多皆以青年为主干，其牺牲奋斗之光荣史迹，固与吾中华民族共垂不朽。况当强寇侵扰，抗战经年，则非常重大之时代，业已降临于今日，欲完成抗战建国之艰巨事业，自必更有需于全国青年于一致团结，共同努力。

夫与中国之广土众民，历史悠久，诚能集中力量，持久奋斗，则抗战必胜，建国必成，吾人固深信而无疑。抗战建国原为国民革命必经之阶段，国民革命最后必达于成功之域，而究竟何时成功，则全视乎吾人努力程度如何，尤视乎继续奋斗者之精神如何。中正献身党国，个人之成败，早已置之度外，尝念中国革命，为久远而艰巨之事业，对吾富有革命精神继续革命事业之青年，爱全有如至宝。换言之，中正实视吾青年即为余之生命，盖必有无量数之革命青年，结合而成一伟大的力量，前仆后继，百折不回，而后可以力行主义、捍卫国家，复兴民族，以达成国民革命最后之目的。中正之于我全国青年，期望之殷切，既如是其甚，对于吾全国青年前途之成败，更觉所负责任之重大。中国将来之命运，实出于一般青年之身，而所以组织之，训练之，使能尽成为真正中国青年，真正足以担当抗战建国干部之青年，则为中正无可旁贷之职责。本团之成立，即为欲尽此重大责任而产生，亦即鉴于国家民族当前之迫切需要而组织。今先约言本团产生之主要意义如次：

第一、本团之产生，为求抗战建国之成功，欲期抗战必胜，建国必成，必须培植国家民族之深厚力量，以为其基础，而此所谓国家民族之深厚力量者，即全国青年之觉醒与团结是也。已往青年之牺牲奋斗，努力革命者，固不在少数。而就一般而言之，则因教育散漫之结果，无恪守纪律之习惯，无团体生活之训练以致纵有爱国之精神，仍多不明爱国之途径。及今正须彻底改革，以尊重纪律严格训练，矫正旧日之恶习，务使青年受本团之训导，而后尽成为现时代之国民，一洗旧时殖民式人民之生活与习惯，而充实其现代国民之独立的新精神与自强的新生活。青年在本团之内，职务纵有高下，纪律一律平等。必如是，则青年之日常生活可以完全改进，思想行动可以归于一致。然后其对于国家民族之自觉，发挥其爱国尽忠之良知，乃能产生无穷以深厚力量，为国家民族之复兴，筑成坚固之基础。

第二、本团之产生，为求国民革命新的力量之集中。革命力量，原贵团结，青年即为产生革命力量之源泉，则此新的革命力量，尤应凝固而集中。本团之于青年，必使其有统一之意志，受主义之薰陶，并锻炼其体魄，发挥其智能，领导其思想行动，使成为继续革命事业之新生命。当此国家民族千钧一发之时，若复任令青年散漫分歧，各行其是，则意志矛盾，力量抵消，一旦危亡，势必同归于尽。故吾中国青年，当此抗战建国之艰苦环境中，断不须效法并世其他国家，任多种不同之政治信仰与行动，并存而发展。中国今日所以作育青年者，抵有示以一个国家，一个主义，一个努力方向之要义，而中国青年之所以为国尽瘁者，捨亲爱精诚，绝对团结而外，实无他途。不但吾青年应如是，即一般领导青年之知识分子，不问其为何派，苟真正为国家民族着想者，亦必当珍爱青年之前途，相率而集合于本团旗帜之下，为作育青年而努力，为完成革命而努力，如此则新的革命力量，必将因本团之产生而完全集中，而永久集中，不但目前可凭众志成城之伟力，攘暴寇而保国族，即在百世之后，亦必可保证我全民族之精诚团结矣。

第三、本团之产生，为求三民主义之具体实现。总理手创三民主义，原为吾革命建国之最高原则。在今日抗战期间，尤为举国民众一致信仰。然三民主义之所以可贵，乃在于适合中国之需要，而切实能行，故三民主义之信徒，不当以仅仅信仰为满足，而必须以实践力行为要务。总理固尝以知难行易之哲学，倡导后进，即为针对国人向来畏难偷安之恶习，而勉人以力行。本团自当以力行勗勉青年，务使人人在组织训练中，养成排万难以实现三民主义之勇气。躬行实践，贯彻始终。无论他日环境如何艰危，前途如何困难，决不须臾丧失其所守。更使此笃行三民主义之青年，组成国家之新细胞，担任建设新中国之先锋，并为国家社会一般民众之模范，且进而使全国青年，在三民主义的思想体系中，受严格的组织与训练，发生无限之生活力。诚使吾中国革命青年，尽为三民主义之笃信力行者，则三民主义之具体实现，如操左券。

本团产生之意义，且如上述。今日中国必须完成抗战建国之任务，更必须培养继起的革命力量。本团对于国家所负之重大使命，厥为聚集全国青年，力行抗战建国纲领，与联合优秀革命分子，充实革命活力之二点。能尽此二大使命，则三民主义，必可以实现，敌寇外侮，必可以消除，独立自由之新中国，必可以建立。是故组织本团之作用，一方面，因为适应目前战时总动员之迫切需要；而他方面，尤为树立最近将来国家社会建设之干部基础也。为欲达成此艰巨之使命，则凡参加本团之青年，必须整齐严肃，至诚纯一，负起下列特殊之任务：

一、积极参加战时动员。根据全国总动员计划，青年必须就其智能之所近，在国防、产业、交通、及宣传、教育各部门，作积极活动，奉公守法，尽忠职守，任劳耐苦，始终不懈。视奋斗为天职，以牺牲为当然。青年有此志气，抗战乃能必胜。

二、实施军事训练。在抗战过程中，青年皆须受严格的军事训练，俾每一个团员，皆具有保卫国家之技能。而此军事训练，且须包含忠党爱国之精神训练，健身强神之体格训练，刻苦耐劳之生活训练，与迅速确实之行动训练。青年受此训练之后，必能革除文弱萎靡之颓习，再进而感应社会，乃可使一切建设，皆与军事部勒之精神，达到共同一致之成功。

三、实施政治训练。青年皆须受政治训练，使人人具备建设三民主义国家所必需之政治素养，及行使四权与实施地方自治等重要智能。并须熟悉民权初步，了解管理组织与领导群众之必要方法。必如是，则青年在思想上，对于三民主义，能起真诚不贰之信仰；在行为上，对于现代民治国家之公民权，自可行使而无憾，而三民主义的新中国，乃可以实现。

四、促进文化建设。国家之强弱，出乎一般国民文化水准之高下。我国民众知识程度，与并世列强相差实远。知识青年，必须自动奋起，一致参加扫除文盲工作，协助进行通俗教育，及战时宣传。务使在极短期间，加强一般国民之政治认识，而提高其文化水准，庶几可以走上现代国家平等自由之大道。

五、推行劳动服务。青年必须体会总理“人生以服务为目的”之遗训。在一周内，须各自参加十小时以上之生产劳动，一方面可藉以增加生产，发展国民经济；同时，则藉社会服务之机会，可以深入民间，习知实际之艰苦，更因接近民众而以工作成绩取得一般同胞之信任。

六、培养生产技艺。青年一方面须以注重科学之修养，使意识言行，一切皆科学化，养成有条理、有组织，重精密、重实践之新的民族性；同时，更须以最大努力，接受技术训练，养成生产以劳动之技术，俾得有大量青年，服务于农商路矿电气等各种轻重工业，使国家伟大之建设，可以加速完成。

凡此诸端，皆为今后本团所必须努力执行之任务，亦即本团认为革命青年所应共同黾勉之信约。惟欲达成此任务，必须吾青年以涤除旧染，与振作生机之精神，彻底改造其生活，不惟限制享受，躬行艰苦，更须于日常生活中，养成整齐、清洁、简单、朴素、迅速、确实之习惯，革除凌乱、污秽、繁复、奢侈、迟钝、虚浮之恶习，务使社会风尚，皆能因吾青年实践极端的节约与劳苦的生活，而焕然不变。全国同胞，皆能因吾青年严守纪律，服从命令之团体生活精神所感应，而进为现代之国民。

总之、本团之目的，在集中全国优秀之青年国民，无论兵工农商学，而举以一贯之训练，集之于同一组织，纳之于新生活之规律、由明礼义、知廉耻，具备现代国民之根本条件，以进于群策群力，一心一德，负责任，守纪律，共同建立三民主义现代最新国家之基础。本团之创设，非为吾青年个人谋出路，而要求吾青年贡献其能力自由与生命，以为国家民族谋出路、非为青年策安乐图享受，而欲吾青年共甘苦同艰危，寻求抗战建国之成功，三民主义之实现。中国今日之耻辱危殆，可谓至矣。吾伟大之河山原野，遍受敌军之践踏，五千年绵延之历史，处于存亡绝续之危机，吾革命先烈与抗战将士赤血白骨无量数之牺牲、皆有待于吾全国青年继起努力，以竟其全功。是以吾人今日，必须猛省过去不能保育青年，领导青年之罪愆，而应急起直追，为吾全国青年造成一革命实践的组织，更为适应国家民族当前迫切之需要，应使此组织，成为网罗全国优秀热烈青年及革命份子之唯一组织。中正深信全国无量数富有革命精神之青年，认清自身之责任与国家民族之前途者，必能激励奋发，一致集合于本团之内，遵守本团之纪律与命令，接受本团之训练与指导，以增进其贡献国家之能力，而发挥其神圣伟大之使命。中正受命党国，负荷重责，当提掖吾国亲爱之青年，同艰共苦，死生系之，以踏上我新中国光明成功之大道。黄帝子孙，中华青年，盍兴乎来！

〔三青团中央团部档案〕

2. 陈诚关于三民主义青年团之宗旨及今后团务推进方针对党政训练班第五期学员的讲稿

(1939年12月4日)

各位同学、各位同志：

三民主义青年团在这民族危急存亡的时期，与国家艰难万状的环境中成立起来，已经一年有余了。它唯一的使命，就是要组织和训练全国青年，以充实本党活力，来完成抗战建国的大业，和创造三民主义的新中国。所以目前每一个中国青年都应当彻底了解本团的宗旨、信条和今后工作方针。大家都来踊跃参加，为国家，为主义，而努力奋斗。然而各地同志对于本团的性质及其使命，尚缺乏深刻的了解，以致在实际工作中，常常发生疑问，甚至引起内部的不协调，即如党与团的关系，就是大家常常疑虑的一个问题。现在我想分做几段来和各位研究，而求得原则上的正确了解。

第一章　本团的宗旨及其性质

一、历史的使命

本党总理创造三民主义，领导国民革命，兴中华，建民国，经过了四十余年的革命奋斗，再经本党总裁——即本团团长在最近十余年来领导北伐，统一中国，第一期国民革命才完成。但是日本帝国主义者梦想实现其所谓大陆政策，企图征服中国，灭我民族，更进一步征服全世界，故倾其全力，不顾一切的来阻止我们的革命，破坏我们的建国工作。由“九一八”到“七七”事变，充分表明了日寇的侵略和整个的中华民族的生存已处于势不两立的地位，所谓内忧外患与革命之进展同时加重，我们为要完成第二期国民革命，实行三民主义的国家建设，所以不得不发动抗战，抗战的目的就是为建国，也可以说抗战就是建国的手段，是我们国民革命过程中必经的阶段。

青年为国家的新生命，革命的先锋队，同时也是社会进步和政治改革的中心基础，这无论是在世界各国民族复兴的历史上，以及中国近五十年来革命过程中，都可看到青年们奋斗创造的光荣记录。目前我们已经到了非常的大时代，更非组织全国青年，加以严格的训练，造成无量数抗战建国的优秀干部，以担负久远而艰巨之革命事业不可。本党组织三民主义青年团，其主要的意义，就在于此。讲到这里，我们就可明白本团的使命，不外下面几种：

第一、是组织和训练全国青年，力行三民主义，捍卫国家，复兴民族。三民主义是救国救民救人救世的主义，我们中华民族要求复兴，国家要达到独立自由，只有具体实现三民主义才可能。青年们富有革命力行的精神，本团尤其要使全国青年都笃信和力行三民主义，本着"行易知难"的信念，实践躬行，一心一德，贯彻始终，排除万难，以求三民主义的之具体实现。

第二，是领导全国青年，统一其思想、意志与行动，精诚团结，共赴抗战建国之大业，以完成第二期国民革命之任务。我们知道抵御外侮，复兴民族，需要全民族的意志集中，青年为一般国民的中坚干部，更应该亲爱精诚，团结一致，领导社会民众，以造成全民族的伟大力量，所以本团要纠正一般青年纷歧复杂的思想，加强团体生活的训练，使养成忠党爱国，守纪律，负责任的精神，在一个主义一个领袖之下，共患难，同生死，集中全力，以求抗战必胜，建国必成。

第三，是集合并培养优秀青年干部，树立模范作用，培养党的新生命，新细胞，负起承先启后，继往开来的使命，以建设三民主义的新中国。本团为本党的预备军，生力军，其特殊任务为作育青年，训练青年，使之锻炼其体魄，发挥其智能，领导其生活行动，养成国家社会建设的优秀人才，以充实本党革命之活力，这样不仅是这一代青年的成功，而且可以继往开来，植培中华民族亿万年无穷的新生命。

二、当前的任务

本团对于国家民族的使命，非常重大，我们要想达成艰巨的使命，就应不避任何艰难困苦，负起当前的实际任务。团长在告全国青年书中曾经明白宣示本团的六大任务：

（一）根据全国总动员计划，发动青年，积极参加战时动员。

（二）严格实施军事训练，以培养青年保卫国族之技能。

（三）积极施行政治训练，以充实现代宪政国家国民所必备之政治素养。

（四）努力促进文化建设，以提高国民之文化水准。

（五）推行劳动服务，以发挥“人生以服务为目的”之精神。

（六）积极培养生产技术，注重科学修养，以加速国家建设之完成。

上面所说的六项任务，也就是我们抗战建国的实际工作，在抗战时期，军事第一，胜利第一，所以要把平时的国防建设变为战时的国家总动员，我们一方面要发动青年，努力于兵役动员，产业动员，交通动员等工作，一方面对于青年本身，要普通实施军事化的训练，使其生活、行动，体格，精神，皆能合于现代人类之要求，以造成建军建国之基础，故上述第一，二两项任务归纳起来就是军事建设的基本工作。

其次，所谓政治训练主要的是使青年们都能熟悉民权初步，养成行使四权及实施地方自治的智能，具备建设三民主义国家必需之政治素养。但是中国因为一般国民的文化水准很低，不易接受政治训练，所以同时要注重促进文化建设，扫除文盲，普及教育，以加强青年国民的政治认识。所以上述第三，四两项任务，就是教育建设的基本要务。

此外，劳动服务之推行，与生产的科学的技术之培养，是发展国民经济，促进国家工业化，现代化的前提，本团一方面使青年养成刻苦耐劳与劳动生产的习惯，一方面提高青年科学的技能，使之大量服务于农、商、工、矿各部门，以增加国家生产，所以这五、六两项任务，也就是经济建设的实施程序。

本团对于军事建设、教育建设、经济建设等，“教”“养”“伟”的事业，都具体的规定为青年的任务，而军事、教育、经济、又为构成整个国家武力的基础，也即是民族、民权、民生的革命建设的基础，这点我们应有彻底的理解和认识。

三、本团的性质

目前有许多人不明白本团的性质，常常发生许多误解，有的以为本团是党外的政治组织，或用来代替党的一种织织；另外也许有人以为本团是专门从事政治斗争的一个党团。其实这些观念都是极端错误的。我们要知道青年团及本党织织系统之内的青年组织，在同一主义，同一领袖，同一使命之下，共同为革命而努力奋斗，所以党和团是整个的，是合体同命不可分的，它是“党的团”，而不是党以外的另一种组织，或和党对立的“团”。假如我们一定要说党与团有什么分别，那就是团负有一种特殊任务，即对于全国的革命青年，予以合理组织，与认真训练，使能担负各种社会服务和抗战建国的工作。因之我们可以说青年团是本党的新生命，生力军，本党所需用的一切新血轮，新细胞，都要由团来培养，储备。

至于党员和团员的关系，亦有明白的规定，依照本团修正团章（草案），团员年龄由原定十八岁以上至三十八岁，改为十六岁至二十五岁，又最近本党中央常务会议通过之“党与团之关系及其实施办法”，规定于左：

（一）嗣后本党征收党员，应以征收年满二十五岁以上者为原则。

（二）团员年满二十五岁时由中央团部介绍入党。

（三）在校学生年龄虽满二十五岁，仍应入团，其已入党者，由中央党部令其加入团部，其党籍自仍保留。

以据上面这种规定，党员与团员在年龄上有一种衔接的关系。本团的性质如何，已很明确的表现出来。

再从本党与本团的组织系统上来讲，党部与团部都各有其一贯的系统，本党以政纲政策领导整个的团，但各级并行的党部与团部并不发生隶属的关系。所以团长在“党与团的关系”一篇训词中曾指示我们：“在整个系统之下，党部指导团部，党员指导团员，为的是要共同为我们主义而奋斗，但要知道“指导”与“指挥“不同，指挥有上下统属的关系，指导完全是引导辅助的意思，故不仅党员指导团员，团员也可以指导党员，并且党员团员都可尽忠竭智辅助领袖……团员应知道团的基础在于党的健全与充实，党员应知道党的前途有赖于团的向前开展，互相辅助，互相提携，向共同的目标而努力。”本团的工作和本党的工作，无论在什么地方都应该打成一片，党部和团部应该随时商讨分工合作的办法。

以上是从“党”与“团”的关系来说明本团的性质。另外还有一点特别值得说明的，就是本团和国家教育的关系。

教育是国家的百年大计，注重在培养青年国民，使成为健全的公民，与国家社会建设之干部人材，本团目的亦在训练青年，保育青年，培植国家民族之深厚力量，故本团□□推进国家教育，补教育之不及。回忆五四运动前后，中国的教育，还没有固定的目标，但是□□□国民教育主张，继而模仿法国，终而仿效美国，在自由主义的教育影响〔下残〕无统一的领导，思想分歧，行动乖异，生活浪漫放纵，成为风气〔下残〕倡导新生活运动，本党重新确定教育宗旨，实行三民主义〔下残〕九一八事变前后，一般所谓主持青年运动者，又往往利用青年作为私人斗争的工具，对于以国家教育领导青年的意义，完全没有注意到，这可说是很大的失败。去年本党成立青年团，主要的意义，就是要以军事化的精神，统一组织和训练全国青年，使他们的思想行动，完全一致，生活精神，积极向上，以造成严密的社会组织，同时以发扬光大中国民族的历史文化为己任。对于高中以上学生，均使之受本团的各种训练，并以普遍自动加入本团为原则。此外并注重劳动服务与生产建设技能之养成，以辅导一般社会青年完成其本位的使命。总之本团的宗旨和信条，不仅与教育的宗旨相符合，而且本身负有教育青年，训练青年的任务，本团可说就是广大的青年学校。

第二章　本团的信条与精神

一、团员的信条

本团是革命青年的集团，所以每一个团员都要恪守本团的信条，以发扬真正革命的精神。每一个青年入团的动机，并不是为了个人谋出路，而是为国家民族谋出路，我们人人应有救国救民救人救世的自觉，人人要负起发扬自己生命和恢宏民族生命的责任，即是上对亿万世之祖宗，下对亿万世之后代，中对全国国民与全世界人类所负的责任。我们要尽到这重大的责任，首先应奠立人格的基础，恢复民族固有的德性，人人要能作世界上顶天立地之人，人人要有顶天立地的志节、能力和气魄，以自立立人，自救救国。但是人格的基础何在？那就是我们共信共行的党员十二守则：

（一）忠勇为爱国之本；（二）孝顺为齐家之本；

（三）仁爱为接物之本；（四）信义为立业之本；

（五）和平为处世之本；（六）礼节为治事之本；

（七）服从为负责之本；（八）勤俭为服务之本；

（九）整洁为强身之本；（十）助人为快乐之本；

（十一）学问为济世之本；（十二）有恒为成功之本。

这党员十二守则，是中华民族五千年来历史文化的结晶，亦即我们历代相传立国的根本精神，所以我们作为修养革命人格的要素，作为青年团团员的信条，我们一定要恪守自己的信条，才能坚苦卓绝，百折不回，克服一切困难危险的境遇，达成实现三民主义的任务。

二、团员应有的新精神

青年团的团员，既然有了终身奉行的主义和终身服膺的信条，在做人做事方面，就应当表现出一种新的精神。

从做人方面来讲，应当确立革命的人生观，认清生活的目的和生命的意义。我们的生活，不是为了满足个人的物质欲，不是为了个人图安乐，图享受，而是为服务，为革命的，要以"人饥己饥，人溺己溺"的胸怀，为同胞除痛苦，为人民谋幸福。换言之，就是生活的目的，在于"增进人类全体之生活"。再则个人的生命是很有限的，我们要使生命有价值，有意义，就在于利用我们全生命的时间，发挥我们生命的力量，以"创造宇宙继续的生命"，亦即创造国家民族永续的生命和人类悠久无穷的历史文化。换言之，我们能牺牲小我以完成大我，就能使我们生命的空间扩大；我们能牺牲现在，以创造将来，就能使我们生命的时间延长，以至于"永远不朽"。再具体的讲，我们要立志作三民主义的战士与信徒，以团体之生命为生命，打破生死关头，以大智、大仁、大勇的精神，为国家民族之生存自由而奋斗。

从做事方面来讲，我们深知国家之治乱，系于社会之隆污，社会之隆污，系于人心之振靡，所以我们就要以转移风气，改造人心为己任。第一、我们要有践复笃实的精神，即事事认真，埋头苦干，不苟且，不敷衍。第二、要有克己反省的精神，即公诚朴拙，事事反求诸己，攘利不先，赴义恐后，功则归人，过则归己，律己至严，才能感人至深。第三、要有彻底奉行命令的精神，过去国事之坏，由于一般人畏难自私，因循敷衍，致政令不能贯彻。故今后本团团员，要绝对服从团长的命令，执行本团的决议，推行国家的政令，负责任，守纪律，以身作则。第四、要有服务牺牲的精神，即贡献个人的能力、自由、生命与团体及社会，不争权位，不计报酬，不图享受，不辞劳怨，不避艰险，并养成“临难不苟，见危授命”的精神志节。

第三章本团成立以来的回顾〔略〕

第四章今后团务推进方针〔略〕

〔三青团中央团部档案〕

3．三青团第一次全国代表大会宣言

（1943年4月）

我们是中华民国的青年，我们是三民主义的青年。在中华民族遭遇空前袭击的时候，在前线将士风餐露宿、浴血苦战，沦陷区父老兄弟受苦受难、挣扎奋斗的时候，在我们这一代青年要负起空前的责任的时候，为了主义的信仰，为了时代的要求，为了我们自己的责任与工作，以最热烈诚挚的心情，于革命先烈纪念日举行第一次全国代表大会于陪都，恭聆团长训示，对国家、对民族、对人类、也对自身，作一番忠实详尽的检讨，□求未来的途径，现在我们已经确立了共同一致向前奋斗的方针。

我们是青年，有纯洁坦白的心灵，有勇往迈进的胆量。我们顶天立地的站着！崔巍浩瀚，引起我们悲歌与壮志的，是祖国的山河；灿烂光明，需要我们爱护与发扬的，是祖宗的遗业。我们不是没有痛苦，但从不悲□；我们更是有远大的愿望，但决不幻想。我们敬以至诚至正之心，陈述我们的认识与希望于我们全国青年与全体同胞之前。

我们相信历史的车轮，自有其轨迹，而终必趋向光明。五千年的民族历史，累积传递到现在，遗留着多少惨痛艰辛的经验与盘根错节的问题，要我们来解决、来排除；展开多少光明的事业与灿烂的前途，要我们来创造，来完成。正在我们这一代，要用全民族的力量与敌人争生存于俄顷之间；也正在我们这一代，要将一个次殖民地的产业落后的国家造成为一个独立自由、富强康乐的现代国家。我们有着先圣昔贤坚贞宏毅的血液，而要传诸活泼健全自由自强的子孙。我们的责任，比诸任何时期任何国家的国民都要重大。我们的成就，将使并世诸国数千百年所完成的，在短短数年内完成。只要能努力，没有人可以阻碍我们的事业；只要能奋斗，没有人能危亡我们的国家。我们何幸而为今日中国之青年；我们愿意用我们的双手，推动我们历史的车轮，向光明的大道前进。

我们相信真理的基础在科学。唯有从科学方可求得真理，唯有从真理方可得到信仰，亦唯有从信仰方可决定行动。根据科学的方法，分析人、事、时、地、物的各种宏观条件。此时此地，没有比求得民族的独立自由，进而谋全人类崇高幸福更重要的事情，没有比从完成个人人格，进而谋全人类平等发展的更圆满的境界，也没有比从困苦穷乏、凌乱失调的社会中，改造而成为三民主义富强康乐的国家更重大的使命。我们用科学的方法与精神寻求真理，从真理中决定我们的信仰，使我们成为生死不渝的三民主义的信徒。我们是青年，是三民主义的青年。我们要做天地间第一等人，要做天地间第一等事。我们要想着我们的信仰——三民主义，为国家尽大忠，为民族尽大孝，为世界人类尽大仁大爱。只要我们信仰不移，没有事业不能完成；只要主义存在，任何强敌亦不能毁消我们的国家。我们为自己能成为三民主义的青年而感奋！我们愿意贡献我们的生命，来发扬我们三民主义的光辉，实现我们三民主义的力量。

我们的责任至大，前途至远，事业至艰巨。但我们有领袖，有主义，只要实践力行，始终一贯，自能从一点一滴汇集为长江大河，汪洋千顷，自能从一篑一撮积聚为崇山高岗，壁立千仞。我们乐为我同胞，尤其我青年们说明的，便是团长在《中国之命运》一书中，已为我们指示出正确明白的途径。团长著作《中国之命运》，不是普通的撰述，更不是寻常的书告。这一部著作的目的，乃是要我们从五千年民族历史文化中，认识我们民族的特质；从百年来悲痛耻辱的史迹和五十年来革命奋斗的历史中，体验我们民族的前途；更从全世界变化动荡中，来确定我们民族的地位和责任，因而发现我们各人对于决定中国的命运，创造中国的命运所应尽的努力和任务。我们审慎的研究，细心的分析，认为我们革命建国的方向，以至个人终身立业的大道，只有从这一部著作中去体味，去认识，去实践力行，终不致徒劳无功，终能无负于我们时代的使命。这一部著作已为我们详尽指示了应做的工作，应走的道路，应担当的责任。其中最主要的一句话，就是要我们全国同胞尤其全国青年急起直追，共同努力，来建设国防、经济、文化三体合一的新国家。

我们是和平的民族；我们中国历史上只有兴废继绝的义战，没有穷兵黩武的侵略。我们反侵略，反黩武；但我们也不畏强暴，也绝不让民族国家的生存受任何的威胁。因此，我们必竭全力于国防建设。现代国防为科学与技术的结晶，无科学即无国防。我们青年，要在全中国的疆土中，用现代的方法，效法祖先坚毅的气魄，伟大的规范，建造一座不可侵略的科学的万里长城，来保障我绵延的文化与世代子孙的生命。这是我们的重大责任。我们一定要从每一门类的科学中，每一精巧的技术中，锻炼出成千成万的工作者，做矿工，做机匠，做科学家，做发明家，做国防工人，做国防军士，以奠定民族万世独立的基础。我们现在以赤手空拳，抵抗敌人优势武力的强暴袭击；我们将来必须以坚甲利兵，迅速完成我们的金汤壁垒。我们是中国国民，是中国青年，就有这一分艰难，也一定要有这一分成就。

我们中国是生产落后的国家，缺乏铁路，缺乏公路，缺乏机械，缺乏工具，缺乏电力水力，我们有资源而没有发展；我们要煤，要铁，要钢，要石油。我们缺乏得太多，需要得太多。总之，我们缺乏工业，要生产。战前我们受不平等条约的束缚，战时也不免发生若干不自然不合理的现象；但我们一定要工业化。我们中国青年，我们不忍见国家贫穷，也不希图自身富足。我们要发展国家资本而不愿自身做资本家。我们能做工，而且必须做工；我们要为国家做工，而不为个人做工。若干人以为战时偶有的现象，财富分配的不均，曾在经济进展的过程中发生纷歧；我们则认为几百万前方节衣缩食的将士，与几千万后方生活刻苦的工作同胞，当然是为国家牺牲以争取胜利，同时亦即为民生主义的经济建设奠定基础。中国是三民主义的国家，中国有崇高伟大彻底革命的领袖，以民生主义建国，为必然之事实。少数缺乏国家民族观念的战时暴利者，以及当前社会上生产偏枯、分配失调的现象，终将为民生主义工业化运动所淘汰所涤除。我们必须从生产的道路上，竭我们的力，流我们的汗，绞我们的脑汁，锄地，拿锤，管机械，入矿山，到图书馆，进实验室，在科学的万里长城中，一草一木的来培植我们的强健康乐们园地。我们要一面从生产落后的现状中，依照国父实业计划跃进而为现代化的国家；一面以民生主义的领导，避免资本主义的覆辙。我们是中国国民，是中国青年，就有这一分使命，也就有这一分自信。

我们祖先所传递累积的文化，是最崇高最切实以人为本位的文化。宇宙间一切新的生命，皆要由人来创造，皆要由人来决定；而增进人类全体的生活，与创造宇宙继起的生命，实为人生最高的目的。因此，国防建设虽为增进战争的技术，经济建设虽为增进生产的技术，我们只认为是当前救国的目标，而不是最后的目的。我们要用这些技术来为人类服务，而不使之役使人生。我们中国再不能去走世界上一切已经走错了的道路。我们要以人制物，而不为物所役；要以人止战，而不为战所毁。我们要接受先圣往哲优秀的传统，并适应近代产业组织的文明，发扬创造，并完成三民主义的文化建设。我们青年从一己的人生观上，必以自己的生命创造宇宙继起的生命，必以自己的生活增进人类全体的生活；而从整个文化上，也必具有济弱扶倾继往开来的精神，以宏扬三民主义文化于世界，永垂不朽。我们是中国国民，是中国青年，有这一分愿望，实也有一分责任。

我们企望这样一个国防、经济、文化三体合一的新中国。这是我们团长所手订的建国方案，也就是我们青年团唯一的志愿。我们不妄自菲薄，但也决不妄自夸大。我们决不要再蹈从前的覆辙，寄希望于渺茫，纵空言而自误，以流于虚浮、浅薄、放纵、荒诞。只要我们能践履笃实，终始如一，我们的志愿必然能实现。目前我们中国随处都是我们努力的进程。主要的是在我们用双手来做，在于我们有方针有办法的努力来做，我们又认为力行由于"诚"，要在"诚"字上痛下工夫，痛自悔悟，痛自洗涤，痛自鞭策。唯有"诚"，然后能践履笃实，始终如一。我们要使最大的志愿，表现在最平常的生活中；要使最伟大的事业，托始在最切近的行动中。我们要大处着眼，小处着手。因此，我们愿各尽其能，各就所宜，根据《中国之命运》中所指示五项建设的需要，做小学教员，做飞行员，做工程师，做边疆屯垦员，做乡村自治员。我们认为信仰以主义为第一，人生以劳动为第一，学问以科学为第一，事业以建国为第一，职业以工业为第一，伦理以民族为第一，立国以军事为第一，这七大认识应为我们修身立业的具体信条；而实行劳动，尊敬长上，尊敬妇女，尊重农工，服从命令，则为我们的行动基准。这都是我们团长明确的指示。我们要将这信条与行动打成一片，首尾贯串，表里透彻，深信必能完成我们青年的使命与责任。

我们是青年，我们要写出我们国家未来光明的历史，更必须认识我们过去光荣的历史。我们回顾中华民族五千年立国的光荣历史，我们有雍穆庄严万古不灭的文明，有凿山辟险硕大坚贞的工程，有蕴蓄丰富造诣精微的学术，有抵抗侵略屹立不摇的精神。我们认为这五千年来民族祖先遗留的光荣历史，必须有人继承；而继承之者，应为我们全国的青年。我们更回顾五十年来国民革命的光荣历史，这其间有国父与先烈多少的心血，有志士仁人牺牲了多少宝贵的生命，更有多少惊天地泣鬼神的艰难奋斗。我们认为这革命的伟业，更必须有人继承，而继承之者，应为我们全国的青年。我们更要知道国父与先烈们含辛茹苦、冒险犯难，不惜牺牲一切，来致力国民革命，其目的就在于发扬光大我们民族光荣的历史。然而在国民革命奋斗的过程中，曾经遭遇了多少的艰危挫折，忍受了多少的讥讪、毁谤、阻挠和耻辱。这种孤臣孽子忍辱负重的辛苦，不是通常的言词所能纪述。革命建国的伟业一日未完成，便是我们后继者一日未尽其天职。怎样达成前人未竟的志业，湔雪前人所忍受的耻辱，其责任又在于我们全国有志革命的青年。

我们要继承民族的光荣历史和革命的光荣历史，来发扬先烈的遗绪，开辟未来的光明，我们必须认清自身所处的时代。我们要知道现在时代和从前完全不同，世界上产业革命的结果，早已使个人本位进而为团体本位；而当前的民族战争，更不是个人的斗争而为全民的斗争。我们中国青年此刻如仍以个人为本位而孤立奋斗，即有豪情壮志，亦不能对国家作有价值的贡献；如不幸而恃才恣肆，踏入落伍的英雄思想，则将妨碍国家的发展，而成为民族的罪人。所以今日的青年，断不能再耽溺于气息恹恹的病态生活，断不可再苟安于冷酷自私的散漫状态；应该发扬爱国热情，认识革命意义，建立革命的人生观，过有组织有训练的生活，以贡献于有价值有意义的事业。我们是现代的青年，我们要鄙弃过去那些愤世嫉俗的观念和名士高蹈的习气。我们要以组织代散漫，以团体代个人，以整齐一致互助合作的集体奋斗，来代替游离孤立，一盘散沙的现象，然后我们青年才能有力量，有前途。团长组织本团的意义在此；我们献身于本团的意义也在此。本团无时无刻不期待全国青年共同参加我们革命建国的工作。我们于此，愿申团长对全国青年的呼召："青年团是国家大动脉里面的新血轮；凡是中国青年，都有入团的权利，也有入团的义务。"

我们认为民众如散沙，青年如水泥，国家如大厦。我们应该深入民间，凝结我们全国同胞为坚实的柱石，以支持此民族生命所托庇的大厦。我们认为国家如机器，青年如燃料、如零件。我们愿意做煤，粉身碎骨，拿我们的热力来发动此机器。我们愿意为最小的零件，终年劳动，不锈不腐，发挥力量，以成就此机器之伟大的工作。我们更认为今日中国，如在惊涛骇浪中鼓棹向万里长途的一只巨船，而我们青年应该作千辛万苦推拽前进的舵工和桨手。我们要用血洗清我们国家的耻辱，要用汗来建造我们民族的前途。我们要负责任，而不争事权；我们要创事业，而不争名利。我们认识我们革命环境还有很多的障碍；我们更承认我们建国事业，必会遇到重重的荆棘。我们不但不怕危险，而且要迎接危险；不但不怕困难，而且决心克服一切的困难。我们的工作愈是危险，要愈能戒惧；愈是艰难，要愈能谨慎。唯有以戒慎恐惧的态度，抱坚定不移的决心，总能保证我们的成功。我们已领受团长的指导，我们已具有达到成功的勇气与自信。我们遵照团长的指示，根据工作的需要，已经分别议定了具体方案，并以最大的决心，实践力行，贯彻到底。然而我们的任务异常重要，目标亦异常远大。我们更希望全国青年人人具有这一份勇气与自信，共同参加这一个千载一时的伟大工作。全中国男女青年们，我们要堂堂正正的做一个中国的国民，做民族历史和革命事业的继承人，做我们领袖领导下革命建国的干部。

我们代表大会所最感觉欣奋的便是我们发现了中国的命运便

是我们青年的命运。我们从此更充实了人生的意义，因为我们获得了团长伟大的指示，已有正确健全的人生观，也已有贡献自己的光明途径。瞻望锦绣山河，怀想祖宗基业，追念殉国死难同志同胞的无数英灵，省察我们青年所负的责任，我们不独自己黾勉，更呼召我们同年龄同志节的全国青年，一致奋起；化热情为毅力，化孤立为团结，和我们携手奋斗，共同迈进，追随我们领袖的导引，服从我们领袖的命令，贯彻我们领袖的主张，争取神圣抗战的胜利，完成革命建国的大业，完成我们主义与时代的使命。

〔三青团中央团部档案〕

4．三青团中央干事会拟团三青团纲草案

（1944年3月）

第一章　团的产生及其历史使命

青年，为革命的先锋队。近五十余年的中国革命运动史，也可说是一部青年运动史。

在这五十余年间，中国青年的革命运动，有三次伟大的结合：

第一次的大结合，是总理创立兴中会以至同盟会，全国革命青年，风起云涌，一呼百应，卒造成了中华民族空前的民族革命运动。在这次伟大的革命运动当中，虽然经过了若干次的失败和挫折，终于在黄花岗七十二烈士壮烈牺牲以后，接着武昌起义，辛亥革命成功；使五千年来的专制政体和二百余年的满清腐败政府，为之摧毁，而为四万万五千万人民所共有的中华民国，乃告诞生。

第二次的大结合，是在民国十三年本党举行第一次全国代表大会以后，总理一方面着手健全党的组织，一方面创办黄埔军官学校，于是全国革命青年，又风起云涌，一呼百应，都集合在青天白日旗帜之下，参加国民革命。这一次的大结合，第一步便肃

清了广东的反革命的叛逆，第二步便完成了北伐与全国的统一，第三步更巩固了革命的政权，奠定了我们抗战建国和取消不平等条约的基础。

以上两次的全国革命青年大结合，都有它不可磨灭的最光荣最伟大的成就。

二十六年七七事变以后，我团长领导全国军民，奋起抗战，为适应国家民族与全国青年迫切的需要，乃组织三民主义青年团。二十七年六月十六日，团长发表告全国青年书，特揭橥团的产生的三大意义：第一、为求国民革命新的力量的集中；第二、为求抗战建国的成功；第三、为求三民主义具体的实现。是年七月九日，团在武汉宣布成立，全国革命青年，闻风而起，无论是在学校，在工厂，在乡村，在边疆，在海外，尤其是在敌人兽蹄蹂躏之下，都抱着火一般的热情，铁一般的意志，为了革命，为了抗战，为了建国，争先恐后的一齐集合在青年团的组织当中，使得青年团的组织，很快的成长起来。于是，在三十二年三月二十九日，召开了第一次全国代表大会。这一次的大会，团长告诉我们，和本党的第一次全国代表大会，是有同等重要的意义。其主要的目的，就是要号召全国革命青年作第三次的大结合。

现在，便是我们全国革命青年第三次大结合的开始。

这一次的大结合，从远处来说，是要继承五千年来祖先的遗业，民族的光辉；从近处来说，是要发扬本党五十年来国民革命的历史，完成第一第二次全国革命青年大结合所遗留给我们的责任。也可以说，就是要完成我们国民革命的伟业，建立一个三民主义的新中国。

“继往开来”，“革命建国”，这正是我们三民主义青年团产生的意义和历史的使命。

第二章　团与党的关系

团的产生，既负荷了这样伟大的历史使命，但是和我们党的历史使命，并无二致。我们要知道，这正是我们的党，为了自己的基础更巩固，自己的力量更充实，更强大，更能完成我们的三民主义和政纲政策。因此，经党的临时全国代表大会的决议，将组训全国青年的责任，交给团，使团成为党内的一个组训青年的机构，去培植党的新细胞，新血轮，开创党的新生命，以永恒的保持党的健康，使党能及时进展，并不断的发扬光大。所以，团与党，是合体同命的，是不可分离的。

党与团，同一主义，同一领袖，同一政纲政策，同为实行革命建国的总指挥部。成年的国民入党，青年的国民入团；各守其分，各尽其责，在摧毁反革命的斗争中，在建设新中国的努力中，团又是党的生力军。

但是，团与党，也有一点不同的地方。团长指示我们，“凡属有志革命的革命青年，要由团予以严格的组织和训练。因为青年一切尚未成熟，必须有特殊的管理和启导，才能够养成他的革命精神，发展他的聪明才智，使他成功一个顶天立地的革命者，能够依照领袖的命令，实行主义，贯彻到底。这就是青年团特殊任务。团与党的不同之处，只在他负有特殊任务这一点”。所以，团与党的不同，只是负有不同的任务。可是，这还是为了健全党，充实党。就整个团与党的关系来说：“团必须要服从党的领导，党必须要扶植团的发展”。

第三章　团的性质

了解了团的历史使命和团与党的关系，当然可以明白团的性质。我们的团，迎接了新的时代，担负了新的任务，我们要涤荡一切旧污，扫除一切积垢，为了抗战的胜利，为了建国的成功，为了主义的实现，我们以彻底的革命行动，去完成革命的建设，所以团是具有十足的革命性的。

团是革命的，这是我们总括的说法，如果将他分析的说，叫我们的团，同时具有政治性，教育性，和社会性。

一、政治性。因为我们的团是革命性的，因为我们的团名为三民主义青年团，所以为了要实现我们的三民主义，为了实现我们的三民主义，要保障，发展，并巩固我们三民主义的革命政权，我们的团，当然是政治性的。

很显明的，团的政治性，是革命的政治性，是建设的政治性，我们的行动，是革命的行动，是建国的行动。所以我们青年加入团，是为了革命，是为了建国，而不是为了取得个人的政治地位以从事一般的政治活动。

同时，团既具有革命的政治性，为了要扫除革命的建国的障碍，当然需要革命的斗争，和政治的斗争。但是团的革命的政治的斗争，不是目的，而是不可避免的一种手段；这种斗争的手段，是为了挽救国家民族的危难，而激于义愤的一种必然的行动。是堂堂正正光明磊落而进行的，是用理论的说服和行动的感召作基础的，决不是采取一种不正当的阴谋方式的。

二、教育性。因为我们的团是革命性的，我们的团是青年的团，所以为了革命要充实我们青年的学识，锻炼我们青年的体魄，增强我们青年的能力，培养我们青年的品德，我们的团，当然又是教育性的。

我们的青年，纯洁、热情，有气魄、有勇敢，但是在他们的学识、能力、品德没有成熟的时候，他们是不足以担当青年团的伟大的革命建国的使命的。所以，青年团是要从不断的教育不断的训练当中，去健全每一个青年，集合千百万健全的革命青年，才能够成功一个坚强的革命战斗体。在这个坚强的革命战斗体中，才能够发挥伟大无比的革命力量。

三、社会性。因为我们的团是革命性的，革命是"利他"，革命要"力行"，所以，为了要利他，要力行，便要牺牲小我，便要为社会服役，便要从行动中表现团的服务精神。因此，我们的团也是具有社会性的。

团不能离开社会，团要在社会中去改造社会；团需要广大的青年的参加，也需要广大的群众的拥护。要改造社会，要青年参加，要群众拥护，如果只凭口头和文字的宣传，是不易取得绝对的信任的。所以团要以行动来充实宣传，而服务就是我们的行动。我们在社会上的一切行动，都是含有服务的精神的，都是为了改造社会，爱护青年，福利群众而服务的。

综合以上三点来说，团的根本的性质当然是革命性；而在革命性的当中，同时是具有政治性、教育性和社会性的。不过，政治性、教育性和社会性，三者是不能分离的，是互相联贯为用的。为了革命，团当然要有政治行动，当然要教育自己的青年，当然要表现自己是一个三民主义的力行者，而为人群为社会服务。如果忽略了政治性，便忘记了主义的实现，忽略了教育性，便使自己的力量腐锈衰退至于无用，忽略了社会性，便是关起门来使人群社会不知有团，更不认识革命。

团的性质的确定，是团的目的、任务、工作的确定的前提，所以我们应特加重视。

还有一点，我们要加以说明的，就是我们的团，对于全国青年的关系。我们可以说，团是属于全国青年的。因为我们的团，与全国青年的关系为不可分。全国青年，不但人人有入团的权利，也人人有入团的义务。《中国之命运》更指示我们："今后全国青年们，如果真要发展你革命大志，完成你建国大业，必以加入青年团为立身与报国唯一的程序，而且是必取的途径"。又："青年团为三民主义青年统一组织，我全国青年唯有在青年团指挥之下，方能端其趋向，循其正道，而不致于自误以误国家。亦惟有在青年团工作计划之内，才能依正确的方向，定一生的专业"。又："全国青年不独须认识其入团为事业的发轫，而且感觉其入团为光荣的开端，所以全国青年更应知青年团的生命即是我全国青年的生命，青年团的健全即是我全国青年的健全"。因此，我们团是属于全国青年的，荣辱成败相关的；团的门是向着全国青年而开的。全国青年，凡是有绝大的抱负，为革命，为报国，都应当大步踏进团来而为团努力，团将永远为青年的家庭，为青年的学校，为青年的工厂，为青年的营垒，为青年的乐园；团永远为全国青年而存在。

第四章　团的目的和任务

团的目的和任务，在团章第二条是这样规定的："本团以团结并训练革命青年，实现三民主义，捍卫国家，复兴民族为宗旨"。宗旨包括了目的和任务。从这一条去分析，我们可以说："实现三民主义，捍卫国家，复兴民族"，是"团结并训练革命青年"的目的，也就是团的目的；而"团结并训练革命青年"，则是实现三民主义，捍卫国家，复兴民族"的一种手段，一种任务，也就是团的任务。

甲、团的目的

团的目的，在"实现三民主义，捍卫国家，复兴民族"。如果归纳的说："捍卫国家，复兴民族"，也是为了保障和促进三民主义的实现。因为三民主义之实现，是我们最远大的最崇高的目的，为了达成这个目的，我们就要先捍卫我们的国家，使之安定而不受侵略；也要先复兴我们的民族，使之自尊自强而发扬光大。可以说：能捍卫国家，复兴民族，则三民主义的实现才有基础。以目前的实际情形而论，如果我们不能捍卫国家，则我们的抗战便不能得到最后的胜利；我们不能复兴民族，则我们的社会，永远落后；如此，实现三民主义便将落于空想。所以，捍卫国家，复兴民族，是我们当前的初步的目的，而实现三民主义，则是我们远大的崇高的最终的目的。

一、捍卫国家。我们的国家，是我们民族生存之所寄托。我们曾经受过敌人空前的残酷的侵略。虽然我们已经得到了最后的胜利，但是我们还有受再度侵略的危险，因此，我们的青年，一定要能随时的从天空、陆地、与海上，去消灭我们的敌人，以保障我们的胜利与和平。使我们的国家，永远不受侵略，使我们百千万革命先烈以鲜血所浸润灌溉而产生而培养的中华民国，成为世界上一个自由平等独立的国家；我们的领土永远完整，我们的国防永远巩固。我们在安静的国土中，去实现我们的三民主义，使我们的人民得到富强康乐的幸福。进而与世界各国，共谋社会的进化，以实现大同世界的理想。所以，我们捍卫我们的国家，也就是捍卫我们的三民主义，更可以说，是捍卫世界，以消灭任何侵略主义者。

二、复兴民族。我们中华民族，有五千年来辉煌的民族文化，崇高的民族道德，坚毅的民族精神。我们所以能巍然存在于今日的世界，而拥有四万万五千万的同胞，这决不是偶然的，而是凭藉着我们祖先艰难缔造的民族文化，经过千锤百炼，从无数万次的灾难侵袭中所坚苦奋斗出来的。我们的民族，实在值得讴歌，值得夸耀。我们必须要使他继续永存，发扬光大。所以复兴民族也是我们团的努力的目的。我们的目的，是要使我们中华民族，恢复他的光荣与幸福，使每一个青年都能树立民族的自信心和自尊心。在这种自信心、自尊心的基础上，然后才可以树社会新风气，才可以实现我们的三民主义。我们更要知道，我们的民族虽然古老，我们却要自力更生。物质文明虽然落后，但这仅是近代历史的一个短距离的文化，只要我们努力，便可以很快的赶上的。而我们的悠久光辉的民族文化，民族道德，民族精神，则是永远不可磨灭的。我们相信，国际的正义，世界的和平，将要凭藉着我们的文化力，道德力，精神力，来维持，来保障。我们中华民族，将是世界一个青年的模范的民族。

三、实现三民主义。实现三民主义，是我们远大崇高的最终的目的。我们为了要实现我们的三民主义，我们才要革命，我们才将自己的生命自由与能力，一切供献给团。但是，实现三民主义，决不是一句宗教的信条，而是要具体的实现的。所谓具体的实现，就是要建立一个三民主义的国家。三民主义的国家，就是一个民有民治民享的国家；也就是要达到现代化、科学化、工业化的新的组织，与文化、经济与国防合一的整个建设计划的实现的国家。要等到这个新的国家的实现，我们三民主义的思想与精神，也便自然的宏扬于世界，而为全体人类所共同信仰，世界大同的理想，当然可以实现了。

因此，实现三民主义这个目的，决不是一个短的时间所可以完成的。我们已经取得了实现三民主义的革命政权，今后的唯一的责任，就是要我们适应环境和时代的要求，一步一步去切实计划，妥善实施，而尤其要握定三民主义的政策，照着正确的方向前进。对于妨碍三民主义政策的一切思想，心理与势力，无论是内在的或外来的，也要不断的去驳斥、纠正与铲除，然后，三民主义才不致被分割，被曲解，被假冒；然后三民主义的实现，才能真正的整个见诸事实。所以我们的团，为了实现三民主义，在积极方面，我们要保证三民主义政策的正确与实行；在消极方面，我们要与一切反三民主义，或分割、曲解、假冒三民主义的势力，作彻底的斗争。

（1）民族主义的实现。我们认为中华民族，是由悠久的历史中，结合多数民族而成的一个整个的中华民族，成败存亡，荣辱安危，都是整个的。我们自然成长而据有我们生存所必需的领域，我们共同保障而缔造我们生存所必须的国家。我们民族的生存如果受到妨害，我们整个民族必起而反抗以自求解放。同时，国内各民族，一律平等，任何民族的利害，亦即整个民族的利害，民族与民族之间，凝固团结，互相共荣，息息相关，成为一体。我们对外既不受其他民族的侵略与统治，我们对内也不容有分化离间的意识与行动。我们要自由独立于世界。我们要联合世界上以一切平等待我的民族共同奋斗，以保障世界各民族的平等幸福。

我们决不可自怯自卑，以仰其他民族的鼻息。所以，凡足以妨害民族的生存，或出卖民族的利益，或破坏民族的团结，或削弱民族意识而丧失民族自信心以倚赖或献媚于其他民族者，都足以妨碍民族主义的实现。团对于此种行动、言论、思想，必须加以彻底的肃清。

（2）民权主义的实行。我们认为中华民国的政权，为全体国民之所有。我们于间接民权外，还要实行直接民权，我们的国民不但有选举权，并且有创制权，复决权，罢免权。更基于我们五权分立的制度，我们可以说，这是最彻底的民主政治。凡是主张阶级专政，或实行武力与政治的割据，以造成变相的军阀与新式的封建，这都是破坏民权主义的实现。纵使他们假借民主的口号，这不过是自私自利的一种烟幕，我们决不容其存在。至于中华民国的一切官吏，都应该自认为人民的公仆，宪政实行以后，进而由人民选举所产生，所有一切旧的封建观念与官僚主义，必须彻底廓清。而在官僚主义掩护之下的土豪劣绅，以及旧社会的渣滓中的地痞流氓，都是剥削人民权益，妨害民权主义实现的最大障碍。这种障碍，团必须尽力给以铲除。

（3）民生主义的实行。我们首先要认识“民生为历史的中心”，“精神与物质并存而不可偏重偏废”。完成民生主义的经济建设，即所以推进社会的进化，解决一切民生问题的基本。三民主义的最高理想，也要等到民生主义的实现才算全部完成。所谓民生主义的经济建设，一则在于节制私人资本，发展国家资本；一则在于平均地权，使耕者有其田，土地权不至再为少数人所操纵。这两个大的问题的解决，同时，实行计划经济，发展现代生产，进而做到民生与国防的合一，使人人平等劳动，平等享受，即无贫富，亦无阶级。所以，凡是一切的经济政策与经济设施，必须遵照这个原则去进行。如果偏重于个人自由主义的经济学说，或偏重于唯物的理论，或偏重于阶级的私利，甚至鼓励阶级斗争，实行经济割据，这都是违反民生主义的原则。其次，如囤积居奇，操纵物价，藉战争以致富；或操纵金融，垄断生产，剥削劳工，独占利润，以蹈资本主义的覆辙；或官商勾结，混为一体，营私舞弊，把持物资，以走上官僚资本主义的道路；或勾结外国资本，把持实业，横纵市场，以形成新式的买办阶级，而侵占国家利益，破坏政府法令。凡此，都是与民生主义背道而驰。为了保障民生主义的确切实行，团必须予以坚决的反对与矫正。

综括以上三者，凡是违反民族、民权、民生主义三者之一，也就是违反了整个的三民主义，团必须很明白很警觉很细心的去认识这些现象，考察其中的原因，研究解决的办法，以最大的决心去挽救，去扫除，去斗争。

乙、团的任务

团的任务是团结并训练青年。团结青年是要有严格的组织。训练青年，更要有特殊的训练。所以，严格的组织和特殊的训练，也就是团长所说的青年团与党的不同的两大任务。

一、组织青年：青年之所以能成为一种伟大的力量，这种力量之所以能完成他的伟大的使命与崇高的目的，第一个条件，便是要有组织。没有组织，便是一盘散沙，一盘散沙，便是我们中国衰弱不振的第一个致命伤。所以，我们的团，为了完成我们伟大的使命和崇高的目的，我们必须有组织。

组织，是我们团的生命之所寄托，我们必须使团的组织，成为一个坚强的革命战斗体，从组织当中选拔培养革命建国的人才；以组织的力量，去摧毁并克服一切新的、旧的、外来的、内在的危险和困难，以完成革命建国的工作。

团的组织，一面在组织革命的青年，即发展并巩固团的本身的组织；一面在组织全国的青年，即统一并建全社会之一切青年组织，革命的青年组织。革命的青年有了组织，然后才能使全国青年的组织有重心；全国青年有了组织，然后才能使国家的组织得到健全的发展与确切的保障。

团的本身的组织的系统，基本的组织单位是分队，在特殊的环境中，还可以缩小为小组。分队和小组，是深入于青年群众中间的组织，日常在青年群众中进行团的工作，吸收新团员，培养新干部，扩大团的影响，增厚团的力量，所以名为基本组织。由分队和小组，一层层的自下而上，紧紧的结构成为区队、分团、区团、支团，以至于中央。中央便是全团的首脑，全国革命青年的总指挥部。

团的各级组织，散布在国内各城市、乡村、各职业、产业部门，国外各华侨所在地。换句话说，凡是中国青年所到的地方，都需要有团的组织。

同时，团的组织，建立在一切青年组织的当中。我们要做到全国的儿童以至青年，无论是在学在业，甚至于失学失业，都必须成为组织之一员。在组织的纵的系统当中，自幼童军（六岁至十岁）、童子军（十岁至十六岁）、少年团（社会儿童十岁至十七岁）的各级组织，一直与团的组织相衔接，在组织的横的发展方面，在各地方，各学校，各工厂、矿山、农场、海外、边疆，凡青年学生，青年工人，青年农民，青年军士，青年商民，青年职员，青年妇女，以至于各地儿童，都有他自己的组织；他的组织，都与团的组织密切配合。

这样，团成为全国青年组织的核心，全国青年成为革命建国的主干，这正是历史与时代所告讯我们的成功之路。

但是，团的组织，必须要有严格的纪律，组织才能巩固。团长说："纪律为最真实的力量"，就是告诉我们，有纪律的组织，才能发生伟大的力量。所以团的纪律，乃是团的组织所决不能缺少的条件。团的纪律，是严格的，也是平等的。团长对此，曾有明白的训示："不仅是团员违约背盟，要受我团体和同志的制裁；就是我为团长的，若有稍违盟约，不守团章，违反纪律的时候，亦要受我团体共同的制裁。因为纪律是平等的，团章是整个的，决无上下之别的。”因为纪律不严，则不能强固组织，纪律不平等，则纪律的执行，不能贯澈，所以严格和平等,是纪律的两大要素。但是，团的纪律，不仅是一种条文的贯澈与划一的实行，而是全体思想、行动、生活的统一的表现，不是自上而下的一种力量的压制，而是干部的正确的领导与以身示范和每一个团员自觉、自动、自尊、自爱的意志所形成。所以，团的纪律，建立在教育的意义上。团要尽量采用劝导说服与自我反省的方式，尽量培植他的自觉力、自动力和自尊心、自爱心，使每一个团员，都能自己真诚的发现自己的错误，都能明白他的错误的因果和改正他的错误的办法，真正做到自动自觉的纪律，而免除被动强制的方式。除非真是故意的犯过的行为，必须执行严格的惩罚以外，团的纪律与团的训练是不可分的。

二、训练青年。前面说过，团的生命寄托于团的组织。但是，有了组织，还必须组织健全，生命才能健全，因此，团必须从不断的训练中，不断的教育中，去健全每一个份子，进而健全整个团的组织。所以，团的训练的任务，应与团的组织任务是同时并进的，同等重要的。如果团的训练落后一分，则团的组织便松懈一分；团的训练加强一分，则团的组织便健全一分。

因此，团的训练的任务，是团的一切工作的焦点。换句话说，团的一切的工作，都含有充分的训练意义。团长告诉我们：“团要有特殊的训练”。因为我们是青年的集团；因为我们要完成一个空前的伟大革命建国的使命；青年是未成熟的，使命是艰巨的，所以我们必须训练每个青年团员，使之人人成为三民主义的信徒，人人成为三民主义的战士，人人成为建设新中国的干部，人人成为有革命热忱，有完满人格，有现代知识，有建国技能，体魄强健，意志坚韧，能刻苦耐劳，能冒险犯难，不达目的，决不屈服退避的坚强人物。如此，尽管使命是如何的艰巨，我们当然可以去克服，去完成。

更进一步，我们不但要在团的本身中加强训练，我们还要在社会各种青年组织中，各级学校中，单独的或辅助国家机关，去训练青年，训练儿童。团必须以三民主义的精神，为改造社会风气，为改造青年的思想，体格、生活、习惯而努力。更为扫除文盲与提高每个青年的智识、文化、道德、体力而努力，在任何边远的乡村，团必须派遣团员为教育文化而服务。

团的训练，为适应革命建国的需要，内容当然是无限的丰富。他有不同的若干部门，每个部门又有若干的课目，每课目更有若干的等级。部门是性质的不同，科目是科学的分类，等级是成度的差别。自不识字的农工团员以至大学专科以上的学生，都有适合他的不同的训练教材和训练方式。更为适应不同的环境，复有不同的知识与技术的训练。总而言之，团的训练，是因时、因地、因人而设施的。现在就其基本的各部门，分别作简单的说明。

一、政治训练　政治训练，是团的最基本的训练，就是政治的革命的知识和技术的训练。也就是三民主义的理论与实施的训练。要使每一个青年，都能深切了解三民主义，养成三民主义的人生观，知道实行三民主义的一切方法和技术，同时必须认识中国历史，和中国国民党史，更能通晓政治常识，国际情势与国内政治的一切设施。在另一方面，要能熟习民权初步，知道怎样运用四权，知道怎样从事团务工作，知道怎样管理众人之事，知道怎样去和反三民主义的势力斗争。虽然各个青年的本身职务不同，但是要使他认为政治与革命，也就是他的职业，也就是全体一致的努力方向。要使他们养成政治的生活。

二、军事训练　军事训练，是团的训练的特色。也就是团的训练所以严格的特征。我们的训练，要使每个青年，都娴习军事的知识和军事的技能，尤其要养成军事化的生活和尚武的精神。凡是射击、驾驶、滑翔、降伞等技能，每个团员都要成为熟手，在任何时间，青年团团员，都能参加陆海空军，去为保护并巩固三民主义的国家而奋斗。

三、体格训练　体格的衰弱，是我们民族真正的弱点。我们要使民族新生，必须首先改造并增进青年的体格与健康。团的体格的训练，是要造成一种狂热的风气，有时也要采用一种强制的方式，使每个青年都参加各种体操、球类、田径、滑冰、游泳等活动。自己如此，还要指导人家如此。与军事训练同时并进。使每个青年有钢躯铁骨，如生龙活虎，这样，才算是一个青年团团员，一个现代的中国青年。

四、生活训练　团的生活训练，前面已经说过，要养成军事化的生活。但是，这还不够。我们还要养成劳动化和艺术化。这也就是团长所创导的新生活，使每个青年，都能明礼义、知廉耻、负责任、守纪律、简单朴素，整齐清洁，使平时与战时一致，家庭与学校一致，各职业各阶层的人民也互相一致。都能克勤克俭、都是朝气蓬勃。然后，整个的社会便能造成一种新的风气。

五、技术训练　技术训练，包括很多，主要的是生产技术训练。我们是现代的青年，要建立现代的国家，团的训练，必须使我们的青年，都能制造或运用现代的生产工具。由初步的技能以致于专门的研究；注重应用的科学也要注重纯粹的科学，尤其是国防科学；必使“一人专一技，”或“一人专一学”。全国青年，都能由空谈者变为力行者，都能锻炼成为科学建国的技术人员，这样，团的基础才能真正的巩固。

第五章　团的组织精神

团的组织精神，就是团的民主集权的精神，团根据这种精神，建立了团的民主集权制，团的民主集权制，使团的组织，成为一个统一的有机整体，使全团的意志与力量，得以无限的发挥和无上的集中，使团的工作，能够适应一切的环境，克服一切的困难，而能有计划有步骤的领导。这是我们的团，为了领导的健全与正确而最可宝贵的成就。

民主和集权，是民主集权制的整体的两面。民主是集权的基础，集权是民主的运用。也可以说：民主为体，集权为生。我们要为民主，也要集权；我们要集权，更要民主。民主和集权，即不能抛弃那一方面，也不能截然的划分为两段，我们将它一环紧接一环的联贯着整个团的组织，使它密切配合，随时都能发生最大的效用。

团的各项工作方针、工作计划与一切问题，以及纪律的执行与新团员的介绍，都须经过团的各种会议，从事讨论和决定。所以在团的各级各种会议中，每个团员和干部，都可以很自由的发表他的意见，彼此之间，更可以站在平等的地位，进行热烈的辩论，讨论愈是详尽，问题也愈益明白，所得到的决议也更加正确和周到。同时，每个团员和干部，因为参加了讨论，便加强了他的责任心，并提高了他的政治兴趣。而对于一个问题的决议，也就能得到真实的了解，可以促成他自觉自动的去负责的认真的执行。所以，在团的各级各种会议中，将所有的问题提付讨论，这便是团的民主精神。而问题一经决定，多数人的意见一被通过，则少数必须服从多数，全体必须服从决议，这就是团的民主集权。

团的各级组织，有上级和下级的关系；团的集权的精神，下级必须服从上级。上级的决议和命令，下级必须绝对的实行。如果对于上级有不同的意见，也只可向上级陈述，而不能搁置不行。如果上级的答复不圆满或显系掩饰他的错误，更可向上级的上级去申诉，但在未获得解决以前，还是要遵照原决议和命令去执行的。这种精神是为了保持整个组织的系统，而杜绝自由行动和各自为政的弊病，同时更表现了团的各级干部对工作认真的态度。可是在上下级的组织的本身，对于这个决议和命令的颁发、陈述、批答、申诉，也都须经过民主的讨论与决定的。决不是一个干部或少数干部的意见的往返。因此，这种通过民主精神的下级服从上级，也就是团的民主集权。

团的各级的关系，还有一种最重要的民主精神，就是各级的领导机构和领导干部，都是自下而上的由选举所产生。分队会议，选举他的分队长附；区队团员大会，选举他的区队长附；分团代表大会或团员大会，选举分团干事监察，区团代表大会，选举区团干事监察；支团代表大会，选举支团干事监察；全国代表大会，选举中央干事监察。而各级代表大会的代表，又都是由各该下级团员大会或代表大会所产生。所以，在团的各级大会中，团员或代表，可以很认真的选择他自己的领导干部，而所选出的领导干部，一定也是最大多数同志所信仰的人物。因此，团的各级领导机构，便成为有能力有威信的机构；下级对于上级，也自然没有丝毫隔阂而能真诚的服从。

但是，团员对于他所选举的干部，也并不是不负责任的，他要随时去监督他的干部，使他能很负责的执行团的工作；如果发现他的干部不忠实，不努力，甚至违反纪律，他还可以依照团的规定，提出不信任，或提出弹劾与控诉，甚至提出罢免。至于干部的本身，一经选出，也并不是就可以离开他的团员群众，而凭着自己的意志去作工的。他也要经常的听取下级团部和团员群众的意见，选拔新的干部参加工作，并定期向团员作工作报告，接受我们正确的批评。这样，团员和干部，上级和下级，才能密切的打成一片，这也就是团的民主集权的最大功效。

团的民主集权制，还有一个重要精神，就是工作检讨。团的工作，不会没有缺点，有时也会发生错误，如果让这些缺点和错误延续下去，则团的一切工作，都要受到莫大的影响。所以团的各级组织，自分队以至中央，都经常的或定期的举行工作检讨，从工作检讨中，我们可以发现并纠正我们的缺点与错误，我们可以使各级干部随时得到警惕而加强他的责任心，我们可以使一切工作更正确的更有力的推进。每个团员，都有检讨工作的义务，也有检讨工作的权利，使他们对于团的工作，都能随时观察，随时考虑，随时提供意见，如此，团员与团，也自然生命为一，休戚相关。团的民主集权制，所以能促进团的健全的发展，民主的工作检讨的精神，这是重要条件之一。

团的民主集权制，须有一个集权的中央。中央为全国所选举而产生，中央的决定，就是全团的决定。全国团员与各级组织，当然都服从中央的领导，也就是全团服从团的领导。中央决定全团的工作计划，指挥监督各级组织，支配全团的人力与财力。由于中央的集权，团的组织和革命政策，才能坚强而不动摇，才能克服一切不同的困难和意外的障碍。

其次，团的民主的最大集权在于团长。这是经我们全国代表大会全体代表一致的决议通过的。可以说，这是最民主的集权。因为全国团员，为崇敬我们的团长，绝对信仰我们的团长，我们出自至诚的愿意遵从团长的一切指示。因为我们团长的一生伟大的革命人格和革命事业，是我们团员最高的模范，他的丰富的经验，与他博大深远的智慧，也是我们团员所应尽心学习的。所以我们受团长的领导，也就是以团长为模范，随时向团长学习。如果每个团员都能从学习中不断的进步，团的组织的健全当然得到最大的保障。所以全团服从团长，在团的组织精神上说，是绝对正确的。

最后，我们说到民主集权制的应用。民主和集权，各有相当的限度，如果超过了限度，使会发生很大的毛病。在团的组织中，因为组织不健全，或者组织建立不久，有时因为环境的关系，代表大会不能召开，选举不能进行，甚至比较多数人的讨论会也无法召集。又因为交通、战事种种阻碍，向上级请示或不可能，或不容易立刻得到答复，团的民主的成份，不能不相当的缩小，以便利各级组织自动自主的去执行一切工作。但是无论如何缩小，最低限度的民主精神，就是分队（小组）会议和干部会议的举行，仍是必须要的。个别的征询意见，以及口头建议与工作报告，或秘密通讯联络，陈述意见，也是要经常进行的。如果前面所说的环境一经改善，则团的民主须应立刻扩大，以保持经常的状态，这是说明了团的民主集中权利应因时因地因人因事制宜而灵活运用。而最主要的目的，是在保持组织的健全与工作有效的发展。

团的民主集权制，是团的成功所决不可缺少的主要条件之一。团自成立以至现在，都是在这种的精神与制度上成长发展。团的第一次全国代表大会，对于民主集权制的运用，尤其成功。大会期间，自始至终，如工作报告，提案审查，提案讨论，选举干部等等，一幕一幕，都是在很愉快很紧张很认真很热烈的情绪中进行，所以大会的效率特别高，收效特别大。这是证实了团的民主集权制的真正的价值。因此，团必须保障民主集权制的贯彻的执行，在团的各项训练中，特别要加强民主生活的养成，提高每个团员的积极性，使每个团员都充分了解民主集权的精神和怎样去实行民主集权制，随时能很活跃的表现他们的创造的能力，负责的精神，随时都能很勇敢的很妥善的很有兴趣的提出问题。发表意见、检讨团务，使团内充满了民主的活泼的愉快的空气。每个团员和干部，都是本着自动自觉的精神去尽忠他的工作。这样，团才能造成新的作风，才能打破衙门化官僚化的毛病，才能肃清一切形式主义、被动主义、粉饰主义的积弊，我们的团，才是一个真正的青年的革命集团。

第六章　团的工作要领

团的工作，是根据团的目的与任务而来的。为达成团的目的与任务，当然要有实际的行动；团的工作，就是团的实际的行动。

在目前，团的工作，总括为四种：即组织、训练、宣传与服务。其余的工作，都是帮助这四种工作的。就是这四种工作，也不是各个孤立的，而是互相联贯的。团的工作，无论何如的繁多，结果都是殊途同归的。

我们就根据这四项重要工作，去指出他工作的要领。

甲、工作总则

一、团的中心工作在组织，并以宣传发扬组织，以服务开展组织，以训练充实组织。

二、团的组织，在发动并领导青年，参加战时动员，战后复员，与新中国的五项建设。并倡导三民主义文化建设运动，国防科学技术运动，国防经济建设运动，新生活运动，地方自治建设运动，国民体育运动。

三、团的工作，应根据行政三联制的精神去严格的执行，并提倡各种工作竞赛，定期举行工作检讨，以增强工作的效率。

四、建立团的视导制度，派员巡迴分赴各级组织，视察团务，指导团务。

五、建立团的监察制度，加强团的纪律的执行，稽核团的各级经费的开支。

六、建立团的干部政策与人事制度，各级干部之选拔、任用、培养、考核以及救济、抚恤等，必须详订法规，确实执行。

乙、组织工作

一、组织工作，以征求团员为第一。优秀的革命的青年，必须广大的尽量的征求入团。而尤注重国防军事建设人材，国防经济建设人材，乡村文化教育人才。同时，并提高女团员人数之比率。

二、团的组织，必须普遍建立于全国各城市、乡村，各大中学，各职业产业部门，海外华侨所在地。

三、随时认真的进行干部和团员考核工作。每年必须举行总考核一次，一面在提高团员的素质，一面在选拔优秀的干部。

四、团员职业学业的管理，失学失业的救济与辅导，专门技术人材的调查、登记、联络与分配，必须专设机构，有计划的确实执行。

五、发展一切青年群众组织，积极领导童子军、少年团，逐步完成全国青年组织的统一。

丙、训练工作

一、训练工作，必须紧接组织工作而进行。首先注重团员训练，应有计划有步骤有充分的准备，分别实施政治、军事、体格、生活、技术各项训练。

二、集中人力物力，办理干部学校、分校及其所属训练班、养成所，以及每年的夏令营、冬令营，以大量养成团所需要的干部。

三、工作就是训练，应充分从一切工作中去进行干部和团员的训练。同时，利用各种会议（最基本是分队会议）、谈话会、演讲会以及报纸、书刊，进行政治的团务的训练工作。

四、尽量协助国家教育机关和公私立各学校，实行三民主义的教育。扫除文盲，造就普通的与专门的人才，尤其注重技术员工的培养。

五、尽可能的在各种不同的环境中，配合有关机关，办理各项工作训练班、师傅训练班、技术常识班、农业常识班、工厂艺徒学校、专技补习学校、农村实验室、各种技术组、职业指导班、政治讲习班、体育班、艺术班、外语班、各种科学研究班，以培养大量的建国人材。

六、训练教材，应有计划的大量分科分级编印，以统一训练的内容，加强训练的效率。

丁、宣传工作

一、宣传工作应把握重点，把握时间，把握对象。主要的在积极的领导青年思想，使三民主义与团长的革命哲学、政治理论，成为群众自己的主张，一切反动的理论，自然归于消灭。

二、号召全国青年第三次大结合，以完成革命建国的伟大使命和目的，应成为群众一致的呼声，使青年均能以入团为一生光荣事业的开端，视团的生命即青年的生命。

三、“爱护国家”，“崇敬领袖”，“拥护政府”，“遵行法令”，要应用历史的现实的种种事实与理论的宣传，使青年由深切的认识而能真诚的实践，进而与假冒革命实际出卖国家民族利益的汉奸国贼，作彻底的斗争。

四、历代圣哲、英雄与革命先烈的光荣史迹，抗战将士与团员的壮烈忠勇的事迹，以及各级同志为国努力的成绩，都应尽量的表彰，以激励青年的志趣节操，鼓舞青年的革命精神。

五、出版报纸、杂志，丛书，举行各种巡迴讲演，巡迴展览，定期广播。提倡各种演说竞赛，论文竞赛。组织各种剧社、文艺社、歌咏队、摄影队、电影放映队。发动各种文化活动。利用各种青年集会与记念节日，以尽量的开展团的宣传工作。

六、宣传工作，应因人、因事、因时、因地，运用主动、机动、迅速、神秘、暗示、预言等各原则，并用各种文字，各种体裁，各种方法，普遍深入于各城镇、乡村、海外、边疆、沦陷区。并应专为儿童、妇女、士兵、农工，编印各种书刊，更须推进国民外交活动，以加强国际宣传。

戊、服务工作

一、服务就是宣传。主要在行动、在实践、在以事实证实理论，在以精神感召青年。

二、团为青年服务，青年为民众服务。在各城市、乡村、学校，逐步建立青年馆、科学馆、服务社、服务队等服务机构，尽量充实与青年福利有关之各项设备。

三、举办各种农、工、矿、冶、纺织、机械等生产组织，提倡青年合作、卫生、互助、储蓄等事业；鼓励青年康乐、旅行、探险、考察等活动，以推行劳动服务，促进经济建设，并增进青年身心的健全发展。

四、贫苦青年，失学失业青年，为战争而残废的青年军士与民众，以及抗战军人家属，都应从精神上、物质上，作有效的救济、抚慰，与服务的工作。

以上就是组织、训练、宣传、服务等项工作与其要领。但是团的工作，在不同的环境中，应有不同的中心工作，更有不同的工作方法，因此，我们对各个地方与各个职业产业部门的工作，应当有特殊的认识。

一、城市与乡村的工作，显然不同，过去一切的工作，往往只集中在城市，对城市的工作，也特别有研究有经验；但是最基本的革命力量，还是潜伏在乡村，所以团的工作，要特别注意乡村。乡村的工作，以文化服务的工作为第一。团应派遣大批教育宣传人员下乡，从事扫除文盲，提高农民的政治、文化、农业、卫生、合作各项常识，协助农民春耕，秋获、防灾、除害，以及地方自治等工作。破除无益的迷信和不良的习惯，扶植他们忠信朴实的固有风尚。电影、幻灯、图片与各项科学的物品展览，应大量的向乡村出发，这是团最主要而又最急要的工作。

二、在工厂、矿山、农场，团的工作，先从规模大的去进行教育宣传工作。普遍的推行识字运动，举办夜校，讲演会，补习各项知识与技术，倡导工作竞赛和工作突击运动，对他们的家庭和子女，尽量的进行服务工作，更须选拔他们的优秀分子，使获得受中等教育和高等教育的机会，使团能有大批的优秀青年工农干部。

三、在各级学校中，应极力的协助学校行政，尽量倡导学术风气，提高他们的纪律生活和政治认识，发动并帮助他们成立各种学术研究和正当娱乐的组织。积极的为同学服务，凡同学遇有疾病或真正贫苦无告，不能续学或不能工作，必须设法予以解决。进而领导他们为社会服务，帮助贫苦民众，或提倡修路、造林，或发起清洁运动，以养成一种劳动化的正确观念，破除一般散漫、懒惰、颓靡、浮嚣的习惯，与消极、狂妄、浅薄、徬徨、自私的心理。随时征求优秀分子入团，对于思想不正确的同学，也要积极的时常和他们接近。遇有机会，就要恳切劝告他们，说服他们。至于干部的选拔，特别的重要，而尤其注意有专门学能的建设干部。

四、在前方战地的团的工作，以协助军事争取胜利为第一。应积极的组织民众，训练民众，动员一切的力量，为军队服务，用种种的方法激励士气。并加强对敌的宣传工作，在战事状态中，应协助交通运输，输送伤兵，救济难民，抢救物资。在战事结束以后，应协助维持秩序，进行安抚人民，慰劳军士，招待伤兵，教育俘虏与一切复兴工作。

五、敌后的工作，应有最灵活的技术，必要时须有武装的组织，建立游击根据地。主要的在打入政治、军事、教育、交通各种机构，随时侦察敌人的军事行动，破坏敌人的作战物资，打击敌人的党政组织，杀害敌人的主要人员，扰乱敌人的军心，策动敌军的反正，并应培植深厚的力量，以配合我军的反攻。

六、在海外的工作，应配合国内政治、经济、文化、教育的整个方针进行，特别着重华侨的政治训练，强固他们的民族意识和国家观念，帮助他们在海外各种事业的发展，奖励他们投资国内的生产建设，劝导技术员工归国服务，并鼓励侨生归国就学或游历。至于留学生的组训，国民外交的活动，对外宣传的工作，都应特别加强。

七、在边疆以宣传服务工作为第一，以宣传工作去提高他们的文化水准，增进他们的政治认识；以服务工作去坚定他们的信仰，破除他们的疑惧心理。举办各种学校、补习班、诊疗所、医疗队，兽疫防治队，以及各种宣传队，耐心的工作。然后逐渐的吸收各宗族的优秀份子入团，逐渐的选拔干部，建立各地团队，进一步加强各项训练工作，展开各项生产工作。奖励内地和边疆的青年相互旅行参观，并鼓励边疆青年到内地求学。不图急切的效果，力求基础的稳固。

八、女青年的工作，是团的主要工作之一，虽然一切工作都包含了妇女，但是在数千年封建势力所积压的社会中，妇女得不到受教育和从事事业的机会，所以妇女的知识、地位、体格、都比较低落；所受的困难，比男子更多；所受的侮蔑和轻视，也是不可否认的事实。因此，必须提高尊重妇女的道德，努力的去进行女青年的各种组训、宣传、服务的工作，积极指导他们正当的职业，和他们对家庭对社会对国家所负的责任，尽量的吸收他们入团，培养她们在社会上事业上的地位，帮助她们去减少家庭的负累，而建立一切有关她们福利的工作。这样，不但是为女青年设想，也是为整个国家社会设想。

九、儿童，是未来的青年，我们要珍视青年，更要珍视儿童，对青年的一切都应当先从儿童培养基础。所以，儿童工作就是团的工作的一部份。关于儿童的教育与服务，团应尽可能去进行，因此，团要协助国家机关，发展儿童的教育，普遍设立儿童图书馆、俱乐部、体育场，诊疗所、技艺所，以及一切有关儿童福利的设备。团员应自动的很热忱的去担任儿童教师，团应训练大批的童子军、少年团各级队长与教育人员，去健全童子军、少年团的组织和训练。关于一切虐待儿童的不合理的行为，团都要自动的或协助国家机关去取缔，去救济。这是保全民族生命的工作，每一个团员都不应忽视的。

十、此外，在陆海空军、青年军士中，各机关青年职员中，在社会各青年自由职业者中，在商人店员以及各工人团体、各宗教团体中，除在党的工作范围内应尽力协助外，都应因时因地因人的不同而选择工作的重心。主要的是适应一切的环境，达成团的任务。

第七章　团员

团的使命、目的、任务、工作，全部都要靠团员去完成，因此，怎样去做一个健全的团员，这不但是团员本身所应当深切了解的问题，也是团所要严格规定并经常注意的问题。有了健全的团员，才有健全的组织，所以团的一切工作，要从健全团员开始。

下面说明怎样做一个健全的团员：

一、团员在没有参加团以前，对于主义，对于革命，对于领袖，对于团，当然已有了明白的认识。即参加了团，对于实践主义，尽瘁革命，效忠领袖，服从团，当然也就下了最大的决心。所以一经宣誓，便要将所下的决心与宣读的誓词，一一见诸事实。将自己的生命自由与能力，一切贡献给团，革除过去陈旧不合理的思想生活习惯，坚定三民主义的人生观，以团的意志为意志，以团的行动为行动，个人的荣辱、毁誉、成败、祸福、生死，都在所不计。终身为三民主义而奋斗，终身为团的工作而努力，真正做到一个革命的力行者。

二、团员入团后，便要遵奉团员十二守则，这是团长再三叮嘱告诫我们的第一件事。因为团员要革命报国，要实行主义，首先要建立革命人格的基础，才能独立不移，确乎不拔，团员十二守则，就是革命人格的基础，也就是实行三民主义的基础。这是中国五千年来历史文化的结晶，也是历代祖先一贯相传立国的根本，所以青年团员，要承先启后，继往开来，就必须遵奉这个历史文化的结晶与立国的根本精神，来自立立人，自救救人。

三、团员参加了团，便是团的组织的一个细胞，决不能脱离组织。脱离组织，便是违反了团的纪律。团的组织的基础单位是分队，所以团员必须编入分队。团员在分队中共同生活，共同学习，共同工作，共同讨论，团员的家庭状况，职业状况，学业状况，以及对外的言论行动，必须为分队所熟悉。分队一切活动，必须参加。分队会议，必须出席。因故不能参加与出席，必须事先向分队长请假，并得其允许。由甲地迁移到乙地，必须办理转移手续。如乙地没有团队，必须仍与甲地组织联系。这样，团员与团，才能融为一体，否则，只是一个挂名的团员，决不配称为我们的同志，也决不为团所容许的。还有一点，就是团员对于团的组织观念，必须加强，要使我与组织为不可分。我们对于国家，要有国家观念，对于民族，要有民族观念，我们在团的组织中，当然要有团的组织观念。人家侵辱我们的国家和民族，我们一定要与他争辩甚至对抗，如果人家侵辱我们的团，破坏我们的组织，我们也要与之争辩与对抗，也就是团的组织观念的表现。站在一个第三者的地位袖手旁观，这也是等于脱离了组织，不配称为同志。所以团员对于组织，不但是形式上的关系，而最重要的是精神上的关系。

四、团员入团后，便要遵从团长所指示的，立志做天地间第一等人，作天地间第一等事。第一等人，便是革命者，建国者；第一等事，便是革命事业，建国事业。要怎么才能达到这个志愿，在团固然要有不断的训练，在自己尤其要有不断的学习，能不断的学习，才能不断的进步，所以，不断的学习，这是我们团员毕生做人作事为学的基本条件。学习的方法，是要各人根据自己的程度和自己的优点和缺点，如不识字的团员，就要学习识字。专门人材有专门知识，也要学习普通常识。这种情形，各人决不相同，只要不断的去学习，我们的学识、品德、能力、体魄，以至于言论、态度、精神、性情，都能从学习中日新月异，臻于完善。我们尤其要更深切的去研究主义，注意时事政治和实际工作经验，要经常读书、看报、写日记，尤其是团长言论与团办书刊，更要特别留心，就是军事知识和技术，也要用心的学习，如此才能成功一个健全的团员。

五、团员作人作事，还有一个主要的条件，便是要不断的检讨自己。检讨自己，就是自省、自反。因为社会上有若干事物，可以使自己堕落，可以使自己毁灭，要免除堕落和毁灭，除了师友同志的劝告诱导，最大的力量还是要靠自己。所以我们的团员，必须要随时自省自反自问，是不是对得起国家？对得起团和团长？对得起父母师友？自己的生活、行动、学识、人格，有没有缺点？然后针对着自己的缺点，去学习，去补救。这样，才能真正的健全自己。尤其我们是革命的力行者，我们随时都要竞竞业业的去完成我们的工作。如果自己不能发现自己的缺点与错误，这种缺点和错误，便要影响到整个团的工作。所以，团员的自我检讨，直接是健全了自己，间接也就是健全了团。因此，我们的团员要时时刻刻，检讨自己，并且要在分队会议中，公开的自我批评，这是我们团员所应有的基本精神。

六、团员除了自己不断学习不断检讨以外，还要互助教育，互助批评，这也是我们青年团员应有的精神，也是同志间互助的基础。古人交友，重在切磋琢磨，我们同志的关系，比朋友更为亲密，所以我们要以比朋友更进一步的关系，来进行互相的教育和批评，这样，才能互相补救缺点，发扬优点，才能共同得到不断的进步。但是互相教育和互相批评，首先要自己能诚心诚意的接受教育，接受批评。至于教育和批评的态度，也一定要坦白，要和善，要亲切。否则，不易发生效果，甚至因此而避免劝告，这是每个团员的最大损失，是应该随时注意的。

七、团员的一切贡献给团，所以尊敬团爱护团，甚至尊敬与爱护自己的生命。团员的一举一动，都关系着整个团的成败与毁誉。每一个团员对外都代表了团。因此。凡是团员都应当要随时警惕自己，在任何时间空间甚至于在暗室独居，也要自尊自爱。自尊自爱，就是尊敬团，爱护团。尤其是在青年群众中间，我们的团员一定要做青年的模范，这也就是增加团在青年群众中间的信仰，自然洗刷了一切对团的误解和诬蔑。但是自尊自爱，决不是骄傲浮夸，自大自私。如果这样，便会使人厌恶。我们的自尊自爱，要从人格方面，行动方面，事业和学业方面，表现出来。不要我们自己夸张，人家一定可以了解你，敬爱你。因为你是团员，人家也就一定了解团，敬爱团。这是帮助团作了最有效的宣传，也就是尊敬团、爱护团最有力的表现。

八、团员要尊敬团爱护团，更进而要巩固团，保卫团。团是革命的团，团的周围，潜伏了无数的反革命的势力，有形无形中，都随时袭击团，侵害团，团要冲破踏碎这些反革命的势力，团才能成功。所以我们的团员，要打破个人的生死关头，打破自私自利的欲念，随时抱定为革命而牺牲的决心；随时接受团的命令，去担任一切最黯淡最基层最难苦最危险的工作。我们是革命的战士，我们要做无名英雄，我们的精神，随时都在振作，我们的热情，随时都在提高，我们在困难面前，不灰心，不失望，也不退避；我们在胜利面前，不骄傲，不怠惰，也不止步。我们决不向敌人妥协和屈服，我们要巩固团，使他坚牢不可破坏；保卫团，使他神圣不可侵犯。

九、团员要巩固团保卫团，同时，还要发展团，充实团，使团的组织，日益扩大，团的力量，日益加强。因此，每个团员，都是团的组织员，他在任何环境中，都要发生组织作用。他首先要明了环境对象，要随时随地调查政治、经济、教育、文化以及社会一般的状况，各种党派活动的情形，尤其要注意民众的痛苦和冤屈，以供自己的工作与团的参考。他更要生活在青年群众当中，要成为青年群众所不忍离别的人物。要随时随地去寻求人才，并尽心尽力的介绍他们入团，更要指导他们帮助他们，使他们为团积极的工作。如此，团的组织，自然可以扩大发展，团的力量自然可以充实加强。

十、团员也是团的宣传员，团员随时随地要向青年群众去宣传团的主义，宣传团长的言行，宣传团的一切工作，宣传国策和重要的政令，并推销分发团的一切对外书刊，对反动分子和不良分子的言论，与思想不正常或认识不清楚的青年，要斟酌情形，或驳斥，或说服，要使他们受感动，要使他们醒悟与彻底明了。最不可犯的毛病，便是用恫吓和威胁的手段去对付青年群众，这样，你和团，都会被青年群众所抛弃。所以我们一定要从无形中，使团的主张成为青年群众的主张。同时还要很细心的去倾听青年群众的言论，来帮助我们的宣传。如果团员所在的群众中间，群众依然不了解团，不同情团，甚至诬蔑团，便是这个团员的无能和耻辱。

十一、团员又是团的服务员，团员要随时随地为团服务，为群众服务，为社会服务。团员要“每日为一善”，为善就是服务。团长说：“服务为最善的领导。”又说：“要以服务代替斗争”。我们的团员要去领导群众，必须要深入社会的下层，充分了解群众的病苦和要求，针对他们的病苦与要求，切实去为他们服务，给他以实际的利益与精神的安慰，然后他们由信任而发生信仰，由信仰而受领导，使他们都能团结在团的周围，拥护团，同情团。在另一方面的意义，因为目前中国社会，自私自利的积习太深，迫切的需要以服务的工作与服务的精神，去改善社会的风气，改造群众的心理，使他们知道人生以服务为目的，而不以夺取为目的。我们首先做给他们看，他们自然可以效法可以同化。这正是团的最主要的工作，也就是每一个团员应有的责任。

十二、团员要按期缴纳团费，这是团员对团的一种义务，为数虽然很少，意义确是很大，假若连这一点很小的义务，都不能去履行，就证明对团的忠诚还是不够，所以每个团员决不能忽视。

十三、团员要绝对遵守团的纪律，团的纪律，在团章有明白的规定，如服从决议，保守秘密，不能有小组织，不能参加其他党派等等，这种规定，可以贯彻在一切的思想、行动、生活、工作当中。每个团员，决不要以为这是一种拘束，实在是为了团的健全的一个最低的要求，也就是强固团保障团的一个真实的力量。我们相信一个健全的团员，一定是要求团的纪律越严格越好，决不是觉得有团律来束缚他，而是觉得有纪律来保护他的。所以，团员要自动自觉的遵守纪律。

十四、团员与团员间，要精诚团结，互助合作。团长说："这是我们的青年团今日的创造发展以及将来之成功光大最重要的根本精神。"团长指出我们国家过去革命的失败，这是因为不能彻底团结。所以团长训示我们："由我们团全体的团结，进而使全国国民全民族份子一体团结起来，不仅团结，而且要融合凝结成钢铁一般的一个钢团，使同志与同志之间，结成一体，精诚无间，好比钢铁一般坚固锐利，足以摧毁一切革命的障碍，能够完成任何艰难困苦的事业，我们今日青年团之所以足称为团者，亦就是这个颠扑不破，团结不散的意义。"因此，我们同志与同志之间必须遵照团长这个指示，去切实的奉行。

十五、最后，要说明怎样叫做同志。同志就是志同道合。我们三民主义青年团，顾名思义，是以"主义作中心，以实行主义为依归的"。所以主义的信仰，是我们共同的信仰。又我们青年团是革命的集团，我们为了实行主义，要以革命为我们的事业，所以革命的事业，也是我们共同的事业，我们同信仰，同事业。这就是我们志同道合。我们入了团，便一切都贡献给团，生死、荣辱、成败、毁誉、利害，都是一致的。由于这种关系，所以"心志凝结为一，精神打成一片，互信互助，相依为命"。这样，所以称为同志，同志的关系，甚于朋友，过于妇夫，亲于兄弟姐妹，我们决不可随便称呼。我们要特别珍视这个名称。

第八章　干部

干部，是团的组织的领导者，是团的任务的执行者，是团的工作的设计者、决定者、指挥者、监察者。他是团员的模范，也是团的公仆，他是团在各个不同的环境中的指南针；他如同司机和舵手，永远驶行在三民主义的道路上，担当着团的安危、成败的责任。团有了各种不同的优秀的勇敢的健全的干部，团才能发挥各种不同的力量去克复一切困难和危险，团才能达到胜利的成功的目的。所以，团的各级干部，一定要明了本身责任的重要，随时随地都要勉励自己督促自己，去做一个团的健全干部。

下面说明怎样做一个健全的干部：

一、团的干部，依照工作的性质，可以分为三种，一为各级干事监察以至区分队长附，负决定计划督促工作实施的责任，除特殊情形外，都是由选举所产生。二为各级团部内部工作人员，负各项工作执行指导考核的责任，乃是由团员中选拔或考试任用的。三为团在社会上各种事业中的干部，负扩大团的影响，达成团的任务之责，如政治、经济、教育、文化、生产各部门以及各职业各阶层团的领导分子，这是由各事业部门选拔或由团指定担任的。以上三种干部，各有工作岗位，各有责任范围。分工合作，同心协力。

二、团的干部，虽然有工作的不同，但是，一经担任干部，须应终身站在干部的地位为团工作。譬如今年选为干部，明年纵未当选，他站在任何职业上，依然是团的干部。干部的职位可以不同，而干部对团的责任则永远不可脱离。这一点，是任何干部所要明了的。至于各种干部，都应各就所立的岗位，尽责努力。如各级干事监察必须要经常留心研究团的问题，按时参加团的会议，负责贡献意见，认真督促团的工作。如果只是开会出席，散会便不关心团务，这样便有亏他干部的责任。又各级工作人员，当然在团内要尽心竭力，为团工作。如果他和普通公务人员一样，没有组织观念，也没有革命热忱，不但不配为干部，也就不配为同志。至于各种社会的事业中的干部，对团的影响最大，也最易与团疏远。如果只知利用团的关系，去增高他社会的地位或便利他的事业，对于团的任务搁置不问，这是最不应该的。所以团的各种干部，都应该各尽其责，决不可做一个挂名干部。团对于挂名干部，是不容许的。

三、干部只有工作的不同，责任的不同，职级的不同，产生的方法不同，但是干部与团的关系，则彼此相同。站在纪律的观点上，更是相同。干部是由团员中选拔出来的，凡是团员所应具备的条件，干部都应具备。同时，干部是领导团员的，指挥团员的，所以干部的学识、品德、能力，应当要比团员强。最低限度，对主义的认识，对团务的工作经验，要比团员强。这样才真能领导团员，指导团员。因此，每个干部，都应当更深切的去研究三民主义、总理遗教、团长言论。要能熟习以至于精通革命哲学、政治理论，并且要有丰富的常识。对于团务，首先要了解各项业务，熟悉各项法令规章，自己所担任的各项工作技术，尤须要研究练习，这是任何一个干部，都应该如此的。

四、干部最要注重革命人格的健全，要真能做到人格的完满无缺。言忠信，行笃敬，气魄浩大，胸襟开豁，志趣真纯，生活合理，随时能以身作则，处处能同甘共苦。这样，自然为同志所敬仰，自然可以发生领导作用。否则，我们自己生活腐败，如何去领导人家实行新生活？自己不吃苦，如何奖励人家去吃苦？自己违反纪律，如何去要求人家遵守纪律？所以干部一定要本身健全，才能发生领导作用。干部决不可有的便是自私自利和口是心非，言不顾行，这是我们团长所深恶痛绝的。因为这样就根本丧失了人格，不但不能做干部，而且根本不能做人。所以干部最低的限度，要做到大公无私，言行一致。

五、干部要担任工作，指挥工作，首先要自己有能力指挥他人去做，或者只凭空谈，没有实际本领，这样，一定不能得到信仰。能力的范围很广，干部决不会万能。最低的限度，对他所担任所指挥的工作，一定要能充分胜任。此外，担任一个干部，有几种基本的能力是必须要的。第一是要有领导的能力。领导的能力，就是要能因人、事、时、地的不同，来取决他的领导方式与方法。团的干部，对于群众，对于工作，一定要能领导正确。就是在很困难的环境中，也要能从容不迫的认定方向，不致迷失路途。第二是观察和分析的能力。无论遇到任何问题，任何事件，任何环境，任何人物，都要能观察清楚，分析清楚。第三是判断的能力。对于一切烦难的问题，要能判断正确，并且要能迅速的判断，以争取时效。如果失去时效，就是判断正确，也等于无用。第四是综核的能力。要能取繁于简，化难为易，名实相符，有条不紊。不如此，便会被工作纠缠不清，便会措置失当，便会顾此失彼，因小失大。以上四点，极为重要。至于组织的、训练的、宣传的、服务的基本能力，如谈话、演讲、写文章、拟计划等等，也是任何一个干部所不可缺少的。

六、干部要能因人、事、时、地来取决他的领导的方式与方法，这一点，非常重要。团的基本的领导方式，是一种民主的领导方式。这是根据团的民主集权制的精神而来的，民主集权制的运用，是要因时、地、人、事而不同，所以民主的领导方式，也要因时、地、人、事而异。因方式不同，再根据方式决定各种不同的方法，如此，干部的领导，才能做到灵活敏捷，才能完满的达成任务。譬如一个分队长对于一个分队的领导，全靠分队长能否因人、事、时、地去取决他的领导方式与方法。以人论，有学生的领导方式方法，有工人的领导方式方法。以事论，开分队会议，有开会的领导方式，劳动服务，有劳动服务的领导方式方法；以时论，平时与战时不同，去年与今年不同；以地论，前方与后方不同，边疆与海外不同。一切一切，都以此类推，只要用心注意，去研究，便千变万化，运用不穷。再以分队会议为例，如果只知刻板式的报告讨论，一定枯燥无味。我们要多方去鼓励团员开会的兴趣，地点可以在林间，在河边。时间可以在清晨，在月夜。

游山可以开会，踏雪也可以开会。至于开会的内容，也不必一致，这一次着重问题讨论，下一次着重生活检讨，问题也不必一致，这一次着重政治，下一次可以着重技术。以此类推，每次都可以不同，如此开会，便能做到严肃、生动、活泼、紧张。以上所举不过是很小的例。总而言之，干部对于领导的方式与方法，务必要特别注意。

七、干部要有任劳任怨贯彻到底的精神。做一个革命的干部，在非常艰困的环境中工作，一定是非常劳苦的，同时，因为要尽责守纪，排除万难，不免要遭受许多怨言，所以有许多干部，在兴奋的工作中，遭遇一些打击，便消极灰心，这样，一寒一热，工作当然要受极大的影响。因此，团的干部，必须要有任劳任怨贯彻到底的精神，要以革命的孤臣孽子自居。不怕困难，还要能迎接困难，克服困难。人家不愿做的我去做，人家认为苦的我不觉得苦，人家认为没有办法的我总认为有办法。永远积极，永远乐观，只有自省自反，决不自暴自弃，只有勇迈前进，决不畏难后退，必如此，我们革命建国这种艰巨的事业，才能成功。

八、干部最要态度光明，同时还要谦逊和蔼。我们的团，是堂堂正正领导青年教育青年的，所以我们的干部，必须正大光明，坦白纯清。如果用一种卑污的手段，取巧的技俩，去领导青年，或专用一种欺骗的诱惑的手段去利用青年，结果，都是青年的罪人，国家的罪人。又对于青年，对于同志，要谦逊，要和蔼，虚必接受他们的意见，恳切的关心他们生活。这是干部必要的条件，因为如此，才能使干部和团员青年亲近体贴，不致疏远。如果傲慢自居，处处表现自己是一个特殊阶级，拒人于千里之外，这便是官僚作风，决不配称为团的干部。

九、干部要领导团员与青年，先要能经常接近团员与青年，更要能了解团员与青年，我们要深切了解他们的生活如何？情绪如何？需要如何？工作情形如何？思想倾向如何？在他们当中，有些什么最迫切的问题存在？那些是他们最关心的问题？对于每个团员与青年，也要分别去了解他的个性、品德、学识、能力，有什么优点与缺点？有什么痛苦与烦闷？有什么要求与疑难？这些，都是每个干部所应时时刻刻注意的。这样，才能使干部与群众的精神打成一片，才能使团的工作切合实际，不致落于空想。总之，一个干部，决不能孤立在群众以外，要不断的与群众联系，要不断的考察群众，要不断的为群众解决问题。离开了群众，不了解群众，与群众漠不相关，便不能称为一个干部。

十、干部要了解群众，一方面是要知道怎样去领导，一方面是要去熟悉团的人才，选拔团的人材，人才就是团的新干部，"选贤任能，使人材辈出"，这是团的干部政策，也是做干部的一个重要责任。因此每一个干部，都要很细心的很耐心的去履行这一个责任，真能替团选一个得力的新干部，这就是对团的最大贡献。但是，最要紧的是不可有偏见，有私见。有偏见，有私见，则不易发现人材，更不易得到真才。其次是不可求全，因为青年的学行能力，决不易尽善尽美，就是最好的人才，也非万能。只要有一艺之长，都要特珍惜，都要很愉快的选拔出来。

十一、干部有职级的不同，在上级、中级的干部，他更要知道怎样领导干部，培植干部，提拔干部，任用干部。领导，培植，提拔、任用，每一项，都是干部问题重要之一环。如果使每环都很坚强，并且可以紧紧的连贯起来，则最基本的问题，就是考核干部。考核干部，就是充分的了解干部。根据平时的和特殊的考核，没有私心和偏见，当然可以将每一个干部的历史、环境、思想、生活、行动、个性、能力、特点等等，了解的清清楚楚。然后，自可因才善任，自可培植有力，自可提拔得当，自可领导正确。这关系整个团的干部政策的执行。每个干部，不但要随时谨慎的去做，而且要随时细心的去研究。

十二、领导下级干部，也和领导群众一样，要注重领导的方式与方法。当然，最好还是以民主方式为基本，以启通干部，使他能尽量发展他的才能为目的。对于他的工作，要详尽的指示他，也要随时检查他的工作，随时帮助他解决他所无法解决的问题。如果他有错误．应当以教育的精神去指导他，纠正他。干部的能力纵有不够的地方，只要有造就的希望，就应当让他从工作中去求得经验，切不可事事去干涉，使得他不敢负责，使得他没有信心，使得他无所适从。尤不可包办工作，或代办工作，虽然自己是尽责，可是部下就闲起来了，不但闲起来，还要养成部下的依赖性，丧失他独立工作的能力。这种领导，是最拙笨的。所以领导干部，要用多种方法，不可刻板式只晓得下命令。这是官僚主义的办法，决不是我们革命干部所应有的。

十三、善于领导干部的人，他也随时在培植干部。他一定惯用教育的方式，他一定以师长自居，以很和善的态度和循循善诱、诲人不倦的精神去对待他的干部。他一定可以鼓励他的干部去力求进步，一定可以减少干部的错误，虽然他有时也给干部一些困难，这只是磨炼干部，而不是打击干部。能够知道如何磨炼干部的人，他也是最会培植干部的人。至于培植干部，首先要培植他的人格，其次培植他的学识，再其次培植他的能力。团的干部，人格要特注重革命气节，学识要特别注重革命理论和常识，能力要特注重工作经验，这三点能够培养成功，便是一个健全的干部。

十四、任用干部，是组织上一个最重要的问题。如果任用不得当，干部和工作，同时受到损害。任用干部最重要的条件是用其所长，所谓因材善任。能用其所长，便无往而不利，否则，长于内勤的用作外勤，长于组织的用作编辑，长于会计的用作文书，这都是不善用人。如果发现有这种情形，断然就要调整。其次要信任干部，所谓用人不疑，疑人不用。即已任用他，就要信任他，使他能放手做去，给他的保障。只可随时去考察他，指导他，而不可轻易调换他。这样，一定会有成绩，如果处处去牵制他，或听信馋言去怀疑他，使他不能安心工作，这决不能得到好的结果。还有一点，也是任用干部所要注意的，就是对干部不要过分苛求。人才即不易万全，我们对于干部，只要他的基本条件不错，只要他有特长之处，就应大胆任用，如果过分苛求，最易使他的长处被埋没，有许多人材，就是因为个性强，或体貌不周，或不善辞令，往往一生潦倒，这真是值得可惜的。任用干部的人，只怕没有人才，不怕人才有短处，了解这一点，便知干部任用之道。

十五、干部问题中，还有一个重要的问题是如何提拔干部。我们将提拔干部和选拔干部分别说明，是有意义的，因为选拔是从团员中去选拔，提拔是从干部中去提拔。两者的情形，不尽相同。干部有等级的不同，所负的责任也不相同。等级大多是根据资历来分的，也是自然形成的，因此，下级的干部中，未必没有中上级的人才，如果不注意去提拔，也就是埋没了人才。我们根据考核，如果发现干部中，有特出的人才，当然就立刻提拔，甚至于越级提拔。只要一秉至公，这种越级的提拔，也是鼓励一般干部的最好方法。至于平时的工作中，我们也要凭考核的成绩，按着一定的程序，使干部步步上进。这种提拔的方法，是要使干部能得更多的经验，能确实负责而不至失败。有些干部，他对现任的工作非常有成绩，如果将他提升更重要的工作，反不能胜任。所以只可格外奖励，而不能一律提拔，这种情形很多，全靠我们考察明白，自然不致失当。

十六、团各级干部，是分层负责的。由分队长以至中央干部，都有他的责任范围。在团章中关于各级团队的职权任务，都有明白的规定，干部便是负责执行这些职权的人，所以每一个干部，都要特别明了并遵奉自己在团队中的职权去尽责执行，不能超出范围，不能疏忽偏废，尤其是在执行前要有精密的设计，在执行中要有严格的督促，在执行后要有详尽的考核。这样，才能使工作有成果。但是最重要的，是要有责任观念和负责精神。要知道我们的责任，不是为了自己，也不是为了家庭，更不是为了应付长官，我们是要对国家民族负责，对团负责。我们要披肝沥胆为国家奋斗，肝脑涂地为民族牺牲，我们要对亿万世后代子孙负责。我们自己一个人的事做好了，还要帮助他人做好才算负责。所以我们必须培养责任观念，发挥负责精神，然后，我们对于所负的任务与工作，才能园满达成，毫无遗憾。

十七、干部与干部之间，要一心一德，精诚无间，这是干部所应随时警惕黾勉恪行的。历史教训我们，大多数事业的失败，以及国家的灭亡，都因为干部的不能合作，甚至互相排斥，彼此诋毁。最大的原因，是重视自己的权利，不顾整体的事业。其次便是固执偏见，不求真理。再其次便是感情用事，不问是非，完全以一己的爱憎去对人对事。至于胸襟窄狭的，知识浅薄的，更易刚复自用，不能容人。所以，人各一心，动辄闹意见，生磨擦，甚至攻讦陷害，各树党羽，相对如仇敌。结果，一事无成，两败俱伤。对于民族，对于国家，真是一大损失，也是一大耻辱。我们要以古为鉴，团的干部，决不能有丝毫的个人的私利与私见，一切都要听命于团，即是同志，就应当同生死，共患难，亲爱精诚，互助合作，以求主义的实现，建国的成功，这样，才不愧为一个青年团的革命干部。

〔三青团中央团部档案〕

三、组织与活动概况

(1)组织章则与机构人事

1．三青团第一次中央常务部监联席会议修正公布中央监察会组织章程

(1939年9月1日)

第一条　本章程根据团章第三二条至三七条之规定订定之。

第二条　中央监察会以全国代表大会所选之中央监察及候补监察组织之。

第三条　中央监察会之职权如左：

一、监察团务进行。

二、检举并审议干部及团员违反纪律事件。

三、稽核全团决算及经费收支。

四、指挥下级监察工作。

第四条　中央监察会设常务监察会，由团长就监察中选派五人至九人为常务监察组织之。监察会闭幕期间执行监察会职权。

第五条　中央监察会设书记长一人，由团长于常务监察中选派之，对监察会负责处理一切事务。

第六条　一、中央监察会设秘书处，分总务、审查、稽核、指导四组，处设处长、副处长各一人，秘书一人，考核专员四人，各组设组长、副组长各一人，组员、助理、录事若干人，其编制另订之。

二、中央监察会于必要时得设委员会，办理本会全体会议或常会之委托事项。

第七条　秘书处处长、副处长，由书记长提请团长核派之。秘书、专员、组长、副组长，由书记长提常会通过核派之。其余

工作人员由书记长核派之。

第八条　秘书处秉承团长之命及书记长之督导，分别掌理左列各项业务：

（一）总务组：

一、执行团长命令，撰拟一切稿件、会议记录、收发文件、保管档卷及典守印信等事项。

二、书记长交办事项。

三、会计及庶务事项。

四、不属于其他各组办理之事项。

（二）审查组：

一、审查中央干事会各处、室及下级团部团务之进行事项。

二、办理检举并审议干部，及团员违反纪律事项。

三、审查中央干事会各处、室、会及下级团部工作，及职员勤惰事项。

四、其他有关事项。

（三）稽核组：

一、稽核中央干事会及附属机构之财务收支。

二、覆核各下级团部之财务收支。

三、监督下级团部新旧交代事项。

四、其他有关事项。

（四）指导组：

一、办理关于各级监察会之设立事项。

二、办理下级监察会工作之指导与考核事项。

三、办理下级监察会工作人员之任免事项。

四、其他有关事项。

第九条　监察及常务监察得由团长指定分向各地考核团务，其办法另订之。

第十条　中央监察会每六个月举行会议一次，由团长主席。

常务监察会每月举行会议一次，由书记长主席，必要时得召集临时会议。

第十一条　中央监察会办事规则及会议规则另订之。

第十二条　本章程经中央监察会通过呈请团长核定施行。

〔三青团中央团部档案〕

2. 三青团中常会通过征求团员办法

（1940年2月13日）

三民主义青年团征求团员办法

（民国二十九年二月十三日中央常务理事会第三十七次会议通过）

甲、总则

一、本办法根据团章第三条,第四条及第五条之规定订定之。

二、凡中华民国青年，年满十六岁至三十岁，不分性别，志愿遵守本团团章者，得依本办法之规定，征求为本团团员。

乙、介绍

三、本团团员应随时与青年接近，多方考察，认为其思想正确，行为端正，体格健全及具有相当学识或技能，并合于前条规定之条件者，即介绍内〔入〕团。

四、介绍青年入团，须有团员二人之共同负责。

五、被介绍人在中央各级直属团部办理入团手续者，应填其入团登记表（附表式一）两份，并缴最近二寸半身相片三张。在其他团部办理入团手续者，应填同表三张，并缴相片四张（入团登记表上各贴一张,余一张备制团员证之用)。由介绍人填注评语，并签名盖章后送呈所属分队。在无照相馆或摄影困难地区，准暂以左手大指模用黑墨清晰完整印于表上，并用二市方寸坚韧白纸另印一张，代替相片，相片背后及指模印旁均写明本人姓名。

丙、审查

六、分队长接到团员志愿入团登记表后，认为手续完备，将表件提交分队会议审议，并将审议结果记入表中“分队评语”栏内，注明日期，加盖私章。分队长或分队会议对于被介绍人应特予考核，并得就本队中指派介绍人以外之其他团员负责考核之。分队应将已通过合格人员造册两份（附表式二），一份存分队、一份连同入团登记表呈送所属区队，其不合格人员之表件，可留存分队。

七、区队长接到分队呈送之入团登记表后，应详加审核，于“区队评语”栏内签注意见，并注明日期，加盖私章后转呈所属分团干事会。区队长对于被介绍人认有再加考核之必要者，得令原介绍之分队查复，或径行派员考核之。

八、分团干事接到区队呈送之入团登记表，经严密审查后，提请干事会议核定，并将结果记入入团登记表分团评语栏内，注明日期，加盖分团干事会印信。分团干事会认为被介绍人有再行考核之必要者，得令原属区分队查复，或直接派员考核之。

九、本党以外之政治团体分子被介绍入团时，须先脱离其原有组织，附呈“自传”及脱离原有组织之证明文件，经中央核准后始能取得团籍。

丁、召集宣誓

十、分团干事会于核准被介绍人入团后，应即通知其参加入团训练。经训练合格后，再将宣誓日期及地点通知被介绍人（通知单见附表式三），并呈请上级团部指派人员监誓。

十一、被介绍人接到通知后，应遵守时间，携带通知单、私章及入团费，前往指定地点参加宣誓。宣誓时应将原填入团登记表发还宣誓人，俾在表面誓词上签名盖章后连同入团费缴呈分团干事会。

十二、团员宣誓仪式如下：

一、全体起立。

二、唱党歌。

三、向党国旗及总理遗像行三鞠躬礼。

四、主席恭读总理遗嘱。

五、主席报告。

六、宣誓人宣读誓词。（举右手）

七、监誓人宣读团长训词。

八、宣誓人向主席及监誓人行一鞠躬礼。

九、宣誓人、监誓人盖章。

十、礼成。

（附注）：

一、在秘密宣誓时免唱党歌。

二、必要时监誓人得由主席兼任之。

十三、核准入团人员未经宣誓而离去原处者，分团干事会应即检同该员各项入团表件，迳行通知其所在地团部，召集宣誓或呈请上级团部处理之；未经入团训练者，并须补行训练后始能参加宣誓。

十四、核准入团人员宣誓后，分团干事会即抽存入团登记表一份，并造具入团人员备案名册二份（附表式四）检同入团登记表二份，相片一张，呈送所属区团或支团。区团及团务筹备员征求团员之登记及呈报办法与分团部同。支团干事会将区团呈送之表件核对无误后，即在入团人员备案名册及入团登记表上分别编订团证字号，并编发团员证，团员证由中央干事会印发，于团员证相片骑缝上加盖支团干事会印信后，寄由原属分队转发。

支团干事会应将已发团员证之入团人员备案名册及入团登记表各一份，填入入团表件表告单（附表式五），呈报中央备案。

直属区、分团对入团人员之登记及呈报中央备案办法与支团同；惟直属分团部征求团员之团员证应报请中央颁发。

支团干事会（或直属区团）应根据入团登记表编缮团员分姓

卡片(附表式六)，未立分姓卡片者，应造具分姓简名册（附表式七)。区团应根据入团登记表造具团员分姓总名册（附表式八)。分团应根据入团登记表造具团员编队名册（附表式九）及分姓简名册。区队应造具团员编队名册及分姓总名册。分队应造具分姓总名册。

十五、团员宣誓入团后，应即编入分队，如宣誓后离开原属分队时，应依照团员转移规则办理转移手续,其未领得团员证者，应先发给团员证明书(附表式十)，以资证明。

戊、特许入团

十六、凡中华民国国民，不分性别,具左列条件之一,对本团工作有特殊需要者，得不受团章第三条规定年龄之限制，特许入团：

一、对党国有特殊劳绩及贡献者。

二、在科学上有特殊发明或其他特殊技能与学识者。

三、海外及边疆同胞对国家有特殊贡献者。

四、办理教育、实业、社会等事业及从事五项建设确有成绩者。

五、现任或拟任本团各级干部者

十七、前条所定人员特许入团时，须经团员二人之介绍，在入团登记表评语栏内详细签注理由，递呈上级团队通过，并呈经中央干事会核准，始能取得团籍。

已、直接请求入团

十八、各级青年之有志入团而不能觅得介绍人者，得亲往当地团部请求登记。

十九、前条请求人，如确合团章第三条规定之资格者，各地团部应准予登记。

二十、各地团部对已登记之请求入团青年，应先举行个别谈话，考察其思想、行为、学识、能力、体格等，认为合于本办法

第三条之规定，可予吸收者，应即指定分队负责人或团员二人，详细考查，随将考查结果呈报各该团部，经审核合格后，即由原接谈人及考查人负责介绍入团。

庚、附则

二一、本办法经中央常务干事会议通过后公布施行。

〔三青团中央团部档案〕

3. 国民党第五届中常会通过确定党与团关系办法

（1940年11月15日）

一、团应服从党的领导，党应扶植团的发展。

二、党的工作注重与政治相配合，团的工作注重与教育相配合，但党与团之工作，应互相配合，力避重复抵触。

三、在同一地区有党与团之组织者，党不征收未满二十五岁者入党，团不征收已满二十五岁者入团。现有之团员，年龄已满二十五岁以上者，一律介绍入党，现有之党员，年龄未满二十五岁者，一律划入青年团，保留其党籍。但党与团之各级干部，得不受上述年龄之限制。

四、党之活动范围，注重社会，各种民众团体内之团员，在民众运动领导方面，参加党团组织，由党部统一领导。

五、团之活动范围，注重青年学生，各级学校党部，不征收学生为党员，青年运动及童子军少年团，并由团领导。

六、在同一地区之党部与团部，应经常举行工作会报，以增进党与团工作之密切联系。

七、党员与团员，均应亲爱精诚，不得互相攻击或诋毁，否则以违反纪律严处。

〔三青团中央团部档案〕

4. 三青团中常会制定通过工作纲领

（1940年11月）

（甲）总则

一、发展团的组织，并以训练充实组织的力量，以宣传服务发挥组织的效用。

二、普遍推行体育运动、军事训练与新生活运动，以促进青年身心之健全发展。

三、提倡国防运动与科学运动，组训国防建设与民生建设所需各部门之专门技术人才。

四、切实推行劳动服务，以集体方式，促进生产建设。

五、发扬服务精神，首先为青年服务，以增进青年福利，进而领导青年，为民众服务，以增进民众福利。

六、加强青年政治领导，集中力量，积极参加抗战建国工作，并排除国民革命之一切障碍。

七、加强训练各级干部，以培养青年领导人才。

八、本团对外活动，应尽量应用各种青年群众组织。分团以下，得适应实际情况，采取秘密方式。

九、建立督导制度，分赴各地推进各级团务工作。

（乙）组织

一、征求团员，首重在学青年，次为各种职业青年，均应尽先吸收品学兼优之健全有力分子。

二、在三十年度预定征求之团员人数，以比照原有人数增加一倍为准，并提高女青年人数之比率。

三、择要增设各级团部筹备处，逐渐改组各级团部筹备处为正式团部，并仍注重川、黔、陕、甘各省。

四、定期举行团员总登记，筹备召开全国团员代表大会。

五、厘定干部储备与选拔办法，调整充实各级干事及工作人员之人选。

六、发展少年团、童子军及其他青年群众组织。

七、建立各级工作竞赛与工作检讨制度。

（丙）训练

一、加强团员训练，督导各级团部确切实施政治、军事、技术、服务等项训练，尤着重政治及军事训练。

二、加强干部训练，并以团的工作训练为中心，增进其领导能力。

三、设立干部教育机构，作有计划的干部培养。

四、逐渐普遍设立青年夏令营、冬令营，集训在学在业青年。

五、根据需要，编订各种训练教材。

（丁）宣传

一、阐扬三民主义、总理遗教及团长训示，加强青年思想领导。

二、宣扬抗战建国国策，并解释国内外现实情势，以正确青年之政治认识。

三、纠正一切违反三民主义及抗战建国纲领之思想与言论。

四、刊行并充实各种丛书及刊物。

五、举行各种巡回演讲，摄制各种宣传影片，组织各种青年文化团体，以发展本团文化工作。

六、调整各级宣传机构，指导并考核各级宣传工作。

（戊）社会服务

一、与组织、训练、宣传相配合，期以服务发展组织，以工作锻炼能力，以事实充实宣传。

二、辅导青年升学就业，积极招致并训练战地边区青年。

三、建立并改进各地青年服务社，以作青年生活与活动之中心。

四、改进并充实青年劳动服务营，培养各种基层技术人才。

五、筹办各种青年合作、卫生、互助、储蓄等专业，以增进青年福利。

六、提倡滑翔、游泳及各种体育运动。

七、加强战时服务及社会服务。

（已）附则

本纲领呈奉团长核准后，拟具实施计划及工作进度，切实施行。

〔三青团中央团部档案〕

5. 国民党第五届中常会通过确定党与团关系办法实施细则

（1941年6月23日）

第一章　总纲

一、为实施确定党与团之关系办法，特制定本细则。

二、关于海外党部与团部工作之联系，除依照本细则办理外，遇必要时，得另订补充办法。

第二章　党员团员年龄之规定

三、在同一地区有党与团之组织者，党不征收未满二十五岁者为党员，但得介绍其入团，团不征收已满二十五岁者为团员，但得介绍其入党。

四、凡无团队组织之地区，当地党部可征收未满二十五岁之青年入党，俟团队成立，即划拨入团，无党部组织之地区，当地团队得征收已满二十五岁者入团，俟党部成立即介绍入党。

五、党与团之各级干部与工作人员，不受年龄之限制。

六、除前条规定之人员外，团员年龄现满二十五岁者，一律由所属团部介绍入党，党员年龄未满二十五岁者，一律划入青年团。

第三章　党籍团籍之厘定

七、已届入党年龄之团员入党后，除担任各级团部工作者仍得保留团籍外，其余一律只履行对党的义务，免除对团的义务；二十五岁以下之党员划拨入团后，仍保留其党籍，但只履行对团的义务，免除对党的义务，并停止享受本党总章第二条所赋予之权利。

八、团员入党之手续如左：

甲、超龄团员由中央团部办理入党手续者，适用甲种入党申请书，经中央团部干事会具有党籍之干事二人介绍缮造名册，连同入党申请书，汇送中央组织部或海外部审查认为合格后，编制党证逐级发交各该团员所在地之党部，划编区分部，分别转发。

乙、各省市县超龄团员办理入党手续，适用甲种入党申请书，由各该省市县支区分团部书记或干事会具有党籍之干事二人介绍，缮制名册连同入党申请书，逐级递呈中央团部核准，按月汇送中央组织部或海外部审查，认为合格后，由中央组织部或海外部编制党证，逐级发交所在地党部分别转发。

丙、凡依第七条规定保留党籍之团员，于年满二十五岁时，由所属团部造具名册，逐级递呈中央团部核转中央组织部或海外部核准登记，不须履行入党手续。

九、未满二十五岁之党员，入团之手续如左：由所属区分部缮造名册二份，逐级递呈中央组织部或海外部核转中央团部编制团证，逐级发交该党员所在地之团部划编分队，分别转发。

十、团员、党员接领党证、团证时，均应遵照规定宣誓。

十一、未满二十五岁之党员，不愿入团，已满二十五岁之团员不愿入党者，分别由中央组织部、海外部及中央团部审查确定后，注销其党籍、团籍。

十二、党员兼团员死亡注销、纪律处分及恢复，应逐月由中央组织部、海外部与中央团部交换有关文件，分别登记。

第四章　党与团工作之配合

十三、党之活动注重社会，在各种民众团体内之团员，于民众运动领导方面应参加党团组织，由党统一领导。

十四、团之活动注重青年学生，各项青年运动及童子军、少年团，并由团领导，各级学校党部在已成立青年团部之学校内，不征收学生为党员，但研究生不以学生论。

十五、各军事学校、各部队、各海陆空军干部训练机关、各交通路线及中央政治学校，专设党部。

十六、凡同一地区或学校尚未成立团队者，各该地区或学校党部，对青年工作照旧进行。

十七、在同一地区或学校内之党部，与团部从事同一工作时，应由党部召集商定分工办法。

第五章　党与团人事上之联系

十八、团的各级干部，现非党员者，应一律介绍入党，以资联系，但年在二十五岁以下者，不在此限。

十九、党员得为各级团部工作人员，但除原为团员者，于就职后，即当然恢复团籍，无用再度入团外，其余均须在各该团部履行入团手续。在中央团部制发团证期间，其所持之党证与团证，有同等效力。上项人员应履行对团的一切义务，除仍须出席区分党部党员大会外，免除对党的其他义务。

二十、团员得为各级党部工作人员，但应在各该党部履行入党手续。在中央组织部或海外部制发党证期间，其所持团证与党证有同等效力。上项人员，应履行对党的一切义务，除仍出席分团以下团员大会外，免除对团的其他义务。

第六章　附则

二一、实施本细则所需各种表册格式及必要手续，由中央组织部、海外部及中央团部分别另订之。

二二、本细则经中央执行委员会备案后施行。

〔三青团中央团部档案〕

6. 三青团中常会通过全国代表大会组织章程

（1942年7月16日）

三民主义青年团全国代表大会组织章程

（民国三十一年七月十六日中央常务干事会第八十八次会议通过）

第一条　本章程依据团章第二十四条订定之。

第二条　全国代表大会（以下简称大会）由各支团代表大会及中央直属分团代表大会或团员大会选出之代表组织之，其选举规则另订之。

第三条　大会开会时，中央干事会干事、中央监察会监察均得出席，候补干事、候补监察得列席。

第四条　团长为大会主席，并设主席团，由大会出席人员推定九人至十七人组织之。

第五条　大会设秘书长、副秘书长各一人，由中央常务干事会推定之，下设秘书处。

第六条　大会设大会代表资格审查委员会，由中央干事会、中央监察会各推若干人组织之。

第七条　大会设提案审查委员会、决议案整理委员会、宣言起草委员会，均由大会推举若干人组织之。

第八条　大会议事规则另订之。

第九条　本章程经中央常务干事会议通过后公布施行。

〔三青团中央团部档案〕

7. 三青团中常会通过支团代表大会组织章程

（1942年7月16日）

三民主义青年团支团（直属区团）

代表大会组织章程

（民国三十一年七月十六日中央常务干事会第八十八次会议通过）

第一条　本组织章程依据团章第二十四条之规定订定之。

第二条　支团（直属区团）代表大会（以下简称大会）由所属各分团代表大会或团员大会及团务筹备员所辖地区团员大会与直属区队团员大会选出之代表组织之，其选举规则另订之。

第三条　大会开始时，支团干事会干事，支团监察会监察，均得出席，候补干事、候补监察均得列席。

第四条　大会设主席团，由大会出席人员推定七人至十一人组织之。

第五条　大会设秘书长一人，由支团干事会推定之，并设秘书处，其组织规则另订之。

第六条　大会设大会代表资格审查委员会，由支团干事会、支团监察会推定若干人组织之。

第七条　大会设提案审查委员会、决议案整理委员会、宣言起草委员会，由大会推定若干人组织之。

第八条　大会议事规则另订之。

第九条　本章程经中央常务干事会议通过后公布施行。

〔三青团中央团部档案〕

8．三青团中常会通过分团代表大会组织章程

（1942年7月16日）

三民主义青年团分团代表大会组织章程

（民国三十一年七月十六日中央常务干事会第八十八次会议通过）

第一条　本章程依据团章第二十四条之规定订定之。

第二条　分团代表大会（以下简称大会）由各区队团员大会或分团直属分队分队会议选举之代表组织之，其选举规则另订之。

第三条　大会开会时，分团干事会干事、监察会监察均得出席，候补干事、候补监察均得列席。

第四条　大会设主席团，由大会出席人员推定三人至五人组织之。

第五条　大会设秘书一人，由分团干事会推定之，并组织秘书处，其组织规则另订之。

第六条　大会设大会代表资格审查委员会，由分团干事会、监察会推定若干人组织之。

第七条　大会设提案审查委员会、决议案整理委员会、宣言起草委员会，均由大会推举若干人组织之。

第八条　大会议事规则另订之。

第九条　本章程中央常务干事会议通过后公布施行。

〔三青团中央团部档案〕

9．三青团一大修正公布三青团团章

（1943年4月12日）

三民主义青年团团章

（中华民国二十七年六月十六日颁布）

（中华民国二十八年七月十七日中央临时干事会议第四次会议修正。同年十二月二十八日呈奉团长核定。二十九年一月一日公布。）

（中华民国三十二年四月十二日，第一次全国代表大会修正。呈奉团长核定公布。）

第一章　总则

第一条　本团定名为三民主义青年团。

第二条　本团以团结并训练革命青年，实现三民主义，捍卫国家，复兴民族为宗旨。

第二章　团员

第三条　中华民国之青年，年满十六岁至三十岁，不分性别，志愿遵守本团团章者，皆得为本团团员。各级干部人员及其他经中央团部特许入团人员，得不受上述年龄之限制。团员年满三十岁，仍得保留团籍。

第四条　团员入团，须经团员二人以上之负责介绍，分队之通过，分团部之核准，并呈报中央备案。

第五条　团员入团时，须举行宣誓，其誓词如左："余誓以至诚，力行三民主义，服从团长命令，严守团章，执行决议，实践新生活信条，为主义尽忠，为人民服务，不避劳怨，不惜牺牲，如违誓言，愿受最严厉之制裁。谨誓！"

第六条　团员之个人生活，须遵守本团之规定，其办法另订之。

第七条　团员因公伤亡，或因公失业者，得由本团抚恤或救济，其办法另订之。

第八条　团员职业变更，或地点迁移时，须各凭团证，向当地团部登记、办理转移手续，加入组织，参加工作，其办法另订之。

第三章　组织

第九条　本团组织系统，为中央团部、支团部、区团部、分团部、区队、分队。

第十条　本团得按产业、职业、机关、学校及其他特殊性质之部门或区域，设立各级组织，其办法另订之。

第四章　团长

第十一条　本团设团长一人，总揽团务，由中国国民党总裁兼任之。

第十二条　团长为全国代表大会之主席，对大会及中央干事会、中央监察会之决议，有最后决定之权。

第五章　代表大会及团员大会

第十三条　全国代表大会，每年举行一次，如团长或中央干事会认为必要时，得延期举行，或召开临时大会。

第十四条　全国代表大会之职权如左：

一、审议中央干事会及中央监察会之报告。

二、决定全团工作方针。

三、团长交议事项。

四、选举中央干事会干事及中央监察会监察。

五、修改团章。

第十五条　支团代表大会，每年举行一次，必要时经中央干事会之核准，得延期举行，或召开临时大会。

第十六条　支团代表大会之职权如左：

一、审议支团干事会及支团监察会之报告。

二、决定支团中心工作。

三、选举支团干事会干事及监察会监察。

第十七条　区团代表大会，每年举行一次，必要时经中央干事会之核准，得延期举行，或召开临时大会。

第十八条　区团代表大会之职权如左：

一、审议区团干事会及区团监察会之报告。

二、决定区团中心工作。

三、选举区团干事会干事及监察会监察。

第十九条　分团代表大会，每年举行一次，必要时经支团干事会之核准，得延期举行，或召开临时大会。但团员人数集中之分团，得改开团员大会。

第二十条　分团代表大会或团员大会之职权如左：

一、审议分团干事会及分团监察会之报告。

二、决定分团中心工作。

三、选举分团干事会干事及监察会监察。

第二十一条　区队团员大会，每三个月举行一次，必要时经上级团部干事会之核准，得延期举行。或召开临时大会。

第二十二条　区队团员大会之职权如左：

一、审议区队长之报告。

二、决定区队工作。

三、选举区队长、区队副。

第二十三条　分队会议，每周举行一次，作团务报告、读书报告、工作检讨、生活检讨、工作分配、互相批评、问题讨论，并通过新团员，以分队长为主席，非经核准，不得延期举行。

第二十四条　各级代表大会，或团员大会之组织法，及代表选举法另订之。

第六章　中央团部

第二十五条　中央团部设干事会，由干事六十五人至七十二人，候补干事二十一人至二十五人组织之。

第二十六条　干事会之职权如左：

一、执行团长命令及全国代表大会决议案。

二、决定工作计划。

三、组织下级团部并指挥监督之。

四、办理监察会移付执行之案件。

五、编制预算决算，支配全团财务。

第二十七条　干事会设常务干事会，由团长就干事中，选派九人至十五人为常务干事组织之，于干事会闭会期间，执行干事会职权。

第二十八条　干事会设书记长一人，由团长就常务干事中选派之，对干事会负责处理一切事务。

第二十九条　干事会设副书记长一人，由团长就常务干事中选派之，协助书记长处理一切事务。

第三十条　干事会设各处、室，及各种委员会，其组织条例另订之。

第三十一条　干事会各处各设处长一人，副处长一人或二人，由书记长提请团长核派之，各处处长为当然常务干事。各室各设主任一人，副主任一人，由书记长提请团长核派之。

第三十二条　中央团部设监察会，由监察四十五人至四十九人，候补监察十五人至十九人组织之。

第三十三条　监察会之职权如左：

一、监察团务进行。

二、检举并审议干部及团员违反纪律事件。

三、稽核全团决算及经费收支。

四、指挥下级监察工作。

第三十四条　监察会设常务监察会，由团长就监察中选派五人至九人为常务监察组织之，于监察会闭会期间，执行监察会职权。

第三十五条　监察会设书记长一人，由团长于常务监察中选派之，对监察会负责处理一切事务。

第三十六条　监察会设各室，其组织条例另订之。

第三十七条　干事会、监察会，每六个月各举行会议一次，由团长主席，必要时得召开临时会议或联席会议。

第三十八条　中央团部设指导员十五人至二十五人，由团长聘任之，备团长之咨询，并指导中央团部团务之进行。

第三十九条　中央团部设评议会，由团长聘任评议员三十五人至四十九人组织之，评议本团人事与工作等重大事宜，其组织条例另订之

第七章　支团部

第四十条　支团部设干事会，由干事九人至十五人，候补干事五人至七人组织之。

第四十一条　干事会之职权如左：

一、执行上级命令及支团代表大会决议案。

二、决定支团工作计划。

三、组织下级团部并指挥监督之。

四、办理监察会移付执行之案件。

五、编制预算决算，支配支团财务。

第四十二条　干事会设干事长一人，由中央干事会就支团干事中提请团长选派之，处理干事会一切事务。干事会设书记一人，由中央干事会就支团干事中提请团长选派之，协助干事长办理一切事务。

第四十三条　干事会设各组，其组织条例另订之。

第四十四条　支团部设监察会，由监察七人至九人，候补监察三人至五人组织之。

第四十五条　监察会设常务监察一人，由中央监察会就支团监察中，提请团长选派之，处理监察会一切事务。

第四十六条　监察会设各组，其组织条例另订之。

第四十七条　监察会职权如左：

一、监察支团及下级团部之团务。

二、检举并审议团员违反纪律事件。

三、稽核支团及下级团部之决算及经费收支。

四、指挥下级监察工作。

第四十八条　支团干事会，每月举行会议一次，由干事长主席。监察会每二个月举行会议一次，由常务监察主席。必要时得召开临时会议或联席会议。

第四十九条　支团部设指导员一人至三人，由团长聘任之，指导支团部团务。

第八章　区团部

第五十条　凡辽阔之省区，或有特殊情形之区域部门，得设立区团，秉承上级团部命令，指导监督并考核所属团队之工作。其组织条例另订之。

第九章　分团部

第五十一条　分团部设干事会，由分团代表大会或团员大会，选举干事五人至七人，候补干事三人组织之。

第五十二条　干事会之职权如左：

一、执行上级命令及分团代表大会或团员大会之决议案。

二、决定工作计划。

三、组织区分队并指挥监督之。

四、编制预算决算。

五、办理监察会移付执行之案件。

六、审核各区分队之工作。

第五十三条　干事会设干事长一人，由支团干事会就分团干事中，提请团长委派之，处理干事会一切事务。干事会设书记一人，由支团干事会就分团干事中，提请团长委派之，协助干事长办理一切事务。

第五十四条　干事会设各股，其组织条例另订之。

第五十五条　分团部设监察会，由监察二人至五人，候补监察二人组织之；但有特殊情形，得缓设监察会。

第五十六条　监察会设常务监察一人，由上级团部监察会，就分团监察中，提请团长委派之，处理监察会一切事务。

第五十七条　监察会之职权如左：

一、监察分团及所属区分队工作。

二、检举并审议团员违反纪律之事件。

三、稽核分团及各区分队之经费收支。

第五十八条　分团干事会，每半月举行会议一次，由干事长主席。监察会每月举行会议一次，由常务监察主席。必要时得召开临时会议或联席会议。

第五十九条　分团得设指导员一人至二人，由上级团部聘任之。

第十章　区队

第六十条　区队设区队长、区队副各一人，由区队团员大会选举之。

第六十一条　区队长执行上级命令，及团员大会决议案，并对所属团员负责督察考核之责。

第十一章　分队

第六十二条　分队为本团之基层组织，以团员八人至十五人组织之，设分队长、分队副各一人，由分队团员互选之。

第六十三条　分队之主要任务如左：

一、执行上级命令及分队会议决议案。

二、征求团员并收集团费。

三、训练并考核团员。

四、阅读并宣传主义、政纲、政策及分发宣传品。

五、从事各种劳动服务、社会服务及康乐活动。

六、调查政治及社会状况。

第六十四条　在团外组织中，凡有团员三人以上，经分团批准，得成立小组，其任务在实行团的决定，并监督团员工作，小组负责人，必要时得列席分团干事会。

第十二章　各级团部干部人员之任期

第六十五条　各级干部人员之产生，除经规定者外，在各该级代表大会，或团员大会未召集前，由团长选派之。

第六十六条　本团中央及支区分团干事及监察，任期均为一年，区队长、区队副任期为半年，分队长、分队副任期为三个月，但均得连选连任。

第十三章　纪律

第六十七条　本团团员应遵守下列之纪律：

一、团内各问题，得自由讨论，但一经决议，即绝对服从。

二、不得脱离分队组织。

三、不得违背新生活信条。
四、不得泄露本团秘密。
五、不得加入本党以外之其他任何党派。
六、不得于团外抨击本党本团及诋毁同志，或互相倾轧陷害。
七、不得发表有背本党本团决定之言论。
八、不得在团内有任何小组织。
第六十八条　如有违反前条规定，予以左列之处分：
一、警告。
二、记过。
三、察看。
四、开除。
五、其他适当之惩戒。

第十四章　团费

第六十九条　本团团员入团时，须缴纳入团费一元。
第七十条　本团团员每月须缴纳月捐，其办法另订之。

第十五章　附则

第七十一条　本团章如有未尽事宜，由全国代表大会修订之。
第七十二条　本团章由团长核准公布施行。

〔三青团中央团部档案〕

10．三青团一大通过发展团务十年计划总纲
（1943年4月）

三民主义青年团发展团务十年计划总纲
（民国三十二年四月第一次全国代表大会通过）

一、吸收团员三百万人，其成份：在学校知识青年应占百分之六十，农工及其他社会青年应占百分之四十，女青年应占团员总数百分之二十，并应注意大量吸收海外及边疆青年，以巩固本

团之组织基础。

二、普遍建立本团组织，务使海外各地及全国各县市，各中等以上学校及各大工厂、矿场、农场，均有团队组织；尤须注意团员之切实领导与严密管制。

三、团员之吸收应采“质重于量”之原则，并应于每年举行团员总考核一次，以健全团之素质。

四、发动并促进各种青年社会组织之普遍建立与健全发展，以增进本团对青年之影响与领导。

五、组织国际及边疆访问团，增进对各国青年团体之联系，并鼓励青年参加边疆建设工作。

六、统一全国青年组织机构，今后童子军、少年团……等之组训，应由本团订定方案，切实领导。

七、发动百万青年下乡，从事扫除文盲工作，于十年内教育识字公民一万万名。

八、统一全国青年干部训练，扩充本团干部训练班为中央青年干部学校；并创设各级青年干部训练机构，于十年内训练本团各级工作干部十万人（女青年干部应占百分之二十）。

九、组训全国青年积极参加五项建设工作，尤应注意青年技工之培育，于十年内完成百万技术员之组训，以应国家经济建设之需要。

十、建立沦陷区及战地团员武装组织，并设置战区青年招致机构。

十一、扩大本团出版事业，创设出版机构，大量编印总理遗教、团长训示及适应青年需要之各种科学、哲学、文学书刊，对农工及海外边疆青年，尤应按其实际需要，编印各种丛书或浅说。

十二、扩展本团对青年之服务设施，于各学校集中地区或适当地点分别普遍设立青年服务社、科学馆等，以适应青年进修及康乐之需要。

十三、鼓励青年从事体育、滑翔、驾驶、游泳、骑射、探险、考察、旅行等活动，以锻炼青年体魄，增进青年健康。

十四、鼓励团员及青年踊跃接受军训及服兵役，以促进建军运动之完成。

十五、领导青年从事新生活运动及三民主义文化建设运动，以促成新中国之文化及社会建设。

十六、举办团营生产事业，各级团部应就各地需要，分别创办农工、矿冶、纺织、机械……等生产事业，以建立团之经济基础。关于资本之筹集，技术之指导，及官荒之利用等，应由中央及各级团部统筹进行。

十七、建立团员储金互助制度。

〔三青团中央团部档案〕

11. 三青团第一届中常会修正通过中央干事会组织章程

（1943年7月12日）

三民主义青年团中央干事会组织章程

（民国三十二年六月十九日第一届中央常务干事会第五次会议修正通过，同年七月十二日呈奉团长核定。）

第一条　本章程根据团章第二十五条至第三十一条之规定订定之。

第二条　中央干事会由全国代表大会选举干事六十五人至七十二人，候补干事二十一人至二十五人组织之。

第三条　中央干事会之职权如左：

（一）执行团长命令及全国代表大会决议案；

（二）决定工作计划；

（三）组织下级团部，并指挥监督之；

（四）办理中央监察会移付执行之案件；

（五）编制预算决算、支配全团财务。

第四条　中央干事会设常务干事会，由团长就干事中选派九人至十五人组织之，于干事会闭会期间执行干事会职权。

第五条　中央干事会设书记长一人，由团长就常务干事中选派之，对中央干事会负责处理一切事务。

第六条　中央干事会设副书记长二人，由团长就常务干事中选派之，协助书记长处理一切事务。

第七条　中央干事会设左列各处、室：

（一）秘书处；

（二）组织处；

（三）训练处；

（四）宣传处；

（五）服务处；

（六）青年工作管理处；

（七）女青年处；

（八）视导室；

（九）编审室。

第八条　秘书室设文书、人事、出纳、事务等四组及会计室，其执掌如左：

（一）关于团长、书记长命令及干事会、常务干事会决议案之传达、分配事项。

（二）关于本会印信典守及各级团部印信颁发事项。

（三）关于本会文电收发、缮校、档案管理及工作计划、工作报告、法令规章之整理、汇编事项。

（四）关于本会（附属机构）及各级团部干部与工作人员任免、迁调、铨叙、奖惩等命令之发布与登记事项。

（五）关于本会物品、财产之购置、管理，交通电讯之规划、建置及其他庶务事项。

（六）关于本会预算决算之编制与实施，及各级团部财务报告书表之审核、登记事项。

（七）关于本会经费之出纳、保管事项。

（八）关于本会及各级团部统计之规划、审核，统计报告之综核、汇编事项。

（九）其他不属于各处、室事项。

第九条 组织处设普通团务、学校团务、海外团务、考核及登记等五组，其职掌如左：

（一）关于各级团部组织工作之设计、指导、考核事项。

（二）关于团员之调查、审核、登记、统计及团证颁发事项。

（三）关于各级团部干部人员之拟选、考核事项。

（四）关于团员之调查、考核事项。

（五）关于青年团体活动之调查、设计、指导事项。

（六）关于团员及干部之抚恤、救济事项。

（七）其他有关组织事项。

第十条 训练处设干部训练、普通训练、特种训练及训练资料等四组，其职掌如左：

（一）关于各级团部训练工作之设计、指导、考核事项。

（二）关于各级干部训练工作之设计、指导、考核事项。

（三）关于入团训练及团员经常训练工作之规划、指导、考核事项。

（四）关于特种训练之设计、指导、考核事项。

（五）关于青年训练之研究、设计及协同实施事项。

（六）其他有关训练事项。

第十一条 宣传处设普遍宣传、特种宣传及文化事业等三组，其职掌如左：

（一）关于各级团部宣传工作之设计、指导、考核事项。

（二）关于宣传资料、定期刊物及各种宣传品之编撰事项。

（三）关于出版机构之指导、监督事项。

（四）关于戏剧、电影、音乐、图画等艺术宣传之设计、指导、考核事项。

（五）关于一般学术文化工作之宣导与文化机构之联系事项。

（六）其他有关宣传事项。

第十二条 服务处设团营事业、社会工作、青年福利等三组，其职掌如左：

（一）关于团员及青年服务工作之设计、指导、考核事项。

（二）关于团营生产事业及合作社之设计、指导、考核事项。

（三）关于青年服务团体及一般社会服务工作之策动、指导、考核事项。

（四）关于青年福利之规划、推进事项。

（五）其他有关服务事项。

第十三条 青年工作管理处设调查登记、学业管理、职业管理等三组，其职掌如左：

（一）关于团员及青年学历、技能、志趣、特长等之调查、登记、统计事项。

（二）关于团员学业、职业之指导、管理、考核事项。

（三）关于团员开学、转学、休学、复学及留学之辅导与管理事项。

（四）关于团员就业、改业及迁调之辅导与管理事项。

（五）其他有关青年工作管理事项。

第十四条 女青年处设研究、指导、福利等三组，其职掌如左：

（一）关于女青年生活、职业之调查、辅导事项。

（二）关于女青年组训工作之设计、研究事项。

（三）关于女青年特殊训练、宣传、服务事项。

（四）关于女团员工作之视察、指导、考核事项。

（五）关于职工妇女及农村妇女福利事业之规划、推进事项。

（六）关于儿童福利事业之规划、推进事项。

（七）关于家政改善之研究、指导事项。

（八）其他有关女青年工作事项。

第十五条　视导室职掌如左：

（一）关于本团团务视导工作之设计事项。

（二）关于各级团部之视察指导事项。

（三）关于各级团部视导工作之指导、考核事项。

（四）关于团务工作之研究、设计事项。

（五）其他有关视导事项。

第十六条　编审室职掌如左：

（一）关于三民主义之研究与阐扬事项。

（二）关于各种丛书之编撰事项。

（三）关于各级团部出版书籍之审查事项。

（四）关于本团史料之搜集、整理与保管事项。

（五）关于参考图书及各种资料之征集、整理与保管事项。

（六）关于团员著作之审查与奖励事项。

（七）其他有关编审事项。

第十七条　中央干事会设左列各种委员会：

（一）法规审查委员会：掌理法规表册之审查及其他交付审查事项。

（二）人事甄核委员会：掌理本会及各级团部依规定由中央任用之干部及工作人员资格之甄审及工作成绩之考核事项。

（三）财务委员会：掌理本会财务工作之设计、审核事项。

（四）体育指导委员会：掌理团员及青年各项体育运动之设计、推进、辅导事项。

（五）国防科学技术运动委员会：掌理关于国防科学技术运动在青年方面之鼓励、推动，并协助主管与有关机关之研究、设计事项。

（六）文化建设运动委员会：掌理配合有关机关对于三民主义文化运动之推进事项。

（七）海外团务计划委员会：掌理海外团务研究、计划及协助推进事项。

第十八条　中央干事会设左列人员，分掌各项事务：

（一）书记长室设秘书一人，事务员若干人。

（二）各处各设处长一人，副处长一人或二人，秘书一人，各组各设组长一人，主任组员一人，组员、助理、录事若干人。各处处长为当然常务干事。

（三）视导室设主任一人，副主任一人，秘书一人，视导八人，主任组员一人，组员、助理、录事若干人。

（四）编审室设主任一人，副主任一人，秘书一人，编审八人，主任组员一人，组员、助理、录事若干人。

（五）各委员会各设主任委员一人，副主任委员一人，委员若干人，秘书一人，必要时，并得各设组员、助理、录事若干人。

上列各处、室、会编制另定之。

第十九条　中央干事会每半年举行会议一次，由团长主席；常务干事会每二星期举行会议一次，由书记长主席，必要时均得召集临时会议。

第二十条　中央干事会办事规则及会议规则另订之。

第二十一条　本章程经中央干事会议通过，呈请团长核定后公布施行。

〔三青团中央团部档案〕

12. 三青团中央团部编所属各支区团干事会负责人员名录

（1944年3月）

重庆支团

干事长：任觉五　书记：罗才荣

四川支团

干事长：李天民　书记：黎光明

西康支团

干事长：陈志明　书记：魏进轩

贵州支团

干事长：黄宇人　书记：季天行

广西支团

干事长：黄旭初　书记：韦赞唐

广东支团

干事长：李汉魂　书记：李国俊

湖南支团

干事长：李树森　书记：刘业昭

江西支团

干事长：蒋经国　书记：詹纯鉴

福建支团

干事长：黄珍吾　书记：韩文溥

浙江支团

干事长：倪文亚　书记：陈苍正

陕西支团

干事长：胡宗南　书记：杨尔瑛

甘肃支团

干事长：宋恪宾　书记：寇永吉

青海支团

干事长：王文俊　书记：杨生霈

湖北支团

干事长：张伯瑾　书记：刘先云

河北支团

筹备主任：张荫梧　书记：张兴周

河南支团

干事长：王汝潘　书记：周南

绥远支团

干事长：赵仲容　书记：王明德

云南支团

筹备主任：斐存藩　书记：高云裳

安徽支团

筹备主任：徐君佩　书记：朱施民

山西支团

筹备主任：薄毓相　书记：谷深甫

山东支团

筹备主任：　书记：龚舜衡

上海支团

筹备主任：吴绍树　书记：沈祖懋

第三战区支团

干事长：邓文仪　书记：倪志超

鲁苏豫皖边区支团

干事长：汤恩伯　书记：莫国璋

平津支团

筹备主任：　书记：韩家兰

直属宁夏区团

筹备主任：李瀚园　书记：李作栋

直属苏北区团

筹备主任：顾锡九　书记：刘穆菲

直属沙磁区学校区团

主任：何义均　书记：周世先

直属第三区团

干事长：蒋坚忍　书记：汪震

直属中训区团

干事长：吴兆棠　书记：苏志敏

直属驻港九澳湾区团

主任：刘世达

〔三青团央央团部档案〕

13. 三青团中央团部编所属各支区团监察会负责人员名录

（1944年3月）

重庆支团

常务监察：龙文治　书记：袁守仁

四川支团

常务监察：黄仲翔　书记：张晓飞

西康支团

常务监察：骆美轮　书记：苏元良

贵州支团

常务监察：王亚明　书记：张景行

广西支团

常务监察：李运华　书记：许升阶

广东支团

常务监察：黄麟书　书记：陈洪范

湖南支团

常务监察：仇硕夫　书记：罗正亮

江西支团

常务监察：刘已达　书记：欧阳桢

福建支团

常务监察：郑贞文　书记：张公甫

浙江支团

常务监察：吴寿彭　书记：林念仁

陕西支团

常务监察：王捷三　书记：张自兢

甘肃支团

常务监察：胡维藩　书记：高象九

青海支团

常务监察：原春辉　书记：陶煦

湖北支团

常务监察：刘叔模　书记：黎子玉

河南支团

常务监察：王公度　书记：高业茂

绥远支团

常务监察：张恺然　书记：马修德

第三战区支团

常务监察：张超　书记：周增霖

鲁苏豫皖边区支团

常务监察：余陶　书记：余家骅

（三青团中央团部档案）

14．中央团部编三青团中央机构及人事演变概况①

（1946年8月）

一、筹备时期中央临时干事会机构与人事之变迁

本团筹备时期中央临时干事会于二十七年七月九日在武昌成立时，原设书记长办公处、组织处、训练处、宣传处、社会服务处、经济处、总务处等七处（详见第一章第五节）。嗣奉团长命令，以本团当成立伊始，中央机构，应本“作始也简”之原则，加以缩编，遂斟酌缓急，于九月十五日呈准改设书记长办公处，及组织、宣传二处。自九月十六日起，正式决定全体工作人员人数为七十人，服务员三十人，其组织系统表如左：

中央临时干事会组织系统表

- 中央临时干事会
  - 中央临时常务干事会—书记长
    - 书记长办公处
    - 组织处
    - 宣传处

书记长办公处、组织处、宣传处主要负责人均无所变更；唯当时因宣传处副处长郭斌佳未能到职，遂由团长改派包华国接替其职务。继复因宣传处处长黄季陆奉派兼任四川省党部主任委员，副处长邓文仪奉派为三战区政治部主任，于是处务由包华国代理。同时李惟果奉派兼任宣传处副处长。

二、筹备时期中央干事会之成立及其机构与人事之变迁

（一）筹备时期中央干事会之成立

①此件摘自1946年8月中央团部编《三民主义青年团团史资料》。

二十八年一月，中央团部既由湘经桂迁抵陪都，即积极加强领导机构，选拔各地干部，于是各省市纷纷建立本团组织，且以服务、宣传，扩大团之影响，因以发展本团之组织，使本团基础日以巩固。同年七月十七日，中央临时干事会举行第四次会议，根据本团成立一年来实际工作之经验，适应客观环境之要求，以加速本团团务之发展，决意修改团章，成立中央干事会，并增设中央监察会。

同年九月一日，本团筹备时期中央干事会与中央监察会宣告成立。经奉团长选派陈诚、陈立夫、谭平山、张厉生、段锡朋、贺衷寒、黄季陆、郑彦棻、李惟果、梁寒操、邓飞黄、甘乃光、张道藩、程沧波、叶溯中、胡宗南、谷正纲、林翼中、何廉、陈良、卢作孚、柳克述、王东原、邓文仪、张霭真、范予遂、杭立武、康泽、余井塘、顾毓琇、梁敦厚、丘誉、何聊奎、戴笠、庄明远等三十五人为干事；程思远、项定荣、毛庆祥、张伯谨、刘叔模、包华国、吴兆棠、谢然之、余纪忠、陈逸云、戴之奇、陈介生、涂公遂、徐君佩、张龄等十五人为候补干事；并经指派陈诚、陈立夫、谭平山、张厉生、段锡朋、贺衷寒、黄季陆、郑彦棻、李惟果等九人为常务干事，仍以陈诚为书记长。于是充实中央干事会之机构，改设书记长办公室及总务、组织、训练、宣传、经济、社会服务等六处。凡二十七年九月所经缩编暂缓成立各单位，均已一一恢复。

二十八年九月一日——筹备时期中央干事会成立之日，书记长陈诚特发布告全体同志书，全文详见附录。

本团筹备时期中央干事会组织系统列表如下：

筹备时期中央干事会组织系统

- 团长
  - 中央干事会
  - 中央常务干事会
    - 书记长
      - 书记长办公室
      - 总务处
      - 组织处
      - 训练处
      - 宣传处
      - 经济处
      - 社会服务处

二十九年四月十一日，本团召开第一届中央干监联席会第一次会议，陈逸云同志以"中国社会封建思想仍未破除，男同志未能深入妇女群众，欲网罗各阶层优秀革命女青年入团，殊感困难，提请设立女青年机构案"。当经决议：于中央干事会原有各处、室之外，增设女青年处，下设指导、考核，及生活教育辅导等三组。本团中央干事会之机构，经一再充实，计有一室七处，二十七小组，其组织系统表如左：〔略〕

自二十八年九月改组以后，中央干事会主要负责人姓名附列如左：

书记长：陈诚

书记长办公室主任：柳克述　副主任：谢然之（谢然之旋调充宣传处副处长，遗缺由丁心普接替）

总务处处长：庄明远　副处长：项定荣（其后因庄明远辞职升任处长）

组织处处长：胡宗南　代理处长：康泽（因胡宗南辞职，旋即真除）　副处长：程思远、钟天心

训练处处长：王东原　副处长：戴之奇、梁化中

宣传处处长：叶溯中（旋奉团长命令以何浩若为宣传处处长）副处长：高良佐

经济处处长：何廉　副处长：吴景超

社会服务处处长：卢作孚　副处长：张伯谨

女青年处处长：陶玄（二十九年四月十一日第一次中央干监联席会决议于干事会增设女青年处）

（二）初度之变迁

二十九年九月一日，距干事会宣告成立之期，恰为一年，中央干事会书记长陈诚因军事倥偬，肩膺重寄，不得不呈辞团中职务，经团长选派张治中接替，于是干事会机构经再度研讨而有局部之调整。原有总务处归并于书记长办公室。经济处撤销，而并其业务于组织、宣传及社会服务三处。同时，组织处增设学校组，以积极推动学校团务工作。此外，为加强人事、财务及法规之审核，各设委员会，分司其事。经此次局部改组以后，中央干事会之下，共设一室、五处、三会、二十二组。

是年十月三日，中央常务干事会第五十一次会议修正通过中央干事会组织条例，全文如左：

中央干事会组织条例〔略〕

（二十九年十月三日中央常务干事会第五十一次会议通过）

此际中央干事会主要负责人姓名列述如左：

书记长：张治中

书记长办公室主任：项定荣　副主任：丁心普、钟天心

组织处处长：康泽　副处长：程思远、钟天心

训练处处长：王东原　副处长：梁化中、徐君佩

宣传处处长：何浩若　副处长：谢然之、陈庆瑜

社会服务处处长：谷正纲　副处长：李俊龙、涂公遂

女青年处处长：陶玄

法规审查委员会主任委员：范予遂

人事甄审委员会主任委员：李惟果

财务委员会主任委员：陈良

（三）再度之变迁

三十年十一月，中央干事会干事任期届满，由团长重行选派。为网罗全国优秀青年干部，以充实中央执行机构起见，特将干事名额由三十五人增为四十九人，候补干事由十五人增为十九人。此外，复经决定聘请指导员九人至十五人，使之负责供团长之咨询，并指导中央团部团务之进行。计经团长聘请为本团中央团部指导员者为吴敬恒、戴传贤、孙科、何应钦、白崇禧、陈果夫、叶楚伧、张伯苓、庄梦麟等九人。中央干事会之组织机构，亦经再度调整，改书记长办公室为秘书处，撤销社会服务处与女青年处。而分别并其职掌于组织、训练、宣传三处。另设视导室、编审室及女青年工作指导委员会，与体育运动指导委员会，计设四处、二室、五委员会，其组织系统表如左：〔略〕

以下为当时团长选派常务干事、干事及候补干事之名单（三十年十一月）：

常务干事：张治中、陈立夫、段锡朋、张厉生、贺衷寒、梁寒操、李惟果、范予遂、陶百川、谷正纲、何浩若。

干事：张治中、陈立夫、段锡朋、张厉生、贺衷寒、梁寒操、李惟果、范予遂、陶百川、谷正纲、何浩若、陈诚、谭平山、黄季陆、胡宗南、王东原、康泽、林翼中、张道藩、陈良、柳克述、张蔼真、何聊奎、杭立武、郑彦棻、邓飞黄、邓文仪、顾毓琇、甘乃光、卢作孚、黄仁霖、袁守谦、程思远、项定荣、朱经农、汤恩伯、张其昀、陶玄、顾希平、滕杰、黄少谷、周至柔、蒋经国、倪文亚、李树森、姚从吾、吴绍澍、钟天心、李中襄。

候补干事：毛庆祥、包华国、吴兆棠、张伯谨、谢然之、陈逸云、余纪忠、陈介生、涂公遂、秦启荣、徐君佩、程登科、何义均、李俊龙、汤如炎、郑震宇、王汝潘、任觉五、黄宇人。

当时中央干事会主要负责人姓名，录列如左：

书记长：张治中

秘书处处长：项定荣　副处长：丁心普

组织处处长：康泽　副处长：汤如炎

训练处处长：倪文亚　副处长：张桓

宣传处处长：洪瑞钊　副处长：杨玉清

视导室主任：张治中（兼）（其后以程思远接替）　副主任：涂公遂

编审室主任：谭平山（其后由训练处处长倪文亚兼）

法规审查委员会主任委员：范予遂

人事甄审委员会主任委员：李惟果

女青年工作指导委员会（未经正式成立）

体育运动指导委员会（同上）

财务委员会主任委员：陈良

三十一年二月五日，中央常务干事会第十八次会议决议修正通过"中央干事会组织条例"，全文如下：

中央干事会组织条例〔略〕

（三十一年二月五日中央常务干事会第七十八次会议决议修正，十二月十七日奉团长核定）

三、第一届中央干事会之成立及其机构与人事之变迁

三十二年三月二十九日，本团第一次全国代表大会于陪都复兴关马家寺举行。中央干事会干事名额，复由四十九人，增为七十二人，候补干事，由十九人增为二十五人，依据大会代表选举法，均由全体代表选举产生，当选名单详列如左：

干事七十二人：张治中　陈诚　陈立夫　朱家骅　陈布雷　胡宗南　谷正纲　王东原　汤恩伯　贺衷寒　康泽　李惟果　段锡朋　何浩若　张厉生　蒋经国　邓文仪　胡木兰　梁寒操　张道藩　李树森　任觉五　倪文亚　顾希平　黄宇人　汤如炎　陈良　刘咏尧　刘健群　袁守谦　滕杰　范予遂　涂公遂　郑彦棻　黄珍吾　吴兆棠　程思远　吴菊芳　李国俊　黄季陆　陈雪屏

余井塘　项定荣　骆力学　黄少谷　葛武棨　王启江　王汝潘　郑通和　陈逸云　吴绍澍　任卓宣　徐君佩　邓飞黄　包华国　张伯谨　张其昀　胡轨　何义均　林翼中　万昌言　洪瑞钊　刘世达　赵仲容　余纪忠　张霭真　柳克述　沈祖懋　胡定安　姚从吾　钟天心　李俊龙

以上当选中央干事会干事七十二人，经团长指定为常务干事者，为张治中、陈立夫、朱家骅、张厉生、段锡朋、梁寒操、谷正纲、王东原　贺衷寒　何浩若　张霭真　刘健群　倪文亚　袁守谦　黄宇人等十五人，其后因倪文亚赴浙任支团干事长，王东原长鄂，黄宇人调长青年工作管理处，改以蒋经国、柳克述及任卓宣接替。此外中央干事会各处处长均经规定为当然常务干事（其有特殊情形者为例外）。

候补干事二十五人：李俊龙　陈开国　寇永吉　杭立武　杨尔英　袁永馥　顾毓琇　王友直　李名章　徐瘦秋　周志新　钟鼎文　陈介生　黄贽唐　周天贤　陈苍生　何聊奎　李天民　郎惟汉　程登科　杨玉清　詹纯鑑　张桓　梁干乔　王政

（按候补干事第一名李俊龙，旋因干事秦启荣壮烈殉国，已依法递补为干事。）

代表大会之召开，使本团工作划一时代，本团中央机构为应客观环境之需要，允宜再事调整，以求充实。大会□经决议恢复中央干事会社会服务部门之机构，改名为服务处，同时恢复女青年处，并遵团长训示，成立青年工作管理处，复就中央干事会原各委员会，加以调整，增设文化建设运动委员会、国防科学技术运动委员会、海外团务计划委员会。原有未经正式成立之体育运动委员会，则与其他各委员会同时具体化，均设置专任工作人员，经常工作。（按过去中央干事会各委员会，均由有关处、室工作同志兼任，并无专任人员。）

大会复决议于中央干事会设置副书记长一人（其后于三十四

年秋季经签请团长增设副书记长一人），指导员亦改设十五人至二十五人，当时经团长决定聘任者，计有吴敬恒、戴传贤、孙科、何应钦、白崇禧、叶楚伧、张伯苓、蒋梦麟、陈果夫、李宗仁、顾孟余等十一人。同年五月十五日续行聘任者，为居正、于右任、丁惟汾、陈济棠、邹鲁、李文范、孔祥熙、冯玉祥、宋子文、吴忠信、潘公展、邓家彦、张继、王宠惠等十四人，合共二十五人。另于中央团部设评议会，聘任评议员三十五人至四十九人。当时由团长决定聘任者，为周鲠生、李任仁、严立三、陈豹隐（已故）、杨端六、卢作孚、傅斯年、顾颉刚、李蒸、陈策等十人。同年七月九日继续发表者，为童冠贤、金曾澄、王云五、于斌、范锐、胡政之、钱端升、陆孟武、谢冰心、冯友兰、钱穆、陈寅恪、李世光、俞大维、吴蕴初、王懋功、曾养甫、陈树人、王云生、成舍我、萧同兹、胡先骕、张洪沅、凌鸿勋、张凌高、熊式辉、丁文渊二十七人。三十四年二月八日续经发表者，为李书华、蒋复璁、陈文渊、贺麟、许恪士、袁昌英、吴尚鹰、陈芷汀、朱学范、蔡乐生、晏阳初、夏维海、杨绰庵等十三人，现任中央评议员四十九人。代表大会以后中央干事会机构，除书记长室以外，计共七处、二室、六委员会。三十二年六月十九日第一届中央常务干事会第五次会议决议修正通过中央干事会组织条例如左：

三民主义青年团中央干事会组织条例

（附组织系统表）〔略〕

当时中央干事会主要干部名单，经团长于第一次全国代表大会后，第一次干监联席会中当众宣读者，兹录列于左：

中央干事会：

书记长：张治中　副书记长：胡庶华（其后因调长湖大，请辞卸职，改以李蒸、刘健群为副书记长。）

秘书处处长：项定荣（后因出国，以刘孟纯接替。）　副处长：倪炯声（后因离职，以上官业佑接替。三十四年冬复增设副处长一人，由事务组组长余易麟升任。）

组织处处长：康泽（后因出国考察，以倪文亚接替。） 副处长：胡轨　徐君佩（其后因胡、徐他调，改以上官业佑为副处长，继之，上官业佑他调，改以汤如炎、胡长怡为副处长。）

训练处处长：李惟果（其后因他调，改以王文俊接替。） 副处长：吴兆棠、张桓（其后张、吴先后他调，改以余拯为副处长。）

宣传处处长：郑彦棻（后因他调，由李寿雍接替。） 副处长：余纪忠、刘公武（其后刘、余先后他调，改以王次清为副处长。）

服务处处长：程思远　副处长：王洽民（旋经加派袁永馥为副处长，其后王、袁先后离职，改以陈志明为副处长。）

青年工作管理处兼处长：胡庶华（其后经呈辞兼职，由专任常务干事黄宇人接替。） 副处长：李俊龙（旋经加派杨伯森为副处长，继因李、杨先后离职，以陈宗蓥为副处长。）

女青年处处长：吴贻芳（其后因金陵女大校务繁重，不获兼顾，由副处长张维桢升任。） 代理处长：张霭真（其后因事请辞卸职。） 副处长：张维桢、李曼瑰（其后因事请辞卸职。）

视导室主任：刘健群（其后调升副书记长，由副主任涂公遂升任主任。） 副主任：涂公遂（其后因升职，由视导张民权升任副主任）

编审室主任：洪瑞钊（其后因病辞职照准，由柳克述接替。）副主任：汪扬（其后因事撤职，以秘书许大川升代。）

人事甄核委员会常务委员：王东原（其后请辞卸职） 段锡朋（其后请辞卸职） 贺衷寒（其后改称主任委员）

法规审查委员会主任委员：谭平山（旋加派倪炯声兼副主任委员，继因谭离职，先后改以洪瑞钊为主任委员，以秘书处秘书陆舒农调升副主任委员。）

文化建设运动委员会主任委员：倪文亚（旋加派杨玉清为副主任委员，继因倪调长浙支团干事会，改由郑彦棻兼任。）

国防科学技术运动委员会主任委员：何浩若（旋加派顾毓琇为副主任委员，继因何他调，以顾升任。）

体育指导委员会主任委员：程登科　副主任委员：萧忠国

海外团务计划委员会主任委员：林翼中　副主任委员：侯西反（已故）

三十二年年底，各单位内部机构，局部变更，秘书处设会计室，财务组改为出纳组，训练处裁撤设计组，服务处团营事业组改为经济辅导组（组织处战地团务组已先此改为考核组）。其组织系统表如左：〔略〕

第一届中央干事会旋复遵中央规定，成立设计考核委员会，以副书记长胡庶华兼任主任委员，各单位人事亦间有变更。

三十四年八月一日，因组织处处长康泽、秘书处处长项定荣奉命同时出国考察，训练处处长李惟果、宣传处处长郑彦棻等他调请辞，爰决定局部调整各单位人事。其后复续有更调。是年年底第一届中央干事会常务干事及各单位副处长以上人员名单录列如左：

第一届中央干事会常务干事暨各单位

副处长以上人员名单（三十四年十二月）

常务干事：张治中　陈立夫　朱家骅　张厉生、梁寒操　谷正纲　段锡朋　贺衷寒　何浩若　刘健群　蒋经国　袁守谦　柳克述　任卓宣　张霭真

书记长：张治中

副书记长：刘健群、李蒸

秘书处处长：刘孟纯　副处长：上官业佑、余易麟

组织处处长：倪文亚　副处长：汤如炎、胡长怡（未到职）

训练处处长：王文俊　副处长：余拯

宣传处处长：李寿雍　副处长：王次青
服务处处长：程思远　副处长：陈志明
青年工作管理处处长：黄宇人　副处长：陈宗莹
女青年处处长：张维桢　副处长：王立文
视导室主任：涂公遂　副主任：张民权
编审室主任：柳克述　代理副主任：许大用
人事甄核委员会主任委员：贺衷寒
法规审查委员会主任委员：洪瑞钊　副主任委员：陆舒农
文化建设运动委员会主任委员：郑彦棻　副主任委员：杨玉清
国防科学技术运动委员会主任委员：顾毓琇
体育运动指导委员会主任委员：程登科　副主任委员：萧忠国
海外团务计划委员会主任委员：林翼中
设计考核委员会主任委员：张治中（兼）

四、筹备时期中央监察会之成立

本团筹备时期，中央监察会于二十八年九月成立于陪都重庆，由团长选派王世杰、朱家骅、邵力子、陈布雷、罗家伦、叶楚伧、张伯苓、蒋梦麟、周鲠生、周炳琳、李任仁、严立三、陶孟和、竺可桢、胡庶华、杨振声、萨本栋、王星拱、陈裕光、熊庆来、马君武、廖世承、臧启芳、陈豹隐、吴贻芳、梅贻琦、程天放、张凌高、叶元龙、谷正鼎、杨端六、萧忠贞、韦永成、黄仁霖、胡健中等三十五人为监察，袁守谦、刘泳尧、黄雍、李士珍、陶百川、白瑜、萧自诚、黄佩兰、许文秋等九人为候补监察，并以王世杰、朱家骅、邵力子、陈布雷、罗家伦等五人为常务监察，以王世杰为书记长。下设书记长办公室，分总务、审查、稽核三组。嗣以邵力子使苏，改以张伯苓为常务监察。三十年十一月本团筹备时期第一届中央监察会任期届满，除监察黄仁霖、候补监察袁守谦、陶百川调任中央干事，监察马君武病故，经另派顾孟余、吴南轩为监察，张洪元、余井塘为候补监察外，余均连任。仍以王世杰、朱家骅、张伯苓、陈布雷、罗家伦为常务监察，以王世杰为书记长，是为本团筹备时期第二届中央监察会。

本团筹备时期“中央监察会组织条例”于二十八年九月一日筹备时期中央常务干事、常务监察第一次联席会议通过，全文如左：

中央监察会组织条例〔略〕

（二十八年九月一日中央常务干事常务监察第一次联席会议通过）

五、第一届中央监察会之成立

三十二年三月二十九日，本团召开第一次全国代表大会于重庆，选举王世杰、胡庶华、邵力子、吴铁城、罗家伦、薛岳、谭平山、李汉魂、翁文灏、关□〔麟〕征、宋希濂、谷正鼎、傅作义、朱经农、梅贻琦、甘乃光、宣铁吾、李默庵、竺可桢、李士珍、黄文田、程天放、周炳琳、李延年、杨旅声、王星拱、裴存藩、白瑜、陶孟和、张藤〔荫〕梧、臧启芳、徐中齐、俞济时、陈裕光、李曼瑰、吴贻芳、王星舟、廖世承、黄旭初、萧宝育、张镇、陆翰芹、宋志伊、萨本栋、黄仁霖、王文俊、萧自诚、周至柔、李仙洲等四十九人为监察，韦永成、吴南轩、丁基实、郭有守、熊庆来、陈宗鎣、陶玄、鲁冀参、骆德荣、李照寰、张超、胡维藩、朱光潜、李世军、黄雍、高信、黄佩兰、顾锡九、刘赞周等十九人为候补监察，并经团长选派王世杰、胡庶华（因奉命任中央干事会副书记长，旋由谭平山接替为常务监察。）、邵力子、吴铁城、罗家伦、朱经农、甘乃光、李士珍、李曼瑰为常务监察，王世杰为书记长。旋于同年四月举行本团第一次全国代表大会后第一届第一次中央监察会全体监察会议，决定书记长办公室改为秘书处，下分总务、审查、稽核、指导等四组。秘书处处长经书记长王世杰签派前办公室主任秘书宋志伊充任，副处长以前任办公室秘书傅光海充任。

中央监察会组织条例经于三十二年四月十九日第一届第一次干监联席会议修正，同年五月三日奉团长核定施行，全文如左：

中央监察会组织条例〔略〕

（二十八年九月一日中央常务干事常务监察第一次联席会议通过，三十二年四月十九日第一届第一次干监联席会议修正，同年五月三日奉团长核定。）

三十四年年底本团第一届中央监察会常务监察暨秘书处副处长以上人员名单录列如左：

三民主义青年团第一届中央监察会常务监察暨秘书处副处长以上人员一览　　三十四年十二月

书记长：王世杰

常务监察：邵力子　吴铁城　罗家伦　谭平山　朱经农　甘乃光　李士珍　李曼瑰

秘书处处长：宋志伊　秘书处副处长：傅光海

〔三青团中央团部档案〕

（2）主要活动

1．三青团第一次全国代表大会会议纪要

（1943年4月30日）

三十一年一月二十九日，本团举行第八十三次团务会报时，当以本团自二十七年七月九日成立以来，即将五载，各级团部筹备工作，业经先后就绪，亟应依照团章规定，举行全国代表大会，正式选举干事、监察，以完成组织程序，奠立团务基础。经于二月二十七日，签奉团长核准照办，于三十二年三月二十九日召开

第一次全国代表大会，到各部会长官及本团指导员二十余人，常务干事及干事三十三人，常务监察及监察十八人，列席中央候补干事、候补监察及中央团部各处室处长、主任二十三人，各级团部出席代表二百五十八人，齐聚马家寺本会干部训练班中正堂举行开幕式，团长亲莅主持。会期十五日，于四月十二日举行闭幕式。大会闭幕后，举行参观三日。大会期间除预备会、审查会、开幕闭幕式外，共举行大会十六次，其中五次听取中央及各支团、分团工作报告，并随时提出质询与解答，其余十一次讨论各种提案。发言踊跃，情况热烈。截至大会闭幕前止，议事组计共收到提案三百八十三件，其中以组织（包括视导及女青年工作）一类为最多，约占总数百分之四十弱，其次为训练，约占百分之二十五强，再其次为宣传（包括编审及社会服务工作）约占百分之二十二弱，最少为总务，仅占百分之十三强。至于议案之搜集、编次、审查、讨论与整理，则由议事组、提案审查委员会、决议案整理委员会，分别依次办理。兹将大会成立之始末及会议之情形，纪要列述如次：

甲、大会目标

1．激发青年对大时代之认识，以创造新时代为己任之热忱为第一目标。

2．检讨过去工作，策进将来努力途径。

3．在全国青年代表意志总表现、力量总检阅中，选拔优秀青年干部，确定本团的真正基础。

为图圆满达成以上目标，除先行准备各中心议案及搜集各种参考资料外，大会进行中，并使其兼有训练意义。

乙、筹备经过

一、订定各项法规

自奉准举办全国代表大会后，当以所属各级支区分团代表大会，或团员大会，应先逐级举行，因即拟具各级团员（代表）大会组织法，各级代表选举法，各级干事、监察选举法，各种选举票式，各级大会秘书处组织规程，各级大会议事规则各一种，暨第一届各级大会代表名额表，及经费预算表各一份，于三十一年十一月十九日，正式公布施行。并于十月二十八日，将各项法规要点，先行电知各级团部，令其积极准备。又于十二月九日通令各级指示应行注意事项，饬令认真办理，用免各级团部执行法令时，解释偶有出入，发生不必要之纠纷。

二、成立大会筹备会

为使全国代表大会积极筹备起见，经于三十一年十二月一日，正式成立第一次全国代表大会筹备委员会，由本会副处长、副主任以上人员康泽、项定荣、倪文亚、洪瑞钊、程思远、宋志伊、汤如炎、张桓、杨玉清、涂公遂、丁心普、汪昭声等十二人为委员，并由康处长泽为主任委员，项处长定荣为副主任委员。计先后召开筹备委员会九次，提案审查会四次。筹备会之下分设两组，办理大会一切应行筹备事项。

第一组：办理会场修建、布置及交通接洽等事项，由项处长□□□□，工作人员由项处长斟酌调用。

第二组：办理提案研究、宣言草拟、会务秩序及其他不属于第一组事项，由康处长主持，全体委员参加。

三、成立大会秘书处

大会筹备大体就绪后，大会秘书处遂于三月一日正式成立，由康泽任秘书长、项处长定荣为副秘书长，下设总务、文书、议事、招待四组，秘书室及大会日刊由中央团部及本团干部训练班选派工作同志经办大会一切事宜。又依照大会组织法之规定应成立代表资格审查委员会、提案审查委员会、决议案整理委员会、宣言起草委员会、工作报告审查委员会，所有工作□□亦□事先令派分别处理经办业务。

丙、大会日程〔略〕

丁、会议情形

筹备工作完成，三月二十七日即开始报到，于是本团第一次全国代表大会即于本年三月二十九日上午十时在本团干部训练班举行隆重开幕典礼，团长亲莅主持，到有各部会长官及本团指导员吴敬恒、戴传贤、张继、陈果夫、何应钦、白崇禧、潘公展、李文范、陈济棠、李宗黄、刘维炽、马超俊、徐恩曾、狄膺、雷震、田岷山、张强、陈仪、贺国光、沈鸿热、彭学沛、程中行等二十余人；出席中央干事会常务干事张治中、张厉生、段锡朋、谷正纲、贺衷寒、李惟果、陶百川、何浩若，干事谭平山、王东原、康泽、林翼中、张道藩、陈良、杭立武、郑彦棻、邓飞黄、甘乃光、何联奎、张霭真、邓文仪、袁守谦、程思远、项定荣、朱经农、顾希平、滕杰、黄少谷、蒋经国、倪文亚、李树森、姚从吾、钟天心等三十三人；中央监察会常务监察王世杰、朱家骅、陈布雷、罗家伦、叶楚伧，监察邵力子、蒋梦麟、周炳琳、陶孟和、胡庶华、王星舟、熊庆来、廖世承、臧启芳、陈豹隐、梅贻琦、程天放、张凌高等十八人，列席中央候补干事、候补监察、中央团部各处室处长、主任；各地支团主任陈介生、郑震宇、刘咏尧、黄雍、李士珍、白瑜、萧自诚、黄佩芝、张洪沅、宣铁吾、李俊龙、朱志伊、洪瑞钊、王□、丁心普、杨玉清、徐君佩、谢铭之、涂公遂、余纪忠、陈逸云等二十三人；出席代表任觉五、何义钧、黄宇人、黄珍吾、汤如炎、张桓、胡维藩、李国俊、韦□唐、汪洪法、刘业昭、陈苍正、郑代恩、杨尔瑛、李天民、包华国、余琪、吴兆棠、郎维汉等二百五十八人。团长莅临时，全场一致起立，欢呼万岁达数分钟之久。团长即席领导行礼，并致训词。

三十日上午八时，大会举行预备会议，由中央干事会张书记长治中主席。首由大会康秘书长报告此次大会应出席人数为四百三十七人，实到三百二十五人，已超过规定人数。继由代表资格审查委员会报告代表资格审查经过。张书记长并就此次大会之目标、任务与内容，略加说明后，即通过由张治中、陈立夫、段锡朋、张厉生、贺衷寒、谷正纲、王世杰、朱家骅、陈布雷、李树森、王文俊、赵仲容、蒋经国、陶玄、张伯谨、陈雪屏、何义钧等十七同志为大会主席团。最后由大会项副秘书长宣读大会议事规则，鼓掌散会。

休息二十分钟后，于九时三十分，举行第一次大会，由中央监察会王书记世杰主席，宣读提案审查委员会、宣言起草委员会、决议案整理委员会、代表资格审查委员会各委员名单，及增设工作报告审查委员会经过与名单，当场分别通过追认。次由中央干事会训练处倪处长文亚报告训练工作，宣传处洪处长瑞钊报告宣传工作，并分别解答代表所提出之询问案，大会于正午十二时休会。下午三时，由张书记长讲团内外形势分析。四时举行座谈会。晚分组举行第一次提案审查委员会，审查提案。

第二次大会于三十一日上午八时热烈举行，先后由朱家骅、王文俊主席，由中央干事会康处长泽、项处长定荣、程主任思远、倪兼主任文亚先后报告组织处、秘书处、视导室及编审室工作，视导室工作报告后，各干事代表提出询问案甚多，除分别由各该主管单位作答外，其有关整个干事会之问题，且由张书记长恳切作答，各代表报以热烈之鼓掌达六七次之多，大会情绪较一次大会尤为紧张热烈。十二时十五分始散会。下午三时，戴院长来会讲演。四时，提案审查委员会各级分别仍在前日开会地点继续举行审查，分由任觉五(第一组)、蒋经国(第二组)、谷正纲、何浩若(第三组)、黄雍(第四组)召集，至六时始散。晚七时十二分，在中正堂放映电影，均系美国及苏联最新战争新闻片，各代表及大会工作同志往观者甚多，极感兴趣。

四月一日上午八时举行第三次大会，主席陈布雷、赵仲容，中央监察会王书记长世杰报告监察会工作，报告后有代表提出询问，均由王书记长一一作答。继开始地方团部工作报告，依次由重庆支团包华国、四川支团任觉五、湖南支团李树森、陕西支团杨尔瑛、江西支团蒋经国、甘肃支团胡维藩、广东支团李国俊、上海支团××等同志报告，各支团团务各有特色，报告方式亦各不同，十二时散会。下午三时，由吴候补干事兆棠讲演各国青年组训概况。四时，提案审查委员会分组审查提案。晚，研读中国之命运。

第四次大会于二日上午八时在中正堂举行，主席张书记长治中、蒋干事经国，由河南支团王汝泮、三战区支团邓文仪、湖北支团张伯谨、福建支团宣铁吾、云南支团裴存藩、河北支团×××、西康支团陈志明、青海支团王文俊、平津支团××等工作报告。河南支团王汝泮同志述及豫灾严重情况，谓如无切实有效之振济，今年一年内恐将有数十万灾民濒于死亡，且出示灾民用以充饥之草根粉馒头一个，全场无不深切同情。当由罗常务监察家伦提议，由主席团预商振济豫灾办法三条：一、以大会名义，电慰豫省被灾同胞；二、通电各级团部加紧救济豫灾募捐运动；三、由中央团部垫借二百万元，以大会名义先行汇豫作放赈之用。全会一致热烈鼓掌通过。闻陕西支团已捐得赈豫灾款一百五十万元，甘肃支团已捐得一百万元。

同日下午四时，监察院于院长讲演老青年后，即由中央直属团体分团同志二十余人，作体育表演，成绩异常良好，尤以男同志满江红及踢踏舞，及女同志之西班牙舞最为精彩，他如大刀舞、竞技、单杠以及各同志之体格精神，无不令人称羡不置。该团且带有标语四幅，最能发人深省，兹录如次：一、高度的国防不在武器而在身体；二、三等体格的国民，决造不成头等的国家；三、引起国民对体育的兴趣；四、介绍健身强种方法等。次由该分团部同志欢呼，分至大会集合场参观该团表演单杠，及与大会代表队作二十分钟之篮球赛，场中欢声四腾，情况甚为热烈。

张书记长在体育表演后掌声雷动中，即席发表演说，对此次表演意义，加以简要说明，略谓：我们先代祖宗，体格本极强壮，但因一向不注重民族健康，以至一代代衰弱下来。现在，我们如果与欧美各国人相较，实在非常惭愧。我们今天如果要讲国防建设，就必须要有国防人，来供给建设国防的需要。因此，我们要唤醒全国青年的警觉，一致奋起，□□□祖宗的体格。迎头赶上欧美的健康标准，这个责任，希望我们青年团负担起来，尤其今天在坐各同志，一定要负担起来。大约二十分钟词毕。全体同志于聆听之后咸深感动。

第五次大会于三日上午八时举行，主席段锡朋、张伯谨，宣读纪录，报告文件后，即听取地方团部报告，由广西支团韦赞唐、绥远支团○○○、贵州支团黄宇人、山东支团○○○、山西支团○○○、安徽支团○○○等六支团，宁夏区团王星舟、苏北区团○○○、鲁苏豫皖边区区团○○○等三区团及鲁苏战区分团○○○工作报告后，台湾分团○○○、美国三区团○○○、马来亚缅甸区团○○○及越南区筹备员○○○等单位，一再热烈掌声中先后报告苦斗经过。报告结束后，康秘书长宣颁明日上午于团长莅临检阅点名，各代表请一律参加，中央干监事亦望踊跃出席。大会于上午十二时二十分鼓掌散会。下午三时，请孙院长讲演，四时分组审查提案。晚举行音乐会。

团长于四日晨亲临检阅大会全体代表一一点名。上午九时，大会国父纪念周与中枢联合扩大纪念周合并在大会场举行，到国民政府林主席、行政院孔副院长祥熙、考试院戴院长传贤、中央党部叶常务委员楚伧、李常务委员文范、吴秘书长铁城、副秘书长狄膺及中央党部各部长、副部长朱家骅、张道藩、张强、程中行，行政院各部会部长、次长周钟岳、陈立夫、曾养甫、谢冠生、顾毓琇、徐思曾、黄伯度等，本团中央全体常务干事、监察谷正纲、李惟果、胡庶华等，干事会张书记长治中、项副秘书长定荣及全体代表，并中央训练团党政高级人员调训班全体同学、国防研究院全体同学、本大会高级工作同志等，合计约八百余人。由团长即席讲述本大会之任务，对各项问题均有切实之指示，其训词另录。

五日上午八时举行第六次大会，主席张厉生。康秘书长报告晋谒林主席代表名单及出发时间地点后，即听取学校团部工作报告，先后分重庆北陪区（包括复旦大学分团部、重庆师范学院分团部、国术体育师范专科学校分团部、江苏医学院分团部等四单位）、重庆白沙区（包括女子师范学院及女师附属中学分团部、大学先修班分团部等三单位）、成都区（包括华西协合大学分团部及光华大学分团部等四单位）、重庆大学分团部、中央工业专科学校分团部、□□专科学校分团部、中华大学分团部、四川大学分团部、武汉大学分团部、同济大学分团部、东北大学分团部、西北师范学院分团部（包括西北师范学院附属中学分团部），西北工学院分团部包括西北农学院分团部、西北技艺专科学校分团部、西北联合大学分团部（包括西北农学院分团部）、湖南大学分团部、广西大学分团部包括中山大学分团部、大夏大学分团部，国民大学分团部、厦门大学分团部、襄勤商学院分团部二十二个地区与单位，依次报告。大会于十一点五十分散会。下午三时，请何总长作特约讲演，四时继续审查提案，晚举行座谈会。同日上午九时大会代表为向林主席表示敬意，特推选李国俊同志等七十二人由张书记长亲自率领诣国府礼堂觐见致敬。汽车驶至国府门前，代表鱼贯进至礼堂，典礼官发立正口令，全体肃立，主席自左门莅临，神采奕奕，全体代表向主席行三鞠躬礼，张书记长治中恭读献词。

词毕，主席训词，对各代表远道辛劳，备致慰勉。并谓本党革命迄未完成，诸待青年继起努力，青年纯洁如纸，领导应善加爱护，使纳正轨，以培养其至大至刚，不屈不挠之气。最后并勉各代表待人接物，务须以诚自勉，且以此教育青年。并再三叮嘱详研《中国之命运》，体会其中精义，努力遵行。词意恳挚，感人极深。词毕代表向主席行三鞠躬礼，主席退，各代表鼓舞振奋而返。

第七次大会于六日上午八时举行，主席贺衷寒、陈雪屏，项副秘书长报告豫皖鲁等省灾情严重，拟吁请团长转饬振济机关迅速给予振济，全场一致通过。

继由第五战区支团部、国立第四中学分团部、国立第五中学分团部、国立第七中学分团部、国立第十一中学分团部、贵州师范学校分团部、华侨中学分团部、新运纺织厂分团部等八单位报告工作。至此所有单位工作报告完毕，乃开始提案讨论，当通过制定本团团纲以利团务案，请规定青年节案，建立本团经济基础案，增加各级经费提高员工待遇以利工作案等五案。其讨论规定青年节时，有主张择定七月九日，有主张择定三月二十九日，亦有主张择定五月四日者，互相辨论，情绪至为热烈。讨论建立本团经济基础，及增加经费提高员工待遇二案时，发言亦甚踊跃。讨论制定本团团纲以利团务案时，全场无意见，遂照原提案通过。大会于十一时晚五十分结束。下午三时，请白副总长作特约讲演，四时研读《中国之命运》，晚举行提案审查委员会。

查本届大会各方提案多至五百六十余件，连日分组审查，工作至为紧张，迄六日晚始全部竣事，为求有良好之结果起见，特归纳全部提案为九大案，以便提请大会讨论。

七日上午八时，举行第八次大会，主席谷正纲、何义钧，讨论提案。第一案为主席团提，表扬本团殉难同志并慰勉敌后工作同志，决议修正通过，交中央干事会切实办理。第二案为中央常务干事会提，发展团务十年计划总纲草案，发言踊跃，情绪至为热烈，全体代表认为此实关系本团前途至为重大，当决议组织审查委员会重付审查后，再提大会讨论。康秘书长报告团纲起草委员名单，经通过后散会，时正午十二时零三分。下午三时，由吴秘书长铁城作特约讲演。四时，举行第九次大会，主席陈立夫、蒋经国，讨论团章修订案，当修改团章第二章第三条团员入团年龄为年满十六岁至三十岁，区团一级仍予保存，全国代表大会仍为每二年举行一次，其余各条，因时间关系，留交下次大会讨论，大会于六时散会。晚有平剧表演。

八日上午八时，由朱部长家骅作特约讲演。九时，举行第十次大会，主席王世杰、李树森，继续讨论修订团章案。大会于十二时散会。

下午三时，请冯委员作特约讲演。四时，研读《中国之命运》。晚七时二十分，举行第十一次大会，主席贺衷寒、陈雪屏，副秘书长报告陕西支团部响应大会救济豫灾之决议，决定发起救济豫灾百万募捐运动，时全场报以热烈掌声。旋通过检举贪污舞弊，取缔囤积居奇，以转移社会风气，严肃战时生活案，及修正通过统一全国青年组训纲领案，全场情绪至为兴奋。大会于下午九时完满结束。

九日上午八时，举行第十二次大会，主席朱家骅、王文俊，讨论团务工作改进案。讨论完毕，项副秘书长报告中央干监候选人名单分配标准及各单位所提之人数后，于十二时许散会。第十三次大会，于下午四时十五分举行，主席陈立夫、蒋经国，通过发展团务十年计划纲要起草委员会名单后，即开始讨论。大会于六时十五分散会。兹将第十二、十三两次大会通过各案重要之点，纪录如次：(一)各级视导改隶有关各处、室、组，并增加视导名额。(二)每年举办团员总考核一次。(三)学校团员之升学就业，应统一指导分配，高中毕业团员服务，由本团统筹分配指导。(四)中央干事会应恢复女青年处，支分团干事会应普遍设立女青年组织机构。(五)创设三民主义青年义勇军。(六)设立青年干部学校。(七)中央干事会宣传处增设海外宣传组。(八)创办中央青年日报，及中央青年通讯社。(九)中央干事会恢复社会服务处。(十)充实中央干事会编审机构。(十一)各级干部，应择优保送其升学或出国深造。(十二)建立青年工作管理机构。

十日上午八时，举行第十四次大会，主席段锡朋、张伯谨，于十二时许散会。下午三时，举行十五次大会，主席张厉生、李曼魂，由张书记长治中作本团工作总检讨。大会于六时半完满散会。两次大会所通过议案中，一、发动青年建设新中国案，关于五项建设均详细规定其工作项目。二、发展团务十年计划总纲，对于今后十年内，本团于组织、训练、宣传、社会服务等各方面所应完成之工作，均有远大之计划。三、讨论增进青年福利案时，各学校团部代表详述，今日在学青年，因营养不足而至目部、肠胃发生严重疾病，及骨骼发育不全等情形时，全场大受感动，吁请救济成为一致之呼声，闻教育当局已对此切实筹划救济办法。

第十六次大会于十一日下午五时半在青干班中正堂举行，主席张治中、王世杰，由张书记长报告团长亲自核定之团章后，旋即推定胡庶华、竺可桢、邓文仪、胡木兰四人为总监票员，黄珍吾等七人为各组监票员，即开始选举中央干监。至七时许选举完毕，宣布散会，监票人则继续在会场开票，至深夜始全部竣事。新干事监察名单，俟团长圈定发表。

本团第一次全国代表大会闭幕式，于十二日下午四时举行。到国民政府林主席，暨各院部长官孔祥熙、陈济棠、周钟岳、陈仪、陈调元、钱大钧、徐堪、洪陆东、洪兰友、张强、李朋，指导员戴传贤、陈果夫，干事监察张治中、王世杰、朱家骅、陈立夫，张厉生、陈布雷、段锡朋、谷正纲、蒋梦麟、甘乃光、罗家伦、贺衷寒、何浩若、谭平山、胡庶华、周炳琳、梅贻琦、林翼中、李惟果、郑彦棻、王星拱、陈逸云、蒋经国、刘咏尧、黄少谷、李士珍、邓文仪、余纪忠、肖铮、李树森、张伯谨、张霭真、黄佩兰、黄雍、顾希平、何联奎、陈介生、肖自诚、袁守谦、廖世承、熊庆来、康泽、项定荣、倪文亚、洪瑞钊、程思远、涂公遂、程登科、白瑜、李俊龙、谢然之、徐君佩、汤娟炎，代表胡木兰等四百余人。团长亲临主持，行礼如仪，团长遂宣布本团新聘指导员、评议会评议员及第二届中央干事会干事、候补干事，中央监察会监察、候补监察。当选人名单计指导员十一人，评议员十人，干事七十二人，候补干事二十七人，监察四十九人，候补监察十九人。至六时半，全体高呼口号，闭幕典礼始告结束。七时，团长又亲临大令操场，与全体代表共进晚餐。八时，举行同乐会，至深夜三时始尽兴而散。

划时代而具有历史意义的大会，圆满地宣告结束了，从此伟大艰巨的责任要我们全体团员努力肩负起来，光明灿烂的前途要我们全体团员勇往迈进去开拓。

〔三青团中央团部档案〕

2．三青团发动知识青年从军运动有关文件

(1944年10月)

(1) 三青团中央干事会代电（10月26日）

中央干事会代电　青干组字第八四五一号
民国三十三年十月二十六日

兹将全国知识青年志愿从军运动经过及会议重要决定，择要电告如次：(一)本年八月，奉团长手令，饬发动党员、团员从军后，经研究改为发动全国知识青年志愿从军，并于十月十一日，会同中央党部召集各省党团负责人员，举行知识青年志愿从军运动会议四日。对征集办法，编练计划，均有重要决定。会后本团复举行会议二日，关于各级对征集知识青年志愿从军实施办法，亦有具体决定。开会期间，团长有两次殷切之训勉。(二)此次暂定征额十万人，党团各负责征集五万，分别于明年一月一日起至

三月底止，向指定地点集中入伍。(三)为使群策群力，除中央设立全国知识青年志愿从军指导委员会外，各省市县设知识青年志愿从军征集委员会，由党部、团部、政府参议会及民众团体、士绅名流共同组织，由党与团负实际推动之责。(四)在征集期间，各级应遵照确定党与团之关系办法，及其实施细则规定，通力合作。各级团队干部及工作人员，与所属团员，尤应率先应征，以资倡导。(五)本团负责征集之五万人，按照各地团员人数及人口之多寡与教育情形，及地方环境分配。该会（处）征额为□另准备十分之二的预备额。该会（处）应将所征额再分配所属团队，并以集中入伍时期为准，详定各级征集实施办法，及集中□期，列成进度。(六)关于宣传、征集、编组、待遇、优待，均有详密妥善规定。除一切规章办法，暨团长文告，由政府及本会分别颁布外，希预先准备，以期迅赴成功。特电知照，并将奉电日期电复。张治中。组地。10.26。印。

（2）三青团中央干事会命令（10月26日）

中央干事会命令　(33)青干组字第八五九四号
民国三十三年十月二十六日

令各级团队

查全国知识青年志愿从军征集办法，业经军事委员会于十月二十二日明令公布，团长复于二十四日发表告知识青年从军书，情词恳切，属望良殷。盖以此次从军运动，不仅抗战胜败攸关，且为本团前途所系。各级团部，应凛于时局之艰巨与责任之重大，动员全体团员，积极倡导，率先应征，并号召各地知识青年，踊跃服役，献身报国。兹特颁发各地团部征集知识青年志愿从军实施办法，并□示注意事项如后：

一、各级团部奉令后，应遵照全国知识青年志愿从军征集办法及其附件，缜密研究，并因时因地，斟酌实施，各以最大努力，在限期以内，按照规定标准，征足配额。

二、各级团部会同同级党部办理征集时，除年龄按照团章规定外，凡兼有党藉之团员，其在党部负实际责任者，由党部征集，在团部负实际责任者，由团部征集，在党团部均未负实际责任者，则从其自愿，并应确遵党与团之关系办法及其实施细则规定，相辅相成，通力合作，期能达成共同任务。

三、各级团部除按照实施办法配额征足外，并加征二成预备额，以备临时补充之用。但须遵照团长告知识青年从军书，以有力之号召，鼓舞其革命情绪，并运用组织力量，使其志愿参加，万不得已时，乃以抽签法行之。

四、凡中央直属各专科以上学校团队，由中央分配征额，其他学校团队，则由当地统筹办理。各级团部，应与学校当局协力推行。

五、各省征集委员会主任委员、副主任委员之人选，及开始登记之日期，与应行集中之地点，另由全国知识青年从军指导委员会以命令规定之。

六、今后本团工作，即以从军运动为主，故征收团员，选拔干部，亦以其对革命之热忱与从军之志趣，为重要标准。但组织工作，尤须按照预定进度，加速进行，俾国防因团员从军而日益发展。

七、各级团部执行此项任务时，务须敬慎从事，庶免再蹈以往学生从军与译员征调之覆辙。本团即于此项成绩，决定各级团部与干部之奖惩。

以上七项，系本会对内指示，不作对外宣传之用。仰即切实遵照。除征集情形随时具报外，并先将奉文日期电复为要。

附发各级团部征集知识青年志愿从军实施办法一份

各级团部征集知识青年志愿从军实施办法（不可公布）

三十三年十月十八日第一届中央常务干事会第三十一次会议通过

一、总则

(一)本办法之实施，应遵照军事委员会颁布之全国知识青年志愿从军征集办法办理之。

(二)全国应征之知识青年十万人，由党团各征集一半，在征集期间，各级党部团部，应不分畛域，通力合作，期能各尽其责，顺利达成任务。

(三)各级征集委员会负主持知识青年志愿从军征集之责，各级团部，尤须切实负责推行。

(四)本团负责征集之五万人，根据各支团（直属区团）所属团员人数，各省人口之多寡、教育情形、及地方特殊环境比例分配之。其分配数额如附表：

重庆	四川	湖南	陕西	广东	福建	江西	甘肃	河南	三战区
3000	5000	5000	5000	5000	5000	4000	3000	3000	2000

贵州	湖北	浙江	广西	安徽	西康	青海	云南	绥远	宁夏
1500	1000	1000	1000	800	500	500	500	200	200

河北	山西	山东	江苏	专科以上学校	总计
200	200	200	200	2000	50000

(五)本团年满十八岁至届满三十五岁之团员，除自身率先应征外，并应尽量劝导知识青年应征，必要时并得以抽签法行之。

（六）各级团队及其附属机关之适龄干部与工作人员，应按照其实有人数，至少有五分之一率先应征。

（七）各级团部分配之征集数字为最低额，务须依限征足。

（八）各级所需征集经费，悉照征集办法之规定办理之。

二、支团（直属地方区团）实施程序

（一）支团（直属区团）奉到征集命令后，应立即召集支团干事会议，就发动宣传、征集数额、集中地点、集中时期、征集管理、征集费用、暨各该省征集委员会之组织等问题，缜密讨论实施办法。

（二）办法拟就后，再根据军事委员会颁布之全国知识青年志愿从军征集办法提出各该省市党政特别小组讨论决定，并会同组织各该省知识青年从军征集委员会。

（三）各支团（直属区团）根据中央分配数额，斟酌所属分团（团务筹备员）团员人数，各地人口之多寡，教育情形，及实际环境比例分配之。

（四）各支团（直属区团）对所属分团（团务筹备员）所征人数之集中地点与集中时期，应根据征集办法，分别详密规定之。

（五）在集中期间之管理与费用，应根据征集办法之规定，事前妥为筹划准备。

（六）由分团（团务筹备员）到支团（直属区团），或支团指定之地点，再到集中入伍地点，沿途之宿舍招待及慰劳等事项，应事先妥筹规划，分饬各地团部办理。

（七）各支团（直属区团）发布征集命令后，除饬所属区团负责督导外，并即派员分区督导。

（八）尚未建立团队之县市支团，应分派干员，会商当地党政各机关办理之。

（九）各支团（直属区团）在征集期间所遭受之困难，应尽量设法克服，并将征集情形，随时向中央团部报告。

三、分团（团务筹备员）实施程序

（一）分团（团务筹备员）奉到支团命令后，立即召集分团干事会议、区分队长联席会议，就发动宣传、征集数额、集中地点、集中时间、征集管理、征集费用暨各该县市征集委员会之组织等问题，缜密讨论实施办法。

（二）办法拟定后，即根据征集办法及支团（直属区团）指示，提出各该县市特别小组讨论决定，并会同组织各该县市知识青年从军征集委员会。

（三）分团（团务筹备员）根据支团（直属区团）分配数额，斟酌情形比例分配，于各区分队开始征集。

（四）征集时应发动全体团员加强宣传活动，并在知识青年群中运用组织力量，积极倡导。

（五）应征知识青年，应先向分团部（团务筹备员）填具申请登记表，再由征集委员会举行简易常识测验及体格检查（表式另订之）。

（六）各分团（团务筹备员）对所征人员之集中地点，集中时间，应照支团规定，分别□〔缜〕密规定。

（七）分团（团务筹备员）应会同征集委员会，就所征之数额，分别准备宿舍招待，并选定□组率领之适当人员。如属交接必经之地，更须准备过往从军青年之宿舍招待事项，并发动民众慰劳。

（八）各分团（团务筹备员）应派员到区分队督导。

（九）各分团（团务筹备员）在征集期间所遭受之困难，应尽量设法克服，并将征集情形，随时向支团（直属区团）报告。

四、中央直属学校（训练机关）团部实施程序

（一）中央直属学校（训练机关）团部，奉到命令后，当即召集区分团干事会议、区分队长联席会议，就发动宣传、征集数

额、集中地点、集中时间、征集管理、征集费用，暨各该校（训练机关）征集委员会之组织问题，缜密讨论实施办法。

（二）办法拟定后，再根据征集办法及支团规定，提出学校当局讨论决定，并商组各该校知识青年志愿从军征集委员会。

（三）区分团根据分配数额，再斟酌情形，比例分配各区分队负责征集，并先由团员率先应征。同时普遍向在校学生征集，并应运用组织力量，积极倡导。

（四）中央直属学校（训练机关）团部所征之知识青年，应向所属或所在地之支团部集中，其集中地点与集中时期，应照支团办法，分别详密规定。

（五）应征知识青年（团员），应先向区分团部填具申请登记表，并举行简易测验及体格检查（表式另订之）。

（六）在集中前，应选定编组率领之适当人员；在出发时，并发动全校学生扩大慰劳欢送。

（七）凡各地区分团之干事长（书记），均应参加当地之征集委员会组织，期能密切配合。

（八）凡中央直属之学校（训练机关）团部，在□□□□□□□□□□尽量设法克服。除将征集情形，随时报告中央外，并与所在地支团部切取联系。至属支团之学校团部，则应随时向支团部报告。

五、附则

（一）各支团部得参照各该省特殊情形，对本办法所规定之程序，酌予变通。

（二）本办法经中央常务干事会议通过施行。

（三青团中央团部档案）

3. 中央团部关于三青团七年来组织活动及工作总检讨的报告①

(1945)

壹：工作概述

一、组织的发展

团的组织的发展，在于建立团队与征求团员。团队的建立，系采取渐进的程序，先择重要的地点建立组织，然后扩充于各地区及各部门。建立时，务求战地与后方并进，学校与地方并重。团员的征求，系采取重质不重量的原则，并以中小学教师，地方自治人员及高中以上优秀学生为主要对象。已入团的团员，并定期进行考核，汰弱留强，以求质的增进。兹将七年来工作实施情形分述如后：

（一）海内外团队的增建

团自成立以来，不过是短短的七年，但组织的发展相当迅速。现在，各级团队的组织，不仅在国内有着大量的增加，就是在海外，凡是华侨青年居住的地区，也陆续地建立起来。兹将七年来地方、学校、边疆、海外团务的发展情况，分述如下：

甲、地方团队：团在筹备的初期，组织工作所遭遇的困难是干部的缺乏，因于武昌珞珈山举办青年干部训练班第一期，集中各地方的优秀青年，实施训练，以作储备人才的准备。二十八年初，团中央迁到重庆，团的组织得逐步的发展。兹将七年来地方团队统计，列表如下：

①此件摘自三青团中央团部撰《七年来团务工作总报告》。

历年地方团队统计表

年次	支团	区团	分团	区队	分队
二十七年	5	8	40	36	104
二十八年	22	17	206	734	4497
二十九年	25	6	341	2531	11786
三 十 年	25	8	457	4168	18676
三十一年	25	8	516	5254	28170
三十二年	24	13	578	5659	26763
三十三年	25	24	920	10332	40836

说明：上列表内各数，系除去学校、海外及边疆（西藏、新疆、蒙古）团队外之地方团队数。

地方团务的推进，最感困难的是战地团务。在战地和敌后的区域，因为受着敌伪和奸伪的包围，团务的展开很不容易，而内在的困难也很多。第一是经费短少。由于敌后各地伪钞与法币的差额很大，以致一般同志的最低生活多感到无法维持；第二是干部补充不易，在某个组织被破获、干部伤亡以后，递补者或由于环境不熟，或由于经验欠缺，工作上往往受到很大的影响。第三是交通与连络困难。在组织与组织间的联系，常常遭受敌伪的阻隔或破坏，致于交通器材的购置与使用，更多窒碍。为解除上项困难起见，经拟订“沦陷区团务整理与改进实施纲要”一种，呈奉团长核准施行。其内容大要如下：

一、战地及敌后团部，以缩小辖区为原则，各级干事会必要时得不设立，俾办事迅速，指挥灵活。

二、增设区团及小组，使层层节制，掩护确实。

三、干部之选拔，首重革命精神；组织之运用，应求极端机密。

四、组织秘密行动队、情报网、交通站，以发挥组织效能。

五、经费依据当地币制实况，酌以合理改善，并酌发准备金及特别事业费，以适应工作上的紧急之需要。

自从这个纲要颁布实施以后，很见成效，青干班毕业学员继续到敌后工作的也很多，在此我们特遥祝他们的安全，并期望陷区的团务愈加开展。

乙、学校团队：在学青年经过严格地选择以后，其品行、学识、精神、体格，以及对本党主义的信仰等，大都与本团所要求的相同。所以团对于高中以上的在学青年，特加重视，并决定加强学校组织的发展，使全国高中以上学校都有本团组织的建立。兹将七年来学校团队统计列表如下：

年次	专科以上学校			国立中等学校		各种训练班团		
	区团	分团	区队	分团	区团	区团	分团	区队
二十八年		18	26			2	9	8
二十九年		28	72	9	14	3	15	70
三十年		39	118	18	49	2	16	16
三十一年		47	160	24	73	2	16	37
三十二年		50	192	25	89	2	16	48
三十三年	1	78	261			2	7	48

说明：三十三年起，各国立中等学校团部划归地方团部领导，所有分团与区队数均并入地方团部内。又二十七年度学校团队尚未建立。

丙、海外团队：过去，海外华侨对于革命的赞助，贡献很大，青年侨胞爱国的情绪，也很热烈。团成立后，即委托世界青年大会代表在海外慰问侨胞，并详细调查各地的情况，作为建立团部的依据。二十九年六月，开始建立海外团部，先以南洋为中心，分别在马来亚、菲律滨、荷印、缅甸、暹罗、越南及港、澳等地，设立直属区团部团务筹备员，其他重要的地区，则设置通讯员。其次是开展美洲团务，先后于加拿大、古巴、墨西歌等地，分别成立直属区团、直属区队，并设置团务筹备员及通讯员。此外澳洲、檀香山、纽西南等地，亦已成立分团或派设通讯员。太平洋战事发生后，南洋方面团部，多在敌人占领区内，指导联络，至为困难，惟各同志仍能潜伏继续工作。至美国及加拿大两地团队，已在普遍建立。兹将五年来海外团队统计列表如下：

年次	支团	直属区团	直属分团	直属区队	直属团务筹备员	通讯员
二十九年		12			2	8
三十年		12	1	4	2	14
三十一年		12	2	23	3	14
三十二年		12	2	27	3	14
三十三年		13	2	20	8	15

说明：所有分团暨区队各数，除三十三年度有两个区队系中

央直属外，其余均为各区团所属数字。

丁、边疆团务：抗战以后，开发边疆的工作，大家都很注意。团即负荷了组训全国青年的重大任务，对边疆青年的组训，自然也应积极地推行。但以环境所限，仅在西藏、新疆等地，选派团务筹备员，先从事调查联络的工作，作为筹建团部的准备。

附（一）历年本团团队统计表

年　次	支　团	区　团	分　团	区　队	分　队
二十七年	5	8	40		
二十八年	28	17	206		
二十九年	25	21	393	2691	12541
三 十 年	25	23	534	4362	20419
三十一年	25	23	619	5554	29279
三十二年	24	28	682	6015	28123
三十三年	25	35	970	10561	42141

说明：上列支区分团各数，系根据本会日日命令及各地工作月报材料编制。

附（二）各级团队组织统计表

团　部	支团	区团	地方分团	学校分团	区队	分　队
中央直属	25	16	22	71	3	
支团所属		19				
支团区团所属			877			
分团所属					10558	42141
合　计	25	35	899	71	10561	42141

说明：本表所列区分团数目材料来源同前表。支区团直属区分队数并入分团所属项内。

此外，还有应该说明的，就是各级组织由筹备进入正式成立的经过。团在组织的期间，各级组织一律称为筹备处。至三十一年底，各级团部筹备处，除在敌后、战地、边疆及海外的因情形特殊，未能举行代表大会（或会员大会）外，所有分团一级，都于三十二年二月以前，举行代表大会，并选出干事，同时由中央分别核定，明令发表。总计在三十二年二月底以前完成筹备程序正式成立的团部，计有支团一八，中央直属区团二，中央直属学校分团五二，各支团所属分团二四九。三十二年三月以后，少数团部也继续正式成立。

（二）青年们纷纷携手到团里来

团的产生，从客观方面说，在于适应国家、民族和全国青年们的迫切需要，从主观方面说在于团结并训练全国的革命青年，使其力行主义，以完成捍卫国家、复兴民族的伟大使命。所以团自成立以后，全国的革命青年，都抱着热烈的情绪，纷纷携手到团里来。在初期的筹备期间（二十七年七月——二十八年年底），团员的数目，已达七万四千七百人。以后一年一年的激增，至三十三年十二月底止，共有团员八十八万七千八百六十五人。

在这巨大的团员数额中间，就籍贯来说，不仅有内地各省的青年，也有边疆各地以至海外侨胞的青年（见统计表七）；就性别来说，男性约占全额百分之九十一，女性约占百分之八（见统计表二）；就年龄上说，以十六岁至二十岁的青年最多，约占全额之百分之五十三，二十一岁至二十五岁的次之，约占百分之三十二，以后年龄较大，其数额即较小（见统计表三）；就教育程度来说，以中学程度的青年为最多，约占全额之百分之六十三，小学程度次之，约占百分之二十七（见统计表四）；就职业来说以在学青年为最多，约占全额百分之四十四，受训人员次之，约占百分之九（见统计表五）。

团员的征求，始终以质量并重、平衡发展为原则。自三十年起，为避免由质量并重可能引起的流弊起见，决定改为重质不重量，因此，三十年以后团员数目的增加，便比较迟缓（见统计表一）。

总之，自团成立以后，由于团员一年一年的激增，证实了全国的青年都需要团，而团即集合了这样巨大数额的团员，无疑地正是全国革命青年第三次大结合的开始，且将成为新兴的革命的主力。

（一）五年来征求团员统计表

年　　度	征求团员人数
二十七年	1034
二十八年	74,700
二十九年	169,483
三 十 年	162,014
三十一年	116,545
三十二年	82,755
三十三年	267,404

（二）团员性别统计表

性别 人数	男	女	不　详	合　　计
人　　数	638,280	61,096	624	700,000
百 分 比	91.18	8.73	0.09	100

（三）团员年龄统计表

年龄 人数	16—20	21—25	26—30	31—35	36—40	41—50	50岁以上	合计
人数	374,931	228,420	59,049	24,765	9,971	2,706	158	700,000
百分比	53.56	32.63	8.44	3.54	1.42	0.39	0.02	100

（四）团员教育程度统计表

教育程度／人数	国外留学	大学程度	专门程度	中学程度			小学程度	私塾	其他	合计
				中学	师范	职业				
人数	2,149	32,112	26,191	331,565	81,050	31,275	140,671	30,133	24,854	700,000
百分比	0.31	4.59	3.74	47.37	11.58	4.47	20.09	4.3	3.55	100

（五）团员职业统计表

职业／人数	农	工	商	党务	团务	行政	乡治	军警	政工	教育	自由职业	尚未就业		其他	合计
												学校学生	受训员生		
总计	17,196	12,170	24,121	4,006	8,118	29,775	38,768	68,778	11,048	58,358	3,502	314,064	65,065	45,031	700,000
百分比	2.46	1.74	3.45	0.57	1.16	4.25	5.54	9.28	1.58	8.34	0.5	44.87	9.29	6.43	100

（六）团员入党统计表

党籍	未加入本党及其他政治团体人数	曾加入本党人数	曾加入其他政治团体人数	合计
总计	589,559	109,890	551	700,000
百分比	84.22	15.7	0.08	100

（七）团员籍贯统计表

籍贯 / 人数	江苏	浙江	安徽	江西	湖北	湖南	四川	西康
总计	22,559	38,602	31,068	49,479	58,978	100,666	100,606	7,698
百分比	3.22	5.51	4.44	7.07	8.43	14.38	14.37	1.1

籍贯 / 人数	河北	山东	山西	河南	陕西	甘肃	青海	福建
总计	9,272	19,353	1,573	37,727	30,296	51,066	14,131	18,443
百分比	1.33	2.76	2.2	5.39	5.61	7.3	2.02	2.63

籍贯 / 人数	广东	广西	云南	贵州	辽宁	吉林	黑龙江	热河
总计	56,183	5,956	4,657	8.720	2,107	309	169	112
百分比	8.02	0.85	0.67	1.25	0.3	0.04	0.02	0.02

人数 \ 籍贯	察哈尔	绥远	新疆	蒙古	西藏	宁夏	其他	合计
总　计	158	3,711	46	67	33	2,648	839	700,000
百分比	0.02	0.53	0.006	0.01	0.004	0.38	0.12	100

（三）团员的考核与质的增进

任何大的集体组织，经过了相当的时间以后，将会发生两种现象：第一、一部分组成分子，在移动的时候，往往忽视了转移登记，以至脱离了组织，失去联络，使组织呈显出松懈的现象。第二，一部分组成分子，由于信念的不坚定，往往中途转变，甚至背离组织，形成了腐化，甚至恶化的形象。

团自成立以后，至三十一年五月，已征得了团员三十九万三千一百九十人。这些团的组成分子，在战争变乱当中，已先后经历了四年的时间，其中极少数人，不免会发生上述脱离组织甚至背离组织的两种现象。为根除和防止这些现象，必须使基层的组织愈加严密、团员的素质愈加健全，因此第一次团员总考核便被决定和举办了。这次总考核的举办，系自三十一年五月开始，至三十二年八月底结束。兹将办理情形及所得结果，分述如下：

（甲）总考核办法：三十一年五月，制定《团员总考核实施办法》，通令各级遵照施行。办理的程序，规定为初核、复核、总评三级；考核的项目为思想、品行、精神、体格、学识、能力及对团工作七项。凡经考核合格的团员，即由主办团部在登计证上，加盖"合格"或"优秀"的戳记。超龄团员即按照规定分别介绍入党。至于不合格的团员，则分别停止或开除团籍。

（乙）举办总考核的团队数目：这次总考核，本规定各级团队一律举办。当时全国团队的数目，计支团二十五，直属区团二二，直属分团及团务筹备员八二，直属区队一。但是敌后、海外及其他少数团队，多因情形特殊，均准豁免举办。故实际已举办的，计为支团二二，直属区团五，直属分团及筹备员七四，直属区队一。

（丙）参加总考核的团员人数，在总考核开始时，各地团员总数，计为393，190人，除去豁免举办的团队所属团员及其他因故因病请假的团员外，实际参加考核的团员共为243，578人，已失联络未参加考核的团员，计为30，530人。

（丁）参加总考核团员的考核结果；参加总考核的团员，经按考核的标准，详细审核，兹将结果列表如下：

等第		人数	百分比
优秀团员		42,602	18
合格团员		192,112	79
不合格团员	停止团权	6,706	2.2
	开除团籍	2,155	0.8
合计		243,575	100.0

这次团员总考核的工作，在团可说是创举。实施的结果，无疑地，将使基层的组织更加严密，团员的素质更加健全，但在办理期间，仍有不少的缺点，兹将得失各点，概述如下：

一、能唤起各级团部注意征求团员而达重质不重量之目的。

二、能使各级团部加紧平时对团员之考核工作，以便于选拔干部，为实施干部政策之张本。

三、促进各级团部注意团籍之登记工作，并加强对团员之掌握与运用。

四、加强团员对团的纪律概念，激起其对团之热忱。

五、淘汰若干过于低劣之团员，能于无形中提高团之声誉，并严密组织机构。

六、此项总考核工作，殊为繁重，所需人力物力极多，各级团部集中全力举办，不免影响其他工作之推展。

七、此次举办团员总考核，各级团部于事前未有充分之准备，致工作不免有疏漏之处。

八、下级干部及基层组织尚未健全，尤其团员之组织意识及团籍之登记工作太差，故办理殊嫌迟缓，且欠确实。

九、办理尚嫌繁复，须酌予改订。

二、怎样训练干部与团员

团的训练工作的要旨，在于养成从事五项建设的干部，与真正为实现三民主义而奋斗的战士与信徒。训练的内容，可分为六项：一、为忠勇爱国的精神训练；二、为健身强种的体格训练；三、为勤劳俭朴的生活训练；四、为迅速确实的行动训练；五、为管教养卫的知能训练；六、为五项建设的服务而训练。训练的步骤，首为干部训练，以团的工作训练为中心，以增进其领导能力；次为团员的训练，以政治及军事训练为中心，以充实团的组织。兹将七年来各项工作实施情形分述如下：

（一）中央干部学校的创办

团在成立的初期，深深感到干部的缺乏。二十七年八月，特在武昌珞珈山创办本团干部训练班，训练了优秀青年六百人，派充各级的干部。数年以来，团的组织日渐开展，各级干部仍感到缺乏。三十年三月，乃在中央训练团继续举办第二期（班址在马家寺），自三十年三月二十三日开学，至六月二十二日结业。计调训各级干部及拟派团务工作的优秀团员共二三四人，内女性三二人。第三期于同年十月二十六日开学，三十一年一月二十六日结业，训练学员二一八人，内女性二三人。第四期于三十一年三月十五日开学，六月十四日结业，训练学员二〇九人，内女性二三人。第五期于同年十一月二十二日开学，三十二年二月二十一日结业，训练学员二八二人，内女性四二人。在第五期的第三个月里，特将训练的课程分为普通、体育及音乐等三组，以便分科研究，适应当时的需要。综计五期中毕业的学员，共为一，五二八人。这些学员，或返还原职，或由中央分发工作，都能本着受训时的精神，努力发展各地团务。

但是干部训练班训练的人员，只限于团务干部。在抗战建国兼筹并进的现阶段中，团务的干部固然需要，其他各部门的干部同样需要。为造就各部门的广大青年干部以奉行团长所诏示的五项建设的任务，在团的第一次全国代表大会里，便决定扩大干部训练班为中央干部学校。

三十二年五月，制定该校筹备委员会组织规程。八月十一日，设立筹备会，由团长选派蒋经国为主任委员。九月初，制定该校章程、十年教育计划大纲及三十三年度教育计划大纲。十月二十六日接收干部训练班。十二月一日，该校正式成立。三十三年七月，遵照团长手令与中央训练团对调地址。

该校校长由团长兼任，下设校务委员会，负决定校务实施方针的责任，其委员人选由团长选派戴传贤、张治中、陈诚、陈布雷、陈立夫、吴铁城、段锡朋、李惟果、康泽、朱经农、蒋梦麟、梅贻琦、胡宗南、吴贻芳、蒋经国等十五人组成，并设教育长一人，由蒋经国担任，秉承校长并受校务委员会的指导，主持校务。下设教务、训导、总务三处及学生总队部，分掌各项行政。

三十三年，依照预订的计划，先后成立研究部及专修部，并遵照团长手令增设东北青年训练班。兹分述如下：

1．研究部：该部的主旨，在于注重高深知识的灌输及建国专题的研究。三十三年一月，开始招生，共录取学生二七二人，五月一日正式开课。修业的时间定为三学期、每期两个月、第一学期课程，注重基本学科；第二学期注重高深知识的灌输；第三学期注意建国专题的研究及团务实习。现在半数的学生已报名参加青年远征军的政治训练工作。

2. 专修部：该部的主旨，在于训练各部门的专业干部，以适应建国的需要，三十三年五月，开始招生，共录取学生五三〇名、计地方自治科一〇〇名；管理科：交通管理一〇〇名，生产管理一〇〇名，计政科五〇名；垦务科五〇名；师范科：体育童军组一〇〇名，音乐组三〇名。十一月一日开学。修业期间定为一年。

3. 东北青年训练班：该班的主旨，在于招收东北内归的青年，实施训练，以作将来收复东北时的准备。三十三年八月，开始招生，共录取学生六〇名。现已开课，正在积极训练中。

从上看来，中央干部学校的创办，不仅是团的干部的唯一训练机构，也可说是国家的干部的训练机构。依据该校十年教育计划大纲的规定，将于十年内分期训练团务干部、技术干部、屯垦干部约十万人，青年技工约百万人。由于这个巨大的计划，它将成为陶铸建国干部的洪炉，也将成为新兴的革命原动力。兹将该校十年教育计划大纲照录如下：

中央干部学校十年教育计划大纲〔略〕

（二）发扬蹈厉的青年夏令营

在对于在学青年实施的各种训练中，青年夏令营的举办，可说是一种最活跃最成功的一种训练。

当着夏尽秋来的期间，溽暑的天气更感到蒸人。一般在学的青年，正渡着悠闲的假期。团为利用这个假期，便举办青年夏令营，集合一般在学的青年，在山水明媚的名胜地区，施以集体的训练、使养成高度的自觉自重的精神。

夏令营的编制：营本部设主任一人，主持营务。副主任一人至二人，襄理营务。下设秘书室暨教务、训导、总务三组及医务所，分掌各项业务。另设营务委员会，设委员若干人，策划营务的进行。受训的学员设学员总队，下设三或四中队，每中队辖三区队，每区队辖三分队，每分队由十二人至十五人编成。女学员得视人数的多寡，编为一中队或一独立区队。学员总队设总队长一人，总队附一人，副官、书记、司书各一人；每中队设中队长一人，副官、司书各一人；每区队、分队各设区队长、分队长一人。营主任、副主任人选，由团长核派，其余营本部职员、各队官长以及讲师、教官、训育干事等人员，均由营主任调用或聘用。

训练的科目：以精神训练、生活训练为主，技术训练、服务训练为辅。全部课程可分为下列六类：

1. 精神讲话——注重时代使命及做人为学处世诸要领的启示。

2. 一般课程——注重有关革命建国理论与方策的阐述。

3. 分组课程——注重受训人员对于专门业务认识的增进。

4. 军事课程——注重军事基本知识的习练。

5. 体育课程——注重体育基本知识及健身技能的习练。

6. 训育课程——注重民权训练与康乐活动的实施。

训练的时间定为四周。调训的人数，甲种营定为四百名，乙种营定为三百名。

青年夏令营的举办，是从二十八年度创始的。当时，中央团部在重庆办理一营，四川支团部在成都办理一营，两营共调训学生七一九人。二十九年度，中央在重庆续办一营，四川、陕西两支团各办理一营，三营共调训学生一四二九人。训练的效果较前有了很大的增进。三十年度，依据团务发展的情形，特扩大举办。中央在重庆办理一营、四川、陕西、福建、贵州等支团各办理一营，五营共调训学生二，四九六人。中央直接主办的一营、以北碚温泉公园为营址，由张书记长治中亲自主持。结业前，团长并亲临致训，收效很大。三十一年度，中央直接在灌县、南岳、昆明及城固四地，各办理一营。所有实施计划（包括计划大纲，组织系统图，编制表、教务训育实施细则、分队会议讨论题等），都由中央颁发，且规定四营在同一日期开学、同一日期结业，训练期间都定为四周。又福建、江西、第三战区等支团部均能自筹经费，分别举办。以上计为七营，共调训学生五，四〇八人。三十二年度，中央直接主办者为重庆、南岳、东南三营，会同教育部举办者，有贵阳、赣县、兰州等三营，除实施训练外，并举行高中毕业会考及专科以上学校入学试验。又湖北、第三战区两支团，安徽支团全椒分团、云南支团大理分团、福建支团漳州分团及陕西支团耀县分团等四分团，各自动举办一营。计中央及地方共举办十二营，调训学生七，〇七二人。三十三年度遵奉团长指示，本年夏令营以调训中小学校长、教师及团务干部为主。经修订夏令营计划大纲，令颁各营参照实施。计由中央直接举办的，有重庆、灌县、西安三营。由地方主办的，有江西支团的赣县营，湖北支团鄂中区团的鄂中营，云南支团的宜良营、楚雄营、禄丰营及蒙自营，陕西支团陕北区团的陕北营，陇县分团的陇县营，安徽支团岳西分团的岳西营，第三战区支团泾县分团的泾县营，河南支团的师岗营及夏馆营，福建支团的闽南营；鲁苏豫皖边区支团商邱分团的商邱营；直属西南联大分团的西南联大营。计中央及地方共举办十八营，调训人数为六，一六一人。

自二十八年以来，青年夏令营的举办，由中央以至于地方，已一年一年地增多，效果也一年一年地扩大。计共举办四七营，调训在学青年、中小学教师，及团务干部共二三，二八五人。

在夏令营中，虽因为战时的关系，设备都不很完善，但由于员生们的努力，往往能够克服外在的缺陷，收到很大效益。所以在精神方面的表现，是紧张的，热烈的，活泼的，乐观的，在生活方面的表现，是简单的，朴素的，整齐的，清洁的。当着实施技能训练和服务训练时，学员们更能不怕困难，争先从事、务期达成目的而后已。这些优良的表现，真可说是发扬蹈厉，树立了团的集体训练的新作风。

此外，为加紧边疆及战区在学青年的训练，三十一年度，特准甘肃支团部，直属苏北及鲁苏豫皖两区团部，利用各学校寒假的期间，各举办青年冬令营一营，受训学生共为七八五人。训练的内容和方式与夏令营相似。

（三）一般训练工作

甲、干部训练

一、举办干部训练班及中央干部学校（详情见前）。

二、举办地方团务干部训练班及团务讲习会：为造就中级及基层干部，自三十年度起，由支团或直属区团在各省干部训练团办理团务干部训练班，未设省干部训练团或相当训练机关的省市则举办团务讲习会。三十年度，举办者共二九单位，受训人数为二，二三三人；三十一年度举办者共十七单位，受训人数为一，四七九人；三十二年度举办者共十六单位，受训人数约为一，二四五人；三十三年度举办者共十四单位，受训人数为二，三二二人。

三、举办滑翔干部训练班：为倡导滑翔运动、造就滑翔的专业人才起见，特于三十九年十一月，会同教育部及航空委员会在成都设立滑翔干部训练班，并选送学员十人参加受训，于三十年九月结业。

四、举行各级干部工作会议：为使各级干部检讨过去的工作的得失，策划未来的团务发展起见，特于二十九年十月，指示各级举行干部工作会议。三十年七月，中央曾召开全国干部工作会议一次。同年，支团、区团举行者有一七单位；三十一年度，共有一八单位；三十二年度，共有二三单位；三十三年度，共有十四单位。

五、举行小组会议：为经常训练干部，特指示各级以小组会议的方式实施。同年能经常举行并呈报表件者计有支区团一七单位，报表六八八份。三十三年度，举行者计有支区团一四单位，报表四一八份。

乙、团员训练

一、办理入团训练：为使志愿入团的青年，对主义、对本团具有正确的认识与坚定的信仰起见，特举办入团训练，并藉以实施初步的考核。二十九年度，各级团队共征收团员一六九，四八三人，受入团训练者为一〇，九五七人，约占征收人数百分之七十；三十年度共征收团员一六二，〇一四人，受入团训练者五九，一一八人，约占征收人数百分之三十六强；三十一年度，征收团员一一六，五四五人，受入团训练者九三，一一〇人，约占征收人数百分之七十八；三十二年度，共征收团员八二，七五五人，受入团训练者九五，四三〇人（超出人数为补行训练人数）；三十三年度共征收团员二六七，四〇四人受入团训练者一八二，四六三人，约占征收人数百分之六十八。惟各级报告仍在陆续呈报中。

二、举行分队会议：分队为本团的基层组织，分队会议又为团员经常训练的主要方式。会议的内容，分为工作讨论、读书报告、生活批评等项。三十年度起，为充实会议的内容，特由中央按周制发问题讨论大纲及指导要点各一种。三十年，各级团员已举行并呈报表件者，计有支区团一〇，分团五二，报告二〇七份；三十一年度，呈报者计有支区团一八，分团一四〇（内直属分团二三），报表四七八份；三十二年度呈报者计有支区团二一，分团二六九（内直属分团七），报表一，三五九份；卅三年度。呈报者计有支区团一九，分团二二七（直属分团五），报表一，四一二份。

三、举办团员讲习班：为增进团员政治知识，提高团员工作技能，三十一年五月，特指示各级团部举办团员讲习班或工作训练班。至三十三年底止，各级团部共举办七二班，受训人数为四，五七二人。

四、办理读书指导：为增加团员知识，加强训练，三十年度，特订颁团员必读选读书目与团员入团必读书目，并规定阅读进度，令饬各级团队指导团员切实阅读，以补救失学团员教育的不足。三十一年度，复订定新旧团员必读书目中甲、乙、丙类，颁发各级遵照实施。

五、办理生活指导：为使团员励行新生活，三十年度，特编印团员生活须知一种，对于团员守则、新生活纲领及国民精神总动员纲领等所定的规约，详加说明，颁发各级团队转令所属团员遵照实行。三十一年度，复订定各级团部推行新生活运动实施办法，通令各级实施。

六、办理体育及康乐活动指导：为积极推进体育运动起见，三十年度，特指示各级团部组织青年体育指导委员会，并按季节举行各项体育竞赛。三十二年五月，中央成立体育指导委员会，设委员三七人，掌握体育运动的设计与指导事宜。并令各级团部设立体育指导委员会。至三十三年十二月止，设立者计有支区分团六五单位。并增建体育场八处，组织青年球队一五八队，青年早操班七班，举行青年运动会二次，举行球类等单项运动竞赛二三一次。

丙、特种训练

一、举办青年夏令营。(详情见前)

二、举办团员集中训练：为加强社会团员训练，三十年度，特指示各级举行团员集中训练。五月，陕西支团曾举行“团员大露营”，参加三五〇人。六月西康支团曾举行“巡迴训练”。三十一年度，支区团以集合方式举行训练者共有七单位、集训团员九，一〇八人；以巡迴方式训练者，有二单位，训练团员七三五人。三十二年度，举办集中训练者计有支区团五，分团二四，共训练团员二二，二六九人。三十三年度，举办者计有支团一〇，分团二三，共训练团员九，三一五人。

三、举办团员总集合（大检阅）：为发挥团的高度组织精神，加强团员军事训练，特举办团员大检阅。三十一年四月二十三日至二十六日，中央曾举行沙磁区学校团员大检阅。参加者有六个分团，共团员七六六人。检阅科目有军事训练、分队会议、团员大会、写作竞赛、体育及娱乐等项。最后一日，举行检阅式，团长亲临检阅并训话。支团中举办者，共有二单位，检阅团员二，五五七人。三十二年度，举行者计有支区团二一、分团四，受检阅团员与青年达二〇，〇六一人。三十三年度，特扩大为团员童军大检阅。在春季（青年节日）举办者计有支区团一九〇单位，参加受检人数为一三七，五三〇人，在秋季（双十节日）举办者计有支区团十单位，参加受检人数为二二，一二二人。

四、举办青年劳动服务营：为加强团员技术训练，推行劳动服务运动起见，特于民国二十九年七月，同时创立重庆、成都两青年劳动服务营；同年军事委员会在西安所办的西北青年劳动营，亦奉命改隶本团，合为三营。现成都及重庆两营，已于三十一年底办理结束。兹将三营训练情形分述于下：

1. 重庆青年劳动服务营：以技术训练为主，思想训练、军事训练、政治训练及劳动服务为辅。各举办会计、合作、交通、兽医、税务、文书、统计等班。训练期分为六个月、一年两种。三十年度，结业学生计有二九五名；三十一年度，计有二八四名，又加儿童班，共计训练六七五名。

2. 成都青年劳动服务营：训练方针与重庆营相同。曾举办农业、政训、卫生、交通、度政、无线电及畜牧兽医等班，训练期为六个月至一年不等。三十年度，结业学生计有三三三名，三十一年度共计有四一二名。

3. 西北青年劳动营：以收容奸伪分子，施行感化教育，并授以技术训练为主旨。曾举办速记、度政、会计、护士、农艺、政训、应用化学等班。

三、宣传即教育

团的宣传工作的主旨，为（一）加强一般青年对于三民主义的认识；（二）号召一般青年参加五项建设工作；（三）发扬团的组织。故在对象方面，应以青年为主；在地方区方面，应以乡村学校及国际为主；在内容方面，应富有教育的意义；在方式方面，应因时、因地、因人灵活推进。

七年以来，团的宣传工作，更分别针对各时期的需要，确定工作的中心。在第一次全国代表大会以后，系遵照团长指示，以号召全国革命青年参加第三次大结合为中心；三十三年，系以推进知识青年从军运动为中心；目前系以青年远征军为主要对象，并配合世界的情势，展开对于国际的青年宣传工作。兹将七年来各项工作实施情形，分述如下：

（一）各种文字与艺术的运用

甲、宣传机构的建立

一、接办青年书店——该店原由政治部主办。三十一年八月一日，改由团接办。三十二年四月，重庆总店与桂林分店同时复业。各地支分店，由各地团部接受办理，并于三十二年在雅安设立分店。该店除经售党团有关的书刊外，并已出版书籍十二种，定期刊物《民族文学》、《青年与科学》、《新少年》等三种。

二、增设青年印刷所——三十一年八月，接办政治部的桂林印刷所。自桂林战事转进后，该所暂迁昭平，工作略受影响。三十二年七月，成立中央青年印刷所，该所印刷力量每月约排一百五十万字，计先后承印书刊共二七〇种。

三、设立文化工作站——择于各重要地点设立，以求迅速发行及普遍供应团办书刊。已设立者有西安、赣州、桂林等三站。除负责翻印及发行本团书刊外，并办理印行中央各定期刊物航空版。

四、设立中正室——由各地学校分团设立，以便利团员及一般青年研读总理遗教及团长言论。自三十年二月起，成立的单位逐渐增加，计三十年度为九单位；三十一年度为五四单位，三十二年度为八四单位；三十三年度为九六单位。

乙、文字宣传的推进

一、指导方面

（一）颁发宣传要点及特种宣传指导要点——为指示各级团部的宣传工作方针，特于每周颁发宣传要点一次。计三十，三十一两年，共颁发三六次；三十二年共颁发四二次；三十三年共颁发五六次。又为指示各级团部对于敌伪奸伪的宣传方针，特于三十一年七月起，按月编发特种宣传指导要点一次。计三十一年共颁发六次；三十二年共颁发一一次，三十三年共颁发十二次。

（二）编印宣传指导报——为指导宣传机构供应各机级团办刊物资料及宣传工作参考资料之用。自三十三年起，按周出版一期，现已出版五四期。

（三）编印宣传技术文选——为指导各级团部宣传技术之用。自三十三年开始办理，现已出版六种。

（四）编印特种小册及情报资料——均为供给特种宣传材料之用。自三十一年开始办理，计三十一年共编印小册四种，资料七种；三十二年共编印小册九种，资料十七种；三十三年共编印小册七种，资料十二种，边疆文字小册六种。

二、理论及报道方面

（一）印行《三民主义半月刊》——该刊以主义研究为主。自三十一年一月创办，原为周刊，到三十一年七月改为半月刊，每期印行一万份。

（二）印行《中国青年月刊》——该刊为综合性的刊物。自二十八年起创办，每期印行一万册。

（三）印行《文化新闻》——该刊以倡导三民主义文化运动，报道文化活动消息为主。自二十八年四月创办，每周出刊一期，每期印行六千份。又附出《文艺青年月刊》一种，每期印行四千份。至三十年底，因经费关系，《文艺青年月刊》暂予停办。

（四）印行《现实评论》——该刊以驳斥敌伪奸伪谬论为主。自三十一年一月创办，半月出刊一期，每期印行五千份。至三十二年十二月，因经费关系，已予裁并。

（五）奖助各地团办刊物——各级团部编印的刊物，除经常予以指导按季按年予以审核外，并按其办理成绩，分别予以奖助。至于刊物的数目，每年都有增加，计二十八年度，共有十四种，二十九年度共有二一六种，三十年度共有二一九种，三十一年度共有二一三种，三十二年度共有一七二种，三十三年度共有三四五种，兹将刊别及性质列表如下〔略〕

（六）编制青年壁报——自三十二年四月起，由各级团部分别编制，以加强乡村宣传工作。三十二年共编制一〇六种；三十三年编制八一二种。

（七）发布新闻——三十二年，计发布团务消息二二九次；三十三年计为三〇〇次。

丙、语言宣传的展开

一、举办特聘学术讲座——为增进青年学识，加强宣传工作起见，特于三十三年度开始办理。预定每年举行两期，由中央团部聘定各大学著名教授，分赴各地专科以上学校讲演。三十三年度第一期系于四月至六月实施，地区共分四区，以湘、粤、桂为一区，陕、黔、成都为一区。各聘主讲一人。讲题以阐扬团长《中国之命运》一书中所提示的五项建设为中心。讲演次数共为七五次，听讲人数达四万余人。第二期系于十一月开始。地区分云南、四川两区。讲题系以政治、历史、地理、法律等为根据，阐明《中国之命运》中所提示的《中华民族之成长》、《平等新约之意义》及《自由与法制观念之养成》等为主，现正继续施行中。

二、举办国内外广播——为加强青年的思想领导工作，特于三十一年一月起，在中央广播电台设置青年广播讲座，按周播讲并由国际广播电台转播，南非、美洲等地均可以收听。三十一年共广播五〇次，三十二年共计广播二二次，三十三年共计广播二五次。三十二年十一月，又举办国际广播，及侨胞广播，至三十三年底止，计举行国际广播二十一次，侨胞广播一八次。

三、举行巡迴讲演——自三十一年起开始办理。三十一年度，由中央直接派员举行者，共计五次；由各地团部举行者，共计四六次；三十二年度，计中央举行六次，各地团部举行五〇次；三十三年度，计中央举行五次，各地团部举行四八次。

丁、戏剧宣传的推广

一、推广青年剧社及创办中央青年平剧社——为加强艺术宣传、推广戏剧运动起见，特于二十八年创办中央青年剧社。各级团部也分别设立，并逐年推广。计二十八年度为一四社，二十九年度为六二社，三十年度为八三社，三十一年度为一三七社，三十二年度为一七二社；三十三年度为一九〇社。又为改良平剧内容，扩大宣传效能起见，特于三十三年十月成立中央青年平剧社，工作计划正拟定中。

二、印行戏剧指导丛书——为辅导各地剧社之用。计已出版者共四种。至三十二年底，改由中央青年剧社出版《戏剧时代》月刊一种，每期印行三千份。

戊、图片与音乐宣传的实施

一、摄制照片与电影——本团各种重要活动，均已分别摄成照片或电影，以广宣传。

二、印行《青年音乐月刊》——为阐扬民族音乐理论，供给青年歌咏材料，特于三十一年二月，创刊《青年音乐月刊》一种，每期印行五千份。同年底，因经费关系，已予停刊。

已、各种运动与活动

一、发动机关学校化运动——于三十三年十月间发动，并颁发实施办法及参考书籍，通令各级团部切实遵行。

二、发动青年号飞机捐献运动——自三十二年五月发动，由各级团队分别劝募。原定捐献数额为七百四十万元，购机二十架。至三十三年二月，共收到捐金一千一百八十八万零八百八十三元，经于三月二十九日，举行捐机典礼。

庚、宣传人才的培养

一、举办青年论文演讲竞赛——由各级团部普遍举办，每年各举办两次，以加深青年对主义的认识，并培养宣传人才。

二、印行文艺戏剧创作选——为鼓励青年写作兴趣，特征求文艺与戏剧的创作，并择优编印。计已印行者，二十九年为两种；三十年为五种；三十一年为三种；三十二年为三种；三十三年未编印。

（二）号召全国革命青年参加第三次大结合

在团举行第一次全国代表大会的时候，团长曾剀切地召示过，晚近五十余年间，我们中国青年有三度伟大的结合：自总理创立兴中会至辛亥革命成功，是全国革命第一次的大结合；自民国十三年本党改组至领导抗战，是革命青年第二次大结合；自团的创立至召开第一次全国代表大会，是全国革命青年第三次大结合的开始。这一次大结合的主要目的，就是要继承五千年民族文化的历史，发扬本党五十年国民革命的历史，以完成建设新中国的大业。因此在代表大会后举行第一届中央干事监察第一次联席会议时，又奉团长指示，为扩大团的影响，充实革命的力量，应派高级干部分赴各地宣导，以号召全国革命青年参加第三次的大结合。

三十二年五月，经拟定《宣传计划大纲》，呈奉团长核定，原计划分全国为沙磁、北碚、津沙、渝市、川康、陕豫及鲁苏皖边区、皖鄂及第五战区、滇黔、湘桂、粤赣、闽浙及第三战区，甘新青宁绥以及上海等十三区，并奉团长核派胡副书记长庶华等二十六同志，分别担任各区的宣导工作。各宣导人员均于六月十日以前先后出发，至十二月底，宣导完竣。曾经宣导的单位，计专科以上学校及国立学校二八单位；中央直属学校分团六〇单位；支团二三单位；中央直属区团三单位；地方分团一一九单位。

宣导工作的实施，除视导各级团队的工作外，并向所属团员、各界青年及社会人士讲演或举行座谈，计讲演次数共达六七八次，听讲人数共达二四〇，三二四人。在宣导的进程中，各宣导人员都积极的从事于下列四项工作：

一、宣达团的历史使命，号召全国青年参加团，从事建国工作。

二、宣达团长对于团的殷切期望及对于全国青年的德意。

三、体察全国青年的痛苦及其迫切的需要，并予以周详的指示。

四、慰勉各学校教授人员。其家境清苦的，并代表团长给予补助。

经年这次宣导，获得了下列的效果：

一、各级团部的工作同志与团员，因接受宣导的启示，更加感奋，工作精神也更加提高。

二、全国青年对团的认识，也大大加强，平素对团表示轻视与冷淡的，在宣导后，都纷纷请求入团。

三、教育界与社会人士，对于团的性质，已渐由了解而给予同情。现在团员的数目与团队的建立，已因宣导的效果而大量的增加；全国革命青年第三次大结合，即由开始的阶段步入发展的阶段。

（三）与盟国青年携手并进

在这空前的世界大战中，就目前说，为争取最后的胜利，必须加强盟国间的团结；就将来说，为确保世界的和平，也必须加强同盟间的团结，便必须促进盟国青年及国民间相互的联系和了解，使之联合一致，凝结为整个的坚固体。基于这个意义，在近三年来，团曾加强国际的青年的宣导工作，以期与盟国青年携手并进，加速胜利与和平的来临。

三十一年度，为训练侨胞青年的需要，及增进盟国青年对于本国的认识起见，特编印英文小册两种；书名是《团长对青年的训示》第一、第二集及《三民主义青年团团务概要》。十月，英国国会访华团到渝，团曾举行盛大的欢迎会。

三十二年度，编印英文小册三种，书名是《本团第一次全国代表大会宣言》、《本团第一次全国代表大会团长训词》及《世界学生日在重庆》。又英文外交年鉴中关于我国战时青年及本团工作部分，亦经汇集资料编造。举行国际广播一次，由张伯苓播讲《战时青年与战后世界》。此外更举办各种活动。兹择要分列如下：

一、发动青年参加联合国日的扩大庆祝。

二、邀请重庆有关中外人士，召集重庆附近各大学学生举行世界学生日纪念大会，并以大会及张书记长名义，分电伦敦世界学生大会及捷克青年致意。会后，汇编《世界学生日在重庆》英文小册一种，又精选我国青年战时照片三十张，送世界学生日集会展览。

三、招待印度来华研究生，并举行座谈会，商讨促进中印青年之联系及中印文化合作问题。

四、发动全国青年向纽约自由世界协会主办的《自由世界》投稿。

五、委托梅雨丝神父及出国教授张其昀等带宣传品至美宣传。

六、发动青年致书美国青年，并托林语堂携美。

三十三年度，对于此项工作，更积极加强。兹列述如下：

一、编印英文书刊——计共编印八种：(一)《中国青年与世界青年》第一集；(二)《中国青年与世界青年》第二集；(三)第一届青年节；（四）为本团成立，团长告全国青年书；（五）本团二周年纪念告全国青年书；（六）现代青年成功立业之要道；（七）哲学与教育学之联系；（八）团员忠勇事迹。

二、举办国际广播——自本年一月起，定期对各国举行英语广播，讲述我国青年在战时的活动与贡献，及与世界青年的关系。全年共举行二一次。

三、举办各种活动：

1. 指导并协助陪都及附近支团直属区分团举行世界学生日纪念大会，并分电伦敦世界学生日纪念大会及捷克青年致敬。

2. 由外交部转致美青年书一千件；由国民外交协会转致美青年书四千件。

3. 精选团办壁报四种，送美国扶轮社展览。又选团办抗战漫画四幅，请美国赖项女士携美展览。

4. 介绍并招待美摄影记者赴蓉摄制本团团务活动及童军露营影片，并在中央团部拍摄青年节及干监全会影片。

5. 经常发布英文新闻，并将英文广播词送外文报纸发表。

6. 检送我国青年航空运动资料，由外部转加拿大。

7. 敦请美籍教授佛兰克博士对我从军青年讲演。

四、加强海外宣传工作：

1. 发动海外团部举行青年节纪念及招待外国青年。

2. 订颁海外团部宣传委员会组织办法及海外宣传联络员应注意事项。

四、为青年群及战地国军服务

团的服务工作的主要目标，在于以服务发展组织，以工作锻炼能力。详言之，就是要领导全国青年，参加社会服务，以发扬服务奋斗的精神，并使团的力量，透过各种服务的机构，深入下层，以奠定团的社会基础。兹将七年来工作实施情形，分述如下：

（一）青年馆的建立与增加

团在成立之初，即于各重要地区组织青年服务组，以激发团员及一般青年服务社会的热忱。服务社的工作项目有：书报阅览、康乐活动、青年升学就业辅导、民众代笔问事、民众补习教育等，并经常协助地方党政军各机关推行各种社会运动，如新生活运动、节约储蓄运动、国民精神总动员运动等。规模较大的，并有宿舍、食堂、合作社、诊疗所等设备，以供应团员及一般青年生活上的需要。二十八年度，成立者有重庆、成都、贵阳、西安、兰州、桂林、长沙、宜昌等二十四社。二十九年度，增加至六四社，社员总数达二万余人。三十一年度，增加至一四〇社，社员总数达四万余人。至三十三年年底止，经调整后，全国共有四三社，社员总数达一万一千二百余人。

但是，服务社的机构，由于创立时规模较小，所以，办理的成效，多未能达到预期的理想；中间虽曾经一再调整，但仍无长足的进展。三十一年，另一种强有力的服务机构——青年馆便开始建立了。

青年馆的建立，最初是在大学区域内。目的是辅导在学青年的各种课外活动，并加强其政治的认识，促进其身心的发展。后来，逐渐扩大到大城市内。目的是举办青年的服务事业，倡导各种文化康乐活动，以促进青年身心的健全发展。所以，青年馆的任务，不仅在于推行各种服务工作，且在于倡导青年互助，充实青年德、体、智、群、乐等各种训育，使之成为各地青年生活与活动中心。

青年馆的组织，设理事若干人，以一人为理事长，组织理事会，负规划馆务的责任。又设总干事一人，综理馆务；（必要时得设副总干事一人至二人，襄理一切。）下设总务、文化、康乐、服务四部，分别掌理各项工作。至于各项服务事业的组织，如合作社、食堂、宿舍、图书阅览室、升学就业辅导所、托儿所、俱乐部、青年婚姻问题指导所、青年医院或诊疗所等。举办时均附设馆内，以收集中发展的功效。

青年馆的筹设，系于三十一年开始。三十二年，由中央拨发专款筹建成立者，计有沙坪坝青年馆、复旦大学青年馆、城固青年馆及华西坝青年馆等四馆；由地方团部自动筹建成立者，计有曲江青年馆、蓝田青年馆、高要青年馆等三馆。三十三年度，由中央拨款筹建成立者，计有陪都、桂林、兰州、浙西、泰和、国立汉民中学、国立中正大学、及国立西北师范学院等八馆。原定建立但未完成之青年馆计有西安、宝鸡、国立河南大学、浙江大学、四川大学、广西大学及昆明、贵阳、衡阳、来阳等十馆，其中多数受战事影响，致筹建工作无法进行。已成立各馆中，特按其设备的内容与设立的地区，分为特、甲、乙、丙四级。兹列表如下：

馆名	设立地点	等级
沙坪坝青年馆	重庆沙坪坝	乙
国立复旦大学青年馆	重庆北碚	丙
城固青年馆	陕西城固	丙
华西坝青年馆	成都华西坝	乙
曲江青年馆	广东曲江	甲
蓝田青年馆	湖南蓝田	丙
高要青年馆	广东高要	丙
陪都青年馆	重庆	特
桂林青年馆	广西桂林	甲
兰州青年馆	甘肃兰州	甲
国立西北师范学院青年馆	陕西城固	丙
国立中正大学青年馆	江西泰和	丙
国立汉民中学青年馆	广西桂林	丙
泰和青年馆	江西泰和	乙
浙西青年馆	浙江天目山	乙

以上各馆，都能经常举办讲演会、座谈会、展览会、音乐会、

游艺会等各种集会，发动劳动服务、慰劳征属、旅行、竞技等各种活动。

各地青年馆成立后，都已收到显著成效。三十三年，为求各地普遍建立起见，特颁发《建立青年馆指示要点》一种，通令各级团部用优良的政治环境，发动社会及团员的力量，自筹经费，普遍设立青年馆。并规定设立的标准，凡在支团或省会所在地者，应有能容二百人以上的青年会堂及交谊厅、文化室、国防科学陈列室、卫生指导室、升学就业辅导室、宿舍、运动场所等。由分团设立者，各项设备可酌予减省。至于一切服务的设施，应以提倡科学、体育，及服务为主。

青年馆是团的强有力的服务机构。今后由于中央的倡导和各地团部的努力，必将源源地增加，以至普遍于全国各地；也必将真正地成为青年们的家庭、学校与乐园，成为团与社会联系的桥梁。

为明了青年馆一般工作的情形，兹将陪都青年馆工作项目，照录如下：

（一）文化方面

为辅导青年学术进修，提高青年文化水准，并加强本团与文化界之联系，应办理下列各项工作：

甲、举行各种文化集会：1．文化界联谊会；2．文化界月会；3．文化界周末晚会；4．各种文化团体（学术团体）定期会议及不定期会议；5．国内外思想家、科学家、文化家诞生、忌辰及出版重要著作之纪念会；6．其他各种文化之集会。

乙、组织各种文化团体：1．青年文艺写作协会；2．读书会；3．艺术、文学、社会科学、自然科学等各种研究会；4．其他各种有关文化之组织。

丙、举办公开演讲：1．学术演讲；2．时事演讲；3．专题演讲；4．演讲比赛；5．其他各种演讲。

丁、召集专题座谈：1. 时事座谈会；2. 学术座谈会；3. 艺术座谈会；4. 宪政座谈会；5. 复员座谈会；6. 其他各种座谈会。

戊、举办各种展览会：1. 美术展览会；2. 科学展览会；3. 国务活动展览会；4. 革命史实展览会；5. 战事照片展览会；6. 各种文物展览会；7. 各种实业展览会；8. 其他各种展览会。

己、举办各种补习班：1. 外国语补习班；2. 会计讲习班；3. 文书处理讲习班；4. 各种科学技术讲习班；5. 其他补习班。

庚。设立图书馆：1. 借阅图书；2. 陈列本团团务照片。

辛、出版壁报：1. 报导国内外战事；2. 分析国内外战事；3. 宣传革命理论；4. 介绍本团动态；5. 漫画；6. 照片；7. 其他。

（二）康乐方面：

为辅导青年的康乐活动，增进青年身心发展，并加强本团与体育界、艺术界之联系，应办理下列各项工作：

甲、放映电影——以收成本为原则，出售门票。

乙、公演话剧——由本市各话剧团上演，但必须审查剧本内容及控制票价，力求娱乐大众化。

丙、公开广播——装置播音器，转国外电台之播音。

丁、举办体育竞赛——1. 各种球类竞赛；2. 各种田径竞赛；3. 国术竞赛；4. 其他各种竞赛。

戊、举办音乐演奏——1. 管弦乐演奏；2. 军乐演奏；3. 国乐演奏。

己、举办参观旅行——1. 组织参观团；2. 组织旅行队；3. 举办野餐会；4. 办理参观及旅行之指导。

庚、组织康乐团体：1. 青年业余剧团；2. 青年球队；3. 青年歌咏队；4. 青年音乐团；5. 青年国乐社；6. 青年剧人协会；7. 青年体育协会；8. 其他各种康乐团体。

（三）服务方面

为增进青年生活福利，推行社会服务活动，并加强本团与社会各界联系，应办理下列各项工作：

甲、推行各种社会运动：1. 新生活运动；2. 伤兵之友运动；3. 献金运动；4. 救灾运动；5. 其他。

乙、参加各种战时服务：1. 慰劳抗战将士；2. 援助军人家属；3. 参加空袭防护；4. 援助战区义民；5. 其他。

丙、推行从军青年服务：1. 订定从军知识青年优待办法；2. 举办从军知识青年联谊舞会；3. 供应从军知识青年日用物品；4. 推行从军知识青年家属服务；5. 其他。

丁、成立青年互助组织——成立陪都青年互助会（其章程另订之）。

戊、举办青年公用事业：1. 青年招待部；2. 青年自理餐厅；3. 青年物品交换所；4. 其他。

己、举办青年指导：1. 辅导青年从军；2. 辅导青年就业；3. 辅导青年升学；4. 辅导青年交友；5. 其他。

（二）在战地牺牲的忠勇团员

在神圣的艰苦的抗战期间，必须发动一切人力、财力及物力，以适应军事的需要，争取最后胜利。本于这个原则，在战地中，在前线上，团便大量地开展服务工作，以配合战地需要，加强抗战力量；许多忠勇的团员，更在战地壮烈地牺牲，造成无数可歌可泣的事迹。

团在战地服务的组织为"青年战地服务队"。每队设队长一人，队员二十人至数十人不等。其下得编为三分队，每分队设分队长一人。工作分为宣传、慰劳、救护、情报四类。兹将中心工作开列如下：

一、办理抗属之慰问与服务事宜；

二、招待荣誉军人；

三、慰劳前方将士；

四、领导战区青年参加服务工作；

五、抢运敌后青年；

六、协助推行兵役。

在第四项工作中，又以协助军队运输、通讯、向导、救护、救济、慰劳及维持秩序、疏散人口等项为主要工作。

团在成立之初，即在武汉支团部筹备处设置战地服务总队，由中央选定新进团员一千五百人为队员，参加保卫大武汉的工作。这一批团员，大都是军事委员会战时干部训练团第一团的学生，曾受严格的三民主义训练。他们每人领十五元一月的生活费，过着极艰苦的军队生活。为防止谍奸，他们曾协助办理武汉三镇的户口总清查，在九月十四日一夜的期间，将三镇七十万人口清查完竣。为协助国军，他们曾担任构筑工事、消防、宣传、慰劳、徵募、救护等工作。为组织民众，他们曾于二十五日起十天之内，编组了八万人的壮丁队。当退出武汉前后，在前方，他们曾担任掩埋、救护工作；在市区，他们曾担任救护伤兵、收容难童、搬运军需品、协助老弱妇孺退出等。从十月十九日开始，更发动人力车夫、马车夫三万余人，带着车辆全部向汉宜公路移动，俾军运得一帮助，人力也不致资敌。最后两天，连武汉马路上盖水沟的铁盖二万余块，也收集起来搬走，并将敌人在租界上的建筑物，完全烧毁。直至十月二十六日下午六时，始分批步行退出武汉。在退出之前，特派遣团员留在武汉做秘密工作，由金亦吾同志领导。十月二十五日，常备队队长张孝扬带领民众撤退高射炮，适敌人已入汉口市区，双方放枪，右腿中弹，虽经民众送至后方，终因伤重不治，为国牺牲了。在退出之后，沿途虽遭受敌机轰炸，但仍随处做抢救难童、伤兵及宣传工作。收容的难童，后来都转送给中国战时儿童救济协会去教养。以上是武汉支团战时服务总队在保卫武汉工作中的一番努力，也是团在武汉的一段悲壮的史实。

二十八年，各地团部分别组织青年战时服务队，成立者计有沙市、洛阳、零陵等十八队。

二十九年继续增设者，计有湖南、福建、陕西、第三战区等十四队。各战区团部鉴于军事上的需要，也纷纷组织各种服务团队，并设置担架队、交通队、向导等，以从事战地的救护、慰劳、交通、情报，及侦辑敌伪等工作。此外，对于推行政令、安抚地方、倡导军民合作各项，都收到相当的成效。三十年度，为确定性质、统一组织起见，特规定前方成立青年服务队，后方成立服务社，所有以前各战区及接近战区各地的服务团队，一律改编为青年战地服务队。并决定于绥、鲁、晋、豫、鄂、湘、皖、浙、闽、粤各省支团，第三、第五两战区支团，及苏北、湘鄂赣边区、蒙旗等三直属区团，各成立青年战地服务队一队，以发动并主持各种有关战地的服务工作。三十一年度，由于战区扩大，战地服务队略有增加，计共为浙江、广东、河南等五十二队；三十二年度，计共有八十六队；三十三年度，由中央指定各支团设立者计为十一队，共有队员五三〇人；各支团呈准设立者计有一一七队，共有队员九四，四九四人。兹将分布情形列表于后：〔略〕

战地服务队的任务，已如上所述，所以，凡前线将士出生入死、杀敌致果的场所，也必定有忠勇团员冒险犯难、悲壮义烈的事迹。其中如湖南各战地服务队，曾历次踊跃参加湘北会战，与保卫长沙的前线将士同时立下光荣的功绩。三十一年五月，浙东战事发生，金华、兰溪、云和等地战地服务队队员，都能奋不顾生，掩护退却，并抢救伤兵，运送青年及难民。三十三年，中原及湘桂战事先后发生，河南和湖南各战地服务队员，都曾经协助疏散人口，侦察敌情，直到敌人到达时，然后撤退。参加战地服务队的团员，都具备着英勇牺牲的精神，其所造成的事迹，可以分为四类：第一类是“壮烈捐躯”的。他们或因作战而死，或因陷敌不屈而死，或因遭敌伪、奸伪惨杀而死，或因徒手抗敌被执骂贼而死，或因拒奸杀贼自戕而死，虽其犯难的经过，各有不同，而其为壮烈殉国则一，且可与本党先烈成仁的史实，同垂不朽。第二类"英勇杀贼"的。他们或英勇杀贼，或袭歼敌奸，都已立下了光荣的功绩。第三类是"冒险犯难"的。他们或身陷敌中，打击敌奸，或协助军队，侦察敌情，或破坏敌伪交通，或救护伤兵难民，或掩护工作同志，其忠肝义胆，真是令人闻风兴起，感奋无穷。第四类是"忠义可风"的。他们或忠勇殉职，或陷敌不屈，或见义勇为，或毁家纾难，或拾金不昧，其忠义的精神，真可为全国的青年的楷模。

综上四类，自民国二十七年十月二十五日武汉支团殉难团员张孝扬等同志起，至三十三年十二月底止，共为二百七十二人。其中壮烈捐躯者计为七十五人，英勇杀贼者计为七十七人，冒险犯难者计为六十六人，忠义可风者计为五十四人。对于这些忠勇壮烈的团员，已遵照团的第一次全国代表大会所通过的表扬本团殉难同志并慰勉敌后工作同志案，分别予以表扬和慰勉，并撰有《团员忠勇事略》一书，详细地予以记载，将来更将宣付团史，以彰忠烈。我们相信，全国的团员同志们，必能够闻风兴起，争相慕效，以发扬团的革命精神。

（三）跨入生产建设的途径

团是革命的政治组织，就经济方面说，团负有三个任务：第一、必须奠定团部的经济基础，使团的存在能够垂于久远，团的工作能够大量展开；第二，必须保障团员的经济生活，使团员的生活都有确实的保障，以巩固团的组织基础；第三、必须促进国家的经济建设，使各部门生产都能大量增加，以充实国家的经济力量。

为达成上述三个任务，团在成立之后，即兴办各种团营经济事业。其性质可分为三类：

第一类：属于团部直接办理者；第二类：属于团部间接辅导者；第三类：属于团员自行经营者。

凡由团部直接办理者，即在于奠定团部的经济基础，并以团员劳动创造团部的资产。其实施的方法，为推行公共造产运动，如林场、农场、牧畜场、养鱼场等等。凡由团部间接辅导者，在于保障团员的经济生活，并以团员的合作解决团员的困苦。其实施的方法，为推行青年合作运动，如组织青年合作社及联合社等等，采用兼营合作的原则，并以消费、信托、公用等合作业务为主。凡由团员自行经营者，在于促进国家的经济建设，并以团员的人力、财力，贡献于新中国的经济建设，保证民生主义的实行。其实施的方法，为策动团员及青年以民生主义为原则，研讨及推行新中国经济建设运动，并从事于各种企业，进而领导新中国经济建设运动。

团营事业举办的情形，根据上述的分类，可以分为三方面来说明：第一是团营生产事业；第二是团营合作事业；；第三是经济建设运动。兹分述如下：

第一、团营生产事业——各级团部举办的生产事业，多因限于经费，规模较小。截止三十一年底止，计有青年工厂十二处。三十二年度，计有青年农场九所，青年林场二〇所，青年工厂二〇所。三十三年度，计有青年农场一三所，青年林场四八所，青年工厂四三所。各地团营生产事业的成绩，以福建为最优，计有青年工厂九所，青年农场二所，更于漳州设立电气供应部，以增进各项生产。又许昌分团之青年制药社及青年工业社，办理成绩亦佳，所制新丹及清光肥皂，品质均甚优良。

第二，团营合作事业——各级团部举行的合作事业，较为普遍，成效也较为显著。截止三十一年底止，计有青年合作社十六社，青年食堂二七处，青年宿舍二十八处。三十二年度，计有青年合作社三七所，青年食堂青年宿舍均撤销。三十三年度，计有青年合作社七七社（内有消费合作社三二所，余为生产合作社）。各地团营合作事业的成绩，以甘肃为最优，计有消费合作社一〇社，生产合作社一五社，社员人数为二，三七三人，资本共达一千一百四十余万元。其中兰州青年合作社接受政府的委托，办理合作业务，已成为当地最有力量，最有贡献的平价机构。此外有林场二一所，工厂五所。其次为福建，计有消费合作社一二社，生产合作社二四社，资本共达二百四十余万元。此外有农场二所，工厂九所。

第三，经济建设运动——在团的第一次全国代表大会里，曾通过发动青年建设新中国案。其中（乙）项第三条规定："各级团部应策动所属团员及青年，宣传并协助所在地企业家，依照政府经济计划，斟酌当地特殊环境，开发当地经济资源，创办并扩大当地有利之生产事业，以增加国家财富"。第十条规定："各级团部应斟酌情形，在各当地发动团员，组织经济协会，延请专家指导研究三民主义经济理论及政策，注意私人企业发展之动向，造成社会舆论，以协助政府经济政策之推行"。为达成上述的目的，三十三年六月，特于中央成立团营经济事业委员会，设委员七人。经召开会议，拟订工作计划，呈请团长核示。嗣以种种关系，工作迄今未能开展。

综上所述，在经济方面，团已跨上生产建设的途径。今后，团不仅将发动团员及青年，从事于各项生产企业，以增加国家的财富，更将协助政府推行政策，促进新中国的经济建设，以求民生主义的具体实现。

（四）其他服务工作

为激发青年的爱国情绪，并加强社会运动的力量起见，特利用适当的时机，发动各地团员从事于各种集体活动，或利用民间的季节或纪念日，策动团员及各地青年，推行或响应各种社会运动。七年以来，推行的次数很多，且都收到显著的成效。兹将较重大者分述如下：

1. 出钱劳军运动——自三十年春发动后，各地团员多能踊跃捐献。至三十一年底止，共收到捐款六九七，二七三元。

2. 捐献青年号滑翔机运动——系于三十一年四月发动，并择定渝、湘、粤、桂、川、甘等六支团办理。结果都有卓越的表现。就中以重庆支团为最优，曾于三十一年"五四"纪念日，单独捐献青年号滑翔机二十架。其他各地，计共缴到捐款五三，二三三·八一元。湖北支团更自动响应，共募得捐款一六〇，九五二·九一元。

3. 卫生运动——系由各地团部青年诊疗所发动。仅以重庆支团而论，三十一年举办青年种痘者，共一九单位，施种一二七次，施种人数达五〇，八一六人。三十三年度，协助推行夏令卫生运动，计施行者有支团一二单位，仅种痘一项，施种人数就达一二七，〇六七人，成绩以甘肃支团为最优。

4. 振济豫灾运动——系于三十二年四月发动，由各级团队一致推行，结果共收到捐款五，四〇七，六一九·一五元。

5. 鞋袜劳军运动——系于三十二年九月发动，由各级团部及服务机构一致推行，结果共收到代金五，〇〇一，二九二·七〇元，鞋二八，四三四双，袜一六，九三九双。

6. 慰问抗属运动——由各级团部于三十三年元旦扩大举办，计举办者有支团一四单位，分团一一〇单位，受慰问的抗属有三五，七四五人，发放劳金六〇〇，六一七元，成绩以四川、安徽两支团及西康会理分团为最优，经照军政部函，分别予以嘉奖。

7. "七七"献金运动——三十三年陪都各界"七七"献金运动，中央团部工作同志共捐金一，〇二〇，〇〇〇·〇〇元，重庆支团共捐金一〇，〇〇〇，〇〇〇·〇〇元。

8. 协助推行社会救济运动——三十三年度，各级团部推行者计有支分团一四单位，分别办理发放难民旅费、募集平粜基金、施粥发粮、募发寒衣等工作，成绩以河南支团最优，计协助募集平粜基金共二〇，七四六，九五五元，米一，四〇〇石，使该省灾民受惠不浅。

五、失学失业青年的辅导

在中国由于贫苦、疾疾、灾害或其他原因，一部青年不免发生失学或失业的现象。自抗战发生以后，战区逐年扩大，许多有志的青年，都眷怀祖国，辗转内移，以至失学失业的现象更广泛的增加。

团的任务，在于组训全国青年，使之成为奉行三民主义的信徒与战士。因此对于失学的青年，如何使之就学，对于失业的青年，如何使之就业，这一个艰巨的工作，团在成立的时候便担负起来了。

为辅导失学失业青年，在战区特设置战区招待所；在后方，特设置青年升学就业辅导所。兹将七年来的工作情形，分述如下：

（一）青年招待所——该所以收容失学失业青年为目的。在招待所期间，供给膳宿，编队训练，以自动管教为原则。优秀者吸收为团员。自二十七年十一月起，至三十年十月止，先后共计成立重庆、西安、宜昌、金华、河南、曲江、老河口、兰州、山西、晋北、湖南、江西、绥远、上饶、河北、立煌、修水、山东等青年招待所十八所，经常收容青年三千六百余人。三十年冬，教育部设立战区失学失业青年招致训练委员会，统筹办理战区青年招致事宜。为避免机构重复起见，三十一年五月，经决定凡教育部设立招训会的地区，本团原设青年招待所即予裁撤，计共撤销十二所，保留洛阳、金华、曲江、耒阳、恩施、立煌等六所。并分甲、乙二级，甲级四所，每所收容名额为一百人；乙级二所，每所收容名额为八十名，全年度招待人数合计为八，〇八九名。已撤销各所招待人数，共有二，九二二名，总计为一一，〇一〇名。三十二年七月，复奉团长核准增拨经费，扩大业务。除扩充原有招待所外，并订定三十二年度各级团部战区青年招待站设置办法，于九月间指定于豫、沪、陕、粤、鄂、第三战区、鲁苏豫皖边区等七个支团，分别在洛阳、西安、张诸、界首、曲江、巴东、上饶、阜阳等八处，设立八个青年招待站，协助各该地招训会所设的招致机构，积极招致战区青年。三十二年度内，各招待站招待人数，合计为一二，七八一人。三十三年一月，因招致经费不敷，复将办理成绩欠佳或机构重复的立煌、耒阳、曲江、恩施等四个青年招待所，予以撤销。五月，复遵团长手令，将所有招致机构裁撤，并各发青年救济费十万元。在裁撤前的几个月，各招待站所招待的人数，合计为三，八八九人。总计七年来各招待站所招待人数，共为七二，六八一人。兹将其辅导升学就业的青年统计如下：

1. 升学者：共二三，九八五人，占总数百分之三十三。
2. 受训者：共一一，六二九人，占总数百分之一六。
3. 就业者：共二五，四三八人，占总数百分之三五。
4. 其他：共一一，六二九人，占总数百分之一六。

（二）升学就业辅导所——该所于三十年五月成立，所址设于重庆，由中央直接主办。至十二月底止，计申请就业辅导者八七五人，申请升学辅导者六四二人，通信申请解答有关升学就业问题者四一四人。就业辅导成功者一六四人，介绍入重庆青年招待所者五七人；各机关行号委托征求人才者共一八〇次；各学校委托代办招生者一三校。此外，并按旬出版《升学与就业》小型刊物一种，藉以介绍各学校及事业机关的内容，并公布求才求业的消息。三十一年度，奉令暂予停办。三十二年七月，组织沙磁区暑期青年升学辅导处，办理该区暑期青年升学辅导事宜，受辅导人数约一万一千余人。其他各级团部举办暑期青年升学辅导处者计有三六单位，受辅导者共二一，八四五人。三十三年度，中央继续办理战区来渝学生升学辅导及借读辅导事宜，受辅导者共一八九人。各级团部办理新生投考辅导工作计有一八单位，受辅导者共二二，〇〇〇人。此外，为增进辅导的成效起见，更举办了下列几项工作：

（一）办理团员考选

1．选送干部留学——系于三十二年度办理。计申请甄选者共五六人，初次甄审合格者十二人，呈奉团长核定五人。

2．考选团员留学——系于三十二年度办理，举办初试单位，计支团部十六，区团部一，分团部一五，共报送团员一〇六人。经审核合格者五七名，复试结果共录取一〇名。

（二）举办暑期补习班——于三十三年度举办，以辅导升学青年补习学业为宗旨。由中央直接办理者共为四班，参加补习学生二五二人；由地方团部办理者共有二三单位，参加补习学生约三千人。

（三）举办技艺训练班——于三十三年度办理，以造就青年技艺能力，便于就业为宗旨。各级团部举办者，计有支分团五单位，共举办七班，训练学生一，三二五人。

（四）设置青年奖学金——于三十三年度开始举办，由各专科以上学校及直属学校团队会同造具优秀学生名册，送由中央核发奖学金。至十二月底止，造送名册者，计四一单位，共保送优秀学生一三八名，经核定一二七名，每名发奖学金二，〇〇〇元。

（五）办理职业介绍——三十二年度申请就业介绍者六三七人，已介绍就业者三二一人。三十三年度，申请就业介绍者七九二人，已介绍就业者五六七人。

（六）举办征才调查——三十二年度各机关向团征才者八八五处，经介绍应征者三六一人。三十三年度各机关向本团征才者九五一处，经介绍应征者五七一人。

（七）补助入学旅费——三十二年八月，在渝考取专科以上学生申请入学旅费者，计一六四名，共分发补助费四九，四〇〇元。三十三年度，申请者计九四人，共分发补助费四〇，六〇〇元。

（八）编印升学与就业季刊——自三十三年起办理，已出版四期，每期印行五千册。

综上所述，青年升学就业辅导的工作，七年以来，经团不断地推行，已收到了相当的成效，但距我们的理想尚远。今后，如何使青年免于失学，免于失业，这个艰巨的工作，尚有待于我们更大的努力。

六、女青年在活跃中

在现代进步的国家中，女子在社会上、经济上、政治上及法律上的地位，一切都与男子平等。五十年前，本党创立的时候，即首先揭橥此意，团在成立之初，并规定吸收团员的比率，女性不得少于百分之二十，至于女团队的建立，女干部的选用，都力求与需要相配合。所以，无论是在前线，在后方，在中央，在地方，女团员和女青年都在活跃着，努力从事于这个大时代所赋予的任务。

女青年组织的发展，除于二十九年四月，在中央干事会之下，增设女青年处，并加强各级团部女青年组织工作外，特别注意女学校、女工厂的组织。二十九年度，计成立直属分团二，直属区队二；三十年度，成立直属分团一，直属区队三；三十一年度，成立直属分团五，直属区队一四；三十二年度，成立直属分团七，直属区队一五，直属团务筹备员二；三十三年度，成立直属分团四，直属区队八，直属团务筹备员二。五年以来，计共成立直属女分团一九，直属女区队四二，直属女团务筹备员四。各支团中，建立女青年组者，三十一年度，计有三单位；三十二年度，计有五单位；三十三年度，计有六单位。其未设女青年组者，改设女青年工作队。三十一年度计有四单位，三十二年度计有二单位，三十三年度计有四单位。各分团中，建立女青年股者，三十一年度计有五单位，三十二年度计有一九单位，三十三年度计有八八单位。

女团员的吸收，逐年都有增加，其所占比率，也逐渐增高。二十七年度，计征收女团员七四〇人，其比率占同年度征收团员总额百分之八强。二十八年度，计征求女团员一，九二四人，其比率占百分之二强。二十九年度，计征收女团员四，五一二人，其比率占百分之三弱。三十年度，计征求女团员一二,六七〇人，其比率占百分之八弱。三十一年度，计征求女团员一三，八一四人，其比率占百分之十二弱。三十二年度，计征求女团员五，九三五人，其比率占百分之七强。三十三年度,计征求女团员二一,五〇一人，其比率占百分之八强。

女团员的数量，已有显著增加，但距规定的比率尚远。今后，在提高团员素质的原则下，更须积极的广为征求，以达成组训全国女青年的任务。

（一）从家政训练到工艺训练

在现在，女青年的责任确实太重大了。就家庭方面说，他们必须学习管理家政，以谋求家庭的幸福，就社会方面说，她们必须学习专门技能，以求取经济的独立；就国家方面说，她们更须深切的认识三民主义与抗建国策，以参加革命建国的伟业。团为适应这些需要，便分别举办各种训练——务使女青年所应具备的知识与技能，都能从训练中普遍获得。

各种训练的实施，由于对象的不同，其性质与内容也略有差异，兹分述如下：

甲、女干部训练：

1．选调受训——为训练女干部人才起见，特选调各级团部女干部，参加中央训练团附设干部训练班受训。三十年度，计选调三十名，三十一年度，计选调四七名。三十二年度，经呈准团长，特选调六二名，参加中央训练团党政班第二十五、二十七两期受训。

2. 举办女青年干部讲习会——为指导工作考核干部起见，特举办女青年干部讲习会。三十年度，在重庆及成都各举办一次，女干部参加者共计六四人。三十一年度，举办者有重庆、广东两支团，参加者共计四七人；三十二年度，举办者有江西等四支团，参加者共计三〇〇人。三十三年度，举办者有江西支团一处，参加者共一〇〇人。

乙、女团员训练：

1. 选调受训——女团员除照规定予以入团训练及经常训练外，并依照百分之十之比率，选调参加夏令营受训。

2. 阅读指导——为指导女青年阅读书籍起见，自三十二年度起，特制颁女团员读书目录每月二种。

3. 制颁妇女问题讨论大纲——为供给女团员对于妇女问题的研究资料起见，三十二年制定妇女问题讨论大纲，令颁各级实施。

丙、一般女青年训练：

1. 举办妇女识字班——为提高一般妇女的知识水准，并扫除文盲起见，二十九年，中央在重庆江北悦来场举办妇女识字班一班，参加妇女四〇人。三十三年度，四川支团等一八单位，分别举办妇女及儿童识字班共六一班，参加妇女及儿童二，三四〇名。

2. 举办女青年暑期补习班——为辅导女青年进修，特利用暑期，举办补习班。三十二年度，举办者有直属中央大学分团等三单位，共参加女青年三〇〇人，三十三年度，举办者有直属金陵女子文理学院分团等五单位。

3. 编订中等以上学校女青年阅读书目——为辅导女青年的思想起见，三十一年度，特编订中等以上学校女青年读物书目，令饬各学校团队指导女青年阅读。

4．举办妇女家政训练班——为增进妇女对于家政的管理知识起见，特举办妇女家政训练班。三十一年度，举办者计有湖南支团等一二单位；三十二年度，举办者计有浙江支团等一一单位；三十三年度，举办者计有浙江支团等三七单位。

5．举办农村简易工艺训练班——为增进妇女的谋生技能起见，三十三年度，由中央会同巴县妇女工作实验区举办农村简易工艺训练班一班，招收学生五〇人。又江西支团等三单位各举办一班。

6．举办女青年征文竞赛——为鼓励女青年写作的兴趣，自三十一年度起，中央均按年举办征文竞赛一次，并分为高级和普通二组。三十二年度，举办女青年及女团员写作竞赛，计举办女团员写作竞赛者，有河南支团等二〇单位；举办女青年写作竞赛者，有四川支团等二〇单位。三十三年度，中央举办的征文竞赛，改分为论文及文艺二组。应征文卷共为九六篇，其中论文计六三篇，文艺计三三篇。经审核后，每组各录取五名。

7．举办女青年演说竞赛——为增进女青年演说技术起见，三十年度，特于渝、蓉两地，各举办女青年演说竞赛一次。三十一年度，举办者有湖北支团等一〇单位；三十二年度举办者有湖北支团等二三单位；三十三年度，举办者有广东支团等五〇单位。

8．举办女青年体育竞赛——为增进女青年运动兴趣起见，特举办女青年体育竞赛，三十二年度，举办者计有广东支团等一〇单位；三十三年度，举办者有浙江支团等一五单位。

9．举办女青年座谈会——为集合优秀的女青年，研究关于女青年生活、教育、婚姻、职业及其他各项问题，特举办女青年座谈会，三十一年度，举办者计有直属国立西北大学分团等三个单位；三十二年度，举办者计有直属中央大学分团等一二单位；三十三年度，举办者有河南支团等五四单位。

10．编印女青年书刊——五年以来，计编印女干部读物一种，一般女青年读物五种。自三十四年一月起，出版女青年半月刊一种，每期印行三千册。又上海支团部出有中国妇女杂志一种，河南支团出有女青年双周刊一种。此外，已成立青年组的支团九处，均按月在当地日报出版女青年副刊一期；已成立女青年工作队的支团及成立女青年股的分团共四一处，均按月出壁报一期。

综上所述，女青年训练工作，从家政训练到工艺训练，其种类相当的完备；但是由于女干部的不足，五年以来，尚未能普遍的大量举办。今后，必须先充实女干部，以求推广一般女青年训练工作。

（二）妇婴与儿童福利

在过去，我国对于婴孩和儿童的福利，都不十分讲求，因此每年婴孩和儿童的死亡率都很大，不仅使民族的繁衍，受到很大的影响，且使民族的体格，日就于羸弱的地步。团的任务在于组训全国青年，但欲求青年的健全发展，必先求儿童以至婴孩的健全发展，因此团对于儿童以及婴孩的福利工作，虽然在物质条件极端困难的环境下，仍分别予以展开。兹将办理情形，分述如下：

1. 举办儿童识字班——为给予学龄儿童以入学机会，并减轻妇女的负担起见，二十九年度，中央特于江北悦来场举办儿童识字班一班，招收儿童四五名。

2. 举行儿童健康智力比赛——为鼓励家庭妇女注意儿童健康并测验儿童的智力起见，三十一年度，由中央举行儿童健康智力比赛。健康组参加初赛者四〇〇人，参加复赛者九六名；智力组初赛由渝市各小学代为办理，参加复赛者八四名，每组各取优秀儿童三名。三十三年度，地方团部举办者，有四川支团等五单位，参加比赛儿童约五百名。

3. 设立妇婴诊疗所——为解决清寒妇婴的疾苦起见，特设立妇婴诊疗所。三十一年度，在广东曲江设立一所；三十二年度，在四川成都设立一所；三十三年度，在湖南耒阳设立一所，并在恩施与湖北省立医学院合设一所。

4. 设立日间托儿所——为减轻女公务员的家庭负担，并使保育儿童臻于合理起见，三十二年度，特由中央设立日间托儿所一所，以资提倡。该所可经常收容婴儿五〇名。

5. 试办农忙托儿所——为减轻农村妇女的负担，发挥女青年服务的精神起见，三十二年度，特分令直属华南女子文理学院分团及江西、浙江两支团各举办农忙托儿所一所。拟试办有效，再行推广，以为深入农村工作的张本。

6. 筹设育婴所——三十一年度，河南旱灾极为严重，弃婴遍地。特于许昌成立育婴所一所，计先后收容婴儿四五名。

7. 设立法律咨询处——为协助妇女解决法律上的困难问题，三十三年度，特于陪都设立法律咨询处。其业务分法律信箱，诉讼代笔处及义务律师三部门。截止十二月底止，计受咨询案件三十余件，代办案件二八起。

七、团务的视察与督导

团的组织是具有全国性的，所以，为明了各地团务的实际情形，必须分别予以视察，为改进各地团务的缺点，必须分别予以督导。视察与督导两个步骤，合起来便是视导工作，也便是团长所倡导的行政三联制的考核工作。

团自成立以后，在二十七年、二十八年期间，即于中央干事会书记长办公处之下，设立调查视察组。二十九年、三十年期间，在书记长办公室下设置视察组，办理团务视察事宜。三十年一月，改设视导四人，并于重要地区，设置区督导员，经常驻在一定的地区，实施督导。同年九月，正式设置视导室，于是，视导工作遂得积极开展。同时，建立各级视导制度，规定各支团及直属区团部，各级设视导一人至二人，经常出发视导所属各级团队。至原设区督导员，一律予以撤销。

视导工作的内容特别着重下列七点：

（一）确切明了各级团务的实施情况及工作成绩。

（二）实际考察各级干部的工作情况及工作能力。

（三）加强中央与各级的联系，并实地指导其工作。

（四）沟通各地团部的工作，使发生观摹与竞赛作用。

（五）访察各地团部的工作，实际情况，及各界对本团的观感。

（六）直接听取各地团员的意见，并明了其生活与工作情形。

（七）根据各级团务的优劣得失，研究改进计划，以求团务的健全。

（一）团务的总视导与总讲评

团自举行第一次全国代表大会以后，从各级的组织来说，除极少数团部外，由地方以至中央，都已完成了组织的程序，分别正式成立。从工作的指示来说，关于团务的工作方针及实施计划，也已有了极详明的规定。所以，自三十二年五月以后，各地团务发展较迅速，各项工作也大量的积极展开。三十三年二月，为考察各地团务的实际情况与工作成绩，并根据中央的计划，实地指导各级团部的工作起见，特举行全国总视导。计分全国为豫、陕、晋区，闽、浙区，粤、桂区，湘、赣区、甘、青区，滇、黔区，湖北区，港、九、澳湾及越南区，平津及河北区，上海及苏北区等十区，派视导室刘主任健群等十二员，分别前往视导。同年十二月，均经视导完竣，返回中央覆命。

这次经过视导的团队，计有支团一九，直属区团一，区团八，直属分团一，地方分团一八三，学校分团六三，团务筹备员九。

各视导人员返回中央后，特举行会报，对于会经视导的团部，均分别予以讲评，并检讨团务一般的优点与缺点，提出以下八项问题：

（一）青年入团之理想问题．革命集团之伟大前途，以共同坚决一致之理想为先决条件。主义与领袖，乃举国普遍一致之信仰，而非青年团特具之精神。故青年何以加入本团，入团后有何工作，似尚缺乏显明之指示。此一问题若不解决，将不足以号召全国革命之优秀青年，发扬其意气，以加入本团，增强革命之力量。

（二）党与团之关系之调查问题：各地党团关系，应由表面之相安，进而求根本之融洽。目前以征收党员团员在年龄上之争执为根本不能解决之困难，而工作之成分，使各重点不相重复，亦为重要。

（三）如何提高团员政治热情的问题：青年不在其道，当然不能直接干与政治；但若自觉对现实之政治，有意见不能发扬，有缺点不能匡救，则意志消沉，乃必然之事。如何提高其热情，使老团员与老干部，对团务热烈持久，实为刻不容缓之图。

（四）训练材料之统一与简化问题：团员政治修养之成熟，政治斗争之热情，以训练工作之成败而为决定。初入团之团员，与老团员乃至干部，其训练之分别安在？训练之重点如何？必须有简明统一之材料，使意志集中，生活与思想，皆有一贯之体系。

（五）如何健全分队会议问题：分队会议为团的基本，既已缺乏精神，绝不可仅以命令式的召开奉行故事为满足，必须寻其症结，予以根本之补救。

（六）如何使经费与工作相配合之问题：工作之成就，不外才财两大要件，关于工作人员生活之待遇，以及公费支配之适当，若不力求合理，则难免虚应故事，一切都成具文。

（七）团营事业之范围与指导问题：团营事业，利不掩弊，誉不及毁。如何明定范围，切实指导？亦是本团切要之大事。

（八）沦陷区工作之加强问题：沦陷区工作之重要，已不待言，应选派有力之干部，付以较大之权责，与应有之经费，使对于工作，能因时制宜，获得实际之成就。

以上八个问题，都是中央所应急谋解决的问题。现在，我们正就这些问题，分别研究改进的计划。我们必须以最大的努力，来解决这些问题，团务才能更健全的发展起来。

此外，还有应该叙明的。张书记长治中对于视导及考核工作，素极重视。在视导室正式成立后的一年中，曾自兼室主任，对于视导工作的规划与实施，都有很详尽的指示。为考察各地团务，曾于三十一年三十二年夏先后亲赴西北巡视陕、甘、青、宁、绥等各省团务。三十三年春，又亲赴东南巡视湘、粤、桂、赣各省团务。在巡视的时候，张书记长对于团的使命与任务，团的工作方针与计划，以及各地团务的缺点，都有极周详的指示。所以，一般干部和团员，不仅在精神上受到了很大的感召，而且在工作上更能针对缺点，力谋改进，使团务得到健全的发展。

（二）一般视导工作。

（一）参加教育视察团暨前方将士慰劳团并视导各地团务——三十年一月，派遣干部五人，分别参加教育部各路视察团。同年十二月，派遣干部四人，分别参加前方将士慰劳团，并视导沿途团务工作。

（二）举行川渝团务大检阅——于三十年三月举行。计分为三区：

一、重庆市区团务检阅。包括：(1) 检阅各单位业务；(2)登记检阅结果；(3)编制检阅报告；(4)与团员举行个别谈话；(5)抽查团证。共分七组，分别执行，张书记长治中并亲临督导。

二、沙磁区团务检阅。偏重各大学直属分团，及北碚、歌乐山、巴县、江洋、白沙等学校分团，由中央各处室组长人员，分别担任督导。

三、川渝团务检阅。分川东、川南、川北三组，每组派遣干部五人。检阅后处理步骤分：(1)制定检阅报告；(2)公布检阅成绩，实行奖惩；(3)根据各受查单位团务实况，予以切实指示与改进。

（三）视导各大学团务——三十年三月，派遣干部一人，视导成都、嘉定、城固及西安一带大学团务。

（四）视导甘、宁、青、绥、黔、桂、冀等地方及学校团务。

（五）举办全国青年宣导工作——详见“号召全国革命青年参加第三次结合”一目内。

（六）视导重庆区团务——三十二年九月，划分重庆区为渝市、沙磁、江泮、北碚、合川、青歌、江北、永璧、綦江、万县等十视导区，由中央组长以上人员轮流出发视导 计三十二年度内，共举办三期。

（七）推行各级团部交换视导——三十二年十一月指定北碚区与沙磁区，成都区与城固区等学校团部先行举办，于三十三年三月份分别视察完竣。

(1) 督导各支（区）团视导人员巡迴视导所属团队，并加强与中央之联系——三十二年度、督导各支（区）团视导人员出发视导所属国家队，计已实施呈报者，有四川、重庆、江西、广东、陕西、山西、湖北、浙江、上海、安徽等支团一一单位。三十三年度，已实施呈报者，计有山东、山西、陕西、重庆、江西、广东、福建、湖北、青海、西康、甘肃、宁夏、平津、云南、贵州、安徽、浙江、湖南等一八单位。

八、丛书的编译与审查

团的训练和宣传工作的实施，都须采取重点。所以，为供给训练与宣传所用的书刊，必须由团自行编译与审查，然后能切合需要，以供给团员和一般青年阅读。在团成立后的初期，关于编辑工作，是由训练处与宣传处的两编审组分别负责。训练处编辑书刊的主要对象为团员，宣传处编译书刊的主要对象除了团员外，更注意国内外一般青年。三十年十一月，为集中力量，统一工作起见，特将训练、宣传两处的编审组合并，改设编审室，以求编审工作的进展。

编审工作的内容，可分为两部分，一为编译，一为审查。前者是编辑有关总理遗教、团长训示、政治、经济、文化、教育、历史、地理，以及有益于青年心身的书刊，后者是审查团员与一般青年的著述。其工作要旨约有下列五端：

（一）编制各种丛书，以配合组织、训练、宣传各部门之需要。

（二）促进民生主义之文化建设，并使团员及一般青年对主义有真切之了解，对本团历史有深刻之认识，以激励其忠国家孝民族之情绪。

（三）使团员及一般青年了解世界民族之盛衰成败，并遵循三民主义之启示，建立青年正确的世界观。

（四）遵照团长五项建设之训示，研究五项建设中青年所必需之知识技能及修养。

（五）奖励并启发团员及一般青年之写作兴趣，尽量培育青年写作人才。

在编审室未成立以前，自二十七年七月起，至三十年六月止，训练处共编印训练材料四十一种，宣传处共编印青年读物五七种，其书目如下：〔略〕

又审查长篇稿件及团员著作一二一种，并择优予以嘉勉或奖励，其中曾予奖励者，计五二种。

此外，编审工作尚有应该叙明的，就是收集并整理本团团史资料。团自成立以后，其间组织的发展，业务的推进，各地团员参加抗战的忠勇事绩，以及中央与各级团部的文献，亟应搜集整理，以供他日修史的资料。此项工作，自三十二年度开始办理，除已编印“团员忠勇事略”一种外，现在正着手汇编团史资料第一辑，其内容分为（一）中央团务；(二)地方团务；(三)团员三编。

九、几个伟大的运动

（一）知识青年从军运动

在古代，我国对于武事是相当讲求的。从训练上说，自“庠序”以至“大学”，都施行六艺之教，故能文武合一，人人都习于战阵之事。从役政上说，自东周至唐末，都施行“历兵于农”的制度，故能全国皆兵，人人都尽到保卫国家的责任。所以，我国在唐代以前，并未因外患而受到很严重的影响，且汉、唐两代，更能开辟疆土，扬威四夷，立了绚烂辉煌的武功。到北宋以后，改行募兵制度，所以参加战争的兵勇，皆由募集而来，从此，文武共途，凡是有知识的人，多不肯讲习武事，挺身卫国，以至兵的素质逐渐降低，战斗的力量也逐渐减弱。所以有宋一代，始终都受着外患的侵凌，以至于亡国。元清两代，更受到其他民族的统治，使国事沦入衰败的地步。

民国初建，兵制尚无更改。所以，自抗战发生以后，我国在前线从事战斗的列兵，仍然是由募集而来，但是由于多年的训练，在战争初期，他们都曾立下了光荣的功绩。民国三十二年，抗战已经过了六年。前线旧有的列兵，多已伤亡殆尽，至于新招的，大多素质很低，训练不够，不仅难于达成战斗的任务，且不能发挥高度的战斗精神，致使整个的战争局势，受到很严重的影响。

为补救上述的危机，达到重新建军的目的。第一、必须提高军队的素质，使其易于接受新的训练，并发挥高度的战斗精神。第二、必须改行征兵制度，恢复“文武合一”的教育。而欲实施这两个办法，必先从发动知识青年从军开始。

在团的第一次全国代表大会通过的“发展团务的十年计划总纲案”中，其总纲一五规定有：鼓励团员及青年踊跃接受军训及服兵役，以促进建军之完成。所以，团对于发动团员及青年从军的工作，过去即不断在推进。三十二年十一月，为鼓励士气，扩大效果起见，特发动青年从军运动。在中央方面，经会同有关部会成立学生志愿从军指导委员会，在地方方面，均成立各省指导委员会，掌理有关学生从军的设计指导与考核事宜。并与有关机关商订学生服役办法，通令各级团部，一致推行。十二月，军政部特于渝、蓉各地，分设从军学生教导团，收训从军青年。截至三十三年八月止，各级团部呈报办理情形者，计有专科以上学校团队三四单位，地方团队四〇单位。从军学生人数总计为六，五二六人。

三十三年十月，为扩大从军青年的范围，奠立建国永久的基础起见，中央特发起知识青年从军运动，由党与团会同召开知识青年从军运动会议。决定：中央成立全国知识青年从军指导委员会，主持全国知识青年从军的策划指导与考核工作事宜；各省、市、县及专科以上学校分别成立知识年青从军征集委员会，主持全国知识青年从军征集委员会，办理各该地从军青年的征集事宜。并预定征集十万人，编为十个师，分区集训。二十四日，团长发布告知识青年从军书，以三义告知全国知识青年：第一、青年非从军无从造成其人生伟大的志业；第二、青年非从军无从湔雪其国家积弱的耻辱；第三、青年非从军无从获得其最后的胜利。自从这个书告发布后，全国各地无不风起云涌，一致响应。许多知识青年，受了团长伟大的号召，都抱着救国的热情，放下笔杆，踊跃应征。所以，在很短的期间内，便超过了原定十万人的征额。

团是革命青年的集体组织，对于这个运动，响应更为热烈。许多在职务上不能离开的干部，许多在家庭中为独子的团员，更有一部分超龄的，都纷纷请求从军；虽经其上级一再的劝止，仍不能打消他们的决意。所以，在不久的期间，各级团部报告应征的人数，共达九万三千〇八十五人，超过本团与党各认五万人的配额，几达一倍。现正在各地陆续入伍中。又有一部分干部与团员，请求担任军事或政工干部，经考核合格后分别送训。计政工干部共为二八七人；军事干部为八二人。

知识青年从军运动，是提高军队素质的基础，也是改行征兵制度，重新建军的前提。现在，第一期运动业已顺利达成。今后，我们将遵奉团长的指示，继续发动，务期全国青年，都能踊跃从军，挺身卫国，以彻底改造我们社会的颓风，洗雪我们民族的奇耻大辱，争取抗战的最后胜利。

（二）国防科学技术运动

在十七世纪以前，人类的生活还停滞在农业时期，无论任何国家，只要是“足食足兵”，讲求尚武的精神，便可以扬威域外，成为世界上一等强国。但是，现在已是工业时期了，欲求民族的独立和国家的安全，必须有坚固的国防，而欲求国防的坚固，必须先讲求科学技术，使国家达到工业化的地步。所以，科学技术是我们国家工业化的基础，也是我们建国的前提。

团自成立以后，为培养国防科学人才，适应抗战建国的需要起见，特编印各种有关国防科学技术、民生建设及青年史地等丛书，并由各级团部运用各种方法，指导及奖励各地青年，努力学习现代国防科学及一切应用的技术。三十二年四月，为奉行团长所诏示的五项运动中国防科学技术运动，并遵照团的第一次全国代表大会通过的“发动青年建设新中国案”的决议，特于中央成立国防科学技术运动委员会，以加强这个运动的宣传与督导的工作。兹将两年来工作情形，列叙如下：

甲、宣传工作

子、建立机构

1．筹设科学图书室——原拟于陪都青年馆内设立，并已搜购有关国防科学图书六百余册，嗣以该馆房屋，不敷分配，现在另觅地址中。

2．组织科学刊物联合办公处——三十二年度，特会同国防科学技术策进会及其他刊社联合组织而成，以推进科学刊物出版事宜为主旨。

3．增设国防科学技术运动团体——三十二年六月，特分令各级团部，辅导一般青年，组织国防青年科学技术运动团体，并参观国防工厂及要塞等，以增进实际的学识。

4. 资助科学会社——三十二年度，补助发明协会的设备费，三十三年度，补助工程师学会、中国化学会、中国化工学会，科学技术社等会社的经费。

丑、文字宣传。

1. 编印“科学与国防”——已出版四册。

2. 编印科学通讯——会同金陵大学理学院办理，每年出刊四期。

3. 编印“中国科学”英文月刊——会同中华自然科学社办理，以报导中国战时科学研究的状况。截至三十三年十二月止，计共出版五期。

4. 资助科学书刊——三十二年度，补助“科学世界”的出版费，三十三年度，补助“中国科学”“科学与技术”“发明”“电影与播音”等书刊的经费。

寅、言语宣传

1. 举行国防科学讲演会及座谈会——由各级随时举行。三十二年度，举行者计有直属中央大学分团等三二单位，三十三年度，计有直属沙磁区学校区团等三七单位。

2. 举行国防科学广播——会同中央广播电台办理，每两周播讲一次。三十二年度，计共举行四次，三十三年度，计共举行一九次。

3. 举办特约讲座——约请军事专家及外国武官，讲述有关国防科学技术的问题，三十三年度，中央计共举办三次。

4. 举办西北科学巡回讲演——三十三年十月，特就西北科学考察团员中招请八人，在兰州一带，举行科学巡回讲演八次。

卯、艺术宣传

1. 放映科学电影——会同金陵大学理学院经常办理。

2. 举办国防科学展览——三十三年度，由中央会同有关机关于双十节举办，共分航空、工矿、农林、交通、医药卫生、兵工等馆，内容尚属充实。

辰、各项运动

1. 发动双十节国防科学技术运动周——由各级团部按年举行。

2. 发动青年科学运动周——三十二年度，由各级团部一律举办，日期自三月二十九日起，至四月四日止。中央方面，经会同有关机关办理，并举行科学展览、科学技术表演、科学讲演，并放映科学电影，出版青年科学特刊等。

乙、训练工作

1. 举办青年技术工训练班——三十三度，由中央会同经济部中央工业试验所合办工业技术人员训练班一班。内分机械、油脂、制革、酿造、窑业等五科。于八月十五日举行开学，十二月十五日结业。每科学生一〇名，共训练学生五〇名。

2. 举行军事表演及射击比赛——由各级团部会同当地军事机关随时举行，以提高青年对国防科学技术的兴趣。

3. 举办国防科学论文竞赛——三十三年度，特订颁办法，由各级团部分别举办。已办者计有陕县分团等单位。

4. 订定国防科学技术咨询办法——于三十二年度订颁实施，以解答各地青年对于科学问题的咨询。

丙、督导工作

1. 订颁国防科学运动计划纲要——于三十二年六月订颁实施，由各级团部遵照办理。

2. 筹设中国科学荣誉学会——已订定章程，现在着手筹设中。

3. 召集科学杂志主办人员会议——三十三年三月，由中央会同国防科学技术策进会召集，对于各杂志联系办法及策进科学技术的方针，均有具体的决定。

综上所述，国防科学技术运动的工作，在短短的两年期间，已经逐渐展开，但由于物质条件的缺乏，推行时常受到很大的影响。今后，我们将设法克服一切困难，来推动这个伟大的运动，使我们国家跃入工业化的途径。

（三）文化建设运动

思想是信仰的源泉，力量是信仰的表现。所以，欲求革命力量的集中，必先求革命意志的统一。三民主义是救国的思想，也是建国的准绳，必须人人信仰这个思想，然后能统一意志、集中力量，以完成革命建国的大业。但是，今日一般青年，或扭于附会的成见，或习于肤浅的见解，多不能获得一个坚定的明确的概念，作为行动与努力的轨范。所以，展开三民主义文化建设运动，实在是一切建国工作的张本。

团自成立以后，对于三民主义文化建设运动，即不断的予以推进。三十一年七月，中央特成立文化事业设计委员会，主持三民主义文化工作的设计事宜，并令各地团部随时运用各种文化机构及团办刊物，共同作全面的策动。如各地团部的青年写作协会、文化界座谈会、青年联谊会、青年学术研究会等，都以推进此项运动为主要任务。三十三月一月，为奉行团长所诏示五项运动中的三民主义文化建设运动，并遵照团的第一次全国代表大会通过的“发动青年建设新中国案”的决议，中央特成立文化建设运动委员会，并确定其主要任务为：(一)展开三民主义的思想统一运动；(二)加强三民主义的研究与发扬；(三)树立三民主义的社会制度；(四)促进三民主义的五项建设。而以指导研究为工作的中心，以青年为运动的中坚与对象，以期建立三民主义学术的新体系，配合国防、经济的建设，促进文化、国防、经济三体合一的新中国的完成。兹将三十三年，工作情形概述如下：

甲、充实并建立研究机构

1. 充实文化建设运动委员会——经聘定专家学者五十一人为委员，并集会三次，决定各项实施计划及办法。

2. 设立文化建设运动分会——由各支团及直属区分团设立。截至十二月底止，正式成立者，支团中计有安徽支团等三单位，分团中计有四川德阳分团等三单位。

乙、推进研究工作

1. 举办三民主义专题研究会——由中央订定专题及纲目，分发各级团队研究。每一分队负责研究一个纲目，逐级汇集，编制结论，即作为团对某一问题的意见。三十三年度，计颁发专题二次，第一次为“宪法与宪政”，附纲目三十三则；第二次为“民生主义经济建设的理论与实施”，附纲目二十九则。研究结果正催报中。

2. 奖励三民主义文化研究工作——为奖励青年及团员从事三民主义研究工作，特设置文化奖章及奖金，分别奖给成绩优良人员。又设置出版辅助费，奖励学术团体出版三民主义文化著作。三十二年度，计申请出版补助费者共两起，经分别审查，并予补助。

3. 举办三民主义论文竞赛——由全国高中以上学校举办。三十三年度，仅举办一次。论文题目，大学组为“我对三民主义文化建设的意见”，中学组为“青年对于三民主义文化建设应有的认识”。结果，共收到复赛论文一〇三篇，经录取大学组五名，中学组十名，并分别核发奖状及奖金。

丙、举办文化讲座

1. 举办青年文化讲座——（一）由中央主办，聘请专家学者讲述有关三民主义文化问题。三十三年度，计共举行二六次。（二）由专科以上学校团部举办。三十三年度，举行者计有直属西南联合大学分团等六单位。

丁、编印文化刊物

1. 发动“印三民主义一百万册运动”——自三十三年第一届

青年节发动，由各级团队发动所属团员从事征求捐印或认印。预计每一团员征印二册，于十二月底完成。第一期的征印的成绩很好，有超过配额二〇倍以上者；嗣因战事关系，工作上很受影响，截至十二月底止，造报团部仅有四四单位，共计征得一九五，二五六册，中央团部亦征得一八，四六七册。其余各单位正催报中。并改订三十四年三月二十九日为征印截止日期。又为阐扬征印意义，报导征印情形及供给征印方法与资料等，特印发“征印三民主义一百万册运动通讯”一种。至十二月底止，计共编印八期。

2．编印三民主义研究指导丛书——第一辑六种，经聘请专家负责编撰。第一种“三民主义研究导论”已编印出版。

戊、联络文化团体

1．调查登记文化界动态——随时调查并登记各地文化团体、文化刊物及文化人士，并就陪都文化团体、刊物及文化人士，分类编制名册。

2．举行文化晚会——三十三年度，中央共举行三次，并举办陪都文化联谊会一次。

综上所述，三民主义文化建设运动的工作，在短短的一年期间，已经奠定了初步的基础。今后，在从运动方面说，我们将集中学术人才，配合党政有关机关，积极展开有计划的三民主义文化建设运动；从研究方面说，我们将领导团员以及青年，在哲学上对于三民主义作系统的研究；从目标方面上说，我们将建立三民主义学术的新体系，使三民主义成为现代崭新独立的文化主潮。

（四）新生活运动

国家的强弱和民族的盛衰，往往可以从风俗方面去观察；因为风俗是人民在日常生活中所表现的形式，由于这些形式的表现，便可以看出其人民的知识与文化，从而推定其国家和民族的强弱与盛衰。在现代进步的国家中，都有着善良的风俗，其人民也都过着新的合理的生活。在落后的民族中，却仍保留着半开化的风俗，其人民过着旧的不合理的生活。但是，风俗的善恶与厚薄，是怎样形成的呢？我们知道，风俗的形式，自然是要依着生活的形式来决定。但是，风俗的善恶与厚薄，却是由于在上者一二人的趋向所形成。所以古语说："上有好者，下行甚焉"。曾国藩也说过："风俗之厚薄，奚自乎？自乎一二人之心之所响而已"。

新生活运动，就是一个移风易俗的运动，也是团长躬行实践与躬自倡导的运动。民国三〔二〕十二年二月十九日，团长在南昌各界扩大纪念周上，宣布发起新生活运动，并成立南昌新生活运动促进会，团长自任会长，躬亲主持一切。运动分三项进行，先以宣传，继以指导，后以纠察，以期一般民众，都了解新生活运动的意义与准则，进而切实履践，无论对人对事，一至一言一动，都符合现代国际间最高准则。三月十一日，举行市民大会，与会民众十余万人，无不精神严肃，服装整洁，竟收到了意想不到的效果。

自从这个运动创始以后，全国各省市县的党政军机关，以及社会一般民众，本着改移风气复兴民族的热忱，都认识了新生活运动的重要，遂风起云涌的作同样的运动。所以，不到一年，各地成立的省新运会共达二十余单位，县新运会共达一千三百余单位；组织的展开与工作的推动，可算是迅速与普遍了。但是，新生活运动是一种创举，无成规可循。为使这个运动更能有计划的发展，蒋会长特手订新生活运动纲要一种，发布全国各地，以作准则。纲要内容，除解释礼、义、廉、耻与衣、食、住、行的关系，及各种推行原则方法外，并将运动的责任和工作的进行，加以详细的规定。三〔二〕十三年七月，依据纲要，改组南昌新生活运动促进会为新生活运动促进总会，由团长任总会会长，熊式辉先生任总会主任干事，邓文仪先生任副主任干事，阎宝航先生任书记。下设调查、设计，推行三股，并聘何应钦先生等三十三人为指导员，李焕之先生等二十二人为干事，推动工作。自此，从前自由发展，人自为制的运动，都可纳入轨范，作有计划的进行了。

二十五年一月，总会迁往南京。熊主任干事因职务关系，不能离赣，改请钱大钧先生为主任干事。同时扩大总会组织，改调查、设计、推行三股为三组，并增设总务组。又于总会之下，另设妇女指导委员会，请蒋宋美龄先生任指导长。二十六年三月，总会组织略有变更，改正副主任干事为总干事、副总干事，总干事由黄仁霖先生充任，副总干事由阎宝航先生充任。并改设计、调查两组为学校、训练两组。同年七月七日，卢沟桥事变发生，总会因战事关系，随政府迁往汉口。为适应当时的需要，特举办各种战时服务工作，并组织医务委员会，下设新运医疗队八队，分别赴各地前后方为军民服务。二十七年夏，往西迁重庆。二十九年二月，成立伤兵之友社总社，推展为伤兵服务的工作。截至三十三年止，共有分社一〇四社，直辖服务队五四队，均分派全国各地军医院为伤患官兵服务。同年七月，副总干事一职，改聘章楚先生担任。三十年二月，总会成立陪都新运服务所于夫子池，专为各届人士服务，并作新运示范工作。同年十一月，复增设副总干事一人，由杨舞心先生担任。同年八月，总会为适应战时环境的需要，将学校、训练两组改为服务、卫生两组，至学校、训练两组原有的工作，则并入推行组办理。总会自设服务组后，即积极开展各项服务工作。于昆明设第一服务区办事处，下设新运服务所九处，分布于滇缅公路线上各重要地区，为交通员工等服务。十月，复于兰州设第二服务区办事处，下设川滇、川桂等公路线上的新运服务所一六处，同时成立边胞服务站两处，设于云南墨江及丽江两地，以推展边地同胞新运工作。三十一年十二月，总会与中华全国基督教协进会组织中国战时服务委员会，办理各项战时服务工作，对于入营新兵的服务工作，展布尤力。

以上是新生活运动会发起的历史，暨总会组织的沿革，人事的变动，以及工作的大概情况。现在各省省新运会尚有：广东、浙江、福建、安徽、湖南、江西、河南、陕西、甘肃、绥远、云南、贵州、青海、西康等一四单位，公路新运会有西南公路一单位，各机关新运委员会有一〇九单位。

团自成立以后，为改造青年生活，转移社会风气，即经常推行新生活运动。务期本团团员；都能笃实践履新生活的规律，养成整洁、简朴、迅速、确实的习惯，发扬礼、义、廉、耻的精神。进而使全国青年的生活行动与道德文化，皆能合乎时代的要求、适应建国的需要。三十年度，特编印“团员生活须知”一种，对于团员守则，新生活纲领及国民精神总动员纲领所确定的规约，都详加说明，并颁发各级团部转令所属团员遵照实行。又规定各级团队举行小组会议时，应一律举行生活检讨与批评。三十二年度，订定“各级团部推行新生活运动实施办法”，通令各级实施。并印发“团员须知”一种，便于实施指导时有所依据。三十二年度，订颁“各级团部新生活运动委员会组织大纲”及竞赛办法、实施纲要、团员生活标准等，以积极推进团员的新生活。三十三年初，遵照团长的指示，各地新生活运动促进会的书记，由各该地团的书记兼任；各地的新运业务，也由团试行兼办。于是，新运工作的推行，更成为本团各级团部及团员的主要任务。

为达成这个任务，特定颁各省市县新生活运动促进会改组办法，令饬各支区团于三月底以前接收改组完竣。又订颁本团三十三年度推行新生活运动实施办法，规定推行新生活运动为三十三年度重要工作之一。至于各级团部与各级新运会联系的原则，各级团部新生活运动委员会对各该团部及所属团队推行新运的责任，以及每一分队及每一团员应做的工作暨新运竞赛新运成绩等原则，都有明白的规定。此外，更按月与新运总会举行新运会谈一次，商议各项工作实施办法。

截至三十三年十二月底止，各地遵照改组及新成立新运会者，计有渝、川、陕、甘、宁、青、绥、晋、豫、黔、滇、粤、鄂、湘、赣、浙、闽、皖、康等十九省市，并由各该地本团支区团的书记兼任书记。全年各地都已举办了清洁大扫除四次。又各级团部推行清洁、规矩、卫生、秩序等四项工作的成绩，已分别以予考核。结果，重庆、甘肃两地为最优。

但是，由于新运经费的支绌，工作的推行不免受到影响。在过去，各地新运会人员的津贴，食粮及各县的新运事业费，都是由地方负担；自经团接收改组以后，各省市多已停止补助，因此，新运的推行工作，将在人力与财力两方面感到困难。

现在，关于事业费方面，已另奉核拨，并于十二月与新运总会会谈，决定了下项各项改进办法：

1. 请行政院转饬各省市继续补助新运工作人员津贴食粮，并饬各县仍酌助事业费。

2. 通令各新运分会三十四年度预算情形，以不用专任人员为原则。

3. 请各省市党部、各省市支（区）团部、各省市政府，各派专人一人，在新运分会办公，仍在原机关支给薪津。

4. 三十四年度新运工作，仍以清洁、卫生、规矩、秩序四项运动为中心。

新生活运动可说是强种强国的运动。我们凛于这个运动意义的伟大，将督导每一团员，都要切实力行，更要领导社会民众，一致实践，以廓清社会上各种污秽的恶习，建立起现代的新的风气。

贰：工作总检讨

工作检讨是自我考核最有效的方式。任何工作的成败得失，惟有工作者自身最为明了，也惟有工作者自身不断的坦白的予以检讨，然后能针对缺点，随时改进。团自成立以后，到民国三十三年，已有了七年的历史，为检讨过去团务的成败得失，及策划未来改进的方针起见，特召集在渝各中央干事与中央干事会各处室会主管同志，分别举行会议。按照各项工作，列举得失，详加研究，力避掩饰，以求症结的所在。最后，认为过去团务工作，其有优点六点，缺点七点，困难之点七点，当就缺点与困难之点，拟具改进意见九项，一并签请团长核示。兹将总检讨报告原文及团长批示照录如下：

（一）团长批示

三十三年二月二十八日侍秘第二一五六二号代电：

青年团张书记长：一月二十六日秘机字第八十四号报告及附件均悉。所陈工作检讨报告书，所举优点缺点与困难之点，尚属切实详尽，具见虚心研究，良堪嘉评。惟意见具申第（二）项，党不直接征收党员一节，目前尚有窒碍，不能即予规定。第五项拟在各工厂建立团队一节，查工厂方面，业已设有党部，应仍遵照前批，毋庸设立团部。第（六）项检举腐败贪污土劣，应依照现行法令规定办理，毋庸正式授权于各级团部。第（七）项各学校之训导人员，应仍由教育部选派。至整个团部进行方针，应从吸收优秀青年入团，及尽量培养与选拔干部入手，使分子健全，力量自可发展。希即遵照此旨办理为要。中正。丑勘。侍秘。

（二）总检讨报告（附签呈团长原文）

本团成立五载有余，关于团务之成败得失，曾经迭加检讨，上达钧听。惟自第一次全国代表大会后，本团之任务日益加重，若无深切之反省与更彻底之改革，恐不足以副钧座之厚望，爰召集在渝各中央干事与中央干事会各处室会主管同志，分别举行检讨会议，时历三月，会凡八次，按照各项工作，列举得失，详加研究，力避掩饰，以求症结之所在，并附意见具申，藉供裁夺。谨

呈工作总检讨报告书一份，敬候钧核，并祈训示祇遵。谨呈
团长蒋

（甲）工作概况（略）

（乙）工作总检讨

一、优点

（一）本团经五年来奋斗之结果，已使全国青年，在思想上，对于主义由漠视而渐趋于信仰，意志上，由浮动渐趋于稳定，组织上，由庞杂而渐趋于统一。

（二）本团组织之发展，尚属普遍，团员素质，大体优良，各级干部，亦多能刻苦努力，富有蓬勃向上之精神，对于防止奸伪工作，尤以在学校方面，确收成效。

（三）干部与团员之训练，渐能配合组织之发展、循序进行，尤以历年各地夏令营之举办，成效甚著。

（四）各地团部之服务工作，多能适应环境，努力推进，一部分团队，并能发动社会力量，自筹经费，建立青年福利机构，在社会与青年群众中，均有良好之影响。

（五）中央对各级团队之领导，逐渐加强，如举办团员总考核，确立干部政策，召集各级代表大会，选举各级干部，确定十年团务计划等，使团之基础，日益巩固。

（六）一般行政管理，已能适应科学精神，随时改进，渐上轨道，效率日有增加，各级对工作之督导考核，均尚认真，尤其勇于检讨工作之缺点，尚无讳疾忌医之通病。

二、缺点：

（一）团之中心任务与组织活动之目标，尚在模糊动荡之中，团员对于组织意识，尚嫌薄弱，其一切工作人事，亦未能通过组织，信赖组织，因而组织渐失去尊严性与严密性，组织之力量，亦无由表现，无由发挥。

（二）各地基层组织，尚欠健全，对团员之掌握领导，不够

确实，尤以纪律精神，未能充分发挥，如转移登记多未按照规定办理，团员行动自由，以致组织训练，不免形成松懈空虚之状态。

（三）团务工作之进展，尚嫌迟缓，且不切实际，即以团员素质而论，虽大体优良，仍未能悉数健全，往往因少数劣等分子，混迹其间，未能尽加淘汰，以致团在青年群众中间，不能建立坚确之信仰，而团员在青年群众中，亦常缺乏自信心与公开活动之勇气，每有隐晦不能出头之感。

（四）各级团部之工作，多系干部之工作而无团员之工作，而干部中又多系工作干部之工作，而无领导干部与社会干部之工作，即工作干部中又多偏重于公文形式之工作，而乏实际行动领导工作。此种情形，虽逐渐有所改进，但尚无显著之成效。

（五）团之各项工作，第一，未能充分与群众需要相适应；第二，未能与政府工作相配合。故团之工作，往往一方与群众脱节，一方与政府脱节，尽力虽大，收效不著。

（六）团之组织工作，未能普遍深入于各学校各乡村，宣传工作，不能为组织工作之先驱；训练工作未能充实组织，健全组织；服务工作亦未能充分提高团员之服务精神，使之持之以恒，蔚为风气。凡此皆各级团部普遍之缺点。

（七）各级团部与团员对工作技术，尚欠研究，在实际行动方面，中央所指示之工作原则，下级往往不能掌握时效，审度环境，争取主动，适机运用，往往用力多成就少。

二、困难之点

（一）吾国民族性，因受数千年农业社会之影响，习于安静保守之生活，骤使参加现在工业社会之组织，当为一极大之转变，亦自有极大之困难。

（二）本团之组织，以军事化为目标，力求严密，然究与一般军队集中组织之性质殊异，团之组成份子，散布于社会各阶层，与国家各事业部门，此种份子，已含有自然之散漫气质，至于一般人民生活习惯，积重难返，一时未易尽加改革，组织训练均不能达到预期之理想。如团员之转移登记，不易举办，以至团员失联络者为数尚多；每周规定之分队会议，未成普遍的且有效的举行；其他各种训练，亦不易集中举办。凡此种种，似皆为客观条件之困难。

（三）吾国教育不发达，社会各项人才，均感缺乏，因之本团干部之选拔，亦无形受其限制，现在各级干部中，虽不乏优秀努力之份子，然不健全者，为数亦多，加以环境关系，无论上级选派与下级选举，间亦不免出于迁就，未能尽如理想，因之干部成份，遂不整齐，则领导力量，自然削减，对于团员之掌握，自难确实。

（四）团之唯一任务，在实现三民主义，工作至为艰巨，然团之性质与地位，始终未能与其艰巨之任务相称，则其任务自不易达成，团之性质如何？地位如何？至今似犹在不确实不显明之状态中，与本党在过去秘密革命之时代之性质与地位，殊不能相提并论，由是影响至团之作风，亦不能确切明朗。就团之性质而论，有认为团为社会性之组织，应以服务社会为工作之重心；有认为团为教室性质组织，应以训练青年为唯一之任务；有认为团为政治性之组织，应参加政治之活动；甚至有认为团为特工之组织，对团采“敬而远之”之态度者。是以一般人对团之概念，常感模糊动荡，因不能把握确实之作风，甚至引起若干之误解，使青年徘徊观望，不能踊跃加入，此由于团之性质地位不明确，而影响青年意志之集中，以至不能发生积极之领导作用，关系于团之前途发展者殊大。

（五）团有其革命之使命，事实上自为革命之集团，但一方面则团之地位，不能以在野之地位自居，因而团对于政府之政策，与一切措施，有绝对拥护之义务，且负有协助推行政令之责任，然现在政令之不能贯彻执行，政府之措施，由于官吏素质之复杂，未能尽如人意，复不可讳言之事实。例如，本党之经济政策，自应以民生主义为依归，而现行之经济政策，难免不无与民生主义不相符合之处；又如，领袖所创之修明政治，为全国人民所拥护，但吏治之澄清，尚未能一一符合理想。在此种情况之下，团一方面受拥护政府巩固政权之义务所约束，一方面又不能使现状一一符合革命青年之理想与希望，往往革命性无从表现，号召力因而削弱。

（六）一般理想，皆以学校团务方面以学生为集体生活之群众，比较易于开展，但事实上亦有特殊之困难：其一、学校教职员之热心团务担任团之工作者，究属少数，且以本身职务繁冗，未必能专心于团之工作，而大多数教职员之思想态度，生活习惯，直接影响于学生者甚大，团务为一般不负责任之理论所阻挠，常有事倍而功不能半之苦；其二，学生一般功课极忙，又苦于生活之压迫，尤其近三年来，学生在生活上所受之痛苦，如夜间自修无灯火，营养不足，设备不周，甚至清晨抢粥，晚间抢灯，因此学生对学校不满，适足增长其苦闷。团既不能解除学生生活之困难，又不能解除其苦闷，因而学生对团务活动与组织生活之冷淡，自为必然之结果。以上两因，学校团务之推动亦殊难如理想之顺利。

（七）关于干部选拔之困难，已略如第三点所述，由于此种困难，而联带发生之现象，为职所痛感者，首为各级领导机构之不健全，例如各级干事会，因迁就环境关系，人事配备往往不能尽符理想，因而不能获得广大青年之拥护，即就中央干事会而论，常务干事大抵均有其本职，往往两周一次之常会，尚有不能经常出席者，即令每次出席，而对于团务之规划推进，亦无法善尽其责。职凛于对领袖对党国所负责任之重大，常惧一人之智力有所不逮，数年来，切盼常务干事皆能共同负责，俾在领袖领导下，充分发挥民主领导之精神。窃谓团务之开展，不宜以书记长一人为重心，亦不宜以任何一人为重心，最高权力应属于中央干事会，然迄今此种理想，仍未能见诸事实，此固由职之本身智力有所欠缺，但中央与地方之领导机构之不甚健全，则为不可讳言之事实，团之若干困难，未必不导源于此．或即为团之最大弱点所在也。

（四）意见具申

（一）本团第一次全国代表大会宣言，遵照领袖《中国之命运》之指示，已揭橥建设三民主义之新中国，为本团工作之总目标，今后一切工作，自应遵循此项建国之理想，领导全国青年努力迈进，求其实现。关于团务发展十年计划总纲（包括组织、训练、宣传、服务，与童子军等各项工作）与发动青年参加新中国五项建设方案（包括国防科学技术运动，三民主义文化建设运动，国防经济建设运动、新生活运动，地方自治建设运动），即所以实现此种理想，而为今后团务发展之总途径，应请饬拨经费，以培育人才，充实设备，并与政府之工作配合进行，以求逐步实现。发展团务十年计划总纲第一期实施计划及发动青年参加新中国建设案，刻已审查竣事，容另呈请核定。

（二）今后团务工作之开展，似应与党务工作更求密切联系，配合进行，过去党与团之间关系，在精神上，已无隔阂之可言，唯工作上则不免仍有重复之处。如征求党员与团员虽有年龄之区别，但在各种职业上，则不易划分。如各校学生规定入团，而学校党部仍征求学生入党；至各地工厂与交通部门虽不设立团部，而青年员工则仍志愿请求入团。即以实际工作而论，若干地区或工厂团部之领导，较党部为有力量，唯受种种之限制，往往不易发挥，甚且有牵制之感。领袖曾明确指示团员为党之新血轮，应充实党健全党，以开创党之新生命。如欲达成此项任务，窃以为党员之征收，似应由团员中选拔，除特殊情形外，不再直接向外征求党员，而本团则扩大征求青年入团，严格予以训练，每年举行考核，其成绩优良者，分期介绍入党。如苏联与德国之青年团，皆采取此种办法．则党员之素质，必可更为提高，团员亦真正成为新血轮。如此一切工作，显然可分，各有努力之目标，不但不致重复，且使党与团之间关系更趋密切，无论为党为团设想，似均为切要之图。但如党内或有窒碍难行之处，则请以中央组织部部长兼任本团书记长为宜。

（三）今后团的组织之健全发展，必须先强固组织精神之建立与运用。因此团的集权制之贯底执行，实为当务之急，因民主集权制之贯彻执行，一则可以加强各级干部之责任心，一则可以提高全团团员之积极性，如各级干事会必须健全，一切权力必须集中于干事会，各级会议应按期召集，绝对遵守民权初步之规定，各级领导干部，均须由选举而产生，并规定罢免法，更厉行工作检讨与自我批评，以免除干部之不负责任。如此团之作风，必可彻底改变。

团纲草案正在审查中，行将竣事，容另呈请核定。

（四）本团干部政策前奉批准实施，今后自应遵照切实执行，并严格选拔干部，依照规定，实行任期制，为团服务至少两年。如服务期满，其工作成绩优异者，似宜资助深造，或予以从事行政与各项事业之机会。今后似可每年由团就各级干部中严加考核，依其学识、品格、能力、经验与志趣等，择优报呈钧座核派政府各机关工作，或送外国求学。如此一则可以鼓励干部努力团务，一则可使人才辈出，为国效力，此关系团之前途，与干部政策之推行者实为重大。

（五）今后团之组织发展，拟以农村，工厂、学校、沦陷区四者为主要对象，在后方省区各县应普遍设立分团，战地与沦陷区，亦择要建立组织，全国各中等学校、各工厂，均必须设立团队，对于乡村自治人员及小学教师，应大量征求入团。至于训练、宣传、服务等工作，均须密切配合组织工作而进行，并提高团员之素质，加强干部与团员之掌握与管理，充分运用组织，以发挥组织之效能。

（六）今后加强团部之政治性，本协助并拥护政府之精神与决心，一面与政府之工作密切配合，一面对不良之政治现象，如腐败、贪污、土劣之类，应授权各级团部，尽量检举，并给予保障，以求政治之彻底澄清，期符全国革命青年之殷切希望。

（七）今后并应加强团之教育性，全国各学校各训练机关之训导工作，应由团选派干部负责。此种训导人员，由中央干部学校培育，交由各级组织分配任用，严予督导，以求团与各学校与训练机关之工作融成一片。

（八）本团以建国工作为总目标，已如第一节所陈。就目前环境而论，反三民主义之势力，仍潜伏滋长，影响甚大。本团员一面努力从事建设，然革命斗争之工作，仍为主要任务之一。今后对团员之指示，似不宜有所隐晦，惟斗争之方式必须公开坦白正大光明，而以理论与事实为依据，以社会服务解除人民痛苦为倡导，俾奸伪无法与本团争取青年，而社会观感亦可为之转移。

（九）纪律之废驰，为组织松懈主因之一。今后一面在提拔优秀、奖励忠勇、以极力鼓舞团员之荣誉心，而各级督察会，对团员之违反纪律，应建立审判制度，其过犯重大者，除开除团籍外，并应予以必要之处分，庶可树立团员之纪律观点，以强固组织之基础。

〔三青团中央团部档案〕

中華民國史檔案資料滙編

第三輯

軍事（一）（下）

中國第二歷史檔案館編

鳳凰出版傳媒集團　鳳凰出版社

（六）各省区军事机构设置

一、巡阅使

1. 国务院为办理巡阅副使权限及署内应设各处与参陆办公处来往公函

（1920年10月）

（1）国务院致参陆办公处公函（10月6日）

国务院公函　第二千四百四十七号

迳启者：奉大总统发下直鲁豫巡阅使曹锟呈，续拟巡阅副使权限暨署内应设各处文一件，除分函陆军部外。相应抄录原呈函达贵处查核办理可也。

此致

参陆办公处

中华民国九年十月六日

呈为续拟巡阅副使权限暨署内应设各处仰祈钧鉴事：窃查直鲁豫巡阅使职权草案暨组织令草案，前经分别拟定，呈请大总统核示在案。所有巡阅副使权限及署内应设各处，自应续行规定，以资遵守。兹拟定巡阅副使之权限，为赞襄巡阅使行使职权，并处理一切事宜。并于署内分设参谋处、秘书处、副官处。其各处应置办公人员，视公事之繁简，酌加规定。除咨呈国务院外，理合呈请鉴核指令饬遵。

谨呈

大总统

直鲁豫巡阅使、直隶督军　曹锟

（2）参陆办公处复国务院公函（10月7日）

迳复者：准二四四七号函开：奉大总统交下直鲁豫巡阅使曹锟呈，续拟巡阅副使权限暨署内应设各处文一件，函达查核办理等因。查原呈内称：于巡阅副使署内分设参谋处、秘书处、副官处。其各处应置办公人员，视公事繁简，酌加规定。等语。事属可行，本处并无异议。惟事关官制设置，应请由贵院查核办理，相应函复查照。

此致

国务院

参陆办公处启

〔北洋政府参陆办公处档案〕

2．大总统公布直鲁豫巡阅使署组织令

（1920年10月17日）

大总统令

兹制定直鲁豫巡阅使署组织令公布之。此令。

中华民国九年十月十七日

国务总理 陆军总长 靳云鹏

直鲁豫巡阅使署组织令

第一条 直鲁豫巡阅使署设参谋长一人，简任，承巡阅使之命，办理署内一切事务。

第二条 直鲁豫巡阅使署设左列各处：

一、秘书处 掌理机要事项；

二、参谋处 掌理军事计划事项；

三、副官处 掌理宣达事项；

四、政务处 掌理军务行政事务；

五、军务处 掌理关于军队事项；

六、军医处　掌理关于军队卫生事项；

七、军需处　掌理军需事项；

八、军法处　掌理关于陆军司法事项。

第三条　各处设处长一人，简任，承巡阅使之命，掌理本处事务。处长视少将或同等之简任职。

第四条　各处分设各科科，置科长一人，荐任，科员无定额，委任，承长官之命，分掌本科事务。各处分科，以别表定之。科员之额数，由巡阅使酌定之。

第五条　本令自公布日施行。

〔北洋政府国务院档案〕

3．临时执政裁撤各省巡阅使令

（1924年12月10日）

临时执政令

各省巡阅使均著即行裁撤。此令。

陆军总长　吴光新

中华民国十三年十二月十日

〔政府公报，1924年12月12日，第3131号〕

4．大总统特任曹锟为直鲁豫巡阅使令

（1920年8月20日）

大总统令

特任曹锟为直鲁豫巡阅使。此令。

中华民国九年八月二十日

国务总理
陆军总长　靳云鹏

〔政府公报，1920年8月21日，第1623号〕

5．大总统任命吴佩孚为直鲁豫巡阅副使令

（1920年9月2日）

大总统令

任命吴佩孚为直鲁豫巡阅副使。此令。

中华民国九年九月二日

国务总理
陆军总长　靳云鹏

〔政府公报，1920年9月3日，第1636号〕

6．曹锟为直鲁豫巡阅副使吴佩孚简任状经收到转发咨

（1920年11月23日）

直隶督军公署为咨复事：案准贵部咨开：为咨行事：民国九年九月二日奉大总统令：任命吴佩孚为直鲁豫巡阅副使。此令。等因。奉此。兹由本部办就该员简任状一封，相应咨送贵督军查照转发，并将领到日期具报备案可也。计简任状一封。等因。到署。除检同简任状咨送直鲁豫巡阅使转发外，相应咨复贵部查照。此咨

陆军部

直隶督军　曹锟

中华民国九年十一月二十三日

〔北洋政府陆军部档案〕

7．关于特任吴佩孚为直鲁豫巡阅使令电

（1923年11月）

（1）大总统令（11月11日）

大总统令

特任吴佩孚为直鲁豫巡阅使。此令。

大总统盖印　　国务总理高凌霨　　陆军总长

中华民国十二年十一月十一日

〔政府公报，1923年11月13日，第2753号〕

（2）吴佩孚通电（12月9日）

北京国务院、各部院、参众两院、王巡阅使、冯检阅使、步军统领、警察总监、宪兵司令并各局、署、京兆尹，各省巡阅使、督军、督理、省长、帮办、各镇守使、各师长、旅长、厅、道均鉴：佩孚奉命为直鲁豫巡阅使，兹遵于民国十二年十二月九日接印就职。材辁任重，陨越堪虞，冀锡规箴，藉匡不逮，幸甚。吴佩孚。佳。印。

〔北洋政府陆军部档案〕

8．关于任命王承斌兼直鲁豫巡阅副使令电

（1923年11月）

（1）大总统令（11月11日）

大总统令

任命王承斌兼直鲁豫巡阅副使。此令。

大总统盖印　　国务总理高凌霨　　陆军总长

中华民国十二年十一月十一日

〔政府公报，1923年11月13日，第2753号〕

（2）王承斌通电（12月13日）

北京各部院、参众两院、王巡阅使、冯检阅使、步军统领、警察总监、京兆尹，各省督军、督理、省长、总司令，各都统、护军使，各镇守使，各师、旅长均鉴：案奉大总统令：任命王承斌为直鲁豫巡阅副使。此令。等因。并承准吴巡阅使派员将印信赍送前来。遵于十二月十三日就职任事。承斌菲材重任，兢惕弥深，所冀不遗在远，箴教时赐，俾免陨越，实为深幸。王承斌。元。印。

〔北洋政府陆军部档案〕

9．大总统任命王占元为两湖巡阅使令

（1920年6月13日）

大总统令

特派王占元为两湖巡阅使。此令。

中华民国九年六月十三日

国务总理　萨镇冰

〔政府公报，1920年6月14日，第1557号〕

10．关于特任萧耀南为两湖巡阅使令电

（1923年11月）

（1）大总统令（11月11日）

大总统令

特任萧耀南为两湖巡阅使。此令。

大总统盖印　　国务总理高凌霨　　陆军总长

中华民国十二年十一月十一日

〔政府公报，1923年11月13日，第2753号〕

（2）萧耀南致大总统电（12月13日）

北京大总统钧鉴：窃耀南前奉恩命，特任为两湖巡阅使，遵于本月十三日接印视事。材同樗散，经选择而称良，质本驽庸，当加鞭而益奋。所有接印日期及感谢微忱，合肃电禀，伏乞睿鉴。萧耀南叩。元。印。

〔北洋政府国务院档案〕

11. 大总统裁撤东三省巡阅使令

（1922年5月10日）

大总统令

东三省巡阅使一职，著即裁撤。此令。

大总统盖印　　国务总理周自齐　　陆军总长假

中华民国十一年五月十日

〔政府公报，1922年11月11日，第2223号〕

12. 临时执政裁撤东三省巡阅使令

（1924年12月10日）

临时执政令

据镇威上将军张作霖歌电称：民国改革之初，各省以都督主持两政，军权始形积重。比年国民痛军阀之横行，日以废督裁兵相号召。正本救济，谁曰不宜？其巡阅使名义，应请即日裁撤，以清祸本。作霖谨于本日起自行解除东三省巡阅使之职。等语。披览再三，曷胜嘉慰。查民国以来，军权偏重，积渐扩张，驯致黩武穷兵，酿成纷纠。该上将军洞见本原，以身作则，自应准如所请，即将东三省巡阅使一缺裁撤。惟三省蒙旗交错，中东铁路又横亘吉黑之间，关系国防，至为重要。所有各该省一切军事，仍由该上将军指挥节制，用靖边疆。此令。

陆军总长　吴光新

中华民国十三年十二月十日

〔政府公报，1924年12月11日，第3131号〕

13．大总统特派张作霖为东三省巡阅使令

（1918年9月7日）

大总统令

特派张作霖为东三省巡阅使。此令。

中华民国七年九月七日

国务总理　段祺瑞

陆军总长　段芝贵

〔政府公报，1918年9月8日，第942号〕

14．大总统免去张作霖东三省巡阅使等职令

（1922年5月10日）

大总统令

东三省巡阅使、奉天督军兼省长张作霖，著免本兼各职，听候查办。此令。

大总统盖印　国务总理周自齐　内务总长高凌霨

陆军总长假

中华民国十一年五月十日

〔政府公报，1922年5月11日，第2223号〕

15. 大总统公布苏皖赣巡阅使署组织令令

（1924年3月19日）

大总统令

兹制定苏皖赣巡阅使署组织令公布之。此令。

大总统盖印　　国务总理孙宝琦　　陆军总长陆锦

中华民国十三年三月十九日

教令　第二号

苏皖赣巡阅使署组织令

第一条　苏皖赣巡阅使署设参谋长一人，简任，承巡阅使之命，办理署内一切事务。

第二条　苏皖赣巡阅使署设左列各处：

一、参谋处　掌理军事计划事项；

二、副官处　掌理宣达事项；

三、军务处　掌理关于军队事项；

四、秘书处　掌理军务行政事项；

五、机要处　掌理机要事项；

六、军需处　掌理军需事项；

七、军法处　掌理关于陆军司法事项；

八、军医处　掌理关于军队卫生事项。

第三条　各处设处长一人，简任，承巡阅使之命，办理本处事务。处长视少将或同等之简任职。

第四条　各处之组织，由巡阅使定之。

第五条　本令公布之日施行。

〔政府公报，1924年3月20日，第2872号〕

16. 大总统特任李纯齐燮元为苏皖赣巡阅使副使令

（1920年10月2日）

大总统令

特任李纯为苏皖赣巡阅使。此令。

中华民国九年十月二日

国务总理 陆军总长 靳云鹏

大总统令

任命齐燮元为苏皖赣巡阅副使。此令。

中华民国九年十月二日

国务总理 陆军总长 靳云鹏

〔政府公报，1920年10月3日，第1665号〕

17. 大总统特任王士珍为苏皖赣巡阅使令

（1920年12月3日）

大总统令

特任王士珍为苏皖赣巡阅使。此令。

中华民国九年十二月三日

国务总理 陆军总长 靳云鹏

〔政府公报，1920年12月4日，第1725号〕

18. 大总统特任齐燮元为苏皖赣巡阅使令

（1923年11月11日）

大总统令

特任齐燮元为苏皖赣巡阅使。此令。

大总统盖印　　国务总理高凌霨　　陆军总长

中华民国十二年十一月十一日

〔政府公报，1923年11月13日，第2753号〕

19. 大总统裁撤热察绥巡阅使令

（1924年11月11日）

大总统令

热察绥巡阅使一职，著即裁撤。此令。

大总统印　国务院摄行　国务总理黄郛　陆军总长李书城

中华民国十三年十一月十一日

〔政府公报，1924年11月13日，第3103号〕

20. 大总统特任王怀庆为热察绥巡阅使兼热河都统令

（1922年5月29日）

大总统令

特任王怀庆为热察绥巡阅使兼热河都统。此令。

大总统盖印　　国务总理周自齐　　陆军总长假

中华民国十一年五月二十九日

〔政府公报，1922年5月30日，第2242号〕

21. 王怀庆启用热察绥巡阅使印信函稿

（1922年6月）

热察绥巡阅使署公函

迳启者：案于本年五月二十九日奉大总统令：特任王怀庆为热察绥巡阅使兼热河都统。此令。等因。奉此。业将就职日期函达在案。兹承准国务院颁发热察绥巡阅使大小印信各一颗，派印铸局科长唐源邺赍送前来，遵于本月八日敬谨启用。除咨呈国务院并分行外，相应函达贵〇查照是荷。此致

中华民国十一年六月　日

〔北洋政府热察绥巡阅使署档案〕

22. 大总统对内务参谋陆军三部会呈核议长江巡阅使权责批令

（1914年6月30日）

大总统批令

内务、参谋、陆军三部会呈，核议长江巡阅使权限责任由

巡阅长江旧制，以安徽太平为本署，湖南岳州、江苏瓜州分设行署，湖北、江西两省尚无驻扎地位，应于九江添设行署，俾可派兵分驻，兼顾鄂、赣，以资控驭，余均照所拟办理，即由各该部转行遵照。此批。

中华民国三年六月三十日

国务卿　徐世昌

〔政府公报，1914年7月1日，第773号〕

23. 国务院关于裁撤将军府及长江巡阅使公函

（1917年4月20日）

国务院公函　第七百四十六号

迳启者：准贵部咨称：五年度预算，众议院审查报告，各经费多有裁减，内将军府及长江巡阅使两机关均主裁撤，经委员会表决通过，抄送理由单。是否照办，请查核见复。等因。兹经国务会议议决，由陆军部派员向大会说明。相应函请贵部查照办理可也。此致

陆军部

中华民国六年四月二十日

〔北洋政府陆军部档案〕

24. 大总统裁撤长江巡阅使令

（1920年10月2日）

大总统令

长江巡阅使一缺，著即裁撤。此令。

中华民国九年十月二日

国务总理
陆军总长　靳云鹏

〔政府公报，1920年9月3日，第1665号〕

25. 临时大总统任命谭人凤为长江巡阅使令

（1912年11月27日）

临时大总统令

任命谭人凤为长江巡阅使。此令。

中华民国元年十一月二十七日

国务总理
内务总长　赵秉钧

〔政府公报，1912年11月28日，第211号〕

26．大总统任命张勋为长江巡阅使令

（1913年12月16日）

十二月十六日大总统令

任命张勋为长江巡阅使。此令。

〔北洋政府陆军部档案〕

27．大总统特任张勋兼长江巡阅使策令

（1914年6月30日）

大总统策令

特任陆军上将张勋为定武上将军兼长江巡阅使。此令。

中华民国三年六月三十日

国务卿　徐世昌

〔政府公报，1914年7月1日，第773号〕

28．大总统特任倪嗣冲为长江巡阅副使策令

（1916年4月10日）

政事堂奉策令：特任倪嗣冲为长江巡阅副使。此令。

中华民国五年四月十日

国务卿　徐世昌

〔政府公报，1916年4月11日，第96号〕

29. 王廷桢报告领到长江巡阅副使兼第十六师师长简任状呈

（1917年10月21日）

呈为报明领到简任状事：窃廷桢于九月十二日奉到四零一五训令内开：中华民国六年九月八日奉大总统令：任命王廷桢为长江巡阅副使。此令。又民国六年九月十二日奉大总统令：任命王廷桢兼陆军第十六师师长。此令。等因。奉此。兹由本部办就简任状二封，合亟令行查照收执，并将领到日期具报备案。等因。奉此。所有简任状二封，俱经祇领在案。为此，将领到日期备文呈报，祇请鉴核施行。此呈

陆军部

长江巡阅副使兼陆军第十六师师长王廷桢

中华民国六年十月二十一日

〔北洋政府陆军部档案〕

30. 大总统免去倪嗣冲改任李纯兼长江巡阅使令

（1920年9月16日）

大总统令

安徽督军兼长江巡阅使倪嗣冲，因病恳请辞职。倪嗣冲准免本兼各职。此令。

中华民国九年九月十六日

国务总理 陆军总长 靳云鹏

大总统令

特任李纯兼长江巡阅使。此令。

中华民国九年九月十六日

国务总理
陆军总长 靳云鹏

〔政府公报，1920年9月17日，第1650号〕

31. 大总统特派萨镇冰为粤闽巡阅使令

（1916年8月11日）

大总统令

特派萨镇冰为粤闽巡阅使。此令。

中华民国五年八月十一日

国务总理 段祺瑞

〔政府公报，1916年8月12日，第218号〕

32. 大总统特任孙传芳兼闽浙巡阅使令

（1924年9月20日）

大总统令

特任孙传芳督理浙江军务善后事宜兼闽浙巡阅使。此令。

大总统盖印　国务总理颜惠庆　陆军总长陆　锦

中华民国十三年九月二十日

〔政府公报，1924年9月21日，第3053号〕

二、都督(将军、督军、督理、督办)、都统

1. 临时大总统关于各省总督巡抚均改称都督等情令

(1912年3月15日)

中华民国元年三月十五日即壬子年正月二十七日临时大总统袁命令

东南各省长官,均称都督。现在全国统一,职官尚未确定,自应先行改归一律,以一观听。所有东三省总督改为东三省都督,直隶总督改为直隶都督,陕甘总督改为甘肃都督。其河南、山东、吉林、黑龙江、新疆等巡抚,亦均改称都督。惟官名虽更,职权仍旧。所有各省文武属官,照旧供职,官制营制,概不更动。其应行之政务、应司之职掌,仍当继续进行,一俟官制厘定,再布遵照。此令。

〔北洋政府司法部档案〕

2. 国务院法制局呈拟军都督府条例草案

(1912年5月27日)①

军都督府条例草案

第一条　于民国领域内,依军事上之计划,分为若干军区。每区设都督一员,为该区内军队最高指挥官。

第二条　军区及都督府所在地,依军令之所定。

第三条　都督于军政事务,受陆军总长之指挥;军令事务,受参谋本部之指挥。

第四条　都督于地方变乱需用兵力时,得依地方官之请求调

① 此件无年代,据内容推断,当为1912年。

发军队，但须同时呈报陆军总长、参谋总长并国务院。

第五条　都督于委任范围内，得发命令。

第六条　陆军总长、参谋总长于都督所发命令，认为违背法令或逾越权限时，得撤消或停止之。

第七条　都督于其管辖范围内，因执行职权，有与地方关涉者，应与省长协议之。

第八条　都督府设官如左：

总参谋一员

参谋无定员

副官二员

第九条　都督府为缮写文件及其他特别事项，得酌用雇员。

第十条　本条例自公布之日施行。

〔北洋政府司法部档案〕

3．陆军部拟都督府暂行条例草案

（1912年5月31日）①

都督府暂行条例草案

第一条　每省设一都督府，置都督一员，简任。

第二条　都督府设于省会地方。

第三条　都督统辖该省各项军队，并有维持地方治安之责。

第四条　都督于军政事务，须受陆军总长之指挥监督；于军令事务，须受参谋总长之指挥监督。

第五条　都督于委任范围内，得发布命令。

第六条　陆军总长、参谋总长于都督所发命令，认为违背法令或逾越权限时，得撤销或停止之。

第七条　都督于地方变乱非常紧急时，经地方官之请求，得

① 系交国务院会议讨论时间。

使用兵力；但事急不及待地方官之请求，认为万不得已时，亦得使用之。惟均须同时呈报陆军总长、参谋总长并国务院。

第八条 都督于其管辖范围内，因执行其职权，有与地方关涉者，应与省长协议之。

第九条 都督府置左列各职员：

参议 荐任

秘书 荐任

副官 委任

课长 荐任

课员 委任

第十条 参议辅佐都督处理一切事务。

第十一条 秘书承长官之命，掌参与机要、综理文书、典守印信及其他不属各课事务。

第十二条 副官承长官之命，掌管都督府庶务。

第十三条 课长承长官之命，综理课务。

第十四条 课员承长官之命，分掌课务。

第十五条 都督府为缮写文件及其特别事项，得酌用雇员。

第十六条 都督课置左列各课：

一、军务课；

二、军需课；

三、军医课；

四、军法课。

第十七条 边远地方或依各省特别情形，经国务院会议之议决，得以都督兼任或兼辖省长。

第十八条 都督兼任或兼辖省长时，除应照本条例办理外，并适用地方官制之规定。

第十九条 本条例自公布日施行。

〔北洋政府司法部档案〕

4. 临时大总统公布都督府组织令令

（1913年1月9日）

临时大总统令

兹制定现行都督府组织令公布之。此令。

中华民国二年一月九日

国务总理
内务总长　赵秉钧

外交总长　陆征祥

财政总长　周学熙

陆国总长　段祺瑞

海军总长　刘冠雄

司法总长　许世英

教育总长假

农林总长　陈振先

工商总长　刘揆一

交通总长　朱启钤

数令　第九号

现行都督府组织令

第一条　于民国领域内分为若干师区，其情形必要之地方，得合二师区或数师区，设都督一人，统辖各该区内各军队。但师区未经划定以前，各省得暂设都督一人，统辖该省各军队。

第二条　都督之设置、废止或兼任地方行政长官，由国务会议定之。

第三条　都督直隶大总统。凡关于军令事宜，受参谋部之指挥；关于军政事宜，受陆军部之处分。

第四条　都督于地方治安之关系上，依地方长官或其他地方官之请求需用兵力时，得酌量情形派兵协助。但遇紧急事故，得径行处置。惟均须同时呈报大总统，并通报参谋、陆军两部。

第五条　都督于该管区域内，因执行职务有与地方关系者，应与地方官协议行之。如遇特别事故，奉有中央戒严令时，依戒严例行之。

第六条　都督府之组织如左：

都督　参谋长　参谋　副官长　副官

书记　课长　课员

兼任地方行政长官之都督，并得适用划一外省各官厅组织令。

第七条　参谋长一人，辅佐都督参赞一切事务。

第八条　参谋五人或六人，辅佐参谋长分任各种计划及教育事宜。

第九条　副官长一人，承都督之命或参谋长指导，执行事务。

第十条　副官四人至六人，辅佐副官长分任人事及其他事务。

第十一条　书记二人，承上官之命办理文牍事宜。

第十二条　都督府设左列各课：

军务课　军需课　军医课　军法课

第十三条　各课课长一人，承都督之命或参谋长指导，总理课务。

第十四条　各课课员二人至四人，承上官之命分任课务。

第十五条　都督府为缮写文件及其他特别事项，得酌用雇员。

第十六条　本令自公布日施行。

都督府职员表

职员		附记
都督（上中将）		一、书记二员，专用文官，故未列入。 二、人员额缺，已详条例内。
参谋长（少将）		
军法课课长（上中校相当文官）	课员（尉相当文官中少校、上中）	
军医课课长（一二等军医正）	课员（及一二等军医二三等军医正）	
军需课课长（一二等军需正）	课员（及一二等军需二三等军需正）	
军务课课长（上中校）	课员（中少校、上中尉）	
副官长（上中校）	副官（一二等军需中少校、上中尉）	
参谋（上中少校、上尉）		

〔政府公报，1913年1月9日，第243号〕

5. 大总统公布各省军民长官管辖军队权限申令

（1914年6月28日）

大总统申令

兹制定各省军政民政长官管辖军队权限公布之。此令。

中华民国三年六月二十八日

国务卿　徐世昌

教令　第八十五号

各省军政民政长官管辖军队权限条例

一、凡陆军节制之统系、办事之权限，均依现行办法，由主管部、署及各都督随时呈咨，分别办理，其未设都督之省分，以管辖全省之护军使或镇守使，行使职权。

二、巡防、警备等队，除因特别情形应遵批令另案办理外，均归巡按使管辖。凡各该队之支用军费、任用军官、裁改编练等事，均由巡按使咨陈陆军部核办。但支用民政经费编设之警备队，不在此限。

三、因维持地方治安需陆军、巡防各队会同办理者，应由都督、巡按使协议行之，随时呈报大总统暨报明陆军部、参谋本部。

四、都督对于本省巡防、警备等队遇必需调用时，得会商巡按使调遣。

五、巡按使遇有紧急事故时，亦得商调陆军，都督对于此项商调事项，应呈报大总统并报明陆军部、参谋本部。

六、本条例自公布日施行。

〔政府公报，1914年6月29日，第771号〕

6. 大总统关于都督改设将军后管辖军队权限仍旧不变申令

（1914年7月1日）

大总统申令

各省都督现经裁撤，改设将军，所有统系权限，仍适用前制定之各省军政民政长官管辖军队权限条例。此令。

中华民国三年七月一日

国务卿　徐世昌

〔政府公报，1914年7月2日，第774号〕

7. 第二十师关于大总统令裁都督改设将军府并特任各省将军通饬①

（1914年7月11日）

陆军第二十师　普字第一号

为通饬事：案奉镇安上将军张第一号饬开：民国三年六月三十日奉大总统申令：都督之称，肇自汉魏，武昌举事，仓猝定名。其时兵事初兴，人心未定，类晋齐之雄长，似楚汉之剖分。民国纪元，未遑变置。黎副总统首倡军民分治，所陈十害三无之弊，刿目怵心，海内贤达，咸表同情。方今大难削平，主权统一，各省都督皆深明大义，恪守准绳。若复因仍方镇之名词，无以移易军民之耳目，即欲实行省制，而窒碍殊多。应将各省都督一律裁撤，于京师建将军府，并设将军诸名号。有督理各省军政者，就所驻省分开府建牙，俾出则膺阃寄，入则总师屯，内外相维，呼吸一气，合全国之军，有如同体，略域胥化，指臂相联，蕲进欧美之强，而无叔季军民牵合之弊。从此分途程功，不相侵越，司

① 系油印件。

戎备者得专意夫军谟，治民事者益精求夫吏理，拊循共勗，文武交欢，永息割裂之端，同进昇平之化，本大总统有厚望焉。此令。同日，奉大总统策令：特任陆军总长、陆军上将段祺瑞为建威上将军兼管理将军府事务。此令。特任陆军上将张勋为定武上将军兼长江巡阅使。此令。直隶巡按使朱家宝著加将军衔，督理直隶军务。此令。特任陆军上将衔张锡銮为镇安上将军，督理奉天军务兼节制吉林、黑龙江军务。此令。特任陆军中将孟恩远为镇安左将军，督理吉林军务。此令。特任陆军中将朱庆澜为镇安右将军，督理黑龙江军务。此令。特任陆军中将靳云鹏为泰武将军，督理山东军务。此令。河南巡按使田文烈著加军衔，督理河南军务。此令。特任陆军中将阎锡山为同武将军，督理山西军务。此令。特任陆军上将冯国璋为宣武上将军，督理江苏军务。此令。特任陆军中将朱瑞为兴武将军，督理浙江军务。此令。特任陆军中将李纯为昌武将军，督理江西军务。此令。特任陆军中将倪嗣冲为安武将军，督理安徽军务。此令。特任陆军上将段芝贵为彰武上将军，督理湖北军务。此令。特任海军中将汤芗铭为靖武将军，督理湖南军务。此令。特任陆军中将陆建章为咸武将军，督理陕西军务。此令。甘肃巡按使张广建著加将军衔，督理甘肃军务。此令。新疆巡按使杨增新著加将军衔，督理新疆军务。此令。特任陆军中将胡景伊为威武将军，督理四川军务。此令。特任陆军上将龙济光为振武上将军，督理广东军务。此令。特任陆军中将陆荣廷为宁武将军，督理广西军务。此令。特任陆军中将唐继尧为开武将军，督理云南军务。此令。特任陆军上将姜桂题为昭武上将军兼热河都统，督理热河军务。此令。特任陆军中将蔡锷为昭威将军。此令。特任陆军中将蒋尊簋为宣威将军。此令。特任陆军中将张凤翙为扬威将军。此令。等因。奉此。除分饬外，合亟饬，仰该师即便遵照。等因。奉此。合行饬。仰各旅、团、营暨各处、局、所一体知照。此饬。

中华民国三年七月十一日，由师司令部发。

〔北洋政府陆军第二十师档案〕

8. 大总统公布将军行署编制令申令
（1914年7月18日）

大总统申令

兹制定将军行署编制令公布之。此令。

中华民国三年七月十八日

国务卿　徐世昌

教令　第一百一号

将军行署编制令

第一条　将军府将军奉有大总统督理军务之命令者，于驻在地方设将军行署。

第二条　将军于军政事务，承大总统之命、受陆军部之监察指示。

第三条　将军于军事之计划及命令，承大总统之命、受参谋本部之监察指示。

第四条　将军因维持该管区域内各地方之治安，依巡按使之请求需用兵力时，得酌量情形派兵协助。但遇紧急事变，得径行处置。遇有前项情事，须同时呈报大总统，并通报陆军部及参谋本部。

第五条　将军行署置参谋长一人，辅助将军参赞军务。

第六条　将军行署置参谋四人至六人，辅助参谋长分任军事计划。

第七条　将军行署置副官长一人，承将军之命，掌理宣达本署事务。

第八条　将军行署置副官三人至六人，承长官之命，分掌宣达本署事务。

第九条　将军行署置书记官二人，承将军之命，掌理文牍事务。

第十条　将军行署置左列各课：

军务课

军需课

军法课

军医课

各课职掌，由将军分配之。

第十一条　各课置课长一人，承将军之命，掌理课务。

第十二条　各课置课员二人至四人，承长官之命，助理课务。

第十三条　将军行署因缮写文件及其他特别事务，得酌用雇员。

第十四条　巡按使加将军衔督理军务者，其职掌权限，仍适用本令第二条至第四条之规定。

第十五条　本令自公布日施行。

将军行署职员表

将军	上将或中将
参谋长	少将
参谋	上中少校或上尉
副官长	上中校
副官	中少校、上中尉
军务课课长	上中校
军务课课员	中少校、上中尉
军需课课长	一二等军需正
军需课课员	二三等军需正及一二等军需

军法课课长　上中校相当文官
军法课课员　中少校、上中尉相当文官
军医课课长　一二等军医正
军医课课员　二三等军医正及一二等军医

〔政府公报，1914年7月19日、第791号〕

9．第二十师关于都督府改为将军署其编制职掌暂仍旧饬

（1914年7月25日）

陆军第二十师饬　普字第二号

为饬知事：案奉镇安上将军张第十五号饬开：案准大总统府政事堂覃电内开：院密。奉大总统令：都督裁撤，各省将军驻在所，应即改为将军署，将军署条例未公布以前，其编制职掌仍照都督府组织令办理。等因。奉此。除分行外，合亟饬仰该师即便遵照。等因。奉此，合行饬仰各旅、团、营暨各处、局、所一体知照。此饬。

中华民国三年七月二十五日。由师司令部发。

〔北洋政府陆军第二十师档案〕

10．将军行署编制令

（1914年）①

将军行署编制令

第一条　将军府将军奉有大总统督理军务之命令者，于驻在地方设将军行署。

第二条　将军于军政事务，承大总统之命，受陆军部之监督。

① 此件无时间，据内容推断，当在1914年袁世凯设立将军府时。

第三条　将军于军事之计划及命令，承大总统之命，受参谋本部之监督。

第四条　将军因维持该管区域内各地方之治安，依巡按使之请求需用兵力时，得酌量情形派兵协助，但遇紧急事变，得径行处置。遇有前项情事，须同时呈报大总统，并通报陆军部及参谋本部。

第五条　将军行署置参谋长一人，辅助将军参赞军务。

第六条　将军行署置参谋由四人至六人，辅助参谋长分任军事计划。

第七条　将军行署置副官长一人，承将军之命，掌理宣达本署事务。

第八条　将军行署置副官由三人至六人，承长官之命，分掌宣达本署事务。

第九条　将军行署置书记官二人，承将军之命，掌理文牍事务。

第十条　将军行署〔置〕左列各课：

军务课

军需课

军法课

军医课

各课职掌，由将军分配之。

第十一条　分〔各〕课置课长一人，承将军之命，掌理课务。

第十二条　各课置课员由二人至四人，承长官之命，助理课务。

第十三条　将军行署因缮写文件及其他特别事务，得酌用雇员。

第十四条　本令自公布日施行。

〔北洋政府零散军事档案汇集〕

11．大总统关于督理军务各将军职权准则申令

（1914年7月31日）

大总统申令

将军行署编制令，前经制定公布，所有督理军务各将军，略与原设都督职权相类，亟应明定准则，俾资遵守。嗣后凡陆军现行法规，除与现制抵触及有特别情形者应另案办理外，其余关于都督之规定，督理军务之将军，均得一律适用。其各省军事机关暨军队军属，对于督理军务之将军，应用之公文程式暨应行礼节，均比照对于都督之规定行之。至各法规规定之军事机关，有比照前都督府组织者，亦应改照将军行署，即行改组，以符现制而免纷歧。著陆军部转行各将军暨各省军事机关，一体遵照。此令。

中华民国三年七月三十一日

国务卿　徐世昌

〔政府公报，1914年8月1日，第804号〕

12．大总统关于改变各省军民长官名称申令

（1916年7月6日）

大总统申令

各省军民长官名称，亟宜划一，在官制未定以前，各省督理军务长官改称督军，民政长官改称省长，所有署内组织及一切职权，均应暂仍其旧。此令。

中华民国五年七月六日

国务总理
陆军总长　段祺瑞

外交总长
财政总长　陈锦涛

内务总长　许世英
海军总长　程璧光
司法总长
农商总长　张国淦
教育总长
交通总长

〔政府公报，1916年7月7日，第182号〕

13．大元帅公布督办军务善后事宜公署暂行条例令

（1928年2月22日）

大元帅令

兹制定督办军务善后事宜公署暂行条例公布之。此令。

大元帅印　　国务总理　潘　复
　　　　　　军事总长　何丰林

中华民国十七年二月二十日

督办军务善后事宜公署暂行条例

第一条　各省军务善后事宜督办由大元帅特任之。在军区未定以前，督办之管辖区域，暂以省治为范围，并得于省治地方设督办公署。

第二条　督办于军政事务，承大元帅之命，受军事部之监察指示。

第三条　督办于军事之计划及命令，承大元帅之命，受军事部之监察指示。

第四条　督办因维持该管区域内各地方之治安，依省长之请求需用兵力时，得酌量情形，派兵协助。但遇紧急事变，得径行处置。遇有前项情事，须同时呈报大元帅并通报军事部。

第五条　督办公署置参谋长一人，辅助督办参赞军务。

第六条　督办公署置参谋处，设参谋十二人至十七人，以最高级者为之长，辅助参谋长分任军事计划。

第七条　督办公署置副官处，设副官长一人，承督办之命，掌理宣达本署事务。

第八条　督办公署置副官七人至十二人，承长官之命，分掌宣达本署事务。

第九条　督办公署置秘书长一人、秘书四人，承督办之命，掌理机要文牍事务。

第十条　督办公署置左列各课：

军务课

军需课

军法课

军医课

各课职掌，由督办分配之。

第十一条　各课置课长一人，承督办之命，掌理课务。

第十二条　各课置课员，承长官之命，助理课务。其员额如左：

军务课　七人至十人

军需课　八人至十一人

军法课　四人至六人

军医课　七人至八人

第十三条　省长督兼理军务者，其职掌权限，仍适用本条例第二条至第四条之规定。

第十四条　督办公署视事务之繁简，得酌设办事员。

第十五条　督办公署因缮写文件，得酌用雇员。

第十六条　督办公署职员之官级，依附表所定。

第十七条　本条例自公布日施行。

督办军务善后事宜公署职员官级表

机构	职务	官级
督办	督办	上将（中）
参谋长	参谋长	中将（少）
参谋处	处长	上校
	参谋	中校
	参谋	少校
	参谋	上尉
副官处	副官长	上校（中）
	副官	中校
	副官	少校
	副官	上尉（中）（少）
军务课	课长	上校（中）
	课员	中校
	课员	少校
	课员	上尉
军需课	课长	一（二）等军需正
	课员	二等军需正
	课员	三等军需正
	课员	一等军需
军法课	课长	一（二）等军法正
	课员	二等军法正
	课员	三等军法正
	课员	一等军法
军医课	课长	一（二）等军医正
	课员	二等军医正
	课员	三等军医正
	课员	一等军医
秘书	秘书长	
秘书	秘书	

附记：

一、军医课二等军医正内有兽医一人，三等军医正内有司药一人，一等军医内有兽医一人、司药一人。

二、督办公署所属各军事机关之编制，由督办酌核情形规定，咨军事部备案。

〔北洋政府军事部档案〕

14. 大总统公布都统府官制令

（1914年7月6日）

大总统申令

兹制定都统府官制公布之。此令。

中华民国三年七月六日

国务卿　徐世昌

教令　第九十三号

都统官制

第一条　左列各地方设都统一人：

热河

绥远

察哈尔

第二条　都统统辖所部军队，管理该管区域内军政、民政事务。

第三条　热河都统管辖绥远道及卓索图盟、昭乌达盟。

第四条　绥远都统管辖绥远道及乌兰察布盟、伊克昭盟。

第五条　察哈尔都统管辖兴和道锡林郭盟及察哈尔左翼四旗、察哈尔右翼四旗、各旗牧场、达里冈厓商都各牧厂地方。

第六条　都统掌所部军队之整旅计划，并该军区内征兵及调遣事务。

第七条　都统于所部军队，有督饬训练，维持军纪之责。

第八条　都统于军政事务，承大总统之命，受陆军部之监督。

第九条　都统于军事之计划及命令，承大总统之命，受参谋本部之监督。

第十条　都统管辖所属区域内，民政各官及巡防警备等队，并受政府之特别委任，监督财政及司法行政暨其他特别官署之行政事务。

第十一条　都统于所辖道尹之命令或处分，认为违背法令妨害公益或侵越权限时，得停止或撤销之。

第十二条　都统于管辖区域内，有维持地方安宁之责，遇有特别事变或经所辖道尹之详请，认为必要时，得用兵力。因前项情事使用兵力时，应即呈报大总统，并通报陆军部及参谋本部。

第十三条　都统于所辖地方官吏认为应付惩戒者。呈报大总统请付惩戒，并咨陈内务部。

第十四条　都统于所辖地方官吏认为应给奖励者，呈报大总统请给奖励，并咨陈内务部。

第十五条　各道所属各县知事，由都统呈请大总统任免，并咨陈内务部。

第十六条　都统监督所属特别官署，各依该官制之规定及该主管部之委任行之。

第十七条　都统府置书记三人，承都统之命掌机要事务。

第十八条　都统府置参谋长一人，辅助都统参赞军务。

第十九条　都统府置参谋二人，承长官之命，辅助参谋长，分任军事之计划。

第二十条　都统府置副官二人，承长官之命，管理宣达事务。

第二十一条　都统府设军务处，置处长一人，以参谋长兼之，承都统之命，掌军务处事务。

第二十二条　都统府设总务处，置处长一人，以书记官一人兼之，承都统之命，掌总务处事务。

第二十三条　都统得委任军官，并自辟椽属，佐理军务处及总务处事务。其职掌、员额，由都统定之，仍呈报大总统并分别咨陈陆军部或内务部叙等注册。

第二十四条　都统府之经费另定之。

第二十五条　本官制自公布日施行。

〔政府公报，1914年7月7日，第779号〕

15．大元帅公布都统公署暂行条例令

（1928年2月22日）

大元帅令

兹制定都统公署暂行条例公布之。此令。

大元帅印　　国务总理　潘　复

军事总长　何丰林

内务总长　沈瑞麟

中华民国十七年二月二十二日

都统公署暂行条例

第一条　左列地方各设都统一人：

热河

绥远

察哈尔

第二条　都统统辖所部军队，管理该管区域内军政民政事务。

第三条　热河都统管辖热河道及卓索图盟、昭乌达盟。

第四条　绥远都统管辖绥远道及乌兰察布盟、伊克昭盟。

第五条　察哈尔都统管辖兴和道锡林郭勒盟及察哈尔左翼四旗、察哈尔右翼四旗、各旗牧厂、达里冈厓商都各牧厂地方。

第六条　都统掌所部军队之整旅计划，并该区内征兵及调遣事务。

第七条　都统于所部军队有督饬训练、维持军纪风纪之责。

第八条　都统于军政事务、军事计划及命令，承大元帅之命，受军事部之监督。

第九条　都统于管辖区域内，有维持地方安宁之责，遇有特别事变，或经所辖道尹之呈请，认为必要时，得使用兵力。因前项情事使用兵力时，应即呈报大元帅，并报告军事部。

第十条　都统管辖所属区域内民政各官及巡防、警备等队，并受政府之特别委任，监督财政及司法行政暨其他特别官署之行政事务。

第十一条　都统于所辖地方官吏之命令或处分，认为违背法令、妨害公益或侵越权限时，得停止或撤销之。

第十二条　都统于所辖地方官吏认为应付惩戒者，呈报大元帅请付惩戒，并报告内务部。

第十三条　都统于所辖地方官吏认为应给奖励者，呈报大元帅请给奖励，并报告内务部。

第十四条　各道所属各县知事，由都统开具详细履历，报由内务部呈请大元帅任免。

第十五条　都统监督所属特别官署，各依该官制之规定及该主管部之委任行之。

第十六条　都统公署置秘书长一人，秘书三人，承都统之命，掌理机要事务。

第十七条　都统公署置参谋长一人，辅助都统参赞军务。

第十八条　都统公署置参谋四人至五人，承长官之命，辅助参谋长分任军事计划。

第十九条　都统公署置副官长一人，承都统之命，掌理宣达本署事务。

第二十条　都统公署置副官三人至四人，承长官之命，分掌宣达本署事务。

第二十一条　都统公署设军务厅，置厅长一人，以参谋长兼任，承都统之命，掌军务厅事务。

第二十二条　都统公署设政务厅，置厅长一人，承都统之命，掌政务厅事务。

第二十三条　军务厅置左列各课：

军务课

军需课

军法课

军医课

各课职掌，由都统分配之。

第二十四条　政务厅置左列各课：

第一课

第二课

第三课

第四课

各课职掌，由都统分配之。

第二十五条　军务厅、政务厅各课，置课长、课员，承长官之命，掌理课务。课员之员额，由都统视事务之繁简定之，但应呈报大元帅，并分别报告军事部、内务部。

第二十六条　都统公署因缮写文件及其他事务，得酌用雇员。

第二十七条　都统公署军职人员之官级，依附表所定。

第二十八条　本条例自公布日施行。

都统公署军职人员官级表

部门	职务	官级
参谋长		少将
参谋		上校
		中校
		少校
		上尉
副官长		上(中)校
副官		中校
		少校
		上(中)尉
军务课	课长	上(中)校
	课员	中校
		少校
		上(中)尉
军需课	课长	一(二)等军需正
	课员	二等军需正
		三等军需正
		一(二)等军需
军法课	课长	一(二)等军法正
	课员	二等军法正
		三等军法正
		一(二)等军法
军医课	课长	一(二)等军医正
	课员	二等军医正
		三等军医正
		一(二)等军医
附记		关于兽医事项，由军医课兼理之。

〔北洋政府军事部档案〕

三、护军使、镇守使

1. 段祺瑞关于拟定护军使暂行条例等呈

（1913年12月19日）

陆军总长段祺瑞呈大总统，拟定护军使暂行条例暨各省军事长官公文程式章程，缮具清摺，请鉴核文并批。附条例暨章程。

为呈请事：窃查护军使之职，系属临时设置，其职权及组织办法，并无明文规定。迭据各护军使电询办法，间有拟就使署章程咨部查核者，既无此项专章，则准驳毫无依据。倘任其自由处置，则参差错杂，于军政统一之旨，殊为径庭，似应暂定办法，通饬遵行。兹拟具护军使暂行条例五条，呈请鉴核批示。再，来往礼节及公文程式，亦迭据电询有案。现另拟各省军事长官来往公文程式章程四条，并呈鉴核。至来往礼节，则应各照官阶实行，毋庸规定。是否有当，统希批示祗遵。谨呈。

批：呈、摺均悉。所拟暂行条例及章程，均尚妥协。惟条例第三项暨附项内“禀陈”字样，均一律改为“商承”，应由该部查照更正。此批。清摺存。

中华民国二年十二月十九日

国务总理　熊希龄

陆军总长　段祺瑞

谨将拟订护军使暂行条例缮具清摺恭呈钧鉴：

一、护军使以将官充之，由大总统简任。

二、凡现无都督省分之护军使，应直隶于中央，有节制全省军队之权。其职权参照都督府组织令办理。

三、现有都督省分之护军使，有节制该管区内军队之全权。

但仍应随时商承都督并呈报中央核办。

前项之管区，应随时由中央规定，或由该护军使商承都督拟定，报部核准。

四、护军使署之组织，应参照都督府组织令办理。其人员额缺，以都督府之三分之二为最大限。但无都督之省分，得以都督之全数为限。

前项组织及员额，应呈报参谋本部、陆军部核夺。但有都督之省分，应先陈明都督。

五、护军使署办事细则，各护军使自行规定。但须呈由陆军部及参谋本部核准。

附则

一、本条例自大总统批准公布日施行。

二、将来军政整理就绪，护军使一职变更或废止时，本条例同时失其效力。

各省军事长官公文程式章程〔略〕

〔政府公报，1913年12月19日，第587号〕

2. 大总统任命卢永祥为松沪护军副使策令

（1915年12月12日）

大总统策令

任命卢永祥为松沪护军副使。此令。

中华民国四年十二月十二日

国务卿　陆征祥

〔政府公报，1915年12月13日，第1293号〕

3. 大总统准复设松沪护军使指令
（1920年12月3日）

大总统指令　第二千八百四十九号

令兼署陆军总长靳云鹏

呈据江苏督军齐燮元电呈，上海地方重要，拟请复设松沪护军使一缺，请照准由。呈悉。准如所拟办理。此令。

中华民国九年十二月三日

〔政府公报，1920年12月4日，第1725号〕

4. 大总统任命何丰林为松沪护军使令
（1920年12月3日）

大总统令

任命何丰林为松沪护军使。此令。

中华民国九年十二月三日

国务总理 陆军总长　靳云鹏

〔政府公报，1920年12月4日，第1725号〕

5. 大总统裁撤闽北护军使令
（1924年6月10日）

大总统令

闽北护军使一缺，著即裁撤。此令。

大总统盖印　国务总理孙宝琦　陆军总长陆锦

中华民国十三年六月十日

〔政府公报，1924年6月11日，第2953号〕

6. 大总统裁撤赤开护军使令

（1924年11月18日）

大总统令

赤开护军使一职，著即裁撤。此令。

大总统印　国务院摄行　国务总理黄郛　　陆军总长李书城

中华民国十三年十一月十八日

〔政府公报，1924年11月19日，第3109号〕

7. 国务院关于江北护军使蒋雁行接印视事公函

（1913年9月12日）

国务院公函　二年陆字第千八百十二号

迳启者：奉大总统发下江北护军使蒋雁行电陈：已于九月八日接篆视事。谨电闻。等语。相应函知贵部查照可也。此致

陆军总长

中华民国二年九月十二日

〔北洋政府陆军部档案〕

8. 参陆两部转达大总统令仍以马忠孝暂署宁夏护军使密电

（？年11月17日）

致兰州张护督、平凉张护军使筱电　十一月十七日

兰州张护督、平凉张护军使：午密。奉大总统令：现在宁夏防务，已责成马护军使福祥办理。张护军使上月卅电，拟派管带屈仲才、马国义等移防灵武等处，应即停止前往。如已开拔，可令暂驻固原一带。至所称原派马国仁专办北防一节，并应取销。

所有马护军使未回宁夏以前，应仍令马忠孝暂署宁夏镇篆，以资熟手，而免贻误。等因。合电遵照。参陆两部。筱。印。

〔北洋政府陆军部档案〕

9. 大总统任命刘湘为重庆护军使令稿

（1920年12月）

大总统令

任命刘湘为重庆护军使。此令。

中华民国九年十二月　日

〔北洋政府国务院档案〕

10. 大总统任命邓本殷为琼崖护军使令

（1924年2月23日）

大总统令

任命邓本殷为琼崖护军使。此令。

大总统盖印　　国务总理孙宝琦　　陆军总长陆　锦

中华民国十三年二月二十三日

〔政府公报，1924年2月24日，第2847号〕

11. 大总统任命洪兆麟为潮梅护军使令

（1924年5月18日）

大总统令

任命洪兆麟为潮梅护军使。此令。

大总统盖印　　国务总理孙宝琦　　陆军总长陆锦

中华民国十三年五月十八日

〔政府公报，1924年5月19日，第2931号〕

12. 大总统任命张殿如为赤开护军使令

（1924年9月17日）

大总统令

任命张殿如为赤开护军使。此令。

大总统盖印　　国务总理颜惠庆　　陆军总长陆锦

中华民国十三年九月十七日

〔政府公报，1924年9月18日，第3050号〕

13. 陆军部关于拟订镇守使署暂行条例呈

（1913年9月5日）

陆军部呈大总统，拟订镇守使署暂行条例，请鉴核示遵文，并批（附条例）

为呈请事：窃查自军兴以来，所有不靖地方，叠奉任命镇守使，筹施一切事宜。先后据各该镇守使纷请组织行署，设置人员，以资佐理。惟此项机关，概系暂设，并无成法可考，遂不免此盈彼绌，事涉纷歧。亟应拟订暂行章制，以便有所遵循。俟事局大定之后，再行取消。当饬司详拟镇守使署条例十一条，缮具清摺，恭呈鉴核。再，此项条例，既系暂行，可否由部令颁行，毋庸以教令公布，理合呈请批示祇遵。谨呈。

批：据呈已悉。应即照准。此批。

中华民国二年九月五日

国务总理　熊希龄

陆军总长　段祺瑞

谨将拟订镇守使署条例缮具清摺，恭呈钧鉴。

计开：

第一条　镇守使以将官充之，由大总统简任。

第二条　镇守使署设人员如左：

参谋官一员至三员（上校一、中(少)校一、上尉一）

副官一员至三员（中校一、少校一、上(中)尉一）

军需官一员（三等军需正）

军医官一员（三等军医正）

法官一员

书记二员

参谋副官各以最高级者为之长，参谋长由参谋本部荐任，其余概由部委任。

第三条　参谋长辅佐镇守使监督全署人员，并参赞一切事宜。

第四条　参谋承参谋长之命令，办理一切计划并人事教育事宜。

第五条　副官承镇守使命令及参谋长，办理一切军务事宜。

第六条　军需官承镇守使命令及参谋长指导，办理一切军需事宜。

第七条　军医官承镇守使命令及参谋长指导，办理一切医务及卫生事宜。

第八条　法官承镇守使命令及参谋长指导，办理一切军法事宜。

第九条　书记承上官之命，办理文牍事宜。

第十条　镇守使署因缮写文牍及办理庶务，得酌用雇员。

第十一条　镇守使署因地方情形不同。有兼管民政、外交及其他事件者，得酌量添设人员，但须报部核准。

附则

一、本章程自公布日实行。

二、将来地方秩序大定，镇守使署变更或废止时，本条例同时失其效力。

〔政府公报，1913年9月7日，第482号〕

14. 国务院关于将正定等镇总兵改设镇守使等情函

（1914年3月9日）①

迳启者：奉大总统发下直隶都督呈，请将正定镇总兵等缺改设镇守使，并将编入多防之淮军底饷腾出，改编新军，归天津镇守使统领等语。奉批：据呈已悉。交参陆两部核议呈夺。此批。等因。除咨行直督暨分函参谋部外，相应抄录原呈送交贵部核议可也。此致

陆军总长

附抄原呈

为呈请事：窃案查直省原设五路总兵官，统领录营，分驻天津、大名、正定、通永、宣化等处，镇守地方。咸、同以后，录营疲弱，总兵直同虚设。淮军北来，遂令天津、通永两镇分统。随复编就练军，分令大名、正定、宣化三镇兼充统领。并令分防要隘，以助录营之不及。上年录营实行裁撤，总兵之缺虽亦随同取销，前都督冯国璋当以民国初定，大局未固，各路防务尤关紧要，所有各该镇原统之淮练各军，仍应由其统领。并以大名境邻曹卫通永，地接辽沈，均关重要，未便无统兵大员镇摄。寻经呈准，以裁缺大名镇总兵李长泰简授冀南镇守使，以通永镇总兵王怀庆简授蓟榆镇守使，仍分驻大名、开平等处地方各在案。及赣、宁变起，中央复念天津为京畿屏障、通商大埠，又蒙简派镇守使一员，镇守天津，以重门户。是直隶总兵原缺惟五，而改设镇守使者已有其三。惟正定、宣化两镇，迄未改设。查正、保为京汉铁路交通地点，华洋杂处。况近日保定留防总司令甫经裁撤，省垣

① 系收文时间。

尤觉空虚。宣化则地居口外，近接蒙边，均系重要区域，若无大员坐镇，似不足以固吾圉而卫地方。拟请将正定镇总兵原缺改设范阳镇守使，移驻保定；宣化镇总兵原缺改设口北镇守使，仍驻宣化。并令统领原带军队，藉资镇卫。如蒙俯准，再行遴员请简，以昭慎重。抑秉钧犹有进者：上年库蒙告警，蓟榆镇守使王怀庆奉令调署多防镇守使。所有原统淮军右后马步各队十七营，随带出关者，计十有四营，余下三营，并天津镇原统之淮军左路八营，悉归新任蓟榆镇守使范书田统领。天津镇守使虽已设专缺，然尚无可统之兵。现在中俄协约告成，蒙边已靖。多防镇守使王怀庆所率领出关之淮军各营，现已编入多军。前经呈请饬令腾出底饷，以为改编之用，尚未奉到批示。倘蒙俯念直省兵力薄弱，准饬遵办，则此项新练之兵，自应归天津镇守使统领，以专责成而省周折。秉钧为统筹镇卫、厚集兵力起见，是否有当，理合具文呈请大总统鉴核，伏候批示施行。谨呈

大总统

署直隶都督兼民政长　赵秉钧

〔北洋政府陆军部档案〕

15. 各地镇守使署镇守使姓名驻地表

（1915年）①

镇守使	姓名	住所地点
天津镇守使	商德全	天津城内
冀南镇守使	王怀庆	大名
蓟榆镇守使	范书田	开平
多伦镇守使	萧良臣	多伦副将衙门
林西镇守使	米振标	林西

① 此件无年代，据内容推断，当在1915年。

镇守使	姓名	住所地点
兖州镇守使	田中玉	兖州　四．七．廿一奉令：施从宾〔滨〕为兖州镇守使。
烟台镇守使	聂宪藩	烟台
南阳镇守使	吴庆桐	南阳县城内
晋南镇守使	董崇仁	运城
汉口镇守使	杜锡钧	大智门
江宁镇守使	王廷桢	南京
松江镇守使	杨善德	松江提督旧署
上海镇守使	郑汝成	上海
镇江镇守使	施从滨	江苏镇江　四.七.廿一奉令裁撤。
大通芜湖镇守使	鲍贵卿	芜湖
皖北镇守使	倪毓棻	凤阳
常澧镇守使	王正雅	澧县
湘南镇守使	汪学谦	衡阳城
湘西镇守使	田应诏	衡州凤凰县
重庆镇守使	周　骏	重庆
川边镇守使	刘锐恒	
赣西镇守使	洪自成	南昌宜春县城内
赣北镇守使	吴金彪	九江
赣南镇守使	吴鸿昌	赣县城内
广惠镇守使	龙觐光	广州
伊犁镇守使	杨飞霞	伊犁
曹州镇守使	方玉普	曹州
洮辽镇守使	吴俊陞	奉天辽源县
徐海镇守使	张文生	徐州

镇守使	姓名	住所地点
晋北镇守使	孔庚	大同
肇阳罗镇守使	李耀汉	广东肇庆城内
潮梅镇守使	马存发	潮县
通海镇守使	管云臣	南通县
东边镇守使	马龙潭	凤城县
归德镇守使	宝德全	商邱
陕南镇守使	陈树藩	陕西南郑县
陕北镇守使	张云山	六月二十五日奉令裁撤
陇东镇守使	陆洪涛	平凉县城内
广西桂平镇守使	林绍斐	桂平
广西桂林镇守使	陈炳焜	桂林
广西龙州镇守使	谭浩明	龙州
浙江嘉湖镇守使	吕公望	吴兴县
浙江台州镇守使	张载阳	临海县海门
广东高雷镇守使	王纯良	海康
广东琼崖镇守使	胡令宣	龙山
广东南韶连镇守使	朱福全	
广东钦廉镇守使	隆世储	
襄郧镇守使	黎天才	襄阳
河南豫北镇守使	方有田	沁阳
淮阳镇守使		淮阴
贵州护军使	刘显世	
甘肃宁夏护军使	马福祥	宁夏县城内
福建护军使	李厚基	福州

〔北洋政府陆军部档案〕

16. 关于陆锦继王廷桢署天津镇守使令电

（1913年10—12月）

（1）临时大总统令（10月7日）

临时大总统令

任命陆锦署天津镇守使。此令。

中华民国二年十月七日

国务总理　熊希龄

陆军总长　段祺瑞

〔政府公报，1913年10月8日，第513号〕

（2）王廷桢致大总统等电（12月24日）

北京大总统、副总统、国务院、参谋陆军两部，各省都督、民政长，经略、宣抚、护军、镇守使，归化转绥远将军，承德、张家口都统均鉴：桢蒙江淮宣抚使冯都督调甯襄赞一切，遵于本月二十四号将天津镇守使关防、文卷移交后任陆镇守使接管，桢即于是日离任率队赴甯。禁卫军师长王廷桢叩。敬。印。

〔北洋政府陆军部档案〕

（3）陆锦致大总统等电（12月24日）

北京大总统、副总统、国务院、参谋部、陆军部钧鉴：十月七日奉临时大总统令：任命陆锦署天津镇守使。此令。等因。奉此。兹原任王镇守使廷桢于本月廿四号离任赴宁，将天津镇守使木质关防一颗暨各项文卷移交前来，锦即于是日接管任事。谨电驰报，伏候垂察。署天津镇守使陆锦叩。敬。印。

〔北洋政府陆军部档案〕

17. 大总统免去李长泰改任王怀庆为冀南镇守使令呈

（1914年9—11月）

（1）大总统策令（9月15日）

大总统策令

冀南镇守使李长泰著调京，另有任用。此令。

中华民国三年九月十五日

国务卿　徐世昌

大总统策令

多防镇守使王怀庆，著调任冀南镇守使，未到任以前，著何炳庠暂行兼署。此令。

中华民国三年九月十五日

国务卿　徐世昌

〔政府公报，1914年9月16日，第850号〕

（2）王怀庆致大总统呈稿（11月27日）

呈为陈明督队到防任事日期并感激下忱，仰祈钧鉴事：案于九月十五日奉大总统策令：多防镇守使云云。并奉统率办事处效电开云云。各等因。奉此。遵于十月十五日由多带队启程，十一月二十五日到大名。兹经兼署镇守使何道尹炳庠于二十六日将冀南镇守使木质关防一颗、练军统领木质关防一颗，暨文卷移交前来，〇〇即于是日接印任事。窃〇〇自维驽下，忝握兵符，际此时艰，倍虞陨越，所幸畿辅近依，秉承有自，惟有勉殚庸纯，藉效驰驱，以仰副我大总统殷殷望治之意。除分详外，所有督队到防任事日期并感激下忱，理合具文呈报。伏乞大总统钧鉴施行。谨呈。

冀南镇守使　王

中华民国三年十一月廿七日

〔北洋政府冀南镇守使署档案〕

18. 关于免去汪学谦改任谭庆林为口北镇守使令电

（1920年9—10月）

（1）大总统令（9月21日）

大总统令

兼署陆军总长靳云鹏呈，口北镇守使汪学谦请免职，另候任用。汪学谦准免本职。此令。

中华民国九年九月二十一日

国务总理
陆军总长 靳云鹏

大总统令

任命谭庆林为口北镇守使。此令。

中华民国九年九月二十一日

国务总理
陆军总长 靳云鹏

大总统指令 第二千二百八十六号

令兼署陆军总长靳云鹏

呈请任免口北镇守使，并仍以谭庆林兼充旅长由。呈悉。已有令分别任免，余如所拟办理。此令。

中华民国九年九月二十一日

国务总理
陆军总长 靳云鹏

〔政府公报，1920年9月22日，第1655号〕

（2）谭庆林致陆军部电（10月2日）

北京陆军部钧鉴：窃于九月二十二日奉大总统令：任命谭庆林为口北镇守使。此令。等因。奉此。遵于本日就职任事。除另电呈曹巡阅使外，谨电呈报。谭庆林叩。冬。印。

〔北洋政府陆军部档案〕

19．张作霖请裁撤洮辽镇守使密电

（1917年10月5日）

北京大总统、国务院钧鉴：辅密。查奉天洮辽镇守使一缺，当设立之始，原以控扼蒙边，藉资镇慑。现在二十九师既经编制成立，师部常驻洮南蒙边一带，足资控制，洮辽镇守使一缺，迹类骈枝，无存在之必要，应请明令裁撤，以一事权，而节经费。伏乞鉴核施行。张作霖。歌。印。

〔北洋政府陆军部档案〕

20．孟恩远关于将宁阿兰镇守使移驻阿勒楚喀等情咨陈

（1915年10月5日）

镇安左将军行署为咨陈事：案照中华民国四年九月十一日本将军具呈吉林新设各镇守使署成立日期，暨拟请宁阿兰镇守使移驻阿勒楚喀，并恳饬部立案等情一案，兹于本年九月十七日奉大总统批令：呈悉。宁阿兰镇守使应准改驻阿勒楚喀，交财政、陆军两部查照。此批。等因。奉此。除咨呈统率办事处并分陈参谋、财政两部外，相应抄粘原呈并已设各员名单备文咨陈大部，请烦查照立案。为此，咨陈

陆军部

计抄粘原呈及名单各一件〔略〕

镇安左将军、督理吉林军务　孟恩远

中华民国四年十月五日

〔北洋政府陆军部档案〕

21．鲍贵卿关于吉长镇守使阚朝玺领到任命状咨

（1920年3月25日）

吉林督军公署为咨行事：案查前准大部咨开：民国八年十二月二十六日，奉大总统令：任命阚朝玺为吉长镇守使。此令。等因。奉此。兹由本部办就该员简任状一封，相应咨送贵督军查照转发，并将领到日期具报备案。等因，当即转发去后，兹据复称：遵于三月五日敬谨祗领。理合具文呈请转咨备案。等情。除指令外，相应备文咨行大部，请烦查照备案。此咨

陆军部

吉林督军　鲍贵卿

中华民国九年三月二十五日

〔北洋政府陆军部档案〕

22．聂宪藩报告领到烟台镇守使任命状呈

（1913年11月19日）

为呈报事：中华民国二年十一月十七日，准山东都督咨开：以准钧部函送烟台镇守使任命状一封，到东转给祗领，并将收到日期具报备案等因。准此。除将任命状敬谨收领，并咨覆山东都督外，所有收到任命状日期，理合呈报钧部备案施行。谨呈

陆军部

烟台镇守使　聂宪藩

中华民国二年十一月十九日

〔北洋政府陆军部档案〕

23. 关于将曹州总兵改为镇守使并以方玉普充任该职令电

（1914年2月）

（1）靳云鹏致大总统密电（2月9日）

济南来电　二月十日

大总统钧鉴：参谋部、陆军部均鉴：华密。施中将从滨现蒙任命为镇江镇守使，原任曹州镇总兵一缺，应即开去。伏查曹州接近直、豫、苏三省边界，为盗贼出没之区，素称重镇。方中将玉普署任以来，整饬防务，剿办匪徒，日起有功，颇著成效。本省登、兖两镇业奉改为镇守使，曹镇尤为重要，拟恳准将该镇亦改为镇守使，即任命方玉普充任，以归划一，而资熟手。该中将必能奋发图报，绥靖地方，以维大局。是否有当，伏乞训示。靳云鹏、田文烈。佳。印。

〔北洋政府陆军部档案〕

（2）大总统令（2月14日）

大总统令

任命方玉普为曹州镇守使，所有山东曹州镇总兵一缺，应即裁撤。此令。

中华民国三年二月十四日

国务总理　孙宝琦

陆军总长　周自齐

〔政府公报，1914年2月15日，第637号〕

24. 关于任命施从滨为兖州镇守使令详

（1915年7—10月）

（1）大总统令（7月20日）

大总统策令

任命施从滨为兖州镇守使。此令。

中华民国四年七月二十日

国务卿　徐世昌

〔政府公报，1915年7月21日，第1150号〕

（2）施从滨致陆军部详（10月2日）

详为具报奉到简任状日期事：案于本年九月三十日。奉钧部第二千三百九号饬开：本年七月二十日，奉大总统策令：任命施从滨为兖州镇守使。此令。奉此。并已觐见在案。兹由本部缮具该镇守使简任状一张，送请大总统署名盖印。并经国务卿署名发还。合即加封饬发，仰即祗领，并将领到日期具报备案。此饬。等因。并简任状一封。奉此。遵于是日祗领。所有领到日期，理合备文详报，伏乞钧部鉴核备案施行。谨详

陆军部

兖州镇守使　施从滨

中华民国四年十月二日

〔北洋政府陆军部档案〕

25. 大总统准增设济南镇守使申令

（1916年5月8日）

大总统申令

泰武将军、督理山东军务靳云鹏，呈请增设济南镇守使员缺，应照准。此令。

中华民国五年五月八日

国务卿
陆军总长 段祺瑞

〔政府公报，1916年5月9日，第124号〕

26．唐天喜报告就任兖州镇守使电

（1917年2月28日）

北京大总统、国务院、参谋部、陆军部钧鉴：旅长奉山东督军电令：兼护兖州镇守使等因。奉此。俭日准前任兖州镇守使施从滨派副官邹鲁龙送关防、文卷等件，当经接收任事。旅长自顾铨才，谬膺重任，深惧弗胜，一切防务自应随时呈请办理，不敢稍涉因循，致滋贻误。所有旅长兼护兖州镇守使任事日期，理合电呈鉴核。唐天喜叩。勘。

〔北洋政府陆军部档案〕

27．张怀芝拟请朱泮藻署理烟台镇守使密电

（1918年6月24日）

急。国务总理钧鉴：参谋部、陆军部均鉴：统密。烟台镇守使聂宪藩自上年十一月请假回籍修墓，当派本署参谋长朱泮藻前往代理，电陈参陆部在案。至今半载有余，聂使迄未销假。查烟台地居冲要，镇缺未便久悬，朱代使办理防务布置周密，地方赖以安宁。拟请钧座转呈大总统，将烟台镇守使聂宪藩开缺，即以朱泮藻署理，以重职守。伏候明令示遵。张怀芝叩。敬。印。

〔北洋政府陆军部档案〕

28. 张怀芝请任命张培荣为曹州镇守使与陆军部来往电

（1918年7月）

（1）张怀芝致陆军部密电（7月3日）

急。陆军部鉴：统密。上月漾电请以张培荣接署曹州镇守使一案，曾准贵部复电照办，惟迄今多〔尚〕未奉明令宣布。兹接张护督来电，方使以湿气触发，步履维艰，电恳辞职前来。查曹属匪势日见披猖，转瞬青纱帐起，防务更所难施，该使既患足疾，督缉尤多不便，为慎重地方起见，当经复令照准，并饬张培荣先行驰往接替，以期绥靖匪氛，而安闾里。务请贵部从速转呈，早颁明令，俾专责成，无任企祷。并乞电复。怀芝。江。印。

〔北洋政府陆军部档案〕

（2）陆军部复张怀芝电（7月5日）①

武昌张总司令鉴：江电悉。张培荣任曹州镇守使，已于东日发表。陆军部。微。印。

〔北洋政府陆军部档案〕

29. 大总统裁撤济南镇守使令

（1920年9月9日）

大总统令

济南镇守使一缺，著即裁撤。此令。

中华民国九年九月九日

国务总理 陆军总长 靳云鹏

〔政府公报，1920年9月10日，第1643号〕

---

① 此件无年月，据内容推断，当为1918年7月。

30. 大总统准复设济南镇守使指令

（1922年5月11日）

大总统指令　第九百四十二号

令代理部务陆军次长金绍曾

呈请复设济南镇守使缺，并请简员任命，俾重职守由。呈悉。准如所拟办理，并已有令任命矣。此令。

大总统盖印　　国务总理周自齐　　陆军总长假

中华民国十一年五月十一日

〔政府公报，1922年5月12日，第2224号〕

31. 关于张培荣就任兖州镇守使呈令

（1923年7月）

（1）田中玉致大总统呈（7月11日）

呈为呈报事：民国十二年六月有日恭奉命令：调任张培荣为兖州镇守使兼山东陆军第六混成旅旅长。此令。等因。遵行转行知照在案。兹据该镇守使呈称：遵于七月一日准兖州镇守使何锋钰将兖州镇守使关防一颗、卷宗各件移送前来，职镇即于是日接收任事。理合将任事日期呈请鉴核转呈施行。等情。据此。理合据情呈请钧鉴。谨呈

大总统

山东督军　田中玉

中华民国十二年七月十一日

（2）大总统致田中玉指令（7月20日）

大总统指令　第一千五百九十八号

令山东督军田中玉

呈报兖州镇守使张培荣任事日期由。呈悉。此令。

中华民国十二年① 七月二十日

国务总理
陆军总长
外交总长
内务总长　高凌霨
财政总长
海军总长　李鼎新
司法总长　程　克
教育总长
农商总长
交通总长　吴毓麟

〔北洋政府国务院档案〕

32．张镇芳拟委张君栋为归德镇守使电

（1912年6月11日）

北京大总统钧鉴：陆军部鉴：归德镇李镇永芳，因病迭次呈请辞职，拟委前署斯缺之总兵张君栋署理。未到任以前，已委该镇营务处游击李宝荃暂行护理。特此电闻。张镇芳叩。真。印。

〔北洋政府陆军部档案〕

33．张镇芳请任柴得贵为河北镇守使电

（1912年12月31日）

北京大总统、陆军部钧鉴：顷据河北镇郭殿邦呈请开缺，亟应遴员接替，以专责成。查有总兵衔尽先补用副将柴得贵，久历陆军，朴诚勇敢，嗣充巡防后路统领，镇慑河朔，威望素孚，缉捕误码

① “十二年”上盖有大总统印，近旁注有“国务院摄行”字样。

能，绅民莫不爱戴，敬恳任命该员为河北镇，以资熟手而全戎行。如蒙允行，实于地方大有裨益。专肃电恳，惟希钧裁。张镇芳叩。卅一号。印。

〔北洋政府陆军部档案〕

34. 吴庆桐关于启用南阳镇守使新关防呈

（1914年4月28日）

河南南阳镇守使吴庆桐呈大总统，报明呈缴前刻木质关防文，并批

为呈报事：中华民国三年四月十五日奉大总统令：任命吴庆桐为河南南阳镇守使。此令。奉此。亟应刊发关防，以资信守。兹经刊就河南南阳镇守使之关防一颗。除呈明外，合亟令仰该镇守使遵领钤用，并将启用日期分别具文呈报备案可也。此令。计发木质关防一颗。等因。奉此。业将领收钤用日期呈报在案。所有前于赴任时在汴禀奉段总长面谕，所暂刻木质关防一颗，除具文呈缴河南都督销毁并呈报参陆两部外，理合呈明，伏乞鉴核施行。谨呈。

批：据呈已悉。此批。

中华民国三年四月二十八日

国务总理　孙宝琦

陆军总长　段祺瑞

〔政府公报，1914年5月3日，第714号〕

35. 关于任命周茂冬为归德镇守使令电

（1914年5—7月）

（1）大总统令（5月27日）

大总统令

任命周茂冬为归德镇守使。此令。

中华民国三年五月二十七日

国务卿　徐世昌

〔政府公报，1914年5月28日，第739号〕

（2）周茂冬致陆军部电（7月1日）

北京陆军总长钧鉴：上月廿八号奉汴督电开：奉大总统令：任命周茂冬为归德镇守使。此令。等因。希即遵照。等因。祗奉之下，惶悚莫名，然既荷大总统知遇之恩，感总长栽培之德，惟有勉竭驽骀，力予报称。所虑材轻任重，陨越贻羞，尚乞叙添希谋长一员，藉资臂助。再，茂冬拟即晋京觐见，兼谒慈颜，统参电示祗遵，无任翘企。归德镇周茂冬叩。东。印。

〔北洋政府陆军部档案〕

36．吴庆桐关于领到南阳镇守使任命状详

（1914年9月6日）

详为具报奉到任命状日期乞予备案事：民国三年八月四日，奉钧部饬开：前奉大总统任命吴庆桐为河南南阳镇守使等因。业经本部呈准免觐，并饬知在案。兹由本部缮具该员任命状一张，呈请大总统盖印署名暨国务卿署名送交到部。为此加封饬发，仰即祗领，并将领到日期具报备案。此饬。计任命状一封。等因。奉此。遵于本月四日敬谨领收。所有领到日期。理合具文详报，伏乞钧部鉴核备案施行。谨详

陆军部

河南南阳镇守使　吴庆桐

中华民国三年九月六日

〔北洋政府陆军部档案〕

37. 关于免去周茂冬改任宝德全为归德镇守使令电

（1914年9月）

（1）统率办事处致田文烈密电（9月10日）

开封田巡按使：华密。佳电〔悉〕。呈奉大元帅训令：周茂冬著开去归德镇守使缺，仰即转饬遵照。所遗之缺，即以宝德全补授。该员未到任以前，著成慎暂行署理，已另有令公布矣。等因。特寄。统率办事处。蒸。印。

〔北洋政府陆军部档案〕

（2）大总统策令（9月12日）

大总统策令

周茂冬著开去归德镇守使缺。此令。

中华民国三年九月十二日

国务卿　徐世昌

大总统策令

任命宝德全为归德镇守使，未到任以前，著成慎暂行署理。此令。

中华民国三年九月十二日

国务卿　徐世昌

〔政府公报，1914年9月13日，第847号〕

38. 大总统著将河北镇总兵改为豫北镇守使申令

（1915年5月14日）

大总统申令

河南河北镇总兵员缺即行裁撤，著改为豫北镇守使。此令。

中华民国四年五月十四日

国务卿 徐世昌

〔政府公报，1915年5月15日 第1084号〕

39．关于任命方有田为豫北镇守使令·咨

（1915年5—8月）

（1）大总统策令（5月14日）

大总统策令

任命方有田为河南豫北镇守使。此令。

中华民国四年五月十四日

国务卿 徐世昌

〔政府公报，1915年5月15日，第1084号〕

（2）赵倜致陆军部咨陈（8月17日）

德武将军行署为咨陈事：前准贵部咨开：本年五月十四日，奉大总统策令：任命方有田为河南豫北镇守使。此令。奉此。并由本部呈奉批准缓觐在案。兹缮具该员简任状一张，呈请大总统盖印署名，并经国务卿署名发还。相应加封咨行查照转给祇领，并将领到日期具报备案。等因。准此。当经饬发去后。兹据该镇守使详称：遵将奉发简任状一张，于七月三十日敬谨祇领，请予转咨前来。相应咨请贵部查照备案施行。为此咨陈

陆军部

德武将军督理河南军务 赵倜

中华民国四年八月十七日

〔北洋政府陆军部档案〕

40．关于免去吴庆桐改任李治云为南阳镇守使等情令电

（1920年8月）

（1）大总统令（8月20日）

大总统令

南阳镇守使吴庆桐，著即免职。此令。

中华民国九年八月二十日

国务总理
陆军总长　靳云鹏

大总统令

任命李治云暂署南阳镇守使。此令。

中华民国九年八月二十日

国务总理
陆军总长　靳云鹏

大总统令

南阳镇守使吴庆桐业经免职，其所统先锋营队，应一并交李治云接收，并责成赵倜将所有军队切实考核，分别整顿，以一事权。此令。

中华民国九年八月二十日

国务总理
陆军总长　靳云鹏

〔政府公报，1920年8月21日，第1623号〕

（2）赵倜致大总统等密电（8月25日）

北京大总统、国务总理钧鉴：参陆两部鉴：统密。奉大总统令：南阳镇守使吴庆桐著即免职，任命李治云暂署南阳镇守使，其所统先锋营队一并交李治云接收，并著责成倜整顿考核。等因。

奉此。遵经分别电饬令遵去后。兹据吴庆桐电称：奉令免去本兼各职，遵于敬日交卸．所有经手饷项、关防、卷册一并移交清楚等情。并据新任李镇守使治云电报：同日接任视事，已将先锋队册籍文卷、饷械等项，逐一点收清楚，请先转呈等情前来。除由倜随时切实整顿，分别考核并俟正式呈到另行转报外，合先转电，谨乞鉴核。河南督军赵倜叩。径。

〔北洋政府陆军部档案〕

41．大总统府秘书厅关于赵倜请设豫西镇守使函

（1921年9月）

迳启者：大总统发下赵倜呈请设置豫西镇守使一缺，并保丁香玲堪任斯缺，乞迅赐明令发表庚电一件，奉批交院、处等因。除原电已据分致不再抄送外，相应函达贵院查照办理可也。此致国务院

公府秘书厅启

致开封赵督军电　九月九日

开封赵督军鉴：昌密。庚电悉。豫西添设镇守使缺，已交陆部核办。特先奉复。院。青。印。

开封赵倜来电　十年九月九日

大总统、国务总理钧鉴：参陆两部鉴：昌密。窃查豫省东南北三区自设镇守使以来，平时则坐镇雍容，有事则指挥弹压，剿匪防乱，得力甚多。惟豫西独付阙如，实为缺点。该区幅员辽阔，山岭崎岖，西接秦关，北连晋域，河东盐饷，则络绎于途，土客匪徒，则伏莽在野。近因邻氛不靖，尤赖有大员以镇慑其间，庶可弭乱无形，不致发生意外。无论就地势上言，为时局上计，而豫西镇守使一缺，实较东南北三区尤有设置必要之情形也。陕县形势适中，控驭较便，使署地点，莫过于兹。陆军中将衔、毅军

统领丁香玲，夙娴韬略，卓著勋劳，久驻此间，绅民爱戴，畀以斯缺，尤为人地相宜，洵谋佥同，绝无异议。伏恳钧座俯念地方重要，将才难求，准将该统领丁香玲任命为豫西镇守使，俾得从容展布，实出逾格鸿施。所有应需经费，拟饬撙节预算，在正款内均匀支配，如有不敷，由本省设法筹拨，免致中央为难。似此一设署间，对于一切防剿事宜，大有裨益。务乞迅赐明令发表，以资布置而策进行。临电不胜翘企待命之至。河南督军赵倜叩。庚。印。

奉批：交院、处。

〔北洋政府参陆办公处档案〕

42. 赵倜为蹇志敏被任为豫北镇守使转达谢悃电

（1921年12月6日）

大总统、国务总理钧鉴：参陆两部总长鉴：窃奉大总统令：任命蹇志敏为豫北镇守使。此令。等因。奉经行知去后。兹据该镇守使呈称：志敏谬列戎行，夙蒙裁〔栽〕培，愧涓埃之未报，悉官秩之超迁，闻命自天，感愧无地。惟有益矢勤慎，勉竭忠诚，以冀仰答高厚鸿圭于万一。合具申谢，并恳代呈。等情前来，除由倜随时督饬认真恪循职守外，所有该镇守使感激下忱，理合据情转陈，伏乞鉴核。河南督军赵倜叩。鱼。印。

〔北洋政府陆军部档案〕

43. 大总统准将归德镇守使改为豫东镇守使令

（1924年5月23日）

大总统指令　第八百三十九号

令陆军总长陆锦

呈请将归德镇守使改为豫东镇守使，分别任免，以重职守由。呈悉。准如所拟办理，已有令分别任免矣。此令。

大总统盖印　　国务总理孙宝琦　　陆军总长陆锦

中华民国十三年五月二十三日

〔政府公报，1924年5月24日，第2936号〕

44．大总统准将南阳镇守使改为豫南镇守使令

（1924年8月19日）

大总统指令　第一千三百七号

令陆军总长陆锦

呈请将南阳镇守使改为豫南镇守使，拣员任命，俾重职守由。呈悉。准如所拟办理，马志敏已有令任命矣。此令。

大总统盖印　　国务总理顾维钧　　陆军总长陆锦

中华民国十三年八月十九日

〔政府公报，1924年8月20日，第3022号〕

45．阎锡山请饬新任晋南镇守使董崇仁克期赴河东镇守电

（1913年2月13日）

北京大总统、国务院、陆军部、参谋部鉴：河东扰攘一载，元气大伤。幸仗总统之威严，复饬毅军之臂助，竟得解决。无缺斧折矢之劳，二晋人民欢声雷动。惟查该处军队，尚有步队一旅，又第九团步队一团，马队两营，炮队一营，工辎各一队。渠魁就槛，统率无人。暂就范围，未安反侧。民苦荼毒，祝庆更生。满目疮痍，亟须抚慰。赵中将师有纪律，现状赖以维持。但主客势殊，久驻似非长策。顷蒙总统任命董崇仁为晋南镇守使，量能授

职，深佩渊① 衷。该镇守使尚未出京，恳请令饬克期驰赴河东，所有晋南各军，即交该镇守使董崇仁管辖，责成担任善后，以消隐患而静人心。并祈指授机宜，俾有遵守。至恢复地方之秩序，分别军队之去留，应由该镇守使到彼体察情形，悉心规画，再行呈报中中，请示办理。谨专电上陈，伏希垂察。山西都督阎锡山叩。元。印。

〔北洋政府陆军部档案〕

46．阎锡山请裁撤大同镇守使缺陈希义专任旅长电

（1913年6月17日）

北京陆军部钧鉴：据孔师长庚电称：据现驻陶林陈旅长希义电称：旅长终日奔驰，心悬两地，请开去大同镇缺，专任边防等语。查大同镇一缺，早已有名无实，且既任旅长督队出发，势难兼顾内地，自系实情。且查该旅长词意肫挚，似应援照请裁太原镇例，准予代请。等语。据此。查大同镇陈希义，前经委任第四旅旅长，现以边事吃紧，督率旅部出防陶林以北，如再兼任镇缺，诚如该旅旅长所称，心悬两地，不惟势难兼顾，且恐贻误边防，应请钧部转呈大总统，俯准所请，开去大同镇缺，以便专任旅长之职。再，查晋省太原镇缺，早已奉命裁撤，大同镇亦系徒拥虚名，并无镇部军队，自应一并裁撤，以归划一。该旅长出防陶林后，大同地方亦关紧要，当派马教练长带队驻扎该处，以应后援，并资镇慑。合并声明。伏维垂察。晋都督阎锡山。筱。印。

〔北洋政府陆军部档案〕

---

① “渊”字旁原有置疑号。

47. 阎锡山请以温寿泉任潞泽辽沁镇守使密电

（1914年5月7日）

北京陆军部段总长钧鉴：拱密。窃潞泽辽沁各属，即汉上党郡，为晋省东南重镇，毗连直、豫，雄据太行，游匪逃勇，时虞窜扰。前清驻有巡防统领，藉资镇慑。民国成立，设立潞泽辽沁镇守使。应需经费，业经列入二年度预算，蒙钧部核准在案。并委陆军步兵上校王嗣昌暂行代理。惟前奉部颁核定镇守使薪公数目缮单，系以中将、少将分别充任。兹查有陆军中将温寿泉，谋勇兼优，威望素著，拟请任命为潞泽辽沁镇守使，缉匪安民，必能信任愉快。锡山与该中将相知最深，用敢据实密保。应乞大总统察核，俯赐任命，无任盼祷。山西都督阎锡山叩。阳。印。

〔北洋政府陆军部档案〕

48. 大总统著将晋西镇守使改为晋北镇守使申令

（1915年2月24日）

大总统申令

晋西镇守使改为晋北镇守使。此令。

中华民国四年二月二十四日

国务卿　徐世昌

〔政府公报，1915年2月25日，第1005号〕

49. 关于任命刘之洁为苏州镇守使令呈

（1913年8—9月）

（1）临时大总统令（8月27日）

临时大总统令

任命刘之洁为苏州镇守使。此令。

中华民国二年八月二十七日

国务总理　熊希龄

陆军总长　段祺瑞

〔政府公报，1913年8月28日，第472号〕

（2）刘之洁致大总统呈①（9月24日）

江北护军使兼陆军第十九师师长刘之洁呈为呈报交卸日期事：窃于民国二年九月一号奉大总统命令：任命刘之洁为苏州镇守使。此令。同日，奉大总统命令：任命蒋雁行署江北护军使。此令。等因。奉此。之洁遵于九月八号将原奉刊发江北护军使木质印信一颗，并前江北都督移交十九师关防一颗，暨一切文卷、兵马、枪械、钱粮等项册籍，委派监印员霍邦基妥慎赍送新任署江北护军使蒋雁行接收任事。之洁随于九月十一号由浦起程赴苏。除俟抵苏后，再将任事日期呈报外，所有交卸江西〔北〕护军使印信及起程赴苏日期，理合具文呈报，仰祈大总统鉴察施行。谨呈。

批：据呈已悉。此批。

中华民国二年九月二十四日

〔北洋政府陆军部档案〕

50. 大总统著裁撤苏州镇守使申令

（1914年6月10日）

大总统申令

殷鸿寿已任命为江苏苏常道道尹，所有苏州镇守使缺，应即裁撤。此令。

中华民国三年六月十日

国务卿　徐世昌

〔政府公报，1914年6月11日，第753号〕

---

① 系抄件。

51．大总统著将徐州镇守使改为徐海镇守使申令

（1914年8月10日）

大总统申令

徐州镇守使著改为徐海镇守使。此令。

中华民国三年八月十日

国务卿　徐世昌

〔政府公报，1914年8月11日，第814号〕

52．段祺瑞关于任命王廷桢为江宁镇守使并缮具简任状咨稿

（1915年1月6日）

为咨行事：前经大总统任命王廷桢为江宁镇守使等因，并经呈请觐见在案。兹缮具该员简任状一张，呈请盖印署名交还。相应署名加封，咨送贵上将军查照转发，并饬将领到日期具报备案。此咨

宣武上将军、督理江苏军务冯

附简任状一封（缺）

陆军总长　段祺瑞

〔北洋政府陆军部档案〕

53．大总统裁撤镇江镇守使员缺申令

（1915年7月20日）

大总统申令

镇江镇守使员缺，著即裁撤。此令。

中华民国四年七月二十日

国务卿　徐世昌

〔政府公报，1915年7月21日，第1150号〕

54．陆军部为裁撤上海松江两镇守使改设松沪两处防守司令以王宾兼充司令咨稿

（1915年11月）

陆军部为咨行事：准统率办事处封交，奉大元帅令：任命杨善德为松沪护军使，驻扎龙华。所有上海、松江两镇守使即行裁撤，改设松沪两处防守司令，派旅长王宾、何丰林兼充。应由该使随时查看情形，分别委任，呈请查核。等因。除分咨克威将军、松沪护军使
宣武上将军外，相应咨行贵上将军查照
将军遵照办理此咨

宣武上将军、督理江苏军务

克威将军、松沪护军使

陆军总长　王

中华民国四年十一月　日

〔北洋政府陆军部档案〕

55．大总统著裁撤上海松江镇守使申令

（1915年11月18日）

大总统申令

上海、松江镇守使两员缺，著即行裁撤。此令。

中华民国四年十一月十八日

国务卿　陆征祥

〔政府公报，1915年11月19日，第1269号〕

56．袁世凯为冯国璋等请设海州镇守使批令

（1915年12月25日）

宣武上将军、督理江苏军务冯国璋
江苏巡按使齐耀琳奏请设海州镇守使员缺由

政事堂奉批令：准予设置，已有令任命矣。交陆军部查照。此令。

中华民国四年十二月二十五日

国务卿　陆征祥

〔政府公报，1915年12月26日，第1305号〕

57．袁世凯准复设苏常镇守使申令

（1916年1月27日）

政事堂奉申令：苏常镇守使一缺，前经裁撤，现据督理江苏军务冯国璋、江苏巡按使齐耀琳奏称：苏城防务重要，请复设苏常镇守使员缺，以资镇慑等语，应照准。此令。

洪宪元年一月二十七日

国务卿　陆征祥

〔政府公报，1916年1月28日，第23号〕

58．宣武上将军行署陈复设苏常镇守使其所需经费解决办法咨陈

（1916年4月12日）

为咨陈事：案查本年一月二十九日奉传申令：苏常镇守使一缺，前经裁撤，现据督理江苏军务冯国〇、江苏巡按使齐耀〇奏称：苏城防务重要，请复设苏常镇守使员缺，以资镇慑等语。应

照准。此令。同日，又奉策令：任命殷鸿寿兼任苏常镇守使。此令。各等因。奉此。遵经会同分别咨饬在案。查苏常道尹公署，原设有军事一科，月支经费六百元，已载军费预算之内。该道尹殷鸿寿，既奉策令兼任苏常镇守使，其原设军事一科，自应裁并，按照部颁镇守使署编制，另行组织。查部定镇守使兼任经费，每年应支贰万元，月支一千六百六十六元六角，该镇守使系兼任人员，应即按照兼任经费，斟酌分配，以符定章。兹拟将苏常道尹公署军务科月支经费六百元，移入该署开支，自本年二月分起，每月再由财政厅拨发一千元，俾资办公而符章制。除饬知财政厅遵照外，相应备文咨陈贵部，请烦查照追加预算为荷。为此，咨陈

陆军部

内务部

财政部

中华民国五年四月十二日

〔北洋政府江苏督军署档案〕

59. 齐耀琳请以马玉仁署淮扬镇守使张仁奎署通海镇守使等情密电

(1917年8月8日)

大总统、国务院、参谋本部、陆军部钧鉴：中密。窃查上年江阴之变，省垣震动，经调淮扬镇守使刘询率所部第五旅来宁填驻，仍兼镇守使原缺。其淮扬一带防务，则由第一混成旅长马玉仁接管各在案。今兹第五旅扩充成师，业经呈请将刘使升任师长，镇使一缺，势难兼顾。马旅接防以来，情形已熟，人地亦尚相宜，务请将马玉仁署理淮扬镇守使，仍兼江苏混成第一旅旅长。又通海镇守使管云臣，现奉调北上，另有差委。遗缺查有第

七十六混成旅长张仁奎，驻扬多年，人尚干练，务请即以该旅长署理通海镇守使，仍兼第七十六混成旅旅长，俾重防务，而专责成。是否有当，理合电请鉴核。如蒙允准，即乞分别任命施行。兼代江苏督军齐耀琳叩。庚。印。

〔北洋政府陆军部档案〕

60. 王廷桢报告移交江宁镇守使职电

（1917年9月20日）

北京大总统、国务总理、陆军部、参谋本部钧鉴：窃蒙任命为长江巡阅副使，即于本月十九日，将江宁镇守使木质关防及文卷等件，咨交所任江宁镇守使齐燮元接收。除报江苏督军外，特电呈。王廷桢叩。号。印。

〔北洋政府陆军部档案〕

61. 国务院关于补授淮扬镇守使马玉仁等实职公函

（1918年2月24日）

国务院公函　第三百四十九号

迳启者：奉大总统发下江苏督军李纯呈署淮扬镇守使马玉仁、署通海镇守使张仁奎请补授今职文一件，相应函达贵部查核呈办可也。此致

陆军部

中华民国七年二月廿四日

〔北洋政府陆军部档案〕

62. 卢永祥为松沪护军使改设镇守使问题与国务院来往密电

（1920年7月）

（1）卢永祥致大总统等密电（7月3日）

杭州卢永祥来电　七月四日

大总统、萨代总理钧鉴：统密。奉冬日电令：特任卢永祥为浙江督军。又松沪护军使一缺，著即裁撤，改设松沪镇守使。又调任何丰林为松沪镇守使。等因。永祥愧乏武略，忝摄浙符，行近一年，然无建树，慨时局之不宁，益仔肩之难胜。况自去岁莅任伊始，即以松沪护军使继任为问题。永祥并非于何丰林有所私厚，亦非于护军使有所竞争，实以为地择人、为大局维持起见，不得不一再陈请，不谓中央不能相见以诚，靳此名义而复加变更。夫护军使之与镇守使，其职权本相去无几，而中外观瞻所系，一经更易，于办事上窒碍殊多。且何丰林效力戎行，资望久著，战功尤多。永祥来浙之初，本拟保为第四师长，只以其时杨故督遗电所在，予彼予此，原无容心。现何丰林代理沪任亦将一载，外交、内政措理裕如，课以考绩之方，亦应邀特简之任，乃竟不获清，恐嗣后于用人行政，不免种种为难。窃维永祥莅浙之时，曾经声明松沪继任不能得所请求，仍当以师长退处松沪，为国守防。兹既事与愿违，惟有恳请收回成命，敬候遴员接替，毋任悚切盼切之至。卢永祥叩。江。印。

（2）国务院复卢永祥密电①（7月6日）

复杭州卢督军电　七月六日

统密。江电悉。松沪关系紧要，难得替人，中央夙倚桀才，

① 系抄件。

仍拟赓续借重，并无简员之意。惟以来电力保何使，词意切挚，而该使地位仅属旅长阶级，未能躐迁，故有改护为镇之计。凡兹措置，与尊指初无歧异，此时明令已布，未便变更。仍希体念时艰，转知该使早日受事。至该督军为国家心膂，尤未可以此稍存退抑也。遵谕特达。院。鱼。印。

〔北洋政府参陆办公处档案〕

63. 大总统著裁撤松沪护军使改设镇守使令

（1920年7月2日）

大总统令

松沪护军使一缺，著即裁撤，改设松沪镇守使。此令。

中华民国九年七月二日

国务总理　萨镇冰

陆军总长

〔政府公报，1920年7月3日，第1575号〕

64. 关于任命陈调元署徐海镇守使令咨

（1920年9—12月）

（1）大总统令（9月25日）

大总统令

任命陈调元署徐海镇守使。此令。

中华民国九年九月二十五日

国务总理
陆军总长　靳云鹏

〔政府公报，1920年9月26日，第1659号〕

（2）齐燮元致陆军部咨（12月11日）

江苏督军公署为咨覆事：本月八日，准大部咨开：民国九年二十五日，奉大总统令：任命陈调元署徐海镇守使。此令。等因。奉此。兹由本部办就该员简任状一封，相应咨送贵督军查照转发，并将领到日期具报备案。计简任状一封。等因，准此。除即日转发祗领外，相应咨请大部查照备案。此咨

陆军部

署江苏督军齐燮元

中华民国九年十二月十一日

〔北洋政府陆军部档案〕

65. 卢永祥请任命金寿贾为苏常镇守使与军务厅往来密电

（1925年1—2月）

（1）卢永祥致军务厅密电（1月30日）

北京执政府军务厅鉴：宣密。据张军长勘电称：苏常镇守使一缺，现尚虚悬，值此军事殷繁，地方善后亟待筹备，苏、常又属重要之区，不得不以相当人员赶紧接充，以昭慎重。查有本军参谋长金寿贾，资格甚深，劳绩卓著，拟请转呈政府，即予任命，并请钧座先予加委，以专责成，敢乞俯准施行。等情。察核所陈，实关重要，惟①予照准，乞代转呈俯准任命，以专责成，是所企盼。卢永祥。卅。印。

（2）军务厅复卢永祥密电(2月1日)

南京卢宣抚使鉴：宣密。卅电据张军长勘电称：苏常镇守使一缺，乞转呈任命本军参谋长金寿贾，以专责成一节，奉谕：军部查酌。除通知参陆两部外，特先电复。临时执政府军务厅。东。印。

发。二月一号。

〔北洋执政府档案〕

---

① 原文如此，似为“拟”字之误。

66．关于请正式任命孙钺传为徐海镇守使文电

（1925年4—5月）

（1）吴光新致临时执政电（4月28日）

北京执政钧鉴：徐州绾毂南北，控制中原，非得老成持重、娴于军旅之知兵大员，不足以资镇慑。现任徐海镇守使孙钵〔钺〕传，久历戎行，资劳均著，经卢宣抚使遴选委任。该镇守使到任以来，于军队迭次调防，地方秩序安全，在在殚心应付，而剿办积匪，尤为卓著成绩，以之补授斯职，允属人地相宜。日昨卢使来电，亦允更予正式任命。为此，电陈钧座，务乞迅予简命，以奖成①劳，不独该镇守使感激隆施，即徐属军民胥拜鸿赐矣。谨电请肃陈，伏乞鉴核训示是幸。吴光新叩。勘。印。

（2）执政府秘书厅致陆军部公函稿（5月1日）

公函　第876号

径启者：奉执政发下吴总长自徐来电一件，内称：现任徐海镇守使孙钺传，经卢使遴选委任。委任以来，剿办积匪，卓著成绩，以之补授斯职，允属人地相宜。务乞迅予简命。等语。相应抄录原电，函请贵部查核办理。此致

陆军部

中华民国　年　月　日

〔北洋执政府档案〕

67．关于任命倪毓棻署皖北镇守使令电

（1913年10—11月）

（1）大总统令（10月20日）

---

① “奖成”两字旁原有置疑号。

大总统令

任命倪毓棻署皖北镇守使。此令。

中华民国二年十月二十日

国务总理　熊希龄

陆军总长　段祺瑞

〔政府公报，1913年10月21日，第526号〕

（2）倪毓棻致陆军部电（11月27日）

北京陆军部钧鉴：十月二十日奉大总统任命毓棻充皖北镇守使，当于十一月三日禀报视事在案。惟关防未奉颁发以前，无以取信，嗣经电请皖督办法。旋奉电复，可先自行刊刻启用，报部立案。一面电请颁给，俟部刊领到，到行毁销。等因。遵即自行刊刻，文曰皖北镇守使之关防，于十一月二十日启用。合行呈报。仍请迅予刊发祗领，以昭信守为祷。皖北镇守使倪毓棻叩。沁。印。

〔北洋政府陆军部档案〕

68．大总统著裁撤大通芜湖镇守使员缺策令

（1915年8月31日）

大总统申令

大通芜湖镇守使员缺，著即裁撤。此令。

中华民国四年八月三十一日

国务卿　徐世昌

〔政府公报，1915年9月1日，第1192号〕

69．倪嗣冲为大芜镇守使裁撤任官鲍贵卿办理交卸呈暨大总统批令

（1915年11月16日）

安武将军、督理安徽军务倪嗣冲呈，大芜镇守使员缺裁撤，镇守使鲍贵卿交卸日期文，并批令

为大芜镇守使员缺裁撤，谨将交卸日期具呈，仰祈钧鉴事：窃嗣冲奉八月三十一日大总统策令：大通芜湖镇守使鲍贵卿著来京，另有任用。此令。又申令：大通芜湖镇守员缺，著即裁撤。此令。各等因。奉此。当经转行该镇守使知照，并饬安武军第一路统领马联甲，带步兵三营，前往皖南一带替防，且接管皖军步队补充连及机关枪连。其所兼武卫右军补充第三路统领一缺，即委卫队管带李翰卿升充。现该镇守使已将所辖皖省各军队，分别移交马、李两统领接收清楚。至该使署自二年十月十五号成立之日起，至本年九月二十号交卸之日止，所有关防、装械表册、文卷、戳记等件，亦均开单缴送来署，嗣冲查收无异，除分别咨陈并将关防截角缴部销毁外，所有大芜镇守使交卸日期，理合呈请大总统钧鉴。谨呈。

批令：呈悉。交陆军部查照。此批。

中华民国四年十一月十六日

国务卿　陆征祥

〔政府公报，1915年11月19日，第1269号〕

70．大总统准设置皖南镇守使并以马联甲为镇守使指令

（1918年1月4日）

大总统指令　第二十二号

令陆军总长段芝贵

呈核安徽督军请设置皖南镇守使，定为中缺，并简员任命由。呈悉。已有令简任马联甲矣。余如所拟办理。此令。

中华民国七年一月四日

国务总理　王士珍

陆军总长　段芝贵

〔政府公报，1918年1月6日，第703号〕

71．关于任命马联甲为皖南镇守使令咨

（1918年1—3月）

（1）大总统令（1月4日）

大总统令

任命马联甲为皖南镇守使。此令。

中华民国七年一月四日

国务总理　王士珍

陆军总长　段芝贵

〔政府公报，1918年1月6日，第703号〕

（2）倪嗣冲致陆军总长咨（3月11日）

安徽督军公署为咨复事：案据皖南镇守使马联甲呈称：于民国七年二月十三日案奉钧署第二一号训令内开：案准陆军部咨开：民国七年一月四日奉大总统令：任命马联甲为皖南镇守使。此令。等因，奉此。兹由本部办就该员简任状一封，相应咨行查照转发，并将领到日期具报备查可也。此咨。等因。准此。合亟检同简任状一纸，令发该镇守使祗领，并将领到日期呈报本署，以便转咨。切切。此令。等因。并颁到简任状一封。奉此。遵已祗领。谨将领到简任状日期，备文呈报，伏乞军帅恩准转咨陆军部备案，实

为公便。等情前来。除指令照转外，相应据情咨请贵部查照备案可也。此咨

陆军总长

安徽督军　倪嗣冲

中华民国七年三月十一日

〔北洋政府陆军部档案〕

72．大总统免去李廷玉改任吴金彪为赣南镇守使策令

（1914年8月）

（1）大总统策令（8月7日）

大总统策令

陆军部呈：查明赣南镇守使李廷玉滥用职权，违法扰民，请褫夺军官、军职，交部惩办等语。镇守使有除暴安良之责，乃竟偏听一面之词，将地方正绅无辜逮捕，并有挟嫌刑逼，株连多人，案未敲定，辄将家产抄没寄顿情事，实属有负委任。赣南镇守使李廷玉著即褫革陆军中将暨镇守使本职，交部惩办，以为扰暴良民者戒。至案内牵涉人犯，除徐昌绮一犯据称声名素劣，应交巡按使另案查办外，其余均照所拟并予开释。即由该部行知该省巡按使，分别查明办理。此令。

中华民国三年八月七日

国务卿　徐世昌

〔政府公报，1914年8月8日，第811号〕

（2）大总统策令（8月11日）

大总统策令

任命吴金彪为赣南镇守使，未到任以前，著吴鸿昌代理。此令。

中华民国三年八月十一日

国务卿　徐世昌

〔政府公报，1914年8月12日，第815号〕

73．关于任命方本仁为赣西镇守使令咨

（1917年1—3月）

（1）大总统令（1月5日）

大总统令

任命方本仁为赣西镇守使。此令。

中华民国六年一月五日

国务总理
陆军总长　段祺瑞

〔政府公报，1917年1月6日，第356号〕

（2）李纯致陆军部咨（3月12日）

江西督军公署为咨明事：案于本年二月十六日准大部咨开：民国六年一月五日奉大总统令：任命方本仁为赣西镇守使。此令。等因。奉此。兹由本部办就该员简任状一封，相应咨行查照转发，并将领到日期咨部备案可也。等因。准此。当经转发去后。兹据赣西镇守使方本仁呈称：奉发简任状一封，遵于本年二月二十七日祇领讫，理合呈请转咨等情前来。相应备文咨请大部察核备案。此咨

陆军部

江西督军　李纯

中华民国六年三月十二日

〔北洋政府陆军部档案〕

74. 陈光远关于赣东镇守使岳兆麟等领到任命状咨

（1920年12月9日）

江西督军公署为咨覆事：案准大部咨发赣东镇守使岳兆麟、陆军第十二师步兵二十四旅旅长王维城、四十五团团长李生春、四十七团团长袁树勋等简任状四封到署，当即分别转发去后。兹据岳兆麟呈称：奉发简任状，遵于本年十一月二十三日领到。王维城、袁树勋呈称：遵于十一月十九日领到。李春生呈称：遵于十一月二十九日领到。先后请予转咨等情前来。相应备文咨覆大部，请烦查照。此咨

陆军部

江西督军　陈光远

中华民国九年十二月九日

〔北洋政府陆军部档案〕

75. 关于请任命李鸿程等为赣西镇守使等情文电

（1925年1月）

（1）方本仁致段祺瑞密电（1月21日）

急。北京执政钧鉴，陆军部鉴：昌密。案查赣西镇守使岳兆麟，前赴汉就医，仁曾派张知事汉民赴汉问疾，并敦促即日回任视事。旋据该使哿电称：张汉民来汉交到钧函，传述一切，令兆麟即日回萍，慰藉殷拳，莫名钦感，自应仰体德意。惟以多恙未痊，近且加据，精力日衰，一时难期速愈。会当多事之秋，赣西边防重要，如以孱弱从事，恐误将来。且念赣西方面，不可一日无人主持。惟有吁恳体念下情，准予辞职，另简贤能接替，或即以李旅长鸿程继任，足资镇慑。一俟病愈，即当趋隶𫀌幪，勉供驱策。等语。当于马日电复，准给病假一月，俾便安心调理。各

在案。兹接该镇守使皓电称：前奉马电，准给病假一月。兆麟感奋之余，惟冀病体速痊，上副德意。乃日来多日医治，迄未减轻。值赣省多故之时，兆麟久旷职守，未能为督办分一日忧劳，神明内疚，怔忡不宁，至增失眠之病。曲指假期将满，焦灼万状。惟有吁恳俯念下情，转请中央即予开缺，实为公便。图报日长，伏维垂察。等语。查该镇守使电称，多方医治，迄未觉减各节，均悉实在情形。该员多病之躯，无心任事，去志坚决，未便强留。拟请准予开去该员赣西镇守使缺，俾便安心调养。惟赣局尚属粗安，赣西防务极关重要，应即派员镇慑，以重边防。查有第九混成旅旅长李鸿程，调度有方，才堪大用，驻萍多年，于赣西防守，情形素极熟悉。此次战役，在安福、永新等处，击退湘军，异常出力，堪以升任赣西镇守使之职。递遣第九混成旅旅长一缺，查有江西陆军第二师第三旅旅长张凤岐，智勇兼优，战功卓著，堪以调升。递遗江西陆军第二师第三旅旅长一缺，兹查有第九混成旅步二团团长朱恩铭，治军有年，资劳久著，此次驱逐湘敌，亟属有功，堪以升充。除分别先行任命代署并电复外，所有本仁拟请以李鸿程为赣西镇守使，张凤岐为第九混成旅长，朱恩铭为江西陆军第二师第三旅长各缘由，乞俯赐分别简任，以重职守而专责成。方本仁叩。马。印。

（2）执政府军务厅致陆军部公函稿（1月25日）

临时执政府军务厅公函　第　　号

迳启者：奉执政交下江西方督办马电一件，并谕：着陆军部核办等因。查该电系请以李旅长鸿程升任赣西镇守使等项事件，除原电系属分致不再钞送外，相应函请查照。此致

陆军部

中华民国十四年一月廿五日

〔北洋执政府档案〕

76. 大总统关于裁撤福建镇守使策令

（1914年7月18日）

大总统策令

任命李厚基为福建护军使，福建镇守使一缺，应即裁撤。此令。

中华民国三年七月十八日

国务卿　徐世昌

〔政府公报，1914年7月19日，第791号〕

77. 大总统为裁撤福建镇守副使缺策令

（1914年6月29日）

大总统策令

福建镇守副使缺，应即裁撤，杜持著来京另候任用。此令。

中华民国三年六月二十九日

国务卿　徐世昌

〔政府公报，1914年6月30日，第772号〕

78. 李厚基请设厦门汀漳两镇守使以唐国谟臧致平分任镇守使密电

（1917年9月4日）

急。三份。北京大总统、国务院钧鉴：陆军部鉴：辅密。闽省地居边要，下游一带，海线蜿蜒，地形险阻，交通迟滞，奸宄易藏，加以民俗强悍，勇于私斗，伏莽滋多，时虞窃发。前清设提督于厦门，设总兵于漳州，良以地险民强，非有专阃大员坐镇其间，不易为治。按之现在情势，尤不可视为缓图。厦门一岛，近接台澎，漳属各县，多邻粤境，更宜简员驻守，以资镇慑。拟请于厦门道属十二县设厦门镇守使一员，驻思明县，汀漳道属二十县设汀漳镇守使一员，驻龙溪县，庶于国防边防均有裨益。如蒙允准，查现驻厦门第十混成旅旅长唐国谟，才长心细，谋勇兼优。现驻漳州，第十四混成旅旅长臧致平，朴实忠勇，历著勋劳，该旅长等驻防各该处，情形熟悉，威信素孚，以之兼任，必能措置裕如。拟恳俯念地方重要，迅赐简任唐国谟为厦门镇守使，仍兼第十混成旅旅长，臧致平为汀漳镇守使，仍兼第十四混成旅旅长。至该使署应设各职，仍由旅部人员暂行兼充。所加经费，为数无多，即由各该旅经费项下酌量支配。除上游地方俟酌量情形再行呈明办理外，理合专电呈请，伏乞鉴核施行。福建督军李厚基叩。支。印。

〔北洋政府陆军部档案〕

79．李厚基关于厦门汀漳两镇守使署编制问题咨

（1917年11月29日）

咨　第一百七十一号

福建督军公署为咨行事：案据汀漳臧镇守使致平、厦门唐镇守使国谟先后呈送各该镇守使署编制薪饷一览表请示等情。据此。查闽省原请添设两镇守使，系由各该旅经费项下酌量支配，并不追加预算。今该镇守使等所呈之编制，均各斟酌情形，撙节分配，除兼职不支薪水外，所加有限，应请照表备案。至该使员缺，既由旅长兼任，不另支薪，仍应酌给公费，以资办公。宜定为何等缺之处，请一并核转，呈请大总统核准遵行。除先后指令各该使暂准照办外，相应咨请大部查照办理见复为荷。此咨

陆军部

附送编制表二张〔略〕

福建督军　李厚基

中华民国六年十一月二十九日

〔北洋政府陆军部档案〕

80．李生春就任福宁镇守使电

（1923年6月30日）

六份。北京大总统、国务总理、参谋部总次长、陆军部总次长钧鉴：窃本年六月十五日奉督理福建军务善后事宜公署训令开：兹接鱼日京电：奉大总统令：任命李生春为福宁镇守使。此令。等因。合行令仰遵照，暂在省城就职。等因。奉此。遵于本月三十日敬谨拜命就福宁镇守使职。除备文呈请转报外，合先具电禀闻。陆军第十二师二十三旅旅长兼福宁镇守使李生春叩。卅。印。

〔北洋政府国务院档案〕

81．张毅关于就任厦门镇守使电

（1924年5月7日）

大总统、北京国务总理、各部总长钧鉴：前奉大总统令：任命张毅为厦门镇守使等因。奉此。当以臧逆盘踞厦门，王逆拥兵泉州，军事正紧，未遑就职。旋会省军征讨，连克马巷、同安，王、臧残部分途溃散，我军跟踪追击，进至集美，正向厦门进攻，探悉厦门已无敌军踪迹，臧、王等部聚集漳州，先其所急，合力进攻。现漳、厦业已完全收复，敌人残部远窜无遗，闽南局势渐臻底定。谨遵前令，于五月七日晓在漳州先行就职视事。第以菲材，谬膺重寄，抚衷自惕，复悚堪虞，所望训教时颁，俾资循率。临电惶悚，毋任屏营。福建陆军第一师师长兼厦门镇守使张毅叩。阳。印。

〔北洋政府内务部档案〕

82. 关于请设福建兴泉永镇守使呈函

（1925年6—7月）

（1）周荫人致临时执政呈（6月29日）

呈为福建兴泉永地方，关系重要，拟请设置兴泉永镇守使员缺，以资镇慑，恭呈仰祈鉴核事：窃查福建兴化、泉州、永春一带，面海负山，水陆交错，当下游之重镇，为军事之要区，地既冲繁，俗尤猝悍，原设有兴泉永护军使，镇守其间。嗣经裁撤，地方空虚，控制每感困难。此次高义谋乱，即妄思凭藉地势，肆其野心，仰赖威稜，立时戡定。现在该逆虽经败窜，而山陬海澨，犹虞伏莽潜滋。惩前毖后，非有知兵大员常川驻守，殊不足以销隐患而静地方。拟请俯念兴泉永一带重要情形，设置兴泉永镇守使员缺，以专责成。如蒙乞准，查有陆军中将、陆军第二十九混成旅旅长孔昭同，老成练达，有勇知方，久驻下游，深资得力，此次战役，尤著勤劳，堪以胜任。所有拟请设置兴泉永镇守使员缺缘由，是否有当，理合呈请鉴核施行。谨呈

临时执政段

督办福建军务善后事宜　周荫人

中华民国十四年六月二十九日

（2）执政府秘书厅致陆军部公函稿（7月21日）

公函　第一千五百十三号

迳启者：奉执政发下周督办呈一件，内称：福建兴泉永地方，关系重要，拟请设置兴泉永镇守使员缺，以资镇慑。查有陆军第二十九混成旅旅长孔昭同，堪以胜任。呈请鉴核。等语。相应函达贵部查核办理。

此致

陆军部

中华民国　　年　　月　　日

〔北洋执政府档案〕

83. 大总统著将台州镇守使改为宁台镇守使令

（1916年10月5日）

大总统令

浙江台州镇守使著移驻宁波，改称宁台镇守使。此令。

中华民国五年十月五日

国务总理 陆军总长 段祺瑞

〔政府公报，1916年10月6日，第272号〕

84. 黎元洪关于以杜锡钧为汉口镇守使等情密电

（1912年12月31日）

北京大总统、陆军部均鉴：拱密。窃维民国成立，已届期年，经武整军，自应渐谋统一。鄂军起义以来，事繁职冗，共和底定，虽经节次取销，其所存各机关，祇期适用于临时，究非通行之定制。是以所属军职，尚未请命中央。现虽各省官制、军制尚无规定明文，然按照本省现在情形，不得不从新改组，以应时机而赴事功。查本都督府为全省军政总机关，应设参谋、军备、教练三司，以资钤辖。即将原有之参谋处、军学处、军务司裁撤改建，较为整肃。再，汉口为华洋重镇，轮轨交通，五方杂处，游士各汇，出没无常，巨案屡见。该处原系第一军第二师驻扎，现战事久毕，第一军例应取消，第二师又业已划分第三第五两师管辖，地面空虚，应设汉口镇守使一员，将第三师归其节制指挥，俾资防御。元洪就各军职人员详加遴选：查有第五师师长、陆军中将吴兆麟，学富韬钤，功资谋断，堪以委任兼领湖北都督府参谋司司长事；

原任军务司副长、陆军少将吴醒汉，气凛冰霜，才胜烦剧，堪以委任湖北都督府军备司司长；前第一军军长兼第二师师长、陆军上将衔陆军中将杜锡钧，学术兼优，威信素著，堪以委任汉口镇守使兼领湖北都督府教练司司长事。应请大总统、陆军部察核，准予迅赐任命，以重职守而专责成。如蒙允许，殊于地方军政大有裨益。此系暂定办法，一俟中央省制公布，再当遵照通令办理。合并陈明。元洪叩。卅一。印。

〔北洋政府陆军部档案〕

85. 大总统准设施宜蒲通两镇守使并将汉口镇守使改为汉黄镇守使指令

（1920年10月21日）

大总统指令　第二千五百二十号

令兼署陆军总长靳云鹏

呈请添设施宜、蒲通两镇守使，并将汉口镇守使改为汉黄镇守使，请简员任命由。呈悉。准如所拟办理，赵荣华等已有令任命矣。此令。

中华民国九年十月二十一日

国务总理 陆军总长　靳云鹏

〔政府公报，1920年10月22日，第1682号〕

86. 大总统准将蒲通镇守使改为荆州镇守使指令

（1922年2月4日）

大总统指令　第二百六十三号

令陆军总长鲍贵卿

呈拟将蒲通镇守使改为荆州镇守使，并请简员任命由。呈悉。

准如所拟办理，王汝勤已有令任命矣。此令。

大总统盖印　　国务总理颜惠庆　　陆军总长鲍贵卿

中华民国十一年二月四日

〔政府公报，1922年2月5日，第2130号〕

87. 王汝勤为被任为荆州镇守使表示谢忱电

(1922年2月7日)

北京陆军部钧鉴：窃于本月四日恭奉大总统令：以王汝勤为荆州镇守使。此令。闻命之余，悚惭綦切。伏念汝勤备员军旅，勉效驰驱，宠眷迭邀，时艰无补，方虞丛脞恒切冰竞，乃复逾分叨荣，畀以兼职。查荆州一镇，际水陆交通之会，当川湘垠之区①，任重材轻，何堪胜任。惟有秉承德意，黾勉图功，仰酬知遇之隆，用竭涓埃之报。所有感激下忱，复电叩谢，伏乞垂察。师长王汝勤叩。虞。印。

〔北洋政府陆军部档案〕

88. 关于荆宜镇守使缺以宋大霈充任文电

(1925年6日)

(1) 萧耀南致段祺瑞等密电（6月2日）

北京段执政钧鉴：军务厅、陆军部鉴：务密。顷准长江上游总司令卢金山电称：窃职现兼荆宜镇守使一缺，任重事繁，势难兼顾，拟请遴员接充，以免丛脞。查有湖北第三混成旅旅长宋大霈，老成干练，为守兼优，于鄂西情形，尤为熟悉，尚得接充斯职，必能胜任。等因。查荆宜镇守使一缺，既准卢总司令声称力难兼顾，自应准予辞职，遗缺并准以第三混成旅旅长宋大霈

---

① 此句原文如此，当有脱漏。

充补。查宋旅长久驻鄂西，情形熟悉，以之接充斯缺，询属资望允孚。除复卢总司令并令宋旅长先行接替外，特恳恩施准予简任，以重职守而专职成，不胜感悚待命之至。萧耀南。冬。印。

（2）军务厅致陆军部公函稿（6月3日）

公函　第一三六六号

迳启者：奉执政交下武昌萧督办冬电一件，内称：准长江上游卢总司令电，以现兼荆宜镇守使一缺，势难兼顾，请遴员补充。查有湖北第三混成旅长宋大霈，老成干练，为守兼优，堪以胜任。等语。除电复卢总司令并令宋旅长先行接替外，特恳准予简任，以专责成。等情。并批：军部办。等因。查此案原电，系经分送贵部有案，相应录批函达查照办理。此致

陆军部

中华民国十四年六月三日

〔北洋执政府档案〕

（3）临时执政令（6月20日）

临时执政令

兼荆宜镇守使卢金山请辞兼职，卢金山准免兼职。此令。

陆军总长　吴光新

中华民国十四年六月二十日

临时执政令

任命宋大霈为荆宜镇守使。此令。

陆军总长　吴光新

中华民国十四年六月二十日

〔政府公报，1925年6月21日，第3313号〕

89. 大总统著裁撤长岳镇守使员缺令

(1914年9月8日)

大总统申令

湖南长岳镇守使员缺，著即行裁撤。此令。

中华民国三年九月八日

国务卿　徐世昌

〔政府公报，1914年9月9日，第843号〕

90. 关于任命梅馨为长宝镇守使令咨

(1917年1—3月)

(1) 大总统令（1月4日）

大总统令

任命梅馨为长宝镇守使。此令。

中华民国六年一月四日

国务总理
陆军总长　段祺瑞

〔政府公报，1917年1月6日，第356号〕

(2) 谭延闿致段祺瑞咨（3月3日）

湖南督军署为咨报事：案查敝署准大部咨送湘省长宝镇守使简任状一封到署，当经查照转发，令将奉领日期具报在案。兹据长宝镇守使梅馨呈报：奉发简任状已于二月二十五日祗领，呈请转咨等情。据此。相应备文咨报大部，请烦查照备案为荷。此咨陆军总长段

湖南督军　谭延闿

中华民国六年三月三日

〔北洋政府陆军部档案〕

91. 谭延闿拟请以刘建藩为零陵镇守使电

（1917年9月8日）

大总统、陆军总长钧鉴：零陵镇守使望云亭劳苦功高，现因入京，乞赐拔擢。遗缺已委少将刘建藩署理，呈报在案。可否赐任命，俾专责成，毋任延跂。延闿叩。庚。印。

〔北洋政府陆军部档案〕

92. 关于任命冯玉祥为湘西镇守使吴新田为岳阳镇守使令电

（1918年11月）

（1）大总统令（11月5日）

大总统令

任命冯玉祥为湘西镇守使，吴新田为岳阳镇守使。此令。

中华民国七年十一月五日

国务总理　钱能训

陆军总长　段芝贵

〔政府公报，1918年11月6日，第998号〕

（2）冯玉祥致参陆部电（11月13日）

参陆部钧鉴：文日祗奉国务院转奉大总统令：湘西地方重要，正资镇慑，所请收回成命之处，应毋庸议等因。奉此。闻命之余，惶愧无似。窃玉祥材本疏庸，识尤浅陋，过蒙拔擢，深惧弗胜。惟军人以服从为天职，虽汤火亦难辞赴蹈，既弗获命，遵于本月十三日在常德就职。责任愈重，报称愈艰。惟当勉竭驽骀，捐糜顶踵，以报高厚于万一。所有感激下忱，谨肃电叩谢，伏乞垂鉴。湘西镇守使冯玉祥叩。元。印。

〔北洋政府陆军部档案〕

93．张敬尧请设湘东镇守使署以陈德修充任镇守使密电

（1919年7月8日）

百万急。大总统钧鉴：国务院、参陆办公处、参谋部、陆军部钧鉴：统密。窃查皖军副司令、新编安武军统领陈德修，自上年奉命援湘，沐雨栉风，备尝艰苦。当王、范两师长退却之际，该副司令独能整旅而退，扼守汀泗桥要隘，西南马足未能越过鄂州者，该副司令实有以遏之，逮敬尧牵师南下，该副司令躬率所部随同转战，所向有功，而尤以攻克天岳关，收复宝庆两役为最著。现在驻兵湘乡，纪律严明，军民悦服，如此将才，不可多得。查湘东幅员辽阔，地处冲繁，非设镇守使一缺，不足以资镇慑，非得威望素著之员，不能胜任愉快。敬尧与该副司令共处行间，深知其能，务乞钧座俯念湘东重要，简放该副司令陈德修为镇守使，俾收因地择人之效，而竟同舟共济之功。时事多艰，需才孔亟。伏祈俯允，并候训遵。湖南督军兼省长张敬尧叩。庚。印。

〔北洋政府陆军部档案〕

94．统率处为大元帅拟任命张钫为陕南镇守使密电

（1914年6月8日）

致西安陆督办庚电　六月八日

西安陆督办：华密。歌电已饬呈。兹拟任命张钫为陕南镇守使，以重防务而便指挥。惟此项名目，是否妥洽，望察酌电复。承谕特询。统率办事处。庚。印。

〔北洋政府陆军部档案〕

95. 张钫就任陕南镇守使电

（1914年7月31日）

北京大元帅、陆军部、参谋部、政事堂钧鉴：七月三十号，奉到大元□〔帅〕任命状。敬领之余，感悚交集。伏念钫洛南下士，陕西备员，遭逢景运，恩宠迭加。自顾棉薄，不删负乘。惟有矢勤矢慎，勉副我大元帅眷注至意。即日视事。肃此电陈，仰祈垂察。陕南镇守使张钫卅一叩。

〔北洋政府陆军部档案〕

96. 大总统著裁撤陕北镇守使员缺申令

（1915年6月24日）

大总统申令

陕北镇守使员缺，著即行裁撤。此令。

中华民国四年六月二十四日

国务卿　徐世昌

〔政府公报，1915年6月25日，第1124号〕

97. 陆建章等关于陈树藩领到陕南镇守使简任状咨陈

（1915年8月3日）

咨陈　第六二号

威武将军行署为咨陈事：本年七月二十八日，准大部咨开：本年五月二十一日，奉大总统策令：任命陈树藩署陕南镇守使。此令。奉此。并由本部呈奉批准缓觐在案。兹缮具镇守使简任状一张，呈请大总统盖印署名，并经国务卿署名发还。相应加封咨行查照转给祗领，并将领到日期具报备案。此咨。等因。准此。除将简任状转给该镇守使祗领外，所有收到简任状暨转给日期，相应咨陈大部查照，即希备案可也。此咨陈

陆军部

咸武将军、督理陕西军务　陆建章

帮　理　陕　西　军　务　刘承恩

中华民国四年八月三日

〔北洋政府陆军部档案〕

98. 袁世凯准复设陕北镇守使申令

（1916年1月27日）

政事堂奉申令：陕北镇守使一缺，前经裁撤，现据督理陕西军务陆建章奏称：陕北地方辽阔，请复设陕北镇守使员缺，以资镇慑等语。应照准。此令。

洪宪元年一月二十七日

国务卿　陆征祥

〔政府公报，1916年1月28日，第23号〕

99. 陆军部敦促新任潼关镇守使张锡元力疾视事电

（1921年9月20日）

渭南张镇守使：蒸电悉。此次添设潼关镇守使，以执事镇慑其间，中央筹议再三，至臻周妥。执事素能顾全大局，望力疾视事，毋再固辞。饷项一层，已拨交冯督军转发矣。陆军部。号。印。

〔北洋政府陆军部档案〕

100. 关于任命刘宝善为陕南镇守使令电

（1922年3—4月）

（1）大总统令（3月24日）

大总统令

任命刘宝善为陕南镇守使。此令。

大总统盖印　　国务总理颜惠庆　　陆军总长鲍贵卿

中华民国十一年三月二十四日

〔政府公报，1922年3月25日，第2177号〕

（2）刘宝善致大总统电（4月1日）

万急。北京大总统、国务总理、陆军总长、参陆办公处钧鉴：窃于本年三月廿四日钦奉大总统令：任命刘宝善为陕南镇守使。此令。等因。奉此。遵于四月一日就职视事。伏念宝善赋朴戆愚，未谙韬略，□师谬领，时□覆□之虞，分阃擢膺，益切临渊之惧。受恩愈重，报称愈难。惟有竭意输诚，集思广益，整饬部伍，绥辑闾阎，以期仰答高厚于万一。所有就职日期暨感激下忱缘由，谨电禀陈，不胜悚惧屏营之至。陆军第七师十四旅旅长、陕南镇守使刘宝善谨叩。东。印。

〔北洋政府陆军部档案〕

101. 关于裁撤潼关镇守使文电

（1922年6月）

（1）刘镇华致国务院等密电（6月10日）

西安刘镇华蒸电　六月十一日

北京国务院钧鉴：参谋部、陆军部鉴：统密。恭读上月艳日京电，奉大总统令：任命张锡元为察哈尔都统。此令。等因。伏查张都统锡元于民国十年九月十三日奉大总统令，任命为潼关镇守使，旋于本年二月十六日就职视事，当经咨报在案。现奉明令，调任都统，所有镇守使原职，本应遴员接替，惟念潼关镇使一缺，经冯前督于去年呈请添设，维〔惟〕陕中匪氛未静，豫西各县毗连，陕边匪焰尤炽，窜扰堪虞，潼关为陕东门户，维持交通，布署防务，均关重要，是以请简命大员，以资镇慑。迩来匪患荡平，陕局奠安，潼关距省较近，控驭匪难。值此财政奇窘之时，不得不为撙节军费之计，拟请将潼关镇使缺暂行裁撤，所有该处防务，即责成驻在部队妥慎筹维，期副中枢眷顾西陲至意。是否有当，恭候鉴核示遵。再，镇使关防，现据张前镇使派员赍送到省，如蒙明令裁缺，容即送部缴销。合并声明。刘镇华叩。蒸。印。

（2）参陆办公处致大总统呈（6月14日）

大总统钧鉴：窃准兼署陕西督军刘镇华蒸电称：① 查陕局平定，潼关仍无庸设镇守员缺，拟请准予明令裁撤，以节军费。是否有当，敬乞鉴核训示遵行。

参陆办公处谨呈　六月十四日

（3）国务院等复刘镇华密电（6月15日）

西安刘署督军鉴：昌密。蒸电悉。潼关镇守使，已呈准裁撤，即日公布，关防送部缴销可也。院、参陆部。删。印。

（4）参陆办公处致国务院公函（6月15日）

迳启者：陕西刘署督电请裁撤潼关镇守使缺一案，业经本处呈奉照准在案。除电复陕督外，相应抄录奉批呈摺函达贵院查照公布可也。此致

国务院

〔北洋政府参陆办公处档案〕

---

① 以下引述刘镇华蒸电，兹略。

（5）大总统令（6月20日）

大总统令

潼关镇守使一缺，著即裁撤。此令。

大总统盖印　　国务总理颜惠庆　　陆军总长

中华民国十一年六月二十日

〔政府公报，1922年6月21日，第2263号〕

102．吴中英就任陇东镇守使电

（1914年8月30日）

北京参谋部、陆军部钧鉴：本年七月十日奉大元帅策令，任命吴中英为陇东镇守使。此令。等因。奉此。并经电陈大部暂用陇东护军使关防，奉准在案。遵于八月廿九日驰抵平凉，经陇东护军使张行志将陇东护军使关防移送前来，谨于是日就职任事。谨详。陇东镇守使吴中英叩。卅。印。

〔北洋政府陆军部档案〕

103．关于裁撤秦州等镇总兵改设镇守使呈令

（1920年3月30日）

（1）靳云鹏致大总统呈

陆军总长靳云鹏呈大总统，请裁撤甘肃秦州等镇总兵，改设镇守使文

为请裁撤总兵改设镇守使，简员任命，仰祈钧鉴事：准甘肃省长兼署督军张广建电称：阴平镇守使设置之时，川防、陕防同时吃紧，曾声明以阴平镇守使专力防川，秦州总兵专力防陕，现在体察情形，今昔殊异。川陕分防，虽职责较专，而畛域既分，反形窒碍，拟请裁撤秦州总兵及阴平镇守使两缺，改设陇南镇守使

一缺。又河州、肃州二处总兵，名称歧异，一切军政诸多不便，拟请一并改为河州镇守使、肃州镇守使。所有权限、辖地、经费，悉仍其旧，财政毫无增溢，而名义划一，军政得以整齐。如蒙照准，拟请以正任肃州镇总兵、现署秦州镇总兵、陆军中将衔少将孔繁锦，改充陇南镇守使，以现署河州镇总兵裴建准，充河州镇守使，以正任秦州镇总兵吴桐仁，充肃州镇守使，未到任以前，以现署肃州镇总兵张永桂署理。该员等，均属将略优长，忠纯干练，堪以胜任，请鉴核施行。等因。查该署督军所请裁撤总兵、镇守使各缺，系为划一军政起见，似可照准。其所保镇守使各员，本部详加复核，堪以胜任。拟请明令裁撤甘肃河州、肃州、秦州各总兵及阴平镇守使，并任命孔繁锦为陇南镇守使，裴建准为河州镇守使，吴桐仁为肃州镇守使，吴桐仁未到任以前，著张永桂先行署理。是否有当，理合具呈，伏乞鉴核训示施行。谨呈。九年三月三十日。已奉指令。

〔政府公报，1920年4月8日，第1491号〕

(2) 大总统指令

大总统指令　第八百七十八号

令陆军总长靳云鹏

呈请裁撤甘肃秦州等镇总兵，改设镇守使由。呈悉。准如所拟办理，已有令分别任命矣。此令。

中华民国九年三月三十日

〔政府公报，1920年3月31日，第1483号〕

104. 靳云鹏为阴平镇守使吴攀桂治军不严请褫夺其官职勋章呈

(1920年3月30日)

陆军总长靳云鹏呈大总统，为阴平镇守使吴攀桂等治军不严，

请褫夺陆军官职勋章文

为请褫吴攀桂等陆军官职事：窃准甘肃省长兼督军张广建电称：查阴平镇守使吴攀桂，治军不严，所部屡酿变端，本应严惩，惟此次徽县之役，该使正在交卸，尚未规避，拟请将陆军中将衔少将、正任阴平镇守使吴攀桂褫夺军官，并褫去镇守使本职。又已撤该军第二营营长、陆军步兵少校刘朝蔚，未能严束兵丁，首滋事故，虽经撤任，不足蔽辜，拟请褫夺陆军步兵少校，以示惩儆。等因到部。查吴攀桂既经甘督电称治军不严，屡酿变端，拟如来请，准予褫去官职。营长刘朝蔚，褫去陆军步兵少校原官。再查吴攀桂曾于六年六月七日奉给二等文虎章，应即一并褫夺，以肃军纪。所有拟请褫夺吴攀桂等官职、勋章各缘由，理合呈请钧鉴训示施行。谨呈。九年三月三十日。已奉指令。

〔政府公报，1920年4月8日，第1491号〕

105. 靳云鹏请将陇南镇守使定为中缺河州肃州两镇守使定为简缺呈

（1920年4月29日）

陆军总长靳云鹏呈大总统，请将陇南镇守使定为中缺，河州、肃州两镇守使定为简缺文

为请将陇南镇守使定为中缺，河州、肃州两镇守使定为简缺，仰祈钧鉴事：窃本部呈请裁撤甘肃总兵，改设镇守使，简员任命一案，于民国九年三月三十日奉指令：呈悉。准如所拟办理，已有令分别任命矣。此令。同日奉令：任命孔繁锦为陇南镇守使，裴建准为河州镇守使，吴桐仁为肃州镇守使，吴桐仁未到任以前，著张永桂暂行署理。此令。各等因。查陇南镇守使系就阴平镇守使暨秦州镇总兵两缺改设，所辖区域较广，拟请定为中缺，河州、肃州两镇守使，均就原有总兵缺改设，事务较简，拟请定为简缺。其

薪水、公费，即照前定中简各缺之数办理，俟奉指令后，再由部行知遵照。是否有当，理合具呈，伏乞鉴核训示施行。谨呈。九年四月二十九日。已奉指令。

〔政府公报，1920年5月7日，第1519号〕

106. 张广建转报陇南镇守使孔繁锦等领到简任状咨

（1920年7月3日）

甘肃省长兼督军公署为咨复事：案准大部咨开：民国九年三月三十日，奉大总统令：任命孔繁锦为陇南镇守使，裴建准为河州镇守使，吴桐仁为肃州镇守使。此令。等因。奉此。兹由本部办就该员等简任状三封，相应咨送查照转发，并将领到日期具报备案。等因。准此。当经分别转发去后。兹据亲军司令官、任命肃州镇守使吴桐仁呈报，于六月七日领到简任状一纸。又据河州镇守使裴建准呈报，于六月九日领到简任状一纸。复据陇南镇守使孔繁锦呈报，于六月十二日将颁发简任状敬谨领讫。并先后请予转咨备案。各等情。据此。除指令外，相应咨复大部，请烦查照备案。此咨

陆军部

张广建

中华民国九年七月三日

〔北洋政府陆军部档案〕

107. 大总统著将伊犁镇边使改为镇守使令

（1914年2月6日）

大总统令

伊犁镇边使著即裁撤，改设伊犁镇守使，所有旧设伊犁将军

职权，著归新疆都督兼领。此令。
中华民国三年二月六日

国务总理　熊希龄
内务总长　朱启钤
陆军总长　周自齐

〔政府公报，1914年2月7日，第630号〕

108. 大总统任命杨飞霞署伊犁镇守使该处军队均归其节制令

（1914年2月）

（1）2月6日令

大总统令

任命杨飞霞署伊犁镇守使，并加副都统衔，所有该处应办事宜，即责成杨增新督同该镇守使妥为经理。此令。

中华民国三年二月六日

国务总理　熊希龄
内务总长　朱启钤
陆军总长　周自齐

〔政府公报，1914年2月7日，第630号〕

（2）2月8日令

大总统令

现已任命杨飞霞署伊犁镇守使，所有该处军队，著即统归该镇守使节制，并办理各旗营及蒙哈事宜，以重责成。此令。

中华民国三年二月八日

国务总理　熊希龄
内务总长　朱启钤
陆军总长　周自齐

〔政府公报，1914年2月9日，第632号〕

109. 关于任命张毅为川边镇守使令文电

（1914年1—6月）

（1）大总统令（1月13日）

大总统令

任命张毅为川边镇守使，归四川都督节制。此令。

中华民国三年一月十三日

国务总理　熊希龄
陆军总长　周自齐

〔政府公报，1914年1月14日，第606号〕

（2）张毅致大总统等电（1月20日）

打箭炉来电　一月廿一日

大总统、国务院、参谋本部、陆军部，成都都督、民政长鉴：毅奉大总统令为川边镇守使，遵于一月二十号就职任事。查川边毗连藏卫，夙称滇、蜀屏藩，版图辽廓，倍于川省，自前清巴塘肇乱，川省派队西征，屡岁用兵，迄无休止。近来番夷思变，老我师徒，设治改流，未臻完善。兼以夷情犷悍，地广兵单，军运难通，每搜鼠而罗雀，糗粮未备，咸唱筹以量沙。逼处强邻，时虞梗塞，念兹荒服，弥切杞忧。窃思边檄蛮荒，图治匪易，誓师致讨，宜剿抚之兼施，察吏安民，为当时之急务。举凡用兵、筹饷、垦荒、殖民诸大端，在在均关紧要，如毅梼昧，深惧费胜，既荷真除感蒙知遇，惟有竭尽诚悃，壹志进行，以副眷顾西陲至意。除将办理情形随时呈请中央暨四川都督核示外，肃先驰电敬闻。再，川边镇守使印信，尚未颁发，文告殷繁，需用在即，谨刊木质关防一颗，文曰：川边镇守使之关防，即日启用，一俟印信颁到，再行缴销。合并陈明。川边镇守使、陆军中将张毅叩。号。印。

〔北洋政府陆军部档案〕

(3) 张毅致大总统呈（3月5日）

川边镇守使张毅呈大总统，报明使署成立暨就职任事启用关防日期等情，请俯赐查考文，并批

为呈报事：民国三年一月十五日，奉四川都督删电开：顷准国务院寒电开：一月十三日，大总统令：川边经略使兼都督事，应即裁撤，尹昌衡著留京，另候任用。又张毅为川边镇守使，归四川都督节制。此令。等因。奉此。遵于本月二十日组织川边镇守使署成立，即于是日就职任事，当经由电呈报在案。查使署既经成立，一切文告公牍，非有印信，不足以昭信守，谨先行刊刻木质关防一颗，文曰川边镇守使之关防，即日启用，一俟部铸印信颁到，即行呈请取消。除将组织情形及拟定办法另文呈报外，所有遵令就职暨成立使署启用关防日期并呈验关防墨模缘由，理合呈请大总统俯赐查考。此呈。

批：据呈已悉。此批。

中华民国三年三月五日

国务总理　孙宝琦

陆军总长　周自齐

〔政府公报，1914年3月7日，第657号〕

(4) 张毅致陆军部秘电（6月14日）

北京陆军部钧鉴：华密。元电谨悉。伏查本年一月十五日奉前国务院寒电开：奉大总统令：任命张毅为川边镇守使等因，遵将任职日期呈报在案，尚未呈请觐见及奉发任命状。兹奉前因，亟

应遵例觐见。惟查川边因印度会议久未解决，藏番凭藉外援，立意东侵，现在分道窜扰，防务吃紧，征调频繁，一日轻离职守，恐于国防多所妨碍。谨遵电陈明缘由，可否援照觐见条例第五条但书①规定，邀免觐见之处，伏乞鉴核示遵。再，所属各员，现系委任，暂行试署，均尚未呈请任命。合并声明。川边镇守使张毅叩。盐。印。

〔北洋政府陆军部档案〕

110. 胡景伊转陈川边镇守使署缩小编制情形电

(1914年1月16日)

急。北京大总统、国务院、参谋本部、陆军部鉴：顷据新授川边镇守使张毅删电称：查川边经略府编制，其办理政务人员，分参赞处、总务处、内务科、财政科、实业科、采运办公处、财政筹备处、庶务处各机关，共五十五员。又办理军政人员，分参谋处、副官处、军务课、军法课、军需课、军医课，共五十九员。总共一百十四员。其他司书、司事、弁兵夫役，约二百余人。每月开支经费共二万数千两。当此财政奇绌，似宜力求撙节，不必扩张局面，庶免度支困难。现既改设镇守使，尤应事事核实。刻值藏议未定。边务方殷，所有边军十一营，陆军十三营，均正分任战守。使署办理军事人员，拟比师司令部组织，伸缩规定。又边地设治地方，计三十余县，一切行政，较内地节简，凡办理民事人员，拟缩小规定。兹拟定镇守使署编制如下：镇守使一员，参谋长一员，参谋三员至四员，副官长一员，副官三员至四员，军务科长一员，科员三员，军需科长一员，科员三员，军法科长一员，科员三员，军医科长一员，科员三员，书记四员，共二十九员。又民政组织，设秘书一员，科长二员，分为第一第二两科。

① "但书"两字旁均原有置疑号。

每科设科员四员，第一科办理内务、教育，第二科办理财政、实业，共计拾壹员。其余应设雇员、士兵、夫役各项，概从减少，以足敷分布为限。如蒙采择，敬恳转陈请赐明示，以便遵行。等语。查该镇守使缩小范围，酌量编制，系为撙节经费、综核名饰起见，所拟似属妥协。是否可行，谨电请核定示遵。川都督胡景伊叩。铣。印。

〔北洋政府陆军部档案〕

111．周骏报告重庆镇守使署改组情形呈

（1914年3月17日）

四川重庆镇守使署呈　第十五号

为呈报事：窃照本使署于中华民国三年一月二十九日，曾将镇守使署组织情形呈报钧部在案。兹于三月十日奉钧部指令内开：所呈组织镇守使署机关，与部令不合，饬令另行改组呈报，并发章程一册等因。奉此。查本使署成立之日，前项部章尚未行到川省，无所依据，故商承都督，酌量情形，暂时规定。又以财政支绌故，就本使所领第一师部中职员兼任，以期节简。兹奉前因，自应一律改组，以符定制。谨将发下章程督同僚佐详细讨论，另行组织，计添设参谋一处，改组秘书一处为书记处，仍旧者为副官、军需、军法三处，裁去内务一科，隶属书记处，军务科统归参谋处，暂缺者为军医一处。所有长官，概照部令规定。除将拟定办事职员衔名列表造册呈请分别任委，暨各员职掌事务规则另案呈览外，所有本使署奉饬改组缘由，理合呈请查核示遵。除呈大总统、国务院、参谋部外，此呈

陆军部

计呈表一份

周　骏

中华民国三年三月十七日

四川重庆镇守使署职员一览表

职别	姓名	籍贯	出身	原职	原官
镇守使	周骏	金堂	日本士官学校毕业	四川陆军第一师长	陆军中将
参谋长	陈洪范	大邑	北京陆军大学毕业		骑兵上校
中校参谋	刘邦俊	简阳	南京陆军中学毕业入伍生	第一师部二等参谋兼	步兵少校
上尉参谋	唐廷赞	永川	四川陆军速成学堂毕业		步兵少校
副官长	王丽中	华阳	日本东斌学堂毕业	第一师部副官长兼	步兵上校
中校副官	黄廷棨	乐山	北京陆军大学毕业	第二旅部参谋兼	步兵上校
上尉副官	马国霖	成都	四川官弁学堂毕业	第一师部副官兼	步兵上尉
军需官	戴桢	成都	四川武备学堂毕业	第一师部军需长兼	步兵上校衔
法官	郑璘	华阳	四川武备学堂毕业	第一师部军法长兼	步兵中校
书记官	黄树滋	昆明	前清举人		知县
书记官	罗学洙	中江	北京法律学堂毕业		内务司科长

附考：本表各官以外，尚有缮写文牍，办理庶务等雇员十余名。有学堂毕业之差遣四名未列入。

〔北洋政府陆军部档案〕

112．彭光烈就任四川昭广镇守使电

（1914年9月4日）

北京大元帅、统率办事处、参谋本部、陆军部钧鉴：光烈奉大总统任命为四川昭广镇守使，遵于八月十一号已将第三师事宜交与胡忠亮接任，即于是日任职视事。第惟材辁任重，深惧弗胜，祇得矢竭忠诚，勉图报称，仰酬高厚，捍卫国家，不胜感激悚惶之至！除禀胡将军转报外，谨此电陈，伏乞钧鉴。四川昭广镇守使彭光烈叩。支。印。

〔北洋政府陆军部档案〕

113．关于裁撤四川昭广镇守使令电

（1915年1月）

（1）胡景伊致统率办事处密电（1月13日）

大元帅暨统率办事处钧鉴：华密。案据昭广镇守使、陆军中将彭光烈详称：昭广一带余匪肃清，闾阎安堵，请撤镇守使机关，以节经费。并自请辞职。等情。查现在川北等处地方，既属宁谧，原有镇守使机关，似可无庸设置。该使拟恳裁缺，并自请辞职，深知国家财政艰窘，力节经费，勉为其难，实属不可多得。仰恳俯如所请，将该镇守使一职，即行裁撤，以节军费。所有各官佐、兵夫等，均饬妥为解散，并从优给予三月薪饷，俾示体恤。至该使彭光烈，夙膺阃寄，卓著勋劳，此次自请裁撤机关，尤能体念时艰，深明大义，拟请任命为将军府参军，用备咨询，而昭激劝。是否有当，伏候训示饬遵。成武将军、督理四川军务胡景伊叩。元。印。

（2）政事堂复胡景伊电（1月14日）

奉大总统令：元电悉。昭广一带余匪既已肃清，所请将该处镇守使一缺即行裁撤之处，自应照准。已与彭光烈分别有令明发矣。余如所拟办理。等因。合达。堂。咸。印。

〔北洋政府统率办事处档案〕

（3）大总统申令（1月16日）

大总统申令

昭广镇守使员缺，著即行裁撤。此令。

中华民国四年一月十六日

国务卿　徐世昌

〔政府公报，1915年1月17日，第967号〕

114.关于免去王陵基改任熊克武为重庆镇守使令电

（1916年8—9月）

（1）大总统令（8月7日）

大总统令

重庆镇守使王陵基电请辞职，王陵基准免本职，所辖军队，由蔡锷派员接管。此令。

中华民国五年八月七日

国务总理
陆军总长　段祺瑞

大总统令

任命熊克武为重庆镇守使。此令。

中华民国五年八月七日

国务总理
陆军总长　段祺瑞

〔政府公报，1916年8月8日，第214号〕

（2）熊克武致各部总长等电（9月11日）①

北京各部总长，各省督军、省长，并转巡阅使、都统、军长、镇守使、师旅长钧鉴：克武猥以铨材，承大总统任命为重庆镇守使，遵于九月九日到任。重庆自军兴以还，人民凋敝，善后事宜，极为繁重，克武无状，深虑陨越，务乞矩诲时颁，俾有遵循，无任翘盼。重庆镇守使熊克武叩。印。

〔北洋政府内务部档案〕

115.关于殷承瓛继刘锐恒为川边镇守使令文电

（1916年8—10月）

（1）大总统令（8月13日）

大总统令

川边镇守使刘锐恒著开缺来京，另候任用。此令。

中华民国五年八月十三日

国务总理
陆军总长 段祺瑞

大总统令

任命殷承瓛为川边镇守使。此令。

中华民国五年八月十三日

国务总理
陆军总长 段祺瑞

〔政府公报，1916年8月14日，第220号〕

（2）刘锐恒致大总统等密电（9月3日）

北京大总统，国务院，陆军、参谋、内务部钧鉴：筱密。未

① 系收文时间。

奉复谕。于八月二十三日案奉罗督军令开：八月二十日京元电，大总统策令：川边镇守使刘锐恒，着开缺来京，另候任用。此令。任命殷承瓛为川边镇守使。此令。等因。又于八月二十八日奉罗督军饬：速在省交代。等因。奉此。遵即于九月一日将川边镇守使篆务咨交新任殷镇守使殷承瓛接任。理合呈请鉴核。卸川边镇守使刘锐恒叩。江。印。

（3）内务部致陆军总长咨稿（10月4日）

内务部为咨行事：准陆军中将、卸任川边镇守使刘锐恒呈报，本年八月二十三日奉大总统令：川边镇守使刘锐恒，着开缺来京，另候任用。此令。又奉大总统令：任命殷承瓛为川边镇守使。此令。各等因。遵即于九月一日将川边镇守使篆务咨交新任殷镇守使承瓛接任。理合具文呈报，恳乞转呈。等因到部。查镇守使之除授，向由贵部主管，兹据该镇守使呈报交卸日期，自应仍由贵部转呈。相应钞录该镇守使原呈咨行查照办理可也。此咨
陆军总长

附钞件

内务总长

陆军中将、卸川边镇守使为呈报事：锐恒于五月马号宣布独立后，迭奉陈前督电调回省，筹商要政，并领边饷，始将防务部署周密，谨率士兵三连，兼程进省。遵将进省理由及起程日期，于元、愿、养等日电呈在案。锐恒到时，陈督已去。正值各督交替，止能在省候饷，曾于七月筱密电呈，未奉复谕。锐恒任内五、六、七、八等月正饷，分厘未领。于八月二十三日奉京元电开：大总统策令，川边镇守使刘锐恒，着开缺来京，另候任用。此令。任命殷承瓛为川边镇守使。此令。等因。又于八月二十八日奉罗护督饬催，在省交代等因。奉此。遵即于九月一日将川边镇守使篆务咨交新任殷镇守使承瓛接任。除江日电呈各部外，理合具文

呈报大部，恳乞转呈大总统鉴核施行。此呈
内务部

卸川边镇守使　刘锐恒

中华民国五年九月四日

（4）殷承瓛致大总统等电（10月25日）

北京大总统，国务院，各部、院钧鉴：承瓛于十月一日由省起程，廿三日行抵康定履任视事。川边镇守使殷承瓛叩。有。印。

〔北洋政府内务部档案〕

116. 刘存厚请设泸永等镇守使署并以杨森等充任镇守使密电

（1920年10月18日）

国务院靳总理、陆军部钧鉴：维密。窃川省沦敌数年，久妨统一，今年唐继尧更将南方军政府、国会移住重庆，并结合吕超等设立联军司令部，以为根据，藉抗中央。存厚率师南返，仰仗德威，不旬月间，幸将叙、泸、重庆次第收回。而当入川之始，曾秉渊谟，特悬重赏，宣慰各军将领，奋勉图功。业于微日电呈，俟川乱粗平，请简此次有功将领，分防镇守，以励戎行，而资收束，计蒙垂察。现在滇、黔敌军，虽已溃退，而东南接壤滇、黔之地，非速简员镇守，不克早奏肃清。除军长刘湘勋劳特著，业经专电呈请任为重庆镇守使外，查师长杨森、邓锡侯、陈洪范、刘成勋等，均属督率有方，迭克名城，为此次将领中异常出力人员。拟于泸县、叙、永一带，设泸永镇守使一员，请以杨森任之；于叙府、嘉定一带，设叙嘉镇守使一员，请以陈洪范任之；于夔州、万县一带，设夔万镇守使一员，请以邓锡侯任之；于宁远、雅州一带，设建昌镇守使一员，请以刘成勋任之。亦知员缺重大，国家名器，何敢妄邀，惟念滇、黔侵川，耗国家数年兵力，始克收此微效，若再不为牖户之谋，迄今藩篱自撤，实不足以奠安川局，捍卫国家。且综核诸员，勋勚实属，功赏允厚，足资倚畀。务乞钧座俯加体察，转呈大总统照准施行，速颁明命，用昭激劝，庶各员益加策勉，永固边防，于国家统一前途不无裨益。迫切恳陈，宁〔伫〕候令遵。四川督军刘存厚叩。巧。印。

〔北洋政府陆军部档案〕

117．刘存厚请任陈能芳邓锡侯为夔万顺遂镇守使密电

（1920年11月24日）

飞飞急。北京国务院靳总理、陆军部钧鉴：准密。上月巧日，厚将统筹收束川局办法，电请任杨森、邓锡侯、陈洪范、刘成勋等为泸永、夔万、叙嘉、建昌等镇守使，奉示一律照准，交部核办等因。奉此。自应静候明令。惟查夔万镇守使缺，现因邓锡侯所部自重庆、綦江克复后，为军事上之便利，已移向顺庆、遂宁方面扼扎，若饬赴夔万镇守，殊形周折。查有川军第二师师长陈能芳，于吕、卢①败退时，卫戍成都，保全不少。嗣自省门突围而出，转战资、泸，绩②功尤伟。且该员宗旨纯正，对于中央矢诚拥护。现在所部皆在重庆以下，黎、王③甫退，防御难疏④，所有夔万镇守使一缺，拟请改任该师长陈能芳兼任，以利〔励〕有功而资控制。至顺庆、遂宁，地关重要，镇守不可无人，拟添设顺遂镇守使一缺，即请以智勇兼优、忠纯不镌⑤之师长邓锡侯简任。

---

① 指吕超、卢师谛。

② “绩”字旁原有置疑号。

③ 指黎天才、王天纵。

④ “疏”字旁原有置疑号。

⑤ “镌”字旁原有置疑号。

如蒙俞允，川北方面自可无虞。综计设置各镇缺，系为统筹川局计，悉本钧谟，妥慎措置。况滇、黔四出联防，正图军府复活。若稍犹豫，窃恐为他人利用，有碍国家统一。以上所陈，务乞钧院、大部俯鉴川局情形，查照先今各电，转呈大总统俯赐察核，一律准行。并乞速颁明令，饬由存厚转行遵照，以明统系，藉表中央裁成川将之盛意。一再恳陈，均祈示遵。四川督军刘存厚叩。敬。印。

〔北洋政府陆军部档案〕

118. 刘存厚关于添设忠万镇守使各缺以邱华玉等充任镇守使密电

（1920年11月26日）

飞飞急。北京国务院靳总理、陆军部钧鉴：维密。厚前于筱巧两电，请设置镇守使员缺，仰蒙复准，交部核办在案。具见垂念边防，莫名钦佩。现在大局统一虽渐有期，而滇、黔侵川野心未死，统筹全川形势，自〔非〕择扼要防地拣员镇守，不足以资控制，而专责成。各有功将领，仰荷裁成，自当益图报称。拟于前案外，添设忠万镇守使缺一，拟请以混成旅长邱华玉任之，合川镇守使缺一，拟请以师长陈夔栋任之，绥定镇守使缺一，拟请以师长但懋辛任之，酉秀镇守使缺一，拟请以师长余际伊〔唐〕任之。至敬电请设夔万镇守使员缺，现拟设为夔门镇守使，仍请以师长陈能芳兼任。以上各员，均属才堪胜职，素著勤劳，谨乞俯加察核，连同前案一律照准，迅予明令发表，以重职守，而旌有功。至西北边防各地，应俟查明情形，再行呈请核办。特陈核示。四川督军刘存厚叩。宥。印。

〔北洋政府陆军部档案〕

119.大总统准设四川泸永等处镇守使令

（1920年12月30日）

（1）12月30日大总统指令

大总统指令　第三千七十五号

令兼署陆军总长靳云鹏

呈准四川督军刘存厚请设置泸永等处各镇守使员缺，拟请照准，并分别简员充任由

呈悉。应准设置。杨森等，已有令分别任命矣。此令。

中华民国九年十二月三十日

国务总理
陆军总长　靳云鹏

呈开四川刘督军列保九镇守使、两师长地点、衔名顺次如后，伏候鉴核：

一、泸永镇守使杨　森；

二、嘉叙镇守使陈洪范；

三、建昌镇守使刘成勋；

四、忠万镇守使邱华玉；

五、合川镇守使陈国栋；

六、绥定镇守使但懋辛；

七、酉秀镇守使余际唐；

八、夔开镇守使陈能芳；

九、顺遂镇守使邓锡侯；

甲、陆军第二十一师师长田颂尧；

乙、陆军第二十二师师长唐廷牧。①

---

① 此件用纸有“四川督军行署驻京办事处用笺”字样。

（2）12月30日大总统令稿①

大总统令

任命杨森为泸永镇守使，陈洪范为嘉叙镇守使，刘成勋为建昌镇守使，邱华玉为忠万镇守使，陈国栋为合川镇守使，但懋辛为绥定镇守使，余际唐为酉秀镇守使，陈能芳为夔开镇守使，邓锡侯为顺遂镇守使。此令。

中华民国九年十二日　　日

〔北洋政府国务院档案〕

120．大总统准设泸永等处镇守使指令

（1920年12月31日）

大总统指令　第三千七十五号

令兼署陆军总长靳云鹏

呈准四川督军刘存厚请设置泸永等处镇守使员缺，拟请照准，并分别简员充任由。呈悉。应准设置，杨森等已有令分别任命矣。此令。

中华民国九年十二月三十日

国务总理
陆军总长　靳云鹏

〔政府公报，1920年12月31日，第1750号〕

121．关于任命沈鸿英林虎为钦廉高雷镇守使令电

（1916年9月）

（1）　陆荣廷致大总统等密电（9月12日）

急。大总统钧鉴：国务院、陆军部、参谋部钧鉴：华密。窃查钦廉地邻法越边界，海口交通，万山重错，非有宿将劲旅，难

① 此件无日期，据《政府公报》载，应为“30日”。

资镇慑。原任镇守使隆世储所部兵力甚单，乃独立以后，经莫擎宇借去数营，更不足以资防守。现据探报，边界匪徒滋扰甚猖獗，隆世储前日电禀来肇，计日在途。荣廷已饬游击支队总司令沈鸿英率队驰赴该处，严加剿办，以绝边患。该员骁勇善战，屡立奇功，所有钦廉镇守使一职，姑准任命该员，必能胜任。其隆世储俟到肇后另行委用。又原任高雷镇守使王纯良，自全广独立，即弃职私逃，经岑都司令委任车驾龙暂行代理。现该地土匪蜂起，抢劫频仍，人心甚为恐慌，车驾龙能力薄弱，声望平常，不足以资镇慑。查有岑都司令所部第四师师长林虎，谋勇兼优，军事谙练。廷经饬该员率队驰赴该处严办清乡，以资保卫，高雷镇守使员缺即请任命该员，必能胜任。荣廷督军东粤，有保卫地方专责，所有请任该两镇守使，原系为地择人，经已再三斟酌。可否，仰恳钧座俯赐核准，颁发明令，实为公便。仍候示遵。陆荣廷呈叩。文。印。

〔北洋政府陆军部档案〕

(2) 大总统令(9月25日)

大总统令

任命林虎为高雷镇守使。此令。

中华民国五年九月二十五日

国务总理
陆军总长 段祺瑞

大总统令

任命沈鸿英为钦廉镇守使。此令。

中华民国五年九月二十五日

国务总理
陆军总长 段祺瑞

〔政府公报，1916年9月26日，第262号〕

122．关于任命隆世储为南韶连镇守使令电

（1916年10月）

（1）陆荣廷致大总统等密电（10月4日）①

北京大总统钧鉴；国务总理、参陆两部鉴：华密。窃查南韶连镇守使朱福全猝变潜逃，应请免职，所遗员缺紧要，辖地界连湘、赣，镇抚亟须得人。查有原任钦廉镇守使隆世储，谋勇兼优，才谋稳练。此次拥护共和，勤劳卓著。该使籍隶湘□〔省〕，于南韶连边情熟悉，洵堪胜任，理合肃电呈荐。倘蒙俯准特简隆世储为南韶连镇守使，于员缺可期得人，地方足资镇慑，实荷鸿施。荣廷为地择人起见，是否有当，伏候训示施行。广东督军陆荣廷。印。

〔北洋政府陆军部档案〕

（2）大总统令（10月17日）

大总统令

任命隆世储为南韶连镇守使。此令。

中华民国五年十月十七日

国务总理
陆军总长 段祺瑞

〔政府公报，1916年10月18日，第283号〕

123．大总统著将惠潮嘉镇守使改为潮梅镇守使令

（1916年10月15日）

大总统令

广东惠潮嘉镇守使一缺，著改为潮梅镇守使。此令。

① 文中无发电日期，据收电纸载，系“10月4日”发。

中华民国五年十月十五日

国务总理
陆军总长 段祺瑞

〔政府公报，1916年10月16日，第281号〕

124．关于任命莫擎宇为潮梅镇守使令电

（1916年10—11月）

（1）大总统令（10月15日）

大总统令

任命莫擎宇为潮梅镇守使。此令。

中华民国五年十月十五日

国务总理 段祺瑞
陆军总长

〔政府公报，1916年10月16日，第281号〕

（2）莫擎宇致黎元洪等电（11月5日）

分送黎大总统、国务院、段总理、各部总长钧鉴：十月十五日奉大总统令开：广东惠潮嘉镇守使一缺，着改为潮梅镇守使。此令。同日，复奉令开：任命莫擎宇为潮梅镇守使。此令。等因。奉此。遵即暂行刊用木质关防，文曰：潮梅镇守使关防，经于十一月五日就任启用。理合呈报察核。潮梅镇守使莫擎宇叩。微。印。

〔北洋政府陆军部档案〕

125．段祺瑞请简任翟汪为肇阳罗镇守使呈稿

（1917年9月25日）

呈为请简任镇守使，仰祈钧鉴事：窃肇阳罗镇守使李耀汉，现奉令署理广东省长，所遗镇守使一缺，职务重要，未便久悬。

兹查有肇军统领、陆军少将翟汪，治军有方，资望素著，以之请补斯缺，堪以胜任。拟请简任翟汪为肇阳罗镇守使，俾重职守。理合具呈，伏乞鉴核训示施行。谨呈

陆军总长　段

大总统

中华民国六年九月　　日

〔北洋政府陆军部档案〕

126．关于任命龙裕光为琼崖镇守使令电

（1918年1—2月）

（1）龙济光致大总统等密电（1月29日）

大总统、总理、各部总长钧鉴：正密。代理琼崖镇守使黄志桓，甘心助逆，率兵抗命，有辜职守。济光前以出师在即，恳以前广惠镇守使、陆军少将龙裕光署理该缺，俾资留守等情呈在案。迄今日久，未奉明令。而前军出发，虽已克复高雷、阳江等处，无如莫荣新仍盘踞省垣，负嵎抗拒。恩、开、新、台四邑，有林虎、魏邦平、陈春等，各率党拒我前锋。而信宜、廉江、安铺等处，复有陈炳焜、沈鸿英、黄志桓等，时时觊觎，扰我后路。琼州相隔窎远，隆冬风涛，尤极险恶，民舟运济饷械，危险万分。且缓不济急，目前事机紧迫，已定于卅日亲自起程，驰赴高州，居中调度，以期督饬进行，察看防堵。惟念济光渡海以后，本军多已出发，琼属地方异常空虚。据密探，西军拟由钦廉渡海，在陵水登岸，乘虚袭我，如果非虚，则镇守使一职，关系尤为重要。迫不得已，现经委任龙裕光暂行就任琼崖镇守使之职，仍恳早颁明令，以重职守，而专责成。合电驰呈。济光叩。艳。印。

〔北洋政府陆军部档案〕

（2）大总统令（2月2日）

大总统令

任命龙裕光为琼崖镇守使。此令。

中华民国七年二月二日

国务总理 王士珍

陆军总长 段芝贵

〔政府公报，1918年2月3日，第731号〕

127. 大总统著裁撤琼崖镇守使令

（1924年2月23日）

大总统令

琼崖镇守使一缺，著即裁撤。此令。

大总统盖印　　国务总理孙宝琦　　陆军总长陆锦

中华民国十三年二月二十三日

〔政府公报，1924年2月24日，第2847号〕

128. 关于任命韦荣昌为桂平镇守使令咨

（1916年10月）

（1）大总统令（10月15日）

大总统令

任命韦荣昌为桂平镇守使。此令。

中华民国五年十月十五日

国务总理
陆军总长 段祺瑞

〔政府公报，1916年10月16日，第281号〕

（2）陈炳焜致陆军部（12月31日）

广西督军公署为咨行事：案查前准大部咨开：民国五年十月

十五日奉大总统令：任命韦荣昌为桂平镇守使。此令。等因。奉此。兹由本部办就该员简任状一封，相应咨行贵督军查照转发，并饬将领到日期具报备案可也。计简任状一封。等因。准此。当将咨来韦荣昌简任状一封照收转发祇领去后。兹据桂平镇守使韦荣昌呈称：于十二月十五日奉到简任状一封，遵即祇领。等情呈报前来。相应备文咨请大部查明备案。此咨
陆军部

督军　陈炳焜

中华民国五年十二月三十一日

〔北洋政府陆军部档案〕

129．关于任命黄培桂署龙州镇守使令咨

（1916年11月）

（1）大总统令（11月12日）

大总统令

任命黄培桂署广西龙州镇守使。此令。

中华民国五年十一月十二日

国务总理
陆军总长　段祺瑞

〔政府公报，1916年11月13日，第309号〕

（2）陈炳焜致陆军部咨（12月25日）

广西督军公署为咨复事：民国五年十二月二十一日准大部咨开：民国五年十一月十二日奉大总统令：任命黄培桂署广西龙州镇守使。此令。等因。奉此。兹由本部办就该员简任状一封，相应咨行贵督军查照转发，并将领到日期具报备案可也。计简任状一封。等因。准此。除将咨来简任状一封转发黄镇守使祇领具报外，

相应咨复大部查照。此咨

陆军部

督军　陈炳焜

中华民国五年十二月二十五日

〔北洋政府陆军部档案〕

130．大总统准裁撤迤西镇守使令

（1914年2月19日）

大总统令

据云南迤西镇守使谢汝翼电称：迤西一律肃清，请裁撤镇守使缺，并给假就医等语。云南迤西镇守使缺准即裁撤；谢汝翼督师平乱，卓著勋劳，著即来京，另候简用。此令。

中华民国三年二月十九日

国务总理　孙宝琦

陆军总长　周自齐

〔政府公报，1914年2月20日，第642号〕

131．靖国军总司令官兼摄云南省长关于公布云南镇守使署暂行组织条例训令

（1922年5月24日）

靖国军总司令官兼摄云南省长训令　第九五号

令交涉署

兹制定云南镇守使及镇守副使组织服务各条例公布之。此令。计发条例四本。

唐继尧

中华民国十一年五月二十四日

云南镇守使署暂行组织条例

第一条　各区镇守使得于指定地成立镇守使署。

第二条　镇守使署得分置秘书、参谋、副官、军械、军需、军法、军医七处，秉承镇守使，办理职权内一切事项。

第三条　秘书处设置人员如左：

秘书长一员　同中校

秘书官二员　同少校

第四条　参谋处设置人员如左：

参谋长一员(少将或上校)

参谋三员(校官二，尉官一)

第五条　副官处设置人员如左：

副官长一员(上中校)

副官四员(校官二，尉官二)

司号官一员(同少尉)

第六条　军械处设置人员如左：

军械处长一员(中校)

处员二员(少校一，上中尉一)

第七条　军需处设置人员如左：

军需处长一员(二等军需正)

处员四员(三等军需正一，二三等军需各一)

第八条　军法处设置人员如下：

军法处长一员(二等军法正)

处员二员(三等军法正一，一二等军法一)

第九条　军医处设置人员如下：

军医处长一员(二等军医正)

处员二员(一二等军医一，一二等兽医一)

第十条　除前列各处人员外，酌量事务繁简，得设差遣、司事、录事、勤务、士兵、伙马夫各若干名，乘马二十四。

第十一条　镇守使服务条例另订之。

第十二条　本条例自公布日施行。

〔外交部云南特派员公署档案〕

132. 大总统准裁撤赤峰镇守使令

（1914年5月21日）

大总统令

据赤峰镇守使陈光远呈，请将赤峰镇守使裁撤等语，赤峰镇守使准即裁撤，陈光远著仍会办热河防剿事宜。此令。

中华民国三年五月二十一日

国务卿　徐世昌

〔政府公报，1914年5月22日，第733号〕

133. 姜桂题为成立林西镇守使署请速解决经费问题密电

（1914年6月26日）

特。北京陆军部钧鉴：拱密。林西镇守使署于本年二月一日成立，其属官均经贵部暨参谋部分别荐委，所有经费何处请领，应否造送追加预算，并于五月七日咨请核示在案，未准咨复。兹据该镇守使呈催请领前来。查热河财政奇绌，虽部中月有协款，而此款不在其列，实在无从筹措，惟有仍请贵部设法补助。至应否由敝处按月据领转请贵部核发，抑或加协款项发由敝处转给之处，希速酌核电复，以凭饬遵。姜桂题叩。宥。印。

〔北洋政府陆军部档案〕

134. 姜桂题关于添设朝阳镇守使由殷贵兼任等情密电

（1915年7月25日）

陆军部鉴：华密。准咨开：热河添设朝阳镇守使一缺，已奉策令任命殷贵兼任，并经呈明定为简缺等因。当经饬令组织成立，该署经费应自八月一日起支。惟热河厅库奇窘，现已入不敷出，万难再增担负。该署所需经费，原请由中央按月照加协饷，以凭支付，兹来咨未承示及。拟恳仍照原案由中央协给，请转商财部，电覆为祷。姜桂题。径。印。

〔北洋政府陆军部档案〕

135. 大总统准将林西镇守使改为赤林镇守使指令

（1922年8月31日）

大总统指令　第二千七百四十二号

令署陆军总长张绍曾

呈请将林西镇守使改为赤林镇守使，并请简员由。呈悉。应准改设，并有令任命矣。此令。

大总统盖印　　国务总理王宠惠　　陆军总长张绍曾

中华民国十一年八月三十一日

〔政府公报，1922年9月1日，第2334号〕

136. 大总统裁撤赤林镇守使令

（1924年9月17日）

大总统令

赤林镇守使一缺，著即裁撤。此令。

大总统盖印　　国务总理颜惠庆　　陆军总长陆锦

中华民国十三年九月十七日

〔政府公报，1924年9月18日，第3050号〕

137. 田中玉为多伦镇守使改为察东镇守使请以唐启尧署理镇缺密电

（1917年3月25日）

北京大总统、国务院段总理、参谋部王总长钧鉴：赓密。多伦镇守使请改为察东镇守使，移驻乌旗，业经陈明在案。如蒙允准，现在边防吃紧，需人甚急，请令萧良臣迅速回任。倘萧一时不能回任，玉前保人员，如有异议，兹查有陆军少将唐启尧，办理军事多年，富有经验，且曾任边疆道缺，对于民事亦有研究，于察东镇守使一缺兼理军民两政，最为相宜，拟请即简唐启尧先行署理察东镇守使，以免遗误，而资臂助。是否，乞示遵。田中玉叩。径。印。

〔北洋政府陆军部档案〕

138. 关于增设绥西镇守使署并以满泰充镇守使提令

（1927年11月）

（1）军事部提议（11月？日）

军事部提议

为提议事：查绥西一带，毗连蒙、甘，关系边防，至为重要，非设专员镇抚，不足以策治安。拟于包头地方增设绥西镇守使一缺，以固边陲，并请任命陆军第三十师师长兼陆军第三十一军副军长满泰为绥西镇守使。可否之处，相应提请公决。

军事部提议

〔批〕：照办。

（2）大元帅指令（11月26日）

大元帅指令　第四百八十八号

令军事总长何丰林

呈拟请于包头地方增设绥西镇守使一缺，并请以满泰简任，请鉴核由

呈悉。准如所拟办理，已有令任命矣。此令。

中华民国十六年十一月廿六日

国务总理　潘　复

军事总长　何丰林

（3）大元帅令（11月26日）

大元帅令

任命满泰为绥西镇守使。此令。

中华民国十六年十一月廿六日

国务总理　潘　复

军事总长　何丰林

〔北洋政府国务院档案〕

139.大总统著改青海办事长官为甘边宁海镇守使申令

（1915年10月3日）

大总统申令

青海办事长官一缺，著即行裁撤，改设甘边宁海镇守使。此令。

中华民国四年十月三日

国务卿　徐世昌

〔政府公报，1915年10月4日，第1224号〕

140．马麒报告领到甘边宁海镇守使简任状详

（1916年4月5日）

为详报事：窃职使于三月二十八日，奉宪部第九五五号饬开：民国四年十月三日奉策令：任命马麒为甘边宁海镇守使。此令。等因。奉此。并经本部奏请缓觐奉批准在案。兹缮具该员简任状一张，送请盖印，并请国务卿署名发还。合即加封饬发，仰即祇领，并将前领任命状遵章缴部注销可也。此饬。计简任状一封。等因。奉此。除将原领西宁镇总兵任命状一张，详由甘肃将军巡按使查收转缴外，所有奉到甘边宁海镇守使简任状日期，理合详报宪部鉴核。谨详

陆军部总长王

中华民国五年四月五日

〔北洋政府陆军部档案〕

141．大总统准添设甘边阴平镇守使指令

（1918年10月9日）

大总统指令　第一千六百八十一号

令陆军总长段芝贵

呈请添设甘边阴平镇守使，定为简缺，并请简员充任由。呈悉。准予设置，已有令任命吴攀桂为镇守使矣。此令。

中华民国七年十月九日

国务总理　段祺瑞

陆军总长　段芝贵

〔政府公报，1918年10月10日，第972号〕

四、陆军检阅使

1. 姜桂题为拟订陆军检阅使署编制草案请饬下从速议准呈

(1921年11月15日)

大总统钧鉴：敬呈者：窃桂题前在热河都统任内，恭奉明令为陆军检阅使等因，自顾衰庸，难膺重任，当经电请收回成命，俾遂初服。乃蒙温谕慰留，命即赴京供职。遵将热河都统职务交卸，即行入都，复经面辞，更蒙慰勉，过辱宠命，敢外生成，遵即先行就职。伏查桂题既经就职。所有检阅使署自应同时成立，以资办公。惟当财政万绌之秋，力除浮滥铺张之弊，拟定制章，一再核减，将使署必不可少员额先行设署，其余概从简略，月需经常费八千余元，已减无可减。谨将编制条例附呈鉴核，伏乞饬下从速议准，并发关防，以资信守，应需经费，由何处请领，并乞指定，俾便进行，无任叩祷。谨呈

大总统

昭武上将军、管理将军府事务、毅军军统、陆军检阅使　姜桂题谨呈

十一月十五日

陆军检阅使署编制草案　附职员月支经费表

陆军检阅使署

地点

陆军检阅使署设置于民国十年九月，奉大总统令建设；本署暂借翠花胡同办公处房屋作为办公之所。

系统

陆军检阅使署直隶于大总统，为军事上之最高辅助机关。

编制

陆军检阅使署置陆军检阅使，由大总统于陆军上将特任之。又置参赞一人，由大总统任命之。

陆军检阅使署置参议四人，副官四人，秘书二人，检查员四人，由本署荐任之；参议四员，并请作为简任待遇。

陆军检阅使署置副检查员四人，书记官二人，事务员四人，办事员八人，由本署委任之。

陆军检阅使署因缮写文件及其他特别事项，得酌用雇员。

职掌

陆军检阅使承大总统之命，检阅各省陆军军队、局、厂一切事宜。参赞辅助检阅使，规画检阅，并得奉派遣率所属各员执行检阅。参议备检阅使咨询，随同检阅。副官承长官之命，掌理宣达本署事务。秘书掌理机要事务，及日行函电、文件。检查员承长官之命，掌理派遣检阅事宜。副检查员分掌派遣检阅事宜。书记官、事务员、办事员，助理本署拟办文牍、庶务一切事宜。雇员任缮写文件及其他特别事务。

经费

陆军检阅使署经费，概由财政部支给，每月额支八千一百二十元。如遇添设官佐，预算不敷时，得咨请财政部补发。至分赴各省检阅旅费，临时另文报告，咨由财政部核销。

陆军检阅使署月支经费表

名称	员额	薪俸	共数
检阅使	一员	薪俸一千元　公费一千元	共二千元
参赞	一员	薪俸六百元	共六百元

参议	四员	每员薪俸各三百元	共一千二百元
副官	四员	每员薪俸各二百元	共八百元
秘书	二员	每员薪俸各二百四十元	共四百八十元
检查员	四员	每员薪俸各二百元	共八百元
副检查员	四员	薪俸一百元者二员，八十元者二员	共三百六十元
书记官	二员	薪俸一百元者一员，八十元者一员	共一百八十元
事务员	四员	薪俸一百二十元者二员，八十元者二员	共四百元
办事员	八员	薪俸五十元者二员，四十元者二员，三十元者四员	共三百元
雇员	十二名	每名二十元	共二百四十元
护兵	十名	每名八元	共八十元
差弁	十名	每名十六元	共一百六十元
杂支			共五百二十元
以上共支八千一百二十元			

〔北洋政府参陆办公处档案〕

2．关于陆军检阅使署编制问题函电

（1922年11月）

（1）冯玉祥致国务总理密电（11月1日）

急。北京国务总理钧鉴：昌密。顷奉钧电：本日奉大总统令，以玉祥为陆军检阅使。并奉谕：著即统率所部移驻近畿地方。各等因。祇奉之下，遵即结束一切，不日即率一师及三混成旅开赴京畿。知关廑系，先此禀闻。再，检阅使署编制，是否仿照巡阅使抑仿照经略使署编〔制〕，盼复。冯玉祥叩。东。印。

（2）国务院致陆军部函稿（11月6日）

函 第二千三百十三号

径启者：前准冯检阅使东电内开：①……等语。当交法制局核议去后。兹据该局呈称：奉交冯使电询检阅使署编制东电一件。查十年九月曾派姜桂题为陆军检阅使，当时并无编制。此项使署与巡阅、经略两使名称既属不同，性质自难一律。究应如何编制之处，事关军制，拟请交由参陆两部核办，以期妥协。等语。相应函达贵部查核办理见复可也。

此致

陆军部

中华民国　年　月　日

〔北洋政府国务院档案〕

3．陆军检阅使署组织法服务条例

（1922年11月）

陆军检阅使署组织法

① 以下引述冯玉祥东电。兹略。

第一条　陆军检阅使署设参谋长一人，简任，承检阅使之命，参赞擘画本署一切事务。

第二条　陆军检阅使署设左列各处、厅：

一、参谋处

二、训练厅

三、副官处

四、军务处

五、军需处

六、军法处

七、军医处

八、秘书处

第三条　各处设处长一人，简任，承检阅使之命，授〔受〕参谋长之指导，办理本处事务。处长职，视少将或同等之简任职。

第四条　各处分设各科，科置科长一人，荐任，科员无定额，委任，承直属长官之命，分掌本科事务。各处之分科，以另表定之。科员之额数，由检阅使酌定之。

第五条　此项组织，系按平时规定，如实行检阅，各部军队人员不敷分布，临时再为增设之。

第六条　检阅使如实行职权涉及民政，临时再为增设行政人员。

第七条　经费分平时、临时二种，平时全署每月约需洋四万四千元(如另表之规定)，将来如因事繁增设人员，临时再为呈请增加之。

第八条　检阅使署之组织及所统辖之军队，以列表定之。

陆军检阅使署组织表

- 陆军检阅使
  - 参谋长
    - 参谋处
      - 一二三等参谋
    - 训练厅
      - 军事科
      - 步兵科
      - 骑兵科
      - 工兵科
      - 炮兵科
      - 辎兵科
    - 副官处
      - 一二三等副官
    - 军务处
      - 考绩科
      - 军械科
    - 军需处
      - 会计科
      - 粮服科
    - 军法处
      - 军法官
    - 军医处
      - 医务科
      - 卫生科
    - 秘书处
      - 秘书
      - 电务处

附记：

一、本表系比照巡阅使署之组织订定。

二、检阅使署得设宪兵一营(约三百名)。

三、检阅使署得设卫队，由检阅使就现有军队内拨充。

陆军检阅使署部队统系表

- 检阅使署
  - 第十一师
  - 第七混成旅
  - 第八混成旅
  - 第二十五混成旅
  - 宪兵营

陆军检阅使署服务条例

第一章　参谋长

第一条　陆军检阅使署设参谋长一员，禀承检阅使之命，办理本署一切事宜。

第二章　参谋处

第二条　参谋处设各级参谋及秘书，各项人员分任服务，受参谋长指挥，担任本处一切事宜，应负完全责任。

第三条　参谋处应设之员额，按照组织法办理。

第四条　参谋处职掌如左：

一、关于军事机要命令、训令事宜；

二、关于军队调遣配置事宜；

三、关于官长、目兵教育训练事宜；

四、关于军队演习、校阅及秋操一般计划事宜；

五、关于动员计划、作战计划事宜；

六、关于后方勤务及输送各项计划事宜；

七、关于军事出版书类、图表事宜；

八、关于一切课报事宜；

九、关于军队编制计划事宜；

十、关于全国裁兵计划事宜；

十一、关于全国军队统计调查事宜；

十二、关于电信交通事宜；

十三、关于考核各军队参谋军官事宜。

第三章　训练厅

第五条　训练厅设厅长一员，禀承检阅使之命，并受参谋长之指导，办理本厅一切事宜。厅内人员对于厅长，应负完全责任。

第六条　训练厅应设之员额，按照组织法办理。应按其职掌分科如左：

一、军事科；

二、步兵科；

三、骑兵科；

四、炮兵科；

五、工兵科；

六、辎兵科。

第七条　训练厅职掌如左：

一、军事科：关于技术兵种，如航空、通信、铁道等队之教育、训练、校阅、计划及各兵科所管以外之一切事宜；

二、步兵科：关于步兵教育、训练、校阅、计划事宜；

三、骑兵科：关于骑兵教育、训练、校阅、计划事宜；

四、炮兵科：关于野炮兵、重炮兵教育、训练、校阅、计划事宜；

五、工兵科：关于工兵教育、训练、校阅、计划事宜；

六、辎兵科：关于辎重兵教育、训练、校阅、计划事宜。

第四章　副官处

第八条　副官处设副官长一员，禀承检阅使之命，并受参谋长之指导，办理本处一切事宜。各级副官及书记、庶务人员，对于副官长，应负完全责任。

第九条　副官处应设之员额，按照组织法办理。

第十条　副官处职掌如左：

一、关于传达命令呈报一切事宜；

二、关于维持署内风纪事宜；

三、关于监视约束本署弁、护、兵、夫事宜；

四、关于督饬守卫官兵稽查出入门证事宜；

五、关于一切接洽事宜；

六、关于发给各处物品及消耗事宜；

七、关于庶务及一切不属于各处之事宜；

八、关于各军队内务勤务调查事宜。

第五章　军务处

第十一条　军务处设处长一员，禀承检阅使之命，并受参谋长之指导，办理本处一切事宜。处内人员对于处长，应负完全责任。

第十二条　军务处应设之员额，按照组织法办理。应按其职掌分科如左：

一、考绩科；

二、军械科。

第十三条　军务处职掌如左：

一、关于军队编制、改并、裁撤及调查一切事宜；

二、关于征募、召集、退伍、补充事宜；

三、关于运输交通征发执行事宜；

四、关于军队战备事宜；

五、关于校阅、秋操筹备执行事宜；

六、关于稽核军队内务、勤务及宪兵服务事宜；

七、关于各军队军纪、风纪事宜；

八、关于兵器、弹药及军用器具材料等项事宜；

九、关于军马筹备、购置、补充事宜；

十、关于军械考查事宜；

十一、关于奖赏、抚恤事宜；

十二、关于各军队叙任及颁发委任令事宜。

第六章　军需处

第十四条　军需处设处长一员，禀承检阅使之命，并受参谋长之指遵〔导〕，办理本处一切事宜。处内人员，对于处长，应负完全责任。

第十五条　军需处应设之员额，按组织法办理。应按其职掌分科如左：

一、会计科；

二、粮服科。

第十六条　军需处职掌如左：

一、关于军费出纳、稽核及预算、决算事宜；

二、关于粮秣、被服、装具及军同〔用〕物品购买、收发、补充、保存、检查及修理、交换事宜；

三、关于陆军建筑及修缮事宜；

四、关于各军队军费出纳及簿记、报销事宜。

第七章　军法处

第十七条　军法处设处长一员，禀承检阅使之命并受参谋长之指导，办理一切事宜。处内人员，对于处长，应负完全责任。

第十八条　军法处应设之员额，按组织法办理。

第十九条　军法处职掌如左：

一、关于军法会审事宜；

二、关于军人、军属违法惩戒及赦免事宜；

三、关于擒获匪人惩办事宜；

四、关于陆军监狱事宜；

五、关于各军队军法官任免、考核事宜；

六、关于各军队呈报军法事件之核办事宜。

第八章　军医处

第二十条　军医处设处长一员，禀承检阅使之命，并受参谋长之指导，办理本处一切事宜。处内人员，对于处长，应负完全责任。

第二十一条　军医处应设之员额，按照组织法办理。应按其职掌分科如左：

一、医务科；

二、卫生科。

第二十二条　军医处职掌如左：

一、关于本署及各军队人员、马匹、医务及卫生事宜；

二、关于医务卫生报告表册之考核及实地检查事宜；

三、关于陆军病院事宜；

四、关于防疫疗疫事宜；

五、关于平时、战时卫生勤务之计划、支配事宜；

六、关于本署及所辖各部队平时、战时卫生材料之购办、保存、分配、稽核事宜；

七、关于军兽医人员之任免、调遣及学术上考核事宜；

八、关于所辖各部队医务用费一切核定事宜；

九、关于因公致疾例应恤赏及废疾除役各项诊断事宜；

十、关于征兵检查、体格检查、军马检查事宜；

十一、关于卫生人员之教育及卫生队看护军士之训练计划事宜；

十二、关于粮秣、被服、营房等之卫生规定事宜；

十三、关于化学上裁判、监定事宜；

十四、关于一切医务上之研究、改进及军队卫生各种书籍、杂志编辑事宜。

第九章　秘书处

第二十三条　秘书处设秘书长一员，禀承检阅使之命，并受参谋长之指导，办理本处一切事宜。处内人员，对于秘书长，应负完全责任。

第二十四条　秘书处应设之员额，按照组织法办理。

第二十五条　秘书处职掌如左：

一、关于本署呈咨公文及来往重要函牍担任拟稿事宜；

二、关于机要及重要文书收发、保管事宜；

三、关于密电收发事宜。

以上各条，如有未尽事宜，临时呈请再行改订。

陆军检阅使署人员薪饷编制表

职	衔	员数	每月每员薪数	公费	共计
检阅使		一	一〇〇〇	二〇〇〇	三〇〇〇
参谋长		一	六〇〇	四〇〇	一〇〇〇
参谋处	上校参谋	三	二六〇		七八〇
	中校参谋	三	二〇〇		六〇〇
	少校参谋	三	一四〇		四二〇
	上尉参谋	三	八〇		二四〇
	书记官	一	八〇		八〇
	录事	六	四〇		二四〇
	弁目	一	一五		一五
	马弁	六	一二		七二
	护兵	一四	八		一一二
	伙夫	四	六		二四
	马夫	八	六		四八
	马乾	二四	七		一六八
训	厅长	一	四〇〇	二〇〇	六〇〇
	科长	六	二〇〇		一二〇〇
	一等科员	六	一四〇		八四〇
	二等科员	六	一〇〇		六〇〇
	书记官	一	八〇		八〇
	录事	六	四〇		二四〇

练厅	弁目	一	一五		一五
	马弁	六	一二		七二
	护兵	一〇	八		八〇
	伙夫	四	六		二四
	马乾	二〇	七		一四〇
军务处	处长	一	四〇〇	二〇〇	六〇〇
	科长	二	二〇〇		四〇〇
	一等科员	三	一四〇		四二〇
	二等科员	五	一〇〇		五〇〇
	三等科员	五	八〇		四〇〇
	书记官	一	八〇		八〇
	录事	四	四〇		一六〇
	弁目	一	一五		一五
	马弁	四	一二		四八
	护兵	六	八		四八
	伙夫	四	六		二四
	马夫	四	六		二四
	马乾	一二	七		八四
副	副官长	一	四〇〇	二〇〇	六〇〇
	一等副官	三	一四〇		四二〇
	二等副官	一〇	一〇〇		一〇〇〇
	三等副官	一二	八〇		九六〇

官处	书记官	一	八〇		八〇
	录事	六	四〇		二四〇
	会计	二	五〇		一〇〇
	庶务	二	五〇		一〇〇
	弁目	一	一五		一五
	马弁	一六	一二		一九二
	护目	一	一〇		一〇
	护兵	二四	八		一九二
	伙夫	一〇	六		六〇
	杂役	二〇	六		一二〇
	马夫	一〇	六		六〇
	马乾	二〇	七		一四〇
秘书处	秘书长	一	四〇〇	二〇〇	六〇〇
	秘书	四	二〇〇		八〇〇
	书记官	一	八〇		八〇
	录事	六	四〇		二四〇
	弁目	一	一五		一五
	马弁	二	一二		二四
	护兵	四	八		三二
	伙夫	四	六		二四
	马夫	二	六		一二
	马乾	四	七		二八

军需处	处长	一	四〇〇	二〇〇	六〇〇
	科长	三	二〇〇		六〇〇
	一等科员	一	一四〇		一四〇
	二等科员	二	一〇〇		二〇〇
	三等科员	九	八〇		七二〇
	书记官	一	八〇		八〇
	录事	八	四〇		三二〇
	弁目	一	一五		一五
	马弁	二	一二		二四
	护兵	六	八		四八
	伙夫	四	六		二四
	马夫	四	六		二四
	马乾	八	七		五六
军医	处长	一	四〇〇	二〇〇	六〇〇
	科长	二	二〇〇		四〇〇
	一等科员	二	一四〇		二八〇
	二等科员	二	一〇〇		二〇〇
	三等科员	四	八〇		三二〇
	书记官	一	八〇		八〇
	录事	四	四〇		一六〇
	弁目	一	一五		一五
	马弁	二	一二		二四

处	护兵	六	八		四八
	伙夫	四	六		二四
	马夫	二	六		一二
	马乾	六	七		四二
军法处	主任法官	二	二〇〇		四〇〇
	一等法官	一	一四〇		一四〇
	二等法官	二	一〇〇		二〇〇
	三等法官	一	八〇		八〇
	书记官	一	八〇		八〇
	录事	四	四〇		一六〇
	弁目	一	一五		一五
	马弁	二	一二		二四
	护兵	四	八		三二
	伙夫	四	六		二四
	马夫	二	六		一二
	马乾	四	七		二八
合计额支			二六四八八元		

杂	宪兵营薪饷费	五〇〇〇	共计一七四二九元
	额外薪饷费	二八二〇	
	购置费	一八五〇	
	邮电费	二〇〇〇	
	交际费	三二〇〇	

支	旅　　　费	一〇〇〇	
	医　药　费	六五九	
	津　贴　费	五〇〇	
	侦　探　费	四〇〇	
总　　　计		四三九一七元	
附记	一、本署系按巡阅使署编制稍加变通，共七处一厅。 二、杂支费如不敷用，得临时增加之。 三、额外薪饷费，专为委任参议、顾问、谘议等项人员以备谘询之用。		

〔北洋政府陆军部档案〕

4．大总统批准陆军检阅使暂行编制指令

（1922年12月30日）

大总统指令　第三千六百四十五号

令署陆军总长张绍曾

呈拟订陆军检阅使暂行编制，请鉴核由。呈悉。准如所拟办理。此令。

大总统盖印　　国务总理王正廷　　陆军总长张绍曾

中华民国十一年十二月三十日

〔政府公报，1922年12月31日，第2450号〕

5．临时执政同意将陆军检阅使所部改编两师指令

（1924年12月18日）

临时执政指令　第八十号

令陆军总长吴光新

呈拟请将陆军检阅使所部军队，先行改编两师，并请简任师长人员由。呈悉。应如拟改编，已有令任命鹿钟麟等为师长矣。此令。

陆军总长　吴光新

中华民国十三年十二月十八日

〔政府公报，1924年12月19日，第3139号〕

6．大元帅批准陆军检阅使暂行条例指令

（1928年4月19日）

大元帅指令　第三百七十三号

令军事总长何丰林

呈拟具陆军检阅使暂行条例，请鉴核由。呈悉。准如所拟办理。此令。

陆海军大元帅之印　　国务总理潘复　　军事总长何丰林

中华民国十七年四月十九日

〔政府公报，1928年4月20日，第4299号〕

7．大总统特派冯玉祥为陆军检阅使令

（1922年10月30日）

大总统令

特派冯玉祥为陆军检阅使。此令。

大总统盖印　　国务总理王宠惠　　陆军总长张绍曾
中华民国十一年十月三十一日

〔政府公报，1922年11月1日，第2392号〕

8．大元帅任命王占元为陆军检阅使令

（1928年4月17日）

大元帅令

特派王占元为陆军检阅使。此令。

中华民国十七年四月十七日

国务总理　潘　复
军事总长　何丰林

〔北洋政府国务院档案〕

五、长江上游总司令

1．大总统任命曹锟为长江上游警备总司令官令

（1914年4月24日）

大总统令

任命曹锟为长江上游警备总司令官。此令。

中华民国三年四月二十四日

国务总理　孙宝琦
内务总长　朱启钤
陆军总长　段祺瑞

〔政府公报，1914年4月25日，第706号〕

2. 大总统免去吴光新长江上游总司令等职令

（1920年7月29日）

大总统令

两湖巡阅使王占元电称：长江上游总司令吴光新，潜居汉口，日与著名乱党秘密计划，初欲借用湖南溃兵，后乃变计煽动土匪，希图扰害地方。复私调所部潜赴信阳，欲图分扰豫境。派人潜携炸弹，冀图暗杀豫、直重要军官。对于鄂省所运军饷及招募新兵，一再扣留。在汉宣言，不出旬日，即见武昌有乱，伊乃出而靖难。等语。吴光新身绾戎符，应如何捍卫地方，维持大局，如该使电称各节，实属意存破坏，法所难容。吴光新著先行免去湖南督军暨长江上游总司令各职，交王占元彻查确情，呈候核办。所有长江上游总司令一缺，应即裁撤，其所辖军队，并由王占元妥为收束，以节军费。交陆军部查照。此令。

中华民国九年七月二十九日

国务总理　萨镇冰
陆军总长

〔政府公报，1920年7月30日，第1601号〕

3. 关于缉办长江上游警备司令所属第四旅旅长费国祥令

（1920年8—9月）

（1）大总统令(8月30日）

大总统令

两湖巡阅使王占元电呈，长江上游警备司令所属第四旅旅长费国祥，前在宜昌有唆使军队暴动情事。嗣逃至汉口，犹与伊弟费国禔先后递信属军，希图煽惑。又第二旅第四团团长马林，前在宜都勒抢巨款，暗令兵队哗变。上游司令部参谋长杨言昌，煽动军队，令与土匪勾结，扰害地方。均属图乱有据。请褫夺官勋，通缉讯办。等语。费国祥、马林、杨言昌，勾结煽乱，情罪昭著，实属大干法纪，均著褫夺官职、勋章，连同费国禔，一并严行通缉务获，归案讯办，以昭炯戒。此令。

中华民国九年八月三十日

国务总理
陆军总长　靳云鹏

〔政府公报，1920年8月31日，第1633号〕

（2）第二十师司令部通令（9月19日）

陆军第二十师令　法字第四十一号

为通令事：案奉陆军部令开：本年八月三十日奉大总统令：两湖巡阅使王占元电呈：长江上游警备司令所属第四旅旅长费国祥，前在宜昌，有唆使军队暴动情事。嗣逃至汉口，犹与伊弟费国禔先后递信属军，希图煽惑。又第二旅第四团团长马林，前在宜都，勒抢巨款，暗令兵队哗变。上游司令部参谋长杨言昌，煽动军队，令与土匪勾结，扰害地方。均属图乱有据，请褫夺官勋，通缉讯办。等语。费国祥、马林、杨言昌勾结煽乱；情罪昭著，实属大干法纪，均著褫夺官职、勋章，连同费国禔，一并严行通缉务获，归案讯办，以昭炯戒。此令。等因。奉此。除分行外，合行令仰该师长遵照，饬属一体协缉务获，径解两湖巡阅使公署归案讯办可也。此令。等因。奉此。合行各部一体遵照。此令。

中华民国九年九月十九日

〔北洋政府陆军第二十师档案〕

（七）陆军规章制度

一、补官、任职

1.临时大总统公布陆军官制表令

（1912年8月19日）

临时大总统令

参议院议决陆军官制表，本大总统按照约法第三十条公布之。此令。官制表见法律门。

中华民国元年八月十九日

陆征祥、段祺瑞署名

〔政府公报，1912年8月21日，第113号〕

2.大总统公布陆军官佐补官暂行章程令

（1912年9月12日）

临时大总统令

兹制定陆军官佐补官暂行章程公布之。此令。

中华民国元年九月十二日

大总统盖印　赵秉钧、段祺瑞署名

陆军官佐补官暂行章程

第一条　凡民国服务军职人员，均按其职级，依照本章程补授实官。

第二条　补官人员如左列各项：

一、民国在职之陆军官佐其职为前南北两陆军部或都督所认可者；

二、陆军出身人员曾充各项军职而在共和宣布前后解职者；

三、非陆军出身人员已解军职而于民国卓著勋劳者；

四、前清陆军毕业学生授有军官现无军职者。

第三条　补官之分别如左：

一、上等军官佐　　　　特补

二、中等军官佐　　　　简补

三、初等军官佐　　　　荐补

第四条　准尉及相当军佐，由各该管高级长官考察部下应补人员报由陆军部核补。

第五条　参谋人员应由参谋部将应补人员咨送陆军部办理。

第六条　凡直隶陆军部之军队、学校、局厂、医院等，迳由该管各高级长官报部办理。

第七条　各省应补军官军佐，由各该处之高级长官将所属之应补人员按照现职分别造册，呈由各该省都督核实后，汇齐咨部办理。

第八条　报部请补人员，应由该管高级长官认真稽核并负完全责任。

第九条　本章程自公布日施行。

〔北洋政府陆军部档案〕

3.陆军官佐任职令草案

（1912年）

陆军官佐任职令

第一条　陆军官佐补官后令充军职者，谓之任职。

第二条　陆军中初等官佐，均按所学兵科任本科军职，但规定不分兵科之军职，不在此限。

第三条　凡属参谋本部直辖之陆军官佐，除上等二、三两级应会商陆军部同意外，其中等以下人员，由参谋本部指任，函知陆军部，按本令第四条办理。

第四条　陆军任职，上等第一级军职特任，其二、三级军职由陆军部呈请简任，中等军职由陆军部荐任，初等军职由陆军部委任，按月汇呈备案。

第五条　陆军任职，分补职、署职、代理、转调四项。

第六条　补职：应以相当之官补相当之职，不得越级降级充补，但规定一职有两级者，二级官均可充补。

第七条　署职：凡军职缺出，如无第六条所载合例人员，即以停年最深考绩最优之次级人员署之。

第八条　代理：分为二项：（甲）军职缺出，所请补署人员尚未办准时；（乙）官佐因公或事故离职，底缺未开时。

第九条　转调：陆军官佐由某师管改他师管军职时，非经核准后，不得自行更调。其有关兵科转调者，应照陆军补官令第五条办理。

第十条　休职之陆军官佐，除特任外，由陆军部查核任委。

第十一条　停职之陆军官佐，停职期满后，由陆军部查核酌量委用。

第十二条　陆军官佐非有应休职停职之事故者，不得擅令休职停职。

第十三条　国际战争时，陆军任职可权由统兵主将于其统辖范围内主持施行，惟中等以上各官佐，须随时报部查核呈任，初等官佐按月报部加委。

第十四条　战时召集陆军续备、后备官佐任职时，准照本令办理。

第十五条　现任军职人员曾经任委者，均准仍旧供职。

第十六条　本令施行细则，由陆军部规定，以部令通行。

第十七条　本令自公布日施行。

〔北洋政府陆军部档案〕

4.陆军官佐考绩条例

（1912年）

陆军官佐考绩条例

第一条　陆军考绩，所以考察陆军各官佐一身之学识行为，以资补官任职之用。

第二条　陆军考绩，分随时与定期二种。随时考绩，即校阅、试验、查勘等，另有专章。

第三条　定期考绩，每年按期造具考绩表：（甲）陆军官佐考绩年表；（乙）陆军官佐考绩总表。

第四条　考绩年表，系专记被考官佐本年任职期内，各项成绩分数，每年由考绩官逐级呈报一次。

第五条　考绩总表，系专记全国考绩最优及最劣人员，按照补官条例第十五、第十六两条，分别办理，由陆军部开单，呈报大总统备案。

第六条　考绩官评定年表分数，须摘要注记理由。其分数均以二十分为满，平均分数得十七分以上者为上等，十三分以上不足十七分者为中等，不及十三分者为次等。

第七条　考绩官应将考绩最优或最劣人员，汇编考绩次序名簿，随年呈报。其规定如左：

一、停年期内历年考绩，均列上等者，为最优人员；

二、停年期内历年考绩均列次等者，为最劣人员；

三、连年考绩均列上等，其年数与停年期限相符者，为最优人员；

四、连年考绩均列次等，其年数与停年期限相符者，为最劣人员。

第八条　覆考官据报考绩年表后，应即就已所见记入附记栏内，并连同自己所属被考官之表册，按照第十一条规定，分别缀钉，送呈覆考官备核。覆考官逐级准此办理。

第九条　覆考官据报考绩次序名簿查核无异后，应即连同自己所考各员，另编考绩次序名簿，送呈上官核办。其原呈名簿中各员有欠妥之处，得以斟酌去取。但须将理由注记于该员年表内，呈报备查。覆考官逐级准此办理。

第十条　有考绩权各长官，如附表〔略〕所列。

第十一条　考绩年表之编订法，应由各高级长官如师长、独立旅长之及局、厂、学校长类按各科分别装钉，查照第一表〔略〕备考办理。

第十二条　考绩年表及名簿，应照造二份，一报部，一存案，作为紧要文册，秘密保存。

第十三条　陆军人员及各机关之直属参谋本部管辖者，其考绩年表及名簿，应呈由参谋本部覆核后，咨送陆军部汇案办理。

第十四条　被考官如遇转调他处或升级后，仍在原处任职，应由原考绩官将其所存之考绩年表及名簿，呈由该管高级长官送交该转调处或其所属之考绩官收执。

第十五条　现役官佐退入续备、后备役或休职、停职及续备、后备役官佐召集事竣，其存案之考绩年表及名簿，暂由该管长官送交该原省都督收管。嗣后遇有复职或召集时，再由该省都督送交该管长官转交该考绩官收执。

第十六条　军士考绩，应由各高级长官查照本条例施行细则，督饬办理。

第十七条　战时陆军官佐之功过昭著者，得由首将随时简单呈报。其考绩年表及名簿，当俟战役告终后三个月内报部。

第十八条　表簿格式及编钉注记各法，均须遵照所颁格式办理。当于每年十一、十二两月内呈报到部。但战时不在此限。

第十九条　表簿申报后，如遇休职、停职或死亡及其他事故发生，应即呈报修正。

第二十条　考绩官考察部下，应负完全责任，不得徇私矫饰，尤不得稍有泄漏。

第二十一条　本条例施行细则，准陆军部以部令规定之。

第二十二条　本条例自颁布日施行。

〔北洋政府陆军部档案〕

5.大总统公布陆军官佐补官令

（1914年9月24日）

大总统申令

兹制定陆军官佐补官令公布之。此令。

大总
统印

中华民国三年九月二十四日

国务卿　徐世昌

教令　第一百三十一号

陆军官佐补官令

第一条　陆军官佐补官，分除补、叙补、升补、转补四项。

第二条　陆军军官学校（留学外国士官学校）或他项同等之军佐学校（留学外国军佐学校）毕业生，充学习官期满经该管长官出具考语堪以授官者，按照所学兵科补以本科少尉或少尉同等官为除补。但军医、司药得以医药大学及医业专门学校毕业生，经陆军部试验合格充学习官期满者，依本令除补。

第三条　准尉立有战功并具有少尉之学识经验，自部查考照准后，得升补少尉为叙补。

第四条　自少尉以上各官佐于具有一定之资格者，补以升级为升补。

第五条　自上校以下各级军官于具有宪兵学识者，准酌改相等宪兵官为转补。

第六条　陆军官佐经初次补官之后，非具有左列各款之资格者，不得升补：

一、自补官日期起算实任军职之年月，初等官佐扣足二年，中等官佐扣足三年，上等官佐无定年；

二、实任军职限内成绩卓著，经该管长官详报有案，陆军部查核相符者；

三、年限已满，得有上一级军职出缺时。

第七条　战时建立殊勋人员，得不拘升补之期限。

第八条　补官之分别如左：

一、上等官佐　　特补

二、中等官佐　　简补

三、初等官佐　　荐补

四、准尉及相当军佐由陆军部补授汇案呈报。

第九条　本令自公布日施行。

〔北洋政府陆军部档案〕

6.陆军各师各混成旅军职平时补充暂行规则

(1915年)

陆军各师各混成旅军职平时补充暂行规则

第一条　军职补充约分左列之五级：

一、师长、混成旅长、旅长；

二、团长；

三、团附、营长；

四、督连长、连长；

五、排长。

第二条　各师师长、旅长或混成旅旅长缺出，由陆军部立即呈明大元帅饬下统率办事处，于应升及存记各员，开单密呈大元帅简任。

第三条　各师或混成旅遇有团长缺出，先由师长或混成旅长派员暂行兼代，一面呈报陆军部，于应升及存记并相当人员内保荐二、三员，由部开单送觐，听候大元帅简任。其距中央较远之军队，交通不便，准用电报荐员署理，俟后考有成绩，再呈请任命补实，送请觐见。

第四条　各师及混成旅，遇有团附、营长缺出，先由该师师长、旅长或混成旅长，督同该管团长选员暂行兼代，再于相当及应升人员内，择优挑选二、三员，造具详细履历，详由陆军部核明，转呈大元帅核定，俟奉准后，由部分别行知转饬到差。如所保未能入选，即由部呈明，就相当人员开单，呈请大元帅圈定。

第五条　各师或混成旅遇有督连长、连长缺出，应由该师师长、旅长或混成旅长，督率该管长官，由本师、旅相当及应升人员内选员，先行试署，随即开具详细履历，详请陆军部核准后，汇呈大元帅鉴核，俟奉批后，再由部行知补实。

第六条　各师或混成旅遇有排长缺出，应由该师师长、旅长或混成旅长督率该管长官，由本团内选左列资格人员内保荐二员，详请师长、旅长或混成旅长择一先行委署，俟详明陆军部呈报大元帅后，由部行知补实：

一、军官毕业见习期满，在师候差者；

二、得有陆军学校及讲武堂、随营学堂等毕业证书之一，在师候差者；

三、服务司务长二年以上，确有成绩者；

四、各师随营讲堂教授之学兵，毕业在二年以上，得有最优等文凭者；

五、在营服务有特别优长及有特别劳绩之头目。

第七条　各师、旅或混成旅遇有司务长缺出，应由该管官长择二年以上之头目，学术优长者，呈该师师长、旅长或混成旅长委任之，汇报陆军部备案。

第八条　当军务紧急时，各师遇有旅、团长缺出，或混成旅遇有团长缺出，该师长或混成旅长可先陈明，委人代理。团附以下缺出，一面先行委署，一面详报陆军部转呈大元帅鉴核，俟后查看果能胜任，再照本规则办理。

第九条　各师、旅团附以下各军职缺出，非本科出身人员，不得补充，如实无相当人员，不得不用他兵科人员补充时，必须查明确于所补兵科富有经验，方准从权办理。

第十条　各师或混成旅遇有与团附、营长之相当官缺出，应援照第四条办理，其与连、排长之相当官缺出时，即援照第五、第六两条分别办理。但遇有以上各职缺出，如该师长、旅长视为必须先行派员代理时，准其先行陈明，委人代理。

第十一条　中央直辖陆军各师、各混成旅之军补充法，按照本规则办理。

第十二条　各省将军、都统、护军使所辖陆军各师、各混成旅之军职补充，均按照本规则办理。但应详由各该管将军、都统、护军使等考核后，咨请陆军部转呈大元帅鉴核施行。

第十三条　本规则自奉大元帅批准之日施行。

〔北洋政府江苏督军署档案〕

7.王士珍等会拟陆海军军职任用暂行规则请训示施行呈

（1915年12月3日）

陆　军　总　长　王　士　珍
领参谋总长事　黎　元　洪谨呈，为会同拟订
海　军　总　长　刘　冠　雄

陆海军军职任用暂行规则缮单，仰祈钧鉴事：窃准政事堂函开：关于考试任用甄用等令，业经公布在案。贵部暨所辖机关人员，无论是否由军官出身，亦均应一律遵照文职任用各令办理。等因。准此。职部会同筹议，窃以文职任用各令，业经公布施行凡属文职，自应一体遵照。惟陆海军部及各军事机关所属之职员，多以军官佐充任，自属于军职之范围，未使适用文职任用之规定。按文职任用之资格系以文官考试为重要之条，与军官佐之出身登进，均不相同。查文职任用令第一条内载，除有特别任用法令者，均依本令之规定行之等语。所有陆海军军职，自应由职部特别规定，以资遵守。兹经往返咨商，拟定陆海军军职任用暂行规则十一条，呈请大总统鉴核。至陆军各师旅平时补充规则，拟与此项规则暂行并用，以此项规则为目下军职任用之普通标准，以各师旅补充规则为对于陆军军队一部分之施行办法。如蒙俞允，即由职部通行遵照，是否有当，理合会呈缮单，谨乞大总统钧鉴训施行。再，此案由陆军部主稿，会同参谋本部、海军部办理。合并声明。谨呈。

中华民国四年十二月三日

奉批：准如所拟办理，即由各该部通行遵照。此批。

陆海军军职任用暂行规则

第一条　军职之任用，除特任职外，均依本规则行之。

第二条　本规则所称军职，系以军官佐充任之职。其不限定以军官佐充任而属于参谋本部、陆海军部或各军事机关以内之军用文职，亦得参照军职任用规则办理。

第三条　军职之任用，除由大总统特擢外，非合于左列各款资格之一者，不得任用：

一、曾补与本职相当之军官佐者；

二、曾由与本职相当之学校出身者；

三、曾经任与本职相当之职确有经验、卓著成绩者；

四、已经任命之各项军职应行转任、补任、升任者；

五、奉特令以本职存记者。

第四条　简任军职缺出，除由大总统特令任用外，应就左列各款资格人员中任用之：

一、现任或曾任简任军职者；

二、现任或曾任最高荐任军职在三年以上确著成绩者；

三、奉特令以本职存记者。

有前项第一第二各款资格之一者，仍须有第三条第一第二第三各款资格之一。

第五条　荐任军职缺出，应就左列各款资格人员中任用之：

一、现任或曾任荐任军职者；

二、现任最高委任军职在二年以上确著成绩者；

三、奉特令以本职存记者。

有前项第一第二各款资格之一者，仍须有第三条第一第二第三各款资格之一。

有前条第一项曾任简任资格者，亦得任职之，但仍留简任资格。

第六条　委任军职应就左列各款人员中任用之：

一、现任或曾任委任军职者；

二、奉特令以本职存记者；

三、有第三条第一第二第三各款资格之一者。

有前项第一款资格者，仍须有第三款之资格。

有前条第一项曾任荐任资格者，亦得任用之，但仍留荐任资格。

第七条　凡不限定以军官佐充任而属于参谋本部、陆海军部或各军事机关以内之军用文职，其任用资格，除酌照前列各条外，得准文职任用令所定资格行之。

第八条　军职任用，除属于参谋本部、陆海军部者，由各该部分别办理外，其京外各机关所属军职缺出时，依左列各款行之：

一、简任职除由大总统特令任用外，得由该管长官按照第四条所列资格，预保相当人员二员，咨送主管部审核相符，预备开单请简；

二、荐任职应由该管长官按照第五条所列资格，遴选相当人员二员，咨送主管部审核相符，再行呈请圈定任命；

三、委任职由各该管长官按照第六条所列资格，开列员名，咨送主管部核准任用。

第九条　前条各款人员，应由该管长官叙明资格履历及办事成绩，并加具切实考语，随案送部查核，分别准驳。

第十条　本规则于陆军各师旅军职平时补充规则不相抵触者，均适用之。

第十一条　本规则自奉大总统批准之日施行。

〔北洋政府江苏督军署档案〕

8.督办参战事务处关于参战军各师军职平时补充暂行规则指令

（1919年1月22日）

督办参战事务处指令　　　　第一三一号

令督理参战军训练处

呈送参战军各师军职补充规则应备案由

据呈各师军职补充暂行规则，应即备案。此令。

督办　段祺瑞

为呈请事：窃职处各师成立，所有师、旅、团、营长等项人员，业经先后呈请督办分别委任，并由职处加札饬遵各在案。查委任官佐手续纷繁，亟应规定专章，以免紊乱，而便遵守。现经调查现行成规，参酌职处统属情形，拟订参战军各师军职平时补充暂行规则二十一条，除由职处令发所属各军队机关一体遵照办理外，理合检同规则一册，呈请钧处鉴核备案，实为公便。谨呈

督办参战事务处

督理参战军训练处训令　第四号

兹制定参战军各师军职平时补充暂行规则公布之。此令。

中华民国八年一月　　日

督理参战军训练事宜靳

参战军各师军职平时补充暂行规则

第一条　凡属参战军各师军职人员之平时补充，均按照本规则办理。

第二条　军职补充约分左列之五级：

一、师长、旅长；

二、团长、独立营长；

三、团附、营长；

四、连长、营副官；

五、排长。

第三条　各师师长、旅长缺出，由督练立即呈明督办，一面

于应升及存记人员内遴员开单密呈督办给予委任，并由督练加札转饬任差。

第四条　各师遇有团长及独立营长缺出，由师长派员暂行兼代，一面呈报督练，由督练于应升及存记并相当人员内遴员，呈请督办委任。奉准后，由督练加札转饬任差。

第五条　各师遇有团附、营长缺出，先由该师长督同该管长官选员暂行兼代，再于相当及应升人员内择优挑选二、三员，造具详细履历，呈请督练委任。奉准后，再由该管师长加委，转饬任差。如所保未能入选，即由督练遴员委任。

第六条　各师遇有连长、营副官缺出，应由各该师师、旅长督率该管长官，由本师、旅相当及应升人员内选员，先行委署，随即开具详细履历，呈请督练委任。奉准后，由该师长加委，转饬任差。

第七条　各师遇有排长缺出，应由该管长官由本团、营内，选左列资格人员内保荐二员，呈请师、旅长先行择一委署，俟呈请督练委任，奉准后，由该师长加委转饬任差：

一、军官学校毕业见习期满在师候差者；

二、得有陆军学校及讲武堂等毕业证书之一，在师候差者；

三、服务司务长二年以上，认为优秀确有成绩者。

第八条　各师遇有司务长缺出，应由该管长官择二年以上之头目，学术优长者，呈请师长委任，汇报督练。

第九条　各师遇有与团附以下相当之军职缺出，应援照第五、第六、第七条分别办理。但以上各职缺出，如该师长认为必须先行派人代理时，准其先行陈明委人代理。

第十条　当军务紧急时，各师遇有旅、团长及独立营长缺出，该师长可先陈明委人代理。团附以下缺出，一面先行委署，一面呈报训练处，俟后查看果能胜任，再按本规则办理。

第十一条　各师团附以下各军职，非本科出身人员，不得补充。如实无相当人员，不得不用他兵科人员补充时，必须查明，确于所补兵科富有经验，方准从权办理。

第十二条　各师遇有参谋长及参谋缺出，应暂按本规则第四、第五、第六条分别办理。

第十三条　各师、旅如有曾充参谋或实有参谋学识经验堪胜斯职者，准由各师、旅长择优开具详细履历，并附具考绩表，呈请督练批交训练处、参谋处，以参谋长或参谋存记，遇有相当缺出，再行酌量任用。

第十四条　第五、第六及第七条委任人员，由训练处督练核准后，每届月终汇报督办备案。

第十五条　第八条委任司务长，应由该管长官每届月终汇报督练备案。

第十六条　凡第三、第四、第五条军职缺出，奉督练批署及呈请署理，奉督练批准人员，应俟署理三个月后，确有成绩，再由督练分别呈请任命补实。

第十七条　军职缺出，由军队中调补或调署者，经训练处查核相符后，依左列各款行之：

一、营长以上及各相当军职，由训练处呈请督办任命调补或调署；

二、连长以下各相当军职，由训练处核准调补或调署，汇案呈报督办。

第十八条　署理人员除本规则第十七条调署外，于未补实之前，遇有高级缺出，不得升补。

第十九条　现职人员因事故请假或因其他公务，暂不能执行职务，应需员代理者，由该管长官遴员依左列各款所定暂行兼代：

一、师、旅长，由督练呈报督办；

二、团、营长及各相当军职，由该管长官呈报督练；

三、连长、营副官及各相当军职以下，由各师长行之，汇报督练。

第二十条　各军职补实后，凡属简任、荐任职者，由督练呈明督办，分别咨行参陆两部，呈请大总统正式任命。

第二十一条　本规则自公布之日施行。

中华民国八年一月二十二日

〔北洋政府边防（参战）军训事宜处档案〕

9.陆军部关于修正陆军军职平时补充规则呈

（1920年4月22日）

呈为修正陆军各师旅军职平时补充规则，缮单具呈，仰祈钧鉴鉴事：窃陆军各师旅军职平时补充暂行规则及施行细则，于民国四年先后呈奉前大总统批准　由部通行遵照在案。查此项规则，原系暂时施行，事实稍有变更，则成法或难适用，因时制宜，似应量为变通，以资遵守。兹谨就陆军各师旅军职平时补充暂行规则及施行细则，详加修正，拟订陆军各师旅军职平时补充规则十八条，缮单附表，恭呈鉴核。如蒙照准，俟奉指令后，再由部通行遵照。所有修正陆军各师旅平时补充规则缘由，是否有当，理合缮单具呈，伏乞鉴核训示施行。谨呈

大总统

陆军总长　靳云鹏

中华民国九年四月二十二日

奉大总统指令　第一千八十一号

令陆军总长靳云鹏

呈修正陆军各师旅军职平时补充规则，缮单呈核由

呈悉。准如所拟办理。此令。

陆军军职平时补充规则

第一条　陆军军职之任用，除参照陆海军军职任用暂行规则

外，均依本规则行之。

第二条 陆军军职分特任、简任、荐任、委任四项。

一、特任职以上中将充任；

二、简任职以中少将或上校充任；

三、荐任职以上校及相当官或中少校充任；

四、委任职以中少校、上中少尉及各相当官充任。

第三条 特任军职，由大总统特擢之。

第四条 简、荐、委各级军职补充资格，均参照陆海军军职任用暂行规则办理。

第五条 简任及荐任军职出缺，除由陆军部遴员请补外，其有直辖长官者，应先行呈报出缺事故，送部查核，并得将应升人员或资格相符者，遴选二员送部核定后，呈请补授。如出缺紧急，原任已不能执行职务时，得由该管长官遴员暂代职务。

第六条 委任军职，凡由陆军部直辖之机关、军队，应呈由该部核准任用。各省督军、都统所辖，均由该长官按资选员委充，并咨部核准注册。

第七条 当军务紧要时，前敌官佐简荐任职，得一面由该长官电陈遴员接充，一面由部核呈。委任职，得由该长官遴补后，报部备案。

第八条 军职出缺，如无相当人员补充，或有其他情形时，得遴员署理，俟任职确有成绩，再行补实。

第九条 署理人员简任职，应由陆军部核定，呈请任命。荐任职，由部核准行之，俟请补实后，再行呈请任命。委任职，由该管长官定之。

凡署理人员于未补实前，遇有高一级军职出缺，不得升补。

第十条 现职人员因事请假或奉充特别任务时，可派员兼代职务，简任职，应转由陆军部呈报。荐任职，由该管长官送部备案。委任职，由该管长官行之。

第十一条　军职出缺，除应升人员外，应以相当之官任用，不得以过高或过低之官补充。

第十二条　中等以下军职，非本科出身人员，不得补充。如实无相当人员，用他兵科人员时，必须查明于所补兵科确有经验，由部核准行之。

第十三条　军职出缺，凡由该管长官选员请补者，应叙明资格、履历及办事成绩，加具考语，填具附表，随案送部核办。

第十四条　参谋人员，应参照参谋任用章程，由参谋部核办，并随案分报陆军部。

第十五条　各级军职，依下列各款颁发任命状：

一、特、简、荐任职，于奉令后，颁发特任、简任、荐任各状；

二、委任职，依第六条之规定，由部或该管最高长官发给委任状。

第十六条　凡尚未按陆军编制之军队及临时添设军队机关，其官佐由该管最高长官选充，将衔名报部备案。

第十七条　本规则公布后，以前所颁军职平时补充暂行规则及施行细则，均即废止。

第十八条　本规则自公布日施行。

〔北洋政府陆军部档案〕

二、教育、学校、校阅

1.临时大总统公布平时军队参谋服务条规令

（1913年8月25日）

临时大总统令

兹制定平时军队参谋服务条规公布之。此令。

大总
统印

中华民国二年八月二十五日

国务总理
陆军总长　段祺瑞

教令　第三十四号

平时军队参谋服务条规

第一章　师参谋服务

第一条　师参谋长辅佐师长，督率各参谋官参划该管区内一切事务，并监督指导命令之实行。

第二条　师参谋长承师长之意旨，对于该管区内一切事务，得规定各种规则。

第三条　师参谋长对于该管区内一切事务，得依其所规定，发交各主任官分行处理。但须得师长之承认。

第四条　师参谋长对于有关系各机关，应将其有关系之事件随时报告或通报之。

第五条　师参谋官遵师参谋长之指导，处理一切事务。

第六条　师参谋长遇有事故不能执行事务时，如无特别命令，得由该师资深之参谋官代行其职务。

第七条　师参谋长承师长之意旨，关于该管区内一切事务，有提议议决之权。

第八条　师参谋长关于机密公文、信件、书籍、图表、谍报、战史材料及军事出版物件事项，对于该主任官，有特别监视处理之权。

第九条　师参谋长及各参谋官对于所担事务，概负完全责任，其掌管事项如左：

一、关于动员计划、作战计划事宜；

二、关于该管区内之国防计划、警戒计划事宜；

三、关于该管区内统计调查事宜；

四、关于该管区内征兵计划及召集退伍事宜；

五、关于该管区内各团队之配置及维持卫戍地治安事宜；

六、关于教育计划、训练计划事宜；

七、关于射击演习计划事宜；

八、关于各种行军宿营事宜；

九、关于军队演习及秋操一般事宜；

十、关于该管区内交通运输、兵站各事宜；

十一、关于筑城阵地之特别处置事宜；

十二、关于该管区内一般地形之研究及制作各种地图事宜；

十三、关于各种侦察事宜；

十四、关于与附近要塞连络攻防之筹划事宜；

十五、关于参谋旅行及战术实施事宜；

十六、关于骑行演习事宜；

十七、关于将校学术实施作业事宜；

十八、关于一切军事上之研究及筹划改良进步事宜；

十九、关于邻国及他国军事上之调查事宜。

第二章　旅参谋服务

第十条　旅属各参谋辅佐旅长，于所管区内，准照第一章各条要领行之。

第三章　要塞参谋服务

第十一条　要塞司令部各参谋，适用第一章各条要领，处理一切事务。其掌管事项如左：

一、关于要塞装备计划事宜；

二、关于要塞防御计划事宜；

三、关于要塞演习计划事宜；

四、关于陆海军连合演习事宜；

五、关于技术上特别演习事宜；

六、关于与附近各师或舰队之联络事宜；

七、关于该管区及其附近之地形、地物、人口、物资之调查事宜；

八、关于海防计划事宜。

附　条

一、都督府各参谋，准照都督府组织令及本条规第一章各条要领，处理一切事务。但参谋长得承都督之意旨，指导各师参谋长及各参谋官，处理一切事务。

二、未经改编之各军参谋长及各参谋官，暂准右订服务条规要领行之。

三、本服务条规自公布日施行。

〔政府公报，1913年8月26日，第470号〕

2.大总统公布军队内务规则令

（1917年1月22日）

大总统令

兹制定军队内务规则公布之。此令。

中华民国六年一月二十二日

国务总理　陆军总长　段祺瑞

教令第一号

军队内务规则

目次

军队内务规则

第一章　总则

第一条　本规则规定陆军军队内务，以明各官职守，各陆军官署、学校亦准用之。

第二条　关于服从称谓，虽不属于军队之军人，亦应遵照本规则施行。

第三条　本规则系按团规定，独立营及独立连亦适用之。但有明文特别规定者，不在此例。又团内营、连长之职务，适用于独立营、连者，亦应遵照施行。

第四条　各军队内务，应遵照本规则施行，不得擅设细则，致生歧异。如必须变通办理时，应呈由师长及与师职权相等之长官酌量规定，循次报部备核。

第二章　服从

第五条　凡下级对于上级，无论是否直接归其管理，均应确守服从之道。

第六条　同级者，应按资格浅深，各尽服从之义。

第七条　凡长官命令，应即遵照实行，不得议论及质问理由。如其中有不明了之处，得请酌为解说。

第八条　凡因过受处分者，无论其处置合理与否，应谨守服从，不得争辩。如对于长官之处罚有疑义时，得于事后循序陈述。若在勤务中应俟勤务完毕后再行申诉。

第三章　称谓

第九条　上级官与下级官互相称谓，均称其职。如连长对于师长，即称师长，自称连长，师长称其连长，即称连长，自称师长，余皆类推。如恐有误会，则冠姓其上，称之某师长、某连长，以资辨别。同级相称，亦如之。

第十条　对于有官而无一定之职务者，可按照上条所定易职，而称其官。

第十一条　军佐之称谓，依照前例。

第十二条　公文、书牍不问阶级如何，均称其职。

第四章　团长职务

第十三条　团长掌理全团一切事宜，其中动员业务，尤须妥为筹备，使无遗算。

第十四条　团长得于职权范围以内，酌给休假，执行惩罚。

第十五条　团长关于全团之教育训练及马匹之保育调教，有检阅之责。

第十六条　团长为军官团之领袖，负教育全团军官之责务，宜于平时诱掖教导，使其互相亲爱。对于所属军佐，亦如之。军官佐、见习生及军官候补生，均令列入军官团，以资观摩。

第十七条　关于团内应行改良事宜，得由团长召集官佐会议决定。

第五章 营长职务

第十八条 营长承团长之命，掌营内教育、训练、军需、军械、内务、卫生等项事宜。

第十九条 营长应督饬部下严守纪律，尽心职务，并监视其言行、服装。

第二十条 营长得以职权范围以内酌给休假，执行惩罚。

第廿一条 营长应常检视各连之教育训练，以期整齐划一。

第廿二条 营长为军官之先进，应辅助团长教育军官，以增进其学术技能。

第廿三条 关于人、马卫生规则，营长应督饬营内确实施行。

第廿四条 营长对营内装械及诸物品之保存与马匹之管理，务须随时注意。

第廿五条 关于营内应行改良事宜，得由营长召集官佐会议决定。

第六章 连长职务

第廿六条 连长承营长之命，掌全连之教育、训练，并军需、军械、卫生、马匹、内务、服装等项事宜。

第廿七条 连长须注意精神教育，崇尚淳朴，趋重道德，力矫时尚奢靡之习。

第廿八条 连长得于职权范围以内，酌给休假，执行惩罚。

第廿九条 连长按照教育计划规定，教授日课，并酌量连内军官、军士之才能，分别授以任务。其中新兵教育、新马调养，尤宜特别注意。

第三十条 连长对于连内军官及军官见习生、军官候补生等，得随时施行教育，并令修习普通科学及外国语学，以促进其智识。

第卅一条　连长掌连内被服、粮秣、金钱及各项物品之出纳、保存事宜。

第卅二条　关于人、马卫生规则，连长应督饬部下确实施行。

第卅三条　连长须养成部下尊重武器及爱护马匹之心，俾堪战事之用。

第卅四条　连长有维持全连辑睦之责，平时须细察各干部间之交谊及新旧兵之感情，务令融洽一致，互相亲善，勿得稍存意见。

第卅五条　连长须常检查部下之服装，务须整洁齐一，以肃军容。

第卅六条　连长须顾虑内务、卫生、给养等事，酌量兵房及厩舍之构造情形，将军士以下分为若干内务班，以班中高级资深之军士为班长。

第七章　团本部诸官职务

第卅七条　团本部诸官承团长之命，分任事务，对于团长负其责任。

第卅八条　团附承团长之命，担任教育及动员筹备事宜。

第卅九条　团副官服务之大要如左：

一、掌命令、报告、日记及各项文件之传达、收发事宜。

二、每日应办文件，应分别拟订办法，陈团长核夺。

三、关于传达事宜，应遵照第三十一章之规定。

四、关于机要文件及秘密图书等项之出入，务宜格外慎重，严密处理。

五、保管国防门照、车票、船票、公出证及外出证等，并须严密出纳。

六、值星勤务及卫戍勤务所需人员若干，应由何部队派遣，呈由团长核准后，预为通知。

七、管理本部所属兵舍、阵营、器具等项，所有消耗物品，应力求节约，以省糜费。

八、本部军官佐以下有受处罚者，应将官职、姓名、处罚科目及日数等，通告于有关系诸长官。

九、本部军士因公或修学等，有请愿延长点灯时限者，得酌量情形规定时限，通报于值星连长。

第四十条　旗官保卫军旗，辅助团副官办理事务。

第四十一条　各军需承军需正之指示，掌理会计经理事务。

第四十二条　军医正以下兽医、司药各项人员及看护军士之职务，另以队附卫生员服务规则及队附军马卫生员服务规则定之。

第四十三条　书记承团长及团附、副官之指示，办理文牍，并编纂本团历史事宜。

第四十四条　号长受团副官之监督，担任号兵教育。

第四十五条　缝工、靴工、木工、枪工、锻工及管理炊事之军士，承所属长官之命，分任所掌事务。

第八章　营本部诸官职务

第四十六条　营本部诸官，承营长之命服行职务，对于营长负其责任。

第四十七条　营副官按照团副官服务之规定，处理营本部一切事务。

第四十八条　书记承营长及营副官之指示，办理文牍。

第四十九条　分拨营本部之军需官，掌全营会计经理事宜。

第五十条　军医、兽医及看护军士之职务，按照前章第四十二条办理。

第五十一条　号长受营副官之监督，掌理号兵教育。

第九章　连内诸官职务

第五十二条　连内排长及司务长，承连长之命，分任事务，对于连长负其责任。

第五十三条　排长辅助连长训育士兵。若在乘马队，对于马匹饲养及装蹄之法，尤须注意。

第五十四条　司务长为队中军士之先进，应督率军士勉励服务，娴熟技术，又宜细察各兵之性质、技能及其起居情形，以资教导。

第五十五条　司务长每日应巡视兵舍内外及马厩等，查其各项内务是否按照诸规定确实遵行，并随时教导各内务班长，俾得完全其职务。在乘马队须辨别马之性质、体力，注意于洗擦、饲养、装蹄之法。

第五十六条　司务长管理连内庶务及收藏图书等事。

第五十七条　军士以下有受处罚者，由司务长带往连长处听受所罚科目。并通告值星军士及其他有关系诸官长。

第五十八条　上士掌命令之受领及传达事宜，并辅助司务长办理庶务，对于本连文件有整理保存之责。

第五十九条　上士保管军士以下之军人手簿，外出时，由内务班长请领分发，并于归营时收齐，检查有无犯过之处，均须呈报。

第六十条　内务班长职务之大要如左〔略〕

第十章　值星勤务〔略〕

第十一章　代理〔略〕

第十二章　委员〔略〕

第十三章　风纪卫兵〔略〕

第十四章　勤务兵〔略〕

第十五章　兵营及室内装置〔略〕

第十六章　起居〔略〕

第十七章　检查〔略〕

第十八章　假期及外出〔略〕

第十九章　卫生〔略〕

第二十章　马匹卫生〔略〕
第廿一章　火灾预防及紧急呼集〔略〕
第廿二章　工场〔略〕
第廿三章　炊室及浴室〔略〕
第廿四章　代售处〔略〕
第廿五章　禁闭室〔略〕
第廿六章　军官佐集会室及军士集会室〔略〕
第廿七章　厩舍〔略〕
第廿八章　任职宣言〔略〕
第廿九章　新兵入伍〔略〕
第三十章　满期兵退伍〔略〕
第三十一章　传达命令〔略〕
第三十二章　报告〔略〕
第三十三章　邮便物电报之管理〔略〕
第二百四十九章　本规则自公布之日施行。

〔政府公报，1917年1月23日，第373号〕

3．临时大总统公布担架术教育令令

（1913年5月17日）

临时大总统令

兹制定担架术教育令公布之。此令。

大总
统印

中华民国二年五月十七日

国务总理
陆军总长　段祺瑞

教令　第三十号

担架术教育令

总则

第一条　担架术教育之宗旨，乃令士兵修练救扶伤痍之学术，以备战时组织卫生队之用。

第二条　每期担架术修业人员如左：

一、步兵每营挑选军士、上等兵各一名，一二等兵二十四名，号兵全数；

二、炮兵每营挑选军士、上等兵各一名，一二等兵十二名，号兵全数。

第三条　士兵之挑选，依左列诸项行之：

一、军士由营长、兵由连长，会同军医选定之；

二、所选之兵，以二年兵以上为限；

三、所选士兵，以性情诚笃，勇敢有力，且能读书作字者为合格；

四、选定后造具名簿，由团长呈送师长（独立旅长）；

五、师长（独立旅长）受前项名簿，交由师（旅）军医处长存案备核。

教育

第四条　担架术之教育，就本团行之，但分营驻屯者，就各该营行之。

第五条　担架教程，另册定之。

第六条　担架术修业期限，每期定三个月。

第七条　修业期内，如有伤痍疾病难望毕业者，由教官禀承该部队长，另行选补。

第八条　修业期满，由教官按其成绩列定次第，造具名簿，呈送该部队长并师（旅）军医处长。

部队长受前项名簿时，即须定期施行检阅，检阅毕，附以意见书，按序呈报师长（独立旅长）。

第九条　团长应令担架术修业期满者时常温习，以期熟练。

教官

第十条　教官以该部队高级医官一名，主任以次级者三名为助教。但无次级医官之部队，得以卫生军士为助手。

第十一条　教官依据担架教程，详加讲解，尽三个月内分别教练。每一月举行月考一次，第三月满月考后，施行期考试。

第十二条　师（旅）军医处长为担架术教育监督，应随时巡视教育之状况，于其修业期满，即将各部队教育之情形报告师长（独立旅长）及陆军部军医司长。

第十三条　师长（独立旅长）应每年召集所有该师（旅）管内担架术修业期满者，并担架术修业未满者，编成卫生队，施行演习一次。

前项之演习，名为卫生队演习。

第十四条　卫生队演习之目的有二：（一）使修业者就实地练习其担架术；（二）使卫生队干部熟练其任务。

第十五条　卫生队演习之日数，约二星期。但依时宜，得酌量加减之。

前项所定日数内，分内堂若干日，外场若干日。外场卫生队演习，应由师长（独立旅长）派一部队假设战线，以期切于事实。

第十六条　演习之时期、施行之方法及场所，由师长（独立旅长）酌定之，以师（旅）军医处长总理其事务。

第十七条　师（旅）军医处长于演习时，应就其勤务上出具考语，事毕，添附演习实况记录，并改良意见书，报告师长（独立旅长）及陆军部军医司长。

第十八条　本令自公布日施行。

〔政府公报，1913年5月18日，第370号〕

4．陆军部公布陆军军队常年教育顺序令令

（1913年10月17日）

陆军部令

兹制定陆军军队常年教育顺序令公布之。此令。

陆军总长　段祺瑞

中华民国二年十月十七日

陆军军队常年教育顺序令

总则

第一条　本令为各军队每年履行教育之大纲；但驻扎边地及出防各军队有碍难遵照本令实行者，准其斟酌情形，报部变通办理。

第二条　教育顺序表中所载各科目，虽为兵卒教育之大纲，然于部动作亦得藉此以资练习，诚以实地演练，即实际用兵之唯一要件，故于教育兵卒中，须兼收练习于部之效。

第三条　乘马军队于马匹之良否，关于教育之成绩良多，故于教育第一期间，虽已经训练之马匹，亦须时加矫正，以保持其性能。

第四条　教育顺序表中各兵科，虽载有同一之课目，然教授时须参酌本科之性能及所要之程度，分别轻重，使其能达本科之任务为要。至各兵科中特务兵（如缝工、靴工等）之教育，则按其必要之技能施行。

第五条　教育顺序表中第二期以下，其载有前期各种未完之课目，应按兵卒之程度，择其未能精熟或未完竣者，酌量补行教授。

第六条　每年以十二月上旬至翌年十一月下旬，为教育年。

教育之要旨

第七条　军队平时之教育，在于维持军纪，涵养军人之精神，熟习兵器之使用，对于长官确实服从，对于同等协同动作，以巩固战时之基础者也。故各队教育之方针，务使兵卒修得此有形无形之技能性格，俾得临机完尽其职务。

第八条　教育云者，非仅教以学术，并须陶冶其性情，使其学术愈进，品格愈高，而授课之际，尤须由简及繁，由易入难，使受教者不视为畏途，常能孜孜不倦，方为尽其要领。

第九条　教育之要旨，不仅示兵丁以威严，且宜使其感化为无形之模楷。其紧要注意如左：

一、教育以恳切忍耐为主；

二、不仅以言教人，且必以身作则；

三、能迅速发见兵丁之过失，时行矫正，并择其善者，特加褒誉，俾知劝戒；

四、演习教练集合解散及一切动作，务宜精敏神捷，并须服装整饬；

五、每于一演习前后，须将其运动之目的及其动作之情况，单简〔简单〕说明，俾知注意；

六、教官及助教助手，不但于教练时负担教育之责，且必于兵丁之起居动作，时加监视。

第十条　有完全之学术，尤贵有强健之体力，始克负军人之任务，故兵丁教育，兼须注重体育，使精神活泼，体力强固，庶几驰驱疆场，克全责任。

第十一条　战斗演习，为教育首要之事项，须斟酌兵丁程度，就野外各种情形施行之。又夜间各种动作，亦须实地练习，俾发达其临机应变之能力。

第十二条　雨雪行军、露营演习及各种困难动作，剧烈运动，最足历练军人之精神，故每年各队教育，务须随时随地特别酌定演习，俾经验愈多，借以养其坚忍不拔之志。但尤须注重军纪、风纪，确实操作，勿得率尔从事。

第十三条 汽车、船舶之乘降及军队材料之输运，尤为战时必要之行动，亦须酌定时机，分别实行演习。

第十四条 精神教育及讲话，最足振起军人志气，故施行一切教育、除一般科目照常教授外，苟见有相当机会，其材料足资启迪者，即须特加训育。

第十五条 游泳、水马、荡船诸术，须斟酌各地之气候施行。

第十六条 二、三年兵之教育课目，与初年兵之课目大略相同，惟学术程度，当使其益进于娴熟，故在第一期内，遇有时机，可将全（团）营之二三年兵编成一营（连），以行教练，或与诸兵连合演习，以增长其战斗力。

教育之区分

第十七条 教育以连为单位，但得分为若千〔干〕教育班。

第十八条 教育之顺序，遵照附表第一乃至第六〔略〕施行。

第十九条 各团（独立营）长，为该团（营）教育长官。

第二十条 现役兵自入营之日起，以至第一期未检阅前，在教育上称为新兵。

第二十一条 初年兵第一期之教育，专以学术为主，各种勤务一律免除。

第二十二条 在初年兵内挑选号兵、医兵及特务兵等，须俟第一期教育终，方可使其从事学习。

第二十三条 初年兵在第一期中，须使其听习喇叭诸号音。

第二十四条 第一期教育后，凡连以上之部队教练及演习，须合各年兵一同施行。

第二十五条 关于新兵教育，各团（营）教育长官，须于每年新兵入营前，将教育各种事项预行准备计划，以图教育之一致。其要件如左：

一、拔选军官及军士、上等兵充新兵教官及助教助手（上等兵不足时，可选一等兵补充助手）；

二、各团（营）主任教官（由各团、营长派定），须招集各连新兵教官预行研究教育方法及改革事项；

三、各连新兵教官，须将第二项研究之教育方法及改革事项，饬令助教助手预行演习；

四、调制全年教育计划及各期日课预定表；

五、预定教盲〔育〕班数及各教育班助教助手之分配。

第二十六条　本令所定各科教育，仅示大概范围，其精密分配、详细解释，以及考核实际、敦促进行等细密部分，仍由各教育长官以教育方针规定，呈送师、旅长裁决施行，并由师长（独立旅长）汇齐呈报陆军部存查。

第二十七条　各师长（独立旅长）须于每年十二月前，将该师（独立旅）次年度各兵科新旧兵全年教育计划，及第一期学术科教育预定各表（附表第七、第八〔略〕）报部（本年末期教育实施，可与此同时呈出），其第一期之教育实施（附表第八），应与第二期教育预定同时报部，以后各期准此。（汇报各表装订，须遵照附格式第一施行，但装订后，长须二十五生的，实须十五年生的。）

校阅

第二十八条　军队常年教育校阅之时期，除准附表第一乃至第六施行外，其一切校阅事项，应遵照陆军军队校阅条例施行。

附则

第二十九条　本令自颁布日施行。

〔北洋政府陆军部档案〕

5. 军学司为拟具陆军教育纲领函

（1925年4月3日）

迳启者：查军事教育，必先有纲领而后有标准，兹经本司拟具陆军军事教育纲领草案，呈奉部长批交部务会议等因。相应抄呈一件，并检同草案一份，函达贵处查照办理可也。此致

参事处　附抄呈一件、草案一份

军学司启　　四月三日

军学司长吴经明呈为拟具陆军教育纲领草案缮呈鉴核事：窃维军事教育，必有纲领而后有统系，有方针而后有标准。当此迭经政变以后，军事教育既无统一之规模，兼有停顿之现象。司长通盘筹划，以为亟宜规定纲领、宣示方针，庶几各项教育，本此进行，有条不紊。谨就管见所及，拟具大纲，恭呈鉴核。唯其中涉及各司事件甚多，如蒙采纳，拟请提出部务会议，公同讨论。是否有当，伏乞批示施行。谨呈。

陆军教育纲领草案

第一章　总纲

第一条　本纲领为全国陆军教育规划进行之标准。

第二条　陆军教育以统一全国陆军，养成其国防作战所应具备之知识技能，并齐一其意志，整饬其精神为方针。

第三条　陆军教育总分为军队教育、官佐教育、军士教育之三种。

第二章　军队教育

第四条　陆军军队为左列部队及其附属部队之总称：

步兵队及战车队

骑兵队

野战炮兵队　野炮兵队　山炮兵队　骑炮兵队

野战重炮兵队

工兵队

交通兵队　铁路队　电信电话队　气球队

要塞部队

陆军航空队

辎重兵队

宪兵队

第五条　陆军军队按军队教育令（常年教育顺序令）施行教育。军队在作战及出防时，以于作战及防务无碍为度，按照前项规定斟酌情形，变通施行。

第六条　陆军军队教育，须遵守训谕及左列各种之制定：

各该兵操典

各种教范

各种勤务令

军队内务书

第三章　官佐教育

第七条　陆军官佐教育区分为左列之数种：

学校教育

军官团教育

演习旅行及教育召集

第一节　学校教育

第八条　陆军官佐学校教育区分为左列之各级，循序行之：

<table>
<tr><th colspan="2">军官</th><th>军佐及测量人员</th></tr>
<tr><td>（第一）</td><td colspan="2">预备教育</td></tr>
<tr><td>（第二）</td><td colspan="2">初级教育</td></tr>
<tr><td>（第三）</td><td>专门教育</td><td rowspan="2">高等教育</td></tr>
<tr><td>（第四）</td><td>高等教育</td></tr>
</table>

第九条　陆军官佐预备教育为初级教育之预备，于陆军预备学校或设预科于施行初级教育之学校（见第十条）施行之。

第十条　陆军官佐初级教育系养成初级官佐所应具备之学术精神，为官佐教育之基本，设置左列学校分别施行之：

甲　军官初级教育

陆军军官学校

乙　军佐初级教育

陆军军需学校

陆军军医学校

陆军兽医学校

附　测量人员初级教育

陆地测量学校

第十一条　陆军军官专门教育，系对于受有完全初级教育并已具有军职服务经验之军官，增进其各该兵种所需专门学术之教育者，除航空军官之专门教育外，于陆军各种专门学校分别施行。

第十二条　陆军航空军官之初级教育及专门教育另定之。

第十三条　宪兵军官教育，以已受有完全初级教育或专门教育、并已具有军职服务经验之军官志愿宪兵者，于宪兵学校施行之。

第十四条　陆军军官高等教育，系对于已受有完全初级教育或专门教育，并已具有军职服务经验之军官，养成其高等军事学术者，于陆军大学校施行之。

第十五条　陆军军佐学校教育，为使入军队实习以求教育完全起见，于预备教育终末施行入伍，于初级教育毕业后加以见习，又于高等教育中加以各种队附勤务。

入伍及见习及队附勤务，皆于军队施行之。

第十六条　陆军军佐及测量人员之高等教育，于各该初级教育之学校设置高等班施行之。

第十七条　陆军官佐教育之学校，各以全国设立一处为限。其所应养成之人数，在初级教育及宪兵军官教育以及补充全国陆军各该项初级官佐及宪兵军官为准。在专门教育及高等教育所应养成人数另定之。

第十八条　各学校之教育，按各该校教育纲领施行。

第十九条　陆军官佐专门教育及高等教育，除第十一条、第十二条、第十四条、第十六条之规定外，并可派赴外国在各该相当陆军学校留学或派入国内外普通大学附学。

留学或附学所应派官佐人数与其所应派赴之国家及学校，按国内外情形随时定之。

第二节　军官团教育

第二十条　以陆军各军队每团或每独立营之军官全员合成为军官团，施行军官团教育，以对于在军队服务中之初级军官，增进其学术精神。

陆军初级军佐在军队服务中，亦同受军官团教育。

第廿一条　军官团教育按军官团教育令施行。

第三节　演习旅行及教育召集

第廿二条　陆军官佐教育，除本章第一节、第二节所规定者外，并施行各种演习旅行及教育召集。

第廿三条　第二十二条所演习及旅行，其种类如左：

召集演习及各部队之干部演习

将官旅行

参谋旅行

以上各种演习及旅行，按各该演习及旅行条例施行。

第廿四条　第二十二条所称军官佐教育召集，于在本章所定各项教育外，遇有教育上之必要时，临时以命令召集，在专门学校或陆军大学或指定其他地点施行之。

第四章　军士教育

第廿五条　陆军军士及其同级人员之教育，以养成其补充军士或其同级人员所应具备之学术精神，并使其有代理初级官佐之能力。

第廿六条　陆军军士及其同级人员之教育，以在各该军队之军队教育中施行为通则，但有须特别教育者，设置教练班施行之。

第廿七条　陆军军士及其同级人员教育之教练班，在左列学校、工厂设置之：

甲　各兵种军士
　　各该兵专门学校

乙　航空军士
　　航空学校

丙　宪兵军士
　　宪兵学校

丁　军需、学〔军〕医、兽医军士同级人员
　　军需、军医、兽医各学校

附　各种工长
　　陆军各工厂

第廿八条　陆军各学校、工厂附设教练班之教育，按各该教练班条例施行。

〔北洋政府陆军部档案〕

6．参谋本部为拟定陆军大学校初审及再审试验条例呈

（1912年10月31日）

参谋本部呈大总统，拟定陆军大学校暂行章程及试验条例，

请鉴核批示文。并批。附条例

为呈明事：窃本部所辖之陆军预备大学校，为造就全国陆军高等将校及各级参谋而设，关系至为重要。现已由部拟定暂行章程及试验条例，理合呈明大总统鉴核批示遵行。谨呈。

批据呈已悉。应即照准。此批。

中华民国元年十月三十一日

大总统盖印　赵秉钧　段祺瑞署名

陆军大学校初审试验条例

一、参谋部总长为检定全国陆军大学校候补学员之学力，暨使全国青年将校各自勉修功课力图上进起见，特颁陆军大学校初审试验条例，以策进行。

二、全国各师（独立旅）长应准据此项条例，查核该师（旅）有陆军大学校候补学员合格军官（参看陆军大学校现行章程）若干，依次调制证明书（例式附后），并加切实考语，于每岁正月以内，密呈参谋总长核阅。

三、参谋部总长察核前项密呈之后，命令陆军大学校校长规定初审试验期日，并预密拟试验问题，交由参谋部，分别各省路程远近，斟酌先后递送，密令各师（独立旅）长严密举行初审试验负完全责任。

四、各师（独立旅）长承受前项密令，遵照所开宗旨，召集该师（旅）候补学员严密实行初审试验。

五、各师（独立旅）长按照上项实行初审试验完毕之后，迅将原答案书类盖用图记，付送陆军大学校。

六、陆军大学校校长接受前项答案书类齐全之后，随即呈请参谋部总长派员核阅初审试验成绩，评定甲乙，拟决去取。但凡任核阅此项成绩之委员，应盖用本人图记，以明责任。

七、陆军大学校校长将前项成绩核定之后，迅速调制初审试验成绩顺次名册，申呈参谋部总长鉴核。

八、参谋部总长据前项名册覆加查核，随令陆军大学校校长规定初审试验期日。（参看再审试验条例）

九、参谋部总长核阅前项名册之后，随移知陆军部总长，并令有关系之各师（独立旅）长传知初审试验及格之各候补学员，准备届期赴陆军大学校受再审试验。

十、初审试验及第学员额数，概定每省至多不得过十二员。

十一、凡中央陆军衙署如有陆军大学合格候补学员，应由其直属长官准此条例办理。但其额数至多不得过八员。

十二、本条例如有未尽事宜，随时呈明参谋部总长改订，以期尽善。

附初审试验课目一览表

（一）汉文（二）战术（三）军制（四）兵器（五）筑城（六）地形（七）交通右军事学笔记试验（但各课以陆军中学校毕业程度为限）

（一）代数（二）几何（三）三角（四）理物〔物理〕（五）化学（六）地理右普通学笔记试验（但各课以普通中学校毕业程度为限）

（一）基本图上战术（或绘路图或口演，临时酌定）

（二）兵棋（考验指挥一团或一营以下之战斗动作）

陆军大学校再审试验条例

一、参谋部总长为慎重拔取真才起见，召集各省初审试验及第之陆军大学候补学员（参看初审试验条例）举行再审试验，以检定全国候补者之学力活用。

二、行再审试验之时，参谋部总长命令组织临时再审试验委员会，以陆军大学校校长为试验委员长，于陆军大学校施行之。

三、再审试验日期，概定每年十一月下旬或十二月上旬之间。

四、凡任考查再审试验成绩之委员，应盖本人图记，负完全责任。

五、再审试验完毕时，由试验委员长调制再审试验成绩表册，呈请参谋部总长鉴核。

六、参谋部总长核阅前项成绩表册之后，随命规定入学日期，通告陆军部总长，命令再审试验及第候补学员届期入学。

七、再审试验及第人员额数，概定每省至多不得过六员。

八、再审试验课目与初审试验同。（参看初审试验条例）

九、本条例如有未尽事宜，随时呈由参谋部总长改订，以期尽善。

〔政府公报，1912年11月11号，第194号〕

7. 张怀芝拟修正陆军大学校条例呈

（1919年11月14日）

参谋总长张怀芝呈大总统，拟修正陆军大学校条例附表，请核示文（附条例暨表）

为修正陆军大学校条例事：窃陆军大学校条例业于民国三年三月间呈请公布施行在案。兹为拓展教育计划起见，旧有条例自应详加修正，至附载经费预算，仍旧依照计划新案另行编订成表附入，以资遵用而利进行。所有修正陆军大学校条例是否有当，理合呈请大总统鉴核训示施行。谨呈。八年十一月十四日。已奉指令。

陆军大学校条例

总则

第一条　陆军大学校选拔品学优良之青年军官，使研求高等兵学之原理及应用，以增其促进军事之知识。

第二条　陆军大学校属于参谋本部。

第三条　学员之教育，遵照教育纲领、实施教育纲领，由校规定，呈请参谋本部核准奉行。

职员

第四条　陆军大学校置左列之职员：

校长

教育长

副官

教官

编译官

军需官

军医官

厩务官

课务员

兽医

委任文官

人员阶级及系统详第一表，人员员数及薪饷等级详第二表，经费概算详第三表。

第五条　校长、教育长、副官、兵学教官，均为参谋人员。

第六条　陆军大学校各职员之统属及责任：

校长直隶于参谋总长，统辖全校职员，综理校务。

教育长禀承校长督率各教官、副官暨教育攸关之各员，综理教育事务。

副官二员，一禀承校长辅佐教育长处理教育一切事务，一禀承校长处理校中一切庶务。

教官禀承校长商承教育长，任学术之教授。

编译官禀承校长、教育长，任口译、笔译及修辑之责。

军需官禀承校长，任经理之责。

军医官、厩务官、委任文官等，奉校长及教育长之命，各任其职。

第七条　荐任职之职教员，由校长分别呈请荐任。

第八条　特聘教官、兵学教官及各教官，初任时受第四等薪俸，嗣后每满一年，由校长呈部核准进薪一等。其他各职员薪俸，由校长察其任事成绩，勤劳卓著者，呈部进等。

第九条　各兵学教官、各教官在校教授三年，成绩优异、卓著勤劳者，由校长呈部核准，按照原官升补一级。

第十条　教职员由校长察其成绩勤劳，每届年终考绩，酌量呈部给与勋奖或进勋等。

学员

第十一条　陆军大学校应考学员，以具有左列各项资格者为合格：

一、步、骑、炮、工、辎各兵科少校以下各军官，曾毕业于陆军军官学校及中外与此相当之学校者；

二、曾服军职二年以上及确有现任职差者；

三、勤勉强健、品学高尚者；

四、年龄在三十二岁以下者。

第十二条　陆军大学校每年招考学员约六十名。二月初旬由参谋总长命陆军大学校校长为试验委员长，组织试验委员会。其试验一切办法按照初审及再审试验条例施行，初审试验由中央及各省区陆军最高长官按照试验条例于六月一日施行。

再审试验于十二月初旬，在陆军大学校施行。

第十三条　学员入校后，仍支原有薪俸。其原职由该管上官派员兼理或署理，不得免除。

学员入校后，其原薪俸由中央及各省区该管最高长官每三个月汇齐，预先汇至参谋本部，发给学校，转发各学员。

学员入校后，遇原官应升补时，按照陆军补官令照常升补；

遇原职应推升时，仍照常推升。惟出校后，方准就职。

第十四条　再审取录学员，由该管最高长官特给制装费现洋各一百元，于该员入校时连同前项薪金，并汇参谋本部，转给陆军大学校制办发给学员。

第十五条　学员入校后成绩优异者，校长得呈请参谋本部转咨所属长官，酌与升奖。

学员入校后学期试验成绩不及格者退学，由参谋本部送回原属机关，仍供原职。

学员违犯校规者，经校长察实分别记过，或呈请参谋本部惩办。

学员因病缺课甚多，或学期试验成绩不及格而尚可造就者，校长得呈请参谋本部酌予降班。

第十六条　学员在校修学三年，经毕业试验及格者毕业，毕业试验由参谋本部呈请大总统特派高级军官临校监试。

毕业试验既竣，校长查其成绩，调制毕业学员次第表，呈由参谋本部呈请大总统亲临（或派员恭代）发给毕业证书及徽章。

学员毕业试验，其平均成绩六成以上者为及格，八成以上者，由参谋本部呈请大总统给与优等名誉奖品，不及六成者，由校长体察情形，呈请参谋本部留校补习降班毕业，或发给修业证书，咨回原送机关供职。

第十七条　毕业学员由参谋本部咨回原送机关，从优任用。

第十八条　学员于暑假前后，由校长体察情形，举行队附勤务参谋。本部举行大操时，学员得列参观或列入大操部队，实行参谋业务。

杂则

第十九条　每年夏期，校长得呈请参谋本部，与学员以三星期以内之暑假。

第二十条　本条例由陆军大学校另订施行规则，呈请参谋本部核准施行。

第廿一条　本条例自公布之日施行，其原有条例作废。

〔政府公报，1919年12月8日，第1378号〕

8．段祺瑞为拟定陆军军官补习规则呈

（1917年2月12日）

陆军总长段祺瑞呈大总统缮呈军官补习规则请鉴核文（附单）

为呈报事：窃查本部筹设陆军讲武堂，前经拟定条例呈奉发交国务院核议。兹准国务院函开：陆军讲武堂条例议案，兹经议决，改为陆军军官补习规则。其增加半年经费八万一千四百元，咨财政部汇案追加。除函财政部知照外，相应函请查照。等因。并定为军官补习规则钞送到部。理合具呈并另缮规则，呈报鉴核施行。谨呈。六年二月十二日。已奉指令。

谨将陆军军官补习规则缮单呈请鉴核：

计开：

第一条　为陆军军官补习学术，特设陆军讲武堂。

第二条　陆军讲武堂学员定额六百人，以陆军部差遣、候差人员分期入堂补习。

前项差遣、候差人员，在讲武堂补习学术时，仍给原薪。

第三条　陆军讲武堂学员，按照其学术程度，分为甲乙两班，各班均以一年半为毕业期，每半年为一学期。

第四条　陆军讲武堂学习人员入堂时，须经入学考试。其不能应试及年力就衰不堪造就者，作为退休人员。

前项退休人员已补军官者，得依第五条之规定办理。

第五条　学期考试不及格者，甲班学员降入乙班，乙班学员

应即命其退学，咨送回籍。其已补军官者，得依官阶之大小，于其原薪三分之一以下四分之一以上之范围内，酌予退休金。

前项退休金按年支给，其支给期限为五年以下三年以上。

退休金支给细则，由陆军总长以部令定之。

第六条　毕业考试不及格者，甲班、乙班均得延长一学期，以资补习。补学期满考试仍不及格时，作为退休人员。其已补官者，得依第五条之规定办理。

第七条　毕业考试及格者，依考试成绩之次序，由陆军部注册存记。遇军队有相当之缺额时，与各师、旅应升人员轮次补充。

前项轮补规则，由陆军总长以部令定之。

第八条　学员有紊乱军纪违犯堂规之行为时，由堂长呈请陆军总长惩戒之。其情节较重，应受退学处分者，作为退休人员。

前项退休人员已补军官者，不得适用第五条之规定给予退休金。

陆军讲武堂学员惩戒规则，由陆军总长以部令定之。

第九条　学员一律住堂，操课物品由堂发给。其被服除毛毯、被单由陆军部发给外，均由学员自备。

第十条　陆军讲武堂职员如左：

堂长　教育长　主任教官　专任教官兼任教官　马术教官
助教　副官　队长　教育副官　军需　军医　兽医官
书记

前项职员之员额，由陆军总长定之。

第十一条　教官，由陆军总长于陆军部谘议中学有专长者及特聘之专员派充。

第十二条　助教及队长，由陆军总长于各师或其他机关选调学术优长之官长充任。

第十三条　陆军讲武堂为演习调度需用军队时，得由堂长呈请陆军总长指拨。其马、炮、枪械，并得就近借用。

第十四条　堂长承陆军部长官之指挥监督，掌理全堂事务。其关于教育事宜，并应分报训练总监。

第十五条　教育长承堂长之命，厘定教育计划，并督促全堂学术之进步。

第十六条　主任教官承教育长之命，编定主管内之教育计划，指导各教官编纂课程，并担任主管内之演习计划及实施。

第十七条　教官承主任教官之命，担任各课之教授。

第十八条　助教承长官之命，分任各科之教授。

第十九条　队长员〔负〕管理该队内务之责，并教授学术各科。

第二十条　副官承堂长之命，管理全堂庶务。

第二十一条　教育副官承教育长之命，办理关于教育事务。

第二十二条　军需承堂长之命，管理出纳款项、清厘款目及承造报销事务。

第二十三条　军医官掌全堂卫生事务、管理药料及担任卫生教授。

第二十四条　兽医官掌马匹卫生事务、疗治马病、管理药料及担任马学教授。

第二十五条　书记承长官之命，掌理文牍及缮校事务。

第二十六条　陆军讲武堂之经费，由陆军总长定之。

〔政府公报，1917年2月15日，第394号〕

9. 陆军部公布陆军军官学校条例令

(1912年9月21日)

陆军部令

陆军军官学校条例，着即准此施行。此令。

陆军总长、陆军上将　段祺瑞

中华民国元年九月二十一日

陆军军官学校条例

总纲

第一条　陆军军官学校，为造就初级军官之所，专收各兵科军官候补生，教以初级军官必修之教育。

第二条　陆军军官学校，就保定府前速成学堂校舍设立，将来应否扩充，再行斟酌情形，以部令定之。

第三条　学生之教育，分为教授及训育，教育之次数详第一表〔略〕教练课目详第二表〔略〕，日课时限详第三表〔略〕。

第四条　实施学生之教育，悉依预定教育明晰办理，该表由校按照前条课目表详细拟具，呈候陆军部审定施行。

第五条　陆军军官学校，置左之职员：

校长

教育长

校副官

科长

教员

学生连长

学生排长

军需

军医

兽医

准尉上中下士及委任文官

职员之阶级、人数之一例，详第四表〔略〕。

第六条　学生之修学期为二年，自正月初八日起至第二年十二月二十九日止，分为两学年，各学年皆以每年正月初八日开始。

开国以来，为收容学生事实上便利起见，可以变通此条，惟修学期仍须两年，临时如必须增减之处，另以部令定之。

第七条　学生在学时，所需被服、书籍、笔墨、纸张及必不可少之用具，皆由校中分别贷与支给。

第八条　学生一律在校住宿。

第九条　学生不得托故请求退学。

第十条　学生有犯左列事项之一者，应令退学：

一、学术欠缺，无毕业之望者；

二、紊乱军纪，屡犯规则者；

三、品行不正，无悛改之望者；

四、带有伤病，不堪修学者；

五、考试落第者。

第十一条　按照前条，令学生退学者，除第一、第四、第五三项外，退学以后，须将历年学费及所领津贴、衣服、书籍、小学校、预备学校毕业证书，一律追缴清楚。

第十二条　学生有犯前条第一项或第四项、第五项者，倘查出有情节可原，则准予延长一学年，降归第二期一同修学。

第十三条　第十条、第十二条之事项发生时，由校长详述事由，申请陆军部裁夺施行。

第十四条　学生野营演习，遇有借用军队之处，应由校长先期申部转饬该师照办，藉资学生历练。

第十五条　学生每届毕业，由陆军部呈请大总统委任高等军官临校考试，并调查平日成绩，排定考列次序，及第者，呈请大总统亲临发给毕业证书。

第十六条　前项已领毕业证书之学生，概作见习军官，由部拨归原团（营）见习。

职掌

第十七条　校长直隶于陆军部，统辖全校职员综理全校一切事宜。

第十八条　教育长禀承校长，指挥各科长及教授、训育、马术各处官长，任齐一教育之责，并指挥马、辎两专科官长，整理该两科之教育。

第十九条　校副官禀承校长，经理全校一切庶务。

第二十条　各科科长，督率教授、训育、马术各科官长，厘定本科教育计划，编纂课程，精研教法，负本科完全教育之责，并有时直接教授功课。

第二十一条　各科教员，按照教育计划，编纂课程，教授功课，维持讲武堂军纪，批评作业，考验成绩，随时登记汇呈本科科长，转呈校长、教育长，以备查核。

第二十二条　马术教员长督率马术教员，任马术教育之责，兼辖马厩一切事宜，并掌管马匹之调教。

第二十三条　马术教员帮同马术教员长，分任马术教育之责，并管理马夫、马匹及一切用具。

第二十四条　马术助教，承马术教员之指示，助理一切事务。

第二十五条　教育副官帮同校副官，佐理教授、训育、马术三处一切庶务。

第二十六条　学生连长，禀承教育长、科长，督率所属学生排长，担任全连学生之训育，考查学生性行才能及一切内务之责。

第二十七条　学生排长，承学生连长指示，维持学生军纪、风纪，实行训育，并整理连中内务，兼管本科器具材料。

第二十八条　助教，承学生连长、学生排长之指示，分任操练、体操、击刺等，并帮同排长经理一切庶务。

第二十九条　军需正及军需，专司现金、物品、出纳、会计等事；二等军需正，并教授经理学。

第三十条　军需正及军医员，专司疗治、卫生等事；二等军医正，并教授卫生学。

第三十一条　兽医正及兽医，专司马匹之疗治卫生，查验蹄铁等事；兽医正并教授马学。

第三十二条　书记员，专司本校公牍文件。

经费

第三十三条　经费分额支、活支两项。凡薪水、火食、杂费等项，为额支。初开校时，由校长按章禀明陆军部批准，嗣后按季具领。凡修建房屋，增加薪水，购办器物、书籍、仪器，储备药品等项为活支。由校长随时估价，禀请陆军部核准批发(马匹、枪弹则由部发给)。

第三十四条　学校额支经费，详第五表。

第三十五条　员司薪水，分为一、二、三等，每阅两年，由校长考核成绩之优异者，禀请陆军部递升一等，以升至一等为止。

第三十六条　由军队调充之助教等员，除仍领原饷外，另由学校加给津贴，以示体恤。

第三十七条　人员支领薪饷，以每月二十五日为定期，由军需员查照定数，缮册备齐，请校长查阅。校长及各员司薪水，派会计士按员送交。学生津贴，由学生排长按名分发，均以签押盖章为据；弁兵、夫役工食，由校副官点名分发。马乾银，由军需员核明发给。发毕，将册簿送呈校长查阅。

第三十八条　物价随时消长，火食、杂费先后或有不同，兹酌定适中数目，如有应行增减之处，由校长随时禀明陆军部核夺办理。无论额支、活支，每届一学年，须将收发款目，分别额支、活支两项，缮造四柱清册，先将各项凭单、领据、发票、收条核对明晰，连同原簿，呈由校长查核签名申报陆军部核销。

附则

第三十九条　其余各项细则，由校酌量情形、拟呈陆军部核准施行。

第四十条　本条例自公布日施行。

〔北洋政府另散军事档案汇集〕

10. 靳云鹏关于拟请改订陆军军官学校条例呈

（1919年5月14日）

陆军总长靳云鹏呈大总统拟请改订陆军军官学校条例文（附条例）

为改订陆军军官学校条例，恭呈鉴核，仰祈明令颁布事：窃维立法必求完善，旧章尤贵改良。盖世无日久不弊之法，既知其弊，必速改弦更张，乃足以促进行而资整顿。查陆军军官学校条例，自民国元年九月拟订呈准颁行，近年细加考察，有应行更改者约三大端。原定条例，教育长之下，设有步骑炮工辎五科科长、教务长。在规定之初，本欲分科进行，以补教育长所不及。乃详查该校内容，教授训育二项并重，与他机关之分科办事者情形不同。如战术、军制、兵器、筑垒、地形、交通各项教员，未便分属某科，则科长对教授人员，自不能负督饬之责；而学生既按兵种分科教练，此科科长对于彼科连排长学生，亦无兼辖之权似不如参照各国陆军学校办法，不设科长，按军事学门类，设战术、兵器、筑垒教员长各一员，上承教育长督饬所属各教员，则教员长对于教员、学生，均无隔膜之嫌，教授课程，即可收齐一进行之效。此各科科长、教务长宜变通者一。又该校原设之连长、排长，袭用军队名称，则阶级似应相等军官，学生毕业后，皆补初级官长，则平时指挥之者，宜比军队官长程度加高。乃名称既与军队相同，而反无军队升迁调补之望以致学问深邃之军官，多不肯就。似宜将连长改名军官生队长，排长改名分队长，使与军队官长名称判别，阶级自可提高，则学问经历均优者不至厌薄不就。更仿照日本士官学校办法，混合各兵种学生于一分队授课，则每分队自为一堂，一般教程不至偏重，出操则各兵种分别集合，专门教练，各有责成。且分队长混合编成，无论某科学生，皆有管理之权，更无彼此之别，一切纪律，亦可益加整齐。此连排长等名称宜变通者又其一。又查该校军需，向章由校长直辖。按校长有总辖学校教育之责，今以款项细故扰其心思，一人祇此精力，分于彼者必疏于此。似不如仿照各国军需独立办法，粮秣、服装皆归本部军需司采购，校中计数领用，使校长得专心教育。此军需一项宜变通者又其一。现在该校第七期学生将次出校，第八期学生自去年十月招考实行入伍九个月，预计七月初旬升学，拟即乘此时机改正旧行条例，以便新生入校依照实行。所有改订陆军军官学校条例，理合缮具清册恭呈鉴核明令施行。谨呈。八年五月十四日。已奉指令。

改订陆军军官学校条例

第一条　陆军军官学校专收各兵科军官候补生，授以初级军官完全之教育。

第二条　学生之教育分为教授及训育二部，教育纲领及细则由陆军部定之。

第三条　学生之教育实施，悉依教育预定表办理。该表由校按照教育纲领及教育细则详细拟具，呈请陆军部审定施行。

第四条　陆军军官学校应设职员如左：

校长　校副官　教育长　教育副官　军事学教员长　军事学教员　国文教员　外国语文教员（英、法、德、日、俄、蒙）学生队长　学生分队长　马术教员　技术教员　军需　军医兽医　委任文官　准尉军士

职员之阶级及人数详第一表。〔缺〕

第五条　校长隶于陆军部，总辖全校职员，管理一切事宜。

第六条　校副官承校长之命，管理全校一切庶务事宜。

第七条　教育长禀承校长，督率教授、训育各官长，任齐一

教育之责。

第八条　教育副官承教育长之命，佐理一切教育事宜。

第九条　军事学教员长禀承教育长，督率各教员选定教程，精研教法，负本课教授完全之责。

第十条　军事学教员专司编纂教程、实行讲授，并评判作业、考查成绩，汇报本课教员长，转呈教育长查核。

第十一条　国文教员专司教授学生应用军事文牍。

第十二条　外国语文教员专司教授学生翻译及会话等项。

第十三条　学生队长禀承教育长，督率分队长，担任全队学生之训育，并考查操行及内务。

第十四条　学生分队长承队长之指示，分担学生之训育，帮同马术、技术之教授，维持军纪、风纪，监视勤惰，整理内务，并轮流管理本队伙食。

第十五条　马术教员承教育长、队长之指示，任全校学生马术之教育，轮管厩务及新马之调教。马术教员，择高级资深者一人为主任。

第十六条　技术教员承教育长、队长之指示，分任全校学生技术之教育，并管理技术器具之保存。

第十七条　军需员承校长之命，专司军需物品之领受及出纳事宜。

第十八条　军医员承校长、教育长之命，专司治疗、卫生、保存药料等事，并教授卫生学。

第十九条　兽医员承校长、教育长之命，专司马匹之治疗、卫生，并教授马学。

第二十条　委任文官承校长之命，专司校内文件及案档〔档案〕各事宜。

第二十一条　准尉军士承长官之命，分任各本管事宜。

第二十二条　学生全额定为一千五百名，分为两期，每期于七月初旬入校，分为六队，在校修学扣足二年毕业。

第二十三条　学生在修学期内，得给与年假，但年假不得过一星期，暑假不得过三星期。

第二十四条　学生不得托故请求退学。

第二十五条　学生有犯左列事项之一者，应令退学：

一、平时荒废学业，成绩不良者；二、紊乱军纪、屡犯校规者；三、品行不正，无悛改之望者；四、带有病伤，不堪修学者；五、考试不及格者。

第二十六条　学生犯前条第二第三项之一者，除令其退学外，须将历年用过学费及所领物品、饷银一律追缴；犯第一第四第五项之一者，倘情有可原，准降归下期修业；如必须退学，可免缴学费。

第二十七条　第二十五条第二十六条之事项发生时，由校长据实详请陆军部核夺办理。

第二十八条　学生野营演习遇有借用军队之处，应由校长先期申部转饬照料，以资历练。

第二十九条　学生每届毕业，由陆军部组织委员会莅校考试，成绩及格者，给予毕业证书，仍回原师、旅见习。但证书应由部呈请大总统亲临发给。

第三十条　由校给与贷与学生之各项物品详见第二表〔缺〕。伙食由各队自行办理。其他内务细则另定之。

第三十一条　经费除学生仍带原饷，被服、粮秣按照第四表向部领用外，所有官长薪俸、办公、杂费等项为额支，照第三表〔缺〕按月具领，其余修补房屋、加增薪水、添购器具书籍仪器、储备药料等项为活支，由校长随时禀商陆军部核准办理。

第三十二条　员司薪俸每阅一年，由校长考核成绩，按照第三表择优禀请陆军部递升一等，以升至第一等薪为止。但每次升等之员数，不得逾满限员数二分之一。

第三十三条　本条例自公布之日施行。

〔政府公报，1919年5月19日，第1181号〕

11．陆军部公布陆军预备学校条例令

（1912年9月21日）

陆军部部令

陆军预备学校条例，着即准此施行。此令。

中华民国元年九月二十一日

陆军预备学校条例

总　纲

第一条　陆军预备学校暂时招集全国陆军小学已毕业及陆军中学未毕业之各生，授以普通科学及浅近军队学术，为充任军官候补生及升入军官学校之预备。将来陆军小学停办时，即由文中学校二年级以上之学生选充。

第二条　陆军预备学校就前第一中学堂校舍设立，将来迫于事实，必须添设第二第三预备学校时，再就宁、鄂中学旧址或他相当之处，酌量改造。

第三条　学生之教育分为教授及训育。其课目详第一表〔略〕，教育之次数详第二表〔略〕。

第四条　实施学生之教育，悉依预定教育明晰表办理。该表由校按照前条课目表详细拟具，呈候陆军部审定施行。

第五条　陆军预备学校置左之职员：

校长　教育长　校副官　教员　连长　排长　军需　军医

兽医　准尉、上中下士及委任文官职员之阶级及人数之一例，详第三表〔略〕。

第六条　学生之修学期为两年，自正月初八日起至第二年十二月二十九日止，分为两学年，各学年皆以每年正月初八日开始。

开国以来为收容学生事实上便利起见，可以变通此条。惟修学期仍须两年，临时如有必须增减之处，另以部令定之。

第七条　学生在学时所需被服、书籍、笔墨、纸张及必不可少之用具，皆由校中分别贷与支给。

第八条　学生一律在校住宿。

第九条　学生不得托故请求退学。

第十条　学生有犯左列事项之一者，应令退学：

一、学术欠缺，无毕业之望者；二、紊乱军纪，履犯规则者；三、品行不正，无悛改之望者；四、带有伤病，不堪修学者；五、考试落第者。

第十一条　按照前条令学生退学者，除第一第四第五三项外，退学以后，须将历年学费及所领津贴、衣服、书籍、小学毕业证书一律追缴清楚。

第十二条　学生有犯前条第一项或第四项、第五项者，倘查出有情节可原，则准予延长一学年，降归第二期一同修学。

第十三条　学生毕业考试及第，而带有伤病不堪为军官候补生者，但给毕业证书，准予退校。

第十四条　第十条、第十一条、第十二条、第十三条之事项发生时，由校长详述事由，申请陆军部裁夺施行。

第十五条　学生将届毕业，由校申请陆军部派员莅校，会同校长分日考试，事毕，调查平日成绩，排定考列次序，汇呈陆军总长，及第者给以毕业证书。

第十六条　前项已领毕业证书之学生，除第十三条所列外，概作为军官候补生，由部拨归各团（营）服务。

职　掌

第十七条　校长统辖全校职员，总理全校一切事宜。凡关于教育、庶务，随时禀承陆军部详筹办理。如有与地方交涉之事，则商承该省地方最高级长官，分别妥办。

第十八条　教育长禀承校长，掌管全校教育事宜。

第十九条　校副官禀承校长，经理全校一切庶务。

第二十条　各科（除外国文及卫生学教员外）教员长，主持本科教育纲领、修订课程，兼授功课，负本科完全教育之责。

第二十一条　各教员依教育长及本科教员长意旨，编纂课程，教授功课，力图进步。

第二十二条　马术教员任学生马术之训练，兼辖马厩一切事宜，并掌管马匹之调教。

第廿三条　马术助教承马术教员之指示，任学生马术之训练，兼管马厩一切事务。

第廿四条　教育副官同校副官，佐理教授训育两处一切庶务。

第廿五条　连长禀承校长及教育长，督率所属排长，担任全连学生之训育，考查学生勤惰品行，遇有紧要事件，禀知教育长主持办理。

第廿六条　排长承连长指示，管理本排一切事务，有帮同连长负完全训育之责。

第廿七条　助教承连长、排长之指示，分任操练、体操、击刺等，并帮同排长经理一切庶务。

第廿八条　军需员专司出纳款项及清厘款目，承造报销。

第廿九条　军医员专任诊治疾病，讲求卫生，管理药料，军医正并教授卫生学。

第三十条　兽医员专司疗治马匹，讲求马匹之卫生，管理药料。

第卅一条　书记员专司本校公牍文件。

经　费

第卅二条　经费分额支活支两项。凡薪水、伙食、杂费等项为额支。初开校时，由校长按章禀明陆军部批准，嗣后按季具领。凡修建房屋，增加薪水，购办器物、书籍、仪器，储备药品等项为活支。由校长随时估价，禀请陆军部核准批发（马匹、枪弹则由部发给）。

第卅三条　学校额支经费，详第四表〔略〕。

第卅四条　员司薪水分为一、二、三等，每阅两年，由校长考核成绩之优异者，禀请陆军部递升一等，以升至一等为止。

第卅五条　各科教员除外国文暨卫生学教员外，其余均俟开校三阅月后，由校长在各教员内选择学优资深者保充教员长，按原薪加给津贴十五元，以专责成。

第卅六条　由军队调充之助教等员，除仍领原饷外，另由学校加给津贴，以示体恤。

第卅七条　人员支领薪饷，以每月二十五日为定期，由军需员查照定数缮册备齐，请校长查阅。校长及各员司薪水，派会计士按员送交，学生津贴，由排长按名分发，均以签押盖章为据。弁兵、夫役工食，由校副官点名分发，马乾银两，由军需员核明发给，发毕，将册簿送呈校长查阅。

第卅八条　物价随时消长，伙食、杂费先后或有不同。兹酌定适中数目，如有应行增减之处，由校长随时禀明陆军部核夺办理。无论额支、活支，每届一学年，须将收发款目分别额支活支两项，缮造四柱清册，先将各项凭单、领据、发票、收条核对明晰，连同原薄呈由校长查核签名，申报陆军部核销。

附　则

第卅九条　其余各项细则，由校酌量情形，拟呈陆军部核准施行。

第四十条　本条例自公布日施行。

〔政府公报，1912年10月23日，第175号〕

12．陆军部公布考查陆军各学校暂行规则令

（1918年3月7日）

陆军部令

兹订考查陆军各学校暂行规则公布之。此令。

陆军总长　段芝贵

中华民国七年三月七日

陆军部考查陆军各学校暂行规则

第一章　总则

第一条　陆军各学校，每年两次由部派员前往认真考查，以资整顿，而重教育。其时期，由各主管司临时呈准办理。

第二条　应考查之学校如左：

陆军军官学校

陆军预备学校

陆军骑兵专门学校

陆军讲武堂

陆军军医学校

陆军兽医学校

陆军军需学校

陆军宪兵学校

第三条　考查之人员，由各主管司拟定，开单呈请部长点派，每校应派主任考查员一员，考查员由一员至六员。

第四条　考查员既经派定，应即调阅关于该校之各项文卷及历届考查报告。

第五条　考查时期，以一星期至三星期为限，考查既竣，应在一星期内，详具报告及意见书，缮呈部长核阅。

第六条　考查报告经部长核阅后，仍发交各主管司分别办

理。

第七条　考查所得结果于未经鉴定之前，考查员应负秘密责任。

第八条　考查员所需旅费，准据实按章报销。

第九条　考查员应谢绝一切应酬及馈送物品等事，并约束仆役，不得有勒索朦混等情。

第十条　考查员应破除情面，认真调查，确实报告，不得有游移两可之词。如有扶同隐匿或违犯第九条所列者，查实严惩。

第十一条　考查员凡考查该校一切事宜，如有须调验簿据、临时考试等事，该校应即照办。

第十二条　关于学科、术科等项，均应亲到讲武堂及操场，以考验教官教授之方法及学生听讲操演之情形。

第十三条　考查员如见该校现行事项有应即改良或不合定章之处，毋庸先商该校，应俟差竣条陈到部，饬司酌核，由部训令该校遵照办理。

第十四条　考查员对于全校职教各员品行、学术、识见、体格、服务，应秉公评判，酌加考语，按照所定附表分别记入。

第十五条　除星期日照例休息外，余均按日办事，不得间断。

第二章　考查事项

第一节　章制

第十六条　凡公布条例及由部令公布规则，或由该校随时拟定者，应查能否实力奉行，并实行之程度如何，若有变通之处，须查明理由，并曾否报部备案。

第二节　教职员

第十七条　校长对于全校事务，是否确尽责任？对于属员考勤，是否严明公允？对于学生（学员）训育，是否时常施行？

第十八条　教育长、科长所定教育计划等表，是否与教育纲领相符？并能否适合要旨以及课目之变换？时间之分配，是否合法？教育会议记事簿之记载如何？

第十九条　教员编纂课程、分配实习，是否适宜？教授是否合法？讲演是否详尽？并能否阐发新近学理？考试一切评判，是否公允？有无旷课情事？并查其每月请假日数之多寡。

第二十条　管理员对于学生（学员）管理各法，是否严明？并维持军纪、风纪之程度如何？

第廿一条　连、排长（队长、队附）及各技术员（如刺枪、击剑、拳术等）等，担任教授术科所有课目之变换，教授之方法，是否合宜？对于学生（学员）一切评判，是否公允？

第廿二条　军需员关于全校费用，能否力求撙节？购办物件，是否必需？能否适用？价值是否真实？所存现金数目，是否相符？保储方法，是否妥实？簿记登载，是否明确整齐？出纳款项单据，是否确实？

第廿三条　文牍员关于本校文牍，是否编列整齐？有无遗失？纂拟公牍稿件，是否明晰，缮写有无错误？

第廿四条　副官（庶务员）对于全校庶务，能否实心经理？认真考查？约束看护、弁兵、夫役，是否严明？保存公有物件，是否合法？校舍、院宇，是否清洁？

第廿五条　军医员关于诊治预防，是否合法？诊断簿记载，是否详细？一切药品、器具之保存使用，是否得法？并病院养病室关于患者之调养，是否周密？

第廿六条　兽医及管马委员，关于马匹之治疗卫生及喂养使用各法，是否合宜？并药品、器具之保存，是否得法？

第三节　学生（学员）

第廿七条　现在之额数及年级班次之区分。

第廿八条　学科、术科之程度，有无进步？并平时考试之成绩如何？

第廿九条　学科能否了解无遗？笔记是否详细？术科能否领

会要旨？以及实习及自习时之状况。

第三十条　军纪、风纪，是否严肃？自习室及寝室之整理如何？

第卅一条　讲堂、操场、医院、病马厂、饭厅、宿舍之规矩如何？

第卅二条　请假数目及开除、记过数目，并犯过事由。

第卅三条　服装是否整齐？并对于公有物品及官发书籍等件，是否注意保存？

第卅四条　有无干预政治及集会结社之行为？

第四节　兵夫

第卅五条　兵夫数目，是否与定章符合？有无违犯纪律情事？

第五节　课程

第卅六条　各项教程是否完善？

第卅七条　医院病马厂实习之勤惰，操场之纪律及教练之精神。

第卅八条　讲义及现用参考书籍，并图书仪器之种类。

第六节　房舍装械器具马匹

第卅九条　房舍之分配及修缮之情形。

第四十条　军装、军械及各项图书、仪器、标本、什物、家具及蹄铁材料之数目，并保存修理之状况。

第四十一条　马匹之数目、种类及体格之状况，并鞍辔、什物之保管，是否合宜？

第七节　卫生

第四十二条　学生（学员）饮食果否合宜？员生患病之多寡及患病之种种原因。

第四十三条　校医诊病之状况及宿舍、饭厅、厨房、茶炉、厕所是否清洁？

第三章　　考查报告定式

第四十四条　总论学校大概情形及历届考查之比较优劣。

第四十五条　分类记载，如章制、职教员、学生(学员)、兵夫、课程、房舍、装械、器具、马匹、卫生等项，将实在情形，详细记载附列，关于各项子目之表册簿据，并考查员之评判，如有意见，关于改革之事，另摺条陈。

附　则

第四十六条　本规则如有未尽事宜，由考查员报告各主管司，会同审核呈明，随时增入。

第四十七条　本规则自公布之日施行。

〔北洋政府陆军部档案〕

13．关于拟订骑兵专门学校条例呈令

（1914年3月）

（1）周自齐致大总统呈并批（3月9日）

兼代陆军总长周自齐呈大总统，拟设骑兵专门学校谨订条例，请鉴核公布施行文，并批

为呈请事：窃维整军经武，首重教育完成，而尤贵精深研究实施之法，以裨实用。骑兵运动敏捷，固为军中之耳目，而出奇制胜，实为诸兵之先锋。其军官、军士，非有精邃之学术，不足以担任教练及指挥之责。各国必于设立士官学校外，别设骑兵专门学校，集已学之军官及已练之军士，授以高等学术者，良以此故。我国北部，地势辽阔，最利骑兵，是骑兵学术之讲求，较各国更为切要。且我国骑兵军官，出身不同，程度不齐，军士教育，仍未划一。虽设有军官学校分科教授，然皆军事概略之学。至精深之学术与应用之技能，尚须研求。倘不急设专校，以深造学术阐发骑兵之专长，决不能与列强争胜。故须设立骑兵专门学校，召

集各乘马部队之优秀军官、军兵，教授精深学术，以冀成完全之人才。就其平素所有在营之经验，以为将来实行改良之准备，庶足以精练骑兵而固边圉。兹按我国骑兵军官、军士之程度，兼采各国骑兵专门学校之成规，谨拟骑兵专门学校条例，恭呈鉴核，伏乞公布施行。谨呈。

批：据呈已悉。所拟骑兵专门学校条例，尚属妥洽，即由该部以部令公布。原件并发。此批。

中华民国三年三月九日

国务总理　孙宝琦

陆军总长　周自齐

〔政府公报，1914年3月11日，第661号〕

(2) 陆军部令（3月12日）

陆军部部令

陆军骑兵专门学校条例，著即准此施行。此令。

部印

中华民国三年三月十二日

陆军总长周自齐

陆军骑兵专门学校条例

第一节　总则

第一条　骑兵专门学校专遴选乘马队之军官、军士研究马术、战术、通信术及各项应用技能，以图全国乘马队教育之进步齐一。

第二条　骑兵专门学校直隶陆军部，名曰陆军骑兵专门学校。

第三条　本校设军官、军士两班（军官称学员、军士称学生）。每期由各师（独立旅）骑兵团各选军官三员、军士四名，各炮兵团、辎重兵营每两期互相轮流，各选军官一员、军士十一名，总计军官二百员、军士二百五十名。

第四条　遴选军官（士）之资格如左：

甲、军官：自少校以下少尉以上、由陆军学校毕业者；

乙、军士：已升充军士、品行端正、文理清通者。

第五条　本校分马术、战术两科。马术科以军官（士）充之，战术科考选马术科毕业之军官（全数三分之一）充之。其修学期均以一年为限，每年自正月初八日至十二月二十八日终。

第六条　本校每期开学两月前，部令各师（旅）长照例选定一月前将入学人员造具衔名清册，呈报陆军部，听候饬送本校考试。惟于定额外，须多送二人，以便去取。

第七条　为研究战术起见，有时由陆军部部令各师（旅）骑兵团长及辎重兵营长来校肄业。其修学期限，临时酌定。

第八条　本校置左之职员：

校长　教育长　校副官　教育副官　教官长　教官　助教　军士连长　军士排长　军需　军医　兽医　委任文官

以上人数及统系，详第四表〔略〕。

第二节　　职掌

第九条　校长统辖全校职员，总理全校事务。凡关于教育、庶务，随时呈明陆军部妥筹办理。

第十条　教育长掌理全校教育事宜。

第十一条　校副官承校长之命，掌理全校一切庶务。

第十二条　教育副官承教育长之命，经理教育事宜，并帮校副官佐理庶务。

第十三条　战术教官长承校长与教育长，督率各专科教官，指示教法，并任教授及编纂之责。

第十四条　各教官承教育长与战术教官长，教授功课，并编纂教程之责。

第十五条　马术教官长承校长与教育长，指示马术教官、助教教法，并任教授之责。

第十六条　马术副教官长有帮同马术教官长教授之责，并管理马厩一切事务。

第十七条　马术教官及助教承马术教官长，分任马术教授，并管理马夫、马匹及一切用具。

第十八条　技术教官及助教承教育长与教官长，分任技术教授，并管理技术一切器械。

第十九条　军士连长承教育长，督率军士排长，担任全连军士之训育，并管理一切内务。

第二十条　军士排长承军士连长之指示，专任管理及训育之责。

第廿一条　军需承校长命，掌理本校现金、物品、出入经费及预算、决算，并清厘报销等事。

第廿二条　军医承校长与教育长，掌理疗治卫生事宜，并任教授卫生学。

第廿三条　兽医承校长与教育长，掌理马匹之疗治、卫生，并任教授马学。

第廿四条　委任文官承长官命，专任收发文件及缮写等事。

第三节　　校规

第廿五条　学员（生）一律在校住宿。

第廿六条　学员（生）不得托故呈请退学。

第廿七条　学员（生）在学时，如因亲丧事故久稽时日者，可得于下期补修。

第廿八条　学员（生）在学时，如有违犯以下所列各项之一者，应即饬令退学回队或斥革：

一、品行不端，有失本分者；二、不受约束者；三、怠荒学业者；四、久病旷课，不耐劳苦者；五、试验成绩不及格者。

以上各项，由校长传集主任教官长及各教官分别裁定。但经斥革者，不得回队充补原额。

第廿九条　学员（生）在学时，如遇所属原队出征任战，一律遣归，以重职守。

第三十条　学员（生）应一律轮流值日，料理一切事务，不得擅离。星期休假，亦照常轮值。

第卅一条　学员（生）在学时，除休假外之假期，概依大总统公布之令施行。

第四节　教育

第卅二条　本校教授课目，学员班详第一第二表〔略〕，学生班详第三表〔略〕。

第卅三条　本校所有教育计划及实施情形，每年每月比较教育成绩与程度，由校长督同各教官分别列表详造报告，呈送陆军部，以备考成。

第卅四条　为资学员（生）之训练并诸般事宜之研究起见，由附近旅、团挑拨骑兵队及骑兵机关枪各一连，以供使用。

第五节　成绩

第卅五条　学员（生）成绩，分学业成绩、操行成绩两种。其规则及评定各项分数，均照陆军部公布之考查规程及细则施行。

第卅六条　学员将届毕业，由校长呈请陆军部派员莅校，会同校长，分目试验，并调查平日成绩，评定等第，汇呈陆军总长，及第者给与毕业证书。

第卅七条　学生毕业，由校长督同试验，及第者给与修业证书，并制造成绩表，移送各师（旅）、团长转付该军士所属连长收存。

第六节　待遇

第卅八条　学员（生）在学时，仍领原职薪饷。惟此项薪饷，概归该师（旅）按月解归本校照收转发。

第卅九条　学员（生）应携带入校物件，详第五表〔略〕。

第四十条　学员（生）应用之军器、马匹、马具、书籍、纸张及不可少之物品，均由校内分别备给。

第四十一条　学员在校膳食，均归自备。学生膳食，由校津贴。惟膳费支取不同，概由校中备办，以照划一。

第四十二条　学员（生）毕业试验之后，概归原队，仍服原职。考列甲等者，由陆军部发给奖品，并得记名，尽先提升。

第四十三条　学员（生）在学时，遇本职循例升补之时，仍照常升补。惟须俟毕业后，始准任职。

第七节　　经费

第四十四条　学校经费分经常临时两项：

经常支出门：（一）职员薪俸；（二）学生伙食津贴；（三）士兵饷项；（四）夫役工食费；（五）马乾；（六）医药、邮电、文具消耗各项办公费；（七）各项杂支。临时支出门；（一）购备器械；（二）购买图书费；（三）演习旅行费；（四）营造费。

第四十五条　学校用费，应于每年春季将次年度经常临时两门费用数目预算移呈陆军部核准，归案办理。

第四十六条　物价随时消长，先后或有不同，各项费用，每届一学期，须将收发款目分别经常临时两门，缮造清册，先将各项收发凭单核对明晰，连同原簿呈由校长查核签名，呈报陆军部核销。

第八节　　附则

第四十七条　本条例自公布之日施行。

第四十八条　本条例如有未尽事宜，应由校长随时呈报陆军部酌量修改，呈请大总统核鉴〔鉴核〕施行。

〔政府公报，1914年3月23日，第673号〕

14．陆军部为拟定陆军军需学校条例呈

（1913年3月29日）

陆军部呈大总统，谨将本部拟定陆军军需学校条例录请鉴核照准立案文，并批（附条例）

为呈请立案事：窃查陆军军官、陆军预备以及军医各学校条例，业经先后呈请大总统鉴核在案。兹陆军军需学校条例亦经本部拟订。除另行酌定教育纲领一并由部令颁行暨刊登公报外，理合将所订条例呈请大总统鉴核照准立案，以重学务。谨呈。

批：据呈已悉。交国务院查核备案。此批。

大总
统印

中华民国二年三月二十九日

国务总理　赵秉钧

陆军总长　段祺瑞

陆军军需学校条例

第一条　陆军军需学校为造就军需专门人材之所，编为学员学生两班，学员选有经理学术，材堪深造人员，授以高等科之学术，以备高级军需官之用，学生则选各省入伍队毕业生或其他有相当程度者，施以陆军初等经理必要之教育。

第二条　学员及学生之教育纲领，由陆军部规定。

第三条　陆军军需学校置职员如左：

校长一人，军需监（或一等军需正）；教育长一人，一二等军需正；教官若干人，二三等军需正及中少校（但文官及兼任者不在此例）副官一人，三等军需正（或一等军需）；连长若干人，少校、上尉；排长若干人，上中尉；军需二人，二三等军需正一、一等军需正一；军医一人，三等军

医正(或一等军医)；军士及委任文官若干人。

第四条　校长隶于陆军部，总理全校一切事宜。

第五条　教育长承校长之命,掌管学员及学生一切教育事宜。

第六条　教员承校长及教育长之命，分担各科之教授。

第七条　副官承校长之命，掌管庶务。

第八条　连长承校长及教育长之命，督率排长，担任全连员生之训育、考查学生性行材能及一切内务之责。

第九条　军需承校长之命，掌管会计经理事项。

第十条　军医承校长之命，掌管卫生事务兼教卫生学。

第十一条　军事〔士〕及委任文官，承上官之命，助理各项事务。

第十二条　学员及学生应备之资格如左：

甲、学员：

一、曾供职一年以上之军需毕业学生、或虽非军需专门出身而在军队及其他军事机关办理军需事项三年以上，于经理学术素有研究，程度相当者；(但第一期学员班前项人材尚属缺乏之时,暂由各省都督检定现充初级军需官长保送入校肄业。)

二、年龄二十五岁以上三十岁以下；三、身体强壮、品行高尚、勤务精励、将来有发达之望者。

乙、学生：

一、陆军入伍生及中学毕业或由中学相当之学校毕业者；

二、年龄十八岁以上二十岁以下；三、身体强壮品行端正者。

第十三条　受检定试验之学员,其范围由陆军部军需司司长、会计审查处处长、各师军需处处长、军需学校校长，于所属内具有第十二条之资格认其适当为学员者，得选拔之，造具学员候补者名簿，由选拔各官出具切实考语加结，移送军需司长，经军需司长审查后，汇造应受检定之名簿，进呈陆军部长核夺，一律得与入校之试验。

第十四条　学生之召集，每届由陆军部通咨各省，按照额数，依第十二条乙项之规定考选咨送。如有咨送不足之时，可由校长按照补充。

第十五条　陆军部长为检定学员学术，设试验委员，以军需司长为委员长，行检定试验。

第十六条　试验委员长依试验之成绩，选定合格之学员，呈请陆军部长核准录取。

第十七条　学员修业期凡一年，自九月初一日起至翌年七月三十日止。学生修业期凡二年，自九月初一日起至三年七月三十日止。

第十八条　每年应收录学员之额及关于收录学员之规定，由陆军部长核定。

第十九条　学员及学生如经试验未能合格，仍应发还原省及原送处所，其来往旅费，概由原省及原送处所自行担任。

第二十条　学员及学生均住宿校内。学生衣粮津贴之给与，及修学所用之兵器、图书、器具、消耗品等，得由学校贷与或支给之。学员除衣粮费由原薪内扣归学校代办外，其余之支给贷与之〔与〕学生同。

第廿一条　学员及学生不得托故请求退学。

第廿二条　学员及学生有犯左列事项之一者，由校长申明陆军部，得令退学：

一、学术欠缺，无毕业之望者；二、紊乱军纪，屡犯规则者；三、品行不正，无悛改之望者；四、带有伤病，不堪修学者；五、屡考劣等，不堪造就者。

第廿三条　按照前条令学生退学者，除第一、四、五项外，退学后仍令缴还学费。

第廿四条　学员及学生每届毕业，由陆军部长委任高等军需官临校监考，并调查平日成绩，排定考列次序，及格者，呈请大总统亲临发给毕业证书。

第廿五条　前条已领毕业文凭之学员，应拨归原送省分或原属机关，酌量升用。学生则分发各师见习，俟见习期满，分配各省军队官衔任用。

第廿六条　其余各项细则，由该校酌量情形，拟呈陆军部核准施行。

〔政府公报，1913年4月1日，第324号〕

15. 陆军部为拟订军医学校条例呈

（1912年9月9日）

陆军部呈大总统拟订军医学校校章分条缮摺请鉴察备案文，并批。附清摺

为呈明事：窃维巩固国权，端资军士，而卫护军士，端赖军医。我国军医人才，素患缺乏，将来军备扩张，势更不敷分配，自非即时整顿，不足以宏造就，而整顿之方，非从教育入手，无以为根本之计。从前天津设有军医学堂，虽已开办有年，其所定规章，多不适于今日之用，自应重新厘定，以期进行。兹由军医司拟订军医学校校章，计分条例二十七条，教育纲领十六条，呈请鉴定前来。本部长逐条详核，所拟尚属周妥。除分行外，谨将陆军军医学校条例并教育纲领，恭摺缮呈大总统鉴察备案施行。再，查各国军医学校，向无普通一科，我国医学尚未发达，不能不变通办理，酌设普通科，以期切于事实。合并声明。谨呈。

批：据呈阅悉。所拟尚属妥协。即由该部以部令行之可也。此批。

中华民国元年九月初九日

大总统盖印　赵秉钧　段祺瑞署名

谨将拟订陆军军医学校校章缮具清摺恭呈钧鉴。

陆军军医学校条例

第一条 陆军军医学校为养成军医司药各等人才、编辑教科书及施行军事卫生试验之所。

第二条 陆军军医学校教育纲领另定之。

第三条 陆军军医学校置职员如左：

校长一人（军医监、一等军医正），教务长一人（一、二等军医正），教官若干人（二、三等军医正及司药正），助教若干人（一、二等军医、司药及上中尉或文官），学生监一人（二、三等军医正），副官二人（一、二等军医或上中尉）、军需一人（一、二等军需）。此外，得雇用助手、书记等员。

第四条 校长总理校务，并监督各职员。

第五条 教务长为教官之领袖，保持教育之统一。

第六条 教官及助教，分担第一条内应任各事。

第七条 学生监实施军事训育，监视学生之军纪、风纪，并稽核学生之勤惰。

第八条 副官承校长之命，掌管图书、文牍及庶务。

第九条 军需承校长之命，掌理会计事务。

第十条 雇员承上官之命，助理各务、缮写讲义录及其他文件。

第十一条 陆军军医学校学生分三科如左：

普通科 本科 研究科

第十二条 普通科学生，以中学毕业生及有相当之程度者考试补充。

第十三条 本科学生，以普通科毕业生升转，或以各医药学校毕业生经过队附见习者，及卫生部初中等官未经本科毕业者遴选补充。

第十四条　研究科学生，以本科毕业生，或已经本科毕业之卫生部初中等官志愿深造者遴选补充。

第十五条　各科学生入学时，须填写入学誓书，送呈陆军部存案。

第十六条　各科学生之额数及入学日期，以陆军部令告达之。

第十七条　各科学生之修业年限如左：

普通科：医四学年，药三学年，各加队附见习三个月，本科：医药均半学年至一学年。

第十八条　普通科及本科学生住宿校内，研究科学生得居校外。

第十九条　各科学生须遵守军律、校规，服从校长、教务长、教官、助教之指挥，并受学生监之管束。

第二十条　普通科及本科学生之被服、膳费，以官费支给之。

第廿一条　各科学生不得以一已之从违，请求退校。

第廿二条　各科学生中有犯左列各项之一者，校长申明军医司长后，得令退校：

一、两次落第，不堪造就者；

二、屡犯规则，紊乱军纪者；

三、品行不端，屡戒不悛者；

四、伤痍疾病，不堪修学者。

第廿三条　各科学生考试之监试官，临时以陆军部令委任之。

第廿四条　普通科学生临时由各教官行临时考试外，于学年之末行学年考试。学年考试后，由校长会同监试官、教务长、教官及学生监评甲乙，以定升降。

第廿五条　各科学【生】修业期满，行毕业考试，但普通科学生之毕业考试，须在其最终学年考试及格后行之。毕业考试后，由校长会同监试官：教务长、教官及学生监评甲乙，经军医司长校定后，呈请陆军总长给予毕业证书。

第廿六条　除星期及纪念日外，年给冬假十日、暑假三十日。

第廿七条　本条例自公布日施行。

陆军军医学校教育纲领

第一条　各科功课，须选有专长之教官主任一门，或兼讲其有关系之第二门。

第二条　讲义专用国语，医药专门名词须以腊丁文为主。惟研究讲义，得添用外国文教授。

第三条　普通科参考书，须以日文者为主，兼采用德文图籍，以资佐证。本科以上，不在此限。

第四条　各科学生应修各门功课，均以理论与实验相辅教授。但须先授学说及实施法，然后再就实地练习。

第五条　实验分试验室实验、病院实验（材料厂实验）及军营实验三种。

第六条　普通科教育之要旨，在养成普通医学药学之人才，并授以初等勤务必要之学术。

第七条　普通科教授及实修之课目如左：

（军医）　军事学　化学　物理学　解剖学　组织学　胎生学　生理学　医化学　药物学　诊师学　病理学　病理解剖学　细菌学　卫生学　内科学　外科学　皮肤病学　花柳病学　耳鼻咽喉科学　眼科学　精神病学　法医学　平时勤务学　战时勤务学　德文　日文　其他妇人科学、产科学、小儿科学，得由校长酌量加为课外讲义。（司药）　军事学　化学　物理学　矿务学　药用植物学　生药学　分析学　卫生化学　药局方　药品鉴定　调剂学　制药化学　细菌学　药品工业

学　裁判化学　平时勤务学　战时勤务学　德文　日文

第八条　本科教育之要旨，在于教授中等勤务必要之学术，并造就将来研究高等学术之基础。

第九条　本科教授及实修课目如左：

（军医）　军阵卫生学　军阵防疫学　军阵外科学　军阵内科学　选兵医学　战术学　地形学　野战卫生勤务学　国际公法附赤十字会条约　德文　英文

（司药）军阵调剂学　军阵卫生化学　比较药局方学　军阵制药学　医科器械学　国际公法附赤十字会条约　德文　英文

第十条　普通科及本科，均于应授课目外，加军事训育，使学生惯熟军纪，涵养其德性，以成军人之精神。

第十一条　研究科教育之要旨，系就本科已有之学力上，授以高等勤务必要之学术。

第十二条　研究科教授及实修之课目不定，由教官授以问题，并示以方法，令其研究。

第十三条　普通科学生之学年考试，由主任教官就该学年所授课目按门命题。

第十四条　各科学生之毕业考试，由主任教官就该科所修课目按门命题。

第十五条　各科学生之考试，除就实地考试用口答外，均用笔答。

第十六条　各种教育细则，由校长遵照陆军军医学校条例及本纲领拟定，呈部核准施行。

〔政府公报，1912年9月16日，第139号〕

16．陆军部公布陆军兽医学校条例令

（1912年12月25日）①

陆军部令

陆军兽医学校条例

第一条　陆军兽医学校隶属陆军部，为养成陆军兽医人才，编纂教科书及施行蹄铁教育，并军马卫生试验之所。

陆军兽医学校设病马厂，收疗该校附近所在各陆军部队及学校病马，以供学生之实验。

第二条　陆军兽医学校教育纲领，另以陆军部令定之。

第三条　陆军兽医学校职员如左：

校长一人（军医监、一等兽医正），教务长一人（一、二等兽医正），教官若干人（二、三等兽医正），助教若干人（一、二等兽医、上中尉），学生监一人（三等兽医正或少校），病马厂长一人（二、三等兽医正），病马厂员二人（一、二等兽医），副官二人（上中尉及文官），军医一人（一、二等军医），军需一人（一、二等军需）。此外，得聘用外国教员并雇用助手、书记等员。

第四条　校长总理校务，并监督各职员。

第五条　教务长为教官之领袖，保持教育之统一。

第六条　教官、助教及聘员，分担第一条内应任各事。

第七条　学生监担任军事训育、维持军纪风纪，并稽核学生之勤惰。

第八条　病马厂长承校长之命，掌管病马厂厂务。

第九条　病马厂员承厂长之命，分理厂务。

第十条　副官承校长之命，掌理图书、文牍及庶务。

第十一条　军医承校长之命，掌理学校卫生及医事。

---

① 系刊登公报日期。

第十二条　军需承校长之命，掌理会计事务。

第十三条　雇员承上官之命，助理各务、缮写讲义录及其他文件。

第十四条　陆军兽医学校内修业者分本科学生及候补掌工。

第十五条　本科学生以中学毕业生及有相当之程度考试补充。

第十六条　候补掌工由各师师长考选文理通顺之军士补充。

第十七条　本科学生入学时，须填写入学誓书，送呈陆军部存案。

第十八条　本科学生及候补掌工之额数及入学日期，以陆军部令告达之。

第十九条　本科学生修业年限定四学年，加队附见习三个月，候补掌工修业期限六个月。

第二十条　本科学生及候补掌工，均须遵守军律、校规，服从上官之指挥管束。

第廿一条　本科学生之被服、膳费，由本校供给之；候补掌工之被服、膳费，由该所属部队供给之。

第廿二条　本科学生及候补掌工，均不得以一己之从违请求退校。

第廿三条　本科学生及候补掌工中有犯左列各项之一者，校长申明陆军部后，得令退校。但候补掌工依本条应令退校者，由校长令归原队处分之：

一、两次落第，不堪造就者；二、屡犯规则，紊乱军纪者；三、品行不端，屡戒不悛者；四、伤痍疾病，不堪修学者。

第廿四条　本科学生考试之监试官，临时以陆军部令委任之。但候补掌工之考试，由校长监督之。

第廿五条　本科学生及候补掌工，随时由各教官行临时考试外，本科学生于学年之末，行学年考试一次。

第廿六条　本科学生及候补掌工修业期满，施行毕业考试。

本科学生毕业考试，须在其最终学年考试及格后行之，由校长将其成绩呈请陆军部核给毕业证书。

候补掌工毕业考试及格，由校长给予毕业证书后，呈请陆军部令归原队服务。

第廿七条　入厂病马并各军队、学校除役之马匹及其他毙马，由校长与该所属部队长官协议之后，得取供试验之用。

第廿八条　入厂病马治疗上所需卫生材料，由校长呈请陆军部支给之。

第廿九条　除星期、国庆日及纪念日外，年给冬假十日、暑假三十日。

第三十条　本条例自公布之日施行。

〔政府公报，1912年12月25日，第238号〕

17．陆军军士学校暂行条例

（1912年）①

陆军军士学校暂行条例

第一节　　总纲

第一条　本校为养成步兵科军士之基础。

第二条　本校军士候补生，暂由学生队考选，改组以后招班，另行规定。

第三条　军士候补生，应具之资格如左：

一、年龄在十八岁以上二十四岁以下；一、品行端正；一、身体强健；一、粗通文理。

第四条　军士候补生在校修学以一年毕业，自民国元年十一

① 此件无时间，据内容推断，当为1912年。

月一日起至二年十一月止，共分两学期，每期计六个月。

第五条　军士候补生毕业考试合格者，由本校发给毕业执照，并呈请陆军部任为军士，拨归各师补充军士额缺。

第六条　军士候补生，在校如有犯左列各项之一者，准由校长随时呈请陆军部剔退：

一、学术劣等，难期毕业者；一、紊乱军纪，屡犯规则者；

一、品行不端，难期悛改者；一、伤病不堪修学者；

一、毕业考试落第者。

第七条　军士条〔候〕补生在校修学，凡关于政治、政党，不得搀入干涉。

第八条　军士候补生在校肄业除遵照一般陆军礼式外，入堂出操，对于各教官及各官长，均宜严守礼仪，以重军纪。

第二节　编制

第九条　本校编制，按照附表第一〔略〕之规定施行。

第十条　校中现在职员，如按之教务、庶务应行更变之处，准由校长酌拟，呈请陆军部更定施行。

第三节　职掌

第十一条　校长禀承陆军部，总理全校教育及一切庶务。

第十二条　副官禀承校长，管理庶务事宜。

第十三条　教官禀承校长，遵照陆军部规定军士教授科目，□〔拟〕计课程预定实施等表，并担任教授事宜。

第十四条　连长禀承校长，担任本连教育事宜。

第十五条　排长助理连长，分任本连教育事宜。

第十六条　助教承校长、连长、排长诸官长之指示，担任教授术科及襄理内务等事。

第十七条　军医主诊治人员伤病，教授卫生学科，并管理本□〔校〕卫生事宜。

第十八条　军需禀承校长，办理收支款项及关于各款项造册事宜。

第十九条　书记禀承校长，专司本校文牍事宜。

第二十条　管库司事禀承校长，管理物品收发、保存等事，其取用物品，务须按领单记簿，每届月底，查核呈报。

第廿一条　会计司事承军需指挥，襄办军需一切事宜。

第廿二条　司书生承书记指示，专司钞录等事。

第十三条　看护士承军医指示，办理医务室一切事宜。

第四节　　教育

第廿四条　本校教育，应遵照左列学术科目施行：

一、学科：

步兵操典　步兵射击教范　步兵工作教范　劈刺教范　体操教范　军制提要　陆军礼式　军队内务书　卫戍服务规则　陆军惩罚令　赤十字条约大概　军人卫生及救急法　测图学　数学　地理　历史　国文　军用文式　军语　应用作业

二、术科：

教练　体操　刺枪　射击　地形识别　测图　野外工作　距离测量　野外演习（行军、驻军各种勤务）

第廿五条　校长须按前开学术各科目，编定全期教育大纲及各期教育计划表，呈送陆军部审定施行。

第廿六条　每月教育学术各科，校长须据各期厘定之教育计划表编订预定，先行呈送陆军部查核，关于次月再呈预定表时，将前月之实施表及已授课程，同呈陆军部查核备案。

第五节　　考试

第廿七条　考试分月考、期考、毕业考三种，以百分为满分，六十分为合格，八十五分以上为优等。

一、月考由各教官暨各官长于月内所授学术各科，分别命

□〔题〕考试。

二、期考由校长于期内所授课程，分别命题考试。

三、毕业考由校长呈请陆军部派员莅校考试。

第廿八条　以上三种考试，除月考不计外，期考及毕业考，校长均于事竣后，造报成绩表，呈送陆军部存案。

第六节　　经费

第廿九条　本校经费分额支、活支两项，按照附表第二支领。其人员薪饷为额支，由校长禀详陆军部按月具领。至购办服装、器具、书籍、笔墨、纸张、药料、油炭等项为活支，由校长按照遵照规定经费具领，实报实销。

第三十条　每届月底，应由军需将本届额支、活支款目，分别缮造清册，呈请校长查核，报部核销。

第卅一条　每届一学期，校长须督饬军需员将额支、活支两项，缮造四柱清册，并将各项凭单、领据、发票、收条等核对明晰，连同原簿签名，申报陆军部核销。

第卅二条　军士候补生在校肄业，其被服、装具及津贴，均按附表第二、第三〔均略〕数目，由官发给。

第卅三条　由师调来之军士，除仍带原饷外，每月由校另□〔发〕膳费银五元。

第卅四条　人员支领薪饷，以每月二十五日为定期，由军需员查照定数缮册备齐，请校长核发。校长及各司员薪水，派会计司事，按员送交。学生津贴，由各连按名分发，均以签押盖章为据。弁兵、夫役工食，由校副官点名分发。马乾银两，由军需员核明发给毕，将册簿送呈校长查阅。

第卅五条　本条例自公布日施行。

〔北洋政府陆军部档案〕

18. 陆军部公布陆军电信教导营条例令
（1913年7月）

陆军部部令

陆军电信教导营条例，著即准此施行。此令。

部印

陆军总长　段祺瑞

中华民国二年七月　日

陆军电信教导营条例

第一条　陆军电信教导营为培养军队交通人材，施行电信通信术教育、为军事通信上必要事项之调查研究所。

第二条　陆军电信教导营分学员学生两班，学员班五十名，学生班五百二十八名，以四连编为一营，由各师骑兵、工兵及要塞炮工兵四种内之军官、士兵选充之。

第三条　陆军电信教导营设左列之职员：

营长

副官

连长

排长

司务长

军需

军医

教员长

教员

助教

书记

第四条　营长隶于陆军部军学司，总理营务，整饬纪律，统筹计划，任学员、学生学术进步之责。

第五条　副官受营长之命，经理全营一切庶务。

第六条　连长受营长之命，督率所属排长，担任本连学生之训育，考查学生性行、才能，遇有要事，禀承营长主持办理。

第七条　排长受连长之命，管理本排一切事务，有帮同连长负完全训育之责。

第八条　司务长受连、排长之命，经理本连庶务，有约束匠夫之责。

第九条　军需专司出纳款项、清厘款目及承造报销事宜。

第十条　军医专任卫生事务，并管理药料。

第十一条　教员长辅佐营长，总理教务，审订教程，稽核功课，考试学员、学生，对于营长，负学科上教育训导之责。

第十二条　教员、助教受营长、教员长之命，编定教程，分担课务，对于教员长负所担教务之责。

第十三条　书记受上官之命，掌理文牍及指挥司书誊录一切。

第十四条　学员、学生在营服制，于左肩上缀一红色Y字记号。其兵种及团、营号，仍依原兵种及其团、营号。

第十五条　学员在营修学日期，以一年为限，学生以二年为限。但依特别及他项事故，得由陆军总长命令伸缩之。

第十六条　学员、学生每年之入营期日，定为十二月一日，其每师挑选人数，由陆军总长于定期三个月前令知各师选派之。

第十七条　各师长奉到陆军总长之命挑选学生时，即分饬应派学生各营选定修学适当之学员、学生，于入营期前二十日，将其人名缮册送付于陆军电信教导营，并呈报陆军部，即令选定之学员、学生如期到营。

第十八条　选派学员，以曾任排长一年以上，学生以在队服勤务一年以上，并其性质聪明、品行端正、科学优长、刻苦耐劳者为合格。

第十九条　学员入营后，须另居一舍，其学生则编入各连内。凡修学所需之兵器、器具、书籍及消耗品，均由该营贷与或支给之。

第二十条　学员、学生仍食原职薪饷，由陆军部截发，按月由该营向部请领。至所用之武器、被服、装具，并由各原师营携带，如有中途更换者，仍由各原师营更换之。

第廿一条　学员、学生入营后，不得中途自请回原营，或随意请假。

第廿二条　学员、学生因疾病或其他事故，认为不堪造就，经营长考查属实者，由该营长具申事由于陆军部及所属师长，使其归还原营。

第廿三条　学员、学生修学期满，由该营营长禀请陆军部军学司派员监视会考，核其分数成绩，报告陆军部存案，于学员制定修学证明书，学生制定考科次序表，并学术修业证明书，由该师长发给各该学员、学生。

第廿四条　学员、学生毕业归营后，由各师营内组织教导班，转教该师营内军士、兵丁，或令温习。

第廿五条　本条例自公布之日施行。其各科学员、学生编成法，由陆军总长自定之。

〔政府公报，1913年7月18日，第431号〕

19. 陆军部为改订宪兵学校章程咨呈

（1912年7月10日）

陆军部咨呈黎副总统
　　　　　各省都督

为咨呈/行事：查本部呈请将前陆军警察学堂改称宪兵学校一

案，于中华民国元年七月初十日奉大总统批：据呈已悉。准照所拟办理。此批。等因奉此。除先将应行选派学员额数电达并另行咨选外，相应将原呈及改订宪兵学校章程刊登公报，咨呈副总统
行贵都督查照办理可也。此咨。

陆军部呈大总统改订宪兵学校章程文并批附章程

为呈明事：窃维军人之军纪、风纪，端赖宪兵维持，而培养宪兵之专科人才，尤须有适当之教育。查前陆军警察学堂，系直隶大沽宪兵学堂改设，一切规模，甚形狭小，所有毕业学员，实不敷各省之分配。正拟从事扩张，适民军起义，事遂中止。现在国体虽定，时局尚艰，治安秩序，遽难恢复，各省虽设有宪兵队，实乏专门人才服行职务，亟应整理教育机关，继续开办，以为教养人才之地。查该校原订章程，多欠妥协，不能不斟酌损益，以图改良进步。至该校名称，原名陆军警察学堂，其意义狭隘，名实殊属不符。盖宪兵关于军事警察，有监视海军军人之职权，不仅限于陆军一方面，且有时兼任行政司法警察，就广义立名宪兵，似较陆军警察为妥。军队编制，业经更定，学校名称，亦应改归一律，故将陆军警察学堂改为宪兵学校。除由本部分咨各省外，谨将宪兵学校改订章程恭摺缮呈大总统鉴核备案施行。须至呈者。

批：据呈已悉。准照所拟办理。此批。

中华民国元年七月初十日

大总统盖印　陆征祥、段祺瑞署名

谨将改订宪兵学校章程缮具清册恭呈钧鉴：

一、宪兵学校直隶于陆军部，挑选各省宪兵营及他项兵种现充连长及排长者为学员，教以法律及服务必要之学术，以为养成全国宪兵官长之用。

一、宪兵学校学员修学时期以一年半为限。

一、宪兵学员应由陆军部于开学前咨行各省按照选验格式选定咨送，并将简明履历列表报部，以备查核。

一、宪兵学校学员额数暂定五十名。

一、宪兵学校学员仍支原差薪水，由本省按季预解陆军部，以便转发。

一、学员之膳食，由该校办事人员经理，膳食费用，仍由各该学员之薪水内折扣归还。

一、学员所应用之书籍、课本、器械、服装及消耗品等项，统由该校备给。但器械各物，于毕业时一律缴还。

一、宪兵学校学员于毕业时，应由该校校长禀请陆军部派员会同该校长、教习分门考试，将各学员之学课术课成绩拟定分数，申送陆军部覆核，给与毕业凭照。

一、宪兵学校学员毕业后，由陆军部咨回原派省分，由该省都督酌量委用，以期切实整顿宪兵事务。并将各学员之成绩咨行各该省，以备考察。

一、学员入校后，不得自请退学，倘有重大事故理合退学者，应由其家属呈请队长官转呈该省都督据情咨报陆军部，酌量核准。

一、学校内应设礼堂、讲堂、操场、寝室、自习室、会议厅、饭厅、库房、职员办公室、会客所、学员接待室、养病室、思过室、浴所、厕所、马厩、教马场等项，均由该校校长体察校舍情形酌量布置，以资应用。

一、学员因有疾病或有万不得已之事故，不能于修学期内修得一定之学术，或不能受卒业试验者，应由校长察其平日成绩，并依本人志愿，酌令留堂补习，或咨回原省，使归原队差遣。

教授科目

学科

宪兵学　警察学　法规　国际警察学　陆海军刑律　陆海军

审判律　陆军监狱学　陆军检察学　法学通论　宪法　行政法　刑法　刑事诉讼法　民法　国际公法　法医学　军制学　测图学　陆军经理学　马学　马术教范　外国语学（英文、日文）

术　科

马术　剑术　捕绳术　柔术　教练　附教手枪操法

附记

一、教育纲目及时间区分，由校长、教习临时协议规定。

一、教育时期共分为前中后三期，每届六月为一期。

一、毕业前六周间，应由该校校长、教习、队长详细筹划，就平时修得学理假设种种情状问题，使之实地练习，以期事理贯彻。

一、实施时，应由该校校长呈请陆军部咨行通饬行政司法各机关前往参观，以资研究。（驻京宪兵队、内务部习艺所、司法部监狱、大理院各级审判厅、内外城巡警总厅等处。）

学校编制

校长	少将（上校）	一员	副官	上尉	一员
教务长兼本科教习	中校	一员	本科教习	少校	三员
普通教习	文官	六员	队长	少校	一员
队附	少尉	二员	军需官	二等军需	一员
军医官兼教法医学	二等军医	一员	马医官兼教马学	二等马医	一员
书记	文官	一员	支应司事	少尉	一员
司书	军士	三员	调护兵		二名
号兵		二名	印刷夫		二名
夫役		十名	伙夫		七名
马夫		六名			

员司职任

一、校长督率全校员司，总理一切事宜，凡教育程度、管理规则、得失利弊，悉心考察，遇有应行损益改革事件，随时禀承陆军部办理。

一、副官禀承校长办理一切庶务，凡约束兵夫、酌用物品、查验库储、管理马匹等事，皆其责任。

一、教务长遵守校长之指示，总理教育事务，凡教习所编课程及教授方法，均由教务长核定施行。

一、教习分担教授各门功课，并将各学员讲堂上之品行及了解之程度，立册记录，每月汇呈校长查核。其每日所授课程，签明课程簿内，以备考察。

一、队长有督率学员之责，凡学员举止、行为、疾病、事故及斋室、器具、衣履等项，均归考察，讲堂、操场，亦应监视。并帮同教授学科、术科，设立功过簿，随时记录学员之勤惰，按月呈报校长，以定品行分数。

一、队附承上官命令，有稽查学员之责，并帮同教授术科一切事宜。

一、军需官专管出入帐目及校内人员薪饷等项，按月按年造具清册呈校长查核，不准有借支、拖欠等事。

一、军医官专司医治各员疾病，兼授法医学功课，检查病室药料并食物等事。学员因病请假，须诊明真实，酌给休操各假，按病情填注病表存验，病单由队长核准。

一、马医官察验马匹，疗治病马，管理马匹卫生及器具、材料等事，兼教马学功课。

一、书记禀承校长，办理一切文牍事宜。

一、支应司事专管膳食、收发军装物品、购办物件等事，凡应购诸物，预具清单，呈由副官核夺办理。

一、司书承上官之命，经理文牍及钞录、誊写等事。

一、学校考试分为二种：一、日课考试，二、定期考试。日课考试，系由各教习按平日所授学科随时命题，令其笔记、口述；定期考试，分为月考、期考、毕业考三类。每至月终，由各教习统汇一月所授功课命题考试，是为月考；每届六月，由校长会同各教习考试，是为期考；后期由校长禀请陆军部派员会同考试，是为毕业考。

一、定期考试，各题均以二十分为最。月考每项功课若干题，即以若干题分数相加，以若干除之，为各项平均分数，再将本月日课试验分数合计，以试验回数除之，加入各项平均分数内，又以二除之，是为各项月考平均分数。各项月考平均分数相加，为月考总分数。又按总分数项数除之，为总平均分数。

一、每期考时核定分数后，须将本期各月考平均分数合计，以若干月除之，所得各月考总平均分数，加入期考时平均分数内，以二除之，为期考总平均分数。

一、中期及毕业考时分数核定后，须将前期考试总平均分数及本期间各月考试总平均分数合计，以二除之，一同加入，为中期考试毕业考试总分数，按总分数项数除之，得总平均分数。

一、考试等第共分三等，均按总平均分数计算，十七分至二十分者为优等，十三分至十六分九者为上等，九分至十二分九者为中等。

一、毕业考时，须先期十日牌示讲堂，俾令准备。期前五日一律停课，仍按时上堂，由队长、教习监视温习。

一、考试分数共分四种：一、学科分数，二、术科分数，三、品行分数，四、实施分数。学科、术科及实施分数，均由教习、队长及考试各员评定，品行分数由校长、教习、队长参合评定。

一、每届毕业考试后，应由该校校长将各员成绩列表送陆军部存案。

一、每届月考、期考，如有因病及他故不能与试者，由队长察明实无规避情由，禀明校长，准由教习补行考试。

学校条规

一、自教习以下，均应遵守校长命令，如有才不胜任及不热心教授者，应由校长察核禀明陆军部办理。

一、每星期六日，由校长以下各员司，均聚集会议厅，商议教育管理一切办法，如临时有提议事件，由校长随时传集。

一、除星期例假外，各员不得无故请假。如有必须请假事事故，禀呈校长临时酌核办理。

一、各员不得在校内宴会，并不得私相馈遗。

一、办事各员在办公室只用校内夫役，在宿舍准带跟丁一名，由校长发给腰牌，以凭考察。倘犯校规，亦照校役惩办。

一、校门启闭，宜有定时，察号以后，大门上锁，钥匙交值日官收管，非因公事，不得启门。

一、校内人员除文官外，均一律着用军服。

一、每星期日放假一日，年节放假三星期，暑假日期，由校长临时禀请陆军部核定施行。

一、校内马匹，专供操练。除官马须预禀校长传知备用外，余者不准随意乘骑。

一、学员犯以下所开各条，应由校长禀请陆军部核夺办理：

一、学业永无进益，无毕业之希望者；

二、紊乱军纪，屡犯规则者；

三、久罹伤痍病疾，不堪劳苦者；

四、成绩劣等者。

以上各项，届时由校长传集各教习、官长会议，分别裁定。

选验格式

一、年龄二十四岁以上、三十二岁以内者；

二、性质端朴，素无过犯者；

三、志趣正大，诚心向学者；

四、文理通达，富有军事学之知识者。

学校经费

一、经费分额支活支两项。薪饷及各定款为额支，按月由校长出具印领，呈请陆军部核发；凡购置军装、图书、器具及各杂项为活支，应随时禀请陆军部酌核办理。

一、无论额支、活支，每季副官应将收发款目分造四柱清册，并将各项凭单核对明晰，并同原簿呈送校长察核，具报陆军部核销。

一、自校长以下各员司支领薪饷，以每月十六日为定期，由军需官照定数目缮册，派支应司事按员名送交，以签押盖印为据。发毕，呈送军需官转送副官察阅。

一、每月下旬，军需官应令司书将学员夫役人等花名分造清册，呈校长察阅后，即将应发饷项各包书明数目、姓名、学员，由支应司事分送发给，夫役由副官点名发给。

一、额支经费

校长	一员	一百六十两	共一百六十两
副官	一员	六十两	共六十两
教务长	一员	一百二十两	共一百二十两
本科教习	三员	每员一百两	共三百两
普通教育	六员	每员七十两	共四百二十两
队长	一员	八十两	共八十两
队附	二员	每员三十两	共六十两
军需官	一员	五十两	共五十两
军医官	一员	六十两	共六十两
马医官	一员	五十两	共五十两
书记	一员	四十两	共四十两

支应司事	一员	三十两	共三十两
司书	三员	每员十三两	共三十九两
调护兵	二名	每名七两	共十四两
号兵	二名	每名七两	共十四两
印刷夫	二名	每名七两	共十四两
夫役	十名	每名五两	共五十两
伙夫	七名	每名五两	共三十五两
马夫	六名	每名五两	共三十两

以上每月额支共需银一千六百二十六两。

每年共需银一万九千五百一十二两。

一、活支经费

一、学员服装费，每年约需银二千五百两。

一、添置书籍、器具及剑具，每年约需银六百五十两。

一、全校学员课本、笔墨、纸张、灯油、煤炭、茶水及印刷等费，每年约需银三千三百二十四两。

一、修理马具、军刀、劈剑、杂械等费，每年约需银四百四十两。

一、出差及电报、邮电、电灯、电话并年节犒赏等费，每年约需银二千八百二十四两。

一、马匹喂养费，每年约需银一千八百两。

一、修理校舍及全校人马医药费，每年约需银一千二百两。

以上每月约需银一千零六十一两五钱。

每年约共需银一万二千七百三十八两。

统共额活支每年约共需银三万二千三百五十两。

〔政府公报，1912年7月20日，第81号〕

20．何丰林为修订宪兵学校条例等呈

（1928年4月12日）

军事总长何丰林呈大元帅为修订宪兵学校条例暨教育纲领、收录学员生简章缮单呈鉴文（附件三）

为修订宪兵学校条例暨教育纲领、收录学员生简章，恭呈仰祈钧鉴事：窃查宪兵学校于民国元年由陆军部呈请，将前清陆军警察学堂改为宪兵学校，复于三年四月经部制定条例暨教育纲领、收录学员细则，颁发施行各在案。该校成立十数年，学员毕业已满八期，教育规模渐臻完善。嗣以经费支绌，于上年八月饬令停招新生，而职教各员仍留原校，由部酌给接济费，藉维现状。伏念教育基础，缔造艰难，一旦废弃，殊为可惜。拟请将收录学员办法稍事变通，分为学员、学生两班，学额增至一百六十名，十个月毕业，由各省区暨各军团分别选送，每名月缴学费三十元，膳费六元，开办费每名十元，服装费学员每名六十元，学生每名五十元，均由原送机关先期汇解职部转发学校应用。众擎易举，宏育英才，于军政前途，不无裨益。至学校条例、教育纲领，根据成案，详加修订，以副国家作育人才之至意。所有修订宪兵学校条例、教育纲领、收录学员生简章各缘由，是否有当，理合缮具清摺呈请钧鉴，伏乞训示祗遵。谨呈陆海军大元帅。十七年四月十二日。已奉指令。

修订宪兵学校条例

第一条　宪兵学校为造就宪兵专门人材之所，挑选中央直隶各军团、各省区、各兵种之现职初等军官为学员，暨现役士兵为学生，教以法律及服务必要诸学术。

第二条　学员、学生之教育纲领，以军事部令定之。

第三条　宪兵学校置职教员如左：

校长	一员	少将（上校）
教育长	一员	上（中）校
本科教官	三员	中（少）校
普通教官	六员	中(少)校或同等官或文官
队长	一员	少校
副官	一员	上尉
队附	二员	中（少）尉
军需官	一员	一（二）等军需
军医官	一员	一（二）等军医
兽医官	一员	一（二）等兽医
柔术助教	一员	少尉
书记	一员	文官
司事	一员	少尉
司书	五员	军士

此外，应设调护兵、号兵、印刷夫、伙夫、马夫若干名。

第四条　校长直隶于军事部军政署，总理学校一切事宜。

第五条　教育长承校长之指示，掌理教育事宜。

第六条　教官承校长、教育长之指示，分任学术教授。

第七条　队长督率队附、助教，担任学员、学生训育，监察躬行，对于校长应负责任。

第八条　副官承校长之命，掌管庶务及马匹等事。

第九条　军需官承校长之命，专司会计经理及校内人员薪饷等事。

第十条　军医官专司医治病症，并检查卫生一切事宜。

第十一条　兽医官管理马匹卫生，并监督马夫喂养等事。

第十二条　书记承校长之命，办理文牍。

第十三条　司事专司膳食、收发军装、购办物品等事。

第十四条　司书专司缮写。

第十五条　学员、学生之修学期，以十个月为限。

第十六条　学员之额数，暂定六十名，学生之额数，暂定一百名。

第十七条　学员、学生应具之资格如左：

一、学员年龄在二十四岁以上三十二岁以内者，学生年龄在二十岁以上二十四岁以内者；二、性质端朴，素无过犯者；三、志趣远大，诚心向学者；四、文理通达，富有军事学之知识者。

第十八条　每届招集学员、学生时，应先期由军事部通行中央直隶各军团及各省区，按照额数，依前条选验格式选送，并将简明履历列表报部，以备查核。

第十九条　学员、学生仍支原薪饷，由各军团及各省区按月预解军事部军政署，以便转发。

第二十条　学员、学生均住宿校内。

第二十一条　学员、学生膳食，由原薪饷内扣，归学校代办。

第二十二条　学员、学生在修学时所需军械、被服，均由原送机关供给；其书籍、纸张等项，由校中分别贷与之。

第二十三条　学员、学生不得托故请求退学。

第二十四条　学员、学生有犯左列事项之一者，由校长呈明军事部军政署，得命退学：

一、学术缺欠，无毕业之望者；二、紊乱军纪，屡犯规则者；三、久罹伤病，不堪劳苦者；四、成绩劣等者。

第二十五条　学员、学生如因病或万不得已之事故，不能受毕业试验时，应由校长查其平日成绩，依本人之志愿，酌令补习，或呈由军事部送回原送机关。

第二十六条　每届学员、学生毕业时，应由校长呈请军事部军政署派员会同考试，将学术成绩拟定分数呈请军事部军政署覆校后，由军事部发给毕业证书，并呈请陆海军大元帅莅校监发，以昭郑重。

第廿七条 学员、学生毕业后，应由军事部送回原送机关擢升委用，以期切实整顿宪兵事务。

第廿八条 学校经费分额支活支二项，按照后表支给。

第廿九条 其余各项细则，由学校分别拟呈军事部军政署核定之。

第三十条 本条例自公布日施行。如有未尽事宜，得由该校随时呈请军事部修改。

宪兵学校额支活支经费表

校长	一员	四百元	共四百元
教育长	一员	二百五十元	共二百五十元
本科教官	一员	二百元	共二百元
本科教官	二员	每员一百八十元	共三百六十元
普通教官	一员	一百三十元	共一百三十元
普通教官	五员	每员一百十五元	共五百七十五元
队长	一员	一百十五元	共一百十五元
副官	一员	一百元	共一百元
队副	二员	每员六十元	共一百二十元
军需官	一员	一百元	共一百元
军医官	一员	八十五元	共八十五元
兽医官	一员	七十元	共七十元
柔术助教	一员	六十元	共六十元
书记官	一员	六十元	共六十元
司事	一员	六十元	共六十元
司书	二名	每名二十二元	共四十四元
司书	三名	每名二十元	共六十元

护目	一名	十元	共十元
号兵	二名	每名十元	共二十元
医兵	二名	每名八元	共十六元
传达兵	三名	每名八元	共二十四元
卫兵	四名	每名八元	共三十二元
杂役(印刷夫在内)	十六名	每名六元	共九十六元
马夫	若干名	因操马未购，暂行缓设	
伙夫	十二名	每名六元	共七十二元

以上月支洋三千零五十九元

本科特别教官	一员	一百四十元	共一百四十元
代语教习	二员	每员四十元	共八十元
术科助教	五员	每员三十元	共一百五十元

以上月支洋三百七十元

办公杂支　月支洋五百元

总计以上月支洋共三千九百二十九元

此外，冬季暖炉、薪炭及毕业费未列预算。又学校现无操马，俟将来添购马匹时，再行核发掌乾。合并声明。

修订宪兵学校教育纲领

第一条　宪兵学校教育之目的，在使各学员、学生修得宪兵服务必要之学术，以期他日完全履行其任务。

第二条　宪兵为各兵科之表率，应保持相当之威信，故宪兵学校教育，尤须注重精神教育，以养成高上之品格及端纯之道德。

第三条　宪兵学校教育分教授及训育二项，按照左列各科目实施之：

一、学员班教授课目：

宪法　宪兵学　警察法规　国际警察学　军刑律　军审判律　军监狱学　侦探学　法学通论　行政法　刑律

刑事诉讼律　民律　国际公法　救急法　军制学　军事学　代语　外国语学（英、日文）

二、学员班训育课目：

马术　剑术　捕蝇术　拳术　教练（手枪操法及军刀术）

一、学生班教授课目：

宪法　宪兵学　警察法学　法规（此项法规，如宣布戒严、施行征兵、取缔军火、押送囚人等项，凡于宪兵职务有关者，皆须择尤教授。）　国际警察学　陆军刑事条例　陆军审判条例　军监狱学　法学通论　行政法　刑律　侦探学　刑事诉讼律　国际公法　救急法　典范令　军制学　违警罚法　代语　外国语（英、日文）

二、学生班训育课目：

马术　剑术　捕蝇术　拳术　教练（手枪操法及军刀术）

第四条　宪兵学校教育分为二学期，每届以五个月为一学期。

第五条　学术授业时间之区分，应由校长、教育长、本科教官及队长协同议定。

第六条　各项课目，应由各教官酌量繁简，切实教授，务使通学理之精要，得应用之妙旨。

第七条　实务教育，应由校长、教育长商同本科教官，就平时修得学理假设种种问题，使之实地练习，以期事理贯彻。

第八条　学校考试分月末考试、学期考试、毕业考试，其考试分数，以百分为最。

第九条　参观京师附近行政、司法各机关，应由校长呈请军事部转行知照。

第十条　本教育纲领自公布日施行。

修订宪兵学校收录学员生简章

第一条　宪兵学校直隶军事部军政署，所有校内一切事务，均应禀承部署办理之。

第二条　宪兵学校收录学员额数暂定六十员，学生额数暂定一百名。

第三条　咨送机关暂以东三省暨直隶、山东及三特别区并中央直隶之军团为限。

第四条　选送学员生之额数，拟定各省区每处送学员四员、学生七名，各军团则视设置宪兵队之多寡定选送员生之额数；但于每宪兵队须送学员四员、学生六名，其余尚未设置宪兵队之省区及军团，至少亦应送学员四员、学生七名，以便普及。

第五条　各咨送机关所有协助教育经费，应按照所送名额分别摊派。如此项经费于学校每月额支之外，尚有赢余时，即备将来添置马匹暨教育用品，并可选择学校职教员或毕业学员中之学识优长者，送往外国留学之费用。

第六条　所送肄业员生，每名每月由咨送机关协助教育费三十元。其每月担任经费，应由前一月将款项汇解军事部转发学校应用。

第七条　各员生膳费，每名每月拟定六元，亦应于前一月预解军事部转发学校，俾便办理。

第八条　开办经费，每名暂定分担洋十元，应由各咨送机关先期按其名额汇解军事部转发学校应用。

第九条　各员生服装，每名发给冬季呢衣一套，夏季灰布单军衣一套，并松紧布、黑皮鞋各一双。此外，白布被单，每名亦备八尺两块，以期整齐而昭划一。

第十条　服装费，关于学员者每名需洋六十元，学生者每名需洋五十元，应由各原送机关届时汇解军事部转发学校，代为购办。其自行携带军服，可留作操练之用。

第十一条　学员应置之武装带并军刀，及学生应备之皮腰带，均由各原送机关发给。

第十二条　其余未尽事项，均按学校条例办理之。

〔政府公报，1928年4月28日，第4307号〕

21．参谋本部拟定中央陆军测量学校章程呈

（1912年12月24日）

参谋本部呈大总统，拟定中央陆军测量学校章程，请鉴核示遵文，并批。附章程暨表

为呈明事：窃本部所辖陆军测量学校，为养成高等测量人员而设，关系至为重要。既已由部将此项章程拟定，理合呈请大总统鉴核批示遵行。谨呈。

批：据呈已悉。应即照准。此批。

中华民国元年十二月二十四日

国务总理　赵秉钧

陆军总长　段祺瑞

中央陆军测量学校章程目次

第一章　总则

第二章　职责

第三章　校规

第四章　待遇

第五章　课程

第六章　考试

第七章　经费

附教育纲领表〔略〕

中央陆军测量学校章程

第一章　总则

第一条　陆军测量学校为养成测量人才、研究测量学术之所。

第二条　陆军测量学校隶属参谋本部第六局，名曰中央陆军测量学校。

第三条　陆军测量学校设高等、寻常两科（在高等科者称学员，在寻常科者称学生），选取额数由参谋本部第六局酌定，呈请总次长核准施行。

第四条　中央陆军测量学校应设职员如左：

一、校长一员；二、主任教员三员；三、教员若干员；四、助教若干员；五、监学一员；六、学长若干员（每学生四十名左右，设学长一员）；七、副官一员；八、医官一员；九、书记一员；十、会计一员；十一、储藏一员；十二、司事、录事各若干员。

第五条　校长由参谋本部第六局呈请总次长荐任外，其余各员，由校长商承第六局拟定，呈请总次长委任。

第六条　陆军测量学校选取高等科学员，由第六局另定章程，呈请总次长核批办理。

第七条　陆军测量学校选取寻常科学生，由第六局拟定额数，经总次长核准后通知学校，由学校定期考试，按格挑选。

第八条　选验学生，其格式如左：

一、年岁：十八岁以上二十二岁以下；二、品行：性情诚朴，素无过犯；三、志趣：专心晌〔向〕学，别无嗜好；四、程度：须有中学校二年以上之程度者；五、身格：高约一密达六十生的左右，气体强壮，素无隐疾；六、目力：能辨目力表二十号以下。

第九条　高等科学员，以三年毕业。

第十条　寻常科学生，以一年半毕业。

第十一条　学员、学生考取足额后，祗准剔退，不得随时添补。纵有空额，任缺无滥。

第十二条　校中职教员有办事尤为出力者，除专科人员按章办理外，届毕业时，由校长呈请奖励，以资激劝。

第十三条　校中如需外国教员，其一切服务及订立合同等项，应先呈请参谋本部核准后，方得延聘。

第十四条　测量学校办事细则及一切应订事宜，均由校长按照章程详细拟订，呈参谋本部候核施行。

第十五条　此项章程经参谋本部呈大总统核准后，由校长切实遵行。如有应行变更之处，准于每年底由校长叙出情由，移呈参谋本部第六局核议后，呈明总次长办理。

第二章　职　　责

第一条　校长总理校内一切事宜，有养成学员、学生之学术能力并综核经费之责。

第二条　主任教员商承校长，有主持各本科学术教授之责。

第三条　教员商承主任教员，担任教授学术及编纂讲义之责。

第四条　助教承主任教员命，辅助教育，有分任应授学术之责。

第五条　监学承校长命，有专任管理学员、学生之责。

第六条　学长承监学命，有专管学生军纪、风纪及传达一切之责。

第七条　副官承校长命，掌理机密文牍、稽核经费，有专管校内一切庶务之责。

第八条　医官承校长命，整理全校卫生事宜，有医治全校人员疾病之责。

第九条　书记商承副官，掌理案卷、承办文牍，有督饬录事缮写之责。

第十条　会计商承副官，掌理出入经费及预算、决算，并查核购买什物一切事宜之责。

第十一条　储藏商承副官，掌理器械、器具、图籍等项，有随时查验保管之责。

第十二条　司录承长官命，执行应服事务。

第十三条　录事承长官命，专管收发文件及缮写等事。

第三章　校规

第一条　学员、学生违反以下所开各项之一者，应即黜退：

一、各门功课永无进益者；二、紊乱军纪，屡戒弗悛者；三、品行不端，有失本分者；四、久病旷课，不耐劳苦者；五、学期考试分数不及格者。

以上各项，届时由校长传集监学、主任教员及各教员等会议，分别裁定。但因一四五各项剔退出校者，除学费应免缴还外，其原领书籍、军衣、靴帽等件，一律缴回学校。

第二条　校中职员由校长随时考查，每逢年底，分别勤惰，呈报参谋本部。但有不能胜任及旷废职务之员，应即随时移呈参谋本部第六局复核办理。

第三条　校中职教员除校长及教官另有专责者外，应一律轮流值日，住宿堂内，料理一切事务，不得擅离。星期、年节、暑假时，亦照此办理。

第四条　校中职员，除遵照定章各专责成外，遇有关系大局之事，仍应互相匡助，和衷共济，不得推诿膜视。

第五条　校中职员及员生，如有急切事故必须请假者，应按另定请假细则办理。

第六条　学员、学生不遵校规，不服约束，故生事端，希图出校或私自退校者，即由校长呈明参谋本部第六局，分别惩罚。

第七条　凡学校人员，均应恪守校规。著军服时，须行陆军礼节，不得故违。

第八条　学校除星期日外，放假日期如左：

国庆日二日；纪念日一日；年假七日（纪念日及元旦前后各三日）；暑假于细则规定，但至多不得逾三十日；但野外作业时，除国庆纪念日外，虽星期不得放假。

第四章　待遇

第一条　高等科学员，由各级测量官经再审试验合格后，即入校肄业，仍领原俸。其原职应由直接长官酌量情形，派人兼理或代理。

第二条　学员入校后，遇本职缺推升之时，仍照常推升，毕业后按章授课。

第三条　学生毕业试验列等，除按第六章第十一条办理外，俟服务二年后，如有成绩优异才堪深造者，应挑入高等科学习。

第四条　学员在校所用书籍、器械、纸张、笔墨等项，由校备给。

第五条　学生在校缮食、服装及书籍、器械、笔墨、纸张等项，统由学校备给。

第六条　学生入校后，照章每名每月发给津贴银洋三元。

第七条　学员、学生毕业试验考列优等者（平均分数在九成以上者），除照第三条办理外，仍以应升之阶尽先提升。

第五章　课程

第一条　学员课程，以研究学术使有发达测量学术之技俩为主，学生课程，以偏重实施为主。

第二条　学校招募学员、学生，应于入学期约一月以前，编订学术课程表，呈参谋本部第六局核议施行。

第三条　学员、学生应授各课目，另附教育纲领表于后。

第六章　考试

第一条　考试分入学考试及学术考试两种。但学术考试又分为月考、期考、毕业考三种。

第二条　入学考试，除学员另定章程办理外，学生届时由第六局核定时期，呈明总次长核准后，由校长按照第一章第八条所规定考试，合格者准其入校肄业。

第三条　月考由主任教员及各教员斟酌行之，以平日问答时各教员内定分数为准，另加躬行分数，每月一次，汇列成表，呈校长核阅后，取其平均分数，榜告诸生，以资激劝。

第四条　每届学期期满，由校长核定考试时期，举行期考。先期停课二、三日，以资温习。届时由各主任教员会同教员议定题目，呈校长核定。试竣即将考试成绩加以躬行分数，核定次序等第，呈报参谋本部第六局存案。

第五条　毕业考由校长订定考期，须两周前牌示学校。并先行停课温习，至多以五日为限。一面拟定考试程式，至时呈请参谋本部第六局，转呈总次长派员会同考试。

第六条　考试分数，按门计算，以二十分为满分。每项功课若干题，即以若干分之为每门功课之分数。合计各门分数为总分数。再按总分数之门数分之为平均分数。

第七条　考核次序，以平均分数之多寡为定。平均分数同，则视总分数；总分数同，则视出席日数多寡，以课殿最。

第八条　考核毕业分数，与第六条同。但以第一第二两学期之相加平均分数，再加本期平均分数，以二除之，是为毕业平均分数。其次序之考核法，与第七条同。

第九条　考试次第及列等、不列等之区别如左：

一、平均分数十八分以上者为优等；

二、平均分数十二分以上，各门功课均在八分以上者为列等；

三、平均分数不满十二分者为不列等；

四、平均分数虽满十二分、若有二门不及八分者为不列等；

五、专科学术不及十分者，概不列等。

第十条　学员毕业考试其成绩不能列等者，则由校长斟酌情形留校补习，或由参谋本部发给修业证书，饬令仍回原职。

第十一条　凡考试列等者，由学校呈请参谋本部第六局转呈总次长，发给毕业文凭，按章授职。

第十二条　寻常科学生期考、毕业考，凡不列等者，由校长会同主任教员及各教员等，核议成绩，察看资性，酌定降班学习或令退学。

第十三条　凡考试不到者，一律不准补考。寻常月考不到，所缺分数，以零计算。期考不到，令降一班学习。毕业考试不到，即予开除或令降班学习。如确系因病及亲丧等事故，临时由校长查明，酌量情形，准其补考。

第十四条　凡考试时，如有夹带、枪替、雷同等弊，一律扣去本门分数。但无论枪替者被枪替者，同等受罚。

第七章　经费

第一条　学校经费，应于每年春季，将次年度用费数目预算，移呈参谋本部第六局转呈总次长核准，归案办理。

第二条　各项用费由学校按月造册报销一次，每届年终，造送全年出入各项总册。

第三条　学校经费，分为经常、临时两项如左：经常支出门：一、职员薪俸；二、教员薪俸；三、学员俸；四、（职教员员生）伙食；五、学生津贴；六、出张〔差〕旅费；七、材料费；八、夫役工食费；九、学生服装费；十、习课用品费；十一、修缮器械费；十二、各项杂费。

临时支出门：一、购备器械费；二、购买图书费；三、营造费。

附则 本章程自公布日施行。

〔政府公报，1913年1月5日，第239号〕

22. 参谋本部为拟定派遣陆军测量留学生章程呈

（1912年12月3日）

参谋本部呈大总统，拟定派遣陆军测量留学生章程，请鉴核示遵文，并批。附章程

为呈明事：窃派遣留学，为造就深邃学术之基。现各省已有咨请派遣测量留学事，自应规定章程，方能育养真才而期进步。现已由部拟定章程三十四条，理合呈明大总统鉴核批示遵行。谨呈。

批：据呈已悉。应即照准。此批。

大总
统印

中华民国元年十二月初三日

国务总理　赵秉钧
陆军总长　段祺瑞

派遣陆军测量留学生章程

第一章　总纲

第一条　参谋本部为促进测量学术、改良测量事业起见，特颁此章程，以策进行。

第二条　本章程所称陆军测量留学生，以参谋本部派赴各国

之测量学生为限。

第三条　凡派赴各国留学测量，均先期函商驻扎各该国公使，预为交涉妥洽，然后施行。

第四条　凡派赴各国测量学生，不另设监督，即由驻扎该国公使管理。

第五条　凡派赴各国测量学生，均应确守校规，服从本国公使训令。

第六条　派遣测量留学生需用各项经费，均归入测量费内，由参谋本部按期拨解。

第二章　资格

第七条　凡派遣测量学生，必具左之条件者，方为合格：

一、精通某一国之语言文字,能直接听讲者;二、确在本国寻常高等两科卒业,且实地经验二年以上,或经测量总监（或测量监）认为有相当之程度者；三、素行端谨，别无嗜好者；四、学术成绩经长官认为有发达之希望，而加以切实考语者。

第三章　选派法

第八条　凡具有前条之资格者，均得列入选派试验。

第九条　选派法分初审试验、再审试验二种。

第十条　选派额数由参谋本部随时酌定。但一国不得逾六人，每科，一国不得逾二人。

第十一条　初审试验由参谋本部第六局呈请总次长规定日期，密拟考题，分别各省路程远近，斟酌先后，递送各省都督，召集各该省有第七条各资格之测量人员举行考试，试毕，迅将答案书类盖用图记，付送参谋本部。

第十二条　参谋本部接收前项答案书类齐全，随即派员核阅成绩，评定甲乙，并速调制顺次名册，呈总次长鉴核，以定再审试验。

第十三条　再审试验定期后，即呈请总次长通饬各省初审试验及格人员，于再审试验日期前到京，受再审试验。

第十四条　再审试验日期，应以试验后由本京至派往该国时在该国开学前约一月为订。

第十五条　再审试验由参谋本部总次长命令委员考查成绩，并以第六局局长为委员长。凡任考查此项试验成绩，应盖本人图记，负完全责任。

第十六条　再审试验完毕，即由委员长调制成绩表册，呈请总次长鉴核，随请规定日期，命令遣赴各国。

第四章　待遇

第十七条　学生如已补陆军测量官，派赴各国后，其原俸得由其家属按月具领，其原职由长官派人代理。

第十八条　学生如已补测量官，派赴各国后，遇本职推升之时，仍照常推升。但须于毕业归国后，方能就职。

第十九条　学生如已补测量官，派赴各国学习毕业时，如遇学术优异，能在各国得有名誉奖章，或卒业成绩在八成以上者，除照前条办理外，仍由部奖叙，准以应升之阶尽先提升记名。

第二十条　凡未补陆军测量官之学生，应俟毕业归国后，由部考核成绩及学术能力，酌核请补。

第廿一条　凡测量学生派赴各国，倘有不遵校规，任意旷课者，由驻该国公使分别轻重报部，量予惩罚。

第五章　报告

第廿二条　学生需用学费、服装、膳费、零用等项，由驻扎各该国公使按期报部。

第廿三条　学生勤惰及学课成绩，应由驻扎各该国公使暨武随员调查考核，每年至少须报告本部二次。

第廿四条　学生报告分定期报告及随时报告两种：

一、定期报告。每年二次，分为年假报告及暑假报告。凡关于学术之心得及军事测量之见闻，均分条缕举，以备采取。

二、随时报告，凡学校功课表、时间表、试验之成绩、新出之杂志书类，凡可为本国测量参考者，均宜即时报告。

第廿五条　定期报告由驻扎该国公使转呈参谋本部，随时报告由各学生直寄参谋本部。

第六章　经费

第廿六条　经费分学费、月费、书籍费、川资治装费、医药费五种。

第廿七条　学费每人每年若干元，由驻该国公使于未入校之前，向该国测量部交涉，预算报部，按期拨解。

第廿八条　月费每人每月若干元，应以各国之生计程度为定，由驻该国公使按月发给。

第廿九条　书籍费、学生应用测量参考书籍，由驻该国公使核实发给，应将书籍清单呈驻该国公使转报参谋本部存案，归国时，即将此项书籍缴归公家。但此数往日本者，每人不得过百元，往欧美者，每人不得过三百元。

第三十条　川资应以派往该国途中所需一切费用为准，派往时，由参谋本部发给，归国时，由驻该国公使发给，均以一次为限。

第卅一条　治装费由参谋本部临时酌定，于再审试验后发给，以一次为限。

第卅二条　医药费由驻该国公使派员查实，确系重病，方准发给，并须由公使发给医院。

附则

第卅三条　本章程自公布后施行。

〔政府公报，1912年12月5日，第218号〕

23．军事部拟定派送自费留学陆军暂行规则及陆军自费留学员生考试条例

（1927年8月）

军事部派送自费留学陆军暂行规则

第一条　本部为广储将材，普及尚武教育，多收列强军事新知识起见，特变通定章，凡各国陆军高级学校及造就初级军官之学校，均准各生呈明志愿，自费留学，但须遵本规则之规定。

第二条　陆军高级学校留学，须在本国军官学校或与本国军官学校同等之学校毕业者；愿赴初级军官学校留学学生，应有中学毕业资格，且须宗旨正大，身体能合本部之体格表之程式者。

第三条　留学员生，须由本部考验，或由保送机关初审送由本部复试。其已在外国者，则由各该驻使按照部章试验，考取合格后，方准咨送。其考试科目，另定之。

第四条　留学员生考试合格后，须预将全额学费缴呈本部，如系保送者，则由原保机关预先汇齐缴送本部。其在外国者，则预向各该驻使署呈缴，统须将款缴齐，方准给文咨送，否则作为无效。

第五条　留学员生，如有不守规则或行为诡异不法者，应即开除学额，勒令回国，并将其预缴之学费没收。中途无故退学者，预缴之款亦不发还。

第六条　留学员生在留学国毕业回国后，应先到本部报名，

并听候训示一切。

第七条 本规则自公布之日施行。如有未尽事宜，得随时呈请修正之。

陆军自费留学员生考试条例

第一条 陆军自费留学员生呈请咨送留学时，除遵照陆军自费留学暂行规则外，应于身体检查合格后，按照左列之科目，逐一试验，必须录取后，方准咨送：

甲、陆军高级学校留学考试科目：

本国文 留学国语文 战术学 筑城学

兵器学 交通学

乙、造就初级军官学校考试科目：

本国文 留学国语文 代数学 几何学

理化学 历史 地理

第二条 各级身体检查及学科命题，在本部由军学司，在使馆由公使派员（有驻扎武官者由武官）主办，统以两日竣事。

第三条 各级学科考试，本国文以一题，余均以二题为限。每门以百分为满分，以六十分为及格。

第四条 各级考试完竣后，应将各学科分数及身体检查分数合制一表，以定去留，而备查考。

第五条 在外国使馆所试之各种分数及文卷，并应咨送本部备查。

第六条 本条例自公布之日施行。

〔北洋政府军事部档案〕

24．陆军部为拟定陆军军队校阅条例请予公布呈

（1913年5月29日）

为呈请事：窃维军队训练，由讲求而成劲旅，战斗设施，由

筹划而增完备。考察平时进度之确否，比较军队成绩之美恶，实为练兵之要素。是以巡狩观兵，古有明训，改良求进，列国所同。总长为求军事进步确实起见，督饬司员拟订陆军军队校阅条例，以为考核各军成绩，藉觇军国前途之准则。理合呈请公布，以便遵循。是否有当，伏希钧夺祇遵。谨呈

临时大总统

陆军总长　段祺瑞

中华民国二年五月二十九日

陆军军队校阅条例

第一章　总则

第一条　本条例系为考察陆军教育训练进度及筹备设施、军需、卫生、内务各成绩，并藉励其进行。

第二条　校阅分左列各种：

一、大总统简员校阅；

二、陆军部派员校阅；

三、军队自行校阅。

第二章　大总统简员校阅

第三条　陆军部对于某项军队应行简员校阅时，即呈请大总统特命校阅使校阅之。

第四条　校阅使奉命后，预备施行校阅之计划及一切进行之手续，除承大总统训示，并准照部定校阅规则外，应先会同陆军部与参谋本部商订校阅纲领。

第五条　校阅使为履行职务便利起见，得与陆军、参谋两部商调军官佐为校阅随员。但须按照各员官职，分别简任、荐任、委任。

第六条　校阅使随员，须由各兵科军官及军需、军医、军法等组织之。其员数如左：

校阅参赞一员　　中少将、上校

一等校阅员八员　上中校及同等官

二等校阅员八员　中少校及同等官

三等校阅员十员　上中尉及同等官

录事两员

第七条　校阅参赞，承校阅使之意旨，辅佐校阅使，领袖各校阅员规划校阅一切事宜。

第八条　一等校阅员，承校阅使及校阅参赞之命，分充各专科之主任，办理本科应行校阅之事及分配所属各员之职务，并统核专科一切事宜。

第九条　二、三等校阅员，承上官之命，办理专科校阅一切事宜。

第十条　录事承上官之命，任绘图及缮写各事宜。

第十一条　校阅使准第四条办理后，于校阅前若干日，应将校阅程序表颁发于被校阅之军队。

第十二条　校阅使关于已行校阅事项，应将意见详加训示该军队长官，以资效法。

第十三条　校阅事竣后，校阅使应将其情形及意见复呈大总统，并移知陆军、参谋两部，以备考核。

第十四条　校阅经费，应归军事活支类目项下，由陆军部支发。

第三章　陆军部校阅

第十五条　陆军总长对于某项军队、学校、局、厂之教育训练、管理、筹备、军需、卫生暨一切职掌业务，欲觇其实际程度，可亲莅或派员逐细校阅之。若派员校阅时，其主任者为校阅委员长。

第十六条　校阅委员之组织，由陆军总长斟酌情形，以命令定之。

第十七条　校阅委员长受陆军总长委任后，除承总长训示外，应会同各校阅委员商订校阅程序、日期，列表呈请陆军总长饬该长官遵照办理。

第十八条　校阅委员长于校阅事竣后，应将意见随时告知该长官，以便改革。

第十九条　校阅事竣后，校阅委员长应督率各校阅委员，将校阅情形及其成绩，详细记载，编成图书，呈报陆军总长，由总长核阅批交各主管司存办（陆军总长亲莅校阅时，所得之报告，亦准此办理）。

第二十条　校阅费用，由陆军部发给。

第廿一条　校阅规则另订之。

第四章　军队自行校阅

第廿二条　军队长官对于部下之教育训练、内务企图、进步确实，须依部颁教育顺序表，按期分别校阅。但各年兵，须同时行之。

第廿三条　军队自行校阅之分别如左：

一、团校阅（独立营）；

二、旅校阅；

三、师校阅。

第五章　团校阅

第廿四条　团长（独立营长）准第二十二条之规定，于各教育期最终一星期内，将本期所授学科、术科之项目程度及内务、服装、军纪、风纪各要件，详细严密考查之，为团校阅。

第廿五条　团长（独立营长）每期校阅毕，须将校阅各事件，召集部下详细讲评，分别优劣，以资鼓励，而策进行。

第廿六条　团长（独立营长）校阅后，应将校阅情形及部下成绩，详报旅长及师长。

第六章　旅校阅

第廿七条　旅长准二十二条之规定，校阅所属各团，以查其实际上之成绩，为旅校阅。

第廿八条　旅长校阅，除按军队教育顺序表所规定之项目施行外，其校阅事项及所要程度，须斟酌情形妥定之。

第廿九条　旅长得派相当官员，帮同校阅（在混成旅，应参照三十三条行之）。

第三十条　旅长校阅完竣，除应遵照第二十五条办理外，应将一切情形呈报师长（在独立旅，则呈陆军部）。

第七章　师校阅

第卅一条　师长准二十二条之规定，遵照教育顺序表所订之项目进度，严行校阅，并将全师一年间教练、管理、服务、卫生等项，一一切实考核，以觇全师训练之程度，为师校阅。

第卅二条　师长于校阅前，应召集各旅长、独立团长、独立营长及参谋、军需、军医、军械各员，会商校阅纲领及各种办法，预备校阅程序表，令知全师，以便遵循。

第卅三条　师长校阅时，除率同师司令部所属之参谋、军需、军械、军医外，得派委相当人员帮助之。

第卅四条　师长校阅完毕，应将旅、团、营之确实成绩，详加训示，督饬改良。

第卅五条　师长校阅事竣后，应将全师各项成绩，造册呈报陆军部。

第卅六条　本条例自公布之日施行。

〔北洋政府国务院档案〕

25. 陆军部公布陆军军队校阅规则令

（1913年8月13日）

陆军部部令

兹制定陆军军队校阅规则公布之。此令。

部印

陆军总长　段祺瑞

中华民国二年八月十三日

陆军军队校阅规则

第一条　本规则为校阅军队时执行之准则，校阅使及陆军部校阅时均适用之。

第二条　校阅使奉命后，应按校阅条例第六条之规定，分配各专科校阅员及庶务、会计等员之任务。

第三条　除前条规定人员外，校阅使得设书记二员、收发员一员，其余校阅时应要之员役、马匹等，亦应预行筹划，转由陆军部饬该军队拨用。

第四条　校阅使未莅军队之前，除遵照校阅条例第四条办理外，应向陆军部调齐该军队各种表册、教育成绩及自行校阅之报告等项，召集各员筹商校阅事宜，及调制校阅预定表（表式〔略〕详后），以便实施。该表应由陆军部先期颁给该军队。

第五条　前条所调各件汇齐后，由参赞禀承校阅使按科分配于各校阅员参照，俾便规划。

第六条　校阅使驻在地称为校阅处，应由该军队长官派招待员三员，于校阅使未到以前，筹定校阅处驻扎地，校阅中直隶于校阅使，照料一切，并指挥该军队派来各员役。

第七条　校阅处除应用之器具、人马及此项人马饷乾由被校阅军队借用或支给外，所有校阅处宿膳及一切杂费，悉由校阅经费项下开支，不得责成军队供给。

第八条　他处派来之参观员应到校阅处报到，受招待员之照料，除宿膳及所需之夫役、马匹由校阅处供给拨用外，其旅费及一切杂费应自行携带。

第九条　校阅处及参观员对于军队派来之夫役与军队对于校阅处之随役，均不应有惠赏情事。

第十条　校阅处之金钱出纳及一切庶务事宜，悉责成会计、庶务等员严正经理，不得稍有疏忽。

第十一条　校阅使莅军队后，应按照第四条之预定表实施校阅。但表内未经列举，校阅使视为必要者，或因特别障碍不能执行时，临时得以命令增入或变更之。

第十二条　校阅使每日于校阅前应示各校阅员以应行注重之件，各员受令后，务使严密考核，如有见到之处，应随时述报，并须按日将校阅所得各成绩及意见逐细笔记汇编报告，撮要面呈。

第十三条　校阅中应行注意之件如左：

一、军纪、风纪为军队命脉，战斗力之强弱，悉赖于此，务须利用全校阅期间，严确察核，求得真相，以决其足以应战与否。

二、官佐学科及运用能力，务须娴熟，且较本职高一著者为最良；士兵等，则以能与本职相称为度。

三、术科无论官兵务求简单适用，具有对敌精神为要。至弄巧眩观，皆所不取。

四、出师计划、内务卫生、马匹材料、器械经理及一切军需品等，务须认真查验，藉觇其服务及战备之成绩。

五、凡经公布之法令、条例、书籍等，及该军队自行拟订之规则，无论已否报部，均须详加考核，以觇其实行之程度。

第十四条　各校阅员每于校阅后，对于军队，可将校阅所得及意见所及，随时予以注意。

第十五条　校阅使每日校阅毕，应就本日各情形亲自或饬随员当场讲评，以资勉戒。

第十六条　校阅使每日事竣后，收得各员报告，参以己见，判定采取汇纂讲评草案，为总讲评之预备。

总讲评由校阅使述其大纲，饬书记编订成册，俟校阅完竣，颁给该军队。

第十七条　校阅使于校阅事竣后，应将校阅该军队所得之成绩，如军纪风纪、官兵学术之程度及其精神，内务、卫生、经理等之整饬，马匹、材料、器械、军需品、营造物之保存等是否适宜，出师计划、教育设施是否完备，藉以定战备之能力。并应召集各校阅员会议，饬书记逐一缮作报告，编订成册，于返京后两星期内呈报大总统，并移知陆军部、参谋本部存案。

第十八条　校阅使复命后，应督饬会计员将校阅经费按章严正造具清册，报由陆军部核销，其第四条由陆军部调阅之表册、书类等，仍缴归陆军部存查。

第十九条　陆军部派员校阅时，校阅委员长除第十七条成绩报告耑呈陆军总长外，其他一切事权及手续概与校阅使同。

第二十条　本规则自公布日施行。

附则

第廿一条　陆军总长亲莅校阅，及凡校阅学校、局、厂，亦准办理。

〔政府公报，1913年9月5日，第480号〕

三、军法

1．临时陆军简明军律稿

（1912年？月）

临时陆军简明军律

第一条　本律在中央陆军刑法未颁布以前，凡出征出防或驻扎城乡各地带有剿匪职务或其驻扎地境内已宣布戒严之各军队中有犯者，均适用之。

第二条　若上列各军队之所犯为本令所未揭示者，应遵照暂行新刑律及陆军各项法规、章程办理。

第三条　刑名：

第一、死刑；

第二、无期徒刑；

第三、有期徒刑：

一等有期徒刑，十五年以下十年以上；

二等有期徒刑，十年未满五年以上；

三等有期徒刑，五年未满三年以上；

四等有期徒刑，三年未满一年以上；

五等有期徒刑，一年未满二月以上。

第四条　犯本律左揭各罪者处死刑、无期徒刑或二等以上有期徒刑：

一、违抗命令者；

二、降敌者；

三、私通军情于敌者；

四、泄漏军机者；

五、临阵退缩或逃溃者；

六、造谣者；

七、掳掠强取他人财物者；

八、奸淫妇女者；

九、焚杀良民者；

十、杀伤外国人、焚拆教堂者；

十一、干涉政治、蹂躏议会者；

十二、私募已解散之兵队者；

十三、煽诱军队暴动或劫杀者；

十四、私购或贩卖枪械及爆烈物者；

十五、两军相处互相排斥或攻击者；

十六、分遣队或斥候队或哨兵怠其职务，故为诈伪之报告，或不完全之报告，或不报告致酿国家或军队危险者；

十七、为敌夺取俘虏或放走者，或隐匿者；

十八、将要塞、阵营、舰队、兵器、弹药并可供军用之建造、粮食等物毁烧或交付敌人，或以其他方法致不堪使用，或故意缺乏者；

十九、为敌人间谍或帮助为敌人间谍，或为敌人之响导，或指示地理者；

二十、司令官统率军队无故不就守地或配置地，及离去该地者；

二十一、擅将军队解散或诱使溃走、混乱及妨害其连络者；

二十二、受敌人围困之要地而违背司令官及军事会议之方略以弃其要地于敌或降附之者；

二十三、司令官于权限外之事非有不得已之理由擅自进退其所率之军队者；

二十四、受有媾和或休战之告知者无故为战斗者；

二十五、擅用职权滥杀部下无罪人或加陵〔凌〕虐之行为者；

二十六、拥兵自卫，不受中央调遣或解散者；

二十七、勒索强买者；

二十八、私斗杀伤者；

二十九、遗失军械资粮者；

三十、获敌资粮军械藏匿不报者。

第五条　犯本律左揭各罪者处二等以下有期徒刑：

一、私入良民家宅者；

二、窃取他人物者；

三、赌搏者；

四、吃鸦片者；

五、纵酒行凶者。

第六条　本律自颁布之日生其效力。

〔北洋政府陆军部档案〕

2. 临时大总统公布陆军惩罚令令

（1913年4月1日）

临时大总统令

兹制定陆军惩罚令公布之。此令。

中华民国二年四月一日

国务总理　赵秉钧

陆军总长　段祺瑞

教令　第二十四号

陆军惩罚令

第一章　总则

第一条　凡陆军军人除干犯军律应照陆军刑法处治外，如遇有故意过失等项之轻微犯行，从其所犯轻重，依本令分别惩罚。

第二条　有左列各项身分之一者，适用本令：

一、在陆军现役者，但在待命休职停职中亦属之；

二、召集中之在乡军人；

三、不依召集而在部队服务之在乡军人；

四、依志愿编入国民军队之在服务中者；

五、陆军所属之学员、学生；

六、陆军军属。

第三条　本令称在乡军人者，谓在现役以外之兵役或现役而未入营及归休兵退役官佐之谓。

第四条　将校同等官及无特别规定之相当文官、准尉官、见习官（包括见习主计、见习军医、见习司药、见习兽医等），视将校尉各级军官。至候补生、志愿兵及雇用员役等，则各应其阶级视军士及各等兵。

第五条　二款以上同时俱发者，各科其罚。但以一事而犯二款以上者，止科其一。

第六条　对一犯行而有直辖数个上官时，不得并科罚目。

第七条　在甲处有犯本令转调乙处后始行发觉者，应由甲处官长知照乙处官长处罚。若犯行发觉于转调时，其已受惩罚之宣告者，应使执行完毕后再行出发；其未受惩罚之宣告者，应由甲处官长知照乙处官长处罚。

第八条　在惩罚期内适届现役退伍及召集解除或兵役限满后，应俟罚期满后，方准离营。倘期内续有所犯，仍应加罚完竣，再使离营。

第九条　在惩罚期内遇有疾病或天灾事变时，准予医治及防救迁徙，在疾病中依诊断之结果，得停止惩罚之执行。但其停止日数除因公务致疾外，不算入惩罚期间。

第十条　值战时或事变之际，得命受罚者戴罚服务。但其服务日数，不算入惩罚期间。

第十一条　在戴罚服务中获有功绩者，该管长官得酌量情节，减轻其惩罚，或迳予免除。

第十二条　在宣告惩罚后，得依勤务及其他之必要，暂缓执行或停止之。

第十三条　宣告惩罚应公示于所属部队中。

第十四条　宣告惩罚时，须使受罚者之直属上官及与受罚者同等级以上者陪列。

第十五条　在惩罚执行既终时，应集合直属上官及与受罚者同等级以上者，使受罚者对之陈述其将来必加悛改之誓。

第十六条　惩罚期间之计算，自执行初日起不论时间作为一日，至开释，则须于罚期既终之翌日午前行之。

第二章　罚则

第十七条　凡军官佐及隶属于陆军之文官见习官遇有违犯本令者，应受之惩罚款目如左：

一、重检束；

二、轻检束；

三、申诫。

第十八条　凡学生、弁目、兵匠、夫役遇有违犯本令者，应受之惩罚款目如左：

一、降级；

二、重禁闭；

三、轻禁闭；

四、禁足；

五、苦役。

第十九条　官长以故意犯本令者，罚重检束，以过失犯本令者，罚轻检束。其日期为一日以上三十日以下。

第二十条　受重检束之罚者，除演习教育外，不得外出及与人接见或通信，并按检束日数扣罚薪水二分之一。

第二十一条　受轻检束之罚者，除演习教育外，不得外出，并按检束日数罚薪水四分之一。

第二十二条　在行军时被罚检束者，仍使与本队偕行，至褫其佩刀与否，由本管长官定之。

第二十三条　受申诫之罚者，纠其犯行以戒将来之谓。

第二十四条　军士以下犯行较重及屡受惩戒处分仍无悛改之状者，得罚降级，但须申由本管高级长官核准执行。

第二十五条　受降级之罚者，若服务中获有功绩或悛改情形显著者，得于六个月后开复其原级。

第二十六条　本令称降级者，即各等兵递降一级之谓。

第二十七条　军士及各等兵以故意犯本令者，罚重禁闭，以过失犯本令者，罚轻禁闭。其日期为一日以上三十日以下。

第二十八条　受重禁闭之惩罚者，使入所属部队之重禁闭室，每日按法定之数量给予开水、食盐、饭食三种，不给予寝具，并按重禁闭日数罚饷十分之四。

第二十九条　受轻禁闭之惩罚者，使入所属部队之轻禁闭室，每日按法定之数量给予饭菜及寝具，并按轻禁闭日数罚饷十分之二。

第三十条　凡罚重轻禁闭者，除演习教育外，均停止勤务，室门一律上锁，置守兵于外，由施罚官长督率守卫官兵管理之。

第三十一条　重禁闭在三日内须移入轻禁闭一日，如气候寒冷，或身罹疾病经医官给有证据者，得由官长酌给寝具。

第三十二条　如所属部队无禁闭室，应寄禁于附近部队禁闭室或警察队留置所。

第三十三条　受禁足之惩罚者，除勤务操演外，禁其出营。

第三十四条　受苦役之惩罚者，除勤务操演外，禁其出营，并每日由卫兵长及所属督率扫除禁闭室及执营中杂役。

第三十五条　军士、上等兵及陆军学生应罚禁闭者，得视其人之身分如何，可以折罚禁足。其日数计重禁闭一日折罚禁足三日，轻禁闭一日折罚禁足二日。

第三十六条　一二等新兵及工匠、夫役等应罚禁闭者，有时酌量情节，亦可折罚苦役。其日数重禁闭一日折罚苦役三日，轻禁闭一日折罚苦役二日。

第三十七条　由禁闭折罚禁足或苦役两种者，仍依禁闭日数扣罚饷银。

第三章　罚权

第三十八条　各本管上官(如军长、师长、旅长、卫戍司令、要塞司令各官)对于部下，有科本令规定一切罚目之权。

第三十九条　团长以下，勿论实任、署任、代理，其惩罚权限如左：

一、团长有检束所属官长三十日以内、禁闭士兵三十日以内之权，及申诫官长、士兵之权；

二、营长有检束官长十日以内、禁闭军士二十日以内、各等兵役三十日以内之权，及申诫官长、士兵之权；

三、连长有禁闭军士十日以内，各等兵二十日以内，及申诫所属官长、士兵之权。

独立或分驻之营长权限与第一项同。

独立或分驻之连长权限与第二项同。

军乐队长权限与第三项同。

第四十条　除前条所列记各官外，其他各官长惩罚部下之权，按照左开各项分别施行之。

一、上等官及独立职务之中等官，得行前条第一项所揭之权；

二、不在职务独立之中等官及独立职务之初等官，得行前条第二项所揭之权；

三、不在职务独立之初等官及独立职务中之准尉官，得行前条第三项所揭之权；

四、中等官摄上等官时，即行上等官之权，其余各官同。

第四十一条　各级官长对于临时部下，又学校长、教导队长对于学员、学生及分遣中之士兵等，均依前三条有处罚之权。

第四十二条　非直辖官长及兼职官长关于职务上之犯行，有准前条处罚之权。但须与本管上官协议施行。

第四十三条　将校尉同等官及相当文官对于部下，有准前条罚处之权。但文官有特别规定者，不在此限。

第四十四条　将校尉同等官及相当文官，对于临时所部军官之犯行，应申由本管上官罚之。

第四十五条　卫生机关之官长对于军士以下之患者，其罚权与对于部下相同。

第四十六条　凡维持一地域陆军秩序任警备之司令官，本其职权处罚驻在地之下级军人有违命令规则者，与对于部下相同。

第四十七条　师长及维持本地陆军秩序任警备之司令官，对现住其管区内之在乡军人，有上开各条处罚之权。但对于官长之处罚，应由师长行之；兵士之降级，亦得报由师长核定施行。

第四章　犯行

第四十八条　本令犯行之款目列举如左：

一、诽谤法则、教令及不遵奉实行者；

二、刁顽狡抗有失服从之道者；

三、迟误文报上申下达时日者；

四、懈怠勤务演习教育及临场不到或迟误者；

五、文牍、图表、会计舛误者；

六、报告失实及应对有误事理者；

七、误解命令或误传者；

八、私离职守者；

九、出差、请假、休假逾限迟归者；

十、召集逾限后到者；

十一、假托疾病事故图免勤务者；
十二、服装违法定之式者；
十三、见官长失敬礼者；
十四、购置公物及收藏、运搬、支给有误者；
十五、公物经理调护失宜者；
十六、误毁公物或遗失、污损及擅用者；
十七、私事使役兵夫者（弁护、兵夫属于例外）；
十八、妄遣平民供奔走者（雇佣关系属于例外）；
十九、集会敛财及在外招摇者；
二十、私债拖欠、轇轕不清、致使债权人赴营追讨者；
二十一、侮慢骂詈及争斗未持器械者；
二十二、无端轻拔刀剑意图恐吓他人者；
二十三、酗酒者；
二十四、赌博情轻者；
二十五、言语行为诸多诈伪者；
二十六、训导乖方者；
二十七、部下有过犯而不罚或不报告者；
二十八、违背军人本分或失军人之态度者；
二十九、不依法与犯人交通及赠与饮料、食料、并故纵者；
三十、因懈怠使犯人得逃遁之机会者；
三十一、误用职权者；
三十二、干涉民事情轻者。

第五章　报告及通报

第四十九条　军士对于部下有犯本令者，得先处以一时使役或禁足，一面报告其直属上官核办。

第 五 十条　各级官长于处罚部下后，应速报告其直属之上官，并将其事由及惩罚种类日数记载于每日报告书中。

受罚者如系第四十一、四十五、四十六条所载时，应将罚旨通报受罚者之直属上官。

受罚者如系在乡军人而为官吏公吏者，应将罚旨通报于本人所属之官公署长。

受罚者如系现住所管内之在乡军人并属于其他管辖者时，应罚将旨〔应将罚旨〕通报于本籍地之陆军关系诸官。

第五十一条　各级官长查知部下所犯浮于权限日数外，应据本官所有权限先行处罚，一面报告其直属上官。如受其报告之上官察知其处罚仍不在己之权限内，应更报告其上官。

第五十二条　受报告之上官对于既处之罚，从其所有之权限，得就各种情状，分别增减其罚，或免除或确定之。

第五十三条　各级官长认非部下之军人有犯本令者，得训止之。如尚有处罚之必要，应通报其所属上官处罚。

第五十四条　各军队高级长官每三个月将一切惩罚情形列表，申报陆军部备查。

第六章　诉愿

第五十五条　凡上官命令虽思量有分疏之理由，犹不得不服从受惩罚时，亦同。然在执行中或既终之后，得分疏于施罚上官之长官。

第五十六条　长官推问，双方察知上官实系施罚不当时，而其上官亦得受相当之惩罚。若不受理其分疏时，得于本罚之上更增加之。

附则

本令以颁布到达时施行有效。

本令所揭犯行款目，系准施罚者之程度，暂行采用列举主义。倘所犯情节有出于所揭范围以外者，可核其轻重比拟科办。

〔政府公报，1913年4月2日，第325号〕

3. 大总统公布陆军监狱官制及陆军监狱官任用条例令

（1914年2月24日）

大总统令

兹制定陆军监狱官制暨陆军监狱官任用条例公布之。此令。

中华民国三年二月二十四日

国务总理　孙宝琦

陆军总长　周自齐

教令　第二十三号

陆军监狱官制

第一条　陆军监狱属于中央者，由陆军总长管辖，属于地方者，由该管长官管辖。

第二条　陆军监狱之数及设置之地，以陆军部令定之。

第三条　陆军总长以职权，或因该管长官之申请，得设分监。

第四条　陆军监狱置职员如左，

典狱

书记

看守长

技士

第五条　前条职员之外，设医士及看守，其员额、职务及惩戒规则，以陆军部令定之。医士为荐任官待遣，或委任官待遇 看守为委任官待遇。但关于医士职务，得由附近军队之军医掌理之。

第六条　典狱一人，受陆军总长或该管长官之监督，掌理所管监狱事务，并指挥监督所属职员。

第七条　书记二人至四人，承典狱之命，分掌会计、文牍及其他庶务。

第八条　典狱有事故时，得指定书记一人代理其职务。

第九条　看守长一人至四人，承长官之命，掌理监狱之警护事务，并指挥监督各看守。

第十条　技士一人或二人，掌技术事务。

第十一条　分监长，以看守长充之。

第十二条　分监长承本监典狱之命，掌理分监事务，并指挥所属职员。

第十三条　典狱之任免，由陆军总长经由国务总理呈请大总统行之。

书记、看守长、技士之任免，由陆军总长或该管长官专行之、

荐任或委任待遇各职员，由典狱分别任免之。

第十四条　陆军监狱事务之分科及执务规程，以陆军部令定之。

第十五条　本制自公布日施行。

陆军监狱官任用条例

第一条　陆军监狱典狱，由陆军理事或宪兵少校以下中尉以上之官选任之。

曾任陆军最高监狱官之职满三年以上者，得竟任用之。

第二条　陆军监狱书记及看守长，由录事或准尉及军士有文官采用之资格者选任之。

前项之书记，看守长，限于本条例施行之际现奉职务而于狱务确有经验者，得竟任用之。

第三条　陆军监狱看守在职满三年以上素有学职经验者，得任为陆军监狱看守长。

第四条　陆军监狱看守采用规则，以陆军部令定之。

第五条　本条例自公布日施行。

〔政府公报，1914年2月25日，第647号〕

4. 大总统公布陆军刑事条例令

（1915年3月18日）

大总统申令

前制定陆军刑事条例，业经令交参政院据呈议决同意，特依约法第二十条公布之。此令。

中华民国四年三月十八日

国务卿　徐世昌

教令　第十四号

陆军刑事条例目录

陆军刑事条例

第一编　总则

第一条　本条例颁行后，凡陆军军人犯罪者，适用之。

第二条　虽非陆军军人犯左列各罪者，亦适用本条例：

一、第二十八条第七款之罪；

二、第三十一条之罪；

三、第六十条第六十一条之罪及未遂罪；

四、第六十七条之罪；

五、第六十九条、第七十一条及第七十二条第二项之罪；

六、第七十四条至第七十六条之罪及未遂罪；

七、第八十五条至第八十九条之罪；

八、第九十条至第九十三条之罪及第九十一条、第九十二条之未遂罪；

九、第九十五条第一项及第九十六条之罪。

第三条　前二条所列在民国外犯罪者，适用之。

第四条　陆军军人在民国军队占领地犯刑法或他种法令之罪者，以在民国内犯罪论。

本国人民及俘虏犯罪亦同。

第五条　属于驻在民国外之部队及从者或其俘虏，于部队所在地犯刑法或他种法令之罪者，亦同前条。

第六条　对于与陆军共同作战之海军军人之行为，依其职务官等阶级，照陆军军人一律办理。

第七条　称陆军军人者如左：

一、在陆军现役者；

二、召集中之在乡军人；

三、不依召集而在部队服陆军军人勤务之在乡军人；

四、前二款外著用陆军制服及履行服役义务之在乡军人。

第八条　左列各款准陆军军人：

一、陆军所属之学员、学生；

二、陆军军属；

三、服陆军勤务之海军军人；

四、巡防队、警备队之官长、士兵。

第九条　海军官佐、海军候补生、海军准尉官及陆军准尉官，视同陆军官佐。陆军官佐候补者服官佐勤务时，亦同。

第十条　陆军官佐候补者，在军士之阶级不服官佐勤务者，准陆军军士。

第十一条　在陆军兵役无官等等级者，准兵卒。陆军官佐候补者，在兵卒之阶级时，亦同。

第十二条　称在乡军人者，谓在陆军现役以外之续备、后备等兵役，及退役之陆军官佐及准尉官。

第十三条　称陆军军属者，谓陆军文官及同待遇者，并服陆军之勤务者。但预备或退职之文官，不在此限。

第十四条　称海军军人者，谓海军刑事条例所称之海军军人。

第十五条　称上官者，谓于有命令关系之陆军军人，间有下命令权者；无命令关系而官等等级在上者，视同上官。但兵卒除服军士勤务者，均为同等。

第十六条　称司令官者，谓在军队任司令之陆军军人。

第十七条　称哨兵者，谓于军队驻扎地为仗卫或警戒之陆军军人。

第十八条　称部队者，谓陆军军队、官衙、学校、特务机关及战时陆军特设机关。

第十九条　称军中者，谓在左列部队之内：

一、执战时体势之部队。但留守部队、服卫戍、勤务之后备及国民诸队，并在战地以外输送或补给之各机关，非在对敌状态者，不在此限。

二、不执战时之体势，而在对敌状态之部队。

三、当事变或地方骚扰之际，从事于镇定之部队。

第二十条　凡执行死刑时，依管辖陆军法衙之长官所定之处枪毙之。

第二十一条　凡处四等以下之有期徒刑，得用换刑。

换刑条例，另定之。

第二十二条　因镇压多众共同之暴行，或战时部队急迫以保持军纪之故，而有不得已之行为，不为罪。但超过必要程度者，因其情节，得减轻或免除其刑。

第二十三条　前条之规定，凡犯刑法及他法令之罪者，均适用之。

第二十四条　本条例与海军刑事条例均有正条，且其刑无轻重之别。海军军人准陆军军人者，可适用海军刑事条例。

第二十五条　于本条例规定之外，如因军情紧急或因保持治安，陆海军大元帅得随时酌量情形，别以军令行之。

第二编　分则

第一章　叛乱罪

第二十六条　结党执兵器而为叛乱之行为者，依左列处断：

一、首魁处死刑；

二、参与谋议或为群众之指挥者、处死刑、无期徒刑。其他从事各种职务者，处四等以上有期徒刑；

三、附和随行者，处二等至四等有期徒刑。

第二十七条　意图叛乱，结党掠夺兵器、弹药及其他供军用之物品者，刑同前条。

第二十八条　为左列之行为者，处死刑：

一、以军队要塞、阵营、舰船、兵器、弹药及供军用场所建造物或其他物品，交付于敌国者；

二、为敌国作间谍及帮助敌国之间谍者；

三、泄漏军事上之机密于敌国者；

四、为敌国作响导或指示地理者；

五、欲使降于敌国，强要司令官者；

六、为敌国夺取俘虏或使之逃走者；

七、勾结外国人或附从阴谋，意图紊乱国宪及煽惑内乱者。

犯本条各款之罪而逃往外国者，得先没收其家产。

第二十九条　意图利敌而为左列之行为者，处死刑：

一、损坏要塞、阵营、舰船、兵器、弹药及供军用场所建造物或其他物品，及以其他方法致不堪使用者；

二、损坏或壅塞水陆通路及桥梁，或以其他方法使生军队、舰船往来之妨害者；

三、司令官率军队不就守地或配置地，及离其地者；

四、解散队兵及诱使溃走混乱，或妨害其联络集合者；

五、有意使缺乏兵器、弹药、粮食、被服及其他供军用之物品者；

六、诈传命令、通报或报告，及为虚伪之命令、通报或报告者；

七、造言飞语，及于前敌叫呼喧噪者。

第三十条　于前二条所列外，或以其他方法与敌军以利益，而使本国军事上蒙其损害者，处死刑、无期徒刑或一等有期徒刑。

第三十一条　意图使军队暴动而煽惑之者，处死刑、无期徒刑或一等有期徒刑。

第三十二条　本章之未遂犯罪之。

第三十三条　预备或阴谋犯第二十六条至三十条之罪者，得减本刑一等或二等。

第三十四条　预备或阴谋犯第二十六条、第二十七条之罪，于事前自首者，得免除其刑。

第二章　擅权罪

第三十五条　司令官未受宣战之告知，或已受休战或媾和之告知，无故对外国开战者，处死刑。但先经敌人开战而为正当之防御者，不在此限。

第三十六条　司令官于权外之事，非有不得已之理由，擅自进退其所率军队者，处死刑、无期徒刑或二等以上有期徒刑。

第三十七条　不待命令，无故为战斗者，刑同前条。

第三十八条　本章之未遂犯罪之。

第三章　辱职罪

第三十九条　司令官不尽其所应尽之职责而降敌者，或委弃要塞于敌者，处死刑。

第四十条　司令官在野战时，虽已尽其所应尽之职责，不得已而率队兵降敌者，处三等以上有期徒刑。

第四十一条　司令官在敌前不尽其所应尽之职责，而率队兵退却或逃避者，处死刑。

第四十二条　司令官率队兵无故不就守地或配置地，或离去其地者，依左例处断：

一、敌前处死刑；

二、战时军中或戒严地域，处无期徒刑或二等以上有期徒刑；

三、其余处四等以下有期徒刑。

第四十三条　司令官对于有要求出兵救援及弹压权之官吏，无故不应其请求者，处二等或三等有期徒刑。

第四十四条　军官率队兵输送军需物品时，遇见敌军，不尽其所应尽之职责，而擅自抛弃者，处死刑、无期徒刑或一等有期徒刑。在输送船舶遇敌之舰船，不尽其所应尽之职责，而船舶退去者，亦同。

第四十五条　当部下多众共同为犯罪行为时，不尽其弹压之方法者，处四等以下有期徒刑。如因此溃变、扰害地方者，处死刑、无期徒刑或一等有期徒刑。

第四十六条　哨兵及卫兵无故离去守地者，依左处断：

一、敌前处死刑；

二、战时军中或戒严地域，处三等以下有期徒刑；

三、其余处五等有期徒刑。

第四十七条　哨兵及卫兵，因睡眠或酒醉怠其职务者，依左例处断：

一、敌前处三等以下有期徒刑；

二、其余处五等有期徒刑。

第四十八条　卫兵巡查、侦探及其他任警戒或传命令之职务，无故擅离勤务所在地，或应到之处不到者，依左例处断：

一、敌前处死刑、无期徒刑或一等有期徒刑；

二、军中或戒严地域，处四等以下有期徒刑；

三、其余处五等有期徒刑。

第四十九条　无故不依规则，使哨兵交代或违反其他之哨令者，依左例处断：

一、敌前处三等以上有期徒刑；

二、军中或戒严地域，处四等以下有期徒刑；

三、其余处五等有期徒刑。

第五十条　在战时军中或戒严地域，掌传达关于军事之命令、通报或报告，而无故不为传达者，处二等至四等有期徒刑。如因而失误军机者，处死刑或无期徒刑。

在战时军中或戒严地域服侦探巡察或侦察勤务而报告不实者，处三等以下有期徒刑。因而失误军机者，处三等以上有期徒刑。

第五十一条　保管军事机密之图书、物件，当危急时，不尽其不委弃于敌之方法者，处二等至四等有期徒刑。

第五十二条　在战时军中或戒严地域，掌支给或运输兵器、弹药、粮食、被服及其他供军用物品，无故使之缺乏者，处三等以下有期徒刑。因而失误军机者，处死刑或无期徒刑。

第五十三条　配给有害健康之饮食者，处三等以下有期徒刑。因而致人于死者，处无期徒刑或三等以上有期徒刑。

第五十四条　因取用兵器或弹药之不注意，致毁伤他人之身体者，处四等以下有期徒刑。至死者，处二等至四等有期徒刑。

第五十五条　第三十九条、第四十一条、第四十二条、第四十四条、第四十六条、第四十八条、第五十条及第五十三条之未遂犯罪之。

第四章　抗命罪

第五十六条　反抗上官之命令或不服从者，依左例处断：

一、敌前处死刑或无期徒刑；

二、军中或戒严地域，处二等至四等有期徒刑；

三、其余处四等以下有期徒刑。

犯本条第二款、第三款之罪，因而酿生重大变故者，得依第一款处断。

第五十七条　夥党犯前条之罪者，依左例处断：

一、敌前首魁处死刑，余众处死刑、无期徒刑或一等有期徒刑；

二、军中或戒严地域，首魁处无期徒刑或二等以上有期徒刑，余众处二等以下有期徒刑；

三、其余首魁处二等至四等有期徒刑，余众处五等有期徒刑。

犯本条第二款、第三款之罪，因而酿生重大变故者，得依第一款处断。

第五章　暴行胁迫罪

第五十八条　对于上官为暴行或胁迫者，依左例处断：

一、敌前处死刑或无期徒刑；

二、其余处无期徒刑或二等以上有期徒刑。

第五十九条　夥党犯前条之罪者，依左例处断：

一、敌前首魁处死刑，余众处死刑、无期徒刑或一等有期徒刑；

二、其余首魁处死刑或无期徒刑，余众处三等以上有期徒刑。

如生重大变故者，得依敌前处断。

第 六 十条　对于哨兵为暴行或胁迫者，依左例处断：

一、敌前处无期徒刑或二等以上有期徒刑；

二、其余处三等以下有期徒刑。

第六十一条　夥党犯前条之罪者，依左例处断：

一、敌前首魁处死刑、无期徒刑或一等有期徒刑，余众处三等以上有期徒刑；

二、其余首魁处无期徒刑或三等以上有期徒刑，余众处三等以下有期徒刑。

第六十二条　对于上官或哨兵以外之陆军军人，当执行职务时，为暴行或胁迫者，处二等以下有期徒刑。

第六十三条　夥党犯前条之罪者，依左例处断：

一、首魁处无期徒刑或三等以上有期徒刑；

二、余众处二等至四等有期徒刑。

第六十四条　滥用职权而为凌虐之行为者，处四等以下有期徒刑。

第六十五条　第五十八条至第六十三条之未遂犯罪之。

第六章　侮辱罪

第六十六条　对于上官面加侮辱或直接以文书侮辱者，处四等以下有期徒刑。

其公示图画、文书、偶像或演说及其他以公然方法侮辱上官者，处三等以下有期徒刑。

第六十七条　对于哨兵面加侮辱者，处五等有期徒刑。

第七章　诈伪罪

第六十八条　关于军事上为虚伪之命令、通报或报告及诈传命令通报或报告者，依左例处断：

一、战时军中或戒严地域，处三等以上有期徒刑。因而失误军机者，处死刑或无期徒刑；

二、其余处三等以下有期徒刑。

第六十九条　冒用陆军制服及徽章者，处四等以下有期徒刑。

第 七 十条　军医伪证军人之身体强弱及其疾病者，处四等以下有期徒刑，嘱托者亦同。

第七十一条　战时或事变之际，关于军事上造言飞语者，处二等以下有期徒刑。

第七十二条　意图免除兵役，伪为疾病或自毁伤身体，及为其他诈伪之行为者，处四等以下有期徒刑。

在乡军人意图免召集而为前项之行为者，亦同。

第七十三条　意图免从军或避危险之勤务而为前条之行为者，依左例处断：

一、敌前处三等以上有期徒刑；

二、其余处三等以下有期徒刑。

第八章　掠夺罪

第七十四条　掠夺战地或占领地或驻扎地内本国或外国人民财产者，处死刑、无期徒刑或二等以上有期徒刑。

其抢掠或强奸妇女者，处死刑、无期徒刑或一等有期徒刑。

第七十五条　在战地掠夺战死者或战伤者之衣服及其他财物者，处二等至四等有期徒刑。

第七十六条　犯前二条之罪，因而伤人或致人于死者，处死刑或无期徒刑。

第七十七条　官长平时纵兵掠夺或扰害者，处死刑、无期徒刑或一等有期徒刑。

第七十八条　本章之未遂犯罪之。

第九章　逃亡罪

第七十九条　无故离去职役或不就职役者，依左例处断：

一、敌前处死刑、无期徒刑或二等以上有期徒刑；

二、战时军中或戒严地域过三日者，处三等以下有期徒刑；

三、其余过六日者，处五等有期徒刑。

第八十条　夥党犯前条之罪者，依左例处断：

一、敌前首魁处死刑、无期徒刑，余众处无期徒刑或二等以上有期徒刑；

二、战时军中或戒严地域过三日者，首魁处无期徒刑或三等以上有期徒刑，余众处三等以下有期徒刑；

三、其余过六日者，首魁处二等至四等有期徒刑，余众处四等以下有期徒刑。

第八十一条　犯第七十九条之罪，携带兵器、马匹及其他重要物品者，依左例处断：

一、敌前处死刑；

二、战时军中或戒严地域，处死刑、无期徒刑或二等以上有期徒刑；

三、其余处三等以上有期徒刑。

第八十二条　夥党犯前条之罪者，依左例处断：

一、敌前首魁处死刑，余众处死刑、无期徒刑；

二、战时军中或戒严地域，首魁处死刑、无期徒刑，余众处死刑、无期徒刑或一等有期徒刑；

三、其余首魁处无期徒刑或一等有期徒刑，余众处三等以上有期徒刑。

第八十三条　投敌者，处死刑或无期徒刑。

第八十四条　第七十九条第一款，第八十条第一款，第八十一条第一款，第八十二条第一款及前条之未遂犯罪之。

第十章　军用物损坏罪

第八十五条　烧毁或炸毁军用仓库、工场、船舶、汽车、电车、桥梁及其他战斗用之建筑物者，处死刑或无期徒刑。

第八十六条　损坏前条所列各物及军用铁道、电线、水陆通路或使之不堪使用者，处无期徒刑或二等以上有期徒刑。

第八十七条　烧毁露积兵器、弹药、粮食、被服及其他军用物品者，依左例处断：

一、战时军中或戒严地域，处死刑、无期徒刑或一等有期徒刑；

二、其余处无期徒刑或三等以上有期徒刑。

第八十八条　毁弃或伤害兵器、弹药、粮食、被服、马匹及其他军用物品者，处二等至四等有期徒刑。

第八十九条　本章之未遂犯罪之。

第十一章　关于俘虏之罪

第九　十　条　监视或护送俘虏使之逃走者，处二等至四等有期徒刑。

第九十一条　意图使俘虏逃走而为暴行或胁迫者，处三等以上有期徒刑。

第九十二条　劫夺俘虏者，处三等以上有期徒刑。

第九十三条　藏匿或隐避逃走之俘虏者，处三等以下有期徒刑。

第九十四条　第九十条至九十二条之未遂犯罪之。

第十二章　违令罪

第九十五条　欺蒙哨兵通过哨所或背哨兵之制止者，依左例处断：

一、敌前处二等至四等有期徒刑；

二、军中或戒严地域，处四等以下有期徒刑；

三、其余处五等有期徒刑。

前项之外，对于哨兵犯哨令者，亦同。

第九十六条　在乡军人无故逾召集之期限者，依左例处断：

一、战时或事变之际逾五日者，处二等以上有期徒刑；

二、平时逾十日者，处五等有期徒刑。

第九十七条　哨兵或卫兵无故发枪炮者，处四等以下有期徒刑。

第九十八条　发礼炮、号炮及其他空炮时，装填弹丸或瓦石者，处四等以下有期徒刑。

第九十九条　战时军中或戒严地域，闻急呼之号报而不集合者，处四等以下有期徒刑。

第一百条　意图违背服从之义务，而以书文、图说刊写散布或演说者，处四等以下有期徒刑。

第一百零一条　意图违背服从之义务而结党者，依左例处断：

一、首魁处三等以下有期徒刑；

二、余众处四等以下有期徒刑。

第一百零二条　违背职守而结社、集会、入党者，依左例处断：

一、首魁处四等以下有期徒刑；

二、余众处五等有期徒刑。

附则

第一百零三条　暂行刑律总则与本条例不相抵触者，均适用其规定。

第一百零四条　宣告徒刑者，于陆军监狱执行之。其无陆军监狱处所，得以其他监狱及就近之禁闭室执行之。但于法令别有规定者，不在此限。

第一百零五条　军官犯徒刑之罪，应否剥夺官，须随案声叙，由陆军部或该管最高级长官呈请大总统核定施行。

第一百零六条　军人依暂行刑律或违警律处罚金，不能完纳易以监禁者，于军法会审宣告之。

第一百零七条　本条例自公布日施行。

〔北洋政府陆军部档案〕

5. 大总统公布军刑改遣易棍条例令

（1915年3月25日）

大总统申令

兹制定军刑改遣易棍条例公布之。此令。

中华民国四年三月二十五日

国务卿　徐世昌

教令　第十六号

军刑改遣易棍条例

第一条　犯陆军刑事条例无期徒刑及处三等以上有期徒刑者，得因其情节改为发遣。发遣各地，依徒刑改条遣例第二条第三条之规定。

第二条　应改遣犯人，自判决确定后，由该管军队长官报告最高级军政长官，咨陈陆军部。应发之地，由该管军队长官拟定，详由最高级军政长官咨陈陆军部查核。

第三条　应改遣犯人，经陆军部核准后，由最高级军政长官每三月汇齐人数起解一次，仍造册咨陈陆军部。

第四条　改遣犯人于起解中或到配所后逃亡者，得加本刑一等或二等。

第五条　改遣犯人到配所后，由该管最高级军政长官分别拨发安置，充当苦差。但依其情形，得仍拘置监狱。

该管最高级军政长官接收前项犯人，每三月造册汇报陆军部。

第六条　改遣犯人于刑期消灭后愿回本籍者，禀由发遣地最高级军政长官给凭回籍，并报陆军部。

无期徒刑满二十年有悛悔实据者，经发遣地最高级军政长官报部核准，得给凭回籍。

第七条　犯陆军刑事条例四等以下有期徒刑者，得因其情节，易以棍刑。

前项之规定，于陆军官佐候补生在军士或兵卒之阶级者不适用之犯陆军刑事条例第二条所列各罪之非陆军军人。而曾充或现充官员及有其他相当身分者亦同。但犯叛乱及奸淫、掠夺、赃私之罪者，不在此例。

第八条　军棍用木为之，依营造尺，长三尺三寸五分。上截长一尺八寸，圆形，直径一寸；下截长一尺五寸五分，底平微曲，头阔二寸，两边厚各三分，中厚一寸一分，作三角形，从下量至一尺四寸以上，渐作圆形。重库平二十两。平击其臀部。

第九条　徒刑折易棍刑者，以刑期一日折算棍一。

第十条　执行棍刑时，其刑期长者，得分次行之；刑期一年以下者，棍刑不得逾三百；一年半以下者，不得逾四百；二年以下者，不得逾五百；三年以下者，不得逾六百。

第十一条　易棍刑者，于宣告本刑时，并宣告之。

第十二条　棍刑由承审官监视执行。

第十三条　执行棍刑时，发见不堪受棍刑者，得缓一个月至三个月执行。

第十四条　易棍刑者，自判决确定至执行终了止，应拘置于陆军监狱，或军队长官及执法官所定处所。拘置日期，不得折算日数。

第十五条　受棍刑之执行者，以受本刑论。

第十六条　本条例自公布日施行。

〔政府公报，1915年3月26日，第1034号〕

6. 大总统废止徒刑改遣条例等申令

（1916年7月18日）

大总统申令

……徒刑改遣条例及施行细则、……易笞条例，均即废止。此令。

中华民国五年七月十八日

国务总理　段祺瑞

内务总长　许世英

财政总长　陈锦涛

司法总长　陈国淦

〔政府公报，1916年7月19日，第194号〕

7. 大总统公布修正陆军审判条例令

（1918年4月16日）

大总统令

兹修正陆军审判条例公布之。此令。

中华民国七年四月十六日

国务总理　段祺瑞

陆军总长　段芝贵

司法总长　朱　深

教令　第十五号

修正陆军审判条例目录

第一章　总则　自第一条至第五条

第二章　军法会审之组织　自第六条至第八条

第三章　军法会审之权限　自第九条至第十六条

修正陆军审判条例

第一章　总则

第一条　军人犯陆军刑事条例或刑法所揭各罪，或违警罚法及其他法律之定有刑名者；又虽非军人，而犯陆军刑事条例第二条所记载之罪者，均依陆军军法会审审判之。其陆军官署或军人受有损害之附带私诉者，亦同。但军法会审，须由主管部或主管最高级长官核令组织。

第二条　陆军军法会审不准旁听。但宣告判决时，军人准其旁听。

第三条　本条例称军人者，谓陆军刑事条例第六条、第七条所揭之人。

归休兵及在预备、后备兵籍者，非召集中，不得依军人之例。

第四条　本条例称长官者，即军长、师长、独立或混成旅长、巡防队统领、警备队司令官，及接战地各司令官，暨特设营队之阶级最高官之谓。

第五条　军人犯刑法上之罪或违警罚法及其他法律之罪者，有军事检察权诸官，均有起诉之权。但罪应亲告者，不在此限。

第二章　军法会审之组织

第六条　军法会审之类别如左：

高等军法会审，设于陆军部。

军法会审，设于各督军、都统、护军使署，各军、师、旅及巡防队、警备队、该管高级长官之驻在处所。

临时军法会审，设于军中或分驻之军队处所。

第七条　各军法会审，以审判官、军法官、录事等编成之。

第八条　各军法会审，置审判长一员，审判官四员，依被告人之身分，如左表所定派充之。但巡防队、警备队军法会审之审判长、审判官，得不拘被告人之身分派充之。临时军法会审之审判，亦同。并得减审判官一员或二员，及遴派专任审判官审判，暨省略审判上之程序。

审判长	审判官	被告人
校官一员	尉官四员	陆军上士以下军人
校官一员	上尉或中尉二员 少尉二员	陆军少尉及同等军人
校官一员	上尉二员 中尉二员	陆军中尉及同等军人
上校或中校一员	少校二员 上尉二员	陆军上尉及同等军人
上校一员	中校二员 少校二员	陆军少校及同等军人
少将一员	上校二员 中校二员	陆军中校及同等军人
中将一员	少将二员 上校二员	陆军上校及同等军人
上将一员	中将二员 少将二员	陆军少将及同等军人
上将一员	上将一员 中将三员	陆军中将及同等军人
上将员	上将二员 中将二员	陆军上将

第三章　军法会审之权限

第九条　军法会审，审判所属校官以下及同等军人之犯罪者。

第十条　高等军法会审，审判将官及同等军人或直接部属军人之犯罪者。

第十一条　再审，由高等军法会审审判之。但缺席审判之再审，不在此限。

第十二条　高等军法会审，因境地远隔或别项障碍，得命审判长、审判官、军法官驰赴该处组织审判。

各军法会审，得不以所属之军官为审判长，审判官由该管长官咨请或呈请陆军总长遴派。但陆军总长因事实上之便利，得以被告人移送于其他军法会审审判之。

第十三条　临时军法会审，以其所守备地方为管辖区域，审判校官以下及同等军人之犯罪者。

第十四条　俘虏降人之犯罪者，由军法会审审判之。

第十五条　军人二人以上之共犯或附带犯，若各异其管辖，以先从事审判之军法会审审判之。若属于高等军法会审所管辖之共犯及附带犯，由高等军法会审审判之。与海军军人共犯或附带犯时，亦同。

第十六条　军人犯罪，在任官任役前，而发觉在任官任役中者，以军法会审审判之。其所犯在任官任役中，而发觉在免官免役后者，归普通法院审判。但因本案褫职夺官者，不在此限。

第四章　陆军检察

第十七条　军人犯刑法上之罪，或违警罚法及其他法之罪者，有军事检察权诸官，均有搜查凭证之权。

第十八条　该管各级官长，知其所属有现行犯时，得为讯问及检察，或委军事检察官行之。

第十九条　军事检察官，以左揭各员充之：

一、陆军宪兵官长、军士；

二、军、师、旅副官。

巡防队、警备队之检察官，由该管最高级长官指派之。

第二十条　军人犯罪时，不论何人，得告诉于犯罪地或被告人所在地之军事检察官及该管各级官长。因军人犯罪致受损害者，亦同。

第二十一条　军事检察官、宪兵、司法警察官、巡警见有军人为现行犯者，得逮捕之。

宪兵、司法警察官、巡警逮捕军人后，应迅速送交军事检察官或该管各级官长。

第二十二条　检查官、司法检察官，关于军人犯罪受有告诉告发时，应交付于军事检察官或该管各级官长。

第二十三条　军事检察官及该管各级官长，知有与军人共犯之常人，得依第二十一条办理。

第二十四条　军事检察官及该管各级官长行检证处分后，对于被告事件，应付以证凭物件，添具调查书，依左列之程序行之：

一、认为犯刑法上之罪者，详报于长官；

二、认为犯违警罚法之罪者，送致管理该事件之官；

三、认为管辖违异者，若系陆军军人，送致于该管军法会审所在地之陆军检察官，若系海军军人，送致于该管军法会审所在地之海军检察官；若系巡防队、警备队军人，送致于各该队之军事检察官；若系常人，送致于该地之检察厅。但与军人共犯之常人，应呈由长官核定；

四、属于高等军法会审之权限者，呈报于陆军部。

第五章　审问

第二十五条　陆军部及其他长官受理被告事件，应发交军法官审问之。

第二十六条　军法官行审问时，应发传票，如认为有必要时，得发拘票。但须即时报告该管长官。

被告人依传票出庭者，须于二十四小时内讯问之；依拘票出庭者，须于四十八小时内讯问之。

讯问新告人经过前项所定时限，仍须留置者，须发看管票。

被告人因疾病或其他正当重要事故不能依传票或拘票出

庭者，得由军法官就其所在地讯问之；若被告人在远隔地时，得开示应讯问事件，嘱托其地之军事检察官、检察官、司法警察官代为讯问，及送达传票与执行拘票；其应由该管长官呈咨转行者，各依例办理。

第二十七条　应传拘之被告人逃匿，得通行各该官署及各地检察厅、警察官署一体拘捕。

其应呈请咨行及呈请通缉者，各依例办理。其重要罪犯，依前项之规定秘密行之。

第二十八条　军法官行审问时，发见有共犯、附带犯，或正罪外，尚有余罪者，得径行审问。但共犯、附带犯如属于高等军法会审管辖时，应报告该管长官转达陆军部。

第二十九条　审问与军人共犯之常人既毕后，须将该常人连同供词、证凭、物件送致于该管检察厅或其他行使检察权之官厅。

第三十条　军法官审问终结后，应具意见书并诉讼书类，呈报陆军部或该管长官核办；陆军部或该管长官认为应开军法会审者，应即下组织军法会审之命令。

军法官审问终结后，认为管辖违异或应免诉者，应即作成意见书，连同诉讼书类送呈陆军部或该管长官，请求宣告。

第六章　判决

第三十一条　军法会审，以审判长、审判官、军法官、录事列席开之，但审判长有自行讯问被告人，或令审判官及军法官讯问之权。

第三十二条　审判长自开庭以至判决终结之间，认为有必要时，得发传票、拘票及看管票。

第三十三条　审判长因法庭之警戒，得为相当之处置。

第三十四条　凡应处徒刑以上之刑之被告人逃走，开庭时不能出庭，及应科罚金之被告人，接到传票至开庭时不出庭者，均得为缺席审判。

第三十五条　判决数人共犯时，被告人中虽有不出庭者，得对于出庭者判决。

第三十六条　判决书，应由军法官依左列各款作成，与审判长、审判官、录事一同签名盖章，连同诉讼书类，呈复陆军总长或该管长官：

一、判决理由；

二、有罪之判决书，应载明其犯罪证据及应处罪之法文正条；

三、无罪之判决书，应载明被告人死亡，或本人错误，或被告事件不成罪，或犯罪证据不完备等事；

四、免诉之判决书，应载明起诉权之时效，或大赦、特赦，或经确定判决，或法律上应全免其罪等事；

五、管辖违异之判决书，应载明管辖违异之事实；

六、有私诉之判决者，应载明私诉之事实；

七、被告人之官职、队号、姓名、籍贯、年龄、住所及判决之年、月、日。

第三十七条　左列各款，由该管长官以诉讼书类，连同判决书，呈由陆军部或该管最高级长官附以意见书，呈请核定后，凡系于高等军法会审之判决者，由陆军部下宣告判决之命令，系于其他军法会审者，由陆军部发交该管最高级长官或该管长官使下宣告判决之命令：

一、应处死刑者；

二、将官、校官及其同等军人，应处徒刑者；

三、尉官、准尉官及其同等军人，应处三等有期徒刑以上之刑者。

第三十八条　尉官、准尉官及其同等军人，应处四等以下有期徒刑者，由该管长官于宣告判决后，报告陆军部或详由该管最高级长官按季汇案呈报。

第三十九条 士兵应处徒刑者，由各该管长官于宣告判决后，钞录全案，报告陆军部或呈由该管最高级长官咨部备核。

第四十条 军法会审，在军中或警备接战之地，长官得不依第三十七条之例，迳下宣告判决之命令。但须于宣告判决后，钞录全案报告陆军部或该管最高级长官。

第四十一条 长官如认军法会审之判决不合法者，得令再议。其无迳下宣告判决之命令权者，可附意见于判决书后，呈报陆军部或该管最高级长官。

第四十二条 各军法会审之判决或由长官呈报之判决，陆军部或该管最高级长官认为不合法者，得令再议。

第四十三条 奉到宣告判决命令后，审判长、审判官、军法官、录事应即列席，使被告人出庭，由审判长宣告判决。

第四十四条 应处徒刑以上之刑之被告人逃匿，或于受宣告后逃走，得发拘票或通行各官署拘捕。其应呈请咨达或令行及呈请通缉者，各依例办理。

第七章 再审

第四十五条 陆军部或该管最高级长官，如认军法会审有判决不当之宣告者，得令再审。

第四十六条 有左列各款情事之一者，于宣告判决后，被告人得为再审之呈诉，被告人亡故者，得由亲属为之：

一、关于杀人罪，于刑之宣告后，有被杀者于被告犯罪后仍然生存，或被告犯罪前已死去之确证者；

二、同一案件，别有人已受刑之宣告，而非共犯者；

三、以犯罪前之公正证书，证明其当时不在犯罪处所者；

四、因有人犯陷害被告人之罪，而已受刑之宣告者；

五、以公正证书，证明诉讼书类有伪造或错误者。

第四十七条　陆军部或该管最高级长官，知有前条所列之事实者，得令再审。

第四十八条　该管长官发见第四十六条之事实，应附意见书于诉讼书类，呈明陆军部或该管最高级长官。

第四十九条　缺席审判，受徒刑以上之刑者，自宣告日起至刑之期满免除日止，得呈诉再审。但已知有判决宣告或已就捕或自首者，非在十日内，不得呈诉再审。

其受罚金之宣告者，自宣告书送至本人住所之日起，限十日以内，得呈诉再审。

第五十条　再审之呈诉，无论刑罚在执行中或免除后，均得行之。

第五十一条　因被告人之请求而再审者，其判决之刑，不得较原判决加重。

第五十二条　凡呈诉再审，应递呈于管辖该军法会审之最高级长官若在高等军法会审，应递呈陆军总长。

军法官呈诉再审者，应具理由书，附以原审判决宣告书及证凭之书类卷本，由长官查核，呈送陆军部或该管最高级长官。被告人或其亲属呈诉再审者，应具理由书，呈由军法官附加意见书，经长官核定，呈送陆军部或该管最高级长官。

该管长官对于缺席审判之呈诉再审，应即再令审。

第五十三条　陆军部及各该最高级长官受再审之呈诉，如认为应行再审，或由该管长官呈请再审时，应即令再审。

第五十四条　军法会审，对于缺席审判之呈诉再审，得不呈陆军部或该管最高级长官，即行再审。

第五十五条　陆军部及各该最高级长官下有再审之命令，如其刑正在执行中者，即停止执行，系死刑者，由呈诉再审时停止之。

第五十六条　再审事件前，系呈请核定者，再审判决，应仍候呈请核定后施行。

附则

第五十七条　本条例自公布日施行。

〔政府公报，1918年4月17日，第801号〕

8．大元帅公布修正陆军刑事条例令

（1927年10月29日）

大元帅令

兹修正陆军刑事条例公布之。此令。

国务总理　潘　复
军事总长　何丰林
司法总长　姚　震

中华民国十六年十月二十九日

大元帅令

比年以还，兵革数起，农商失业，闾阖空虚。而好乱之徒，犹复变本加厉，袭异端之邪说，溃名教之大防，据地阻兵，残民以逞。草野奸猾，相率效尤，视法律如弁髦，以反侧为至计。致使闾阎震惊，地方涂炭。本大元帅恫瘝在抱，宵旰靡宁，念欲拯救斯民，必先祛除害马。张弛互用，道在因时。用是将陆海军刑事条例，酌加修改，严背恩通敌之刑，重乘隙扰民之罪。其勾结外人构成内乱图谋共产者，尤应特定专条，严加惩治。布诸象魏，期在必行。凡我军政执法长官，务各善体此意，切实遵奉，毋姑息以养奸回，毋周纳以滋冤滥。庶几颓风可挽，民困少苏。将此通令知之。此令。

陆海军大元帅之印

国务总理　潘　复　　外交总长　王荫泰
军事总长　何丰林　　内务总长　沈瑞麟

财政总长　阎泽溥　　司法总长　姚　震

教育总长　刘　哲　　实业总长　张景惠

农工总长　莫德惠　　交通总长

中华民国十六年十月二十九日

修正陆军刑事条例

第二十五条第三款

三、附和随行者，一等有期徒刑；其情轻者，二等有期徒刑。

第二十七条　为左列之行为者，处死刑：

一、以城池、要塞、营垒、舰船、军队、兵器、弹药及供军用必需之场所建造物，并其他物品，交付于敌者；

二、为敌作间谍，或帮助敌之间谍者；

三、为敌募兵者；

四、泄漏军事上之机密于敌者；

五、为敌作响导或指示地理，便于敌之攻袭者；

六、强要司令官降敌者；

七、勾结外国人，意图颠覆政府或实施共产，而聚众扰害公安者；

八、为敌国夺取或纵放俘虏者。

第二十八条　意图利敌而为左列之行为者，处死刑：

一、损坏城池、要塞、营垒、舰船、兵器、弹药及供军用必需之场所建造物，或其他物品，及以其他方法致不堪使用者；

二、损坏或壅塞水陆通路及桥梁，或以其他方法妨害军队、舰船之往来者；

三、司令官率军队不就守地或配置地，及离其地者；

四、解散队兵及诱使溃走、混乱，或妨害其联络集合者；

五、有意使缺乏兵器、弹药、粮食、被服及其他供军用必需之物品者；

六、诈传命令、通报或报告，及为虚伪之命令、通报或报告者；

七、造言飞语及于前叫敌〔敌叫〕呼噪喧者。

第二十九条 于前二条所列外，以其他方法与敌以利益，使军事确受损害者，处死刑或无期徒刑；其情轻者，处一等有期徒刑。

第三十八条 司令官不尽其所应尽之责，而降敌或委弃城池要塞于敌者，处死刑。

第六十九条 冒用陆军制服及徽章者，处五等有期徒刑。冒用陆军制服，以欺罔恐喝，使人将所有物交付于己者，处一等至三等有期徒刑。三人以上共犯者，处无期徒刑或二等以上有期徒刑。

第七十二条后增加一条如左：

第七十三条 第六十九条第二项之未遂犯罪之。

第七十三条修正为第七十四条如左：

第七十四条 掠夺战地或占领地或驻扎地内本国人或外国人财产或扰害者，处死刑或无期徒刑；其情轻者，处一等有期徒刑。于对外国战争，掠夺俘虏、降人之衣服、财物者，亦同。

犯前项之罪，因而伤人或致人于死者，处死刑。

于第一项各地内抢掠或强奸妇女者，处死刑。

第七十四条修正为第七十五条如左：

第七十五条 在战地掠夺战伤者或就捕人就抚人之衣服、财物者，处一等至三等有期徒刑。掠夺战死者之衣服、财物者，处三等至五等有期徒刑。

犯前项之罪，因而伤人或致人于死者，处死刑、无期徒刑或一等有期徒刑。

第七十五条删。

第七十六条　官长平时率兵掠夺或扰害者，处死刑；其情轻者，处无期徒刑；纵容者，亦同。

〔北洋政府军事部档案〕

9. 大元帅公布严防逃兵暂行办法指令

（1928年4月12日）

大元帅指令　第三百五十六号

令军事总长何丰林

呈酌定严防逃兵办法，缮摺呈鉴由

呈悉。准如所拟办理。即由该部通行遵照。此令。

国务总理　潘　复

军事总长　何丰林

中华民国十七年四月十二日

原呈

呈为酌定严防逃兵暂行办法，缮摺恭呈，仰祈睿鉴事：窃于中华民国十七年三月二十二日，奉钧座养电内开：国家糜饷养兵，将以卫民保国，平时训练管束，必须加严，临敌陷阵冲锋，方能得力。乃近来各军呈报，逃兵甚多，不特虚糜饷需，抑且大损军纪。总缘各路亲兵官长，平日漫无约束，事后多方掩饰，或招有枪之兵，冀免处分。不知此逃彼招，实为逃兵开一幸进之途；而此等惯于犯法之兵，临敌决难得力。应由各该军团长等严饬亲兵官长，严申纪律，于平时管理上特别注意。拏获逃兵，必须按照陆军刑法，分别战时、平时，立时惩办。其拐枪逃兵，尤应重惩。倘仍毫无觉察，一味姑容，或贪收枪枝，相为容隐，定将该管长官严行处分。均勿稍事徇纵，至要。除饬令军事部严查外①。大元帅。

① 原文如此，语气未完，当有脱漏。

养。印。等因。奉此。伏查用兵之道，欲求制敌取胜，必以整饬军纪、保全实力为先务。近来前线各路军队，私携枪械潜逃者，日有所闻。虽有通缉之文，几同虚应故事，以致逃亡之风，日甚一日。推究其故，实由各路招兵人员，希图收集枪枝，对于逃兵携械应募者，不特曲为容隐，且更优给饷糈，诚如钧谕，不啻为逃兵特开幸进之途。长此以往，弊患何可胜言。前经职部会同内务部呈准，禁止军人私携武器出外办法，业已通行遵办在案。惟对于防止各军拐枪逃兵，尚无严密之规定。职部责任所在，正拟严订取缔规则，适奉电令前因，遵经酌定严防逃兵暂行办法十条，缮摺恭呈鉴核。如蒙允准，即由职部通行京外各军事机关，一体切实奉行。务使有犯必惩，咸知警惧，以仰副我大元帅谆谆告诫修明军备之至意。所有职部酌定严防逃兵暂行办法，理合缮摺恭呈具陈，伏乞钧鉴训示祗遵。谨呈

大元帅

军事总长　何丰林

军事部呈准酌定严防逃兵暂行办法

一、各路军事机关招募新兵，应于入伍时查明实在姓名、年籍及亲属住址，取具妥保，遇有逃亡时，勒限严缉，务获解究。

二、各营士兵有逃亡者，该管营、连、排长，应分别罚薪、记过，呈由该管高级长官核示办理。

三、各营士兵逃亡，如有同排同连士兵先期举发或登时截获者，应由该管长官优予奖励。

四、各营士兵逃亡，该管营长应于二十四点钟以内，报告各级长官。如经该管长官查有匿报及预补情弊，立予撤任，并依陆军刑事条例诈伪罪惩治。

五、各营士兵逃亡，如携去服装、枪械、马匹者，应责成

该管官长于三十日以内,追获原物。倘逾限无获,即按原价罚令本营营长赔偿五成,连长赔偿三成,排长赔偿二成,并各记大过一次。

六、前线各军于必要时补充兵额,得招募自带私枪之新兵。但以确系本人之自卫枪枝,曾经报明该管地方官查验烙印,给有枪照者为限。

七、各路添招新兵,如有自带私枪而未经该管地方官烙印给照者,即系私藏军械,应亟根究私枪之来路,严行惩办。各该招兵机关不得贪收私枪,故为容隐,违者,即按藏匿罪人论罪。

八、各路缉获逃兵,应立时解送该管高级官长,依陆军刑事条例分别治罪,不得由团、营以下官长私行惩罚了事。

九、各军团部、军部暨独立师、旅部、应各将所部士兵每月逃亡数目及追缉惩罚情形,于月终造具简明表,迳报军事部查核。

十、本办法以呈奉令准之日实行,如有未尽事宜,得由军事部随时呈明修改之。

〔北洋政府军事部档案〕

四、奖恤

1. 陆军部为拟订陆军平时战时恤赏暂行简章呈

(1912年9月12日)

陆军部呈大总统拟订陆军平时战时恤赏暂行简章请鉴核批示文并批。附简章及各种表册〔略〕

为呈请事:窃惟恤典之设,上以表国家褒崇忠义之意,下以动军人观感奋发之心，无论平时战时，关系最为密切。查南京陆军部所定恤赏章程，业经前总统孙批准通行在案。惟限于战时一项，而于平时恤赏，尚付阙如。本部一再审察，不得不力求周详。因令军衡司悉心改订，于战时分阵亡、伤亡、临时受伤、因公殒命、积劳病故五种，定为国际战争陆军恤赏暂行简章，都为十章，计三十五条；于平时分剿办内乱、因公伤亡二种，定为陆军平时恤赏暂行简章，都为四章，计六条。似此分别办理恤赏，金额既不加增，而立法尤为完备。再，查各国从无此项特别恤赏专章，盖以恤生恤死两种，寓于养赡办法之中，订为养赡法规，通行全国。际兹民国初建，尚难仿行，一俟各官佐确定为终身官依次实授制定官俸后，始可一面仿定养赡办法，一面取销此次暂行简章，以利推行而昭划一。合并声明。所有改订平战两时恤赏暂行章程缘由，缮具清摺备文，呈请大总统鉴核批示祇遵。谨呈。

批：据呈阅悉。两项章程，系将南京陆军部所定恤赏章程分别修订，尚属妥协，应准暂照所拟施行。饬即迅速拟具陆军养赡法草案，以便提交参议院议决公布遵照。此批。

中华民国元年九月十二日

大总统盖印

赵秉钧　段祺瑞署名

陆军平时恤赏暂行简章

第一章　总则

第一条　平时陆军恤赏分三项：

一、剿办内乱伤亡之恤赏；

一、因公伤亡之恤赏；

一、积劳病故之恤赏。

第二章　剿办内乱伤亡之恤赏规则

第二条　平时陆军官佐、士兵于剿办内乱时，有左列伤亡事实，按其缓急重轻，分别给与恤赏：

甲、御乱被戕　御乱时伤中窾要，登时或旋即，或在受伤后法定期限内身死者（参照国际战争陆军恤赏章程第六条），或于防守要隘、乱地工作、侦探地势、补充弹药等时遇害身死者，均按陆军平时恤赏表第一号办法分别给恤。

乙、御乱负伤　按照暂行国际战争陆军恤赏章程，区分头、二、三等伤，按照陆军平时恤赏表第三号办法分别给恤。

第三章　因公伤亡之恤赏规则

第三条　陆军官佐、士兵平时在军队任务时，有左列事故之一者，按其伤亡事实分别给恤：

甲、因公殒命　因公而误罹危险或操练失慎及与此相类而殒命者，均按陆军平时恤赏表第二号办法分别给恤；

乙、因公负伤　因勤务失二肢以上而退役者，或失一时之健康而尚堪服役者，均按陆军平时恤赏表第三号办法分别给恤。

第四章　积劳病故之恤赏规则

第四条　平时陆军官佐、士兵在军营立功之后，或在戍防守及陆军各机关办理公务勤劳卓著染病身故者，其恤赏按照第二号分别办理，未立功在营病故者，按照第三号分别办理。但系积劳病故，祇给一次恤金，不给年抚金。

第五章　恤赏规则

第五条　平时陆军官佐、士兵遇害或负伤情节合于上列各项者，分别给以一次恤金及年抚金。（国际战争陆军恤赏章程同）

第六条　陆军剿办内乱伤亡之官佐、士兵，限给该员或遗族五年年抚金，因公伤亡者，限给该员或该遗族三年年抚金，均于限满截止。应受年抚金之遗族违背法律时，年抚金即转给其遗族中之第二应受者。应得五年或三年年抚金之负伤官兵,或失去军人分位，或剥夺公权再入常备改就文职受有薪俸，或本人身故，均停给恤金，取销其给与令。年抚金自议准日起,逾二年未具领者,亦停给恤金，取销其给与令。

第七条　剿办内乱之负伤官兵暨因公负伤之官兵，均由各该管长官取其医官诊断书，按照部颁调查表填载，报部核办，由部按照阶级议恤，呈请大总统批准，填给恤金给与令，每年五月后具领。

修正战时陆军恤赏简章

第一章　总纲

第一条　战时之官佐、士兵，其伤亡事实如左：

(一) 阵亡；

(二) 伤亡；

(三) 临阵受伤；

(四) 因公殒命；

(五) 积劳病故。

第二条　上列之伤亡恤赏分两种：(一) 一次恤金；(一)年抚金。

一次恤金，系按死者阶级议准时，查照恤赏表，给与该遗族恤金一次。

年抚金，系按年给与受伤官佐、士兵或死者遗族。(其具领停止注销等例详后。年抚规则及恤金给予令附记)

第三条　陆军官佐、士兵阵伤之等第，分头二三三等（详后阵伤等次表)。

第二章　阵亡规则

第四条　战时之官佐、士兵，凡有左列各项之一者，均为阵亡：

(一) 临敌殒命；

（二）临阵受伤，旋即殒命；

（三）战地防守受伤，旋即殒命。

第五条　阵亡之陆军官佐、士兵，应按照陆军官兵恤赏表分别办理。

第三章　伤亡规则

第六条　陆军官佐士兵伤亡，应按其受伤之等次定以期限，分别议恤如左：

头等伤　伤剧殒命，以十个月间为期限；

二等伤　伤剧殒命，以六个月间为期限；

三等伤　伤剧殒命，以三个月间为期限。

第七条　陆军官佐、士兵临敌或防守或出征受伤，在限内伤发身亡者，其恤赏照第一表分别办理；在限外伤发身故者，照第三表分别办理；并非伤发，确系因病身故者，照积劳病故例，分别办理。

第四章　阵伤规则

第八条　当战争时，官佐、士兵因战斗受伤，或出征后因公受伤者，均按其受伤等次，分别照第二表办理。

第九条　凡官佐、士兵当战争防守时，或因差委罹水火等灾，或误受药弹以及各项伤痍者，均按其受伤等第，分别照第二表予恤。

第十条　凡官佐、士兵受伤并未损折肢体，将来尚堪服务，不在阵伤等次之内者，照三等伤给予一年年抚金。

第十一条　凡官佐、士兵因出征或在防戍感染疾病，以致一时难愈者，照三等伤给予一年年抚金。

第十二条　凡官佐、士兵如有前项伤病者，经军医诊治之后，确废某肢体，定为何等伤，给与证书，出具切结，申由该管长官给与执照，该管长官一面加切结，转报陆军部核办。倘于退伍后一年以内伤病日增，致成残废者，应由本人或家族将证书执据呈由该管长官（或住在地民政机关）核验相符，报部查核，酌量给予相当之恤金。

第十三条　凡阵伤官佐、士兵业经给予阵伤年金，则将其应得之伤亡一次恤金减去三分之二。

第十四条　阵伤之等次如左表：

阵伤等次表		
头等伤	二等伤	三等伤
两眼皆盲者	两耳俱聋者	盲一目者
失去一足或一手以上者	一足一手残废者	鼻脱落者
咀嚼言语之机能并废者	生殖器损失或失去机能者	咀嚼言语之机能生大障碍者
身体运动非人扶持不可者	身体运动失去自由者	一手失去拇食两指或三指以上者
与前项相等之一切伤病者	与前项相当之一切病伤者	一足失去四指以上者 项及腰运动上有大障碍者
		与前项相当之伤者

第十五条　凡受伤官佐、士兵应受年抚金者，如有左列事故之一，即将其年抚金停止，并注销恤金给予令：

（一）失去军人之分位者；

（二）剥夺公权者；

（三）再入常备或改就文职而领受薪俸者；

（四）本人身故。

第五章　因公殒规则

第十六条　国家战争时之官佐、士兵，凡有左列事故之一者，皆为因公殒命：

(一)战争防守时，因公差委忽罹水火等灾，或误触弹药殒命者；

(二)战争防守因公差委，在洋海江河以及各处危险地失事殒命者。

第十七条　因公殒命之官佐、士兵，登时或旋即或法定期限之内伤发殒命者，其恤赏均照第三表分别办理。

第十八条　因公殒命之官佐、士兵，如在法定期限之外伤发殒命者，其恤赏应按照第四表分别办理。并非伤发，确系因病身故者，应照后开积劳病故例分别办理。

第六章　积劳病故规则

第十九条　当国家战争时，官佐、士兵或出征或在军营立功之后，或在戍防守及陆军各机关办理军务勤劳卓著，染病身故者，其恤赏均按照第四表分别办理。未立功在营病故者，照第四表减半分别办理，祗给一次恤金，不给年抚金。

第二十条　当国际战争时，凡官佐、士兵派赴他处要隘或边省戍守，在防病故者，照第四表祗给一次恤金，不给年抚金。

第七章　恤赏规则

第二十一条　国际战争时之阵亡将士，如有生前功勋卓著，或临阵率先遇害，或死事极惨、被害极烈等情，均得分别按照恤赏表呈请从优议恤，或指定照何阶级从优议恤。

第二十二条　凡阵亡人员其生前职任重要，勋劳卓著者，除照章优恤外，应于交战地点及通衢大邑建祠崇祀，或勒石纪功，以垂不朽。(详见建筑陆军祠宇碑像规则。)

第二十三条　阵亡陆军将士，如有呈请指照何阶级议恤，或指照何阶级从优议恤者，只准大于原职一级，不得超越至二级以上，以示限制。

第二十四条　凡请恤之案，各长官须按陆军部所定各调查表详细填载，并将各项切结随案送部；如无上项手续先行请恤者，自呈准之日起予限一年，逾限而调查表等仍未到部者，即由部将恤案呈请注销。（陆军官佐、士兵亡伤调查等表见后。）

第八章　年抚规则

第二十五条　凡应得年抚金者，给予恤金给与令。

第二十六条　年抚金系按年给予受有恤金给予令之受伤官佐、士兵，或死者之寡妇或其孤儿。

第二十七条　年抚金给其无子之寡妇，应终身给之。

第二十八条　年抚金给其孤儿，至其孤儿年满二十四岁为止。若其孤儿早夭，则给其次子，亦年满二十四岁为止。

第二十九条　凡得有一次恤金之年，无年抚金。

第三十条　恤金给与令经议准时，受令者即得具领第一次年抚金。

第三十一条　受有年抚金之官佐、士兵，如有左列事故之一者，得停止年抚金，并注销其恤金给予令：

（一）入外国籍；

（二）被处重罪之刑狱；

（三）寡妇死亡，或再醮，或去其户籍；

（四）孤儿死亡无兄弟，或为他人养子，或满二十四岁；

（五）自年抚金议准之日起，二年之内未曾呈禀申咨到部请领者；

（六）发给恤金给予令后，按年请领年抚金，忽然停请逾五年以上者。

第九章　陆军佣雇人员恤赏规则

第三十二条　当国际战争时，陆军佣雇人员或从事战役或因公务戕生或罹各种伤痍时，应按其职务与佣雇时间，照表予恤如左：

（一）雇员之职务等于额外军官者；

（二）临时服兵务者，应按照恤赏表分别给予相当恤金；

（一）雇员之职务等于下士者；

（二）雇员月俸在十五元以上者，应按照恤赏表分别给予三分之二之恤金；

（一）常用与临时雇员工役佣人等，经该管长官呈报者，应按照恤赏表，常用者减半予恤，临时者给与三分之一恤金。

第十章　恤金给予令规则

第三十三条　恤金给与令须经大总统批准及各调查表到齐后，方得按其事实分别填给。

第三十四条　恤金给予令为三联单式：（一）恤金给与令；（二）备查；（三）存根。均各编字号，骑缝处加盖陆军部印，以备考核。恤金给与令由部直接给本人或遗族，或寄由各都督转给备查，由军衡司移付军需司照数发给，年抚金存根归军衡司保存。

第三十五条　凡给予年抚金，除受伤官佐、士兵归该管长官出具切结，至死亡者之遗族，应由其本籍地方长官详细查明，取具宗图及填载调查表，并出具切结，由陆军部査核相符后，照章办理。

〔政府公报，1912年9月1日，第141号〕

2．临时大总统公布陆海军勋章令令

（1912年12月6日）

临时大总统令

兹制定陆海军勋章令公布之。此令。

中华民国元年十二月初六日

国务总理　赵秉钧
陆军总长　段祺瑞
海军总长　刘冠雄

教令　第九号

陆海军勋章令

第一章　总则

第一条　陆海军各种勋章，凡民国陆海军人于平时战时著有勋劳，或非陆海军人及外国人于陆海军特别任务中著有勋劳者，皆得分别给与。

第二条　陆海军勋章分二种：

一　白鹰勋章；

二　文虎勋章。

第三条　各种勋章均分九等，一、二等给与上等官佐，三等至六等给与中、初等官佐及准尉见习军官，七、八、九等给与士兵。

第四条　给与勋章时，均附给执照，载明勋绩。其应给年金者，即以其执照为领金之证据。

第二章　白鹰勋章

第五条　白鹰勋章中心镂刻白鹰。

第六条　依陆海军叙勋条例，有殊勋者，给与白鹰勋章。

第七条　凡受有白鹰勋章者，按其等级，得依陆海军勋章年金法受一定之年金。

第三章　文虎勋章

第八条　文虎勋章中心镂刻文虎。

第九条　依陆海军叙勋条例，有武功或劳绩者，给与文虎勋章。

第四章　佩带规则

第十条　一、二、三等白鹰勋章佩于上衣第一纽上；一、二、三等文虎勋章佩于左胸部大绶上方普通章下方；各种一、二等勋章有大绶一条，一等红色，二等黄色，佩于左肩至右胁下；四等至九等勋章，均用小绶，佩于上衣左襟之上；四等至六等绶用绿色，七等至九等绶用蓝色。

第十一条　各种勋章于著军礼服、军常服时，均可佩带。但著常服佩带一、二等勋章时，不佩大绶。

第十二条　已受一种勋章而更受同种上级之勋章者，其下级勋章缴部核销。若受他种勋章，无论是否同级，均得并佩。

第十三条　受有两种以上之一、二等勋章者，只佩较高级之大绶。

第十四条　并佩两个以上之勋章时，以等级较高者列于较次者之右方。如一行不能并列，亦得列为两行。

第十五条　佩带本国普通勋章时，按普通勋章佩带规则施行；普通勋章与陆海军勋章同时佩带，普通勋章列于陆海军勋章左方。

第十六条　受有外国勋章者佩带时，应将本国勋章列外国勋章之右方。

附勋章执照式

陆海军勋章执照

大总统为

给与　　等　　勋章，用示奖励，特给执照，以资证明。

陆海军总长

中华民国　　年　　月　　日

第　　号

〔政府公报，1912年12月7日，第220号〕

3. 临时大总统公布陆海军奖章令令

（1912年12月6日）

临时大总统令

兹制定陆海军奖章令公布之。此令。

中华民国元年十二月初六日

国务总理　赵秉钧
陆军总长　段祺瑞
海军总长　刘冠雄

教令　第十号

陆海军奖章令

第一条　陆海军各种奖章，凡民国陆海军人于平时战时著有劳绩，或非陆海军人于陆海军特别任务中著有劳绩者，分别给与之。

第二条　陆海军奖章分为四等如左：

一等　金色奖章；

二等　银色奖章；

三等　蓝色奖章；

四等　白色奖章。

第三条　各等奖章，由陆海军总长按照本章第五第六两条所列各项成绩，拟与各等奖章，呈请大总统核准施行。

第四条　一等二等奖章给与官佐，三等四等给与士兵。

第五条　陆海军得有左列各项成绩之一者，分别酌给各等奖章：

甲、战时：

一、战役中著有成绩，堪资矜式者；

一、随同出征尽瘁任务，确有证据者。

乙、平时：

一、拿获土匪，在事出力者；

一、镇压内乱时，奋勇救护人民之生命财产，致获保全者；

一、艺能出众，屡次从事勤务，成绩卓著者；

一、发明军用物件，经长官考验，认为合用者；

一、充任各项职守满左表所列年限以上，未受惩罚，并无旷职，成绩甚优者：

职别	官佐		士兵	
章等	一等	二等	三等	四等
服务年限	十五年以上	五年以上	二十年以上	十年以上
附则	官佐、士兵任职满，年受有二等四等奖章，复著本条所列各项成绩者，准其加给一等及三等奖章。			

第六条　非陆海军人著有左列各项事实之一者，分别酌给各等奖章：

一、战时筹助军饷，得万元以上者；

一、战时探知敌人有违犯公法行为，及捕获奸细，报告有据，事后查实者；

一、在战地随同出力，劳绩卓著，及其他有功于全体战役者；

一、随同出力拿获土匪，及保全地方治安者。

第七条　奖章用银质为之，外作五瓣，各瓣间联以梅花，中镌中华民国〇军奖章八字。（〇分陆海两项）一、二等上冠花叶三枚，三、四等上冠一环。

第八条　奖章所用小绶，以色区别。赏战时官佐士兵者，其绶用国旗色，赏平时官佐士兵者，其绶用蓝色黄边。

第九条　奖章佩于上衣左襟各纪念章之左。

第十条　给与奖章时，并附给执照式如左：

> 奖章执照
>
> 某机关某职姓名
>
> 著有劳绩，今依陆海军奖章令第　　条第　　项，给与　　等奖章，于某年某月某日呈奉大总统核准，合发执照，给予收执。
>
> 陆海军总长署名
>
> 中华民国　　年　　月　　日
>
> 字　　第　　号

〔政府公报，1912年12月7日，第220号〕

4．临时大总统公布陆海军叙勋条例令

（1912年12月6日）

临时大总统

兹制定陆海军叙勋条例公布之。此令。

中华民国元年十二月初六日

国务总理　赵秉钧
陆军总长　段祺瑞
海军总长　刘冠雄

教令　第十一号

陆海军叙勋条例

第一条　叙勋分二种：

一、殊勋；

二、武功及劳绩。

第二条 在战时立有左列勋绩者，谓之殊勋：

一、夺获敌军重要地点者；

二、夺获敌军军旗、大炮及重要军械者；

三、断绝敌军交通或截获敌军粮饷、军械，战局因以奏功者；

四、运筹适宜，致获全功者；

五、在战斗间处置善良，确与全军或一部有重要之关系者；

六、冒险前进，侦得敌人重要军情，致获全功者；

七、于最困苦缺乏时，毅然从事战斗，足振起他人之志气者；

八、歼殪或捕获敌军重要将校者；

九、捕获或轰沉敌之军舰者；

十、冒险破坏敌之伏置水雷或障碍物，得以开导我军舰之进路者；

十一、我炮台被敌军包围，我港湾被其封锁，以苦战辟运输之途，终得达其目的者；

十二、我军舰被敌之优势舰队攻击，他无应援，终得免敌之捕夺，保全名誉脱归者；

十三、我军舰护送多数船舶与敌之优势舰队相遇，剧战之后，所护送船舶得以安全航到其目的地者；

十四、占领敌之炮台、港湾或有守备之城市者；

十五、夺还敌军拥护我被掠之军舰者；

十六、闯入敌之港湾内捕获或破坏其舰船者；

十七、冒险伏置水雷，得以轰沉敌之军舰，或加危害，使之失其战斗力者；

十八、冒险封锁敌之港湾，得尽其任务者；

十九、战斗中我舰受大损伤，挺身冒险施应急处置，得以保全其舰之运命者。

第三条　在战时或平时立有左列功绩者，谓之武功或劳绩：

一、救护长官之危急以立功者；

二、力疾或负伤，而强与战斗者；

三、冒险前进，达到命令中指定之任务者；

四、战斗间勇敢率先，夺取枪械及捕获敌人者；

五、捕获或轰沉敌之军用船舶及其商船者；

六、战时办理战线以后事务，成绩最著者；

七、平定内乱功绩卓著者；

八、旅行于交通未备区域，作有报告图表，足资军事之助者；

九、本舰航海停泊中或他舰航海停泊中遇有危急，冒险从事救护，得以免其危险者；

十、冒险救助被难船舶，得以救护其生命财产者；

十一、发明陆海军学理及军用物品，有益于军事前途者。但以陆海军部查核认可为限；

十二、在边远瘴疠地方戍守国境或从事屯垦满二年以上，克尽厥职者；

十三、镇压内乱，擒获匪首，剿除匪党者；

十四、识破或捕获国际奸细，证据确凿者；

十五、镇压内乱时，夺取匪寨，收复被据城池者；

十六、捕获海贼或国际海贼，证据确凿者。

第四条　陆海军各种勋章，除大总统当然佩带外，得由大总统特赠外国大总统暨皇帝君主。

第五条　各种勋章，除由大总统特令颁给外，所有立功人员，均由该管长官按本章调查表查实详记，并将该员履历功绩事实具报陆海军总长，由陆海军总长呈请大总统批准遵行。

第六条　战时立功人员应给勋章者，无论在战役之中或战役之后，均可呈报陆海军总长核办。

第七条　平时著有功勋劳绩人员，应于每年二月内由各省处长官报部，于四月内由该管总长转呈大总统批示遵行。

第八条　颁给勋章经大总统特令或批准后，由陆海军部注册，并将执照附同勋章颁由该省最高级陆海军长官传集所部列队授与；如系给与士兵，则仅传集该连授与。

第九条　战时之陆海军总司令官，得依战役景况，先行给与部下三等以下勋章，事后报部查核。

第十条　所受勋章附有年金者，自颁到勋章之日起算。

第十一条　叙勋时与立功时官职阶级不同者，仍以立功时官职论赏。

第十二条　受有勋章而更立功绩者，可换给原章之高一级者，或加给他种勋章。但受有两个同种之勋章时，应将其较次者及执照一并呈缴陆海军部核销。

第十三条　叙勋公文呈报之际，或已呈而未奉部覆时，该员如有休职、退役、转免、死亡等情，应按其事实迅速报部，以凭核办。

第十四条　应受勋章年金者，于休职或退役时，由该省陆海军长官报部注册，并移知原籍地方官署或住在地方官署立案，即由该地方官署按执照发给年金。

第十五条　受褫夺公权之宣告者，即褫夺其勋章。

第十六条　因污辱军人名誉而受免官处分或重于免官处分者，即褫夺其勋章。

第十七条　处刑法徒刑以上之刑未受褫夺公权之宣告者，得停止其佩带勋章。

第十八条　受有勋章者，如身故或当褫夺时，应将勋章并执照呈送本军队、处、所或地方官署转缴陆海军部注销。

第十九条　应受勋章年金之人身故匿不呈报而继续领取者，按法治罪。

第二十条　如未经领受勋章，私造佩带或佩带他人所受之勋章者，按法治罪。

第二十一条　如有将勋章卖让、典质及抵偿货财、债务等事，查明将勋章注销。

第二十二条　勋章及执照如有遗失，准其补给。但于勋章背面附以补给记号，执照之内注明补给字样。其原件如有查获者，应即送部注销。

〔政府公报，1912年12月7日，第220号〕

5．铨叙局抄送勋位年金法公函

（1912年12月12日）

铨叙局公函　元年天字第四一五号

迳复者：准函假勋位年金条例一分，兹特将法制局原拟勋位年金法抄录送上，即希察收。此项年金法已提交参议院，尚未议决，恐须提回修正也。前函假之嘉禾章及大绶，昨经函送，亮已收到矣。此复

陆军总长

中华民国元年十二月十二日

勋位年金法

第一条　凡受有勋位者，大总统得给与终身年金，但须得参议院之同意。

第二条　勋位年金之额如左：

大勋位　　一万元

勋一位　　八千元

勋二位　　六千元

勋三位　　五千元

勋四位　　四千元

勋五位　　三千元

第三条　依法律应褫夺勋位者，其年金亦褫夺之。

第四条　受有勋位年金者，如遇左列情形之一，大总统得停止之：

一、处刑法徒刑以上之刑，未受褫夺公权之宣告者；

二、有其他玷污名誉之行为者。

第五条　受有勋位年金者死亡时，于其死后一年内，仍将其年金给与其遗族。

第六条　前条之遗族，指死亡者之寡妇、孤儿、父母、祖父母而言。

第七条　受有本法年金者，仍得受其他法律所定之年金及恩给。

第八条　勋位年金发给条例及其褫夺停止程序，以教令定之。

第九条　本法自公布日施行。

〔北洋政府陆军部档案〕

6．临时大总统公布陆海军著作奖励条例令

（1913年1月25日）

临时大总统令

兹制定陆海军著作奖励条例公布之。此令。

中华民国二年一月二十五日

国务总理　赵秉钧

陆军总长　段祺瑞

海军总长　刘冠雄

教令　第十七号

陆海军著作奖励条例

第一条　左列各款，皆为陆海军著作，由著作人呈送陆军部、海军部审查，认为有益军事者，依第二条、第三条规定，分别奖励之：

一、自著或翻译之军用书籍；

二、自著或翻译之军用图画；

三、自著或翻译之军用表册；

四、翻译之机要报告。

第二条　书籍奖励之方法如左：

一、归陆军部或海军部印刷发售，以二千部至五千部为率。与著作人协定每部相当售价，以售价之若干成为奖励金，照数预给。其著作权仍归著作人保有；

二、依左列之价格给予奖励金，其著作权收归部有：

自著　每千字，十四元以上二十元以下。

译文　每千字，三元以上十五元以下。

以上二种奖励方法，由受奖励者自择。

第三条　图画、表册、机要报告之奖励金，随时酌定。

第四条　凡呈送陆海军部审查之著作，其系自著者，须具说明书，说明著作之缘起，并附其所参考之书籍、图画、表册；其系译文者，须将原文原稿随同呈部。

第五条　陆海军著作经陆海军部审查不合格者，发交著作人领回。

第六条　陆海军著作已经领奖、其著作权收归部有者，不得再将原稿或类似之稿售与他处，或自行印刷发售。

第七条　陆海军著作受第二条第一种奖励方法者，其著作权虽归著作人保有，但在部印之本未经售罄以前，著作人不得自行印刷发售，或将著作权售与他处。若陆海军部因初印之本不敷应用，须印第二版或酌量多印，仍按初次协定每部奖励金之额，照续印部数给与奖金。

第八条　陆海军著作呈送到部得有收据，而尚未经给奖，又未发还以前，部员有保守秘密之责。

第九条　呈送陆海军著作包裹递送之法如左：

包裹法　用白布包裹密缝，烙以火漆，上印著作人图记；

递送法　包面书明著作物、交陆军部或海军部军学司检收等字样。

第十条　本条例自公布日施行。

〔政府公报，1913年1月26日，第260号〕

7．统率办事处达知上校以下各官应给荣施条例密电

（1916年1月17日）

致各省将军等洽电　　一月十七日

各省将军、巡阅使、巡按使、护军【使】暨直接各师、旅：华密。各处立功将官及在军队出力人员，前经分别电达，开具事迹，分上、中、下三等，请给荣施在案。惟查前电所称，立功及出力各员，系指所有少将以上军官而言，应给荣施，系由钦定。兹将上校以下各军官应给荣施拟定条例，电达如下：一、所有上校以下各军官，凡官与职相当者，均按原有之官，晋升一级，未补官者，均予补官；二、原官大于现职者，给予原官相当之勋章；三、已有之勋章，与官职相当者，准予晋等；四、如已有之勋章，限于原官，现职不能再行晋等者，另给他项荣典；五、著有特别功绩，限于原有官职，勋章不能再行晋级晋等者，奏明候钦定。希即查明所属官职、姓名，按照此项条例，分别拟定，连同履历，汇送本处，听候核明奏请荣施。处。洽。印。

〔北洋政府陆军部档案〕

8. 大总统公布颁给狮刀规则令

(1920年2月29日)

大总统令

兹制定颁给狮刀规则公布之。此令。

中华民国九年二月二十九日

国务总理
陆军总长　靳云鹏

海军总长　萨镇冰

教令　第七号

颁给狮刀规则

第一条　颁给狮刀，以陆海军官佐为限。

第二条　各等狮刀，由大总统特颁，不得呈请奖给。

第三条　一狮刀至三狮刀，颁给中级官佐。

第四条　四狮刀至六狮刀，颁给上级官佐。

第五条　七狮刀至九狮刀，颁给有特殊勋绩之上级官佐。

第六条　十二狮刀，除大总统佩带外，得由大总统特赠外国大总统、外国皇帝君主或本国曾任大总统者。

第七条　陆海军官佐，由大总统特令颁给狮刀者，应由陆军部或海军部注册。

第八条　已颁给狮刀者，得晋给多狮之狮刀，其前颁之狮刀，无庸缴回。

第九条　一狮刀至六狮刀，发交陆军部或海军部颁给。

第十条　七狮刀至九狮刀，由大总统亲授；其在京外者，得遣派专员代授之。

第十一条　十二狮刀之赠与，由大总统特派专使行之。

第十二条　大总统亲授狮刀之礼节，参照授勋之礼节行之。

〔政府公报，1920年3月1日，第1453号〕

9. 陆军部等会拟星云金狮勋章暂行条例呈

（1925年5月）

呈为会同拟订星云金狮勋章暂行条例暨图式呈请鉴核事：窃准临时执政府秘书厅函开：准陆军部提出勋章勋位此后应否继续颁行，或另定新章之处，提请公决一案。兹经国务会议议决，交内务、陆军两部重订新章等因。除分函外，抄录原件函达查照办理。等因。仰见执政策励勋劳、慎重名器之至意，莫名钦佩。当以事关铨叙、印铸两局职掌，由部局公同商酌，除勋位及大勋章毋庸另定新章外，其勋章一项，谨遵照圈定星云、金狮两种名称，分别拟订暂时条例，并绘具图式〔缺〕。理合呈请鉴核训示施行。谨呈

临时执政

内务总长
陆军总长
铨叙局局长
印铸局局长

谨将拟订星云勋章暂行条例缮呈钧鉴：

第一条　星云勋章等级自一等至九等，其章式、勋表式、绶制及执照式，依附图定之〔缺〕。

第二条　颁给星云勋章，特任官初受二等，简任官初授四等，均得因所著功绩超给较高之等，累功得递进至一等。但非简任实职，至高以二等为止级，荐任官初受七等，得因所著功绩超给较高之等，累功得递进至三等。委任官初受九等，得因所著功绩超给较高之等，累功得递进至五等。

凡有功绩于学问或事业者，初受星云勋章，自七等起得因所著功绩超给较高之等，累功得递进至一等。

第三条　凡曾受有他种勋章者，仍依前条之规定，分别给予。

第四条　颁给星云勋章于外国官吏，照该国官级颁给。其非官吏者，依照第二条第二项办理。

第五条　星云勋章除特任官得由临时执政特令颁给外，其他应受勋章人员，须由各该长官呈请并开具履历、事实、功绩，咨送铨叙局核议等级，呈请临时执政以命令颁给。

第六条　星云勋章一年时，对于一人，不得请给两项。

第七条　凡未经本条例规定各事项，得适用勋章令及颁给勋章条例各条之规定。

第八条　本条例自公布日施行。

附图：

甲、星云勋章九等及星云勋章绶制图。〔缺〕

乙、星云勋章执照式〔缺〕

谨将拟订金狮勋章暂行条例缮呈钧鉴：

第一条　凡民国陆海军人，于平时战时著有勋劳，或非陆海军人及外国人，于陆海军特别任务中著有勋劳者，皆得分别给与金狮勋章。

第二条　金狮勋章自一等至九等，其章式及绶制执照式，依附图定之。

第三条　金狮勋章一、二、三、四等，可给与上等官佐，三、四、五、六等，可给与中等官佐，四、五、六、七等，可给与初等官佐及准尉见习军官，六、七、八、九等，可给与士兵。

第四条　金狮勋章除由临时执政特令颁给外，所有立功人员，均由该管长官将该员履历、功绩、事实具报陆海军总长，由陆海军总长呈请临时执政批准遵行。

第五条　给予金狮勋章，应附给执照。

第六条　凡本条例未经规定各事项，均得适用陆海军勋章令各条之规定。

第七条　本条例自公布日施行。

附图：

甲、金狮勋章九等图。〔缺〕

乙、金狮勋章绶制。〔缺〕

丙、金狮勋章执照式。〔缺〕

中华民国十四年五月　日

〔北洋政府陆军部档案〕

五、征募

1．统率办事处抄送暂行陆军征募条例及设置征募局办法公函

（1914年7月8日）

统率办事处公函　三年　字第四〇九号

迳启者：前奉交议暂行征募条例及试办顺序，奉批：可试办等因。除函达陆军部查照办理外，相应将原案一并抄送，即希查照可也。此致

内务部　　附抄件

暂行陆军征募条例

第一条　兵役分为常备、续备、后备、国民兵役四种，常备三年至五年，续备三年至四年，后备二年至四年。但依军事上之关系，得将常备年限酌量伸缩。

第二条　常备以具有左列资格者选充之，满役之后，退为续备：

一、年满二十岁以上至二十五岁者；

二、身长官裁尺四尺八寸以上；

三、体力强壮并无暗疾；

四、必须土著，身家清白，确有自营生业者；

五、未曾犯有事案及各种习癖者。

第三条　续备兵准其自营生业，发给减饷，每年召集一次，操演两星期，事毕回籍，奉有征调命令，即行到营，满役之后，退为后备。

第四条　后备兵每两年召集一次，操演一星期，发给减饷，有事仍应征调。

第五条　凡不属于上列三种兵役之壮丁及满役之后备兵，俱为国民兵役，征调之法另定之。

第六条　全国征募事宜，由陆军总长、内务总长总理之，各区分设征募局，会同地方长官，执行征募事务，其区域另定之。

第七条　征募局设职员如左：

局长

副官

事务官

书记官

第八条　征募局长隶属于陆军部，管辖本区内之退伍军人，会同地方长官，调制本区内壮丁名簿，按期报部。

第九条　各军队应补缺额，应先造册报部，由部分别通知各征募局及地方长官，按期举行征募。

第十条　届选验之期，由该局长先期通知地方长官转饬各属，分知各庄长等，按册带赴点验所，由军部或军队特派军医等，会同该局长前往点验，合格者，即由该局长照相、按名发给小口粮，并与各家属以执据一纸，并造册存案。

第十一条　兵士入营三月后补为正副兵者，分别饷银之多寡，酌扣赡饷，汇交该局长会同原籍地方官牌示。定期发给各家属具领。

第十二条　征募事毕，由各征募局长应将征募情形及改良意见，报告陆军部。

第十三条　关于征募局服务细则及征募事务细则，另订之。

第十四条　本条例自公布之日施行。

奉大元帅批：可试办。

前拟暂定征募条例，业奉批：可试办在案。除将原案由处分别通知各部外，谨将设置征募局办法顺序开呈钧鉴。

一、拟于直隶、山东、河南三省中先行各设一局，以为试办之地。

一、为选定征募局局员起见，拟请饬陆军部选定富于经验人员一二十名，开单呈候圈定。

一、该项人员圈定后，拟由处函知陆参两部及内务部派员来处，会订各种办事细则。

一、倡办之始，似宜格外谨慎，应否照原议先将征募局办事人员先行讲习，俾瞭然于征募局办事之顺序及将来实行征兵之办法。并候批示。

大元帅批：可。

〔北洋政府内务部档案〕

2．北洋政府征兵令

（？年）

征兵令

一、凡民国男子年龄满二十岁至四十岁者，均有充当兵役之义务。

二、兵役分现役、续备兵役、后备兵役、补充兵役及国民兵役五种。

三、现役之年限，陆军三年，海军四年，以年满二十岁者充之。

四、续备兵役之年限，陆军四年，海军三年，以现役期满者充之。

五、后备兵役之年限，陆军十年，海军五年，以续备兵役期满者充之。

六、补充兵役之年限，陆军十二年，海军一年，以本年现役兵额以外之合格壮丁充之。

七、国民兵役分为第一国民兵役及第二国民兵役。第一国民兵役，陆军以后备兵役满期者，或召集之补充兵服役满期者充之，海军以后备兵役满期者充之。第二国民兵役，以现役及续备、后备、补充兵役，并第一国民兵役以外之人员充之。

八、各兵役满期时，若遇战争事变，或临时召集演习，或在航海期间，或驻留外国，得审酌情形延长兵役期限。

九、陆军现役兵及补充兵，每年按应征额数，酌量壮丁等之身材、艺能、职业，分为步兵、骑兵、炮兵、工兵、辎重兵、职工、杂兵等项，以抽签法决定之，当签者即行服役。海军现役兵及补充兵，按照每年所需兵额，调查沿海地方及岛屿之壮丁举行征集，因其职业，分为水兵、火夫、职工、杂兵等项，以抽签法决定之，当签者即行服役。

十、杂兵之现役期限，得分别职务，酌量减短，以所减短期限，增加于续备役期限内。

十一、年龄满二十岁以上三十岁以内者，如在各项官立学校（除小学），或经教育部认为与中学以上程度相当之学校，受有卒业凭照或经陆军委员试验及格，得依其志愿，准服现役一年。但服役中，膳食、被服等费，均由自备；如不能全数缴纳，体察实在情形，酌量补给。

十二、一年志愿兵之续备役、后备役年限，别以条例定之。

十三、在各项师范学校毕业，现充官立、公立各小学教员，年龄满二十岁以上三十岁以内者，得令服充现役六星期。现役期满后，服充国民兵役。其服役间膳食、被服等费，均由官给。

十四、凡受禁锢以上之刑者，不准服充兵役。

十五、身体残缺或罹有废疾，按照征兵检查规则不堪服役者，准免兵役。

十六、体格完全，躯干强壮，而身长不满限定尺寸者，及病中或病后不堪劳动者，得延展征集期限。但次年仍不能合格，则使服国民兵役。

十七、身负剥夺公权或停止公权之罪名，在审讯中或拘留中者，得延展征集期限。

十八、因患病、犯罪等事，届期难于入营者，次年再行征集。

十九、凡驻留韩国、日本及俄领沿海洲、法领安南、英领缅甸以外之外国者，得依本人请愿，延展征集期限。若归国时，年龄在三十岁以内，仍应征集入营。过三十岁者，则使服国民兵役。

二十、续备兵及后备兵遇有战争事变，则召集之。平时举行演习，每年召集一次，其演习期约在二个月以内。又每年施行检阅点呼一次。

二十一、陆、海军补充兵，以备充补现役兵之缺额，如有战争事变，则召集之。但以陆军补充兵补现役兵缺额时，以其服役之初年为限。

二十二、平时每年召集陆军补充兵一次，施行教育。其教育期，以四个月为限。他如勤务、演习、检阅、点呼等项，仿照续备兵例施行。

二十三、官吏及城镇乡董事等服充重要职务，他人不能代理者，无论其为续备兵、后备兵、补充兵；凡遇勤务、演习、检阅、点呼等事，一律不应召集。又法定议会之议员，其开会时，亦与此同。

二十四、战时或事变之际，后备役兵员，如不敷用，则召集国民兵。

二十五、现役期限内，罹禁锢之刑及私自逃亡者，其刑期及逃亡日数不得算入现役期限内。续备役期限，须自现役期满之日起算。

二十六、续备、后备及补充各兵役中，因犯罪及无故不应召集者，其不应召集之年，不得算入服役期限内。

二十七、征集时，无正当事由不受身体检查者，科以十元以上四十元以下之罚金。

二十八、征集时，逃亡隐匿，或诈称疾病，或毁伤身体，以冀幸免兵役者，一经查获，处以三月以上一年以下之重禁锢，并附加十元以上四十元以下之罚金。

二十九、本令自公布之日施行。

〔北洋政府陆军部档案〕

六、测量

1. 临时大总统公布陆军测量官官制等令

（1912年11月25日）

临时大总统令

参议院议决陆军测量官官制、陆军测量官官俸法、陆军测量官服制图说，本大总统依约法第三十条公布之。此令。

中华民国元年十一月二十五日

国务总理　赵秉钧

陆军总长　段祺瑞

陆军测量官官制

第一条　陆军测量官如左：

测量总监

测量监

一等测量正

二等测量正

三等测量正

一等测量长

二等测量长

三等测量长

测量士

第二条　陆军测量官隶于参谋总长，掌管陆地测量事宜。

第三条　本制自公布日施行。

陆军测量官官俸法

第一条　陆军测量官官俸比照陆军军官如左表：

测量官	测量总监	测量监	一等测量正	二等测量正	三等测量正	一等测量长	二等测量长	三等测量长	测量士
军官	中将	少将	上校	中校	少校	上尉	中尉	少尉	准尉官

第二条　本法自公布日施行。

陆军测量官服制图说

测量总监与测量监之领章〔略〕

测量正、测量长、测量士之领章〔略〕

学生徽章〔略〕

陆军测量人员，其领章为淡灰色，其衣帽、肩章等，由测量总监至三等测量长统照陆军部定制办理。

测量总监、测量监领皆金色，一等测量正以下至三等测量长皆用淡灰色。

学生徽章缀于领章之上，服装同，惟不挂刺刀。其徽章系二等边三角形相贯，三角形之一边为一生的密达。

〔政府公报，1912年11月26日，第209号〕

2. 临时大总统公布各省陆军测量局编制大纲令

（1912年12月12日）

临时大总统令

兹制定各省陆军测量局编制大纲公布之。此令。

中华民国元年十二月十二日

国务总理　赵秉钧

陆军总长　段祺瑞

教令　第十四号

各省陆军测量局编制大纲

第一条　各省陆军测量局隶属参谋本部第六局，兼隶于本省都督，商承本省总参谋，施行该省陆地测量、印制兵要地图，并掌关于丈量地面一切事宜。

第二条　各省陆军测量局应设三角、地形、制图三课，各课分设数班，庶务、储藏、会计，另设专员管理。

第三条　三角课实行三角测量及水准测量，以定地形测图之基础；地形课实施地形测量，绘成原图；制图课实施绘图、制版、印刷诸事业。

第四条　各省测量局内附属测量学校，为养成测量人员之所。该校章程，由参谋本部另定颁行。

第五条　各省测量局应设职员如左：

局长一员　一等测量正或二等测量正

副官一员　一等测量长或二等测量长

医官一员

书记二员　相当文官

会计一员　二等军需或三等军需

庶务一员　测量士或相当文职

储藏一员　三等测量长或测量士

课长三员　二等测量正或三等测量正

班长若干员　一等测量长或二等测量长

审查员若干员　三等测量长或测量士

班员若干员　测量士

校长一员　二等测量正或三等测量正

监学一员　一等测量长或二等测量长

主任教员三员

教员若干员

助教若干员

司事若干员　测量士或相当人员

司书若干员　相当文职

第六条　测量局编制统系，另列表于后。

第七条　测量局各职员官阶，系按陆军测量官官制规定，教员应按本人原职酌定。

第八条　局长承参谋本部及本省都督命，有督饬局员整理局务及养成测量人员之责。

第九条　副官承局长命，督饬书记、会计、庶务、储藏等员，掌管局内一切庶务经理、机密文件。

第十条　医官承局长命，整理局内卫生事宜，医治员生疾病，兼教卫生学课。

第十一条　书记承副官命，经理往来文牍，并掌收发文件一切事宜。

第十二条　会计承副官命，经理局内出入款项。

第十三条　庶务承副官命，掌购买物品并管理杂务一切事项。

第十四条　储藏承副官命，掌理器械、器具、材料、图籍等项。

第十五条　课长承局长命，督饬本课人员整理本课事业。

第十六条　班长承课长命，督率班员整理本班事业。

第十七条　审查员承班长命，督率所属整理业务。

第十八条　班员承长官命，执行本班业务。

第十九条　校长承局长命，主持教育、整理校内一切事务。

第二十条　监学承校长命，有稽核功课、维持学生风纪之责。

第二十一条　主任教员承校长命，有主持各本科学术教育之责。

第二十二条　教员承校长命，并商主任教员，担任教授一切学术。

第二十三条　助教承主任教员命，分任应授学术。

第二十四条　司事承长官命，办理应服事务。

第二十五条　司书承长官命，掌司缮写、誊录等事。

第二十六条　各省测量局局长以下各员，由本省局长遴选相当人员，呈请参谋本部加给委任。

第二十七条　各省测量局由局长商承该省总参谋，按照参谋本部规定测量进行计划，编定每年应需经费数目，呈候参谋本部核准，遵奉施行。

第二十八条　每年经费由局长编制预算清册，呈请本省都督筹拨的款，并咨明参谋本部，以便稽核统计。

第二十九条　各省测量局经费预算主任规定如左：

一、局中事务用费及薪俸等项，由副官主任预算；

二、各课内外业用费，由各课长主任预算；

三、测量学校经费，由校长主任预算。

此项预算清册，应于上年八月内送至参谋本部核办。

第三十条　各省测量局遇有请示本省都督之件，由局长商承本省总参谋呈请；其请示参谋本部之件，一律由第六局转呈。

第三十一条　各省测量局办事成绩，每年报告参谋本部及本省都督一次。其报告参谋本部一份，限翌年三月内送到。

但此项年报详细表册，由参谋本部另定颁行。

第三十二条　各省测量局服务细则，由局长按照参谋本部颁行各省测量局编制大纲拟订，呈送参谋本部候核办理。

第三十三条　本编制大纲如有未尽事宜，得由各省局长叙出情由，呈请参谋本部核议酌改，呈明大总统批准施行。

附则

第三十四条　本编制大纲自公布日施行。

〔政府公报，1912年12月13日，第226号〕

3．大总统公布陆军测量标条例令

（1914年1月16日）

大总统令

兹制定陆军测量标条例公布之。此令。

中华民国三年一月十六日

国务总理　熊希龄

陆军总长　周自齐

教令　第五十六号

陆军测量标条例

第一条　陆军测量标分为三角点标石、水准点标石、觇标、标柱、测旗、暂用标柱六种。

第二条　陆军测量局于官地民地建设测量标时，须先期通知该管官署或其所有人。除有违反第五条规定情形者外，该管官署或其所有人不得拒绝。

第三条　陆军测量局收用民地建设测量标时，无论暂用常用，须按照应占地址大小，给所有人以相当之赔偿金。但建设测旗及暂用标柱者，不在此限。

前项赔偿金价格，依附表所定。〔附表略〕

第四条　测量主任官施行测量须入官有及民有宅地或垣墙内时，须通知该管官署或其现住居人。但无人居住之宅地，不在此限。

测量主任官须携带测量凭照。

第五条　建设测量标，须选空旷处所。其公共建筑物、家宅、坟墓及祠宇等，须设法绕避。

第六条　施行测量有毁损墙垣或植物之必要时，所有人不得拒绝。但须给与相当之赔偿金。

第七条　标石为诸测量之基础，官民皆得使用之。

第八条　人民如必须在测量标近旁建设房屋致妨害测量标之效用时，须详述事由，并绘具图说，呈请陆军测量局查核。如核准迁移测量标或改建过高觇标时，所有必要费用，由呈请人担负之。

第九条　人民有左列之情事者，依左列处断：

一　移动或毁坏标石者，处一月以上六月以下之徒刑，或二十元以上百元以下之罚金；

二　移动或毁坏觇标及标柱者，处五元以上五十元以下之罚金；

三　移动或毁坏测旗及暂用标柱者，处一元以上二十元以下之罚金；

四　因过失毁坏测量标，或于测量标近旁堆积尘土、抛弃砂石、黏贴纸张及系养牲畜者，处一角以上一元以下之罚金。

第十条　收用地址及给与赔偿金，如与所有人不能议定时，由市乡长评定之，不服市乡长之评定者，于受其评定之通知后一月内，得起诉于地方官长。

第十一条　本条例施行细则，由陆军总长定之。

第十二条　本条例自公布日施行。

〔政府公报，1914年1月17日，第609号〕

七、军械

1．陆军部为拟定各省购运军械简章令

（1912年12月？日）

陆军部部令

一、四
令陆军第二、五师师长
三、六

案查本年四月国务院有电：现在南北统一，所有各省购运军械，应由中央政府给价收回，以归划一。各省定购军械，凡已运送到关或尚未运到者，希分别数目若干，给过价银尚欠价银各若干，迅即电达陆军部、税务处，以凭核办。等因。现在各关所扣军火，已经陆续查明，分别收回饬放。又五月四日本部通电：查各省向来购买军火，须由中央政府核准，近数月间，各省每有自由购买之事，致前后办法不能一律，亟应声明旧例，所有各处订购军火，必须由中央陆军部允准，发给凭照，不许私购私运，致生危险云云。嗣因中央给照往返需时，复行变通办理，凡各省购械，必先报明本部，俟核复准购，即由各都督就近自发护照，并由本部知照验放，以便运行各在案。现在历时既久，各省各军队照办者固多，而预付价款订定合同后始行报部请饬验放者，亦复不少，虽有时核明价值过昂，器械不利，而既经订定，已属无可磋商，此中损失，宁复浅鲜。查军械一项，虽不可不力求补充，亦不可不急谋划一，中国现用军械，凌杂纷歧已达极点，若嗣后未经核定，仍复自由购买，不惟良窳杂收，亏损甚巨，即兵器统一之目的，将永无达到之日。设遇战事，一切接济补充，困难何堪设想。兹特由本部酌定简章二条，除分咨外，合亟令行，令到日，仰该师长即便转饬一律遵照办理，勿违。此令。计简章二条。

中华民国元年十二月　　日

计开：

一、各省购办枪炮、子弹、器具、材料，须呈由都督将草合同先行送部，俟核定见复准予订购后，再行订定合同，交付价款，一面由本部知照税务处饬关验放，一面即由各都督自发护照，以便运行。其未经核准先行订购者，概不饬放。

一、凡由本部直辖各军队，如须补充枪炮、子弹、器具、材料，须先将种类、数目报明本部，听候分别拨发、购补，或指令各该军自行订购。惟订购之先，必将草合同先行呈部，俟核准批复后，始准实行订定，此外一概不准擅自购买。

〔政府公报，1912年12月21日，第234号〕

2．北洋政府税务处改定枪弹进口新章

（？年）

税务处改定枪弹进口新章

第一款　营用枪弹

凡中国军营以及官局购运枪枝、子弹，须由各该管将军、督抚先将订购名色、件数，由某处入口，运抵某处，电知陆军部，由陆军部核准后，一面电复该将军、督抚发给护照，一面知照本处，分别劄知各该关监督，及转饬总税务司劄知各该关税务司，验明护照及所运件数相符，方准起岸，仍将进口日期申复本处，转知陆军部查核。

第二款　样枪样弹

洋商〔商〕欲运营中作样枪枝、子弹，须由各该领事向监督请领准运护照，自货到口，凭照报关后，方能起货。每次所报每项样枪、样弹，共二千颗为额。该商〔商〕须向关呈具报结，言明不将样枪、样弹另卖他人。海关如欲查看枪弹，须可随时呈验监督。如有涉疑之处，即可函告领事，不允发照

第三款　防身枪弹

（甲）凡体面洋人附船或附车来华，行李内只准携带防身枪

一枝，手枪一枝，枪弹共五百颗，于进口时，应报关查验放行；倘漏报查出，即行扣留入官。

（乙）向在中国居住之体面洋人，欲置防身枪枝、子弹，须于进口之前，先请本国领事照会监督；请发准运护照，俟货到口，凭照报关后，方准起货，每人每年只准报运一次，即防身枪一枝，手枪一枝，枪弹共五百颗。海关监督如有涉疑之处，即可函告领事，不允发照。

（丙）倘洋人领有执照前赴内地或蒙古、西藏、新疆等处游历查考，其所携防身枪械，如逾限额，亦准报明携带，以备需用。惟所携之数，不得逾两倍之多。

（丁）凡外洋官商〔商〕所运防身枪枝，系专指手枪西名皮士特儿并短式怀身旋转手枪而言，其余他项营用枪枝、子弹，必须系为作样，领有护照，方准报运。其代中国军营、官局购置者，须有确实凭照经关道认可者，方准进口。洋人运来自用者，不得以营用枪枝、子弹影射。

第四款　猎枪猎弹

（甲）凡体面洋人附船或附车来华，行李内只准携带猎枪三枝，猎弹共不得逾三千颗，于进口时应报关查验完税放行。如系旧枪，带有新弹，可准免税。倘漏报查出，即行扣留入官。

（乙）向在中国居住之体面洋人，欲置猎枪、猎弹，须于进口之前，先请本国领事照会监督，请发准运护照，俟货到口，凭照报关后，方准起货，每人每年只准报运一次，即猎枪三枝，猎弹共不得逾三千颗。海关监督如有涉疑之处，即可函告领事，不允发照。

（丙）体面洋行只准购运散子猎枪、猎弹，仍须一律由领事向监督请领护照，入口时，亦须向关呈具保结，注明不将枪、弹辗转卖于匪人。每次报运枪枝，如有购主预定者，只以六枝为限。且于报关时，须注明单上系代某人居住某处者购运，方准进口。

倘未有购主，不过预存，以便随时发卖者，每行只准备卖猎枪四枝，发卖时仍须将枪枝、子弹数目及买主姓名、住址、发货日期，均须详细注明底簿，以便海关随时查验。每次所运各项猎弹，共不得逾一万颗。

（丁）凡外洋官商〔商〕所运打猎枪弹，系专指散子猎枪、猎弹而言，不得以营用枪弹影射进口。

第五款 枪弹注册

各口每次运进枪枝、子弹，应由监督及税务司将报运人姓名、国籍及进口日期、枪弹件数，详细登册，并所收税项若干，逐一注明。其有中国军营或官局购运者，亦应将某营某局所购之货，及由某省将军、督抚发给护照次数、件数，登明册内，年底呈送本处查核。（各口税务司所造之册，仍由总税务司转申。）

第六款 营枪禁例

凡营用枪枝、子弹，非为军营、官局定购者，仍须照约一概不准入口。

第七款 枪弹征税

凡准运进口，如第二第三第四条之枪枝、子弹，均按值百抽五征税。

第八款 枪弹转运

凡外洋官商〔商〕购运防身打猎枪枝、子弹，其货如须在沪转船寄至购主所住之口岸者，须由驻沪领事照会海关，声明购主姓名，并所运件数，方准转船。俟货转运到口，仍由购主请该口领事向关、道请发进口护照、货照，呈关查验完税放行。

第九款 预防流弊

以上所列各款，系以本处前定章程为根本，酌将驻京各使所指为不便者，从宽改定，应自光绪三十四年六月初三日第一百九十二结起，作为此次改定各款实行日期。其未实行以前，所有军火进口，仍概照前定章程办理。惟此次改定各款，倘将来实行后，或有流弊，自应随时酌改，以期妥善。

〔北洋政府陆军部档案〕

3．陆军总长段祺瑞公布陆军兵工厂编制条例令

（1917年4月2日）

陆军部令

兹制定陆军兵工厂编制条例公布之。此令。

中华民国六年四月二日

陆军总长　段祺瑞

陆军兵工厂编制条例

第一条　凡制造陆军用军械之厂，谓之兵工厂；其归兵工厂总办兼辖之厂，谓之兵工分厂。

第二条　陆军部现设之兵工厂如左：

汉阳兵工厂；

上海兵工厂；

德县兵工厂；

巩县兵工厂。

此外，各兵工厂编制，得参照本条例办理。

第三条　兵工厂职员，按照附表设立。

第四条　兵工厂总办，隶属陆军总长，总理全厂一切事宜。

第五条　兵工厂会办，襄助总办办理一切事宜。

第六条　总务处不设处长，所有员司承总会办之命，分掌各项事宜。

第七条　庶务员掌握庶务，并关于治安、警戒、卫生一切事宜。

第八条　书记员掌理文卷、拟办稿件、监用关防一切事宜。

第九条　会计员掌理全厂出入款项核算簿记、造报清册、办

理预算计算及管理公产、检查款项一切事宜。

第十条　统计员掌理全厂各项统计暨调查报告一切事宜。

第十一条　采办员掌采办厂用材料暨调查价值、拟议合同一切事宜。

第十二条　军械库库员掌理全厂造成军械军火点验、收发、保储一切事宜。

第十三条　稽查员掌理门禁、维持全厂风纪，并担任消防一切事宜。

第十四条　翻译员掌传译语言、翻译书籍、文件一切事宜。

第十五条　军医员掌理全厂卫生、治疗一切事宜。

第十六条　工务处处长承总办之命，管理全厂工作进行改良一切事宜。

第十七条　工务处处员承工务处长之命，掌考工核料及检查工作一切事宜。

第十八条　各厂主任承工务处长之命，管理各该厂实施制造、分配、工作研究进行一切事宜。

第十九条　各厂管理员承工务处长之命，管理各该厂工作，并收发料械、维持各厂内风纪一切事宜。

第二十条　审检处处长承总办之命，管理应行审检一切事宜。

第二十一条　审检处处员承审检处长之命，掌审查发明新案及未成之械件，并检验已成之械件暨研究改良一切事宜。

第二十二条　材料处处长承总办之命，管理全厂应用材料一切事宜。

第二十三条　材料处处员承材料处长之命，掌检查各项材料，并经理收发、核销、计算一切事宜。

第二十四条　材料库库员承材料处长之命，掌点验、收发各项材料并保储一切事宜。

第二十五条　绘图员各承该管上官之命，掌管一切图绘事宜。

第二十六条　司事各承该管上官之命，掌管一切应行事宜。

第二十七条　司书各承该管上官之命，掌管一切缮写事宜。

第二十八条　兵工分厂设分厂长一员，归本厂总办节制，管理分厂一切事宜。

第二十九条　兵工分厂各办事员，除受分厂厂长监督外，其应归本厂各处统系者，即由本厂派驻分厂办事，分厂不得再设各处。

第三十条　关于全厂治安、警戒，由各该厂所在地就近拨派军队担任，但遇特别时，得由总办呈请陆军部加派军队，以资保卫。

第三十一条　厂内工匠分配及各部分办事细则，由总办体察本厂情形，分别妥为规定，呈部核准施行。

第三十二条　本条例自公布日施行。

附则　本条例如有未尽事宜，应由陆军部随时酌量修改，呈请大总统鉴核施行。

附职员表〔略〕

〔北洋政府陆军部档案〕

4. 陆军技术审检院官制草案

（？年）

陆军技术审检院官制草案

第一条　陆军技术审检院研究调查炮工具技术、枪炮材具并火药等事，对于陆军总长或陈具意见，或备咨询。

第二条　本院有指示查核各兵工厂审检处审检各事宜之责。

第三条　陆军技术审检院应设职员如左：

院长

议员

副官

审检员

绘图员、司书、工师、工士

第四条　院长直隶于陆军总长，管理院中一切事宜。

第五条　院长受陆军总长谘询时，须集议员开会讨论，但陆军总长认为无须开会试〔议〕时，可无庸开会。

第六条　院长在前条之外遇有重要事项必须会议时，即召集议员开会讨论。

第七条　院长为会议之议长，整理议场一切事宜。

院长应规定议事规则，呈由陆军总长核准施行。

第八条　议员以有职务人员兼充。

议事上之关系有命为临时议员者，会议毕即行解职。议长因故不得出席时，以议员中高级任久者代理者。

第九条　会议须集于所议事项有关系之议员开之，议员中之上级官无论何种会议均得参入。

第十条　陆军部军务司司长、科长，就其有关系事项，可随时参入会议，申述意见。

第十一条　副官禀承院长整理庶务并招待一切事宜。

第十二条　审检员承院长之命，担任研究调查审检一切事宜。

审检员于会议时就所担任之事项详为说明，且须整理关于会议一切事宜。

绘图员、司书、工师、工士，承上官之命，分掌各事。

第十三条　陆军技术审检院有认为必须试验之事项，可由院长呈请陆军总长，命令各军队或陆军各学校、各兵工厂举行，或令供用必要之人马材料。

第十四条　本院议员除陆军将校外，可使有职务之海军将校同军佐、技师兼充本院议员或审检员。

〔北洋政府陆军部档案〕

八、礼节

1.临时大总统公布陆军礼服制及陆军服制令

（1912年10月23日）

临时大总统令

参议院议决陆军礼服制，本大总统按照约法第三十条公布之。此令。

中华民国元年十月二十三日

大总统盖印　　　　赵秉钧、段祺瑞署名

临时大总统令

参议院议决陆军服制，本大总统按照约法第三十条公布之。此令。

中华民国元年十月二十三日

大总统盖印　　　　赵秉钧、段祺瑞署名

〔政府公报，1912年10月24日，第176号〕

2.陆军官佐礼服制

（1912年10月24日）①

陆军官佐礼服制

礼帽。用蓝呢制，帽墙周围沿金线一道，由前向后，由左向右，各缀金线一道，在帽顶交成十字线之直径，均五米厘。上等官佐于帽墙之金线下，缀平金辫三道，中等缀金辫两道，中缀银辫一道，初等缀银辫二道，中缀金辫一道，辫均宽一生的，各辫

①系刊登《政府公报》时间。

相距五米里〔厘〕。帽绊亦用宽二生的平金辫制。帽章用五色五角星一座，缘以金制菊花，绕成圆形，合直径约五生的。其上加置毛制（或丝制）缨柱，高约十五生的，用白色。

陆军礼服。蓝色，冬用大呢，夏用宁绸（冬时亦可用）制。衣对襟，七扣，镀金色，平圆式，径二生的，不用扣绊，明系襟上。不制口袋，衣长较常服约长七至八生的。

领章。上等金地金花，中等金地银花，初等银地金花（均全领一色）。

肩章。上等官佐用金盘金缕，中初等盘底各用本兵科颜色。中等绕以金线二道，银线一道，穗用金线三分二，银线三分一；初等盘边绕以银线二道，金线一道，穗用银线三分二，用金线三分一。各等均于盘上缀五角星，分级，即第一级三颗，第二级二颗，第三级一颗。准尉官肩章与初等官同，惟不缀星。肩章全长约十五生的，穗长八生的。

袖章。由袖底向外沿袖周三分之二缀宽八生的五花辫一道，上等用金地金花，中等用金地银花，初等用银地金花，均与袖口齐。上等官佐于距花辫五米厘处，缀宽一生的平金线三道，中等二道，各辫相距三米厘，初等缀一道。

袴章。上等缀红辫三道，中一道宽三米里，其余二道宽三生的，每道距三米里；中等缀宽三生的红辫二道，相距三米里；初等缀宽三生的红辫一道。

礼带。宽五生的四，用皮制。上等官佐外边用全金织成；中等两旁用金，中间用银，各宽三分之一；初等中间用金，两旁用银，亦各宽三分之一。

带牌。长方形，宽四生的七，长同带宽，中间镌菊花一朵，均镀金色。

应用常礼服时，帽前不用缨柱，以示区别。其余均同。

凡服礼装时，一律短靴。

本案祗规定服帽制式，其附从各件及服用规则，以部令定之。

（陆军礼服图，俟后补登。）

陆军服制

主要五科步、马、炮、工、辎，系按国旗颜色顺序分属；军需以下各科，则参酌拟定。

帽章。用铜制，直径二生的五，分五瓣，用国旗之红黄蓝白黑五色，中心及各瓣之中线均凸起，缀时红瓣向上。

军帽。用茶青色，与衣料同，周围缘红丝细瓣一道。军官帽墙中央缀宽一生的五之平金瓣一道，军士以下则不缀金辫。

领章。长方形，外端凸出，作尖锥形，长约七生的五（凸度在内）。上等军官用金制，中、初等军官均以颜色分科，并缀团号（独立营则缀营号）。兵士则于左方缀团号及营号（营号用罗马字），右方缀兵士号数（每营兵士应按连之顺序编列号数）；独立营则于左旁缀营号（仍用罗马字），右方缀兵士号数（用中码）。

肩章。长方形，长十生的，宽三生的。上等官用金制，中等官两旁用金，中间用银（其宽度各为三分之一，下同），初等官两旁用银，中间用金，以五瓣铜星分级。准尉官肩章，与初等军官同，惟不缀星。军士及兵之肩章大小，与军官同。军士用红色底，四围沿宽约三米利之青边中缀宽三米利之金辫一道，兵丁则不缀金辫，均以五瓣星分级（如上士缀三颗，二等兵缀一颗）。官佐、士兵肩章，均用直缀。

军官常服。用茶青色，对襟七扣，扣平，圆式，径二生的，上下各做明口袋二个。冬服于离袖口十二生的外缀红辫线一道，外则裤缝缀红辫线一道，夏季衣裤不缀红辫。

官佐冬季外套。用茶青色，大襟，明扣二行，各用扣六颗，不用扣绊，明系襟上中，径二生的五。其分别等级，仍用肩章。官佐外套正面左右制二斜口袋，左胁下留十八生的长口一道，以便系刀（士兵从略），后缝下端开义，缀三暗扣，扣用黑骨制。外套帽用同色料系于衣领之后。官佐及准尉官佐外套里前镶边，均灰色。绒制外套，于离袖口十五生的处，横缀红线一道，领里用料色，与外套同。士兵外套式样，与官长同，惟左胁下不用挂刀长口，扣用骨制，后面下部及浪文吊襟袖上，不用红线，且于两胁后方各缀一铜钩，以便支持刀带，不挂里（但在寒地不在此限）。

陆军预备学校学生军帽、服章，与兵卒同，惟肩章上不缀星，不用领章，于衣领左右各缀本学校徽章一个。预备学校毕业后，入队充各兵科军官候补生，由上等兵阶级进至中士阶级，入军官学校毕业后，入各队充见习军官，进上士阶级，其兵科及肩章，俱照所属部队阶级服用。领章左缀团营号数，右缀与肩章同式之五色星，外套亦按照阶级，用士兵定制，学习官佩用官长军刀。

预备学校学生徽章，用铜制镀金六角星，径二生的二，于正中篆学字。军官学校及军官候补生、见习军官等，均用与帽章同式之五色星，径二生的二。

军佐各学堂，应比较正科学堂办理，惟领章仍各用本科颜色。

本案祇规定服制、帽式，其附从各件及服用规则，以部令定之。

（陆军服图俟后补登）〔略〕

〔政府公报，1912年10月24日，第176号〕

九、调查统计

1.临时大总统公布陆军军费岁出预算次序令令

（1912年12月17日）

临时大总统令

兹制定陆军军费岁出预算次序令公布之。此令。

大总统印

中华民国元年十二月十七日

国务总理　赵秉钧

陆军总长　段祺瑞

教令　第十九号

陆军军费岁出预算次序令

第一章　军费岁出预算程式

第一条　陆军部军需司将某年度陆军军费岁出，其款项以下应当增减者，及预算各种书类表册式样或其应当改善者，详细分别审查，汇订某年度军费岁出预算程式，以前年度四月末为限，呈请陆军部长核定。

第二条　陆军部长查核某年度军费岁出预算程式画阅认可后，仍发交军需司，以前年度五月末为限，由军需司将该预算程式请登《政府公报》，并印刷成帙，通行全国管理军费岁出预算各机关。附表。

第二章　岁出概算书

第三条　各管理军费岁出预算机关，按照该年度预算程式中各款项以下增减方针及岁出概算书类表册式样，编造岁出概算书及各目明细说明书，以前年度九月末为限，送呈陆军部军需司查核。

但在陆军部内之各管理预算机关，以前年度八月末为限，送付军需司查核。

第四条　军需司将各项之岁出概算书汇编陆军全体岁出概算书及岁出概算计算表，以前年度十月末为限，咨送财政部，由财政部送交国务会议决定。

第五条　国务会议如对于前项计算表有甚形核减之处，由陆军部将其款目核减额数及大概情形通告各该机关。

第三章　预定军费请求书

第六条　陆军部军需司奉国务院岁出概算额决定之后，编造预定军费请求书及预定军费请求各目明细说明书，以十二月末为限，咨送财政部，由财政部提交国会通过。

第四章　预算定额分配

第七条　陆军部军需司于所定军费请求额经国会议决公布之后，按各预定军费请求额编造各支发预算计算书，送付各支发命令官及陆军会计审查处，并将一份咨送财政部。

第五章　附则

第八条　凡未经改设行省之军费岁出预算，以路途遥远未能尽将岁出概算先付院议，应免岁出出概算，迳编预定军费请求书及预定军费请求各目明细说明书，于十二月末以前一律咨送财政部，提交国会通过。

第九条　临时特别需款，准照追加预算办理。

第十条　本次序令俟各制度法令议决施行后，得由陆军部呈请改正之。

第十一条　本次序令自公布之日起施行之。

〔政府公报，1912年12月18日，第231号〕

2.陆军统计调查委员会条例

（？　年）

陆军统计调查委员会条例

第一条　陆军部为办理陆军统计调查确速起见，设立统计调查委员会于部内。

第二条　本会置委员长一人，以次长兼任，副委员长一人，以总务厅厅长兼任，承总长之命，管理本会一切事宜。

第三条　本会专任调查委员无定额，随时由部长指派，承委员长及副委员长之命，分赴京内外军事机关实行调查。

第四条　本会置事务主任一人，以统计科长兼任。事务员及雇员无定额，以总务厅各科职员兼任，承委员长之命，分管收发、文牍、会计、庶务及编纂表册一切事宜。

第五条　专任调查委员之调查区域，由委员长及副委员长拟定后，呈请总长以部令派遣之，并同时分行各军事机关查照接洽。

第六条　专任调查委员调查服务其间，除路途往返之日数不计外，无论远近省区，均不得逾一个月。但有延长必要时，须经委员长及副委员长呈奉总长核准。

第七条　专任调查委员调查事竣后，应照新订陆军统计调查表式，分别调查材料，迅速编注报告。如在调查期内有特别报告必要者，仍应随时报告。

第八条　专任调查委员所调查之报告材料，应由事务主任汇齐编制陆军统计报告书，以备存查，并分别性质送付各主管司、处查照。

第九条　如因事实上之必要，须特派高级军官或其他相当人员时，由本会随时呈请总长遴派。其关于调查事务，仍须依照本条例办理。

第十条　关于统计调查事项有协议之必要时，得由委员长及副委员长召集会议。

第十一条　本会经费应归特别支出，另由财政部指定专款备用，所有支出，由本会分期呈请核销。

第十二条　本条例自奉准之日施行。

〔北洋政府陆军部档案〕

3.陆军总长段祺瑞为修正陆军统计条例请予公布呈

(1916年9月27日)

陆军总长段祺瑞呈大总统，为修正陆军统计条例，恳予公布文

为修正陆军统计条例恳予公布事：窃职部前因办理陆军统计，于本年三月十六日拟具陆军统计条例，呈奉批准，并于三月二十六日刊登《政府公报》在案。惟查该条例文字之间，于现在官制及公文程式，或有出入之处，兹谨遵照今制，详加修订，庶期有利进行而合实际。所有修正陆军统计条例恳予公布缘由，是否有当，理合缮单呈请钧鉴训示施行。谨呈。五年九月二十七日。已奉指令。

修正陆军统计条例

第一章　编制

第一条　陆军统计事项，由陆军部依照本条例办理。

第二条　办理陆军统计，应设调查员，由左列各机关人员组织之：

一、各省督军署及特别行政区域都统署；

二、不属于陆军部及各省督军、都统各军事机关；

三、陆军部直辖各机关；

四、前三项各机关之直辖及附属机关。

第三条　各机关调查员之资格如左：

按参谋服务条规，以参谋长充任之；

无参谋长者，以副官长或副官充任之；

无副官长及副官者，由长官指定相当人员充任之。

第四条　各调查员就所管事项应负完全责任。

第二章　调查

第五条　陆军统计调查之范围如左：

一、关于军政各事项；

二、关于军令各事项；

三、他项机关与军政、军令有关系各事项。

第六条　陆军统计各表式之体裁，均由陆军部随时规定，咨呈国务院查核后，颁布施行。

第七条　陆军统计之调查区域，应依照行政编制之区域。

第八条　陆军部关于统计调查事项有会议之必要时，应召集各机关调查员定期开会。会议规则另定之。

第三章　期限

第九条　调查期限，以每年一月一日至十二月三十一日为一年度。

第十条　每年度由陆军部依调查之结果，编制陆军统计报告书，分为寻常、密要、秘密三项。其寻常一项，应咨送国务院统计局汇编。其密要、秘密二项，应由陆军部秘密保存，并分送与该项有关系之军事机关。

第四章　附则

第十一条　本条例施行细则，得由陆军部随时规定。

第十二条　本条例自公布日施行。

〔政府公报，1916年10月1日，第267号〕

十、卫生、机构

1.临时大总统公布陆军卫生材料本厂条例令

（1912年12月30日）

临时大总统令

兹制定陆军卫生材料本厂条例公布之。此令。

中华民国元年十二月三十日

国务总理　赵秉钧

陆军总长　段祺瑞

教令　第二十二号

陆军卫生材料本厂条例

第一条　陆军卫生材料本厂设于北京，隶属陆军部，司陆军平时战时人马卫生材料之制造、采备及品质审查。

第二条　陆军卫生材料本厂得设支厂，支厂之位置及定数，以陆军部令定之。

第三条　陆军卫生材料本厂分四课如左：

总务课

制造课

审查课

保管课

第四条　陆军卫生材料本厂置职员如左：

厂长

副官

课长

课员

以上各职员之官阶，依附表〔略〕定之。

第五条　厂长一人，总理厂务，并监督各支厂。

第六条　副官一人，承厂长之命，整理补助事务。

第七条　课长四人，承厂长之命，掌理一课事务。

第八条　课员十二人至十六人，承上官之命，分理各课事务。

第九条　陆军卫生材料支厂各置支厂长一人，承厂长之命，主管该支厂事务。

第十条　各支厂之分课，应参照第三条办理。但依时宜，得不全设。

第十一条　各支厂职员人数，不得越过本厂职员定数三分之二以上。

第十二条　陆军卫生材料本厂及支厂，因技术上之必要，得添置聘员。

第十三条　陆军卫生材料本厂及支厂，为缮写文件、助理庶务，得用雇员及卫生军士。

第十四条　聘员、军士及雇员之定数，以陆军部令定之。

第十五条　本条例自公布日施行。

〔政府公报，1913年1月5日，第239号〕

2.陆军部军事委员章程草案

（?　年）

军事委员会章程

第一条　军事委员会专任审核军制教育、经理兵器各研究会议案及提出关于以上各项议案事宜。

第二条　军事委员会设委员长一员，委员十二员。

第三条　军事委员会委员长，由大总统择其资望学行堪为军人楷模者特任之。

第四条　军事委员会设副委员长及主任委员，由委员长就委员中指任。

第五条　军事委员以左列人员充之：

一、现任总长；

二、曾任特任职之军官。

第六条　军事委员会主任委员分任审核军制教育、经理兵器各项议案事宜。

第七条　军事委员会如有提议事项，得由委员长交各研究会开会讨论。

第八条　军事委员会遇有各研究会议决事项，应由委员长发交各该管主任委员审查后，再行召集全会委员详细审核。审核完毕，送交各主管机关酌量施行。

第九条　军事委员会设干事二员，以少将、上校充之，管理本会庶务、会计事宜。

第十条　军事委员会设书记二员，掌管文牍及其收发、保存，并会议记录等项事宜。

第十一条　军事委员会酌设司书，专司缮写事宜。

第十二条　军事委员会章程自公布日施行。

〔北洋政府陆军部档案〕

3.军事善后委员会条例

（1925年4月）

军事善后委员会条例　中华民国十四年四月十五日善后会议议决，四月二十四日公布。

第一条　中华民国临时政府为收束全国军事及整理全国军政，特设军事善后委员会。

第二条　本委员会以左列各员组织之：

一、参谋总长、陆军总长、海军总长、执政府军务厅长、财政总长；

二、各省区军政长官；

三、各边防督办、各边地办事长官及中央直辖之各总司令；

四、各军最高将领经政府指派者；

五、具有军事学识经验，由临时执政派充者，五人至八人。

本条例第一至第四各款委员不能列席时，得派全权代表一人与会。

第三条　本委员会设委员长一人，副委员长二人，均由临时执政于委员中特派。

第四条　本委员会应行议决事项如左：

一、关于缩减军队事项；

二、关于溢额官兵消纳事项；

三、关于国军配备事项；

四、其他关于军政各重要事项。

第五条　前条各项方案，得由临时执政提出，或由委员长随时指定委员起草限期提出。

第二条第二第三第四各款，委员对于各该省区之军事善后，得分别提出方案。

第六条　本委员会集议方法如左：

一、大会；

二、协议会。

第七条　大会、协议会，均由委员长主席。

委员长有事故时，由委员长委托副委员长一人代理。

第八条　本委员会委员长依大会之议决，得指定委员为审查员，限期报告。

第九条　大会由委员长定期行之，但有委员十人以上之请求时，委员长应即定期开会。

会议时，以全体委员三分二以上之列席开议，列席委员过半数之同意议决。

第十条　关于特定事项，得由委员长会同有关系之各省区委员开协议会，协议结果报告大会时，得不经讨论议决之。

第十一条　本委员会议决事项，随时呈报临时执政核定施行。

第十二条　本委员会讨论事项，遇必要时，得与财政善后委员会开联席会议，或向主管机关商调案卷。

第十三条　关于各省区事项，遇必要时，得由委员长指定委员提出报告，或派员调查。

第十四条　本委员会各项细则，由委员会自定。

第十五条　本委员会设事务处，掌理文书、议事、速记、会计、庶务等事项。

事务处设处长一人，事务员三十人；处长由委员长呈请临时执政派充，事务员由委员长派充。

第十六条　本条例自公布日施行。

〔北洋政府陆军部档案〕

〔二〕海军

（一）海军机构设置与编制

一、海军部（海军署）

1.海军部承认各处交接事件布告

（1912年5月3日）

海军部承认各处交接事件日期广告

本部与旧海军部办理接收，行将就绪，嗣后凡与各处交接事件，在阳历五月一号以后者，均归本部承认。特此布告。

中华民国元年五月初三日

〔政府公报，1912年5月5日，第5号〕

2.刘冠雄报告启用海军部印信日期呈

（1912年5月6日）

海军部总长刘冠雄呈报启用印信日期文

案准国务院交到新铸银质印信一颗，文曰海军部印，当于本年五月初五日启用。除将前清海军部印一颗、南京临时政府颁发海军部印一颗，咨缴国务院销毁，并分别咨移令饬外，理合呈报大总统鉴核备案。

中华民国元年五月初六日

〔政府公报，1912年5月11日，第11号〕

3.大总统关于海军部官制修正草案提交议决咨

(1912年7月10日)

临时大总统为咨行事：据国务院呈称：海军部官制修正草案并职员表，已经国务院会议议决。查约法第四章第三十三条，临时大总统得制定官制，但须提交参议院议决等语。应提交参议院议决。等情前来。相应按照约法规定提交贵院，即烦查照议决咨复。此咨

参议院

中华民国元年七月初十日

海军部官制修正草案理由。原案第一条规定参事、秘书长、秘书、司长、科长、科员、录事等名称及额数，各部官制通则修正草案中，已分别改换名目，并限定其人数，故本草案删。各部官制通则修正草案，未规定特别职员名称及职掌，且海军部情形异于各部，用人以军官为主，不能强军官改为文官官名。故本草案第二条规定职员依附表所定，而于附表中详列各职名，并注明以何种军官补充。原案第四条，于海军部设五司，虽似不为过少，况日本海军已极发达，而其海军省亦仅设五局。吾国正当萌芽之始，似可勿须多设专司。惟日本于海军省之外，有海军军令部，而教育、舰政、水路三项，亦于省外另设有教育本部、舰政本部、水路部，不在省中五局之内。吾国初创海军，暂不必多设独立机关，则教育、舰政、水路三项，皆由海军部专办，自不得不增设专司，故本草案第四条增三司。海军司法关系重大，且现在海军各种法律，均须草拟，不仅执法一事，原案仅于军衡司内设执法科，规模较小，名实亦不符。故本草案第四条增设军法司，而于第六条规定其职掌。沿江沿海台垒要塞，关系重要，应归海军部管理，筹措一切，事繁体大。原案仅于军务司内置设备科，掌理

此等事务，实属不敷。故本草案第四条增设军防司，而于第九条规定其职掌。吾国向未从事测绘海图，开辟航路，凡驶海行船皆依据外国海图。今欲振兴海军航政一端，自是根本首务，其事之繁难，尤甚于军防。原案仅于军务司内设航政司，规模过小，不敷办事之用。故本草案第四条增设航政司，而于第十一条规定其职掌。吾国海军从来于医务卫生素不讲习，今期整顿为事亦繁，且医务尤非专门之士不能办理。原案仅于军务司内设医务科，规模既小，并窒碍难行。故本草案于第四条增设军医司，而于第十二条规定其职掌。原案军务司中设备、航政、医务三科，既另设专司，所余仅典制科事务，似可不必另设一司。而军衡司之执法科事务，亦属于军法司。故本草案第四条，将军衡司与军务司合并为军政司，而于第五条规定其职掌。行政各部各司自应分科办事，但分科一事，应由各部视事之繁简种类而分，且亦时有增减。各部官制通则修正草案第二十五条，以分科权限委任于各部总长，则各司分科规定，应由各部总长自行订定。原案有分科规定，似过于细密，且与通则规定及各部官制不一致。故本草案删除分科规定，而详列各司职掌。海军行政事项，除本部各司职掌外，其性质尚有应设特别局、所者，难以列举，应分别拟定官制。故本草案第十三条，依各部官制修正草案通则规定得设特别局、所，其官制另行规定。

海军部官制审查报告(修正太多，摘录殊欠明白，只得全案另写。)

第一条　海军总长管理海军军政，统辖海军军人军属，监督所辖各官署。

第二条　海军部职员依附表所定。

第三条　海军部总务厅掌事务如左：

一、关于机密及海军文库事项；

二、关于典守印信事项；

三、关于海军旗及沿江沿海之海军官地事项；

四、关于征发物件表报告及统计事项；

五、关于各项公文函件之纂辑、保存及收发事项；

六、关于部内文官任用事项；

七、关于部内风纪事项；

八、关于部内经费事项；

九、关于编辑及印刷事项；

十、与他官署有关系事项；

十一、其他不属于各司事项。

第四条　海军部置左列各司：

军衡司

军务司

军械司

军需司

军学司

第五条　军衡司掌事务如左：

一、关于海军军官、军佐及军用文官之进退、任免、转补事项；

二、关于调查海军各项人员事项；

三、关于考绩表、兵籍、战时名簿及军用文官名簿事项；

四、关于保管军官、军佐、军用文官及战时职员表事项；

五、关于编纂年格、名簿事项；

六、关于恩赉、叙勋、记章、褒章及赏给事项；

七、关于休假事项；

八、关于废兵处置事项；

九、关于军人结婚事项；

十、关于海军军法事项；

十一、关于海军司法官及海军监狱职员之考绩事项；
十二、关于战时捕获审检所事项；
十三、关于海军监狱事项；
十四、关于赦免及在监人之处理事项。

第六条 军务司掌事务如左：

一、关于海军建制及编制事项；
二、关于戒严事项；
三、关于舰队配置事项；
四、关于战时各项规则事项；
五、关于各舰队军纪、风纪事项；
六、关于海军礼节、服制、徽章事项；
七、关于海军航路及属于海军之运船、义勇舰等航路事项；
八、关于测绘江海各线路军港、要港等事项；
九、关于调制颁布航路图志及航路通则等事项；
十、关于领海界线事项；
十一、关于万国航行通语事项；
十二、关于调查沿江沿海灯塔、灯杆、浮桥等事项；
十三、关于航海之保安及颁布航路警告等事项；
十四、关于航行应用时表、测器、图籍之置备、分配等事项；
十五、关于航路人员之考绩事项；
十六、关于海军医院及海军红十字会事项；
十七、关于身体检查事项；
十八、关于诊断伤病之免除兵役各事项；
十九、关于防疫及卫生事项；
二十、关于卫生人员之考绩事项；
二十一、关于卫生报告、统计及卫生船员学术研究事项。

第七条　军械司掌事务如左：

一、关于沿江沿海水雷、鱼雷、要塞炮及各舰队枪炮配置事项；

二、关于海军台垒、厂坞、营库、桥梁、码头、灯塔、灯杆、浮桩等之建筑、修理及管理事项；

三、关于海军之枪炮、水雷、鱼雷、火药、子弹及其他一切军械之制式、支给、交换、检查事项；

四、关于海军所需机器、用具、材料之制式、支给、交换事项；

五、关于海军通信用气球用之器具、材料及其支给、交换事项；

六、关于各项器具、材料之经理及检查事项；

七、关于造船坞之设配及管理事项；

八、关于舰艇之制造、修理事项；

九、关于舰艇之购买、监察等事项；

十、关于海军各军械之制造、修理、购买等事项；

十一、关于海军各项器具、材料之制造、修理、购买等事项；

十二、关于军械人员之考绩事项。

第八条　军需司掌事务如左：

一、关于军服之经理及检查事项；

二、关于军服、粮、炭等给与之规定事项；

三、关于平时战时粮、炭之给与及战用粮、炭之准备事项；

四、关于经费出纳并预算、决算一切事项；

五、关于会计稽核事项；

六、关于军需运用事项；

七、关于各军需处人员之考绩事项；
八、关于规定俸给及其旅费一切事项；
九、关于各种给与及军需规定之审查事项；
十、关于掌管出纳之官吏各事项；
十一、与财政官署有关系事项。

第九条　军学司掌事务如左：

一、关于所辖各学校一切章程之制定及其筹办事项；
二、关于拟定所辖各学校教育纲领及计划，并审查各教科书事项；
三、关于所辖各学校职员奖罚事项；
四、关于所辖各学校学生奖罚及考试事项；
五、关于留学生一切事件，并选派高等专门学员事项；
六、关于练习舰队，并规定练习章程事项；
七、关于制定海军练营、鱼雷营训练管理等规则事项；
八、关于舰队操演事项；
九、关于计划训练改良事项；
十、关于编辑海军专门书籍及教科书事项；
十一、关于军学人员之考绩事项；
十二、关于其他教育训练等一切事项；

第十条　科长及一等司法官员额，以各部官制通则所定签事员额为准。

第十一条　科员及二、三等司法官员额，至多不得愈一百人，

第十二条　海军部职员员额，除本制规定外，以部令定之。

第十三条　本制自公布日施行。

审查报结告果如此，仍候公决。

法制委员会

海军部职员表

总长（上中将）			
次长（中少将）			
参事（少将、上校）四			
总务厅	厅长（少将、上校）	秘书（中少校、上尉）三 副官 视察 四 编纂（上中少校、上尉）十六 科长 四	科员
军衡司	司长（少将、上校）一 副官（上尉）一	科长（上中少将〔校〕一等司法官）	科员（少校、上尉二三等司法官）
军务司	司长（少将、上校）一 副官（上尉）一	科长（上中少校 军医上中少监 航务上中少监 技正）	科员（少校、上尉 一二等军医官 一二等航务官 技士）
军械司	司长（少将、上校）一 副官（上尉）一	科长（上中少校 轮机中少校 造船中少校 技正）	科员（少校、上尉 轮机少校、上尉一二等造船官技士）
军需司	司长（会计主监 会计上监） 副官（一等会计官）	科长（会计上中少监）	科员（三等会计官）
军学司	司长（少将、上校）一 副官（上尉）	科长（上中少校）	科员（少校、上尉）
	技正 四	技士 八	

〔北洋政府国务院档案〕

4.临时大总统为海军部参谋厅条例提交议决咨

（1912年7月20日）

临时大总统为咨行事：据国务院呈称：海军部提议之海军参谋厅条例草案，已经国务会议议决。查约法第四章第三十八条临时大总统得提出法律案于参议院等语，应请提交参议院议决等情前来。相应按照约法提交贵院，即希查照议决咨复。此咨

参议院

计咨送海军参谋厅条例一件

中华民国元年七月二十日

海军部参谋厅条例草案

第一条　海军参谋厅隶于海军总长。

第二条　海军参谋厅置参谋长一人，承海军总长之命，参画国防用兵等事，并总理厅务。

第三条　海军参谋厅置参谋副长一人，辅助参谋长整理厅务。

第四条　海军参谋厅置副官二人，承参谋长之命，掌理庶务。

第五条　海军参谋厅设一、二、三、四班，分掌事项。各班置参谋若干人，各以其中一人为领袖，总掌一班事务。

第六条　第一班掌事务如左：

一、关于出师作战之计划等事项；

二、关于舰船制造之计划等事项；

三、关于舰船之配备及其进退役等事项；

四、关于军舰及军队之差遣等事项。

第七条　第二班掌事务如左：

一、关于舰队及军队之编制等事项；

二、关于舰队之运动法及运输通信等事项；

三、关于演习及检阅等事项；

四、关于教育及训练等事项。

第八条　第三班掌事务如左：

一、关于军港、要港之建设及其防御等事项；

二、关于军事上必要地点之选定及其防御等事项；

三、关于沿江沿海现有炮台、水雷营之废置及改良等事项。

第九条　第四班掌事务如左：

一、关于军事谍报翻译及编纂等事项；

二、关于调查民国以来与列国所订之条约等事项；

三、关于驻外使馆专员之派遣及海军临时视察员之派遣等事项；

四、关于海军之一切调查考察等事项。

第十条　驻外使馆海军专员及海军大学校教官中之将校数人，均作为参谋，归海军参谋厅管辖。

第十一条　舰队及各军港、要港之参谋长、参谋，均归参谋厅管辖。

第十二条　前诸条所列职员之外，得置编修、秘书、录事、技士若干人。

第十三条　海军参谋厅所掌事项，有与海军部各司相关联者，由参谋厅计划定案，呈请海军部交各司办理。

第十四条　本条例自公布之日施行。

〔北洋政府司法部档案〕

5.临时大总统公布海军官佐士兵等级表令

（1912年10月20日）

临时大总统令

参议院议决海军官佐士兵等级表，本大总统按照约法第三十条公布之。此令。

中华民国元年十月二十日

赵秉钧、刘冠雄署名

（表见第1160—1161页）

6.陆军部索取海军编制表与海军部来往函

（1912年10月）

(1)陆军部致海军部函稿(10月23日)

敬启者：本部现有案件，亟需海军编制表，以资考镜，用特函请贵部，希将前表检赐数份，不胜企盼之至。专函奉达，顺颂公安。

陆军部公启

(2)海军部复陆军部函（10月25日）

迳复者：昨承函属，检交海军编制表，以资考镜等因。海军舰队系分别出海、巡江、练船、座船，归左右司令分领，而以总司令总其成。接奉前因，谨将分派各舰名顺次开呈，即准查照是幸。复颂日祉。

海军部启

十月二十五号

计　开：

海圻	海筹	海容	海琛	飞鹰
保民	江元	江亨	江利	江贞

海军官佐士兵等级一览表

上等（将官）			中等（校官）			初等（尉	
上将	中将	少将	上校	中校	少校	上尉	中尉
	轮机中将	轮机少将	轮机上校	轮机中校	轮机少校	轮机上尉	轮机中尉
	将官同等官		校官同等官			尉官同等官	
	军医总监	军医主监	军医大监	军医中监	军医少监	一等军医官	二等军医官
		军需主监	军需大监	军需中监	军需少监	一等军需官	二等军需官
	造械总监	造械主监	造械大监	造械中监	造械少监	一等造械官	二等造械官
	造舰总监	造舰主监	造舰大监	造舰中监	造舰少监	一等造舰官	二等造舰官
			航务大监	航务中监	航务少监	一等航务官	二等航务官

附说

军官仍采用三等九级之制，上等曰将官，中等曰校官，初曰，
轮机官及各军佐不设上等一级，故与将官同等官，祇有二等级
军士长及同等官，与初等三级军官佐等。
军士分为上士、中士、下士三级。
兵卒分为一、二、三等兵及一、二等练兵。
右表第一栏所称军士长以下，如其职分属于枪炮者，称为枪炮军
长、鱼雷军士、鱼雷兵等；属于信号者，称为信号军士长、信副军
电信军士、电信兵等；属于船艺者，称为帆缆军士长、帆缆副军士长、

官 ）	准尉官	军士			兵				
少尉									
军士长	副军士长	上士	中士	下士	一等兵	二等兵	三等兵	一等练兵	二等练兵
军乐长	副军乐长	军乐上士	军乐中士	军乐下士	一等军乐兵	二等军乐兵	三等军乐兵		
轮机少尉									
轮机军士长	副轮机军士长	轮机上士	轮机中士	轮机下士	一等轮机兵	二等轮机兵	三等轮机兵		
修械长	副修械长	修械上士	修械中士	修械下士	一等修械兵	二等修械兵	三等修械兵		
三等军医官									
看护长	副看护长	看护上士	看护中士	看护下士	一等看护兵	二等看护兵	三等看护兵		
三等军需官									
簿记长	副簿记长	簿记上士	簿记下士						
三等造械官									
三等造舰官									
船匠长	副船匠长	船匠上士	船匠中士	船匠下士	一等木工	二等木工	三等木工		
三等航务官									

尉官，每等分上中少三级。
与校官、尉官同等官，仍各分三级。

士长、枪炮副军士长、枪炮军士、枪炮兵等；属于鱼雷者，称为鱼雷军士长、鱼雷副军士帆士长、信号军士、信号兵；属于电信者，称为电信军士长、电信副军士长、缆军士等。轮机军士长以下职分之分类，亦仿此。

〔北洋政府陆军部档案〕

楚泰　　楚豫　　楚有　　楚同　　楚谦

楚观　　联鲸(座船式)　　舞凤(座船式)

以上十八舰，可备出海之用。

飞霆　　辰字雷艇　　宿字雷艇

列字雷艇　　张字雷艇　　湖鹏　　湖隼

湖鹗　　湖鹰　　建安　　建威

以上十一舰，可备巡江之用。

南琛　　镜清　　通济

以上三舰，拟专充练船之用。

甘泉

以上一舰，向备装水之用。

〔北洋政府陆军部档案〕

7.海军部就部内附设编译处并裁定暂行章程令

(1912年11月11日)

海军部部令　第一号元年十一月十一日

现在东西洋海军图书月异日新，急需择译善本，以资借镜。前经令饬本部职员各自认译，惟不有专职，何以蕆成，不有规程，胡资循守？兹就本部附设编译处，并裁定暂行章程十五条，以专职守，仰各遵照。此令。

海军部编译处暂行章程

第一条　编译处掌翻译编订海军应用图书事宜。

第二条　编译处设职员如左：总纂一员(由总、次长聘任)，掌审定应译图书及译成稿本；纂修三员(由总、次长遴选部员中精于国文或英文或日文并富有海军知识者，各指定一员兼任)，掌校订、修辑译成稿本并辅佐总纂掌理前项事务；收掌一员(由总、次长就编纂科编译科各员中遴委兼任)，掌图书及稿件之收发、保存并关于经费出纳事项；此外，缮写事项就本部原有录事择调二员任之。但遇事务繁多时，得便宜增加员数。

第三条　编译处图书之置备、交译、呈核、付印、校对及其他一切庶务，由总务厅编纂科、军学司编译科秉承长官会同掌理，其权限另定之(编纂、编译两科原定职掌，仍旧分别执行)。

第四条　应译之图书，以海军学校教科及教授用图书、海军军人普通应用图书为主，次及战史、军事法规并本部参考用图书。

第五条　应译图书由总纂就东西洋关于海军之图书决择审定，开具目录，呈候总、次长核定后，交总务厅编纂科、军学司编译科分别置备任译。

第六条　本部职员有愿任翻译者，得就应译图书目录认定某种(未经他人认译者)，领取该图书，先译数节，并原本送经总纂审定交译。

第七条　译成之稿并原书交纂修修辑、校订后，由总纂审定呈候总、次长裁核付印，印就交由军学司存储。

第八条　编译图书应由总纂或纂修分别全译、节译，或依据原书大义别为诠次，或会合数种厘为一编等类，标明于书目，并酌立程限，为译述之准。

第九条　应译应编之图书有繁难重要，非一二人所胜者，得由总纂商请总、次长就部员中指定若干人共同编译。凡关创立名义、解释疑难等，得由总纂招集所有任编任译人员，并商请总、次长就部员中指定若干人，开会议决定之。

第十条　总纂月给三百圆，纂修、收掌由总、次长量其所任事务之繁简，按月酌给津贴，每员以十圆至三十圆为率。

第十一条　任编任译各员编成或译成图书一种，由总纂会同纂修审其所编译之繁简难易及文字之高下，判拟等第，请总、次长核定津贴额数给与之。

第十二条　编译处每月暂定经费一千圆，由编译处按月具领。

其存储、出纳等规则另定之。

第十三条　编译处笔、墨、纸张及应用杂得，由本部总务厅庶务科置备给用。

第十四条　编译处图书、稿件等之收发、保存，由收掌立簿登记。其规则另定之。

第十五条　本章程自总、次长裁定日施行。

海军部部令　　第二号元年十一月十一日

本部现设编译处，即以本部阅报室为该处办公之所。此令。

〔政府公报，1912年11月22日，第205号〕

8.海军部处务细则

（1912年11月24日）

海军部部令

海军部处务细则

第一条　参事掌事务如左：

一、关于审订撰拟法律命令案事项；二、关于应总、次长之谘询及各厅、司之商榷事项；三、关于部会议事项。

第二条　总务厅分机要、编纂、统计、庶务四科。

（甲）机要科掌事务如左：

一、关于机要事项；二、关于典守印信事项；三、关于记录部内文官之进退、黜陟事项；四、关于不属各司及本厅各科主管之文书属稿事项；五、关于收发、保存各项公文；函件事项；六、关于纂辑案卷事项。

（乙）编纂科掌事务如左：

一、关于编纂海军部年报事项；二、关于编辑海军公报事项；三、关于搜辑政府年鉴之海军资料事项；四、关于编辑海军法规类纂事项；五、关于调制海军职员录事项；六、关于特别委任之属稿事项。七、关于编译、审订不属各司主管之海军应用图书事项；八、关于海军文库事项。

（丙） 统计科掌事务如左：

一、关于编定海军统计表式事项；二、关于调制海军统计总表事项；三、关于部内统计事项；四、关于征发物件表报告事项；五、关于海军统计之调查参考事项。

（丁） 庶务科掌事务如左：

一、关于保管购置、收发部内官地、官物事项；二、关于部内修缮、建筑事项；三、关于部用杂费之出纳事项；四、关于部内弁役、卫队等给与事项；五、关于部内弁役、卫队等黜陟、赏罚事项；六、关于部内饮食及卫生事项；七、关于部内灯火、电气事项。

第三条 副官掌事务如左：

一、关于传达命令事项；二、关于交际事项；三、关于机密差遣事项；四、关于部内礼节仪式事项；五、关于部内风纪及保安事项；六、关于军事会议事项；七、关于图书室、模型室事项；八、关于聘雇外国人员事项。

第四条 视察掌事务如左：

一、关于国内外一切调查事项；二、关于临时差遣事项。

第五条 军衡司分任官、赏赉、考核、司法四科。

（甲） 任官科掌事务如左：

一、关于海军官佐、军用文官及准尉官升擢、转补事项；二、关于海军见习生补官事项（会同军学司办理）；三、关于海军官佐、军用文官及准尉官降免、退休事项；四、关于编纂海军官佐、军用文官及准尉官之年格、名簿事项；五、关于士兵服役年格及进级事项；六、关于士兵之退免事项；七、关于退免士兵之召集、补充事项（会同军务司办理）；八、关于保管战时、平时人员定额表事项；九、关于海军军人履历书、考勤簿事项；十、关于现役士兵之补充、调换事项；十一、关于以上各项注册、报告、统计事项。

（乙） 赏赉科掌事务如左：

一、关于恩赉、叙勋、记章、褒章及赏给事项；二、关于废兵处置事项；三、关于置备发给各项勋章、记章、奖牌执照事项；四、关于海军各学校职员之奖励事项(会同军学司办理)；五、关于海军军人各项劳绩之奖励事项；六、关于海军军人退休之俸给事项；七、关于海军军人阵亡、伤亡、病故、伤残之恤赏事项；八、关于以上各项注册、报告及统计事项。

（丙） 考核科掌事务如左：

一、关于调查海军军人册籍事项；二、关于考绩表、兵藉、战时名簿及军用文官名簿事项；三、关于保管军官军佐、军用文官、战时职员表事项；四、关于海军军人结婚事项；五、关于海军军人功过事项；六、关于海军军人逃亡事项；七、关于以上各项注册、报告及统计事项。

（丁） 司法科掌事务如左：

一、关于海军军法上一切法令事项；二、关于高等军法会审审判案件事项；三、关于各军法会审申报案件事项；四、关于各军法会审审判违异案件事项；五、关于宣告判决命令及再议再审命令事项；六、关于建设及稽核海军监狱事项；七、关于海军司法官及监狱职员之考绩事项；八、关于海军警察及其服务纪律事项；九、关于囚人统计表册事项；十、关于赦免及在监人之处置事项；十一、关于战时捕获审检所事项；十二、关于以上各项报告及统计事项。

第六条 军务司分典制、军事、测绘、医务四科。

（甲） 典制科掌事务如左：

一、关于海军建制及编制事项；二、关于战时各项规则事项；三、关于海军礼节仪式事项；四、关于海军旗章及服制事项；五、关于拟定奖牌、勋章事项。

（乙） 军事科掌事务如左：

一、关于舰队之配置、调遣事项；二、关于兵卒之征募及补充事项（会同军衡司办理）；三、关于舰队军队之服役事项；四、关于舰队军队并海军各官署人员之制定事项；五、关于要塞地带及军港，要港之选定计划事项；六、关于各军事机关之建设事项；七、关于海军军纪、风纪事项；八、关于戒严及征发事项；九、关于校阅舰队演习事项；十、关于运输及通信事项；十一、关于以上各项报告及统计事项。

（丙） 测绘科掌事务如左：

一、关于海军航路及属于海军之运船、义勇舰等航路事项；二、关于测绘江海各线路军港、要港事项；三、关于调制颁布航路图志及航路通则事项；四、关于领海界线事项；五、关于万国航行通语事项；六、关于调查沿江沿海灯塔、镫杆、浮椿等事项；七、关于航海之保安及颁布航路警告等事项；八、关于航行应用时表、测绘仪器、图籍之置备、分配等事项；九、关于考查万国航海通则事项；十、关于航务人员之考绩事项；十一、关于以上各项报告统及统计事项。

（丁） 医务科掌事务如左：

一、关于海军军医卫生事项；二、关于海军平时战时军医卫生人员补充事项；三、关于海军医院及红十字会事项；四、关于派员参预各国军医会议、考究医务卫生事项；五、关于军医会议应行研究事项；六、关于海军军人身体检查事项；七、关于诊断病伤之免除兵役事项；八、关于军医卫生人员之考绩事项；九、关于海军平时战时防疫及卫生事项；十、关于军医所用材料、器具、药品购备事项；十一、关于以上各项报告及统计事项。

第七条 军械司分兵器、舰政、机器、设备四科。

（甲） 兵器科掌事务如左：

一、关于稽核各种兵器及附属品之制造、改造、修理事项；二、关于审拟各种兵器及附属品之制造计划并制造方法等图书事项；三、关于调制各种兵器详细书表事项；四、关于舰艇、营校、要塞各处兵器及附属品之配备、供给事项；五、关于稽核造兵〔械〕厂及附属各厂所用器械物品之保存并废弃事项；六、关于审订各种兵器及附属品制造、购买及延聘造械人员等契约事项；七、关于调查各种兵器及附属品修造、购买之价目事项，八、关于各种兵器及附属品并一切材料之试验及检查事项；九、关于调查各种兵器之来历及现状等报告事项；十、关于稽核造械厂各职工之养成及招募管理事项；十一、关于考核造械人员之成绩事项；十二、关于稽核造械厂之工事并派员监视造械事项；十三、关于造械厂及附属各厂之建筑、改筑及修理事项；十四、关于稽核制钢事项；十五、关于拟订兵器之各种规则事项；十六、关于以上各项报告统计及预算事项。

（乙） 舰政科掌事务如左：

一、关于稽核各舰艇之制造、改造、修理事项；二、关于审拟各舰艇、气球、气艇、飞行机、潜水艇等制造计划及制造方法等图书事项；三、关于各舰艇、气球、气艇、飞行机、潜水艇等器具、材料之支给、交换事项；四、关于稽核各舰艇之保存及废弃事项；五、关于稽核造船厂坞所用器械物品之保存及废弃事项；六、关于审订购制各舰艇及延聘造舰人员等契约事项；七、关于调查各舰艇修造、购买之价目事项；八、关于各种舰艇并一切材料之经验及检查事项；九、关于调查各舰艇之来历及现状等报告事项；十、关于稽核造舰职工之养成及招募、管理事项；十一、关于考核造舰人员之成绩事项；十二、关于造舰厂坞之建筑、改筑及修理事项；十三、关于废弃舰艇之变卖事项（会同军需司办理）；十四、关于查验舰艇之进水及试洋成绩报告事项；十五、关于拟订造舰之各种规则事项；十六、关于以上各项报告、统计及预算事项。

（丙） 机器科掌事务如左：

一、关于稽核各种机器之制造、改造、修理事项；二、关于审拟各种机器之制造计划并制造方法等图书事项；三、关于各舰艇、厂所应用机器及器具之配备、供给事项；四、关于各舰艇、厂所一切机器图书之保存事项；五、关于各舰艇、厂所一切机器之保存及废弃事项；六、关于审订购制各种机器及延聘机器人员等契约事项；七、关于调查机器修造、购买之价目事项；八、关于各种机器及其材料之试验及检查事项；九、关于调查机器之来历及现状等报告事项；十、关于稽核各厂所机器职工之养成及招募管理事项；十一、关于考核各舰艇、厂所轮机人员之成绩事项；十二、关于派员监修制造机器事项；十三、关于检验各舰艇、机厂所用煤质事项；十四、关于机厂之建筑，改筑及修理事项；十五、关于研究各种机器学术发明、改良并评阅意见书等事项；十六、关于舰艇试洋或大修后试验轮机事项；十七、关于拟订机器之各种规则事项；十八、关于以上各项报告、统计及预算事项。

（丁） 设备科掌事务如左：

一、关于海军要塞、公署、学校、厂坞、营库、码头、桥梁、灯塔、镫杆、浮桩等建筑工程及增改修理各事项；二、关于核订所属各项建筑计划及建筑方法等图书调制事项；三、关于稽核建筑材料事项；四、关于建筑工程之验收并派员监督事项；五、关于审订购置建筑材料并承揽工程及延聘工程司等契约事项；六、关于检查所属物品废弃事项；七、关于核定废弃物品之变卖事项（会同军需司办理）；八、关于以上各项报告、统计及预算事项。

第八条 军需司分司计、经理、储备、稽核四科。

（甲） 司计科掌事务如左：

一、关于预算、决算事项；二、关于经费出纳之计算事项；三、关于本部及所属各机关之收支簿记事项；四、关于军需人员之考绩事项；五、关于掌管出纳之官吏事项；六、关于规定俸给及旅费一切事项（会同军衡司办理）；七、关于以上各项报告及统计事项。

（乙） 经理科掌事务如左：

一、关于经费出纳事项；二、关于军服、粮、炭等之购买及检查事项；三、关于各种给与事项；四、关于军需运用事项；五、关于海军官地事项；六、关于与财政官署有关系事项；七、关于以上各项报告及统计事项。

（丙） 储备科掌事务如左：

一、关于平时战时军服、粮、炭及其他军用材料之准备、保管事项；二、关于兵器、弹药及船械等之贮存、保管事项（会同军械司办理）；三、关于各军港、要港军需栈库事项；四、关于以上各项报告及统计事项。

（丁） 稽核科掌事务如左：

一、关于稽核经费出纳及预算、决算事项；二、关于本部所属各机关收支之核销事项；三、关于军服、粮、炭及军用材料之报销事项；四、关于各种给与及军需规定之审查事项。

第九条 军学司分航海、轮机、士兵、编译四科：

（甲） 航海科掌事务如左：

一、关于审拟海军、航海、枪炮、水鱼雷各项学校之教育纲领并一切规则事项；二、关于以上各校招考学生及选派专科学员事项；三、关于以上各校各项考试及毕业证书事项；四、关于派遣以上各校学生留学外国事项；五、关于审定以上各校教科用书及图表事项；六、关于以上各校职员之选派及延聘事项（会同军衡司办理）；七、关于核议以上各校职员之考绩、奖罚事项（会同军衡司办理）；八、关于综核以上各校学生之履历书及成绩表事项；九、关于筹划以上各校房舍、军械、图书、器具、服装事项（会同军械、军需各司办理）；十、关于以上各校教育改良事项；十一、关于见习生之练习事项；十二、关于以上各项报告统计及预算事项。

（乙）　轮机科掌事务如左：

一、关于审拟海军轮机及各项制造学校之教育纲领并一切规则事项；二、关于以上各校招考学生及选派专科学员事项；三、关于以上各校各项考试及毕业证书事项；四、关于派遣以上各校学生留学外国事项；五、关于审定以上各校教科用书及图表事项；六、关于以上各校职员之选派及延聘事项（会同军衡司办理）；七、关于核议以上各校职员之考绩、奖罚事项（会同军衡司办理）；八、关于综核以上各校学生之履历书及成绩表事项；九、关于筹划以上各校房舍、军械、图书、器具、服装事项（会同军械、军需各司办理）；十、关于以上各校教育改良事项；十一、关于见习生练习事项；十二、关于以上各项报告统计及预算事项。

（丙）　士兵科掌事务如左：

一、关于审拟海军士兵教育纲领事项；二、关于审拟练习舰练营、水鱼雷营、枪炮学校、工厂等士兵训练规则事项；三、关于选派士兵分习专科事项；四、关于士兵练习之成绩事项；五、关于士兵训练改良事项；六、关于以上各项报告统计及预算事项。

（丁）　编译科掌事务如左：

一、关于各种操典事项；二、关于辑译各国海军学校、练习舰、练营各种规则事项；三、关于辑译各国海军教育书事项；四、关于辑译各国海军报章事项；五、关于海军各项学校所用各种图书事项；六、关于辑译中外海军战史、兵略事项；七、关于印刷事项。

第十条　技正掌事务如左：

一、关于检查海军制造、修缮事项；二、关于捡查海军技术新发明事项；三、关于审拟技术上计划案事项；四、关于其他一切技术事项。

第十一条　技士辅助技正掌前条各项事务。

第十二条　本则自公布日施行。

〔政府公报，1912年11月24日，第207号〕

9.海军部办事规则

（1912年12月11日）①

海军部部令

海军部办事规则

第一节　权限及责任

第一条　总长管理海军军政，统辖海军军人军佐，监督所辖各官署并各省制造军舰厂坞及沿海各处炮台。

第二条　次长辅助总长整理部务，监督各职员。关于寻常事件，得专由次长核定施行。

第三条　参事承总长之命，拟订审议法律命令立案事务。

第四条　总务厅各科承长官之命，分理各科事务。总务厅属分列四科，曰机要，曰编纂，曰统计，曰庶务。

第五条　军衡司司长承总长之命，总理本司事务。军衡司属分列四科，曰任官，曰赏赉，曰考核，曰执法。

第六条　军务司司长承总长之命，总理本司事务。军务司属分列四科，曰典制，曰军事，曰测绘，曰医务。

第七条　军械司司长承总长之命，总理本司事务。军械司属分列四科，曰兵器，曰舰政，曰机器，曰设备。

第八条　军需司司长承总长之命，总理本司事务。军需司属分列四科，曰司计，曰经理，曰储备，曰稽核。

第九条　军学司司长承总长之命，总理本司事务。军学司属分列四科，曰航海，曰轮机，曰士兵，曰编译。

① 系刊登《政府公报》日期。

第十条　部副官承总长之命，掌理传宣命令、招待来宾及关于部内风纪事项。

第十一条　视察承总长之命，管理调查军舰、厂坞、炮台以及交涉各事务。

第十二条　各科科长承长官之命，综理本科事务。

第十三条　各科科员承长官之命，助理本科事务。

第十四条　各司副官承长官之命，管理文牍、保存案卷及本司庶务。

第十五条　技正承长官之命，调查考验本部所属器械、机件及一切图说。

第十六条　技士承长官之命，补〔辅〕助技正所办事务。

第十七条　各厅司录事承长官之命，管理收文登号、缮写文件、校对稿正事项。

第十八条　厅、司长关于事务之处理及部下职员之监督，应负其责。

第十九条　各科长关于该科事务，应负其责。

第二十条　部中各员自备名章一颗，遇有经办事件，应签名盖章。若数员共办之件，并应连署，以表负责之意。

第二节　文件之收发及分配接洽〔第二十一条至第二十八条，略。〕

第三节　事务办法〔第二十九条至四十三条，略。〕

第四节　办公之时间〔第四十四条至第四十五条，略。〕

第五节　考勤〔第四十六条至四十九条，略。〕

第五十条　办事细则另行规定。

第五十一条　本章程由发布日施行。

〔政府公报，1912年12月11日，第224号〕

10．刘冠雄请颁海军部各厅司印信呈

（1913年2月9日）

海军总长刘冠雄呈大总统，请颁本部各厅、司印信，以资信守文，并批（附清摺）

为呈请事：案查本部官制，前奉公布，业已前后呈请大总统任命在案。惟各厅、司向有印信，以资信守。除将旧部移存铜印八颗，另函送请国务院销毁外，理合将应颁本部各厅、司印信，具缮清摺，呈请大总统鉴核，饬院施行。谨呈。

批：据呈已悉。交国务院查照办理。此批。

中华民国二年二月九日

国务总理　赵秉钧

海军总长　刘冠雄

谨将海军部应铸各厅、司印信，缮具清摺，恭呈钧鉴。

计开：

海军部总务厅之印。海军部军衡司之印。海军部军务司之印。海军部军械司之印。海军部军需司之印。海军部军学司之印。

〔政府公报，1913年2月14日，第278号〕

11．参谋本部拟订该部与海军部职掌权限呈

（1913年3月19日）

参谋本部呈大总统，谨将拟订海军部、参谋本部连带职掌缮单，请钧鉴文，并批（附单）

为呈请事：窃参谋本部与陆海军两部衡之各国现制，一为直隶元首，筹备国防，一则受成内阁，专司行政，界划清晰，未容或紊。但军令多按军政而发，军政实缘军令而生，承受之中，更有互相关联之处。兹特参酌各国现制，拟定本部与海军部连带职

掌十条。除已函商海军部外，谨另具清单，呈乞大总统鉴核施行。谨呈。

批：据呈已悉。应如所拟办理。此批。

中华民国二年三月十九日

国务总理　赵秉钧
海军总长　刘冠雄

谨将拟订海军部、参谋本部连带职掌缮单呈请钧鉴。

第一条　凡关于军机战略、国防用兵，须派遣之军舰、军队等，由参谋部长计划，咨商海军部长后，仍由参谋部长呈大总统核准，咨行海军部长施行。

第二条　国防区域及军港、要港与征兵区域等，由参谋部长计划立案，咨商海军部后，仍由参谋部长呈大总统核准，咨海军部施行。

第三条，关于施行大演习，一切由参谋部长计划，呈大总统核准，咨行海军部长施行。

第四条　舰船及兵器之制造、废弃等，凡关于兵力之伸缩者，由参谋部长咨商海军部长后，仍由参谋部长呈大总统核准，咨行海军部长施行。

第五条　关于水路测量须派遣军舰时，由参谋部长商同海军部长后，仍由参谋部长呈大总统核准施行。

第六条　平时舰队之编制及军舰之变更役务等，由海军部长与参谋部长商定后，仍由海军部长呈大总统核准施行。

第七条　军港及要港之司令部与练营之建设、编制等，由海军部长计划立案，咨商参谋部长后，仍由海军部长呈大总统核准施行

第八条　凡关于教育训练、保护侨民、监视密渔、私商等须派遣军舰时，由海军部长商同参谋部长酌定后，仍由海军部长呈大总统核准施行。

第九条　除海军大学校外，关于教育训练之学科教程及操法之创设、变更等，由海军部长征求参谋部长意见后，规划施行。

第十条　凡任免参谋将校与驻扎外国海军武官，由参谋部长呈大总统核准施行，咨送海军部备案。

〔政府公报，1913年3月20日，第312号〕

12．海军部关于改订陆海军会计审查处暂行章程呈

（1913年12月3日））

陆海军部呈大总统，改订陆海军会计审查处暂行章程，请批示遵行文，并批（附章程）

为呈请事：准国务院函称：准海军部函称：拟添设海军会计审查处，附设于陆军会计审查处之内，作为陆海军会计审查处一案，业于十月二十四日经国务会议议决照办等因。当将应办事宜，责成现任陆军会计审查处长叶乐民悉心筹备，以策进行。查陆军会计审查处暂行章程业经呈请批准通行在案，此次改设陆海军会计审查处，自应就原有章程略为变通，暂资遵守，俟审计院法及军政区域决定后，再行妥订官制，俾臻完备。所有改订陆海军会计审查处暂行章程十条，理合呈请批示遵行。谨呈。

批：据呈已悉，应即照准。此批。

中华民国二年十二月三日

国务总理　熊希龄
陆军总长　段祺瑞
海军总长　刘冠雄

陆海军会计审查处暂行章程

第一条　陆海军审计官厅官制未公布以前、暂设陆海军会计审查处，隶于陆海军总长，掌理监督陆海军全体岁入、岁出及关

于一切会计事务。

第二条　陆海军会计审查处设处长一员，暂以陆军军需监充任，掌理全处事务。

第三条　陆海军会计审查处暂设科长八员，以陆军一、二等军需正及海军军需大中监充任，分为八科，其职务如左：

第一科掌理陆海军审计之政令、文牍、审计人员之一切事宜，及编订法规、检查处分暨不属各科事项。

第二科掌理陆军各官衙、学校、局、厂审计事项。

第三科掌理近畿陆军各军队审计事项。

第四科掌理奉、吉、黑、燕、鲁、豫、晋各省陆军审计事项。

第五科掌理湘、鄂、皖、苏、赣、闽、浙各省陆军审计事项。

第六科掌理粤、桂、滇、黔、秦、蜀、陇、新各省及各边远陆军审计事项。

第七科掌理海军各官衙、学校、营、局、院、所审计事项。

第八科掌理海军各舰队审计事项。

第四条　陆海军会计审查处设副官三员，以陆军二、二等军需正及一等军需，或海军军需少监及一等军需官充任，掌理收发文牍、庶务会计及陆海军审计各官厅预算、决算各事项。

第五条　陆海军会计审查处设科员若干员，以陆军二、三等军需正及一、二等军需，或海军军需中少监及一、二等军需官充任，分理各科事项。

第六条　陆海军会计审查处，设技士四员，分掌各项军用品及建筑工程检查事项。

第七条　陆海军会计审查处为缮写、核算，得酌用雇员。

第八条　凡关于陆海军审计之法规、政令，以主管之部令分别行之。

第九条　陆军于各省设陆军会计审查分处，海军得于总司令处及军港司令驻在地酌设海军会计审查分处。

第十条　本章程自奉大总统批准之日施行，陆海军审计官厅官制公布之日废止。

〔政府公报，1913年12月4日，第570号〕

13．大总统公布修正海军部官制申令

（1914年7月10日）

大总统申令

兹修正外交部、内务部、财政部、陆军部、海军部、司法部、教育部、农商部、交通部官制公布之。此令。

中华民国三年七月十日

国务卿　徐世昌

修正海军部官制（附职员表）

第一条　海军部直隶于大总统，管理海军军政。

第二条　海军部职员依附表所定。

第三条　海军部置总务厅及左列各司：

军衡司、军务司、军械司、军学司、军需司、军法司。

第四条　总务厅掌事务如左：

一、关于机密及海军文库事项；

二、关于典守印信事项；

三、关于征发物件表报告及统计事项；

四、关于公文函件之纂辑、保存及收发事项；

五、关于部内军官、军佐及军用文官任用事项；

六、关于部内风纪事项；

七、其他不属于各司事项。

第五条　军衡司掌事务如左：

一、关于海军军官、军佐及军用文官之进退，任免事项；

二、关于调查海军各项人员事项；

三、关于考绩表、兵籍、时名簿及军用文官名簿事项；
四、关于保管军官、军佐、军用文官及战时职员表事项；
五、关于编纂年格、名簿事项；
六、关于恩赉、叙勋、记章、褒章及赏给事项；
七、关于休假事项；
八、关于废兵处置事项；
九、关于海军军人结婚事项。
第六条　军务司掌事务如左：
一、关于海军建制及编制事项；
二、关于戒严事项；
三、关于舰队配置事项；
四、关于校阅舰队操演事项；
五、关于战时各项规则事项；
六、关于各舰队军纪、风纪事项；
七、关于海军礼节、服制、徽章事项；
八、关于海军军旗事项；
九、关于海军航路及属于海军之运船、义勇舰等航路事项；
十、关于测绘江海各线路军港、要港等事项；
十一、关于调制颁布航路图志及航路通则等事项；
十二、关于领海界线事项；
十三、关于万国航行通语事项；
十四、关于调查沿江沿海灯塔、灯杆、浮桩等事项；
十五、关于航海之保安及颁布航路警告事项；
十六、关于航行应用时表、测器、图籍之置备、分配等事项；
十七、关于航路人员之考绩事项；
十八、关于海军医院及海军红十字会事项；
十九、关于身体检查事项；
二十、关于诊断伤病之免除兵役各事项；

二十一、关于防疫及卫生事项；

二十二、关于卫生人员之考绩事项；

二十三、关于卫生报告统计及卫生船员学术研究事项。

第七条　军械司掌事务如左：

一、关于沿江、沿海水雷、鱼雷、要塞炮及各舰队枪炮配置事项；

二、关于海军台垒、厂坞、营库、桥梁、炮头、灯塔、灯杆、浮桩等之建筑、修理及管理事项；

三、关于海军之枪炮、水雷、鱼雷、火药、子弹及其他一切军械之制制式、支给、交换、检查事项；

四、关于海军所需机器、用具、材料之制式、支给、交换事项；

五、关于海军通信用气球用之器具、材料及其支给、交换事项；

六、关于各项器具、材料之经理及检查事项；

七、关于造船坞之设配及管理事项；

八、关于舰艇之制造、修理事项；

九、关于舰艇之购买、监察等事项；

十、关于海军各军械之制造、修理、购买等事项；

十一、关于海军各项器具、材料之制造、修理、购买等事项；

十二、关于军械人员之考绩事项。

第八条　军学司掌事务如左：

一、关于所辖各学校一切章程之制定及其筹办事项；

二、关于拟定所辖各学校教育纲领及计划并审查各教科书事项；

三、关于所辖各学校职员奖罚事项；

四、关于所辖各学校学生奖罚及考试事项；

五、关于留外学生一切事件并选派高等专门学员事项；

六、关于练习舰队并规定练习章程事项；

七、关于制定海军练营、鱼雷营训练、管理等规则事项；
八、关于舰队操演事项；
九、关于计划训练改良事项；
十、关于编辑及印刷事项；
十一、关于军学人员之考绩事项；
十二、关于其他教育训练等一切事项。

第九条　军需司掌事务如左：
一、关于军服之经理及检查事项；
二、关于军服、粮、炭等给与之规定事项；
三、关于平时、战时粮、炭之给与及战用粮、炭之准备事项；
四、关于经费出纳并预算、决算一切事项；
五、关于会计稽核事项；
六、关于海军官地事项；
七、关于军需运用事项；
八、关于各军需处人员之考绩事项；
九、关于规定俸给及其旅费一切事项；
十、关于各种给与及军需规定之审查事项；
十一、关于掌管出纳之官吏各事项；
十二、关于与财政官署有关系事项。

第十条　军法司掌事务如左：
一、关于海军军法事项；
二、关于海军司法官及海军监狱职员之考绩事项；
三、关于战时捕获审检所事项；
四、关于海军监狱事项；
五、关于赦免及在监人之处置事项。

第十一条　海军部置总长一人，承大总统之命，管理本部事务，统辖海军军人、军属，监督所辖各官署。

第十二条　海军总长对于各省巡按使及地方最高级行政长官

海军部职员表

职	官阶	员数
总长	（上中将）	
次长	（中少将）	
参事	（少将、上校）	四
总务厅：视察、副官、秘书	视察（上中少校、上尉） 副官（上中少校、上尉） 秘书	四十八
军衡司 司长	（少将、上校）	一
军衡司 科长	（上中少校）	
军衡司 科员	（少校、上尉）	
军衡司 司副官	（上尉）	
军务司 司长	（少将、上校）	一
军务司 科长	上中少校 军医大中少监 航务大中少监 技正	
军务司 科员	少校、上尉 一二等军医官 航务少监、一二等航务官 技正	
军务司 司副官	（上尉）	
军械司 司长	（少将、上校）	一
军械司 科长	上中少校 轮机上中少校 造舰大中少监 技正	
军械司 科员	少校、上尉 轮机少校、上尉 造舰少监、一二等造舰官 技正	
军械司 司副官	（上尉）	
军学司 司长	少（将、上校）	一
军学司 科长	（上中少校）	
军学司 科员	（少校、上尉）	
军学司 副司官	（上）尉	
军需司 司长	（军需主监、军需大监）	一
军需司 科长	（军需大中少监）	
军需司 科员	（军需少监、一二等军需官）	
军需司 司副官	（军需少监、一二等军需	
军法司 司长	（少将、上校相当官）	一
军法司 科长	（上中少校相当官、一等司法官）	
军法司 科员	（少校、上尉相当官、二三等司法官）	
军法司 司副官	（少校、上尉相当官）	
技正		四
技士		八

〔政府公报，1914年7月11日，第783号〕

之执行本部主管事务，有监察指示之责。

第十三条　海军总长于主管事务对于巡按使及各地方最高级行政长官之命令或处分，认为违背法令或逾越权限者，得呈请大总统核夺。

第十四条　海军部置次长一人，辅助总长整理部务。

第十五条　海军部置参事四人，承长官之命，掌拟订关于本部主管之法律、命令案事务。

第十六条　海军部置秘书四人，副官十人，视察八人，承长官之命，掌理总务厅事务。

第十七条　海军部置司长六人，承长官之命，掌理各司事务。

第十八条　海军部置科长，承长官之命，分掌各司事务。科长之员额，由海军总长呈请大总统以教令定之，但至多不得逾五十人。

第十九条　海军部置科员及司副官，承长官之命，助理各司事务。科员之员额，由海军总长呈请大总统以教令定之，但至多不得逾一百人。

第二十条　海军部置技正四人，技士八人，承长官之命，掌技术事务。

第二十一条　本官制自公布日施行。

14．海军部公布各厅司分科职掌令

（1918年12月7日）

海军部令　第一一七号

兹制定海军部各厅、司分科职掌，特公布之。此令。（职掌附）

中华民国七年十二月七日

海军总长　刘冠雄

海军部各厅司分科职掌

第一条　参事掌事务如左：

一、关于审订、撰拟法律、命令案事项；二、关于应总、次长之谘询及各厅、司之商榷事项；三、关于评议海军各种条陈事项；四、关于本部会议事项。

第二条　总务厅除机密重要事件由秘书办理并依官制设副官视察外，分机要、编纂、统计、庶务四科。

（甲）　副官掌事务如左：

一、关于传达命令事项；二、关于交际事项；三、关于机密差遣事项；四、关于部内礼节仪式事项；五、关于部内风纪及保安事项；六、关于军事会议事项。

（乙）视察掌事务如左：

一、关于国内外一切调查事项；二、关于临时差遣事项。

（丙）　机要科掌事务如左：

一、关于典守印信事项；二、关于部内任免各职员命令事项；三、关于编制本部官册事项；四、关于承办不属各司及本厅各科主管之文件事项；五、关于收发并分配各项文件事项；六、关于纂辑、保存本厅各项档案事项。

（丁）　编纂科掌事务如左：

一、关于编纂海军部年报事项；二、关于编辑海军公报事项；三、关于搜辑政府年鉴之海军资料事项；四、关于编辑海军法规类纂事项；五、关于编制海军职员录事项。

（戊）　统计科掌事务如左：

一、关于编定海军统计表式事项；二、关于调制海军统计年表事项；三、关于部内统计事项；四、关于征发物件表报告事项；五、关于海军统计之调查、参考事项。

（己）　庶务科掌事务如左：

一、关于保管部内官地事项；二、关于购置、收发及保存部内官物事项；三、关于部内修缮建筑事项；四、关于部用杂费之出纳事项；五、关于部内弁役等给与及黜陟、赏罚事项；六、关于部内饮食及卫生事项；七、关于部内灯火、汽电事项。

第三条 军衡司分任官、赏赉、考核、典制四科。

（甲） 任官科掌事务如左：

一、关于所属各机关之职员任免事项（但各学校及各院、局、所，其职员之任免，须分别会同军主管各司行之）；二、关于补官及进级事项（但见习生之补官，须会同军学司行之）；三、关于编制海军官册事项；四、关于海军官佐及准尉官降免、退休事项；五、关于编纂海军官佐、军用文官及准尉官之年格、名簿事项；六、关于士兵服役年格及进级事项；七、关于士兵之退免事项；八、关于退免士兵之召集、补充事项（会同军务司办理）；九、关于保管战时、平时人员定额表事项；十、关于编制保管海军官佐及军用文官履历书事项；十一、关于现役士兵之补充、调换事项。

（乙） 赏赉科掌事务如左：

一、关于恩赉、叙勋、给奖事项；二、关于废兵处置事项；三、关于置备发给各项勋章、奖章、纪章、奖牌暨执照事项；四、关于海军各学校学生成绩之奖励事项（会同军学司办理）；五、关于海军军人、军属勋劳之奖励事项；六、关于海军军人退休之俸给事项；七、关于海军军人、军属阵亡、伤亡、伤残、病故之恤赏事项。

（丙） 考核科掌事务如左：

一、关于调查海军军人、军属册籍及战时名簿事项；二、关于编制考绩表事项；三、关于保管军官、军佐、军属战时职员表事项；四、关于海军军人结婚事项；五、关于考核海军军人、军属功过事项；六、关于海军军人逃亡事项。

（丁） 典制科掌事务如左：

一、关于海军典礼事项；二、关于海军旗章事项；三、关于海军服制、徽章事项；四、关于海军战时各项规则事项（会同军务军法两司办理）。

第四条　军务司分军事、测绘、电政、医务四科。

（甲）　军事科掌事务如左：

一、关于舰队之配置、调遣事项；二、关于兵卒之征募及补充事项（会同军衡司办理）；三、关于舰队、军队之服役事项；四、关于海军建制事项；五、关于要塞地带及军港、要港之选定计划事项；六、关于各军事机关之建设事项；七、关于海军军纪、风纪事项；八、关于戒严及征发事项；九、关于校阅舰队演习事项；十、关于运输及通信事项；十一、关于汇编驻外武官各项报告事项；十二、关于战时处置敌国舰船事项（会同军法司办理）；十三、关于调查驻华外国军舰事项。

（乙）　测绘科掌事务如左：

一、关于海军航路及属于海军之运船、义勇舰等航路事项；二、关于测绘江海各线路军港、要港事项；三、关于调制、颁布航路图志及航路通则事项；四、关于领海界线事项；五、关于万国航行通语事项；六、关于调查沿江沿海灯塔、灯杆、浮桩等事项；七、关于航海之保安及颁布航路警告等事项；八、关于航行应用时表、测绘仪器、图籍之置备、分配等事项；九、关于考查万国航海通则事项。

（丙）　电政科掌事务如左：

一、关于稽核电机、无线电机、电灯、探海灯及附属品之安置及修理事项；二、关于规定舰队无线电报之呼号及传报时刻事项；三、关于保管各种电机事项；四、关于海军应用各种电机、电灯及附属品之购置、支配、供给事项；五、关于电机、无线电机、电灯、探海灯及附属品一切材料之试验及检查事项；六、关于无线电台建设及管理事项；七、关于电机工厂建设及调查事项；八、关于调查电机、电灯、无线电机及附属品之制造方法事项；

九、关于无线电报纳费、稽核事项；十、关于考核管理电机及无线电机人员之成绩事项；十一、关于购置海军应用电学图书事项。

（丁） 医务科掌事务如左：

一、关于海军军医卫生事项；二、关于海军平时、战时医务人员之补充事项(会同军衡司办理)；三、关于海军医院及养病院所事项；四、关于红十字会事项；五、关于海军军医学校事项(会同军学司办理)；六、关于派员参预各国军医会议事项；七、关于军医会议应行研究事项；八，关于海军军人身体之检查事项；九，关于诊断因病伤应行免除兵役及恤赏事项；十、关于海军平时、战时防疫及卫生事项；十一、关于军医所用材料、器具、药品购备事项；十二、关于医务卫生报告、统计事项。

第五条 军械司分兵器、舰政、机器、设备四科。

（甲） 兵器科掌事务如左：

一、关于稽核各种兵器及附属品之制造、改造、修理事项；二、关于审拟各种兵器及附属品之制造计划并制造方法等图书事项；三、关于调制各种兵器详细书表事项；四、关于舰艇、营、校、要塞各处兵器及附属品之配备供给事项；五、关于稽核兵工厂及附属各厂所用器械、物品之保存并废弃事项；六、关于审订制造、购置各种兵器及附属品并延聘造械人员等契约事项；七、关于调查各种兵器及附属品修造、购买之价目事项；八、关于各种兵器及附属品并一切材料之试验及检查事项；九、关于调查各种兵器之来历及现状等报告事项；十、关于稽核造械人员及工程并成绩事项；十一、关于兵工厂及附属各厂并火药库之建筑、改筑及修理事项；十二、关于各种兵器、弹药之保管并运输事项；十三、关于稽核制钢事项；十四、关于拟定兵器之各种规则事项。

（乙） 舰政科掌事务如左：

一、关于稽核各舰艇之制造、改造、修理事项；二、关于审拟各舰艇气球、气艇、飞行机、潜水艇等制造计划及制造方法等图书事项；三、关于各舰艇气球、气艇、飞行机、潜水艇等器具、材料之支给、交换事项；四、关于稽核各舰艇之保存及废弃事项；五、关于稽核造船厂坞所用器械、物品之保存及废弃事项；六、关于审订购制各舰艇及延聘造舰人员等契约事项；七、关于调查各舰艇修造、购置之价目事项；八、关于各舰艇并一切材料之试验及检查事项；九、关于调查各舰艇之来历及现状等报告事项；十、关于稽核造舰人员及工程并成绩事项；十一、关于造舰厂坞之建筑、改筑及修理事项；十二、关于废弃舰艇之变卖事项（会同军需司办理）；十三、关于查验舰艇之进水及试洋成绩报告事项；十四、关于拟订造舰之各种规则事项。

（丙） 机器科掌事务如左：

一、关于稽核各种机器之制造、改造、修理事项；二、关于审拟各种机器之制造计划并制造方法等图书事项；三、关于各舰、艇、局、所应用机器及器具之配备、供给事项；四、关于各舰、艇、局、所一切机器、图书之保存事项；五、关于各舰、艇、局、所一切机器之保存及废弃事项；六、关于审订购制各种机器及延聘机器人员等契约事项；七、关于调查机器修造、购买之价目事项；八、关于各种机器及其材料之试验并检查事项；九、关于调查机器之来历及现状等报告事项；十、关于稽核造机人员及工程并成绩事项；十一、关于检验各舰、艇、局、所所用煤质事项；十二、关于机厂之建筑、改筑及修理事项；十三、关于研究各种机器学术发明、改良并评阅意见书等事项；十四、关于舰艇试洋或大修后试验轮机事项；十五、关于拟订机器之各种规则事项。

（丁） 设备科掌事务如左：

一、关于海军要塞、公署、学校、局、所、营、库、码头、桥梁、灯塔、灯杆、浮桩等建筑工程及增改修理各事项；二、关于核订所属各项建筑计划及建筑方法等图书调制事项；三、关于稽核建筑材料事项；四、关于建筑工程之验收并派员监督事项；五、关于审订购置建筑材料并承揽工程及延聘工程司等契约事项；六、关于检查所属物品废弃事项。

第六条　军学司分航海、轮机、士兵、编译四科。

（甲）　航海科掌事务如左：

一、关于审拟海军航海、枪炮、水鱼雷各项学校之教育纲领并一切规则事项；二、关于各校招考学生及选派专科学员事项；三、关于各校考试及毕业证书事项；四、关于派遣各校学生留外国事项；五、关于审定各校教科用书及图表事项；六、关于各校职员之选派及延聘事项（会同军衡司办理）；七、关于核议各校职员考绩、奖罚事项（会同军衡司办理）；八、关于综核学校学生之履历书及成绩表事项；九、关于筹划各校房舍、军械、图书、器具、服装事项（会同军械、军需各司办理）；十、关于各校教育改良事项；十一、关于见习生之练习事项。

（乙）　轮机科掌事务如左：

一、关于审拟海军轮机制造、飞、潜各项学校之教育纲领并一切规则事项；二、关于各校招考学生及选派专科学员事项；三、关于各校考试及毕业证书事项；四、关于派遣各校学生留学外国事项；五、关于审定各校教科书及图表事项；六、关于各校职员之选派及延聘事项（会同军衡司办理）；七、关于核议各校职员之奖罚事项（会同军衡司办理）；八、关于综核各校学生之履历书及成绩表事项；九、关于筹划各校房舍、军械、图书、器具、服装事项（会同军械、军需各司办理）；十、关于各校教育改良事项；十一、关于见习生练习事项。

（丙）　士兵科掌事务如左：

一、关于审拟海军士兵教育纲领事项；二、关于审拟鱼雷、枪炮学校、练习舰、练营、水鱼雷营、工厂等士兵训练规则事项；三、关于选派士兵分习专科事项；四、关于士兵练习之成绩事项；

五、关于士兵训练改良事项。

（丁） 编译科掌事务如左：

一、关于审拟各种操典事项；二、关于海军各学校所用各种图书事项；三、关于辑译各国海军学校、练习舰、练营各种规则事项；四、关于辑译各国海军教育书事项；五、关于辑译各国海军报章事项；六、关于辑译中外海军战史、兵略事项；七、关于本部图书室、模型室事项。

第七条 军需司分司计、经理、储备、稽核四科。

（甲） 司计科掌事务如左：

一、关于预算及年度支出计算并本部支出计算事项；二、关于经费出纳之计算事项；三、关于本部及所属各机关之收支簿记事项；四、关于军需学校事项（会同军学司办理）；五、关于掌管出纳之官吏事项；六、关于规定俸给及旅费一切事项（会同军衡司办理）。

（乙） 经理科掌事务如左：

一、关于经费出纳事项；二、关于各种给与事项；三、关于管理海军官地事项；四、关于与财政官署有关系事项。

（丙） 储备科掌事务如左：

一、关于平时、战时军服、粮炭及其他军用材料之准备、保管事项；二、关于军服、粮炭等给与之规定事项；三、关于各军港、要港之军需栈库事项；四、关于军需运用事项。

（丁） 稽核科掌事务如左：

一、关于稽核经费出纳及预算、决算事项；二、关于稽核本部所属各机关收支及购置、建设事项；三、关于稽核军服、粮炭及军用材料事项；四、关于稽核各种给与及军需规定事项。

第八条 军法司分审检、法学、典狱三科。

（甲） 审检科掌事务如左：

一、关于高等军法会审事项；二、关于各军法会审报告案件及再审事项；三、关于海军官佐、士兵惩罚统计事项；四、关于海务裁判事项；五、关于海军临时戒严执法事项；六、关于战时捕获审检事项；七、关于赦免、减刑、复权等事项。

（乙） 法学科掌事务如左：

一、关于编订军法上之修正法律学科及一切规程事项（会同军学司办理）；二、关于讨论海牙平和会一切事项；三、关于调察各国海军法律例案事项；四、关于审察聘雇外国人员所订合同事项。

（丙） 典狱科掌事务如左：

一、关于建设及稽核海军监狱事项；二、关于在监人之处置及监狱职员之考绩事项；三、关于缓刑、假释及出狱人保护事项；四、关于监狱报告及统计事项。

第九条 技正掌事务如左：

一、关于检查海军制造、修缮事项；二、关于检查海军技术新发明事项；三、关于审拟技术上计划案事项；四、关于其他一切技术事项。

第十条 本职掌自公布日施行。

第十一条 本职掌公布后，前公布之海军部处务细则即废止之。

〔政府公报，1918年12月14日，第1035号〕

15. 海军部公布修正该部办事细则令

（1918年12月7日）

海军部令　第一一六号

兹修正海军部办事细则，特公布之。此令。（细则附）

中华民国七年十二月七日

海军总长　刘冠雄

修正海军部办事细则

第一章　权限及责任

第一条　凡本部各项事件经次长查阅后，均由总长裁定之。

第二条　凡总长委任次长办理之事，或关于部内寻常事务，得由次长核定施行。

第三条　总务厅事务经总长特派次长兼管后，即由次长管理之。

第四条　凡不属各司之文件，除关于机密重要者由秘书办理外，余由总务厅各科分别办理。

第五条　各厅、司长关于事务之处理及所属职员之监督，均应负责。

第六条　各科科长对于本科事务应负责任。

第七条　各厅、司、处录事对于缮写、校对各文件，均应受该管长官之指示。

第二章　文件之收发及分配

第八条　机要科每日接收文件先行摘由、编号，分别秘密、重要、次要、寻常等类，加盖各戳记，送请总、次长核阅后，钞录总长批示，再行分交承办处所。

如承办处所遇有两处以上时，应由主管厅、司钞案移付其他各处，以便接洽。

第九条　凡机密、重要文件，应由机要科先行挂号，不列事由，送交秘书，另行立簿编号暂存。俟遇机密期间，再交机要科录由，分别补送主管各厅、司备案。

第十条　如文件到部在散值以后者，得于翌日分配之。但紧要文电不在此限。

第十一条　监印官、收发员接受各厅、司、处应发文件时，均须摘由、编号、登簿，以便查考，其稿本仍发还该管厅、司、处，如属各厅、司、处名义发出之函件，应由各厅、司、处自行摘由、编号。

第十二条　监印官、收发员接到各厅、司、处所发文件，如察出其中手续有未完全者，须向承办处所询明办理。

第十三条　收发文件各簿，应依照各项公文程式令之分类，并加入电报一门，分别登记，以便检查。

第十四条　收发员于每日收发之文件，除应行秘密者外，均摘由列单刷印，分送各厅、司、处，俾令周知。

第三章　办事之程序

第十五条　凡属法律、命令案件，无论由参事厅或各司拟稿，均应先交会议厅，公同讨论，经参事审订后，呈请总长核定。其会议规则另定之。

第十六条　参事审订法律、命令案件，对于原案有意见不同时，得与主管各司协商定议。

第十七条　凡遇重要事项，如认为必须会议时，应由参事邀集各司长暨总长指派各员开会讨论，公同解决后，请示总长核办。

第十八条　凡文件到各厅、司、处，由主管长官酌定办法，指示承办员拟稿；如遇难于解决案件，应先请示总长，然后拟稿呈请拟定。

第十九条　各厅、司、处应办事件遇有互相关联者，先由拟稿员草拟办法，再与有关联各厅、司、处协商同意后，会稿呈送总长裁定。

第二十条　各厅、司、处承办文件，应依秘密、重要、次要、寻常各项为办稿之程限。但撰拟法案及各种章则时，得延长日期。

第二十一条　各厅、司、处拟办稿人员，如遇事务丛集或认为交付他员办理者，其脱稿后，仍须主任员覆核，以昭慎重。

第二十二条　各厅、司、处承办文件之稿面，凡拟稿、校稿、缮写各员暨主管长官，均应签名盖章。

第二十三条　各厅、司、处承办稿件经主管长官核定后，应送参事签名盖章；如遇情形必要时，得于总、次长裁定后，再送参事补阅，以免延误。

第二十四条　凡总、次长已判行之稿件，仍由各主管处拟稿员分别发交、缮写、校对后，应连同稿件送交收发员、监印官查照办理；如须总长署名者，即由监印官送请署名。

第二十五条　各厅、司、处办理事项，如有应行通知或互相查询等事，即以移付行之。其文末，参事厅由参事一人钤章，总务厅暨各司钤盖厅、司印。

前项之规定于同隶一司之各科亦适用之。但文末应由主任科长署名盖章。

第二十六条　凡应登公报之文件，应由各厅、司、处陈明总长核定后，交由总务厅送登。

第二十七条　无论何项文件，非经主管长官之许可，不得给人阅览、钞录。

第二十八条　凡未经发表之文件及机密事项，不得先行宣布或泄漏。

第二十九条　各厅、司、处存案之文件于互相授受或调阅查考时，均须各立一簿，标明事由、类别、号数、月日，加盖领取、收回等戳记，以免散失。

第三十条　各厅、司、处应于每月终，将奉交文件于承办文件簿内，注明共收若干件，已办若干件，未办若干件，送呈总、次长查阅。

第三十一条　各项文件，各厅、司、处应派专员分别案由，随时各立卷宗，归档存案。其卷夹应标明事由、年月，并分类编制档册，以便检查。

第四章　考勤

第三十二条　各厅、司、处均各立画到簿一本，各员于每晨到部时，应先画到；其画到簿由主管长官盖章后，交由值日员送呈次长核阅。

第三十三条　各厅、司、处人员，如因病或有其他事故不能到部时，应即请假。其假期除在三日内，得由主管长官核准外，余均据情转呈总、次长批示。

第三十四条　请假或出差人员，应于画到簿内分别注明，月终由各主管处造表送请次长查阅后，交军衡司存案，年终由该司汇造总表，呈请总长鉴核，以观成绩。

第三十五条　办公时间除夏季临时规定外，每日上午九时至十二时止，下午一时三十分至四时三十分止，遇有紧要或特别事件应展限，以办完为止。

第三十六条　办公时间内遇有宾客来访，非属公事，概不得延见。

第三十七条　部员停止办公日期，除临时奉令指定外，应依海军休假规则第二条之规定。

附则

第三十八条　本细则自公布日施行。

第三十九条　本细则公布后，前公布之海军部办事规则即废止之。

〔政府公报，1918年12月14日，第1031号〕

16. 大元帅公布军事部海军署官制等令

（1927年7月12日）

大元帅令

兹制定军事部参谋署官制、军事部陆军署官制、军事部海军署官制、军事部航空署官制公布之。此令。

国务总理　潘　复

军事总长　何丰林

中华民国十六年七月十二日

军事部海军署官制

第一条　军事部海军署管理海军行政事务。

第二条　军事部海军署置事务厅及左列各司：

军衡司　军务司　军械司　军学司　军需司　军法司

第三条　事务厅掌事务如左：

一、关于机密及海军文库事项；二、关于典守印信事项；三、关于公文函件纂辑、保存及收发事项；四、关于署内军官、军佐及军用文官任免事项；五、关于征发物件表报告及统计事项；六、关于庶务及其他不属于各司之事项。

第四条　军衡司掌事务如左：

一、关于海军军官、军佐及军用文官之进退、任免事项；二、关于调查海军各项人员事项；三、关于考绩表、兵籍、战时名簿及军用文官名簿事项；四、关于保管军官、军佐、军用文官及战时职员表事项；五、关于编纂年格、名簿事项；六、关于恩赉、叙勋、记章、褒章及赏给事项；七、关于休假事项；八、关于废兵处置事项；九、关于海军军人结婚事项；十、关于各项规章事项；十一、关于海军礼节、服制、徽章事项；十二、关于海军军旗事项。

第五条　军务司掌事务如左：

一、关于海军建制及编制事项；二、关于戒严事项；三、关于舰队配置事项；四、关于校阅舰队操演事项；五、关于各舰队军纪、风纪事项；六、关于海军航路及属于海军之运船、义勇舰等航路事项；七、关于测绘江海各线路、军港、要港等事项；八、关于调制、颁布航路图志及航路通则等事项；九、关于领海界线事项；十、关于万国航行通语事项；十一、关于调查沿江沿海灯塔、灯杆、浮桩等事项；十二、关于航海之保安及颁布航路警告等事项；十三、关于航行应用时表、测器、图籍之置备、分配等事项；十四、关于航路人员之考绩事项；十五、关于海军医院及海军红十字会事项；十六、关于身体检查事项；十七、关于诊断伤病之免除兵役各事项；十八、关于防疫及卫生事项；十九、关于卫生人员之考绩事项；二十、关于管理无线电信事项；二十一、关于卫生报告统计及卫生船员学术研究事项。

第六条　军械司掌事务如左：

一、关于沿江沿海水雷、鱼雷、要塞炮及各舰队枪炮配置事项；二、关于海军台垒、厂坞、营库、桥梁、码头、灯塔、灯杆、浮桩等之建筑修理及管理事项；三、关于海军之枪炮、水雷、鱼雷、火药、子弹及其他一切军械之制式、支给、交换、检查事项；四、关于海军所需机器、用具、材料之制式、支给、交换事项；五、关于海军通信用气球用之器具、材料及其支给、交换事项；六、关于各项器具、材料之经理及检查事项；七、关于造船坞之设配及管理事项；八、关于舰艇之制造、修理事项；九、关于舰艇之购买、监察等事项；十、关于海军各军械之制造、修理、购买等事项；十一、关于海军各项器具、材料之制造、修理、购买等事项；十二、关于军械人员之考绩事项。

第七条　军学司掌事务如左：

一、关于所辖各学校一切章程之制定及其筹办事项；二、关于拟定所辖各学校教育纲领及计划并审查各教科书事项；三、关于所辖各学校职员奖罚事项；四、关于所辖各学校学生奖罚及考试事项；五、关于留外学生一切事件并选派高等专门学员事项；六、关于练习舰队并规定练习章程事项；七、关于制定海军练营、鱼雷营、训练管理等规则事项；八、关于舰队操演事项；九、关于计划训练改良事项；十、关于编辑及印刷事项；十一、关于军学人员之考绩事项；十二、关于其他教育训练等一切事项。

第八条　军需司掌事务如左：

一、关于军服之经理及检查事项；二、关于军服、粮炭等给与之规定事项；三、关于平时、战时粮炭之给与及战用粮炭之准备事项；四、关于经费出纳并预算、决算一切事项；五、关于会计、稽核事项；六、关于海军官地事项；七、关于军需运用事项；八、关于各军需处人员之考绩事项；九、关于规定俸给及其旅费一切事项；十、关于各种给与及军需规定之审查事项；十一、关于掌管出纳之官吏各事项；十二、关于与财政官署有关系事项。

第九条　军法司掌事务如左：

一、关于海军军法事项；二、关于军法会审事项；三、关于海军司法官及海军监狱职员之考绩事项；四、关于战时捕获审检所事项；五、关于海军监狱事项；六、关于赦免及在监人之处置事项。

第十条　海军次长辅助军事总长，掌管本署事务，监督所属职员及所辖各官署。

第十一条　军事部海军署设参事二人，承长官之命，掌审核拟订本署主管之法令并涉及学术事项。

第十二条　军事部海军署设司长六人，承长官之命，分掌各司事务。

第十三条　军事部海军署设秘书一人、副官四人，承长官之

军事部海军署职员官级表

参事	事务厅	军衡司	军务司	军械司	军学司	军需司	军法司	技正
参事（少将）		司长（少将）	司长（少将）	司长（少将）	司长（少将）	司长（军需主监）	司长（少将同等官）	技正
	副官 秘书	科长（上中少校）	科长一（技正 航务大中少监）（军医大中少监）上中少校	科（科）长（技正 造舰大中少监）（轮机上中少校）上中少校	科长（上中少校）	科长（军需大中少监）	科长一等司法官 上中少校同等官	
	科员	科员（少校、上尉） 司副官（上尉）	科员（技士 航务少监、一二等航务官）（一二等军医官）少校、上尉 司副官 上尉	科员（技士 造舰少监、一二等造舰官）（轮机少校、上尉）（少校、上尉） 司副官 上尉	科员（少校、上尉） 司副官（上尉）	科员（军需少监、一二等军需官） 司副官（军需少监、一二等军需官）	科员（二三等军法官）（少校、同等官） 司副官（少校、上尉同等官）	技士

命，掌理事务厅事务。

第十四条　军事部海军署设科长三十二人，承长官之命，分掌各司〔科〕事务。

第十五条　军事部海军署设科员及司副官，承长官之命，助理事务厅及各司事务。

科员及司副官之总额，不得逾百人。

第十六条　军事部海军署设技正四人、技士八人，承长官之命，掌理技术事务。

第十七条　军事部海军署因缮写文件及其他事务，得酌用雇员。

第十八条　军事部海军署职员之官级，依附表所定。

第十九条　本官制自公布日施行。

〔政府公报，1927年7月13日，第4031号〕

二、海军部所属各机构

1.大总统公布海军军港司令处条例令

（1913年11月24日）

大总统令

兹制定海军军港司令处条例公布之。此令。

中华民国二年十一月二十四日

国务总理　熊希龄

海军总长　刘冠雄

教令　第三十九号

海军军港司令处条例

第一条　海军各军港设军港司令处，以其所在地名冠称之。

第二条　军港司令处掌出师准备、防御计划及军港区域内并附近地方警备事项。

第三条　军港司令处置职员如左：

军港司令一人（中少将）；

参谋长一人（上中校）；

参谋四人（中少校）；

副官二人（少校、上尉）

秘书二人（中少校相当文官）；

轮机长一人（轮机上中校）；

轮机官四人（轮机中少校、上尉）；

军医长一人（军医大中监）；

军医官二人（军医中少监、一等军医官）；

军需长一人（军需大中监）；

军需官四人（军需中少监、一等军需官）；

军法长一人（上中校相当文官）；

军法官二人（中少校、上尉相当文官）；

技正（上中校相当技术官）；

技士（中少校、上尉相当技术官）。

除前项职员外，为处理事务，得酌用准尉官雇员及兵役。

技正、技士、准尉官雇员、兵役之员额，由海军总长以部令定之。

第四条　军港司令承海军总长之命，总理本管军港事务，并指挥监督所属各舰船及属下各职员。

第五条　军港司令得指挥驻泊港内不归管辖各舰船。但该本管司令在港时，不在此例。

第六条　军港司令得指挥本港区域内及其附近各要塞之司令官。

第七条　军港司令为警备事宜，得随时调遣驻泊港内不归管辖之各舰船。但须同时知照该本管司令。

第八条　军港司令维持所属各舰船及属下军纪、风纪，并监督其教育、训练事务。

第九条　在本港内修理之舰船及临时装配预备出发者，军港司令应督率所属官佐修理装配。

第十条　军港司令督察军港区域内建筑敷设工程事务。

第十一条　军港司令监督驻泊港内不归管辖各舰船遵守港务规则。

第十二条　驻泊港内不归管辖各舰船，奉有该本管司令出发命令，军港司令得促其开驶。但遇航行危险或其他不得已事故不能开驶时，军港司令应将情由通知该本管司令。

第十三条　舰船未得军港司令或港务局长许可者，军港司令得禁止其任意下锚。

第十四条　本国或外国舰船到港、离港及港内有要事发生时，军港司令应随时呈报海军总长。

第十五条　军港司令于所属各舰船有应行修理改造事宜，得呈请海军总长核办。

第十六条　军港司令于所属各舰船有添配或修改枪炮及其他器械事宜，应呈报海军总长。

第十七条　军港司令于在本港内修造之舰船，其工程逾限未竣者，应呈报海军总长。

第十八条　军港司令于地方长官请求派兵镇定变乱时，须即时派兵处理。但事机紧急，不及由地方长官请求时，亦得派兵处理之。

前项之派兵，须同时呈报海军总长。

第十九条　军港司令遇有出缺或其他事故不能执行职务时，由参谋长代理。

第二十条　军港司令于所属职员遇有出缺或其他事故不能执行职务时，得派所属其他职员代理。

第二十一条　参谋长承军港司令之命，掌事项如左：

一、关于军港防御计划事项；
二、关于所辖舰船军队调遣、服役事项；
三、关于所管区域内警备事项；
四、关于出师准备及作战计划事项；
五、关于教育训练及风纪、军纪事项；
六、关于交通运输及谍报事项。
参谋承长官之命，辅助参谋长分理前项事务。
第二十二条　副官承长官之命，掌事项如左：
一、关于接待来宾、宣传命令事项；
二、关于军港司令处雇员、佣人事项；
三、关于军港司令处庶务事项；
四、关于军港司令处军纪、风纪事项；
五、关于管理秘密图书及贷与展览事项。
第二十三条　秘书承军港司令之命，掌事项如左：
一、关于办理文牍事项；
二、关于收发公文及保存案卷事项；
三、关于典守印信事项。
第二十四条　轮机长承军港司令之命，掌事项如左：
一、关于所属轮机官应管之船体、轮机、器械事项；
二、关于所属轮机部之教育训练及勤务事项；
三、关于所属各舰船轮机器械成绩之统计报告事项；
四、关于所属各舰船轮机器械之制造、修理事项；
五、关于所属各舰船轮机器械之检察、试验事项；
六、关于出师准备时轮机部应管事项。
轮机官承长官之命，辅助轮机长，分理前项事务。
第二十五条　军医长承军港司令之命，掌事项如左：
一、关于军医官及看护长以下之教育训练及勤务事项；
二、关于检查军人之体格事项；

三、关于诊察应得恩恤之病伤事项；
四、关于传染病之预防及诊治事项；
五、关于所属各舰船并陆上各署卫生事项；
六、关于海军病院事项；
七、关于平时战时治疗物品之预备事项。
军医官承长官之命，辅助军医长分理前项事务。
第二十六条　军需长承军港司令之命，掌事项如左：
一、关于所管岁出岁入之预算、决算事项；
二、关于所管岁出岁入之收支事项；
三、关于所属各舰船及所属各机关军人、军属之俸饷事项；
四、关于储金及帐簿之保管、检查事项；
五、关于所属各舰船及所属各机关应用物品之购办事项；
六、关于雇佣工役及购办物品契约之订定、管理事项；
七、关于煤、粮、被服之购办、保管及供给事项；
八、关于一切物品及其帐簿之检查事项。
军需官承长官之命，辅助军需长分理前项事务。
第二十七条　军法长承军港司令之命，掌事项如左：
一、关于军法会议事项；
二、关于海军监狱事项；
三、关于犯罪之审问、宣告判决、执行判决事项；
四、关于军人犯罪逮捕及赦免移送事项。
军法官承长官之命，辅助军法长分理前项事务。
第二十八条　技正承军港司令之命，掌事项如左：
一、关于检查本港制造、修筑事项；
二、关于检查本港技术上计划事项。
技士承长官之命、辅助技正分理前项事务。
第二十九条　军港司令处服务细则，由海军总长以部令定之。

第三十条　本条例自公布日施行。

〔政府公报，1913年11月28日，第564号〕

2.大总统公布海军军港监狱条例令

（1913年11月24日）

大总统令

兹制定海军军港监狱条例公布之。此令。

中华民国二年十一月二十四日

国务总理　熊希龄

海军总长　刘冠雄

教令　第四十一号

海军军港监狱条例

第一条　各军港设海军监狱。

第二条　海军监狱置职员如左：

监狱长一人（少校、上尉相当文官）；

监狱看守长二人至四人（中少尉相当文官）。

第三条　监狱长隶属于军港司令，承长官之命，掌理全监事务，指挥监督所属职员。

第四条　监狱看守长承监狱长之命，掌理庶务及纠察警卫事项，并指挥监督所属之监狱看守。

第五条　海军监狱置监狱看守十二人至二十人，承长官之命，执行警卫、看守、护送事项。

第六条　海军监狱为缮写文件，得酌用雇员。

第七条　海军监狱卫生、医务事项，由其所在地海军医院之海军军医官掌管之。

第八条　本条例自公布日施行。

〔政府公报，1913年11月28日，第564号〕

3.大总统公布海军港务局条例令

（1913年11月24日）

大总统令

兹制订海军港务局条例公布之。此令。

中华民国二年十一月二十四日

国务总理　熊希龄

海军总长　刘冠雄

教令　第四十号

海军港务局条例

第一条　海军各军港设港务局，以其所在地名冠称之。

第二条　港务局掌事务如左：

一、关于监理军港区域以内之海面事项；

二、关于舰艇进出船坞事项；

三、关于军港内舰艇停泊事项；

四、关于检查军港内布置系船之浮鼓、锚链事项；

五、关于军港区域内水路引导事项；

六、关于管理军港内所属各种暗礁、里程及境域等标记事项；

七、关于军港内之疏浚事项；

八、关于运输事项；

九、关于供给在港各舰艇之淡水事项；

十、关于军港区域内之望台及信号所事项；

十一、关于救助被难船事项；

十二、关于管理救火器具及火灾时保护军港区域内官有物品事项；

十三、关于设备军港防御之材料事项；

十四、关于保护军港内建造未成之舰艇事项；

十五、关于保管在港舰艇寄存陆上之物品事项；

十六、关于管理时晨球及测罗经标记事项。

第三条　港务局置职员如左：

局长一人（少将、上校）；

局员四人（中少校、上尉）；

文牍员一人（委任文官）；

军需官一人（军需少监、一二等军需官）。

除前项职员外，为处理事务，得酌用准尉官、雇员及兵役，其员额由海军总长以部令定之。

第四条　局长直隶于军港司令，承军港司令之命，总理局务，监督所属职员。

第五条　局长得分配所属各职员于所属船艇执行职务。

第六条　局长于所属职员，有因事故不能执行其职务者，得令所属其他职员代理。

第七条　局长得制定局内规则，呈由军港司令认可。

第八条　局长维持所属军纪、风纪。

第九条　局员承局长之命，分理局务。

第十条　文牍员承局长之命，掌撰拟、收发及保存公文函件并典守印信。

第十一条　军需官承局长之命，掌管各种材料并会计给与事项。

第十二条　本条例自公布日施行。

〔政府公报，1913年11月28日，第564号〕

4.陆军部为成立陆海军会计审查处通知

（1914年4月16日）

陆军部致财政部、审计处、参谋本部、拱卫军、禁卫军、武卫军、毅军、第一师、第五师、第七师、军事处、京畿军政执法处、各省都督、热河都统、察哈尔都统、绥远城将军、吉林护军使、黑龙江护军使、阿尔泰办事长官、青海办事长官、塔尔巴哈台参赞，通知陆海军会计审查处正式成立日期

迳启者：准国务院函称，准海军部函称，拟添设海军会计审查处，附设于陆军会计审查处，作为陆海军会计审查处一案，业经国务会议议决照办等因。现在此项陆海军会计审查处，业经详密筹备，已于四月一日正式成立在案。所有陆海军全体会计事务，责成该处随时监督检查。除该处暂行章程，前已呈请公布，俟印刷成帙，另行函致外，相应函请贵　　查照转饬所辖各机关遵照可也。此致

中华民国三年四月十六日

〔政府公报，1914年5月1日，第712号〕

5.大总统公布捕获审检厅条例令

（1917年10月30日）

大总统令

兹制定捕获审检厅条例公布之。此令。

中华民国六年十月三十日

国务总理　段祺瑞
外交总长　汪大燮
海军总长　刘冠雄
司法总长　林长民

教令　第二十号

捕获审检厅条例

第一章　总纲

第一条　凡海上捕获事件，以捕获审检厅检定之。

第二条　捕获审检厅分二种：

一　地方捕获审检厅；

二　高等捕获审检厅。

第三条　高等捕获审检厅设于北京，地方捕获审检厅设置地点，别以教令定之。

第四条　高等、地方捕获审检厅，各设厅长一人，评事八人，检察官二人，书记官二人。

第五条　地方捕获审检厅厅长以高等审判厅厅长兼充，由大总统任命之。

评事由国务总理于左列各员中开单，呈请大总统任命兼充：

一　高等审判厅推事四人；

二　海军军官三人；

三　外交部特派交涉员一人。

检察官以高等检察厅检察官兼充，由国务总理呈请大总统任命之。

书记官由高等捕获审检厅长于各高等审判厅委任书记官中委任兼充。

第六条　高等捕获审检厅厅长，以大理院长兼充，评事以大理院推事三人，海军军官二人，海军部参事一人，法制局参事一人，外交部参事一人兼充，均由大总统任命之。

高等捕获审检厅检察官，以总检察厅检察官兼充，由大总统任命之。

高等捕获审检厅书记官，由高等捕获审检厅长于大理院荐任书记官中荐任兼充。

第七条　高等及地方捕获审检厅因缮写及其他事宜，得临时酌用雇员。

第八条　高等捕获审检厅长以下兼任人员，照章不另支薪俸。

第九条　厅长总理厅中一切事务，凡审检事件，厅长为主席。但因事不能出席时，得由评事一人代理主席。

第十条　地方捕获审检厅审检事宜，非有主席及评事合五人以上列席，不得开议。

高等捕获审检厅，非有主席及评事七人以上，不得开议。

评议事件以多数决之可否，同数取决于主席。

第十一条　高等及地方捕获审检厅之开闭，临时以国务院令定之。

第二章　审检程序

第十二条　凡执行捕拿之军舰舰长，应将被捕拿之舰船引送至地方捕获审检厅所在口岸，并命海军军官一员搭乘该船同赴该港，将供述书送达地方捕获审检厅。但因事实上不能将捕拿船舶引送时，得仅提出供述书。

前项供述书，应详细记载捕拿之理由及证明其行为正当之事实，并附送在捕拿船上所押收之一切船舶文件。

第十三条　地方捕获审检厅长接到前条供述书时，应就该事件指派评事一人为主任评事。

主任评事除前条第一项但书情形外，应就所提出之文件，亲至被捕拿之船上检查装运货品，会同该船长制成详细物件目录。

第十四条　主任评事对于被捕拿船舶船长、船员、搭客或货物所有人之供词，及执行捕拿海军军官之陈述，应令书记官详细记录。

第十五条　主任评事认为必要时，得命鉴定人鉴定所指定之事项。

第十六条　主任评事检查完竣后，应即制成调查书，连同第十二条所规定之供述书及其附属文件，移付于地方捕获审检厅检察官。

第十七条　检察官应制成意见书连同前条文件，提出于地方捕获审检厅。

第十八条　检察官意见书若主张释放被捕拿之船舶或货物，而地方捕获审检厅亦认为正当时，地方捕获审检厅应即制成释放检定书，移付于检察官。

第十九条　检察官意见书若主张捕获或释放被捕拿之船舶或货物，而地方捕获审检厅认为不当时，应由地方捕获审检厅为公告之程序。

前项公告应将该事件案由登载于《政府公报》，并译成英文，揭载于国内发刊之英文报。凡该事件之关系人，得由公告之翌日起，限于三十日内以书面提出诉愿书于地方捕获审检厅。

第二十条　诉愿书应详述左列各项，并附送可为证据之书类：

一、诉愿人之姓名、国籍、住所、年龄、职业；

二、诉愿之要旨。

第二十一条　诉愿人之代理人，限于中华民国之律师。

第二十二条　经过第十九条第二项所定期间，关系人未提出诉愿书者，地方捕获审检厅即行开始审检。但有检察官之申请时，得不经审问程序迳行检定。

第二十三条　诉愿人在诉愿期间内提出诉愿书时，应由地方捕获审检厅指定日期开庭审问。

但诉愿人未得许可缺席时，得为缺席检定。

第二十四条　审问终结后，应即制成检定书于三日内宣告。

检定书应于宣告后即时移送于检察官，并将眷写副本送达于诉愿人。

第二十五条　检察官及诉愿人对于地方捕获审检厅之检定，得于检定书移送或送达之翌日起，限于二十日内，提出抗议书于原地方捕获审检厅，抗议书应填写左列各项：

一、诉愿人之姓名、国籍、住所、年龄、职业；

二、原地方捕获审检厅之检定；

三、不服之理由。

第二十六条　地方捕获审检厅接到抗议书后，应将本案卷宗即时移送于高等捕获审检厅。

第二十七条　凡逾抗议期限而不抗议者，其原检定书即为确定。但因天灾或意外事变之障碍，准其声明，于原地方捕获审检厅查无虚伪，仍许抗议。

第二十八条　高等捕获审检厅接到抗议书后，除逾限抗议应依前条予以驳回外，如系检察官抗议，应誊送抗议书于诉愿人，如诉愿人抗议，应誊送于检察官，限于送达之翌日起十日内，递送答辩书。

第二十九条　高等捕获审检厅对于检定事实或证据，认为必要时，得自行调查或委托地方捕获审检厅重为调查。

第三十条　调查终结后，高等捕获审检厅应即开议，为书面之审检。但审定书之宣告仍公开之。

检定书应移送于地方捕获审检厅检察官，并将誊本送达于诉愿人。

第三十一条　审检事件确定后，应将检定书要旨登载于《政府公报》。

第三十二条　捕获审检厅在审检期间，关于被捕拿船舶及货物之保管，应委托于海军官署。

前项保管规则，由海军总长规定之。

第三十三条　检定捕获之船舶或货物，属于国库。

第三十四条　检定之执行由地方捕获审检厅检察官行之。检察官关于检定之执行，得请求海军官署及警察官吏之协助。

第三十五条　关于审检程序之细则，由捕获审检厅自行规定

第三章　附则

第三十六条　本条例自公布日施行。

〔政府公报，1917年10月31日，第643号〕

6.萨镇冰关于建筑葫芦岛军舰停泊处咨呈

（1920年3月）

海军部为咨呈事：本年二月二十八日《政府公报》内载：大总统令：派周肇祥督办葫芦岛商埠事宜。此令。等因。查民国四年六月，外交部主稿，会同内务、财政、海军、农商、交通等部议复葫芦岛开埠筹办情形案内，曾声明自旅顺、威海租借以后，北方一带无我国军舰停泊屯煤澳所，每际冬令南下避冻，种种不便，若该岛辟成商埠，再有船坞，平时藉资修理船只，冬令亦可驻泊，大足为军港之补助，将来筹费开办，应多筹一款，以备建筑军舰停泊处所之用，于海军前途实有裨益。等语。并奉大总统批令：

准如所拟办理，即由各该部转行奉天巡阅使遵照。此令。在案。此次葫芦岛商埠已奉大总统令派周肇祥督办，本部自应依照原案，酌派海军上级军官前赴该岛，与周肇办商量划地办理军港事宜。至开辟港坞所需军费若干，应俟所派之员前赴该处相度情势，妥为筹划，呈复到日，再行另案呈请察核外，相应咨呈，请烦查照前案，分行与议各部暨奉天张巡阅使、周督办知照，并希示复，以凭办理。此咨呈

国务院

海军总长　萨镇冰

〔北洋政府国务院档案〕

7.萨镇冰为拟定海军吉黑江防司令公署编制令草案请鉴核呈

（1920年5月22日）

海军总长萨镇冰呈大总统，拟订海军吉黑江防司令公署编制令草案，呈请鉴核文（附草案）

为本部拟定海军吉黑江防司令公署编制令草案，业经阁议公决缮呈鉴核伏候明令公布事：窃查筹办吉黑江防一案，前经阁议决定后，本部业于上年七月间呈派海军少将、本部视察王崇文为吉黑江防筹办处处长，前往哈尔滨设处筹办，当派军舰四艘，驶赴该处，以资布置，并声明俟布置就绪，再订编制请简司令，以专责成各在案。昨据该处长呈称，奉令赴哈，正筹办间，适因与俄发生交涉，所到军舰俱停泊庙街，幸在停顿时间，与戊通公司商定准让钢质商船三艘改造军舰，并准鲍督军允拨巡江舰一艘，藉资调遣。至办公地点及停泊码头，应用各地段，亦适属该公司之产，均已商让划定。拟设修理厂之机器，系与俄商商购，已有成议。再，炮台需炮四尊，亦经沪署修竣，听候装运。且停泊庙街

四军舰，现准俄新政府允许上驶，不日即可抵防。所有奉令筹办江防业已大致就绪，理合遵照原案，请订编制，简派司令，以符名实。等情前来。本部当准予照案拟订海军吉黑江防司令公署编制令草案，咨送国务院，请提出阁议在案。兹准国务院函开：此案经国务会议议决照办，相应函达查照呈办，各等因到部。理合将本部拟订海军吉黑江防司令公署编制令各缘由，缕晰具陈，并将该编制令草案缮具清本，恭呈钧鉴，伏乞察核后明令公布，俾得施行，实为公便。谨呈。九年五月二十二日。已奉指令。

海军吉黑江防司令公署编制令〔略〕

〔政府公报，1920年5月31日，第1534号〕

8.海军部为海军吉黑江防司令公署暂行办事细则准予暂照施行指令

（1920年11月4日）

海军部指令

令海军吉黑江防司令王崇文

电请将该公署办事细则迅予发表由

俭电悉。前据该司令拟订江防公署办事细则，尚待详定。既据电称亟须实行，即准暂照施行，容再公布。合行令仰该司令即便遵照。此令。细则附发。

中华民国九年十一月四日

海军总长　萨镇冰

海军吉黑江防司令公署暂行办事细则

第一条　海军吉黑江防司令公署之办事，均依本细则行之。

第二条　海军吉黑江防司令对于舰艇之调遣，须随时呈报海军部。

第三条　海军吉黑江防司令应督率舰艇，每年会操一次，并将其成绩呈报海军部。

第四条　海军吉黑江防司令每年按定期照翌年会计年度，将所属舰艇及各机关拟欲执行之事，造成明细预算表，提呈海军部。

第五条　海军吉黑江防司令对于所属各机关职员及舰队官佐，如有进退升降及特赏重罚之事，应呈请海军部核夺施行。

第六条　海军吉黑江防司令对于练习生及准尉官以下，如有进退升降及特赏重罚之事，得酌量施行。

第七条　海军吉黑江防司令对于所属官佐，遇有缺出，除随时派员代理，并呈报海军部备案外，至任用人员，应依照海陆军军职任用暂行规则第八条办理。

第八条　海军吉黑江防司令应随时巡阅各舰艇及所属各机关，考查成绩。

第九条　海军吉黑江防司令若因事故不能执行其职务时，得令资深参谋暂行代理，并呈报海军部。

第十条　参谋掌事务如左：

一、关于吉黑江防防御计划事项；

二、关于舰队及陆战队调遣、服役事项；

三、关于松、黑沿江各处警备事项；

四、关于出师准备及作战计划事项；

五、关于舰队、陆战队及炮台之操演及检阅事项；

六、关于教育及训练事项；

七、关于交通及运输事项；

八、关于谍报事项；

九、关于官佐进退、任免、调换事项；

十、关于履历书并考绩事项；

十一、关于叙勋、褒奖、赏罚、恩恤事项；

十二、关于各舰并陆上各机关枪械、火药、子弹及其他军用器械之保管、试验、检查、修理事项；

十三、关于各舰艇舱面杠具之册报、稽核事项。

第十一条　副官掌事务如左：

一、关于仪制、礼式、服制、旗章事项；

二、关于接待来宾、宣传命令事项；

三、关于本公署雇员、兵役事项；

四、关于本公署庶务事项；

五、关于本署军纪、风纪事项；

六、关于管理秘密图书及其贷与事项；

七、关于休假事项。

第十二条　书记官长、书记官掌事务如左：

一、关于管理机要文件并办理文牍事项；

二、关于收发公文及保存案卷事项；

三、关于典守印信事项。

第十三条　轮机课掌事务如左：

一、关于轮机官之勤务事项；

二、关于轮机官应管之船体、轮机、器械、无线电机及其他附属各器具事项；

三、关于轮机部之教育、训练事项；

四、关于各舰艇轮机成绩之统计及报告事项；

五、关于各舰艇轮机及其他附属各机器之制造、修理事项；

六、关于各舰艇轮机及其他附属各机器之检察、试验事项；

七、关于各舰艇机舱杠具、煤斤并五金料件之册报、稽核事项；

八、关于轮机部人员之考绩、升调事项。

第十四条　军需课掌事务如左：

一、关于所管岁出岁入之预算、决算事项；

二、关于所管岁出岁入之收支事项；
三、关于各舰艇及所属各机关军人、军属之俸饷事项；
四、关于储金及账簿之保管、检查事项；
五、关于各舰艇及所属各机关应用物品之购办事项；
六、关于雇佣工役及购办物品契约之订定保管事项；
七、关于煤、粮、被服之购办、保管及供给事项；
八、关于一切物品及账簿之检查事项。
第十五条　军医课掌事务如左：
一、关于军医官及看护长以下之勤务事项；
二、关于军医官及看护长以下之教育、训练事项；
三、关于军人体格之考验事项；
四、关于诊察应得恩恤之病伤事项；
五、关于传染病之预防及诊治事项；
六、关于各舰艇并陆上各机关卫生事项；
七、关于病院事项；
八、关于平时、战时治疗物品之预备事项。
第十六条　本细则如有未尽事宜，得酌量情形，随时呈请海军部修正。
第十七条　本细则自公布日施行。

〔北洋政府零散军事档案汇集〕

9．关于将暂编海军陆战队旅团部裁撤规复营制呈令

（1925年4月20日）

（1）林建章呈

海军总长林建章呈临时执政，请将暂编海军陆战队旅部、团部裁撤，规复从前营制文

为请将暂编海军陆战队旅部、团部一律裁撤，规复从前营制事：查职部于民国十二年五月间呈报，驻闽海军陆战队改编为混成旅，并由部暂派旅长，饬其办理改编事宜。是年十月国务院摄行政府之时明令，任命杨砥中为暂编海军陆战队第一混成旅旅长，林忠、马坤贞为暂编海军陆战队第一混成旅团长。惟查该旅成立之后，经费既增，尤难筹款，而成绩亦复平常，应请将海军陆战队之旅、团长各职先行裁撤，规复从前营制，仍暂归海军部总务厅直接管辖。其派驻京外海军各机关局、所者，即由该机关、局、所长官管辖，仍归海军总司令节制。至善后办法，容详拟另呈。倘蒙允准，即请明令公布，以资整理而符旧制。是否有当，伏乞鉴核训示施行。谨呈。十四年四月二十日。已奉明令。

〔政府公报，1925年5月9日，第3270号〕

(2) 临时执政令

临时执政令

海军总长林建章呈：驻闽海军陆战队自改编混成旅后，经费增加，成绩平常，应请将海军陆战队旅、团长各职先行裁撤，规复从前营制等语。海军陆战队旅、团长各职，著即一律裁撤，规复旧制，暂归海军部总务厅直接管辖。其派驻京外海军各机关、局、所者，即由该机关、局、所长官管辖。并著该部迅拟善后办法，呈核施行，以资整理。此令。

海军总长　林建章

中华民国十四年四月二十日

〔政府公报，1925年4月21日，第3252号〕

10．临时执政公布修正海道测量局条例令

（1925年5月30日）

临时执政令

兹修正海道测量局条例公布之。此令。

海军总长　林建章

中华民国十四年五月三十日

修正海道测量局条例

第一条　海道测量局隶属于海军总长，掌海道测量一切事项。

第二条　海道测量局设于上海。

第三条　海道测量局置左列各股：

一、总务股；

二、测量股；

三、制图股；

四、海事股。

第四条　总务股职掌如左：

一、关于划定领海界线事项；

二、关于规划战时各口引水事项；

三、关于规划战时管辖灯楼、灯船事项；

四、关于规划设置沿海无线电、罗经台事项；

五、其他不属于各股之事项。

第五条　测量股职掌如左：

一、关于练习及实行测量事项；

二、关于通告海道变更情形事项。

第六条　制图股职掌如左：

一、关于审核及保管测量草图事项；

二、关于刊行海图事项。

第七条　海事股职掌如左：

一、关于计划新测港口行船事项；

二、关于筹备新测港口管港事项；

三、关于编辑各港口之地志事项。

第八条　海道测量局设置职员如左：

局长一人	简任
副局长一人	荐任
股长四人	荐任
技师若干人	聘任
股员若干人	委任
局副官一人	委任
书记官二人	委任

技师及股员之员额，由局长呈报海军总长核定。

第九条　局长综理局务，监督所属职员，并指挥测量船只。

第十条　副局长辅助局长整理局务。

第十一条　股长承局长之命，掌本股所辖事务。

第十二条　技师承局长之命，商同股长办理指定技术事务。

第十三条　股员承长官之命，分理各股事务。

第十四条　局副官传达局长命令，办理一切庶务。

第十五条　书记官承局长之命，办理文牍及机要事务并管理卷宗。

第十六条　海道测量局职员之任用，由海军总长分别依照现行法令行之。

第十七条　海道测量局因缮写文件及襄理杂务，得酌用雇员。

第十八条　海道测量局办事规则，由海军总长以部令定之。

第十九条　本条例自公布日施行。

〔政府公报，1925年5月31日，第3292号〕

11．临时执政公布全国海岸巡防处官制令

（1925年7月10日）

临时执政令

兹制定全国海岸巡防处官制公布之。此令。

海军总长　林建章

中华民国十四年七月十日

全国海岸巡防处官制

第一条　全国海岸巡防处直隶于海军总长，综辖全国海岸巡防事宜。

第二条　沿海各岸设巡防分处办理左列事务：

一、警卫海岸；

二、救防灾害；

三、传报风警；

四、辅助航术。

第三条　巡防分处之管辖区域，由海军总长划定，呈由临时执政以命令定之。

第四条　每巡防分处得酌备专用之军舰及附属船只。

前项舰船之拨备，由海军总长以部令定之。

第五条　巡防分处于管辖区域内，遇有国际上应行制止事宜，除临机处置外，应随时呈报全国海岸巡防处处长，并得商请附近舰队办理。

第六条　关于灾害救防事宜，遇有紧急或重大情形时，巡防分处得照会地方水上警察官署附近盐务缉私船只或陆军军队，协同办理。

第七条　全国海岸巡防处置职员如左：

处长一人　简任　以海军少将或上校充之

参谋一人 荐任 以海军中校或少校充之

课长六人 荐任 以海军中校、少校或同等官充之

副官二人 委任 以海军少校、上尉或中尉充之

课员十六人至二十四人 委任 以海军少校、上尉、中尉或同等官充之。

第八条 巡防分处置职员如左：

分处长一人 荐任 以海军中校或少校充之

技正一人 荐任

处员四人 委任 以海军上尉、中尉或同等官充之

技士一人至三人 委任

医官一人至三人 聘任或委任

第九条 全国海岸巡防处及巡防分处关于国际上事务，得聘任助理员。

第十条 全国海岸巡防处及巡防分处职员之任用，由海军总长分别依照现行法令行之。

第十一条 全国海岸巡防处及巡防分处因缮写文件及襄理杂务，得酌用雇员，其员额由处长定之。

第十二条 全国海岸巡防处及分处办事规则，由海军总长以部令定之。

第十三条 本条例自公布日施行。

〔政府公报，1925年7月11日，第3331号〕

12. 海军陆战队营制

（？年）

海军陆战队营制

第一条 海军部就原有海军陆战队照陆军编制法暂行编制一营，以为临时警备之用。

第二条　海军陆战队隶属于海军部。

第三条　海军陆战队一营，置左列各项职员：

营长　一　少校

营副　一　上尉

连长　四　上尉

排长　十二　中尉

军医官　一　一二等军医官

军需官　一　一二等军需官

书记官　一员

除前各项职员外，应用准尉官四员，司书生四员。

第四条　除前条职员外，海军陆战队全营士兵、夫役之额数，应依海军陆战队全营编制表。

第五条　营长承所属长官之命，管理全营教育训练及军纪、风纪，并指挥所属各职员。

第六条　营长对于所属职员遇有出缺或其他事故不能执行职务时，得派所属其他职员暂行代理，一面详报所属长官。

第七条　营长得制定全营教练课目及其他一切规则，详报所属长官核准施行。

第八条　营副承营长之命，掌理全营一切庶务，并宣传命令及接待来宾等事。

第九条　连长、排长承营长或所管连长之命，分任所管部队之教育训练，并军纪、风纪及其他一切事务。

第十条　军医官承营长之命，掌理全营卫生及治疗事务。

第十一条　军需官承营长之命，掌理全营给与事务。

第十二条　书记官承营长之命，掌管往来一切文牍。

第十三条　本制自奉大总统批准之日施行。

中华民国三年十月十九日呈准

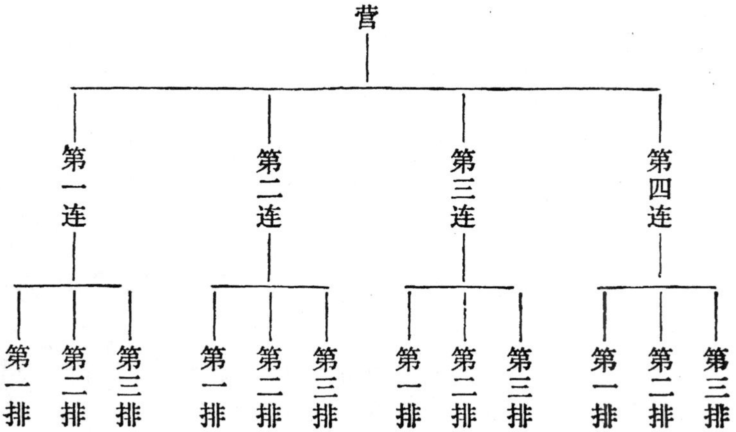

说明：

每排兵四十人。

每连兵一百二十人。

一营合计兵四百八十人。

每连信号军士一人，号兵二人，一营合计十二人。

全营置修械军士一人，枪匠四人，皮匠四人，看护兵四人。

每排须军士四人，每连十二人，一营共计四十八人。

每排置排长一员，计十二员。

每连置连长一员，计四员；每连置司务长一员，计四员，以准尉官充之。

营长一员，营副一员，军医官一员，军需官一员，书记官一员，司书生四员。

统计军官佐及士兵共五百八十二员名。

外杂役二十四名。

〔北洋政府零散军事档案汇集〕

三、海军总司令处（公署）

1. 海军部为改铸海军总司令等印信请核定呈暨大总统批

（1912年12月2日）

海军部呈大总统，酌拟改铸海军总司令等印信印文缮摺请核定文，并批

为呈请事：案查本部所属左右司令，业已另文呈请改为第一第二舰队司令，计登钧鉴。查总司令暨舰队司令为全军最高机关，从前成立时，由南京海军部刊发木质关防，暂资行用，现官制已定，亟应一体改颁印信，以昭慎重。查前此关防，冠以中华民国四字，似对前清未逊位以前而言，现惟驻外各代表有此四字，若仍沿用，按诸现今名义，实有未安〔妥〕。除所属各军舰拟由部统行改换关防颁发，文曰某某军舰舰长关防八字，以归划一外，所有海军总司令暨第一第二舰队司令，拟请改颁印信。理合缮具清摺，呈请大总统核定后，发交印铸局查照等级，另铸新印颁发，俾资信守。再，海军总司令应以中将充之，第一第二舰队司令应以少将充之。理合陈明。谨呈。

批：据呈已悉。交国务院查照办理。此批。

中华民国元年十二月初二日

国务总理　赵秉钧

陆军总长　刘冠雄

谨将拟请改发海军总司令暨第一第二舰队司令印信之文缮具清摺，恭呈钧鉴。

计开：

海军总司令印　海军第一舰队司令之印　海军第二舰队司令

之印

〔政府公报，1912年12月4日，第217号〕

2. 海军总司令处条例

（? 年9月18日）①

海军总司令处条例

第一条　总司令应驻海军总司令处。

第二条　总司令管理所属舰队并厂坞、练营、医院各事宜。

第三条　总司令有派遣部下舰艇巡防江海等处之权，但须呈报海军部。

第四条　总司令应每年督率部下舰艇操演二次，并将其成绩呈报海军部。

第五条　总司令得定部下舰队司令之旗舰，若有更换，须呈报海军部。

第六条　凡地方长官为维持地方安宁请求兵力，当事急无暇请示时，总司令得以便宜行事，一面即将情由呈报海军部。

第七条　总司令每年按定期照翌年会计年度将该年部下舰艇及所属各处欲执行之事，造成明细预算表，提呈海军部。

第八条　总司令所属官佐，如有进退升降及特赏重罚之事，须呈请海军部核准施行，但练习生及准尉官以下，总司令得以酌量施行。

第九条　总司令所属官佐，遇有缺出，有派员代理之权。

第十条　总司令得制定部下舰艇及所属各处部署细则，仍须呈报海军报。

第十一条　总司令可随时巡阅部下各舰艇并所属各处考查成绩。

---

① 此件无年代，当内容推断，当在1913—1915年之间。

第十二条　总司令若因事故不能执行职务时，可由舰队司令暂行代理，并呈报海军部。

第十三条　总司令处应置左项职员：

参　谋	三	（上中少校、上尉）
副　官	二	（中少校、上尉）
秘　书	三	
军衡长	一	（上中少校）
军衡员	一	（少校、上尉）
军械长	一	（上中少校）
军械员	一	（少校、上尉）
轮机长	一	（轮机上中少校）
轮机员	一	（轮机少校、上尉）
军需长	一	（军需大中少监）
军需员	五	（军需少监、一等军需官）
军医长	一	（军医大中少监）
执法官	一	

除右列职员外，为处理事务，得酌用技士、技手、军士长、准尉官及相当官雇员、兵役等若干人。

第十四条　参谋承总司令之命，所掌事项如左：

一、关于港湾防御计划事项；

二、关于所辖舰艇、军队调遣服役事项；

三、关于江海各处警备事项；

四、关于出师准备及作战计划事项；

五、关于操演及检阅事项；

六　关于教育及训练事项；

七、关于交通及运输事项；

八、关于谍报事项。

第十五条　副官承总司令之命，所掌事项如下：

一、关于仪制、礼式、服制、旗章事项；

二、关于接待来宾、传宣命令事项；

三、关于总司令处雇员、佣人事项；

四、关于总司令处庶务事项；

五、关于总司令处军纪、风纪事项；

六、关于管理秘密图书及贷与展览事项。

第十六条　秘书承总司令之命，所掌事项如左：

一、关于管理文牍事项；

二、关于收发公文及保存案卷事项；

三、关于典守印信事项。

第十七条　军衡长承总司令之命，督同军衡员，所掌事项如左：

一、关于总司令所属部下之进退、任免、转补等事项；

二、关于总司令所属部下之履历书及考绩等事项；

三、关于总司令所属部下之叙勋、褒章、赏罚等事项；

四、关于总司令所属部下之休假事项；

五、关于总司令所属部下定额之补充及调换等事项；

六、关于总司令所属部下之恩恤等事项；

七、关于以上各项报告及统计等事项。

第十八条　军械长承总司令之命，督同军械员，所掌事项如左：

一、关于各舰、营枪炮、水雷、鱼雷、火药、子弹及其他军用器械，并一切附属物品之供给、修理等事项；

二、关于陆上储存枪炮、水雷、鱼雷、火药、子弹及其他军用器械，并一切附属物品之保管、整顿等事项；

三、关于制造、购买枪炮、水雷、鱼雷、火药、子弹及其他军用器械，并一切附属物品之试验、检查等事项；

四、关于各舰、营枪炮、水雷、鱼雷、火药、子弹及其他军用器械，并一切附属物品之调查、统计等事项。

第十九条　轮机长承总司令之命，督同轮机员，所掌事项如左：

一、关于轮机官之勤务事项；

二、关于轮机官应管之船体、轮机、器械事项；

三、关于轮机部之教育训练事项；

四、关于各舰艇轮机成绩之统计及报告事项；

五、关于各舰艇轮机之制造、修理事项；

六、关于各舰艇轮机之检察、试验事项；

七、关于出师准备时轮机部应管事项。

第二十条　军医长承总司令之命，所掌事项如左：

一、关于军医官及看护长以下之勤务事项；

二、关于军医官及看护长以下之教育、训练事项；

三、关于军人之体格等事项；

四、关于诊察应得恩恤之病伤事项；

五、关于传染病之预防及诊治事项；

六、关于各舰艇并陆上各署卫生事项；

七、关于海军病院事项；

八、关于平时、战时治疗物品之预备事项。

第二十一条　军需长承总司令之命，督同军需员，所掌事项如左：

一、关于所管岁出岁入之预算、决算事项；

二、关于所管岁出岁入之收支事项；

三、关于各舰艇及所属各处军人、军属之俸饷事项；

四、关于储金及帐簿之保管、检查事项；

五、关于各舰艇及所属各处应用物品之□〔购〕办事项；

六、关于雇佣工役及购办物品契约之订定、保管事项；

七、关煤、粮、被服之购办、保管及供给事项；

八、关于一切物品及其帐簿之检查事项。

第二十二条　执法官承总司令之命，所掌事项如左：

一、关于海军刑法、海军治罪法之适用事项；

二、关于军事司法警察及捕获审查事项；

三、关于军法会议等事项；

四、关于海军监狱事项；

五、关于犯罪之审问、宣告判决、执行判决事项；

六、关于军事犯逮捕事项；

七、关于赦免及移送军事犯事项；

八、关于申报终结一切案件事项。

第二十三条　本条例如有未尽之处，总司令可随时呈请海军部核定施行。

九月十八日议定

〔北洋政府零散军事档案汇集〕

3．海军部请任海军总轮机处长并拟该处条例草案奏摺暨批令

（1916年1月21日）

海军部奏，开单请简海军总轮机处处长，并缮拟条例草案，请鉴摺（附编制二件）

奏为开单请简海军总轮机处处长，并缮拟条例草案进呈钦定，恭摺具陈，仰祈圣鉴事：窃臣部奏请裁撤海军总司令处，另设海军总轮机处暨转运机关一摺，洪宪元年一月十日政事堂奉批令：准如所拟办理。此令。钦遵到部。当经饬知该裁缺总司令暨各司令、练营、医院在案。查全军轮机事务繁赜，责任重大，未便一日乏人管理，致滋旷误。所有应设海军总轮机处处长，拟请定为简任，自应于现役海军轮机人员中择其资格较深官阶相符办事成

绩卓著者开列清单，恭候策令简任。并将前拟该处条例草案修正缮呈御览，恳请钦定公布。至该处所属人员及附设海军转运机关各员，应俟另案办理。所有开单请简海军总轮机处处长暨修正该处条例草案恭候钦定公布各缘由，是否有当，伏乞皇上圣鉴训示。谨奏。

政事堂奉批令：所拟草案二件，业经政事堂饬法制局审定为暂行编制，应准先行试办。此令。

洪宪元年一月二十一日

国务卿　陆征祥

海军总轮机处暂行编制

第一条　海军总轮机处应设于海军各舰艇江海适中之地，直隶于海军部。

第二条　海军总轮机处置职员如左：

海军总轮机长一人	轮机中少将	简任	副长一人	轮机上中校	荐任
书记长一人	中少校相当文官	荐任	书记官一人	上中尉相当文官	委任
电务正一人	轮机中少校	荐任	轮机正一人	轮机中少校	荐任
技士三人	轮机上中尉	委任			

除前项职员外，为处理事务缮写文件，得酌用轮机军士长及雇员若干人。

第三条　海军总轮机长主管海军轮机全部事务，并负完全责任。其与各舰队司令有连带责任者，应会同办理。

第四条　海军总轮机长承海军总长之命，督同各员掌理事项如左：

一、关于勘验海军各舰艇修改制造事项；

二、关于稽核各厂坞为各舰艇修理工程料件等事项；

三、关于随时履勘并试验各舰艇机锅器械及舰体等事项；

四、关于稽核海军各舰艇所用煤炭材料等事项；

五、关于轮机全部之教育训练事项；

六、关于考察各舰队轮机人员之成绩及分别举劾事项；

七、关于轮机之报告日记及统计各事项；

八、关于平时、战时轮机全部应行准备计划事项；

九、关于海军各舰艇电机事项；

十、关于保管海军轮机各种图书事项。

第五条　副长承长官之命，襄理前条所列各事项。

第六条　书记承长官之命，掌理事项如左：

一、关于办理文牍事项；

二、关于典守印信及收发文件、保管案卷事项。

第七条　书记官承长官之命，辅助书记长管理一切文件事项。

第八条　电务正承长官之命，掌理事项如左：

一、关于各舰艇电机、电器之配置及保护使用各事项；

二、关于勘验海军电机、电线修改工程等事项；

三、关于海军电务人员及生徒之教育训练各事项；

四、关于考察海军电务人员之勤惰及其成绩事项；

五、关于检察海军各舰艇附属炮械、鱼雷之各电器事项；

六、关于管理海军无线电电机及报告各事项。

第九条　轮机正承长官之命，助理一切应办各事项。

第十条　技士承长官之命，掌理关于轮机各种技术事项。

第十一条　本编制自批准日施行。

海军转运局暂行编制

第一条　海军转运局附设于海军总轮机处，归海军总轮机长管辖。

第二条　海军转运局置职员如左：

局长一人　上中校或同等官　荐任

局员二人　少校、上尉或同等官　委任

第三条　局长承长官之命，掌理海军火药、器械及其他军需物品之收发、输运、保管事项。

第四条　局员承长官之命，佐理前条各事项。

第五条　除第二条规定职员外，为处理事务缮写文件，得酌用雇员。

第六条　海军转运局得置卫兵、军役若干人，专管保卫及护送各事项。

第七条　本编制自批准日施行。

〔政府公报，1916年1月28日，第23号〕

4．海军部颁发海军总轮机处关防奏

（1916年2月5日）

海军部奏，海军总轮机处关防由部刊发，恭摺具报摺

奏为海军总轮机处关防由部刊发，恭摺具报，仰祈圣鉴事：窃查海军总轮机处暂行编制，臣部业于本年一月二十一日奏准在案。三十日政事堂奉策令：任命王齐辰为海军总轮机处处长。等因。此令。钦遵到部。臣部遵即刊就木质关防一颗，文曰：海军总轮机处关防，于本年二月一日颁发该处长祗领钤用，俾昭信守。除开用日期应俟该处长详由臣部另案奏报外，所有颁发关防缘由，理合恭摺具陈，伏乞皇上圣鉴。谨奏。

政事堂奉批令：悉。此令。

洪宪元年二月五日

国务卿　陆征祥

〔政府公报，1916年2月11日，第36号〕

5. 大总统公布海军总司令编制令令

（1918年7月23日）

大总统令

兹制定海军总司令公署编制令公布之。此令。

中华民国七年七月二十三日

国务总理　段祺瑞

海军总长　刘冠雄

教令　第三十号

海军总司令公署编制令

第一条　海军总司令于驻在地方设海军总司令公署，直隶于海军部。

第二条　海军总司令公署置左列各课：

军衡课

军械课

轮机课

军需课

军法课

军医课

电务课

各课职掌，于本公署办事细则内规定之。

第三条　海军总司令公署置总司令一人，承海军总长之命，管理所属各舰队及练营、鱼水雷营、医院各事宜。

第四条　海军总司令于各地方长官为维持地方安宁请求兵力时，若因事急迫不及请示，得以便宜行事。但须随时呈报海军部。

第五条　海军总司令公署置参谋长一人，辅助总司令参赞军务。

第六条　海军总司令公署置参谋三人至六人，承总司令之命，辅助参谋长分任军事计划。

第七条　海军总司令公署置副官长一人，承总司令之命，掌理宣达本公署事务。

第八条　海军总司令公署置副官三人至六人，承长官之命，分掌宣达本公署事务。

第九条　海军总司令公署置书记官长一人，承总司令之命，掌理文牍事务。

第十条　海军总司令公署置书记官三人，承长官之命，分掌文牍事务。

第十一条　海军总司令公署各课置课长一人，承总司令之命，掌理课务。

第十二条　海军总司令公署各课置课员，并因事务之必要置

海军总司令公署官职表

职别	总司令	参谋长	参谋	副官长	副官		课长	课员技士	书记官长	书记官	
官阶	上中将	少将上校	上中少校	上中校	中少校	上尉	上中校及同等官或相当文官	少校、上中尉及同等官或相当文官	上中校相当文官	中少校相当文官	上尉相当文官
任别	特任	简任	荐任	同上	同上	委任	荐任	委任	荐任	荐任	委任

技士，承长官之命，助理课务。课员、技士之员额，由海军总司令酌量配置，呈请海军部核定。但总额至多不得逾三十人。

第十三条　海军总司令公署为处理事务，得酌用军士长、准尉官、技手、雇员、兵役若干人。

第十四条　海军总司令公署办事细则，另由总司令拟订，呈请海军部核定之。

第十五条　本编制令自公布日施行。

第十六条　本编制令公布后，前公布之海军总司令处条例即废止之。

〔政府公报，1918年7月24日，第897号〕

6．海军部公布海军总司令公署办事细则令

（1918年9月23日）

海军部令　第八四号

兹制定海军总司令公署办事细则特公布之。此令。

中华民国七年九月二十三日

海军总长　刘冠雄

海军总司令公署办事细则

第一条　总司令公署之办事，均依本细则行之。

第二条　总司令对于舰艇之调遣，须随时呈报海军部。

第三条　总司令应督率舰艇每年会操一次，并将其成绩呈报海军部。

第四条　总司令对于舰队司令旗舰之指定或更换时，须呈报海军部备案。

第五条　总司令每年按定期照翌年会计年度，将部下舰艇及所属各处拟欲执行之事，造成明细预算表，提呈海军部。

第六条　总司令对于所属官佐，如有进退、升降及特赏、重罚之事，须呈请海军部核准施行。但练习生及准尉官以下，总司

令得酌量施行。

第七条　总司令对于所属官佐遇有缺出，除随时派员代理并呈部备案外，至任用人员应依照海陆军军职任用暂行规则第八条办理。

第八条　总司令应制定舰艇及所属各处部署细则，仍须呈报海军部。

第九条　总司令应随时巡阅各舰队、营、院及所属各处，考查成绩。

第十条　总司令若因事故不能执行其职务时，得令舰队司令或参谋长暂行代理，并呈报海军部。

第十一条　总司令公署除照编制令第二条设置各课外，并应设置左列各处：

参谋处　副官处　书记官处

第十二条　参谋处掌事务如左：

一、关于江海防御计划事项；二、关于所辖舰艇军队调遣、服役事项；三、关于江海各处警备事项；四、关于出师准备及作战计划事项；五、关于舰队之操演及检阅事项；六、关于教育及训练事项；七、关于交通及运输事项；八、关于谍报事项。

第十三条　副官处掌事务如左：

一、关于仪制、礼式、服制、旗章事项；二、关于接待来宾、传宣命令事项；三、关于总司令公署雇员、兵役事项；四、关于总司令公署庶务事项；五、关于总司令公署军纪、风纪事项；六、关于管理秘密图书及贷与展览事项。

第十四条　书记官处掌事务如左：

一、关于管理机要文件并办理不属各课之文牍事项；二、关于收发公文及保存案卷事项；三、关于典守印信事项。

第十五条　军衡课掌事务如左：

一、关于进退、任免、转补事项；二、关于履历书及执照并考绩事项；三、关于叙勋、褒章、赏罚事项；四、关于休假事项；五、关于人员之补充及调换事项；六、关于恩恤事项；七、关于以上各项报告及统计事项。

第十六条　军械课掌事务如左：

一、关于各舰、营枪炮、水雷、鱼雷、火药、子弹及其他军用器械并一切附属物品之供给、修理事项；二、关于陆上储存枪炮、水雷、火药、子弹及其他军用器械并一切附属物品之保管整顿事项；三、关于制造、购买枪炮、水雷、鱼雷、火药、子弹及其他军用器械并一切附属物品之试验检查事项；四、关于各舰、营枪炮、水雷、鱼雷、火药、子弹及其他军用器械并一切附属物品之调查、统计事项；五、关于各舰艇舱面、杠具之册报、稽核事项。

第十七条　轮机课掌事务如左：

一、关于轮机官之勤务事项；二、关于轮机官应管之船体、轮机、器械事项；三、关于轮机部之教育训练事项；四、关于各舰艇轮机成绩之统计及报告事项；五、关于各舰艇轮机之制造、修理事项；六、关于各舰艇轮机之检察、试验事项；七、关于出师准备时轮机部应管事项；八、关于各舰艇机舱、杠具及年领煤斤并五金料件之册报、稽核事项；九、关于轮机部人员之考绩及考核、升调事项。

第十八条　军需课掌事务如左：

一、关于所管岁出、岁入之预算、决算事项；二、关于所管岁出、岁入之收支事项；三、关于各舰艇及所属各处军人、军属之俸饷事项；四、关于储金及账簿之保管、检查事项；五、关于各舰艇及所属各处应用物品之购办事项；六、关于雇佣工役及购办物品契药之订定、保管事项；七、关于煤、粮、被服之购办、保管及供给事项；八、关于一切物品及账簿之检查事项；九、关于各舰艇舱面、年领五金料件之册报、稽核事项。

第十九条　军法课掌事务如左：

一、关于海军刑事条例、海军审判条例之适用事项；二、关于捕获审检事项；三、关于军法会审事项；四、关于海军监狱事项；五、关于犯罪之审问、宣告判决、执行判决事项；六、关于军事犯之逮捕事项；七、关于赦免及移送军事犯事项；八、关于申报终结一切案件事项。

第二十条　军医课掌事务如左：

一、关于军医官及看护长以下之勤务事项；二、关于军医官及看护长以下之教育训练事项；三、关于军人体格之考验事项；四、关于诊察应得恩恤之病伤事项；五、关于传染病之预防及诊治事项；六、关于各舰艇并陆上各机关卫生事项；七、关于海军医院及海军养病院所事项；八、关于平时战时治疗物品之预备事项。

第二十一条　电务课掌事务如左：

一、关于考核各舰艇电务人员之勤务事项；二、关于各舰艇电机、无线电机及其他附属器具之购置及供给、修理并稽核电务部年领五金料件事项；三、关于各舰艇电机、无线电机及其他附属器具之检查、试验及保管事项；四、关于各舰艇电务成绩之统计报告及电务部各项册报稽核事项；五、关于出师准备时电务部应管事项；六、关于电务部教育训练事项。

第二十二条　本细则如有未尽事宜，得酌量情形随时呈请海军部修正。

第二十三条　本细则自公布之日施行。

〔政府公报，1918年9月26日，第959号〕

7. 大元帅公布海军总司令公署条例令

（1928年2月4日）

大元帅令

兹制定海军总司令公署条例公布之。此令。

国务总理　潘复　军事总长　何丰林

中华民国十七年二月四日

海军总司令公署条例

第一条　海军总司令直隶于大元帅，管理国防用兵事宜，指挥监督所属各舰队及各附属机关，随时报告于军事部，凡关于海军行政事务，并受军事部之监察指示。

第二条　海军总司令于海军根据地，设海军总司令公署。

第三条　海军总司令公署置副司令一人，辅助总司令整理本署事务，并监督所属各舰队及各附属机关。

第四条　海军总司令公署置参谋长一人，承总副司令之命，参赞军务。

第五条　海军总司令公署置参谋十五人，承总副司令之命，辅助参谋长分掌军务、军衡、军械及训练事务。

第六条　海军总司令公署置副官长一人，承总副司令之命，掌理宣达及一切庶务。

第七条　海军总司令公署置副官四人，承长官之命，分掌宣达及一切庶务。

第八条　海军总司令公署置轮机长一人，轮机员五人，承长官之命，掌理轮机事务。

第九条　海军总司令公署置军需长一人，军需员四人，承长官之命，掌理军需事务。

第十条　海军总司令公署置秘书长一人，秘书七人，承长官

海军总司令公署职员官级表

职别	官级	任别
总司令	上中将	特任
副司令	中将	特任
参谋长	少将、上校	简任
参谋	上校四 中校四 少校六 上尉一	荐任 荐任 荐任 委任
副官长	上中校	荐任
副官	中校一 少校二 上尉一	荐任 荐任 委任
轮机长	上中校	荐任

电报员	中尉一 上尉一 少校一	委任 委任 荐任
军医官	中少校	荐任
秘书	上尉或上尉同等官三 少校或少校同等官二 中校或中校同等官二	委任 荐任 荐任
秘书长	上中校或上中校同等官	荐任
军需员	上尉一 少校二 中校一	委任 荐任 荐任
军需长	上中校	荐任
轮机员	上尉二 少校二 中校一	委任 荐任 荐任

之命，掌理机要文牍并典守印信事务。

第十一条　海军总司令公署置军医官一人，承长官之命，掌理军医事务。

第十二条　海军总司令公署置电报员三人，承长官之命，掌理收发、翻译电报事务。

第十三条　海军总司令公署视事务之繁简，得酌设军士长及电报生。

第十四条　海军总司令公署因缮写文件及其他事务，得酌用雇员。

第十五条　海军总司令公署办事细则，由总副司令定之。

第十六条　海军总司令公署职员之官级，依附表所定。

第十七条　自本条例施行日起，海军总司令公署编制令废止之。

第十八条　本条例自公布日施行。

〔政府公报，1928年2月5日，第4226号〕

四、海军各舰队

1. 蓝建枢报告启用第一舰队司令印信呈暨批

（1913年1月19日）

海军少将、第一舰队司令蓝建枢呈大总统，报明启用印信暨缴销木质关防，请察验施行文，并批

为呈报事：中华民国元年十二月三十一日案奉海军部令开，案照本部前请将左右司令改为第一、第二舰队司令，并请颁发总司令暨第一、第二舰队司令印信两案，均呈奉大总统批准任命饬铸各在案。印信现已铸好，由部派员领回。除分行外，合钞前后两呈并第一舰队司令银质印信一颗令发，令到，该司令即便祗领，以资信守。仍将奉到印信并启用日期通报备案。所有该司令前用木

质关防，并仰呈报销毁。各等因。奉此。遵于二年一月一日启用印信。除将木质关防咨缴总司令并分别呈报咨行外，理合将启用日期具文呈报。为此备呈，伏乞察验施行。谨呈。

批：据呈已悉。此批。

中华民国二年一月十九日

国务总理　赵秉钧

海军总长　刘冠雄

〔政府公报，1913年1月21日，第255号〕

2．临时大总统著授郑汝成为海军中将令

（1913年1月21日）

临时大总统令

郑汝成授为海军中将。此令。

中华民国二年一月二十一日

国务总理　赵秉钧

海军总长　刘冠雄

〔政府公报，1913年1月22日，第256号〕

3．海军部为拟定义勇舰队条例草案与工商部往来公函

（1913年7月）

（1）海军部致工商部公函（7月10日）

海军部公函　二年往字第六五二号

迳启者：前据华侨代表谢碧田等呈，拟设立义勇舰队，并附简章，请予立案等情，曾由本部提交国务院公议。嗣经国务委员讨论结果，以兹事体重大，绝非一二少数资财所能举办，诚恐倡办之人，偶涉招谣谢影之弊，信用一失，此后实力举办，转多碍难，不得不慎之于始。拟请由海军部将组织义勇舰队应如何奖励

提倡，如何防范监督，各种办法详细研究，迅速规定颁布，俾兴办此事者有所遵守。其华侨谢碧田等呈，即批饬暂缓立案等情报告在案。兹由本部拟定义勇舰队条例草案二十七条，于提倡之中，仍寓防范之意。惟事关贵部，相应函送该草案一本，以备察核。并请派员于本月十六日上午九点钟来部会议，藉资研究而利进行。事关大计，即希查照赐复为幸。此致

工商总长　附义勇舰队条例一本

中华民国二年七月十日

义勇舰队条例

第一条　义勇舰队在平时，以为发展中华民国之商务及航海事业为任务。

第二条　义勇舰队平时直隶于交通部。

第三条　义勇舰队之营业，应准据商业原则施行。

第四条　政府对于义勇舰队，得于一定之期间内给以补助金。

第五条　义勇舰队之资本，由左列各项成之：

一、发起人之资本金；

二、募捐金；

三、营业收入金；

四、政府补助金。

第六条　凡组织义勇舰队者，应将发起人之资本金及组织细则，呈请海军部及交通部核准立案。

第七条　凡义勇舰队之募集金，除建造船舶外，一切不得支用。

第八条　凡义勇舰队营业上所得之利金，除正开销外，应永存为扩充费，发起人及捐助人不得分利。

第九条　凡义勇舰队所募集之资本金及准备金，除随时登报申明外，应永存于国家银行。

第十条　义勇舰队之组织机关，应设本部于首都或其他大商埠，另设支部于中外各商埠。

第十一条　本部及支部之组织，应由该部自行规定，惟本部部长应由政府任免，并由海军部、交通部派员充本部评议员，由审计处派员充本部会计检查员。

第十二条　本部部长及政府派员之俸给，由政府规定，仍由该本部支发。

第十三条　关于船舶之构造，应受海军部之指示，并由海军部派遣监造员监督一切。

第十四条　在义勇舰队平时开行之航路内，如有因公旅行之官吏、军人及移民或以政府命令指送公用货物等项，义勇舰队有输送之义务。

第十五条　义勇舰队平时营业，对于各项税金，应一律按照法律所规定缴纳。但军用物品或政府委托之件受有执照者，得免除税金。

第十六条　海军退役军人在义勇舰队，有就以下各职之优先权：

船长　船员　轮机员　技师　医员　水手　火夫

第十七条　义勇舰队所用之旗章，应由海军部规定颁发。

第十八条　义勇舰队原为政府补助机关，凡有捐资赞助者，应由本部长呈请政府，与以相当之奖励。

第十九条　凡关于义勇舰队奖励品及奖励规则，由政府规定之。

第二十条　义勇舰队在战时，应移隶海军部。

第二十一条　义勇舰队在战时凡授有任务者，应与军舰占同等之地位。

第二十二条　义勇舰队在战时因作战上之要求，得由海军酌配兵器，惟当战事竣后，应一律撤还。

第二十三条　凡战时得由海军部命令义勇舰队停止营业，以便随时召集。

第二十四条　义勇舰队在奉海军部召集令之三日内，应集合所指定之地点。但集合地点较远者，得临时展期。

第二十五条　义勇舰队在战时因公受伤或致沉没以及被敌捕获者，海军部应负相当之赔偿。

第二十六条　义勇舰队在战时著有战功者，海军部应与以相当之奖励，其船上人员，亦应与海军军人一律议勋。

第二十七条　义勇舰队在战时，得由海军酌配海军军人，其船长及其他船上人员，亦得由海军部任免。

（2）工商部复海军部公函稿（7月15日）

工商部公函

迳复者：本年七月十一日接准函开：本部拟定义勇舰队条例草案二十七条，送备察核，请派员于本月十六日上午九点钟来部会议等因前来。本部现派主事李振铎于是日前往贵部会议。相应函复查照饬司接洽可也。

此致

海军总长

〔北洋政府农商部档案〕

4．临时大总统公布海军练习舰队司令暂行条例令

（1913年9月30日）

临时大总统令

兹制定海军练习舰队司令暂行条例公布之。此令。

中华民国二年九月三十日

国务总理　熊希龄

海军总长　刘冠雄

教令　第三十六号

海军练习舰队司令暂行条例

第一条　练习舰队置职员如左：

司令一人

参谋一人（中少校）

副官二人（少校上尉）

轮机长一人（轮机中少校）

军需官一人（军需中少监）

除前项职员外，为处理事务，得酌用准尉官及雇员、兵役等若干人。

第二条　练习舰队司令承海军总长之命，指挥所属练习舰队，监督其教育训练。

第三条　练习舰队司令应常驻海军总长所指定之旗舰。

第四条　练习舰队教育纲领及教务规程，由练习舰队司令规定，呈请海军总长核准施行。

第五条　练习舰队司令维持部下之纪律，凡颁发各舰之各项则例规程，应严督遵行。

第六条　练习舰队司令对于所率舰队之安全，应负完全责任。

第七条　练习舰队司令遇船只触礁、碰撞、火灾及其他海难时，应令部下尽力救护，并将详情呈报海军总长。

第八条　练习舰队司令于所属官佐遇有缺出，得开单呈请海军总长核补。

第九条　练习舰队所属人员请假一月以上，应由练习舰队司令呈请海军总长核准，不满一月者，由练习舰队司令专许之。

第十条　练习舰队司令应时率所属舰队航历本国海洋港湾，令练习人员就其山川形势绘具图说，以资考核。

第十一条　练习舰队司令依海军总长之指定，率所属舰队航历外国时，须报告练习之成绩及到著出发之日期。

第十二条　练习舰队航抵外国时，得由练习舰队司令咨请本国驻在该国之外交官或领事官商准该国政府，令所属舰长督率练习人员参观其海军各机关，藉增知识经验。

第十三条　练习舰队航抵外国时，应由练习舰队司令预将舰队之行止电告本国驻该国之外交官或领事官。

第十四条　练习舰队司令应按年造具每半年之教育报告，呈报海军总长。

第十五条　参谋承练习舰队司令之命，掌事务如左：

一、补助练习舰队司令管理教育训练事项；

二、参预练习舰队之机密事项；

三、汇订练习舰队日记，并记录练习舰队每日之所在、行动、演习及其他重要事项；

四、在练习舰队中所经验之事实，有认为可供作海军战术之资料者，呈由练习舰队司令转呈海军总长；

五、参预军事会议，并掌其记录事项。

第十六条　副官承练习舰队司令之命，掌撰拟收发及保存文牍，并典守印信事项。

第十七条　轮机长承练习舰队司令之命，掌事务如左：

一、练习舰队出航及停泊之前，计划煤炭、淡水之补充，并关于轮机要之处理，具呈练习舰队司令；

二、监察练习舰队关于轮机之教育训练及管理轮机之事项；

三、检验所属各舰之汽机锅炉，并属于轮机部主管之器械事项；

四、审查关于轮机之报告；

五、稽察所属各舰轮机之制造修理事项；

六、考核各舰轮机之成绩及统计事项。

第十八条　军需官承练习舰队司令之命，掌事务如左：

一、关于所管岁入岁出之预算、决算事项；
二、关于所管岁入岁出之出纳事项；
三、关于所属各舰军人、军属之俸给事项；
四、关于储金及帐簿之保管、检查事项；
五、关于所属各舰应用物品之购置事项；
六、关于雇佣工役及购置物品、各契约之订定保管事项；
七、关于煤、粮、被服之购置、保管及供给事项；
八、关于一切物品及其帐簿之检查事项。
第十九条　本条例自公布日施行。

〔北洋政府零散军事档案汇集〕

5．饶怀文报告启用练习舰队司令印信呈暨批

（1913年10月12日）

署理练习舰队司令饶怀文呈大总统，报明启用印信日期文，并批

为呈报事：窃照本年八月十一日奉海军总司令处令开：案奉海军行营蒸电开：饶怀文著代理练习舰队司令，管理在沪各舰，并商承总司令筹画攻守各事宜。等因。奉此。合行令知。令到，该司令希即遵照。此令。等因，怀文遵于是日视事，业经电陈在案。旋于八月十七日奉海军行营令开：前因第一舰队司令沈寿堃因病辞职，经本总长呈请大总统准免其本职，并以堪胜署理司令各员呈请任命在案。兹奉大总统电令，据称：沈寿堃因病呈请免职，准以林葆怿署理第一舰队司令，所遗练习舰队司令，请以饶怀文署理。等语。均可照准。等因到营。奉此。合行令知该司令遵照可也。此令。复于九月二十三日奉到海军部令开：案查本部练习舰队司令印信，奉大总统照准，饬铸银质方式印信一颗，文曰：海军练习舰队司令之印，于九月初二日由国务院颁到，特派科员方

阜鸣赍送该司令，领到即便启用，即将启用日期分别呈报，以重职守。此令。附银质印信一颗。各等因。奉此。怀文敬谨祗领，遵于是日启用。除分别呈报外，理合具文，呈乞大总统察核备案。谨呈。

批：据呈已悉。此批。

中华民国二年十月十二日

国务总理　熊希龄

海军总长　刘冠雄

〔政府公报，1913年10月15日，第520号〕

6．舰队司令条例

（ ？年　？月）①

舰队司令条例

第一条　舰队司令承总司令之命，指挥所属舰队。

第二条　舰队司令应常驻总司令所指定之旗舰。

第三条　舰队司令维持部下之纪律，监视部下之教育训练，凡颁发各舰艇之部署细则及日课等，尤应严督遵行。

第四条　舰队司令对于所率舰队之安全，应负其责。

第五条　舰队司令所在地方，如有急变须用兵力而无暇请示时，可会商该地方长官便宜行事，一面将情由呈报海军部及总司令。

第六条　凡海军信号书及舰队阵法程式，舰队司令认为应行改正者，得呈报总司令核定施行。

第七条　舰队司令凡遇船只触礁相碰火灾及其他海难时，应使部下舰艇尽力救护，并将详情呈报总司令。

第八条　凡由部下各员所呈之条陈、报告等事，舰队司令应

① 此件无时间，据内容推断，当在1915年年底以前。

详加审查，并附以已见，转呈总司令核办。

第九条　舰队司令于所属官佐遇有缺出，得开单呈候总司令转请海军部核准施行。

第十条　舰队人员除呈请长假应由总司令核准外，余如请给常假者，舰队司令有可否之权。

第十一条　舰队司令与总司令同驻一处，所有调遣舰队之权，应归总司令；若数舰队司令同驻一处，归资深者调遣。

第十二条　舰队司令之幕僚如左：

参谋　一　（中少校、上尉）

副官　二　（少校、上尉）

秘书　二

轮机长一　（轮机中少校）

除右列职员外，为处理事务，得酌用准尉官及雇员、兵役等若干人。

第十三条　参谋承舰队司令之命，所掌事项如左：

一、辅助舰队司令管理教育训练事项；

二、参预舰队之机密事项；

三、汇订舰队日记并记录舰队每日之所在、行动、演习及其他重要事件；

四、常与海军部总司令处并有关系各处互通声气；

五、凡在舰队中所经验之事实，如认为可供海军战法之资料者，须呈请舰队司令转呈总司令；

六、参预军事会议，并掌记录等事。

第十四条　副官承舰队司令之命，掌接待来宾，并传宣命令等事。

第十五条　秘书承舰队司令之命，管理文牍，并收发公文，并典守印信、保存案卷事项。

第十六条　轮机长承舰队司令之命，所掌事项如左：

一、当舰队出航及停泊之前，计划煤、水之补充，并关于轮机必要之处理，提呈舰队司令；

二、监视舰队各轮机官以下之教育训练及管理轮机是否合法；

三、检验各舰艇之汽机、汽炉，并属于轮机部主管之器械等；

四、凡关于轮机部诸报告及条陈等，应详加审查，并附以己见，呈递舰队司令。

第十七条　本条例如有未尽之处，舰队司令可随时呈请总司令转呈海军部核定施行。

〔北洋政府零散军事档案汇集〕

7. 袁世凯为海军各舰队司令条例准改为海军舰队司令处编制令批令

（1916年2月23日）

海军部奏，修正海军各舰队司令条例，拟改为海军舰队司令处编制令，请钦定公布由。

政事堂奉批令：准如所拟改正，即由该部通行遵照。单存。此令。

洪宪元年二月二十三日

国务卿　陆征祥

〔政府公报，1916年2月24日，第49号〕

8. 海军部为修正海军各舰队司令条例拟改为海军舰队司令处编制令请钦定公布奏摺暨批令

（1916年2月23日）

海军部奏，修正海军各舰队司令条例拟改为海军舰队司令处编制令请钦定公布摺（附单）

奏为臣部修正海军各舰队司令条例拟改为海军舰队司令处编制令，恭摺具陈，仰祈圣鉴事：窃查海军总司令，业经奉令裁撤，所有各舰队司令，已改归臣部直辖。其前经公布之舰队司令条例及海军练习舰队司令暂行条例，或现时不能适用，或繁简未尽合宜，亟应提前修正，以便公布施行。现由臣部将前项两种条例详细讨论，删繁就简，统撮大纲，合并拟订，改为海军舰队司令处编制令，不论何项舰队，均能适用，俾归一致。其余办事细则，应由各司令按照该舰队性质及配置分别拟订，详由臣部核定施行，以省烦琐。兹谨将海军舰队司令处编制令草案缮具清本，进呈御览，并请钦定公布，俾有遵循，而昭慎重。所有修正各舰队司令条例改拟编制令统一名称各缘由，理合恭摺具陈，是否有当，伏乞皇上圣鉴训示。谨奏。

政事堂奉批令：准如所拟改正，即由该部通行遵照。单存。此令。
洪宪元年二月二十三日

国务卿　陆征祥

海军舰队司令处编制令(附官职表)

第一条　海军各舰队司令处应设于各舰队司令所驻之旗舰，并冠以舰队编定之名称，以分别之，均直隶于海军部。

第二条　舰队司令承海军总长之命，指挥所属舰队。

第三条　舰队司令对于所属舰队全部事务，应负责任。

第四条　舰队司令于驻在区域内遇有地方长官之知会因维持治安需用兵力时，得酌派军舰协助。如遇紧急事变，得迳行处置，但均须随时迅报海军部。

第五条　舰队司令处置参谋一人，辅助司令参预舰队事务。

第六条　舰队司令处置副官二人，承司令之命，掌理传达事务。

第七条　舰队司令处置轮机长、军需长各一人，承司令之命，分掌轮机、军需各事务。

第八条　舰队司令处得依必要，置军医长、军法长各一人，承司令之命，分掌军医、军法各事务。

第九条　舰队司令处置军需员一人至二人，承该管长官之命，分掌军需事务。

第十条　舰队司令处置书记长一人，承司令之命，掌理文牍并典守印信等事务。

第十一条　舰队司令处置书记官一人至二人，承长官之命，分掌文牍事务。

第十二条　舰队司令处为处理事务，得酌用准尉官及雇员。

第十三条　依第八条、第九条、第十一条之规定，设置各项人员时，应由海军部核定之。

第十四条　凡海军舰队司令处，均适用本令之规定。其各处办事细则，由各司令依照舰队编制性质及本处人员配置，分别拟订，详请海军部核定之。

第十五条　本令自公布日施行。

第十六条　本令公布后，前公布之舰队司令条例及海军练习舰队司令暂行条例，均废止之。

海军舰队司令处官职表

职别	官别	任别
司令	中少校	简任
参谋	上中少校	荐任
轮机长	轮机上中校	荐任
军需长	军需中少监	荐任
军医长	军医中少监	荐任
军法长	中少校或同等官	荐任
副官	少校、上尉	委任
军需员	一二等军需官	委任

〔政府公报，1916年2月29日，第54号〕

9. 大总统公布海军舰队司令处编制令

（1918年7月23日）

大总统令

兹制定海军舰队司令处编制令公布之。此令。

海军舰队司令处编制令

第一条　海军各舰队司令处应设于各舰队司令所驻之旗舰，并冠以舰队编定之名称以分别之，均直隶于海军总司令公署。

第二条　舰队司令，承海军总司令之命，指挥所属舰队。

第三条　舰队司令于驻在区域内，遇有地方长官之知会，因维持治安需用兵力，事机急迫不及请示时，得以便宜行事，但均须随时分别迅报海军部及海军总司令。

第四条　舰队司令处置参谋一人，辅助司令参预舰队事务。

第五条　舰队司令处置副官二人，承司令之命掌理宣达本处事务。

第六条　舰队司令处置轮机长一人，承司令之命掌理轮机事务。

第七条　舰队司令处置书记官长一人，承司令之命掌理文牍事务。

第八条　舰队司令处置书记官一人至二人，承长官之命分掌文牍事务。

第九条　舰队司令处置军需员一人，承长官之命掌理本舰队军需各事务。

第十条　舰队司令处为处理事务，得酌用准尉官及雇员、兵役若干人。

第十一条　凡海军各舰队司令处均适用本令之规定，其各处办事细则，由各司令依照舰队编制性质及本处人员配置分别拟订，呈由海军总司令转请海军部核定之。

第十二条　本编制令自公布日施行。

第十三条　本编制令公布后，前公布之海军舰队司令处编制令即废止之。

海军舰队司令处官职表

职别	官别	任别
司令	中少将	简任
参谋	上中少校	荐任
轮机长	轮机上中校	荐任
书记官长	中少校相当文官	荐任
书记官	少校上尉相当文官	委任
副官	少校、上尉	委任
军需员	少校、上尉相当官	委任

中华民国七年七月二十三日

〔北洋政府国务院档案〕

10．海军部公布舰队司令处办事细则令

（1919年7月14日）

海军部令　第四〇号

兹制定海军舰队司令处办事细则，特公布之。此令。附细则

中华民国八年七月十四日

海军总长　刘冠雄

海军舰队司令处办事细则

第一条　凡海军各舰队司令处之办事，均依本细则行之。

第二条　各舰队司令，应常驻总司令所指定之旗舰。

第三条　各舰队司令，对于所属各舰艇之调遣，须呈报海军总司令，转报海军部。

第四条　各舰队司令，应维持部下纪律，监视部下之教育训练等事项。

第五条　各舰队司令，对于所属军官佐之成绩，应分别考核，随时呈报海军总司令，量予惩奖。

第六条　各舰队司令，对于海军图书及关于舰队之法令程式认为应行修正者，得呈报海军总司令转呈海军部核定施行。

第七条　各舰队司令，对于所属官佐所呈之条陈、报告等，应详加审查，并附以已见，转呈海军总司令核办。

第八条　各舰队司令，对于所属官佐遇有缺出，得开单呈候海军总司令核办。

第九条　各舰队人员除请长假应由本管司令呈请总司令分别转部核准外，其请常假者，本舰队司令得核准之。但须按月汇报总司令查核。

第十条　各舰队司令与海军总司令同驻一处时，所有调遣舰队之权，应归总司令，若数舰队司令同驻一处时，即归资深者调遣。

第十一条　各舰队司令应时率所属舰队巡弋海洋、海湾，遇有新历之港湾，应令舰上人员绘具图说，呈报海军总司令备核。

第十二条　参谋掌事务如左：

一、关于教育训练事项；二、关于机密事项；三、关于汇订舰队日记，并记录舰队每日之所在、行动、演习，及其他重要事项；四、关于在舰队中所经验之各项事项。

第十三条　副官掌事务如左：

一、关于传宣命令事项；二、关于接待来宾事项；三、关于庶务事项；四、关于管理秘密图书事项。

第十四条　轮机长掌事务如左：

一、关于各舰艇航泊之前，计划煤觔、淡水之补充，并轮机必要之处理事项；二、关于监视舰队各轮机官以下之勤务及其教育训练事项；三、关于检验各舰艇之汽机、汽炉并属于轮机部主管之器械等事项；四、关于轮机部之报告及条陈等，应详加审查，并附以己见，呈递本管舰队司令等事项。

第十五条　书记官长、书记官掌事务如左：

一、关于承办文书事项；二、关于典守印信事项；三、关于保存案卷事项；四、关于收发文件事项。

第十六条　军需员掌事务如左：

一、关于出纳款项事项；二、关于保管款项及单据事项；三、关于编造计算月报表及预算、决算事项；四、关于保管服装事项。

第十七条　本细则如有未尽事宜，得酌量情形随时呈请海军总司令转呈海军部修正。

第十八条　本细则自公布日施行。

〔政府公报，1919年7月19日，第1239号〕

11. 海军部公布练习舰队暂行训练章程令

(1919年7月17日)

海军部令　第四一号

兹制定海军练习舰队暂行训练章程特公布之。此令。章程附

中华民国八年七月十七日

海军总长　刘冠雄

海军练习舰队暂行训练章程

第一章　总则

第一条　海军练习舰队专为训练海军见习生、修业生及练兵等而设。

第二条　海军练习舰队暂以肇和、应瑞、通济三舰组成之。

第三条　练习舰队司令于实练必要时，得呈请总司令指拨小炮舰、飞机、潜艇等随队演习。

第四条　练习舰队须时常航行中外口岸，以资历练。

第五条　见习生、修业生舰课毕业后，由练习舰队司令照章呈请总司令分派各舰实习。

第二章　编制

第六条　练习舰员额除按照军舰编制设置外，每舰应另设左列各员，以资教练：

总教官一员

副教官一员

操练官一员

副操练官一员（此员可由舰员兼充）

第七条　练习舰队司令应悉心督察所属各舰履行训练章程，并考核其成绩。

第三章　职掌

第八条　舰长应负管理教育训练完全责任，暨督率各员认真将事，并须将期考、毕业考之题目、成绩、操行以及每月终之报告等，呈由练习舰队司令分报总司令公署并海军部察核。

第九条　副长应禀承舰长佐理训练，维持纪律。

第十条　总教官承舰长之命，总理教务，担任高等专科，并督察各教官按照本学期应习课程，认真教授，除每星期会同副长将学生功课、考勤、操行呈送舰长察阅外，每[illegible]月终应将各项考试题目、成绩等，汇呈舰长察核（课程表列后）。

第十一条　副教官承总教官之命，分任各项功课，并随时带同各生实地练习。

第十二条　操练官及副操练官承总教官之命，担任各项操练。

第十三条　练舰各项职员，均有协助训练及指导学生之责。

第十四条　凡实习功课，总教官应先期与副长会商行之。

第十五条　总教官遇有必须请假时，如逾三天，须预期陈明舰长，转请练习舰队司令核准派员代理，呈报总司令方可离舰，并须知会副长。

第十六条　副教官、操练官、副操练官遇有必须请假时，须预期呈请总教官代呈舰长，转请练习舰队司令核准施行，并须知会副长。

第十七条　各教官遇有请假时，有互相代替教授之责，由总教官临时酌派，遇有必要时，并得由舰长临时派员代理。

第十八条　凡练兵各项操练，应由副长禀承舰长，按期督率官员及军士长等照表列课程认真教授，除每星期由副长将练兵功课、考勤、操行呈送舰长察阅外，每季应将练兵、练习各项成绩汇呈练习舰队司令转呈总司令察核（课程表列后）。

第十九条　练兵期考并毕业考之成绩，应由副长按期列单，送由舰长呈请练习舰队司令汇报海军总司令，转呈海军部备案。

第四章　学期

第二十条　见习生、修业生练习时期以二年为限，每年分为两学期。

第二十一条　练兵练习时期分为两学期，以一年为限。

第五章　考试

第二十二条　考试分学期及毕业两项。

练舰见习生修业生课程表

课目＼学期	一	二	三	四
天文学	半	完	观测	同
航海学	完	实习	同	同
磁电学	实习	同		
领港学		半	完	实习
测量学		半	完	实习
船艺学	实习	同	同	同
新式旗语	完	实习	同	同
航律	完			
演放枪炮	实习	同	同	同
操练舢舨	实习	同	同	同
枪操、体操	实习	同	同	同
值更	实习	同	同	同
杂学	甲	乙	丙	丁

甲 操演规则

乙 阵法及各种旗号 值更规则

丙 战术 驾驶指南

丁 造船学撮要

练舰练兵课程表

课目＼学期	一	二
船艺	半	完
各种药弹	半	完
火箭火号	完	
各种引火引信	半	完
值更规则	半	完
操作规则	半	完
操练舢舨	半	完
枪靶		完
炮靶	完	
体操	半	完
炮操、枪操	半	完
航律	完	

第二十三条　见习生、修业生学期考试，由舰长呈请练习舰队司令，派员监视举行。

第二十四条　见习生、修业生毕业考试，由练习舰队司令呈请总司令，转请海军部派员监视举行。

第二十五条　练兵学期考试，由本舰舰长监视举行，至其毕业考试，由舰长呈请练习舰队司令，转请海军总司令派员监视举行。

第六章　附则

第二十六条　本章程如有未尽事宜及应行修正之处，得由练习舰队司令随时详具理由，呈请总司令转呈海军部核夺。

第二十七条　本章程自公布日施行。

〔政府公报，1919年7月25日，第1245号〕

12．张作霖为改编海军各舰队致张宗昌等密电
（1927年7月12日）

大元帅致济南张军团长等文电（无线电）

万急。济南第二方面张军团长、海圻军舰沈司令，奉天海军司令部，青岛渤海舰队司令部吴司令：鲁密。兹为统一海军军制，著将东北海军舰队改编为海军第一舰队，渤海舰队改编为海军第二舰队，所有东北、渤海暨海防、江防各舰队名称，均著一律取销，以一系统。兹特任张宗昌兼海军总司令，任命沈鸿烈为海军副司令兼海军第一舰队司令，吴志馨为海军第二舰队司令。任状、关防另行颁发。其第一舰队所属各舰队，仰由沈司令鸿烈另编具报，听候令布。除令院、部查照外，特电遵照。大元帅。文。印。

〔政府公报，1927年7月23日，第4411号〕

13. 大元帅公布海军第一舰队司令部条例令

(1928年2月4日)

大元帅令

兹制定海军第一舰队司令部条例公布之。此令。

国务总理　潘复　　军事总长　何丰林

中华民国十七年二月四日

海军第一舰队司令部条例

第一条　海军第一舰队司令部置司令一人，承海军总副司令之命，指挥所属舰队。

第二条　海军第一舰队司令部置参谋长一人，参谋四人，承长官之命，参赞本舰队事务。

第三条　海军第一舰队司令部置副官长一人，副官一人，承长官之命，掌理宣达及一切庶务。

第四条　海军第一舰队司令部置轮机长一人，轮机员二人，承长官之命，掌理轮机事务。

第五条　海军第一舰队司令部置军衡员一人，承长官之命，掌理军衡事务。

第六条　海军第一舰队司令部置军械员一人，承长官之命，掌理军械事务。

第七条　海军第一舰队司令部置军需长一人，军需员五人，承长官之命，掌理军需事务。

第八条　海军第一舰队司令部置书记官长一人，书记官一人，承长官之命，掌理文牍及典守印信事务。

第九条　海军第一舰队司令部置军医官一人，承长官之命，掌理军医事务。

海军第一舰队司令部职员官级表

职别	官级
司令	中少将
参谋长	少将、上校
参谋	上中少校、上尉
副官长	中校
副官	少校
轮机长	中校
轮机员	少校
军衡员	少校、上尉
军械员	少校 上尉
军需长	中校
军需员	少校、上中少尉
书记官长	中校同等官
书记官	上尉同等官
军医长	中校同等官

第十条　海军第一舰队司令部视事务之繁简，得酌设电报员、差遣员、军士长。

第十一条　海军第一舰队司令部因缮写文件及其他事务，得酌用雇员。

第十二条　海军第一舰队司令部按照海防、江防情形，分设第一、第二两队，其编制另定之。

第十三条　海军第一舰队司令部附设海军陆战队，其编制另定之。

第十四条　海军第一舰队司令部办事细则，由司令定之。

第十五条　海军第一舰队司令部职员之官级，依附表所定。

第十六条　自本条例施行日起，海军舰队司令处编制令废止之。

第十七条　本条例自公布日施行。

〔政府公报，1928年2月5日，第4226号〕

14. 大元帅公布海军第二舰队司令部条例令

（1928年2月4日）

大元帅令

兹制定海军第二舰队司令部条例公布之。此令。

国务总理　潘复　　军事总长　何丰林

中华民国十七年二月四日

海军第二舰队司令部条例

第一条　海军第二舰队司令部置司令一人，承海军总、副司令之命，指挥所属舰队。

第二条　海军第二舰队司令部置参谋二人，承长官之命，参赞本舰队事务。

第三条　海军第二舰队司令部置副官二人，承长官之命，掌

海军第二舰队司令部职员官级表	
职别	官级
司令	少将
参谋	上中少校
副官	少校 上尉
轮机长	中少校
轮机员	上尉
军需员	少校 上尉
书记官长	中少校
书记官	上尉
军医官	少校

〔政府公报，1928年2月5日，第4226号〕

五、海军各舰艇

1. 海军部呈拟该部在各国所造舰艇一览表

（1912年8月）

海军部在各国所造舰艇一览表

国名	厂名	种别	原定价	下水日期
英国	威克斯厂	巡洋练船	英金二十万四千镑	西历1911年9月23日
	阿摩士庄厂	全钢穹甲巡洋练船	英金二十一万镑	西历1912年2月1日
美国	纽约厂	巡洋舰	英金二十万镑	西历1912年9月7日
德国	克虏伯厂	浅水巡河炮船	英金一万八千九百四十镑	西历1911年10月17日
	瓦罗堪厂	内河浅水炮船	英金一万八千九百八十镑	西历1911年8月25日
	硕效厂	一号鱼雷猎船	英金五万七千九百六十五镑	西历1912年2月23日
		二、三号鱼雷猎船	共英金十一万五千九百三十镑	西历1912年7月5日

奥　国	士他俾路免图厂	鱼雷猎船	英金六万三千镑	西历1912年4月5日
义大利国	安些度厂	鱼雷猎船	英金六万四千五百镑	西历1912年3月1日
日本国	三菱厂	航海炮船	日币六十八万元	西历1912年8月15日完工
	川崎厂	海炮船航	日币六十八万元	同　上
本　国	杨子江厂	内河炮船三　艘	汉口常用平五十一万两	(一)1912年4月25日 (二)1912年5月25日 (三)1912年6月25日
	江南船坞	航海炮船	规平银四十九万二千两	
		航海炮船	规平银四十六万八千五百两	
		浅水炮船二　艘	规平银二十九万两	
以上原价共	汉口常用平银五十一万两 日币一百三十六万元 英金九十五万三千三百十五镑 规平银一百二十五万五百两			

〔北洋政府国务院档案〕

理宣达及一切庶务。

第四条　海军第二舰队司令部置轮机长一人，轮机员一人，承长官之命，掌理轮机事务。

第五条　海军第二舰队司令部置军需员二人，承长官之命，掌理军需事务。

第六条　海军第二舰队司令部置书记官长一人，书记官一人，承长官之命，掌理文牍及典守印信事务。

第七条　海军第二舰队司令部置军医官一人，承长官之命，掌理军医事务。

第八条　海军第二舰队司令部视事务之繁简，得酌设电报员、军士长。

第九条　海军第二舰队司令部因缮写文件及其他事务，得酌用雇员。

第十条　海军第二舰队司令部办事细则，由司令定之。

第十一条　海军第二司令部职员之官级，依附表所定。

第十二条　本条例自公布日施行。

2. 海军部为接收江犀江鹍两炮舰呈暨批

（1912年12月——1913年2月）

（1）海军部呈（1912年12月25日）

海军部呈大总统，查核江犀、江鹍浅水炮舰添配料件，应需银两，　请批饬财政部如数筹发文，并批

为呈报事：据李总司令鼎新电称，江犀、江鹍浅水炮舰两只，因前海军部议定合同时，应配各件，未及详载。此次接收，诸多缺乏。叠与瑞记、礼和洋行索取，均以合同未载为词，业经徐司令函陈在案。窃思该两舰近已接收，亟须添配完备，以便调遣。兹因由造船所核实估价，江犀舰舱面应配各项，约需银三千三百余两，料件约一千七百余两，机舱应配各项，约需银三百两，料

件约六百两。江鹍舰舱面应配各项，约需银一千四百两，料件约一千八百两，机舱应配各项，约需银二百两，料件约六百两。统计江鲲、江犀两舰添配各项暨料件共约需银一万两。际此经济困难，无不力求撙节，但该两舰非经添配，碍难应用，㊞敬祈酌夺示遵。鼎新叩。号。等情到部。据此。查所陈两舰，即系前清定制军舰十九艘内之两艘，原名新珍、新璧，改为江犀、江鹍者是也。旧部移交定制前项军舰合同，不全不备，无配件详细清单。故现在所缺各件，虽经徐司令叠次索取，该行均以合同未载为词。既据李总司令电称：该两舰应配各件，不配则碍难应用，自不能惜此添配之款，致置全船于无用之地。拟准予照配，以便调遣。理合将收回江犀、江鹍两舰应行添配各项，约需银一万两一节缘由，据实陈明，仰祈大总统鉴核批示，并请饬下财政部如数筹发过部，以便转发，赶紧动工，而重舰政。谨呈。

批，据呈已悉。交财政部查核筹拨。此批。

中华民国元年十二月二十五日

国务总理　赵秉钧

财政总长　周学熙

海军总长　刘冠雄

〔政府公报，1913年1月16日，第250号〕

（2）刘冠雄呈（1913年2月3日）

海军总长刘冠雄呈大总统，转报接收江犀、江鹍两舰，请鉴察文，并批

为呈报事：窃查前清海军部在德国克虏伯、瓦罗堪等厂定制江犀、江鹍两炮舰，于上年工竣回华。嗣因配件不全，迭次向其索取，均以合同未载为词，业经呈请批饬财政部拨款添配在案。兹据代理总司令、第二舰队司令徐振鹏呈，据江犀舰长杜宗凯、

江鹍舰长吴廷光呈称：各该舰舱面、机舱、枪炮军火、杠具等项物件，一律接收清楚，造具清册，呈请察核。等情到部。除函达国务院外，理合将接收江犀、江鹍两舰缘由呈报大总统鉴察。谨呈。

批：据呈已悉。此批。

中华民国二年二月三日

国务总理　赵秉钧

海军总长　刘冠雄

〔政府公报，1913年2月15日，第279号〕

3．海军部为商定接收肇和巡洋舰及付款办法呈

（1913年1月13日）

海军部呈大总统，商定收回练习巡洋舰及付券办法，照钞议案合同，请鉴核备案文，并批

为呈报事：案查前清海军部在英国阿姆斯特郎船厂定制练习巡洋舰肇和号一艘，现与该厂代表商定收船付券办法，业经缮具议案并草合同送请国务院于元年十二月二十七日提议公决。除函请财政总长签字盖印外，理合照钞议案、合同，呈请大总统鉴核备案。谨呈。

批：据呈已悉。分交院、部查照。此批。

中华民国二年一月十三日

国务总理　赵秉钧

财政总长　周学熙

海军总长　刘冠雄

〔政府公报，1913年1月16日，第250号〕

4. 刘冠雄为飞鸿巡洋舰偿付船费办法呈

(1913年1月14日)

海军总长刘冠雄呈大总统，报明前在美国定制巡洋舰应付船费，已商妥由院公决，以国库券作抵，照钞议案合同，请鉴核备案文，并批

为呈报事：案查前清海军部在美国纽约造船公司定制巡洋舰飞鸿一艘，现查该舰不久即可竣工，其第二、第三两批应付之船费，早已过期。迭与该公司经理人往复磋商，愿照英、德等厂办法，领受国库券作抵等因。业于元年十二月十一日由国务院公决照办。除将合同送请国务总理签字盖印外，理合照钞本部议案，并付券合同，呈请大总统鉴核备案。谨呈。

批：据呈已悉。分交院、部查照。此批。

中华民国二年一月十四日

国务总理　赵秉钧

财政总长　周学熙

海军总长　刘冠雄

〔政府公报，1913年1月19日，第253号〕

5. 刘冠雄为配置永翔永丰人员及薪饷呈

(1913年3月12日)

海军总长刘冠雄呈大总统，报明永翔、永丰二炮舰应配置员勇匠役额缺暨薪饷数目缮摺，请鉴核备案文，并批(附清摺)

为呈报事：窃查前清旧部在日厂定制永翔、永丰两炮舰，业经工竣，于去年底先后回华。遴派薛启华为永翔舰长、林霆亮为永丰舰长。并由总司令处拟定该两舰应配置员勇匠役额缺及薪饷数目

呈部，重加复核，计每舰应设员勇匠役一百四员名，每月额支薪粮公费银一千八百五十两，即自二年一月十六日起支。除开具清摺函送财政部查照备案外，理合缮具清摺呈请大总统鉴核备案。谨呈。

批：据呈已悉。应由财政部查核备案。此批。

中华民国二年三月十二日

国务总理　赵秉钧

财政总长　周学熙

海军总长　刘冠雄

谨将永翔、永丰二炮舰应配置员勇匠役额缺及薪饷数目缮具清摺呈请钧核。

计开：

舰长一员，月支薪银一百五十两。次长一员，月支薪银七十二两。驾驶二副一员，月支薪银四十八两。枪炮二副一员，月支薪银四十八两。轮机长一员，月支薪银八十两。副轮机一员，月支薪银六十两。秘书一员，月支薪银二十两。军医一员，月支薪银二十两。司机弁二员，月各支薪银三十两，共六十两。正炮弁一员，月支薪银二十四两。副炮弁一员，月支薪银二十两。水兵总头目一名，月支薪银二十四两。电灯匠一名，月支薪银三十两。锅炉匠一名，月支薪银二十两。水兵正头目四名，月各支饷银一十四两，共五十六两。水兵副头目四名，月各支饷银一十二两，共四十八两。一等水兵十二名，月各支饷银一十两，共一百二十两。二等水兵十二名，月各支饷银八两，共九十六两。三等水兵十二名，月各支饷银七两，共八十四两。正管旗一名，月支银十二两副管旗三名，月各支饷银八两，共二十四两。木匠一名，月支饷银十两。一等管油二名，月各支饷银二十两，共四十两。二等管油二名，月各支饷银一十八两，共三十六两。三等管油四名，月各支饷银一十六两，共六十四两。一等管汽二名，月各支饷银一十八两，共三十六两。二等管汽二名，月各支饷银一十六两，共三十二两。一等升火八名，月各支饷银一十二两，共九十六两。二等升火六名，月各支饷银一十两，共六十两。三等升火二名，月各支饷银八两，共十六两。正无线电官一员，月支薪银四十八两。副无线电官一员，月支薪银三十六两。夫役十名，月各支饷银六两，共六十两。公费月支二百两。以上计每舰应额设员勇匠役一百四员名，每月应各支薪饷公费银一千八百五十两。

〔政府公报，1913年3月15日，第307号〕

6. 刘冠雄转报接收北洋大沽船坞情形呈

（1913年3月26日）

海军总长刘冠雄呈大总统，据大沽造船所长吴毓麟报明接收北洋大沽船坞等情，请鉴核备案文，并批

为呈报事：窃查大沽造船所所长，业经呈请任命吴毓麟前往接办在案。兹据该所长呈称，准前北洋大沽船坞管理武文锦，将关防、文卷并机器、家具、材料及已成未成货品、出入款项清册，一并移交前来，当即督同员司按数点收清楚，理合造册呈请鉴核。等情到部。除督饬该所长切实整顿外，合将接收北洋大沽船坞缘由，备文呈报大总统鉴核备案。谨呈。

批：据呈已悉。此批。

中华民国二年三月二十六日

国务总理　赵秉钧

海军总长　刘冠雄

〔政府公报，1913年3月27号，第319号〕

7. 刘冠雄请为海军各舰安设无线电台呈

（1913年12月30日）

为呈请事：窃本部前因南方乱事，消息迟滞，已次第将海圻、海容并四江、六楚、飞鹰、联鲸等十四舰安设无线电台，业经先后呈奉批准在案。伏查无线电报，为海军通讯机关，平战两时均为切要。各国军舰日新月异，设备尤要，事变一来，消息既灵，调遣自易。本部前因此次战事经验，所设各舰，成效卓著。兹复查有建威、建安两舰，制式稍旧，而战斗力尚存。若更增设新机，利用尤为广大。拟将该两舰安设一·五TK无线电台各一座，共计德金五万二千马克，另加安设费银二千一百六十两。又有此次由德回华之同安、豫章、建康三驱逐舰，其性质系司侦察通讯之用，于无线电报，所关尤要。拟将该三舰安设一·TK无线电台各一座，共计德金六万五千七百马克，另加安设费银三千零九十两。总计五舰无线电台五座，共价约需德金十一万七千七百马克，以两马克作一元计算，合五万八千八百五十元之谱，每百元折扣七元五分，除折扣外，合计约洋五万四千四百三十六元之谱，安设费银共计五千二百五十两之谱。惟此项价值，迭与德商西门子电机厂代表往返磋商，据称现时外洋物料腾贵，本应增长价目，此次勉照原定专利合同附入四江、六楚等十二舰安配电台一案之内，请速签字，迟则恐本厂诘问中变等语。本部以该代表所称一节，尚系实在情形，时机不可坐失，当与签订合同，所费无多，而于军务进行上，裨益匪浅。理合备文呈请大总统俯准，继续前议，批饬财政部照数筹拨，以便动工。再圻、容两舰，前已改配新机，所遗原有之无线电台，拟移装于通济、南琛，藉省浮费，而资利用。惟通济、南琛两舰，向无发电机及引擎、电灯、电线等项，

兹拟一并购置，约需价银七千五百两。合并陈明。谨呈
大总统

海军总长　刘冠雄公出
代理次长、参事李和代呈

中华民国二年十二月三十日

〔北洋政府国务院档案〕

8．政事堂法制局抄存海军舰艇职员令稿

（1914年10月7日）

海军舰艇职员令①

第一条　海军各舰艇依舰队编制，分隶于各舰队。

第二条　各舰依其舰式及排水量，置职员如左：

舰长一人	（上中少校）
副长一人	（中少校、上尉）
协长一人	（少校）
航海正一人	（上尉）
航海副一人或二人	（上中尉）
枪炮正一人	（上尉）
枪炮副一人或二人	（上中尉）
鱼雷正一人	（上尉）
鱼雷副一人或二人	（上中尉）
轮机长一人	（轮机中少校）
轮机正一人或二人	（轮机少校、上尉）
轮机副一人至八人	（轮机上中尉）
军需正一人	（一等军需官）
军需副一人或二人	（一、二等军需官）

① 《海军舰队职员令》于1914年10月9日由大总统发布申令公布。

军医正一人　　　　　　　　　　　　(一等军医官)

军医副一人或二人　　　　　　　　　(一、二等军医官)

书记官一人　　　　　　　　　　　　(上中少尉相当文官)

各舰为缮写文件及其他庶务，得酌用雇员，其员额由舰长详由该管长官详部核定。

第三条　各艇依其艇式及排水量，置职员如左：

艇长一人　　　　　　　　　　(上尉)

副长一人　　　　　　　　　　(中尉)

轮机正一人　　　　　　　　　(轮机中尉)

前条第二项之规定，于各艇适用之。

第四条　各舰艇职员员额及配置，除本令已有规定外，由海军总长呈请大总统定之。

第五条　各舰艇，除第二条、第三条职员外，得置电信官、军事长及准尉官，其员额由海军总长呈请大总统定之。

第六条　各舰艇职员，除舰长由海军总长呈请大总统任命外，由海军部委任。

第七条　舰长、艇长受各该管舰队司令之指挥，其他各职员受各该舰长或艇长之指挥。

第八条　各舰艇职员之服务，依军舰职员勤务令之规定。

第九条　本令自公布日施行。

〔北洋政府国务院档案〕

9. 袁世凯为建中等炮舰员兵编制准予备案批令

(1915年12月26日)

海军部奏，拟定建中、拱辰、永安三炮舰舰员兵编制，恭恳批准立案由。

政事堂奉批令：准予备案。揩存。此令。

中华民国四年十二月二十六日

国务卿　陆征祥

〔政府公报，1915年12月27日，第1306号〕

10. 海军部为拟定建中等炮舰员兵编制请批准立案奏

（1915年12月26日）

海军部奏，拟定建中、拱辰、永安三炮舰员兵编制，恭恳批准立案摺，并批令（附单）

奏为拟定建中、拱辰、永安三炮舰员兵编制，恭摺具陈，仰祈圣鉴事：窃查汉口扬子公司承造浅水炮舰三艘，前于民国三年十一月，由臣部呈奉圈定舰名为建中、拱辰、永安等因，行知遵照在案。嗣据该公司电称：该舰等工程，业经完全告竣等情前来。当饬海军总司令李鼎新先行派员验收。兹据该总司令详称接收清楚，自应将该三舰官佐士兵妥为编制，恭恳批准立案，以资配置而备驱策。所有拟定建中、拱辰、永安三炮舰员兵编制缘由，是否有当，理合恭摺具陈，伏乞皇上圣鉴训示施行。谨奏。

政事堂奉批令：准予备案。摺存。此令。

中华民国四年十二月二十六日

国务卿　陆征祥

谨呈建中、拱辰、永安三炮舰编制清摺

计开：

舰长一员　副长一员　轮机正一员　书记官一员　枪炮副军士长一员　轮机副军士长二员　帆缆中士一名　轮机中士二名　帆缆下士二名　轮机下士二名　一等兵六名　一等轮机兵二名　一等信号兵一名　二等兵八名　二等轮机兵二名　二等信号兵一名　三等轮机兵二名　军役六名

共计四十二员名

〔政府公报，1915年12月29日，第1308号〕

11. 民国元年海军舰艇表①

（1916年1月14日）

舰艇名称	舰艇种类	制造厂	船材	船龄	排水量	马力	兵器	
							炮位	鱼雷发射筒
海圻	巡洋舰	英国阿摩士庄厂	钢	一六年	四三〇〇吨	一七〇〇〇匹	三四	五
海容	同上	德国瓦罗堪厂	钢	一五年	二九五〇吨	七五〇〇匹	一九	一
海筹	同上	同上	钢	同上	同上	同上	二二	一
海琛	同上	同上	钢	同上	同上	同上	二二	一
飞鹰	鱼雷猎舰	同上	钢	一八年	八五〇吨	五五〇〇匹	一二	三
通济	练习舰	福建船厂	钢	一九年	一九〇〇吨	一六〇〇匹	一八	
镜清	同上	同上	铁肋木壳	二九年	二二〇〇吨	二四〇〇匹	一九	二
南琛	运送舰	德国瓦罗堪厂	钢	二九年	一九〇五吨	二四〇〇匹	九	
保民	同上	江南船坞	钢	同上	一五〇〇吨	一九〇〇匹	九	

① 此表系从海军总长刘冠雄1916年1月14日造送政事堂之《国民元年海军统计年表》中摘出。

登瀛洲	同上	福建船厂	木	三七年	一二五八吨	五八〇匹	六	
建安	炮舰	同上	钢	九年	八七一吨	六五〇〇匹	一〇	
建威	同上	同上	钢	九年	同上	同上	一〇	
楚有	同上	日本川崎厂	钢	七年	七四〇吨	一三五〇匹	八	
楚泰	同上	同上	钢	六年	同上	同上	六	
楚同	同上	同上	钢	六年	同上	同上	八	
楚观	同上	同上	钢	六年	同上	同上	八	
楚谦	同上	同上	钢	六年	同上	同上	六	
楚豫	同上	同上	钢	六年	同上	同上	八	
江元	同上	同上	钢	九年	五五〇吨	九五〇匹	一〇	
江亨	炮舰	日本川崎厂	钢	六年	五五〇吨	九五〇匹	一〇	

江利	同上	同上	钢	五年	同上	同上	一〇	
江贞	同上	同上	钢	五年	同上	同上	一〇	
飞霆	同上	英国阿麾士庄厂	钢	一八年	七二〇吨	八〇〇匹	四	
联鲸	同上	江南船坞	钢	三年	五〇〇吨	八〇〇匹	四	
甘泉	同上	同上	铁	五年	二五〇吨	三〇〇匹	三	
舞凤	同上	青岛德国船坞	铁	三年	二〇〇吨	五〇〇匹	二	
江鲲	浅水炮舰	德国瓦罗堪厂	钢	二年	一四〇吨	五〇〇匹	五	
江犀	同上	德国克鲁伯厂	钢	二年	一四〇吨	四五〇匹	五	
湖鹏	鱼雷艇	日本川崎厂	钢	七年	九六吨	一二〇〇匹	二	三
湖隼	同上	同上	钢	六年	同上	同上	二	三
湖鹗	同上	同上	钢	六年	同上	同上	二	三

湖鹰	同上	同上	钢	六年	同上	同上	二	三
辰	同上	德国瓦罗堪厂	钢	一八年	九〇吨	七〇〇匹	六	三
宿	同上	同上	钢	同上	同上	同上	六	三
列	同上	德国硕效厂	钢	同上	六二吨	六〇〇匹	六	三
张	同上	同上	钢	同上	同上	同上	六	三
总计军舰鱼雷艇	二十八只 八只				三三七八三吨	八九五三〇匹	三二九	三七

〔北洋政府国务院档案〕

12. 民国元年海军舰船购造表①

（1916年1月14日）

舰名	舰种	船材	排水量	制造厂	起工年分	进水年分	落成年分
应瑞	练习巡洋舰	钢	二四六〇吨	英国威克斯厂	前清宣统二年	民国元年	
肇和	同上	钢	二六〇〇吨	英国阿摩士庄厂	同上	同上	
飞鸿	巡洋舰	钢	同上	美国纽约厂	同上	建造中	
长风	鱼雷猎舰	钢	三九〇吨	德国硕效厂	同上	同上	
伏波	同上	钢	同上	同上	前清宣统三年	同上	
飞云	同上	钢	同上	同上	同上	同上	
龙湍	同上	钢	四〇〇吨	奥国士他俾劳勉图厂	同上	同上	

---

① 此表系从海军总长刘冠雄1916年1月14日造送政事可堂之《民国元年海军统计年表》中摘出。

鲸波	同上	钢	五〇〇吨	意大利国安些度厂	民国元年	同	
江鲲	炮舰	钢	一四〇吨	德国克虏伯厂	前清宣统二年	前清宣统三年	民国元年
江犀	同上	钢	一四〇吨	德国瓦罗堪厂	同上	同上	同上
永丰	同上	钢	七八〇吨	日本国三菱厂	同上	民国元年	
永翔	同上	钢	同上	日本国川崎厂	同上	同上	
永健	同上	钢	八六〇吨	江南造船所	前清宣统三年	建造中	
永绩	同上	钢	同上	同上	同上	同上	
新敏	炮舰	钢	九〇吨	扬子江造船公司	前清宣统三年	建造中	
新瞻	同上	钢	同上	同上	同上	同上	
新遨	同上	钢	同上	同上	同上	同上	

未定名	同上	钢	一四〇吨	江南造船所	同上	同上	
同上	同上	钢	同上	同上	同上	同上	

〔北洋政府国务院档案〕

13．民国元年海军舰船及兵器购造价额表①

（1916年1月14日）

海军舰船及兵器购造价额表　元年五月一日至十二月三十一日

舰名	货币种类	全船及兵器价
应瑞	英金	二〇四〇〇〇镑
肇和	同	二一〇〇〇〇镑
飞鸿	同	二〇〇〇〇〇镑
长风	同	六二九六五镑
伏波	同	五七九六五镑
飞云	同	五七九六五镑
龙湍	同	六三〇〇〇镑
鲸波	同	八八〇〇〇镑
江鲲	同	一八九四〇镑
江犀	同	一八九八〇镑
永丰	日币	六八〇〇〇〇元
永翔	同	六八〇〇〇〇元
永健	规银	五〇六〇〇〇两

① 此件摘自海军部总务厅编《民国元年海军统计年表》。

永绩	同	四八二五〇〇两
新敏	洋例银	一七〇〇〇〇两
新瞻	同	
新逖	同	
未定名	规银	一八〇〇〇〇两
同	同	一八〇〇〇〇两
各舰总计	英金	九八一八一五镑
	日币	一三六〇〇〇〇元
	银	一五一八五〇〇两

〔北洋政府国务院档案〕

14. 关于海军请购外国军火经过情形奏令

（1916年3月）

（1）刘冠雄致袁世凯奏摺（3月？日）

海军总长、臣刘冠雄谨奏，为请购军火经过情形，恭摺具陈，仰祈圣鉴事：窃前因海军旧存各种子弹，为数颇多，钢质完好，弃置可惜，业于上年十一月奏请一律添配无烟药引信等项在案。旋奉批令：呈悉。所拟添配火药，是否购药自行装配，抑令工厂按照子弹装配。其各种炮药，能否在一国采购，应需时期暨款项各若干，著即详拟，呈候核夺。此拟。钦遵到部。窃查此项购药，实系自行装配。至能否一国采购，时期、款项各若干，当经分向美洲著名工厂详细核商去后。兹据各该厂先后复称：现际欧战方殷，所有名厂，均被交战国包揽，他国所需，实无供应之暇。等情。查旧存军火，经武汉、赣宁两役，所剩无多，前经补充，一时尚可敷用，而法、奥各厂，因海运不便，未能克日运华。际兹防务吃紧，总须筹划事先，有备无患。彼既不能应我之求，即应另思补救之策。今一面饬各司令将现有军火妥慎保存，分别节用，一面将各炮初速射程、涨力、弹力以及药膛容积长大等项，精密调查，随时向他工厂磋商，如能仿造，再行奏请添配。所有请购军火情形缘由，恭摺具陈，伏乞皇上圣鉴。谨奏。

（2）袁世凯批令（3月21日）

海军部奏请购军火经过情形由。

政事堂奉批令：悉。此令。

洪宪元年三月廿一日

国务卿

〔北洋政府统率办事处档案〕

刘冠雄关于将永绩永健两舰编入海军第一舰队呈

（1917年8月15日）

海军总长刘冠雄呈大总统，具报永绩、永健两军舰编入海军第一舰队管辖，并所配官佐士兵人数起支薪饷公费日期文

为具报永绩、永健两军舰编入海军第一舰队管辖，并所配官佐士兵人数、起支薪饷公费日期，仰祈钧鉴事：窃查江南造船所承造永绩、永健两军舰，其永绩一艘，于民国四年四月十六日行进水礼，永健一艘，于同年五月十五日行进水礼，业经本部先后呈报在案。嗣复迭令江南造船所将绩、健未竣工程，分别赶造。并令前海军总司令处，将该两舰编入第一舰队管辖，亦在案。现在该两舰未完工程，据报次第告竣。而应配人数、应支薪饷数目，亟应分别厘定。当经电令海军总司令饶怀文拟办去后。兹据该总司令电称，绩、健两舰额设官佐、士兵，请照永丰、永翔两舰所配人数，每舰拟设官佐士兵各一百零九员名，每月应各支薪饷公费洋三千二百九十八元，并请从本年八月一日起支，恳请察夺等

语前来。复核该总司令所拟将该两舰额设官佐、士兵，请照丰、翔两舰所配人数配设，尚属妥协。至应支薪饷公费，核与本部所管六年度预算案内所列数目相符，自应准于本年八月一日起支。所有永绩、永健两军舰编入海军第一舰队管辖，其所配人数并起支薪饷公费日期各缘由，除咨行财政部外，理合呈请钧鉴训示施行。再，该两舰舰长员缺，另案遴员荐任，合并陈明。谨呈。六年八月十五日。已奉指令。

〔政府公报，1917年8月17日，第570号〕

15．大总统准将永绩永健两舰编入第一舰队等情指令

（1917年8月15日）

大总统指令　第一千二百五十二号

令海军总长刘冠雄

呈永绩、永健两军舰编入海军第一舰队管辖，暨所配官佐、士兵人数，起支薪饷公费日期，呈请钧鉴由。

呈悉。准如所拟办理。此令。

中华民国六年八月十五日

国务总理　段祺瑞

财政总长　梁启超

海军总长　刘冠雄

〔政府公报，1917年8月15日，第568号〕

16. 临时执政为海道测量局购置甘露测量舰指令

（1925年3月18日）

临时执政指令　第三百七十号

令海军总长林建章

呈本部所属海道测量局购定测量舰一艘，命名甘露，请鉴核备案由。

呈悉。此令。

海军总长　林建章

中华民国十四年三月十八日

〔政府公报，1925年3月19日，第3220号〕

六、海军各学校

1. 海军部为改设海军军官学校请饬财政部拨给开办费呈

（1912年10月31日）

海军部呈大总统拟改设海军军官学校，遴派校长，拟具简章，并预算常年开办各费数目，请饬由财政部拨给应用文，并批

查海军以人才为重，人才以教育为先，照现在经费支绌情形，固难遽议扩充，惟就原有学堂、练舰更易名称，加以整顿，亦可略资补救。兹拟先就南京旧有之海军学堂改为海军军官学校，将各见习生派入该校肄业。原有之通济练船，专为练习舰，将各舰未经历练之员，轮流派登该舰练习。所有军官学校常年经费与从前海军学堂常年额支活支两款，共需银三万四千余两，数目约可相符。惟该堂房舍、仪器、书籍、家具一切，光复后难免损失。现

在改办之初，自宜略事修改添置，约需开办费洋五千元。此项开办费，应请饬由财政部拨给应用。至通济练习舰，原有额支外，约月须加经费洋一千元。除派本部参事李和代理军官学校校长，暂行简章以部令行之，并咨国务院、财政部查照外，理合将暂行简章录呈大总统鉴核批示。谨呈。

批：据呈已悉。该部就原有学堂、练舰变通整顿，洵为当务之急。该校所需开办费，应由财政部查核筹拨。此批。

中华民国元年十月三十一日

赵秉钧、周学熙署名

〔政府公报，1912年11月5日，第188号〕

2. 海军部关于在南京设立海军军官学校令

（1912年11月16日）

海军部部令　第三号元年十一月十六日

吾国人才缺乏，莫甚于海军。现在海军亟图扩张，自以作育人才为首务。本部业就南京设立海军军官学校，并以通济为练习舰，蕲养成完全军官，储异日将率之选。我海军人员有履学未完，或尚缺实练者，其即前往补习，用竟全功。本部顷方规定补官程格。嗣后非在练习舰练习完全者，将于游升上级军官诸多窒碍。及今观望不前，资序且落人后各员，宜蚤自审择焉。至所有补习人员职官、俸给，悉予仍旧，以示鼓励。此令。

〔政府公报，1912年11月22日，第205号〕

3. 海军部令颁海军军官学校及练习舰暂行简章

（1912年11月25日）①

海军部部令

海军军官学校及练习舰暂行简章

第一章　总则

一、海军军官学校及练习舰专为海军军官补习及训练现有之见习生而设。

二、本学校即以南京海军学堂改设。

三、练习舰暂以通济充之，每年须开赴沿江沿海一带各港湾巡历一周，并斟酌测量港湾。

四、学业分校课、舰课二门，卒业年限按学员程度分别酌定。

五、校课分航海、枪炮、鱼水雷三专科，附有轮机及造船学操法等。

六、舰课分航海、船艺兼实地演习枪炮、鱼水雷操演射击诸法。

七、学员分军官及见习生两项，军官即登练习舰补习，见习生先入校练习，俟校课完毕，派舰见习。

八、学员所用书籍、纸、笔、仪器等项由校备给。

第二章　职员

一、学校　校长一员　总教官一员　教官　教员　庶务官　学监军需官　军医官　书记以上教官、教员等额数，视学员多寡而定。除以上职员外，得酌用雇员若干人。

二、练习舰　舰长一员（官阶、薪俸与海圻舰长同）　训练官二员副舰长一员　航务教员　其余在舰各员，暂仍旧不动（如

① 系刊登《政府公报》时间。

有与练习舰不甚相宜者，可随时调换）。

第三章　职掌

一、学校

一、校长承部令，管理全校并所属练习舰各项人员以及一切教育训练事宜。

二、总教官承校长令，掌理教育训练事宜。

三、教官承总教官之命，教授学员课程。

四、教员承总教官之命，教授学员课程。

五、庶务官承长官之命，管理校中一切庶务。

六、学监承长官之命，管理学员一切精神教育事宜。

七、军需官承长官之命，管理校内预算、决算及一切出纳款项事宜。

八、军医官管理一切医药卫生事宜。

九、书记官管理校内一切往来公牍事宜。

二、练习舰

一、舰长承校长之命，专任舰内一切教育训练事宜。

二、训练官承舰长令，专司教育训练事宜。

三、副舰长其职任如舰队副舰长，管理一切舰务。

第四章　考试

一、考试分学期考试、临时考试、卒业考试。

二、学期考试以三个月为限，临时考试以每项科学卒业为限。

三、学期及临时考试之成绩，由校存案，归卒业考试时计算分数。

四、卒业考试应预呈海军部派员会考，学期及临时考试则由校长或舰长监试。

五、卒业考试得分数八成以上者为优等，六成五以上者为上等，五成以上者为中等，不及五成者补习三个月再行考试，三次不及格者退黜之。

六、卒业考试成绩造册呈海军部存案。

第五章　升阶

一、军官卒业考试优等者，其资格照同等官提前六个月，上等者三个月。

二、见习生校课、舰课两项卒业考试之成绩合计得优等者，授以海军中尉，其余合格者一律授以海军少尉，惟上等者较中等者资格提前三个月。

三、校课、舰课两项卒业考试之成绩合计逾九成二以上者，其中尉资格以卒业时计算，更提前三个月，以昭劝勉。

再，学校练习舰详细规则后定。

第六章　课程

学校课程　重学　磁石学　高等算学（微分、积分、解析几何）　电学　物理学　气象学　造船学　轮机学　弧三角　航海天文　国际公法　海军历史　柔软体操　兵操　器械体操　枪炮理法　枪炮合卸法　弹药用法　鱼水雷理法　鱼雷合卸法

练习舰课程　天文　航海　船艺　引港　罗经　海图　万国航海公法　枪炮射击　枪炮操法　鱼水雷射击　鱼雷操法　水雷布置法　以上课程，视学员程度斟酌增减。

〔政府公报，1912年11月25日，第208号〕

4．刘冠雄为海军军官学校聘请外国教官及所需经费呈并批

（1913年1月26日）

海军总长刘冠雄呈大总统，酌拟海军军官学校延聘专门洋员充当教习名数，约计经常、临时各费缮摺，请分交院、部核议备案文，并批（附清摺）

为呈请事：窃查海军首重人才，而人才端资教育，前经呈奉

大总统批准，就南京旧有之海军学堂改为海军军官学校，通济练船专为练习舰选派练习生及未经历练之军官，分别入校、登舰练习在案。现在该舰均已筹办就绪，定期开课。惟查各国海军学术，争相研究，日异月新，学问极为深奥。是以从前北洋海军福州船政学堂及南北洋海军学堂，均聘有深通海军学术之洋员，充膺教习，无不各著成效。现在海军军官学校及练习舰所选员生，均系堂课已经毕业，学有根柢人员，若不延聘精通海军洋员充当教习，教以高级新学术，微特不足造成海军完才，抑亦无以餍各学员生之愿望。兹拟延聘各项海军专门洋员，分别充膺海军军官学校及各练习舰教习，冀收造就海军人材实效。所有应聘何项教习暨临时、经常各费，另具清摺呈览。如蒙钧准照办，应请发交国务院复核，并饬财政部备案，一面由本部访聘各项海军专门洋员，再与订立合同年限随时呈报备案。是否可行，仰祈大总统鉴核，分别批饬遵行。谨呈。

批：据呈已悉。交国院务、财政部查核办理。此批。

中华民国二年一月二十六日

国务总理　赵秉钧

财政总长　周学熙

海军总长　刘冠雄

谨将海军部拟聘各项专门海军洋员充当教习，并临时、经常各费缮具清摺，恭呈钧鉴。

计开：

枪炮官教习一员，月薪约六十镑。鱼雷官教习一员，月薪约六十镑。航海员教习一员，月薪约六十镑。轮机官教习一员，月薪约六十镑。枪炮军士教习二员，每员月薪约三十镑。鱼雷军士教习二员，每员月薪约三十镑。电学教习一员，月薪约三十镑。以上官员月薪约共二百四十镑。教习军士电学教习，月薪约共一百五十镑。官员一等舱来华，川费约共四百镑。教习军士电学教习二等舱来华，川费约共三百镑。

〔政府公报，1913年2月6日，第271号〕

5. 海军部制定公布海军医学校规则

（1916年7月25日）

海军部令　第一一七号

兹制定海军医学校规则特即公布施行。此令（规则附）

中华民国五年七月二十五日

海军总长　程璧光

海军医学校规则

第一章　总则

第一条　本校设于天津，定名曰海军医学校。

第二条　本校以养成海军医学高等专门人材为宗旨。

第三条　本校依现在状况设医学本科及预科。

第四条　本校毕业期限定为预科一年，本科四年。

第二章　课程

第五条　预科课程

第一学年

国文　外国文　化学　物理学　解剖学　生理学　理化实习　体操

第六条　本科课程

第二学年

国文　外国文　物理学（附医电学）　解剖学（系统解剖学）组织学　生理学　医化学（附毒药学）　药物药性学　外科学（小外科）　药物标本实习　绷带学实习　医化学实习　组织学实习　解剖学实习　生理学实习

体操

第三学年

国文　外国文　解剖学（局部解剖学）　生理学　病理学　药物药性学　病理解剖学　诊断学　内科学　外科学　解剖实习　　病理解剖组织实习　内外科实学（临床讲义）药物方剂实习　体操

第四学年

国文　外国文　胎生学　卫生学　细菌学　内科学　外科学　矫形学　眼科学　解剖学实习　细菌学实习　眼科学实习　内外科实习(临床讲义)药物方剂实习　体操

第五学年

国文　外国文　外科学割治手术军阵外科　海军卫生学　耳鼻咽喉科学　妇科学　产科学　儿科学　皮肤病学　花柳病学　精神病学　裁判医学　军阵法医学　妇科学实习（临床讲义）　儿科学实习（临床讲义）　皮肤病实习（临床讲义）　花柳病学实习（临床讲义）精神病学实习（临床讲义）　耳鼻咽喉科实习(临床讲义)　裁判医学实习(临床讲义)　内外科实习(临床讲义)　救急外科　海上预防传染法　海军法规　体操

授课时间，由校长与各校员酌定之。

第三章　临症

第七条　本校附设医院，收治病人，以为学生实习之地，学生须按日轮班，随同教员赴院，分科诊治，以资历练。其医院章程另定之。

第四章　学期及休假

第八条　学年以一月一日至十二月三十一日为一学年。

第九条　学期以一月一日至六月三十日为一学期，七月一日至十二月三十一日为一学期。

第十条 休假日期如左：

一、纪念日；二、孔子诞辰；三、国庆日；四、年假十五日（自十二月二十五日至一月八日）；五、期考后三日；六、春夏秋冬四节日；七、星期日。

第十一条 除前条休假日期外，学生因婚丧事故请假者，经校长核准后，得给一个月以内之假期。

第五章 入学

第十二条 凡应试入学学生，必须品行端方，身体强壮，年龄在十八岁以上二十二岁以下，并具有左列之资格者：

甲、中学校毕业者；乙、有中学校毕业同等之学力者。

第十三条 入学试验科目为国文、论说、英文、作文、数学、物理、化学等。

第十四条 报名应试时，须具本人像片、履历书并毕业文凭。履历书程式附后。

第十五条 凡应试学生已录取者，应即将保证书照式填写送校核验备案。保证书程式附后。

第六章 惩戒

第十六条 学生违章犯规有失其本分者，应由校长分别记过、禁假。

第七章 退学

第十七条 学生有左列各项之一者，得由校长令其退学：

一、有第十六条之行为屡戒不悛或情节较重者；二、接连两次学年试验不及格者；三、荒废学业不堪造就者；四、身膺固疾不胜学课者。

第十八条 学生因前条第一项之行为至受退学处分者，应由校长追缴其在校中一切费用。

第八章 试验

第十九条　试验分学期试验、学年试验、毕业试验三种。

一、学期试验在学期届满时，由校长督同教员行之；二、学年试验在学年届满时，由校长督同教员行之；三、毕业试验在肄业年期届满时，由校长督同教员行之。

以上各种试验，除第一种外，其第二第三两种试验举行时，应先期由校长详请海军部派员监试。

第二十条　试验时用笔答、口述、实验、实习四种。

第二十一条　试验分数分甲乙丙丁四种，凡列丙等以上者为及格。

甲、八十分以上；乙、七十分以上；丙、六十分以上；丁、不满六十分。

第二十二条　学期：每学科试验成绩参合平时成绩评定分数，为每学科之学期成绩。

本学期各学科评定之总分数，以学科数除之，得平均数，为总学科之学期成绩。

第二十三条　学年：每学科试验成绩参合平时成绩，评定分数后，再以学期成绩分数相加，以二除之，为每学科之学年成绩。

本学年各学科之总分数，以学科数除得之平均分数，为学年总分数。

第二十四条　毕业试验成绩参合平时成绩评定分数，为本学年每学科成绩分数，再以各学年每学科分数相加，以学年数除之，为各学科毕业成绩分数。

各学科毕业之总分数，以学科数除得之平均数，为毕业总分数。

第二十五条　学生升级及毕业，应依左列各项酌定之：

一、学科分数相差不及十分之一未能及格，其操行成绩列乙等以上者，得升级或毕业；二、学科分数仅能及格，其操行列丁等以下者，得停止其升级或毕业。

第九章　见习

第二十六条　学生毕业后由校长详请海军部派赴海军医院及各舰队见习六个月，期满后，由该管长官医官分别切实加具考语，详送海军部，以凭补授军医官职。

第十章　编制

第二十七条　本校应设职员如左：

校长一员　佐理官一员　学监一员　医学正教员二员　医科理化学正教员一员　医学副教员三员　国文教员一员　外国文教员一员　操练教员一员　军需官一员　书记官一员

除前项职员外，为处理本校事务，得酌用雇员若干人。

第十一章　职务

第二十八条　校长掌管全校一切事务，并指挥校中各职员。

第二十九条　佐理官承校长之命，帮同管理一切校务。

第三十条　学监承校长之命，维持校内军纪、风纪并其他各项庶务。

第三十一条　各教员承校长之命，教授所担任之学课，并编辑讲义。

第三十二条　军需官承校长之命，掌管校中会计事务。

第三十三条　书记官承校长之命，掌管本校文牍并典守印信等事务。

第十二章　附则

第三十四条　本校办事细则及管理学生规程，得由校长拟订，详请海军部核定之。

第三十五条　本规则如有未尽事宜，得由校长详请海军部修正之。

第三十六条　本规则自公布日施行。

海军医学校应试学生履历书式

学生姓名，系　　省　　县村
镇人，年　　岁，　月　日生。曾祖　　祖　　父。　　年　　月入　　学校肄业，至　　年　　月毕业，有证书可验。今愿入贵校　　科肄业，祈准与入学试验。此请

海军医学校校长　　公鉴

中华民国　　年　　月　　日姓名　　　　　签字

海军医学校应试学生保证书式

保证人姓名，年岁，籍贯　人。今与贵校考取学生姓名，有同乡
亲戚
朋友之关系，情愿保证该生在校中谨守校规，不得中途退学等事。所具保证书是实。

此请

海军医学校校长　　公鉴

现在职业
住址　　　姓名　　　　签字

中华民国　　年　　月　　日

〔政府公报，1916年7月27日，第202号〕

6. 大总统准暂裁驻英海军留学生监督处指令

(1916年9月14日)

大总统指令　第一百九十九号

令海军总长程璧光

海军总长程璧光呈，拟暂裁驻英海军留学生监督处，另委兼理，以节经费由。

呈悉。准如所拟办理。此令。
中华民国五年九月十四日

国务总理　段祺瑞
海军总长　程璧光

〔政府公报，1916年9月15日，第251号〕

7. 海军部废止海军军官学校及练习舰暂行简章等令

（1916年10月9日）

海军部令　第一四三号

前部令公布之海军部编译处暂行章程、海军军官学校及练习舰暂行简章、海军部印刷所规则、海军部无线电报局通信规则、留英海军学生监督办事处暂行章程，均即废止。此令。
中华民国五年十月九日

海军总长　程璧光

〔政府公报，1916年10月12日，第277号〕

8. 关于将北洋医学校改为海军医学校归部直辖呈令

（1917年2月12日）

（1）程璧光呈

海军总长程璧光呈大总统，具报北洋医学校及附设施医院收归本部直接管辖，改为海军医学校，并请荐任经亨咸为该校校长文

为具报北洋医学校及附设施医院，收归本部直接管辖，改称为海军医学校，并请荐任经亨咸为海军医学校校长，仰祈鉴核事：窃查北洋医学校及附设之施医院，前由本部于拟将应隶

海军各校、院、营、舰、船坞由部收管以便计划案内呈奉批令：交财政部会商各该省将军、巡按使酌核具复。此批。等因。即经财政部咨商前直隶将军去后。嗣准咨称，准政事堂钞交本部呈，北洋医学校及医院议归海军部管辖，并由该省按现在实支经费就近拨发一案，于民国五年二月十日奉批令，准如所议办理。即由该部转行遵照，并交海军部查照。等因到部。相应钞录原呈，恭录批令，咨行贵部遵照办理。等因。准此。复准前政事堂钞奉批令前因。等因到部。查核该校规则及编制，从前均未厘定，现既收归本部直接管辖，自应将规则、编制分别厘定，并将该校名称改为海军医学校，庶期整顿进行，以臻完善。现在该校规则及编制业经由部厘定，并由部令公布在案。至该校校长一职，职任綦重，应即遴员荐任。查有现充该校校长经亨咸，在职有年，堪以拟请荐任为海军医学校校长，以重职守。所有具报北洋医学校及附设施医院收归本部管辖，改称为海军医学校，并请荐任经亨咸为该校校长各缘由，是否有当，理合检同该员履历一纸，呈请鉴核训示施行。谨呈。六年二月十二日。已奉指令。

〔政府公报，1917年2月15日，第394号〕

(2) 大总统指令

大总统指令　第二百三十三号

令海军总长　程璧光

呈报北洋医学校及附设施医院收归本部直接管辖，改为海军医学校，并请荐任经亨咸为该校校长由。

呈悉。经亨咸已另有令任命矣。余准如拟办理。此令。

中华民国六年二月十二日

国务总理　段祺瑞

海军总长　程璧光

〔政府公报，1917年2月14日，第393号〕

9. 大总统准将烟台枪炮练习所归并南京雷电学校指令

（1917年10月15日）

大总统指令　第一千六百五十八号

令海军总长刘冠雄

呈拟将烟台枪炮练习所归并南京雷电学校由。

呈悉。准如所拟办理。此令。

中华民国六年十月十五日

国务总理　段祺瑞

海军总长　刘冠雄

〔政府公报，1917年10月16日，第628号〕

10. 姚震关于将海商法研究所章程改为商船学艺讲习所条例呈

（1925年11月5日）

临时法制院院长姚震呈临时执政，遵核海军部拟具海商法研究所章程拟改称为商船学艺讲习所条例，酌予修正缮册呈鉴文（附条例）

为遵核海军部呈拟海商法研究所章程恭呈，仰祈钧鉴事：准钧府秘书厅函开：奉执政发下海军部呈一件，内称海军部拟在上海设立海商法研究所，缮具章程，请准施行文一件，相应抄录原呈检同章程一份函达查核办理等因。查海军部所拟海商法研究所章程，意在使海军军官补充其关于商船之学艺，俾得应航海事业之所需，一举两得，自属可行。惟该章程既须以指令核准，即应依照通例改为条例名称，且原名海商法研究所，亦嫌与学科不能尽符，不若改称商船学艺讲习所之为当。其余各条，亦由职院详加审核，酌予修正，以期完善。所有遵核缘由，是否有当，伏候钧裁指令施行。谨呈。十四年十一月五日。已奉指令。

商船学艺讲习所条例

第一条　商船学艺讲习所，由海军总长设立于上海，专为海军军官讲习关于商船之学术技艺，以应航海需要为宗旨。

第二条　商船学艺讲习所设所长一人，总辖本所一切事务，各学科教员由所长延聘。

第三条　海军军官入所应具备左列资格：

一、航海术优长者；二、身体健全者。

第四条　商船学艺讲习所之学科如左：

一、海商法；二、国际公法；三、国际条约；四、造船学；五、船用轮机学；六、气象学；七、海洋学；八、水路测绘学；九、电气工学；十、簿记学；十一、卫生及救急疗法；十二、英语。

第五条一各学科之讲习次数，由所长定之。

第六条　讲习各学科以六个月为毕业期。

第七条　海军军官听讲各学科期满后，由讲习所审定呈请海军总长，授予商船船员合格证书。

第八条　前条呈请经海军总长核准后，按其在军时海上服务之资格，授以相当阶级合格之商船船员证书，并予《政府公报》公告之。

第九条　商船学艺讲习所设评议会，关于本所整饬学规，增进学力各事项，对于海军总长得为建议并得受咨询，以各教员为会员，所长为议长。评议会得由所长随时召集之。

所长得命学员互选四人以内为评议会会员。

第十条　本条例自令准日施行。

〔政府公报，1925年11月13日，第3452号〕

（二）海军主官任免

一、海军部

1. 刘冠雄就任海军总长电

（1912年4月4日）

北京各部首领，各省都督，各军司令，各报馆，各党会均鉴：冠雄才学谫陋，猥以大总统委任海军总长，奉命之下，至深惶惕！自念现在百端待兴，擘划正赖贤才，蹶钝如雄，岂胜重寄，叠恳唐总理代辞。乃承以国务员急于组织，不容缘一人而滞成期，力绳大义相责，不得已勇奋蚊负，暂于本日接任视事。一面恳大总统另拣贤豪接替，免重冠雄陨越之戾。仍求各赐教言，藉匡不逮。刘冠雄叩。豪。印。

〔北洋政府司法部档案〕

2. 刘冠雄报告就任海军部总长日期呈

（1912年5月14日）

海军总长刘冠雄呈报到部视事日期等文

为呈报事：三月三十日奉大总统令：任命刘冠雄为海军总长。此令。又四月二十一日奉大总统令：现在国务院业经成立，在京各部事务，应即分别交替，由各部总长接收办理。此令。等因。除派员赴前海军部分别接收外，冠雄遵于五月初一日到部视事，理合呈报大总统备案。此呈。

中华民国元年五月十四日

〔政府公报，1912年5月20日，第20号〕

3．铨叙局编1912年8月以前海军部职官表

（1912年8月15日）①

铨叙局汇编八月十二日以前京内职官表②

官厅	海军部				
官名	总长	次长	总司令	左司令	右司令
姓名	刘冠雄	汤芗铭	黄钟瑛	蓝建枢	徐振鹏
任命日期	三月三十日	四月初六日	同日	同日	六月二十二日

〔政府公报，1912年8月15日，第107号〕

① 系刊登《政府公报》日期。

② 其他各部、院略。

4. 刘冠雄报告继续任职呈并批

（1914年5月7日）

海军总长刘冠雄呈大总统，报明继续任事日期文，并批

为呈报事：中华民国三年五月一日奉大总统令，特任刘冠雄为海军总长等因。此令。奉此。查海军有巩固国防之责任，总长有督率全部之职权。吾国幅员袤广，海线纡长，目下匪党扰乱，处处设防，职务非常重要，冠雄驽下，深惧弗胜，日前面陈钧座，请简贤能，语出至诚，吾斯未信。兹复渥邀殊遇，重荷恩命，罔敢固辞，勉图自效，惟有随事仰承训诲，竭矢忠诚，以副高厚鸿慈于万一，遵于本月一日继续任事。理合呈报，敬乞鉴核备案。谨呈。

批：据呈已悉。此批。

中华民国三年五月七日

国务卿　徐世昌

〔政府公报，1914年5月10日，第721号〕

5. 大总统免去刘冠雄改任程璧光为海军总长策令

（1916年6—7月）

（1）大总统令（6月30日）

大总统策令

……海军总长刘冠雄、……准免本职。此令。

中华民国五年六月三十日

国务总理　段祺瑞

大总统策令

特任……程璧光为海军总长、……此令。

中华民国五年六月三十日

国务总理　段祺瑞

〔政府公报，1916年7月1日，第176号〕

(2) 程璧光就职日期通告

为通告事：中华民国五年六月三十日，奉大总统策令：特任程璧光为海军总长。此令。等因。璧光遵于七月三日就任海军总长之职。除呈报外，特此通告。

中华民国五年七月三日

〔政府公报，1916年7月4日，第179号〕

6．大总统任命萨镇冰为海军总长令

(1917年6月24日)

大总统令

特任萨镇冰为海军总长。此令。

中华民国六年六月二十四日

国务总理　李经羲

〔政府公报，1917年6月25日，第522号〕

7．关于刘冠雄任海军总长令告

(1917年12月)

(1) 大总统令(12月1日)

大总统令

特任刘冠雄为海军总长。此令。

中华民国六年十二月一日

国务总理　王士珍

〔政府公报，1917年12月2日，第675号〕

(2) 刘冠雄就职通告（12月6日）①

海军总长刘冠雄继续就职日期通告

为通告事：中华民国六年十二月一日奉大总统令：特任刘冠雄为海军总长。此令。等因。冠雄遵于即日继续就任海军总长之职。除呈报外，特此通告。

〔政府公报，1917年12月6日，第679号〕

8．关于刘冠雄任海军总长令告

（1918年3月）

(1) 大总统令（3月29日）

大总统令

特任……刘冠雄为海军总长，此令。

中华民国七年三月二十九日

国务总理　段祺瑞

〔政府公报，1918年3月30日，第784号〕

(2) 刘冠雄就职通告（3月30日）

海军总长刘冠雄就职日期通告

为通告事：中华民国七年三月二十九日奉大总统令，特任刘冠雄为海军总长。此令。等因。奉此。冠雄遵于三月三十日继续就任海军总长之职。除呈报外，特此通告。

① 系刊登《政府公报》日期。

中华民国七年三月三十日

〔政府公报，1918年4月1日，第786号〕

9．关于刘冠雄任海军总长令告

（1919年1月）

（1）大总统令（1月11日）

大总统令

……海军总长刘冠雄，呈请辞职，刘冠雄准免本职。此令。

中华民国八年一月十一日

国务总理　钱能训

大总统令

特任……刘冠雄为海军总长，……此令。

中华民国八年一月十一日

国务总理　钱能训

〔政府公报，1919年1月12日，第1057号〕

（2）刘冠雄就职通告（1月13日）

海军总长刘冠雄就职日期通告

为通告事：中华民国八年一月十一日奉大总统令，特任刘冠雄为海军总长。此令。等因。奉此。冠雄遵于本日继续就任海军总长之职。除呈报外，特此通告。

中华民国八年一月十三日

〔政府公报，1919年1月15日，第1060号〕

10．李鼎新就任海军总长通告

（1921年5月19日）

海军总长李鼎新就职日期通告

为通告事：本月十四日奉大总统令：特任李鼎新为海军总长。此令。等因。奉此。鼎新遵于十九日就任海军总长之职。除呈报外，特此通告。

中华民国十年五月十九日

〔政府公报，1921年5月21日，第1883号〕

11．李鼎新就任海军总长通告

（1922年8月7日）

署海军总长李鼎新就职日期通告

为通告事：本年八月五日奉大总统令：特任李鼎新署海军总长。此令。等因。奉此。鼎新遵于本月七日继续就任署海军总长之职。除呈报外，特此通告。

中华民国十一年八月七日

〔政府公报，1922年8月8日，第2310号〕

12．杜锡珪就任海军总长通告

（1927年1月29日）

海军总长杜锡珪就职日期通告

为通告事：中华民国十六年一月十二日奉大总统令：特任杜锡珪为海军总长。此令。等因。奉此。锡珪遵于一月二十九日就任海军总长之职。除呈报告外，特此通告。

中华民国十六年一月二十九日

〔政府公报，1927年1月31日，第3873号〕

13．汤芗铭报告就任海军部次长日期呈

（1912年5月14日）

海军次长汤芗铭呈报到部视事日期文

为呈报事：四月初六日奉大总统令：任命汤芗铭为海军次长。此令。芗铭遵于五月初一日到部视事，理合呈报大总统备案。此呈。

中华民国元年五月十四日

〔政府公报，1912年5月20日，第20号〕

14．大总统着李和暂代海军次长令

（1913年11月26日）

大总统令

任命李和暂行代理海军次长。此令。

中华民国二年十一月二十六日

国务总理　熊希龄

海军总长　刘冠雄

〔政府公报，1913年11月27日，第563号〕

15．刘冠雄报告代理海军次长李和到部就职呈并批

（1913年12月19日）

海军总长刘冠雄呈大总统，报明本部日行公事改归代理次长李和代拆代行，请鉴核备案文，并批

为呈请事：十一月二十六日奉大总统令：任命李和暂行代理

海军次长。此令。等因。兹该代理次长李和已于十二月十三日到部就职，部中所有日行公事，派该代理次长代拆代行，理合呈请大总统鉴核备案。谨呈。

批：据呈已悉。此批。

中华民国二年十二月十九日

国务总理　熊希龄

海军总长　刘冠雄

〔政府公报，1913年12月24日，第590号〕

16．刘冠雄报告汤芗铭咨缴海军次长印章到部呈并批

（1914年3月21日）

海军总长刘冠雄呈大总统，报明本部次长汤芗铭由湘咨缴海军次长印章到部文，并批

为呈报事：本部海军次长印章一颗，前因湖口乱事发生，次长汤芗铭南下，率舰督师，携带差次。该次长旋奉钧命署理湘督。此项印章，现于本月二日由湘咨缴到部。除交代理次长李和钤用外，合行呈报。谨呈。

批：据呈已悉。此批。

中华民国三年三月二十一日

国务总理　孙宝琦

海军总长　刘冠雄

〔政府公报，1914年4月5日，第686号〕

17．大总统任命李和为海军部次长策令

（1914年8月7日）

大总统策令

任命李和为海军部次长。此令。

中华民国三年八月七日

国务卿　徐世昌

〔政府公报，1914年8月8日，第811号〕

18. 关于刘传绶任海军次长令告

（1917年7—8月）

（1）大总统令（7月19日）

大总统令

任命刘传绶兼署海军次长。此令。

中华民国六年七月十九日

国务总理　段祺瑞

海军总长

〔政府公报，1917年7月19日，第541号〕

（2）刘传绶就职通告（7月21日）

兼署海军次长刘传绶就职日期通告

为通告事：中华民国六年七月十九日奉大总统任命：刘传绶兼署海军军次长。此令。等因。奉此。传绶遵于七月二十一日就任兼署海军次长之职。除呈报外，特此通告。

中华民国六年七月二十一日

〔政府公报，1917年7月21日，第543号〕

（3）大总统令（7月31日）

大总统令

任命刘传绶为海军次长。此令。

中华民国六年七月三十一日

国务总理　段祺瑞
海军总长　刘冠雄

〔政府公报，1917年7月31日，第553号〕

（4）刘传绶就职通告（8月1日）

海军次长刘传绶继续就职日期通告

为通告事：中华民国六年七月三十一日奉大总统令：任命刘传绶为海军次长。此令。等因。奉此。传绶遵于八月一日继续就任海军次长之职。除呈报外，特此通告。

中华民国六年八月一日

〔政府公报，1917年8月3日，第556号〕

19．大总统免去刘传绶海军次长令

（1918年4月23日）

大总统令

海军次长刘传绶因病呈请辞职，刘传绶准免本职。此令。

中华民国七年四月二十三日

国务总理　段祺瑞
海军总长　刘冠雄

〔政府公报，1918年4月24日，第808号〕

20．关于徐振鹏任海军次长令告

（1918年5月）

（1）大总统令（5月4日）

大总统令

任命徐振鹏为海军次长。此令。

中华民国七年五月四日

国务总理　段祺瑞
海军总长　刘冠雄

〔政府公报，1918年5月5日，第819号〕

（2）徐振鹏就职通告（5月6日）

海军次长徐振鹏就职日期通告

为通告事：中华民国七年五月四日奉大总统令：任命徐振鹏为海军次长。此令。等因。奉此。振鹏遵于五月六日就任海军次长之职。除呈报外，特此通告。

中华民国七年五月六日

〔政府公报，1918年5月8日，第822号〕

21．徐振鹏等以索饷未获解决宣布集体辞职通电

（1923年9月25日）

万急。北京参众两院、国务院、各部院同人、各报馆，保定曹巡阅使，洛阳吴巡阅使，各督军、督理、省长，各省区各报馆、各法团，下关杜总司令，马尾杨司令、陈局长，武昌楚泰李司令暨各舰艇长，南京、马尾、烟台海军各学校均鉴：敬电奉陈。查本部薪俸，自李总长就任以来，积欠至一年之久。数月于兹，总长足不到部，历来所领政费，从未发放，同人等困苦万状，无法支持，节关紧迫，事前毫不筹划。敬日下午，同人因生活关系，全体部员随同次长、参事、司长，前往总长住宅，请求到部设法维持，鹄立候示，历十时之久，饥渴不计，严守秩序，毫无轨外举动。乃总长始终不负责任，屡次以空言搪塞，继则电召地面军警长官带领武装军警数百人包围，终则亲下名条，交军警传拘五人。同人等以事关公众，不忍使少数同人独受苦痛，嗣由次长带同副官长及参事、司长等，出与军警长官商量，以此事

系海军内部之事，无庸干涉，请总长收回拿人
际，警官竟敢无故喝将副官长当场抓去，并捆以绳，经次长担保，始肯释放。同人等遂随同次长、参事、司长等，于军警监视之下，一同回部，时已夜间二时矣。窃思本部人员，系属海军军官，此次以要求欠薪，竟受此等凌辱，贻羞海军全体，总长身为海军领袖，既不能为部属维持生计，复藉外力蹂躏海军人格，同人等认为莫大奇耻，由本夕起，自次长以下全体宣告辞职，誓不与此惨无人道之总长共事。伏希亮察。海军次长徐振鹏，参事吴振南、刘华式、徐兴仓、谢葆璋，司长何品璋、陈恩焘、吴纫礼暨全体部员同叩。有。

〔北洋政府陆军部档案〕

22. 大总统任命刘永谦为海军次长令

（1926年7月10日）

大总统令

任命刘永谦为海军次长。此令。

国务总理
海军总长 杜锡珪

中华民国十五年七月十日

〔政府公报，1926年7月11日，第3680号〕

23. 谢葆璋就任海军次长通告

（1926年8月25日）

海军次长谢葆璋就职日期通告

为通告事：中华民国十五年八月二十一日奉大总统令：任命谢葆璋署海军次长。此令。等因。奉此。葆璋遵于本月二十五日就任署海军次长之职。除呈报外，特此通告。

中华民国十五年八月二十五日

〔政府公报，1926年8月26日，第3726号〕

二、海军总司令处（公署）

1. 临时大总统任命李鼎新为海军总司令令

（1912年12月11日）

临时大总统令

任命李鼎新为海军总司令，并授为海军中将。此令。

中华民国元年十二月十一日

国务总理　赵秉钧

海军总长　刘冠雄

〔政府公报，1912年12月12日，第225号〕

2. 李鼎新报告就任海军总司令职呈

（1912年12月25日）

海军总司令李鼎新呈大总统，报明视事日期文，并批

为呈报事：窃照本年本月十二日奉海军部真电开：奉大总统令：任命李鼎新为海军总司令，并授为海军中将，希即就职等因。当以任重才轻，恐贻陨越，复电敬辞。十四日复奉海军部元电：文电悉。总司令之职，询谋佥同，非公莫属。际此时艰，请勉为其难，毋须遇事谦让，希即日就职，迳报大总统。来电碍难代转。各等因。奉此。鼎新遵于十五日视事。除电陈并分别呈咨外，理合具文呈报大总统察核。为此具呈。伏乞照验施行。须至呈者。

批：据呈已悉。此批。

大总统印

中华民国元年十一月二十五日

国务总理　赵秉钧

海军总长　刘冠雄

〔政府公报，1913年1月14日，第248号〕

3．大总统任命程璧光为海军总司令令

（1917年6月24日）

大总统令

特派程璧光为海军总司令。此令。

中华民国六年六月二十四日

国务总理　李经羲

海军总长

〔政府公报，1917年6月25日，第522号〕

4．关于刘冠雄任海军总长兼领海军总司令令告

（1917年7月）

（1）大总统令（7月15日）

大总统令

特任刘冠雄为海军总长。此令。

中华民国六年七月十五日

国务总理　段祺瑞

〔政府公报，1917年7月15日，第537号〕

（2）大总统令（7月23日）

大总统令

海军总司令程璧光著免本职，遗职派刘冠雄暂行兼领。此

中华民国六年七月二十三日

国务总理　段祺瑞

海军总长

〔政府公报，1917年7月23日，第545号〕

（3）刘冠雄就职通告（7月24日）

海军总长暂行兼领海军总司令刘冠雄就职日期通告

为通告事：中华民国六年七月十五日奉大总统令：特任刘冠雄为海军总长。此令。七月二十三日奉大总统令：海军总司令程璧光著免本职，派刘冠雄暂行兼领。各等因。奉此。冠雄于七月二十四日就任海军总长并暂行兼领海军总司令之职。除呈报外，特此通告。

中华民国六年七月二十四日

〔政府公报，1917年7月24日，第546号〕

5. 大总统任命饶怀文为海军总司令令

（1917年7月24日）

大总统令

特派饶怀文署海军总司令。此令。

中华民国六年七月二十四日

国务总理　段祺瑞

海军总长　刘冠雄

〔政府公报，1917年7月24日，第546号〕

6. 饶怀文报告就任海军总司令并启用印信呈

（1917年9月2日）

海军总司令饶怀文呈国务院，报明就任暨奉颁印信启用日期文

为具报就任暨奉颁印信启用日期事：窃查本年七月二十五日奉海军部敬电开：本日奉大总统令：特派饶怀文署海军总司令。此令。又奉大总统令：任命林颂庄署海军第一舰队司令，杜锡珪署海军第二舰队司令。此令。等因。仰各司令迅即就职。等因。奉此。怀文遵即于八月一日交卸第二舰队司令任务，并即于是日就总司令任务，均经先行电呈在案。八月三十日奉海军部铸发海军总司令银质印信一颗，并特派林科长鉴殷赍送到宁，怀文当即敬谨收领，遵于九月一日启用。除呈报大总统暨分呈海军部备查外，所有怀文就任海军总司令并奉颁印信启用日期各缘由，理合备文呈报钧院，仰鉴核备查，实为公便。谨呈。

中华民国六年九月二日。

〔政府公报，1917年9月12日，第596号〕

7. 大总统为海军总司令饶怀文病逝以何品璋暂行护理令

（1918年3月23日）

大总统令

署海军总司令饶怀文因病出缺，著派何品璋暂行护理海军总司令。此令。

中华民国七年三月二十三日

国务总理　钱能训

海军总长　刘冠雄

〔政府公报，1918年3月24日，第778号〕

8. 大总统特任蒋拯兼代海军总司令令

（1921年7月22日）

大总统令

特任蒋拯兼代海军总司令。此令。

中华民国十年七月二十二日

国务总理　靳云鹏

海军总长　李鼎新

〔政府公报，1921年7月23日，第1944号〕

9. 大总统特任蒋拯署海军总司令令

（1921年8月12日）

大总统令

特任蒋拯署海军总司令。此令。

中华民国十年八月十二日

国务总理　靳云鹏

海军总长　李鼎新

〔政府公报，1921年8月13日，第1965号〕

10. 蒋拯就任海军总司令电

（1921年9月27日）

北京大总统、国务院钧鉴：各部院，保定曹巡阅使，各省督军、省长、护军使均鉴：奉令特任蒋拯署海军总司令等因。遵于九月廿七日就职。谨闻。蒋拯叩。沁。印。

〔政府陆军部档案（一〇一一）406〕

11. 大总统任命杜锡珪为海军总司令令

（1923年11月17日）

大总统令

特任杜锡珪为海军总司令。此令。

中华民国十二年十一月十七日

国务总理　高凌霨

海军总长　李鼎新

〔北洋政府国务院档案〕

12. 临时执政免去杜锡珪改任杨树庄为海军总司令令

（1925年2月6日）

临时执政令

海军总司令杜锡珪著免本职。此令。

海军总长　林建章

中华民国十四年二月六日

临时执政令

特派杨树庄为海军总司令。此令。

海军总长　林建章

中华民国十四年二月六日

〔政府公报，1925年2月7日，第3181号〕

三、海军各舰队

1. 蓝建枢报告就任海军左司令日期呈

（1912年5月1日）

海军左司令蓝建枢呈报任事日期文

为呈报事：窃于四月六日谨奉命令，以蓝建枢为海军左司令等因。奉此。遵于本月二十一日在沪受任。所有任事日期，除先行电呈外，尚应具文呈报，为此备呈，伏乞察验施行。

批：据呈已悉。此批。

中华民国元年五月初一日

〔政府公报，1912年5月3日，第3号〕

2. 海军总长请以徐振鹏接任海军右司令咨

（1912年6月18日）

海军总长咨国务总理，海军右司令吴应科辞职，遗缺请以徐振鹏接任等情文

奉大总统颁到海军右司令吴应科委任状一纸，遵经转行去后。兹据该员来京面称：材力不及，恳准予辞职等情。并将委任状呈缴前来。经再三婉劝就职，无如执意甚坚，自未便过于勉强。惟海军右司令一职，责任綦重，未便久悬。查有前充统领长江军舰徐振鹏，情形熟悉，调度有方，堪胜海军右司令之职。除呈请大总统察酌委任并将吴应科右司令委任状呈缴涂销外，相应备文咨达贵总理查照备案。此咨。

中华民国元年六月十八日

〔政府公报，1912年6月28日，第59号〕

3. 临时大总统免去吴应科改任徐振鹏为海军右司令令

（1912年6月22日）

临时大总统令

海军部呈，海军右司令吴应科恳予辞职，应即照准。此令。

中华民国元年六月二十二日

大总统盖印　　陆征祥、刘冠雄署名

临时大总统令

任命徐振鹏为海军右司令。此令。

中华民国元年六月二十二日

大总统盖印　　陆征祥、刘冠雄署名

〔政府公报，1912年6月25日，第56号〕

4. 徐振鹏报告就任海军右司令及启用关防日期呈

（1912年7月4日）

海军右司令徐振鹏呈报受职及启用关防日期文

为呈报事：窃于元年六月二十五日奉海军部总长敬电内开：奉大总统任命振鹏为海军右司令，望勿谦让，即日视事。又于七月初一日奉海军总司令处发下部颁木质关防一颗，文曰中华民国海军右司令之关防。各等因。奉此。右司令就此初一日受职视事，并启用关防。所有受职启用关防日期，理合备文呈报，仰祈大总统鉴核，实为公便。除呈报外，为此具呈，伏乞照验施行。

中华民国元年七月初四日

〔政府公报，1912年7月13日，第74号〕

5. 临时大总统改海军左右司令为海军第一二舰队司令指令

（1912年12月1日）

临时大总统指令　第四十三号

令海军部

据该部呈请改左司令为海军第一舰队司令，即以蓝建枢改充，改右司令为海军第二舰队司令，即以徐振鹏改充等语，应照准。此令。

中华民国元年十二月初一日

国务总理　赵秉钧

海军总长　刘冠雄

〔政府公报，1912年12月2日，第215号〕

6. 临时大总统准沈寿堃辞第一舰队司令职令

（1913年8月15日）

临时大总统令

海军总长刘冠雄呈称第一舰队司令沈寿堃呈请辞职，应照准。此令。

中华民国二年八月十五日

国务总理　段祺瑞

海军总长　刘冠雄

〔政府公报，1913年8月16日，第460号〕

7. 临时大总统任命林葆怿署第一舰队司令饶怀文署练习舰队司令令

（1913年8月15日）

临时大总统令

任命林葆怿署第一舰队司令，饶怀文署练习舰队司令。此令。

中华民国二年八月十五日

国务总理　段祺瑞

海军总长　刘冠雄

〔政府公报，1913年8月16日，第460号〕

8. 海军部请将海军舰队司令饶怀文等互相调任呈

（1915年7月3日）

海军部呈，请将海军舰队司令饶怀文等互相调任，俟奉令后，由部饬令来京觐见，请鉴示文，并批令

为请将练习舰队司令与第二舰队司令互相调任事：窃维海军官佐、士兵首重海上资格，若久驻内江，则外海一切经验，不但难期长进，且恐驯致生疏，甚非所以造精深而均劳逸也。查练习舰队司令常川巡弋外海，第二舰队司令常川驻泊长江，应行互相调任。前于条陈海军应办事宜案内，摺呈请示奉准在案。理合恭呈具陈，拟请以海军练习舰队司令饶怀文调为海军第二舰队司令，海军第二舰队司令徐振鹏调为海军练习舰队司令。俟奉策令后，由部饬令来京觐见，以符定章。至各舰官佐、士兵，自应由部饬知总司令李鼎新体察情形随时调换，以重海上资格。谨乞大元帅钧鉴训示施行。谨呈。批令：饶怀文等已有令明发，余如所拟办理。此批。

中华民国四年七月三日

国务卿　徐世昌

〔政府公报，1915年7月6日，第1135号〕

9．袁世凯任命曾兆麟为海军练习舰队司令策令

（1615年12月21日）

政事堂奉策令：任命曾兆麟为海军练习舰队司令。此令。

中华民国四年十二月二十一日

国务卿　陆征祥

〔政府公报，1915年12月22日，第1302号〕

10．大总统免去林葆怿改任林颂庄为第一舰队司令令

（1917年7月24日）

大总统令

海军总长刘冠雄呈，海军第一舰队司令林葆怿应请免职。林葆怿著即免职。此令。

中华民国六年七月二十四日

国务总理　段祺瑞

海军总长　刘冠雄

大总统令

任命林颂庄署海军第一舰队司令，杜锡珪署海军第二舰队司令。此令。

中华民国六年七月二十四日

国务总理　段祺瑞

海军总长　刘冠雄

〔政府公报，1917年7月24日，第546号〕

11．大总统免去曾兆麟改任蒋拯为练习舰队司令令

（1917年9月21日）

大总统令

海军总长刘冠雄呈：练习舰队司令曾兆麟因病请假，请免职另候任用等语。曾兆麟准免本职。此令。

中华民国六年九月二十一日

国务总理　段祺瑞

海军总长　刘冠雄

大总统令

任命蒋拯为海军练习舰队司令。此令。

中华民国六年九月二十一日

国务总理　段祺瑞

海军总长　刘冠雄

〔政府公报，1917年9月21日，第605号〕

12．大总统任命杨敬修署海军练习舰队司令令

（1921年8月12日）

大总统令

任命杨敬修署海军练习舰队司令。此令。

中华民国十年八月十二日

国务总理　靳云鹏

海军总长　李鼎新

〔政府公报，1921年8月13日，第1965号〕

13. 大总统任命林建章暂代海军第一舰队司令令

（1921年12月29日）

大总统令

任命林建章暂行代理海军第一舰队司令。此令。

中华民国十年十二月二十九日

国务总理　梁士诒

海军总长　李鼎新

〔政府公报，1921年12月30日，第2099号〕

14. 大总统任命周兆瑞甘联璈分署海军第一第二舰队司令令

（1922年6月29日）

大总统令

任命周兆瑞署海军第一舰队司令，甘联璈署海军第二舰队司令。此令。

中华民国十一年六月二十九日

国务总理　颜惠庆

海军总长　李鼎新

〔政府公报，1922年6月30日，第2272号〕

15. 关于实授杨树庄为海军练习舰队司令呈令

（1923年11—12月）

（1）李鼎新致大总统呈（11月30日）

呈为拟请实授海军练习舰队司令恭呈仰祈钧鉴事：窃本年五月五日奉大总统令：任命杨树庄署海军练习舰队司令。此令。等因。查该司令署任以来，督率有方，且兼任闽江警备司令，正值军事吃紧之时，布置防务一切，俱能措置裕如。拟请准予简任为海军练习舰队司令，以专责成。是否有当？理合呈请鉴核训示施行。谨呈

大总统

海军总长　李鼎新

中华民国十二年十一月三十日

(2)大总统令(12月6日)

大总统令

任命杨树庄为海军练习舰队司令。此令。

中华民国十二年十二月六日

国务总理　高凌霨

海军总长　李鼎新

〔北洋政府国务院档案〕

16．大总统府秘书厅等关于任命温树德为渤海舰队司令往来函电

(1924年1—3月)

(1)大总统府秘书厅致国务院公函(1月23日)

大总统府秘书厅公函　第二四二六号

迳启者：本月十五日收洛阳吴巡阅使致军事处真三电：温司令率舰北归，允宜授以渤海海军司令名义，俾资统率，请转陈俯准发表电一件，业由处呈奉大总统谕：交院。等因。遵将原电抄送查照。此致

国务院

大总统府秘书厅启

附钞电一件

中华民国十三年一月二十二日

北京公府军事处陆处长鉴：大密。顷接刘永谦司长佳电云：温司令励精图治，已于鱼日开始办公，惟名位未正，诸感不便。所有前承帅座允为推毂渤海海军司令一节，拟请提前电达极峰，迅予明令发表。等语。温司令率舰北归，勤劳卓著，允宜授以渤海海军司令名义，俾资统率，且藉示鼓舞，敬请转呈主座睿察，俯准发表为祷。吴佩孚。真三。印。

(2)国务院致海军部函稿(1月24日)

院函　第　　号

迳启者：准公府秘书厅抄交洛阳吴巡阅使致军事处真三电一件，内称：温司令率舰北归，勤劳卓著，允宜授以渤海海军司令名义，俾资统率，请转陈俯准发表等语。奉大总统谕：交院。等因。相应照录原件，函达贵部查核办理。此致

海军部

附抄件〔缺〕

中华民国十三年一月廿四日

(3)海军部复国务院公函(1月28日)

海军部公函　年往字第一九号

迳启者：承准钧院函开：第一百二十七号，准公府秘书厅抄交洛阳吴巡阅使致军事处真三电一件，内称：温司令率舰北归，勤劳卓著，允宜授以渤海海军司令名义，俾资统率，请转陈俯准发表等语。奉大总统谕：交院。等因。相应照录原件，函达贵部查核办理。等因。承准此。查驻粤舰队司令温树德深明大义，率舰北归，诚如吴巡阅使所云：应予名义，以示鼓励。惟海军编制分

设第一舰队、第二舰队、练习舰队三司令，以海军总司令统之，所有官制，均经教令公布有案，即属法定之职官，自未便另设渤海海军司令名目。况渤海又非边防特别区域，尤未可独于该处显分歧异。兹拟权宜计划援闽、粤成案，增设渤海海疆防御使一职，以辅海军而保疆宇。其防御使一职，即请简授该司令，以酬勋绩，现驻青岛各舰，由部令行暂归防御使指挥，以便统率。似此办理，既与法令相符，亦于事实有裨。是否有当？具函复请鉴核施行。

此致

国务院

中华民国十三年一月二十八日

(4)大总统府秘书厅致国务院公函(3月11日)

大总统府秘书厅公函　第六九二号

迳启者：本月三日收吴巡阅使致军事处为任命温树德为渤海舰队司令一节，前略有波折，现已谅解，应按照原议速行发表，请转呈并示复艳电一件。呈奉大总统谕：交院。等因。遵抄原电函送查照。此致

国务院

大总统府秘书厅启

附抄电一件

中华民国十三年三月十一日

北京公府王秘书长、陆处长均鉴：昌密。任命温树德为渤海舰队司令一节，目前秋舫总长在洛公同研商，已经定议，嗣因赴宁后略有波折，暂为延搁。现在杜、温两方大致均已谅解，亟应按照原议速行发表，其余枝节当可逐渐消融。如果再行延宕，反致益起纠纷，转难结果，即海军一切必要筹措，亦因之无从著手，实属非宜。且温司令在洛日久，尤盼早日决定，以便返青统率，

公私难以再缓。敬请转陈主座钧察赐准，克期发表，并祈示复为祷。吴佩孚。艳。印。

(5)大总统任命令(3月22日)

大总统令

任命温树德为渤海舰队司令。此令。

中华民国十三年三月二十二日

国务总理　孙宝琦

海军总长　李鼎新

〔北洋政府国务院档案〕

17. 临时执政免去周兆瑞改任陈季良为海军第一舰队司令令

(1925年2月6日)

临时执政令

海军总长林建章呈：海军第一舰队司令周兆瑞另有任用，请免本职。周兆瑞准免本职。此令。

海军总长　林建章

中华民国十四年二月六日

临时执政令

任命陈季良为海军第一舰队司令。此令。

海军总长　林建章

中华民国十四年二月六日

〔政府公报，1925年2月7日，第3181号〕

18. 临时执政任命许建廷为海军第二舰队司令令

（1925年2月6日）

临时执政令

任命许建廷为海军第二舰队司令。此令。

海军总长　林建章

中华民国十四年二月六日

〔政府公报，1925年2月7日，第3181号〕

19. 临时执政调任李景曦为海军练习舰队司令令

（1925年2月6日）

临时执政令

调任李景曦为海军练习舰队司令。此令。

海军总长　林建章

中华民国十四年二月六日

〔政府公报，1925年2月7日，第3181号〕

20. 海军总司令公署及所属第一二舰队司令处各舰职官名册

（1925年）①

海军总司令公署

总司令　杨树庄

参谋长　林国赓

参　谋　杜逢时　高宪申　黄仲则　吴光宗　李君武　林献炘

---

① 此件无时间，按杨树庄系于1925年2月6日被任为海军总司令，此件成文日期当在是年2月6日之后。

副官长　陈毓渟

副　官　孟琇椿　赵士淦　冯　滔　陈景芗　黄绪虞　黄显淇

书记官长　张　淮

书记官　沈觐晃　吴炎南　池汉明

课　长　葛保炎　张澜清　罗序和　陈翼宸　唐德炘　叶龙骧
　　　　许世芳

课　员　蔡世溁　胡载福　何传熊　罗忠寅　魏华新　郑孝淼
　　　　王良英　蒋濬源　张起桓　蒋　熙　萨　瀛　翁继芬
　　　　薛大勋　张　冰　高　斌　葛昌鼎　翁炳贞　林球图
　　　　李承曾　裘国安　张振声　王　锜

技　士　彭启庚　黄馥楼

第一舰队司令处

司　令　陈季良　　参　谋　陈宏泰

轮机长　刘贻远　　书记官长　陈宰平

书记官　王葆濂　叶景莘　　副　官　郑耀枢

军需员　林镜澜

海筹

舰　长　陈训泳兼代　　副　长

舰海正　叶葆骏　　枪炮正　陈孔耀

鱼雷正　李孟亮　　军需副　罗忠敏

枪炮副　王　钧　　航海副　李孟元

鱼雷副　吴　寅　　轮机长　黄锦垣

轮机正　甘定才　　轮机副　李延钊　王　弼

军医正　任荣衮　　书记官　林鉴水

军医副　陈质庵　　正电官　薛大璋

副电官　陈应麟

海容

舰　长	曾以鼎	副　长	刘焕乾
航海正	程嵋贤	枪炮正	周希文
鱼雷正	郑勤瑞	军需副	陈兆璜
航海副	陈作梅	轮机长	张懋绂
轮机正	张嘉曦	轮机副	余　堃　陈诗涛
军医正	黄鸣岐	书记官	陈则安
军医副	周寿亲	正电官	陈钟麟
副电官	朱长春		

联鲸

舰　长	林镜寰	副　长	何天宇
航海副	魏朱英	枪炮副	严　陵
轮机正	朱葆清	轮机副	张　岑
书记官	虞镐藩	正电官	方　谟
副电官	郑文起		

靖安

舰　长	佘振兴	副　长	孙维城
轮机正	黄辉如	航海副	曾　伟
枪炮副	冯彦图	军需副	任如钧
轮机副	林傅善	书记官	周玉如
正电官	柯嵩林	副电官	林益良
军医正	吴　威		

建康

舰　长	严寿华	轮机正	张应鸿
轮机副	孙　斌	书记官	林有灿

正电官　马学俊　　副电官　林尊训

永绩

舰　长　李孟斌　　副　长　曾冠瀛

轮机正　郑华钟　　航海副　汪于洋

枪炮副　蒋元俊　　轮机副　张国威

军医副　齐　琪　　书记官　侯其昌

正电官　李　洵　　副电官　黄道棨

永健

舰　长　王寿廷　　副　长　郑则勋

轮机正　郎昌炽　　航海副　谢世恩

轮机副　杨崇燮　　军医副　陈懋忱

书记官　王　珊　　正电官　董长庆

副电官　李振先

安定

舰　长　　副舰长

航海副　刘勋达　　枪炮副　陈泰培

轮机正　　轮机副　何承惠

书记官　杨晋书　　军医副　顾福荫

第二舰队司令处

司　令　许建廷

参　谋　张日章

轮机长　韩玉衡

书记长　孟琇棠

书记官　袁辅廷　严启文

副　官　郑世璋　张仁民

军需员　高　襄

建安

舰　长	杜宗凯	副　长	林自新
航海正	于庆霈	军需副	刘长敏
枪炮副	唐　虞	轮机正	谢浩恩
轮机副	赵仕桐　毛廷瑞	书记官	饶肇昌
军医副	黄崇雅		

建威

舰　长	萨　夷	副　长	王夏鼐
航海正	顾　奎	军需副	徐　沛
枪炮副	周崇道	轮机正	叶宜彬
轮机副	李绍晟	书记官	李祖元
军医副	王承馨		

华安

舰　长	贾　勤	副　长	张衍学
轮机正	陈继明		

楚泰

舰　长	林秉衡	副　长	陈秉清
航海副	张永来	枪炮副	汪积慈
轮机正	邵华瑞	轮机副	励大全
军医副	林弼丞	正电官	徐　钰
副电官	林　衍		

楚谦

舰　长	杨庆贞	副　长	任光海
航海副	陈耀宗	轮机正	陈鸿藩
轮机副	黄孝傅	书记官	俞　确
军医副	王　权	正电官	霍道威
副电官	黄　振		

楚观

舰　长	陈永钦	副　长	齐粹英
航海副	熊　兆	枪炮副	张　佺
轮机正	沈辰熙	轮机副	李孔荣
书记官	刘文炳	军医副	周　烈
正电官	李　沅	副电官	郑崇焜

楚同

舰　长	李世甲	副　长	郑体慈
航海副	许演新	枪炮副	孙　新
轮机正	邝文慰	轮机副	黄浩川
书记官	陈葆善	军医副	陈懋猷
正电官	张哲玉	副电官	陈森凯

楚有

舰　长	林元铨	副　长	李葆祁
航海副	陈泰炳	枪炮副	陈泰植
轮机正	林桂吉	轮机副	倪世龄
书记官	许秉钧	军医副	钱振民
正电官	穆广发	副电官	何希源

江元

舰　长	欧阳勣	副　长	汤宝璜
枪炮副	苏学经	轮机正	刘先懋
轮机副	贾　劼	书记官	何振炯
军医副	王钟鑫	正电官	陈　檠
副电官	程祖骝		

江利

舰　长	彭　瀛	副　长	沈彝懋
航海副	霍若琳	枪炮副	任　重
轮机正	陈升扬	轮机副	林惠平
书记官	邱邦良	军医副	翁文澜
正电官	傅崧生	副电官	吴国士

江贞

舰　长	萨福畴	副　长	卢文祥
航海副	华国良	枪炮副	陈　瑜
轮机正	唐荔生	书记官	陈绍卿
军医副	何震南	正电官	陈崇书
副电官	林炳年		

利通

船　长	周翰勋	副　长	贝时赓
轮机正	李永珍	书记官	郑耀祖
轮机军士长	郭以清		

江犀

舰　长	杨树韩	副　长	张锡杰

轮机正　林哲臣　　书记官　李麟孙

轮机军士长　周应琦

江鲲

舰　长　陈天经　　副　长　丁士彦

轮机长　薛元燊　　书记官　欧阳藻

轮机军士长　陈　葆

湖鹗

艇　长　史国贤　　副　长　孟慕庄

轮机正　潘振冠　　书记官　林鸣西

湖隼

艇　长　陆　杰　　副　长　沈麟金

〔以下原缺〕

〔北洋政府零散军事档案汇集〕

21．大总统任命陈绍宽为海军第二舰队司令令

（1926年9月18日）

大总统令

任命陈绍宽为海军第二舰队司令。此令。

国务总理
海军总长　杜锡珪

中华民国十五年九月十八日

〔政府公报，1926年9月19日，第3750号〕

22. 大元帅任命沈鸿烈为海军第一舰队司令凌霄为第二舰队司令令

（1928年2月14日）

大元帅令

任命沈鸿烈为海军第一舰队司令，凌霄为海军第二舰队司令。此令。

国务总理　潘　复

军事总长　何丰林

中华民国十七年二月十四日

〔政府公报，1928年2月15日，第4325号〕

四、海军各舰(艇)

1.关于任命各舰舰长呈令

（1914年10月25日）

(1)海军部呈

海军部呈请任命各军舰舰长，并可否准其缓觐文，并批令

为荐任舰长事：军衡司案详，窃查舰长一缺，责任綦重，前以官制未定，暂由本部委任，原系权宜办法。现海军舰艇职员令，业奉大总统教令公布，各舰队舰长自应遵照该令第六条呈请任命，以重职守。除各艇长及舰艇副长以下人员，由部委任外，兹荐任汤廷光为海圻舰长，杜锡珪为海容舰长，林颂庄为海筹舰长，林永谟为海琛舰长，黄鸣球为肇和舰长，杨敬修为应瑞舰长，甘联璈为通济舰长，陈鹏翔为飞鹰舰长，林建章为南琛舰长，李景曦为建安舰长，郁邦彦为建威舰长，林霆亮为永丰舰长，杨树庄为永翔舰长，许建廷为联鲸舰长，周宗濂为舞凤舰长，李国堂为福

安舰长，温树德为江元舰长，陈世英为江亨舰长，朱天森为江利舰长，周兆瑞为江贞舰长，饶涵昌为楚泰舰长，奚定谟为楚谦舰长，方佑生为楚豫舰长，沈继芳为楚观舰长，陈训泳为楚同舰长，佘振兴为楚有舰长，吴廷光为江鲲舰长，杜宗凯为江犀舰长，陈鹏翥为同安舰长，吴志馨为豫章舰长，任光宇为建康舰长。如蒙允准，伏候命下施行。再，现在办理中立，防务吃紧，该舰长等现均在任，未便遽离，可否准其缓觐之处，出自钧裁。所有荐任舰长及拟请缓觐缘由，理合具文，谨乞大总统钧鉴，训示施行。谨呈。

批令：已另有令任命，并均准其缓觐，即由该部转行遵照。此批。

中华民国三年十月二十五日

国务卿　徐世昌

〔政府公报，1914年10月28日，第891号〕

(2)大总统策令

大总统策令

海军部呈请任命汤廷光为海圻舰长，杜锡珪为海容舰长，林颂庄为海筹舰长，林永谟为海琛舰长，黄鸣球为肇和舰长，杨敬修为应瑞舰长，甘联璈为通济舰长，陈鹏翔为飞鹰舰长，林建章为南琛舰长，李景曦为建安舰长，郁邦彦为建威舰长，林霆亮为永丰舰长，杨树庄为永翔舰长，许建廷为联鲸舰长，周宗濂为舞凤舰长，李国堂为福安舰长，温树德为江元舰长，陈世英为江亨舰长，朱天森为江利舰长，周兆瑞为江贞舰长，饶涵昌为楚泰舰长，奚定谟为楚谦舰长，方佑生为楚豫舰长，沈继芳为楚观舰长，陈训泳为楚同舰长，佘振兴为楚有舰长，吴廷光为江鲲舰长，杜宗凯为江犀舰长，陈鹏翥为同安舰长，吴志馨为豫章舰长，任光宇为建康舰长，应照准。此令。

中华民国三年十月二十五日

国务卿　徐世昌

〔政府公报，1914年10月26日，第889号〕

2.大总统准以吴赛仁为同安舰长策令

（1915年2月9日）

大总统策令

海军部呈请任命吴赛仁为同安舰长，应照准。此令。

中华民国四年二月九日

国务卿　徐世昌

〔政府公报，1915年2月10日，第991号〕

3.海军部关于免去建安舰长李景曦职并以许建廷等调补呈并批令

（1915年7月1日）

海军部呈，建安舰长李景曦另有差委，请予免去本职，递遗各缺，拟以许建廷等调补，并可否暂缓觐见，请训示文并批令

为拟请任免舰长仰祈钧鉴事：窃查建安舰长李景曦，现因另有差委，拟请大总统准予免去该员本职。所遗建安舰长一缺，拟请以联鲸舰长许建廷调补。递遗联鲸舰一缺，拟请以江元舰长温树德调补。递遗江元舰一缺，拟请以前烟台海军练营营长邓家骅调补。理合具文仰恳大总统鉴核俯准任命。再舰长职务重要，可否准其先行就职，暂缓觐见，抑或令遵章来京觐见之处，谨乞大总统训示施行。谨呈。

批令：李景曦等已另有令分别任免，许建廷、温树德、邓家骅三员并准其暂缓觐见。履历存。此批。

中华民国四年七月一日

国务卿　徐世昌

〔政府公报，1915年7月4日，第1133号〕

4.大总统任命曾兆麟为肇和军舰舰长策令

（1915年12月11日）

大总统策令

海军部呈请任命曾兆麟为肇和军舰舰长，应照准。此令。

中华民国四年十二月十一日

国务卿　陆征祥

〔政府公报，1915年12月12日，第1292号〕

5.袁世凯准以杜锡珪为肇和军舰舰长策令

（1915年12月25日）

政事堂奉策令：海军部奏请任命杜锡珪为肇和军舰舰长，应照准。此令。

中华民国四年十二月二十五日

国务卿　陆征祥

〔政府公报，1915年12月26日，第1305号〕

6.袁世凯准以杨庆贞等为建中等军舰舰长策令

（1916年1月4日）

政事堂奉策令：海军部奏请任命杨庆贞为建中军舰舰长，林振镛为拱辰军舰舰长，王济业为永安军舰舰长，应照准。此令。

洪宪元年一月四日

国务卿　陆征祥

〔政府公报，1916年1月6日，第1号〕

7.袁世凯任命甘联璈为海容军舰舰长策令

（1916年2月20日）

政事堂奉策令：海军部奏，请任命甘联璈为海容军舰舰长，应照准。此令。

洪宪元年二月二十日

国务卿　陆征祥

〔政府公报，1916年2月21日，第46号〕

8．海军部请任命周宗濂等为永丰等军舰舰长奏摺暨批令

（1916年3月23日）

海军部奏，请任命周宗濂等为永丰等军舰舰长，并恳缓觐摺

奏为荐任永丰等舰舰长，并拟请暂缓送觐，恭摺具陈，仰祈圣鉴事：窃查永丰军舰舰长林霆亮，因病出缺，经本部奏请以舞凤军舰舰长周宗濂调补，递遗舞凤军舰舰长一职，以辰字雷艇艇长邬宝祥调补，奉批行。奉此。合无仰恳俯赐任命周宗濂为永丰军舰舰长，邬宝祥为舞凤军舰舰长，以重职守。再，舰长职务重要，可否暂缓送觐，先行就职之处，恭候批令祗遵。所有荐任永丰等舰舰长，并拟请暂缓送觐各缘由，理合恭摺具陈，伏乞皇上圣鉴训示。谨奏。

政事堂奉批令：周宗濂等已另有令任命，并准缓觐。此令。

中华民国五年三月二十三日

〔政府公报，1916年3月30日，第84号〕

9. 大总统免去甘联璈舰长职指令

（1917年3月22日）

大总统指令　第五百十号

令海军总长程璧光

呈军舰与商船相碰案审查完竣，拟请将舰长甘联璈等员分别处分由。

呈悉。甘联璈即行褫职，并夺海军少将原官。余准如拟办理。此令。

中华民国六年三月二十二日

国务总理　段祺瑞

海军总长　程璧光

〔政府公报，1917年3月23日，第430号〕

10. 大总统任命杜锡珪林永谟杨树庄等为各舰舰长令

（1917年4月25日）

大总统令

海军总长程璧光呈请任命杜锡珪为海容舰长，林永谟为肇和舰长，程耀垣为海琛舰长，杨树庄为通济舰长，方佑生为飞鹰舰长，郑祖怡为楚豫舰长，吴光宗为同安舰长，魏子浩为永丰舰长，应照准。此令。

中华民国六年四月二十五日

国务总理　段祺瑞

海军总长　程璧光

〔政府公报，1917年4月26日，第463号〕

11. 大总统任命邓家骅林建章等为各舰舰长令

(1917年8月28日)

大总统令

海军总长刘冠雄呈请任命邓家骅为海筹军舰舰长，林建章为海容军舰舰长，贾勤为江元军舰舰长，周兆瑞为南琛军舰舰长，杜宗凯为江贞军舰舰长，毛钟才为江犀军舰舰长，应照准。此令。

中华民国六年八月二十八日

国务总理　段祺瑞

海军总长　刘冠雄

〔政府公报，1917年8月28日，第581号〕

12. 大总统任命刘永诰等为永健等舰舰长令

(1917年11月12日)

大总统令

海军总长刘冠雄呈请任命刘永诰为永健军舰舰长，任光宇为永绩军舰舰长，蒋斌为建康军舰舰长，均照准。此令。

中华民国六年十一月十二日

国务总理　段祺瑞

海军总长　刘冠雄

〔政府公报，1917年11月12日，第656号〕

13. 大总统免去温树德改任刘永诰为联鲸舰长另以曾以鼎为永健舰长令

(1918年3月28日)

大总统令

海军总长刘冠雄呈：联鲸舰长温树德无假离舰，请予免职，应照准。此令。

中华民国七年三月二十八日

国务总理　段祺瑞

海军总长　刘冠雄

大总统令

海军总长刘冠雄呈请任命刘永诰为联鲸舰长，曾以鼎为永健舰长，均照准。此令。

中华民国七年三月二十八日

国务总理　段祺瑞

海军总长　刘冠雄

〔政府公报，1918年3月29日，第783号〕

14. 大总统免去毛钟才改任萨夷为江犀舰长令

（1918年4月27日）

大总统令

海军总长刘冠雄呈，江犀舰长毛钟才另有差委，请免本职，应照准。此令。

中华民国七年四月二十七日

国务总理　段祺瑞

海军总长　刘冠雄

大总统令

海军总长刘冠雄呈，请任命萨夷为江犀舰长，应照准。此令。

中华民国七年四月二十七日

国务总理　段祺瑞
海军总长　刘冠雄

〔政府公报，1918年4月28日，第812号〕

15．大总统免去周兆瑞李景澧南琛舰正副舰长令

（1919年1月7日）

大总统令

海军总长刘冠雄呈，南琛军舰舰长周兆瑞、副舰长李景澧请免职，另候任用，均照准。此令。

中华民国八年一月七日

国务总理　钱能训
海军总长　刘冠雄

〔政府公报，1919年1月8日，第1053号〕

16．大总统任命林培熙为利捷舰长陈永钦为海筹舰副长令

（1919年5月18日）

大总统令

海军总长刘冠雄呈，请任命林培熙为利捷军舰舰长，陈永钦为海筹军舰副长，均照准。此令。

中华民国八年五月十八日

国务总理　钱能训
海军总长　刘冠雄

〔政府公报，1919年5月19日，第1181号〕

17. 大总统免去杨敬修改任杨树庄为应瑞舰长并以周兆瑞为通济舰舰长令

（1920年12月22日）

大总统令

署海军总长萨镇冰呈，应瑞军舰舰长杨敬修另有任用，请免本职，应照准。此令。

中华民国九年十二月二十二日

国务总理　靳云鹏

海军总长　萨镇冰

大总统令

署海军总长萨镇冰呈，请任命杨树庄为应瑞军舰舰长，周兆瑞为通济军舰舰长，均照准。此令。

中华民国九年十二月二十二日

国务总理　靳云鹏

海军总长　萨镇冰

〔政府公报，1920年12月24日，第1744号〕

18. 大总统准以甘联璈等为海筹等舰舰长令

（1921年6月7日）

大总统令

海军总长李鼎新呈，请调任甘联璈为海筹军舰舰长，许建廷为靖安军舰舰长，朱天森为建安军舰舰长，曾以鼎为江利军舰舰长，王寿廷为永健军舰舰长，均照准。此令。

中华民国十年六月七日

国务总理　靳云鹏
海军总长　李鼎新

〔政府公报，1921年6月8日，第1901号〕

19．大总统免去任光宇永绩舰长令

（1921年10月28日）

大总统令

海军总长李鼎新呈，永绩军舰舰长任光宇另有任用，请免本职，应照准。此令。

中华民国十年十月二十八日

国务总理　靳云鹏
海军总长　李鼎新

〔政府公报，1921年10月29日，第2039号〕

20．大总统任命蒋斌等为永绩等舰舰长副长令

（1921年10月28日）

大总统令

海军总长李鼎新呈，请任命蒋斌为永绩军舰舰长，杨庆贞为建康军舰舰长，严寿华为建中军舰舰长，欧阳勣为海容军舰副长，均照准。此令。

中华民国十年十月二十八日

国务总理　靳云鹏
海军总长　李鼎新

〔政府公报，1921年10月29日，第2039号〕

21. 大总统准免郁邦彦通济舰长令

（1924年3月13日）

大总统令

海军总长李鼎新呈，通济军舰舰长郁邦彦因病恳请辞职，应照准。此令。

国务总理　孙宝琦

海军总长　李鼎新

中华民国十三年三月十三日

〔政府公报，1924年3月14日，第2866号〕

22. 大总统任命饶涵昌等为通济等舰舰长令

（1924年3月13日）

大总统令

海军总长李鼎新呈，请任命饶涵昌为通济军舰舰长，杜宗凯为建安军舰舰长，萨福畴为江贞军舰舰长，彭瀛为江犀军舰舰长，均照准。此令。

国务总理　孙宝琦

海军总长　李鼎新

中华民国十三年三月十三日

〔政府公报，1924年3月14日，第2866号〕

23. 临时执政任命吴志馨等为海圻等舰舰长令

（1925年2月1 | ）

临时执政令

任命吴志馨为海圻军舰舰长，曾β鼎为海容军舰舰长，饶涵昌为海筹军舰舰长，何瀚澜为海琛军舰舰长，李国棠为肇和军舰舰长，陈绍宽为应瑞军舰舰长。此令。

海军总长　林建章

中华民国十四年二月十一日

〔政府公报，1925年2月12日，第3186号〕

24．临时执政准以江宝容为甘露测量舰舰长何传滋为副长令

（1925年5月4日）

临时执政令

海军总长林建章呈，请任命江宝容为甘露测量舰舰长，何传滋为副长，张嘉爔为轮机长，均照准。此令。

海军总长　林建章

中华民国十四年五月四日

〔政府公报，1925年5月5日，第3266号〕

25．临时执政任免靖安等军舰正副舰长令

（1925年7月20日）

临时执政令

海军总长林建章呈，靖安军舰舰长李天森，建威军舰副长王崇毅，另有任用，请免本职，均照准。此令。

海军总长　林建章

中华民国十四年七月二十日

临时执政令

海军总长林建章呈，请任命佘振兴为靖安军舰舰长，萨夷为建威军舰舰长，王夏鼐为副长，叶宜彬为轮机正，彭瀛为江利军

舰舰长，杨树韩为江犀军舰舰长，刘焕乾为海容军舰副长，韩玉衡为海军第二舰队司令处轮机长，黄锦垣为海筹军舰轮机长，均照准。此令。

海军总长　林建章

中华民国十四年七月二十日

〔政府公报，1925年7月21日，第3341号〕

26．临时执政任免永绩等军舰舰长令

（1925年7月22日）

临时执政令

海军总长林建章呈，永绩军舰舰长蒋斌，楚同军舰舰长陈训泳，通济军舰轮机正叶天庚，另有任用，请免本职，均照准。此令。

海军总长　林建章

中华民国十四年七月二十二日

临时执政令

海军总长林建章呈，请任命刘永浩为通济军舰舰长，李孟斌为永绩军舰舰长，林镜寰为联鲸军舰舰长，李世甲为楚同军舰舰长，李孟衍为通济军舰轮机正，均照准。此令。

海军总长　林建章

中华民国十四年七月二十二日

〔政府公报，1925年7月23日，第3343号〕

27. 临时执政准以贾勤等为华安等军舰舰长令

（1925年7月22日）

临时执政令

海军总长林建章呈，请任命贾勤为华安运舰舰长，张衍学为副长，陈继明为轮机正，欧阳勣为江元军舰舰长，陈天经为江鲲军舰舰长，高宪乾为拱辰军舰舰长，均照准。此令。

海军总长　林建章

中华民国十四年七月二十二日

〔政府公报，1925年7月23日，第3343号〕

28. 临时执政免去郑硕简改任陈祖祺为建中舰舰长令

（1925年9月8日）

临时执政令

海军总长林建章呈，建中军舰舰长郑硕简另有任用，请免本职，应照准。此令。

海军总长　林建章

中华民国十四年九月八日

临时执政令

海军总长林建章呈，请任命陈祖祺为建中军舰舰长，应照准。此令。

海军总长　林建章

中华民国十四年九月八日

〔政府公报，1927年9月9日，第3391号〕

29. 大总统任免通济楚泰等军舰舰长令

（1926年7月13日）

大总统令

海军总长杜锡珪呈，通济军舰舰长刘永诰，楚泰军舰舰长林秉衡，另有任用，请免本职，均照准。此令。

国务总理
海军总长 杜锡珪

中华民国十五年七月十三日

大总统令

海军总长杜锡珪呈，请任命任光宇为通济军舰舰长，陈永钦为永健军舰舰长，严寿华为楚观军舰舰长，杨树韩为建康军舰舰长，罗致通为江犀军舰舰长，陈宏泰为江贞军舰舰长，俞俊杰为楚泰军舰舰长，均照准。此令。

国务总理
海军总长 杜锡珪

中华民国十五年七月十三日

〔北洋政府国务院档案〕

五、海军各校

1．临时大总统任命饶怀文为南京海军军官学校校长郑祖彝为烟台海军学校校长令

（1913年5月16日）

临时大总统令

海军总长刘冠雄呈请任命饶怀文为南京海军军官学校校长，

郑祖彝为烟台海军学校校长，应照准。此令。

中华民国二年五月十六日

国务总理　段祺瑞

海军总长　刘冠雄

〔政府公报，1913年5月17日，第369号〕

2. 大总统任命郑纶等为南京海军军官学校校长等令

（1913年11月12日）

大总统令

海军总长刘冠雄呈，请任命郑纶署南京海军军官学校校长，何品璋为总司令处军衡长，陈毓淳为总司令处军需长，陈绍宽为总司令处副官，应照准。此令。

中华民国二年十一月十二日

国务总理　熊希龄

海军总长　刘冠雄

〔政府公报，1913年11月13日，第549号〕

3. 海军部请以王桐等为福州海军学校校长等职呈并批令

（1915年1月17日）

海军部呈，荐任王桐等为福州海军学校校长等职，如蒙允准，

现值防务吃紧，可否均准缓觐文，并批令

为荐任校长等职恭呈仰祈均鉴事：窃查本部所属各机关职员，其官职较崇者，业经先后荐请任命在案。兹查有海军轮机上校王桐，堪以荐任为福州海军学校校长；海军造舰大监陈林璋，堪以荐任为福州海军制造学校校长；海军造舰大监刘懋勋，堪以荐任为福州船政局副局长；海军上校邝国华，堪以荐任为江南造船所

副所长；海军上校邓家骅，堪以荐任为烟台海军练营营长；海军少校汤金城，堪以荐任为海军鱼雷营营长，海军军医大监许世芳，堪以荐任为吴淞海军医院院长。如蒙允准，查该校长等系荐任官，自应遵例饬其入觐。惟现在开学伊始，教务殷繁，时届严冬，防务吃紧，均未便遽行离职，可否准其暂行缓觐之处，出自钧裁。所有荐任王桐等为福州海军学校校长等职及恳请缓觐缘由，理合具文，谨乞大总统钧鉴训示施行。谨呈。

批令：王桐等已另有令照准矣。并均准其暂缓觐见。此批。

中华民国四年一月十七日

国务卿　徐世昌

〔政府公报，1915年1月20日，第970号〕

4. 大总统免去陈林璋福州海军制造学校校长策令

（1915年3月15日）

大总统策令

海军部呈，福州海军制造学校校长陈林璋另有差委，请免本职等语。陈林璋准免本职。此令。

中华民国四年三月十五日

国务卿　徐世昌

〔政府公报，1915年3月16日，第1024号〕

5. 大总统任命陈长龄为海军制造学校校长令

（1916年10月22日）

大总统令

海军总长程璧光呈，请任命陈长龄为海军制造学校校长，应照准。此令。

中华民国五年十月二十二日

国务总理　段祺瑞
海军总长　程璧光

〔政府公报，1916年10月23日，第288号〕

6．大总统任命经亨咸为海军医学校校长令

（1917年2月12日）

大总统令

海军总长程璧光呈，请任命经亨咸为海军医学校校长，应照准。此令。

中华民国六年二月十二日

国务总理　段祺瑞
海军总长　程璧光

〔政府公报，1917年2月14日，第393号〕

7．大总统准以郑纶为南京雷电学校校长令

（1917年8月17日）

大总统令

海军总长刘冠雄呈，请调任郑纶为南京雷电学校校长，刘秉镛为视察，应照准。此令。

中华民国六年八月十七日

国务总理　段祺瑞
海军总长　刘冠雄

〔政府公报，1917年8月17日，第570号〕

8. 大总统任命郑纶为海军鱼雷枪炮学校校长令

（1917年11月19日）

大总统令

海军总长刘冠雄呈，请任命郑纶为海军鱼雷枪炮学校校长，应照准。此令。

中华民国六年十一月十九日

国务总理　段祺瑞

海军总长　刘冠雄

〔政府公报，1917年11月19日，第663号〕

9. 大总统免去王桐改任张斌元为福州海军学校校长令

（1918年1月15日）

大总统令

海军总长刘冠雄呈，请将福州海军学校校长王桐免去职务，应照准。此令。

中华民国七年一月十五日

国务总理　王士珍

海军总长　刘冠雄

大总统令

海军总长刘冠雄呈，请以张斌元接充福州海军学校校长，应照准。此令。

中华民国七年一月十五日

国务总理　王士珍

海军总长　刘冠雄

〔政府公报，1918年1月16日，第713号〕

10. 大总统任命佘振兴为烟台海军学校校长令

(1920年11月27日)

大总统令

署海军总长萨镇冰呈，请任命佘振兴为烟台海军学校校长，应照准。此令。

中华民国九年十一月二十七日

国务总理　靳云鹏

海军总长　萨镇冰

〔北洋政府国务院档案〕

11. 临时执政准以陈藻藩为福州海军制造学校校长令

(1925年2月24日)

临时执政令

海军总长林建章呈，请任命陈藻藩为福州海军制造学校校长，应照准。此令。

海军总长　林建章

中华民国十四年二月二十四日

〔政府公报，1925年2月25日，第3198号〕

12. 临时执政免去郑纶南京海军鱼雷枪炮学校校长改任沈继芳令

(1925年3月26日)

临时执政令

海军总长林建章呈，南京海军鱼雷枪炮学校校长郑纶，另有任用，请免本职，应照准。此令。

海军总长　林建章

中华民国十四年三月二十六日

临时执政令

海军总长林建章呈，请任命沈继芳为南京海军鱼雷枪炮学校校长，应照准。此令。

海军总长　林建章

中华民国十四年三月二十六日

〔政府公报，1925年3月27日，第3228号〕

13．大总统准以曾宗巩为烟台海军学校校长令

（1927年2月22日）

大总统令

海军总长杜锡珪呈，请任命曾宗巩为烟台海军学校校长，应照准。此令。

国务总理　顾维钧

海军总长　杜锡珪

中华民国十六年二月二十二日

〔政府公报，1927年2月23日，第3894号〕

六、海军造船厂

1．临时大总统任命魏瀚林颖桀分别为福州船局政正副局长令

（1912年10月25日）

临时大总统令

海军总长刘冠雄呈，请任命魏瀚为福州船政局正局长，林颖

棨为副局长，应照准。此令。
中华民国元年十月二十五日

〔政府公报，1912年10月26日，第178号〕

2. 临时大总统任命郑清谦为福州船政局局长令

（1913年3月20日）

临时大总统令

任命郑清谦为福州船政局正局长。此令。

中华民国二年三月二十日

国务总理　赵秉钧

海军总长　刘冠雄

〔政府公报，1913年3月21日，第313号〕

3. 海军部等关于更调江南造船所所长呈及批令

（1915年9月）

（1）海军部呈文（9月？日）

摺呈为制造船械关系至巨，拟请将各所局长更调，以策进行事：此次派员前往江南造船所、福州马江船政局、大沽造船所等处考察，据报告，考绩以江南造船所为冠，大沽次之，福州马江船政局又次之。查江南造船所所长陈兆锵办事认真，能任劳怨；福州马江船政局局长郑清濂于制造素具专长，惟年事略高，精力虑有不及。兹拟请将江南造船所所长陈兆锵暂行调任福州马江船政局局长，俾资整顿；福州马江船政局局长郑清濂，拟请调部任用；其江南造船所所长，拟暂以现任第一舰队轮机长王齐辰署理。惟所长、局长均系简任人员，以上所拟办法，是否有当？敬请钧夺。谨呈。

海军总长　刘冠雄谨呈

（2）大总统批令（9月25日）

大总统批令

海军部呈请更调江南造船所所长暨福州马江船政局局请训示由。陈兆锵、王齐辰已另有令明发，余如所拟办理。此批。

中华民国四年九月廿五日

国务卿　徐世昌

〔北洋政府国务院档案〕

4．大总统免去刘懋勋福建船政局副局长令

（1916年11月8日）

大总统令

海军总长程璧光呈，裁缺福建船政局副局长，刘懋勋另有任用，请免去本职等语。刘懋勋准免本职。此令。

中华民国五年十一月八日

国务总理　段祺瑞

海军总长　程璧光

〔政府公报，1916年11月9日，第305号〕

5．临时执政免去刘冠南改任王齐辰为江南造船所所长令

（1925年3月30日）

临时执政令

海军总长林建章呈，江南造船所所长刘冠南另有任用，请免本职。刘冠南准免本职。此令。

海军总长　林建章

中华民国十四年三月三十日

临时执政令

任命王齐辰为江南造船所所长。此令。

海军总长　林建章

中华民国十四年三月三十日

〔政府公报，1925年3月31日，第3232号〕

6. 临时执政为海军部派邝国华暂兼江南造船所所长指令

（1925年7月14日）

临时执政指令　第九百八十一号

令海军总长林建章

呈报江南造船所所长王齐辰因病出缺，派该所副所长邝国华暂行兼护所长职务由。呈悉。此令。

海军总长　林建章

中华民国十四年七月十四日

〔政府公报，1925年7月15日，第3335号〕

7. 临时执政任命陈兆锵为江南造船所所长令

（1925年9月12日）

临时执政令

调任陈兆锵为江南造船所所长。此令。

海军总长　林建章

中华民国十四年九月十二日

〔政府公报，1925年9月13日，第3395号〕

七、海军陆战队

1. 大总统准以孔祥云林镕禧分别为海军陆战队第一第二营营长令

(1918年10月2日)

大总统令

海军总长刘冠雄呈，请任命孔祥云为海军陆战队第一营营长，林镕禧为海军陆战队第二营营长，均照准。此令。

中华民国七年十月二日

国务总理　段祺瑞

海军总长　刘冠雄

〔政府公报，1918年10月3日，第965号〕

2. 关于海军陆战队旅长杨砥中违法殃民经撤职查办呈令

(1925年4—5月)

(1) 林建章呈(4月11日)

海军总长林建章呈临时执政，报明暂编海军陆战队第一混成旅旅长杨砥中，违法殃民，请褫夺官勋，以肃军纪文

为呈报请示事：查驻闽暂编海军陆战队第一混成旅旅长杨砥中，自就任以来，弁髦军纪，扰害乡闾，违法滥刑，无恶不作，叠据闽省各公私团体及被害人控诉，积案累累，不止盈尺，叠经派员查有确据。当即密令海军总司令杨树庄饬属设法查拿去后。兹据该总司令九日电称：前奉密令开，叠据福建各法团电诉陆战队旅长杨砥中，违法殃民，贻害乡里等情，合行密令该总司令严密拿获究办。等因。当经密饬海容舰长曾以鼎，妥速办理。兹据曾舰

长面禀：本月九日二时，杨旅长砥中登宁兴商轮回闽，当派队前往该船上截拿，讵该旅长竟敢恃强抗拒，其随带之护弁，手举手枪，极力拒捕，正在手枪将发之际，舰兵先发一枪，适中该旅长左胁，始被拘拿到舰禁押。等情。查该旅长罪恶贯盈，实无可逭，现既逮案，自应按法严加审办，以申军纪。惟该旅长所中枪伤颇为要害，现正饬医，先行检治，再当依法办理。先此电陈，余容续报。等情到部。查该旅长罪恶昭著，法无可逭，应请明令将该旅长先行免职，并褫夺官勋，交由海军部依法审讯，从严惩办，以肃军纪。是否有当，伏候训示祗遵。谨呈。十四年四月十一日。
已奉指令。

〔政府公报，1925年4月26日，第3257号〕

(2) 临时执政令（4月11日）

临时执政令

海军总长林建章呈称：驻闽暂编海军陆战队第一混成旅旅长杨砥中，扰害乡闾，违法滥刑，查有确据。杨砥中着即免职并褫夺官勋，交由海军部依法讯办，以肃军纪。此令。

海军总长　林建章

中华民国十四年四月十一日

〔政府公报，1925年4月12日，第3243号〕

(3) 临时执政指令（5月21日）

临时执政指令　第七百三十六号

令海军总长林建章

呈奉令讯办褫职旅长杨砥中违法妄为一案，现该犯因拒捕受伤身故，谨胪列罪状，恳请中止诉追，并鉴核由。呈悉。准如所拟办理。此令。

海军总长　林建章

中华民国十四年五月二十一日

〔政府公报，1925年5月22日，第3283号〕

3．临时执政准以陈时珍为驻京海军陆战队第一营营长令

（1925年9月9日）

临时执政令

海军总长林建章呈，请任命陈时珍为驻京海军陆战队第一营营长，应照准。此令。

海军总长　林建章

中华民国十四年九月九日

〔政府公报，1925年9月10日，第3392号〕

八、海疆巡阅使署

1．大总统特派萨镇冰为海疆巡阅使令

（1917年7月15日）

大总统令

特派萨镇冰为海疆巡阅使。此令。

中华民国六年七月十五日

国务总理　段祺瑞

〔政府公报，1917年7月15日，第537号〕

2. 关于挽留海疆巡阅使萨镇冰令呈

（1917年9—11月）

（1）萨镇冰致大总统呈(9月10日）

海军上将萨镇冰呈大总统，沥陈下情，恳免任职文

为沥陈下情，恳免任职，仰祈钧鉴事：窃读七月十五日公报内开：大总统令：特派萨镇冰为海疆巡阅使。此令。等因。闻命之下，惶悚莫名。窃镇冰忝列戎行，猥蒙策遣，理应勉供驱使，以期图报涓埃。惟近来气体颓弱，精神不足，当此折冲御侮之时，海疆防务吃紧，巡阅责任綦重，自知羸弱，陨越堪虞，恐贻折足覆餗之愆，敢昧陈力就列之义，伏乞大总统俯鉴微忱，准予辞职，以免壅塞贤路，俾镇冰稍息仔肩，别图报称，感切无任。所有沥陈下情，恳免任职缘由，理合具呈恭请鉴核训示施行。谨呈。六年九月十日。已奉指令。

〔政府公报，1917年9月12日，第596号〕

（2）大总统指令（9月10日）

大总统指令　第一千四百四十一号

令海疆巡阅使萨镇冰

呈沥陈下情，恳免任职由。

呈悉。海疆多事，重赖老成勉济时艰，勿遽言退，所请应毋庸议。此令。

中华民国六年九月十日

国务总理　段祺瑞

海军总长　刘冠雄

〔政府公报，1917年9月10日，第594号〕

（3）大总统指令（11月27日）

大总统指令　第一千九百二十四号

令海疆巡阅使萨镇冰

呈海疆巡阅责任重大，仍恳免职由。呈悉。海疆重要，端赖筹维，倚畀正殷，勿再言退，所请应毋庸议。此令。

中华民国六年十一月二十七日

国务总理　汪大燮

海军总长　刘冠雄

〔政府公报，1917年11月28日，第671号〕

3．大总统免去萨镇冰海疆巡阅使令

（1917年12月21日）

大总统令

海疆巡阅使萨镇冰因病叠请辞职，萨镇冰准免本职。此令。

中华民国六年十二月二十一日

国务总理　王士珍

海军总长　刘冠雄

〔政府公报，1917年12月22日，第695号〕

4．大总统准免刘冠雄闽粤海疆防御使令

（1923年11月26日）

大总统令

闽粤海疆防御使刘冠雄因病迭请辞职，该防御使老成硕望，倚畀正殷。惟既据一再恳辞，情词谆切，若不允所请，转非优礼耆勋之意。刘冠雄准免本职。此令。

中华民国十二年十一月二十六日

国务总理高凌霨

〔北洋政府国务院档案〕

5．大总统派杨敬修为闽粤海疆防御使令

（1923年12月1日）

大总统令

派杨敬修为闽粤海疆防御使。此令。

中华民国十二年十二月一日

国务总理　高凌霨

海军总长　李鼎新

〔北洋政府国务院档案〕

九、其　他

1．大总统任命林颍启为海军军港司令令

（1914年1月18日）

大总统令

任命林颍启为海军军港司令。此令。

中华民国三年一月十八日

国务总理　熊希龄

海军总长　刘冠雄

〔政府公报，1914年1月19日，第611号〕

2．袁世凯派王崇文为驻英海军留学生监督策令

（1915年12月17日）

政事堂奉策令：派王崇文为驻英海军留学生监督。此令。

中华民国四年十二月十七日

国务卿　陆征祥

〔政府公报，1915年12月18日，第1298号〕

3．大总统着林建章以海军代将节制派赴海参崴陆海军队令

（1918年8月3日）

大总统令

海容舰长林建章，着以海军代将节制派赴海参崴陆海军队。此令。

大总统印

中华民国七年八月三日

国务总理　段祺瑞
陆军总长　段芝贵
海军总长　刘冠雄

〔政府公报，1918年8月4日，第908号〕

4．大总统任命许继祥为海道测量局局长令

（1924年1月19日）

大总统令

任命许继祥为海道测量局局长。此令。

中华民国十三年一月十九日

国务总理　孙宝琦
海军总长　李鼎新

〔北洋政府国务院档案〕

（三）海军经费及海军军旗

一、海军经费

1．刘冠雄请筹拨接收福建船政局开办费呈并批

（1913年10月21日）

海军总长刘冠雄呈大总统，拟恳饬下财政部筹拨接收福建船政局开办费，以免延误，并令饬局长郑清濂克日赴任等情，请鉴核施行文，并批

为呈请事：查福建船政局前经国务会议议决收归部有，并由本部将接收开办费二十万元、每月经费三万元列入预算。复经国务会议议决由财政部筹款。嗣准财政部函致国务院，电请闽督暂仍照旧如数借垫，将来再由部库收作闽省解款。旋因闽省奇绌，未能照办，叠经呈请饬下财政部拨解。又因财政困难，迄未将该款筹拨，以致新任郑局长清濂无所藉手，碍难赴任。海军迄今尚无一根据地，焦灼万状。且该局经营数十年，长此因循，将来一切器械，日就朽坏，糜费愈巨。现在军舰巡阅到闽，趁此时机接收，尤形利便。应请饬下财政部，仍将该项开办费由部克日筹拨过部，以免延误。一面饬令该局长郑清濂刻日赴任，以便直接管辖，而归统一，庶军舰有所依赖。敬乞鉴核施行。谨呈。

批：据呈已悉。福建船政局现既收归部有，亟应拨款开办，俾资整顿，交财政部迅即设法筹拨，并由该部转饬郑局长克日前往接管，以重职守。此批。

中华民国二年十月二十一日

国务总理
财政总长　熊希龄

海军总长　刘冠雄

〔政府公报，1913年10月24日，第529号〕

2．刘冠雄请将造船费迅拨过部咨

（1915年7月5日）

海军部为咨行事：军需司案详，查本部请造钢质拖轮并各种驳船一案，奉大元帅批：可造，由军需局拨款。等因。奉此。当经遵批电饬海军总司令转饬造船所即日动工，并录批咨行贵局遵照。所有各船造价，共拾肆万玖千伍拾元，拟分四期请领。其第一期造价，应银元叁万柒千贰百陆拾贰元伍角，应请先行拨发过部，以便给付在案。嗣因各船业已动工，造船所需款至急，复经本部咨请贵局查照迅拨又在案。现为时已久，未准拨发。迭据该造船所电请发款，以济要工。等情到部。相应咨请贵局查照，希将各船第一期造价银元叁万柒千贰百陆拾贰元伍角迅拨过部，藉资应付，并希示期赴领，实纫公谊。此咨

大总统府军需局

海军总长　刘冠雄

中华民国四年七月五日

〔北洋政府大总统府档案〕

3．民国元年海军人员经费概况①

（1916年1月14日）

海军概况　　民国元年

民国元年，海军购造新舰已进水者为练习巡洋舰应瑞、肇和，炮舰永翔、永丰等四艘，落成编入舰队者为炮舰江鲲、江犀二艘。

① 摘自海军部总务厅编《民国元年海军统计年表》。

是年停废炮舰策电、虎威二艘。综计年末现有巡洋舰四艘，猎舰一艘，练习舰二艘，运送舰三艘，炮舰十八艘，鱼雷艇八艘，共三万三千七百八十三吨，八万九千五百三十马力。

现役军人、军属，年末现数五千五百七十人，内计军人四千八百四十七人，文官一百十八人，雇员、佣人六百五人。

海军军费决算额，自民国元年五月一日起至十二月三十一日止，经常费实支一百七十七万七千二百九十一元三角五分九厘，临时费实支十万八百七十五元六角九厘，合计一百八十七万八千一百六十六元九角六分八厘。本年间尚有决算外支出十七万九千九百七十五元四角六分一厘，总计实支二百五万八千一百四十二万四角二分九厘。

右述舰船人员、经费大概状况。……

〔北洋政府国务院档案〕

4.关于添置浅水炮舰制费并炮价呈函

(1916年4月)

(1) 刘冠雄致大总统呈(4月4日)

海军总长刘冠雄谨呈,为添制第一年浅水炮舰制费并炮价,应如何拨发，请示遵行事：窃财政部核议本部变通海防团办法，添制浅水炮舰等费，呈请列入预算一案，于四年十月一日奉批令：准其列入预算，交海军部查照。此令。等因。遵奉到部。查此项浅水炮舰，共应添制三十艘，分三年匀制。第一年制成十艘，每艘制费三万七千六百两，共应三十七万六千两。每艘添配炮价约一万八千八百两，共应十八万八千两。奉准之日，业经本部咨行财政部查照，列入本年度预算，分期筹拨，并分饬承造各局、所，限期告竣各在案。现各舰早经次第兴工，所有购用材料，经与洋商订立合同，应付现款，准财政部咨称，辰下无款可拨，惟合同既经订定，制舰工程万难中辍。至应如何拨发之处，理合呈请大总统钧鉴，训示施行。谨呈。

中华民国五年四月四日

奉谕：商财政部。

（2）财政部复统率办事处公函（4月14日）

财政部公函　　五年会字第一〇八二号

迳启者：准贵处函开：奉交下海军总长呈摺一件，内称：添置第一年浅水炮舰制费并炮价，应如何拨发，请示遵行等情，并谕：交财政部① 等因，抄录原呈，函请查核见复。等因前来。查浅水炮舰制费及炮价，本年应支五十八万四千两，前准该部咨请拨领，当以库款支绌，复请俟下半年公债收入稍可周转，再为筹付，并请暂由该部自行筹垫在案。奉交前因，复查此项制费及炮价，既准该部原呈声称，合同订定，万难中辍。等情。本部自应勉力维持。兹于无可设法之中，先行筹拨一万元，藉济要需。现在部库竭蹶异常，实难再筹，其余之款，仍拟缓至下半年，俟公债收有成款，再行陆续筹济。除咨海军部查照外，相应函复贵处查照可也。此致

统率办事处

中华民国五年四月十四日

〔北洋政府统率办事处档案〕

5. 刘冠雄拟定海军总司令公署暨舰队司令处职员薪俸表呈
（1918年9月25）

海军总长刘冠雄呈大总统，拟定本部所属海军总司令公署暨舰队

---

① 原文如此。据前件刘冠雄致大总统呈，应为“商财政部”。

海军总司令公署职员俸给一览表

职别	员数	等级	月俸	任别
总司令	一	上中将	一千二百元	特任
参谋长	一	少将、上校	四百至六百元	简任
参谋	三至六	上中少校	二百至三百二十元	荐任
副官长	一	上中校	二百至三百二十元	荐任
副官	二至六	上尉 中少校	一百零五至一百五十元 二百至二百六十元	委任 荐任
轮机课长	一	轮机上中校	三百六十至四百元	荐任
课长	六	上中校及同等官或相当文官	二百至三百二十元	荐任
课员技士	三十	少校、上中尉及同等官或相当文官	七十五至一百五十元	委任
书记官长	一	上中校相当文官	二百至三百二十元	荐任
书记官	三	上尉相当文官 中少校相当文官	一百零五至一百五十元 二百至二百六十元	委任 荐任

附记

一、委任官每次进级，以十元为度。

一、荐任官每次进级，以二十元为度。

一、简任官每次进级，以五十元为度。

一、进级期限，至少以一年为限。

一、初任职者，应按本表最低级之俸支给之。

海军舰队司令处职员俸给一览表

职别	员数	等级	月俸	任别	附记
司令	一	中少将	八百元 简	简任	
参谋	一	上中少校	二百六十元	荐任	
轮机长	一	轮机上中校	三百二十元	荐任	
书记官长	一	中少校相当文官	二百二十元	荐任	
书记官	一至二	少校、上尉相当文官	一百十五元	委任	
副官	二	少校、上尉	一百十五元 一百六十元	委任	
军需员	一	少校、上尉相当文官	一百十五元	委任	
合计	九		二二二〇元		

司令处职员俸给分别列表，请鉴核文（附表二）

为拟定本部所属海军总司令公署暨舰队司令处职员俸给分别列表恭呈，仰祈钧鉴事：窃本部所属海军总司令公署暨舰队司令处简任以次各职员，业经拟定编制令，分别列表，于本年七月二十三日呈奉令准公布在案。查职员编制，既经改定，所有各员俸给，亦应按照公布表列各项职员分别更定，以期职俸相符，俾资遵守。当经督率承办司员详析厘定，分别列表，统候钧示，遵照办理。所有拟定海军总司令公署暨舰队司令处职员俸给各缘由，是否有当，理合分别列表恭呈具陈，伏乞鉴核施行。谨呈。七年九月二十五日。已奉指令。

〔政府公报1916年10月5日，第967〕号

6. 海军部为试制水上飞机请准报销经费呈

（1921年9月7日）

海军部呈大总统，沥陈试制水上飞机工竣情形，恳将所需经费准予核销拨发文

为沥陈试制水上飞机工竣情形，恳将所需经费准予核销拨发，仰祈鉴核事：窃维飞机发明以来，其功效至欧战而益彰，用是列强无不日事讲求，力促精进，诚有一日千里之概，我国亦应急谋自制，以应时势之要需。本部因特切令留学英美之海军学生巴玉藻、王孝丰、王助、曾贻经等四人，对于制造军用飞机一项，其学理与经验两者，务各分门别类，悉心考求，以资任使。至民国七年一月，该四生学成回国，即经派赴福州船政局，试造军用水上飞机三架，预估约共需洋七万元，于是年二月间开始兴工。惟制器须先求材料，我国制造素未发达，应用之钢铜、木料、丝质、棉质各织品，胶漆、油类等件，其重量、劲力如何，向未研究发明，无从采取。故特多方搜集国产材料，加以种种试验、调和，以适于用。除验明钢铜两件不足以制发动机，不得不先取自欧西外，

其余如木料、丝质、棉质、胶漆、油类等品，均可取求于国产之内。但船政局原有制船机器，以之制造飞机，多嫌笨钝不宜，一时既少相当机器，为节省经费起见，又不得不以手工代之。而工人及绘图员生等，又素无飞机知识。经每事指教，阅时数月，始有端倪。加以本部经费日益支绌，东挪西借，三年来仅能陆续拨付三万元，此外已用未付之款，尚在挂欠各商号账中。逐日追呼，迄无以应。更兼民国八年八月间，马江海啸为灾，材料、工程两遭损失。是年十二月，第一架水上飞机方庆告成，而试演乏人，船政局延聘我国飞行专家试演飞行两次，均因驾驶欠灵，转柁太急，摔伤机件，恐难修理。试办以来，于各项人才，既形缺乏，于经费支配又倍极困难，备历艰辛，屡遭顿挫。至十年五月，第二架飞机复告成功，适有英国退伍航空上尉豪克在闽经商，富有航空经验，仍由船政局约其试演飞行三次，高度达三千余尺，每次历时均有三十分钟之久，机身稳健，速率灵捷，深为该洋员所赞羡。现在第三架飞机亦将次告竣。是三年中由困苦得来制造飞机经验，于国家军用利器前途，裨益实非浅鲜。兹据船政局长陈兆锵造具清摺，统计实用现洋八万七千零一十八元零四分，以较购自外洋者尚称廉省。细核其所以溢出预估数目缘由，实因临时应用各费当时预料不及，故未列入，及工程挫折困难，迟延时日所致。除由部派员验收并筹拟扩充制造及训练飞行办法另案呈请核办外，合将试制水上飞机经过情形，并缮具所用经费清摺计八万七千零一十八元零四分，恳察核饬交财政部即日拨发过部，以资结束各缘由，呈候鉴核训示祇遵。谨呈。十年九月七日。已奉指令。

〔政府公报，1921年9月22日，第2004号〕

二、海军军旗

1．参议院为公布国旗及陆海军旗式样与临时大总统往来咨

（1912年5—6月）

（1）参议院致大总统咨（5月18日）

参议院咨大总统，规定国旗及陆海军旗式样，请公布施行文

查本院前在南京议决国旗统一案，准孙前总统函覆，以为未可遽付颁行，应俟国会成立之后，付之国民公决等因到院。查国旗为全国徽志，于对内对外关系綦重，现在统一政府业经成立，若非将国旗式样规定通颁，不足以昭划一。本院为全国立法机关，于国旗统一，当然有议决之权，迭于五月初十日、十四日常会期内复加讨论，佥以前当起义之初，沿江各省即以五色旗为国旗，通行既广，全国几已一致。盖旗者常也。周官司常掌九旗之名物，中国汉、宋诸儒学说，则均以仁义礼智信为五常，而凡制度等威之辨、声音臭味之殊，载籍所传，又率以五为定数。至采色一端，近世科学家言，虽区分为七，而在中国习惯，则五色二字早以贯彻人民心理。况中华民国由五大民族结合而成，于旗色之五，亦隐然不谋而合。是以五色旗为中华民国国旗，就道德上、历史上、习惯上、政治上种种方面观察，非惟足以代表全国精神，且为中华民国永久不磨之特色。现友邦公使、外域华侨函电所通，均已共晓，而外人并有目此旗为虹旗，谓中国驱除专制建设共和，正如彩虹亘天、阴霾尽扫者。此尤可见此旗荣誉中外欢迎，应即定为中华民国国旗。并略采美、法、日本诸邦之制，商旗亦得适用国旗，以一群情而免繁复。此外，陆军所用之星旗，原为武昌首义之旗，海军所用之天日旗，原为十余年前共和党人倡始革命之

旗，亦已通行各处。惟与国旗五色尚少关连，应就五色旗之左方上角缀以星旗，其大小居全旗四分之一，即定为陆军主旗。又就五色旗之左方上角缀以青天白日，其大小亦居全旗四分之一，即定为海军主旗。仍于星旗及青天白日之四周留一白色虚线，以清界限。至星旗原系十八星，兹于旗之中央增绘一星，合成十九星，其星点大小，则中央与内外四周均为一律，庶众星环绕，既昭统一之规，而薄海大同，兼寓平等之义。若夫天日旗之取象，则示青天白日光明正照，固益无待赘言。以上各节，均经于五月初十日十四日开会公同议决。兹将绘成旗式三纸咨送公布施行。抑有进者，国旗五色，固含五族同等之意，究非以何色分配何族，陆军旗之十九星，亦绝非表示区域，从前外间传说，或有误解，应请通电全国，俾晓此意，以免误会，而化畛域。此咨大总统。计咨送旗式三纸。

中华民国元年五月十八日

〔政府公报，1912年6月16日，第47号〕

（2）临时大总统复参议院咨（5月26日）

临时大总统咨参议院，覆议陆海军旗式文

为咨交覆议事：准贵院议决国旗暨陆海军旗式一案，咨请公布前来。查贵院议决以五色旗为国旗，自应查照公布，惟所定陆海军旗式，以星旗、天日旗加缀于五色旗之左方上角，占全旗四分之一，采色纷纶，配置未当，形式参错，瞻视易淆。且陆海军旗尤以利于远望为主，而于海行尤关紧要，今以星旗、天日旗分缀于国旗左方，风际飐飏，仅见旗之右幅，殊不足以昭识别。考之各国旗制，于军商各旗，多将国旗缩小，置于旗之左方，或于国旗中间分别加以徽志，或竟专用一种旗式，而制度精意，在使国旗范围完整无缺。若照贵院所定之式，国旗不免破损之嫌。至原咨所谓军旗与国旗尚少关连等语，陆海军行动之时，向应先以国旗，继以军旗，自然联贯，本不必以同缀一幅之上，始相关连。按贵院所以主张分用星旗、天日旗为陆海军旗之符号者，原以一为武昌起义之旗，一为革命倡始之旗，将以彰勋伐垂纪念而不容偏废也。兹拟仍以星旗为陆军旗，天日旗为海军旗，不必加入国旗之内，两旗通用已久，既可免于更张，取义各殊，亦无嫌于并重，形式得归于纯一，采色亦足壮观瞻。相应按照约法第二十三条，咨交贵院覆议。至于原咨所称商旗适用国旗，及星旗中央增绘一星，合成十九星各节，深表同意，俟陆海军旗式覆议决定后，再行一并公布可也。此咨参议院。

中华民国元年五月二十六日

〔政府公报，1912年6月18日，第49号〕

（3）参议院致大总统咨（6月7日）

参议院咨大总统，陆海军两旗式样沿用已久，无事更张，请饬分别照式制用，以归一律文

五月二十六日准咨交覆议陆海军旗式一案，经本院于六月初五日常会讨论，佥以此次交覆议案，主张以十九星旗为陆军旗，青天白日旗为海军旗，不必加入五色旗之内，既免破损国旗之嫌，而两旗沿用已久，又可无事更张等情，本院亦极赞同，并经公众可决。兹特绘送陆海军旗式各一纸，请与前送五色国旗一并公布，并通饬全国陆海军分别照式制用，以归一律。此咨

大总统

计咨送陆海军旗各一纸。

中华民国元年六月初七日

〔政府公报，1912年6月16日，第47号〕

2. 临时大总统公布国旗及陆海军旗令

（1912年6月8日）

临时大总统令

参议院议决以五色旗为国旗，商旗适用国旗，以十九星旗为陆军旗，以青天白日旗为海军旗，本大总统按照约法第二十二条公布之。此令。

中华民国元年六月初八日

〔政府公报，1912年6月12日，第43号〕

3. 海军总长关于择定正式悬挂海军旗日期咨

（1912年6月24日）

海军总长咨国务总理，择定海军旗正式悬挂日期文

奉大总统令开：参议院议决以五色旗为国旗，商旗适用国旗，以十九星旗为陆军旗，以青天白日旗为海军旗，本大总统按照约法第廿二条公布之。此令。等因。奉此。自应由本部将海军旗照绘图式，预订日期，通饬所属届时一体悬挂。惟查各舰向在沿江沿海各地，或分驻防守，或奉调迁移，邮递公文，颇需时日，而颁发旗式又不容以电报通布，或滋误会，是以悬旗日期，未便过促，庶免周章将事，致失观瞻。兹择定八月初一日为正式悬挂海军旗之期，为日较宽，蕲能一致。除呈报大总统并分别咨会令饬外，相应咨请贵院查核。此咨

国务总理陆

中华民国元年六月二十四日

〔政府公报，1912年6月28日，第59号〕

4．海军部关于悬挂海军旗日期咨

（1912年7月29日）①

海军部咨各省都督悬挂海军旗日期文，附海军各旗式样

案奉大总统令开：参议院议决以五色旗为国旗，商旗适用国旗，以十九星旗为陆军旗，以青天白日旗为海军旗，本大总统按照约法第二十二条公布之。此令。等因。奉此。自应由本部将海军旗及各将校旗式厘定付印，装成全帙，预定日期，颁饬所属，届时一体悬挂。兹择定八月初一日为正式悬挂海军旗之期。除分行外，相应备文，检同旗式，咨送贵都督查照转饬境内兵轮、营校、船坞遵照，务令如期悬挂，以免参差，并希将旗式通布沿岸各炮台，一体备案为荷。此咨。

〔政府公报，1912年7月29日，第90号〕

① 系刊登《政府公报》日期。

（四）海军规章制度

一、考绩进级

1. 大总统公布海军军官进级条例令

（1914年12月）

大总统令

兹制定海军军官进级条例公布之。此令。

中华民国三年十二月　日

国务卿　徐世昌

海军军官进级条例

第一条　本条例称海军军官者，指校课、舰课完全毕业学生出身之海军军官而言。

第二条　海军军官之进级，按级递进，不得凌越。

第三条　海军军官未满其进级资格之服役年限者，不得进级。

第四条　海军军官进级资格之服役年限如左：

少尉及轮机少尉二年，但舰课毕业时考列最优等者，得减少其年限，至少须有海上勤务六个月；

中尉及轮机中尉二年，但由海军大学毕业者，得减少其年限，至少须有海上勤务一年；

上尉及轮机上尉五年，但须有海上勤务三年；

少校及轮机少校三年，但须有海上勤务二年；

中校及轮机中校三年，但须有海上勤务二年；

上校及轮机上校五年，但须有海上勤务三年；

少将三年，但须有海上勤务二年。

第五条　海军军官自上尉以下已满前条规定之服役年限者，

均须进级。但上尉以上非有缺额不得进级。至已满左定之服役年限时，得领其上一级之官俸，其额数另定之：

上尉及轮机上尉七年；

少校及轮机少校五年；

中校及轮机中校五年；

上校及轮机上校七年；

少将五年。

第六条　在第四、第五两条所规定之服役年限中，若遇战时，得按其战时勤务之日数分别加算，在前敌勤务者加倍，在后路勤务者加二分之一。

第七条　中将进上将，以有战功或卓著之劳绩经大总统特授者为限。

第八条　轮机少将进轮机中将，以有特别功绩者为限。

第九条　左列日数不算入进级资格之服役年限：

一、休职、停职中之日数；

二、禁锢或处刑中之日数；

三、无正当理由为敌人俘虏中之日数。

第十条　海军军官战时因公、病、伤不能服役，至于休职者，得特别进级。

第十一条　海军军官之进级，由军衡司将有进级资格各军官备具履历及应进级之理由，汇呈海军总长核定之。

第十二条　有左列各款情事之一者，其进级得不依本条例行之：

一、战时在前敌建有特别勋绩，经海军长官保奖，布告全军者；

二、战时因人员缺乏，不能实行按级递进者。

第十三条　军士长及轮机军士长，得依必要特进至中尉及轮机中尉为止。

第十四条　本条例自公布日施行。

〔北洋政府国务院档案〕

2. 海军部拟订海军官佐考绩规则附表请核定呈并批令

（1915年4月24日）

海军部呈，拟订海军官佐考绩规则附表请候核定文，并批令

为海军官佐考绩拟订规则附表缮呈仰祈鉴核事：窃维军政贵在修明以职守而专责任，军制严于考绩以黜陟而寓劝惩，是海军考绩之典，亟应次第举行。惟不详定规则以为标准，临考无所依据，则办理未能一律，转不足以服众心。查海军官佐内而部属，冠雄日与接近，不难核其事绩而考其成。至于舰队暨营、校、局、所各官佐，四方散处，诚恐耳目或有未周，故应随时遴员分驰稽察，复饬各该长官，各考所属，逐层复核，报部核办。法制惟求其精审，赏罚自出于大公，庶群知惕励，人人求尽其职分，军务日兴，亦军心日固矣。兹谨拟订海军官佐考绩规则附表，呈候核定，如蒙俯允照行，当即由部公布，以资遵守。所有拟订海军官佐考绩规则缘由，是否有当？理合具呈，伏乞大总统钧鉴，训示施行。谨呈。

批令：呈悉。准如所拟办理。规则暨附表存。此批。

中华民国四年四月二十四日

国务卿　徐世昌

〔政府公报，1915年4月27日，第1066号〕

3. 海军部拟订海军军佐进级条例及军士长等任用进级条例呈并批令

（1915年11月6日）

海军部呈，拟订海军军佐进级条例暨军士长等任用进级条例各草案，请训示文，并批令（附条例二件）

为拟订海军军佐进级条例暨军士长等任用进级条例各草案恭呈仰祈钧鉴事：窃海军军官进级条例，前经拟呈，于三年十月二十七日奉申令公布在案。尚有海军军佐等员之进级及军士长等员之任用进级，非厘定准则以为循序渐进之阶，不足以策勋劳，而资激劝。兹谨分别拟订条例草案呈候鉴核，如蒙准行，仍请公布，以凭遵守。所有拟订海军军佐进级条例暨军士长等任用进级条例各草案缘由，是否有当？理合恭呈谨乞大总统钧鉴，训示施行。谨呈。

批令：准如所拟办理，即由该部通行遵照。草案存。此批。
中华民国四年十一月六日

国务卿　陆征祥

海军军士长副军士长及同等官任用进级条例

第一条　凡在海上勤务未满三年、陆地勤务未满四年之海军上士，不得任为副军士长及同等官。

第二条　凡在海军勤务未满六年或陆地勤务未满八年之海军副军士长及同等官，不得任为军士长及同等官。

第三条　前二条之服役年限若遇战时，得按其战时勤务之日数分别加算，在前敌勤务者加倍，在后路勤务者加二分之一。

第四条　凡上士及同上士或副军士长及同等官，由海上转至陆地，或由陆地转至海上勤务者，其勤务日数依佐〔左〕例标准计算之：

（一）改海上勤务为陆地勤务，于海上勤务日数中增加其三分之一；

（二）改陆地勤务为海上勤务，由陆地勤务日数中减去其四分之一。

第五条　左例日数不得算入服役年限：

（一）休职、停职中之日数；

（二）禁锢或处刑中之日数；

（三）无正当理由为敌人俘虏中之日数。

第六条　凡上士或同上士已满第一条规定之服役年限，非经任用试验合格，不得任为军士长或同等官。但有战事及其他重要事故时，不在此限。

第七条　海军副军士长或同等官已满第二条之服役年限者，不经任用试验，得为军士长或同等官。

第八条　海军军士长、副军士长及同等官，非有缺额不得任用。

第九条　凡在战时，海军军士长、副军士长及同等官建有殊勋，或因人缺乏，得不依本条例任用。

第十条　军士长同等官，得依必要特进至中尉同等官为止。

第十一条　本条例自公布日施行。

海军军佐进级条例

第一条　本条例称海军军佐者，指军医、军需、造械、造舰及航务人员而言。

第二条　凡本国或外国大学及专门学校毕业生，具有海军军佐学识，经海军部试验合格派在所属机关实地见习已满二年者，授少尉同等官。

第三条　海军军佐已满左列服役年限者，均须进级。但上尉同等官以上非有缺额不得进级。

少尉同等官进中尉同等官　　二年
中尉同等官进上尉同等官　　三年
上尉同等官进少校同等官　　五年
少校同等官进中校同等官　　三年
中校同等官进上校同等官　　三年
上校同等官进少将同等官　　五年

第四条　海军军佐已满前条规定之服役年限，因无缺不能进级已逾二年者，得领其上一级之官俸。

第五条　少将同等官进中将同等官，以劳绩卓著者为限。

第六条　第三条规定之服役年限中若遇战事，得按其战时勤务之日数分别加算，在前敌勤务者加倍，在后路勤务者加二分之一。

第七条　海军军佐因公、伤、病不能服役，以致休战者，得特别进级。

第八条　左列日数不得算入服役年限：

（一）休战停战中之日数；
（二）禁锢或处刑中之日数；
（三）无正当理由为敌人俘虏中之日数；
（四）自愿改任他项职务中之日数。

第九条　海军军佐之进级，须按级递进，不得凌越。

第十条　凡在战时海军军佐建有殊勋或因人员缺乏，得不依本条例任用进级。

第十一条　海军军佐之进级，由海军部将有进级资格者备具履历，声叙理由，分别呈请大总统行之。

第十二条　本条例自公布日施行。

〔政府公报，1915年11月9日，第1259号〕

4. 刘冠雄拟增删海军官佐考绩规则呈

(1918年9月26日)

海军总长刘冠雄呈大总统，拟增删海军官佐考绩规则附表，请核示文（附表二）

为增删海军官佐考绩规则附表各栏，恭请鉴核批示事：查海军官佐考绩规则，系由本部拟呈大总统核定，业于四年四月二十四日奉批令准如所拟办理，历经遵照施行在案。惟该规则附列海军官佐考绩区分表内第七、第八两栏，在拟订此表时，海军练习舰队司令系直接归本部管辖，不由总司令统属，故特专定此两栏，以示区别。现在练习舰队司令改归总司令管辖，而此次舰队司令编制令已奉明令公布，则此两栏于现时当不适用，应行删去。至于鱼雷营、养病院两项，本表前已漏列，现特增入练营、医院栏内。又末一栏留学生监督，业经于五年九月奉准裁撤在案，亦应删去。兹拟将此末一栏分为二栏，改列驻外海军正副武官，俾期完备，而符名实。所有拟增删海军官佐考绩规则内之区分表各栏等缘由，理合具陈，并照缮原表及修正表各一份，呈请鉴核，伏候指令，以便由部通令施行。谨呈。七年九月二十六日。已奉指令。

原表　　海军官佐考绩区分表

受考官	考绩官	覆考官
海军部次长	总长	
参事、司（处）长、副官、视察、技正	次长	总长

司长以下各职	司长	次长　总长
总司令	总长	
总司令以下各职	总司令	总长
练习舰队司令	总长	
练习舰队司令以下各职	练习舰队司令	总长
舰队司令	总司令	总长
舰队司令以下各职	舰队司令	总司令　总长
舰 　长 艇	司令	总司令　总长
舰 　长以下各职 艇	舰 长 艇	司令　总司令　总长
海军学校校长 造船所所长 船政局局长	总长	
校长以下各职 所长以下各职 局长以下各职	校长 所长 局长	总长

海军练营营长 海军医院院长	总司令	总长
营长以下各职 院长以下各职	营长 院长	总司令　总长
留学生监督	总长	

修正　　　　海军官佐考绩表

受考官	考绩官	覆考官
海军部次长	总长	
参事、司（处）长、副官、视察、技正	次长	总长
司长以下各职	司长	次长　总长
总司令	总长	
总司令以下各职	总司令	总长
舰队司令	总司令	总长
舰队司令以下各职	舰队司令	总司令　总长

舰艇长	司令	总司令 总长
舰艇长以下各职	舰艇长	司令 总司令 总长
海军学校校长 造船所所长 船政局局长	总长	
校长以下各职 所长以下各职 局长以下各职	校长 所长 局长	总长
海军练营及鱼雷营营长 海军医院及养病院院长	总司令	总长
营长以下各职 院长以下各职	营长 院长	总司令 总长
驻外海军正武官	总长	
驻外海军副武官	正武官	总长

〔政府公报，1918年10月5日，第967号〕

5. 大总统公布修正海军军官进级条例令

（1918年10月5日）

大总统令

兹修正海军军官进级条例公布之。此令。

修正海军军官进级条例

第一条　本条例称海军军官者，指校课、舰课完全毕业学生出身之海军军官而言。

第二条　海军军官之进级，按级递进，不得凌越。

第三条　海军军官未满其进级资格之服役年限者，不得进级。

第四条　海军军官进级资格之服役年限如左：

少尉及轮机少尉二年，但舰课毕业时考列最优者，得减少其年限，至少须有海上勤务六个月；

中尉及轮机中尉海上勤务二年，但由海军大学毕业者，得减少其年限；

上尉及轮机上尉，海上勤务四年半；

少校及轮机少校，海上勤务三年；

中校及轮机中校，海上勤务三年；

上校及轮机上校，海上勤务四年半；

少将，海上勤务三年。

第五条　海军军官自中尉以下，已满前条规定之服役年限制者，均须进级。至上尉以上，非有缺额不得进级。但至已满左定之服役年限时，得领其上一级之官俸，其额数另定之：

上尉及轮机上尉，海上勤务七年；

少校及轮机少校，海上勤务五年；

中校及轮机中校，海上勤务五年；

上校及轮机上校，海上勤务七年；

上将，【海上勤务】五年。

第六条　凡中尉以上在陆上海军各机关服务者，应以陆上勤务一年六个月抵海上勤务一年。

第七条　在第四、第五两条所规定之服役年限中，若遇战时，得按其战时勤务之日数分别加算，在前敌勤务者加倍，在后路勤务者加二分之一。

第八条　中将进上将，以有战功或卓著之劳绩经大总统特授者为限。

第九条　轮机少将进轮机中将，以有特别功绩者为限。

第十条　左列日数不算入进级资格之服役年限：

一、休职、停职中之日数；

二、禁锢或处刑中之日数；

三、无正当理由，为敌人俘虏中之日数。

第十一条　海军军官战时因公、病、伤不能服役，至于休职者，得特别进级。

第十二条　海军军官之进级，由海军部将有进级资格各军官备具履历，并声叙应进级之理由，分别呈请大总统行之。

第十三条　有左列各款情事之一者，其进级得不依本条例行之：

一、战时在前敌建有特别勋绩，经海军长官保奖，布告全军者；

二、战时因人员缺乏，不能实行按级递进者。

第十四条　军士长及轮机军士长，得依必要特进至中尉及轮机中尉为止。

第十五条　本条例自公布日施行，前公布之海军军官进级条例即废止之。

中华民国七年十月五日

国务总理　段祺瑞

海军总长　刘冠雄

〔北洋政府国务院档案〕

二、奖惩

1. 临时大总统公布海军士兵惩罚令令

（1912年10月15日）

临时大总统令

兹制定海军士兵惩罚令公布之。此令。

中华民国元年十月十五日

赵秉钧、刘冠雄署名

海军士兵惩罚令

第一条　本令专为惩罚士兵以下之犯行，由各舰长、营长用单独制迳行判决执行。

第二条　各舰长、营长惩罚士兵以下之犯行时，须在本令惩罚范围以内。

第三条　凡派遣在外之士兵违犯本令远离本舰、本营驻所者，准由该舰长、营长所委在外之长官执行惩罚，仍须随时申报该舰长、营长。

第四条　除现行犯之士兵得由舰长、营长立时惩罚外，凡士兵被告为违犯本令者，应将情节先行调查，然后召集告发人、证人及被告者当众质讯，按照本令惩罚。

第五条　凡惩罚须按犯人之心术、犯行之事实及平日之品行衡定轻重，以能保持军纪不至再犯为处断之界限。

第六条　凡违犯本令同时应受两罚者，从重惩罚之。

第七条　凡受加服工役、暂行拘禁以及站立等罚，若被罚之士兵患病，应缓至病愈后执行。

第八条　凡判决革除、禁闭、降等、扣饷、褫夺优行章等罚，须具有判词，由该舰、该营长官署名，向犯者宣读执行，并须呈报司令长官存案。

第九条　凡判决绳责，须具判词，由该舰、该营长官署名，向犯者宣读执行。但至多不得过三十六下，施行时，须由医官看视。

第十条　凡在惩罚期内除革除、降等、扣饷、禁闭及褫夺优行章外，犯者确有悛改凭据，舰长、营长得减免之。

第十一条　除战时或戒严时效力有功外，开复原等、原饷，须于惩罚后满六个月方得议叙。

第十二条　凡不出于故意之行为不为罪。但应以过失论者，得从轻惩罚之。

第十三条　凡各舰、各营夫役年龄未满十五岁者，不论犯本令内何条不为罪。但因其情节较重者，得革除之。

第十四条　凡应从科刑之法令论罪应归军法会审判决者，不得适用此令。

第十五条　应惩罚之行为如左：

一、未经请假擅行离船、离营者；

二、准假离船、离营逾越假期者；

三、未奉特准擅越指定区域者；

四、奉派执役未奉允准弃工他往者。

以上四项，确无逃亡犯意，方在本条范围之内。

五、不依上官指挥者；

六、对于上官所委职务执行疏忽者；

七、召唤不到或点名不应者；

八、不服检查或违背礼式者；

九、勾引他人联名公禀要求者；

十、私将舰、营事件登报者；
十一、侮慢长官者；
十二、捏报他人违令者；
十三、明知干犯伪为徇庇者；
十四、诬诉自己受屈者；
十五、以证人作虚伪之陈述者；
十六、懒惰伪病请假者；
十七、他人擅离职役代为请假者；
十八、他人未到代为销假者；
十九、召唤他人冒名顶替者；
二十、奉派工作托人代替者；
二十一、损伤军用物品者；
二十二、虚耗存储物品者；
二十三、处理火器疏忽者；
二十四、稽延传达事件者；
二十五、奉调遣命无故迟延者；
二十六、私用公物、公款者；
二十七、失监守或指导之职务者；
二十八、看守锅炉汽表疏忽者；
二十九、值更未经他人接值先离职守者；
三十、窃取或诱骗他人财物者；
三十一、私藏赃物者；
三十二、私卖发给之军服、公物者；
三十三、赌博及酗酒者；
三十四、喧哗或工作交谈者；
三十五、咀骂亵渎者；
三十六、随便唾痰者；
三十七、任意便溺者；

三十八、任意抛物舰外者；
三十九、任意坐卧者；
四十、争斗或犯各种之卑污行为者；
四十一、身体、衣服不整洁者；
四十二、污损地方或物品者；
四十三、不遵定制任意服装者；
四十四、年在十八岁以下吃烟者；
四十五、吃烟非其时、非其地者；
四十六、在船面裸体或戏谑者；
四十七、争夺饮食者；
四十八、过限定时间而不兴寝退食者；
四十九、擅用他人物件者；
五十、乱掷军服、吊床不收拾妥当者；
五十一、擅开他人函信、包裹、箱笼者；
五十二、乱晒衣服者；
五十三、购积商货希图漏税者；
五十四、私存物品贩卖者；
五十五、利用职务上之地位以图私利者；
五十六、因公擅受外人礼物者；
五十七、用火漫不经心者；
五十八、误报钟点者；
五十九、不专心守望者；
六十、值更倦睡者。
第十六条　惩罚种类如左：
一、革除，
二、禁闭兼服劳役；
三、禁闭；
四、绳责；

五、降等；

六、褫夺优行章；

七、暂停升转；

八、扣饷；

九、加工役；

十、拘留；

十一、站立；

十二、停止给假；

十三、记过；

十四、训斥。

第十七条 凡判决革除，必须士兵犯有本令重罪，且系再犯者。

第十八条 禁闭期限至多不得过十四日。

第十九条 凡军士、技匠并曾经记功升级及有优行章之兵，不得施行绳责。

第二十条 凡教唆他人或共同实施犯罪之行为者，按照正犯之例处断，其为事前事后帮助者，不得判拟第十六条第一至第八之惩罚。

第二十一条 凡在营或在舰拘留，皆须在无碍卫生之处，其期限不得过二十四小时。

第二十二条 停止给假期限，不得过一个月。

第二十三条 站立不得逾四小时。

第二十四条 训斥须由舰长或营长召集士兵当众执行。

第二十五条 各舰各营均须置惩罚簿，以凭稽核，按季呈送本管司令，转呈总司令稽核汇册造送海军部。

第二十六条 在甲处犯行未及惩罚转至乙处者，由甲处长官知照乙处长官惩罚之。

第二十七条 惩罚以日数计，不论时间早晚，概从宣布判词之日起算至注销之日止。

第二十八条　在禁闭、拘留、停假期内遇有逃亡或因他故未受执行者，其时期不算入惩罚期内。

第二十九条　凡犯本令所未规定之罪名者，亦由各舰长、营长审讯，如可执行本令惩罚者准适用之，其不适用者，呈请长官开军法预审。

第三十条　本令自公布日施行。

〔政府公报，1912年10月16日，第168号〕

2. 陆海军奖章章程草案

（1912年？月）

陆海军奖章章程

第一条　奖章专褒彰名誉，分为四等如左：

一等金色奖章

二等银色奖章

三等蓝色奖章

四等白色奖章

第二条　各等奖章由大总统直接赏给民国陆海军人之有成绩者，或由陆海军部按照本章第三条所列各项成绩，拟与以各等奖章，呈请大总统核准施行。

第三条　一等二等奖章给与官佐，三等四等给与士兵。

（甲）类战时

一、战役中著有成绩，堪资矜式者；

一、随同出征，尽瘁任务，确凿有据可证者。

（乙）类平时

一、拿获土匪，在事出力者；

一、镇压内乱时，奋勇救护人民之生命财产，致获保全者；

一、艺能出众，屡次从事勤务，成绩卓著者；

一、发明军用物件，经长官考验，认为合用者；

一、充任各项职守，满左表所列年限以上，无过犯（未受惩罚），无旷职（未逾假期），成绩甚优者。

职别／章等／任职处所	官佐		士兵	
	一等	二等	三等	四等
军队	八年	六年	十二年	十年
陆军机关部、局、所、学堂	七年	五年		
军用文官	十年	任职八年		
附记	一、官佐受有二等奖章，任职复〔履〕历表内所列一等年限者，方给一等奖章；士兵受有四等奖章，任职复满十二年者，方给三等奖章。 一、官佐、士兵任职满年，受有二等及四等奖章，复著本条所列各项成绩者，准其加给一等及三等奖章。			

第四条　民国非陆海军人，著有左列各项者，分别酌给各等奖章。

一、战时筹助军饷，得万元以上者；

一、战时探知敌人有违犯公法行为，及捕获奸细，报告有据，事后查实者；

一、在战地随同出力，劳绩卓著，及其他有功于全体战役者；

一、随同出力，拿获土匪及保全地方治安者。

第五条　奖章用银质为之，外作五瓣，各瓣间联以小梅花，中镌中华民国奖章六字。一、二等，上冠花叶三枚（如第一图〔缺〕），三、四等，上冠一环（如第二及第三图〔缺〕）。

第六条　奖章用小绶，赏战时官佐、士兵，其绶用国旗色；赏平时官佐、士兵，其绶用蓝色，黄边。

第七条　奖章佩于上衣左襟之上、各纪念章之左。

第八条　给与奖章时，并附给证书，式如左：

大总统令

某职某人因　　项劳绩，给与　　等奖章，以示褒赏。此令。

大总统〇〇〇

陆军总长〇〇〇

右令　　　　收执

中华民国元年　　月　　日

〔北洋政府陆军部档案〕

3. 临时大总统公布修正陆海军勋章令第三条令

（1913年4月9日）

临时大总统令

兹修正陆海军勋章令第三条公布之。此令。

中华民国二年四月九日

国务总理　赵秉钧

陆军总长　段祺瑞

海军总长　刘冠雄

教令　第二十六号

修正陆海军勋章令第三条

第三条　各种勋章均分九等，一、二、三、四等，可给与上等官佐，三、四、五、六等，可给与中等官佐，四、五、六、七等，可给与初等官佐及准尉见习军官，六、七、八、九等，可给与士兵。但叙给各等官兵勋章，应按勋功劳绩，分别核议，不得于各官等间以官级分别章等。

〔政府公报，1913年4月10日，第332号〕

4. 大总统为海军刑事审判条例准提前施行批令

（1916年4月7日）

海军部呈，请提前施行海军刑事、审判各条例，俾全军有所遵循由。

政事堂奉批令：海军军纪，关系紧要，所有海军刑事条例、海军审判条例，前经提出院议。兹据海军部呈请提前施行，俾全军有所遵循等语。查陆军刑事、审判各条例，业已公布施行，海军刑事、审判各条例，自可缓案暂行试办，著由海军部暂依法制局审定案，提前施行，以肃军纪。此令。

中华民国五年四月七日

国务卿　徐世昌

〔政府公报，1916年4月8日，第93号〕

5. 海军刑事暂行条例

（1916年5月8日）①

海军刑事暂行条例目录

第一编　总则　自第一条至第二十五条

第二编　分则

第一章　叛乱罪　自第二十六条至第三十四条

① 系刊登《政府公报》时间。

海军刑事暂行条例

第一编　总则

第一条　本条例颁行后，凡海军军人犯罪者适用之。

第二条　虽非海军军人，于海军管辖区域内犯左列各罪者，亦适用本条例：

一、第二十八条第七款之罪；

二、第三十一条之罪；

三、第六十四条、第六十五条之罪及未遂罪；

四、第七十二条、第七十三条之罪；

五、第七十七条、第七十九条及第八十条之罪；

六、第八十二条至第八十四条之罪及未遂罪；

七、第九十二条至第九十六条之罪；

八、第九十七条至第一百零一条之罪及第九十九条之未遂罪；

九、第一百零六条第一项及第一百零七条之罪。

第三条　海军军人在海军管辖区域内犯刑法或他种法令之罪者，依各该法处断之。但本法有特例者，不在此限。

第四条　海军军人在国外犯刑法或他种法令之罪者，以在国内犯罪论。其在本国海军占领地域内之本国人民及俘虏犯罪亦同。

第五条　本条例于陆军军人在海军舰船内者，及作战时赁借之船舶由海军管辖者适用之。

第六条　本条例于战时或戒严时，在海军之舰船、官署、军港、船厂、船坞、炮台、要塞、营汛、医院、监狱、学校或戒严地域犯罪者，虽非军人适用之。

第七条　对于与海军共同作战之陆军军人之行为，依其职务、官等、阶级，照海军军人一律办理。对于与海军共同作战之外国海军军人之行为亦同。但限于其国有相互之规定者适用之。

第八条　称海军军人者，谓海军官佐见习生、准尉官、士兵之如左所列载者：

一、在海军现役者，但未入舰、营及归休兵，不在此限；

二、预备役、后备役之在召集中者；

三、前两款外，著用海军制服者。

第九条　左列各款准海军军人：

一、海军所属之学员、学生、匠役；

二、海军军属；

三、服海军勤务之陆军军人；

四、巡防队、陆战队之官长、士兵；

五、服海军军舰勤务之外国人；

六、战时归海军管辖之船舶内人员。

第十条　陆军官佐、陆军候补生、陆军准尉官，视同海军官佐。

第十一条　海军军士奉临时官佐之职，或兵目奉临时军士之职者，均以临时之职视之。

第十二条　称海军军属者，谓海军文官及同等待遇者，并服海军舰队、官署、学校、特务机关及战时海军特务机关之勤务者。

第十三条　称陆军军人者：谓陆军刑事条例所称之陆军军人。

第十四条　称上官者，谓于有命令关系之海军军人间有下命令权者，无命令关系而官等等级在上者，视同上官。

第十五条　称司令者，谓在舰队任司令之海军军人。

第十六条　称守兵者，谓于舰船及海军巡防队、陆战队、驻扎地海军官署、学校、监狱、特务机关及战时海军特务机关为仗卫或警戒之海军军人。

第十七条　称海军管辖区域者，谓海军之舰船、官署、军港、船厂、船坞、炮台、要塞、营汛、医院、监狱、学校及在国内之口岸、河川、港湾、湖海及在国外之领海、领水者。

第十八条　称敌人者，谓战争之敌国、持械之叛党、持械之乱兵或海盗。

第十九条　称军中者，谓在左列海军舰队、陆战队之内：

一、执战时体势之舰队、陆战队。但留守特务机关之巡防队未奉戒严令者，不在此限；

二、不执战时之体势，而在已奉命令开战之舰队、陆战队；

三、当事变或地方骚扰之际，已奉命令戒严者。

第二十条　凡执行死刑时，依管辖海军法衙之长官所定之处枪毙之。

第二十一条　凡处四等以下之有期徒刑，得用换刑。换刑条例另定之。

第二十二条　因镇压多众共同之暴行，或战时急迫以保持军纪之故，而有不得已之行为，不为罪。但超过必要程度者，因其情节，得减轻或免除其刑。

第二十三条　前条之规定，凡犯刑法及他法令之罪者，得适用之。

第二十四条　本条例与陆军刑事条例均有正条，且其刑无轻重之别，陆军军人准海军军人者，可适用陆军刑事条例。

第二十五条　于本条例规定之外，如因军情紧急或因保持治安，陆海军大元帅得随时酌量情形别以军令行之。

第二编　分则

第一章　叛乱罪

第二十六条　结党执兵器而为叛乱之行为者，依左列处断：

一、首魁及主谋者，或为群众之指挥者处死刑；

二、参与谋议者处无期徒刑，其他从事各种职务者，处二等有期徒刑；

三、附和随行者，处三等有期徒刑。

在航海中犯本条之罪者，依第二款、第三款之例加一等处断。

第二十七条　意图叛乱，结党掠夺兵器、弹药及其他供军用之物品者，刑同前条。

第二十八条　为左列各款之行为者处死刑：

一、以舰队军港、军队要塞、保垒炮台、水鱼雷卫所、造船所、舰艇兵器弹药及供军用场所建造物或其他物品交付于敌者；

二、为敌人作间谍及帮助敌人之间谍者；

三、为敌人募兵者；

四、泄漏军事上秘密于敌人，或擅打旗号、电报授意敌人者；

五、为敌人作响导或引港，或以诈术准敌人入军港或其他为防御而设之建筑而阅视者；

六、欲使降于敌人强要司令官者；

七、为敌人夺取或纵放捕获船舶或俘虏者；

八、勾结外国人或附从阴谋意图紊乱国宪及煽惑内乱者。

犯本条各款之罪而逃亡者，得先没收其家产。

第二十九条　意图利敌而为左列各款之行为者处死刑：

一、损坏舰队军港、军队要塞、保垒炮台、水鱼雷卫所、造船所、舰艇兵器弹药及供军用场所建造物或其他物品，及以其他方法致不堪使用者；

二、损坏或壅塞水陆道路、水上灯塔标记，或以其他方法使生舰船、军队往来之妨害者；

三、司令官率舰队军队不就守地或配置地，或离其地者；

四、妨害舰队军队联络集合或诱使之溃走者；

五、有意使缺乏兵器、弹药、粮食、被服及其他供军用之物品者；

六、诈传命令、通报或报告，及为虚伪之命令、通报或通告者；

七、造言飞语，及在敌前呼叫喧噪者。

第三十条　于前二条所列外，或以其他方法与敌人以利益，而使本国军事上蒙其损害者，处死刑或无期徒刑。其情轻者，处一等有期徒刑。

第三十一条　意图使军队暴动而煽惑之者，处死刑或无期徒刑。其情轻者，处一等有期徒刑。

第三十二条　本章之未遂犯罪之。

第三十三条　预备或阴谋犯第二十六条至三十条之罪者，得减本刑一等或二等。

第三十四条　预备或阴谋犯第二十六条第二十七条之罪，于事前自首者，得免除其刑。

第二章　擅权罪

第三十五条　凡未受宣战之命令或已受息战媾和之告知，无故对外国开战者，处死刑。但敌人对本国已有战争之宣言，临时为正当之防御者，不在此限。

第三十六条　司令官于自己权限之外，并无不得已理由擅自进退其所率舰队或军队者，处死刑或无期徒刑。其情轻者，处一等有期徒刑。

第三十七条　不待命令无故为战斗者，刑同前条。

第三十八条　本章之未遂犯罪之。

第三章　辱职罪

第三十九条　司令官不尽其所应尽之职责而降敌者，或委弃军港、卫所或舰船于敌者，处死刑。在尚有战斗之时机，而率舰队或军队或输送船舶退却逃避者，亦同。

第四十条　在敌前遇本军或同盟助战国之舰船危急时，无故不尽救护之职责者，处死刑或无期徒刑。对于所护卫之船舶无故委弃不顾者，亦同。

第四十一条　在敌前对于敌舰可以追捕或轰毁，而退缩不前者，处死刑。

第四十二条　舰长当其舰船破亡沉没时，无故先众人离去者，依左例处断：

一、敌前处死刑；

二、战时军中处一等有期徒刑；

三、其余处四等有期徒刑。

第四十三条　在敌前非必不得已之时，先将舰船兵器毁弃者，处死刑。

第四十四条　当远见敌军时，不即命令备战，或闻战斗号报不到集合处者，处死刑或无期徒刑，在敌前躲避危险擅离勤务所在地，或应到之处不到者，亦同。

第四十五条　非有正当理由故意将舰船搁浅、触礁、碰撞及其他危险者，处一等有期徒刑。

因而致舰船沉没或破亡，或致人于死或多众受伤者，处死刑或无期徒刑。

第四十六条　前条之所为出于过失者，处四等有期徒刑。

第四十七条　当舰船搁浅、触礁、碰撞及其他危险时，不尽救护之方法，致沉没或损坏者，处四等有期徒刑。

第四十八条　司令官对于有要求出兵救援及弹压权之官吏，无故不应其请求者，处三等有期徒刑。

第四十九条　当部下多众共同为犯罪行为时，不尽其弹压之方法者，或知有妨害海军之行为，而不出力制止者，处四等有期徒刑，如因此溃变或酿成重大事故者，处一等有期徒刑。

第五十条　守兵及当值员兵因睡眠或酒醉怠其职务者，依左例处断：

一、敌前处三等有期徒刑；

二、战时军中或戒严地域或航海时，处四等有期徒刑；

三、其余处五等有期徒刑。

第五十一条　在战时军中或戒严地域掌传达关于军事之命令、通报或报告，而无故不为传达者，处三等有期徒刑，如因而失误军机者，处死刑或无期徒刑。服侦探巡察或侦察勤务而报告不实者，处四等有期徒刑，因而失误军机者，处二等有期徒刑。

第五十二条　在战时军中或戒严地域掌支给或运输兵器、弹药、粮食、被服及其他供军用物品无故使之缺乏者，处四等有期徒刑，因而失误军机者，处死刑或无期徒刑。

第五十三条　保管军事机密之图书、物件当危急时，不尽其毁弃方法致委于敌者，处三等有期徒刑。

第五十四条　故意漏泄应行秘密兵器、弹药之制法及关于军事之机密者，处死刑或无期徒刑。因过失犯本条之罪者，处三等有期徒刑。

第五十五条　配给有害健康之饮食者，处四等有期徒刑。因而致人于死者处一等有期徒刑。

第五十六条　当本国、外国船舶搁浅触礁及其他危险来请援救，无故不应者，处四等有期徒刑。

第五十七条　受护卫商船之命令于其职务，要求贿赂或期约或收受者，或委弃其船舶者，处二等有期徒刑。

第五十八条　因取用兵器或弹药之不注意致毁伤他人之身体者，处五等有期徒刑，至死者，处三等有期徒刑。

第五十九条　第三十九条、第四十条、第五十一条、第五十五条之未遂犯罪之。

第四章　抗命罪

第六十条　反抗上官之命令或不服从者，依左例处断：

一、敌前处死刑或无期徒刑；

二、战时军中或戒严地域或航海时，处二等有期徒刑；

三、其余处四等有期徒刑。

犯本条第二款、第三款之罪因而酿生重大变故者，得依第一款处断。

第六十一条　夥党犯前条之罪者，依左例处断：

一、敌前首魁处死刑，余众处死刑、无期徒刑；

二、战时军中或戒严地域或航海时，首魁处一等有期徒刑，余众处三等有期徒刑；

三、其余首魁处三等有期徒刑，余众处五等有期徒刑。

犯本条第二款、第三款之罪因而酿生重大变故者，得依第一款处断。

第五章　暴行胁迫罪

第六十二条　对于上官为暴行或胁迫者，依左例处断：

一、敌前及航海时，处死刑或无期徒刑；

二、其余处一等有期徒刑。

第六十三条　夥党犯前条之罪者，依左例处断：

一、敌前及航海时，首魁处死刑，余众处死刑或无期徒刑；

二、其余首魁处死刑或无期徒刑，余众处二等有期徒刑。如因而发生重大变故者，得依敌前处断。

第六十四条　对于守兵为暴行或胁迫者，依左例处断：

一、敌前处一等有期徒刑；

二、其余处三等有期徒刑。

第六十五条　夥党犯前条之罪者，依左例处断：

一、敌前首魁处无期徒刑，余众处二等有期徒刑；

二、其余首魁处二等有期徒刑，余众处四等有期徒刑。

第六十六条　对于上官或守兵以外之海军军人，当执行职务时为暴行或胁迫者，处三等有期徒刑。

第六十七条　夥党犯前条之罪者，依左例处断：

一、首魁处一等有期徒刑；

二、余众处三等有期徒刑。

第六十八条　军人聚众意图为暴行或胁迫，已受上官解散之命令仍不解散者，处二等有期徒刑，知情隐匿而不即报上官，或在场故纵而不出力制止者，处三等有期徒刑。

第六十九条　滥用职权而为凌虐之行为者，处四等有期徒刑。

第七十条　第六十二条至第六十八条之未遂犯罪之。

第六章　侮辱罪

第七十一条　对于上官执行职务时面加侮辱或直接以文书侮辱者，处五等有期徒刑。

其公示图画、文书、偶像，或演说或登报及其他以公然方法侮辱上官者，处四等有期徒刑。

第七十二条　对于守兵面加侮辱者，处五等有期徒刑。

第七十三条　对于军法审判或军事审查有侮辱之行为者，处五等有期徒刑。军法审判或军事审查传为证人，抗传不到，或传到而无正当理由拒绝证言者，亦同。

第七章　诈伪罪

第七十四条　关于军事上为虚伪之命令、通报或报告及诈传命令、通报或报告者，依左例处断：

一、战时军中或戒严地域处二等有期徒刑，因而失误军机者，处死刑或无期徒刑；

二、其余处四等有期徒刑。

第七十五条　关于军用粮饷、银钱或军需品为虚伪之报告而侵蚀者，处三等有期徒刑，以其他之方法得不法之利益者，亦同。

第七十六条　隐匿捕获船舶或其捕获品者，处四等有期徒刑。

第七十七条　冒用海军制服及徽章者，处五等有期徒刑。

第七十八条　军医伪证军人之身体强弱及其疾病者，处五等有期徒刑，于军法审判为证人，而为虚伪之陈述或行使虚伪之证据者，亦同。

第七十九条　战时或事变之际关于军事上造言飞语者，处三等有期徒刑。

第八十条　意图免除兵役，伪为疾病或自毁伤身体及为其他诈伪之行为者，处五等有期徒刑。

第八十一条　意图免从军或避危险之勤务，而为前条之行为者，依左例处断：

一、敌前处二等有期徒刑；

二、其余处四等有期徒刑。

第八章　掠夺罪

第八十二条　掠夺战地、占领地或驻泊地内人民财产者，处死刑或无期徒刑。其情轻者，处一等有期徒刑。其掠夺俘虏降人之衣服、财物者，亦同。

第八十三条　抢掠战地、占领地或驻泊地之妇女或强奸之者，处死刑或无期徒刑。

第八十四条　犯前二条之罪，因而伤人或致人于死者，处死刑。

第八十五条　本章之未遂犯罪之。

第九章　逃亡罪

第八十六条　无故离去职役或不就职役者，依左例处断：

一、敌前处无期徒刑；

二、战时军中或戒严地域过三日者，处四等有期徒刑；

三、其余过六日者，处五等有期徒刑。

第八十七条　夥党犯前条之罪者，依左例处断：

一、敌前首魁处死刑、无期徒刑，余众处一等有期徒刑；

二、战时军中或戒严地域过三日者，首魁处一等有期徒刑，余众处二等有期徒刑；

三、其余过六日者，首魁处三等有期徒刑，余众处四等有期徒刑。

军人在舰船出发时无故后期者，不问其日数多少，以逃亡论。

第八十八条　犯第八十六条之罪窃取兵器及其他重要物品者，依左列处断：

一、敌前处死刑；

二、战时军中或戒严地域处无期徒刑；

三、其余处二等有期徒刑。

第八十九条　夥党犯前条之罪者，依左例处断：

一、敌前首魁处死刑，余众处死刑、无期徒刑；

二、战时军中或戒严地域，首魁处无期徒刑，余众处一等有期徒刑；

三、其余首魁处一等有期徒刑，余众处二等有期徒刑。

第九十条　投敌者处死刑。

第九十一条　第八十六条第一款、第八十七条第一款、第八十八条第一款、第八十九条第一款及前条之未遂犯罪之。

第十章　军用物损坏罪

第九十二条　烧毁或炸毁舰船、水鱼雷、卫所、营署、船厂、船坞，或储藏弹药库及军需品之仓库，或其他建筑物者，处死刑或无期徒刑。

第九十三条　损坏前条所列各物及军用电线、浮标、灯塔并其他一切军用之建设，或使之不堪使用者，处一等有期徒刑。

第九十四条　烧毁或炸毁兵器、弹药、汽机、电机、粮食、被服及其他军用物品者，依左例处断：

一、战时军中或戒严地域处无期徒刑；

二、其余处一等有期徒刑。

第九十五条　毁弃或伤害前条所列各物者，处三等有期徒刑。

第九十六条　本章之未遂犯罪之。

第十一章　关于俘虏之罪

第九十七条　监视或护送俘虏使之逃亡者，处三等有期徒刑。

第九十八条　前条之所为出于疏忽者，处五等有期徒刑。

第九十九条　劫夺俘虏或为暴行或胁迫助其逃亡者，处二等有期徒刑。

第一百条　藏匿或隐避逃亡之俘虏者，处四等有期徒刑。

第一百零一条　无故对俘虏为残暴或苛虐之行为者，处五等有期徒刑。

第一百零二条　第九十七条至九十九条之未遂犯罪之。

第十二章　违令罪

第一百零三条　司令官无战争必要上不得已之理由，违背本国与各国缔结之海战条约，因生重大变故者，处死刑或无期徒刑。

第一百零四条　司令官对于战时所命之事及舰、营通用之暗号，非有不得已之理由违背变动，致误军机者，刑同前条。

第一百零五条　司令官于前二条之事，有不得已之理由，不即详报者，处五等有期徒刑。

第一百零六条　欺蒙守兵通过守所，或不服守兵所告示之禁令者，依左例处断：

一、敌前处三等有期徒刑；

二、战时军中或戒严地域处四等有期徒刑；

三、其余处五等有期徒刑。

第一百零七条　军人无故逾召集之期限者，依左例处断：

一、战时或事变之际逾五日者，处二等有期徒刑；

二、平时逾十日者，处五等有期徒刑。

第一百零八条　意图违背服从之义务，而以文书、图说刊写散布或演说者，处四等有期徒刑。

第一百零九条　意图违背服从之义务，而结党者，依左列处断：

一、首魁处三等有期徒刑；

二、余众处四等有期徒刑。

第一百一十条　违背职守而结社、集会、入党者，依左例处断：

一、首魁处四等有期徒刑；

二、余众处五等有期徒刑。

第一百一十一条　第一百零六条之未遂犯罪之。

附　　则

第一百一十二条　刑法总则与本条例不相抵触者，均适用其规定。

第一百一十三条　宣告徒刑者，于海军监狱执行之。其无海军监狱处所，得以其他监狱及就近之禁闭室执行之。但于法令别有规定者，不在此限。

第一百一十四条　军官犯徒刑之罪，应否剥夺官项，随案声叙，由海军部或该管最高级长官呈准施行。

第一百一十五条　军人依暂行律或违警律处罚金，不能完纳易以监禁者，于军法会审宣告之。

第一百一十六条　本条例自公布日施行。

〔政府公报，1916年5月8日，第123号〕

6. 海军审判暂行条例

（1916年5月9日）①

海军审判暂行条例

第一条　军人犯海军刑事条例或暂行刑律所揭各罪或违警罪，及于其他法律之定有刑名者，又虽非军人而犯海军刑事条例第二条所记载之罪者，均依海军军法会审判之。其海军官署或军人受有损害之附带私诉者，亦同。

第二条　海军军法会审不准旁听。但宣告判决时，以军人为限，准其旁听。

第三条　本条例称军人者，即海军刑事条例第八条、第九条所揭之谓。

第四条　本条例称上官者，即海军刑事条例第十四条所揭之谓。

第五条　军人犯刑法上之罪或违警罪及其他法律之罪者，有军事检察权诸官均有起诉之权。但罪应亲告者，不在此限。

第六条　军法会审之类别如左：

高等军法会审；

军法会审；

临时军法会审。

第七条　各军法会审以审判长、审判官、理事、录事编成之。

第八条　高等军法会审置审判长一员，审判官六员，军法会审置审判长一员，审判官四员，依被告人之身分派充之。但被告人为军医、军需制造、陆战队等人员而所犯之罪与其职务有关系者，审判官中须有二员以上与被告人同职务者派充之。

第九条　临时军法会审置审判长一员，审判官二员，得不拘

---

① 系刊登《政府公报》时间。

被告人之身分派充之。

第十条　海军舰船远离总司令驻防之处，海军部对于舰队司令得付与以组织高等军法会审之权。

第十一条　海军舰船在外国时，海军部对于资深舰长得付与以组织高等军法会审之权，其权限与舰队司令同。

第十二条　战时或戒严时，舰队司令及舰长有组织临时军法会审之权。

第十三条　军法会审审判所属校官以下及同等军人之犯罪者。

第十四条　高等军法会审以特令组织之，审判将官及同等军人或直接部属军人之犯罪者。

第十五条　再审由高等军法会审审判之。但缺席审判之再审及因特别情形经海军部、海军总司令或该管最高级长官认为组织不便者，不在此限。

第十六条　临时军法会审审判战时或戒严时舰队或舰船管辖区域内校官以下及同等军人之犯罪者。

第十七条　俘虏降人之犯罪者，由军法会审审判之。

第十八条　军人二人以上之共犯罪或附带犯，若各异其管辖，以先从事审判之军法会审审判之。若属于高等军法会审所管辖之共犯及附带犯，则由高等军法会审审判之。与陆军军人共犯或附带犯时，亦同。

第十九条　军人犯罪在任官任役前，而发觉在任官任役中者，以军法会审审判之。所犯在任官任役中，而发觉在免官免役后者，则归普通法院审判之。但因事褫职归案讯办者，不在此限。

第二十条　军人犯刑法上之罪或违警罪，及其他法律之罪者，有军事检察权诸官均有搜查凭证及起诉之权。

第二十一条　该管各级官长知其所属有现行犯时，得为讯问及检察，或委诸军事检查官行之。

第二十二条　军事检察官以左揭各员充之：

一、海军部副官、各司令副官；

二、海军局、所警察官、巡队长；

三、海军舰船、练营副长，学校学监；

四、海军监狱官；

五、高等军法会审临时选派者。

第二十三条　军人犯罪时，不论何人得告诉于犯罪地或被告人所在舰船之军事检察官及该管各级长官。因军人犯罪致受损害者，亦同。

第二十四条　军事检察官、司法警察官、巡警，见有军人为现行犯者，得逮捕之。司法警察官、巡警逮捕军人后，应迅速送交军事检察官或该管各级官长。

第二十五条　检察官、司法警察官关于军人犯罪受有告诉告发时，应交付于军事检察官或该管各级官长。

第二十六条　军事检察官及该管各级官长，知有与军人共犯之常人，得依第二十四条办理。

第二十七条　军事检察官及该管各级官长行检证处分后，对于被告事件，应付以证凭物件添具调查书，依左列之程序行之：

一、认为犯刑法之罪者，详报于上官；

二、认为管辖违异，送致犯罪者所属之官长；

三、认为管辖违异，若系海军军人，送致于该管之海军检察官，若系陆军军人，送致于该管之陆军检察官，若系常人，送致于该地之检察厅。但与军人共犯之常人，应详由上官核定。

四、属于高等军法会审之权限者，报告于海军部或海军总司令。

第二十八条　海军部及其他长官受理被告事件，应发交理事审问之。

第二十九条　理事行审问时，应发传票，如认为必要时，得发拘票。但须即时报告该管长官。被告人依传票出庭者，须于二十四小时内讯问之，依拘票出庭者，须于四十八小时内讯问之。讯问被告人经过前项所定时限仍须留置者，须发看管票。被告人因疾病或其他正当事故不能依传票或拘票出庭者，得由理事就其所在地讯问之。若被告人在远隔地时，得开示应讯问事件，嘱托其地之军事检察官、司法警察官代为讯问及送达传票与执行拘票。其应由该管长官详咨转行者，各依旧例办理。

第三十条　应传拘之被告人逃匿，得通行各该官署及各地检察厅、警察官署一体拘捕。其应详请咨行及呈请通缉者，各依旧例办理。其重要罪犯，依前项之规定秘密行之。

第三十一条　理事行审问时发见有共犯、附带犯或正罪外尚有余罪者，得径行审问。但共犯、附带犯如属于高等军法会审管辖时，应报告该管长官转达海军部及海军总司令。

第三十二条　审问与军人共犯之常人，须将供证凭件送致于该管检察厅。但犯海军刑事条例第二条所记载之罪者，不在此限。

第三十三条　理事于审问终结后，应具意见书并诉讼书类详报于海军部、海军总司令或该管长官核办。海军部、海军总司令或该管长官认为应开军法会审者，应即下组织军法会审之饬知。

第三十四条　军法会审以审判长、审判官、理事、录事列席开之。但审判长有自行审问被告人或令审判官及理事讯问之权。

第三十五条　审判长自开庭以至判决终了之间认为必要时，得发传票、拘票及看管票。

第三十六条　审判长因法庭之警戒，得为相当之处置。

第三十七条　凡应处徒刑之被告人逃走，开庭时不能出庭，及应科罚金之被告人接到传票至开庭时不出庭者，均得为缺席审判。

第三十八条　判决数人共犯时，被告人中虽有不出庭者，得对于出庭者判决。

第三十九条　判决书应由理事依左列各款作成，与审判长、审判官、录事一同签名盖章，连同诉讼书类报告下饬知之海军总长、海军总司令或该管长官：

一、判决理由；

二、有罪之判决书，应载明其犯罪证据及应处罪之法正条；

三、无罪之判决书，应载明被告人死亡，或本人错误，或被告事实不成罪，或犯罪证据不完备等事；

四、免诉之判决书，应载明起诉权之时效，或大赦、特赦或经确定判决及于法律上应全免其罪等事；

五、管辖违异之判决书，应载明管辖违异之事实；

六、有私诉之判决者，应载明私诉之事实；

七、被告人之官职、队号、姓名、籍贯、年龄、住所及判决之年月日。

第四十条　左列各款由该管长官以诉讼书类连同判决书详由海军部、海军总司令或该管最高级长官并加具意见呈请核定后，凡系于高等军法会审之判决者，由海军部或海军总司令下宣告判决之饬知，系于他军法会审者，由海军部或海军总司令发交该管最高级长官或该管长官，使下宣告判决之饬知：

一、应处死刑者；

二、将官、校官及其同等军人应处徒刑者；

三、尉官、准尉官及其同等军人应处三等有期徒刑以上之刑者。

第四十一条　尉官、准尉官及其同等军人应处四等以下徒刑者，由该管长官于宣告判决后报告海军部、海军总司令，或详由该管最高级长官按季汇案呈报。

第四十二条　士兵应处徒刑者，由各该长官于宣告判决后抄录全案报告海军部、海军总司令，或详由该管最高级长官咨部备核。

第四十三条　有第十一条之情形时，舰队司令或舰长得不依第四十条之例，直下宣告判决之饬知。但须于宣告判决后抄录全案报告海军部、海军总司令或该管最高级长官。对于将官处重罪之刑者，不适用前项之规定。

第四十四条　在外国或航海中，舰队司令及舰长得命受宣告轻罪刑之士兵、工役戴罪服役。戴罪服役之日数，算入刑期内，得以二日抵徒刑一日。

第四十五条　长官如认军法会审之判决有违法者，得令再议。其无直下宣告判决之饬知权者，可附意见于判决书后，详报海军部、海军总司令或该管最高级长官。

第四十六条　各军法会审之判决或由长官详报之判决，海军部、海军总司令或该管最高级长官认为有违法者得令再议。

第四十七条　奉到宣告判决饬知后，审判长、审判官、理事、录事应即列席，使被告人出庭，由审判长宣告判决。

第四十八条　应处徒刑以上之被告人逃匿，或于受宣告后逃走，得发拘票，或通行各官署拘捕。其应详请咨饬及呈请通缉者，各依旧例办理。

第四十九条　海军部、海军总司令或该管最高级长官如认各军法会审有判决不当之宣告者，得饬再审。

第五十条　有左列各款情形之一者，于宣告判决后，被告人得请求再审：

一、关于杀人罪于刑之宣告后，有被杀者于犯罪后仍然生存，或犯罪前已死去之确证者；

二、同一案件非共犯而别受刑之宣告者；

三、以犯罪前之公正证书证明其当时不在犯罪处所者；

四、因有陷害之人而致宣告其刑者；

五、以公正证书证明诉讼书类有伪造或错误者。

第五十一条　海军部、海军总司令或该管最高级长官知有前条所列之事实者，得饬再审。

第五十二条　该管长官于宣告判决后，发见第五十条所列之事实，应附意见书于诉讼书类，详海军部或该管最高级长官。

第五十三条　缺席审判受徒刑以上之刑者，自宣告日起至刑之时效止，得禀诉再审。但已知有判决宣告或已就捕或自首者，非在十日内，不得禀诉再审。

第五十四条　再审之禀诉，无论刑罚在执行中或免除后，均得行之。

第五十五条　因被告人之请求而再审者，其判决之刑不得较原判决加重。

第五十六条　凡禀诉再审，应递禀于管辖该军法会审之最高级长官，若在高等军法会审，应递禀海军部、海军总司令。理事禀诉再审者，应具理由书附以原审判宣告书及证凭之书类誊本，由长官查核申送海军部、海军总司令或该管最高级长官；被告人或其亲属禀诉再审者，应具理由书禀由理事附加意见书，经长官核定申送海军部、海军总司令或该管最高级长官。该管长官对于缺席审判之禀诉再审，应即饬再审。

第五十七条　海军部、海军总司令及各该最高级长官受再审之禀诉，如认为应行再审或由该管长官详请再审时，应即饬再审。

第五十八条　军法会审对于缺席审判之禀诉再审，得不详海军部、海军总司令或该管最高级长官，即行再审。

第五十九条　海军部、海军总司令及各该最高级长官下有再审之饬知，如其刑正在执行中者，即行停止执行，系死刑者，由禀诉再审时停止之。

第六十条　再审事件前系呈请核定者，再审判决应仍俟呈请核定后施行。

第六十一条　管辖宣告刑罪之军法会审长官、理事或监狱长，若认犯人情状有应特赦者，当详叙犯人情状及应赦理由，报由长官详转海军部、海军总司令或该管最高级长官。

第六十二条　海军部、海军总司令或该管最高级长官接到前条书类认为应请特赦者，当加具意见呈请裁定。

第六十三条　海军部于宣告犯人刑罪后，不论何时均得呈请特赦。在呈请特赦中，除死刑外，不停止刑之执行。

第六十四条　海军部奉到特赦命令后，应以特赦状交由各该最高级长官转发理事送达本人，若系高等军法会审，则直使理事送达之，并由理事记其事由于宣告书之后。

第六十五条　曾经特赦或刑之执行已终者，如察其情实可原、才确可用者，得由海军部、海军总司令或该管最高级长官详叙情状呈请复权。

第六十六条　本条例施行规则另定之。

第六十七条　本条例自公布日施行。

〔政府公报，1916年5月9日，第124号〕

7．临时执政公布金狮勋章条例令

（1925年10月8日）

临时执政令

兹制定金狮勋章条例公布之。此令。

外交总长	沈瑞麟	内务总长	龚心湛
财政总长	李思浩	陆军总长	
海军总长	林建章	司法总长	杨庶堪
教育总长	章士钊	农商总长	
交通总长	叶恭绰		

中华民国十四年十月八日

金狮勋章条例

第一条　民国陆海军人于平时、战时著有勋劳，或非陆海军人及外国人于民国陆海军著有勋劳者，得依本条例颁给金狮勋章。

第二条 金狮勋章等级自一等至九等，其章式、勋表式、绶制及执照式，依附图所定。

第三条 颁给金狮勋章，特任军职，初受二等得进一等；简任、荐任、委任各军职，初受及应进之等，依附表所定；士兵初受九等，得进八等。

因有功绩于军事上之学艺设备或其他特别任务颁给金狮勋章者，初受五等得递进至二等。其有特殊功绩者，初受四等递进至一等。

任陆军旅长、海军舰队司令及其相当官以上军职者，因前项功绩应受金狮勋章时，初受准用第一项规定颁给。但其应进之等，仍依前项规定。

第四条 金狮勋章除由临时执政依第三条所定特定令颁给外，其他应受勋章人员，由该管长官将该员履历、事实功绩具报陆海军总长，由陆海总长呈请临时执政核准颁给。

第五条 星云勋章条例第四条、第五条及第七条之规定，于金狮勋章之颁给准用之。

第六条 本条例未规定事项，仍依陆海军勋章令及陆海军叙勋条例办理。

第七条 本条例自公布日施行。

颁给陆海军人金狮勋章等级表

第一表

军　　职	初　　受	进　　等
陆军次长、参谋次长、陆军师长及其同等军职	三　　等	二　　等

陆军部参事、司长，参谋本部局长，陆军旅长及其同等军职	四等	三等
陆军部、参谋本部科长，陆军团长及其同等军职	五等	四等
陆军部、参谋本部中校科员，陆军团附及其同等军职	六等	五等
陆军部、参谋本部少校科员，陆军营长及其同等军职	七等	六等
陆军部、参谋本部上中尉科员，陆军连长及同等军职	八等	七等
陆军排长、司务长及其同等军职	九等	八等

右表所列各等勋章之颁给，均按照现职办理。其官大于职者，不得越等呈请颁给。

第二表

军职	初受	进等
海军次长及其同等军职	三	二
海军部参事、司长，海军舰队司令及其同等军职	四	三
海军部科长、简任舰长及其同等军职	五	四

荐任千吨以上舰长及其同等军职	六	五
海五军部少校科员，荐任未满千吨舰长，海军陆战队营长及其同等军职	七	六
海军部上尉科员、海军各艇长、海军陆战队连长及其同等军职	八	七
海军陆战队排长、司务长及其同等军职	九	八

右表所列各等勋章之颁给，均按照现职办理。其官大于职者，不得越等颁给。

〔政府公报，1925年10月9日，3420号〕

8．大元帅公布修正海军刑事条例令

（1927年10月29日）

大元帅令

兹修正海军刑事条例公布之。此令。

国务总理　潘复　军事总长　何丰林

司法总长　姚震

中华民国十六年十月二十九日

修正海军刑事条例

第二十六条　为左列之行为者处死刑：

一、以舰队军港、军队、要塞、堡垒、炮台、水鱼雷、卫所、造船所、舰艇、兵器、弹药及供军用必需之场所、建造物并其他物品交付于敌者；

二、为敌作间谍或帮助敌之间谍者；

三、为敌募兵者；

四、泄漏军事上秘密于敌，或擅打旗号、电报授意于敌者；

五、为敌作乡导或引港，或以诈术或他法，使敌侵入军港或其他为防御而设之建筑者；

六、强要指挥官降敌者；

七、为敌夺取或纵放捕获之船舶者；

八、为敌国夺取或纵放俘虏者；

九、勾结外国人，意图颠复政府，或实施共产而聚众扰害公安者。

第二十八条　于前二条所列外，以其他方法与敌以利益，使军事确受损害者，处死刑或无期徒刑。其情轻者，处一等有期徒刑。

第七十六条　冒用海军制服及徽章者，处五等有期徒刑。

冒用海军制服，以欺罔恐喝，使人将所有物交付于己者，处一等至三等有期徒刑；三人以上共犯者，处无期徒刑或二等以上有期徒刑。

第七十九条后增加一条如左：

第八十条　第七十六条第二项之未遂犯罪之。

第八十条第八十一条修正为第八十一条如左：

第八十一条　掠夺战地、占领地或驻泊地内本国或外国人民财产或扰害者，处死刑或无期徒刑。其情轻者，处一等有期徒刑。于对外战争掠夺俘虏、降人之衣服、财物者，亦同。

在战地掠夺战伤者及就捕人、就抚人之衣服、财物者，处一等至三等有期徒刑，掠夺战死者之衣服、财物者，处三等至五等有期徒刑。

犯第一项之罪因而伤人或致人于死者，处死刑。

犯第二项之罪因而伤人或致人于死者，处死刑、无期徒刑或一等有期徒刑。

于第一项各地内抢掠或强奸妇女者，处死刑。

〔政府公报，1927年10月30日，第4137号〕

9．徐树铮为公布勋章条例陆海军总长是否副署等情函稿

（？年5月5日）

敬启者：阁制既更，各部总长例不副署，本部委任状，自无不署名之理。惟勋章执照，系大总统名义，陆海军总长有无副署之要，请饬查明。自五月二日起以后，应如何办理？又与此相类之各事，应如何筹度，似宜早为酌定。勋章条例，亦有应改之条文。统祈卓裁。叨爱，乞恕多言。即上赞侯① 吾兄如握。

弟树铮顿首　五日

〔北洋政府陆军部档案〕

三、礼制

1．临时大总统公布海军礼炮条例令

（1912年11月7日）

临时大总统令

兹制定海军礼炮条例公布之。此令。

中华民国元年十一月初七日

国务总理　赵秉钧

海军总长　刘冠雄

教令　第二号

海军礼炮条例

第一章　总　则

---

①李思浩，字赞侯。

第一条　军舰施放礼炮时，若该处有海军资深官在，必先经其认可。但对于大总统及该资深官施放礼炮时，则不在此限。资深官指官阶较高，或官阶同而受任较先者而言。

第二条　施放礼炮之期限，务在与受礼者相遇后二十四小时内行之。若此时间内不能施行，则须向受礼者说明理由。

第三条　凡军舰对于来舰或退舰者施放礼炮，须俟其登舰后或俟其离舰至适宜之距离时，方可施放。

第四条　当应受礼炮者之上位旗章已经悬挂时，对于下位之旗章，不可施放礼炮。但外国文武官员悬其旗章来访者，则不在此限。

第五条　应悬旗旒之文武官员而不悬其旗旒，则不施放礼炮。

第六条　凡文武官员兼有数职俱在应受礼炮之例老，当按其最高之职施放礼炮。

第七条　当放礼炮之海岸炮台及军舰规定如左：

（一）指定施放礼炮之海岸炮台；

（二）备有三磅子弹或六磅子弹或十二磅子弹之快炮四尊以上之军舰。

第八条　对于本〔外〕国国旗，外国大总统、皇帝、皇族，外国佳节大典，及外国文武官员，应施放礼炮，而该军舰不适合于第七条时，须将不能施放礼炮之理由，同应受礼者说明。但有时为尊重国交起见，亦得便宜放炮。

第九条　军舰、炮台一齐施放礼炮时，各舰及炮台当准海军资深官之军舰或特定标准舰之第二发同时施放。

第十条　凡日出前及日没后，不施放礼炮，停泊中之军舰于其海军旗悬挂前及降下后，亦然。若日没后有应放礼炮情事，于其次日施行。但特例，虽在日出前日没后，苟能识别其旗章，亦可施放。

第十一条　有受礼炮资格之文武官员，得辞其礼炮。

第十二条　凡与外国交换礼炮，如彼我有厚薄之差，认为外交上不均衡时，所在海军资深官得临机处置。但以不损中国威严为断，事后须将情由报告海军部。

第十三条　对于外国国旗，外国大总统、皇帝、皇族，外国文武官员及其佳节大典施放礼炮，当以我国已经正式承认其政府之国为限。

第十四条　本条例凡挂海军旗之舰船及海岸炮台，均适用之。

第二章　总统礼炮

第十五条　总统礼炮二十一发。

第十六条　大总统莅港湾将接近时，该处所有军舰、炮台，均应照前条施放礼炮。

第十七条　大总统莅军舰时，该舰应施放总统礼炮，其他所在各军舰，应与该舰一齐放炮致敬，退舰时同。

第十八条　军舰航行时，如遇挂有大总统旗之舰船，或至挂有大总统旗之地方，又或接近其他航行之时，应施放总统礼炮。

第十九条　凡炮台见有挂大总统旗之舰船经过该处时，应放总统礼炮。

第二十条　大总统如在一境域内停驻，第十六条之礼炮衹能适用于初到与最后离去。但第十七条之礼炮，则不在此限。

第二十一条　大总统旗悬挂于某地时，该地除于外国海军对中国国旗施放礼炮时，应答炮外，其余各种礼炮均不得施放。

第二十二条　大总统不答炮。

第二章　节典礼炮

第二十三条　凡国庆日，各军舰及炮台须于正午时施放礼炮二十一发。若当日中国军舰与外国军舰同泊一处时，所在海军资深官，当于前一日分遣军官，将我国庆日通知各国军舰。

若在外国港湾，则经所在地方官将前项事由通知其所在各炮台。但如该地驻有我国外交官吏，须先与协议。

对于曾鸣炮致敬于我之各国军舰及炮台，须于翌日分遣军官致谢。

国内港湾祇有外国军舰停泊无中国军舰时，则由该地方长官分遣部下官吏施行前项各事。

第四章　对于文武官员之礼炮

第二十四条　对于文武官员之礼炮，依附表所定。

第二十五条　对于总司令或司令之礼炮，依左列各项规定：

（一）新任总司令或司令初悬其旗章时，且为所在海军军官中之资深官，则所在次席之海军资深官，须对之施放礼炮；

（二）海军资深总司令或司令因进级换挂旗章时，所在次席之海军资深官须对之施放礼炮；

（三）新任总司令及司令始悬挂旗章，或因进级换挂旗章时，若所在海军军官中有较为资深者，当对之施放礼炮；

（四）总司令或司令与资深之总司令或司令相会时，当对之施放礼炮；

（五）凡受第一项至第四项之礼炮者，必答以相等之炮数。但同时受两舰以上之礼炮时，其答炮不必分别施放，可择其中应受炮数最多者答之；

（六）总司令或司令准本条第四项，资深总司令或资深司令施放礼炮，限定该资深总司令或司令在职中祇放一次。但进级时，则不在此限。

第二十六条　总司令或司令免职时，于其解任由部下之一舰施以官位相当之礼炮。其平日常驻军舰者，于其离舰由所驻之舰发炮致敬。

总司令或司令或任舰长之海军上校，因进级、解任，于其离舰或离署时，由所驻之舰或部下之一舰施以新官官位相当之礼炮。

第二十七条　总司令或司令变更旗舰悬其旗章时，不必施放礼炮。又在职中一时撤去其旗章随即悬挂者，亦不必施放礼炮。

第二十八条　中国领土内炮台，对于海军将官之礼炮与军舰同。惟军舰与炮台无论何时，不得交换礼炮。

第五章　对于外国总统、皇帝、皇族之礼炮

第二十九条　对于外国大总统、皇帝、皇族，除悬该国海军旗外，其礼炮数与总统礼炮同。

第六章　对于外国节典之礼炮

第三十条　对于各国佳节大典应施放礼炮者，规定如左：

（一）中国军舰与外国军舰同泊我国港湾时，值该国之佳节大典；

（二）中国军舰泊驻外国时，值该国之佳节大典；

（三）中国军舰泊驻外国时，有他国军舰同泊一处，值其舰本国之佳节大典。

凡以上三项，俟彼已正式通告我舰，即行施放礼炮致敬。但不得过二十一发。

第七章　对于外国国旗之礼炮

第三十一条　一艘或二艘以上之中国军舰入外国港湾时，其地有堡垒、炮台或该国之军舰，且确知彼可答炮者，当对于其国旗放礼炮二十一发。但该国规定之炮数较少时，可施放其规定之炮数。

第八章　对于外国文武官员之礼炮

第三十二条　一艘或二艘以上之中国军舰与外国总司令或司令之旗章相遇时，若我之资深官较彼尚为后任，应准附表施以相当之礼炮。但在外国港湾，须确知该地方无发炮之禁，且须与该国交换国旗礼炮后，方可施行。

第三十三条　一艘或二艘以上之中国军舰同时与数国之总司令或司令之旗章相遇时，我资深官对于他国较为资深之总司令或司令旗章，当由上位起逐次施放礼炮。如受礼炮者之官阶均相

等时，则以最先在该地方者为始。倘在外国港湾，无论官之高下，对于该国总司令或司令之旗章，必先施放礼炮。如同时遇一国二总司令或二司令以上之旗章时，祇对上位者施放礼炮。

第三十四条　外国文武官员至中国军舰或炮台访问时，查照该员在其本国军舰或炮台应受之礼炮数，施以同一之礼炮。但其炮数不得逾十九发。若其炮数较附表所列之相当官减少时，可从我例外国全权大使、公使公式。至我炮台所在地或由我炮台所在地起程时，则由炮台施以同数之礼炮。

第三十五条　如外国军舰、炮台对于中国文武官员施以中国规定以外之礼炮时，则中国之军舰、炮台对于该国与我相当之文武官员，亦施以同数之礼炮。

第九章　答　　炮

第三十六条　对于军舰或炮台施放之礼炮应否答炮，规定如左：

（一）对于总统礼炮不答炮；

（二）对于中国文武官员之礼炮，除本条第三项外，不答炮；

（三）对于总司令或司令旗章之礼炮，若发自外国军舰者，必施以同数之答炮。若发自中国军舰，则依第二十五条施以答炮；

（四）外国军舰入我国港湾，或数国军舰同时入港，各于其桅顶悬我国旗章，施放礼炮时，则我必逐次与以同数之答炮。但此答炮必由炮台施放。若无施放礼炮之炮台，可由海军资深官所驻之舰施行。

第三十七条　由中国军舰或炮台对于外国军舰、炮台、国旗、大总统、皇帝、皇族、文武官员及其佳节大典施放之礼炮，应否受答炮，规定如左：

第一、不答炮者：

（一）对于大总统或皇帝、皇族之礼炮；

（二）文武官员至我国军舰或炮台访问时所放之礼炮；

（三）庆贺佳节大典之礼炮。

第二、受答炮者：

（一）中国军舰入外国港湾时，对于其国旗之礼炮；

（二）中国军舰与外国之总司令或司令会于海上或港湾时，对于其旗章之礼炮。

第三十八条　凡商船或官用船舶对于将官旗或军舰放礼炮时，必以礼炮答之。但其数一艘五发，二艘以上七发。

第十章　施放礼炮或答炮时旗章之悬挂法

第三十九条　中国军舰与外国军舰或炮台交换礼炮时，又对于外国军舰、炮台、国旗、大总统、皇帝、皇族、文武官员及其佳节大典施放礼炮时，依左之规定悬挂其旗章：

（一）对于外国大总统或皇帝、皇族施放礼炮时，可照第二十九条办理；

（二）在中国或外国港湾值外国佳节大典施放礼炮时，必视该军舰将其国之海军旗悬于主桅顶为准；

（三）到外国港湾之际，对于其国之国旗施放礼炮时，必将该国之海军旗悬于主桅顶，外国军舰对于中国国旗施放礼炮，中国军舰答炮时亦然；

（四）对于外国海军军官施放礼炮答炮时，必将该国海军旗悬于前桅顶；

（五）若遇外国文武官员来访应施放礼炮时，必将该国海军旗悬于前桅顶。

第四十条　对于中国国务员、陆军军官、外交官及领事官施放礼炮时，必将国旗悬于桅顶。

〔北洋政府内务部档案〕

2. 临时大总统公布海军制服令

（1913年1月18日）

临时大总统令

兹制定海军服制公布之。此令。

中华民国二年一月十八日

国务总理　赵秉钧

海军总长　刘冠雄

教令　第十五号

海军服制

一、海军官佐服制为大礼服、礼服、公服、常服、夏服、外套、雨衣等。其制式及等级之区别，均详各表。

一、海军官佐服制所用金线之尺寸，依各种金线尺寸表。

一、海军士兵服制为礼服、常服、夏服、外套、雨衣等。其制式详士兵服装表。

一、海军士兵臂章为等级臂章、专门臂章，详臂章表。

一、海军学生服装之制式，详学生服装表

一、海军服制之著用，依海军服装规则。

〔政府公报，1913年1月19日，第253号〕

3. 临时大总统公布海军丧礼条例令

（1913年2月24日）

临时大总统令

兹制定海军丧礼条例公布之。此令。

中华民国二年二月二十四日

国务总理　赵秉钧

海军总长　刘冠雄

教令　第十九号

海军丧礼条例

第一章　总　　则

第一条　凡现役海军军人及召集中之续备役、后备役海军军人，其丧礼均照本条例行之。但死者当犯法受刑中，不在此限。

第二条　凡丧礼以死者之长官为主丧。

第三条　准尉官以上之丧，主丧者应于死者同级或下一级军官中指定一人或数人为丧礼干事。但无此项军官，得以上一级军官充之。

第四条　丧礼干事受主丧之指挥，掌一切丧礼事宜。

第五条　葬分水葬、陆葬二种。但水葬限于不能陆葬时行之。

第六条　丧礼分左列五种：

一、半旗；

二、发引炮或发引枪；

三、卫队；

四、葬炮或葬枪；

五、丧章。

第二章　半　　旗

第七条　当军舰应悬海军旗、舰者旗之时，将各该旗章半下为半旗。

若死者为司令或舰长，应同时将其旗章半下。

第八条　半旗依第一表之规定，自得讣时或死者殓时起行之。

第九条　本国军舰与外国军舰同泊一港内，得外国军舰照会应悬半旗致吊之时，即以相当期间举行半旗。

第十条　军舰遇有左列各官丧礼，应于当日悬半旗至日没为止：

一、军舰停泊地方，有本国现役陆军将官及召集中之续备役、后备役陆军将官之丧礼时；

二、军舰停泊外国地方，有本国驻扎外交官或领事官之丧礼时。

第十一条　无论死者随殓随葬与否，半旗祗于第八条规定之时际行之。但行水葬者，限于葬时行之。

第三章　发引炮或发引枪

第十二条　发引炮每发应距隔一分钟至五分钟，其发数依海军礼炮条例附表所定。

第十三条　海上勤务将官之丧，其柩移出本舰载上舢舨时，由本舰或同泊港中之一舰施放发引炮。若该处有可放礼炮炮台，其柩抵岸时，该炮台亦应施放。

第十四条　陆上勤务将官之丧，其柩迁出丧家时，由丧礼地港中所泊军舰之一施放发引炮。若该处有可放礼炮炮台，该炮台亦应施放。

海上勤务将官之丧，其柩出发地如在陆上，亦适用本条之规定。

第十五条　舰长之丧，其柩移出本舰载上舢舨时，由本舰施放发引炮。

第十六条　军舰遇有左列各官丧礼，应于其柩迁出丧家时，施放发引炮。但一港内泊有军舰数艘，则祗一舰行之：

一、军舰停泊地方，有本国现役陆军将官及召集中之续备役、后备役陆军将官之丧礼时；

二、军舰停泊外国地方，有本国驻扎外交官或领事官之丧礼时。

第十七条　发引枪每发应距隔一分钟至五分钟，由丧礼本舰之卫队或另编队伍施放，以三发为限。

准尉官以上之丧无受发引炮资格者，在海上于其柩由本舰移往陆上时，在陆上于其柩迁出丧家时，施放发引炮。

第四章　卫　　队

第十八条　卫队于出殡时分列柩之前后，掌道中卫护之事。但其护送路程，不得逾一日以上。

第十九条　卫队之人数，依第二表之规定。如人数不足，得由主丧临时酌定。

第二十条　军舰在外国，遇有本国驻扎外交官或领事官出殡时，应按死者官阶酌定人数多寡，派遣卫队护送。

第二十一条　司令及舰长出殡，如在海上应将其旗章悬诸载柩舢舨之首，在陆上则由卫兵一名捧行于卫队之先。

第二十二条　在外国举行出殡时，应以卫兵一名捧海军旗以行。

第五章　葬炮或葬枪

第二十三条　葬炮每发应距隔一分钟，其发数依海军礼炮条例附表所定。

第二十四条　将官及舰长陆葬，于其柩下圹时，由卫队施放葬炮，水葬则由本舰施放。

第二十五条　葬枪每发应距隔一分钟，陆葬由卫队成排施放，水葬由本舰卫兵或另编队伍施放，以三发为限。

海军军人之葬无受葬炮资格者，其柩下圹或水葬时，施放葬枪。

第六章　丧　　章

第二十六条　丧章以黑纱为之。

殡葬行列中之旗章、乐器及卫队与送丧者之左袖，俱应被丧章、式如第一至第四图。

第七章　附　　则

第二十七条　海军军人之丧，若不即葬，应以柩至殡所为丧礼之终。嗣后葬时，不再举礼。但得于停柩时依第五章各条之规定，施放葬炮或葬枪。

第二十八条　凡丧礼如有特别原因，不能照本条例施行时，得由主丧者酌量省略之。

第二十九条　不能施放发引炮或葬炮时，得以发引枪或葬枪代之。

第三十条　遇有本国极高文武官长之丧，依海军礼炮条例其人有受礼炮资格者，得由所在海军资深官参照本条例及海军礼炮条例，适宜酌定礼式。但应即时报告海军部，或临时由海军部以部令规定行之。

第三十一条　遇有外国丧礼必须致吊时，所在海军资深官得参照本条例及海军礼炮条例并外国成例，便宜处置。但应即时报告海军部，或由海军部临时以部令规定行之。

第三十二条　本条例所称外交官、领事官，系依海军礼炮条例有受礼炮之资格者。

第三十三条　凡休职、停职者之丧礼，依陆上勤务军人例行之。

第三十四条　同时同地有两人以上之丧，依官职等级之高下，次第各行应行之礼式。但其间至少须距隔三十分钟。等级相同时，先对于资深者行之。

若有两人以上同时合行丧礼，但依等级较高者之应行礼式行之。

第三十五条　本条例自公布日施行。

〔政府公报，1913年2月25日，第289号〕

4．临时大总统公布海军敬礼条例令

（1913年3月24日）

临时大总统令

兹制定海军敬礼条例公布之。此令。

中华民国二年三月二十四日

国务总理　赵秉钧

海军总长　刘冠雄

教令　第二十二号

海军敬礼条例

第一章　总　则

第一条　军人对于上官应行敬礼，上官亦须答礼；同级者相遇，则互行敬礼。

第二条　凡敬礼以受礼者之制服为准，然对于所识之上官，无论服装如何，均须行敬礼。

第三条　不同级之军人二人以上同行，于应行答礼时，仅上级者行之。

第四条　凡军人闻奏国乐，无论何时、何地，均须立正，乐止复旧。

第五条　对于外国大总统、皇帝、皇族之敬礼，除特别规定外，与对于本国大总统之敬礼同。但祗限于公式时行之。

对于外国大总统、皇帝、皇族施行敬礼时，应奏该国国乐。

第六条　凡外国皇族以其文武官之资格相接见时，仅按其官阶，行相当之敬礼。

第七条　对于陆军军人、军队，应行之敬礼，与对于海军军人、军队同。

对于外国海军军人、军队及文官，应行之敬礼，与对于本国海陆军军人、军队及文官同。

第八条　工作及操练时，或在警务间，不行敬礼。

第九条　行敬礼时，以态度自然、举动敏捷为适当。

第十条　凡敬礼为本条例所未规定者，所在海军资深官，得临时酌定之。

第二章　军人敬礼

第十一条　军人敬礼分室内、室外二种。

（甲）室内敬礼：

第十二条　室内敬礼，应先立定，向受礼者注目鞠躬（手持军帽，则以右手执帽之前庇，垂直放下；帽之内部靠近右侧佩刀时，则脱其上钩，左手握刀炳之上部）。

第十三条　军人入室时，应先于门外脱帽。但士兵携枪时，不在此限。

第十四条　军人入他人室时，应先叩门，俟得应许，然后入。

第十五条　军人入上官室内时，应于距席五六步之处，先行敬礼，然后进至席前，如上官为二人以上，则先向上级者行礼，次及其他，出室时同。

第十六条　军人在室内受领勋章、奖章及其他证书时，应于距席五六步之处先行敬礼，然后进至席前，挟帽于左胁，以右手接受物品，后稍退行礼而去。

第十七条　军人在室内受上官命令、训示及陈述事件，或送呈物品于上官时，其敬礼与前条同。

第十八条　军人与上官同席宴会时，不得先上官就席或离席。

第十九条　上官或同级者入室时，在室者均应起立，出室时同。

第二十条　下级者入室时，上官得就席答礼。

第二十一条　官佐入士兵室时，室中最先见者应呼立正，在室者均起立。

第二十二条　官佐入士兵室时，对于士兵之敬礼，应注目答礼，若戴帽时则举手答礼。

（乙）室外敬礼：

第二十三条　室外敬礼分举手、脱帽二种。

（一）举手（立定，向受礼者注目，举上右手，五指靠拢，伸开食指按帽之前庇，佩刀时，左手握刀炳之上部）。

若在行走中，无须立定。

（二）脱帽　右手执帽之前庇，垂直放下，帽之内部，靠近右侧。

第二十四条　军人对于军队之敬礼或答礼，祇向其队长行之。

第二十五条　军人在室外受领勋章、奖章及其他证书时，应于距席五六步之处，先行举手礼，然后进至席前，以右手接受物品，后稍退行礼而去。

第二十六条　军人在室外受上官命令及陈述事件，或送呈物品于上官时，其敬礼与前条同。

第二十七条　军人乘车马遇上官时，可就车马上行敬礼。

第二十八条　军人与上官同行时，应在其左或其后，若为导引时，则不在此限。

第二十九条　军人遇军人之丧礼时，应向灵柩行敬礼。

第三十条　军人到舰上舷梯时，徐行从上官之后；离舰下舷梯时，疾行居上官之先。

第三十一条　在舰军人至舷门或舱面后部时，应行举手礼。

第三十二条　士兵受司令官或舰长之检阅时，应听上官之号令，行脱帽礼。

第三十三条　士兵应司令官或舰长之呼点，当经过该长官前时，应行脱帽礼。

第三十四条　士兵有过犯受上官之审讯时，应行脱帽礼。

第三十五条　士兵在舱面经过官佐前时，或官佐自其前经过时，应行举手礼。

第三十六条　士兵在舱面见有官佐乘舢舨或小汽艇经过本舰旁时，应行举手礼。

第三十七条　士兵携枪时之敬礼，进行中则注目，站立中则立正。

第三十八条　士兵两手持物或肩荷物件不能行举手礼时，祇向受礼者注目。

第三十九条　兵卒行经卫兵前，应向卫兵行举手礼，携枪时，则仅注目。

第三章　军舰敬礼

第四十条　军舰升降海军旗时，应奏国乐或吹喇叭，凡在舱面之军人，除携枪者应行举枪礼外，均须向旗立定，行举手礼。

第四十一条　凡船舶、灯塔、炮台及他处对军舰下旗行礼时，军舰应如式答礼。

第四十二条　凡军舰与他国舰船相遇，彼未下旗行礼，我不得先下，惟彼此同时下旗则可。

第四十三条　他国军舰对于我国军舰，如有卫兵站队行举枪礼或奏我国国乐以表敬意时，我国军舰应施行相当之答礼，如彼此之间我国军舰应先行礼者，则依式行之。

第四十四条　大总统莅军舰时，军舰人员均服礼服，其敬礼如左：

（一）总司令或司令、参谋长、舰长及当值官序列于舷门，其他官佐序列于后舷侧；

（二）梯侍六名立于梯侧，军士长或副军士长一人吹号笛；

（三）卫兵站队行举枪礼，并奏国乐或吹喇叭；

（四）士兵全体站舱听副长之号令，欢呼万岁三次。

第四十五条　副总统莅军舰时，军舰人员均服礼服，其敬礼如左：

（一）总司令或司令、参谋长、舰长及当值官序列于舷门，其他官佐序列于后舷侧。

（二）梯侍四名立于梯侧，军士长或副军士长一人吹号笛；

（三）卫兵站队行举枪礼，并奏致敬军乐或吹致敬喇叭；

（四）士兵序列于舱面前部。

第四十六条　海军总、次长及将官因公莅舰时，军舰人员均务公服，其敬礼与前条同。

第四十七条　总司令或司令出入旗舰时，参谋长、舰长及当值官送迎于舷门，卫兵站队行举枪礼，并奏致敬军乐，或吹致敬喇叭，梯侍二名立于梯侧，军士一名吹号笛。

第四十八条　轮机将官及将官同等官莅舰时，舰长及当值官出迎于舷门，梯侍二名立于梯侧。

第四十九条　充参谋长之校官赴任莅舰或解职离舰时，舰上人员均服公服，其敬礼如左：

（一）舰长、参谋长及当值官迎送于舷门，其他官佐序列于后舷侧；

（二）梯侍二名立于梯侧，军士一名吹号笛；

（三）卫兵半队，站队行举枪礼；

（四）士兵序列于舱面前部。

第五十条　舰长赴任莅舰或解职离舰时，舰上人员均服公服，其敬礼如左：

（一）舰长、副长及当值官立于舷门，其他官佐序立于后舷侧；

（二）梯侍二名立于梯侧，军士一名吹号笛；

（三）卫兵半队，站队行举枪礼；

（四）士兵序列于舱面前部。

第五十一条　参谋长出入本舰时，副长、当值官送迎于舷门，梯侍二名立于梯侧，军士一名吹号笛。

第五十二条　舰长出入本舰时，副长及当值官送迎于舷门，梯侍二名立于梯侧，军士一名吹号笛。

第五十三条　军官代表舰长乘舢舨或小汽艇悬其长旒任访问之职务者，于其来往本舰时，当值官送迎于舷门，梯侍二名立于梯侧，军士一名吹号笛。如系外国军官，副长亦应迎送于舷门。

第五十四条　校官及同等官出入本舰时，当值官送迎于舷门，梯侍一名立于梯侧。

第五十五条　尉官及同等官出入本舰时，副值官送迎于舷门，梯侍一名立于梯侧。

第五十六条　他舰舰长乘舢舨或小汽艇悬其长旒来舰时，本舰舰长、副长及当值官出迎于舷门，梯侍二名立于梯侧，军士一名吹号笛，卫兵半队站队，行举枪礼。艇队长公式来舰及外国舰长来舰时，其敬礼同。

第五十七条　他舰校、尉官及同等官来舰时，当值官出迎于舷门，梯侍一名立于梯侧。

第五十八条　国务总理、国务员、特命全权大使、全权大使全权公使、代理公使，公式来舰时，其敬礼准第四十六条所规定。

第五十九条　驻外领事公式来舰时，其敬礼准第五十六条所规定。但祇限于该领事所驻之境内。

第六十条　简任文官公式来舰时，舰长及当值官出迎于舷门，梯侍二名，立于梯侧，军士一名吹号笛。

第六十一条　荐任文官公式来舰时，当值官送迎于舷门，梯侍一名立于梯侧。

第六十二条　军舰经过旗舰近旁时，卫兵站队行举枪礼，并奏致敬军乐或吹致敬喇叭，在舱面之人员均须立正。若旗舰与旗舰相遇，则资浅者应首先行礼。

第六十三条　悬挂将旗之舢舨或小汽艇经过军舰近旁时，军舰准前条行礼。如该舰为旗舰且非资浅者，则不在此限。

第六十四条　军舰与军舰相遇时，卫兵站队行举枪礼，吹立正喇叭，舱面人员均须立正。

第六十五条　对于悬海军总次长旗之舰艇，其敬礼准第六十二条、六十三条所规定。

第六十六条　凡海军所属船舶之敬礼，除特别规定外，以本章为准。

第四章　舢舨及小汽艇敬礼

第六十七条　乘坐舢舨或小汽艇时之敬礼，依左表所定：

行礼者	受礼者	用桨时	用帆时
海军将官	大总统	立桨军官行举手礼	放松主帆脚索军官行举手礼
海军将官	副总统	平桨军官或管艇军士行举手礼	同上
上校以下之军官及管艇军士	同上	立桨军官或管艇军士行举手礼	同上
海军上中校	海军总次长 海军将官	平桨军官或管艇军士行举手礼	同上
少校以下之军官或管艇军士	同上	立桨军官或管艇军士行举手礼	同上
海军中校	海军上校	军官或管艇军士行举手礼	同前
少校以下之军官及管艇军士	同上	平桨如悬有长旒，则立桨军官或管艇军士行举手礼	放松主帆脚索军官或管艇军士行举手礼
同上	海军中校	军官或管艇军士行举手礼	同前
尉官以下之军官及管艇军士	同上	平桨军官或管艇军士行举手礼	放松主帆脚索军官或管艇军士行举手礼
同上	海军少校	军官或管艇军士行举手礼	同前
管艇军士	尉官以下之军官	管艇军士行举手礼	同前

小汽艇	登岸处相遇时		
	单桨舢舨	双桨舢舨	小汽艇
停轮军官行举手礼	水兵就位注目军官行举手礼	水兵听令起立军官行举手礼	水兵听令起立军官行举手礼
缓进军官或管艇军士行举手礼	同上	水兵就位注目军官或管艇军士行举手礼	同上
停轮军官或管艇军士行举手礼	同上	水兵听令起立军官或管艇军士行举手礼	同上
缓进军官或管艇军士行举手礼	同上	水兵就位注目军官或管艇军士行举手礼	同上
停轮军官或管艇军士行举手礼	同上	水兵听令起立军官或管艇军士行举手礼	同上
同前	同前	同前	同前
缓进如悬有长旒，则停轮军官或管艇军士行举手礼	水兵就位注目军官或管艇军士行举手礼	水兵就位注目，军官或管艇军士行举手礼，如悬有长旒则水兵听令起立	水兵听令起立军官或管艇军士行举手礼
同前	同前	同前	同前
缓进军官或管艇军士行举手礼	水兵就位注目军官或管艇军士行举手礼	同前	水兵听令起立军官或管艇军士行举手礼
同前	军官或管艇军士行举手礼	同前	军官或管艇军士行举手礼
同前	同前	同前	同前

（一）本表所列各种敬礼，除举手及注目应于经过受礼者之近旁时举行外，其余均于相距二十码之处举行，惟对于大总统应于相距四十码之处举行，礼毕复旧。

（二）舢舨张有天幕时，本表所列立桨之敬礼，得以平桨代之，艇上人员无庸起立。

（三）本表所列就位注目之敬礼，指挥官或管艇军士应发向左或向右看之令，俟至适宜之处，再发向前看之令。

（四）舢舨拖带他艇或被他艇拖带又或满载货物时，无容停止行驶。

（五）遇荐任文官以上，依海军礼炮条例有受礼炮之资格者，应比较其官阶施行相当之敬礼，若无受礼炮之资格者，则本表所列各种敬礼除行举手礼外，不得适用之。

（六）凡轮机官及同等官所乘舢舨或小汽艇之敬礼，与军官同。

（七）对于下级者之答礼，仅最上级者行之。

（八）舢舨参列丧礼时，除遇大总统外，不行敬礼。

（九）凡遇装载灵柩之舢舨时，双桨舢舨应立桨，小汽艇及单桨舢舨亦应行相当之敬礼。

第六十八条　军艇升降海军旗时，附近水上之舢舨或小汽艇应立桨或停轮，用帆时放松主帆脚索。

第六十九条　乘坐舢舨或小汽艇者受礼炮时，该舢舨或小汽艇应停止行驶。但大总统所坐之舢舨或小汽艇不在此限。

第五章　军队敬礼

第七十条　军队敬礼，停止间则立正，进行间则由队长发向左或向右看之令，全队向受礼者注目，队长行举刀礼。

第七十一条　凡行举刀礼，应照操典所规定。

第七十二条　军队与军队相遇时，无论停止或进行，下级之队长应先行敬礼，如系同级则互行敬礼。

第七十三条　军官率领军队对于军士率领军队之答礼，祗队长行之。

第七十四条　军队进行间与军队相遇时，各就所向道路之右侧进行，约相距六步之处，即行敬礼，俟两相经过，撤礼复旧。

第七十五条　军队对于大总统之敬礼，无论停止间或进行间，应即列队道旁，上刺刀，行举枪礼，并奏国乐或吹喇叭，队长行举刀礼，军队如未携枪，则立正，队长行举手礼。

第七十六条　军队对于副总统之敬礼，无论停止间或进行间，应即列队道旁，上刺刀，行举枪礼，并奏致敬军乐或吹致敬喇叭，队长行举刀礼，未佩刀时行举手礼。

第七十七条　军队对于海军总、次长及将官之敬礼，停止间，应上刺刀行举枪礼，并奏致敬军乐或吹致敬喇叭，进行间，则由队长发向左或向右看之令，全队向受礼者注目，队长行举刀礼。

第七十八条　除前条规定外，军队对于军官之敬礼，准第七十条所规定，对于同等官则仅队长行礼。

第七十九条　第七十五条及第七十六条之敬礼，约距三十步处，即当举行，俟经过约距十五步处，撤礼复旧。

第八十条　第七十七条及第七十八条之敬礼，停止间约距十步处，即当举行，俟经过约距五步处，撤礼复旧，进行间约距六步处，即当举行，俟经过后，撤礼复旧。

第八十一条　军队遇准尉官以上之丧礼，应对其灵柩行礼，如死者之等级较低于该队队长时，则仅队长行礼。

第八十二条　军队参列祝典或祭典时，应列横队或纵队于祝典或祭典之前，上刺刀，行举枪礼。

第八十三条　军乐队之敬礼，准第七十条所规定，该队队长系以指挥杖行礼，其式与举刀同。但军乐队当奏乐中，则仅队长行礼。

第六章　卫兵敬礼

第八十四条　卫兵对于官佐应行举枪礼，对于军士之敬礼及兵卒之答礼，持枪立正。

第八十五条　官佐行经卫兵之前约距六步处，该卫兵即当行敬礼，俟经过约距六步处，撤礼复旧。

第八十六条　军队经过卫兵之前，卫兵持枪立正，如队长级在准尉官以上，则向队长行举枪礼。

第八十七条　准尉官以上之丧礼，经过卫兵前，卫兵应向灵柩行举枪礼。

第八十八条　士兵丧礼经过卫兵前，卫兵向灵柩持枪立正。

第八十九条　卫兵对于简任文官以上应行举枪礼，对于荐任文官持枪立正。

第七章　国庆日、纪念日敬礼

第九十条　国庆日、纪念日午前九点钟，舰上人员，依左列各项举行敬礼：

（一）总司令或司令、参谋长、舰长、副长序列望台，其他官佐序列舱面后部，齐向海军旗立正，行举手礼。

（二）卫兵站队行举枪礼，并奏国乐或吹喇叭。

（三）士兵序列舱面立正，听副长之令，欢呼万岁三次。

第九十一条　练营学校及海军所属各官署、局、所，准前条所规定择适宜之处，举行敬礼。

第九十二条　本条例自公布日施行。

〔北洋政府国务院档案〕

四、其　　他

1.临时大总统公布海军旗章条例令

（1912年11月7日）

临时大总统令

　　兹制定海军旗章条例公布之。此令。

中华民国元年十一月初七日

国务总理　赵秉钧

海军总长　刘冠雄

教令　第一号

海军旗章条例

第一条　海军旗章分左列二种：

（一）第一种旗章；

（二）第二种旗章。

第二条　第一种旗章之名称如左：

（一）大总统旗；

（二）海军总长旗；

（三）海军次长旗；

（四）海军上将旗；

（五）海军中将旗；

（六）海军少将旗；

（七）海军代将旗；

（八）海军队长旗；

（九）长旒。

第三条　第二种旗章之名称如左：

（一）海军旗；

（二）舰首旗；

（三）运送船旗；

（四）工作船旗；

（五）红十字旗。

第四条　海军旗章之制式另图规定。

第五条　大总统莅军舰或司令公署时，应悬总统旗于主桅顶或司令旗杆；当乘舢舨时，则悬于舢舨之首。

第六条　凡第二种旗章，不得与大总统旗同时悬于一桅顶。

第七条　大总统所乘之军舰，由日没至日出，应悬白镫五盏于主桅楼之后部，其悬法中央一盏，左右直悬各二盏，相隔约一米突。

第八条　对于外国大总统、君主，应准第五条及第七条悬该国海军旗及白镫。

第九条　对于外国皇族，应准第五条悬该国海军旗，由日没至日出，悬白镫四盏于主桅楼后部，其悬法左右直悬各二盏，上下相隔一米突。

第十条　海军总长因公乘军舰或至司令公署时，应悬总长旗于主桅顶或司令旗杆；当乘舢舨时，则悬于舢舨之首。

第十一条　海军次长因公乘军舰或至司令公署时，应悬次长旗于前桅顶或司令旗杆。

第十二条　有司令权之海军将官乘军舰时，应照下列各项分别悬旗：

（一）上将悬上将旗于主桅顶；

（二）中将悬中将旗于前桅顶；

（三）少将悬少将旗于后桅顶；

（四）代将悬代将旗于后桅顶；

（五）若海军司令驻陆上时，应悬相当之旗于部下之一舰，或其司令旗杆；

（六）海军将官因公乘舢舨时，应悬相当之旗于舢舨之首。

第十三条　第二条之第一至第九项旗章，凡在鱼雷艇及小汽艇，应准第五条至第十二条悬挂。

第十四条　有司令权之海军将官乘军舰时，由日没至日出，应照下列各项分别悬挂白镫于主桅楼之后部：

（一）上将，中央一盏，左右各一盏；

（二）中将，左右各一盏；

（三）少将，中央一盏；

（四）代将，与少将同。

第十五条　二艘以上之军舰同在一处无总司令或司令在该处时，该处资深舰长应悬队长旗于前桅顶。

第十六条　长旒为有全舰指挥权之军官旗，应悬之于主桅顶。

虽非军舰之船舶，苟其船长为现任海军军官，应准前项悬长旒于主桅顶。

舰长因公乘舢舨或小汽艇至外国舰访问时，于其往返均悬长旒于舢舨或小汽船之首。

第十七条　一舰或一公署祇得悬挂第一种旗章一面，如有应悬旗章之官员二人以上同时在舰或公署，亦祇悬挂上位之旗章。但海军总、次长旗与将官旗可同时悬挂，队长旗与长旒亦可同时悬挂。

对于外国大总统、皇帝、皇族及其他官员不在此限。

第十八条　第八条、第九条及第十四条所列之白镫，一般不得同时悬挂二种以上，惟择其白镫最多数悬之。

第十九条　凡军舰及鱼雷艇，应悬海军旗于后部旗杆。

舰、营、学校及凡各海军公署所属之船舶且为海军军人所指挥者，应准前项悬挂海军旗。

第二十条　军舰停泊中，应于午前八点钟悬海军旗至日没时降下。

第二十一条　军舰停泊中，当他舰悬海军旗接近本舰或出港入港及施放礼炮时，虽在午前八点钟以前日没以后，苟能辨识其旗章，亦须悬海军旗。

第二十二条　照前条情形，苟在午前八点钟以前，应于八点钟前五分将海军旗暂时降下至规定之时刻，再行悬挂。若在日没时将海军旗先行照常降下，随即悬挂。

第二十三条　军舰在海洋航行，不悬海军旗。

但能望见陆岸或通过炮垒、镫台之近旁时，应准第二十一条悬海军旗。

第二十四条　军舰当出港入港时，虽在午前八点钟前日没以后，应准第二十一条悬海军旗。

第二十五条　军舰当夜间入港或出港时，应悬白镫二盏（上下相隔一米突）于后部纵帆杆或其他易见之处。

军舰停泊中，当他舰悬挂前项镫火出入时，本舰亦应悬同一之镫。

第二十六条　凡舢舨、小汽艇由离本舰至归还之间，应悬海军旗，其悬挂降下之时刻，应准本舰。但在本国内除左列各项规定之外，无庸悬挂：

（一）关于仪式敬礼之时；

（二）与外国舰船交接之时；

（三）至外国舰船访问虽在第二十条所规定之时限外，于其往返，均应悬海军旗。

第二十七条　军舰停泊中，应悬舰首旗于舰首之旗杆，其悬挂降下之时刻，应依第二十条所定。

第二十八条　凡军舰悬挂半旗，应依海军葬礼规则。

第二十九条　军舰停泊中，由舰首经各桅顶至舰尾列悬旗旒、各桅顶悬海军旗者为全舰饰，仅于各桅顶悬海军旗者为舰饰。但对于外国大典行全舰饰或舰饰时，主桅顶应悬该国海军旗。

第三十条　行全舰饰或舰饰之时，各桅顶应否悬挂海军旗及外国旗章，依左之规定：

（一）在二桅以上之军舰，其悬挂大总统旗之桅顶，不悬海军旗及外国旗。但对于外国大总统、皇帝、皇族及其佳节大典悬挂该国旗章，则不在此限。

（二）在二桅以上之军舰，其悬挂海军总次长旗、将官及队长旗之桅顶，不悬海军旗。但为外国大典行全舰饰及舰饰时，该国海军旗应同时并悬。

（三）在单桅之军舰当大总统旗悬挂时，其桅顶不悬海军旗及外国旗。但对于外国大总统、皇帝、皇族及其佳节大典悬挂该国旗章，则不在此限。

（四）在单桅之军舰当悬挂海军总次长旗、将官及队长旗时，其桅顶应同时悬海军旗，对于外国典礼，并应同时悬外国旗章。

第三十一条　本舰行全舰饰或舰饰之时，其所在水上之舢舨及小汽艇等，应悬海军旗。

第三十二条　对于左列各日军舰应行全舰饰，如值疾风暴雨，可以舰饰代之，或全行省略：

（一）国庆日；

（二）对于大总统施放礼炮之日；

（三）对于外国大总统、皇帝、皇族施放礼炮之日。

第三十三条　对于左列各日军舰应行舰饰，如遇风雨可从省略：

（一）一月一日；

（二）第三十二条所规定应行全舰饰而值疾风暴雨时。

第三十四条　第三十二条及第三十三条所列之佳节大典，若中国军舰与外国军舰同在一处，所在海军资深官当于前一日遣部下军官通告各外国海军资深官，若中国军舰在外国港湾时，须通知其所在地方官厅。但如该处驻有我国外交官者，须先与协议。

对于曾致敬意于我之外国军舰及炮台，须于翌日分遣军官致谢。

国内港湾只有外国军舰停泊无中国军舰时，由该地方长官分遣部下官吏施行前项各事。

第三十五条　对于各国佳节大典应行全舰饰或舰饰者规定如左：

（一）中国军舰与外国军舰同泊我国各港湾时，值该国之佳节大典；

（二）中国军舰泊驻外国时，值该国之佳节大典；

（三）中国军舰泊驻外国时，有他国军舰同泊一处，值其舰本国之佳节大典。

以上三项，俟彼既正式通告我舰，即行全舰饰或舰饰，以表敬意。但当我军舰入港之际，遇外国佳节大典，见其军舰均行全舰饰或舰饰时，虽未接有通行，亦可直行全舰饰或舰饰。

第三十六条　全舰饰之悬挂、降下，与第二十条之时刻同。但为外国佳节大典行全舰饰或舰饰时，其悬挂与降下时刻，应准该国军舰。

第三十七条　军舰行全舰饰或舰饰当起锚时，应即降下。

第三十八条　两艘以上之军舰同泊一处，海军旗、舰首旗及全舰饰或舰饰悬降时刻，当以资深官所在之军舰为准。

第三十九条　两艘以上同泊一处，应依所在海军资深军官之规定，于其一舰之后桅顶或其横杆端悬当值旗。

第四十条　凡供军用之运输等船舶，应悬运送旗于主桅顶。但船长为海军军官，则不悬挂。

第四十一条　凡供军用之工作船，应悬工作旗于主桅顶。

第四十二条　战时或值事变之际，海军病院之旗杆或病院船之主桅顶，应悬红十字旗。又凡运送海军病院及病院船之治疗材料及附属品物之舟车等，亦得悬红十字旗。

第四十三条　以上各条所规定应悬旗于后桅顶者，在二桅之舰船可悬之于前桅顶；以上各条所规定应悬旗章于前桅顶及后桅顶者，在单桅之舰船得悬之于一桅顶。

第四十四条　同一之桅顶应悬二旗章以上者，得同时并悬。

第四十五条　凡施放礼炮悬挂旗章时，应先将旗章卷叠妥贴，升至桅顶，与礼炮同时展发。

第四十六条　大总统、外国大总统、皇帝、皇族及本国、外国重要文武官员莅军舰应悬挂相当旗章时，当其来舰视其所乘舢舨或小汽艇之旗章降下，本舰即将其旗章悬挂，当其退舰视其所乘舢舨或小汽艇之旗章悬挂，本舰即将其旗章降下。

第四十七条　对于外国大总统、皇帝、皇族、外国文武官员及其佳节大典悬挂该国旗章，当以我国已经正式承认其政府之国为限。

第四十八条　凡旗章之悬挂与降下为本条例所未规定者，或外交上彼此生厚薄之差认为不均衡时，所在海军资深官得临机处置。但以不损中国之威严为断，事后须将情由报告海军部。

〔北洋政府内务部档案〕

2.大总统公布海军官佐服役条例申令

（1914年12月27日）

大总统申令

兹制定海军官佐服役条例公布之。此令。

中华民国三年十二月二十七日

国务卿　徐世昌

教令　第一百四十九号

海军官佐服役条例

第一条　海军官佐之服役，分为现役、续备役及后备役。

第二条　海军官佐之现役，以从事海军役务为限。但休职、停职者，亦作为现役。

第三条　海军官佐当左列各款之一者为休职：

一、受病伤经过六个月以上尚未痊愈者；

二、现役中经许可转任属于海军之文官者；

三、请假至三个月以上者。

第四条　海军官佐犯罪受惩罚，暂时停止其职务者为停职。

第五条　海军官佐之现役定限年龄如左：

上将	七十岁
中将及同等官	六十五岁
少将及同等官	六十岁
上校及同等官	五十五岁
中校及同等官	五十二岁
少校及同等官	四十八岁
上尉及同等官	四十三岁
中尉及同等官	四十岁
少尉及同等官	三十六岁
军士长及同等官	六十岁
准尉官	五十五岁

第六条　海军官佐之现役，以服役满定限年龄为止。

第七条　海军官佐虽满现役定限年龄，若无他人接任其职务时，得延长其现役期限。

第八条　海军官佐虽满现役定限年龄，若值战时或有事变之际，或航海中或留驻外国中，得延长其现役年限。

第九条　海军官佐虽未满现役定限年龄，而实不堪服现役者，得命其退职。

第十条　海军官佐当左列各款之一者服续备役：

一、依第九条退职者；

二、休职之后经过二年尚未就职者；

三、停职之后经过一年尚未就职者；

四、经许可任海军以外职务者。

第十一条　海军官佐服续备役之期限，以满第五条所定现役定限年龄为止。

第十二条　海军官佐当左列各款之一者服后备役：

一、现役满定限年龄者；

二、续备役满定限年龄者。

第十三条　海军官佐之后备役以五年为期。

第十四条　续备役及后备役之海军官佐，虽满服役期限，若值战时或有事变之际，或航海中或留驻外国中，得延长其服役期限。

第十五条　海军官佐当左列各款之一者退役：

一、后备役满期者；

二、病伤日久不堪服役者；

三、受刑事之宣告者。

第十六条　在续备役及后备役之海军官佐，当国家有事时，得临时召集。

第十七条　在续备役及后备役之海军官佐，任为文官或为议员及地方自治团体之长者，不得召集。但任文官时，以在职中为限。

第十八条　本条例自公布日施行。

〔政府公报，1914年12月28日，第952号〕

3.大总统公布海军校阅条例申令①

（1914年12月29日）

大总统申令

兹制定海军校阅条例公布之。此令。

中华民国三年十二月二十九日

国务卿　徐世昌

教令　第一百五十一号

海军校阅条例

第一章　总　　则

第一条　本条例以考查海军各舰队、营、校及其他海军各机关军纪、风纪，教育训练之成绩，医务卫生之状况，人员服务之勤惰，舰体、轮机、兵器、军需品保存之得失，并策励其进行为本旨。

第二条　海军校阅分为左列三种：

一、特命校阅；

二、通常校阅；

三、临时校阅。

第二章　特别校阅

第三条　海军部对于舰队或其他各机关应行校阅时，即呈请大总统简派海军将官校阅之。奉命校阅之将官，在执行校阅期内称为特命校阅使。

第四条　校阅使奉命后，预备施行校阅之计划及一切进行之程序，除承大总统训示外，应依本条例及校阅施行细则办理。校

① 此件原缺大总统申令，兹据《政府公报》（1914年12月30日，第954号）补入。

阅施行细则另定之。

第五条　校阅使为执行职务便利起见，得调用海军、参谋两部海军官佐为校阅随员。校阅随员之服务，由校阅使临时派定。

第六条　校阅使应于校阅前，将校阅程序列表颁发应行校阅之各舰队及各机关。

第七条　校阅使为校阅便利起见，得将应行校阅各舰艇召集于相当处所。

第八条　校阅使于校阅后，应将校阅成绩及其意见告知受校阅各该管长官。

第九条　校阅使于校阅事竣后，应将校阅情形呈复大总统，并咨行海军部、参谋本部。

第三章　通常校阅

第十条　海军总长对于舰队及所属各机关，每年例应派员校阅一次。

第十一条　通常校阅，其校阅委员长及校阅员之组织并校阅时期，由海军总长酌定之。

第十二条　校阅委员长受海军总长委任后，除承总长训示外，应会同各校阅委员商订校阅程序、日期，列表详请海军总长饬知应行校阅舰队及各机关长官遵照办理。

第十三条　校阅委员长于校阅后，应将校阅成绩及其意见告知受校阅各该管长官。

第十四条　校阅事竣，校阅委员长应督同各校阅委员将校阅情形详细记载，编成图书，详报海军总长。海军总长接前项之详报后，应呈报于大总统。

第四章　临时校阅

第十五条　临时校阅，由总司令或军港司令、舰队司令临时对于所属舰艇或各军事机关行之。

第十六条　临时校阅，祇就于必要事项校阅之。

第十七条　临时校阅，应施行之时机如左：

一、对于差遣外国舰艇之出发及归国时；

二、新造或新修之舰艇初次服役时；

三、总司令或军港司令、舰队司令初就任时；

四、军事机关建设工竣时；

五、前列各款外认为必要时。

第十八条　临时校阅施行时，总司令或军港司令、舰艇司令得令部下军官佐随同，分掌校阅事宜。

第十九条　总司令或军港司令、舰队司令于校阅后，将校阅成绩及其意见，告知受校阅各该管长官。

第二十条　总司令或军港司令、舰队司令应于校阅事竣后，将校阅情形详报海军总长。第十四条第二项之规定于本条准用之。

第二十一条　不属于总司令或军港司令、舰队司令之军事各机关应行临时校阅时，由海军总长派员执行之。

第二十二条　本条例自公布日施行。

〔北洋政府国务院档案〕

4.海军部修正公布海军舰艇警备规程令

（1916年10月23日）

海军部令　第一五三号

兹修正海军舰艇警备规程，特即公布施行，此令。（规程附）
中华民国五年十月二十三日

海军总长　程璧光

修正海军舰艇警备规程

第一条　凡海军舰艇奉令戒严应行警备时，各舰艇员兵须具有实施防御之准备，至遇非常事变，各项人员当即执行之勤务，均须预先派定。

第二条　各舰艇士兵依原定之左右两班，每二十四点钟轮值一次。凡轮值之班，一闻警报，即应有战斗之准备。

第三条　凡各舰艇在警备期内，日间须有八分之一之士兵，夜间须有四分之一之士兵，一律持枪实弹，分守舰艇要地及梯口各处，并为开放机关炮之准备，机舱并须升汽足备开探海灯之用。

第四条　凡非本军军人军属，未经舰艇长或副长许可者，不得准其登舰，倘不听拦阻，应执行相当之处置。

第五条　凡夜晚间，各舰艇左右舷梯及其他梯索，均须拉起，如未奉有舰艇长或副长之特准，不得松放。

第六条　舰艇二艘以上在停泊中，应由司令或队长每于夜晚时视军事上状况之所许，规定口令、灯号，以示识别，并须派汽艇四周逡巡，以便稽查一切，俾可随时报告。

前项司令或队长应行各项职务之规定，如系单舰停泊中，则由舰长参酌处理之。

第七条　凡舰艇在警备期内虽遇休假日，各项人员非奉有驻泊地最高长官之特许，亦不得登岸。

第八条　凡在警备期内，舰艇长有执行左列事件之权：

一、停止例假；

二、拆阅邮信、电报；

三、禁止阅看报纸等类认为与时机有妨害者。

第九条　凡在警备期内，舰艇长应特许值更官以左列事件之权：

一、搜索靠近舰艇之小艇；

二、检阅各士兵带回舰艇之物品。

第十条　各舰艇执行警备时，除遇有重要事件随时报由该管司令报部外，其逐日员兵所服勤务有关于警备事件者，应另行登载日记，每星期呈报该管司令一次，并由各司令按月汇报本部。

第十一条　本规程自公布日施行。

〔政府公报，1916年10月31日，第296号〕

5.大总统公布海上捕获条例令

(1917年10月30日)

大总统令

兹制定海上捕获条例公布之。此令。

中华民国六年十月三十日

国务总理　段祺瑞
外交总长　汪大燮
海军总长　刘冠雄
司法总长　林长民

教令　第二十一号

海上捕获条例

第一章　总　　纲

第一条　中华民国军舰在与敌国开战期内，依本条例对于商船得为临检、搜索、拿捕。

第二条　临检、搜索、拿捕，于中立国领海及条约规定中立之区域，不得为之。

第三条　本条例称敌船者，谓左列各船：

一、悬有敌国国旗之船；

二、依法悬有中立国旗，而船舶所有人全部或一部有住所于敌国者；

三、供敌国使用之船；

四、开战前、预期开战或战争中，移转于有住所于民国或中立国人之敌船，未经完全移转，并无善意之证明者。

第四条　称敌货者如左：

一、货之所有人住所在敌国者；

二、开战前、预期开战或战争中，有住所于民国或中立国人对于敌国或敌人所寄送之货物；

三、开战前、预期开战或战争中，移转于有住所于民国或中立国人之敌货，未经完全移转，并无善意之证明者。

第五条　称住所者，谓以常居之意思，住于一定之地域内而言。

法人以主事务所所在地为住所。

第六条　称敌国者，于敌国占领地亦适用之。

第七条　称船舶文件者，谓左列各文件；

一、船舶国籍证书；

二、船舶护照；

三、造船合同；

四、租船合同；

五、卖船证书；

六、船员名册；

七、航海券；

八、航海日记；

九、船内日记；

十、出港证书；

十一、雇佣船员合同；

十二、健康证书；

十三、运货证书；

十四、运货收证；

十五、载货表册。

右列文件不必具备，依其国法令之所定。

第八条　称战时禁制品者，依战时禁制品条例之规定；战时禁制品条例另定之。

第九条　称战时禁制人者，谓敌国现役之军人。

第十条　称封锁者，谓舰队实力禁止敌港交通之行为。

称破坏封锁者，谓业经通告封锁而希图通过封锁线之行为。

第十一条　称捕获者，谓经捕获审检厅检定没收之物件。

第二章　临　　检

第十二条　临检对于左列各商船行之：

一、悬有中华民国或中立国旗，而有为敌船之嫌疑者；

二、未得政府特许，有与敌人通商航行嫌疑之民国船；

三、有载运战时禁制品、战时禁制人嫌疑之民国船或中立国船；

四、有破坏封锁嫌疑之民国船或中立国船；

五、有助敌行为嫌疑之民国船或中立国船。

第十三条　海军舰长对于上条所列嫌疑之船舶，得令其停船听候临检。

通告停船，日间以信号旗及汽笛为之，夜间以白灯代信号旗。

天候不良或虽悬旗灯、鸣笛而该商船不遵令停船时，得放空炮二次。

虽发空炮仍不停止时，得以实弹炮击其樯桅，犹不停时，得击其船体。

第十四条　商船遵令停船后，舰长应派海军军官一员随带水兵二名，乘坐舢舨前往该船临检。

第十五条　临检军官至商船后，应以礼貌请求检阅船舶文件。但船长拒绝时，得强求之。

第十六条　临检军官检阅船舶文件，认为并无第十一条所称嫌疑情形时，应即承舰长之命释放之。

第十七条　临检军官退去商船时，应于该船之航海日记内，注明临检时日、地点、本舰舰名、舰长及临检军官之姓名。

第十八条　对于中立国军舰护送之商船，不得临检。但舰长得请求护送舰长将船货性质、到达地作成报告书，并证明其无第十一条所称嫌疑情事。

第十九条　临检应于该商船原航路为之。

第三章　搜索

第二十条　临检军官检阅船舶文件后，尚认为有嫌疑时，得行搜索。

第二十一条　搜索应会同商船船长或其代表为之。

关于闭锁之地方或器具，应令商船船长或其代理者开启之。但拒绝开启时，得为适当之处分。

第二十二条　搜索中或搜索后，临检军官认为不应拿捕时，应即承舰长之命释放之。

第二十三条　第十六条至第十八条之规定，于搜索准用之。

第二十四条　临检军官搜索后，认为应拿捕时，应报告舰长依第四章规定拿捕之。

第四章　拿　　捕

第二十五条　对于左列之船舶应行拿捕：

一、敌船。但左列诸船不参与军事时，不在此例：

甲、沿岸渔船及短路航船并其船中之器具货物；

乙、从事宗教、学术、慈善事业之船；

丙、海牙推行日来弗约于海战条约所称之病院船；

丁、俘虏交换船。

二、未得民国政府特许，与敌人通商航行之民国船；

三、左列船舶不论其为民国船舶或中立国船舶，皆拿捕之：

甲、载运战时禁制品或战时禁制人之船；

乙、破坏封锁之船；

丙、为敌人侦报军情及其他有参战助敌行为之船；

丁、受敌国军舰护送之船；

戊、抗拒临检或搜索之船；

己、船舶文件不依法完备，或有隐匿、毁弃、伪造、矛盾之情形者。

第二十六条　舰长决定拿捕后，应将拿捕理由通告船长，并派海军军官一员、水兵若干人，占有该船。

第二十七条　船舶占有后，舰长应即注意左列各事宜：

一、押收船舶文件；

二、点明船舶所载货物及其他贵重品作一计算书；

三、封闭货舱。

第二十八条　除显有参战行为之船员外，对于船上人员之待遇，依左列之规定：

一、属于敌国国籍之船长、船员、水手人等作为俘虏。但以书面允许于战争期内不执行与战争有直接或间接之职务时，得释放之；

二、属于中立国国籍之船长、船员，如以书面允许于战争期内不为敌国船舶执行职务者，不得作为俘虏；

三、属于中立国国籍之水手人等，不得作为俘虏。

第二十九条　除应为俘虏者及必要之证人外，对于船中乘客，应于最近之口岸许其登陆。

第三十条　船舶中之邮件，应设法寄达。但自封锁区域发递或寄达于封锁区域者，不在此例。

第三十一条　舰长应将拿捕船舶各情形作成详细报告书，从速报告于海军总长。

第三十二条　舰长于拿捕后发见不应拿捕情形时，应即释放之。

第三十三条　舰长应命占有该船之海军军官，将拿捕之船舶致送于民国地方捕获审检厅所在口岸，并将一切船舶文件证据呈送，听候审检。

第三十四条　舰长认有易于腐败货物不能致送时，应令海军军官一人会同该船长作成报告书。

舰长对于上列货物，得于最近之民国口岸或中立国许可时于最近中立国口岸公卖之。

但应将公卖之货品价格注明于航海日记，并作成供述书，送交地方捕获审检厅。

第三十五条　舰长遇有左列情形必不得已时，将捕拿船舶毁损。但毁损以前，应将船中人员、货物及一切船舶文件妥为保全：

一、捕拿船舶破坏不堪航行时；

二、于军事上行动有重要之妨碍时。

第三十六条　遇有前条情形，应由舰长作成供述书详细载明不得已之理由，送致地方捕获审检厅，并完全负其责任。

第三十七条　舰长于敌国拿捕之民国或中立国船舶为再拿捕之行为时，如该船舶未经为敌国所使用或未引送于敌国口岸时，得释放之。

第五章　制　　裁

第三十八条　拿捕之船货非经捕获审检厅检定，不得没收。

第三十九条　敌船没收之。

敌船中之敌货没收之。

第四十条　中立国船中之敌货不得没收。

第四十一条　未经政府特许，与敌人通商航行之民国船舶没收之。

前项船舶所载之货物，除敌货及属于船舶所有者之货物外，不得没收。

第四十二条　战时禁制品没收之。

属于战时禁制品所有人之货物没收之。

第四十三条　载运战时禁制品之船舶，有左列情形时没收之：

一、船舶所有者与战时禁制品所有者同为一人时；

二、战时禁制品之价格、重量、容积、运货为船中全货物二分之一以上时；

三、以虚伪方法载运战时禁制品时。

有前项第三款情形时，船舶所有人之货物一并没收之。

第四十四条　战时禁制人作为俘虏。

载运战时禁制人之船舶及船舶所有者之敌货没收之。但船长证明不知事实时，不在此例。

第四十五条　破坏封锁之船舶及其货物没收之。但货物所有者证明不知有破坏意思时，得释放其货物。

第四十六条　为敌人侦报军情及其他显有参战助敌行为之船舶及船舶所有人之货物，没收之。

第四十七条　受敌国军舰护送之船舶及其载货没收之。

第四十八条　抵抗临检或搜索之船舶没收之。

前项船舶中之敌货船长及船舶所有人之货物没收之。

第六章　附则

第四十九条　本条例未规定事宜，依法令、条约、国际惯例行之。

第五十条　本条例自公布日施行。

〔政府公报，1917年10月31日，第643号〕

6.海军部关于军舰非关于军事防务不得请调装运护送议案令咨

(1917年1月11日)

(1) 海军部训令

海军部训令　第二号

第二　　　饶怀文
令第一舰队司令林葆怿
练习　　　曾兆麟

本部提议海军军舰非关于军事防务不得请调装运护送案，于六年一月九日经国务会议议决照办。除通咨沿海沿江各省督军、省长并分令外，合亟印刷原议案，令仰该司令转令所属一体遵照。此令。

附印刷议案一份（原案见本日本报咨文栏）

中华民国六年一月十一日

（2）海军部咨

海军部咨直隶、江苏、安徽、湖北、山东、江西、湖南、广东督军、省长，暨松沪护军使，海军军舰非关军事防务不得请调装运护送案，业经国务会议议决照办，请查照文（附原案）

为咨行事：本部提议海军军舰非关军事防务不得请调装运护送案，于六年一月九日经国务会议议决照办。除通咨并分令外，相应印刷原议案，咨请贵督军、省长、使查照。此咨。

附印刷议案一份

中华民国六年一月十一日

海军军舰非关于军事防务不得请调装运护送提议案

查海军舰队所以巩固国防而张国威，东西各邦莫不重视。吾国自前清之季，积习相沿，往往调遣军舰，为差务迎送之役，匪特自亵威严，抑且虚縻煤费，操练为之停辍，防务因而废弛。民国以来，虽已力矫此弊，并于元年五月间呈准公布调用军舰条例在案，仍应先事预防。按吾国江海防线寥阔，原有舰艇本不敷用，加以近年沿海省分盗匪出没，镇守防护时虞不给，调遣支配困难实多，拟请严申军纪，通咨各省长官非关于军务及分防、出巡等事，不得请调军舰供其他一切差役，以除积习，而符定章。是否有当，应请公决。

〔政府公报，1917年1月13日，第363号〕

7.大总统公布修正各地方调用军舰条例令

（1918年10月9日）

大总统令

兹修正各地方调用军舰条例公布之。此令。

修正各地方调用军舰条例

第一条　各地方如有重要事故需用军舰，须经海军部或总司令、舰队司令核定指派。

第二条　各地方需用军舰，应将事由向海军部或总司令、舰队司令预为声明，以便视其事之性质，分别遣派，免致贻误。

第三条　军舰派赴各地方防守，其更番接替或调集会操，均由总司令按照定章依序施行，各地方官不得以某舰派驻该处，任便请留或另行差遣，致碍军政。

第四条　军舰开赴各地方弹压或剿匪，非奉有司令之命，不得擅行开炮。惟遇有紧急之事不及通电请示时，须由地方长官商诸舰长相机办理，仍一面将事由通报海军部或总司令、舰队司令。

第五条　各地方如实遇紧急警变不及通电海军部或总司令、

舰队司令时，可由该地方长官经与驻泊该地司令或舰长接洽办理，仍一面将事由通电海军部、总司令及舰队司令。

第六条　各地方调用军舰，其行动时刻须由司令或舰长主持。

第七条　军舰非奉有海军部或总司令及各舰队司令之命令，不得擅载他项人员及大宗物品。

第八条　舰长有管理全船之责，凡因公附船者，无论何级官长，不得任便号令，设有违背船规，该舰长有禁阻之权。

第九条　运送舰以外之军舰，不得装运兵勇及拖带船只。

第十条　军舰非经海军部特许，不任迎送。

第十一条　运送舰及座舰，非经海军部及总司令特许，不任迎送家眷。

第十二条　本条例自公布日施行，前公布之各地方调用军舰条例即废止之。

中华民国七年十月九日

国务总理　段祺瑞

海军总长　刘冠雄

〔北洋政府国务院档案〕

8．海军部公布驻外公使馆海军武官管理留学员生规则令

（1918年11月22日）

海军部令　第一〇五号

兹制定驻外公使馆海军武官管理留学员生规则，特公布之。此令。（规则附）

中华民国七年十一月二十二日

海军总长　刘冠雄

驻外公使馆海军武官管理留学员生规则

第一条　驻外公使馆海军武官，依海军武官简章第十条规定，对于海军留学员生之管理，照本规则行之。

第二条　海军武官对于留学员生之一切行为，均有督察之责，其有不遵约束者，应呈海军部惩罚。

第三条　海军武官应随时考察留学员生在学情形及其考试成绩，照第一表填注，按期报部（表式附后〔略〕）。

第四条　海军武官于留学员生毕业时，应将其品行、学术之优劣，照第二表填注报部（表式附后〔略〕）。

第五条　海军武官于留学员生毕业回国，应行先期报部，并照第三表填注，交由该员生带归呈部，听候考验（表式附后〔略〕）。

第六条　海军武官遇有留学员生事务关于外交者，应商请驻使主持办理。

第七条　凡关于管理留学员生事项所用电报、旅行、交际各费，以及给予留学员生之医药费，均应按照单据实报实销。但每年统计，不得过英金二百五十镑。

第八条　海军武官每月应将关于管理留学员生所用一切款项之收支清册，连同收据，呈报海军部。

第九条　以下各条如有应行增订删改之处，得由海军武官体察情形，随时呈部核办。

第十条　本规则自公布日施行，前公布之英美海军留学生经理员暂行规则，则废止之。

〔政府公报，1918年11月22日，第1017号〕

9. 海军部公布修正英美留学员生规则令

（1918年11月22日）

海军部令　第一〇六号

兹修正英美海军留学员生规则，特公布之。此令。（规则附）

中华民国七年十一月二十二日

海军总长　刘冠雄

修正英美海军留学员生规则

第一条　海军留学员生，除另有特别规定外，应受留学国公使馆海军武官之管理。

第二条　留学员生之转校及入厂、登舰日期及在各处之毕业日期，应由该员生先期呈报海军武官，汇案报部。

第三条　留学员生应习各项专门学科及毕业期限，应由海军武官参酌该国定章核定办理，学员生不得自由选择或改习海军以外之科学，违者除停支官费外，并须缴还所领留学等费。

第四条　留学员生在留学国舰、校、厂、所练习，应遵守该舰、校、厂、所章程，实心求学，不得稍有违犯。

第五条　留学员生因留学事务有所请求时，应由该员生领袖陈请海军武官核办，不得恃众要挟，如系重大事故，并应由该武官转呈海军部办理。

第六条　留学员生在留学期内无论何项事故，均不准请假回国，如在暑假或年假期内欲赴他处游历者，得呈请海军武官核准前往，其游历费均归该员生自备。但随同海军武官参观各地厂、所曾呈部有案者，不在此限。

第七条　留学员生学费，应自出发之日起，算至回国到部考验毕为止。

第八条　留学员生学费及零用费等项，留英者每月给英金十六镑，留美者每月给美金八十四元，均由海军武官按时发给，不得预先借领。如留学员生所入之学校、厂、所，与海军武官驻在地方相隔较远者，即由海军武官按月汇寄该员生收领，均须掣取收条呈部存查。但在英国海军舰校各员生，其学费应由海军武官按季送交英海军部转发。

留美员生每年应缴入校学费，其在二百五十元以上者，除由该员生应领学费内扣提一百元外，其余由公家暂时补给，嗣后再由该管武官察度情形，呈部核办。

第九条　留学员生如愿肄习飞行艇与潜水艇专门者，得呈由海军武官察验体气胆识，出具考语，连同该员生志愿书呈部核准后，其一切待遇，即照留学潜艇飞艇规则办理。但带有原薪留学之员生，不再给安家费。

第十条　留学员生在格林里区大学及柏次茅枪炮、航海、鱼雷各专门学校，由海军武官发给每员生一次书籍、旅行费，共三十五镑。

第十一条　留学员生出发时，应各给治装费每人六十镑，如赴英者各给川费六十镑，赴美者各给川费七十镑。

第十二条　留学员生毕业回国时，各给川费一百镑，其革退回国者，每员生准给川费六十镑。

第十三条　留学员生医药费，应由海军武官照医生证书及药房收据给领。

第十四条　本规则如有应行增订删改之处，得由海军武官体察情形，随时呈部修正。

第十五条　本规则自公布日施行，前公布之修正英美海军留学生规则，即废止之。

〔政府公报，1918年11月22日，第1017号〕

10．海军部公布修正舰艇分队操防暂行规则令

（1919年3月18日）

海军部令　第二〇号

兹修正海军舰艇分队操防暂行规则，特公布之。此令。规则附

中华民国八年三月十八日

海军总长　刘冠雄

修正海军舰艇分队操防暂行规则

第一章　总则

第一条　海军第一、第二舰队应各分为两支队，各以一支队聚集指定处所会操，一支队分行巡防。其会操、巡防之期，以六个月轮转一次。

第二条　会操及巡防各舰艇，均由总司令酌量轮派，先行报部。至会操各事项，应由总司令指派司令一员督率之。

第三条　督操司令如临时遇有要公必须他适时，得以资深之舰长暂代职务。

第四条　各舰艇会操、巡防之勤惰及成绩若何，应于每次轮转操防后，由该司令呈由总司令报部察核。

第二章　会操

第五条　舰艇会操之地点，由总司令呈请海军总长临时指定之。

第六条　会操舰队应行演习各事项，由督操司令临时酌定之。

第七条　每次操演完毕后，督操司令对于军械及操法等，如有应行改良者，应将意见呈由总司令转呈海军部察核。

第八条　各舰艇除受有督操司令特别命令外，每日俱照常操作。

第三章　巡防

第九条　巡防各舰艇应行巡防各地点，由总司令酌量分派，随时报部。

第十条　凡在巡防中之各舰艇，应时常互通消息，以资联络，并将各该地方情形，随时报告该管司令，如遇有重要情事，须同时报告总司令及海军部。

第十一条　各舰艇在巡防中奉令会操时，非俟替防舰艇到防接代后，不得开离巡防地段，其奉有特别命令者，不在此限。

第十二条　沿海各口及长江上下游地方，如遇有特别警务必须加派舰艇时，得由总司令酌调会操之舰艇前往协助。

第十三条　本规则如有未尽事宜，得由总司令随时呈部核定。

第十四条　本规则自公布日施行，前饬发之海军派驻长江舰艇分队操防暂行规则即废止之。

〔政府公报，1919年3月22日，第1124号〕

11. 大总统公布官用轮船检查条例令

（1920年1月21日）

大总统令

兹制定官用轮船检查条例公布之。此令。

中华民国九年一月二十一日

国务总理　陆军总长　靳云鹏
内务总长　农商总长　田文烈
财政总长　李思浩
海军总长　萨镇冰
交通总长　曾毓隽

教令　第一号

官用轮船检查条例

第一章　总则

第一条　中华民国船舶配用机器航行者，无论用蒸汽、电气、炭气、油类，凡属于官署管辖而不以营业为目的者，为官用轮船。

第二条　官用轮船不属于海军舰队者，除法律命令别有规定及有其他特别情事者外，均适用本条例之规定。

第三条　官用轮船由海军部按期检查。但因情事之必要时，得由主管官署咨商海军部声明理由，再行定期检查。

海军部因执行前项事务，得设官用轮船检查处。

官用轮船检查期，由海军部拟定呈请大总统核准。

第四条　官用轮船不得悬挂海军旗章、旗旒，除供警务、盐务、税务之用及其他官署所属之轮船有一定之旗章者外，均应悬挂特别之旗章。

前项特别旗章，由海军部拟定呈请大总统核准。

第五条　官用轮船船员及人役，除系海军军官出身奉有海军部特准，得服用海军制服及原有定式服装得依定式服用者外，均应服用特定制服，其制服由海军部定之。

第六条　管辖官用轮船之主管官署，对于官用轮船须有相当之支配及设备。

第二章　检查

第七条　官用轮船之船员须经海军部考验合格给予证书，考验规则以海军部部令定之。前项船员曾任海军军官者，得免考验。

第八条　官用轮船须经海军部就左列各款事项详加勘验，认为适合航行者，给予适航证书：

一、船体、锅炉、汽机之状况；

二、救生、救火及航海器具等类之设备；

三、载重水线之规定。

官用轮船勘验规则，以海军部部令定之。

第九条　适用本条例之官用轮船，如不依本条例之规定致发生危难事故者，应由该主管官署负完全之责任。

第三章　官用轮船检查处之组织及职务

第十条　官用轮船检查处分为总检查处及检查分处，其设置地点由海军部拟定，呈请大总统核准。

第十一条　官用轮船总检查处及分处置处长、航务检查官、轮机检查官各一人，及技士、书记若干人。

第十二条　总检查处处长，由海军部呈请简任，分处处长由海军部荐任。

第十三条　总检查处之航务、轮机各检查官，由海军部荐任。分处之航务、轮机各检查官，由海军部委任。其总、分处之技士、书记，均由海军部委任。

第十四条　官用轮船总检查处及分处，分别执行检查事务，其权限由海军部以部令定之。

第十五条　官用轮船总检查处遇有左列事项，应函达各该主管官署饬知各该轮船：

一、沿海、沿江新发见之暗礁及危险物；

二、沿海、沿江新设之灯光及警号；

三、航路标识之变更或停废及其实施之期限。

附则

第十六条　官用轮船除依本条例受海军部检查外，凡关于轮船之一切法律命令仍应遵守。

第十七条　本条例自公布日施行。

〔政府公报，19 0年1月22日，第1416号

12. 大总统公布海军测量标例令

（1923年3月27日）

大总统令

兹制定海军测量标例公布之。此令。

海军测量标条例

第一条　海军测量标分为三角点标石、水准点标石、灯标、架标、浮标、标柱、测旗、暂用标柱八种。

第二条　海军部海道测量局于官地、民地建设测量标时，须通知其所有人，除有违反第五条规定情形外，其所有人不得拒绝。

第三条　海军部海道测量局收买或租用民地，建设永远测量标杆，适用土地收用法第一章第六条及第二章第七、八两条之规定。但建设测旗及暂用标柱者不在此限。

第四条　测量主任官施行测量，须入官有及民有宅地或墙垣内时，须通知其现住居人。但无人居住之宅地不在此限。测量主任官须携带测量凭照。

第五条　建设测量标须选空旷处所，其公共建筑物、家宅、坟墓及祠宇等须设法绕避。但暂时标柱不在此例。

第六条　施行测量有毁损墙垣或植物之必要时，所有人不得拒绝。但须给与相当之赔偿金。

第七条　标石为诸测量之基础，官民皆得使用之。

第八条　人民如必须在测量标近旁建设房屋，致妨害测量标之效用时，须详述事由，并绘具图说，呈请海道测量局查核。如核准迁移测量标或改建过高各标时，所有必要费用，由呈请人担负之。

第九条　人民有左列之情事者，依左列处断：

一、移动或毁坏标石者，处二十元以上百元以下之罚金；

二、移动或毁坏测量标者，处十元以上百元以下之罚金；

三、移动或毁坏测旗及暂用标柱者，处五元以上六十元以下之罚金；

四、因过失毁坏测量标或于测量标近旁堆积土、抛弃砂石、粘贴纸张及系养牲畜者，处一元以上二十元以下之罚金。

第十条　收用地址，其地价、租价或迁移费、赔偿费，土地收用法第二章第十七条及第十九条适用之。

第十一条　本条例施行细则，由海军总长另定之。

第十二条　本条例自公布日施行。

中华民国十二年三月二十七日

国务总理　张绍曾

海军总长　李鼎新

〔北洋政府国务院档案〕

〔三〕航空

(一)航空官制及条例

1. 关于修订航空学校条例呈令
（1916年10月12日）

（1）王士珍呈

参谋总长王士珍呈大总统修订航空学校条例文（附条例表式）

为修订航空学校条例，以策进行而资遵守，恭呈仰祈钧鉴事：窃查航空学校创办于民国二年，向归本部第三局管辖成立以来，于兹三载，经营之始，财政既处于困难之境，人材亦复有缺乏之虞，竭力图维，乃得规模粗具，幸观厥成。溯自开办以迄今日，总计先后两期，毕业学员四十八员，迭经呈报在案。现查该校历年经过情形，已有变易，且将来扩充计画，亟待进行，事务渐觉增繁，责任愈益重大，从前所订条例，事因创办，本属暂行，现拟将该校直隶于本部，既可省公牍转折之劳，且易收督饬进行之效。兹将该校条例酌量修订，计共六十条，似于该校办事权限不无裨益。所有修订航空学校条例缘由，是否有当，理合缮具条例一册，谨呈大总统鉴核批示祇遵。五年十月十二日。已奉指令。

航空学校条例

第一章　总纲

第一条　航空学校为养成陆海军航空人材，并研究航空器制造学术之所。

第二条　航空学校隶属于参谋本部。

第三条 航空学校常设驾驶学员班，其教育纲领准附表第一〔略〕施行。并附设工厂，厂内设技工，任工作事宜。

第四条 航空学校设左列各员：

校长 教育长 副官 兵学教习 专门教习 普通教习 修辑员 学长 厂长 厂副 技士 技工班长 军需 军医 书记及其他雇员

各职员之阶级及员数详附表第二〔略〕

各职员之薪俸详附表第三〔略〕

第五条 学员在校修学期限，定为一年毕业，分为寻常、高等二期教授。但因其他关系，可延长或缩短时期。

第六条 航空学校办事细则及一切应行事宜，均由校长按照条例详细拟订，呈请总长核准施行。

第七条 本条例经参谋本部呈请大总统核准后，应由校长切实遵行，如有应行修正之处，准于每届一期学后，由校长声叙理由，呈请总长核办。

第二章 职员

第八条 校长直隶于参谋部长，管理全校事务。

第九条 教育长承校长命，经理全校教育事务，厘订一切功课，并任学术进步之责。

第十条 校副官承校长命，掌理机要、文牍、稽核、经费，管理校内一切庶务。

第十一条 各教习承教育长命，按照教育纲领，编纂课程，教授学术，维持校规，并考验成绩，随时登记，汇呈教育长转呈校长，以备查核。

第十二条 学长承教育长命，管理学员军纪、风纪，考查学员品行、学术，并帮同校副官佐理关于教育之一切庶务。

第十三条 修辑员承教育长命，专司校正各项课程，并司管课之责。

第十四条　厂长承校长命，商承教育长，管理工厂工作，并任考核技工成绩及厂内经费之责。

第十五条　厂副承厂长命，监督技工，兼管工厂器具材料。

第十六条　技士承厂长、厂副命，教授技工及实施一切工做事宜。

第十七条　技工班长承厂长、厂副命，督率技工工作，维持厂规，并有考查技工勤惰呈报长官核办之责。

第十八条　军需承校长命，商承副官，专司出纳款项、清厘款目及承造报销事宜。

第十九条　军医承校长命，专司治疗及卫生事宜。

第二十条　书记承校长命，管理文牍案卷，并有督饬录事缮写之责。

第二十一条　稽查承校长命，补助副官稽查全校内务。

第三章　学员技工之额数及资格

第二十二条　航空学校学员定额五十名，工厂之铁木技工定额八十名。但因航空之情状，得增减之。

第二十三条　航空学校学员由陆海军各机关及各军队、舰队挑选，曾经陆海军学校毕业，年在二十以上三十以下，兵学科学具有根基，志向坚定，胆略优异，目力精明，肺量宏大，试验合格者充之。

第二十四条　铁木技工由陆海军各兵工厂或他项工厂内，挑选粗通文字，略解科学，能制造他种机器及配置机器上之本质品者充之。

第四章　校规

第二十五条　航空学校人员均须遵守本校规则，及各项临时校令，不得有违。

第二十六条　航空学校人员均由校长随时考查，每届满一学期后，分别勤惰，呈报参谋本部。但有不能胜任及旷废职务之员，应即呈请参谋本部复核办理。

第二十七条　除校长、教育长外，其余职员，均应轮流值日，住宿校内，料理一切事务，不得擅离职守，虽例假时，亦照此办理。

第二十八条　航空学校学员均须轮流值日，恪守校定值日规则，办理一切事务。

第二十九条　航空学校各职员除例假外，不得无故请假，如因病或事请假时，在一星期以内者，可呈由校长核夺，若至一星期以上，须呈由参谋本部核夺。

第三十条　航空学校学员、技工除例假外，不得无故请假，如确因特别事故请假时，须将详情具呈校长核夺，酌给假期，按月汇呈参谋本部。

第三十一条　凡每届一月期满后，应由校长将前月各职员、学员、技工等请假表填注，呈送参谋本部核存。

第三十二条　学员如有违犯左列各项之一者，应即黜退：

一、学术欠缺，无毕业之望者；

二、紊乱军纪，屡戒弗悛者；

三、品行不端，有失本分者；

四、久病旷课，不耐劳苦者；

五、考试落第者。

以上各项，临时由校长传集教育长、教习、厂长、学长、班长等会议决定。但因一、四、五各项黜退者，得免缴还学费，祇缴原领书籍、军服等件。至因二、三两项黜退者，除缴回原领书籍、军服等件外，尚须追缴在校学费及所领津贴。

第三十三条　常假除星期日外，放假日期如左：

一、国庆日二日；

二、春夏秋冬节日各一日；

三、年假七日（元旦前后各三日）；

四、当天气炎热或隆冬之际，不能教授学科或练习飞行时，酌量停止内堂或飞行。但停课在一星期以上，应呈由参谋本部复核办理。

第五章　待遇

第三十四条　学员入校后，所有原差薪俸仍照常支给，其原差由直属长官派员代理或署理之。

第三十五条　学员入校后，遇本职推升之时，仍照常推升，但暂不就职。

第三十六条　学员及技工等在校内应用书籍、文具及机器、材料等项，均归校内备给。

第三十七条　学员及技工等在校内之伙食、军装，均归校内备给。

第三十八条　凡经甄别留校学员，均由校酌给津贴。

第三十九条　技工概分为三等九级，按月照给薪饷，详附表第五〔略〕。

第四十条　凡学员在职务内遇有飞行危险致身故或受重伤者，得照毕业学员待遇条例所载抚恤法办理。

第四十一条　学员毕业及技工待遇办法，另章规定。

第六章　课程

第四十二条　航空学校学员以能驾驶飞机并能在飞机上使用兵器为主，铁木技工以能实行工作为主。

第四十三条　航空学校招取学员，应于入学期约一月前编订学术两科课程预定表，呈候参谋本部核夺施行。

第四十四条　每届一学期期满，应由校长将全学期教育实施统计表及每届一星期内应将前星期日课实施表分别填注，呈送参谋本部备查。

第四十五条　凡关于飞行教练每日应有之功课，如因天气或机器关系碍难实施时，可由教育长改为教授学科或工厂实习。

第七章　试验

第四十六条　学员试验分为入学试验、甄别试验、寻常毕业试验、高等毕业试验四种。

第四十七条　每届招考学员之先，由参谋本部按照定额（详第三章第二十二条）咨行陆海军部行知各军事机关，调集合格军官，取具该员志愿书、军医诊断书，咨部试验合格者，准其入校肄业。

第四十八条　凡经取录肄业学员，入校满两月后，举行甄别试验，由校长定期督同教育长、教习分别试验，以定去留。

第四十九条　学员入校满六个月后，由校长酌定寻常毕业试验日期，并按下列试验规定，详拟试验规则，呈请参谋本部派员莅校，会同考试学术两科。

学科试验，得按教授课目与航空关系之重轻，规定分数之倍数。

术科试验，注重飞行，其试验规定为场面绕行、8字飞行、直线飞行之三种。

试毕，由校长督同教育长及各教习等评定学术两科之成绩分数，参以品行分数，调制成绩表册，分别甲乙名次，呈送参谋本部核阅后，转呈大总统定期派员莅校监视，颁发寻常毕业证书。

第五十条　凡已寻常毕业学员留校练习高等继续满六个月后，举行高等毕业试验，除飞行试验办法外，余均按寻常毕业试验手续办理。关于飞行试验，规定为高度飞行、直线飞行、三角形之长途飞行、空中侦察及兵器使用之各种。

第八章　经费

第五十一条　学校经费分为经常、临时两门。凡薪津、饷乾、伙食、服装、材料、机油及一切消耗杂支等项，均为经常支出，详第四表〔略〕。凡修建校厂、购备器械、制造飞机、购买图书等项，均为临时支出，所需数目应于每年预算规定。

第五十二条　前条经常、临时支出，由校长每月按章呈请参谋本部发给。

第五十三条　各项经费，应于每年冬季以前，将次年度用费数目预算呈请总长核准，归案办理。

第五十四条　各项用费由学校按月造送支出计算书，每届年终造送全年收支各项总册。

第五十五条　员司薪水分为一、二、三等，每阅两年，由校长核其成绩之优异者，呈请参谋本部核升一等，以至第一等为止。

第五十六条　由各军事机关调充教职各员，除仍领原俸外，另由学校酌加津贴。

第五十七条　自校长以下各员司支领薪水津贴，以月终为期，由军需按照定数缮册，派司事分途送交，以签押盖章为据，发毕缴送军需转送副官察阅。

第五十八条　学员及技工之薪饷，由军需查照实数缮册，交学长、班长按名分发，均以签名盖章为据。惟差弁及夫役等，则由军需查照实数缮册，交校副官点名发放。

第五十九条　凡关于工厂应用材料费用，应先由校长督同厂长详细核定，开单发办后，由经手人先送厂长核对，转呈校长察核，归案办理。

第六十条　本条例自奉批准之日施行。

〔政府公报，1916年10月15日，第280号〕

（2）大总统指令

大总统指令　第三百十七号

令参谋总长王士珍

呈修订航空学校条例由

呈悉。应准照行。此令。

中华民国五年十月十二日

国务总理
陆军总长　段祺瑞

海军总长　程璧光

〔政府公报，1916年10月13日，第278号〕

2. 关于公布航空署职掌通则令

（1921年3月）

（1）大总统指令（3月1日）

大总统指令　第四百八十九号

令航空署署长丁锦

呈拟具航空署职掌通则缮单呈核由。

呈悉。准如所拟办理。此令。

中华民国十年三月一日

国务总理　靳云鹏

〔政府公报，1921年3月2日，第1804号〕

（2）航空署令（3月5日）①

航空署令　第十四号

航空署职掌通则，现经呈奉大总统指令照准，兹公布之。此令。

航空署职掌通则

第一条　督办监督全署一切事务。

第二条　署长管理本署事务，监督所辖机关。

第三条　参事承长官之命，审议事务。

① 系刊登《政府公报》日期。

第四条　厅长承长官之命，掌理本厅事务。

第五条　秘书承长官之命，掌理指定事务。

第六条　佥事、主事承长官之命，掌理各处、厅事务。

第七条　技正、技士承长官之命，掌理技术事务。

第八条　本署置一处四厅如左：

总务处　军事厅　机械厅　航运厅　经理厅

第九条　总务处掌理事务如左：

一、典守印信、收发文件、译电事项；二、记录公布职员之进退、迁调暨赏恤事项；三、诊断航空人员体格暨医务人员之指挥监督事项；四、本署守卫、风纪暨公物保管、分配事项；五、本署庶务暨其他不属于各厅之事项。

第十条　军事厅掌理事务如左：

一、航空军之运用、补充事项；二、规定禁航区域暨空中照像、制图事项；三、航空兵器材料之整理、分配事项；四、航空人员教育、考试事项；五、飞行学术之改良、发达事项；六、航空章制图书搜集、编译暨统计事项。

第十一条　机械厅掌理事务如左：

一、航空器之制造、修理事项；二、航空器之适航事项；三、航空机件材料之审检、保管、转运事项；四、航空器具之发明、改良事项；五、航空工程建筑事项。

第十二条　航运厅掌理事务如左：

一、管理空中运输营业事项；二、航空器之注册事项；三、气象无线电暨其他保安事项；四、航空路线站场暨国际飞航事项。

第十三条　经理厅掌理事务如左：

一、航空经费预算、决算事项；二、稽核航空进出款目暨账册事项；三、航空需用地亩事项；四、物品材料之购办、分配事项。

第十四条　航空署各处厅分科职掌，以署令定之。

第十五条　本通则自奉准之日施行。

〔政府公报，1921年3月5日，第1807号〕

3.航空署公布办事通则令

（1921年3月1日）

航空署令　第十六号

兹制定航空署办事通则公布之。此令。

航空署办事通则

第一章　总则

第一条　本署职员除依本署职掌通则外，悉按本通则之规定。但受督办、署长特别委任者，不在此限。

第二条　处、厅事务如有互相关联者，应由主管长官协商办长理，若彼此意见不同时，即请督办、署长裁夺。

处、厅中事涉二科以上而彼此意见不同时，由主管长长官决定之。

第三条　处、厅各长官就其主管事务，对于本处、厅职员，有指挥监督之责任。

第四条　本署职员对于承办事件，须随到随办，如有特别情形不能即办者，须将理由陈明。

第五条　本署职员于本署一切事务及未经公布之公文，均有严守秘密之义务。

第二章　权限及责任

第六条　各项文件，均须经署长核定，重要者并须经督办核定。惟督办得以最后决定权，委任署长。

第七条　法律命令案，由参事拟稿，呈请核定。其由处、厅拟稿者，须经参事审议后再行呈判。

第八条　凡处、厅所办文件，无论何项程式，督办、署长认为有关法令，均先交参事审议。

第九条　参事议订法律案或审议重要案件时，得邀请主管各处、厅原办人员妥商办理，并得随时调阅各处、厅文件。

第十条　凡关于法律、命令之解释，主管长官须与参事协议后，陈请核定。

第十一条　总务处设处长一员，总理全处事务，由署长于参事或其他相当人员中，指定一人兼任之。

第十二条　处、厅各长官遇有应行办稿事务，即酌定办法，分交主管各科拟稿，其重要或疑难事项，须呈请署长裁夺后，再行拟稿。

第十三条　各职员所拟之稿，由拟稿人及核稿人署名后，陈请核定；数员共拟之稿，须公同署名。

第十四条　机要事件，督办、署长得指交秘书或秘书协同参事或主管长官拟订后，再行陈请核定。

第十五条　关于宣布署令事项，由总务处承办，具有法律性质之署令，由参事承办。

第十六条　本署宣布之署令，应移送各主管处、厅。

第三章　文件收发及编存

第十七条　凡文件到署，由总务处接收摘由编号，分别重要、次要、寻常、急行四项，标明主管处、厅，送请署长检阅后，分交主管处、厅承办。但事关急行者，得先送主管处、厅拟稿。

第十八条　督办、署长核定稿件后，由承办处、厅缮写、校对、盖戳，送总务处编号，用印封发。

第十九号　应登公报之件，由各主管长官呈准后，送交总务处发寄。

第二十条　各项文件由各处、厅派员随时编档存案处理，文件用印、保管案卷各项规则，均另定之。

第四章　署务会议

第二十一条　督办、署长为征集意见，得开署务会议。其规则另定之。

第二十二条　署务会议由督办、署长、参事、处长、厅长、科长组织之。

其他职员奉有署长命令者，亦得与议。

第二十三条　会议事件分左列三种：

一、督办、署长交议者；二、参事、处长、厅长提议者；三、其他职员陈请提议经署长许可者。

第二十四条　署务会议之决议，无拘束督办、署长之效力。

第二十五条　处、厅遇有必要情形，为征集意见，得开本处或本厅会议。

第五章　勤务及考核

第二十六条　本署各职员须按照规定时间到署办公，遇有特别事件及事物不能终止时，得继续延长时间。

办公时间表另定之。

第二十七条　本署置考勤簿，各员每日到署，均须亲自画到。其考勤规则另定之。

第二十八条　各员因病或不得已请假，其请假及扣俸方法，详考勤细则。

第二十九条　除前项请假外，以星期、年节及关于国庆纪念等日为休息日。但值日员仍照常轮值。

第三十条　每日散值后，所有来往文件，归值日员办理。其规则另定之。

第三十一条　办公时间内，凡有宾客来访，除因公预约外，概不接见。

第六章　附则

第三十二条　本通则自公布日施行。

〔政府公报，1921年3月5日，第1807号〕

4.航空署公布该署处厅分科规则令

（1921年3月1日）

航空署令　第十五号

兹制定航空署处厅分科规则公布之。此令。

航空署处厅分科规则

第一条　总务处设四科如左：

文书科　掌典守印信、收发文件及译电事项；

考绩科　掌记录职员之任免、迁调及赏恤事项；

医务科　掌诊断航空人员体格及医务人员之指挥、监督事项；

庶务科　掌本署守卫、风纪、公物保管、分配及其他不属于各厅之事项。

第二条　军事厅设三科如左：

谋略科　掌航空军之运用补充、规定禁航区域、空中照像制图及航空兵器材料之整理、分配事项；

教育科　掌航空人员之教育、考试及飞行学术之改良、发展事项；

编查科　掌航空章制图书搜集、编译及统计事项。

第三条　机械厅设三科如左：

制造科　掌航空器之制造、修理及发明、改良事项；

检储科　掌航空器之适航及航空机件材料之审检、保管事项；

建筑科　掌航空工程建筑事项。

第四条　航运厅设三科如左：

管理科　掌航空注册、航空路线站场及国际飞航事项；

营业科　掌空中运输营业事项；

气象科　掌气象无线电及其他保安事项。

第五条　经理厅设三科如左：

综核科　掌预算、决算稽核经费及航空需用地亩事项；

出纳科　掌收支款目及账册事项；

采办科　掌物品、材料之购办、分配事项。

第六条　每科置科长一人，分掌本科事务，科员若干人，分理科中事务，其员额视事务之繁简支配，科长有事故时，得以名次在前之科员代理。

第七条　科长以荐任官或其他相当人员充之，科员以荐任官、委任官或其他相当人员充之。

第八条　本规则自公布日施行。

〔政府公报，1921年3月5日，第1807号〕

5.航空署公布署技术委员会简章令

（1921年4月20日）

航空署令　第一一四号

兹制定航空署技术委员会简章公布之。此令。

中华民国十年四月二十日

航空署署长　丁锦

航空署技术委员会简章

第一条　本会承署长之命，掌研究中外发明之航空机械，暨调查航空机械制造之进步。

第二条　本会之职掌范围如左：

一、审查各种航空机械之优劣；二、研究航空机械之制造及其学理之使用；三、鼓励各种航空器之机械制造方法；四、国内外最新航空机械之调查；五、航空机械之实施；六、各种航空机械及其附属各件之试验比较；七、各种航空机械模型之搜集购置；八、各种航空器模型之制造。

第三条　本会以本署及附属各机关之具有机械学识经验之职员组成之。

第四条　本会之组织如左：

主任委员　副主任委员　委员　书记

第五条　主任委员、副主任委员，承署长之命，总理本会一切事务。

第六条　委员承长官之命，分任本会一切事务。

第七条　书记承长官之命，分任缮写、印刷、校订一切事务。

第八条　本会另设技术委员会室一所，所有在会职员，均在该室办事。

第九条　本会办事细则另订之。

第十条　本简章自公布日施行。

〔政府公报，1921年4月23日，第1855号〕

6.航空署公布航空教练所飞行初级训练队编制简章令

（1921年5月16日）

航空署令　第一六七号

航空教练所飞行初级训练队编制简章，业经呈奉大总统指令照准，兹公布之。此令。

中华民国十年五月十六日

航空署署长　丁锦

航空教练所飞行初级训练队编制简章

第一条　飞行初级训练队以航空教练所二年级学生编成，养成初级之技能。

第二条　飞行初级训练队区分为三分队，其内部编制以附表定之。

第三条　飞行初级训练队教育纲领另定之。

第四条　本简章自公布日施行。

〔政府公报，1921年5月19日，第1881号〕

7.航空署公布京沪航空线管理局筹备处暂行简章令

（1921年5月23日）

航空署令　第二〇一号

兹制定京沪航空线管理局筹备处暂行简章公布之。此令。

中华民国十年五月二十三日

航空署署长　丁锦

京沪航空线管理局筹备处暂行简章

第一条　京沪航空线管理局筹备处，直隶于航空署，专司筹备京沪航空线一切事宜。

第二条　京沪航空线管理局筹备处，设左列各股，分掌京沪航空线管理局编制专章第四条至第六条所列事项：

总务股　航务股　工务股

第三条　京沪航空线管理局筹备处置职员如左：

处长一员　主任三员　办事员十员

第四条　处长承航空署长之命，管理本处一切事务，监督所属职员。

第五条　主任承处长之命，掌理本股事务。

第六条　办事员承长官之命，分掌各项事务。

第七条　京沪航空线管理局筹备处，为讨论各项进行事务，得设立评议会。其规则另定之。

第八条　京沪航空线管理局筹备处，为执行各航空站事宜，得请调署员办理。

第九条　京沪航空线管理局筹备处，为事务上之助理，得酌用雇员。其员额至多不得逾十二人。

第十条　京沪航空线管理局筹备处，办事细则另定之。

第十一条　本简章自公布日施行。

〔政府公报，1921年5月26日，第1888号〕

8.执政府军务厅为组织航空总司令部并拟定暂行条例等情与陆军部往来函

（1925年9—11月）

（1）执政府军务厅致陆军部函稿（9月3日）

公函　第一五一二号

迳启者：顷奉执政交下航空署署长兼总司令曲同丰呈文一件，内称参照东西各国成规，拟订航空总司令部暂行条例等语，附摺表各一件，并批：军部核等因。相应检同原件函送贵部，即希查照办理为荷。此致

陆军部

附原呈一件、摺表各一件，共三纸。

中华民国十四年九月三日

呈为拟订航空总司令部暂行条例缮摺恭呈仰祈鉴核事：窃本年八月十三日、奉执政令：派曲同丰兼航空总司令。此令。等因。同丰遵于八月十四日就职，并经呈报在案。航空军政，关系国防，自当仰体钧意，积极图维。所有筹议航空军编制及建设一切事宜，责任既重，手续亦繁，亟应组织航空总司令部，以策进行。兹谨参照东西各国成规，拟订航空总司令部暂行条例，共十二条。在航空军未成立以前，总司令部额定各员，拟先择要委派，总期事无不举，位无虚设，似此办理。庶于整军经武之中，仍寓撙节经费之意。是否有当？理合缮具条例恭呈，伏乞鉴核公布施行。谨呈

执政

附呈航空总司令部暂行条例

航空署署长兼总司令　曲同丰

航空总司令部暂行条例

第一条　航空总司令掌理全国航空军军政、军令，统辖航空军暨航空军军人、军属，并监督所属机关、军队。

第二条　航空总司令直隶于临时政府。

第三条　航空总司令部设置左列各处：

参谋处

军务处

军械处

工务处

副官处

军需处

秘书处

其编制详第一表〔略〕。

第四条　航空总司令部设置总参议一员，承航空总司令之命，审议事务。

第五条　航空总司令部设置总参谋长一员，承航空总司令之命，参画机务，并监督本部一切事务。

第六条　航空总司令部各处置处长一员，分掌本处事务。

各处为办事便利起见，得分课办理。

第七条　航空总司令部处长以下各员，承长官之命，掌理或助理本处事务。

第八条　航空总司令部为警卫并纠察直属航空军军人军属军纪风纪，得设置卫队营一营暨宪兵连一连。

其编制详第二表〔略〕。

第九条　航空总司令部为养成航空技术兵员，得设置技术团。

其编制详第三表〔略〕。

第十条　航空总司令遇有特别事故，所属部队不敷调遣时，得咨行陆、海军部指调就近军队协助。

第十一条　航空总司令各项规则另定之。

第十二条　本条例自公布日施行。

(2)陆军部复军务厅函(11月9日)

陆军部公函　十四年务字第三二七号

迳复者：准函开，顷奉执政交下航空署署长兼总司令曲同丰呈文一件，内称：参照东西各国成规，拟订航空总司令部暂行条例等语，附摺、表各一件，并批：军部核等因。相应检同原件函送贵部，即希查照办理。等因。准此。查现在中央尚无正式航空军队，航空用飞机亦甚缺乏，加以财政艰窘，时局不靖，进行上愈感困难。所有航空总司令部各项编制，似宜暂从缓办。相应函

复贵厅查照为荷。此致
临时执政府军务厅
中华民国十四年十一月九日

〔北洋政府执政府档案〕

9.大总统公布航空军官佐官等官俸条例令
(1926年11月20日)

大总统令
　　兹制定航空军官佐官等官俸条例公布之。此令。
　　　国务总理顾维钧　财政总长　　陆军总长　蒋雁行
中华民国十五年十一月二十日

教令　第五号
　　航空军官佐官等官俸条例
　　第一条　凡航空军人员补官、授俸，依本条例之规定行之。
　　第二条　航空军官佐等级，如附表第一表定之。
　　第三条　补官之分别如左：
　　　　一、上等官第一级　特补
　　　　　　　　第二级　简补
　　　　　　　　第三级　简补
　　　　二、中等官第一级　简补
　　　　　　　　第二级　荐补
　　　　　　　　第三级　荐补
　　　　三、初等官第一级　荐补
　　　　　　　　第二级　荐补
　　　　　　　　第三级　荐补

四、准尉及相当官佐，由航空署补授，汇案呈报。

第四条　航空军官佐补官分除补、升补两项，凡初次补官者为除补，其原有官阶晋等晋级者为升补。

第五条　除补航空军官佐，依左列各款规定行之：

一、在国内外军事航空学校毕业，经航空署考验合格者，在空中服务满六个月后，得除补少尉；其在地面服务者，应满九个月后，始得除补。

二、在国内外航空专门制造学校或其他航空军佐学校毕业，经航空署考验合格者，服务满一年后，得除补少尉同等官佐。

第六条　在国内外民立航空学校毕业者，应入军事航空学校补习，得有毕业证书，并经航空署考验合格，始得除补航空军官。

前项补习期间，得由航空署缩短。

第七条　航空军士及在航空机关服务多年，确能任军事及军佐职务者，应入军事航空学校或航空各军佐学校补习，得有毕业证书，并经航空署考验合格，始得除补航空军官佐。

但第五条第一款、第二款之服务期间，得免除之。

前项补习期间，适用前条第二项之规定。

第八条　航空军官佐在空中服务有劳绩者，其升补官阶之年限如左。但在地面服务者，以地面勤务二年抵空中勤务一年：

一、尉官及同等官二年晋级，三年晋等；

二、校官及同等官二年零六个月晋级，四年晋等；

三、将官晋级以有战功及特殊之勋劳者，由大总统特简。

第九条　战时或平时建立殊勋人员，其除补或升补期限，得不受第五、六、七条之限制。但不得同时晋升二级。

第十条　航空军官佐俸给，分左列四种：

一、本俸　凡依本条例补官者适用之；

第一表

航空军官佐					
上等（将官及同等官）			中等（校官及同等官）		
航空军上将	航空军中将	航空军少将	航空军上校	航空军中校	航空军少校
	航空军机械总监	航空军机械监	航空军一等机械正	航空军二等机械正	航空军三等机械正
	航空军军需总监	航空军军需监	航空军一等军需正	航空军二等军需正	航空军三等军需正
	航空军军医总监	航空军军医监	航空军一等军医正	航空军二等军医正	航空军三等军医正
			航空军一等司药正	航空军二等司药正	航空军三等司药正
	航空军军法总监	航空军军法监	航空军一等军法正	航空军二等军法正	航空军三等军法正
附记	一、军官仍采用三等九级制，上等曰将官，中等曰校官， 二、机械、军需、军医、军法等称统属军佐，不设上等， 三、技工、簿记、看护等，均系准尉同等官；军士仍分上				

士　等　级　表

初等（尉官及同等官）			准尉	军士		
航空军上尉	航空军中尉	航空军少尉	航空军准尉	航空军上士	航空军中士	航空军下士
航空军一等机械长	航空军二等机械长	航空军三等机械长	技工长	一等技工	二等技工	三等技工
航空军一等军需长	航空军二等军需长	航空军三等军需长	簿记长	一等簿记生	二等簿记生	三等簿记生
航空军一等军医长	航空军二等军医长	航空军三等军医长	看护长	一等看护	二等看护	三等看护
航空军一等司药	航空军二等司药	航空军三等司药				
航空军一等军法长	航空军二等军法长	航空军三等军法长				

初等曰尉官，每等分上中少三级。
第一级与将官同等官，自第二级起，与校官、尉官同等官，仍各分三级，中下三级。

第二表

等　级	第一级	第二级	第三级	第四级	第五级
上　将	一〇〇〇	九五〇	九〇〇		
中　将	八〇〇	七五〇	七〇〇		
少　将	六〇〇	五五〇	五〇〇		
上　校	四〇〇	三八〇	三六〇		
中　校	三四〇	三二〇	三〇〇		
少　校	二八〇	二六〇	二四〇		
上　尉	一八〇	一七〇	一六〇		
中　尉	一五〇	一四〇	一三〇		
少　尉	一二〇	一〇〇	八〇		
准　尉	六〇	五〇	四〇	三五	三〇

第三表

等级	第一级	第二级	第三级
军需医法总监	六〇〇元	五五〇元	五〇〇元
军需医法监	四〇〇元	三五〇元	三〇〇元
一等军需医法正	二六〇元	二四〇元	二二〇元
二等军需医法正	二〇〇元	一八〇元	一六〇元
三等军需医法正	一四〇元	一二〇元	一〇〇元
一等军需医法长	九〇元	八〇元	七〇元
二等军需医法长	六五元	六〇元	五五元
三等军需医法长	五〇元	四五元	四〇元

二、勤俸　实任空中勤务者适用之；

三、特俸　服特种任务时有成绩者于临时适用之；

四、退休俸　任职照章退休年限期满者适用之。

第十一条　本俸以月计，其等级数目，依附表第二表定之。但军需、军医、军法等职，依附表第三表定之。

第十二条　勤俸以月计，其数目，上等官为本俸四分之一，中等官为本俸三分之一，初等官为本俸二分之一。

第十三条　特俸无定数，视任务之大小轻重，临时酌给之。

第十四条　退休俸以月计，其数目为本俸四分之一。

第十五条　凡航空军官佐自补官之日起，即按所授官阶，照附表第二表、第三表叙列等级，支给本俸。

第十六条　初补官人员之俸给，应自各该职之最低级俸为始，依次递加。

第十七条　补官人员之本俸，须满半年以上，方得晋级。

第十八条　补官人员受高级本俸，满五年以上成绩卓著者，得给以本俸年额十分一以内之年功加俸。

第十九条　航空军官佐补官细则及其官俸发给细则、退休待遇细则，另定之。

第二十条　本条例自公布日施行。

〔政府公报，1726年11月21日，第3809号〕

10. 军事部航空署官制

（1927年7月13日）①

军事部航空署官制

第一条 军事部航空署管理航空事务。

第二条 军事部航空署置事务厅及左列各司：

机械司 管理司

第三条 事务厅掌事务如左：

一、关于机要及航空文库事项；二、关于典守印信事项；三、关于署内职员任免、迁调及赏恤事项；四、关于公文、函电之纂辑、保存及收发事项；五、关于预算、决算款项出纳事项；六、关于署内风纪事项；七、关于物品、材料之购置及保管事项；八、关于官产、官物之保管事项；九、关于统计事项；十、其他不属于各司之事项。

第四条 机械司掌事务如左：

一、关于航空器之制造、修理事项；二、关于考工事项；三、关于航空器之适航事项；四、关于航空机件、材料之审检及保管事项；五、关于航空器之发明、改良、制图及空中照相事项；六、关于航空机械图书及航空章制之编译事项。

第五条 管理司掌事务如左：

一、关于航空注册事项；二、关于航空路线站场之保管事项；三、关于空中运输事项；四、关于航空一切建筑事项；五、关于航空军之编制、运用、补充事项；六、关于禁航区域事项；七、关于航空兵器材料之整理、分配、保管理项；八、关于航空人员之教育、考试事项；九、关于飞行学术之改良、发展事项；十、关于气候无线电及其他保安事项。

---

① 系刊登《政府公报》时间。

第六条　航空次长辅助军事总长，掌管本署事务，监督所属职员，并所辖各官署。

第七条　军事部航空署设参事二人，承长官之命，掌审核拟订本署主管之法令，并涉及学术事项。

第八条　军事部航空署设司长二人，承长官之命，分掌各司事务。

第九条　军事部航空署设秘书一人，副官二人，承长官之命，掌理事务厅事务。

第十条　军事部航空署设科长十人，承长官之命，分掌总务厅及各司事务。

第十一条　军事部航空署设科员六十六人，承长官之命，助理事务厅及各司事务。

第十二条　军事部航空署设驾驶员四十人，承长官之命，掌理驾驶事务。

第十三条　军事部航空署因缮写文件及其他事务，得酌用雇员。

第十四条　军事部航空署职员之官级，依附表所定。

第十五条　本官制自公布日施行。

军事部航空署职员官级表

参　事（少将）

事务厅		秘　书 科　长（上校） 副　官（上中校）	科员（中校 少校 上尉）
机械司	司　长（少将）	科　长（上校）	科员（中校 少校 上尉）
管理司	司　长（少将）	科　长（上校）	科员（中校 少校 上尉）

〔政府公报，1927年7月13日，第4031号〕

11. 航空委员会制定航空条例草案①

（? 年）

谨将航空条例草案开呈鉴核。

计开：

第一章　总则

第一条　凡航空之物，如水陆飞机、气艇、气球等，皆为航空器。

第二条　航空事务由航空委员会主管之。

第三条　非领有中华民国航行执照之航空器，均不得在中华民国境内或领海航行。

第四条　凡从事航空事业之中华民国国民，得组织航空制造厂或办理航空学校，或设置航空演习场。但应先将详细计划，呈请航空委员会审核定案，提向国务会议议决之。

第二章　航行及驾驶执照

第五条　请领航空执照，应由航空器之业主开具姓名、住址、籍贯，呈请所在地方官厅转呈本管长官核咨航空委员会核办，并附左列文件：

一、该管地方官厅证书，证明呈请人为中华民国国民；

二、航空器之种类及构造者之姓名；

三、航空器之本身重量及容积量；

四、发动机之配置及马力；

五、气囊之构造及容积（以立方公尺计），或机翼之面积（以平方公尺计）；

六、飞行最高之高度及航行最高或最低时之速率；

七、每小时所用之油量概数及所载之油量；

① 本件无作者及收文者和时间，据内容判断作者为航空委员会。

八、航空器之照片及其他详细说明；

九、预定航行之路线及起落地点；

十、预定航行之目的及期限；

十一、驾驶人员之姓名、籍贯及驾驶执照；

十二、应备之警告器具及用法；

十三、应缴之执照费；

十四、如航空器为国外运来品，并须证明该器准予入口及曾纳关税之单据。

第六条　航空委员会认呈请为正当时，应视航空器种类及具呈先后次序，指定该航空器应带之标记及号数，填发航行执照，并将照片附粘于执照之上。发给航行执照，除将前条所揭详细审查登记外，并记左列事项：

一、检验证书号数及发给该书之官吏；

二、所定该航空器应带之标记及警告信号；

三、注册之年月日；

四、应行缴销执照之年月日。

第七条　航空器变更业主或路线时，应将前领之航行执照缴销，呈请更换新照；航空器毁坏而失其使用能力者，应将航行执照缴销。

第八条　已领航行执照之航空器，航空委员会有随时检察之权。如认业主或驾驶人员有违背航空各规定，或航空器有不稳固形状，得撤销其航行执照。

第九条　凡航空器之驾驶人，非领有驾驶执照不准航行。以上执照，由航空委员会试验后发给之。

第十条　驾驶执照，分水陆飞机、气艇、气球各种，凡祇领一种执照之驾驶人，不得驾驶他种航空器。

第十一条　驾驶执照应记左列事项：

一、驾驶人姓名、年岁、籍贯、出身及其现在之住址；

二、驾驶人之署押附粘相片；

三、能驾驶航空器之种类。

第三章　检察

第十二条　航空委员会得选任适当技术人员为航空检验委员。

第十三条　检验委员于检验后，应造具检验证书报告于航空委员会，并署名盖印，载明左列事项：

一、第五条所揭各项；

二、检验评语。

第十四条　航空委员会如认检验证书尚有未尽事宜或发生其他疑问时，得另派人员复验。

第十五条　航空委员会于发给航行执照后，应即通知航行起落所在之地方文武官吏随时监察，其监察所得状况，应详细记载，并报告于航空委员会。

第十六条　所在地方文武官吏，如觉察驾驶人有违背航空各规定情事，得随时暂令停止其驾驶，并将详细情形报告航空委员会核办。

第四章　航行时应遵事项

第十七条　航空器非绘有显著标识不准航行，航空器应将注册标记及号数，至小以一公尺大之字，用白地黑书，绘于左定各部位：

一、气艇绘于气囊前端下部；

二、飞机分绘两翼之上下部；

三、气球绘于气囊下部。

气艇、气球应悬国旗，飞机绘国旗于尾端。

第十八条　航空器除应纳费用外，如携带应纳捐税货物，应向该管征收官吏完纳捐税，掣回收据。

第十九条　航空器于出航时，应随带左列文书：

一、航行执照；

二、驾驶执照；

三、航行簿记。

第二十条　航行簿记，应开列航空器之种类、注册、标记与号数，业主之姓名、住址，并于每次出航时，记载左列各款：

一、驾驶人、司事人及搭客之姓名、住址；

二、行经路线及所升高度，行经路线应绘图另志之，所升高度以压气表计算之；

三、天气及风向之变迁；

四、沿途停息及航空器具与所载各人发生意外情事，或其他重要事项。

以上各项，应随时记载，如有窒碍，必于十二点钟内追记之。此项簿记，应于三年内保存之。

第二十一条　检查委员、征收官吏及地方官厅行使其职权时，并得随时检查第十八及十九条所载各文据。

第二十二条　航空器航行时，气艇、飞机应让避气球，飞机应让避气艇。

第二十三条　用发动机之航空器航行时，务与其他航空器相距至少隔二百公尺。

第二十四条　两飞机在不同高度行驶，其截回线相距不及二百公尺时，上下飞机，应互相让避，务使相距平线，至少隔二百公尺。

第二十五条　两飞机异其速率而同趋一方向时，在后飞机若行驶较速，应在平面偏左超过，如须从截面纵进，应向上超过。

第二十六条　两飞机彼此航路成一纵横线时，应互相让避，各在平面偏左开行。

第二十七条　两飞机对面飞行而趋于几同对面之方向时，应各偏左进行。

第二十八条　两气艇同在航行时，依本条例第二十四条至第二十七条之规定办理。

第二十九条　气艇如在空中自行停泊，应悬示黑球一具，应视同航空器之在行驶中，若因一部分机器稍有损坏，不得已而停泊者，用黑球二具叠置悬示之，应视同气球。

以上两种停泊法，如在夜间，应将黑球改悬白灯，均视同气球。

第三十条　气艇于航行时，如遇因云雾雨雪，不论日夜，应鸣断续音号。气球遇同一天气，如有用发动机之航空器驶近时，亦应鸣号。

第三十一条　航空器之有压重袋者，只准贮净水或细沙。

第三十二条　航空器在夜间航行，应悬本条例规定各式之灯，但探远灯非经航空委员会特许，不得安置。

第三十三条　气艇或飞机应悬灯式如左：

一、前部正中设一白灯，其光度以达二百二十度平面弧角为准则；

二、左傍中间设一红灯，右傍中间设一绿灯，其光度均以达一百十度平面弧角为准则；

三、以上三灯安设之位置及光度，以不论从何视点观察，至少能见三十度之光度为合式；

四、红绿灯应行隔蔽，使其光不能透彻于背面；

五、暗夜气静时，白灯之照射力，以相距四公里能望见者为合式，红绿灯之照射力，以相距二公里能望见者为合式；

六、气艇为防其他航空器迫近，应于后部加设白灯。

第三十四条　气球须备一白灯，遇他航空器驶近时悬示之。

第三十五条　气艇准备降落时之信号，日间悬一三角红旗于艇下，夜间颤动艇前白灯，其红绿灯仍不灭熄。

第三十六条　气艇遇险时告急之信号，日间悬一三角红旗于艇下，并系叠置之黑球二具，夜间颤动其白灯，同时均鸣音号。

第三十七条　气球遇险时告急之信号，日间于坐篮下悬一三角红旗，夜间颤动其白灯，同时鸣音号。

第三十八条　前五条所揭之灯光如失其效用时，应速择地下落，以防遇险。

第三十九条　航空器遇险时，在地方文武官吏竭力设法援助，并即报告航空委员会公布之。

第四十条　凡拾有航空器遗失物者，应即送交所在地文武官吏保管，并由该官吏立即转报航空委员会公布之。

第五章　禁令

第四十一条　航空器不得行经禁航区域，其区域周围界限，俱于附表第一、第二规定之。

第四十二条　除附表第一、第二规定禁航区域外，凡陆海军所用之地段，与建筑物工有应作为禁航区域者，得由陆海军随时公布之。

第四十三条　凡中华民国沿海岸线及与外国接壤之疆界线，除划定准许出入地点外，其余皆禁止航行。至准许出入之地点，于附表第三规定之。

第四十四条　航空器除遇险外，非在指定着落地点不准任意降落。航空器之着落地点，应由航空委员会会同该管地行政长官随时指定设备之。

第四十五条　航空器有犯左列各情事之一者，所在陆海军军官应即发示信号禁阻之：

一、行经或意图行经禁航区域；

二、行经或意图行经沿海岸线或疆界线之禁航部分。

第四十六条　发示禁阻信号，依左列方法行之：

一、日间施放发现黑烟之信弹三次，每次须隔十秒钟；

二、夜间施放发现红光之信弹三次，每次须隔十秒钟。

第四十七条　航空器见禁阻信号后，不得再向禁航地前进，应即就近降落；其因风云不测，烟雾障蔽，或其他不得已事故不能立降者，应即发示左列答复信号：

一、日间于便于视晰之位置悬一三角红旗，并系叠置之黑球二具；

二、夜间摇示白灯，灭熄其他各灯。

发示答复信号后，仍应从速就近降落。

第四十八条　航空器有不遵本条例第四十五条至第四十七条禁阻者，该管陆海军军官得用枪炮火或其他方法轰击之。

第四十九条　航空器禁止携带左列物件：

一、传信鸽；

二、照相器；

三、无线电报或无线电话；

四、爆裂物、军械、军用品或其他禁制品。

第五十条　前条所揭之一、二、三款，航空委员会得特别酌予允许。

第五十一条　本条例第五十条之特别允许，遇有必要时，航空委员会得随时撤回之。

第五十二条　于全部或一部戒严时，即以所宣布之戒严区域停止航空，其于实施动员时，全国停止航空。

第六章　国有及军用航空器

第五十三条　凡航空器为政府所有者，皆为国有航空器。陆海军所有航空器及经陆海军征用，由着制服之官佐驾驶，并携带护照证明，其有军事差遣者，均为军用航空器。

第五十四条　国有航空器之标识，除照第十七条规定外，应绘明该器所属官厅之特别符号。标记号数，须由主管部通知航空委员会备案，请发航行执照。

第五十五条　军用航空器之标识，均照第十七条所规定，惟须改国旗为陆海军旗，并绘明陆海军特别符号。标记号数，须由主管部通知航空委员会备案。

第七章　航空器出入国境

第五十六条　凡准许航空器出入之经界及海岸，航空委员会应会同该管地行政长官指定地点设备着落处所，并设管理航空委员。

第五十七条　外国航空器航行中华民国国境或领海时，应先具声请书，向中华民国领事官请领入境护照。声请书应填载左列各款：

一、航空器管理人及搭客之姓名、国籍、职业、住址；

二、航空器之种类及其在该国注册之标记与号数；

三、装载之物品；

四、起程之预定日期；

五、起程地点；

六、在中华民国著落处所；

七、航行宗旨。

该管领事官查无窒碍，始允给予护照。唯领取护照后，至少逾四十八小时始准起航，俾有相当时间电知该管航空委员会查照。如遇电报不通，该领事官应即告知请领护照人暂缓起航。

第五十八条　入境之外国航空器，不准携带左列物件：

一、本条例第四十九条之禁止品；

二、海关禁止输入之货物；

三、应纳税之货物，但其分量微小，仅供航行时需用者，不在此限。

四、邮件。

第五十九条　入境之外国航空器，应直驶至指定处所着落。航空器管理人于着落后，应即赴该管航空委员会公务所缴验入境护照，并填写报告。报告应载左列各款：

一、航空器之种类、制造年月、注册标记及号数；

二、管理人及搭客之姓名、国籍、住址；

三、驾驶人之驾驶执照号数；

四、行李及需用品；

五、起程地点；

六、航行中之经过事件；

七、航行宗旨；

八、回住地点及日期。

第六十条　入境之外国航空器着落时，于未经航空委员查验以前，搭客不得擅离，物件不得撤动。

第六十一条　入境之外国航空器，除附表第三号公布各地点外，均禁止航行。其在各地点准许航行范围，俱于附表说明之。

第六十二条　外国航空器出境时，应报知该管航空委员查验后，始得起航。

第六十三条　凡外国军用航空器，禁止在中华民国国境及领海内航行或着落。

第六十四条　中华民国之航空器出航外国及自外国返国者，应依左列之规定：

一、出航外国者，应先将航空器停息指定着落处听候查验，一面将出境日期、开往地点及途程，呈报管理航空委员转知出航所在之外国驻华领事官，并依该国之条例请其允许；

二、自外国返国者，应先将该器注册之标记、号数、起程日期及地点、入境日期及地点，由驻在外国之中华民国领事官电达管理航空委员，并应于着落后呈报该管航空委员，听候查验放行。

第八章　附则

第六十五条　国有航空器，除本条例第四条至第十六条及五十七条至六十三条各规定外，均适用之。

第六十六条　军用航空器，除特别规定外，本条例第二十二条至第四十条均适用之。

第六十七条　关于违背本条例应科之罚则，另定之。

第六十八条　本条例施行细则，另定之。

第六十九条　本条例自公布之日施行。

〔北洋政府国务院档案〕

（二）航空主官任免

1. 总统府军事处关于大总统派赵玉珂办理航空一切事宜函稿

（1924年9月5日）

函航空署赵督办
航空队敖司令

迳启者：顷奉大总统谕：所有航空一切事宜，均着赵督办玉珂筹划办理，其中航空队事务，着一并归该督办指挥等因。除分函外，特此函达。即希查照为荷。此致

航空署督办

中央航空队司令部

启　　九月五日

〔北洋政府大总统府档案〕

2. 临时执政任命沈觐宸为航空署厅长令

（1925年5月4日）

临时执政令

任命沈觐宸为航空署厅长。此令。

中华民国十四年五月四日

〔政府公报，1925年5月5日，第3266号〕

3. 临时执政免去何遂改任曲同丰为航空署署长令

（1925年7月30日）

临时执政令

兼航空署署长何遂，呈请辞职。何遂准免兼职。此令。

中华民国十四年七月三十日

临时执政令

任命曲同丰为航空署署长。此令。

中华民国十四年七月三十日

〔政府公报，1925年7月31日，第3351号〕

4. 临时执政派曲同丰兼航空总司令令

（1925年8月13日）

临时执政令

派曲同丰兼航空总司令。此令。

中华民国十四年八月十三日

〔政府公报，1925年8月14日，第3365号〕

5. 临时执政免去刘学坚改任李焕庭为航空署厅长令

（1925年8月13日）

临时执政令

航空署署长曲同丰呈，厅长刘学坚因病辞职。刘学坚准免本职。此令。

中华民国十四年八月十三日

临时执政令

任命李焕庭为航空署厅长。此令。

中华民国十四年八月十三日

〔政府公报，1925年8月14日，第3365号〕

6. 临时执政免去沈觐宸航空署厅长令

（1925年8月13日）

临时执政令

航空署署长曲同丰呈，厅长沈觐宸另有任用，请免本职。沈觐宸准免本职。此令。

中华民国十四年八月十三日

〔政府公报，1925年8月14日，第3365号〕

7. 临时执政任命赵云鹏为航空署厅长令

（1925年9月8日）

临时执政令

任命赵云鹏为航空署厅长。此令。

中华民国十四年九月八日

〔政府公报，1925年9月9日，第3391号〕

8. 临时执政关于航空总司令启用关防指令

（1925年9月16日）

临时执政指令　第一千四百八号

令航空总司令曲同丰

呈报启用关防日期由。

呈悉。此令。

中华民国十四年九月十六日

〔政府公报，1925年9月17日，第3399号〕

9. 临时执政著裁撤航空总司令令

（1926年1月22日）

临时执政令

航空总司令一职，著即裁撤。此令。

中华民国十五年一月二十二日

国务总理　许世英

〔政府公报，1926年1月23日，第3516号〕

10. 临时执政特派马福祥为航空署督办令

（1926年1月23日）①

临时执政令

特派马福祥为航空署督办。此令。

国务总理　许世英

〔政府公报，1926年1月23日，第3516号〕

11. 临时执政准曲同丰辞航空署署长令

（1926年2月6日）

临时执政令

航空署署长曲同丰恳请辞职，曲同丰准免本职。此令。

国务总理　许世英

中华民国十五年二月六日

〔政府公报，1926年2月7日，第3531号〕

---

① 系刊登《政府公报》日期。

12．临时执政任命段永新署航空厅长令

（1926年4月1日）

临时执政令

任命段永新署航空厅长。此令。

国务总理　贾德耀

中华民国十五年四月一日

〔政府公报，1926年4月2日，第3583号〕

13．刘光克为代理航空署长公函

（1926年4月28日）

航空署公函　第廿一号

迳启者：本年四月二十一日，奉第三四方面联合军团张、联军总司令李张褚委任第六八号令开：委任刘光克为代理航空署署长。此令。等因。奉此。光克遵于四月二十二日就代理航空署署长之职。除呈报并分函外，相应函达，希即查照。此致

内务部

中华民国十五年四月二十八日

〔北洋政府内务部档案〕

14．大总统特派张厚琬为航空署督办令

（1926年7月15日）

大总统令

特派张厚琬为航空署督办。此令。

国务总理杜锡珪

中华民国十五年七月十五日

〔政府公报，1926年7月16日，第3685号〕

15. 大元帅任命赵延绪为航空次长令

（1927年6月28日）

大元帅令

任命赵延绪为军事部航空次长。此令。

国务总理　潘复

军事总长　何丰林

中华民国十六年六月二十八日

〔政府公报，1927年6月29日，第4018号〕

（三）购买外国飞机及聘用外员

1．税务处关于参谋部在法国购办飞机十二架由海关验放与陆军部往来函

（1913年7月）

（1）税务处函（7月9日）

税务处公函　二年税字第四千五百五十二号

迳启者：准参谋部函称：本部在法国购办飞机十二架，计共二百五十六箱，分三次运京，曾经函请贵处转饬天津各海关验放在案。第一第二两次飞机，业已先后运京，第三次飞机，除六月十一日实到四十四箱由秦皇岛迳运京外，其余二十一箱，已于上月二十日抵津。除由陆军部领取护照外，并函请天津海关验放。讵迄今多日，仍未放行，应函请电饬津关免税放行。等因前来。查参谋部购办飞机，前准贵部知照二十箱，本处业于六月二十四日饬关验放并函复在案。兹准该部函称：系二十一箱，数目不符，未知系何缘因，相应再行函达贵部查明见复，以凭饬关验放可也。

此致

陆军总长

中华民国二年七月九日

（2）陆军部复函稿（7月14日）

陆军部公函

迳复者：接准公函内开：准参谋部函：本部所运第三次飞机，除六月十一日实到四十四箱由秦皇岛迳运京外，其余二十一箱，已于上月二十日抵津。除由陆军部领取护照外，并函请天津关验放。讵迄今多日，仍未放行，函请电饬免税放行等因。查参谋部

购办飞机，前准贵照二十箱，本处业已饬放。兹该部函称：系二十一箱，未知何故？请查明见复。等因前来。查本部前次知照飞机二十箱，系按照参谋本部来函所称之数填写，现准该部函称，确系二十一箱，本部业于本月十一日再行知照，将前案取消，另按此次箱数饬放在案。兹准前因，相应函复贵处查照可也。此复
税务处
中华民国二年七月　日

〔北洋政府陆军部档案〕

2. 龙济光等关于派员赴菲律宾赎回飞机电

（1916年1月26日）

皇帝陛下圣鉴：现据飞机师谭根报告：前在菲律宾因债务涉讼，扣留被告人飞机两具，现案已判结，估价约美金三万元，听人或购或赎。现有乱党出资争赎，根为此案债权人有备案取得飞机权，惟未敢擅自留用，请由官厅拨款赎回。等情。济光、鸣岐会商，飞机为军用利器，若被乱党利用，关系较巨，粤款虽绌，惟为防止乱谋起见，经拨款派员协同谭根往赎。事关购置军储，理合电请饬部立案。至将来飞机运到，应否解京，抑留粤省备用，并乞训示遵行。督理广东军务臣龙济光、广东巡按使臣张鸣岐谨奏。宥。印。

〔北洋政府统率办事处档案〕

3. 参谋部等为在美国购置飞机发动机交付价款呈

（1916年4月）

（1）唐在礼致袁世凯呈（4月8日）

代理参谋总长、次长唐在礼谨呈为请饬发在美购置发动机第一期交价各款，仰祈钧核事：窃职部因编练飞机队，前经电请驻

美顾公使就近向美京吉罗厂订购发动机二十具，并奉发给定款美币一万五千元转汇该厂订立合同在案。兹接顾公使电，第一期交货将届，并请先汇第一期机价各款。等因。查发动机价，原有合同，自应照付。其他配添各件，虽在该队设置计划书中均有预算，惟数目多少，未尽相同，自宜准据原订计划，以定去取，俾免超越预算。兹细为稽核发动机第一期交价美币一万零八十元，运费并备添机件五千二百十三元，共美币一万五千二百九十三元，合中洋三万八千二百三十二五角，似宜即行汇寄，以期早日交运。是否有当？理合钞附顾公使来电，并拟就办法，另摺呈请大元帅钧鉴，伏乞饬拨施行。

附抄顾公使来电及办法手摺一件

中华民国五年四月初八日

附摺

谨抄顾公使来电，并拟办法，呈谨钧鉴。

计开：

一、顾公使来电

参谋部鉴：函悉。发动机第一期将届，应找付机价美币一万零八十元，运费美币七百元，请先并汇备付。再据该厂云：除零星小件不取值外，他国购机每备添小件两套，以防损失，而图久远。惟四十套共需美币一万四千五百九十五元七角。螺旋板须制造精确，方能合用，每机宜备两支，四十支共须美币二千三百四十元。技工押运可照办，来往以六个月算，川旅各费，共须美币二千五百元。速度表所以示飞行速率，俾有标准，每机宜备一枚，二十枚共需美币一千二百六十元。等语。如照购，乞将各该价并汇，以便购定并运。余详函。钧。十七日。

二、对来电办法：

一、第一期交价美币一万零八十元，原有合同运费美币七百元，原有预算，均拟请照交。

二、备添机件款项，原预算为美币四千元，今若照电添备四十份，款项不足，拟仅添备十份，计美币三千六百四十九元。

三、螺旋板因可仿制，故拟祇购四支，计美币二百三十四元，此款由备份机件项下余款拨用。

四、押运技工旅费，需美币二千五百元，为数稍多，核与原预算运费汇水各项，只共有七千元，实不敷用，故拟仍请顾使就近派员验收交运，毋庸押运。

五、速度表拟购十份，计需美币六百三十元，此款可由原预算仪器购置费项下拨用。

以上购置各款，共美币一万五千二百九十三元，每美币一元，合中洋二元五角，计共需洋三万八千二百三十二元五角。

（2）统率办事处致袁世凯呈稿（4月16日）

参谋本部呈：据驻美顾公使电称：本部前在美厂订购发动机二十具，现届第一次交货之期，请先将第一期机价各款汇美等语。查机价前奉发给定银三万七千五百元在案。此次第一期机价，自应按合同照付。其他添配各件，应按原订预算稽核，俾免超越。计连同运费，共合中银三万八千二百三十二元五角，似宜即行汇寄，以期早日交运等情。拟请照发。呈候示遵。

〔北洋政府统率办事处档案〕

4. 大总统准拨制造飞机款项指令

（1917年9月7日）

大总统指令　第一千四百二十号

令参谋总长王士珍

呈请拨制造飞机款项由。

呈悉。交财政、陆军两部查核筹拨。此令。

中华民国六年九月七日

国务总理 陆军总长 段祺瑞

财政总长 梁启超

〔政府公报，1917年9月7日，第591号〕

5. 吴佩孚为奉军在沪洽购意国飞机亟应查禁密电

（1922年10月18日）

保定曹大帅钧鉴：泰密。顷接密探报告称：闻意国装运二百八十马力之飞机三架来沪，秘密出售。现奉军人员正与商议购买之手续。等情。事果属实，亟应查禁。除电齐督、杜总司令①会同探查阻止外，特电奉陈，敬请帅座注察为盼。佩孚叩。巧。印。

〔北洋政府直鲁豫巡阅使署档案〕

6. 吴佩孚关于添购军用飞机密电

（1923年12月13日）

北京大总统钧鉴：元密。顷据航空队长李珉电称：探闻奉天刻有新购大马力战斗飞机十余架，浙省亦购飞机廿余架。我方虽有飞机，均系商用及教练之用，拟恳设法添购新式飞机，以资应用。等情。复核所称，不为无见。谨乞饬令赵督办②添购军用大飞机多架，以期有备无患，伏候钧酌施行。吴佩孚叩．元。印。

〔北洋政府大总统府档案〕

---

① 齐督指江苏督军齐燮元，杜总司令指海军总司令杜锡珪。

② 指航空署督办赵玉珂。

7. 大总统府军事处第二厅关于聘用日人为飞行教官及续造牛波尔驱逐机等情函

（1924年3月6日）

迳启者：前奉处长交下转奉大总统交谕，中央航空队司令敖景文请聘日人为该队教官，并请颁给奖金及续造牛波尔飞机各节，业由敝厅与贵厅会稿函复该司令，均准照办等因在案。相应抄录原案，函送贵厅查照为荷。此致

第三厅

附抄原案计 函一 摺一 呈二 册一 件〔略〕

大总统府军事处第二厅启

中华民国十三年三月六日

为呈报事：窃于二月十六日，奉派赴南苑查看直隶陆军航空队新造牛坡特① 飞机试飞等因。遵于十七日偕敖司令景文等前往南苑，由洪技士云中引观飞机。该飞机系法国牛坡特第二十四式，为驱逐机之一种，又名牛坡特贝彼NEWPORAY，身长英尺十四尺（约合工部尺一丈三尺余），翼宽英尺二十四尺（约合中国二丈二尺余），机翼面积十五平方米达，机高英尺八尺，机重五百五十启罗，格郎木型式，系一叶半式单座，发动机马力一百一十四。该发动机，系以两架旧机凑合而成，且其大轴之轴鼻，曾经碰撞，稍有偏斜。按发动机马力与机身重量计算速度，可达一百三十英里。

---

① “牛坡特”与上文“牛波尔”下文“牛波特贝彼”同，均为NEWPORAY之译音。

飞机除发动机外，均由航空队工人按洪技士之图制造，各部机件制造，尚称合法。机身油绿黄色。该队试造飞机，第一架已有如此成绩，洵属难得。继由日本一等飞行士安岗驹好，于下午二时驾驶飞行，在地进行约六十米达，即离地腾空上升，速度甚快，据称升高三千米达，祗需时九分钟。惟发动机既系旧物，试车时，已闻声响不匀，果然，日本飞航员飞绕操场一周，约三分钟，即行落地。据飞航员声称：发动机有一气缸不过火，本拟进城，恐生危险，因复降落，施行检查后再飞云云。即由洪技士率同技工等检查规正，复行试车多次，终以发动机大轴轴鼻偏斜，车开时机身震动太大，非从新规正轴鼻不能再飞，当由敖司令与谘议商议停止飞行。以上为查看直隶陆军航空队新造飞机试飞情形，相应据实呈报处长鉴核施行。

军事谘议　陈虹蓬呈

为呈报牛波尔飞机试飞情形，恳请派员检阅并颁给奖金，以昭激劝，恭呈仰祈钧鉴事：窃前以牛波尔驱逐机制造完竣，曾派洪技帅云中赴日聘请安岗驹好来华，由景文偕同赴保试飞，均经呈明在案。当于十一日，由该日人驾驶飞行一次，空中一切动作，极为灵敏，起落均称平稳。此种飞机每小时可行四百余里，洵为战斗驱逐机中最良之器，而该日人之技术精娴，尤为可贵也。拟请派员检阅，以资考查，而示郑重。惟查该技师洪云中，学具特长，自担任制造以来，备尝辛苦，拟请月加津贴五十元，以资鼓励。日人安岗驹好，远道来华，冒险试飞，深堪嘉尚，拟请给予一次奖金三百元。各技工等，潜心仿造，昼夜勤苦，拟请共给一次奖金二百元，交洪技师酌量支配，并请于派员检阅时，代为颁发，以昭激劝。再，该日人技术优异，为飞行界不可多得之材，拟请聘为职队教官，担任空中战斗教练并兼教授学员。如蒙俞允，即与该日人草订合同，呈候核示。是否有当？理合一并具文呈请鉴核

批示遵行。谨呈

大总统

中央航空队司令敖景文

为拟请续造牛波尔驱逐机，为法国著名战斗飞机，仿造竣工，试飞已着成效，亟宜继续制造，以裕军储，庶平时教练有资：战时应用无匮。查此项飞机出自法国，价在二万元以上。日本购此制造图说，靡款至数十万之巨。职队所造之两架，除器具外，每架所需材料，约合洋五千六百余元，倘合造多架，则每架当可节省数百元，拟请续造十架，勉可敷用。平均每架约需材料洋五千元，连购克莱氏发动机二千一百八十元，共计七千余元，尚不满购三分之一。现在业蒙派员检阅审定，确合军用。谨拟具预算，除发动机一项另案办理外，所有应需器具材料等项，约合洋六万四千零一十五元，开列清册，呈请鉴核。拟请先行饬发五万元，以便迅速购料，克期兴造。至所领经费，将来如有盈亏，仍照向章核实支销。再，查前向法商订购之克莱氏发动机，业经拟订合同，呈请批准，现在亟待发款，以便签字。拟请将全价三分之二，计洋一万四千五百三十三元零，一并饬发，俾该机早日运到，而济急需。所有请续造牛波尔飞机十架，并请饬发经费各缘由，是否有当？理合连同预算清册，具文呈请鉴核批饬施行。谨呈

大总统

附呈制造牛波尔飞机应用经费预算清册一本〔略〕

中央航空队司令　敖景文

迳启者：奉处长交下奉大总统交谕：呈及附册均悉。该日人安岗驹好，技术既属优异，应准聘充该队教官，仰即将与该日人草订合同，呈候核夺。至请颁给奖金及续造牛波尔飞机十架各节，均准照办。各等因。奉此。相应函达，即希查照办理为荷。此致

中央航空队敖司令

〔北洋政府大总统府档案〕

8. 敖景文关于购买上海现存飞机与军事处往来函电

（1924年9月）

（1）敖景文密电（9月20日）

北京大总统府、吴巡阅使、陆处长、航空署赵督办钧鉴：捷密。敌机猖獗，非有驱逐战斗机决难制胜。一年以来，屡请购办，泣涕陈词，迄未购到。平时视为不急之需，临事又恐购办不及。今也，敌机扰于上，士卒怨于下。景文职责所在，焦灼万分，靡烂捐躯，亦复奚补。兴言及此，五内欲焚。日前吴总长介绍，谓沪上现有极速大飞机三架、小战机一架，一星期即可交货。此时赶办，尚能济用，先仅购大者，则所需款项，不过十余万元，裨益戎机，何啻倍蓰。此机若到，敌机决不敢飞进我境，并可掩护我大机施行剧烈轰炸。否则，徒手搏狮，纵死何益？敢请诸帅力陈主座，即令交部代购代运，以期稍挽桑榆。再有陈者，新由京、洛派赴江苏之航员，多系优秀之选，苏省山岭丛杂，汊港纵横，本不宜于飞行。与其备位无功，何如调回使用。如何之处？并候钧裁。中央航空司令敖景文智叩。

（2）军事处复函（9月22日）

敬启者：顷接敖司令智电，请购上海现存之飞机等情。当经呈奉主座谕：有则即购。等因。查原电业已分达尊处。兹特抄录批示，即请查照办理为祷。此致

航空署赵督办

处启九月廿二日

〔北洋政府大总统府档案〕

9. 曲同丰为所订无线电合同因日美商人竞争请迅予取消收回自办密呈

（1925年9月30日）

呈为请将政府前此与日商三井洋行暨美商费理得公司所订无线电合同迅予取消收回自办，以保利权而重国防，敬祈钧鉴事：窃查我国与日、美间纷扰多年，迄未解决之无线电一案，本年上月二十九日，我国感觉竞争者之难于应付，曾向日、美两使提出照会，主张收回自办，用资挽救。制度统一，办法妥善，将来能否如愿，虽不可知，倘能全国一致主张废除是项合同，则近顷外人方面倡开放之说者，即无所施其狡谋。惟是无线电一项，实握世界通信权惟一之机具，在交通上利益固大，在军用及航空上尤为重要。欧战中间，德国常用无线电放射强烈电波，扰乱通信，各交战国苦之。迩来美、法等国，竟有利用无线电指挥军舰或飞机自由航行之举。进步之速，尚无止境。历年以来，日、美关系复杂，各欲在我国内攫取将来在外交上、军事上之优越地位，垄断通信权，其计至毒。请再就航空方面言之，无论平战两时，凡空中与地面上之通信，全恃无线电以资联络，设此项经营权操之外人，将来通信之际，必致常生扰乱通信，遗误事机。甚或特放强大电流，足使飞行途中之飞机、气艇，骤失能力。其他种种危险，目前尚难预料。万不宜视为无足轻重，遽行租让及专利。我国前此对于国际航空条约虽已签字，而终未批准者，无线电即其一端，实因关系綦重，业经职署提交与会代表声明保留在案。刻下日、美两国拟借关税会议，各肆要挟。迭经职署再四考虑，拟乘彼此竞争剧烈无法解决之机会，迅将政府前与三井洋行及费理得公司所订无线电合同，立予取消。其借款部分，悉归入外债项下，用待偿付。所有无线电事业，另由我国召集有关系各部、署，根据国防上、交通上之需要，自行办理。既可收回已失之权利，复可解决多年之悬案，更可避弃国际之纠纷，庶于国防利权两有裨益。再查此案关系国家前途，影响至大，似应请交付国务会议公同解决，藉杜觊觎。除密函分致陆海军、外交、交通部请其一致注意贯彻收回主张外，所有拟请将政府前与日商三井洋行、美商费理得公司所订无线电合同，迅予取消，收回自办各缘由，是否有当？理合具摺缕晰陈明，敬祈鉴核施行。谨呈

执政

航空署署长　曲同丰

中华民国十四年九月三十日

〔北洋政府执政府档案〕

（四）整顿航空及开辟航线

1. 敖景文关于拟定整顿航空计划与曹锟往来呈令

（1922年7月）

（1）敖景文致曹锟呈（7月18日）

呈为拟定整顿航空计划恭呈，仰乞钧鉴事：职队自奉令开办，粗具规模。仰赖洪威，克奏微绩。虽先声已播，然后虑方殷。景文外观世界潮流，内鉴环境逼迫，有不容不积极整顿者。详加筹拟，约有数端，谨分项计划，缮具说明，胪陈钧鉴：

一、添造飞机棚厂及房屋计划书附图；

二、开办航空教练所并选考学员计划书，

三、招募工徒养成技工计划书；

四、成立技术连计划书；

五、修正编制增添人员说明书；

六、增加经费拟定预算说明书附表。

以上各项，互相关联，均系目前切要之图。景文逐项筹划，节约核拟，除建筑等费不计外，月需不过万元，为期仅须半载，即可整顿蒇事，早观厥成。如蒙俞允，即当遵照举行，实力督策，俾我航军长占优势，永作中坚，以符我帅座整军经武捍卫国家之至意。至购置飞机，需款浩繁，一时不易举办，容俟调查清楚，计划妥协，再行呈候核夺办理。所有拟定整顿航空计划各缘由，理合分缮计划说明，呈请鉴核施行。谨呈

大帅

附呈计划书四册、说明书二册〔缺〕

直隶陆军航空队队长　敖景文

中华民国十一年七月十八日

(2) 直鲁豫巡阅使署指令稿(9月2日)

直鲁豫巡阅使署指令　第　号

令直隶陆军航空队队长敖景文

呈一件，拟定整顿航空计划呈祈鉴核施行由。

呈及附册均悉。所拟整顿航空计划各节，甚属妥善。惟开办航空教练所选考学员一节，因经费支绌，应从缓议。除添造飞机棚厂及房屋计划由军需处另行核办外，兹将修正人员薪饷、编制、预算表，令仰该队仰即遵照办理可也。册存。此令。

附发人员薪饷编制预算表一份

职务	人数	每人每月薪饷数	共薪饷数	备考
队长	一	薪 二〇〇、 公 一五〇、	三五〇、	
队附	一	一六〇、	一六〇、	
正飞航员	八	一四〇、	一一二〇、	
副飞航员	八	一〇〇、	八〇〇、	
练习员	一	六〇、	六〇、	
练习生	一	三五、	三五、	
副官	一	六〇、	六〇、	
书记官	一	六〇、	六〇、	
军需长	一	四〇、	四〇、	
军医长	一	四〇、	四〇、	
储藏员	一	四〇、	四〇、	
庶务	一	三五、	三五、	

司事	一	二二、	二二、	
司书	四	一七、	六八、	
技工长	一	六〇、	六〇、	
铁工班长	一	四五、	四五、	
木工班长	一	四五、	四五、	
技术连长	一	七〇、	七〇、	
技术班长	三	四〇、	一二〇、	
司务长	一	三〇、	三〇、	
技工	一	三五、	三五、	
铁工	一三		三九二、	每名工饷照前案发给
木工	一	二五、	二五、	
工徒	二〇	七、	一四、	
绘图生	一	二二、	二二、	
照相生	一	一七、	一七、	
弁目	一	一四、	一四、	
马弁	四	一〇、	四〇、	
护兵	八	七、	五六、	
医兵	二	七、	一四、	
号兵	二	六、五	一三、	
技术正目	三	一二、	一二、	暂设一名
技术副目	三	一〇、	一〇、	暂设一名
技术兵	六〇	八、	二四〇、	暂设三十名
伙夫	七	五、	三五、	

夫役	一二	六、	七二、	
马夫	一	六、	六、	
马乾			二四、	由本署拨给差马四匹喂养之用。
柴草价			二六、	系技术兵技工及工徒之用。

合计四千三百〇三元

附记

一、汽油费，每月约一千二百元。

一、材料费，每月约七百元。

以上两项系临时呈请，实报实销。

一、军服、皮带、鞋、帽等由军需处发给。

一、每年临时费约一千五百元，应用时临时呈请。

一、队附及飞航员每月加薪及津贴二百零五元。

总共以上杂支活款，计每月约需洋二千二百三十元，加正饷，每月约需洋六千五百三十三元，每年约需洋七万八千三百九十六元。

〔北洋政府直鲁豫巡阅使署档案〕

2. 吴佩孚关于拟在陕垣设飞机支队密电

(1924年4月5日)

北京军事处陆处长鉴：元密。顷接刘陕督① 江电，拟在陕垣设飞机支队，应需建筑费及经常各费，统由陕筹备，即析转电中央恳拨大宽飞机六架，并派官兵数名，以资提倡，而便进行等语。查陕西上控甘、新，毗连晋、豫、鄂、蜀。论形势，则黄河扼要，论地理，驳四通八达。惟因交通阻滞，故一切军事迟钝。刘督军拟请在陕垣设立飞机支队，具见规划远到。务请转陈主座睿察，饰航空署拨发飞机六架，微特于军事交通两有裨益，即京、保、洛、陕亦可联为一气矣。特此奉恳，并祈示复。吴佩孚。微。印。

〔北洋政府大总统府档案〕

3. 赵玉珂为创办航空照相拟具办法呈

(1924年4月12日)

呈为创办航空照相拟具办法提出预算缮单，恭祈鉴核事：窃查航空照相一科，为现今最新颖最重要之学术，与地图、军事、农工商业、航空各方面关系綦重。欧战中间，列强采用制作军用要图，收效厥宏。战后列诸要政研究，益臻完善。举凡已成未成之各种地图，悉以航空照相代制。全国测量事务，几将废止。民国五年，旅华外人，以发展在华工商为辞，由外交团迭向袁前总统提出代测我国舆图之建议，幸经欧战勃兴，始告中辍。前年巴黎国际会议，各国代表又复提议，经我国代表力争自办，其事乃寝。我国幅员广阔，地图尚未完成。纵目前举行实测，已苦财力劳力之不逮，即岁月亦颇不资。如用航空照相新法替代，是项伟

---

① 指刘镇华，时任陕西督军。

大作业，不惟全国地图能得迅速成立，并可杜绝外人觊觎。职署职司航空地图，需要尤切，自应先行试办，藉资提倡。平时既可省却测制复杂之手术，临事复得随意拍照之快利，裨益军国，更难枚举。惟是兹事体大，又际中央财政竭蹶之秋，大规模之创办，势固不能，暂时拟从缩小方面入手，似觉轻而易行。将来著有成效，再请酌量推广。业经职署再三讨论，并已饬属拟具兴办办法、预算，每年约需两万余元。再，查此项经费，从前并未列入职署经费之内，拟请饬下财部指拨的款，俾得实行著手，用利进行。是否有当？理合将是项创办航空照相详细办法，具摺缮呈，伏祈鉴核批示遵行。

谨呈

大总统

附呈创办航空照相办法清摺一扣

航空署督办兼署署长　赵玉珂

中华民国十三年四月十二日

谨将创办航空照相详细办法开具预算具摺，呈请鉴核：

计开：

一、创设研究室　先就职署抑或暂借国立北京航空学校房舍数间，设立是项研究室，俾供试行研究之用。

一、研究人员　由职署及附属机关人员内选拔，或招集自愿研究航空照相者为研究员，暂以十六至二十人为限。

一、宗旨及科目　暂分摄影暨洗晒制钣两班，每日实行练习，俟本期确有心得，再续招第二期，务期养成此项专门技术为宗旨。

一、研究期限　暂定两年，按实际上观察，大约无须两年之久。

一、经费　暂定如左：

(一)聘请外国教授一员　以两年为期，每月薪金约五百元左右，两年共计一万两千元；

(二)翻译一员　每月薪金约六十元，两年共计一千四百四十元；

(三)外国教授来往川资　约三千元；

(四)购买航空照相器械材料　约六千元；

(五)消耗品　每月约计百元，两年共计二千四百元。

以上总计需洋两万四千八百四十元整。

〔北洋政府大总统府档案〕

4. 航空署办理拨借爱弗楼飞机四架复函

(1924年9月17日)

航空署公函　航字第764号

迳复者：准函开：准中央航空司令部函开：本队爱弗楼现无一架，能飞者学员四十人，无机教练，请转商航空署拨借爱弗楼新架〔机〕四架，以便配装新购发动机等因。特函转商，即希查照办理见复。等因。准此。除分别办理外，相应复请查照为荷。此致

大总统府军事处

中华民国十三年九月十七日

〔北洋政府大总统府档案〕

5. 曲同丰为西北航空线停办请拨还垫款呈

(1925年9月29日)

呈为西北航空线业经停办，由署筹垫各款拟请饬财政部拨还，仰祈鉴核事：窃查移交卷内，西北航空线所用各费，共洋二万七千九百五十七元一角四分，当以该线前经国务会议议决稍缓，应暂行停办，令行前西北航空线处长葛世平遵照办理在案。现在该

线业经停办，所用经费，皆系本署挪借，不在预算之内。拟请饬财政部拨还，以资归垫。是否有当?理合开单呈请鉴核批示遵行。谨呈

临时执政

附件〔略〕

航空署署长兼航空总司令　曲同丰

中华民国十四年九月二十九日

〔北洋政府执政部档案〕

（五）外国飞机来华飞行

1. 航空署特准法国飞机来华飞演函

（1924年3月12日）

航空署公函　航字第二二一号

迳启者：查法飞机来华飞演一案，业经本署函请有关系之各部、处派员会议公决，并函请贵处派员与议在案。兹于三月十一日，经有关系之各部、处派员来署会议，详加讨论，佥谓：历届外国飞机来华，均经特许有案。此次法飞行家Daisy来华飞演，事同一律，自应特准入境，以敦邦交。当即一致通过。旋将本署草拟之入境后限制各办法，提出讨论，亦经分别通过。除函请外交部将议决办法转达法使并分函外，相应检同是项办法，送请查照。此致

大总统府军事处

附件

中国特准法国飞机飞航国境临时办法

一、此次法国飞机来华，系由驻华法公使先期正式通告，经中国政府特许后，方飞航入境，并受中国政府派员之检查。

二、法公使应将左列事项开送查核：

甲、飞行目的；

乙、入境暨出境地点；

丙、详细飞行路线及在中国境内停留日期；

丁、出发及到达中国各地点日期；

戊、飞航员及其他航务人员之人数及姓名；

己、飞机之式样、数目、标志、发动机之式样及马力。

三、法飞机在中国境内飞经之航线，由法公使开送，经中国政府核准后指定之。该飞机应即按照指定路线飞航，不得飞往他处，并不得于指定地点外自由升降。至该路线左右界线，共为二十公里。

四、此次法飞机在中国指定之航线内飞航时，其福州闽口枪台、马尾造船厂、上海兵工厂、吴淞炮台周围五公里之上面，因军事关系，禁止飞航通过。

五、此次法飞机来华，中国政府于广州、福州、上海三处指定地点，准其自设临时升降场，仅供此次飞机上下应用一次。北京则指定南苑航空学校飞行场为升降之地。但到达北京时，如须飞航北京城上面，须先通知中国政府核准之。

六、不得携带违禁物、照相器具、无线电机及邮件，并运载货物。

七、沿线经过人烟稠密地方，不得为一千公尺以下之飞行，致危及人民生命财产，并不得由天空撒落物品。

八、此次法飞机在中国境内飞航，须携带各种飞航必备之证书及日记，以备检查，并遵守空中一切规则。

九、以上办法，系此次法飞机试演欧亚飞航入境临时特别允许之一次办法，与中国尚未批准之航空条约无关。

〔北洋政府大总统府档案〕

2．航空署关于抄送特准美机飞航国境临时办法函

（1924年4月25日）

航空署公函　航第三三九号

迳启者：查应付美使请求变通特准美机来华办法一事，前在本署第二次会议议决情形，业于三月十七日函达贵处在案。现准外交部函开：变通应付美机来华一事，前准来函，当经转行驻京

美使查照办理。兹准复称：所送变通办法，并无何项窒碍难行之点，业已转知该项飞航员知悉等语。相应将本部前致美使函稿及此次该使来函抄送查照转行。等因到署。惟此次美机来华，关系綦重，我国为优待环球飞行起见，对于美使前提变通办法，特别与予通融，准其携带无线电机，以保安全。将来该机到华，自应按照先后议决应付办法，严格检查，藉维空权。除呈报并分行京内外有关系各机关及该机到华确期仍俟美使通报再行奉达外，相应抄录修正中国特准美国飞机飞航国境临时办法，并外交部原函暨转送美使来函，送请查照为荷。此致

大总统府军事处

附件①

中华民国十三年四月廿五日

中国特准美国飞机飞航国境临时办法

一、此次美国飞机来华，系由驻华美公使先期正式通告，经中国政府特许后，方得飞航入境。

二、此项环球飞行飞机，既经美使声明不为军用，并不作他用。但在中国境内各升降地点，均应受中国政府派员之检查。

三、美公使应将左列事项(除已定各项外)开送查核：

甲、飞行目的(已定为环球飞行)；

乙、入境暨出境地点(已定为青岛暨厦门)；

丙、来至地点及飞往地方(为由仁川至青岛转往上海、厦门、香港、越南之海防)；

丁、出发及到达中国各地点，并在中国境内停留日期；

戊、飞航员及其他航务人员人数及姓名；

己、飞机之式样、数目、标识、发动机之式样及马力。

① 附件中外交部原函及美使来函，缺。

四、美飞机在中国境内飞经之航线，由美公使开送经中国政府核准后指定之。该飞机应即按照指定路线飞航，不得飞往他处，并不得于指定地点以外自由升降。至该线路左右界线，共为二十公里。

五、此次美机在中国指定之航线内飞航时，其上海兵工厂、吴淞炮台、福州闽口炮台、马尾船政局周围五公里之上面，禁止飞航经过。

六、此次美飞机来华，中国政府于青岛、上海、厦门三处指定地点升降。但仅供此次飞机上下应用一次。

七、不得携带违禁物品、照相器具及邮件，并运载货物。

八、为优待环球飞行起见，准其携带无线电机，惟在飞机升降地点，应受中国政府派员检查，且通信须用明码，并以传递飞行消息为限。

九、沿线经过人烟稠密地方，不得为低度之飞行，致危及人民生命财产，并不得由天空撒落物品。

十、此次美国飞机飞行中国境内，须携带各种飞航必备之证书及日记，以备检查，并须遵守空中一切规则。

十一、以上办法，系此次美飞机航行环球飞航经过中国临时特别允许之办法。

另行声明者一项(拟在照会文内声明)：

一、与中国尚未批准之国际航空条约无关。

〔北洋政府大总统府档案〕

3．航空署特许阿根廷飞机来华飞演函

(1924年7月)

航空署公函　航字第六一二号

迳启者：查阿根廷飞机来华飞演一案，因时期甚迫，当经本

署电请有关系之各部、处，于七月二十四日派员来署会议，详加讨论。佥谓：外机来华历经允准有案。此次阿根廷飞机举行欧亚飞行，道出我国，既为研究飞行学术起见，且经外交部查照上次特许法飞机入境办法，与我国驻英朱代办及阿根廷驻英公使往复电商，荀阿根廷承认我国提出之办法，即予签发护照，自应准其入境。当即一致议决，并议定应付办法九条。除呈报并分函并电达该机经过各地方长官饬属遵照办理外，相应抄录外交部致本署函、驾驶员名、飞机式样、飞行路线单暨议决应付办法，送请查照。此致

大总统府军事处

附件①

〔北洋政府大总统府档案〕

4．临时执政关于拟订特准日本陆军将校乘坐飞机飞航国境临时办法指令

（1925年5月19日）

临时执政指令　第七百二十号

令航空署署长何遂

呈报拟订特准日本陆军将校乘坐飞机飞航国境临时办法缮摺呈鉴电。

呈悉。准如所拟办理。此令。

中华民国十四年五月十九日

〔政府公报，1925年5月20日，第3281号〕

① 此临时办法与《中国特准法国飞机飞航国境临时办法》内容基本相同，兹略。

5．何遂报告办理苏联飞机来华情形呈

（1925年6月24日）

呈为呈报苏联飞机来华办理情形，具摺恭陈，敬祈钧鉴事：窃职署前于四月三日接准外交部函开：准苏联驻华大使函称：本国航空队拟由赤塔经中国张家口、上海等处，可否允准，请核复等语。相应函请核办。等因。当以俄使函内有航空队字样，实与我国领空主权有碍，即经职署函请外交部据理驳复。嗣准外交部函开：准苏联大使函称：此次本国派遣来华之飞机，纯属试验性质，其数仅有一二只等语。请核定见复。等因。复查历届外机来华，均经特准入境有案，此次俄机来华，既准驻京俄使声称系试验性质，核与成案，尚属相符，业经核准入境，藉睦交谊。并以库伦地方不靖，仍查照前年德国飞机飞行来华改定路线之先例，令其改定飞航路线，由满洲里入境，沿铁路线飞行，经长春至北京，再行飞往上海，以免检查、保护均感困难。并连同职署参照成案所订入境后应付办法八条，函复外交部请转复俄使去后。旋准外交部函开：特准苏联飞机飞航国境办法，业经转送驻京苏联大使，乞〔迄〕未准复。迭据驻莫斯科李代表电称：俄机六架，本月十日出发，经库伦、张家口至京，该机业与西北接洽，其职员人等，并未来馆签证。等语。请查照。等因。正核办间，复准外交部函开：前准驻莫李代表来电，当即函诘驻京苏联大使，一面电询西北边防冯督办有无消息。兹准冯督办电称：未接正式公文，无从查悉。等语。若该机自行入境，应否设法禁阻，并应如何施行检查及保护之处，请查照，即希迳与西北边防督办处接洽办理。各等因到署。刻下俄机业已出发，并闻有抵库伦之讯。似此行动，不惟未经我国政府同意，且与职署前提应付办法不符，是项飞机入境，自应予以拒绝，事关领空主权，未便遽于通融。除分行京内外有关

系各机关，在此案未经我国政府正式核准以前，请其饬属勿任该机飞越国境，暨函知外交部转达驻京苏联大使，并将将来办理情形，容随时另文呈报外，理合缕陈应付该机经过情形暨中国特准俄机飞航国境办法具摺恭呈，敬祈鉴核批示祇遵。谨呈

临时执政

附呈中国特准俄机飞航国境临时办法清摺一扣

航空署署长　何遂

中华民国十四年六月二十四日

中国特准俄飞机飞航国境临时办法

谨将中国特准俄机飞航国境临时办法缮呈，敬祈鉴核。

计　开：

一、此次俄飞机来华，系由驻华俄大使先期正式通告，经中国政府特许后，方得飞航入境，并受中国政府派员之检查。

二、俄大使应将左列事项（除已定各项外）开送查核：

甲、飞行目的（已定为试练）；

乙、详细飞行路线及在中国境内停留日期；

丙、出发及到达中国各地点日期；

丁、飞航员及其他航务人员之人数及姓名；

戊、飞机之式样、数目、标志、发动机之式样及马力。

三、俄飞机在中国境内飞经之航线，由中国政府指定之，该飞机应即按照指定路线飞航，不得飞往他处，并不得于指定地点以外自由升降。至该路线左右界线，共为二十公里。

四、此次俄飞机来华，中政府指定黑龙江属之满洲里为入境地点（出境地点同），由满洲里沿铁路线经长春、沿铁路线飞抵北京后，再行飞往上海，关于满洲里、长春、上海等处指定地点，准其自设临时飞机升降场、供此次飞机上下应用一次，北京则指定南苑航空学校飞行场为升降之地。但到达北京时，如须飞航北京

城上面，须先通知中国政府核准之。到达上海时，其吴淞炮台周围五公里上面，因军事关系，禁止飞航通过。

五、不得携带违禁物品、照相器具、无线电机及邮件并运载货物。

六、沿线经过久〔人〕烟稠密地方，不得为一千公尺以下之飞行，致危及人民生命财产，并不得由天空撒落物品。

七、此次俄飞机在中国境内飞航，须携带各种飞航必备之证书及日记，以备检查，并遵守空中一切规则。

八、以上办法，系此次俄飞机入境临时特别允许之一次办法，与中国尚未批准之航空条约无关。

〔北洋执政府档案〕

6．何遂为日本飞机飞经我国特拟飞航国境临时办法呈

（1925年7月？日）

呈为谨将日本朝日新闻社飞机举行日欧飞行，道经我国，特准飞航入境办法缮摺恭陈，敬祈钧鉴事：窃职署前于三月二十五日接准外交部函开：准日本公使函称：奉本国政府训令，东京朝日新闻报馆举行日本欧洲间之长距离飞行，该机系于五月间自东京出发，预定经过东三省内之凤凰城、抚顺、开原、齐齐哈尔、满洲里等处，并预定哈尔滨为升降地点，请予承认及援助各节，抄录该使来照及附表，送请查照，希核定从速见复。等因。当以民国十年间日本航空学校飞机飞航东省及历年意、英、法、美等国飞机来华，均经特准入境有案。此次日本朝日新闻报馆举行日本欧洲间之长途飞行，道经我国，事同一律，为敦睦两国交谊起见，业已特准入境。爰经参照历届成案，分别拟订飞航国境应付办法八条，当经函请外交部请转复驻京日本公使去后。兹准外交部函开：特准日本朝日新闻社飞机飞航国境临时办法，当经转送

驻京日使去后。兹准该使复称：该项办法，指定凤凰城五处为降
落地位，惟各该地方均为经过处所，其降落地仍在当初通知之哈
尔滨，往返入境检查，请在平壤及哈尔滨施行，并改于七月十日
由东京出发，另开未曾通知各款，请转行允准见复。等语。相应
抄录该使原函，送请查照，分行东三省地方长官转饬遵照，届时
应如何派员前往检查，并希核定办理，一并见复。等因到署。除
函复外交部请转复日使查照暨分行该机经过地方长官饬属协助一
切，届时遵照应付办法详细检查，并经督同在事员司妥慎办理，以
及将来该机抵东三省时一切办理情形，另文呈报外，所有议订特
准日本朝日新闻社飞机飞航国境临时办法各缘由，理合缮摺恭呈
敬祈鉴核备案。谨呈

临时执政

附呈中国特准日本国飞机飞航国境临时办法清摺一扣

航空署署长　何遂

中华民国十四年七月　日

中国特准日本国飞机飞航国境临时办法①

谨将中国特准日本国飞机飞航国境临时办法缮摺恭呈，敬祈
鉴核。

计　开：

一、此次日本国飞机来华，系由驻华公使先期正式通告，经
中国政府特许后，方飞航入境，并受中国政府派员之检查。

二、……

三、……

四、此次日飞机来华，中国政府于凤凰城、抚顺、开原、
齐哈尔、满洲里五处指定地点，准其自设临时升降场，仅供飞

① 此临时办法，除一、四两条外，余均与《中国特准俄飞机飞航国
临时办法》基本上相同，兹略。

上下应用一次。

五、……

六、……

七、……

八、……

〔北洋执政府档案〕

中華民國史檔案資料滙編

第三輯

軍事（二）

中國第二歷史檔案館編

鳳凰出版傳媒集團　鳳凰出版社

从白朗起义到护法战争

目　　录

〔一〕 白朗起义

（一）白朗军在鄂豫两省的发展

(二)白朗军向豫皖鄂边境进军

（三）白朗军进军陕甘

（四）白朗军回师豫境及失败

（二）南京讨袁起义

(三) 各省独立响应讨袁

〔三〕 护国战争

（一）云南首义与各地响应

三、各省独立

（三）袁世凯被迫取消帝制

（四）袁世凯死后政局

（二）北军入湘同护法军作战

一、傅良佐曹锟等先后率主力军入湘

二、安武军入湘出湘

（三）粤桂冲突与北军“援粤”粤军“援闽”

一、龙济光窜犯广东沿海

(四)北军进攻陕西

(五) 北军进攻鄂北

(六) 刘戴刘罗之争与北军入川

（七）军政府改组

〔一〕白 朗 起 义

（一）白朗军在鄂豫两省的发展

一、 白朗军早期活动情况

1. 李纯关于豫省南召等县农民军活动情况及北军编队防剿咨呈

（1912年5月21日）

豫南总司令官会办汝南许光等处剿抚事宜兼统陆军第六镇李为咨呈事：案于本年五月十九日承准贵部巧电内开：军兴以来，地方类多不靖，军队以分途剿抚，调遣纷繁。本部筹划进行，亟欲规划复员，藉资整顿。来咨内有各处土匪未净，分队剿援，战局未结等语。究竟情形若何？何处匪棍滋扰？某队援剿某处？希即电复本部备查，并以后情形，亦希随时报部为盼。等因。准此。查敝部各支队行动及其情形，均经电报在案。兹承准前因，再缕陈之。本年正月，光山、罗山、光州、固始一带土匪，乘南军退驻鄂境而共和尚未宣布之际，类皆冒充民军，纷纷起事。虽罗山先有湖南北巡防各一营驻扎，以兵力单薄，不克镇压，势几燎原。得报后，即派步队第二十九标肖统带安国率该标第二营驰赴罗山，并将原驻罗山之巡防两营，亦归该统带指挥，比命以陆军巡防各一营驻罗山，剿办光山、罗山之匪。其余巡防一营驻光州，剿办光州、固始之匪。数月以来，自表面观之，虽渐次平复，然探其底细，时有湖北麻城、安徽颍寿等处遣散之民军，无计营生，因密布谣言，意欲谗退军队，而便为所欲为，此光、罗方面情形也。南阳方面：与刘风同、马云卿、王天纵等于共和宣布之后，率所部民军由襄阳进驻宛城，以致裕州兵溃，舞、叶、泌、唐各处匪起，除留步队第二十二标第二第三营，二十一标第三营，附机关枪一队，山陆炮队各一队，工程两队，驻扎信阳策应各方外，比派十一协马统领继曾率步队第二十二标第一营，附机关枪一队，步队第一标第二营并炮队，第六标第三营中队，由信阳经确山，驱逐泌阳、唐县土匪，暂驻唐县。复派步队第二十一标吴统带金彪率该标第一第二营，附机关枪队、马队，第六标第一营炮队，第六标第二营左队，由信阳经许州，驱逐叶县、舞阳、裕州土匪，暂驻裕州。两枝队旋皆逼近南阳，收抚民军，祇缘手续纷更，争持日久，幸该各军晓明大义，就我范围。现刘风同所部，编为河南陆军步队第五十九标，少第三营，附炮队一队，驻扎新野。王天纵所部编为巡防两营，驻扎淅川。马云卿所部亦编为巡防两营，驻扎邓州。至南阳附近土匪，业经马、吴两支队陆续剿清，渐少顾虑。不意，汝属溃匪，近复纷纷向南召奔窜，警报时闻，此南召方面情形也。马统领继增上月十九日，奉大总统电令，兼署南阳镇篆，已将所部支队带赴南阳，藉资镇压，以便整编防营，办理善后。吴统领金彪所部支队，原拟令其由南阳回剿南召。近据汝宁府张守之锐禀报，五月十三日夜，于郡城拿获匪首周鼎及其党羽周清、赵怀邦、王魁之、刘深山、连有府、蒋占魁、陈明德、姚品三等九名，搜出新刊木质关防一颗，文曰：豫军第一支队第一团之关防。并手摺命令各一纸，信函二封，其函中有云：欲在颍、寿一带组织人众，兴师改革河南政治及先攻伐光、固。手摺内载某某一队若干名，命令内载，仰队官周金山速往西北乡会同诸兄台，招集同志众士，将本长推诚相待之意，通知同志众士各等语。总司令官思患豫防，因令马镇分拨原部陆军督同现部防营，防剿南召一带。将吴统带所部调驻郾城，以地点适中，无论何方何时遇有紧急，皆可应赴。并饬罗光支队及分驻广水至柳林等处成武军，暨步队第一标与第二十九标铁路守备队，严加防范，以备不虞，此汝宁方面情形也。至汝州各属土匪伏莽，偏地皆是，业饬混成第四标于统带有富率所部前往，俟剿清郏县、宝丰后，再剿办汝州。迭据来报，郏县高皇庙、大石桥、任寨等处，已先后击破毙匪甚多，刻正以一部在郏县搜捕余匪，以主力向宝丰进剿，沿途匪寨甚多，势尚猖獗，未知何日始能肃清，此汝州方面情形也。除俟各方面续得情形再行报告外，所有承准电饬详报南、汝、光、许等处军队行动及其匪情各缘由，相应备文咨呈贵部查核施行。须至咨呈者，右咨呈陆军部
中华民国元年五月二十一日

〔北洋政府陆军部档案〕

2. 周符麟关于派兵进剿宝丰等地"匪党"致段祺瑞禀

(1912年7月14日)

总长钧鉴：敬禀者：顷奉青电，据信阳州李总制庚电称：汝匪未平，于统带现往援救，未能即时赴宝，豫军后路可危。当以敝部现驻临汝镇，即饬就近酌拨军队驻汝认剿汝州附近土匪，则于军亦可进剿宝丰，似此各面齐举，想可计日平定云云。总制深谋伟略，钦佩何似。但现时局面瞬息万变，不得不为总长缕晰陈之。符麟前以汝、伊匪党猖獗，当于五月二号率队往剿，迭经攻破陈寨、杨寨大股匪巢等处，嗣由临汝赴伊。正在筹剿间，适闻近来各省时有匪类散布谣言，破坏大局。河郡四通八达，系属扼要之区，恐军心淆惑，遗患非浅。遂于本月五日返洛。不图，初八晚间，陡有土匪勾结营兵，黄夜突起，赶即率队剿办，幸即扑灭。虽大势平静，然风声鹤唳，人心惶惶，一时万难离郡。符麟所统新练四营，俱系分驻京汉铁道，所统右路各营，除划拨河北镇两营外，只有九营，现均防堵外县，在洛阳者不过一营而已。

现在伊境寨子街、汝境临汝镇，早已派第三第五两营在彼分驻。惟该营兵力太单，只可防守，不能进剿。巡防每营本只二百余人，若赴汝多拨营数，实属无可抽调，若仅拨一二营，以少数人当猛悍之众，恐不足以集事。刻下河郡紧要，即抽一二营赴汝，亦万难应命。汝、宝两邑本系毗连，匪党亦彼此相合，剿汝匪，即所以剿宝匪，非汝匪有一股宝匪又有一股也。应否先请于统带专剿汝匪，符麟再飞饬寨子街、临汝镇两营昼夜严防，遏其旁窜之路。祗请钧部电知商办，谊属同舟，何敢袖手。所有万难兼顾之处，惟希亮察。为叩肃复，敬请勋安。伏乞垂鉴。

执法总长周符麟谨禀七月十四号

〔北洋政府陆军部档案〕

3．李纯关于白朗军在郏宝等县活动及北军围剿等情呈

（1912年10月13日）

豫南总司令官会办汝南许光等处剿抚事宜兼陆军第六师师长陆军中将李为咨呈事：案查本年三月二十二日，奉大总统电令，据齐振帅电称：汝属学绅煽动土匪焚杀淫掠，至为惨酷，非以剿为抚，必酿二次革命，似应饬该混成四标专剿汝属土匪等语。俟该标到许，望即督饬往剿。复于二十三日，接奉大总统电令，据齐振帅养电称：汝州各属，无寨不匪，陆军马步二营、防军两营攻剿程村，匪联数千，竟为所败。阵亡队官一名，兵十余名。请饬第四混成标于标统速率马步炮队赴汝痛剿，以拯民生等语。望即饬第四混成标于统带率队迅往极力痛剿，或另遣他队往剿，至要。各等因。奉此。嗣混成第四团，由颍到许，当饬整备一切，于四月二十二日由许出发，历剿郏、宝各县土匪。业将剿办大概情形随时电禀在案。伏查汝属僻在豫省边陲，半多山境，风

气闭塞，民情强悍，好勇斗狠，以家有刀客为荣，相习成风，游惰之民群，从事于劫夺，各州县荒僻之区，久为盗贼渊薮。平时赖官吏严捕，防营协缉，尚不敢公然为患。及至共和初成，人心浮动，匪党乘机窃发，时值战争之后，各处溃兵逃勇，搀入其间，遂致千百成群，揭竿起事，且有地方劣绅为之主谋，编制队伍，设立官长，布置颇有条理。所有半皆快枪，迥非寻常土匪可比，故得肆行无忌，焚杀淫掠，附近地方，无不被其蹂躏，村寨相率逃徙，城垣时常被困。而所在防营兵丁，大半土著多，与匪党熟识，兼以器械不利，技术弗精，与匪相遇，要皆敷衍从事，致匪势日益猖獗，几成燎原，汴督请派客军专剿，盖亦有见及此。总司令比因匪势蔓延，非一支队所能兼顾，当与汴督往复电商，派混成第四团任剿郏、宝两县之匪，混成二十九旅分队任剿鲁山之匪，混成十二旅分队于伊阳近击，以防北窜，南阳马镇分队于南召堵截，俾免西逃，四面兜剿，以期一鼓荡平，庶汝属匪乱，早日肃清，此当日剿办之计划也。查混成二十九旅剿办汝、鲁土匪情形，业由汴督另案具报。兹将混成第四团剿办郏、宝各匪情形，缕晰陈之。综查该两县著名巨匪，大别五枝，郏县则有白朗、李凤朝等聚集千余人，盘踞高皇庙。刘朝栋、郭荣等聚集数百人，盘踞大石桥。常建福、王大度等聚集千余人，盘踞任寨。宝丰则有杜西宾聚集千余人，盘踞四山坡。秦椒红聚集千余人，盘踞梁洼、漫流寨、他若大营、西大岭、大店头、观音堂等处，或为匪党久占之区，或为匪党集会之所，各不下数百人。该团以客军任剿，地势匪情，均非熟悉，诸多困难，先后剿平郏、宝各匪，中间复因汝州兵匪勾结，经地方迭次告急，分队赴救，剿平橛子山、小屯街寨、阳寨、落寨、周庄、陈庄、时屯街、东大岭等处土匪，以遏乱萌。数月之中，往返奔命，昕夕不遑。各处土匪恃有濠寨，且惯习战斗，悉出死力抵抗，以固窝巢。该团团长于有富，每剿一处，莫不悉心筹划，而于临阵之时，尤为奋勇直前，身先士卒，如攻高皇庙，则躬冒枪弹，首先登陴，攻任寨，则亲涉深濠，越水夺寨，其余各处，或明攻暗袭，或分进合围，或深宵而突入穴巢，或拂晓而袭取村寨，随机因应，悉能措置咸宜。至劝谕预颁，剀切之文，投诚发给自新之券，俘虏之众，仍分别首从，不事株连，随编之炮，仅藉壮声威，不轻施放。其保全良善，矜宥愚蒙，亦皆办理得法，所全甚多。此次该团剿匪，该团长既谋勇悉，具剿抚兼施，而在事官兵，亦属奋勇异常，虽炎夏奔驰，餐风宿露，均能劳苦不辞，始终无懈，业于八月二十六日，将郏、宝两县大股土匪，一律肃清，该两县人民，均已各安生业。是役也，该团目兵阵亡四名，受伤四十七名，辎重毫无损失。计先后毙匪一千二百余名，夺获枪炮子弹器械多件。其善后事宜，业饬随时会同地方官妥为办理。现将该团营队分地驻扎，俾资休养，以慎慑余孽。惟该官兵等驰驱数月，艰苦备尝，冒暑从征，迭平巨匪，其劳绩不无足取，应如何奖励之处，尚祈出自钧裁。除禀大总统外，所有郏、宝两县大股土匪现已一律肃清情形，并迭次伤亡目兵，夺获枪炮子弹器械、毙匪暨虏获各数目，相应分别列表备文咨呈大部，请烦察核施行，须至咨呈者。右咨呈
陆军部

计咨呈表册一本（略）

中华民国元年十月十三日

〔北洋政府陆军部档案〕

二、白朗军攻克豫省唐县等地

1．国务院关于白朗军在湖北天河口作战获胜并释放俘虏发给川资公函

（1913年4月29日）

国务院公函二年陆字第七百三十号

迳启者：奉大总统发下参谋本部呈称：据湖北师长王安澜电称：驻随军队攻匪情报，已派队往援，请电河南都督派兵兜剿等语。奉批据呈已悉。该匪聚众图乱，杀伤士兵，猖獗已极。应由陆军部电饬该师长督饬军队认真剿办，一面电行河南都督迅速派队驰往兜剿，务期殄除匪患，以靖地方。除函知参谋本部查照外，相应抄录原呈，函交贵部查照办理可也。此致
陆军部

附抄原呈

中华民国二年四月二十九日

参谋本部为呈报事：窃本部顷据湖北第三师师长王安澜拱密漾电，顷据驻随胡团长及知事报称：团长率步队百五十名攻近天河口，奈该地均系崇山峻岭，贼伏四出陡冲，抗战及五时之久，苦于官兵子弹缺乏，兵力单薄，贼兵凶猛异常，恃用白兵直闯乱杀，官兵支持不住，以是溃败。团长暨所带连排者五六人，均受重伤，兵士受伤十余人，死司务长一人。据掳去兵士回称：该匪首名白朗，身着黄衣，老于军务，于释回兵士且给川资，并查受伤兵系德国快枪。……等情。当经本师飞饬该团固守高城要隘，一面由本师派步队三百押运子弹前往应援；一面电饬襄阳派步队四百人驰往随属三合店等要隘驻守，以防蔓延内窜。应请贵部电饬河南都督迅派桐柏附近队伍兜剿。再查该匪多系退伍士兵附和其间，专此电闻，并乞指示。等因。理合据情具呈，恭请大总统鉴核。谨呈

〔北洋政府陆军部档案〕

2．参谋本部关于白朗军进至泌阳等处及鄂豫两省军队合击等情函

（1913年5月23日）

参谋本部公函二年函字第百82号

迳启者：顷奉副总统号电开：白匪窜据泌阳、桐柏、台阳等处，应否责成一军抑仍会师兜剿，请核令饬施行。又接河南张都督马电称：请将鄂、豫两省剿匪事宜，责成鄂军王师长就近督办，由豫省合力堵击，以期早日肃清，乞分饬遵行各等因。均分致贵部有案。究应如何核办之处，用特函商贵部，即请示复为祷。此致

陆军部

参谋本部启

中华民国二年五月二十三日

〔北洋政府陆军部档案〕

3. 张镇芳报告白朗军攻克唐县等情电

（1913年6月2日）

万急。大总统、参谋部、陆军部钧鉴：土匪白狼前经团长任耀武、护南阳镇田作霖追剿，业已窜往湖北之随县。曾电请黎副总统饬王师长安澜截击，并密陈刘凤同，甚不足恃，是以有雷护军进驻信阳之请。嗣因为时局所牵，以致变计，不得已遂派第三混成旅王毓秀酌带一团，驰往兜剿，已定于三号由洛开往。乃忽接南阳、桐柏、泌阳官绅电禀，白狼纠集鄂省逃勇，由山道潜回唐县，该县有刘凤同军队驻扎，本可无虞。不料，内外勾通，致将唐县攻破，抢掠一空。并传闻孔知事宪贵，竟被枪毙。阅之深为骇异。顷已饬王毓秀明晨开拔，由火车赴驻马店，星夜驰往剿办。并飞饬任耀武、田作霖就近夹攻，务期迅扫妖氛，免致牵动大局。镇芳疏于防范，调度乖方，咎无可辞，应请严加议处，以谢绅民。容探明详情，再行续禀。张镇芳叩。冬。印。

〔北洋政府陆军部档案〕

4. 雷震春报告白朗军在唐县一带活动情况密电①

（1913年6月3日）

大总统钧鉴：拱密。奉江电后，适接张都督来电内开：据南阳、桐柏、泌阳官绅电禀，唐县于东号失守，抢掠一空。除已电禀大总统、参陆两部并派王毓秀带一团于今日开拔至驻马店进攻等因。前闻豫南土匪许、台、襄、叶等处，则以高鑫、宋一眼等为渠魁；唐、桐、泌等处，则以白狼为大股，高、宋各股亦有数百人，白狼一股已达二三千人。聚党愈多，蓄谋愈深。传闻白匪宣言，如能占据唐、泌等处，即当与高鑫、宋一眼合股，通□南方，以图大举之谣。语虽狂妄，而匪势猖獗，已可见其一斑。唐、泌两处为刘风同驻扎地点，事前疏于防范，致使全城尽付灰烬。现在敝军已派队赴许剿办高鑫、宋一眼等股，以杀白狼之势。至白狼一股，已有王毓秀往剿，拟俟查看情形，再定行止。谨此电复。雷震春叩。江。印。

〔北洋政府陆军部档案〕

5. 张镇芳为豫省数十营军队请领军费密电

（1913年6月5日）

万急。北京陆军部、财政部鉴：午密。豫省伏莽未静，地方多故，其中黠狠之徒，无不存心破坏，狡焉思逞。近复勾结乱党，藉端煽惑。虽经行饬各属严切查禁，而地处中原，通衢辐辏，边境各县，处处与邻省接壤，尤恐乘隙暗入，滋曼难图。内患既须严防，边界尤宜扼守。现查豫省暂编陆军第一师暨第三混成旅，共三十营，防军四十营，镇嵩军十营，尽数分配，择要防守。拟

① 此件系抄件。

以陆军防边，防军备内，庶可内外兼顾，消患无形。惟军行粮随饱腾为先，一经征发，举凡筹备粮秣设法转输以及侦探、向导、犒师、赏功，在在切需巨款，撙节核计，每月除各军额饷外，至少须加拨银十万两。豫省饷源本属缺乏，军兴以后，疲敝更甚，加之去冬今春，因旱成灾，各属粮赋征收迟滞，经常兵费尚苦无出，若每月骤增十万两，临时之负担，即使悉索敝赋，亦实难以应付。而事关大局，又未便因噎废食，致误戎机。辗转筹思，惟有吁恳大部俯念豫省防边经费需用紧急，准自阳历六月起，每月由部拨发银十万两。现在事机初发，所需尤殷，并请先为筹拨三个月，以济燃眉。豫为中原之枢纽，实京师之屏垣，保卫豫省，即所以拱护中央，谅大部统筹全局，定能先其所急，力事补救，并祈将拨发日期先行电部，以便派员请领。翘望燕云，不胜企盼。张镇芳。歌。印。

〔北洋政府陆军部档案〕

6. 雷震春为白朗军攻破金汤等镇及调派各军向襄城一带进剿等情密电

（1913年6月8日）

北京大总统、陆军部钧鉴：拱密。据敝部右一右□营管带赵聘章、雷存修报告，我军三号抵许，同抚标亲军成团长会赴柏冢、榆林一带搜缉。侦知大股土匪窜匿襄城东境，函商各地方官暨各处军队跟踪追缉，于四号在襄临交界之柏林地方，经守望社同抚标亲军将巨匪高鑫当场击毙，丁万松亦受伤逃匿，余均星散。柏冢、榆林为匪人老巢，恐有伏匿，即于五号折回该处，分头搜查，以绝匪踪。等语。惟查南阳白匪经田镇在源潭镇击败后，自南向北攻破金汤、铜泌两镇。此次高鑫陈毙，其援已断，势必流窜。当派驻许之右三营进驻漯河，以为声援，仍留右一营在许搜缉，一面加派左二营申管带体臣、右二营王管带各率本营，以王管带为支队长，由许下车，经襄城、叶县一带节节进剿，直抵裕州。为迎头击之计，王旅长毓秀由驻马店轻装前进，已绕匪后，前后夹攻，不难扑灭。特此奉闻，以纾钧尘。雷震春叩。庚。印。

〔北洋政府陆军部档案〕

7. 张镇芳关于刘风同部加入白朗军直攻唐县鲁城等情密电

（1913年6月11日）

大总统、段总理钧鉴：拱密。顷接唐县知事孔宪贵函禀，刘风同之军队潜勾土匪入城，将其枪炮掳去，肆行抢掠，并烧铺户四家，伤亡兵警二十五名，次日满载赴源潭，被田作霖派巡防两营击窜。又闻王毓秀大军令到，遂运炮远飏。刘风同现由桐柏回唐，又能复振等语。又据裕州、南占官绅函电，白狼已逾山北窜，一日夜行一百二三十里。声言受黄兴命令，为北伐队，其前站持黄名片，沿途勒村民供给，并招流民，号称白大人，有湖北退伍兵在内等语。又迭接鲁山知事郑国翰、营长张绩贤电，八号该匪突然到鲁，直攻县城，有大炮三尊，恐不能支，乞速救等语。想即刘风同之炮也。当即电饬王毓秀速由南召、裕州星夜北援，电催雷护军速饬许州两营驰往，又饬成团长慎由襄城进攻，又饬傅营长弯璜由龙金南下。但能坚持二三日，即可合围。查鲁城驻省陆军一营，匪有七八百人，似敷抵御。惟电称大炮甚烈，深虑有意外情形。白匪即鲁山人，志在报仇，难免蹂躏。无论能守与否，镇芳誓必诛此贼而后甘心。谨飞禀以闻，余容续报。镇芳叩。真。印。

奉大总统批：刘风同应即军前正法，会同雷使迅速扑灭，无论是否黄所派，均按土匪殄除。

〔北洋政府陆军部档案〕

8．雷震春报告白朗军围攻鲁山密电

（1913年6月15日）

北京大总统、陆军部钧鉴：拱密。查白匪围攻鲁山，我军由许州、漯河两处，星夜往援，于十四号陆续抵鲁。匪闻我将到，窜赴大营寨、梁洼一带，城未失陷。该匪意欲入山，现正跟踪追剿。赴洛之军，已于今晨出发，迎头痛剿。震春亦定于明日起程，亲自督师，特此奉闻。震春叩。删。印。

〔北洋政府陆军部档案〕

9．雷震春报告白朗军攻破禹州后又退出已饬各路军跟踪追剿密电

（1913年6月16日）

大总统、陆军部钧鉴：拱密。查白匪围攻鲁山，前由我军分头驰援，该匪闻声窜赴大营、梁洼，我军跟踪追击，一面议定由震春亲督队伍驰驻洛阳，从龙门南下迎头痛剿。正在赴洛之际，适白匪窜出绕攻禹州。因该处距许甚近，遂将赴洛之军，于十六号由震春督率到许。晚间据密探报告，白匪自十四号趁禹州城内为社勇开追悼大会，混踪入城，乘机进攻。嗣因西街寨门坚固，团勇守护得力，彼此攻击，匪伤十余人，终未得进，始将南门大街劫掠一半。至十五号晚退出，声言窜赴郏、宝三峰山一带。及至军队赶到，匪已远飏。现已飞饬各路军队跟踪追剿。震春暂驻许州，俟一得匪窜确踪，即当相机前往。特此电陈，以纾钧廑。雷震春叩。铣。印。

〔北洋政府陆军部档案〕

10. 雷震春报告与白朗军在郏县白庙寺战斗情况密电

（1913年6月17日）

大总统、陆军部钧鉴：拱密。查白匪自十五号由禹州退出后，探闻窜赴郏、宝一带，当经飞饬各军迅向郏、宝寻踪追剿，昨已电报在案。兹于十七号晚，据王支队长茂元、胡营务处飞马报告，督同左二申管带体臣、雷管带存修及右二各营，于十六号一钟追抵郏县八里白庙寺左遇白匪率党千余，欲攻郏城。我军当分三路追捕，士卒奋不顾身，连夺两山两寨。该匪枪炮齐施，弹下如雨，直至晚九钟，始被我军击败，向西北逃窜。是役也，阵毙生擒匪党一百四十余名，夺获白匪坐车一辆，七生半管退炮三尊，子弹二车，枪械辎重等件，亦复不少，尚未查数。我军兵士受伤十名，阵亡二名。现又向西北分头跟踪追击等情。查白匪自夺刘风同枪炮后，声势愈振，豫南一带，几至扰遍。此次仰赖威德，得获大捷。虽白匪尚未授首，而夺获大炮三尊，匪势为之一挫。震春闻报后，即率马一营、左三右一各营，星夜进驻郏县，以资调度，而便策应。除左二右三各营先由震春酌量奖赏以资鼓励外，谨此电闻，以慰钧系。雷震春叩。筱。印。

〔北洋政府陆军部档案〕

11. 张镇芳关于白朗军攻克禹州旋即退出等情密电

（1913年6月18日）

急。北京大总统、陆军部钧鉴：十七号下午十点钟，接到王旅长毓秀电称：十五号探白匪攻禹，立即区分两路连夜驰往，张团长带马、步一支队，为绕抄越山，经过金山寺，于晚六点到禹，匪即惊窜，该团长督队把住城门，即饬韩营长带一排进城，搜剿完即出城追匪，此即禹州当日失守当日克复之情形也。秀自督步、炮由正路直剿，是日夜九点钟，队头刚到晏窖西南端，距禹二十里，即与匪冲突，即派包、董两管带为左右侧卫掩护前进，并通报成团长截堵，但地势甚凹，夜进困难，追至拂晓，前进稍许，即见悍匪五六百名向我对击，旋即被我所败，而白匪大股千余名，直绕我右翼，向东南逆窜。我之主力向右斜击，匪用死力抵抗，我军勇气百倍，一致追击，维时已十六晚四钟矣。是役也，毙匪六七百名，生擒八九十名，并擒巨匪李鸿宾、王东讯问，现彼谓两千余人，今被我击散，大股系白狼自带，余一杆约千人，系宋老年自带，窜入神后，并内击毙两架杆，未曾问出姓名。白狼被我击伤两处潜逃，其余受伤甚多，但见血痕四十里，又获山炮三尊，轿车十六辆，枪百余枝。步兵阵亡四名，受伤五名。马队穷追尚未报告。至此次最出力之将校，另呈详报。毓秀由禹州境张捷战地叩。筱。又接团长成慎电称：白狼攻破禹州，团长闻之，星夜直捣禹州，行至郏县东北二十里龙虎店，正与白狼大队相遇，我军奋勇猛击，将匪击退，追至十五里圣王寺，第三旅之兵由东截击，该匪往西山退却，我军又追二十里入山无踪。击死贼二十余名，生擒七名，内中恐有被裹者。夺得五生的七六炮一尊，快枪土枪七枝，骡马十一匹，望远镜一个，轿车一辆。惟回至郏县北八里，与护军营彼此误会，互击，护军营亡一名、伤一名，我军受伤一名。团长现住郏县。成慎叩。铣。又据镇嵩军统领刘镇华电称：十六号在薛店击毙土匪百余名，生擒四名，顷赴临□搜捕等语。查该匪自在陇县攫获刘风同枪炮后，势甚猖獗，幸王毓秀等日夜追剿，现已大挫凶锋。先此驰闻，余容续禀。张镇芳叩。巧。印。

〔北洋政府陆军部档案〕

12. 雷震春报告白朗军在宝丰鲁山一带活动及派兵搜剿经过密电

（1913年6月24日）

大总统、陆军部钧鉴：拱密。效电敬悉。查白庙寺一役，匪首未擒，正以为愧。乃蒙厚赏，益觉悬感。当即传宣德意，将士奋勉，勇气倍增。白匪自经我军在郏县白庙寺击败后，闻已窜入青草岭、二郎庙一带，距宝丰县数十里。震春业于二十一号，督同左翼统领申保亨进驻宝城，亲自督剿。现经议定：王旅长毓秀开赴鲁山，由东南向西北一带搜剿。左三营管管带见〔金〕聚，开赴半扎，由北向南一带搜剿，右三营雷管带存修，开赴大营，由东向西一带搜剿。并令西大社社董督率社勇堵截山口，防匪西窜。以四面围剿之法，为一鼓荡平之计。仰赖威德，谅不难计日就擒。除在事出力官弁遵谕另电请奖外，特率三军先此叩谢。雷震春叩。敬。印。

〔北洋政府陆军部档案〕

13. 雷震春关于与白朗军在郏县青草岭战斗情况密电

（1913年7月1日）

大总统、陆军部钧鉴：拱密。查白狼自被护军各营在郏县白庙寺击散后，探闻窜匿青草岭、娘娘山、二郎庙一带。当经拟定，以四面围抄之法，为一鼓荡平之计，业经电陈在案。兹据护军右三营雷管带存修呈报：二十四号该营出发，入山搜剿，十点余钟，见青草岭山头有匪瞭望。当同帮带张寅斗督率队伍，奋勇直上，匪人百余名，倚恃山险，开枪还击。我军遂占据苍头岭，猛力进攻，士卒奋不顾身，攀藤附葛，抢上山头。接战二时之久，匪势不支，纷纷退窜。我军跟追二十余里，山深林密，不便穷追。查是役，计阵毙悍匪三十余名，生擒五名。我军受伤四名，阵亡二名。夺获匪人机关枪一尊，炮弹三箱，步枪五杆，遂于晚五钟收队回营。等情，据此。除批令迅速兜剿期绝匪踪外，特此电陈，以纾钧廑。雷震春叩。东。印。

〔北洋政府陆军部档案〕

14．雷震春为白朗军围攻卢氏及派兵驰救等情密电

（1913年7月2日）

大总统、陆军部钧鉴：拱密。顷接张督卅电，以迭据卢氏县知事电称：白狼匪党突至卢境，分两路攻城，危在旦夕，请速派队救援等因。查白狼被护军在郏县白庙寺击散，据生擒股匪供称，白匪身受两伤，其势已穷。复经右三营雷管带存修在青草岭地方，夺获匪人机关枪炮弹三箱，业经电陈在案。惟匪人山径熟悉，最易窜扰。正在搜剿间，忽接张督卅电，定于三号派左翼统领申保亨同王支队长茂元，由宝出发赴洛往援。震春日内亦亲往洛阳督剿嵩、伊一带股匪，仍留左三右三两营，暂在大营半札一带驻扎搜剿。第查由洛阳至卢尚有三百余里，未知缓能济急否？除电饬洛阳傅团长先行驰往，一面俟抵洛再行电报外，特此电闻。雷震春叩。冬。印。

〔北洋政府陆军部档案〕

15．雷震春关于白朗军攻克唐县禹州经过报告

（1913年7月5日）

河南护军使雷为报告事：窃以白匪肆扰豫南震惊。前由护军及河南陆军分头截击。所有剿办情形，迭经电达在案。兹复综括

原委缕析陈之。查白匪自去年漏网后，即窜赴汝、宛一带，出没无常，往来靡定，虽经陆防各军迭次剿击，迄未大挫其锋。兼有不肖军人，暗通声气，接济子弹，以致匪焰日炽，势成流寇，焚杀淫掠，无所不至。而著名巨匪，如李鸿宾、宋老年、丁万松、宋一眼、王传心等，又各率党羽与之合杆。匪徒愈众，声势愈张。白匪复假行仁义，见好小民，自称洪汉军大都督。适报纸载赣、皖二省反抗中央，该匪亦随声附和，谬假二次革命之说，互相号召。此次攻破唐县，夺获刘风同枪械子弹，并大炮六尊，机关枪二支，益复高视阔步，睥睨群伦。破唐之后，长驱而北，路过源潭、尧良、麦北、下洼、金汤寨等处，无不迎刃而解，势如破竹，一时鹤唳风声，传播远近，小民一闻白狼之名，几于不寒而栗。维时王旅长毓秀，已由驻马店下车，经泌阳、唐县等处，分路追剿。震春亦派右翼王帮统茂元为支队长，带领本营及左二营，星夜赴裕州方面迎头截击。白匪侦知陆军在后，护军在前，遂转而向入檀山，经南召直攻鲁山。是时鲁山告急之电，一夕数至，势如星火。我军时已抵襄，遂飞令王支队长兼程而进，改援鲁山。匪闻我军来援，旋即解围而去，西窜入山。震春闻报后，急电王支队长、王旅长由鲁向北追剿。查鲁山西北，山深林密，路径崎岖，向为该匪盘据之所。我军初到，路径生疏，不如该匪熟悉。该匪遂穿山越岭，直扑禹州。十五号接禹州急电，白匪已破禹城。当王支队长及王旅长迅速往援。震春即于是夜自带马步两营，乘车南下。原定由和尚桥下车，向禹进发，以作夹攻之势。及车抵该站时，得禹州确实报告，白匪已于十五号晚由禹州饱掠而去矣。震春即进驻许昌，以便侦探匪势，指授机宜。查白狼久充杆首，狡猾异常，破城之后，一抢即去，不少停留。兼以汝、鲁一带电报不通，声息多阻，往往失守之耗甫至，而饱掠之匪已飏，待援军赶及，而贼已不知所之矣。致使我军疲于奔命，追逐数百里，未获一与匪遇，属在将士咸以不得一战为憾。六月十六日，王支队长及左二营管带申体臣、右三营管带雷存修率队由鲁至宝，由宝至郏，于郏北八里白庙地方与白匪大股相遇。该匪占据小龙山，地势甚高，我军仓猝遇敌，势几不支，幸赖王支队长调度有方，各营将士奋不顾身，酣战四五点钟之久，连夺两山两寨，大获全胜。查白匪自禹州退窜后，共约三千余人，扬旗击鼓，直扑郏、宝，声势颇为浩大。若非一战而胜，夺其先声，则郏、宝一带城邑，均将不保，而匪势之猖獗，地方之蹂躏，不知更当何如矣。该匪自经我军击败后，凶锋大挫，且为我夺获大炮三尊，并枪械子弹鼓号车骡马匹等项，损失殆尽，尤觉短气，遂窜匿山谷，不敢越雷池一步。震春旋由许昌督左翼统领申保亨进驻宝丰，相度形势，妥为布置。议定王旅长毓秀开赴鲁山，由东南向西北搜剿。左三营管带管金聚开赴半札，由北向南一带搜剿。右三营管带雷存修开赴大营，由东向西一带搜剿。并令西大社社董督率社勇堵截山上，防匪西窜。一面派马一营管带鞠得胜带领马队，由禹县、叶县、舞阳、裕州、南召、鲁山等处周围巡行，以扬军威，而摄匪势。以四面围抄之法，为一鼓盈平之计，各军分途扼守，时常派队巡缉。前月二十四号，右三营管带雷存修入山搜匪，遥见山头有匪瞭望，我军拚命追赶，击毙匪人三十余名。夺获机关枪一尊，炮弹箱三个，大炮弹二十四颗，引火三个，卸炮器具五件，业经电陈在案。仍饬各营随时搜捕，以清余孽。伏查汝、鲁一带，向为土匪出没之区……目下白狼匪党虽已分途逃窜，而白匪身负重伤，恐一时未能远飏。现正联络绅董，秘密探访，如该匪尚在附近各处藏匿，终有就擒之一日也。顷接张都督来电：卢氏县境又有白狼匪党分路攻城，请速派队往援。已酌留两营办理善后，余俱开至洛阳，就近援卢，震春亦拟督师至洛，以便相机进行。除王旅长、成团长两处报告由豫督转报外，所有护军各营剿匪大致情形，理合呈请大部查核。并将王支队长报告① 另缮附呈。顷

① 此件中所附支队长王茂元报告从略。

至报告者。右呈陆军部。
中华民国二年七月五日

〔北洋政府陆军部档案〕

16．周符麟关于白朗军攻克荆紫关等地请急救援电

（1913年7月）

（1） 7月4日电

大总统、陆军部总长钧鉴：麟接篆时，正白匪攻陷唐、禹后，各处戒严。豫督反将南镇所部前路全拨剿匪司令王毓秀指挥，致宛一兵俱无。日前各邑纷纷请兵，符麟无以对待。屡电豫督拨兵，奉复或云已有布置，或云无兵可拨等语。只得坐守空城而已。刻白匪于七月一日复破淅西坪，二日又破荆紫。符麟闻信，徒自焦灼，无兵救援，又不知王司令远在何处。长此敷衍，匪氛日炽。倘再勾结汉鸿军、仁义会等，不独豫南各邑不保已也。事关大局，不得不电禀之。周符麟叩。支。

（2） 7月6日电

大总统、陆军部总长钧鉴：符麟顷接西路马统领云卿报告：白匪连陷荆关、淅西坪镇，进逼淅川县。现在邓州、内乡、镇平等县戒严，纷纷请兵援助，若憾麟之拥兵不救者。查匪势猖狂已达极点，张督所称分布剿匪各将员，渺然无音，无可呼吁！似此敷衍，该匪长驱直进，三两日间，不惟以上各县难保，即南阳亦岌岌可危。符麟自转战潼关以来，大敌当前，有进无退，若所部有兵，虽战死沙场，亦无所恨。乃置之战地，致令束手待毙，是断送符麟一人之身犹小，断送宛南各县，涂炭生灵，其害惨不胜言也。事迫情急，因张督函电分驰，发言似觉少激，以后谅不见容。但麟自问愧对地方，更难厚恋栈。惟有仰恳我宪鉴怜愚诚，另委一相当之事，俾得效犬马微劳，无任悚惶待命之至。周符麟

叩。鱼。印。

〔北洋政府陆军部档案〕

17. 吴庆桐报告白朗军围困镇平县及饬队往剿等情密电

（1913年7月17日）

万急。北京大总统、参、陆两部钧鉴：拱密。顷接汴督来电，白匪猖獗，现围困南阳西七十里之【镇】平县。饬职旅赴樊之第五团长刘跃龙带队往剿，事毕仍赴樊城。吴庆桐叩。篠。印。

〔北洋政府陆军部档案〕

三、白朗军攻克鄂省枣阳等地

1. 王安澜报告白朗军攻克枣阳请派援军等情密电

（1913年9月29日）

急。北京陆军、参谋两部钧鉴：现因鄂境随县、枣阳方面敝师军队全行退伍，白匪乘隙扰乱随、枣一带，虽迭电请派奉军填防，无如兵力薄弱，该匪宥日竟将枣城占据，肆行抢烧，惨杀人民，不堪言状。业由敝师另调他队，并奉副总统令奉军混成第二旅竭力会剿。刻下匪势异常猖獗，除电请副总统增派援军外，谨此电闻。鄂三师师长王安澜。艳。印。

〔北洋政府陆军部档案〕

2. 黎元洪关于白朗军攻占枣阳请调豫军围攻等情密电

（1913年9月29日）

急。北京大总统，参、陆部钧鉴：拱密。顷据师长王安澜艳电称：白匪占据枣阳城，现仍缝纫军装，四出抢掠，人民多遭惨死。并据逃出商人报称：城内福音堂牧师男女各二人，亦被匪囚捉，存亡莫卜。我军及奉军今晨已抵枣阳，拟即进攻。除已饬吴旅长派随县方面援军飞驰会剿外，仍恳副总统迅电河南军协剿等语。查白匪前次扰乱豫鄂两省，边民已受害匪轻，何堪令其再扰。但该匪如经鄂中军队痛击，势必窜入豫境。拟请迅饬军队先到桐柏、南阳附近等处并力围剿，以便即时扑灭，而救他方为盼。黎元洪。艳。印。

〔北洋政府陆军部档案〕

3．吴庆桐报告白朗军占领枣阳及北军围城等情密电

（1913年10月2日）

大总统、陆军部、参谋部钧鉴：拱密。前以白匪猖獗，曾派李帮统治云、赵团长福汇分路进击，业将初期进攻情形电报在案。旋据李帮统报称：月前十九日抵信阳所属之吴家店，探得匪分数股窜扰河南桐柏及湖北大〔天〕河口一带，帮统当即率队跟追。惟查道路崎岖，邮电不通，于二十一日始行至淮河店。忽接桐柏报称：匪有二千余名围城甚急，即于二十二日星夜赶赴桐柏进剿。追至该处，匪往西南逃窜，寻复跟踵前往，至二十五日抵青台集。是日，复据赵团长报称：白匪于二十四日窜至枣阳界，团长所部步兵一连、机枪二杵，亦抵青台集，遂与李帮统会合，分路进剿各等情。据此。旅长当即饬令迅速往攻，一面电饬驻樊城之五团派步兵一营，又饬驻钟祥之五团一营拨派步兵三连，由西南两方分路兜击，并饬驻随之四团三营分扎边界，以防窜扰。据驻樊刘团长转报：枣阳原驻鄂军三师，计步兵两连，于二十五日夜被白匪勾串内应，开门纳入，遂占据该县。鄂军两营长暨两连步兵均被冲散。等情。当即饬令各营迅速进击。旋据赵团长报称：各

队均已齐集枣阳，即日进攻。团长及李帮统所部守东门，樊城陈营长及钟祥刘督队官守南门，豫军守北门，鄂军三师李团长守西门。等情。复据陈营长报称：艳日获匪探四名，当即正法。匪由西南两门分出五六百，我军奋勇兜剿，接战有三时之久，伤毙匪人七八十名，马探被匪夺去枪马各一。鄂军三师李团长张副官被匪击退，闻已阵亡。我队奋击，匪退入城，现仍围攻。等情。当即电饬各该营奋勇兜剿，务绝根株。现复加派吕营长带骑兵两连，经由德安随县迅往会剿，以厚兵力。详情续报。第二混成旅旅长吴庆桐叩。冬。印。

〔北洋政府陆军部档案〕

4. 吴庆桐为白朗军固守枣城已派重炮轰城等情密电

（1913年10月4日）

大总统、参谋部、陆军部钧鉴：拱密。江电谨悉。枣匪踞城死守，屡诱不出。查城池坚固，并有商民两万余人，又有天主、耶苏教堂，不便猛攻，是以数日未能克复。现奉副总统令，派重炮两尊前往。旅长已严饬前敌慎重施放，照人烟稀处轰城，设法克日攻破，以救商民，上纾廑念。旅长吴庆桐叩。支。印。

〔北洋政府陆军部档案〕

5. 吴庆桐关于派遣美国教士进入枣城请求释放被拘教士等情密电

（1913年10月7日）

大总统、参谋部、陆军部钧鉴：拱密。支、虞两电谨悉，遵谕转饬各营一体遵办。旋据报告，枣匪一号晚十二钟窜出南门，被我军击退。四号该匪复遣教士来营求和，亦经该团长等拒绝。昨晚复接赵团长、李帮统电称：城墙坚固，有勇难施，凡我官兵露营而宿，苦难言喻。正因设计炮攻，忽奉副总统令，由襄阳送去美国教士二人向匪收赎被拘教士大小八口，并令议释后方准攻击等因。所去教士由我军保护，已派人进城说项，尚无回信，各等情。并请示遵。窃恐该匪必以外人为要挟地步，为缓兵之计，一日不释放，一日不敢攻。旅长已将困难情形回明副总统。电请示遵。旅长吴庆桐叩。虞。印。

〔北洋政府陆军部档案〕

6．吴庆桐报告白朗军退出枣城当即带队追击情形密电

（1913年10月13日）

大总统、参谋部、陆军部钧鉴：拱密。现据李帮统治云报告：白匪由枣阳北窜后，当即带队追击，八日早在杨店追及匪之马队，即与交战，毙匪百余名，匪即经由河南新店铺窜至古村，我队跟踪追抵该村，复与匪战。是时该匪与古村原有之匪党杨黑并另股匪徒于印等五百余人相合，共有千余人。我兵虽单，不稍屈挠，当与匪酣战数时，计毙匪首一名，匪徒百余名，匪势不支，连夜逃至黑龙集、西奔河口一带。两次共毙匪二三百名。我军伤连长一员，兵六名，阵亡兵二十二名。等情。旅长当即一面饬其跟踪痛剿，毋任飏逸；并一面饬驻樊之刘团长严防襄樊，以免疏虞。谨电陈。旅长吴庆桐叩。元。印。

〔北洋政府陆军部档案〕

7．张镇芳报告白朗军在方城等县活动请调赵倜部驻豫镇慑等情密电

（1913年10月17日）

特急。北京大总统、陆军部钧鉴：拱密。乱党注重河南，力

图破坏，百方煽惑，防不胜防，以致到处伏莽，蠢蠢欲动。现在方城、邓县先后告急，张师长有疲于奔命之势，已另委王旅长毓秀率一支队驰往援剿，容随时报告。至西北嵩、洛各县，亦抢掠频闻，幸赵倜还驻洛阳，自率毅军赴嵩剿办，击毙甚众，匪胆颇寒，顷于十七日往伊河以东，或有早日扫除之望。乃近见杨运司电：浮山、岳阳等处风鹤屡惊，亦欲藉重毅军，彼此兼顾。查毅军在豫现只四营，而陕灵又分其半，可以游击者仅两营耳。兵力既单，难以分布，若再为晋所牵制，殊有顾此失彼之虞。窃维豫省绾毂中原，不早肃清，恐累大局。乞饬赵倜悉其精锐拨驻河南，以便节节进攻，与张师长衔接一气，于河南护军使之名义，亦觉相符。或另调别军填扎河东，暂资镇慑。是否有当，伏乞钧裁。临电翘企，无任急切待命之至。镇芳叩。洽。印。

〔北洋政府陆军部档案〕

8. 张镇芳等处理开封知事王文同袒护阎梦松密谋新蔡独立往来密电

（1913年10月）

（1）张镇芳致袁世凯等密电（10月19日）

北京大总统、陆军部钧鉴：前署新蔡知事调署开封县知事王文同，与阎逆梦松素有关系，当阎逆在新蔡煽惑独立之际，既不婉劝，又不严惩，其党羽往来，竟派县队护送阖邑。惟恐具禀请兵，飞电相询，彼又复称无事。嗣后阎逆被获，供出真情，经民政长密饬现署新蔡知事胡式金，传集绅士五人，问王与阎有无干涉，该绅等亲笔书结，确有种种牵连。前日胡知事缮摺呈递前来。身任地方，袒护暴徒，本当重办。惟王文同乃河北巨室，系少白先生之孙，家学渊源，颇有乡望。昔年少白曾主讲河朔书院，今之政界绅界学界出其门下者甚多，函电交驰，纷纷作保，虽不敢稍徇情托，又何必独好吹求。且阎梦松拘获到案之时，即王文同呈报丁忧之日，早经民政长准其旋里，另委人接署开封。敬恳格外恩施，不究既往。但纵容附和，似不应事外逍遥，拟请将王文同褫职，永不叙用，交地方官严加管束，随时查看。如能安分，即可从宽，倘再结纳奸人，定当绳以国法。是否有当，伏候钧裁施行。张镇芳叩。皓。印。

（2）参谋部等复电（10月21日）

开封张都督：拱密。大总统令：皓电悉。王文同甘心为逆，法无可贷，应即按军法枪毙，以昭炯戒等因，转达参、陆两部。马。印。

〔北洋政府陆军部档案〕

9．张镇芳报告白朗军在方城等地活动及豫南各要隘兵力部署情形电

（1913年11月1日）

特急。北京大总统、参谋部、陆军部钧鉴：卅一电敬悉。白匪扰泌，迭据各处报告，当即电饬张师长锡元带队驰赴方、泌一带，王旅长毓秀驰赴襄、叶一带，分路剿办，并由省派队今日赴驻协剿，想该驻站可保无虞。南阳田镇队伍前路第一二九营赴淅堵截秦之叛兵，四八营分堵南境要隘，三营专防赊旗镇，赵会办率队所部在洛南汝北分扎剿办。其河东队伍，现甫到洛。惟天久不雨，豫南几成赤地，以致各处小杆蠭起，较前转多。并据报告：匪首白狼、宋老年踞泌境豫河，王传薪踞官庄，李麟宾踞黄陂桥，曹红遇踞涧岭店，丁万柿〔松〕在邻境。又迭据密探报称：匪中有乱党暗行煽惑，势须迅速扑灭。惟有督饬将士殄此丑类，以靖地方，而纾廑系。谨先电复。至剿办情形如何，俟各军报到，

再行续陈。张镇芳叩。东。印。

〔北洋政府陆军部档案〕

10. 赵倜报告白朗军攻占宝丰及战斗经过电

（1913年11月12日）

急。北京大总统、陆军部、参谋部钧鉴：庚电计入览。倜率马步四营，十日抵临汝县，探称匪众将逼鲁山县，各队遂于十一日均由小道越山迳赴鲁山，倜自率马步百余，保护车辆子弹，绕宝丰大路赴鲁。午后前探至宝丰北门，始知白匪率党八百余名，于是日午前已将县城占踞。倜得报即派马飞调赴鲁山之队回剿，复派队五十名据村保护子弹车辆，自率精锐百余，进观形势布置甫毕，讵该匪探知我兵不多，已由西门率党数百来袭辎重，倜遂督队迎击，酣战约两小时，匪势不支，退入城内。倜乘势闯入北门，又与该匪巷战，历三小时之久，毙匪百余名，生擒数十名，匪众由南门逃窜。兵单力乏，未便穷追。得快枪三十余杆。我队受伤哨官一员，正勇十一名，民团死十余名。日落时溃匪正越南岭，适遇我赴鲁折回之队，复击毙数十名，其余纷窜入山。查此次宝丰失守，乃因民团守城五更困倦，匪众用云梯扒入，幸克复在即，未大蹂躏。现正饬令该城官绅赶办善后，并分派各队入山搜剿。知关钧念，用特禀闻。再入城剿匪兵数无多，只顾战斗，未能傍及毙匪枪支，多被民团捡去。合并声明。赵倜叩。文。印。

〔北洋政府陆军部档案〕

11. 张镇芳为豫省义军兴起自请惩处及准免本职电

（1913年12月3日）

北京大总统、国务院，参、陆两部钧鉴：自大总统就任后，列强承认，薄海胪欢。各省敉平，喁喁望治。独河南土匪猖獗，民不聊生，咎无可辞，深滋愧愤。若不严加惩处，又将何以对人民？务恳免去本官，另简贤能，克期扫荡。大小将领，倘有通匪等情，并乞切实查明，治以军法。妖氛渐靖，浮议自消。如得白衣还家，生当练乡勇以折冲，死亦作厉鬼以杀贼。坟墓庐舍所在，决不忍漠不关心也。流泣陈词，伏祈恩准，不胜迫切悚惶之至。张镇芳叩。江。印。

〔北洋政府陆军部档案〕

12. 张镇芳对于南阳绅士与白朗军联络等情密电

（1913年12月3日）

北京参谋、陆军两部鉴：拱密。奉到冬电，谓探闻南阳镇与绅士及白狼联络等情，深为骇异。该镇并未报地方安静，屡电求调出奉天军队驰往剿办。迨奉军赴唐县路过南阳，又来电恳留，均有案可查，何至遣去。倘有此等情形，安敢姑息。至于禹州系开封所属，距省甚近，亦无白狼在此之说，想系裕州之讹。既承电谕，容当确查。谨复。张镇芳叩。江。印。

〔北洋政府陆军部档案〕

（二）白朗军向豫皖鄂边境进军

一、攻克豫东光山等地

1．段祺瑞关于白朗军威胁腹地请令派队痛剿密电

（1914年1月11日）

特至急。北京大总统钧鉴；参陆两部鉴；部密。豫匪久不灭，外人注目，吾人耻之。近复扰乱铁路，停顿客车。虽属疥癞之疫，而地处腹心，若不认真痛剿，终无了局。拟请令二师出一旅，或暂留三师补充旅、或添调八师一旅，派中将吴光新为总参议，协商赵使，禀承张督，通盘筹划，为一网打尽之计，兼察豫将之不力者惩治之，藉以整顿军队。是否？伏乞钧裁。祺瑞叩。真。印。

〔北洋政府陆军部档案〕

2．张凤台报告第二师与白朗军在确山战斗情形并自请处分电

（1914年1月11日）

北京大总统、国务院、陆军部、交通部钧鉴：确山匪氛经官军击散，车、电已通情形，业于蒸日电陈在案。刻得高镇文贵电告：八号第二师军队与白匪在确接仗，毙伤匪人五六十名，夺获贼马廿余匹。八号下午，一股千余人已窜东南，九号早一股千余人，窜向正阳一带。高镇于十号早派队赴正阳截击等情。复接石旅长镇声电告；一月八日，我军在新安店北十里处与匪接战，

步匪二千余，马匪约有一营，战至三点余钟，匪向东北方退却。击毙匪二十余名，马四匹，伤匪不计其数。我军阵亡二名，伤一名。九日早六钟，我军追击，匪分两路向东西方窜去甚远。各等情。两电所报匪情略同，惟毙匪数目暨逃窜方向微有参差。除商同参谋长王世焕派军截堵外，复电饬豫南观察使暨各县知事严守地方，以防焚掠。凤台忝司民政，属地竟有此等巨匪，不能率属早为防察，以致跳梁恣逞，碍及交通，实属咎无可辞。应乞大总统严予处分，以为身任地方漫无觉察者戒。河南民政长张凤台叩。真。印。

〔北洋政府陆军部档案〕

3．段祺瑞等关于白朗军攻克光山由小刀会暗助等情仰即严密查拿密电

（1914年1月14日）

光州专递拱卫军梁统领并译转商城、潢川知事：拱密。据光山知事电称：匪陷光山，由小刀会匪暗助，最著名者为刘洋火，又名刘三少，在县东南八十里，党羽甚众等语。仰即会同该知事严密查拿，勿任漏网。兼都督段、民政长田。寒。印。

〔北洋政府陆军部档案〕

4．张镇芳报告白朗军由确山向遂平进军等情电

（1914年1月15日）

特急。北京大总统、参陆两部钧鉴：真电敬悉。当即饬查。顷据第二师石旅长振声元电称：查新安店土匪由确山西北窜入往南，实有步匪二千余人，马匪约一营之数。当该匪南窜时，曾闻

信阳车站电诘，传说有炮四尊，及敝旅队伍将匪击退，始终并未见炮。查该匪原有抬枪，土人皆云抬炮，想系以此误传，其实并无炮队。伏查匪马多无鞍辔，且毫无部伍，察其情形，确由乡镇陆续掳掠而来。又据确山郭知事名世寒电称：土匪白狼等于六日率匪二千余人，内有马队四五百余人，由遂平猪食店向县境东南窜至黄山腏，将电线杆砍断。适陆军所乘汽车经过其处，即下车对击，将匪击为二股，一股窜向县东之留庄，一股向西回窜。九日夜，匪复两股合一，向正阳境内窜去。匪马均劫自乡民，并炮队亦无大炮。向东尾追之兵，则有赵护军使、高镇台、第二师胡团长，前后约共有十余营之谱。各等情。查两电所报情形大略相同，当无捏饰，合亟电陈，以纾廑系。张镇芳叩。删。印。

〔北洋政府陆军部档案〕

5．张镇芳为白朗军攻克潢川后向东南两方进发请派军堵剿等情密电

（1914年1月18日）

急。北京大总统、陆军部钧鉴：华密。顷据赵护军使倜铣电称：十六号午后，倜至潢川县，匪因知有追兵，已于前一日向东南绕窜。查知城内教堂有三洋人，均行逃匿。倜恐酿交涉，即日由民家寻出，询悉美人黎立德肘后有刀伤，幸不甚重，其两英人均无恙，堂内稍有损失。合城被戕者三百余人，掳掠一空，当即传集官绅饬办善后。惟匪由潢川县向东南两方分窜，已派员详探，是否分合，即行进剿。查此股确有多数乱党在内策划，所以狡诈百出，与寻常匪徒不同。在光、潢两城，又共虏快枪四百余枝，子弹数万粒，气为益足，且各处小股蜂起附合，现实有三千余人。倜仅有马二百、步一百，无论如何，断难兼顾。日前曾电鄂、皖两督在边界堵截。又虑回窜，况铁路以西，小股尚多，

是以该处军队未敢遽调。恳乞我公速电中央，严催高镇迅来会剿，或饬别项军队速来帮助，是所感盼等语。除调备补陆军一营、巡防一营，驻扎沈项堵其北窜，并调镇嵩军八百名驰往归赵使指挥外，乞电饬高镇文贵克日前进，与赵会剿，毋再观望，大局幸幸〔甚〕。镇芳叩。巧。印。

〔北洋政府陆军部档案〕

6．张凤台报告白朗军攻克商城后向蕴仙寺等处进发密电

（1914年1月21日）

急。北京大总统、国务院、陆军部、参谋部钧鉴：拱密。潢、光失守情形，业于号电详陈。兹复接豫南观察使叶济函暨潢川知事陈扬电、罗山韩知事报告，始悉白狼之叔白瞎子并李鸿宾、宋老年等由潢川窜出，于十五夜一点，大股土匪直抵商城，围攻甚猛。该县知事许中书坚守力竭，遂失守，该知事殉难而死。襄办团防在籍绅董洪军门永安正在西城上防察，亦遇害。匪于十六号午后退走，现又分窜蕴仙寺、马市街等处，拟在茶山度岁，意图恃隅抗拒。其最可虑者，该匪又有由皖走鄂窜逼荆州，与乱党合股大举之说。赵护军十八号到商，咨调高统领所部马队一营，步队二营，机关枪一连，闻已由正阳开拔，约十九日晚可到潢川。罗山一带，尚属无恙。现商城知事已暂由豫南观察使委李庭芳代理，应即遴委署理，以重地方。至商城陷后，阖城商民被匪蹂躏情形，已饬探访员汤藩臣赶期查明，详细具报。访查罗山一带，尚有余匪执李鸿宾名片敲诈情事，已飞饬该县知事查拿枪毙，以防苛扰，而恤灾黎。河南民政长张凤台叩。个。印。

〔北洋政府陆军部档案〕

7. 段祺瑞报告在鄂边麻城等地部署兵力情形密电

（1914年1月22日）

北京大总统，参、陆两部钧鉴：部密。昝日奉令饬吴旅派一团赴确山以东候调，因赶不及，改饬王司令由省抽老兵两营，加之驻马店一营，山炮四尊，机枪一连，马队一连，合为混成团，派孙传芳漾日率往，听赵使指挥，已知会张督、赵使矣。再黄安本有混成营，兹再派补充一营，乘船至团风登陆赴麻城，令刘团长锡光指挥，以防鄂边，兼可声援商城、光州。祺瑞。养。印。

〔北洋政府陆军部档案〕

二、白朗军攻克皖省六安等地

1. 张镇芳转报白朗军攻克商城后向皖境麻布集一带进军饬各县速办民团密电

（1914年1月22日）

北京大总统、陆军部钧鉴：华密。顷接赵护军使倜效电称：匪前日由潢川分股南窜，至双树合股进扑商城。倜即于十七号由潢飞援，行至江家集，探悉十七号商已失守，县知事被戕，伤人三百余，掳去枪弹财物甚巨。该匪恐兵追及，即于十七号黎明出城，分大股往攻固始。倜当以商城已陷，固始急宜保全，遂星夜驰援，十八号午前抵固，探闻匪至中途，知来军队，乃复南窜。倘援稍迟，则固始又不保矣。倜到固详查内容，甚为危险，大抵富者啬吝，不顾公益，贫者积怨，望匪速来，乱党又从而诱之，潢、商之失，多由于此，倜即饬官绅迅速办团自保。现匪众窜入皖境麻布集一带，前电知倪督，想已有队迎击。我军急绕道前进，方成围剿之势。惟高镇仍不肯来，未知何故？求人帮助，万分为难。务乞我公密禀中央，严饬高镇化除畛域，和衷共济，俟其到时，倘不惮哀求，相机合剿，以顾大局也。再者铁路以西，应请我公严饬官绅趁此时机，赶办民团，以清余孽。余容续布。等语。除饬各县速办守望并赶紧清乡外，谨录原电禀闻。镇芳叩。祃。印。

〔北洋政府陆军部档案〕

2. 王占元关于光商两县失陷武汉堪虑请豫皖各军速进密电

（1914年1月24日）

北京大总统，参、陆两部钧鉴：拱密。奉鄂督令，豫匪猖獗，势日蔓延。光山、商城相继失陷，著速派队前往会剿等因。当与鄂督商酌再四，决定由职师编一混成团集中信阳，归赵护军使节制，该团以步六团第二三两营、步五团第一营、马一连、炮一连、机关枪四杆编成，由步六团团长孙传芳带领，已于二十三日早，由驻扎地出发，用火车输送前赴信阳。又黄安前曾由职师派步七团第一营及山炮两尊、机关枪一大排前往驻扎，防匪南窜，当经电呈在案。兹复加派驻孝感之补充步一团第一营，由步一团团长刘锡广带往，合前原有队伍，以防光山、商城方面南窜之匪，此加派之队伍，不日即当出发前往。窃思武汉三镇，地处腹心，稍有疏虞，大局震动。豫南之匪固应速平，武汉之危，亦当熟虑。职师现除已分遣各处者外，所余步〔部〕队不过八营，而其中复有补充团新兵三营，枪械未齐，训练未熟。现拟将驻台关补充步一团第二营调回武昌，然兵力仍属单薄，倘有缓急，何以应之？占元苦心焦思，只得恭恳大总统及大部电饬豫、皖两督，转催各路会剿军队作速前进，并力合围，俾匪氛早就削平，生灵早免涂炭，而职师参与剿匪队伍，因亦于早返鄂防，实为至幸。万一匪徒狡猾，难猝肃清，如此地遇有紧急之时，仍祈允准职师将所派队伍尽数撤回。盖事无两全，势难兼顾，军机万变，轻重宜衡，此非占元鳃鳃过虑，良以事实诚如是也。想大总统及大部明见万里，应不以此言为过而责之也。占元回叩。印。

〔北洋政府陆军部档案〕

3. 倪嗣冲关于白朗军陷六安南下霍山危及潜山太湖请饬张勋火速带兵来皖密电

(1914年1月27日)

百万火急。北京大总统，参、陆两部钧鉴：拱密。沁电祗遵。此次豫匪沂〔奇〕袭陷六安、固甫〔始〕，该匪行踪飘忽，猝不及防。亦由冲因应无方，致有疏失。抚躬自省，内疚良多。猥蒙电令张军赴正援剿，感愧交萦，莫知所出。惟皖省情形有不能不沥钧座者。伏查六安匪势虽甚猖獗，而邱统领尚有三营驻木场埠，马师长所率三营暨寿州所派成、陈两营，均于日内可到，合之炮马各队，计有九营之谱，联合攻剿，似可足用而获胜，已无须张军开往，不幸挫败。而庐州计有鲍镇守使三营、夏旅长三营，寿州防军始终未敢多撤，李司令两营，又日内由宿赶到，似均可以自顾。即有缓急，再调张军，亦尚可来。所虑者匪已南窜霍山，倘六安五日不下，滋蔓愈多。潜山、太湖既无兵队，而省城又无一兵可拨，万一乘虚窜扰，与长江乱党联合，必至糜烂不堪。况号令不一，军队所忌，敌情变幻，目见始确。体察皖军情形尚堪一战。冲受大总统付托之重，坐令匪股窜扰，寤寐难安。此感电所以请饬张使带兵来皖，冲即督师进剿之实情也。伏乞俯鉴愚忱，准如所请，迅饬张巡阅使火速南下，默计由徐抵皖，不过四日，较赴正阳尚属便易。一俟该使到后，冲当即日出发。是否有当，伏乞钧裁示遵。倪嗣冲叩。感二电。印。

〔北洋政府陆军部档案〕

4. 段芝贵关于调动豫鄂皖三省军队分兵合击办法电

(1914年1月27日)

芝泉总长阁下：顷奉电示，敬悉种切。贵到信后，一切计划与尊意本有同情。缘贵在京未起程之初，即先派宋参议玉峰、周参议铮前赴郾城一带，面见赵护军使详陈计划。鄙意以匪势已成流寇，若徒加驱逐，益致涣散。必俟各处客军到齐，再从四面合围，然后痛加攻击。是以电请馨庵都督严防汝南埠、新蔡县，以免北窜沈、项，并电丹忱都督严防六安、颍州，以防扰皖。并电尊处饬吴庆桐一军，由黄州进麻城一路，以防入鄂。此四面防堵之策，早已预定。无如到信后，高文贵、吴庆桐虽先后来见，而赵护军使处因奉命令，所有客军皆归指挥，并饬贵面与接洽。当时专差前往，并连去函电，至今未接其寸纸只字。当电请大总统查其驻扎地点，电饬与贵接洽，复派宋参议赴固始一带面见，接电尚未会晤。闻赵使仅带马队约二百名，步队百余名，随匪追剿，甚非得计。旋奉大总统电：以匪正吃紧，不宜将各将领调信等因。贵当将以上情形并计划办法电陈首座。兹特钞录往来原电，寄请察阅。如来电所云，彼此同情询不诬也。肃此祇请

台祺

芝贵谨启一月二十七日

外大总统来电二件，电稿四件，又致赵护军使电一件。

大总统来电

段军长：拱。祃电悉。豫、皖之间，匪正吃紧，各军追剿堵截皆有责成，遽将各将领调信，似不相宜，望即妥筹办理，派员分往接洽为妥。大总统。漾。印。

参、陆两部来电

段军长：拱。奉大总统令：祃电悉。筹划甚为周妥。赵倜正在追匪，未便折回。该军长可即派员前往商酌。陈文运马队，已催今日内即开拔矣。等因。特达。参、陆两部。漾。

呈大总统电稿

大总统钧鉴：密。贵廿二辰抵信阳晤宋参议等，知赵护军使等均尚未到，且未知追贼何所。电报仅通罗山，已派马十余匹往觅赵军，请其前来，以便通筹办法。刻下匪在商州、光、固之间，昨晚今早已电豫督，嘱其严防汝南埠、新蔡县，以免北窜沈项。并电皖督严防六安，以防扰皖。并电段总长，嘱其饬吴庆桐一军，由黄州进麻城一路，此到信大概情形也。俟赵护军使及各军官到信划商详细办法，如何分防合击，再行电陈，以慰慈廑。除已函电各军官来信就商外，拟请大总统再电饬各军官速来，为恳。芝贵呈。祃。印。

大总统钧鉴：院密。早间发电，计邀鉴及。刻下各军官尚未到，且未知各军驻所。愚见此股匪徒，强悍慓疾，若照现在各军分剿，赵护军尾贼跟追，似非办法。贵到信既已分电皖于颍、寿、六安，鄂于黄州、麻城，豫于新蔡、汝南分防匪窜，然后由赵护军集合各军作一大枝，即以光山为中心，蹙贼于光、固一带，相机痛剿，如此则光、固不过忍暂时之痛苦，而积年之匪，可以克期就擒。惟现在各军官尚未到，务恳大总统严催赵倜、高文贵、吴庆桐等即刻迅速前来，就商一切。吴庆桐一军，拟令以一团由黄州、麻城进防，其余巡防队五营，由吴庆桐自带，随同赵护军听候调遣。陈文运马队亦恳大总统催令迅速前来与赵合军，尤为紧要。愚见如此，是否可行。伏乞训示。芝贵谨呈。祃。印。

大总统钧鉴：院密。参陆部漾电谨悉。当已遵谕派宋参议玉峰往见赵护军酌商一切矣。吴旅长庆桐、高统领文贵今日均已到信晤面，吴旅长所部一时集合，恐不能遽齐，鄂已另派混成第六团，明日即可到信，拟令暂赴罗山听候指挥。高军已到潢川，高文贵自带排尾，明后日亦可前往。惟各军均到无所秉承，而赵护军既未前来，亦未来函，究竟刻下追至何所？匪势如何情形？均未得有确音，大约贵奉命过豫统筹全局一节，赵护军或尚未知也。贵初到信，即电鄂、皖、豫各派队在要隘严防，正欲将外围防堵坚固，留光、固一带暂令盘踞，然后集合兵力从中痛剿，所谓一隅居民虽暂受痛苦，而积匪不难歼除也。若照赵护军带少数军队，马只二百，步军不过百名尾追，此种流寇，不但匪前兵后徒令滋蔓蹂躏地方，且恐逼匪入山，转难着手，因匪本有茶山过年之说也。况外围各要隘，军队尚未布置齐备，驱之入鄂、皖之境，乃势所必然也。若谓驱出豫境便可卸责，则所见左矣。刻下已遵谕派宋参议前往，俟见赵护军后，确知赵军现在何处，匪在何处，距皖、鄂何处最近，然后酌饬[illegible]军及混成第六团前进，相机会合皖、鄂分进合击。正详电间，接到钧电，以各军追剿堵截正在吃紧，未便调信等因。然高文贵、吴庆桐均在信，混成第六团尚未到齐，至鄂、皖各军甫经调动，尚未到防，所谓追剿堵截，恐只有赵部少数马步二三百人，别无劲旅也。好在高、吴已均会晤，赵处已有宋参议前往告知严布外围集合劲旅在内痛剿作为分进合击之法。余俟得各处报告，再行续陈。芝贵。印。

一月二十八呈大总统电

北京大总统钧鉴：院密。芝贵到信已五日，尚未接赵护军函电，闻其现在固始一带，宋参议玉峰约今日可到，熊文朗所部一团，已饬进驻商城，与鄂之黄安、麻城军队联络，以防西窜。混成第六团已催令进赴潢川，陈文运马队，今日自带头队到信，今夜准可到齐，明日开赴潢川，均听候赵使指挥，已电嘱赵使令其联合皖、鄂相机痛剿，以期一鼓歼除。昨接豫督转到钧电，以据洋人报告，谓白狼在内乡赊旗镇一带，并述南阳一带匪情等因。铁路东之匪，本系窜出之一股，西路老巢仍有匪党蛰伏，自系实情。吴庆桐闻已放南阳镇守使。但其所部，在襄阳之一团并巡防营，均零星分驻，不能遽调，据称在旧历上元前后可以调集。赵福汇之一团驻扎唐县，唐县距南阳甚近，且距内乡、裕州、赊旗镇等处恰在适中，加以豫省原有之南阳九营又四营，若运用得宜，似可敷用。将来俟铁路东廓清后，即可移兵西来，再办西面。唐县正为适中之点，总司令正可驻此运用一切也。昨又由豫转钧电，准以徐占凤全队填扎洛阳河东，调赵倜全部赴光、固剿匪，并以唐天喜驻京各营开拔沈、项各等因。铁路以东兵力似嫌过厚，将来赵部调到后，似可令混成第六团回鄂，缘鄂经此番调防，麻、黄、蕲、罗等处，省城兵力太单故也。是否有当。伏惟训示。芝。宥。印。

〔北洋政府陆军部档案〕

5. 段祺瑞关于白朗军退出六安北军在新蔡一带扼堵等情电

（1914年1月29日）

特至急。北京大总统，参、陆两部钧鉴：部俭电敬悉。鄂边罗田、麻城一带，已饬蔡汉卿前往相机堵剿。顷得倪督勘电谓，匪于念七退出六安，悉数西窜。默察匪情，不北窜颍、寿，即向西北新蔡窜扰。现豫军于新蔡邑布置尚密。但陈文运马队驻固始似嫌稍偏西南，不如略向北移，以扼去路。已电商豫督、段军长、赵使矣。谨闻。祺瑞叩。艳。印。

〔北洋政府陆军部档案〕

6. 张镇芳关于白朗军得到国民党人支援士气强盛及查办舞阳失守官员密电

（1914年1月29日）

急。北京大总统，参、陆部钧鉴：华密。勘电敬悉。匪破六安，凶焰更炽，自应厚集兵力，稳慎进攻。号日镇芳致赵使电云：不可少数追剿，以邻为壑，须与皖、鄂联络，一律周密，或可包围。旋接段兼督宥电云：不在急击使散，要在合围聚歼。接赵使敬电，段师长有电，意均相符。刻下王〔孙〕团长传芳、高统领文贵之兵，均到商城，拟可堵其回窜。鄂省麻城、黄安各有一混成营，黄州有一营半，前日间又派一混成团齐集罗田，鄂境当无虞。惟顷据信阳叶观察电称：传闻匪攻正阳关，然未接皖电，不知确否？该匪异常狡诈，乱党刘承烈、凌钺、陈芷平皆在其中，又有身穿洋装者一名，贼咸呼为洋猴，颇有势力。其陷城之法，先派其党或绅学界、或卖菜佣、或商人、或乞丐，溷入城中，甚或有充当县队者，勾结既定，猋来猛扑，则城内各处火起，人心惊惶，不暇守陴，而内外响应矣。潢川之失，有章桢应期租一公馆，居然官僚人家实则暗地布置，及贼到城外，郝绅率众登陴催然大炮，忽身后有人将郝绅击毙遂倒，转大炮向内轰击，此时县队竟有纵火者，西城门亦火光烛天，皆匪未入城之时也。迨饱掠而去，章桢即随匪东行。而青菜铺中尚有数贼隐匿，现已被该知事查出正法。光、商两县，亦大率类此，故御有形之匪易治，无形之匪难伸，学界甘心勾匪，蹂躏其家乡，别有肺肠，尤难防范也。不然，即一土寨，亦可坚守二三日，以待援兵，何致匪至如归，如入无人之境。光州五属，士气向极浮嚣，汝、洛、南阳民情素称强悍，以浮嚣之士，引强悍之民，摄害治安，互相利用，而孙、黄、柏、李，又复遥为声援，不除党人，乱未艾也。豫省一百零八九县，势不能县设一营，即办清乡，亦不能尽诛国民党、游学、贸易、担挑、乞丐，更不能禁止行人。今仍为迂猥之谈，非改良教育，以正人心，整顿巡警，以查户口，虽有陆军，亦不足以清乱源。现在急则治标，必须痛剿，乃能救民水火耳。又奉到俭电，据探报舞阳匪首徐得胜，肆意抢掠，城南关北附近数村被焚，起去肉票约十余名等语。饬查系何营团，该管长官应予惩办。等因。奉此。查张师长锡元、任团长耀武率四营认办舞阳、泌阳两县，均驻舞阳。镇芳闻此事时，曾派妥员王士奇往查。嗣据复称：系阳历一月十五号之事，徐后胜实许得胜，系小杆匪首，同伙有七十余名，先因确山告急，张师长派任耀武带两营赴确山之臧集，又赴土山。九号张锡元闻大股东窜，即日带两营赴泌阳，只留排尾三十余名，协同团勇守城。许匪乘此空虚，竟于十五夜间进城抢掠，并绑票十二名。张师长闻之，即饬任耀武十六号驰回舞阳，及至，则匪已远飏等情。窃以该师长既不能将匪首歼除，又不知留营防卫，殊属不合。惟已蒙褫去军职，应由镇芳再记大过一次。又奉俭电，镇嵩军马队二十三号到驻马店骚扰一节，查原饬该军到遂平下火车，由汝南径赴新蔡，当日接确山郭知事电禀，谓该军前站索车，未奉行知不能照办等语。曾经电复郭知事不必预备，并电饬该军仍到遂站。今既有此情形，一面派员再查，一面先将刘镇华记大过一次，严饬其约束军队不得累民，倘有前情，定按军法惩办。所有奉谕，查办舞阳、驻马店两事。是否有当？伏乞钧裁。镇芳叩。艳。印。

〔北洋政府陆军部档案〕

7. 赵倜报告熊文朗团与白朗军在叶家集作战惨败等情密电

（1914年2月1日）

百万急。北京大总统、参谋部、陆军部钧鉴：华密。卅一电禀，计入钧览。卅号午后接高统领报告：熊帮统已于是日午前在叶家集与匪开仗，寡众不敌，退至武庙地方。又据探报：该帮统于午前八点钟在叶家集与匪开仗，相持数点钟，队即大溃，纷纷向固始、商城两路而逃，熊帮统已逃往固始。失去枪炮甚夥，伤亡亦多等情。人心大惶。倜即分饬高统领速退至商城附近扼守。孙团长在固始附近扼守，并收容溃队。至枪炮遗失，兵勇伤亡确数，俟详查另报。先是倜一再面嘱高统领，对待此股悍匪，将领应守者约有二端：一、不得厚集兵力，不进攻；二、匪退入险地，不穷追。弁目兵勇临战应守者约有三端：一、不发枉枪；二、不失联络；三、匪抛弃财物、牲畜，非战毕不准收检。并嘱速传所部切实奉行。拱卫军与二师六团未来到时，倜即分令拱卫军全部到商城，二师六团全部到固始。俟到齐后，再为联络，向麻埠一带进发。廿九号午，孙团长派穆参谋到商城接洽，倜即传同高统领议定，拱卫军、二师六团均于卅一号午后同赴距商城六十里之吴桥、方家集地方集合。俟集合后，探查匪情，稳慎前进，与皖军联络声势。高统领即云：熊帮统带队两营，误听人言，已到固始。倜甚为诧异，即饬令飞速去信，俾于卅一号同到方家集集合。卅日早晨，高统领张皇来云：催人送信，未曾追及，而该帮统已由固赴叶家集矣。倜闻之甚为悬系。当令高统领迅率所部往为声援，并飞饬孙团长亦率队驰往集合。不意，均未追及，而该帮统已午前失事矣。查熊帮统带有步队两营，炮马俱备，匪徒虽众，如实力据村抵御，何至如此失败。高统领始而奉到全部赴商之令，未能切实传知。继以关系重要军情之函件，随意雇送，遂致一误再误，坐失戎机。总之，熊帮统轻率偾事，高统领疏忽错乱，倜调度乖方，均请治以应得之罪，以肃军纪，不胜待命。赵倜叩。东。印。

〔北洋政府陆军部档案〕

8．鲍贵卿报告白朗军攻克六安后向霍邱进军遵即赴六安堵剿等情密电

（1914年2月4日）

特。北京大总统、副总统，参、陆两部钧鉴：华密。冬电谨悉。卿于卅一号奉倪督电，以白匪现由六安窜扰霍邱附近，声势颇大，饬即驰赴六安堵剿并清余匪。遵于一号命队伍陆续出发，卿三号启程，四号抵六，沿路安宁。六城被匪焚掠，十室九空，目睹情形，极为伤惨。除卿部外，尚有右军一营，巡防两连，分布警戒。所有善后暨清剿各事，已察度情形，分别办理。谨闻。鲍贵卿叩。支。印。

〔北洋政府陆军部档案〕

9．张镇芳报告白朗军进攻霍邱等县势力更张非有大军恐难扑灭请严饬鄂军进剿等情密电

（1914年2月5日）

万急。北京大总统，参、陆部钧鉴：拱密。据探报皖军败退，匪攻霍邱并犯颍州，皖省亳匪、乱党、青红各帮、饥民、地痞均已混入，恶氛甚炽等语。正拟电请段总长、赵督办派大支军队截剿，忽奉大总统钧谕，饬王汝贤迅赴太和一带剿堵等因。遵即分电漯河、遂平、西平、驻马店等处探投王师长遵照，并分电段、

赵筹划进行。查该匪东窜之时不过一千余人，及破商城已有三千之多，自六安折回数又加倍，若再混入种种丑类，则其势更张，非有大军恐难扑灭。曾电赵使，谓兵力似嫌偏南，今幸有第八师可以迎击。惟汴垣现驻不过千人，无力驰救，早在洞鉴之中。谨此禀闻，祈严饬鄂军速剿为感。镇芳叩。微。

〔北洋政府陆军部档案〕

10. 骑兵第一旅旅长陈文运关于成立剿匪第一游击师并任临时司令官等情密电

（1914年2月5日）

北京。大总统、参谋部、陆军部钧鉴：华密。三号奉赵护军使令开：兹将陈文运骑兵旅、刘镇华镇嵩军、孙传芳第二师第六团编成剿匪第一游击师，惟行军作战必有统属，现派陆军中将陈文运为第一游击师临时司令官。仰即将作战计划妥为筹备，查夺匪情，相机进剿。等因。查此次所编游击一师，约共三千。今刘镇华、孙传芳与旅长素未接洽，所部各军程度若何？不得而知，加以旅长才力不逮，恐难胜任。当兹匪氛猖獗，未敢请辞。惟有竭尽驽骀，力图报称，冀答高厚于万一。旅长四号向前方筹备一切，合并驰禀。文运叩。印。

〔北洋政府陆军部档案〕

11. 张镇芳关于防堵白朗军兵力部署等情密电

（1914年2月6日）

十万急。北京大总统，参、陆部钧鉴：华密。匪徒意在抢掳奸淫，乱党意在焚杀破坏，一日夜可驰二百里，并不据城。窃以为已失之匪不容再误，未到之处，仍须预防。该匪狡猾异常，知信、罗系各军来源，决不仍寻旧路。镇芳两电，赵使深以沈、项、鹿、永为忧，段总长亦谓注重光、商，不嫌偏南，不如扼固始北境。今直扑颍、太，则大兵全落贼后，只好赶紧尾追，但彼倍道兼程，所至辄饱飏而去，若无第八师堵截，害将不可胜言。如由颍州而太和、沈邱，不惟项城正当其冲，即周口亦将震动；如由太和两鹿邑、永城，则归德巡防力不能御；如由太和而鹿邑、太康，不惟陈州惶恐，即省城亦患空虚，此时恃第八师为长城，真如望岁。前数日曾电济南靳都、田省长，请其拨队曹、单，以备不虞，并□与归德周镇联络。旋得复电，业经派兵，是山东幸已有备。现在汴省兼顾不遑，而铁路以西之兵不能轻动，仅由郏县抽毅军一营，三十号已到光州，其陕州、灵宝两营，约十号始能开拔，可以调拨者如斯而已。务请饬第八师专办东北，另饬王占元为其后援，使沈、项不至作为战场，邑、永不至丛为盗薮，庶几边圉巩固，四面合围，聚而歼旃，或可有望。镇芳素无筹划，致酿妖氛。本不应妄谈，重滋咎戾，惟事机紧逼，不得不冒昧渎陈，伏乞钧裁，敬求原鉴。镇芳叩。鱼。印。

〔北洋政府陆军部档案〕

12. 高文贵报告熊文朗团在叶家集战败损失情形密电

(1914年2月6日)

北京陆军部、参谋部钧鉴：拱密。冬电悉。据熊帮统呈称：在叶家集战斗，开始分三纵队迎击，鏖战多时，匪伤约四五百人，即退。我军跟追，匪愈集愈多，左翼被匪包围，兵士伤亡太多，势不能支，遂即退却。四营帮带王翰文、副官周君培、副哨官朱荣发、右哨官贾永吉、后哨长蒋雁宾、三营右哨长陈炳起、机关枪连长王殿枢俱阵亡。副官路云龙、侦探郭何新、四营左哨官史王明均受伤。三、四营什兵阵亡九十名，受伤四十八名，机关枪

【连】阵亡什兵十九名。三、四营共遗失步枪一百一十七杆，手枪五杆，千里镜二个，机关枪遗失、自行损坏机关枪二架、步枪七杆、手枪一杆。共费用步枪子弹六万九千九百五十五粒，手枪子弹八百十七粒。谨电闻。高文贵鱼叩。印。

〔北洋政府陆军部档案〕

13. 倪嗣冲关于白朗军向霍山进军并派队堵截等情密电

（1914年2月8日）

至急。北京大总统，参、陆两部钧鉴：华密。阳电祇遵。窃查匪以小股北犯，冀以牵□〔制〕兵力及派兵赴三河尖堵剿情形，业经鱼电陈明在案。顷据报告，匪果集合大股三四千人，马四五百匹，于独山一带南窜霍山，该处仅葛管带维宾一无〔营〕，霍山又无城郭抵御，不支，退守山口等因。窃查霍山西南均属崇山〔峻〕岭，惟东路平坦，系通舒城大道，深恐由正窜舒，则六安转为隔断，已电饬□〔鲍〕镇守使贵卿克日回舒匪头截击。马联甲追匪独山，相距三四十里，并饬兼程前进，与鲍军联合夹攻。惟据探报，匪知省城空虚，有由舒、桐、潜、太进窥省垣之说。前派赴霍山皖军一营，现已行抵潜山，如果扼守山险，未知能否支持。所幸冯军营不日谅可抵皖，似协资调拨，特肃奉闻，伏乞钧鉴。倪嗣冲叩。庚。印。

〔北洋政府陆军部档案〕

14. 鲍贵卿报告白朗军攻克霍山及北军进驻舒城等情密电

（1914年2月8日）

火急。北京大总统、副总统，陆、参两部钧鉴：华密。歌电敬悉。匪情狡黠，俄顷乃变。其所经窜皆各处防兵单薄及官军未能遍布之区，甫经探明，又已他徙。近数日间，专在六城西南二方焚掠。马师长率队跟踪，数日竟未追及，匪复由西转东。卿如游击，恐蹈马军覆辙，匪人乘虚内窜，省城兵力不厚，情形更属可虑。顷接舒城知事电：马师长函及各探报，霍山已于麻日失守。舒近省城，土匪素夥，拟率全部于本日赶赴舒城，以杜内窜，而顾皖城。谨闻。鲍贵卿。庚。印。

〔北洋政府陆军部档案〕

15. 段祺瑞报告白朗军攻克霍山及北军部署情况密电稿

(1914年2月9日

北京大总统钧鉴：华密。参、陆部奉齐日电令敬悉。均即转饬遵照。王占元昨日开拔，雪后泥泞载道，蒸日当抵潢川。王汝贤饬由项城取道新蔡，向叶家集方面进发。陶云鹤暂驻漯河，孙传芳、陈文运在固始三河尖，高文贵在商城。顷据鲍贵卿庚电称：麻日霍山失守，已拨队赶赴舒城防匪内窜等语。松子关与霍相距不远，防军颇单，已饬王占元与蔡汉卿军队联络兼顾，相机进剿。谨将布置大概情形电闻。祺叩。佳。印。

〔北洋政府陆军部档案〕

16. 段祺瑞关于白朗军攻克霍山及拟定四面兜剿办法等情密电

(1914年2月12日)

北京大总统，参、陆两部钧鉴：华密。真令敬悉。佳日得霍山麻日失守之耗，曾电告倪督设法堵截，毋使惊逸。又饬王占元拨一支队向松子关与鄂师联合严堵。盖以马联甲仅一支队，势难兜围，拟俟大军到麻，为合围聚歼之计。查倪督阳电称，马师追匪数日，未得一战。真电又称，马探到霍山西门，而匪已掠霍山而东去云。尾追而不迎击，是送匪也。鲍镇守使庚电言，数日间匪专在六安西南二方焚掠，马师长率队跟踪数日，竟未追及，匪复由西转东。若再游击，恐蹈马师覆辙。现在率队赴舒堵截等语。用意亦在于兜剿。又查赵护军使探报，匪于歌日至阜林店，距霍邱二十余里，闻城有驻兵，即复回窜。当时城中仅兵二营，匪语不敢犯，亦堵截胜于穷追之明证。如谓兵蹑其后，匪即无暇肆扰，岂霍山失守未遭蹂躏耶？窃谓倪督真电意在速战，固自勇往可嘉，但恐愈追愈窜，窜逸愈远，结束愈难。愚见尚以四面兜围堵匪，使歼之于霍邱、霍山、叶家集之间为上策。现在王总副司令距匪不远，已饬遵照真令约期会合，严打痛剿，用副一鼓歼尽之意。谨复。祺瑞叩。文。

〔北洋政府陆军部档案〕

17. 岳宪玉报告备补军在沈邱一带布防等情密电

（1914年2月14日）

急。开封陆军总长钧鉴：拱密。文电谨悉。玉奉令率队防剿，于一月廿七日抵项，据侦探报称：匪由霍邱回窜商城之叶家集，恐其北窜，因思沈、邱系项之门户，毗连阜阳、新蔡各要隘，当令备补一营并炮两尊驻沈堵截，东南为守项之前线，巡防一营驻沈、项适中之新桥，进可援沈，后亦顾项。又备补两连并马队，驻项南之火店，两连驻项城内四门，巡逻盘诘，严防奸人乘隙溷入，此玉分配队伍之情形。明知兵力太单，但当时闻匪耗甚急，沈、项不得不两顾。庚日唐军已到，真日王师长继至，大军云集，可保无虞，乞释念。前据探报：匪有四千余，占据金家寨南端之茂鹿山，距新蔡约三百八十里，拱卫军驻商城东南玉枝店一带，该军在叶里集与匪对击，兵匪互有伤亡。近日匪派侦探多人装扮乞丐、卜卦、卖柴草等类，惟来沈、项者为最多，现各营拿获五名，均供认匪探不讳，并云同伙约百余人，分路来探项城军队多少，兼探都督府住址。前白狼在鲁山定计，分五路进兵，东南一股现在金家寨，约四五千人，与鲁山股匪约定两面夹攻，一由颍上先踞颍州，一由乌龙集、三河尖进取汝、沈、项一带，然后北上等语。此各匪供词俟另文呈报。旋又据探报：匪由霍邱西南张家集退至庄户集，现踞谷家店左右。查谷家店距霍邱四十里，距固始百四十里，距新蔡三百六十里。张巡阅使五营、华管带两营，均驻霍邱、固始东门外，后口子、八里铺、柳树店、沙岗、石埠店各驻有河南队伍，寿州、颍上、三河尖各驻有江南队伍。除备文另呈外，宪玉复叩。寒。印。

〔北洋政府零散军事档案汇集〕

18. 倪嗣冲报告马联甲等部与白朗军在皖鄂边境战斗经过情况密电

（1914年2月17日）

至急。北京大总统，参、陆两部钧鉴：拱密。昨奉铣电，饬马联甲战状电禀等因。遵查马联甲迭次报告，十号上午抵漫水河，我军前卫与匪后卫相遇，击毙四名，余均奔窜。午后五点至郭家湾地方，与大支贼匪接战，当即分占山岭，协力攻击，开战至十句钟，匪乃败走，获马十余匹。次早查勘战地，计毙匪五十余名。十一号午后一点，进至五显庙南，该匪早据要隘，乘我未备，发弹射击，及我军占领地势，匪伏四起，战至四点钟，我军伤亡过多，力几不支。适预队赶到，分往接应，冲锋四次，至六句钟，夺匪山岭四座，获匪子弹、马匹多数，毙匪百余人，追击十余里。天匪兵疲，因在深沟铺暂驻休息，再行进剿等因。又据太湖县知事张维电称：探报十号我军在石头咀上五里陈家河与匪接战，互有伤亡。驻罗田夫子岭之鄂军，闻有枪声，往土门潭地夹击，匪败距石头咀十里之腰磨坂，是夜又退至英、罗交界之瓦扎坳。我军于十四号进驻石头咀，已与鄂军联络，协力兜剿。又据驻麻埠华、倪两管带电称：匪由英山折回北窜，欲由金家寨再窥六安各等因。伏查皖、鄂两军既经联络，军威必振，匪已穷蹙，复由小路北窜，自在意中，正宜乘此时机协力兜围，一鼓歼擒。现在商、光一带，匪踪甚少，王司令所编支队，几于无所事事，应请迅饬星夜进剿，分道南下，勿再稽延，致误事机，实为至幸。嗣冲叩。筱。印。

〔北洋政府陆军部档案〕

19. 段祺瑞关于指责王占元等堵截不力迁延时日等情密电

（1914年2月22日）

特万急。北京大总统、参、陆部钧鉴：华密。据王占元皓电称：匪出没皂靴河、苏仙集各处，数逾万人。占元正调集各队进攻，惟连日大雨，于预定地点未能达到，不免稍形延缓。商城南七八十里瓦屋集、四道河均属西窜要道，现令步九团分守至松子关附近。目下即有危险，亦非此处所能兼顾，恳转知蔡师长等语。是该匪大股已谋西窜，当即严饬该总司令略谓：潢川距松子关、金家寨均二百余里，固始距叶家集仅九十里，该总司令于删电即称，飞饬各军前进，皓电乃称，匪出皂靴河、苏仙集等处，该处距皖不过百五六十里，已行四日，何以尚未抵触？雨雪泥泞，行军固难，试问匪若来攻，将坐以待毙耶？要知兵贵神速，机不可失。本总长计划原期聚歼匪于霍山、六安、霍邱之间，言之屡矣。金寨、叶集为西出之西口，堵此防窜，可省十倍之力，而竟迟迟乎行，致令匪远离皖、鄂，诸军迁延皂靴河、苏仙镇、李家集一带。该司令等将兵多年，缓急应到〔知〕，中外注视，关系甚重。倘匪从此溃而之西，试问该司令等能当此重咎否耶？现在第一须防匪西窜；第二须聚歼于彼或逼转叶集、金寨，与诸军共歼之。望速筹划，勿再玩延云云。谨以陈闻。祺瑞叩。祃。

〔北洋政府陆军部档案〕

20. 段祺瑞部署重兵企图围歼白朗军于商固间密电

（1914年2月23日）

北京大总统，参、陆部钧鉴：华密。据王占元养电称：连日调集各队，大雨路滑，幸各将士忍耐劳苦，渐次到齐。后方防堵布置，亦宜周密。高军分堵商、固间，防匪西窜，步九团扼守商城以南至松子关之线上各要隘，邀击南溃之匪；一面侦匪动静，其大股仍出没双河店、皂靴河、苏仙集一带。商城西南间有小股东突西撞，均被击回。已饬石旅长振声于漾日督率步五团由苏仙集之西、步六团由苏仙集之北，双方并进，同时合击。陈旅长文运率所部马队警戒我军左翼，防止匪徒东窜。又据王汝贤马电称：十九号由沈邱冒雨启行，道途泥泞，衣绔淋湿，兵士靴破伤足，腿多浮肿，两夜大雪，肠空衣薄，每营冻病者十人或廿人不等，车夫死一名，日仅行三四十里，辎重车辆不能转动，较河间秋操定兴遇雨尤甚。今雪复〔后〕复雨，计六昼夜不止。惟有鼓舞官兵奋勉前进，以期无负顾念各等语。现围攻在即，宜防分窜，已饬陈文运所部马队迅速集合，专备邀击追袭之用，并饬该旅长无庸兼辖步队，以期运用灵捷。谨闻。祺瑞叩。漾。印。

〔北洋政府陆军部档案〕

21. 段芝贵关于前日围歼未密致令白朗军进占武胜关使武汉风鹤频惊宜令加意防范密电

（1914年2月28日）

特急。开封段总长鉴：华密。前日围线未密，致令匪股窜出，扰及铁路。执事适在外督师，鄙人亦同负协剿之责，竟有此事。假使有步九团或高文贵三营分布四道河、益门关之间，当亦不至于此。今日外人来问，几于无词可答，愧恨之至。王司令电派步九团往松子关，此时可无须矣。匪众既至武胜关，铁路以西盗贼遍地，深虑乘机蠢动，又致蔓延。赵护军使现在何处？宜令加意防范，严密捕拿，以免再有大股滋扰。连日武汉风鹤频惊，驻汉口之王万鹏一团，纪律甚坏，团长常不在营，日前派其一营前往麻城，实亦为撤换预备。现在担任汉口警戒者仅吴旅长、杜镇守使各一营为可恃，殊苦不敷分布。今得武胜关匪耗，火车不能开行，中外居民异常恐惧。吴旅长留此尚可稍资镇慑，既以派卢金山率兵北上，尊意想以为然也。唐县军队已电饬严备，并达。芝贵。俭。印。

〔北洋政府零散军事档案汇集〕

22. 段祺瑞关于申心宽部攻破丰李镇等处及调派各军防堵等情密电稿

（1914年3月4日）

特急。北京大总统，参、陆部钧鉴：华密。江电祗悉。溃匪西窜，赵使移驻马店堵截。洛阳土匪又复啸聚，迭据报告，申心宽百余人攻破丰李镇、彭婆等寨，已饬柴得贵派一营往剿。顷据倪督江电，皖境已无匪踪。宁、赣两军可否回防等语。拟令宁军撤回，赣军距鄂境较近，暂留备调。商、固一带既有高文贵留驻，又留王占元军队一团，该处谅可无虞。拟将王汝贤军队调驻铁道附近，方能运用灵便，俟王军移防，仍饬赵使回洛严饬路西各军队搜剿匪巢，以杜后患。谨请示遵。祺叩。支。印。

〔北洋政府零散军事档案汇集〕

23. 赵倜关于申心宽部攻破洛南等地北军疲于奔命等情函

(1914年3月6日)

又铮① 尊兄先生大鉴：冬日在驻马店寄上一电，谅邀台察。敬维勋祺履祉，与日俱晋，为颂无量。弟到驻马店后，探得匪已窜过铁路以西。揆度匪势，必将仍袭故智，由随、枣、桐柏一路循山窜回汝、鲁老巢。即分饬西路各军，选拔游击，扼要防剿。并分别电令南阳各县知事，会同军队，妥慎防守，严密侦探，随时报告，以便分兵进行。四日，接鄂督电开：股匪马、步两千，窜赴厉山，鄂军分别由应、随、枣阳进剿。弟即分饬南阳各军严行防堵，截匪归路。昨又接洛阳探报，股匪申心宽，又将洛南，彭婆等处攻破，大肆猖獗，当即电请段兼督派队往援，兼飞凋敝部派往白沙之队回剿。似此股匪飘忽无常，国军疲于奔命，既费时日，损失实多，尾追固非善策，围剿亦难奏功。言念及此，忧心如焚。弟于豫省匪势军情虽亦略有筹虑，只惭才短，莫补时艰，尚祈时锡箴言，匡我不逮，是所盼祷。专肃布臆。敬颂
勋祺

愚弟赵倜鞠躬三月六日

〔北洋政府陆军部档案〕

---

① 又铮系陆军部军马司司长徐树铮。

24. 唐天喜报告白朗军在商城西南大山一带活动与该处驻军战斗情况密电

（1914年3月7日）

开封段总长钧鉴：拱密。连日据各路派探回称：白匪现在商城西南大山内数约五六千人，近被各军包围，势已穷蹙。二月二十二、三、四号，经该处军队击毙二千余人，该匪因子弹缺乏，将欲回窜西山老巢。匪中马贼多穿白色衣冠，其余均系杂色，亦间有穿女衣者，惟每匪身边皆有蓝布一条，以为识别。凡交战时，均以裹胁之人，执土棚在前，悍匪持快枪在后，亦有抬枪，系前破各县所抢守城器械。每占一山，山口不过十余匪持枪看守，一经败退，即一哄散去，并无先后行列。所过之处，焚掠一空。现有一小股，约千余人，已沿山窜过铁道以西，在信阳界刘林、双桥一带，欲乘兵力稍薄之处，抢营底所存子弹。刻下驻马店、新琬毅军三营，各师亦分兵邀击。统领深恐该匪被困日久，必致分股逃窜，已饬各营加意防范，夜间设警戒哨一哨，并派马队四出巡哨，遇有警耗，致当随处备御。又据探称：涡阳境沙河北营家牌坊，匪首燕麻子勾结积匪黄二桡，聚众各七八百人，附近抢掠，现经军队往剿，匪已远飏，系窜入宿境，合并陈明。唐天喜叩。遇。印。

〔北洋政府零散军事档案汇集〕

25. 参谋部等关于查办驻老河口江安军哗变投奔白朗军等情密电

（1914年3月11日）

武昌段署都督：华密。奉大总统令：据西报载：驻老河口之江安军队哗变，即奔襄阳，已与白狼联合。又驻樊城之奉军，曾开向老河口，因见该处兵变，遂退回樊等语。该处系何项军队变乱，该署督应即查明，严行惩办，以肃军纪等因。特达。参谋部、陆军部。真。印。

〔北洋政府陆军部档案〕

26. 段芝贵关于白朗军攻克老河口后去向不明惟有将兵力集合进剿等情密电

（1914年3月11日）

特急。开封段总长鉴：华密。蒸电悉。河口骤被围攻，远道赴援，自来不及。不过本月二日，曾电赵护军使，请其酌量派兵堵截。嗣接复电，谓电田统领派兵两营，四日出发等语。盖均不知田镇未在南阳，故前电及久① 闻河口失陷。据驻安该处之宁军赵团长荣华自徐来电，谓安兵仅有三连，伤亡营长以下将校十二员之多，殊为可惨。至于有无内应，现即详查。顷奉大总统令：白狼勾结乱党，匪势尚未衰熄。饬令筹调大支军队兜剿，速即通盘计划等因。查赵荣华于河口失陷后，即向樊城退却，赴援之奉军宋营长三连，宁军童发张两连，又即中途折回，匪窜何处，竟无确耗。嗣令刘跃龙编一小支队跟踪查探，据报今晨甫经开拔亦来

① “久”字有置疑号。

不及。迭接报告，或谓窜邓州，或谓窜淅川、荆紫关，揣度情形，当以淅川之意为较确。赵护军使赶赴荆紫关，如果匪由此路窜去，当可迎头截击。惟匪踪既未确知，即苦无从计划，惟有先将兵力集合为进剿之预备。吴旅长已饬赴汴面受方略，准十三日起程，所部马步各队在鄂者，亦即饬令北行。陶云鹤一团，原派一营随卢金山赴襄樊，今已电知作罢，饬令率带全团向西北搜剿余匪，听候尊处命令，正与尊电相合。二师已陆续回汉，拟饬编一混成支队，听候调遣。匪情如何，迭饬各军队确探，得报再奉达。芝贵。真。印。

〔北洋政府零散军事档案汇集〕

27.段祺瑞为白朗军攻克河口及北军布防情况密电稿

(1914年3月12日)

特急。北京大总统，参、陆部钧鉴：华。蒸、真各电谨悉。匪扰河口，追蹑不及，致劳廑虑，惶愧万分。马队固利追击，而山险路窄，竟不适用。郧阳有险可守，扼要设防，一可当百，即匪入其中，亦不易寻出路。惟豫西军队实难顾及，荆紫关兵力本单，又为匪窜老巢必经之处。佳日赵倜赴洛，即饬镇嵩军开赴卢氏，以备截击。顷得报告，今晨柴分统由洛起程，刘统领押运辎重，明日续进等语。道西各军以股匪牵掣，不便集合。南阳各属警电纷来，内乡之李官桥、邓境之彭桥、砖滩等处，均有匪踪，已飞饬陶云鹤兼程赴援。田作霖由泌回宛，赵福汇由唐县派队西进，何其慎由方城拨队应援，而王汝贤军队真日由固开拔，计距信尚须四五日后，焦灼万状。至大举搜剿计划，俟与段督商定再行陈闻。祺叩。文。印。

〔北洋政府零散军事档案汇集〕

28．参谋部等为老河口失守严查各营延误及布防均县等情密电

（1914年3月12日）

开封段兼督、武昌段署都督：华密。奉大总统令，段署督蒸电悉。据称：前因河口告急，飞调奉军团长刘跃龙率一营、宁军营长童发张率两连星夜赴援，维时刘跃龙先得河口告急之电，已派宋营长率三连前进，童营亦即出发。今据刘跃龙青电，派出各队中途闻河口已陷，全数折回等语。昨闻河口失守，迭电严催，力图规复。顷又严电饬令前进，如兵单不能进战，即遥遥尾追，牵制匪势，使其无暇攻城，所备仍复不少。顷得报告，匪众又已他窜，惟前方无兵，窜往何处，尚未探悉。该处福音堂教士，据报死伤各一人，余均无恙。已饬襄樊文武各员妥为安置保护，并将损失数目赶紧调查，为交涉之预备，并经商同民政长，由省派员前往会同办理。芝贵负保卫地方之责，乃今河口失陷，地方糜烂，而且泚及外人，牵动交涉，上无以对国家，下无以对人民，中夜徬徨，愧愤交集。使赵福汇之兵早至郭家滩一带，南阳之兵初四出发，初五至鄂、豫界上，匪固无西窜之虞。使新野、邓州之兵，于匪由新甸舖西窜之际，出队邀击，则河口早得消息，豫集援师，亦断不致遽然失陷。无如事权不一，呼应不灵，往返电商，动需时日。加之交通不便，连日又复风雨交作，消息益不灵通，间有一二处应调赴战，而出发迟滞，每每经时，愤事失机，实由于此。现在刘跃龙援河口各队，既已折回，卢金山等各营到襄樊，计程尚须四五日，距匪已远，追击已迟。此时匪若北窜内乡，尚易为力，若西扰均县，则兵力既形单薄，道路尤为险远，防剿更难。业经电饬郧、均等县，如果情形危急，应将所有外人设法保护他往，人民听其迁避，以免为匪蹂躏。昨请酌派南阳附近军队前往

郧阳赴援，舍此实无他兵，惟有仍恳俯赐照准，迅予调遣，以保郧、邓各等情。仰该兼督、该署督按照时日程期详细查明各营延误情形，分别严参，以儆玩忽。等因，合达。参陆两部。文。印。

〔北洋政府零散军事档案汇集〕

29．吴庆桐报告白朗军攻克黑龙集老河口后向邓州荆紫关进军密电

（1914年3月13日）

军事处、陆军部钧鉴：拱密。职旅第五团驻扎樊城，前因鄂、豫交界之黑龙集距九十里，警信频仍，该团特派胡督队官带第三连分驻该集，屡擒土匪镇压，地面极为安宁。此次白匪由应、随一带西窜，实于七日到黑龙集，八日据该团长转据该督队官电称：七日晚七钟与匪接仗，匪有三千余人，众寡不敌，战至十时之久，阵亡排长一员，目兵五名，遂退至老河口，该镇驻有留鄂宁军一营，讵该匪旋亦窜至该镇。胡督队官复率本连兵丁随宁军与匪接仗，仍是力不能支，该镇遂于午刻失陷。又阵亡目兵夫七名，受伤十名。前后共失步枪十七杆，服装尚未查明数目。该匪现一股窜李家桥往荆紫关，一股窜邓州各等情。先后报告前来，除饬严防痛剿外，谨此禀闻。再旅长遵令前赴南阳，准于本日出发，合并声明。吴庆桐叩。元。印。

〔北洋政府陆军部档案〕

30．郭振才报告白朗军攻克荆紫关请速拨兵救援电

（1914年3月16日）

开封陆军总长钧鉴：孙玉章、白瞎子、宋老年等，于寒日率匪两千余人围攻荆关，振才带队初颇抵御，自黎明战至晚十一句

钟，匪已增至三四千余人，并闻白狼在内，万难抵抗，子弹尽罄，况且内无攻守，外无援兵，只得随各北退，岂料匪竟后追二十余里方止，敝营乘夜暂退，绕赴西坪等处。现在兵力过单，危险万状，特此告急，恳请迅速拨兵救援；一面请即转知南镇星夜派队接济是感。祈电示。第七营管带郭振才负罪电叩。谏。

〔北洋政府零散军事档案汇集〕

31．段芝贵为老河口失陷查办各营延误等情密电

（1914年3月16日）

急。开封段总长鉴：华密。前以匪众西窜，老河口失陷，奉大总统令，会同详查各营延误情形，分别严参等因。查豫匪自武胜关西窜鄂境，敝处于本月二日，即电询赵护军使，如南阳有所部得力军队，即派往新野，向鄂、豫交界堵截。既得复电称：已电田统领派兵两营，四日出发等语。乃始终并未出兵，敝处连去数电，亦均未复。现在既经尊处，查明田统领系因公晋省，自非有意延误者。比又老河口来电告急之时，经敝处飞饬刘团长跃龙自率一营，童营长发张率两连前往赴援。旋接该团长电称：得河口电，已先派宋营长带兵三连往救等语。嗣后宋、童两营长行至中途，遇河口败兵向襄樊退却，遂即折回。查该营长等奉令赴援河口，虽中途已闻失陷，自应就地暂驻，一面侦察匪情；一面报告团长，听候命令，何得自行折回。刘跃龙于该营长等折回后，自应仍令前进尾追，牵制匪势，使其无暇攻掠，方为正办。乃竟不加派遣，致失匪踪。然此由于学术不足，究非畏葸不前，似均可毋庸置议。惟唐县赵福汇前经饬吴旅长，于二日电令派兵一营，经郭家滩至湖河镇东向迎击，南阳距唐县九十里，专差送电，一日可达，乃该团长于五日始行出发，以致□时，且未至指定地点，一闻匪众二百余人窜唐之耗，遽尔折回。

究竟该营出发延缓，是否因电报到日其中途折回，是否唐县果有匪警，抑系捏词规避，应请饬吴镇守使确实查明具复，再行会同核办。此次河口失陷，方自愧之不暇，何暇责人。前次电呈中央，不过叙明原委，并无弹劾之意，不料遽有此令。现在既饬查办，亦自不能不预备呈复也。芝贵。谏。印。

〔北洋政府零散军事档案汇集〕

32. 张凤翙为白朗军攻克荆紫关又陷龙驹寨请豫鄂省各军前来通力会剿等情密电

（1914年3月23日）

开封段都督鉴：拱密。白匪由荆关进扰，凤翙率队出省防剿，昨经电达。惟匪势甚张，我军因续派援兵，未能即至，前敌甚形单薄，以致龙驹寨又被攻陷。刻下凤翙于二十一日抵黑龙口，前队已至商县。陈旅长亦带队由潼关进发，分路堵截，亟盼贵省与鄂省各军，迅速前来通力合剿，以期早日歼灭。至贵省前次追匪赴荆关之统兵将领，是否有郭姓其人，并所带军队若干，所著服装，是否上身青衣，下身黄色，统乞电示为盼。张凤翙。漾。印。

〔北洋政府军事档案汇集〕

33. 袁世凯敦促段祺瑞回京等情密电

（1914年3月23日）

开封段督：拱密。自权豫任，瞬将半载，深用劳念。以部长久在外，各国注视白狼更重，且久不平，尤损声威。可商田民政长妥为布置，仍宜早回京，以电调度，在京与在汴相差不远。唐天喜一时在沈、项，无大用处，宜令酌留两三营防堵，余均调往郑州或迳驻汴梁，均望妥酌，速复。大总统　漾。印。

〔北洋政府零散军事档案汇集〕

（三）白朗军进军陕甘

一、攻克陕省商南等地

1．张凤翙为白朗军进入陕境势及商南请派军会剿等情密电

（1914年3月20日）

万急。武昌段都督、开封段都督、田民政长鉴：前奉大总统电令，以豫匪白狼窜扰老河口，势极猖獗，饬由鄂、豫、秦三省会同剿办等因。白匪肇乱甚久，肆扰益深，此击彼窜，俨然流寇，自非合力剿除，无以靖凶残而祛民患。近日复由荆紫关窜入陕境，扰及商南。凤翙以该处地当要冲，且为商务荟萃之地，深虞寇势蔓延，为害滋大，已于本月二十日遵照电令，亲统军队出省，驰赴商、洛一带妥筹布置，并躬督各营扼险出奇，期歼丑类。除呈报中央外，合亟电请贵都督查照前令，即日出师，会同攻剿，并乞指定地点，从速电知，以便分据形势，合军兜击，冀免窜逸之虞。素稔荩划周详，戎机洞悉，定能通力合作，敌忾奏功，伫候复示，曷胜吁祷。张凤翙。号。印。

〔北洋政府零散军事档案汇集〕

2．宋联奎为白朗军相继攻克龙驹寨商邱请派各军分路进击密电

（1914年3月24日）

特急。开封段都督、武昌段都督鉴：拱密。匪势甚炽，龙驹寨、商邱相继失守，张都督现驻蓝关一带督军力剿。刻下省防吃

重，□派王师长军由荆紫关、毅军由潼关、镇嵩军由卢氏、张旅长军由郧西分路进击，计程均距陕不远，务恳飞饬各军星驰赴援。事机紧迫，无任翘盼。宋联奎。敬。印。

〔北洋政府零散军事档案汇集〕

3．张凤翙报告白朗军攻克商县等情密电

（1914年3月25日）

开封。段兼督鉴：拱密。三电均悉。翙于晧日由省率队出发，星夜疾驰，因寨镇已陷，匪踪飘忽。恳见先据商县，恐其内窜，益难防剿。养晨即抵距商八十里之黑龙口，其时马前卫百余人先行抵商，被伏匪兜围，众寡悬殊，至有挫折，城为匪据。当抵抗时，翙已率队距城十里，见火光烛天，匪势正炽，加之万山丛错，难以展布，遂以渐次退却，分布梯盘岭等隘口，暂行堵御，再图进剿。刻下该匪进退，尚未探确。鄂军现将抵郧，贵省军队到时，如何布置，祈时锡电音，以便联合。翘盼之至。效电嘱查敝省有无侯姓军官济匪军火情事，是否确实，自当随时侦察。电线断后，翙复在途，消息阻滞，现已设随营电机。复迟祈谅。张凤翙。有。印。

〔北洋政府零散军事档案汇集〕

4．张凤翙报告白朗军撤出商县等情密电

（1914年3月29日）

北京大总统钧鉴：参、陆两部，开封段总长、武昌段都督均鉴：拱密。顷据党参谋长仲昭由商县报称：二十二日匪踞商县后，陈旅长树藩即率所部马步机关枪各营队，由雒南进攻，匪势不支，已分两股逃窜，大股向山阳方面窜走，其一股仍向龙驹寨回窜，

遂于二十三日恢复商县。现正向前追剿等语。谨此电闻。陕西都督张凤翙。艳。印。

〔北洋政府零散军事档案汇集〕

5. 张凤翙关于白朗军退出武胜关商南由牛耳川凤凰咀进抵镇安孝义等地及派队防堵密电

（1914年4月1日）

北京大总统钧鉴：国务院、参谋部、陆军部、内务部、开封段总长、武昌段都督鉴：院密。我师自恢复商县后，因匪众分窜，以一军南向山阳，以一军东向龙驹寨追剿。匪于廿四日窜入山阳县城。廿五日，我军营长邓全胜率师赶到奋击，该匪败窜县属之牛耳川一带，即将山阳收复。其龙驹寨踞匪，亦经团长严纪鹏率队追击溃散，已无贼踪。武关、商南均于廿六七等日由我军收复占据。详查此股匪首为白辖子、孙玉章、宋老年、李家〔鸿〕宾、王承正等，颇以神异煽惑，含有教匪性质。众虽万余，精悍者不过三四千人。所至焚掳辄去，行踪飘忽。昨又由牛耳川、凤凰咀等分窜镇安、孝义，饬团长张建有一军改骑为步，从大峪口、秦岭一路迎头堵击，并饬旅长陈树藩一军，由商县杨家斜一路尾追痛剿。匪势□趋，省防较重，凤翙即于三十一日由蓝回省，商同联奎布防，一面飞调汉中驻防两营驰赴兴安扼守上游，严防南窜；一面檄催张钫一军，赶本月八九日抵紫阳、洵阳从后路抄击。其豫、鄂各军，据报现均进发，倘能日内俱恰〔集〕陕境，四面围攻，不难收一鼓聚歼之效。除收复之商南、山阳各县已由联奎饬该地方官妥办善后，抚恤晓□及前敌军情随时飞报外，理合肃电合陈，伏乞鉴核。陕西都督张凤翙、署陕西民政长宋联奎东叩。印。

〔北洋政府陆军部档案〕

6. 赵倜报告白朗军攻克孝义逼近省垣请速增厚兵力等情密电

（1914年4月2日）

百万急。北京大总统、参谋部、陆军部钧鉴：华密。东电令奉悉。当即电询匪踪并与张凤翙、宋联奎熟商进止。兹据电复暨潼关探报，以匪众两万余，已陷孝义，逼近省垣，情形万分吃紧，非厚集兵力，断难挫锋。若前开之豫军两营半兵力太单，前进无益，谆属多带军队兼程赴援等语。查毅军于上月卅一号，仅先开两营半，而郏、宝、汝接防之队，叠经电省饬催，迄未前往。致倜未能督率继续开拔，实深焦急。西安倘有不虞，关系至巨，收拾愈难。窃思兵贵神速，可否由倜一面复催接防，一面即行拔队，迅赴戎机，恭候训示。再迭据各路密报，秦军内容极坏，多有与匪勾结情事。此次倜果往征，尤须暗中兼防。今统计抽调之前后队，仅有两千余人，防剿兼顾，殊不敷用。拟恳策以万全，厚增兵力，俾可早除群丑，巩固西陲。不胜待命。赵倜叩。冬。印。

〔北洋政府陆军部档案〕

7. 张广建关于白朗军入陕后军政官员慌忙调军等情密电

（1914年4月3日）

急。北京参谋部、陆军部均鉴：拱密。昨奉卅一电示，遵将援陕各节，由东电详陈在案。本日午后同时接西安张都督、宋民政长东日一电、冬日万急两电。东电称：匪已击散，驻泾两营勿庸前进。冬日两电，一称匪由镇安、孝义窜出，省防戒严；一称匪陷孝义，由大峪口窜出，距省七十里，万分吃紧，请星夜入援，各等因。一日之内据报匪势缓急，霄壤悬殊。军情瞬息千变，固应预防，而该都督等疏于侦探，报告恍惚，且于目前防剿办法未提一字，仓皇呼救，令人无所适从，莫名焦灼。但就冬电衡之，陕防紧急，自不待言。广建电所陈一切，布置自应改变方针，加厚兵力，以资策应。现已飞饬崔正午率所部骁锐马步五营，由清水即日全数开拔凤翔，扼驻南路。现驻平凉一带之中路巡防三营及张护军使行志所部两营，已飞饬各该营立刻拔队进驻陕境咸阳、乾州等处，衔接一气，俾赴事机。张护军使仍坐镇陇东，秣马厉兵，以为后盾。另派总兵张定邦即日驰赴陕境，统率开赴之巡防等营，相机防剿。至陕省西南境连陇蜀，山谷丛杂，匪易窜匿。查马提督安良所部兵力较厚，拟商令酌拨马步四营，遴派知兵将领统率，由巩昌驰赴略阳一带防堵，俾匪踪东不得窜陇，南不得窜蜀，以期严密。惟甘省道路崎岖，交通梗塞，各营防地多未通电。此次派出援兵，虽令星夜进发，至快非一星期不能赶到。仍请飞饬豫西防军就近兼程入关援助，迅赴事机，陇军到后，东西犄角，较易得手。军事当谋定后动，广建忝膺边寄，陕西安危，断不敢诿卸仔肩，稍分畛域。该省张都督、宋民政长军书旁午，有时匆遽发电，不暇审度。以后该都督等如电请指调甘省各军，敬乞代请大总统饬下，广建熟筹应付，俾策万全，而免牵掣，不胜切恳。张广建叩。江。印。

〔北洋政府陆军部档案〕

8. 张凤翙等报告与白朗军在营盘岭峪口作战败退情形密电

（1914年4月3日）

北京大总统钧鉴：国务院、参谋部、陆军部鉴：院密。匪昨由库峪、大峪等口窜出，省防吃紧，当经凤翔即于冬电陈明在案。查此次匪踪飘忽，每过要隘，辄将路口斩断，加以阴雨连绵，山径险绝，追剿之师，未能应时。而援孝之张建有一团，在于营盘岭接仗，毙匪二百余名。因地势不利，小挫。营长刘丰汉中弹阵亡，教练官刘镇清身受重伤，兵士伤亡百二十八人，遂致越窜。凤翔闻报后，即行调拨就近隘口防军，暨添派第一师团长岳翰林及营长王英、魏得三等，督师驰赴尹家卫及刘村等处，悉力堵御。顷据报告：匪于一日下午一钟，由峪口出扑，势甚凶悍，经我军在南北刘村合师奋击，匪毙甚多，贼众败退。该团长等追十余里，适值天晚，大风雨雪交作，匪复由大峪出口，我军即在尹家卫暂行屯扎。并据旅长陈树藩报称：该军蹑匪从路间道急驰，一、二日内必可赶到，届时前后夹击，不难聚歼。察探匪情，其大股仍盘踞镇安属凤凰咀，而以一股勾结孝义土匪，意图西窜，迳窥省垣。如果我师厚集，彼即折而南窜，其谋甚狡。省派〔？〕严饬调防兴安军队，严密堵御，并需催张钫一军，速由紫阳、洵阳一路进从后路截击，以期歼除务尽，免致蔓延。除将攻击情形续行呈报外，理合先行电陈，伏乞鉴核。陕西都督张凤翙、署陕西民政长宋联奎江叩。印。

〔北洋政府陆军部档案〕

9. 张凤翙等报告与白朗军在龙曲一带接仗白军退向盐曲西趋王曲堡子午镇等地省防不可稍松等情密电

（1914年4月4日）

万急。北京大总统钧鉴：国务院、参谋部、陆军部：院密。昨于江电陈明，我军击匪获胜，追入峪口情形。兹于本日复接前敌报告，三日上午八钟，匪复由峪出扑，进间龙曲一带，团长岳翰林等督率各营迎头痛击，匪甚猛悍，我军力战三四时之久，杀毙数百余名，生擒数名，获械极多，匪大败溃向西南盐曲等村奔窜，现正乘胜追击。大峪口一路，已无贼踪等语。凤翔等查此次匪出峪口，直漏严家卫，图犯省垣，经派出堵击之团长岳翰林、营长王英、魏德三等督兵奋击，叠获大捷，匪众溃窜，人心获安。该团长等奋勇力攻，克摧凶焰，实属战功卓著，果敢异常，所有步兵上校，拟保陆军少将衔岳翰林，步兵少校王英、步兵少校魏德山，拟请先行优给奖赏，以资鼓励，出自钧裁。其余出力弁兵，容俟查明，汇请奖叙。顷又据报，匪势西趋王曲堡、子午镇一带，距省仅止四五十里，省防不可一刻稍松。旅长陈树藩一军，已经赶到，交代后，饬同岳翰林之军合追击，并令马队团长曹延安率队由子午一带，以杜纷窜。除已电知甘督飞饬崔正午一军由清水小路驰向宝鸡迎击，并剿办情形续行呈报外，合先电陈，伏乞鉴核。陕西都督张凤翙、署陕西民政长宋联奎。印。

〔北洋政府陆军部档案〕

10．赵倜关于秦军失挫省防吃紧调派军队救援等情密电

（1914年4月6日）

急。北京大总统、参谋部、陆军部钧鉴：华密。江、微两电均奉悉。蒙添派朱文藻一团、张敬尧全旅随同西征，以厚兵力，无任感佩。近来西安乞援，函电交驰，日至数次。昨忽接陕督歌电，以匪被击西窜，阻兵缓进，正深慰藉。迨续接其鱼电称：秦军追匪失挫，省防又紧，仍催火速往援，可见匪势益张，若不即剿，必贻巨患。现在毅军前队已过潼关，第二拨步队三营，昨已开拔，计八号可入关。惟驻扎汝、郏之队，因候接防，迟迟未发，致前后不能声势联络。事机迫促，碍难再待。已一面电知田

护督；一面催调该队即速来洛，准明后日开拔，由倜督同西行。统计抽调马、步约三千余，拟先会同秦军协力进剿，期早扑灭。恳请分别催令张旅朱团迅速前进，以资策应。赵倜叩。鱼。印。

〔北洋政府陆军部档案〕

11．张凤翙等报告白朗军攻克永寿复向邠县进军等情密电

（1914年4月16日）

急。北京大总统钧鉴：国务院、参谋部、陆军部、武昌段都督、开封田都督、兰州张都督鉴：华密。据陈树藩报告，该军向铁佛寺进剿，匪复合由该处西窜永寿之常宁镇，该旅长追至槐交塔地方，探闻匪已窜陷永寿，十四日，复由永窜邠。当令团长严纪鹏向永进攻，该旅长进军太峪镇，从侧面攻击，并防匪窜三、淳及土桥之路。又据党中昭报称：该军由乾开拔，亦于十四夜抵监军镇，已知照陈军合力围剿，各等语。昨赵倜到后，与凤翙等晤商一切，即于十六日督率全部开赴前敌，会合陈、党两军，三面进剿。连日西路电线不通，甘省崔军已到凤翔，其由泾赴陕之军，如抵长武一带，足资夹击，并固陇防。陕西都督张凤翙、署陕西民政长宋联奎。铣。印。

〔北洋政府陆军部档案〕

12．张广建报告邠州失守白朗军逼近陇东陇南毗连陕边各县甘军分五支游击队痛剿等情密电①

（1914年4月17日）

急。大总统、参谋部、陆军部钧鉴：甫密。自豫匪窜陕西安

① 此件系抄件。

告急。前将布置情形及请饬山东警卫队来甘，并恳中央派兵分路援助等情，已于蒸、真两日由路线转拍，迄今未奉复电，殊深恳望。旋□日复探听陕境泾阳、三原失守。顷接陇东张护军使电称：昨探由陕回，七日是泾、原尚无恙，省垣闭城戒严，匪首系王天盱，系炯明之弟，及仇彦彪、王用岐等，均昔年叛军，非重加会剿，不易廓清等语。目下西安现状究竟何如？电报不通，未得确信。前据各路探称，永寿有匪据城抢劫，旋据邠州失守。揣度情形，似是地方莠民乘机生事，一面电饬陇东各营由长武进剿；一面电达张护军使拿获邠、永两县知事查明，如系闻风先逃，以致城池被陷，应即就地正法，以昭炯戒。正逼近陇东陇南毗连陕边各县，已□〔于〕本无〔月〕十四日宣告戒严令，张护军使为戒严司令官，严密防范。前派援陕之军，正午五营于是月八号抵凤翔，张镇定邦四营陆续进发泾州、长武，其余派出各营，因道阻且长，尚在途次。广建屡催张护军使进兵，张使因兵力太单，未敢冒昧猛进，一俟援兵到齐，立即督饬协力痛剿。查陕甘来往孔道，计分三〔四〕路，由泾州至略阳为一路，由秦州至宝鸡、凤翔为一路，由泾阳至长武、邠州为一路，由宁州、正宁至三水为一路，皆须有重兵扼住，以外山路复杂，防不胜防。现定计划，一俟各军齐集，复以秦州马镇、陇东张护军使各率所部，分守境内要隘，以张定邦四营为第一支游击队，陈正魁六营为第二支游击队，崔正午五营为第三支游击队，马永祥三营为第四支游击队，□〔马〕国礼三营为第五支游击队。陕境之兵扼险严防，游击各师相机痛剿，并令各县知事赶办乡团，清查内匪，遥助声势。甘省军队经此次裁汰，为数有限，且每营步队仅存二百名，马队仅存八十名，警卫各队无兵可调。现在陇东张使添募二营，张镇定邦添募一营，又于省城添募侦探队五百名，兰山观察使添募警备队五百名，平凉县添募城防队一营，援陕营务处金承蕃添募卫队一营，又添炮队一营，皆挑选土著良民，克日训练，月饷照巡防营章程开支。至张护军使所部八营，张镇定邦、马分统永祥、陈统带正魁所部各三营，皆在前敌，战兵太少，难以支撑，令各照巡防营兵额如数补足。所最可虑者，甘省军械向未储备，各军所用枪枝大半朽钝。现经有事，纷纷索领利器，详细调查库存，破烂杂枪不过数百杆。此项子弹不过二十万粒，不合膛者十居七八，即各营特用原枪配备子弹，多者百余粒，少仅数十粒，且有枪无弹，亦复不少，设有剧烈战斗，半日可尽。陕境万山丛杂，匪既窜入凭据巢穴，非仓猝所能殄灭，战事延长，各营枪窳弹竭，难以撑持。前电请饬山东警卫队三营，由统带吴攀桂率领，飞速来甘，出发之期，当在旦暮。除该队应用枪炮子弹不计外，拟请再将新式毛瑟枪三千杆，须配子弹百五十万粒，机关枪至少八尊，子弹二十万颗，交由该统带吴攀桂具领，随同该队起运。□□□□□宁夏□口驰抵兰垣，以资接济，否则匪势猖獗，枪弹告罄，其危险不堪设想。此项枪弹无论如何为难，必须俯准，并恳催促吴攀桂克日率队前来，万勿延迟。仍恐缓不济急，事关要紧，甘省数千里岩疆，九百万生灵，同此呼吁。至电线中断，与中央消息不通，一时措置无可仰承，虽商请马将军设立塘马接递电报，由宁夏通至包头，究须一星期方能转到，贻误已多。查宁包相距十里，若由两边电局加工接线，加紧办理，告竣尚易，此线一通，于西陲用兵利益最大。现届事机日紧，拟请饬交通部迅饬宁包电局，赶紧使京甘信息不至阻滞，是所切盼。前请两路派援，宿因□陇高据上游，关系极重，陕军会匪居多，乘机作乱，容或难免。陇军腐败，广建就职伊始，未及整顿，虽勉强征调，而既无精兵，又乏利械，战守难有把握，非中央特派雄师，恐无以保岩强而安过围。刍荛之言，伏乞察纳采示。正详发间，据长武援陕军统领张定邦、壮凯军周分统仲才电称：十五日巳刻，派马队侦至大偃夺遇匪大股来窜，当即会合刘、马管带三路迎头堵剿，自辰至酉，贼势始衰，我军乘胜追逐廿余里至冉店、桥坞，因长武空虚，收队回营。是日杀贼数十名，共擒四名正法，夺获快枪数杆，并骡马、军帽各物。当经赏银一千元犒士卒，并令乘势进攻，俟克复邠州后，再行从优请奖，以励士气，合并附陈。张广建叩。筱。印。

〔北洋政府陆军部档案〕

13. 张凤翙等报告白朗军在麟游一带活动及北军调动情况密电

（1914年4月20日）

十万急。北京大总统钧鉴：国务院、参谋部、陆军部鉴：华密。号电敬悉。匪自邠县击败，由崔木镇窜向麟游方面。陈树藩一军，现在跟踪追击。赵倜所部，前闻抵监军镇，因匪已西窜，遂改向岐、凤一带，迎头截去。顷据报告，十九日匪到武功，其党仲昭一军，现驻泾、醴，业令移扎盩、鄠，以防南窜。贼踪飘忽，情形倏变，防剿之方，不得不相机因应。兹奉电示，各军计已改拔，而匪情现复不同，拟仍随时会商。赵倜暨令饬陈、党两军察看情形，妥协剿办。除军情续报外，理合肃陈，伏乞鉴核。陕西都督张凤翙、署陕西民政长宋联奎。号。印。

〔北洋政府陆军部档案〕

14. 张凤翙等报告邠县等县失陷皆白朗军与本地义军里应外合等情密电

（1914年4月21日）

北京大总统钧鉴：国务院、参谋部、陆军部鉴：华密。号电敬悉。邠县两次战状，系据前敌报告及迭次侦探按日电陈，该匪悍党屡由各路探悉，本不紧急，惟其到处裹胁，及各地土匪附和者，则日有加增。前次乾县、永寿失陷，皆本地土匪先为内应，以致白匪所到直入。该匪狡计，恒以附和胁从为前驱，而以悍党为后劲，故每战击毙之匪，颇难分别，且匪至各属，其视线动称二三十里之远，其众可知。现在陕省土匪益酿巨股，向来出没无常，岐、宝、郿、武一带，又所在皆是。前次武功民团，尚毙匪二千余人，而乾县所报民团击毙之匪，尚不在此内。近日耀县、蒲、富及临潼之关子镇各处，伏莽亦皆蜂起，虽经分起派兵剿办，而其与白匪潜通暗合，恐仍不免察看。现在匪势似较前稍衰，而其人数实有若干，悍匪究存若干，惟有遵谕并为详确调查续行呈报。今先电复，伏乞鉴核。陕西都督张凤翙、署陕西民政长宋联奎。马。

〔北洋政府陆军部档案〕

15. 宋联奎为陕省十三县被白朗军占领惩办商县等知事呈文

（1914年7月7日）

会办军务署理陕西巡按使宋联奎谨呈：为白匪窜入陕境，查明失守地方各县知事，请予分别惩戒，呈乞鉴核事：窃照白匪由豫犯陕，所有各县被扰情形，均经随时电呈在案。查此股逆匪号称万众，凶悍异常。倡乱年余，蔓延数省，迥非寻常土匪可比。孤城累卵，坚守本难，叠经饬行关中、汉中两道尹确查被扰情形，复由联奎加派委员密查。去后，兹据该道尹暨该委员等详称各县失陷各情，或事起仓卒救援弗及，或仅恃团警器械不精，且城垣一经失陷，旋即随同克复。印信俱未遗失，善后复办理妥协，尚属深知愧奋。开具事实，详请核办前来。联奎复查此次白匪窜境，各该知事等以少数警团，卒当万余悍寇，众寡悬殊，利钝显判，论非战之罪，则有可原。律以失守之愆，究属难恕。自应请予分别惩戒，以肃官方。除柞水知事张浩事后拿办本地土匪异常得力，仍拟暂行留任外，余均次第撤换。理合将各该员衔名事实开具清折，呈请鉴核，可否分别交付惩戒之处，出自钧裁。除咨陈内务部外，伏乞大总统钧鉴，训示遵行。谨呈

中华民国三年七月七日

清　　折

谨将陕省各县失守情形，所有知事各员衔名开具清折，呈候鉴核。

计　　开

一、商县知事秦骏声

查白匪陷商后，该知事筹防设备，叠于三月十九、二十一等日函电来省请兵救援，惟时省岳已发未至，匪于二十二日早，大股由龙驹寨猛攻商城，居民惊恐解散，迁徙一空，该知事势力单微，无从抵御，匪众已由南门冲入，以至失陷。事后印信未失。

一、邠县知事李嵩寿

查该于四月十四日失守，该知事先期筹办城防，不遗余力。匪至之前一夕，因闻甘军已至长武，距县九十里，遂出城驰往求援。经甘军统领周仲才立即开队，途遇匪股迎剿获胜，而该县城已不及援，旋失旋复，该知事闻信驰归，印信尚存。

一、麟游县知事蒙发源

查该知事初闻贼犯永寿后，即督率团警严密布置。四月十八日，在城防守，忽见官军由崔木镇败退过县，人民因闻匪势浩大，纷纷逃避，团警力单不支，该知事遂出城会合官军，以待援兵，匪即跟踪麇至，穿城而过，印信未失。

一、岐山县知事周铭

查该县于四月十九日失守，该知事闻匪众于先一日扰麟游县，请兵救援未至，而匪已麇至，商民逃避一空，团警抵御不敌，匪遂拥入城内，该知事由南冲出，至罗局镇与营长彭四海筹商恢复，

匪已窜去，印信未失。

一、乾县知事顾士麟

查四月初八日黎明，匪至该县南门外开炮，该知事自东门上城防御，匪众已猛扑入城，该知事出至孙家坡暂避，贼退后回县筹办善后。印信未失。

一、鄠县知事阴应元

查四月初八日，匪由秦社镇猛扑该县，该县知事仓卒闻警，率领民团、警察登陴防御，亲督开炮，志在力守，战约时许，子药不继，匪即攀垣而上，以致失陷。衙署亦焚。该知事暂居城内民家，匪退，该知事施〔旋〕即召集士绅议办善后。印信未失。

一、永寿县知事严恩荣

查该县于四月初十日晚，先有县属拜家河地方土匪三百余名，攻扑县城，该知事率团击匪，由北城坍塌处冲入，劫去要犯六名，纷窜出城。十三日白匪大至，众寡不敌，城陷。该知事身受刀伤。次日匪退，该知事即召集绅团料理善后。印信未失。

一、盩厔县知事滕仲黄

查该知事平日训练团警，最为得力，颇以治匪著称。四月六日，白匪猛至，该知事登陴指挥，率众抵敌，鏖战至八小时之久，毙匪甚众，因子药告竭，匪大股继至猛攻，城始不守。该知事乘间赴陈树藩军营请兵，以图恢复，匪遂他窜。印信未失。

一、商南县知事曹澍

查该县原驻有防兵一营，骤然匪警，出队抵御，毙匪甚多。三月十八日，白匪大股猛扑县城，营队拒敌，伤亡甚多。该知事躬率团警登城开炮轰击，人少械乏，势不能支，被匪拦入，该知事且战且退。十九日，匪窜武关，该知事即时回县。印信未失。

一、山阳县知事徐怀璋

查该县原驻防兵一连，先期开赴漫川关。三月二十二日，匪众乘虚而入，团警无力抵制，以致失陷，衙署亦毁。该知事暂避民家，匪退后，该知事出筹赈抚。印信未失。

一、柞水县知事张浩

查该知事初闻匪氛逼近，叠次函请派兵援堵，并于三月二十九日，率领团警及干役百余人，赴县属王家河堵截，因匪势甚悍，众寡不敌，三十日退回守御，未及至城，匪已阑入，匪退后，该知事带印回城，筹办善后。维时本地土匪又复蜂起，该知事带团搜杀多名，异常得力，不旬日间，殄灭殆尽。

一、陇县知事李维勉

查该县初闻匪犯岐山，该知事即督率团警分段严守，临时复上城布置，初未稍懈。四月二十二日黎明，匪众大至，缘梯而登，势极凶悍。该知事仍竭力抵御，团警势不能支，纷纷逃散，以致失陷。该知事遂同科员等带印暂往后山待援。午后四点钟，毅军追至，贼退出城。该知事立即出邀士绅赶办赈抚，一面筹运军粮。

一、汧阳县知事余宗寿

查该县于四月二十一失守，该知事先期筹备防堵布置尚周密。迨是日匪众大至，众寡悬殊，势不能敌，以致失陷。该知事乘间出城将乞援师，毅军已至，匪被追窜。该知事立即赶办赈抚，运输军粮。印信未失。

〔北洋政府内务部档案〕

二、攻克甘省秦州等地

1．张广建关于白朗军攻克陇西省垣戒严等情密电

（1914年5月3日）

北京大总统、国务院，参、陆部均鉴：靖密。勘日已将危迫情形，由俄电陈明，计邀洞鉴。连日匪据张家川、莲花城，毅军由东跟追。广建饬秦州马镇由西迎堵，匪遂改窜通渭县，进占马

营镇，屡派前锋窥伺安定，经广建由省凑拨马步队三百名，星夜飞驰前往。上月廿九夜一钟，匪扑安定，该队奋勇击退，得保危城。二十日上午，据安定知事电称：毅军会同甘省军队，向马营镇进剿，激战数时之久，毙匪数百名。本日又据该知事电称：匪窜陇西县，我军崔、马、陈及毅军八营，跟踪追击，毙匪千余人，并准赵护军使电同前由，正核办间，据陇西县知事电称：匪众攻陷城池等情。查陇西地当孔道，北距省城，南距秦州，西距河州，均不出二三百里，击柝声闻。河州、洮等处，全系回族，有跋扈飞扬之志，探闻匪首马三，系河州回民，倘勾结彼族揭竿响应，则全陇不免震动。甘省军力素弱，此次派出张定邦、陈正魁、崔正午、马国礼、马永祥各军，将近二十营，或扼陇东、或赴陕省凤、岐、邠、马一带，前已檄调折回，而电报不通，道路险阻，各军尚在中途，骤难集合，省城仅陆鸿涛所部千余人布置防守，近虽新募数营，而无饷无械，筹拨为难。省垣已于本月一日宣布戒严，广建自任为戒严司令官，督饬各机关认真防范。匪氛逼近，人心惊慌，安定为入省咽喉。上月卅日，已拨卫队一营，请甘州提督焦大聚率领，一日夜驰至该处扼守。精锐军军统马安良，自请亲率所部驻省三营，开往河、岷、洮三州一带驻扎，杜匪西窜，复调省北建威军两营，开赴狄道，期略固省防门户。一面专员犒赏毅军与赵护军使接洽；一面面催张定邦等各军暨陇东军队兼程西向，会同毅军合力追剿。第该匪由陕入甘，人马愈裹愈众，枪马愈掳愈多，比在西安时声势增倍。日下盘踞甘南，北窜兰垣，则省防岌岌，西窜沅洮，则□蒙土番群相蠢动，南窜秦陇，接近川边，万山丛杂，亦必滋蔓难图。甘军既单，毅军人数有限，虽饬盗气，力恐难殄灭，潢川燎原，为患甚巨。请饬吴攀桂迅率所部，取道潼关兼程来甘，并陆师长、张旅长提兵赶进，迅赴戎机，庶冀协力合围，制贼死命。筱电所请，枪炮子弹等件，乞赐拨交吴攀桂具领顺运到甘，以救眉急，而资接济。张广建叩。

江。印。

〔北洋政府陆军部档案〕

2. 参谋部等关于白朗军攻占张家川甘肃腹地省垣危急请电饬西安张督派兵救援等情密电

（1914年5月3日）

急。西安陶旅长云鹤：华密。奉大总统令，据甘督感电称：匪抢入固关，占据马鹿镇、恭门镇，并入息门镇、张家川。查张家川已入甘肃腹地，距省城五百里，匪众裹胁有二万余人，皆系骑兵，飘忽异常。回民既欲蠢动，党复到处勾结。现在省恒〔垣〕无兵无械，远出兵队无可调拨，全境空虚，万分危急。请电饬西安张督派兵剿援，而救危急等情。该旅长应即督率所部各营，并诸团长骑兵一团，迅速开拔，由平凉直趋安定，堵匪西窜，以固省垣。诸团长已电令归该旅长节制指挥矣。等因。特达。参陆两部。江。印。

〔北洋政府陆军部档案〕

3. 张广建关于白朗军连克伏羌秦州等地甘南震动请派队堵剿等情密电

（1914年5月7日）

北京大总统、参陆部、西安张都督、宋民政长、成都胡都督钧鉴：华密。顷接平凉张护军使鱼电内开：探得匪陷伏羌，陈正魁率队在洛门接仗，马分统国礼阻隔伏羌以西，现在秦州戒严。正译间，又接张护军使阳电内开：本日黎明，据马管带广武由张家川专差报告，旧历初十日午后，马镇接仗西败，匪窜入城。查秦州重地，一旦有变，甘南震动各等语。查该匪盘据甘南，现既连陷伏羌、秦州，声势更大，甘省兵力薄，张护军使出陕践入甘境，转战数千里，人马疲乏。似此穷寇猖狂，非迅速加派重兵，恐不足以遏凶锋而保危局。除再确查另电呈报外，应请大总统、大部飞电陆督办、张旅长迅派先锋驰入甘境。至陶旅长云鹤、张旅长联升、谢团长马队一营早经抵陕，请张都督转知陶、张旅长暨谢团长即日拔队，取道平凉越六盘山西向，侦明匪踪，进兵堵剿，并期早日聚歼，救民水火，曷胜切盼之至。张广建叩。阳。印。

〔北洋政府陆军部档案〕

4. 张广建报告秦州不守陇南全局震动请迅派队进剿以救危局密电

（1914年5月7日）

北京大总统、国务卿徐，参、陆部钧鉴：华密。顷上一电，陈明秦州危急情形，计邀洞鉴。旋据陇南观察使向燊塘、水南知事张绍文报称：初四日午刻，匪分两股扑城，马镇国仁奋勇力战，毙贼甚多，追至二十里铺受伤阵亡。酉刻贼又蜂拥扑城，城危旦夕，迄速拨兵援救。所有该镇一职，已权咨请国礼代理。正译阅间，又据知事张绍文报称：是日子刻贼入西城失城，人心惊惶。马分统国礼兵力太单，退出城外，知事势穷力尽，亦被拥护出城。现正整理军队，共图克复，各等情前来。查匪由陇西被挫，有毅军八营及甘省陈正魁三营、崔正午所饬马队跟踪追逐，该匪由宁远、伏羌窜入秦州，以大股攻城，马镇国仁为甘省得力良将，力战捐躯，可悯可敬。现在秦州不守，陇南全局不免震动，已准照向观察使来电，暂以马分统国礼代理秦州镇，责令力图恢复，一面电达赵会办倜、焦提督大聚催促前路兵队星夜进剿。除查明马镇国仁死事详情，另电请予优恤外，飞电陈明，请迅饬陆、张军队兼程赴进，以救危局。张广建叩。阳。印。

〔北洋政府陆军部档案〕

5. 张广建报告白朗军攻占陇西县城经过情形密电

（1914年5月10日）

北京大总统、参谋部、陆军部钧鉴：华密。阳电敬悉。承询匪窜陇西，既经击毙近千，何以陇西被陷等因。查前电照录安定县知事原来电文，系匪由马营窜陇西时，被官军击败，非在陇西县击败。江电发后，复据陇西县知事报称：匪有一股马队千余人，扒城而入，自辰至未，抢掠半日，开城向宁远窜去。另有一股，由城北东窜等语。嗣后详加调查，陇西城北一股，乃系由马营窜陇西时击溃之匪，窜陷陇西又是一股，所以一面溃败；一面又攻陷城池。仰荷垂问，用特详陈。张广建叩。蒸。印。

〔北洋政府陆军部档案〕

6. 张广建转报白朗军攻克秦州等地经过密电

（1914年5月13日）

北京大总统、国务卿、参谋部、内务部、陆军部钧鉴：华密。前次匪窜天水，马镇阵亡，业于阳日电陈在案。查匪由陇西窜宁远，广建恐秦州吃紧，飞檄陈正魁率队由秦州进堵，冀□毅军前往夹击。前因秦州马镇国仁所部五营不敷分布，已派马国礼率领三营前往帮助防剿，藉期周密。不料，匪窜宁远后，毅军八营跟踪追剿，因大雨河涨，毅军落后。陈正魁探闻匪将东窜秦州，率队驰至宁远县属之洛门镇堵截。仅马步各一营，兵数太少，始犹竭力抵御，毙匪数十名。该匪愈来愈多，漫山蔽野。管带谭文、哨官史鹤年、王得胜、张清顺阵亡，兵士亦阵亡百余名。匪入络门镇，抢去陈部枪弹饷银，遂直趋秦州。马镇国仁率队迎战，毙悍匪约二百名，毙长须匪首一名，匪势败退。马镇乘胜追奔，忽遇该匪最后一股继至，两面对击，马镇中弹，登时殒命。主将既没，全军溃乱，匪遂扑致〔至〕城下，先据伏羲关。马国礼闻变入城，其时城内兵力犹可防守。讵秦州自黄钺独立后，余党尚多，竟有不肖劣绅，怂恿官吏开城迎降，匪遂大肆蹂躏，似此悖谬绝伦，殊堪痛恨。昨据探报，匪陷秦州后，抢掠一日，即南窜徽县等情。现在毅军八营、陇东两营及冯少将所率宁夏马步队已达秦州，建威军统领吴炳鑫亦率两营进达宁远。广建复电催焦提督会向赵护军使即日由安定率队南下。就目前匪势而论，由徽县前进即抵阶、成，将来或由凤、略东犯汉中，或由碧口、剑阁南犯四川，或由洮、岷西窜番境，皆未敢定。前已电达川、陕两省，各派重兵堵截边界要隘。惟洮、岷等处，虽马提督安良分兵兼顾，而力量单薄，殊为可虑。阶、成地势窄狭，合围较易，青海地势散漫，得手较难。故窜阶、成，即有聚歼之望，窜青海恐无殄灭之期。昨已电商赵使、焦提请其督兵由秦州西北方节节进逼，堵住该匪窜番之路，令其趋入阶、成，然后可与川、陕各军四面围剿，一鼓成擒。但甘军素乏训练，毅军复疲于奔命，若非中央军早日云集，难望成功。蒿目烽烟，五中焦灼。除查明失败迎降及死事员绅详情另案办理，暨被害人民拨款抚恤外，兹据各路报告，择要电陈，伏维垂察。张广建叩。元。印。

〔北洋政府陆军部档案〕

7. 张广建关于甘军腐败难以抗拒白朗军拟将陶旅长所部暂归甘省调遣密电

（1914年5月15日）

北京大总统、国务卿、参谋部、陆军部钧鉴：甫密。窃维甘省僻处边陲，戎旗久弛。查前清末年，各省创练新军，力求振作，独甘省毫无筹备。现在军队半系奉命时，仓猝召募，朔同乌合。广建到甘目睹各军腐败情形，知不足以备缓急，所有他务未遑即先体裁，其入手办法，一面淘汰；一面编练，逐渐整顿，期成劲旅，而作干城。不意，就职未及一月，匪氛告警，颁檄纷驰，明知各军皆多不可靠，而手无寸铁，不得不降格相从，暂资悍御，遂凑拔二十营，分路进剿。乃崔正午带队固关，陈正魁败于洛门，甘军之不耐战无可讳饰。自白匪西犯以来，广建对于各军相机调度，随地指挥，颇谓竭尽心力，然终不能收尺寸之效。其中种种困难，不可殚述，试略举数事为钧座陈之：广建到任伊始，与各军将士威信未孚，感情未洽，指臂之效无自而收，其难一；著手裁兵，甫经就绪，各营兵士马队八十、步队二百，零星细碎，未成片段，骤欲集合，如搏散砂，其难二；甘省军界大半回将，种族既异，畛域难融，急而相求，诸多要挟，其难三；兵饷极薄，荷戈之士兼资贸易，名列行伍，身在市廛，平时嬉游，毫无训练，胆小力怯，临阵不前，其难四；军装器械素未筹备，枪既腐钝，弹尤缺乏，其他行军应需之件，毫无所有，每调一军，筹拨装具费尽气力，其难五；全省皆山，交通最塞，其不通电报之处，下一命令，经旬始达，及至调队，又因道路崎岖，节节阻滞，匪行如鼠，兵行如牛，指授戎机，不能迅速，其难六；各军统将自树一帜，不能和衷。如秦州一役，广建知该处为陇南重镇，令马国仁率所部五营专任防守，飞催马国礼、陈正魁各率三营前往驻秦州，左右游击，计虑不为不周。现陈正魁在洛门，马国礼在伏羌，仅隔一□，不能联络接洽，以致将士同袍同泽，痛痒无关，其难七。有此七难，以致言战言守，毫无把握。欲救此弊，自非将失律之员痛绳军法，无用军队一律汰遣，重整军政，一新壁垒，不足以平寇乱而振军威。现甘省军队纪纲扫地，赏罚不行，由来已久。广建既为主干，兵力诸资震慑，未敢操之过蹙，激生他变。前将崔正午记请撤去中将衔，陈正魁降为管带，略予薄惩，其余应行严办者正复不少，只以控制无资，暂付容忍。况匪势方张，广建具有心肝，恨不灭此朝食，惟各军既不足恃，欲另行编练，又因无械无饷，难空凑。吴攀桂三营仰荷饬调来甘，甫议起程尚需时日。前蒙派来之霍、张二旅长、谢团长计可先到。拟于将陶旅长所带陆军一旅，暂归甘省调遣，庶于防剿事宜，俾有所助。即此间遣散军队，申明军律，亦可一致进行，有恃无恐。亦且该旅、团既达甘境，即可藉壮声势。但系客军猝有不虞，呼应恐难灵活，可否命令陶旅长暂受节制之处。专电密陈，伏候训示。张广建叩。咸。印。

〔北洋政府陆军部档案〕

8．张广建报告白朗军攻克礼县及请派队直抵安定堵截等情密电

（1914年5月20日）

北京大元帅、国务卿、参谋部、陆军部钧鉴：华密。顷据安定张统领定邦电称：探得匪由徽县回窜，并陷礼县。川、陕各要隘有兵严防，该匪无路可窜，有西窜洮岷、狄道，窥伺省垣之意。据泾县张知事电称：陶旅长阻雨，尚未到泾。又据平凉张护军使效电开：今午诺团长率骑兵四连抵平，俟陶旅长至再行南下等情。兵闻陶旅长西来，逐日翘盼。现在匪踪回窜，甘省各军会同毅军逐

匪南下，北路空虚，省防吃紧。诺团长既率骑兵四连抵平，请飞电平凉，饬知该团长即日率队兼程西发，直抵安定，俾壮声援，毋庸在平等候，并催陶旅长速进，到安定与诺团长会齐，再定进兵方针。匪踪飘忽异常，瞬息即变，务乞电饬该旅长、团长迅赴戎机，是所企盼。张广建叩。号。印。

〔北洋政府陆军部档案〕

9. 张广建为白朗军攻克礼县及筹划进剿办法等情密电

（1914年5月22日）

北京大元帅、国务卿、参谋部、陆军部、内务部钧鉴：华密。为筹拟援剿办法，谨抒管见事：窃匪窜甘南，图犯川境，因白水江无船可渡，折回北窜，已陷礼县。毅军十三营、鄂军一团、甘军十营，均追匪南下，甘南山深路狭，有可以聚歼之势。第恐布置稍疏，此剿彼窜，仍复滋蔓难图。念该匪猖乱以来，蔓延五省，时阅两年，各省竭尽气力，终未扑灭。固由该匪狡悍，亦由各省自保疆界，未及统筹全局，匪势所趋，兵队驻集，追兵已调齐，匪复他窜，终年驰追，疲于奔命。愚虑窃谓白匪既系流寇，剿办之法，宜布置远势，不宜求近功，宜逆料窜逸之路，而预为圈制，不宜罄精锐之旅，而一味穷追。就目前情势而论，东有陕军，南有川军，各就边界据险，扼守极为严密。且碧口栈道折毁，白水江船只撤去，不能飞渡，我军若以主力扼住息、成、阶等县堵截去路，节节进逼，该匪如兽之在槛，鸟之在笼，捉擒较易。乃各军随后追击，匪复北窜，倘再越礼县以北，则地势愈阔，去路愈宽，豕突狼奔，殊为可虑。该匪现盘踞礼县，倘由岷、洮窜入番地，漫无边际，用兵甚难，殄灭无期，永留边患，可虑者一；或由洮、岷西犯河州，取道西宁，饮马黄河，则甘凉一带遍受蹂躏，可虑者二；或由礼窜岷，再由岷北犯狄道，直逼兰垣，撼摇根本，可虑者三；或由宁远、陇西东趋通渭以至宁静，趁宁静而北，四通八达，东可以犯陕境，北可由宁夏出口联络蒙匪，纵横驰骤，愈难制伏，可虑者四。以上四端，但犯其一，极为危险，及时定计，尚可补救。现在南路军队已逾万人，该匪窜扰甘南，是自蹈险地，正我军扫穴擒渠之极好机会，愚见拟拘牵阶、文等县之匪，暂勿进剿，以所有兵队在礼县、秦州西北两方面扼要布置，堵住大股匪踪，不敢四窜。迨长围之势既成，彼时陶旅长兵队亦可赶到，然后一面围堵；一面猛剿，计可一鼓荡平，不遗余孽。似此办法，虽甘省一隅受害较重，而于国家大局裨益实多。否则，枝枝节节，难奏全功，甚或一击不中，致令匪势窜开，西北两路极为空虚，如前陈可虑各节，将有不可收拾之势，孰得孰失，无待权衡。广建已将此意电商赵护军使，能否见用，尚不敢必。故详细沥陈，如蒙采纳，即请飞电安定转送赵使斟酌进行，以拯生灵而平逋寇。是否有当，敬候训示。张广建叩。养。印。

〔北洋政府陆军部档案〕

10. 张广建关于白朗军连克阶州岷州等地及甘军调动防堵等情密电

（1914年5月25日）

北京大元帅、国务卿、参谋部、陆军部、内务部钧鉴：华密。顷据秦州侦探由安定来电称：匪由成县于十四日窜陷阶州，复由阶州西窜，前队已至西固之两水角弓，不返窜西礼，即上窜岷州。又据狄道夏分统报称：匪于十八日晚至荡川，二十日至岷州，因城内无兵，匪遂入城，现在狄道万分吃紧各等情。查前次甘省军队会同毅军由安定出发时，毅军由秦州南下，广建谆嘱甘军由岷州之东礼县之西取道南下，各路并进，俾该匪无隙可乘，不料各军皆偏重东路，匪遂从西路乘虚返窜。广建早知洮、岷吃紧，经马提督安良自任以驻省精锐军三营及驻循化一营、驻享堂一营拨出，由该提督带赴河、洮、岷三处，扼要布置，因地段辽阔，分布难周，马提督遂将所调五营注重河州，其洮、岷两处无兵扼守。本月十七日，复飞檄马永祥三营，由伏羌进扼岷州，兵未赶到，匪已窜入，师行迟滞，不能迅赴事机，莫名焦愤。毅军及甘省各营追剿情形，数日未得来报，尤深悬系。该匪既趋岷州，或北撼省垣，或西扰西宁，自不能不严加防范。昨已飞电西宁马镇加意设防，并调来边关原帮统两营归马镇调遣，略厚兵力；一面饬狄道姚帮统三营严密防堵。目下兵已调尽，无可再拨，俟陶旅长所部赶到，方有办法。专电陈明，伏乞鉴察。张广建叩。有。印。

〔北洋政府陆军部档案〕

11．赵倜报告部署各军在陇西一带堵截及甘军沿途骚扰情形密电

（1914年5月27日）

万急。北京大元帅、陆军、参谋部、统率办事处钧鉴：华密。巧、箇、养电均奉悉。敬电禀计达钧览。发电后复虑甘军力单，恐省垣有险，关碍大局。又飞饬毅军连夜径赴狄道截击。今日前队已过渭源卡，倜今晚抵距渭五十里之首阳镇。张联升步三营连日奔驰颇疲，当即令暂在陇西县稍息，并堵匪西窜。计阶州有川军石旅长进驻微成，东南隅较为周密，西北隅仍嫌空虚。拟恳电饬陶旅诺团速进驻陇西兼顾省垣，即令张联升移驻马坞镇，堵西窜秦州一路。河州有马安良堵截西番，匪不能入，即成合围，倜在中能竭力督剿。并恳通饬各方军队，要为联络，相机堵剿，无令乘隙逃脱，至可荡平矣。再行军纪律为先，我大元帅优待军人，至高至厚。近年卑部将领，莫不仰体大元帅整军至意，随时申明

约束。此次西征，恪遵前规。前日倜由礼县至陇西，见沿途军队所过村店，骚扰不堪。当飞马严询前方宝、方、高三统领。据称：廿三日行至礼县，来西军精锐营马步数营相遇，该军系马永祥统带兵勇，多系回教，亦追白匪，因同行前进，沿途见该兵勇多有不法，迭向该管长官告诫。无如积习太深，该管长官即时亦难遽禁。该统领等更迭设法与该队离开，又难即时摆脱。该西军知己力单弱，意在附合毅军，借助进剿等情。倜复派员详查属实，并有被掠骡马之民人数名，均于途间在西军排尾内认出本物，则该一带确系该队骚扰。惟卑部既与数日同行，如不详细声明，必皂白难分。又恐远道传闻失实，致劳钧念，用特禀陈。查甘军内容甚为复杂，张督接任未久，未及整理。当此乱党不法，煽惑军队，对国民尤为注重。况积习已深，即时断难挽回，只可俟平匪后，再为设法。倜已婉电张督并密陈。赵倜叩。沁。印。

〔北洋政府陆军部档案〕

12．张广建报告白朗军攻克岷城及请调派军队堵剿等情密电

（1914年5月28日）

北京大元帅、参谋部、陆军部、内务部钧鉴：华密。顷据张统领定邦俭日自安定电称：据洮岷副将报称：岷城失守，新洮旧渠两城危急。同时据驻狄道姚帮统炳义报称：匪股马队五百余人，由岷犯狄，已至中寨集各等情。现已一面派新建军统带胡立拔关山一营进援狄道；一面电令前敌各军由陇台进扼巩昌一带，并请毅军赵护军使、鄂军张旅长注意巩昌东北两路。诺团长马队本日可到安定，陶旅长步队本日将达会宁，已遵电谕分别饬赴狄道、安定，以备迎头截击。惟大军聚于甘南，马提督河州防守亦尚稳固。该匪避实乘虚，是其惯技，深虑其乘隙由通渭、静宁一带突出陇

北，冀脱网罗；一面电商陆督办，由西安酌拨数营，以为陇东堵剿之豫备。其由洮北西达循贵一带，亦电马宣慰使派兵截击，以防西窜。能否一律荡平，不致再滋纷扰，容俟续陈。张广建叩。俭。印。

〔北洋政府陆军部档案〕

13．陆建章关于白朗军由岷洮东至渭源为防其东进请调兵堵截等情密电

（1914年5月29日）

大元帅钧鉴：华密。顷据平凉张护军使电称：匪由岷洮东窜渭源，窥其形势，不由狄道北趋兰州，想系有兵扼守，不能北犯，始改道东行，则陇东、陕北复为吃紧。凤、陇既已有警，而静宁一带不能不加意防范，若由建章拨队前往，诚恐缓不济急，已请饬凤翔秦军西移陇州，省住秦军酌拨一支开赴凤翔，尚未开进，即乞电饬秦省赴陇州之队，进赴静宁，以杜东窜之路。赴凤翔秦军进住陇边，建章即饬十一旅慎防凤翔，该旅计三日可全抵。如此办理，方可迎头截击。再该匪果窜静宁北进，则饮食缺乏，势必抵死东犯，平凉一带似应预防，拟即派步马混成一团进驻邠州、长武，预为远探，再定方略。是否有当，伏乞训示祗遵。建章叩。艳。印。

袁世凯批："电秦速派并电甘督及陶旅。"

〔北洋政府陆军部档案〕

14．统率办事处关于查明甘军在罗门镇战败及妄报军情等情电

（1914年8月27日）

兰州张巡按使：华密。奉大元帅训令：据报毅军在甘肃、陇

州、关山、马鹿城、马营子等处击匪窜散，适甘军统领陈镇〔正〕魁率队在宁远县属罗门镇，闻匪至，进前迎击，大败，退保罗镇寨，被匪所围，逼令缴出快枪四百余杆，子弹约四五万粒，始将该队放走。又匪到漳县，该处甘军十余营畏葸不出，俟其过去，仅行尾追。匪陷宁远，甘军并不往救。又管带杨世培在羌县仅击毙疲乏之匪数人，妄报七百余人。各等情，该统领等如果有以上畏葸欺饰情事，殊属不成事体，亟应分别澈究，以饬军纪，仰即迅速查明据实具报核办。等因。特寄。统率办事处。感。印。

〔北洋政府陆军部档案〕

15. 张广建关于惩戒所有失守城池之天水等县知事咨文

（1914年9月22日）

甘肃巡按使公署为咨陈事：案准大部咨开：案准贵巡按使电称：前次白匪西犯，甘肃各处先后被陷天水等十一县，所有失守城池之各县知事请予惩戒一案，于八月十五日奉大总统申令：据甘肃巡按使张广建电呈：前次白匪西犯甘南各处，先后被陷天水等十一县，所有失守城池之各县知事，请予惩戒等语。各县知事本系守土之官，即使事变猝生，犹应保障地方，效死勿去。况白匪西窜，早有先声，节经该巡按使饬办城防特授办法，尤宜预为布置，俾免疏虞。乃该知事等于事前既不设防，致临时无从守御，蹂躏所及，竟至有十一县之多，荼毒生灵，殊堪痛恨。除临潭知事朱韶会营率属坚守一昼夜，毙匪数百名；泰安县知事章灿督饬民团力抗半日，毙匪百余名，夺获匪炮一尊；该二员以众寡不敌，虽同一失守，情尚可原，应从宽免予置议外，其余天水县知事张绍文、岷县知事朱兆奎、陇西县知事陆恩泰、通渭县知事陈鸿宝、宁远县知事钟彤置、武都县知事周彝章、徽县知事张凤翼、戎县知事张家鼎、代理清水县知事毕寿昌均著克行褫职，从严讯办。

其甫经交卸之清水县知事王澎涛于匪氛逼近时详请交卸，翌日即行城陷，显系临时规避，应即一并撤职，听候查办，以杜巧宦，而肃官方。此令。等因。奉此。相应咨行贵巡按使遵照办理。此咨。等因。除分饬遵照并令撤职之天水等县知事张绍文等十员听候讯办外，查咨内开列各县名称及各该员姓名，不免有错误之处，临潭县知事林凤韶误为朱韶，岷县知事朱兆圭误为朱兆奎，宁运县知事钟彤沄误为钟彤里，成县知事张家鼎误为戎县知事张家鼎。想系电传译误，应请一并更正，相应咨达大部查照办理。为此咨陈
内务部

张广建

中华民国三年九月二十二日

〔北洋政府内务部档案〕

（四）白朗军回师豫境及失败

一、白朗军挥师东归

1. 陆建章报告陕甘边兵力部署情况密电

（1914年6月1日）

大元帅钧鉴：华密。输送甘省步枪一千杆，子弹廿五万粒，于一号启程矣。陈树藩一旅正在筹备进发静宁，步队第三团，由省开赴陇州，建章处饬十一旅暂驻凤翔，俟陈旅出发后，即分兵汧阳、宝鸡两处，并时与凤县石旅长互相联络。前拟派赴邠州、长武之步兵一团，附山炮、机关枪各一连，定于四号出发。惟狄道、河州两处，甘省如能预为严防，使匪不得西逸，不出数日或可合围，则扑灭有期，亦未可知，已由建章电请甘督预防以固吾圉矣。谨以并陈，伏乞训示。建章叩。先。印。

〔北洋政府陆军部档案〕

2. 张广建关于白朗军由河狄分两路进攻临洮与岷县已派军分两路防御等情密电

（1914年6月2日）

北京大元帅、参谋部、陆军部钧鉴：华密。为呈明东西两路防御白匪情形，并赵、陶两军分道进剿事。东电谨悉。昨接马宣慰使卅一电，该匪有传知循化、南番拉卜楞寺饬备供支之说。据岷县知事呈称：近复由河狄南窜，分为两股，一犯洮，一犯岷各等情。查犯洮之股，西入南番，北扰循化，则西宁岌岌可危。犯岷之股，北犯渭、狄，东由漳县、宁远出巩昌东南，由西固回窜阶州，头头是道。现已电马宣慰使将马步各营照巡防营制添足，并新调驻平碾一带之忠武军全营，严扼循、贵一带，并调马分统永祥三营、马少将忠孝三营，由河州进扼自洮西赴循、贵之要道，该员等籍隶河州，于河、循与洮番连界，情形较他军为熟习，故用以防范西路。张旅长联升已至陇西，已请暂驻陇西，兼顾渭源。焦提督则扼驻宁远一带，是为防范东路之师。赵护军使已由狄道进击，陶旅长六月一日已抵安定，拟即令驰由狄、渭之间前进，是为北路分道进剿之师。其岷州东向西固回窜之路，已电川军驻防阶州之彭司令，请即严扼阶、固一带。惟陇西□〔漳〕县、宁远、渭源一带，间道歧出，稍有疏失，该匪即可突出，由通渭、静宁等处北犯陇东，已电请陆督办、张都督添派陕军严扼静宁，以厚陇东之兵力。刻下大军云集，士气倍奋，追剿以后情形，容俟续呈鉴核。张广建叩。冬。

〔北洋政府陆军部档案〕

3. 陶云鹤关于白朗军陷岷州后似有西进企图及拟定各路军增援计划密电稿

（1914年6月2日）

万急。北京大元帅统率办事处钧鉴：华。昨电谅呈慈鉴。昨夜奉东电，谨悉。本当遵赴陇西，惟同时奉张都督东电云：现查匪于廿号陷岷州，廿五号窜新旧洮，并探闻匪复胁令循化所属番地拉卜朗〔楞〕寺预备粮草。窥匪趋势，似因东路大兵云集，意在西犯湟中，北扰甘、凉。我军进剿方针，亦不能不变，况巩昌一带，张旅长已进兵扼扎，毅军已由狄河追匪南下，主客军队，均归一路。尊部自应斟酌进取，以期疏密得宜。现经酌定拟请尊处以一团迅开狄通，台端自率一团速临省城，将来南窜，则由省城会师狄道，以便南征，抑或西窜，则遏狄道一团会师省城，以便西发，似此变通，兵力较为活动。此次剿匪失着，在各军只知追逐麇集一处，以致贻误事机。以上所订办法，系为逆料匪情，预为圈制起见，即请酌裁，速赐电复等因。查张都督所议，似与近日匪情相合，东南北皆有兵堵截，省城似觉空虚，然匪踪飘忽靡常，趋避大兵，是其惯技。旅长既归指挥，又未敢违命令，第趋向所关甚重，究竟前往陇西，抑分赴狄道、省城二处，未敢妄断，谨据实陈明，伏乞察断。旅长闻电，即行静候示遵。旅长云鹤敬。冬。印。

〔北洋政府陆军部档案〕

4. 张广建报告与白朗军在漳县西南接仗情形电

（1914年6月3日）

万急。北京大元帅、政事堂、参谋部、陆军部钧鉴：昨据张统领定邦探报，漳县剿匪情形，业经电呈在案。兹据吴统领炳鑫、彭参谋砺金本日电称：匪窜漳县，经鑫率所部星夜由巩赴漳，一号拂晓在漳城西南与匪接仗，自晨至午，毙匪近两千人，夺获公民讨贼军孙白绸旗一面，获枪械马匹甚多，详数容查。我军只受伤两名，余匪向宁远方向窜去，现经焦、金两军追剿等因。除飞饬陇南陇东各军并电毅军及川、陕诸军相机兜剿暨俟查明确情另案请奖外，谨再电陈。张广建叩。江。印。

〔北洋政府陆军部档案〕

5. 陆建章报告白朗军由岷州过宁远有由宝鸡回豫意图及北军在凤翔等处防堵密电

（1914年6月5日）

大元帅钧鉴：华密。顷接赵会办江电，匪由岷州回窜，已过宁远，有由宝鸡、关山一带窜回豫境之耗。查十一旅现驻凤翔、宝鸡一带，石旅长一团奉令进防秦州，凤县尚有二十五团驻扎，十四旅一团已开长武，秦军陈旅亦奉令由陇赴静宁。计东北一带防堵严密，匪果回窜，正好迎头痛击。惟其全力南犯阶州，东西小道纷歧，稍一不慎，恐致漏网。当将此意电复赵会办倜，并飞函汉中张师长钫、川军彭司令先烈、廿五团王团长茂元，加意严防，互相联络，以免疏虞。是否有当，伏乞钧裁。建章叩。歌。印。

〔北洋政府陆军部档案〕

6. 陆建章关于白朗军进攻秦安及北军分向平凉等处堵剿密电

（1914年6月6日）

大元帅钧鉴：华密。接平凉电报，匪于四号大股犯秦安，已准备接战。不东窜清水，即北窜平、隆、静。等因。前饬十四旅混成一团进防长武，计八号可到，已飞饬其进至泾州迎头防剿。张敬尧一旅已到凤翔，本属分防陇州，兹立飞饬其陇州兵力须过一团，匪若北窜，即与泾州之十四旅联络，同向平凉迎头进剿，并派十四旅之二十八团由省进驻武功，相机策应矣。建章。鱼。印。

〔北洋政府陆军部档案〕

7. 张广建关于白朗军漳县战后分二部入岷城与洮州及调动陕川甘各军围堵等情密电

（1914年6月7日）

北京大元帅、国务卿、参谋部、陆军部钧鉴：华密。为撮报军情，酌拟分路进兵事：本日据张旅长联升冬电称：今晨追匪至宁远西之鸳鸯咀，将匪截断，分两股败窜，一股三四千人，并昨日先到宁远之古人名奔伏羌方面；一股千余人，奔滩阁小道，两路均通秦州。是役，毙匪百余名，生擒二十名正法，夺火炮、快枪三十五杆，骡马四十余匹。我军目兵受伤十一名，兵单日暮，未便穷追。又据张统领定邦歌电报，漳县生擒匪徒尚明文供称：白匪意见不合，白狼欲北投，供宋老年、李鸿宾、宋玉璋、宋金铎、尹老婆欲东归。此次漳县战败，宋老年等必死其内。供虽如此，未敢指实。又准马提督安良报告：于六月一日进兵旧洮城，而新洮城各匪，因官军逼近，有渡野狐击〔急〕向清毛沟一带奔窜。又据岷县朱知事报告，侦得白匪现分二股，前股由漳县东窜，中股大队驻岷城，后股大队随洮州，已将洮河野狐擒〔桥〕搭成，并分零股堵塞要隘，似成负隅之势。又据诺团长六月三日自狄道来函称：该匪大股尚盘踞洮、岷一带。各等情前来。察度各方面报告情形，是匪已分股，意在牵动官兵，使我备多力分，再图狂逞。东窜之股，经漳县、宁远两次痛剿，业已大挫凶锋，其留在洮、岷者，该处地势险要，可以负嵎，既盘踞未散，恐其勾结番回，别施狡计。前敌各军现皆趋重东路，至于洮、岷之匪无兵围剿，甚属可虑。拟请责成陕军陈旅长陈【树】藩、川军彭司令、鄂军张旅长联升干协，以甘军吴统领炳鑫所部围剿东路一股，责成陶旅长云鹤并协以马提督安良、焦司令大聚所部围剿洮、岷一股，赵会办自领毅军居中策应。似此东西兼顾，庶该匪不至此后忽兴再虞滋蔓。除电商赵会办督饬各军分进外，谨电呈报，伏候鉴核施行。张广建叩。阳。

〔北洋政府陆军部档案〕

8. 陆建章报告白朗军攻克清水及北军在凤县宝鸡一带防堵密电

（1914年6月8日）

大元帅钧鉴：华密。顷据前方探报暨平凉电称：匪陷清水后并未北窜。且陈树藩一旅已抵华亭，北路兵力已足。昨阳电呈派廿八团步兵一营、马兵一连，由体秩、崇信小路进赴华亭，计九号抵武功，兹经星夜飞饬该团即由武功改道迅赴宝鸡，进至东河会合。现令凤县之廿五团严防凤县至宝鸡一段之隘口。惟驻凤县之廿五团，前奉钧电归石旅长调遣，现在该团所属旅长已到东河，可否即归本旅，以一事权，而足兵力之处。伏乞电示祗遵。建章齐叩。印。

〔北洋政府陆军部档案〕

9. 陆建章报告北军分路追堵白朗军情况密电

（1914年6月8日）

大元帅钧鉴：华密。阳电敬悉。土匪分股，一在岷、洮，意欲窜入新疆，毅、甘两军能严防西北，即不难于扑灭。一股东窜，经张旅长联升会合甘军，在宁远、伏羌连日追击，该匪意在冒险，窜逃崎岖小道，尤为紧要。兹又派十三旅二十六团步兵一营、马兵一连，轻装兼程，由武功、麟游、灵台、崇信、华亭小路前进，防其分股乘虚潜遁。步兵一营携带备〔部〕分子弹，由邠州一路前进，均至平凉与十四旅会合，迎头截击。匪若南窜，即跟踪追剿，并派贾参议德辉驰往凤翔、陇州一带，相机联合十一旅前进之一团及由平凉前进之十三、十四两旅队伍分路游击，以期早日扑灭。惟凤翔、凤县、平凉三处防兵仍应严防，未便轻动。秦州石旅长即作各路接应，并防南窜。是否有当，伏乞钧裁。建章阳叩。印。

〔北洋政府陆军部档案〕

10. 陆建章报告白朗军进至盩厔继向南进等情密电

（1914年6月12日）

大元帅钧鉴：华密。顷据武功贾参议、刘旅长飞报，土匪约五千人，已窜抵盩厔，方拟攻城，适二十六团一营赶到，匪随向南回窜，奈匪骑飘忽，经毙匪十余名，该营当晚即住盩厔，已知会尾追军队，拂晓同到清化镇一带进剿等因。兹由省派二十二团一营，连夜向子午镇、石羊关，与昨夜开往该处之何团联络。扼防情形如何，再为续陈。陆建章。文。印。

〔北洋政府陆军部档案〕

11. 陆建章报告白朗军一部越过渭河以南等情密电

（1914年6月12日）

大元帅钧鉴：华密。匪经二十三团击败后，即散窜南山，前已电陈。顷据探报，匪由山中窜过宝鸡、色故、虢县，渭河以南复行集合，约匪马五百余匹。除饬已至武功之二十六团，绕盩厔迎头痛击。又饬二十八团，连夜疾趋子午峪设伏，以待俟续得报，再为电陈。建章文叩。印。

〔北洋政府陆军部档案〕

12. 田文烈关于白朗军由甘回师东进及北军在豫西防堵等情密电

（1914年6月13日）

特急。北京大总统钧鉴：参、陆部鉴：华密。陕西张都督、陆督办电：白匪已由宝鸡窜至盩厔，现已逼近省垣，其行甚速，似拟仍由商县一路绕回老巢，此间各队势成尾追等语。匪既东窜甚速，豫西边防吃紧，非有劲旅不足抵御。除已饬刘镇华拨队向富水关、三要司、雒南等处探堵，田作霖率所部赶赴荆紫关防守，吴镇守使派队迎截，并各军加意严防毋令回窜外，拟请饬徐占凤督率所部赴豫西堵击，郑州即归唐天喜驻扎，许昌现有八师两营，俟荆关一团全数到许，可作游击之师。是否有当？乞电示遵。文烈。元。印。

〔北洋政府陆军部档案〕

13. 张敬尧报告与由甘退至陕边之白朗军在宝鸡等地战斗等情密电

（1914年6月13日）

大元帅、统率办事处钧鉴：华密。屡奉电示，均谨遵守。长安迤西电报不通，一切情形，文疏禀陈。职旅除廿三团第三营仍留潼，廿二团团署第一营、机关枪一连、骑兵二连，经督办留驻省城外，余分两部，于前月念七日由西安陆续出发，兼程前进。六月东日抵凤翔，当派混成廿三团进驻宝鸡，多派侦探四出搜索匪情，先后获匪探数名，内一名系白狼卫队供称：匪人旗之勾有四色，匪首白狼用白旗，李鸿宾用红旗，宋老年用蓝旗，张老婆用黑旗。羽伙之衣缝钮扣，依旗分色。每遇攻城夺寨时，皆用十五六岁童子穿戴红衣巾，先行抓城，缤〔赓〕续他匪。但此时匪人子弹无多，十余粒二三十粒不等，七号窜过关山，近抵陇州已渡镇。九号早奉陆督办令：速进抵陇州堵截东窜。旅长即率队由凤肇出发，行至卅里陈村，接廿三团团长夏文荣报，探白匪分为数股，由关山次第东窜。八号晚，在宝鸡北五六里处与我接战，匪有四千余人，被我猛烈攻退，向东南方遁去。因夜深雨大，未敢穷追。次晨，该匪约有二千余名，仍向我拚命攻击，复被我击退。

当经追击至三四里，则匪又由我左翼续到，匪人三千余名，向我射击。斯时，我团即向当面之匪进兵约有两小时之久，则匪分为两股，一向西败，一向东南退却，正在分头进剿，闻匪四千余名，由底店偷渡渭河东窜。旅长九号早十时，按此报告即令步廿二团第三营，附炮两尊，机关枪两杆，立刻率队由陈村向故虢镇前进，堵截匪徒渡过渭河，至午后六时抵虢县，正截匪尾痛剿，毙匪廿余名，伤者无计，仍急追该匪四余里。是日大雨淋漓，道路泥泞，运动艰难凿郅，匪入南山无踪，即回虢县宿营。同时又派第三营步兵两连，留陈村相机追剿，其余步兵一连，机关枪两杆，炮一尊，回至凤翔，以防该匪向东南窜扰，路径大道。查抵省城，且可北虢县陈村之严援。此次旅长所属部队三次作战，共毙匪二百五十余名，伤者亦复不少，虏获马匹、枪械物品百余件。职旅阵亡目兵一名，重伤三名，轻伤十名。复命混成廿三团为尾击队，尾追匪后，相机进剿。现赵会办之毅军马步各营，陆续经过底店、宝鸡等处。张旅长联升之队亦抵凤翔。白匪刻在郿县属青花镇附近。此时正在计议四面围攻，以期早日灭净。此经过一般状况，余情容再禀报。混成十一旅旅长敬尧谨叩。元。

袁世凯批："电陆① 查明战状是否属实。"

〔北洋政府陆军部档案〕

14. 陆建章报告与白朗军在子午镇战斗经过密电

（1914年6月13日）

大元帅钧鉴：统率办事处鉴：华密。续报子午镇何团长午前八点二十分报告，正在与匪三面攻击，已夺大炮一尊，枪枝尤多，

① 指陕西督办陆建章。

活擒者卅余名，击毙者现不能详。惟人烟全无，送来款饷，亦难购置。望速接济，以备战后饮食。等因。除飞即筹送外，再大峪口亦设伏兵，惟未据报，合并电闻。建章。元。印。

袁世凯批："勿令再逃。"

〔北洋政府陆军部档案〕

15. 统率办事处转达袁世凯查办各路防军退缩迁延客官等情密电

（1914年6月16日）

千急。西安陆督办：华密。奉大元帅令：寒愿电悉。张敬尧所部向称劲旅，该督办所部亦系生力，共计不下万余人，乃于数十里内尚不能截剿残匪，而请调千里外之各旅团，又何能及，思之殊不可解。现已分别电调各旅团东回，但候其会剿，恐匪已窜扰数千里之外。望仍督饬现有军队迅速兜剿，后到各旅团，只可作为备分。赵倜正在追剿，何为约其到省计议军事？讵不虑因此纵匪远飏。近来默察前敌军情，诸将颇多迁延退缩，不能尽力剿办，致跳梁小丑，往来自如，直入无人之境，军人名誉扫地无余。夏文荣现经褫职撤差，著提省讯明严惩。闻刘启域亦误戎机，该督办何以并未据实揭劾。仰并将此次路防纵匪各官分别从严参办，或可振刷士气，早荡匪氛。若仍似此因循敷衍，永无肃清之日。良民何辜，遭此荼毒，言之痛心。各处所报匪情不一，究竟尚有若干？战力如何？望据实迅速电陈，以便筹划，万勿讳饰或铺张，使中央无从揣度真情，殊足误事切要。即复。等因。合达。统率办事处。铣。印。

〔北洋政府陆军部档案〕

16. 陆建章报告白朗军越过宝鸡凤翔等地密电

（1914年6月18日）

大元帅钧鉴：华密。筱电敬悉。张旅八日宝鸡之战，已于十一日电陈，并蒙大帅赏给出力官兵洋两千元。九号白匪系以数小支马队分犯宝鸡、凤翔；一面由底店潜逃。底店马探十一名，被匪猝至掠去数名，其余亦被隔断，故得报稍迟。凤翔移兵往截，又适冒雨迟滞，故匪得以窜过。八九两日三次接仗，毙匪数百名，与派二十三团随时追击，与毅军后方步队计议围攻各节，均属确实。只以该旅长见匪窜过，愧惧环生，忧郁陡病，力疾跟追，报告迟缓以故，建章未能随时代陈。现该旅分由子午谷、大峪口两路疾趋，期与建章前派之兵会合截剿。建章所派之步队四营，马队一百二十名，亦令归该旅长节制，以厚兵力。查该旅此次在凤、宝失事，因不悉匪情，致为所愚，实非遇事疏忽，退缩不前。夏文荣奉饬提讯，已经遵办。唯查该夏文荣，前在江西屡著战功，可否仰邀恩施准其仍随张旅长随队立功自赎，伏乞电饬祇遵。再十三旅在武功、盩厔误事，正在查办，断不敢隐事姑容，今先电陈。陆建章叩。啸。印。

袁世凯批："姑准立功，并电张旅长。"

〔北洋政府陆军部档案〕

17. 陆建章等报告白朗军进入镇安洵阳一带已饬商州一路截堵并令张旅向西安前进等情密电

（1914年6月18日）

大元帅钧鉴：统率办事处鉴：甲密。据各路报告，匪在孝义以南镇安、洵阳镇之间，窜向尚未一定，有称一千余名，有谓数百名不等。按商州一路追兵，尚未见匪踪迹，是确未东窜，似属实在。已饬商州一路，仍行截堵要隘，以防入豫，外饬西路继进、追兵兼程疾进矣。毅军步队前日到商，急待出发，唯山径艰险，居民逃亡，每兵须裹四日之粮，子弹辎重均非骆驼不可，两日之间，仅得骆驼十头。张督凤翙显然掣肘，窥其用意，在故使出发延缓，居心实不堪问。崔正午已函致马安良，宣告大元帅对于回民之注意，其所部马队，拟令暂驻陇州，以资兼顾。石旅现在秦州，已飞函令向西安前进矣。建章、侗叩。啸。印。

袁世凯批："通令各追军，有追及殄灭此股，赏十万元。"

〔北洋政府陆军部档案〕

18．陆建章关于白朗军在洵阳一带活动及派队分三路堵剿等情密电

（1914年6月19日）

大元帅钧鉴：华密。皓电敬悉。夏文荣失事原因，并非退缩，且深知愧奋，已于啸日电请恩施准其随队立功自赎，倘蒙恩准，伏乞电示，转饬遵照。再今日据东路荆紫关前路统领田作霖并龙驹截击部队电称：该处一带尚无土匪踪迹，而在镇安、洵阳坝之间深山隐藏。张敬尧率旅长同建章前派之步一营附机关枪山炮，分东西两路继进，已于筱日电呈在案。毅军今日已发步队三营，仍由商州一路前进，以防散窜入豫。张联陞所部，本拟今日出发，因骡驼不齐，现仍赶备，约一二日内继续出发，理合并呈。建章皓叩。印。

大元帅批：亦可由商绕道兜剿。

〔北洋政府陆军部档案〕

19. 田作霖报告南化等处兵力部署情况电

（1914年6月21日）

统率办事处钧鉴：李官桥在老河口北淅川之南，由郧西南化入豫要道，刻住郧阎团长已派队赴南化扼守，令又派第三营一连亦赴南化严查。奉军李帮统住淅川，李参谋住龙驹寨。惟竹林关仍属空虚，可否令刘镇华堵截由镇安回窜之山道，一经山阳竹林关，一经漫川关。郧西统领前追匪到秦，曾过此道，已派马队赴山阳远探。统领田作霖叩。箇。

〔北洋政府陆军部档案〕

20. 张凤翙等报告白朗军进攻镇安县城情形密电

（1914年6月21日）

大元帅，统率办事处钧鉴：华密。陈殿卿军在秦岭追匪获胜，并由沙口进追情形，已于效日电陈明在案。顷复据镇安县知事报告：匪由柞水之西川地方窜及镇安之云盖寺，众约有二万，于十七日击攻县城，该知事于景谦率团警迎击，贼来愈多，团长〔警〕伤亡甚夥，势力不支，退扎县前山岭，城被匪扰。探闻匪有回窜孳南及安康之说等语。凤翙等查匪踪飘忽，陈军昨由沙口力追，计可赶及。除已由陆督办派军驰剿，并飞饬驻安康防队相机奋力截击外，合肃电闻。陕西都督张凤翙、署陕西巡按使宋联奎。马。印。

大元帅批：断无如此之多，电陆查复。

〔北洋政府陆军部档案〕

21．张广建报告白朗军攻克阶州经过情形密电

（1914年6月23日）

北京大元帅、参谋部、陆军部钧鉴：华密。窃前奉歌日电令，饬查阶州失守及收复情形，遵即电饬陇南向道确查。去后，兹据该道向燊电称：阶州于五月十四日失守，该匪前股于十五日窜西固，其后股于十七日始尽数西窜，川军于二十一日陆续抵阶。此次阶州虽被匪扰，受害较轻，实仗川军迅援之力等情。查匪陷天水后，取道徽县直趋白水江，因无船可渡，遂西窜阶州。其时阶州城内无兵，匪遂窜入，各军跟踪追赶，匪由阶州北窜洮、岷。白匪系属流寇，所过城池一往不留，无负隅抗拒情事。此次川军抵阶，匪踪早去，所报收复，不为无因。且匪在阶州并未大肆蹂躏，实由川军由碧口北进，先声震慑，驱匪远飏，其功亦不可没。专电复陈，伏维鉴察。张广建叩。漾。印。

〔北洋政府陆军部档案〕

22．陆建章关于白朗军在镇安洵阳之间活动北军分东西两路堵截等情密电

（1914年6月23日）

大元帅钧鉴：统率办事处鉴：华密。祃电敬悉。匪窜镇安，事诚有之。本月廿日，建章已接西路递报：十七日匪至镇安，数约二千人。该县本无砦垣，县知事督率团警与匪相持，两点余钟，因势力不支，登山回避。该匪掳取食物，旋即入山。十九日军队驰至，探闻匪由山谷东窜。二十八团第二营追获骡马九头，匪徒四名。建章以匪在镇安、洵阳之间，曾经呈报在案。匪未他窜，不便烦渎。至此次跟踪追匪，布置系分两路，东路步队两营，马四

百四，机关枪三尊，由李参谋宝楚指挥，赴蓝田、商州、龙驹寨等处迎头堵截，防其入豫。西路步队两营，马一连，由子午谷、东江口进追，追毅军步队与十一旅赶到。建章复与赵会办、张旅长敬尧计议。东路继派毅军步队三营，由赵会办亲自督率，西路十一旅步队五营，由张敬尧督率，同于十九日出发。张联升所部三营，于廿一日由子午谷、孝义、蓝田之间小路前进。连日山阳以西据报，匪在镇安以西，实有东窜之势。已迭次电饬龙驹寨、商州各队严防。据其回电：赵会办似未经由此路，未悉其究到何处？该会办是否有电到京，伏乞电示。建章漾叩。印。

〔北洋政府陆军部档案〕

23．统率办事处为白朗军攻克山阳转达袁世凯令追问为何无兵救援密电

（1914年6月25日）

千急。西安陆署都督、赵会办：华密。奉大元帅令，该督前陈三路剿匪情形，一赴孝义，一赴漫川关，一赴蓝田、商州等处，均与山阳距离甚近，适成兜攻之势，何以山阳失陷无兵救援，该各军队究竟现抵何处，是否沿途逗留，切实详复勿延。等因。合达。统率办事处。有。印。

〔北洋政府陆军部档案〕

24．陆建章报告白朗军向荆紫关前进及派队堵截等情密电

（1914年6月25日）

大元帅钧鉴：统率办事处鉴：华密。敬电敬悉。匪由镇安东

窜及官军分东西两路布置追剿情形，已于漾日电陈钧鉴。现探报匪廿一日窜山阳，二【十二】日官军赶至，该匪复由山阳向东南方向窜逸，似欲直窜荆紫关。该处有田作霖军队驻守，已电知该统领严防堵截。张旅毅军及七师之队，仍跟踪追剿。赵会办敬日到龙驹寨，今日已向荆关进剿矣。合并电陈。建章叩。有。印。

大元帅批："万勿使进荆紫关，田作霖队未必得力。"

〔北洋政府陆军部档案〕

25．统率办事处转达袁世凯令荆紫关异常危急迅派得力军队驰赴龙驹寨截击密电

（1914年6月25日）

万急。西安陆都督、赵会办鉴：华密。据探报：匪约四五千人，由竹林阁回窜代吉河，距荆关百余里等语。奉大元帅令：荆关异常危险，已责令吴镇守使、田作霖等协力防守，望该督等迅派得力军队驰赴龙驹寨截击该匪，勿使回窜等因。特达。统率办事处。有。印。

〔北洋政府陆军部档案〕

26．吴庆桐为白朗军由大吉河向豫进军北军在荆关一带堵截密电

（1914年 6 月25日）

大元帅钧鉴：华密三。敬电谨悉。赏陈国良等文虎章，已传知该营长等奋勉立功，力图报称。至匪近龙驹寨，今早已将添队移防迎剿情形电陈在案。鄂督请援郧一节，昨接该督来电，拟以淅川朱帮统移郧阳或进扎若干里，并奉田督转饬照办。当即分电田作霖、刘跃龙探听匪情，察看地势，会商办法。豫边稳固，自

应不分畛域；一面电复田都督、李帮统，万不能移，如有匪窜郧，该帮统必为协剿。今早乃接荆关来电，匪到大吉河，有由西北入豫之信。则鄂防稍松，而荆关更形吃紧。且李帮统所带先锋马步三营，人数无多，本定驻李官桥一营，现已饬令开赴内乡，俾得内、淅、荆关联络一气。顷又接刘跃龙电称：一团兵力甚单，虽有巡防数营，难其得力等语。查职部留守只先锋步队一营，而会匪遍地谣言四起，本拟亲赴荆关督饬，而又恐匪仍向东窜，则邓、新门户可虑。且荆关距宛四百余里，至少亦须四日，倘沐恩一动，难免影响，只好候探匪踪，一定趋前再相机办理，谨复。沐恩吴庆桐叩。径。印。

大元帅批："兵不可分。"

〔北洋政府陆军部档案〕

27. 陆建章报告秦毅各军在山阳追击白朗军中自相厮杀情形密电

（1914年6月26日）

大元帅钧鉴：华密。有日两电敬悉。兹派三路军队进剿，其子午一路，进抵关石，因山路崎岖，异常险峻，骡马死伤甚多，始改道孝义。而孝义一路，因山路艰险，居民逃亡，途中乏食，杀马充饥，军行未免少缓，约有日可抵山阳。蓝田、商州一路，先到之秦军、毅军，于廿二日由商州向山阳进剿，官军赶至，匪即向东南窜去。昨接李参谋长宝楚电称：匪将窜往商南，已由武关出发，夜前往，以期绕截。再接赵会办由龙驹寨电称：二十二日匪至山阳，毅军、秦军赶至，距城三里，各队分卡山口，夜间忽秦军、毅军自相扰乱，击伤毅军兵数名，马十余匹。次早匪向官军返击，伤毅军兵数名。由龙驹寨来电谓，毅军惊失马数匹，被秦军获去，嗣查明送还。而毅军意称，马上驮有烟土金银等项，被秦军扣去，因此冲突已派员查明。又报称：秦军二十一晚抵山阳，尚未攻剿，于夜间二时，匪由城内向我发枪，秦、毅各军纷纷逃回，匪即乘隙东窜各等语。两家各执一词，已派员星夜前往详查，究竟如何情形，查明再行电。陆建章宥叩。印。

〔北洋政府陆军部档案〕

28. 陆建章报告白朗军已过峪河及北军分三路堵截密电

（1914年6月28日）

大元帅钧鉴：统率办事处鉴：华密。据李参谋长龙驹寨电称：匪于廿五日窜峪河、大吉河一带，毅军已到大吉河前进，我支队疾趋清油河，与毅军会剿。行抵油河复接确报，匪于廿六日窜小关，被豫军击退，占据商南迤南之三角圻，豫军已分三路进攻，东南北三面均有大队堵截，匪若西出，必走清油、武关两河，我支队现据试马寨扼要伏截，如匪今夜不由此道，黎明仍向三角圻进围等语。再张敬尧今日可过山阳，张联升廿一日由西安出发，计程亦过山阳，匪若西窜，该两路正好迎头截击。查山阳以南道路亦稍平夷，已由商州马拨分头探饬其兼程前进矣。合并电陈。建章。勘。印。

〔北洋政府陆军部档案〕

29. 朱文藻关于该团援陕甘疲备不堪官兵归心太盛请准回陕等情密电

（1914年6月）

河南总司令驻许第八师师长王钧鉴：拱密。窃卑团自随陶旅

① 此件未注明时间，根据内容判断，系在1914年6月。

长援陕助甘，往复数千里，兵力之疲乏已达极点。六月十一日号行抵静宁，奉令倍道赴陕，各兵东归之心振起。十九到平凉，奉令俟吴攀桂军到平接替，再行回陕，无不欢欣相庆。今又奉令，分驻兰、安各处，群情黯然，宗旨忽为一变，虽经官长谆谆诫以大义，察其气象，终觉归心太盛，有非表面所能挽回者。全团不过十连，不服水土病者二百余人，重者四十余人，官佐病者数员，病车廿辆尚不足用，肩抬者有十余乘，屡闻病者相顾曰，设若西进，我辈可无东归之日。前日病故之兵，临危时哀怜呼乡，赍回骸骨，全连无不堕泪，伤心惨目，真有不忍闻见者。甘民素称强悍，每每暗欺我军，地方粮草不接，当派员带兵赴乡购买，兵力微单，即遭土人毒害。日前毅军十数人，行至僻乡，均被活埋。此地军民向结团体，皆言闻白匪业出甘境，陆军仍是盘踞，不是裁汰甘军，即系弹压百姓，众情骚然，因而仇视陆军。况前清握兵大员，明招暗募，或拥兵万余及数千自卫者，皆以陆军来甘而负生变之心。以上种种危险情形，万一发现，彼时团长固不能辞其咎，其奈大局何。想中央整军经武，非一旅一团所能抵制，尤非一朝一夕所能竟功，諴不能以有用之师，置诸无用之地。现闻白匪已窜入豫境，可否将在甘军队调往匪之附近，以便堵剿，裨益良非浅鲜。团长管见，冒陈统祈宪鉴垂察。团长朱文藻叩。印。

〔北洋政府陆军部档案〕

30. 统率办事处转达袁世凯令关于镇嵩军等部与白朗军在黄龙庙等处激战密电

（1914年7月1日）

急。西安陆将军：华密。奉大元帅训令：据田将军电称：匪与嵩军及田作霖所部在赤地、黄龙庙等处激战，匪溃，分四股逃窜，一窜西坪；一过青山，窜卢氏；一窜木家堰；一窜商南等语。

洛、潼大道情形吃紧，仰迅饬石旅长振声即率所部开赴灵、宝防剿，听候调遣。等因，合达。统率办事处。东。印。

〔北洋政府陆军部档案〕

二、白朗军回豫失败

1．吴庆桐报告北军在赊旗镇一带防堵等情密电

（1914年7月4日）

急。陆军总长段钧鉴：华密。昨早据探报：匪于东日由白土冈东窜南召等语。查匪诡计百出，难免不由南召直奔赊旗镇，当即派骑兵两连、四团第二营、先锋步一营，昨日午后同时出发，迳赴赊旗镇，沿路探匪截击，无匪即分赴小史店、檀木沟、方城一带，杜其窜入南山，并将炮兵改编，赴石桥、博望防堵。傍晚又据探称：张师长冬日已在寒家沟、鸿雁沟与匪接仗。赵护军使、田统领均追到围剿等语。庆桐得函，饬先锋步一营及骑兵两连，改向柳河堵击，宛城职部只余各营留守及城防百余人。李帮统已由淅川开拔，约计歌日回宛。谨此电闻。吴庆桐叩。支。印。

〔北洋政府陆军部档案〕

2．统率办事处为白朗军分头东进调第八师赴母猪匣一带堵截密电

（1914年7月4日）

千急。许州王总司令汝贤：华密。奉大元帅训令：据赵使卅电称：匪经艳日痛剿后，即由马山口东窜，沿途散漫甚多，至白土冈又分为两股，一向李青店、下阳东窜，一向南河店、柳林东窜。倜同田军跟踪追剿，请饬八师迅赴母猪匣、查牙山、小史店一带堵截。等情。仰速分拨队伍迎头截击，务期铲绝根株，以免

遗患。等因。特寄。统率办事处。支。印。

〔北洋政府陆军部档案〕

3．王汝贤报告白朗军由陕回豫在襄城叶县一带活动密电

（1914年7月5日）

统率办事处转呈大元帅钧鉴：华密。奉支电，饬分拨队伍赴毋猪峡一带堵截等因。查师长所部仅有步兵六营，山炮十尊，前准田督往返电商，饬赴泌阳一营及分扎襄、叶三营，所余二营即驻许昌，此外更无他军。查上月卅号，在安庄等处剿办大股宋匪时，丁万松、韩西申两大股，实与之合，意欲直据许昌，兼折铁路，已于五号另文详报。今幸宋匪就歼，余匪尚多，一日无兵，虑死灰复燃，不但许昌可危，即铁路一带极关紧要。又据驻襄之队与襄县知事分报，巨匪吴瞎子率匪由陕窜回，已至孙村，势颇危急，业已出队迎击等语。襄既如此，叶亦可虑。按以上情形，敝部分扎地点，均属重要。现在毋猪峡既须堵截，而除此六营外，更无他队可拨。筹思至再，焦灼万分。师长忝列戎行，敢耽安逸，用敢据实直陈，恳请训示，不胜陨越待命之至。师长王汝贤谨叩。歌。

〔北洋政府陆军部档案〕

4．王汝贤报告白朗军在许昌人和寨一带失利宋一眼等牺牲等情呈

（1914年7月5日）

为呈报事：窃照敝师在许昌属人和寨、中和寨、黎园、张村、孙庄剿匪大概情形，曾于东日电禀在案。奉统率办事处转奉江日

大元帅训令：东电悉。据呈派营剿匪占领各庄击毙匪首宋一眼。李老四及匪党三四十名，获匪五十余名，现正讯供惩治。等情、在事官兵颇为奋勇，应予先行给银二千元，由该总司令分别赐恤。著仍确切查明击毙匪首，如果系宋一眼正身，再为呈请给奖。此次该匪受创既巨，所遗枪械等件，收获若干，应并查明具报。等因。奉此。仰见鼓舞将士、抚恤灾黎之至意。伏查于上月二十九号，据秘密侦探报称：在许昌西南三十余里之人和寨、中和寨、黎园、张村、孙庄等处，有匪首宋一眼率其匪党约百余名，在该处匿藏等语。当即派营长刘廷杰率全营，配以山炮二尊、马探二十名，于是日夜十二点钟出发至三十号黎明，即将黎园、张村等处围攻。悍匪早已防守坚固，胆敢先行开枪，甚形猛烈，按其枪火判断，何只一百余匪。战至午后两点，该官兵等奋不顾身，猛进冲锋，随占领黎园、张村，该处附近原有颍河一道，该匪均渡河向西奔命逃窜，纷纷落水击毙，河内死者甚多。匪众窜过颍河，而又占据李庄、郭庄、牛庄、贾庄、安庄等处，依然向我队猛击。官兵乘战胜之时，派一半兵力掩护渡河，即向李庄、牛庄、贾庄、安庄攻击。该匪等正在不可支持之时，而匪首丁万松带步、马匪约百余名前来接应。我队得此报告，亦由许昌派出步兵一营，山炮二尊，迅速前往支援。战至日暮，匪等至死不退，恃以围寨坚固，既未能将匪全行击毙，我队即在战线露营，而匪等看我兵力增加，夜间即用狡猾之计，以少数之匪放枪，余匪借此逃散，至黎明而匪已乌有矣。访其踪迹及询诸土人均云，匪人死伤甚多，所有枪械或遗弃稿地内，或抛置河内、井内，均向临颍县方向逃去。检查我队在战斗开始之时，炮队排长王宝鼎被匪弹击伤头部，立即殒命。攻击冲锋时，步队排长李香山及目兵四名同时阵亡，又伤目兵六名，传令兵骑马阵毙二匹。是役也，细查战地，击毙匪徒实有四十八名，现有匪尸掩埋彼处。惟击毙河中之数不在其内，因随水流去，详数未能考查。擒获匪党五十六名，除讯实屡与官军接仗之匪三十五名取具口供正法外，其余二十一名，均系匪徒威迫供役之良民，取保释放。毙匪内有著名之匪首宋一眼一名，验明尸身，据当地土人，均认为实系宋匪。查该匪曾带许昌县队，又饬该队素与宋匪最相识之人来认，亦云宋匪无疑。而尤恐不实，因将该匪首级摄影，以资考证。毙匪内尚有杆头五名，其中惟李老四尤系著名之匪。前后共获快抢十五杆、子弹二千一百二十一粒、大马刀八把、骑马一匹。据获匪供称：与官军打仗多次，从无有如此利害，官军得我辈信息亦无如此之快。我们系三大股，集合宋一眼、丁万松、韩大帅，其小股共有二十多杆，尚未到齐。本定于明日夜间，用一半人抢火车站，一半人攻打许昌，不想官军来的如此之快，宋一眼已竟打死，丁万松左肩受三处枪伤甚重，恐性命不保，抬往临颍县境内去了。韩大帅午后就先跑了。等语。除多觅妥实眼线，四出确实侦探，总期悉数拿获，绝尽根株，而安良善。并呈复统率办事处转呈大元帅鉴核外，理合将详细情形及战斗略图、夺获枪械数目、正法匪犯清摺、匪首宋一眼首级照片，一并呈请宪部钧鉴。谨呈

陆军部

计呈战斗略图一张、清摺二扣、匪首宋一眼首级照片（略）

陆军第八师师长王汝贤

中华民国三年七月五日

〔北洋政府陆军部档案〕

5．吴庆桐关于派队赴方城等处堵剿白朗军密电

（1914年7月8日）

陆军总长段、开封将军田钧鉴：华密。江日派出四团二营胡营长、先锋一营王管带；各带全营骑兵，吕营长带马队两连，城防营包管带带本营兵四十名同时出发，分赴赊镇、埠口杜匪南窜。

嗣闻张师长及毅军在寒家沟与匪接仗，复饬王、吕、包赴柳河堵击，该营长等到赵河，闻匪已窜方城东南母猪峡。另有小股窜大□、檀木沟，乃向陌阪进剿，当即捕获匪人四名，快枪四支，骡马各一，并银钱首饰等物。顷据该营长等报告前来，当饬该营长等，速将檀木沟一带搜剿净尽，即赴母猪峡协剿大股。胡营长先到埠口，昨因漫散各匪潜窜邓、新地面，诚恐绕由唐县归山，已饬该营早移驻新、唐交界之郭滩，兼防入鄂之路。李帮统鱼日回苑，兹复饬其领先锋二三两营，迳赴母猪峡一带探明所在，与张师长合剿，定于今晚出发。查荆关、淅川虽然无匪，不能无兵防守，而邓境时有三五漫散窜匪，已调刘团长自带一营驻淅川，留一营守荆关，拨一营赴邓县搜寻窜匪。除函致张师长并督饬各县搜查外，谨此电闻。吴庆桐叩。庚。印。

〔北洋政府陆军部档案〕

6. 王汝贤报告白朗军在叶县柳林一带活动及袁世凯批示密电

（1914年7月8日）

统率办事处钧鉴：华密。奉阳电，饬查忠孝寨之匪由何处所窜，并未即穷追情形等因。据营长傅良藻报告：侦探叶县东南柳枝〔林〕、王庄及布阳等处，有匪二三百名，当即派队迎击，比至匪又逾水寨，追至忠信寨痛击，匪溃窜时，日已昏暮，兵皆疲乏。其叶县守兵力薄，恐匪乘虚窜入，故赶〔立〕即回县，以固根本。再查此匪系由南召境内分窜，并非由陕窜回大股，合并陈明。师长汝贤谨叩。庚。印。

大元帅批："匪溃尚有力窜入乡，此种外面话，讵军人所应说，申斥。"

〔北洋政府陆军部档案〕

7. 统率办事处转达袁世凯训令为白朗军向鲁山挺进调派各军堵截密电

（1914年7月8日）

急。许州王总司令汝贤：华密。奉大元帅训令：据赵倜江电称：匪由马山口分窜南河、柳林、李青店、下阳等处，踪迹趋向鲁山。经派宝、丁、尤三营赴鲁迎击，并商张锡元、田作霖等所部分路搜捕。各等情。匪势穷蹙待〔殆〕尽，各军攻逼已紧，东路一带堵剿，即责成第八师协力肃清，如有疏防致匪东窜情形，定惟〔为〕该司令是问，慎之勿忽。等因。合寄。统率办事处。齐。印。

〔北洋政府陆军部档案〕

8. 王汝贤报告白朗军向宝丰进军等情密电

（1914年7月9日）

统率办事处转呈大元帅钧鉴：华密。据襄城敖团长报告，襄城东南三十余里之红砖窑，有匪约四五百名盘踞，八号午前三钟得报，即时出发迎击。又据派出侦探排长黄殿忠报告，白狼牵乘马，匪百余名，甚形狼狈，向宝丰正南逃窜等语。除严督襄、叶驻扎各营出队协剿外，谨先电陈。师长汝贤谨叩。青。

袁世凯批："匪既狼狈，正可乘此灭之。"

〔北洋政府陆军部档案〕

9. 统率办事处转达袁世凯训令为白朗军进入汝境斥责王汝贤部退缩不前密电

（1914年7月9日）

急。许州王司令汝贤：华密。奉大元帅训令：现在匪股零星窜入汝境，成愉鲁、苑尚品各队，正在分路进剿。该司令所部近在襄城，何未出队协剿？殊属退缩，似此懈玩，匪踪安得肃清，地方何日静谧。仰迅督军切实剿捕，勿得稍延，致贻后咎懔之。等因。特寄。统率办事处。佳。印。

〔北洋政府陆军部档案〕

10. 田文烈关于白朗军与毅军护兵相合及在平顶山一带与第八师战斗等情密电

（1914年7月10日）

大总统府统率办事处鉴：华密。据襄、叶紧急报告，白匪与毅军护兵相合，在保安驿附近之党军大约千余名，八师正在接仗。又平顶山本地匪响应，集合十数杆，亦约六七百名。查白匪肆窜，经迭次痛剿，分股逃窜不过数百人。窃以襄、叶、许一带有八师五营，已足抵御，并未闻毅军哗变之事。现忽有叛兵相合，聚至千余之多，八师数营，战守实难兼顾。襄、叶距许甚近，许只一营，不无可虑。已飞饬张师长由母猪峡赶赴叶县，与八师联络截击，苑、成两旅赴襄会剿，循其东窜，田作霖由方城向叶县方向堵匪南窜。犹恐缓不济急，又由省加派机关枪三连，早晨赴许助剿，备补军马团长周，由遂平率两营分赴大石桥、临颍堵击。至毅军事已电询赵护军如何情形，并派员前往查探，俟得确报，再行电闻。文烈。蒸。印。

大元帅批："已电王司令、张旅长敬尧分报堵剿详情，速查报。"

〔北洋政府陆军部档案〕

11. 统率办事处关于围剿白朗军孙玉章部办法并饬邓县等地严密搜剿等情密电

（1914年7月10日）

急。开封田巡按使：华密。奉大元帅训令：据段上将军庚电称：据道尹朱佑保、旅长刘佐龙电称：六日营长吕超群率兵会县队及团局赴清凉寺与匪激战，阵斩匪首王胡子一名，毙数名。又据团长王都庆电称：该团派队往邓县属之魏家集进剿。据探报告，不过百余人，夜聚明散，已复派探详查等语。按王胡子确系白狼部下匪首，所部共有三杆，既经击毙，余匪必更星散。又闻孙玉章党羽穷蹙，逃回散匿各处，不独邓县，即镇平、内乡亦所在多是成股之匪，鄂军可越境进剿，散伏者未便前往查拿。已饬鄂军侦于边境堵截，就近协助，以清余孽各等情。查孙玉章为白狼下悍匪，前经令饬悬赏一万元，设法购拿。兹既穷蹙逃匿，应由该使饬下所属文武暨各处村社严密搜拿，勿任漏网，并应严饬各县赶办清乡，如有外来溃匪，即行搜捕剿□，并会商段上将军速定协剿办法，以免推诿，而除隐患等因。特寄。统率办事处。蒸。印。

〔北洋政府陆军部档案〕

12. 王汝贤等关于围攻叶县平顶山白朗军往来密电

（1914年7月）

（1）王汝贤电（7月11日）

统率办事处转呈大元帅钧鉴：华密。奉蒸电，饬查红砖窑匪情，乘机速剿等因。顷据探报：盘踞红砖窑之匪，实有七八百人，经我军于八号击退后，逃往襄县之西南，叶县之西北四十里之平顶山盘踞。闻土人云，白狼亦在其内等语。已饬团长敖盛周、刘建章集合驻襄、叶之队，及由许昌派出之援队，除保护教堂并守城兵外，共集合步、炮兵一千二百名，合力迅速前往平顶山攻击此匪，务期剿灭，倘有疏虞，定以军法从事。俟战斗情形若何，再为详报，谨先电陈。师长汝贤谨叩。真。

（2）统率办事处复电（7月12日）

许州王总司令：华密。奉大元帅训令：真电悉。已饬张敬尧率队由方城迅速前进，协助攻击，仰督饬所部联络张军，合力痛剿。并按赏格将白狼设法购获，俾除巨害。等因。特寄。统率办事处。文。印。

〔北洋政府陆军部档案〕

13．统率办事处转达袁世凯命令为白朗与宋一眼在母猪峡一带会集速派队搜剿等情密电

（1914年7月14日）

开封田巡按使：华密。奉大元帅训令：据鲁山田作霖蒸电陈：派队赴簸箕岭、土门、娘娘山等处，与成旅长、宝统领等击匪情形，据获匪供：白狼牵〔率〕七八人潜赴山内养伤，并招集党羽希图再举。又获宋匪干儿文发娃供称：宋匪之挑战悍匪三百人，系由城附近补足子弹，即牵〔率〕赴母猪峡与白匪合杆，因搜拿甚紧，不得勾留等语。作霖恐十日内不能拿获，青纱帐已起，必多费兵力。务恳速派劲旅赴母猪峡、象河关、大小结当店，以防啸聚，并严堵截等情。仰该使仍饬张师长锡元迅率所部前赴母猪峡一带

搜剿，务绝匪踪，切要。等因。特寄。统率办事处。盐。印。

〔北洋政府陆军部档案〕

14．吴庆桐报告在豫南各县追剿白朗军余部情形密电

（1914年7月14日）

大元帅钧鉴：华密。昨据李帮统函称：蒸日行至郭集，探闻有杆匪王天启即在韩信寨，白匪内窜出者，领有二十余人，在西庄地方暗聚勾结。当即带队往捕，该匪闻风即逃，复追数里，捕获于渠、张洛五两名，获来福枪一杆，匪均窜入高粮〔粱〕地内，以致逃脱。旋讯，据供王天启实图勾结，供认不讳。立予正法。等语。又据先锋一营管带王文汉函称：九号在胜桥探得曹鸿玉、李占斌等率领数十人在赊镇南青台一带扰害，当即星夜前往，十号到清台，闻匪向南窜去，旋与吕营长、包管带分路搜捕。十一号，文汉抵唐、泌交界之常岗镇，据土人报称，前面有匪数十名。立予分拨队伍前进，果遇匪三十余名，互相射击，约有两小时之久，匪不支，仍分南北两路逸逃。随饬左哨哨官韩福祥带队往南跟追，至田庄击毙匪首王洛九等六名。后哨向北跟追，至竹园击毙宋小秃一匪。七棚正兵苏长春因奋力向前捕拿，被匪用枪打伤头部。复擒获赵同生一名，先后毙匪七名，救回绑票周振富一名。夺获来福枪十三杆，骡两头，九龙袋、尖刀等物。匪由山垛逸散，无法跟追，遂至泌阳饶良镇集合。查有左哨七棚正名康秉臣左膝盖亦被子弹透伤，余均无恙。即讯获匪赵同生供认，由白匪股内分出不讳，随即法毙。所获绑票，讯系马庄人，立饬保释。一面出探再为严行搜剿。等情。查白匪回窜，自分两股后，窜鲁山者在赵护军使等围剿，在娘娘山窜母猪峡者，又北窜叶、[illegible]、宝连界地方，而唐、涿〔泌〕两邑邓、新毗鄂之地，自西路巡防统领陈金镛派队

剿捕，又经鄂军痛击，原有百余人所剩无几。现闻有三五人一起者，藏匿高粱地内，鄂、豫均有军两面搜剿，不难尽绝。惟职部各营宛城只剩先锋并四营一营，其余均分赴方、召以南，宛之东必或防或剿，防者不敢移动，剿者不能调回。蒸日奉田将军电饬拨队填泌阳防。当饬李帮统当所带两营，开一营前往。真日又奉段上将军电饬顾桐柏。庆桐无队可措，而泌阳路远兵单，只好饬由郭滩、仓召〔合〕开赴邓县魏集之一营，先赴唐县与泌阳联络，便可蔽屏桐柏。文日又奉田将军电：平顶山有匪六七百，饬令堵截。职部实无队伍可以抽调。前接赵护军使函：有匪仍由马山口窜之说。当饬段营长将二郎坪队伍移堵马山口。昨又据内乡甘知事转据绅首称：二郎坪自移队伍，各匪又欲蠢动，清乡无人敢办，且恐乘虚勾结白匪，由山僻小径而入等语。所虑未尝不是。庆桐不得已仍将马山口之队回驻二郎坪，移晁坡曲屯察营长两连堵马山口。地广兵单，实难遍布。除饬各营队多派侦探相机堵剿外，谨闻。沐恩吴庆桐叩。寒。印。

〔北洋政府陆军部档案〕

15．统率办事处关于鲁北宝南地区驻兵清乡等情密电

（1914年7月14日）

开封田巡按使、南阳飞送赵护军使：华密。奉大元帅训令：据田统领作霖电称：鲁北宝南地形，远则高山深谷，近则漫岭密沟，形同鼠穴，天然匪薮。村内妇孺安如平常，现〔视〕匪如家人，视兵如仇雠、匪在村后，兵在村前，讯之则云并无匪踪，近已三次吃亏，兵多则弥山耕夫，兵少则周村皆匪。查鲁、宝、郏、伊匪巢方圆不过百余里，方、舞、泌匪巢不过百五十里见方，宜分驻重兵清乡严洗，俾匪无巢可回，无地可居，匪种自绝等语。豫有匪徒出

没无常，至官军疲于奔命，良由盘踞深固，有恃无恐。捣其巢穴，廓清芟夷，则匪失所依据，不难聚而歼旃。该统领所陈驻兵清乡办法，不为无见，仰即与赵护军使、田巡按使妥商，采择施行。等因。特寄。统率办事处。寒。印。

〔北洋政府陆军部档案〕

16. 王汝贤报告在叶县平顶山一带镇压白朗军及袁世凯批示密电

（1914年7月15日）

统率办事处转呈大元帅钧鉴：华密。据团长刘建章报称：率所部由平顶山向西北方向追击窜匪，并派营长刘玉春带全营为左支队，分途追击。该营长行抵上下牛寨东南端之山冈，据探报：有匪五六百名盘踞牛寨。该营长自行前往侦察，匪情的确，即将队伍分布前进攻击。匪众踞寨，死力抵抗，由午后二钟战至午后五钟，该匪愈战愈厉，时值刘建章遥闻枪声，迅速前往援应，战至六点半钟，匪势不支，越山逃窜。我军乘势追击三十里，至罗仙山时已昏黑，我军藉此露营。惟山径崎岖，官兵靴鞋糜烂不堪，半多裸足。查是役，我军无伤亡，获匪五名，即时正法，毙匪五六十名，匪伤数十名，获快枪三杆，子弹二百余粒，骑马三匹，骡二头，匪褫弃上身单衣数十件。查该匪仍经西北深山逃窜，此十三号与匪接仗之情形也。检查完竣时，已午后十二钟，拟于十四号午前三钟仍行跟踪追击，因山路异常难行，随将山炮并机关枪饬回襄、叶，并步队一连随护，以昭慎重。再匪犯孙知，今日可提到，赶即审讯，供词即日呈报。师长王汝贤谨叩。咸。印。

大元帅批："仍追剿，勿令匪喘息复聚，此股平，再论功。"

〔北洋政府陆军部档案〕

17. 王汝贤报告在平顶山与白朗军战斗等情密电

（1914年7月18日）

统率办事处转呈大元帅钧鉴：华密。顷据团长刘建章报告，在宝丰西北乡拿获白狼最亲身杆头王泰山一名，并搜获步快枪八杆、马枪一杆。据王犯供称："在平顶山之西北与第八师打仗，白狼实在其内，白狼之总参谋娄心安在彼处打死，因此白狼败走。娄总参谋能力及所带之人在李鸿宾之上，又与白狼为异姓兄弟，故将娄总参谋尸身，亲自带赴宝丰高皇庙北之大胡庄埋葬，此系夜间之事。其时我在别处睡著，醒时不知他们往何处去了，所带不足一百人，所供是实。"团长即将王犯充作眼线，一面切实探访；一面带眼线往山中严为搜捕等语。已饬该团长会同地方官，将娄匪之冢发开，切实查验饬报，并严饬带回眼线，务将白狼捕获，以除巨害。谨先电陈。师长汝贤谨叩。巧。

奉批："获有不次之赏。验报。"

〔北洋政府陆军部档案〕

18. 统率办事处关于在韩庄与白朗军战斗经过等情密电

（1914年7月18日）

许州王总司令：华密。筱电已呈大元帅阅悉。查据田作霖侵电称：十一号赵军、成军起〔赴〕宝丰，该军由耿集、董村赴大营，牛团长、刘军由瓦屋、马楼四面兜剿，下午八点到大营。是日早白匪在高庙被成军击溃，潜匿大连等庄。并云白狼确在韩庄，田军夜袭至韩庄，遇该匪接仗，与各军围击，该匪仍向东逃窜，各军追至商海坞，因天晚停止。所云大营娘娘山之匪，未识是否此股？又张敬尧前称：由方城保安驿往叶县进剿各等情。来电所称田部在叶、张部在郏，不知据何处探报而得。现在匪踪纷扰，飘忽靡常，务望多派侦探探明各军之所在及匪窜处所，以便联络剿捕。除飞饬张敬尧迅速前往搜剿外，等因特寄。统率办事处。巧。印。

〔北洋政府陆军部档案〕

19. 王汝贤等关于在维摩寺一带围剿白朗军往来密电

（1914年7月）

（1）王汝贤电（7月20日）

统率办事处转呈大元帅钧鉴：华密。据驻襄境之新甸营长刘玉春报告，拿获匪犯朱万春一名，供称：“年三十三岁，六安州人，会剃头，今年正月在六安跟白狼与他剃头，直到如今。现在白狼确实在肖金山内西洼子里藏匿，所带有八十余人。二十四日，我偷跑出来的，距新甸西南有九十余里，如要去拿他，我愿作眼线，只要留我性命。白狼现托大户与他多买子弹，现时我们在山里避暑，俟秋后子弹买足，集合各杆，再为大举。”等语。除饬该营长协带朱犯充作眼线迅速入山搜捕务获外，谨先电陈。师长汝贤谨叩。号。

（2）统率办事处复电（7月21日）

急。许州王总司令：华密。奉大元帅训令：号电悉。昨据吴镇守使皓电称：据骑兵吕营长由赵河报称：咸日有匪四五百名，在维摩寺东北七八里，六师吴团长跟追，互相对击，毙匪甚多。探得匪首尹老婆窜历山以南马乾庄、石窑庄、涧条沟等处。又有马匪百余骑，不知杆首姓名，现隐老母庵、葡萄庄、余庄等处未动。惟山径路险，请添拨步队赴柳河堵截。已饬李帮统、王管带前往搜击。等情。兹据朱犯所供：白狼在肖金山内西洼子里藏匿，按之地势，与维摩寺东北等处正相接近，所供当系确凿无疑。务饬赶紧跟踪踩捕，如果捕获，定予不次之赏，努力图功，在此一举，望之勉之。等因。特寄。统率办事处。箇。印。

〔北洋政府陆军部档案〕

20. 统率办事处转达袁世凯关于中央派赴豫省兵数万未能肃清贻笑中外等情密电

（1914年8月15日）

急。开封田巡按使、许州赵护军使、王师长、南阳吴镇守使：华密。奉大元帅训令：河南土匪本系小丑跳梁，该省原有一师一旅暨巡防各营，足以剿平，乃增以赵倜所部五千，吴庆桐所部五千，唐天喜、徐占凤所部各十营，王汝贤、张敬尧所部各五千，总计中央派往之兵已逾三万，而事数月，迄未能一律肃清，古今中外，无此笑柄。该使等身当重寄，能无愧赧？推原其故，因由军队多不得力，亦由地方官捕务废驰，纵盗殃民，言念及此，殊堪痛恨。各军队分驻各县，匪来抵御，匪去偷安，而地方官复诿卸军队，毫无振作，照此治匪，焉有了期。仰田巡按使妥选精干知事前往各县，各给小队固守本境，如有失事者，以军法从事，并择要酌驻军队策应，另编游击支队，分投搜捕，辅以认真办理清乡，匪自不难平靖。现值海疆多事，断无许多兵力留豫协剿，贻误大局。除张敬尧已有令调京外，王汝贤不日亦须移调，即责成田巡按使、赵护军使、吴镇守使就现有兵力认真搜捕，克日肃清。倘再迟延，定惟该使等是问。凛之慎之等因。特寄。统率办事处。删。印。

〔北洋政府陆军部档案〕

21．田文烈报告在安徽阜阳县拿获丁万松等并即枪杀等情密电

（1914年9月22日）

北京大总统、政事堂、统率办事处、参谋部、陆军部钧鉴：华密。河南巨匪丁万松架杆多年，屡拒官军，曾经豫省悬赏五千元设法缉拿。本年八月复奉电令，丁万松等各悬赏二千元等因。遵即转饬严缉在案。旋据警察厅厅长王景福详报，据勤务督察长兼侦探队长史云选派侦探宁学诗串通眼线，在安徽阜阳县将匪首丁万松拿获解省，交戒严司令处讯，据供认架票抢劫迭拒官军不讳。当饬验明正身，即行正法，以快人心。再巨匪孙二成，向与丁万松合杆，架票拒捕，经戒严司令官柴得贵，派该处稽查柴学曾、侦探王盘高购觅眼线，秘密蹑缉，在临颍巨陵店拿获解省，先后讯明，立予枪毙。谨以电陈。田文烈。祃。印。

〔北洋政府陆军部档案〕

〔二〕 宁赣之役

（一） 江西讨袁起义

一、袁世凯罢免赣、粤、皖三省都督及议员提出质问书

1. 袁世凯罢免江西都督李烈钧命令

（1913年6月9日）

临时大总统令：

江西都督李烈钧，前经临时参议院咨送议员郭同等以专制残毒暨罪恶五瑞两次质问，又据江西旅京公益会李盛铎等，全省商会罗志清等，铁路股东会朱益藩等，旅沪公会陈三立等以违法殃民，恣睢暴戾，条列十四罪，呈请派委镇抚使以拯人民等情。嗣因任命汪瑞闿为江西民政长，该省有反对情事，当派王芝祥前往并案查办。该督旋又擅自改编师团，并调兵派员管理九江炮台，迫胁镇守使弋克安离浔。曾据王芝祥电称：迭经责问李督，非空言所能警觉，恳请派兵赴浔。本大总统因不忍地方人民财产重罹锋镝，屡经开诚告诫。乃数月以来，复有调兵运械进逼鄂境之举，商贾停滞，居民播迁，怨讟繁兴，乱机四伏。迭准参议院众议院咨送参议员陈铭鉴等、众议员张大昕等，郭同等先后提出质问，九江等公会吁诉，并经黎副总统查据陆军少将陈镇藩、兴国县知事暨武穴自治商会先后报告情事，昭彰殆已，无可讳饰。现又据王芝祥将查办情形呈复前来，察阅原呈，虽称各款未能逐件详查。惟反对汪民政长一节，即非李督本意，而纵容军人藐抗，

已难辞责。至调兵逼浔一案，则称因个人恶感，遂冒侵官轻举之嫌。拘拿铁路协理罗朗山一案，则称办理不免操切。该督于政治上学识经验均缺，年少气盛，阅历未深，事理重轻，人情向背，皆无体验。等语。综核情形，该督李烈钧措置乖方，实属不称厥职。念其初莅任时，平治会匪尚称得力，仍望其感触时艰，痛伤民瘼，以恢复军人名誉，以表本大总统与人为善之诚。乃迭阅人民代表呼吁之词，至再至三，不忍卒读。即王芝祥呈复查办各节，亦有定评，是该督无术维持，确系不孚众望，倘仍优容姑息，坐视闾阎疾怨，商业凋残，何以对赣省厌乱望治之穷氓，何以告各省戢暴安良之贤吏。李烈钧应即免江西都督本官，即日交卸来京，听候酌用。此令。

中华民国二年六月九日

国务总理陆军总长　段祺瑞

〔北洋政府陆军部档案〕

2．众议院议员陈燮枢等为罢免江西都督李烈钧职质问书

（1913年6月）

关于政府免江西李都督官由

为质问事：用人行政必察民情好恶而黜陟，乃秉至公，人民代表必重法定机关而议论，乃无偏执。兹读本月九号临时大总统免江西都督李烈钧官令，仅据议员郭同等提出质问，并江西旅京公益会、全省商会、铁路股东会、旅沪公会、武穴自治商会报告罪状，为免官张本，复以王芝祥查办呈复为证。不知王芝祥查办原呈并未指定罪状，而旅京公益会、铁路股东会等究属私团，不能视为全省代表，呈列姓名是否符合，有无捏冒。但凭少数意见串捏诬蔑，即可构成官吏罪案，是黜陟之权不必问官吏之良否

也，攻讦之词不必询人民之公意也，此不解者一。都督对于省议会负责，不经议会弹劾，即非不胜职务，岂能任意罢免。乃省议会本其法定机关，责权范围之内，五月梗电陈明于先，本月灰电挽留于后，言词恳切，可知李都督受事年余，地方爱戴，是非公论在人耳目。乃竟置之不理，反谓无术维持，不孚众望，是蔑视舆论不辩人情之向背也。扰乱政局，不顾法理之违悖也，此不解者二。且听私团一面之辞视为定论，即应免职。彼张镇芳、张锡銮、陈昭常、张广建皆经法定机关正式弹劾，罪恶昭著，可以不下免职之令，为公为私，孰憎孰爱。民国任用官吏，究竟执何标准，是否以私团之言为可信，以公团之言为无凭。省议会对于本省都督弹劾无效，挽留也无效，是否法定机关可以取销，嗣后个人私团请愿弹劾不必经由法定机关是否直接可生效果，政权可以变迁，民气可以蹂躏。本员疑虑滋深，仅依约法第十九条第九项国会组织法第十四条规定，提出质问，应请政府于五日内答复。

众议院议员陈燮枢　吕　复　刘　瑛　褚辅成　刘奇瑶　李秉恕　吴景濂　卢仲琳　陈九韶　陈时铨　王定国　秦广礼　罗永庆　王　侃等质问书

〔北洋政府陆军部档案〕

3. 众议院议员邓元等为罢免江西都督李烈钧职质问书

（1913年6月）

关于政府免江西李都督官任命黎元洪兼署领由

为质问事：政府用人行政必秉至公，始足以图治安而戢扰乱，若徇私信谗，颠倒是非，势必致启纷争之祸，地方人民财产将不免有糜烂痛苦之虞。赣督李烈钧受事年余，舆论翕然，解散军队，惨淡经营，地方安谧，实为诸行省之冠。惟秉性刚方，不苟阿谀，言词激烈，多触忌讳，宵小之徒，日事罗织，必求去李而后已。本月十日大总统果下免赣督李烈钧之令，在大总统按照约法，固有任免官吏之权。但以前参议员郭同暨江西旅京公益会李盛铎等、全省商会罗志清等、铁路股东会朱孟藩等、旅沪公会陈三立等先后开呈李烈钧罪状为据。又以参议员陈铭鉴等，众议员张大昕等、郭同等质问书，查办使王芝祥呈复为证，以明政府免除李烈钧之意颇属光明正大，不知倒行逆施之隐，实为欲盖弥彰。试问郭同等之质问，果本诸公论乎？抑出诸私意乎？朱孟藩、陈三立之呈请，果自行请求乎？抑托名附和乎？江西各团体对于李烈钧之恶感，果居多数乎？抑为少数乎？果使李烈钧措置乖方，不称厥职，何以尚能支持年余之危局。即如前参议员郭同之质问李督专制残毒，当时政府答复，久已知其底蕴。又如今众议员张大昕等质问，传闻一切，方经政府答复，事为情理所无，未能据为凭信。公是公非，固以昭然耳目，何以颠倒是非，前后矛盾。惟以谗言亲信为标准，即则是政府不顾地方，不惜人民，将来地方之受害，人民之损伤，政府实不能辞其咎。际此人心惶惑之秋，江西现有奇荒之厄，政府一意孤行，置民瘼于不问。又以黎副总统遥领赣督，微论法律所不许，亦是势所难能。元等忝属人民代表、对于地方人民之关系切要，缄默难安。按照约法第十九条提出质问，应请国务院总理即日迅复。

众议院议员邓　元　文笃周　林文英　邵瑞彭　邵庆麟　王定国　黄格鸥　詹调元　辛际唐　程　铎　陈九韶　陈时铨　高　旭　卢元弼　张　瑞　秦广礼　李积芳　王有兰　凌　钺　曾干桢　欧阳沂　林钟英　罗永绍　覃　超

〔北洋政府陆军部档案〕

4. 众议院议员龚政等为罢免江西都督李烈钧职质问书

（1913年6月）

顷阅六月九日政府公报大总统令：江西都督李烈钧应即免江西都督本官，即日交卸来京，听候酌用。又同日任命黎元洪兼署江西都督事等因，殊堪诧异。李烈钧免职之理由，仅据旅京公益会，铁路股东会，旅沪公会呈请，此等私人团体是否是为该省人民代表，其呈各条是否是为免官之确据。今日党派纷争，是非淆混，以个人冒总代表名义攻击异党，往往而有此而可以免官之根据，是即助长嚣风，扰乱政局，人人如此，试问政府何以应付。此应质问者一。纵容军人侵官，轻举办理操切，是否为李烈钧之定评，此等行为是否为政府免官之标准，政府对于他处是否准此办理。此应质问者二。攻击李烈钧者固有江西旅京公益会等。惟查五月赣省议会梗电，江西第一师长欧阳武来电，陆军少将陈镇藩沁电，对于李督均无贬语。省议会为全省人民代表，且亟请维持李督以固国是，则所称确系不孚众望者何据？此应质问者三。任命副总统兼领江西都督，以大总统任命副总统，究竟根据何法？副总统既领鄂督，又领赣督，事实上能否兼领？此应质问者四。政府种种举动，殊属暧昧。仅依临时约法第十九条第九项及国会组织法第十四条之规定，提出，质问书请政府于五日内答复。众议院议员龚　政　马如飞　刘峰一　蒙　经　石　瑛　张耀曾　黄攻素　吴寿田　邴克庄　詹调元　温世霖　张于浔　林文英　王葆真　丁超五　彭学浚　徐秀钧　贺赞元　王有兰　彭永彝　罗永绍　褚辅成　王永锡　董耕云　乐　山　张术桐　黄宝铭　欧阳振声

〔北洋政府陆军部档案〕

5．众议院议员徐傅霖等为粤督胡汉民被任命为西藏宣抚使质问书

（1913年6月）

关于中央任命粤督胡汉民为西藏宣抚使及任命陈昭常为广东民政长由

六月十四日，临时大总统令：任命陈贻范、胡汉民为西藏宣抚使，任命陈炯明为广东都督，任命陈昭常为广东民政长，未到任之前，由陈炯明兼署。披读之下，对于大总统任命胡汉民为西藏宣抚使及任命陈昭常为广东民政长不能无疑。查胡汉民督粤一年有奇，虽未有绝大之政绩，而其裁兵、剿匪、禁赌、禁烟、筹款协济中央、痛惩粤中贪吏、举办各县警察、筹划清收纸币，经营惨淡，不遗余力，其成绩不在他省之下。去年六七月间，虽与临时省议会稍有龃龉，以后彼此融洽，军民爱戴，别无何种风潮，是胡汉民之督粤可谓人地相宜矣。今大总统阳则任以西藏宣抚使之名，阴则免广东都督之实，使果为地择人，犹可言也。兹西藏则政体、宗教、言语、风俗、习惯，均与吾国内不同，非得熟习该地情形，且于该地著有威望积有感情者，断不能胜宣抚之任。胡汉民与西藏绝无关系，今免其绝有关系之广东都督，而任以绝无关系之西藏宣抚使。一如免其都督无甚正当理由，姑以一宣抚使任之，以为胡汉民下场之地，已非为地择人，何必任情更动。此质问者一。陈昭常本前清贪庸官吏，任吉数年，毫无政绩，惟任用匪人，滥发官帖，侵吞公款，蔑视议会，蹂躏法律，经吉省议会纠举咨前参议院议决咨请政府查办在案。又经该省公民刘文田等控诉陈昭常侵吞公款，经吉省高等检查厅查明证据，案尚未结，理应免官候讯。陈昭常劣迹昭著，皆有确据，并非报纸传载与私人攻击者可比，政府岂未之闻吉省人民群起逐之，恐其祸吉也。

今大总统以陈昭常为广东民政长，岂以陈昭常祸吉未足，欲移以祸广东耶？如民所恶，恶民所好，在当局或别有用心，在局外则殊难索解。此质问者一。查临时约法第三十四条，临时大总统任免文武职员，是大总统对于职员之任免似非他人所能过问，然必其人有可以被任之事实而后任之，有可以被免之事实而后免之，乃不能以一人之好恶爱憎，以为任免职员之标准。此非关被任被免者一二人之本身，实关国家民政、军政用人之前途。必有所疑，难安缄默，谨按约法第十九条国会组织法第十四条提出质问，即候从速答复。

众议院议员徐傅霖　林伯和　李晋荣　张国钧　于洪起　于恩仪　罗永绍　叶夏声　马如飞　褚辅成　杨梦弼　司徒颖　于庭樟　蒙　经　邹　鲁　李秉恕　叶泌瀛　黄增耆　伍朝枢等质问书

〔北洋政府陆军部档案〕

6. 柏文蔚关于交卸皖督及辞陕甘筹边使致段祺瑞等电

（1913年7月1日）

火急。铁狮子胡同段芝泉先生并转段香岩，梁燕荪先生均鉴：读卅电谓文蔚迭次遣员赴京请调他差，不胜怪异。查前次刘、孙两军需赍交请饷赴京，并未受有别项面令。嗣刘、孙偕陶、叶二君南来，备述芝公、燕公盛意，至为铭感。比由刘、孙二军需奉燕公一函，惟陈愿卸仔肩，未述他项愿望。陶、叶北去，亦未有所请托，与孙少侯君及燕公各电，亦坦述退志，未及要求。内务司长田君自行请假赴京，在京所言如何及其他赴京人员立言有无过实之处，文蔚均未敢违心强认也。事关个人品格，不得不率臆陈之。孙君为人和平稳练，继任皖督，文蔚极表同情，各界均为疏通，咸无异论。至则接印视事，毫无为难情形。天下不宁，痛心已久，岂忍以个人去留，既遗总统之忧劳，复启人民之惊扰。至陕西筹边使一席，自国家边患，总统厚意托之，文蔚曷敢固辞，蹈肥遁鸣高之诮。惟从军以来，积劳致弱，比更目疾增剧，急待归省企图静摄，俟秋冬之间，贱躯稍适，必当赴京躬谒极峰，且面聆诸先生教益。此时陕边重要，万恳诸先生代请大总统另选贤员，文蔚万难胜任。国难未纾，大总统事繁任重，不必以文蔚个人之位置介怀也。文尉交卸即日归省，所有经手欠饷各事，第一军有军需司司长刘德裕掌之，皖省有军需课课长孙方均任之。部中拨款，当有专员监核用途。交卸之事，不致因以牵缠也。词不尽意，统惟鉴察。文蔚叩。东。印。

〔北洋政府陆军部档案〕

7．众议院议员贺赞元等为免去柏文蔚安徽都督调任陕甘筹边使质问书①

（1913年7月）②

关于任命柏文蔚为陕甘筹边使由

阅六月三十日，临时大总统令：任命柏文蔚为陕甘筹边使。本员窃有怀疑，仅依临时约法第十九条第九项规定提出质问。柏文蔚督皖，整理军政，维持地方秩序，声名卓著。惟自宋案、借款而问题发生，柏文蔚不解中央意旨所在，颇主张公论，与胡汉民、李烈钧、谭延闿联名电争。李烈钧、胡汉民既先后罢免，天下人士皆知柏文蔚必不能见容。此次免其安徽都督，是否与李、胡同一原因？抑别有开罪之端？应质问者一。安徽都督有统辖全省军队之责，陕甘筹边亦负两省经猷之重，柏文蔚果不才耶？何以任为筹边使？果可用耶？又何以免其都督？应质问者二。官制官

① 此件系抄件。

② 此件无时间，根据内容判断，系在1913年7月。

规，依约法第三十三条之规定，须经参议院之议决，此项筹边使官制，政府未经提交国会议决，何得不依法律遽以命令设官。在政府碍于无罪而免柏文蔚之都督，遂不惜巧立名目为掩饰耳目之计，而国会监督行政，断不能任政府依此违法之举动。若谓筹边使一官，为临时暂设之职，非经常之官，不知官职由官制而发生，既无官制，何能设官。且约法规定官制原无经常暂时之别，若政府设官动假暂设之名以为词，则名器益滥，官将多至无量。应质问者三。

众议院议员　贺赞元　邓　元　凌　钺　黄格欧　刘峰一
黄攻素　饶芙裳　王　傑　龚　政　高　旭　李积芳　陈九韶
彭学浚　张于浔　俞风韶　欧阳沂　戴书云　杨梦弼　于洪起
林文英　骆继汉　罗家衡　刘奇瑶　辛际唐　王定国等质问书

〔北洋政府陆军部档案〕

二、江西军政长官反对北军入赣

1．黎元洪为欧阳武请取销护军使及勿派兵入赣等情密电

（1913年6月16日）

北京大总统钧鉴：陆军部、参谋本部：拱密。据欧阳护军使删电称：查南昌为根本重地，九江为门户要区，势难兼顾。九江驻扎军队，现在申明纪律，严密防卫。昨缉获匪徒一名，当场枪毙，以儆其余。俟抽调布置就绪，拟十八号遵命赴省办理接收事件，并预电省城各机关权行维持，嘱令各员照常供职，此日内措办之大概情形也。贺民政长力辞护任，前日至浔，武极力挽留，而贺君坚不允诺，并云赴鄂面恳代辞新命。务乞慰勉就职，以使行政部分得有统摄。至武既任护军，统辖全省陆军，又奉令暂代理都督，应办事务责无旁贷。九江门户华洋杂处，自应督饬将士严

密防卫。江炮归陈司令，似无另设镇守使之必要。若以武回驻南昌，此间镇戍须示严重，镇守一官不得遂废。则请于第二师长刘世均、现代镇守使耿毅、军政司长俞应麓三人中择委一人，以资襄助。抑更有进而请者，镇守如可不设，则请电中央取销，以免野心家藉端播弄，尤为尽善。都督印信、文卷，敬承指挥，到省时遵照办理，合先附闻。武誓矢血诚，拥护中央，保卫地方，鞠躬尽瘁，之死靡他。现值更张之始，奸人肆志，一味造谣，希图生事。惟武与公相见以诚，拟请勿以外兵一人阑入赣境，行政官吏、各级军官中央暂勿更易一职，以安众心。至于军队，江西现有两师余，仅足供驻守调拨之用，应请陆军部勿遽行下改编等令，安固军心，镇摄匪类。此后如须必就范围，再由武体察情形，呈商办法。以上所陈各节，端赖我公主持施行，俾得以藉手措置。等情。查护军使筹划各节，尚协机宜，所称取销镇守使一节，不为无见，所有军民各机关职员任免、编制，应俟该护军使、民政长到任后呈明核办。可否之处，敬祈遵照为荷。黎元洪。铣。印。

〔北洋政府陆军部档案〕

2. 黎元洪关于九江军队寻衅闹事请速调开等情密电

（1913年6月17日）

北京大总统钧鉴：陆军部段总长鉴：拱密。据欧阳护军使铣电称：近日军队情形，九团士兵每与三团士兵寻衅斗殴。察其内情，由九团旧为戈镇守部下，现有某司令从中煽惑，藉便私图。而第三团则武之旧部，由鄂带回江省以来，屡次乱端皆用该团敉平，实属得力可信之军。现拟将九团调往他处，以免肇生别项事端。武居心坦白，一意卫安地方，绝不与人争权构隙，而野心家觊觎窥伺，在所宜防。察护情形，江西军队将来非缩小不可，某司令则意在扩张权势。某为陆军部直辖，非武所能防遏，拟请我公密电军部，凡所陈请事涉张大者，毋遽听许，一俟省局大定，由武筹拟缩小办法，呈乞施行。则目前获宁忍之效，永久享安全之福。等语。又据贺护民政长声称：刘世均亦拟辞职，省垣红〔洪〕江会匪乘机思动，九江九团及三团军队，亦有奸人从中挑拨，昨护军使已办数人，情形危险。护军使因浔无人，碍难进省，意欲刘师长来浔，请电奖刘师长迅速赴浔维持。等语。查欧、陈才品高迥，殊识者早有欧轻陈，陈忌欧之虑。此次欧请缩小范围，最为切实，扩张军备似非所宜。至该使赴省接任，两师长同处一城，亦殊不便，将刘调浔，庶几内外相维，再将九团调开，一转移间彼此相安，于军事不无裨益。是否可行？应请大总统、贵总长俯察情势，核定饬遵，是为至要。黎元洪。霰。印。

〔北洋政府陆军部档案〕

3．黎元洪关于赣省军队增缩应权衡至当等情密电

（1913年6月19日）

加急。北京大总统钧鉴：陆军部、参谋本部鉴：拱密。皓电计达。九江陈司令直隶陆部，如何规划进行，自有主张。惟欧阳护军使方议缩小旧部，该司令乃思增练重兵，同居一省，办法未便两歧，应请斟酌时宜，权衡至当，庶免宵小生心，无事自扰。如何之处，敬请径电该司令遵照。黎元洪。效二。印。

〔北洋政府陆军部档案〕

4．廖伯琅等关于请速调回驻浔北军免致糜烂地方等情电

（1913年7月6日）

大总统、国务院、武昌黎副总统钧鉴：顷接副总统致护军使歌电敬悉。已派第二十三团附机关枪一连来浔，仰见保护地方镇遏

乱萌之至意，无任感颂。惟同日九江各界警电连篇，有称北兵已抵浔官渧夹，断绝铁路交通，有称北兵由瑞昌抵赛湖，步哨极严。鹤唳风声，闻者惶怖。伏思赣省自李督免官，欧阳护军使继任而后，军纪严明，谣诼息泯，赣军士庶颂戴同声。兹派兵镇守浔阳，在洞明事理者，深知武昌此次变乱，浔必动摇，若非加以驻防，匪特长江下游影响所及，抑且赣垣门户破坏堪虞，亦琅等滥厕戎行，稍知军事，所能共信者也。但恐惊惶甫定，疑窦复垂，设再误会，致起冲突，糜烂地方，牵动大局，谁尸其罪。琅等痛切隐忧，难安缄默，用敢冒昧联衔上陈聪听，务祈俯顺下情，准将北军调退上游。至浔阳地方重要，请令江西护军使增派重兵，镇慑其间，以遏乱萌。护使暨诸将领，自当共任艰难，不辞劳怨。为有少数人甘心肇乱，琅等则惟有声罪共讨，以谢天下。想大总统、副总统暨国务院诸公，固巩邦基，恫瘝生命，定不忍贻赣省糜烂之惨也。事机迫切，泣血请求、幸垂俞允。临电曷胜惶悚待命之至。驻省宪兵司令官廖伯琅、第二旅旅长余维谦、第三旅旅长赵复祥、第四团团长吴安伯、第五团团长王振群、炮兵团团长刘棱同叩。鱼。

〔北洋政府陆军部档案〕

5. 贺国昌等关于请速调回入赣北军等情往来电

（1913年7月）

1. 贺国昌等致大总统电（7月6日）

大总统、鄂黎副总统钧鉴：昨由护军使欧阳武传阅黎副总统歌电，敬悉北军赴浔，实为防乱起见，通筹全局，措注周密，曷胜感佩。惟赣垣商民闻此消息，异常惶骇，以为北兵来赣、主客之间，或生冲突，则祸变将临，非徙家远避，不能自保，较之李前督免官时，其惊惧尤为过之。国昌等地方责任，寝馈难安。为此，电恳大、副总统俯怜全赣生灵，调还军队，免致自相惊扰，或生他变，于地方秩序、人民生业端赖实无涯涘。临电惶悚，伏维矜察。护理民政长贺国昌、内务司长程道存、教育司长卢建侯、实业司长曾贞、财政司长魏斯灵、审计分处长高巨瑗、司法筹备处长徐元诰、警视厅长周希颐同叩。印。

2。国务院复电（7月10日）

南昌贺民政长、廖宪兵司令暨各司长等：奉大总统令：来电均悉。武昌乱党机关破获，漏网各匪窜匿下游，陈司令之告急，黎兼督之派兵，俱职分中应尽之责任。且同为一国之兵，有何南北之限。已饬部电致护军使晓谕军民，勿生意见。该民政长、司令等，有保守地方之责，务即妥为劝谕，使主客融成一家，万不可无故张皇，贻祸桑梓，切切。等因。特达。国务院。卦。印。

〔北洋政府陆军部档案〕

6. 赣省议员颜丙临等请将抵浔北军撤回等情电

（1913年7月7日）

大总统、参众议院、国务院钧鉴：李督免官，赣局危险万状，本副总统掬诚电示，约北兵不入赣境。护军使整军有方，俾地方依然安堵，赣民之幸，实大局之幸。乃者副总统电墨未干，护军使威信方著，讵首鼠两端之廷训，辄假乱党煽惑名义，密电请兵。现北军抵浔，驻官桃夹一带，风鹤时惊，居民不免纷扰。主客异形，将士易滋误会。尤可虑者，奸人播弄，匪徒乘机，脱有冲突，祸不忍言。议员等身为代表，现虽闭会，而默思祸机，难安缄默。除要求即开临时会外，用特注恳转电副总统，克日将抵浔北军撤回，以免牵动全局，不胜迫切待命之至。赣议员颜丙临、欧阳华、魏调元、罗铨、黄人庸、吴鸿钧、刘树森、李儒修等七十二人叩。

实。

〔北洋政府陆军部档案〕

7. 欧阳武关于李纯率北军入赣人心惶恐请速调回等情通电

（1913年7月10日）

火急。北京袁大总统、国务院总理、各部总长、参议院、众议院、旅京同乡会、各省都督、民政长、护军使、各师长、各报馆、上海旅沪同乡会、汉口旅汉同乡会诸公、兖州张军统钧鉴：鱼日通电、谅已达览。庚日奉黎副总统阳电谓：派员来浔之事，误于陈司令之一言，须补救方法，电饬李总司令即日调回鄂防。同日，并有通电至赣，亦云即日撤退。宣布之后，人心稍安。乃昨接九江来电，知九号李总司令复率步兵一团、骑兵一百余名、山炮六门、机关枪一连至浔，驻扎十里埠，并以一团即驻城内，嘱刘师长代寻营房。九江军民不见兵退而反加增，人心更深惶恐。本日连接德安来电：谓探有北兵军官在十里埠、莲花一带侦察地势。九号之夜十钟，时有骑兵在青石桥地方时时出没。近又有兵进驻沙河，距林旅长防地仅数里许，似有特别计划，军心不免怀疑。窃念李前督在赣各由热度最高之时，未特派北兵，致使地方惊恐。及武受事之时，宣布黎副总统决无北兵入境一步之电，众心始觉无武之任。原恐贻误大局，乃蒙副总统掬诚相与，指明河皎日以明心，电饬李军回防，谓未丧失信用，不准武之辞职，只得勉效驰驱。今距阳日先后四天，不独不见调回，而且增兵逐进，人心惶惑，无怪其然。或者续到之兵出发在先，黎副总统电李在后，既有为陈误之语，决不至于不践其言，一二日间，或即撤退。但北兵一日来未曾离，人心一日不能安靖，而况节节进逼，深恐或伤感情。倘有野心家从中播弄，匪徒从中煽惑，酿成险象，防且胜防，若因此糜烂江西，牵动全局，谁堪负此重咎？倘副总统对于九江一方面或有不能放心之处，亦不妨明白宣示，责成武之一身，武忝护军使之职，应负完全责任。惟北兵如不退回，必生无限波折，虽欲办理，亦苦无由。除电请黎副总统电饬李总司令遵照阳电即日调回外，务乞眷怀大局，俯念江西，电请副总统宣布之一言，增赣人之信仰，赣省固蒙幸福，全局亦庆共和。临电迫切，伏祈鉴察。江西护军使欧阳武叩。蒸。印。

〔北洋政府陆军部档案〕

三、湖口首义举兵讨袁及北军围剿战斗经过

1．李纯报告李烈钧占领湖口林虎推进沙河等情密电

（1913年7月11日）

北京参谋、陆军部钧鉴：拱密。现因浔事日亟，湖口已为李烈钧占领，德安旅长林虎率混成一旅，业向沙河镇北进。浔一混成旅据备出奇，经纯竭力警戒，尚未暴动。纯师除蕲春、田家镇、武穴、兴国等处共留步兵二营、马炮二营外，余均驻扎浔沿江一带。理合电闻。纯叩。真。印。

〔北洋政府陆军部档案〕

2．黎元洪关于李烈钧确剧湖口密谋起事请派兵来鄂调遣密电

（1913年7月12日）

千万急。北京大总统，参谋、陆军两部均鉴：拱密。顷接确实报告，李烈钧确到湖口充总司令，业已有人实见。湖北及各处乱党，亦均集该处，黄兴闻亦在内逆谋大□〔举〕。李司令在预为

防范，未至猝变。但刻下兵力尚嫌单薄，请再速派一混成旅来鄂，听候调遣。黎元洪。文。印。

〔北洋政府陆军部档案〕

3．李纯报告与林虎部在沙河镇一带战斗及请速派队增援等情密电

（1913年7月12日）

火急。北京大总统、参谋、陆军部、武昌副总统钧鉴：拱密。林军于沙镇南，自今早八点，先约其步兵一团，大炮八尊，机关枪两连，向我军侧面猛攻。我军藉势还击，二小时，林军稍退，旋增步兵，机关枪约共一团，击我右侧，另其一部队向十里铺袭击。先是我军分十里铺之队，拟抄林军后路，遂于半途遇战，两线激烈，战斗相持一日，林军约死伤二百人左右，我军共伤官三员，兵廿八名，阵亡二名。现已昏黑，尚相对峙，胜负未分。擒获林兵，据供兵多湘粤之人，战力颇强。并探得南昌所有之兵，已向湖口下驶，大有扑攻金鸡炮台之势。湖口姑塘集合兵力约一师以上。纯部左掌右持，危险万状。万乞迅派增援，以救危局。纯叩。文。

〔北洋政府陆军部档案〕

4．黎元洪关于李烈钧在湖口起事已派援兵围攻等情通电

（1913年7月13日）

火急。北京袁大总统、国务院、各部总长、参议院、众议院、旅京江西同乡会、汉口旅汉江西同乡会，兖州张军统均鉴：文日致各省通电，文曰：庚电计达。李军援浔，实迫于陈司令之告急，

嗣因欧使屡称九江无事，请予调回。复据陈司令来电，亦称可望消灭。元洪为安靖人心起见，因电调李军回鄂，正在拔队启行，适蒸日接陈司令电称：万急。据湖口台已为匪党所困，李前督烈钧现驻湖口水巡总监署，计划反抗，其私党某某等均乐为用命。湖口一失，江西难守，务恳添派军队及兵轮来浔，以救危急。等语。当电知欧使迅速查复。真日接欧使来电，已派员赴湖口密查，得复即当电禀。同日，复接九江刘师长世均急电称：湖口风声益紧，欧阳护军使调回机关枪及世均开来护卫军，各军队均被该处截留。瞻望匡庐，危急万分，自愧军队单弱，不能前往镇慑。至于九江城内外及租界各地方，世均已与陈司令划定警戒区域，分担保护责任，万不致乱党侵入，惹起国际交涉，贻误大局。此则世均区区之诚，天地神明所共鉴者也。事机急迫，恳急电饬李总司令相机前进，无事兼顾浔阳，致分兵力、事势危迫，急不择言。另希速示方略，共拯危局。等语。是湖口有变，情迹显然，无可掩饰。元洪受政府之寄，忝领兼圻，自不敢见好一隅，贻误全局。所有前次援浔军队，应遵大总统真日电令，暂缓撤回，藉资镇慑。除电知欧使及李司令外，特此电陈，免滋误会。等语。旋接欧使蒸日通电，请迅撤兵，方深骇异。同日下午，复接欧使文日急电，文曰：急。大总统真电，副总统轸电，均已敬悉。李烈钧到湖口确系实事，九、十两团虽为所用，然此外非武之命不能调用者，似较该两团更强。现武调集南昌附近军队，竭力维持省垣外，并开两九〔个〕团往攻湖口。九江方面，有李、陈两司令足可维持，乞勿多派军队，以免来易去难。武荷两总统知遇，自当以死图报。等语。复接李司令文日急电，文曰：湖口已宣布独立，进逼金鸡炮台，纯已分别筹御，竭力抵抗，万乞迅增援兵，以免贻误。等语。是武使蒸日通电之时，尚未查明乱状，现已宣布独立，破坏共和，实为民国之公敌。证诸欧使文电，情罪更无可逭，使非先事预防，尚不知伊于胡底。自应遵照大总统真、文屡次电令，派兵赴援，免酿燎原之祸。恐传闻失实，合行通告。黎元洪叩。元。印。

〔北洋政府陆军部档案〕

5. 欧阳武在德安战胜袁军及取消护军使就任赣督通电

(1913年7月13日)

十万火急。北京众议院、各部总长、旅京江西同乡会、武昌副总统、各省都督、民政长、各护军使、各师长、兖州张军长、上海旅沪江西同乡会、汉口旅汉江西同乡会均鉴：天祸吾赣，袁军鸱张，诡秘兴师，大举淦①做。仇寇我兵士，蹂躏我人民，征车所至，庐墓为墟，淫虐之凶，惨无天日。请举始末，掬血陈辞。武自李前督军免官，中央授为赣护军使，本拟潜踪息影，解绶归田。左右不释，强以三千万人之生命财产，全赣之安宁秩序来相督责。武虽愚戆，未忘桑梓，于是负谤离浔，抑情就职。视事之后，刻刻以巩固共和为心，事事以国利民富为念。鞠躬尽瘁，不敢告劳，皎日明河，此心可誓。府幕因之渐举，舆论为之氓骰，讵我以悬往，人以诈来，机巧为怀，阴谋叵测，食北兵不入赣境之言，昧上下相见以心之义，一月未满，三路进兵。若御非常，如临大敌。武闻变心恻，惊惶无极。以两军逼处，易启猜嫌。急电德安、九江两处赣军立即退开，以免误会，一面电派专员就近慰劳袁军，谨表欢迎之忱，藉敦同袍之谊。仍广集各界联电京、鄂，克期撤兵，并询以此次派兵用意。乃黎公已允退兵，袁氏仍促李纯潜师渡江，进逼赣垒，扼喉拊背，以困我军，意存聚而歼诸。黎副总统又谓派兵系误听陈廷训之语。夫以陈一人之私电，

① “淦”字边旁原译纸上有置疑号。

遽与兴师，而武与在省各界数千人，推心泣血，声泪俱下，哀退兵之公电，乃皆无效。谓非袁世凯阴谋诡计，欲复灭赣军，摧残赣众，夫谁信之。今者袁军公然发难，袭击我德安军队。我军悲愤填膺，义无反顾，肉搏相持，喋血奋斗，历一昼夜，幸获胜利。赣军克免俘虏，宁非天哉？此次冒暑兴兵，妄开战衅，戕害同胞，孰为戎首，友邦邻省，当有公论。武于今日取消护军使之职，本欲解甲归田，因省议会开特别会，公举为江西都督。本始终维持赣土之心，付全省父老属望之意，勉任艰巨，敢惜牺牲。一俟内地秩序确定，即当亲率赣忠勇士卒，追随李总司令烈钧，扶义北征，殄彼专制之独夫，还我共和之幸福。逆来顺受，仆病未能。应天顺人，必有继者。谨贡血诚，以当露布。幸赐教言，恭俟后命。江西都督欧阳武叩。元。印。

〔北洋政府陆军部档案〕

6. 李纯报告与反袁军在十里铺战斗密电

（1913年7月13日）

火急。北京大总统、陆军、参谋部、武昌副总统钧鉴：拱密。混成第十一旅在浴沫镇，混成十二旅（少步兵一团），在十里铺方面。本日自午前三点与敌续行战斗，距离八九百米突，相持不下，互有伤亡，至日夕始暂停止，仍持枪战备露营。顷据探报，李烈钧有今夜派兵一团，攻夺金鸡坡炮台消息，已令张团长敬尧带两营，机关枪、山炮各一连，会同陈要塞司令官所部固守，并通知驻浔舰队严防。其对浔城赣军，昼间不动声色，夜则撤消，警戒迟疑。按此情形，不惟四面被围，而腹心为患甚巨。纯力尽智穷，惟乞援军迅到，方略时颁，感甚祷甚。纯叩。元。印。

〔北洋政府陆军部档案〕

7. 黎元洪关于李纯部与林虎军在沙河镇战斗林部败退瑞昌密电

（1913年7月13日）

北京大总统、参谋、陆军两部均鉴：拱密。顷据李司令电称：昨日午前八时与林虎军队在沙河镇附近主战，相持一日，林匪死伤二百余名，我军死二名，伤官长三名，兵廿八名。今日拂晓攻击，林匪已向瑞昌败退等语。除已饬驻武穴军队力行占领马头镇，以掩护后方输送外，并拟派员招抚击散乱兵。惟就现在兵力，只能再派一混成团赴浔，其余军队应留防岳州方面。特此奉闻。黎元洪。元。

〔北洋政府陆军部档案〕

8. 李纯报告战情不利各路援队再不抵浔则不知死所等情密电

（1913年7月13日）

火急。大总统、参谋、陆军部，武昌黎副总统钧鉴：拱密。本日早三点开始战斗，尚未停止。（误码二字）① 敌人从各方面向我包围，我军战情不利，危急万分，各援队旦晚再不抵浔，纯师不知死所。纯叩。元。印。

〔北洋政府陆军部档案〕

---

① 系原文所有。

9．黎元洪关于第六师全部到浔反袁军湖口兵力约一师及日舰停泊湖口请与该国交涉等情密电

（1913年7月14日）

大总统钧鉴：拱密。寒电敬悉。第△〔六〕师全数到浔，本日业由第二师拨派一混成团前往应援，俟奉天第二旅一团抵汉，亦拟随即派赴九江。现查林虎兵力不过两团，惟据报告湖口匪兵约在一师以上，并查有日本兵舰两艘在湖口附近停泊，似为匪用，请即与该国公使交涉，另令速离该地，否则，恐我军炮弹误击，致多不便。特闻。黎元洪叩。愿。印。

大总统批：但武汉亦须布置，足敷镇慑。日船已饬部交涉。

〔北洋政府陆军部档案〕

10．袁世凯任命段芝贵为第一军军长仍归黎元洪节制等情密电稿

（1913年7月15日）

武昌黎副总统鉴：拱密。湖口用兵，至深廑系。本日已任命段芝贵为陆军第一军军长，仍归我公节制。近日援赣各军队伍复杂，我公坐镇指挥，未便躬莅戎行，拊循士卒。该军长资望素深，与诸将均能融洽，可为公效指臂之劳，务祈随时示以方略，以期早平内乱，拯救民生，是所至祷。袁〇〇。合。印。

〔北洋政府陆军部档案〕

11. 袁世凯为明令褫夺李烈钧官职并对黎元洪的“忠心”表示敬意密电稿

（1913年7月15日）

武昌黎副总统鉴：拱密。寒电悉。李烈钧早应宣布罪状，因须探明其确在湖口，是以稍迟。本日已明令褫职拿办。南昌谬电，已饬部谕局禁转。吴公力卫民国，除暴安良，至为敬佩，设有疑谤，凯能御之。袁〇〇。合。印。

〔北洋政府陆军部档案〕

12. 参陆两部关于征调各师旅兵力加强武汉至九江一带防务致黎元洪密电稿

（1913年 7 月15日）

拱密。奉大总统谕：浔乱猝发，匪徒四出煽惑，前敌后路均须统筹兼顾，以免疏虞。六师全行赴浔，二师宜开一旅，以鲍旅长督率前往，免零支太多，未能得力。王师长原有一团驻扎襄河，似可调回，益以三师之一团，共计两团，统归王师长指挥，分驻武汉，以固中权。奉天吴旅长所部，系两团及巡防一路，拟以一团或一镇填扎孝感，保护武胜关以南之铁道，已有一团开樊、襄，其余各营似可令赴襄河，替代二师之一团填扎，以便联络吴所部。巡防营在奉天长于捕匪，以之巡缉，必可得力。二十师之一旅到鄂后，拟饬全赴下游，援助江西，以厚兵力。吴旅长所部到汉后，宜即令鲍旅长迅往浔，以期早灭李逆，免牵动大局。三师之一团已开拔，计两三日可抵汉。以上征调各师、旅，庶于统驭之权，较为整一，电请酌夺。等语。特此奉商，是否？希卓裁示复为盼。参、陆两部。删。印。

大总统批：分抄两部及段军长。

〔北洋政府陆军部档案〕

13．黎元洪为南昌已独立刘世均师逼处浔阳等情密电

（1913年7月15日）

万急。北京大总统钧鉴：陆军部、参谋本部鉴：拱密。昨据刘副使世均寒电称：两军战斗极猛烈，南昌亦有独立之谣。敝军寡处浔阳，无饷接济，而又奉李司令饬令保护租界及浔城内外。凡百将士，断难枵腹从公，恳即电汇大洋三万元，藉济饷糈。等语。当以南昌如果断绝接济，该师饷糈可由我军垫给领。等语。电复去后，兹据副使删电称：日昨战斗，我军获胜□。南昌确已独立。均部饷糈既由钧处担任，按月给领，恳速照寒电如数汇寄，以镇军心。等情。该师逼处浔城，不得不稍事羁縻，藉分敌势。除电复造具详册领状即当照给外，特此奉闻，即祈查核示复为盼。黎元洪。咸三。印。

〔北洋政府陆军部档案〕

14．黎元洪为第二师急待赴浔请电催第三师等部来汉接防等情密电

（1913年7月17日）

十万急。北京陆军部、参谋本部鉴：拱密。奉拨第三师之混成一团、第二十师之混成一旅，何日开拔抵汉。现前敌需援至急，第二师须俟该旅团到时，始能赴浔。恳赐电催，星夜赴援，并示复确期，为叩。黎元洪。洽。印。

〔北洋政府陆军部档案〕

15. 陆军部等关于第六师与反袁军在姑塘一带战斗情况通电

（1913年7月17日）

致武昌黎副总统，除南昌外，各省都督、民政长、将军、都统、各军师长电。

兹据李镇守使纯铣电称：本日午前七时，有步炮连合之乱兵五千余人，由姑塘西北六板桥、元蹊向我左翼金鸡坡、八里坡一带进攻，经张团长敬尧率步兵三营、小炮一营、机关枪连，抄其左翼，奋力血战，至于后两钟，始被击溃退。夺获枪械百余枝，追至马宿岭停止。此次乱兵死伤约三百余人，投降官弁三十八员名。我军受伤官二员，目兵十七名，阵亡正兵一名。等情。特此奉闻。陆军部、参谋部。洽。印。

〔北洋政府陆军部档案〕

16. 鲍贵卿报告率队抵九江密电

（1913年7月17日）

北京大总统暨陆、参两部钧鉴：拱密。旅长带同五团第一第二两营，炮队一连，机关枪一连，于十六号晚十二点，由汉乘轮，十七号早九点安抵九江。贵卿。筱。印。

〔北洋政府陆军部档案〕

17. 李纯报告对瑞昌警戒及一二日内联合海军进攻湖口等情密电

（1913年7月22日）

火急。特。北京大总统，参谋、陆军部钧鉴：拱。马日三电谨悉。第二混成旅第四团第一三两营，已于廿日抵马头镇，对瑞昌匪军严行警戒。湖口方面，会筹一二日内，即联合海军进攻。所有蒙事一切机宜，自应竭尽心力，谨遵办理。纯叩。禡。印。

〔北洋政府陆军部档案〕

18. 戈克安报告海陆两军进攻湖口反袁军全部退出等情密电

（1913年7月25日）

海军部刘总长请转段总长、陈次长钧鉴：元密。敬日子刻汤乘江利、克安乘江亨率楚同、湖鹗两舰，由浔出发，并用小轮拖曳民船多艘运送士兵，往攻湖口，陆续经过东西两台，该台并未邀击。拂晓。陆军由东台下游柞机登岸，各舰协力掩扑，该队遂占领一带山岗，陆续向山后进发，敌逼该台后路，已刻我军舰轮流开炮轰击，东西两台遂同时悬旗投顺，我军遂占领湖口全部。再马当炮台，克安已早接洽，合并电闻，余容续布。克安叩。有。

〔北洋政府陆军部档案〕

19. 戈克安报告刘世均投奔讨袁军及其失败等情密电

（1913年7月27日）

海军部刘总长请转段总长、陈次长钧鉴：元密。前因刘副使世均心迹可疑，当商请段总长将所属第六团两营、第三团一营及机关枪连调赴江北孔垅，以防意外。○○（以上二字电不明）克安等乘军舰。敌攻湖口之夕，世均即潜孔垅，将六团团长○（以上一字电码不明）定魁遣令赴浔领饷，趁时鼓动各兵士赴湖口助匪攻击我军，六团坚不服从。遂率第三团及机关枪连开往寡口，剿〔到〕寡口北岸见军舰群泊口外，始知我军已将〔收〕复寡口，世均遂变成潜逃，所率军队沿途抛枪溃散，惟机关枪数尊不知下落。已将前情缄呈段军长，速筹善后办法。特此电闻。克安叩。沁。

〔北洋政府陆军部档案〕

20. 黎元洪关于北军攻占湖口情形密电

（1913年7月29日）

特急。大总统钧鉴：国务院、陆军部、参谋本部鉴：拱密。准第一军段军长芝贵、李左司令纯、王右司令占元感电称：芝贵奉命南行，即奉规复湖口之谕，到此与纯等筹熟决议，分路进攻，一切情形，曾经电陈在案。旋据探报，匪军逐日增加，总数约在①。闻由宁、粤两处皆有匪众来援，枪械至为精利，将南康下窜，以全力扑攻九江。各处苦于匪兵，呼援甚切。爰于二十三日，饬军队开始运动，以为先发之计。马旅长继曾、张团长敬尧，只攻灰山一路，于二十一晚，在尤家舍与匪冲突，时已夜分，匪人潜向我军袭击，当被击退，至廿四号拂晓进取新港。该处匪兵约在两千以外，极力抗拒，甚为猛悍，直至午后四时，始将新港占领。复连夜进袭回风矶及灰山，相持约逾四时，匪众强横，弹下如雨，张团长亲率一营绕出匪人左翼，从后抄袭，我军奋勇异常，跋越山岭十余重，匪势披靡，追至灰山西端，将湖口西炮台占据。计毙匪三百余名，擒一百五十余名，炮十余尊，此主力攻灰山一路之征战情形也。攻取姑塘一路：行至狭石附近，遇匪约一团有余，携带德造快炮机关枪据山固守，我军猛力战斗，匪势浩大，几为所乘，爰一面增拨援兵两营前往救应；一面饬周团长终始坚持。乃援队至八里铺，适迩匪徒自南康来犯，经我军并力击退，连合周团进将狭市占领。战逾廿四小时，实为异常激烈。是时，灰山

① 原文如此，此处有漏字。

已克，当饬马旅长继曾亲自驰往指挥，追至十余里，匪势顿增，凭据高山，引炮俯击，该处湖水绕越，山势周迴，隘路淤泥，运动困难。匪以后无去路，死战不休，相持一昼夜之久，匪势大溃，遂于廿六进占姑塘，此右翼支队攻姑塘之情形也。鲍旅长贵卿率领陆战支队，由海军掩护袭击湖口，舟抵下湖，匪已觉察。鲍旅长见情势危急，亲率两连登岸逆战，余队继进。海军汤次长芗铭亲自指挥，迭发巨炮援助，江岸水深及项，我军凫渡而登，匪约一旅，激战至三小时，匪众四溃。时东炮台为海军炮力压迫，势渐不支，我军鼓勇直前，台兵皆释械归顺，遂于廿五午前克复湖口县城。综计三方战斗时期，先后四昼夜之久……查湖口为长江绝险，灰山、狭石、姑塘等处，相为犄角，为乱党窃据反抗之险区，此次忍饥废宿，偷渡仰攻，犯暑冲坚，冒死奋斗，破获匪巢，收还国险，竟以三日成此大功。我军措置有方，将士用命，民国安危，关系此举。所有临阵死亡暨在事出力各员弁，应如何分别恤奖，以励有功之处，敬祈大总统饬交院、部核议，迅赐施行。黎元洪叩。艳。印。

〔北洋政府陆军部档案〕

21．李纯报告北军攻占德安等地通电

（1913年8月3日）

火急。特。北京国务院、参谋、陆军、海军部、参众两院，各省都督、民政长、护军使、镇守使、宣抚使、各司令、师长、旅长、各报馆均鉴：上月廿五号攻克姑塘，占领湖口后，稍休兵力，向瑞昌，南康、德安三路进攻，于卅号同时动作。纯督所部由沙河节节进攻，败敌于蓝桥。卅一号，由黄老门南方附近 与兵力约一师之匪人激战，匪据高地，我军仰攻，匪极强顽，尽一昼夜，不稍让步。本月一号拂晓续追，匪复占领乌石门高地，向我射击，

冀守德安。我军锐力猛进，匪溃自焚粮弹，破毁车头，分向建昌、吴城逃窜，我军乘势完全占领德安县城及其附近一带。其瑞昌、南康两县，亦于是日先后克复。统计数战，共毙匪五百余名，伤约千余名，退却时船沉淹毙者尤夥。俘虏官兵卅三名，夺获炮十二尊，机关枪十五杆，步枪一千四百余支，子弹粮秣无算。我军阵亡官兵二十八员名，伤一百五名。现在整顿精锐，分搜建、吴，以期消灭，而安大局。知念，特闻。李纯叩。江。印。

〔北洋政府陆军部档案〕

22. 段芝贵报告马继曾旅攻占吴城等情密电

（1913年8月9日）

特。十万急。北京大总统钧鉴：国务院、陆军部、参谋本部鉴：武昌副总统钧鉴：拱密。前饬马旅长继曾督率所部连取吴城、灌口，曾经电陈在案。兹据报告，吴城贼人数约一千五百名以上，挟炮四尊，机关枪四杆，凭据望湖亭高地负险固守。该处三面湖港，一面赣江，俯视下游，极难攻取。我军选步兵一连为决死队，由督队官赵景忠、连长樊近余率领，乘夜登陆，营长张中和率一营继之．立破匪人炮兵阵地，匪殊死斗，鏖战四时之久，势渐不支，余匪向南昌方面退却。我军用炮追击十余里，遂于八号上午九时占领吴城，并分一队占领灌口。计毙匪人五十余名，生擒六十余名，溺毙者不计，夺获山炮三尊，机关枪两杆，步枪约数十支。我军阵亡士兵一名，伤十余名。匪人将退之时，地方痞棍乘机抢掠，我军既进分别擒捕，现已秩序大定。芝贵接报后，即饬该旅与建昌互相联络，以期得手。先电闻。芝贵呈。泰一。印。

〔北洋政府陆军部档案〕

23. 李纯关于利用李占椿策反驻赣旅长蔡森叛降密电

（1913年8月9日）

火急。特。北京大总统，陆、参两部钧鉴：拱密。据黄顾问金城面称：乱党糜烂南方，今已穷促。近闻该党计划，主张两广为根据地，先联湘、闽，由赣州进兵。若不早防，恐匪首李烈钧退守赣南，据势天然，一时难下。复思前清提督李占椿，籍隶赣州，乡望甚孚，军界感情尤厚。现驻赣州旅长蔡森，与李极洽，若任李督集旧部蔡队亦归节制，既可绝粤来路，并可阻李烈钧将来负隅。候攻开南昌，派队前往，恐道路为乱党所断，不易进攻，且山道崎岖，千有余里，孤军深入，兵家所忌等语。纯查该顾问洞烛先几，筹策可采，拟恳大总统俯如所请，由纯转电赣州永康钱号，力劝该员造福桑梓，屏障赣南，实于肃清江西不可裨补。纯因大局起见，披沥直陈，是否可行？希示祈遵。纯叩。佳。印。

〔北洋政府陆军部档案〕

24. 段芝贵报告张敬尧团攻占南昌等情密电

（1913年8月20日）

特万火急。北京大总统、参谋本部、陆军部、武昌副总统钧鉴：拱密。南昌收复，昨经电陈在案。顷据详报：我军右翼团长张敬尧所部，于十七日进抵花布街，探闻高桥设有防御工事，并安设地雷。因即购集牛只，以为试进之用。布置甫就，已将十八日拂晓，闻左纵队在东南隅与匪交战，遂即乘机急进，九时抵洛化，遇匪两千人左右，中多湘人，我军猛烈进击，相持约一时余，匪向高桥退却，占据阵地固守，我军跟踪继进，炮火兼施，至午后两时，匪遂大溃，我军追至沙金河，用炮袭击，沉匪船一艘，遂即乘胜渡河，直占南昌城。侦匪徒穿越城内外而走，我军亦分兵尾袭于城内，遂有匪兵两千多人，陆炮四尊，将与街市迎战。张团长敬尧，不使全城涂炭，上负弔民伐罪之心，因约止部队，遣人详切开导，匪兵等亦自知不敌，遂相率缴械投诚。次日，复收降湘匪一千余，炮多尊，尚无详数。我军死伤及毙匪数目，统容查明续报。南昌市民欢迎载道，已于今日一律开市，余匪开向遂川、赣州、萍乡一带溃败。芝贵于发电后，即向南昌进发。余容续陈。芝贵呈。号三。印。

〔北洋政府陆军部档案〕

25. 陆军部为马继曾旅攻击王家渡一部已攻占南昌等情电

（1913年8月20日）

急。武昌黎副总统、各省都督、民政长、各使、察哈尔都统、各办事长官、各师旅长：据段宣抚使迭电称：马旅长于十七夜十时自樵舍出发，十八日拂晓攻击王家渡，贼人凭河固守，我军奋力鏖战约二时，匪势溃败，于今早进转去省十里之焦矶，前哨紧逼章江北岸，至距城十里外停止进攻，饬该地自治会派人往宣德意，剀切谕降。又接电开：混成廿二团已于十八日收复南昌，维持秩序等语。特此通告。陆军部。号。印。

〔北洋政府陆军部档案〕

26. 黎元洪关于收编叛军蔡森等部为赣省陆军两旅请速任命等情密电

（1913年9月26日）

大总统钧鉴：拱密。前于咸日接李护军使寒电内称：蔡旅长森业经归我范围之下，云应早为编定，以绝猜疑。薪饷虽拨自省垣，而委任尚沿用李逆，急须速行改正，庶与名实相符，免异念复明。兹拟以李安魁一旅合之黄振魁所带在省新收一团，编成一旅，以纯部丁参议〔效〕兰充该旅旅长，李安魁仍充一团团长，黄振魁即充二团团长。蔡森所部五营改为赣军第二旅，仍以蔡森充该旅旅长。其蔡部七团团长周维刚改名第三团团长，二团团长余辉照改名第四团团长，俾成完全建制，次序井然，且使伪令全归无效。纯为统一赣省兵制兼杜乱萌起见用陈一得之愚，以备采择，如蒙允可，祈即电请中央分别任命，并刊发赣省陆军第一、第二旅长关防两颗，第一、二、十〔三〕、四等团关防四颗，俾得刊发启用，以昭信守。除其有收降各队另外设法改编外，理合将改编一、二两旅情形，申请核示祗遵。等情。当经转电陆军部，尚未准复。兹据李使漾电催请迅赐核转饬遵。前来。查赣乱虽安，反侧尚多，该使所陈确系扼要，应请核示饬部速办为祷。黎元洪叩。宥。印。

〔北洋政府陆军部档案〕

27. 马继曾关于部署各路兵力堵剿反袁军密电

（1913年10月7日）

火急。北京大总统、参谋部、陆军部、武昌副总统钧鉴：拱密。李逆叛军自经我军击溃后，分途逃窜，骚扰地方，当即拨队各方相机追剿。派混成二十四团前赴义宁解散赵旅，混成二十一、三两团分赴袁州、新淦、追剿李、林各逆，又分一部前往抚州追击黄逆九言所部。现接各部队报称：赵逆远遁，其所部已经缴械遣散。李、林等逆均各分逃。袁、新方面，溃兵剿击殆尽。抚州一部，业将黄逆九言追窜赣州，经蔡旅长截击解散。其桀骜不驯之溃兵，啃聚匿处于萍乡、抚、义、吉等处，时有出没等语。惟念各部队进剿跋涉，倍极疲劳，长此何堪设想。因令二十四团驻德安、建昌，以一部驻义宁，二十三团驻袁州一带，二十一团驻新淦，以一部分驻抚、吉各处要隘防堵。从此分途剿办，余匪当可荡平，务期早日肃清，以安百姓。合肃电陈，以纾远念。马继曾叩。虞。印。

〔北洋政府陆军部档案〕

（二）南京讨袁起义

一、黄兴就任江苏讨袁军总司令

1．黄兴就任江苏讨袁军总司令通电①

（1913年）②

（衔略）近北军又复轻师袭沪，入据各厂，闻风之下，惊骇莫名。自宋案发生，继以私借外款。袁世凯之阴谋，一旦尽露，国民骇痛，理有同然。兴当时悲愤之余，假电中央婉辞切责。湘、赣、皖、粤四督坦怀论列，亦本是忠爱民国之心，乃世凯遽有异图，日作战备。当时世凯罪状既彰，岂难申讨。徒以天下甫定，外患方殷，阋墙之戒，乃所置守。爰戢可用之兵，徐俟元凶之悟。兴虽得世凯砌词辱骂之电，置而不答。四督何谴？罢斥随至。亦各下心谢职，翩然归田，宜可以告无罪于世凯矣。乃彼豺狼之性，终不可移，于各省安谧之时，妄列大兵于江海。当蒙边不靖之顷，转重腹地以兵戎。倒行逆施，至于此极。推其用心，非至剿绝南军，杀尽异己不止。似此绝灭人道，破坏共和，惟无子孙，忍再坐视。兴今承江苏程都督委为讨袁军总司令，视事之日，军心悉同。深悔待时留殃之非，幸有急起直追之会。当即誓师北伐，殄此神奸。诸公保育共和，夙所倾服。望即协固声势，用集大成。兴一无能力，当有心肝。此行如得死所，实所尸祝。若赖我祖黄帝之灵，居敌忾同仇之后，天下从风，独夫寒胆。则兴之本志，

---

① 此件系抄件。

② 此通电未注明时间。黄兴就江苏讨袁军总司令职时为1913年7月15日。

惟在倒袁，民贼一去，兴即解甲归农。国中政事，悉让诸贤者，如存权利之想，神明殛之。临电涕泣，伏维矜鉴。江苏讨袁军总司令黄兴。印。

〔国民党政府国史馆档案〕

二、讨袁军由徐州进攻韩庄及其失败

1．周自齐等关于南军进攻韩庄守军力单乞速饬张勋派兵应援密电

（1913年7月16日）

万火急。北京大总统、陆军总长钧鉴：拱密。顷据韩庄方旅长玉普电称：南军业已进攻，现在极力抵御，乞急遣派兵救援等语。前敌兵力甚单，惟张勋军队出发较易，万乞速饬该军统派兵前进应援为叩。周自齐、靳云鹏叩。谏。印。

〔北洋政府陆军部档案〕

2．周自齐等关于南军进至韩庄防军兵单请迅派队援助等情密电

（1913年7月16日）

万急。北京大总统、陆、参两部钧鉴：拱密。据方旅长铣电称：顷探得咸日下午两点，有南军步一团，机关枪两支，马炮等队，沿途不□〔吹〕号，先由电局开至利国驿，分占要隘，折毁铁轨，尚有后队未至，距韩仅只数里。普即扼要分防，惟本团兵单，不敷守御，恳速派队来韩，以资策应。交通已断，消息不灵。但彼举动伪装已彰，侦探俱尚未回，余俟续[illegible]十七、十九两团，分防曹、济一带，猝难集合。拟请迅饬张军统即行派队前往援助，并请饬下交通部所有津浦济南各站暂归鲁省指挥，以赴事

机。急盼电示。周自齐、靳云鹏。铣二。印。

〔北洋政府陆军部档案〕

3. 张勋等关于南军进攻韩庄被击退战斗经过通电

（1913年7月18日）

加急。北京大总统、国务院、陆军、参谋两部、参众两院、亚西亚报馆、武昌黎副总统、各省督军、民政长、镇守使、护军使、各师长、省议会、上海神州报馆、天津大公报馆并转各报馆鉴：十六号晨，徐州叛军突向鲁省边界韩庄地方所驻陆军开枪袭击，当经方旅长派兵抵御，鏖战竟日，至晚五时将叛军击退。十七号拂晓添兵来攻，正鏖战间，勋及兖镇田中玉所派援队驰至夹击，叛军溃败。计阵毙叛军七百余人，遗尸战地，生擒三十余人。夺获大炮四尊，快枪千余枝。现正向徐州方面追击。我军哨官伤亡各一员，兵伤二十三人，亡四人。谨此飞闻，余容续电。张勋、周自齐、靳云鹏叩。啸。印。

〔北洋政府陆军部档案〕

4. 蒋廷梓关于北军攻占徐州等地战斗经过及反袁军失败原因等情致段祺瑞呈

（1913年8月8日）

总长钧鉴：为呈送报告事：窃自赣乱肇兴，江宁告警，驻徐州之陆军第三师同时变叛，遂于七月十五日断绝南北交通，冷遹下令进攻韩庄，幸东省筹备在前，先已派方中将玉普率陆军两营扼韩驻守，当与鏖战，殊死抵御。嗣得田中将中玉所派防营、张上将勋所派武卫军先后赴援，大呼奋进，敌气虽馁，犹复增加兵力，再蹶再振，适所密派差遣彭顺乾所串之李扒余党，扰乱其阵后，叛军疑是改装抄袭之众，又不知数之多寡，从何自来，始惊惶遁归，我军乘之，叛军大败，死伤极夥，乃不能支，节节溃败，将徐州退出。详细情形，备登报告。是役也，合防；陆不足五千，而胜将及两师之暴徒，虽其不无巧合，实仰赖我公威福有以致之也。所有剿办叛军、光复徐州暨后方筹备各情形，理合录折专呈钧鉴，备案施行。再此次因军事倥偬，百端交集，既虑调查不实，复虞遗漏滋多，以致呈报稍迟，合并声明。专肃敬叩勋绥。伏乞
垂察

山东都督府参谋长蒋廷梓谨呈

附呈报告一扣

为报告事：窃维此次徐州兵变，事起仓促，若非韩庄部队抵抗不挠，后方运筹应援迅速，几乎东省糜烂，大局颠危。前以军务倥偬，不遑昕夕，至一切事实迄未评陈。现叛军溃退临淮以南，我军以进占徐州一带，事机稍定，谨就前方经过之状况，后方设备之情形，择其紧要缕晰陈之。伏乞钧鉴：

一苏军叛变之原因。第三师之叛军，实因十四日，该军接到江西欧阳武来电称：彼已战胜北军，约冷军即日进攻山东，以图大举。又云黄兴、程德全、应德闳亦来电加冷遹为北伐行军总司令，饬全师即日出发，并调第一师、第八师，扬州、江北、安徽等处，亦不日会兵北上等语。是以十五日早，该叛军即集合各上中级官长开秘密会议，遂定进攻韩庄之策，并于是日晚，即由南京开到混成团一支队。

一、战斗前叛军之设置。十五日晚十钟，苏军第三师将兵力厚集利国驿方面，折毁韩庄迤南铁道数处，常行火车即时停驶。韩庄方旅长当电询火车停驶理由，得其复电，据称，无事勿庸过虑等语。盖斯时，徐州电局已为叛军占据，故前方情形难得真谛，是晚致南省电皆不能通。

一、激战之情况及战场之擒获。十六日早十钟　敌军由利国

驿迤北方面向我军开枪进攻，五师方旅长即率所部步队两营、炮六尊、机枪两杆，占据韩庄一带与之还击，叛军枪声炮火炽盛非常，我军竭力抵抗，兵心弭固，两军相持至午后三钟，前路巡防步队王分统闻讯率步队三哨前往应援，军气益振。六钟遂超越运河以南，向前猛攻，叛军不支，纷纷败走，退却约四五里许。我军以兵力单薄，未便穷追，仍在韩庄方面固守阵地，以待大军到来，再图进取。是晚，叛军反攻袭击五次，拂晓攻击尤为剧烈，我军忍耐坚苦，竭力支持，幸均未使接近，即被击退。十七日早，正在激战中，武卫前军因接方旅长告急电，即派张统领文生带步炮四营到韩协同助剿，我军联合围攻，叛军气馁，向利国驿、孙庄方向退却，我军鼓勇追击，叛军伤亡甚众。是役也，夺获枪枝马匹背包等物多件，生擒匪军兵士九名，击毙高级军官一名。十八日早，炮五团郑团长带步队一营、炮队一连赶到韩庄，当即抢入阵地放列，向敌猛烈轰击，将利国驿车站轰倒，叛军败退，我军节节进攻。午后，利国驿、柳泉各地，遂相继占领，并夺获过山炮三尊、子弹二十余万粒，生擒伪营长周光濂，击毙叛兵多名，锅灶背包帐棚军用零件甚夥。十九日午前十钟，叛军向我左翼来攻，遂与武卫前军协力抵御，直至下午三钟，胜负未决。我军自臆兵力薄弱，叛军战线极力扩张，当由潘团长带步一营，机关枪、过山炮各二尊，占据武卫前军右翼无名山一线，尽力抵御，相持至下午六钟，敌不少屈，我军又以第二十团第二营增加右翼，少获胜利。至九十钟，叛军用于战线之部队，约有两师之多，以威力行夜间战斗，枪炮剧烈，隆隆不绝。二十日拂晓之前，叛军又以陆炮向我侧击，是时，我军右翼已被包围，遂将十九团之第二营二十团之第一营，全行加入战线，尽力射击，敌始少退。午前十钟，叛军又到生力军一支队，向我反攻，我军连日战斗，疲劳已极，且敌众我寡，势不能支。当以十九团之第三营陆炮收容，即行退却。傍晚，退至利国驿附近，严固防守，作秣马厉兵，以待后援之计，嗣大军到时再行进攻。二十一日，两军仍有小战斗。二十二日，四师到韩与陆防各营联合会剿。叛军不敌，遂折毁徐州以北铁道及桥梁五处，向徐州溃退。武卫前军派马队两营跟踪追剿，五师马队亦相继前进，叛军锐气已挫，闻我军至，即匆匆退出徐州，亟登火车，开往南宿州一带，窥伺我军动静。我军于晚十二钟，实行占领徐州城并附近云龙山各处，炮队抢入阵地放列，备敌反攻。二十三日早，各军先后开到，当经搜获快枪七千余杆，子弹三十四万粒，小钢炮十五尊，陆炮二尊。二十四日，兵力已云集徐州一带，饬工修理桥梁，计划前进。二十五日早，冯军长已前赴徐州，尚未有若何战斗。

一、叛军之兵力及失败之原因。叛军兵力约有两师之谱，其编成即由第三师全师并去岁光复南京之各军队为主干，而五疃土匪亦在其中。其失败之原因，实由南匪李扒子前被冷军击毙，其党羽衔冷甚深，适参谋处所派密探彭顺乾侨装赴徐，侦知个中底蕴，急利用其机会，竭力诱劝李扒子所部各匪抄袭冷军后路，并勾通叛军马队同时反正，于是叛军乃有内讧之现象。是时，张军马队亦由台庄绕道来袭，更与联为一气，向敌猛攻，声势逾振，叛军腹背受敌，力始不支，遂致纷纷溃败。查徐州本东南咽喉要隘，匪军之布置亦极森严得法，我军若非攻间并用，奇正兼施，使其同室操戈，自相残杀，彼若择险固守，万众一心，虽我军竭力进攻、不难克复，然伤亡之兵士，与占领之时期，其多寡迟速之比较，诚有不可同日语者矣。

蒋廷梓谨呈

〔北洋政府陆军部档案〕

三、北军围攻南京城

1. 国务院关于袁世凯任命冯国璋为第二军军长公函

（1913年7月18日）

国务院公函二年陆字乙千四百〇八号

迳启者：奉大总统令：任命冯国璋为第二军军长。此令。等因。除是项命令奉谕暂缓发表由院电知冯军长外，相应函知贵部查照可也。此致

陆军总长

〔北洋政府内务部档案〕

2. 张勋分兵向扬州镇江一路包抄浦口等情密电

（1913年8月5日）

北京大总统、参谋、陆军两部钧鉴：江电敬悉。勋现即系按照与冯军长商定办法，分兵向扬、镇一路包抄浦口，前队业抵扬州。勋准今日督率大军继进，径趋浦口，俟到彼查看情形再行电达。勋。歌。印。

〔北洋政府陆军部档案〕

3. 周自齐等关于北军进占蚌埠南军退至滁州浦口一带等情密电

（1913年8月6日）

北京大总统、参谋、陆军部钧鉴：拱密。顷接前敌施司令从滨微电称：率潘团于三号进占蚌埠，方团今日可到。惟固镇路桥迄未修竣，运输马炮弹药等物，异常困难，再三设法，始堪运蚌。

现探叛军据滁州、浦口一带，约有一师。我军候军长命令，再行前进。此间电报，顷始修妥。等语。谨闻。周自济、靳云鹏叩。鱼。印。

〔北洋政府陆军部档案〕

4. 陆军第五师施从滨关于围攻南京城逐日战斗详报

（1913年8—9月）

（1）8月9日

午前四点，在蚌埠之各队均齐集滁州，即在滁州东关择地宿营。其配备略图如第〔"第"字衍〕附图第四。（缺）

午前六点，接军长电令如左：

一、南京有复独立之传闻，各师、旅宜严加警备。

午前六点三十分，各部指挥官并会同第四师何旅长，赴滁州南城外查看情形。

午前七点，回宿营地。随应下命令如左：

第五师前敌司令官【命令】八月九日午后两点自滁州车站发

一、顷奉军长电令开：南京有独立之传闻。我第四师混成团，已在铁道线以东配备防御。

二、本师拟在铁道以西择地防御。

三、炮队陆炮须于无名庄桃园附近选择阵地，但务须能击琅琊寺、假庄一带之线。山炮队须于土堆附近选择阵地，务须能击假庄至铁道一带之线，但须拨山炮两尊、第四师再拨山炮两尊于二十团。

四、马队到滁名〔州〕，以主力应于南关通乌衣及通某县之附近搜索敌情。

五、十九团（欠第三营）附机关枪二杆、电话一部为左翼，应占据铁道（即第五师右翼）至万福庵一带之线，但须设监视哨于前方。

六、二十团（欠第一营）附山炮两尊、机关枪两杆、电话两部为右翼队，应占领之线自我十九团右翼起至琅琊寺止，但须于通乌衣之道设监视哨。惟第一营现在蚌埠尚未来到。琅琊寺西南之高山，须设监视哨。敌攻时，该团之主力宜注意此高山。

七、十九团之第三营及二十团第一营，应在车站为总预备队。

八、工程、电话队须设通信所四处，一由本部通二十团，一由二十团通高山之监哨。应设地点由各团径示电话队。

九、卫生队应于滁州北关准备开设疗伤所，敌攻时，担架分布各团营。

十、弹药纵列应集合于火车附近，准备补充粮秣，纵列应停于沙河集。午后九点四十分，由军司令部来电云，拱卫军拨来陆炮一连，当即开车。

（2） 8月10日

午前五点，拱卫军拨来陆炮一连，已到滁州，当与炮一营下命令如左：

第五师前敌司令官命令八月十日午前五点十分于滁州车站发

一、顷由拱卫军拨来陆炮一连。

二、该连之作战、宿营及补充等事，均由贵营长指挥。

三、予在滁州车站。

司令官施从滨

午前九点并无新敌情。

午前九点三十分，有南京第八师工兵营营长在滁州与军参谋接洽商办浦镇事宜。

午后五点三十分，由电话传来军参谋处与本旅参谋官之通报如左：

第二军军参谋处通报十日午后五点于蚌埠发。

一、前方敌情须时常有电话来军。

二、叛军已至浦镇东十里以外。第五师须派队伍前往，占据浦镇，但派往队伍人数若干并何种，须预先报告军参谋处，有军命令再行前往。

三、军长约明日正午可到滁州。

第二军参谋处

午后八点，准以上之通报，随命潘团长带本团及机关枪二杆、步兵一大排、山炮四尊，准备向浦镇前进。当与军参谋处报告如左：

第五师前敌司令官通报八月十日午后十点十分自滁州发

一、所来之通报，已悉。

二、本旅已准备步兵第十九团、马兵一大排、山炮四尊、机关枪两杆，候令前进。

施从滨呈

（3） 8月11日

午后五点三十分，接奉军长命令如左：

专谕第五师命令八月十一日午后三时三十分自滁州发

一、陆军第三师已退至浦口十里外。南京第一、第八两师及各要塞军，已派员带领卫队前往宣抚。

二、本军拟占据浦镇、江浦一带，准备渡江。

三、贵师即编一旅团，由滁州登车陆续向浦镇输送，占据浦镇，警戒前方，掩护我军前进。

四、予在滁州车站。

第二军军长冯

注意：

一、据第三师团长张宗昌来电，现第三师除留骑兵一团、步兵、宪兵各二连外，其余均退至浦镇东十里外。

二、该团到浦镇之后，遇有事项可与军派员李奎元少将接洽一切。

午后五点三十分，遵以上之命令，遂与先准备之部队下命令如左：

第五师前敌司令官命令八月十一日五点三十分自滁州车站发

一、陆军第三师已退至浦镇东十里外。南京第一、第八两师及各要塞已派员带领卫队前往宣抚。我大军拟占据浦镇、江浦一带，准备渡江。

二、本师为占领浦镇，警戒前方，掩护我大军之前进起见，拟先编一混成团向浦镇前进。

三、步兵十九团附马兵一大排、山炮四尊、机关枪两杆，即刻分两列车，向浦镇前进。

四、马兵须派一大排，炮兵派山炮四尊，归潘团长指挥。

五、其余各队在滁州候令。

六、予在滁州车站。

司令官施从滨

注意：

一、贵团两列车之配备，可由贵团长与车站司令直接交涉可也。

午后五点四十五分，混成第十九团按照命令由滁州登车向浦镇前进。

午后十一点，接十九报告如左：

十九团团长报告八月十一日午后九点自浦镇发

一、据第三师师长面云：南京第一、第八两师又宣布独立，公举何海鸣为都督。该师现扣有南京派来运动三师独立之代表二名，官兵已为动摇。

二、本混成团现在浦镇车站以北宿营，以备不虞。

团长潘鸿钧

午后十一点十五分，接此报告后，当将此中情形报告军司令部。

午后十一点四十分，接到军司令部命令如左：

专谕第五师命令八月十一日午后十时于滁州发

一、降军情形无变动。风闻本日第一、第八两师小有冲突，且又有独立之耗。

二、军拟迅速占据浦口、浦镇一带，准备渡江。

三、贵师所余部队，即时准备在滁州登车，向浦口前进，占据浦口附近，并掩护我炮队之阵地。

四、第四师之炮兵两连及重炮两尊，暂归贵师长指挥，候占据浦口之后，再令之前进，占领阵地。

五、予在滁州车站。

第二军军长冯

午后十一点五十分，遵以上之命令，遂下命令如左：

第五师前敌司令官命令八月十一日午后十二点自滁州车站发

一、降军情形无变更。风闻本日第一、第八两师，小有冲突，且又有独立之耗。我师新增陆炮兵二连、重炮二尊。我十九团已占领浦镇。我大军拟迅速占据浦镇、浦口一带，准备渡江。

二、本师拟占据浦镇、浦口一带，并掩护我大军炮兵之阵地，于明早陆续登车向浦镇前进。

三、各部前进之次序及出发时刻如左：

第一列车：步二十团（欠第三营）附机关枪二杆、陆炮第四连，于明早二点在滁州登车出发。张团长为该列车之指挥官。

第二列车：司令部、山炮第一营（欠炮四尊），电话，可于明早四点由滁州车站登车出发，向浦镇前进。

第三列车：步二十团之第三营（即十七团之二营），马兵第一营（欠一连及一大排）、卫生队，可于明早五点于滁州车站登车出发。王营长为该列车之指挥官。

第四列车：拱卫军、陆炮队之一连，可于明早六点由滁州车站登车出发前进。

第四师之陆炮兵两连及重炮兵(“兵”字衍)二尊，候第四列车开行后，即由滁州车站登车(但须有命令)，向浦镇前进。

四、弹药队、粮秣队接到命令时，可进至滁州待命。

五、刻下予在滁州车站，明早四点乘第一列车向浦镇前进。

(4) 8月12日

午前二点，第一列车开行

午前四点，第二列车开行。午前八点抵浦镇。十九团团长当面报告南京独立情形，与在滁州所接之报告同。惟第三师幸得张师长竭力维持，未为叛军所动，且已由李旅长说其倾心投诚，毫无他意。

午前十一点，本师各部队除现增之第四师炮兵两连及重炮两尊外，均由滁州陆续来浦。

午前十二点，带同各部指挥官查视地形毕，为达掩护大车〔军〕前进之目的起见，遂下命令如左：

第五师前敌司令官命令八月十二日午后一点自浦镇发

一、叛军第一、第八两师，在南京已宣布独立。

二、本师拟暂占领浦镇，以掩护大军之前进。

三、陆炮第四连及拱卫军陆炮队之一连，应于古将台后方之高地，择地放列，务须击江口及狮子山并沿江一带之线。

四、步兵第十九团（欠第三营）附机关枪二杆、山炮兵第一营(欠第一连)，为左翼队。应警戒地段：左翼自老营盘起，右翼至古将台止。

五、步兵第二十团（欠第一营）附机关枪两杆、炮兵第一营之第一连为右翼队。应警戒地段：左由十九团之右翼，右至铁道以西之土山止。

六、步兵十九团之第六第三营、二十九团之第一营，在古将台后为总预备队。

七、马兵派一连在江口停止，派一连于右翼一、二十里处，择渡口附近停止。其任务在沿江盘查往来之行人。余来司令部候命。

八、卫生队应于浦镇车站之西铁道医院内准备开设。

九、电话队应于十九、二十两团阵地及陆炮阵地、师司令部各设通信所，其余在司令部待令。

十、电雷队应随带材料，退至东葛待令。

十一、弹药队、粮食队，仍在滁州待令。

十二、予现在浦镇街客栈，开战时则在古将台后方。

司令官施从滨

注意：

一、各部接到此命令时，即解散由滁州前进之编成。

二、叛军无论露有何种有利之目标，我炮兵须俟有本司令官之命令，方准开始射击。

本师警戒之配备如第五图。〔缺〕

午后三点，据各部报告已配备完毕，随向滁州电调新增之第四师炮兵两连及重炮两尊，向浦镇前进。

午后四点五十分，新增之重炮两尊、陆炮两连到来，随下命令如左：

第五师前敌司令官命令八月十二日午后五点自浦镇街客栈发

一、叛军第一、第八两师，在南京宣布独立。

二、本军拟暂占领浦镇，以掩护大军之前进。

三、重炮两尊，应在九领山后方高地放列。务须能击狮子山、老虎山一带之线。

四、陆炮两连，应在古将台后方拱卫军及第五师炮兵线右择地放列，务须能击江口及狮子【山】并沿江一带之线。

五、予在浦镇街客栈。

司令官施从滨

注意：

一、无论发现何种有利目标，无司令官命令不准射击。

二、江口有我马兵一连。

（5） 8月15日

午前八点，南京狮子山炮火向我射击甚烈，我并未还射，因各国兵舰停泊于下关，倘有损伤致起国际交涉，将此情况即报告于军司令部。

午后三点，招集各部队长，筹划渡江事宜后，听令渡江。

午后十一点，接奉军长命令如左：

第二军命令八月十五日午后九时自花旗营发

一、本军已拟攻击南京，已知会英、法、日、美各国兵舰。所有本军现驻江北岸之军队，准于八月十五日夜十二时起至十六日夜十二时止，停战二十四小时，于此停战期间，各国兵舰开驶他处。

二、贵师照以上第一条所定时间之内，不准开炮，停战二十四小时，以免引起国际交涉。

三、予在花旗营。

第二军军长冯

午后十一点十五分，当即缮传于各部。

午后十一点四十分，准浦镇军参谋处通报如左：

驻浦镇军参谋处通报十五号午后十点自小红楼发

顷奉军长电谕：

一、各国在南京附近停泊兵舰，原为保护财产起见，于此次战事严守中立。

二、据各国领事请求停战二十四小时，得以迁移安居地位。

三、由今夜十二时起至明日晚十二时止，在此二十四点钟时限内，各师一律不准开放枪炮。

四、浦镇在敌炮火线界内，于停战时间各师旅一律选择隐蔽地，免受敌炮危险。

五、现浦镇军参谋处电话已经设立，前方一切情形，各师旅随时通报，以便转报。

(6) 8月16日

午前四点，齐集各部指挥官，示以通报之意。即令各部照命令之位置稍为迁移，但须无妨于战斗，本司令部亦遂移住浦镇城。前驻浦镇街者，原为办理第三师事宜起见，使第三师不生疑意，于战术上绝无驻浦镇街之理也。

午前四点，叛军狮子山炮火向我射击，战斗即于是时开始。

午后五点，集合各部指挥官，预备渡江事宜。

午后七点三十分，据派往南京之密探回来当面报告如左：

一、南京城内，第一、第八两师北籍之目兵，均已驱逐北渡。

二、叛军于各城门及要塞设守甚严。

午后十二点，接军长【命令】如左：

第二军命令八月十六日午后七点自花旗营发

一、叛军约一师有余，现据南京。张军已于十五号晚占领紫金山，现正向天保城、朝阳门一带攻击。我第一师一部（步兵第十二团、骑兵三连、炮兵一连），已于十六号渡江，现已占领幕府山。

二、军拟今晚渡江，实行向神策门至太平门攻击前进。

三、第三师所余之各部队(欠第十团)，今晚十时于卸甲甸渡江登岸后，向神策门至钟阜门一带攻击前进。

四、第五师（以前所属该师之野炮及重炮，仍归第四师原有序列），候第三师渡毕，即于卸甲甸继续渡江。登岸后，沿第三师左翼，向太平门攻击前进，并须援助张军，攻击天保城。

五、第四师之步兵十六团(欠一营)、机关枪四支、山炮两尊，及第三师之第十团归何旅长指挥率领，至老西江口警戒之右翼，并须佯作渡江。

六、第四师所余之部队，固守浦口城至枚管营之线，于每日夜间（自明十七号午时两点起），以炮火扰乱敌人。并须于沿江岸及后方之炮兵阵地构筑坚固工事。自老西江口至浦口一带之部队，均以杨师长为司令官，并监督三、五两师后路。

七、渡江部队之给养，须带二日之携带粮秣，以后由后方运送。

八、予在滁州车站。

第二军军长冯

注意：

一、电线架设：在江浦以西归第四师架设；以东至卸甲【甸】归第五师架设。

二、江面通信：以船只来往两岸，并粮秣弹药输送船只，均归吴工兵长办理。但弹药、粮秣输送江之南岸，遇有患者即带回卸甲甸。

三、渡江后攻击时之电信架设：各师自行联络。水底线已向后方去运。

四、给养、弹药补充：由浦镇至后方归军办理；由浦镇至卸甲甸归第四师监督。三、五两师员夫输送，由登岸点至战线，由第三、五两师多派军需官会同雇用夫役运送。

五、标示：我军部队均用红旗，其长官、目兵左臂均缠红布，如占领狮子山炮台，以大红旗标记。

六、第四师之炮击开始，因有国际交涉之关系，须自明日午后二点起。

七、炮队射击之目标及分配法，归米炮兵长指挥。

八、在江之南岸卫生队，各师择地自行开设裹伤所。军于卸甲甸开设大疗伤所，由江南岸至江北岸患者输送，即利用输送粮秣、弹药船回转时带回卸甲甸，由卸甲【甸】至浦镇送至患者输送部（利用浦镇医院），由军纪医官雇用夫役抬送后方医院（在徐州、济南二处）。

（7） 8月17日

午前五点，遵以上命令，下渡江之命令如左：

第五师前敌司令官命令八月十七日午前五点自浦镇发

一、叛军约一师有余，现据南京。张军已占领紫金山，现正向天保城、朝阳门一带攻击。我第三师一部已占领幕府山。我第三师除占据幕府山及第十团外，已于昨晚卸甲甸渡江登岸，向神策门、钟阜门前进。我第四师之混成十六团及第三师之第十团，在老西江口警戒我之右翼并佯作渡江，我第四师之十五团，在浦口驻守并夜间时以炮火扰乱敌军。我军拟自昨晚起，实行向神策门至太平门攻击前进。

二、本师拟于今晚陆续由卸甲店【甸】渡江后，向太平门攻击前进。

三、步兵十九团附机关枪两杆、山炮一连、骑兵一大排为第一队，务于午后六点至卸甲甸，陆续渡江后向太平门攻击前进。

四、步兵第二十团附机关枪两杆、骑兵一大排、山炮第一营（欠一连）、卫生队、电话队为第二队，务于午后九点至卸甲甸，以备渡江。

五、电话队须由浦口至卸甲甸架设通信所，其余随二十团前进。

六、陆炮第四连、拱卫军炮队仍在原阵地停止，归米炮兵长指挥。第四师重炮及陆炮，自此刻即仍属第四师指挥之。

七、马队应于十九团、二十团各拨一大排。

八、其余各部队即在浦镇停止，归岳团长指挥。

九、电雷队、弹药队、粮食队于接到命令可进至浦镇，择安全地停止，归薛岳团长指挥之。

司令官施从滨

注意：

一、命令第三条渡江之各部队，其次序由十九团团长规定之。第四条渡江之各部队，由二十团团长规定之。

二、本日正午十二点，浦镇守线由军派队接替，我师之配备当即撤收。

三、十九团于幕府山下登岸后，须择地停止。多派侦探搜索通太平门及联络张军之道路，并须保二十团渡江完毕，方可前进。

四、粮秣、弹药之输送：由浦镇至卸甲甸归第四师监督；两岸往来船只归吴工兵长办理；由登岸点至战线应由各团、营多派军需官长督率雇用民夫办理。

五、如占领狮子山炮台，以大红旗为标记。

六、军司令部于卸甲甸开设大疗伤所，如南岸遇有患者，利用输送船只带回。

午后四点，我混成第十九团（即第一队），由浦镇开赴卸甲甸。

午后七点，据十九团团长由电话报称如左：

一、卸甲甸船只无多，且刻下均为第三师所用，本团势难即时渡江。

二、本团各部队，刻在卸甲甸村落露宿。

午后七点，当传饬混成第二团（即第二队），候令向卸甲甸前进。

（8） 8月19日

午后两点，据十九团团长报称如左：

一、刻由六合征来大小火轮一只、民船八只，加第三师用毕之民船八只，共十六只。因船小，每次只可渡兵一营。

二、我混成团已渡江开始。

午后两点三十分，当命混成二十团照十七日之命令，向卸甲甸出发。予亦随二十团向卸甲甸前进。

午后五点抵卸甲甸。十九团各部正在半渡之间。

午后九点，混成第二十团已陆续达卸甲甸。

（9） 8月20日

午后七点，混成十九团方陆续渡毕。遂命混成第二十团于明早拂晓即继续渡江。

午后九点，据十九团团长报告：本团渡江，困苦已极，现在观音门停止。当将渡江困难之情形，用电话报告军长如左：

第五师前敌司令官报告八月二十日午后九点自卸甲甸发

一、我十九团于昨晚渡江开始，今早队头已至幕府山与第三师联络，该团之主力刻在观音门。

二、我军渡江时困难已达极点，因船行抵七里洲北端即须下船穿苇塘约十数里，兼渡大小河沟三道，方达夹江北，后登船再渡夹江，始至幕府山下。所经道路只可单人，马、炮均不能通过，虽交通困难，但可免受狮子山、乌龙山之炮火损害。

三、我二十团拟于明早拂晓续渡，因夜间易于迷失方向，且道路亦难行进。

四、刻下本师拟以步队、机关枪、山炮先赴北岸（卸开用人抬），马匹暂留卸甲甸，另行设法。

五、张少帅派员往见军长，面禀前线情形。

司令官施从滨报告

（10） 8月22日

午前九点，据十九团所派官长侦探报告如左：

十九团官长侦探报告八月二十二日午前七点自麦高桥发

一、兵力未详之叛军，在南京城内闭关固守。

二、我第三师已占据幕府山、老虎山。

三、张军已据紫金山，其乌龙山于今早四点为张军所克复。

四、南京太平门及神策门外并无叛兵。

五、侦探已行抵麦高〔迈皋〕桥，拟进十字街向太平门搜索前进。

排长刘长有报告

午正十二点，集合各部指挥官，示以进攻之机宜，并饬各部整顿装械，以备进攻。

午后十一点，当接军长命令如左：

第二军命令八月二十二【日】午后五点自芦席营发

一、据探报称：叛军现盘据南京城内，已经闭城，在内叛军大肆抢掠。我张军今晚实行攻击雨花台至天保城之线。我混成第八旅已至老西江口，似于该处渡江。

二、军拟明日拂晓攻击。

三、第三师务于今夜开始运动，于明早四点以前占领上元门至黄家卫之线，于明早（二十三日）午前五时开始，以主力攻击神策门，以一部向下关小东门一带扰乱。

四、第五师务于今夜运动开始，向太平门实行攻击。

五、第四师所属之炮击队，务于明早四时以前准备完毕，于五时开始炮击，须射击仪凤门、狮子山及下关一带，均受米炮长指挥。

六、予在芦席营。

第二军军长冯

注意：

一、各师、旅攻开城之后，先行整队。第三师务与第五师联络；第五师与张军联络。

二、第三师攻开城之后，一部胁制富贵山，一部占领狮子山。

三、占据各地城墙之上，迅速插红旗，以使我军认识而免误会。

四、第五师进城之后，占领北极阁、练兵场、水晶合一带。

五、第三师进城之后，占领陆师学堂、实业学堂、劝业会场、百子亭一带。

六、各师进城之后，务照以上之注意，占据确实，集合兵力，听候以后之命令为要。并保护外人之房屋及各国领事署。

午后十一点三十分，遵军之命令向各部下攻击命令如左：

第五师前敌司令官命令八月二十二日午后十一点三十分自观音门发

一、据探报称：叛军现盘据南京，城门已经关闭，城内叛军大肆抢掠。我张军今夜实行攻击雨花台、天保城之线。我混成第八旅已至老西江口，拟于该处渡江。我第三师于明早四点以前占领上元门至黄家卫之线。于明早五点开始以主力攻击神策门，以一部向下关小东门扰乱。我第四师所属之炮队，于明早五点开始射击仪凤门、狮子山及下关一带。我大军拟于明早拂晓实行攻击。

二、本师拟于明早四点以前占领天保城至佛国寺之线。于明早五点开始向太平门实行攻击。

三、步兵第十九团附山炮一连、机关枪二杆、马兵一大排，于明早两点由宿营地出发，经观音门、麦高〔迈皋〕桥、十字街向太平门攻击前进，但须于明早四点以前以步队前线占领天保城至后湖之线，于明早五点时实行攻击。

四、山炮第一营（欠一连）于明早二点三十分，候十九团出发后，继十九团行进路出发，但须于明早四时以前于大红山以南无名高地附近择地放列。务须能击富贵山、北极阁及神策门一带之线，于明早五点开始射击，援助我十九团之进攻。

五、步兵二十团第一营于明早二时三十分，由宿营地出发，经观音门、麦高〔迈皋〕桥向太平门攻击前进，但须于明早四点以前占领大红山，以步兵前线占领十九团之右翼至佛国寺之线，于明早五时实行攻击。

六、步兵二十团（欠第一营）附机关枪二杆、马兵一大排，于明早二点三十分由宿营地出发，经观音门、麦高〔迈皋〕桥向太平门攻击前进，但须于明早四点以前占领十字街附近，援应十九团。

七、卫生队于明早二点三十分，由宿营地出发，向观音门前进，但须于明早五点以前于麦高〔迈皋〕桥北端准备开设完备。

八、予在二十团队头前进，五时后予在十字街。

司令官施从滨

(11)　8月23日

午前两点以后，各按命令逐次出发。

午前四点，各按命令占据应占之地段。

午前五点，开始进攻。午前五点十分，我附十九团之炮队，已于太平门外火车站以北高地射击太平门。我大队之炮队，已于大红山以南高地射击太平门，战斗遂于是开始。斯时十九团之第二营，由原占据之线向太平门进攻前进。

午前五点十五分，叛军于太平门垛口内向我射击。

午后五点四十分，占据天保城之张军及太平门外之徐军，亦齐以火力向城内射击。

午前六点，我十九团之前线已进至距太平门约一千米达，叛军于城内墙上以极猛烈之枪火向我射击，我军之火力虽较盛于敌，然效力甚少，盖叛军藉城垛之隐蔽，时隐时现故耳。

午前七点，前线受伤甚多，因叛军居高临下，我军暴露于平地。

午前八点，我十九团之第二营已攻至太平门，见城门坚闭，且所伏之电雷甚多，并城上炸弹乱抛，机关枪亦得施放，连力攻门则徒取伤亡；后退则亦多损害，不得已遂命在前线之十九团，半藉地形半筑沟垒于太平门外停止，以待时机。

午前十点，叛军于城上新增兵力甚多，炮火亦极猛烈，幸叛军之炮弹不炸者十之八、九，我军亦未受最大之损害。

午前十二点，战斗甚烈。叛军以其全力向我注射，幸我兵士久经战场，坦然自若，毫无恐怖，仍守战线如常，以困叛军。是战也，闻叛军之兵力斯时确有一师。

午后六点，负关固守。我军亦觉疲乏，遂命前线于原战线露营，以备翌日再行进取。

(12) 8月25日

午前八点，据前线之十九团由电话报称：丰润门上有叛兵两连向我十九团右翼射击。并据土人云：叛军不时有密探从丰润门出入。

午前八点二十分，大红山视丰润门及神策门之情形，见丰润门距隔后湖设有叛军，出射我军之右翼，危险已极。神策门虽有第三师一部堵守之，然兵力无多，稍一不利，我后路堪虞。

午前九点，当命二十团第一营以主力聚集大红山，专注意丰润门及神策门。

午后三点，据十九团团长由电话报称：先以炮火击毁太平门，再行直冲入。

(13) 8月26日

午前两点，附十九团之山炮两尊，向太平门秘密运动。

午前四点，炮队进至距太平门一千二百米达。

午前五点四十分，猛以炮火注射太平门，当将城门击塌，并将门洞内所伏之电雷及子药库，均行击燃。当我军炮击时间，步兵未能前进，而炮火稍停，叛军及时设机关枪数杆及山炮数尊于门内，阻止我军。

午前七点，我军在前之各部队合力进攻，均进至墙根，入门无法。及至午后四点，未能奏功。不得已，退至原线，以图再举。斯时叛军利用夜间，将城门用土石屯塞。午后八点，拟以火药轰毁城门，再图进攻，并调陆路炮来十字街。随发命令如左：

第五师前敌司令官命令八月二十六日午后八点自十字街发

一、叛军在南京顽强抵抗。

二、本师正在攻击。

三、陆炮第四连及电雷队接此命令时，各带应用弹药材料，迅速由卸甲甸渡江，来十字街待命。

四、予在十字街。

司令官施从滨

午后九点，向军司令部报告如左：

第五师前敌司令官报告八月二十六日午后九点三十分自十字街发

一、叛军仍据城坚守。

二、本师及张、徐二军，今早见敌守城稍形懈怠，随实行攻击。张军向朝阳门进攻，本师向太平门进攻，至逼近城下爬城时，而敌军猛烈向我射击，并抛炸弹。张军及徐军官兵死伤甚多，约有二、三百名之谱，本师地形遮蔽，幸未伤亡，刻仍退至原阵地相机再举。

三、本师山陆炮弹殆将用尽，祈由军速设法补充。

司令官施从滨

(14) 8月27日

午前一点，叛军于城上以枪火向我射击，速度快慢不等，其意旨不过为扰乱我军，此间我并未还击。

午前四点，叛军之枪火方止。

午前六点，赴天保城查视情形，见天保城之炮弹均系开花弹，而无子母弹，若射击城墙上之叛军效力无多。遂拟调本师官长一员，炮兵数名，并带子母弹若干前往天保城以击叛军。不意破城时全仗此炮兵之力矣。

午前十二点，回十字街，遂命炮兵排长一员，炮兵若干，带子母弹二百颗前往天保城，示以宗旨，命其相机办理。

午后二点，前调之电雷队及陆炮队均到十字街，遂命陆炮于大红山下放列，但须能击北极阁、富贵山、骆驼山之线，命电雷队附属十九团以电雷乘隙轰炸丰润门。

午后三点，陆炮射击开始。

午后六点，我十九团准备步兵一营、机关枪两杆，俟电雷得力后，即突进丰润门，并准备爬城目兵百二十名，并带所发之竹杆、绳子等件，俟电雷发后即行爬城。

（15） 8月28日

午前两点，秘密运动开始。

午前六点，电雷虽发，因雷力弱，城门并未轰塌，且爬城兵士损害甚众，亦未奏功。

午后四时，当将此情形报告司令部。

第五师前敌司令官报告八月二十八日午后三点自十字街发

一、探闻南京城内，敌情无甚变动。惟自二十七日午后八点起至刻下，叛军枪炮施放异常猛烈。据本日黎明时叛军之枪炮声判断，不过三、四营人。

二、本师刻下正与第三师联络，设法进攻。

三、本师昨夜安设地雷，今晨施放。因雷小力弱，亦未奏功，并十九团爬城之兵士，损害甚众，亦未得力。

司令官施从滨

（16） 8月29日

午前一点起至午后二时，叛军于城上不时向我射击，我在前线之步炮队亦时以火力还击。

午后六时，接奉军长命令如左：

第二军训令八月二十九日午前十点自芦席营发

一、顷据第三师报告：叛军顽强抵抗，我军攻击受伤甚众，请通知张、徐两军联络攻击等语。我混成第八旅之十六团已到秣陵关，其余一团，今午后可完全渡江。

二、本军自二十三号攻击以来，已五、六日，前线兵力非常疲惫，叛军抵抗愈力。我军若攻击愈烈则受损害愈众，费无数之弹药致有无益之攻击，殊非原攻击之本旨。

三、本军长现决定：俟混成第八旅攻下雨花台后，本军与张、徐两军再胁〔协〕力攻击，方可收效。

四、贵师可照此意旨，占据现在原有之阵线与叛军对峙，一则缓叛军之力，一则休养我之兵力。俟有本军长之命令，再行竭力攻击。如于休息兵力之际，遇有攻击之好时机，可独断专行，向叛军攻击，为要。

五、予在芦席营。

第二军军长冯

午后七点，即以此命令通示各部。

(17) 8月30日

午前一点起午正十二点，敌我两军情状无甚变更。

午后一点，接奉军长之攻击命令如左：

第二军训令八月三十日午前十点三十分自芦席营发

一、叛军仍盘据南京顽强抵抗。

二、军于八月三十一日拂晓(午前五点)，联合陆、海各友军实行总攻击。我海军届时在上游各舰炮击狮子山、仪凤门并扰乱城内西南部，在下游各舰炮击富贵山、狮子山并扰乱城内东北部。

三、各师须将攻城时所需材料于三十日准备完全，届时由现据阵地竭力前进攻击。

四、江北之炮队，于各师实行攻击之际，同时炮击下关及东西两炮台，以声援我军并三师主力之攻击。

五、第四师以主力联合雷军攻击雨花台方面，以一部准备攻击叛军。

六、第三师以主力受江北岸炮火之援助，攻击下关、仪凤门一带，以辅力攻击神策门方面。

七、第五师以主力竭力攻击太平门方面。

八、关于攻击时期及动作，除已由本军电达张、徐、雷及海军外，各该师仍须就近通知友军，以便协力动作。

九、予在芦席营。

第二军军长冯

注意：

一、对于给第三、第五师之军长训语，另有密令。

二、占领地点，昼挥红旗，夜举红灯。

午后三点，遵以上之命令，遂命令与各部如左：

第五师前敌司令官命令八月三十日午后三点自十字街发

一、叛军仍盘据南京，顽强抵抗。我大军于八月三十一日拂晓（午前五点），联合各友军实行攻击。我海军在上游各炮舰，届时炮击狮子山、仪凤门并扰乱城内之西南部，在下游各炮舰击狮子山、富贵山并扰乱城内之东北部。江北岸之炮队，于各师实行攻击之际，同时炮击下关及东西炮台，以声援我军并第三师主力之攻击。第四师以主力联合雷军攻击雨花台方面，以一部准备攻击叛军。第三师以主力受江北岸炮火之援助，攻击下关、仪凤门一带，以辅力攻击神策门方面。

二、本师拟于明早五点，以主力攻击太平门方面。

三、山炮、陆炮届时射击太平门方面，以援助本师之进攻。

四、十九团即在阵地督率现在所属各部于明早五点以奋勇将士突入城内并爬越城垣，但攻城材料须早为完备。

五、二十团（欠两营）带机关枪一杆，于午前四点到十九团现在之阵地会同十九团协力进攻。

六、二十团之第二营（附山炮二尊）为预备队，在红山待命，但须注意神策门、丰润门。

七、马兵一连联络第三师，以半连联络张军，余则来司令部。

八、卫生队应于该队现住地点开设疗养所。

九、予在十字街，攻击时予在红山。

司令官施从滨

注意：

各部占领阵地，昼则挥红旗，夜则举红灯。

攻击时，除已由军部及本部通知友军外，各部就近仍须通知，以便协力动作。

（18） 8月31日

午前五时，各部按命令运动开始，我炮兵以火力齐射太平门。我十九团于太平门两旁施行爬城方法，太平门城垛之内叛兵稍屈，然太平门设守甚严，亦无法可入。爬城者以俟爬城之半，而城上炸弹向下急抛，遂至我兵士受炸弹之伤及由城上跌伤者甚众。

午前七点，见我军之前线稍形疲之，当命二十团之第二营向前线左翼增加，第三营向右翼增加。

午前九点，二十团已增至前线。

午后一点，叛军仍于城上死守。我军亦竭力逼攻。

午后六点，我军即在此线卧伏稍息，以备明早再攻。盖我兵士之心，今日之战斗不克南京而不已也。二十团第二、第三两营亦遂在前线稍息。

午后六点二十分，当将此情形报告军司令部。

第五师前敌司令官 报 告八月三十一日午后六时二十分自十字街发

一、本师照军命令所传，于今早五点向太平门附近攻击。始查叛军守城甚严，遂先以猛烈炮火向太平门附近城上注射，消灭敌火，继以奋勇队逼近城下用带钩之绳及软梯等物，准爬城墙。将于爬越之际，不意被敌机关枪及盒子炮、炸弹等向我纷纷注射，而爬城者势不能支，隐于城根附近沟壑之中，待敌防备稍懈或另择他处再乘隙爬城。查太平门、朝阳门二方面若于此处爬越，诚非易易，特此声明。

二、据第三师通报云：该师向下关攻击已夺取东炮台及江南第一楼。

三、查张、徐二军攻城与本师情形相同。

四、查叛军情况仍于城上死守，顽强抵抗。

五、目兵受重伤者三名、轻伤者三名。

司令官施从滨

（19） 9月1日

午前五点，叛军负城固守，我军运动进攻。

午前九点，我军全力注射太平门。当时见城上之火力稍稀，量其情形，以为我军每于拂晓进攻，至日中则稍缓，当时守城者以可休息之意也。不意我军兵士以此次必须攻克南京为目的，当见敌火稍缓之时，以群弹集击，向太平门左右城垛射击。此时叛军竭力紧伏于城垛之后不敢暴露，以为适在安全之界也。乘此好机，我预备爬城之将士、人梯、绳子、竹杆等类各方齐施，爬至半腰，叛军又以从前手段，抛弃炸弹，我之目兵志气钝〔顿〕减。此时幸有张军三千镑之地雷，于朝阳门外猛然一声，山岳摇振，我军兵士知之，心中不第毫无恐怖，反以最大之志气奋发。叛军骤闻，未免手足无措，兵士动摇。乘此时机，首先爬城者遂得攀登城坦，城上之叛兵向城下退矣。

午前十点二十分，太平门之守兵被我登城之兵击退，沿城两侧及在城下之叛党又行反攻，我进城之兵力甚少，势难抵御，欲行退却则不得，惟有死守一意，以待后方部队之援助。此时天保城之子母弹正扫击叛军，战线之侧面势不能支，其一面射击，遂一面暂向后方退去。

午前十点三十分，我前线之将士尽逼城下，城内枪声隆隆，虽见城上有兵，未得虚实，因进退不易，不敢冒然前进，又不能踌躇不前。二十团张团长、十九团潘团长遂即独断，奋不顾身，各率一营向城门内冲入。十九团距离远，抵至城门时，而二十团张团长已率所部之第三营（即十七团第二营），已于十一点首先进攻矣。

午后三十分，当与军司令部报告如左：

第五师前敌司令官报告九月一号午后三十分自骆驼山发

一、叛军在太平门固守，经我炮火轰击，势不能支，已向后退去。

二、午前十一点，攻破太平门。我混成二十团进入城内，占据富贵山、骆驼山等处，尽加痛剿。

三、城内现时无特别情况，仍遵前命令占据北极阁、练兵场、水晶合一带。

四、如变故，再行报告。

司令官施从滨

午后一点，面命十九团(附山炮二尊)，占据练兵场、水晶合。二十团(附山炮二尊)占据北极阁。其余炮兵占据骆驼山。马兵前进追蹑敌踪，向前方搜索，以防叛军之反攻。妨〔防〕敌之配备如第七图。〔缺〕

午后五点，配备完毕，向军发报告如左：

第五师前敌司令官报告九月一日午后五点自太平门内发

一、传闻城内叛兵除逃窜外，尚有三、四百人，均隐伏于狮子山及贡院附近。

二、本师已遵命实行占据北极阁、练兵场、水晶合之线。

三、张军、徐军已实行占据洪武门、朝阳门等处。

四、据第三师张参谋由电话通报，该师已进占下关并进仪凤门，占据狮子山。

五、本师现收降官佐三员、目兵三十名，并枪械六十支。

司令官施从滨报告

午后九点三十分，在贡院潜伏之叛党约一团，向我北极阁反攻，约三十分钟之久，卒为我北极阁之兵士击退。我仍在北极阁固守，夜间虚实难测，故未前进，否则受害不堪设想矣。各部队均于所占之地露营。

(20) 9月2日

午前六点，据各方面报称：叛军已改装向各方面溃退，并无反攻之力。但须〔“须”字衍〕仍有埋伏于城内者，当即转报于司令部。

午后三点，接奉军长训令如左：

第二军训令九月二日午前十一点自芦席营发

一、叛军已向各方面溃退。我混成第四师主力攻击雨花台，一部在大胜关、板桥镇截堵叛军。

二、第三、第五两师，须酌派队伍搜查城内潜匪，追蹑叛踪，以期歼灭。关于南京城内搜查及警戒区拟定：西由汉西门大街经土卫口向北大街经莲花桥往东大街经竺桥至香林寺一带之线，此线以南归张军搜查区域，除由军电达张军外，第五师施司令须就近派员与张军接洽是否同意，如有异议，当面更定，知照第三师，即为会同实行办理。第五师搜查警戒区域拟定：北由钟阜门经斜桥、十字街、老菜市、来慈庵至汉西门以东之区域。以西之区域归第三师警戒、搜查。惟钟阜门归第三师警戒，汉西门归第五师警戒。

三、贺贵师战胜之光荣。

四、予在芦席营。

第二军军长冯

注意：

一、各师务严守纪律。

二、我军所有前线死亡，已饬掩埋队前往办理。

三、务速设电话通下关，以期交通方便。

四、浦口、下关之间，已由军设小火轮二只，以备通信之用。

五、外人生命财产，须竭力保护。

六、安民告示，如张军已贴，本军即不必复贴；如未贴时，即在本军搜查区内择地粘贴。

七、清凉山一带之警戒，尤须严密。

八、务于下关渡口【设】通信人员为要。

午后五点，遵以上之命令，遂下如左之命令：

第五师前敌司令官命令九月二日午后五点自练兵场发

一、叛军虽向各方溃退，然仍有潜伏于城内者。我大军拟于城内划分区域搜查潜匪，追蹑叛踪，以期歼灭。我混成第四师已攻下雨花台，其一部在大胜关、板桥镇截堵叛军。张军、徐军已搜查警戒由汉西门大街经土街口向北大街经莲花桥经东大街经竺桥至香林寺迤南，第三师已搜查警戒由钟阜门经斜桥、十字街、老菜市、来慈庵至汉西门之迤西。

二、本师现拟搜查警戒第三师所指之线迤东。

三、步十九团（欠第一营，欠营由贵团派一连补充第三营），附山炮四尊、机关枪二杆、马兵一大排为左翼队，其警戒搜查区域由水关起经新桥向西大街经小石桥向南大街经北门桥向南大街经干河沿经峨嵋岭、汉西门，复由汉西门按张军所定之线至香林寺，惟太平门应由该团派人把守。

四、步二十团（欠第一营）附山炮四尊、机关枪两杆、马兵一大排为右翼队，由钟阜门起，按第三师所指之线至汉西门，复按步十九团所指之线至水桥，但神策门及汉西门均归该团派人把守。该团所获之机关枪一杆（能用的），酌派兵数名来司令部为预备队，归从连长指挥。

五、山炮第一营应拨十九、二十两团各四尊（其余两尊来司令部）为预备队，十九团从连长指挥。

六、马队应拨马兵于十九、二十两团各十二骑，余来司令部听令。

七、步十九团第一营（欠一连）派一连赴富贵山掩护炮队，归陈督队官指挥，余来司令部为预备队，归从连长指挥。

八、卫生队应抽回各营担架于本队，在司令部附近择地开设疗伤所。

九、电话队即集主力于司令部应设通信所。

十、辎重输送队：各营应配备驼、骡，仍分配各营，余来司令部归李连长指挥。

十一、电话队即将各材料择存储。以目兵看护投降者。

十二、粮食队至下关停止。

十三、弹药队仍在浦口待令。

十四、予在练兵场营房内。

司令官施从滨

注意：

一、此命令接到时，所有以前之配备命令一律取消。惟二十团第一营及马、步、卫兵不在此例。

二、各团应集合于团部附近，一则可维持纪律，二则可指挥容易，其警戒搜索办法，可由该团自行酌派部队办理。

三、十九团宜设炮队于骆驼山，二十团宜设炮队于北极阁，

四、各团部及独立各部所住地点，从速报告于司令部。

五、各科配备之兵力如原有者，即按此令原属其各部。

午后九点，电调桥梁队进至浦口待命。

〔北洋政府陆军部档案〕

5. 靳云鹏关于施从滨部进攻太平门不克请给炮弹密电

（1913年8月25日）

特。北京陆军部鉴：拱密。据施司令从滨电称：昨早率所部攻太平门，因城高墙厚收效极难，挑奋勇拂晓扒城，亦未成功，非炮攻不易为力。恳转请钧部速发管退山炮、陆炮、开花子母弹各一千颗，派员径送浦镇施司令为叩。云鹏。径。印。

〔北洋政府陆军部档案〕

6. 冯国璋报告第三师攻占神策门等情电

（1913年8月26日）

特千火急。北京大总统钧鉴：军事会议处、参谋部、陆军部鉴：顷接张镇抚使电开：本日攻开朝阳门，现在督率大军奋勇前进。并据第三师报告，该师第十一、二两团于本日攻开神策门，业已入城，并由第十一团分拨一部分西趋下关。各等语。第五师攻击太平门，刻尚未接报告。特此驰布，详情续陈。国璋叩。宥。印。

〔北洋政府陆军部档案〕

7. 冯国璋为北军连日进攻神策门等处受挫刻正严饬南岸各营队并约会海军分头力攻等情密电

（1913年8月27日）

特万火急。北京大总统钧鉴：军事会议处、参谋部、陆军部鉴：拱密。宥电计达钧览。顷据第三师报告：该师十一、十二两团，于昨日攻开神策门后，当即率队突击焚〔奋〕入，二门女墙上叛军急以机关枪向下猛击，相持良久，地势狭隘，不能展布，兵士颇有伤亡，只得仍退外驻扎。十一团之一部份，在宝塔桥攻取下关，亦未得手。并据五师代称：连日攻太平门未下，仍在原驻地点等语。似此情形，自应按照国璋前定计划，尽据城外要隘，方足制其死命。刻正严饬南岸各营队，并约会海军联合张军分投力攻，以期匪下。详电驰闻。国璋叩。沁。印。

〔北洋政府陆军部档案〕

8. 雷震春报告攻占通济门雨花台等情密电

（1913年9月1日）

万急。北京大总统、参谋部、陆军部钧鉴：拱密。我军连日攻击雨花台情形，迭经电陈在案。今日拂晓我军又复进攻，鏖战多时，敌军左翼已现弱点，我军正鼓勇前进夺取雨花台，而南门炮火愈烈，敌人突出数千人，我军碍难逼进。当是时，敌人全力尽注南城方面，故张军乘其不备，于下午三钟以地雷轰门，朝阳门敌人势促，尽向南城溃散，我军迎头截剿，杀伤无数，已将通济门、雨花台及火药库全行占领。刻正督师入城收捕余匪。特此飞报，余容后陈。雷震春叩。东。印。

〔北洋政府陆军部档案〕

9. 冯国璋关于各路北军会攻南京战斗情况密电

（1913年9月2日）

特万火急。北京大总统钧鉴：军事会议处、参谋部、陆军部鉴：拱密。东电计达钧览。顷据第三师报告，该师第十二团自一号午前入神策门后，即进抄狮子山后路，其时十一团正在城外向下关猛攻，匪军抵御甚力，我军阵亡连长一员，排长四员，兵丁一百余名。仍复鼓锐直前，不肯少却，敌人死伤甚众，余匪纵火四处延烧，乘势纷纷逃逸。至午后五时，该师已完成占领下关及狮子山等处。又得五师续报，一号十时，用猛烈炮火将太平门击穿，城洞内钧有米粮、砖石屯堵，经我军奋勇队冒险夺开先路，在门洞下被伤一人。至十一时，混成二十团及十九团之一营，相继冲锋入城，分投占领富贵山，骆驼山后，即进击北极阁，练兵场、水晶台一带。二十团二营并夺获大小铜炮九尊。等语。现在城外要塞仅余雨花台一处。据四师报称：准于二日拂晓会合雷军并力夹击，逆巢已失，当易得手。国璋本拟即日渡江约会张镇抚使一同入城，商定应办各事宜。乃兼旬以来，眠食俱损，昨晚陡发寒热，今晨益困顿难支。大军初下坚城，巨细诸待筹措，业经电请张使会同刘巡阅使先入宁垣，主持一切。一面令饬所部各军队保护地方，搜索余孽。刻正赶紧医治，俟病躯稍可撑持，即当驰抵金陵，协商办理。撮电上达，藉纾荩廑。国璋叩。冬。印。

〔北洋政府陆军部档案〕

10. 冯国璋关于第四师攻占雨花台等情密电

（1913年9月2日）

特万火急。北京大总统钧鉴：军事会议处、参谋部、陆军部鉴：顷据第四师由电话报称：本日拂晓会同雷军夹击雨花台，至午前九时已为我军占领等语。又大胜关一带，有城内逃出溃兵约二千人，我军禁军步一营，炮一连，拱军步二连，正在彼处堵截，迎头痛击。先此驰报，俟接到详细报告，再行续陈。国璋叩。冬二。印。

〔北洋政府陆军部档案〕

11. 徐宝珍报告第四师三旅攻破朝阳门暨督队分驻高资等地防堵等情密电

（1913年9月2日）

镇江六吉园扬军营长李桂生转北京军事处、参谋、陆军两部钧鉴：窃以南京久攻不下，扬州各要隘，业已分防严妥交总稽查徐光志代行。宝珍遂于昨午率同参谋徐镇淮、营长顾立才、罗荣发等带队赶赴前敌指挥，经过瓜州，略为部署，旋抵十二圩，将水陆军队复加部署，一面派探前敌情形。宝珍等行抵龙潭，正候车前进，试探回飞报，扬军方、马、杨三旅长，陈、沈两团长，胡营长、吴指挥等已轰开朝阳、太平等门，攻破洪武、通济等门，刻已入城。等语。查扬军出发攻宁已占全数十之九，宁城即攻入，宝珍等即督队分驻高资、龙潭、十二圩一带，堵其乱兵水陆溃窜。请转呈大总统鉴核。第四师师长徐宝珍叩。冬。印。

〔北洋政府陆军部档案〕

12. 江北护军使蒋雁行关于张勋部会攻南京折亡大半拟带劲旅前往助战密电

（1913年9月2日）

急。北京大总统，陆军总长钧鉴：处密。据派赴镇江、江宁各属检查员探报，叛党虽败、势仍负隅、骁勇莫当。张军折亡大半，兵力已难支持，故南京尚未完全克复。查匪党潜滋，所在多有，倘牵延稍久，匪乘隙复来，功败垂成，关系至巨。亡清向荣、张国梁江南大营之溃，可为前鉴。雁行拟由清江抽带劲旅前往助战，誓扫群丑，以报国民。枕戈待旦，指日出发。即请训示祇遵。雁行叩。冬。印。

〔北洋政府陆军部档案〕

13. 海军总长刘冠雄派舰队会攻南京战斗经过通电

（1913年9月2日）

万急。北京大总统、国务院、各部、参众两院、武昌副总统、徐司令、芜湖汤次长、上海李总司令、李要塞司令、各省都督、民政长、各路专使、各军师长、旅长、各处报馆均鉴：宁匪负固，冠雄奉命会攻，并遵令先期派舰队直趋浦口，掩护冯军渡江。于八月二十四日，全队先后抵宁之卸甲甸，于时冯、张军方占领乌龙、幕府、紫金各山炮台，雷军方由镇江登陆，冯军则在浦口与匪相持，尚未竟渡，而狮子山炮台高峙城隅，截江而守，不但会攻之策未能实行，即掩护冯军渡江亦未能遽达目的。自下关上至芜湖，皆为匪有。因思非有奇兵，无从制胜。但恃节节进攻，未免旷日持久。即于二十五日夜，密派代理司令饶怀文率海琛、应瑞、楚有三舰暗渡。上游炮台弹发如雨，各舰不暇恋敌，且战且进，遂直抵大胜关。逾夕复派永丰奋勇前进，与海琛等舰会合。盖至掩护冯军之策，始得实行。而宁、芜之匪，昔之首尾相应者亦因而中断，会攻之事，仍大有把握矣。于是下令排日攻台，牵制其势，既为陆军声援，更使台炮不能展其射击之力。大胜关舰队分途游弋，前失之湖鹏、张字两雷艇，旋报捉回。当获匪党祥元小火轮一艘、粮船一只，装运赴芜军火八百余箱、匪二十余人，嘉宁运船一艘。至是宁、芜匪势既分，遂各形其穷蹙矣。又下令上游舰队不时攻清泉山，仪凤门暨城内西南部。下游舰队日夕攻狮子山东西岸暨城内东北部，更在幕府山设立旗台，以通消息，使大军不致误击，而便策应。三十一，各路大举合攻，我舰不分昼夜奋力猛击。陆军附城进搏剧战两日，遂于九月一日下午，由陆军攻开各门，遂告完全克复。冠雄不敏，幸赖各陆军肉搏而登之力，舰队诸将士不避艰险之劳，然非大总统之威德，无以致此。城下之日，由各陆军驻守。各国领署来请保护，立派官率勇入城分守，并派赴狮子山东西岸各台清理各炮，以善其后。谨闻。刘冠雄叩。冬。印。

〔北洋政府陆军部档案〕

14. 第二军参谋处关于拆除南京各炮台炮闩通报

（1913年9月5日）

军参谋处通报九月五日下午半点

顷奉军长谕：准海军总长函称：顷奉大总统令：各处炮台收复之后，即将炮闩收妥，由海军缴回北京。等因。查东西各台炮闩已经海军卸取外，狮子山炮台，现也派人前往卸取。惟各台零星物件尚多，仍饬驻护兵队谨慎看守。等因。奉此。用特通报贵师查照力理为要。

此致

第三师

〔北洋政府零散军事档案汇集〕

15. 施从滨为组织官兵进攻太平门酌定赏银请予应领呈

（1913年9月7日）

第五师前敌司令官施从滨为呈请事：窃查司令官遵奉命令向南京太平门进攻，察看该处城陴异常高巩，攻击数昼夜、□〔亦〕不能下。当经再四计划，非挑选奋勇官兵冒险破城，不易得手。惟酌量赏号，际此帑项支绌，不可妄议多数，遂酌定每官一员赏银五十两，每兵一名赏银二十两，业将挑选奋勇缘由暨拟定赏号数目报告，仰蒙察核在案。一面于各部中挑选奋勇官长十三员，目兵二百一十九名，饬速分途焚门爬城，各官兵等不避艰险，踊跃争先，登陴夺隘，前者伤亡，后者继进，以至南京克复，始终不懈。该官兵等忠勇忘身，其功实不可没。所有应领前项赏号银两，恳乞恩予给领，俾昭信赏，而励有功。理合缮具奋勇官长、目兵衔姓花名赏号银两数目清册印领，呈请军长鉴核，俯赐照发，以便分给各官兵，实为公便。须至单者

计呈清册一本印领一纸（缺）

中华民国二年九月七日

〔北洋政府零散军事档案汇集〕

16．张宗昌关于第三师参加围攻南京城战斗经过密电

（1913年9月24日）

急。北京大总统、陆军、参谋两部钧鉴：拱密。窃查敝师前在徐州于七月十四日误受黄兴乱命，整师而出，赴北剿匪，至柳泉一战，始知盲从，全体人士，同深悔恨，故一再退却，驻浦待罪。幸大总统量同覆载，心怀胞与，不惟宽宥之，而且优待之。矜全大德，恩同再造。凡我三师闻命之下，莫不感激涕零，欲效力疆场，图报万一。嗣后南京二次独立，敝师自请进攻，官佐目兵皆立意杀贼，勇往直前，奋不顾身，虽日往来于枪林弹雨之中，目不交睫，曾历两旬，而兵士视死如归，退无后言，面无倦色，遂于八月十四日占领幕府山，十七日占领老虎山，九月一日占领狮子山，二日入城扫除妖氛，未尽余力。今叛军虽已溃散，而谣未息。宗昌除派干员四出巡缉，防患未然外，并日赴各旅、团、营整顿队伍，开诚布公，切实训导，各兵士亦皆诚心悦服，

效忠中央，即有叛党从中煽惑，必不少协，宗昌既在，谅无他虞。仰祈大总统万毋以第三师为念，是所至祷。代理第三师师长张宗昌叩。敬。印。

〔北洋政府陆军部档案〕

17. 陆军第三师参加围攻南京战斗阵中记事录

（1913年9月）

阵中记事录

（甲）两军一般方略：

叛军防守南京省城。

我军以夺取南京为目的，于卸甲甸、老西江口两处登陆，其部拟占领幕府山为根据地，经老虎山、宝塔桥两方前进，另有一部达大胜关。

（乙）本师特别方略：

本师混成第一支队有先行出发，占领幕府山掩护第五师渡江之任务。于七〔八〕月十三日下午四时渡江，六时占领幕府山，十一时接军长电话如左：

（一）该师先头部队已渡江占领幕府山；

（二）前方兵力太单，宜加派队伍，陆续渡江，以固前线兵力。

军队区分（同行军序列）

骑兵一连

步兵第十一团（附机关枪四门）

步兵第十二团（同　　　　上）

炮兵一营

工兵一排

卫生队半排

电信队一小排

粮食纵列队

同日十二时，接情报如左：

下关附近有叛军部队宿营。

（丙）第一支队战况：

第一支队战况第一号

八月十四号上午八时，接贾团长之报告如左：

一、通下关道路甚窄，其三千米突处之宝塔桥损坏过甚，水塔桥亦须修理，诸兵始能通过；

一、此间已派工兵赶往修理，约两时间，方可完竣。

战况第二号

同日下午七时十分，接贾团长之报告如左：

一、宝塔桥前方三百米之处，有敌骑五六名出没；

二、水塔桥附近，午后六时以前，尚未见敌兵踪迹；

三、刻据土人言，本日午后二时半，有敌步兵两营，机关枪六门，在铁路桥停止。

战况第三号

同日下午十一时，接贾团长之报告如左：

一、约三十分钟以前，宝塔桥前方约八百米突之处，到敌步兵（附机关枪）约千二百人；

二、本团于十时四十分，与敌在宝塔桥附近射击，未分胜负，现仍固守宝塔桥。

战况第四号

十五号接军长命令如左：

一、本军现拟攻击南京，已知会英、法、日、美各国兵舰，所有本军现驻江北之军队，准于八月十五号夜十三时起至十六号夜十二时止，停战二十四小时，于此停战期间，各国兵舰开驶他处。

二、贵师按照以上所定时间之内，不准开枪开炮，停战二十四小时，以免起国际交涉。

战况第五号

十六号上午四时，接情报云：紫金山已为张军占领，现正向朝阳门攻击。

同日午后接军长命令如左：

一、叛军约一师有余，现据南京。张军已于十五号晚占领紫金山，现正向天堡城、朝阳门一带攻击。我第三师一部，已于十五号占领幕府山；

二、军拟今晚渡江，实行向神策门至太平门攻击前进；

三、第三师所余之部队（欠第十团）今晚十时于卸甲甸渡江登岸后，向神策门至钟阜门一带攻击前进；

四、第五师（以前所属该师之野炮及重炮仍归第四师原有序列）俟第三师渡毕，即于卸甲甸继续渡江，登岸后，沿第三师左翼向太平门攻击前进，须援助张军攻击天堡城；

五、第四师之步队第十五团（欠一营），机关枪四枝，山炮两尊，及第三师之第十团归何旅长指挥，率领赴老西口警戒军之右翼，并佯作渡江；

六、第四师所余之部队，固守浦口城至枚管营之线，于每日夜间（自明十七号午后二时起）从炮火扰乱敌人，并须于沿江岸及后方之炮兵阵地，构筑坚固工事。自老西江口至浦口一带之部队，均以杨师长为司令官，并监督三五两路后路。

七、渡江部队之给养，须带二日之携带粮秣，以后由后方运送。

八、予在滁州车站。

同时接军长训令如左（略）

战况第六号

十七号夜间九时起十八号下午五时止，叛军在狮子山向幕府山一带炮击约六十发，其零星斥候常往来于沪宁车站。

战况第七号

十九号上午八时，接情报云：汉西门方向到有由芜来宁之叛军援军约一团及米千包，下关敌情仍无变更。二十号下午十时，接军参谋处通报如左：

一、今早已派第四师之步队一部，前往卸甲甸保护该处渡江点，并后方之输送；

二、顷奉军长谕令：由贵师亦酌派步队若干，前往卸甲甸与第四师之步队接洽办理，并稽查一切。

战况第八号

二十一号下午二时，接情报如左：

一、乌龙山已于本日上午为张军占领；

二、下关叛军又增加山炮六门及机关枪一连（此情报已报军部）。

二十二号午后五时，接军长命令如左：

一、据探报称：叛军现盘踞南京，城门已经关闭、城内叛军大肆抢掠。我张军今夜实行攻击雨花台及天堡城之线，我混成第八旅已至老西口，拟于该处渡江；

二、军拟于明早拂晓实行攻击；

三、第三师务于今夜开始运动，于明早午前四点钟以前占领上元门至黄家卫之线，于明早（二十三日）午前五时开始，以主力攻击神策门，以一部向下关小东门一带扰乱；

四、第五师务于今夜运动，于明早四点以前占领天保城至佛国寺之线，于明早（二十三日）午前五点钟开始，向太平门实行攻击；

五、第五师所属之炮队，务于明早四时以前准备完毕，于五点钟开始炮击，须击仪凤门、狮子山，下关一带，均受米炮兵长之指挥。

战况第九号

二十三号射击开始，叛军仍负嵎以死力抵抗，我十一团由宝塔桥前进，十三团由北固山前进，炮门以四门占领北固山，向神策门，丰润门一带射击，以四门占领老虎山左方高山，向金川门、小东门一带射击。是日，叛军反抗甚力，我步兵炮兵受狮子山之炮火及下关野炮之火力伤亡者甚夥，而上元门至黄家卫之线，遂为我军占领。同日下午一点半钟，接军长命令如左：

一、本军攻取南京，所有渡江军队贵在命令统一，秩序整齐。派施司令官从滨为攻南京总司令官；

二、第三师未渡江之队伍尚多，渡江之队伍又须督办后路，张师长暂不渡江，留浦办理一切；

三、第三师所有已渡江之军队暂归施总司令指挥。

战况第十号

二十四号上午五时，接情如左：

一、天保城已为张军于昨夜占领；

二、第十一、十二两团派出扒城之兵，均已抵城下，因城上机关枪射击太猛，不能上城，现已各回本团。同日午后四时，接参谋处通报如左：

中央派来海军司令官饶怀文，率领永丰、永翔、应理、楚有四只军舰，又水雷艇二艘，协助我军作战，现已抵乌龙山附近。又有海圻、海容二艘，现在镇江掩护雷军渡江毕，即上驶。

战况第十一号

同时得情报云：和州地方已为叛军占领。本师据报，即派第十团黄团长率队出发和州。又接全椒来电，该地近况不清，请兵保护。据报后，即饬黄团长于队伍抵和州后、酌派一营向该县出发。

战况十二号

二十五号午后十时，接军参谋处通报如左：

一、奉军长命令：派刘旅长询为江浦总司令官，并指挥禁卫军步兵第一团第二营及炮兵第二营（少一连），机关枪两杆，保护江浦一带之地面，并掩护我军之右侧；

二、所有江浦一带之军队，均归刘旅长询节制。

战况第十三号

二十六号上午十一时，接情报如左：

一、朝阳门已于张军于十时三十分攻开，入城骑兵约三十余名；

二、城中机关枪声甚急。

同日二时，又据情报如左：

一、朝阳门已闭；

二、入城骑兵闻悉为叛军击毙。

战况十四号

二十七号上午二时，接第五师电话云：明早敝师行拂晓攻击，请协同动作。上午五时开始射击，我步兵第十一团向下关前进，十二团向神策门前进，炮兵猛攻金川门一带，相持约三小时未分胜负，仍退至原地。

二十八号早五时，叛军有敢死队一营，由下关冒我军旗号偷过宝塔桥，向我攻击。我步兵力行阻击，我炮兵移阵地于老虎山前，以大力击退叛军，我步兵十一、十二两团追击至狮子山下沪宁车站，叛军置机关枪数杆于城上猛烈射击，我军死伤甚多，乃退至车站后方百米之处。午后二时，叛军托代表求降，遂暂停射击，待彼投诚。不意，叛军乘机退至东西两炮台固守抵抗，猛向我军射击，我军仍退回上元门、黄家卫之线。

战况十五号

二十九号，彼我情况均无变更。

同日午后十二时，接军长命令如左：

一、顷据确实报告，叛军在下关者不满三百人，机关枪两杆，炮四门，每炮有兵四名，枪炮均向老河口、狮子山，约有炮兵二十名；

二、军拟使本攻容易著手，迅速占领下关；

三、第三师速派队伍向下关攻击，先分队扰乱之，继以大队乘之，当可立下。俟攻得下关，再分兵向仪凤门及通铁路之门进取狮子山。

又准军参谋处通报：

一、攻下关等之先头部队，务多带红旗红灯高悬占领地域内，以免江北岸炮队及海军之误击。

战况十六号

三十号上午六时起，狮子山叛军向我炮击约三十发，我幕府山、老虎山亦向彼还击、兵船亦同时助攻。

同日午前十时半，奉军长训令如左：

一、叛军仍盘踞南京顽强抵抗；

二、军于八月三十一号拂晓（午前五时），联合陆海各友军实行总攻击。我海军届时在上游各舰炮击狮子山、仪凤门，并扰乱城内西南部。在下游各舰，炮击富贵山、狮子山、并扰乱城东北部；

三、各师须将攻城时所须材料于三十日准备完全，届时由现据阵地竭力前进攻击。

四、江北岸之炮队，于各师实行攻击之际，同时炮击下关及东西两炮台，以声援我军并第三师主力之攻击；

五、第四师以主力联合雷军攻击雨花台方面，以一部准备截击叛军；

六、第三师以主力受江北岸炮火之援助，攻击下关仪凤门一带，以辅力攻击神策门方面；

七、第五师以主力竭攻击太平门方面；

八、关于攻击时期及动作，除由本军电达张、徐、雷军及海军外，各该师仍须就近通知友军，以便协同动作。

战况十七号

九月一号上午九时，接情报如左：

一、张军已由富贵山方面进城，约有二营以上；

二、太平门、神策门已为张军攻开、我五师先头部队已进入神策门。

同时本支队由原地出发，一面向下关前进，一面向金川门、神策门前进。十一时接第十一团团长报告如左：

一、本团已占领下关之东炮台；

二、西炮台及江岸仍有叛军盘踞；

三、现在向西炮台进攻。

又十一时十分，接十二团团长报告如左：

一、本团第一营已进入神策门；

二、金川门附近仍有少数叛军出没；

三、现饬第一营由神策门进入攻击金川门城内之叛军，并开金川门；

四、二三两营现向金川门射击，拟俟金川门开后，即进入金川门。

又午后六时，接十一团团长报告如左：

一、本团与辎重营已占领下关全部，西炮台之叛军已退至城内；

二、现正向仪凤门追击。

同时接第十二团团长报告：

一、金川门之叛军已被我军击退；

二、本团现守金川门，并派第一二两营向三牌楼前进搜查，由仪凤门至三牌楼之叛军。

七时三十分，接十一团团长报告如左：

一、狮子山叛军已向各方溃退；

二、本团现正向三牌楼前进，会同第十二团追击败走之叛兵；

三、辎重营现守狮子山及仪凤门。

战况第十八号

二号上午十时，接情报如左：

一、雨花台已为第四师于今日上午九时占领；

二、叛军现由汉西门溃退。

十一时奉军长训令如左：

一、叛军已向各方溃退，我混成第四师主力攻击雨花台，一部在大胜关，板桥镇截堵叛军；

二、第三师、第五师须酌派队伍搜索城内潜匪，追蹑叛踪，以期歼灭。

关于南京城内搜查及警戒区，拟定西由旱西门大街经工街口向北大街经莲花桥往东大街经金桥至香林寺一带之线，迤南归张军搜查区域，除由军电达张军外，第五师施司令须就近派员与张军接洽，是否同意？如有异议，当面更定，知照第三师，即为会同实行办理。

第五师搜查警戒区域，拟定北由钟阜门经斜桥、十字街、老菜市、来慈庵至旱西门以东之区域，此线迤西之区域，归第三师警戒搜查。惟钟阜门归第三师警戒，旱西门归第五师警戒。

三、贺贵师战胜之光荣。

（以下略）

〔北洋政府零散军事档案汇集〕

四、刘之洁陈之骥等投靠北军

1. 刘之洁关于不赞成江苏独立并向袁请示办法及张勋部进驻徐州请饬北军暂勿进兵等情电

(1913年7月24日)

加急。北京大总统、陆军部钧鉴：谏日接南京删电，宣布江苏独立，当即密电大总统、大部请示办法，而北京电报不通，随派顾问金普荫、随营学校校长邱震先后由青岛入都面谒并呈密函，计日当可抵京。此次江苏独立，职实不赞成，彼等一切举动毫未预闻。惟此间兵力既单，又在江苏范围之内，无力反对，不得不力求自保，以维持地方为宗旨，故冷遹开战，未出一兵相助。现徐州以下南军已退至蚌埠，张军驻守徐州，诚恐前敌统兵官或有误会，致有分兵过境情事。江北兵灾之后，元气大伤，近日以来，惊惶尤甚，多添一部军队，即多生一番恐慌，想大总统关心民瘼，必能饬令前敌统帅暂勿进兵，由张军统、靳会办派员来浦妥商办法，以免多生枝节，苦累商民。职受命典军，奉职无状，大总统如以职不能削平内乱拥护中央为恨，乞于事平之后，令职一人入都，职当星驰至京听候处分，即受重谴，亦所甘心。临电惶恐，立求赐复。刘之洁叩。敬。印。

〔北洋政府陆军部档案〕

2．周自齐等关于刘之洁密派顾问来济会商进攻南京之策等情密电

（1913年7月24日）

特加急。北京大总统、参谋、陆军部鉴：拱密。江北因电报不通，刘护军使之洁派顾问官夏绮卿持手书间道航海来济，通报该处严兵防护地方；一面联合全部竭力拥护中央，并商榷与山东联兵进攻南京之策，已派人赴中央接洽。淮扬已联成一气，东南可保无虞。等情。除与会商进兵合击南京外，谨飞闻。周自齐。靳云鹏叩。敬。印。

〔北洋政府陆军部档案〕

3．杜淮川关于临淮军队取消独立请对自拔来归者免究并恳大军暂缓南下等情电

（1913年8月2日）

火急。北京大总统、参陆两部、武昌副总统，上海程都督、应省长、清江冯都督、民政长、护军使、镇守使、镇抚使、各师、旅长均鉴：周、靳两公卅电敬悉。现淮川奉命来宁安抚军民，秩序业已如常。临淮军队均已自愿取消独立，亦另令严守军纪，听候办理，毋得妄动。该军队亦遣代表来宁深悔前非，束身待罪。窃维叛伐服舍，古训所称。我大总统也有自拔来归者概予免究之命，务恳南下大兵暂缓前进，俾淮川于收抚之余，代宣威德。不胜迫切待命之至。杜淮川叩。冬。印。

〔北洋政府陆军部档案〕

4．江苏第一师全师将校欢迎杜淮川到宁电

（1913年8月2日）

北京袁大总统、国务院、参谋、陆军两部钧鉴：迭电谅达。今晨奉派杜师长到宁，全师将校率队欢迎，军民相庆，各界心安。惟将校等拨乱无方，陈情有苦待罪军前，谨听后命。除将一切委曲情形面呈杜师长请代电呈外，特先电陈。江苏第一师全师将校同叩。冬。印。

〔北洋政府陆军部档案〕

5．江宁要塞总司令马锦春关于遵命取消独立并电程德全迅速回宁交卸职务电

（1913年8月2日）

北京大总统，陆、参、海三部、武昌黎副总统、上海程都督鉴：春原充程督秘书，十五宁军之变，春尚在籍养疴，讵黄兴辈假用程督名义，函电交驰，强委春承乏要塞总司令，辞不获已，及勘日黄等离宁，程督取消独立。春为维持全台官兵人心起见，一面敬遵命令取消独立；一面电请程督迅速回宁，派员接任要塞事，适杜淮川师长先程督到宁安抚军民，并派宁总台李龙文接充总司令一职，春得遂初心。除派员预备交代外，即于冬日卸职，束装返里。谨此电闻。马锦春叩。冬。印。

〔北洋政府陆军部档案〕

6. 陈之骥关于江苏取消独立请饬程德全回宁等情电

（1913年8月3日）

火急。北京大总统、陆军部，参谋部钧鉴：二十八日程都督命令江苏取消独立，黄、章、洪、冷当即离宁，所有地方秩序仍由本师担任维持；一面迭电催请程都督回宁速筹善后，迄未见复。应恳电饬程都督刻速来宁，以慰悬盼。第八师师长陈之骥叩。江。印。

〔北洋政府陆军部档案〕

7. 茅乃封关于何海鸣两次宣布南京独立及请冯国璋派兵痛剿电

（1913年8月15日）

北京大总统、陆军部参谋部钧鉴：窃江苏宪兵共只三营约五百余人，分驻宁、苏、镇、澄、浦口等处，十五未变以前，曾侦得匪党机关多处，迭次密呈都督请示办法，均以不可卤莽等词为嘱。及变故既起，猝不及　　更无战斗实力足以抵抗。惟有遵都督命令，专事维持地方治安。迨廿八奉都督令取消独立，仍尽心防守。茅忧省垣主持乏人，当即电请都督、省长速回坐镇，军民绅商各有代表到沪，均不报果。复有八月八日何匪之变，幸经陈师长之骥戡定于俄顷，然情势仍属危迫。乃封当于十日偕同陈师长渡江面恳冯军长迅速到宁，蒙指示机宜，赶于十一日午后偕陈遵令回宁，而十日夜宁垣变乱，无可救治。乃封因请于都督，遂赴沪面陈一切，讵谒督不见，谒省长复不见，仅将详情面告代表转达。现乃封即日仍赴冯军长处，随同大兵痛剿宁乱，以勉负总统抚民定乱之至意。江苏宪兵总司令茅乃封叩。删。

〔北洋政府陆军部档案〕

五、北军进入南京城烧杀抢劫罪行

1. 张斯麟报告张勋等部军纪甚坏所到之处骚扰不堪等情密电

（1913年8月24日）

北京陆军部徐又静转段总长鉴：书密。雷军已于昨早抵镇、今日陆续乘火车向南京进发，军队约于明日可以运完。镇江地方现尚安静，惟乱党时来镇运动，现正商请雷使设法捕拿。张、徐两军军纪甚坏，军队所经之处，骚扰不堪言状，商民颇有怨言。特此密陈。斯麟叩。敬。

〔北洋政府陆军部档案〕

2. 张宗昌关于北军义勇队在下关放火抢劫等情呈

（1913年9月1日）

义勇队纪律太坏，该队入下关后，即放火烧房，乘机抢掠。我师入仪凤门时，犹向我射击，以为贪功，不许猛向前进。恳祈军长严饬该司令速加约束，或速调他处，以保名誉，免遗外人口实。此呈

军长钧鉴

师长张宗昌

〔北洋政府零散军事档案汇集〕

3. 张勋为其辫子军抢劫南京罪行辩解电

（1913年9月8日）

大总统钧鉴：鱼电谨悉。此次南京城下之日，各军争功蜂拥而进，与匪军巷战一两昼夜，全城鼎沸，弹子纷驰。嗣后匪军逃窜，乘机抢掠，土匪助虐，益肆凶残，多有假冒官军情形。当此之时，秩序已紊，加上各军号令不一，非一严刑，难期整饬。勋因破除情面，随派干练弁兵巡行街市，随地正法者二百余名，截留衣物无算，然后始得渐就平复，此金陵各国旅居洋人之所共见。今路透电乃以蓝衣兵独占多数为言。查勋军入城仅占东北一隅，地处荒僻，民户无多，其余各处繁盛之区，均由各军分扎，孰抢孰否，不难按户而稽。且前次我军夺取天堡城各要隘时，匪军屡次矫扮勋军装服，希图混进，且蓝衣之说，亦难据为确证，勋亦何所用其回护，应请简派公正大员来宁亲赴被难之家确实调查，以昭信狱，而全军誉。勋。齐。

〔北洋政府零散军事档案汇集〕

4. 山东省兖州镇守使田中玉关于南京兵燹之后北军骚扰惨状函

（1913年9月9日）

芝公总长赐鉴：前谒钧座，渥荷青垂。教诲殷殷，有加无已。下怀感激，莫可言宣。玉叩辞回兖后，稍为料理，于月底驰赴金陵参观战况。当攻克全城时，各军均极奋勇，坚阻猝拔，获竟全功。此非大总统之德威所逮暨我公之筹划咸宜，曷克臻此效果。惟南京夙称繁富，经此兵燹之后，生灵涂炭，满目疮痍，十室九空，财产如洗，下关劫火损失尤巨。善后之策，不容稍缓。所幸冯、张两军统遇事顾全大局，协力维持，秩序不难渐定，当无意外之虞。玉以职守攸关，即于六号由宁旋兖，料理一切。辖境以内虽时有溃兵勾结股匪往来窜扰，然皆随时派兵击散，未至蔓延。现在兖属一律安谧，堪纾廑注。专此奉肃，敬请钧安。伏维鉴察。

田中玉谨肃九月九日

〔北洋政府陆军部档案〕

5. 白武关于张勋部队攻入南京烧杀抢劫情况致段祺瑞函

(1913年9月)

夫子大人钧鉴：前月奉派赴鄂，禀承副总统办事，夙夜惴惴，惟恐陨越，有负夫子裁成之至意。嗣因南乱敉平，奉谕回部供职，业经科员刘鸿恩暨受业等电陈在案，谅蒙察核。月之二十号，接到家严来电，云及南京克复后，张军一再抢掠，全家被难，嘱即返省一探。不得已，向副总统前请假十日，当蒙批准，转达钧部。二十二日到宁，自下关入城，沿途察看，最足以滋疑窦之处，莫若各军队衙署，统用红旗或姓旗，即狮子山炮台，亦曾舍国旗而未挂。民房、商店有全行焚烧无遗一片焦土者，有门首贴有被抢数次一空如洗者。各营兵士均垂发辫荷枪，任意游荡，甚至强入民室，残杀无辜。伏思用兵平乱，本出于万不得已之举，似此藐视国徽，灭绝人道，恐非我大总统及我夫子除暴安良之本旨。刻下秩序虽渐次恢复，然平民无知仍多误会，大有一夕数惊之概，迁徙室家，全城几空。受业遵家严来谕，暂将宁眷送回江北，以避其锋。屈指假期将满，自应趋前听候驱使。肃禀。敬请钧安。伏祈垂鉴。

受业白武叩

〔北洋政府陆军部档案〕

（三）各省独立响应讨袁

一、安徽独立及讨袁战斗经过

1．倪嗣冲为柏文蔚在宿县办民团扩充势力请明令取消等情密电

（1913年6月1日）

北京大总统、陆军部钧鉴：拱密。顷据宿县议事会函称：宿县知事不洽舆情，经宿人晋省呈控，柏督批令解职，归案讯办。及大军去后，柏督委方刚姻亲孙中孚为宿县知事，方刚为宿、怀、涡、蒙民警总长，继改委督办涡淮团防。廿一号孙、方抵宿，带宋大眼、杨崇五、王玉善、姚振统等来宿充当民警官长。杨崇五等皆激烈派中人物，宋大眼实为著名盗魁，宿人所欲得甘心者也。昨日下令在宿设筹防总局，就地筹款，凡民团私家又贵军所借枪枝，一律搜缴，并招安匪人编为军队。今晨出示，谓卢旅长不日带队来宿，尔等误入匪党者应各改过来归等语。宿人何辜，遭此惨害，亟望援手由解倒悬各等因。窃查柏督聚合粤、赣，反抗中央，徒以财绌兵弱，未敢发难，是以一面疏通意见，以为缓兵之计；一面借剿匪办团为名，招纳亡命，扩充兵力，冀图一逞。近闻卢镜寰军队沿津浦铁路一带，十里一棚，势若长蛇，负固情形，已可概见。但再事优容，则伊扼据涡、淮，阻遏铁路，根抵蟠固，南北隔绝。噬脐之嗟，悔之何及。即以剿匪而论，以被控在案之人，而委令办团；于土匪肃清之后，而又复招匪，衡以事理，亦殊骇人听闻。务恳大总统严斥柏督迫令解散，以遏乱萌而成逆谋。幸甚！幸甚！再雷护军使现驻永城，巩宸密迩，如今改驻宿县，当更有裨大局，于豫东一带亦可兼顾。是否可行，伏候钧裁。倪嗣

冲先叩。印。

〔北洋政府陆军部档案〕

2．顾琢塘关于江苏第八、九两师与胡万泰密约中立皖省兵力单薄请倪督调队支援等情函

（1913年7月15日）

总长夫子钧座：昨奉手谕敬悉。关心国事，备致忧劳。私心感佩，实无已时。皖省前十日间，以新旧都督交替，颇有不法之徒，从中煽惑，后经军警各界竭力防卫，始得暂安无事。然江西现经不靖，壤地毗连，皖事又何堪设想。祈速筹善策，以遏乱萌，为第一要着。南省暴动原因，纯孙、黄运动之所致，欲止其运动，力是在设法停止孙中山之借款。又淮上野心早在洞鉴，能檄倪督办近驻长淮，左近各州将来可保无虞。江苏八、九两师确不为孙、黄利用，现与胡幼卿师长密约中立，保江淮地方而顾大局。惟皖省军队前以分令剿匪，均未回防，刻下驻扎省城者仅三营耳。想皖省居长江之中游，为南北之关键，是以前清时代徐、熊诸人俱举发于此间。近虽南北统一，而不逞之徒，仍随时出没，屡以事机显露，经胡师长暨门生严密缉捕，始得扑灭。究之党羽繁多，难以根株尽净。即此处军队久而久之，亦难保不受其影响。此三营人只可留在省城，遇有不测，胡师长与门生自当出死力以保省城为宗旨。倘能于倪督办处拨调两、三营来皖，暂资分布，实属吾皖幸福。至此事是否能行？尚祈酌夺为祷。肃此寸禀。敬叩钧安。伏维伟鉴。

门生顾琢塘谨禀

〔北洋政府陆军部档案〕

3．孙多森关于芜湖独立及公举柏文蔚为安徽总司令兼都督等情密电

（1913年7月16日）

大总统钧鉴：瑞密。龚镇鹏、卢镜寰等由下关来电称：已公举柏文蔚为安徽总司令兼都督。又接芜湖探报，范光启已在芜湖独立，以皖民政长自居。是除省垣外，各军队已一律□变。现在省垣人心惊惶已极，各机关秘密开会，将有举动，多森与胡万泰竭力维持，结果殊难逆料。多森不称使命，罪洎奚辞，伏乞迅予罢斥，简贤自代，或望能支危局。临电不胜迫切待命之至。皖民政长兼署都督孙多森。谏。印。

〔北洋政府零散军事档案汇集〕

4．倪嗣冲为皖省宣告独立并举柏文蔚为讨袁军总司令胡万泰代理都督等情电

（1913年7月18日）

特万急。北京大总统、陆军部、开封张都督钧鉴：顷见孙督筱日通电内开：袁某凶残狡诈，背叛约法。东南各省相继宣告独立，兴师致讨。皖省不容独后，兹已与本省军商各界会商决定，即日宣告独立，公推柏君文蔚为安庆讨袁军总司令，胡师长万泰代理都督，多森担任民政长。除分行外，特此通告。自今日起各该厘卡经收各税厘，统解行政公署财政司兑收，毋或违误。其征存未解之款，著于即日批解来省，以应急需。此令。民政孙多森。筱。印。等因。理合禀陈。再现在电报已通，电示可直达颍州，并闻。倪嗣冲叩。巧。印。

〔北洋政府陆军部档案〕

5. 倪嗣冲报告柏文蔚将其所部编成三支队向颍州讨伐密电

（1913年8月2日）

特火急。北京大总统、参陆两部钧鉴：拱密。昨于顾家桥之役，搜获柏贼伪令一件，文曰：为令知事，顷奉皖军总司令柏训令开：倪贼盘据颍州，其兵力系步骑炮组成之一混成旅团。本军编成三支队，有击攘此敌之目的，第一支队由寿州经过凤台，向颍州进发，左翼与第二支队联络。第二支队由正阳经过颍上，向颍州前进为主攻，须极力联络左右两支队；第三支队由庐州经过六安、霍邱、三河尖向颍州前进，右翼联络第二支队，并须抄绕敌人右后，以断绝其接济。各支队之编组如左：第一支队支队长毕靖□，步兵屯四团、炮兵一营、骑兵一连；第二支队支队长袁家声，步兵第二团、第三团、第六团、炮兵一营、骑兵二连、机关枪二连；第三支队支队长龚振鹏、步兵第三团、第四团、炮兵一营、机关枪一连，令到即时出发等因。观此，则柏贼阴谋全盘毕露，特肃禀闻。倪嗣冲叩。冬晨。印。

〔北洋政府陆军部档案〕

6. 胡万泰为柏文蔚离皖已取消独立请任命都督等电

（1913年8月7日）

北京陆军部段总长钧鉴：柏文蔚由芜湖、大通先后调省之军队，业经万泰于阳日率兵击退，降兵、获械甚多。柏已乘势潜逃，地方秩序尚安静。已另有通电宣布取消独立，都督、民政长盼中央任命，速来皖，兵饷均待援甚切，祈转达为荷。师长胡万泰。阳。印。

〔北洋政府陆军部档案〕

7. 段芝贵为胡万泰前奉令褫职此次击退讨袁军可否允其自赎等情密电

（1913年8月8日）

特火急。北京大总统、国务院、陆军部、参谋本部、武昌副总统钧鉴：拱密。胡万泰来电，柏文蔚由芜湖、大通先后调省之军队，业经万泰于阳日率兵击退，降兵、获械甚多，柏已乘势潜逃，地方秩序尚安靖。已另有通电宣布取消独立，都督、民政长盼中央任命速来皖，兵饷均待援甚切，祈转达等语。柏匪既先溃败，成军亦已分据皖防，当可无虑。除电饬悬赏严缉柏匪等外，候得吴参议续电再闻。至胡万泰曾奉命令褫职，此次击退匪军，可否许其自赎？伏乞大总统钧裁。芝贵呈。齐二。印。

〔北洋政府陆军部档案〕

8. 吴庚关于柏文蔚率部反攻旋即退出及皖省军政长官迭次更替恳请明放等情电

（1913年8月8日）

北京府学胡同段总长钧鉴：庚上月到京禀见两次，适值赣乱事烦未见。当随段总司令专车回南到皖。孙督已去，早经宣布独立，祁光寰伪称都督，事已至此，只好暂避。复与顾旅长琢塘计议，将祁逐出。柏文蔚闻信率队前来，伪称皖督。日昨胡师长万泰、顾旅长琢塘率队攻击，柏势不支，乘间逃去。幸伤人无多，秩序如常。惟民政长及都督迭次更换，所有两署人员星散尽净，值此艰难之际，不得不出为帮同料理。应恳总长转呈大总统明放都督、民政长，以安人民为叩。吴庚。齐。

〔北洋政府陆军部档案〕

9. 胡万泰报告攻占大通反袁军退至芜湖电

（1913年8月11日）

急。北京陆军、参谋两部、九江段军长、寿州倪都督钧鉴：泰派驻大通参谋胡兆琮、营长沈仲电报，大通已于真日完全占领，乱党败窜芜湖，将非严加痛剿，不足以尽根株。现正规划方略，以便进取。特此电闻。胡万泰叩。真。印。

〔北洋政府陆军部档案〕

10. 夏永伦关于反袁军退守庐州龚振鹏部坚守巢县等情电

（1913年8月11日）

北京大总统、国务院、陆军部、旅京同乡会钧鉴：前八号取消独立，及拿获伪总参谋廖贼传仪即少斋正法情形，业经电呈在案，计邀钧鉴。此次逆首张孟介，袁子京、毕少山、臧天祥、岳相如、曾孟起等、奉柏贼命令退守庐州。庐城及有柏之心腹手握兵权，暗为招致，贼来私函，曾经搜获。自伦宣布取消独立，虽前代理旅长李乾玉、营长陈建谟离职潜逃，第所部之兵不无心怀反侧，加以寿、正、怀、凤等处溃兵前后实数二千余人，于八号晚间九号上午逼进庐城。内忧外患，万分交迫。遂合同团长陶俊、民团团长袁先杰分任攻守，时伦专任镇守调度、严为布置。俊等带队出城迎击，溃兵见其列阵森严，散伏各村，未敢遽犯。居民恐受糜烂，恳缓痛击。维时溃兵业经胆寒，当即勒令缴枪七百余支，机关枪六尊，子弹甚夥，由地方筹发盘川妥为遣散，俾免窜扰邻境，蔓延贻害。惟探芜贼龚振鹏所带敌兵分踞运漕、巢县各要隘。伦已于昨日下午二句钟，派袁团长率带步兵两营，机关枪四尊，钢炮四尊出发，由水道直攻巢邑，节进堵截，业电称安省胡师长派兵合击，以期早日扑灭，现合肥秩序如常。顷奉胡师长电令，饬伦代理旅长，自应勉竭心力，藉图报称。俟有捷音，再行电呈。代理第二旅旅长夏永伦叩。真。印。

〔北洋政府陆军部档案〕

11. 鲍贵卿报告皖省府无人主持各机关工作停滞急请特命来皖维持等情电

（1913年 8 月12日）

特加急。北京大总统暨陆参总长鉴：拱。职旅抵皖后，当与各界接洽，惟行政各机关极为停滞，困难万状。旅长现与各机关联络，竭力维持现状。谨将拟议办法缕晰陈之。一、警察厅长现在无人，须择望重资深者充任，以期军警联合有备无患；一、审判厅现亦无人，所有诉讼等事，暂由怀宁县知事负司法责任；一、行政各机关暂仍旧自行保护；一、钞票市面均不兑换，拟设法疏通，以恤商艰。柏逆肇乱以来，民食为艰，购办不易，拟设平粜，以苏民困一、皖省各项厘金税务糜乱已极，现无正当人员经理，急须派定妥员清查整理，以重财政。各处监狱越犯十余名，职旅会同胡师长拿获三名，立即正法。再行政总机关主体无人，急请中央特命来皖维持，无任盼祷。贵卿。文。印。

〔北洋政府陆军部档案〕

12. 倪嗣冲为讨袁军扼守芜湖请饬鲍贵卿迅赴大通与海军会合进剿等情密电

（1913年 8 月14日）

特万火急。北京大总统、参陆两部钧鉴：滨密。顷接海军汤次长元电内开：进规芜湖。芜湖本为商埠，匪巢昵近外人所居，兵舰不便开击。近侦探柏、龚两逆地址，彼招集浦口亡匪，沿岸列炮置防，自荻港以下至庐州湾，皆有匪踞，并遣张往宁国旧立根据。段军长一旅驻皖，势难再分，急盼尊处迅派大队前来会剿，总祈迅速，免令时日延长，更滋棘手等因。伏查柏逆扼守芜湖，谋据皖南，自应迅速会剿，免致滋蔓。惟冲迭奉赴皖命令，已饬马统领联甲带步队四营出发赴皖，复派王统领治国带步队两营、炮队一队赴庐，以防芜匪窜扰。若饬进攻芜湖，未免兵力太单。窃念胡万泰既攻柏逆出遁，谅不至再有反复。况冲军数日内即可抵皖，足资镇慑。可否先饬鲍贵卿沿江东下，迅赴大通与海军会合进剿，以期迅扫匪氛。再冯军已抵滁州，如饬分兵由浦口上游渡江，经太平直捣芜湖，势甚利便，是否可行，伏乞钧裁。倪嗣冲叩。盐。印。

〔北洋政府陆军部档案〕

13．夏永伦报告派队进攻芜湖等情电

（1913年8月15日）

北京陆军部总长钧鉴：寒电褒奖，感愧莫名。伦惟有厉钝策驽，绥辑军民，以仰副期许之至意。现派队分途搜索溃兵，肥境安谧如常。前派袁团长先杰业收复巢县。据报运漕、裕溪等处驻有敌兵，伦于寒午亲率参谋汪吕卿、营长张庆生、李永青等，以小轮拖运兵士两营，由水道出发，期与省兵夹攻芜湖，俟有捷音再呈。代理皖军第二旅旅长夏永伦叩。咸。印。

〔北洋政府陆军部档案〕

14. 陶俊等关于讨袁军龚振鹏进攻庐县后退守芜湖及请委夏永伦接充第二旅旅长等情电

（1913年8月15日）①

北京袁大总统、陆军段总长钧鉴：前陆军第二旅长龚镇鹏潜谋不轨，叛形披露，已经督令取消，委第四团长李乾玉代理，遗第四团长缺，公举第三团第三营长夏永伦接充。讵料龚逆竟梗督命，率兵来庐倡乱，实行破坏大局，深赖夏团长合一般军官力与反对，龚逆惧而遁走，庐州境内幸托安全。然龚逆心犹未死，复奔寿，正联络张逆汇滔组织机关，党徒四布乘机蜂起。此间适奉孙都督通令全省独立。夏团长鉴于事机不得不因势利用，以保治安。斯时龚逆盘踞于芜湖，张逆称兵于淮上。庐州介南北之要冲，久为龚、张二逆所忌，乱党煽惑，军心浮动，内讧外患，纷沓相乘，且内有李乾玉素非同志，幸见机潜逃。然旅长无人，军事机关已失统一，商民因此益增恐怖，杯蛇市虎，鹤唳风声，危险之来，实有不可思议。陶俊等夙知夏君义胆忠肝，热心国事，不为艰险稍渝初志，而军民之爱戴至此益笃，众议为维持现状非夏莫属，是以公推夏团长暂代旅长，藉以绥靖军心，统一事权。夏君再三推让，坚辞不就，叠经众议敦劝，始允权行担任，遂慷慨誓师，义帜高张，军心大振。北击张逆之溃兵，夺获机关枪六尊，快枪七百余支。南截龚逆接济叛军枪弹炸药六十余箱，威声所播，贼胆俱寒。当军事旁午之际，卒能化险为夷，远维大局，近对梓邦，堪慰廑系。刻又出师芜湖，剿办龚逆，并电胡师长约期会攻，想小丑跳梁不难授首。近日人心大定，诸事渐次就绪，此夏团长处置乱党维持地方之实在大概情形。谨以电呈大总统、陆军总长，

---

① 此系收电时间。

俯念庐州为南北重镇，可否委任夏团长永伦为第二旅长，藉资镇摄，以昭激劝，有功者益加观勉焉。倘蒙见允，则庐州幸甚，大局幸甚。临电不胜屏营待命之至。第三团长陶、俊临时参谋长胡耘尘、参谋郑乃麟、吴显芬、副官朱殿奎、团附张传堃、周孝述、营长黄佐南、张庆生、李永青、卫广学、徐士华、刘玉琬叩。印。

〔北洋政府陆军部档案〕

15. 倪嗣冲为进攻芜湖请拨枪械等情密电

（1913年8月16日）

北京大总统、参陆两部钧鉴：寒、咸两电均祗遵。拱密。省垣根本重地，应即驰往镇慑。马统领联甲业于前日出发，冲亦日内起程，取道六、舒、桐兼赴安庆。顷接胡万泰电称：夏永伦已率各营由庐进克巢县，现抵裕溪等因。当飞饬王统领治国到庐后，即由水路进裕溪口与夏会攻东西梁山，逼进芜湖，俟上游海陆军到会合攻剿。惟淮上一带留兵无多，不敷分布，帮土各匪被叛军勾煽，币地蜂起。奉准新募五营既已招齐，惟枪械未到，均尚徒手，所获战利品虽有大炮十尊，杂色子弹一千六百余箱之多，而枪枝一项，互多抛掷河中，无从寻觅，所得百余杆，全为匪人损坏，不堪使用。连日涡、蒙告警，哀吁派兵，竟至无可应付，万一该匪联成大股，皖北再遭糜烂，将来更难收拾。务恳饬部先其所急，迅发枪枝二千五百杆。现闻津浦已经通行，恳祈由津浦火速运颍发给使用，以便防剿，而弭乱阶。迫切陈词，伏乞钧鉴。倪嗣冲叩。谏。印。

〔北洋政府陆军部档案〕

16. 倪嗣冲为皖北情况复杂恳辞皖督专力皖北等情密电

（1913年8月17日）

特万火急。北京大总统、参陆两部钧鉴：拱密。迭奉命令饬赴省垣，自应遵照，以慰钧廑。惟此中为难情形，有不得不沥陈睿听者。查淮上为帮匪老巢，前清营县莫敢过问。张逆盘踞年余，正人避祸，蛰伏凶焰，日益鸱张。寿县以东定远以西，几于人人皆匪，派兵剿办，少则抗拒，多则潜逃，穴地埋枪，无从搜索。兵退寇张，故态依然，可虑一；皖北三十余县，柏逆蓄谋破坏，遍置党羽，勾煽匪人。军兴后，往往官吏、议员、土匪、帮匪联合一气，结合肆行。知事厘委有席卷潜逃者，间有志趋稍正坐困待援者。怀远、定远反被匪掠，知事仅以身免。涡阳议员张瑞云、李福五纠匪抢劫高炉镇警察署枪械，知事置诸不理。绅民纷纷请兵哀吁，断难膜视，无队可拨，坐视燎原，可虑二；颍州完善之区，为冲军根据之地，饷械机关全在该处，而毗连豫边沈、项、息、汝各县，会匪刀匪结队抢掠，州仅驻一营兼管，押运输送防剿为难，可虑三。冲军仅十营，新募营队以枪械未到，均尚徒手。辗转筹思，有赴皖之兵，则留守分防无人，该匪势必乘虚联为大股，浸成流寇。冲即株守省城，有何裨补。是以恳辞都督，欲以专力皖北，恳辞勋章，欲行激励将士，区区诚悃，谅在洞鉴之中。嗣承训令，以省垣根本重地，饬速前往，因派马联甲率所部赴皖，并派王治国带两营赴庐，均于十四号开拔。冲暂驻寿县，委派知事谕饬办团，并于稍著成效者酌量补助，连日稍有端倪，专候部电。新兵五营枪械发运有期，皖北可望无虑，即当立刻起程遄赴皖省，倚装待发，鹄盼钧示。倪嗣冲叩。筱。印。

〔北洋政府陆军部档案〕

17. 胡万泰关于顾琢塘部在顺安战胜反袁军等情电

（1913年8月22日）

北京大总统、陆军部、参谋部、段宣抚使、六安洲倪都督钧鉴：万泰昨日率队出发，晚抵大通，接顾旅长琢塘报称：旅长率步队一营、马队两连、机关枪一连，进攻芜湖，二十一号六时，行至距通六十里之顺安，全军未及饮食，即遇有贼兵千余人，附钢炮四尊，机关枪一架，洋抬炮数十杆，并先占高岭。旅长见势汹汹，随督队力御，战有七句钟之久，幸敌军败退，拿获贼兵十余名，并快枪数十杆，子弹万余粒，炮弹四箱。惟我军兵力太单，请速拨步兵来顺安。等情。万泰除加派军队及传令嘉奖外，谨此电闻。安徽第一师长胡万泰。养。印。

〔北洋政府陆军部档案〕

18. 胡万泰报告反袁军在青阳败退转向南陵等情电

（1913年8月22日）

北京大总统、陆军部、参谋部、九江段宣抚使、铜城倪都督钧鉴：顺安告捷，业于养日电呈在案。芜湖逆党原分兵拟由南陵蔓延宁国、徽州一带。万泰已派营长沈仲率队驻扎青阳，以扼其锋。兹据沈营长报称：距青阳二十五里木竹潭到有贼兵三百余人，其军官系伪团长张子彬，伪营长范某等。营长于二十一日拂晓率队迎击，自上午六时约战十二时之久，幸兵士用命，已将敌兵击散，计毙敌兵五、伪队官一、伤数十名，夺五响毛瑟枪十余支，马三匹，并擒获数人，降者十余人。所余贼兵悉向南陵方面逃窜，南陵本有逆党接济队数百人在后。等情。除统筹进行并饬该营长率队追击外，谨此奉闻。再万泰已于昨晚由大通出发顺安，合并声明。安徽第一师长胡万泰。祃。印。

〔北洋政府陆军部档案〕

19. 季光恩报告皖省独立及其奉命来皖进攻反袁军并责胡万泰任柏文蔚突围进至芜湖等情致段祺瑞函

（1913年8月22日）

芝泉先生钧鉴：月前在京既郇厨之敬扰，复麈教之亲承。并蒙不弃庸愚，委以差事，相爱甚厚，曷胜感激。光恩自奉命随段军长出发，刚抵九江，比即会同刘怀森、方光亮运动九江军队投诚。后承段军长命往湖口熟查地势，以备进行，奋勇步行六十余里，占领灰山要塞，炮击匪船无算，断其援党，李逆遁逃。旋奉段军长命亲往沽塘、马当等处布置一切，业已就绪。适皖之胡师长万泰迎回柏烈武等宣布独立，聚党皖垣，并派乱党张永正等助援马当。光恩深以不断皖党援路，恐赣逆终不能灭。激发义愤，特派妥员王笃夫、程少甫赴皖。前由郝秀元，路琪光、李寅斗等不顾身家，冒险与光恩前在朱经田先生部下旧相识者，即今皖军第一团柴团长宝山与马队团附路靖坤暗中接洽，作为内应。当有郝秀元、王鼎铸等到浔谒段军长请即拨军，往返数日，苟稍有不密，则危及身家。幸段军长关怀桑梓，随派光恩附同鲍旅长贵卿出伐时，有柏逆侦探与恩面晤，恩故言我军由太湖陆路抵皖，使其不备。不意，我军顺流南下直抵皖城乘机夹击，当柴、路两员接洽内应后已将柏、祁、管、范诸逆困围督署，向非胡万泰甘心助逆，竟给以北城有敌，将柴、路军队调拨北城外，而柏逆等已为釜底游鱼，万难漏网，惟是南路空虚，乘势拥护该逆等出城。万目共睹，迄今芜湖等处悉遭糜烂，皆胡为助逆之阶厉也。惟时光恩见柏逆既逸，恐下游要塞为其窃据，即行亲赴[illegible]江矶前江口距十余里之两炮台，劝通光恩旧队步军数人，强迫台官硬将炮闩枪械如数取出，检归光恩带省交由鲍旅长，将炮闩等件转交兵舰，并呈报段军长有电。由是兵轮直下，始无阻碍，克复大通和悦洲等处。现庐州亦已由光恩数次函电，劝令夏团长永伦速行反正，取消独立，光恩已面陈段军长转电中央矣。惟芜湖一隅之地，为柏、祁、龚、张诸逆盘踞，虽有四五千人，已为光恩运动默认投诚者不下半数矣。除电饬夏永伦助攻芜湖外，而光恩所恨者手无寸柄，莫展一筹，以致逆首聚踞芜地，未获就擒。如刻下胡万泰再不力任剿灭，遗误大局，光恩一俟奉有段军长命，即行捐躯奋勇助剿，以答我大总统暨先生谆谆告诫之深心于万一。知奚廑念。用特谨将剿灭情形详陈钧鉴，可否仰恳先生转达大总统之处。出自恩裁，伏乞垂照。并颂筹安。敬请赐复。

第一军军长副官季光恩立正八月念二号

〔北洋政府陆军部档案〕

20. 倪嗣冲报告与讨袁军在荻港等地战斗及芜湖取消独立等情电

（1913年8月27日）

北京大总统、参陆两部钧鉴：顷据胡师长万泰电称：廿六号我军与逆敌在荻港接战，自上午四时起至下午三时止，攻退逆敌，夺获大炮、机关枪及各军械甚多，匪军约千余人，死伤强半。我军阵亡数人，伤四十余名。详情续报等语。又据夏旅长永伦、王统领治国先后电报略称，会合攻克黄山寺贼垒，廿三号又会合进攻西梁山炮台，冲锋三次，贼几不支，适有挂商旗之日本式轮船一只，运送贼兵炮械，贼势复振，以山势险峻，未易猝攻，因暂停战，为围困之计。是役，阵亡武卫右军第三营哨官一员，伤亡兵士数名等情。除分饬相机攻剿外，合行电呈。再本日晚间又得电局消息，芜湖确系取消独立，容探明续陈。嗣冲叩。感。印。

〔北洋政府陆军部档案〕

21．汤芗铭报告率舰队攻占荻港及芜湖取消独立等情电

（1913年8月28日）

北京国务院、参谋部、海军部、武昌黎副总统、徐司令、南昌海军刘总长、上海海军李总司令，盛京、杭州、广东、福州、南昌、重庆、长沙、济南、开封、安庆都督、民政长、宣抚使、镇守使、护军使、各军军长、师长均鉴：自皖匪下窜，盘踞芜湖，为宁城犄角，荟萃全力死扼荻港，阻我海军东下之路。芗铭念荻港不拔，芜湖万难遽克。乃与皖军胡师长万泰、顾旅长琢塘商定水陆合攻计划，分道并进。芗铭亲率楚谦、楚同、楚泰、建威、湖鹗等舰，于二十六日驰抵荻港，一面掩护陆军上陆；一面冲进火线以内，循环轰击，水陆夹攻，匪据险射击，弹落各舰左右如雨，楚泰桅索被击中断。芗铭勉拥各舰冒险猛进，各将士亦复奋勇异常，态度极为沈穆，历六时之久，匪伤甚众，渐至不支，群相溃窜。比夺获八生炮一尊，七生六炮一尊，四生五生炮各二尊，机关炮二尊，枪械子药甚伙。荻港遂完全克复。随派楚泰、楚同、建威三舰沿江搜剿。芗铭更亲率楚谦、江利、湖鹗会合，先派三舰进逼芜湖。当据商会自治会代表来舰面称：匪军自经我军在荻港痛击，精锐全丧，芜匪自知势穷力屈，相率潜逃，芜埠现在已取消独立，恳请免加炮击等语。芗铭一面分别抚慰；一面派员海陆张贴布告，安辑人心。芜城父老久困匪巢，骤闻国军莅临，利濇贩卒均露列江干脱帽欢呼，香花载道。溯自柏、龚诸逆称乱拥兵，蹂躏皖隅最久最悍。幸赖我大总统威灵，诸将士奋往用命，要隘迅克，寇援断绝，此后宁垣余莽，不难指日扫除。芗铭已派楚同、江利、建威三舰前往浦口，掩护冯国璋渡江。此间防务稍有布置，亦即亲率舰队直抵南都，会合各军扑灭

余匪。谨此电闻。汤芗铭叩。勘。再芜湖电报不通，此电由大通专发，并闻。印。

〔北洋政府陆军部档案〕

22. 倪嗣冲关于勾通洋员浦妥玛运动安丰兵轮水手反叛讨袁军请予奖励等情电

（1913年8月29日）

特火急。北京大总统、参、陆两部钧鉴：顷据夏旅长永伦俭电称：前伦取消合肥独立，防范李乾玉内应情形，业经电呈在案。查乾玉旧部两营营长陈昌奇、刘玉昆，陈尤为李死党，偕李潜逃。比时欲将两营遣散，又恐波折横生，当将陈营委李永青接带刘玉昆，仍供原职，外示联络，内加防范。此次由庐出发，该两带赴前敌，恐留庐致生后患。查该两营长临次临敌，尚称奋勇，惟李、陈两贼，屡函勾结，该两营士兵曾经搜获。昨复由芜派排长一名渡江，潜于二十四夜勾去李营兵士两连，当经李营长察觉，一面报告；一面将该排长追获，立即正法。现刘营悉数委李团长妥带回庐，分别遣留。似此李、陈两贼甘心助逆，不知愧悔，实属罪无可容。伦已派人探拿其家属矣。龚贼盘踞芜隅，所恃者安丰兵轮江面游弋。我军致雍家镇时，即联络该镇洋关西员一名，总巡查浦妥玛君，伊并代运江口总厅顾涵雨转为运动该轮水手反正归顺，磋磨成熟，于廿五号，伦给浦君手枪数十只转发水手。廿六号上午，该轮兵士上坡吃饭，轮上只余四名水手，等当将该四兵捆缚，即开满棹，飞进裕溪，追贼兵赶追，为我军抵御而退。查该轮有大炮一尊，小钢炮一尊，机关枪一尊。等因。查合肥独立本系孙万乘、李乾玉所主动，夏永伦运动反正，煞费苦心。张逆汇滔，袁逆家声等由寿败军〔退〕，该旅长内防响应。外御匪兵，卒诱斩伪参谋长廖小斋，并勒溃缴枪七百余杆，机枪六尊，后带队克复运漕、裕溪。兹更计获匪军兵轮，洵属智勇深沉，有劳足录。合并仰恳恩施行优奖洋员浦妥玛，并给勋章，以示鼓励。其余出力员弁，应遵前次电令，由冲查明汇请奖叙。是否有当？乞示祗遵。倪嗣冲叩。艳。印。

〔北洋政府陆军部档案〕

23. 胡万泰报告俟与鲍贵卿接洽后当即遵令回省电

（1913年8月31日）

北京大总统、陆军部、参谋部钧鉴：芜湖光复，万泰于今晨由大通抵芜。遵倪督意旨，于上午十一时前，将在芜降兵遣散约二千余人，费暂由本师给养垫发，并收所缴枪枝，约一千五百余杆。芜湖军事已算完竣。除呈报倪督外，谨此电闻。再午后奉倪督令开：奉大总统令：皖省初复，匪徒繁多，须依次办理，弗得顾此失彼。胡师长万泰情形较熟，应由该督调回省垣商办善后，鲍旅长即令赴芜，为芜湖、大通司令官，节制调遣。等因。仰该师长即便遵令回省，并令顾旅长琢塘遵照等因。万泰俟与鲍旅长接洽后，当即遵照料理回省并闻。安徽第一师长胡万泰。卅一。印。

〔北洋政府陆军部档案〕

24. 胡万泰关于攻占芜湖后派兵进袭宣城并恳准暂行留芜待全皖肃清再行回省等情电

（1913年9月2日）

北京大总统、陆军部、参谋部钧鉴：自大通、芜湖相继克复碧，全皖匪势尚有宁国一隅，为逆贼张永正一股，此贼向称狡悍，目下正欲图窜徽州一带，若不及时剿灭，恐成流寇，蔓延滋扰，贻害为多。万泰到芜，已支配军队分投堵剿，去讫，又拟派兵一路直捣宣城，以清匪薮。正筹办间，昨于月之卅一日，接奉都督传到大总统电令，着万泰从速回省商办善后。时顾旅长卧病未起，各军队又多分布出剿，未便抽调。日昨曾电报中央，俟顾旅长到芜接洽后，即便回省。初一日晚，倏奉参、陆两部传到大总统卅一号电令，胡师长电呈芜湖已复，商民安帖，阅之甚慰。该师长现进驻大通，拟亲督将士剿办窜匪，忠勇过人，殊堪嘉尚。务望相机因应，速扫匪氛等因。奉此。仰见大总统树德务滋、除恶务尽之至意，钦感莫名。合无仰恳大总统可否俯准万泰暂行留芜，以便相机进剿，俟将此贼剿灭，全皖肃清，再行回省之处，庶顽寇不致稽诛，而地方生民可同庆安堵矣。是否有当？除呈请都督外，伏候令示祇遵。安徽第一师长胡万泰。冬。印。

〔北洋政府陆军部档案〕

25. 倪嗣冲关于北军攻占芜湖取消独立等情电

（1913年9月3日）

特火急。北京大总统、参、陆两部钧鉴：芜湖取消独立，前经电呈在案。兹王统领治国卅一号抵省面称：统领于廿八号上午与夏旅长永伦抵芜，顾旅长琢塘亦先后踵至，当经会商将该处投降叛兵勒令缴械资遣，现已将次办理就绪等语。并据王统领治国、夏旅长永伦艳电呈报，先期克复东西梁山及进逼芜湖情形内称：廿六号反正安丰兵轮，匪失倚恃。治国、永伦会商攻取西梁山计划，遂于廿七号上午十钟，治国亲督葛、戎两管带并运山炮队，永伦督率卫、李两管带、由黄山寺前进，攻取西梁山炮台，并饬安丰兵轮游弋邀击，匪初扼险死力抵御，经我军奋勇冲锋，鏖至下午五句钟，击毙匪兵甚夥，夺获要塞钢炮两尊，贼势不支，败窜回芜。当即一面以西梁山炮位轰击东梁山贼垒；一面派兵过江抄击。时匪以西梁山既失，东梁山孤立无援，亦纷纷溃退。因即同乘安丰兵轮及小火轮向芜直进，行至四合山旁，立见敌人预伏小火轮一艘，山上匪兵开枪抵御，当即开炮还击，该小火轮息火逃窜，旋被追拿。廿八日上午抵芜时，龚逆已逃，芜业取消独立。是役，我军计阵亡三名，受伤一名等语。查该统领、旅长等，连日围困西梁山，督队猛攻，克复要隘，因而匪胆破裂，取消独立。在事员弁目兵不无微劳足录，应否酌予奖励之处，出自逾格鸿施。再鲍司令现抵芜湖，夏旅长已饬回庐，马统领本日开赴徽州，合并呈明。倪嗣冲叩。江。印。

〔北洋政府陆军部档案〕

26. 胡万泰关于皖省独立经过及进攻反袁军情况致段祺瑞函

（1913年9月12日）

总长钧鉴：冬电谅呈鉴阅时，万泰业将大通、芜湖军队遵由鲍司令贵卿节制，已于月之四日，由芜回省，面见都督禀承一切善后事宜。刻下军事稍宽，所有此次变乱，万泰经过状况及始终困难情形，有不得不为我总长详细陈之：万泰不肖，谬列戎行，亦知巩固中央保卫人民为军人无尚天职。况曩役京师，亲炙教诲，无时无刻不仰体我大总统暨我总长卫国保民之心，以图报称于万一。讵浔、宁兵变，皖摄其间，潮势所趋，危难支拄。且所属兵队，多以剿匪出发于外，仓卒无以应变，兼之欠饷已多，兵无所食，即无外患，饥馁已有可虞，前已屡电详呈在案。况乱党到处造谣煽惑，挟资运动，无所不至。倘一有所动摇，地方必先受糜烂。及至事迫情急，孙督多森曾商之万泰，时以兵心有饷则可为，无饷则难恃。奈孙督携带京款多存沪行，缓急莫应，事机迫切，莫可如何。不得已，由孙督多森商明万泰，宣布独立，盖抱极端维持地方之心，而为此权宜之计。否则，万泰与孙督多森素非丧心病狂，而敢反背中央，以冒天下之不韪乎。高明在上，幸鉴区衷，当无俟万泰哓哓者矣。时龚振鹏、张永正、范光启、管鹏诸匪首，盘踞芜湖、宁国，招兵聚众，已极猖狂，仇视万泰独立为伪。先是大通地面，曾经万泰派一团一营驻扎，以固饷源，并派楚谦兵舰偕同扼守，以防芜贼上窜。不料，该营竟被张逆率众暗袭，楚谦兵轮亦难独支，张逆汲汲势将上犯，比以贼众我寡，难操胜算，而贼中又以孙督多森携带有款，将肆逼迫，而万泰遂与孙督妥筹，名为同阵到沪提款，实则保卫孙督脱险，其情未始，不欲藉助饷援，以为励兵秣马灭此朝食之计。讵道过金陵，而芜湖淮上各乱党已举定柏贼文蔚为伪都督，将指日莅皖。万泰所绌，知不可挠，转念柏贼来皖，一可援目前之危；二可分淮上之势；三可遇顺说利害，倘能得所救正，免致涂炭生灵；四可就近查看举动，以为将来对待。乃彼到皖后，直形同块〔傀〕儡，而大势竟为龚、张诸逆所操，而大通、芜湖贼营已多调至省城。万泰已处于孤势，地方居民迁避，商业停歇，满目流离，莫可言状。阴念此贼不除，害将滋大。但我驻省军队过于单薄，力难为抗，而贼中犹滥于号召。万泰既将库中快枪私藏千余杆于石牌地方，不令贼知，以遏其乱。又欲分散其兵，以薄其力。幸值九江我军获胜，马当炮台亦为我军占领，水陆兵队联合东下，贼中闻警，正在筹商战守，万泰因而献策，请彼分兵赴援马当，万泰亦自认堵截太湖一路，使彼辈无所介意。计划已定，分路出师，暗中已令我军开出省城二十里许停扎，当夜务必衔枚返省，此八月六日也。及七日黎明，我军已集合师部时，我军合步马兵力不满两营，尚无炮队，而贼军时有步兵两营、炮兵一营、重炮一营、炸弹队一营、宪兵一营、机关枪卫队约一营，实有贼众我寡之势。但闻兵以义胜，遂由万泰对众宣布讨贼罪状，我兵皆跃跃欲试，莫可或遏。当兵分三路，一由顾旅长琢塘率攻城中之贼，一由丁参谋绪余率队城外之贼，万泰督后应援。贼中已得消息，业有准备，我军分投进攻，莫不奋勇争先，北城原为我兵守卫，时已不攻而破。惟贼之精兵及重炮多设防于城西狮子山一带，我兵仅有徒步马兵二连，恐有不支，且恐贼中大炮轰击，生灵先遭涂炭。顾旅长因率兵出城，以为马兵援助，并拼力先扑狮子山，以顾全满城生命，此我军战胜柏贼文蔚所以能乘间逃走之原因也。然柏贼潜逃，在万泰自知功不抵过，但当战争激烈之时，而阖城未伤一命，地方秩序也未紊乱。揆之万泰保卫治安维持桑梓之初心，亦可告无罪于父老兄弟矣。窃念狂寇稽诛，罪何能赎？当复督兵进剿，而大通未经剧战已被我军完全占领。惟荻港为天险所恃，贼以精兵利械防守，以固形胜。但荻港不破，万无进窥芜湖之理。查荻港群山环抱，半面临江，半面频湖，惟沿江一路可达，又平坦无遮避，后路直通顺安，山路崎岖，当与汤次长预定水陆并进，三面夹攻。万泰认沿江一路攻击正面，顾旅长琢塘认顺安进攻，抄袭后面，海军由江面迎击。议定时日，分路进剿，幸将士用命，克底成功。是役也，我军虽伤亡数十，而贼军战毙溺毙者为数实不下四五百之多，所获枪炮子弹无算。于是贼胆已破，故三山、澛港皆不战而下，即芜湖匪众数千，皆望风而靡，沿江数百里，战不匝月，我军俱能以少胜众，要隘巨镇皆次第规复，此亦万泰所意不及料者矣。要皆仰仗国民幸福，我大总统及我总长恤兵爱士之仁有以奋发而激励之者也。在万泰丛戾之身，已蒙大总统恩施法外，不咎既往，固已衔感靡暨又蒙赏给非分，愈切悚惶。万泰拟将此次剿匪出力及战阵伤亡官兵奖恤并收支报销办理就绪，当即趋投钧前，仰恳矜全藉明心迹，临款无任瞻依之至。冒昧陈言，不嫌缌缕。肃此敬请崇安。伏希

电鉴

安徽第一师师长胡万泰谨上

〔北洋政府陆军部档案〕

27. 夏永伦报告攻芜之后镇压寿州等地反袁军经过电

（1913年9月15日）

北京陆军部、参谋部钧鉴：前奉艳电内开：东西梁山地方险要，拔之胜于芜湖，务当并力进取，俾竟全功，勉之望之等因。窃思龚贼所恃安丰兵轮江面游弋，我军进攻颇难。伦业于八月二十六号，在雍镇联络西员浦妥玛转商芜关监督顾涵雨运动安丰兵轮反正归顺，随偕浦妥玛潜夜渡江接洽，英领事及芜关税务司顾监督密邀议、商两会会长布置一切，时芜湖未下，贼尚拥重兵也。二十七号上午十一句钟，乘安丰兵轮会同王统领亲督各队进攻西梁山，下午克夏，得要塞钢炮二尊。旋攻克四合山、寡妇矶要害，渡江克复东梁山。王统领督大队后进，伦带队乘兵轮于下午十一句钟攻芜，拿获芜贼利器一兵轮一只，十二句钟抵芜时，到芜军队仅海军汤次长兵轮五只耳。查龚逆自荻港攻下，安丰兵轮失后，即偕死党先遁，当得武库一所，内有大钢炮两尊，枪械数十枝，子弹、火药百余箱，修造机器十余架。二十八日上午十时，王统领带大队到芜，安庆顾旅长率海陆各军同时亦到，会商善后事宜。当经所属驻庐陶团长将以上各情电呈在案。伦正在芜会同各军维持秩序间，于八月三十一号，奉到倪都督电开：仰即回肥考察军队，剿办土匪事宜。遵即于九月一号督队回肥，立即编查军队，严加淘汰，以期消弭内忧，剿匪得力。讵匪势日炽，合肥西北一带，每日警报不下数处，分途派剿，此扑彼起，飘忽无常，加以寿县被围，匪氛愈炽。查此次匪势猖獗之原因，实系张贼汇滔等余孽及寿、凤、定远各县多数巨盗渠魁枚冠、英、曹三老帅、郑乾培等招纳亡命，收纳溃匪，搜索枪械，沿途焚掳，倡言淮上军三次革命，张帖布告，建竖旗帜，存死灰复燃之心，为穷凶极恶之举。又值怀远、定远、合肥交界一带，三月不雨，周围数百里赤旱异常。该匪始不过二三千人，嗣复沿途裹胁壮丁，不逞之徒甘心响应者固多，无知饥民被其迫从者亦复不少，以致匪党人数日增一日，兼之下塘集著名匪魁李庆祺，向为保安联合会会首，开堂收徒，已经数载，寿、合、定三县地方，其党徒实有三四千人，久经拿办未获，靡不共知。此次被拿正法，其余党希图报复，是以竭其死力大举犯庐。迨派队往剿，奈匪众兵单，两次退却未能得力。伦于本月六号下午，亲督各营迳由肥出发，乃前卫于七号行至肥城西北高桥、熊家店两处，与大股匪徒相遇，正迎期痛击间，旋见左右各处村悬挂白旗，伙贼齐起弹如雨集，时距城仅廿里，岌岌可危。当派队分左右两翼进攻，历战许久，贼犹死力抵御。嗣用大炮轰毁数村，贼始且战且退，复追击十余里，暂令停战。正在造饭间，贼又率大股来犯，先锋甚锐，兵士饥疲，贼用包抄之法，我军左侧退却，当拿获脱逃兵士正法两名示众。亲临前敌冲锋数次，各将士复奋勇前进，竟日痛剿，贼乃散退，距城约四十里。八号匪又率众来犯，我军由杨小店节节迎击，复见各村插挂白旗，分路兜剿，冲锋数次，阵获匪魁杨大师、盛开保，夺获大土炮两尊，白旗数十只，书北伐讨袁军义勇团字样。拿获匪党二十余名，据供皆受柏、龚两逆委任起事等语。当即正法。直攻至三十埠、诸墩集将大股击散，匪乃大败。探确匪分三支逃窜，一由下塘集向拐子集；一由吴山庙向陶楼；一由青白龙厂向灶店等方向奔逃，均抵寿州、定远境内，立即跟追余匪二十余名正法，犯肥之匪渐次剿平。现于要害之下塘集、吴山庙各驻一营，高塘集、罗集各驻两连，为援队中设马探多名，互通消息。又确查匪巢向在寿州所属庙冈集、小界集、裘家集、上天寺、元家凹、蒋家凹、长冈集等处，定远所属荒梅桥、陆家桥、杜家集、大李集等处，均经电呈都督饬知寿、定军队会哨痛剿，以期扑灭净尽，而卫地方。统计是役匪徒被我军击杀死伤百余名。我军士兵战亡十五名，受伤者三十余名，内有重伤数名，刻正医治。此近日攻芜之后剿办土匪之大概情形也。理合缕陈，仰祈钧鉴，并乞转呈大总统鉴核，实为公便。庐州司令官夏永伦叩。删。印。

〔北洋政府陆军部档案〕

28. 胡万泰为其与陈之骥假独立真拥袁再次向段祺瑞剖白函

（1913年11月6日）

敬再禀者：万泰虽极陋劣，何敢昧军人服从之义，况世受大总统知遇，恒兢兢焉，愧无所以未报，又何敢辜恩负义，自外生成。惟皖省乱事将作，龚镇鹏谋为不轨，先后情形，均经密电陈明在前。及事机卒发，不可须臾，万泰曾将权宜一时之计，密具电禀，企抒荩系。讵本城电局被乱党监守，不得已密派顾四端往九江拍发，乃隔省密码又不代收。顾旅长琢塘以为此事已先函禀钧处，电既不通，毋庸再寄，免为乱党搜泄，反为不美。想顾前旅长琢塘及其侄四端皆久隶仁帡，夙深爱戴。当时万泰设有不正当行为'此两人决不附和，以相欺隐。而且佯言独立系在行政公署，孙前民政长多森又系中央命令，万一有可腾挪，决不敢如此荒唐。时万泰所属兵队驻省者不满两营，又多为乱党所运动，大有厝火积薪之势。种种危险，殊难言状。鹤唳风声，瞬息万变。田司长庚、赵议长春木、李君荩臣诸人，以事急往来磋商，同以莫可如何。万泰当众宣言，惟矢此一身，大或不能维持全局，小亦必保卫一方，并与南京第八师陈师长暗电密约，互相维持。此心此志，不惟田、赵诸人及第八师陈师长所深知，亦吾皖人所共谅。否则，万泰当时设有自私自利之心，事后虽蒙大总统暨我总长宽恕于上，而人民亦必究诘于下，乃无至今犹共相容隐之理。又未经取消独立以前，大军初至九江，即派本部童副官国黼潜赴段军长麾下，请兵乞援，相资规复。以上各节，皆足以明心迹。要之万泰所受军官军职，皆由钧部直接命令，向由钧部直接管辖，以故遇有军事要件暨机密事宜，亦惟函电直接钧部，是区区下怀，当为我总长所洞悉。此外，重如参谋部以万泰昧不更事于公牍，函电多未分报。倪督固属直接长官，然莅任未及月余，先后情形，恐有未蒙鉴谅，或以万泰极端维持地方之心，指为万泰叛背中央之罪。诚使万泰果有心党乱，以之明法饬纪亦足，有当人心如其实逼处此不蒙觉察。万泰一身罪该万死，固不足惜，若以之快乱党之心，而中仇人之忌，当亦大总统暨我总长所不许。用敢不嫌，缌缕冒昧上言，有当与否，不知所裁。伏维我总长有所矜鉴焉。是幸。肃此再叩
钧绥

万泰再禀　十一月六号

〔北洋政府陆军部档案〕

二　上海讨袁军进攻制造局

1．江苏都督程德全为防反袁军再进攻制造局派队赴沪援助北军防守电

（1913年5月29日）

加急。北京大总统、陆军部鉴：昨夜暴徒谋劫制造局虽经击退，须防再有暴动，已由章驾时师长饬苏谦旅长赴沪，并派虎威舰运浦东兵，停泊局前，以资卫助。谨闻。程德全。艳。印。

〔北洋政府陆军部档案〕

2. 陈榥等关于调六十一团之第一第二营驻制造局以资严密防守等情电

（1913年5月31日）

陆军、参谋两部转呈大总统钧鉴：璘奉艳电，驰往淞沪一带查明协同防剿等因。适璘以巡阅炮台在沪晤商陈督理。伏查六十一团，前已奉准拨归要塞掩护炮台，现既在制造局防御得力，拟力该团之第一第二营驻局，以第三营驻药厂，严密防守，暂缓移往要塞，悉归督理调遣，以资运用。刻下谣言甚重，秩序尚属可虑。榥等当力维治安，谨纾廑念。制造局督理陈榥、要塞总司令吴绍璘叩。卅一。

〔北洋政府陆军部档案〕

3. 陈榥等为派员打入反袁军内部密谋里应外合击退反袁军进攻制造局等情电

（1913年5月31日）

北京陆军部总、次长钧鉴：徐企文与张光曦、柳仁环等秘密连结，希图起事，当已早有所闻。惟旬日来，事机日急，业于迳电申报在案。因探知该暴徒等谋勾结兵队，即由六十一团汪中壮、马昌骏投入该党秘密侦察报告，再令假行绍介连长陈礼文、张绍良同入该党，互侦一切。廿八日，由该党员唐晓臣私至张绍良处约当晚起事。张绍良据实报告，即派陈礼文与该党机关部暗探，得该党发与中华民国国民该〔党〕旗一面；口号宣布二字，该党先占据制造局，开列计划五条：一、调查存款；二、占据制造局后即鸣枪二声；三、获陈督理后，鸣枪一声；四、在三十七团营房后面接济子弹；五、获陈后，当即飞报括弧弦。约在十钟光景，当即由榥、其蔚商定办法，将计就计而行，驰电申报钧部在案。当以工人未散，未便布置军队。惟密饬团附张健预为部署，至傍晚时，由二营营长周之鼎调兵入局，照预定要点分途防守，敦倬在三十七团团本部，接局电，到局互商策应。又密探杂务股司事韩镛回称：徐企文在该党机关部暂任局长。张光曦自任总司令，张、柳、徐均来攻局。嗣由陈礼文探报，该暴徒等聚集人数甚多，分三批陆续出发，已节次前进，并由梁团长敦倬电告匪徒已至斜桥一带，即电饬高昌庙内一营营长冯炽中照计预备。冯营长炽中即饬徐昌骏伪迎徐企文，令诱住使离队，稍后，并派排长朱敏再迎，以甘言诱入营内，立时捕获。当即电告局中，经电饬整兵待命，并相察机宜，随时电告。一面即饬周营长之鼎迎击。周营长之鼎即在北局门与匪开枪，匪窜而西，绕攻西局门，即在西局开枪，绕战约半钟之久，匪遂溃散。局内水陆总巡边总孝身临险界，探听匪情，卫队长卢家有率队出东大门，绕广东街抄击。内外信息，则由杂务股长侯营管理。局内则令巡警长张玉发带领巡警分班梭巡。龙华分厂，则令代理三营营长吴梦魁极力防守。斜桥一带，由敦倬巡防。六十一团团附张健，在南市团本部谨防南市平城中两路来匪。水师第三营营长王楚雄，驻防局内西码头。局中员司处长谢邦清、股长金志存、秘书吴盛、委员崔昌斌、差遣王光震、司事贺家箴，均系分别职务，令其守候调度。此当晚布置及击匪之情形也。幸托钧部威灵，立时将匪击散。当以沪地匪徒最善勾结，局中自光复后，情形繁杂，不得不先固本。又是日系昼夜倾盆大雨，是以无从追击。惟天明调查，西局门外一带血迹甚多，我军死者二名，重伤一名，轻伤五名。又天晚后，即由其蔚另筹调生力军，预备廿九日防务。并由榥商借洋壹万元，以资赏恤。其紧要情形，业已电部申报。现各事已稍安辑，除将军局在事出力人员仍再行呈报外，理合详细电闻。陈榥、华振基、陈其蔚、梁敦倬同叩。卅一。印。

〔北洋政府陆军部档案〕

4. 陈干为防国民党起事请在上海添设镇守使相助等情密电

（1913年6月2日）

北京陆军部徐又铮先生鉴：烟密。干此次赴上海沿途观察，约分两派；一稳健派，多系同盟会人，主持宋案，根据法律争辩，借款尚在其次；一暴烈派，即新加入之国民党是也，毫无知识，此种人不但为多数良民之仇敌，即同盟会人亦无不视为害群之马，此真实之情形也。挽救之术，应由大总统严电程督负完全责任外，于上海添设镇守使相助，为理权宜之计，莫此为善。今晚赴扬州，饬后闻。陈干。冬。

〔北洋政府陆军部档案〕

5. 张斯麟关于策动淞沪炮台南军倒戈等情致徐树铮密电①

（1913年6月27日）

东堂子胡同东头徐：成密。养电谅达。伪沪司令寝日改委钮铁〔惕〕生，并停战一日。吴淞炮台因副总台于春会急于邀功，致漏消息，遂得而复失。昨进口舰被敌击退。系假狮子林炮闩。某既承明命，无不乘机进行，刻下仍能设法夺回。此次苏省财产生命损失甚巨，洋兵登陆甚多，若再绵延，将来交涉尤恐棘手。特恳敝友运动商会首领向钮痛陈利害，劝以反正，不知有效否？淞沪果能反正，舰队即可进口。宁镇军队均在运动中。惟款不应手，巧妇难为无米炊也。回思某由来亲探虎穴，不避艰险，近复身临战地运动一切及养电请速汇款者，盖希早平乱事，稍立寸功，既免

① 此电无作者，根据查对，系徐树铮派往上海暗探张斯麟所发。

生灵涂炭之祸，并酬先生知遇之隆，此外别无他意。如果款难筹汇，抑或尊处另有计划，某当即日回京，另候差委，免羁于申，徒负虚责，不能实行，如何？行止之处，恳乞立数言，俾有遵循。急盼。感。

〔北洋政府陆军部档案〕

6．郑汝成报告吴绍璘被杀吴淞口炮台宣告独立等情密电

（1913年7月16日）

大总统、总理钧鉴：处密。昨日宁垣警信查悉。吴绍璘确于昨晨三钟被杀，狮子山炮台被占，城门开闭无常，城内小火车不通。现闻宁绍公司船，由宁波载军人二千，今晚来沪，先扰闸北，次扰南市，即攻制造局。松防水师统领沈保在国民党机关会议，今日早车回松，闻沈于今晚以巡江为名，带水师来沪。现已商由海军李总司令派兵舰一艘往吴淞防范，其松江方面已有兵舰二艘，分驻龙华防范。顷得报告吴淞口炮台台官姜国梁已宣告独立。谨闻。郑汝成叩。铣。

〔北洋政府国务院档案〕

7．郑汝成报告沪军总司令陈其美宣布上海独立派攻吴淞海军愿守中立等情密电①

（1913年7月18日）

大总统、段总理钧鉴：急。处密。飞鹰于本日午时入口，为吴淞炮台出轰，被中一弹，退出外口停锚。陈其美为沪军司令，

---

① 本电系抄件。

亦于今日在上海宣布独立，陈、梁二团及海军人心甚活，曾司令、李司令派舰会同步队一营往攻吴淞，以畅航路，乃兵舰多赞成愿守中立。又因臧团严防坞局，未便分往救急之计，宜令圻、容、琛三舰装兵五百，克复吴淞或令兵士假作商人陆续到局，另发军械，松江抵沪之兵实有八万、镇江兵尚未到。顷与汇丰洋人接洽，据云：候希利士来电即付。汝成叩。巧。

〔北洋政府国务院档案〕

8. 张斯麟报告吴淞各要塞及暗杀民党首领运动妥当惟须款到方能进行等情密电

（1913年7月22日）

东堂子胡同东头徐：成密。啸日奉密函，适江苏已独立。沪电权驻城内，以孤党势，以保治安。惟饷赏无人筹垫，祈火速电汇，藉安众心，万不便空言相向。吴淞各要塞及暗杀党魁等亦运动妥当，惟须款□到能进行。如能电汇卅万，假以兵权，则苏省自能恢复，党魁必可剿尽。盖运谋已久，故敢信有把握。如蒙信任，仍请派员监理收支，以昭信用。乞即转呈大总统、总长施行。立候电复。再该党进行尚力，据闻广东省本星期内调拨三师，分赴苏、桂两省之说。谨闻。养。

〔北洋政府陆军部档案〕

9. 张斯麟报告吴淞炮台事势孔急已嘱古崇光运动副总台于春会将协北两台炮闩送交高昌庙等情密电

（1913年7月22日）

东堂子胡同东头徐：成密。养电谅达。顷因吴淞炮台事势孔急，乘机进行，已嘱由南台长古崇光运动副总台于春会将协北两合炮门送交高昌庙，约定明日再将狮子林件送交。乞速汇款。又官电印单已用罄，乞速寄下。急候回电。养。

〔北洋政府陆军部档案〕

10．周自齐等报告反袁军进攻制造局被击退等情密电

（1913年7月24日）

特急。北京大总统、参谋、陆军部钧鉴：拱密。此间西人接沪电称：昨日下午三钟，叛党三千人，用炸弹轰击，受造局官军还击，鏖战至今晨十钟，叛徒死伤七百余人，始败退。沪江海军均助官军击贼，叛徒只有七生半炮弹，有射入租界者。闻明尚拟续战等语。驻沪宁官军亟待援师，钧座自布置已电请张上将迅速进兵浦口，以牵贼势矣。特闻。周自齐、靳云鹏叩。敬。印。

〔北洋政府陆军部档案〕

11．陈榥报告李厚基部援军已到制造局等情电

（1913年8月1日）

北京陆军部段总长钧鉴：李旅长援兵由九洞上岸，昨晚全到局，其分驻地点暨军事上计划，除由郑镇守使电呈大总统外，所有援军业已全数到局，理合恭电上闻。陈榥。东。印。

〔北洋政府陆军部档案〕

12. 朱瑞关于北军会同海军夹攻吴淞并嘱浙军赴驻浦东等情密电

（1913年8月10日）

大总统、国务院、参谋部、海军部、陆军部、武昌黎副总统均鉴：钞密。顷据师长吕公望自嘉兴电称：据驻沪浙军叶旅长颂清报告：新到沪之北来混成旅，已于九号会同海军夹攻吴淞。奉郑守使通告，嘱浙军分据步军一营、炮兵一连，赴驻浦东，以壮声威，而资镇慑等因。业已遵照派兵前往，特此报告。等情。相应电陈钧察。朱瑞。蒸二。印。

〔北洋政府国务院档案〕

13. 郑汝成关于击败陈其美等反袁军进攻制造局及吴淞炮台向袁抒诚恳予自断等情通电

（1913年8月18日）

大总统、国务院、各部总次长、武昌副总统、各省都督、民政长、将军、都统、各处镇守使、护军使、巡阅使、查办使、宣慰使、各师长、旅长、各报馆钧鉴：沪局为制造机关，淞台扼长江门户，东南半壁，与为存亡。匪首陈其美，藉南京独立余焰，在上海南市设立伪司令部，号召淞镇叛兵，并运动原守制造局之六十一团、三十团暨沪防原有各军，希图大举，视线全注于制造局一隅。七月十六日，风闻甚急，我军孤守危局几成背水之势。十九日，汝成饬海军警卫队臧团长致平下戒严令，先逐首鼠两端之人，屏退疑贰兵队。查制造局规模甚大，我兵只千余人，若再兼顾龙华，势必兵力更减。乃权其轻重，注意总局，并先将分局造成军火提回，免分兵力。汝成至海筹兵舰并会同海军李总司令鼎新策励将士，联络外交，幸得各方协定。虽此数日间，上海保卫团长李平书开会提议，请和平退让制造局，免启事端。我军惟有矢以死守，并告以衅非自我开，虽诱说百端不顾也。迨至七月二十三日以后，悍匪刘福彪、钮永建等，亲率敢死队及淞镇各军暨六十一团、三十七团、沪防各营并上海向无规则之团体共约数千人包围本局，四五匝环架大炮数十尊同时猛攻，枪如骤雨，炮若走霆，大有灭此朝食之势。我军预筑沟垒，密布阻拦，绌伏以待，幸枪炮能及远，连发而命中。海军各舰亦相率开炮助战，自丑至卯，再接再厉，直至辰初，匪势始衰，相率败退。当战斗最烈之时，敌中炮队营排列巨炮多尊，直攻制造局，侧射海筹，弹线所经，势极猛烈。若不先平此垒，我势终不可支。臧团长亲赴海筹计议，以兵舰大炮封顶先击该营，计陆军步伐之迟速，定炮弹开花之密达，炮火兵力表里为用，冒险进攻。不一时，而该营竟为我得，抢获大炮一十八尊，炮弹一百七八十箱，他物称是。是役也，自丑迄午大小数战，共击毙悍匪五六百人，我军只阵亡一人，受伤数人。贼党夺气，悉数潜逃。我军立即函致南市商团勒令陈其美即日取消司令部，否则，即攻南市。陈其美胆裂，逃至闸北，复图再举。是夜，又率悍匪数千来攻，直至七月二十九日昼夜更番袭击，意在疲劳我师，乘间广征军队。乃我军昼夜防守，露宿风餐，历一星期，不为稍懈。而匪以大小十余次，屡战皆败，伤亡众多，慌惧交并，既不得志于我军，思于商民一逞，乃横加抢掠于廛市，甚至回炮连击租界，意在挑起外交，藉为牵制，其设心险恶可知。迨我援军比至，时淞台尚未下，即在川沙九洞登陆，驰赴来局，声势渐振。我军复函致闸北，勒令陈其美即日出境，否则往攻。乃陈其美率同余匪逃窜宝山，死守淞台，以为孤注。我军乘此肃清上海。即会同海军刘总长冠雄等议规复淞台，先令李旅长督队潜渡江湾，将近车站，见敌四百余人，立即击退。又以步兵四人出哨，乃即惊溃匪众百余人。除击死不计外，仍复生擒官长士兵多名，当即占领江湾车站以为根据地。匪首钮永建率匪二千余乘夜袭击，复为李旅长击败，毙匪徒三四百人，生俘四十余人，余众悉溃，只一小部份逃回淞台。八月十三日，我陆海军正会合攻台，以口外各舰环列台前口内，诸轮遥攻侧面，李旅长率步兵两路袭取台后，始以兵力慑其气，复以运动扰其心，乘匪情惶恐之余，以遂我军猛攻之计。乃李旅长督队陆军甫近蕴藻，该台叛兵护台营队已悉数迎降，道左内袒归诚。钮永建、居正初本守台，至是乃率残兵千余人奔窜嘉定。是日午后四时，赤日流金，人汗如雨。我海陆军相率莅临淞台，同时光复。红旗招展，万目共睹，商民鼓舞。汝成等仰体我大总统弔民伐罪之心，自拔来归，不咎既往，再三抚谕，准予自新。现在搜索宝山进剿嘉定，大股既以扑灭，余莽当易肃清。兹仍谨慎进行，以期仰副我大总统慎重戎行眷怀南服之至意……上海镇守使郑汝成叩。巧。印。

〔北洋政府国务院档案〕

14. 刘冠雄关于攻占吴淞口炮台经过及答袁世凯责问等情函

(1913年8月19日)

国务院诸先生均鉴：揖别南下，倏忽兼旬。就正乏资，眷怀有道。云山修阻，翘企为劳。冠雄才智谫陋，猥不自揣。满腔热血，锐意南行。督率各舰并陆战队，于七月念八日抵淞。时沪上各处匪徒肆扰正烈，而制造局尤在吃紧之秋。函电交驰，均策先行，援局不容迟缓，并须肃清城厢内外及浦东、南市各区搜捕余匪，恢复秩序，必使附近无所牵掣，方可全力以规淞台。此冠雄到淞预划之谋，呈告大总统见于卅日之电者也。乃即促陆战队上岸，而豺狼荆棘，危险满途，所议南汇、川沙，浪急滩长，无从起陆。审查地势，尚以九洞岸边得以小舟，济及其半，于是陆战队凫水而过，各舰勇以舢板载送，络绎盘渡，饥不暇食，犹竟三昼夜，始济全师抵岸。直前沪渎得此外助，水陆夹击，屡获胜仗，而清厘上海保全制造局乃告成功。陆战队沪事甫毕，复折来淞，八月初九出发，外人助虐，出而干涉，路不得通。复须买棹绕道纡曲，十一日始抵江湾，又有匪队截御，海陆力战，将匪痛击，伤毙三百余人，然后得进而齐集。计军舰七月廿八日抵口，至是已逾十天。自盘渡陆战队三天以后，递日遣舰轮流攻台，第以疲敌之力，分敌之势，以掩护我陆战队之岸行；一面探查隐伏水雷碰雷，防其诡计。至是陆战队会齐合力，又饬港内各舰驶至张华滨〔浜〕掣其肘腋，统计展开十余日，四路完全成熟，然后致力于攻台。凡此皆冠雄所预计，早在卅日电达之中者也。十二之役，海圻当先，各舰继之，叠轰巨炮，中敌要害，而我军乘潮初落，驶舰亦灵，彼炮皆不获中，卒致丑徒奔溃，收复全台。此皆大总统德威、各将士用命，冠雄何力之有，岂容复作赘词。惟大总统元日来电，有攻台多日未下，此间外人讥诮海军怯懦。又盐日来电，有此次攻收淞台，著名匪首未获一人，殊不可解等谕。捧读之余，愧悚无地。冠雄于大总统未敢有所陈辩，然此中曲折甚多，倘不为诸公一剖明之，则无以解大总统之疑惑，又何以表冠雄平日所以效忠民国之本心也。冠雄束发从戎，今已白首，得死疆场为幸已多，何难以舰拚台与之同烬。顾念我国海权赖此数舰孤注一掷，身不足惜，如时局何？淞台之炮，力量殊伟，彼台可以受我数十炮，而我舰不可以当其一二炮，故操切以求效，何如从容以奏功，且布置仅及旬余，而援局清匪等事，亦殊得力。彼时舰上将士，昼战夜防，寝食俱废，至十二日奋勇猛进，一举成功。而北地外人竟以多日未下诮其怯懦，全军将佐士兵闻之为之气短。咸谓当时各国军舰观战林立，公论昭然，何以北地西人传闻反是，得勿有媒孽其间者乎？著名匪首未获一人，自问无能，良用歉仄。然而群逆诡谲，声言赴淞，实已早遁。且此辈狡展，出没离奇。此番各处血战，收复炮台城镇，所谓首要者弋获几何。况淞地途径纷歧，华洋杂处，又有外奸暗中接济，截获綦难，此冠雄力所难为，不能不引为负疚者也。谨按冠雄濒行与诸君子叙别，提及出京之后，必有持其短长施以离间者，今观此势，鄙言良非无因。今匪党到处伺隙，欲得冠雄而甘心者颇不乏人，出入起居罔非危境，然而身为军人，已置死生于度外，断不以此而馁进行。第以大总统之明，平时见信之深，此行付托之重，而于冠雄之所为，犹有殊不可解之电谕，则安知非素欲甘心于我者从中潜煽，思欲遂其狡谋耶？冠雄义在服从于大总统之前，无敢置喙。诸公爱我有素，本期随事函陈，第以淞台未下，断绝交通，音问久稽，曷胜怅歉。兹得一陈近况，以当面谈。想以平时气义之交，当亦鉴其苦衷而为之笃念欤。临书神往，无任主臣。敬请均安。维希亮察。

刘冠雄拜上　八月十九日

〔北洋政府国务院档案〕

15. 陆军部等关于奖励上海赞助北军镇压反袁军有功外国官员呈

（1913年11月）

陆军、外交部呈奉大总统分行钞发上海镇守使郑汝成呈称：此次沪局战事，内外隔绝，拨济款项，运输军实，艰险万分。幸赖船坞总工程司毛根冒险往来，向汇丰行主司提付现款、运济各物，又介绍可靠洋员及英、法领事、董事、总巡等协力赞助，始得转危为安。请特制赠品、奖章，分别给于毛根等，以酬劳绩等语。奉批交外交、陆军两部会核发给。等因。各到部，经两部往复会商，查陆海军勋章令暨铨叙局勋章令均载有可给与外人之例，该总工程司毛根等协助沪局战事有功，核与陆海军叙勋条例及铨叙局叙勋条例，亦属相符，拟即分别给予已定之各种勋奖章。该镇守使所请特制赠品奖章一节，应毋庸置议。兹参酌该员等职位之等级，劳绩之多寡，拟分别给予各种勋章。是否有当？理合开单呈请鉴核，分别颁行，以酬劳勩，而睦邦交。再此呈由陆军部主稿，合并声明。此呈

大总统

计开：

江南船坞总工程司英人毛根

以上一员拟给五等文虎章

上海英国领事英人夫鲁佛

上海法国领事甘安

公共租界总巡陆军上校英人卜罗斯

以上三员拟给五等嘉禾章

海关税务司英人安温

以上一员拟给六等嘉禾章

法界总巡陆军上尉法人若比尔

以上一员拟给七等嘉禾章

海关巡查英人秦洛

汇丰银行总办英人司提分

胜大洋行工程司英人蕲好尔

海关水巡英人梅罗

沪宁铁路车务总管英人马立斯

招商局轮船总管美人蓝提

理船厅官瑞典人柯尔森

上海公共租界董事领袖英人皮尔斯

海关巡船管带英人格温

以上九员拟给金色奖章

上海得律风公司总办瑞典人河博格

上海得律风公司工程司英人考尔
壳件通运公司总办英人徐司
江南船坞工程司英人莫根
江南船坞工程司英人劳森
黄浦濬河局员英人布鲁克维
吴淞理船厅员英人山捕司
医生英人比令何司提

以上八员拟给银色奖章

十一月七日，奉大总统批准

〔北洋政府陆军部档案〕

三、湖南独立讨袁

1. 赵春廷等关于程潜在湘反袁活动并请撤惩等情往来函

（1913年7月）

（1）赵春廷致段祺瑞函（7月24日）

总长钧鉴：窃职前贡愚忱，计蒙代达。现在湘省时势危迫，内患滋深。职目击心酸，难安缄默。查程潜本系破坏一流人物，自任军事厅长，握军政机关，阴谋一切。湘军退伍后，招集徒党，组织新军，成团成旅，其氛甚恶，未卜禀承政府命令否？前次宋案、借款疑狱发生、潜即倡言独立，虽经都督示禁，然犹包藏祸心。近更怂恿筹借日金千万元，名为公用，实济私图。鄂省奸人煽祸，湘助巨款，潜实主谋。复屡开秘密会议，为鬼为蜮，无非反对中央。都督忠厚和平，左右皆潜心腹，钳制蒙蔽，莫悉其奸。如此则湘省前途何堪设想，恐大局亦因之动摇。职逖听风声，晋省默为窥伺，其举动诡秘，言语支离，益信所谋不轨。惟以分防衡、宝，军队单薄，维持保护，具有热诚，苦无能力，而切肤之痛，未敢苟安。谨派职区参谋官黄诵芬为临时代表，趋叩钧颜，密呈一切。伏乞俯念东南大局，将为潜一人扰乱，迅赐严令，撤潜兵柄，澈查罪状，立予重惩。否则，愿坐虚诬。毋任迫恳之至。敬叩

钧安

陆军中将守备队第二区司令官赵春廷谨呈

(2)段祺瑞复函稿（7月29日）

赵春廷：迳启者，黄参谋至都，接展画出具容，顾全大局，守正不阿，至为钦佩。叛党破坏国家，众所同愤，中央声罪致讨，所向无不披靡。执事驻军衡、宝，务望力筹防御，西江布置略定，即当移师援湘。该省可靠军队，亟应设法联络，免致多所煽惑，贻害地方为要。余嘱黄参谋面达。手复。顺颂

勋绥

段　　启　七月二十九日

〔北洋政府陆军部档案〕

2. 黎元洪关于湘省反袁军进驻羊楼洞等处向蒲圻前进武汉空虚请由直隶等处招退伍兵一团来鄂省等情密电

(1913年8月8日)

特火急。北京大总统、参谋本部、陆军部均鉴：拱密。湘军叛军昨到洋楼、新店等处，现续向蒲圻前进。惟第三十九旅及十二混成团现均已开赴前线，武汉地方颇觉空虚。昨又破获乱党机关十余处，后患仍不可不防。拟请中央督由直隶等处招退伍兵一团来鄂，以资调用，所有军械一切均由鄂供给，是否可当？希迅

即电复。黎元洪。齐。印。

〔北洋政府陆军部档案〕

3. 黎元洪关于在蒲圻附近击退反袁军及请筹拨一旅来鄂防御密电

(1913年8月11日)

特火急。北京大总统、参、陆两部鉴：拱密。顷据驻蒲圻李团长电称：本日第一营在蒲城东南白石桥击退叛军十余里，死伤兵有，并获器械多件。等语。现第三十九旅及第十二混成团，均已开赴前线。惟武汉地面空虚，下游余党多乘机来此煽惑，上游又有熊逆，宜昌方面不无可虑，加以羊楼洞及临湘等处若一经交战，后方无兵补以增加，亦属危险。除吴旅长所属军营应由瑞昌抽回外，仍在设法在北方或九江下游方面，再筹拨一旅来鄂，以应急需，无任切盼。前电按退伍兵一团徒手南来，亦不得已办法。是否可行？希电示。黎元洪。真。印。

〔北洋政府陆军部档案〕

4. 湘督谭延闿关于湖南独立实具苦衷电令请暂勿发表等情密电

(1913年8月11日)

急。北京大总统、陆军部、参谋部均鉴：靖密。齐日电令敬悉。湘事措置无方，咎在延闿一人。惟维持操纵，实具苦衷。现情安谧，终当始终保持，不敢上烦荩忧。电令请暂勿发表，一切当随时电陈。谨复。延闿。印。真。

〔北洋政府陆军部档案〕

5. 陆荣廷关于湘南镇守使赵春霆附和北方反对独立等情密电

（1913年8月19日）

十万急。北京大总统、国务院、参谋部，陆军部、黎副总统钧鉴：洪密。赵镇守使春霆派员来桂宣誓，事前经略陈。兹据赵春霆所派员顾熙持赵手函略称：霆服从中央宗旨早定，于湘未独立以前，目击若辈以宋案借款为辞，煽乱逞祸，私心已绝不赞成，且逆知必有独立之举，故密派代表先期赴京呈报，设有事变，即遵命令施行，以明本志。自独立宣布后，若辈视霆若仇。所恨霆部仅有六营，枪械子弹多不完备，又以未奉中央命令，不敢妄动，恐误大局。如大总统俯鉴愚忱，令由贵督拨给军械，并接济军队，以为后援，谨当效命驰驱，灭此朝食。霆举家寓衡，如有异心，甘受显戮，皇天后土，实闻此言。事机危迫，乞由贵都督请诸中央，俾得后命，以便遵守等语。查赵镇守使函语肫挚，当出至诚，合谨呈核。惟据湘讯，经已取消独立，程遥防滞，难揣此中虚实。如仍须进兵，请迅示机宜，当偕赵军刻定湘局也。伏候钧复。广西都督陆荣廷呈。效。

〔北洋政府陆军部档案〕

6. 赵春霆关于李烈钧退入湘境活动情形密电

（1913年9月10日）

火急。北京陆军总长段、参谋次长陈钧鉴：诚密。乞转呈大总统。勘日李烈钧入湘，业经电呈在案。兹据驻省密探报称：先是李由萍电邀谭督至醴陵晤商，谭即欢迎，并派代表多员招待，军队护接到长，李续在萍筹款二万元。一号唐蟒至萍迎李，有日本数人同乘专车，随带军械六十箱赴长，即寓蟒宅，继入日领事府，行踪诡秘。出入湘政府甚密，湘兵护卫甚严。顷赣有林副司令在萍强勒小车五百辆，往袁州推运大宗枪械子弹，闻系接济湘用。浏、醴一带，驻有唐蟒新兵数千人等情。查浏、醴与萍乡接界，赣省败兵多赴该处，不无勾结。现李在湘秘密接洽，林复雇车运械，湘又驻兵浏、醴，参观情节，显有阴谋。应请速派济宏才彻底查察，以清症结，恐贻害养痈，大局终受影响。是否？伏乞钧裁。霆奉任命，理应据实报呈，如有虚饰，甘受谴责。再本月八号，省防守备队忽有暴动，旋就敉平，合并附禀。谨此电呈。赵春霆叩。蒸。印。

〔北洋政府陆军部档案〕

四、四川第五师举兵讨袁

1．四川讨袁军总司令熊克武誓师文

（1913年8月）①

原夫专制，国之养士，供一姓之驰驱。共和之征兵，作人权之保障。方今袁贼世凯，罪恶滔天。胡贼景伊，骄横无惮。蔑无宪纲，叛我国法，戕我义士，虐我公民。鬼蜮居心，豺狼成性。纵奸佞以招权贿，吸膏髓以饱贪婪。议会失监督之权，法律无裁判之效。人情共愤，天道不容。江淮劲旅，大张挞伐之师，巴蜀健夫，敢忘同仇之义。本总司令忝在长官，分应表率，责无旁贷，时不再来，是用明正讨袁之名，先为驱胡之计。师直则壮，何敌不摧。天视自人，所助者顺。嗟哉多士，勉矣前途，战斗无勇，则礼著作非孝之讥。伐步不愆，故书有夫子之勖。顺命如流水，

① 此件无时间，根据文件内容判断，系1913年8月4日重庆独立时之文件。

期归于平，守险有若泰山，为不可撼。要令义师所过，闾阎不犯秋毫。惟是元恶必歼，胁从须事宽宥。凡此数端，义共恪守。苟背明誓，法不容诛。呜呼！美利坚花旗之军，良非得已，华盛顿血战之绩，彼亦犹人。试觇天意所趋，风云来会，伫见义旗所指，日月为新。成他日凯旋之勋，奋此际疆场之事。尊尚军人荣誉，万户侯何足道哉。巩固民国共和，五尺童皆有责也。敢布腹心，昭告有众。

〔北洋政府陆军部档案〕

2．四川讨袁军总司令熊克武正告四川军界同胞书

（1913年8月）

我最忠勇最亲挚之军界同胞乎！亦知吾人列名军籍，拱卫国家，当以何者为不贰之决心唯一宗旨乎。溯自异族专制，清政不纲，白旗一挥，四方响应，遂得光复故物，建立共和。虽革命志士奔走呼号之力居多，而铁马金枪，北向死敌，实由我军人裂眦断脰九死一生以相争，始有今日具体而微仅得形似之民国。南京未下以前，武汉方战之际，阵亡诸烈士之惨状，至今犹历历如昨。克武亦军人一分子，昔未同死，今也独生，方期永矢公忠，勉竭棉薄，固国基于磐石，为斯民之干城。以故顽库独立，克武即请愿征蒙，慷慨陈辞，不欲以国家糈养之陆军，上忘国爱，下重民累，区区之意，可质地天。不意袁逆世凯，帝制自为，外夏恝置，弃蒙疆如粪壤，拥尊位若圣神。不思完卵难保于破巢，偏欲燃箕而急于煮豆。暗戕政党巨子，洪赵即晋灵蓄嗾之獒，干涉立法机关，军警直汉高发纵之狗。汰兵裁饷之令，行于南不行于北，彼又从而增募之。都督、民政之缺，党其同而伐其异，彼又从而逼迫之。其所以万恶滔天毫无让步者，以为全国之军士，皆彼一人所蓄之健仆也。各师之饷糈，皆彼一人所发之刍豢也。守卫之器

械，皆彼一人所置之家具也。营伍之训练，皆彼一人所编之家法也。欧美养兵以卫国，彼则以之自卫而误国。欧美养兵以保民，彼则以之自保而累民。其视军界同胞之身价，曾下走之不若。其侵多数人民之自由，曾犬马之不若。故于国不利，于民不利，于军界同胞不利，而独于背叛共和之袁逆，则有百利而无一害。我最可敬爱之军人，以国为家，以民为主，军装之费民出之，粮饷之用民供之。目睹袁逆之蠹国殃民，专横放恣，唏嘘感慨，誓死讨袁，出于本心之良，尽乎天授之职，实具有万不得已之苦衷。宁能为一人一姓鞠躬尽瘁奔走忘死，使皇帝之名位，复现于亚东大陆哉？克武宣布独立，发誓讨袁，本拟载兵东下，接应民军，与独立诸省会师北伐，生擒袁逆。惟念胡景伊助桀为虐，毒害川民，狡诈专横，罪不容逭。目前直接讨胡，即所以间接讨袁。本军宣布之日，各官弁兵士，忠愤填膺，出发恐后，热血喷勇，炎暑失威。克武身为表率，既愧且慰。窃念凡有血气，心理皆同，各师军界同胞，有勇知方，素明大义。当知胡贼罪状，罄竹难书。不裁饷而汰兵，可谓行同市侩。居皇城而筑垒，试思谁为寇仇？藉武士之威，蹂躏议场，蒙全军之名，反对宣抚，实则个人作祟，遂使全军蒙羞。嗟予何辜，代彼分谤，纵使得钱，比曹武惠，亦思蹴尔难堪。果能独立，学美利坚便好，奋然兴起，直捣狐鼠之穴，与子同仇，大兴熊罴之师。贾余馀勇，泄公愤非泄私愤，何必代虎作伥，为众人不为一人，断言此獠可扑。胡贼果有悔意，本军贷彼余生。否则，直逼成都，锄兹大憝，稾街示众，快慰人心。然后下益州之楼船，震直北之金鼓。大会兵车，袁逆万段。克武不才，愿执鞭从诸君子后，无任翘企待命之至。克武谨告。

〔北洋政府陆军部档案〕

3. 张毅等对于熊克武独立反袁誓师声讨电

（1913年8月10日）

加急。北京大总统，国务院、陆军部、参谋本部、参议院、众议院、武昌副总统、各省都督，各民政长均鉴：四川陆军第五师师长熊克武据渝背叛，害国害乡，狗彘不如，甘为公敌。毅等止知有国，不计其他。鞠旅陈师，誓歼此逆。请掬同心，敬告海内。都督府参谋长张毅、陆军第一师师长周骏、第二师师长彭光烈，第三师师长孙兆鸾、第四师师长刘存厚叩。蒸。印。

〔北洋政府陆军部档案〕

4. 蔡锷关于援川滇军暂驻滇边待命密电

（1913年8月24日）

急。北京大总统暨参谋部、陆军部鉴：午密。马电奉悉。顷接泸州周师长梗电告急。查滇军混成旅巧日由省出发，苦雨道滑，须九月中旬可分抵叙、泸。又防军两营，巧日由昭出发，初饬星夜援泸。嗣准大部巧电转予张参谋长，电嘱滇军勿遽入叙，恐主客冲突等情。当饬防营暂驻滇边待命。现在边防吃紧，已分饬各军兼程前进。滇都督锷。敬。印。

〔北洋政府陆军部档案〕

5. 蔡锷关于熊克武反袁军竟图进攻泸州当饬滇军入叙以为泸防声援等情密电

（1913年8月26日）

急。北京大总统暨参谋部、陆军部钧鉴：午密。漾电奉悉。

查泸军分防永川、隆昌……熊逆乱军结伴，意图扑泸犯省，并无杀龑师长之事。尹使驻雅州时，其部下多有胁其附乱之耗。顷接胡督有电，谓尹已抵清溪，行将出关……查滇军混成旅前队已过宣威，当饬冒雨兼程前进，并拨江防两营星夜入叙，以为泸防声援。俟滇师抵泸，即会同周军由泸袭渝，与顺庆之军南北夹击，渝乱当可速平。顷已电复胡督接洽矣。请释钧廑。滇都督锷。宥。印。

〔北洋政府陆军部档案〕

6．唐继尧关于请滇督出兵并令黔军克期赴川力取重庆等情密电

（1913年8月28日）

急。北京大总统、陆军部、参谋本部钧鉴：黔密。迭电奉悉。尧自得川督告急电，即一面商请滇督出兵；一面飞令黔军克期赴川，力取重庆，并同时密电川督，略谓：熊逆势既猖狂，川军复不足恃，请择其平日最相信之兵队集重〔中〕成都，暂取守势，俟援军齐集，再行会剿。迭得川督复电，已照此布置，谅成都当能保守。惟查熊逆在渝蓄谋已久，反叛以来，气焰尤张。近据川电，其党动逾数万，加以匪徒蜂起，尹部响从，非有重兵，万难歼灭。尧前陈出师计划已商滇督，并荷赞同，务恳电令迅续〔速〕出兵，尤望责成随时代为筹谋，以期立于不败，免遗中央西顾之忧。尧正电商滇、川两督，极力筹备，并令黄毓成兼程前进，一俟滇军到后，尧即请命出发。谨先电陈，伏乞钧示。继尧叩。勘。印。

〔北洋政府陆军部档案〕

7. 蔡锷关于泸军在隆昌左栩畴拥熊反袁并袭泸城等情密电

（1913年9月1日）

加急。北京大总统暨参谋部、陆军部钧鉴：午密。艳电奉悉。泸军在隆昌左栩畴附和乱党一事，前接周师长暨滇军混成旅电，当具卅电肃呈，并附陈驰援各情，谅达钧览。昨接周师长陷电谓：熊逆在左栩畴叛军共五营，于廿八号袭泸。该师长率留守兵数百名督战，鏖战两昼夜，已于卅号停止，将龙透阁前方一带逆军击散。虏获枪炮马极多，招降百余人，泸城安静如常等语。查滇军已抵毗节，俟到叙永，即可会同泸军并力规渝，川乱当易收束，请释钧廑。滇都督锷。东。印。

〔北洋政府陆军部档案〕

8. 胡景伊报告熊克武反袁军攻顺庆及川军王陵基支队直薄重庆等情密电

（1913年9月3日）

万火急。北京大总统、陆军部、参谋本部鉴：熊逆既叛，该逆军之驻合川者即径犯川北顺庆，旋入逆手。当由景伊于第二第三两师挑选精锐，合编两支队，一由遂宁方面；一由顺庆方面，□定集中合川，直扑重庆。兹据第一支队长王陵基报告：我军自八月十九日午前四时开始攻击，至二十一日已将顺庆克复，毙敌甚夥，夺枪二百余支。是役，第三师第十团第三营第十一连首先登陴，尤为异常奋勇。除先行奖银万元，并查明出力伤亡各官兵分别请奖抚恤，暨饬该支队长迅向合川直薄重庆外，特此驰闻。

川都督胡景伊叩。江。印。

〔北洋政府陆军部档案〕

9．周骏关于反袁军围攻泸城龙头关逼近诬賰及川军战斗情形电

（1913年9月6日）

北京参谋本部、陆军部均鉴：自熊逆独立后，成军右队于立石站方面血战逾月，不少减衰，毙敌千余，愈接愈励。前月廿八号，自流井叛军约三营余攻泸城龙透关，逼近诬賰。骏带留守兵数百，亲身督战，毙敌百余。夺获大炮两尊、机关枪一枝，招降一营余，已具前报。是时，右纵队闻警援泸，该逆乘势进据特凌场，距泸汉仅二十里，四面环攻，夥匪数万。现在我军正在猛烈对击中。查我军不愈四五千人，连日或战或防，疲劳已达极点，作战地如合江特凌场、石门镇，皆逆军大股所萃。我军如五峰顶、龙透关、黄泥驿、高奉山、太安场等处，均须严为防御。月余以来，我军左纵队变乱不计外，其他援军无一至者，饷竭兵单，子弹罄尽，万分艰□，哭泣抚慰，誓死待援，且战且安，苟非军心不死，早已溃亡殆尽。现第四师长刘存厚，业编一大支队向东路前进。本军拟联络妥协准备完全后，即从两面同时进攻，不难一鼓荡平。再滇、黔军均起程来援，不知何日始可抵泸，即请催促前进。自流井叛军，亦已受胁迫不尽，附逆有相率哗散消息。资中叛军，经省城曾支队长鹏程攻击，已欲就抚。本师赵师长闻已入城招抚。资中既得，我无梗阻，一意平逆或易措手，此军兴以来及最近大概情形也。辱承垂询，谨以实告。尚祈时赐南针，藉匡不逮为荷。四川第一师长周骏叩。鱼。印。

〔北洋政府陆军部档案〕

10. 黄毓成关于熊克武退出重庆取消独立等情通电

（1913年9月14日）

百万火急。北京大总统，参、陆两部、各省都督、民政长、镇抚、镇守、护军各使，各报馆鉴：文日攻克渝城，熊逆逃遁无踪，独立取消，正筹善后。黔军第一混成旅长黄毓成寒叩。印。

〔北洋政府陆军部档案〕

11. 蔡锷关于泸围已解并得渝电各省撤回援军等情电

（1913年9月15日）

急。北京大总统暨参、陆两部钧鉴：昨接混成旅自赤水河电称：熊逆捕获，永匪军闻滇军到境即行溃逃，泸围已解等情。顷复得重庆商会电，熊、杨已于十一号夜间逃遁，公推陈泽霈为总司令，抚兵安民，请各省撤回援军等语。特闻。锷叩。删。印。

〔北洋政府陆军部档案〕

12. 李稷勋等关于援川各军相互倾轧及抢劫各城请申明纪律严惩抢掠等情电

（1913年9月25日）

大总统、国务院、参、众两院、武昌黎副总统钧鉴：自叛军造衅，东南鼎沸，赣宁粗平，渝乱复作，长江沿岸数千里疮痍遍地，百业荡折。陕、鄂、滇、黔四省都督，秉承中央命令，仗义援蜀，急在吊民，非徒构武，意甚盛也。乃本月十一日，熊逆等知势不支，出城潜逃，联舟东下，是时黔军已踞渝城，川军近在合州，陕军亦临夔境，不闻有发一【队】，策遣一兵，追袭逆党声罪歼集。而数日之间，川、黔两军横启战端，夔、万各城纷告抢劫。迭接川东各法团商号函电，均谓较独立未取消以前惨酷尤甚。蜀民何辜，罹兹毒苦。自官军残破江宁，演成浩劫，报章腾议，外人訾诋。今川东各军复蹈覆辙，千心皇惑，靡所依赖，设海内再有风尘之警急，渊鱼畏獭，丛雀避鹯，既绳来苏之望，或昧顺逆之旨。民国前途，何堪设法〔想〕。宜昌地接川边，闻见较确，绅商等痛切辅车，殷忧大局，不得不据实沥陈，伏乞俯念川民连年惨罹锋镝，邑里皆虚。渝、万为全川商富总汇，差幸保完，兹复全遭糜烂，中赀之户，尽室偕亡。阛阓萧条，百货停阻，沿江商务，均受连带恐慌，尤为外人注目。情势危迫，拟恳责成四川都督胡景伊督励所部军队，振刷精神，迅清内匪，并恳分饬援川各军申明纪律，严惩抢掠，务释主客之嫌，藉收镇慑之效。至一切善后办法，究应如何措置，自应仰秉钧衡，未敢妄参末议。情迫呼号，罔顾忌讳，即希裁察施行，不胜悚惶待命之至。宜昌商会总理李稷勋、议董吴铭恭、曹顺滔、韩大升、罗发集等，旅宜川绅商曾鉴、王乃征、刘道荣、刘伟、舒正曦、杜成盟、王纶言、杨士廉等公叩。有。印。

〔北洋政府零散军事档案汇集〕

13. 雷起龙关于反袁军溃败后黔军占地为领土蹂躏渝城及与川军冲突乞严行查办等情呈

(1913年9月)①

谨将川军战况及黔军入渝后情形呈大总统节略录呈钧鉴

一、渝中第五师变乱，其军队之配备，除以一团守下川东万、夔、绥诸处外，余兵分为二支队抵抗成都方面。洎乎合州为王军围攻，该逆遂起募之兵，如卫生队等亦编入队伍来与王军接战，及

① 此件无时间，根据内容判断系在1913年9月。

闻合州战败，熊逆遂逃。重庆商会法团因举陈泽霈为渝军临时司令，取消独立。城中秩序皆系城防与商团极力维持，并出款收缴溃兵枪械子弹马匹等，存放商会、司令部两处。熊逆所遗公款十余万，亦收存于司令部，地方商民均称无恙。

二、黔军系由綦江而来，熊逆既以全力贯注川之东北，而由黔入渝之綦江，只驻新募匪军一营，闻风败退。援川黔军遂得长驱入渝，而渝中法团皆以黔军远道赴援，又系奉命而至，极表欢迎，并预备旧镇台衙署为其驻兵之所。讵彼入城，而后遂占据司令部及各处，所有枪械子弹搜罗一空，城防及商团枪枝勒令即日呈缴，几至冲突。

三、王陵基支队长时驻合州，三小时即可到渝，所以未即前进者，因彼此同维川局，何必贪功。况主客两军感情不无隔阂，稍有冲突，何以慰远道而来之友军。嗣经重庆各法团代表欢迎前往，并述黔军在渝渐形骚扰，商民不安等语。王支队长始以责任所在，未便坐视，仅率步兵一连入城。讵王支队长入城后，黄军竟敢坚闭城门，断绝交通，水米不入，小民惶恐。王与交涉，黄置不理。不日王军克日出城，即令王军比时缴械。竟于九月二十夜，将王队长行署围以重兵，勒令呈缴枪械，并连放数炮，击坏行署及附近商店不少。成都新到之兵不得入城，住镇江寺亦被袭击，并用洋油泼下，焚烧毙者二百余名，延烧民房数百家，居民投河或烧死者千余，令人惨不忍睹。幸而江北之兵愤极，攻入朝天门，始将王支队长救出。当时若非王支队长奉到都督命令，力持大体，压制川军，黔军虽属强横，无难立于扑灭。

四、王支队长出城后，余兵未退出者多被黔军捉去剖腹燃灯，并诬重庆商人暗助川军，彻夜搜索加以残害，沉之水中，下流屡见浮尸，被害之家甚众。

五、渝乱既平，幸蒙中央电止援军前进，黔军官长不但置若罔闻，而黔军师长叶荃又复统兵继至，致令黔军野心益炽。即援川之滇军亦将泸占领，且敢收集熊逆溃散之兵及撤换地方官吏，更调机关人员，居然视为领土。

六、黄军入城扼守电报局及重要机关，禁止川人发电，惨杀无辜人民，渝民痛心疾首，惶恐万状。幸经领事团请其暂开城门，居民得以乘间逃出，城为一空，流离于宜、汉间者不知凡几。然川军以讨逆集渝，多于黔军数倍，使非胡都督严令告诫各军静候命令。祸变以来，几不可测。第军情倏忽万变，交通断绝，哭诉无门。龙特奉命来京，详陈一切。伏乞俯念川中迭遭客军惨祸，严行查办，川局幸甚。

四川代表雷起龙谨呈

〔北洋政府零散军事档案汇集〕

五、广东独立讨袁

1. 官其彬为饶景华反对粤省独立请密为扶掖增其权力等情函

（1913年7月21日）

芝泉总长先生台鉴：拜违数月，景仰徒深。前奉蔡督电调，与罗民政长同行赴滇。途过广东，同人坚留，罗民政长允之，不得不暂行留粤。倏忽数月，无善可陈。兹谨粤省近况约略陈之：胡督去粤，群情甚慰。虽卷去库款百数十万，各界攻之甚力，然此不过个人之名誉关系，于大局无甚妨碍。陈督虽有数款要求中央，各人多规劝其从速接事，以维持桑梓，现已应允，不日当行接事矣。当南北风潮正盛之时，胡督聚旅长以上诸将会议，兴师北行。群惧某等之势，炸弹之险，虽有一二不赞同者，不敢明言。饶景华慷慨言曰：为国势计，固不宜自乱。为吾粤计，亦不宜自戕。景华为国家图存，不能不独自反对，倘有迳行出师反抗中央自召灭亡者，过虎门时，当以巨炮对待。等语。此时出师之议虽寝，而乱机潜伏，蠢蠢欲动，遂提议速行电请中央撤换都督，以救广东兼顾全大局。同人赞同。饶遂独力出资，派人下香港，发请撤胡之电。逮更动胡督之命下，某党人最有力者，复两次电请出师，抵抗命令，甚至有效申包胥秦廷之哭者。陈督不得不聚诸将会议，饶仍主持如前，极力陈说不可，风潮始息。综前后情形而观，饶之为人刚果敢断，不避艰险，事虽竟成，于心良苦，且平时亦能谦恭下士，重义轻财，为全省将校士兵所信仰，中央若能密为扶掖，增长其权力，嗣后诸事当有裨于国家。其扶掖之方，先放九江办法，由要塞司令改为虎门镇守使，补授中将，若有师长缺出，即以之补充师长，以实其权。学生为大局计，率陈管见，不暇择言，倘蒙采纳，见诸施行，粤中幸甚，大局幸甚。专此胪陈。肃叩勋安，伏祈洞鉴不宣。

学生　官其彬谨上　七月初一

〔北洋政府陆军部档案〕

2. 钟鼎基关于陈炯明离去粤省取消独立电

(1913年8月4日)

北京大总统、国务院、陆军部、参谋部钧鉴：炯明既去，粤军全体取消独立，粤民安堵。第一师长锺鼎基、第二师长苏慎初、第五旅长张我权、要塞司令饶景华、姚雨平，林震暨军界全体叩。支。印。

〔北洋政府陆军部档案〕

3. 苏慎初关于广东取消独立为地方治安力任保持现状电

(1913年8月4日)

北京分送大总统、国务院、参、众两院，陆军、参谋部钧鉴：广东即日取消独立，军心一致，陈炯明已去，钟师长先辞。慎初为地方治安计，力任保持现象，特先布闻。粤第二师长苏慎初。支。印。

〔北洋政府陆军部档案〕

4. 钟鼎基等关于辞去第一师师长等职始末电

(1913年8月9日)

陆军部总长、参谋部总、次长钧鉴：当陈炯明独立之初，鼎基等力阻不听，因招疑忌，连捕一师官长三员禁闭，人心益忿。支日陆军发难，驱逐炯明，商会举苏慎初权督篆而发难，陆军不服，苏即辞职，继举张我权承之。两日来，因二师优给军饷，一师缺如，以致兵心不平，鼎基等屡向张代督请给，卒无以应。外间又纷传一师再举都督，如果渲成事实，何堪设想，迫得向张代督辞职以自明。谨沥始末，乞察照。衔广东陆军第一师长锺鼎基、旅长王肇基、陈元泳叩。

〔北洋政府陆军部档案〕

5. 龙济光关于陈炯明宣布讨袁及新募一师请拨饷械等情密电

(1913年7月19日)

加急。北京大总统、国务院、参谋部、陆军部钧鉴：诚密。

昨因赣省首难，当肃巧电请缨讨乱，计尘钧座。今日陈炯明来电云，江西独立，苏、皖、湘皆响应，渠为粤省大都督兼讨袁总司令，克日兴师北上，特电要约。等情。狼子野心，早知叵测，今兹果然，业已复电拒斥。粤省人心敬爱共和，维持统一，决无异志，怵于兵力，可称胁从。粤人对于济光感情甚洽，荡平粤乱，责不容辞。惟济军兵仅六千，械欠精利，添兵添械，未可刻延。现已陆续添募精壮，敢乞立拨巨款，俾得募足一师，并购应用枪炮。兵食攸关，尤望宽筹数月饷银，星速电汇至港，俾资接济，是所切祷。刻已电约滇、黔、桂三省都督，同心戮力，攻守同盟。一面严密筹防，静候命令。皇急上陈，企盼电示。副使龙济光叩。皓。送港发。

〔北洋政府陆军部档案〕

6. 钟鼎基报告在粤省独立时力主拥护中央及去职往港等情经过致段祺瑞呈

（1913年8月30日）

总长钧鉴：敬呈者，前上芜电谅达钧座。窃鼎基以樗栎庸材，恭蒙录用，委充粤东第一师师长之职。到差以来，夙夜忧惧，深恐陨越贻羞，致负高厚。自本年四月宋案借款发生后，一般暴烈破坏之徒，以为千载一时之机，思藉此以推倒政府，破坏共和，并拟以粤东为根据地。一时风潮所播，岭南首当其冲。鼎基当时首倡反对乱党，力主拥护中央，以免同室操戈，致瓜分豆剖。幸各军人深明大义，极端赞同，南方得以暂时无事。不图李烈钧等诪张为幻，包藏祸心，一波未平，一波又起，藉名北军入赣，轻起兵端，而祸遂延于粤东矣。陈炯明一闻赣省启衅，即跃跃欲动。鼎基屡次阻止，陈炯明大惧，猝用迅雷不及掩耳手段召集军事会议，即行宣布独立，会场不许各人发言，及至省会，亦复如是。

陈炯明遂谬称与中央脱离关系矣。独立后，陈炯明欲即出师援赣，鼎基又藉种种之名目，故行延缓，陈炯明恨之刺骨，连日捕拿本师部参谋副官陈钟英等三人羁押。鼎基恐祸在眉睫，迫得于本月三日去职往港，暂避其锋。明日，本师炮兵发难，粤省即行取消独立。方谓粤东自此得告无事，不意各野心家互争权力，暗中唆动陆军，以致陆、济两军之冲突，卒令庄严灿烂之羊城，变作萧条之街市，伤心惨目有如是耶。鼎基奉职无状，事前既不能弭祸，事后又不能维持平旦，自思惭愧无地。现尚待罪香江，闭门思过，一俟地方萑苻稍靖，即当束装归田，不复出而问世矣。为此披沥巅末上陈，不胜惶悚之至。敬候勋安。伏乞亮照不备。

八月卅日　前粤东第一师长钟鼎基呈

段祺瑞批：

该师长等已令龙督查复后，当可开复，但须镇静处之。

〔北洋政府陆军部档案〕

7. 苏慎初关于粤省取消独立及辞去师长职等情往来呈函

（1913年9月）

（1）苏慎初致段祺瑞呈（9月15日）①

敬启者：慎初猥以菲材，致占覆悚，翅首粤事，良用疚心。屡欲专函禀陈，藉白悃愫。虑以悔天万里，难达愚忱。兹因谣诼繁兴，淆乱黑白，窃恐中央之明察未鉴区区，或疑粤省兵变于慎有所关涉，不得不略将取消独立及慎所以辞职之苦衷，并龙都督到穗时兵变之事由，谨为钧部晰陈之。曩者粤省宣告独立，军人多未赞同，以故旬日之间，炮兵内哄，陈督去粤，商民恐怖，异常

① 此系付邮日期。

惊扰，全城鼎沸，秩序大乱。慎不揣愚昧，不惜性命，躬冒弹丸，蹈万死顾一生之危机，以安抚炮兵即日取消独立，维持秩序，以上为国家而下为桑梓。其时商会、省会以及各团体公会均集合迫请，慎以斯时主持无人，则乱事即兴，而又重违商民之公意，故不得已暂许以临时权摄督篆，以维现状。经迭电呈大总统、钧部在案。旋幸秩序粗定，而慎以心力交瘁，未能肩此重任，当即将都督府事宜交张君我权暂理，以俟中央后命，移书省会及各团体公会辞谢不敏，并电中央辞职而暂令第三旅旅长叶举代理第二师部事务。洁身而退，非别有所为而逃避也。乃近日谣言纷起，谓慎得中央巨款而后取消独立，甚者谓慎以竞利不获而辞职。呜呼！彼以慎为何如人哉？慎只知有国家、有生民，不计私利，不计爵禄，问心堪足自信，且可誓天日。昨之取消独立，暂摄临时都督，均为大局计，为粤省之秩序计，而非有所自私而为之也，亦非有所得利而为之也。即于秩序稍定，而以都督府事交张君也，亦非有争权竞利于其间，而实自顾以才力不逮，恐滋贻误而出此也。至于粤兵变乱之故，其始盖因龙督入省急于争占驻扎地点而起。先是观音山为第二团兵士所驻扎及济军入城之日，即骤以大队围攻，强迫迁出，遂因以酿济、陆两军交哄之乱基。其后所有陆军驻扎之处多以济军围之，遂启交哄之势矣。且当时风闻有运动军队者，暗许兵士以能杀一军官即以其职职之，故自八月初四、五、六数日之间，戕毙军官者辄以十数计，以致各营官长纷纷逃避，则约束无人，而少数之不肖士兵，乃有与济军交哄矣。此粤兵哄变之实因也。慎虽经辞职离师，而治军无状，不能先事预防，早弭厥乱，负罪实深。本宜静居羊城听候查办，惟粤中谣言近复四起，恐杯弓蛇影，易涉猜疑，或致为名誉累，欲赴京师陈诉，又恐有冒渎之嫌，益重厥罪，迫得养疴沪上，以明无他。谨披衷曲，恳乞明鉴俯赐，准将区区愚诚转达大总统垂鉴，不胜屏营待命之至。

此呈

陆军部总长段

苏慎初印

如蒙赐复，请寄上海四马路麦加园惠中旅馆李杰夫转交为盼。二年九月　日

段祺瑞批：

我权已来，并无罪戾，要来即来，何必顾虑迟回。

（2）段祺瑞复苏慎初函①（9月26日）

展诵台函，具悉一是。粤垣军队冲突，缘因本至复杂。惟执事既经维持于前，复洁身引避于后，初志尽可自明。张君我权，现已到京，并未加以谴责。

执事如欲北来，尽可命驾，无所用其顾虑也。专泐。复颂近祉

〔北洋政府陆军部档案〕

8．苏曍报告粤省独立前后各都督争权内讧等情致曲同丰函

（1913年10月2日）

九月初八日由北京出发，二十四日，平安抵羊城。耳之所闻，目之所见，无非乱七八糟。故自寓都督府以来，受良知之督责，无时不在痛苦中。仓卒未及详察，自悔此来未免孟浪，过恨造化弄人何其甚也。再四思之，乃大有为之机，决计留此过年，全力去做，所虑者人微言轻，不易收感化之效耳。兹谨将数日来所查得者，为吾师缕晰陈之：

一、独立时之情形

---

① 信封上批有“此函9月26日按来函所书地址由北京寄去，10月1日邮局以李已动身离旅馆，退回。”

自湖口独立后，孙、黄等致陈函电，日必数十起。七月十八日，陈忽召集团长以上之军官于都督府会议，对众宣言曰：此次无所谓会议，谨将予执行之件宣告诸君耳。诸君赞成，予亦是照行，不赞成，予亦是照行。方今总统违法，省官制不交国会，竟行公布。大借款未经国会通过，竟行签字。视约法如敝屣，等亡国若儿戏。近来叠接孙、黄来电，知江西、安徽、江苏、湖南、福建等省已宣告独立。我广东为文化先进者，岂忍视诸先烈头颅换来之民国，任彼断送。故本都督决计即日宣告独立，速筹北伐大计等语。到会各军官面面相觑，无一敢倡言反对者。呜呼！于是乎广东独立矣。

二、独立后之情形

广东宣告独立后，日日筹划北伐耳。不旬日，筹集军费至千万之多，后方接济无一不足。各军官阳奉阴违，虽时经两旬，万事完备，而所谓二师一旅之北伐军，仍未出羊城半步。黄士龙、张我权辈，使得雍雍劝告各军队取消独立，炮团为利所动，首表赞同。骤向都督府行大速度之射击，陈恐惧万分，携款潜逃，羊城秩序不堪设想矣。苏慎初知人心之厌乱，军心之匪坚，以维持市面之苦心，发取消独立之布告，阖城人心，赖以稍安，而苏竟以是举博得临时都督矣。孰知天下厌乱，一波未平，一波又起。而利令智昏之张我权竟倡言反对，巧笑如鹦鸟，含沙似短狐。怂恿炮团当衢宣言，谓取消独立之功，以张我权为最，广东都督舍张莫属，否则将以饷陈者饷之。苏不忍地方糜乱、自相残杀，一闻是言，高足隐去，而广东大都督张我权之布告满通衢矣。

三、粤、济两军战时之情形

当苏为都督时，济军已抵肇庆。及至张为都督，济军与粤军相距仅一珠江。知者恐两军枪炮相见，地方靡乱，请张退让都督，龙暂不渡江调停。未隔日，而济军暗夜渡江，进攻观音山矣。粤军除以靖绥地方外出之七团外，尚有十七团之多，各官长处置乖方，人自为政，原属张旅之步一团各个应战矣。枪炮声连响三日，死伤者数鲜琴星，两军战斗，至此忽息。诗人有“万木无声待雨来”之句，孰虑此暂息者，正如“万木无声待雨来”也。是时粤军新征步一团自乡抵省，人声杂沓，通宵达旦。济军不察，误认为谋我者，行先发制人之计，全力包围。嗟彼乡愚惨遭屠杀。此信一传，惹得一般粤军兔死狐悲，人人自危。功魁祸首之炮团，亡命进攻矣。济军全力抵抗矣，张我权携款逃矣，龙都督进城矣，军无分粤、济，大行抢掠矣，人民涂炭，阖城为之空矣。

四、龙氏进城后之民情

胡、陈督粤时，对于中央，固形拙强，治理地方，颇收成效。人民狃于习惯，啧有烦言，乃事实上必不能免之事，未足为彼戴罪。龙氏进城后，人民凡百请求，无不俞允，此歌功颂德之所由来也。（例如：修筑军路，改筑马路，严禁庙会等，皆善政也。然难免无知人民之无理取闹）。至真明地方长治久安之策者，未尝不呻吟终日，但龙氏倾服中央，无微不至。李开侁长粤民政，意出自中央，此后民政一方向，以私意度之，决不至发生阻力，救人民于水火之中，在李开侁之才力耳。

五、军政

军额：粤军尚有步兵七团，宪兵二营，均在裁汰之列。济军十二营，营四百人，分为三哨，哨分八棚，或二营或三营设一统领。广西国民军八营，营制与济军同也。每日由云南招来者二、三百不等，尚不知何日为止。

军装：五花六色，乱七八糟。

军械：原有德式管退山炮七十二尊，丹麦式机关枪九十六尊，今则七零八落．机件不全矣。步枪、手枪兵手一支，锈乱非所计也。

军房：除燕塘原有者外，衙署、寺院随宜而居。兵丁不审公益，损坏可惜。

军容及军纪：大有武昌起义后风味，不忍形容也。

军饷：照部定发给八成纸币行市，每元换银元七毛半，故月薪百元者实折得五十元耳。都督府除文牍、外事，无论大小，均出龙氏手，龙马精神，令人羡慕。参谋为裁判之官，副官行书记之事，军务等课，无所谓也。查其出身前清候补，计其年龄概逾不惑。总之，广东军事如专为对内而设，则兵不为多，否则有若无也。闻龙氏曾呈请任命其部下某某统领为师长，经部批驳，私虑宁缺无滥，须设法阻止，勿贻军队害也。伟卿吾师安鉴。虞、孙、杨诸位先生统此。

受业　苏暲脱帽

〔北洋政府陆军部档案〕

六、广西柳州边防营独立讨袁

1．沈鸿英等关于刘震寰宣布独立反袁被击退等情电

（1913年9月15日）

特万急。袁大总统、国务院、参议院、众议院、南宁都督、桂林陈师长钧鉴：省议会、广西各县、各统领、各观察使、各县知事鉴：柳州第五军帮统刘逆震寰宣布独立，伪称讨袁军总司令，占据城池，掳劫各公署公私各款将十万金。经沈、曾两督带会商，督饬县知事、各管带等，并率同行部兵队扼守东门，步步进逼，相持四日夜，极力攻剿，该逆等计穷事败，率党向西门奔窜。现已收复城池，并一面分兵追剿，除派兵坚守城池，即行出示安民，保护生灵维持商业外，堪纾廑注。谨闻。余容续呈。督带沈鸿英、曾超廷、督带黄肇熙、知事苏桢候、管带李天民、蓝耀廷、陶汉兴同呈叩。删。印。

〔北洋政府零散军事档案汇集〕

2. 陆荣廷关于刘震寰刘古香在柳州独立反袁及剿办情形密电

（1913年10月13日）

大总统钧鉴；参谋部陆军部钧鉴：午密。柳州第五军统领刘古香等宣布独立，营队叛变，五日内收复城池。荣廷督师往剿，业经电奉训令：策励将士痛加翦除，勿任蔓延。并令查明出力各员，分别请奖。等因。在案。荣廷支日抵柳，查得此次乱事原始及剿办情形，谨缕晰陈明。查刘古香本革命党人，当赣省发难已见异志，粤告独立，复受党人运动，召集所部七队，阴谋响应，拟在八月廿起事。荣廷密电刘团长炳宇及桂防各军严加防范。刘古香知有准备，不敢发动，仍勾串绿林暗济枪炮，抢劫各处，以分官兵势力，改定九月十五日起事。嗣闻赣粤事败，古香稍稍犹豫，而该军帮统刘逆震寰，野心既动，复受党人刘侠吾，周毅夫、何刚等怂恿，遂极力鼓动一般凶徒刘麻六、刘六八、刘成浦、叶焕新、曾子尧、刘瑞征等迫古香独立，组织北伐军。议未决，该凶徒等遂劫古香，驻营争夺饷银，杀其妻媳二命，并击毙幕友差弁七人，将古香带至刘震寰营中，随劫道县署破监放犯，劫取军械局枪码，勒索收支处饷银，搜掠谷仓、学堂、实业公款，不下十万金，迫胁电局报生拍发伪电。十三开会公举震寰为讨袁军总司令，刘古香亦在场赞成。分部第一队刘成甫、第二队刘瑞征在城首先叛变，绿林曾子尧、宋五等约千三、四百人响应，约为四营，分扎对河及城内，定计分途扰来、迁、浔、桂、犯邕犯北，张大其词。连日向商家索取饷银十万元，尚未过付，而十五日已为各军攻击出城矣，方事之始也。税务局长兼护商营黄肇熙率带护商勇稳守税局，团长沈鸿英恰于十二午刻回柳请饷，黄肇熙以沈尚明大义，往见密约，沈任力守，黄任乞援，沈鸿英占据东门，黄肇熙潜奔音塞发电请兵，而荣廷已于十二日接柳局报生密电，已飞电平桂营队直进剿办，并飞调邕、龙各军星驰赴柳，沿途堵截。当时沈鸿英仅有兵勇数十名，扼守要地，佯与乱党周旋，以待援兵。计诱新招军出扎对河，以孤其势，密劝营长曾超廷等反戈立功自赎。十四日，沈军全队及所部管带李天民亦到，东城守势既稳，曾超廷亦遂悔悟来表同情，矢志灭贼。曾军占大小南门，沈复占得北门，沈、曾两军与护商勇联力一气，而东南北俱为我有，乱党之势于是乎蹙。十五日，忽传援兵已到，沈鸿英奋臂一呼，各军无不踊跃效命，巷战数时，该匪死伤无算，拚死由西门而出，全城克复，并于民居寻获刘古香带回驻营请示办理。时仅申刻，而桂防营带黎肇基亦于是午驰到，击匪于对河马鞍山，团长贲克昭、黄培桂、曾广义、刘炳宇先后赶到，合力攻剿，匪退鸡笼村，旋经击退，毙匪夺抢不少。该匪散窜来宾、雒江、雒容、怀远等处，经派出之团长陆裕光、营长潘其霈，团长、管带蒯葆藩、杨必克、陆福祥、王赞勋、朱超群、龙凤麟、钟镇藩各队分路追剿，迭有斩获，现已窜散不成帮，当可次第扑灭，此肇乱克城剿之实在情形也。伏查此次乱事，皆由刘古香平日鼓动弁兵勾串绿林阴谋独立响应乱党，虽临时迟疑，而乱机已动，且首叛者为古香兼带之第一营，当票举刘震寰为伪总司令时，古香得七票在场赞成，刘震寰虽属乱魁，而刘古香实为祸始，虽其妻媳被害，祸由自取，不足蔽辜。遵大总统乘此清除乱党命令，于十三日提出刘古香军前正法，以伸法纪，其余首要，除伪督带刘成甫、刘麻六、刘六八、刘仁龙、伪监电员刘念祖五名业经捉获正法外，首逆刘震寰、伪参谋刘侠吾、周毅夫、何刚及已叛帮带刘秉乾、管带刘瑞征、新招伪管带曾子尧、宋云覃、贰龙、梁桂亭等分别悬赏购缉；一面督饬各营清办善后，以保治安。此次叛党踞城独立，水师统领刘运庵及道县暨兵、无识绅民，日多附和盲从，声势颇大。幸赖各军迅赴，事机奋勇出力，五日之内，幸而克复……合将柳州乱事办理绥晰陈明，是否有当，伏乞训示祗遵。广西都督兼民政长陆荣廷谨呈。元。印。

〔北洋政府陆军部档案〕

〔三〕护国战争

（一）云南首义与各地响应

一、声讨称帝罪行

1．唐继尧等劝袁世凯取消帝制并限时答复密电稿

（1915年12月23日）①

北京大总统钧鉴：华密。自国体问题发生，群情惶骇，重以列强干涉，民气益复骚然，佥谓谁实召戎，致此奇辱，外侮之袭，责有所归，乃闻顷犹筹备大典，日不暇给，内拂舆情，外贻口实，祸机所蕴，良可寒心。窃惟我大总统两次即位宣誓，皆言恪遵约法，拥护共和，皇天后土，实闻斯言，亿兆铭心，万邦倾耳。记曰：与国人交，止于信。又曰：民无信不立。食言背誓，何以御民，纲纪不张，本实先拨。以此图治，非所敢闻。计自停止国会改正约法以来，大权集于一人，凡百设施，无不如意，凭藉此势，以改良政治，巩固国基，草偃风从，何惧不给，有何不得已，而必冒犯叛逆之罪，以图变更国体。比者，吏民劝进，代表议决，拥戴之诚，虽若一致，然利诱威迫，非出本心，作伪心劳，昭然共见。故全国人民腐心切齿，皆谓变更国体之原动力，实发自京师，其首祸之人，皆大总统之股肱心膂。盖杨度等所倡之筹安会，煽动于前，而段芝贵等所发各省之通电，促成于继，大总统知而不罪，民惑实滋。查三年十一月廿四日申令有云：民主共和，载在约法，邪说惑众，厥有常刑，嗣后如有造作谰言，

① 文后有唐继尧批注："此电已于廿三日午后十一时拍去"字样。

紊乱国宪，即照内乱罪，从严惩办等语。杨度等之公然集会，朱启钤等之秘密电商，皆为内乱重要罪犯，证据凿然，应请大总统查照前项申令，立将杨度、孙毓筠、严复、刘师培、李燮和、胡瑛、段芝贵、朱启钤、周自齐、梁士诒、张镇芳、袁乃宽等，即日明正典刑，以谢天下，焕发明誓，拥护共和，则大总统爱国守法之诚，庶可为中外所信，而民怨可稍塞，国本可稍定矣。〇等夙承爱待，忝列司存，既怀同舟共济之诚，复念爱人以德之义，用敢披沥肝胆，敬效忠告，伏望我大总统改过不吝，转危为安，民国前途，实为幸甚。再者，此间军民，痛愤久积，非得有中央永除帝制之实据，万难镇劝。以上所请，乞于廿五日上午十点钟以前赐答。临电零涕，不知所云，谨率三军，翘企待命。开武将军督理云南军务唐〇〇、云南巡按使任〇〇叩。漾。印。

〔外交部云南特派员公署档案〕

2．唐继尧等声讨袁世凯称帝罪行通电

（1915年12月27日）

十万火急。各省上将军、将军、巡按使、护军使、镇守使、各都统转各并军师旅长、各道尹、各知事、各商会、农会、教育会、各学校、各报馆公鉴：呜呼！天祸中国，实生妖孽，袁氏以子孙帝王之思，致亿兆生灵之祸，怙终不反，愎谏无亲，既自绝于国民，义不同其履戴，敢声其罪，与众讨之。袁氏昔在清廷，久窃权位，不学无术，跋扈飞扬，凶德既已彰闻，朝端为之侧目。迨民国首义之日，及清廷逊位之时，袁氏两端首鼠，阴计媚孤，以孤儿寡妇为大可欺，以天灾人言为不足畏。迹其侮弄神器，睥睨君亲，固已路人知司马之心，识者有沐猴之叹！惟时我邦人诸友，念风雨之飘摇，惧民生之涂炭，永怀国难，力奠邦基。故赣、宁之役无功，

而皖、粤之师亦挫。乃袁氏恃其武力，遽即骄盈，蹂躏人权，弁髦法治，国会加以解散，自治横被摧残，异己削迹于国中，大权独操于一手，彼固曰，是可以有为矣，卒之无补时艰，不保中立。济南自拓夫战域，辽东复展其租期，甚至俯首为城下之盟，被发有陆沉之痛。呜呼！我国民之忍辱含垢，为已甚矣。袁氏之力图湔雪，以求报称，宜何如者。何图异想忽开，野心愈肆，元首谋逆，帝制自为。筹安会发生于前，请愿团继起于后，箒哀章之金匮，假疆华之赤符。对内国人民，则谓外议之一致，于外交方面，复假民意以相欺，自奋独夫之私，欲掩天下之目。呜呼！永除专制，夫已氏口血未干，难拂民心；清帝之诏书具在，无信不立，宁得谓人。食言而肥，何以为国。因之外侮自召，警告频来，干涉之形既成，保护之局将定。此时杨再思一日天子，宁复有人间羞恶之心，他日石敬塘半壁河山，更安有吾民视息之所。兴言及此，哀痛何云。夫总统一国之元首，中外所具瞻也。今袁氏躬为叛逆，自失元首之资格。斯其丑行凉德，固有无能为讳者。更举其略，以告国人：南北和议初成，党人欢迎南下，袁氏欲留无辞，乃煽动兵变，以为口实，京、津一带，惨付劫烧。张家口兵变，首乱不过数人，而全军咸遭坑杀。逞一已之淫威，轻万众之身命，是为不仁。黎副总统一代元勋，功在民国；段陆军总长，当世人杰，志尤忠纯，皆袁氏股肱心膂也。徒以反对帝制之故，积彼猜疑，瀛台等羑里之囚，西山有云梦之辱。近传噩耗，未卜存亡。叹鸟喙之凶残，悲鸟弓之俱尽，是谓不义。梁士诒、段芝贵、张镇芳、袁乃宽、杨度、胡瑛、顾鳌辈，皆市井小人，顽钝无耻，袁氏利其奔走，任以鹰犬之材。梁等遂窃威权，肆其狼狈之技，群邪并进，一指当前，望夷之祸匪遥，轮台之悔何及？是谓不智。当和议初起，袁氏握清廷全权，每语人曰：吾誓不作总统。及叛迹已露，中外咸知，袁氏犹曰：公等若再以帝制相迫，则我必逃英伦。言犹在耳，今竟何如？是谓不信。辛壬之际，义旅同兴，争冒死以图功，更举国以相授。袁氏之有今日，伊谁之力？乃动矜禅让，横肆诛夷，谓不杀于谦，则此举无名，谓苟无曹瞒，则几人称帝，功反为罪，生者之身已冤，死而有知，地下之目岂瞑？是谓不让。又若财权集于内府，计部徒建空名，大借款以盐税抵押，用途始终秘密，长芦运盐公司独占商利，垄断闻亦同登。袁乃宽、梁士诒、张镇芳，袁氏之聚敛臣也。交通银行，袁氏之外府也。甚至以一国之元首，而寄私产于他邦，腾笑外人，贻羞当世，其寡廉鲜耻，有如斯者。尤可异者，显违亲训，陌视孔怀，乖戾已深，本实先拨，宫门喋血，患已伏于隐微，斗尺寻仇，祸恐烈于典午，彼宗且覆，吾国何存。哀我无告之人民，忍与昏暴而俱尽哉。昔者董逃未唱，关东州郡同盟；莽窃初成，两河义军并起。今袁氏之罪，更浮于二凶，民国之危，尤甚于季汉。而且孙皓与下多忌，祖约褊厄不仁。孟津之八百不期，牧野之三千愈奋，斯其时也。各省军民长官，身为共和官吏，实系大局安危，必能挥士行之义旗，标茂宏之大节，举足轻重，立判存亡。其有海内顾厨，先朝耆硕，在昔首阳贬节，原知心在国家，于今大盗潜移，宁肯助其乱逆，谅同义愤，请共驱除。至若南阳旧部，新室故人，谁非国民，岂任私昵。况悲凉风于斛律，铲地难除；感大树之飘零，长城已坏。难共忧患，请视韩彭，其必有倒戈以图奋袂而起者乎？自余各界人士，虽未与人军师之谋，应念兴亡有责之义，则匹夫蹈海，义感邦君，小吏登坛，节厉群后，于古有之，是所望也。尧等痛念阽危，诚发宵寐，力虽穷于填海，志不挫于移山，请负弩以先驱，冀鼓桴之相应；将与摧公路之枯骨，走杨越之居尸，义声播而黄河清，大旆指而幽云卷，然后保固有之民国，定再造之旧邦。解此倒悬，绵我华胄，天下自此定矣。诸公其有意乎？乃若觊延漏刻，眷恋穷城，等防后之稽诛，效蜚廉之死纣，则师直为壮，助顺者天，何枯朽之能支，将身名之并裂，幸毋贻悔于他日，庶其有感于斯文。唐继尧、蔡锷、任可澄、刘显世、戴戡暨军政全体同叩。感。印。

〔北洋政府陆军部档案〕

3. 蔡锷等请共兴义举推倒袁氏电

（1915年12月30日）

各省将军、巡按使，各镇守使、护军使，承德、绥远、察哈尔都统均鉴：前陈两电，计蒙鉴察。袁氏违法背誓，背叛民国，凡有血气，莫不痛心。矧在服民国之官，食民国之禄者，乃电告已一周间，响应者固不乏人，尚有多省未闻同申大义，一致进行。见义不为，当仁而让，坐失事机，宁不可惜。意者岂有恋于袁氏之爵禄不欲舍弃耶？夫袁氏爵赏之滥，亦可谓空前绝后矣。羊头灶婢，尽授官阶，走卒贩夫，咸膺爵位。物以稀而可贵，袁氏名器之滥如此，岂尚有价值之可言！果能同举义师，拔彼赵帜，共和复故，民国重新，则是烈烈轰轰，光耀千载，以视彼爝火之虚荣，冗滥之官秩，曾腐鼠之不若矣，又岂有感于袁氏之私惠不忍背弃耶？吾人所受之官禄，民国之官禄也，受爵公庭，谢恩私室，君子鄙之，何私惠之足云。况袁氏要结虽工，而阴很实甚，附我者则豢之如犬马，异己者则诛之如寇雠，为怨为德，何常之有？今日以私恩之故，徘徊犹豫，异日功狗之烹，可翘足而待。与其噬脐后悔，何如及早决心，左提右挈，成功可必，保节全身，在兹一举。不然其必以君宪政治为真可行耶？姑勿论世界文明已趋共治，君主国体日在淘汰之中，那就现政而论，袁氏就职以来，摧残舆论，滥耗库储，生杀由心，法律刍狗，民生困敝，呼诉无门，名为共和总统，实无异于君主专制，凡所设施，皆以为其私耳。所谓福国利民者安在哉。其为总统，犹横恣如是，则异日之君主可知。今若戮力同心，铲除帝制，推倒袁氏，重建共和，则法美之良规具在，我中华民国巍然继起于东亚大陆矣。舍此三者之外，则必其劫于积威之故而不敢发难。不知自筹安会发生以来，薄海人民，同深愤恨，贤达君子，高举远引，众叛亲离，已成独夫，攘臂一呼，行见众山皆应，摧枯拉朽，可操券而决。又或狃于目前之安，悯念民生之苦，不欲变动贻累地方，不知见小利者反致大害，怀安乐者反贻困苦。况今日我国民之困敝甚矣，不改弦而更张之，又何乐利之可言。今兹之举，正所以去苦害之域，臻乐利之境，除帝制之毒，复共和之庥，安之大者也。人类以求安为目的，不此之求，复何求哉？继尧等计划已定，著著进行，但有进死，更无退生，非达到还我共和民国之目的不止。诸公皆当世贤俊，手造民国，忍使庄严灿烂之名邦，堕于浩劫而不复耶？神州陆沉，谁尸其咎？同舟共济，大有其人。恐著鞭之先我，愿负弩以前驱。切盼深谅热忱，共兴义举。机缘可惜，宏愿必偿。盖以正胜邪，以直胜曲，自然之验，必至之符也。幸勿存心观望，坐误机宜，甘作公民之敌，自贻后至之羞，万世千秋，永为世界人之诟病，则幸甚矣。临电神驰，贮聆好音。唐继尧、蔡锷、刘显世、任可澄、戴戡同叩。全。印。

〔北洋政府国务院档案〕

4. 唐继尧为废除将军巡按使另组云南都督府饬

（1916年1月1日）

饬　第一号

中华民国云南都督唐为通饬知照事：照得袁贼叛国，妄窃帝号，拂国民之公意，招外人之干涉，本都督怵念危局，当经电劝袁贼取消帝政，不图彼昏不智，益肆狡谋，本都督不忍民国之沦亡，当又电达各省，誓师讨贼，共保共和各在案。现在严拒伪命，与民更始，所有将军、巡按使名义，悉予罢除，特照民国前案组织云南都督府，以正名义，而资统治。兹刊就都督印信一颗，文曰中华民国云南都督印，当于民国五年一月一日启用。除通饬知照外，合行饬仰该署知照。此饬。

唐继尧

右饬交涉署准此

中华民国五年一月一日

〔外交部云南特派员公署档案〕

5. 李增陈组织护国演说社情形呈

（1916年2月4日）

谘议官李增谨呈都督阁下：昨奉面谕，组织演说团体，以资鼓舞而播义闻，随即撰拟公启、简章，逐日走约同志，说明宗旨，莫不欣忭赞同，协力发起。已于月之二十八号午后六钟，假进步党①，开发起人谈话会，公推社会、演说、庶务各员，并议决社中一切进行事宜，决定星期三、星期六、星期日开演。惟创办之初，略需经费，现置〔值〕义军大举出发，需用浩繁，万不忍于财政艰窘之际，动支公款，故社中开办费暂由社员私人支垫，一俟公款稍裕，再行呈请都督酌量饬拨，以资维持而谋发达。所有社中组织情形，理合具呈陈明，并附呈公启、简章，敬祈钧鉴。谘议官李增谨呈。

附呈公启简章一纸

组织护国演说团启

敬启者：公道自在人心，扬之愈著，忠义不绝，天壤发之，弥光。篪吹老妇，巾帼皆成健儿，筑击渐离，壮士尽垂涕泣。区区声乐，尚能感人，况乎现身说法，衷圣发言；既有伦而有要，当如火而如茶〔荼〕。以故鲁连奋舌，气夺秦师；包胥痛哭，立纾楚祸。果精诚之所致，虽金石亦为开，岂有血气之伦，犹弗鼓舞而

① 原文如此，“党”字下似漏“事务所”三字。

兴者乎？今者袁逆蠹国，叛法枉民，罪浮于周厉，一逐不足蔽辜，暴甚于嬴秦，非诛何能靖国。我唐都督首举义师，誓清妖孽，三军挟纩，万众一心，直捣幽燕，漆独夫头为饮器，同扶共和，集五色云为旌旗。赤忱耿耿，皎若日星；黄口悠悠，恐淆闻听。组护国之说团，当木铎之宣言。要使懦夫凡竖各奋博浪之椎；即至孺子妇人，争咏同仇之什。从此，再接再厉，殄彼之恶元凶。凡属先觉，登坛早振金声，胥是国民，届时敢攀玉址〔趾〕。谨将组织简章，胪列如左：

一、本社定名为护国演说社。

二、本社以声明大义，发扬民气，辅助本省政府，扫除帝制，拥护共和为宗旨。

三、本社暂以进步党事务所为集合地点。

四、本社演说员以德望素著，通达事理为合格。

五、演说处所，临时酌定，先期布告。

六、演说词由本社主任编订。

七、本社设主任四人，书记一人、杂役一人。

八、本社先由省城发轫，推广各县各埠。

九、有愿任演说员者，请到本社集合所书名。

十、本社经费，一面禀请政府酌量协助，一面由本团募捐。

十一、本社成立禀请警察厅立案。

十二、本章程有未适合处，随时妥议改良。

〔唐继尧批语〕：呈悉。具见热心爱国，深堪嘉尚。公启、简章，亦甚妥协。仰即努力进行，并将演说情形随时报查。此批。

云南都督之章　二月四日

〔云南省长公署档案〕

二、进军四川

1. 唐继尧护国首义誓师文

（1916年1月1日）

中华民国云南都督誓师文：维中华民国五年正月朔日，继尧谨以牺牲酒醴，昭告皇天后土而誓于师曰：呜呼！民贵君轻，万邦是式，贼人残义，一夫可诛。矧国是之久成，何逆谋之可宥？鲁连蹈海，尚耻帝秦；管宁适辽，不甘臣魏。岂有国步方艰，群情望治，遂乃妄侈边幅，效井底之鸣蛙，夷我华宗，戴冢中之枯骨者哉？粤自武昌首义，中土云从，五族一家，亿姓同德，扫除专制，创建共和，应世界之文明，为友邦所承认。乃者袁逆世凯，谋叛民国，复兴帝制，黄屋大纛，遽兴非分之思，砺河带山，无渝未寒之约。移钟簴于反掌，家天下局势已成；输岁币以寻盟，小朝廷面目安在？亟子孙万世之私计，误国家百年之远图。本都督服役民国，作镇滇疆，痛国家之将沉，恨独夫之不翦，爰举义旅，恭行天罚。击祖逖渡江之楫，誓清中原；问新莽指斗之杓，能持几日？嗟尔有众，尚其弼予。呜呼！尔惟克奋厥武，实乃无疆之庥；予亦报于汝功，永有不次之赉。嗟尔有众，尚钦念哉。都督唐继尧。

〔唐继尧批语〕：排印五千张，分发本省各军。唐继尧。

〔云南省长公署档案〕

2. 蔡锷关于护国军攻克叙州并向泸州等地进攻通电

（1916年1月31日）

各省都督、将军、巡按使、护军使、镇守使、师、旅长、道尹，各商会、报馆均鉴：滇、黔组织护国军，锷被推为第一军总司令，当于一月中旬率师分道出发，十七日晨，第一梯团长刘云峰、第一支队长邓泰中、第二支队长杨蓁率所部行次滇、川接壤之新场地方，与助逆北军交绥。我军奋勇前进，所驻在黄色耳、燕子坡、凤来场、捧印村等处逆军，退扼横江之黄果堡。十八日晨，我军进攻黄果堡，第一支队攻其左翼，第二支队攻其右翼，力战竟日，至午后回时敌渐不支，我军乘势猛攻，获全胜。是役，击毙逆军官长三人，捕获二人，毙逆兵百名，夺获山炮二门，机关枪一挺。至七时，乘胜追击，距横江约二里，逆军后卫以山炮、机关枪死力拒战，我军绕道夹击，逆军惊惶奔窜，弃械弹无算，我军遂进占横江。十九日，我军仍分两路直捣安边，第一支队踞金沙江右岸炮击敌军，第二支队经罗东渡江，夜间由山后猛击，敌势大衰。七时许，敌屏山援队突至，死力格斗，我军再四突击，敌终不支，弃机关枪于河，号哭奔坠，坠夺河而死者甚多。是役，击毙逆军营长戴鸿智一人，杀伤敌兵数百，夺获军械及其他军需品八船。二十日晨，我军渡江追击，逆军弃柏树溪退回叙州城，我军既至柏树溪，逆军望风哗溃，遂弃叙城分头向自流井及泸州溃走。我第一梯团进取南溪、自流井等处，第二梯团现由毕节直趋永宁，会合川兵迳窥泸州。助逆北军在川奸淫抢掠，人民痛愤。我军纪律极严，川民爱戴，故所向克，士气大振。合亟奉闻。滇黔护国第一军总司令锷。世。印。

〔国民政府国史馆档案〕

3. 戴戡就任护国第一军右翼总司令通电

（1916年2月2日）①

滇唐都督并请转各厅长、各师长、旅长及各军官同志、各界、各报馆鉴：戡在滇同谋举义后，匆匆回黔，行抵两头河，即闻龙建章藉故潜逃。至郎岱县，迭奉刘都督专函，当即兼程赴筑。黔中同志，筹备已久，即于念六号宣布独立。是日正午，各界在省议会开会欢迎，当将袁逆叛国罪状、滇省首义情形详为演说，各界于袁逆则痛心疾首，于滇举义则鼓掌如雷。旋得黔各团长及各军官来电，既佩滇中义举，又推戡任军职，足见人心所同，群情一致，不胜感幸。念七号，复奉刘都督、唐都督、蔡军总司令委充护国第一军右翼总司令。自维谫陋，曷敢膺此重责，但天职所在，惟有勉赴其难。即一面商承刘督，将黔出征军一律改编为护国第一军右翼，使滇、黔愈为融洽；一面组织总司令部，使事权不至纷歧。现各事均已就绪，准于三号出发，业经通电各省。区区愚忱，惟期与诸公铲除帝制，还我共和。否则，宁为玉碎，勿为瓦全。此心此志，皇天后土，实共鉴之。惟戡此行，于大局不无关系，尚祈时赐教言□【为】祷。本部除照通常组织外，并约有刘希陶、张雪庐、陈智书诸君□赞一切，亦将陆续启行。知注，并闻。护国第一军右翼总司令戴戡叩。冬。

〔外交部云南特派员公署档案〕

① 此件无年月，据内容推断，当为1916年2月。

4. 朱德陈述所部作战经过与唐继尧来往函

(1916年4—5月)

(1)朱德致唐继尧函(4月15日)

都督麾下敬肃者：幸隶鸿帡，咸趋虎帐。伏承翼展康庄，鹰扬大陆。祗维勋高郭、李，望重韩、范。缅想壮猷，倾心祝颂！团长久蒙训迪，得侧行间，扪心至再，覆悚堪虞。所幸我都督仁风久播，自滇以达蜀地，无不箪食而迎。二月中旬，记抵永宁，即闻前军偾事，因寡众之故，以致炮阵失守。即奉蔡公檄委，饬其星夜前进，赶接步二团事务。团长猥以凡庸，屡蒙阃寄，只得勉竭驽钝，重整甲兵。于十七号到纳溪，值战事方烈，于是宣布德意，鼓励士兵，刻即加入火线。所有战斗各情,谅已早达钧鉴。惟是两营士兵，虽负伤营长四员，而勇敢锐利，势不稍衰，实所罕见。现值停战期间，奉蔡公命令，至红花地分地防守，取攻势防御主义。然补充者概属新兵，惟有督率各营长官，认真教育，以资进度，用副我都督整兵经武之至意。喜民帜之复起，万国同钦；望棨戟之星辉，五衷念切。此日在西，先修鲤启,他年旋南，再遂凫趋。更冀远锡惠言，金缄时指，俾便遵循。公匆肃此，祗颂勋绥。幸加垂鉴。第三支队长朱德鞠躬。四月十五号由四川泸州城外红花地行营上。

(2)唐继尧复朱德函(5月21日)

玉阶吾弟惠览：远劳征戍，得书浣慰，且感怍兼抱矣。成都既就我范，又得诸英俊披坚执锐于前，运虽负，固无是论矣。近来南方各省悉表赞同，以迫袁退，彼所倚为心腹者，近亦倒戈相向也。大局近状，渐入佳境，黄龙之饮，会当有时。迤南匪乱，现已敉平，藉抒远注，并望顺时珍摄不宣。唐继尧顿首。

〔云南省政府秘书处档案〕

三、各省独立

1. 李纯等指斥龙建章卅一电并表示赣省候令出兵密电

（1916年1月7日）

万急。北京各部、院① 均鉴：堂密。昨接贵州龙巡按使卅一电，所述各节，危言满纸，忠爱可钦。惟寻绎之余，不无疑惑。言狠言之②：此次国体解决，费几许手续，费几许时期，元首则慎审再三，司其事者，复恪遵法律，表决宣布，中外咸知，推戴今上，群情一致。窃谓此举，无丝毫之缺憾，得美满之结果，南山可移，北案不可复动。乃该使则欲召集国民会议，再行开会讨论。复派在官长官到院陈述一切。不知此等举动，系依据何国成规，遵循何项法案，而使国体重大问题决之于国民代表为不可据，必再决于国民会议而始可行，是直以国家为儿戏耳，岂非贻笑全球，玩视民意，颠倒错乱，意欲何为。此其可疑者一。原电又称默察现状，人心浮动，军队散漫，外人身视，财政枯窘等语。姑无论胥属空言，毫无事实，即语如是，知更宜从速宣布君宪，以定国是而安民心。若犹一变再变，故事迁延，自相反复，启友邦之蔑视，失威信于军民，极其所至，诚恐有险象环生，祸机四伏之虑，与该使所言，适成一反证，不知该使又何以自解也。矧又有人昌言反对，犹为之故作危词，以耸观听，论者若责以为叛人，间接游说，或谓为暗助逆党，律以春秋诛心之义，奚以自白。此

① 以下有十五处电码未译。

② 原文如此。

其可疑者又一也。总之，事至今日，国体已定，帝位有归，有言反对者，即是乱臣贼子，人得而诛之。况唐、任等逆，种种叛悖情形，显然昭著，此时除声罪致讨外，已无他项办法之可言。黔使晓之，实无讨论之价值。以纯愚见，不但防滇，且须防黔。诸公明达，谅有同情。敝省第六师全队已奉明令，由黔入滇，顷已将此意密电马司令，嘱其随时留意矣。本省并另备混成一旅，候令即发。知关荩念，用敢附闻。李纯、戚扬同叩。阳。

〔北洋政府大总统府档案〕

2. 刘显世为黔省宣布独立致各县属通告①

（1916年1月　日）②

迩以袁氏背叛国家，窥窃神器，逞其凶焰，举兵逼黔，我父老昆弟，愤其僭窃，痛其凶残，以大义相责，重任相托，本都督顾念国家，关怀桑梓，不忍四方豪俊无限头颅心血铸造之民邦，沦于奸人之手，重以逆军溯湘流而上，咄咄逼人，亡国破家，迫于眉睫，爰于一月二十七日，俯顺舆情，宣布独立，所有各种文告，业经印发在案。犹恐各该县属于此中利害，未及周知，用再剀切布告，免滋疑误。北军之凶横，人所共怵，本都督何尝不深计及此。当滇省宣布袁氏罪状，唤起国民救亡之初，本都督本于个人之良心，应即立举义师，共讨叛贼，徒以战端一启，黔当其冲，仓卒举兵，颇难军转，且意袁氏向非至愚，一经忠告，或能悔祸，故不惜双方调处，委曲求全。何图凶心不死，逆焰愈张，外强中干，虚声恫喝。日前劝阻滇军、北军均入黔之说，喧传各界，北军以准备未周，不敢轻入，亦姑以驻扎湘边，查看情形等语，敷衍吾黔，无识者遂谓滇军不动，北军亦可不来，岂知曹锟

① 此件系抄件。

② 此件无日期，据内容推断，似在27日或稍后。

率师东下，着着进行，希图一逞。曹兵残暴，邦人所知，赣宁之役，淫掳烧杀，无所不致。倘使兵或集中，立即乘虚攻我，以达其分途进兵之计划，即令我以善意开门揖入，彼岂肯长驱直捣进薄滇边，不疑我掊其后耶？则盘踞我城垣，迫散我军队，掳掠我金粟，荼毒我人民，城社邱墟，宁复欣惜，故无论如何，断未有逆军入境而不糜烂地方，亦决无听其来黔蹂躏境土之理。惟查逆军近状，多所迟回，此不第直壮曲老之势，可以预决。即就其众叛亲离情状言之，亦决无可畏。袁氏纵其二三鹰犬，伪造民意，帝制自为，中外同羞，天人共愤。沿江各省，相约枕戈，或以时机未熟，虚与委蛇，或与逆师杂居，尚虞投鼠，云集响应，指顾间事。袁氏亦自知罪恶通天，为众所弃，杯弓蛇影，处处筹防，不惟西北要塞、东南重镇，决不能抽提一军，以作曹兵之后盾，且从而分调畿辅重兵，麇集大江南北，以防各省之景从，情见势绌，亡无日矣。且曹兵之驻岳州者，不过一师耳，果使全数开拨，湘省变端主见。其用以逼黔者，号称一师一旅，无非虚张声势，震骇庸愚。近据探报，来兵不满一旅，舟行逆水，迁延时日，其沿岸陆行者，以久居平原之故，不惯跋涉，扶杖乘舆，其情甚苦，天寒冻合〔?〕、岭复山重，悬军深入，首尾相失，欲与我逾越险阻、轻捷如猴之兵相决斗，庸有幸乎？夫主客势殊，劳逸所判，危峰壁立，一夫当关，虽有多兵，限于地势，不能横行山国；虽有巨炮，扼于道途，无法运逼黔边。矧我三军，勇气百倍，擐甲执戈，以扼天险，坚壁清野，以老敌师。后方空虚，群情解体，土崩瓦解，可主而待。最近曹锟被炸之耗，飞电传来，虽幸免毙命，奸魄已夺，畏缩不前。驻晃北军，复纷纷败去，内情可想矣。要之，顺逆既分，胜负可决，黔惟有保守疆土，整备兵戎，以待联合各省义师，共诛独夫，巩固民国，以图生存于天地而已。所有地方治安，本都督自应率属共负完全保护之责。各色人等，务望各安本业，勿得稍事纷扰，自召虚惊。为此通令，仰各该官长等立即出示，晓谕人民，一体知照。

〔国民党政府国史馆档案〕

3．贵州都督府及所辖各机关暂行组织大纲

（1916年1月）

贵州都督府及所辖各机关暂行组织大纲

第一章　总纲

第一条　都督府本部及所辖机关如左：

都督府本部

总务厅

都督府所辖机关

民政厅

财政厅

参议处

军法局

军警局

电报局

经理局

军医院

各军队　军队之编制另定之

第二章　都督府本部

第二条　都督府以左列各官长各机关组织之：

都督

参赞

总务厅

第一节　都督

第三条　都督总揽本省民政军政，统辖全省文武各官吏、各军

队。

第四条　都督依其职权，发布一切命令、规章。

第五条　都督认为必要时，得停止下级官厅之命令处分，或取消之。

第六条　全省军政各费，由都督召集财政会议编制预算，令财政厅按照预算支付。其预算外及预算未成立以前之经费，非经都督核准者，不得支付。财政会议组织，另定之。

第二节　参赞

第七条　都督府设参赞二员以上，由都督就必要情形酌定。

第八条　参赞承都督之命，直接辅佐都督，参画赞助一切要政。

第三节　总务厅

第九条　总务厅设厅长一员，厅内分设左列各处、课：

参谋处

副官处

军务课

军法课

军需课

民政课

财政课

各处、课权限及办事规则，由总务厅长酌订，呈都督核准。

第十条　都督府本部设参谋长一员，得兼任总务厅长。如事实上不能兼任时，得以参谋长管辖参谋处，直隶于都督。

第十一条　副官处设副官长一员，副官若干员；各课设课长各一员，课员若干员。其员额由总务厅长秉承都督量事酌定。

第十二条　总务厅别设机要室，内设秘书官及一、二、三等书记官若干员，办理机要文件。自总务厅长以下各职员，均由都督拣员委任。

第三章　各厅、处、局、院

第一节　通则

第十三条　各厅、处、局、院设长官一员，承都督之命令，总理主管事务。

第十四条　各长官对于主管事务有认为重要者，得禀承都督开军务或政务会议。

第十五条　各长官于其主管事务或特别委托范围内，得发命令、规章。

第十六条　各长官对于所属下级官厅之命令处分认为必要时，得停止或取消之。其事有关于两机关以上之职权者，应由各该长官会商办理。

第十七条　各厅、处、局、院长官由都督选任；县知事及分县由民政厅长单呈都督核准，由该厅长委任；各征收官由财政厅长单呈都督核准，由该厅长委任，呈报都督备案。

第十八条　各厅、处、局、院得分科办事。

第十九条　各厅、处、局、院所有椽属名称、员额及应否添设他项辅助机关，得由主管长官自行拟定，呈请都督核准。

第二十条　各厅、处、局、院所办事务，依其职权及其事务之关系，随时分别自行处理或呈请都督核示办理。

第二节　民政厅

第二十一条　民政厅设厅长一员，科长、科员各若干员，依第十九条之规定，其分科办事规程由厅长订定呈报都督查核备案。

第二十二条　民政厅掌左列事务：

一、关于地方官吏之进退、奖惩事项；

二、关于督率指导地方官治行政、地方自治行政事项；

三、关于惩治盗匪及维持公安事项。但需各军队会同办理者，应呈明都督核办；

四、其他关涉民政事项。

第二十三条　民政厅长直辖地方官吏。

第三节　财政厅

第二十四条　财政厅设厅长一人〔员〕，科长、科员各若干员，依第十九条之规定，其分科办事规程，由厅长订定，呈报都督查核备案。

第二十五条　财政厅掌左列事务：

一、关于征收官吏之进退、奖惩事项；

二、关于各种赋税之整理、征榷事项；

三、关于办理预决算及支付军政各费事项；

四、其他关于财政事项。

第二十六条　财政厅长直辖各征收官吏。

第四节　参议处

第二十七条　参议处设正副处长各一员，参议若干员。其组织及议事规则，参照现行章程另订之。

第五节　军法局

第二十八条　军法局设局长一人〔员〕，承都督之命，总理军法及普通司法事宜，管辖左列四科：

总务科

军事科

刑事科

民事科

第二十九条　各科设科长一员，科员、录事若干员，依第十九条之规定，其办事规程，由局长拟订，呈送都督核准施行。

第三十条　军法局掌左列事务：

一、关于军事裁判事项；

二、关于普通民刑审判事项；

三、关于复核各县所报案件转呈都督核准执行事项。但各县得因必要情形，依惩治盗匪法施行法径呈都督核准执行，事后分报备案；

四、关于司法行政事项；

五、关于整理监狱事项。

第六节　军警局

第三十一条　军警局设警长一人〔员〕。其组织及所辖员额，依第十九条之规定。其办事规程，依第二十九条之规定。

第三十二条　军警局掌左列事务：

一、关于陆军警察事项；

二、关于普通警察事项。

第三十三条　军警局管辖区域，照省城警察厅之规定。

第七节　电报局

第三十四条　电报局设局长一员，局员若干员。依第十九条之规定，其办事规程，依第二十九条之规定。

第三十五条　电报局掌左列事务：

一、关于承办官电事项；

二、关于电报营业事项。

第八节　经理局

第三十六条　经理局设局长一员，综理全局事务，统辖左列三科。其办事规程，依第二十九条之规定：

衣粮科

军械科

会计科

第三十七条　各科设科长一员，科员若干员，依第十九条之规定。但事务轻减时，得不设科长或以一科长兼设〔管〕两科职务。

第三十八条　经理局掌左列事务：

一、关于枪支子弹整理、保存、输送事项；

二、关于粮秣被服装具筹备、运输事项；

三、关于征兵设备事项；

四、关于其他军需应行经理事项。

第九节　军医院

第三十九条　军医院设院长一人〔员〕，军医员及其他执事人员若干人〔员〕，依第十九条之规定。其办事规程，依第二十九条之规定。

第四章　附则

第四十条　本组织大纲如有未尽事宜，由都督随时查核情形，酌量修改。

第四十一条　本组织大纲自公布日实行。

第四十二条　本组织大纲俟建设中央政府颁行划一官制后，即行废止。

贵州省都督府及所辖各机关系统表

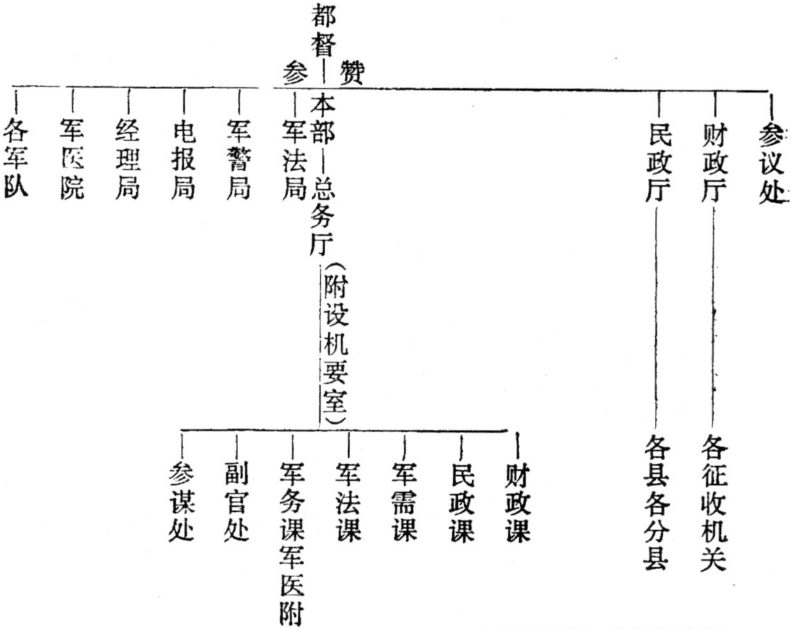

〔国民政府邮政总局档案〕

4. 贵州都督宣布贵州独立告示

（1916年1月）

贵州都督示

溯自辛亥反正　改建共和民国
同胞艰难缔造　不惜为国流血
只冀政治改良　从兹日有起色
不料袁氏称帝　甘为叛国蟊贼
财政专事搜刮　小民脂膏尽绝
外债逾数万万　用途全不明白
外交事事失败　以致丧权辱国
肆意戕残善类　任用无非奸慝
此次国体投票　纯以利诱威迫
种种专横残暴　罪状难尽胪列
国家濒于危亡　万众离心离德
滇省首倡义举　誓将袁逆讨灭
同心拥护共和　联合各省一辙
滇黔休戚相关　人民义愤切迫
本省急图自保　各界开会公决
上书请设都督　统辖军民一切
本督义不容辞　兴亡匹夫有责
为此宣告独立　人民勿得惊骇
官吏照常服务　四民各安生业
各国原订条约　继续履行勿越
外人生命财产　保护尤应特别
如敢造谣生事　立按军法处决
合行布告周知　其各凛遵切切

又示

山堂公口　辛亥盛行　扰乱秩序　贻害民生
如敢开设　处以极刑　谕尔军民　一体凛遵

又示

中国银行纸币　早已推行吾黔
持券即可兑现　信用历久益坚
至于贵州纸币　仍在中行抽签
每月照抽十万　抽中准兑银圆
应纳丁粮正税　两种均可缴完
现在拥护共和　通行不得留难
即如满清旧票　反正行用依然
何况民国纸币　更于国体有关
乃闻奸商渔利　无端妄造谣言
似此不顾大局　拿办决不容宽
谕尔商民人等　幸勿自损利权
合行出示晓谕　其各一体凛旃

又示

栽种洋烟　大为民害　如敢故违
重惩不贷　谕尔人民　宜各自爱

又示

照得丁粮厘税　关系政费军糈
自应照章征收　仍依从前税率
员书勿得浮加　有犯民国刑律
商民素知大义　输将务各努力
如敢故意违抗　惩办决不姑息

合行出示晓谕　　其各一体知悉

〔国民政府邮政总局档案〕

5. 贵州护军使于云南独立后宣布戒严邮检与贵州邮管局往来公函

（1916年1月）

（1）护军使公函（1月　日）

迳启者：查滇省现有事变，本省与滇接壤，犹恐战祸蔓延，变出意外，不能不迅筹防范，以备非常，业由本署电呈中央，请将本省作为警备地域，一律宣告戒严。兹于本月二十六号奉统率办事处二十五号电开：奉大元帅谕：准其便宜宣布戒严。等因。奉此。现经遵照明谕，于本日宣布戒严，并照民国元年十二月十五号颁定法律第九号戒严法办理。除通饬各团营并出示晓谕暨派员严行检查邮电外，相应检同戒严法函请贵局长查照，转饬所属一体知照。此致

贵州邮务管理局长

计函送戒严法一纸（缺）

（2）护军使公函（1月　日）

迳复者：准贵局函请以后关于军队驻在地方之邮件检查，逐日往来函件，应由本部派员来局检查，请仿照他国及北省军营办法各节。除原函不录外，后开函请查照，如以为可行，请即饬属照办，更将驻有军队应行照此办理之地方，钞送过局，以凭分饬本管各局遵照办理。等因。准此。除分饬各团营遵照，将经管人员衔名开单具复，再行函请查照外，相应先行函复，即请查照。此致

贵州邮务管理局局长刘

计抄送各军队驻扎地点一纸

第一团本部　省城	第一营	省城
	第二营	省城
	第三营	省城
第二团本部　镇远	第一营	镇远
	第二营	铜仁
	第三营	思南
第三团本部　榕江	第一营	榕江
	第二营	黎平
	第三营	独山
第四团本部　南笼	第一营	南笼
	第二营	兴义
	第三营	安顺
第五团本部　遵义	第一营	遵义
	第二营	赤水
	第三营	松坎
第六团本部　大定	第一营	大定
	第二营	毕节
	第三营	新场
炮营		省城
宪兵连		省城
机关枪连		省城

（3）护军使公函（1月　日）

迳启者：现值滇省有事，经本使呈请中央将本省作为警备地域，一律宣布戒严，已奉批令照准在案。查戒严法第十四条戒严地域内司令官有执行左列各款事件之权。其第四款载有拆阅邮信、电报等语，应即遵照办理。相应函请贵局长查照，飞饬所属各分局及代办处，所有来往信件，应听检查员逐一检查后，始能递寄，勿稍阻滞，致误军机。其未派有检查员之处，仍可照旧办理。此致

贵州邮务管理局

（4）贵州邮务管理局公函（1月　日）

迳复者：昨晚奉到钧函内开：现值滇省有事，经本使呈请中央，将本省作为警备地域，一律宣布戒严，已奉批令照准在案。查戒严法第十四条戒严地域内司令官有执行左列各款事件之权。其第四款载有拆阅邮信、电报等语，应即遵照办理。相应函请贵局长查照，飞饬所属各分局及代办处，所有来往信件，应听检查员逐一检查后，始能递寄，勿稍阻滞，致误军机。其未派有检查

员之处，仍可照旧办理。等因。奉此。窃查检查邮件一事，最为重要，本局对于此举，非常慎密。现查本省只有二十八县邑设有分局，其余均系委托商号代办，类皆知识缺乏，不谙机宜，诚恐办理不善，无补要公，如由敝局按照钧函一体转饬，又恐适滋惊扰，转非钧使维持治安之意。种种为难情形，当邀洞鉴。是以日前具请钧使，商请仿照北省办法，已荷复示赞同，曷胜钦佩。本局业飞饬已驻有营部地方之各局遵照办理。兹奉前因，相应具复。希再饬钞拟派有检查员之各处函送过局，以凭照单飞饬各该局所遵办。再，查十二月三十一日至一月三日，均为本局例假日期，但以事关重要，无论何时，本局一得钧复，自当提前办理。此致

贵州护军使

（5）护军使公函（　月　日）

迳复者：案准贵局函请再饬钞拟派有检查员之各处，函送过局，以凭照单飞饬各局所遵照办理等由。准此。兹据炮兵营详报该营邮件，已派该营上士刘勉吾检查。又据宪兵连详报，该连已派司务长张崇新检查。等情。兹将刘勉吾、张崇新二员名章式样检同函送，即希查照外，其余应俟详复到署，再行函达。此致

贵州邮务管理局

计送名章二纸（缺）

贵州护军使刘显世

〔国民政府邮政总局档案〕

6．贵州省邮务管理局关于邮件检察事宜公函

（1916年1月）

致护军使公函

迳启者：窃敝邮务长于本月四号面谒钧使，商及各属检察邮件事宜，凡系云南界内一切来往函件，无论经过何局，但查该件封面并无曾经他处已为检查之证据者，一概寄来贵阳管理局检查，

以期缜密而省手续。其他内地来往函件，均仍照常办理。所有原派检查员检查邮件诸处，请为取消各情，已蒙允许，具见钧使维持治安、曲全邮务之至意，曷胜钦佩。近据各局所报告实行检查，除日前面陈八处外，尚有新场、老黄平、玉屏等处。并据镇远局详称：一营营长派有兵士二名，保护邮局，实所感佩。惟乡愚无知，往往望而生畏，裹足不前，似于邮局营业，稍有影响。查镇远邮局与营部所驻地点，距离甚近。如有藉重兵力保护之处，尚可迳赴党中报告，请求酌派。等情前来。相应函请钧使烦为查照，希即电饬该营，将保护邮局□□〔弁兵〕调回，并请通饬各属，凡云南来往一切函件，既经转来贵阳局检查，所有原饬该各处检查邮件事宜，一律取消，庶于军事邮务两有裨益，实所感佩。此致
贵州护军使

计抄已经据报实行检查各处地名表

铜仁

黄草坝

兴义

普安

毕节

安顺

黔西

镇远

遵义

老黄平

新场

玉屏

〔国民政府邮政总局档案〕

7．陆荣廷等为贵州独立饬转刘显潜各电无法投递密电

（1916年2月11日）

政事堂、统率办事处钧鉴：赓密。前奉钧处沁电，饬劝刘使显潜并探渠意。复奉堂、处俭电，饬转刘使，并经遵办，于勘、冬两日电陈在案。兹据陆旅长裕光青电称：迭奉饬转黔省刘巡按使各电，当经先后按站飞递。顷据连长黄宪义禀称：黔省独立，刘显潜已率兵回贵阳，派去送电之兵，因黔省非常戒备，经将原电投交近边营县，均不肯收，仍将各电缴回。等语。理合电请察核。等情。据此。查沁电办法及饬转俭电，刘使均未接到，现在亦无法投递，合电察核。荣廷、祖同肃。真。印。

〔北洋政府统率办事处档案〕

8．陆荣廷等为桂省治安增兵与统率处来往密电

（1915年12月—1916年1月）

（1）陆荣廷等致统率处密电①（1915年12月31日）

北京统率办事处钧鉴：诚密。桂省安靖。谨闻。荣廷、祖同肃。卅一。印。

（2）统率处复陆荣廷等密电稿（1916年1月2日）

南宁陆上将军、王巡按使：诚密。卅一电悉。新增之兵，上意拟令陆裕光带领，其可否之处，请具复。处。冬。印。

〔北洋政府统率办事处档案〕

---

① 袁世凯在电报封套上批有“新增之兵、拟令陆裕光带、先询陆”字样。

9. 陆荣廷等表示赞同李纯等阳电愿兴问罪之师电

（1916年1月10日）

北京各部、院均鉴：李将军、戚巡按阳电，倪将军、李巡按豪电，蒸日奉悉。蔡、戴煽乱，唐、任盲从，祸国殃民，天下所弃，整师待命，用伸天讨，除瑕荡秽，心理攸同。李、戚、倪、李诸公之所论，极深钦佩。敝省密迩滇境，愿附同仇之义，问罪之师，前队已发，经于卅一电通告，计邀视览。惟有同伸义愤，迅殄枭獍，俾彼滇民同登衽席。敢布区区，尚祈明教。荣廷、祖同。蒸。印。

〔北洋政府大总统府档案〕

'0. 陆荣廷反对袁世凯称帝并出兵讨伐密电

（1916年3月15日）

十万急。北京政事堂、统率办事处、参政院、各部院、京兆尹，除云南、贵阳，各省将军、巡按使并转镇守使，徐州巡阅使，龙华、福州、宁夏护军使，承德、归化、张家口都统，康定镇守使，百色龙将军均鉴：赓密。自帝制发生，人心大惑。无信不立，荣廷早为国家危之。顾念改革以来，民力凋残，邦基陧杌，万不欲一夫作难，再致同室操戈。迩自滇申首义，黔阳从风，长驱川、湘，雷动响应。国民真意，昭若日星。宜袁以罪己窜身，削除伪号，罔咈百姓，以张四维。乃复包藏祸心，离间将士，以金钱为效命之法，以名器为佣奴之酬。猛虎贪狼，营蝇苟狗，玩民族于掌股，希万世之帝王。此而可忍，宁谓□人？及今不图，其何能国？兹我二□父老子弟，枕戈以待，投袂奋兴，洒涕中原，躏予马首。荣廷虽身起戎行，尚知纲纪，不得不率此旧部，完我初心，誓除专制之余腥，重整共和之约法。除联合滇、黔声罪致讨外，敬告各省文武忠勇志士，同心戮力，诛彼民贼，载振国威，庶内慰四年死义之英魂，外固万国缔交之大信。仗兹正气，弹压河山。无任区〔呕〕心沥血，传檄以闻，广西都督陆荣廷。咸。印。

〔北洋政府陆军部档案〕

11. 陆荣廷声讨帝制宣布广西独立电[①]

（1916年3月15日）

陆都督通电京师文

十万急。滇唐都督、黔刘都督，并转各军司令鉴：本日敝省宣告独立，通电京、省，文曰：帝制发生，人心大惑，无信不立，荣廷早为国家危之。顾念改革以来，民力凋残，邦基未固，万不欲以一夫作难，再致同室操戈。迩日滇中首义，黔阳从风，长驱川、湘，雷动响应。国民真意，昭若日星，宜袁氏罪已一身，削除伪号，罔拂百姓，以张国维。乃复包藏祸心，离间将士，以金钱为买命之法，以名器为佣奸之酬，猛虎牧羊，炙蝇盗□，玩五族于掌股，希万世之帝王，此而可忍，宁谓有人？及今不图，其何能国？兹我三箢父老子弟，枕戈以待，投袂奋兴，泣涕中原，瞻予马首。荣廷虽身起椎埋，尚知纲纪，不得不率此旧部，完我初心，誓除专制之余羞，重整共和之约法。除联合滇、黔声罪致讨外，敬告各省文武、忠勇志士，协心戮力，诛彼民贼，载宣国帜，庶内慰四年死义之英魂，外固万国缔交之大信，仗兹正气，足压河山，无任呕心沥血，传檄以闻。云云。谨闻。广西都督陆荣廷。咸。印。

〔外交部云南特派员公署档案〕

---

① 此件系抄件。

12. 陆荣廷宣布广西独立与袁脱离关系电

（1916年3月16日）

广州分送各国总领事官，香港比国领事官、义国领事官，龙州法国领事官、梧州英国领事官钧鉴：广西全省本日宣布独立，与袁氏政府脱离关系，为抗议帝制拥护民国起见，且中华民国经荷各贵国久已承认，自当继续有效。现本省军民各界公推荣廷为广西都督，一切法令与民国不相触者，均仍其旧。并委交涉员王懋为广西政府交涉员，凡有本省交涉事件，仍由该交涉员与诸贵总领事官按约照常办理。所有外国人在本省境内居留者，一律按照条约切实保护。合电驰闻。广西都督陆荣廷押。中华民国五年三月十六日。印。

〔国民政府国史馆档案〕

13. 龙济光宣称解决时局可不计骨肉私情电

（1916年3月23日）

北京统率办事处鉴：诚。漾电祗悉。龙使等迭蒙垂念，钦感莫名。惟三省有无条件要求，尚无复电，大局是否即可就此和平解决，亦未可知，国家尚在危险之中，骨肉私情，所不暇计。所有感悚下忱，乞代奏。济光叩。漾二。印。

〔北洋政府统率办事处档案〕

14. 陆荣廷等应龙济光之请将率兵赴粤电①

（1916年4月　日）

分送各国总领事、领事公鉴：连日接龙都督来电，请率重兵

① 此系抄件。

东下，维持粤局，以免糜烂。荣廷、启超为顾全大局起见，不能不即日率兵赴粤，助保自治。所部桂军，自能完全担任约束，自信龙都督推诚相见，决无疑忌。请即通告贵国商民、教士，万勿惊惶。但粤军种类复杂，且有主客形迹，万一与粤军或有误会，致生冲突，惊动地方，影响外人，龙都督能否担任此责，应请贵总领事、贵领事代为询问，迅赐电复，不胜感盼。荣廷此行，但为维持地方，决不争权夺利，贵总领事、贵领事想能代为证明也。陆荣廷、梁启超叩。

〔国民政府国史馆档案〕

15．龙济光以广东都督名义宣布广东独立布告①

（1916年4月6日）②

为布告事：现据广东绅商学各界全体公呈，粤省连年灾患，地方已极凋零，近来各省多已反对袁氏，宣布独立，粤省危机四伏，糜烂堪虞，各界全体为保持全省人民生命财产起见，集众公议，联请龙上将军为广东都督，以原有职权，保卫地方，维持秩序。此系拥护共和，天经地义，即请刚断执行。等呈。查阅来呈，持议甚韪。本都督身任地方，自以维持地方治安为前提，刻即通电各省、各机关、各团体及本省各属地方文武，即日宣布独立。所有各地方商民人等，及各国旅粤外人，统由本都督率领所属文武担任保护，务须照常安居乐业，毋庸惊疑。如有不逞之徒，假托民军，藉端捣乱，扰害安法，即为人民公敌，本都督定当严拿重办，以尽除莠安良之责。其各同心协力，保卫安宁，有厚望焉。特此布告。

〔国民政府国史馆档案〕

① 此件系抄件。

② 此件无月日，据内容推断，当为4月6日。

16、龙济光于广东独立后宣布与民更始通告

（1916年4月15日）

为通告与民更始事：查广东虽著名财赋之区，连年洪水为灾，兵祸频仍，内部之财力已竭，袁贼之挥霍无度，除粤解京三十余万外，随时肆意特别诛求，六吏既无力拒绝，因不得不取于民，亦当无可如何之事也。然返诸良知，未尝不心焉痛之。兹本都督树独立之旗，再造共和，兼秉民政，权既我属，责无旁贷。凡苛细杂捐，殃民病国秕政，畴昔所认为违反民意力争不得者，今毅然豁免而扫除之。所有十元以下印花税，一律豁免，以恤商艰；其已足十元及十元以上者，仍旧征收。品茗捐为社会诋斥，亦一律豁免。牌捐尤粤秕政，立予取消。以后如有假托官厅名义，私自擅收及再有牌赌发现情事，一经察觉，或被人告发，均即严行惩治。药膏一项，事关交涉，未便骤行停止。惟开设烟馆，公然吸食于市，殊属不成事体，亟应严行取缔，以符定章。至共和立宪之精神，首重地方自治，袁贼取消国会，蹂躏民权，而各省议会、县议事会同时消灭，应兴应革之事，遂无建议之特设机关。吾粤独立后，进行急务，地方自治会，亦其一端，亟应就地筹款，规复旧制。惟须严格公选，不得以劣绅刁棍滥竽充数，致障共和。本都督示与民更始诚意，诸官、绅、商、士、庶，幸各共体时难，分途并进，如有嘉谟良策，亦极愿匡吾不逮，本都督责任所在，力所能为者，无不尽力为之。特此通告。都督龙济光。四月十五日。

〔国民政府国史馆档案〕

17. 龙济光等表示加入护国讨袁行列电

（1916年5月6日）①

广东来电

万急。滇唐都督、贵阳刘都督、南宁陆都督鉴：诸公拥护共和，义声震溢寰宇，粤虽不敏，敬步后尘，从此风雨同舟，休戚相共，挽车唇齿，誓激始终。尊处军事进行如何，祈随时相闻，勿吝教示。临电盼祷。龙济光、张鸣岐。麻。印。

〔外交部云南特派员公署档案〕

18. 屈映光宣布浙江独立告示

（1916年4月12日）

浙江巡按使兼浙军总司令屈为出示晓谕事：照得省城十一夜，军民拥至军署，要求独立，将军失踪，本使为军、政、绅、商、学各界以浙江地方秩序相迫，已于今日决定以浙江巡按使兼浙军总司令，维持全省秩序，主任军民要政，除总司令部人员另行组织外，所有在省文武机关部署，一律照常办事，不准擅离职守，传谕所属，一律遵照。四月十二日。

〔国民政府国史馆档案〕

19. 屈映光被迫宣布浙省独立电

（1916年4月18日）②

（衔略）浙省于真日宣布独立，全属一致，映光连日以军政各长官暨绅、商、学各界之敦睦，迫国事乡事，公谊私情，不容推诿，

① 此件无月份，据内容推断，当为5月。

② 此件无月份，据内容推断，当为4月。

自维薄材凉德，恐不足副我父老昆弟殷殷属望之盛意，惟以利害之危迫，勉于本日上午正式就任。浙省此次独立，全出于各界人士之公意，其宗旨实为顾念国家大局，期减少前途之危险，与消弭国内之战争，绝无权利野心，亦非嚣张妄逞，故事集以后，首义诸人，咸各退居旧职，军归原伍，民复故业，闾阎安堵，市井晏然，吾浙军民士庶，大公为国之心，固已昭然共白于天下，友邦、僚省，谅共鉴之。惟是海内纷纷独立，已成土崩瓦解之势，必由独立而仍归于统一，乃始达圆满之目的。盖建设不得不有破坏，而破坏尤在急图建设，延一日则蒙一日之损害，早一刻即得一刻之福利，如久病之夫，杂以内伤外感，久延不治，立见夭丧，此则无论已独立未独立各省，固人人同抱此心，即亦人人共负此责者也。为今之计，宜缩短战事期限，速求争点之解决。争点维何，即两方所【争】退位与不退位之问题，各趋极端，而于如何退位之办法，尚未及加研究，坐令兵祸蔓延，生灵涂炭，而人民无宁息之日。默查现在情态，人心所响〔向〕，大势可知，项城既可撤销帝制，敝屣皇冠，自万不至恋此虚名，贻患百姓。矧现在国基危弱，大总统一职，负全国之重任，一方既须受法律之裁判，又非若席邦家全盛之势，可以安荣尊富，高拱清娱，舍薪胆冰蘖之焦劳，而就渔钓山林之暇逸，权其进退，义有所从。惟迫之过深，则转成骑虎难下之势，拥之已甚，亦有欲爱反害之虞。以映光愚见，一面先应暂停战事，苏息人民，赶于双方各派代表，组织团体，将退位办法赶速提研究；一面即将建设大题，次第详晰讨论。无论已未独立各省，本公平之心理，根正当之法律，察世界之趋势，权现在之事机，并心一图，以谋民国前途之福利；或迳公推数省为领袖，酌定办法，公布施行，尤为敏捷。映光谨率全省将吏，申饬疆圻，环甲待命，海内贤哲，谅荷赞同。掬众陈词，伫候明教。屈映光。巧。印。

〔国民政府国史馆档案〕

20. 曹锟就浙省宣布独立建议施加压力密电

（1916年4月26日）

火急。北京政事堂、统率办事处、参谋陆军两部，南京冯上将军、齐巡按使，天津朱巡按使，盛京张军巡使，吉林孟军巡使，黑龙江朱军巡使，承德姜上将军，归化潘都统，张家口张都统，济南靳将军、蔡巡按使，开封赵将军、田巡按使，武昌王将军、段巡按使，太原阎将军、金巡按使，长沙汤将军、沈巡按使，南京李将军、戚巡按使，安庆张上将军，蚌埠倪巡按使，上海杨护军使、卢护军副使，福州李护军使，西安陆将军、吕巡按使，兰州马护军使、张巡按使，成都陈将军、黄巡按使，辰溪周司令、范副司令，泸州张司令、熊副司令，合江李师长均鉴：华密。顷见屈映光通电，词旨悖谬，正深骇异，旋准西安陆将军、吕巡按使敬电辩辟，理明词正，想我中外谋国诸公，当必一意赞同，毋待锟之赘论。惟是屈映光通电，其不认我中央统一之权，几于直言不讳，意者其果我内部团结之力不足取信于人欤？查自辛亥政变以来，各省暴民蜂起，横决洪流，几于覆国。幸赖我大总统综观世变，承受清统，五族一家，遂免分裂，巍然大国，独为世界所推崇。然我大总统所以能建此奇勋者，固赖干部诸贤，内外相维，同心夹辅，群策群力，以得成此胜概也。今自滇、黔构乱以来，议论纷纭，或者取消帝制，或者停战议和，或者责任内阁，或者地方分权，内部之议论未终，各省之烽烟日起，是盖各有系统存乎其间，非让步所能奏效。回思辛壬之际，彼辈暴徒心理，其初意岂肯推权，且其心目之中，又岂尚有我辈，只以各省皆有分立之心，其终遂无团结之力，以致不能相抗到今，彼方翻然变计，协而谋我，而我乃一意寻其复辙，此实锟所日夜痛心。溯自停战议和以来，我方力守规约，而彼乃肆志粤东，可知有利即图，在彼辈何知信义。我辈若不早为团结，内外相维，一德一心，以求共济，恐同舟遇风，必无幸免。古语云：皮之不存，毛将安傅〔焉附〕。尚望诸公一共念之。至浙省近接苏、沪，若不早求统一，尤属横决堪虞。似宜速由沪上压以重兵，期将该省战斗力破坏，以免逼处相谋。愚昧之见，是否有当，敢竭鄙忱，伫瞻宏论。曹锟叩。宥。印。

〔北洋政府陆军部档案〕

21．张广建关于陕西宣布独立请妥筹对付办法与统率处等往来密电

（1916年5月）

（1）张广建致统率处密电（5月15日）

国务院、统率办事处、参谋部、陆军部均鉴：边密。顷连接陈树潘真日自泾阳来电，侵日自西安来电，自称护国军总司令，宣布独立，仍驻扎五原，与陆将军切实交涉，将所部军队缴械，退出陕境。陇、秦谊切，唇齿休戚相关，应如何维持现状，诸希电示。等语。查陈电未到以前，曾准陆将军文电开：陕北兵匪结合，逼近省城，得力军队事前追剿，远隔在外，情势危迫，将牵大局，请饬平凉、宁夏军队分道迅援，并乞商请阿洲马提督迅率回兵十营星驰助剿。等因。当经电复陇东军队有限，地阔兵单，仅敷自保，抽调为难。马提督所部，现在有分防碧口者，有分防凉州者，有分防青海者，零星散驻，猝难集合。陕省既待援孔迫，无论如何为难，不敢抽手，现已飞饬前派北援宁夏兼顾陇东之王总司令宗祐迅率杨统带世培所部两营、卫统带从和所部两营、加以警卫军一营，并由省抽调胡统带立成所部两营，共计七营，即日开拔赴援。刻下甘省各军甫经开拔，陈树藩独立宣言业已通电到甘，陆将军、吕巡按使是否尚在西安？所部兵力是否尚能支持？殊难悬

揣。甘军至陕相距辽阔，山径崎岖，纵令星夜奔驰，已有远水难救近火之势。此时警告纷传，人心浮动，援陕虽属要图，尤以维持甘省现状为唯一之要义。除一面迅饬王司令宗祐督率各营兼程东赴泾、长一带甘陕交界地方相机进剿，一面飞饬陇东、宁夏、陇南与陕界连一带一律戒严，妥为镇摄防堵，力保治安，并饬邮电各局截留陈树藩致新疆函电外，理合将陕省独立甘军远道赴援恐难济急，应请中央妥筹救助情形专电陈明，即祈转呈鉴核示遵。张广建叩。咸。印。

（2）统率办事处复张广建密电稿（5月　日）

密。咸电呈悉。已遣第一师及皖军赴陕相机办理，甘省可就已有军械酌添数营，以资分布。并激励将士妥为镇摄，力保治安。奉谕转行。处。印。

〔北洋政府陆军部档案〕

22. 云南都督关于陈宧宣布四川独立电

（1916年5月25日）

滇各局分送各师、旅、团、营长，各道尹，各县知事览：准成都陈都督宧电，四川于本月二十二号宣布独立等语，合电知照，并由该知事等出示晓谕，俾众周知。督。有。印。

〔外交部云南特派员公署档案〕

23. 李长泰报告四川独立后北军处境困难等情密电

（1916年5月26日）

急。北京国务院、统率办事处、参谋、陆军两部钧鉴：华密。钧处□电敬悉祇遵。川省情形已于蒸、箇等日陆续电禀在案。

现据探称：綦江滇、黔正式军队多调集赤水、尧、先、泸各方面，而该处土匪□队抽往綦江等语。查前线匪军日有增加，后方土匪东扑西起，成都又告独立，大势较前迥不相同。再，职师本月饷尚未到，现在军无宿粮，一旦决裂，需款尤急。川东土匪逼近忠、万，若后路阻塞，输送更属堪虞。总之，川省已失总驭之权，人人则狡焉思逞，千疮百孔，溃烂几遍。此为川省现在实在情形。职师除与泸、綦连络整军待命，严备勿懈外，其所有事宜，仍随时商琢总司令办理。谨复电以闻。师长李长泰叩。宥。印。

〔北洋政府陆军部档案〕

四、军务院成立与撤销

1. 唐继尧等为设置军务院以指挥军事筹办善后宣言书通电

（1916年5月7日）

护国军军政府第三号宣言书

北京黎大总统，云南、贵阳、南宁、杭州都督府，肇庆两广都司令部，泸州护国第一军总司令部，南宁护国第二军总司令部，及护国军各地前敌总司令、司令，各省将军、巡按使、巡阅使、护军使、镇守使，各师、旅长，各道尹、县知事，暨全国各团体、各报馆公鉴：护国军军政府第三号宣言如下：中华民国大总统领海陆军大元帅一职，依法应由副总统黎公继位，已由本军政府宣言在案。但黎公今方陷贼围，未克躬亲职务。查大总统选举法第二条第二项云：大总统因故不能执行职务时，以副总统代理之，副总统同时缺位，由国务院摄行其职。今大总统身犹蒙难，副总统职尚虚悬，国务院又非俟大总统任命经国会同意后不能组织，而军事正亟，既当求统一之方，且国运方新，尤宜作通筹之计。今由继尧等往复电商，特暂设一军务院，直隶大总统，指挥全国军事，筹办善后庶政。院置抚军若干人，用合议制裁决庶政，其对外交涉，对内命令，皆以本院名义行之，俟国务院成立时，本院即当裁撤。除将军务院组织条例别行分布外，特此布告中外，咸使闻知。再，浙江因交通被梗，电商未复，除函求同意外，今先由四省名义宣布，合并声明。云南都督唐继尧、贵州都督刘显世、广西都督陆荣廷、广东都督龙济光。阳。印。

〔外交部云南特派员公署档案〕

2．唐继尧等公布军务院组织条例宣言书通电

（1916年5月7日）

护国军军政府第四号宣言书

北京黎大总统，云南、贵阳、南宁、杭州都督府，肇庆两广都司令，泸州护国第一军总司令部，南宁护国第二军总司令部，及护国军各地前敌总司令、司令，各省将军、巡按使、巡阅使、护军使、镇守使，各师、旅长，各道尹、县知事，暨全国各团体、各报馆公鉴：护国军军政府第四号宣言如下：今议定军务院组织条例公布之。军务院组织条例第一条：军务院直隶大总统，统筹全国军机，施行战时及善后一切政务。第二条：大总统不能亲临军务院所在地时，一切军政、民政、对内、对外事宜，以军务院名义行之。第三条：军务院置抚军，无定员，以抚军之议决或同意，行其职权。抚军以各省都督或护理都督，两省以上联合军都司令、都参谋，及各独立省确已成军有二师以上之军总司令任之。凡新取得前项资格者，同时取得抚军资格。第四条：军务院由抚军互选抚军长、副长各一人，抚军长执行抚军议决或同意之事项，抚军副长赞勷抚军长，协理一切。抚军长有事故时，副长摄行职权；抚军长、副长并有事故时，得公推抚军一人，摄行职权。第五条：军务院置政务委员会，由抚军互选一人领委员长。设各种委员，

无定员，分掌外交、财政、军政、法制各项政务。第六条：军务院置各省代表会，由各省都督各派二员列席，以备咨询。第七条：军务院置秘书，无定员，承抚军长、副长、政务委员长之命，掌管机要事宜。第八条：军务院遇有关于对内对外特别重要事宜时，由抚军之合议同意，得特任专使处理之。第九条：军务院所属各种委员会、各省代表会组织细则，以院令定之。第十条：军务院至国务院依法成立时撤废之。云南都督唐继尧、贵州都督刘显世、广西都督陆荣廷、广东都督龙济光。阳二。印。

〔外交部云南特派员公署档案〕

3. 军务院章程附两广北伐联合军都司令部职员表

(1916年5月8日)

军务院章程（五月八号决定，由英文译出）

第一条　全国军务事宜，统辖于军务院抚军长。

第二条　抚军长未任事以前，所有一切民政、军政、外交、内政，概以军务院名义行之。

第三条　军务院之职员，谓之抚军，由下列各项人员组合而成：(一)都督及代理都督；(二)两省联合军之都司令及都参谋；(三)各独立省分二师以上之总司令。

第四条　军务院之抚军长及抚军副长，由该院之抚军内推选抚军长缺席时，由抚军副长代理。若正副长均缺席，则由院内各之。抚军中另举一员代之。

第五条　军务院得组织政务委员会，由各抚军中举出会长一员，担任外交、财政、军事、司法等事。

第六条　军务院为使各省得以参议院务起见，设立代表会于各省，由各都督委派代表二员驻会。

第七条　军务院之秘书，由院自行委任。

第八条　凡有特别内政、外交事宜发生，已经军务院通过者，应即特派专员执行之。

第九条　政务委员会及代表会之规则，由军务院拟定，并归其节制。

第十条　军务院于国务院成立之日，即行取消。

军务院之抚军如下：

唐继尧　刘显世　陆荣廷　龙济光　岑春煊

梁启超　蔡　锷　李烈钧　陈炳焜

（声明）浙江因相距较远，交通困难，故暂未列入。

军务院各抚军以效忠民国、扶持正义为天职，俱各举誓毕。

推举唐继尧为军务院抚军长，岑春煊为副抚军长。

抚军长未到任以前，由抚军副长代理。推举梁启超为政务委员会委员长。

军务院设立于广州。

两广北伐联合军都司令部职员表

都司令　岑春煊

都参谋　梁启超

副都参谋　李根源

秘书厅长　章士钊

参谋厅长

外交局长　温宗尧

财政厅长　杨永泰

盐务局长　张　习

饷械局长　曾　彦

副官处　唐绍慧

将校团　孔昭度

此外，设有：

军衡处　军需处　军法处　军医处　军械处

上五处，均隶于都参谋。

〔外交部云南特派员公署档案〕

4．军务院陈述该院组织成立缘起通电

（1916年5月11日）

分送北京黎大总统、段总长，云南、南宁、杭州都督府，广西、泸州、松坎、永州府护国军总司令部，各省将军、巡按使、护军使、镇守使，全国各团体、各报馆伟鉴：军务院布先第一号文如下：本院设立日期，业于护国军军政府第四号宣言略为陈述，犹虑国人有所误解，兹更竭诚昭告其一：本院组织，系因时势之必要，暂设此以济法是机关之程序。独立省分既有多数，行军筹款，不容无统一之计划，对袁对外，不容无共通之方针。联合机关之设置，实迫于事实上之要求。各省军民，屡有倡组织临时政府之说者。同人等以为政府之成立，依法当由大总统任命，经国会同意，今二者皆为现在事实所未能办到，则政府自未由产出。此次兴师，其大义均拥护国法，政府若成于非法定，何以责袁氏。政府既不能产出，而时局解决，又未知何日。各省若无统一机关，则主张或纷歧，步轨或凌乱，情形〔其将〕何以除暴出新，故暂设本院，以立军政之枢。其性质与〔类〕政府之状，于凡百大政，照旧省〔法〕制度〔及〕其条例之规定。俟国务院依法成立时，本院立当撤废。此本院遵崇国法，不无丝毫干犯之各省为范围，而与现独立之各省立界限。此次为国讨贼，实全国民心理所同，然独立之迟速后先，不过地理上一种方便，虽未独立省分，其敌忾之心，早已与独立省分一致。本院组织，不采分部主政之形式，惟就军事上之职权规定抚军资格，一省继起独立，即增加抚军员数。但有声应气求之便，确无嫉材妒贤之思。凡兹策划，颇具苦心。要

之今日规定，遇变衔权之时局，同人等力求于国法不抵触之范围内，暂设此机关，以应事实上之要求，此中便宜行事，古有成规，事苟利于国家，敢辞专责。为此，布告天下，咸使闻知。军务院。真。印。

〔外交部云南特派员公署档案〕

5．唐继尧等宣布撤销军务院通电

（1916年7月14日）

万急。北京大总统、国务院、各部总长、参议院、众议院，各省都督、将军、巡按使，并转各镇守使，归化、承德、张家口都统，北京英文《京报》、《国民公报》转各报，上海《时事新报》、《中华新报》转各报均鉴：军务院第六号布告文如下：帝制祸兴，滇、黔首义，公理所趋，舆情一致，桂、粤、浙、秦、湘、蜀，相继仗义。其时因战祸迁延，未知所届，独立各省，前敌各军，不可无统一机关，爰暂设军务院，为对内对外之合议团体。其组织条例第十条规定，本院俟国务院依法成立时撤废之等语，屡次宣言、布告，一再声明。今约法、国会次第恢复，大总统依法继任，与独立各省最初之宣言，适相符合，虽国务员之任命，尚未经国会同意，然当开会闭会时，元首先任命，以俟追认，实为约法所不禁。本军务院为求统一起见，谨于本日宣告撤废。其抚军及政务委员长、外交专使、军事代表，均一并解除。国家一切政务，静听元首、政府、国会主持。为此，布告天下，咸使闻知。唐继尧、岑春煊、梁启超、刘显世、陆荣廷、陈炳焜、吕公望、蔡锷、李烈钧、戴戡、李鼎新、罗佩金、刘存厚叩。寒。印。

〔北洋政府陆军部档案〕

6. 陆荣廷等宣布将赴湘各军撤回原防等情电

（1916年7月16日）

收广东西督军电

元日得京电，恭读大总统艳日申令，仰见我大总统拥护国法、尊重民意本坏，钦感无已。窃查南军倡义以来，为维持国法起见，权宜组织军务院，以维危局。先经宣言，俟国务院依法成立，即行撤销。顷国务院既经成立，除通电组织军务院各省，商定收束手续，刻日依照条例，由院宣言撤销外，先由荣廷将赴湘各军一律撤退，饬回原防驻扎，于蒸日由行营通告京、省在案。嗣后桂省军政、民政，均一体服从中央命令，协心翊赞，共矢忠诚，乞赐詔鉴。陆荣廷、陈炳焜叩。铣。印。

〔北洋政府外交部档案〕

7. 大总统就军务院撤销表示愿与南方互相提挈电

（1916年7月18日）

大总统复云南唐继尧等电

万急。云南唐督军、肇庆岑云阶先生，上海梁任公先生，贵州刘督军，永州探送陆督军，广西陈督军，浙江吕督军，泸州探送蔡督军并转罗省长，韶州李君燮和，松坎戴省长，上海李君丞梅，新津刘君积之同鉴：承电示撤销军务院，爱国之忱，昭然若揭。溯自帝制议兴，波诡云谲，输资造意，缘法饰非，举国皆瘖，莫敢发难。滇、黔首义，薄海从风，合议机关，应时成立，披云见日，再缔共和，则是军院诸公，大有造于民国也。项城长逝，责在藐躬，猥承诸公拥护之殷，提撕〔挈〕之切，约法、国会，获慰初心，虽幸免乎愆邮，犹自惭其濡滞。诸公乃主持正论，践履前盟；举重光之日月，还我国民；挈百战之山河，归诸政府。从此，民有常轨，国无曲师，藩祸不兴，邻氛自戢，则是军院诸公，尤大有造于后世也。共和国家，匹夫有责，同舟共济，端赖群材。元洪忧患余生，久夷权位，布衣归老，于愿已偿，只以约法所推，责任攸寄，思与诸公左提右挈，宏济艰难，推诚以结邦交，虚己以从舆论。一旦在位，万民具瞻。方今财政拮据，吏治窳靡，内忧外患，纷至沓来，补救之难，百倍畴曩，尚望不我遐弃，相与有成，毋以收拾军队为天职已完，毋以召集国会为人心已定，毋以恢复约法为遂跻法治，毋以惩办祸首为永绝官邪，率此临事而惧之心，或收通力合作之效。此则元洪早作夜思，愿与诸公共勉者也。军务院既已撤销，一切善后事宜，仍希随时电告，共筹结束。其有奇材懋绩，为国贤劳者，并希胪举事实，藉备延揽。元洪。洽。印。

〔政府公报，1916年7月19日〕

五、筹措军费

1．唐继尧关于成立护国军筹饷总局启用关防等情饬

（1916年2月5日）

中华民国云南都督府饬第八十二号

为饬知事：据筹饷总局总办李烈钧、会办黄德润、解秉仁等详称：窃查滇省现编三军，次第进取。烈钧既担任筹饷事宜，自应会同会办、参议督同科长、科员等悉心筹办，以裕饷源。兹拟就省城陆军偕行社设局筹饷，名曰："中华民国护国军筹饷总局"，奉发木质关防一颗，文曰："中华民国护国军筹饷总局之关防"。业经拟定章程，于民国五年一月二十号开局，即日启用关防。所

需经费，现由东川升业公司救国储金团项下提银四千五百元应用，务期撙节动支，仍按月报销，以昭核实。至本局人员，均不支薪，拟请发给夫马费，定为督办每月支银一百元、会办支银四十元、科长每月每员支银四十元、科员每月每员支银三十元，以资办公。至书记、杂役人等，即由局分别酌发，均归入月册，报请核销。事属创办，头绪纷繁。此后一切事宜，除随时详请核示外，所有开局日期暨请提经费缘由，是否有当？理合将拟定简章具文详请查核立案示遵，并请转饬所属一体知照等情，到府。查所拟简章，均尚妥协，应准立案。除批示并分饬外，合行印刷简章，饬发该署长知照可也。此饬。

计发简章一本

唐继尧

右饬交涉署长徐之琛准此

中华民国五年二月五日

中华民国护国军筹饷总局简章

第一章 总纲

第一条 本总局直隶于军府，以筹集军饷充中华民国护国各军之军实。

第二条 本总局设于云南省会陆军偕行社，分局酌设于各县，至国内外重要商埠，得酌派专员分道协筹。

第三条 本总局筹得款项，随时汇解军府。

第二章 办法

第四条 本总局筹饷办法，约分三种：

一、捐输；

二、公债；

三、股票。

上三项规程及他项办法，由局拟定，请军府核准施行。

第三章 编制及职掌

第五条 本总局设督办一员，会办二员，参议若干员，科长三员，科员视事务之繁简酌定额数。其职掌如左：

（甲）督办总理全局事务；

（乙）会办协助督办筹划进行；

（丙）参议筹议及议决本局要件；

（丁）总务科长秉承督、会办，掌理不属于经理、文牍事项；

（戊）经理科长秉承督会办掌理款项之出纳；

（己）文牍科长秉承督、会办掌理各项文件；

（庚）科员承科长之支配，办理各主任事务。

第六条 特派员遇必要时，由督、会办遴选，请军府委派。

第四章 经费

第七条 本总局经费分开办、经常、特别三种，统由军府支领，核实具报。

第五章 附则

第八条 本总局各项办事细则，由局自行规定。

第九条 本章程自核准公布日实行。

第十条 本章程有应增减时，由局拟请军府核定之。

〔外交部云南特派员公署档案〕

2. 中国银行关于贵州都督下令接管该行贵州分行问题函

（1916年3月11日）

迳启者：查本行近日迭得贵州分行来函五件：（一）系一月二十四日所发，报告准贵州护军使兼代巡按使函，请于遵义、镇远、黄平三县，即日设立兵站兑换所，并报告拨款情形；（二）系一月二十七日，即独立之日所发，报告独立情形，并请示国库款项如何办理，及兑换券截角应否继续办理等情。查函中所列电文，本行并未接到，文电想系为乱党扣发；（三）系一月二十八日所发，报告黔伪都督饬将一切行务移归统辖，并缕陈办事棘手情形；（四）、（五）系一月三十一日所发，报告收到本处通函，关于办理行务暨报告休息日期等情。综核以上各函，当独立之前，贵州护军使饬令在遵义、镇远、黄平三县设立兵站兑换所一节，镇、黄二处为入湘孔道，遵义为入蜀孔道，阴谋实已显露。其余请示各节，显与中央脱离关系，虚与本行逶迤。惟既循例请示，自应严加驳复。除由本行函饬即日将兵站兑换所撤销，并饬令将兑换券仍行截角销毁，国库事件仍遵守总金库命令，一切行务仍受总管理处指挥，营业、放款均行停止，并另密托邮政总局函属该省邮政司详加密查外，相应将该行来函五件，并本行复函三件，抄送大部，即希察核为荷。谨致

财政部

中国银行启

二月十一日

附抄

黔行一月二十四日书字十一号来函一件（略）

又一月二十七日书字十二号来函一件（略）

又一月二十八日书字十三号来函一件

又一月三十一日专字十二号来函二件（略）

本行三月一日不列号复函一件（略）

又三月三日第二号复函一件（略）

又三月六日第三号复函一件（略）

照抄黔行一月二十八日书字第十三号来函一件

总管理处台鉴：黔于本月二十七日已宣布独立，日来秩序尚形安静，市面无大恐慌。敝处仍照常营业，无他纷扰，请释远注。惟宣布独立后，旋接当道命令(另纸抄呈)。细译来文，谓敝处纯系营业机关，自应按照本行统系，照章办理，且有严重保护等语。词意恳切，谅无他虞。惟将来有无危险及始终能否保护，究不可知。现在敝处最困难着手者，略有数端，敢为尊处一详言之：一、敝处办理国库，所有应解中央款项，据当道命令，谓遇有应行报部或请部示之件，均改由都督核办。是国库关系已与中央脱离，在国库性质，自应随政权为转移，在敝处责任所在，究应如何办理？此其一。二、敝处行券截角作废，系奉尊电核准照办，无如兑券太多，赶截不完，现在约计连已发行者，尚在四百万左右。兹当道竟委员监视，意旨所在，虽不可知，然以行中文件等类，尚不准毁销，岂于行券竟准截废？若再继续办理，深恐另生枝节，不特行券现款不能保存，恐行基亦不能稳固。此其二。三、敝处营业事件，照章均应谨守秘密，不得轻泄与人。兹当道命令，每日营业终了，即将各种库存数目开具简表，送都督府备查，则行中虚实，难保不无外人得知。此其三。四、敝处与财政厅订立合同借款一百五十万元，迄今三月，已借出三十万元。兹当道命令，谓从前与官厅所订契约，均一律有效等语，则是此项合同，亦在有效之列。若令继续照借，必有一番交涉。此其四。以上四端，除国库、截角两事已于二十七日电函陈述大略，请示办理在案。现在范舆正与当道磋议，尽力维持。若有转圜，固属我行大幸，万一协议不成，只有暂守保存，勉尽经理职责。除将原文抄呈钧鉴外，用特摘要详陈，应如何办理之处，统乞查核飞速示遵，不胜迫切待命之至。专此，敬颂公绥。

黔行启

附抄命令原文一纸

贵州都督令

为令饬遵办事：查本省中国分银行，系北京总行之分支，纯属营业机关，自应按照该行统系，由该行自行照章继续办理。本府有维持金融之责，并当严重保护。惟该分行所办国库事件，现时应与袁氏脱离关系，所有国库收款，统由本府委任本省财政厅，仍照向章主持办理，其从前与官厅所订契约，一律有效，如遇章程订有应报部或请部示之件，均改归本府核办。该行办事人员，务各照常安心任职，不得稍有纷扰。及该行现存各种款项，无论生银、生洋、兑换券、黔币及各种有价证券，保管物品、文件、书类等，应责成经管人员妥慎管理，勿得稍有毁失、湮没，致令该行受损。兹由本府派委符诗楷为监察员，随时会同该分行行长监察，以昭慎重。该委员只负监察有无毁失、湮没之责，对于该行执行事件，不得稍有干涉。惟每日营业完了后，应由该分行将当日之各种库存现款纸币、有价证券等数目，开一简表，迳报本府，以备查考。除行知财政厅及监察员外，合行令仰该行即便遵照办理。切切此令。

〔北洋政府财政部档案〕

3．云南中国银行附设行军汇兑部章程

（1916年）

一、本部依云南中国银行条例设立之。

二、本部设于护国第一军总司令部内，随总司令部逐地移转。

三、本部于驻军重要地点，得分设汇兑所。

四、本部受总司令之指挥，但关于汇兑事项，应与中国银行本行会商行之。

五、本部设经理一人，由总司令委任，总理全部事务。其所设汇兑所内，设营业员、会计员各一人，由经理委任，分掌营业、会计事务，但得以一人兼任，兼掌文书收支等事。

六、本部营业依中国银行条例第五条之规定，但以发行兑换券为主要事项。

七、本部不另设资本金，由总司令酌发兑换券准备金，预备兑换。

八、本部之经费，由本部经理承总司令定之。

九、本章程如有未尽事宜，以都督及总司令之命令修正之。但急要时得由总司令修正后报告都督。

十、本章程自公布日实行。

中华民国五年

〔云南省长公署档案〕

4. 关于维持护国军中国银行办法函电

（1917年3—5月）

（1）罗佩金致大总统等密电(3月31日)

北京大总统、国务院、财政部钧鉴：华密。查追随军来川设立之护国军中国银行，当共和回复之后，其名义机关，早已不应存在，屡图收束，均以无款延搁。历日愈久，准备愈乏，东挪西借，朝内〔入〕暮空，求兑纷来，索逋日亟，已成朝不保夕之势，立待维持，急于星火。维持之策，惟有三端：一、由中央划拨善后之款，将兑券全数收回；二、以三省烟酒税作抵，息借商款，将兑券陆续收回，一面由税内按月偿还借款，以还清之日为止；三、宣布停兑，通令各征税机关照四川、中濬两券，一律收解，略示维持。第一策为最上办法，第二策以经常收入充临时支出，预算上虽有障碍，然为救急计，暂时通融，速筹他种临时收入填还之，似亦未尝不可。第三策则万不得已之最后办法。恫〔情〕势迫切，披沥上陈。伏望我大总统、院、部俯念该行今〔供〕给义师年余之艰难困苦，力竭计穷，更念停兑后之市面情形，不堪设想，就上陈三策中，择一飞示，解此倒悬。该行现已力竭，今日特别息，明日星期，照例休悦〔息〕，藉此苟延残喘，静候解决电令。安急和〔呼〕吸，伏望速裁。再，一、二两策所请拨款，实霆〔需〕壹百零柒万陆千元，以壹百万收回兑券全额，余则为偿急切债款。此外，尚有叁拾五万元，差可稍缓，未曾计入，统俟结束汇案报请核办。合并陈明。暂署四川督军罗佩金叩。卅一。印。

（2）国务院致财政部公函（4月4日）

国务院公函　第六百二十八号

迳启者：准四川罗督军电陈，维持护国军中国银行办法三端，请就所陈三策中择一飞示等因。兹经国务会议议决，由财政部先行查明复院，再行核办。除原电业已分致无庸钞送外，相应函请贵部查照办理可也。此致

财政部

中华民国六年四月四日

（3）财政部复罗佩金密电（4月13日）

四川罗督军鉴：华密。卅一电悉。查护国军中国银行所发纸币，现尚流通市面，应令财政厅设法维持。至拨款收回一节，由国务会议议决，应将该行支出详细数目、用途、实发票数与办理情形，报部后，再行核办。盼速查复。财政部。元。印。

（4）罗佩金致大总统等电（5月5日）

北京大总统钧鉴：国务院、财政部均鉴：护国军中国银行在川发行滇券，前以现金告匮，无凭兑现，电陈办法三条。嗣准院、

部复电，应由财厅设法维持。等因。当经咨请戴省长转令该厅遵照在案。不期次日兵变，至经搁置未理，军民交困，情势岌岌。应请中央电令省长、财厅火速设法，如能筹备现金，即行拨交佩金行次，转发该行，俾得收束。设现金难筹，则令省长、财厅会衔通告，所有滇券与川券，一律行使纳税，勿稍歧视。若再延害扰乱，不堪设想。伏望我大总统、院、部悯念军民痛苦，迅予电令解决，不胜迫切待命之至。所有该行细帐，容即遵电造具详册报部。合并附陈。罗佩金。歌。印。

〔北洋政府财政部档案〕

六、对外关系

1．云南将军行署等为维护邦交开列条款照会稿

（1915年12月29日）

云南将军行署/巡按使署照会

为照会事：窃以中华民国政体，曾经世界友邦所公认，近因总统袁世凯违反约法，背弃誓言，乘欧战未终之时，图谋叛逆，觊觎帝制，迭承贵国驻京钦差/公使大臣一再劝告，乃竟冒天下之大不韪，悍然行之，既为各友邦所共弃，复为本国人民所不齿。本将军/巡按使前受委任于中华民国政府，袛知效忠勤于民国，爰联合各省宣告，拥护共和，继续进行。念我中华民国，既蒙贵国政府承认于先，此次本将军/巡按使为捍卫民国维持国宪起见，尤当为贵国政府暨贵总/正领事所赞同，自应正式通告，以重邦交。所有本将军/巡按使对于贵国应继续履行条款及力求敦睦应行办理各事，相应开具条

件，备文照会贵总正领事查照，并请转达贵国政府暨贵国驻扎北京钦差公使大臣为荷。须至照会者。

计开：

一、自宣告日起，所有前清政府及中华民国政府与各国缔结之条约，及关于滇越、滇缅会定各项单行章程，均继续有效。①

一、凡在本将军巡按使势力范围以内之旅居各外国官商、教士、游历人等，所有生命财产，均按约切实保护；如有正当损失，由本将军巡按使担任赔偿。惟不听劝阻私赴蛮夷荒僻及匪乱未靖地方，所受损失，不在此限。

一、请电告缅甸越南政府转饬沿边文武，照旧与民国云南省所派文武接洽商办各事宜，互相维持两国边界治安。②

一、民国政府因欧战事公布之中立条规，在本将军巡按使势力范围内，仍切实履行。

一、以后如有国际重大事件，应由本将军巡按使直接办理，其他关于本省交涉事宜，仍请照常办理。③

右照会

大法驻蒙自领事官福

大法署交涉委员兰

大英钦命驻滇总领事官葛

---

① 此处原注有“照会驻滇德领事者，应删去滇越、滇缅等语一节”字样。

② 此处原注有“照会德领事，不用此条”字样。

③ 此处原注有“照会省内各领委者，应写仍请继续与云南交涉署商办等字”字样。

大英钦命驻腾越领事官义
大德钦命驻滇正领事官魏
大法驻河口副领事官杜

唐〇〇
任〇〇

中华民国四年十二月二九日发①

〔外交部云南特派员公署档案〕

2. 唐继尧等要各道尹等照常供职及保护外人维持治安饬稿

（1915年12月）

列将军巡按使衔

为饬知事：溯自民国肇建以来，于兹四载，曾经世界友邦所公认。近因总统袁世凯违反约法，背弃誓言，乘欧战未终之时，图谋叛逆，觊觎帝制，迭经各国驻京公使一再劝告，乃竟冒天下之大不韪，悍然行之，既为各友邦所共弃，复为本国人民所不齿。本将军巡按使前受委任于中华民国政府，祇知效忠勤于民国。兹为捍卫民国，维持国宪起见，爰联合各省宣告拥护共和继续进行。除开列条款照会驻滇各领委暨通饬外，合亟照抄照会条款，饬仰该道尹、督办、总局长县知事、行政委员即便遵照。所有该管境内及职务上应办一切事宜，均照常认真办理，勿任延搁，致有遗误。至保护境内教堂、教士、游历外人，以及维持地方治安，尤应由该管官吏完全负责，不得稍有疏虞，致干咎戾。切切。再，蒙自、腾越、思茅各

① 文前有唐继尧亲批："此件是否已缮发，查明办理"字样。

关税务司，即由该道尹就近照会转知①。此饬。

计附抄条款一纸

唐〇〇

任〇〇

右饬滇中、腾越/蒙自、普洱道尹准此

右饬河口/麻栗坡两督办准此

右饬路警总局长/全省各县知事、各行政委员准此

中华民国四年十二月　日②

今将条件开列于后：

计　开：

一、自宣告日起，所有前清政府及中华民国政府与各国缔结之条约，及关于滇越、滇缅会定各项单行章程，均继续有效。

一、凡在本将军/巡按使势力范围以内之旅居各外国官、商、教士、游历人等，所有生命财产，均按约切实保护。如有正当损失，由本将军/巡按使担任赔偿。惟不听劝阻，私赴蛮夷荒僻及匪乱未靖地方，所受损失，不在此限。

一、请电告缅甸/越南政府转饬沿边文武，照旧与民国云南省所派文武接洽，商办各事，互相维持两国边界治安。

一、民国政府因欧战事公布之中立条规，在本将军/巡按使势力范围

---

① 此处原注有："再，蒙自以下至照会转知数语，饬蒙、腾、思三道尹文内照缮，余均不用"字样。

② 此处近旁原有："五年一月七日发"字样。

内，仍切实履行。

一、以后如有国际重大事件，应由本将军巡按使直接办理。其他关于本省交涉事宜，仍请照常办理。照会省内各领委者，应写仍请继续与云南交涉署商办等字。

〔外交部云南特派员公署档案〕

3．唐继尧请在讨袁中确守中立共维治安照会稿

（1916年1月5日）

照抄照会越南总督文稿

列都督衔。为照会事：窃以中华民国政权，曾经世界友邦所公认，近因总统袁世凯违反约法，背弃誓言，乘欧战未终之时，图谋叛逆，觊觎帝制。本都督不忍以艰难缔造之邦，竟破坏于袁氏一人，迭经恺切电陈，劝戢野心，并要求惩治罪魁，以谢天下。乃竟狡拒忠告，益煽逆谋，昨承贵国驻京公使一再劝告，复冒天下之大不韪，悍然行之。既为各友邦所共弃，复为本国人民所不齿，本都督现已通电各省，联合进行，拥护共和，维持民国。念我中华民国已蒙贵国政府承认于先，此次本都督为悍〔捍〕卫民国、扶持正义起见，尤当为贵国政府暨贵总督所赞同。所有本都督对于贵国及滇越方面应继续履行各约章暨应行办理各事业，业经开具条件，照会贵国驻滇各委领，并请转达在案。惟是滇越毗连，邦交素称辑睦，关系尤为密切，自应正式通告，以重邦交。嗣后尤望贵总督遇事提携，力敦睦谊，共维两界之治安，确守善意之中立，至为纫感。相应备文照会贵总督，请烦查照。特此，照会

大法国越南总督

唐〇〇

中华民国五年正月五日发

〔外交部云南特派员公署档案〕

4. 唐继尧否认袁世凯向外国订约借款照会稿

（1916年4月21日）

为照会事：窃以袁世凯背叛民国，自为帝制，自上年十二月十三日下令承认帝号以后，已丧失元首资格，所有对内对外一切法令、条约，当然不生效力。滇省起义之初，业将此意照会贵正总领事交涉委员暨各友邦在案。乃近闻袁氏有向某国及某国人民订约借款之事，民国政府，暂不承认。除由本都督电达北京领袖公使，请转达各国公使查照外，相应具文照会贵正总领事交涉委员，请烦查照。

特此，照会

大英钦命驻滇总领事官葛

大法外交部特派驻滇交涉员韦

大德钦命驻滇正领事官魏

大日本钦命驻滇领事官掘

唐〇〇

大中华民国五年四月十九日　二十一日发

〔外交部云南特派员公署档案〕

七、各地起义

1. 统率办事处转达袁世凯悬赏缉获刺郑“凶手”密电

（1915年11月10日）

上海李总司令、周道尹、王旅长：华密。郑使受伤，凶手已否拿获，望悬赏两万元，迅缉务获。奉谕转达。处。灰。印。四年十一月十日已发。

〔北洋政府统率办事处档案〕

2. 大总统府军需局关于将郑汝成等治丧费由京汇沪密电

（1915年11月11日）

上海杨镇守使鉴：华密。统率办事处交奉大元帅谕，发给郑侯治丧费贰万元，又宪兵司务长恤银五千元，共二万五千元，本日交由北京交通行电兑沪行，祈向收，并盼复。府军需局。尤。印。

〔北洋政府统率办事处档案〕

3. 大总统府执法官报告审讯王晓峰等情形呈稿

（1915年12月5日）

公府执法官兼高等军事裁判处副官〇〇〇详呈

敬密呈者：窃淞沪护军使署审讯暗杀郑将军汝成凶犯王晓峰一案，〇〇奉派赴沪，与杨善德接洽。当于前月二十九日带同法官罗远耀等驰往，本月一日抵沪，晤商杨使，调阅案卷，提讯凶犯及嫌疑人等。该凶犯王晓峰、王铭三，本系东三省马贼，狡猾性成，悍不畏死。设词劝诱，多方究诘，王铭三一犯较之王晓峰，稍为老实。就两犯所供，参考互证，此案直接主使暗杀者为孙强夫，即于炳灵，而间接主使为谋害之造意者，则陈其美是也。何以明其然也。查孙强夫系大连马贼首领，为陈其美死党，与王晓峰认识多年。去年陈其美赴大连，王晓峰见陈逆三次，皆系孙强夫所引导。今年七月，陈逆到沪，又遣人招致王晓峰。王晓峰告以部下因无钱已解散，已亦将北归。陈留其在沪，云有事可做，并送以五十元。可见陈之蓄谋，固非一日。及此案发生之前二日，据王铭三所供，系在谢宝轩家会议。孙强夫早已与王晓峰商妥，次日取枪械、炸弹。孙强夫、谢宝轩同在一处。王晓峰所供之朱子樵、李兰亭、王瀛洲诸人，王铭三供并不认识，且未闻其人，常与王晓峰来往者，则孙强夫、谢宝轩居多。王晓峰供出暗杀之前六七日，陈其美复到沪，而王铭三则云，陈其美自七月到沪，迄未离开。王晓峰供，陈其美此次带十几万款来作暗杀之事，朱子樵、李兰亭间接叫我办的，据朱说，系周应时、何海鸣命令，我想陈其美既在上海，又是一个团体，必定预谋。王铭三则称，此次暗杀，并非王晓峰的主意，自然是陈其美主使。我想现在作事的，都是为陈其美而作，所领之钱，皆是陈其美出的。周应时、孙强夫皆为陈其美办事，孙强夫与王晓峰常在一块。两人所供，大致相同。王铭三于孙强夫，毫不隐讳，而晓峰则指为朱子樵，而避开孙强夫。王铭三系因王晓峰所嘱而为，与孙强夫并无甚关系。自云事已至此，所知者断不隐饰。其言较王晓峰为可信。王晓峰与孙强夫有特别关系，故为开卸，尤足证明。是此案直接主使及主谋暗杀之主名，当可如上断定。而周应时、何海鸣、朱子樵、李兰亭等，虽或预闻，亦不过同谋共犯，究非主动之人也。外国人一层，种种究诘，似无关涉，即有勾串，亦系陈其美、孙强夫所为，而非王晓峰等所能直接。至于汽车夫余阿四、替工陈国卿等，细核各供，并加研讯。余阿四因足痛，觅其徒陈国卿替工，系在旧历九月，距出事已二十余日。郑将军乘陈国卿所驶车外出已有四次，并非临时觅替可比。是日车至桥下，凶犯炸弹一掷未中，王晓峰立即开枪。是时正值转湾，不得不慢，王晓峰乘势上前，足踏车沿，向里击射，为时亦正无多，似尚不得为该替工车夫嫌疑之确证。惟该替工于先夕知到〔道〕明早要车而出局，一夜未归。该替工所常往来者，为意泰汽车行之车夫。该行汽车夫、大伙计顾阿桃，曾充陈其美汽车夫，与替工陈国卿多年相好，陈国卿曾在该行佣工，乃顾阿桃所荐，陈国卿在镇署替工，亦顾阿桃所知。是夕外出，陆全发等又在意泰门外遇见陈国卿，与意泰汽车行常常往来。有无为顾阿桃勾通报信，或无意疏漏，致为匪党得信，非详密调查，得有证据，不易断定。总之，该替工陈国卿，自在可疑之列。已切嘱该署参谋长、军法长等设法侦查办理。刘平讯无可疑，杨使曾邀彭渊恂面询，据称亦无证据。该署前提王晓峰与之对质，王晓峰与刘平并不认识。讯诸王铭三，亦不知刘平为何如人。刘平为郑将军办事，已有数月，时常来署，并非出事之后始来，是此案与刘平当无关系。此〇〇查阅案卷、研讯各犯所得之详情也。郑使此次遇害，求其原因，实由平日过于轻视匪党及疏于防范所致。制造局各机关并立，人多混杂，镇守使署设在其内，本不相宜。而郑将军对于内部之人，防查不甚严密。平日外出，并不带械防身，或弁护弃而不带，是日仅有司务长同乘及马弁一人，马弁只带手枪，临时击而不响，自行逃脱，其平时之无戒备可知。若汽车两旁站有护兵，持械防护，则王晓峰等岂易近前，言之可慨。查验凶器，两枪均系德国造自来得枪，用之未久，机件如新，而郑将军所坐汽车，击透多处，所遗□〔枪〕眼中至十余枪之多，内衣为血渍透，胸前所悬勋位、勋章，亦皆击碎，颈胸肋三处伤，皆致命，故殒亡如是之速也。〇〇于讯验既毕，当与杨使商量办法。据称：案情已经明白，惟主使要犯，一时尚难就获。凶犯王晓峰、王铭三若先正典刑，即可在沪执行；

如留以有待，则请解京收禁，较为妥密。车夫人等，再行侦查另办。杨晟意亦赞同。盖护军使署尚未建筑，该犯等现押制造局。该局地方散漫，人极复杂，久押殊多可虑。而犯在沪，孙强夫等必不敢露面，难于弋获，犯人或办或解京，陈、孙等以为王晓峰、王铭三死无对证，风声稍松，放心出外，自可设法侦缉。所称不为无见，肇祥亦属同意。谨将查讯详情及晤商办法，连同摘抄录取各供，一并呈请大元帅睿鉴核示祗遵。

中华民国四年十二月五日

〔北洋政府统率办事处档案〕

4. 冯国璋等报告镇压肇和舰起事经过并请奖"有功"人员奏稿

（1916年1月12日）①

督理江苏军务臣冯国璋
江苏巡按使臣齐耀琳 谨禀为平定上海党匪扰乱大概情形，并查明防御出力之地方官警及驻扎浦东军队，分别异常寻常，开单择尤保奖，以资鼓励，恭摺仰祈圣鉴事：窃查上海一隅，毗连租界，匪徒遁迹，防缉綦难。本年十月间，迭据报称：海外乱党潜来沪上，有希图乘间扰乱情事。当经随时密饬该处军警官署，严为戒备。十月二十四日，果有乱党多人，由法租界侵入民国路地方，劫夺岗警。幸该区警察合力抵拒，当场获犯，余匪敬匿租界。旋据上海县知事先后密报，侦探该乱党渠魁孙强夫、谢宝轩等，在法租界内逆谋各情。复经分饬军警设法侦缉，以地属租界，非经捕房协拿，无从着手，以致逆渠等，屡次闻风迁避，迄难就获。自郑使遇害后，匪焰益张，突于十二月五日晚六时，有匪徒五十余人，乘海军人员星期放假，袭据肇和兵舰，施放大炮，轰

① 系政事堂奉批之日期。

击制造局。复有另股党匪，一由十六舖桥猛扑南市一区署，一由闸北直攻四区派出所，意在同时并举，使我猝不及防。幸经各该区官警奋力抵御，党徒纷纷向租界逃窜。制造局滨临浦江，形势险要。淞沪护军使杨善德先期闻报，即经整厉军佐，一体戒严。迨匪徒袭据肇和，彼此对击一夜。卒赖该军队等奋勇效命，匪势不支。六日破晓，匪徒跃下兵轮，由浦江直入浦东，图攻警察分署。该处本有臣国璋所派陆军驻守分布防堵，复经协同警察截击，先后拿获匪徒多名，而此次谋乱逆首曾纪堂即陈可钧，亦得生擒就缚。当时臣等先后接据报告，虑该党匪逆心未死，恐有再举，即经分电该地官警，严加戒备。六日夜间，果有党匪四五百人，由法界肇周路猛攻西门二区警署，经该区官警奋勇击退，以地隔租界，未能穷追，而闸北匪徒，同时在僻巷放火，意使地方骚动，幸即时救灭，闾里无警。臣等迭据探报，该乱党一再扰乱，希图大举，实由巨逆金汉章即金子元为之主持一切。金逆与在逃之孙强夫、谢宝轩，同为陈其美部下，其人异常狡黠，实乱党之渠魁。当经密饬警县购线缉拿。旋据报称，该逆渠匿居租界，一夕数惊，迁经上海县知事督率县警，竭尽智能，始得设法将该逆引入内地，即时拿获，送交淞沪护军使署讯明正法，人心称快。臣等伏查此次该逆党等纠集匪类至数百人之多，连日分股扰乱，设计甚周，幸仰赖皇上德威，将士用命，得以即时扑灭，转危为安，不致牵动大局。事定论功，自应优加奖励。除驻沪陆军、海军，由淞沪护军使暨总司令分别查明请奖外，兹查有三等嘉禾章、沪海道尹兼特派交涉员周晋镳，拟请晋给二等嘉禾章；又勋五位、四等嘉禾章、四等文虎章、陆军少将、淞沪警察厅长徐国梁，拟请晋授陆军中将，并晋给三等文虎章；又三等嘉禾章、二等文虎章、第四旅旅长、陆军少将苏谦，拟请晋加中将衔，并晋给二等嘉禾章；又上海县知事沈宝昌，拟请以道尹交政事堂存记。以上四员，勋劳尤著，应请特令照准。其余出力及保守各机关人员，分别异常寻常，择尤缮具清单，一并禀请奖励。委系一再删减，并无冒滥。此外，出力兵警，容另行查明咨部核奖，以示鼓励。除仍分饬各军警严加防缉外，所有平定上海党匪扰乱大概情形，并查明出力各员，择尤请奖缘由，理合会同恭摺缮单具陈，伏乞皇上圣鉴训示。谨禀，

〔北洋政府内务部档案〕

5. 松沪护军使署请奖叙镇压肇和舰起事"有功"人员咨陈

（1916年2月　日）

松沪护军使署为咨陈事：钦奉大皇帝申令：前据松沪护军使杨善德、海军总司令李鼎新等先后电称：本月五日晚，上海有乱党数十人，伺星期放假之时，由租界乘小轮冒登肇和练舰，抢劫开炮。当经同泊之应瑞、海琛各舰及陆军炮队兜击，乱党逃窜，肇和旋即收回。嗣又由租界突出乱党向第二区警署攻扰，经军警立行击散，陆续拿获乱党多名，分别讯办。各等情。护军使杨善德定乱迅速，著有勋劳，着晋授勋二位。其余出力陆海军官弁，由杨善德、李鼎新查明，择优请奖，以资鼓励。仍督饬陆海军兵认真防备，勿稍疏虞。此令。等因。奉此。仰见大皇帝懋功懋赏、鼓励戎行之至意，钦服莫名。查上海地方毗连租界，乱党恃为渊薮，屡思藉端图逞，以遂其谋乱之计，均以防范周密，未售其奸。善德自接任后，继续督饬军警，妥慎筹防，使其无从乘隙。不意本月五日傍晚，乱党伺海军星期放假之际，集合悍匪数十人，冒登肇和练舰，突然开炮，猛烈轰击，虽陆路先有布置，而事出仓猝，抢救不及。当时党人阴谋，除炮攻制造局为其主力外，并分遣党徒劫取各区警署枪械及占领各处交通机关，复于沪南拟劫警察二署，图设伪司令部，以便指挥，分途并进，声势甚张，意在淆乱军心，使我难于兼顾。计谋之狡，无于此斯。善德闻报之余，

赶即飞饬各军警长官，授以机宜，分投防御，一面会商海军李总司令，妥筹敉乱办法。幸赖大皇帝神威远震，盛德广孚，暨各将领谋略素优，各士卒踊跃效命，得以同心协力，立奏肤功，一举荡平，治安获保。乃逆党心犹不死，复于次夜纠集匪徒四五百人，由法界肇周路猛攻警署，施放手枪、炸弹，希图扰乱，经军警协兜拿，匪始溃向租界方面逃窜。综计两日之内，当场拿获首要及附乱匪犯数十名，均经解署审明，分别情节轻重，按律定拟。此一月也。向使布置偶有未周，或应付稍形濡滞，则地方糜烂，何堪设想。所幸军警事前防范本已切实讲求，而临事措施尤能运以精心，持以毅力，灵敏活泼，镇静不惊，故能定变俄顷，消弭巨患。所有在事出力除统兵及参谋人员业于择要电保以示优异外，其余各员或赞画戎机，或佐治军务，或克敌致果，或履险蹈危，均属日昃不遑，备尝辛苦。其劳绩既在大皇帝圣鉴之中，其情形又非寻常所可比，本拟择优概请从优奖叙，以励众心，第念立国精神名器为重，宁主于慎，毋失之宽。兹谨按照当时出力等次，分别异常寻常两项，将应行奖叙人员开具清摺，附陈钧鉴。此系一再删减，均为勋绩卓著之员，行赏论功，委无冒滥。除出力弁兵容俟另行择尤陈请陆军部核给奖章外，相应备文咨陈钧处，敬祈代奏大皇帝睿鉴训示施行。谨咨陈

统率办事处

〔北洋政府内务部档案〕

6．杨虎陈肇和舰起义经过并请优恤死难烈士呈

（1929年12月5日）

呈为呈请事：窃查民四讨袁之役，本党计袭驻沪肇和军舰，炮击江南制造局，事为本党革命过程中光荣而重大事件之一，奉钧令通令各党部，规定十二月五日为肇和发难纪念日，仰见隆

重此点以昭忠烈而垂永久之至意。伏查斯役系先烈陈英士先生主持密计，虎则奉先生命负临场领导实施之责。其步骤盖一面取得该舰一部分官兵之内应，一面集合我方忠勇同志数十人，从事袭取之准备，期于袭取该舰成功之后，一举而占领上海全埠。虎遵照计划，以准备中之忠勇同志数十人编成敢死队，于十二月五日未曙，率队乘小轮突登肇和舰而掌握之。随以该舰威胁附近海面其他舰队，并炮击江南制造局，以唤起并掩护我陆军方面预定计划之协同进行。不意我陆军及其他关系方面之动作，未能十分得力，遂致我登舰之数十同志陷敌重围，而以身殉者几及半数，滋可痛也。是役，功亏一匮，令袁逆之在当时，犹获残喘之苟延，然在事死难各同志奋斗之烈，其功迹与光荣，以视黄花冈之役实有同等价值。拟请钧会追念前勋，分别议恤。查陈可钧，广东中山人；王揖，河北盐山人。该两员系肇和舰中级官，事前与我联络，临时襄助指挥，事后被拘殉难。拟请各赠海军少将，均照少将阵亡例从优议恤。柴子安，辽宁昌图人；金以庭，辽宁辽阳人；毕斋藤，山东掖县人；冯为天，广东番禺人；程鹏，安徽宁国人。该五员均为敢死队干部，随虎登舰，旋即身殉。拟请各赠陆军上校，均照上校阵亡例从优议恤。陆亚生，浙江宁波人；王楷，安徽无为人。该二员均肇和下级官，任我内应，旋即殉难，请各赠海军少校，均照少校阵亡例从优议恤。叶有贵，福建闽侯人；刘元红，福建闽侯人；王大拱，福建闽侯人；何汉元，广东文昌人。该四员，均肇和舰弁兵，发动时帮同动作，突围时复夺取舢板，送虎及敢死队干部登陆后，被水警捕获殉难，请各赠海军少校，均照少校阵亡例从优议恤。以上十三员，或临敌阵亡，或被捕遇害，丰功伟烈，诚足以示革命军人模范。除请分别议恤外，拟请于黄浦江畔建立肇和发难纪念塔一座，并择相当地点，收集死难各烈士遗骸，建造肇和死难烈士公墓一所，一面行查各烈士原籍地方，召其遗族子弟，送入遗族学校肄业，以慰忠魂，而励来

兹。……谨呈

中国国民党中央执行委员会

杨虎谨呈　十二月五日

〔国民政府行政院档案〕

7. 龙济光为破获粤省革命党机关请奖文武各员与政事堂往来密电

（1915年12月—1916年1月）

（1）龙济光致政事堂等密电（1915年12月28日）

广东龙济光勘电　十二月三十一日

政事堂、统率办事处、参谋、陆军、内务部鉴：华密。粤省迭破乱党机关，拿获乱党首要及炸弹、炸药、枪械多件，业将讯办龚启等十七名电奏在案。兹又续据讯明陈铁君、莫超、陈益年、黄七、李玉、黄昌、叶高、刘义、卢兆良、王安、麦锡全、陈跛金、吴瑞明、陈绍、黄进年、胡福、陈荣、黄墨香、曾达朝、王发、孙润珠、张瑞廷、孙琪等二十三名，禀请惩办前来。查据陈铁君供，孙眉之子孙以成，约集伊与李济民等在澳组织三次革命军，孙以成自为军长，伊充参谋长，李济民任副官长，邓伯冠、朱夏伯充参谋，莫纪彭充指挥官，王东山、谭定亚掌财政。此外各机关，恩开、新召则刘梅卿等，北江则邓铿等，西江则徐维扬等，东江则朱执信等，潮江则黎萼等，分充主任。惟广州总机关重要诸人，多购缉有案，不敢出任，公推伊率莫超、刘伯一等来省兼任。现有南洋各处寄到本军之款已十六万余元，购定之枪已数千枝，连同在澳所造炸弹，均备分送各处，议共招匪百营，已委营长担任者三十余营，现获委状，即分给各营长者，各处同时并起，即以帝制实行日为期。据莫超供，系粤机关副长，余同。据陈益年供，陆军毕业，曾充长洲台长、澳门司令，及陈逆炯明北伐军参谋长，现充铁血团长，公推来粤，谋炸军民长官。先在香港将猛烈炸弹藏入弹弓、洋椅，图运入省，下轮被拿，港官判送出境，过汕登岸，被探跟拿。据黄七、李玉、黄昌、叶高同供，伊等由谢英伯派充炸弹队，与在逃之李日等随带洋制炸弹十个，炸药二箱，玻璃碌二箱，镪水精一并来省，在长堤、三水码头分设机关两处，预备造足炸弹，即于政府庆祝帝制之日起事。据刘义、卢兆良、王安同供，伊等均暗杀队员，刘义由沪派来，卢兆良、王安分由港、澳派来，在流水井设机关，各领月薪二百元、安家费千元，带来手枪、炸弹，谋杀将军，事成，花红拾万元，许委师长、旅长。据麦锡全供，系老同盟会，曾攻广西边防炮台，并在云南河口起事，充黄兴财政员，现因输入军火，运动土匪，业已不少，准备大举图粤。胡汉民、黄一铁拟来粤省，亲自督率，派伊先来租赁商场、店铺，潜入居住。据陈跛金、吴瑞明同供，由澳运炸弹、机关枪枪弹，分送香山、白蕉岭及省城河南芳村各机关，现被先后搜获。据陈绍、黄进年、胡福、陈荣、黄墨香、曾达朝同供，伊等分在港、澳机关，或曾攻打佛山、三多祝各处，先后奉派来粤，陈绍、黄进年运动陆军，胡福、陈荣、黄墨香分往香顺、四会、博罗运动防军，曾达朝在冤英山脚开张剪发店，图煽济军。据王发、孙润球、张瑞廷、孙琪同供，伊等前曾当过民军官长，此次分充伪标统、营队长，带同委状、襟章，分往增城、惠阳、英县各属，招致绿林助乱。各等供不讳。查该犯等均系谋逆首要，法无可贷。除饬一并枪毙外，所有获犯各员，或系购线跟缉，或系立时缉获，均属深明大义，异常出力，仰恳天恩，准予择优请奖，俾资鼓励。查有中将衔陆军少将李文富，陆军少将纳顺洪，均拟请升授陆军中将；陆军少将陆朝玱，拟请赏三等文虎章；中校白定保，拟请升授陆【军】步兵上校；团附王恩维、营长周振棠，均拟请赏授陆军步兵中校；营副刘正荣、王定华，队长陈连科，商团军参议员麦绍祥，广金舰长瞿永龄，上尉刘华明，均拟请赏授陆军步兵少校；军需孟璧光，连长陈灼新、杨荣芳，稽查员李翘广，侦探员陈洪、黄宝坚、巡捕陈荣年、马现章，均拟请赏授陆军步兵上尉；排长张玉廷、龚正荣、陆植高、何天禄、伍河清、陈得胜、吴炳修、郭盛勋、覃金如、王金元、赵汝璧、段聪本、王树藩，均拟请赏授陆军步兵中尉；委员李安荣、吴启泰，课员徐焱、朱绶，均拟请以县知事免试验分省任用；其他眼线人等，并恳给予赏款，出自高厚鸿施。是否有当，伏候训示。谨请代禀。龙济光叩。勘。印。

（2）政事堂复龙济光密电（1916年1月2日）

致广州龙上将军电　一月二日

华密。勘电代呈，奉谕：据报拿获乱党陈铁君等廿三名，续据讯供惩办，所有请奖文武各员，均准照行。李文富等已有令明发，余著交内务、陆军两部查照，分别呈办。出力兵士等，著赏银两万元，即由财政厅拨发，以资鼓励，并交财政部查照。等因。合达。堂。冬。

〔北洋政府陆军部档案〕

8．龙济光为镇压广州等地革命党人请奖文武各员与政事堂等来往密电

（1916年2月）

（1）龙济光致政事堂等密电（2月8日）

广东电　二月九日

政事堂、统率办事处、参谋陆军两部鉴：华密。自滇乱发生，乱党图粤日亟，陈炯明、严德明、任鹤年、胡军侠等在港组织讨某军，邓铿、胡毅生在澳组织暗杀团，派党羽赴广惠、肇庆各属，以重资勾结绿林，运动军警，联合大股。对于省会，则利用暗杀团，私运炸弹，图毁兵工厂、电灯局及虎门炮台。突发之机，间

不容发。经严饬陆防各军，不分昼夜，严密戒备，务尽破获去后。迭据各营先后截获乱党王道顺、赖烈侠、孙春池、李春桃、李霆东、李误码才火、李永发、李许、李有、陆茂、陆亚道、李纬熙、朱源深、黎误码〔福〕、学〔单〕海、卓占元、张养、梁辰、吴沾、施镜华、廖苏、李树标、戴俊、阮文泮、吴桂森、邱彪、邓欣堂、黄广三、韦文元、颜敬堂、罗德高等三十一名，获解前来。当讯据王道顺供，向在南洋星家坡开设杂货生理。赖烈侠供，向充惠阳小学教员，同游东京，投见孙文，函荐陈炯明处，本年一月二号，派伊等携西纸五百元，并带委任状二张，到番禺属太和墟地方，运动绿林陈领、谢家树、陈茅山等帮。孙春江① 即林陆有供，上年随严德明在博罗七斗米地方起事，招得源头二百余人，先攻惠州，败后各人分散。此次复受严德明命令，回惠招集旧部。李春桃、李霆东同供，受胡军侠、杨士奇委任，领护饷艮〔银〕回石龙，勾结罗浮山土匪李旭陈等。李跛手火②、李永发、李许、李有、陆茂、陆亚道、李伟熙③ 同供，向来为匪，此次受胡军侠、杨士奇命令赴佛山，纠邀石湾、莲塘、海口及南海、西桥等处土匪陈其、陈杰、陈恒、庞起二、庞钱、郭正，以及洗村之洗日东、洗天、洗日生、罗海、合义杨通等股。朱源深供，投入猛勇绿狼军，纠邀郭桂、黄虾、郭兰亭等占据秦玉坑，相率响应。黎福、单海同供，向来耕种沙田，有工头黎霭入讨某军，嘱回东莞，招人起义，袭踞东莞，并交襟章，委任队长军职。卓占元供，本年十一月在澳门总机关主任胡毅生处领获饷银二千元，到常平乡接洽绿林陈国误码、陈国杰，并点验枪枝、子弹及所招人数报告，以便发饷，约

---

① "孙春江"又作"孙春池"。

② "火"字旁原有置疑号。"手"字又作"才"字。

③ "李伟熙"又作"李纬熙"。

齐起事。张养、梁辰同供，在香港海误码街中和益总机关见胡君石、王敬忠，领获饷银五千元，张养担任赴虎门东校场及各炮台，运动军队，梁辰担任在石误码兵工厂借贩卖生果为业，私运炸弹，乘机回厂。吴沾供，向南洋做工，前月回澳见邓铿，议定每月给银三十元，代运炸药，接济军火，此次衣内另藏炸药十磅，即被搜获。施镜华、廖苏同供，系在邓铿暗杀团，每月饷三十元，伊云中央变更国体，粤省助虐，教行暗杀。二十六日在澳门大同酒店交襟章、委任状、信件，嘱密藏来省，交甘穆然，听其暂择。李树标供，在香港总机关内担任要务，此次来误码，图谋暗杀。戴俊，阮文泮同供，请①同李祺、谭星桥在阳江那琴地方设立造弹机关，斗门山之役，李祺击毙时，所造大批炸弹起获后，伊等逃回澳门，复来台山另设机关。吴桂森供，本年十一月在香港平安栈见旧旅长任鹤年，谈及孙、黄已在日本、南洋各处运到大批财政、军火，十二月实行起事，现在石龙、东江一带运动成熟，省中亦多分设机关，面嘱回省接洽旧营长杨成林，并转告旧部张炲鯆、李炳福、黎佐均等，速来港商量进行事件。临行，任鹤年给银三百元，作为路用。邱彪、邓欣堂同供，代乱党刊刻伪印、刊制印状、文檄等件。黄广三供，受香港湾子机关部邓国文委任，赴清远、花县二处运动警察、游击队。误码〔韦〕文元供，在警卫军陈福祥部下充一连三排二棚长，扎花县步本②，本年十月遇旧识曾文亮、曾误码泉到港见刘一伟，言陈炯明大帮财政已到，当交饷一千元，嘱回营分给二排兵罗德高，炭步③商团长颜敬堂嘱其先行联合军警，

① "请"字旁原有置疑号。
② "步本"两字旁原均有置疑号。
③ "炭步"两字旁原均有置疑号。

预备腊月起义。颜敬堂、罗德高供同前情，均不讳。除饬惩办并加意防缉外，所有在事出力各员弁，拟恳给予优奖。查有少将潘斯铠，拟请赏加中将衔；少将衔上校李雍，拟请补实陆军少将；中校冯添，拟请补陆军步兵上校；少校何占元、李芳、袁德墀、吴近，均拟请授陆军步兵中校；少校衔上尉张茂林，上尉陆春华，营副钮朝有、聂占魁，连长姜兴发，游击队长李次皋，副营长郑泳琛、祁保胜、张瑞秀、赵义兴，均拟请补授陆军步兵少校；连长周绍棠，排长顺正邦、钟振、邓云、吕锦标、陆学章、甘兴、李永才、杨权，均拟请补授陆军步兵上尉；委员董天懋、马佩璈、龙兆乾、杨建勋，均拟请以县知事准免试验分省任用；兵线人等，并给赏，以示鼓励。肃电饬陈，伏乞训示。谨请代奏。龙济光叩。庚。印。

（2）政事堂复龙济光密电（2月10日）

致广州龙上将军电　二月十日

华密。庚电代奏，奉谕：据陈各营迭获乱党王道顺等三十一名，业经讯供惩办，著仍督饬军队，加意防缉，以靖地方。所有请奖文武各员，应准照行。潘斯铠等授官加衔，已有令发。余著交内务、陆军两部查照呈办。兵线人等，并著赏银五千元，即由财政厅拨发，以示鼓励。并交财政部查照。等因。合达。堂。卦。印。

〔北洋政府陆军部档案〕

9. 龙济光为镇压盐田等地党人活动请奖文武各员密电

（1916年2月14日）

广东来电　二月十六日

政事堂、统率办事处、参谋、陆军、内务各部钧鉴：华密。

自溯惠州各处乱匪滋事，同时盐田、鸡公田、误码头、黄毛岭、浦心、龚村等处乱匪蠢起，而盐田一股，伪第十支队司令长曾景新为首，由陈炯明派同首要莫展英等四十余人，刍①匪千余，先后分劫洋关分卡三处，屯聚大小梅沙，竖旗起事，遍贴逆示，昌言先取石龙、东莞，进窥省城，以断惠军后路，响应惠匪，其势甚张。经由省派军队，并饬该处防营警卫军统领李朝兴督兵驰往剿办。据报该统领等于一月灰日分兵两路往剿，由亲梅沙后山潜师，以袭其后。乱匪亦分股迎战，首要多著军服，或外国装束，跃马临阵，指挥死斗。自卯至午，恃其械利党【众】，屡却屡前。该统领悬赏激励冲锋，夺踞山坳，毙其伪先锋一，夺其先锋旗四枝，并毙悍党数十。适营长冯永昌等由梅沙前山冲击而来，前后夹击，匪始溃败。各军乘夜跟追，沿途复有斩获，余匪悉窜洋界，未便越追。计共阵毙军服匪目二名，匪党约数百名，生擒五名，夺获枪弹、旗帜、服装、告示、伪印多件，起出洋关分卡赃物，交关收领。我兵仅止阵亡五名，受伤十余名。当力战时，海中泊有香港兵轮三艘，见我军以少胜众，均鸣炮拍掌为贺。现仍督兵防守华洋交界之沙头角，随时侦缉，期绝根株。又据陆军团附袁佩瑜报称：顷饬驰剿鸡公田乱匪，一月咸日由石龙开往，驰距该处一里地方，乱匪时正出队来扑广九铁路，匪旗遍山，喑声动地。团附约住士兵，俟匪扑近，骤起冲击，直出匪阵之后，占据山头。适预约营附黄得误码亦由新墟来援，上下攻击，直至酉刻，匪大溃退，跟追二十余里，夜黑匪散无踪。计共击毙伪标统、营长各一名，知名悍匪二十余名，生擒二名，夺获枪枝、旗帜、徽章多件。又据陆军营长龙文渊、警卫军营长蔡炳寰报称：一月覃日，奉饬往剿薄头匪首刘亚志、殷同一股，悍匪二百余人，接

① "刍"字旁原有置疑号。

战数时，毙匪多名，擒刘亚志等四名，夺枪起掳。寒日驰抵黄毛岭，将匪首梁苟善一股击毙不少。铣日搜匪至东岸村，遇匪数百，围抢西汉，均经惠防军队痛剿，匪溃浦木龚村，合股复至数百人。啸日我军两路追击，直抵匪巢，鏖战半日，毙匪数十，擒其首领苏子衡等误码名，夺其枪弹、旗帜、火药甚夥。篠日跟追至水背、长塘一带，又复毙匪不少，生擒悍匪王亚喜、温亚古等及旗帜、军帽多件，余匪四散，各股悉平。各等情。除仍督饬营、县清办善后，以清余孽外，查盐田各匪响应惠乱，同时突发，利我难于兼顾，诡谋至为狡恶。现幸连战皆捷，次第敉平，在事员兵，奋勇用命，不无微劳，应恳天恩准予择尤优奖。查有上校李朝兴，拟请升授陆军少将；上校龙文渊、蔡炳寰、刘殿元、吴耀、张宗保，均拟请加陆军少将衔；中校袁佩瑜，委员李之腴①，均拟请授陆军步兵上校；少校衔永昌、程开疆、黄得胜，委员陈少卿，均拟请授为陆军步兵中校；营副周定国，连长李善勋，队长刘智山，书记长罗灿東，连长叶骥芬、马宝音、程开榜，排长陈正和、李儒卿、李绍忠，均拟请授陆军步兵少校；排长顾兰生，队长张文龙，所长何其英，稽查赵嘉琳、唐于让、全世昌，差弁满光亮、宋误码声、赵国隆、赵祥瑞、安福庆，均拟请补授陆军步兵上尉；夜②查尤锡文、王纪德、陈熙镇，均拟请补授陆军步兵中尉；参谋黎凤翔，拟请赏给四等文虎勋章；执事长周运杓，委员韩玉森、沈子良、马齐斋，均拟请以县知事免试分省任用；知事朱绶，拟请缓觐留粤任用；兵警人等并恳给赏，以示鼓励。谨电驰陈，伏候训示，请代奏。龙济光、张鸣岐叩。寒。印。

〔北洋政府陆军部档案〕

---

① “腴”字旁原有置疑号。

② “夜”字旁原有置疑号。

10. 隆世储等在廉州宣布起义成立军政府布告

（1916年3月28日）

抄录中华民国粤省军政府安边都护使布告

照得自滇军举义，黔省接踵，叙州一役，蜀师倒戈，今控省又见告矣。两月之间，护国军声，风驰电掣，爱国之士，莫不奋袂而起，以为后盾。然则天下之大势，人心之向背，从可知矣。蔡、唐、刘、陆诸公及海外仁人志士，不惜牺牲权利，牺牲生命，以斫锄帝制，拥护共和，其大旨则曰：民国者，我四万万同胞之国家，非袁氏一人私产也。天下存亡，匹夫有责，大义所在，夫岂敢后？传曰：师直为壮，曲为老。去逆效顺，具有同情，人心不死，此理何容置辩？本都护使待罪戎行，垂二十年，遭逢时会，谬典边圻，尝以爱国保民为前提，今日之事，决不能因彼昏一人帝制自为之私欲，而使我两属父老重罹干戈涂炭之忧，用率所部军民人等，共举义旗，扫除伪号，以顺人心而固民国。区区之意，窃愿与天下共之。所有钦廉镇守使原职，通电辞去外，应就原有区域在廉州设立军政府，完全担任地方治安，毋庸惊皇自扰。各文武官员、各水陆厘税、各自治机关，照常供职。如有弃职潜逃，或有土匪乘机劫掠，冒称民军招军各事，定即派兵严拿剿办，以军法处治不贷。特此通告。

都护使隆　世储

都护副使　熊长卿

中华民国五年三月廿八日

〔国民政府邮政总局档案〕

11. 北海警察局长按戒严法派员赴邮局检查邮电函

(1916年7月14日)

抄录北海警察局局长来函

迳启者：顷奉都护使令开：近日匪徒猖獗，有要事发生，本使宣布戒严。凡本使所辖区域，应按照戒严令，凡邮电一律实行检查。北海邮局，即由该局长委派妥员前往检查。等因。奉此。兹特派第一署二等署员潘绍荣常川驻守贵局，检查往来函件，以重功令。相应函达贵局长，烦为查照是荷。此致

北海邮政局局长贾

名正肃　七月十四日

〔国民政府邮政总局档案〕

12. 陆荣廷请以沈鸿英继隆世储任钦廉镇守使密电

(1916年9月12日)

急。大总统钧鉴：国务院、陆军部、参谋部钧鉴：华密。窃查钦廉地邻法越边界，海口交通，万山重错，非有宿将劲旅，难资镇慑。原任镇守使隆世储所部兵力甚单，乃独立以后，经莫擎宇借去数营，吏不足以资防守。现据探报，边界匪徒滋扰甚猖獗，隆世储前日电禀来肇，计日在途。荣廷已饬游击支队总司令沈鸿英率队驰赴该处，严加剿办，以绝边患。该员骁勇善战，屡立奇功，所有钦廉镇守使一职，姑准任命该员，必能信任。其隆世储俟到肇后，另行委任。……荣廷督军东粤，有保卫地方专责，所有请任该两镇守使，原系为地择人，经再三斟酌。可否，仰恳钧座俯赐核准，颁发明令，实为公便。仍候示遵。陆荣廷呈叩。文。印。

〔北洋政府陆军部档案〕

13. 关于任命隆世储为南韶连镇守使令电

（1916年10月）

（1）陆荣廷致大总统等密电（10月 4 日）

北京大总统钧鉴：国务总理、参陆两部鉴：华密。窃查南韶连镇守使朱福全猝变潜逃，应请免职，所遗员缺紧要，辖地界连湘、赣，镇抚亟须得人。查有原任钦廉镇守使隆世储，谋勇兼优，才谋稳练。此次拥护共和，勤劳卓著。该使籍隶湘省，于南韶连边情熟悉，洵堪胜任，理合肃电呈荐。倘蒙俯准特简隆世储为南韶连镇守使，于员缺可期得人，地方足资镇慑，实荷鸿施。荣廷为地择人起见，是否有当，伏候训示施行。广东督军陆荣廷。印。

〔北洋政府陆军部档案〕

（2）大总统令（10月17日）

大总统令

任命隆世储为南韶连镇守使。此令。

中华民国五年十月十七日

国务总理
陆军总长 段祺瑞

〔政府公报，1916年10月18日，第283号〕

14. 莫擎宇为潮汕独立就任护国军潮梅总司令照会

（1916年 4 月 2 日）

照录中华民国五年四月三日护国军广东潮梅总司令来文如下：

第一号

护国军广东潮梅总司令莫为照会事：溯自辛亥民军起义，缔造共和，五族一家，欢腾中外。讵意袁氏秉政，野心勃起，芟夷我民党，假托我民意，狠然不顾，帝制自为，凡有血气，同深义愤。五国警告，足征公意，滇桂兴师，袁氏胆裂。本总司令奉滇、桂都督之命，张举义师，占领潮、汕，义师所至，秋毫无扰。兹于民国五年三月三十日正式宣布独立，商场市面秩序如常。自兹以后，凡贵邮局侨居汕埠人民生命、财产、商业，及潮循所属各县教民、教堂等，一律照约保护，仍如旧贯。除分行并分令各县遵照外，相应照会贵邮局，烦请查照，并希见复为盼。须至照会者。

右照会

汕头邮政局局长

中华民国五年四月二日

护国军广东潮梅总司令之印

第二号

护国军广东潮梅总司令部为照会事：窃擎宇昨据潮梅全属暨汕头总商会各界公推为护国军广东潮梅总司令，并印就关防呈送前来。其文曰：护国军广东潮梅总司令之印，并于本月一日启用布告在案。除分行照会外，理合照会贵邮局查照见复可也。须至照会者。右照会汕头邮政局局长。护国军广东潮梅总司令莫擎宇印。中华民国五年四月二日。护国军广东潮梅总司令之印。

〔国民党政府邮政总局档案〕

15．莫擎宇为潮汕地区宣布戒严并规定检查事项照会

（1916年4月17日）

照录中华民国五年四月十七日护国军广东潮梅总司令来函如下：

护国军广东潮梅总司令部为照会事：查潮汕独立，迄今兼旬，

闾阎不惊，秩序大定。惟查全国大局尚未安谧，而地方戒备自应妥慎。况与闽、赣毗连，两省未经独立，而近日省垣因海珠会议又演恶剧，是其态度仍属不明。复查汕头各处闲杂人等，日见其多，难保无匪徒溷迹在内。本总司令有统辖潮梅全属之权，即应尽其保卫之责，即日宣布戒严，以维治安。其应禁止及检查事宜，开列于后，俾各遵守。并委任戒严司令官，会同营县警察，订定办法，认真执行。除分别委任通饬遵照并出示晓谕外，查邮政电报为应行检查事宜，相应照请贵局查照，希即转饬所属一体遵行，所有往来邮件，务宜遵缴各该地方戒严司令官及各该营县警察随时检查，以杜流弊。此系为保护地方起见，不可稍有歧异，致生意外。须至照会者。右照会邮政局局长。总司令莫擎宇印。中华民国五年四月十七日。护国军广东潮梅总司令之印。

戒严期内应行禁止事检查事宜如左：一、集会结社，一律停止；一、新闻、杂志、图画、告白等项，应行检查；一、私藏枪炮、弹药、军用器具及其他危险物品，得没收之；一、客旅店应行检查，遂时取缔；一、邮信、电报，一律检查；一、私自招兵，一律禁止；一、出入船舶及其他物品，应行检查；一、汕头、潮安、梅县为特别戒严地区。

〔国民政府邮政总局档案〕

16．陆军总长段祺瑞请奖潮梅首义员弁呈稿

（1917年3月8日）

呈为核拟奖恤具陈，仰祈钧鉴事：承准大总统府秘书厅函开．广东潮梅镇守使莫擎宇呈请将首义暨死事员弁分别奖恤一案，奉大总统批交部等因。遵将原呈清摺函送查核办理。等因。奉此。遵即分别详核所有首义异常出力暨协同出力各员，查与勋奖章条例尚属相符，拟请给予勋奖各章，以资策励。至死事人员，为国

捐躯，□□可悯，拟按陆军平时恤赏简章第二条被戕身□□例，从优给恤，以资观感。理合缮单具文，谨呈

大总统

陆军总长　段

谨将广东潮梅镇属首义暨死事员弁分别核拟奖恤，缮具清单，呈请钧鉴。

计　开：

少　将　陈德春

少　将衔　朱瑞华

蓝揆芳

营　长　陈家威

以上四员拟请给予四等文虎章

少　将衔　林成登

以上一员拟请晋给三等文虎章

上　校　孔昭度

以上一员拟请晋给四等文虎章

上　校　莫自修

萧望岁

宋宝濂

盐运副使　莫　衡

潮海关监督　陈华岳

秘　书长　廖孔训

以上六员拟请给予五等文虎章

中　校　何家瑞

少　校　潘鼎元

记名道尹　高凌汉

科　长　何庆云

莫鸿秋

秘　　书　　叶维藩
营　　长　　陈其恭
　　　　　　刘汉兴
　　　　　　陈健军
　　　　　　张国超
　　　　　　黎贤宽
　　　　　　陈德鹏
　　　　　　钟德钦
　　　　　　李生鸿
　　　　　　金国治
　　　　　　黄桂标
　　　　　　邝桂华

以上十七员拟请给予六等文虎章

商会会长　　蔡明南
参　　谋　　吴　典
　　　　　　钱国祥
副　　官　　凌　佩
　　　　　　郑国连

以上五员拟请给予七等文虎章

会　　董　　胡伯畴
　　　　　　冯准镛
　　　　　　郑奕鸾

以上三员拟请给予八等文虎章

（下略）

〔北洋政府陆军部档案〕

17. 福建护国军临时编制及将校军佐履历表清册

（1916年）①

福建护国军临时编制案
将校军佐履历表清册

福建护国军下游第一支队临时编制案

支队本部之人员如左

支队长　　一员

教练官　　一员

副　官　　一员

掌旗官　　一员

军需官　　一员

军械官　　一员

军医官　　一员

司号长　　一员

二等司书官　　一员

司书生　　一名

护兵长　　一名

护　兵　　十二名

伙　夫　　二名

夫　役　　二名

骑　马　　六匹

第一营之人员

营　长　　一员

营副官　　一员

连　长　　三员

① 此件无时间，据内容推断，当为1916年。

排　长	九员
司务长	三员
棚　长	二十七名
副棚长	二十七名
正　兵	一百零八名
副　兵	二百一十六名
军需长	一员
军医长	一员
医　生	一名
书记长	一员
司书生	三名
号　目	一名
号　兵	六名
护　目	一名
护　兵	十二名
枪　匠	三名
医　兵	三名
伙　夫	十六名
挑　夫	十名
骑　马	三匹
喂养夫	一名
第	
营　长	[illegible]
营副官	[illegible]员
连　长	[illegible]员
排　长	六员
司务长	二员
棚　长	十八名

副棚长	十八名
正　兵	七十二名
副　兵	一百四十四名
军需长	一员
军医长	一员
书记长	一员
司书生	二名
号　目	一名
号　兵	四名
护　目	一名
护　兵	六名
枪　匠	二名
医　兵	二名
伙　夫	十名
挑　夫	五名
骑　马	三匹
喂养夫	一名

第一支队将校统系表

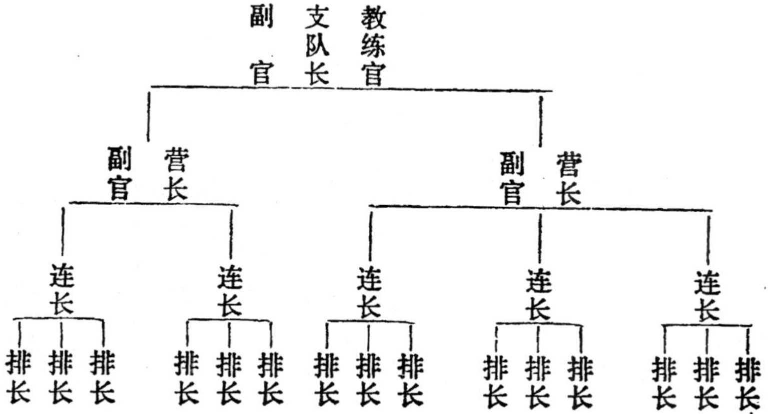

本队将校军佐履历表

职务	姓名	别字	籍贯	年龄	出身
支队长	陈民志	魁甫	同安	三十	元年保卫团团长
教练官	吴龙骧	云例	诏安	三十二	福州师范体操科毕业……
副官	林扬德	龙镇	南安	三十二	漳州侦探长
第一营长	杨得胜	盖军	安溪	三十一	安溪保卫团团长
营……					
第二营长	陈宗仪	益三	永春	四十二	商业
营……					

福建护国军下游第二支队临时编制案（与第一支队临时编制案同，兹略）

〔北洋政府陆军部档案〕

18．许卓然请严办李厚基并改编福建下游护国军呈

（1916年9月　日）

（上缺）祸结，桑梓有糜烂之虞，因一面派员密请许前使世英转商李督，请用和平方法宣布独立。罔料李督帝党荩臣，甘心抗义，更藉名搜党，大索民居，军行失律，所过骚扰，小民怨愤日深，附义日众、伸锄蒸麦，愿效前驱。下游护国军忍无可忍，遂先派第二支队于同安、灌口各地，与李军屡次激战，冀献血肉之躯，争续共和之命。忽于锋连刃接之时，遌闻大憝自毙，我大总

统依法继任，全军欢呼。未几，而大赦党狱，南北停战，撤退客军等命令，相继发布，涣讦大号，万类昭苏。方谓从此罢斥干戈，与民更始，乃李督处心积虑，与护国军终为冰炭，诬匪捕党，诛求如故也，焚毁压迫，挑战如故也，水深火热，添兵如故也。种种情形，曾由下游护国军司令部于六月筱、养两电呈请核办在案。政府之命令如此，而李督之行为如彼，逼使民军愤激，复于延平、浦城、连江、古田等处，迭与李督交绥。夫民军兴师讨逆，实伸大义，纾难毁家，何负于国。李督果为国家治安之计，际此大局已定，应如何融化意见，共维善后，反在下游漳、泉一带，凡属民军家宅、商店，出其势力下者，迭纵团长马步云等搜括焚毁，激变邀功。堂堂疆吏，残暴至此，尚何足以镇慑地方，宣示威信。此善后之宜处置者一。福建下游护国军编成两支队、一独立营，统计官佐兵卒殆及三千人，虽器械略有参差，而士卒悉属精锐，欲予裁撤，势处万难。盖当时举义招军，应征将校固多，翩翩时俊，类足养廉。唯一般兵士，素仰耕贾，一旦激义从军，故业尽废；兼之财产、住居，历遭毁没，归既无家，生又无业；且其中有一部分，系由绿林投诚来附，统筹部因嘉慕其志，思消其患，故亦并编为军，教以护国，一言解散，恐饥寒之逼，故态复萌，增地方以无穷隐患。我大总统革命元勋，戎行长者，此种困难情形，早邀洞照。窃以为福建滨海，关系国防，而下游伏莽出没尤多，军事发生，动必由省添兵遣将，时既迂缓，费又浩繁，而客军新来，形势不熟，每至星火燎原，无术挽救。护国军以土籍人民，又经训练，使挑其精良，限以保洁，编为国军，资作守土，则利害既有身家，祸福且关桑梓，孰不勤慎从事捍卫地方。此善后之宜处置者二。按南方军事收束，善后处置，军务院应有责成，前经统筹部造具表册，派员请示办法，当蒙岑都司令复以除由本部汇案呈报中央外，仍希贵军直接呈候中央查核办理等因，合亟披沥肝胆，逐诉前由。兹特委派代表张桢、陈熙亮、林邦燕，带同福建下游护国军编制案暨军官佐履历清册等件，呈恳大总统俯顺舆情，将李厚基从严查办，并将下游护国军迅赐改编。至若殉国烈士以及被囚党人，应如何从优旌恤、续饬释放，以昭义烈而符命令之处，并乞钧裁。总期存殁各得其所，地方由此而安。事急情迫，冒昧直陈，诚恐诚惶，屏营待命。谨呈。

福建护国军统筹部部长许卓然

中华民国五年九月

计呈福建
殉国烈士
被拘党人 一览表
护国军临时编制案
将校军佐履历表 清册
各一份

〔北洋政府大总统府档案〕

19．山东督军公署关于居正在山东起事等情密电

（1916年4月22日）

北京陆军部田次长鉴：赓密。函悉。款事尊筹极是，似可暂缓。承询鲁中日前谣言甚重，刻已逐渐化除，内部宁贴，官民一致。昨乱党居正自青岛来电恫吓，且有定期起事之谣。此间防范甚密，军警得力，谅难扰及治安。冯、张通电八条，中央何如？能否早日解决宣布？盼密示复。养。公署代。印。

〔北洋政府陆军部档案〕

20．张怀芝等请饬曲同丰回鲁办理山东民军善后事宜密电

（1916年9月20日）

北京内务部、陆军部鉴：赓密。皓电敬悉。山东民军善后事

宜，自七月下旬曲中将承国务院令，携带关防、随员人等来东设立机关，主持办理，迄今两个月，间虽与芝等接洽数次，仅言款由东省筹垫，中央担任拨还，并会衔即赴东路点验通告一次，及民军退伍官兵执照一次，此外如民军对曲若何要求，曲与民军若何磋商，仅能知其梗概。至政府授曲以若何宗旨，曲对政府若何报告，则概未得闻。惟本月十一日携款赴周、潍、昌、高等处，十六日返省，十八日晋京，作何支持，亦未得详。闻给潍县十万，周村十万，高密三万。居正来济，犹以不敷甚巨，候曲解决。究竟民军有无冒饷之谋，曲中将亲历一周，当知详确。应请饬令该中将即速回鲁，接续进行，俾免停滞，而早完结。芝等负有地方之责，自当竭尽维持之力。但此次善后事务，系由曲中将一手经理，该中将素明大义，当兹国帑艰难，必能力竭虚糜，以轻国民担负。谨电陈复，尚希亮照。张怀芝、孙发绪。号。印。

〔北洋政府内务部档案〕

21．张怀芝为山东民军善后事宜已积极进行密电

（1916年10月15日）

北京国务院、陆军部均鉴：华密。咸电悉。民等善后事宜，既责成怀芝办理，自应遵照。现已与诸团民军首领商妥派员前往收束，周、高、潍各处亦在积极进行。俟办有头绪后，再行电陈。特复。怀芝。删。印。

〔北洋政府陆军部档案〕

22. 张怀芝关于山东民军已限期调省点验整顿密电

（1917年1月14日）

北京参谋部、陆军部均鉴：华密。周村自吴大洲反复以来，宕延多日，商民受害，惨不忍闻。怀芝前已调集军队布置妥当，以备进剿。其部下薄子明尚知悔过，今日来省呈报官兵花名清册，即日结束。当饬其严行约束各兵，毋得再有扰害地方情事，限于阴历年前全部调省点验。现在诸城新编队伍已饬陆续来省，俟将周村之军调齐后，所有潍县、高密等处各队再行次第调省，以便实行整顿。除电陈府、院外，谨闻。张怀芝。盐。印。

〔北洋政府陆军部档案〕

23. 邵兆中等关于辽东护国军起义情形并造具各种清摺请察核呈

（1916年12月6日）

为呈请察核事：窃去年帝制发生，云贵首义，西南诸省，到处响应，惟北方则寂然无声，实不足以戢方张之焰。旋虽取消洪宪纪元，然积极主战，不恤涂炭生灵，兵连祸结，解决无期。同人等忧愤交集，莫不欲声助南军，以达拥护共和之目的为己任。其时，济辉作宰桓仁，兆中由庄河警长解职，往来辽左，各有联络，但势力绵薄，不敢轻举。于是由兆中东渡扶桑，与民党首领孙中山先生接洽，一面由济辉仍与奉省防警暗通款曲，共图义举。筹划既定，分途进行。第枪弹缺乏，不能骤举，遂于署中应解省库款内提出若干元，送交某租界机关部购办。不料事未成熟，其消息已为同人漏泄，事机既迫，遂于本年四月二十八日由济辉与各同志在桓仁宣布独立，当公推兆中为总司令，济辉为总务部长兼副司令，总司令未任事以前，由副司令代行职务。当时济辉与同志之承审员文怀亮、科长崔文会各家小尚在署中，势不能顾，整队出发，通电全国及各国驻奉领事知照。然因器械未到，兵单饷薄，不敢大举。乃率同志顺江下攻安东，冀与联络成熟之各防警，相互策应。殊敌军节节设备，故未能顺流直下。一战于宽甸县之蒲石河，将警团击散，伤敌两名，该地绅商道左相迎，欢声雷动。再战于永甸河口，将奉天右路巡防队击散，敌死三名，伤六名，生擒哨长色勒贺一人，兵八名，余均逃窜。三战于长甸河口，阵亡我兵梁得全一名，防警伤毙三名，而各家小适脱险寻至。旋因敌军扼要守御，未能遽破，随退出战线。其中兆中适由日本东京回国，因有民党首领孙中山先生嘱奉省处特别地位，现在交涉棘手，骤然急进，恐生轇轕。兆中回抵安东之日，正济辉围攻长甸之时，兆中飞函以孙中山先生之意相告，济辉遵即中止作战，将枪弹等件交韩岸新城日本宪兵分遣所伍长五岛酉治手暂行寄存，厚给同志资斧，遣赴各处机关重地，分途联络，再谋稳健进行方法。先后数月之间，呼号奔走，运动已达四千人。正拟会师辽沈，牵制北军南向，幸天心悔祸，项城适亡，遂谨遵今大总统命令，停止作战计划。六月八日，恭贺总统就职电内，业经以同人等目的已达，蛰居辽海，静听驱策，声明在案。惟已集之军，不易尽行解散，仁义之师，饷项尤难筹措，因并入山东周村护国军，听候编制成军，免其流为胡匪，或混入宗社党，扰乱地方治安，亦行登报通告。此辽东护国军起事及结束之始末也。然辽东护国军军务计划，虽已告终，而军中出入用款，未经造册呈请核销，非所以重财政而卸仔肩。查我军收入之款，由济辉于桓仁任内挪用应解国家公款小洋四万一千有奇，至地方公款未动分厘，以外则由民党首领孙中山先生之支给，及山东周村护国军都督吴大洲之接济，并大连商家之借用，皆经兆中一人之手，统计前后用款六万三千余元，均系实报实销，并无丝毫冒滥。惟挪用公款，当然随案请销，至借用各款，亟应由中央担任偿还，以卸兆中及济辉经手未完之责。此次同人等迫于公义，仓卒出师，师之结局，原难决其有用，款之用途，敢云到处得当。然于奉省军防严密之地，偏师特起，身家性命，早已置之度外，贪功嗜利之念，局外人亦可信其必无，故文中所叙始末缘由，及摺中所列出入各款，毫无虚假。理合将辽东护国军首义情形，暨宣示各项文电、收支款项，并存留韩岸枪支子弹数目，分别造具清摺，恳请察核饬遵。再，有义兵梁得全，年三十岁，系奉天桓仁县人，从本护国军在长甸河口与军警接仗，中弹殒命，母老妻寡，家又贫寒，应请表功给恤，以慰忠魂。至辽东护国军印信，于取消时，业经销毁，合并声明。除送呈外，专此敬呈

内务部总长钧鉴

计呈送

出入款项清摺一份(略)枪弹清摺一份(略)

宣示及禀报各项文电清摺一份(略)

前辽东护国军总司令邵兆中

前辽东护国军总务部长兼副司令王济辉

中华民国五年十二月初六日

〔北洋政府内务部档案〕

24. 王济辉陈述辽东护国军起义经过文

(1916年)

泰东报载桓仁县知事王济辉述首义情形纪实

济辉黔省一文弱书生也，宦游辽东已十年矣。上年秋，由庄河调署桓仁。适筹安会发生，袁氏篡国之罪暴著，凡有血气，罔不发指。署中承审员文怀亮、总务科长崔文会，皆热心爱国之士

也。偶尔谈及国事，无不眦裂，于是密筹对付袁逆之策，此组织护国军之起点。议既定，即遣小儿愚倩赴长江流域，与党人暗相联络，涉淮渡泗，溯江入洞庭，流连三湘，阅时近三月。然其时因袁氏势焰甚炽，搜捕党人极严，党人势力衰弱，无力远顾辽东，卒不得要领而还。归未几，而云贵之义师起矣。风声所播，即辽东僻壤，亦无不仰望义师如时雨。济辉等乘此时机，益策进行。邵兆中者，系小儿愚倩之岳丈，即辛亥国变率军攻击辽东之先锋司令也。其威望为东边各县防警之所畏服。知其于袁逆篡国之举，必不赞成，乃遣小儿愚倩说以起军讨袁之意，深表同情。惟其时无兵无械，虽有起义之心，实无其力。加以辽东处特别地位，偶一不慎，必蹈鹬蚌相争之故辙，为患难言。当议定三种办法：一由邵君赴某国与民党首领孙中山接洽；一派各员分赴各处，运动防警响应；一由署中编练游击队，并与桓城防警联络，合为讨袁主力军。筹划既定，即分途进行。嗣赴各处人员运动俱有端倪，桓城游击队编制成军，已与桓属防警暗中联络。惟枪弹缺乏，乃令崔文会假解款为名，运款若干元，交某处机关部，专为接济党人购运军械之用。约定桓城分水旱两路进兵：一由鸭江取安东，由驻安东之党军内应；一由宽甸县取凤城，由奉天盖复一带党军潜伏凤城左近接应，而驻防军亦有多数允为内应。部署已定，而邵君未回，奉天当局催取解款甚急，崔君遂即返回桓城，约定四月二十八日调全邑警团会操，即时起义。复于桓城绅士中选出教育所长佟宝泉，暗中向可靠之区巡各官互相联络，并由巡防范稽查及教习马寿田勾通防兵，通联策应，届时拟请管带杨泰隆、警长王澄华到署会宴，将其拘留，宣布独立。按照原定计划，分途出兵，不意机漏于临时，事败于垂成，不禁拊膺三叹。盖警长王澄华者，本一狎邪小人，平居放言高论，于袁世凯之据位，以叛贼指斥，不遗余力，第恋爝火之虚荣，不肯作轰轰烈烈之举。我辈窥其心迹，是以未敢向其漏泄片言。至四月二十七日，区巡各官知其事者既多，必有向该警长微露风息者。该警长于二十八日早晨，一面向管带杨泰隆报告，令其防范，一面调区巡各官入警所扣留。事机既迫，遂将地方绅士李维周、孟芳邻、宫芳庭等邀入署内，告以意旨，遂宣布独立。县知事一席，委县佐李邦藩代理，总务科长一席，则委宫芳庭接充，以维持地方秩序。当下大众公推邵君为总司令，济辉为总务部长兼副司令。邵君未至以前，由副司令代行职务。济辉遂与各同志率领现集军队出发，尚在署中之家小，不暇顾也。防警各军，被杨管带、王警长看管，未得进行。计点从行兵士，不满百名，兵力单薄，原定之陆路一支，已无兵可遣，只得向水路一方面进行。遂分遣人报告各属之党人，令其潜伏勿动。盖彼此不能联贯，恐有损无益也。出城之后，高等小学校学生及师范各校学生投奔我军者极多，因其年龄幼弱，婉词拒绝，该生等号泣不从，可知袁氏之罪恶贯盈，三尺之小童，亦起与为敌，彼掌兵符及有势力之大员，反伈伈伣伣，甘为逆贼作鹰犬，不知是何居心？此辽东护国军起义之情形也。是日因沿途来投者耽误，仅行至桓属马圈子住宿，计离城不到四十里。二十九日上午，抵沙尖子。先派佟宝泉、李国华入市宣布讨袁意旨，张贴布告，商会代表刘荫棠迎接我军，街上照常营业，毫无惊扰。并将该商会送署之省公债洋五百三十元零退回，即由此用重价雇船三只，成军下驶。是日夜宿于浑江口。三十日，扬帆下驶，暂驻碧潼对岸，随从之学生及教员李安仁，体弱不克从军，悉行劝回。并向袁氏发最后通牒，传檄各省，与南军作一致之行动，彼昏顽不悟，不见答复，我军遂于五月二日进攻蒲口河。先遣张世太到该处张贴布告，晓以大义。该地商会欢迎道左，水警则倒戈相投。惟警团设险卡堵，力击我军，我军不得已，向之还击，将警团击散，击伤团兵一名，牌长一名，俘巡官杨惠卿一员，夺获步枪十四枝，子弹七百粒，街上照常营业，所用军需品，照价给值。并派人保卫江面，商民及外人无不称颂。驻军一日，于五月四日乘船下驶，舍舟而陆，拟进击宽甸县城。军至永甸河口，又名三岔子，与防军相遇，两军相击约两小时之久，击毙巡防兵三名，伤六名，防兵势穷，来降者八名，并擒哨长色勒贺一人，夺获步枪十四枝、子弹二千九百粒，小枪一枝、子弹八十粒。是役也，我军毫无损伤，大获全胜，本可乘破竹之势进取宽甸，惟因防兵新附，未行编制，敌兵受伤者又无地医治，因将伤兵载送韩岸医院，嘱为医治，擒获之色哨长，交船上看管，罢攻宽甸之议，下攻长甸河口。五月七日甫晓，开始攻击，因警团防营据险守御，未能攻破，击毙警兵三名，伤数名，我兵阵亡梁得全一名，激战四小时之久，我军整队退回，而家小适脱险寻至。旋拟继续攻击，分一队越岭击警团之后背，分一队直冲防营，一队乘船直攻长甸街。议甫定，而邵君兆中之信至。此辽东护国军出师攻战之实情也。盖邵君在某国与民党首领孙中山接洽，孙公谓：辽东处特别地位，现在交涉棘手，骤然急进，恐生缪輵。邵君回国之日，本此意飞函相报，令我军暂行停止，以待后图。接信后，即邀各同志协议，亦群以为然。于是将枪弹等件交韩岸新城日本宪兵分遣所伍长五岛酉治手暂行寄存，厚发饷需，令兵士暂行分伏各处，仅带一部分兵队与各同志赴某处机关部驻扎。此辽东护国军暂行停止进行之实情也。至款项用途，当另单登报通告，以明心迹。噫！我国不幸，元首叛逆，海内骚然，济辉以绵薄之才，欲以螳臂当车，自知无济，然一种爱国之心，实不能已，近虽因各属未能响应，恐孤军久战，惹起外交，暂行停顿，然袁氏一日不退位，济辉与同志组织义军之举，即一日不懈。辽东素多爱国之士，知此后继济辉而起者，必大有人在。济辉一息尚存，即愿偕我同人荷戈，随君子后。至此后进行手续，已与邵君商定。惟军机紧秘，不敢宣布。窃恐世之君子，不明我辈之行止，故将起义经过事实，详告当世有志之士。

〔北洋政府内务部档案〕

25. 张悦龄请拨发关外护国军遣散费函

（1916年　月　日）①

国务总理钧鉴：敬禀者：悦龄自癸丑亡命奔走海外，回瞻祖国，妖气弥漫，元凶愈肆其娇〔骄〕横，国脉益趋于危险，国事日非，痛心如捣。彼不思利用欧州战事之机会，发展民生之政策，以冀国利民福，乃于我神圣不可侵犯之民国并我公几经艰难经营造成之共和，竟公然背叛称帝称皇，幸滇黔首义，各省响应，天佑中国，袁氏暴殂，黎公继任，中外同钦，恢复约法，召集国会，近将大局底定，南北一家。而悦龄前以天职攸关，不揣螳臂挡车之力，竟作蝇附骥尾之举，遂在关外组织秘密团体，召集纯粹民军一千六百余人，正待出发，元凶天诛，当即停止进行，以【待】中央之解决。迩者国会重开，悦龄曷敢负固有所要挟，遂将散伏之民军一律解散。溯自癸丑以后及此次所有开销各项之用款，均经悦龄自行筹办，并未借有外债、支领革命公款等事，除前后开消以外，所亏者仅各处之旅费并欠商家之借垫等项，其数约二千一百余元。现在各处追索，无力偿还，踌躇再四，惟有仰恳我公体恤亡命之艰难，格外施恩，准予拨款弥补，以维信用。悦龄亦知国库支绌，不敢妄自开端，可否之处，出自钧裁。再，悦龄所率之民军，均系良家子弟，迥非若辈恃连络胡匪者可比。悦龄自组织以来，以东省介两强范围之间，动关交涉，未易轻举，故力戒各首领不准轻举妄动，扰乱治安。各该首领自能领悟，服从命令，亦属幸事。虽云无战功之足录，然驰驱内地，传达消息，或鼓吹运动，或侦探军情，均非常冒险，良费苦心。前既能服从命令以维持治安，后复能帖然就范以听解散，始终一贯，殊堪嘉尚。

① 此件无时间，据内容推断，当为1916年。

可否恳请鸿慈予以薄奖，以资鼓舞而劝将来。至请求两事，是否可行，统乞钧裁，是为至荷。除关外护国军职员官佐名册俟批准后另行造具外，合将解散军队及恳请恩准之各缘由，具书谨呈，伏乞鉴核批示施行。临颖不胜悚惶待命之至！肃此，敬请钧安。张悦龄谨呈。

张悦龄简明履历

奉天复州民籍，现年三十六岁。于前清光绪末年历充恳务绘图差使及筹办地方各事宜。于宣统元年在奉天全省地方自治研究所卒业，继充复州地方自治研究所所长，旋被举为复州议事会议长。辛亥年为关外义勇军统制。于本年四月间被推为关外护国军临时军政分府总司令。现经解职无事。所具履历是实。谨呈钧阅。

〔北洋政府国务院档案〕

（二）北军开入川湘抗拒护国军

一、攻击漾电

1．政事堂对唐继尧等漾电表示怀疑电

（1915年12月25日）

政事堂致云南唐将军任巡按使电十二月二十五日

漾电悉。查贵处两次来电，均吁请早定大位，情词迫切，称全省军政绅商无不同声欢庆舞蹈，又谓国民代表大会一致赞成君宪，并推戴我大总统为中华帝国大皇帝，足见此心此理，薄海胥同。乃犹明发命令，谦不称尊，在我大总统允恭克让，固抑圣德之㧑冲，而人民待治孔殷，岂宜拘牵于小节。此继尧等所以迫切上陈，一再吁请者也。溯自共和建立以来，暴徒乱政，人民陷于水深火热之中，苟非我大总统出而力任危难，戡乱致治，则此数年之内，将不知四分五裂，成何景象。虽仰赖神武，转危为安，然特一时之措施，究非百年之大计，不即此时早定一尊，缔基万世，既恐失小民喁望之至忱，反以启非分觊觎之扰乱，益非我大总统拯济斯民之初愿矣。顾或者虑帝制宣布，乱党愈以藉口，外人不免微词，抑亦党徒好乱性成，即不变更国体，岂遂无词以倡乱，要在各省严防之而已。至于改行帝制，期以适国势民情，本系我内部之改革，于外人无与。况各友邦睦谊方敦，谅无不乐为赞成之理。现在各地方秩序安稳，内外人民之身家财产，皆能保持完善，斯诚天与人归千载一时之机会。伏愿俯顺群情，早登大位，为国家谋无疆之福，以餍臣民迫望之心，不胜幸甚。又十月十二日致统率办事处电：自国体问题发生以来，内外军民喁喁企望，期早日决定，以图永久治安。滇省军队，向极服从，对于兹

事，亦皆深明大体，保无他虞。其他政学绅商各界，均迫望早定大计。惟报纸稍异议，亦不过少数近名无识者之所为，实不足以表舆论致生障碍。务乞转陈主座，俯顺舆情，乾纲立断，决定施行，以慰薄海军民之望。若再予迟疑，转恐别生枝节，有碍国家根本大计，更非元首维持大局之初衷矣。值此一发千钧之际，愚虑所及，未敢缄默，谨据实密陈，乞即转陈主座，睿断施行。十二月十八日、二十一日，唐将军又致处两电，一曰旬日以来，乱党由滇越一道遍布党与〔羽〕，密谋甚急，幸继尧防范严密，所属军队亦皆稳定，乱事无由发生；一曰继尧渥受恩施，沦肌浃髓，干城腹心之寄，夙以自勉。矧滇省为父母之邦，保全治安，尤属责无旁贷，故对于乱党，防范异常严密，以目前现象，决不至有乱事发生。二十一日，又致参谋部电，现在中下级各官长服从命令，浹洽有素，绝不至被人煽惑。其各级官长，尤深明大义，与继尧同心合力，巩卫国家，均堪深信。刻复审度情形，除将驻省军队酌派两营赴边协捕匪徒、助铲烟苗外，其得力可靠军队，均令集中省城，以资严防。继尧宗旨夙定，布置周密，但得生命不受危险，绝不至有变故发生。各等语。今据来电，语多离奇，事隔三日，背驰千里，本政事堂实不信贵处有此极端反复之电，想系他人捏造，未便转呈，请另具印文，亲笔签名，迅速寄京，以便核转。堂。有。

〔政府公报，1915年12月28日，第1307号〕

2．袁世凯关于唐继尧任可澄蔡锷均著褫职查办申令

（1915年12月29日）

政事堂奉申令：据参政院代行立法院奏称：近者云南将军唐继尧、巡按使任可澄等拥兵谋乱，通电各省，举动离奇，词旨悖谬，若不明其罪状，顺逆何自而分，今请举其罪之大者约有三端：

一曰构中外之恶感。查唐、任通电，有列强干涉，民气骚然，外侮之袭，责有所归等语。本院以事关国家主权、政府信用，曾以此次五国劝告，其中实在情形，究竟如何，五国曾否干涉我国内政主权，政府曾否因五国之劝告，秘密许以何种权利，以为交换条件等语，责问政府，请以两次劝告交涉始末及与此事有关系之交涉事件，明白答复，以释群疑。当据外交当局到院声称：各国驻使口述劝告，虑帝制急激进行，或生变乱，愿暂为延期。并声明以友谊劝告，决非干涉中国内政。月余之后，又来面述，各国政府仍持静观态度。又声明决无干涉中国独立及主权之意。此外，政府并无与各国口头或文件订立何项之条件云云。是各友国敦睦邦交，本毫无干涉之意。乃唐、任等捏传干涉，疾呼外侮，意在使我国民对于各国敦睦之意，顿生误会，远近骚动，闻听淆然，恐因此起交际之恶感，致龃龉之发生，贻大局以隐扰，劳政府之防范。且友邦劝告，一再声明，并非干涉，尤无外侮之可言。而唐、任等自认干涉辱国孰甚，今国中本无事故，自唐、任而始发生，是不啻忧干涉之不至，虑事故之不生，故特造一内乱之事，以摇惑民心。今我国国势，风雨飘摇，爱国君子，即令对于政治稍有异同，亦当本其垂涕而道之诚，剀切敷陈，以图尽善。乃必阴谋结合，定计于国门以外，而后据地拥兵，反抗政府。其对于国内之宣布，则曰吾为外交故也。夫五国之劝告，惧我国之有内乱而劝告，非惧我国之无内乱而劝告也。然则弥缝外交，莫如防止内乱。今唐、任等反之，不防止内乱以顾全外交，乃发生内乱以贻累外交，以此欺友谊之各国乎？以此欺爱国之吾民乎？人非狂愚，孰能信此。推其用心，不过知友邦甚惧吾内乱之发生，政府亦日防内乱之发生，特于此存亡危急之中，造成一最不利于吾国之内乱而已。唐、任诸人，若有丝毫爱国之心，决不为此。此次行动，有意造成内乱，是为全国之所共弃，不能复以中华国民相待。此其大罪一也。二曰违背国民公意。查唐、任等通电，有代表议决、吏民劝进、利诱威迫，非出本心等语。念自国体问题发生以后，国民代表大会以法律之手续，决定君主立宪，全国一致，无有异词。以数千年习于帝政之人民，兼受四年来共和之痛苦，今日本其诚心，主张君宪，正为我国民真正心理之表示。各省投票之时，概听人民自由，并无丝毫强制，即云南一省，亦复如兹。当时代表之议决，军民之劝进，皆经唐、任二人，身为监督，督率办理，据其迭次报告，亦可见为真实舆情。今忽以利诱威迫之词，加诸各省，此不仅诬各省代表及其监督，并且诬云南代表及其自身。不知唐、任当时曾对代表加以利诱威迫耶？措词之奇，实在情理之外，此必唐、任等意存反侧，或被乱人迫胁，故有此前后矛盾之词。自知一己主张，与全国民意相反，故必将国民代表所决，一概加以诋诬，不与承认，以避违反国民公意之罪。不知君主立宪，既经国民公决，铁案如山，无可移易，举国上下，皆无反对之余地。若以一二人之私意，遂可任意违反推翻，不认此后国家将凭何者以为是非取舍之标准，无可为准，任听人人各逞其私，更复何能成国。癸丑孙、黄之乱，亦于议会依法举定之元首，而肆其反抗，但逞个人私图，蔑视人民公意，行动于法律之外，终为国民所弃。以昔例今，事同一律，法制拘束，本不便于犯上作乱之徒，然国家舍兹，何以立国。今唐、任等行动，直为违背全国民意，并即违背云南民意，自全国视之，直为国民公敌。此其大罪二也。三曰诬蔑元首。按唐、任等通电指斥元首之词，有食言背誓，何以御民，应请明誓拥护共和等语。共和元首之即位，例有守法之誓词载在约法，所誓者何词，遵民意所定者也。以共和国之元首，一切应以民意为从违，此义推之古今中外，无不可通。设民意欲共和，而元首欲帝制，是为叛民；反之，而民意欲帝制，元首仍欲共和，亦为叛民。设使国民代表大会未经决定君宪之先，而元首即行帝制，又或国民代表大会决定仍采共和，而元首偏欲独行帝制，则全国国民皆可以违誓相责，何待唐、任诸人。乃今日之事不然。当国人讨论国体之初，不过论共和之利害，并未拟议推戴之人，此学者之常情，即元首亦不能目为谋叛而施其禁令。皇帝当日，且曾为变更国体不合事宜之宣言。然此不过个人意见之表明，亦无由妄行其职以左右民意也。迨至代表决定，举国推戴，又以信誓在前，辞让勿允。明令煌煌，可以按诵。以理论之，共和元首之机关，既为国民所不采，而一切法令，又经国民总代表声明，须与国体不抵触者乃为有效。是则约法所载大总统以及即位誓词，皆在无效之列，不过用固有之名义以维持秩序而已。此时元首求所以见信于国民者，应即宣誓不再维持共和，方为恪遵民意。设以机关仪式之誓词，再用之于今日，国民其谓之何。此本至浅之理，至常之事，特因唐、任等蔑视民意，故将与今日民意相反之誓词，引以为重，又不敢谓民意可违背也。故必先诬民意之非真，乃进而诬为一人之意，以遂其动摇国本糜烂大局之谋。夫共和元首，国民已有相当之敬礼，何况今日名分已定，天泽懔然，正宜严君臣上下之分，生乱臣贼子之惧，去共和之余毒，复古国之精神，使此后海宇宴安，定于一统。君子有怀刑之戒，庶人有敬上之忱，庶与此次国民拨乱求治之心，乃能无背。若如前之孙、黄，今之唐、任辈，猖狂恣肆，动辄以推翻元首为词，名为拥护共和，实即为共和不适国情之一大证。幸而天福中国，国民觉悟，设不早改，则墨西哥五总统并立之事，决不免于中国之将来，流毒所贻，未知伊于胡底。即以唐、任为鉴，万不可再留共和名义，以为随时煽乱之资，必宜永远铲除，绝其萌蘖。唐、任此次诬蔑元首，藉以倡乱，应以大不敬论。此其大罪三也。唐继尧、任可澄等具此大三罪，应请立予宣布罪状，克日出兵致讨，以翦凶顽，而固邦国。本院为此，依约法第三十一条第七款提出建议，奏乞施行。等情。又据各省将军、巡阅使、巡按使、都统、护军使及各路统兵大员先后来电，咸称唐继尧、任可澄、蔡锷通电煽乱，请加惩办。各等语。唐继尧、任可澄两次劝进，吁请早正大位，情词肫恳。二十一日以前，迭次电称，滇境虽有乱党秘密煽惑，现在防范甚严，决不至发生事变。乃未逾数日，遽变初衷。蔡锷当讨论国体发生之时，曾纠合在京高级军官，首先署名，主张君主立宪。嗣经请假出洋就医，何以潜赴云南，诪张为幻，反复之尤，当不至此。但唐继尧、任可澄，既有地方之责，无论此项通电是否受人胁迫，抑或奸人捏造，究属不能始终维持，咎有应得。开武将军唐继尧、巡按使任可澄，均著即行褫职，并夺去本官及爵位、勋章，听候查办。蔡锷行迹诡秘，不知远嫌，应著褫职夺官，并夺去勋位勋章，由该省地方官勒令来京，一并听候查办。此令。

中华民国四年十二月二十九日

国务卿　陆征祥

〔政府公报，1915年12月30日，第1309号〕

二、入川作战

1. 王占元为运兵赴川湘于汉口专设事务所密电

（1915年12月27日）

北京统率办事处钧鉴：华密。刻值冬令，上游水枯，稍大船只，颇难行驶。昨接曹将军来电，即已设法筹备。惟招商局由汉至宜，向只固陵、快利两轮，现固陵适已搁浅月余，仅有快利一艘，已商定本晚开赴岳州载运。又租美孚行美湖轮船一只，明日开岳，租价二千两，由汉先交。又租怡和行同和一艘，艳日开岳运宜，水脚每名四元。又租萍局拖轮两只、木驳十只，即晚赴岳。余借汉、粤、川路小轮两只，并赶雇民船，以资转运。除由军署派员分投押送外，并于汉口专设事务所，派委萍局坐办卢洪昶，以总其成。又委杜镇守使锡钧，刘总稽查友才、丁交涉员士源、又夏口侯知事祖畬，会同办理。第七师到鄂，即可迳投该所接洽可也。但转运租赁商轮、木驳，在在均须现款。务望转商财部，迅饬电拨五万元，俾资应用，是为至要。再，江西步兵二营、机关枪一连、山炮一连，于本晚抵汉，业已代雇小轮开行赴岳矣。合并奉闻。占元、书云。感。印。

〔北洋政府统率办事处档案〕

2．关于向汉冶萍租船运兵付给租费电

（1916年1—3月）

（1）王占元等致统率处密电（1月4日）

北京统率办事处钧鉴：华密。顷据汉冶萍公司坐办卢洪昶转到该董事会电称，轮驳专运厂料，稍有阻滞，即碍进行。鄂省前于癸丑租用运兵，事后又不给价，租费大受损失，操租权者已有责言，昨闻租借装兵，已来诘问。惟装载炮、马，最易损船，事后必须大修。如再受损失，必生交涉。惟有仰恳准予应给租费、保险费、煤价外，查明修费及损失赔偿费，电复知照，即便电嘱卢坐办照拨，以应尊需。等因。查该电所称各节，前于租借之初，即经卢坐办面陈困难情形，当即由占元等力允担任，并委该坐办总理其事。亦即为此，故前租用各轮，得未掣肘。兹复据该董事会一再电陈，尚须添租应用，且此后或不免转运之需，未便再失信用。除已电复允如所请外，惟事关军行紧急，不得不略事权宜，事后仍当查明有无损坏，再议赔偿。是否之处，尚希电示遵行。占元、书云。支。印。

（2）统率处复汉冶萍电稿（1月8日）

上海汉冶萍董会鉴：微电悉。前欠租费，业函部拨发。至修理及损失赔偿等费，准王将军、段巡按使来电，经处复核，均应照给，以恤商艰，电复照准在案。希即查照，勉任辛劳可也。处。齐。印。

(3) 统率处致王占元密电（1月30日）

武昌王将军：华密。据汉冶平〔萍〕董会勘电称：此次拨用轮驳，急盼抽还一半，否则停炉，亏损甚巨，恳请兼顾各等情。查此次拨用轮驳，运费从优发给，所有保险、赔偿损失、修理等项，均经处、部担保。该董会屡次电称，竭力维持，当此军用之际，仍应免〔勉〕为其难。既据称恳请兼顾，希酌度办理，能于早日陆续抽还为要。处、会如有用款之处，可酌度先行借给租费，以恤商艰。处。卅一。印。

(4) 王占元复统率处密电（2月1日）

北京统率办事处钧鉴：华密。卅一电敬悉。前准汉冶萍董会电开前因，当已复电，允俟稍缓，当设法抽还。兹复饬知事务所赶紧催运，以期早日陆续抽还应用。至该会如有用款，商借租费，自当遵照钧电办理。除转知该公司外，谨复。占元。东。印。

(5) 王占元复统率处密电（3月6日）

北京统率处钧鉴：华密。微电敬悉。运兵租用汉冶萍拖轮及钢木驳，现已陆续抽还，所留无几。刻下运送船只，多系他处租借。至该公司煤价，除前领二万元外，昨又续发二万元矣。谨复。占元。鱼。印。

〔北洋政府统率办事处档案〕

3. 关于军饷搭放中交两行兑换券以利军事进行函电

(1916年1—3月)

(1) 陈宧致财政部密电（1月4日）

财政部鉴：堂密。俭电敬悉。征伐滇、黔，军饷内搭放中、交两行兑换券，具纫公谊。惟川省大军云集，需饷浩繁，兼值地方不靖，税收支绌，现款无多，虽饷项搭放兑券，而准备金额既少，金融仍难活泼。拟请略予变通，凡在川军队，再寄中、交两行兑换券，各处一律免取汇水，由贵部电知各该银行查照办理。并请转商交通部，分电各邮局，遇有军队再寄兑换券者，当面验明数目，函封加盖特别戳记，免收汇费。似此办法，前方军队既获优待利益，当愈奋勇，而川省兑换券，亦藉以流通，免形壅滞，于军务、财政前途，不无裨益。务恳垂念川省困难情形，特予照准，无任企祷。立盼电复。陈宧。支。印。

（2）财政部致交通部、中国交通银行总管理处密函稿（3月6日）

密启者：军兴之后，用款陡增，且用兵之地，道路险阻，运
查接济饷需推行钞票案内，统率办事处所拟办法，

送现款，诸多为难，本部为便利起见，拟在军饷内搭放中国、交
前经贵行议复，均表赞同，当由本部电请鄂、湘、川、粤、桂等

通两银行兑换券，业已电请各路统兵大员力为提倡，并分电鄂、
省将军、巡按使出示晓谕。并准湖北、湖南两省将军、巡按先后

湘、川、粤、桂等省将军、巡按使于行军地方出示，晓谕商民一
电复前来，已于本月日由本部泉币司抄送在案。

律行使各在案。

电复称：兹准四川陈将军
川省大军云集①……特予照准等因前来。查所陈兑换准

备为难各节，系属实在情形。现在军事正在吃紧之际，似应
应即照准

变通办理。除函饬中国、交通两银行遵照办理
商交通部并行交通中国银行遵照外，可否由
即请贵

部
行电饬川省各邮务局
分行号查照，遇有军队汇寄中国、交通两银行兑换

券，均一律暂行免收汇费，俟军事平定之后，再行照旧办理之处，
并盼

即
克日请查酌办理见复，以便转知可也。此致

交通部

---

① 以下系引述陈宧致财政部支电，兹略。

中国
交通银行总管理处

财政部启

洪宪元年三月六日

（3）财政部复陈宧密电（3月10日）

成都陈将军鉴：堂密。支电悉。当行中、交两银行照办。兹据复称：已电成都、重庆各该分行遵照，军队汇寄兑换券，一律免收汇费。至邮务局免收汇费一节，俟交通部咨复，再行奉闻。财政部。蒸。印。

〔北洋政府财政部档案〕

4. 袁世凯关于派曹锟领兵抗拒护国军等情申令

（1916年1月5日）

政事堂奉申令：前据参政院代行立法院奏称：唐继尧、任可澄拥兵谋乱，声罪请讨。又据各省将吏先后电称：蔡锷等通电煽乱，请加惩办等语。当时疑其另有别项情节，先将唐继尧、任可澄、蔡锷褫职夺官，听候查办。嗣据各路边报，蔡锷纠合乱党，潜赴云南，诱胁该省长官及一部分军人，谋叛国家，破坏统一，宣言独立，遣兵窥川，稍拂逆谋，横遭残害，妄自尊大，擅立官府，人民多数反对，饮泣吞声，不能抗其威力。又任意造谣，传播远近，妄称某省已与联合，某国另有阴谋，非诈欺惑众，即挑拨感情，呓语荒言，全无事实。各省军民，皆服从政令，拱卫国家，各友邦又皆希望和平，敦睦邦交，决非该逆等所得诬蔑。当滇变肇端，政府及各省将吏，驰电劝诫，苦口热心，积牍盈尺。而该逆等别有肺肠，悍然不顾以全体国民决定之法案。该逆等竟敢以少数之奸人，违反举国之民意，于政府之正论，同寮之忠告，置若罔闻，丧心病狂，至此已极。该逆等，或发起改变国体，或劝进一再赞同，为日几何，前后迥异，变诈反复，匪夷所思。自古国家初造，类有狡黠之徒，包藏祸心，托词谋变。而如该逆等之阴险叵测，好乱性成者，亦不多见。至滇省人民，初无叛心，军士亦多知大义，且边陲贫瘠，生计奇艰，兵仅万余，饷难月给，指日瓦解，初何足虑。国家轸念滇省军民，极不愿遽兴师旅，惟该逆等倚恃险远，任意鸱张，使其盘踞稍久，必致苦我黎庶，掠及邻封，贻大局之忧危，启意外之牵涉，权衡轻重，不敢务为姑容，竟废国法。著近滇各省将军、巡按使，一体严筹防剿，毋稍疏忽。并派虎威将军曹锟督率各师，扼要进扎，听候调用。该省之变，罪在倡乱数人，凡系胁从，但能悔悟，均免追究，如有始终守正不肯附乱者，定予褒奖。所有滇省人民，多系良善，尤应妥为抚恤，勿令失所，用副予讨罪安民之至意。此令。

洪宪元年一月五日

国务卿　陆征祥

〔政府公报，1916年1月6日，第1号〕

5. 张敬尧率部由宜入川密电

（1916年1—2月）

（1）1月13日密电

北京陆参两部钧鉴：赓密。师长本拟十二号由宜出发，奈因步兵一营及山陆炮各一连于十二号夜，始行抵宜，故未前进。师长已于十三号上午十时率步廿五团及步卫队一连、山陆炮各一连、机关枪一连、工兵一大排，由宜出发。其十三旅□饬--团，已饬夏旅长文荣抵宜后，即行换船前进；十四旅各部队，师长抵宜时，又派小轮数只开赴下游拖带，以期前进迅速。并责成吴旅长新田在宜督饬后方各部队，及照料一切事宜。特禀。师长张敬尧元叩。印。

（2） 1月23日密电

北京参谋、陆军部总长钧鉴：赓密。师长于廿三号夜抵夔州，即刻登陆，率到夔各部队星夜兼程向渝前进。其后方各部队，已饬吴旅长亦由夔登陆，兼程赴渝。余容续禀。师长张敬尧叩。梗。印。

（3） 2月10日密电

千急。北京统率办事处、参陆两部，夔州探投总司令曹钧鉴：赓密。青、佳三电敬悉。师长于十号进赴合江，十四旅廿八团已于九号到渝，廿七团明日亦可赶到。遵饬酌留一团坚固渝防，余均于真日驰赴前方，以图痛剿。特此电闻，乞代奏。师长张敬尧叩。蒸。印。

〔北洋政府陆军部档案〕

6．曹锟关于由川湘分兵两路进攻云南部署情形密电

（1916年1月17日）

北京参政院代行立法院、政事堂、统率办事处、各部总次长，各省（除云南、贵阳不寄外）将军、巡按使，并转各师长、各镇守使，徐州巡阅使，承德、张家口、归化都统，福州、上海、宁夏护军使、护军副使均鉴：华密。窃锟前奉统率办事处卅一电开：奉大元帅训令：蔡锷、唐继尧、戴戡、任可澄等背叛谋反，亟应分派大兵驰往扑灭，以保地方，而卫生灵。特派虎威将军曹锟为行军总司令、马继曾为第一路司令官，督率第六师及第五旅由湖南经贵州向云南进发，张敬尧为第二路司令官，督率第七师及第六旅由四川向云南进发，该总司令由四川前进，务激励将士联合进行，早奏肤功。滇省瘠苦，闾阎凋敝，应申明约束，勿稍骚扰，有厚望焉。等因。除分行各司令外，特寄。等因。奉此。遵即筹备出发，所有第一路前部已抵黔边，第二路前部已抵重庆，大队均陆续进

行。后方一切事宜亦已料理就绪。锟拟于本月十九号由岳起程入川，督饬进行，布置防剿，志在殄灭丑类，出民水火，奠我国家，以伸天讨。惟材力棉薄，深恐未逮。诸公忠荩为怀，关心大局，尚希随时指示机宜，是所切祷！曹锟叩。洽。印。

〔北洋政府陆军部档案〕

7. 袁世凯著附近各将军及统兵大员抗拒入川护国军申令

（1916年1月25日）

政事堂奉申令：迭据四川将军陈宧电称：蔡锷等率领叛军，侵犯川边宜宾县及燕子坡、横江一带，防营八百余人被叛兵以大队突来包围攻击各等语。查蔡锷等反复变诈，入滇煽乱，当经褫夺职官，听候查办，冀其或能悔悟，乃竟率领叛兵，袭攻官兵，甘心作乱，扰害治安，未便再事姑容，著附近各将军及统兵大员分途进剿，以保地方而奠生灵。此令。

洪宪元年一月二十五日

国务卿　陆征祥

〔政府公报，1916年1月26日，第21号〕

8. 周骏关于被委为防渝总司令并陈自井一带战况密电

（1916年2月1日）

华密①。滇逆肇乱，悖叛朝廷，入寇川疆，妄冀跳梁。顷因官军小有失利，遂窃据叙州，觊图自井。中央命将出师，刻已大军云集，不难指日荡平。惟因逆氛未靖，兹奉陈将军转统率处电开：以川省渝、綦、泸、叙军恐〔？〕紧要，非加各将领以临时名

① “华密”前电码未译。

义，不足以专责成，特任骏为防渝总司令。等因。现渝城已严为筹防，地安谧如常，骏所部已编三支队，扼扎泸、永、合、津、南、溪一带，可期稳固。昨日复接驻泸州电称：第一支队分兵两营，防守自流井之杜团长文泳卅电报，今早五时，我军在宗场前方与敌接战，逆敌约七八百人，炮、机各二尊，距我右侧三十里之苏溪壑，敌陈华封率二百人，牵制我右翼，有此□力互施，均极猛烈。幸我军奋勇，至午前八时，将该敌击退。现正追击，已约四五里，毙敌甚多。我军仅负伤六名。余容续呈。等语。特闻。重庆镇守使周骏叩。先。印。

〔北洋政府大总统府档案〕

9. 张九卿率部由汉入川情形密电

（1916年2—3月）

（1）2月18日密电

北京参谋部、陆军部钧鉴：陆密。职旅各团营前由汉口南下，业经禀明在案。旅长兹于二月十八日率全部队伍，安抵宜昌，现筹备船只，开往重庆。俟到重庆之日，再行禀闻。陆军第八师步兵第十六旅旅长张九卿谨禀。巧。印。

（2）3月28日密电

急。北京参谋部、陆军部，重庆曹总司令钧鉴：赓密。旅长带卅二团第二营及炮两连，于廿八号上午十点安抵合江。除遵统率办事处沁电驻合稍候外，谨电禀陈。陆军第八师十六旅旅长张九卿叩。勘。

〔北洋政府陆军部档案〕

10. 周骏报告攻占荣昌并于南川激战密电

（1916年2月20日）

钧鉴：华密。荣昌巧日失守，啸日飞饬骏部驻隆赵营长金澐率队飞驰进攻，毙匪甚众，匪即鼠窜。我兵猛击跟追，夺获双筒五子枪五，刺【刀】四，俄式枪一，各种军装多件，荣城当已克复。等语。又据驻防南川张鹏舞报称：巧日逆军熊其斌率逆众及汤子沐、王小帆等匪众，围攻菁顶，大炮轰击，势甚猛烈，从拂晓激战至午后四时，我军韩连长青云与岭坝李连长督兵苦战，势渐危急不支，韩、李两连长激励士兵，拚死猛攻，将逆军击退二十余里，击毙逆军连长一员，兵匪百余名，生擒一名，夺获步枪数枝，子弹数百发，用品无算。我兵士受伤二名。等语。特闻。防渝总司令周骏叩。哿。印。

〔北洋政府大总统府档案〕

11. 李长泰率部由京入川经过密电

（1916年2—3月）

（1） 2月23日密电

北京统率办事处、陆军部钧鉴：陆密。职师本部于敬日出发，十六旅将次开竣，十五旅队头昨日已运巫山。谨禀闻。八师长李长泰叩。漾。

（2） 3月1日密电

急。北京统率办事处、陆军部钧鉴：陆密。职师队头已抵重庆，师长于今日午后过夔，赶即前进。谨禀闻。师长李长泰叩。东。印。

(3) 3月5日密电

北京统率办事处、陆军部钧鉴：陆密。职师本部及炮、工各营今日抵万县。谨禀闻。师长李长泰叩。歌。

(4) 3月12日电

百万急。北京统率办事处、陆军部、参谋部钧鉴：职师沿途报到，业经电闻在案。至沿途详情，敬再缕陈。职师入川，原拟由宜至渝，水陆并进，以期迅速赴援，故于奉命之后，即遣员赴宜，分途预备，并饬各旅、团、营随到随开，勿稍贻误。由京至汉，于一月廿五日开始前进。职将后路之运输、沿途之给养各事，略为规定，即行首途。全师至二月二日输送完毕。前队于一月廿八日抵汉，廿九日即由汉乘船开赴宜昌，二月十二日到宜，十四日即向重庆进发，二月十九日全部抵宜。查前行各师，均由水路进行，缘陆行艰险，且到渝日期较水行为迟十余日，除马匹由陆路进行外，队伍及接济，均乘民船，由水路入川。但江水流急滩险，凡江岸稍有容足之地，及上滩之时，均饬目兵登岸拉纤，早开晚泊，志切速行，生恐贻误戎机，虽阴雨连绵之际，亦未尝因之稍滞。前队行至万县上游，幸有曹总司令派轮下驶迎接，故廿九团一二两营于三月一日安抵重庆，即日旅赴合江矣。师部及十五旅亦由万县上游换轮于蒸日抵渝。后发各旅、团、营，亦即续至，随到随开，饬赴合江。如有更调，再行电禀。近来涪陵、长寿沿江一带，土匪潜伏，出没无常，于我军进行，不无阻碍，已奉曹总司令电，于涪陵、石家沱等处，暂将步兵□留三连，以资掩护。此次职师奉命晓夜遄征，国事方艰，遑敢延误。除王旅长在石家沱附近登岸剿匪各情已先电详报外，谨将职师沿途由京抵涪详细情形电陈，敬乞转奏。谨禀闻。师长李长泰叩。文。印。

〔北洋政府陆军部档案〕

12．冯玉祥报告所部等完全占领叙府外围电①

（191年3月2日）

特万火急。北京统率办事处、陆参两部钧鉴：职同四旅赵团长率队攻叙，于三月一号与敌接战，我军奋勇猛攻，敌恃险死抗，鏖战一昼夜。观音山、吹火山均有坚固防御工事。敌兵力步三营、炮一连、工程一连，土匪千余人。我军官兵奋不顾身，仰面扑攻。至二日早，大江左岸一带之险要阵地，均皆次第完全占领。现正在追击中。毙敌甚众，俘虏四五十名，夺获战利品甚多。我军伤亡官兵百数十名。叙府已无敌踪。商会已欢迎数次，我军尚未进城。拟在已占之各要隘坚固防御。特此电闻。十六混成旅旅长冯玉祥叩。冬。印。

〔北洋政府陆军部档案〕

13．冯玉祥报告攻占叙州电

（1916年3月3日）

北京统率办事处、参陆两部钧鉴：我军于二号早占领岷江左岸各要隘，一面尾随追击，一面在各要隘赶筑工事，以固叙防。敌军仍在岷江右岸真武、翠屏两山据险死抗，官兵奋力扑攻，激战至下午三点时，将真武、翠屏两山次第占领。敌兵仍在金沙江右岸抵御，连夜战攻，至三号早，将白塔寺一带之高山尽皆占领。我军先后所占之要隘，尽皆居高临下，俯视叙城，叙府完全克复。此次攻叙官兵奋勇异常，职旅之连长李振芳身先士卒，冲锋吸火山，敌之堡垒遂陷，该连长阵亡。炮兵连长苏振海勇猛异常，身受重伤，立时殒命。其余亡官兵百余名，查明续报。毙敌千余名，

① 此电自自流井发。

俘虏、投降者百余名，夺获战利品甚多。余容续禀。十六混成旅旅长冯玉祥叩。江。

〔北洋政府陆军部档案〕

14．冯玉祥报告攻占叙府及双方伤亡情形电①

（1916年3月5日）

特急。北京陆军部钧鉴：职于冬日攻破叙城，滇匪向横江方面溃败，我军毙敌不下千余名，生擒百余名，夺获大炮二尊，步枪四百余支，炮弹十余箱，枪弹十余万粒，并其他军用物品甚夥。我军阵亡连长李振芳暨苏振海二员，共计伤亡官兵约百余名，追敌三十余里。现在一面派队尾追，一面严密布置阵地工作，以固叙防。特此禀闻。旅长冯玉祥叩。微。

〔北洋政府陆军部档案〕

15．周骏报告所部赵营进占隆昌电

（1916年3月7日）

北京各部、院钧鉴：顷接本师赵营长金澐歌电报称：逆众三百余，占据距荣昌廿里之檬子悠一带，意图取荣。营长昨由荣进攻逆党，跟追全散②，进至黄泥垩村时，占隆逆首率领余匪，佯为出战，稍事抵敌，我军逼近，击毙匪党数十人，余均四散，天晚不便再进。澐今早朝进隆昌城，出示安民，搜诛余党，以图灭绝。所幸到速，匪党无暇抢劫，人民财产毫未损失，知事亦未被害。由永两日余抵隆，且连日天雨，士卒异常奋劳。逆党伪示多件，另行披阅。等语。查该营长赵金澐驻守永川，奉骏令攻隆，星

① 此电自自流井发。

② 原文如此。

驰前进，仅两日余，遂完全克复隆昌，虽未激战，然东路已通，成渝电线亦畅行无阻，保自流井、泸州之后路，掩护永川一带泸渝间国军之进行，实于军事上大有关系。特闻。周骏叩。阳。

〔北洋政府大总统府档案〕

16．张敬尧等报告北军攻占纳溪情形电

（1916年3月7日）

特急。北京政事堂、将军府、参谋本部、陆军部暨各部总次长、成都陈将军，除云、贵外，各省将军、巡按使并转各镇守使，徐州长江巡阅使，承德、归化、张家口都统，上海、福州、宁夏护军使，重庆周镇守使，百色龙将军行营，辰州周司令均鉴：敝军进攻纳溪已阅两旬，昨夜逆军反攻数次，均被击退，毙匪甚多。细察逆军情景仓皇，似有摇动之势，当令各旅、团长乘逆军势懈，即当奋力痛击。今日拂晓，逆复猛烈来冲，我军奋勇痛剿，逆势不支败退，我军尾随痛追，将逆之坚固堡垒暨最高之无底山、螺丝山全行夺据，稍留防兵，余仍事追击十事朵，完全克复纳溪，夺获枪枝、军用品甚多。本当趁势跟追，实以久战之后，兵力已疲，加之江安、南溪仍系匪徒占据，恐逆反攻夹击，受其奸计，未便穷追。当饬各部队在纳溪南方各里余最高之贯山、修筑沟垒，对于永宁、江安方面，严加防守。双河场系通永宁要路，亦酌派军队防堵。纳溪城内，尚有遗留受伤逆兵二百余名，业经受伤，当经派人抚恤，俟病愈后，再行分别安置。知关廑念，用特先闻。第二路司令张敬尧、副司令熊祥生同叩。号。印。

〔北洋政府陆军部档案〕

17. 张敬尧等报告刘湘所部攻占江安电

（1916年3月9日）

特急。北京政事堂、将军府、参陆两部总次长，除云南、贵阳外，各省将军、巡按使并转各镇守使，徐州长江巡阅使，承德、归化、张家口都统，上海、福州、宁夏护军使，辰州周司令，百色龙将军行营，重庆周镇守使、李师长，綦江齐总指挥、李司令，自流井探投冯旅长、刘指挥均鉴：七号攻下纳溪，乘机派团长刘湘率步兵三营，酌配山炮、机关枪各两门，进攻江安。顷接该团长报告，八号下午四点行抵江安，该处逆寇整备以待，我军遂即展开奋力痛击．至六点逆势不支，向永宁方向溃败，我军完全克复江安，毙逆甚多，夺获管退炮三尊，步枪三十余枝，各项军用物品无算。理合布闻。第二路司令张敬尧、副司令熊祥生叩。佳。印。

〔北洋政府陆军部档案〕

18. 张敬尧等报告刘湘所部攻占南溪电

（1916年3月13日）

特急。北京政事堂、将军府、参、陆两部暨各部总长、次长，除云南、贵州，各省将军、巡按使并转各镇守使，徐州长江巡阅使，承德、归化、张家口都统，上海、福州、宁夏护军使，百色探投临武将军行营龙将军，辰州周司令、重庆探投北洋第八师李司令、周镇守使，綦江齐指挥、李司令，叙州冯旅长，自流井刘指挥、伍旅长均鉴：日前刘团长湘攻克江安后，即饬相机进取南溪。兹据该团长报称：九号午前寇已向红榴铺溃退，其榴铺溃退①，其小翁仍啸聚卅宄，当即派兵一营，附山炮一尊，直捣南溪，行抵观音阁遇逆正在渡河，奋勇痛击，毙逆多兵，乘势克复南溪，夺获管退炮一尊、炮弹五箱，步枪廿六支，军用品无算，敌向长宁败退，我军无甚伤亡。等情。据此。当飞告行搜索，以绝根株。知注特闻。司令张敬尧、副司令熊祥生。元。印。

〔北洋政府陆军部档案〕

19．内史监印送关于纳溪地区战况随闻简报

（1916年3月15日）

川路滇寇溃散详闻

此次滇寇在泸方面兵力有三梯团，每团俱四营，加以炮工各一连，两混成团前太和场之役，刘逆被我军痛击，确已溃散一团，其后复据纳顽抗，又招募土匪五千余人，蔡锷、刘存厚、罗佩金等俱亲在前线督战，持至本月六号夜，始向永宁方面逃遁。七日晨，我军克复纳溪，逆寇拒守凡二十余日，死伤达三千人以上。经此次痛创，滇寇约遗三四营，刘逆约遗二营。所招之土匪，则各携枪弹溃散云。

〔北洋政府大总统府档案〕

20．王汝勤报告所部攻占尧坝情形密电

（1916年3月23日）

特。十万急。北京统率办事处，参谋、陆军部，重庆曹将军、李师长，泸州张司令、熊副司令钧鉴：赓密。旅长亲率卅九团一二两营于廿二日拂晓进攻尧坝，血战一日一夜，逼近四五十米达，匪徒约千余名，异常凶悍，据险死守不退，当夜与敌对峙。复于

①“其榴铺溃退”句似为衍文。

廿三日早四点，挑选奋勇冒险猛攻，当于是日早五点半，由二营陈营长率第八连首先攻入，各连继之，遂将尧坝完全克复。除将虏获匪徒、器械、旗帜以及本旅出力人员并伤亡数目容査明续报外，谨将克复尧坝情形先行电闻，以释廑念。旅长王汝勤漾叩。印。

〔北洋政府陆军部档案〕

21. 张敬尧关于反对停战密电

（1916年3月28日）

北京陆军部王总长、训练总监蒋总监、参谋部唐次长、统率处张厅长钧鉴：华密。昨由纳溪回泸，复奉养日钧电，旋又恭读圣上申令，当即电请代奏圣上收回成命。伏念司令一介武夫，渥受圣恩，久抱致身以事之心，应尽君辱臣死之义，惟有率队前驱拚命，与逆决一死战。但因求我之必胜，是以待集大军，今八师齐旅不日即可会合。且默审川中逆寇，迭经我军剿击，其精锐已伤亡过半。况逆军枪械既无来路，则日用日少，势力日蹙，理所必然。只须该师旅一到，即向永宁进攻，有此兵力断无不即克复之理。永宁攻克，则逆之凶焰尽挫，逆之势力自穷，滇事即易办理。是以前日奉陈将军电称，龙上将军奏请停战，已奉圣上俯允。等因。司令因未接奉谕旨，何敢遽遵，仍惟厉兵系甲，预备进攻。夫兵不可玩，寇不可张，设竟降贵纡尊，恐足以张逆之气焰，而转失朝廷之威严，不独一时之寇患未必能平，且恐日后之效尤者众，又将何策以处？以不忍人之政，转无以统驭海内，抚治群黎，利害得失之间，所关甚巨。况逆寇之肇乱生非，借此为言。在我圣上虽欲息事宁人，而逆寇势且得寸进尺，要挟多方，倒行逆施，俱属意中之事。现今蔡逆尚在永宁之底蓬，是其窃泸之心未死，悔祸之心毫无。我若停战，彼方疑我力弱，惟有大张挞伐，进取永宁，务使逆寇失其坚巢，则我军之势力方张，逆寇始能俯首帖耳。该时或征或赦，恩出朝廷。除暴安良，心蒙帝德。伏乞圣上俯念国家之重，恩威必当并济，务求收回成命，以维军民之心。倘今恩胜于威，则永懦而民狎，窃恐暴民专制之害小、引狼入室之害大。茫茫瞻顾，倍切杞忧。公等秉钧硕辅，翊赞圣明，敢期鼎力维持，勿以一时之艰难，遂坏已成之大局，勿以一隅之向背，遂违全国之民心。迅饬齐旅即行到泸，俾可即行攻击。而一得之愚，并请垂鉴。司令张敬尧叩。勘。印。

〔北洋政府陆军部档案〕

22．曹锟表示效忠袁世凯与护国军为敌到底电

（1916年3月30日）

万急。北京各处、部、院，各省(除云南、贵阳外)将军、巡按使，徐州巡阅使，承德、归化、张家口都统，福州、宁夏、上海护军使，各师旅长，各镇守使，各省报馆钧鉴：天生蒸民，必有巩固之国家，而后有依归之所；国家成立，必有统治之实力，而后无分崩之虞。此乃千古构成国家之要素，而亦今大元帅统一中国之原由也。若乃不顾国家利害，不计生民休戚，虚构玄论以相标榜，今日既可非帝制，明日亦可薄共和，迁流所极，酿成无政府现象，国家破坏，人民分割，神州陆海〔沉〕，万劫不复，纵再追悔，何补于国。况自滇、黔构乱，蔡锷等首祸诸人，举动暴戾，残忍性成，藉口帝制，为厉屏民而已，岂真有组织国家之能力、福利人民之思想哉！锟身在前方，见闻较切，谨就所知，略举数端，以告天下。查滇、黔等省山重岭复，林深密箐，箓多萑舷奸孽之徂。蔡锷等首倡乱端，即事收更，此辈尊以爱国志士之名，以为多树党援之计。此在前清以来，已为彼辈惯技。养奸纵恶，习为固然，勾结蔓延，示成风气。凶顽之徒，有为匪之乐，良善之

辈，无安业之途。至于孝弟力田之民，莫不上有父母，下有妻儿，终所岁勤，劳形加育，岂肯与匪为徒。而蔡锷等率领匪党，按户发兵，挨家科费，稍有不遂，即指为彼等之叛逆，力〔加〕以枪毙之极刑，率兽食人，残忍孰过于是。今滇、黔之民，如水益深，如火益热。蔡锷等稍有天良，当我大元帅勉抑民心采〔？〕取消帝制之日，即当悔罪输成〔诚〕，投戈弃甲，以就编制而息兵祸。乃竟漫发狂言，欲我国军归其编制，是岂有悔祸之心哉？合至论该逆等对待国军，已无人道，所被残杀，皆剖目剜心，剥皮挫骨，指我国军，称为北留，妄分南北，横挑祸衅，仇我前敌，各军痛心疾首，已与诸逆不共戴天。锟统率三军，职司征伐，亦惟有上承已算，下顺军心，除暴安良，救民水火，誓将残贼之辈，悉肆驱除，庶几善良之心，得怀安乐，以尽我军人捍卫国家之责，以报我大元帅委任心腹之恩。区区愚诚，敢以布之天下。曹锟叩。卅。印。

〔北洋政府陆军部档案〕

23. 王士珍要在川将领和睦相处与曹锟往来密电

（1916年4月7日）

（1）王士珍密电稿

重庆曹总司令鉴：华密。战事猝难解决，诸将纷临前敌，兄任指挥，责任益重，各将领多属年少气盛，难于驾驭。惟念师克在和，古有明训，兄资望既深，识量远大，必能使行阵和睦，以拯时艰。至诸将领或有不周之处，更望大度包容，是所企祷。士〇。阳。印。

（2）曹锟复密电

火急。北京陆军总长王钧鉴：华密。阳电敬悉。川军将领均甚和谐，惟地势限于仰攻，兵力仍须增厚。尚望总长博稽史乘，详察舆图，指示机宜，制胜帷幄，俾锟等得所遵循，折冲疆场，是所至叩。曹锟叩。阳。印。

〔北洋政府陆军部档案〕

24. 李长泰表示遵命严密检查邮件密电

(1916年4月7日)

北京统率办事处、参陆两部，重庆曹将军、周镇守使，成都陈将军钧鉴：华密。钧处尾电敬悉。职在前方，谣言逆件，时有见闻。差幸军心固结，不为所愚。兹奉钧令，亟应通传，俾各官长随时解释，并派人严密检查邮件，切行遵行。除已电请交通部备案及函知合江邮局外，合谨电闻。师长李长泰叩。虞。印。

〔北洋政府陆军部档案〕

25. 李长泰报告所部各营分防地点密电

(1916年4月11日)

甚急。北京统率办事处、参谋陆军两部，重庆曹总司令、周镇守使，成都陈将军钧鉴：华密。奉钧处庚电、总司令齐电，敬悉。准饬三十一团之两营援合，感佩莫名。昨今该两营前后抵合，已饬三十一团第一营驻扎坝场，该处为大头场、玉皇场、小寨坎三路入合之通衢。三十一团第二营派驻合城附近各要隘。第五连驻江北岸白塔地方，第八连驻城外江岸，第七连驻醒觉溪、教场两处，第八连各门守卫并保护子弹接济。三十二团第二营第五八两连驻扎小寨坎，为抵制五亩田前方长沙咀之匪，第七连驻扎马街子，掩护已设该处之山炮二尊，第八连驻扎密溪场，为联络尧先并掩护输送该处原驻之卅团。第二营第八连已调驻真龙山。此为职师各营分头驻扎堵截匪逆之实在情形也。前以十五旅与寇相持，不遑内顾，是合江势处孤悬，守城只有两连，而全师子弹接济，悉储合江，故赤水、鳛水、山网场、长沙咀等处之匪，耽耽思逞，日有增加。默审危机，孰大于是，因有电请调回该两营援合之举，亦实出于万不得已之苦衷也。所有职师各营分防地点及详细数目，合谨电闻。师长李长泰叩。真。□换土旁，鳛加鱼旁。印。

〔北洋政府陆军部档案〕

26．李长泰表示严守职责忠心不二密电

（1916年4月14日）

急。北京统率办事处、参谋陆军两部钧鉴：陆密。顷奉曹总司令转奉钧处密电，捧读不禁惶恐。职师所处，地严责重，时恐稍涉疏虞，故于停战后，督率所部，戒备逾严，未敢丝毫怠懈。因前准曹总司令电开，成都即有独立情形等语。职恐变端猝起，电报不通，必至上下隔阂，故职请示，电云如果属实，将来如何办法。职纵学识浅疏，何至全师退渝。如此轻举妄动，敬恳勿听他人风闻之言，遽信职有预露张皇之事。职自抵川后，凡事无不请示总司令，然后办理。现在前方关系至重，何敢擅离职守，况经血战克复之土地，何忍轻于抛弃，自问尚不至若是之愚。总之，全师将士一心，惟有效命疆场，以酬报遇。即使海枯石烂，此志不渝。但履霜坚冰，宜防其渐。此等有意离间之言，知中央必定不信。至该方面之真相，俟路卫侍武官到京后，当不难一问而知。区区愚诚，统希垂察。师长李长泰叩。寒。印。

〔北洋政府陆军部档案〕

27. 统率办事处为蔡锷提出湘川南北各军停战规约应转饬遵办密电

（1916年4月17日）

万急。长沙、常德熊宣慰使，辰溪周司令，重庆刘旅长，辰州范师长：赓密。据陈将军电称：派赴永宁刘一清电陈：蔡锷规定南北两军在川、湘境内停战规约如下：（一）两军暂守防线，无论小大部队，不得进出步哨线外一步，如违约冒进，格杀勿论；（二）军使及信差出入，以两军高级军官指定之道路为限，军使除特别许可外，以二人为限，且不得携带军器。军使以两尺见方之白旗为标记。如军使无故被伤害者，依刑律治罪；（三）凡有着便服携带器具徘徊于两军出哨线之间者，均准予射击、擒捕；（四）此次停战，自四月七号起至五月六号夜半止，并声明得宦同意电复到时，即应彼此通饬遵守。等情。前来。查此项规约，尚属可行。除饬知宦部各军队外，应恳呈明元首迅予电令在于湘、川各路统兵长官转饬遵照办理，免致纷歧误会。各等语。望即分饬所部准行照办。奉谕转寄。处。霰。印。

〔熊希龄档案〕

28. 张敬尧就袁世凯为入川官兵颁发纪念章表示叩谢密电

（1916年4月20日）

北京统率办事处、陆军部钧鉴：华密。皓电敬悉。仰蒙颁赏官兵纪念章，并荷钧部发给防瘴药品，已奉派王朝元送来。闻命之下，全师感激万分。理合肃电叩谢，并乞代谢圣恩。司令张敬尧。智。印。

〔北洋政府陆军部档案〕

29. 张敬尧为刊发第二路司令官关防密电

（1916年4月23日）

万急。北京统率办事处、陆军部，重庆曹总司令钧鉴：华密。窃司令奉命征滇，由京率队南下，行抵万县，接奉电令，特派第二路司令部等因，遵即妥为编制。然时以逆军猛犯泸州，军情异常吃紧，日夜兼程赶进。迨至泸境，即与敌遇，迭经酣战，迄无暇日，故于往来公文，均盖用第七师师长关防。第念二路尚有所属各军，并此后各处善后事宜，凡与地方官接洽之事日多，而各项交涉，则公文之往还尤繁，必须盖有第二路司令官关防，方足以昭慎重，是以司令拟刊木质关防一颗，文曰第二路司令官关防，即于本月廿三日敬谨启用。除备文分别详报外，理合电请俯赐察核备案。第二路司令官张敬尧叩。梗。

〔北洋政府陆军部档案〕

30. 曹锟为冯玉祥旅添募一团请早日饬发饷薪密电

（1916年4月25日）

火急。北京统率处、陆军部钧鉴：华密。前奉钧处电，饬将冯、熊、李三旅就地各募数营，以厚兵力，饷由军需局拨发等因。当经会同陈将军于卅电陈议，饬该旅等各募一团。等语具陈。旋奉钧处卅一二电核准在案。兹据旅长冯玉祥电称：窃职旅奉令添募一团，当派邹团长心镜、张副官之江等前往川北一带募练。兹据该团长等报称：刻于廿号已募齐两营，其余一营，日内即行成立。等情。伏查该团业已成立，所有常年经费及应需武装，应请早日饬发，以资放发。查其团新兵自成营日起，均照副兵饷发给，月需洋一万一千廿六元二角，官长照章支领薪公，饭干柴价药费月需洋六千六百七十元二角，统计月需一万七千六百九十六元四角。此外，尚有预备费洋四千元。拟请均饬由军需局拨发，以便发放。其应需水壶、粮袋、皮带及官长望远镜、手枪、战刀、服装等，应由何处请领，伏乞一并电遵。等情。理合据情电请钧鉴核示，以便转饬祇遵。谨呈。曹锟叩。有。印。

〔北洋政府陆军部档案〕

31．曹锟关于加强泸防兵力密电

（1916年4月27日）

火急。北京统率处、参谋陆军两部，成都陈将军鉴：华密。停战期满，仅余十日，泸防兵力，似应增加。查有张庆云、杜文泳两独立团，拟请调驻泸防，交由熊副司令祥生统辖助防，并将刘湘所率五十七团调赴綦江，以便与綦南各军会合进剿。据第十五师师长周骏面商，如此调拨，全局皆可灵通。锟会商意见相同。拟请查照调拨，于川边防剿事宜，不无裨益。是否有当，伏候钧裁。曹锟叩。感。印。

〔北洋政府陆军部档案〕

32．李长泰请筹援军来泸协防密电

（1916年4月27日）

北京统率办事处、参谋陆军两部，重庆曹总司令钧鉴：陆密。职在前方整备无懈，尧（坝）、先（市）方面及合地附近一切布置，曾经电禀在案。查尧、先居泸合之间，各距六十里，尧在合之西北，先在合之正面，大地图位置错误，敬请详察。十五旅扼守尧、先，十六旅三营于合城附近及尧坝、小寨坎等处，仅足分布，守线既不能收缩，兵力即万难抽调，想在洞鉴之中。设一旦泸防吃紧，若由合江抽援，势必双方失利。务恳于停战期内，迅筹援队到泸，庶免临时棘手。前奉总司令寒电开：上官团已到巫山，寇团已到宜昌，在夔训练新兵三千人，业经上驶。等情。定有相当办法，在钧处亦必策及万全，何待职鳃鳃过虑。但职目睹时艰，停战将届期满，有所见及，安敢缄默不言。所有请筹援队到泸之处，是否有当，伏乞裁夺施行。师长李长泰叩。沁。印。

〔北洋政府陆军部档案〕

33. 张敬尧拟定进攻护国军办法密电

（1916年4月29日）

北京统率办事处、国务院、陆军部，重庆曹总司令钧鉴：赓密。谨将拟定协同进剿，分别攻守办法分晰电禀：一、拟令第八师分二支队，以其主力经先市、富家洼直取赤水，兼分向仁怀方面防御；以一混成团由尧坝、鼓楼山、象鼻子、鄢家关，与职师由牛背石分水顺圩派之混成团，先取白节滩，续取大洲驿，确切联络，节节进攻，直达永宁。二、职师以其主力由纳溪茶堂子、渠坝驿前进，攻击当面之匪，实为佯攻；特派一支队，由二龙口、大渡口等处，直捣逆之左侧，兼防江安之匪，实为主攻，直捣永宁。三、泸洲为我国军根据，一时不可无兵，况富顺、自贡两井又为逆有，尚恐进据占领，使我师腹背受敌，拟置混成一团与刘旅长湘均属联合，对富顺方面坚守。四、周对〔将〕军如拟先取富顺、自井，固我饷源，职师仍当勉竭抽队向嘉明镇前往，遥为牵制，合剿富顺；如富顺、自贡两井归我所有，则逆等之气断，成都孤立易于恢复，陈宧受擒指日，国军巩固不待言也。五、计定取永宁，职拟使第八师急进，尧部声援，嗣将永宁占据，则尧部除附第八师坚守该地各队外，尚能抽队进剿叙府，且可为周将军取成都之后援，川省敉平，大局稳固指日。六、所拟进剿永宁及剿叙府声援取回成都之议，尚得綦江齐、吴两旅分头进剿，令分逆势，使第八师左翼无虑，前进迅捷。七、东溪镇吴旅向仁怀方面前进，占据两路口，则进势分散，顾左而右受袭，高旅直向桐梓前进，该两旅名为进剿，实则取守确切牵制之举。九〔八〕、周将军进剿成都，宜先驱逐富顺、自流井之进〔敌〕，免有后顾之忧，□特派李旅兼程由合川进剿，先剿顺庆，钟旅后出，不意自捣成都，如此两路夹击，成都易为取也。但富顺、自井据后，稍留防守，分兵进援，厚其攻成都之队兵力，或将富顺、自井交职派伍或令刘旅长湘往守之，□此川局声势日坚，泸、渝稳固，逆等荡平，滇、黔各□函川①，擒陈宧，取消四川独立后，即当一面竄伍进剿滇逆，直捣滇池，一面严剿川匪。然须剿抚兼施，收缴军械，而收人心。兹滇定川平，则他省自归旧制，不战自灭。尧为现时官吏观望，及前敌一般情形，战期将满，若不速筹全局急为进行，恐将来迟久蔓滋，中国定然割据，四分五裂，不可收拾。其所拟进剿办法，是否合宜？恭请裁夺示行。司令官张敬尧叩。艳。

〔北洋政府陆军部档案〕

34. 张敬尧关于冯玉祥附和四川独立泸州危急待援密电

（1916年5月3日）

百万火急。北京统率办事处、参陆两部，重庆曹总司令钧鉴：赓密。现逆等已将成都运动独立，占据富顺、自流井、嘉定等处，冯旅玉祥附和，其势甚大。惟富、自、嘉等处为川省财富之区，产盐之所，为此则在川之国军粮秣、薪饷立时无著。职师坚守泸城，为使成、渝交通不绝，财源在我掌握，逆等难逞势于川省。今则成都独立，财富之区为逆所有，则职师腹背受敌，援军一时又未

① “各”、“函”、“川”三字旁，均原有置疑号。

能应援，无兵防御，泸州万分危迫，纵苦守待援，亦恐无益，且损精锐，即在川国军均有后顾之忧。务恳钧处从速决定计划，集厚兵力，专攻一处，转战他点，庶于大局有益。否则，恐受逆等各个击破之虞。愚见是否有当？速赐训示祗遵。司令张敬尧叩。江。印。

〔北洋政府陆军部档案〕

35．李长泰转达陈宧所部调防“剿匪清乡”电密电

（1916年5月10日）

北京政事堂、参谋陆军两部钧鉴：赓密。承准成都陈将军庚电开：梗日川西北各属土匪蜂起，托名护国，肆出滋扰，隆昌地方，并有煽惑军队踞城独立情事。并经该管长官办理妥速，旋即平靖。详加查察，显系不逞之徒，居心叵测，破坏川局，若不迅速彻底肃清，迁延滋蔓，后患方长，而各处军警，分担防地，实已穷于征调。因念和议大端，现已解决，并请商由蔡锷君续行停战一月，届时政府善后办法，当能就绪，则国是指顾大定，川、滇两方，已无战事发生。目前移缓就急，似应先抽前方防敌之军，以弭内部伏戎之祸。当将叙府地方及附近伍旅赵团檄调，驻扎自井、资中；伍旅先已调省，并饬开赴省北各县，划分区域，专任剿匪清乡事宜。冯旅离叙以后，宧恐叙南六属土匪乘机窃发，业经商明蔡君，已拨队伍归雷飙督率，移扎叙城，藉资镇慑。该军一应事务，统由雷飙直接秉承宧令办理，并均切实声明，彼此均无异议，业于本日先后据云遵饬调防在案。以上办法，系为维持地方、巩固根本起见，恐传闻失实，特电奉达。等情。查现在和议未决，一切办法，职处未奉明令。至陈将军每次办理手续，曾否电禀，来电并未声叙。谨据原电禀闻。师长李长泰叩。蒸。

〔北洋政府陆军部档案〕

36. 李长泰主张勿再对护国军退让密电

（1916年5月21日）

北京国务院、统率办事处、参谋陆军两部钧鉴：华密。钧处皓电敬悉。唐、蔡诸人，得寸望尺，悍逞偏私，宁使国家灭亡，不肯从权和解，观其举动，甘心扰乱，欲壑无涯，纵使元首即日退位，彼决不能休甲息兵，引贤自退，而争权夺利，乱事更无了期。先礼后兵，古人所尚。大元帅退让已达极点，宁有再商余地。当此让无可让，忍无可忍，惟有仍□〔诉〕之武力，尚较筑室道谋，直截了当。职在前方，刻刻整军待命，无稍疏虞。至前方情形，除到处藉土匪扰乱，以冀减我兵力外，而滇、黔本军兵力，本不甚厚，且子弹缺乏，粮饷不足，剿除尚不甚难。惟彼于地势稍熟，气候习惯，以主待客，以逸待劳，为稍占优点耳。近据侦探报称：赤水方面，曾悬旗贺新总统等语。据此，已知彼无和意，所以逐节要求，愈逼愈紧。叙府竟让滇军驻守，李旅之在綦江者，亦调赴川北，诚不知陈（宧）将军是何居心。且近来顺庆、潼川有失陷之耗，邻水、大竹有兵匪勾结之事。敌军逼处于前，股匪扰乱于后，职师处此，惟有竭力联合在川北军，协同一致，整队待命。至如何进行之处，随时商承总司令，谨慎从事。知关廑注，用特复闻。师长李长泰叩。箇。印。

〔北洋政府陆军部档案〕

37. 李长泰请速拨军饷密电

（1916年5月29日）

北京陆军部总长段钧鉴：华密。感电敬悉。饷项未到以前，自应极力维持。但奉电后，随即电请曹总司令设法筹拨。旋奉复电，仅云恳催中央迅筹等语。查川款悉储重庆，仍恳由钧部直电曹总司令，在渝就近赶速设法筹拨，以应要需，而救眉急。近日滇、黔各军，愈逼愈近，壁垒相望，待时而动，得失全视军心团结，既须饷裕，当此停战将届期满之际，关系尤巨。现在虽不至发生意外情形，若不急求救济，设和局一旦决裂，影响所及，不堪设想。恳俯念八师势处万难，速予拯救。八师幸甚，大局幸甚。师长李长泰叩。艳。印。

〔北洋政府陆军部档案〕

38．曹锟请让入川各军早日回防密电

（1916年6月20日）

十万火急。北京国务院、陆军部、参谋部钧鉴：赓密。顷据第八师李师长长泰函称：简阳坐困，无米难炊，金融以无现而不通，兵士因思归而欲溃，师长维持乏术，危迫堪虞。兹特遣炮团长孙树林、军需官夏英明，赴渝面陈一切，仍恳总司令俯念前方危迫，设法拯救，以维大局而安军心。等语。查我军入川，迄今半载，官兵久役行间，异常劳苦，战死病亡，不可胜数。该师长所陈各节，均系实情，理合据情电请钧处察照，代呈大总统睿鉴，迅赐电示，俯准前敌各军早日回防，以安军心，是所至叩。临电无任迫切待命之至。曹锟叩。号。

〔北洋政府陆军部档案〕

39．曹锟关于在川北军分期撤退办法密电

（1916年6月24日）

特万急。北京国务院、参谋部、陆军部钧鉴：华密。本月廿一日奉钧部寒电开：现在大局解决，所有在川各军亟须陆续撤回，

希即酌调得力队伍先将经过地方择要驻守，预备照料后退军队，布置定后，再饬各师、旅分期回拔。望速复。等因。遵即详酌办法，妥筹布置一切。查沿江退兵要路，以涪州、酆都、万县、夔州最为险隘，拟以三营驻守万县，涪州、酆都、夔州均驻兵各〔两〕营。至长寿、石家沱、李渡、南沱、忠州、云阳、巫山等处各驻兵一营，巴东、秭归亦均驻兵两连。如是于掩护退兵，尚较觉周密，业经分饬遵照开往布置。所有各师、旅回拔计划，亦经集合各将领妥筹，系依照各部队入川先后序列为基准，拟分三期起行，以十日为一期，定于七月一日开始拔队。第一期计第七师全部及第十八混成团、吉、奉游击队，并第三师步十一团全部、炮队第二营与各师之马、炮、辎重等营；第二期计总司令部及卫队各营，并第三师之步十二团全部、马、炮、工、辎各团、营，第十二旅全部；第三期计第八师全部及第十三混成旅之一团，并第三师之补充旅。凡沿江驻守各营，于第三期时随同尾□而退。约计月余，即可竣事。惟各师、旅退扎地点，未蒙明示，拟请迅行规定明令饬遵，俾有遵循。以上各项办法，除通电各师、旅遵照，并电陈、周两将军派队填扎□、合、渝、泸防地外，理合复陈。伏乞钧院、钧部察照，代呈大总统睿鉴，训示祗遵。曹锟叩。敬。印。

〔北洋政府陆军部档案〕

40．曹锟请示李炳之混成旅可否随队北还密电

（1916年6月25日）

特万急。北京国务院、参谋部、陆军部钧鉴：华密。窃于五月二十四日奉钧院敬电开：二十四日奉大总统策令：特任曹锟督办四川防务，冯玉祥、李炳之、伍祥祯三旅，均归节制调遣。此令。特达。等因。遵查冯、伍两旅，均在成都，李炳之系第十三

混成旅，其时该旅仅有步兵四营及炮队、机关枪各一连在渝。当派该旅第一团团长刘虎臣率领全团分赴合川、垫江防剿土匪，匝月以来，勤劳卓著。兹本军奉令回拔，所有该旅团官兵，均恳随队北还。可否之处，伏乞钧院、部察核，代呈大总统睿鉴训示祇遵。曹锟叩。有。印。

〔北洋政府陆军部档案〕

41．张敬尧为所部自川开出北还密电

（1916年7月）

（1）7月5日密电

万急。北京参陆两部钧鉴：华密。职路于六月廿七号由泸陆续撤回，准于七月十号可抵宜昌。恳请钧处转知交通部及湖北王将军，速饬招商局令快利江宽抵宜，以便转运各部队即日抵汉，换乘火车进京。此次整顿而成劲旅，适值国库支绌之际，则军队在外延迟时日，多费饷款。伏乞训示遵行。第二路司令张敬尧叩。微。印。

（2）7月18日密电

北京大总统、国务院、参陆两部钧鉴：华密。窃职于十八号抵汉，当奉大总统电令，饬先行【赴】洛布置就绪后，再行进京等因。奉此。遵即在汉稍停，部署一切，当再遄赴郑州，照料军队，接洽车辆。俟全师由部① 开拔，敬尧始行赴洛。所有抵汉各兵士，均各恪守纪律，堪慰廑系，特禀。司令张敬尧叩。巧。印。

〔北洋政府陆军部档案〕

① “部”字下原有置疑号，当误。

42. 张敬尧为奉令回防请饬第十一师迁出南苑营房以便进驻电①

（1916年7月10日）

夔州张敬尧来蒸字电一件

奉令回防，应先筹定驻扎之区，呈请饬令第十一师迁让南苑职师原住营房，俾职师抵京，得有驻所。并恳饬将新造之营房一并让出。

〔北洋政府陆军部档案〕

43. 曹锟为未收到万县中行八万款请注销密电

（1916年7月11日）

火急。北京国务院、陆军部、参谋部、财政部钧鉴：华密。前因本军各部队需款孔亟，特商请前巡按使刘体乾，设法代为筹借，以济眉急。旋由该使在渝濬川源银行代借，拨给洋十五万元，并□由万县中国分行存款内拨洋八万元。彼时濬川源银行之款，如数收到，其万县银行洋八万元，曾经交涉再四，迄未领到。嗣据渝行汪经理函称：四川巡按使公署指拨万县八万元一款，敝行未奉总行及财政部电示，未便遽允照拨等语，事遂取消，款终未拨。乃该使前于呈报及分咨文内，谓已交到行军司令部洋二十三万元。查锟处于万县八万之款，既未收到，只收濬川源十五万元。该使呈咨文云交洋二十三万元，实属不符，想系记忆不清，以致错误。事关巨款，理合声明。伏乞钧院、钧部鉴核，于该使误报八万元一款，饬即注销，以清款案，是所叩祷。曹锟叩。真。印。

〔北洋政府陆军部档案〕

---

① 此件系陆军部收电摘要。

44. 齐燮元为所部奉令由川回赣密电

（1916年7月）

（1）7月15日密电

万急。北京国务院、参谋本部、陆军部钧鉴：华密。元日两电奉悉。前曾迭奉李将军电，促提前开拔，当经□请李将军，业蒙乞准。惟以船只缺乏，致迟出发。川江民船，首经七师封用千余，其在宜昌者，均不敢上驶。职旅撤防，原定在后，故未便早日封船，至妨他队开拔。涪、渝、忠、酆一带船只，多被八师封雇。当此水涨滩险，小船既不敢用，而川江小轮能用者，又仅二只，以之输送，不特费用过巨，抑且为期太远。嗣经自行设法封雇，多方搜求，至今尚不足半，计缺百只。宜昌船既不下驶，下游之船且复告竭，八师之船又不肯借，而赣防日急，待兵如渴，辗转终夜，焦灼万分。现已会同水警派队四出封雇。一面委托商会雇觅。一俟得有成数，立即出发。□三团现在涪陵，已严令迅速筹备，约筱日前往，可由涪开拔。除为禀李将军外，谨此复闻，伏乞垂鉴。旅长齐燮元叩。删。

（2）7月21日密电

北京国务院、参谋本部、陆军部钧鉴：华密。职旅奉调回赣，现已准备完毕，于本月箇、漾两日搭用民船，分别由渝、涪开拔，到宜昌后换轮下驶。除电禀李督军外，谨闻。旅长齐燮元叩。箇。印。

（3）7月28日密电

北京国务院、参谋本部、陆军部，武昌王督军，南昌李督军钧鉴：华密。燮元奉命回赣，本晚率第廿三团及山炮一连由宜昌乘快利轮下驶，约卅日到汉，到即换轮赴浔。余队三十日计可抵宜，并严令迅速前进矣。除报告曹总司令外，谨闻。旅长齐燮元叩。勘。印。

〔北洋政府陆军部档案〕

45．曹锟请速发所部军饷密电

（1916年7月15日）

火急。北京国务院、参谋部、陆军部钧鉴：华密。窃查职军各部队，现已遵令陆续回拔，分期北上。惟时值七月中旬，转瞬饷期已到，计时授食，固不待言。□此远道行军，兵士自多用费，而饷项尤必按期发放。若不早为筹备，深恐临时无所措手。前此奉令就地筹款，所有职军五、六两月薪饷，俱由重庆中交两银行挪用纸币支配少数现银。现在该两行不但现银一空，即纸币亦均净尽，无米为炊，难以协济，量沙乏术，殊抱隐忧。势不得已，惟有仰乞钧院鉴裁。所有各部队饷款，第三师暨补充旅卫队营、总司令部输送队，共二十三万二千七百四十九元，第八师十四万八千元，【第】六师十二旅五万五千六百三十元，第十三混成旅□万九千七百四十八元，统计□十万零六千一百二十七元。拟请指拨汉口，以便届时各部队就近领取，以资关放而恤兵艰。再，第七师首先回拔，预计饷期可抵洛阳地点领取。理合电陈，伏候钧示，以便转饬各师旅遵照为叩。曹锟叩。删。印。

〔北洋政府陆军部档案〕

46. 冯玉祥报告所部取道重庆开赴汉口困难情形密电

（1916年7月22日）①

特万万急。北京陆军部段总长钧鉴：华密。职旅前奉陈将军令，暂驻剑、绵、广元一带，嗣接陕南贾镇守使来电云：闻部令职旅开往汉口，是以拟假道汉中，由绵陆续出发。顷于廿一日奉到钧部元电，职旅实有困难情形，谨为钧部陈之：敝旅前随陆公出京，往返陕甘剿办白匪，并任防陕南。上年又随陈公入川清乡。以后又经与滇军两次战役。而后改并，缺额甚多，每营不过三百余人，仍须酌量退伍。又此次在川所得之山炮八尊，机关枪九支，以现有之人数，虽经编制成营，然人数仍甚缺少，搬运犹虑不及，使用更为不敷，甚非暂驻不能补充目兵之地点不可。否则，以有用之利器，置之无用之地，不惟难御外侮，而平内乱，亦恐难如前可恃。如钧部对于陕省有所顾虑，现在旅长已与西安陈将军商妥。兹得陈将军来电，谓已令汉中附近沿途各县招待。又职旅二团三营，原驻陕省长武，前因陕事发生，移驻甘省泾州，已由旅长请西安陈将军发给旅费，令其开汉中，亦接复电照办。似此情形，两方毫无意见，堪慰廑注。再，职旅营底重要物品，留存汉中、褒城、浩〔沔〕县者居多，此行若经汉中，即可全数携带。否则，将来搬运之困难，更恐不一而足。况现值川北大旱，河路水浅船少，船只不能运送骡马，沿河尤难行进。且走河路，必经重庆，该处川军钟旅招集多数土匪，态度不明。此次成都出发，陈将军已知周骏心颇难测，是以将枪炮弹及步枪千余支，发给职旅，带往川北。此时跋山涉水，方运至川、陕两界，若取水道开往重庆，万一有失，反资敌逆以利器，为患不堪设想。况重庆大军云集，

---

① 电报纸上注明此件于7月22日发。

东返下水易，而上水难，船只更为不敷。且重庆以下恐骡马不能用船装载，须由旱道而行，山路险峻，异常困难，迟滞时日，实不可预计。若开往汉口，实以取道汉中为宜。应如何办理之处，仍请钧部电示，以便遵行。陆军第十六混成旅旅长冯玉祥叩。□，印。

〔北洋政府陆军部档案〕

47. 陆军部命张敬尧所部第七师开往洛阳驻扎密电

（1916年　月21日）

致张敬尧电

特急。汉口、郑州沿途各路站代投第七师师长敬尧暨各旅长团长：华密。该师奉令驻扎洛阳，应即迅速开往，仰遵照。陆军部。马。印。

〔北洋政府陆军部档案〕

三、在湘作战

1. 田应诏关于护国军攻克晃县麻阳危急请派援军等情密电

（1916年2月）

（1）致统率处密电（2月4日）

统率办事处钧鉴：华密。据芷江傅知事电称：晃县无兵，已被敌占。现国军已派机关炮队前往救援。惟麻阳文昌阁系湘西重要门户，恳迅添派重兵扼驻，湘民幸甚！大局幸甚！等因。查此次滇、黔叛逆计划迅速，滇军兼程前进，半月以前即抵湘边，攻守两策布置完备。惜国军部伍太大，辎重甚多，又值船少水枯，进行迟滞、若能舍舟就陆，计日早抵湘边，谅不能为敌先发所制。晃县若果确实，麻阳可危，湘西一带必受影响。诏所部兵单械少，当凤县一面尚难支持，何能分兵援麻。前所计划一切暨诏困难情形，业已迭电在案。事处危急，恳电马司令由陆拔队兼程前进。现该司令所部殷营长已驻麻阳江口，距县城三十里，请饬该营长克日入城，能固麻阳，湘西即可支持。飞电详呈。不胜迫切待命之至。田应诏叩。支。印。

〔北洋政府统率办事处档案〕

(2)致统率处等密电(2月5日)

北京统率处暨陆、参两部钧鉴：华密。滇逆甫经发难，其时诏知黔省势必风靡，曾两电注重沅、晃，请派得力军队扼守。现江旅长抵沅日久，尚未分兵驻守晃县，以致敌人乘虚占据，远近震摇。应诏忝守湘西，晃县虽非奉令担任，然亦系湘西区域，使该县生灵遭此涂炭，何以对国家？何以对桑梓？晃县已失，沅城危险，况麻阳又飞紧告急。该处现仅驻诏军百余人，万难支持．屡电催江旅长转饬殷营长前进救危，该营长已抵江口三日，离该县城三十里，不知何故稽迟不进？查麻阳一地关系重要，一旦有失，芷、凤两县势必在包围之内，如此则交通断绝，全湘震恐，应诏一人不足惜，其如湘西生命何？其如大局何？国军刻到，地势扼要恐未熟悉，乞飞电江旅长迅催殷营先固麻阳，并电马司令国军、汤将军驻凤湘军，即行开进，以固全局。特飞电谨呈川仍① 军情现状并乞示。田应诏叩。歌。印。

〔北洋政府陆军部档案〕

---

① “仍”字旁原有置疑号。

2. 袁世凯为护国军进攻湘边著汤芗铭等调兵反扑申令

（1916年2月7日）

政事堂奉申令：据湖南靖武将军汤芗铭、巡按使沈金鉴暨湘边文武官吏先后电称：蔡锷遣戴戡率一支队侵入贵阳，勾结黔省一部分军人，胁迫该省官吏，拥兵叛国。初三日，乘旧历春节，分遣逆徒千余人，突向湘边晃县一带大肆掳掠，焚衙破狱，抢劫市廛。该处向无防兵，逆徒乘虚侵入，蹂躏民商，将该处面糟米豆各物，搬运一空。又据署贵州巡按使刘显潜自黔西本籍电陈：滇省逆徒入贵阳，威迫官吏，宣布独立。病民者寇，害国者仇，黔西不能受其恐喝，所虑兵单械乏，无法防制。各等情。蔡锷、戴戡等久蓄逆谋，托名政治，肇乱一隅，已为全国所愤。乃复侵据贵阳，拥兵肆虐，竟至分遣逆徒，抢掳湘边，连日骚扰城乡，夺取民食，迹其行为，与盗贼土匪，曾无少异。湘民何辜，横遭荼毒，岁寒冻馁，悯念尤深。著汤芗铭、沈金鉴迅拨银二万元，遴派干员，即往受祸地方，妥为抚恤，毋令乱后灾民饥寒失所。一面查照刘显世踪迹，奏报候核。并著汤芗铭、马继增调拨军队，分途痛剿。被胁黔军，但经投首，概免治罪。良善人民，加意保护。其黔省未经附乱各地方人民，著刘显潜设法抚绥，免失生业，以副国家除暴安良之至意。此令。

洪宪元年二月七日

国务卿　陆征祥

〔政府公报，1916年2月8日，第33号〕

3. 范国璋要求为所部加饷加米与统率处来往电

（1916年3月）

（1）范国璋致统率处电（3月3日）

北京统率处钧鉴：本师自出发日起，目兵食米系由师垫购。查前进各军食米，概未支价，本师是否照办，乞电示遵。国璋叩。江。印。

（2）统率处复范国璋密电稿（3月6日）

岳州范师长：华密。江电悉。征滇各军，奉准均给加饷加米在案。贵师事同一律，凡无加饷加米目兵，应由三月份起一律加给，以示体恤。经处奏奉批准，希即查照办理，将详数具报可也。处。鱼。印。

〔北洋政府统率处档案〕

4. 田应诏为黔军攻克麻阳芷江等地告急请速派援军添发枪弹密电

（1916年3月18日）

北京统率处暨陆、参两部钧鉴：华密。麻阳于铣日失守，因芷江危急，分兵往援，行至芷、麻交界之齐天坪，被黔寇截击，不能前进，国军退回江口。麻阳因兵分散，势力单薄，以致首尾不能照应，加以子弹告罄，后无援军，马司令大军仍驻辰溪舟中。仅派高营长一营援麻，行抵高村，闻该县失陷，停军不动。殷营一营力不能持，遂与援芷之军退回高村。此麻阳失守之实在情形也。查此麻阳战事，国军困难，由于地理不熟，处处受敌包抄，山路崎岖，皮鞋布靴举步艰难，兼之万山重叠，枪炮难有效力。黔寇之所以战胜者，因生长山地，草履赤足，跋山越岭，进退敏捷，又用白兵数百，短刀相接，亡命争先，国军势挫于摄，麻城失守。麻城既失，芷江恐难扼守，辰溪虽驻大军，一旦黔寇直一〔下〕，恐有措手不及之势。恳请钧座迅电马司令弃舟就陆，择地驻军，堵塞黔寇出路；一面分派大军攻得麻城，南取铜仁，使敌首尾失应，不独芷江之危可解，而麻、晃、会、洪等处亦可收复。诏所部箪军仅能扼守凤县方面．枪弹缺乏，恨无进攻之能力。前电屡请湘将军发给子弹，至今未到，倘若早蒙发给，亦可为国军后盾，万不致仅守一□〔隅〕。现麻阳既失，凤凰已成孤立，松桃方面又无重兵防守，倘黔寇乘虚攻入，四面逼来，力何能支？即或奋力固守．而辰、泸不通，饷源必致于断绝。如凤凰再有疏虞，湘西不堪设想。能固凤凰，而乾、永亦可无虑，即日后国军进攻，亦不致面面受敌。伏乞钧座查核情形，准由就近拨发枪枝千杆、子弹二千万，以备攻守之用。势处迫切，不胜待命之致〔至〕。湘西镇守使田应诏叩。巧。印。

〔北洋政府陆军部档案〕

5．田应诏为永顺被占湘西危急请派援军防守等情密电

(1916年3月21日)

统率处钧鉴：华密。顷据永绥副将函称：据四川秀水县张知事函称：酉阳属龙滩于阴历二月八日夜被匪占据，约二三百人，快枪七八十枝，声言三次革命，勒令该处盐商助饷十万，并出示由酉窜秀，伪司令系李善波，带队官即会匪陈占敖、苏立之等。现在该县人心惶恐，哀词恳请救援，拟开驻螺蛳董两队前往救援，又虑该地适当黔冲，请由诏处拨兵两哨赴螺防守。等情前来。正商办间，又据绥靖镇周蓂万急飞函称：奉将军翰电开：永、庸匪事各情，当派张哨长率兵前赴永顺，兹据兵士向洪斌面称：十九日

该县探报，匪已离永城不远，午后，果蚁扑而至，约千余人，至昏暮该县竟悬白旗欢迎匪党入城，车知事已逃，张哨军〔长〕不知下落。并王村失陷，匪势已二千余人。业商宋、高两副将，抽调各处军队围攻永顺，惟螺蛳董最关紧要，务恳派兵飞速防守。等情。查匪势猖獗，应诏已料其必至于此，尚恐黔逆裹胁为患更大。除饬巡防三队管带李凤鸣率带兵士一队及白兵一队前往螺蛳董一带驻扎，以防松、秀边境外，其永顺方面，尚恳转知范师长，饬令于原派一营外，再加派一营，一面由大庸进攻，以薄永顺；一面饬辰州国军奉令剿永者，迅速由北河开拔前往，并绥、乾、古各协营，合力兜剿，庶收夹击之效。目前镇筸处此，既防逆军，而绥、乾、古各营一有匪警，皆纷纷来告。现既调兵赴绥，松、秀一带，深虑空虚，不得不筹兵填防。城中所余仅二三百及新招之白兵，无枪者亦多，派出各乡缉匪。逆军探报频来，环顾湘西，焦灼万状。谨电陈，乞核示。田应诏叩。马。

〔北洋政府统率办事处档案〕

6. 倪毓棻拟进兵湘南以防桂军密电

(1916年3月)

(1) 3月23日密电①

特急。北京统率办事处钧鉴：华密。祃、梗两电均敬悉。本日乘太古洞庭船只抵岳，商仍乘赴湘潭，该轮以路线不熟，坚不愿往，此间船复难觅，万分焦灼。拟于三二日内炮营到处，即由陆路先开数营，余俟夫役雇齐，全行开往。谨以奉闻。倪毓棻叩。漾。印。

(2) 3月29日密电②

① 袁世凯在电报纸上批有："告汤备船，迅即前进"字样。

② 袁世凯在电报纸上批有："到衡集合候令，一面派员向永州方面察看地形"字样。

北京统率办事处钧鉴：华密。俭电敬悉。广西既未肯遽然释手，自应从速进兵，毓棻督率所部，于本日上【午】十点开拔，径赴衡阳。到衡后，是否仍候命令，抑直捣广西，恳乞代奏示谕遵行。倪毓棻叩。艳。印。

〔北洋政府统率办事处档案〕

7. 统率办事处要第二十师自行筹办给养转运密电稿

（1916年3月24日）

常德第二十师范师长：华密。查湘省原设有兵站，若各军统由该兵站供给，深恐应接不暇，致有迟误，所有贵军给养转运等事，希即自行筹办，以期便捷。处。敬。印。

〔北洋政府统率办事处档案〕

8. 汤芗铭转报桂军分两路进攻湘境密电

（1916年3月25日）

统率办事处钧鉴：赓密。据零陵镇守使望云亭有电开：据永明谢营长电称：确探桂省大军一由全州出黄沙河，一系马司令率步队及机关枪炮队共十余营，现集龙虎关，准二三日内由桃川直下，会合永州等情。职使遵示，当即电饬该营长严加防范，多派妥探分途详查桂境内情，再行飞报。等语。除电饬该镇守使力持镇静，转饬所部固守防地外，谨此奉闻。汤芗铭叩。有二。

〔北洋政府统率办事处档案〕

9．范国璋报告护国军猛攻大庸县城密电

（1916年3月）

（1）3月26日密电

万急。北京统率处、参谋本部、陆军部钧鉴：华密。前因大庸告急，奉准由常、辰支配混成一营分路进剿，当由辰派两连并机枪二杆，归团附李昶熙率带，由常派两连，归营长王永寿率带，分别星夜前往。顷据探报：王营长昨抵界庸，今日必到。并据团长张纪转据团附李昶熙电禀：漾日行抵大庸十余里之岩板溪，即遇伪司令罗赞侯率匪人千余，占据险要地方，同我开战，当即彼此对击，因见我队兵力较单，由三面向我进攻，势将夺我接济。由上午十时接战至午后六时，幸官兵奋勇抢占山头，将匪击败，得保大庸。查击散〔毙〕伪营长杨及亭及匪百余名，生擒活匪六名，夺获匪人旗帜、枪枝、土炮甚多。我八连排长于国桢受伤，士兵王连恩、邢晟山阵亡，计受伤目兵十余名，当即整队进城。据知事于【报称】，距城十五里之西庸乡聚有匪人二千余名，现正严加戒备，以待后援。等语。除饬王永寿飞速到庸，会同李昶熙相机痛剿余匪以防复燃外，先此报闻。师长范国璋叩。宥。印。

（2）3月30日密电

北京参谋本部、陆军部钧鉴：华密。漾日岩板溪战役，我军获胜，得保庸城。惟该股匪人数，本逾我兵多倍，近据各路探报：该匪自败退后，陆续号召七八千人，急堵〔于〕复仇，于敬日大举攻城，极形猖獗。城中只李团附两连，与匪鏖战数昼夜，委以众寡悬殊，城几不守，幸宥日王营长赶到，冒险由东门冲入，协力进攻，贼始败退。惟闻大庸附近各方面遍地皆匪，乡团枪枝多被掳去，日内道路梗塞，消息不通，迄未接王营详报。惟据各地方

纷电告急，危险万分。等语。本师以后路关系不□〔啻〕前方，当于艳日电商驻辰张团长就近允拨步兵一营缺一连，由营长李绍白率带，即日驰向大庸方面相机助剿，以免蔓延日久，牵动全局。特此报告。现时辰州尚有张纪一营一连，并机枪二杆，当足镇慑。知注并闻。师长范国璋叩。卅。印。

〔北洋政府陆军部档案〕

10. 统率办事处汇存关于入湘北军占领绥宁洪江等地军事随闻

(1916年4月2日)①

湘路军事随闻

胡旅长叔麒、赵团长福汇所部，于三月二十三日收复绥宁，汪旅长学谦所部亦于二十三日收复洪江，并于二十六日将黔阳一律收复云。

〔北洋政府陆军部档案〕

11. 范国璋报告北军占领桑植密电

(1916年4月)

(1) 4月11日密电

北京统率处、参陆两部钧鉴：华密。前因桑植失陷，久未克复，由师将援庸队伍抽拨两营，带机、炮各二门前往攻剿，业由虞电陈明。讵在郑家驿途次，接营长王永寿支电，已遵王使②命令，于鱼日开赴桑植一连等语。真日在辰接王使电开：桑植沦陷

① 系陆军部收文时间。

② 指常澧镇守使王正雅。

已久。日前仰托威福，敝军会同贵军依连长介卿，完全克复。等因。除得依连长报告再另详报外，先此电闻。师长范国璋叩。真。印。

(2) 4月17日密电

北京统率处、参陆两部钧鉴：华密。据驻庸营长王永寿转据连长依介卿报告，该连于三号会同王使所部赴西教乡搜索余匪，顺向桑植转攻。四号与匪开仗，毙伪参谋长彭□堂及匪卅余名，遂将桑植克复。等语。特此据报。师长范国璋叩。筱。印。

〔北洋政府陆军部档案〕

12. 周文炳关于该路所部历经各次战役并请预筹枪炮弹密电

(1916年4月13日)

万急。北京统率办事处、陆军部钧鉴：赓密。本路所部队自开始战斗以来，历经高村、心仁、溪江口市，齐天界、麻阳、罗旧、巴州圹、怀化、芷江、铜湾、新路河、安江诸战役及第五旅前次之守芷、守麻、守大关诸战，此次齐天界、芷江、黔阳、洪江之反攻，麻阳之两次反攻，七七团于罗衣、溪市、王村、大庸诸战役、大小不下三十余战之多，各处反攻均鏖战数昼夜之久。湘西地形复杂，遍地山岭，于山地作战，敌我之距离甚近，火力稍弱，敌即乘虚而入，或出而奇袭，或受敌之包围，或掩护出击部队之进攻，在在均非急射不可，子弹之消耗亦随之增多。更以寇匪顽悍异常，每不分昼夜施行猛袭，稍有不慎，即被突击，昼夜激战，所耗尤甚。……所有预筹补充枪炮弹各缘由，事关军事前途，谨急电禀闻，如何之处，伏乞钧核示遵。周文炳叩。元。印。

〔北洋政府陆军部档案〕

13. 田应诏关于王文华要求双方认定以麻阳等县为执行停战地点等情密电

(1916年4月17日)

急。常德熊宣慰使鉴：风密。顷准贵州右翼司令官王文华咨称：内略谓贵使与熊使力主和平，双方停战，为国苦衷，曷胜钦佩。惟兹虽暂停进攻，而战线上两方相距太近，倘敌人仍复背约，一时两军再见，衅由谁启，转觉两不分明，负两使热诚，且于全局不无影响。查湘西一带，皆在贵使镇守范围，两军错杂防守，熊使尤不便宣慰。拟请由贵使主持，须前敌两军各退，认定麻阳、沅州、黔洪一带，作两师执行职务地点。等语前来。弟思若能如来咨所称办法，则于桑梓之邦，既便耕作兼便商务，地方种种受福不浅。除复王司令称已电我公核夺，亟应仰恳我公如何设法，或须电请中央，抑或就近商周、范各司令示复，以便遵守。再，凤凰现在米价日昂一日，大有荒歉之象，袁明翼虽解谷来辰，即使剗算，估计恐不敷尚多。查芷、麻虽经兵燹，然闻各富户谷米囤积未售者尚多，若一经停战，各出粜买民食，尚不至维艰。且两县百姓逃匿，一时亦无民待拯。惟凤邑素仰给芷、麻，一旦事平，芷、麻自救其乡，则凤凰民食毫无所出。弟意省谷一项，拟请我公主持，不如多运先给凤凰，而于芷、麻随后少给，示意盖有米之乡得之未见十分之益，而无米之地受之则感莫大之恩，桑梓食德。合并奉恳。乞速电袁先解谷赴算。统希示复。应诏叩。筱。

〔熊希龄档案〕

14. 范国璋要求对地方官请兵加以限制密电

(1916年4月17日)

北京统率处、参陆两部钧鉴：华密。任战剿匪，皆军队应尽之责，惟须审察虚实，分别缓急，方不至劳师縻饷，动误戎机。地方官吏，往往对于辖境，事前漫无防范，遇事仓皇失措，闻有匪警，非请兵请剿，即留队镇慑，希图卸责，以保禄位。如果不加审查，一一允行，国家养兵百万，恐不敷一省拨用。本师此次莅湘，所得上项请求，日有数起，所查实者，惟大庸、桑植、王村等处，余皆地方官吏张大其词，为自卫计，不遑他恤。似此任便牵动军队，殊于军事进行诸多障碍。可否通令地方官吏，遇有匪警，责成团警防剿，如无大股匪徒入境，一概不准请兵，以示限制之处，伏候钧裁饬遵。师长范国璋叩。霰。印。

〔北洋政府陆军部档案〕

15. 范国璋关于派出侦探以查明护国军真情密电

(1916年4月17日)

北京统率处、参陆两部钧鉴：华密。本师此次南下，专以任战荡寇为目的，前在常德，逆知敌人多诈，业在前方各路派探侦察，务得确情。到辰之日，除原派侦探不计外，复在当地加觅可靠土著五十三名，选派籍隶乾州本师工程营长石明正、军械官石辉玉等两员分别率带，一到乾、凤、永、龙方面，一到铜仁、天柱、玉屏方面，即日分路严密往查，取其口音相合、真情易得。寇匪诡诈多端，此次要请停战，虽□〔其〕别无布置，我徒尊重人道，不予节节筹备，积极进行，万一堕其术中，大□〔局〕前途，何堪设想。故前派各探，仍饬切实搜索，以作将来之□备。先此报闻。师长范国璋叩。筱。印。

〔北洋政府陆军部档案〕

16. 田应诏关于与黔军停战双方认定以麻阳等县为执行职务地点密电

（1916年4月19日）

北京统率处暨陆、参两部钧鉴：华密。前接熊宣慰使来电：以双方协议停战一月，请由应诏就近知照双方司令。当经录电咨行去后。兹据黔军司【令】官王文华咨覆内开：查湘西一带皆在贵使镇守范围，两军错杂防守，熊使尤不便宣慰，拟请由贵使主持，须前敌两军各退过铜仁州，认定麻阳、沅州、黔阳、洪江一带作两使执行职务地点。至停战规约，应候川中议结，以归统一。即希示覆。等语。查湘边自军兴以来，城社为墟，四民失业，贫者流而为匪，富者无家可归，被灾之惨，目不忍睹。现虽停战一月，而匪盗蜂起，势成蔓延，影响所及，大局堪危。且值此停战之期，两军犹复增兵，不独启旁观之猜疑，致生意外之事谇①〔变〕，而彼此营垒相望，尤恐因无意识之交涉，复起衅端。而查芷、麻一带战地，横尸遍野，积血成渠，当此春夏之交，热气薰蒸，易滋疠疫。加之湘、黔边境山岚瘴气，触处皆是，在土著之人尚所不免，况南北气候不同，国军远道跋涉，益以战守辛劳，尤易感受，一经传染，防卫綦难。昔日俄之役，病死之人较战死之人为多，是其明证。近闻驻麻国军沾染时症者不乏其人。可否乘屡胜之时停战期内，允照黔军来咨所议，约与远退，俾和局易于观成，而边民亦蒙福不浅。除电熊宣慰使外，特电谨闻。敬候示复。田应诏叩。效。印。

〔北洋政府陆军部档案〕

---

① "谇"字旁原有置疑号。

17. 范国璋报告古丈等地民军活动频繁经派队弹压密电

（1916年4月21日）

特急。北京统率处、参陆两部钧鉴：华密。本师奉令担任后方防守事宜，遇有匪徒扰害地面，虽在停战期内，亦不能听其滋扰。昨据孙团长报告，辰溪附近中河铺一带，匪甚猖獗，因团警无力抵制，日有焚掠村民情事，当由辰溪就近派营长季毓麟带兵两连，并机枪二杆，前往进剿。又据探报，保靖匪聚数千，连日攻袭，势甚猛烈。古丈方面，到匪千余，亦极危险。并准辰沅道尹函据保靖王知事、古丈张知事先后告急，情形相同，转请派兵往援。各等因。师长以古丈距辰较近，设有疏失，辰州亦危，当在辰防抽拨两连并机、炮各二门，派营长刘虎门率带，先赴古丈一带，相机弹压，并密令该营长非查明该匪与黔无关，不得急遽进剿，以免停战期内滋生枝节。特此报闻。师长范国璋叩。箇。印。

〔北洋政府陆军部档案〕

18. 陆军部为设行军医院辰溪分院公函

（1916年4月21日）

陆军部公函　年　字第　号

迳启者：据办理行军医务事宜徐华清详称：前奉钧电，饬令分拨人员、材料，前往辰溪设立分院，遵即电饬第一路行军医院遵办去后，旋据该院电请规定分院开办经常各费前来。职处因分院人员急待起程，不及电请部示，当经遵照条例范围，规定分院开办费以三百元为限，每月经常费以二百元为限，当复该院在案。兹谨详报，伏乞备案。等因前来。用特函达贵处查照备案可也。

此致

统率办事处

中华民国五年四月廿一日

〔北洋政府统率处档案〕

19. 熊希龄关于勉就湘西宣抚使筹办抚绥事宜等情电稿

（1916年4月22日）

北京英文日报馆，长沙大公报馆，汉口楚报馆，上海申报、新闻报、神州日报、时报馆均鉴：湖南西路，自军兴以来，受祸之酷，为百年来所未有。缘以战事既开，各地土匪乘时蜂起，焚掠惨杀，村舍为墟。沅河流域三十余县，地方无不深遭惨毒，老弱流离，死亡载道，妇孺匿藏山谷，不避风雨，沿河尸骸流及千里。迭据敝会救济队员报告灾情。如辰溪一路，则县城民屋均作兵舍，门窗木料概折为薪，各乡土匪烧杀横行。株木村、李家铺等十余村庄，全为焦土，难民四散逃避。两河上游死尸流积，秽恶薰蒸，已成瘟疫，军民染毙极多。又如麻阳一路，则县城及高村、冈口三处，两军进退各四五次蹂躏，已类荒墟，城民只余八人，四乡土匪如毛，山谷死尸均满，其逃至凤凰行乞者，半多田舍富翁。又如芷江一路，则县城亦经两次围攻，炮火之余，鸡犬无多，各乡土匪蜂集，行旅裹足。又因监犯逸走三百余人，均系抢劫盗徒，所恨正绅，仇杀焚掠，有姚祖坤一家毙命七十余口。其他类此者甚多。妇女均被掳去，尚无下落。又如永顺、大庸一路，则城破之后，尸满街衢，逃徙几空。大庸前被围困，城外房屋焚者千余，仓储谷米皆付一炬。现虽停战期内，而土匪之焰，打家劫舍，逐日方张。前敌两军各扼战线，均不能兼顾剿捕，再越数月，恐我黎民靡有孑遗。尤可惧者，春耕在即，流亡未归，即有存者，丁壮充夫，耕牛宰食，农田荒废，十殆八九，转瞬逾时，补种不及，今秋必至饥馑，后患方长，靡所底止。现虽由中央赈抚银六万元，各省官商捐助款项亦约三四万元，统共不及十万，杯水车薪，何济于事。祇恳贵报馆广登告白，代求中外仁人义士劝输巨款，汇寄来湘。谨为西路哀黎九顿首，以请一丹赤泉。此次回湘专为迎护老母出险，行至辰、常，又奉中央令办抚绥事宜，同乡绅商群起挽留。希龄自维一家虽获保全，而环顾父老子弟尚罹惨祸，推已及人，心殊不忍，不得不勉为担任。现已于常德设立筹办抚绥事宜总处，照会正绅廖名缙为处长。另于辰、沅、永、靖、澧五属四厅旧治之地设立分处，联络办赈，次第成立。希龄昨已电请中央将宣慰使一差取销，专由总分处办理。以后各埠捐款，请直寄常德抚绥事宜查收为祷。希龄叩。养。

〔熊希龄档案〕

20. 熊希龄为湘南两军对峙难免冲突密电稿

（1916年4月23日）

齐齐哈尔朱将军鉴：华密。删电敬悉。湘西与黔军现均停战，闻由川省陈将军与松坡接洽开议。惟桂省陆军进驻湘南，中央亦派倪军四十营深入衡阳，两军均勇，难免冲突，和平未敢必也。承泣，谨复。希龄叩。漾。

〔熊希龄档案〕

21. 张建功请增派军队以防护国军反攻电

（1916年4月24日）

十万急。北京陆军部田次长钧鉴：建前以逆寇多诈，恐中缓军诡计，已于寒日电陈在案。现据探报，自停战后，前线匪人愈增愈多，补充枪弹，昼夜不已，颇有反攻之势等语。恳请密陈大总统，速派军队援助，至为切要。是否有当，恭请训示。旅长张建功叩。敬。印。①

〔北洋政府陆军部档案〕

22. 范国璋为使所部参加作战请饬倪军来常辰接防密电

（1916年4月27日）

特急。北京统率处、参陆两部钧鉴：华密。宥电敬悉。自奉停战电令，预料敌为缓兵之计，迭经陈述意见，恳请增兵增夫增炮，以备不虞各在案。乃筹备事项尚无头绪，而停战时期又将届满，兹既协商无效，应以作战为前提。第查前方兵力日减，非增加援队，难期奏效，而后方匪乱如麻，节节牵制，本师负剿匪任务，又不能听其蔓延，筹思至再，拟恳迅调倪军来常、辰接防，俾本师得以全部兵力加入战线，与周军合力进攻，以期早荡寇氛，仰抒廑慰。现正鼓励将士，荷戈以待。如蒙允行，前方险阻，输运维艰，仍恳察照铣电，准招输卒二千名，以应急需。伏候示遵。师长范国璋。沁。印。

〔北洋政府陆军部档案〕

23. 倪嗣冲报告汤芗铭秘密策划反袁电

（1916年4月29日）

万万急。北京大元帅钧览：顷据倪司令电称：顷据衡州俞道尹面谈：汤将军募兵，确查数目，在株州招三营，衡山两营，湘潭三千人，湘阴二千人，湘乡五千人，皖〔新〕化数未确，大约共

① 此电自辰州发。

招一万八千人，均分驻株州、湘阴、益阳、沅江等处。当湘潭招募之时，该县知事电汤询问，汤佯为不知，迟至数日，俟兵已招集，始复电饬令查办，而该队已他往矣。又，望使独立，经道尹两次电禀，始则复电云殊堪诧异，继则电饬确查。似此外装糊涂，内则秘密布置，积极进行，逆迹昭著。且湘阴、益阳、沅江为职军及在湘潭各师旅长后方咽喉，而株州一处，尤为职军往长沙及醴陵出江西之要道，汤皆用兵把守，若不预为之计，一俟桂军大队到湘，汤复从后响应，两方夹攻，四面受敌，我以孤军，处此后援无继，粮饷、军械一无接济，实足制我军死命。即在湘各军，亦均断绝归路。应如何对待，乞示方略。否则，旁无办法，惟有退据长沙，以顾后路而保湘省，庶湖南不至遽陷，长沙免失一保障也。等语。查近日望使已变，桂军进逼衡州，汤将军布置既定响应即在目前。昨请饬陈光远驰驻岳州，以遏乱萌，势已缓不济危，惟有仰恳明令迅饬倪司令退湘潭，扼守萍湘铁路，堵遏桂军，不致与汤联成一气，且为屏蔽赣省地步。事机急迫，间不容发，若再稍涉游移，必将断送此军，匪势益炽，不仅湘省之忧也。伏乞钧裁施行。倪嗣冲。艳。印。

〔北洋政府统率办事处档案〕

24. 谢重光等关于护国军占领保靖永绥县等情密电

(1916年4月)

(1) 谢重光致熊希龄密电(4月　日)

常德熊宣慰使钧鉴：宣密。保靖、永绥均于十八日失守。因周襄生① 杀毙敌使，并攻毁王村地方，结怨甚深，敌军对此两处人民闻极仇视。刻正攻击古丈县，宴都司已经逃匿，该县随失，则北河全域将悉占有，乾城上岌岌可虞。北军开往一营防堵，必难

① 周文炳字襄生。

炶急。光行至凤滩，闻耗折回，焦灼无似。葆元亦于暮〔？〕日到辰，明日偕往凤凭〔凰〕。并兆〔？〕奉闻。蔽膂沿①。

（2）熊希龄致政事堂等密电稿（4月25日）

北京政事堂、统率办事处，长沙汤将军、沈巡使，辰溪周司令，辰州范师长，凤凰田镇守使鉴：华密。顷据敝处派赴保靖调查绅谢重光电称："保靖、永绥②……焦灼无似。"等因。查两军现既停战，所称杀毙敌使、烧毁王村各节，是否在停战期内？除电请周司令、范师长、田镇守使查明确实向黔军请问外，谨先电陈。乞查照。希龄叩。径。

〔熊希龄档案〕

25．田应诏为镇筸军扩展及湘西米盐问题函

（1916年6月 日）

秉三老哥阁前：艳日曾由辰州转发一电，内述帝制取消，大军不久必将北归，陶葵举全军兵溃，仅余二百余人，已不足用，将来剿匪，必赖镇筸生力军。惟军务既息，所有筸中新招兵队，恃军需局加饷五千元以为月饷者，势必随而取消。愚意以为公宣抚湘西，将来必用筸军随行从事，较他军自行指挥。且安揣此次南北调和，必属公与唐少川、伍秩庸诸公。且陶葵举往日驻扎沅州，种种行为，应在洞鉴。而此次军溃从敌，全军枪械，均以资盗。计不如趁此时机，我公倘身与和约或不与议，而别有筹划之法，即将镇筸军队扩张势力，优谋饷械。至新招之兵，若军需局果撤，津贴无著，拟请设法即由湘省以陶葵举之军饷拨为新招筸军之军饷。其平日所驻防之地，如沅、晃、洪江一带，即以此数队筸兵填驻。

① 原文如此，疑有误脱。

② 以下转引谢重光致熊希龄密电，兹略。

如此，则筸军之势力既稍可扩张，而湖南即财政支绌，亦不必格外筹饷。盖往日沅、靖、绥、长，本属镇筸范围，而筸军驻防沅州一带，又我公往日意旨。我公素欲为桑梓保安全扩利益，及此时望尽力一谋划也。此电计日当已邀览。旋于三十日接奉宥日尊电，所称筸兵无械，大致与弟呈统率处电彼此相符。嘱电请中央一节，弟前于致尊电后，当曾拍电统率处，言土匪猖炽，各县纷纷请兵，筸兵虽有数千，枪械不过二千枝，一旦欲分兵以剿办各县之匪，势必不敷应用，请电鄂厂拨发。等语。旋奉统率处径日复电，已知照王将军矣。祈即由我公将匪势如何紧急，如何需枪弹甚急，措词速电王将军为盼。再，盐、米两宗，凤凰素仰给芷、麻之米，自芷、麻遭难，凤凰米价难平。今得公大力，湘西共拨皇仓谷三万石，迩民食德，当同声感戴。惟是须与凤凰知事约计，镇筸需米约在三千石之谱，而三千石之米，计谷当约在六千石，若先行备价运筸，恐筸城现无此能力筹出此款，且于救荒之意，亦未甚允洽，未知能否派人将此谷先行运解来筸，俟粜卖后，再将谷价归原。如何之处，恳即酌示。至食盐一项，奉示作为采办军盐为名，甚善。惟运油〔盐〕至常，现在河道稍通，商家已自行装载下驶，若由官务令至常兑换盐斤，势必不愿。故日来情形，较常又不相同。弟意此次刘哨弁，既已由常运来盐八千斤，昨据阙管带国璋至筸面称，亦言与辰州盐局交涉已好，每月由辰运盐赴筸，由筸军辰州行饷内将纸币拨付盐局，似较常运费稍省，而筸城最苦纸票，借此亦可消纳。又每纸币一千文，乃著价一千，亦为兵士增若干利益。且日来川盐源源而来，想系取消帝制黔路稍松之故，抑未可知。弟意似如现在情形，则运盐一项，且从缓议，公意以为如何？田季勤、胥敬斋、杨裕三，均已到筸。日来据报，永顺、王村一路，匪已四散。昨、廿三四，闻匪有攻扑乾城之信，已抵三炮台、双塘各处，抢去乾协枪枝数杆。闻警后，当派兵前往镇慑，幸已逃匿。倘战事能息，则湘西匪类，似非彻底究办，不能净绝根株，免终酿巨祸也。现值请饷员晋省，谨此布臆，即请公安，并乞垂示不尽。

姻弟田应诏谨启

再，此次凤、泸开通河道，使筸军饷原不至断绝，地方得以安全，实系敝署参谋陈渠珍之功，前者无由设法奖叙，此时拟请我公随机代为一谋奖励，可否？弟诏又启。

〔熊希龄档案〕

26．周文炳转报汤芗铭被迫逃走等情密电

（1916年7月9日）

急。北京参谋本部、陆军部钧鉴：华密。确探报称：汤将军于四号晚十二时被曾继梧、程潜等威逼逃走，五号拂晓汤将军卫队始知，随即追赶，当被南兵打毙暨淹死各数名。现曾继梧代理将军，程潜带有黔军一团，在长沙与曾争权，不日即起冲突。又云：桂军及护国军约万余名驻长沙、湘潭、衡州一带。现闻邹盛西派兵到湘西，一路搜查国军枪械。又言曾继梧、程潜有电约岳州李佑文派兵加攻汤将军之说。各等语。谨电奉闻。周文炳叩。

〔北洋政府陆军部档案〕

27．周文炳转报汤芗铭逃走后湖南落入南军之手密电

（1916年7月10日）

万急。北京参谋本部、陆军部钧鉴：华密。顷据驻龙阳二十二团报称：自长沙来人云：汤督逃后，广西军压迫湖南混成旅之两营，缴械未允，以致冲突，该旅伤亡甚多，现已向湖北退却。汤督所用办事人员八百余名，均被禁锢，惟侦探百余人将遭惨杀。

唐蟒为卫戍司令，主张复仇主义，人心惶惶，市面颇不安静。又云：民党湘权已握，欲压迫江西，因恐我军袭击其后，待我军离湘，即次第实行其计划。又距县城七十里之龙潭市团总报称：昨由益阴〔阳〕突来护国军数百人，声言北军无纪律，特赴县城保护等语。该团总答言：北军驻县纪律严明，商民安堵，不必多此一举，恐于贵军无益，而有害于民。故仅备一马而去。其嚣张于此可见。等语。合电禀闻。周文炳叩。蒸。印。

〔北洋政府陆军部档案〕

28. 国务院等关于派吴光新率部赴岳等情密电

（1916年7月12日）

湘阴、岳州一带探送车旅长震：华密。三师彭团已到岳州。鄂已派重兵协助。此间派吴光新率廿师即日南下，直抵岳城。该旅长所部现有若干，驻扎何处，速复。院、部。文。印。

〔北洋政府陆军部档案〕

29. 周诗为检查使署成立及其取消等情电

（1916年7月28日）

北京黎大总统、段总理、参谋陆军两部总次长钧鉴：窃滇、黔起义，湘属风从，适诗回籍省亲，奉汤前督委任军署咨议，旋加委为检查副使，与检查使陶忠洵划分区域，各专责成，任重材轻，深虞陨越。现大局敉平，地方安谧，检查使署呈请取消，所有各属民军编遣事宜，划归清乡总司令办理，以一事权而节糜费。关于湘省及经过情形，诗本拟克日晋京面禀一切，现陶使因病请假，所有经手未完事件，责诗代为清理，一俟结束，即当首途。特此，谨闻。周诗叩。勘。

〔北洋政府陆军部档案〕

四、入侵桂西

1. 龙觐光关于编组军队由桂攻滇情形密电

（1916年2月9日）①

武鸣龙觐光青电一件

急。北京统率办事处、参谋部、陆军部钧鉴：惠密。由粤出师，适值梧河水涸，上行迟滞，觐光乃率亲军，取道钦县，歌日抵邕，电陈在案。刻由粤抽调之弁兵，已陆续过邕赴色；并先后派遣探谍及熟习临、开、广妥员，入滇运动；更于桂、滇边境，选募熟习地利可靠士兵，集成二十营，拟编为一师，分派为五路，第一路司令、中将李文富，第二路司令、中将恩锡，第三路司令、少将张耀山，第四路司令、道尹吕春琯，第五路司令、中将朱朝英，俱已继续前进。觐光现正会商陆上将军、王巡按，计划分道进兵暨转运策应之法。妥商既定，即速前进，飞饬军队逼扎滇边，相机分道进取，须当随时电陈。觐光叩。青。

〔北洋政府陆军部档案〕

2. 袁世凯关于李文富部攻占剥隘等地申令

（1916年3月9日）

政事堂奉申令：云南查办使临武将军龙觐光电奏，据第一路司令李文富电称：三月一日率军驰赴罗村口，晚八时分兵向剥隘进攻，该地最要门户为粤西炮台，寇兵甚众，开炮轰拒，我军仰攻，战至二日黎明，毙寇数十名，当将粤西炮台夺取。营长王春

① 此件无年月，据内容推断，当为1916年。

山率队沿壁猱升绕道向剥隘后山力攻，午后直据山顶，俯攻剥隘，连长李正邦夺取百莱炮台，立将剥隘克复，毙寇甚众。等语。剥隘地方险要，为入滇要塞，该司令等督队力战，夺取粤西、百莱两炮台，克复剥隘，悉由该使调度有方，各将士忠勇奋发，用能奏此首功，足寒敌胆。仍著该使督饬所部，节节进攻，滇寇早平一日，即滇民早安一日。该使入滇以后，务当宽免胁从，抚恤黎庶，以靖边徼而慰人心。此令。

洪宪元年三月九日

国务卿　陆征祥

〔政府公报，1916年3月10日，第64号〕

3. 统率办事处汇存龙觐光关于攻陷剥隘情形电

（1916年3月　日）

统率办事处战报汇存

粤军攻滇要闻

龙将军觐光电称：三月一日，李司令文富率部驰赴罗村口，下午八时分兵向剥隘进攻，该地最要门户为粤西炮台，寇兵甚众，开炮轰拒，我军仰攻，战至二日黎明，毙寇数十名，当将粤西炮台夺占。王营长春山率队沿壁猱升绕道向剥隘后山奋勇力攻，午后占据山顶，俯攻剥隘，李连长正邦夺占百莱炮台，立将剥隘克复，毙寇甚众，我军伤亡二十余名。按剥隘地方，实为入滇要道最险隘口云。

〔北洋政府大总统府档案〕

（三）袁世凯被迫取消帝制

一、撤销帝制

1．袁世凯被迫宣布缓办帝制申令

（1916年2月23日）

政事堂奉申令：近据各文武官吏、国民代表以及各项团体、个人名义，吁请早正大位，文电络绎，无日无之。在爱国者，亟为久安长治之谋，而当局者，应负度势审时之责。现值滇、黔倡乱，惊扰闾阎，湘西、川南一带因寇至而荡析离居者，耳不忍闻，痛念吾民，难安寝馈。加以奸人造言，无奇不有，以予救民救国之初心，转资争利争权之藉口，遽正大位，何以自安，予意已决，必须从缓办理。凡我爱国之官吏士庶，当能相谅。此后凡有吁请早正大位各文电，均不许呈递。将此通谕知之。此令。

洪宪元年二月二十三日

国务卿　陆征祥

〔政府公报，1916年2月24日，第49号〕

2．陈炳焜等要求取消帝制严办祸首密电①

（1916年3月15日）

南宁来电

特别分送北京参政院、京兆尹，分送各省将军、巡按使，宿州巡阅使，福州、宁夏护军使，承德、归化、张家口都统，并转

① 此件系抄件。

各镇守使均鉴：华密。帝制议起，中外哗然，凡有血气，靡不痛愤。桂省军心民气，日益激昂，大势所趋，独力难挽。炳焜等即于本日电致堂、处①，文曰：辛亥以还，炳焜等以军人天职，随同陆上将军效忠民国，四载于兹，迭经变乱，我桂省将士，不惮以全力拥护中央者，为所以巩固共和，苦心孤谊〔诣〕，当为天下所共谅。乃野心鄙夫，违言背德，恢复帝制，愚弄国民，举所谓代表大会、选举、推戴等等，自唱自和，窃国贼民，义愤所激，咸欲甘心。炳焜等重念民不堪乱，尽力维持，希望若辈有所悛悔。及至友邦警告，举国离心，犹复怙恶穷兵，残民以逞。桂省军民，蓄愤久矣。近益万众一心，声请讨贼，激烈骚动，断非炳焜等所能镇压，只得电请转陈元首，立发明令，取消帝制，并严办倡议为首诸人，以谢天下，无任企祷。全省将士，荷戈待命，盼于三日内赐答，云云。此国家生死问题，诸公手造共和，中外欣〔钦〕仰，决非无耻求荣，甘为一姓家奴者比。伏恳同申大义，褫彼奸魂，重奠国基，雪我民耻。临电迫切，翘候好音。兼护督理广西军务、桂林镇守使、第一师师长陈炳焜，龙州镇守使、第二师师长谭浩明，桂平镇守使、中区总司令莫荣新同叩。咸。印。

〔外交部云南特派员公署档案〕

3. 袁世凯宣布撤销承认帝位案申令

（1916年3月22日）

政事堂奉申令：民国肇建，变故纷乘，薄德如予，躬膺艰巨。忧国之士，怵于祸至之无日，多主恢复帝制，以绝争端而策久安。癸丑以来，言不绝耳，予屡加呵斥，至为严峻。自上年时异势殊，几不可遏，佥谓中国国体，非实行君主立宪，决不足以图存，傥有墨葡之争，必为越缅之续，遂有多数人主张恢复帝制，言之成

① 指政事堂、统率办事处。

理，将吏士庶，因此惆忧，文电纷陈，迫切呼吁。予以原有之地位，应有维持国体之责，一再宣言，人不之谅。嗣经代行立法院议定，由国民代表大会解决国体，各省区国民代表一致赞成君主立宪，并合词推戴。中国主权，本于国民全体，既经国民代表大会全体表决，予更无讨论之余地。然终以骤跻大位，背弃誓词，道德信义，无以自解，掬诚辞让，以表素怀。乃该院坚谓元首誓词，根于地位，当随民意为从违，责备弥严，已至无可诿避，始以筹备为词，藉塞众望，并未实行。及滇、黔变故，明令决计从缓，凡劝进之文，均不许呈递。旋即提前召集立法院，以期早日开会，征求意见，以俟转圜。予忧患余生，无心问世，遁迹洹上，理乱不知。辛亥事起，谬为众论所推，勉出维持，力支危局，但知救国，不知其他。中国数千年来，史册所载帝王子孙之祸，历历可征，予独何心贪恋高位。乃国民代表既不谅其辞让之诚，而一部分之人心，又疑为权利思想，性情隔阂，酿为厉阶，诚不足以感人，明不足以烛物，予实不德于人，何尤苦我生灵，劳我将士，以致群情惶惑，商业凋零。抚衷内省，良用矍然，屈己从人，予何惜焉。代行立法院转陈推戴事件，予仍认为不合事宜，著将上年十二月十一日承认帝位之案，即行撤销，由政事堂将各省区推戴书一律发还参政院代行立法院转发销毁，所有筹备事宜，立即停止，庶希古人罪己之诚，以洽上天好生之德，洗心涤虑，息事宁人。盖在主张帝制者，本图巩固国基，然爱国非其道，转足以害国。其反对帝制者，亦为发抒政见，然断不至矫枉过正，危及国家。务各激发天良，捐除意见，同心协力，共济时艰，使我神州华裔，免同室操戈之祸，化乖戾为祥和。总之，万方有罪，在予一人。今承认之案，业已撤销，如有扰乱地方，自贻口实，则祸福皆由自召，本大总统本有统治全国之责，亦不能坐视沦胥而不顾也。方今闾阎困苦，纲纪凌夷，吏治不修，真才未进，言念及此，中夜以兴〔忧〕，长此因循，将何以国。嗣后文武百官，务当痛除积习，黾勉图功，凡应兴应革诸大端，各尽职守，实力进行，毋托空言，毋存私见，予惟以综核名实、信赏必罚为制治之大纲。我将吏军民，尚其共体兹意。此令。
洪宪元年三月二十二日

国务卿　徐世昌

〔政府公报，1916年3月23日，第77号〕

4．冯国璋等敦促桂滇黔等省取消独立密电

（1916年3月31日）

北京政事堂、统率办事处、各部院均鉴：赓密。顷由国璋、耀琳主稿，联合十九省将军、巡按使并长江巡阅使、各都统、各护军使、护军副使，公同列衔劝告广西电文一件，文曰：陆上将军、陈护将军并转谭诸君鉴：赓密。帝制取消，已奉明令。中央不惜罪己，以冀回复和平，实为救国保民起见。现在我国情势日益危迫，祸机四伏，岌岌堪虞，设非全体团结一心，大局必启分裂之兆，内讧既久不宁息，旁观将啧有烦言，坐使神州陆沉，则瓶〔摒〕责当归诸我辈。思之陨涕，言之痛心。诸公始以爱国热忱，激为意外举动。今者国体已悉仍旧，贯当轴□，再起老成，弭难息兵，实为要著。自贵省独立后，声息沈滞，在①方情形，何似各省，固不能尽知。私揣秩序纵易维持，布置纵极周妥，而商民必目中时存一伫，见战争忘险象，终不免风鹤猜疑，寝处难忘，不言可喻。诸公各就共济危时，务安百姓着想，即可本此意立论，宣布取消独立，同谋和平，庶几匕鬯不惊，人心大定。内冀厚感情于桑梓，外可告无罪于寰区。勒马危崖，在兹一举。至此后政治上之损益因革，究当何去何从，虽职在秉钧者，责应同负。诸

① “在”字旁原有置疑号。

公倘有卓见，□〔不〕妨剀切直陈，国璋等亦愿预闻谠言，互相商榷。总期巩固政府，力策安全，免使他人认为不完全之国家，而我辈益滋祸天下之重戾。同舟谊切，敢掬微忱。顷已公电警劝滇、黔，并望诸公严词劝告，俾可一致就范，早戢干戈。特电布闻，伫盼惠复。又拟分致滇、黔电稿一件，文曰：前将军唐先生、前护军使刘先生并转蔡、任诸君鉴：赓密。公等始发难端，首由国璋联合同人公电，切反复陈说，良因政见纵有异同，不能一致，只宜于事先为委曲之献替，不当于事后起剧烈之竞争，逆料兵祸一开，生灵必重受荼炭。公等不纳忠告，一意孤行，以致烽燧偏于川南，戎马扰于湘右。事理之当否姑不具论，而西南人民之茹苦含痛，已数月于兹矣。今者帝制取消已颁明令，中央于已定之局尚不惜幡然变计，力谋和平，是公等最初之要求实已完全解决。如仍裹粮坐甲，长此迁延，则爱国恤民之宣告已属空谈，而争权夺利之嫌疑渐成事实，人不见谅，公其谓何？现在国势阽危，日益紧迫，祸机四伏，岌岌堪虞，内讧不宁，群情易愤，致造干戈浩劫，咎责必有所归。公等对于国民将为聚怨之府。国璋等职司捍卫，共荷艰难，总期全体团结一心，不使大局稍有破缺。勋于有日通电，业已宣布，确定宗旨，国璋等亦极表赞同。公等独凭恃一隅，□示异趣，试思我辈对于公等之心理，又当何如耶？直怀举①谊，敢掬微忱。勘②望早日通告息兵，挽回劫运，庶可恢复秩序，绥辑人心，既厚桑梓之盛情，并全一身之荣誉。危崖勒马，今此其时。公等以俊杰自期，必能为和采之受。尚盼棼丝立断，勿为左右所挟持，致失转圜之机，致贻无穷之祸。乃公等实处困难地位，或别有难言隐衷，彼此原属同舟，不妨开诚相告。国璋等亦协力筹划，不使公等有窘于处置之虞。特电布闻，翘企惠复。等语。已于本月卅日分别译发。特此电闻。国璋、耀珊。

① "举"字旁原有置疑号。

② "勘"字旁原有置疑号。

卅一。印。

〔北洋政府陆军部档案〕

5．大总统宣布帝制议案始末告令

（1916年5月29日）

大总统告令

据海军总长刘冠雄巡洋回京面称：帝制议案撤销后，群言淆乱，谣论繁兴，好事者借端煽惑，庞杂支离，请将关于帝制议案始末明白宣布，以释群疑等语。本大总统前于本年三月二十一日特发明令，将上年十二月十一日承认帝位之案，即行撤消。并以菲躬薄德，诚不足以感人，明不足以烛物，引咎自责，不欲多言。乃近来反对之徒，往往造言离奇，全昧事实，在污蔑一人名誉，颠倒是非之害小，而鼓动全国风潮，妨害安宁之害大，不得不将事实始末明白叙述，宣布全国，以息谣煽而维治安。查上年各省区公民及满蒙回藏公民、王公等，先后赴参政院代行立法院请愿改革国体。以本大总统之权限，虽不当向国民及立法院有所主张表示，然于维持共和国体，实为当尽之职分，是以特派政事堂左丞杨士琦代莅立法院宣言，以为改革国体，不合事宜。至国民请愿，不外巩固国基，振兴国势，民国宪法，正在起草，衡量国情，详晰讨论，当有适用之良规。是本大总统于国民之请愿，实欲纳诸宪法范围以内，制定宪法程序，既根于民国约法，则国体自在维持之中。旋经立法院据各省区公民及满蒙回藏公民、王公等请愿书，建议政府或提前召集国民会议，或另筹征求民意，妥善办法，以为根本解决。本大总统咨复，以决定宪法为国民会议职权，俟复选报竣召集开会，以征正确民意，盖犹是以民国宪法为范围之本意也。立法院复据全国请愿联合会、全国公民代表团等再行请愿，开会议决按约法第一章第八条中华民国主权本之国民全体，定以国民代表大会决定国体，并议定组织法，咨请公布施行。查立法院原咨本大称总统咨复办法已定，不敢轻议变更，特以尊重民意，重付院议。佥谓民心之向背，为国体取舍之根本，该院议决投票标题赞成反对，各代表本有自由之权。是立法院为尊重民意而建立此项法案，本大总统自当如议公布。其时，满蒙各王公及各省区文武官吏等，仍请速定君主立宪。情词挚切，迫不及待。本大总统又以改革国体，事端重大，轻率更张，殊非事宜。但约法所载，中华民国主权，本之国民全体，解决国体，自应听之国民。惟令以督饬所属，维持秩序，静候国民之最后解决。是本大总统不肯轻听急迫之请求，而兢兢以正确民意为从违，尊重国民主权之心，固可大白于天下。且迭有明令电谕，严诫各省区国民代表大会选举监督等，遵照法案，慎重将事，勿得急遽潦草，致生流弊。并特派大理院院长董康、肃政史蔡宝善、夏寅官、傅增湘、麦秩严，稽查国民代表选举不合法格者，更正取消。本大总统尊重民意，务求正确，杜渐防微，尤无所不至。迨国民代表大会报送决定国体票数，全体主张君主立宪，又由各国民代表全体推戴本大总统以帝位，并委托立法院为总代表，吁请正位前来。本大总统以约法内民国主权，本于国民全体，既经国民代表大会全体表决，在国体自无讨论之余地，惟于推戴一举，自问功业本无足述，道德不能无惭。又以民国初建，本大总统曾向参议院宣誓，竭力发扬共和，今若帝制自为，则是背弃誓词，于信义无可自解，特将推戴书送还。并令熟筹审虑，另行推戴，以固国基。而在本大总统，则仍以原有之名义及现行之各职权，维持全国之现象。此不欲以帝位自居之心，昭然可见。国民代表大会总代表等，不谅鄙诚，迫谓无功薄德为谦抑之过言。又谓当日誓词，根于元首之地位，而元首之地位，根于民国之国体，国体实定于国民之意响，元首当视乎民意为从违，民意共和，则誓词随国体为有效，民意君宪，则誓词亦随国体为变迁。迫切吁请，使本大总统无可诿避，只得以创造宏基，事体繁重，不可急遽举行，致涉疏率，饬令各部、院详细筹备，俟筹备完竣，再请施行。本大总统之所以藉词筹备，不即正位者，盖始终于辞让初衷未尝稍变也。本大总统以诚待物，凡各官吏之推戴，容有不出于本衷，各党派之主张，容不免于偏执，及各监督之办理选举，各代表之投票解决，容有未臻妥善完备之处，然在当时，惟见情词敦挚，众口同词，本大总统既不敢预存逆亿之心，实亦无从洞察其他意，即今之反对帝制者，当日亦多在赞成之列，尤非本大总统之所能料及。此则不明不智无可讳饰者也。滇、黔兵起，本大总统内疚不遑，虽参政院议决用兵，而国军但守川、湘，未尝穷兵以逞，且悯念人民，寝馈难安，何堪以救国救民之初心，竟资争利争权之藉口。而吁请正位文电纷驰，特降令不许呈递。并令提前召集立法院，冀早日开会，征求意见，以期转圜。继念万方有罪，在予一人，苦我生灵，劳我战士，群情惶惑，商业凋零，抚衷内省，良用矍然。是以毅然明令宣示，将承认帝制之案，即行取消，筹备事宜，立即停止。事实本末，略具于斯，原案具存，可以复按。除将各省区军民长官迭请改变国体暨先后推戴并请早正大位各文电另行刊布外，特此宣布，咸共闻知。此令。

中华民国五年五月二十九日

国务卿　段祺瑞

〔政府公报，1916年5月30日，第145号〕

二、北洋军阀对袁复任总统态度

1. 李纯反对袁世凯退出总统职位电

（1916年4月3日）

急。北京政事堂、统率办事处、各部院，除云南、贵阳、南宁外，各省将军、巡按使，承德、归化、张家口各都统，徐州巡阅使，龙华、宁夏、吴淞各护军使均鉴：帝制一案，业经奉令撤销，推戴各书，亦已退院焚毁。大总统不忍生灵荼炭，以期息事宁人，以救国救民之苦心，示屈己从人之谦德，凡我国民，皆宜共谅。即有一部分人政见不合，反对兴戎，今已如所要求，达到目的，正宜和平解决，听候政府处分。且国体已复旧观，此后凡所以议因革而谋巩固者，善后之事甚多，和为主旨，更应听从公论，赶紧罢兵，榷维持以挽危局。乃近阅各报载，有滇、黔二省要求元首退位之说，果有此言，殊堪骇异。伏思今大总统莅职四载，凡历史未经之困苦，靡不备尝，卒能奠定国基，因应悉当，保持国内之秩序，不失外人之信仰。事实俱在，耳目昭昭。当此国步艰难，我辈正当拥护政府，急起直追，策戮进行，犹虞不及，岂忍摇动根本，陷国家于危险地位，使彼野心遂其阴谋，得获渔人之利，置我同胞于万劫不复之地？稍有人心，何忍出此。现在元首即欲引贤避位，自明让德，我辈以大局为重，犹不能承认，以遂个人之高蹈，不顾国家之覆亡。良以现政府之足以维持现状，抚辑军民，不但国人所拖〔托〕赖，亦外人所深知。若遽然更动，设或乱机四起，全国震惊，引起干涉，驯至亡国，势有固然，言非耸听。纯分属军人，爱国之诚，脑筋单简，拥护政府，即所以保我国家，此外别无商量之余地。倘该一部分人坚执此议，肆意要挟，则是逞其私怀，为国公敌。纯惟有与之俱尽，誓不两存，一切牺牲，在所不恤。诸公爱国热心，谅同此志。赣军虽弱，简练师徒，愿从诸公之后。升浔之役①，深悉彼党伎俩，今日贾吾余勇，尚足与之严旋。愤激之余，敢尽狂瞻。诸希亮察。李纯叩。江。印。

〔北洋政府陆军部档案〕

---

①原文如此，"升"字疑误。

2. 冯国璋婉劝袁世凯退位往来密电

（1916年4月）

（1）冯国璋致袁世凯密电（4月16日）

加急。北京大总统钧鉴：专用华密。窃自滇事发生，以迄今日，潮流浸灌，及于数省，盱衡时局，岌岌可危。国璋屡思有陈说，辄以干冒尊严，惧被谴责。兹者祸机四伏，已迫然眉，茹〔如〕鲠在喉，虽〔难〕安缄默。谨就管蠡所及，为钧座披沥陈之。比年以来，枢府采用集权政策，无论兵力、财力，均听中央遥制，疆吏或有施设，动为权限所扼，不能切实进行。即以军队言，各省自有之兵，一律裁减，至再至三。既欲节省饷需，不免削足适履，防务得力与否，无暇并顾兼筹，无事之时，尚可勉敷分布，一旦发见事变，统系不一，调遣为难，于是将军、巡按使之实权，几至限于一城，不能更及省外。观于此次粤省之变，潮汕、钦廉相继独立，而省垣无镇压，卒至受其胁迫。并为一谈，是左右即驻有重兵，能否以毅力坚持，仍复茫无把握。前车借鉴，可为寒心。究其原因，非莫中央集权之流敝有以致之也。苏省秩序虽称宁谧，然初闻浙耗，全部震惊，谣咏〔诼〕纷纭，人心浮动，国璋力持镇静，防遏横流，虎尾春冰，险难言喻。倘国是久不解决，则星火或竟燎原，不幸奸宄潜滋，盗匪蠭起，军队将疲于奔命，党人且伺隙相乘，纵发端极微，而祸不旋踵，国璋即欲尽守土之责，亦恐力不从心，瞻望前途，惄焉如捣。夫以一省之现状若此，维持应付已觉煞劳周章，我大总统斡运中枢，统驭全国，而西南抗命，桂、粤风从，民选安居，军无斗志，文告既无从感格，武力尤不易挽回，其处置之难，影响之巨，更当何如，杞人之忧，又不仅在一隅而在全局矣。以钧座睿略雄姿，何虽〔难〕奠安区宇。乃国体甫改，劫运忽开，致乱之由，可思其故。良以内政建设屡易方针，旧日政界耆贤，莫肯出担艰巨，盈廷半属新进，衹知上蔽聪明。至曩时偏裨都跻将帅，爵赏普及，希望易餍，怠弛渐萌，鼓舞无术。加之阿谀者取悦，戆直者见猜，人抱忧谗畏讥之思，咸以粉饰补苴相尚。偶遇军国大计，下问刍荛，大抵一致从同，纷然唯诺，求合意指〔旨〕，讵出本心。以故朝闻劝进之书，夕作誓师之举，责以反覆，彼且有辞，群工苟蕴疑怀，中情易涉回惑，则效忠勿贰，能有几人？即使近畿北军，渥蒙恩泽，以及京外统兵官长与中央有密切关系者，尚能联合翊卫，敌忾同仇，而势力较孤，优绌易判。矧此一部分人之心理，究竟有无岐异，犹又敢知。况始者征讨滇、黔，因其反对帝制，大张挞伐，师出有名。帝制既经取消，彼此当成一致，若再相持不决，是以共和而雠视共和，于事为不情，于理为不顺，使军队皆了然澈悟，急难之顷，必有不肯用命之虞。再四研求，益深惴惴，若不亟从根本着手，为除旧布新之谋，窃虑天下靡然，相率解体，分崩离析，即在目前，行见号令不出国门，舟中皆成劲敌，强邻环伺吾侧，必实行干涉，群起而颠覆之。我大总统以清室授受之国家，听其奄忽以尽，传之青史，责备奚辞。此实国璋所万不忍言而又国璋所不得不言者也。为今之计，惟有恳请大总统念付托之重，以补救为先，已失之威信难追，未来之修名可立，及此尊重名义，推让治权，开诚布公，昭告中外。对于未变各省者，不必抽派军队，致启猜嫌。前敌战事已停，亦宜规划收缩，毋庸加增兵备。务示以天下无烦金革，共保和平。我大总统安富尊荣，当无殊于畴昔。如承采纳，祈赐施行。国璋仰荷恩知，追随最久，恩不出位，夙所服膺，纵丛谤招尤，而素怀不改，钧座任职一日，誓竭一日之孤忠，设事与愿违，则私谊拳拳，亦终不忘于毕世。不避斧锧，谨贡愚忱，声与泪俱。伏乞鉴察。国璋叩。铣。印。

（2）政事堂复冯国璋密电（4月18日）

南京冯上将军：赓密。奉谕：铣电悉。该上将军忧心大局，切实陈词，披览再三，莫名嘉佩。集权之说，采自东邻法律专家，言之成理，顾以施行未善，利少害多，诚有如该上将军所言者。琴瑟不调，则改弦更张。自当审喻群情，征求众论，别定制治保邦之计。该上将军如有办法，尚望详细指陈，以备采用。至如登进老成，慎重爵赏，黜谀奖直，开成〔诚〕布公，凡此嘉言，铭诸座右。现命国务卿徐世昌、参谋总长段祺瑞与各部院长官，遂〔逐〕日会议，制定政府组织令，委任国务卿组织政府，以为责任内阁之初基。他如国会、省会以及中央地方政治分权，亦正讨论方法，竭力进行，所谓根本著手，除旧布新，当无过于此。该上将军思虑所及，望将应兴应革各端列举以闻。苏省人心浮动，赖该上将军力持镇静，防遏横流，功烈之巨，匪仅关一省之治乱，实系夫全局之安危。现在停战期内，亟应早日解决，息事宁人。倘时日久稽，必生外患。该上将军谋国真诚，谊同休戚，务望会商各省，迅筹调停之法，以救颠危之时局。至此，惟有内外同心，群纾急难，庶中国不至立亡。至于引咎已往，补过来①，予虽不德，敢忘忠告。等因。合达。堂。巧。印。

〔国民政府国史馆档案〕

3．冯国璋劝袁世凯退位电

（1916年4月　日）

（以上原缺）元首统驭民国，四年于兹，虽政策施行，未臻尽善，而中外耳目所属，咸以保邦制治，望之一人。乃帝制发生未及数月，以致舆论大变，从前原案虽已撤销，初无裨于毫末，

---

① 原文如此，当有脱字。

岂群情趋响转移无常，实缘威信既堕，人心已涣，纵挟万钧之力，难为驷马之追，瞻望前途，不知所届。国璋对于元首，具有特别感情，以私言，则旧隶旌麾，以公言，则职司专阃，效忠报国，分所宜然。特以耿直性成，未能随时俯仰，他人肆其谗构，不免浸润日深，遂至因间生疏，因疑生忌，倚若心腹，而密勿不尽与闻，责以事功，而举动复多掣肘，减其军费，削其实权，全省兵力四分，统系不一，沪上一隅，复与中央直接，使急难之顷，舍国璋向日旧部外，无一可用之兵，设非平昔信义能孚，则今日江苏，已早为粤、浙之续。言念及此，能何如①。顾国璋屡上手函，以及席前敷对誓言，竭力襄助，巩固国防，今虽全局纷纭，仍未少易初志。近以政府电知川省协议和解条件，与国璋用意略同，方且担任调人，冀回劫运，是一己抱定宗旨，终始不渝，元首能否祛释疑团，初未尝置之念虑也。惟报载陈将军所致中央一电，声明蔡锷提出条件后，滇、黔于第一条未能满意，桂、粤迄未见复，意见庞杂，和解无期。惟有联合宁、鄂等省，共同担承，再商善后。等语。而此间接到处转陈电，似将首段删节。值此事机危迫，犹不肯相见以诚，调人阍于内容，将从何处着手？国璋虽已照电川省，商论开议事宜，双方未得疏通，正恐煞费周折。默察人民心理，怨诽犹多，语以和平，殊难餍望。苏为国璋辖境，自当设法维持。至于大局安危，实觉茫无把握。窃思大总统本一代英杰，于举国大势，谅已洞烛无遗。顷者段将军离奉入京，未见明令；倪将军调防湘省，湘又拒却。中枢已渐废纪纲，官吏将不循法度。至财政之困窘，军心之懈怠，外交上之困难，物议之沸腾，事实昭然，无可讳饰。大总统果能举此数者，胥以旋乾转坤之手段，整齐而操纵之，地位保存，片言可决。若察时度理，见为无术挽回，无宁敝屣尊荣，亟筹自全之策，庶几

① 原文如此，显有脱字。

令闻可复，危险无虞。苟长此迁延，棼丝不断，澌流横溃，防御终穷，各省牵率动摇，浸至交通断绝，必群陷于独立，欲振拔而末由，国璋纵具有天良，不忘旧谊，独以拥护中央相号召，亦恐应者无人，则大总统孤立寡援，来日殊不堪设想。五中煎急，情见乎词。诸人谊属故人，近参机要，万望造膝请谒，痛切言之，并请以国璋电文上陈省览。临电激切，伫盼复音。国璋。

〔国民政府国史馆档案〕

4. 冯国璋等提出留袁讲和大纲八条电

（1916年4月17日）

（以上原缺）自滇、黔、粤、桂四省发生事变以来，大局动摇，人心张皇，本上将军昕夕集虑，寝食不遑，深知帝制虽奉令取消，而国是之方针未定，前此种种施设，与法律诸多抵触，致成为今日之情形。目前欲救危亡，仍需引导国家入法律之正轨。若不妥筹解决，无以慰天下人之望，平举事者之心。再四图维，拟定办法约计大纲八条：一、应尊〔遵〕照清室交付组织共和政府全权、原先承认袁大总统仍居民国大总统地位；二、慎选议员，重开国会；三、惩办奸人；四、各省军队，须以全国军队按次编号，不分畛域，并实行征兵制度；五、明定宪法，宪法未定以前，用民国元年约法；六、民国四年冬之各省将军、巡按使仍旧；七、滇事发生后，派来川、湘方面之北军，一律撤回；八、大赦党人。以上各项，均为力息纷争、奠安全局起见，既可免京畿之震动，又可杜外界之干涉，且我国经各友邦承认有案，交际不亦可省繁难之手续，实一举而数善皆备，业经迳向中央建议，并商之四川陈将军，属其与滇、黔各处设法接洽。顷接徐国务卿、段总长来电，中央对于此议，极为许可，陈将军已与前途协商，并得蔡松坡君同意。似此计划，纯从根本上着手，重在不恃武力，共保和平，大局既得有转机，各省宜一致稳静。本上将军、本巡按使，均有守土之责，决不令辖境以内，别生扰乱，致妨大计，而危国家，万望诸君子共味斯言，曲体本上将军调和之苦心，与长官抱定之宗旨，从速传谕所部，务须尊重法律，不可逾越范围，谋一省之治安，即可全局受其幸福，关系至切，利益实多。如再有不逞之徒，妄肆嚣张，托词煽惑，是专持破坏主义，自便利权私图，稍有知识之人，皆当视为公敌，彼此联合团结，若辈自无隙可乘，众志可以成城，本上将军、本巡按使愿与诸君子共相策励也。特此通知，即希查照。国璋、耀琳。筱。印。

〔国民政府国史馆档案〕

5. 冯国璋等请袁保留总统职并明白宣布通电

（1916年4月17日）

（以上原缺）迭接诸公电推国璋领衔上大总统电，兹就朱巡按使原稿，斟酌译发，其文曰：自帝制议案撤销，大总统救国之诚，宁人之念，当已遐迩胥昭。近者京外社会，时动浮言，察知一般人民心理，于元首辞职四字，蓄疑颇深，皇皇然忧祸至之无日。诚以大总统在任四年，坚忍支持，群生依赖，责任所在，安危系之，既非反对者所得独持异议，亦非当局者所得自卸仔肩。前因报纸登载元首退位，当经各省据理辞辟，先后通电声明，拥护中央。凡我同胞，固难听我大总统稍存退位高蹈之心，以致动摇国本，即当此内忧外患相逼而来，方将采列邦之成规，谋共和之幸福，根本大计，正待施行，世界潮流，益形迫促，在大总统亦断无舍人民委托之重而轻言高蹈理由。国璋等身膺疆寄，目击时艰，欲保地方安治，自在首息谣诼。我大总统平日为民为国，人所共知，勿因报纸之谰言，遽乖初志，仍恳以国事为重，保我群黎。拟请颁发命令，明白宣布，以静人心而维国本，大局幸甚。謹合词上陈，伏乞钧鉴。等语。特闻。冯国璋、齐耀琳。筱。印。

〔国民政府国史馆档案〕

6．冯国璋要求于促袁引退同时南方早作罢兵之计电

（1916年4月28日）

云南唐蓂赓先生、蔡松坡先生，贵阳刘如舟先生，南宁陆干青〔卿〕先生，浙江屈文六先生，广州龙子臣先生、梁任公先生、张坚白先生鉴：自战事之兴，绵延数月，兵连祸结，国本动摇，诸公拥护共和，本极钦佩，惟生民何罪，遭此兵凶，而外患之乘，尤为时时可虑。国璋懔懔危惧，缄默难安。前闻四川陈、蔡二公议有八条，国璋曾据以电询各省，征集意见，以谓〔为〕即此可望解决。乃近接陈将军来电，并阅诸公致京一电，知双方尚未同意，彼此正复相持，长此以往，何时不可亡国。然非有最和平、最迅速之方法，以为解决，仍无幸免之途。万不得已，国璋于日前电请黎、徐、段、王四公代陈大总统，请敝屣尊荣，早作退计。一面电致未独立之各省将军，预备联合入告，共任调停，手段虽殊，目的则一。惟此当绝续存亡之际，关于军政、财政，深恐变出非常，自须稍假时期，藉资布置。诸公公诚为国，尚希共念时艰，早作罢兵之计。凡未经破坏地方，暂止进行，以免破坏愈多，愈难收拾。耿耿愚忱，尚希共谅。尊处定见，并盼速复。国璋。勘。

〔国民政府国史馆档案〕

7. 张作霖要求维持袁世凯总统地位电

（1916年5月1日）

加急。北京黎副总统、段国务卿暨各堂、处、部、院、局、署，各省连云南、贵阳、广西、广东、杭州各省将军、巡按使，承德、归化、张家口都统，阿尔泰、西宁办事长官、上海、宁夏护军使，并转康定镇守使均鉴：五月一日接张定武上将军卅日通电，内开：顷接滇、黔两省宥日通电，力劝袁大总统退位等因。蔡、唐、刘、任、戴华密宥电，亦于同日接到。作霖以为方今时局垂危，已达极点，内忧外患，相逼而来，大厦将倾，漏舟欲覆，千钧一发，无可迟回。唯欲谋拯救亡之方，须策安全之计如疗病然，以痨瘵之躬，奄奄一息，若再寒热并进，方药杂投．恐元气日委，欲求日今之现象而不可得。如宥电所云：项城一退，则兵祸立解，一切财政、外交，立复原状。此种理论，殊不尽然。以我国幅员之广，各军派别之繁，统一之难，诚有如张上将军所云者，万一元首新旧交替之际，或有一方面复持异议，又将何术以济其穷？是因欲弥〔弭〕兵始劝令退位，而转以退位仍不免称兵，将来全国沸腾，咎将谁诿？作霖一介武夫，罔知大计，唯保民救国，心有同然。但能转危为安，绥定全局，即牺牲一切，亦所不辞。伏望诸公以维持现状为前提，以化除成见为要素，同心协力，共济时艰。作霖不才，敢不执鞭以从事。抑作霖尤有请者，兵凶战危，古有明训，操戈同室，贤者不为。慨自滇、黔肇事以来，迄今已逾数月，民穷财尽，自不待言。倘再迁延，对外则有瓜分豆剖之虞，对内则有瓦解土崩之患。兴言及此，涕泗无从。诸公伟略匡时，国命所托。尚希早日解决，大局幸甚。急不择言，临电惶悚。张作霖。东。印。

〔北洋政府陆军部档案〕

8．张勋等支持袁世凯继续窃居总统职位密电

（1916年5月6日）

特急。大总统钧鉴：赓密。窃国璋因有要公与勋晤商，于歌日由宁启程，道出蚌埠，并邀嗣冲同行，于本日清晨抵徐。与勋集议之顷，适接探报日人勾结乱党，在东省屡次挑衅，咄咄逼人，战端之启，已在眉睫。而川边停战以来，迭经提出和议，迄无正当解决。内氛外侮，险象环生。勋等集议再三，以为今日之局，内氛日亟，外侮难祛。欲图御侮之方，必有折冲之策。务祈大总统坚持于上，竭力撑柱，切勿轻听流言，灰心退位。并望振作精神，专意维持外交，示天下以决心，杜邻邦之窥伺，持危定乱，莫要于兹。至于各省内乱，勋等自当力任其难，以负完全责任，即使潢池盗弄，偶有不靖，亦不难以兵力立与歼芟。勋等商榷移时，意见相同。谨掬血诚，伏祈明察。勋、国璋、嗣冲。鱼。印。

〔北洋政府京师警察厅档案〕

三、南方各省反袁拥黎

1．唐继尧迫袁世凯退位密电①

（1916年3月24日）②

万急。广西行营陆都督、南宁陈、谭两师长、莫镇守使均鉴：密。顷据某领事告称：得广州电，袁氏已电桂省，允以命令取消帝制，未知确否，亦未知取消帝制外，有无他项条约。贵省义声一倡，国民心理愈益昭著，袁氏藉此下台，亦意中事。惟有宜

① 此件系抄件。

② 此件无月份，据内容推断，当为3月。

切究者：自上年十二月十三日起，袁氏叛逆之罪，已经成立，今即取消帝制，不能取消其犯罪。又究其造意之始，早在以非法蹂躏国会之日，故年来一切法令，皆当随而失其效力。关于国家根本问题，应以旧约法及大总统选举法为根据，袁氏犯罪，当然丧失总统之资格，以副总统黎公继承，此正当办【法】也。所虑者，袁氏险诟阴贼，此时穷无复之，故以取消帝制为敷衍目前之计，顾仍靦颜就总统职，以徐图恢复于将来，则国家前途，蓄祸尤烈，此断断不可者。微论法律方面，绝无可逭。更自他方面言之，礼义廉耻，国之四维，古今中外，理无或异。今袁世凯所为，神人共愤，充其所至，必将率国民而出于寡廉鲜耻之一途，一国而悉为寡廉鲜耻之人，其何能淑？此吾辈反对袁氏之真意也。假袁氏取消帝制，复为总统，斯其廉耻，可谓澌灭已尽，以廉耻尽灭之人，俨然为一国之首，代表吾民，是可忍孰不可忍？此不可者一。袁氏背誓食言，其狡诈已暴于天下，今则于西南义师与世界公论，不得不此出，然其心宁一日忘帝制者，今仍保总统之，则此后必当潜锄异己，愈务增涨其势力，迨势力已达其度，然后惟所欲为，则国民受祸之酷，必益甚于今日，而国家沉沦之痛，乃无术可以复免，此非妄为推测，谓袁氏复任总统，帝制永不发生可决，全世界之人，无能为保证者。此不可者二。凡此理至浅显，无待繁言。然假袁氏而果出此，以吾国人苟且之心理测之，必有明知其不可而姑为之，说者或遂将出任调停，求目前之幸免无事，则吾辈兹举，直无异增殖袁氏之势力，愈坚其倒行逆施之心，而隐种他日亡国灭种之祸，可为寒心者也。鄙意如袁氏已电允取消帝制而不及其他，则我辈当乘此时机，将其种种狡谋预为揭破，俾无复利用其他各省出为转圜之余地，乃不得不出于退位。今日为国家计，似无逾此。韩公老成远谋，必能深维终始。诸公热诚救国，亦当同此心期。敢竭鄙诚，立盼赐复。继尧。敬。印。

〔国民政府国史馆档案〕

2．岑春煊敦劝龙济光兄弟背袁独立函

（1916年3月　日）

岑西林致龙济光兄弟书

子诚、怡庭仁兄世大人阁下：煊处老年，去国三载，每怀故旧，辄用卷卷[绻绻]。屡以独夫疾视之身，适当群盲未醒之候，心有所蓄，不愿率行倾吐，讯问之疏，良职是故。乃蒙时存锦注，前由冯君奉达盛意，允汇旅费，嘱居港上，或返故乡，远人获此，此心感曷，极惟济我以金，示我以苟全之道，在两兄或为不弃衰残，而在弟则终有感于姑息之爱，极不敢承，托函冯君，当曾转述谢意，并致嘱望之私。乃者神奸益肆，叛迹昭然，讨逆之声，遍于寰宇，首义之帜，树于西南。而道路所传，则两兄拥有南粤，颇迷趋响，甚或蔑视蓬勃之民意，而犹恋恋垂毙之人。以弟私揣，两兄明教，不应误审时机至是，抑或局处一隅，闻见蔽于左右，遂误信夫已氏之势位日隆，国民义举，仍不过如癸丑已事，难于言成乎？弟处遐方，静测世变，感国事之危，尤激于故旧之谊，略举所知，一贯忠告，与其谓之为国家，毋宁谓之为两兄也。昔者癸丑之役，人呼之为二次革命，实则当日国民于夫已氏谋叛之心，疑信犹尚参半，而乘以夫已氏欺诱之策，适中国人苟安畏事之隐，恶缘凑合，师出稍挫，主事者即力自歛，抑退而待时，此当日真象也。顾今者何如耶？众叛亲离，旧交携贰，稳练之士，首倡反对，呼号之声，大发于素持和平者之口，信望之于前者，深憾之于后。国人求安，试以四载，益陷不安，迄于绝望，激怒成仇，孰不刺骨。而虚言实利欺诱之故技，历经揭穿，无所复施。夫已氏自恃防压严密，而不知反抗之力，亦愈演日进。此次联合全国，超越党派，忽隐图谋，悉有海枯石烂、国贼不诛、誓死不休之决志。凡此皆癸丑失败经验所致，顾可轻以往事臆度方今耶？昔者

武力、金钱而外，实有不一致之人心可乘。今兹举国同仇，事实具在。而谓可长恃压力以为抵抗，则历史所昭，必尽诬人，天壤间正义，早已绝迹无存矣。南粤财赋甲天下，交通据山海，进足以战，退足以守，两兄拥有为之地，倘能审机立断，迎合时势、人心，起而为滇、黔后劲，结为一气，据以号召全国，义声所建勋章，直逾当日之武昌。而形势阻海，距敌辽远，夫已氏可恃之卒，已耗其半，于监视苏浙，不敢跬步他离。此外半数，分处湘、鄂，北地首恶，早已空虚，招募新兵，宁复有顾粤之余力，则据粤以建义，其安固乃迥非当年之武昌可比。天下有出万金以立不世之功者，非此也耶？否则，冒万死以殉一人，无论两兄之愚忠何如，夫已氏决无多方相助。岂惟兵力，即财力，弟亦可确证其筹借乏方，挹注无术，仍惟责两兄以粤之财，养粤之力，而巧词欺饰，俾供鹰犬，而两兄则众矢集的，势陷孤立，民怨迸发，楚歌四布，试思夫已氏殁落之日，僻在北隅，尚可逍遥自计，而首先被祸，非两粤之抗义者而谁？夫已氏帝欲薰心，思以公侯世职之虚荣，歆诱两兄，为之先驱，成则坐收其利，败则可避其害，用心险恶，有如投博，势逼处此，遑计赢输。两兄回心自问，危险何如？即退百步，假定侥幸有成，而功高难赏，权位宁复可加？于今必且益招疑忌，縻以较尊之虚名，而设计务令脱离实柄。两兄自问，勋旧孰逾于段①，矢忠孰于赵②，乃或则身死莫明，或则职权尽夺，惕惕不保。而甘蒙攻汉皋之恶名，以为其一人先驱之某氏，今且兔死狐悲，不敢北返。夫已氏之残忍，不顾信义，事实具在，岂复可诬。窃不解两兄之于此人，尚复何所希赖。今者滇、黔义师，分出川、湘，各地贤智，隐持决心，筹备待应。如某某省，时有泄露，尚不過其真相之什一。倘两兄误认表面文

① 指段祺瑞。

② 指赵秉钧。此句“于”字前似漏一“逾”字。

章，以为夫已氏权势尚盛，率直效忠，一旦机熟势成，即欲踵趋入后，已无复转旋余地，进退失所依据，遏不及时预自为计。南粤在今日颇关轻重，垂手可成第二武昌之勋名，而事机一逸，苏、鄂底定，国内重心已不复在珠江，则两兄即欲慕义，国人已轻鄙视之。故以弟所见，两兄不仅拥有可为之地，实已际遏不可不为之时。此中机宜，切希审度。今天下人心所响，首在两粤，他如苏、鄂、晋、鲁，密迩敌势，利在持重牵制，其以待西南之全动。而两兄熟视无睹，坐误时期，犯义助逆，自取覆灭，是非利害，俱无所当。弟诚不明，两兄之心理，果何所蔽，而必为是。呜呼两兄，彼首义之滇，非即兄等先人庐墓井丘所在耶？两兄率真［滇］中子弟逾二万人，辛苦殊甚，岂独与桑梓父老异其好恶，乃不能导之义方，而必率以攻其父老，骨肉互噬，胜负皆滇受其祸，而神奸巨蠹则掀须以驱策于旁。呜呼！大势所趋，暴力莫阻，顺逆成败，宁待蓍龟？两兄即不自为计，忍背故乡，一旦失落窃走乐山，独不为此数万滇中子弟之身家一计，其趋响苟误，即终此流离失所，贻患无穷乎？言念及此，即此泱泱，百粤势必误于两兄之梗负，构致兵祸，吾辈抚追身世，所结缘于粤人者何限，而终乃报之以大劫，揆诸寸心，亦复何忍？弟年近六十，于世无所求，自惭腐旧，更何新识足诩。惟念隆裕皇太后俯从民意，肇赞共和，公天下于国人，大义炳然天壤。凡我臣民，乞宜确守，循以建设良法，澄清吏治，所谓民主立宪之成规，固亦可奠国家于安泰。何物袁氏，乘时窃位，恃势弄权，幼弱之故君可欺，而四亿人民之公器亦竟可盗。比月以来，激于国人义愤，辄自忘其衰老，誓掷残躯，以与此独夫战。念癸丑临行抵澳门，奉两兄梧州复示，教教以宁、闽业经取消，大势难挽，国步方艰，补求待时，坚约徐图后效，其不愿终负国家，跃跃如见。今则袁恶既稔，理势极顺，讨逆安国，系此一举。首义诸贤，不以弟徒拥虚声，尚垂顾念。倘以两兄所凭借加入义师，其受欢待，弟可矢口力担。

窃念与贤昆仲家世渊源甚久，不能不爱之此盛德也。属望为殷，当机宜断。临歉神驰，未尽一一。

〔国民政府国史馆档案〕

3. 龙济光自我辩解并促段芝贵劝袁退位电①

(1916年4月15日)②

奉天段上将军鉴：寒电悉。广州独立，军民同意，共和拥护，寸念今酬。自念三载以来，行与心违，负罪引匿，置身无地，内则受挟持于国贼，外则被指谪于同胞，含蕴难宣，内容复杂，既劳眷注，敢肺[怖]腹心。济光军人也，军人天职，但知以百姓为心，无党无仇，天视民视。溯自癸丑之秋，广州独立，彼时袁氏之宗旨未变，华族之厌乱相同，粤省势孤，赣军新败，抱薪救火，智者弗为。故军济[济军]由梧东来，非效忠袁氏也，为民也；非仇雠革军也，为民也。隐衷所蓄，难以质陈。莅粤三年，忝窃高位，警心触目，悉视悲观。比年以来，如赵秉钧、郑汝成、段芝泉、黎宋卿等，或酖或刺，或放或囚，阴贼行为，观人观我。济光雁行留质，骨肉已入樊笼，虎伥抱惭，名誉已经扫地，姑冒同胞之不韪，暂求幸免于须臾，处枭桀权力之下，势力不得不然者。迨逆迹渐著，帝制发生，贼党逢恶，制造民意，无如为人势所压，瘖音结舌者各省皆同。济光饮恨填胸，未敢逞愤一朝，以东粤为孤注，恐事或不济，贻害地方，故待积恶，以速其亡，非惧也。天眷中华，滇先独立，黔虽响应，势力仍孤，尚迟迟以相待者，区区一身，夫何足计，击之不胜，转夺同人迈往之心。幸而邕江干老谋定乃兴，龙陆周亲，桂粤一气，抱保民之宗旨，与济光同，除国贼之决心，与济光同，目无全牛，胸有成竹，桂旗改建，粤

① 此件系抄件。

② 此件无月份，据内容推断，当为4月。

帜随张，北捣燕云，师直为壮。足下虽袁腹心，谅明大义，若果翻然改计，时尚非迟，观变乘机，何妨审处。于今义旗所建，已遍东南西北，英豪会师不远，俟我百战健儿直捣燕冀，斯时悔悟，为恐不及。诚能识民心之所向，进袁氏以忠言，令其引退让贤，静待全国裁判。见机稍早，或可矜全，若必守怙恶不悛之怀，作铤而走险之计，民岩可畏，公敌难逃，党恶株连，恐于君兼有不利，爱人以德，苦心陈词，还以质之足下。济光叩。删。印。

〔国民政府国史馆档案〕

4. 陈宧转蔡锷劝袁世凯退位电

（1916年4月18日）

陈宧转蔡锷十八日电，电文曰：帝制撤销后，二庵派员持条件来商，首言仍戴袁项城为总统，再以他条，防微杜渐，冀可从速弭祸，维持调护，深佩苦衷。国势至此，若可以宁人息事，万不忍再滋纷扰。耿耿此心，尽人而同。惟兹事体大，有应从长计议者。以法理言，项城承认帝位时，已有辞退总统之明令，是国会选举之效力，已无存在，此时继续旧职，直无根据，世岂有未经选举之总统者？而囫囵吞过，尚复成何国家！以情势言，项城身为总统，不能自克，及承认帝位，又不能自坚，一人之身，数月之间，而号令三嬗，将威信之谓何？此后仍为总统，纵使指天誓日，亦无以坚人民之信，则种种防闲之要求，自为理所应有，上下相疑，如防盗贼，体统何在，政令难行。此征诸内情而决其不可者也（中略征诸外交而决其不可者一节）。故以二庵条件，分头电商，滇、黔、桂、粤各省，皆严词峻拒，海内外名流，函电纷驰，语尤激愤，人心如此，项城尚所恋乎？今有识者，皆谓项城宜退，遵照约法，由副总统暂摄，再召国会，依法改选。此时更公推东海、芝老、华老，分任枢要各职，于法理事势，两无违碍。计今日大事所赖于项城者，黄陂、东海、芝老、华老诸公亦优为之，其致疑于项城者，黄陂诸公举皆无有。是项城退，万难都解，速弭祸乱之法，更无逾于此者。人生几何，六十老翁，以退而安天下，尚复何求。缅怀让德，常留国人不尽之思，追念前功，犹为民国不祧之祖。若复眷恋不决，坐待国人尽情之请，彼时引退，则逼迫强制，终累盛德，不退，则再动干戈，又为戎首，二者必居一，于此为国家计，为项城计，并恳诸公合词规谏，弗昧先机。锷于项城，多感知爱，惓惓忠言，盖上为天下计，亦下以报其私，惟诸公鉴察。等语。特转。

〔国民政府国史馆档案〕

5．吕公望等迫袁世凯退位电①

（1916年4月19日）②

北京政事堂、统率办事处、各部院长，各省军民长官，军、警、商、学各界均鉴：滇、黔首义，全国景从，公理真诚，皎如百日。公望等徇吾浙军民各界之切望，全体一致，于真日宣布独立，士气奋发，秩序井然。溯自辛亥发难，共和告成，海内喁喁，翘首待治。袁氏以国民付托之重，忘天下为公之心，背弃誓言，破坏约法，钳塞舆论，劫制正人。外债崇于邱山，苛政猛如虓虎，致闾阎无乐生之气，道路见多吁嗟之人。犹能复托名筹安，希图帝号，诡密之电，腾笑于友邦，警告之声，惊惶于五国。不知惟信可以立国，惟德可以服人，狙公之术既穷，土崩之局乃见。公望等于国事岂敢轻试，于袁氏非有私仇，此次仗义兴师，枕戈待命，理无反顾，义无还心，实欲将顺众情，巩固民国。盖以飘摇

① 此件系抄件。

② 此件无月份，据内容推断，当为4月。

风雨，国势已属可危，如其期〔朝〕四暮三，鲁难伊于何底，欲减除时局之危难，消弭国内之战祸，则不得不鉴天下之大势，示亡秦之决心。权利本无可言，危险更非所计。夫天下非一人之天下，中国岂袁家之中国，袁氏果尚有爱民惜己之心，宜速为洁身避贤之计，庶足示明光之度，犹不失退让之情。方今四海分崩，众心离涣，川、湘北旅，挫败相寻，各省风云，日益紧迫，袁逆亦当知大势之既去，覆水之难收。佳兵不详，群情可见，当不为旦夕之延，以重其殃民之咎。矧威信既失，将何以临民，果拥兵负隅，则败亡可待。公望等谨整饬军旅，严阵以待。吕公望、张载阳、周凤岐、童保暄、王桂林、夏超、俞伟、顾乃斌、徐则恂，董绍基、王萼、施承志、李炜章、吴钟熔、傅其永，来伟良、李全义、伍文渊、韩绍基、汪镐基、王文庆、莫永贞、张翅、裘绍、葛敬恩等。皓。印。

〔国民政府国史馆档案〕

6．吕公望率所属劝袁退位并宣布与之脱离关系电

（1916年4月　日）

北京统率办事处、政事堂均鉴：帝制颁布，滇首反对，黔、粤响应，风声所播，举国震动。今虽帝制取消，而以总统退位与不退位问题未能解决，致兵祸日蔓，交涉日棘，内讧外患，险象交迫，灭国之祸，近在眉睫。以不退位论，实拂全国多数之人心；以退位论，只在袁公一人之决意。孰难孰易，何去何从，明哲如袁公，想不难立决。倘袁公悲悯为怀，不忍同室操戈之祸，洁身引退，牺牲一己之地位，拯救万民之痛苦，远法中古，近效有清，让德高风，同深钦感。如虑退位易召他变，反促国危，则有约法在，副总统可继续肩任也，黎、段、冯、徐诸公，可深资奠定也。

否则，国民心理，终未能曲谅，势必阋墙结[1]，生灵涂炭，反非袁公始终救国救民之初意。公望等鉴于时局，心所谓危，用敢掬诚劝告。并为维持地方现状起见，暂从所属军民之请，于十三日宣告脱离关系，藉保治安。急不择言。临电无任迫切企祷之至。浙江嘉湖镇守使吕公望率各属文武同叩。

〔国民政府国史馆档案〕

7. 陆荣廷等劝袁世凯退位电[2]

（1916年4月）[3]

（以上原缺）连电敬悉。当局痛怀国难，希望和平，瞻顾大局，酸心刺骨，荣廷无状，宁忍恝然，顾所以迟迟未答者，缘兹事体大，不能自专，首义滇、黔，必须征求意见。兹得滇、黔两省及蔡松坡来电，大旨均谓项城违反约法，自召兵戎，若仅削除帝号，廉耻既亡，威信全失，祇愈益国家前途之忧，绝无以慰中外圆满之望，曲予调停，无术解免。荣廷等伏乞诸公依据约法，转呈项城，速行宣告退位，遵照约法，继任有人。一面息兵，速集议会，扫除秕政，救亡之道，在此一举，想项城既无家天下之心，必不然牺牲此虚名，出生灵于涂炭也。回天之力，惟当局一言决之。无任徬徨悚惕待命之至。广西都督陆荣廷、云南都督唐继尧、护国军总司令蔡锷、贵州都督刘显世、广东都督龙济光、前广东巡按使张鸣岐同叩。

〔国民政府国史馆档案〕

---

① 原文如此，似有脱字。

② 此件系抄件。

③ 此件无月日，据内容推断，当为4月。

8．张謇为袁世凯退位事致徐世昌函①

（1916年4月）②

菊老相国前辈阁下：违侍左右，忽忽半载，辱奉明问，累读增晞。当筹安会发端之时，正下走袱被出都之日，濒行谒辞洹上，语及君主问题。謇无似自以获交洹上三十余年，知而不言，言而不尽，隐情惜己，非所以对故旧，因本恳挚之愚，陈是非，说利害，反复更端，至二小时之久，而蓄窾未尽，洹上颇不以为忤，私心窃喜，谓旦夕之顷，可以消弭无形。不图群小交蔽，以帝制为投机，居洹上为奇货，浸淫酝酿，以成今日之祸，思之痛心，夫复何言。公于帝论勃兴之时，洁身而退，及睹时局颠危，慨然出山，取消帝制，自任以天下之重，风谊卓然，谁不钦仰？夫今日海内，洹上故旧缔交最久，如公与下走者，殆无几人，而公与洹上昔日同官尤久，相信尤深，故公之爱洹上也，自较下走为尤挚。惟明问所谓国步益棘，痼疾已深，责望下走罄其愚虑，贡于左右，复督下走北上行期。下走自解职得请以来，专意村落，不一语及世事。比闻桂继滇、黔而起，乃尽取前此二三月之报纸，撮要而亲〔睹〕，不禁太息于热中群小之误，洹上遂至于此也。目前则粤继之，浙又继之矣。公所谓痼疾已深者，则下走尚有一最后罄虑效忠之说，请毕陈之。辛亥之役，海内骚然，中外人士，咸以非洹上不能统一中国，故南中各省，拥护不遗余力，凡可以巩固中央者，举不惜牺牲一切以徇之，苏、鄂两省，尤为显著。癸丑之事，洹上得收迅速藏事之功，虽由北方将士之用命，亦全国人心信仰之效也。自帝制告成，而洹上之信用落，帝制取消，

---

① 此件系抄件。

② 此件无月日，据内容推断，当为4月。

而洹上之威望坠，无威无信，凭何自立？中国历史国事抢攘之会，皇帝下罪己之诏，则父老感泣，人民鼓舞，史册载之，以为美谈。若总统则非皇帝比也。今取消帝制之申令，已自承为有罪，而人民之感想愈恶，甚且号举义旗者，即茂膺勋爵之人。此无他，不信故不威，不信先伏于人心，故不威乃见于军事。今且不必论法律，不必论是非，而专论利害。曹锟、张敬尧所统，皆北方劲卒，进退趑趄，顿于泸、叙之间。湘省北兵，号称三万，以当滇军数千之众，未闻有若何奇功伟绩。浸假而两粤会师，分途入湘，此三万不相统属之北军，能保必胜乎？湘失则荆襄必动摇，荆襄动摇，则蜀中北军之后路断。报纸固言某省某省，且为浙绩〔？〕，纵未必遽成事实，而中央则不能不防，防多则力分。以军略言，中央已成反攻为守之势。以政治言，中央即〔无〕统治全国能力之可言。此不可救药者一。报纸又有调和之说，谓公将罗致反对之人，组织责任内阁。此非下走所敢知，否则，窃意梁、蔡既抗颜行事，败非身殉，则作海外逋客耳，尚冀其伈伈伣伣，俯首惕息于北京侦探之下，其可得乎？此不可救药者又一。武力与调和，皆不易解决，而中央六个月必平乱之认期，转期即届，外人诘问，将益见逼，何以应之？夫今日犹同室之斗也，设来强邻之责，为我处分暗叱而平亭之，是使吾民堕受人保护之地位，而国将不国，五洲之内，而百世之后，推论祸首，咎将谁归？此尤三十余年故旧之感所腐心而欲泣者也。如何如何！易曰：忧悔吝者，存乎介震；无咎者，存乎悔。记曰：临时而屡断，勇也。又曰：有义之谓勇。今为国计，为民计，为洹上计，惟有以真悔救已失之信，以大勇留未泯之威而已。报言汤、唐诸人，曾有劝退之电，不知确否？不知洹上能舍已以听否？下走原始要终，反复度之，亦以为无逾此说。下走非贸然附和而雷同之也。为国计免外人之干涉，为民计免军民之荼毒，为洹上计上不失为日月更食之君子，次不失为与时屈伸之英雄。洹上之承认帝制也，固尝以救国救民牺牲一切号于天下矣。帝制成，而有所牺牲，帝制消，而又有所牺牲，宁复乐此无聊赖虚名，供不相谅之描画，遑忿一朝与国人搏，使牺牲一切之意转无以表白于天下乎？或者谓北方军警，非洹上不能统驭，一旦受代，恐生骚乱，证以壬子三月之变，诚亦应有之虞。但洹上果于辞职之时，推诚布公，晓以大义，令其以感戴恩之意，移而爱惜国家，军警果信赖洹上，必能体洹上一旦豁然大公之意旨。公与芝泉总长复左右维持其间，安在必不可矣弭止。设也受代之顷，中外晏然，匕鬯不惊，则今日之反对洹上者，他日将转而感佩，谓命世之杰，其器量果度越寻常，不在华盛顿、林肯下也。抑洹上今日虽不如昔日之能统一全国，但尚有一部分之军人，为其心膂。此虽反对者，亦不能不认夫此一部分之军人，使之统一虽不足，而听其生乱则有余。如洹上仍惑于群小，必欲竭此一部分军人之力，延长战祸，使民生糜烂而无遣〔遗〕，外交危迫而更酷，此则益非下走所敢知。下走之爱洹上，自谓不后于公，故敢本爱人以德之旨，贡诸执事，以间接效忠于洹上，以洹上不远而复之明，与执事守正不阿之忠，度必察区区之愚，而谅其无他也。下走自辛壬癸三年以来，须发日白，故去秋南旋，杜门谢客，日惟以书生结习自遣，为慈善事不给①，至于粥字，以是为乐，每念乡里朋辈之寡欢，益缱海内生平之旧雨。洹上倘深思鄙言，急流勇退，则下走近所经营江上之五山，与洹上之村，公之百泉，俱可为联袂偕游之地。人世未来之事，听彼英英年少为之，而倚仗观焉。尔时洹上当信下走今日之言为不訾也。属者洹上与公所触苦恼极可念，宁不念一往省视，顾奉晤时，所欲贡者，亦不外此，而转不若笔述之犹可曲达。且军事方扰，旅行不便，不能远赴嘉招，临款惘然，蓄蕴亦仍若未竟也。幸鉴谅之。伏祈为国万万珍重。

〔国民政府国史馆档案〕

---

① 原文如此，疑有误脱。

9. 唐继尧陈反对袁世凯复任总统理由电

（1916年4月）

前准华老领衔卅电，当具复道意，未审是否得达？比见三公巧日通电，老成硕画，佩仰何穷。国危至今，凡有人心，讵不以息事宁人为急。惟事有非得已者，即有急于息事而转以多事者，此不可不察也。愚虑所及，谨申其说。项城仍为总统，二庵前有此议，桂、黔与滇并力拒之，此非好为已甚，为国家亦为项城也。盖此次发生帝制，实项城一念之差，今已自悔铸错。顾取消帝制，自道德言，诚为晚盖；而自法律言，要难轻减，有法而等于无法，国尚得为国乎？此即勿论。而项城资格之取得，由国会之选举，然自下令承认帝制之日，已丧失原有总统之资格，今欲复任总统，岂惟项城不得自为，恐亦非吾辈一言承认所能有效也。顾或曰：此当视事实，勿谈法理，则更有事实。观之元首监临一国，所恃者威信而已，今项城之自视何如，国人之视项城又何如，不重不威，无信不立，其无为邪则易之，其有为邪则疑之，项城此后更有何事可为民国，亦何贵有此总统，以此为国，未见其可。不第此也，今日国际团体中，犹有倡为某某不去，和平不保之说者。我不自谋，人将起而谋之，不幸至是，又当若何？故爱国之士，举谓项城宜自引退，顾犹有恐继承之难【得】其人，与兵事、财政之未易收拾者。抑知继承何人？凡属国民，畴敢异议。若实力所寄，则芝泉、东海提衡于内，诸公执持于外，何事不集？盖项城一去，诸事立即解决，否则，绝无解决之望。夫项城取消帝制，既群谅其悔祸之心，更以一退息四方之兵，则国人去后之思，如将不尽，更谁肯以苛议绳其后？为国家计，为项城计，均无逾此。语曰：君子爱人以德，细人则以姑息。彼帝制首祸诸人，既以卤莽灭裂，误项城于前，我辈忍更以姑息，误项城于后乎？诸公今所主张，诚知苦心自别有在，惟恐项城不加深察，或终制于左右，迁延不决，遂欲藉为口实，则甚非诸公出此之心，抑岂国家前途之福，故辄忘其愚，敢详论之，惟诸公有以教之。尧等夙爱平和，稍悉事变，今兹之事，亦岂得已而不已，惟念国事不堪屡误，民听未可终淆，不敢苟安于目前，期无蓄祸于异日，区区之心，如是而已。临电翘企，不知所云。

〔国民政府国史馆档案〕

10．岑春煊等要求袁世凯退职通电

（1916年5月4日）

各省教育会、商会，各报馆，各团体公鉴：国事至今日，舍项城退职外，更无弭兵之望，此天下公言矣。乃犹或持苟且之调停说，谓帝制既停，可认项城更为总统。此语如蔡公松坡所云：再醮之妇，更求归本宗，纵不恐夫绝于礼，且亦难以为情。此说之不可行，实无待龈龈然。然又有为之说者，谓北方军队甚众，非项城不能统一。此言似颇近理，要非根本之谈。项城果能统一北方军队与否，本已属疑问，就令曰彼果能之，然项城之年，既五十八矣，人寿几何，一旦溘逝，又恃谁以为统一者？据春煊、启超愚见，窃谓北方诸将帅诚为国家百年计，惟有亟自谋联络统一。询能如是，则项城去留，何至牵及北方之治乱。若曰此事万不能办到，惟恃一项城，勉为维持，项城衰老之躯，岂如草萤枯瘘，一年腐化，乃腐五年腐十年耶。终有不能维持之一日，彼退犹互召乱，彼此又将何如？图苟安于目前，遗后患于异日，养痈患之溃裂益烈，以此谋国，宁得曰忠？夫北地诸将，英豪亦著，外而冯、张，内而段、王，皆命世之英，薄海宗仰，非特勋名震世，抑亦器量渊宏，戮力和衷，何事不济？乘此艰难时会，协谋解决之方，既可为项城卸肩，以答私恩，复可为国家策治安，以全公义，公忠体国，不当如是耶？倘必欲拂舆论以强留项城，北方能否终不糜烂，殊不敢知。欲南方强为曲从，则断无望。项城虽自侈瘠牛偾豚之威，南方又岂能贻乳虎食牛之消。无论独立风潮继五省而起者，行且未已，就令长此止于五省，项城岂能举五省之军而屠之，尽五省之士而坑之。现在五省军民既怀与汝偕亡之决心，三户尚存，九死无悔，欲其改辙畴俟海枯，积久相持，何以为国？持调停说者，动辄以外人干涉为词，仆等谓既觉外人干涉之可忧，则更当知项城引退之宜亟。外人不能坐视长此扰攘，稍有识者，皆能知之。矧此事人道所在，无论何国，断无戕黎庶一人，以与四百兆众为敌；然则可有干涉，其干涉之条件为何，不难预测识之。项城既失威信于中外，其不能不退，已成铁案。见势而自退耶，则身名既泰，而人民亦免几分之伤残，国家亦存几分之体面。若犹怙权恋栈，讻讻不能不退之事实完全发现，则非复吾国民所忍言矣。诸公爱国，意项城其何以处此。又项城于排异己，每以竞争权利相诬，恒持臆说以度人心，愈费词而愈形其丑。他人固不敢知，若春煊者，年既老矣，而又多病，今兹强起从戎，当为共和请命，凡以求死，非以求荣，项城朝退，春煊夕辞。倘怀取而不舍之异心，甘受天地明神〔神明〕之殛。若启超者，本为文士，非有实才，投笔已乖，本怀霍岳，尚留素业，皎然此志，无辩自明。今黄陂既已恭举继承，大局本可迎刃而解。靖难善后，自我群公，天下兆民，分思托庇。惟目覩事机之危，间不容发，项城能让之，可必争。为国家计，为项城计，□□□〔坦〕途，更无他路。敢沥肝胆，布此区区。责善解纷，谨遵后命。岑春煊、梁启超同叩。支。印。

〔外交部云南特派员公署档案〕

11．黄兴痛斥袁世凯帝制自为罪行并促其早日退位电

（1916年5月9日）

北京袁世凯君鉴：国人未尝负公，公实负国。公生平以权谋奸诈，愚弄一世，以此骗取总统，以此攘取帝位。然卒以此败，岂非天哉！共和创立之初，公誓于国人竭诚拥护共和，故吾党欣然以总统让公。未几，公拥大权，乃用武力破坏共和，阴谋帝政。法律不足制公之凶恶，余始于癸丑之秋兴师问罪，公于是复申前誓，力保共和。人民为公所欺，希望和平甚殷，余不忍拂人民之意，故中道罢兵。公此后以为人民易欺，更无忌惮，帝制之谋，竟成事实。人民内困，强邻外侵，公不之恤，于国势险恶之时，乘欧战正酣之际，悍然为一身一家之谋，而竟以此激全国人民之怒。人民愤公之欺诈，誓死拥护共和。一隅袭起，全国响应。公知大势已去，始下令取消帝政。不得为皇帝，犹冀为总统。公之厚颜无耻，毋乃太甚！公之反覆无信，已至再三，人民不复为公所愚。人民既一再以剑血拥护共和，断不肯复戴一背叛共和、主张帝政之元恶为总统。公虽善于变化，不拘泥名分，然由欲望未满之皇帝，化身为总统，在公为降尊，在国为奇辱，在世界为笑柄。公如负固不自行引退，人民必将诉最后之武力，正公一人叛国之罪。公以一人而敌全国，岂非至愚？牺牲多数生命，以争个人之公职，岂非至酷？今者独立之声遍于全国，兵精械足，士气振奋，而公众叛亲离，左右皆敌，公纵不知爱国为何义，亦当知所以保身保家之道。若见机早退，犹得略息人民之怒，稍留去后之思。不然，怨毒郁结，何所不泄？势机迫切，稍纵即逝。望速决择，无贻后悔。黄兴谨布。

〔国民政府国史馆档案〕

12. 唐继尧等否认袁世凯大总统资格宣言书

（1916年5月18日）①

护国军军政府第一号宣言书

前大总统袁世凯受民委托，为国家元首，不思奉公守法，福国利民，反蓄逆谋，图覆国命，唆使徒党，设立筹安会名目，紊乱国宪，公然倡乱。又阴唆政府大员，密发函电，勒迫各省军民长官，干涉选举，矫诬民意，其密电多至五十余通，皆有政事堂密码及官印可凭。当国体投票尚未举行之前，已在总统府设立大典筹备处，预备登报，卒乃公然下令，自居皇帝。其种种谋叛实据，已由本军政府别为胪举宣示在案。查总统谋叛，应受弹劾裁判，载在约法。今袁世凯谋叛罪之成立，既已昭然，特以约法上之弹劾裁判久被蹂躏，不能行其职权，任彼逍遥法外。除由军政府督率大军，务将该犯围捕，待将来召集国会，依法弹劾，组织法庭，依法裁判外，特此宣言：前大总统袁世凯因犯谋叛大罪，自民国四年十一月十三日下令称帝以后，所有民国大总统之资格，当然消灭。布告中外，咸使闻知。中华民国军政府云南都督唐继尧、贵州都督刘显世、广西都督陆荣廷、广东都督龙济光、两广护国军都司令岑春煊、两广护国军都参谋梁启超、护国第一军总司令蔡锷、护国第二军总司令李烈钧谨呈。

外交部云南特派员公署档案〕

① 此件无月份，据《护国军事记》载明为5月18日。

13. 唐继尧等拥黎元洪继任大总统领陆海军大元帅宣言书

（1916年5月）①

护国军军政府第二号宣言书

前大总统袁世凯因犯谋叛大罪，所有大总统资格，当然消灭，经本军政府根据约法宣言在案。查民国二年九月，国会参众两院议决公布之大总统选举法第三条云：大总统任期六年，第五条云：大总统缺位时，由副总统继任，至本任大总统期满之日止等因。今大总统既以犯罪缺位，所遗未满之任期，当然由副总统继任。本军政府谨依宣言，恭承现任副总统黎公元洪为中华民国大总统，领海陆军大元帅。其递遗副总统一职，俟将来国会能召集时，更依法选举。为此，布告中外，咸使闻知。中华民国军政府云南都督唐继尧、贵州都督刘显世、广西都督陆荣廷、广东都督龙济光、两广护国军都司令岑春煊、两广护国军都参谋梁启超、护国第一军总司令蔡锷、护国第二军总司令李烈钧谨呈。

〔外交部云南特派员公署档案〕

14. 梁启超就反袁称帝自军中敬告国人书

（1916年　月　日）

启超实国中最爱和平，惮破坏之一人也。当元二年之交，国论纷絮，启超惧邦本之屡摇，忧民力之徒耗，颇思竭其驽骀，翼赞前大总统袁氏，亟图建设，以为袁公之才　而居其位，风行草偃，势最顺而效最捷，但使能开诚布公，正权纳轨，顺应世界大

---

① 此件无月日，据内容推断，当为5月。

势，调节社会新潮，则图安荣，功可操券，故当正式内阁之建，勉励阁员，力图共济。乃与袁氏共事数日，渐见其别有肺腑，非能先公而后私。及辞职静观两年，愈惧失纵彼顽凶，必且覆邦而沦种。夫处今日文明竞进之世，而行中古权谲残刻之技，外袭众建之名，而踏专制之实，黜全国之智，捐全国之力，涸全国之资财，摧全国之廉耻，而以资一时便安之计，成一姓篡窃之谋，生于其心，害于其政，取子毁室，率兽食人，循此迁流，更阅年载，则人道且将灭绝于中国，而中国更何由自存于世界。畴昔圣人志士，以前清失政，危及民国，匡救既穷于术，不得已起而厘革之，而共举此旧邦新命，以托诸袁公。袁公不务涤瑕秽，与民更始，效尤季清，抑加厉焉。前劳既虚，后望更绝。于是国人乃嚣然丧其乐生之心，而国家益纷然不可以终日。启超与袁公，谊既亲旧，事共艰危，诚不忍睹其自裂身名，且陷国家千万劫不复。三年以来，直谏巽语，调护维持，矢志靡他，吾才既竭。洎夫帝制议兴，败棋劫急，犹复垂涕而道，至再至三。曾是昏迷，终不寤听，明干国宪，悍仇民岩。西南诸镇，仗义执言，为民请命，启超虽驽下无似，为大义所驱，不敢不黾勉以从诸君子之【后】，今亦既仗策在军中矣。操戈于室，不祥莫大，杀机既动，其血玄黄，净洗甲兵，未卜何日。言念前途，惄焉如捣。虽然戎首袁公，非吾曹也。诚思以袁公之所为，求袁公之所欲，而谓能使中国毋乱，其谁信者。然纵彼能勉维现状，然人生安能无死，彼一旦死，厥状且将何若，吾知无论何人，闭目以思及将来，应皆不寒而栗。盖袁公在国中播种恶因，既深且广，吾国民终当刈此恶果，穰穰浩劫，无可逃避，所争者早暮耳。而袁公多擅政一日，即恶因之广深，亦增一度，以凋残垂尽之元气，更日日加以削伐，不一二年，行将澌灭而无复余。其时欲求负荷此难之人，恐不可复得。则惟有一任悍卒流寇，纵横起灭，为无意识之破坏，相寻不已，驯至劳外力代吾收拾，则国家至永沉九渊，云何能拔？譬犹病痈，终须一割。割为险着，谁不知。然割较早，则险较微，割愈迟，则险愈剧，养而不割，及其自溃，虽有扁鹊，技无所施。故虽以夙耽溺于平和之梦，如启超者，几经踌躇审顾，惩前毖后，遂不得不毅然决然，挥泪沥血，从诸贤之后，以与袁公相见于疆场。凡欲以死中求生，亡中求存，而绝非有所争于意气，有所贪于权位。此虽不必哓哓然向人自白，然万不得已之苦心，固愿剖而捧之，以与天下共见也。若夫前途肃清之略与建设之猷，千险万艰，固意中事，然国人安能有所惮而委置不顾者，须知不能不解决之问题，既已临头，无论若何屯窘，终须以自力解决之，委心任运，运其任我耶？以启超所见，则谓险固诚险，艰亦诚艰，然何至遂无可为。我国民固自有天赋之特长，我国家亦不乏雄飞之缘会，徒以生息于恶政治之下，窒其本能，梏其发展，以有今日。及今努力拔此病根，安见种种忧虑不遂刃而解。此真国人所宜审择而奋兴者也。至如启超者，树德本浅，更事尤希，抑何足以为国家轻重，惟痛念频年以来，颇不免缘党派偏见，误断事理，间接以酿国家隐患，中间又尝观悲弛堕自荒匹夫之责，致国民活力生一部分之损耗。今以国脉安危，迫于眉睫，不敢不沉痛忏悔，请献此身，以图自赎。微诚所贯，舍命不渝，功不敢承，罪不敢避，国之君子，其有同兹感痛者乎？相与提挈于其前，而督责于其后，岂惟启超庶免于戾，即国家其将利赖之。

〔国民政府国史馆档案〕

15．康有为促袁世凯退位远游函

（1916年　月　日）

慰亭前总统大鉴：昔以天下滔滔，生灵涂炭，中国危殆，为公一人，故妄竭款愚，奉规执事，承公俯采中策，销帝制，去年号。然广西即起，义师仍怒，公虽屈意言和，徒招辱而无成，果如仆言。于是广东之义旗同揭，江、浙之鼙鼓并兴。不日不月，义师将遍于全国。凡此诸将，皆公恃之以为腹心爪牙，拥成帝制者也。而今争先倒戈，皆如仆言。更闻拱卫军内变，诛戮至百余人，是谓腹心内变，又皆如仆言。然则公何恃而不恐乎？为公之窃帝号以自娱也，筹安会至今半年矣，举国商贾停贸易，农辍耕，工罢作，士废学。川、楚血战，死人如麻。兵之所处，荆棘不生，疫疠并作；兵之所过，掠劫淫虏，人民走避，死者之家，老母寡妻弱子无托，疾病穷饿，转死沟壑，又不知若干人也。以每日计之，全国之出产货殖，日不知失几千万也，人命之死亡，日不知几十万也。其余一切，长吏、游士、人民发信、发电，阅报聚谈，费尽日力而讲求者，皆为公退位一事。其靡尽全国人之日力心力于无用之地，虽考历不能算之也。呜呼！当欧战延长之际，乃吾国内治岌岌之日，藉以立国延命者，在此时乎？若使举国四万万人上下各用其力，明其政法，治其作业，半年以来，所值岂可算数。不意为公一人之自娱，大乱沸腾，令中国损害无极，一至于斯也。今姑勿论。民国之有总统者，曰伯理玺天德，公司司事，亦名其职同云尔，不可则去。总统为国民公仆，违于法律，则审院可以革之。然若公手两改约法，永废国会，而自置参政院、立法院，自定任期十年，专卖土地、人民于强邻，卒乃自改帝制，复何法律之可言？国民之挟共和法律以责公者，太迂愚不解事，早为公之所大笑，公岂不曰予岂有法理，辛亥之季，不过我自欲为帝耳。故特借革命，以去清室，假共和，以取天下。汝等滔滔，在我裈中，共和吾造之吾废之，如戏法去者之反复乎？而指挥白黑蚁队云尔，岂能有分毫动公之中哉？故使公之人才、人心、兵力、财力，犹有一线之希望，可以保全权位，公亦无退位可也。闻美款借到，公议大募兵，赶制械，以背城借一。惟今美款不成，既全国人士皆将陈兵仗义，大声疾呼戮公，闻公亦有退位之议，则公亦知难而退矣。然又闻别有奇谋，公将复主虚名，而自为总理大臣，则可骇矣。昔在辛亥之冬，公为总理大臣时，清室允行十九条宪法，君主已无分毫之权。(中略)公若于此时奉行十九条宪法，然后理财、练兵、兴物质、励教育，至于今日欧战之时，中国富兵强国，民安物阜，奠国基于盘〔磐〕石矣。虽进窥外略，龙骧虎步，无不可矣。则公之功业，光照日月，公之相位，亦可久长。如英之小彼得十九年可也。如格兰司顿之为相三十年可也。其权与帝王等，其尊与总统等，而又无任期，岂不美哉？无如公有妄窃帝号之心，遂乃伪行共和之体，而阴厉专制之政，于是得天下而失之。夫公既由总理而总统，由总统而皇帝，大典筹备亦既举国称臣，尊无二上矣。今事由皇帝而自降为总统，又由总统欲自降为总理大臣，得毋辱乎？公在辛亥之至安时，而不为总统，在今日之至危，而不惮屈辱乃为总理乎？外托虚君共和之名，内握全国大权之实，假偶神而为庙祝，挟天子以令诸侯，公之推拍俎断与时宛转，计岂不善？无如公之诡谋、司马昭之心，路人皆知之。公居高丽时，欲与日战，则伪托俄使意，以诳中朝。公为总理将禅位矣，乃日日口言君宪，以欺清室。公为总统，则日言誓守共和，以欺国民。公将为帝制，则日伪托民意推戴，以欺天下。公愚天下之惯技，既无一不售，以至为帝矣。今又日言开国会，复省议局，设责任内阁，人皆目笑之。盖今则败德无信，暴露天下，无论亲疏，必不见售，不特南方含愤积怒，义师必不容公之在位，即北方旧部，亦恧然有耻，岂复能戴公为执政乎？公今无事，多用权术，无论如何，徒召天下之兵，促举国之急进攻耳。仆昔创虚君共和之说，乃专以防总统之专制如公者。假使当时国不激于感情而采用吾言，则安有今者天下血战之惨哉？今公犹假托于美名高义，以自揽之，以退为进，冀将来之渐复大权，则仆之创说，决不愿为公假借也。方今天怒人怨，众叛亲离之秋，药线四伏，祸发眉睫，切身之灾，间不容发。前两月之书，请公退位远游，而公不用仆言，及今欲逃匿海外，亦已难矣。事势大变，迥非昔比。今公乃不为身命之忧，而尚欲退为总理大臣之异想，自古几见曾为皇帝举国称臣者而能退为宰相乎？张邦昌曾行之，然伏其辜矣，公何不鉴焉。且又闻公至不得已必须退位时，犹欲引清室之例，立条约为保身命、财产、子孙、坟墓计。嗟夫，公岂不知下天怨讟之深乎？公四年之移国大盗，岂比有清三百年之天子乎？公以条约为可恃乎？试闻条约所藉为何而信之乎？公许清室之岁供四百万，公何尝能践约？且年来事事欲悖约而削之，国人皆欲食君之肉，寝君之皮，一时即有条约，其后他党为政，终之毁之耳，公岂可信条约而托以身命、财产、子孙、坟墓乎？且夫天下古今为帝不成，舍出奔外，岂有退步者？以吾所闻欧美之事，凡帝王、总统，以革命败者，莫不奔逃外国。古事繁多，不克具引。今之葡萄牙废王，尚居英国；墨之总统爹亚士，居于法国；波之总统居汝牙，败后亦居法国；德之汉那话王，居于奥国；巴西之废王，革命后居于葡萄牙。此皆至近易考者也。公速携眷子孙，游于海外，睹其风物之美，士女之娱，其乐尚胜于皇帝、总统万万。刘禅曰此间乐不思蜀，于今乃是实情。吾奔亡海外十余年，亦复乐其风土，徒以忧故国念老亲，乃为归计耳。若欲行乐，则岂如瑞士、巴黎者乎？（中略）嗟夫，慰庭行矣，毋及后事。诗曰：毋逝我梁，毋发我笱，我躬不阅，遑恤我后。从此中国之事，与公无与，亦与袁氏无与。依照约法，共和国制，设副总统者，如总统有故，则以副总统代之，则自有黎宋卿在，无劳公托。若仆昔之言虚君共和者，不过忧总统之必复专制，既专制也，将复生乱。如今姑备陈英、意、比之法，以告国民，为中国之保险公司云尔，聊以空言广备一说，以听国民采用，非得其必行也，皆与公无与也，幸毋假藉吾言，损改吾说，吾不任受也。嗟夫！公以顾命之大臣而篡位，以共和之总统而僭帝，以中华之民主而专卖中华之国土，屠毒无限之生灵，国人科公之罪，谓虽三家磔蚩尤，千刀斩王莽，尚谓不足蔽辜。但吾以谓文明之法，罪人不拿，枯骨不毁耳。公早行一日，国民早安一日，时日曷丧，及汝偕亡。公若行也，以子孙、坟墓为念，公有托于仆，仆亦可与南方义师商而力任之。公之旧人唐少川布告天下，言庚子拳匪之祸，乃发诸于公；壬子兵变之祸，亦主持于公。外论纷纷，百谓公将行而弃其毒，至今京师生非常之惨变，遂至迁徙纷纭，京津扰扰，以公之智，岂为此乎？望念子孙、坟墓，稍留去思，毋多事，毋多言，束行装，善自爱。

〔国民政府国史馆档案〕

16．戴戡再迫袁世凯退位密电①

（1916年　月　日）②

云南唐都督，并请转南宁陆都督，大洲驿蔡总司令，永宁罗总司令，贵阳刘都督，晃州王总司令鉴：某密。宥电计达。袁氏漾电取消帝制，本属无耻已极，揣其用心，于国内则使各省无再可藉口，庶复以全力对付我滇、桂、黔，于外交则表示继续民国，一面保全总统地位，一面可以借款缔约。查袁某自帝制议起，内则密电各省，外则通电各国，判〔叛〕国之证据最多，元首之资格已失。我三省举义以来，该逆所为伪令，尤足证明叛国之罪恶。现彼虽通电撤销，断无可藉此仍为总统之理，惟我须急注意者：一、以起义之省分，联络通告各国，声叙袁某叛国之始末，并要求不得再认袁某为民国之总统；二、仍以起义省分联合电劝各省，不能再为袁氏所欺，贻国家以奇耻大辱，且酿兵连祸结、同归于尽之苦；三、我滇、桂、黔，更应迅速准备一切，早将川、粤逆军扫荡，以固根本。如何，祈示。戴戡。

〔国民政府国史馆档案〕

① 此件系抄件。

② 此件无月日。据内容推断，当在3月22日帝制撤销与4月6日广东独立之前。

（四）袁世凯死后政局

一、黎元洪继任总统

1. 大总统宣布由黎元洪代行大总统职权告令

（1916年6月6日）

大总统告令

民国成立，五载于兹，本大总统忝膺国民付托之重，徒以德薄能鲜，心余力绌，于救国救民之素愿，愧未能发摅万一。溯自就任以来，蚤作夜思，殚勤擘画，虽国基未固，民困未苏，应革应兴，万端待理，而赖我官吏将士之力，得使各省秩序，粗就安宁，列强邦交，克臻辑洽，抚衷稍慰，怀疚仍多。方期及时引退，得以休养林泉，遂吾初服。不意感疾，浸至弥留，顾念国事至重，寄托必须得人，依约法第二十九条大总统因故去职或不能视事时，副总统代行其职权，本大总统遵照约法宣告，以副总统黎元洪代行中华民国大总统职权。副总统恭厚仁明，必能宏济时艰，奠安大局，以补本大总统之阙失，而慰全国人民之望。所有京外文武官吏以及军警士民，尤当共念国步艰难，维持秩序，力保治安，专以国家为重。昔人有言，惟生者能自强，则死者为不死，本大总统犹此志也。此令。

中华民国五年六月六日

国务卿
陆军总长 段祺瑞

〔政府公报，1916年6月7日第152号〕

2. 岑春煊就袁死南北关系问题与黎元洪往来电

（1916年6月）

(1)岑春煊致黎元洪电（6月13日）

两广岑春煊来电

急。黎大总统钧鉴：阳电元奉，过蒙藻饰，衰年闇识，万不敢承。武昌之游，耿耿在念。溯回曩昔，慨叹同深。煊逃亡在外，自分葬蛮夷中，皮骨已空，有何远志。惟生性赣〔憨〕直，嫉恶如仇，公雠未消，誓拚一死，故一闻国难，间关遄归，重以乡里旧游，强相督责，即不自揣，勉总师干。然受职之日，即宣言项城朝退，煊当夕隐。信誓旦旦，有众共闻。今幸天心厌乱，恶氛自戢，国命攸托，复在明公。大纷已解于自然，鄙志乃酬于一旦，私衷欢洽，冠绝平生，一俟料简粗定，即当浩然归去。惟煊誓众出师，早经部署，职军数万，麇集粤中，斟酌编遣，恐非旦夕可致。在此期间，有何明令，均谨遵从。区区之愚，伏希鉴察。抑又有言者，方今大难初平，人思法定，望我公力护旧约法，恢复国会，创设责任内阁，纳民心于轨物，示天下以大公，则党派不足平，军民不足治，不肖亦得安依丘墓以平民终，即永拜公赐于无穷矣。临电无任屏营之至。岑春煊叩。元。印。

(2)黎元洪复岑春煊电（6月　日）

大总统致岑云阶电

肇庆岑云阶先生鉴：元电谨悉。昊天不惠，政变迭生。耿耿夙心，负我民国。杜门却扫，生死胥谿。与公殊途，宅心则一。项城弃世，国本漂摇。徐、段、王①诸公，辱相督责。亦知驽钝，义

① 指徐世昌、段祺瑞、王士珍。

无可辞。旬日以来，军民安堵。不有群力，危何能持？缅怀明公，间关万里。乘时致果，浩气懔然。国有老成，民受其赐。重蒙推戴，尤见大公。来日大难，同舟共济。搜遗访佚，尤恐不周。岂有元良，忍言高蹈？矧惟旧好，拳拳在心。宁诲于前，遽捐于后。仁者之心，当不出此。联军麇集，编遣需时。尚乞与部、院筹商，早图竣事。安车前席，谨迟高贤。辱教各节，名论不刊。沪上诸贤，刻正与芝泉磋议。一俟决定，即当奉闻。

〔政府公报，1916年6月19日，第164号〕

3. 大总统著双方军队一律停战申令

（1916年6月16日）

大总统申令

军兴以来，时越半载，民生涂炭，国本动摇，悼心时局，隐痛实多。本大总统依法继任，自应力谋统一，丁此风雨飘摇，危机一发，政纲如何整饬，国基如何奠安，万绪千端，诸待推诚商略，苟利于国，政府无不开诚采纳，立见施行。罢兵息民，最为先务。所有派出军队，著即一律停战。并由该管部署分筹办法，克期撤退。各该省军政长官，各应严束所部，力卫地方。务期草木不惊，萑苻尽净，倒悬之苦，庶其少瘳。此令。

中华民国五年六月十六日

国务卿
陆军总长 段祺瑞

〔政府公报，1916年6月17日，第152号〕

二、更易各省长官及奖励护国功臣

1. 蔡锷首途就任四川督军兼省长电

（1916年7月19日）

北京各部、局、署，京兆尹，各省督军、省长、都统、巡阅使、镇守使鉴：锷奉命督署，当以病体未痊迭电陈情，迄未得请。敬维中枢倚畀之重，蜀民竭蘩之勤，区区此身，何敢自爱。兹遵于七月廿一日，由泸首途，力疾赴省，勉就新任。蜀难方棘，任重材铨，尚乞时赐良箴，俾免陨越。四川督军兼省长蔡锷叩。皓。印。

〔北洋政府陆军部档案〕

2. 刘存厚宣布以军长名义暂理四川军政事务通电

（1916年7月20日）

收四川陆军军长通电

川省周将军宣言北上，业已出省，新任蔡将军尚滞泸县，道路遥远，未能刻〔克〕期履任，人心惶惑，秩序动摇，省会绅民、军政各界，函电交驰，或遣使迓，或私躬迎，纷请入城，暂维秩序。存厚情迫桑梓，未敢坐视，谨于皓日轻骑晋省，仍以军长名义暂理成都军政事务。一面催请蔡将军速到，便卸仔肩。惟是在职一日，须尽一日之职，才轻任重，弥惧勿胜，尚望渠诲遥颁，俾有遵循而免隔越，是所翘祷。四川陆军军长刘存厚叩。号。

〔北洋政府外交部档案〕

3. 吕公望就任浙江督军兼省长通电

（1916年7月20日）

收浙江督军兼省长电

寒日由唐继尧君领衔通电，宣告撤销军务院，谅蒙鉴及。公望谨于本日遵电传大总统鱼日策令，就督军兼省长之职。其余军政、民政各机关组织职权及人员，均依同日申令，于旧〔新〕官制未定以前，暂仍其旧。特此，奉闻。浙江督军兼省长吕公望。号。

〔北洋政府外交部档案〕

4. 罗佩金为方化南等响应反袁护国请开复原官咨

（1916年12月23日）

咨 第二四八号

四川督军署为咨请事：案据重庆镇守使熊克武呈称：窃查癸丑之役，湘赣倡义于先，职使在前五师师长任内，响应于后，殊因逆焰嚣张，职又兵单力弱，以致厥功未成，反滋重咎。当日在事各员，悉为袁氏褫职，犹复密布文网，罗织无辜，至今转徙流离，几于无地可容。兹幸天祚民国，仰荷故上将蔡督军倡义兴师，声罪致讨，大府督率滇、川健儿，转战千里，卒使民国光华，依然璀璨。惟前五师夺职各员，二三年间，伏处各地，有忧愤以死者，有于此次战事后先响应者，若不开复原官，则死者负冤泉下，莫慰忠魂，生者戴罪行间，难昭公允，用特分别缮具清单备文呈请大府转咨陆军部，俯赐查核，准将前五师褫职各员一律开复，以彰公道而伸冤抑，不胜惶恐俟命之至。等情。据此。查该使所呈，该方化南等三十五员，前因癸丑湘赣之役，致遭褫职，频年以来，或则忧愤以死，或则后先响应起义，均系实情。除指令仰候咨请外，相应缮单咨请大部核准呈请，将方化南等三十五员开复原官，以彰公道而慰忠魂，实深公感。此咨

陆军部

计粘清单一纸

署四川督军　罗佩金

步兵上校

方化南　邹有章　胡国栋　黄金镛　周国琛

李　哲

步兵中校

刘光烈　张　冲　吴景英　晏舜卿　杜亚洲

陈　云　陈志仁

步兵少校

祝剑五　张元卿　杨天泽　易存明　李　尊

郭镇藩　邱延熏　李遐璋　黄光铅　熊世哲

彭树军　吴行光　贺重熙　彭君浦　李国操

白学侯　李天钧　刘秉中　谢兆兰　李锡荣

梁　度　钟明三

中华民国五年十二月二十三日

〔北洋政府陆军部档案〕

5．唐继尧以蒋方震等护国反袁有功请授中将衔与陆军部往来电

（1917年1—2月）

（1）唐继尧致陆军部密电（1月27日）

四份。北京大总统、国务院钧鉴：陆军、参谋两部鉴：华密。查自举义以来，出力各文武，业经先后请奖在案。兹复查有陆军

少将张孝凖、蒋方震，滇、黔护国军参谋长石陶钧，器识闳远，学问优长，于此次战事，参赞机密，筹备饷械，毅力苦心，不辞艰险，实属卓有勤劳，且均历任中将职务，论功行赏，未便独令向隅，拟恳将张孝凖、蒋方震、石陶钧三员均授为陆军中将，以资策励。是否有当，敬乞鉴核施行。云南督军唐继尧叩。感。印。

(2)陆军部复唐继尧电稿（2月？日）

云南唐督军鉴：感电请奖各员，已请示首座，奉谕：张孝凖、蒋方震加中将衔，石陶钧已由川督电请奉令补少将。特复。陆军部。□。印。

〔北洋政府陆军部档案〕

6. 陈光勋等提出政府对前护国军第一军奖案久置不理质问书

（1917年3月 日）

提出者：陈光勋、陈祖基、李有忱

连署者：郭同、李增、胡兆沂、朱继之、虞廷愕、张雅南、孙润宇、王荫棠、于光芳、王桢、张相文、景耀月、陈承箕、田桐、由宗龙、刘炳蔚、张瑞、王枢、屠宽、陶保晋

前护国第一军请奖案久置不理质问书

窃维共和再造，发轫于西南，战事以蜀南诸役为最烈，此夫人而知之者也。自战事告终，迭颁勋奖，一时政崇宽大，虽为王前驱者，亦复晋崇阶而膺懋赏，独于有功民国九死一生之前护国第一军所部将士，尚付阙如，此真百思不得其解。闻前任护国第一军蔡锷身故后，由该总司令部参谋长、现任四川督军罗佩金专案请奖，时逾半载，迭次催请，司其事者竟久置不理。查民国体制，不应有荣典，本为同人所极赞成，但现制既未废除，则论功

行赏，勿论为宽大为严格，应主持公道。乃对于拥护帝制者，则务崇宽大，对于拥护民国者，则故为靳惜。古人有言，天下之大乱，自是非不明始。今日之国体既确定为共和，何以政府颁给荣典之旨趣，则务与民国相背驰。此中是何理由，依法提出质问，请政府于五日内答复。

〔北洋政府陆军部档案〕

7．朱庆澜为刘国翔于潮汕独立中立功请奖给官位咨

（1917年6月7日）

咨　第一三九号

广东省长公署为咨请事：案据潮梅绅商学界廖鹤洲、张应兆等呈称：窃维国家近岁设立名位，褒异军人，用意所在，无非为酹鞠旅之庸，而作干城之气，故典重而锡予綦慎，亦功多斯赏擢必臻。自民国成立至今，时世纷扰，非止一再，而绅等潮梅托籍，迭更事变，卒幸晏然，推论前功，实当以刘前统领国翔为首屈一指。查刘国翔平日品纯性挚，忠勇过人。民国元年，由韶军第二标标统经前任潮梅镇守使吴祥达呈委代理南韶连水陆军务督办。嗣复由吴前使电调来潮，参决机要，倚如两手，事胥听而后行，遂克立定纠棼，解散民军数千，改编军队，部勒严整，指示将士擒缚巨寇，积年憝恶，次第歼除。并于一应地方治安事宜，罔不悉如整顿。由是受任驻潮警卫军第四十四五六七等营统领。当民国三年，两经兵变，警报逼汕，声势沸动，向非刘国翔定策神速，洞中机宜，断不易收立奏敉平之效。而尤难能者，更莫如上年潮汕独立一役。潮梅一隅，精华萃于潮汕，而汕头商埠，尤多外人商务，治安问题，动关交涉。是役也，各军附义而动，而马存发自统军队尚众，抵抗之力不相下。刘国翔深明事势，知必用和平

之策，始可免于涂炭之惨。倘在汕头互相炮战，而汕埠华洋商业，将不堪其糜烂，潮梅精华之损失，更不可问矣。于是毅然不避危机，午夜驰达战地，出入于双方枪林弹雨之中，苦心调停，率以利害悟马，得其降服离汕之结果，不一二日间，秋毫安堵，而独立之功以成。于时绅等潮梅士民目击其事者，莫不感戴颂祝，咸以得刘统领相庆幸。而刘统领顾反，以事已底定，独避争功之嫌，悠然远引，若初未身与焉。其立心之高洁，又何如。夫保全绝大而成功不居，此在当世，亦不可谓不罕觏者矣。综计其汕五年，治军卫民，翕孚舆论，在刘国翔虽素抝抑弗计曩劳，然此实绩炳然，倘因壅于上闻，未邀荣典，殊不足以昭信赏而励戎行。伏查刘国翔前在潮汕，迭次立功各案内，经吴前镇守使屡保请授陆军少将，未奉明令。昨阅《政府公报》，潮汕独立，出力各员，均蒙奖励，而刘国翔又独向隅，恐不无漏未陈列之处，绅等非有何私，实见刘国翔于保全潮梅地方之功义，不容听其湮没，用敢胪述上陈。为此，呈请省长俯鉴微情，准将刘国翔立功事实，专案补叙，咨请陆军部准照吴前镇守使原保，呈请大总统策令授给官位，用资激劝，出自逾格鸿施，不胜竦企之至。等情。据此。相应备文，咨请大部查照，准予补叙，实纫公谊。

此咨

陆军部

省长朱庆澜

中华民国六年六月七日

〔北洋政府陆军部档案〕

三、恢复旧国会与驻沪海军独立

1. 黄兴就恢复旧约法召集旧国会为当务之急致黎元洪电①

（1916年6月20日）

奉读寒、洽两电，知采及刍言，并承奖饰逾量，惭悚殊深。国家多难，事变恒出意外，凡我国人，皆宜懔切冰渊，开示诚心，亟图挽救。更始之时，尤应当机立断，勿示民以疑。恢复旧约法，召集旧国会，按诸法理，及此次起义之民意，实如矢赴的，如水归壑，万无反理。乃商榷旬余，迁延未决，事机一去，险象环生，神州必陷于万劫不复。人即不爱国，谁无子孙庐墓之思，恐经沦胥以亡耳。公以盛德民望，继任公职，中外瞻仰。凡百建设鸿猷，当以此两事为最急切。务望排除莠言，迅速解决，以适法之命令，废去袁氏伪造约法，则吾民国之真正旧约法当至存在，实无以命令变更法律之嫌，恳即施行，以救危局。至国家一切根本大计，暨善后办法，均系存亡，稍有一得，亦必竭诚输献，仰酬明问。黄兴。号。

〔国民政府国史馆档案〕

2. 段祺瑞征求复行民元约法办法电

（1916年6月22日）

国务卿致各省将军巡按使都统护军使都督唐梁任岑诸先生电

黄陂继任，元首得人，半月以来，举国上下，所龂致辩争者，

---

① 此件系电报摘要抄件。

约法而已。然就约法而论，多人主张遵行元年约法，政府初无成见，则今日之所龈致辩争者，又惟如何复行之办法而已。此项办法，多愿命令宣布，以期迅捷，而在政府，则期期以为不可。盖命令变更法律，为各派法理学说所不容，贸然行之，后患不可胜言，是以迟回审顾，未敢附和也。或谓三年约法，不得以法律论，虽以命令废之，而无足议此不可也。三年约法，履行已久，历经依据，以为行政之准，一语抹煞，则国中一切法令，皆将因而动摇，不惟国际条约关系至重，不容不再三审慎，而内国公债以及法庭判决，将无不可，一翻前案，如之何其可也！或又谓三年约法，出自约法会议，约法会议出自政治会议，与议人士，皆政府命令所派，与民议不同，故此时以命令复行元年约法，只为命令变更命令，不得以变更法律论，此又不可也。三年约法，所以不餍人望者，谓其起法之本，根于命令耳。而何以元年约法，独不嫌以命令复之乎？且三年约法之为世诟病，佥以其创法之始，不合法理，邻〔？〕于纵恣自为耳。然尚经几许咨诹，几许转折，然后始议修改。而今兹所望于政府者，奈何欲其毅然一令以复修改以前之法律乎？此事既一误于前，今又何可再误于后，知其不可，而欲尤而致之，诚不知其可也。如谓法律不妨以命令复也，则亦不妨以命令废矣。今日命令复之，明日命令废之，将等法律为何物。且甲氏命令复之，乙氏又何不可命令废之。可施之于约法者，又何不可施之于宪法？如是则元首每有更代，法律随为转移，人民将何所遵循乎？或谓国人之于元年约法，愿见之诚，几不终日，故以命令宣布为速，抑知法律争良否，不争迟速，法而良也，稍迟何害，而不良也，则愈速恐愈无以系天下之心，天下将蜂起，而议其后矣！纵令人切望治，退无后言，犹不能不虑后世争乱之源，或且舞法为奸，援我以资为先例，是千秋万世，犹为国史增一污痕，决非政府所敢出也。总之，复行元年约法，政府初无成见，所审度者，复行之办法耳。诸君子有何良策，尚祈无吝教言，俾资考镜。祺瑞。祃。印。

〔政府公报，1916年6月24日，第169号〕

3. 冯国璋录致李鼎新电劝其慎重将事密电

（1916年6月28日）

四份。北京国务院、参谋本部、陆军部、海军部鉴：赓密。寝电谅达。顷接李鼎新宥电，当复电文如下：承示迫于公推，致有此举，且表明宗旨，竭诚拥戴黎大总统，绝无权利之见，具见委曲深衷，鄙人忝属知交，自可推诚见信。惟就执事之言论，征诸目前之事实暨推测大局之利害，国璋仍有不能无疑者，请为左右烦言之：执事既以拥戴黎大总统为职志，今日之政府，即黎大总统之政府，初不能强为区别，执事如有何种政见，尽可剀切直陈，今计不及此，而有意外之宣告，则心存拥护，而迹近要挟矣。各省之护国军，中央正在设法取消，以求统一。今海军一部分又复加入，在执事为促进统一起见，而自局外观之，不免有脱离政府之嫌。近时海军尤为外部所重视，若竟别树一帜，则关系于国际之观听，窃恐益滋口实①，转于大局无裨。此仅荦荦大端，明达谅能虑及。抑国璋更有进者，沪为华洋萃处之区，现值谣诼未平，镇抚犹虞不及，执事驻兵沪上，商民必起惊惶，国璋忝握疆符，责在守土，维持防卫，敢旷厥司。用特驰电奉询执事，宣布后果仅为促进统一而发，则办法与宗旨尚属不同而同，倘续有别项施为，致碍国璋职守之处，亦望明白示复。再，沪多好事之徒，设有假借执事名义妨害地方秩序者，国璋碍难坐视，亦不得不预为声明，免致他日互生误会。总之，彼此地位虽异，而爱国之心

①此句从"若"字起至"实"字止，阅者于字旁加上点（·）号，并批有："此语在此时未免长其骄心"字样。

理无殊，肺腑之言，幸希亮察。等语。除俟复到再行转陈并严密防范外，特电奉达，即乞代呈。国璋。勘。印。

〔北洋政府国务院档案〕

4. 冯国璋声称海军受党人运动与浙省互通声气请拨劲旅来苏迫其取消独立与段祺瑞往来密电

(1916年6—7月)

(1)冯国璋致段祺瑞密电(6月30日)

北京段国务卿鉴：亲译。特密。顷因海军在沪宣言，不受政府命令，由敝处派员往谒杨护军使，秘密查探，冀得此事真相。旋据该员回宁声称：经杨使面告，以此次在沪海军忽有异图，确受党人运动已久，尤以与浙省声气相通，故敢明目张胆而有此举等语。鄙意以为，现值时局危疑，正宜同力维持，全国统于一尊，对外始能自立。在党人岂不知此，而犹肆行运动者，无非包藏祸心，藉收渔利，名为爱国，祇便私图，既无息事之真诚，安有餍足之可望。我若信为可恃，倘一堕其术中，虽追悔而无及。为今之计，惟速筹巩固地位，严防外邪侵入，庶足有以自存。至浙省近在肘腋，当其举事之初，尚以为为潮流所激，未便独兴问罪之师。近者大局可望转圜，天心既已厌乱，乃浙犹冥顽如故，竟至连结海军，别生枝节，似此狡谋迭出，后患方长，则闽省恐将受影响，而粤、赣亦深虞波及，大局破裂，日甚一日，浙、苏接壤，首被牵制，鼾睡榻旁，尤属势难容忍。唯江苏现有军队，只能设防，不能出境，如能由中央添拨劲旅步队三千，山炮一营来苏，兵利既厚，当由国璋先以严词责问，令其立时取消独立，海军取消前事。倘彼稍有依违，即当声罪致讨，诉诸武力。国璋责在守土，忝绾军符，瞻望前途，不胜愤激之私〔至〕。谨布区区，能否办理，仍祈密示。国璋。卅。印。

（2）段祺瑞复冯国璋密电稿（7月6日）

南京冯上将军鉴：特密。卅电悉。荩虑周详，至为敬佩。浙省来电，有谨率所部，服从中央命令之语，而无撤消独立通电。询其所派专员，则谓浙已诚心服从，并不独立，无待宣言等语。态度本不明了，如有连结海军之举，则是口与心违，祈密侦其动静。若事有实据，请即严词诘责。此时遽然派兵，易启猜忌。兄谓何如？祺〇。鱼。印。

〔北洋政府国务院档案〕

5. 冯国璋就驻沪海军参加护国军扬言不惜以武力对待与段祺瑞等往来密电

（1916年6—7月）

（1）冯国璋密电（6月30日）

北京国务卿、参谋本部、陆军部、海军部鉴：专密。顷接李鼎新艳电称：沁电敬悉。查约法规定，政府系以国会同意之阁员组织而成，今阁员仅为前大总统之任命，无国会之同意，而以依据约法继任之黎大总统拥戴于上，即认为继续有效，而称为黎大总统之政府，揆诸法纪，大有区别。民国政治，系本真正民意，今全国舆论所争，皆在此点。海军为民意之后盾，按诸共和政体，不得谓为要挟。尊电谓中央正在设法取消各省独立，窃谓不从釜底抽薪，徒为扬汤止沸，适为促进统一之梗。目前粤省情形，可为殷鉴。至护国军有独立各省联合之团体，外交代表早经布告，海军加入，乃为有责任之行动，非别树一帜可比。按诸国际公法，认为正当。此次舰队来沪，商民均表欢迎，《大陆西报》声言，亦断为无所惊惶之事。至我□〔公〕职守问题，海军宣言为遵约法、复国会、组内阁三事，乃拥护大总统奠定大局永远之图，企望和平之心，昭若日月，不幸事与志违，诉诸武力，亦必有明了之预告，请纾荩念可也。等语。窃李鼎新既以拥戴黎大总统为言，而不承认今政府，其用意已可略见。至约法、国会两事，应候中央解决，海军军人岂能干预。来电乃云：海军为民意之后盾，谓非拥兵要挟，其谁信之？国璋职在守土，惟知保境安民，李鼎新如有别项行为，妨害地方秩序，自当竭力对待，不敢有旷厥司。默察今日情形，愈迁就乃愈纷扰，设不幸而发生意外，恐终必出于武力之一途。应请政府先事预筹，以防未然而定危局。特电密达，并祈转呈。国璋。卅。印。

(2)段祺瑞复密电(7月2日)

南京冯上将军鉴：亲译。特密。卅电悉。元老瞻言，苦心若揭，弥谋远识，歆佩何穷。弟以癃疾，何乐为官，不忍沦亡，姑竭其力，苟利于国，何嫌何疑，虞诈之来，实自取戾。今承明教，足证同心；息壤之言，所期共勉。李鼎新假托宣言，心怀叵测。现在约法诸大问题，均已解决，彼再要挟，其将何辞，请饬严询见复，以便对待。祺瑞。冬。印。

〔北洋政府国务院档案〕

6．曾毓隽报告驻沪海军独立情形密电

(1916年7月10日)

下关来电

北京国务院徐秘书长、陆军部傅次长鉴：部密。到宁及沪。陆军官内精神均极团结，惟调查海军独立真因，令人可笑。其始为排袁起见，未及发，而袁殂，遂变论调为好刘。皆系无责任之徒，纵横鼓吹，就中约分两派，一为挟私愤而故作危词，一为受

金钱者极力运动。李司令本系被胁迫为所拥护，今更成为木偶，于部下号令不动，其要求各条，均已明令宣布，宜无借口矣。而原运动中除挟仇者，刘去亦去，业已置身度外。其受金钱运动者，则谓军务院除非俟正式国会，决不能取消，海军既已加入，应取一致态度为言。就中非无明白事理之人，斥为不可，无如互相胁制，碍难单独行动。萨上将来沪，迄未能与各舰长晤面，其故可知。日来沪报及梁派，颇有攻击军务院不即取消之不当者。弟即以此语责备彼等，并告以傥军务院亦即日取消，公等尚何面目再见政府。彼中人云，军务院非达到唐绍仪为总理不止，绍川极愿以军为其后盾。故彼中议论，以为今日方行取消，中央亦必以辣手对待，将来不如与军务院相终始。倘唐失败，我们联袂而行，尚属未晚，何必俯首听命，受中央加罪乎？弟告以各省独立者甚多，果即取消，中央决无加罪之理，何至独于海军而取严厉手段。渠谓他主独立，中央均以劝诱为主义，惟此次海军独立，第一则令炮台开炮，及新总长到任，又有电交萨上将严厉切责，内有不能听其自由扰乱等语。而冯将军来电人①曰，责在守土，将以武力对待。综观各节，是海军即使取消，必不能免于罪戾，不如暂听军务院指挥，俟彼时如果军务院失败，再作计划。各等语。视其吓势，有如学童逃学，一被严师督责，几如放豚，不敢复归，可恶又复可怜。且其中主张平和者，亦复不少。现已由冯上将军由饶司令派员接洽，以冀转圜。但彼时必须求政府予以劝慰命令，当可完结也。明日到蚌，后日回京。余再面详。隽。灰。印。

〔北洋政府陆军部档案〕

① “人”字旁原有置疑号。

7．杨善德勾结工部局干涉宣布独立之驻沪海军密电

（1916年7月30日）

北京陆军部钧鉴：赓密。此次海军独立，兵舰近泊浦江，干之则起冲突，任之则有碍职务，故拟委曲求全，商令李鼎新将现泊浦江数舰驶出口外，尚未解决。昨总商会回闻备战之信，开会集议，善德当请周道尹亲自赴会，告以陆军在沪维持三年，始终无懈，此次受海军之逼，恐不得已，有难于维持之势。该会闻此，议定派人要求李鼎新将各舰驶出口外，以免战祸。又善德正欲将此意泄于领团，适工部局麦总巡派员来探备战之意，善德当告以陆军在沪三年，始终以维持治安保卫中外商民为己任，此次海军当中央力谋统一之际，宣言独立，名为拥戴，实系叛离，纯为权利思想，毫无国家责任，陆军于职务上不得不加以干涉，设因此有兵火之灾，扰及外人，陆军未能担负保护之责，实深歉然。来员答归当通知局董及各国驻沪海军，勒令李鼎新将各舰驶出口外。倘李在浦江开炮启衅，即由各国驻沪兵舰共击之，云云。闻本日工部局开董事会，集议此事，未知如何，俟探实容再续陈。特电闻。杨善德。卅。印。

〔北洋政府陆军部档案〕

8．李鼎新表示海军归隶中央经将驻沪临时总司令部裁撤电

（1916年8月15日）

上海李鼎新来电 ?八月十六日

大总统、段总理钧鉴：军院撤消，海军归隶于中央，曾经电请派员接洽。兹奉大总统佳电，特派萨上将镇冰莅沪接洽，以清

手续。等因。经鼎新将应行接洽事宜，会同萨上将办理完妥，所设驻沪临时总司令部即行裁撤，其舰队仍交由各司令管理，直接听候中央随时调遣，以固国本。此次各将领热心毅力，拥护共和，饱经忧患之余，幸跻大同之治，克酬素志，咸乐输诚。特此电闻，上慰荩廑。鼎新叩。删。

〔政府公报，1916年8月20日，第226号〕

9. 冯国璋就国会重开请早定宪法并陈隐弭祸患意见电

（1916年8月21日）

大总统钧鉴：段总理、各部总长鉴：民国议会，继续召集，法治方始，日月重光，国璋所辖地方，军民咸深欢忭，佥谓此次国会，必能惩前毖后，畀我良法，荣〔?〕我治安，足征顾望之殷，堪慰廑念。惟是一国之治，必得各种机机〔?〕，相资为用，乃能有成。况此变故迭乘之际，政府、国会尤须联为一气，共当难关。现在议会业已开议，政府所应注意者，专在选择法案。自三年五月新约法行后两年之间，一切法令，悉根新法，此次恢复临时约法，抵触自多。除业经明令废止外，其不适用或须经追认及修正程序者，尚恐不少。严格言之，宜一一提交议会，分别存废。然轻重缓急，务当熟筹，应留时日，以予国会，俾得早定宪法。宪法会议原无限期，而普通立法，能缩少一日之程，即宪法会议多得一日之讨论，宪法早一日制定，即国本早一日巩固。其根据于临时约法之法令，行将遵照宪法，再别存废，目下非有十分抵触之点，更不必枝枝节节，多事纷更。务恳速立标准，饬下法制局准备提案。至于各部议案，往往有不相谋而樱铫政策者。现在内阁诸公，当有统一之方针，无俟国璋拟议。预算案能否提出，尚属疑问。民国以来，财政最为紊乱，岁入既无确定之数，岁出又多濡混之端，中央、地方，更无定准，每届编造，任意涂饰。近经国变，确陷困穷，目前若急欲提出六年度预算，必更附会涂泽，敷衍成章。国会不予通过，其势将生纷扰，国会若予通过，其形直同狼狈，威信两失，彼此速〔?〕谤，自欺欺人，莫此为甚。财政当局、国务会议，务宜切实计划，最近期内如何渡此难关，过此以后如何分期整理，每月政费所恃何款，各省来源如何挹注，凡意计之所及，与刻下之所行，开诚布公，报告议会，以待承诺。迟之一年，再图编制，是为威信之道，宜慎重之。至于政府、国会联络之法，各宜出其诚心，通其情愫，事事尽可为实际之商榷。即宪法内容最要之点，在乎立法行政能剂其平。议员诸君，诚心爱国，当为国家隐弭祸患，不当为国家再种乱因，或竟因一部分不平之心理相激相攻，并此举国渴望之根本大法不获产出，则万劫不复矣。此意务使议员诸君共喻之。操持疏导，责在政府，国璋虽列军界，亦吾中华民国之民，议员诸君，或亦不能尽屏吾说也。尚望诸公设法达之。嗣后如有所见，仍当详细续布。国会组织法、议员选举法，资格太宽，人数太多，于现时国情，似未尽合，前此选举调查，殊欠确实，其标准亦多迁就，此为普通法律，随时均可修改，应请政府准备提案，以便改选。合并附陈，统候鉴核酌夺施行。国璋叩。箇。印。

〔北洋政府内务部档案〕

四、平定周王之乱与龙李之争

1．蔡锷关于周骏盘踞成都勾结领事团违抗命令经派兵剿抚等情密电

（1916年7月4日）

急。北京大总统、国务院、外交部、陆军部钧鉴：华密。查电传策令周骏调京等因。又奉电令，倘违抗命令，饬即相机剿抚。

等因。遵即派队分途前进；一面电达周骏。去后，迄今数日，该周骏并未遵章。顷忽据成都领事团东电称：本团风闻有滇军及其他军队向内汝〔江〕、资州进发，有攻击成都之意。本团特将情形向贵总司令等详陈之，因成都所住之各本国人甚多，如有战事，难免本国人之生命财产不受损失，故对于此事，贵总司令等应负有重大之责任。但上将骏近向本团提出此事，云已电询贵总司令等有何意见，但未得回电。本团有保护本国人之职务，故因此不将骏之提及，特电询贵总司令等系何意见。如果有战事，本团亦应预筹保护本国人之办法。因此，本团电询即系施行保护本国人之职务，并无他意参加。据本团预料，如有战事，则贵国人之生命财产，亦难免不受重大之损失，请贵总司令等思及之。本团实甚盼各方面和平解决，亦愿不干预贵国内政，如能达到所望目的，则本团对于各方面如有请托调停之事，无不竭力相助也。立盼电复。成都领事团大法国总领事领袖安迪、英国总领事方弥德同叩。东。等语。当以前月奉大总统令，特任蔡锷为益武将军督理四川军务兼四川巡按使。等因。又奉令周骏调京，倘违抗命令，饬即相机剿抚。等因。该周骏盘踞省城，抗不遵命，此无论何国国法，均无可助之条。本将军奉令剿抚，事属内政，不劳贵领事团过问。至各友邦居留之人生命财产，已通饬各军严加保护，倘有意外损失，自应查照国际通例办理。但仍望贵领事团告诫居留人民，行动居处，不得逾越范围以外，否则，自蹈危险，本将军无从负责，合并声明。等语。电复在案。查周骏于大总统就职后，拥兵西向，威逼陈前将军出省，自称将军，翩奉调京之命置若罔闻，乃复运动领事团出面干涉。似此悖谬无耻，在法万无可宥。除通饬各军严加剿办，并特别保护外人外，合电报闻。蔡锷叩。支。印。

〔北洋政府陆军部档案〕

2. 周骏反驳陈宧号电并揭其祸川罪行通电

（1916年7月14日）

收四川周骏通电

寒日接阅重庆报载，陈宧前月号电，情节离奇，不胜骇异。及查其号日通电，已不啻自行检举，是非真伪，计邀洞察。惟滇军罗佩金、黄毓成等，因此据号电为词，为攻川之计，意若川已大乱，人尽可诛者。用敢申言，以明真伪，惟公决□〔之〕。原电称为念川民痛苦，乃宣布独立，是否属实，当以事实为衡。至谓骏既促其独立，不应出永川，不应称司令，不知骏不出永川，何以脱此地，不称司令，何以交都督也。督理军务，督办剿匪，皆来自责任内阁，非受之帝制上令也。隆昌一带，陈之兵，骏奉令而行，且以为潜师侵逼，其有心诬论，欲盖弥彰。推之心，宜复为成都之独立，非真欲四川能独立也。若谓骏宣言四项，不知何所根据。如见诸文电，应有底稿，如见诸示谕，亦可扬存，凭空捏造，远出情理以外，稍有识者，当亦美其劳拙。骏行抵资，闻袁氏已死，黎公继任，成都独立业已取消，方电请示欠饷办法，陈乃电约入省交代，三日七日，皆其自作主张，骏已知其密结滇军，有意挑衅。且既取消独立，又昼夜招集护国军，委任师长、总司令、支队长等，至数十起，必将以骏为名，破坏川局至不可收拾。骏不与之较，惟饬所部各守原防，以俟中央解决。及官〔宧〕已奉调京之命，即下宣战之令，捏言骏已扼其归路，其所指秦皇寺、中兴场左右附近，皆各护国军驻扎地点，谁扼之谁断之，白昼见鬼，自作惊疑，何异乡曲土谚凿壁报窃。彼一面架炮军府城上，于府中设立将校团敢死队、火弹队、暗杀队种种机关，声言一闻火起，即屠尽全城，无论糜烂若何，不负责任。既于府门杀立观告示者数人，又于周焯家中执宾客十数人，不问姓名，悉于斩决，行路稍涉趑趄，立遭屠戮，横尸满市，若临大劫，居民伏处，牛马不如。彼乃藉此示威，勒索款项，搬运军械，纵兵拉夫数万人，子女玉帛，席卷一空，逍遥而去。并闻沿途杀掠，村郭为墟。骏步行入城，分头宣慰，抚绥安集，秩序渐回。此则陈宧独立之结果也。糜烂大局，谁尸其咎？如骏言虚妄，天日鉴兹。陈宧自谓为前大总统特识之人，今大总统善后之选，不意其居心险诈，贪残若此。若尚任其置身法外，妄肆鼓簧，恐民间冤抑，终不得申，国家纪纲，自此陨坠，其何以令天下乎？应恳澈查虚实，主持大公，依据法律，警告滇军，勿再假借宧言，侵略川境，破坏大局。如以骏言为妄，并恳大总统简派廉公大员来川查办，以维公理而伸国法，不胜惶迫待命之至。周骏叩。寒。

〔北洋政府外交部档案〕

3. 参陆部为李烈钧驻兵韶州要李纯派兵协防赣南密电稿

(1916年7月1日)

加急。武昌王将军鉴：华密。迭据赣省报称：李烈钧驻兵韶州，进窥赣南等情。赣南吴使兵力太单，拟电李将军饬驻省军队，赶赴协防，南昌防务，即由驻汉刘旅全部开往接替，汉口一带防地，可商由廿师暂拨队伍接办，俟周师到汉，再接廿师之防。希查酌分别转知，并盼见复。参陆部。东。印。

〔北洋政府参陆办公处档案〕

4. 江朝宗请设法增援在粤龙济光亲笔函

（1916年8月8日）

敬启者：顷拜谒，值公会议，未便烦扰。本日与龙怡庭谈及粤事，交来电一纸，乞公代呈总理察阅。惟事机已显，固在政府预筹，势须添援为上策，好在英使曾邀求派兵保卫旅粤英人，借此派援，舆论亦正。龙氏兄弟无他，而拥护中央之心益固，务祈我公维持，诚大局之幸也。专此函呈座右，并颂勋绥。

又铮仁兄厅长

弟江朝宗顿首

附龙电一纸

抄电

万急。天津督署转龙怡庭鉴：巩密电悉。滇桂军猛攻省城，亲督我军拼力抵御，战守尚可支持数日，急盼中央援军一出，不待交绥，已操胜算，请兄速请府、院飞饬赣、闽出师，以保海疆。连日战猛，昨已通电，谅当入览。弟济光。支。印。

八月八日到

〔北洋政府国务院档案〕

5. 李根源转达李烈钧关于停战撤兵元电致孙洪伊电

（1916年8月20日）

两广都司令部李根源电

内务部孙总长鉴：顷接李协和元电开：转孙伯兰先生鉴：顷由岑都司令转奉微电，备承开示，感佩无极。烈钧所部军队，自得陆督军东来之电，即经严令停战，静驻候命，而敌军乘势进逼，逼无已时，复由岑公所定退扎地点，分别撤退，以避纠纷。烈钧忧患余生，重遭横逆，久处战地，病益难支，亟宜避地就医，稍资休息，所部军队，即责任该师长等妥为管束，以待陆督军之命。重承廑念，敬以奉闻。我公在远不遗，尚冀曲赐教言，以开尘抱。烈钧叩。等因。谨达。李根源叩。号。

〔北洋政府内务部档案〕

6. 莫擎宇反驳龙济光歌电所陈练兵筹饷防地诸事电

（1916年8月22日）

汕头莫擎宇电

黎大总统、国务院、各部总长钧鉴：龙氏扰粤，袁前总统利用以遂其私，过事优容，浸以横肆。韶城事变，我大总统赫然震怒，立予褫职，是国家之威，地方之福。龙济光允宜解除兵权，阖门思过，乃歌电所陈，于练兵、筹饷、扼要驻防诸事，仍复妄肆要求，诡谋宓属。擎宇戆直，请就该原电驳陈之：龙不曰济军二万余人，均乡里子弟，患难相依，断难解散乎？查粤省军队，虽号数万，实则粤居其五，桂居其三，而滇仅居其二耳。独立以来，潮梅剪之，高雷剪之，钦廉琼崖剪之，肇阳罗剪之，南韶连又剪之，近虽揭竿召募，稍有增加，与其所称，仍复悬绝。以创殒逃散之余，而故张其词，要胁长上，是欺罔也；以解除职责之大员，而必欲手绾两师，是叵测也。龙不曰西南多故，非有大枝得力军队，不足以隐戢戎心维持大局乎？然而共和再造，薄海一心，西南长官，类皆赤心爱国，力谋统一，所谓多故者何在？所谓戎心者何指？使予人而必如龙济光之假寇自丰，西南诚不能一日无事，使人人而必如龙济光之狡焉思逞，戎心诚不能一日而戢，中央方日从事于开诚心布公道，而龙济光乃挟离间之谋，施挑拨之计，是奸险也。龙不曰本军所需饷项，应由中央指定的款或盐务项下按月划拨乎？然军队之繁杂，至今日而极，饷项之应付，亦至今日而穷，节饷裁兵，当轴者且束手无策，龙济光乃欲拥此骈枝，坐糜国帑。夫入民国以来，挟多数强武善战之兵，处南北要害必争之地，如龙济光者，何止十数，一朝去位，皆将曰是曾与我共患难之乡里子弟，官可去，而辈必不能去，无械，日惟中央取，无饷，日惟中央给，恐不数年而势侔于督军者，且遍中国，而龙济光以此为请，是狂妄也。龙不曰择要地以屯军，划政权以为治。组织内部，比照军署，是与督军何异？与省长何异？前清督抚同城，论者犹病。试问一省治区域，而督军之外别有督军，省长之外别有省长，纷披如此，变事可知。抑就龙而论，如曰仍屯粤省，则铲草留根，明日移驻邻封，则以邻为壑，是龙济光之计可售，南方之祸信未艾也。又有进者，龙济光之拥兵以胁上也久矣。此数年中，廷议裁兵者凡几，龙增军额又凡几，粤报革命者凡几，转辗相寻，而龙济光遂成盘根不拔之势，虽有抗命，莫之能抑，虽有要胁，莫之能违，既售其术于陆城之世，今又欲逞其故技于我大总统之前，阴贼险狠，肺肝若见。擎宇为广东计，为大局计，深虑周知，窃抱诗人集霰之惧，所不忍言者在此，所不得不言者亦在此。区区愚忱，伏维垂察。惠潮嘉镇守使兼陆军第一师师长莫擎宇叩。养。

〔北洋政府内务部档案〕

7. 大总统著广东龙李双方军队一律撤退令

（1916年8月25日）

大总统令

粤省纷扰，前令萨镇冰选调兵舰驶往查办。现在，陆荣廷、朱庆澜先后莅粤，两方军队，应克期一律撤退，分别交代。著萨镇冰严重监视，据实呈报。此令。

中华民国五年八月二十五日

国务总理
段祺瑞
陆军总长

〔政府公报，1916年8月26日，第232号〕

8. 大总统府秘书厅关于邹鲁等质问龙济光久不交代究应如何处理公函

（1916年8月30日）

大总统府秘书厅公函　第407号

迳启者：本日准众议院咨开：……又议员邹鲁等提出质问龙济光久不交代，究应如何处理各一案，并请政府如限分别答复。奉大总统批：交院办理。等因。奉此。相应将原咨暨质问书一件函送贵院，即希察照。此致

国务院

附原咨暨质问书共三件（略王廷弼等质问书一件）

总统府秘书厅启

中华民国五年八月三十日

众议院为咨送事：查议院法第四十条议员质问政府时，得以二十人以上之连署提出质问书，由各院转咨政府，限期答复。……又议员邹鲁等提出质问龙济光何日可以交代，若延宕不交代，政府究如何处理，以保威信书一件，均经依法有二十人以上之连署，相应咨送大总统查照，即希政府如限分别答复可也。此咨

大总统

附王廷弼等质问书一件（略）

邹鲁等质问书一件

中华民国五年八月二十九日

提出者：邹鲁

连署者：黄宝铭　江　瑔　郭宝慈　饶芙裳

郭人漳　张嗣良　凌　钺　叶夏声

谭瑞霖　张华澜　黄汝瀛　覃　超

邱冠棻　罗永绍　黄之白　梁昌诰

王乃昌　王永锡　马小进　王　傑

质问龙济光何日可以交代若延宕不交代政府究何处理以保威信案

本员于前星期三日，以龙济光来信，未肯交代，政府如何处理，当院质问总理，据答复，经使朱省长、萨巡阅使监视龙济光交代，本员方以政府历来对于龙济光，优容有加，恩威所至，纵极顽横，当亦即日依令交卸。乃近日陆荣廷来信，仍云叠次函电龙济光预备交代，迄不作复，商其送印来肇，亦置不理。复见龙济光皓电，反请中央将李烈钧等各路军队撤出粤境。无论李烈钧早将军队交其部下，听命陆督，即为陆督之军。况龙电所谓李烈钧等各路军队，实包陆督之军而言，以受命之督军抵治域之内，叠索交代，负固不交，已经蔑视法令，乃反电请其军队撤出粤境，儿戏政府，宁复有加？而犹饰词欺政府曰：但得中央命吏，即可正式交接。抑若陆督并非中央命吏，在肇催促交代函电，毫无见闻也者。广东于龙受祸深矣。早去一日，早安一日。前此龙氏借口陆督未来，挑衅祸粤，犹可操纵电报，架罪他人，兹则陆督已至十有余日，距总理答复监视交代，亦经数日，复行任意负固，饰词狡据，究何道理？本员籍隶广东，备悉粤人之痛苦，知去龙氏，难缓须臾。谨依法质问政府，龙氏究于何日可以交代，若其延宕交代，政府究何处理而保威信？请于三日内明白答复，庶粤人知昭苏之期，而拜政府之赐。

〔北洋政府国务院档案〕

〔四〕护法战争

（一）军政府成立

1．崔文藻陈述与孙文等密议成立政府密电

（1917年8月11日）

万火急。滇唐督军钧鉴：亲译。儒密。国事至今，对于复辟已不成问题。此后政事，端在冯、段桀黠并竞。姑无论列胜败分合，均不利于我图存之道。惟有火速联络西南各省，招集国会于广州开非常紧急会议，组织政府，以与冯、段成鼎立之势，力图发展，以恢复大江流域，与北方图长年之战争，国家前途始可为也。现在海轮已宣言一致赞成，第一舰队已抵粤。伍秩庸、唐少川、汪精卫及海内有名之士已陆续来粤，均一致赞成中山、太炎、竞存、藻林诸公之主张，两广学绅士庶一同赞成。谨将文藻与中山及三四要人秘密定议机关之组织及官制之规划、进行之手续，密呈于后，乞留意焉。

一、于广州组织海陆军统帅府。内设正统帅一员，陆军统帅二员，即推我公及干老任之，海军统帅一员，推程壁光任之。原议设正副统帅各一员，中山为正，我公副之，嗣因地势上及军事上之故，增设副统帅二员。此种办法纯为敷衍干老而设。此系第一步，其势不得不然。

二、设经略三员，西路经略推我公兼任之，中路经略推干老兼任之，东路经略推□□兼任之。每省设□赞军务一员，即以督军□□，或以若干军队以上者得以充之，俟后再为向机规定。

一俟统帅府成立之后，海、陆军有一定之统系，即由国会选

举正式大总统及副总统，中山为正，我公副之。待与【在】野议员商定，将来发表，绝不致生他项枝节。此预定之情形。三四日内同志当有联合之公电致我公及干老，务恳我公鼎力赞成，通电提倡，则民国根本，从此可以巩固。诚以我公今日所处之地位，举足轻重，动关大计，一言重于九鼎。国家之望公者甚殷，发号施令、论列是非，均当以最坚决剀切之心出之，万不可【出】游〔犹〕豫之词。如前此我公通电承认李经羲内阁一事，海内舆论大为沸腾。后由文藻出一证明，登之报端，言此电系帝党所捏造，竭力屏拨，舆论始息。至藻林方面，其为人耿介爽直，间有激烈之举动，文藻则竭力救正之。总之，文藻在任一日，本军前途绝不致十分危险。现正与陈督结算自去年四月以前之账目，算清后，可领饷数万。

我公此次出川，关系重大。川局如可调和，以罗熔轩出泸，以规武汉；以刘存厚出汉中，以抚燕郑之背，当可省一重□参□。否则，无可奈何哉。如先荡平川难再出师讨逆，此间因饷械多缺，决定镇静主义，俟统帅府成立后再向机进行。我公如能分兵一枝出广西，则裨大局甚多。临电西望，鹄候教言。崔文藻叩。真。印。

〔云南省长公署档案〕

2. 在粤国会议员请陆荣廷等兴师护法电

（1917年8月19日）

南宁陆巡阅使、谭督军、刘省长，云南转行营唐督军，贵阳刘督军，广东陈督军、朱省长、李军长及各镇守使、各师长，黄埔孙中山、程总长、林总司令，香山唐少川先生，上海伍秩庸先生、岑西林先生，重庆熊镇守使转川军各师长暨罗前督军均鉴：民国不幸，祸患频仍。倪逆称兵，国会被毁。张贼复辟，国体动摇。造乱之徒，乘机窃政；并同国贼推翻约法，擅立政府，易置总统，执法以绳，厥罪为均，又复叠逞狡谋，图湘窥蜀，输兵南下，其势骎骎，凭借北洋，压制全国。充其至义之尽，吾民宁有噍类之存？所幸诸公犹持正义，兴师护法，信誓在人，救我黔黎，定兹国难。公等之责，吾民之望也。同人等昔受国民之托，职务未尽，讵被国贼之驱，责任难弃。用依约法，自集于粤，人数未满法定，本难遽行开会。惟念时局之急，间不容发。西南散处，意志辄殊。对外则冯、段宣战，我将何以处德奥；对内则黄陂尚陷，我将何以设政府？凡兹重要，亟待讨论。拥护主权，国民之义。用师法国变之例，特决定本月二十五日在广州开非常会议，以谋统一而图应变。区区之意，如斯而已。夙念公等护法心殷，尚望时赐明教，用匡不逮，果利于国，同人等非不乐徇之也。谨此奉闻。国会议员同人等叩。皓。印。

（唐继尧批语）：最速要，交白秘书主办。抄录登报，并录转在川各将领后送请李参赞复。八月卅一日。

〔云南省长公署档案〕

3. 吴景濂等通知国会非常会议成立电

（1917年8月25日）

万急。北京黎大总统钧鉴：邕陆巡阅使、谭督军、刘省长，滇转行营唐督军，叙府罗督军、熊镇守使，黔刘督军，湘潭督军，暨各省省议会公鉴：国会非常会议业于本日在广州开成立会。特闻。吴景濂、王正廷等叩。有。代印。

（唐继尧批语）：最速交白秘书官办。抄登报，并录转前敌各将领后送请李参赞汇复。八月廿八日。

〔云南省政府秘书处档案〕

4. 国会非常会议议决军政府组织大纲和选举元帅通电

（1917年9月2日）

分送南宁陆巡阅使、谭督军，云南转行营唐督军，南京李督军，南昌陈督军，贵阳刘督军，成都罗将军，重庆熊镇守使，长沙谭督军，各省师长、旅长钧鉴：国会非常会议于八月三十一日议决军政府组织大纲，并同时宣布本月一日依准大纲第二条之规定，开会投票选举大元帅、元帅。孙中山先生当选为大元帅，陆干卿、唐蓂赓二公当选为元帅。是日莅会参观者以万计，欢声雷动，洵征真正民意之向背矣。今日政局鼎沸，国是蜩螗，所幸神州人同此责。虽群情未审，似犹可忍慝于一时，苟公理自明，必不与乱徒以终古。所望群公，念舟车之谊，凛袍泽之情，投袂奋兴，共伸正谊。本军政府护法之决心，而为一致之行动，则指臂之顷，足以收戡乱之效。无任迫切待命之至。国会非常会议。冬。印。

（唐继尧批语）：抄录登报。

〔云南省长公署档案〕

5. 国会非常会议宣布《中华民国军政府组织大纲》电

（1917年9月2日）

南宁陆巡阅使、谭督军，滇转行营唐督军，黔刘督军，长沙谭督军，四川罗将军，重庆熊镇守使钧鉴：军政府组织大纲，经国会非常会议于八月三十一日开会议决，并同时宣布。文曰：中华民国军政府组织大纲　第一条　中华民国为戡定叛乱，恢复临时约法，特组织中华民国军政府。第二条　军政府设大元帅一人，元帅三人，由国会非常会议选举之，以得票过投票总数之半者为当选。第三条　临时约法之效力未完全恢复以前，中华民国之行政权由大元帅行之。第四条　大元帅职务代表中华民国。第五条　大元帅有事故不能视事时，由首次选出之元帅代行其职务。第六条　元帅协助大元帅筹商政务，元帅得兼任其他职务。第七条　军政府设立各部如左：外交部、内政部、财政部、海军部、陆军部、交通部。第八条　各部设总长一人，由国会非常会议分别选出，咨请大元帅特任之，前项选举以得票过投票总数之半者为当选。如遇总长缺位，未经选举之前，大元帅得为署理任命之。第九条　各部总长辅助大元帅执行职务。第十条　元帅府及各部之组织以次并定之。第十一条　军政府设都督若干员，以各省督军赞助军政府者任之。凡有举全省兵力宣布与非法政府断绝关系者，依前条之规定。第十二条　本大纲至临时约法之效力完全恢复，国会及大总统之职权完全行使时废止。第十三条　本大纲自宣布之日施行。谨闻。国会非常会议。冬。印。

（唐继尧批语）：抄登报。（民国六年九月十七日）

〔云南省长公署档案〕

6. 李厚基转达陈炳焜对军政府成立态度电与国务院往来密电

（1917年9月）

（1）李厚基致国务院等密电（9月3日）

北京国务院钧鉴；陆军部、海军部鉴：正密。顷阅陈炳焜致大总统，陆巡阅使，各省督军、省长，龙督办东电云：自国会被强迫解散以来，法纪破坏，变故迭乘，乱兆危机，有加无已。炳焜始终竭诚吁请中央，遵守约法，召集国会，以求正当解决。区区苦衷，无非以国家为前提，以约法为根据，希冀调和政事，同御外侮。乃此极和平正为〔？〕之旨，不蒙中央鉴念〔谅〕，迄今数月，尚未依法召集国会。既缓国会，民国谓何？大本既亏，群情斯愤，以致国会有在粤自行集会之举。现闻经以非常会议议决组织军政府大纲，并已推举大元帅。凡此举动，无论是否合法，要皆因中央不允召集国会，遂使全国民意无所宣达，溃决堤防，迫而为此。穷源溯本，咎有所归。以至因此无论发生何种问题，炳焜概不负责。谨此宣告，乞赐鉴察。等语。查来电所云，粤事恐有动机。特电奉闻。厚基。江。印。

（2）国务院等复李厚基密电稿（9月5日）

福州李督军鉴：辅密。江电悉。粤已组军政府，恐难和平解决。闽省防务，希查照日前各电，妥筹办理。院、部。微。印。

〔北洋政府陆军部档案〕

7. 李厚基为桂系与军政府不睦请示闽省如何出兵与国务院等往来密电

（1917年9月）

（1）李厚基致国务院等密电（9月5日）

福州李厚基来电　九月六日

大总统、国务总理钧鉴：陆军部鉴：辅密。顷接莫使支电称：国会举孙为大元帅，陆为元帅，闻陆、陈不甚满足，因之各存意见，双方戒严，事将决裂。彼等战端若起，拟即由尊处调兵前来，连同赴惠，一则遏其东窜，二则前后夹击，可以聚歼，三则乘势收拾广州。此系解决大局戡定东南上策，时机已至，稍纵即逝，希速筹备互策进行。又据检察员扣留广东国会非常会与陆巡阅使、谭、唐、陈、刘各督军电云：非常会议于八月三十一日议决军政府组织大纲，同时投票，举孙文为大元帅，陆干卿、唐蓂赓为元帅。各等语。粤乱已成，闽省不可不亟为筹备。惟新募之兵陆续到闽者不及千人，即使全数到齐，至速亦须训练一月，始能出发。臧旅贾团共编成备战队十二营。如此时即须前进，所遗防地，无兵填扎。当此时机紧迫，迟恐贻误。究应如何办理，请迅示机宜，俾资遵守。李厚基叩。歌。印。

(2) 国务院复李厚基密电（9月8日）

致福州李督军电　九月八日

辅密。歌电悉。粤事可乘，具佩良画。李耀汉来电，已于歌日遵令就职。粤事转机在是，变局亦在是。少需时日，静观其变。傅督军于本日起程赴湘，湘事当可大定。拟即统筹全局，待机而动。院。庚。印。

〔北洋政府陆军部档案〕

8. 徐树铮转报军政府成立后孙陆矛盾尖锐密电稿

（1917年10月2日）

特至急。长沙傅督军鉴：月密。据秘报，陆使援湘，商之陈炳焜，拟于截留税厘及番摊各款内抽提军费。自孙文军政府成立，加以非常国会之开支，每月必向陈挪贷；孙又拟在两广筹抵押品，向日银行借款，陆、陈均极不满意。又桂、粤、黔三路援湘，桂军已有陆裕光由南宁取道全州，韦荣昌由浔州取道桂林，均向衡、永进发。粤军方声涛、张开儒犹留广州。炮兵团长梁某先带队窥郴。闻因军政府干预援湘计划，陆不谓然，授意于陈，将粤军援湘事卸于军府。并声言除驻粤滇军两师外，其余警卫军、游击队，概不能他调。林虎出而调停，尚未有效。等语。特闻，用备参考。树〇。冬。印。

〔北洋政府陆军部档案〕

9．程潜等推举谭浩明为粤桂湘护国军联军总司令电

（1917年10月21日）

北京冯代总统钧鉴：分送邕陆巡阅使，谭联军总司令，滇唐督军，粤陈督军、孙中山先生并转国会诸公、李军长、林、马两总司令，南京李督军，黔刘督军，叙罗将军，渝熊镇守使，沪岑西林、谭组安先生，分送各省督军、省长，并转各都统、镇守使，各师、旅长鉴：窃段氏违法犯上，殃民祸国。衡、永军人起问乱纲之罪，粤、桂义旅同兴挞伐之师。际此大军云屯，统一不可无人；战事方殷，专责乃能奏效。两广护国军联军总司令谭公浩明，望重资深，南天柱石，既为八桂百粤师旅所依归，复为五湘七泽军民所崇拜。潜等业已统率所部，奉戴为粤桂湘护国军总司令。庶几号令一下，亿兆同心。铙歌初唱，拨开衡嶽之云；杀伐用张，伫兆止戈之武。除电恳谭公出任艰巨外，仅电奉闻。护国军湘南总司令程潜、第一师师长、前第一旅旅长赵恒惕、零陵镇守使刘建藩、第二旅旅长林修梅，守备队第二区司令周伟叩。马。印。

〔云南省长公署档案〕

10．李厚基检送林森等致驻闽海军劝其与驻粤海军共同护法电密电

（1917年12月20日）

北京大总统、国务院钧鉴：参谋部、陆军部鉴：辅密。顷由无线电局送来林森等由在粤海圻舰致在闽海筹等一电，其文曰：林仲孙、蒋印秋先生暨各舰长均鉴：全密。天祸民国，段氏专权，

串引叛督，胁迫元首，解散国会，推翻约法；又复称兵川、湘，联结潮、闽，残杀同胞之手段，为压服西南之计划。迹其暴戾恣瞻〔睢〕，敢于如是坏①极，一言以蔽之曰，恃有北洋系之特殊势力也。袁世凯利用此势力，则由专制之总统而称帝；段祺瑞利用此势力，则由专制之总理而倾覆共和，故不扯破此特殊势力，民国六年大乱可②四起也。今者段虽下野，而彼之党羽未去，祸患犹未已也。闽、浙等省未入南军范围，南北之势力犹未均之。西南当局，有见及此，为集海陆军合力攻闽，以为西南地理上所必争，无论和议若何，攻闽万无中止之势，同人等谊关桑梓，岂敢膜视。窃以闽之安危，全视海军为关键，无海军则闽疆不守，而李督必知难而退。在粤海军，拟以护法讨逆为名，要在闽海军，谅无不引然同调。前因刘氏假中央为挤缚〔？〕，不妨故与委蛇；今则奸谋败露，以北派军人之势力陷压全国，全国义起而挫之，此正我海军建功立业、宏济时艰难〔之〕时。乞请得分晰言之：合闽、粤海军为一团体，可以为全国势力之中心，利一；达护国组法之目的，不负去岁在沪宣言之初心，利二；以海军维持全国之安宁秩序，使战端早息，不蹈川、湘之复辙，利三。有此三利，伏恳诸公为国维大局，为闽省筹万全，一致进行，以竟全功。幸甚！幸甚！临电神驰，伫候明教。国会议员林森、宋渊源、郑忾辱、陈祖烈、朱观玄、曹拯意、陈堃裘、章淦、詹调元、陈承箕、丁超五、潘训初叩。铣。等语。……彼方谋闽情形，其急可知。特电陈明。厚基叩。印。

〔北洋政府陆军部档案〕

① “坏”字旁原有置疑号，“坏”字疑为“之”字之误。

② “可”字旁原有置疑号，“可”字疑为“必”字或“[illegible]”字之误。

（二）北军入湘同护法军作战

一、傅良佐曹锟等先后率主力军入湘

1．熊希龄为傅良佐督湘建议辞去省长与谭延闿往来密电

（1917年8月）

（1）熊希龄密电（8月7日）

致长沙谭督军电　八月七日

长沙谭督军鉴：畏密。昨鱼二电计达。顷见报，中央已令傅清杰〔节〕为湘督，合肥事前并未见商，迅速如此，未解何故。公今处此两难，为个人计，能将省长脱卸为妙。公意何如？希龄叩。虞。

（2）谭延闿复密电（8月8日）

长沙谭督军来电　八月九日

熊秉三先生鉴：畏密。虞电悉。承谕，极合鄙怀。弟久决引去，此亦机会，望公为助力。清节来较他人为宜，能不带重兵乃佳。闿。齐。

〔熊希龄档案〕

2．傅良佐主张调集大军水陆并进“扑湘”与国务院往来密电

（1917年9月）

（1）傅良佐密电（9月1日）

武昌傅良佐来电　九月二日

国务总理钧鉴：正密。良佐今午抵汉，迭奉院、部各电，均敬悉。此次滇粤桂合谋图湘，拟遣滇军进兵窥湘，本不足虑、惟兵事贵先发制人、似宜趁此时机，会同湘、鄂、赣省现有兵力及第八师全部，水陆并进，合力扑湘，不难一鼓而下。闻湘军枪弹缺乏，且受潮湿，炮仅四尊，均无炮弹，机关枪亦不适用，既无抵抗能力，大军一到，可竟不至发生战事，到后再行分别裁留，请示办理。此事关系大局，鄂赣唇齿相依，尤为密切，自非全力包举不可，湘安而后川事可解。刻军云集武汉，不劳调遣，实系千载一时，业与鄂督筹商至再，意见相同。谨电陈，乞卓裁训示遵行。良佐叩。东。印。

（2）国务院复密电（9月4日）

致武昌傅督军电　九月四日

武昌傅督军鉴：正密。东两电均悉。西南局势，自表面视之，似系合谋图湘，而内容并未一致，粤省滇军之出发，亦因该省滇桂两派不合，为驱滇出境之计，以静制动，待其自讧，相应因应，势力分则□〔收〕效自捷，先发制湘，未始非计。然湘中尚无反抗之表示，遽以兵力相威，师出无名，而西南离合之局，转因我亟图湘，惧而自固，似以沈机观变、伺衅而动为宜。执事似应急率所部，迅驻岳州，立召湘中各师旅长来岳相见，开诚布公，晓以大义。若其遵令而来，是无反抗中央之心，随即率之进赴长沙，审其强弱，再作区处。若其抗命不来，则有反抗之实迹，然后声罪致讨，庶几名正言顺，虽反对者，亦无从置喙，且可令西南迟疑观望，诸省晓然于顺昌逆亡之数。缕晰以闻，惟执事裁之。刘建藩为陈树藩、瞿寿禔所力保，虽有意见，似无他志。究系如何情形？希即就近调查为要。院。支。印。

〔北洋政府陆军部档案〕

3. 谭延闿以患病待医为由将省长职委人代行代拆密电

（1917年9月3日）

长沙谭延闿来电　九月四日

大总统、段总理钧鉴：正密。迭承钧谕，惭感交深，上维钧座知遇之隆，下念父老付托之重，自应勉竭棉薄，冀报涓埃。奈旬日以来，旧疾忽发，怔忡不止，医者佥谓秋操事繁，急宜转地休养。明知民政重要，难却□〔仔〕肩。惟念傅督军莅湘在即，镇摄有人。刻下地方秩序，幸获安谧，病躯进退，无关大局，所有省长职务，已委财政厅长袁家普暂行代折代行。傅督军声望久孚，舆情爱戴，若蒙明令兼理省篆，实为湘福。延闿俟交代完竣，拟即请假就医。托庇日久，容图后报。迫切电陈，伏候谅察。谭延闿。江。印。

〔北洋政府陆军部档案〕

4. 国务院要傅良佐迅速入湘电

（1917年9月6日）

致武昌王督军转傅督军电　九月六日

正密。据谭督军江电，恳辞省长职务，并已委财政厅长代拆代行。又据师长赵恒惕等通电各省称：湘督更易，仍为湘人，全无异议。此间秩序安谧如常。各等语。谭督□遂离任，湘事尤为紧要，希即迅速入湘，先到岳州，察看动静，即行前进，至要。盼复。院。鱼。印。

〔北洋政府陆军部档案〕

5. 徐树铮转达段祺瑞对刘林独立态度电稿

（1917年9月19日）①

长沙陈师长鉴：筱电敬悉。卓论极佩。比陈揆座，深为嘉佩。并谕：刘、林倡乱，明令申讨，已无调和之地，岂有宣慰之理。穷寇势绌，益以毅力协助，扩〔廓〕清定当不远。特转达。树〇。效。印。

〔北洋政府陆军部档案〕

6. 傅良佐关于扣留刘建藩等宣布独立电密电

（1917年9月19日）

百万急。北京国务总理、参谋本部、陆军部钧鉴：正密。顷扣留刘建藩等致各师、旅长电文曰：某徒窃国，武力对内，湘因地域关系，首当其冲，现在两广大兵已压逾过境，建藩等已于本日宣告全国，与两广诸省一致进行，脱离某政府关系，并暂合湘南数十县为警备区域，宣布戒严。万望公等宏力提倡，同救国难，枕戈盼祷，希赐教言。刘建藩、林修梅、谢国光、罗先闿、张建良、黄岱。等语。复据陈璩章自祁阳所发巧电称：铣日抵祁，侦悉刘建藩招集驻防军队及各县知事会议，当派陈琢章前往调查，并电派江道区副司令黄岱暂兼职署参谋长，办理接收事宜。等语。谨先报闻。办法续陈。良佐。皓。印。

〔北洋政府陆军部档案〕

① 此件无月份，据内容推断，似在9月。

7. 王汝贤报告所部由驻地马厂开拔赴湘密电

（1917年9月23日）

急。北京国务院、陆军部钧鉴：正密。祃电谨悉。查职师开拔湘省，原订由本月六日每日开车两列，迅速南下。嗣因陇海路断，长江轮船均为廿师包雇，舟陆不通，碍难前进，迭经电报钧部及傅督军有案。兹幸陆路已通，业于本月巧日出发。惟路局以火车难匀，每日只开一列，刘师长以进行宜急，迭请该局开车两列，以期迅速。昨准该局复电，本月廿三日即今日起，方能按照两列开行等因，亦经电报傅督军有案。查职师十三旅及炮工等营，现已全部开去。兹十六旅及师部辎重，正在继续出发。奉电前因，除仍督饬未开各营按列开行外，谨电奉复，伏乞钧鉴。师长王汝贤叩。漾。印。

〔北洋政府陆军部档案〕

8. 傅良佐报告启用湖南警备戒严总司令官关防密电

（1917年9月25日）

北京大总统、国务院、参谋部、陆军部钧鉴：正密。长沙附近，宣告警备戒严，依照戒严法，良佐兼任戒严总司令官，迭经呈报在案。刻已刊就木质关防一颗，文曰：湖南警备戒严总司令官关防，定于有日启用。除通令外，谨电呈报。湖南督军兼戒严总司令官傅良佐。有叩。印。

〔北洋政府陆军部档案〕

9．陆军部总务厅为范国璋就任湘南副司令移付

（1917年10月8日）

总务厅为移付事：本厅收到长沙来电一件，相应抄移贵司查照可也。须至移付者。

右移付　计电一件

军卫司

中华民国六年十月八日

国务院、参谋部、陆军部钧鉴：本日接京电，国璋奉令充湘南各军副司令。并承准傅督军刊发木质关防一颗，文曰：湘南副司令官关防。各等因。值兹军务吃紧，既奉明令，不敢固辞，遵于阳日任事。除督饬前敌各军奋力进攻，以期克日扫除逆氛，仰抒廑系外，谨此报闻。副司令范国璋叩。阳。印。

〔北洋政府陆军部档案〕

10．傅良佐报告北军占领衡山电

（1917年10月11日）

飞急。北京大总统、国务总理、参陆部钧鉴：顷接王旅长自衡山来电，本日上午十一时完全占领衡山县。详情续报。特此电陈。良佐。真。印。

〔北洋政府陆军部档案〕

11．国务院等为委王金镜为武岳司令密电稿

（1917年10月18日）

武昌王督军鉴：辅密。删电悉。已委王师长金镜为武岳司令。

除分行外，特复。院、部。巧。印。

〔北洋政府陆军部档案〕

12．陈光远赞同各方协力调和湘南战事密电

（1917年10月26日）

北京石驸马大街熊秉三先生钧鉴：豫密。梗电敬悉。吾兄对于湘南战事，主张调和，浣〔？〕读前后两电，爱国爱民，爱友朋爱桑梓之心，无不跃然于字里行间，仁人之言，良用钦佩。远下车未久，即值永州独立，继以粤、桂进兵，赣西、赣南同时吃紧，中央出剿之命，邻封协击之文，羽檄纷驰，急于星火，战事一发难收，阋墙何以御侮？倘使祸结兵连，民命何堪设想。外观时局，内审国情，盖非两释嫌疑，不能求一日之安宁，不能合全力以对外。公以世界之眼光，为贾生之痛哭，凡属血气，莫不□然动念。尊电所叙办法，弟极赞成，府枢若无异词，西南当亦满意。吾兄名流硕望，见重双方，仗义执言，微公莫属。惟日前秀山督军来电，拟联鄂、赣切为调和，弟已推其主稿，应将尊意电达秀督，并请协商执事，如内外合力调停，较尤有劲。息事宁人，保邦卫国，胥赖此举。西南有何电音，尚祈惠示。谨复。陈光远叩。宥。印。

〔熊希龄档案〕

13．傅良佐关于宝庆恐为南军占领密电

（1917年11月5日）

飞急。北京国务总理、参陆部钧鉴：月密。据永丰张营长微电称：据永丰电局报称：宝庆于昨四日午后二时被敌占据，不准

发电等情。朱旅长昨日率队援宝，恐尚未到。等语。又据赵团长微日自永丰电称：朱旅长率队援宝，职继续前进，至双泉市，适朱旅长率队退回，当即据黑田市前一带等语。查朱旅自洪落庙退守永丰后，即得逆军攻宝之耗，其时留守宝庆者，仅有周崇岳所部两营，当经飞饬朱旅驰援宝庆。商旅前队适于是日到省，随令开赴湘乡、永丰一带，以固后防。据报前情，恐宝城业已陷落，计日朱旅尚未赶到，电既不通，详情尚难深悉。除电转朱旅慎择险要扼守待援，速将详细情形具报，并飞饬商旅迅速前进外，谨先电陈。并恳迅促七师军队即日加车开拔，俾得早到应援，无任盼祷。良佐。歌。印。

〔北洋政府陆军部档案〕

14．徐树铮关于对南作战策略密电稿

（1917年11月6日）

长沙傅督军鉴：月密。有熟于湘省情形者建议，谓湘南山路崎岖，逆兵集中于衡州，阻险为固，国军劳师远出，若顿兵于衡山之阳，旷日持久，一到明春，雨水泞泥，北人恐多不便，似以速攻为宜。逆军衡防既坚，国军非增多不为功，若萃各省之兵于一处，号令既难统一，运用尤觉板滞。似宜分兵数路，各路自为战守，我之兵分则责专，彼之备多则力薄，彼以永州为巢穴，以衡山为屏障，我军宜以衡山为中路，击衡州。另一军由长株铁路趋醴陵为左路，出攸县，走耒阳，夺雁峰，以拊其背，并由耒阳分一旅趋常德，以攻永州之左。以宝庆为右路，正面捣永州，另派军驻防宝庆，令朱旅取道祁阳，以攻零陵。逆军四面受敌，成功至易，云云。特摘要电达，祈查酌。树○。鱼。印。

〔北洋政府陆军部档案〕

15. 张謇就南方护法谈所谓制法总统选举诸问题函

（1917年11月8日）①

秉公同岁大鉴：和平期成会亦兼旬矣，日来进步若何，甚念，甚念。走发支电以后，初止李督军复电赞同，故又有江日通电，计可澈览。昨得谭行营电及云阶书，均表示希望和平之意。谭系公电、云阶书，沪报均揭载，知可见及。顷忽有都门来函署称五族和平合进会者，征集意见，并附邓芷灵名刺一纸。邓名颇生，或亦议员政客一流，未便率答。不知公处有无此函，抑知其内容否？走以为今之少年政客作用，事无是非曲直，成败利钝，辄假应时名目，聚谁何之徒，张廓落之帜，以为现在占一牌号，他日多一地步，其不肖之尤，则且藉以渔目前之利，间莸于薰，乱玉以石，抑何可叹。此亦鄙人不愿以会名之一因也。若邓某者，犹可与言，请公就近告之，与其纷，不如一，与其喧，不如寂。若无足言，即置之。闻近日北主先解决事实，后解决法律，南主法律、事实一时解决。论时局缓急，北所主张，较为适宜；若如南方所主张，是否顷之元首，立时引退，就使引退，此一时间，是否国可无主，恶政府犹胜无政府，不满意之总统，当亦胜无总统，未见其适宜也。且人必自反。今欲问西南所谓护法者，护名义欤？护党派欤？必曰护名义，既云名义，则愿问旧国会糜费人民膏血几何？时日消耗几何？民国根本之宪法，一字未见，国会组织之选举法，万弊丛生。坐吮无数人民之膏血，但造一切反动之戈矛，此等名义，应否更以人民之膏血保护之？即曰此乃

---

① 此件无年代，据内容推断，当为1917年。

人害法，非法害人，何不闻南方有整肃议员之规制。己不正而正人，是亦皇帝之专制而已，未见其安也。若党派，尤不足论。为南计，与其以胜人护法，不如以自胜护法，速集旧会有学行人，限日修正适宜我国之情之宪法草案，重订资格，严名额，少俸给，薄惩罚。重之选举法草案即日宣布，致歉于全国父老之诚意，宣布既终，自请解罢，示谢过于全国父老之实事。军队，则军政府自订各还部伍裁减安置军人之法。为北计，与其以武力统一，不如以法律统一，一面停止一蟹不如一蟹之新国会，一面亦自订军队如何各还部伍、军人如何裁减安置之法。此亦自胜之要而为极难问题。二者由各当局自行解决，然后合举国内素敦学行、不近权利、通达国情之人，限期审定宪法选举法，正式成立国会，承认总统，选举副总统。似此则宪法选举法之草案出于旧国会，旧国会尚可为不尽捣乱之团体，即护法军不失为严明纪律之法人，北方亦足以表从前迫不得已之苦衷，一湔群儿相贵之陋相。但必先各有所自讼，而后能各有所牺牲，各有其识别，而后能各趋于正轨也。顷答云阶，犬旨类此，辄以奉闻。野老不识时务之言，不知与尊意合否？幸察及之。敬请大安。

附抄复岑云翁书稿（缺）

张謇　十一月八日

〔熊希龄档案〕

16. 熊希龄于复辟平定后寄段祺瑞以重望往来电

（1917年11月）

（1）熊希龄致段祺瑞代电（11月9日）

抄致段芝泉先生快邮代电

天津段芝泉先生鉴：山中奉到支电，敬佩良言。民国以来，战乱相寻，迄无宁日，大端由于一党之专制、当局之骄横，言莫予违，名自己立，群贤袖手，遂成独夫。尊电所谓究为最后之役，抑属大难方殷，将以改革是否及于本根，餍乎民意数语，洵为洞中本原，而一片兢兢业业、忧勤惕励之心，即此足以兴邦。犹记复辟之役，弟由天津上书，曾有开国贤豪，必须阔达大度、知人善任之言。今则时局更形糜烂，民望全属我公。弟仍本此两言，以为贡献，国利民福，实攸赖之。熊希龄叩。青。

（2）段祺瑞复熊希龄电（11月14日）

北京香山慈幼院熊秉三先生鉴：青日代电敬悉。期许至厚，督望至殷，衰颓之身，讵胜大任。然大度任人两言，尤为救时良药。窃以为此后作事谋始，当与天下共之。嘉言谠论，正不独鄙人韦弦之佩已也。京、津匪遥，仍冀时闻清诲。段祺瑞。寒。印。

〔熊希龄档案〕

17. 傅良佐等为北军退出永丰密电

（1917年11月13日）

急。北京国务院、参陆部钧鉴：正密。据商旅长震由湘乡电称：真日驰到永丰，即遇大股逆军猛来扑攻，时八师刘团在后，被逆军中途截断，三面受敌，寡难敌众，当经奋勇冲锋，突出重围，激战至四钟，子弹缺乏，万不获已，于今午退至湘乡西廿里之三枣村，令王团安营防守，震率蔡团回乡城整理队伍，俟给养子弹补充，即行进攻永丰。计是役阵亡连长三员，其余官兵伤亡，容俟查明续报。等语。旋又接八师刘团长建章文电内称：昨午抵永丰东北三里之山口，即与逆军逼战，经六三两连奋力击退。适职团二三两营在兔神山正与敌人激战甚烈，团长赴前督战两小时，接拨赴王团之炮兵报告，知商旅西南防御线已被逆军冲破，炮已卸闩遗弃，团长不得已率所部始退回街埠头。今日行抵湘乡。等语。又今午四钟接商旅元电，闻永丰方面约有逆军六七千人，我军刻已在三枣村一带严密防守，兵单力薄，望速派援等语。除飞饬阎旅新到之牛团三营星驰应援，并分饬商旅刘团妥慎防堵，如果实力不支，即先退保湘潭外，谨先电闻。良佐、汝贤、国璋叩。元。印。

〔北洋政府陆军部档案〕

18．王汝贤范国璋呼吁南北停战息争电

（1917年11月14日）

百万万急。北京大总统、国务总理、各部总长，武鸣陆巡阅使，各省督军、省长，各都统，各护军使，各镇守使，各司令，各师旅长，徐菊老、岑西林、章太炎诸先生，各报馆，各党领袖均鉴：天祸中国，同室操戈，政客利用军人，各执己见，互走极端，不惜以百万生灵，为孤注之一掷，挑南北之恶感，竟权利之私图，藉口为民，何有于民，如言为国，适以误国，果系爱国有心，为民造福，则牺牲个人主张，俯顺舆论，尚不背共和本旨。汝贤等一介军人，鲜识政治，天良尚在，煮豆同心。自零陵发生事变以来，力主和平解决，为息事宁人计。此次湘南自主，以护法为名，否认内阁。但内阁虽非依法成立，实为事实上临时不得已之办法，即有不合，亦未始无磋商之余地。在西南举事诸公，既称爱国，何忍甘为戎首，涂炭生灵，自应双方停战，恳请大总统下令征求南北各省意见，持平协议，组织立法机关，议决根本大法，以垂永久而免纷争。诸公救国匡时，望摅卓见，如表同情，希一致主张，同电呼吁，匪特湘民之幸，抑亦我中华民国之

幸也。心知为国，急不择言。临电神驰，伫候明教。湘南各军总司令王汝贤、副司令范国璋叩。寒。印。

〔北洋政府陆军部档案〕

19．周肇祥陈随同傅良佐离湘密电①

（1917年11月15日）

急。北京大总统、国务总理、各部总长钧鉴：正密。在湘军队，因受鼓惑，改变宗旨，蕴〔酝〕酿已非一日。昨夜王汝贤、范国璋等竟发出通电，与中央脱离关系。肇祥系中央任命官吏，不能有所救止，义无再留，当经令饬水陆警厅及地方官，维持治安秩序，即于今日三点钟同傅督军乘军舰北上。谨此陈明，敬祈鉴察。周肇祥叩。删。印。

〔北洋政府陆军部档案〕

20．湖南暂时维持军民两政办公处为傅良佐周肇祥出走经推谭浩明程潜为湖南军民两长电

（1917年11月）

（1）11月16日电

北京大总统、国务院、各部总长，长沙、辰州两道尹，并转道属各知事鉴：湖南督军傅良佐、省长周肇祥，于寒日弃职离湘，昨已电达。今查督军、省长、财政厅三印信，均被携去，诚恐窃用误事，用特电闻。湖南暂时维持军民两政办公处。铣。印。

① 此电自岳州发。

（2）11月23日电

十万急。北京大总统、国务院、各部总长，梧州陆巡阅使，各省督军、省长，各镇守使，各护军使，各都统，各省议会，北京熊秉三，上海岑西林、谭组庵诸先生鉴：湘省自傅、周出走，经全省绅民组织暂时维持军民两政办公处，维持秩序，忽忽九日。现由各界公推谭联军总司令浩明为湖南督军，程总司令潜为湖南省长，已请省长即日视事，本处即于是日取消关防，文卷移交清楚。数日以来，备经艰险，幸军民安堵，主持得人。伏望我元首与乡国英耆，力主和平，廓清政治，化除畛域，一秉至公，俾我灾黎再见天日，不胜叩祷。湖南暂时维持军民两政办公处叩。梗。印。

〔北洋政府陆军部档案〕

21．陈复初率所部宣布"自主"电

（1917年11月17日）

北京大总统，武昌陆〔？〕巡阅使、天津□熊督办，上海伍秩庸、岑西林两先生，各省督军、省长，各镇守使，各师、旅长，衡州□各总副司令，凤凰厅、郴州、洪江、澧州、慈利□□联防各司令，各报馆均鉴：复初厕身军界，浅识庸愚，惟知以服从命令为天职，至于国家大计，政治方针，初未敢以一知半解，妄参末议。此次因解散国会，酿成南北政争，谭前督奉命解职，政府以傅继任。云□□□之意，似以为湘人治湘，或合驾轻就熟□。复初始意，亦以为苟利桑梓，无□统系，傅当下车伊始，何敢便以不腆之心待人，故对于命令，极表服从。国家养兵，所以保卫人民。复初籍隶湘西，祖宗邱墓所在，维持治安，责无旁贷，故躬率所部，驻扎常德，一面与各镇区往复磋商，谋所以保全西路地方，力促大局归和平解决。乃昨接湖南军民两政办事处来电，知傅督及周省长相率出走，究竟内容情事若何，电文简略，未得其详。煖鄘佶之来湘，对于□湘政策，自当有成竹在胸，乃不统筹全局，操之过急，致使能发者未能收，糜烂地方之咎，百喙奚辞。继又遇事张皇，告急之谍四出，大兵杂集，如临敌国。及至师徒偶有□□，□□轻骑宵遁，唱董逃之歌，保疆守土之谓何。逖听之余，实深愤□。值此兵祸未弭，人民正苦流离，风声鹤唳，全体震惊，危险球〔？〕□，何堪设想。复初对于维持地方，务期始终贯彻，故召集地方绅商、学界全体会议，□电商各镇区意见相同，于今日宣布自主，对于维持秩序，保卫人民，由复初负完全责任。诚恐远道未悉其详，谨通电奉闻，诸希谅察，并望随时指示方略，俾无陨越，实所至祷。师长陈复初□合旅团营同叩。筱。印。

〔熊希龄档案〕

22．熊希龄为国务总理段祺瑞辞职请徐世昌出而接任密电

（1917年11月17日）

上大总统电　　十一月十七日

万急。北京大总统钧鉴：中密。顷闻湘督潜遁，王司令通电南北，主持议和，段总理因此辞职，内阁瓦解，人心惊皇，内政外交，将生大变，若不迅筹补救，必致一发而不可收拾。窃意段总理如难挽留，目前非请徐东海出而担任，不足以收拾纷裂之局势，翕服各派之心理，博取外交之信用，镇静根本，此为当务之急。谨贡所见，乞赐钧裁，迅劝东海出山，以救国是而定人心，无任迫祷之至。熊希龄叩。筱二。

〔熊希龄档案〕

23. 周肇祥陈离长沙乘舰北上情形电①

（1917年11月18日）

飞急。北京大总统、国务总理、各部总长钧鉴：本月十四夜，因战事逼近，傅督军嘱令肇祥移驻行营，在长沙当经电陈中央，并令饬湘江道尹、警察厅厅长监同两署职员，保管款目、文卷等物。旋阅王汝贤、范国璋等通电，应即离湘。行至岳阳，又发一电，文曰：北京大总统、国务院、各部总长钧鉴：正密。在湘军队，因受鼓惑，改变宗旨，蕴〔酝〕酿已非一日，昨夜王汝贤、范国璋等竟发出通电。肇祥系中央任命官吏，不能有所救正，义无可留，当经令饬水陆警厅及地方官维持地方秩序，即于今早三点钟同傅督军乘军舰北上。谨此陈明，敬祈鉴察。周肇祥叩。删。印。未审已否达到。合再电陈。肇祥叩。巧。印。

〔北洋政府陆军部档案〕

24. 曹锟关于阎相文旅退出长沙密电

（1917年11月19日）

十万急。北京陆军部鉴：辅密。顷接阎旅长相文效电称：湘防险象环生，令人不可思议。职旅援湘，适逢其会，惭悚已极。前线并非战败，一蹶不起，而傅督忽然轻走撤防。第议和平，实不解此办法。前防廿师、八师一律调集长沙，城内外秩序纷然，无人统驭，市面危险，不待智者而知。旅长深虑变生不测，泾渭难分，焦灼万状。旋奉王、范各司令退却命令，立即飞饬各部队遵照办

① 此电自长辛店发。

理。未几，又奉王、范各司令手谕，长沙不可维持，已决意将各部陆续镇静退却，请即料理可也。等因。惟仅有退却命令，无退却地点，旅长立待请示，俾有遵循。不意十室九空，无可告语，只得决心退却，保全职旅军誉为第一要务。旅长于十七日夜一点余钟，率队退出长沙方面，拟暂赴临湘停止待命。伏思湘事如此，究竟如何结局，固难逆料，诚恐大局因之而坏，将来各省非武力不足以资钳制而镇人心，厉军秣马，增兵自卫，扩张势力，可断言也。职旅此次援湘，虽未遇战，优劣固未发现，而各官兵等实增一番经验。直省军队无多，现时职旅又无人过问，拟恳督帅设法，早将职旅调回，勤加训练，以备将来捍御，俾旅长亦可藉图报称。倘孤军久在外，不特官兵等失其依赖，即旅长亦无所适从。管见所及，未审当否？特此电禀。不胜待命之至，叩切祷切。等语。湘事如此失败，殊堪痛恨，北洋声威损坏非浅。言念及此，实无涕可挥。阎旅孤立无援，亟应设法收束。除令该旅长相机办理外，特电奉闻。曹锟。皓。印。

〔北洋政府陆军部档案〕

25. 范国璋报告退守岳州并请免去会办军务及副司令密电

（1917年11月20日）

十万急。大总统、陆军部王总长钧鉴：正密。傅督去湘，主帅无人，以至各军溃退，师长为大局起见，扼驻岳州。兹读大总统亲笔皓电，在未退兵以前，仍令师长会办军务等因。此电虽未接到，而以才浅学疏之人，肩兹重任，深恐再失机宜，然军人以身许国，自不敢不牺牲【性】命，坚守岳州。恳请免除会办军务及副司令各职，即以师长暂行驻岳，收束军队，维持危局，静候援军，再图规复，俾北洋势力重行振励，不胜惶愧待命之至。再，王总司令由长沙迳赴汉口。谨闻。师长范国璋叩。号。印。

〔北洋政府陆军部档案〕

26. 李纯为岳州危急请增兵并派统兵大员密电

（1917年11月24日）

万急。北京大总统、王陆军总长钧鉴：中密。接吴旅长新田自岳州发来养、漾两电称：该旅养日抵岳，敌军昨已到湘阴、长沙一带，岳州仅第二师一旅及本旅防御。据商旅长到岳面称：该旅伤亡七八百人，二千人在长沙被虏，仅二百余人来岳。又鲁旅援湘一旅，系属新成，尚未至岳。八师退至城陵矶。廿师在岳集合，准备一团作战；然溃余情形，不堪再战。又闻安武军在长沙六营，退时被敌追击，枪失兵散。现敌军骄傲异常，岳州兵力单弱，恐难久持，危险万分。等语。查岳州为川、鄂门户，最关重要，岳州如有失，全局震动，而调和亦难着手，故无论为战为守为和，必以巩固岳防为急务。现计在岳兵力，仅生力军两旅，八师、廿师溃败之余，约可共集两旅，是岳防现仅四旅而犹不足，其力薄弱，断难支持。纯意必迅增劲兵一、二旅，而后岳州可保。务乞速筹，飞往协援。事机迫急，用特密陈。再，岳驻两师两旅及他项零星军队，内情复杂，人心皇皇，军无统将，行动纷歧，实属可虑。王、范两司令，威望已损，恐难驾驭。拟请速派统兵大员，前往统制指挥，筹划一切，方于岳防有济。否则，军队虽多，上无统将，必至偾事。惟不可明发命令，庶免彼方于和议有所藉口。管蠡之见，是否有当，统乞钧裁。李纯叩。敬。印。

〔北洋政府陆军部档案〕

27. 梁得胜等八师团营长指出傅良佐对湘战失败应负责任电

（1917年11月25日）

北京大总统、国务总理、各部总长，天津曹督军，济南张督军，开封赵督军，南京李督军，南昌陈督军，武昌王督军，盛京张督军，齐齐哈尔鲍督军，吉林孟督军，太原阎督军，西安陈督军，兰州张督军，迪化杨督军，杭州杨督军，福州李督军，重庆周督军、吴查办使，成都刘军长，张家口田都统，归化蔡都统，承德姜都统，各省省长，徐州张督办，琼州龙督办，龙华卢护军使，并转各师长、旅长、各镇守使钧鉴：各报馆均鉴：窃维我师成军以来，同袍共济，数载于兹，征蒙叛，战四川，剿白狼，讨张逆，幸无殿后之羞，是为国人共见。此次南下，原为移防岳州，甫抵湘境，远值零陵变起，傅督命令攻讨，转战数百里，克复衡山，斩将搴旗，迭经报捷，黄龙痛饮，指日可期。今忽猝然班师，闻者咸相惊讶。军官督率无方，戕刃难辞其罪。嗟我同袍士卒，无辜惨受屠残，疾首痛心，束身待罪。伏念事未剖明，死〔万〕难缄默。当我军临前敌，傅督始则诸多掣肘，既则电促退兵，终则携款潜逃，置全城于糜烂，弃同胞于水火。今谨祖呈电〔始〕末，乞垂闻听。我军进攻贺家山也，鏖战月余，师长战线指挥，身先士卒，昼夜风雨驰驱，泥泞蹀躞，子弹两次缺乏，米粮三日断绝，赏银延迟不发，兵士啼饥号寒，犹复争先杀敌。兵站乃全军命脉，理应如何周详，乃所设多属虚浮，管理其事者，全系湘人，非其亲友，即其故旧，接济军用，非有心延宕，即故意推辞，且所派衡山兵站，有暗通逆党，密谋焚粮扰乱情事。逆军日增，我寡敌众。永丰、湘乡为长沙门户，倘一面坚守重门，一面增兵斋〔济〕饷，衡山无后顾之虞，以此图攻，何攻不克？乃朱旅附逆，永、湘同陷，湘乡距离湘潭仅数十里，唇亡齿寒，后路不保，衡山背腹受敌，岌岌乎危。两电告急，请傅督添兵援助达〔？〕翼，俱以兵难飞渡为辞，电令退却，返保长沙。以我将士无数铁血克复之功，何忍一旦抛弃，始□坚忍不拔。既见，又来电促，有□命退却等语。后路屡被袭击，危势日增，岂堪坐毙？无可如何，负疚忍痛，遵令分路班师，军用物品完全携带。方冀整我军旅，严守锁钥，不意左队甫至湘潭，即闻傅督潜逃，朱旅内应，商旅与本师附属之一团同被陷，湘潭已为敌据。右队行至株州，又遇定武军之编入安武军者，仇视我军，几操同室之戈。加之警察团防、沿途土匪乘机扰乱，炮火烽烟，迷漫天际。左右两队当此疲劳弹尽粮断之时，一无援兵，势成孤立，且战且行，犹未稍扼，以一当百，士卒死亡，接济散失。及将至长沙，闻秩序大乱，王总司令虽竭力坐镇，支持危局，无如主体已解，客体安恃。譬之重□千钧，□肩非易，坏□一局，着手无从。匪徒暴动，枪声隆隆，火光灼灼，我军夜间经过，莫辨情形，危机益迫。且兵且〔卒〕分乘各船，仓卒不能集合，虽有斗心，奈无战力，流离颠沛，至此损失殆尽矣。师长以空拳莫奋。此所以不得已来至岳州也。此次地方失守，军民死亡，器械毁弃，财产损失，军用物品以及私有行李，全数无存，损失几及百万。各军伤亡甚众，惨不忍睹。推原祸始，皆由傅督一人杀〔致〕之。傅督身膺重寄，全局攸关，乃任用匪人，兵站则通逆，朱旅则内应，医院不设，前敌送到伤兵，竟不疗治，任其号呼，而毙者不可胜计。揆此种种情形，该督意气用事，调度无方，以至战略失败。复行携款潜逃，国法□款，罪不容诛。全体将校，合辞涕泣上陈，仰恳大总统毅然下令，将傅良佐惩以军法，以谢国人而慰死卒之灵，以鼓邻军之气。傅良佐如何饰词呈报中央，我军在外，无从得知，全体官长，敢与对质。如有虚言，甘伏国法。伏乞英明独断，不胜迫切待命之至。八师团长梁得胜、刘玉骊、冉繁敏，营长苗得霖、韩成信、罗凤钧、邓广熔、鲍仑捷、寥岱云、孙景元、傅绍武、沈庆安、商刚、张福臣、孔衷沂、李敏叩。有。印。

〔北洋政府陆军部档案〕

28．程潜就解决湘争表明态度函

（1917年12月8日）

秉三先生赐鉴：前由胡君子靖带呈一缄，谅达左右。所有湘中近况及潜此次艰难委曲之苦衷，胡君当已详述。数日以来，湘垣秩序胜常，各属匪患，亦经严饬剿办，渐次消灭，差慰廑注。惟停战业已多日，岳州问题，尚未解决，前敌将士，颇有剑拔弩张不能制止之概。潜忝总师干，分当亲赴下游相机处理，爰向省议会及各界代表宣布悃诚，请解省长之职，而各界人士，乃以湘垣无主，追念潜旬日来维持秩序之微劳，深虑潜朝东下，而省垣治安夕不能保，又复为恳切之挽留。潜本武人，罔识政治，猥蒙父老不弃，推诚相与，又何忍委之而去，重贻乡人之忧，五内旁皇，不胜惭悚。窃以此次兴师，实由段氏左右蒙蔽当局，激成此变，而西南之幸免陨越者，实赖河间与李、王各督暗中斡旋。此间在事诸人，同深铭感，国内相争，本非幸事，见可而止，岂容黩武。现在段氏既倒，河间与聘老力主调停，隔阂已除，诸事当易就范。潜身在行间，心忧大局，亦甚愿纠纷早解，共戴中央，此中委曲，尚祈与当局会晤时代陈一二。我公蒿目时艰，关怀桑梓，如蒙鼎力维持，俾统一早告成功，湘局从此奠定，非独吾湘之幸，实全国之福也。兹特请程君子楷赴京面呈一切，略抒大意，无任神驰。专肃，敬请勋安。

程潜谨启　十二月八日

〔熊希龄档案〕

29. 参陆部奉派张敬尧为第二路副总司令密电

（1917年12月11日）

致直隶各省督军电

直隶曹督军、奉天张督军、山西阎督军、陕西陈督军、蚌埠倪督军、河南赵督军、浙江杨督军、龙华卢护军使均鉴：正密。庚电计达。兹奉派张敬尧为第二路副总司令。除分电知照①。参陆部。真。印。

〔北洋政府陆军部档案〕

30. 国务院等为大总统特派曹锟张怀芝为一二两路总司令密电

（1917年12月15日）

致曹/张督军电

直隶曹/山东张督军鉴：正密。奉大总统令：自国军退守岳州，鄂、赣两省防务日形紧急，迭接报告，湖北通城及赣西方面均有不靖消息。并据湖北督军王占元、江西督军陈光远以兵力单薄，迭电请兵，以资镇摄。中央方以息事宁人为心，而各方竟有日以侵扰为是，长此迁延，大局恐益糜烂。兹特派直隶督军曹锟为第一路总司令，山东督军张怀芝为第二路总司令，各率本路军队，分由京汉、津浦铁路南下。并令第一路军队集中武汉，第二路军队集中南昌，援应鄂、赣两防，分投并进，镇摄要地，以定大局。著即刻日开拔，勿误戎机，是为至要。等因。奉此。特达。院、部。

---

① 原文如此，显有脱字。

删。印。

〔北洋政府陆军部档案〕

31．王占元请即日颁发停战令密电

(1917年12月18日)

万急。北京大总统、国务总理、参陆两部钧鉴：正密。巧三电谅均入览。襄阳继变，武汉震惊，累卵垂危，支持非易。查此次事机之失，一误于议和不和，再误于欲战不战，因循敷衍，以致不可收拾，殊为太息。现鄂中精锐，防守□〔岳〕州、崇、通各处，多至一师以上，如中央早派大军，预筹的饷，决计进攻，胜负虽不可知，荆襄断不能附。乃既不速战，即宜开诚布公，早日宣示停战，决计议和。倘条件太苛，倘〔似〕可竭力磋商，冀其就绪。万一彼方为难，不能解决，则其屈在彼，即整我军旅，与之□斗，师直为□〔壮〕，何患不克。今一误再误，人心摇动，羽翼已成，势难挽回。荆襄为上游重镇，先后扰乱，饷源断绝，匪党横行。指臂不随，何以自卫？且随、枣距广水路线极近，襄河至下游武汉尤速，应请飞派大队来援，一面扼守要害，一面填防岳州，俾鄂省军队抽调回省，保守武汉，以固根基。仍恳即日颁布停战命令，藉以从容布置，一俟和解告成，再为卧薪尝胆，徐图恢复。事机危迫，一发千钧，不胜迫切待命之至。占元叩。巧四。印。

〔北洋政府陆军部档案〕

32．张怀芝等再请中央颁发讨伐明令密电

(1917年12月19日)

特急。北京王总理、段总长钧鉴：辅密。尊函奉悉。顾虑周密，至为钦佩。惟自湘役失败之后，将士心意中只知有和不知有

战，又加报纸宣传和占多数，是以各军皆怀疑虑，将奋发勇敢之精神，化而为徘徊观望气象，故各省同人暨部属将校，咸盼颁发明令，始能激励士气而固团体，希望挽救，同具苦衷。怀芝等熟察人心，详观现势，不得已而有颁发明令之请。我公明鉴万里，一切现况，谅早在洞察。仍望转请主座，俯乞铣电之请，早颁明令，以资振作，无任翘盼。怀芝并非坚意请求，种种情形，昨已面请阶平等转达，谅蒙察鉴。再，两路出征军队，现已整备待发。谨电奉复，伫望明教。张怀芝、曹锟。效。印。

〔北洋政府陆军部档案〕

33. 冯国璋为对付西南促施从滨等部开抵防地密电稿

（1917年12月22日）

特急。滁州施师长、浦口冯旅长：亲译。□密①。西南称兵，标榜名目，貌似从同，意见趋响，实不一致，收拾之法，若令彼悉就范围，势难办到，不得不先从一部分着手，此节刻已稍有把握，彼势既分，则次第结束自易。惟岳防重镇，用兵所必争，南军方节节进逼，而鄂中多事，赣边空虚，又复在在可虑。我军若不于此时稳布局势，杜绝窥伺，俾彼从容发展，羽翼长成，岂特进取为艰，万一侵入长江流域，则大局如何，将不堪设想。执事热忱爱国，宿著忠贞，切望以国家为重，迅率所部，开抵防地，我军但得早一日站住地位，则胜算可以操券，想贤明共会此旨也。临电无任企盼。国〇。养。印。

〔北洋政府大总统府档案〕

---

① 此件原稿上注明："译。专用密码分拍。施用滨密。冯旅长上冠以王副使译转，用桢密。"

34. 冯国璋陈述对西南用兵意见密电稿

(1917年12月22日)

特急。蚌埠倪巡阅使鉴：亲译。固密。时局纠纷莫解，殊切隐忧。西南狡猾，野心未戢，相雄争长，意见趋响，实不能一致，故收拾之法，若令彼全部尽就范围，势难急切办到，不得不先从一部分着手。云、贵两省，信使北来，凡所陈说，尚明大体，磋商办法，差有端绪。滇、黔既平，则更以全力营注湘、桂、粤，必合得手。盖彼势已分，我力加厚，自然之理。第所虑者，三省连结，日图进取，岳州重镇，用兵必争，防军单薄，深恐疏虞。而鄂中多故，赣边空虚，又复在在危险。续遣两路军队，运输迟缓，迄今未到防地。设更稽延时日，俾彼从容布置，羽翼既成，岂特翦除为艰，一旦侵入长江流域，则大势何若，将不堪言。顷接密报，南方拟组织临时政府，张某以全权代表，运动国际承认。似此自启分崩，亡国破家之计，令人发指。我袍泽同人，不于此时发扬蹈厉，群策群力，共挽狂澜，他日其有立足地耶？公老成谋国，久有同心，去恶锄奸，定深义愤，尚希转向北帅同志，密为详达，征集众思，以广忠益。南下军队，并望设法催促，从速开行，勿再留滞，国家幸甚。除分致曹、张两督①外，特电。盼复。国○。养。印。

〔北洋政府大总统府档案〕

① 致曹锟、张敬尧等电文内容，大致与此件同，兹略。

35. 王占元关于改派王金镜为岳防总司令等情密电

(1917年12月26日)

万急。北京大总统、国务院、参陆两部钧鉴：正密。前奉参、陆两部冬令，改派武岳司令王金镜为岳防总司令，前方各军队悉听指挥，仍禀承王督军办理等语，业经转饬前方各军队遵照在案。现在荆州军队轻犯宜昌，经朱旅长廷灿率队迎击，已获胜仗。此次衅自彼开，且为属境内部之事，自应以武力干涉，迫令取消，实与大局和平毫无关系，邻省亦无可藉词。惟闻荆州与湖南预有成约，事急求助，或在暗中□□，是均不可不防。岳州客军云集，后方嘉鱼等处有八师、十一师及安武军扼要驻扎，遇有紧急，自应遵奉钧命，酌量指挥。当此军事吃紧之时，拟恳钧部重申前令，迳电各军队长官，遇事互相援助，凡有调遣，不必再请部示，以免辗转稽延。占元为迅赴戎机起见，并请作为部令勿露占元请求之意，尤为感幸。占元。艳二。印。

〔北洋政府陆军部档案〕

36. 国务院转达大总统要求停止南北之争电

(1917年12月26日)

急。上海、广州探送伍秩庸先生、岑西林先生、谭祖安先生、唐少川先生，天津熊秉三先生均鉴：本月二十五日奉大总统布告：政见不同，各国恒例，然苟有他道焉可以息争，则宁避武力而用平和，诚以好治而恶乱，去危而就安，人人心理所同，可以断定者也。国璋生长兵间，借于学识，徒以因缘时会，不能不受法律之委托，承乏代理。适值兵争，顾目见夫民生之憔悴，财政之困难，闾阎迫于饥寒，将士罹于锋镝，未尝不怒焉伤之。师行所至，外国人之生命财产，时虑其保护不周，教士、商民迭有呼吁。况欧战而后，我既与协约国为同一之动作，正宜蓄养己力，以援助友邦，更无内讧之理。国璋夙以平和为主旨，久拟警告同胞，早弭战祸，徒以荆襄忽又自主，潮汕攻击不休，以故迟尚未发。近日上将军陆荣廷、云南督军唐继尧、广西督军谭浩明等，均有遵饬所属各军停止进争之表示，陆荣廷且有劝告桂、粤取消自主之宣言。此天心厌乱之机，即人事昭苏之会，中央与各省均应表示同情，深愿容纳劝告，解息纷纭，于军事上先得各方之结束，于政事上乃徐图统一之进行。至于陆续派出之各项军队，系为弹压地面、巩固防务起见，皆应静候命令解决，不得彼此稍有误会。此又双方统兵长官应互负其责者也。若或尔虞我诈，藉和平之标目，逞侵略之野心，斯全国当视为公敌，既非国璋所愿闻，抑亦重负陆荣廷等劝告之本旨矣。至善后事宜大要，只求此后之不背正轨，而不得追溯既往因革损益，自宜彼此掬诚相告，次第施行，固非国璋所敢私，亦非一方之见所能□也。诗有云兄弟阋于墙，外御其侮。我国父老子弟，其听之。特此布告。等因。知关垂注，谨以奉达，伫闻明教。国务院。宥。印。

〔熊希龄档案〕

37. 张敬尧对军民分治划分军区抒发己见电

（1917年12月31日）

张敬尧来电　七年一月三日

熊督办钧鉴：艳电关怀大局，勤求治理，情词恳挚，闻之感奋。抑尧尤有进者：民国肇建，六载于兹，兵祸党祸，互相循环，国无宁日，民鲜乐岁。溯厥由来，固由于军人之跋扈专横，而政客各为其私，互争政权，推波助澜，亦与有力。军民分治，倡导已久，项城当国时代，曾经试行。旋以党争而启兵衅，民政实权，多为军人所兼辖。迄于今日，遂至尾大不掉，割据称雄。划为军区，固足破除省区之见，暂救一时之弊。然军区管辖范围较省区为就大，军长不得其人，则兵力所及，即其势力所及，极抱野心图谋叛国，假托名义，何患无辞，为祸之烈，讵能有减于今日。总之，我国此时宪法未成，国本不固，无论倡导何种政治，均以人存政举视为准绳。时势所迫，不得不尔。我公文治武功，夙所景仰，兹承明教，故敢略陈其愚，用备采酌。伏祈察鉴。张敬尧叩。卅一。

〔熊希龄档案〕

38．冯国璋声称中央于武汉集结重兵准备再次图湘等情密电稿

（1918年1月2日）

特急。武昌王督军鉴：正密。迭电见告前方及武汉情形，披阅之余，惄焉如捣。默察大局，和平既了无可望，武力解决，又经内外一致，自应以注重武汉为进行第一步。现在田、王各旅，业已渡江；冯旅开拔将竣，计程可达；曹仲珊已赴保，日内南下；襄阳三师所部，据报卅、卅一两日分别出发赴汉；张勋臣行期，亦节次电催，计武汉大军云集。惟汉阳尚虚〔属〕空虚，将来即拟以业经到汉之十五师张旅所部一团调驻，并由京输运重炮，藉资镇慑，兼以控制武汉。中央计划，大概如此。至军队如何调动，仍由执事届时与仲珊、勋臣协商主持，不为遥制。东电所陈，以十一、二十等师调回北方，卓见甚是，已饬部妥筹地点，另行电复。此时望将现有队伍，分往〔别〕派往前线固守。鄂局支持，贤劳可念。电不尽意。国〇。冬。印。

〔北洋政府参陆办公处档案〕

39. 张怀芝请中央速定方针挽回危局密电

（1918年1月4日）

急。北京各部、院均鉴：正密。时局纠纷，解决无日，迁延贻误，良用隐忧。芝江日上府、院一电，文曰：北京大总统、国务总理钧鉴：正密。前奉大总统有日布告，本息事宁人之意，诰诫全国，恭读之下，窃以为明令煌煌，双方皆应遵守，和平可望，从兹永戢干戈，冀幸之私，莫名欢忭。乃数日以来，闽疆迭电告急，石、黎进攻，宜昌、武汉震惊，危险万状，岳州孤立，后顾无援，大局阽危，不可终日。而不闻调人如何表示，中央如何主持。北军分赴协防，议者谓有碍和局；南军节次进逼，论者乃初无责言。且龙使拥护中央，成败悉听自便。莫镇能离彼党，休戚亦不相关。似此一面之调停，乃为极端之退让。以言战，而我束手以待击；以言和，而我惟命之是从。顾惜太深，失败益甚；迁延日久，收拾逾难。国家前途，何堪设想。怀芝奉命督师，枕戈待命。钧座明见万里，挽回危局，恳乞速定方针。临电屏营，敬候明令。等语。录以奉闻。诸公热诚爱国，百倍于芝，尚乞合力维持，速救危局，国家幸甚。临电迫切，伫候教言。张怀芝。豪。印。

〔北洋政府陆军部档案〕

40. 张怀芝不满和战未决并请明令讨伐密电

（1918年1月19日）

北京参谋部、陆军部鉴：正密。巧电敬悉。拟令张副总司令所部由陇海路赴汉援岳，较于军事捷速，现已电催该副总司令遵电开拔矣。惟思大局解决，只有和战两途，如果和解可期，即不必遣兵调将，令彼藉口，转生阻力。倘必出于一战，则国家存亡所关，必须统筹全局，提纲挈领，合力大举，以挽危机。若枝枝节节，敷衍一时，窃恐士气不振，胜算难操，非计之得也。今中央于和战两义，迄无一定之表示，教各省徘徊观望，亦无何等之决心，以致同系诸军，未遑敌忾同仇之概，北洋团体将有无形瓦解之忧，后顾茫茫，不寒而栗。侧闻哈埠外交业经平定，奉省原议能出两师，兹云：未便调动，谅亦心怀疑虑，不肯轻举，故藉外交以为之词耳。以芝愚见，中央果有见于非战不可，则请明令讨伐，当励战士，一面仍令奉天拨队前来，以厚兵力，声威既壮，始战胜可期。倘再因循莫决，诚恐人心涣散，大局益难收拾。心所谓危，不敢缄默。是否有当，尚乞采择，并希赐教。张怀芝。效。印。

〔北洋政府陆军部档案〕

41．冯国璋拟以王占元王金镜为援湘总副司令密电

（1918年1月23日）①

致湖北王督军等电

急。武昌王督军、岳州王副司令鉴：正密。养、祃电悉。此次湘战失利，虽缘一部分妄听人言，以至动摇，而统将不得其人，事权不能归一，实为致挫之原。亟图补救，岂堪再误。执事等或膺疆寄，或任军务，声威素著，湘、鄂接近，一切筹措，较易为力。为大局计，为事势计，总副司令之职，盖非执事者莫属。况湘局转移关键至重，保岳即所以保鄂，应以湘、鄂之事视为自己之事，非此不能救目前之急。执事等公忠体国，万勿遇事谦让，坐失事机，切盼

① 此件无月份，据内容推断，当为1月。

勉为其难，共襄危局，至要至要！顷据陈文运等详陈鄂防情形，布置周密，深佩荩筹。前方情形，仍望随时见告。国璋。漾。印。

〔北洋政府参陆办公处档案〕

42. 冯国璋命王汝贤等各回师旅长原职密电稿

（1918年1月24日）①

致岳州王汝贤等电

急。岳州王师长汝贤、范师长国璋、王旅长汝勤：华密。王师长梗、漾两电均悉。所称回岳整顿队伍，以图再举，自系切不可缓之事。兹为便利该师长等整饬部伍起见，特令各回师旅长原职，由部另电知照，俾恢复建制，易于收拾。务望体会此意，各将所部军队，严加督率，力振士气，前事虽失，晚盖可图。至饷械一层，但能固守岳州，大局有转圜之望，中央赓续接济，自当力任其难，无庸该师长等顾虑也。国〇。敬。印。

〔北洋政府零散军事档案汇集〕

43. 姜桂题建议北军分十路攻南密电

（1918年1月27日）

北京大总统、国务总理、参陆部长钧鉴：正密。迭接各处军报，第一路前队已在岳州、京山方面与敌兵开始攻击，襄樊两城，已为我军完全克复，石逆势蹙，已将荆沙让出，是在鄂各军，均已得手，曷胜祝庆！惟前敌兵力尚单，敌情狡诈，终属可虑。桂题愚见，趁此时机，急令一二两路大队积极进行，并宜将各路国军分为十路，以掣敌势：龙巡阅使一路，由雷州进窥粤省，莫镇

① 此件无月份，据内容推断，当为1月。

守使派兵助之；李督军一路由闽规粤，浙省杨督军派兵助之；刘督军一路，克复重庆后，进兵入黔，另派支队攻击滇边以制之；张督军一路，由赣进规湘东，即以驻萍之安武军助之；曹督军、张督办亲率大队会合王督军、吴总司令之队，规复长沙后，即分四路进攻黔、桂。严纪律，明赏罚，一鼓作气，直捣滇南，庶几逆匪并尽，内乱可戢。若再迁延迟迴，骛调和之虚名，坐令逆氛日炽，特恐士气消沮，人无斗志，国事前途，益形不可收拾。伏乞睿断明令施行，大局幸甚！姜桂题叩。感。印。

〔北洋政府陆军部档案〕

44. 王金镜为岳州失守请开去岳防总司令并严加议处密电

（1918年1月28日）

急。北京大总统、国务总理、参陆部钧鉴：正密。窃自开战以来，一切危急情形，迭经飞电入告，谅蒙鉴察。此次失败原因，固在于众寡不敌，而其主要之点，则在于援军不至。盖敌军四倍于我，我军只有此数，以不足万余之众，与敌人四万之师，肉搏血飞，鏖战四昼夜，敌军陆续增加，我军无一更替，而前线各指挥官，犹复躬冒矢石，死力抵御，不肯放松一步。讵敌人以全力猛攻我之左翼，萧、阎两旅屡受包围，而萧旅尤甚。金镜以情急势迫，遂将岳城所有队伍收合余烬，驰往协助，明知杯水车薪，无济于事，而终欲稍延旦夕，以待援军。乃兵力疲惫已极，而援军仍不见到，且因输卒太少，供应不给，萧旅一退，遂致全部瓦解。斯时匪徒肆扰，交通阻断，敌军进逼，风鹤频惊，佥谓飞守岳城，于事无裨。再四筹思，不得已而下令退却，冀为第二步之防御。惟岳州屏蔽武汉，关键南北，岳州有失，全局动摇。金镜忝总师干，御变乏术，辜恩溺职，理合自行检举。伏恳开去岳防总司令，并请严加议处，以为失律者戒。抑请速派知兵大员，率带劲旅，迅速前来抵御，以遏敌氛而保大局，不胜迫切惶恐待命之至！王金镜叩。勘。

〔北洋政府陆军部档案〕

45．王金镜陈退出岳州经过情形密电

（1918年1月29日）

北京大总统、国务总理、参陆两部钧鉴：正密。现金镜督率无方，丧师辱国，正名定罪，万死犹轻，业于感电自行检举请予严加议处，理宜席藁军前，以待斧钺之诛，何敢再置一辞，以重罪戾。然尚有不能已于言者，谨冒死为我钧宪披沥陈之：查岳州屏障武汉，关键南北，安危转移，全局随之。当金镜到岳以后，总览大势，比较敌我，管见所及，屡电上陈。乃调停之效果未睹，津门之会议忽来，和既不成为事实，战仍徒托夫空文。两月以来，敌得以积极备战，我仅以虚词恫喝，虽经迭电请兵，而迄无大部前来。迨至漾日开战，以不足万余之众，当彼人四万之师，而敌方陆续增加，轮流战我，我且输送不给，枵腹应战，无一卒之更替，无片刻之停息。萧、阎两旅之初级官长，死伤大半，犹复拼命抵抗，酣战四昼夜，死力支持，而终以援兵不到，力竭莫继。萧旅一退，全部瓦解。未几，而岳阳城内忽来炸弹，忽又火起，枪声隆隆，兵匪莫辨。时全城仅有卫队两连，已属无力弹压，而战〔敌〕军且由三眼桥暗袭城陵矶，断我归路，楚歌四面，防不胜防。军心愈惶，秩序愈乱。金镜忝忝总师干，上以烦钧座寄顾之殷忧，下以惭枵腹鏖战之将士，当此之时，金镜已拚一死，以谢国人，只以事机危迫，徒死不足以塞责，不得已而下令退却。本拟缩小防御线，司令部移驻城埠，作背城借一之计。乃退兵四散奔走，不能集合，而通信机关全行断绝，无法指挥，万不得已，遂步行退出岳城，沿

途收束军队，并分饬各将领在新堤、嘉鱼、蒲圻一带分别收容。但队伍错杂，如无新锐之军，不足以资镇慑。金镜暂回武昌，与王督军筹商一切办法，再图恢复。窃思岳州安危，关系全局，万一武汉势摇，大局益难收拾。顾金镜治军廿余年，独至岳州一役，致陷名誉于扫地，败军之将，难与言勇，务恳另派知兵大员速带大部军队星夜前来，以保武汉而维大局，不胜惶恐待命之至。王金镜叩。艳。印。

〔北洋政府陆军部档案〕

46. 王占元陈岳州失守经过情形密电

(1918年2月3日)

北京大总统、国务院、参陆部钧鉴：正密。岳州战争概况，业经迭次电告。查我军此次失利原因，大半由于兵力薄弱。兹再将全战经过情形详细陈之：自前月廿五日下午一时始，敌向我两翼猛攻，左翼尤烈，总预队已全加入。同时监利属之折子山及洪水港一带，亦发现敌踪。迄二点十分，乌江桥附近国军已形动摇。六点十分，托坝亦渐不支。七点卅分，守该处廿师之两营，因伤亡颇多，逐渐退却。廿四日上午二时半，该两营已退至西□〔塘〕西方高地，幸受四十团掩护，尚可支持。据报前方之敌，约壹混成旅，由曾〔筻〕口、乌江桥方面侵入。六时半，更〔筻〕口阎旅继续动摇，左翼各军迭电告急，已令八十团三营赴援，并由省派任团开往援助。十一时许，前在托坝廿师两营退至蒲圻，仅四四团在该处血战一昼夜，现虽未退，照势已难支。阎旅被围。廿五日上午八时，任团援军已到岳，向乌江桥萧旅左翼增加，但敌亦同时陆续增加，在桃林、板桥之部队，当向五里牌退却。十一时，更〔陆〕口左翼战斗甚烈，官兵伤亡甚多，萧旅万分危急，尚竭力支持。同时更〔筻〕口、乌江桥一带，均迭电乞援。廿六日午前二时半，廿师范师长报告，该师四十旅已恢复桃林，向板桥堵击，并图恢复托坝。下午两时，复电称：该师兵力皆被牵制，恐敌窜入通城羊楼峒，恳备重兵，以保后路。等情。七时半，据王总司令电称：萧旅已退至岳州附近三眼桥，恐后路中断，已决心令阎旅出击乌江桥，吴旅出击新开塘，二师两团回岳防三眼桥，各部如再不支，即向羊楼峒及城陵矶退却。八时半，复据电称：现拟收集岳城队伍，在三眼桥一带抵抗。但吴、阎两旅及六团已不能退，今晚无援，非独岳州不能保全，军【队】恐将复没。十时，又电称：萧旅退却后，各军被敌侧攻，万不能支，已令前线退至岳州前十数里一带，现正鼓励士气，挑选奋勇，以图背城借一。倘再不支，则岳即全失。等情。至下午十一时许，岳州电报不通，仅据范师长电称：城陵矶一带土匪蜂起，各军均被牵制，不能应援，岳州四面被围，危急万状，恳速援。等情。理合电呈鉴核。占元肃。江。印。

〔北洋政府陆军部档案〕

47. 大总统为审办傅良佐周肇祥令

（1918年2月5日）

大总统令

前因湖南督军傅良佐、代理省长周肇祥擅离职守，曾令免职查办。两月以来，荆襄叛变，岳州失守，士卒伤亡之众，人民流离之惨，深怆予怀，追论前愆，该前督等实难辞失律偾事之咎。傅良佐一案，着即组织军法会审，严行审办。周肇祥职司守土，遇变轻逃，并著交文官高等惩戒委员会依法惩戒，以肃纲纪而儆方来。此令。

中华民国七年二月五日

〔北洋政府文官高等惩戒委员会档案〕

48. 李纯否认奉有密令仍主调停密电

（1918年2月6日）

百万万急。北京大总统、王总理、各部院钧鉴；天津、济南、开封、太原、蚌埠、盛京、吉林、齐齐哈尔、杭州、福州、武昌、南昌、西安、兰州各督军，承德、张家口、归化各都统，龙华卢护军使，浦口王巡阅副使，并转各师、旅长鉴：正密。元首冬日通电，谅均鉴及，内开张总司令卅日通电，首称岳州失守，苏督奉有密令，乃主调停等因。查敝处并未奉有此项密令，检视前致徐州各电，亦均无此言，不知张总司令何所据而云然，殊令人无从索解，致劳元首反复剖晰，并为纯代白具诬。捧诵之余，惶愧无地。窃思纯对于和战，毫无成见，对于中央明令，尤属极端服从，纵云主张和平，亦系个人政见，何必假托名义，以自欺而欺人。忆自提议调和以来，曾经迭电声明，以战为和后盾，而于北洋团体，尤深以破裂为惧。耿耿此心，天日可矢。函电具在，似非空言弥缝。纯虽至愚，岂不知木本水源，各有所自，亦何忍燃箕〔萁〕煮豆，自□〔残〕同根，而反摇尾乞怜向西南以讨生活耶？纯非丧心病狂，何致荒谬若此。总之，此语不知由何误会，本可无须置辩，在纯一人，原无关系，而对于元首，心实不安，若任令展转传闻，不但使同系者发生意见，且使任事者生懈慢之心，影响大局，影响□〔团〕体者，殊非浅鲜，因是种种，不得不亟为证明，决非事实，以昭真相而释群疑。不惮哓哓，伏维鉴察，无任幸甚。李纯叩。鱼。印。

〔北洋政府陆军部档案〕

49. 张敬尧率部赴鄂"援湘"密电

（1918年2月7日）

北京国务院、各部总长、参议院长、警察总监、步军统领，除云南、贵阳、广东、广西，各省督军、各都统、各护军使、各镇守使、各师旅长：华密。职师奉命出发，敬尧准于九号由徐赴鄂，徐州剿匪善后事宜，交由张文生镇守使代拆代行，酌留混成一旅驻徐，襄助防务。除电呈大总统转知院、部备案外，谨电奉闻。张敬尧叩。阳。印。

〔北洋政府冀南镇守使署档案〕

50. 王金镜为后援不继被迫退出岳州函

（1918年2月10日）

茂轩老弟伟鉴：自违教言，久疏笺候，离云梦雨，时切想思。月前招兵员由大名回鄂，蒙惠马铠、马毡等件，当已临风拜嘉，即欲为书以谢，多事卒卒未能也。辰维鼎祺笃祜勋祉凝厘，为颂无量。兄奉职无状，辱国丧师，午夜徬徨，惭汗无地。兄自莅岳以后，详审敌情，迭陈利害，卒以和战靡定，徒事犹与。两月以来，敌得积极备战，我仅以虚词恫喝，虽经迭电请兵，而迄无大部增援。迨至一月廿三日开战，以不足万余之众，当敌人四万之师，鏖战四昼夜，犹复死力支持，而终以援队不到，力竭莫继，输送不给，枵腹难支，遂致一部失利，全部瓦解。是时，岳州全城仅有卫队两连，势已万难抵御，兄已决计一死，以谢国人，只以事机危迫，徒死无益，不得已而下令退却。顾兄厕身军界二十余年，独至岳州一役，致陷名誉于扫地，席藁待诛，夫复何言？乃蒙大总统特屈刑章，仅获薄谴，兄何人斯，宁不奋勉图报，冀以少赎前愆。惟时事日非，江河日下，各为私计，罔顾大局，兄赋性愚戆，不工媚世，系身军国，蒿目时艰，忧煞杞人，将何补救，茫茫前途，尚不知如何结局也。特书奉布，半以鸣感，半以摅诚。顺请大安，不尽依依。

愚小兄王金镜拜启　二月十日

〔北洋政府多防镇守使署档案〕

51. 熊希龄劝告南北双方言和电①

（1918年2月14日）

天津熊希龄寒电

昨读李督军卅一电及岑、谭两先生阳电，敬佩忠言爱重和平之至意。自上年七月以来，屡进忠告于合肥、武鸣，冀求不启兵端。今湘、鄂边境既经停战，长江流域南北要人相距咫尺，携手言和，开诚相见，实为最好时机。尚望双方让步，委曲求全。谨电劝告，伏冀鸿裁。

〔北洋政府陆军部档案〕

52. 王占元为北军失守岳州后军队部署情形密电

（1918年2月14日）

北京大总统、参陆两部钧鉴：正密。此次岳州之役，业将经过情形先后电陈在案。当退却之初，曾经电令前方各军队退守谷花洲、羊楼司，与通城取一线。当即派李师长奎元率领第二十一混成旅之高团长凤岐所部开赴蒲圻前方收容，以图恢复。无如溃兵无法制止，一直退至蒲圻。又复电令固守蒲圻，不得再退。乃

① 此件系陆军部总务厅来电摘要。

屡蹶乘余①，气馁已极，一兵传呼敌至，全军奔溃，直至武昌，始得收容，其狼藉情形，实有不堪言状者。幸高团长同安武军逐节收容，未即跟踪前进，鄂省得以保全。然前车既覆，来轍方远，应亟力图补救之方，以为再接再厉之举。兹将现时布置情形胪列于左：第八师固守新堤，湖北第三混成旅防御新堤前方之螺山等处，直隶第一混成旅警戒嘉鱼及陆溪口前方一带，安武军之六营固守汀泗桥一带，第七师之第十三混成旅及高团长凤岐所部之两营开驻蒲圻，刘锡广之一旅及十一师四十二团固守通城一带。现第七师、第十四混成旅陆续开赴蒲圻集中，十一师、第二十二混成旅一团分驻武岳铁道由纸坊至蒲圻，一团开赴通城，第三师已集中武汉。此岳州失守以后曹使未到以前之布置大概情形也。现曹使衔命到鄂，并颁下中央作战计划，策出万全，定操胜算。刻正与曹使筹商速攻之法，一俟商妥，即当电陈。占元叩。寒。印。

〔北洋政府陆军部档案〕

53. 曹锟就率军南下表示将以战促和密电

(1918年2月17日)

北京熊督办鉴：亲详。诚密。删电敬悉。为国为友，关切倍至，捧读之余，莫名感佩。此次南北之争，本无不共戴天之仇，其起衅之由来，一则为人所挑拨，一则为泄其私忿，遂至愈演愈烈，摇动全局。天津会议以后，中央两下交令，锟所以迟迟不行者，亦希望和平了结，免致劳师伤财。乃忽而襄樊自主，忽而闽、岳告急。嗣经元首布告息事，以为和平解决可成事实也。乃谭浩明又发电诋毁，石星川又进攻宜都，迨至元首亲出谕勉，表示决心，讨代〔伐〕令下，命锟督师，而和平希望，至此乃成为泡影矣。当奉

①"乘余"两字旁原均有置疑号，"乘"字似为"之"字之误。

到电令之时，辗转愁思，深虑战祸延长，元气大丧，恐内争不已，外患将至，故行抵保、阳，又延迟六日，而中央乃迭电催行。及到信阳，本拟不即前进，而中央又□〔来〕电敦促。凡此苦心，可为谁告？夫军人以服从为天职，锟自壮年从戎三十余年，恪守此义。今总制三军，为将士表率，凡心中计虑，万不敢稍形于外，非矫情也，盖恐士气一堕，有失中央之威信也。现在汉上与王、张两公及诸将领会商，咸以促进和平，非战不可。众意如此，只得先为前进。至如何结束，可再作计较。我弟爱我极切，故敢将衷怀秘密以告，来日大难方殷，尚多请教之处，务祈鉴察密存为祷。再，通电尚未奉到。如小兄曹锟。筱。印。

〔熊希龄档案〕

54. 国务院等为大总统特派王占元王金镜为在湘各军总副司令电

（1918年2月21日）

致武昌王督军箇电

本日奉大总统令：特派王占元为在湘各军总司令，王金镜为副司令，前敌各军统归节制。王汝贤、范国璋销去司令差使，仍责成将已溃军队妥为收容。至规岳规湘战守事宜，即著王占元等筹划。等因。专电奉达。院、部。箇。

〔北洋政府零散军事档案汇集〕

55. 陈复初为赴湘西收容各军等情函

（1918年2月22日）

总次长钧鉴：敬肃者：复初前奉令饬赴湘西，设法收容军队各等因，经将组办情形暨应行请示办理各节，呈明大总统鉴核在案。谨将原文钞呈，伏祈察核为叩。肃此，敬请钧安。

师长陈复初谨肃　二月二十二日

计呈钞折一合

为呈报事：窃师长前奉令派驰赴湘西，设法收容军队，遵即南下抵汉，诣谒王督，筹商一切，规划进行。当派部属王时、谢之翰、杨炳常、陈济时等分赴荆、沙、常、辰、长、岳各路，侦察各方军队实在情形，预为疏通，并饬王时，特与吴总司令光新接洽周妥，免致临事或有误会去后，随由各该员陆续报告前来。据称湘西各军，仍属各树一帜，并未与湘南各军融合一气，亦未确实隶入谭浩明联军范围。其王正雅、卿衡、田应诏三部，态度极为镇静，业经直接疏通，均允派代表来汉磋商。周则范所部正由常德开向荆沙前方，亦已一律疏通，静待将来办法。惟张学济所部，则已在监利一带战溃，所存无几。至原十七师之六十七、六十八周、毛两团，在监利、石首间，几历摧残，心志尚能固结，极盼拔出漩涡，恢复原状。该两团长并向吴军道达诚意矣。又六十五、六十六两团，前虽一时误被诱胁，酿成变叛，旋在湘阴、平江间为湘南赵、程等部制伏蹂躏，感受痛苦，渐启悔悟回响之心。并经秘密设法向陈旅长嘉祐疏通，得其官佐多数同意，允俟湘西进行时，仍愿照旧归隶部属。但饷项之支给，装械之补充，务须妥为筹备完全云云。又据王时电称：吴总司令对于此举，亦允竭力赞助，甚望能将湘西办妥，实于彼方军事计划大有裨益。等语。师长据以上报告情形，因即在汉坐候各方代表前来，一面筹划饷械各事宜，拟乘吴军荆、沙得利之时机，作积极进行之准备。乃忽值岳州失守，而陈旅长嘉祐方面，又被程潜窥破，事局一变，遂不能不因而暂为停顿。随又派部属朱邦纪、李雄杰、陈荣隆、谭作成等迁赴沙、常一带，向部份接洽，以坚其成说，勿致因岳州波折或有动摇。师长并驰诣曹宣抚使处面详一切，以便入湘后得就近有所商承。此师长在汉时组办进行之种种手续及中间停顿之情形也。现在王、卿两部代表聂咸霖、谢虎臣先后到汉，据云田、周各部，均经联合取一致行动，静候表示办法。吴总司令部及周、毛两团长亦各有电来促师长西行，而师长思惟再四，保全湘西，即所以维持湖南，抑即所以拥护中央，此固师长素抱之主旨，应尽之职责，自当不避艰险，勉任其难。惟其间尚有亟须渎请钧示者，一名称：师长虽奉有命令，然未奉明示定以若何名称，十七师之关防，又尚未颁给，凡遇对内对外事件，究用何项名义行使职权，俾昭信守。前谒曹宣抚使时，曹宣抚使亦曾以此为言，谓宜确定名称，或即隶入宣抚范围，担负湘西局部任务，庶事权可一，责任斯专，进行乃无窒碍，而后可言收效程功也。一款项：据多方面报告，无不以须筹备大宗巨款为言。盖湘省金融久称奇绌，省垣又与湘西隔阂，所筹军饷不允分给湘西，以致各军多系自行就地筹饷，竭蹶支持。湘西各财政机关及商捐民捐，业已搜刮殆尽。今既设法收容，即须担任饷项，若不预为指定由何处源源接济拨给应用，则无米之炊，难免不坐失信用。而进行间之临时费用，种种消耗，亦将不资矣。一装械：湘西军队装械，夙未整齐，此次宣言独立，各具方针，与省垣诸多扞格，装械更无从接济。即十七师各团，转徙流离，装械亦仅存有限。现值各方军事倥偬，供给不暇，若不先行筹备，迨收容时，一切应行补充装械，无从取给，恐临渴掘井，必类画虎。总之，收容湘西各军与恢复十七师之规划，实于大局军事上有重要之关系，亦即中央之威信所在。然从事收容之手续上，事实上又非将上三项妥实确定不可，用是不能不请示办理，并非故为要求，欲以有事为荣也。至湖南军事大局，师长据派往湘西及长、岳等处联络员报告，就各方面情形侦察所得，亦有不能已于言者。前者衡、岳两处军事挫衄，实缘政见纷歧，固不能执该两役遽许南军为占优胜，北军为居劣败。自讨伐令下，前方士气忽焉大振，湘中各军，刻均发现，恐慌不可名状。盖所谓湘桂联军者，表面虽形融和，内容实极涣散。在程、赵等初意，原不过欲借用桂军，发展自己势力，今乃事事为桂军利用，并酷受其束缚，以客为主，反主作客，久已积不相能，而个人权利之私，又各不肯相下，故谭浩明虽居有总司令之名，其实除桂军就其范围外，并无统驭他军能力，湘桂解体，当亦不远。加以湘省饷源已竭，目前即难支持，兵卒多萌退志。且各军自开战来，应补死伤缺额，均因财政困难，不能增补，兵力单薄，恐惧尤甚。再衰三竭，正在此时。若中央表示决心，实行讨伐，明令作战，以大军分水陆进窥长、岳，同时令由赣入湘各军，从醴陵方面南下，以抄南军之后，令荆、沙各军从监利、石首方面进攻，以击南军之侧，彼南军首尾不能相顾，桂军将图归之不暇，程、赵等军力不能支，势必崩溃。至湘西各军，因业有收束希望，自能立见帖伏，则全湘大局之解决，实不难事半而功倍，而川乱之复辙，亦庶可幸免。是应有当，伏候训示饬遵。谨呈

大总统

陆军第十七师师长陈复初

中华民国七年二月　日

〔北洋政府陆军部档案〕

56．张怀芝为出发"援赣"将鲁省军民两政委张树元等代拆代行电

（1918年2月25日）

北京各部、院，除广东、南宁、云南、贵阳、长沙外，各省督军、省长，琼州龙巡阅使，浦口王巡阅副使，承德、张家口、归化都统，汉口曹宣抚使，武昌张总司令，龙华卢护军使，宁夏马护军使，下关饶总司令均鉴：怀芝奉命为第二路总司令，协助

赣防，复奉令派为湘赣检阅使，遵即筹备一切。现在各军队已陆续前进。兹定于廿五日出发，所有东省军民两政，均委托帮办山东军务、第五师张师长树元代拆代行，民政以政务厅安厅长茂寅副之。除呈报外，谨电奉闻。诸公爱国热诚，素所钦仰，惟望同心协力，一致进行，并希时赐方略，至深企祷。张怀芝。径。印。

〔北洋政府陆军部档案〕

57. 李纯关于张怀芝路过南京暂住电①

（1918年2月27日）

南京李督军来感字电

张检阅使怀芝于感日抵宁，寓督军公署。谨闻。

〔北洋政府陆军部档案〕

58. 冯国璋关于对南用兵仍按计划进行等情密电稿②

（1918年2月　日）③

急。芜湖马镇守使、徐州张镇守使、海州白镇守使、清江马镇守使、南通张镇守使、苏州朱镇守使、镇江杨师长、宿迁陈旅长鉴：□密。中央自颁布讨伐明令，续遣大军分途南下，鄂、赣两省，重兵已集，奋扬武烈，冀以铲除顽梗，奠定邦国。冯旅长玉祥，受命赴鄂，行至中途，倡为谬说，淆乱听闻，当已命苏、皖、赣等省，一体严加防范，并另定有区处。一面督催两路统兵长官，仍照预定计划，努力进行，勿以该旅长诡词致阻锐气。

① 此件系陆军部来电摘要。

② 冯国璋在电稿纸上批有“用本名较为亲切”字样。

③ 此件无月日，据内容推断，当为2月。

至近顷内阁问题，王总理实缘政务繁剧，乞假休养，当经派员代摄。其关于军国事宜，仍逐日晋府，相助为理，全局计划，赓续进行，初无变易。此等情况，诚恐旧部尚未尽知，奸人乘隙鼓惑，展转讹传，影响非浅。务希诚谕部曲，守土保民，以国为重，勿为浮言所动，大局幸甚。国璋。印。

〔北洋政府参陆办公处档案〕

59. 曹锟为北军占领羊楼市电

(1918年3月11日)

三月十二日下午二点十分到

万火急。天津曹省长鉴：顷据第三混成旅萧旅长耀南真电称：职旅奉令于九日开始攻击，当日情形，业经电禀在案。至夜，该逆乘黑暗冒雨一再返攻，我官兵异常勇猛，白刃相交者七次，率被击退。十日拂晓，旅长协同吴师长乘胜进攻。至十一日早九时完全占领羊楼市。其所获战利品及一切详情，容再续禀。其一般战斗详况，除由吴师长详报外，谨先电闻。再，职旅现为第一游击队，刻已出发。等语。查羊楼市小地丛杂，兼之敌守扼要，工事防御，深沟石垒，极为坚固。该处为入岳最险要最难攻之地点，今既为我军占领，乘胜进攻，岳州不难克复。除令各师、旅极力前进外，特此电闻。曹锟。真。印。

〔北洋政府步军统领衙门档案〕

60. 张敬尧为张敬汤等部经剧战攻占天岳关情形电

(1918年3月16日)

急。北京各部总长、步军统领、警察总监、参议院长，汉口曹宣抚使，武昌王督军，南昌探投张检阅使，除云南、贵州、广东、广西各省督军、省长，荆〔琼〕州龙巡阅使，浦口王巡阅使，承德、归化、张口各都统，龙化〔华〕、宁夏各护军使，并转各镇守使、各师旅长均鉴：删日夜据新编四十二旅张旅长敬汤、第五团张团长继忠报称：元日晚，我军由盘石铺与逆军酣战一日，【敌】势不支，逐渐退却，我军尾随追剿，至距天岳关仅五里许之刘家湾，日已西落，即在该地露营，准备翌日以全力攻天岳关。是晚一时，敌之前进哨由刘家湾左侧向我扰乱，当被我前哨击退。斯时全旅即开始运动，夜袭敌军第一阵地。寒日拂晓，我步队受炮队掩护，向天岳关进击。惟因该关悬崖绝壁，高越群山，鸟道羊肠，艰险万状。侦悉敌之兵力分布要隘，约有一师之众，且占据山颠，构造坚固沟垒，防御严密。我军由其左右侧方死力强袭，被敌猛烈射击，受其瞰制，官兵奋勇，连跃〔续〕进击三次，皆未收效。至日落，进抵山腰，占领阵地。我军死伤三百余名，第二营营长罗开福腹部受伤，当时阵亡，该营帮带王万昌，肾部亦受重伤。两相持峙。似此顽强之敌，凭据险地，坚守雄关，有一夫当先万夫莫开之势。查该关为湘赣锁钥，若不早为攻克，则我正面各军，均将为所牵制，不得进取。当即增加陆炮两尊，星夜兼程追入阵地，令第五团第三营由天岳关东北方乘夜跋涉，绕进山腹待令，第四十二团一营由天岳关西北方乘夜绕进山腹待令，第五团之马队一营轻装乘夜绕至小龙洞敌人侧背放火为号，各部队视火起炮响，齐向进击。至删日早二时，火光照耀，陆炮齐射。斯时第五团三营张营长成恩率领所部，身先士卒，踊跃前攻，呐喊直进，与敌相距约一二百米达，白刃接斗。该营长张成恩左膀被敌伤折，第一营帮带石振芳，马一营营长张敬同，同时阵亡。四十二团一营亦于是时进击，至距敌三四百米达。马队第一营因该营营长阵亡，士气激昂，由关后绕到山颠，击其侧背。届时张团长率预备队第一营之两连，攀藤附葛，绕至天岳东南山麓，斜击敌之右侧背，敌军四面还射，势极猛烈，然我军各部队仍坚持进行。至拂晓时，奋力超越，连夺四道副防线，向敌突击。我各军齐声呐喊，奋力猛进，敌军精疲力尽，纷纷溃散，狼藉不堪，俱向平江及天岳关之西南方向退去。至午前八时，天岳关遂为我军完全克复，当派四十二团第二营尾追十余里。查是役计杀毙敌人约有一千三四百名，夺获弹械战利品无数，我军阵亡营长二员、营副一员，受伤营长一员，营副一员。其伤亡连排长及目兵约五百余员名，容俟查明续报。其在事各将士，均奋不顾身，杀敌三昼夜之久，奏此肤功，溯厥勋劳寻泛，自非优予赏恤，不足以资激劝而励将来。似此严畿重镇，既经克复，关系非轻。特电奉闻，敬乞察鉴。张敬尧叩。铣。印。

〔北洋政府冀南镇守使署档案〕

61．张建功陈长岳失守原因并主张出兵陕南以阻西南致王怀庆禀

（1918年3月17日）

军门座前钧鉴：敬禀者：窃沐恩于去岁湖南战役发生，先在岳州留守，适因战事吃紧，经傅督、范师长等电调到长，时在十月十二日。抵长后，面谒傅督，叩问作战方针，兵力分配如何，无如傅督轻敌，指挥乖方，并无统盘筹划，谏言未纳。沐恩以事关大局，遂将一切情形电请中央当道速派轻装大军即日到长，否则湘南战事不堪设【想】，万乞不要视沐恩职小言轻。此电在十月十七日发寄，无如中央视为具文。俟过一月之期，果然战况不堪收拾，以致傅督弃长而走北，继而王、范各军退岳。其中情况，非面陈不能尽悉。再，沐恩此次回京，奉参陆部电调来京，派充侍从武官，月薪二百元。外表如此，而内容实因王金镜要报滦州杀乃弟王金铭营长之仇，暗中有此意思，被王督军知晓，遂商之沐恩，暂离岳州，以顾大局，俟事平后，仍在〔再〕回旅。沐恩观

此情况，中央决不能以一人而不要湖北，不要岳州。关系如此重大，当即遵王督军之令来京。于是造言说长沙退却，是沐恩之主张，想旅长能否指挥总副司令及友军，不问可知。况退却时，范师长接有王总司令命令条，并盖章记，现在范师长手内存放可凭，全军全退，难道留我一人在长不成。此等实情，面陈方明。再，南军攻岳方略，在去岁十二月下旬，已经电陈中央，无如概不注意，至期果然用此方略，攻破岳州，即中《孙子兵法》所说全备即是不备一语，致使战线沿长，遍地皆兵，无论攻击何处，因兵力单薄，一攻即溃，方有岳州失守之结果。此以上意思，早经面陈王督军妥为防备，无如均不注意，乃因不知己不知彼，如何能以作战？自以反正时汉阳之战，为勇为法，其不大错可想。汉阳之战，所有北军，训练多年，并未经战，其官兵之心，只知其一，无他种思想，尚知服从命令，有畏法之心，故有直勇往前之况，以致有胜。而现在官兵之心，视法律如无物，视命令如敷衍，未战之先，先存发财之心，此等心理居多数。若按汉阳之战而派兵，其不大误而且误。自古用兵，无有不按国是之若何，全国人民之心理及士气强弱，然后知己知彼，天时地利人和，全搬〔盘〕考查明白，然后用各种方法补助之，再能筹划全局用兵之道，方能操胜算之设想。现时诸将用兵，满不考查，任己一人之勇，可当了重人之勇，其不大错？再按现下战局论之，无论长、岳能否克复，政府当速即调派大军开往陕南，以阻止四川、云、贵侵陕之意为大要，因四川已归云、贵之手，非此不可。若仅攻克长、岳而不顾陕南，倘云、贵大军取陕，西进潼关入河南，到此时当如何处置。若到如此，收拾全局，更为困难。再者，军门驾临京都两次，沐恩不知住处，未能叩见。昨闻在津，沐恩赴津禀见，适未在津，即日返京。肃禀专陈。敬请钧安。伏乞垂鉴。

沐恩张建功叩禀　三月十七日

〔北洋政府冀南镇守使署档案〕

62. 曹锐转达北军进占岳州密电

（1918年3月18日）

急。大名王帮办懋宣弟鉴：正密。顷接前方筱电，我军于是日下午四点由第一旅完全克复岳州。特闻。曹锐。巧。印。

〔北洋政府冀南镇守使署档案〕

63. 张怀芝关于第二路分两路进攻浏阳醴陵密电

（1918年3月19日）

火急。北京大总统、国务院钧鉴：各部、院，汉口曹宣抚使，蒲圻张总司令，五里牌吴师长，除云南、贵阳、成都、广东、广西外，各省督军、省长，张家口、承德、归化都统，龙华、宁夏护军使均鉴：正密。第二路各军自集中南昌，适值天雨连绵，又属地形险阻，更兼民夫缺乏，转运尤为艰难，每日只能开拔六营，进行极形濡滞，因不待集合完毕，即令第一师①施从滨、第六旅张宗昌所部取道铜鼓，进攻浏阳为右路，安武军李传业、二十三旅张之傑所部取道萍乡，进攻醴陵为左路。芝拟于廿二日由南昌出发，经樟树镇、新喻、分宜②向宜春前进，以备亲临督战，会师长沙。如有函电，请发至沿途经过各地点探报为祷。谨电陈报。张怀芝叩。效。印。

〔北洋政府陆军部档案〕

---

① “师”字旁原有置疑号。

② “分宜”两字旁原均有置疑号。

64. 曹锟转陈北军攻占岳州详情电

（1918年3月20日）

万急。北京大总统、国务总理钧鉴：参陆办公事① 处、各部院、步军统领、警察总监，南昌张检阅使，盛京张督军，蚌埠倪督军，南京李督军、齐省长，武昌王督军，南昌陈督军、戚省长，太原阎督军，西安陈督军，杭州杨督军、齐省长，开封赵督军，吉林孟督军，黑龙江鲍督军，福州李督军，兰州张督军，迪化杨督军，天津曹省长，琼州龙巡阅使，承德姜都统，张家口田都统，归化蔡【都统】，上海海军饶总司令，龙华卢会办，军粮城徐副司令，蒲圻张总司令，沙市吴总司令，并转各镇守使、各师旅长，天津、北京、上海各报馆鉴：本月十七日国军克复岳州，曾将简明捷音先电驰陈在案。现据第三师吴师长佩孚，第一、二、三、四各混成旅王旅长承斌、阎旅长相文、萧旅长耀南、曹旅长英〔瑛〕先后函电报告：自羊楼市〔司〕克复后，当派第二旅向云溪追击，敌人派桂军五营在云溪收容溃兵，意在复战。第二旅奋勇向击，敌亦竭力抵抗。正在胜负未分之间，适第一混成旅将临湘县城克复，第七师亦将通城敌人击退。该两处敌军约有一师一旅之众，均向云溪退却，向我二旅左右侧行猛力射击，势将不支，该旅长阎相文，身临前线，竭力指挥，一面派第五混成旅并第七师之补充旅，前往援助，始将敌人击退。第二旅伤亡官兵四百余名，敌人均向岳州退却，各师各旅遂即实行总攻击，规取岳州。当由第一旅派第一团长龚汉治率全团沿江岸前进，第二团长阎治堂率全团为左纵队，循云溪前进。并以第四旅第八团长穆文善率一、三两营协力并攻，抽留第八团之二营暂守临湘。又以湖北第三混

① “事”字旁原有置疑号，当为衍文。

成旅第五团长宋大霈率全团进驻白螺司。复由海军第二舰队派楚观第四舰协助侧击。海陆各军沿途扫除逆队，拼命争先，节节勇前。城陵矶为岳州城北要隘，古今著名，各军不避艰险，力攻而破，长驱直抵岳城。彼时逆兵设炮江岸，向我兵舰猛击，各舰立即开炮，奋力还攻。我陆军见城内逆兵不多，猛攻入城，时已天色昏暮。正在搜索之际，适值第三师及二、三两旅攻破云溪，追击溃军，向岳城扑进，逆军溃兵，无处逃奔，纷纷集入岳城。我第一旅占领岳城军队，见逆兵入城，惟恐城外我军环攻，敌我难分，同受影响，赶即收队，暂退城外，与各师旅联合围攻，逆军见势不支，于是乘夜出城南溃，我军于十八日午前八时完全克复岳州。除一面整持秩序，抚慰商民，一面派第三第五两旅分路向新墙、湘阴方面追蹑。其第一第六两旅，拟一、二日即由岳州向新墙续进。暂留第二【旅】与第四旅之八团驻扎岳城及附近各要隘，俾资防守。此次岳城溃败逆兵，多逃向阁〔郭〕镇市，与该处原驻逆军会合，现正计划派队前往驱除。是役也，除提署、县署两处军用等项已被逆匪焚毁外，我军所获战利品，计重炮三尊，山炮三尊，炮弹二百箱，枪弹五百箱，残飞机两架，其余粮米、帐房、锅灶、工程器具、材料及各项军用物品，为数甚多，现正分饬清查。又查湘军赵恒惕所部第一师、林修梅所部第一旅，因迭被我军击破，兵力不〔大〕减，现以一营缩为一连。其岳州方面，冯〔马〕济、韦营〔荣〕昌、陆裕光所部之桂军，现分三军，每军三千余人，并护国军程潜所部游击队五营，林虎所部粤军六营，均受我军迭次惩创，战力已失，俱向长沙方面退去，然亦无大能力。现我军各路协力速〔进〕行，想长沙不难指日克复。各等语。查我军各师旅艰苦力战，拼命杀敌，旬日之间，迭破要隘，现又克复岳州，占领要郡，从此军气大振，国威大彰，仰赖我大总统、总理胜操睿谟，各省军民长官力协〔协力〕援助，是以幸获奏功。除查明立有劳绩出力尤著各员提前电请优加奖叙以示鼓励而昭激劝外，所有克复岳州详细战况各缘由，谨电胪陈，仰慰睿廑。伏乞鉴察。曹锟叩。号。印。

〔北洋政府零散军事档案汇集〕

65．张敬尧关于北军进占平江情形电

（1918年3月24日）

特急。北京大总统、国务总理钧鉴：各部总长、警察总监、步军统领、参议院长，汉口曹宣抚使，武昌王督军，南昌转宜昌投送张检阅使，蚌埠倪巡阅使，除去云贵、两广、湖南，各省督军、省长，海口龙巡阅使，沙市吴总司令，岳州吴师长，浦口王巡阅副使、承德、归化、张家口各都统，龙华、宁夏各护军使，并转各镇守使、各师旅长均鉴：逆军刘建簟〔藩〕所部十八营，谢国光所部六营，罗列开所部八营，又郭衡区六营及李仲麟所部之游击队五营，计四十余营，于大洲、倒流滩、榨庄经张元岭、梅仙市、桃花洞延乐亘之龛脉为第一阵〔防〕御阵地，复以新市司经平江至浏阳为第二防御阵地，均费多数工人构造，异常坚固。本军于巧日分三大纵队向敌进【攻】。号日，我新安武军陈统领德修于牛车铺附近击溃逆军李仲麟所率之游击队。我右纵队吴司令新田率领所部于是日向大洲一带逆军阵地攻击。中央纵队田司令树勋率领所部向倒流滩、张元岭一带逆军阵地攻击。左纵队张司令敬汤率领所部向桃花洞一带逆军阵地攻击。左支队四十四团魏团长由浆市经平水尖向敌军右翼威胁，行战一昼夜，干箇日拂晓，我军齐向逆军第一防御阵地突击，当将大洲、桃花洞逆军阵地占据。惟梅仙市一带之逆军约六千余人，与我军中央纵队鏖战两日，骁勇异常，彼此相距约六七百米达，相持不下。尧接报后，飞令安武军陈统领德修率领所部，由月田进战。该田司令即于是日派步二十七团由梅仙市系〔袭〕击，任〔以〕分敌势而俾止面一、二、三

各团易于进剿。至午后四时，第二十七团由敌侧背进击，至敌军阵地五六百米达，齐声喊呐〔呐喊〕，向敌突击，虽逆军弹如雨落，我官兵终拼命前进。同时，我正面各部队，亦勇往直前，协同突击，逆受夹攻，势不能支，遂分向平江方面溃退。当拂晓时，我左纵队突破桃花涧逆军阵地，乘逆疲乏，尾随进剿。连日大雨淋漓，我军冒雨尾追，一昼夜，枪炮之声，不绝于耳。逆军退据金窝附近第二防御阵地，乃想坚守待援。张司令敬汤于是夜派第五团由乐楼、三阳师前进，抄袭逆军后路。至养日午前三时，抵三阳师北方最高之山巅，向敌侧背斜射。至拂晓，平江附近之逆军，全部摇动。当时第五团长张继忠发号袭击，我正面各路纵队，均不待敌军占据第二阵【地】，均星夜冒雨追抵平江附近。斯时炮声震天，敌军无力抵御，狼狈不堪，纷向平江西南长沙方向溃退。至二十二日午前八时，平江县城遂为我军完全克复。除特派一部尾敌追击外，各部队现分驻平江城外，向湘阴、长沙、浏阳戒备，以待第一第二两路齐到，协同进攻长沙。并布告安民，妥为检查。是役，我军伤亡官兵约一百余员名，逆军伤亡数倍于我，其遗尸阵地，狼藉不堪，难计其数。逆军退却平江时，除将装械焚毁或遗弃民间，尚遗阵地后方枪弹拾余万，帐房及煤油秽毁，大米数百包并军用物品，悉为我军夺获。查平江为湘鄂赣三省分界之区，实长沙东北之屏蔽，一经克复，不惟赣鄂防守得以巩固，而湘省失此保障，且与长沙相距不过百有余里，长驱直入，易于反掌。倘我军左右翼之各友军克期前进，分途合击，速下湘阴、浏阳，则长沙不攻自破。用特专电奉闻，伏乞鉴察。张敬尧叩。敬。印。

〔北洋政府参防镇守使署档案〕

66. 曹锟为第三师进占湘阴电

（1918年3月26日）

特急。北京大总统、国务总理钧鉴：参谋部、陆军部、海军部鉴：据阎旅长相文有电称：我军第三师于本日进占湘阴等语。除俟接到吴师长详报再为续陈外，谨先电闻。曹锟叩。宥。印。

〔北洋政府陆军部档案〕

67. 曹锟关于吴佩孚部进入长沙电

（1918年3月27日）

飞特万火急。北京大总统、总理钧鉴：各部院、步军统领、警察总监，除去云南、贵阳、广东、广西，各省督军、省长，长沙张检阅使，琼州龙巡阅使，承德、张口、归化各都统，龙华、宁夏护军使，沙市吴总司令，浦口张总司令，并转各镇守使、各师旅长，北京、天津、上海各报馆均鉴：据师长佩孚宥一电，自湘阴克复后，职师及各旅分向长沙方面急进，兼程追击，沿途逆兵处处抵抗，我军节节猛攻，凡我将士，饥苦俱忘，昼夜驰追，当在同山口方面协力痛剿，击溃逆军如鸟兽散。现向同山口前进搜索，进取长沙。旋接宥二电称：师长今日率同各旅团由同山口搜索，前卫行至中途，据探报谭浩明、程潜已先后退出长沙，尚有未退净之少数逆兵，现在城厢抢掠。等语。当即饬队兼程前进，午后八时，队头进抵长沙，至十时，师长亦率队续到，遂将长沙完全收复。除暂派队在各门防守，并专员于明日前往通城迎接张总司令莅长外，谨此禀闻。各等语。除令该师长约束军队、安辑商民并分队严密防守外，所有收复长沙情形，谨电奉闻。曹锟。沁。印。

〔北洋政府黄阝镇守使署档案〕

68. 张敬尧奉命督湘视事电①

（1918年4月4日）

长沙张督军来支字电

敬尧奉命督湘，业于本日视事。惟查湘省军民两署之关防，前经傅督军暨周省长离城时携带回京，是日暂借用前敌总司令之关防办事。理合呈报，伏乞鉴察。

〔北洋政府陆军部档案〕

69. 张宗昌为所部占领浏阳密电

（1918年4月4日）

万急。除两广、云贵各省督军、省长，各都统、各护军使、镇守使，各师、旅长钧鉴：正密。宗昌所部自漾日分三支队由铜鼓开始向浏阳前进。沁日右翼支队进白沙、东门等市，略有小战。艳日早十时，各支队先后到达洞溪樨。探闻古港峻约有步兵一团，经奋战三时之久，敌势不支，始放弃阵地，向耀龙市方面逃溃，敝部即于卅日早完全克复浏阳。知注特闻。第二路右路副司令官张宗昌。再，此电因醴陵附近电线被敌破坏，修理需时，故尔迟发。合并声明。支。印。

〔北洋政府冀南镇守使署档案〕

70. 张怀芝转报北军攻占攸县情形密电

（1918年4月17日）

万急。四分。北京大总统、总理钧鉴：参陆办公处、海军部

---

① 此件系陆军部来电摘要。

钧鉴：正密。寒电陈报元日攻攸情形，计邀崇览。兹又据施司令寒、咸、铣日各电续报战况，内称：自元日进攻南军，彻夜剧战。……（寒日）午后四钟，直攻至攸县北关，敌由浮桥南窜。咸日黎明，遂完全克复攸县。……连战三昼夜，始得完全克复攸县。等情。除饬该师、旅警备搜索跟踪进袭外，谨电陈报。张怀芝叩。筱。印。

〔北洋政府参陆办公处档案〕

71. 张怀芝为张克瑶旅进占茶陵等情密电

（1918年4月19日）

万急。四分。北京大总统、总理钧鉴：参陆办公处、海军部鉴：正密。自咸日克复攸县后，当即发出布告安抚商民，并令施司令督饬各军乘势进取，一面布置进取安仁，一面实力攻取茶陵，茶、安克复，即向衡阳方面急进，抄袭衡山后路，与吴师会合夹击，以期迅奏全功。顷据施司令效电称：职师遵令于铣日饬一师张旅克瑶直向茶陵方面前进，令张，旅之杰作为后援，分率所部昼夜穷追，该逆军马济所部仍有四营顽强反攻，经该旅长等奋勇突击，敌势不支，遂向安仁方面退却，一师张旅于巧日早九点将茶陵完全克复，赣张旅亦接踵而至。除饬该旅以一部驻茶维持秩序，以一部追击外，一师张旅于效日饬即由茶回攸待命，准备进攻安仁。谨闻。等情。查由攸至茶电报不通，此次占取茶陵情况，除俟该司令详报到，再行转报外，谨先电陈。张怀芝叩。效。印。

〔北洋政府参陆办公处档案〕

72. 张敬尧为第三师第五旅占领衡山密电

（1918年4月23日）

特急。北京大总统、国务院、参陆两部，汉口探报段总理、各省代表、张检阅使，武昌王督军，南昌陈督军，蚌埠倪督军，盛京张督军，军粮城徐司令，宜昌吴总司令，新市探投施师长、李统领，湘乡探投田司令、陈统领，宁乡李师长钧鉴：正密。准三师第五旅张旅长由浴钊埠行营电称：敝旅于筱日由昭凌向汤田进攻，刘逆率兵数千在汤田一带作坚固工事，竭力抵御，我军奋勇进攻，与敌酣战六小时，白刃冲突者数次，乃逆军顽强抵抗，死守不退。嗣由左翼直攻，敌始不支，向朱亭逃窜，我军乘胜迭〔追〕击十余里，因天晚在燕子栋露营，仍由原战线向敌追击。比至朱亭附近，逆军稍形抵抗，即向衡山县退却，我军遂乘势占据朱亭。是役，夺敌军需品甚多，伤敌二百余名，毙敌数十名，我军伤亡官兵数名。哿日仍督队向该敌尾追，遂完全占据衡山县城。据探报，赵逆恒惕、刘逆建藩，均退于贺家山一带防守。谨闻。等情。特电转达，乞鉴。张敬尧叩。漾。印。

〔北洋政府陆军部档案〕

73．曹锟为吴佩孚所部占领衡阳电

（1918年4月25日）

万火急。北京大总统、总理钧鉴，各部、院、步军统领、警察总监，平芗〔萍乡〕张检阅使，盛京张督军，蚌埠倪督军，南京李督军、齐省长，南昌陈督军、戚省长，武昌王督军，杭州杨督军、齐省长，太原阎督军，西安陈督军、刘省长，开封赵督军，吉林孟督军，齐齐哈尔鲍督军，福州李督军，资州刘督军，□□张督军，□□杨督军，济南张帮办，天津曹省长，承德姜都统，归化蔡都统，张口田都统，龙华卢会办，宜昌吴总司令，上海蓝总司令，宁夏马护军使，并转各镇守使、各师旅长，北京、天津、上海各报馆均鉴：顷据吴师长佩孚漾电称，该师于廿一日将衡阳完全克复，现已入城安民，详情容再禀报等语。除电令该师长约束军队、安抚商民，并将战况详细补报外，特此奉闻。曹锟叩。有。印。

〔北洋政府步军统领衙门档案〕

74. 田树勋报告所部占领宝庆电

（1918年4月26日）

飞急。北京大总统、国务院、陆参部，汉口曹宣抚使，萍乡张检阅使，各省督军钧鉴：勋于宥日早八点完全克复宝庆，逆军分路溃窜。谨先电陈。田树勋叩。宥。印。

〔北洋政府陆军部档案〕

75. 曹锟关于北军占领宝庆等情密电

（1918年5月1日）

万飞急。北京大总统、总理钧鉴：参陆部鉴：正密。顷据吴师长艳二电称：宥电敬悉。窃查返攻攸县之逆匪不过三千余人，何第二路军队失败如此之甚，殊令人难以索解。昨接右路田总司令□电，得悉宝庆已于廿六日早八点完全克复，师长当即电请田司令迅速由宝庆【率】队前进，以期占据祁城。……师长现驻衡阳城内，以便指挥一切。我各旅团均能互相联络，声息相通。谨电禀陈，请纾□〔廑〕念。等语。除令该师长激励进行外，谨此电闻。曹锟。东。印。

〔北洋政府陆军部档案〕

76. 曹锟为陈复初王正雅部攻占常德密电

(1918年5月4日)

急。北京大总统、总理钧鉴；参陆部鉴：正密。顷据王镇守使正雅沁电称：常德经陈师长复初会同镇守使各派军队，于敬日开始攻击，猛战一昼夜，敌始溃退，常德完全为我军收复。计是役毙敌数十名，俘获十余人，获枪二十余支。镇守使遂派参谋王育琦带兵随同陈师长复初进驻常德安民。等语。除电令搜剿余匪，务绝根株外，谨此奉闻。曹锟。支。印。

〔北洋政府陆军部档案〕

77. 李奎元报告所部进占株州密电

(1918年5月5日)①

特急。北京大总统、国务总理、参陆两部总次长，汉口曹宣抚使、殷军法处长钧鉴：正密。职师混成四十一二两团自冬日追至石潭舖，该逆仍顽强抵抗，拼命以逞，孤注一掷，枪炮交加，不能击退，继用白刃，始陷敌阵。各军援军陆续开到，该两团仍为先锋，血战两昼夜，于支日正午完全占领洙〔株〕州，乘胜进追该逆，势如破竹，现距洙〔株〕州已四十余里矣。是役伤亡官兵甚众，确数待查再陈。前敌副司令、陆军第十一师师长李奎元叩。咸。印。

〔北洋政府陆军部档案〕

---

① 系电报纸上注明的发电日期。电文中韵目代日“咸”字原有置疑号，当误。

78. 曹锟关于所部攻占攸县等地情形与国务院等往来电

（1918年5月）

（1）曹锟致国务院等电（5月7日）

千万火急。北京大总统、国务院钧鉴：参陆部、海军总长、步军统领、警察总监，盛京张督军，蚌埠倪督军，武昌王督军，南京李督军，南昌陈督军，太原阎督军，西安陈督军，开封赵督军，福州李督军，吉林孟督军，齐齐哈尔鲍督军，杭州杨督军，长沙张督军，琼州龙巡阅使，汉口抄送张检阅使，承德姜都统，张家口田都统，归化蔡都统，龙华卢会办，济南张帮办，宜昌吴总司令，宁夏马护军使，天津曹省长均鉴：据第五旅旅长张学颜江日电称：旅长冬日督队前进，行抵古路山前方，遇逆军约数千余人，当即督率所部奋勇进攻，敌亦猛力还击，相持至六小时之久，敌势不支，向攸县败退。我军追击十数里，当因天已昏黑，遂于鸭堑舖露营，严为戒备。江日早，仍督所部继续向攸县追击，行抵楼竹垄，复遇大股逆军顽强抵抗，我军仍复奋勇射击，所部士卒以携带子弹为数无多，均各袒衣露背，用白刃直冲，敌亦坚持抵抗，再接再励，士气愈奋，敌始退却，当命崔团尽力尾追。及至攸县，适值河对岸有多数逆军希图拆毁浮桥，该团官兵不顾枪火，纷纷窜入河中，徒步涉河，刺毙逆军无数，占据浮桥，余队绕进，敌向草市方面溃窜，遂于本日早十时将攸县完全克复。是役毙逆六七百名，伤者无算，夺获步枪、子弹及军用品等项，不计其数。并救出二路被俘官兵三百余员名。据土人云：二路被逆夺去之陆炮数尊，尚在攸县，现拟派员搜查。惟查攸县地形甚为卑下，四面受敌瞰制，二十里地以内无相宜地势可资防御。此次二路失利，不为无因。在此设防，极为困难。又据探报：茶陵尚有粤逆数千人。谨此电禀。又同时据第二混成旅旅长阎相文支日电称：冬日由衡山奉命，即令三团由温茅驲、三望冲等处驰赴石湾渡江，即于江日拂晓由石湾分两纵队向朱亭进攻，右纵队经铁头岭行抵大江桥，左纵队经樊家坳行抵大桥湾，均遇逆军，各方面皆有千余，确系敌之前进哨，奋力痛击，激战一时，将敌驱逐。我最左侧为防敌渡江起见，遂派兵两连为我左旁护队，行抵财山洲，遇敌一部，奋勇射击，白刃交加，敌势不支，纷纷溃退，我军尾追至铁炉坳，与我左纵队相各〔会〕，协同追击，行抵石坡、桑桥塔、小桥等处，遇敌之第二防御线，我军猛烈攻击，敌亦还击，彼此相持约有数时，始行击破，追至教波港、石门窑、界牌岭等处，为逆军第三防御线，抵抗数时之久，我军冲突数次，敌遂不支，分向醴陵、晥口方向退去。是日大雨倾盆，荆棘过膝，困难万状，各官兵奋不顾身，不避艰险，突破逆军防线三道，遂于午后七时将朱亭完全克复。是役毙敌无算，生擒数十名，夺获枪支、子弹亦不计其数，我军受伤排长一员，目兵阵亡三名，轻重伤十余名。特此电禀。各等情。查此次攸县复失，水陆隔方，不特我军陷入险境，即大局亦几牵动，幸仗国威，士卒用命，攸县、朱亭相继恢复，堪慰廑系。除仍饬设法追击以靖余孽外，谨此电闻。曹锟。阳。印。

（2）国务院等复曹锟密电（5月9日）

致汉口曹宣抚使电五月九日

汉口曹宣抚使鉴：辅密。阳电转陈张、阎两旅分别克复攸县、朱亭各情形，执事统驭有方，将士用命，殊深嘉慰，应即赏给银二万元，由执事商同张督酌量分配，以资鼓励。仍望转饬乘胜追击，用荡敌氛。特复。院、参陆部。佳。印。

〔北洋政府国务院档案〕

79．张宗昌报告所部攻占醴陵情形密电

（1918年5月7日）

北京大总统、国务院、参陆办公处钧鉴：正密。虞未电计达。顷复据报，职旅攻克醴陵，逆寇纷向泗汾、黄土岭退走，前后夺获野炮两尊，山炮十尊，其余军需品及子弹为数甚多。刻派贾团长率一支队，即于今午四时驰赴醴陵，加紧追击。宗昌仍率各部队即行前进。详情续报。旅长张宗昌叩。虞申。印。

万急。北京大总统、国务院、参陆办公处钧鉴：辅密。鱼酉电计邀垂察。昨晚宗昌选派部队向醴陵方面追击逆寇，顷据电报：今午十时到达醴陵，逆寇正在布置抵抗之际，当经奋力突击，歼毙甚多，逆势披靡，即向黄土岭地方且战且退，现正加紧追剿，醴陵即经职旅于今午完全克复。并夺获大炮两尊、子弹等项甚多。除详情续报及派兵前往以厚声援外，谨电驰陈。旅长张宗昌叩。虞未。印。

〔北洋政府国务院档案〕

80．曹锟关于第三师第六旅占领耒阳电

（1918年5月9日）

万飞急。北京大总统、总理钧鉴：参陆部、海军部，盛京张督军，蚌埠倪督军，武昌王督军，南京李督军，南昌陈督军，开封赵督军，杭州杨督军，太原阎督军，西安陈督军，吉林孟督军，齐齐哈尔鲍督军，长沙张督军，福州李督军，琼州龙巡阅使，承德姜都统，张家口田都统，归化蔡都统，龙华卢会办，济南张帮办，宜昌吴总司令鉴：据吴师长歌电称：职师第六旅张旅长福来率队于四日午后三点半完全克复耒阳，战况容另详报等语。谨此

电闻。曹锟。佳。印。

〔北洋政府陆军部档案〕

81．张敬尧为北军占领宝庆电

（1918年5月12日）

万万特飞急。北京大总统、国务总理、参陆部办公处、徐总司令，汉口曹宣抚使、张检阅使，武昌王督军钧鉴：据田司令树勋、陈统领德修电称：宝庆于本日早八点钟完全恢复，正在追击。尧已飞电，以得胜之兵急向文明项〔铺〕追剿，与三师第一旅①会师，直取祁阳，封锁逆氛，奠定湘局。详情另电禀呈。督军张敬尧叩。文未。印。

〔北洋政府陆军部档案〕

82．曹锟关于北军王旅占领祁阳等情密电

（1918年5月24日）

急。北京大总统、总理钧鉴：参陆部鉴：统密。据萧旅长耀南巧电称：据职旅陈团长德麟十六日报告：职团于十五日午前一时接派赴文明舖一带之密探报称：溃退文明舖之逆，已无踪迹，七师亦未抵文明舖，沙湾桥尚有溃逆千余人。等语。团长随决定先行驱逐沙湾桥之逆，以便威胁其侧背，使我军易于进攻。当令时营长全胜率该营全部及机枪两枝、山炮一门为前卫，团长率其余各部为本队，于本日黎明由骏公堆向沙湾桥搜索前进。既抵该处，逆已于本夜先向永州退却，已将各险要占领，并派队追击。旋奉王旅长通告，已将祁阳完全克复，逆寇均向永州溃退。并令职团派一大部进驻文明舖，探询第七师是否前进，及侦桥、吊井岭有

① 原文如此。

无溃退，其余进驻沙湾桥掩护祁阳右后侧。等因。遵即于十六日派时营附机枪两支、山炮一门进驻文明舖西防堵，严密搜索，以清匪氛。其职团第二营亦于昨日抵沙湾桥集合。各等语。除饬仍将前方情形随时报告外，谨先奉闻。等语。谨此奉闻。曹锟叩。敬。印。

〔北洋政府陆军部档案〕

83．张敬尧转报北军攻占益阳经过情形密电

（1918年6月10日）

急。北京国务院、参陆两部钧鉴：统密。窃查歌日克复益阳，已于青电陈明，谅承钧览。兹将据报战况转呈钧阅。据第四十四团魏团长清和报告：职团于肴日由宁乡出发，午后抵苍水舖宿营。接探报，逆首廖某率匪二千余名，裹胁土匪数千，盘踞益阳，到处抢掠。通益之大道上紧要地点，均有逆匪留聚。等语。当派第二营担任警戒，并对黄村特别注意。豪日，因后方连络重要，由第二营派出两连暂驻苍〔沧〕水舖，以资警戒，余由团长率领前进。午前七时左右，行至青山舖西北端，据土人报告，前面高地有匪数百人。正侦察间，匪忽向我射击，当即展开攻击，约一点余钟，匪势不支，纷纷向宁家舖北方溃退，本团旋整队伍追进。正午抵石头铺南方约三里地方，匪又在石头铺一带抵抗，我队展开前进，不顾损害，复经击退。三时进抵三里桥，适值敌军渡河未毕，团长即令充前卫之第一营立时展开攻敌，半渡逆党势甚慌张，我军乘机猛击，逆兵死伤百余，瞬间隔河逆军掩护射击，阻我前进，彼此隔河射击。时有居住益阳洋人二名来营，意欲调停。团长当告云，限廖逆于本日五点以前率其死党退出益城，即免炮击，否则决不顾惜等语。洋人去后，即令炮兵选定阵地，准备射击。六时以后，未接回报。团长思益阳商务繁盛，人民已受该党荼毒，若

再不分良莠，开炮轰击，良善人民，殊为可悯，因招集三里桥乡董，晓以大义，令其帮筹渡河之法。该乡董等亦因受廖逆扰乱，恨之刺骨，代觅小船十余只，于夜间三时开始渡河，歌日午前五时渡过未满一营，已为敌所发现，岸上及城上之逆，纷纷向我射击，幸我已渡过之第一营三连奋力攻击，掩护友军，又由我炮队加以猛击，逆军枪声始行沉默。七时以余，我团完全渡过，展开攻击。逆复于城上向我抵抗，未久即又离城向西北退及〔却〕。团长因兵力有限，且恐益阳城内仍有匪党藏匿，只得派第一营追击余匪，益城维持秩序，并侦察逆军退却情形。查明仍在距益阳二三十里地方。团长今仍竭力筹备，以便再行前进。等语。理合转呈，伏乞鉴核备案。张敬尧叩。蒸。印。

〔北洋政府陆军部档案〕

84．张宗昌关于吴佩孚与赵恒惕划界停战密电

（1918年6月19日）

公府军事处师处长转张检阅使钧鉴：辅密。巧电计邀垂察。顷准张湘督霰电开：接吴师长子玉咸电，略称：师长与赵恒惕交〔互〕商停战，国军划定地点，右翼自宝庆起至左翼茶陵止，其前线在黄公岭、大忠桥、洛山市、烟州湖、盐沙舖及茶陵、酃县交界一带，与〔不〕得资〔过〕廿里为度；南军划定地区，以【永】兴、桂阳、新【田】至宁远、零陵至左翼五〔武〕冈止，其前线在湖渡墟、斜移渡、南塘庙、关王庙、大河牖、田沙市、排泉市、老彭岭、冷水滩、尖山舖一带。以上地区，师长与赵恒惕接洽划定，考核尚无参差，应请电令左右两路军队遵守，以昭信实。至于停战期限，未敢擅定，应请宣抚使酌核。等语。特电转达。各等情。查昌部所属，系由钧座统制，停战与否，应听钧座指挥。除一面仍饬所部取攻势防御，相机冲取外，理合电陈，伏乞钧座迅示机宜，

俾有遵循。再，钧座由京旋汉，何时起节，尚祈先为电示。张宗昌叩。皓。印。

〔北洋政府零散军事档案汇集〕

85. 国务院等关于特派张怀芝吴佩孚为援粤总副司令密电稿

（1918年6月22日）

（1）致张作霖等密电稿

急。奉天张督军、天津徐司令、蚌埠倪巡阅使、南京李督军、江西陈督军、湖南张督军鉴：统密。本月二十日奉大总统令：特派张怀芝为援粤总司令，吴佩孚为援粤副司令等因。奉此。张总司令现在筹备一切，即日南下，所有奉、皖、苏三省前经拨赴湘、赣各军暨赣省调发援粤各该队伍，均著归张令司节制，以资调遣。至经过各省，凡关于后方接济事宜，并由各该督量予协助，庶军行无阻，粤事早日告宁，国家大局实所攸赖。望查照办理，并分饬知照。特达。院、参陆部。养。印。

（2）致陈光远密电稿

南昌陈督军：中密。皓电悉。赣南兵力单薄，自属实情。昨奉明令，特派张怀芝为援粤总司令，派吴佩孚为援粤副总令司等因。援粤军队，尚需重行编制，安武军业已编制在内。张总司令即日南下，道出九江，当与执事面商接洽。特先电复。即希查照。院、参陆部。养。印。

〔北洋政府参陆办公处档案〕

86. 李奎元报告所部攻占汉寿密电

（1918年6月23日）①

北京大总统、国务总理、参陆两部总次长钧鉴：统密。职师四十四团克复益阳后，遵命联络冯旅，向常德方向前进追击，已于寒日电禀在案。该团于六月二十日全力对② 汉寿逆军击退，完全占领，该逆全数已向桃源方向逃窜。现汉寿地方安静如常，谨此电禀。前敌副司令、陆军第十一师师长李奎元叩。□。□〔印〕。

〔北洋政府陆军部档案〕

87. 张怀芝就任援粤总司令密电

（1918年6月26日）

急。北京各部院、李步军统领、吴总监，天津曹经略使，除滇、黔、川、粤、桂外，各省督军、省长，蚌埠、琼州各巡阅使，龙华、宁夏各护军使，承德、归化、张家口各都统，厦门李总司令，宜昌吴总司令，军粮城徐副总司令，平和童副司令，衡州吴副司令均鉴：统密。本月智日恭奉明令，特派张怀芝为援粤总司令。此令。等因。并于养日准陆军部咨送木质援粤总司令之关防一颗前来，敬谨遵照启用关防，即日任事。芝以铨材，讴膺重寄，自维謭陋，实未敢承，祇□〔以〕大总统、总理训勉再三，更兼事关职志，时方艰棘，义无可芹〔辞〕，谨竭驽骀，勉供奔走，惟望诸公雅教，随时锡以帜□〔南针〕，俾有遵循，免滋陨越。特电奉达，

① 系电报纸上注明的发电时间。

② “对”字旁原有置疑号，似为“将”字之误。

敬布区区。张怀芝。有。印。

〔北洋政府陆军部档案〕

88. 范国璋报告所部在黄茅铺等地进攻刘建藩部获胜情形与国务院等往来密电

（1918年7月）

(1) 范国璋致国务院等密电（7月29日）

三份。北京国务院、参陆部，天津曹经略使，武昌王督军钧鉴：据卅九旅长张纪称：驻潭石团探得刘建藩党羽千余名在湘潭之南茶园诸、黄茅舖、花石等处，暗为联络逆匪，希图扰乱衡、潭。当由该团抽调步兵一营，机关【枪】一连，工兵一排，由陈营长德胜、团副李乐宾分往剿办，于文日搜索前进。午在黄茅舖西端遇敌，向我射击，我军复增兵力猛攻，别以一部抄袭其侧，敌渐不支，毙伤敌匪甚众。天将暮，因山路未便穷追。据土人云：敌军退至晓霞山。我军以两路分进围攻，以期剿尽根株。前卫尖队甫入山石，敌遂发枪，我军迎敌搜索，该山路狭峻，再到腹部，忽于山顶森林内敌枪齐放，前卫散开攀登便击，历点余钟，始达山顶。陈营长闻枪声杂乱，率兵来援，沿山而上，敌量力不及，由山背退下，李团副乘机饬所部登高发射追击，山峻，敌难急退，击毙数十名，因伤难行，被获数名，夺获枪八枝。击毙之敌，徽章皆湖南护国军零陵镇守使行营字样。并获风衣、刺刀及枪子弹三千余粒。我军追踪搜索，于删日在古岳峰地方，击毙敌匪十余名，获伤匪三名。次日，追往花石地方，渡河进剿。敌占据土岭，顽强抵抗，鏖战点余钟，敌向丛山窜匿。是夜，我军仍回花石宿营。又次日，陈营长督队往剿，在南木冲高山遇敌，我军占阵地，瞰制敌背，鏖战甚久，毙敌三十余名，生擒二名，获枪数枝，马匹一。查敌匪系刘建勋所率者。计迭败匪众，皆山路险峻，因离防甚远，不能穷追，而且各官兵在此酷暑炎天行山苦疲，乃暂憩，派探侦察，准备施行游击，以期绝其乱源。是役，我军伤兵三名，消耗步枪弹、机弹七千余粒。等因。呈报前来。理合电陈鉴核。师长范国璋叩。艳。印。

（2）国务院等复范国璋电（7月31日）

致岳州范师长电七月卅一日

岳州范师长：艳电据报驻潭石团所部在黄茅铺等处分剿刘建藩羽党获胜等情，官兵溽暑山行，奋勇克敌，至堪嘉尚。仍希搜剿余孽，以绝乱源。院、参陆部。卅一。印。

〔北洋政府国务院档案〕

89．军务司为陈复初报告所部在湘西转战情形并请安置被裁人员移付

（1918年7月30日）

军务司为移付事：据前陆军第十七师师长陈复初摺呈该师历来转战情形，暨位置已裁师部官佐办法，支领饷项总数等因到司，除分行军需司外，相应抄摺付请贵司查核办理可也。此付

军衡司　附抄摺

中华民国七年七月卅日

窃职师自奉令规复，由鄂西转战入湘，所有经过情形，节经电呈在案。惟此中曲折事实危难，有不能不缕呈钧部者：当职赴长阳收集旧部之时，正归、巴战事吃紧之日。张逆学济盘踞渔关，与黎天才联合一气，周逆则范负固常德，与程潜等遥为声援，而宜昌腹背受敌，荆沙势如累卵，稍纵即逝。且张逆在渔，逼近我军，若不首先芟刈，无以抽斧〔釜〕底之薪，即无以解荆沙之围，故旧部只收集两日，遂鼓勇与张逆一战。仰赖声威，张逆溃败。此

职第一次在长之接战情形也。迨张逆窜逃沅陵，荆沙之围既解，吴军得专力援川，职遂奉令施、常，规复湘西。甫抵澧县，王镇守使以兵力单薄，依违两可，虽曾联络感情，并未表明态度。职当与订攻守之同盟，誓休戚之攸共，劝速归诚中央，通电明心。接洽方已，周则范、田应诏等已率大队悍党占据鳌山前各险要，距澧县仅四十里，明知敌众我寡，一难当十，然思荷钧部知遇之深，万不能不舍身报国，背城一战。当即鼓励将士，商酌朱旅长泽黄分两路进攻，以六六、六八两团由临澧路攻鳌山侧面，以六五、六七两团由清化路攻鳌山正面，均于未晓时出敌不意，奋勇猛攻。甫卸征装，金戈遂接，喋血两昼之久。敌兵经此痛击，如鸟兽散。此职第二次在澧县之接战情形也。维时鳌山夺回，险要已得，适湘督停战之电飞来，职只得分饬前方各将士，就鳌山阵地停止进攻。并令派支队在河袱、陬溪一带扼守，预防敌人反攻。讵意朱旅长不照计划，误听浮言，中敌奸谋，被困重围。此时职在临澧，闻此警信，登即督兵驰援，行经距常城三十里之咋口坡地方，遇敌伏兵，重重围裹。职一面令六六、六八两团分头抵御，独率卫队冲锋入城，虽将朱旅长暨六六、六八两团官兵拔出漩涡，然出生入死，卫队精锐丧亡过半矣。先是职攻鳌山时，本奉有电令，十一师驻扎益阳军队助职攻常。正值常城危急，该师恰被湘督调援萍澧，预定之计划既已变更，后路空虚，故敌得乘隙分布重兵，前扼我吭，后控我背，兼以弹尽援绝，孤城坐困，力不能支，只得传令退却，在安乡、津市一带集合。当冲出东城，而朱旅长之子邦纪哭诉伊父尚未出城，职复率队冲入，杀退敌人，出朱于险。比再冲出，敌人云集，部属星散，前后断绝，只剩孤身，不得已绕道赴岳赴津。时势构成，非战之罪。此职在常德第三次之接战情形也。数月以来，转战湘西，常德一役，冲锋陷阵，内而谗人高张，外而饷弹告罄。处危疑震撼之秋，不惜生命以相搏者，一片赤诚，无非欲拥护中央，仰酬高厚耳。方赴省垣面恳张湘督，补充一切，并派员通知朱旅长与师部人员，会同办理。进行各事，因子弹与留守官兵有在沙市者，又赴宜昌谒吴总司令请示办法。正拟回南县师部简补士卒，尝胆卧薪，重整旗鼓，以雪会稽之耻，适奉明令，改编一旅，谨即转令朱旅长遵行。全部官兵闻令激昂，职当剀切传谕，勉尽服从天职，军心稍安。唯职师部官佐相从患难，颇著勤劳，可否交张督差遣，抑仍由职遣散，理合请示祇遵，以便收束。至于饷项，职师前虽奉有电令，规定月支十万，然只在吴总司令部领发一次，且此十万元，职未抵沙，已由朱旅长预支三万五千。至职到沙，虽领有七万五千元，然师、旅合同办公，只留洋五千，其余六万，随即发交朱旅长转发各团、营。嗣以购办军帽、军服、粮秣运输及各营预支，款项不足，陆续在吴总司令部借银一万，澧县借银一万六千，湘督署借银一万，总计职经手用款，迄今三阅月，不过十万六千元。彼时因师部款项支绌，匪特职以杀敌为事，不敢滥用一钱，即随职在师部办事各官佐，亦均以匈奴未灭，何以家为心，奔走骇汗，数月只领伙食，并未支一薪者，其义可嘉，其遇亦良苦。此则职对款项一途俯仰可告无愧者也。伏维职一军人，渥蒙优擢，自上年改编十七师，湘氛极恶，独挽狂澜，硝烟弹雨，九死一生，今岁奉令规复，由鄂西而湘西，血飞肉薄，手续未密，诚有一疏之过，而旁观挑拨，转来求全之毁，甚至有专事破坏，派员运动，藉快一己之私仇而作敌人之暗助者。职本不畏艰险，素淡权利，为大局而破家，而被难，而几致杀身，个人得失不足论，奈部属冒锋镝，蹈白刃，断脰揕胸，抵死相从，今竟成无家可归，转逊逆党之悠悠自得，贤否既无定评，是非益淆闻听，职固见而心寒，想亦非国家前途之福。至湘省现状，以职推测，总不外兵溃为匪，民穷为盗，此为近今一大病因。田亩丘墟，秋收无望，饥民流寇，星火燎原，此为将来一大乱因。湘南有国军镇摄，有赵镇守使招抚，或易就范。惟湘西自职部退后，现虽有冯旅驻常，而周、田之顽抗如故，张、谢之横梗如故，近张、谢等更拟有将辰沅上游划归黔省之谬议。若不速为剪除，分别剿抚，则滋蔓难图，恐将愈烦钧部之擘画。职叨庇荫于云天，筹桑梓之利害，既有所见，不敢缄默，披沥上陈，伏乞训示，是所祷叩。谨呈。

职陈复初谨呈

〔北洋政府陆军部档案〕

90. 熊希龄就湖南问题提出两项解决办法密电

（1918年8月21日）

致北京大总统、段总理电　八月二十一日

北京大总统、段总理钧鉴：华密。顷接湖南谭兼督皓电称：白庚携书，敬悉。中立态度，诚不可久，保湘不变局，尚有把握，今已过去无可言，惟有个人求退，三电皆未允，欲乞公更为代陈。弟留无益，清节早晚必去，不如即发表，尚有面子。至未交卸，自当负责，非不顾大局者。务望力赞，至恳。闿。皓。等因。查该兼督进退两难，熟权利害，龄本赞成。该兼督将省长一并脱卸，以免将来困厄，前经代为面陈钧座。惟近阅各报及湘中消息，两广因湘督易人，益生疑忌，主张激烈。陆巡阅使前曾电陈中央，谓此举更增西南恶感。沪报载张继与西报记者谈话，有陆使宣言，关于外交、国会等问题，渠不置喙，惟黎总统身命如有危险，湖南地方如被中央压迫，彼必主用武力等语。虽党人之言，未必尽实，然与陆使致中央之电，则似相符。希龄鉴于四川复辙，深恐兹事决裂，湖南实当其冲，乙丙之役，疮痍未复，金融之恐慌，盗贼之充斥，又加以水旱荒灾，人民困苦，不堪言状，岂能再罹兵祸，言念桑梓，实不忍立视其死。窃维中央当此内忧外患纷起交乘之际，亦宜审择缓急轻重，统筹兼顾，毋使火燎于原，范围太广，以致难于收拾。况北方水潦歉收，辫兵、土匪，在在堪虞，中央兵力多分则弱，不免有顾此失彼之忧。加以德奥宣战，前途祸福，关系国家存亡，即使举国一致，尚恐稍有疏虞，内乱复兴，宁有良果？故为政府计，无论如何困难，必须含容隐忍，委曲求全，以谋集合全国对外之力。希龄再四思惟，解决湖南目前问题，拟有挽救两项办法：一请中央定议，将湖南督军移驻岳州，省长仍驻长沙，专管民政，原有湘军两师分扎西南两路，长岳铁路不日可通，中央即有军事规划，督军驻岳，兼为援川各军后防，并无呼应不灵之处，照此变通，谭省长亦可设法挽留担任，两广亦可略释猜嫌；其二，则陆使态度稳健，虽有党人围迫，迄今未改宗旨，湖南事起，其部下必多激烈之论，陆使为保持内部计，不能不有前日之电，龄意中央与陆使正宜内外一致，可否将两广巡阅使改为湘粤巡阅使，以示开诚布公之意，而为釜底抽薪之计，则南北沟通，或有希望，而桑梓干戈，或可幸免矣！是否有当，敬乞钧裁。熊希龄叩。马。

〔熊希龄档案〕

91．张敬尧对吴佩孚坚决要求撤防表示无可奈何密电

（1918年8月25日）

十万火特急。北京大总统、国务总理、参陆两部，天津曹经略使，济南张总司令，蚌埠倪丹帅，军粮城张雨帅钧鉴：统密。顷接吴师长敬日通电，对于马电主张，坚持甚力，认为确非误解，并欲请将湘南防剿，责成敬尧自行担任，概将前线各军迅速撤回本省等因。查湘南防务，关系大局安危，至为重要。吴师长急于求和，志坚意决，恐系逆党所煽惑。除专电劝告并派员陈述利害外，谨当遵照中央计划并经略使养日电示，含苦忍□，力膺艰巨。时危势迫，敬祈不吝指示，俾有遵循，为盼为祷。张敬尧叩。有。印。

〔北洋政府陆军部档案〕

92. 吴佩孚力促中央对南方作出和平表示密电

（1918年8月28日）

万急。北京大总统钧鉴：徐菊老、王聘老、各部总长、步军统领，承德姜都统，保定曹经略使，武昌王督军，南昌陈督军，南京李督军，开封赵督军，西安陈督军，太原阎督军，吉林孟督军，黑龙江鲍督军，福州李督军，龙华卢护军使均鉴：统密。顷奉国务总理感电，略谓提议和平，恐南人要求过甚，终无和平之余地。当复一电，文曰：北京国务总理钧鉴：统密。感电敬悉。师训谆谆，责备綦严，但学生意旨所在，吾师有未尽悉者。前次长、岳失据，荆、襄独立，中央威信全失。在学生以新锐之旅，根据大总统拟亲自督师通电，伏阙请缨，衔命南下，故收战胜之效。此次衡、宝克复，已挽回中央威信，加以民困兵疲，不堪再用，故案据已电，呈请罢战，倡议和平，实出学生本心，既非受人嗾使，亦非被人愚弄，耿耿此心，天日可表。缘彼我之情既见，胜负之数难期，大势所趋，非和无以善其后，如果中央能顾念民生，俯顺舆论，开诚心布公道，法理持平，毅然为和平之表示，西南必当就我范围，实在学生把握之中。倘其间有一、二人逞其私意，要求过甚，则是理曲在彼，当为全国所共愤，学生一人，庸能独异？尔时将激励将士不介马而驰。在学生军人，素重服从命令，屡胜之余威，岂有中道畏葸之理？但不能逞一己之私意，置大局安危于不顾，置全国人心理于不问。吾师身任全局，当早见及。如蒙俯如所请，则南人不反担保十年，后如无效，学生以一师之力平之足矣。纵马革裹尸，义所不辞。郭汾阳单骑服回讫，以有信用故也。利害攸关，惟吾师详细而善处之，则大局幸甚。谨禀复。学生吴佩孚叩。勘。等语。国势至此，民主至此，内难不弭，国将不国，故不避饬责，一再直陈，诸大老伟略匡时，国命所托，敬乞力为斡旋，大局幸甚。临电惶悚，不胜叩祷。师长吴佩孚叩。俭。印。

〔北洋政府陆军部档案〕

93．陆军部为奉令撤销傅良佐周肇祥案咨

（1918年10月15日）

陆军部为咨行事：本月八日，承准院交东三省巡阅使电陈前湖南督军傅良佐、省长周肇祥，参画边防，不辞劳瘁，请撤销会审惩戒前案，当经本部据情转呈。兹于本月十一日奉大总统令开：傅良佐、周肇祥，均从宽准予撤销前案，以策后效。此令。等因。奉此。除分行外，相应抄录原呈咨行贵会查照可也。此咨

文官高等惩戒委员会

陆军总长　段芝贵

附抄原呈一件

中华民国七年十月十五日

呈为呈请事：本月八日，承准院交东三省巡阅使电开：窃荐贤所以为国，而略迹尤贵原心。查前湖南督军傅良佐、前湖南省长周肇祥，曾因案交军法会审暨文官惩戒会。嗣经作霖以该两员均系有用之材，电请参划边防，业蒙照准。该两员前次来东视察边务，不辞劳瘁，擘划精详，合无仰恳钧座转呈大总统，俯念该两员奉著贤劳，注销前案，以备驱策，俾资建树，无任屏营待命之至。等因。承准此。查该前湖南督军傅良佐、前湖南省长周肇祥，因公获罪，于本年二月五日奉大总统令：傅良佐著即组织军法会审审办，周肇祥著交文官高等惩戒委员会依法惩戒。兹既准称前因，查湖南督军傅良佐年力富强，才具尚堪任使，合无吁恳鸿施，从宽免究，以策后效。如蒙鉴允，其周肇祥一员，事同一律，可否饬下一并宽免之处，出自钧裁。伏候指令遵行。谨呈

大总统

陆军总长　段芝贵

中华民国七年十月　日

〔北洋政府文官高等惩戒委员会档案〕

94．程潜为息湘争请尽力提挈函

（1918年10月15日）

秉三先生阁下：日月不居，为别已来忽焉经岁。兵戈阻绝，笺候尚稽。引领关河，徒增郁结。秋高露迴，海气吹裾。缅想高怀，尤多逸趣。自湘战发生，迄今几岁，中间时有起伏，卒至相持。湘省被祸之烈，尤不忍言。数月以来，耳所闻者，皆嗟怨之音，目所接者，皆愁苦之状。此邦耆老，多有能言咸、同间事者，都谓无此惨剧。潜分属军人，心存故土，始无远虑，以遏戎机，既忽悠游，以张敌势，每一念至，愧死无地。顷者吴师长子玉，自谓惕于外患，颇以息争御侮为言，信使往还，于兹有日。而北廷选举，又复纷纭，意彼群阴尚谋构难，来日茫茫，未知所极。东海国之老成，此次贸然登台，殊非所料，想系因应时机，别有方略，否则，非国人之所望也。我公民国元勋，三湘硕望，当此横流之际，尚非独善之时，况夫盗贼之患，伏于肘腋，邱墓之地，陷于荆蓁，尤断非仁人君子之所能忍者耶？顷吴师长来电，态度似颇坚决。此间将士，亦颇希望和平。但求于根本上不至冲突，其他原可迁就。尤甚望我公提挈其间，庶几湘事可获圆满。而此次牺牲，不至全归无益，且冀事成之后，湘民尤有所托也。潜性刚才拙，与物多忤，忝附末契，时切倾怀，苟有所命，自当勉竭愚诚，以答平昔之稚。特遣胡参议学藩专诚趋谒，并陈述一切情形，尚恳屈尊纳见，辱而教之，幸甚！书不尽言，敬叩勋安不白。程潜敬启。十月十五日。

〔熊希龄档案〕

95. 国务院等关于奉谕加强战备密电

（1918年10月15日）①

致保定曹经略使等通电　十月十五日

急。保定曹经略使，奉天张巡阅使，蚌埠倪巡阅使，浦口王巡阅副使，济南张总司令，宜昌吴总司令，各省督军（除滇、黔、粤、桂、川），各特别区域都统，上海、宁夏护军使同鉴：统密。奉大总统谕：比者兵戈扰攘，累月经年，苦我人民，劳我将士。本大总统躬膺难〔艰〕巨，与国人相见以诚，如果西南悔祸，同我太平，自必悉予涵容，断无黩武穷兵之意。惟是时会多艰，潜谋难测，地方军备，亟应妥密布置，未可稍涉疏虞。各军政长官，久秉师千〔干〕，公诚夙著，当知地方为重，悉力以图，保乂首宜修明军纪，扼要设防，俾策应有资，缓急可恃。次则搜简军实，研练战术，虽在后方，无忘戒备，各致其力，各尽其责，固我军旅，即以巩我国基。其有盗匪鸱张，扰及秩序，应即督饬所部认真剿捕，勿任煽聚为悉〔要〕。至接壤之处，闲虞窜扰，并著会商邻省，各派劲旅，协力兜剿，务绝萌蘖。边省戒备，关系国防，尤应慎密筹维，悉心措注，以固疆圉。仍将筹划办理情形随时电呈察夺，是为至要。等因。遵此。奉达。院、参陆部。删。印。

〔北洋政府大总统府档案〕

96. 国务院等要前方军队仍守原防俟办法确定再行撤退密电稿

（1918年11月15日）

北京曹经略使、张总司令、奉军总司令部、倪巡阅使、吴总

---

① 此件无年代，据内容推断，当为1918年。

司令、王督军、陈督军鉴：（以上均用快邮代电）飞急。南京李督军、杭州杨督军、长沙张督军、福州李督军鉴：衡州吴师长、攸县张总指挥、长沙李师长、奉军张支队长、岳州范师长、赣州马总指挥、厦门童副司令、沙市王师长：统密。现在欧战将终，世界和平企日可望，外顾大势，内询国情，非域内早日息兵，则国际地位难保。倾危立至，遑论统一。利害相权，惟有开示真诚，以杜与国之责言，而促西南之反省。本日已有明令所有前敌在事各军队，均应一律撤退。各军远戍经年，至堪劳念。惟如何互相撤退，商酌办理，尚复需时，而各处土匪窃发，常多不靖，深恐蹈虚乘隙，或致妨碍秩序。前敌各军队，各有防地，应负责成，仍当恪守原防，维持现状，不得稍涉疏懈。一俟计划确定，再候命令，次第撤退。至湘、鄂、闽、赣各督所属军队，原有地方之责，应就现扎地点，认真防卫，庶期共保治安，无虞贻误。希即转饬遵照。奉谕特达。院、参陆部。删。印。

〔北洋政府参陆办公处档案〕

97．吴佩孚为拟订南北双方退兵办法六项与曹锟往来密电

（1918年11—12月）

（1）吴佩孚致曹锟密电（11月21日）

万火急。北京安武〔定〕门内炒豆胡同曹经略使钧鉴：捷密。两效电均敬悉。大总统删日罢战撤兵命令及院、参陆部删电，均已奉悉。当由师长及各旅长集议，以为本军祁、耒前线，早已与南军接洽，双方各缩退三十里，以表示和让之意，曾经于八月间彼此同时实行，南军和平诚意已可表见，我军不必再向祁、耒后方择地退扎，故〔致〕多一番周折。师长等审察前方现时之情况，计划湘局将来之万全，谨拟各军撤退手续如下：（一）在湘各军须先

后依次撤退，以免紊乱另生枝节；（二）张督军所部之第七师及其新成各营并奉军各旅，与第二路之苏鲁军，应由中央指定驻扎地点，作第一起先行撤退；（三）第七师及奉军、苏鲁军撤退时，在湘之桂、粤、滇、黔各军，即同时一律撤归本省。因其军队繁杂，早日撤回，不惟大有益于湘省，且便于责成桂、粤、滇、黔各督军分别速加整理、俾资就绪；（四）我第一路各队应作第二起径行退回直隶，便于回直后重加整顿，以备有用。我第一路撤退时，所遗各防地即令湘军接收填扎，因我军与湘军接洽已熟，且与湘民感情最深，决无意外危险；（五）湘军内容过于复杂，应请中央责成谭延闿认真刷洗，重加编组，俾就范围而维湘防，因谭办事老练，其资望又为湘人所敬重，且其省长尚未开缺，决能负完全责任；（六）第十一师及二十师并十六混成旅或令撤退，或留防湘地，请由中央裁夺。以上所拟撤兵手续，系为湘局妥策万全起见，仰恳我帅在大总统前密为禀陈，以期采纳，令示遵行，是所叩祷。谨此禀复。师长吴佩孚、旅长王承斌、萧耀南、张学颜、张福来同叩。马。印。

（2）吴佩孚致曹锟密电（11月26日）

万火急。北京安定门内炒豆胡同曹经略使钧鉴：捷密。昨奉漾电敬悉。所拟撤兵手续六项，已蒙转呈核夺，师长自应听候中央命令，敬谨遵行。在未撤退以前，对于湘南防务，仍然严密防范，期无贻误。昨接陆荣廷马电云：和议既决，双方军队同时撤退，极所赞同，李秀山、钱干臣诸君来电商酌退兵办法，亦将此意答复等语。又接岑春煊嘱转李秀督养电云：此间已电令前方各军恪守原防，静待解决。时至今日，非迅图和平，不足以挽此危局。钱干臣兄处亦去电通告。等语。复接程潜敬电云：须由双方先行撤防，始足以起国民之信。院、参陆部删电，对于撤防一节，已有表示，敝处亦迭电请军政府速定办法，以副厚意。等语。师长伏查期望和平，人同此心，心同此理，南军撤退，当易接洽，不至有所梗阻。谨此禀复，伏维洞鉴。师长吴佩孚叩。寝。印。

（3）吴佩孚致曹锟密电（11月29日）

特急。北京安定门内炒豆胡同曹经略使钧鉴：捷密。顷奉李秀帅感电云：谭组安担任湘事，得元首复电，已露允意，俟湘局稍定，可成事实等语。又接永州来电云：谭月波欲先将桂军撤退，为西南倡等语。又接岑西林勘电云：第三师及奉、苏、鲁各军撤退时，所有在湘之桂、粤、滇、黔各军，自当一律照退等语。由此观之，湘省方面双方退兵手续，当易接洽。谨此禀闻。师长吴佩孚叩。艳。印。

（4）吴佩孚致曹锟密电（12月1日）

百万火急。北京安定门内炒豆胡同曹经略使钧鉴：捷密。顷接陆荣廷艳电云：接钱总理翰电：双方商洽次第撤退，已经转电岑西林、滇唐督、川熊督、黔刘督查照。麾下拟订退兵办法六项，周详妥洽。第三项桂军同时撤退，极表赞同。现已电谭月波照商办法。湘军换防，希与谭组安就近相商。等语。又接程潜卅电云：中央既已明令撤防，此间奉军政府命令，亦表示此意。滇军盛旅全部已奉令即日退回粤境。陆干老亦令桂军退回桂边。至攸、醴、潭、宝各方面驻军，如定期撤退，均乞示知。等语。南军之诚心撤退，据此可以证明。师长以为双方撤防，实系和平入手第一要务：一为各军久劳于外，俱已疲困，早日撤归本省，得以稍事休息，且可重加整顿，以备外患；一为现在人心同趋和平，双方撤防，可以昭大信于全国，以安民心。并得于撤防后，双方公同会议，从容研究，法律问题，持平解决。仰乞我帅转请中央，迅速决定退兵办法，令示遵行为叩。谨此禀陈，伏维垂鉴。师长吴佩孚叩。东。印。

（5）曹锟致吴佩孚密电稿（12月5日）

急。衡州吴师长鉴：捷密。东电悉。当即与参陆办公处会商办法。兹拟将现在祁、耒之军队退驻衡州，在衡州之军队退驻衡山，均应作为准备，暂不实行，须由该师长察看南军确有实行撤退消息，据情报告本使，候令再行开拔。事关重要，务宜加意审慎。曹〇。歌。印。

（6）吴佩孚致曹锟密电（12月5日）

百万火急。北京安定门内炒豆胡同曹经略使钧鉴：捷密。歌电敬悉。南军撤退，表示同意，业经屡电禀呈钧鉴。承示将现在祁、耒之军队退驻衡州，并将在衡州之军队退驻衡山，其中实多碍难。查我第一路军队前线，右翼自祁阳经过常宁之北，左翼自耒阳、安仁止，延长六百里，足有三十营，衡州左右范围狭隘，何能容此许多队伍？祁、耒一带前线各队既不能退驻衡州，现在衡州之队亦不能退驻衡山，且何必如此节节缩退，空费周折，无裨实际。以师长之意，应令奉军开首先行撤退，以第七师及苏、鲁军继之，我第一路为最后。湘省南北防务，可变成湘军担任。其长、岳一带，毗连鄂界，可酌留十一师或二十师及十六混成旅担任防守。如此办法，不惟可以昭信于南军，且湘局亦可保无危险。若中央能令奉军先退，其在湘之桂、粤军即可同时撤回，师长情愿负责与其完全接洽。至我第一路各队撤退时，应即迳回直隶，不必节节停滞，以省手续而期便捷。谨掬管见，切实禀陈。伏乞我帅察纳，并请转商参陆办公处令示遵行为叩。师长吴佩孚叩。歌。印。

〔北洋政府参陆办公处档案〕

98. 吴佩孚表示赞同和平主旨函

（1918年11月　日）①

秉翁先生尊鉴：梅、施二君来衡，捧诵大札，吾公忧国忧民之心，溢于言表，感佩交萦。窃维民国开幕以来，七载有余，以言内政，上无道揆，下无法守，政治废弛，纲纪荡然，频年用武，萑苻遍地，生民涂炭，闾里为墟；以言外交，主权常被束缚，公理屈于强权，龙口登岸，蹂我领土，满洲出兵，受人支配，其他种种辱国失权，毋庸赘举。其所以能苟延至今者，因数年来欧战未休之故耳。今者欧战既终，若仍以阋墙细故争持不已，贻人口实，欲不为埃及、印度，恐不能也。幸吾公倡议和平，霹雳一声，全国皆春，从此畛域无分，大局底定，吾公之勋伟矣。佩虽不敏，惟有竭力维持，以叨附骥之荣。但盼斯会早日成立，庶免别生枝节，是所翘企。再，佩前于干戈扰攘之时，提倡局部和平，联衔通电，恳请罢战，明知有冒不韪，乃因和机已至，不得不尔。但佩素本无才，惟知正谊，不敢谋利，尊函所云淡泊明志，尊崇正义，至理名言，敢不服膺。一俟和平解决，即行率队北旋，以达初志。其他详情，已请施君代为转陈。肃此奉复。敬颂崇绥。

吴佩孚谨肃

〔熊希龄档案〕

99. 熊希龄以湘争未决建议召集耆贤讨论国是函

（1918年　月　日）

大总统钧座：窃维政治以不平而争，人情以不谅而怨，信用

① 此件无月日，据内容推断，当为11月。

以不固而疑，谋国者苟能一秉大公，而又明于古今中外之治理，习于南北东西之状况，则如庖丁解牛，自无不奏刀砉之理。否则，差之毫厘，失之千里，本求善因，乃得恶果，孟子所谓徒善不足以为政、徒法不足以自行也。此次中央地方之冲突，固由于谣言播弄，不免彼此滋疑，然亦由于处置乖方，以致始终莫保。果其当机立断，应付适宜，勿虞勿诈，能发能收，何至兵端屡启，解决为难。虽有智慧，不如乘势，虽有镃基，不如待时，成败利钝之故，亦在知几〔机〕而已矣。项城于叙州克复之时，不知取消帝制；合肥于衡山得手之时，不知罢兵招抚；黄陂于对德绝交之时，不知疏通议会，共同主战；督军团于称兵犯阙之时，不知要求国会，改定宪法，而皆一意孤行，坚持成见，趋于极端，知进而不知退，知守而不知亡，其失几〔机〕也必矣。今胡景翼忽变于陕西，冯玉祥又踞于武穴，内溃无已，幻影重重。自古国家每值中央势力渐失之时，人人生心，各怀异志，希有所逞，以遂私图。目前大势，几如汉末袁、曹之局，若不知几〔机〕立即改图，将有至于不忍言者矣。希龄于合肥主战之时，函电双方，力主和平解决。继因北系破裂，和战纷纭，遂亦缄口结舌，不敢再参末议。今值风云变幻，愈出愈奇，成败之机，间不容发，万一无可收拾，则国基实由钧座而堕，此前日寒电所以复申前议也。务望钧座俯鉴人民呼吁之忱，勿为孤注一掷之举。趁此北方多故，根本动摇，湘、鄂停战，和机已兆，适可而止，正当其时。时不可失，知机之神，是在钧座之毅然果断也。抑希龄尤有进者：国家大事，重在集思广益，以尧、舜之仁圣，尚咨四岳；以前清之专制，尚集六部九卿御前会议。钧座自事变以来，主和主战，纯以个人与南北各方电文直接，独当其冲，非仅自失尊严，抑且无可圆转。而国家耆旧，亦皆立于旁观地位，直若国之兴亡，与己无关，此真古今中外之所罕闻也。昔项城疏弃老成，黄陂溺信近习，日与无知狂妄少年密谋国政，以致全国士夫离心离德，一蹶而不能振。钧座当以为前车之戒，宜于是时召集耆贤讨论国是，以示大公，以决大疑，以定大计，虽属为时已迟，然亦亡羊补牢，未为晚也。希龄北顾幽燕，灾黎满目，南瞻桑梓，烽火惊心，此中困苦，实痛痒之相关，天下兴亡，更匹夫之有责。敢贡愚忱，伏求深省，不胜悚惶待命之至。顾问熊希龄谨呈。

〔熊希龄档案〕

二、安武军入湘出湘

1．倪嗣冲派安武军二十营赴湘参战密电

（1917年10—11月）

（1）复陆军部密电（10月17日）

北京陆军部鉴：辅密。筱电敬悉。敝军饬令缓发，命令所在，自当祇遵。惟查湘南叛变、桂、粤出兵之说，远近喧传，川省又复决裂，西南战事，万难避免，大局所关，岂能坐视！皖省安武军八路之变，业经严重办理。近观各路情形，兵心异常稳固。定武军自改编新安武军之后，颇能服从命令，旬日以来，发辫已一律剪去。默察情形，万无他虞。现拟筹备二十营，听候调遣，一经大部征集，立即可以出发。特此电闻。倪嗣冲。筱。印。

（2）致陆军部密电（10月20日）

急。北京陆军部鉴：正密。号电谅达。敝处援湘军队，既准出发，以嗣冲愚见，必须派出二十营，方能独当一面，缓急可恃。现派安武军十营、炮队两连，由二路统领李传业充任司令，先行陆续开拔。另挑派新编安武军十营、炮队一营，由五路统领

陈德修充任副司令。该统领现来蚌埠，力愿担任，大约于本月廿五以后，即可开拔。该路出发军队，除由宿、徐一带乘车赴汉外，其太平五营、大通一营，应需招商大轮两只，以便装运，乞速知照交通部筹备。并盼赐复。倪嗣冲。号。印。

（3）致大总统等密电（10月22日）

特万急。北京大总统、段总理钧鉴；陆军部鉴：正密。前奉部令开拔十营、炮队一营赴湘援剿，当□〔此〕西南决裂，桂、粤军队业已节节北犯，湘省异常吃紧，仅派十营，于作战布置，尚不能独当一面，因于安武军挑选步队马联芬、顾守绪、孔繁义、陈发标、马祥斌、杨克颖、高世读、李荣标、孙得山、来聘三等十营，于新安武军内挑选陈德圻、赵庭恩、萧保琳、张青□、高□傑、侯元胜、倪占魁、李文胜等八营，并炮营吴文胜一营，计共步、炮十九营，派安武军第二路统领李传业为司令官，新编安武军第五路统领陈慕〔德〕修为副司令官，谘议张□为行营参谋，朱绍臣为前敌行营营务处，陶熔为汉口兵站司令，吴庚为长沙兵站司令，即日筹备周妥。计由临淮、蚌埠、宿州乘车赴汉者，本日开车两列，□① 日开车四列，敬日开车两列，至长沙集合。其新编安武军之陈、张、侯、倪、李等六营，须由采石镇、大通两处乘船开往，乞速转交通部电饬招商局赶派大轮两只，以便装运，万勿迟延，至盼至祷。设若湖南紧急，嗣冲于一月以后，将皖省防务布置周妥，尚能筹备步队二十营、炮队一营，由嗣冲亲自督带赴湘援剿。合并奉闻。倪嗣冲。养。印。

（4）致陆军部密电（11月5日）

北京陆军部鉴：正密。本军援湘步队共十九营，炮队仅一

① 此处原缺，当为“梗”字或“漾”字。

营。查湘地多山，炮队缘属重要，若分路进攻，只炮队一营，实不敷用。拟加派炮队两连、雷电队一队，定于鱼日出发。再，此次赴湘，共募输送队一千五百名，前方来电，尚不敷用，须添招五百名，已于本月一号成立，共计二千名。特电贵部查照。倪嗣冲。微。印。

（5）复陆军部密电（11月9日）

北京陆军部鉴：正密。庚电敬悉，应即遵办。惟嗣冲前电预备廿营之说，系为亲往督师起见，其现在情形而论，西南既经决裂，彼党自知实力未充，难即取胜，是以派遣党众，意在扰我长江，以图牵制。迭接报告，刻下皖省匪党正在积极进行，嗣冲暂难远离。至湘省方面，敝军既认左翼，无须续派营队若干，似亦只能专顾左路，以期一气贯注，断不能兼任中、右，致涉纷岐。揣度情形，再行续派十营，足敷应用，已饬新编安武军之徐州五营、宿州五营，预备开拔矣。现在衡、永吃紧，闻中央续派援湘军队，除山西一旅已经到防外，其直隶一旅正在开拔，第七师一旅亦正在预备开拔，汉口车船只有此数，前此续派赴湘之炮队两队，尚在汉口候，不克成行。现即敝军立时开拔待命，中途拥挤，妨碍直隶及七师各旅不能前进，反□〔于〕衡、永前方军务，有损无益。拟俟各该旅开拔完，再行出发。是否有当，即希卓裁。倪嗣冲。佳。印。

〔北洋政府陆军部档案〕

2．陆军部请倪嗣冲拨兵十一营“援湘”密电稿

（1917年10月19日）

蚌埠倪督军鉴：辅密。筱、巧电均悉。仗义济师，关怀全局，

极所佩仰。即请先拨步十营、炮一营，火速赴湘，需款当即照发，已知照交部照备车船矣。陆军部。皓。印。

〔北洋政府陆军部档案〕

3. 陈幹报告安武军“援湘”营数主官等情密电

（1917年10月27日）

北京陆军部徐次长钧鉴：烟密。一、安武军及定武军合编二十营援湘，正司令李传业，系倪督旧人，自辛亥以来，迭立战绩；副司令陈德修，为前督张勋提拔，人颇狡黠。该军原驻太平，闻由水路赴湘。李绍臣充执法官，此人即前在天坛统兵者，闻其与李传业为宗家，想倪督用人必有斟酌也。二、报纸载，吉林有不稳消息，事如确实，京津路线，千乞注意。三、幹拟赴济小作勾留，各方情形或得仿佛也。幹叩。沁。

〔北洋政府陆军部档案〕

4. 傅良佐等报告安武军进占攸县电

（1917年11月12日）

北京大总统、国务院、参陆部钧鉴：顷据醴陵安武军高帮统世读真电内称：八号由新市与叛军迭次血战，经两昼夜之久，叛军溃散，于十号八点将攸县完全克复。计生擒连长一人，叛兵二十余人，毙步队连长、排长两人，伤毙叛兵百余人，夺获机关枪七杆，步枪卅余支．军用器械多件。等语。此次该军异常奋勇，连夺山头，克复攸县，实堪嘉尚。除拟将出力官长另行请奖外，已赏目兵等一万元，以资鼓励。并电令安武军李司令传业转饬办理。谨此电陈。良佐、汝贤、国璋。文。印。

〔北洋政府陆军部档案〕

5．倪嗣冲请增兵湘西及闽赣同时出兵攻粤与国务院等往来密电

（1917年11月）

（1）倪嗣冲密电（11月12日）

万急。北京段总理钧鉴：正密。顷准福建李督军真电，内开：接莫会办尤电称：程辞，李怯，陈因盘踞，拟以陆任大元帅，兼督军，而自率重兵寇潮，非由钧处再调后援，并分电赣、湘、琼崖同时发动，使彼备多力分，恐难得手等语。查湘省方面，中、左两路甫有捷音，而西面再有疏虞，不惟闽省岌岌可危，亟恐凶焰益张，累及大局。务恳速派得力军队星驰湘西，以壮声援。一面迅电赣省，急由韶州方面进攻广州，而以琼崖龙军由后抄袭，通力合作，庶克有济。否则，优柔不决，纵敌贻害，大局前途，不堪设想，千钧一发，正在此时。伏乞钧鉴施行。不胜惶急待命之至。倪嗣冲。文。印

（2）国务院复密电（11月14日）

蚌埠倪督军鉴：正密。文两电悉。贵军援湘，于攸县克敌，顷据傅督转报：攸已克复，深堪嘉慰。湘西增队，闽、赣出兵，极佩荩画。商、阎两旅暨七师吴旅长先后赴湘，兵力已渐加厚。现催赣军即出庾岭，冯玉祥即率全旅赴闽，决不优柔纵敌。祈纾廑系。院、部。寒。印。

〔北洋政府国务院档案〕

6. 倪嗣冲请准皖军由赣撤退密电

（1917年11月23日）

万火急。北京大总统、参陆两部钧鉴：中密。祃电谅达钧览。顷据李司令传业祃电称，适接镇署黄参谋长报称，本日请① 敌军到老关会议，迄未前来，但凭车手传语：一、借赣地卅里与我军作战，二、请解除我军武装。两条件，当即答复拒绝等语。查皖军在萍所以不遽撤退者，原为会同方使〔便〕防守赣边，今方使既与敌军接洽，不犯赣境，已无防守之必要，且恐皖军在萍为敌军所注意，反于赣边和平有碍。况方使与敌军信谊往还，络绎不绝，皖军安军客居，又不能不严密设防，万一稍有误会，诚恐贻误匪轻。思维至开〔再〕，惟有仰恳大总统命令，饬皖军即日由赣撤退。如果和议决裂，合力作战，再行听候调遣，赴汤蹈火，所不敢辞。临时依驰，伏乞钧鉴训示祗遵。倪嗣冲叩。漾。印。

〔北洋政府陆军部档案〕

7. 倪嗣冲主张速颁对南征讨明令电②

（1918年1月15日）

蚌埠倪督军来咸字电

愿悉。谋定后动，至佩。惟各省请求先发征讨明令者，一以下级军官暨士兵自停战命下，均知中央主和，士气因之不振，非有明令，难期激扬，一以宁、赣主和，非切实宣布，则宁、赣势难转圜。宁、赣参差，不惟受人以隙，益专肆其播弄，而军队出

① “请”字旁原有置疑号。

② 系陆军部来电摘要。

发先有后顾之忧，亦恐难操胜算，非敢对于中央先存忆〔？〕诈之见也。三公热诚为国，务乞夹辅元首，速定大计，国家安危，在此一举。临电依驰，伫候明教。

〔北洋政府陆军部档案〕

8. 倪嗣冲就皖军由赣出击以援应岳州陈述己见密电

（1918年1月25日）

急。北京参陆两部钧鉴：正密。敬电奉悉。岳州被敌围攻，势在垂危，饬敝军由赣袭击，以分敌势，伟画极佩，命令所在，尤宜遵行。惟其中为难情形，尤不得不缕陈于大部者。查敝军到赣以后，即奉元首电令，饬令协防赣边，既曰协防，则赣主我客，情势显然。据报鄂省迭电赣督，请派兵至鄂赣交界之天岳关协力抵御，赣督未派一兵，致该关现为敌军占据。尊电谓已电赣督饬修水驻兵由天岳关出击，能否遵令前进，实不可知，万一赣省主军始终不动，专恃客军应敌，幸而获胜，或可支持，万一稍有挫折，何恃以为援应？大部总绾戎符，当有万全之策。嗣冲愚见，拟恳先饬赣省火速进击，俟赣督已抵战地，敝军应即分道继进，以壮声援。否则，应俟第二路军队到赣，再行联合进攻。是否有当，伏乞卓裁示遵。倪嗣冲。有。印。

〔北洋政府陆军部档案〕

9. 倪嗣冲拟派马联甲为总指挥率皖军入湘密电

（1918年5月4日）

急。北京国务院、参陆两部钧鉴：正密。东电敬悉。进攻醴、攸，预筹赣防，荩筹周密，钦服莫名。饬调皖军混成一旅，自应遵照筹备出发，惟念用兵之道，必须团结一气，指臂相联，乃收首击尾应之效。此次第二路失败，原因不一，而杂凑成军，尤其弊害之显著者。嗣冲愚见，皖省仅拨一旅，正恐复蹈前辙。现拟抽调步兵十四营，炮兵两营，由马镇守使联甲率往，即任该使为总指挥官，俾得独当一面，免受他军牵制。现正招募输送队，克日出发。先此复陈，伏乞钧鉴训示施行。倪嗣冲。支。印。

〔北洋政府陆军部档案〕

10. 倪嗣冲为命李传业等部迅赴前敌密电

（1918年5月6日）

急。北京国务院、参陆两部钧鉴：正密。顷据李司令传业由袁州电称：现在袁收集军队，略已就绪，已挑选奋勇一千名，归并子弹，于六号晨开赴萍乡堵逆军东窜，相机反攻。高支队长世读率所部数营，继续前进，以资援应。其受伤官兵及无子弹兵士，俟子弹运到，再行续进。等语。除饬该司令等激励将士迅赴前敌，带罪图功外，特肃呈报。敬祈鉴察。倪嗣冲叩。鱼。印。

〔北洋政府陆军部档案〕

11. 国务院等要倪嗣冲勿令安武军李部退往萍乡等情密电稿

（1918年5月27日）

特急。蚌埠倪督军鉴：辅密。湘张督电称：近值逆军反攻耒阳，祁阳亦甚危急，各处吃紧，无不频来告急。尧于无法之中，勉将省城军队编为混成一旅，令吴旅长新田率领，将第二路各部队带赴攸、安，以接二师之防，抽出部队进援耒、祁。各队正遵令进行之际，顷接施师长、吴旅长电称：安武军李统领所部忽奉丹帅电饬，直退萍乡。等语。一部如是，他部必将观望不前，实于湘局前途，大有关碍，五中焦急，莫知所从。务恳飞电丹帅，仍饬李统领照尧计划，一致进行，分头向草市、小集搜索一、二两路间之溃匪，以免死灰复燃。丹帅素日爱国爱群，如察知前项情形，谅亦不忍出此。等因。查耒、祁紧急，三师又须亟回原防，二路攸、安等处，搜索余匪，李部正资得力。张督电称各节，系属实情。希即查酌办理见复，并迳电张督知照。院、参陆部。感。印。

〔北洋政府参陆办公处档案〕

12. 张敬尧挽留在湘皖军陈德修部电①

(1918年8月7日)

长沙张督军耒阳字电

□电悉。承询援湘陈副司令所部军队，可否令该部拨调回皖等因。湘省防务，自奉军撤退后，尧不得已即令所部军队分防各处，兵单地广，已虞不及，幸有陈部驻湘，军民欢洽，足资倚畀。若再令陈部撤回，倘有缓急，远拨无济，危险何堪设想。务恳主持转达倪督，暂准免调陈部离湘，不胜感祷。再，该队薪饷，仍请特别维持，以固兵心。

〔北洋政府陆军部档案〕

13. 倪嗣冲为所部入赣进止计划与国务院等往来密电

(1918年8月)

(1) 倪嗣冲致国务院等密电(8月25日)

北京国务院、参陆部钧鉴：统密。敬电奉悉。闽省右路稍却，

① 系陆军部来电摘要。

厦、漳震动，闻之异常焦灼。敝军饬移安远、寻邬，遥作声势，自当遵照办理。惟念张总司令原定计划，皖军系由信丰直出龙南，与中、左两路联络前进。安远、寻邬偏在赣东，似于原定计划稍有变易，拟请俟张总司令驰抵赣州，通盘筹划，再行分饬遵照。特肃复陈，伏乞鉴察。倪嗣冲。有。印。

〔北洋政府国务院档案〕

（2）国务院等复倪嗣冲密电稿（8月27日）

蚌埠倪巡阅使鉴：统密。有电悉。安武军饬移安远一带，既嫌与原定计划变更，或仍令迳出龙南，未为不可。惟俟至张总司令驰抵赣州，方令前进，进行恐涉过缓。此时闽军右翼情形颇急，如安武军一经出动，便可与闽军遥作声势，该路敌势必可稍松。顷准张总司令有电，敬电所称各节，已转电执事商办。如何之处，希即酌夺办理。并盼复。院、参陆部。感。印。

〔北洋政府参陆办公处档案〕

14．国务院等要安武军出龙川遥作闽军声援密电稿

（1918年8月27日）

急。厦门李总司令鉴：统密。有电悉。以安武军出龙川，直捣惠州一节，前准莫镇使来电，已转电张总司令暨倪督军查酌办理。并以该军如不能遽进龙川，或先由赣州移扎安远、寻邬，闽省右路逆势必可稍松。等语。分电去后，准倪督电复，皖军原议由信丰直出龙南，与中、左两路联络前进，安远、寻邬偏在赣东，似于原定计划，稍有变更。拟俟张总司令驰抵赣州，通盘筹划，再饬遵照。等语。顷复接张总司令来电，已电倪督商办等语前来。除仍电复应令该军酌进遥作闽军声势外，特电复查照。院、参陆部。感。印。

〔北洋政府参陆办公处档案〕

15. 倪嗣冲关于安武军自赣撤退计划函

（1918年11月29日）

敬复者：顷奉感电，敬悉种切。退兵计划，敝军奉准撤至樟树、临江，当经电行马总指挥联甲去后。兹接该总指挥宥电称：前敌我军撤退次第，已经派定，除炮营原船于二十五日陆续由赣退回樟树外，在赣州者分八次续退：第一次为卫队营与各马匹，第二次为第二支队之三营半，第三次为输送第三大队。此三次于二十六日起逐日开拔。第四次为第五支队五营，第五次为输送第二大队。此两次于三十日起逐日开拔。第六次为第三支队五营，第七、八两次为第一支队五营与机关枪、工程各连队。此三次于下月三日起隔日开拔。至输送第四大队及兵站、辎重，俟各队营开拔既竣，最后退回万安。南良口地方，有第二支队之一营两哨，候本队三营归途经过，随同撤退。其驻万安之第四支队四营，于二十八开拔。至第四支队之第五营，俟赣州、万安两处尽退后，然后撤还。职亦率同所部员司相继回樟。我军驻樟树者为第一第五两支队，其第二第四两支队，则退驻临江，第三支队退驻临江境之删湖地方。谨将退兵次第与退驻地点详细呈明，用释钧注。等语。特此奉复，敬希鉴核转呈为幸。此致

参陆办公处

倪嗣冲谨启

中华民国七年十一月二十九日

〔北洋政府参陆办公处档案〕

16. 国务院等责成张敬尧派所部接防安武军等原有防地密电稿

（1918年12月5日）①

长沙张督军鉴：统密。各电悉。湘省前线防务，须由该督所部军队担任，以免授人口实，是为中央确定计划。该督身任湘局，务当勉为其难，将所部妥为分拨担任。现在前线各军，既已退至后方，长沙兵力较厚，该督所部自可调防前线，所请以十八团接安仁之防，与中央计划不符，即由该督另筹办理。再，现在驻赣之安武军，业经退驻樟树，在湘之安武军陈德修六营，亦应退驻后方，其前线防务，即由田镇使所部接防，应由该督筹定退驻地点，分饬遵照，一面迅速电复为要。奉谕特达。院、参陆部。歌。印。

〔北洋政府参陆办公处档案〕

17. 倪嗣冲为陈德修开脱并请免于处分电

（1920年6月28日）②

蚌埠倪嗣冲勘电　六月廿八日

北京大总统钧鉴：统密。恭读明令：陈德修当湘省换防之际，逗留皖省，畏葸不前，致该军闻风而靡，著先行褫夺军职官勋，交陆军部按法惩办等因，仰见我大总统整顿戎行、申明纪律之至意。嗣冲治军无状，同切悚惶，何敢再渎请。惟经过事实，不无一线可原者，谨为我大总统缕晰陈之。查财政部欠发饷款已至五阅月

① 此件无年代，据内容推断，当为1918年。

② 此件无年代，据内容推断，当为1920年。

之多，陈部在湘应需行军各费，原由湘督承认，既又不能按月支付，财政部虽允代筹，亦终未给分文。陈德修因需饷之故，未〔来〕皖坐索。嗣冲迭电财政部请领，不惟未蒙支发，抑且杳无复音。迨湘事已棘，百计搜罗，始为筹款数万元，交陈德修赶赴湘省，而已无及矣。此种情形，前曾电明院、部，请予转呈，谅在我大总统洞鉴之中。况湘省军队，共驻数万人之多，纷纷退却，不克支持，陈部仅止五营，饷弹又复不足，似万难留当大敌屹立不摇。昨准王巡阅使电开：陈部现饬驻嘉鱼，纪律井然，地方赖以镇慑等语，似尤非有心退避者可比。合无仰恳恩施，曲加宽宥，俾图后效而盖前愆之处，出自高厚鸿慈。谨肃电呈，伏乞钧鉴训示。倪嗣冲叩。勘。印。

〔北洋政府参陆办公处档案〕

三、冯旅从“援闽”到“援湘”

1．冯玉祥为所部奉命援闽抵浦待运密电

（1917年12月7日）

万急。北京总统府、参陆部钧鉴：正密。鱼电谨悉。当即派员与饶总司令接洽。惟靖安舰刻仍无抵浦消息。屡接闽督来电，共舰四支，专司运输本旅之用，并派有专司曹副官等经理此事。据该员云：十二号该舰方能抵沪，共四舰，一名靖安，约容六七百人，一名建新，约容五六百人，一福康、福丰二支，共约容六百人，往返赴闽，约七日航程云云。职照此计划，已将全部编成五混成梯队，每梯队每次航运约一千八百人，共五次，约四十余日即可运毕。现一切已预备妥协，专候船到即行出发。闽防危急，关系全局，恨难飞渡，焦灼万分。现宜①一日数电闽督，催促船

①“宜”字旁原有置疑号。

只，并派数起□员在沪守候。惟奉钧电，以靖安舰已由海部转饬到浦，以备装运，并令务于初十日以前搭载前往，等因。届时如该舰不到，或容量过少，可否由旱路出发，经沪、杭路假道浙省，驰往增援。再，靖安舰一支驶浦，其他建新、福康、福丰三舰，可否饬其一并来浦。如靖安舰单独运输，每次约六百人之谱，需三个月之久方克运毕。况每次兵单力微，虽运抵闽地，恐于战事无补。究应如何办法，统祈一并电示祗遵。仍示急电闽督转饬靖安等舰星夜驶浦，以便早日开拔为祷。旅长冯玉祥叩。虞。印。

〔北洋政府陆军部档案〕

2. 张树声等否认邱斌漾电借用名义通电

（1917年12月27日）

万急。北京大总统、国务总理、参战督办、各部总长，福州李督军，天津曹督军，南京李督军，开封赵督军，济南张督军、张会办，太原阎督军，陕西陈督军，武昌王督军，奉天张督军，吉林孟督军，齐齐哈尔鲍督军，蚌埠倪督军，南昌陈督军，杭州杨督军，热河姜都统，绥远蔡都统，察哈尔田都统，上海淞沪护军使，各镇守使，各师、旅长钧鉴；北京、天津、上海、汉口各报馆均鉴：顷阅报载，职旅前参谋长邱斌漾日通电，暨由福州督署抄寄职等联名漾电一通，其中措词，同一荒谬，职等概不知情，殊堪诧异。查邱斌利欲熏心，升官念切，精神昏乱，动失常态。自其到差以来，每遇团长缺出，极力营谋，所谋不遂，辄多怨怼悻悻之词，何足轻重。及职旅招募补充三大队，伊未获充任总指挥官，遂多方造谣，设计破坏，用秘密之挑拨，置大局于不顾。后经觉察，鬼蜮毕露，全旅官兵，愤懊已极。冯旅长恐肇事端，当于本月十四日准其长假，回籍休养。伊竟野心不死，复于离职之后，今①用旅参谋长名义，通电中央及各省。并盗职等名义，联电闽督，信口诬蔑，无所不至。损他人之名誉，快一己之私愤。由此类推，难保不别生枝节。职等惟长官之命令是从，向无联名通电情事。嗣后再有假借名义通电者，职等概不负责。特电声明，幸勿为所惑是荷。陆军第十六混成旅参谋长张树声，团长邹心镜、董世禄、蒋鸿遇、李鸣钟，团附吴树荣、韩占元、刘恩泽，参谋官刘骥，军法官薛笃弼，营长孙良臣、张维玺、刘郁颤〔芬〕、宋哲元、鹿钟雹〔麟〕、李云龙、胡垂〔庆〕赓、张吉士、李抃富、张之江、谷良友、王国裕、赵席聘同叩。感。印。

〔北洋政府陆军部档案〕

3. 冯玉祥报告所部分五批运汉口密电

（1918年1月28日）

十万急。北京国务院、参陆部钧鉴：正密。职旅现定第一梯队于廿九日出发，第二梯队于卅日出发，第三梯队于二月一日出发，第四梯队于二日出发，第五梯队于四日出发，□□〔官佐〕目兵夫共计九千五百五十三员名。惟炮队及机关枪之骡马六百余匹，难由船运，请速转知交通部迅饬津浦路预备两列车，每列三等车一辆，卅吨铁棚车七辆，运马车二十三辆，两列共六十二辆，迅速来浦，以便于卅一日或二月一日由浦开车，至徐州转陇海、京汉路至汉口。如何之处，伏乞电示祗遵。旅长冯玉祥叩。俭。印。

〔北洋政府陆军部档案〕

①"今"字旁原有置疑号。

4. 冯玉祥自武穴呼吁南北双方罢兵停战通电

（1918年2月14日）

特急。北京大总统、国务总理、参战督办、各部总长、步军统领，天津督军、省长，济南督军、省长，南京督军、省长，武昌督军、省长，盛京督军、省长，吉林督军、省长，齐齐哈尔督军、省长，太原督军、省长，西安督军、省长，南昌督军、省长，杭州督军、省长，福州督军、省长，蚌埠巡阅使，安庆省长，开封督军、省长，长沙督军、省长，成都督军、省长，广东督军、省长，桂林督军、省长，贵阳督军、省长，云南督军、省长，兰州督军、省长，迪化督军、省长，浦口王巡阅副使，承德姜都统，张家口田都统，归化蔡都统，龙华卢护军使，汉口曹宣抚使，徐州张总司令，岳州谭司令，沙市吴司令，各镇守使，各师旅长钧鉴：上海岑西林先生、孙伯兰先生，天津张敬舆先生，各报馆均鉴：民国肇基，甫经七载，内部争哄，于今三见。而最无意识无情理者，莫过于南北此次之战争，既无不共戴天之私仇，又无非我族类之嫌怨。兄弟阋墙，全球腾笑。于是将领有悔祸之心，军士无必死之志，长沙溃退，足为昭鉴。王、范曾请停战，四督联电调停，痛陈外侮之既深，极言内争之非计，稍有人心，皆为感动。玉祥奉令援闽，不欲冒昧南渡，驻兵浦口者，实为促成和局起见也。停战令下，私心欢喜，以为化险为夷，庶几有望。何图荆襄启衅，岳州不守，战祸重开，讨伐又起。职旅抠①道援鄂，何敢妄参末议。惟自问天良，实有未安。阋墙虽凶，终为昆弟，败不为辱，胜不足荣，一之为甚，岂堪再误。以言外侮，则协商啧有烦言，日人强设民署，俄、德媾和，尤为可危；以言内政，则同胞死于兵燹，死于水灾，疠疫流行，僵尸累积，哀哀万民，

---

① “抠”字旁原有置疑号，似为“绕”字之误。

几无生路；以言财政，则罗掘俱穷，公私交困，借债生活，朝不保夕；以言军实，则数战以来，损失无算，军械借款，徒召亡国。蔽于感情，激于意气，视同胞为仇雠，以国家为孤注。言念及此，可为痛心。况民国主体，在于人民，民心向背，所宜审察。置民意于不顾，快少数之私忿，成败得失，仍难立辨。年来天灾迭降，日昨地震复发。默观天意，无非爱我中国，使知省悟而悔祸、息事而宁人也。现岳州虽归湘有，荆、襄已为鄂得，各守疆圻，两不相犯，挽回补救，易如反掌，何仇何怨，必欲自残。玉祥分属军人，且为北洋之军人，维系团体，夫岂无心。惟念国家养兵，所以卫国，总统为一国之元首，军人以服从为天职，使元首而果主战，敢不唯命是从，然元首始终以和平为心，早为中外所共知，讨伐之令出自迫胁，有耳共闻，无可掩饰，此玉祥所以不敢冒昧服从，以误元首而误国家也。昔庚子拳匪之变，清廷力主借拳匪以灭洋，许景澄及袁昶上书谏阻，有曰明知触犯忌讳，万无生理，然爱清廷，虽死亦不敢不言。玉祥人微言轻，亦明知必触当轴主战诸公之怒，然区区天良，爱我国家，爱我总统，既有所见，不忍不言，多日欲言而未敢言者，今敢披沥痛陈于我大总统、总理及全国有道诸公之前：如以国家为可怜也，则请迅速罢兵以全和局，如以国家为不足惜也，则请先杀玉祥以谢天下。热诚所激，不暇择词，临颖垂泣，不知所云。陆军第十六混成旅旅长冯玉祥叩。寒。印。

〔北洋政府陆军部档案〕

5．倪嗣冲宣称冯玉祥率部援湘逗留蕲州不进似有攻皖企图密电

（1918年2月14日）

万急。北京大总统、国务总理、参陆两部钧鉴：正密。岳州

失陷，武汉震摇，冯旅奉令赴援，责任綦重。乃行抵蕲州、武穴一带，逗留不前，讹言繁兴，人心惶恐。初以江水稍浅，换船当即上驶，未敢以无稽之言上渎钧听。乃该旅驻蕲瞬及十日，若以航道果浅耶，何以长江商船往来无阻，倘航道无恙耶，何以赴援之兵中途留滞。近日谣诼之来，日必数起，或谓冯旅拟勾结党匪进攻皖省，或谓拟由宿松一带进犯皖北。甚至上海报馆发行号外，以致安庆、华阳一带人心惊疑，罔知所措。窃维冯旅系属国军，皖省似无防范之理，然警报频来，商民惊惶，倘使毫无戒备，万一谣言成为事实，地方概受蹂躏，则嗣冲上何以对国家，下何以对人民。若竟派兵密防，则以国军而防国军，天下岂有此事理。且国军尚须密防，是添一旅国军，将多一旅顾虑，诚不知练此国军何用。况既云防范矣，设或竟有冲突，又将谁负其责。辗转筹思，莫衷一是。究竟现在冯旅是否尚受中央指挥，中央能否有指挥该旅之力。如果该旅不遵命令，则是显有异谋。现在第二路施师已抵九江，应否电饬第二路总司令相机办理，以免长江阻断军队不能进行。是否有当，伏祈大总统钧裁训示施行。倪嗣冲叩。寒。印。

〔北洋政府陆军部档案〕

6．李纯对冯玉祥言论妄加指责密电

（1918年2月19日）

北京参陆部鉴：正密。筱电敬悉。冯玉祥以一旅长发出位之言，殊出意外。大部去电切责，当可憬然悔悟。苏省将士，向明大义，均能恪守天职，不至为异说所乘，足纾廑念。除仍稽查防范外，特复。李纯。皓。印。

〔北洋政府陆军部档案〕

7. 倪嗣冲声称冯玉祥旅有异动应予以相当处置密电

（1918年2月21日）

特至急。北京大总统、国务总理、参陆两部钧鉴：正密。顷据确探报告：冯旅在武防卫极密，曾扣留鄂探多人，皖探亦被扣二人。昨冯旅拨兵一营驻蕲州，一营驻广济。湖北原驻武穴两哨，被其包围，不准出门一步。武穴警察枪械被收充。其夫役联络青红帮匪千余人。又派党人勾结皖省各县土匪扰乱，冯旅即借扑土匪为名入皖。等语。查冯旅本来奉令援鄂，行抵武穴，何以分兵向蕲州、广济驻扎，其别有图谋，已可想见。至包围武军，收取警察枪械，则更逆迹昭著。现在曹、张正在进攻，而冯旅竟如此举动，关系大局，尤非浅鲜。我大总统当机立断，谅有相当处置。至皖省兵力，本属有限，现虽派运十营前赴宿松扼要设防，万一该旅勾结各属土匪，同时并举，则分别镇慑，尤非兵力充裕不能弭患无形。近日驻赣各营，均以冯旅不稳，皖省危迫，颇有后顾之虞。窃第二路军队因有冯旅牵掣，未能遽进。李司令等十五营驻扎宜昌，无所事事，拟请调驻九江，用备缓急，一俟冯旅事件解决，再随第二路征进。是否有当，伏乞钧裁训示施行。倪嗣冲叩。马。印。

〔北洋政府陆军部档案〕

8. 冯国璋声称不因冯旅事件影响对南用兵密电稿

（1918年2月22日）①

特急。蚌埠倪巡阅使鉴：固密。曹、张攻岳大军初发，鲁军

① 此件无月份，据内容推断，当为2月。

施师所部亟须由浔直趋赣西，资为夹击。不图冯旅违命，梗在武穴，致阻师行。皖省密与为邻，调度防维，勤劳可想。鄙人自得该旅长通电，即拟明令以严法区处。议者谓鄂省上游正在用兵，恐下游一旦有事，前敌军心，致生摇动，并恐皖省防军征调未集，投鼠忌器，遂稍徘徊。两部马日复执事及鲁督电，言之颇详，非于该旅尚有所顾惜也。昨据曹使来电，亦以冯旅之事，请饬鲁督迅速南下，俾与执事及陈督妥筹办法，业已去电催促。如能早日成行，此事更易解决。总之，中央讨伐命令，业经颁发，自当贯彻始终，断不以国军一小部分之冯旅，偶然歧异，遂生疑阻。但长江上下，以败群队伍，横梗其间。当此谣诼纷纭，所以持治安、保护疆圉者，亦惟执事是赖。鄙人暗昧，尚望多年老友，共济时艰，国家大局，庶几有幸。临电翘企，并盼见复。国〇。养。印。

〔北洋政府参陆办公处档案〕

9．倪嗣冲赞同中央对冯旅处置办法密电

（1918年2月23日）

飞急。北京参、陆两部钧鉴：正密。马电敬悉。中央处置冯旅，宽严得中，策出万全，至深钦佩。皖系前奉电令，已业派十营、炮一营前赴宿松设防，现计到宿者共有四营，日内可续到两营，其余正在出发，约五日内可齐到宿。惟密查兵力，尚嫌单薄。前电请将驻赣各营调回，此系迫不得已，如中央责成施师与皖中联络办理，两面夹攻，足可制该旅行动，则驻赣皖军即可不必调回，俾省周折。现张宗昌一旅，日内并由浦赴浔，兵力不患不足，尚不至牵动上游军事，乞代呈主座裁夺为幸。嗣冲。漾。印。

〔北洋政府陆军部档案〕

10. 冯国璋陈解决冯旅事件意见密电稿

（1918年　月23日）

特急。蚌埠倪督军鉴：同密。养电悉。处分冯旅办法，节经电商，计已得达。至苏省助冯一节，李督对于中央，向无违碍举动，近派一旅赴赣，已交由张中将宗昌接统，代筹补充，赶备出发，协助同系，尤足证明。谣传云云，万不足信。又苏省带兵长官，多系鄙人旧日直接统辖，自冯旅事件发生，经分别电加训勉，亦不至受人摇惑。将来冯旅即有反侧，苏省方面，可无他虑。此时若遽派员说及，恐反别生痕迹。鄙意如此，仍望荩裁。特复。国〇。漾。印。

〔北洋政府参陆办公处档案〕

11. 国务院等命十六混成旅代旅长董世禄即行接事密电

（1918年3月4日）①

急。武穴董代旅长世禄：正密。东电悉。任免官吏，中央自有权衡。冯前旅长勒提盐款一节，究竟是何情形，应俟曹宣抚使查明核办。顷据冯前旅长来电，有乞令董团长克日接任之语。军事关系重要，该代旅长无庸引嫌，着遵照前令，即行接事。维持大局，即所以维持冯旅长，一误不可再误。仰即暂在武穴，严饬队伍，保地安民，勿再妄生枝节。仍将接事日期报查。奉谕特复。院、参陆部。支。印。

〔北洋政府零散军事档案汇集〕

---

① 此件无年月，据内容推断，当为1918年3月。

12. 陆军部宣称冯玉祥停兵武穴意图攻皖密电

（1918年3月6日）

蚌埠倪督军鉴：正密。据皖探报称：闻冯玉祥停兵武穴，蓄意图皖，孙少侯、柏文蔚、陆建章均在其处，一攻安庆，一调江苏陆绍武之游击队由浦口进攻蚌埠，并煽惑蚌埠附近之军队以为响应等语。希严密侦备，以遏乱萌。陆军部。鱼。印。

〔北洋政府陆军部档案〕

13. 冯玉祥就夺官留任表示谢忱与段祺瑞等往来电

（1918年3月）

（1）冯玉祥致陆军部总次长等密电（3月22日）

急。参陆办公处、参谋部总次长、陆军部总次长钧鉴：正密。旅长幼年失学，早岁从戎，罔知避忌，致受嫌疑，前奉免职明令，惶悚莫名，正在赶办交卸，听候处置，恭阅报载三月二十日大总统令，将玉祥褫夺陆军中将原官，暂准留任。等因。仰见大总统曲予裁成之意，暨诸宪俯赐维持之心，奉读之下，感愧实深。旅长赋性戆直，罔有学识，因冒昧以言事，几获严谴。后允施而登□，敢不奋勉。斯后遵即勤慎供职，勉盖前愆，以期上慰垂座。所有感激下忱暨照常任事缘由，理合电禀。伏乞垂鉴。旅长冯玉祥叩。养。印。

（2）段祺瑞等复冯玉祥电稿（3月　日）

武穴冯旅长：养电悉。执事公忠素著，虽持论稍为过激，究出于爱国至诚，于明何损。来电谦抑，佩慰实深，当即转陈极峰，以纾廑念。并希于所属诸将士，加意劝勉为盼。段〇〇、张〇〇。

印。

〔北洋政府陆军部档案〕

14．王占元建议冯玉祥旅仍归曹锟节制密电

（1918年5月11日）

北京国务院、参陆部钧鉴：统密。蒸电奉悉。冯旅归敝处节制，前于阳电复陈，已承另电饬遵。顷因曹使檄令冯旅征讨湘西，查湘西军队向归曹使指挥，为军事利便计，则冯旅暂时仍应归曹使节制，方可收统一之效，占元已与曹使熟商，照此办理。应请钧院、部电饬该旅长查照为荷。特此奉复。王占元。真。印。

〔北洋政府陆军部档案〕

15．冯玉祥报告所部攻占临澧情形电

（1918年6月11日）

万急。北京国务院、参陆部，天津宣抚使，武昌督军，长沙督军，宜昌吴总司令，沙市王师长，岳州范师长钧鉴：职旅于真早九点占领临澧，业经电禀在案。顷接李团长鸣钟报告，敌昨经我军痛击，退至临澧，后援一部已到，即在张家当高地防守。我军于真早七点进至张家当附近，敌定山势，与我对峙，死力抵抗。楼房坡之高地，亦有千余人向我猛击，我军用猛烈炮火将敌左翼击破，并派第一营从我〔敌〕左翼出击，约二小时之久，敌始不支，向临澧退击。随即尾追痛击，敌已无抵抗力．甫至临澧，即分向常德鳌山方面溃窜。复派第二、三两营近〔？〕近追击，至临澧以南之高地，不见敌踪，当即令该两营在高地警戒，藉资休息。敌人重伤官兵六十四名，留在临澧红十字会医院，轻伤者已运

往常德。刻已出示安民。等语。旅长定于文日□〔进〕驻临澧，即拟先破鳌山，再攻常德。特先禀闻。余容续报。旅长冯玉祥叩。真。印。

〔北洋政府陆军部档案〕

16．王占元以冯旅占领临澧有功请将该旅长销去代理字样等情电

（1918年6月13日）

北京大总统、国务院、参陆部钧鉴：据冯旅长玉祥蒸电报称：职旅拟于蒸日进攻常德情形，昨经电禀在案。……复据真电报称：职旅已于真早九点完全占领临澧，现正在追击中。等语。查该旅殉死奋斗，夺据要地，至堪嘉许。除复电抚慰伤亡，并赏给该兵士等共洋贰千元，以资鼓励外，所有出力官长，自未便没其勤劳，拟俟该旅长查明各该员励绩官阶开单具报再为电请从优给奖。至旅长冯玉祥指挥进战，劳苦功高，可否将该旅长销去代理字样，准其将旅长缺补实之处，出自逾格鸿施。占元为鼓舞军心策励方〔未〕来起见，是否有当，伏乞钧裁施行。王占元。覃。印。

〔北洋政府陆军部档案〕

17．冯玉祥报告所部攻占常德电

（1918年6月14日）

万急。北京国务院、参陆部，天津宣抚使，武昌督军，长沙督军，宜昌总司令，沙市王师长，岳州范师长钧鉴：职旅分三支队由石板滩、三十里铺、石柴坡① 进逼常德，昨经电禀在案。兹

① 石柴坡一作石柴铺。

于寒早六点，各支队同时进攻，用猛烈炮火夹击，敌在二十里铺及杂口坡附近，抵抗数十分钟，力不能支，大部分往桃源溃窜，一部退往汉寿，因河阻隔，未能穷追，我军已于早九句钟时完全收复常德，搜索附近数十里，已无敌踪。惟据探报，敌有在桃源集中反攻常德之计划。除严密警戒并仍准备作战外，刻已派队一部进城，出示安民矣。特先电闻，余容续禀。旅长冯玉祥叩。寒。印。

〔北洋政府陆军部档案〕

18. 曹锟等为冯玉祥率部攻占常德请予开复原官并加奖擢电

（1918年6月16日）

急。北京大总统、国务院、参陆部钧鉴：顷据冯旅长寒电称：职旅分三支队由石板滩、三十里铺、石柴坡进逼常德，昨经电称在案。兹于寒早六点各支队同时进攻，用猛烈炮火夹击，在二十里铺及杂口坡附近抵抗数十分钟，力不能支，大部纷往桃源溃窜，一部退往汉寿，因河阻隔，未能穷追，我军已于早九句钟时完全收复常德，搜索附近数十里，已无敌踪。惟据探报，敌有在桃源集中反攻常德之计划。除严密警戒并仍准备作战外，刻已派队一部进城出示安民矣。特先电闻，余容续禀。等语。查冯旅出师以来，官兵奋勇，迭克要隘，遂下名城，所有出力官长，已电饬该旅查明，开报到后，再为代请核夺。其作战目兵，祈先行酌给赏金，用资鼓励。至旅长冯玉祥忠勇奋发，督率有方，除原有褫职处分应请立予开复外，似此劳苦功高，非优予奖擢，无以酬往绩而策将来，应否特沛鸿施之处，伏乞钧裁施行。曹锟、王占元。谏。印。

〔北洋政府陆军部档案〕

19．冯玉祥报告所部攻占汉寿密电

（1918年6月20日）

万急。北京国务院、参陆部，天津宣抚使，武昌督军，长沙督军钧鉴。统密。职旅第二团于巧日午后三点卅分克复汉寿，业经电禀在案。现四十二团魏团长已于本日率队到汉寿接防，职旅第二团亦于本日开回常德。特此电闻。旅长冯玉祥叩。号。印。

〔北洋政府陆军部档案〕

20．张敬尧关于冯玉祥等部攻占桃源电

（1918年7月5日）

急。北京大总统、国务院、参陆两部、徐总司令，并请转龙巡阅使，天津曹经略使，武昌张总司令、王督军，盛京张督军，蚌埠倪督军，南京李督军，南昌陈督军，广元刘督军，厦门李总司令，□□施副司令，宜昌吴总司令，岳州范师长钧鉴：顷接冯旅长玉祥、王镇守使正雅等支电称：职等所部协同攻击桃源逆匪，江日业将桃源县城完全克复。理合飞报。等情。除详细战况容俟报到再行转呈外，特先报闻乞鉴。张敬尧叩。微。印。

〔北洋政府陆军部档案〕

21．张敬尧为冯玉祥请以王正雅所部移驻桃源事与国务院往来密电

（1918年7月）

（1）张敬尧致国务院等密电（7月23日）

北京大总统、国务院、参陆两部，天津曹经略使，武昌张总

司令钧鉴：统密。顷据冯旅长玉祥养电称：顷接密探报告，辰州于巧、皓两日开军事会议，议决组织湘西军政分府，以卢涛为军政长，张学济为民政长兼财政长，田应诏为军事总指挥，计其人数约在二百〔万〕有余，枪枝亦不下万杆，已预备反攻。等情。查敌逆积极准备反攻，迭经电禀在案。今已组织伪政府，反攻计划已定，彼众我寡，攻守悬殊，若敌由桃源、德山两路同时夹攻，职旅腹背受敌，兵力太单，诚恐顾此失彼，王镇守使若能移驻桃源，临时援应自易，兵力既厚，获益匪浅，请早日规定，以免应付无术，补救无及，湘西之幸，亦大局之幸也，旅长为有备无患、筹划万全起见，谨再渎恳，伏乞钧裁。等情。逆党祸国之心，至今未已，兹虽势穷力蹙，犹思死灰复燃。除电王使令与冯旅长就近互商，审度情形，酌移桃源，并竭力防范逆谋外，理合电呈，伏乞睿鉴。张敬尧叩。漾。印。

(2) 国务院等复张敬尧密电（7月27日）

致长沙张督军电七月廿七日

长沙张督军鉴：统密。漾电悉。敌在辰州组织军政府，准备反攻，王使移驻桃源一节，已令与冯旅长互商酌办，尽筹甚善。顷准鄂督转陈冯旅长来电，事同前因。当复以敌情紧急，王使应否移驻桃源，关系地方情形，中央未便遥断，应转告该旅长就近禀承张督察夺办理。等语。希即查照。院、参陆部。感。印。

〔北洋政府国务院档案〕

22. 冯玉祥请以王正雅所部移驻桃源协防与国务院等往来密电

(1918年7月)

(1) 冯玉祥致国务院等密电（7月26日）

万火急。北京国务院、参陆部钧鉴：统密。王镇守使正雅已将所部王、陈两营调回澧县情形，业于筱日电禀在案。伏思职旅入湘，人地生疏，此次进攻常德，王使所部虽仅七百余人，然以口音相同，道路熟悉，侦探响导，全赖其力。现值战事进行，敌情愈紧，黔军节节前进，周、田所部已抵东坪，战端即在目前。旅长为慎重戎机力求万全起见，拟请暂以王使率其全部移驻桃源，于军事裨益匪浅，谨为钧座缕晰陈之：常、辰遥隔，山路崎岖，地理不熟，语言不通，一旦进攻，困难实多，以王使协同攻防，必能收事半功倍之效。此其一也。津、澧一带土匪虽多，皆系伏莽小匪，手持矛刀，乘机抢劫，况有八师之苗团驻此，足可剿除，无须以王使坐镇，即可安全无虞。此其二也。桃源一带大股土匪甚多，一旦战事发生，实为肘腋大患，王使坐镇该处，匪必不敢蠢动，我军安全无虞，自易迅奏肤功。此其三也。苗团驻守津、澧，卿使坐镇慈利，大庸方面谅可无虞，以王使有用之兵，置于无用之地，不无可惜，若能移驻桃源，既足以壮士气，尤足以寒敌胆，诚为一举两得。此其四也。战事方殷，来日大难，王使老谋深算，移驻桃源，与常相近，遇事可商进行，补助必多。此其五也。愚见所及，冒昧续陈，是否有当，伏乞钧裁。旅长冯玉祥叩。宥。印。

(2) 国务院等复冯玉祥密电（7月28日）

致常德冯旅长电七月廿八日

常德冯旅长：统密。宥电所陈拟暂以王使部属移驻桃源，有益于军事五端，均中肯綮。前接鄂、湘两督先后来电，当于感日电知该旅长在案。仍望就近商承湘督办理。院、参陆部。勘。印。

〔北洋政府国务院档案〕

23. 张敬尧转陈冯玉祥不满吴佩孚敬电列其衔名密电

（1918年8月28日）

万急。北京国务总理、参陆两部钧鉴：统密。吴师长马、敬两电，均列前敌将领名衔，经尧竭力劝告，各将领对于吴师长均有烦言，常德冯旅长尤为愤激，本日致尧宥电内开：顷读吴师长敬日通电，未免激于意气，敌逆狡诈百出，试不一试，我北方将领，何堪再自相分裂，授人以隙。因该电内仍列有祥名，当经致吴师长一电，文曰：万万火急。衡州吴师长钧鉴：顷读敬日通电，请撤队北回，休养余力，以备对外，敬聆一是。惟窃以为当此之际，无论和战，均宜听之中央，且我北方将领必须一致，通电稿关系重大，似宜先互商妥洽，不可即行列入人名，致滋误会，稍一不慎，为敌所乘，于大局有害，且自相分裂，诚恐彼此不保，窃期期以为不可。荣辱与共，敢布愚忱，万祈察纳，不胜盼祷。冯玉祥叩。宥。等语。特此禀闻。等语。谨电转陈，伏乞垂察。张敬尧叩。勘。印。

〔北洋政府陆军部档案〕

24. 张敬尧为冯玉祥拒绝与黔军订立和解条款等情密电

（1918年10月5日）

急。北京国务院段总理、陆军部段总长钧鉴：统密。顷据常德冯旅长玉祥支电称：顷接密报，敌军阳主和平，阴谋进取，俟成〔？〕北方将领离心解体，然后一鼓前进。滇军王葆所部，拟由秀山来黔进援湘西，各等语。敌军狡诈，试不一试，证诸往事，殊非妄言。旅长盼望和平之心，固久有之，而对总统、法理诸问题，决不敢妄参末议，且因迭奉督宪谆谆之训谕，尤不敢稍有疏忽。日前黔军旅长卢焘派人来桃接洽，要求仿照湘南办法，议订和解条款。旅长告以言暂时不攻则可，言不相侵犯亦可。至于大局之如何解决，则宜听命于中央。拒绝而未与订约。并恐为其所乘，近日筹备防范，益加严密。职旅全体官兵惟命是从，万众一心，敌虽万能，决不改〔致〕受其煽惑，旅长敢负完全责任。惟职旅兵单力薄，早在洞鉴，言念前途，懔懔危惧。伏乞督宪早作准备，密示方略，以便遵循，而免陨越。并请将探报情形密陈中央，不胜叩祷。等情。特电密陈，伏祈睿鉴。应如何准备之处，并恳速予方略，以便遵循，是所盼祷。张敬尧。歌。印。

〔北洋政府陆军部档案〕

四、奉军南下“援湘”

1. 张作霖力主对南用兵密电

（1917年12月2日）

急。北京参谋本部、陆军部鉴：正密。东电敬悉。此次湘变发生，西南各省绝无真诚媾和之观念，诚如尊电所言。当变故猝发之始，作霖已早窥破彼方之野心，故前复元首各电，即极力主战，非不知宁人息事可以博爱国之美名，唯当此危急存亡之秋，岂容再事模棱两可之词，贻误大局。但主战办法，得须内外一致，贯彻始终，协谋进行，方能有效。应请大部力予主持，对于中央两〔内〕部及各省督军，详查内容，其宗旨务求一致，倘有一部分为口头之主战，仍抱调停观念，于作战方殷之际，稍有顿挫，又将藉口昌言罢兵，则劳师糜饷，终误国家，为天下笑，岂不又蹈此次长沙之复辙。作霖意以为凡关于中央内部及各省督军中有素抱和平主义者，应力申诫〔诫〕，务归一致，于事方能有济。倘意见稍有参差，贻误殊非浅鲜，且有求如今日而不可得者。作霖系主战之人，本此宗旨之切行，无不唯命是听。急不择言，伏候明示。张作霖。冬。印。

〔北洋政府陆军部档案〕

2．冯国璋解释未征调奉军南下攻湘原因密电稿

（1918年2月2日）①

急。盛京张督军鉴，正密。接东电，语挚情真，忠勇奋发，诚慰诚佩。西南倘张，无可姑息，决遣大军分道南下，统计兵力，在五师以上。因鉴于前此之失，由于部属过分，致涉涣散，故此次命将出师，力求联系。执事拟整偏师，期为后盾，将尽如是，增国光荣。即以现势而论，贵部悉称精锐，又系我北方袍泽，谊同休戚，原极相宜。顾往昔征调频频，初未一及于东省者，鄙人几经审度，具有苦衷，良以东省屏障边关，强邻逼处，正资威望，固我国防。哈乱初平，尚多隐患。近顷俄工党衅端复开，扞患御侮，军备何可稍薄。湘岳一隅之乱，关东天下重镇，利害相形，不敢因小而失大。区区之意，端为是耳。倘或战事延长，更须援应，仍当电由执事遣发劲旅，戮力诛锄，用纾义愤。工党近情如何？奉、吉唇齿，因应一切，重赖荩筹，望合力维持为盼。国〇。冬。印。

〔北洋政府参陆办公处档案〕

3．曹锟为张作霖发出歌电表明援湘心迹密电

（1918年3月7日）②

北京大总统、国务总理钧鉴：参陆部总次长、海军总长，蚌

①此件无月份，据内容推断，当为2月。

②此件无月份，据内容推断，当为3月。

埠倪督军，南昌、九江探报张检阅使，武昌王督军，汀泗桥张总司令鉴：正密。顷接奉天张督军歌电开：时事多艰，我辈拥护中央、维持大局、始终团体、戡平内乱之苦心，联合同志，共救危亡，耿耿此心，天神共见。鉴之近来流言四起，疑弟别有阴谋，此皆忌我者之所为，自不能不披肝沥胆，将前后情形痛陈左右垂察焉。当集议之始，奉军初编为第一路，后改为第二路，弟无不极表同情。惟因实力未充，不能不极力筹措，现已组织六大混成旅，为同志之后援。若再不开拔，则对同志为不信，对我兄为不义，义信俱失，尚得谓之人类！现在军队前方已抵滦州，不日即可到徐，会合大军，敬听指挥，协谋进行。弟财产、身家、功名、权位，均已逾量，尚复何所希冀？诚以目前时局，非武力不能促进和平，弟处扩张实力，专为辅助我兄起见，以期达我辈最初之目的，此外毫无私意存乎其间。倘有虚言，鬼神鉴察。等语。张督军为人慷慨仗义，磊落光明，此次出兵，既为协助同志，局外浮言，不可轻信。且当军事进行，造谣离间，尤须防范。团体所关，诸当注意。谨电奉闻，敬祈察鉴。曹锟叩。虞。

〔北洋政府零散军事档案汇集〕

4. 张作霖为组成六混成旅陆续出发援湘密电

(1918年3月12日)①

急。北京大总统钧鉴：元密。西南各省抗令称兵，作霖恭奉明令讨伐，自应极力筹备。复准曹宣抚使、张检阅使迭电，将奉军编归第二路为援赣之用。又准曹宣抚使电令，拨队赴汉为第一路之后援。刻已组成六大混成旅，陆续出发，派司令许兰洲率第

①此件无年月，据内容推断，当为1918年3月。

一旅驻滁州，派廿八师旅长郭瀛州〔洲〕率一旅驻韩家〔庄〕一带，派廿七师旅长张作相率一旅驻徐州，先行次第开拔。以廿九师一旅赴汉，其余二旅沿津浦、京汉两路线，来往更换填扎，为后方之预备，并转运输送等事。遇有缓急，敬听大总统命令调拨。谨此奉闻。敬请饬下参谋本部、陆军部查核备案，并饬交通部备具车辆，无任惶恐待命之至。张作霖。文。印。

〔北洋政府零散军事档案汇集〕

5．曹锐为张作霖等设奉军临时总司令部由徐树铮代行总司令职权密电

（1918年3月13日）

急。北京参陆办公处、陆军部鉴：正密。接准盛京张督军等文电开：前以西南各省称兵搆衅，大总统明令讨伐，迭派曹宣抚使、张检阅使，统率第一第二两路大军分投南下。奉天原议筹备军队，编为第二路，为援应之师。嗣准曹抚使电请拨队相助，遂并筹第一路后援。所筹军队，现经陆续开拔，节次赴援，一俟运到战地，即归曹、张两师〔路〕节制。惟未到战地之先，运输接济，指挥约束，事务纷繁，军署远在关外，自应择铁路适中之地，设立奉军临时总司令部，以资统辖而便指挥。其总司令一职，即由作霖兼摄。惟作霖现任督军兼绾民政，地方重要，未能远离，特照会树铮任副司令一职，前赴军粮城车站附近筹设总司令部，代行总司令一切职权。除令行各该军队遵照并电呈大总统鉴核外，特此奉闻，诸希察照。张作霖、徐树铮。文。印。等语。特电奉闻。曹锐。元。印。

〔北洋政府陆军部档案〕

6. 参陆部为张作霖编成六混成旅为第二路后援密电

（1918年3月13日）①

汉口曹宣抚使、汀泗桥张总司令、南昌张检阅使鉴：正密。奉交下奉天张督军电一件，内称：西南各省抗令称兵，作霖恭奉明令讨伐。复准曹、张两使迭电，将奉军编归第二路为援赣之用。又准曹使电令：拨队赴汉为第一路之后援。刻已编就六大混成旅，陆续出发，派司令许兰洲率一旅驻滁州，廿八师旅长郭瀛洲率一旅驻韩庄一带，廿七师旅长张作相率一旅驻徐州，先行次第开拔。以廿九师一旅赴汉，其余二旅沿津浦、京汉两路线来往更换填扎，为后方之预备，遇有缓急，敬听大总统命令调拨，请饬部备案，并饬交通部具备车辆应用。等语。查张督此次编就大军分起南发，争为援助第二路起见，除由部分别办理外，此项军队宜如何支配，以资策应，方臻妥协，即希迳与张督接洽见告为盼。参陆部。元。印。

〔北洋政府陆军部档案〕

7. 张作霖等暂设奉军总司令部于军粮城等情密电

（1918年3月15日）

北京大总统钧鉴：国务院、各部，各省督军、省长、各帮办，归化、张家口、热河各区都统，除云南、贵阳、广东、广西、长沙、成都外，龙华、宁夏各护军使，浦口巡阅副使，汀泗桥张总

① 此件无月份，据内容推断，当为3月。

司令，徐州张帮办鉴：正密。奉军为援应一、二两路，开始输送。至于给养、约束等事，均须妥筹。前为指挥便利起见，暂设临时总司令部于军粮城，以便筹备一切，业经专电奉陈。现经组织成立，刊发木质关防一颗，文曰：奉军总司令部关防，即日启用。一俟军队输送到着前方，一切事宜，即分由第一、二两路接续办理，奉军司令部不再干预。除分行外，合电陈明。伏希察照。再，树铮于铣晨驰抵军粮城，即日视事，并以附陈。张作霖、徐树铮。咸。印。

〔北洋政府陆军部档案〕

8. 张怀芝为张作霖派奉军第二混成旅进驻山东韩庄密电

（1918年3月15日）

急。北京大总统、国务院钧鉴；参谋部、陆军部均鉴：正密。准奉天张督军元电，刻已派奉军第二混成旅旅长郭瀛洲率队于元日开始输送，前赴山东韩庄附近驻扎。此外，尚有一旅，俟开拔之时，再行奉闻。等语。业经电达济南张帮办派员妥为招待。谨此奉闻。张怀芝叩。咸。印。

〔北洋政府陆军部档案〕

9. 张作霖表示拥护大总统对南用兵密电

（1918年3月22日）

北京参谋本部、陆军部、海军部、步军统领、警察总监，汉口曹宣抚使，南昌张检阅使、陈督军，蚌埠倪督军，南京李督军，武昌王督军，太原阎督军，西安陈督军，杭州杨督军，吉林孟督军，齐齐哈尔鲍督军，开封赵督军，福州李督军，兰州张督军，迪化杨督军，承德姜都统，张家口田都统，归化蔡都统，天津曹省长，大名王帮办，济南张帮办，上海卢会办，海军总司令部，蒲圻张总司令，沙市吴总司令，浦口王巡阅副使，宁夏马护军使，并转各镇守使、师旅长，并转舰队司令均鉴：正密。窃自民国肇造，于今七年，祸乱相寻，岁无宁日，而醉心权利之辈，乃得乘间播弄，藉遂阴谋，外则以非法责中央，内则以抗令责该省，调停无效，出以战争。幸而拨乱有期，则又除恶不尽，或谓自残同类，或云息事宁人。卒至姑息养奸，祸根又伏，曾不旋踵，死灰复燃，而国家有限之菁华，尽耗于力征，经营大计，悉因之坐误，往事具在，可为寒心。此次西南构兵，诪张为幻，胜则力图进取，败则伪意言和。大总统委曲求全，忍无可忍，明令讨伐，实为救国保民。今幸天佑中华，岳州既已克复，长沙不日可下，若一鼓作气，乘胜进攻，澄清中原，在此一举。倘仍蹈故辙，徒为敷衍目前之计，不作一劳永逸之谋，恐再起波澜，我国将永陷于万劫不复之域。鄙意以为我同志本以拥护元首，固结团体，促成强有力政府，以谋国家之统一为宗旨，即当共体国家财力之艰难，各军往调之不易，趁此兵威大振，群丑即可荡平，然后协力同心，扶持内阁，内修政治，外辑邦交，吾国前途，庶其有豸。拟于长沙克复之后，请仲珊、子志两兄联合同志，统筹全局，粤省如何进逼，作子诚兄之声援，川省如何夹攻，为积之兄之后盾，盖粤定则桂自易收，川平则滇、黔易取，实行统一，永庆昇平，有道之长，实基于此。如或听和议之谰言，遗隐患于末日，祸变无已，永坠沉沦，则非霖之所敢知矣。诸公爱国，百倍于霖。谨布愚忱，宁候明教。张作霖。养。印。

〔北洋政府陆军部档案〕

10. 交通部抄送京汉路局关于奉军由丰台开汉口官兵数目电

(1918年4月12日)

照录京汉路局来电

交通部总次长钧鉴：据车务处报称：奉军第二混成旅第三团第一营团〔营〕长张子安率官兵八百四十六名，随带马五十四匹，于十一夜八钟，专车由丰台开往汉口。又该旅第三团第二营官〔营〕长昌宗祺率官兵六百五十名，随带马二十二匹，于十一夜十一点半，专车由丰台开往汉口。又该旅第三团第三营营长梅春率官兵六百八十四名，于十一夜十一点半，由丰台开往汉口。又该旅第四团第一营营长张子祥率官兵六百七十名，于十一夜十一点半，由丰台开往汉口。各等语。理合电陈察核。景春钧。韶间。

交通部抄　四月十二日

〔北洋政府参陆办公处档案〕

11. 张怀芝请催徐树铮率奉军来湘电①

(1918年5月18日)

汉口张怀芝来巧字电

二路各军疲乏。现在奉军已有一团到醴，应请仍催徐司令速率劲旅南来，指挥一切。先电在湘奉旅迅向攸县进发，以便二路各军调往整饬。

〔北洋政府参陆办公处档案〕

---

① 系参陆办公处来电摘要。段祺瑞阅电后在电报封套上批："徐资轻望浅，总领师干，非执事不可，令徐赞襄一切可耳。"

12. 张怀芝报告奉皖两军进兵计划密电

（1918年7月17日）

急。北京大总统、国务院总理钧鉴：参陆部，天津曹经略使，盛京张督军，蚌埠倪督军，长沙张督军，牯岭陈督军：统密。据奉军孙总指挥寒电，遵照分路进兵计划，开始运动，顷已下令邹四旅定于铣日由醴陵开拔，前进攸县。又据皖军马总指挥咸电，本日申刻驰抵赣属樟树镇，一俟部署就绪，即日向吉安、赣县进发。各等语。除分别电复令督所部速进外，谨电陈报。张怀芝叩。筱。印。

〔北洋政府陆军部档案〕

13. 国务院等为奉军编成两支队入湘归曹锟节制密电稿

（1918年9月7日）

急。保定曹经略使鉴：统密。准张奉督支电：敝军现将前方军队编成两支队，以张景惠为第一支队长，暂编奉军第一师及梁朝栋之一旅属之；以许兰洲为第二支队长，王锡品、王良臣、鲍德山三旅属之。第一支队现已全数在湘，第二支队正在赶筹前运入湘。以上两支队，自九月六日统归曹经略使指挥节制，将湘东奉军司令部同日取消。至后方一切筹备，仍由敝总司令部妥行筹办。等语。奉军已拨归执事节制。现湘东情形紧急，前准张湘督转据张旅长宗昌电请以该军进驻攸县，希即转饬克日前进，俾协同攻守，以固大局，是所切盼。特达。院、参陆部。阳。印。

〔北洋政府参陆办公处档案〕

14．张作霖派孙烈臣接充奉军副司令密电

（1918年10月4日）

北京国务院、参谋本部、陆军部钧鉴：统密。现在驻津奉军司令部副司令徐树铮，电请辞职，并声明所有经手饷项，自九月卅日以前，均由该副司令自行清理等因，自应遴员接办。现已委师长孙烈臣前往接充副司令，自十月初一日任事。凡关于饷项、枪械、给【养】，孙师长亲谒钧院、贵部与徐前副司令结算清楚，以清交代。伏乞俯赐派员接洽。除分电外，谨此奉闻。敬希查照备案为叩。张作霖。支。印。

〔北洋政府陆军部档案〕

15．奉军总司令部关于入湘奉军撤退计划函

（1918年11月30日）

奉军总司令部　参字第四号

敬复者：准贵处函开：张总司令、奉军总司令部、倪巡阅使、吴总司令鉴：统密。删日通电前敌各军队，俟撤兵计划确定，再行次第撤退等因，计达冰案。现在连准曹经略使等七处电，皆将转饬所属军队办法具复，贵处如何办理，希即详迅电复，以便转呈。等因。前已遵照珊〔删〕电，饬湖南方面奉军恪守原防待命。至敝军第一期撤兵办法，已与曹经略使接洽，拟以驻株州之第一师第二旅仍集合株州附近，驻长沙之第一混成旅仍在长沙附近集合，驻醴陵之第一师第一旅拟改驻湘阴，一俟中央撤兵计划确定，再行遵照命令，次第撤退。相应函达贵处，请烦查照转呈为荷。此致参陆办公处

中华民国七年十一月三十日

〔北洋政府参陆办公处档案〕

（三）粤桂冲突与北军"援粤"，粤军"援闽"

一、龙济光窜犯广东沿海

1. 徐树铮关于龙济光所部在钦州登陆密电稿

（1917年10月20日）

特至急。长沙傅督军鉴：月密。据报龙督办已于巧日发兵二千于钦州登岸等情，特闻。桂有后忧，万不能再增湘扰也。祈分告前敌将士为盼。树〇。号。印。

〔北洋政府陆军部档案〕

2. 梁启超等对龙济光奉命巡阅两广表示欣慰电

（1917年11月12日）①

香港龙巡阅使鉴：我公奉命巡阅两广，阃制东西，遍沾郇公之膏雨，威宣遐迩，群钦方叔之壮猷，凡我粤人，同声欢忭。现在粤局纠纷，不可终日。我公威望素著，智算在握，尤望早日启节，速奏肤功。丽日当空，阴霾自散。引领南望，不胜延伫。梁启超、叶恭绰、江天铎、冯耿光等。文。

〔北洋政府陆军部档案〕

① 此件月份不明，据内容推断，当为11月。

3. 龙济光请拨巨款以为离间护法军政府之用密呈

（1917年12月2日）

大总统钧鉴：敬密陈者：溯西南自主称兵，假护法之名义，行割据之诡谋，毒国殃民，靡知所止。济光前奉任命巡阅两广，遵令兴师讨逆，以琼岛孤军对付滇、桂、粤数省兵力，转战经年，卒因饷弹不继，援应未及，遂遭挫折，负咎实深。然报国效死之心，当为天人所共谅。今我大总统登极伊始，首重和平，只求国家安全，不惜曲为迁就。讵意明令再发，而逆党复有反对之宣言，冥顽不灵，难以理喻。惟审察时机，欲维持大局，宜从粤东入手，其余自易解决。谨就管见所及，为我大总统敬陈之：窃逆党以粤东为根据地，假海军之势力，扶国会之名义，以为利用之资。始则诱同粤军，合而谋我。迨我军失利，遂倡排粤之举，擅易粤省长李耀汉，取消陈炯明之潮梅督办，钟景棠之惠州督办，于是李福林、魏邦平等咸存自危之心，极为忿激。济光忖度情形，曾迭次函电李耀汉、李福林、陈炯明等，责以大义，晓以利害，果能发动，力任维持。并电香港李嘉品、琼州龙裕光，分别密派干员，与粤军妥为接洽。旋得李福林来电，请求饷弹，约期举发。陈炯明遣员，亦愿归顺。日前李嘉品到京，面陈粤东现状。并连接港寓密电，均称陈炯明为势所迫，已与二李联合一致，行将决裂。而在粤海圻、海琛、永丰、永翔、楚豫、同安、飞鹰各军舰，亦愿归附中央。只因请求饷项，未敢允许，而事体重大，尤非驻港委员所能肩任。等情前来。查粤军联合海军舰队，反戈讨逆，归权中央，是逆党所恃之势力已失，自无负固之虞。况滇军张开儒旧部，亦经密为联洛，只须酌给饷项，一俟粤军发难，当可从中内应。近闻粤伪军政府欲行大总统职权，旧国会议员已多反对。前经派员设法离间，果有成效，则逆党假借之名义，当然消灭。此皆济光密为筹备，已非一日，果能如约办理，不特解琼、闽之危，而粤乱既平，滇、桂自易解决。事机已迫，用敢披沥上陈。如蒙采用，乞即迅拨巨款，俾济光秘密返港，督饬进行。事成，则中央收统一之功，设或粤军不能支持，亦可藉词粤乱，派兵调停，不致有背和平之宗旨。方今和议甫在进行，固不能率用武力，纵令和平无效，而南北重洋远隔，劳师万里，胜算似未可期。现幸有此良好时机，自宜因势利导。若仍延滞，不特失粤军趋向之诚，且恐过此以往，大局益难收拾矣。愚昧之见，是否有当，仍候训示祇遵。两广巡阅使龙济光谨呈。

〔北洋政府大总统府档案〕

4. 龙济光就任两广巡阅使电

（1917年12月10日）

北京大总统、国务总理、各部总长钧鉴：济光谬以菲材，渥蒙特授两广巡阅使，时艰任重，滋惧弗胜，迫电吁辞，未蒙乞准。兹遵于本月十日在潮〔琼〕祇领任事，并刊刻木质关防一颗，文曰：两广巡阅使之关防，即日启用。再，前经陆使呈准巡阅使权限，节制两粤水陆各军，请仍援案办理，以专责成。合并呈明。济光叩。蒸。印。

〔北洋政府陆军部档案〕

5. 龙济光要求两粤取消自主刻日罢兵电

（1917年12月13日）

北京大总统、国务总理、各部总长钧鉴：南京长江巡阅使，除广东、广西外，各省督军、省长，承德、张家口、归化都统，龙华卢护军使，徐州张督办，重庆吴总司令鉴：济光致粤、桂督军文曰：天祸民国，变故迭乘。人欲横流，国维溃裂。外交孔亟，内讧徒纷。及时补救，尤虑弗遑。若再争持，难图苟活。济光知有国家，而无党派。欲化虫沙之劫，应释鹬蚌之争。迴急①陆干老迭次宣言，只在改造内阁，并非反对中央，磊落光明，群情共谅。现应体合肥息事宁人之意，以副干老顾全大局之诚，宣布取消自主，刻日罢兵，职〔静〕候大总统明令解决，于国体克保尊严，于西南洽维现状。设双方尚有隔阂，尤当担任疏通，断不□仍走极端，延长兵祸。□不察者，窃议我公，转加责备。夙恃挚爱，敢贡微忱。至巡阅两广之命，迭由力辞，未得如请，中央促弟就职出巡，昨已电闻，谅邀鉴察。等语。谨此奉闻。济光叩。元。印。

〔北洋政府陆军部档案〕

6．周沆关于振武军进攻广东高雷地区等情密电

（1917年12月22日）

照抄一月二日收振武军参谋长周沆来电一件

北京交通部参事姚幼枝转姚次之少怡鉴：捷密。支、庚两电，马日始悉。交通迟滞，奈何。蒙自就职，即派第一、二军分道出发。李嘉品筱日克徐闻城，进扎英利，规取雷州。皓日添兵两团，绕道包围，可期得手。陆朝珍率兵入峡〔闸〕坡，取阳江。连日风狂浪涌，行程极险。幸各将士能于疲困昏眩中，鼓勇直前。现派赵（赵字电码不明）越率第三军出水东图高州间，粤垣震恐，积极备战。潮、汕闻颇不支，虑以全力专注我军，应商云沛电催闽军速进，互为声援。蒙自于元日通电两粤，劝取消自主，静候中央解决，稿已抄寄，计当邀览。现粤军民均极倾向中央，曾言蒙自必得有地盘，方能筹饷。雷州告捷，即请迅颁兼督明令，以慰群

① 原文如此，疑有误。

望。可乞香崖、幼铮① 转达天津会议。□报较详，昨已托仲良兄代表与会。府、院芝揆② 处，请次公接洽，另电陈。沆叩。祃（廿二）。

〔北洋政府陆军部档案〕

7. 李厚基检送谭浩明程潜等反对龙济光任两广巡阅使电密电

（1917年12月28日）

北京参谋部、陆军部鉴：辅密。顷据检查电报委员送到谭浩明等寄各省各机关电一件，其文曰：陆巡阅使钧鉴：各省督军、省长、护军使、镇守使、省议会，各报馆均鉴：昨接龙济光通电，在琼州宣布就两广巡使职。又奉陆巡阅使盐电，略谓：龙济光既已宣布就职，嗣后各事，均由新任办理。并声明任内并无组织机关，开支经费。各等因。查此次段氏违法乱政，我两广曾经宣布自主，不受非法命令，故前此任命龙济光为两广巡阅使时，曾经通电证〔声〕明，其为构乱举动，不能承认。此时段氏即未罢免，命令当归无效。况今日段既罢职，更无可以承认之理由。浩明等早日以来，迭奉陆巡阅使电令，劝苏、直、鄂、赣四督军要约调和，而冯代总统迭电，亦有停战以待大局解决之言。方谓恢复和平，同趋正轨，乃龙济光忽于此时贸然宣言就职。龙氏本不足道，惟停战期间，而忽有此，三军闻耗，怒发指天，抑晓③ 龙济光就职两广巡阅使之任，决不承认。特再声明，全国父老，共听此言。谭浩明、马济、林虎、沈鸿英、韦荣昌、林俊廷、陆裕光、程潜、

① 段芝贵，字香岩（“崖”当为“岩”之误）；徐树铮，字又铮（“幼”当为“又”之误）。

② 段祺瑞，字芝泉，时任国务总理，故称“芝揆”。

③ 原文如此，疑有误。

赵恒惕、林修梅、陈嘉祐、刘建藩。铣。等语。特照录奉闻。厚基。勘。

〔北洋政府陆军部档案〕

8. 倪嗣冲对龙济光图粤表示支持密电

(1918年1月4日)

急。北京太平湖段总长香岩弟鉴：正密。江电敬悉。兹复子诚一电，其文曰：琼州龙巡阅使鉴：部转尊电，敬悉。我公督师攻粤，仰见拥护中央之诚意，维持地方之苦心，实深敬佩。惟不幸贵军攻雷，适在潮汕已失之后，又值宣布停战之时，虽雷州、阳江相继克捷，而孤立无援，至深悬系。谭、莫狡诈百端，断无和平之诚意，所以虚与中央委蛇者，正恐为全力对琼之地。务乞传谕前敌将领，扼要严防，立于不败之地。嗣冲亦一面联合各省，要求勿为和议所误。总之，我辈一体，休戚相关，凡有可以维顾尊处者，固无不力为图之也。特复，伏乞鉴察。嗣冲。支。印。等语。乞令用特别密本译发，至盼。嗣冲。支。印。

〔北洋政府陆军部档案〕

9. 阎锡山复龙济光主张转守为攻急图进取密电

(1918年1月5日)

北京陆军部段总长鉴：正密。请密转龙巡阅使鉴：段总长转到有电，诵悉。我公此次起兵琼州，冒险登岸，前锋所至，迭克名城，卫国卫民，无任感佩。西南方面，本无和平诚意，设计缓兵，诚如尊论。今日要著，自以合恳元首迅饬岳、闽军队，转守为攻，并明令出兵省分督饬所部，迅赴前方，急图进取，作贵军声援为唯一办法。已电请同情各省联衔入告矣。现闻湘、桂已自相携贰，地面金融又复奇窘，断难持久。如果我军两面夹攻，湘、粤两省不难指日规复也。锡山。歌。请费神转达为盼。阎锡山。歌。印。

〔北洋政府陆军部档案〕

10. 赵倜表示愿与龙济光攻粤遥相呼应密电

(1918年1月5日)

开封来电

北京陆军部段总长鉴：正密。顷奉江日转到龙巡阅使有电。□军特□，足令莫、谭① 夺气。兹有复电一件，敬乞代转。文曰：北京陆军部，请转龙巡阅使鉴：支日接段总长转到有电，敬悉。我公高勋硕望，百粤畏威，此次振旅出师，莫、谭等早已逅〔迎〕风胆落，西南半壁，赖公支撑，曷胜企仰。敝处现遵参陆部计划，与直、鄂两省及宜昌吴司令联合，分道进出荆、襄，以定岳、武，或② 湘初步〔？〕。目前大局，非武力无从解决。我辈惟有同心协力，遥相策应，共励进行，断不堕彼奸计也。赵倜。歌。语③ 。龙使来电，请将复电由部转复，即乞大部俯赐代转为感。赵倜。歌。印。

〔北洋政府陆军部档案〕

11. 祁彦孺转送振武军进攻广东沿海地区情报函

(1918年1月8日)

又公世叔大人尊鉴：昨孔君希白抄香港邓昆山来电一件，属

---

① 指莫荣新、谭浩明。

② “或”字旁原有置疑号。

③ “语”字旁原有置疑号，该字前似漏一“等”字。

为转呈左右。兹谨送上，即祈鉴察。专肃，敬请钧安。

侄彦孺谨上　一月八日

附抄电一件

振武上将军行署自香港二十五日来密电

振武军十号分途出发，惟运舰不易遇风，连日民船渡海，艰险迟滞，大阻进行。兹据第一、二军报告〇：闻〇〇〇经摄〔慑〕服，现进窥雷州。该处原驻逆军五营，准备抗拒，已被我军包围，连日分路进攻，迭获胜利，指日可下。第三军昨已出发，分途遂、石、吴、电、化、茂①，敌军不能兼顾，当可迎刃而解。近侦莫逆②等，内容已极震怖，饰词拟取消自主，冀缓我军，阳惑中央，要求停战，阴则攻潮窥闽，积极进行。请分告干老、任公、叔鲁、竞庵、誉虎、又铮、幼伟、希伯③诸公，转告府、院，当机〇决，明令宣讨，以壮军心而昭大义。

有圈者电码不明。

右邓昆山来电，干老、誉老及叔鲁、幼伟处，均已钞送，余请尊处就近分送为荷。

〔北洋政府陆军部档案〕

12. 龙济光为李嘉品部进占高州密电

（1918年1月22日）

北京内阁分送大总统、总理、参谋、陆军部钧鉴：辅密。司

---

① 指广东省遂溪、石城、吴川、电白、化县、茂名等县。

② 指广东督军莫荣新。

③ 指钱能训(字干丞)、梁启超(号任公)、王克敏(字叔鲁)、江天铎(字竞庵)、叶恭绰(字誉虎)、徐树铮(字又铮)、冯耿先(字幼伟)。希伯何人，待查。

令李嘉品电称：我军克化，乘胜分道进巡。□派团长黄业兴、卢华龙，分统黄沛仁等，率队进逼高城。驻城警卫军罗国华等势不敌，同时反正。高雷道尹范云梯①，统领成国学及县知事只身逃去，绅商各界出城欢迎，我军即于□〔箇〕日入城。商民安靖，秩序如常。等语。除饬妥为绥辑外，先此电闻。济光叩。养。

〔北洋政府陆军部档案〕

13. 冯国璋为龙济光占领高城表示嘉慰密电稿

(1918年1月31日)②

香港英皇酒店韩宾礼：辅密。转龙巡阅使鉴：马、养两电均悉。据陈在化县战捷，击追沈逆，擒斩多名，夺获战利品无算，乘胜追击，于箇日克复高城，具见统率有方，将士用命，至堪嘉慰。此次伤亡官兵，仰即分别查明具报。特复。国〇。卅一。印。

〔北洋政府参陆办公处档案〕

14. 龙济光亲率所部渡海作战密电

(1918年2月1日)

北京分送大总统、总理、参、陆、海、财部钧鉴：辅密。粤局纷扰，时贻廑系。济光所部各军，分道出师，收复高、雷、阳江各情形，曾经迭电呈报在案。现时前军既获胜利，自应乘锐速进，以期早定粤局。惟本军渡海无兵舰掩护，异常困难，海部允派各舰，久未见到，时迫不能久待，济光经于一月艳日亲率大军，雇用帆船数十艘，冒险渡海，幸托威福，于二月东日吉抵安铺。绅

① "梯"字旁原有置疑号。

② 此件无月份，据内容推断，当为1月。

民欢迎，商场安慧①，一切秩序，安靖如常，堪纾廑念。现拟即日率军前进高州，与阳江一军联合，直趋广、肇，戡定粤局，计日可待。惟大军既已出发，饷弹两缺，焦灼万分，前电请发饷款五十万元，七九子弹四十万颗，务恳迅速饬令拨发，以济急需。前途情形如何，容再电呈。济光叩。东。

〔北洋政府陆军部档案〕

15．龙济光请迅令闽省出兵攻粤函

（1918年2月13日）

香岩总长大鉴：久稽音敬，殊切驰思，比维禔躬纳祐，茵鼎延厘，式符遡颂。济光备任海疆，庸疏滋愧，种种布置，承赖大部指示周详，遵率而行，少免陨越。此次出师，幸托福威，迭获胜利，略堪奉慰。惟我以一支孤军，应彼两省之锐，形见势绌，殊抱隐忧。素仰执事荩筹伟画，遐迩无遗，敢乞力陈主座，迅令闽省出兵，以攻其前，则分进合击，逆气计日可扫，大局指顾可定矣。临款悚惶，肃请伟安，并贺春禧。

龙济光顿启

〔北洋政府陆军部档案〕

16．龙济光报告所部与粤桂军在廉江等地交战情形并请派兵由闽进攻函

（1918年2月13日）

敬再启者：济光于一月艳日由琼起行，卅一日渡海抵岸步。该埠距大海三十余里，有小河可以通航。惟近海汊港纷歧，沙淤

①．“慧”字旁原有置疑号。

水浅，海面距鲤鱼门及白潭，均约八九十里，海船即不能入，须用帆船拨载，乘潮可达鲤鱼门，再换乘小艇，行廿余里，始到岸步。我军辎重均走水道，人马、行李径由白潭登岸，陆程抵埠约三十里。该埠南枕大海，西走廉、钦，东接遂溪，北通石城，海防天险，步步陷井，虽楼船横海，无所用之。北路距廉江九十里，与西省之陆川、博白接壤，犬牙相错，兼以路途平坦，无险可据，敌军处处可入，防不胜防，故欲筹岸步之防，非先固廉江之防不可。查廉江南控岸步，西邻博白、陆川，东接遂溪，北界化县，近城数十里，原隰平衍。惟附郭一山，虽不甚高，然登临其上，全城在握。加以四围平旷，敌来无可凭藉，我据山设炮扼守，可摧敌寇数千，较之岸步，易于防守矣。探闻西军以沈鸿英为总司令，其总部驻郁林，正在新募十营，尚未见到。惟前锋有帮统邱子光、团营长李应铨、何某等驻塘篷，距廉江七十里，约三千余人，或上犯青平、横山，以袭岸步；或分兵石岭、石角，以攻廉江；或出没于河仔口沿江一带，劫我输运，种种狡谋，无非牵制我师不能前进。方济光之抵岸步也，即据王纯良等由廉江来电，以邱逆率队乘夜扑廉，正在鏖战，请即援应。济光以该逆近踞塘篷，若不将其巢穴铲除，彼就近扰我岸步、廉江，使我疲于奔命，实为后患不浅，当电饬驻廉各团营竭力抵御。复派赵越、龙升衢等各率所部，由岸步进攻横山、石岭，直捣塘篷。寇顾老巢，廉围顿解。驻廉军队乘胜追击，节节得手，本月冬、江两日剧战甚烈，攻克塘篷，邱逆负伤奔逃，李、何各营溃走青平，我军斩馘数百，夺获枪码、辎重无算。支日济光行抵廉江，复得岸步急电，谓逆军败退，复聚青平，阻截横山河道，劫我辎重等语。当漏夜派队驰往横山迎击。赵越所部，亦正分剿青平。微日据报，我军两路又获大胜，击毙逆军何营长及军官、兵士甚多。我军辎重本日到石，幸无损失，然亦险矣。在塘篷搜获沈逆等往来函牍，彼以断我后援，截我饷械为惟一之计划，幸我军戒备甚严，屡次觊觎，均不获逞。此旬日以来，我军与逆军迭次开战获胜之情形也。至阳江方面，陆朝珍以孤军深入，被逆军包围一月有余，饷弹俱竭，后援不到，电信阻滞不通，闻已退出阳城，驻扎织贡、儒洞一带，与我电白、水东之师衔接，电请济光前往水东，就近调度。李嘉品亦电促济光驰赴高州。拟于鱼日起身赴化，审度缓急，再定进行。现在西省既扶重兵挠我后路，林虎、魏邦平、陈炯明等复竭全力阻我前锋，省垣异常空虚，惠、潮两属尤难兼顾，此时若由闽省进兵，必成破竹之势。拟恳诸公合电中央，速派大兵由闽进攻，大局转环，机不可失，引领云天，伫候明教。专此缕佈。再请勋安。

济光再启

〔北洋政府陆军部档案〕

17．冕钧转达段祺瑞对解决桂粤问题方针密电

（1918年3月4日）

香港转送龙子绳〔诚〕督办鉴：〇密。冕钧冬日抵京，江日谒见总理，业将尊旨逐事代陈，承面谕：桂、粤问题，定以武力解决，惟终始坚持一节，拟稍采取各方面政见，以表示非个人独裁之意。明令发表，东粤已见明文，桂省亦必有处置，暂取纡缓主义，不便过事激烈。台座所举八人，即在桂事发表之时，分次任命。武鸣不日授将军职调京，揆席意拟以公继任。出发以前，需款八十万，揆席云日前经拨划五十万。由琼内渡，应需兵舰装载护送等事，揆席已谕饬林、郑两司令诣台座接洽筹办，计时早晤商一切矣。冕钧叩。支。

〔北洋政府陆军部档案〕

18．卢永祥就龙济光求助表明态度密电

（1918年3月4日）

北京陆军部钧鉴：辅密。冬电敬悉。拟复龙巡阅使电一件，文曰：龙巡阅使：转电敬悉。老成硕望，为国宣劳，俟有协助机会，自应竭尽棉薄，共济艰难。惟敝处军事计划，悉遵照中央命令施行，闽、赣两省，谅亦同此宗旨。尊处需兵援助，请入告中央酌核，一俟奉到命令，无不踊跃从事也。谨布区区，请希亮察。特复。等因。请代转达。卢永祥。支。印。

〔北洋政府陆军部档案〕

19．龙济光陈入粤战况并提亟待解决问题密电

（1918年3月21日）

二份。北京分送参战督办暨段总长钧鉴：辅密。济光就职于潮、汕告失之日，出师于孤悬海岛之中，前锋甫得高、雷，叛舰复扰琼海，樯帆偷渡，艰苦万分，志切国家，遂亡危险，转战高、雷，再复阳江，十旬之中，奔驰一千数百里，苦战数十次，攻坚破锐，大挫逆氛。惟敝军虽达三万人，留守琼海者已去五千，高、雷、阳各属，复须分兵防守，若直达省垣，每得一处，防守一处，守既多，战兵自少，前敌军事，自当统筹。况西逆以彼方得手于潮、汕，复战胜于岳州，方欲进兵闽省，会师武汉，西南主义大欲可偿，不意我军从中阻梗，积愤已极，遂合两广之力，先以谋我，不得逞于闽、鄂，则敝军关系于全国大局，非只粤省已也。所虑者，高、雷各属，毗连西省，逆军煽惑莠民，勾结土匪，迭次侵我信宜，攻我安铺，屡仆屡起，凶悍异常，明知势非我敌，然欲牵制我军前进，此虽逆党残喘苟延之策，然我不胜其扰矣。但

敝部前锋既底恩平，则进取台山、新会，原非难事。惟台、新海汊纷歧，江门进省，必由海道，均在敌人势力范围之内。在粤军舰，又未归顺中央，敝军既不能飞渡，又无海军援助，种种窒碍，无法进行。若假道鹤山，径出南海，以达省垣，可免海途之困禁。因经过肇军防地，非与李省长接给妥当，虑有误会。务恳钧座先行电知李省长，严词激励，饬该部速即发动。溯济光来就职以前，迭承李省长派员敦促接任，并云我军出发，即为援应。不料连月函电驰问，均未见其发动。苟内援未妥，则孤军深入，进退均难。现逆军悉赴前敌，在省者仅千余人，李省长可乘此时机，约同李福林克期响应。若磋商就绪，乞即电复，俾敝军急速前进，内外夹击，逆党不难一鼓荡平。再，警卫军统领袁一〔带〕所部九营，驻扎香山，仍请钧处迳电该统领，加以奖励，责令一致讨逆，派兵攻取新会、江门。并严饬闽省进取潮、汕，俾逆党不能兼顾，则粤乱不难戡定矣。敝军用兵以来，耗去子弹甚多，阳江一役，虽夺获四百余箱，多属九响川田子弹，不适于用。前蒙钧部允拨七九子弹叁拾万，另由闽拨肆拾万，但无兵轮运来。敝处虽派员赴闽领取，又因无轮载运，延搁至今，仍未收到。若急图进省，尤非有兵舰协助不为功，无论如何为难，务恳迅派兵舰两艘，顺载子弹来粤，协助进行。济光为大局计，非有所私，伏维鉴察。两广巡阅使龙济光叩。马。

〔北洋政府督办边防(参战)事务处档案〕

20. 龙济光请以张开儒冯相荣分长广西军民两政以分化南方密电

(1918年3月24日)

北京段总长，并送参战督办钧鉴：辅密。前电计达。西逆自迭次战败，奋〔忿〕恨甚深。现据探报，陆荣廷、陈炳焜、莫荣新等正在勾结联合滇军张开儒及民党要人，并调回湘岳桂军，合力谋我，虽自用兵以来，我军所向皆捷，无如孤立无助，前后受敌，中路亦为逆军所乘，我军虽勇，久战则疲，战线太长，兼顾则弱，以彼两省之力，攻我孤立之军，子弹不敷，尤无以壮军心而挫凶焰。此时惟有恳请钧座迅饬闽省急行动兵，务将潮、汕克复，以分其势。滇军张开儒虽被运动，尚未出师，与其为逆党利用，不若联络畀以重任，以安反侧。现已电请府、院任命张开儒为广西督军，万恳从速赞成，克日发表，不必征求同意，致延时日。仍密饬李省长妥与联络，并令刻日驰赴新任。一面密电在赣北军，迅速开赴粤边，窥伺张开儒举动，若彼奉命后，仍不与我一致进行，出其不意，迎头痛击，务除隐患。又现在广西省长李静诚，与谭浩明朋比为奸，已呈请通缉，并保钦、廉督办冯相荣署理广西省长。查冯相荣众望素孚，势力充足，若以署理广西省长，必能督率军团，驱逐桂逆。乞代达府、院，迅予发表，以资进行。现我军暂取守势，不能恃胜而骄。况敌人党众而我军无援，旷日持久，深为可虑。济光向平任事，不避艰危，惟大局所关，不得不据情请命。万恳俯准维持，不特敝军之幸，实大局之幸也。部拨七九子弹及闽拨子弹，至今尚未运到，虽已派员赴闽请领，但无轮载运。务恳钧座设法将部拨子弹卅万雇用日轮派员护送至高属水东，俾济急需。恳勿稍延，不胜急切待命之至。两广巡阅使龙济光叩。敬。

〔北洋政府督办边防（参战）事务处档案〕

21．龙济光报告李嘉品部攻占阳江等地情形密电

（1918年3月26日）

北京转呈大总统、总理、各部总长钧鉴：辅密。前因林虎向

中央输诚，并承一再来电，嘱与接洽，林虎亦函称归顺，并以我军驻在恩平，与伊接近，虑有悟〔误〕会等语。明知逆谋诡诈，冀缓我兵。惟当时茂、北〔化〕甫经克复，水东、电白要隘，仍未收回，阳江、恩平各军，饷弹均阙，若与抵御，诚恐接济不及，反为敌军所乘。况林虎既称输诚，若不暂避其锋，一经交绥，彼将有所藉口。因是电饬前军，暂时忍让，退守阳城。讵林虎以为得计，既进恩平，随攻阳江，我军遂退至织贡。乃林虎一面报捷，运械增兵，一面派人蒙混中央，希图骗款，其居心之险，手段之辣，使非洞烛其谋，预筹对付，必致堕其术中。济光因是一面虚与委蛇，一面亲率大军由琼渡海，水陆兼程，星夜前进。当驰抵高州之日，正旧历元旦之期，布置甫定，即派李总司令嘉品督率大队，开赴阳江，会同前锋，相机进剿。当时探悉林虎精锐聚集程村，而魏邦平军队会同林部共守阳城，并由省城运来子弹三十余万。虽我军精劲，每因子弹不给，正费踌躇，济光遂饬前敌军队，以一部围攻程村，并以一部进攻阳江，俾逆军首尾不能兼顾，阳江一下，子弹为我所得，绝彼接应，则程村自可不劳而获。调度既妥，我军分别进行。昨据总司令李嘉品、司令陆朝珍、副司令王宗谖、团长普怀安、阮朝光、马如麟、乾字营统领龙体乾等先后电称：敬午宗谖、怀安督率所部，会同体乾步炮哨营队并营长王国忠等为前队，驰抵儒洞，朝珍率阮团长及徐萧并赵光镜等营长为后队，驰抵塘围。据报敌军约三千余人，负固江城，我军以前队为左翼，后队为右翼，向江城三面围攻。敬戌开始攻击，各统领、团营官长士卒，猛勇异常，再接再厉。径丑敌势不支，向闸坡方面溃退，我军乘夜进占江城。计夺获大炮三尊，弹十余箱，枪支数百杆，子弹百余箱，机关枪数架，地雷、炸弹各数十枚，另夺取雷刚兵轮一艘，马匹、辎重甚多，擒获生供四百余名，击毙伪统领李观佑、营长黄汉各一名，击毙、淹溺逆军共千余名。我军受伤连、排长数员，阵亡及受伤兵士三十余名。

所有犒赏抚恤，需费甚繁，恳即核发数万元等语。又李总司令电称，我军围攻程村，鏖战数昼夜，逆军骁悍异常，幸我军连夺要隘，节节取胜，宥夜逆军知阳江已为我军所得，闻风丧胆，星夜逃遁，我军乘势追击，阵毙敌军七百余名，受伤者倍之，夺获枪械子弹甚多，我军遂将程村完全克复。现仍分头搜剿，务清余孽。各等情。查此役林虎、魏邦平、陈德春，竭尽全力，希图一逞，幸藉大总统威福，将士用命，预破敌谋，出奇制胜。俟前敌战事告竣，乘胜进取四邑，直达省城，当在指顾。此役出力将士，伤亡弁兵，应俟前敌结束，详报前来，再行呈请从优奖叙，分别抚恤，以励士气。仍候示遵。两广巡阅使龙济光叩。寝①。

〔北洋政府陆军部档案〕

22. 张作霖请为龙济光军接济弹药与国务院往来密电

（1918年4月）

(1)张作霖致国务总理密电(4月4日)

盛京张作霖来电　四月五日

国务院总理钧鉴：正密。顷接广州方面密告，桂、粤逆军现已入道并进，径攻阳江、高、雷，复攻海军，遮断琼崖后路，兵势浩大，战线延长，我军在包围中，外援已断，前经屡电中央，接济枪弹，自〔迄〕今未奉回谕，旷日持久，危险万分，请迅救眉急等因。查现在国军屡捷，匪党势蹙，不能不以全力救龙，万一龙军有失，不惟北军夺气，且与前途作战之计划有妨，全局攸关，万难漠视，只得敬求钧座并顾兼筹，速饬设法援助，以纾危迫。

① 收电纸上注明发电时间为3月11日，“寝(26)字”当为“真(11)”字之误。

焦悚待命，无任屏营。张作霖。支。印。

(2)国务院复张作霖密电(4月7日)

致盛京张督军电　四月廿七日①

正密。支电甚佩伟筹。桂军失志于湘，亟思攻龙，以谋恢复。龙军地位，关系极巨，自应全力筹援。子弹闽存四十万，已饬就近克日起运。又由部发三十万，交蔡春恒由大沽口闽舰运去，当敷应用。即希查照转知。院。阳。印。

〔北洋政府参陆办公处档案〕

23. 龙济光为所部退守雷州并委黄恩锡为前敌司令等情密电

(1918年5月13日)

北京请分送大总统、总理钧鉴：参、陆两部并请转徐又铮总司令均鉴：辅密。前奉总理鱼电，石、化之役，不予谴责，复为慰勉，鸿施逾格，感愧交萦。本军退守雷防，恃为根据，关系非轻。济光收拾各路退兵，示以威信，动以感情，分别开赴雷州，并委陆军少将黄恩锡为前敌总司令。日昨逆军扰雷，连战三昼夜，当即击退，业已电陈。是役确毙逆军二千余人，黄总司令遂分派军队在击毙逆兵尸身上搜取子弹，共四万余颗，得枪七百余支，夺回大炮一尊，机关枪四架。真日逆军又复来攻，鏖战竟日，击毙逆军数百人，敌始溃散。察看现在情形，敌大受痛创，暂时可无虞。已电催闽省将子弹迅速运来，以济急用。前者迭遭顿挫，固因子弹不继，亦由济光调度无方，所有各团、营将弁目兵，均

① “廿七日”应为“七日”之误。

属苦战半年，始终不懈，特为仰邀恩恤，免予处分。此次固守雷防，黄总司令恩锡率新挫之兵，御强悍之众，援应已绝，子弹不充，卒能大挫逆氛，克保危城，不无微劳足录。本军屡经挫失，何敢言功，惟此时雷防极关重要，该总司令誓众固守，转危为安，一俟子弹到时，仍当急起疾追，兼程前进，为肇军声援，扫除国贼，以报知遇。陆军少将黄恩锡能否仰邀逾格恩施，特予奖励而昭激劝之处，出自钧裁。再，迭据探报及在雷捕获逆军，均称林虎确于前月廿五日我军冲出，将其击伤，颇中要害，生死未知。等语。访诸民间消息，亦属相同。俟查确再行呈报。两广巡阅使龙济光叩。元。

〔北洋政府陆军部档案〕

24．洪士俊关于龙济光表示图粤决心呈报

（1918年5月24日）

呈报　第五号

陆军部谘议洪士俊谨呈

为呈报事：窃俊谒见龙使，业将大略情形于漾日电达在案。兹将详情呈报如左。本月二十二日龙使见召，俊即偕同陈最及赵恒先统领赴谒，谨达总揆面谕各节。龙使当云：际此国步艰难，内部不宜分裂，对外自能一致。鄙人生长于滇，本西南人，惟素抱国家统一，不顾困苦，不恤身家，但能平定西南，复统一之局，虽西南人、天下人笑骂，在所不顾。所以去岁奉命巡阅两广，中央既加责于鄙人，安敢推诿？当即束装渡海，招集旧部，分路进剿。未及旬日，适值总揆辞职，在他人或因此敛戢，生观望之心，鄙人则坚抱初志，踊跃图功，诚恐有负总揆知人之明，而贻滋蔓难图之祸。因而鼓励士卒，冒险前进，摧逆焰，直抵阳江。迭与李省长耀汉密约合攻，若李不失约，届时发动，莫、陈诸逆何能

苟延至今？此真可为太息痛恨者也。敝军此时亦以战线太长，子弹缺乏，屡战屡胜，达十八昼夜之久，未稍休养，致渐陷困境。然亲身督战，兵士无不舍命苦斗，以一当十。卒之力竭声嘶，支持乏术，乃渐退守雷州，俾暂休息，以待时机。近日转守为攻，大获胜利，差足告慰。至此次来港，一以服官两粤数十年，绅商旧部，对于鄙人颇有热忱，藉资联络，俾乐于效命，现局易于收拾；一以便于赣、闽、浙各军互通声气，三面同时集矢于一的，使逆军失抵抗之能力；一以闽浙联军，人地生疏，当为其多不觅向导，以资臂助。总之，彼此为国效力，共抱一扫除逆寇之目的，何患事不克成？故鄙人生平不知有灰心二字，并望中央坚持到底，贯彻主张，非统一无以对外，非武力不能统一，非强有力之政府，不能使国家得一朝安。苦误听和议，敷衍一时，中央本宽大之怀，不咎既往，而诸逆心中仍是藐视政令，吹毛求疵，势必复肆跋扈，殃民百姓，祸及国家，中央复从而挞伐之。即使灭此朝食，而元气愈伤，如何及时痛剿？一劳永逸之为愈也。等语。次日，再谒龙使。其对于各路国军协力攻粤，极表满意，且愿约期进逼，期早入羊城。并谓：近闻赣军有退出南雄消息，无论各路进攻与否，鄙人当勇往直前，乘机进取，断无一毫畏缩，但为平定粤局计，凡有可以罗致之军队，当迅为收抚，免其资敌，待大局定后，再谋收束，较为上策。惟此项用款约需二百万左右，当嘱俊入京面呈总揆。副于二十四日起程，所有在港应办事务交由陈最完全负责，照常进行。除先行电禀并俟抵京后面陈详情外，理合具文呈报。仰祈钧鉴。

陆军部谘议　洪士俊谨呈

中华民国七年五月二十四日

〔北洋政府陆军部档案〕

25. 龙济光因在粤作战失利请将所部运回小站编练咨呈

（1918年12月3日）

为咨呈事：现据琼崖镇守使龙裕光呈称，自本军退守琼崖，逆军水陆大队来攻，防线既广，兵分力单，饷弹两缺，势难久持，只以受命国家，无论如何困难，惟有尽力抵御，半年苦战，伤亡枕藉，前扑后起，视死如归。比至明令宣布和平，当令节节退让。乃逆军绝无诚意，进攻益急，以我疲敝之兵，抗彼新添之众，胜败之数，不辩自明。更值饷弹俱穷，何以安慰将士。欲待移防，既无轮船，又缺经费。事机危急，裕光迫得亲自督率保民运舰，将受伤将士及枪械酌量运赴海防，而留琼军队子弹颗粒无存，万难再事作战。为保全兵士枪械计，当与司令王宗谖等商议，本军未及退防者，权宜应付，或暂时避匿，静待时机。惟司令李朝兴不愿请和，督率弁兵数百，拼命力战，致被拘获，生死现尚未卜。副司令农国芳、团长龙家荣等尚在乐会地方，被敌围困，仍属坚持。至前运琼新军，已由海口英领事调停，准其带回枪械，一律回北。而旧军先行赴港、澳及广州湾，源源不绝。裕光现赴香港，查明若干，仍请运回小站编练，俾免流落，并候训示。等情。查本军移防办法，前经具摺陈明大总统俯准在案。奈因移防经费未得照领，迁延竟月，遂难保全。济光谬总师干，岂容辞咎。第念本军纯为拥卫中央起见，受命之际，即虑及对付滇、桂、粤数省兵力，援应既难如愿，胜算即未可期，只因当时武汉动摇，闽防告急，若再怀疑观望，则大局益趋险恶，将有不能收拾之势。是以偏师渡海，转战高、雷、阳、恩，敌人震恐，调回寇鄂寇闽各军，全力谋我，穷年累月，讵能幸存。而长、岳之战，桂逆为我牵制，援湘国军，大获胜利，是非功罪，当有定评。今者退出琼军，皆多年百战之兵，锋镝余生，备尝艰险。且滇、粤两省，均在党人范围之内，无家可归，港例綦严，复难托足，以效死国家之士，遂至无地自容．言念及此，不禁雪涕。惟有仍代请命，所有琼防退出新旧各兵，除受伤者妥为医调外，其余雇轮运赴小站，听候编练。至于死亡家属，均应设法安置。在在需款，万难再延。仍恳嘱部将前次核准移防经费如数给发，以便分别妥为办理，实为德便。所有琼防退守情形，理合咨呈钧核施行。为此，咨呈

参战督办段

两广巡阅使　龙济光

中华民国七年十二月三日

〔北洋政府督办边防（参战）事务处档案〕

二、赣军“援粤”攻下南雄

1．国务院等指示对付南方护法军机宜密电稿①

（1917年8月29日）

南昌吴护督军鉴：亲译。辅密。有电悉。第一难在援闽则赣单，恐为所乘，虑之诚是。但信、庚、定、龙兵力不能不厚，应再加一旅。前云待有动机云云者，是看彼之主力向闽向赣抑向湘也。计其全力，滇之一师余及朱之廿营，共不过两万。然兵极芜杂，且子弹不充，分而向之，力皆能敌。彼若专注闽，则赣可袭其后；彼专注赣，则闽可袭其侧；彼攻湘，则赣可直趋南雄，据韶州以断其后。就大势论，我之海军出，则彼欲攻闽，只能向诏安或和平〔平和〕、武平等处动作，赣议〔？〕其后，即无归路矣。攻赣只能向庚、定、龙等处动作，闽进据大埔、龙川，则彼侧背受击。

① 此件系段祺瑞手稿，后经徐树铮亲笔修改。

惟彼倘攻湘，胜则长驱，败则趋桂，较为费手，是不得不预行密侦，互商酌定，邻省相顾，援应及时，庶几万无一失。有何情形，仍盼随时电达。傅督已由浦口启程，并闻。院、部。艳。印。

〔北洋政府陆军部档案〕

2. 国务院等请陈光远派援军进攻南雄韶关密电稿

(1917年11月9日)

南昌陈督军鉴：辅密。粤中内讧，正宜乘势进讨，早奏肤功。现闽省已派臧使全旅赴潮，与莫使会合防战，龙督办已筹备妥协，相机进行。另由中央调十六混成旅前往应援。贵处派定之援军，请即转令迅速进行，略取雄、韶，俾收同时并进一鼓荡平之效。援队何日开拔，并希见复。院、部。佳。印。

〔北洋政府陆军部档案〕

3. 陈光远派人与王占元等商订联防办法密电

(1917年12月5日)

北京陆、参两部钧鉴：洸密。寘电敬悉。敌人三面进攻岳州，并侵入通城，鬼蜮其谋，殊堪发指。近查岳州现尚驻有重兵，交通便利，易于补充，如决定主战，无庸待其来攻，即请中央明令先发制人，赶由驻岳各军，合力进攻长沙，赣军再由萍乡猛出，令其腹背受敌，一鼓可下。光远驻军章贡，遇事毫无顾惜，然大势所在，自须量力而行。现闻荆州独立，襄亦不稳，而武穴又有谋逆消息，沿江现已戒严，故赣北驻浔之一团，兹已严为警戒，恐于华洋杂处之地，逆党肆行阴谋，无力再由□岳进出。总之，赣省地阔兵单，当此四面楚歌，未便独立作战，须与友军联络，向机进行。如岳州一旦规长，萍境继续出师，通城纵有敌军，后路断绝，不攻必自溃退。中央计出万全，谅早了然。江西形势，兹派张团长士鉴于江日起程赴武、岳两处与王督军暨王总司令接洽，商订联防办法矣。谨复。乞转呈为叩。光远。歌。印。

〔北洋政府陆军部档案〕

4．陈光远派吴鸿昌为“援粤”后路总指挥丁效兰王余庆为“援粤”正副司令电①

（1918年4月7日）

南昌陈光远来阳字电

前奉江电，嘱赣军准备援粤，经饬知原驻赣南二、九两旅集中候令，于微日电复在案。兹已派赣南镇守使吴鸿昌为后路总指挥，丁旅长效兰为援粤司令，王旅长余庆为副司令。张检阅使主军抵彬〔郴〕，即令赣军迅出庾岭，力下南雄。谨先电闻。

〔北洋政府陆军部档案〕

5．陈光远为“援粤”军作战给养守备等项分别商承办理密电

（1918年4月14日）

万急。北京大总统、段总理、参陆部钧鉴：中密。顷接赣南吴镇守使元电称，奉参陆部文电开，赣南吴镇守使并转丁旅长效兰、王旅长余庆：正密。准陈督军蒸电，转据该使电称，赣军援粤队伍，拟以两混成旅同时进出，预定于元日向庾岭开始集中，巧日□击等语。敌忾同仇，殊堪嘉慰。查预定援粤计划，本拟俟第二路军队进至彬〔郴〕，赣军由庾岭直捣南雄，以为犄角。惟近日

---

① 此件系陆军部来电摘要。

粤省逆队围迫，龙军报急，赣军亟宜及早发动，以分其势。浙省已派一大支队由海赴闽，与闽军协攻汕、潮，日内可发。张开儒本与龙使联络，亦可与之联络，以免树敌。该使所部集中庾岭后，如前方敌人无甚设备，即可乘隙直捣，以壮声威。否则，进退之间，亦可酌量情形，相机因应。尚望虚实互用，期奏肤功。除电复陈督外，特电遵照。并将办理情形，随时具报。等因。伏查此次赣军援粤，蒙派为后路总指挥，总摄作战计划。所有前方作战行止、后方给养守备诸事，总指挥皆请钧座训示办理。前敌情形，总指挥亦报由钧座转报。今奉院、部电饬将现在办理情形，随时具报。应如何办理之处，伏乞电示祗遵。等语。当经电复，洪密元电悉，参陆部电达执事指挥机宜，自应遵照妥慎办理，相机因应。至云将办理情形随时具报一节，来电所称前方作战行止、后方给养守备诸事，总指挥与敝处商酌办理。前方情形，总指挥亦电达敝处转报。等语。自甚妥协，望即照此办理，以清手续，业已电陈中央矣云云。谨以奉闻。陈光远。寒。印。

〔北洋政府陆军部档案〕

6．国务院等请闽赣军分别进据饶平南雄以声援李耀汉密电稿

（1918年　月27日）

特急。福州李督军、南昌陈督军鉴：亲译。辅密。陆、陈决计寇湘，野心毕露，已派员与李省长商定：俟彼发动时，由本省军队占领省垣，并断其退路。闽、赣与粤东唇齿相依，请准备军队，同时由闽军进据饶平，赣军进据南雄，藉作声援而资解决。驻港外人，已另与接洽矣。院、部。沁。印。

〔北洋政府陆军部档案〕

7. 陈光远为赣省"援粤"军占领南雄密电

（1918年4月26日）

飞急。北京国务院、参陆部钧鉴：中密。有电奉悉。赣省援粤军于有日克复南雄，逆军溃退，当以一部向江口方面追击。除分电龙使、李督，并电吴总指挥审慎进行外，谨电奉闻。陈光远。宥。印。

〔北洋政府陆军部档案〕

8. 陈光远报告北军攻占南雄经过情形密电

（1918年4月30日）

北京。飞急。大总统、国务院、参陆部钧鉴：中密。顷据吴总指挥、丁王两司令艳电称，南雄附近各逆，查系滇军李天保、戴永萃所率之两混成旅，连日不惜牺牲城市，死力抵抗。经我军激战七昼夜，每夜逆必夜袭一二次，以劳我兵力。至第六夜，适值狂风大雨，黑暗异常，匪逆利用天时，猛烈向我各处夜袭，终夜不休，幸我官长坚忍沈雄，冲锋数次，迄未少退。一俟拂晓，即仍勇猛进攻，敌势不支，遂各溃退。我军奋勇登城后，复于街市战斗数小时，逆亦逃亡，我军即于本日上十完全克复南雄。是役也，计我军亡营长宗有仁一员，连长一员，伤亡连、排长数员，士兵伤亡约二百余名，毙伤匪逆约七八百名，夺获大炮五尊，枪支、子弹、粮□〔秣〕及军用品无算。除详情另报。等情。查此次逆军拥众，负隅顽强抵抗，我军自养日以来，肉搏奋斗，冒弹登□〔先〕，有日拂晓，业将敌人压出雄城，逆众援内〔队〕适至，又复夺踞死守，我军坚忍相持，环攻血战，计共经历七昼夜，卒能歼灭小丑，克复坚城。该将领等督率有方，兵士勇跃用命，孤军深入，实属异常出力。除由光远拨洋万元充赏，藉资鼓励外，其应如何优予奖励之处，出自逾格鸿施。所有受伤官兵，已饬加意抚恤，阵亡将士，亦令从优礼葬。雄城居民，并已由该司令等分别抚慰。至此案出力人员，容俟详报汇案请奖。合并电闻。陈光远叩。卅。印。

〔北洋政府陆军部档案〕

9．国务院等为赣军攻占南雄电稿

（1918年5月1日）

急。除两广、云、贵、四川各省督军、省长，汉口曹宣抚使、张检阅使，香港龙巡阅使，承德、归化、张家口都统，龙华、宁夏护军使，宜昌吴总司令鉴：前由赣省派出一支队进窥南雄，于上月有日攻克。嗣为逆军猛力反攻，国军子弹缺乏，暂时退出。兹接赣省陈督军卅电转据吴总指挥、丁、王两司令艳电称，南雄附近各逆，查系滇军李天保、戴永萃所率之两混成旅，连日死力抵抗，与我军激战七昼夜，每夜必来袭一、二次，以劳我兵力。至第六夜，逆军利用狂风骤雨，猛力来攻，我军坚忍冲锋数次，迄未少退，一俟拂晓，即仍勇猛进攻，敌势不支，遂各溃退，我军奋勇登城，复巷战数小时，逆亦逃亡，我军遂于本日上午完全克复南雄。是役，计毙逆匪七百余名，夺获大炮五尊，枪支、子弹、粮秣及军用品无算，我军亦阵亡营长、连长各一员，伤亡连、排长□员，士兵二百余名。等语。特电驰闻。院、参陆部。东。印。

〔北洋政府参陆办公处档案〕

10. 陈光远为赣南大军云集拟以吴鸿昌为赣南总指挥密电

（1918年6月19日）

万急。北京国务院、参陆部鉴：中密。前因赣军度岭援命①，前方后方必须统筹兼顾，故请以丁、王两旅长任前敌司令，吴镇守使任后路总指挥。现前方军队既退守大庾应援，各军皆分驻赣南一带，非派专员统辖，盖恐顾此失彼。拟即任吴使为赣南总指挥，以期统一事权，于军事实多裨益。除电令遵照外，特此电陈。陈光远。皓。印。

〔北洋政府陆军部档案〕

11. 陈光远为赣军陈旅占领虔南密电

（1918年6月28日）

飞急。北京大总统、国务院钧鉴：参陆部鉴：中密。顷据吴总指挥沁电转据陈旅长报告，王团长永贵率该团第三营及第一营之一部、省防三团谢、许两连并山炮连，于漾日午后六时完全克复虔南，逆军分向龙源坝、中寨方面退却。除详情另报外，谨先电闻。等语。该团以新募之兵训练未久，尚能坚苦效命，奋勇登先，幸赖威德，克复虔城。除已电饬妥为布置外，特电奉闻。陈光远。勘。印。

〔北洋政府陆军部档案〕

---

① "命"字旁原有置疑号。

12. 国务院等汇达湘赣等援粤军已节节进行密电

（1918年7月19日）

致厦门李总司令电　七月十九日

厦门李总司令鉴：统密。湘、赣方面援粤军队，现已节节进行。顷准张总司令筱电称：已令奉军克日进驻攸安，向永兴方面运动。鲁军进驻茶陵，向酃县方面运动。均令相机进攻，免为敌占。复电赣督及吉安杨师长，分饬莲宁、遂川驻队联为一气，以固赣边，为左侧之协助。又准同日来电，据奉军孙总指挥寒电，遵照分路进兵计划，开始运动，已令邹四旅定于铣日由醴陵开拔前进。并据马总指挥咸电，所部已抵赣属樟树镇，部署就绪，即向吉安、赣县进发。各等语。正办理间，又据张旅长宗昌铣电，酃县等处敌势增加，宗昌逐次分令驻扎各部队采取攻势，并经会同潘、张各旅积极筹备，陆续运动，以为实行援粤之计。等语。特汇达查照。院、参陆部。皓。印。

〔北洋政府国务院档案〕

13. 陈光远于南北停战后办理兵站撤销部队撤防情形密电

（1918年12月25日）

万急。四份。北京大总统、国务院、陆军部、参陆办公处钧鉴：中密。案据赣南吴总指挥治电称：兵站删日撤销，停发给养，所有各旅团营兵站并使署所招本省输卒，均于删日按名给饷，一律遣散归田矣等语。又据该总指挥啸电称：前以岭南南军纷纷调回，奉钧座电令，我军防线亦可撤收，即于蒸日转知丁、王两旅长在案。兹据王旅长筱电称：遵蒸电，职旅于本月撤防，至于留防地点及兵力如下：（一）二、九两旅防区如前；（二）吉村、游陛、浮池，由第三旅各留兵一连驻防；（三）小梅关及其迤左，由第四团共留兵两连驻防，其余均于本日撤回大庾，以资休养。等情。谨电呈察核。等语。又据该总指挥智电称：廿三旅附属炮兵四、五、七各连、工兵一连，于十九日开拔回省，四十五团亦继开拔。至四十六团，则俟十九师撤退后，再行回省。等语。又据该总指挥号电称：据丁旅长电称：职旅在防警戒各部，除令于养日一律撤回，并通知二旅酌派队替步一团，拟令梗、敬两日移驻赣县，步二团附炮枪各连迴、宥日移驻南康，其第三营仍驻新城、二营及机枪第四连有日开赴赣县，旅部及辎重营有日开赴赣县，炮兵第三连、机枪第一连、陆炮第一连，均拨附二旅，其余炮兵既〔及〕军实等项，须待有船，始能运送。兰离庾后，拟留职旅刘副官和林及工兵第三连办理输送未完事宜。除炮兵及各部队之行李、弹药用船输送外，余均徒步行军。等情。除电复照办外，谨以电呈。鸿昌叩。号。各等语。谨电奉闻。陈光远叩。有。印。

〔北洋政府国务院档案〕

14. 陈光远关于赣省仍实行临时戒严电①

（1919年8月28日）

南昌陈督军来勘字电

感电敬悉。查江西系于民国六年七月三日由李督军宣告，以全省为警备地域，实行临时戒严在案。嗣因军事继起，江西为接

① 此件系陆军部来电摘要。

战地域，赓续执行戒严。大局迄今未定，本省仍在警备期中，故未解除。特复。

〔北洋政府陆军部档案〕

15．岑春煊等否认南方增兵韶雄密电

（1919年10月2日）

北京靳翼青先生鉴：华密。前接龚君号电，当饬查询。兹据彭总司令程万函称：养电敬悉。前奉岑主席函示，以赣督据报赣南有增兵模样，来电诘问。等因。当将误会情形详细肃复，并承钧府去电解释在案。今复来电云云，尤堪诧异，所言绝非事实，其为讹传可知。应请根据前函，再电北廷，俾勿信浮言，免致猜异，以静俟时局之解决。等语。查是函，业于八月勘日转电龚君，并另电陈督查照。韶、雄增兵各节，实无其事，乞勿偏听探报，自启猜疑为盼。岑春煊、伍廷芳、陆荣廷、唐继尧、孙文、林葆怿。冬。印。

〔北洋政府国务院档案〕

16．岑春煊等要求北军恪守防线勿向赣南增兵密电

（1919年10月3日）

北京靳翼青先生鉴：华密。顷据探报：南安赣军增兵一团，又由赣州派出三团，不日到南安，复由省派四十九师来赣等语。查迭接龚仙舟先生来电，以南军图赣，请为防止，均经查明，并无其事，电复在案。今赣省著著增兵，究何用意。除电饬南军恪守防线，毋得逾越外，即希急电撤防，以免牵动和局，是为切

盼。岑春煊、伍廷芳、陆荣廷、唐继尧、孙文、林葆怿。江。印。

〔北洋政府国务院档案〕

17. 岑春煊等再请北军勿向赣南增兵密电

（1919年10月13日）

北京靳翼青先生鉴：华密。赣省增兵南安，业于江日电请撤阻。兹又据探报，信丰、乞渡水各处，复增兵多营等语。似此增兵无已，设牵动大局，谁负其咎。即希迅电撤阻，并盼见复。岑春煊、伍廷芳、陆荣廷、唐继尧、孙文、林葆怿。覃。印。

〔北洋政府国务院档案〕

三、闽浙联军“援粤”与粤军“援闽”

1. 李厚基为粤军攻闽请示机宜与国务院等往来密电

（1917年7月）

（1）李厚基致国务总理等密电（7月16日）

福州无线电七月十七日

十万火急。大总统、段总理钧鉴：正密。顷据日本领事通知云：接粤电，本日广东有兵轮三艘装运军队，由粤省直放攻闽等语。厚基之意，日领既经接电，事必的确。查闽粤海线毗连，由粤省至厦门不需两月，现已戒严整军以待。该军倘竟犯闽，即系衅自彼开，不能不保我疆圉，作相当之对待。用特专电上陈，务乞迅示机宜，俾资遵守。李厚基叩。铣。印。

(2) 国务院复李厚基密电（7月17日）

福建李督军鉴：正密。铣电悉。粤省师出无名，如有兵轮攻闽，谅系匪徒假托滋扰，自应查明，俟登岸时痛剿。除电粤查问情形，并告浙、赣有事预备援应外，希确查严防，随将详情电告。院。筱。印。

〔北洋政府陆军部档案〕

2. 李厚基派臧致平为援粤司令官电①

（1917年8月12日）

福州李厚基来文字电一件

闽省已派驻诏之十四混成旅臧旅长致平为援粤司令官，统率本旅。并派团长马步云率带本团及炮队等，均归臧司令节制。均饬克日驰往粤境，遵令办理。

〔北洋政府陆军部档案〕

3. 臧致平报告所部于闽边兵力分布情形密电

（1917年8月20日）

漳州来电

国务院钧鉴：正密。职旅队伍分驻诏安步兵三营，炮兵两连，机关枪二梃〔挺〕；云霄及东山步兵一营，机关枪一梃〔挺〕；漳浦步兵两连；小溪步兵两连；漳州步兵一营，炮一连。此职旅分防各要隘之情形。平和要道，有十一旅一营。此系闽边防御线兵力分配情形。谨此报告。臧致平叩。号。印。

〔北洋政府陆军部档案〕

---

① 此件系陆军部来电摘要。

4. 莫擎宇向徐树铮表示引满待发函①

（1917年9月22日）②

又铮次长学兄：三奉华翰，眷注殷拳。同学穆生，既荷完成，从兄自修，复蒙延纳，感激之私，篆深五内。韩副官日昨到汕，遵经接洽。粤局纠纷，弹指数月，忽之则互相团结，为祸益深，缓之则枝节横生，有妨统一。观衅而动，引满方发。明公综驭枢要，自有权衡，似毋庸宇之喋喋。惟现在湘南已有独立之宣言，粤、桂确有赴援之举动，怀柔何效，敷衍实难。失此不图，后将谁及。纵不为粤计，宁不为西南计。宇忧心如捣，借箸为筹，拟俟陆、陈援湘见之事实，便即请命出发，以图牵制，非敢喜功好大，深虑持重失机。区区之心，伏惟鉴察。专此奉复，即颂勋绥。

同学、潮梅镇守使莫擎宇顿首

〔北洋政府陆军部档案〕

5. 莫擎宇为陈炳焜赴邕态度未明与徐树铮往来密电

（1917年10月）

（1）莫擎宇密电（10月2日）

北京陆军部徐次长并呈段总理钧鉴：镇密。冬日海筹、海容、应瑞、肇和、建康五舰抵汕，经接洽。广州方面，自陈督赴邕后，无甚举动。知注奉闻。莫擎宇叩。冬。印。

① 此件为莫擎宇亲笔函。徐树铮在封套上批有“持满待机”字样。

② 此件无年代，据内容推断，当为1917年。

（2）徐树铮复密电稿（10月7日）

汕头莫镇守使鉴：镇密。冬电敬悉，并转陈。陈督此时尚未公然为逆，系患得患失之心深，故首鼠两端，姑虚与委蛇，以观其变，何如？树〇。阳。印。

〔北洋政府陆军部档案〕

6．徐树铮关于张天骥脱离桂系投靠北庭密电稿

（1917年10月）

（1）致莫擎宇密电稿（10月13日）

特急。汕头莫镇守使鉴：镇密。文电计达。蒸、真俱悉，并转呈。对粤动作，请查照文电预与闽、赣接洽。张督办拥护中央，芝揆极为嘉许，谕即转嘱抚慰所属，固我疆圉，以竟全功。请转达。树〇。元。印。

（2）致莫擎宇密电稿（10月18日）

特急。汕头莫镇守使鉴：镇密。据报惠州督办张天骥，宣告与陆、陈脱离关系等情。如所陈不虚，请酌予联络协助。并盼见复。树〇。巧。印。

（3）致李厚基等密电稿（10月18日）

特急。福州李 南昌陈督军鉴：辅密。据港员十六日探报，惠州张督办天骥，宣告与陆、陈脱离关系，将与潮汕联为一气等情。特闻。树〇。巧。印。

〔北洋政府陆军部档案〕

7. 陆军部为护法军即将北伐要赣闽出兵攻粤密电稿

（1917年10月17日）①

特万急。南昌陈督军、福州李督军鉴：辅密。据粤省电，驻粤滇军出发及半，桂军亦整装待发等语。滇、粤助逆，已成事实，政府为国家计，决不能坐视其扰乱大局，现已计定声讨，为国除害，一俟粤军倾巢而出，守备必虚，蹈瑕〔虚〕抵隙，当操胜算。闽、赣、潮、梅、琼州等处，应即协同动作，以捣其后。希即接洽筹备，相机进行为盼。陆军部。筱。

〔北洋政府陆军部档案〕

8. 莫擎宇就所谓戡定粤乱建议数端密电

（1917年10月19日）

飞。北京陆军部徐次长并呈段总理钧鉴：慎密。奉筱电，知政府以滇、粤助逆，决计声讨，兹事体大，谨□拟数端，以备采择：一、免陈、陆职，声罪致讨，以明顺逆；一、另简桂、粤督军，收拾各方面，以定趋向；一、只惩罪魁，余均着照常供职，以安反侧；一、简派总司令，使闽、赣、潮、惠、琼州等处联为一气；一、设总司令机关，使号令有所自出；一、调集海军，以壮声援。凡此数端，皆就管见所及，以为勘定粤乱不可缓之举。是否有当，伏候采择施行。莫擎宇叩。皓。印。

〔北洋政府陆军部档案〕

① 此件无年代，据内容推断，当为1917年。

9. 莫擎宇等声讨陈炳焜檄

（1917年10月23日）

北京大总统、国务总理钧鉴：各部、院总次长，广东会馆各先生、熊督办、倪巡阅使，各省督军、省长、都统、护军使，各镇守使，各师、旅长，各司令，海军总司令、各舰队司令钧鉴：潮循联军檄讨陈逆炳焜。其文曰：民贼不能纵而不去，义愤不能郁而不伸。凡我军人，见有谋危国家贻祸桑梓者，当与众弃之。陈炳焜督粤以来，倒行逆施，恶迹昭著，是用声罪致讨，告我同胞：民国六稔，兵革四见。迩者，欧西战事牵入旋涡，漏舟未易孤撑，稀瓜岂堪再摘？陈氏乃乘政变罔利营私。民党来粤，海军来粤，国会议员来粤，彼皆貌为勾结，外示欢迎。其利于己者，则借之以要挟中央；其不利于己者，则抑之以固会〔？〕权利。谓为联合民党，而乃揽夺军权，偕多方以烁①制；谓为服从政府，而乃宣言自主，踞一省以称尊。态度不明，进退失据，徒令居民日起恐慌，商业日形凋敝。湘南发难，皆其主动，阴行挑拨之计，以遂其吞并之谋。查其要求条件，不外假借恢复国会，要求湘督，及三年内不得撤换其私人三事，无非利用时变，为彼党扩张势力，自便私图，是为祸国残民，破坏统一。其罪一也。粤省警陆两军，星罗棋布，兵力本厚，安用客军？乃西兵纷调省垣，粤械尽近桂省。其于兵额也，粤军则日令减裁，所部则暗行招募；其于兵饷也，粤军则积欠不发，所部则携取自如。且不独粤军唯然，对于滇军手段更酷。饥无以为食，寒无以为衣，固属忍心，尤虞激变。至其用人也，粤籍军官概投闲散，同乡故旧尽踞要津。其他财政机关以及公家局所，多为国家命吏，亦属民政范围，彼复越俎侵官，予夺

① “烁”字旁原有置疑号，疑为“挟”字之误。

由己，是为怙势恣睢，行同强盗。其罪二也。赌为盗源，古有明训。吾粤饱受番摊之害，经人民增加担负忍痛筹抵，始有禁革之一日。虽以项城专政，工于搜括，未敢轻冒不韪，议及赌捐。陈氏下车，悍然驰禁，设局筹饷，竭泽而渔。雀牌近且开抽，鸽票闻将批办。是为纵赌祸粤，忍心害理。其罪三也。况朱军长在任，为军人所一致爱戴者，乃反逼其去粤；王德庆犯奸，为军人所联请惩办者，乃反用以图湘。凡此万恶之昭彰，悉皆众目所共见。是陈氏对于中央则为抗命，对于我粤则为殃民，对于民党则为不义，对于部曲则为不公，贪黩成性，何以临民？又复欺诈，何以驭下？擎宇等忝居军职，身为属官，初亦含忍包容，冀其悔悟，忠言迭进，怙恶不悛，迩复无端挑衅，重兵压境，寇我惠、潮，破坏和平，忍无可忍，不获已誓师问罪，联袂奋兴。自今日始，凡惠、潮、嘉所辖地方，宣告与陈炳焜自主政府断绝关系，民政则商承李省长办理，军政则直接禀承中央办理。传檄远近，咸使闻知。一与吾粤军人约：非将陈炳焜驱逐离粤，誓不休兵。一与留粤客军约：罪在陈氏，余免株求，各军与吾同志讨贼者，一视同仁，同以友军看待。一与全粤官吏军民约：如有通款陈或甘心助逆者，大军压境，立予诛锄。鹰鹯之逐，人有同心。顺逆宜明，师直为壮。惟我粤父老昆弟，实昭鉴之。凡檄到，如律令。潮海镇守使莫擎宇、将军府参军钟鼎基、惠州绥靖处总办张天骥、帮办洪兆麟等。漾。印。

〔北洋政府陆军部档案〕

10. 李厚基陈闽省援粤兵力困难情形密电

（1917年10月23日）

北京国务院钧鉴：陆军部鉴：辅密。粤事已发动，星火燎原，若不早图，噬脐何及。昨奉养电，饬飞速赴援，济惠、潮之急，因以坚其内响之心，硕画荩筹，莫名钦佩。本省主力军队，只有两旅，该队一经出发，诏安只有步兵二营，永定只有步兵一营，厦门只有步兵一营，漳州驻新兵两营，以为漳、厦之策应。闽口要塞，驻新兵一营，省垣仅驻新兵三营，余皆出防各县。当此民党勾结土匪、希图扰乱之时，防地空虚，殊属可虑。援助惠、潮，固不可缓，闽省关系东南大局，尤为紧要。厚基之意，臧旅军队先行进驻潮州，较为稳妥，既可与后方联络，又可防敌军侵入。若不增加兵力，遑〔遽〕行深入，不惟孤立无援，且恐不能回顾本省。援粤之举，必须大张挞伐，方易收拾，绝非臧旅一枝兵力克奏全功。务请俯念闽省困难情形，通盘筹划，增加相当之兵力，再使臧使协同前进，以促粤事之解决，俾苏民困而奠大局。当否，祈即电示，不胜盼祷。李厚基。漾。印。

〔北洋政府陆军部档案〕

11. 张天骥报告作战失利退出惠州密电

（1917年10月28日）

飞。北京陆军部徐次长转呈段总理钧鉴：守密。陈逆炳澈①，叛国殃民，天骥联合潮、梅及粤籍军队，拥护中央，誓除叛逆，业由莫镇守使领衔于漾电转呈大总统、国务院在案。惟惠州只有警卫军十五营，既须分防十属，又须防范前线，兵力已单，枪弹尤缺，只得商请莫镇守使调拨精兵，接济饷弹。正传檄声讨间，陈炳【焜】乘我援军未到，綦以步、炮廿余营，水陆并进，直趋城下。天骥迫于祃日与钟参军鼎基督队，分投接战，互有死伤。敌军四面猛击，血战至夜二更，卒因众寡不敌，弹罄援绝，不得已与钟参军分路出城，向潮、梅退却，跋数昼夜，钟参军则不知下落，天

① “澈”字旁原有置疑号，当为“焜”字之误。

骥则于本日抵汕。一面请莫镇守使迅出大兵，一面收集旧部，先图恢复，再谋进取。天骥此次失败，罪该万死，并请严予处分，俾得带〔戴〕罪赎功，图报万一。临□〔电〕不胜愉〔惶〕恐待命之至。惠州绥靖处总□〔办〕□〔张〕天骥叩。俭。印。

〔北洋政府陆军部档案〕

12. 蔡成勋响应张作霖等通电声讨唐继尧等所谓罪状电

（1917年10月31日）

北京大总统、国务总理钧鉴：各部、院，各省督军、省长，承德、张家口各都统均鉴：迭据奉天张督军、直隶曹督军通电，滇、粤两省复有悖谬举动，忧愤盍已。绥区僻远，虽未获知详实情形，而其通同一气，称兵叛国，逆迹实已显然。方今共和再奠，政局漂摇，内外相维，共图治理，犹恐不及，乃然暴烈性成，公然倡乱，使之秩序无统一之望。其罪一也。频年以来，兵祸相寻，民生颠沛，元气凋伤，正宜休养生息，而乃逞其私欲，黩武殃民，使地方无安靖之日。其罪二也。政府对于滇、粤，开诚相见，一再优容，原冀早就正轨，免入异途，而乃别具野心，罔知悔悟，视政府如弁髦。其罪三也。比岁国债之增，无非军事影响，急谋收束，补牢布〔未〕晚，而久〔乃〕一意孤行，穷兵糜饷，陷财政于危境。其罪四也。我国对于德、奥，立于宣战地位，戳力同心，以御外侮，方为正办，乃竟自启阋墙之争，贻人以口实，授人以罅隙，其患尤不胜言。其罪五也。凡此诸罪，极其所至，皆足亡国。陈炳焜、唐继尧等倒行逆施，甘冒不韪，实为民国之罪人，亦即天下之公敌。成勋款款之愚，惟知以国家为前提，如有危害国家之徒，愿与众共弃之。现在陈炳焜等已奉明令褫职查办，仰恳大总统将唐继尧一并宣布罪状，褫职查办。一面迅令在于川、粤暨附近各路军队严行讨伐，以免滋蔓，而彰法纪。敬请京外军民长官一体主持，共伸义愤。成勋不武，卫国保民，责无旁贷，谨率所部师旅，枕戈待命，敬效驰驱，不胜急切之至。蔡成勋。卅一叩。印。

〔北洋政府陆军部档案〕

13．莫擎宇拟乘各方竞争粤督之际进攻惠州与徐树铮往来密电

（1917年11月）

（1）莫擎宇致徐树铮密电（11月5日）

北京陆军部徐次长、并呈段总理钧鉴：守密。支电计达。查高、雷、琼崖已响应，龙兵已进钦、廉，均不确。粤督问题，桂军主莫荣新，海军主程璧光，粤军主李省长，惟陈属意在程。其交卸后，要求条件：一，拥护共和；二，继续援湘，接济饷械；三，现有统领概不更动；四，粤仍自主；五，派兵攻潮；六，粤事仍禀承桂办理。李省长虚与委蛇，欲借程作一过渡，现已在磋商中。但程系粤人，且属党魁，一落彼手，恐挟□海军势力。李辅受制，粤事想难收拾。现拟乘双方竞争省城摇动之际，尽锐东下，收复惠州，为李助力。惟臧使迟迟未到，□〔惠〕来方面无人分任防守。故五华一路，不敢孤军深入，致误事机。特此，再恳电催臧使火速来潮，一面严催李省长迅行接任，并电谕龙振武，勿作壁上观。切盼之至。莫擎宇叩。微。印。

（2）徐树铮复莫擎宇密电（11月9日）

特急。汕头莫镇使鉴：镇密。微敬悉。已转呈。臧使已进，李、龙处亦速进行。树〇。佳。印。

〔北洋政府陆军部档案〕

14. 李厚基陈联络各方驱逐桂系出粤意见密电

（1917年11月8日）

北京国务院钧鉴：陆军部鉴：辅密。据杨上校顼自粤来闽面称：李省长、龙督办皆有逐陈之意，惟恐力薄无济，必俟闽军有确实动作，方可联合并进等语。稳慎图功，所见极为允协。此间迭据探报，逆军一由博罗进至河源，一由惠阳进至海丰，闽军分路进剿，深恐不敷分布，必须增加兵力，方可策出万全，请饬冯旅长玉股〔祥〕统率所部，迅速来闽，派赴前敌。一面由闽设法声络李、龙二军。俟布置完备，当即同时并举，协力进攻，以期一致〔鼓〕荡平。倘李、龙两军或嶂脏① 应机而动，闽省筹淳〔措〕既定，亦可督饬臧、冯各军分路进取，必期成功。管见所及，未知当否？谨此奉闻，敬候电示。厚基。齐。印。

〔北洋政府陆军部档案〕

15. 徐树铮关于拟定解决粤桂争端办法密电稿

（1917年11月9日）

汕头莫镇守使鉴：镇密。粤、桂事本拟陆、谭并罢，因恐陈无所归，铤而走险，则粤事益难收拾。本日令陆调任京职，龙接任巡阅。桂事俟龙军登陆，再作区处。特闻。除飞电子云〔诚〕外，祈再为转知，催其从速进行，以收粤局。树○。佳。印。

〔北洋政府陆军部档案〕

---

① “嶂脏”两字旁原均有置疑号，当为误字。

16. 国务院任莫擎宇臧致平为前敌总副司令密电

（1917年11月14日）

汕头莫会办鉴：守密。元电悉。敌军分三路犯潮，势甚紧迫。现据闽督来电，臧使等已拟元日抵潮，军队足敷因应，所有前敌战守事宜，即由执事与臧使和衷商办。兹任执事为前敌司令，臧使为副司令。希即查照前敌情形，详报为要。院。寒。印。

〔北洋政府国务院档案〕

17. 段祺瑞要莫擎宇臧致平和衷共济密电稿

（1917年11月15日）

致福州李厚基电　十一月十五日

福州李督军鉴：正密。译转臧副司令：昨有电令，以莫擎宇为司令，执事为副司令。以莫使在潮日久，情形较为熟悉，执事客军远莅，为大局暂屈，遇事务与和衷为跂〔济〕。祺瑞。翰。印。

〔北洋政府陆军部档案〕

18. 徐树铮要莫擎宇与臧致平妥筹对粤军事密电稿

（1917年11月17日）

汕头莫会办鉴：镇密。元电悉。准闽督电称，臧使业于元日抵潮。中央为事权统一起见，已委兄为司令，臧使副之。所有队伍，应如何支配布置，即希会同臧使妥筹，以俾戎机为荷。树铮。筱。印。

〔北洋政府陆军部档案〕

19. 陆军部派莫擎宇臧致平为粤东前敌正副司令训令

（1917年11月22日）

陆军部训令　　第　　号

令潮梅镇守使莫擎宇

派莫擎宇为粤东前敌总司令。此令。

陆军部训令　　第　　号

令汀漳镇守使臧致平

派臧致平为粤东前敌副司令。此令。

中华民国六年十一月

〔北洋政府陆军部档案〕

20. 李厚基转报臧致平部占领普宁等地电

（1917年11月24日）

万急。北京大总统、国务院钧鉴：各部、院，天津、南京、盛京、蚌埠、济南、太原、吉林、齐齐哈尔、西安、开封、南昌、杭州、兰州、迪化、武昌督军、省长，并转各镇守使、各师旅长、岳州王代督军，海口龙巡阅使，张家口、归化、承德都统，龙华、宁夏护军使，徐州张督办，成都刘会办，重庆督军、省长、吴总司令均鉴：顷据潮州臧副司令致平敬电称，顷据郑团长来潮面报，队伍完全回揭，检将葵潭、普宁、乌石、云落、鲤湖等处完全克复，毙敌尸横遍野，夺获枪枝甚多，我军受伤者廿余名等语。谨电奉闻。李厚基叩。敬。印。

〔北洋政府多防镇守使署档案〕

21．徐树铮关于段祺瑞支持莫擎宇行动密电稿

（1917年11月24日）

特至急。汕头莫镇守使鉴：镇密。马三电转陈。部众同心，共伸大义，极所嘉慰。现已兴师动众，中央自必力予援助。奉谕特达。望告各将士知照。树〇。敬。印。

〔北洋政府陆军部档案〕

22．李厚基为钟□退出梅县密电

（1917年11月26日）

急。北京大总统钧鉴：国务院、参谋部、陆军部鉴：辅密。顷接莫会办宥二电称，据报兴宁失守，敌人进逼梅县，钟指挥以众寡不敌，援绝城孤，经于本日拔队离梅，潮安、大浦相继牵动。乞火速电催贾团兼程前进，并调大队分驻永定、上杭，预备后援，一面电催冯旅星驰南下，切盼切祷。等语。除电贾团长兼程前进，冯旅长从速起程，并饬闽防严慎戒备外，谨驰电奉闻。李厚基叩。宥。印。

〔北洋政府陆军部档案〕

23．饶怀文报告北军由汕头败退请由军舰运诏安致陆军部电①

（1917年12月15日）

下关饶怀文来删字电

① 此件系电报摘要。

据蒋林司令电，据海容元电所称，汕头退兵现已陆续到舰。昨晚本难支持，幸容舰助发百余炮，战至本日下午亥时止。然马军子弹尽罄，无从坚守，马团长屡恳将兵由容、济两舰分运诏安，决明晨开。等语。谨闻。

〔北洋政府陆军部档案〕

24．李纯密报与莫荣新等联系停火快邮代电

（1917年12月16日）

急。北京大总统钧鉴：同密。文三电暨盐电恭悉。仰见慎重周详、宵旰忧勤之至意。睿思深远，钦服莫名。承谕商询各节，当即通知代表转询，一俟得复，谨即电陈。闽防紧急，诚如钧谕，非先解此围，实无调和余地，前经严切向彼交涉。惟陆荣廷自奉钧座犹豫期间之电，即无一电来宁，系何原因，未能揣测。顷接莫荣新蒸日复电，略称荣新年逾六旬，饱尝忧患，屡请解甲归农，未邀允准。政变以来，陈舜琴〔卿〕督军决焉返桂，衰老之身，乃承军民不弃，要请陆干帅委权督节，勉强就任，秩序幸就安谧。莫镇擎宇久蓄野心，藉端发难，荣新莅任，屡电劝诫，共襄治理，擎宇不惟不遵，反截留解款，逼勒商民，私增军队，直扑省垣，幸赖国家威福，派军痛剿，所向皆捷。现在擎宇困守潮、汕，而闽督李厚基竟派队相助，入我潮、梅。近日我军克潮阳、揭阳、梅县，迭据官商诉称，莫镇将公私款项勒收一空，臧军奸淫掳掠，甚于盗贼。臧军败退，李厚基仍令死守，日增援军，有不破坏粤省治安不止之势。似此情形，为国法计，为商民计，均难坐视。段氏违法，制造祸乱，李、莫不明大义，甘为段氏走狗，不惜糜烂地方，实为民国罪人。诸公出任调停，宁人息事，至为钦佩。但使李厚基悔祸罢兵，荣新何致吹求，系铃解铃，在李氏一人。等语。除又电复莫荣新，责其即行停攻外，谨先录呈，伏乞钧鉴。

李纯叩。铣。

〔北洋政府大总统府档案〕

25．李厚基为莫擎宇臧致平两部战败由粤退入闽境密电

（1917年12月18日）

急。北京大总统、国务院钧鉴：参谋部、陆军部鉴：辅密。前奉参、陆部删电传大总统谕，潮州被围日久，如至万不得已时；莫、臧两司令应并移住闽边，并望设法通知，以便接洽办理等因。厚基以汕头现已退出，潮围更加紧急，故选派得力侦探，设法通知，俾早日移入闽边。顷据臧使筱电称，职旅及莫使于铣日虽系突围而出，官长、目兵尚属完全。筱日晚九时抵诏城。惟公私行装尽行遗失。至器械之遗失，俟查明再行详报。等语。谨先电闻。李厚基叩。啸。印。

〔北洋政府陆军部档案〕

26．莫擎宇陈潮汕弃守经过及其失败原因密电

（1917年12月18日）

诏安莫镇守使来电

飞急。北京公府、参陆部钧鉴：使密。潮梅自各属相继失守后，即拟缩短战线，专回潮汕，以待援来。潮自鱼日开战，佳日敌复分攻汕头，潮汕交通顿被遮断，消息从此不通，以一部牵制潮州，以全将〔？〕围攻汕头，苦战数昼夜，力渐不支，于元夜失守。汕陷而潮州愈孤，围攻更力，援来无期，粮弹克尽，即欲与城相存亡，而闽防愈急，究于大局无裨，不得已与臧使于删夜突围战出，退却诏安，而潮梅尽落敌手矣。查此次失败原因：一、近地

奸民、土匪，均为敌用；二、潮军统领蓝拨芳、朱瑞穆，中途背叛，军心动摇；三、敌利用小散队日夜袭击，多方误我，亟肆疲我。因闽军过于持重，辎重太多，运动困难。擎宇身任前敌，职司守土，指挥无术，丧师失地，误国误民，罪该万死，应请先将会办广东军务、潮梅镇守使各职先行开去，并请严予处分，不胜恐惶待命之至。潮梅镇守使莫擎宇叩。巧。印。

〔北洋政府陆军部档案〕

27．李纯电请陆荣廷维持潮汕勿萌退志等情快邮代电

（1917年12月19日）

特急。北京大总统、国务总理钧鉴：正密。陆荣廷自回邕养疴通电后，纯于青、寒两日发出两电，请其勿萌退志，属其维持潮、汕，迄未得复，不知是何原因。顷据确实探报，攻潮、汕者，莫荣新、李烈钧、方声涛、陈炯明、程璧光等五军，其中陆系只莫一部分。至进而窥闽，民党实有此谋，而陆系并未与闻，皆孙文及李、方诸人之意，盖欲由闽而浙，并占两省，以为民党之地盘，且藉以要求恢复旧国会也。除详情已派参谋刘玉珂、顾问陈光宪入都面陈外，谨先密报，伏维鉴察。李纯叩。巧。

〔北洋政府大总统府档案〕

28．李厚基报告莫擎宇退驻诏安经代设行署密电

（1917年12月20日）

北京大总统、国务院钧鉴：参谋部、陆军部、海军部鉴：辅密。莫司令擎宇于筱日到诏安，随带该镇守使署□〔官〕员二十余

人及其【兵】队约四百余名，每月薪饷约四、五千元。查莫司令拥护中央，忠诚可敬。除饬该地方官预备行署外，拟将该署员留备莫司令行署办公之用，其兵队即充莫司令卫队，应需薪饷，暂由闽省担任。特此具报，敬候鉴核。厚基。号。印。

〔北洋政府陆军部档案〕

29. 李厚基为臧致平旅自潮汕溃退入闽密电

（1917年12月20日）

急。北京大总统、国务院钧鉴；参谋部、陆军部、海军部鉴：辅密。顷接臧镇守使致平皓电称，前者蔡潦〔潭〕、普宁等处战斗后，分驻潮州、汕头、浴〔浮〕洋等处，业经电禀，并请设法速备冯旅援助在案。嗣于十二月六日午后十二点被敌围攻，闽□前斗。嗣经电报陈旅，未能详报。浮洋、青毛山等处，亦于八日与敌开战两昼夜，虽敌攻甚急，总不能进。惟该敌利用土匪并三点会等，乘夜逼近山根，拂晓猛攻，我军将士虽竭力抵御，因子弹告罄，输送不济，退回潮城，并力防御。历经廿余昼夜，阴雨连绵。虽敌人迭经激烈，仍幸赖我将士奋勇，耐劳好攻。相击日久，子弹告罄，饼米已尽，采办维艰，敌军日见增加，来电报不通，援兵无望。又支队在汕头众寡不敌，于十三日退出汕头。敌军全力向潮州运动，因而匪势更甚。又奉相机□〔退〕驻闽边，密令于十六日早三点由潮突围而出，退向诏安。敌人沿途截击，我军且战且退，于十七日午前十二点退抵黄山〔岗〕一带，前有匪阻，而尾追之敌，势更逼近，旅长亲督将士，一面抵敌，一面冲突，敌始不支，我军于午后四点进抵分水关，敌始溃散。以上历经战斗，亦以旅长智短材疏，不善调度，致负委任，请予以相当处分，不胜惶悚待罪之至。等语。特据情电陈，敬候鉴核。李厚基叩。号。印。

〔北洋政府陆军部档案〕

30. 李厚基转陈周永桂所部攻占永泰等地情形与国务院等往来密电

（1917年12月——1918年1月）

（1）李厚基致大总统等密电（12月31日）

北京大总统、国务总理钧鉴：参谋、陆军部均鉴：统密。前永泰被敌匪攻陷，及派周旅长永桂率队往援各情形，业经电陈在案。兹据该旅长先后电称：职奉令后，遵即督率各营队星夜前进，当派刘营长祥汉、谢营长万年为右路纵队，职率同高团附永成、牛营长金彩、赵营长文德为左路纵队，于寒日拂晓进攻。敌匪沿途据险顽抗，经我军奋勇痛击，至日晚，始将汰口占领。当即露宿阵地，次早仍分路前进，距县地十余里地方，与敌匪猛烈激战，匪势不支，纷纷溃退，于五时始将永泰县城完全克复。嗣据报敌匪均聚集嵩口，由德化、仙游等处调集大队，意图反攻。查嵩口地居险要，为仙游、德化、闽清要道，永泰门户，该处如不收复，永泰仍复可危。职将永泰县善后诸事稍为布置，乃于巧日督率各队出发，号日将梧桐尾敌匪击退，进逼白湾。复派万副官斌成率队进攻月洲。沿途地势崎岖，敌匪设险防御，极为周备。我军不避锋镝，节节进取，始于漾日将嵩口地方完全占领。两次战役，毙匪甚夥，并获俘虏十八名，炮弹二百余出[颗]，各种步枪四十余支，枪弹一百一十余箱，马五匹及军用品等件，合并报告。各等情。谨肃电陈，请纾廑念。李厚基叩。卅一。印。

（2）国务院等复李厚基密电稿（1月3日）

急。福州李督军鉴：统密。卅一电据报周旅长永桂所部剿办汰口、嵩口等处积匪情形，该督军不动声色，措置有方，洵堪嘉许。在役士卒，著赏洋二千元，以示鼓励。嵩口各处，均接近省垣，既经肃清，应严饬驻军加以防范，毋再疏虞。窜匪仍应相机搜剿，以靖地方。再，来电有擒获俘虏字样，于剿办土匪用此等名称，殊觉未协，嗣后并望留意。奉谕特复。院、参陆部。江。印。

〔北洋政府参陆办公处档案〕

31．李厚基请速派援师南下助闽密电

(1918年1月21日)

特急。北京大总统、国务院、段督办钧鉴；参谋部、陆军部、海军部鉴：辅密。粤欲图闽，先据南服海疆，以渐窥江河流域，野心狡计，举国咸知。现据确报，彼方决以方声涛、李烈钧、陈炯明、刘志陆等滇、粤各军约六十余营，大举攻闽，方声涛已有一旅到汕，陈炯明闻已于十二日誓师，孙文亦有攻闽之说。查闽、粤边线长约五百余里，防军只十四营，守则兵分力薄，处处堪虞，若以抵御敌军，则众寡更属悬绝。而内地则土匪未靖，加以乱党煽惑，日益蔓延，南安县且有攻城之事，防范尤不可疏，驻军势难抽调。边防兵力如此单落，一有战事，危险堪虞。前经屡电中央，请派援师，迭蒙允许，皆未见到。现在时机万分紧迫，更甚于前，战士同仇，激昂愤慨，盼望援师，尤为殷切。厚基治军闽省，责在保疆。拟请中央俯念闽地关重，事机太急，而军力太单，吁恳令饬山东张督军，速统第二路军队，改道由闽取粤，一水可达，较由赣境，便利实多。抑或令饬奉督筹派一混成旅，并令浙、沪各筹派一混成旅，兼程赴闽。闽省海陆兼防，总须加增一师以上之兵力，方敷攻守之用。敌军业已发动，若再迟回审顾，深恐有误时机。前以援师不至，致潮、汕不能固守。所幸在闽将士，皆系大总统旧部，仍欲图报于万一。但士气虽然不衰，而援兵依然未至，现又战祸将生，而闽地远隔海南，若不早为陈明，临时

实援助不及，倘有疏失，大局堪虞。厚基一身不足惜，何以对中央，何以对闽省，何以对部下？务恳俯如所请，速派援师南下，以赴戎机，厚基当亲赴前敌，效力疆场，否则，报国心长，维持力绌，与其负咎于事后，不如审择于几先，惟有恳请速派大员来闽接替，以免贻误全局。临电迫切，殷盼训示。李厚基叩。個。印。

〔北洋政府陆军部档案〕

32．臧致平等以解散全军要挟北京政府派兵"援闽"与冯国璋往来密电

（1918年1月）

（1）臧致平等致大总统等密电（1月22日）

北京大总统、国务院、参谋部、陆军部、海军部钧鉴：辅密。军人服从命令，是其天职，本不应越位而有所言，而势处孤危，觉有不能不竭其愚忱以求训示者。溯自粤省肇乱，中央令闽援潮，并闻湘西衡、宝①，赣进南韶，龙、李同时动作，更由中央加派劲旅，为闽后援，致平等奉本省督军命令，立即出发。方谓戡定乱事，指日可期，无何湘南事变，宁赣调停，而援闽之师，徘徊不进，坐使致平等孤军一旅，陷入重围，虽力战不挫，究于时局毫无裨益。嗣奉中央电令，退守闽边，全军将士，不胜愤慨。窃以致平等备员军旅，只知卫国，不知其他。往年津、保就学，武汉从军，曾沐大总统训诲，其愚悃早在洞鉴之中。嗣南北驰驱，而拥护中央、服从长上之心，未敢稍逾。现查闽、粤接壤，边线之长，逾五百里，而内地土匪，又须分防，兵力不敷，中央夙所深悉。刻据各方探报，方声涛、李烈钧、陈炯明等，现集犯闽之兵

① 原文如此，似有漏脱。

约五六十余营，及各处勾结土匪，并联合在粤海军，水陆分进，大有气吞八闽之势。致平等军队，除分防外，赴前方者，不满廿营，众寡太悬，虽血战捐躯，何补于国。查两粤乱谋久蓄，亟欲图闽，先握南服海权，以期倾危大局。致平等上下一心，只知赴国，难保军誉，绝不忍见闽省疆土稍有损失。惟兵单力薄，不得不仰恳中央，速拨师旅，南下援助。倘以为闽省利钝无甚重轻，则并此驻守之兵，亦可不设，拟恳将致平等军队，全令解散归农。中央命令晨颁，致平等师徒夕散。此心纯粹为国，决非妄有要求。时势艰危，泣涕上诉。除公呈本省督军外，迫切电呈，无任悚惶待命之至。旅长臧致平、唐国谟、姚建屏，团长高全忠、郑文勋、贾文祥、马步云、宋运禧、张清江，营长史书年、王克悌、荣宝兴、田德润、赵玉魁、刘长胜、冉繁瑞、张守镇、刘士伟、台永生、辛桂花、王树林、王文藻、陈得才、朱得才、王望采、刘兆祥、沈永福、王玳吕暨连、排长等全体同叩。养。印。

〔北洋政府陆军部档案〕

(2) 冯国璋复臧致平密电稿（1月25日）

急。福州臧旅长：辅密。养电悉。闽局艰阻，支柱至今，援师稽迟，苦我将士，中夜以兴，念之焦灼。缘荆、襄摇动，北方劲卒，全赴鄂援。近者岳州战云已起，驻浦冯旅长，已令上驶。昨接李督来电，粤军大举图闽，经即电商浙督筹拨一混成旅，速赴援应。另俟鲁军抵赣，再以赣南队伍，续赴闽边。闽省关系东南，中央断无坐视之理，一兵一饷，无不尽力筹措。该旅长等忠勇为国，干城弥望，就现有兵力，扼险坚防，以纾危急。并转各旅团营长官，共体此意。国〇。有。印。

〔北洋政府参陆办公处档案〕

33. 张作霖为援闽奉军待运南下密电

（1918年2月6日）

北京陆军部钧鉴：正密。未电敬悉。查前因闽防吃紧，李督派员到奉求援，当为拣拨精壮千人，由营长潘作藩统带，携带武装，日内由奉出发，至秦皇岛，再由闽省派定船只，搭运赴闽。正拟电陈核办，兹奉前因，应即陈明。希即咨商交通部，届时备车搭运，以利遄行，至为盼幸。张作霖。鱼。印。

〔北洋政府陆军部档案〕

34. 李厚基于北军攻占长岳后请移全力图粤密电

（1918年3月28日）

特急。北京大总统、国务总理钧鉴：参谋部、陆军部鉴：辅密。长、岳连克，逆胆已寒，戡定潢池，期当不远。窃以现在急宜进讨者，不在湘之西南，而【在】群丑巢穴也。粤事定，则乱定。拟请电饬张检阅使出兵南、韶，以攻其北，闽由潮、惠，以攻其东，并望电祈关内之奉军，航海来闽，或与闽军会合并进，或以海军掩护直捣虎门，而粤南之龙军必益得势，四路齐进，取广州犹反掌耳。若全集湘之一隅，冲嶽险阻，旷日顿师，坐使长、岳败逃之贼，得以徐收余烬，助攻龙军；龙若不支，则粤之眼钉已拔，势必全力攻闽，而南服海疆，实濒危殆。现在广东内部已极纠纷，乘胜临之，必□①崩溃。失今不图，必贻后患。得失之机，间不容发。尚望速定方针，密示遵行。李厚基叩。俭。印。

〔北洋政府陆军部档案〕

---

① 此处残缺一字，似为“将”字或“定”字。

35. 参陆办公处为浙编混成一支队赴闽请转饬招商局备轮运送函稿

(1918年4月9日)

致交通部

迳启者：准浙江杨督军电称：现编混成一支队赴闽，计步兵三团，炮兵一营，机关枪、马、工、辎各二连，派童保暄为支队长，集合甬、温，一俟派轮到埠，即行开拔等语。除电复外，应请查照转饬招商局迅备商轮前往运载，并就近与该军队接洽办理为要。此致

交通部

参陆办公处启　四月九日

〔北洋政府参陆办公处档案〕

36. 国务院等促李耀汉立时起事与赣军联合进行密电

(1918年4月24日)

香港英皇酒店韩宾礼：辅密。转李省长鉴：顷由燕孙转到陈其瑗号电，欣悉执事整军待发，期与赣军相应，佩慰奚似。迭接陈督来电，赣军于巧日出庾，占领中站，祃日进攻南雄。此时赣军在粤，计已接战。顷并电陈督密电，与执事联络。务希立时举事，与赣军联合进行，以赴戎机而蹙敌势，是所至盼。院、参陆部。敬。印。

〔北洋政府参陆办公处档案〕

37. 李厚基拟请将浙闽援粤联军取名为第三路军密电

（1918年4月25日）

飞急。北京大总统、国务总理钧鉴：参谋部、陆军部鉴：正密。前奉陆部佳电内开：将来即以执事为总司令，童副之。又奉文电内：开总、副司令，俟童师长抵闽，开行电令遵照。各等因。现该师长已于本日到厦，厚基亦定于今晚启程，亲往前敌督巡。一切应行文件，必须刊刻关防，以昭信守。此次奉令征粤，闽已令派臧、唐两镇守使分左右两翼前进。又蒙派浙江童师长率师协同进取，编制较为完备，尤不可不先行正名，以资统率，可否定名为第三路，即刊刻木质关防，文曰第三路总司令关防，以备启用。厚基不才，戡乱是其夙志，如蒙派为总司令，当竭棉力，以效驰驱。童师长军略素娴，勋劳夙著，派为副司令，必能信任。谨飞电请示。是否有当，仰祈速核电复，以便遵行。李厚基叩。有。印。

〔北洋政府陆军部档案〕

38. 李厚基亲往漳厦督师攻粤密电

（1918年4月26日）

千急。北京大总统、国务院钧鉴：各部、院鉴：正密。奉院、部电令援粤，已飞饬唐、臧两使赶速进攻潮、梅，厚基边① 四月廿六日启程，亲赴漳、厦视师，所有军署日行公务，委署理暂编福建第一师区〔师〕长姚建屏代拆代行，省署委政务厅长王善荃代拆代行，遇有重要事件，仍封送行营核办。除分咨令外，谨电

① "边"字旁原有置疑号，似为"定"字之误。

奉闻。李厚基叩。宥。印。

〔北洋政府陆军部档案〕

39. 李厚基亲赴厦门督师"讨逆"密电

（1918年4月29日）

北京大总统、国务总理钧鉴：各部总次长、步军统领、警察总监、京兆尹均鉴：正密。厚基奉令讨逆，亲往督师，宥日晚由省垣启行，沁日早乘楚同兵轮于本日午前九时抵厦。谨先奉闻。余容续陈。厚基叩。艳。印。

〔北洋政府陆军部档案〕

40. 李厚基童保暄就任第三路总副司令密电

（1918年4月30日）

汉口曹宣抚使，萍乡张检阅使，武昌王督军，长沙张督军，南昌陈督军、戚省长，奉天张督军，吉林孟督军、郭省长，齐齐哈尔鲍督军，天津曹省长，蚌埠倪巡阅使，安徽黄省长，太原阎督军，开封赵督军，南京李督军、齐省【长】、王巡阅副使，杭州杨督军、齐省长，西安陈督军、刘省长，迪化杨督军，兰州张督军，热河姜都统，张家口田都统，归化蔡都统，上海蓝总司令，龙华卢护军使，宁夏马护军使、张师长，并转各镇守使，各师长鉴：正密。奉院、部艳电传大总统令，派李厚基兼充第三路总司令，童保暄为副司令等因，遵即于本日就总、副司令之职。谨先奉闻。厚基、保暄。卅。印。

〔北洋政府多防镇守使署档案〕

41．杨善德报告童保暄师赴闽兵力密电

（1918年5月12日）

北京国务院钧鉴：参陆两部鉴：辅密。庚电敬悉。此次童师赴闽，计步兵三团，机关枪三连，合为九营，山炮一营，工、辎四连作为一营，骑兵一连及卫生队一大队作为半营，以上共计十一营半。按钧电办法，每足一营人数，按月支给临时军费七千元，以十一营半计算，每月应支给洋八万零五百元，自四百二十日起支。除饬童师长遵照外，敬乞查照备案为叩。谨复。杨善德。文。印。

〔北洋政府陆军部档案〕

42．李厚基为武平失守闽西告急密电

（1918年5月22日）

万急。北京国务院钧鉴：参、陆部均鉴：统密。逆敌伪司令许崇智与土匪在上杭、永定等处袭击我军，业于号电陈明。连日迭接王团长克悌、宋团长运襌告急五电，并上杭县知事柏麟书二电，均称武平号日失陷，逆敌由峋〔峰〕市、武平前后夹击，危急万分，我军血战三昼夜，敌多难支，探向江西方面退却。团长、知事等于箇夜退守龙岩。各等语。当经先后飞电永定宋团长运襌固守待援，并飞催童副司令及左右两翼火速督队前进，□〔进〕攻大浦、黄冈，断绝逆敌后路，以期救济。现时上杭等处电线不通。除详情查明随时电陈外，厚基督师无方，实属咎无可逭，应如何严予处分藉励戒行之处，伏乞转呈睽夺施行。谨先驰电奉闻。厚基叩。养。印。

〔北洋政府陆军部档案〕

43．交通部抄送汀州电局报告粤军进城电

（1918年5月28日）

照录汀州电局来电一件

交通部钧鉴：粤军本日进城。谨奉闻。汀局叩。俭。

交通部抄送　六月十二日

〔北洋政府国务院档案〕

44．陈光远为闽军由武平退上杭密电

（1918年5月29日）

急。北京国务总理、参陆部钧鉴：中密。据赣南镇守使吴鸿昌电称：据寻邬驻军报称：本月二十七拂晓，闽、粤两军在武平开战，闽军稍有不利，退却十余里。次日，仍炮声隆隆。惟东留、武平一带，闽军声势甚盛，日内当有剧战云云。又据会昌张知事密报：武平已被粤军占领，闽军退往上杭，驻梅粤军纷纷出动，闻有由寻邬边境经过者等语。特电禀闻。等情。除严令堵截并续行侦察外，特电奉闻。陈光远。艳。印。

〔北洋政府陆军部档案〕

45．李厚基关于兵分三路进攻粤省密电

（1918年5月29日）

万急。北京大总统、国务总理钧鉴：参谋部、陆军部、海军部、步军统领、警察总监，汉口曹宣抚使、张检阅使，武昌王督军，长沙张督军，盛京张督军，南昌陈督军，蚌埠倪巡阅使，南京李督军、王巡阅副使，杭州杨督军，吉林孟督军，齐齐哈尔鲍

督军，太原阎督军，西安陈督军，迪化杨督军，兰州张督军，承德姜都统，张家口田都统，归化蔡都统，宜昌吴总司令，上海蓝总司令，龙华卢会办，宁夏马护军使均鉴：辅密。厚基□□奉命讨逆，蒙派浙军来闽协助，连日筹备进行，督促输送，拟定分三路进攻，以漳州镇守使臧致平为左翼司令，前往诏安，进攻潮、汕；以厦门镇守使唐国谟为右翼司令，前往永安，进攻大浦；童副司令保暄亲赴中路督队，前往平和，直趋饶平，以期会合，业经号日电呈大总统、国务院并电参谋、陆军两部在案。据两翼司令先后报称，均各行抵前方；童副司令电称，艳日即抵平和。本总司令即于本日下令，开始攻击。除分别呈报外，厚基力孤任重，智计短浅，决胜之策，尚乞见示，俾免疏虞，无任待命盼切之至。谨电奉闻。厚基叩。艳。印。

〔北洋政府陆军部档案〕

46. 李厚基陈闽军援粤困难情形密电

（1918年5月31日）

万急。北京国务总理钧鉴：参谋、陆军部总次长均鉴：辅密。卅电敬悉。赣军兵单待援，进取自属无可如何之事。惟察视敌我情势，有不得不先行声明者，敢为详细陈之：闽省滨海，素号瘠区。基夙谨慎，鉴于国家穷困，不敢逞兵，数年于兹。上年之役，广东独立，浙江独立，闽居其间，是时闽兵仅止两旅，军械一无戒备，只以态度明瞭，人不敢犯，全闽未遭糜烂之虞，实非厚基意料所及。上年奉令协助潮、梅，原以孤立无援失败。此次一、二路长驱定湘，赣军出庾岭，进攻南雄，赣闽以为犄角。而闽又以筹饷筹械筹运奇难，遂至迁延月余，始能进取。乃闽甫开仗，而赣又待援。试思苏省援赣之师，由九江而南昌，由南昌而赣南，行抵梅岭，至速亦须在一月以外。设敌人以英德、韶关抵赣之众，尽集合龙川、梅县，并以拒闽，西南诸逆宗旨虽不纯正，而用兵不可为不能，又多诡道〔计〕，闽自度德量力，单独不敢必其制胜。且闽非赣北。大庾古称峻阻，汉、晋以前，赣、粤不通行旅，自唐张九龄凿险，历宋蔡修成车马之路，至明张弼复修，始得宽平。有此险要，赣军进退，本可自由。闽则与粤接壤之界，自诏安至武平，防线约六百里之遥，处处有路可通，节节可以逼近，万一众寡不敌，复蹈前车，厚集兵力，逆必乘虚，分布设防，难以兼顾。省垣空虚，上游单薄，彼时土匪内应，又将何以救之？厚基一身固不足惜，诚虑大局收拾更无穷期，此固非危言以耸听，事实实逼于此矣。厚基之精明虽不如人，而勇毅真诚，历百劫而不改，自问尚堪自信。安民出自本怀，平乱责无旁贷，亦惟有作我正气，激励官兵，牺牲一切，誓与敌不两立。或者仰仗国威，遂能驱除妖孽，亦未可知。现右翼正在酣战，左翼正在进攻，童副司令约一、二日亦由中路前进。另组支队，驻扎沙、永，分向归连、汀、邵一带游击，防敌自武、杭上窜。再于龙岩设伏，以遏武、杭之敌袭我右翼后路。并探敌前进，预为规复武、杭地步。似此布置，此间尚堪一意孤行。惟成败利钝，非所逆料。究竟厚基应否猛进，抑或俟援赣之军到达，再行联络合并进攻之处，伏乞速示遵行，不胜迫切待命之至。厚基叩。卅一己。印。

〔北洋政府参陆办公处档案〕

47．臧致平报告攻占黄冈情形电

（1918年6月3日）

北京参陆部钧鉴：吴所部为三路，左翼原防守诏安分水关一带，前奉李总司令命令攻粤，遂率第一支队长高全忠、第二支队长马步云等，于东日夜二钟出发，沿途皆山，又值大雨，水深数尺，亦涉水前进，敌人亦知准备，于各要隘处设防，我军遂分两路，右翼先由黄岐山进攻，左翼先由牛屎岭进攻，敌人竭力抵抗，猛烈射击，我军冒弹冲锋，奋勇激战，伤亡敌人甚众，夺获枪械亦夥，敌相继溃乱，遂乘势攻破大南岭、竹笄山、石壁、偾山，并占领大小山头数十处，敌势力不支，纷纷向黄冈退守。按黄冈地势险要，敌人负隅自固，甚不易下，幸我军异常骁勇，激战至一昼夜之久，攻击甚烈，彼失战斗能力，相率渡河逃散，遂于冬日午后一时完全克复黄冈。是役也，先后伤亡敌人数百名，俘虏敌人连长一、排长三、目兵三十余名，夺获山炮五尊，机关炮一尊，机枪一支，房〔手〕枪六十余支，炮弹数箱，帐房等物多件。我军仅伤亡数十名，进行尚属得手。惟连日大雨淋漓，各将士冒雨遄征，十分苦楚，且山路崎岖，不特跋涉艰难，其险阻亦难攻击，况我军进伐，宣传甚久，早为敌人预料，凡山口要隘，均埋伏地雷，防御等项，诸多危险。幸托钧座威福，即能克复黄冈。谨将大概情形，特为报告。臧致平叩。江。印。

〔北洋政府陆军部档案〕

48。韩宾礼探报袁带部占领香山进攻顺德密电

（1918年6月3日）

国务院：北京参陆办公处：贝密。请译转龙巡阅使钧鉴：袁带艳晚克复香山城，毙敌三百余。现正进攻顺德，请设法接济饷弹，并来电嘉奖。宾礼叩。江。

〔北洋政府参陆办公处档案〕

49。国务院等促李耀汉早日发动密电稿

（1918年6月4日）

急。香港英皇酒店韩宾礼：贝密。李省长鉴：赣陈督电称：

据丁、王两司令东电称：逆军分三路侵赣，赣边防兵单薄，请速增援等情。查粤逆自失南雄，仇赣已久，赣军单薄，未能深入，续派援军，将抵赣州。执事能早日发动，自足牵掣敌势。现闽浙联军进攻潮汕，据报已克黄冈，进行颇称得手。时机渐熟，此时发动，事半功倍。特电，希查照办理见复。院、参陆部。支。印。

〔北洋政府参陆办公处档案〕

50．韩宾礼转报袁带所部占领香山等情密电

（1918年6月5日）

北京陆军部、参陆办公处钧鉴：贝密。并详转龙巡阅使、梁燕荪先生钧鉴：本军克复香山，业经电陈。惟各路军队尚未响应，子弹异常缺乏，乞速筹拨。现已乘胜进攻顺德，详情续报。司令袁带叩。宾礼代拍。又此次香山克复，全系袁军之力，颜启汉不过随同办事，并无一兵，江电嘉奖启汉，实为不平。之〔请〕即另电嘉奖，并接济袁军。宾叩。微。

〔北洋政府陆军部档案〕

51．童保暄报告所部占领饶平密电

（1918年6月10日）

北京国务院、参谋部、陆军部钧鉴：统密。暄今午亲赴前敌督战，途次接据李团长炜章报告：饶平已于上午九时完全占领，敌兵向潮州退走。谨此奉闻。详情续陈。童保喧〔暄〕叩。灰。印。

〔北洋政府陆军部档案〕

52. 莫擎宇报告童保暄部攻占饶平等情密电

（1918年6月12日）

二份。北京国务院、参陆办公处钧鉴：新密。中路童司令支早向饶平开始攻击，连战皆捷，随即占领三房岭、庙子前、接骨石等处，至灰早九时，已将饶城克复。左路臧旅亦进至澄海属之东陇地方，日内便拟会师进取潮汕。谨先电闻。余容续报。再，宇本拟支日驰赴前线，协图规复，嗣奉李总司令谕留厦襄办一切，故暂未成行。合并陈明。会办广东军务、潮梅镇守使莫擎宇叩。文。印。

〔北洋政府参陆办公处档案〕

53. 李厚基关于长汀失守邻县告急等情密电

（1918年6月14日）

北京国务院钧鉴：参谋、陆军部均鉴：统密。元电敬悉。汀州自武、平两邑失利后，电报不通，道路梗阻。先后据延平蔡道尹凤机、徐统带镜清、□州乌知事秀鸣报称，长汀于廿七日失守，吴知事避居教堂。或云入城敌军约数百人，或云陷汀城者非粤军，系匪首钟大飞所为。各等情。迭次派探往查，据称先由警备处响应，敌遂乘机后入。清流、归连各处，并有土匪趁虚为乱，警兵均被煽惑之说。当经电令驻延平剿匪司令张清汝，并派周参谋永桂改编两支队，集合各县营连，会同迎击。惟道路窎远，营、连分防各县，集合不易，兼之日日大雨，泥淖难行，河水涨发，逆流迟滞。迭据周参谋报称，业经先就已到之兵，分向沙、永、归、化运动截击。汀州警耗，纷纷不一，迄无正式确报，故未电陈。逆料当系敌人实力不充，利用土匪，到处乘虚滋扰，一经周、张两支队协力猛攻，当不难于扑灭。奉电前因，除电令分别探查相机进攻外，合先报闻。再，闽省因土匪纷急，霪雨连绵，电线多已毁断，近日往来京电，系由水线转递，故多迟延。合并附陈。李厚基。盐申。印。

〔北洋政府陆军部档案〕

54. 蒋摅转报闽军攻下永定致国务院电①

（1918年6月20日）

照录厦门蒋司令来电　六月廿一日到

据探报称：永定已于巧日完全克复。谨闻。摅叩。号。

〔北洋政府国务院档案〕

55. 李厚基童保暄宣布分就闽浙军援粤总副司令职密电

（1918年6月27日）

北京大总统、国务总理钧鉴：参谋、陆军、海军部钧鉴：统密。奉院、部养电开：奉令特派张怀芝为援粤总司令，吴佩孚为援粤副司令等因，现并改派福建李督军厚基为闽浙军援粤总司令，童师长保暄为闽浙军援粤副司令，所有由闽援粤一切进行事宜，希随时电达张司令，以资联络等因，遵即于本日改就闽浙军援粤总、副司令之职。除分电左右翼司令仍督饬前方将士积极进行外，理合先行电陈。伏乞训示施行。再，总司令仍暂借用原有关防，俟另刊新关防，再行呈报。合并声明。李厚基、童保暄叩。感。印。

〔北洋政府陆军部档案〕

---

① 此件系国务院来电摘要抄件。

56. 徐树铮为浙闽联军占领永定致贺密电稿

（1918年6月28日）

致厦门李总
饶平童副司令电

厦门李总司令、饶平童副司令鉴：□密。顷接莫会办宥电，欣悉贵军于宥日克复永定。远道闻捷，曷胜驰贺。树□。勘。印。

〔徐树铮档案〕

57. 莫丰绪关于攻粤军第三路战斗近况及将来行动致段芝贵报告

（1918年7月3日）

敬呈者：十日来中左两路，均无战事，盖中路为左翼队之故，须顾虑己之侧背，左路失中路之助，不能独立攻潮安也。惟孤军侵入，危险殊甚。如迁延时日，疲病益增，我少一分战力，敌多一分准备。况潮安为双方战略上必争之点，我得潮、汕，进退自由，敌失潮、汕，则济养皆绝。前者李总司令顾虑后方匪乱，不愿中左两路急进。惟前线危状，与日俱增，非得潮、汕，无以复我之顺利，而促战局之发展也。昨中左两司令，特商同进攻潮安办法。兹决定左路向东竜为主攻，中路向凤凰山为助攻，因中路仍须顾虑右翼，于正面不能集用多兵也。至开始进攻之期，即在本月十号左右，已电总司令饬胡营务处，派兵至平和替李支队之防，俾李支队得反饶平，为副攻之助。至敌军近日情形，似趋重于我中路方面，而又声云反攻黄岗，此不过调虎离山之计耳。闻大埔已为我军克复，惟未获官电，疑信参半。昨奉童司令令，往黄岗臧司令处，磋商进攻潮、汕问题。见该处士兵十分奋勇，惜军纪废弛，所在之处，商民颇受损失。右翼唐、贾诸军更甚，且有奸劫残杀之事，与地方人民恶感，有宁为敌人效死，不愿与北军见面者。粤人闻龙巡阅使由北省招兵，重张旗鼓，中央更多所资助，颇为疑惧。盖龙氏与粤人之仇，不共戴天。此次粤人讨龙，多是个人之关系，初无意反对中央者。龙氏不幸而败，粤人之气方申。今中央复助以饷械，是树粤人之敌也。既犯众怒，纵或得志，则逐莫之后，必将继以逐龙矣。况龙氏骄肆轻敌，有勇无谋，则战未必胜，徒伤民意耳。闽省内乱渐次平靖，莫会办昨日行黄岗，日间将来饶平。袁带独立，已完全失败。李耀汉近来态度，更不明瞭。而黄孝觉来函，则又曰莫荣新将攻肇庆，殊难见信。日前有李福林之兵千人到潮州，为陈炯明效死前敌，两李宗旨，素来一致，今李福林已为我敌，李耀汉可知矣。谨此上达。敬请钧安。并请转呈总揆鉴核。

调查员莫丰绪报告

七月三日（第十八号）

〔北洋政府陆军部档案〕

58. 交通部抄汀州电局关于粤军入汀城电致参陆办公处函

（1918年8月15日）①

照录汀州电局来电

交通部钧鉴：本日下午二点，粤军进城。谨闻。汀叩。阳。

交通部钞　八月十五日

〔北洋政府参陆办公处档案〕

① 此件无年代，据内容推断，当为1918年。

59. 李厚基为闽军张清汝部占领长汀密电

（1918年8月22日）

北京国务院钧鉴：参谋、陆军、海军部均鉴：统密。据延平张支队长清汝电称，据李纵队长海盛报告，该队郭队长于元日克复长汀，敌向武平方面溃退等语。汀城克复，上游剿匪军队较易联络，峰、芦等处敌人亦将稍被牵制，于右路进行事宜，不无裨益。惟我之兵力总觉于单薄，逆敌利用土匪，四出窜扰，我军克复一地，往往不能留兵驻守，一遇敌匪稍众，势即不支，而欲分兵留守，于进攻时又不敷分配，因是左支右绌，顾虑太多，迭次失利，大半由此。特以附陈，仍乞指示机宜，俾资因应，无任感幸。李厚基叩。养。印。

〔北洋政府陆军部档案〕

60. 交通部抄厦门电局关于李厚基亲临前敌视师电致参陆办公处函

（1918年8月22日）①

照录厦门电局来电

交通部钧鉴：公密。我军援粤，中、左路迭获利，潮、汕指日可下。惟右路稍留，督军篇日亲临前敌视师，以期将士用命，早奏肤功。文绰叩。养。

交通部抄送　八月二十三日

〔北洋政府参陆办公处档案〕

① 此件无年代，据内容推断，当为1918年。

61．交通部抄厦门电局关于同安失守电致参陆办公处函

（1918年8月23日）①

照录厦门电局来电

交通部鉴：公密。同安县城确于篠日失守，匪势蔓延极广．现距厦门仅六十里，人心震动。文绰。养三。

交通部抄送　八月廿三日

〔北洋政府参陆办公处档案〕

62．国务院等征询各路"援粤"路线密电稿

（1918年8月24日）

急。济南张总司令、蚌埠倪巡阅使鉴：统密。据探闽省援粤中左两路获利，潮安指日可下。惟右路稍却，李督篠日亲赴前敌指挥。又同安县城失守，匪势蔓延极广，现距厦门仅六十里。又据莫擎宇来电，中左两路删日向潮州进攻，巧日中路进至凤凰、山墟、平溪，左路进至黄山坑、东陇附近，即可会师合围潮城。惟陈炯明所统粤军，自陷大埔后，连陷永定、龙岩，漳、厦告警，中左两路后方可虞。而莫荣新复派刘志陆、刘达庆由雷率队回援，是潮州虽下，顾虑仍多，请电安武军速进龙川，直捣惠州，庶可牵制桂军援师，而惠、潮亦可联成一气。各等语。查国军援粤，原定分路进行，现队伍尚未完全调集，遽令安武军进龙川而攻惠州，形势突出，仍属可虑。惟顷准李督来电，长汀已于元日克复，敌向武平方面溃退。惟兵力太单，克复一地，往往不能留兵驻守，一遇敌匪稍众，势即不支。迭次失利，大半由此。等语。该省中

① 此件无年代，据内容推断，当为1918年。

左两路既经得手，右路正为反攻恢复之计，若以到赣安武军所部移扎寻邬、安远，虽未越过赣边，敌惧抄击，必形溃退，闽军右路当可稍松，并与贵总司令计划安武军前进路线亦不相背。是否可行，统希查酌转饬该军遵照。特达。院、参陆部。敬。印。

〔北洋政府参陆办公处档案〕

63．李厚基转报吕公望策动陈肇英团倒戈投南密电

（1918年8月28日）

北京国务院钧鉴：参谋、陆军、海军部均鉴：统密。据童副司令保喧〔暄〕径电称：日前杭州来电称：怀威将军吕公望出京赴粤，喧〔暄〕以未测宗旨，电港探查未去，忽接来函，以种种悖谬之言相诱，喧〔暄〕当复书，晓以国家大义，师弟感情，劝其从速回京，勉图终始。乃公望见喧〔暄〕不为所动，暗行运动部队，幸多深明大义，未被煽惑。不料团长陈肇英，因与同乡旧部之关系，深入其说，竟于今晨率所部五百余人，反降南军，并携去炮四尊，炮弹百余颗，机枪五架。正当攻潮得手之时，忽变生意外，困难万状，负疚无地。现在只得商知左路暂取攻〔守〕势，妥筹善后，再图进取。该团长陈肇英，甘心叛逆，请即褫夺官级、勋章，通缉协拿惩办。其部下官长，或系一时胁从，非其本心，尚拟设法招回；或系实心从叛，候呈明呈请一体通缉。至此次事变，皆由喧〔暄〕用人失慎、统御乏方所至，应请严加处分，以惩溺职。惟未离职以前，不敢不勉尽厥职。等因。该副司令宗旨纯正，此次战役，所向有功，深资臂助。今兹事变，非意料所及。除电复该副司令设法维持，以固军心，并饬左路整队暂退黄冈，另筹办法外，谨此电陈。应如何办理之处，伏候裁夺施行。李厚基叩。俭。印。

〔北洋政府陆军部档案〕

64. 国务院等为闽军由长汀败退瑞金应予收集整顿密电

（1918年8月29日）

急。南昌陈督军鉴：统密。沁电悉。长汀再陷，闽军退入瑞金县城，饬县妥为招待，办理甚是。长汀一带既被匪扰，闽督命令，或有延阻，一时不能达到，望饬设法转告周司令，务将退军迅速收集，徐图整顿为要。院、参陆部。艳。印。

〔北洋政府参陆办公处档案〕

65. 李厚基为南靖失守漳州危急请速拨款接济密电①

（1918年8月30日）

万急。二份。北京国务总理钧鉴：参陆办公处鉴：统密。本日午后五时，南靖复陷，漳州危急，兵乏子弹，无法支持。奉拨六五子弹，本日始由沪起运，万难济事。饷源绝断，军无斗志，无款接济，并不能收容集合。惟有仍恳火速电汇巨款到厦，俾便犒赏奋勇，调集左翼军队，以作万一之恢复，否则，开差无费，官兵断炊，只有束手待毙，坐视危亡而已。临电涕泗，立候指示机宜。火急，火急！万恳，万恳！李厚基叩。卅亥。印。

〔北洋政府参陆办公处档案〕

66. 陈光远为援粤闽军迭遭失败连失黄冈大浦等地密电

（1918年9月3日）

北京国务院、参陆部鉴：中密。据赣南寻邬等处侦探报称：

---

① 此电自厦门发。

近日援粤闽军迭次失败，初则失守黄冈，继又退出大浦，上杭、汀州各要隘，亦相继陷落等语。除饬赣南军队严防外，谨此电闻。陈光远。江。印。

〔北洋政府国务院档案〕

67. 李厚基为臧致平所部占领江东桥一带密电

（1918年9月26日）

二份。北京国务院钧鉴：参陆办公处鉴：统密。据臧司令致平敬电称：顷接我辛、刘两支队长报告，今早敌猛烈反攻灌口，经我前线迎头痛击激战，匪已力势不支，遂向江东桥一带溃退，于午后三时，将江东桥一带完全占领。计我军死伤上下① 约廿余名，敌军死伤约百余名。谨此报告。等语。除电饬该司令督饬各军队积极进攻漳州，以期早日克复外，谨此电闻。厚基叩。宥。印。

〔北洋政府参陆办公处档案〕

68. 李厚基表示盼望陆军第一混成旅速来闽密电

（1918年10月4日）

北京参战处鉴：统密。江电敬悉。参战军第一混成旅改为援闽陆军第一混成旅，甚感，并盼速来。李厚基。支。印。

〔北洋政府督办边防（参战）事务处档案〕

69. 李厚基概陈闽省军事现状密电

（1918年10月17日）

北京国务院钧鉴：参谋、陆军部均鉴：统密。删电谨悉。仰

① “上下”二字均原有置疑号，似为“官兵”或“士兵”二字。

见我大总统慎重军事、轸念民依之至意，莫名钦佩。惟闽省事势异常紧急，一切筹备，自较他处不同，谨将现在情形大概陈之：中、左路军队，分驻灌口、江东桥一带，与敌人逼近，日有战事，而军士乃劳，迄未休息，且攻且守，勉力支持，一俟奉拨给子弹，运到款项，源源接济，前方军气一振，当可克期猛进，力图恢复。至上游，则敌匪交乘，纷纷告急，已将一月，迭经抽调军队，分途抵御，徒以地广兵单，未克如期戡定。现派靳师长前往督率各队，激励进行，务期匪患早日肃清，即地方人民早苏一日之困苦矣。莆田、仙游等处，耿团协同防剿，甚为得力。刻正计划前进，并饬泉州方面之军队一致动作，互相应援。但使后方能随时妥为筹备，自不难立收效果。总之，整理军政，抚绥人民，身任长官，责无旁贷。而闽省现状，非军事得手，则国政更无可言。大总统钧谕，所谓搜简军实，研练战术等语，诚扼要之论，不容稍忽者也。厚基才识短浅，负咎无似，惟知竭其力所能及，以报国家。伏乞代达下忱，俯赐训示，无任感激屏营之至！李厚基叩。篠。印。

〔北洋政府陆军部档案〕

70. 李厚基等关于陈炯明表示愿归顺北方电

（1918年11月）

（1）李厚基致段祺瑞密电①（11月17日）

北京参战督办段钧鉴：统密。日前广东取消陈炯明潮梅筹饷督办，绝其饷源，陈炯明曾派人来见，声称渠愿拥护中央，已恳请中央接济饷械，以便反攻广东，请闽军援攻漳州等语。并派伊弟陈觉明在厦候商。厚基以渠果诚意归顺，自亦不必峻拒，已派

① 段祺瑞阅电后于电报封套上批有“果诚意甚好”字样。

人赴厦与之接洽，察其意果诚否？尚未据复。拟俟复到，再行据报。谨此陈明，敬候指示。李厚基叩。筱。印。

〔北洋政府督办边防(参战)军事宜处档案〕

(2) 国务院等致李厚基密电稿(11月30日)

致福州李总司令电

急。统密。贵督筱日电呈大总统所称派人赴厦与陈接洽一事，究竟是何情形，日来是否继续商洽，希电复为盼。院、参陆部。卅。印。

〔北洋政府陆军部档案〕

71. 李厚基为遵大总统令办理停战撤兵情形电

(1918年11月19日)

北京国务院、各部、院均鉴：奉大总统铣日命令，当呈大总统一电，文曰：北京大总统钧鉴：本日奉铣日命令，仰见我大总统轸念时艰，至诚恺恻，应世界之和平，谋本国之统一，钦服莫名。现已通令前方军队严守现在阵地，一面由厚基电商彼方定期撤兵，以便遵令接防，保卫治安。并布告人民，一体知悉。谨将遵令办理情形先行呈明。李厚基叩。等语。特此，奉达。李厚基。皓。印。

〔北洋政府陆军部档案〕

72. 李耀汉报告沈鸿英部进攻四会等地经派队迎击电

(1918年　月16日)①

详呈大总统、钱总理、段督办、参谋陆军总次长钧鉴：寒日

① 此件无月份，据内容推断，当为10至12月。

滇、桂军进攻四会，将周之贞所部游击队包围，阵亡数十名，并闯入县署，将县知事梁访谘枪毙，凶暴异常，业令周统领率队亲与交绥。寒夕桂军沈鸿英又由阳江进攻阳春，被我军统领温其锴击退，毙敌百余，夺枪数十，现仍在追击中。乞迅电邻省进兵，以救粤局。耀汉叩。铣。

〔北洋政府参陆办公处档案〕

73．冯国璋促李耀汉在粤积极动作密电稿

（1918年　月2日）

急。香港英皇酒店韩宾礼：辅密。转李省长鉴：径电冬日方到。粤局俶扰，群小纷乘，重赖执事热忱毅力，匡危扶倾。来电指陈，俱属深切，至为佩慰。中央对于时局，已决议以武力收拾。龙使在粤，兵事尚称顺手，执事有所设施，仍希与该使随时接洽，合力进行。省垣遭此蹂躏，闻之痛恻。商民待拯殊亟，尤望荩筹，先从根本著手。催促李福林相机而动，解彼倒悬，无任企盼。国璋。冬。印。

〔北洋政府参陆办公处档案〕

74．李耀汉声称获舰械即举事致梁士诒电

（1918年　月20日）

毅①。燕老钧鉴：蒸电谏日敬悉。中央断无停战议和之理，确论不移。耀汉以为无论局面将来如何变动，我辈必先执定能战而后能和宗旨。现仍驻肇，变卖产业，增募军队，密联各军，相机举动，亦是此意。但举事必需兵舰、子弹，前电商龙使借用，龙

① 原文如此。

已电复乞借，惟驻港员未接洽，至今未见照拨。请转告龙使，耀汉专待二舰到肇，方能举事，乞催驻港员速予照借，勿误戎机。并乞中央速济子弹。近来时局益更〔形〕涛张，耀汉艰难困苦，四面受敌，无非欲贯彻此一点拥护中央之赤心。此事关于大局，粤局各问题，尚乞我公时赐南针，俾得有所遵循，至为感祷。耀汉叩。号。

〔北洋政府参陆办公处档案〕

75. 童保暄等劝告桂军投诚文

（1918年）

粤以陆氏暴戾，残民以逞，夜郎自大，谬托护法，利湘人爱护桑梓之念，而行其蚕食并吞之计，湘人不悟，全境遂灾。犹复盘踞东粤，肆其恶毒。中央以国家威信之故，不得已而遣师南行，克复湘境，贼势穷促。前者高雷龙与桂贼狼狈，乃分弃粤地，因以为饵。处心阴险，路人皆知。粤人备受荼苦，常念自奋。中央乃眷南顾，恻然于怀，思有以助粤。此本军援闽之所由来也。比知潮、梅之众，不过万人，饷械缺乏，意志散漫，稔非闽、浙之敌。我军余力尚众，可计日渡韩江而直指惠、广，以尽我军人服从政府、统一国家之职责。更以赣军捣其背，龙军撼其腹，内地袍泽，待时而动。今香山表〔袁〕带已独立矣。粤东桂逆将陷灭亡，试思大军四至之际，诸君安所归乎？闻诸君之来潮、梅也，以寄人篱下，思避粤局之祸，求一己之立足耳，何撼于政府，何仇于闽、浙，反穷兵自焚，为他人笑，岂计之得？且陈竞公粤人也，当爱粤，方师久就养于粤，粤何负于诸君，诸君忍认贼为父以祸粤乎？本司令仰体政府南顾之意，与诸君或共师门，或同袍泽，或与诸僚部之交谊。今操戈同室，涂炭生灵，岂不为识者所笑？是以政府以陆氏不逊，不得已而用兵。本军以奉命拯民而援闽，初非好以相逼。今本中心之诚，而语诸君，尚幸自爱，输诚政府，冀大局早定，息兵对外，国利民福，于是赖之。后开条例，诸君其审思焉：

一、输诚军队，须将官兵花名、枪械等列册呈报前来，察核后即承认为正式军队，并按月照章给饷；

一、输诚军队须有长官带领，其人数以一排为单位，如一连以上之建制部队来归者，编制系统暂仍其旧；

一、输诚军队经本军承认者，应受与本军同等之待遇，并须服从本军一切命令及勤务；

一、输诚军队将现在驻扎地点呈报后，非奉有本军命令，不得擅自移调；

一、各军队愿意输诚者，请即派使前来第三路副司令部招抚处接洽，如有未善事宜，尽可当面蹉〔磋〕商。

副司令　童保宣〔暄〕

招抚委员　莫丰绪

〔北洋政府参陆办公处档案〕

76. 李厚基关于双方同意以厦鼓为划界会议地点密电

（1919年4月3日）

北京国务院钧鉴：参陆办公处鉴：治密。闽省划界事宜，电由童、臧两司令先与陈炯明直接商洽，业经于上月漾日电陈钧院在案。现经拟定以厦门鼓浪屿为会议地点，各派熟习前线情形两员，先从海澄江东桥及同安一带磋商，已得彼方同意。容俟商定，另行奉闻。请先代呈。李厚基叩。江。印。

〔北洋政府参陆办公处档案〕

77. 李厚基转报闽粤双方代表会上交换将领姓名驻军地点密电

（1919年4月9日）

三份。北京大总统、国务总理钧鉴：参陆办公处鉴：统密。据副司令童保暄阳电称：本日前方代表开谈话会，讨论开议程序。佳日开正式会议，彼方代表交下左翼各将领名单：军长许崇智驻永安，所部蒋旅长国卿驻将乐，吴司令忠信驻永安，黄旅长国华驻大田，关总办国雄驻永安，陶旅长质彬驻永春、德化，朱旅长得才驻仙游。关于划界总接洽事宜，请派永安方面将领与许崇智相商，较为便捷。至我方所派出各将领姓名、驻地，统请见示，以资接洽。等情。除将上游及兴化、泉州方面将领姓名电复转达，并分饬遇事妥为接洽外，谨先电陈，伏乞□① 照。李厚基叩。佳。印。

〔北洋政府参陆办公处档案〕

78. 大总统府秘书厅转达福建和平期成会等电请办理闽省善后事宜公函

（1919年4月20日）

大总统府秘书厅公函　第1407号

迳启者：本月二十日大总统发下福州〔建〕和平期成会为闽困待拯，谨陈数端，乞采择啸电一件，奉谕：交院、处分别核办。除原电已据致院外，遵抄原电函达贵处查照办理可也。此致

参陆办公处

---

① 原缺一字，似为“查”或“察”字。

总统府秘书厅启

中华民国八年四月二十日

北京大总统、国务院钧鉴：福建同乡会鉴：和议重开，闽困待拯，呼吁之请，谨代陈辞：一、剿匪：匪乘兵后，劫掳时闻，闽全省几无完土，亟应责成地方长官，分地剿抚，克期肃清，以苏民困；二、撤兵：闽、粤启衅，突增重兵，大局底定，自应双方同时撤退，静候解决；三、禁烟：奸民乘兵匪之隙，种烟渔利，既往已不可追，及今亟须切责地方官克期禁绝；四、给款善后：灾区之地，屋毁田荒，死亡枕籍〔藉〕，亟应切实调查，分别赈恤，并由中央给款办理善后；五、恢复地方原状：闾阎惨遭兵燹，秩序不宁，实业界受灾尤重，亟应设法恢复原状，保护工商，扩充教育，以固国本。以上数端，如蒙采择施行，则闽民受赐如感二天矣。除迳陈和平会议外，谨此特电。福建和平期成会会长吴征鳌、福州总商会会长黄秉荣、教育会会长王修叩。啸。

〔北洋政府参陆办公处档案〕

79. 童保暄关于与陈炯明商议划界办法电①

（1919年5月1日）

厦门童保暄来东字电

养电颁示划界办法，节经电总司令请示去后。旋奉谕与陈炯明直接商洽办法，暄知照陈炯明各派员协商。泉州及上游方面战线未能详悉，应由总司令电陈炯明将各地正式将领与驻地详细开出，即令各该地军队长官就近商办。当将此意电禀总司令，继复陈会议办法三条，均蒙允准，陈炯明亦表赞同。当派定李、高两

① 此件系陆军部来电摘要。

旅长为划界代表，彼派出叶、郑两员，于四月九日开第一次会议，议决以原防线为界。寒日开二次会议，同、灌方面，彼退至山①重、安溪。梗日开三次会议，议决江东桥方面，各撤退约六七里。泉州方面，据代表称，该处系靖国军，接林葆怿来信，另派划界人员。等语。当以迭奉钧电未尝及林，今只得先就漳厦方面完全议妥。议案全文及界线图，除派员带省呈请总司令鉴核再行禀陈外，谨闻。

〔北洋政府陆军部档案〕

80. 杨善德以童保暄病死请以张载阳继任浙军第一师长并赴厦接防电

（1919年5月24日）

杭州杨善德来敬字电

据驻厦浙军刘参谋长体乾等梗电称：童师长保暄于本日病故，现安谧如常，善后各事，亟望裁示等语。查和议中梗，军事正紧，孤军失将，现状益危。一面委浙军第二师师长张载阳赴厦接任军防，并为童故师长办善后；一面电致厦防将领，加意抚循，严防煽诱。并电闽督协予维持。请陆部呈请将张载阳调任浙军第一师师长，所遗二师师长缺，以旅长潘国纲暂行代理。至童师长劳苦功高，乞呈请明令优予饰终。当否？统候钧裁示遵。

〔北洋政府陆军部档案〕

81. 杨善德反映浙军将领间矛盾情形密电

（1919年6月1日）

急。北京国务院、参陆两部均鉴：统密。卅电敬悉。浙军因

① “山”字旁原有置疑号。

学派而分两党，张、童向系对峙，此次童故，奸党借此极力鼓动，童部将佐既恐异派难容，又虑亏空，从此难以弥补，故而盲从。奸党主旨，重在拥伍，潘实陪客，伍得师长，第二步即公推王文庆之弟王萼为旅长，王得旅长，团结巩固后，仍遂伍而代之，则全师胥入其掌矣。童之赴闽原动，实屈映光扩充势力之计划，童故后，屈恐势力骤失，故力排张，而坚求以其私党继任，冀得保其固有。其实，王文庆兄弟，另有阴谋，与彼背驰，屈尚未觉耳。具此各情，因思童部实有半为张私党，张去既可打破王、屈阴谋，而挟此半数势力，亦可支持，总较他人为愈。且此等嚣张之气，若竟允从，不独后更棘手，且堕人奸计，此军实际已非中央所有，故不得已坚持镇静，促张接任，意在接任后，原为张系者，自可服从，其余苟仍反侧，则乘机裁遣，可免姑息养奸，贻害后日。此善德对于此事前后筹计之大要也。现又据张师长光电称：两旅长均足维持，辁材万难胜任，贸然接事，必误大局，万乞迅电中央，收回成命。载阳即日赴辕候罪。等语。究应如何之处，伏乞钧座指赐裁夺施行，无任企盼。杨善德。东。印。

〔北洋政府陆军部档案〕

82．潘国纲奉令取消副司令职后荐举留用人员密电

（1919年7月20日）

北京陆军总长靳钧鉴：统密。前奉箇电，副司令一职应即取销一节，遵于上月感日取销，经禀陈总司令鉴核转呈在案。兹将现有人员悉心审定，分别遣留，除必须留用外，计应裁减三十八员，间如王凤林、汪仕豪、林纪常、顾鼎新、赵诤、王宪、夏伯仁、□馨、喻成谟等九员，皆青年优秀之将校，才堪器使，随军以来，著有劳绩，若一任其闲散，殊为可惜，惟有资送钧部，恳请逾格录用，以慰贤劳而示体恤。此案本应遵照钧电先行□候示遵，惟自

奉令后，各员于心理上不无感动，自应迅为发表，俾裁者得以早归故里，留者亦可安心供职，故不先行呈请，免延时日，已饬该员等限八月底以前赴钧部报到，听候录用。除电总司令并备正式呈文续奉外，谨复电禀，伏乞鉴核。潘国纲叩。号。印。

〔北洋政府陆军部档案〕

83. 李厚基请奖闽南战事出力人员密电

（1921年2月28日）

北京大总统钧鉴：参谋本部、陆军部均鉴：统密。收复闽南在事出力人员，准由厚基择优请奖，业经奉令在案。溯自军兴以来，各将士已不胜战阵之苦，迨八年奉令停战，又复三载于兹，而严守防线，时虑有发生冲突之嫌，剿抚匪徒，又恐有稍纵即逝之患，赖在事员，几经慎审，几番维持，始获有从容收复之一日。此中困难情状者，诚未易识其辛劳，详其痛苦。其尤为出力之员，查有前第一师师长姚建屏、第二师师长臧致，平均曾受三①等文虎章，拟请均晋给二②等文虎③章；第二十四旅旅长王永泉，第十旅旅长唐国谟，第二师第四旅旅长高全④忠，督署参议兼总司令部参谋长易兆彬，均曾补授陆军少将，拟请均升授为陆军中将；警务处处长史廷飏，拟请特给二等文虎章；第十一旅长王麒，曾受三等文虎章，拟请晋给二等文虎章；福建第一旅长、少将衔陆军步兵上校张清汝，拟请升授为陆【军】少将；第二师第三旅旅长刘长胜，闽口要塞司令马步云，均曾补授陆军步兵中校，拟请均升授为陆军步兵上校，并加陆军少将衔。除饬取各该员履历

① “三”字旁原有置疑号。

② “二”字旁原有置疑号。

③ “文虎”两字旁原有置疑号。

④ “全”字旁原有置疑号。

另行咨部外，理合遵令电请，伏乞钧鉴察核施行。再，旅长刘长胜，向充福建陆军第二师步兵第五团团长兼左翼第一支队长，上年十一月已委为第二师第三旅旅长，业经咨部，公文计当到达。合并陈明。李厚基。俭。彬加雨头。印。

〔北洋政府陆军部档案〕

（四）北军进攻陕西

1．陈树藩亲赴前方指挥军事电[1]

（1918年4月8日）

西安陈树藩来庚字电

陕省剿办变匪情形，迭经呈报在案。现各军部署已定，饬令分路进攻，以为肃清河北之计。树藩定于本日由省出发，亲莅戎行，以便指挥，所有署内日行公件，由本署参谋长瞿寿禔代拆代行。合电奉闻。

〔北洋政府陆军部档案〕

2．陈树藩为白鸿仪等部攻占醴泉请奖在事出力人员密电

（1918年8月9日）

北京大总统、国务院钧鉴：参谋部、陆军部鉴：统密。前月敬日克复醴泉，业经随时电陈在案。谨将详细情形缕晰陈之：前月十日，据曾旅长继贤报称：胡逆景翼遣其副官长靳逆经国，率众七、八百人，暨蒙匪张九才、王青山所部约三百余人，潜渡泾河，占据阡东镇，进攻咸阳，请速派队援助等语。并据驻咸阳姚营长震乾、驻醴泉张营长茂森报同前因。查胡逆遣匪西扰，意在牵我兵力，图解郭逆羌白之围，并乘我西路空虚，妄图窜扰。除令前敌各队照旧围攻羌白外，一面令白旅长鸿仪由渭南率部西进，并令张团长藩拨队饬该团副官韦华龄开赴咸阳，且同姚营长严加防守去后。嗣据姚营长震乾报称：十一日辰，有逆匪一部四、五

① 此件系陆军部来电摘要。

百人，扑至咸阳城北，营长当令韦副官严守城防，亲率各连布置城外，扼要伏击。逆众甫至，发枪迎击，毙伤甚众，逆大溃散，营长派队尾追，逆众向西北窜去。等语。旋据探报，逆匪复增遣大股盘据北杜、马庄各村。十二日早，逆以一股约二三百人据北杜、马庄等处，作进窥□城之势，以大股窜扑醴泉。当以驻醴张营长茂森兵仅两连，不敷防堵，一面严令姚、张两营长力守咸、醴，一面促令白旅长率队速进。讵白旅长尚未到省，而张营卒因力单弹缺，抵御不支，退驻乾县，醴城遂于十三日致为匪据。迨白旅长由渭抵省后，当饬兼程西进，迅图收复。嗣据该旅长告称：旅长于廿日率同蒙营长养正、原营长志迴、韦副官华龄所部，及炮两尊，由省出发。是日开抵兴平。廿一日抵乾县。廿二日黎明饬姚营长震乾率部进攻阡东，以图牵制，商请驻兴曾旅长派队向醴泉东南游击，以分匪势。旅长于廿二日晚十钟由乾出发，令蒙营率兵一连驻守乾县，以固后路，以原驻乾县张茂森营之两连为右侧营，向醴泉正西及西南前进，以蒙营副官陈淑率周、黄、张三□〔连〕为前卫，向醴泉西北前进，旅长率同原营暨□〔韦〕副官所部两连并炮兵，向醴泉正北及西北一带进攻。廿三日午前五钟，前卫进占皇甫□及火烧寨之线，炮兵陆续继至，随即进攻，逆匪均退至醴泉西北及正北，城跟下作有坚固工作防御，城上亦俯击甚剧。至九钟，前线齐攻至城下，右翼之张营亦攻至西关及西南城附近。惟城壕甚深，逆众隔濠，据沟固守。持至下午三钟，天热异常，我军饥疲万状，加以日光返射，无法得手。逆众复由北门突出，与西北城跟之逆猛力反攻，全线摇动，旅长持枪督战，并以预备队完备加入，始未大动。因令各队就原地澈夜露营，并传令各营、连长面为激励，令于廿四日黎明齐行进攻。眉〔？〕逼壕边，城壕仍为匪据，城上弹下如雨，官兵伤亡甚众。至上午十钟，正在剧战之中，忽由东北方面来骑匪百余人，直由东门入城，全线军心又为动摇。旅长冒阵直趋西北门城侧，督饬各队以云梯奋勇登城，并令张营长茂森所部在西关设法协力进攻。至下午三时，将城跟之匪击退，由西北门南边以云梯鱼贯而上，逆势不支，始由东南西门窜逃，坠城者甚夥，当将醴城完全克复，所获枪支、马匹甚多。我军追至泔沟附近，又经痛击，逆众死伤无算，余均退回□东，连夜渡泾北窜。此次登城之官长，以旅部副官李忠孝、连长黄保善、营长原志迴及营副官陈淋、连长姚同乾、排长吴占魁等最为出力。等情前来。查醴泉现当□〔要〕冲，为秦省要路门户，屡以防范未周，憾有此失，惭悚无地，幸仗国威，旋踵克复。该旅长白鸿仪于坚城危楼之下，冒阵直趋，卒于二日之内迅奏肤功，洵属策划精详，勇敢卓著。首先登城之各官长，奋勇赴敌，卒克坚城。拟请将该旅长五等文虎章、陆军步兵上校白鸿仪，晋给陆军少将；步兵上尉、旅副官李忠孝，加给少校衔；步兵少校衔上尉连长黄保善，晋授步兵少校；营长原志迴，补授陆军炮兵少校；连长姚同乾，补授陆军骑兵上尉；营副官陈淑①，补授陆军步兵上尉；排长吴占魁，补授陆军步兵中尉，以示优异而昭激劝。其余在事出力各员及伤亡官兵，俟查明后，另案分别呈请奖恤，以励将来。除先行赏□〔给〕五千元，交由白旅长查照守威攻醴各队妥为酌奖，并扼要分驻，相机防剿外，所有克复醴泉详细情形及恳请特奖白旅长鸿仪等晋给陆军少将等官各缘由，谨先电陈，伏祈鉴核。陈树藩。佳。印。

〔北洋政府陆军部档案〕

3. 张广建主张及早歼除陕西靖国军新任总司令于右任密电

（1918年8月16日）

飞急。北京大总统、国务院钧鉴；参谋部、陆军部均鉴：辅密。

① “淑”字一作“淋”字。

顷据陇东镇守使陆洪涛电称：刻据确报：陕省胡、曹、郭、卢诸匪，已推举于伯循即于右任为西北靖国军总司令，饷械由各方接济，希图连合川军，内外夹攻，分扰秦、陇，势焰甚炽等语。又迭准四川刘督军电及甘省侦获该党密函，陕匪确已与熊逆克武勾结，约期双方猛攻。窃意于右任乃著名党魁，野心勃勃，陕军复久战力疲，万一不支，新、甘隔断，必有意外之变，西北大局，甚为可虑，切宜及早歼除，消弭巨患。甘省饷械两绌，援军力薄，惟有恳请加厚援师，迅赴秦，免致燎原。伏祈垂鉴训示祗遵。张广建叩。铣。印。

〔北洋政府陆军部档案〕

4．刘存厚钟体道管金聚为共同组织汉南军事联合临时办公处密电

（1918年10月9日）

北京国务院、参陆部钧鉴：统密。陕南军事吃紧，经金聚迭与刘督、钟师筹商协防，积极进行。本月五号，陈督军亦因汉南防务吃紧，委派高审厅民庭庭长兼督署谘议胡正章抵汉，筹商一切。次日，即邀集二十一、二两师及十五混成旅官长公开军事会议，当时议决在汉中组织汉南军□〔事〕联合临时办公处一所，公推存厚为处长，体道及金聚为副处长，上校以上各军官均为处员，即于十月十日组织成立。并公同参酌分任陕南防人〔务〕，存厚仍暂驻宁羌，指挥关口坝、较场坝、阳平关军队，体道督率吴旅，任西乡、洋县一带防务，相机恢复石泉后，再会同金聚所部主力，规复安康。体道并指挥在北栈之特遣队，金聚练军除协防较场坝、喜神坝、羊募关及维持留、凤千道外，其余兵力全注〔驻〕佛坪，以期早日恢复安康。如此分地防剿，各专责成。所有二十一、二两师给养及一切军费，当中央协款未到以前，只得暂由金聚勉力筹借，

以应急需。俟中央协款到汉，当然由二十一、二两师如数拔还，以清手续而重军需。谨以奉闻。刘存厚、钟体道、管金聚叩。佳。印。

〔北洋政府陆军部档案〕

5. 钟体道报告潘文华部进占石泉密电

（1918年11月4日）

火急。北京国务院总理、参陆两部总长钧鉴：统密。皓、养两电奉读，均悉。当即电饬前敌将士遵照计划，速图恢复去后。兹于江夜据吴旅长震江未电称：顷据潘团长文华飞报：冬晨奉令率兵三营、大炮、机关枪各一，与李支队赵、向两营，会攻石泉之敌。至午后五时，我甘营先将石泉县城完全克复。是役毙敌三百余人，生擒百二十名，夺获枪械数十支，行李、辎重甚伙，敌之残部分向汉阴、紫阳溃退。除飞令潘团选队猛追外，谨以奉闻。等语。除电吴旅督饬所部乘胜进取外，合肃电陈，仰纾廑系。并恳随时指授方略，俾有遵循，大局幸甚。师长钟体道叩。支。印。

〔北洋政府陆军部档案〕

6. 阎锡山为援陕晋军占领韩城等情密电

（1918年11月19日）

北京国务院、参谋部、陆军部钧鉴：统密。据援陕总指挥官张培梅电称：第一支队于寒日渡河，巧日完全占领韩城。探报：郃阳现尚有匪千余人，快枪约六七百支，正在计划扑灭该匪方法。第二支队不日西渡。等语。除电令迅将郃阳土匪早日肃清外，特电奉闻。阎锡山。效。印。

〔北洋政府陆军部档案〕

7. 刘存厚宣布以汉南联防处长名义解除管金聚兵权等情密电

（1918年11月22日）

特万急。北京大总统、国务院总理、段督办钧鉴：参陆办公处鉴：统密。管使金聚图谋不轨，煽变我军，勾结川逆北犯，暨马日离褒各节，迭经电陈，计蒙睿察。查该使蓄谋已久，时与逆军信使往还，自前月议欲北取陕督，经存厚尽情忠告，设法制止，该使计不得逞，以重金购变彭团，厚当晤商防务之时，复婉劝该使宜始终拥戴中央，维持统一。讵该使佯以招抚叛将，阴则嗾使进攻，并勾结川逆伪五师、第十八、第二十两团，进犯宁羌、大安，另令周逆突攻沔县。所幸第十五旅第一团长王鸿恩，智虑忠精，不听乱命，事前早有不附和管之表示，经厚奖掖，遂能联同田旅，奋力击溃周逆。该使因见部将离异，托言督战，移驻褒城，厚当婉致电函，劝还南郑，勿撤前防之兵，彼我两军，仍竭力协守汉南，并派专员暨南郑耆绅赴褒劝告。殊该使词逾悖乱，声称中央无力顾及汉南，地方之守与不守，以及调遣军队，关于本使大计，自有权衡，刘督何得干预。等语。一面暗撤台上、羊圈、佛坪、嘴头各路防兵，故使通南、宁羌陕北各路逆军，纷纷进逼。复据探称：该使昨屯褒城北方之鸡头关，正运调军队，有联合逆军环攻汉中之势。厚现情喻理解之无术，值此千钧一发，迫不得已，惟有遵照院、部文电，便宜处置，以汉南联防处长名义，宣布该使罪状，解其职权，令王团长鸿恩摄第十五混成旅长，指挥汉、沔各军，罗参议玉山暂代使职，指挥凤县附近各军，严守现地，以资维系而符中央绳法解胁之旨。现王鸿恩已允就职，罗玉山亦来电任维持地方。除电商陈督外，查该旅官兵多明大义，巩固中央，应请钧座速颁明令，慰劳该旅官兵，并任命王鸿恩等，以专责成，允请饬其关于汉防事件，商承存厚办理，用资联络。至羊圈关、台上，已饬钟师长派吕、戴两营前往填防。维逆军环逼，汉中紧急万分，厚部防多力分，加以饷弹两绌，应请飞饬张锡元旅兼程取道子午来汉中增援，奉军两旅入陕扫荡西路，并请饬陆、财、交各部速将汉厂造成之六八弹五十万及第二月军费二十七万、赈款五十万、卫生材料，克日拨交厚驻京办事处寄运，以纾眉急。否【则】恐援兵饷弹欠缺，坐使将士寒心。寇势滋蔓，实非大局之福也。临电迫切，立候示遵。再，据钟师长报称：职师进攻镇巴、紫阳，刻颇得手。又据确探称：叛营兵周启燮沔阳之役，经我军痛剿，身负重伤，退至大安毙命。等情。合并附陈。刘存厚叩。养。印。

〔北洋政府督办边防（参战）事务处档案〕

8．阎锡山为援陕晋军占领郃阳密电

（1918年11月27日）

北京国务院、参谋部、陆军部钧鉴：统密。据援陕指挥官张培梅电称：据第一支队长王嗣昌报告：我军自占领韩城后，探闻匪据郃阳，凭恃坚城，意图顽强抵抗。当即督率各营节节进逼，于廿四日晚直抵郃属之坡瞻村及岭高两处，预备拂晓进攻，该匪见势不支，即于是日晚间向西北方面逃窜，我军即于次日拂晓完全占领郃阳。现正搜查四境及布置城内防务。等语。除令饬稍为布置即便跟踪追剿外，特电奉闻。阎锡山。感。印。

〔北洋政府陆军部档案〕

9．陈树藩为晋军进占郃阳等情密电

（1918年12月3日）

北京国务院钧鉴：参谋部、陆军部鉴：统密。顷准阎督军勘电开：我军于寒日渡河，次日进驻韩城，二十四日晚直抵郃属之泥瞻村及岭高两处，匪向西北方面逃窜，我即于次日拂晓完全收复郃阳等因。除电令刘旅长世珑率全部官兵赴大荔一带与援陕晋军互相联络，协同防剿，并电请阎督军转饬渡河各军乘胜进攻澄白之匪，仍与刘旅长所部随时联络外，谨先电闻，并请转呈为叩。陈树藩。江。印。

〔北洋政府陆军部档案〕

10．钟体道报告所部攻占褒城密电

（1918年12月21日）

万万火急。北京大总统、国务总理、参陆两部总长钧鉴：统密。顷据职部钟营长飞报，我支队猛攻，竟于日后五时完全克复褒城，敌向长寨方向溃退。详情续报。等语。谨此电闻。师长钟体道叩。马亥。印。

〔北洋政府陆军部档案〕

11．张士秀报告北军已解汉中之围电

（1918年12月22日）

北京大总统、国务院、内务部、参陆两部钧鉴：真日内密谅达钧座。汉城自本月五号被围，敌军昼夜猛攻，不遗余力，意在非破汉城不止。道尹以敌势凶悍，随时督饬南郑民团保卫团与在

城各军，毅力拒守，未敢稍懈。幸刘军将所部赖旅驻东路之各团、营，星夜调回，于二十一号下开始总攻击命令，即于拂晓集据汪家山；午前九、十钟时，将南北西三门围攻之敌，全行击溃，毙敌甚多，并获枪弹辎重无算。各军乘胜分途穷追，遂于晚间北面克下褒城，完全占领鸡头关，西面已追过长寨地方。现正跟踪追剿，当能一鼓荡平。慰问使田、刘二君今日已抵汉。谨此并闻，仰纾廑念。陕西汉中道尹张士秀养叩。印。

〔北洋政府陆军部档案〕

12. 张广建为孔繁锦所部攻占陇县密电

（1919年1月31日）

飞飞急。北京大总统暨国务院钧鉴：参谋部、陆军部均鉴：统密。窃甘军会剿陕匪，出发日期，前经电陈在案。兹据孔司令繁锦艳电转据游击队马营长鳌武报告：职部自奉到廿四日出发命令，即会同第二营马国棠，各率本营，兼程前进，于廿七日午前八时进至陇县城通迪①，与匪开始攻击，逐次逼近城下。至午后一时，阵毙匪众数十名，匪势不支，遂弃城向凤翔一带逃窜，我军已占领陇县。等情。除电饬该司令飞饬马营长锡②武等，迅将战斗详情报署，以凭转呈，一面设法安抚地方，严搜余孽，妥为侦防外，谨先电闻，藉纾廑念。张广建叩。卅一。印。

〔北洋政府陆军部档案〕

① "通迪"两字旁原均有置疑号。

② "锡"字一作"鳌"字。

13. 管金聚报告所部进占汧阳情形密电

（1919年2月2日）

北京国务院、参陆部、参战处钧鉴：统密。漾电敬悉。职军前方情形，业经两次略陈在案。自甘军出发，职即饬驻宝窦团分遣骑兵张团附尔威、步兵阎营长振声，率所部进扎县功镇，距汧阳卅里，预备与甘军会攻汧城。旋据窦团报称：张团附等于卅日晨，闻陇县已复，汧匪畏攻潜逃，该营即于午刻率队前进，时冰雪满地，山道难行，晚六时始到。探查城内余匪尚未退尽，即令第八连由西门外绕占城北高原，向城伏击，匪见我军势盛，即向东门窜逃，我步骑兵各一连由南城追击，匪直奔凤翔，我军亦因天晚雪大，未能穷追，即于本日七时半入城安民，绅商欢悦。查汧阳为陕边山防门户，后路重地，此次因陇、宝两军同时进逼，未经大战，匪即窜逃，从此四面肃清，实为至幸。惟凤翔未复，职军前剿后防，兵力不敷分布，现已函商甘军，请其分队填扎汧城，以便职军抽回，增加前敌，一面约以会师攻凤，俟得复信，即行进兵。先此驰闻。管金聚。冬。印。

〔北洋政府督办边防(参战)事务处档案〕

14. 祝鸿元报告陕军占领盩城密电

（1919年2月13日）

飞急。北京大总统、国务总理、参陆部钧鉴：统密。顷奉省长前敌来电，十一日午后十时，克复盩城等地。除详情续报外，先此奉□〔闻〕。代拆代行陕西政务厅长祝鸿元文叩。印。

〔北洋政府陆军部档案〕

15. 国务院等为岑春煊开列陕省靖国军各部驻地及将领姓名希查实密电稿

（1919年2月27日）

西安陈督军鉴：统密。准苏督智日快邮代电内开：据岑春煊等电称：陕省内部彼方军队驻扎地点暨将领姓名列举于后：陕西靖国军于总司令所部第一路司令部郭坚之第一支队长郭令杰，驻扎乾县；第二支队长王珏，驻扎马嵬坡；第三支队长刘福田，驻扎兴平、高【陵】渭河沿岸；第四支队长黄玉昆，驻扎武功；第五支队长张铎，驻扎岐山；第六支队长耿庄，驻扎东扶风；第七支队长贾福堂，驻扎兴平；第八支队长王仕云，驻扎薛雷村；第九支队长李殿英，驻扎郿县；第十支队长沈振武，驻扎乾县；卫队骑兵团团长刘俊英，驻扎扶风。第二路司令樊钟秀之第一支队长杨玉发，驻扎盩厔附近。第三路司令曹世英及第一支队长杨彪等，划驻高陵芝川镇、韩城等地；第二支队长石象仪等，划驻高陵、关山等地；第三支队长刘锡麟，驻扎高陵；第四支队长王玉镇，驻扎澄城寺前镇；第五支队长曹占胜，驻扎洛川附近；骑兵团长王崇璐，驻扎交口；卫队营长于鸣冈等，驻扎三原。第四路司令岳维峻之第一支队长田玉洁，驻扎泾阳；第二支队长冯怿东，驻扎富平；第一〔三〕支队长以岳维峻兼，驻扎三原；第四支队长邓家〔宝〕珊，驻扎临潼县属相〔灞〕桥镇；工程营长刘辰琼、辎重营长樊俊荣、炸弹营长崔向涛、运输队长魏仲炎、骑兵团长郑庠、炮兵团长刘倍荣等，划驻三原。第五路司令高俊，驻扎兴市镇；其第一支队长赵树勋等，划驻澄城、郃阳；第二支队长王灵秀等，划驻兴市镇、郃阳、盛〔白〕水；第三支队长王丕诚等，划驻白水、富平。第六路司令卢占魁，驻扎耀县；其第一支队长①，驻扎三原；

① 原文如此，疑脱姓名。

第二支队长武得功，驻扎高阳两金屯；第三支队长杨生荣，驻扎同官县；第四支队长曾九才，驻扎三原。等因。其所开地点，是否属实，希即飞电饬查具报，并将我军前线驻扎地点暨将领姓名，一并附报。再，覃电所查陕南方面南军驻扎地点暨将领姓名，至今未据查复，希速并案详复为要。院、参陆部。感。印。

〔北洋政府参陆办公处档案〕

16. 陈树藩报告陕境主客各军驻地情况密电

（1919年3月6日）①

西安陈树藩鱼电　三月七日

北京国务院钧鉴：参谋部、陆军部鉴：统密。感电敬悉。查陕省内部，除叶荃、郭坚等部据凤翔及岐山附近，郭坚之一部据乾县城内，于右任据三原，曹世英据高陵，卢占魁据耀县，高峻据白水、澄城，曹老九据宜川，岳维峻、田玉洁两部据泾阳、三原、富平等处，现正议抚外，余均为我军驻扎地点。现许军驻扎兴平、武功、扶风及岐山县城一带，镇嵩军统领刘镇华驻扎鄠县、盩厔、郿县、高店、齐家寨、虢角镇及凤翔城东南一带，甘军驻扎长武、邠县、栒邑、永寿、汧阳、陇县、柳林铺及凤翔城西北附近一带，管使所部驻扎宝鸡、益门、虢镇及凤翔城西南附近一带，陕军第二混成旅旅长张金印及第一混成团团长张鸿恩率所部驻扎乾县城附近，新改编汉武统领白鸿仪所部驻扎咸阳、醴泉、阡东、镇店、张驿及乾县城附近一带。东路则中央第四混成旅驻扎二华、渭南、零口、相桥、田市一带，晋军驻扎韩郃及澄白附近一带，陕军第一混成旅旅长刘世珑所部驻扎同州、朝邑、蒲城、荆姚、施家堡一带，第五旅第九团团长褚保杰、第十团团长郭秉成率

---

① 此件无年代，据内容推断，当为1919年。

所部驻扎蒲城、兴市镇一带，骑兵第四团团长劳华率所部驻扎鄜城，骑兵第三团团长率所部驻扎下邽、固市及关山附近一带，陕北井使所部之田经勤驻扎洛川、宜君一带，第三混成旅第六团团长张耀庭率所部驻扎潼关，游击司令刘世杰率所部驻扎商雒一带；陕南则襄郧镇守使张联升所部第一团王宗荃驻扎平利一带，第二团刘文驻扎白河、洵阳一带，陕军第三混成旅张宝麟率所部驻扎洋县、宁陕、石泉、安康、城固、紫阳、佛坪、岚皋、镇巴一带，第十五旅旅长王鸿恩所部驻扎宁羌、汉中一带，四川刘督军所部廿一二两师驻扎阳平、燕子坡、大竹坝、黄坝、高阎家坡、关口、毛坪沟、大安、羊圈关、喜神坝、牛家坝、西乡、镇巴一带；陕边南军则王天纵所部驻大宵，王安澜所部驻城口，颜【德】基所部分驻通南巴沿边一带，但懋【辛】部据我陕境之教场坝、七盘关，彭斗胜所部据我安乐河、广平河，江防军驻曾家河、两河口等处。至钧院、大部前月覃电，饬查南军驻地，业经分行陕南各队。现尚未得刘督军、张旅长之复。并闻。陈树藩。鱼。印。

〔北洋政府零散军事档案汇集〕

17. 国务院对陕省停战划界指示机宜密电

（1919年3月8日）①

致西安陈督军庚电　三月八日

西安陈督军鉴：亲译。祺密。陕事迭接瞿参谋长来电，田、岳均已受抚，右任已无能为，并俟通线后，由公与右任联名通电，告陕事之结束，深佩荩筹。但思上海空气，右任尚未尽知，此时孤立无援，自易就范，若任其远飏，则以后必将反噬。且中央已允派张瑞玑赴陕区分，若张未到，而于已行，则划界亦成虚词，转

① 此件无年代，据内容推断，当为1919年。

有形式上之障碍。现拟将右任仍安置三原，虚与礼貌，勿任其走，最好令田、岳两营亦暂驻原地，略示保持原状之意。一面饬张瑞玑速行赴陕，为表面之区分。区分既定，则陕事已告终了，右任可以行动自由，剿匪亦可继续办理。至所云通电词气中亦应注意，只能说确已停战，匪亦不剿，专候划分云云。其于部归我接收一节，电内万不可提，务希照办。中央委曲求全，具有苦衷，当在亮察也。院。庚。印。

〔北洋政府零散军事档案汇集〕

18. 奉军总司令部为许兰洲部进占岐山请奖出力人员公函

（1919年3月10日）

奉军总司令部　参字第四十一号

迳启者：据赴陕剿匪许司令兰洲飞急佳电称：职部于六日晚八时将岐山县城完全克复，所有攻克情形，谨详晰陈之：查职部自围攻岐山以来，逆匪凭坚死守，虽经官兵奋勇猛攻，将城外贼踞村堡次第占领，直扑城下，昼夜环击，而城中防御工事异常完固，各匪亦抵死相抗，凤翔逆匪又数次来犯，力为援应，均经分饬王、鲍两旅长先后派队击退，各将士露宿战壑，凡数旬有余，迄未稍息。至六日，各营掘城地道告成，而云梯、地雷及高筑炮垒四座，亦同时并竣。当令第一支队专攻东门，第二第三支队分攻南北两面，并预伏骑兵于城西凤鸣冈迤西，邀击溃匪。总指挥王旅长锡品、督战官鲍旅长德山、副指挥尚团长毓赞，亲莅前线督率，于六日晚七时猛烈攻击，云梯、地道两面并进，逆匪亦悉众死拒。排长梁士魁率兵奋勇先登，中枪阵亡，各官兵益深愤激。适地雷亦发，士气百倍，冒死奋进，炮亦乘高俯击，匪益不支，即纷纷由西门逃窜，我军遂将岐山县城完全克复。一面搜索城中余匪，一面跟踪追击溃匪。至凤鸣冈以西，我军伏兵前后夹击，各匪死者益众，夺路奔窜，现正追踪搜索。是役也，计毙匪五六百人，马一百余匹，生擒八九十人，军需、军械物品甚夥，查明再报。我军阵亡排长一员，士兵七名，受伤兵士十余名。合电飞陈。等情。查陕匪占据岐城，凭坚死守，许司令率队围攻数旬，用各种工事昼夜攻击，现已完全克复，足见各将士均能用命，克奏肤功，所有此役出力人员及伤亡将士，自应从优请奖议恤。除已电饬该司令将应奖恤各将士开单送部，以凭核办，暨另派旅长王良臣携款三千元赴陕慰劳士兵并分报外，相应函达贵部，请烦查照。

此致

陆军部

中华民国八年三月十日

〔北洋政府陆军部档案〕

19．古相山报告陕省防御靖国军情形致王怀庆函

（1919年5月10日）

军门钧鉴：敬禀者：今春曾肃芜禀，藉叩崇禧，谅邀慈鉴。谨将陕省大概情形，肃具寸禀，敬请钧安，伏乞垂鉴。

沐恩古相山谨禀　五月十日

第四支队自到榆以来，分扎榆南横山、石湾一带，防守要隘。近因给养困难，骑八团一营移住榆东神木县，司令部仍住榆林城内，取其适中；骑二团一营、绥远警备马队，仍扎横山、石湾前线。目前匪首曹老九（约千余名），意欲北窜，因各要塞兵力雄厚，仍退据宜川、延长一带，与卢占奎联合，骚扰愈甚。地方军队，多属收抚，因陕局不靖，野性勃发，以致叛不旋踵，生

灵涂炭，触目伤心，被害灾区十室九空。匪众共分六路，于右任为总司令，郭坚、胡景翼、樊毓〔钟〕秀、高竣、曹世英、卢占奎为分司令。闻胡景翼部稍有秩序，其余日事焚杀，郭坚较他股尤甚，卢占奎曾被其侮弄，损失许多枪支，近闻有就许军收抚之说。似此野心难驯，抚后复叛无疑。自张专使到陕调停，两方暂时停战，我军厉兵秣马，严装待命，一俟匪区划定，即整队南下，直捣匪剿〔巢〕，歼除群凶。昨阅陕督布告，该省匪患，拟剿抚兼施；如拿获带人之匪首，赏洋二百元，带五百人之匪首，赏洋千元，余类推；带百人之匪首投诚，赏洋二百元，带五百人之匪首投诚，赏洋千元，余类推；若缴径口套筒三十年三十八式曼利夏马步枪一支，发价五十元，子弹百粒，发价五元，缴缺少零件在陕省能修快枪一支，发价二十元缴老毛瑟等枪一支，发价拾元，缴废枪一支，发价五元；并发给免罪执照，按路途远近，每日发给路费满钱二百，解回原籍，取保释放；无枪投诚，亦照此例办理；若在战线受伤，不能行动，发医调治，以重人道，一俟痊愈，发给免罪执照、路费，解回原籍，取保释放。

〔北洋政府冀南镇守使署档案〕

20. 刘存厚报告川陕停战划界办法经达成协议电

（1919年8月）

（1） 8月11日电①

南郑刘存厚来真字电

川陕划界事，自熊克武改派委员龙光，已由广元起程，饬令张少将英驰往，与龙光会晤。顷据张英等佳电称：由双方议决要

① 此件系陆军部来电摘要。

件如下：（一）此次划界，全线分三段办理，二、三段，彼以代表未到为辞，求缓议，仅研究第一段；（二）彼军防线退至朝天【驿】附近，我之防线退至宁羌附近；（三）中立地之维持，照鄂西划界所订条例损益之。又据张英等真电称：兹将双方续议依据鄂西划界办法所议条件列下：（一）双方军队，各以决定防线为界，不准侵越；（二）双方防线中间为中立地点，双方军队均不准在内自由行动，如不得已必须经过中立地点界者，须求彼之允许，方能行动；（三）双方军队于自己防线内，各负剿匪责任；（四）双方防线内，如有匪扰民，应各自剿办；（五）中立地界内，如有土匪，应由双方军队互相通知，然后兜剿，万不准单独行动；（六）本约自双方签字之日起，应即互相遵守；（七）本条约双方各缮同样二份，一律签字，互相交换，一份备案，一份呈报。等语。谨肃电陈。

（2） 8月30日密电

急。北京大总统、国务总理、段督办钧鉴：参谋部、陆军部、参陆办公处，西安陈督军、刘省长鉴：统密。川陕第二第三两段划界事，议由双方主官各令前线将领直接商办情形，昨经于宥电内陈报在案。顷续据委员长张英等勘电称：现双方又议决该两段结束办法如下：一，于双方前线将领直接协商划界外，并由各主官另派员监视区分；二，会议地，二段暂定于南江南郑堤，三段定于城口隅皋堤；三，各该段草约成立后，先行交场〔？〕，由主官核交委员长等缮就盖章中发还前线将领，当场调换。各等语前来。除分转各该□驻军遵照办理外，谨电驰陈，伏维鉴核。再，现因会议终结，各代表已于本日起程回汉。合并声明。刘存厚叩。卅。印。

〔北洋政府陆军部档案〕

21．王占元为鄂军“援陕”连占城邑请奖在事出力人员呈

（1919年12月23日）

呈为鄂军援陕，克复城邑，所有在事人员，战绩卓著，拟恳择尤给奖，以示鼓励，恭呈仰祈钧鉴事：窃前川逆王安澜于去年十月间，率所部逆军进犯陕南，岚皋、平利、兴安、白河等县，相继沦陷，妖氛逆焰，势及鄂边。于时，西安陈督军树藩来电乞援，急如星火。郧西、竹溪、竹山各县知事来电告急，一日数见。占元以情形紧急，遂电令郧襄镇守使张联升率所部第十七混成旅，由襄阳集中，星夜驰赴郧阳，分途进剿，以期歼灭。而襄樊鄂北重镇，素称匪薮，当电令第十八混成旅旅长赵荣华率带所部，由钟祥移驻襄阳，担任后方防务，藉为前敌声援。各将士均能奋勇异常，不避艰险，匝月之间，卒将陕南被陷各县，次第克复，鄂省边圉，亦得以转危为安。所有攻克大概情形，业经随时电达院、部转呈在案。伏思论功行赏，国有常经，占元电令该镇守使将此次在事出力人员战绩，据实查报去后。兹据复称：职使抵郧后，即派第一团团长王宗荃于十月三十日率带所部，道经竹山、竹溪等处，进取平行〔利〕。十一月六日行抵竹溪、平行〔利〕交界之关垭子地方，有逆军约两营附机关枪二尊，向我迎头猛击，该团长激励所部，以两营向逆军正面奋力攻击，以一营绕道击其侧面，鏖战八句钟，敌势不支，向山凹逃窜，时已薄暮，未克穷追。七日下午，行至距平行〔利〕四十五里之处，有逆军一千余众，据险抵抗，我军奋勇进攻，匪始溃散。该团长率队追蹑直抵城下，该匪等复据城力战，并以巨炮及机关枪向我猛击，我军猛力抵御，昼夜不懈，直至次早，逆军子弹缺乏，由西门窜入南山，即派袁团附寿田率带第一营由南门绕道截击，逆军死亡相

望，纷纷弃械向乱山逃避，遂将平利县城完全克复。事后调查，先后计毙匪徒二百四十六名，生擒二十五名，夺获军械、马匹等件甚多。是为平利之役。十一月十三日，王逆安澜在兴安属元恒口地方，闻该处民团奋起，复又窜回新〔兴〕安，以备与民团力战。该团长闻报，即派营长张道率所部队伍，经狗脊关进取新〔兴〕安。袁团附仍率原领军队，直驱洛河，以断敌军归路。王逆知众寡不敌，恐怕我军包围，遂率残匪奔入岚皋，营长张道即于是日进驻兴城。是为兴安之役。十一月二十四日，该团长一闻王安澜窜据岚皋，当令袁团附由洛河口方面进剿。行至草鞋垭地方，与逆军侦探相遇，随即追至蔺河口，遭遇逆军约七百余众，激战良久，两不相下。该团副身先士卒，奋力进攻，遂将逆军击退，我军乘胜追击，直抵岚皋城下，匪复登陴死战，该团副激励官兵，冒雪抵击，鏖战一昼夜，将逆击败，弃城向四季河窜入川境。是役前后毙匪一百五十余名，内有伪团长王家兴一名，夺获枪炮、子弹、刀矛、马匹等件甚夥，并获王逆前由兴安电局劫去之电报机一架，当将岚皋县完全克复。是为岚皋之役。第二团团长刘文瑞率带所部于十月三十日由郧阳直取白河，行至离城约六里之地，城内逆军炮兵开始射击，再进，复被逆军步兵枪火①，该团长督饬所部，勇往直前，冒炮烟弹雨，选定阵地，向城内猛击，激战良久，逆势不支，遂弃城逃遁。当令二、三两营跟纵〔踪〕追剿，逆军伤亡甚众，该团长亲带第一营直入县城，一面搜索余孽，一面安抚地方。比时人心镇定，秩序恢复。先是该逆军盘据县城之时，劫掠奸淫，蔑绝人道，一闻我军入城，阖城绅民，咸具壶浆、香花夹道，大有徯后来苏之象。是为白河之役。十一月二十二日，该团长闻王安澜回陷兴安，当率所部由洵阳前进，得悉王逆逃窜，兴安规复之耗，遂将所部队伍分部〔布〕洵阳一带，扼要防堵，以杜逆军下

① 原文如此，似有脱漏。

窜，并与平行〔利〕、兴安各路队伍互相联络，期收协同动作之效。此职部一、二两团作战之实在情形也。查王逆猖獗之际，即内地伏莽蠢然欲动之时，王天纵之党徒杨宝棣、吴凤山等，在谷城、河口一带、潜设机关，勾结土匪，希图乘机大举，扰乱地方。于时，陆军第二十一混成旅第二团团长王锡广，驻守河口，端赖该团长严密缉捕，先后拿获匪首多名，并破获逆徒机关多处。正值审讯间，该逆余党情急，铤而走险，突于十一月十三日在河口城内发枪滋扰，人声鼎沸，秩序几乎大乱。该团长卒能措置裕如，严密戒备，一面派队扼守，一面搜查匪众，极力支拄，廛中无惊，所有拿获各犯，均经讯明正法，地方安静如常。旋以职部各营进剿兴安、岚皋一带，勋阳方面兵力单薄，即将该团全部调驻勋、均，藉资镇摄。数月以来，竟能销患无形，萑苻敛迹，俾前敌队伍得以专力援陕，毫无后顾之忧，勤苦既著，厥功亦伟。第二混成旅炮兵一营，驻守光化，缉捕巡逻，深资得力。第十八师炮兵一连，驻守郧阳，防范甚严，商民感戴，亦均著有劳绩。又职属使旅两部各官佐，随同职使赞襄军务，筹划指挥，多资臂肋，当戎马倥偬之际，各该员夙夜辛劳，目不交睫。又郧县、竹山、竹溪各县知事暨地方各文职人员，当边事孔亟之际，均能极力维持，抚绥地面，职使率队援陕，各该员办理后方勤务，尤能尽力协力，不避艰辛。所有援陕在事出力文武各员，拟恳择尤奖叙缘由，理合开具清摺，填造勋绩调查表暨各该员等履历，备文呈请，俯赐准转呈，如拟奖叙，以昭懋赏而劝将来。再，郧城天主堂司铎明德政，前于何、王各匪占据郧城时，该司铎遇事维持，随时劝告匪类，暗护商民，业经著有劳绩，征襄案内，未及经保奖。职使移郧以来，该司铎襄办医院，调护伤兵，尤能从事热心，不辞劳瘁，拟恳随案奖叙。合并声明。等情到署。据此。该镇守使所呈援陕在事人员，或率队征剿，悉就荡平，或固守后方，肤功迭奏，或随营参划，或接济军实，洵属劳绩卓著。而洋员明德政，帮办医院，调护伤兵，毅力热忱，殊堪嘉尚。经占元再四审核，实无冒滥，应即据情呈请奖叙，以昭激劝。该镇守使张联升发纵指挥，聿著勋劳，虽自不言功，似未便没其劳绩，允宜优予奖叙，以彰首功。第十八混成旅旅长赵荣华，移驻襄阳之时，正边圉俶扰之日，襄河一带，谣诼繁兴，该旅长扼要布置，绥靖地方，俾援陕各军得免后顾之虑，劳绩昭然，厥功甚伟，似应一并请奖，以励戎劳。至该旅团长以下官佐人员，俟此案结束后，再行择尤奖励，以免向隅。又本公署各处课文武各员及他师旅军佐人员，当陕南告急、鄂边震撼之时，或筹备军实，或承办文电，类皆昕夕从公，刻晷鲜暇，似应酌予奖叙，以课□〔其〕劳。谨缮具拟奖清单，恭呈钧览。可否俯准如所拟给奖之处，出自鸿施。除奖各该员履历咨呈国务院外，所有鄂军援陕在事出力人员拟恳分别给奖缘由，是否有当，理合呈乞钧览训示施行。再，此次列保实职人员，其劳绩均经审察，委系随营出力，于时尚在保奖条例未经颁布以前，拟仰恳仁慈，仍照克复襄、樊请奖成案，一律准予如拟给奖，合并申明。谨呈
大总统

湖北督军　王占元

中华民国八年十二月二十三日

〔北洋政府陆军部档案〕

22．许兰洲请示陕省驻军处置饷需清理办法折呈

（1920年1月4日）①

奉军赴陕剿匪司令许兰洲谨将应行请示数端开折恭呈钧鉴：

计　开：

① 系参陆办公处收文时间。

一、郭、樊两部宜筹维持之法也。查郭坚、樊钟秀两部，原系陕省正式军队，迫而变叛，今既来降，其向上之心，自属可嘉。当受降时，原许三月以后，即行编制，现已七八月之久，仍未起饷。郭、樊等曾声请数次，兰洲但以好言抚慰，然口惠无实，终非经久之道。宜如何设法维持，以保威信而安信心。此应请核示者一也。

一、三原各军宜谋处置之方也。查陕西号称靖国军者，本有六路，以郭坚、樊钟秀、岳维峻、高峻四部为最有声势，自郭、樊就抚以后，仅存三、四、五、六四路，内容本不一致，今则迁延日久，渐有分裂之象。现在高峻已情愿就抚，其余亦意存观望，若能因势利导，次第收抚，为釜底抽薪之策，则陕事更易解决。兰洲在陕经年，事事推诚，故对于此举，自问尚有把握。关系重要，机不可失。此应请核示者二也。

一、积欠饷需宜筹清理之法也。本军饷项，按月由北京解发，地隔数千里，道路窎远，现时饷项已欠至五六月之多，深恐将来愈积愈巨。客军远驻，筹垫无从，军心懈弛，在在堪虞。此应请核示者三也。

〔北洋政府参陆办公处档案〕

23. 全国和平联合会要求责令陕省双方立即罢兵电

(1920年3月2日)①

北京大总统、国务总理、参谋总长、陆军总长钧鉴：艳电计达。日来陕战益烈，和议为梗，中外注目，群愤沸腾，如不早将陕事解决，万一和局因之破烈〔裂〕，欧洲和会之国际地位因之动

① 系大总统府抄收时间。

摇，谁堪当此重责？谨再吁恳，严饬陕西军事长官，查照双方核定五条，立即罢兵；其有再抗政府命令者，无论何人，请即宣布罪状，尽法惩办，以谢天下。全国和平联合会公叩。

奉批：交院、处核办。

〔北洋政府参陆办公处档案〕

（五）北军进攻鄂北

1．李炳之为所部占领荆沙电①

（1918年1月22日）

荆州李炳之来养字电

石逆星川、朱逆兆熊占据荆沙，勾结湘军，破坏统一，本旅奉令进讨，特令二团团长张继善率营长屈得意等进剿，于本夜十二点将荆州、沙市完全占领。谨闻。

〔北洋政府陆军部档案〕

2．王占元转报刘耀龙所部攻占宜都密电

（1918年1月22日）

急。北京大总统、国务院、参陆部钧鉴：正密。据刘旅长跃龙电称：职旅担任一路，由宜都直取松滋，寒日出发，夺取鄢家沱、红花套等要隘，长驱直进，巧日占领宜都。该敌退至枝江，于皓日纠众反攻，又被我军奋力击败，仍向枝江窜去。两次击毙官员两名，兵士二百余名，受伤无算，夺获快枪十杆，子弹千余

① 此件系陆军部来电摘要。

粒，物品甚多。等情。谨电奉闻。占元肃。养二。印。

〔北洋政府陆军部档案〕

3．毕世修等为南北争夺襄樊表示愿居间调停电

（1918年1月23日）

飞急。北京冯大总统、内阁王总理、陆军部段总长，武昌督军王鉴：黎师长宣告自主，实迫于不得已，现在北军前来压境，与黎师相持不下，若果战争不休，襄、樊百万生灵，必遭涂炭。此间绅民纷纷面嘱格理，力任调间，用特转请督军速电前敌将士，先行停战。至黎师一方面，由格理力为劝告，必达目的，以副谆谆告诫之德意。贵督军痌瘝在抱，必能俯能所请也。迫切待命，恭候电复。襄郧主教毕世修、襄阳总司铎车格理。

〔北洋政府陆军部档案〕

4．张联升等报告所部占领老河口电

（1918年1月23日）

北京参陆两部钧鉴：升等所部于今午后将老河口完全占领，敌人向襄阳方面退出，王天纵带百余人往均州逃窜。谨先电呈。张联升、赵荣华叩。梗。

〔北洋政府陆军部档案〕

5．亮暨报告第十三旅占领荆州电

（1918年 1 月24日）

飞急。北京警备总司令部段总长钧鉴：荆州于二十二夜由十

三旅秦营长完全占领。谨闻。亮璧叩。敬。

〔北洋政府陆军部档案〕

6．张学颜报告所部攻占襄樊两城情形密电

（1918年1月26日）

北京大总统、国务院、陆参两部钧鉴：正密。有电谅已呈阅。兹将数日战况约略陈之：旅长于马日将所部分为两纵队，由隆兴寺出发，行至蕎坡堰、张家集附近，遇敌约混成一旅，我军即行进攻，激战四小时，遂占据蕎坡堰、张家集、孔家集、七里湾等处。养日拂晓，即派步十团殷团长□浩带兵六连，附山炮九尊，机关枪□【支】，复向左绕至东津湾一带，向襄阳作□攻，以牵制敌人。旅长督饬彭团长寿莘、张营长席珍等率队向西尾追至张家湾，敌人又增加兵力约一营，竭力抵抗，激战一日之久，因天晚，暂行停战，与敌隔河相持。梗日黎明，乘机渡河，官兵且有迫不及待摄衣履徒涉者，遂猛烈挺击，敌人败退，渐次占据娘娘庙一带。迥日，七战七追，节节进攻，至江家沟迤东，又有宽约五、六丈深约二尺余之河，敌人驾有浮桥，渡过后即行拆毁，在对岸设有防御工程，藉以停止反击，枪火极烈，我前线□以猛烈射击之后，又争先摄衣履徒涉渡河，急进猛攻。直至距樊城八百密达处，有敌约三千人作坚固工事，尽力抵御，炮火猛烈异常。且是时敌又约有二营向前增加，我军左翼预备队从左侧抄袭，敌势不支，退入城中。时已日暮，即彼此对峙终夜。有日拂晓，三面包围，直逼城下，将士奋勇登城，敌又退入襄阳。当即督队进攻，敌人虽仍据襄城射击，然一闻风丧胆，绝无准确①，故得冒弹渡过汉江。斯时敌人先后纷纷弃城奔溃，遂又完全占领襄阳。黎逆

---

① 原文如此，疑有误脱。

向西南远窜，追击十余里，因兵力疲劳，特另派步十团约三营，尾敌穷追。刻抵何处，尚未回报。共计俘虏数十人，投诚官佐、目兵四百四十八人，伤亡敌官兵约五百余人，夺获快炮十六尊，土炮七尊，马步枪五百余杆，炮弹三千颗，枪弹五十余万粒，机关枪三支，服装、粮秣无算。我军仅阵亡兵三名，伤官一员、兵十余名。是役也，官兵争先恐后，奋不顾身，故能以寡胜众，克复襄阳。现旅长正督饬各营、连，维持襄、樊秩序，并搜查余逆及装械一切事宜。再，职旅进攻襄、樊，南阳镇并未派队援助，我旅既占襄、樊之后，吴镇守使方带队昼夜驰入城中。谨此电闻。陆军第三师暂编第五混成旅旅长张学颜叩。寝。印。

〔北洋政府陆军部档案〕

7. 吴佩孚报告所部进占襄樊等地情形密电

(1918年1月27日)

北京大总统、国务总理、段督办、参陆部总长、各部总长，承德、张家口、归化各都统，武昌王督军，开封赵督军，济南张督军，安庆倪督军，除云贵、两广、湖南外，各省督军均鉴：徐州张司令，宜昌吴司令，岳州王司令，各护军使、镇守使，各司令，各师旅长均鉴：正密。今晨奉第一路曹总司令转准参陆部电云：前方开始用兵，嗣后情形，请饬吴师长一面电报尊处，一面电告中央等因。遵将职师前后战况实施概略陈之：本月六日奉到密令，当即派第三旅张旅长学颜率队由广水出发，经由郜〔？〕县驱逐枣匪，联合豫军进攻襄、樊。佩亲率第六旅由孝感前进，西击钟祥，渝〔逾〕襄河，占荆门，断绝荆襄联络，绕逼襄阳，曾于文、元两日分路完全出发，十六日进抵京山。探悉钟祥逆军约有混成一旅，在钟东六十里之牧马岭、上下盘、九坚庙一带，据险防御。遂决定于十八日由京山进攻。斯时并接到老河口张旅长联升告急电报，即一面率队进据陈培集、高庙一带，逼近逆寇阵地，一面令催第三旅乘虚急捣襄、樊，藉援老河口。十九日，先用力搜索。二十日早刻，向逆军防御线分进合击，由午前九点开战，渐渐近接逆寇阵地，十二点左右，战斗甚形剧烈，午后四点，敌势不支，遂即向乾祥方面败退，我军遂完全占领由牧马岭至东桥铺一带逆寇阵地，并派追击队追□〔至〕十余里外，天晚停止。廿一日黎明，续行分路追击，午后四时，进抵□城。该县绅商居民出城欢迎。据云逆余由犹龙，已于昨晚微服向宜城潜逃，田伪团长受伤。由前方退来之官兵，三五成群，□人成队，纷纷扰扰，直向宜城退走，至今午始完。并抢掠城内当铺、估衣店。等语。我军遂完全占领钟祥。二十二日，在钟休息一日。当据探报，荆门只有逆军一连，又因朱旅长已□当阳，似此勿庸顾虑。又闻石逆已被推倒，变兵在沙市大肆抢掠。并得五旅报告，枣匪逃散，已于廿日由枣出发，向襄、樊前进，遂于二十三日由钟向宜城前进。是夜，在钟属郭家嘴暗渡襄河，因天明① 大风，直至廿四日夜始行渡完。并得探报云：廿一② 日，五旅在芦坡堰、张家集一带有战事。廿二日，张家湾有战事。等语。二十五日午后四点，抵宜城。该县逆兵已于昨夜退尽。并得报告：二十三日，樊城北方三十余里地区有战事。昨日大风，樊城附近有激烈大战。并云：黎、由□各逆已率败兵向南漳退去，我军已克复襄、樊。又闻荆□〔沙〕已完全克复，邹徇灿投降。等语。遂派六旅张旅长福来率十二团于二十六日早向南漳侧击。佩即率其余各队亦于廿六日早向襄阳前进，午后四点抵襄。当据第五旅张旅长报称：该旅大战四昼夜，于昨早进入襄城，今早已派十团第三营□营长先向南漳追蹑黎逆，尚未回报。是役也，两地五日前后五战，恢复四城，揆其原因：一、由中央计划完密，总司令决心坚固，将校士卒冒

① "明"字旁原有置疑号。

② "一"字旁原有置疑号。

险用命；二、由张、赵不肯附和，黎逆以残余军队编成两师一旅，虽勒收地方多数枪械，究系乌合之众；三、得友军竭力协助；四、襄、樟〔漳〕、钟祥教会人民不承认在城厢附近作战；五、作战时我军背日背风，颇得天助。故得俘虏逆军数十人，投诚四百余人，由赵团长择优选用，其余酌量路途之远近，给资回籍。逆军伤亡多寡，无从查核。计获山炮十七尊，炮弹约二千八百六十余颗，步枪四百五十杆，枪弹约四十六万余粒，马克心机枪两架，哈乞开斯机枪一架，大小皮子盒四千余箇，背包一千四百余箇，帐棚三十架。我军阵亡兵四名，受轻伤督连长李荫桂一员，受伤兵十七名。消耗炮弹三百出〔颗〕，枪弹十二万余粒。至败逃逆兵，其枪支或隐匿民间，或抛弃于水，已商请地方官出示，定价收买。又襄、樊附近山林漫散，败兵已由赵团长分派专员招抚。查由郢东驿经过钟祥、宜城至距襄南四十三里之欧家庙一带，长途二百里，城厢、村镇被逆官勒捐逆兵抢掠，间有奸淫妇女情事，实系惨不忍言。职师现正准备船只，拟俟六旅张旅长及十团三营□营长率队回襄，即顺流下驶，抵汉候令。谨禀。吴佩孚叩。感。印。

〔北洋政府陆军部档案〕

8. 田作霖报告北军占领郧县电

（1918年2月13日）

北京冯大总统、段督办、王总理、段总长诸夫子钧鉴：我军于十一二两日在百桑关与伪司令贺老九连日激战，十三早四点，各营完全占领郧县城，王、李两逆向房县败窜，毙匪数十名，活捉伪营长一员，匪六名，获枪数十支，子弹数千粒，骡马十余匹。除俟鄂军先锋队到来仍行追击外，谨先电呈。学生田作霖叩。元。

〔北洋政府陆军部档案〕

9. 吴佩孚率部夺取荆襄后分路攻湘等情电

（1918年2月21日）

仲芳先生伟鉴：违教以来，匝月有余，北望燕云，良殷驰系，遥维祉同日永，惠比春和，为颂无量。弟于上年十二月杪率队南下，行抵鄂垣，奉命先取荆、襄，以消肘腋之患，遵即前往剿击，幸托福庇，完全克复，石、黎各部，均已鼠窜狼奔。嗣以岳州失守，星夜由襄沿河下驶，现在敝师全部已回鄂省，队头亦经出发，分路进攻，以图灰〔恢〕复。查湘岳失败原因，病在统系庞杂，部置涣散，上无统驭长官，号令难期一致，所以一再蹉跌。曹、张两总司令现已集合武汉，力矫前弊，与各军联络一气，协力进行，谅不难以武力解决也。弟韬略未谙，谬膺重任，时虞陨越，尚祈不遗在远，时锡方针，以匡不逮。专此奉布，敬颂勋祺。

愚弟吴佩孚鞠躬　二月二十一日

再者，保定为练兵最好之地，将来战事完毕，敝师拟请仍驻原防，以资训练。惟该处营房屡修屡坏，且零星修补，用费亦属不赀，莫如重行建盖，以作一劳永逸之计，较为合宜。拟请阁下转商总长，酌量施行。再颂勋祺。

愚弟吴佩孚再启　二月二十一日

〔北洋政府陆军部档案〕

10. 王汝贤报告三十团占领监利密电

（1918年3月21日）

急。北京大总统、国务院、参谋部、陆军部、参谋〔陆〕办公处钧鉴：正密。据王旅长汝勤报告，卅团于廿日完全占领监利。

特此禀闻。汝贤叩。筒。印。

〔北洋政府陆军部档案〕

11．王汝贤报告北军攻占荆门情形呈

（1918年3月23日）

呈为攻克荆门获胜情形，及夺获枪械旗帜等数目详细具报，伏候钧鉴事：窃于本年二月二十间，接奉湖北王督军电开：据荆门县张知事电称：有王安澜所部大股土匪滋扰，地方吃紧，速即派队往剿等因。当即转饬驻沙洋罗营长凤钧带队往剿。旋据该营长电称：有荆门县绅商赴沙面称：荆门于二十三日被匪占据，请求就近速剿。等因。正在饬办间，适又奉王督军电同前因，师长遵即飞电罗营长，刻即带队星夜赴荆门剿办去后。旋于三月三日据职师王旅长汝勤呈称：据驻沙洋罗营长凤钧电称：奉饬赴荆门剿匪，因沙洋无队接防，恐有遗失，当派职营徐副官振铎率兵两连，附机关枪两挺，会同九师杨营长驰赴荆门，于俭日午后三时行抵荆门，该匪约千数百人，胆敢开枪抵抗，我军合力围攻，激战三小时之久，匪势不支，始纷纷溃逃，立即克复县城。当时击毙匪徒三十余名，生擒首要十余名，并夺获枪支六十余杆，子弹、旗帜、骡马等项。除获匪由杨营长、张知事惩办外，理合具文呈报。等情。同日，又据荆门张知事江电报告克复该县获胜情形，大致相同。各等情。据此。师长除于支日分电具报外，旋蒙王督军虞电赏洋一千元，分赏出力官兵，以示鼓励各在案。所有克复荆门获胜情形，以及夺获枪支、子弹、旗帜、骡马等项数目，理合列表具文详报，伏乞钧鉴备案施行。谨呈

参陆办公处

附战利品一览表一纸（缺）

陆军第八师师长　王汝贤

中华民国七年三月二十三日

〔北洋政府参陆办公处档案〕

12. 王占元转报北军占领巴东秭归电①

（1918年5月4日）

武昌王占元来支字电

据朱司令、王副司令萧、宋两电称：孟团艳日克复巴东，穆团卅日克复秭归，因当时电报不通，故具报稍迟等情。谨先电闻。

〔北洋政府陆军部档案〕

13. 王占元为张联升部攻占平利函

（1918年11月14日）

敬启者：顷接张镇守使文电转据该部第一团王团长宗荃报称：职团于本月虞日未刻行抵平利，逆军约三四百人据城抵抗。经我军奋击，匪势不支，即由西门窜入南山。当派袁团附寿田暨一营张营长初永率队由南门截击，激战一小时，匪始散窜。计毙匪十余名，获九名，得土枪十余支，并刀矛、火药等件，我军受伤正目一名。当将平利县城完全克复，并将伪知事许俊拿获看管。等语。查军队为国宣劳，本不敢仰邀恩赏，惟念鄂军出境远征，冒险深入数百里，竟将平、百两县先后克复，似与寻常战事不同。其出力官兵，究应如何奖励之处，伏祈核夺办理为盼。此致

参陆办公处

湖北督军　王占元谨启　十一月十四日

〔北洋政府参陆办公处档案〕

① 此件系陆军部来电摘要。

（六）刘戴刘罗之争与北军入川

1. 罗佩金指责刘存厚率部进攻督署电

（1917年4月19日）

万火急。北京大总统、国务院、各部，南京副总统，各省督军、省长、镇守使均鉴：今早刘存厚率师攻署，至午后八时，枪声不绝，复纵火烧及商民数百余家，全城蹂躏，川局糜烂，不知伊于胡底。特电奉闻。暂署四川督军罗佩金叩。效。印。

〔北洋政府大总统府档案〕

2. 冯国璋主张将罗佩金刘存厚调京以解决川局密电稿

（1917年4月20日）①

急。北京大总统钧鉴：段总理鉴：赓密。川事纠纷，系由川、滇两派军队，平日素有恶感，相激而成。兹接罗督军效日通电，据称师长刘存厚已发难于成都。〇以为若不及时立予调和，深恐省外闻风效尤，牵动全川，益将不可收拾，为釜底抽薪计，中央似宜从速宣布明令，即将罗督及刘师长一并调京，听候查核办理，奉令后，均不准再事冲突。如此，则川中倒悬之厄可解，双方不平之气亦可消。倘于此间有所侧重，恐其祸激而愈烈矣。至现时监视川滇两军，不得妄动，并维持省中秩序，似可先责令戴省长兼理督篆，担任一切。区区之见，是否可采。谨此电陈。冯〇〇。号。印。

〔北洋政府江苏督军署档案〕

---

① 此件无年月，据内容推断，当为1917年4月。

3. 冯国璋为中央明令和平调解刘罗之争密电稿

（1917年4月22日）①

成都罗督军鉴：华密。来电均悉。师长刘存厚，首先发难，足以扰乱地方治安，最为可虑，已由中央明发命令，和平调解，想该师长或不至胶执己见，贻误全局也。杞忧所在，亟待敉平。特复。国〇。养。印。

〔北洋政府江苏督军署档案〕

4. 周道刚报告戴刘之战蓉城惨遭浩劫与国务院等往来电

（1917年8月）

（1）周道刚致大总统等电（8月7日）

重庆周道刚来电　八月八日

大总统、段总理钧鉴：微电敬悉。查戴刘交讧，激战蓉垣，共十二日，焚烧街道，计六十余条，毁烬民房，实万家以上，繁盛商廛，强半邱墟，蓉城精华，损失殆尽。战争之际，阖城人民，膏锋饮弹，死亡枕藉，或全家毕命，或比户膺灾，焦骨残肢，塞于通渠，惨状灾情，倍于往昔。益以兵匪杂糅，乘机劫掠，满城搜索，十室九空，荡析流离，转于沟壑，水深火热，莫解倒悬，此实亘古之奇灾，近今之浩劫。迭据报告，悯恻殊深。应恳大总统、总理俯念川民罹此巨灾，迅颁赈款，救此孑遗。至详细情形，容到省查明，再行呈报。挥泪陈复，无任恳祷。周道刚叩。阳。印。

① 此件无年月，据内容推断，当1917年4月。

（2）国务院复周道刚密电稿（8月10日）

致重庆周督军电　八月十日

华密。鱼、阳两电悉。已电武昌王督军迅令前队速往夔、万，以厚渝防，希酌告熊使接洽。川中遭此巨劫，览电实深悯恻，已奉令拨款二十万元，交吴总司令带往，希即会同妥为赈抚。院。蒸。印。

〔北洋政府陆军部档案〕

5. 段祺瑞要王占元派队移向川边声援密电稿

（1917年8月24日）

武昌王督军鉴：正密。川难日棘，政府决计援川，冀免川局糜烂。贵处驻宜队伍，应速逐次前移，以资声援。鄂防拟令第七师抽拨一旅及冯玉祥所部填扎。湘督拟易吴光新，并拟令廿师全师赴湘，免鄂南顾之忧。均不日发表。望将宜军移拔日期及地点电告备□〔查〕。〔下缺若干字〕。敬。

〔北洋政府陆军部档案〕

6. 王占元为鄂军出发"援川"与国务院往来密电

（1917年9月）

（1）王占元致段祺瑞密电①（9月7日）

武昌王占元来电　九月八日

国务院段总理钧鉴：正密。歌日两电敬悉。周督军请饬军队前进策应一节，已会商吴司令饬令前队即速出发，鄂军亦即星夜

① 此件系抄件。

驰援，彼此联络一气，互相策应，以壮声势。除迳复周代督外，谨肃奉闻。王占元叩。阳。印。

（2）国务院复王占元密电稿（9月11日）

致武昌王督军电　九月十一日

武昌王督军鉴：正密。阳电悉。援川各军业经出发，赴机迅捷，深慰悬系，仍希将到达地点随时具报。院。真。印。

〔北洋政府陆军部档案〕

7．傅良佐关于任命吴光新为长江上游总司令兼四川查办使密电稿

（1917年9月7日）①

至急。岳州吴总司令鉴：九密。本日命令执事为长江上游总司令兼四川查办使，南下之师，如廿师全部，冯玉祥，张锡元、李炳之、刘耀龙各一旅，又拟由三、七两师各抽一旅，均可调用。执事拟带何师何旅赴川，奉谕：由执事酌定。速复，以便由部指派。良佐。虞。印。

〔北洋政府陆军部档案〕

8．吴光新就任长江上游总司令兼四川查办使电

（1917年9月11日）

北京国务院、陆军部钧鉴：窃光新于本年八月六日奉大总统令开：特派吴光新为长江上游总司令兼四川查办使等因。奉此。遵即请准刊刻木质关防一颗，文曰：长江上游总司令之关防，于九

① 此件无月份，据内容推断，当为9月。

月七日启用视事。除将关防式样另文呈报外，谨先电呈备案。吴光新叩。真。印。

〔北洋政府陆军部档案〕

9. 刘存厚为南方成立政府请速定对付大计等与靳云鹏等往来密电

（1917年10月）

（1）刘存厚致靳云鹏等密电（10月5日）

成都刘存厚来电　十月七日上午九点

火急。庆密。并转又铮、翼卿两公均鉴：顷接章炳麟等俭日电，文曰：川、滇前衅，出于猜嫌，政府挑之，侮我南服，解散国会，废置元首，原因甚多，此乃其一。南中同志，数月遐迩，辐辏旬来，始见端绪。军政府成立，孙大元帅集合海陆军，立志讨贼，陆裕光率之出全州，粤军林虎率之出韶关，军已在道，不日会师衡州。湘中诸将，数日前亦宣告自主，与傅、吴决战，当不在远。龙济光与唐、陆两公商定，现正编旧募新，拟出闽浙。鄂中旧属，亦来滇谋响应。炳麟等以为南北争衡形势，实在武汉。非川、滇携手，不能下夔万而驰荆峡，是以被命西来，共筹匡救。近见滇督宗旨，甚合正愿，与公携手，同谋大局，意出真诚，毫无虚饰。军政府本拟任公督蜀，唐督甚愿统一全川，公既主川，与滇联帅北讨，一网扫定，为国为身，孰善于此。以公之明，谅早见及。望速决定，惠我复音。炳麟等已克日入川，与公面订一切。近阅皖省会通电，深识大体，先得我心。尚望赞成斯局，抱定共和，保安南国，在兹一举。区区微忱，谅邀鉴察。临款神驰，不胜迫切待命之至。大元帅府秘书长章炳麟，川滇劳军使吴宗慈、王湘，秘书平刚，国会议员郭同、赵世钰、段雄、吴昆、李华林、王乃昌叩。俭。印。等语。窃南方政府成立已久，而中央尚无声讨明文，以致若辈毫无忌惮，多方勾结，疑阵横生。厚为枢府痛陈至再至三，已嫌烦焦，而外杜邪魔，内绥部曲，力微责重，持柱几穷。请即转陈揆座，速决大计，密示遵循，是所企祷。再者，厚以待罪之身，自当静候查办，而所部为国效忠，苦战数旬，亦觉赤诚可念。昨遵院电，择尤电请奖恤，亦以战事在即，藉此策励士心。并祈力予转呈，特沛殊施，以资激劝。存厚叩。歌。

（2）靳云鹏等复刘存厚密电稿（10月10日）

特急。成都刘中将鉴：治密。歌电敬悉。孙、吴等已明令通缉。贵军奖恤案，正在核办，不日即可发表。尚祈勉为撑拄，待竟全功。云鹏、树〇。蒸。印。

〔北洋政府陆军部档案〕

10．周道刚报告吴光新抵重庆电

（1917年10月24日）

北京大总统、国务院、陆军部、参谋部钧鉴：武昌王督军、成都刘将军、资州钟镇守使鉴：本日未刻，吴使安抵渝城。特此奉闻。周道刚叩。敬。印。

〔北洋政府陆军部档案〕

11．吴光新秉承北京意旨拟暂时拉拢刘显世密电

（1917年11月2日）

北京陆军部徐次长、靳将军鉴：九密。奉卅电承示中枢对黔暂为羁縻，新亦秉承斯意，虚与刘督周旋，使其效忠，感日去电略云：川、黔之争，道远异词，是非莫辩，新奉命行抵渝城，多方探询，始悉前此交恶，皆由构煽误会而生，黔军虽激于义愤，犹

知有国家，对滇行为，卒不附和，要皆执事苦心孤诣，率驭调融。如有卓见，即希开诚相示，新即尽力平□，共谢天下。等语。艳日刘督复电，略谓：近月以来，黔督竞竞以保境息民为务，力避外界影响。泸江方面，黔军刻已完全回黔，驻川混成旅亦陆续抵遵义，俟齐集后休息数日，即令开拔赴原防，则綦江援军便可拨归，以资结束。惟目前大局影响，川、黔前嫌亟宜消弭，黔省军民久已延望我公查办。若能将蓉变是非及驻川混成旅事从速解决，则黔省军民心安，前嫌冰释，撤兵事尤易克期办到。等语。内有请求之件五事：一、请中央严惩钟、刘犯上之罪；二、请中央先拨的款若干，恤赏黔军，搬运尸骨，伤亡官兵，据实报销，有余缴还，不足补领，受伤官兵留成都，及补〔被〕捕者一律放回；三、驻川混成旅照中央命令改编为步兵两团，年需军饷六十万元，指定由川省盐款项下按月拨发；四、驻川混成旅，请中央仍准其驻扎江津、綦江、南川、涪州；五、此次黔军损失枪技六千杆，山炮八尊，机关枪六尊，枪弹百五十万，均系黔军退出成都时为川军截留，请中央准予给还。总观各条，黔军似已精疲力尽，其要求亦不过故作虚声，以留转□〔圜〕地步，稍予商榷，渠必可听命。本日新复去电，对于一、四、五各项，尽予报转拒驳，二、三两项，尚属情理之中。告以黔军如能即日撤归，效忠自表，则新当力为呈请，保可邀准云云。惟所请由川省盐款拨发一节，似据由中央支款，以尊事权，藉收操纵之效。然此不过暂时因应手段，若果成事实，新以为息事省财，即可收无形之利，亦川人之所服愿。新已电刘派员来渝，以资接洽。一俟复表同意，即为入告。吾兄卓见如何？尚希明教。特闻。光新。冬。印。

〔北洋政府陆军部档案〕

12. 周道刚报告以徐孝刚为东路司令官电

（1917年11月8日）

北京国务院、陆军部鉴：窃道刚奉令进讨滇军，节将进攻情形先后具报。日来统筹全局，昕夕不遑，所有东路前线第一师军队，势非另派声望素著之员前往督战，不足以谋指挥统一。兹由道刚委派本署顾问徐孝刚为东路司令官，所有第一师部队，均归指挥调遣。查徐孝刚本任四川兵工厂总办，前因罗督任内，事事掣肘，厂务不能进行，请假家居。旋戴督以该员学粹资深，复令回任厂事。迨道刚奉令代理，乃调该员到渝赞襄一切，深资臂助。复查该员毕业日本，回川服务已十三年，川中军界，皆其门生后辈，以之任东路司令，必能督率前线，克敌致果。除令知前敌各军外，合电陈明。代四川督军周道刚。庚。印。

〔北洋政府陆军部档案〕

13. 徐树铮为段祺瑞主张先解决川争后定对滇办法等情密电稿

（1917年11月9日）

重庆吴总司令鉴：辅密。歌电已转呈，荩筹周至，甚佩。冯旅改令赴闽，业经电达。现正另筹他队拨隶尊麾。揆谕：敌如败窜，自宜追进，至川境肃清，方能酌定对滇办法。拟编补充队三团，可照办。等因。特达。树。佳。印。

〔北洋政府陆军部档案〕

14. 李炳之报告黔军猛攻重庆危急密电

（1917年11—12月）

（1）致大总统等密电（11月13日）

急。北京大总统、国务总理、参陆两部总次长钧鉴：正密。窃炳之奉令率旅随吴查办使入川，正值川、滇激战之交，以渝防吃紧，匪患堪虞，乃将军队分驻渝城附近不出三十里，以资保卫，并候分遣。讵本月文日据三百梯地方前进哨报告，今晚四点钟，突来黔军约混成一团以上，并勾结土匪千余人，乘□〔虚〕突进，声言奉命到渝。正诘问间，彼即猛攻，该哨抵死相抗，后方军队闻报，飞往助援，即于斗峰场附近开始激战。黔军现分三路图渝，一由江津窥佛图关，抵重庆咽喉；一由洛碛木洞方面谋占江北，近逼渝城；一由渝綦大道进攻。现已激战两昼夜不休。此处敌军增加计达一旅以上。查川军齐赴泸、叙、自流井各处作战，黔军乘虚袭击渝城，□〔其〕谋甚狡。幸职旅官兵志气激扬，勇猛抵御。惟此间通黔道路颇多，防不胜防，战守兼顾，势处万难。重庆关洲全局，刻惟激厉所属奋力支持，并禀请周代督、吴查办使熟筹方略，以图万全。并乞训示机宜，俾资遵守，无任祷盼。旅长李炳之叩。元。印。

（2）致大总统等密电①（12月3日）

重庆李炳之来电

万急。北京大总统、王总长钧鉴：固密。渝城开战以来，我旅独立支持者十余日，刘旅军队始陆续来到，我当要冲，彼加两翼，敌以全力由三百梯昼夜进攻，日十数次，歼毙虽多，我军每

① 此件系抄件。

次伤亡以二人计算，现经两旬，官兵伤亡张团已达四百余人之多。子弹补充困难，江轮输运一次，不足供两三日之需，以致乘敌溃退而不敢深追。敌军招纳土匪，日裹日众，我方死伤无法补充，战力日减，敌气益张。近日我军渝南方面，黔军计袁、胡、张、何、胡、熊团及招安军四营，汤子木率匪二千，上至江津，下窜涪陵，希图截我后路。川军师防御白市驿、走马岗、陶家场一带，突被滇军顾品珍一师包围，退守冷水场一带。子弹每兵仅数十粒，以故川军向我要求接济者，坐候不去，始而逼融以礼，继而迹近挟迫。我兵子弹已罄，待援无望，虽官兵奋勇，战守交疲，目下重庆万分危险，惟有奋力督战，以冀挽回于万一。仅以密禀，俯乞鉴察。旅长李炳之叩。江。印。

〔北洋政府陆军部档案〕

15. 陆军部派张锡元率部入川归吴光新调遣密电稿

（1917年11月13日）

重庆吴查办使鉴：〇密。现派张锡元带全旅赴川，听贵使调遣。除令行外，特达。陆军部。元。印。

〔北洋政府陆军部档案〕

16. 吴光新请罢四川查办使名义等情密电

（1917年11月14日）

急。北京陆军部徐次长鉴：辅密。连日入告各情，吾兄谅已洞悉。黔军浅尝辄止，要无足虑。顷接部电，张旅奉令入川，归新调遣。现在后方输送尚未蒇事，一俟就绪，再行电闻。滇、黔狼狈，形势显然，周、刘发表，总〔愚〕意查办名义，暗为取消，似不表①理，且人不我谅，责望尤奢，本日已通电陈请大总统罢去查办职权矣。高明以为何如？光新。寒。印。

〔北洋政府陆军部档案〕

17. 李炳之报告围攻重庆之黔军被击退电

（1917年11月14日）

急。北京大总统、国务总理、参陆部总次长钧鉴：元电计达。仰仗威福，今早将黔军大部完全击退，渝城全埠精华暨数十万民命可庆无虞，详情除由吴使呈报外，谨电驰闻，藉慰廑系。惟黔人希图大举，遭此挫败，未必甘心，载〔？〕将再图一逞，谨当加意防维。旅长李炳之叩。寒。印。

〔北洋政府陆军部档案〕

18. 吴光新卸去四川查办使专任长江上游总司令通电

（1917年11月20日）

北京各部总次长，各省除云贵外督军、省长，各会办，并转各镇守使、各师、旅长，承德、归化、张家口各都统，天津《大公报》、汉口《国民报》均鉴：前以滇军抗命称兵，□〔黔〕军攻渝助乱，曾于寒日电请大总统、国务院罢免查办职权，巧日奉院、部洽电，准其卸去查办使兼差，专任总司令。除将四川查办使名义职权遵照电令即日取消外，合行通告。吴光新。哿。印。

〔北洋政府陆军部档案〕

---

① “表”字旁原有置疑号。

19. 陆军部命张锡元旅按原计划输运入川训令稿

（1917年11月21日）

陆军部训令

令第四混成旅旅长张锡元

案查前次冯旅预备赴川，曾经吴总司令电开：可由京汉路分三期南下，每期以千五六百名为准，第二期须隔五日，挨次到汉集合，立即装乘快利轮船直达宜昌，驮骡不宜多带，此间已另备输卒，并电该旅查酌支配，派员接洽。等因。此次该旅往川，事同一律，可即按照上开计划办理，迅筹开拔，并将每期输运官兵，马匹、器械各种数目配备妥协，先期报部，以便转知备车。除电吴总司令外，合行令仰遵办。此令。

中华民国六年十一月二十一日

〔北洋政府陆军部档案〕

20. 吴光新请以熊克武充长江上游副司令密电

（1917年12月2日）

万急。大总统、参谋部、陆军部钧鉴：辅密。日来川中情势，异常危急，前敌战斗，只能支持，而党匪纷乘，溃裂立致。熊使交卸，虽经奉谕挽留，其部属仍多不安之态。惟该使镇慑党匪，颇著能名，川东一带，人望所归，为消除隐患[illegible]局计，拟请添设长江上游副司令一席，即以熊使充任，必能效忠图报，拥护中央，匪党闻风，亦将慑伏，部下感激，必能尽职，庶我军事得以利赖进行。可否逾格裁成之处，伏祈训令祗遵，不胜惶恐待命之至。吴光新叩。冬。印。

〔北洋政府陆军部档案〕

21. 钟体道报告渝城失守情形密电

（1917年12月7日）

万万飞急。北京大总统、国务院、陆军部、参谋部钧鉴：华密。渝城与敌相持不决，职师于叙府下后，一面电请刘会办抽兵防泸，一面迅派李纵队长进成率队五营援渝，并派许团长澍率部续进。二号，李纵队抵白市驿附近之狮子场，与一师旅长刘湘确取联络，约定四号拂晓，同时攻击。乃职〔？〕三号夜间，五师在渝开枪哗变，刘旅接到周督四号午前二时命令退却。现闻吴总司令东下，周督率王旅赴合川，职师李纵队仍扎狮子场。三号，许团两营抵永。此渝城失守之情形也，自闻渝变，即令李纵队长收容北川两军，联络扼守。飞电刘会办迅派大队集中泸县，一则助职师防守，一则为沿江攻渝地步，并会商一师徐司令孝刚，集兵永川，为陆路攻渝正兵。此目前防守徐图恢复之情形也。惟是渝城天险，财赋所萃，械弹所储，变起仓卒，恐以资敌人。欲急图恢复，必须统筹全局：一则指挥官归统一，免迷前后顾此失彼之弊；二乏〔则〕夔万宜饬吴总司令扼守，以便援兵西上，截断湘渝交通，无使影响南北大局；三则职师分防泸、永，两方兼顾。川北卫□区域，一师兵力不厚，新经□退，非□刘军大队增援，实无以破□势□敌，而复坚险唯〔？〕城。四□〔则〕川军屡经剧战，械弹耗竭，恳饬湖北、陕西两省就近迅济各种枪炮子弹，以济急需。以上四端，皆为恩① 复渝城之要务，谨陈管见，上恳钧座□行。亮〔？〕号至今，未接周督命令，道以军机紧迫，率用径陈，不胜惶悚待

---

① “恩”字旁原有置疑号，疑为“规”字或“收”字之误。

命之至。师长钟体道叩。阳未。印。

〔北洋政府陆军部档案〕

22．徐孝刚等报告重庆失守及善后处置情形密电

（1917年12月7日）

万万万万飞急。北京大总统、国务院、陆参两部钧鉴：诚密。孝刚奉命视师，寸功未立，事变幻①，遂失渝城，孝刚失律之罪，悚惶无似。谨将失败情形及善后处置择要敬陈，伏乞鉴核。当黔军猝起图渝之时，正孝刚准攻泸之日，敌日尚非优势，国军本可支持。及敌渐增援，适泸城已下，孝刚于克泸翌日，遂急率刘旅回援，行抵永川，奉命驻永兼顾泸防。乃令刘旅不分星夜，□救重庆。是晚江津早失，顾品珍以约一师之滇军，游江而北，进迫渝城，遮断东路，渝危日亟，遂急令三师团长李进成率一步兵六营、大炮四门，□纵队由泸飞援重庆。迨李纵队三号方与一师部队互相联络，决□进攻，而渝城内变猝起，吴使、周督闻皆出走，国军、川军纷纷引退。此渝城失败之情形也。查渝城变起，事在四号，因永渝交通阻塞，孝刚五号始悉确情，遂一面飞令李纵队由狮子场沿东路一带暂永泸之防，并收容一师，一面电陈刘会办及川军各师旅熟筹善后，用图恢复，一面派人四出，侦取渝城附近敌军情形，始悉一师各部已分道向合川引退，国军大部已沿江引退，吴使不知驻节何处，周督已确赴合川。孝刚乃急电各部队，团集兵力，并合一三两师之兵，□□□驻合、璧、永之□〔线〕，一面复飞陈刘会办派兵增援，急谋反攻。此失渝后处置之情形也。查此役我□师损失兵员不过一营有奇，三师李部尚未加入，望□故完全无恙。据此以证渝变之来，非战之罪也。然总言两师实力，

① 原文如此，当有脱漏。

尚可言战。默察各部士气，咸思克日反攻。惟各项子弹极形匮乏，除电请刘会办迅派援兵即刻东下，并酌济子弹外，万恳钧座迅饬接济七九弹二百万发，六八弹一百万发，炮弹一千发，并先令陕督酌拨枪炮弹，请速运川，庶实力既充，士心咸奋，不特恢复重庆以赎□〔愆〕尤，并誓驱之出境以纾国难。谨此会电陈情，不胜悚惶待命之至。川军东路司令官徐孝刚、旅长刘湘、王奎诸、经龙光虞亥叩。印。

〔北洋政府陆军部档案〕

23. 曾毓隽就北军退出重庆劝吴光新再图恢复密电稿

（1917年12月15日）①

梁山、万县、夔州探投吴总司令鉴：九密。由张鲁转来一电，藉悉近况，至慰。政局之变，虽出意外，日来元首亦知不战无以图存，兼以直、鲁、奉、皖、浙、闽极力主战，秦、蜀、晋、豫亦一致进行，曹、张已料理出师，明日可发，中央亦已叠颁电令，令其集中鄂、赣。赣、宁势孤，虽主张未定，谅不敢自外团体。鄂则身受其祸，求援甚急，主战亦诚。我兄自应收束军队，再图恢复。虽此次军心涣散之由，中央实尸其咎。惟重庆退却情形及此后进行方针，我兄必须陈明中央，方为合法。否则，自成一军，与中央隔阂，必至信息不灵，横生阻碍。芝老谓在职言职，弥坚不电中央之非，切嘱告戒。毓隽。删。

〔北洋政府陆军部档案〕

① 此件无月份，据内容推断，当为12月。

24．冯国璋歉劝刘存厚从大局出发迅予罢兵密电稿

（1917年　月22日）

电成都第二师刘师长鉴：华密。连日接川省各方面电，知衅端已开，势将影响全省，为执事计，此事无论曲直如何，急宜自为收束，先占地步，勿至一败涂地之时，悔已无及。兹略举四端，忠告左右，诸希察纳：一，执事为川省有声望势力之人，宜顾全桑梓人民生命财产，不应首先发难；二，此次川省裁兵，督军系奉中央命令而行，即或办理手续稍有未宜，但其地位既优，所有奉令裁兵各目亦极正，率尔反对，恐系未加深思；三，闻在川各师长对于此事，均各连电劝告息争，自系出于维持桑梓顾全大局之意，执事自宜内返诸己，外体群情，暂为让步，以待中央解决；四，此事无论曲直何在，其扰害地方秩序则一，闻由驻川各国领事，为维持治安起见，出而调和，经执事始已允许，继又反复，致各领进退无地，首祸之名，讵可独居。有此四端，执事恐不能为全国人民所共谅。〇〇平日接物论事，一一出于恳诚，兹既不忍坐视川省之颠连，又素稔执事居心之坦白，故敢尽情详告，望即曲加采察，迅予罢兵，以待政府处理，不但川中全局之幸，亦执事自为保全之道也。哓哓苦口，当不至见诮多言。特此恳布，即希大裁。国〇。养。印。

〔北洋政府大总统府档案〕

25．张澜宣布与西南各省一致护法密电

（1918年3月16日）

飞飞急。二分。北京大总统、国务总理、段前总理钧鉴：华密。川省危迫情形，迭电详陈，并请辞职在案。时逾两日，未奉

钧示。前方敌人猛力分扑，川军抵死抗拒，力尽势竭，现实战无可战，守不能守。敌已进至乐至、中江等处，距省甚近，危险万分。川军各师旅长，群请停战议和，澜与刘督会商，为免生灵涂炭，并保存川军残余之实力，以图恢复起见，万不得已，爰于本日从权会衔通电，宣布与西南各省一致护法。澜奉职无状，惟有仍恳我大总统、总理迅简贤员，力图补救。临电悚惶无任急切待命之至。张澜叩。铣。印。

〔北洋政府督办边防（参战）事务处档案〕

26. 刘存厚指责熊克武缺乏言和诚意密电

（1918年12月4日）

特急。北京大总统、国务总理、段督办钧鉴：参谋陆军部总长、龙巡阅使，保定曹经略使，盛京张巡阅使，蚌埠倪巡阅使，除云南、广东、贵阳、广西、四川外，各省督军、省长，各都统、护军使、镇守使均鉴：统密。窃连日川中熊军进攻沔、汉情形，迭经随时电陈，计邀垂鉴。溯自前奉大总统颁布停战命令以来，存厚仰体中央宁人息事之心，当即通饬前敌各军各守现地。对于熊军方面，深恐前项命令未经同时颁到，致生误会，并照录一份，派员前往疏通，以期两方遵照实行，用副我中央力求和平之至意。乃我虽三沟谨守①，彼则乘势进行，今且以重兵逼临汉城，非达到占据陕局目的不止。似此情形，西南安有言和诚意，熊克武心□〔目〕中讵有中央？况值欧战告终，列强尚力求息兵之策，该熊克武始终不稍悔祸，尤属自外生成。存厚拥护国家，始终不贰，一息尚息，断不任其强暴。除督饬所部尽力防卫外，特电驰陈，伏乞我大总统明令诘责，飞派援军来汉救援，用保中央威严，并请

① 原文如此。

各省发纾义愤，勿误于和【平】大局，幸甚！刘存厚叩。支。印。

〔北洋政府陆军部档案〕

27．刘存厚率川军全体要求滇黔军自川境退出电①

（1919年1月25日）

南郑刘存厚同川军全体来有字电

滇黔军驻川，破坏统一，与大局安危、和议进行有密切关系。前因川省军民闻该军有永驻川境之要求，誓死否认，冬电恳请严词拒绝在案。此项问题，如不解决，川人积怨已深，一旦触发，两败俱伤。望中央军民长官于此次会议，与西南磋商，另将滇黔军安置，全数退出川境。否则，川军为国守土，决不能任滇黔军再肆强横，破坏统一也。敬维垂察示复。

〔北洋政府陆军部档案〕

28．刘湘为川军自黔军手中收复渝城电

（1920年10月16日）

北京大总统、国务院、各部长，广东军政府各总裁、都〔部〕长，各省督军、省长，各巡阅使、都统，各镇守使，各省议会，各报馆均鉴：真日致刘显世、王文华一电，限于寒日退出渝城，刘、王咸置不答，我北道军何旅遂自铜壁攻入青木关，东道军陈师张、王两旅及陈旅遂自永川攻入白市驿，南道军邓、田、刘各部遂自合江攻入江津，何旅光烈、刘团明昭于删日辰刻克复渝城。谨电特闻。川军前敌总司令刘湘。铣。印。

〔北洋政府陆军部档案〕

---

① 此件系陆军部来电摘要。

29．刘湘等关于先后攻占重庆綦江永宁滇黔军败走电

（1920年10月24日）

飞急。北京大总统、国务总理、各部长，广东军政府各总裁、部长，各省督军、省长，各巡阅使，各护军使、镇守使、都统，上海孙、唐、伍总裁、章太炎先生，北京傅沅叔、蒲伯英、张表方、涂子厚、王叔钧、胡文澜、周吉珊、钟乃安、刘玉书、罗椿士、陈学钧各同乡先生，绵阳刘总司令、三台熊督军、赖师长，成都刘卫戍总司令、刘心泉、李蔚如、胡春田三参谋长，雅州陈镇守使，叙府陈师长，资州唐师长，四川绥定颜师长均鉴：渝城克复，肃清在川滇、黔敌兵，谨将东南各路军事详情陈明概要。窃自泸、叙既下，滇军大股退据永宁，朱培德所率滇军鲁、杨两旅，踞守永川，彼此犄角，意图反攻。黔军主力，拒截北道，我军乃分前敌各军为三大部。南路追击永宁，以杨师长森任之，并拨第三混成旅唐式遵、二师王旅长丽中、八师刘文辉，归其指挥。北道友军但军长懋辛，率所部余师长际唐、何光烈、喻培棣，二旅张旅之刘团及第二军之袁旅长彬，归其指挥。分兵为二，一邓师长锡侯、田师长颂尧、刘司令斌，沿江北进，以攻渝南；二师陈能芳之张旅秉升，七师师长陈国志〔栋〕，自陆路东进，以攻渝西。三面合围，形势大□。湘不忍极我兵力，先期致电黔督刘显世、驻渝总司令王文华，限于寒日令黔军退出渝城，重修邻好。乃刘、王不答，反以黔军抗战我北道，以滇军朱培德之各旅由永川西进，我军以敌来犯，遂行分道进攻。北路余师袁旅出嘉陵江左岸，喻、何、张三旅出嘉陵江右岸，会攻合川，合川既下，进克铜梁、璧山，占领渝北要隘之青木关。东路陈师张旅进克永川，占领渝西要隘之老关口、白市驿。南路邓、田、

刘各师旅扫荡合江敌人，进克江津，以扼渝南之退路。我军长围已合，敌乃退向渝城，滇军一旅扼据距渝十五里之浮图关，收容各方退军，我喻、何、张三旅跟踪追击，击破浮图关滇、黔军之收容队，敌势溃散，纷纷向大江南岸退走，我喻、何二旅、张旅之刘团，遂于删日午前克服渝城。同时，永川溃回之敌，被陈师及张旅猛追，退渝不得，南走江津方面，又被邓、田、刘师旅截击，敌乃纷向綦江窜走。余师袁旅已将嘉陵江左岸一带吕、卢、石、黄诸军驱逐，进占江北，吕等不得归渝，东窜涪陵。自渝退出之滇、黔军，扼据渝之真武山时，以巨炮射城中。嗣经居留外人交涉，准其于四十八点钟内退尽，限内不行追击。敌人逾约发炮射击，毙美人一名，各国领事大愤，英兵船开炮，向敌轰击，敌乃稍向后引。然巧日约满，湘乃命陈师国栋、喻旅培棣，率兵由渝渡河，向綦江正道追击，邓师锡侯、田师颂尧及【刘】司令斌，由江津向綦江侧面截敌后路，双方压迫，敌势不支，且战且退，我军奋击，夺获大炮一尊，步枪数百支，毙敌数百名，截获辎重行李甚夥，綦江遂于箇日完全克复。敌人大部均向贵州松坎退却，我军严扼川界，分兵搜索江津、南川、綦江一带溃散残敌。此克复重庆追击黔军出境之大概也。当渝城克复之先，我杨师王旅缵绪、第三混成旅唐式遵及八师刘文辉旅，扫江安、江门一带之敌，跟踪追击，敌军无暇集中整顿，穷追直捣，攻克永宁附近鄢家关、天池、马岭各要隘，敌尚顽强抵抗，于永宁城中激战党日。谏日拂晓，我军猛攻鏖战，直至午后三时，将敌击溃，逆雄〔向〕毕节方面退去，我军遂完全克复永宁。是役，敌我死伤数百人，夺获枪支、辎重甚众，分头尾追，严扼川境，一面搜索雪山关、长官司少数残敌。此克复永宁、追逐滇军之大概情形也。渝城既下，吕超、石青阳、卢师谛、黄复生等部众，分窜东下，踞守涪陵。当派余师长际唐、袁旅长彬，由长寿进攻其后，邱旅西扼忠、万，截击其前，度此孤军残部，不难一鼓荡平。此追击东窜川寇布置之大概情形也。查滇、黔祸川五载于兹，此次恢复名城数十，驱除全军出境，转战弥月，遽告成功，此固官兵协力一心，致死效命，亦缘受苦太深，人自为战，故能所向克捷，扫荡积寇。此后甚盼我川人惩前毖后，力求力① 振，以期地方发达，对于国家有所贡献。尤望诸公念外侮之日迫，哀民生之多艰，开诚布公，俾南北问题速行解决，庶有以副川人望治之忱，而团结全国对外之气。川军前敌各军总司令刘湘，第一军军长但懋辛，师长杨森、邓锡侯、田颂尧、陈能芳、陈国栋，余际唐，旅长唐式遵、何光烈、喻培棣、袁彬、张冲、刘文辉、王缵绪、王丽中、张秉升、刘斌、邱华玉叩。敬。印。

〔北洋政府陆军部档案〕

（七）军政府改组

1．韩宾礼探报军政府内部矛盾等情密电

（1918年5月18日）

陆军部：北京。贝密。张次长、徐厅长钧鉴：莫荣新近日排击子〔孙〕文甚力，日前捕拿张开儒及枪毙伪次长崔文藻，谓其暗通龙使。现伪元帅府及非常国会异常愤激，连日开会，筹对待。但处势力下，实无办法。孙现已无立足地，拟不日离粤。莫逆又集合桂系各统领，拟内以兵力，袭击子云、福林两军，礼已专人密告二李，请其先行发动。裸② 带由香山来电，准明日宣布独立。确否，容查明详报。宾礼叩。啸。印。

〔北洋政府陆军部档案〕

---

① “力”字旁原有置疑号。

② ‘裸”字旁原有置疑号，“裸”字疑系“袁”字之误。

2．国会非常会议请岑春煊等速就任总裁职电

（1918年6月9日）

广东莫督军、李省长、伍、林两总裁、钮总司令、胡展堂先生，韶州李联军总司令、李督办，汕头孙中山先生，行营陈总司令，潮州方总指挥，南宁陆总裁、谭联军总司令，毕节唐联军总司令，重庆章太炎先生，成都熊督军、黄省长，贵阳刘督军，彬州程总司令，全州黄总司令，沙河谭联军总司令、谭组庵先生，夔州黎总司令，上海孙伯兰、岑西林、汪精卫、柏烈武、王儒堂诸先生均鉴：奉读秩老、悦公俭电、干老冬电，慨然应本会之请求，就总裁之重任，情词恳挚，闻者欢钦。惟西林、中山、蓂赓、少川诸公，企望经旬，尚迟台节。群盼甘雨之来，先切云霓之望，务恳从速宣布，一致就职，俾重民意而速进行。现在时机已迫，稍纵即逝，并希望诸公联电再催，以期统一政府早观厥成，则根本固而贼胆寒，一切重要问题皆迎刃而解矣。敬布区区，伏希明鉴。国会非常会议叩。虞。印。

〔云南省长公署档案〕

3．参众两院于广州续开正式国会通电

（1918年6月12日）

广东伍总裁、林总裁、莫督军、李省长、钮总参谋，行营李联军总司令、李督办，三河坝陈总司令，潮州方总指挥，南宁陆总裁、陈联军总司令，毕节唐联军总司令，重庆章太炎先生，成都熊督军、黄省长，黔刘督军，衡州程总司令，行营谭联军总司

令、谭组庵先生，夔府黎总司令，上海岑西林、孙伯兰、汪精卫诸先生均鉴：慨自叛督称兵，约法失效，国会解散，河山无色。同人等受国民之委托，职务未终，痛共和之垂危，责任难弃。爰依约法，自行集会，业于本月文日在广州继续开正式国会，夙赖明公谋国坚贞，情殷护法。尚希时赐明教，用匡不逮。谨布区区，敬告国人。参议院、众议院。文。印。

〔云南省政府秘书处档案〕

4. 吴佩孚转达陆荣廷对于西南军政措置及国会召集问题意见密电

（1918年7月13日）

千万急。北京大总统钧鉴：国务总理、陆军总长惠鉴：统密。窃现于衡阳电局，查有陆巡阅使致梁燕老、朱桂老、周子翁万急华密通电一件。师长因闻梁燕老已过沪赴粤，并见原电内有前此两上府、院电，久未得复之语，恐此件复沉洪桥，故谨改译统密，上达聪听。其文曰：万急。北京什锦花园关宅梁燕老、朱桂老、周子翁同鉴：华密。林、关二君到奉大教，以时局解决咨及荣廷。捧诵之余，钦佩无已。中间所列八条，一曰广东现有军队排配之法，二曰去龙，三曰另任莫于别事，四曰两广巡阅，五曰粤督取廷同意，六曰广东岁支军饷若干，不敷全由中央担任，七曰广西督军，由廷保荐，八曰云贵方面办法以及国会召集法。兹谨将各款中之可认否认，逐答如下：荣廷衰眊之身，决不敢任两广巡阅使，粤督亦不敢同意，权由中央主之，惟龙则必当去。桂督军仍以谭浩明任之，莫另任，须俟竹君伯□返京过粤时，□〔荣〕廷意见，得其许可，再为决定，然断不系恋于粤也。川、滇事，不敢与闻。湘省护法军队，请由湘省长谭延闿酌编为湘之国军。在粤李、方所领滇军，亦宜隶编国军，以免误会。至若桂军问题，又当分别去留办法，廷拟以现任钦廉镇守使沈鸿英、高雷镇守使林虎、潮梅刘志陆，各率所部队伍，随之留驻。其他桂军之在湘在粤者，全行回桂，暂编为国军，不敷之饷，请由中央担负，俟大局稍定，再逐渐裁减，以符定额。□[1]日，桂或岁饷不足，由中央指拨，械有缺乏，亦并由中央核定给予。国会召集用何法，由中央分饬各省酌定，多数取决，荣廷断无阻挠也。荣廷一庸人耳，爱国之心与诸公同符，自退归林下以还，即已□〔示〕不欲言国事。然往者与李、陈两督，亦常列于调人地位，无非正思息内争御外侮而已，即今日之不愿任两广之事，亦思趁此暇期，稍事修养，以俟时机。傥或外人侵我过甚，则起我病躯，犹将佐芝老，以御强邻无疑也。愿以此意并告芝老。前此两上府、院电，久不得复。窃以为中央深恶痛绝于廷，遂不复有所言。今据林、关二君传述，云中央尚以荣廷为可与言者，特复详言之耳。其仔细状，俟林、关旋京，再托转达，并付以书。陆荣廷叩。鱼。等语。谨此转呈，伏乞垂鉴。师长吴佩孚叩。元。印。

〔北洋政府陆军部档案〕

5. 唐继尧为国会非常会议通过修正军政府组织大纲电

（1918年7月22日）

滇刘师长、由运使、唐参谋长、吴厅长、易黄两厅长、张交涉员，大理孙司令，会理华指挥官，腾越由道尹，蒙自缪司令，临安李旅长，开化钱旅长，河口、麻栗坡督办，思茅丁道尹，昭通蒋司令，资州顾军长，重庆黔军王总司令、黄总司令、卢副司令、田梯团长，巫山叶军长、何师长，潼川石总司令，保宁颜总

① 原缺，当为"往"字或"昔"字。

司令、陈副司令，自流井赵总司令、丁总司令，泸州赵军长，犍为李总司令，叙府何总司令，赵旅长均览：顷接广东国会非常会议通电，议决修正中华民国军政府组织大纲。其文曰：军兴以来，倏忽经年，对内既苦无统一之机关，对外亦难得友邦之承认，长此纷歧，漂摇无已。本会议员已前鉴于时势之阽危，早有改组政府之成议，并向本会征求护法各省同意。嗣承诸公来电赞助，以在进行，俾挽危局。即择会期于本日十八日开会，将改组案逐条讨论，经众议决，并即宣布在案。兹订于二十日选举政务总裁，除俟选定后再行奉告外，合将修正中华民国组织大纲录呈台览。其文曰：中华民国国会非常会议为保持护法之统一与发展，特修正中华民国军政府组织大纲，并宣告事。修正中华民国军政府组织大纲，七年五月十八日议决。第一条中华民国军政府以护法各省各军之联合为基础，新国会、大总统之职权不能行使期内，均本大纲之规定行使中华民国之行政权。第二条军政府职权如左：一、关于和战事件；二、办理共同外交，宣立国约；三、监督共同财政，办理内外公债之募集；四、议决省与省之争议事件；五、关于承认护国省区军队之加入事件；六、关于统筹军备及计划作战事件。但关于人民有负担之契约、内外公债告〔之〕募集及和平条件之提出，须经国会非常会议之同意或追认。第三条军政府以由国会非常会议特派出之政务总裁七人组织政务会议，行使其职权。政务会议以政务总裁一人为主席，由政务会议推定之护法各省及政务会议承认之护法各军，得各派出代表一人。关于第二条所载第一、第二、第四、第六各款，得参予政务会议。第四条军政府设立左列之各部直隶政务会议：外交部、内政部、财政部、参谋部、陆军部、海军部、交通部、司法部。第五条各部事宜，除由政务总裁兼管者外，得各设部长一人。第六条部长由政务会议特任之。政务总裁有事故时，得委托部长一人代理。第七条政务总裁得兼其他职务。第八条凡关于政务之文书，由政务总裁连署公叙之。第九条政务会议内部附属机关之组织，另以条例定之。第十条护法各省自主政府之职权，一仍其旧。但现隶北京政府之机关，各省不能直接管辖者，军政府得收回之。第十一条本大纲自宣布之日施行。第十二条本大纲自国会、大总统能行使其职权时废止。务恳诸公速电赞助，俾观厥成。谨此奉达，伏希明察。国会非常会议叩。巧。等语。合亟电闻。联军总司令唐。养。印。

〔外交部云南特派员公署档案〕

中華民國史檔案資料滙編

第三輯

軍事（一）（上）

中國第二歷史檔案館編

鳳凰出版傳媒集團 鳳凰出版社

图书在版编目（CIP）数据

中华民国史档案资料汇编. 第3辑. 军事 / 中国第二历史档案馆编. -- 南京 : 凤凰出版社，1991.7
（2020.12重印）
ISBN 978-7-80519-304-5

Ⅰ. ①中… Ⅱ. ①中… Ⅲ. ①档案资料－汇编－中国－民国②军事史－档案资料－汇编－中国－民国 Ⅳ. ①K258.063

中国版本图书馆CIP数据核字(2010)第085925号

书　　名	中华民国史档案资料汇编 第三辑　军事（共四册）
编　　者	中国第二历史档案馆
责任编辑	陈晓清
出版发行	凤凰出版社(原江苏古籍出版社) 发行部电话025-83223462
出版社地址	江苏省南京市中央路165号,邮编:210009
出版社网址	http://www.fhcbs.com
印　　刷	上海世纪嘉晋数字信息技术有限公司 上海市汇金路899号,邮编:201700
开　　本	850毫米×1168毫米　1/32
印　　张	107.5
字　　数	2697千字
版　　次	1991年7月第1版
印　　次	2020年12月第4次印刷
标准书号	ISBN 978-7-80519-304-5
定　　价	755.00元

(本书凡印装错误可向承印厂调换,电话:021-69214197)

说　　明

为了适应中国近现代史的科学研究和教学工作需要，我们就馆藏中具有一定史料价值的档案，在原副馆长王可风生前主持编辑的《中国现代政治史资料汇编》（1919—1949年）初稿的基础上，加以修订，并补充1919年五四运动以前的档案资料，编成一套《中华民国史档案资料汇编》（1911—1949年），供史学工作者和有关部门参考使用。

《中华民国史档案资料汇编》，共分为五辑：第一辑为《辛亥革命》（1911年），第二辑为《南京临时政府》（1912年），第三辑为《北洋政府》（1912—1928年），第四辑为《从广州军政府至武汉国民政府》（1917—1928年），第五辑为《南京国民政府》（1927—1949年）。

本辑为第三辑《北洋政府》，由唐彪、王涛主编，按政治、军事、外交、财政、经济、文化教育等，分为若干分册编辑出版。军事分册分三册：第一分册《北洋政府的军制》，陆军部分编辑者陈长河、丁思泽，海军航空部分编辑者陈长河、沈家五、丁思泽；第二分册《从白朗起义到护法战争》，编辑者丁思泽、陈长河；第三分册《北洋军阀混战》，编辑者沈家五。全书由唐彪、王涛定稿，并由施宣岑、方庆秋审阅。书上插图系本馆照相室提供。

由于编者水平限制，编辑工作中的缺点错误在所难免，深望读者批评指正。

编　例

一、本汇编所辑录的资料，为保存其原貌，一般照录原文。但遇有内容重复或与主题无关的部分，则酌加删节。资料出处，于文后注明。

二、本汇编所辑录的资料，一般为一件一题。但同属一事而彼此间又有直接联系的成组资料，则为一事一题。

三、本汇编所辑录的资料，均由编者另拟标题和另加标点。

四、本汇编所辑录的资料，按类项并依文件形成的时间先后顺序排列。但属综合性或追述性资料，则按其内容，酌加调整。

五、本汇编所辑录的资料，遇有残缺或字迹不清者，以□号代之；错字、别字、倒字和衍文的校勘及其他简单注释，均加在正文之内，以〔　〕号标明；佚文的增补，以［　］号标明；待考的字，以〔？〕号存疑；文件内容经删节者，以……标明。

北洋政府时期
军　事

北洋政府的军制

目　录

〔一〕陆　军

（一）中央军事机关设置及其主官任免

一、参谋本部

二、陆军部（军事部）

(三)中央各师、中央暂编各师等编练及其主官任免

一、中央各师

（四）各省陆军编练及其主官任免

(五)其他陆军编练及其主官任免

一、毅军

(六)各省区军事机构设置

一、巡阅使

(七)陆军规章制度

六、测量

七、军械

八、礼节

九、调查统计

十、卫生、机构

〔二〕 海 军

(一) 海军机构设置与编制

(二)海军主官任免

一、海军部

(三) 海军经费及海军军旗

一、海军经费

二、海军军旗

(四)海军规章制度

〔三〕航空

(一)航空官制及条例

(二)航空主官任免

(三) 购买外国飞机及聘用外员

(四)整顿航空及开辟航线

（五）外国飞机来华飞行

〔一〕陆　军

（一）中央军事机关设置及其主官任免

一、参谋本部

1．参谋部为该部成立并设办公处通告

（1912年5月15日）①

参谋部通告成立日期及办公处文

参谋部现于本月十三日成立，暂在前军谘府为办公处，所有京外各处文件，迳投本部接收可也。特此公布。

〔政府公报，1912年5月15日，第15号〕

2．参谋部报告该部成立及启用印信呈

（1912年5月17日）

参谋部呈报本部成立暨启用印信日期文

为呈报事：本部于本月十三日业经成立。兹于十七日奉大总统颁发银印印信一颗，文曰参谋部印，即于是日启用，以资信守。除将前军谘府印一颗缴销并南京参谋部木质印一颗毁销外，理合呈报大总统鉴核。

中华民国元年五月十七日

〔政府公报，1912年5月21日，第21号〕

---

① 系刊登《政府公报》日期。

3. 铨叙局编1912年8月以前参谋部职官表

（1912年8月15日）①

铨叙局汇编八月十二日以前京内职官表②

官厅	参谋部							
官名	总长	次长	局长					
姓名	黎元洪	陈宧	刘一清	孔庚	张联棻	姚任支	史久光	杨丙代理
任命日期	四月十三日	四月十六日	五月初二日	同日	同日	同日	同日	六月初五日

〔政府公报，1912年8月15日，第107号〕

4. 临时大总统关于将参谋部官制提交参议院议决咨

（1912年9月12日）

临时大总统为咨行事：据国务院呈，请将参谋部官制按照约法提交参议院议决等因，相应咨行贵院议决见复可也。此咨

① 系刊登《政府公报》日期。

② 其他各部、院略。

参议院

计官制草案及官制表各一件

中华民国元年九月十二日

赵秉钧

参谋部官制草案

第一条　参谋部掌管全国国防用兵事宜。

第二条　参谋部总长直隶于大总统，统辖本部及全国参谋，监督其教育，并管辖陆军大学、陆地测量、各国驻扎武官、军事交通各事宜。

第三条　参谋总长辅佐大总统运筹军务。凡关于国防用兵一切计划及命令，呈请大总统认可后，分别咨行陆军部办理。

第四条　参谋次长辅佐参谋总长整理一切事务。

第五条　参谋部共设六局，分任部务。各局职掌，另有规定。

第六条　参谋部设局长、高级副官、科长、科员、局副官，平时额数，以一百五十人①为限。其官职比照如附表。

第七条　参谋部除职员外，设调查员若干员，但平时额数以六十人为限。

第八条　参谋部各项职员之分配，以部令定之。

第九条　参谋部本部所辖之陆军大学、测量各局所、驻外武官、军事交通各机关等章则，以部令定之。

第十条　参谋部关于本部文电缮写事宜，得酌用雇员。

第十一条　本制自公布日施行。

---

① 该参谋本部官制于同年10月30日经临时大总统公布时，修改为一百六十人。

参谋部官职官阶比照及任职分别表

官职	官阶	任别
总长	上将或中将	总长以下各员，或特任，或简任、荐任、委任，均按照陆军部所定办法。
次长	中将或少将	
局长	少将或上校	
科长	上校或中校	
高级副官	上校或中校	
一等科员	中校或少校	
局副员	少校	
二等科员	少校或上尉	
三等科员	上尉或中尉	

一、调查员之官阶，自少将以至中尉各官阶，数额之多少，由部令定之。
一、同一职中而有数级，或同一级中而俸有数等者，以部令定之。

〔北洋政府国会档案〕

5．参谋本部拟将各军师总参谋等一律改称参谋长呈暨大总统批

（1912年11月？日）

参谋本部呈大总统，拟暂将各军师总参谋、正参谋官、参谋正长等名称，一律改称参谋长，请鉴核批示文，并批

为呈请事：窃国防用兵，首重计划，赞襄军务，全资参谋。当此国家多事之秋，各军、师参谋一职，任大责重，关系军务前途，良非浅鲜。查现在各军、师参谋职级，名目繁多，有总参谋、正参谋官、参谋长、参谋正长种种名称，各相纷歧，非整军经武之道。本部职司军令，管辖全国参谋，应即将参谋名称，重加改订。惟当陆军军制未颁布以前，拟暂将各军、师总参谋、正参谋官、参谋正长等名称，一律改称参谋长，庶足以昭划一而重职守。其余一、二、三等参谋官名称，均仍其旧。是否有当，理合呈请大总统鉴核批示祗遵。谨呈。

批：据呈已悉。应即照准。此批。

中华民国元年十一月

大总统盖印　赵秉钧、段祺瑞署名

〔政府公报，1912年11月9日，第192号〕

6．参谋本部请饬另铸该部新印呈暨大总统批

（1912年11月4日）

参谋本部呈大总统，拟饬另铸新印，俾资领用等情，请鉴核施行文，并批

为呈请事：本年十月三十日奉大总统令：参议院议决参谋本部官制，本大总统按照约法第三十条公布之。此令。等因。奉此。查本部前蒙颁发印一颗，文曰参谋部印，现既定名为参谋本部，自应呈请钧饬另铸参谋本部印一颗，俾资领用。除暂仍遵用原印外，俟领到新铸之印，即将原印缴销。理合呈请大总统钧鉴施行。谨呈。

批：据呈已悉。交国务院办理。此批。

中华民国元年十一月初四日

大总统盖印　赵秉钧、段祺瑞署名

〔政府公报，1912年11月9日，第192号〕

7. 参谋本部拟请修正参谋本部官制呈暨大总统批

（1915年10月 3 日）

参谋本部呈，拟请修正本部官制，乞鉴核，并批令

为拟请修正本部官制恭呈仰祈钧鉴事：窃本部前于裁并局、科俾资节缩案内呈明，原定官制，共设七局，兹拟减为六局等语，业奉批准在案，自应遵照奉行。惟查民国元年十月三十一日奉令公布参谋本部官制内第五条载，参谋本部共设七局。等因。现本部既减为六局，自应将原官制第五条条文修正为参谋本部共设六局，分任部务，其职掌另定之，俾符编制而昭核实。所有拟请修正本部官制缘由，是否有当，理合呈祈大总统鉴核施行。谨呈。

批令：交政事堂饬法制局查照修正。此批。

中华民国四年十月三日

国务卿　徐世昌

〔政府公报，1915年10月 6 日，第1226号〕

8. 大总统著唐在礼暂兼参谋次长策令

（1915年 2 月20日）

大总统策令

陈宧现在出差，参谋次长著唐在礼暂行兼代。此令。

中华民国四年二月二十日

国务卿　徐世昌

〔政府公报，1915年 2 月21日，第1001号〕

9. 大总统任命唐在礼兼署参谋次长策令

（1915年 6 月 4 日）

大总统策令

任命唐在礼兼署参谋次长。此令。

中华民国四年六月四日

国务卿　徐世昌

〔政府公报，1915年6月5日，第1105号〕

10．大总统任命唐在礼为参谋次长策令

（1915年8月27日）

大总统策令

任命唐在礼为参谋次长。此令。

中华民国四年八月二十七日

国务卿　徐世昌

〔政府公报，1915年8月28日，第1188号〕

11．袁世凯特任冯国璋为参谋总长策令

（1915年12月18日）

政事堂奉策令：特任冯国璋为参谋总长；未到任以前，著唐在礼代理。此令。

中华民国四年十二月十八日

国务卿　陆征祥

〔政府公报，1915年12月19日，第1299号〕

12．大总统特任王士珍为参谋总长策令

（1916年4月23日）

政事堂奉策令：特任王士珍为参谋总长。此令。

中华民国五年四月二十三日

国务卿　段祺瑞

〔政府公报，1916年4月24日，第109号〕

13. 关于蒋作宾继唐在礼任参谋次长令文

(1916年7月)

(1) 大总统策令(7月22日)

大总统策令

参谋次长唐在礼呈，因病恳请免职，唐在礼准免本职。此令。

中华民国五年七月二十二日

国务总理
陆军总长 段祺瑞
海军总长 程璧光

大总统策令

任命蒋作宾为参谋次长。此令。

中华民国五年七月二十二日

国务总理
陆军总长 段祺瑞
海军总长 程璧光

〔政府公报，1916年7月23日，第198号〕

(2) 唐在礼致大总统呈(7月25日)

参谋次长唐在礼呈，恭报卸任日期文

为恭报卸任日期，仰祈钧鉴事：本月二十二日奉大总统策令：参谋次长唐在礼呈，因病恳请免职，唐在礼准免本职。此令。等因。奉此。在礼遵于本月二十五日卸任。理合呈乞大总统钧鉴。谨呈。

中华民国五年七月二十五日

〔政府公报，1916年7月28日，第203号〕

（3）蒋作宾就职通告（7月27日）①

参谋次长蒋作宾就职日期通告

为通告事：中华民国五年七月二十二日奉大总统策令：任命蒋作宾为参谋次长。此令。等因。作宾遵于本月二十五日就职。特此通告。

〔政府公报，1916年7月27日，第202号〕

14．大总统特任王士珍为陆军总长兼参谋总长令

（1917年6月24日）

大总统令

特任王士珍为陆军总长，仍兼参谋总长。此令。

中华民国六年六月二十四日

国务总理　李经羲

〔政府公报，1917年6月25日，第522号〕

15．关于张怀芝任参谋总长令告

（1919年1月）

（1）大总统令（1月11日）

大总统令

特任张怀芝为参谋总长。此令。

中华民国八年一月十一日

国务总理　钱能训

〔政府公报，1919年1月12日，第1057号〕

（2）张怀芝就职通告（1月13日）

参谋总长张怀芝就职日期通告

① 系刊登《政府公报》日期。

为通告事：本年一月十一日奉大总统令：特任张怀芝为参谋总长。此令。等因。奉此。怀芝遵于本月十三日就参谋总长职。特此通告。

〔政府公报，1919年1月15日，第1060号〕

16. 关于荫昌暂兼参谋总长令告

（1920年2月）

（1）大总统令（2月14日）

大总统令

张怀芝现在给假，特任荫昌暂行兼署参谋总长。此令。

中华民国九年二月十四日

国务总理　靳云鹏

〔政府公报，1920年2月15日，第1439号〕

（2）荫昌兼任通告（2月16日）

兼署参谋总长荫昌就职日期通告

为通告事：九年二月十四日奉大总统令：张怀芝现在给假，特任荫昌暂行兼署参谋总长。此令。等因。奉此。昌遵于十六日就任兼署参谋总长之职。除呈报外，特此通告。

〔政府公报，1920年2月19日，第1443号〕

17. 大总统着参谋总长张怀芝回部供职令

（1920年4月20日）

大总统令

参谋总长张怀芝现在假满，著即回部供职。此令。

中华民国九年四月二十日

国务总理　靳云鹏

〔政府公报，1920年4月21日，第1503号〕

18．大总统敦促唐在礼速就参谋次长令

（1920年7月2日）

大总统指令　第一千六百七十八号

令参谋次长唐在礼

呈铨材难胜重任，请收回成命由。呈悉。该次长久赞戎韬，亟资擘理，迅就新任，毋得固辞。此令。

中华民国九年七月二日

国务总理　萨镇冰

陆军总长

〔政府公报，1920年7月3日，第1575号〕

19．大总统免去唐在礼改任蒋雁行为参谋次长令

（1920年8月9日）

大总统令

参谋次长唐在礼迭呈恳请辞职，唐在礼准免本职。此令。

中华民国九年八月九日

国务总理　萨镇冰

陆军总长

大总统令

任命蒋雁行为参谋次长。此令。

中华民国九年八月九日

国务总理　萨镇冰

陆军总长

〔政府公报，1920年8月10日，第1612号〕

20. 大总统免去张怀芝改任李烈钧为参谋总长令

（1924年11月5日）

大总统令

参谋总长张怀芝呈请辞职，张怀芝准免本职。此令。

大总统印　国务院摄行　国务总理黄郛　陆军总长李书城

中华民国十三年十一月五日

大总统令

特任李烈钧为参谋总长。此令。

大总统印　国务院摄行　国务总理黄郛　陆军总长李书城

中华民国十三年十一月五日

〔政府公报，1924年11月6日，第3097号〕

21. 大总统免去蒋雁行改任刘汝贤为参谋次长令

（1924年11月11日）

大总统令

参谋次长蒋雁行，著免本职，另候任用。此令。

大总统印　国务院摄行　国务总理黄郛　陆军总长李书城

中华民国十三年十一月十一日

大总统令

任命刘汝贤为参谋次长。此令。

大总统印　国务院摄行　国务总理黄郛　陆军总长李书城

中华民国十三年十一月十一日

〔政府公报，1924年11月13日，第3103号〕

22. 临时执政免去杨森改任刘汝贤为参谋总长令

（1926年1月9日）

临时执政令

署参谋总长杨森，久未到任，应即免去署职。此令。

国务总理许世英　陆军总长贾德耀

中华民国十五年一月九日

临时执政令

特任刘汝贤署参谋总长。此令。

国务总理许世英　陆军总长贾德耀

中华民国十五年一月九日

〔政府公报，1926年1月10日，第3503号〕

23. 大总统任命刘湘为参谋总长令

（1926年7月22日）

大总统令

特任刘湘为参谋总长。此令。

大总统印　国务院摄行　国务总理杜锡珪　陆军总长

中华民国十五年七月二十二日

〔政府公报，1926年7月23日，第3692号〕

24. 关于杨毓珣任参谋次长令告

（1926年7—8月）

（1）大总统令（7月22日）

大总统令

任命杨毓珣为参谋次长。此令。

大总统印　国务院摄行　国务总理杜锡珪　陆军总长

中华民国十五年七月二十二日

〔政府公报，1926年7月23日，第3692号〕

（2）杨毓珣就职通告（8月20日）

参谋次长杨毓珣就职日期通告

为通告事：本年七月二十二日奉大总统令：任命杨毓珣为参谋次长。此令。等因。奉此。毓珣遵于本月二十日就任参谋次长之职。除呈报外，特此通告。

〔政府公报，1926年8月22日，第3722号〕

25．大元帅任命于国翰杨毓珣为军事次长及其兼职令

（1928年4月3日）

大元帅令

任命于国翰为军事次长兼参谋署署长，杨毓珣为军事次长兼军政署署长。此令。

陆海军大元帅之印　国务总理潘复　军事总长何丰林

中华民国十七年四月三日

〔政府公报，1928年4月4日，第4284号〕

二、陆军部（军事部）

1．陆军部报告该部成立日期及大概情形呈

（1912年4月29日）

陆军部呈报成立日期及大概情形文

为呈报事：本部参事、秘书长、司长等，前奉命令委任，业经遵饬到差。其秘书、编纂、司务、主计及各科科长，现经由部委任，并饬令于本年四月二十九日起，分司分科办理部务，作为本部成立之期。除俟各科科员派齐另行缮具职司姓名清摺呈报外，所有本部成立大概情形，理合报呈钧鉴。

呈开：

秘书塔齐贤、曾毓隽、梁建章　　军衡司任官科科长刘冠军　赏赉科科长陈虹　　军务司军事科科长张华甫　　步兵科科长王风清　　骑兵科科长苑尚品　　炮兵科科长朱兆熊　　工兵科科长雷炳焜　　军械司枪炮科科长韩麟春　　材具科科长简业敬　军需司会计科科长唐汝谦　　粮服科科长杨鸿昌　　军医司卫生科科长张修爵　　医务科科长李学瀛　　军学司教育科科长丁锦　步兵科科长陈乾　　骑兵科科长刘文锦　　炮兵科科长李实茂　工兵科科长吴经明　　辎重科科长齐振林　　编纂杨志澄、张伯英　　司务李钟岳、李士锐、冯祖培、吴宗煌、杨葆元　主计士杰

中华民国元年四月二十九日

〔政府公报，1912年5月初3日，第3号〕

2. 陆军部报告启用新印呈

（1912年5月7日）①

陆军部呈报启用新印日期等文

为呈报事：本部现由国务院领到新铸银质印信一颗，文曰陆军部印，业于本年五月初二日启用。其旧有部印，亦已即日咨缴国务院销毁。理合呈明，伏乞均鉴。

中华民国元年五月　日

〔政府公报，1912年5月初7日，第7号〕

① 系刊登《政府公报》日期。

3. 铨叙局编1912年8月以前陆军部职官表

（1912年8月15日）

铨叙局汇编八月十二日以前京内职官表①

官厅	陆军部												
官名	总长	次长	参事			秘书	司长						
姓名	段祺瑞	蒋作宾	金绍曾	吴昭麟	张承礼	徐树铮	林摄	沈郁文	翁之麟	罗开榜	方擎	施尔常	魏宗瀚
任命日期	三月三十日	四月初四日	四月二十六日	同日	七月二十一日	四月二十六日	同日	同日	同日	同日	同日	同日	同日

〔政府公报，1912年8月15日，第107号〕

4. 临时大总统公布陆军部官制令

（1912年8月31日）

临时大总统令

参议院议决陆军部官制，本大总统按照约法第三十条公布之。此令。

中华民国元年八月三十一日

大总统盖印　　赵秉钧、段祺瑞署名

① 其他各部、院略。

陆军部官制　附职员表

第一条　陆军总长管理陆军军政，统辖陆军军人、军属，监督所辖各官署。

第二条　陆军部职员依附表所定。

第三条　陆军部总务厅掌事务如左：

一　关于机密及陆军文库事项；

二　关于典守印信事项；

三　关于征发物件表报告及统计事项；

四　关于各项公文函件之纂辑、保存及收发事项；

五　关于部内文官任用事项；

六　关于部内风纪事项；

七　其他不属于各司事项。

第四条　陆军部置左列各司：

军衡司　军务司　军械司　军学司　军需司　军医司　军法司　军马司

第五条　军衡司掌事务如左：

一　关于陆军军官、军佐及军用文官之任免转补事项；

二　关于调查各兵科人员事项；

三　关于考绩表、兵籍、战时名簿及军用文官名簿事项；

四　关于保管军官、军佐、军用文官及战时职员表事项；

五　关于编纂年格、名簿事项；

六　关于赏赉、叙勋、记章、褒章及赏给各事项；

七　关于休假事项；

八　关于废兵处置事项；

九　关于陆军军人结婚事项；

十　关于养赡事项。

第六条　军务司掌事务如左：

一　关于陆军建制及编制事项；

二　关于整旅计划之准备、执行事项；

三　关于戒严及征发事项；

四　关于军队配置事项；

五　关于战时各项规则事项；

六　关于各军队之军纪、风纪事项；

七　关于陆军军旗事项；

八　关于陆军礼节、服制、徽章事项；

九　关于各兵科及军乐队事项；

十　关于各兵科军官、军士以下人员之调用及其补充事项；

十一　关于征募召集及解兵、退伍事项；

十二　关于军队内务、卫戍、勤务及宪兵服务事项；

十三　关于练兵场及射击场事项；

十四　关于要塞兵备各事项；

十五　关于重炮兵之设置及分配事项；

十六　关于运输通信、电气电信、电灯、轻气球、飞行器事项；

十七　关于水陆交通事项；

十八　关于要塞建筑及其用地，并要塞地带事项；

十九　关于要塞司令处陆地测量部及交通各队事项。

第七条　军械司掌事务如左：

一　关于军用枪炮、弹药之制式、筹划、支给、交换及检查事项；

二　关于要塞备炮事项；

三　关于技术审检院、兵工厂、军械局事项；

四　关于军用器具、材料之制式、筹划、支给、交换事项；

五　关于军队通信用及铁道气球飞行器用之器具、材料之支给、交换事项；

六　关于攻城守城交通所用兵器、器具、材料之备办事项；

七　关于各项器具、材料之经理及检查事项；

八　关于军火各禁令事项。

第八条　军学司掌事务如左：

一　关于所辖各学校一切章程之制定及其筹办事项；

二　关于拟定所辖各学校教育纲领及计划，并审查各教科书事项；

三　关于所辖各学校职员奖罚事项；

四　关于所辖各学校学生奖罚及考试事项；

五　关于留学生一切事件，并选派高等专门学员事项；

六　关于拟定各兵科操典及教范事项；

七　关于军队教育训练改良事项；

八　关于全国军队校阅及特种兵演习事项；

九　关于编辑及印刷事项；

十　关于编订军语、军队符号及各军用之图籍表事项；

十一　关于其他教育训练等一切事项。

第九条　军需司掌事务如左：

一　关于军服之经理及检查事项；

二　关于军服、粮秣及马匹等给与之规定事项；

三　关于平时、战时粮秣之给与及准备事项；

四　关于战时炊具及洗马器具事项；

五　关于军服、粮秣之制造、购买事项；

六　关于军队用具消耗品及埋葬用物料等之准备事项；

七　关于军人祠宇及军用坟地事项；

八　关于军需运用事项；

九　关于各军需官勤务事项；

十　关于各军需处人员之教育考绩及其补充事项；

十一　关于经费出纳并预算、决算一切事项；

十二　关于编制整旅之预算事项；

十三　关于会计稽核事项；

十四　关于各军需处事项；

十五　关于规定俸给及旅费一切事项；

十六　关于各种给与及军需规定之审查事项；

十七　关于管掌出纳之官吏等事项；

十八　关于与财政官署有关系事项；

十九　关于陆军用地及建筑事项；

二十　关于管理陆军所属官产事项；

二十一　关于规定军用金钱箱柜及行李事项。

第十条　军医司掌事务如左：

一　关于军医、兽医各种诊疗机关事项；

二　关于体格检查事项；

三　关于伤病等差之诊断事项；

四　关于防疫及卫生试验事项；

五　关于卫生材料及蹄铁事项；

六　关于战时卫生勤务各种规则事项；

七　关于军医、司药、兽医所属各项人员之勤务教育考绩及其补充事项；

八　关于卫生报告统计及调查事项；

九　关于红十字会及恤兵团体事项。

第十一条　军法司掌事务如左：

一　关于陆军军法事项；

二　关于陆军司法官及监狱职员之考绩及其补充事项；

三　关于陆军监狱事项；

四　关于赦免及罪人之处置事项；

五　关于高等军法会审事项。

第十二条　军马司掌事务如左：

一　关于军马监及牧场之管理事项；

二　关于军马之供给、喂养、保存及征发事项；

三　关于改良马种及购买军马事项；

四　关于蹄铁术之教育事项；

五　关于军牧人员之教育考绩及其补充事项。

第十三条　科长及一等军法官员额，以各部官制通则所定佥事员额为准。

第十四条　科员及二、三等军法官员额，至多不得逾二百人。

第十五条　陆军部员额除本制规定外，以部令定之。

第十六条　本制自公布日施行。

（《陆军部职员表》见第22、23、24页）

5．政事堂为陆军部奉准设两次长公函

（1914年5月12日）

大总统府政事堂公函　三年密字第三号

迳启者：奉大总统发下贵部呈称：本部部务繁重，拟仿内务、财政两部设两次长助理部务。密呈请示。奉批：如呈照准。此批。等因。相应函知贵部查照。此致

陆军总长

中华民国三年五月十二日

〔北洋政府陆军部档案〕

6．大总统公布修正陆军等部官制申令

（1914年7月10日）

大总统申令

兹修正外交部、内务部、财政部、陆军部、海军部、司法部、教育部、农商部、交通部官制公布之。此令。

中华民国三年七月十日

国务卿　徐世昌

陆　军　部

		总　长	（上
		次　长	（中
参事（少将、上校及相当文官）	总务厅		秘书（上中校及相当文 副官（上中少校、上中 军需正、一二等军
	军衡司	司长（少将、上校）一	
			科长（上中校）
	军务司	司长（少将、上校）一	
			科长（上中校）
	军械司	司长（少将、上校）一	
			科长（上中校及相当技
	军学司	司长（少将、上校）一	
			科长（上中校）
	军需司	司长（军需监、一等军需正）一	
			科长（一二等军需正）

职　员　表

中　　将）	
少　　将）	
官）三 尉及一二等 需）十四	
	司副官（少校、上尉）
	科员（中少校、上中尉）
	司副官（少校、上尉）
	科员（中少校、上中尉）
	司副官（少校、上尉）
术官）	科员（中少校、上中尉及相当技术官）
	司副官（少校、上尉）
	科员（中少校、上中尉）
	司副官（三等军需正、一等军需）
	科员（二三等军需正、一二等军需）

（续前表）

	军 医 司	司长（军医监、一等军医正）一	
			科长（一二等军（兽）医
	军 法 司	司长（少将、上校当相文官）一	
			一二三等初级军法官
	军 马 司	司长（少将、上校）一	
			科长（上中校、一二等

修正陆军部官制（附职员表）

第一条 陆军部直隶于大总统，管理陆军军政。

第二条 陆军部职员，依附表所定。

第三条 陆军部置总务厅及左列各司：

军衡司

军务司

军械司

军学司

军需司

军医司

军法司

军牧司

第四条 总务厅掌事务如左：

一 关于机密及陆军文库事务；

二 关于典守印信事项；

司副官（三等军需正、一等军医）	
生）	科员（二三等军（兽）医正、二三等司药正、一二等军(兽)医、一二等司药）
司副官（少校、上尉相当文官）	
上中少校、上中尉相当文官）	
司副官（少校、上尉）	
兽医正）	科员（中少校、上中尉、二三等兽医正、一二等兽医）

〔政府公报，1912年9月1日，第124号〕

三　关于部内军官、军佐及军用文官任用事项；

四　关于公文、函电之纂辑、保存及收发事项；

五　关于本部内会计事项；

六　关于编制各统计及报告事项；

七　关于征发物件表及征发报告事项；

八　关于部内风纪事项；

九　关于管理本部官产、官物事项；

十　其他不属各司事项。

第五条　军衡司掌事务如左：

一　关于陆军官佐及军用文官之任免事项；

二　关于调查各兵科人员事项；

三　关于考绩表、兵籍、战时名簿及军用文官名簿事项；

四　关于保管军官、军佐、军用文官及战时职员表事项；

五　关于赏赉、叙勋、记章、褒章及赏给事项；

六　关于编纂年格、名簿事项；
七　关于休假事项；
八　关于陆军军人结婚事项；
九　关于废兵处置事项；
十　关于养赡事项。
第六条　军务司掌事务如左：
一　关于陆军建制、编制及训练事项；
二　关于军队配置事项；
三　关于陆军军旗事项；
四　关于整旅计划之准备执行事项；
五　关于陆军礼节、服制、徽章事项；
六　关于各军队之军纪、风纪事项；
七　关于编拟战时各项规则事项；
八　关于戒严及征发事项；
九　关于征募、召集及解兵、退伍事项；
十　关于操练场所事项；
十一　关于军队内务、卫戍、勤务及宪兵服务事项；
十二　关于各兵科及军乐队事项；
十三　关于各兵科军官、军士以下人员之调用及其补充事项；
十四　关于要塞建筑及其用地，并要塞地带事项；
十五　关于要塞兵备事项；
十六　关于重炮兵之设置及分配事项；
十七　关于运输通信、电气、电信、电灯、轻气球飞行器事项；
十八　关于要塞司令处陆地测量部及交通各队事项；
十九　关于水陆交通事项。
第七条　军械司掌事务如左：

一　关于军用枪炮、弹药之制式、筹划、支给、交换及检查事项；

二　关于军火禁令事项；

三　关于各项器具、材料之经理及检查事项；

四　关于军用器具、材料之制式、筹划、支给、交换事项；

五　关于要塞备炮事项；

六　关于军队通信用及铁道气球飞行器用之器具、材料之支给、交换事项；

七　关于攻城、守城、交通所用兵器器具材料之备办事项；

八　关于技术审检院、兵工厂、军械局事项。

第八条　军学司掌事务如左：

一　关于军队教育及训练改良事项；

二　关于拟定各兵科操典及教范事项；

三　关于军队校阅及特种兵演习事项；

四　关于所辖各学校一切章程之制定及其筹办事项；

五　关于拟定所辖各学校教育纲领及计划，并审查各教科书事项；

六　关于所辖各学校职员奖罚事项；

七　关于所辖各学校学生奖罚及考试事项；

八　关于编订军语、军队符号及各军用之图籍表事项；

九　关于军学之编辑及印刷事项；

十　关于留外学生一切事件，并选派高等专门学员事项；

十一　关于其他军事教育及训练等一切事项。

第九条　军需司掌事务如左：

一　关于军需运用事项；

二　关于各军需处事项；

三　关于各军需官勤务事项；

四　关于各军需处人员之教育考绩及其补充事项；

五　关于军队经费出纳，并预算、决算一切事项；

六　关于军政会计稽核事项；

七　关于管掌出纳之官吏等事项；

八　关于各种给与及军需规定之审查事项；

九　关于规定俸给及旅费一切事项；

十　关于军服之经理及检查事项；

十一　关于军服、粮秣之制造、购买事项；

十二　关于规定及准备平时战时军服、装具、粮秣等给与事项；

十三　关于编制整旅之预算事项；

十四　关于战时装具、炊具及洗马器具事项；

十五　关于军队用具、消耗品及埋葬用料物等之准备事项；

十六　关于陆军用地及建筑事项；

十七　关于管理陆军所属官产事项；

十八　关于军人祠宇及军用坟地事项；

十九　关于规定军用金钱箱柜及行李事项。

第十条　军医司掌事务如左：

一　关于军医、兽医各种诊疗机关事项；

二　关于伤病等差之诊断事项；

三　关于体格检查事项；

四　关于战时卫生、勤务各种规则事项；

五　关于卫生材料及蹄铁事项；

六　关于防疫及卫生试验事项；

七　关于卫生报告、统计及调查事项；

八　关于军医、司药、兽医所属各项人员之勤务教育考绩及其补充事项；

九　关于红十字会及恤兵团体事项。

第十一条　军法司掌事务如左：

一　关于陆军军法事项；

二　关于陆军监狱事项；

三　关于赦免及罪人之处置事项；

四　关于陆军司法官及监狱职员之考绩及其补充事项；

五　关于高等军法会审事项。

第十二条　军牧司掌事务如左：

一　关于军马监及牧场之管理事项；

二　关于军马之供给、喂养、保存及征发事项；

三　关于改良马种及购买军马事项；

四　关于蹄铁术之教育事项；

五　关于军牧人员之教育考绩及其补充事项。

第十三条　陆军部置总长一人，承大总统之命，管理本部事务，统辖陆军军人、军属，监督所辖各官署。

第十四条　陆军总长对于各省巡按使及各地方最高级行政长官之执行本部主管事务，有监察指示之责。

第十五条　陆军总长于主管事务，对于巡按使及各地方最高级行政长官之命令或处分，认为违背法令或逾越权限者，得呈请大总统核夺。

第十六条　陆军部置次长二人，辅助总长整理部务。

第十七条　陆军部置参事四人，承长官之命，掌拟订关于本部主管之法律命令案事务。

第十八条　陆军部置秘书四人，副官六人，纂译官四人，承长官之命，掌理总务厅事务。

第十九条　陆军部置司长八人，承长官之命，掌理各司事务。

第二十条　陆军部置科长及一等军法官，承长官之命，分掌各司事务。

科长及一等军法官之员额，由陆军总长呈请大总统以教令定之。但至多不得逾五十人。

第二十一条　陆军部置科员、二三等军法官及司副官，承长官之命，助理各司事务。

科员、二三等军法官及司副官之员额，由陆军总长呈请大总统以教令定之。但至多不得逾二百人。

第二十二条　陆军部置技正四人，技士八人，承长官之命，掌技术事务。

第二十三条　本官制自公布日施行。

（《陆军部职员表》见第32、33、34页）

7．陆军部著所部各司一律启用新印饬

（1915年4月19日）

陆军部饬　第一百九十一号

准政事堂送到改铸本部军衡、军务、军械、军学、军需、军医、军法、军牧等司铜质新印各一颗，仰各该司遵领，于本月二十一日一律启用。所有旧印，著即缴销。此饬。

陆军总长　段祺瑞

右饬各司准此

中华民国四年四月十九日

〔政府公报，1915年4月23日，第1062号〕

8．军事部宣布组织成立通告

（1927年7月1日）

军事部通告

为通告事：本部业经组织成立，所有以前参谋、陆军、海军三部及航空署事务，均归并本部管辖。自七月一日起，京外各机关致各前部、署文件，均应投送东西牌楼北铁狮子胡同本军事部收发处查收。其电报均应拍发至军事部，由本部查阅事由分交办理，以资划一。特此通告。

中华民国十六年七月一日

〔政府公报，1927年7月3日，第4022号〕

9．军事部及所属各署官制

（1927年7月13日）①

军事部官制

第一条　军事部直隶于大元帅，管理参谋及陆军、海军、航空行政。

第二条　军事部分设左列各署：

参谋署　陆军署　海军署　航空署

前项各署之官制另定之。

第三条　军事总长承大元帅之命，掌管本部事务，监督所属职员，并所辖各官署。

第四条　军事部设次长四人，辅助总长，分掌参谋、陆军、海军、航空各署。

第五条　军事部置总务厅，设厅长一人，由军事总长于次长中指定一人兼任之。

第六条　总务厅置秘书处、副官处及左列各科：

机要科　综核科　庶务科

第七条　秘书处设主任秘书一人，秘书八人，承长官之命，掌撰拟本部文书事项；主任秘书并赞助厅长指导机要各科事务。

第八条　副官处设副官长一人，副官六人，承长官之命，掌理宣达命令及文书事项。

第九条　机要科设科长一人，科员十二人，承长官之命，掌收发、撰拟文电及监印事项。

---

① 系刊登《政府公报》日期。

陆 军 部

参事（少将、上校及相当文官）	总长（上		
	次长（中		
	总务厅		秘书（少将及相当 上中校（及 副官（上中校）六 科长（上中校或一 纂译官（上中校及
	军衡司	司长（少将、上校）一	 科长（上中校）
	军务司	司长（少将、上校）一	 科长（上中校）
	军械司	司长（少将、上校）一	 科长（上中校及相
	军学司	司长（少将、上校）一	 科长（上中校）
	军需司	司长（军需监、一等军需正）一	 科长（一二等军需

职　员　表

中　将）	
少　将）	
文官）一 相当文官三）四 二等军需正） 相当文官）四	科员（中少校、上中尉或二三等军需都、一二等军需）
	司副官（少校、上尉）
	科员（中少校、上中尉）
	司副官（少校、上尉）
	科员（中少校、上中尉）
	司副官（少校、上尉）
当技术官）	科员（中少校、上中尉及相当技术官）
	司副官（少校、上尉）
	科员（中少校、上中尉）
	司副官（三等军需正、一等军需）
正）	科员（二三等军需正、一二等军需）

(续前表)

	军医司	司长(军医监、一等军医正)一	科长(一二等军(兽)
	军法司	司长(少将、上校相当文官)一	一二三等初级军法
	军牧司	司长(少将、上校)一	科长(上中校、
		技	正 四

第十条　综核科设科长一人,科员六人,承长官之命,掌本部统计、会计事项。

第十一条　庶务科设科长一人,科员六人,承长官之命,掌本部庶务事项。

第十二条　总务厅因缮写文件及其他事务,得酌用雇员。

第十三条　本官制自公布日施行。

军事部参谋署官制

第一条　军事部参谋署管理国防用兵事宜。

第二条　参谋次长辅助军事总长,统辖本署及全国参谋将校,监督军事教育,并管辖陆海军大学、陆海测量,及关于各国驻扎武官、军事交通各事项。

第三条　参谋次长辅助军事总长,运筹军务,凡关于国防用兵一切计划及命令,呈由军事总长呈请大元帅认可后,分别执行。

	司副官（三等军需正、一等军医）
医正）	科员 二三等军（兽）医正 二三等司药正 一二等军（兽）医 一二等司药
	司副官（少校、上尉相当文官）
官（上中少校、上中尉相当文官	
	司副官（少校、上尉）
二等兽医正）	科员（中少校、上中尉、二三等兽医正、一二等兽医）
技士	八

〔政府公报，1914年7月11日，第783号〕

第四条　军事部参谋署置事务厅及左列各司：

第一司　第二司　第三司　第四司　第五司　第六司

事务厅及各司之职掌另定之。

第五条　军事部参谋署设参事一人，承长官之命，审议本署事务。

第六条　军事部参谋署设司长六人，承长官之命，分掌各司事务。

第七条　军事部参谋署设秘书一人，副官四人，承长官之命，掌理事务厅事务。

第八条　军事部参谋署设科长二十人，承长官之命，分掌事务厅及各司事务。

第九条　军事部参谋署设科员七十八人，司副官六人，承长官之命，助理事务厅及各司事务。

第十条　军事部参谋署因事务之必要，得酌设调查员、谍报员、译电员及电报员。

第十一条　军事部参谋署因缮写文件及其他事务，得酌用雇员。

第十二条　军事部参谋署职员之官级，依附表所定。

第十三条　本官制自公布日施行。

军事部参谋署职员官级表

	参事（少将）		
事务厅		秘书	副官（中少校、上尉）
		副官（上校）	
		科长（上校）	科员（中少校、上尉）
第一司	司长（少将）		司副官（少校）
		科长（上校）	科员（中少校、上尉）
第二司	司长（少将）		司副官（少校）
		科长（上校）	科员（中少校、上尉）
第三司	司长（少将）		司副官（少校）
		科长（上校）	科员（中少校、上尉）
第四司	司长（少将）		司副官（少校）
		科长（上校）	科员（中少校、上尉）
第五司	司长（少将）		司副官（少校）
		科长（上校）	科员（中少校、上尉）
第六司	司长（少将）		司副官（少校）
		科长（上校）	科员（中少校、上尉）

军事部陆军署官制

第一条　军事部陆军署管理陆军行政事务。

第二条　军事部陆军署置事务厅及左列各司：

军衡司　军务司　军械司　军学司　军需司　军医司　军法司

第三条　事务厅掌事务如左：

一、关于机密及陆军文库事项；二、关于典守陆军次长印信事项；三、关于署内军官佐及军用文官任免事项；四、关于公文、函电收发、保存事项；五、关于会计事项；六、关于编制各统计及报告事项；七、关于征发物件表及征发报告事项；八、关于管理本部官产、官物事项；九、其他不属于各司之事项。

第四条　军衡司掌事务如左：

一、关于陆军官佐及军用文官之任免事项；二、关于调查各兵科人员事项；三、关于考绩表、兵籍、战时名簿及军用文官名簿事项；四、关于保管军官、军佐、军用文官及战时职员表事项；五、关于赏赉、叙勋、记章、褒章及赏给事项；六、关于编纂年格、名簿事项；七、关于休假事项；八、关于陆军军人结婚事项；九、关于废兵处置事项；十、关于养赡事项。

第五条　军务司掌事务如左：

一、关于军事、外交交涉事项；二、关于陆军建制、编制及训练事项；三、关于军队配制事项；四、关于陆军军旗事项；五、关于整旅计划之准备执行事项；六、关于陆军礼节、服制、徽章事项；七、关于各军队之军纪、风纪事项；八、关于编拟战时各项规则事项；九、关于戒严及征发事项；十、关于征募、召集及解兵、退伍事项；十一、关于操练场所事项；十二、关于军队内务、卫戍、勤务及宪兵服务事项；十三、关于各兵科及军乐队事项；十四、关于军马、牧政事项；十五、关于各兵科军官、军士以下人员之调用及其补充事项；十六、关于要塞建筑及其用地，并要塞地带事项；十七、关于要塞兵备事项；十八、关于重炮兵之设置及分配事项；十九、关于运输、通信、电气电信、电灯、轻气球、飞行器事项；二十、关于要塞司令处、陆地测量部及交通各队事项；二十一、关于水陆交通事项。

第六条　军械司掌事务如左：

一、关于军用枪炮、弹药之制式、筹划、支给、交换及检查事项；二、关于军火禁令事项；三、关于各项器具材料之经理及检查事项；四、关于军用器具材料之制式、筹划、支给、交换事项；五、关于要塞备炮事项；六、关于军队通信用及铁道气球飞行器用之器具材料之支给、交换事项；七、关于攻城交通所用兵器器具材料之备办事项；八、关于技术审检院、兵工厂、军械局事项。

第七条　军学司掌事务如左：

一、关于军队教育及训练改良事项；二、关于拟定各兵科操典及教范事项；三、关于军队校阅及特种兵演习事项；四、关于所辖各学校一切章程之制定及其筹办事项；五、关于拟定所辖各学校教育纲领及计划，并审查各教科书事项；六、关于所辖各学校职员奖罚事项；七、关于所辖各学校学生奖罚及考试事项；八、关于编订军语、军队符号及各军用之图籍表事项；九、关于军学之编辑及印刷事项；十、关于留外学生一切事件，并选派高等专门学员事项；十一、关于其他军事教育及训练等一切事项。

第八条　军需司掌事务如左：

一、关于军需运用事项；二、关于各军需处事项；三、关于各军需官勤务事项；四、关于各军需处人员之教育考绩及其补充事项；五、关于军政经费出纳并预算、决算一切事项；六、关于军政会计稽核事项；七、关于管掌出纳之官吏等事项；八、关于各种给与及军需规定之审查事项；九、关于规定俸给及旅费一切事项；十、关于军服之经理及检查事项；十一、关于军服、粮秣之制造、购买事项；十二、关于规定及准备平时战时军服、装具、粮秣等给与事项；十三、关于编制整旅之预算事项；十四、关于战时装具、炊具及洗马器具事项；十五、关于军队用具消耗品及埋葬用料物等之准备事项；十六、关于陆军用地及建筑事项；十七、关于陆军所属官产事项；十八、关于军人祠宇及军用坟地事项；十九、关于规定军用金钱箱柜及行李事项。

第九条　军医司掌事务如左：

一、关于军医、兽医各种诊疗机关事项；二、关于伤病等差之诊断事项；三、关于体格检查事项；四、关于战时卫生勤务各种规则事项；五、关于卫生材料及蹄铁事项；六、关于防疫及卫生试验事项；七、关于卫生报告统计及调查事项；八、关于军医、司药、兽医所属各项人员之勤务教育考绩及其补充事项；九、关于红十字会及恤兵团体事项。

第十条　军法司掌事务如左：

一、关于陆军军法事项；二、关于陆军监狱事项；三、关于赦免及罪人之处置事项；四、关于陆军司法官及监狱职员之考绩及其补充事项；五、关于高等军法会审事项。

第十一条　陆军次长辅助军事总长，掌管本署事务，监督所属职员及所辖各官署。

第十二条　军事部陆军署设参事三人，承长官之命，掌审核、拟订本署主管之法令，并涉及学术事项。

第十三条　军事部陆军署设司长七人，承长官之命，分掌各司事务。

第十四条　军事部陆军署设秘事一人，副官四人，纂译官四人，承长官之命，掌理事务厅事务。

第十五条　军事部陆军署设科长及一等军法官，承长官之命，分掌事务厅及各司事务。

科长及一等军法官之总额，不得逾五十人。

第十六条　军事部陆军署设科员及二三等军法官、司副官，承长官之命，助理事务厅及各司事务。

科员、二三等军法官及司副官之总额，不得逾二百人。

第十七条　军事部陆军署设技正四人，技士八人，承长官之命，掌理技术事务。

第十八条　军事部陆军署因缮写文件及其他事务，得酌用雇员。

第十九条　军事部陆军署职员之官级，依附表所定。

第二十条　本官制自公布日施行。

（《军事部陆军署职员官级表》见第41页）

军事部海军署官制

第一条　军事部海军署管理海官行政事务。

第二条　军事部海军署置事务厅及左列各司：

军衡司　军务司　军械司　军学司　军需司　军法司

第三条　事务厅掌事务如左：

一、关于机密及海军文库事项；二、关于典守印信事项；三、关于公文函件纂辑、保存及收发事项；四、关于署内军官、军佐及军用文官任免事项；五、关于征发物件、表、报告及统计事项；六、关于庶务及其他不属于各司之事项。

第四条　军衡司掌事务如左：

一、关于海军军官、军佐及军用文官之进退、任免事项；二、关于调查海军各项人员事项；三、关于考绩表、兵籍、战时名簿及军用文官名簿事项；四、关于保管军官、军佐、军用文官及战时职员表事项；五、关于编纂年格、名簿事项；六、关于恩赉、叙勋、记章、褒章及赏给事项；七、关于休假事项；八、关于废兵处置事项；九、关于海军军人结婚事项；十、关于各项规章事项；十一、关于海军礼节、服制、徽章事项；十二、关于海

军事部陆军署职员官级表

参军（少将）	事务厅		秘书 副官（上中校） 纂译官（上中校） 科长（上校）	科员（中少校）
	军衡司	司长（少将）		司副官（中少校）
			科长（上校）	科员（中少校、上中尉）
	军务司	司长（少将）		司副官（中少校）
			科长（上校）	科员（中少校、上中尉）
	军械司	司长（少将）		司副官（中少校）
			科长（上校及相当技术官）	科员（中少校、上中尉及相当技术官）
	军学司	司长（少将）		司副官（中少校）
			科长（上校）	科员（中少校、上中尉）
	军需司	司长（军需监）		司副官（二三等军需正）
			科长（一等军需正）	科长（二三等军需正、一二等军需）
	军医司	司长（军医监）		司副官（二三等军医正）
			科长（一等军（兽）医正）	科员 二三等军（兽）医正 二三等司药正 一二等军（兽）医 一二等司药
	军法司	司长（少将相当文官）		司副官（中少校及相当文官）
			一二等初级军法官	（中少校、上中尉及相当文官）
			技正四	技士八

军军旗事项。

第五条　军务司掌事务如左：

一、关于海军建制及编制事项；二、关于戒严事项；三、关于舰队配置事项；四、关于校阅舰队操演事项；五、关于各舰队军纪、风纪事项；六、关于海军航路及属于海军之运船、义勇舰等航路事项；七、关于测绘江海各线路军港、要港等事项；八、关于调制颁布航路图志及航路通则等事项；九、关于领海界线事项；十、关于万国航行通语事项；十一、关于调查沿江沿海灯塔、灯杆、浮椿等事项；十二、关于航海之保安及颁布航路警告等事项；十三、关于航行应用时表、测器、图籍之置备、分配等事项；十四、关于航路人员之考绩事项；十五、关于海军医院及海军红十字会事项；十六、关于身体检查事项；十七、关于诊断伤病之免除兵役各事项；十八、关于防疫及卫生事项；十九、关于卫生人员之考绩事项；二十、关于管理无线电信事项；二十一、关于卫生报告统计及卫生船员学术研究事项。

第六条　军械司掌事务如左：

一、关于沿江沿海水雷、鱼雷、要塞炮及各舰队枪炮配置事项；二、关于海军台垒、厂坞、营库、桥梁、码头、灯塔、灯杆、浮椿等之建筑、修理及管理事项；三、关于海军之枪炮、水雷、鱼雷、火药、子弹及其他一切军械之制式、支给、交换、检查事项；四、关于海军所需机器用具材料之制式、支给、交换事项；五、　于海军通信用气球用之器具材料及其支给、交换事项；六、关于各项器具材料之经理及检查事项；七、关于造船坞之设配及管理事项；八、关于舰艇之制造、修理事项；九、关于舰艇之购买、监察等事项；十、关于海军各军械之制造、修理、购买等事项；十一、关于海军各项器具材料之制造、修理、购买等事项；十二、关于军械人员之考绩事项。

第七条　军学司掌事务如左：

一、关于所辖各学校一切章程之制定及其筹办事项；二、关于拟定所辖各学校教育纲领及计划，并审查各教科书事项；三、关于所辖各学校职员奖罚事项；四、关于所辖各学校学生奖罚及考试事项；五、关于留外学生一切事件，并选派高等专门学员事项；六、关于练习舰队并规定练习章程事项；七、关于制定海军练营、鱼雷营训练管理等规则事项；八、关于舰队操演事项；九、关于计划训练改良事项；十、关于编辑及印刷事项；十一、关于军学人员之考绩事项；十二、关于其他教育训练等一切事项。

第八条　军需司掌事务如左：

一、关于军服之经理及检查事项；二、关于军服、粮炭等给与之规定事项；三、关于平时战时粮炭之给与及战用粮炭之准备事项；四、关于经费出纳，并预算、决算一切事项；五、关于会计稽核事项；六、关于海军官地事项；七、关于军需运用事项；八、关于各军需处人员之考绩事项；九、关于规定俸给及其旅费一切事项；十、关于各种给与及军需规定之审查事项；十一、关于掌管出纳之官吏各事项；十二、关于与财政官署有关系事项。

第九条　军法司掌事务如左：

一、关于海军军法事项；二、关于军法会审事项；三、关于海军司法官及海军监狱职员之考绩事项；四、关于战时捕获审检所事项；五、关于海军监狱事项；六、关于赦免及在监人之处置事项。

第十条　海军次长辅助军事总长，掌管本署事务，监督所属职员及所辖各官署。

第十一条　军事部海军署设参事二人，承长官之命，掌审核拟订本署主管之法令，并涉及学术事项。

第十二条　军事部海军署设司长六人，承长官之命，分掌各司事务。

第十三条　军事部海军署设秘书一人，副官四人，承长官之命，掌理事务厅事务。

第十四条　军事部海军署设科长三十二人，承长官之命，分掌各司事务。

第十五条　军事部海军署设科员及司副官，承长官之命，助理事务厅及各司事务。

科员及司副官之总额，不得逾百人。

第十六条　军事部海军署设技正四人，技士八人，承长官之命，掌理技术事务。

第十七条　军事部海军署因缮写文件及其他事务，得酌用雇员。

第十八条　军事部海军署职员之官级，依附表所定。

第十九条　本官制自公布日施行。

（《军事部海军署职员官级表》见第45页）

军事部航空署官制

第一条　军事部航空署管理航空事务。

第二条　军事部航空署置事务厅及左列各司：

机械司　管理司

第三条　事务厅掌事务如左：

一、关于机要及航空文库事项；二、关于典守印信事项；三、关于署内职员任免、迁调及赏恤事项；四、关于公文函电之纂辑、保存及收发事项；五、关于预算、决算款项出纳事项；六、关于署内风纪事项；七、关于物品材料之购置及保管事项；八、关于官产、官物之保管事项；九、关于统计事项；十、其他不属于各司之事项。

第四条　机械司掌事务如左：

一、关于航空器之制造、修理事项；二、关于考工事项；

军事部海军署职员官级表

参事（少将）	事务厅		秘书 副官	科员
	军衡司	司长（少将）	科长（上中少校）	司副官（上尉） 科员（少校、上尉）
	军务司	司长（少将）	科长（上中少校） （军医大中少监） （航务大中少监） （技正）	司副官（上尉） 科员（少校、上尉） （一二等军医官） （航务少监、一二等航务官） （技士）
	军械司	司长（少将）	科长（上中少校） （轮机上中少校） （造舰大中少监） （技正）	司副官（上尉） 科员（少校、上尉） （轮机少校、上尉） （造舰少监、一二等造舰官） （技士）
	军学司	司长（少将）	科长（上中少校）	司副官（上尉） 科员（少校、上尉）
	军需司	司长（军需主监）	科长（军需大中少监）	司副官（军需少监、一二等军需官） 科员（军需少监、一二等军需官）
	军法司	司长（少将同等官）	科长上中少校同等官 一等司法官	司副官（少将、上尉同等官） 科员（少校、上尉同等官） （二三等军法官）
	技正			技士

三、关于航空器之适航事项；四、关于航空机件材料之审检及保管事项；五、关于航空器之发明、改良、制图及空中照相事项；六、关于航空机械图书及航空章制之编译事项。

第五条 管理司掌事务如左：

一、关于航空注册事项；二、关于航空路线站场之保管事项；三、关于空中运输事项；四、关于航空一切建筑事项；五、关于航空军之编制、运用、补充事项；六、关于禁航区域事项；七、关于航空兵器材料之整理、分配、保管事项；八、关于航空人员之教育、考试事项；九、关于飞行学术之改良发展事项；十、关于气候、无线电及其他保安事项。

第六条 航空次长辅助军事总长，掌管本署事务，监督所属职员并所辖各官署。

第七条 军事部航空署设参事二人，承长官之命，掌审核拟订本署主管之法令，并涉及学术事项。

第八条 军事部航空署设司长二人，承长官之命，分掌各司事务。

第九条 军事部航空署设秘书一人，副官二人，承长官之命，掌理事务厅事务。

第十条 军事部航空署设科长十人，承长官之命，分掌总务厅及各司事务。

第十一条 军事部航空署设科员六十六人，承长官之命，助理事务厅及各司事务。

第十二条 军事部航空署设驾驶员四十人，承长官之命，掌理驾驶事务。

第十三条 军事部航空署因缮写文件及其他事务，得酌用雇员。

第十四条 军事部航空署职员之官级，依附表所定。

第十五条 本官制自公布日施行。

军事部航空署职员官级表

参事（少将）	事务厅		秘书 科长（上校） 副官（上中校）	科员（中校） （少校） （上尉）
	机械司	司长（少将）	科长（上校）	科员（中校） （少校） （上尉）
	管理司	司长（少将）	科长（上校）	科员（中校） （少校） （上尉）

〔政府公报，1927年7月13日，第4031号〕

10．大元帅公布修正军事部官制令

（1928年4月3日）

大元帅令

兹修正军事部官制公布之。此令。

陆海军大元帅之印　　国务总理潘复　　军事总长何丰林

中华民国十七年四月三日

修正军事部官制

第一条　军事部直隶于大元帅，管理国防用兵及军事行政。

第二条　军事部分设左列各署：

参谋署

军政署

前项各署之官制，另定之。

第三条　军事总长承大元帅之命，掌管本部事务，监督所属职员，并所辖各官署。

第四条　军事部设次长二人，辅助总长分掌参谋、军政两署。

第五条　军事部置总务厅，设厅长一人，辅助总长管理不属于参谋、军政两署之事务。

第六条　总务厅置秘书处、副官处及左列各科：

机要科

综核科

庶务科

第七条　秘书处设主任秘书一人，秘书六人，承总长之命，掌撰拟、校核本部文书事项；主任秘书并赞助厅长指导机要及其他各科事务。

第八条　副官处设副官长一人，副官二人至四人，承长官之命，掌理宣达命令及文书事项。

第九条　机要科设科长一人，科员六人至十人，承长官之命，掌收发、撰拟文电及典守、监用印信事项。

第十条　综核科设科长一人，科员四人至六人，承长官之命，掌本部会计、统计事项。

第十一条　庶务科设科长一人，科员四人至六人，承长官之命，掌本部庶务事项。

第十二条　总务厅因缮写文件及其他事务，得酌用雇员。

第十三条　军事部职员之官级，依附表所定。

第十四条　本官制自公布日施行。

〔政府公报，1928年4月4日，第4284号〕

11. 大元帅公布军事部军政署官制令

（1928年4月3日）

大元帅令

兹制定军事部军政署官制公布之。此令。

陆海军大元帅之印　　国务总理潘复　　军事总长何丰林

中华民国十七年四月三日

军事部军政署官制

第一条　军事部军政署管理陆海军行政及航空事务。

第二条　军政署设署长一人，由军事次长兼任之。

第三条　军政署长辅助军事总长掌管本署事务，监督所属职员及所辖各官署。

第四条　军事部军政署置事务厅及左列各司：

军衡司

军务司

军械司

军需司

军医司

军法司

航空司

事务厅及各司之职掌，另定之。

第五条　军事部军政署设参事二人，承长官之命，掌审核拟定本署主管之法令，并涉及学术事项。

第六条　军事部军政署设司长七人，承长官之命，分掌各司事务。

第七条　军事部军政署设秘书二人，副官一人至三人，承长官之命，掌理事务厅事务。

第八条　军事部军政署设科长及一等军法官二十五人至三十人，承长官之命，分掌事务厅及各司事务。

第九条　军事部军政署设科员及二三等军法官、司副官，承长官之命，助理事务厅及各司事务。

科员、二三等军法官及司副官之总额，不得逾一百八十人。

第十条　军事部军政署设技正一人，技士二人至四人，技术员十人，承长官之命，掌理技术及飞航事务。

第十一条　军事部军政署因缮写文件及其他事务，得酌用雇员。

第十二条　军事部军政署职员之官级，依附表所定。

第十三条　本官制自公布日施行。

〔政府公报，1928年4月4日，第4284号〕

12．大元帅公布修正军事部参谋署官制令

（1928年4月3日）

大元帅令

兹修正军事部参谋署官制公布之。此令。

陆海军大元帅之印　　国务总理潘复　　军事总长何丰林

中华民国十七年四月三日

修正军事部参谋署官制

第一条　军事部参谋署管理陆海军参谋及军令事宜。

第二条　参谋署设署长一人，由军事次长兼任之。

第三条　参谋署长辅助军事总长统辖本署及全国参谋将校，监督军事教育，并管辖陆海军大学、陆海测量，及关于各国驻扎武官、军事交通各事项。

第四条　参谋署长辅助军事总长运筹军务。凡关于国防用兵一切计划及命令，呈由军事总长呈请大元帅认可后，分别执行。

第五条　军事部参谋署置事务厅及左列各司：

第一司

第二司

第三司

第四司

第五司

第六司

事务厅及各司之职掌，另定之。

第六条　军事部参谋署设参事一人，承长官之命，审议本署事务。

第七条　军事部参谋署设司长六人，承长官之命，分掌各司事务。

第八条　军事部参谋署设秘书一人，副官二人，承长官之命，掌理事务厅事务。

第九条　军事部参谋署设科长十六人至二十人，承长官之命，分掌事务厅及各司事务。

第十条　军事部参谋署设科员五十二人至六十人，承长官之命，助理事务厅及各司事务。

第十一条　军事部参谋署因事务之必要，得设调查员、谍报员、译电员及电报员。

第十二条　军事部参谋署因缮写文件及其他事务，得酌用雇员。

第十三条　军事部参谋署职员之官级，依附表所定。

第十四条　本官制自公布日施行。

〔政府公报，1928年4月4日，第4284号〕

13．临时大总统特任陆军总长段祺瑞代理国务总理令

（1913年7月19日）

临时大总统令

特任陆军总长段祺瑞仍行代理国务总理。此令。

中华民国二年七月十九日

国务总理　段祺瑞

〔政府公报，1913年7月20日，第433号〕

14．大总统任命周自齐兼陆军总长令

（1913年12月19日）

大总统令

任命周自齐暂兼代理陆军总长。此令。

中华民国二年十二月十九日

国务总理　熊希龄

〔政府公报，1913年12月20日，第586号〕

15．大总统著陆军总长段祺瑞回京供职令

（1914年2月1日）

大总统令

兼领湖北都督段祺瑞，著即回京供职。此令。

中华民国三年二月一日

国务总理　熊希龄

陆军总长　周自齐

〔政府公报，1914年2月2日，第625号〕

16. 大总统特任周自齐署财政总长兼代陆军总长令

（1914年2月9日）

大总统令

特任周自齐调署财政总长，仍兼代理陆军总长。此令。

中华民国三年二月九日

国务总理　熊希龄

〔政府公报，1914年2月10日，第633号〕

17. 大总统著陆军总长段祺瑞回京供职令

（1914年4月3日）

大总统令

陆军总长段祺瑞，著回京供职。此令。

中华民国三年四月三日

国务总理　孙宝琦

〔政府公报，1914年4月4日，第685号〕

18. 段祺瑞报告就任陆军总长呈暨大总统批

（1914年5月7日）

陆军总长段祺瑞呈大总统，报明到任日期文，并批

为呈报事：本月一日奉大总统令：特任段祺瑞为陆军总长等因。奉此。祺瑞遵即到任。理合呈报，伏乞钧鉴。谨呈。

批：据呈已悉。此批。

中华民国三年五月七日

国务卿　徐世昌

〔政府公报，1914年5月10日，第721号〕

19．关于徐树铮就任陆军次长令文

（1914年5月）

（1）大总统令（5月14日）

大总统令

任命徐树铮为陆军次长。此令。

中华民国三年五月十四日

国务卿　徐世昌

〔政府公报，1914年5月15日，第726号〕

（2）徐树铮致大总统呈（5月20日）

陆军次长徐树铮呈大总统，报明就职任事日期文，并批

为呈报遵令就职事：五月十四日奉大总统令：任命徐树铮为陆军次长。此令。等因。奉此。树铮遵于五月十五日就职任事。理合呈报大总统鉴核。谨呈。

批：据呈已悉。此批。

中华民国三年五月二十日

国务卿　徐世昌

〔政府公报，1914年5月24日，第735号〕

20．关于王士珍署陆军总长令文

（1915年5—6月）

（1）大总统策令（5月31日）

大总统策令

特任王士珍署陆军总长。此令。

中华民国四年五月三十一日

国务卿　徐世昌

〔政府公报，1915年6月1日，第1101号〕

(2) 王士珍致大总统呈(6月5日)

署陆军总长王士珍呈报就职日期文，并批令

为恭报就职日期仰祈钧鉴事：中华民国四年五月三十日① 奉策令：特任王士珍署陆军总长。此令。等因。奉此。士珍遵于六月二日就职任事。理合具呈恭报。谨乞大总统钧鉴。谨呈。

批令：呈悉。此批。

中华民国四年六月五日

国务卿　徐世昌

〔政府公报，1915年6月8日，第1108号〕

21. 关于田中玉就任陆军次长令文

(1915年6—7月)

(1) 大总统策令(6月26日)

大总统策令

任命田中玉为陆军次长。此令。

中华民国四年六月二十六日

国务卿　徐世昌

〔政府公报，1915年6月27日，第1126号〕

(2) 田中玉致大总统呈(7月2日)

---

① 原文如此，当为"三十一日"之误。

陆军次长田中玉呈报就职日期文，并批令

为恭报就职日期仰祈钧鉴事：民国四年六月二十六日奉大总统策令：任命田中玉为陆军次长。此令。等因。中玉遵于六月二十九日就任陆军次长之职。谨乞大总统钧鉴。谨呈。

批令：呈悉。此批。

中华民国四年七月二日

国务卿　徐世昌

〔政府公报，1915年7月5日，第1134号〕

22．大总统免去段祺瑞改任王士珍为陆军总长策令

（1915年8月29日）

大总统策令

陆军总长段祺瑞前因患病，迭次呈请开去各项差缺，业经先后给假三个月，俾资调理。该总长公忠体国，卓著功勋，深望早日就痊，销假任事。兹复呈称：病难速愈，续请开去差缺，以冀安心静养等语。情词恳挚，出于至诚。段祺瑞应准免去陆军总长本职，仍留管理将军府事务及统率办事处办事员，以节勤劳而资倚任。此令。

中华民国四年八月二十九日

国务卿　徐世昌

大总统策令

特任王士珍为陆军总长。此令。

中华民国四年八月二十九日

国务卿　徐世昌

〔政府公报，1915年8月30日，第1190号〕

23．关于段祺瑞兼任陆军总长令告

（1916年4月）

（1）大总统策令（4月23日）

政事堂奉策令：特任段祺瑞兼陆军总长。此令。

中华民国五年四月二十三日

国务卿　段祺瑞

〔政府公报，1916年4月24日，第109号〕

（2）段祺瑞就职通告（4月25日）

兼陆军总长段祺瑞就职日期通告

为通告事：本年四月二十三日奉策令：特任段祺瑞兼陆军总长。此令。奉此。祺瑞遵于二十五日就任陆军总长兼职。除呈报外，为此通告。

中华民国五年四月二十五日

〔政府公报，1916年4月27日，第112号〕

24．关于傅良佐就任陆军次长令告

（1916年5月）

（1）大总统策令（5月6日）

大总统策令

任命傅良佐为陆军次长。此令。

中华民国五年五月六日

国务卿
陆军总长　段祺瑞

〔政府公报，1916年5月7日，第122号〕

（2）傅良佐就职通告（5月10日）①

陆军次长傅良佐就职日期通告

为通告事：本年五月六日奉策令：任命傅良佐为陆军次长。此令。等因。良佐遵于五月八日就任陆军次长之职。除呈报外，特此通告。

中华民国五年五月　日

〔政府公报，1916年5月10日，第125号〕

25．张士钰就任陆军次长令文

（1916年6月）

（1）大总统策令（6月15日）

大总统策令

任命张士钰为陆军次长。此令。

中华民国五年六月十五日

国务卿
陆军总长　段祺瑞

〔政府公报，1916年6月16日，第161号〕

（2）张士钰致大总统呈（6月24日）②

陆军次长张士钰呈恭报就职日期文

为恭报就职日期仰祈钧鉴事：本年六月十五日奉策令：任命张士钰为陆军次长。此令。等因。奉此。士钰遵于本年十九日就任陆军次长之职。理合具呈恭报，谨乞大总统钧鉴。谨呈。

中华民国五年六月　日

〔政府公报，1916年6月24日，第169号〕

---

① 系刊登《政府公报》时间。

② 系刊登《政府公报》日期。

26. 大总统特任段祺瑞兼任陆军总长策令

（1916年6月30日）

大总统策令

特任国务总理段祺瑞兼任陆军总长。此令。

中华民国五年六月三十日

国务总理　段祺瑞

〔政府公报，1916年7月1日，第176号〕

27. 大总统著陆军次长张士钰著代理部务令

（1917年5月23日）

大总统令

陆军次长张士钰著代理部务。此令。

中华民国六年五月二十三日

国务总理　伍廷芳

陆军总长

〔政府公报，1917年5月24日，第491号〕

28. 王士珍就任陆军总长电稿

（1917年6月28日）

南京副总统，南宁陆巡阅使，琼州龙督办，各省督军、省长，各都统、护军使并转各师长均鉴：本月廿四日奉大总统令：特任王士珍为陆军总长，当于二十七日就职。士珍置身军界，历有岁年，智短才疏，于时无补。今以衰病之躯，值纷纭之会，责任益重，治理愈难。祗以分属军人，应守服从之义，奉令承乏，未敢固辞，勉竭驽骀，乘从诸公之后，窃冀途辙同循，共极国家之厄。

一俟大局宁谧，仍当避位以让贤能。诸公热诚救国，素裕忠荩之谟，尚祈周行示我，俾勿误于歧趋，真惟士珍之幸，国家前途，实深利赖。伫盼德音。士珍。勘。印。

〔北洋政府陆军部档案〕

29．段祺瑞复任国务总理兼陆军总长密电稿

（1917年7月7日）①

各省督军、省长，热河、绥远、察哈尔都统鉴：华密。昨以政见参差，辞职到津，支日通电，已尘亮察。多荷劝勉，甚感。连日首座叠次派员挽留，十数政团踵接责难，副座复严行敦促，已于本日偕返都门。祺〇才识庸弱，本不堪此艰巨，惟国势阽危，复何敢洁身引退。幸各方面宗旨尚无歧异，惟有勉竭驽骀耳。知廑，特闻。祺。阳。

〔北洋政府陆军部档案〕

30．大总统免去段祺瑞改任王士珍为陆军总长令告

（1917年11月）

（1）大总统令（11月19日）

大总统令

国务总理兼陆军总长段祺瑞恳辞兼职，段祺瑞准免陆军总长兼职。此令。

中华民国六年十一月十九日

国务总理
陆军总长　段祺瑞

大总统令

特任王士珍为陆军总长。此令。

---

① 此件无年月，据内容推断，当在1917年7月。

中华民国六年十一月十九日

国务总理　段祺瑞

〔政府公报，1917年11月20日，第663号〕

（2）王士珍就职通告（11月24日）

为通告事：本年十一月十九日奉大总统令：特任王士珍为陆军总长。此令。等因。士珍遵于十一月二十四日就任陆军总长之职。除呈报外，特此通告。

中华民国六年十一月廿四日

〔政府公报，1917年11月26日，第669号〕

31．大总统免去王士珍改任段芝贵为陆军总长令

（1917年12月18日）

大总统令

署国务总理兼陆军总长王士珍呈称：政务殷繁，势难兼顾，恳请免去陆军总长兼职，以专责任等情。王士珍准免陆军总长兼职。此令。

中华民国六年十二月十八日

国务总理　王士珍

大总统令

特任段芝贵为陆军总长。此令。

中华民国六年十二月十八日

国务总理　王士珍

〔政府公报，1917年12月19日，第692号〕

32. 大总统免去重又任命段芝贵为陆军总长令告

(1918年3月)

(1) 大总统令(3月29日)

大总统令

……陆军总长段芝贵……呈请辞职。……段芝贵……准免本职。此令。

中华民国七年三月二十九日

国务总理　段祺瑞

大总统令

特任……段芝贵为陆军总长……此令。

中华民国七年三月二十九日

国务总理　段祺瑞

〔政府公报,1918年3月30日,第784号〕

(2) 段芝贵就职通告(3月? 日)

陆军总长段芝贵继续任职通告

为通告事:本月二十九日奉大总统令:特任段芝贵为陆军总长。此令。等因。奉此。芝贵遵即继续任职。除呈报外,特此通告。

中华民国七年三月　　日

〔政府公报,1918年4月3日,第788号〕

33. 关于靳云鹏继段芝贵任陆军总长令文

(1919年1月)

(1) 大总统令(1月11日)

大总统令

……陆军总长段芝贵……呈请辞职，……段芝贵……准免本职。此令。

中华民国八年一月十一日

国务总理　钱能训

大总统令

特任……靳云鹏为陆军总长……此令。

中华民国八年一月十一日

国务总理　钱能训

〔政府公报，1919年1月12日，第1057号〕

(2) 靳云鹏致大总统呈（1月17日）

陆军总长靳云鹏呈大总统，报明就职日期文

为呈报就职日期事：本年一月十一日奉大总统令：特任靳云鹏为陆军总长。此令。等因。奉此。云鹏遵于一月十三日就任陆军总长之职。理合呈报，伏乞钧鉴。谨呈。八年一月十七日。已奉指令。

〔政府公报，1919年1月21日，第1066号〕

(3) 铨叙局致陆军总长咨（1月24日）

铨叙局为咨行事：本年一月十一日奉大总统令：特任靳云鹏为陆军总长。此令。等因。奉此。相应将特任状一张，咨送贵总长查照收执。此咨

陆军总长

计送特任状一张〔缺〕

铨叙局局长　许宝蘅

中华民国八年一月廿四日

〔北洋政府陆军部档案〕

34．关于张志潭罗开榜任陆军次长令文

（1919年1月）

（1）大总统令（1月16日）

大总统令

任命张志潭为陆军次长。此令。

大总统印

中华民国八年一月十六日

国务总理　钱能训

陆军总长　靳云鹏

〔政府公报，1919年1月17日，第1062号〕

（2）罗开榜就职通告（1月17日）

陆军次长罗开榜就职日期通告

为通告事：本年一月十六日奉大总统令：任命罗开榜为陆军次长。此令。等因。奉此。开榜遵于一月十七日就任陆军次长之职。除呈报外，特此通告。

中华民国八年一月十七日

〔政府公报，1919年1月20日，第1065号〕

（3）铨叙局致陆军总长咨（1月25日）

铨叙局为咨行事：本年一月十六日奉大总统令：任命罗开榜为陆军次长。此令。又同日奉大总统令：任命张志潭署陆军次长。此令。各等因。奉此。相应将简任状二张，送请贵总长查照署名转发可也。此咨

陆军总长

铨叙局局长　许宝蘅

中华民国八年一月廿五日

计送简任状二张〔缺〕

〔北洋政府陆军部档案〕

(4) 张志潭就职通告（1月21日）

署陆军次第〔长〕张志潭就职日期通告

为通告事：本年一月十六日奉大总统令：任命张志潭署陆军次长。此令。等因。奉此。志潭遵于一月二十一日就任陆军次长之职。除呈报外，特此通告。

中华民国八年一月二十一日

〔政府公报，1919年1月23日，第1068号〕

35. 铨叙局关于转发陆军总长靳云鹏特任状咨

（1919年12月24日）

铨叙局为咨行事：本年十二月三日奉大总统令：特任靳云鹏兼陆军总长。此令。等因。奉此。相应将特任状一张，送请查收。此咨

陆军总长

计送特任状一张〔缺〕

铨叙局局长　郭则澐

中华民国八年十二月廿四日

〔北洋政府陆军部档案〕

36. 大总统著陆军次长罗开榜暂代部务令

（1920年5月14日）

大总统令

陆军次长罗开榜，著暂行代理部务。此令。
中华民国九年五月十四日

国务总理
陆军总长　靳云鹏

〔政府公报，1920年5月15日，第1527号〕

37. 大总统挽留兼陆军总长靳云鹏指令
（1920年5—6月）

（1）5月14日指令
大总统指令　第一千二百七十八号

令国务总理兼陆军总长靳云鹏

呈陈病体日深，沥恳辞职由。呈悉。该总理翊赞政枢，夙资倚任，据陈病体日深，著给假十日，安心调理，已另有令遴员暂代矣。此令。
中华民国九年五月十四日

国务总理
陆军总长　靳云鹏

〔政府公报，1920年5月15日，第1527号〕

（2）5月24日指令
大总统指令　第一千三百八十一号

令国务总理靳云鹏

呈假期届满，病仍未痊，仍恳准免本兼各职由。呈悉。著再给假十日，安心调理。此令。
中华民国九年五月二十四日

国务总理　萨镇冰

〔政府公报，1920年5月25日，第1537号〕

（3） 6月5日的指令

大总统指令　第一千四百七十二号

令国务总理兼陆军总长靳云鹏

呈假期再满，病仍未痊，恳准免本兼各职由。呈悉。著再给假二十日，加意调理，俾早就痊，用副廑念。此令。

中华民国九年六月五日

国务总理　萨镇冰

〔政府公报，1920年6月6日，第1549号〕

38．大总统免去靳云鹏国务总理兼陆军总长令

（1920年7月2日）

大总统令

国务总理、陆军总长靳云鹏，迭呈辞职。情词恳挚，靳云鹏准免本兼各职。此令。

中华民国九年七月二日

国务总理　萨镇冰

〔政府公报，1920年7月3日，第1575号〕

39．大总统特任靳云鹏兼署陆军总长令

（1920年8月11日）

大总统令

特任……靳云鹏兼署陆军总长，……此令。

大总统印

中华民国九年八月十一日

国务总理　靳云鹏

〔政府公报，1920年8月12日，第1614号〕

40．大总统任命金绍曾为陆军次长令

（1920年8月21日）

大总统令

任命金绍曾为陆军次长。此令。

中华民国九年八月二十一日

国务总理
陆军总长 靳云鹏

〔政府公报，1920年8月22日，第1624号〕

41．大总统任命何恩溥为陆军次长令

（1920年11月12日）

大总统令

任命何恩溥为陆军次长。此令。

中华民国九年十一月十二日

国务总理
陆军总长 靳云鹏

〔政府公报，1920年11月13日，第1704号〕

42．蔡成勋就任陆军总长通告

（1921年5月24日）

为通告事：本月十四日奉大总统令：特任蔡成勋为陆军总长。此令。等因。奉此。成勋遵于二十四日就任陆军总长之职。除呈报外，特此通告。

中华民国十年五月二十四日

〔政府公报，1921年5月25日，第1887号〕

43. 陆军部主要职员简况①

（1921年7月）

职衔	姓名		年龄	籍贯	出身	任职年月
总长·上将衔中将	蔡成勋	虎臣	四十七	直隶天津	北洋武备学堂	十年五月
次长·少将	金绍曾	益庭	四十五	直隶天津	北洋武备学堂	九年八月
次长·中将	何恩溥	春霖	四十三	直隶天津	陆军大学校	九年十一月
参事·少将	韩麟春	芳宸	三十六	奉天	日本陆军士官学校	五年六月
参事·少将	龚维疆	治初	三十五	安徽合肥	日本陆军士官学校	六年九月
参事·少将	齐振林	晓山	四十八	直隶蠡县	北洋陆军速成学校	八年十二月
参事·少将	余晋龢	幼庚	三十三	浙江山阴	日本宪兵学校	九年九月
管理总务厅事务中将	何恩溥	春霖	四十四〔三〕	直隶天津	陆军大学	九年十一月
军衡司司长中将衔少将	倪文翰	聘卿	四十一	直隶清苑	陆军大学	九年八月
军务司司长中将	李钟岳	正卿	四十七	广东	新建陆军兵官学堂	八年一月
军械司司长少将	于化龙	殿青	四十三	直隶天津	开平学堂步科保定测绘学堂	九年八月

① 系由《陆军部职员录》改编。

军学司司长 中　　将	贾德耀	焜庭	四十	安徽合肥	小站德文学堂 日本士官学校	九年十月
军需司司长 总监衔军需监	苏锡第	慕东	四十五	安徽太平	举人	八年一月
军医司司长 军医监	姜文熙	体仁	四十七	江苏川沙	北洋医学堂	六年十月
军法司司长 军法监衔一等军法正	陈登山	芷皋	五十六	湖北长阳	日本法政大学 法律部	九年三月
陆海军会计审查处长 军需监	高　崇	宗山	三十九	奉天开原	日本早稻田大学	八年二月

〔北洋政府陆军部档案〕

44. 关于韩麟春继何恩溥为陆军次长令告

（1922年1月）

(1) 大总统令(1月6日)

大总统令

陆军次长何恩溥恳请辞职，何恩溥准免本职。此令。

大总统盖印　　国务总理梁士诒　　陆军总长鲍贵卿

中华民国十一年一月六日

(2) 大总统令(1月6日)

大总统令

任命韩麟春为陆军次长。此令。

大总统盖印　　国务总理梁士诒　　陆军总长鲍贵卿

中华民国十一年一月六日

〔政府公报，1922年1月7日，第2102号〕

(3) 韩麟春就职通告(1月9日)

为通告事：本年一月六日奉大总统令：任命韩麟春为陆军次长。此令。等因。奉此。麟春遵于九日就任陆军次长之职。除呈报外，特此通告。

中华民国十一年一月九日

〔政府公报，1922年1月11日，第2106号〕

45. 大总统为陆军总长鲍贵卿因病著金绍曾暂代部务令

(1922年5月9日)

大总统令

陆军总长鲍贵卿因病呈请辞职，鲍贵卿著给假五日，俾资调理。此令。

大总统盖印　　国务总理周自齐

中华民国十一年五月九日

大总统令

陆军次长金绍曾著暂行代理部务。此令。

大总统盖印　　国务总理周自齐　　陆军总长假

中华民国十一年五月九日

〔政府公报，1922年5月10日，第2222号〕

46. 大总统免去韩麟春陆军次长令

(1922年5月23日)

大总统令

陆军次长韩麟春呈请辞职，韩麟春准免本职。此令。

大总统盖印　　国务总理周自齐　　陆军总长假

中华民国十一年五月二十三日

〔政府公报，1922年5月24日，第2236号〕

47．大总统免去鲍贵卿改任吴佩孚署陆军总长令

（1922年6月11日）

大总统令

据兼署国务总理署教育总长周自齐，……陆军总长鲍贵卿，……等呈请辞职，周自齐、……鲍贵卿、……均准免本兼各职。此令。

大总统印　国务院摄行　国务总理周自齐

中华民国十一年六月十一日

大总统令

特任……吴佩孚署陆军总长，……此令。

大总统盖印　国务总理颜惠庆

中华民国十一年六月十二日

〔政府公报，1922年6月13日，第2255号〕

48．大总统任命金永炎为陆军次长令

（1922年6月15日）

大总统令

任命金永炎为陆军次长。此令。

大总统盖印　国务总理颜惠庆　陆军总长

中华民国十一年六月十五日

〔政府公报，1922年6月16日，第2258号〕

49. 关于张绍曾继吴佩孚任陆军总长令告

（1922年8月）

（1）大总统令（8月5日）

大总统令

署国务总理兼署外交总长颜惠庆，……署陆军总长吴佩孚①，……呈请辞职，颜惠庆、……吴佩孚、……均准免本兼各职。此令。

大总统盖印　　国务总理王宠惠

中华民国十一年八月五日

大总统令

特任……张绍曾署陆军总长，……此令。

大总统盖印　　国务总理王宠惠

中华民国十一年八月五日

〔政府公报，1922年8月6日，第2303号〕

（2）张绍曾就职通告（8月12日）

署陆军总长张绍曾就职日期通告

为通告事：本年八月五日奉大总统令：特任张绍曾署陆军总长。此令。等因。奉此。绍曾遵于本月十二日就任陆军总长之职。除呈报外，特此通告。

中华民国十一年八月十二日

〔政府公报，1922年8月13日，第2315号〕

---

① 吴佩孚于是年6月12日被任为陆军总长，但始终未就职。

50．张绍曾就任陆军总长通告

（1922年9月20日）

署陆军总长张绍曾就职日期通告

为通告事：本年九月十九日奉大总统令：特任张绍曾署陆军总长。此令。等因。奉此。绍曾遵于本月二十日继续就任陆军总长之职。除呈报外，特此通告。

中华民国十一年九月二十日

〔政府公报，1922年9月22日，第2355号〕

51．张绍曾就任陆军总长通告

（1922年12月23日）

署陆军总长张绍曾就职日期通告

为通告事：本年十一月二十九日奉大总统令：特任张绍曾署陆军总长。此令。等因。奉此。绍曾遵于十二月二十三日就任陆军总长之职。除呈报外，特此通告。

中华民国十一年十二月二十三日

〔政府公报，1922年12月25日，第2445号〕

52．张绍曾就任陆军总长兼职通告

（1923年1月5日）

兼署陆军总长张绍曾就职日期通告

为通告事：本年一月四日奉大总统令：特任张绍曾兼署陆军总长。此令。等因。奉此。绍曾遵于一月五日就任陆军总长兼职。除呈报外，特此通告。

中华民国十二年一月五日

〔政府公报，1923年1月8日，第2453号〕

53．大总统著陆军次长金绍曾暂代部务令

（1923年9月4日）

大总统令

陆军次长金绍曾，著暂行代理部务。此令。

国务院摄行　　　　国务总理

陆军总长

外交总长　顾维钧

内务总长　高凌霨

财政总长　张　弧

海军总长　李鼎新

司法总长　程　克

教育总长

农商总长

交通总长　吴毓麟

中华民国十二年九月四日

〔政府公报，1923年9月5日，第2688号〕

54．大总统任命王坦署陆军次长令

（1923年10月19日）

大总统令

任命王坦署陆军次长。此令。

大总统盖印　　国务总理高凌霨　　陆军总长

中华民国十二年十月十九日

〔政府公报，1923年10月20日，第2730号〕

55. 陆锦就任陆军总长令文

（1924年1月）

（1）大总统令（1月12日）

大总统令

特任……陆锦为陆军总长，……此令。

大总统盖印　　国务总理孙宝琦

中华民国十三年一月十二日

〔政府公报，1924年1月13日，第2807号〕

（2）陆锦致大总统呈（1月15日）

呈为恭报就职日期仰祈钧鉴事：窃查本年一月十二日奉令：特任陆锦为陆军总长等因。奉此。锦遵于本月十五日就任陆军总长之职。理合恭呈具报，伏乞钧鉴。谨呈

大总统

陆军总长　陆　锦

中华民国十三年一月十五日

〔北洋政府国务院档案〕

56. 大总统任命王坦为陆军次长令

（1924年6月10日）

大总统令

任命王坦为陆军次长。此令。

大总统盖印　　国务总理孙宝琦　　陆军总长陆　锦

中华民国十三年六月十日

〔政府公报，1924年6月11日，第2953号〕

57. 大总统免去又任命陆锦为陆军总长令

（1924年9月14日）

大总统令

陆军总长陆锦，……准免本职。此令。

大总统盖印　　国务总理顾维钧

中华民国十三年九月十四日

大总统令

特任……陆锦为陆军总长，……此令。

大总统盖印　　国务总理顾维钧

中华民国十三年九月十四日

〔政府公报，1924年9月15日，第3047号〕

58. 关于李书城继陆锦任陆军总长令告

（1924年10—11月）

（1）大总统令（10月31日）

大总统令

陆军总长陆锦，……呈请辞职。……陆锦、……准免本兼各职。此令。

大总统盖印　　国务总理颜惠庆

中华民国十三年十月三十一日

大总统令

特任……李书城为陆军总长，……此令。

大总统盖印　　国务总理黄　郛

中华民国十三年十月三十一日

〔政府公报，1924年11月1日，第3092号〕

（2）李书城就职通告（11月1日）

陆军总长李书城就职日期通告

为通告事：本年十月三十一日奉大总统令：特任李书城为陆军总长等因。奉此。书城遵于本月一日就任陆军总长之职，特此通告。

中华民国十三年十一月一日

〔政府公报，1924年11月2日，第3093号〕

59．大总统免去金绍曾改任贾德耀为陆军次长令

（1924年11月5日）

大总统令

陆军次长金绍曾呈请辞职，金绍曾准免本职。此令。

大总统印　国务院摄行　国务总理黄郛　陆军总长李书城

中华民国十三年十一月五日

大总统令

任命贾德耀为陆军次长。此令。

大总统印　国务院摄行　国务总理黄郛　陆军总长李书城

中华民国十三年十一月五日

〔政府公报，1924年11月6日，第3097号〕

60．关于吴光新任陆军总长令告

（1924年11月）

（1）临时执政令（11月24日）

临时执政令

特任……吴光新为陆军总长，……此令。

中华民国十三年十一月二十四日

〔政府公报，1924年11月25日，第3115号〕

(2) 吴光新就职通告（11月26日）

陆军总长吴光新就职日期通告

为通告事：本年十一月二十四日奉临时执政令：特任吴光新为陆军总长。此令。等因。奉此。光新遵于本月二十六日就任陆军总长之职。除呈报外，特此通告。

中华民国十三年十一月二十六日

〔政府公报，1924年11月27日，第3117号〕

61．关于张厚琬继王坦任陆军次长令告

（1924年11月）

(1) 临时执政令（11月27日）

临时执政令

陆军次长王坦著即免职。此令。

陆军总长　吴光新

中华民国十三年十一月二十七日

临时执政令

任命张厚琬为陆军次长。此令。

陆军总长　吴光新

中华民国十三年十一月二十七日

〔政府公报，1924年11月28日，第3118号〕

（2）张厚琬就职通告（11月28日）

陆军次长张厚琬就职日期通告

为通告事：本年十一月二十七日奉临时执政令：任命张厚琬为陆军次长。此令。等因。奉此。厚琬遵于本月二十八日就任陆军次长之职。除呈报外，特此通告。

中华民国十三年十一月二十八日

〔政府公报，1924年11月29日，第3119号〕

62．临时执政免去吴光新本兼各职改任贾德耀为陆军总长令

（1925年12月1日）

临时执政令

陆军总长吴光新呈，因病恳请开去本兼各职。吴光新准免本兼各职。此令。

中华民国十四年十二月一日

临时执政令

特任贾德耀为陆军总长。此令。

中华民国十四年十二月一日

〔政府公报，1925年12月2日，第3471号〕

63．临时执政特任贾德耀为陆军总长旋又免去令

（1925年12月31日）

临时执政令

特任……贾德耀为陆军总长，……此令。

国务总理　许世英

中华民国十四年十二月三十一日

临时执政令

陆军总长贾德耀，……恳请辞职。……贾德耀、……准免本兼各职。此令。

国务总理　许世英

中华民国十四年十二月三十一日

〔政府公报，1926年1月6日，第3499号〕

64. 熊斌就任陆军次长通告

（1926年1月7日）

陆军次长熊斌就职日期通告

为通告事：民国十四年十二月五日奉临时执政令：任命熊斌为陆军次长。等因。奉此。斌遵于本年一月七日就任陆军次长之职。除呈报外，特此通告。

中华民国十五年一月七日

〔政府公报，1926年1月9日，第3502号〕

65. 临时执政免去贾德耀陆军总长旋又任命令

（1926年3月4日）

临时执政令

陆军总长贾德耀，……呈请辞职。……贾德耀、……均免本职。此令。

国务总理　贾德耀

中华民国十五年三月四日

临时执政令

特任……贾德耀兼陆军总长，……此令。

国务总理　贾德耀

中华民国十五年三月四日

〔政府公报，1926年3月5日，第3555号〕

66．临时执政免去贾德耀兼陆军总长令

（1926年4月20日）

临时执政令

国务总理兼陆军总长贾德耀呈请辞职，情词恳挚，贾德耀准免本兼各职。此令。

国务总理　贾德耀

中华民国十五年四月二十日

〔政府公报，1926年4月21日，第3601号〕

67．大总统免去陆锦改任张景惠为陆军总长令

（1926年5月13日）

大总统令

……陆军总长陆锦、……免本兼各职。此令。

大总统印　国务院摄行　国务总理颜惠庆

中华民国十五年五月十三日

大总统令

特任……张景惠为陆军总长，……此令。

大总统印　国务院摄行　国务总理颜惠庆

中华民国十五年五月十三日

〔政府公报，1926年5月14日，第3624号〕

68. 关于金绍曾何恩溥任陆军次长令告

（1926年6—7月）

（1）大总统令（6月22日）

大总统令

任命金绍曾、何恩溥为陆军次长。此令。

大总统印　　国务院摄行　　国务总理颜惠庆　　陆军总长

中华民国十五年六月二十二日

〔政府公报，1926年6月23日，第3663号〕

（2）金绍曾就职通告（6月29日）

陆军次长金绍曾就职日期通告

为通告事：本月二十二日奉大总统令：任命金绍曾为陆军次长。等因。奉此。绍曾遵于本月二十九日就任陆军次长之职。除呈报外，特此通告。

中华民国十五年六月二十九日

〔政府公报，1926年6月30日，第3670号〕

（3）何恩溥就职通告（7月13日）

陆军次长何恩溥就职日期通告

为通告事，六月二十二日奉大总统令：任命何恩溥为陆军次长。等因。奉此。恩溥遵于本月十三日就任陆军次长之职。除呈报外，特此通告。

中华民国十五年七月十三日

〔政府公报，1926年7月15日，第3684号〕

69．大总统特任蒋雁行署陆军总长令

（1926年8月12日）

大总统令

特任蒋雁行署陆军总长。此令。

大总统印　　国务院摄行　　国务总理杜锡珪

中华民国十五年八月十二日

〔政府公报，1926年8月13日，第3713号〕

70．张景惠就任陆军总长通告

（1927年1月15日）

陆军总长张景惠就职日期通告

为通告事：中华民国十六年一月十二日奉大总统令：特任张景惠为陆军总长。此令。等因。奉此。景惠遵于本月十五日就任陆军总长之职。除呈报外，特此通告。

中华民国十六年一月十五日

〔政府公报，1927年1月16日，第3858号〕

71．关于何丰林任军事总长令告

（1927年6月）

（1）大元帅令（6月20日）

大元帅令

特任……何丰林为军事总长。此令。

国务总理　潘　复

中华民国十六年六月二十日

〔政府公报，1927年6月21日，第4010号〕

(2) 何丰林就职通告（6月22日）

军事总长何丰林就职日期通告

为通告事：本年六月二十日奉大元帅令：特任何丰林为军事总长。等因。奉此。丰林遵于本年二十二日就任军事总长之职。至本部印信未经颁发以前，暂借用陆军部印暨陆军总长小官印。除呈报外，特此通告。

中华民国十六年六月二十二日

〔政府公报，1927年6月23日，第4012号〕

72．大元帅任命于国翰杨毓珣为军事次长令

（1928年4月3日）

大元帅令

任命于国翰为军事次长兼参谋署署长，杨毓珣为军事次长兼军政署署长。此令。

中华民国十七年四月三日

国务总理　潘　复

军事总长　何丰林

〔北洋政府国务院档案〕

三、训练总监部

1．陆军训练总监官制

（？年）

陆军训练总监官制

第一条　陆军训练总监直隶于大元帅，掌管全国陆军教育事宜。

第二条　陆军训练总监职员依附表所定。

第三条　陆军训练总监置一厅、五监、一局如左：

总务厅

步兵监

骑兵监

炮兵监

工兵监

辎重兵监

军学编辑局

第四条　总务厅所掌事务如左：

一、关于机密暨陆军文库事项；

二、关于典守印信事项；

三、关于本署军官佐及军用文官任用事项；

四、关于公文、函电之纂辑、保存及收发事项；

五、关于本署内会计事项；

六、关于编制统计及报告事项；

七、关于征发物件表及报告事项；

八、关于本署军纪、风纪事项；

九、关于管理本署官产、官物事项；

十、关于不属各监、局事项。

第五条　步兵监所掌事务如左：

一、关于筹划全国陆军各师旅步兵教育训练、校阅并研求齐一进步事项；

二、关于编订颁发陆军教育令、教育规则及计划校阅条例、步兵操典教范并一切应用书籍事项；

三、关于考核审查陆军各师旅教育成绩及步兵官长士兵教育计划报告、预定实施表册事项；

四、关于参议筹划陆军特别大演习及考查陆军各师旅秋季演习、寻常演习并步兵各种演习事项；

五、关于参议规定陆军平战两时编制及筹议模范标步兵教导营事项；

六、关于调查研究各国陆军步兵教育应用各种装械材料，以为改良之预备，并召集各师旅官长会议研究一切教育应行事项；

七、关于筹划厘定陆军各学校军官预备步兵专科学校、讲武堂等教育办法及一切条例、规则事项；

八、关于考核陆军各学校教育成绩、教育书类及一切人员、马匹、经理、卫生、军装、军械等事项；

九、关于考核陆军各学校员生成绩、奖励、抚恤及毕业分派、候补见习、选送各国留学，并一切费用等事项；

十、关于审查陆军军队学校各项应用书籍及一切陆军出版书籍事项；

十一、关于本兵监与各兵监应行合议筹办各事项。

第六条　骑兵监所掌事务如左：

一、关于筹划全国陆军骑兵教育训练及校阅，并研究齐一进步事项；

二、关于编订颁发陆军教育令、教育规则及计划校阅条例、骑兵操典教范，并一切应用书籍事项；

三、关于考核审查独立骑兵及各师骑兵教育成绩，并骑兵官长士兵教育计划报告、预定实施表册事项；

四、关于参议筹划陆军特别大演习及考查陆军各师旅秋季演习、寻常演习，并骑兵各种演习事项；

五、关于参议规定陆军平战两时编制及筹设骑兵教导营事项；

六、关于调查研究各国陆军骑兵教育应用各种装械材料，以为改良之预备，并召集各处骑兵官长会议，研究一切教育应行改革事项；

七、关于筹划厘定骑兵专门学校及乘马军士学校教育方法并一切条例、规则事项；

八、关于考核骑兵专门学校等教育成绩、教育书类及一切人员、马匹、经理、卫生、军装、军械等事项；

九、关于考核骑兵专门学校等员生成绩、奖励、抚恤及毕业分派、候补见习，并选送留学各国骑兵专门学员一切费用等事项；

十、关于审查陆军军队学校骑兵各项应用书籍及一切陆军出版书籍事项；

十一、关于考查军马育成之成绩及军马补充事项；

十二、关于本兵监与各兵监应行合议筹办各事项。

第七条　炮兵监所掌事务如左：

一、关于筹划全国陆军炮兵教育训练及校阅，并研究齐一进步事项；

二、关于编订颁发陆军教育令、教育规则及计划校阅条例、炮兵操典教范，并一切应用书籍事项；

三、关于考核审查独立炮兵及各师炮兵教育成绩，并炮兵官长士兵教育计划报告、预定实施表册事项；

四、关于参议筹划陆军特别大演习及考查陆军各师旅秋季演习、寻常演习，并炮兵各种演习事项；

五、关于参议规定陆军平战两时编制及筹设炮兵教导营事项；

六、关于调查研究各国陆军炮兵教育应用各种装械材料，以为改良之预备，并召集各处炮兵官长会议，研究一切教育应行改革事项；

七、关于筹划厘定炮兵射击学校及炮工学校教育方法，并一切条例、规则事项；

八、关于考核炮兵射击学校、炮工学校及陆军各学校炮兵专科等教育成绩、教育书类，并一切人员、马匹、经理、卫生、军装、军械等事项；

九、关于考核炮兵射击学校、炮工学校及陆军各学校炮兵专科等员生成绩、奖励、抚恤及毕业分派、候补见习，并选送留学各国炮兵专门学员一切费用等事项；

十、关于审查陆军军队学校炮兵各项应用书籍及一切陆军出版书籍事项；

十一、关于未设重炮兵监以前，所有重炮兵及要塞炮兵筹备管理及教育训练一切事项；

十二、关于本兵监与各兵监应行合议筹办各事项。

第八条　工兵监所掌事务如左：

一、关于筹划全国陆军工兵教育训练及校阅，并研究齐一进步事项；

二、关于编订颁发陆军教育令、教育规则及计划校阅条例、工兵操典、各种教范，并一切应用书籍事项；

三、关于考核审查各师工兵及电信铁道队、汽车队之教育成绩，并工兵官长、士兵，并专门技术人员之教育计划报告、预定实施表册事项；

四、关于参议筹划陆军特别大演习及考查陆军各师旅秋季演习、寻常演习，并工兵各种特别演习事项；

五、关于参议规定陆军平战两时编制及筹设工兵教导营事项；

六、关于调查研究各国陆军工兵教育应用各种装械材料，以为改良之预备，并召集各处工兵官长会议，研究一切教育应行改革事项；

七、关于筹划厘定炮工学校及航空学校教育方法，并一切条例、规则事项；

八、关于考核炮工学校、航空学校及陆军各学校工兵专科等教育成绩、教育书类，并一切人员、马匹、经理、卫生、军装、军械、器具、材料等事项；

九、关于考核炮工学校、航空学校及陆军各学校工兵专科员生成绩、奖励、抚恤及毕业分派、候补见习，并选员学习工兵专门技术及考送留学各国工兵专门学员一切费用等事项；

十、关于审查陆军军队学校之工兵各项应用书籍及一切陆军出版书籍等事项；

十一、关于要塞工兵之筹备管理及教育训练一切事项；

十二、关于本兵监与各兵监应行合议筹办各事项。

第九条　辎重兵监所掌事务如左：

一、关于筹划全国陆军辎重兵及输卒教育训练，并研究齐一进步事项；

二、关于编订颁发陆军教育令、教育规则及计划校阅条例、辎重兵操典、各种教范，并应用一切书籍事项；

三、关于考核审查各师辎重兵及输卒教育成绩，并辎重官长士兵输卒教育计划报告、预定实施表册事项；

四、关于参议筹划陆军特别大演习及考查陆军各师秋季演习、寻常演习，并辎重兵及输卒特别演习事项；

五、关于参议规定陆军平战两时编制及筹设辎重兵教导营事项；

六、关于调查研究各国陆军辎重兵教育应用各种器具材料，以为改良之预备，并召集各处辎重官长会议研究一切教育应行改革事项；

七、关于考核陆军各学校辎重专科教育成绩、教育书籍及一切人员、马匹、经理、卫生、军装、军械、器具、材料等事项；

八、关于考核陆军各学校辎重专科员生成绩、奖励、抚恤及毕业分派、候补见习，并考送留学各国辎重兵专门学员一切费用等事项；

九、关于审查陆军军队学校之辎重兵各项应用书籍及一切陆军出版书籍等事项；

十、关于参议战时兵站之编制及补充输送事项；

十一、关于考查军马育成之成绩及骡马调教、选配、补充事项；

十二、关于本兵监与各兵监应行合议筹办各事项。

第十条　军学编辑局所掌事务，另详军学编辑局章程。

第十一条　陆军训练总监置总监一人，承大元帅之命，管理本署事务，督饬所属妥筹全国陆军改良及所属各校教育计划。

第十二条　训练总监掌调查全国陆军军官、士兵成绩，并得呈请大元帅按成绩升降调换之。

第十三条　陆军训练总监置厅长一人，辅佐总监整理全署事务。（厅长暂不设）

第十四条　陆军训练总监置副官长一人、副官二人、科长三人，承长官之命，掌理总务厅事务。

第十五条　陆军训练总监置一、二、三等科员若干人，承长官之命，办理总务厅事务。

第十六条　陆军训练总监置兵监五人，掌管全国各兵专科训练，并筹划研究关于本管专科材料事务。

第十七条　各兵监对于各队主管事项，得随时呈明前往校阅，或调集各队连合演习。

第十八条　陆军训练总监置兵监副官五员，承长官之命，经理各兵监事务。

第十九条　陆军训练总监置一、二等监员若干人，承长官之命，分掌各兵监事务。

第二十条　陆军训练总监置三、四等监员若干人，承长官之命，曾〔会〕同办理各兵监事务。

第二十一条　陆军训练总监置局长一人，掌管编辑、译述关于各国军事书籍，并承总监之命，指导本局各员司暨印刷所一切事务。（其人员编制，另详军学编辑局章程）

第二十二条　陆军训练总监所有荐委各职员，依暂行编制，应否增减，由训练总监随时呈请大元帅办理之。

第二十三条　陆军训练总监因缮写文件及其他特别事务，得酌用雇员。

第二十四条　本官制自公布日施行。

（《陆军训练总监暂行职员编制表》见第94、95页）

2. 陆军训练总监办事规则

（？年）

陆军训练总监办事规则

第一章　职责

第一条　总监统辖全署各员，掌管全国陆军及所辖各学校教育训练，并派遣陆军学员学生留学各国一切事宜。

第二条　总务厅长辅佐总监整理全署事务（厅长未设以前，其职权由总监兼摄之）。

第三条　副官长承总监之命，掌理宣谕、招待及关于本署军纪、风纪事宜。

第四条　副官帮同副官长办理一切事务。

第五条　各科科长承总监之命，办理本科事宜。

第六条　各科科员承本科科长之命，分任本科事务。

第七条　各兵监承总监之命，总理本监及各专科军队学校一切事宜。

第八条　各兵监副官承各本兵监之命，管理本监收发文牍、保存案卷、典守本监印信及本监庶务。

第九条　一、二等监员承各本兵监之命，主任本监应办事宜。

第十条　三、四等监员承各本兵监或主任监员之命，分任本监事宜。

第十一条　各兵监及各科录事承长官之命，管收文登号、缮写文件、校对稿正事宜。

第十二条　各兵监及各科长关于事务之处理及部下职员之监督，应负其责。

第十三条　本署各员自备名章，遇有经办事件，应签名盖章；若数员共办之件，并应连署，以负其责。

第二章　办公时间

第十四条　本署各员以国庆纪念日、星期日、春夏秋冬四节及年节为例定休息日期外，均应按照规定时间到署办公。

一、三月一日至六月末日，午前自八点至十二点，午后自两点至六点；

二、七月一日至八月末日，午前自七点至十二点，午后两点至七点；

三、九月一日至十月末日，午前自七点至十二点，午后自两点至六点；

四、十一月一日至翌年二月末日，午前自九点至十二点，午后自一点至五点。

前项时间，遇有特别情形，总监得延长或变更之；或以紧要事务不能中止者，虽过办公时间，亦须执行职务。

第十五条　各员在办公时间，概不见客，但因公事来访者，不在此限。

〔第三章　收发文件〕

第十六条　关于收发文件，特设收发所及外收发收发所，以机要科科员及录事三人编制之。外收发隶于庶务科，以传达充任。

训练总监（上中将、特任）	总长缓设 总务厅设副官长一员（少将）（上校）（荐任） 副官二员（上中校）（荐任）	机要科科长一员（上中校）（相当官）（荐任）	一等科
		会计科科长一员（上中校）（相当官）（荐任）	一等科
		庶务科科长一员（上中校）（相当官）（荐任）	一等科
	步兵监一员（中少将）（简任）		
		一等监员三员（上校、荐任）	二等监
	骑兵监一员（中少将）（简任）		
		一等监员二员（上校、荐任）	二等监
	炮兵监一员（中少将）（简任）		
		一等监员二员（上校、荐任）	二等监
	工兵监一员（中少将）（简任）		
		一等监员三员（上校及同等技术官）（荐任）	二等监
	辎重兵监一员（中少将）（简任）		
		一等监员二员（上校、荐任）	二等监
附记	一、本表系暂行编制，嗣后职员应否加减，再行随时呈请，以昭		

行职员编制表

长一员（中少校）（相当官）（委　任）	二等科长一员（少校、上尉相当官、委任）	三等科员二员（上中尉）（相当官）（委　任）
员一人（中少校）（相当官）（委　任）	二等科员二员（少校、上尉相当官、委任）	三等科员三员（上中尉）（相当官）（委　任）
员一员（中少校）（相当官）（委　任）	二等科员二员（少校、上尉相当官、委任）	三等科员三员（上中尉）（相当官）（委　任）
	副官一员（中少校、委任）	
员五员（上中校）（荐　任）	三等监员五员（中少校）（委　任）	四等监员六员（少校上尉、委任）
	副官一员（中少校、委任）	
员四员（上中校）（荐　任）	三等监员四员（中少校）（委　任）	四等监员五员（少校上尉、委任）
	副官一员（中少校、委任）	
员四员（上中校）（荐　任）	三等监员四员（中少校）（委　任）	四等监员五员（少校上尉、委任）
	副官一员（中少校、委任）	
员四员（上中校及同等技术官、荐任）	三等监员五员（中少校及同等技术官、委任）	四等监员五员（少校、上尉及同等技术官、委任）
	副官一员（中少校、委任）	
员四员（上中校）（荐　任）	二等监员四员（上中校）（委　任）	四等监员四员（少校上尉、委任）

核实而资慎重。

〔北洋政府陆军部档案〕

遇有收发文件，只记件数，直接收发所办理一切收发事宜。

第十七条　收发文件除机密重要事件送由机要科科长开拆，或直书总监姓名者，他人不得开拆外,其余概由收发所拆封粘面、摘由，注明日期，编列号数，依次记入收文簿,随时送交机要科。

第十八条　机要科收到文件，即时登记，按事分配，加盖戳记，送请总监核阅后，由本科分送各兵监或各科办理。

第十九条　各兵监及各科办理公文之顺序如左：

一、挂号　各兵监及各科收到文件，将事由登记收文簿，另编本兵监或本科号数，并注明收到日期；

二、送阅　文件登记毕，由兵监或科长阅过，加盖戳记，即行分饬主任或指定人员办理；如属要件，兵监科长或主任监员应亲请总监核示办理。

三、办稿　文到送阅后，应由主任或指定人员办稿署名后，送本兵监或科长核阅，再送请总监核定。

四、缮校　已定之稿，交录事缮正，校对员校对毕，送请总监分别核阅署名。

五、盖印　经总监核阅署名之文稿,即将事由登记发文簿内，再行移送监印室盖印。

六、封发　前项之件盖印封固后，并将所摘事由（机密事件不在此例）、件数开列，移送收发所，收发所登记发文簿内编号毕，立即发行。

七、归档　文件发后，即由主任员将所收原件及所拟文稿分类别目归档，以便检查。

第二十条　收发所及各兵监科于授受文件时，均须于收发文簿内盖戳，以便查考。

第二十一条　前项收发所之收发文簿,应逐日送请总监查阅。

第二十二条　凡文件关系一兵监或一科以上者，须与关系之监、科协商之；但认为紧急时，得由主管监、科即时处理后，再通知有关系之监、科。

第二十三条　发交各监、科文件，按事之缓急，分限甲乙丙三项，由机要科盖戳。限甲者，系急办之件；限乙者，不得过三日；限丙者，不得过六日。各监、科收到文件，均须依限办结。如有不能依限办结者，须在销号摺内注明理由，由催办员转详总监。如遇总监交件，应按批定期限办结。

第二十四条　各兵监、各科长及各主任监员，总管各该监、科之事务，指挥监督各职员，对于本监科之事务，应负完全责任。

第二十五条　各员于处理事务未发布以后〔前〕，应负完全秘密责任。

第二十六条　一切文件，非得本兵监或本科长许可，不得抄示他人，或给他人阅看。

第二十七条　已发送之文件，有应登《政府公报》者，交由机要科送登。

第二十八条　凡发行秘密文件，于正文盖印后，用皮纸封固，再于骑缝处盖印，加入封筒，并于封面盖秘字戳记，以昭慎重。

第二十九条　凡办会稿，系归本署主稿者，由承办之兵监将稿办妥（酌留会稿篇幅），送划盖印，咨行会稿衙门会划送还，仍由承办之兵监照缮发行。

第三十条　会稿办结发行后，再抄原文咨行会稿衙门存案。如系会呈大元帅，俟奉批后，照抄咨送存案。

前二条于本署各兵监有会同办稿事件适用之。但行文改用移付。

第三十一条　各兵监互相行文用移付，各主任监员及各科用押付。

第三十二条　本署对于大元帅用呈文，各部、院及与部、院同等衙门用咨文，各将军、都统及边省长官均用咨行，所属各机关应用饬文，其无须用公文者，改用函件。

第四章　电报

第三十三条　本署收发电报各项事务,由总务厅机要科经理。

第三十四条　本署收发各电，除奉总监令抄送《政府公报》宣布之件外，余应一律严守秘密。

第三十五条　机要科收到京外各项电报，迅速译毕，粘到摘由，列号登簿，详总监阅画后，再分交各兵监办理。如系密电，毋庸摘由，只注明某密东电或先电字样（余类推)。但关军情紧急电报，可先行送阅，再粘到补画，以期迅捷。

第三十六条　收到电报，查明系属因公直接本署各兵监或各科者，由该科照三十五条办理，以归画一。如非公电，可由电报房查明，径送收电人。

第三十七条　每日散值后，收到加急电报，由值日员赶速译毕，即送总监。如系密电，应用军机封固加盖密字戳记，并于骑缝处签押，及注明送时钟点。但寻常电报，可于次日汇齐补画。

第三十八条　机要科收到各衙门抄送往来各电，即由该科拆启办理。

第三十九条　兵监掌办发行各电，先将电稿办妥，送请总监阅画盖印后，由承办员抄录一分，由机要科译发。

第四十条　发行各电，如关紧急事件，由承办员注明加急字样，应用密码者，务注明密字，以凭照发而免贻误。

第四十一条　电尾可照通例用诗韵代日，由同日致一处数电者，应书明东一东二等字样（余类推)。以清眉目。

第五章　监印

第四十二条　文件之用印，派监印员一员，录事一员，专管用印事宜。另设监印室，由机要科管理之。

第四十三条　监印员专任监印事务,遇有不得已必须请假时，先禀明机要科长允可，再行请假出署。

第四十四条　监印员遇有用总监印之文件，若无正式移文，概不钤用，以昭慎重。

第四十五条　监视用印之员，应于牍尾加盖某人某印戳记。

第四十六条　各监、科应盖印文件，凡原有来文者，必须将来文随总监阅定之稿件并送，其无来文者，但将阅定之稿送验，一并盖印。

第四十七条　送交盖印文件，如未经总监标明日期，署名盖章，或未检送原稿者，监印员得拒绝之。

第四十八条　监印员立用印簿登记各兵监及各科文件事由，用印之日期，颗数，按日送请总监查阅。

第四十九条　逐日印信之封开，均由监印员严密监视，应负完全责任。

第六章　命令

第五十条　本署所属人员除呈大元帅发表外，其余任免升调，均用总监令发表。

第五十一条　各兵监应办命令事项，须备文详总监批准，将原稿移送机要科照办后，仍由该科将原文送原兵监存案。

第五十二条　命令办妥，详总监画阅后，由机要科印刷，送总监副官分送各兵监，再由各兵监副官通传全监人员(一监人员，由兵监副官传达)。

第五十三条　紧急事件，由机要科科长招集各监副官口达，事后仍按照第五十三条办理。

第五十四条　散值后或休息日，遇有紧急命令，应由值日员派传达照会本署人员或所属各机关。

第五十五条　命令与所属之各局、所、学校有关者，由各该管兵监传达（如讲武堂、军官学校等，由步兵监传达是也）。

第七章　会议

第五十六条　本署遇有关于全体之重要事项，得由总监招集各兵监副官长或各科长及主任监员会议，其他各员奉有总监之谕者，亦得与议。

第五十七条　会议事件分左列二种：

一、总监交议者；

二、各兵监副官长、各科长提议者。

第五十八条　各兵监副官长、各科长对于本署应兴革事宜，得随时提出会议。

其他职员有意见时，可具意见书，请由副官长或各该管之兵监科长提出会议。

第五十九条　会议时，总监为议长，但总监得委他人代理之。如有紧要事件，总监得随时召集开临时会议。

第六十条　会议事过于复杂者，应于开会前二日，由副官处节录事由缮印，分送列席人员，以便先行研究。但因临时发生之问题，不在此限。

第六十一条　议决事件，由副官处记录节略，详由总监批交主管者办理。

第六十二条　其专属各兵监之重要事项由各兵监召集所属各员会议之。

第八章　值日

第六十三条　本署设值员，其当值之时间，以二十四点钟为限。

第六十四条　每日由各兵监二等以下监员、机要科一等以下科员轮流值日，外设值日录事一员，由各监及机要科副官处录事轮值。其会计、庶务两科，事较繁琐，另设值日员，由该两科科员、录事公同轮值。

第六十五条　值日员掌管本署军纪、风纪，以及散署后发生紧急及特别事项。

第六十六条　值日员掌管交替簿、分送簿、通知簿、记录簿。每晚散班后，遇有公文、电报等件到署，即由传达直送值日员拆译，随即登入分送簿。紧急者随即送请总监阅核，不紧要者，于第二日上班时送收发所。惟均须点收盖戳。

第六十七条　录事补〔辅〕助值日员办理一切。

第六十八条　值日员以上班时刻为交代时间。

第六十九条　值日员须于先日通知下次应值日之人员，以便预有准备。

第七十条　值日员须于交代前将值日簿、日记簿及交替报告簿，送由副官长转详。

第七十一条　值日员于本日未办完结之事项，须于交代时告知接充值日者继续办理。

第七十二条　值日员于每日散署后，督饬茶役将各办公室整理清洁完毕，然后回值日室休息，各办公室茶役将门窗关好，钥匙交值日员收存。

第七十三条　值日员须著军常服，佩值日带（军用文官，可著便服）。

第七十四条　值日之火食、被褥，由公家备办。

第七十五条　当值时内，非先特别声明核准，托人代理，或逐次轮值后，不得离署。如在轮值时因病或事故请假者，假满仍须补值。

第七十六条　星期日及放假日之值日员，次日概不补休息。

第九章　请假

第七十七条　本署人员遇有重要事故或有病必须请假时，将请假事由或病证及期限记明于请假单内。各兵监副官长、副官及各科长请假，应由总监许可。其兵监副官、监员、科员请假，由各兵监、各科长许可。但请假在五日以上者，应详请总监批示。

第七十八条　请假者无论时期久暂，均应将所任职务托同僚一人代理。

第七十九条　请假单须前一日具呈，若病假或紧急事故不在此限。

第八十条　请假日期逾于原定期限者，应即续假。

第八十一条　凡因特别事故请假至半月以上者，应请总监派员代理。

第八十二条　凡因病请假过九十日，或私事请假过三十日者，照官俸法第六条办理。

第八十三条　各兵监及各科须于每星期六日，将各员请假单送交副官长，填入请假表内，至日终送请总监核阅。

第十章　会计

第八十四条　本署职员俸给，于每月二十日以前，由各兵监及各科将次月份应领俸额，按名开列，送交会计科，以备列入预算册内。

第八十五条　本署需用一切经费，应于每月二十五日以前，由会计科开列下月预算表，详请总监核定后，领款备用。

第八十六条　本署杂用夫役工食等项，统由庶务科办理。

第八十七条　本署及所属各校人员薪俸，定于每月末日发给。

第八十八条　本署及各局、所人员薪俸，不得预先支借。如因特别大故（如婚丧、亲病类），得详由总监酌量借给。

第八十九条　本署职员俸给，由会计科设立俸给簿，标明月份，各员姓名，及俸给定额，送由受领者亲自盖章注收。

其他夫役工食，则由庶务科传集，请自具领。

第九十条　本署经费，每月五日以前，须由会计科将上月决算列册，送请总监查阅备案。

第十一章　庶务

第九十一条　各兵监、各科需用物品，由庶务科按照预算数目购备发给。

第九十二条　各兵监、各科及其他各处领用物品，须持领用物品单，并盖印各该监科等之戳记，以凭查核。

第九十三条　各兵监各科领到各项公物，由各监副官专簿登载。

第九十四条　本署所有物品，由庶务科记入物品簿中。如有添补损坏，应于每月造具清册，以备查核。

第九十五条　本署消耗物品，应由庶务科将购物单据保存，并每月将所存所发之数另抄清册，月终送请总监核阅。

第九十六条　本署夫役之雇用、斥退及分配一切事务，悉由庶务科行之。

第十二章　勤务考核

第九十七条　各兵监及各科各设考勤簿。各员到署时，须于本人名下自书到署时间，其逾所定时间到署者，须向长官声明理由，并须记明于考勤簿备考格内。各员于散署时，亦须自书散值时间于簿内。其早于所定时刻散值者，亦须声明理由，照前项办理。

第九十八条　不遵守前项条规而不声明理由，经长官查出者，须详明总监核办。

第九十九条　各兵监及各科于每月终，须将已结未结件数表及考勤簿，详请总监查阅。

第十三章　附则

第一〇〇条　各兵监及各科办事细则，由各该兵监科长批请总监核定。

第一〇一条　本条例如有应行修改之处，得由各监、科等议订、详请总监核定。

第一〇二条　军学编辑局规则，另订之。

〔北洋政府零散军事档案汇集〕

3．宣武上将军行署为大元帅特派蒋雁行为陆军训练总监并令颁该监暂行条例大纲饬

（1915年7月13日）

宣武上将军行署饬　第二二五八号

为饬遵事：准统率办事处七月五日函开：迳启者：奉大元帅令：特派蒋雁行为陆军训练总监等因。除分行外，相应函达查照。此致。并准同日封寄内开：本日奉陆海军大元帅训令：全国陆军军事教育，关系重大，应设陆军训练总监处，以资教练，提挈纲领，计划进行，经饬统率办事处筹议办法去后。兹据呈拟暂行条例大纲各条，详加核阅，尚属妥善，应准暂行试办，颁发各军事机关，一体知照。等因。除将条例附送外，特寄。各等因。到本上将军。遵准此。合行照印原件饬发，饬到该课长，仰即遵照。此饬。附印件一份。

宣武上将军督理江苏军务冯国璋右饬军需课张课长准此

中华民国四年七月十三日

陆军训练总监暂行条例大纲

第一条　训练总监掌全国陆军暨关于陆军各学校训练事宜，负全国军事教育划一之责。

第二条　训练总监处设左之各官：

一、训练总监

二、步兵监

三、骑兵监

四、炮兵监

五、工兵监

六、辎重兵监

第三条　训练总监，大元帅特任。步兵监、骑兵监、炮兵监、工兵监、辎重兵监，大元帅简任。

第四条　训练总监处设总务厅厅长，辅佐总监，任总监处事务整理之责。

第五条　各兵监分管全国各兵专科训练，并筹划研究关于本管专科各材料事宜。

第六条　各兵监对于各队主管事项，得随时呈明前往检阅或调集各队连合演习。

第七条　训练总监处设编辑局，掌编辑关于军事书籍事宜。

第八条　总务厅、各兵监及编辑局所属各员司，视事务之繁简酌定之。

〔北洋政府江苏督军署档案〕

4．蒋雁行报告陆军训练总监启用新印信并缴销旧关防呈暨大元帅批令

（1915年8月6日）

陆军训练总监蒋雁行呈报启用银质印信日期，并缴销木质关防，请备案文，并批令

为具报启用银质印信日期，并缴销木质关防一颗，恭摺具呈，仰乞钧鉴事：窃于八月二日准陆军部咨：准政事堂送交银质印信二颗，正印文曰陆军训练总监之印，小官印文曰陆军训练总监到部，相应一并咨送查收启用，并将启用日期分别报查可也。等因。并银印二颗。准此。总监遵即领收，于八月三日敬谨启用。所有前领之木质关防，应谨缴销。理合将奉到新印篆文及启用日期，并缴销关防各缘由，恭摺具报呈祈大元帅鉴核备考。伏候批示祗遵。谨呈。

批令：呈悉。所缴木质关防，应由政事堂饬印铸局核销，并

交陆军部查照。此批。
中华民国四年八月六日

国务卿　徐世昌

〔政府公报，1915年8月10日，第1170号〕

5. 蒋雁行为接收军学司军学编辑局并归人员档案等情呈暨大元帅批令

（1915年8月6日）

陆军训练总监蒋雁行呈，接收军学司及军学编辑局并归人员档案，并各学校名册，恭摺具报，请核示文，并批令

为接收军学司及军学编辑局并归人员档案，并各学校名册，恭摺具报，仰祈钧鉴事：窃于七月十七日准陆军部咨送军学司人员职务清册暨各项档案，并军官学校、第一第二预备学校员司学生名册前来。总监当即函请陆军部转饬军事〔学〕司副官纪清愈及所指科员等，于七月二十四日将各项档卷名册携运前来，点接清楚。所有军学司人员，已于七月二十八日并归训练总监接收。至军学编辑局人员档案，于七月二十一日准该局段总裁祺瑞咨行移交前来。总监旋派汪兵监庆辰会同该局魏局长宗瀚，于七月二十四日逐件点收，与册相符。当饬该局长如数接收清楚。各在案。除分别咨复外，理合将接收各案恭摺具报，呈请大元帅鉴核批示祇遵。谨呈。

批令：呈悉。交陆军部查照。此批。
中华民国四年八月六日

国务卿　徐世昌

〔政府公报，1915年8月9日，第1169号〕

6．陆军部为移交军学司陆军军官学校等情呈暨大元帅批令

（1915年8月9日）

陆军部呈本部军学司及陆军军官并两预备学校遵令移交文，并批令

为本部军学司及陆军军官并两预备学校遵令移交清楚，恭呈钧鉴事：窃奉大元帅令：新设陆军训练总监，掌全国陆军暨关于各学校训练事宜，负有全国军事教育划一之责。所有陆军部之军学司及军学编辑局，著拨归该总监管辖，以专责成。等因。又奉令：现在设置陆军训练总监，所有陆军部直辖之陆军军官学校、陆军第一预备学校、陆军第二预备学校，著并移交该总监接收管辖。其余各学校，仍由该部照旧办理。等因。奉此。本部遵即督同该司人员，将全司档册及陆军军官学校、陆军第一第二两预备学校员司学生姓名清册，另造总册，咨行训练总监派员点收。现已移交事竣，本部并无经手未清事件。以后关于军学事项，本部已咨饬各省各军事机关，一律直接训练总监办理。所有军学司并陆军军官学校暨两预备学校，现已遵令移交清楚缘由，理合呈请大元帅鉴核。谨呈。

批令：呈悉。此批。

中华民国四年八月九日

国务卿　徐世昌

〔政府公报，1915年8月12日，第1172号〕

7．大总统任命张绍曾为陆军训练总监令

（1916年10月7日）

大总统令

任命张绍曾为陆军训练总监。此令。

中华民国五年十月七日

国务总理
陆军总长　段祺瑞

〔政府公报，1916年10月8日，第274号〕

8．张绍曾就任陆军训练总监电

（1916年10月21日）

陆军训练总监张绍曾致各督军、省长、都统、护军使电

各省督军、省长、热河、察哈尔、绥远都统、淞沪、宁夏护军使鉴：绍曾十月七日奉大总统任命为陆军训练总监，十七日任事。谨电奉闻，尚祈垂教。张绍曾。箇。

〔政府公报，1916年10月25日，第290号〕

9．江苏督军署为张绍曾就任训练总监训令

（1916年11月3日）

江苏督军署训令　第二一〇号

令本署军需课

案准陆军训练总监咨开：本年十月七日奉大总统任命张绍曾为训练总监。此令。奉此。兹于本月十七日接任视事。除呈报并分咨外，相应咨请贵督军查照，并希转行所辖境内各师、旅、镇守使一体知照。等因。准此。除通令外，合亟令仰该课即便知照。此令。

江苏督军　冯国璋

中华民国五年十一月三日

〔北洋政府江苏督军署档案〕

10. 大总统裁撤陆军训练总监令

（1917年8月6日）

大总统令

陆军训练总监著即裁撤，所有应办事宜，交陆军部接管。此令。

中华民国六年八月六日

国务总理
陆军总长　段祺瑞

〔政府公报，1917年8月6日，第559号〕

四、将军府

1. 大总统公布将军府编制令申令

（1914年7月18日）

大总统申令

兹制定将军府编制令公布之。此令。

中华民国三年七月十八日

国务卿　徐世昌

教令　第一百号

将军府编制令

第一条　将军府直隶于大总统，为军事上之最高顾问机关。

第二条　将军府置将军，由大总统于陆海军上将或中将中特任之。将军之称号，由大总统特定之。

第三条　将军承大总统之命，会议军政，校阅陆海军。

第四条　将军府置参军，由大总统任命之。

第五条　将军府置参谋四人，副官四人。

第六条　将军府事务，由大总统特任上将军一人管理之。

第七条　将军府置事务厅，掌府内一切事务。

第八条　将军府事务厅置厅长一人，承长官之命，管理本厅事务。前项参谋及事务厅长，由将军府荐任之。

第九条　将军府事务厅置事务员四人，承长官之命，助理本厅事务。前项事务员，由事务厅长详请长官委任之。

第十条　本令自公布日施行。

〔政府公报，1914年7月19日，第791号〕

2．段祺瑞请颁发将军府印信呈暨大总统批令

（1914年9月7日）

陆军总长兼管理将军府事务段祺瑞呈，请颁将军府印信文，并批令

为请颁将军府印信事：窃将军府奉令组织，两月以来，均系借用陆军部印，本府为专设机关，应请饬下政事堂另铸将军府印，以昭信守。理合呈明大总统鉴核施行。谨呈。

批令：交政事堂饬印铸局查照铸发。此批。

中华民国三年九月七日

国务卿　徐世昌

〔政府公报，1914年9月7日，第844号〕

3．段祺瑞报告管理将军府事务迁署并启用印信呈暨大总统批令

（1915年2月13日）

管理将军府事务、陆军总长段祺瑞呈报迁署并启用印信日期文，并批令

为呈报迁署并启用印信日期，仰乞钧鉴事：窃将军府于三年

七月奉令组织，当经勘定旧盐政院地址为办公处所。嗣因该处为警察厅借用，久未迁让，暂借陆军部房屋开办，一切公文，均暂用陆军部印信。现在旧盐政院地方，业已修缮完竣，于本年二月八日迁往办公。所有前奉颁发将军府印信，即于是日启用。理合呈明大总统鉴核。谨呈。

批令：呈悉。此批。

中华民国四年二月十三日

国务卿　徐世昌

〔政府公报，1915年2月17日，第997号〕

4. 大总统特任段祺瑞兼管理将军府事务策令

（1914年6月30日）

大总统策令

特任陆军总长、陆军上将段祺瑞为建威上将军兼管理将军府事务。此令。

中华民国三年六月三十日

国务卿　徐世昌

〔政府公报，1914年7月1日，第773号〕

5. 大总统特任姜桂题兼管理将军府事务令

（1920年7月29日）

大总统令

特任昭武上将军、热河都统姜桂题，兼管理将军府事务。此令。

中华民国九年七月二十九日

国务总理　萨镇冰

〔政府公报，1920年7月30日，第1601号〕

6. 大总统特任王士珍兼管理将军府事务令

（1922年1月20日）

大总统令

特任德威上将军王士珍兼管理将军府事务。此令。

大总统盖印　　国务总理梁士诒　　陆军总长鲍贵卿

中华民国十一年一月二十日

〔政府公报，1922年1月21日，第2116号〕

五、军事处、统率办事处

1. 大总统府军事处关于启用关防咨

（1912年5月7日）①

大总统府军事处咨国务院启用关防日期文

为咨行事：四月二十一日奉大总统令：本府现设军事处，为本府办事机关等因，并颁发关防一颗，文曰大总统府军事处，遵于五月初一日祗领启用。除呈明外，相应咨行贵院查照并分别饬知可也。

〔政府公报，1912年5月初7日，第7号〕

2. 大总统公布陆海军大元帅统率办事处组织令令

（1914年5月8日）

大总统令

兹制定陆海军大元帅统率办事处组织令公布之。此令。

中华民国三年五月八日

国务卿　徐世昌

① 系刊登《政府公报》日期。

教令　第六十一号

陆海军大元帅统率办事处组织令

第一条　依约法第二十三条大总统为陆海军大元帅统率全国陆海军之规定，于大总统府设统率办事处。

第二条　办事员依左列之规定：

参谋总长

陆军总长

海军总长

大元帅特派之高级军官

总务厅长

第三条　本处内设三所，分办事务。其组织如下：

第一所

第二所

第三所

第四条　总务厅长监督处内三所事务。

第五条　每所设主任一员，助理员额，以事务之繁简定之。

第六条　本处设参议八员，随同计划一切。

第七条　参谋总长、陆军总长、海军总长，应每日入值。但遇有事故时，得委员代理。

第八条　本处会议事件，有与外交、内务、财政、交通各部相关系时，应奉令召该部总长列入议席。

第九条　各所之职掌及办事细则，由本处秉承大元帅另定之。

第十条　本处承发军令事件，以陆海军大元帅命令行之。

第十一条　本处得随时向各部调取人员来处办事。

第十二条　本令自公布日施行。

〔政府公报，1914年5月9日，第720号〕

3. 大总统关于裁撤军事处令

（1914年5月12日）

大总统令

陆海军大元帅统率办事处组织令，现已公布，本府军事处著即裁撤。此令。

中华民国三年五月十二日

国务卿　徐世昌

〔政府公报，1914年5月13日，第724号〕

4. 大总统公布统率办事处公文程式令申令

（1914年6月30日）

大总统申令

兹制定陆海军大元帅统率办事处公文程式令公布之。此令。

中华民国三年六月三十日

国务卿　徐世昌

教令　第八十七号

陆海军大元帅统率办事处公文程式令

第一条　统率办事处公文程式依本令之规定。

第二条　统率办事处承发陆海军大元帅宣令、规令，函致国务卿，交政事堂印铸局登布之。

第三条　统率办事处承发陆海军大元帅训令、密令、批令，以封交电寄、封寄行之。尤要者，以电寄、封寄并行之。

第四条　统率办事处承转陆海军大元帅面谕，以处函、处电行之。

第五条　承发承转文件，盖用统率办事处印。

第六条　承发承转文件，以本处总务厅长专司之，盖用总务厅长官印。

第七条　承发宣令、规令、训令、批令，均钞录原令，封交封寄之；承发密令，以原令封交封寄，限期密缴。

第八条　承发承转文件之格式，依附表所定①。

第九条　封寄文件，交交通部饬邮局迅速递送，封套粘附联单，奉收人员裁左幅签名盖印，仍行邮缴。

第十条　本令自公布日施行。

〔政府公报，1914年7月1日，第773号〕

5．大总统为裁撤统率办事处申令

（1916年6月10日）

大总统申令

现在责任政府，亟应明定权限，以专责成，旧设之陆海军大元帅统率办事处，前经国务会议决定裁撤，应即实行。所有原办事宜，均归陆军部、海军部、参谋本部各就职掌范围，分别办理。此令。

中华民国五年六月十日

国务卿
陆军总长　段祺瑞

海军总长　刘冠雄

〔政府公报，1916年6月11日，第156号〕

6．张树元就任临时执政府军务长通告

（1924年11月28日）

临时执政府军务厅长张树元就职日期通告

为通告事：本月二十四日奉临时执政令开：派张树元为临时

① 格式表略。

执政府军务长。此令。等因。奉此。树元遵于即日就临时执政府军务长之职。除呈报外，特此通告。
中华民国十三年十一月二十八日

〔政府公报，1924年11月29日，第3119号〕

六、陆军各学校

1. 临时大总统任命胡龙骧为预备陆军大学校长令

（1912年6月20日）

临时大总统令

参谋部呈请任命胡龙骧充预备陆军大学校校长，应照准。此令。

中华民国元年六月二十日

陆征祥、段祺瑞署名

〔政府公报，1912年6月23日，第54号〕

2. 临时大总统任命李蕃为北京陆军测量学校校长等令

（1912年9月21日）

临时大总统令

领参谋总长事黎元洪呈请任命江寿祺为预备陆军大学校监督，陈锦章为北京陆军测地局局长，陈嘉乐为制图局局长，李蕃为北京陆军测量学校校长，应照准。此令。

中华民国元年九月二十一日

赵秉钧、段祺瑞署名

〔政府公报，1912年9月22日，第145号〕

3. 临时大总统任命赵理泰为陆军军官学校校长令

（1912年10月5日）

临时大总统令

任命赵理泰为陆军军官学校校长。此令。

中华民国元年十月初五日

赵秉钧、段祺瑞署名

〔政府公报，1912年10月6日，第159号〕

4. 临时大总统任命商德全金永贵为陆军第一第二预备学校校长等令

（1912年10月5日）

临时大总统令

陆军总长段祺瑞呈请任命商德全为陆军第一预备学校校长，金永贵为陆军第二预备学校校长，毛继成为陆军军官学校教育长，孙树林为陆军军官学校步兵科长，谭学夔为陆军军官学校炮兵科长，吴和为陆军军官学校工兵科长，应照准。此令。

中华民国元年十月初五日

赵秉钧、段祺瑞署名

〔政府公报，1912年10月6日，第159号〕

5. 临时大总统免去赵理泰改任蒋方震为军官学校校长令

（1912年12月15日）

临时大总统令

任命蒋方震为军官学校校长。此令。
中华民国元年十二月十五日

国务总理　赵秉钧
陆军总长　段祺瑞

临时大总统令

陆军总长段祺瑞呈称，军官学校校长赵理泰因病呈请辞职等语，赵理泰准免本职。此令。
中华民国元年十二月十五日

国务总理　赵秉钧
陆军总长　段祺瑞

〔政府公报，1912年12月16日，第229号〕

6. 大总统免去讲武堂堂长鲍贵卿陆军第三混成旅旅长本职策令

（1915年12月4日）

大总统策令

陆军部呈称：陆军第三混成旅旅长鲍贵卿，现充讲武堂堂长，应请免去本职等语。鲍贵卿准免本职。此令。
中华民国四年十二月四日

国务卿　陆征祥

〔政府公报，1915年12月5日，第1285号〕

（二）陆军编制

一、陆军更名前

1．陆军部关于军队平时编制拟暂沿用前清营制咨

（1912年6月）

为咨复事：准贵部咨取新订军队平时编制表册等因到部。查军队平时编制，应以战时编制为根据，战时编制，复应以全国军事计划为凭依。现关于全国军事计划，尚未商定，故本部平时编制未便遽行酌拟。查各省军队沿用前清陆军营制者尚多，现正设法裁遣，亦未便遽事更张，致将来多费周折。拟仍沿用前清陆军营制，以归划一。俟各省裁遣事竣，全国军事计划已定，再行会商办理。相应咨复贵部查照可也。须至咨者。右咨

参谋部

中华民国元年六月　日

〔北洋政府陆军部档案〕

2. 陆军部关于军队名

(1912年

军司令处编制表

区别＼机关	军总统官	幕僚 参谋处	幕僚 副官处	炮队协领处
正都统	一			
协都统		总参谋官一		炮队协领一
正参领			副官长一	
副参领		一等参谋官一		
协参领		二等参谋官二	一等副官一	
正副协军校		三等参谋官四	二等副官三 大接济官一	炮队处辅助员二
目弁		正目二	副目三	弁目一
兵丁		正兵四	副兵一〇	
杂兵		护兵八	大接济兵一八	
夫役		火夫四		
计				
马匹		乘马四五	大接济挽马二四	
车辆			大接济车八	

称更改前各兵种编制表稿

？月）

工队参领处	军需处	军医处	执法处	合计	附记
				一	
				二	
工队参领一	总军需官一	总军医官一	总执法官一	五	
				一	
				三	
工队处辅助员一	军需长一	军医长二	军执法官一	一五	
马弁八	护目一		大接济目一	一六	
				一四	
				二六	
				四	
				八七	
预备马四	大接济乘马二			七五	
				八	

镇司令处编制表

区别＼机关	统制官	幕僚：参谋处	幕僚：副官处	军需处
副都统	一			
正参领		正参谋官一		
副参领			中军官一	正军需官一
协参领		二等参谋官一		
正副协军校		三等参谋官一	执事官一 书记官一 大接济官一	
目弁	正目一　副目三　弁目一			
兵丁	正兵三　副兵八			
杂兵	护兵六　大接济兵一五			
夫役	火夫三			
计				
马匹	乘马二六　大接济乘马二			
车辆	大接济车六			

军医处	马医处	军械处	执法处	合计	附记
				一	
				一	
正军医官一	正马医官一	正军械官一	正执法官一	六	
				一	
				四	
马弁六　护目一　大接济目一				一三	
				一一	
				二一	
				三	
				六一	
大接济挽马骡一八　大接济预备挽马骡三				四九	
				六	

协司令处编制表

区别 \ 名称	统领官	参军官	执事官	正目	副目	正兵	副兵	大接济官	弁目	马弁	护目
协都统	一										
协参领		一									
正军校			一								
副军校								一			
目弁				一	二				一	二	一
兵丁						一	三				
杂兵											
夫役											
计	一	一	一	一	二	一	三	一	一	二	一
马匹											
车辆											

大接济目	护兵	火夫	大接济兵	乘马	大接济乘马	大接济挽马骡	大接济预备马挽骡	大接济车	合计	附记
									一	
									一	
									一	
									一	
一									八	
									四	
	二		五						七	
		二							二	
一	二	二	五						二五	
				七	二	六	一		一六	
								二	二	

混成协编制表

区别＼名称	统领官	一等参谋官	二等参谋官	参军官	执事官	正目	副目
协都统	一						
副参领		一					
协参领			一	一			
正军校					一		
副军校							
弁目						一	三
兵丁							
杂兵							
夫役							
计	一	一	一	一	一	一	三
马匹							
车辆							

正兵	副兵	正军需官	正军医官	正马医官	正军械官	正执法官	书记官	大接济官	弁目
		一	一	一	一	一			
							一		
								一	
									一
一	四								
一	四	一	一	一	一	一	一	一	一

马弁	护目	大接济目	护兵	大接济兵	伙夫	乘马	大接济乘马	大接济挽马骡	大接济预备挽马骡	大接济车	合计	附记
											一	
											六	
											二	
											二	
											一	
六	一	一									一三	
											五	
			六	一五							二一	
					三						三	
六	一	一	六	一五	三						五四	
						二〇	二	一八	三		四三	
										六	六	

马队协司令处编制表

区别＼名称	统领官	参军官	执事官	正目	副目	正兵	副兵
协都统	一						
协参领		一					
正军校			一				
副军校							
目弁				一	二		
兵丁						一	三
杂兵							
夫役							
计	一	一	一	一	二	一	三
马匹							
车辆							

大接济官	弁目	马弁	护目	大接济目	大接济兵	护兵	伙夫	乘马	大接济乘马
	一	二	一	一					
					五	二			
							二		
一	一	二	一	一	五	二	二		
								一四	二

大接济挽马骡	大接济预备挽马骡	大接济车	合计	附记
			一	
			一	
			一	
			一	
			八	
			四	
			七	
			二	
			二五	
六	一		二三	
		二	三	

步队一标编制表

区别＼名称	正参领	副参领	协参领	正军校	副军校	协军校	正目	副目
标本署	统带官一	教练官一		执事官一	大接济官一 掌旗官一		一	二
营本署			管带官一	督队官一			一	一
四队				队官四	排长一二	司务长四	二八	二八
全标三营一二队总计	一员	一员	三员	一六员	三八员	一二员	八八名	八九名

工匠		皮匠四 枪匠四 匠目一		二七名
目弁	护目一 马弁二 弁目一	大接济目一 号目一 护目一		一三名
军医副军校		医生一		三员
军医正军校		军医长一		三员
军需正军校		军需长一		三员
马医协参领	副马医官一			一员
军医协参领	副军医官一			一员
军需协参领	副军需官一			一员
副兵			一三三二	一八九六名
正兵			一一六	三四八名

附记	车辆	马匹	夫役	杂兵
	大接济车二	大接济预备挽马骡一 大接济挽马骡六 大接济乘马一 乘马一三	伙夫一	大接济兵五 护兵二
	大接济车二	大接济预备挽马骡一 大接济挽马骡六 大接济乘马一 小接济驮马四 乘马五	伙夫一	大接济兵五 小接济兵四 护兵二
	大接济车八	大接济预备挽马骡四 大接济挽马骡二四	喂养夫四 伙夫八	大接济兵二〇 医兵四 号兵八 护兵四
	三二辆	一五六匹	四〇名	一四八名

步队机关枪队编制表

区别＼名称	队官	排长	司务长	正目	副目	正兵	副兵	枪匠	皮匠	裁缝	掌匠	号兵	医兵	伙夫	乘马	驮马	预备驮马	合计	附记
正军校	一																		一、步队机关枪队给养，悉由该标本处办理。 二、该队大接济附属步队标本署内。
副军校		二																	
协军校			一																
目弁				五	六			一	一	一	一								
兵丁						一六	三二												
杂兵												一	一						
夫役														二					
计	一	二	一	五	六	一六	三二	一	一	一	一	一	一	二				七一	
马匹															五	一六	二	二三	

马队一标编制表

区别＼名称	正参领	副参领	协参领	正军校	副军校	协军校	正目	副目
标本署	统带官 一	教练官 一		执事官 一	大接济官 一 掌旗官 一		一	二
营本署			管带官 一	督队官 一			一	一
四队				队官 四	排长 八	司务长 四	一二	一二
全标三营一二队总计	一员	一员	三员	一六员	二六员	一二员	四〇名	四一名

马医副军校		马医生　一		三员
军医副军校		医生　一		三员
马医正军校		马医长　一		三员
军医正军校		军医长　一		三员
军需正军校		军需长　一		三员
马医协参领	副马医官　一			一员
军医协参领	副军医官　一			一员
军需协参领	副军需官　一			一员
副兵			一〇四	三一二名
正兵			五二	一五六名

目弁	工匠	杂兵	夫役	马匹	车辆	附记
护目一 马弁二 弁目一		大接济兵一〇 护兵二	伙夫一	大接济预备挽马骡一 大接济挽马骡一二 大接济乘马一 乘马一三	大接济车四	
大接济目一 号目一 护目一	皮匠二 掌匠三 枪匠二 匠目一	大接济兵五 护兵二	伙夫一	大接济预备挽马骡一 大接济挽马骡六 大接济乘马一 乘马一三	大接济车二	
		大接济兵二〇 医兵四 号兵八 护兵四	喂养夫四 伙夫八	大接济预备挽马骡四 大接济挽马骡二四 乘马二一二	大接济车八	
一三名	二四名	一四一名	四〇名	八一〇匹	三四辆	

马队机关枪队编制表

区别＼名称	队官	排长	司务长	正目	副目	正兵	副兵	枪匠	皮匠	裁缝	掌匠	号兵	医兵	伙夫	乘马	驮马	预备驮马	合计	附记
正军校	一																		一、马队、机关枪队，给养悉由该标本处办理。 二、该队大接济附属马队标本署内。
副军校		二																	
协军校			一																
目弁				五	六			一	一	一	一								
兵丁						一六	三二												
杂兵												一	一						
夫役														二					
计	一	二	一	五	六	一六	三二	一	一	一	一	一	一	二				七一	
马匹															五七	二〇	四	八一	

炮队一标编制表

区别＼名称	正参领	副参领	协参领	正军校	副军校	协军校	正目	副目
标本署	统带官一	教练官一		执事官一	大接济官一		一	二
陆路炮营本署			管带官一	督队官一			一	一
过山炮营本署			管带官一	督队官一			一	一
陆路炮一队				队官一	排长二	司务长一	六	六
过山炮一队				队官一	排长二	司务长一	六	六
全标三营九队总计	一员	一员	三员	一三员	一九员	九员	五八名	五九名

军医副军校		医生一	医生一			三员
军械正军校		军械长一	军械长一			三员
马医正军校		马医长一	马医长一			三员
军医正军校		军医长一	军医长一			三员
军需正军校		军需长一	军需长一			三员
军械协参领	副军械官一					一员
马医协参领	副马医官一					一员
军医协参领	副军医官一					一员
军需协参领	副军需官一					一员
副兵				四〇	五四	二〇二名
正兵				三〇	三〇	二七〇名

马匹	夫役	杂兵	工匠	目弁	马医副军校
备挽马骡一 大接济预 骡六 大接济挽马 大接济乘马一 乘马一五	伙夫一	大接济兵五 护兵二		护目一 马弁二 弁目一	
挽马骡一 大接济预备 骡六 大接济挽马 大接济乘马一 挽马骡八 弹药车预备 骡三六 弹药车挽马 乘马一六	伙夫一	大接济兵五 护兵二	炮匠三皮匠三 掌匠三木匠三 匠目一铁匠三	大接济目一 号目一 护目一	马医生一
挽马骡一 大接济预备 骡六 大接济挽马 大接济乘马一 驮马五 弹药箱预备 二〇 弹药箱驮马 乘马一六	伙夫一	大接济兵五 护兵二	炮匠三皮匠三 掌匠三木匠三 匠目一铁匠三	大接济目一 号目一 护目一	马医生一
骡二 大接济预备挽马 大接济挽马骡九 零件车挽马骡六 预备挽马骡八 一二 弹药车挽马骡 炮车挽马骡二四 乘马一四	喂养夫一 伙夫二	大接济兵八 号兵二 护兵一			
挽马骡二 大接济预备 骡九 大接济挽马 骡六 零件车挽马 预备驮马六 驮马三二 乘马一四	喂养夫一 伙夫二	大接济兵八 号兵二 护兵一			
八五三匹	三一名	一二七名	四八名	一三名	三员

车辆	弹药箱	附记
大接济车二		营本署所列之弹药车（箱），系各队之弹药车（箱）。
大接济车二 弹药车六		
大接济车二	弹药箱四〇	
大接济车三 零件车一 弹药车二 炮车四		
大接济车三 零件车一 炮车四	弹药箱二四	
一〇四辆	一一二箱	

工队一营编制表

区别＼名称	协参领	正军校	副军校	协军校	正目	副目	正兵	副兵	军需正军校	军医正军校	军医副军校
营本署	管带官一	督队官一	大接济官一		一	一			军需长一	军医长一	军医生一
四队		队官四	排长一二	司务长四	二八	二八	一一六	二三二			
一营四队总计	一员	五员	一三员	四员	二九名	二九名	一一六名	二三二名	一员	一员	一员

目弁	工匠	杂兵	夫役	马匹	车辆	附记
号目一 护目一	皮匠四 铁匠四 木匠四 枪匠二 匠目一	大接济兵五 小接济兵四 护兵二	伙夫一	大接济预备挽马骡一 大接济挽马骡六 大接济乘马一 驮马四 乘马五	大接济车二	
		大接济兵二〇 医兵四 号兵八 护兵四	喂养夫四 伙夫八	大接济预备挽马骡四 大接济挽马骡二四	大接济车八	
二名	一五名	四七名	一三名	四五匹	一〇辆	

电信队编制表

区别＼名称	正军校	副军校	协军校	正目	副目	正兵	副兵	军医副军校
通信部	队官一	排长二	司务长一	二	四	一二	一八	医生一
建筑部		排长二		四	六	二〇	三二	
输送部		排长一		二	二			
全队总计	一员	五员	一员	八名	一二名	三二名	五〇名	一员

弁目	工匠	杂兵	夫役	马匹	车辆	附记
大接济目 一	木匠 四 铁匠 四	大接济兵 一〇 兵号 二 医兵 二 输送兵 二六	喂养夫 二 伙夫 二	大接济预备挽马骡 一 大接济挽马骡 一二 大接济乘马 一 预备挽马 二 挽马 三六 乘马 三三	大接济车 四 材料车 一二	一、凡军校及输送部头目，通信部之送信兵三名每断十八名、保线兵四名，均乘马。 以两名兵为保线兵。 一、建筑部分为两班，通信部分为六班。建筑各班架设竣工后，
一名	八名	四〇名	四名	八五匹	一六辆	

气球队编制表

<table>
<tr><th>名称
区别</th><th>正军校</th><th>副军校</th><th>协军校</th><th>正目</th><th>副目</th><th>正兵</th><th>副兵</th><th>军医副军校</th><th>弁目</th><th>工匠</th><th>杂兵</th><th>夫役</th><th>马匹</th><th>车辆</th><th>附记</th></tr>
<tr><td>制气班</td><td rowspan="6">队官一</td><td>排长一</td><td rowspan="6">司务长一</td><td>四</td><td>四</td><td>一六</td><td>三二</td><td rowspan="6">医生一</td><td rowspan="6">大接济目一</td><td rowspan="6">木匠四
铁匠四</td><td rowspan="6">大接济兵七
号兵二
医兵二
输送兵一四</td><td rowspan="6">喂养夫二
伙夫四</td><td rowspan="6">大接济预备挽马骡一
大接济挽马骡九
大接济乘马一
预备挽马二
挽马一八
乘马八</td><td rowspan="6">大接济车三
材料车六</td><td rowspan="6"></td></tr>
<tr><td>司球班</td><td>排长一</td><td>四</td><td>四</td><td>一六</td><td>三二</td></tr>
<tr><td>系留班</td><td></td><td>二</td><td>二</td><td>八</td><td>一六</td></tr>
<tr><td>吊笼班</td><td>排长一</td><td>一</td><td>一</td><td>四</td><td>八</td></tr>
<tr><td>通信班</td><td></td><td>一</td><td>一</td><td>四</td><td>八</td></tr>
<tr><td>输送班</td><td>排长一</td><td>三</td><td>三</td><td></td><td></td></tr>
<tr><td>全队总计</td><td>一员</td><td>四员</td><td>一员</td><td>一五名</td><td>一五名</td><td>四八名</td><td>九六名</td><td>一员</td><td>一名</td><td>八名</td><td>二五名</td><td>六名</td><td>三九匹</td><td>九辆</td><td></td></tr>
</table>

二、陆军更名后

1. 陆军部关于更改军队名称咨令

（1912年9月16日）①

陆军部通行更改军队名称文

为咨令行事：查陆军建制，名称亟须规定划一。前经拟订官兵等级暨军队名称，业奉大总统发令公布，并由本部分行知照在案。惟自客岁军兴以来，各省军队或沿袭旧称，或便宜编制，殊于统一军政之旨不相符合，应即通行各省，凡沿用镇、协、标、队名称之军队，查照新订军队名称，一律更改，藉免纷歧。所有统制、统领、统带、管带、队官等项名称，应改为师长、旅长、团长、营长、连长。其余各项官称，应俟新订编制议决后，再行通布遵改。此咨令。

〔政府公报，1912年9月16日，第139号〕

2. 军务司关于军队更改名称移

（1912年9月21日）

军务司为移知事：本司承办通行各处所有军队前左右后等名称,应一律更改文一件,除印发外，相应抄移贵司查照可也。此移

军法司　计粘

中华民国元年九月二十一日

为咨令行事：查军队名称，业由本部分行知照在案。惟各师步、马、工、辎各队旧称前左右后，炮队旧称中左右等字样，现时不

① 系刊登《政府公报》日期。

便沿用，所有步、马、炮各队，应按本团连数改称，如第一连至十二连，工、辎各队，应按本营连数改称，为第一连至第四连等次序，以免纷歧，而符名实。至各军队所用关防，当未颁布以前，准暂用旧有关防，以资信守。此咨令。

〔北洋政府陆军部档案〕

3．陆军部拟陆军军队平时编制令稿

（？年）①

陆军军队平时编制令

第一条　本令祇规定师之编制，其余各独立特种部队之编制，另定之。

第二条　陆军每师以步兵二旅，骑、炮兵各一团，工、辎兵各一营编成之。

第三条　步兵每旅分为二团，每团以四连编成之三营并机关枪一连编成之。

第四条　骑兵团分甲、乙两种，甲种以四连编成，乙种以三连编成，由部体酌各师驻地之情形规定之。

第五条　炮兵团以三连（每连炮六尊）编成之三营编成之，至应用野炮或山炮，则由部体酌各师驻地之情形规定之。

第六条　工兵营、辎重营均以三连编成之。

第七条　各师之号数，由部依次编列，呈请大元帅编定之，其旅团及工辎营之号数，即依师号数顺次编列。

第八条　步、炮各营之号数，各依本团分为第一、第二、第三而言，连之号数，步、骑、炮按各团所有连数依次编列，工、辎则按各营所有连数依次编列之。

---

① 此件无时间，据内容推断，当在1914年统率办事处成立之后。

第九条　各司令部本部及各连之官佐兵伕额缺，依附表所定。

第十条　机关枪连之士兵不另征集，即由隶属之团士兵轮拨教练。

第十一条　书记官之任用，另以条例定之。

第十二条　司书应由现役期满之军士内选其合格者留充之，但无此项合格之军士时，得由所属官长雇用办理，仍以上士待遇之。

第十三条　炊爨以连为单位，所设之伙夫专理炊爨事务，遇有不敷用时，得由连长轮派兵卒担任。

第十四条　骑、炮、辎、机枪各连不设马夫，其任务均由各士兵分任之。

第十五条　各官佐、士兵之乘马数目，按附表所定，但初级官佐以下之乘马，由公家给与，余均自备。

第十六条　步、炮兵各营之经理及卫生事宜，均归团本部经理，如分驻时，则由团内派遣军需、军医各一员附属之，以便处理。

第十七条　辎重营输卒之征集教练，另由陆军部暨训练总监随时规定之。

〔北洋政府零散军事档案汇集〕

4. 陆军官佐士兵等级一览表

（1912年）

陆军官佐士兵	上等（将官）	上将							
		中将						将官同等官	军需总监
		少将							军需监
	中等（校官）	宪兵上校	步兵上校	骑兵上校	炮兵上校	工兵上校	辎重兵上校	校官同等官	一等军需正
		宪兵中校	步兵中校	骑兵中校	炮兵中校	工兵中校	辎重兵中校		二等军需正
		宪兵少校	步兵少校	骑兵少校	炮兵少校	工兵少校	辎重兵少校		三等军需正
	初等（尉官）	宪兵上尉	步兵上尉	骑兵上尉	炮兵上尉	工兵上尉	辎重兵上尉	尉官同等官	一等军需
		宪兵中尉	步兵中尉	骑兵中尉	炮兵中尉	工兵中尉	辎重兵中尉		二等军需
		宪兵少尉	步兵少尉	骑兵少尉	炮兵少尉	工兵少尉	辎重兵少尉		三等军需
	准尉官	宪兵准尉	步兵准尉	骑兵准尉	炮兵工长 炮兵准尉	工兵工长 工兵准尉	辎重兵准尉		

		军医总监 军医监	
	一等兽医正	一等司药正 一等军医正	
	二等兽医正	二等司药正 二等军医正	
	三等兽医正	三等司药正 军医正三等	
	一等兽医	一等司药 一等军医	
	二等兽医	二等司药 二等军医	
军乐长	三等兽医	三等司药 三等军医	
副军乐长			

附军队名称新旧对照表

新	旧	附记
军	军	为一定部队之名称，甚多窒碍。故改为师、旅、团、连等，以正名义。按前清所用镇、协、标等字样，纯系采用绿营名目，不便沿用。队字则系普通称呼，作
师	镇	
旅	协	
团	标	
营	营	
连	队	
排	大排	

等级一览表

	工兵	炮兵						骑兵掌工	骑兵	步兵	宪兵
军士	工兵上士	炮兵掌工上士	炮兵锻工中士	炮兵木工上士	炮兵枪工上士	炮兵鞍工上士	炮兵上士	骑兵掌工上士	骑兵上士	步兵上士	宪兵上士
	工兵中士	炮兵掌工中士	炮兵锻工中士	炮兵木工中士	炮兵枪工中士	炮兵鞍工中士	炮兵中士	骑兵掌工中士	骑兵中士	步兵中士	宪兵中士
	工兵下士	炮兵掌工下士	炮兵锻工下士	炮兵木工下士	炮兵枪工下士	炮兵鞍工下士	炮兵下士	骑兵掌工下士	骑兵下士	步兵下士	宪兵下士
兵	工兵上等兵	炮兵上等兵						骑兵上等兵		步兵上等兵	宪兵
	工兵一等兵	炮兵一等兵						骑兵一等兵		步兵一等兵	
	工兵二等兵	炮兵二等兵						骑兵二等兵		步兵二等兵	

军乐上士	军乐军士	看护上士	卫生军士	靴工上士 缝工上士 军需上士	经理军士	上士 辎重兵掌工 辎重兵上士
军乐中士		看护中士		靴工中士 缝工中士 军需中士		中士 辎重兵掌工 辎重兵中士
军乐下士		看护下士		靴工下士 缝工下士 军需下士		下士 辎重兵掌工 辎重兵下士
军乐兵	军乐兵	上等看护兵	卫生兵	上等靴工 上等缝工	经理兵	辎重兵上等兵
		一等看护兵		一等靴工 一等缝工		辎重兵一等兵
		二等看护兵		二等靴工 二等缝工		辎重兵二等兵

〔北洋政府陆军部档案〕

5. 师司令部编制表

（? 年7月28日）

师司令部编制

计开：

师　长	一员	薪四百元 公四百元	共八百元
参谋长	一员	二百元	
二等参谋	一员	一百二十元	
三等参谋	一员	六十五元	
副官长	一员	一百二十元	
副官	二员	六十五元	共百三十元
军械官	一员	一百二十元	
二等军需正	一员	一百二十元	
一等军需	一员	五十元	
二等军需	一员	三十五元	
军法官	一员	一百元	
二等军医正	一员	一百元	
一等书记	一员	八十元	
二等书记	二员	五十元	共一百元
司书生	十员	十五元	共百五十元
马弁长	一名	十二元	
马弁	八名	九元	共七十二元
护兵长	一名	九元	
护　兵	二十名	七元	共百四十元
伙　夫	五名	六元	共三十元
马	九匹	六元	共五十四元

月支二千六百十七元

年支三万一千四百零四元

〔北洋政府江苏督军署档案〕

6. 关于拟订混成旅部暂行编制呈令

(1914年10月)

(1) 段祺瑞呈（10月22日）

陆军总长段祺瑞谨呈，为拟订混成旅部暂行编制，以蕲整齐，而便预算，敬祈鉴核事：窃陆军各混成旅前后奉令编定，其改编之际，或由师内划分，或以备补营及他项队伍改组，司令部之人员多须从新组织，若无一定章制，不但盈绌各殊，有乖整齐之道，且薪饷不一，编制预算，窒碍甚多，军队平时编制，又尚在调查研究之中，未克及时颁布。本部再三筹议，惟有拟订混成旅司令部暂行章则，通饬实行，藉谋统一，将来编制规则妥定颁布后，再与各部队之详细编制随时改正，以利进行。用特缮具混成旅司令部暂行编制表，呈祈鉴核。惟因各旅成立之始，旅部急待组织，多以此项编制请部规定，本部因司令部关系重要，势不能久付阙如，业将部拟编制随时通饬遵办。现时各省陆续呈报，有于未接部文以先拟订呈核者，其编制饷章与部颁之表，不免稍有出入。拟请通饬一律查照改正，以免纷歧。所有拟订混成旅部暂行编制缘由，理合缮表具陈，谨乞大总统鉴核示遵。谨呈。

附呈陆军混成旅编制薪饷表一纸

中华民国三年十月二十二日

陆军混成旅编制薪饷表

类别 名称	员额	官阶	每月薪饷
旅长	一	少将	薪公九百元
参谋长	一	中校	二百元
参谋官	一	上尉	七十元
副官	二	少校一 上（中）尉一	一百元 七十元
军法官	一	少校同级	一百元
军需官	二	三等军需正一 二等军需一	一百元 四十二元
军医官	二	三等军医正一 二等军医一	一百元 四十二元
兽医官	一	一等兽医	七十元
二等书记官	二		每员五十五元
司书生	四		每员十七元
司号长	一		二十二元
弁目	一		十五元
马弁	六		每名十二元
护目	一		八元五角
护兵	十四		每名六元四角
伙夫	二		每名四元七角
骑马	五		每匹七元
附记	一、各旅如乘马队合计在一团以上者，得添二等兽医一员，月薪四十二元。 二、旅长如系镇守使兼任，旅部与使署同驻一处者，其人员应酌量并减，由该使拟定详核。		

（2）大总统批令（10月25日）

大总统批令　十月二十五日

陆军部呈拟订混成旅部暂行编制，以蕲整齐而便预算，请核示，并送薪饷表由。准如所拟办理，即由该部通行遵照。表存。此批。

〔北洋政府大总统府档案〕

7．旅部编制表

（？年7月28日）

旅部编制

计　开：

旅长一员	薪三百元 公二百元	共五百元
副官一员	一百元	
二等书记一员	五十元	
司书二员	十五元	共三十元
马弁长	十二元	
马弁四名	九元	共三十六元
护兵长一名	九元	
护兵六名	七元	共四十二元
伙夫二名	六元	共十二元
马五匹	六元	共三十元

月支八百二十元

年支九千八百四十元

两旅部月支一千六百四十二元

两旅部年支一万九千六百八十元

〔北洋政府江苏督军署档案〕

8. 陆军步兵旅编

(? 年

陆 军 步 兵 旅 编

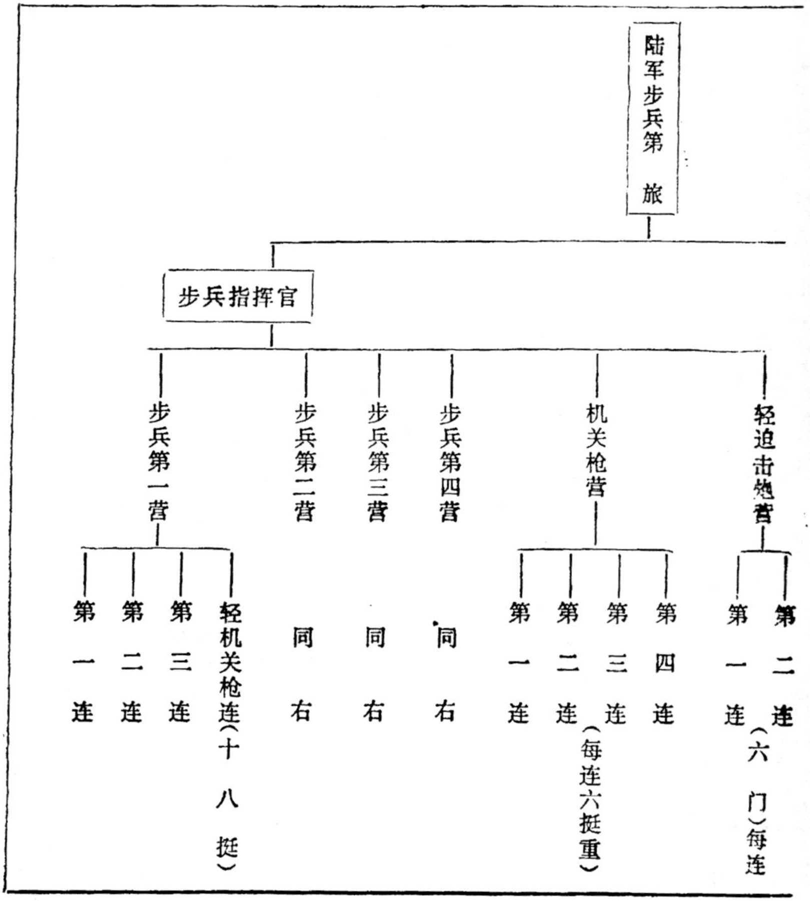

制统系一览表

? 月）

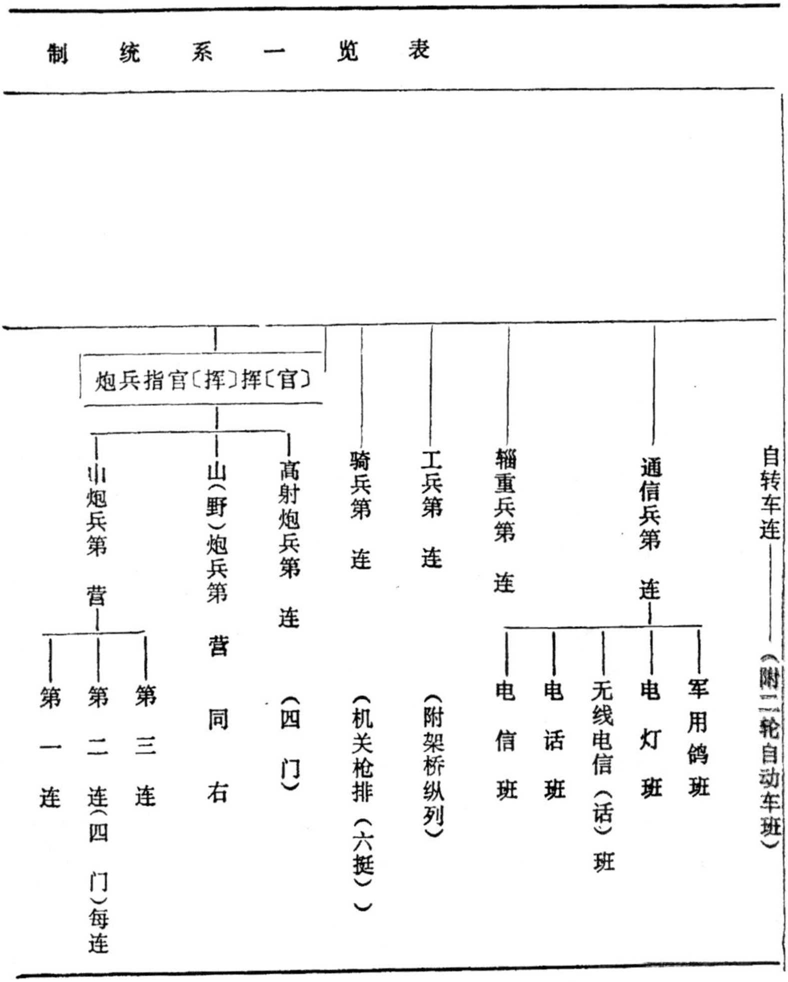

〔北洋政府陆军部档案〕

9. 骑兵旅统系编制表

（？年？月）

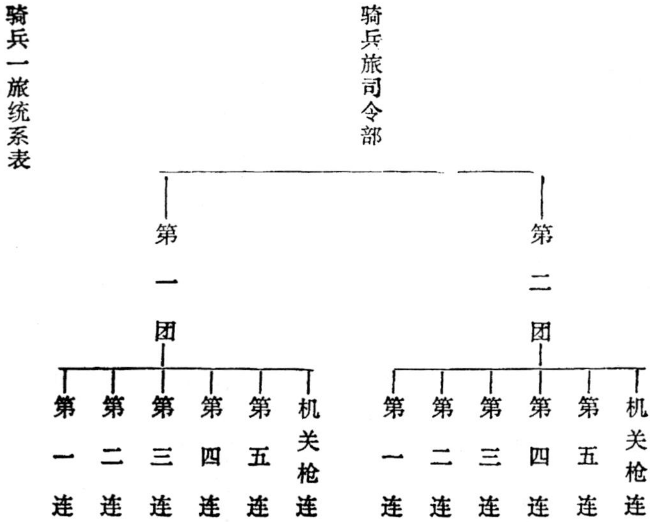

〔北洋政府陆军部档案〕

陆军骑兵旅司令部编制表

官阶＼区分	旅长	参谋	副官	军法	军需	军医	兽医	总计
少将	一							一
中校		一						一
少校及同级			一	一	一	一	一	五
上(中)尉及同级		一						一
中尉及同级			一	一	一	二	一	六
军士		二	一	一	二	一	二	九
勤务兵		二	二	二	二	二	二	十二
人员合计	一	六	五	五	六	六	六	三五
乘马	二	五	三	三	四	四	四	二五

附记

一、旅长随从兵二名，以下军官各一名。

二、旅司令部传骑，由各连二年兵内拨用十名，但换更期限，由旅长酌定，至多不得逾三个月。

三、旅司令部勤务兵，由各连一二等兵内拨用，每三个月更换一次。但遇有差遣必须乘马时，可乘用传骑马匹。

四、旅司令部号兵及卫兵勤务，由各连轮派。

五、兽医军士内含有掌工军士一名。

六、旅司令部暂设书记二名，襄办文牍，所有缮写事宜，由军士担任。

七、旅司令部设伙夫三名，马夫五名。

陆军骑兵一团编制表

区分	职 / 官	团长 上校	团附 中校	团附 少校	团副官 上尉	连长 上尉	旗官 中（少）尉	排长 中（少）尉	司务长 准尉	上士	中士	下士
团本部	人员	一	一	一	一		一			二	一	二
	乘马	二	四		二		二			二	一	二
一连	人员					一		四	一	一	四	八
	乘马					二		八	一	一	四	八
五连合计（共二十排）	人员	一	二		一	五	一	二〇	五	七	二一	四二
	乘马	二	四		二	一〇	二	四〇	五	七	二一	四二

一二三等司药	二三等兽医	一等兽医	看护军士	一二三等军医	三等军医正	军需军士	一二三等军需	三等军需正	合计	二等兵	一等兵	上等兵
一	二	一	一	一	一	二	一	一	一〇			
									一五			
									一六九	九二	四六	十二
									一七四	九二	四六	十二
									八四〇	四六〇	二三〇	四五
一	二	一	一	一	一	二	一	一	八七〇	四六〇	二三〇	四五

总计	合计	炮兵枪工军士	骑兵掌工军士	炮兵鞍工军士	靴工军士	缝工军士
二六	一六	一	一	一	一	一
一五						
一六九						
一七四						
八四〇						
八八六	一六	一	一	一	一	一

附记

六、连长得以少校阶级人员充之。

五、团本部设伙夫二名，马夫四名。每连伙夫四名，马夫四名。

四、团本部上士内含有号长一名。每连上一、二等兵内含有看护兵一名，枪工一名，号兵四名，缝工、靴工、鞍工、掌工各二名。

三、团本部号兵及卫兵勤务，由各连轮派。

二、团本部暂设书记一名，襄办文牍。其缮写事务，由军士担任。

一、团长随从兵二名，以下军官各一名。

陆军骑兵机关枪一连编制表

区分 \ 职官	连长 上尉	中(少)尉	司务长 准尉	上士	中士	下士	上等兵	一等兵	二等兵	合计
人员	一	三	一	一	七	六	一二	二〇	四二	九三
马匹 乘马	一	三	一		一					六
马匹 驮马	二十四匹									
马匹 预备马	六匹									

附记

一、军官随从兵，军官各一名。

二、添设伙夫四名，马夫四名。

三、连内中士含有号长一名，上、一、二等兵内含有号兵二名，枪工、掌工、缝工、靴工各一名。

四、本表系就驮载式规定，如用他式，应酌量变通。

〔北洋政府陆军部档案〕

10. 陆军野战炮

（ ? 年

陆军野战炮兵旅编制表

区分		职	旅长	部附			旅副官		旅军械官	旅军需官	旅军医官	旅兽医官	团长	团附				团副官	营长	营附		营副官	连长	排长	司务长	士兵			
		官	中(少)将	上校	少校	上尉	少校	上(中)尉	中(少)校	二等军需正	二等军医正	二等兽医正	上校	中校	少校	上尉	中尉	上尉	少校	上尉	中尉	上(中)尉	上尉	中(少)尉	准尉	上士	中士	下士	正兵
旅司令部		人员	一	一	一	一	一	一	一	一	一	一														一	一	一	
		马匹	三	二	二	一	二	一	二	一	一	一														一	一	一	
团本部		人员											一	一	一	一	一	一								一	一	一	
		马匹											二	二	二	一	一	一								一	一	一	
野炮兵营（六）	本部	人员																	一	一	一	一				一	一	一	
		马匹																	二	一	一	一				一	一	一	
	一连	人员																					一	二	一	一	六	六	三二
		马匹																					一	二	一	一	六	六	
高射炮兵营（一）	本部	人员																	一	一	一	一				一	一	一	
		马匹																	二	一	一	一				一	一	一	
	一连（三）	人员																					一	二	一	一	三	六	六
		马匹																					一	二	一	一	三	六	
全旅（高射炮兵营野炮兵二团）合计		人员	一	一	一	一	一	一	一	一	一	一	二	二	二	二	二	二	七	七	七	七	二一	四二	二一	三一	一二七	一三六	六六〇
		人员	三	二	二	一	二	一	二	一	一	一	四	四	四	二	二	二	一四	七	七	七	二一	四二	二一	三一	一二七	一三六	

兵旅编制表

？月）

	团军需官	军需	军需军士	医兵	团兽医官	兽医	兽医兵	司药		司号长	号目	炮工长	铁工长	鞍工长	木工长	掌工长	缝工长	皮工长	雇员	伙夫	马夫目	马夫	合计
副兵	三等军需正	一（二、三）等军需	军需上（中）士	正兵	三等兽医正	一（二、三）等兽医	正兵	一等司药	二（三）等司药	少尉	中（下）士	上士	中士	中士	下士	下士	下士	下士					
										一									五	三		三	二五
										一									五				二五
	一				一			一	一	一									三	三	一	四	二六
	一				一			一	一	一									三				二一
		一	一			一					一	一	一	一	一	一	一	一	二	三		四	二九
		一	一			一					一	一	一	一	一	一	一	一	二				二三
六四				一			一												一	三		四	一二三
				一			一												一				二〇
		一	一			一					一	一	一	一	一	一	一	一	二	三		四	二九
		一	一			一					一	一	一	一	一	一	一	一	二				二三
一五六				一			一												一	三		四	一〇八
				一			一												一				一七
一三二〇	二	七	七	二一	一	七	二一	七	七	三	七	七	七	七	七	七	七	七	四六	九三	二	一二三	二八二七
	二	七	七	二一	一	七	二一	七	七	三	七	七	七	七	七	七	七	七	四六				六四八

附记

一、旅司令部附校尉各官，系为辅佐旅长管理全旅教育、检阅、动员等事而设。二、团附及营附尉官，系为专司通信及观测而设。三、各团附中校管该团教育，附少校管该团兵器，故团中不另设军械官。四、旅团司令部所需卫兵杂役，由各连轮流分遣。五、每连正副兵中含有号兵二，担架兵四，炮工、铁工、木工、鞍工、掌工、缝工、皮工各二。团通信兵三，营通信兵六。六、雇员、伙夫、马夫、目马夫等项，俟士兵教育堪任文牍书缮及杂务时，应即裁去。七、凡旅司令部、团营本部马夫、校官以上概归自用，尉官每员一名，其余每厩一名。各连马夫，每连按二厩计算，每厩二名。八、全旅军械、材料、挽马等项数量，另表密定之。

〔北洋政府陆军部档案〕

11. 陆军野战重炮兵旅编制表

（ ？年）

区分 \ 官 \ 职			旅长	部附			旅副官		旅军械官	旅军需官	旅军医官	旅兽医官	团长	团附	
			中（少）将	上校	少校	上尉	少校	上（中）尉	中（少）校	二等军需正	二等军医正	二等兽医正	上校	中校	少校
旅司令部		人员	一	一	一	一	一	一	一	一	一	一			
旅司令部		马匹	三	二	二	一	二	一	二	一	一	一			
团本部		人员											一	一	一
团本部		马匹											二	二	二
加农（榴弹）炮兵营	本部	人员													
加农（榴弹）炮兵营	本部	马匹													
加农（榴弹）炮兵营	一连	人员													
加农（榴弹）炮兵营	一连	马匹													
迫击炮兵营	本部	人员													
迫击炮兵营	本部	马匹													
迫击炮兵营	重迫击炮兵一连	人员													
迫击炮兵营	重迫击炮兵一连	马匹													
迫击炮兵营	轻迫击炮兵一连	人员													
迫击炮兵营	轻迫击炮兵一连	马匹													
全旅（野战重炮二团（每团加二营、榴一营）、迫击炮兵营）合计		人员	一	一	一	一	一	一	一	一	一	一	二	二	二
全旅（野战重炮二团（每团加二营、榴一营）、迫击炮兵营）合计		马匹	三	二	二	一	二	一	二	一	一	一	四	四	四

陆军野战重炮兵旅编制表

		团副官	营长	营附				营副官	连长	排长	连附		司务长	士		
上尉	中尉	上尉	少校	少校	上尉	中尉	少尉	上尉	上尉、	中（少）尉	中尉	少尉	准尉	上士	中士	下士
														一	一	一
														一	一	一
一	一	一												一	一	一
一	一	一												一	一	一
			一	一	一	一	一	一						一	一	一
			二	二	一	一	一	一						一	一	一
									一	二	一	一	一	一	六	六
									一	二	一	一	一	一	六	六
			一	一	一	一	一	一						一	一	一
			二	二	一	一	一	一						一	一	一
									一	二			一	一	六	六
									一	二			一	一	六	六
									一	二			一	一	一二	一三
									一	二			一	一	一二	一二
二	二	二	七	七	七	七	七	七	二一	四二	一八	一八	二一	三一	一三六	二三六
二	二	二	一四	一四	七	七	七	七	二一	四二	一八	一八	二一	三一	二三六	三三六

兵 正兵	兵 副兵	团军需官 三等军需正	军需 一(二、三)等军需	军需军士 军需上(中)士	团军医官 三等军医正	军医 一(二、三)等军医	军医军士 军医上(中)士	医兵 正兵	团兽医官 三等兽医正	兽医 一(二、三)等兽医	兽医兵 正兵	司药 一等司药	司药 二(三)等司药	司号长 中(少)尉	号目 中(下)士	炮工长 上士
														一		
														一		
		一			一				一			一	一	一		
		一			一				一			一	一	一		
			一	一		一	一			一					一	一
			一	一		一	一			一					一	一
三六	七二							一			一					
								一			一					
			一	一		一	一			一					一	一
			一	一		一	一			一					一	一
三六	七二							一			一					
								一			一					
四八	九六							一			一					
								一			一					
七二二	一四四四	二	七	七	二	七	七	二二	二	七	二二	七	七	三	七	七
		二	七	七	二	七	七	二二	二	七	二二	七	七	三	七	七

合计	马夫	马夫目	伙夫	雇员	皮工长	缝工长	掌工长	木工长	鞍工长	铁工长
计					下士	下士	下士	下士	中士	中士
二五	三		三	五						
二五				五						
二六	四	一	三	三						
二二				三						
三一	四		三	二	一	一	一	一	一	一
二六				二	一	一	一	一	一	一
一三七	四		三	一						
二二				一						
三一	四		三	二	一	一	一	一	一	一
二六				二	一	一	一	一	一	一
一三五	四		三	一						
二〇				一						
一七五										
三一										
三〇六八	一一九	二	九三	四五	七	七	七	七	七	七
七一四	[illegible]			四五	七	七	七	七	七	七

附记

一、旅司令部附校尉各官，系为辅佐旅长管理全旅教育检阅动员等事而设。
二、团附及营附尉官，系为专司通信及观测而设。
三、各团附中校管该团教育，附少校管该团兵器，故在团中不另设军械官。
四、重炮兵内各项技术及侦察观测事务为繁杂，故于各连设连附尉官二名。
五、旅司令部中所需卫兵杂役，由各连轮流分遣。
六、每连正副兵中含有号兵担架兵四，炮工、铁工、鞍工、木工、掌工、缝工、皮工各二。团通信兵三，营通信兵六。
七、雇员、伙夫、马夫目、马夫等项，俟士兵教育堪任文牍书缮及各项杂务时，应即裁去。
八、凡旅司令部、团、营本部马夫，校官以上概归自用，尉官每员一名，其余每厩一名。各连马夫，每连按二厩计算，每厩一名。
九、全旅军械、材料、挽马等项数量另定之。

〔北洋政府陆军部档案〕

12. 交通旅统系编制表

（? 年? 月）

交　通　旅　统　系　表

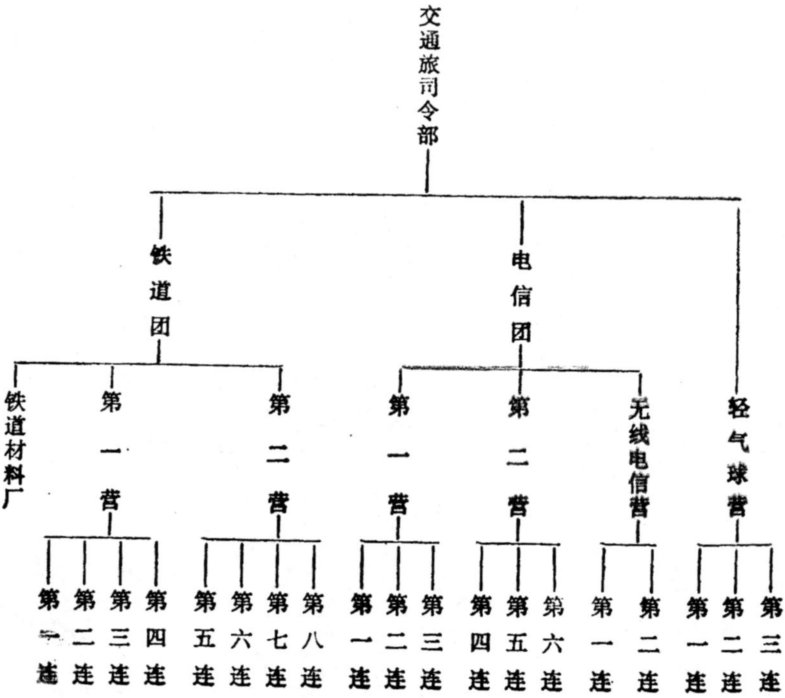

陆军交通旅司令部编制表

职	官	人员	乘马
旅长	少将	一	二
参谋	中（少）校	一	一
旅副官	少校	一	一
	上尉	一	一
	上士	二	
	中（下）士	二	
	一二等兵	八	
合计		一六	五
	二三等军需正	一	一
	二三等军医正	一	一
	二三等兽医正	一	一
	二三等法官	一	一
	一二等军需	一	
	一二等司药	二	
	军需军士	二	
合计		九	四
总计		二五	九

附记

一、旅司令部应设书记二员，勷办一切文牍。其缮写事务，由军士担任。

二、旅长用随从兵二名，参谋以下军官各一名。

三、旅司令部设火夫二名，马夫二名。

四、旅司令部内一、二等兵，由各队兵内挑选，每三个月更换一次。

铁道团编制表

区分 \ 职 / 官		团长 上校	团附 中校	团附 少校	团副官 上尉	营长 处长 少校	营副官 上(中)尉	连长 上尉	中少尉	司务长 准尉	上士	中士	下士	上等兵
团本部	人员	一	一	一	一						二	二	三	
	乘马	二	二	二	一									
营本部	人员					一	一				一		一	
	乘马					二	一							
陆军铁道营业教练处	人员					一	三			一	一	二	二	
	乘马					一								
一连	人员							一	五	一	二	四	九	一六
	乘马							一						
合计一营(四连)	人员					一	一	四	二〇	四	九	一六	三七	六四
	乘马					二	一	四						
一团(二营)合计	人员	一	二	二	一	三	六	八	四〇	九	二一	三六	七九	一二八
	乘马	二	二		一	五	三	八						

二、三等司药	看护军士	一、二、三等军医	三等军医正	军需军士	一、二、三等军需	三等军需正	合计	二等兵	一等兵
一	一		一	一		一	一一		
							五		
	一	一		一	一		四		
							三		
							一〇		
							一六〇	七〇	五二
							一		
	一	一		一	一		六四四	二八〇	二〇八
							七		
一	三	二	一	三	二	一	一三一〇	五六〇	四一六
							二一		

炮兵枪工军士	炮兵木工军士	炮兵锻工军士	缝工军士	靴工军士	合计	总计
					五	一六
						五
一	一	一	一	一	九	一三
						三
						一〇
						一六〇
						一
一	一	一	一	一	九	六五三
						七
二	二	二	二	二	二三	一三三三
					二一	二一

附记

一、团本部雇用书记二名，勷办文牍。其缮写事务，由军士担任。

二、团本部得雇用技士若干员，以为助教专门学科教育及修理机械之用。

三、军官随从兵，团长二名，以下军官各一名。

四、团本部设火夫二名，马夫四名。营业教练处设火夫一名，马夫一名。各营设马夫二名。各连设火夫五名。营本部火食，由营长指明归某连办理。

五、团本部上士内含有号长一名。各营下士内含有号长一名。各连一、二等兵内含有枪兵名，木工、锻工、缝工、靴工及号兵各四名，看护兵一名。

六、团本部除表载乘马外，得设预备马六匹至十四，以备技士乘用，及为勘察之用。

电信团编制表

区分 \ 职 / 官		团长 上校	团附 中(少)校	团副官 上尉	营长 少校	营附 上尉	营副官 中(少)尉	连长 上尉	中少尉	司务长 准尉	上士	中士	下士
团本部	人员	一	一	一							二	二	一
	乘马	二	一	一									
营本部	人员				一	一	一				一	二	一
	乘马				二	一	一						
一连	人员							一	四	一	一	九	九
	乘马												
一(三连)营	人员				一	一	一	三	一二	三	四	一二	一〇
	乘马				二	一	一	三	一二				
一(二营)团	人员	一	一	一	二	二	二	六	二四	六	一〇	二四	二一
	乘马	二	一	一	四	二	二	六	二四				

木工军士	锻工军士	看护军士	军需军士	二、三等兽医	一、二等司药	一、二、三等军医	三等军医正	一、二、三等军需	三等军需正	合计	二等兵	一等兵	上等兵
二	二	三	三	一	二	二	一	二	一	八			
							一		一	四			
										七			
										四			
										一八五	七八	五四	二八
										五二六	二三四	二六二	八四
										一九			
二	二	三	三	一	二	二	一	二	一	一〇六〇	四六八	三二四	一六八
							一		一	四三			

总计		六〇	七	四	一八五		五二六	一九	一〇八五	四四
合计	二五	二							二五	
靴工军士	二								二	
缝工军士	二								二	
掌工军士	二								二	

附记

九、电信团内设有无线电信营一营，因其编制不同。另为别表。

八、团本部除表载乘马外，应设预备马四匹或六匹，以备技士或通信兵练习之用。

七、各连设自行车二架，指定上、一等兵若干名，专事练习，以为演习时传达之用。

六、团本部上士内含有号长一名。各营军士内含号长一名。各连一、二等兵内含有锻工、木工、缝工、靴工各二名，看护兵一名，号兵四名。

五、团本部设伙夫二名，马夫四名。各营本部设马夫五名。各连设火夫五名。营本部伙食，营长指明归某连办理。

四、军官随从兵，团长二名，以下军官各一名。

三、各营、连演习时，如需用输送官兵，均由辎重营拨用。

二、团本部得雇用技士二员，以为补助专门学科教育及修理机械之用。

一、团本部得设书记二员勷办文牍事宜。其缮写事务，由军士担任。

无线电信营编制表

区分		营长 少校	营附 上尉	营副官 中(少)尉	连长 上尉	中少尉	司务长 准尉	上士	中士	下士	上等兵	一等兵	二等兵	合计	一二等军需	一二等军医	二三等兽医	二三等司药	军需军士	看护军士	锻工军士	木工军士	掌工军士	缝工军士	靴工军士	合计	总计
营本部	人员	一	一	一				二	一	一				七	一	一	一	一	一	一	一	一	一	一	一	一一	一八
	乘马	二	一	一										四													四
一连	人员				一	三	一	一	七	七	一六	四六	七〇	一五二													一五二
	乘马				一	三								四													四
一(二连)营	人员	一	一	一	二	六	二	四	一五	一五	三二	九二	一四〇	三一一	一	一	一	一	一	一	一	一	一	一	一	一一	三二二
	乘马	二	一	一	二	六								一二													一二

附记

一、营本部设书记一员，勷办文牍事宜。其缮写事务，由军士担任。

二、军官随从兵，自营长以下均各一名。

三、全营设马夫十二名。每连伙夫四名。营本部伙食，由营长指明归某连办理。

四、营本部军士内一名为号长。各连一二等兵内含有铁工、木工、缝工、靴工各二名，看护兵一名，号兵四名。

五、每连应设驮马二十四匹，以为驮载电信机件之用。

轻气球营编制表

区分		营长 中(少)校	营附 上尉	营副官 中(少)尉	连长 上尉	中(少)尉	司务长 准尉	上士	中士	下士	上等兵	一等兵	二等兵	合计	一等军需	一、二等军医	一、二等兽医	二、三等司药	军需军士	看护军士	技士	锻工军士	木工军士	缝工军士	靴工军士	合计	总计
营本部	人员	一	一	一				二	一	一				七	一	一	一	一	一	一	二	一	一	一	一	一一	一九
营本部	乘马	二	一	一										四													四
一连	人员				一	三	一	一	七	六	二四	四〇	六二	一四五													一四五
一连	乘马				一	三								四													四
一(三连)营	人员	一	一	一	三	九	三	五	二二	一九	七二	一二〇	一六八	四二四	一	一	一	一	一	一	二	一	一	一	一	一一	四三五
一(三连)营	乘马	二	一	一	三	九								一六													一六

附记

一、营本部雇用书记一名，勷办文牍事宜。其缮写事务，由营本部军士担任。

二、营本部得雇用技士二员，以为补助专门教育及修理机械之用。

三、军官随从兵，营长以下均各一名。

四、营本部军士内含有号长一名。各连一、二等兵内含有铁工、木工、缝工、靴工二名，看护兵一名，号兵四名。

五、全营设马夫八名。各连伙夫四名。营本部伙食，由营长指明某连办理。

六、演习时所需之车辆及额送官兵，由辎重营拨用。

〔北洋政府陆军部档案〕

三、禁卫军、拱卫军

1. 大总统为改组节制禁卫军办公机关并另刊关防交陆军部查照批令

（1915年3月2日）

大总统批令

宣武上将军、节制禁卫军事宜冯国璋呈报改组节制禁卫军办公机关，并另刊关防，请鉴由

呈悉。交陆军部查照。此批。

中华民国四年三月二日

国务卿　徐世昌

〔政府公报，1915年3月3日，第1011号〕

2. 冯国璋拟订节制禁卫军事宜办公处人员编制额数呈

（1915年4月9日）

宣武上将军、节制禁卫军事宜冯国璋呈，拟订节制禁卫军事宜办公处人员编制额数，缮摺陈鉴文，并批令

为呈报拟订节制禁卫军事宜办公处人员编制额数，缮摺具陈，仰祈钧鉴事：窃国璋于本年二月二十八日呈报改组节制禁卫军办公机关，并另刊关防，呈内声明应设人员编制额数薪饷，容俟拟订再行开呈等情。奉批：呈悉。交陆军部查照。等因。奉此。当经国璋悉心拟订。查前禁卫军司令处系分处办事，额设繁多，兹既遵令取销，所有改组机关，自应去繁就简，以期节省而免糜费。查军事机关范围虽可缩小，而名目不得不备，苟不完全组织，则事

无统系，即责无所归。兹拟就前军司令处住址，为禁卫军办公处。内设军事谘议一员，就近赞划戎机，及综理全处一切事宜。并酌留原有参谋、秘书、副官、军械、军法、军医等官，暨司事、司书等员，辅助壹是。惟全军粮饷、服装，事繁责重。在昔禁卫军全驻京都时，筹备饷服，已属纷繁，现南北分途，来往运输，尤多周折。拟将原有之军需处改编为粮饷局，设总办、帮办各一员，一、二、三等军需官各数员，分布办理。原有之军米场、军装库暨工程处各员司，概仍其旧。似此，则平时责任各有攸归，即临事筹维亦较易措手。但前在军司令处办事人员甚夥，此次改编被裁，弃之殊为可惜。除业经择优恳请采用并请交模范团外，其余斟酌暂到差遣名目，以为将来任使地步。一俟另派他差，即行逐渐截裁，以昭核实。至全处人员应领薪饷，均拟按照前军司令处章程办理。计此次改编，较之前军司令处，计每月约可截余款项三千余两，当即作正开销，俾资挹注。所有拟订节制禁卫军办公处人员编制额数，理合开呈清摺，呈请大总统鉴核，伏乞批示遵行。谨呈。

批令：呈悉。交财政、陆军两部查照。摺并发。此批。

中华民国四年四月九日

国务卿　徐世昌

〔政府公报，1915年4月12日，第1051号〕

3. 禁卫军军师协司令处人员职掌规则附编制表

（？年？月）

禁卫军军司令处人员职掌规则

第一条　军统

军统直隶大总统，统御全军。

第二条　参谋处

一、参谋处长辅佐军统，筹划本军一切机务。

二、参谋处长统筹司令处内之事务，其余各处遇有事务，当商同参谋处长酌核，承军统命令实行之。

三、军统有事公出时，处内事务则参谋处长代行。

四、军统有事公出时，遇有紧要事件关于某处事务，则会同某处处长办理。参谋处长可再会同师长以军统之名颁发军命令。

五、参谋有按参谋、陆军两部所规定之一切编制、教育、补充等各条例，计划实行之责。

六、参谋有监察各旅、团、营一切操法教育之责。

七、凡编练一切事项，参谋官有计划之责。

八、规定平时战时服装、军械、弹药、粮秣、器具、材料等事宜。

九、筹划平时人员马匹补充办法。

十、汇定全军教育计划及各项教育办法。

十一、查勘营房地基事宜。

十二、筹订战时编制一切事宜。

十三、准备出师一切事宜。

十四、研究一切编制事宜。

十五、关于作战计划事宜。

第三条　副官处

一、管理平时人员、马匹各名簿及人员之补充，考查各旅、团、营关于经理各事宜。

二、调制全军人员统计表。

三、军司令处物品之补充。

四、掌理日日命令所关事务及命令之传达。

五、掌理司令处内之人事攸关事宜。

六、掌管各项命令之勤务。

七、掌管来往文牍、信件之传达。

八、经理司令处内一切之庶务。

九、管理司令处内之马弁、护兵、匠夫。

十、维持司令处内之军纪、风纪。

十一、管理司令处之守卫事宜。

第四条　秘书处

一、掌管一切来往文牍事宜。

二、管理全军人员名册。

三、经理军统关防。

第五条　军械处

一、拟定置办本军军械军火办法各事宜。

二、掌管经理武库存储军械事宜。

三、各营军械遇有损坏应行修补事宜，并管理修械所。

四、发给及考查各旅、团、营军械各事宜。

五、按年检查各旅、团、营保存军械军火之法各事宜。

六、出师准备应行筹备军械军火事宜。

七、调查出师时各处军械军火之堪备战用数目事宜。

八、拟定保存检查军械军火各项规则事宜。

九、筹备全军购造军火事宜。

第六条　军法处

一、掌管全军司法事宜。

二、照陆军部所定陆军通行章程，审判本军军事罪犯，并检查军事罪案等事宜。

三、复核各旅、团、营所呈审拟罪犯，并所拟罪案等事宜。

四、遇有罪案必须搜寻证据之时，即行通知警察队事宜。

五、办理特赦及移送军事罪犯等事宜。

六、办理战时俘虏事宜。

七、汇送全军罪犯及惩罚过失统计表，并全军军事司法统计事宜。

八、稽核全军科罪充公银钱、物产及移交事宜。

九、管理监治所事宜。

十、全军官佐遇有解释法律事项应详细罄告事宜。

十一、预订出师时关于国际公法各项条规事宜。

第七条 军需处

一、管理全军粮饷、服装、器具、材料及一切零具领发、购置、保存各事宜。

二、考查全军各旅、团、营军装保存各事宜。

三、每月发饷事宜。

四、支发军米事宜。

五、存储军米事宜。

六、建筑营房事宜。

七、筹备出师服装、器具、材料事宜。

八、筹备计算战时应需之粮饷、服装、器具、材料及一切零具事宜。

九、置办服装、器〔具〕、材料及一切零具事宜。

十、承办本军预算、决算事宜。

十一、管理粮秣场、军火场、皮工厂、军装库等事宜。

十二、经理本处收支事宜。

第八条 军医处

一、防范瘟疫事宜。

二、综理全军官佐目兵疾病事医医治事宜。

三、考查各营军医治病得失事宜。

四、调查人员每月疾病汇列比较表册事宜。

五、编制卫生队事宜。

六、调查卫生队材料事宜。

七、考查各营衣食是否与卫生相宜事宜。

八、考查营房关系卫生上应研究事宜。

九、检查各营井水饮料是否与卫生相宜事宜。

十、采办医药事宜。

十一、出师准备组织各项野战后路病院事宜。

十二、调查关系卫生上应行统计各表册事宜。

十三、筹拟改善看护救急等教科书事宜。

十四、教授各营医目兵科学事宜。

十五、考试选定医官长生及医目兵事宜。

十六、管理本军马医院事宜。

十七、监督本军各医所及中医所事宜。

十八、查验兵丁体格是否适于当兵事宜。

十九、查核本军人员病伤告退诊验事宜。

二十、考查各团、营马匹卫生事宜，并监督马医院。

禁卫军师司令处人员职掌规则

一、师长直接军统，统辖全师。

二、参谋官辅佐统制，筹画机务。

三、副官经理司令处内一切之庶务及命令之传达。

四、书记官经理来往文牍、信件及管理统制关防并全师人员册籍。

五、军法官核定全师司法事宜。

六、军需官经理考查全师粮饷、服装一切事宜。

七、军械官经理考查全师军械、军火保存等事宜。

八、军医官考查全师卫生、医药等事宜。

九、马医官考查全师马匹卫生及伤病马疗治法并医药等事。

十、司号官管理全师号兵之教育及吹奏号令。

禁卫军协司令处人员职掌规则

一、统领直接统制，统辖全协。

二、参军官辅佐统领，参画机宜。

三、副官经理协司令处内一切之庶务及命令之传达。

四、书记官经理一切文牍、信件并统领关防及全协人员册籍文件。

五、司号长管理全协号兵之教育及吹奏号令。

（附表见第191、192、193页）

4. 冯国璋转报王廷桢就任禁卫军统制呈

（1912年9月15日）

禁卫军军统、直隶都督冯国璋呈大总统，转报统制王廷桢祗领关防任事日期文

为呈报事：窃据禁卫军统制王廷桢呈称：奉札开：中华民国元年九月初七日奉临时大总统令：任命王廷桢充禁卫军统制并加陆军中将衔。此令。合行札委。札到，该统制即便遵照。所有统制关防一颗，一并发交祗领。等因。奉此。遵即祗领，于本年初十日成镇任事，启用关防。理合备文呈报。等情。理合呈报钧鉴。谨呈。

中华民国元年九月十五日

〔政府公报，1912年9月21日，第144号〕

5. 张士钰关于接任拱卫军总司令咨呈

（1913年7月27日）

为咨呈事：本月十六日军事处抄奉大总统令：段芝贵现派出差，所有拱卫军总司令著高等军事参议张士钰护理等因。奉此。旋于十九日准段军长移开：本月十六日奉大总统令，任命段芝贵为第一军军统；同时又奉大总统令，任命段芝贵为江西宣抚使；其拱卫军总司令官，以高等军事参议张士钰护理。等因。奉此。除将各项册籍、卷宗暂行留部外，所有木质关防一颗，理合送交贵

禁卫军军司令处人员编制表

阶级＼区别	军官：军统	军官：参谋处	军官：副官处	军官：军械处	军佐：秘书处	军佐：军需处	军佐：军法处	军佐：军医处	军佐：书记长	军佐：司事生	军佐：司书生	军佐：绘图生	军佐：司药生	统计
上将	一													一
中将														
少将		一												一
上校		二	一	一	一	一	一	一						九
中校		二	三	二	二	三	三	三						十九
少校		三	三	二	二	三		二						十五
上尉			四	三	一	二		二	六					十八
中尉										六				六
少尉											廿五	三	一	廿九

附记

一、军司令处附设军米场、皮工厂、武库二所，计四所，并军司令处专电夫等，共用夫役六十余名。

二、书记长、司事、司书等附属于各处。

三、军司令处附设稽查、差遣、杂技教习等若干员。

四、各处因事之繁简。亦有临时变通之处。

五、军司令处马弁目、马弁十七名，护目兵四十四名。

禁卫军师司令处人员编制表

区别／阶级	师长	参谋官	副官	军械官	军法官	军医官	军需官	书记官	司事生	司书生	司号官
上将											
中将	一										
少将											
上校											
中校			一	一	一	一	一	一			
少校		一			一	一 马医					
上尉		一	一				二				
中尉									四		一
少尉										一三	

附记

一、师司令处系暂行编制。

一、火夫三名，分属于马弁、护兵等。
二名，分属于各处。

一、司令处附设马弁目一、弁八、护目一、兵二十二等，计三十

禁卫军步队协司令处人员编制表

阶级＼区别	统领	参军官	副官	书记官	司书生	司号长	附记
上将							一、协司令处附设护目一、护兵四名、火夫一名。
中将							
少将	一						
上校							
中校							
少校		一		一			
上尉			一				
中尉							
少尉					二	一	

〔北洋政府禁卫军档案〕

总司令，以专责成。为此，备文移交，即希察收见复。等因。准此。除将木质关防一颗接收任事并分别呈报咨行外，理合备文咨呈，谨请察核施行。须至咨呈者。右咨呈

陆军部

中华民国二年七月廿七日

〔北洋政府陆军部档案〕

6．李进才就任拱卫军总司令官领到简任状咨

(1914年11月24日)

为咨会事：案照前奉暂行代理拱卫军总司令，业经呈报分别咨行在案。本年十月二十四日，奉大总统策令：任命陆军中将李进才为拱卫军总司令官。此令。等因。当即遵奉继续任职。兹于十一月十九日承准统率办事处将简任状转送前来，即日敬谨祗领。除分别呈报咨行外，相应咨请贵济查照。此咨

陆军部

拱卫军总司令　李进才

中华民国三年十一月二十四日

〔北洋政府陆军部档案〕

（三）中央各师、中央暂编各师等编练及其主官任免

一、中央各师

1. 陆军部编中央及各省区现有军队暨将领姓名驻地一览表

（1919年3月）

中央及各省区现有军队暨将领姓名驻扎地点一览表

民国八年三月陆军部军务司制

中央及各省区现有军队暨将领姓名驻扎地点一览表

区别	队号名称	将领姓名	驻扎地点	备考
中央	陆军第一师	蔡成勋	绥远	
	陆军第二师	王占元	武昌	
	陆军第三师	吴佩孚	祁阳	
	陆军第四师	杨善德	杭州	骑兵团驻库伦
	陆军第五师	张树元	济南	
	陆军第六师	齐燮元	南京	
	陆军第七师	张敬尧	长沙	洛阳仍住有营底，骑兵一营住库伦。
	陆军第八师	王汝贤	沙市	
	陆军第九师	魏宗瀚	南苑	派一支队赴双城子，又一团赴福建。
	陆军第十师	卢永祥	上海	
	陆军第十一师	李奎元	长沙	

陆军第十二师	陈光远	南昌	
陆军第十三师	李进才	西苑	第二十五旅旅部及步兵第四十九团暂归察哈尔都统节制。
陆军第十五师	刘　询	南苑	
陆军第十六师	王廷桢	浦镇	
陆军第十八师	王懋赏	宜昌	
陆军第二十师	范国璋	岳州	
参战军第一师	曲同丰	北苑	
参战军第二师	马　良	济南	
参战军第三师	陈文运	保定	
陆军第一混成旅	潘鸿钧	攸县	
陆军第二混成旅	刘跃龙	宜昌	
陆军第四混成旅	张锡元	渭南	
陆军第六混成旅	张宗昌	攸县	
陆军第七混成旅	唐天喜	兖州	
陆军第八混成旅	徐占凤	郑州	
陆军第十三混成旅	李炳之	秭归	
陆军第十五混成旅	王鸿恩	南郑	
陆军第十六混成旅	冯玉祥	常德	
陆军第十七混成旅	张联陞	郧阳	

陆军第十八混成旅	赵荣华	襄阳	
陆军第二十混成旅	吴长植	济宁	
陆军第二十一混成旅	孙传芳	武昌	
陆军第二十四混成旅	王永泉	延平	
西北边防军第一混成旅	宋邦翰	洛阳	
西北边防军第二混成旅	宋子扬	廊坊	
西北边防军第三混成旅	褚其祥	宣化	
西北边防军第四混成旅	张鼎勋	洛阳	
陆军第七师补充第一旅	刘振玉	长沙	
陆军第七师补充第二旅	刘朝臣	湘潭	
振武军第一混成旅 振武军第二混成旅 振武军第三混成旅 振武军混成团	龙济光	小站马厂	
补充兵两旅、步兵一团及十大队、山炮一营、卫队一营、机关枪四连、工兵两营、技术队一队	吴光新	荆宜一带	每大队同一营
毅军三十三营五哨	姜桂题	热河	内有十营驻河南

	新安武军七路五十八营	倪嗣冲兼	安徽徐州	统领殷恭先、张文生、钱广汉、陈德修、李绍臣、杨瑞文。
	镇嵩军马步炮计十五营	刘镇华	西安	
	第四师补充团	刘　汉	杭州	
	第十师补充步兵第一团 第十师补充步兵第二团	郑俊彦	上海	
	参战军独立团	臧式毅	洛阳	
	陆军混成营	杜　奎	北京	
	京师宪兵八连	陈兴亚	北京	
	京畿宪兵五连	张辅汉	上海	
	陆军无线电报连	潘恩桐	北京	
	马队一哨		西藏	
	新添骑兵连		乌梁海	
	暂编陆军第一混成团	王康福	醴陵	
直隶	直隶第一混成旅	王承斌	耒阳	
	直隶第二混成旅	阎相文		
	直隶第三混成旅	萧耀南	衡阳	
	直隶第四混成旅	曹　锳	马厂	

	直隶第五混成旅	商德全	德县	
	直隶卫队混成旅	周符麟	大名、保定	
	直隶补充第一旅	王用中	保定	
	直隶补充第二旅	龚汉治	顺德	
	直隶补充第三旅	彭寿莘	保定	
	宪兵两营	李荣殿	保定	
	稽查处步兵三营	白恩荣	正定	
奉天	陆军第二十七师	孙烈臣	奉天	
	陆军第二十八师	汲金纯	锦州、北镇	
	陆军第二十九师	吴俊陞	洮南	五十七旅曾派步骑兵各一团、炮兵两连、辎重一连、机枪一连、卫生队半队赴黑省协防。
	奉天暂编第一师	张景惠	湖南岳州	
	奉天第一混成旅	蔡平本	直隶静海	
	奉天暂编第二混成旅	郑殿陞	新民、昌图	
	奉天暂编第三混成旅	张作相	辽阳、召安	
	奉天暂编第五混成旅	刘香九	西丰、柳河	

	奉天第六混成旅	梁朝栋	湖南岳州	
	奉天第七混成旅	王良臣	河南郑州	
	赴陕剿匪军第一补充旅	鲍德山	陕西兴平	司令许兰洲
	赴陕剿匪军第三混成旅	王锡品		
	赴陕剿匪军骑兵第一团	尚毓赞		
	奉天第二补充旅	陈锡武	河南洛阳	
	奉天巡防右路 步兵七营 骑兵一营 炮兵一连	马龙潭	凤城、临江	
	奉天骑兵独立营	梁 泮	长辛店	
	奉天步兵独立营	张作舟	廊坊	
	奉天补充第一营	赵万发	陕西兴平	
	奉天补充第二营	姚维忠	陕西兴平	
	奉天军械厂附属弹药队两连			
	宪兵营	王文华	奉天	
	卫队营	俞恩桂	奉天	
吉林	吉林第一师	高士傧	哈尔滨	
	吉林第一混成旅	裴其勋	长春	

	吉林第二混成旅	高凤城	省城、东江沿	
	吉林第三混成旅	陶祥贵	省城	
	吉林第四混成旅	高峻峰	省城	
	吉林第五混成旅	么培珍	省城	
	卫队步兵营	王书年	省城	
	卫队骑兵营	孟殷严	省城	
	宪兵营	刘继武	省城	
	军乐连		省城	
黑龙江	陆军第十九混成旅	鲍贵卿兼	省城	
	黑龙江第一混成旅	李庆禄	绥化县	
	黑龙江第二混成旅	张明九	省城	
	黑龙江骑兵第一旅	袁庆恩	宁拉尔基站	
	黑龙江骑兵第二旅	张奎武	省城	
	第一混成团	吴士杰	爱珲县	
	第二混成团	李梦庚	呼兰县	

	炮兵一营		省城、黑河	
	机枪一连		省城、满洲里	
	宪兵一营		省城、呼兰县	
	军乐一队		省城	
山东	陆军第四十七混成旅	马良兼	济南	
	山东第一混成旅	张克瑶	湖南攸县	
	山东第二混成旅	朱泮藻	烟台	
	山东第三混成旅	张培荣	曹州	
	山东第四混成旅	张善义	聊城	
	山东第五混成旅	李森	诸城	
	山东守备队步兵三营马炮各一连	戴以庸	惠民	
	山东新军步兵三团马炮队各一营	何锋钰	济南	
	山东补充第一旅	陈宝龙	高唐	
	山东补充第二旅	张怀斌	济南	
	卫队步兵第一营	田凤来	省长公署	

	卫队步兵第二营	白云峰	平原腰站	
	卫队骑兵第一营	梁作钧	济南	
	卫队骑兵第二营	李恪琭	桓台	
河南	河南第一混成旅	成　慎	开封	
	河南第二混成旅	柴得贵	开封	
	河南宪兵一营	张永胜	开封、许昌	
	河南步兵八营 骑兵一营			
	宏威军第一路炮兵一营 工兵二连 机关枪二连	赵　杰	开封、宜阳	
	河南宏威军第二路步兵八营 骑兵一营 混成营一营	宝德全	商邱、鹿邑	
	留豫先锋队左翼步兵四营 骑兵一营 炮兵一营	吴庆桐	南阳、荆紫关	
	先锋队右翼步兵六营			
	前防巡路队步兵六营 马兵一营 炮兵二营	田作霖	叶县、方城	
	游击队步兵二营 马兵二营	袁步黄	开封、通许	

	新练巡防队步兵三营又一哨	德启	开封、新郑	
	南路巡缉队步兵三营	袁家骥	信阳、明港	
	豫北步骑兵各一营	方有田	沁阳	
山西	山西第一混成旅	商震	太原	
	山西第二混成旅	马开崧	河曲	
	山西第三混成旅	孔繁蔚	离石	
	山西第四混成旅	赵载〔戴〕文	右玉	
	山西第五混成旅	李敏	潞安	
	山西第一混成团	张树帜	天镇、大同	
	山西第二混成团	张培梅	河津、临汾	
	宪兵两营	张建	大同平阳	
江苏	江苏第二师	朱熙	苏州	
	陆军第十九师	杨春普	镇江	
	江苏第七十四混成旅	陈调元	徐州	

	江苏第七十六混成旅	张仁奎	海门	
	江苏第一混成旅	马玉仁	淮阴	
	备补步兵四团 骑炮各一营	白宝山	溧阳	
	江苏第一补充旅	黄振魁	南京	
	江苏第二补充旅	李殿臣	南京	
	江苏第三补充旅	吴恒瓒	南京	
	江苏宪兵队五大队	杨恩培	南京	
安徽	安武军 步队四十一营又一哨 马队一营又一哨 炮队一营又一哨 机关枪两连 军乐队一队	倪嗣冲	安庆、芜湖 宣城、蚌埠	统领马联甲、李传业、高振善、邱昌锦、李玉麟。
江西	陆军第三混成旅	陈光远	信丰、龙南	
	陆军第九混成旅	丁效兰	南康	
	江西步兵第二旅	王炽廷	大庾	
	江西步兵第一团	李宣魁	萍乡	
	省防步兵第一团	刘殿军	莲花	

	省防步兵第二团	宋焕彩	沸口、玉山	
	省防步兵第三团	郝贤林	赣县、寻邬	
	省防步兵第四团	徐世法	九江、湖口	
	省防炮兵一营	丁宝中	莲花	
	江西宪兵一营	刘秉钧	省城、九江	
	卫队营		省城	
湖南	陆军第五混成旅	朱泽黄	长沙	
	湖南第一师	田树勋	宝庆	
	湖南第二师	吴新田	长沙	
	湖南第一混成旅	张敬汤	长沙	
	湖南第二混成旅	杨缵绪	新化、安化	
	湖南第三混成旅	顾琢塘	长沙	
	湖南守备队八营	王正雅	澧县、大庸	
	湖南守备队六营	卿衡	慈利、大庸	
	湖南守备队四营	赵春庭	衡州	

	湖南清乡队七营	王铸人	平江、益阳
湖北	湖北步兵第一旅	尹同愈	武昌
	湖北步兵第二旅	南元超	武昌
	湖北第三混成旅	卢金山	新堤、沔阳、巴东
	湖北第四混成旅	刘佐龙	德安
	湖北骑兵营一营	周鸿胜	武昌
	湖北辎重营一营	刘　澈	武昌
	湖北宪兵营一营	贾起鹤	武昌
	督军署卫队营	武殿奎	武昌
	巡缉队步兵三营	杜锡钧	汉口、新堤
	督军署军乐连	张启鹏	武昌
	督军署马卫队一连	冯华国	武昌
四川	陆军第二十一师	刘存厚	南郑
	陆军第二十二师	钟体道	南郑
福建	福建第　一　师	姚建屏	延平
	福建第　二　师	臧致平	厦门

	福建第一混成旅	周永桂	福州	
	陆军第十混成旅	贾文祥	泉州	
	陆军第十一混成旅	王　麒	福州	
	福建第一混成团	徐镜清	建宁	
	福建独立第一团	王献臣	省垣	
	福建独立第二团	陈得才	省垣	
	福建独立第三团	史书年	厦门	
	福建独立第四团	史廷飏	厦门	
	卫队营	王殿臣	福州	
浙江	浙江第一师	童保暄	厦门	
	浙江第二师	张载阳	杭州	
	督军署卫队第一团	周锦成	杭州	
	督军署卫队第二团	田继成		
	宪兵一营	司令陈乐山	杭州、镇海	
	炮台守兵一营	张伯岐	杭垣	
陕西	陕西第一混成旅	刘世珑	大荔、朝邑等县	
	陕西第二混成旅	张金印	兴平、武功等县	

陕西第三混成旅	张宝麟	城洋、宁佛等县
陕西骑兵旅	井岳秀	榆林
陕西宪兵营	路孝愉	省城
陕西步兵第三旅	白鸿仪兼	孝义、渭河
陕西步兵第四旅	王飞虎	省城
陕西步兵第五旅	李天佐	蒲城
陕西步兵第六旅	白鸿仪	醴泉、咸阳等县
第一混成团	张鸿远	武功
教育混成团	陈　建	省城
骑兵第一团	张　藩	省城
骑兵第二团	曹　康	华田
骑兵第三团	美宏模	固市
骑兵第四团	劳　晔	蒲城
步兵〔卫〕队第一营	张　藩	安康
步卫队第二营	左　周	省城
步卫队第三营	常兆麟	阡东镇
马卫队第一营	曹鸿顺	草滩镇
马卫队第二营	李忠正	新福镇
马卫队第三营	王国胜	子午镇

	补充第一营	简清洁	东关	
	补充第二营	张茂森	赵村镇	
	补充第三营	孙继善	长安	
	陕北镇守使署卫队步营	高双城	榆林	
	省防司令部步兵三营	张金印兼	省城	
甘肃	新建左军 步 五 马兵一营 炮 一	吴攀桂	阴平、天水、陇县	一部分由吴使率防汧阳
	新建右军 步马兵六一营	吴桐仁	秦州、狄道、伏羌	马兵驻省城
	省垣巡防 步马兵二一营哨	孔繁铨	省城	
	亲军 步 四 营 炮兵一 马 二连	孔繁锦	出防陕境汧阳县	
	陇东巡防 步三十三 马兵四营 炮 一	陆洪涛	永寿、邠县、泾川一带	
	甘海边巡宁防 步马兵九四营	马麒	西宁、大通	
	宁武夏巡昭防 步马炮兵八七一营	马福祥	宁夏盐池	
	甘州巡防 步马兵三一营哨	马麟	甘州、凉州	

	肃州巡防 步兵四营 马兵一营	刘忠樑	肃州、酒泉、嘉峪关	
	秦州巡防 步兵四营又一哨 马兵一营 炮兵一排	胡立成	天水、成县	
	河州巡防 步兵一营 马兵一营 炮兵一哨	张定邦	定西、导河	
	西军巡防 步兵六营 马兵二营	马廷勷	凉山、导河	
	威武军步兵一营	董　恭	固原	
新疆	新疆第一混成旅	蒋松林	省城	
	新疆混　成　团	马福兴	疏勒、汉城	
	卫队营 步兵二营 马兵二营 炮兵一连	督军兼	省城	
	中路巡防队 步队二连 马队一哨 侦探队一连	张鸿畴	省城	
	东路巡防队新军 步队一营 马队一营	杨增春	省城	
	南路巡防队 新军马队一哨	王桂林	托克逊	
	西路巡防队新军 步队一营 马队一连	多　凌	巴里坦	

	提督巡防队 步队十二营 马队十三营 炮一连	马福兴兼	回城、乌什、叶城、巴楚	
	镇边巡防队 步队二营 马队六营	张治赓	省城	
	镇边巡防队新军 步队一营 马队五营 二哨	冯永贤	哈密、哈什	
	新军步队二营	张彩廷 李寿福	省城	
	新军马队三营	马树食 沐醍福 詹世奎	哈什	
	新编马队一营	邹维新	乌什	
	新军备补步队一营一哨	蓝纪龄	省城	
	新军备补马队三营一哨	杨庆明	省城	
	绥东巡防步队一营	童明才	绥东	
	炮队一营	郑佐臣	惠远城	
热河	热河陆军第一团	程文沅	围场	
	热河陆军第二团	王治国	赤峰	
	中路巡防 步兵三营 马兵二营	袁广振	艳宁、滦平、隆化	
	东路巡防 步兵三营 马兵二营	李占元	蠡泉、凌源	

	北路巡防步马兵二三营			
	先锋炮队一营马队一哨	展庆斋	开鲁、绥东	
	游击马队一哨炮队一哨			
	缉捕游击马队四营	张连同	建平	
	直隶巡防马步各四营炮一连	殷　贵	牛市	
察哈尔	察哈尔暂编第一混成旅	田友望	丰镇	内有第十三师第二十五旅旅部及该部步兵第四十九团及炮兵连、机关枪一连。
	察哈尔暂编第二混成旅	胡翊儒	张垣	
	巡防马队第一路骑兵四营	乔建才	丰镇	
	巡防马队第二路骑兵三营	丁长发	陶林县	
	巡防马队第三路骑兵三营	王明善	商都县	
	巡防马队第四路骑兵三营	杨兆林	张北县	
	察东淮军卫步兵一营			

	察东接济营一营	唐启堃	牛市	
	察东侦探队四十二员名			
	直隶巡防马九营炮一营	唐启堃	多伦	
绥远	绥远第一混成旅	李焕章	绥北	
	绥远骑兵第一团	倪文翰	绥西	
	绥远骑兵营		包头	
川边	川边混成旅 边军十一营	陈遐龄	川边	
阿尔泰	陆军步骑炮兵共一团一营	张庆桐	阿尔泰	
塔尔巴哈台	陆军两营	汪步端	塔尔巴哈台	

以上统计，陆军三十五师，混成旅七十七，步兵旅二十一，骑兵旅三，混成团十一，步兵团二十五，骑兵团六，及其他陆防各军步、骑、炮、工，共约五百六十余营。

附记	一、本表所列军队数目，系就各处军政长官报部原案，不论曾否经部核准列入预算，均经填入。 二、本表截至八年三月止。

附中央及各省警备队一览表

区别		队号名称	官长姓名	驻扎地点	备考
步军统领衙门	左翼	步兵十七中队 马队一中队零一小队 预防队一队 军乐队一队	申振林	内城东城	步军统领李长泰
	右翼	步队八中队 预防队一队	富连瑞	内城西城	
	中营	步队三中队	王汉池	外城西郊	
	南营	步队三中队三分队 预防队一队	鲍维翰	前三门外	
	北营	步队二中队三分队	赵　源	外城北郊	
	左营	步队二中队三分队	刘凤藻	外城东郊	
	右营	步队二中队三分队	刘殿元	外城南郊	
	卫队营		陈忠荫	阜城门外 北驴市口	
京	东路	警备队五队 游击队五队 自行车队一队	李寿庚	分驻京兆各县	京兆
	南路	警备队五队 游击队五队 京拨差遣马队一队	夏得卿	同上	警备

兆	西路	警备队五队 游击队一队	王国翰	同上	总司令王达
	北路	警备队五队 游击队一队 自行车队一队	增福	同上	
直隶		游击步队十营 炮队二连 机关枪二连	王启贵	分驻韩家墅、马厂	
奉天		暂编陆军骑兵一团 警备马队第四营 警备马队第五营 警备马队第七营 新编警备队步兵一营马二营	张荣 方向学 王翰臣 李金兰	义县、彰武 昌图 怀德、梨树 抚顺、兴京	司令张作相
吉林		警备队两营	赵宪章	分驻省城	
江苏		警备队两团	于有富 陈有珍	分驻省城及各县	
江西		警备队第一营 警备队第二营 警备队第三营 警备队第四营 警备队第五营	詹定邦 詹国桢 向得高 陈得龙 獉秉林	省长公署 浔陻道属 豫章道属 庐陵道属 赣南道属	统领张宗良
福建		警备队一营	吴英东	省垣	
浙		第一区警备队六营 第二区警备队四营 第三区警备队七营 第四区警备队七营 第五区警备队六营	陈步歆 张荫荣 常荣清 黄继忠 王文彬	分驻钱塘道各属 分驻会稽道各属 分驻金华道各属	

江	第六区警备队六营	梅占元	分驻瓯海道各属	
新疆	警备队四营	罗占标	省·城	

〔北洋政府陆军部档案〕

2．临时大总统任命于有富为第一镇步队第二协统领令

（1912年7月24日）

临时大总统令

任命于有富充陆军第一镇步队第二协统领。此令。

中华民国元年七月二十四日

〔政府公报，1912年7月25日，第86号〕

3．临时大总统免去李奎元改任蔡成勋为第一师第一旅旅长令

（1913年8月29日）

临时大总统令

陆军总长段祺瑞呈请将陆军第一师第一旅旅长李奎元开去差缺等语，应照准。此令。

中华民国二年八月二十九日

国务总理　熊希龄

陆军总长　段祺瑞

临时大总统令

任命蔡成勋为陆军第一师第一旅旅长兼补充旅司令官。此令。

中华民国二年八月二十九日

国务总理　熊希龄
陆军总长　段祺瑞

〔政府公报，1913年8月30日，第474号〕

4. 何宗莲陈任职经过并请开去第一师师长差缺详
（1914年8月10日）

详为事繁任重，恳请开去第一师师长差缺，沥陈下情，仰祈转呈事：窃宗莲自前清光绪三十三年春间奉派接近畿陆军第一师师长，举凡训练操防，不敢稍遗余力。宣统三年十月，奉派率领本师军队来张驻扎，同时并奉署理察哈尔都统之命。时值改革之际，南北战事方殷，莅任之始，维持地方，抚辑军民，昕夕从公，罔敢宁处。迨后共和告成，大局粗定，而库伦犯顺，扰我边疆。宗莲辖境适当其冲，筹画战争，抚慰蒙众，二载有余，实已精疲力匮。今者边事虽属敉平，而地方土匪未靖，筹防设备，何敢稍涉松懈。伏查察哈尔都统，原止有管辖在口驻防暨口外八旗之责，故事务甚为单简。及至宗莲到任后，既兼统一师，又兼统辖牧群总管，任务已极繁重。近者察哈尔又奉令划为特别区域。当此建设之初，不但军事、民政均须积极进行，即原管之蒙旗牧厂，尤当抚辑整理，新设之审判、财政，更须认真监督，将以多数重大之责，萃集于宗莲之一身，人非万能，时虞陨越。况日来欧洲之战事甚烈，强邻之窥伺堪虞，固当外重邦交，内防暴动，然其要点，尤在维持军人之坚忍，严察匪党之勾结。现在第一师各种部队，均系零星分扎，远或六七百里，近亦百数十里。其在口驻防者，甚属寥寥，而各该管长官，各治其军，不相统辖。宗莲事务繁重，万难随时按巡各处，察其内容，而值此多事之秋，又不敢稍事疏忽。筹维至再，惟有恳请大部转呈大元帅，俯准将宗莲第一师师长一缺即予开去，另简干员接充，仍由宗莲节制调遣，庶几全师军队督率有人，稽察操防，事权统一。宗莲非敢托故诿卸，实因任务繁要，力难兼顾之所致。除沥陈下情，径呈大元帅钧鉴外，所有恳请开去第一师师长差缺缘由，理合备文详请大部鉴核，准予转呈，实为公便。谨详

陆军部

署察哈尔都统、陆军第一师师长　何宗莲

中华民国三年八月初十日

〔北洋政府陆军部档案〕

5．蔡成勋报告就任第一师师长详呈

（1914年9月）

（1）致陆军部详（9月1日）

为详报事：窃查前奉察哈尔都统饬开：祗奉八月十三日大总统策令：任命蔡成勋署陆军第一师师长，仍归察哈尔都统节制。此令。等因。奉此。合亟饬仰该师长遵照。等因。奉此。师长现于九月一日接用关防，到差任事。除装械等项俟接交清楚再行详报外，理合详报钧部鉴核。谨详

陆军部

陆军第一师师长　蔡成勋

中华民国三年九月初一日

〔北洋政府陆军部档案〕

（2）致大总统呈（9月9日）

署陆军第一师师长蔡成勋呈报到差任事日期，并感激下忱文，并批令

为恭报到差任事日期并感激下忱仰祈钧鉴事：窃查前奉察哈尔都统饬开：祗奉八月十三日大总统策令：任命蔡成勋署陆军第一师师长，仍归察哈尔都统节制。此令。饬即遵照。等因。奉此。成勋遵于九月一日由宣赴口，即奉察哈尔都统前任第一师师长何宗莲将师长木质关防及册籍文卷等件备文移交，成勋当于是日接管任事。伏念成勋庸愚一介，知识毫无，公府备员，愧驰驱之未效，一旅司令，尤建树之无闻，今复恩命渥承全师忝长，敬聆之下，感悚莫名。查第一师各营驻扎张垣，分布口北，蒙匪未靖，防范宜严，战备既应预筹，操防尤待整饬，才轻任重，更〔绠〕短汲深，惟有竭虑殚精，随时随事秉承陆军部暨察哈尔都统认真办理，以仰副大总统整军经武绥靖边防之至意。所有到差任事日期并感激下忱，理合呈报大总统钧鉴。谨呈。

批令：据呈已悉。此批。

中华民国三年九月六日

国务卿　徐世昌

〔政府公报，1914年9月9日，第834号〕

6．大总统任命褚其祥为第一师步兵第二旅旅长令

（1917年8月2日）

大总统令

任命褚其祥为陆军第一师步兵第二旅旅长，沈广聚为陆军第一师炮兵第一团团长。此令。

中华民国六年八月二日

国务总理
陆军总长　段祺瑞

〔政府公报，1917年8月2日，第555号〕

7. 陆军部同意转请任命李焕章等为旅长电

（1918年3月7日）

归化蔡都统鉴：江电悉。李焕章、杨以来补旅长，陈铨衡补团长，准即呈请任命。陆军部。阳。印。

〔北洋政府陆军部档案〕

8. 大总统任命沈广聚为第一师第二旅旅长令

（1918年12月15日）

大总统令

任命沈广聚为陆军第一师步兵第二旅旅长。此令。

中华民国七年十二月十五日

国务总理　钱能训

陆军总长　假

〔政府公报，1918年12月16日，第1037号〕

9. 大总统免去沈广聚第一师步兵第二旅旅长令

（1921年7月24日）

大总统令

陆军总长蔡成勋呈，请将陆军第一师步兵第二旅旅长沈广聚免去本职。沈广聚准免本职。此令。

中华民国十年七月二十四日

国务总理
陆军总长　靳云鹏

〔政府公报，1921年7月25日，第1946号〕

10. 临时执政任命邓如琢为第一师师长令

（1925年1月22日）

临时执政令

任命邓如琢为陆军第一师师长，李鸿程为第九混成旅旅长。此令。

陆军总长　吴光新

中华民国十四年一月二十二日

〔政府公报，1925年1月23日，第3167号〕

11. 临时执政免去杨以来第一师第一旅旅长令

（1925年2月24日）

临时执政令

陆军总长吴光新呈，请将陆军第一师第一旅旅长兼赣东镇守使杨以来免去本兼各职。杨以来准免本兼各职。此令。

陆军总长　吴光新

中华民国十四年二月二十四日

〔政府公报，1925年2月25日，第3198号〕

12. 临时执政任命刘宝题秦虎宸等为第一师第一二两旅旅长等令

（1925年11月27日）

临时执政令

任命刘宝题为陆军第一师步兵第一旅旅长，秦虎宸为第二旅旅长；李钧为江西陆军第一师步兵第一旅旅长，傅应珩为第二旅旅长；王麟庆为江西陆军第二师步兵第四旅旅长；吴建中为江西陆军第四师步兵第七旅旅长，谢杰为第八旅旅长；孙富庆为陆军第一师步兵第一团团长，黄述钧为第二团团长，张凤岐为第三团团长，岳思寅为第四团团长，陆锦堂为陆军第一师骑兵第一团团长，萧光澄为陆军第一师炮兵第一团团长；佟永涵为江西陆军第一师步兵第一团团长，张铁来为第二团团长，张同新为第三团团长，张袭侯为第四团团长；李文光为江西陆军第二师步兵第五团团长，胡恩煜为第六团团长，陈柽荫为第七团团长，朱文澜为第八团团长，常继斌为江西陆军第二师骑兵第二团团长，刘佐国为江西陆军第二师炮兵第二团团长；张广厚为江西陆军第三师步兵第十一团团长，刘金沅为第十二团团长，胡建中为江西陆军第三师骑兵第三团团长，王树楷为江西陆军第三师炮兵第三团团长；易简为江西陆军第四师步兵第十三团团长，陈国屏为第十四团团长，温大川为第十五团团长，刘士毅为第十六团团长；李德铭为陆军第九混成旅步兵第一团团长，牛文田为第二团团长。此令。

陆军总长

中华民国十四年十一月十七日

〔政府公报，1925年11月18日，第3457号〕

13．大总统任命王懋赏为第二师第四旅旅长策令

（1915年1月11日）

大总统策令

任命王懋赏为陆军第二师步兵第四旅旅长。此令。

中华民国四年一月十一日

国务卿　徐世昌

〔政府公报，1915年1月12日，第962号〕

14. 王占元为王懋赏等分任旅团长请暂缓觐见密电

（1915年1月20日）

北京陆军部总长钧鉴：华密。职师步八团团长王懋赏升充步四旅旅长，步五团团长丁搏霄调充步兵团团长，一等参谋刘鼎臣充备① 步五团团长，均奉大总统任命在案。查该旅、团或准备出防，或另行拨编，事务殷繁，遽难离差，其可否准予暂缓觐见之处，拟请转呈大总统核示祇遵。占元。廿。印。

〔北洋政府陆军部档案〕

15. 大总统任命孙传芳为第二师第三旅旅长令

（1917年1月19日）

大总统令

任命孙传芳为陆军第二师第三旅旅长。此令。

中华民国六年一月十九日

国务总理
陆军总长　段祺瑞

〔政府公报，1917年1月20日，第370号〕

16. 大总统任命王文熙为第二师步兵第三旅旅长令

（1917年10月26日）

大总统令

任命王文熙为陆军第二师步兵第三旅旅长。此令。

中华民国六年十月二十六日

① “备”字旁原有置疑号，似为衍文。

国务总理
陆军总长　段祺瑞

〔政府公报，1917年10月27日，第639号〕

17．大总统免去王金镜改任王占元暂兼第二师师长令

（1918年2月11日）

大总统令

陆军第二师师长王金镜著即免职，交由曹锟军前委用，以策后效。此令。

中华民国七年二月十一日

国务总理　王士珍

陆军总长　段芝贵

大总统令

任命王占元暂兼陆军第二师师长。此令。

中华民国七年二月十一日

国务总理　王士珍

陆军总长　段芝贵

〔政府公报，1918年2月14日，第740号〕

18．大总统免去王文熙改任刘鼎臣为第二师第三旅旅长令

（1918年2月22日）

大总统令

陆军总长段芝贵呈，准湖北督军王占元电称：陆军第二师第三旅旅长王文熙，步兵第五团团长张家瑞，援岳不力，请予免职。王文熙、张家瑞均著免去本职。此令。

中华民国七年二月二十二日

国务总理　钱能训
陆军总长　段芝贵

大总统令

任命刘鼎臣为陆军第二师步兵第三旅旅长，潘守蒸为陆军第二师步兵第五团团长。此令。

中华民国七年二月二十二日

国务总理　钱能训
陆军总长　段芝贵

〔政府公报，1918年2月23日，第749号〕

19. 大总统任命张俊峰为第二师步兵第四旅旅长令

（1921年3月23日）

大总统令

任命张俊峰为陆军第二师步兵第四旅旅长。此令。

中华民国十年三月二十三日

国务总理
陆军总长　靳云鹏

〔政府公报，1921年3月24日，第1826号〕

20. 大总统任命孙传芳为第二师师长令

（1921年8月28日）

大总统令

任命孙传芳为陆军第二师师长。此令。

中华民国十年八月二十八日

国务总理　靳云鹏
陆军总长　蔡成勋

〔政府公报，1921年8月29日，第1981号〕

21. 大总统准前第二师第三旅旅长孟昭月等开复本职指令

（1922年5月7日）

大总统指令　第九百二十二号

令陆军总长鲍贵卿

呈前陆军第二师步兵第三旅旅长孟昭月，炮二团团长彭德铨，著有勋劳，拟请开复本职由。呈悉。孟昭月等均准开复本职。此令。

大总统盖印　国务总理周自齐　陆军总长鲍贵卿

中华民国十一年五月七日

〔政府公报，1922年5月8日，第2220号〕

22. 大总统任命卢香亭为第二师第三旅旅长令

（1923年11月26日）

大总统令

任命卢香亭为陆军第二师步兵第三旅旅长。此令。

大总统盖印　国务总理高凌霨　陆军总长

中华民国十二年十一月二十六日

〔政府公报，1923年11月27日，第2767号〕

23. 曹锟关于第三镇官员组成情形电

（1912年5月17日）．

琉璃河曹统制来电　十八日

陆军部鉴：谏电敬悉。敝镇正参谋官车〔肖〕耀南，二等参谋官郑俊彦，正军械官李棣山，中军官邢得春。步六协统领官陈文运，参军官靳同明。步九标统带官倪朝隆，教练官阎治堂，第一营管带官李锡纶，第二营管带官龚汉治，第三营管带官马佺。步十二标统带官汪学谦，教练官张学颜，第一营管带官张慕韩，第二营管带官董政国，第三营管带官杨承杰。马三标统带官李荣殿，教练官李步蟾，第一营管带官王起贵，第三营管带官高振魁。炮三标统带官吴佩孚，教练官宋芝田，副军械官马凌云，第一营管带官王用中，第二营①陈宝琮。工程营管带官章宝安。辎重营管带官杨清臣。除混成第五协外，特此电复。锟。霰。

〔北洋政府陆军部档案〕

24. 曹锟报告编成混成两标等情电②

（1912年8月28日）③

勘电敬悉。前奉令准备混成一标，当即编配混成第九标，听候调遣。并编成混成第十二标，以为继进之预备。顷奉改编混成一协之谕，自应遵办，惟马炮工辎人马均不足额，拟仍编为第九第十二混成两标，出发时无论同时分起统率亲身督率，均可令到即行也。明日午东，派张参谋官学颜到京面禀一切。先此电复。锟叩。

① 原文如此。似脱"管带官"三字。

② 此件无电头，据电报封套，受文者为陆军部。

③ 此件无年代，据内容推断，当在1912年。

勘。

〔北洋政府陆军部档案〕

25．临时大总统任命张鸿逵为第三师第六旅旅长令

（1912年10月初6日）

临时大总统令

任命张鸿逵充陆军第三师第六旅旅长。此令。

中华民国元年十月初六日

大总统盖印　　赵秉钧、段祺瑞署名

〔政府公报，1912年10月初7日，第160号〕

26．国务院关于第三师编成混成第九团公函

（1913年6月3日）

国务院公函　二年陆字第九百八十九号

迳启者：奉大总统发下第三师师长曹锟呈报编成混成第九团暨出发日期等语。除批示业已抄送外，相应函请贵部转行该师长知照可也。此致

陆军总长

中华民国二年六月三日

〔北洋政府陆军部档案〕

27．曹锟拟以张鸿逵专任六旅旅长并以汪学谦升任补充旅旅长等情密电

（1913年10月28日）

特急。北京陆军部总长钧鉴：拱密。职师前成补充队时，请

以步六旅旅长张鸿逵兼充补充旅旅长，留守南苑，督练新兵，原系一时权宜办法。刻下十一、十二两团均移驻岳州，拟饬张旅长鸿逵即日来岳，仍专充六旅原差，以重责成。其所遗补充旅旅长一差，拟以十二团团长□〔汪〕学谦升补。递遗十二团团长一差，拟以十一团二营营长阎相文升补。递遗十一团二营营长一差，拟以该营督队官崔魁文升补。如蒙恩准，敬请电示，以便转饬各该员先行到差任事，实为公便。锟勘叩。印。

〔北洋政府陆军部档案〕

28. 段祺瑞关于汪学谦升充第三师补充旅旅长呈暨大总统批

（1913年12月8日）

陆军总长段祺瑞呈大总统，据陆军第三师师长曹锟电，请以汪学谦升补补充旅旅长，应即照准，乞鉴核施行文，并批为呈报事：据陆军第三师师长曹锟电称：职师前成补充队时，请以步六旅旅长张鸿逵兼充补充旅旅长，留守南苑，督练新兵，原系一时权宜办法。刻下十一、十二两团均移驻岳州，拟饬张旅长鸿逵即日来岳，仍专充六旅原差，以重责成。其所遗补充旅旅长一差，拟以十二团团长汪学谦升补。如蒙恩准，敬请电示，以便转饬该员先行到差任事。等因。查补充队旅长，系暂时委充之职务，即由本部发给委任状，并呈报大总统鉴核，历经办理在案。该师长请以汪学谦升补补充旅旅长，应即照准。除由部电复外，理合具文呈报大总统鉴核施行。谨呈。

批：据呈已悉。应如拟办理。此批。

中华民国二年十二月八日

国务总理　熊希龄

陆军总长　段祺瑞

〔政府公报，1913年12月10日，第576号〕

29．曹锟为第三师补充旅拟改为步兵第五旅请更换关防呈

（1913年12月18日）

援川司令、陆军第三师师长曹锟为呈请事：窃照职师补充旅拟改编为步队第五旅，所有营长以上各官佐，曾经具文呈请发给委任在案。兹查补充队旅、团、营既经改编，其前次所领关防，亟应呈请更换，以符名实而资信守。理合分晰缮具清摺备文呈请，仰祈钧部鉴核颁发施行，实为公便。须至呈者。

计呈清摺一扣

右呈

陆军部

中华民国二年十二月十八日

清摺

援川司令、陆军第三师师长曹锟谨将职师补充队拟请改编为步队第五旅，所有应发各旅、团、营关防分晰缮具清摺恭呈鉴核。

计开：

陆军第三师补充队旅长	拟请改编为陆军第三师步队第五旅旅长
陆军第三师补充队第三团团长	拟请改编为陆军第三师步队第五旅第九团团长
陆军第三师补充队第四团团长	拟请改编为陆军第三师步队第五旅第十团团长
陆军第三师补充队第一营营长	拟请改编为陆军第三师步队第五

	旅第九团第一营营长
陆军第三师补充队第三团第二营营长	拟请改编为陆军第三师步队第五旅第九团第二营营长
陆军第三师补充队第三团第三营营长	拟请改编为陆军第三师步队第五旅第九团第三营营长
陆军第三师补充队第四团第一营营长	拟请改编为陆军第三师步队第五旅第十团第一营营长
陆军第三师补充队第四团第二营营长	拟请改编为陆军第三师步队第五旅第十团第二营营长
陆军第三师补充队第四团第三营营长	拟请改编为陆军第三师步队第五旅第十团第三营营长

以上各旅、团、营，均拟请改发关防。

中华民国二年十二月

〔北洋政府陆军部档案〕

30．大总统任命汪学谦为第三师第五旅旅长令

（1914年1月20日）

大总统令

任命汪学谦为陆军第三师步队第五旅旅长。此令。

中华民国三年一月二十日

国务总理　熊希龄

陆军总长　周自齐

〔政府公报，1914年1月21日，第613号〕

31. 大总统任命吴佩孚为第三师第六旅旅长策令

（1915年3月4日）

大总统策令

任命吴佩孚为陆军第三师步兵第六旅旅长。此令。

中华民国四年三月四日

国务卿　徐世昌

〔政府公报，1915年3月5日，第1013号〕

32. 大总统免曹锟第三师师长兼职并由吴佩孚代理令

（1917年11月7日）

大总统指令　第一千八百十号

令直隶督军曹锟

呈第三师师长一职，势难兼顾，拟请以旅长吴佩孚代理由。呈悉。准予先行代理，交陆军部查照。此令。

中华民国六年十一月七日

国务总理
陆军总长　段祺瑞

〔政府公报，1917年11月8日，第651号〕

33. 曹锟请任命吴佩孚署理第三师师长与陆军部往来电

（1918年1月）

（1）曹锟致陆军部密电（1月29日）

陆军部鉴：正密。窃查代理第三师师长吴佩孚，自任事以来，整顿军务，井井有条，其居心忠正，临战勇敢，尤为不可多得之才。拟请将该师长改为署理，以重职务。相应电请贵部查照，转请任命，实纫公谊。曹锟。艳。印。

（2） 陆军部复曹锟电（1月31日）

天津曹督军鉴：艳电悉。吴佩孚署师长，准即呈请任命，请先饬知。陆军部。印。

〔北洋政府陆军部档案〕

34．大总统任命吴佩孚署理第三师师长令

（1918年2月5日）

大总统令

任命吴佩孚署理陆军第三师师长。此令。

中华民国七年二月五日

国务总理　王士珍

陆军总长　段芝贵

〔政府公报，1918年2月6日，第734号〕

35．陆军部关于由张福来任第三师第六旅旅长咨稿

（1918年2月6日）

陆军总长为咨行事：中华民国七年二月六日，奉大总统令：任命张福来为陆军第三师步兵第六旅旅长，陈清沅为步兵第十一团团长，董政国为步兵第十二团团长。此令。等因。相应咨行贵督军查照饬遵可也。此咨

直隶督军

〔北洋政府陆军部档案〕

36. 大总统免去张学颜改任董政国为第三师第五旅旅长令

（1919年8月22日）

大总统令

陆军总长靳云鹏呈：陆军第三师步兵第五旅旅长张学颜，因病辞职，张学颜准免本职。此令。

大总统印

中华民国八年八月二十二日

国务总理　龚心湛

陆军总长　靳云鹏

大总统令

任命董政国为陆军第三师步兵第五旅旅长，郭敬臣为步兵第十二团团长。此令。

大总统印

中华民国八年八月二十二日

国务总理　龚心湛

陆军总长　靳云鹏

〔政府公报，1919年8月23日，第1274号〕

37. 大总统著开去吴佩孚第三师师长署职等情令

（1920年7月9日）

大总统令

前以驻湘直军疲师久戍，屡次吁请换防，当经电饬撤回直省，以示体恤。乃该军行抵豫境，逗留多日，并自行散驻各处，实属异常荒谬。吴佩孚统辖军队，具有责成，似此措置乖方，殊难辞咎，著即开去第三师师长署职，并褫夺陆军中将原官及所得勋位、勋章，交陆军部依法惩办。其第三师原系中央直辖军队，应由部接收，切实整顿。曹锟督率无方，应褫职留任，以观后效。军人以服从为天职，中央所以指挥将帅者，即将帅所以控制戎行。近来纲纪不张，各军事长官，往往遇事辄托便宜，罔遵节制，以致军习日漓，纪律因之颓弛。嗣后，各路军队，务当恪遵中央命令，切实奉行，不得再有违玩。著陆军部通行遵照。此令。

中华民国九年七月九日

国务总理　萨镇冰

陆军总长

〔政府公报，1920年7月10日，第1581号〕

38．大总统任命张席珍杨清臣为第三师第五六两旅旅长令

（1921年1月14日）

大总统令

任命张席珍为陆军第三师步兵第五旅旅长，杨清臣为第六旅旅长，刘焕臣为步兵第九团团长，陈开第为第十团团长，马汝淞为第十一团团长，张琢斋为骑兵第三团团长，栾毓昌为炮兵第三团团长。此令。

中华民国十年一月十四日

国务总理
陆军总长　靳云鹏

〔政府公报，1921年1月14日，第1766号〕

39. 大总统任命杨清臣张席珍为第三师第五第六旅旅长令

（1923年2月4日）

大总统令

任命杨清臣为陆军第三师步兵第五旅旅长，张席珍为陆军第三师步兵第六旅旅长，娄云鹤为陆军第三师步兵第九团团长。此令。

国务总理
陆军总长 张绍曾

中华民国十二年二月四日

〔政府公报，1923年2月5日，第2481号〕

40. 大总统任命马汝淞为第三师第五旅旅长令

（1924年5月7日）

大总统令

任命马汝淞为陆军第三师步兵第五旅旅长，孟广隆为陆军第三师步兵第十一团团长。此令。

大总统盖印　国务总理孙宝琦　陆军总长陆锦

中华民国十三年五月七日

〔政府公报，1924年5月8日，第2920号〕

41. 大总统免去吴佩孚兼第三师师长令

（1924年10月24日）

大总统令

直鲁豫巡阅使兼陆军第三师师长吴佩孚，著免去本兼各职。

此令。

大总统盖印　　国务总理颜惠庆　　陆军总长陆锦

中华民国十三年十月二十四日

〔政府公报，1924年10月25日，第3085号〕

42．陆军部关于取消陆军第三等师队号并废除各关防通告

（1925年1月14日）

陆军部通告

为通告事：中华民国十三年十二月十一日奉临时执政令：此次参加榆关、热河战事之第三、第九、第十三、第十四、第十五、第二十、第二十三、第二十四、第二十六等师，第一、第十二、第十三、第十四、第十六、第二十六等混成旅，屡经败衄逃散，不能成军，犹复沿用原有队号重行编制，殊属不合。所有各该师、旅队号，均著一律取消，以肃军制。此令。等因。奉此。查各该师、旅队号。既奉明令取消，所有曾经领用师、旅、团、营各关防应即缴部核销。现各该师、旅官长业已四散，实属无从追缴，惟关防关系甚重，遗落在外，恐滋弊端，兹特通告声明，凡前项应缴各关防在未缴销以前，应即一律作废。特此通告。

中华民国十四年一月十四日

〔政府公报，1925年1月16日，第3160号〕

43．承政司抄交政事堂整顿第四镇善后办法节略移付

（1912年2月28日）

承政司为移付事：现奉堂交整顿陆军四镇目兵善后办法节略一件，业经本司遵照办文札行该镇在案。相应钞录原文并清单，

移付贵司查照可也。须至移付者。

右移付　计清单

军衡司

中华民国元年二月二十八日即壬子年正月十一日

为密札事：照得陆军四镇目兵久在前敌，卓著战功，异常奋勇，讵意妄听煽惑，焚掠广水，抢劫唐官屯，藐视军律，莫此为甚。该镇官长，既不能防范于前，复不能约束于后，实属懦弱溺职，有负委任。亟应厘定办法，认真整顿，淘汰择留，素守纪律目兵，听候改编，其余酌量裁遣。合将筹拟善后办法抄录札饬。札到，该统制官即仰严饬各官兵等务当恪遵命令，以盖前愆，倘再阳奉阴违，一经查觉，定予重惩不贷。切切。此札。

右札陆军第四镇统制官准此

计开：

一、步马队现存目兵，应即酌量编制成营成队，以便操练。并令各官长出具甘结，嗣后如有不法情事，即惟该管官长是问。其不可留者，即行开革。

一、炮队第二营右队暨第三营左队，每队挑留两棚，照料装械马匹，其余并各队应即裁汰。

一、工辎两营，每队选可用之目兵编成两棚看守军装，除工匠尚可留用外，余均尽行裁汰。

一、请假各目兵回营时，察其可用者，仍准留营，如不可用，即行开除，扣留军装，押运出境。

一、裁革目兵，准其赏给本月饷银，俾作川资，由该镇赴部具领。

一、裁汰各目兵离营后，应即甄别官长，以定去留。

一、裁缺官长留营候差者，暂准仍支原薪，不领公费。

一、查夜官兵遇有匪人抢掠等事，徇情尚未拿获，以及官兵擅入民宅者，一经查出，定行重办，以肃军纪而正兵心。

一、逃假目兵如不回营，所有带去军衣等件，即造具清册，由该镇行知原籍地方官追缴。

〔北洋政府陆军部档案〕

44. 杨善德为第四师招兵六营并委各营长与陆军部往来密电

（1913年8月）

（1） 杨善德致陆军部密电（8月20日）

马厂来电

陆军部长钧鉴：拱密。奉交电稿一件，内开：奉大总统令：著第四师速招兵六营，所有服装、招募等费，均由部支领。等因。遵即派员前赴正定、河间两府，深、冀、赵三直隶州所属各县募征，准于廿四号出发。约计成营期近，官缺需人。查有龙声扬、张青汝、张绍梁、胡志和、王文藻、傅祥六员，堪以分充第一、二、三、四、五、六营营长，业经由师委任暂充，期在募兵各区，藉可考查联络。拟请俯准，颁给委任状并刊发关防，以昭信守，而专责成。其帮带以下各员，即由职师初级官长暨候差员内择优委用。除将募兵地点电达直隶都督外，肃此电陈。恭候示遵。善德叩。号。印。

（2） 陆军部复电（8月22日）

马厂杨师长：拱。号电悉。龙声扬等升补营长，均照准。委状、关防即办发。陆军部。养。印。

〔北洋政府陆军部档案〕

45. 大总统任命王宾为第四师第七旅旅长策令

（1915年11月19日）

大总统策令

任命王宾为陆军第四师步兵第七旅旅长。此令。

中华民国四年十一月十九日

国务卿　陆征祥

〔政府公报，1915年11月20日，第1270号〕

46. 大总统任命陈乐山署第四师师长令

（1920年3月5日）

大总统令

任命陈乐山署陆军第四师师长。此令。

中华民国九年三月五日

国务总理
陆军总长　靳云鹏

〔政府公报，1920年3月6日，第1458号〕

47. 大总统任命夏兆麟为第四师第七旅旅长令

（1920年3月23日）

大总统令

任命夏兆麟为陆军第四师步兵第七旅旅长。此令。

中华民国九年三月二十三日

国务总理
陆军总长　靳云鹏

〔政府公报，1920年3月24日，第1476号〕

48．大总统免去陈乐山改任夏兆麟暂代第四师师长令

（1924年9月20日）

大总统令

据直鲁豫巡阅使吴佩孚电陈：署陆军第四师师长陈乐山，通电叛抗中央，甘心从逆，应请褫职惩办等语。陈乐山著即褫夺官勋，并免本职，严行惩办，以彰国典。此令。

大总统盖印　　国务总理颜惠庆　　陆军总长陆锦

中华民国十三年九月二十日

大总统令

任命夏兆麟暂行代理陆军第四师师长。此令。

大总统盖印　　国务总理颜惠庆　　陆军总长陆锦

中华民国十三年九月二十日

〔政府公报，1924年9月21日，第3053号〕

49．临时大总统任命方玉普为第五师第十旅旅长令

（1912年10月20日）

临时大总统令

任命方玉普充陆军第五师第十旅旅长。此令。

中华民国元年十月二十日

大总统盖印　　赵秉钧、段祺瑞署名

〔政府公报，1912年10月21日，第173号〕

50. 张树元为任第五师师长致谢电

（1914年8月4日）

北京陆军部钧鉴：伏读政府公报，七月三十日奉大总统策令，任命张树元为陆军第五师师长。自愧庸愚，谬肩巨任，鸿恩渥沛，鳌戴莫名。谨此电谢，恭请钧安。师长张树元叩。支。

〔北洋政府陆军部档案〕

51. 靳云鹏为张树元接任第五师师长已办移交电

（1914年8月7日）

北京大总统、统率办事处、参谋陆军部钧鉴：云鹏兹因受任将军，督理本省军务，责重事繁，呈恳开去第五师师长兼职，业奉大总统允准，并任命张中将树元接充在案。遵于八月五日将师长篆务移交张中将接管。谨电闻。泰武将军靳云鹏叩。阳。印。

〔北洋政府陆军部档案〕

52. 靳云鹏为第五师第九旅旅长马良调充四十七旅旅长遗缺拟以徐鸿宾递补密电

（1914年8月11日）

北京陆军部钧鉴：华密。五师第九旅旅长马良奉令补充四十七旅旅长，所遗之缺，查明步第十七团团长徐鸿宾，老成练达，资望最深，连年督剿土匪，卓著战功，拟请以之补充。褫遗团长一缺，查有步十九团第二营营长赵子才，朴勇耐劳，前攻南京时，身先士卒，被弹击折右臂，近始痊愈，实属勇敢异常，拟请以之升充。如蒙俯允，即恳呈请任命，俾专责成。是否有当，伏候钧核训示遵行。靳云鹏叩。真。印。

〔北洋政府陆军部档案〕

53．关于郑士琦接任第五师师长令电

（1919年12月）

（1） 大总统令（12月26日）

大总统令

任命郑士琦为陆军第五师师长。此令。

中华民国八年十二月二十六日

国务总理
陆军总长 靳云鹏

〔政府公报，1919年12月27日，第1395号〕

（2） 郑士琦致陆军部电（12月29日）

陆军部钧鉴：宥日奉大总统令：任命郑士琦为陆军第五师师长。此令。等因。遵于艳日接印视事。伏念琦自维簿植，夙怀报国之心。翩领偏师，愧乏治军之略。兹复仰邀恩命，幸晋崇阶。当国武之多艰，荷师干之重寄，梼昧如琦，深惧弗胜。惟有殚竭血诚，勉敦听守，期仰答高厚鸿慈于万一。谨电申谢，伏乞转呈。陆军第五师师长郑士琦。艳。印。

〔北洋政府陆军部档案〕

54．关于孙宗先就任第五师第十旅旅长令电

（1920年2月）

（1） 大总统令（2月20日）

大总统令

任命孙宗先为陆军第五师步兵第十旅旅长，杨长义为陆军第五师步兵第十九团团长。此令。

中华民国九年二月二十日

国务总理
陆军总长　靳云鹏

〔政府公报，1920年2月22日，第1445号〕

（2）　孙宗先致陆军次长电（2月24日）

北京陆军部次长钧鉴：本月二十日奉大总统令：任命孙宗先为陆军第五师步兵第十旅旅长。等因。奉此。遵即到差视事。伏以宗先质本樗栎，谬荷殊权，才轻责重，深虞弗胜。矧值强邻窥伺，忧在四夷伏莽未清，丛深肘腋，揆时度势，惟有竭尽愚诚，冀免陨越，以仰副钧座殷殷求治至意。谨电陈谢，伏维鉴察。第五师步兵第十旅旅长孙宗先叩。敬。印。

〔北洋政府陆军部档案〕

55．大总统任命张培勋为第五师步兵第九旅旅长令

（1923年6月25日）

大总统令

任命张培勋为陆军第五师步兵第九旅旅长。此令。

国务院摄行　国务总理

陆军总长

外交总长

内务总长　高凌霨

财政总长　张英华

海军总长　李鼎新

司法总长　程　克
教育总长
农商总长
交通总长　吴毓麟

中华民国十二年六月二十五日

〔政府公报，1923年6月26日，第2618号〕

56. 大总统免去郑士琦改任孙宗先为第五师师长王翰章为第十旅旅长令

（1924年5月8日）

大总统令

督理山东军务善后事宜兼陆军第五师师长郑士琦电呈，事繁责重，恳辞兼职，郑士琦准免兼职。此令。

大总统盖印　　国务总理孙宝琦　　陆军总长陆锦

中华民国十三年五月八日

大总统令

任命孙宗先为陆军第五师师长。此令。

大总统盖印　　国务总理孙宝琦　　陆军总长陆锦

中华民国十三年五月八日

大总统令

任命王翰章为陆军第五师步兵第十旅旅长。此令。

大总统盖印　　国务总理孙宝琦　　陆军总长陆锦

中华民国十三年五月八日

〔政府公报，1924年5月9日，第2921号〕

57. 临时大总统任命叶颂清顾逦斌为第十二旅第四十九旅旅长等令

（1912年9月28日）

临时大总统令

任命叶颂清充第十二旅旅长，顾逦斌充第四十九旅旅长。此令。

中华民国元年九月二十八日

大总统盖印　　赵秉钧、段祺瑞署名

〔政府公报，1912年9月29日，第152号〕

58. 临时大总统任命吴金标为第六师第十二旅旅长令

（1913年4月20日）

临时大总统令

任命吴金标为陆军第六师步兵第十二旅旅长。此令。

中华民国二年四月二十日

国务总理　赵秉钧

陆军总长　段祺瑞

〔政府公报，1913年4月21日，第343号〕

59. 临时大总统任命张敬尧为第六师第十一旅旅长令

（1913年8月28日）

临时大总统令

任命张敬尧为陆军第六师步兵第十一旅旅长。此令。

中华民国二年八月二十八日

国务总理　熊希龄

陆军总长　段祺瑞

〔政府公报，1913年8月29日，第473号〕

60．大总统任命齐燮元代理第六师第十一旅旅长策令

（1914年8月11日）

大总统策令

任命齐燮元代理陆军第六师第十一旅旅长。此令。

中华民国三年八月十一日

国务卿　徐世昌

〔政府公报，1914年8月12日，第815号〕

61．大总统任命周文炳为第六师第十二旅旅长策令

（1914年8月24日）

大总统策令

任命周文炳为陆军第六师步兵第十二旅旅长。此令。

中华民国三年八月二十四日

国务卿　徐世昌

〔政府公报，1914年8月25日，第828号〕

62．袁世凯任命周文炳为第六师师长策令

（1916年3月19日）

政事堂奉策令：任命周文炳为陆军第六师师长。此令。

洪宪元年三月十九日

国务卿　陆征祥

〔政府公报，1916年3月20日，第74号〕

63．大总统任命齐燮元署理第六师师长令

（1916年9月25日）

大总统令

任命齐燮元署理陆军第六师师长。此令。

中华民国五年九月二十五日

国务总理
陆军总长　段祺瑞

〔政府公报，1916年9月26日，第262号〕

64．大总统任命宫邦铎署第六师第十二旅旅长令

（1916年10月5日）

大总统令

任命宫邦铎署陆军第六师步兵第十二旅旅长。此令。

中华民国五年十月五日

国务总理
陆军总长　段祺瑞

〔政府公报，1916年10月6日，第272号〕

65．大总统任命齐燮元为第六师师长宫邦铎为第十二旅旅长令

（1918年3月29日）

大总统令

任命齐燮元为陆军第六师师长，宫邦铎为步兵第十二旅旅长。此令。

中华民国七年三月二十九日

国务总理　段祺瑞

陆军总长　段芝贵

〔政府公报，1918年3月30日，第784号〕

66．关于以宫邦铎兼第六师第十二旅旅长令电

（1920年12月）

（1）陆军部致齐燮元电（12月11日）

南京齐督军鉴：支电悉。江宁镇守使准以宫邦铎请简，仍兼任第六师旅长，请转饬遵照。陆军部。真。印。

〔北洋政府陆军部档案〕

（2）大总统令（12月19日）

大总统令

任命宫邦铎为江宁镇守使，仍兼任陆军第六师步兵第十二旅旅长。此令。

中华民国九年十二月十九日

国务总理
陆军总长　靳云鹏

〔政府公报，1920年12月20日，第1741号〕

67．关于以卢凤书继张中和为第六师第十一旅旅长呈令

（1920年12月）

（1）靳云鹏致大总统呈（12月23日）

呈为请任命军职人员缮具清单恭呈钧鉴事：准代理江苏督军齐燮元咨称：案查苏省各师旅、各机关应请任命各官佐，遇有升调事故，随时拣员先行委代，分别咨请任命，历经办理有案。兹有陆军第六师步兵第十一旅旅长张中和，因抱病年余，屡医乏效，据请开缺，静心调治，自应照准。遗缺重要，查有该师步兵第二十一团团长卢凤书，堪以升补。递遗之缺，查有该师步兵第二十三团团长王凯庆，堪以调补。递遗之缺，查有该师步兵第二十三团第三营营长田祖荫，堪以升补。……又该师炮兵第六团团长王其凤，据报于九月十日因病身故。遗缺查有该团第三营营长陶延龄，堪以升补。……又陆军第七十六混成旅步兵第一百五十二团团长顾廷藩，调任该旅参谋长。遗缺查有该旅参谋长赵桂成，堪以调补。……以上各员，均在各该师、旅任事最久，学术俱优，经验宏富，经李前督军① 先后遴委代理，未及咨请出缺。本代督军到任以后，复查各该员任事至今，颇著成绩，询堪胜任，自应照案咨请分别任命，以期各专责成。相应检同履历咨请查照迅予分别任免。等因。本部详加复核，均无不合，拟请免去张中和陆军第六师步兵第十一旅旅长本职，其所请补充军职各员，拟请一并任命，俾重职守而专责成。理合缮单具呈，伏乞鉴核训示施行。谨呈

大总统

兼署陆军总长　靳云鹏

中华民国九年十二月二十三日

清单

谨将请简陆军第六师暨陆军第七十六混成旅旅长、团长人员缮具清单，恭呈钧鉴。

计开：

---

① 指前江苏督军李纯。

陆军第六师步兵第十一旅旅长，请以卢凤书简任。
陆军第六师步兵第二十一团团长，请以王凯庆简任、
陆军第六师步兵第二十三团团长，请以田祖荫简任。
陆军第六师炮兵第六团团长，请以陶延龄简任。
陆军第七十六混成旅步兵第一百五十二团团长，请以赵桂成简任。

〔北洋政府国务院档案〕

（2）大总统令（12月？日）

大总统令

兼署陆军总长靳云鹏呈，陆军第六师步兵第十一旅旅长张中和，因病呈请辞职，张中和准免本职。此令。

中华民国九年十二月　日

（3）大总统令（12月？日）

大总统令

任命卢凤书为陆军第六师步兵第十一旅旅长，王凯庆为步兵第二十一团团长，田祖荫为步兵第二十三团团长，陶延龄为炮兵第六团团长，赵桂成为陆军第七十六混成旅步兵第一百五十二团团长。此令。

中华民国九年十二月　日

〔北洋政府国务院档案〕

68. 军务厅关于宫邦铎何丰林分任第六师第十九师师长函稿

（1924年12月13日）

迳启者：本月十三日奉执政谕：前齐燮元自兼陆军第六师师

长一缺，应以第十九师师长宫邦铎调任，宫邦铎所遗陆军第十九师师长一缺，以何丰林继任等因。相应达知贵部，即希查照办理可也。此致

陆军部

发。十二月十三号。

〔北洋执政府档案〕

69. 陆军部关于撤销第六等师队号并废除各关防通告

（1925年2月21日）

陆军部通告

为通告事：中华民国十四年二月十一日奉临时执政令：陆军第六师、第十九师及江苏陆军第二师队号，均著即行撤销。此令。等因。查各该师队号既已奉令撤销，所有各该师各级官长关防，迄今未据缴部，除函请督办江苏军务善后事宜分署就近饬令截角缴部核销外，兹特通告声明，凡陆军第六师、第十九师、江苏陆军第二师应缴各关防在未缴销以前，应一律作废。特此通告。

中华民国十四年二月二十一日

〔政府公报，1925年2月22日，第3197号〕

70. 段祺瑞报告刊发第七师长关防呈

（1913年8月7日）

陆军总长段祺瑞呈大总统，报明令发陆军第七师师长木质关防日期文，并批

为呈报事：现奉钧谕，以陆军第四师李旅长督率赴沪之第七

旅暨拱卫军二营，又现编海军警卫队之第十三团，又抽调第二十师之三十九团及炮兵连合之护军全部，暂编为陆军第七师。兹经本部刊就木质关防一颗，文曰陆军第七师师长之关防，于本月四日令发该师长遵领钤用。除启用日期应由该师长自行呈报外，理合具文呈请鉴核施行。谨呈。

批：据呈已悉。此批。

中华民国二年八月七日

国务总理
陆军总长 段祺瑞

〔政府公报，1913年8月11日，第455号〕

71. 雷震春为第七师改编成师请任命旅团长密电

（1913年9月21日）

大总统、参谋部、陆军部钧鉴：拱密。巧电敬悉。兹误码〔拟〕就原有军队及七十九团改编为陆军第七师，拟请以护军左翼统领申保亨补授第十三旅旅长，护军右翼帮统兼第二营营长王茂元酌授二十五团团长，七十九团团长张建功补授二十六团团长，护军左翼帮统兼炮一营营长刘启城补授第十四旅二十七团团长。如蒙允准，即请任命。并请刊发关防，以昭信守。至十四旅旅司令部，暂先不设。护军马炮两营，改为陆军第七师第七团马炮第一营，直隶师部，暂不设团。除详细编制另文呈报外，谨先电陈。并候示遵。雷震春。马。叩。印。

〔北洋政府陆军部档案〕

72. 雷震春报告第七师筹编情形密电

（1913年9月25日）

大总统、参谋部、陆军部钧鉴：拱密。前奉巧电，以奉大总统令，先就本有军队及七十九团改编三团为第七师等因。现查七十九团已奉调赴张家口，祇将护军两翼遵照陆军定制编为陆军第七师步兵十三旅二十五、二十六两团，马炮两营改为马步第七团第一营、炮兵第七团第一营，直隶师部，暂不设团。不敷兵额，现亦就地补足。应俟十月一号起按照陆军饷章起支。除将编制情形暨各项册籍另文呈送大部，特先电陈。伏候示复。雷震春叩。有。印。

〔北洋政府陆军部档案〕

73. 大总统任命申保亨为第七师第十三旅旅长令

（1913年11月22日）

大总统令

任命申保亨为陆军第七师步兵第十三旅旅长。此令。

中华民国二年十一月二十二日

国务总理　熊希龄

陆军总长　段祺瑞

〔政府公报，1913年11月23日，第559号〕

74. 雷震春为第七师将编成请支正饷电

（1913年12月22日）

北京陆军部钧鉴：马电敬悉。护军八营改编第七师，共添官佐五十五员，业于十月一号添足，奉准大部放饷在案。兵额共缺五百九十二名，拟于本月底一律补齐，请由三年一月起支正饷。是否，望速电复。雷震春复。祃。印。

〔北洋政府陆军部档案〕

75. 大总统任命陆建章为第七师师长令

（1914年4月16日）

大总统令

任命陆建章为陆军第七师师长。此令。

中华民国三年四月十六日

国务总理　孙宝琦

陆军总长　段祺瑞

〔政府公报，1914年4月17日，第698号〕

76. 大总统任命贾德耀为第七师第十三旅旅长策令

（1914年6月18日）

大总统策令

任命贾德耀为陆军第七师第十三旅旅长。此令。

中华民国三年六月十八日

国务卿　徐世昌

〔政府公报，1914年6月19日，第761号〕

77. 大总统着将第七师改为两旅并裁撤师长一缺申令

（1914年9月18日）

大总统申令

现驻陕西之陆军第七师改为两旅，陆建章所兼师长一缺，著即裁撤。此令。

中华民国三年九月十八日

国务卿　徐世昌

〔政府公报，1914年9月19日，第853号〕

78．大总统府下属复核张敬尧所部筹备成师册摺条陈

（1914年9月18日）

复核张旅长敬尧筹备成师事件各册摺，谨逐条拟呈鉴核。

计开：

一、摺开请将第六师驻保之骑兵两连暨驻京之两连拨归该旅一节，业经由部核准。至现有之骑兵一营，尚缺一连经倪将军调往，拟请补足，应请照准。

一、摺开请将第六师现存保定之医药器具借用一节，业经由部核准，电知第六师马师长拨交该旅。

一、摺开应用服装由何处筹办一节，查另册系按照步兵六营、骑兵一连暨师、旅、团各部核计，除干粮袋等由部拨交，目兵呢衣帽俟用时再行制办，应减去银六万四千零七十二元七角外，共需银十三万四千四百三十七元七角七分，所开价值，尚属适宜，应请由该旅自行制办，款由军需局发给。

一、摺开应用步枪一节，查日本造三十一年式步枪，部存尚多，届期再行拨交。

一、摺开招募费一节，除骑、炮、工、辎缓办，应减去一万三千元，请由军需局发给二万元，事后核实造报。

一、另册开具编制人员饷项各节，除师、旅等部系按定章编制，应请照准外，其请设骑兵团部一节，查第六师现只有骑兵一营，自无庸有团部，拟请将该团部亦调归该旅，以免縻款。

其另款请按第六师现时编制添设副执法官各员一节，查军队驻扎处所，密迩京师，弹压稽查，亦关紧要，所请添设稽查员二员，应请改为差遣员。此外各员，应暂缓办

一、册开应支月饷六万零七百九十五元二角二分一厘，又差遣员二员薪水共六十元，又减去骑兵团部月饷一千零三十八两三钱八分，折合银元一千四百七十六元八角七厘，通共月支五万九千三百七十八元四角一分四厘，应请按月由军需局发给。

〔北洋政府大总统府档案〕

79．大总统任命张敬尧暂兼第七师第十三旅旅长吴新田为第十四旅旅长策令

（1914年10月30日）

大总统策令

任命张敬尧暂行兼代陆军第七师步兵第十三旅旅长，吴新田为步兵第十四旅旅长。此令。

中华民国三年十月三十日

国务卿　徐世昌

〔政府公报，1914年10月31日，第894号〕

80．陆军部报告刊发第七师师长关防呈暨大总统批令

（1914年11月14日）

陆军部呈报颁发陆军第七师师长关防日期文，并批令

为呈报颁发关防谨祈钧鉴事：窃查前奉令：陆军第三混成旅及该旅备补各营，著改为陆军第七师，任命张敬尧为陆军第七师师长。等因。奉此。应即颁发关防，以资信守，业经刊就木质关

防一颗，文曰陆军第七师师长之关防，于本月十一日饬发在案。除启用日期应由该师长自行呈报外，理合具文呈报，伏乞大总统鉴核施行。谨呈。

批令：据呈已悉。此批。

中华民国三年十一月十四日

国务卿　徐世昌

〔政府公报，1914年11月18日，第912号〕

81．大总统任命张松柏为第七师第十三旅旅长策令

（1915年2月7日）

大总统策令

任命张松柏为陆军第七师步兵第十三旅旅长。此令。

中华民国四年二月七日

国务卿　徐世昌

〔政府公报，1915年2月8日，第989号〕

82．大总统免去张松柏改任夏文荣为第七师第十三旅旅长策令

（1915年9月21日）

大总统策令

陆军第七师步兵第十三旅旅长张松柏，著开去旅长员缺，另候简用。此令。

中华民国四年九月二十一日

国务卿　徐世昌

大总统策令

任命夏文荣为陆军第七师步兵第十三旅旅长。此令。

中华民国四年九月二十一日

国务卿　徐世昌

〔政府公报，1915年9月22日，第1213号〕

83．杨从权关于骑兵十团改归七师节制等情函

（1915年10月17日）

稚珊仁兄先生大鉴：承询骑兵第十团于上年九月间回京归本师① 节制训练，自十月十四号由本师拨给该团战马二十三匹，惟本师领饷表内并无此项截旷等语。查骑兵第十团原系第二团，虽归本师节制训练，而饷项仍由骑兵旅请领。至所拨该团马匹，系于十月十三日由统率办事处领到新马，该团要求补充缺额，于十四日拨给该团新马二十三匹，非系由本师各营战马内拨给。饷项既不由本师承领，所有该团有无截旷，如何请领，弟处无从查核。专此，奉复。敬请时祺。

愚弟杨从权鞠躬

十七

〔北洋政府陆军部档案〕

84．大总统准将第七师补充旅部撤销周符麟以镇守使候用指令

（1917年2月4日）

大总统指令　第一百九十三号

令陆军总长段祺瑞

① 指第七师。

呈拟将第七师补充旅旅部撤销，该旅旅长周符麟，拟准以镇守使另候任用由

呈悉。该旅应准撤销，周符麟准以镇守使另候任用。此令。

中华民国六年二月四日

国务总理
陆军总长 段祺瑞

〔政府公报，1917年2月5日，第385号〕

85．军务司关于撤销第七师补充旅部移付

（1917年2月15日）

军务司为移付事：本司会同贵司承办拟将第七师补充旅旅部裁撤一案，业呈奉大总统指令照准在案。除令行第七师师长暨该旅旅长遵照外，相应抄录张师长原呈并呈稿移付贵司查照。此移军衡司

计抄件

中华民国六年二月十五日

呈为拟将陆军第七师补充旅旅部撤销，该旅旅长周符麟拟准以镇守使另候任用，谨请鉴核示遵事：窃据陆军第七师师长张敬尧呈称：职师补充旅编制之初，原系仿照各师成案，分编两团，设立旅部，而资统辖。现当亟谋收缩，以节饷款。拟将该补充旅旅部先行撤销，其补充两团，直隶师长统属。惟该旅旅长周符麟，久历戎行，晓畅军机，前在川南，备著勤劳，遽置闲散，殊觉可惜，仰乞另予位置，或呈请记名，以镇守使尽先任用，以示激劝而策将来。职师即由该旅入手，渐次递减，分别裁并，务必恢复建制，以合收束之规定。所有撤消补充旅旅部，其所属团、营直归师长管辖缘由，理合详请鉴核等情。查该师长所称，拟先将补充旅

旅部撤销，渐次递减，分别裁并，务必恢复建制。办法尚属可行。该补充旅旅长周符麟，历任要差，久著辛勤，若投诸闲散，诚如该师长所云，未免可惜。惟该员阶级较崇，一时若无相应位置，拟请准以镇守使另候任用。所有拟请将该补充旅旅部撤销，并将该旅旅长周符麟准以镇守使另候任用各缘由，是否有当，理合呈请鉴核批示遵行。谨呈

大总统

详为拟即撤销补充第二旅旅部，以节公帑，并恳另予该旅旅长周符麟位置，或呈请记名，以镇守使任用，而资激劝事：窃值库款空虚，军费浩繁，左支右绌，筹办维艰，既乏应付之术，不得不竭力收缩，撑持危局，徐图补救。职师回防之后迭奉部令，收束队伍，遵拟办法，电奉令准。当将前暂编独立团各营裁并，改编工、辎、骑兵等营连，以复建制而资收束在案。现已按照定章编制完备。其补充旅系前在川南备战之际，临时编练，亦属额外队伍。本拟一并裁减而昭划一，乃当战争之后，实有未便遽裁之处。昨奉函开：若以各官长均著劳绩，无从位置，请即先由士兵分别办理。等因。仰见洞悉军队情形，无微弗至，于收束队伍之中，仍寓顾全将校之意，恩义备至，钦佩莫名。查补充旅编制之初，原系仿照各师成案，分编两团，设立旅部，而资统辖。现当亟谋收束，以节饷款。拟将该补充旅旅部先行撤销，其补充两团直隶师长统属，指挥亦觉顺便。惟该旅旅长周符麟久历戎行，畅晓军机，前川南备著勤劳，战事解结，遽置闲散，揆之事情，殊觉难安，合无仰乞钧部，另予位置，或呈请记名，以镇守使尽先任用，以示激劝而策将来。在该旅长虽经裁撤，尚可藉事图报，不致独抱向隅之叹；在钧部鼓舞将士，任贤无遗，亦可以风天下而励士气。而职师即由该旅入手，渐次递减，分别裁并，务必恢复建制，以合收束之规定，日期固稍延长，而办法似较圆通。师长为节省饷项鼓励将士起见，除饬知该旅即日裁撤外，所有即行撤销补充旅

旅部，其所属团、营即归师长直接管辖缘由，理合备文详请鉴核施行。谨详
陆军部

第七师师长张敬尧

〔北洋政府陆军部档案〕

86. 张敬尧拟请任命所部补充第一二旅各旅团长密电

（1918年9月7日）

特急。北京大总统、国务总理、参陆两部钧鉴：正密。职师奉命出发，所属各队允宜酌量编制。此次开赴前方暨留守徐防，约计归敬尧率者计有五旅，均已报部有案。除开赴鄂防吴、田两旅长所部各官业经呈请任命外，其余补充第一、第二两旅暨混成第三旅所有各官，尚未呈请任命。兹值开赴前敌暨留办防务，责任綦重，非破格升用，不足以资奖励。查职师补充第一旅旅长，拟请以炮七团团长、少将刘振玉升补；补充第二旅旅长，拟请以二十六团团长、少将刘朝臣升补；补充第一团团长，拟请以二十六团第一营营长佟国安升补；第二团团长，拟请以二十七团第一营营长陈骥升补；第三团团长，拟请以二十五团第一营营长骆敬升补；第四团团长，拟请以二十六团第二营营长姜荣安升补；第五团团长，拟请以第四团第二营营长张继忠升补；第六团团长，拟请以骑兵第七团团长潘玉田调补。其混成第三旅旅长，暂由敬尧自行兼任，以待前敌有功者，再行请补，以昭激劝。出发在即，所有职师补官缘由，理合电请恩准施行，实为公便。张敬尧叩。阳。

〔北洋政府陆军部档案〕

87. 大总统关于补充第二旅旅长杨瓒绪等著褫夺军职官勋令

（1920年6月26日）

大总统令

据暂行留任湖南督军张敬尧电称：湖南政务厅长史文绍，……补充第二旅旅长杨瓒绪，军法课长盛铸泉等，弃职潜逃，请予惩处等语。史文绍等，或身任监司，或职膺戎政，责任均极重要，乃竟罔顾职守，相率远飏，贻误地方，实难辞咎。史文绍、……杨瓒绪、盛铸泉，均著先行褫职，并分别褫夺官勋，听候查办，以伸国纪。此令。

中华民国九年六月二十六日

国务总理　萨镇冰
内务总长　田文烈
陆军总长
农商总长

大总统令

据暂行留任湖南督军张敬尧电呈：旅长刘振玉、团长王记三等，临事退却，全部溃散，请予惩办等语。刘振玉、王记三，均著先行褫夺军职、官勋，由陆军部查明详情，依法惩办，以肃军纪。其余各员，并交该部汇案查办。此令。

中华民国九年六月二十六日

国务总理　萨镇冰
陆军总长

〔政府公报，1920年6月27日，第1569号〕

88. 关于任命吴新田为第七师师长令电

（1921年9—10月）

（1）冯玉祥致大总统等密电（9月24日）

万火急。北京大总统、国务院、陆军部钧鉴：盛密。陆军第七师师长吴新田带兵有年，训练士卒，至为勤慎。此次奉命来陕，由鄂之陕，经老河口入荆紫关，经武关、龙驹寨历商县、蓝田而来，山路岖崎，长途跋涉，备极劳苦。到陕以后，剿办溃兵、土匪，维持防务，颇资得力。惟查该师长于民国九年六月二十九日奉令代理第七师长，一年有余，尚系代理字样，拟请钧座俯赐察核，任命吴新田为陆军第七师师长，以专责成。可否之处，伏候电示祗遵。署陕西督军冯玉祥叩。敬。印。

奉批：交院处。

〔北洋政府参陆办公处档案〕

（2）陆军部复冯玉祥电（9月29日）

西安冯督军鉴：敬电悉。第七师师长一职，以吴新田请简，业呈请任命矣。希查照饬遵。陆军部。艳。印。

〔北洋政府陆军部档案〕

（3）大总统令（10月7日）

大总统令

任命吴新田为陆军第七师师长。此令。

中华民国十年十月七日

国务总理　靳云鹏

陆军总长　蔡成勋

〔政府公报，1921年10月8日，第2019号〕

89．大总统任命顾琢塘刘宝善为第七师第十三十四旅旅长令

（1921年11月8日）

大总统令

任命顾琢塘为陆军第七师步兵第十三旅旅长，刘宝善为步兵第十四旅旅长，张耀枢为步兵第二十七团团长，潘玉田为步兵第二十八团团长，李长明为骑兵第七团团长，王万昌为炮兵第七团团长。此令。

中华民国十年十一月八日

国务总理　靳云鹏

陆军总长　蔡成勋

〔政府公报，1921年11月9日，第2050号〕

90．大总统免去刘宝善改任张耀枢为第七师第十四旅旅长令

（1924年3月19日）

大总统令

陆军总长陆锦呈：陆军第七师步兵第十四旅旅长刘宝善，另有任用，请免兼职，刘宝善准免兼职。此令。

大总统盖印　　国务总理孙宝琦　　陆军总长陆锦

中华民国十三年三月十九日

大总统令

任命张耀枢为陆军第七师步兵第十四旅旅长。此令。

大总统盖印　　国务总理孙宝琦　　陆军总长陆锦

中华民国十三年三月十九日

〔政府公报，1924年3月20日，第2872号〕

91．临时执政任命顾琢塘为第七师师长令

（1925年5月1日）

临时执政令

任命顾琢塘为陆军第七师师长。此令。

中华民国十四年五月一日

陆军总长

〔北洋执政府档案〕

92．临时大总统任命黄恺元王孝缜为第八师第十五十六旅旅长令

（1912年12月30日）

临时大总统令

任命黄恺元为陆军第八师第十五旅旅长，王孝缜为陆军第八师第十六旅旅长。此令。

中华民国元年十二月三十日

国务总理　赵秉钧

陆军总长　段祺瑞

〔政府公报，1913年1月5日，第239号〕

93. 临时大总统任命陶云鹤何锋钰为第八师第十五十六旅旅长令

（1913年8月23日）

临时大总统令

任命陶云鹤为陆军第八师第十五旅旅长，何锋钰为陆军第八师第十六旅旅长。此令。

中华民国二年八月二十三日

国务总理
陆军总长 段祺瑞

〔政府公报，1913年8月24日，第468号〕

94. 段祺瑞请刊发第八师关防呈暨大总统批

（1913年9月6日）

陆军总长段祺瑞呈大总统，报明令发陆军第八师师长关防日期文，并批

为呈报事：案查陆军第八师现已编成，亟应刊发关防，以昭信守。兹由本部刊就木质关防一颗，文曰陆军第八师师长之关防，已于本月二日令发该师长遵领钤用在案。除启用日期应由该师长自行呈报外，理合具文呈请大总统鉴核施行。谨呈。

批：据呈已悉。此批。

中华民国二年九月六日

国务总理 熊希龄

陆军总长 段祺瑞

〔政府公报，1913年9月8日，第483号〕

95．大总统免去陶云鹤改任王汝勤为第八师第十五旅旅长策令

（1915年3月18日）

大总统策令

陆军第八师步兵第十五旅旅长陶云鹤，著即免去本职。此令。

中华民国四年三月十八日

国务卿　徐世昌

大总统策令

任命王汝勤为陆军第八师步兵第十五旅旅长。此令。

中华民国四年三月十八日

〔政府公报，1915年3月19日，第1027号〕

96．大总统免去何锋钰改任张九卿为第八师第十六旅旅长策令

（1915年7月9日）

大总统策令

陆军第八师步兵第十六旅旅长何锋钰，著来京另候任用。此令。

中华民国四年七月九日

国务卿　徐世昌

大总统策令

任命张九卿为陆军第八师步兵第十六旅旅长。此令。

中华民国四年七月九日

国务卿　徐世昌

〔政府公报，1915年7月10日，第1139号〕

97．王汝贤接任第八师师长电

（1917年8月19日）

北京陆军部钧鉴：本月十一日，奉大总统令：任命王汝贤为第八师师长。此令。等因，奉此。遵于本月十九日驰抵马厂，准前师长李长泰移交关防一颗、文册数件，当即照件接收，即于本日到任视事。除俟点收清楚另案呈报外，所有到任日期，谨先电陈。师长王汝贤。效。印。

〔北洋政府陆军部档案〕

98．大总统免去王汝贤改任王汝勤为第八师师长等情令

（1919年9月26日）

大总统令

陆军总长靳云鹏呈：陆军第八师师长王汝贤，第十六旅旅长张九卿，因病恳请辞职。王汝贤、张九卿均准免本职。此令。

中华民国八年九月二十六日

国务总理
陆军总长　靳云鹏

大总统令

任命王汝勤为陆军第八师师长，田书年为第十五旅旅长，冉繁敏为第十六旅旅长。此令。

中华民国八年九月二十六日

国务总理
陆军总长　靳云鹏

〔政府公报，1919年9月27日，第1309号〕

99. 王汝勤报告第八师师旅长领到简任状呈

（1920年1月9日）

呈为具报师长暨所属各旅旅长奉发简任状，分别祗领日期，乞予备案，仰祈鉴核事：窃于八年十二月十二日，奉钧部训令内开：中华民国八年九月二十六日，奉大总统令：任命王汝勤为陆军第八师师长，田书年为第十五旅旅长，冉繁敏为第十六旅旅长。此令。等因，奉此。兹由本部办就简任状三封，合即令行查照收执暨转发，并将领到日期具报备案可也。此令。计简任状三封。等因，奉此。师长遵即祗领并转行分发在案。去后，旋据该旅长先后呈称：奉发简任状，遵于八年十二月十五日，敬谨领讫，请予核转前来。除分呈详细履历外，所有师长暨所属各旅长田书年等奉到简任状日期各缘由，理合具文呈请鉴核备案施行。谨呈
陆军部

计呈履历三份〔略〕

陆军第八师师长　王汝勤

中华民国八〔九〕年一月九日

〔北洋政府陆军部档案〕

100. 大总统免去冉繁敏改任刘玉春为第八师第十六旅旅长令

（1920年8月26日）

大总统令

兼署陆军总长靳云鹏呈，陆军第八师步兵第十六旅旅长冉繁敏，调部任用，请免本职，冉繁敏准免本职。此令。
中华民国九年八月二十六日

国务总理
陆军总长　靳云鹏

大总统令

任命刘玉春为陆军第八师步兵第十六旅旅长。此令。
中华民国九年八月二十六日

国务总理
陆军总长　靳云鹏

〔政府公报，1920年8月27日，第1629号〕

101．大总统免去田书年改任刘建章为第八师第十五旅旅长令

（1920年9月9日）

大总统令

兼署陆军总长靳云鹏呈，陆军第八师步兵第十五旅旅长田书年，炮兵第八团团长马周，请予免职，田书年、马周均准免本职。此令。
中华民国九年九月九日

国务总理
陆军总长　靳云鹏

大总统令

任命刘建章为陆军第八师步兵第十五旅旅长，应振复为陆军

第八师炮兵第八团团长。此令。

中华民国九年九月九日

国务总理
陆军总长　靳云鹏

〔政府公报，1920年9月10日，第1643号〕

102．大总统任命应振复为第八师第十六旅旅长令

（1924年5月10日）

大总统令

任命应振复为陆军第八师步兵第十六旅旅长，王汝珍为陆军第八师炮兵第八团团长。此令。

大总统盖印　　国务总理孙宝琦　　陆军总长陆锦

中华民国十三年五月十日

〔政府公报，1924年5月11日，第2923号〕

103．萧耀南转达刘建章代理第八师师长密电

（1925年5月16日）

北京执政府军务厅、陆军部均鉴：务密。顷接八师刘旅长建章寒电称：王总司令①于支日离宜，八师职务，交由建章及铁珊旅长共同负责。数日以来，和衷共济，幸告无虞。昨奉卢副司令②指派建章代理八师师长，建章才识疏庸，难任艰巨，闻命惶悚，坚辞不获。而铁珊旅长敦促尤殷，情词恳挚，并督率官兵竭诚拥护。窃思总座去后，军心不定，若再推让，恐滋意外，谨于

① 长江上游总司令王汝勤。

② 长江上游副司令卢金山。

元日在宜就任代职，誓当勉尽忠诚，巩固实力，维持鄂西防务，以纾督座西顾之忧。伏祈帅座随时指示机宜，俾资遵循。等语。特电奉闻。萧耀南。铣。印。

〔北洋执政府档案〕

104．临时执政免去王汝勤改任刘建章为第八师师长令

（1925年6月30日）

临时执政令

帮办湖北军务兼陆军第八师师长王汝勤呈请开去师长兼职，王汝勤准免兼职。此令。

中华民国十四年六月三十日

陆军总长　吴光新

临时执政令

任命刘建章署陆军第八师师长。此令。

中华民国十四年六月三十日

陆军总长　吴光新

〔北洋执政府档案〕

105．周自齐关于拟将山西第一师改编为第九师归部直辖呈暨大总统批

（1914年3月6日）

兼代陆军总长周自齐呈大总统，拟将山西第一师改编为陆军第九师，归部直辖各等情，请鉴核示遵文，并批

为呈请事：据山西都督阎锡山养电，请将山西第一师改编为陆军第九师，直接部辖，以昭统一而固边防。该师应需薪饷等项，

并乞饬由财政部转饬山西国税厅，以国税正款项下就近照拨。其现在分驻内地之军队，乞暂仍旧分扎，以资统摄。等情。查该师既担任边防，若仍沿旧制，不惟与中央边防各军名称不相联属，即指挥亦多窒碍。拟请准如该督所请，山西第一师改编为陆军第九师，归部直接管辖，以期统一军权。其师长一缺，仍以孔庚充任。并乞饬下财政部将该师所需饷项，由山西国税正款项下就近照拨。所有山西第一师拟请改编为陆军第九师归部直辖缘由，理合具文呈请鉴核，伏乞批示祗遵，实为公便。谨呈。

批：据呈已悉。应即照准，并交财政部查照。此批。

中华民国三年三月六日

国务总理　孙宝琦

财政总长
陆军总长　周自齐

〔政府公报，1914年3月10日，第660号〕

106．北洋政府关于大总统任命刘廷森张培梅为第十七十八旅旅长电

（1914年3月14日）

各省衙门均鉴：大总统令：……任命刘廷森为陆军第九师步兵第〔十〕七旅旅长，张培梅为陆军第九师步兵第十八旅旅长。此令。……京。寒。印。

〔北洋政府陆军部档案〕

107．大总统著裁撤第九师师长员缺申令

（1914年9月6日）

大总统申令

陆军第九师师长员缺，著即行裁撤。此令。
中华民国三年九月六日

国务卿　徐世昌

〔政府公报，1914年9月7日，第841号〕

108．赵倜关于河南第一师经改编为第九师请任命各团长咨陈

（1914年10月10日）

德威将军、督理河南军务为咨陈事：案准统率办事处愿电开：河南陆军第一师现奉谕改为陆军第九师，师旅长已有令公布。所有该师步、骑、炮团各团长姓名，望即转饬师长张锡元查明，照新改团号按次填开速复，以便呈请任命。等因。合亟转达，即望查照。等因。准此。当经转饬遵照去后。兹据该师长张锡元按照新改团号，将本师步、骑、炮团各团长姓名缮具清单，详请转咨前来。除咨陈统率办事处外，相应附原详清单一纸，咨请贵部查照，请烦转呈任命，俾得早日改编，实为公便。为此，咨陈
陆军部

计咨清单一纸〔略〕

德武将军督理河南军务　赵倜

中华民国三年十月十日

〔北洋政府陆军部档案〕

109．陆军部报告刊发第九师师长关防呈暨大总统批

（1914年10月18日）

陆军部呈报颁发陆军第九师师长关防日期文，并批令
为呈报颁发关防谨祈钧鉴事：窃查前奉策令：任命张锡元为

陆军第九师师长。此令。等因。奉此。应即颁发关防，以资信守。业经刊就木质关防一颗，文曰陆军第九师师长之关防，于本月十六日咨送德武将军转饬遵领钤用。除启用日期应由该师长自行呈报外，理合具文呈报，伏乞大总统鉴核施行。谨呈。

批令：据呈已悉。此批。

中华民国三年十月十八日

国务卿　徐世昌

〔政府公报，1914年10月21日，第884号〕

110. 袁世凯关于第十一师著改为第九师申令

（1916年1月26日）

政事堂奉申令：陆军第十一师，著改为陆军第九师。此令。

洪宪元年一月二十六日

国务卿　陆征祥

〔政府公报，1916年1月27日，第22号〕

111. 袁世凯任命黎天才为第九师师长策令

（1916年1月26日）

政事堂奉策令：任命黎天才为陆军第九师师长。此令。

洪宪元年一月二十六日

国务卿　陆征祥

〔政府公报，1916年1月27日，第22号〕

112. 陆军部为刊发第九师师长关防奏摺暨批令

（1916年3月6日）

陆军部奏报刊发陆军第九师师长关防摺

奏为陈明颁发关防仰祈圣鉴事：窃查前奉申令：陆军第十一师，著改为陆军第九师。此令。并奉策令：任命黎天才为陆军第九师师长。此令。等因。奉此。应即换发关防，以符编制。兹由臣部刊就木质关防一颗，文曰陆军第九师师长之关防，已于本月三日咨送襄武将军转发钤用。所有颁发师长关防缘由，谨恭摺具陈，伏乞皇帝陛下圣鉴训示。谨奏。

政事堂奉批令：悉。此令。

洪宪元年三月六日

国务卿　陆征祥

〔政府公报，1916年3月11日，第65号〕

113．大总统著褫夺第九师师长黎天才湖北第一师师长石星川所有官职令

（1918年1月30日）

大总统令

湖北襄郧镇守使、陆军第九师师长、陆军中将、勋三位、二等文虎章、二等嘉禾章、三等宝光嘉禾章黎天才，湖北陆军第一师师长、陆军中将、二等文虎章、二等嘉禾章石星川，分膺重寄，久领师干，宜如何激发忠诚，服从命令，乃石星川于去年十二月宣布独立，黎天才自称靖国联军总司令，相继宣告自主，迭次抗拒国军，勾结土匪，攻陷城镇，虽经各路派出军队，奋力痛剿，将荆襄一带地方，次第克复，而该两逆甘心叛国，扰害闾阎，实属罪无可逭，黎天才、石星川所有官职、勋位、勋章，应即一并褫夺，仍着各路派出军队，严密追缉，务获惩办，以肃军纪而彰国法。此令。

中华民国七年一月三十日

国务总理　王士珍

陆军总长　段芝贵

〔政府公报，1918年1月31日，第728号〕

114．大总统准第五混成旅扩充成师指令

（1918年6月24日）

大总统指令　第一千七十七号

令陆军总长段芝贵

呈请将陆军第五混成旅扩充成师，并简任师长由。呈悉。准予改编，已任命魏宗瀚为师长矣。此令。

中华民国七年六月二十四日

国务总理　段祺瑞

陆军总长　段芝贵

〔政府公报，1918年6月25日，第869号〕

115．大总统任命魏宗瀚为第九师师长令

（1918年6月24日）

大总统令

任命魏宗瀚为陆军第九师师长。此令。

中华民国七年六月二十四日

国务总理　段祺瑞

陆军总长　段芝贵

〔政府公报，1918年6月25日，第869号〕

116．魏宗瀚关于筹建第九师请简荐各团营主官呈

（1918年7月4日）

呈为请荐职师各团、营主要官长，并缮具履历清摺，仰祈鉴核

事：窃职于六月二十四日恭奉大总统令：任命魏宗瀚为陆军第九师师长，所有全师一应筹办事宜，自应循序进行，敬谨规划。惟改师手续，事务殷繁，而任官分职，尤为先务。查此次增添各团、营主要官长，前已分别遴员派充，业经具呈钧部奉令照准在案。现在职师编制业已渐次就绪，一应事件，诸待张举。伏查第五混成旅旧有之步一二两团，暨增添之步兵三四两团，以及骑、炮、工、辎、机各团营，均应按照九师编制团号，分别依次定名，以昭核实。至各该团、营主要官长，如团长、团附、营长各员，亦应同时请补，俾符名义而资分理。除师部官佐及各团、营下级军官拟俟另案呈请外，所有职师主要官长拟请简荐缘由，理合缮具清摺并各该员等详细履历，备文呈请钧部鉴核施行。谨呈
陆军部

附呈履历一本〔略〕、清摺一扣

陆军第九师师长　魏宗瀚

□用关防

中华民国七年七月四日

清摺

陆军第九师师长魏宗瀚谨将请补职师全师各团、营主要官长衔名缮具清摺，呈请鉴核。

计开：

步兵第三十三团团长	拟请以第五混成旅步一团团长宋焕章补充
步兵第三十三团团附	拟请以第五混成旅步一团二营营副官苏炳文补充
步兵第三十三团第一营营长	拟请以第五混成旅步一团一营营长刘春台补充
步兵第三十三团第二营营长	拟请以第五混成旅步一团二营营长

	李建奎补充
步兵第三十三团第三营营长	拟请以第五混成旅步一团三营营长李源崑补充
步兵第三十四团团长	拟请以第五混成旅步二团团长耿锡龄补充
步兵第三十四团团附	拟请以第五混成旅步二团三营营副官杨化昭补充
步兵第三十四团第一营营长	拟请以第五混成旅步二团一营营长崔其枢补充
步兵第三十四团第二营营长	拟请以第五混成旅步二团二营营长梁彦章补充
步兵第三十四团第三营营长	拟请以第五混成旅步二团三营营长程经邦补充
步兵第三十五团团长	拟请以第五混成旅工兵营营长董式梃补充
步兵第三十五团团附	拟请以第五混成旅工兵营营副官高英才补充
步兵第三十五团第一营营长	拟请以第五混成旅旅副官李鸿诏补充
步兵第三十五团第二营营长	拟请以第五混成旅旅副官纪清愈充补
步兵第三十五团第三营营长	拟请以陆军部差遣曹德明补充
步兵第三十六团团长	拟请以第五混成旅辎重营营长杜鸿年补充
步兵第三十六团团附	拟请以步兵中校杨震声补充
步兵第三十六团第一营营长	拟请以第五混成旅步一团团附明道魁补充

步兵第三十六团第二营营长	拟请以第五混成旅步二团一营营副官信书绅补充
步兵第三十六团第三营营长	拟请以第五混成旅辎重营营副官吴孔嘉补充
骑兵第九团团长	拟请以第五混成旅骑兵营营长倪谦补充
骑兵第九团中校团附	拟请以第五混成旅骑兵营营副官解立昌补充
骑兵第九团少校团附	拟请以第五混成旅机关枪营营副官高文进补充
炮兵第九团团长	拟请以第五混成旅炮兵团团长刘文瀚补充
炮兵第九团团附	拟请以第五混成旅炮一营营副官赵君庆补充
炮兵第九团第一营营长	拟请以第五混成旅炮一营营长刘文瀚补充
炮兵第九团第二营营长	拟请以第五混成旅炮二营营长张庆三补充
炮兵第九团第三营营长	拟请以第五混成旅炮兵团团附张毓森补充
工程第九营营长	拟请以陆军部一等科员谢宗周补充
辎重第九营营长	拟请以第五混成旅机关枪营营长冯玉荣补充
机关枪第九营营长	拟请以第五混成旅步二团团附雷泮林补充

中华民国七年七月四日

借用关防

〔北洋政府陆军部档案〕

117. 临时执政关于黔军第一师改编为第九师指令

（1925年9月21日）

临时执政指令　第一千四百三十五号

令陆军总长吴光新

呈请将黔军第一师改编国军，并请任命王天培兼领师长由。呈悉。应准改编，王天培已有令任命矣。此令。

陆军总长　吴光新

中华民国十四年九月二十一日

〔政府公报，1925年9月22日，第3304号〕

118. 大总统免去魏宗瀚改任陆锦为第九师师长令

（1920年8月3日）

大总统令

陆军部呈请将陆军第九师师长魏宗瀚免去本职，魏宗瀚准免本职。此令。

中华民国九年八月三日

国务总理　萨镇冰

陆军总长

大总统令

任命陆锦署陆军第九师师长。此令。

中华民国九年八月三日

国务总理　萨镇冰

陆军总长

〔政府公报，1920年8月4日，第1606号〕

119. 大总统任命耿锡龄为第九师步兵第十八旅旅长令

（1921年9月29日）

大总统令

任命耿锡龄为陆军第九师步兵第十八旅旅长。此令。

中华民国十年九月二十九日

国务总理　靳云鹏

陆军总长　蔡成勋

〔政府公报，1921年9月30日，第2011号〕

120. 大总统任命冯玉荣为第九师第十八旅旅长令

（1922年7月16日）

大总统令

任命冯玉荣为陆军第九师步兵第十八旅旅长，李源崑为步兵第三十三团团长，程经邦为第三十六团团长，王国珍为骑兵第九团团长。此令。

大总统盖印　　国务总理颜惠庆　　陆军总长

中华民国十一年七月十六日

〔政府公报，1922年7月17日，第2288号〕

121. 大总统免去陆锦改任董政国为第九师师长兼职令

（1924年3月10日）

大总统令

陆军总长陆锦呈，责重事繁，势难兼顾，恳请开去陆军第九师师长兼职，陆锦准免兼职。此令。

大总统盖印　　国务总理孙宝琦　　陆军总长陆锦

中华民国十三年三月十日

大总统令

任命董政国为陆军第九师师长。此令。

大总统盖印　　国务总理孙宝琦　　陆军总长陆锦

中华民国十三年三月十日

〔政府公报，1924年3月11日，第2863号〕

122．大总统任命刁鸿图为第九师第十八旅旅长令

（1924年3月25日）

大总统令

任命刁鸿图为陆军第九师步兵第十八旅旅长，张振山为陆军第十三混成旅步兵第一团团长。此令。

大总统盖印　　国务总理孙宝琦　　陆军总长陆锦

中华民国十三年三月二十五日

〔政府公报，1924年3月26日，第2878号〕

123．关于任王兆中为第九师师长禀电

（1924年12月）

（1）王兆中致张树元禀（12月6日）

敬禀者：窃兆中自直奉战后，曾经张司令宗昌发给护照，令兆中收容九师军队，并代理九师师长各等因。兹已将该师军队业已收齐，枪械、饷需均尚充足，稍加训练，必成劲旅。兆中于九师情形颇为熟悉，今另呈主座，恳请明令发表，任为某师师长。务乞鼎力玉成，俾得效力国家，以尽军人之天职。并将收容情形

另摺开陈，敬祈鉴核。谨禀

执政府军务厅长张

代理第九师师长王兆中谨禀

中华民国十三年十二月　日

（2）董政国致张树元快邮代电（12月11日）

北京执政府张军务厅长钧鉴：窃政国一介武夫，夙蒙关爱，以捍卫国家为职志，以服从正义为依归。前经政国率同部曲于文日通电全国，表明态度，拥护执政，谅邀睿誉。祗以政国亲老多病，未克远离，所有九师师长一职，业由政国委任十七旅旅长王兆中代理在案。查该师长学识兼优，且系执政门下，奉经镇威军张副司令宗昌发给正式执照，收容溃兵，现已就绪。政国以解甲之身，悔祸未遑，何敢妄参末议，惟念该师素隶钧座有年，此次该师长劳苦收容，不无微功足录。可否仰恳鸿施，即日提出阁议，颁发明令，任王师长兆中为第九师师长之处，出自钧裁。越级荐贤，无任皇悚。前陆军第九师师长董政国叩。真。借印。

中华民国十三年十二月

〔北洋执政府档案〕

124．段祺瑞报告刊发第十师师长关防呈
（1914年5月19日）

陆军总长段祺瑞呈大总统，报明刊发陆军第十师师长关防日期文，并批

为呈报事：前奉令：任命卢永祥为陆军第十师师长。此令。奉此。亟应颁发关防，以资信守。兹经刊就木质关防一颗，文曰陆军第十师师长之关防，已于本月十五日令发该师长遵领钤用。除启用日期应由师长自行呈报外，理合具文呈请鉴核施行。谨

呈。

批：据呈已悉。此批。

中华民国三年五月十九日

国务卿　徐世昌

〔政府公报，1914年5月24日，第735号〕

125. 大总统任命荣道一为第十师第二十旅旅长令

（1914年5月21日）

大总统令

任命荣道一为陆军第十师步兵第二十旅旅长。此令。

中华民国三年五月二十一日

国务卿　徐世昌

〔政府公报，1914年5月22日，第733号〕

126. 大总统任命臧致平为第十师第十九旅旅长策令

（1915年11月19日）

大总统策令

任命臧致平为陆军第十师步兵第十九旅旅长。此令。

中华民国四年十一月十九日

国务卿　陆征祥

〔政府公报，1915年11月20日，第1270号〕

127. 大总统任命朱声广暂代第十师师长令

（1924年9月20日）

大总统令

任命朱声广暂行代理陆军第十师师长。此令。

大总统盖印　　国务总理颜惠庆　　**陆军总长陆锦**

中华民国十三年九月二十日

〔政府公报，1924年9月21日，第3053号〕

128. 关于任命郑俊彦为第十师师长等情呈令

（1925年6月）

（1）贾德耀致临时执政呈（6月16日）

呈为请任命师长、镇守使人员，恭呈钧鉴事：窃准苏皖宣抚使兼办江苏军务善后事宜卢永祥咨开：案查陆军第十师师长与江宁镇守使等职缺，曾经遴委郑俊彦、朱熙二员分别充任，并据该员等先后呈报到差任事日期在案。惟该员等供职以来，成绩斐然，本使复加考核，洵属恪尽厥职，自应照章咨请任命，以专职守。相应取具该员等履历，咨请大部查照，呈请任命，以重职责。等因。本部复核无异，拟请任命郑俊彦为陆军第十师师长，朱熙为江宁镇守使，俾重职守。理合具呈，伏乞鉴核训示施行。谨呈

临时执政

暂行代理部务、陆军次长　贾德耀

中华民国十四年六月十六日

〔北洋执政府档案〕

（2）临时执政令（6月22日）

临时执政令

任命郑俊彦为陆军第十师师长。此令。

中华民国十四年六月二十二日

陆军总长　吴光新

〔北洋执政府档案〕

129. 大总统准江南留鄂军队改为第十一师批令

（1915年4月21日）

大总统批令

陆军部呈，拟将江南留鄂军队改编号数，以蕲统一，请训示由

应准改为陆军第十一师，即由该部转行遵照。此批。

中华民国四年四月二十一日

国务卿　徐世昌

〔政府公报，1915年4月22日，第1061号〕

130. 陆军部为江南留鄂第一师旅团长由犹龙等拟请任命并准予缓觐呈暨大总统批令

（1915年4月14日）

陆军部呈江南留鄂陆军第一师旅、团各长由犹龙等，调任以来，克称厥职，拟请任命并请准予缓觐文，并批令

为请调任旅、团长各职并请缓觐见缮单恭呈钧鉴事：窃各省简荐军职人员由该管将军咨部调任者，历经本部呈请任命在案。兹准彰武上将军、督理湖北军务段芝贵咨陈，江南留鄂第一师第一旅旅长张联陞，与第二旅旅长由犹龙，第二团团长孙建屏，与第三团团长赵荣华，均于二年十月间互相对调。嗣于三年九月，赵荣华又与第四团团长徐源森对调。就职以后，人地相宜，应另行给状，以重职守。请转呈大总统鉴核，并请缓觐见。等因。查由犹龙等，既于调任以来，克称厥职，拟请任命，以符定制而专责成。至该员等，职务重要，未能远离，可否准予缓觐之处，伏候批示祗遵。是否有当，理合缮单具呈，谨乞大总统钧鉴训示施行。谨

呈。

批令：由犹龙等，已另有令分别任命矣。并准其暂缓觐见。此批。

中华民国四年四月十四日

国务卿　徐世昌

〔政府公报，1915年4月17日，第1056号〕

131．陆军部为江南留鄂第一师经改为第十一师请酌定各团长咨稿

（1915年4月）

为咨行事：案照本部呈请将江南留鄂第一师改为陆军第十一师一摺，于民国四年四月二十一日奉批令：应改为陆军第十一师。即由该部转行遵照。此批。等因。当经恭录行知在案。除师长、旅长呈请任命外，查该师前充团长各员，按照改编号数，应以颜德胜充陆军第十一师步兵第四十一团团长，徐源森充步兵第四十二团团长，孙建屏充步兵第四十三团团长，赵荣华充四十四团团长。是否分配适宜，抑或别有更动，相应咨行贵上将军酌定见复，以凭呈荐。其委任官佐人员，应一律核给委状。并希饬造职名清册，咨送本部，以便办理。此咨

彰武上将军督理湖北军务

〔北洋政府陆军部档案〕

132．袁世凯任命张永成陈光远为第十一第十二师长策令

（1916年1月26日）

政事堂奉策令：任命张永成署陆军第十一师师长，陈光远兼署陆军第十二师师长。此令。

洪宪元年一月二十六日

国务卿　陆征祥

〔政府公报，1916年1月27日，第22号〕

133．张永成就任第十一师师长详报

（1916年2月13日）

为详报事：窃师长于本年一月二十六日恭奉策令，任命署陆军第十一师师长，遵即筹备一切。兹于二月十日到差视事。理合具文详报，仰祈鉴核施行。谨呈

陆军部总长

陆军第十一师师长、陆军中将　张永成

洪宪元年二月十三日呈

〔北洋政府陆军部档案〕

134．大总统免去张永成改任李奎元为第十一师师长及张纶璜为二十一旅旅长令

（1917年10月24日）

大总统令

陆军总长段祺瑞呈：陆军第十一师师长张永成因病恳请辞职，张永成准免本职。此令。

中华民国六年十月二十四日

国务总理
陆军总长　段祺瑞

大总统令

任命李奎元为陆军第十一师师长。此令。

中华民国六年十月二十四日

国务总理
陆军总长 段祺瑞

大总统令

任命张纶璜为陆军第十一师步兵第二十一旅旅长。此令。

中华民国六年十月二十四日

国务总理
陆军总长 段祺瑞

〔政府公报，1917年10月25日，第637号〕

135．李奎元张纶璜分别就任第十一师师长第二十一旅旅长呈

（1917年10月28日）

呈为具报就职日期事：窃读《政府公报》，恭奉大总统令开：任命李奎元为陆军第十一师师长。此令。同日又奉大总统令开：任命张纶璜为陆军第十一师步兵第二十一旅旅长。此令。等因。奉此。奎元遵于十月二十六日就职任事，二十一旅旅长张纶璜亦遵于十月二十六日就职任事。除俟点收清楚再行具报外，理合将任职日期，先行备文呈请钧部鉴核。谨呈

陆军部总长段

陆军中将、第十一师师长 李奎元

中华民国六年十月二十八日

〔北洋政府陆军部档案〕

136. 大总统免去萧安国改任周荫人为第十一师第二十二旅旅长令

（1918年4月10日）

大总统令

陆军第十一师步兵第二十二旅旅长萧安国，著调京另候任用。此令。

中华民国七年四月十日

国务总理　段祺瑞

陆军总长　段芝贵

大总统令

任命周荫人为陆军第十一师步兵第二十二旅旅长。此令。

中华民国七年四月十日

国务总理　段祺瑞

陆军总长　段芝贵

〔政府公报，1918年4月11日，第795号〕

137. 大总统著褫夺第十一师师长李奎元等军职官勋令

（1920年6月26日）

大总统令

此次湘防失利，固由张敬尧督率无方，节节退缩，而各路将领，策应不力，相率溃散，亦属有亏职守。除张敬尧等前经明令分别惩办外，李奎元以第十一师师长兼任帮办军务，当湘防紧急，所部未应一战，纷纷退却，迨长沙失陷，指定地域固守，乃玩违不遵，所部复先后溃至鄂境；陈德修有分防宝庆后路之责，当湘省换防之际，乃敢逗遛皖省，屡经严电责令赴湘，仍复畏葸不前，致该军闻风而靡。似此贻误戎机，实属咎有应得，李奎元、陈德修均著先行褫夺军职、官勋，交陆军部按法惩办，以昭儆戒。此令。

中华民国九年六月二十六日

国务总理　萨镇冰

陆军总长

〔政府公报，1920年6月27日，第1569号〕

138．大总统撤销李奎元等处分令

（1920年9月）

（1）大总统指令（9月4日）

大总统指令　第二千一百五十六号

令兼署陆军总长靳云鹏

呈请销去师长李奎元等交部惩办处分由。呈悉。李奎元等准予撤销惩办处分。此令。

中华民国九年九月四日

国务总理
陆军总长　靳云鹏

〔政府公报，1920年9月5日，第1638号〕

（2）大总统令（9月12日）

大总统令

据张作霖、曹锟、王占元、陈光远等电呈，查前陆军第十一师师长李奎元，湖南暂编第一师师长张宗昌，前皖军副司令陈德修，均因湘事获谴，曾经代邀宽典，未蒙允准。迨近畿战事发生，鄂、豫同时吃紧，军队复杂，滋扰堪虞，该前师长等，深明大义，任事实心，均属异常出力，劳勚彰著，应请特沛恩施，准将李奎元、张宗昌、陈德修三员开复前得处分，以策后效。等语。李奎元、张宗昌、陈德修三员前因湘案所得处分，应准开复，用昭激劝。此令。

中华民国九年九月十二日

国务总理
陆军总长 靳云鹏

〔政府公报，1920年9月13日，第1646号〕

139. 关于魏清和继张纶璜为第十一师二十一旅旅长呈令

（1920年10月）

（1）靳云鹏致大总统呈（10月9日）

呈为请简任旅长仰祈钧鉴事：据陆军第十一师师长李奎元呈称：据职师步兵第二十一旅旅长张纶璜呈称：旅长身体薄弱，时常患病，近以军事倥偬，久病之躯，益难支持，请速开去旅长职缺，俾得安心调养等情。据此。当以该旅长情词迫切，碍难挽留，已即日解职回籍。惟是旅长一缺，关系重要，未便一日虚悬。查职师步兵二十二旅四十四团团长魏清和，老成干练，统驭有方，值此国家事多、军心未靖之际，以之升任旅长，洵足以资镇慑，当令该员先行任事，以专责成。除四十四团团长一缺，选员接充，另文呈请外，所有旅长张纶璜请假回籍，遗缺拟请以魏清和升补缘由，理合取具该员履历，备文呈请鉴核转呈。等情。查二十一旅旅长张纶璜，既系因病辞职，拟请准免本职，拣员另补。所遗之缺，该师长请以四十四团团长魏清和补充。本部详加复核，均无不合，拟请免去张纶璜陆军第十一师步兵第二十一旅旅长本职，

简任魏清和为陆军第十一师步兵第二十一旅旅长，俾重职守而专责成。理合具呈，伏乞鉴核训示施行。谨呈

大总统

兼署陆军总长　靳云鹏

中华民国九年十月九日

〔北洋政府国务院档案〕

(2) 大总统令稿(10月15日)

大总统令

兼署陆军总长靳云鹏呈，陆军第十一师步兵第二十一旅旅长张纶璜，因病恳请辞职。张纶璜准免本职。此令。

中华民国　　年　　月　　日

大总统令

任命魏清和为陆军第十一师步兵第二十一旅旅长。此令。

中华民国　　年　　月　　日

〔北洋政府国务院档案〕

140. 关于任命赵文濬为第十一师第二十二旅旅长呈令

(1920年11月)

(1) 靳云鹏致大总统呈 (11月10日)

呈为请简任旅长、团长仰祈钧鉴事：据陆军第十一师师长李奎元呈称：窃查职师步兵第二十二旅旅长周荫人，现经陈督军调赴江西，另请任用。所遗旅长一缺，关系重要，亟应选员接充，以资镇慑。查有骑兵第十一团团长赵文濬，老成稳练，统驭有方，以之升充旅长，洵堪胜任。所遗团长一缺，查有参谋长李式训，谋勇兼备，驭下勤能，以之调补团长，亦属相宜。所有旅长周荫

人调赴江西，遗缺拟请以团长赵文濬等升补各缘由，理合取具该员等履历，备文呈请鉴核转呈。等情。本部详加复核，均堪胜任，拟请任命赵文濬为陆军第十一师步兵第二十二旅旅长，李式训为陆军第十一师骑兵第十一团团长，俾重职守。理合具呈，伏乞鉴核训示施行。谨呈

大总统

兼署陆军总长　靳云鹏

中华民国九年十一月十日

(2) 大总统令（11月14日）①

大总统令

任命赵文濬为陆军第十一师步兵第二十二旅旅长，李式训为骑兵第十一团团长。此令。

中华民国九年十一月　日

〔北洋政府国务院档案〕

141．大总统为第十一师兵变著取销番号并惩办肇事军官指令

（1921年3月15日）

大总统指令　第六百四十一号

令兼署陆军总长靳云鹏

呈核陆军第十一师兵变劫掠，拟请将肇事军官分别惩办，并取销该师名称，缮单呈鉴由。呈悉。李奎元著即褫夺原官、勋章，高文珊等均著分别褫夺原官、勋章，通缉归案讯办。余如所拟办理。此令。

中华民国十年三月十五日

① 此件原无日期，兹由《政府公报》查明，应为14日。

国务总理 陆军总长 靳云鹏

〔政府公报，1921年3月16日，第1818号〕

142．曹锟关于第十一师撤销后所属官佐请酌情留用咨

（1921年3月16日）

直鲁豫巡阅使署为咨行事：案据陆军第十一师李师长奎元呈称：为呈送事：窃职师自成军以来，至今已逾五载，所有各级官佐，黾勉从公，始终弗懈。前者援湘战役，尤复备极勋劳。现在目兵完全解散，此项人员若置之闲散，良为可惜，且负国家培植人才之厚意也。兹将职师官佐详加考察，择其才堪造就忠于为国者，除分别呈送录用，并将因事获究各员送请惩罚暨通缉外，所有其余各官佐，亟应恳请俯赐转咨陆军部酌量差委，以免向隅，而恤闲散。理合缮具清册并该员等履历备文呈请鉴核，赏准转咨，实为德便。等情。据此。查上年十二月，曾奉院、参陆部卅电开：该师士兵解散后，所有官长均归部差遣，或择优录用。所有欠薪垫款，仍由部分期认还。等因。此次该师呈送各级官佐，均系久经战役勤劳卓著人员，若解散以后，均置于闲散，诚属可惜。相应检同清册及各该员履历，咨送贵部，即希查核，留部候差，以示体恤。再，该师积欠官佐薪饷，仅发两月，所欠甚多，尚未清算，应候该师结束完竣，直接请大部发放，以清欠饷，实为公便。此咨陆军部

附清册一本〔缺〕　履历十一本〔缺〕

直鲁豫巡阅使　曹锟

中华民国十年三月十六日

〔北洋政府陆军部档案〕

143. 大总统府秘书厅转达曹锟请将第十六混成旅改编为第十一师函

(1921年7月12日)

迳启者：大总统发下曹锟呈，请将第十六混成旅改编为陆军第十一师，如蒙俯允，请明令照准立案真电一件。奉批：交院处。等因。除原电已据分致不再抄送外，相应函达贵院查照办理可也。此致

国务院

公府秘书厅启

十年七月十二日

〔北洋政府参陆办公处档案〕

144. 大总统准第十六混成旅改编为第十一师指令

(1921年8月5日)

大总统指令　第一千八百二十二号

令陆军总长蔡成勋

呈请将陆军第十六混成旅改编为陆军第十一师，并请简任师长、旅长由。呈悉。准如所拟办理，冯玉祥等已有令任命矣。此令。

中华民国十年八月五日

国务总理　靳云鹏

陆军总长　蔡成勋

〔政府公报，1921年8月6日，第1958号〕

145. 大总统任命冯玉祥为第十一师师长令

(1921年8月5日)

大总统令

任命冯玉祥为陆军第十一师师长，李鸣钟为陆军第十一师步兵第二十一旅旅长，张之江为第二十二旅旅长。此令。
中华民国十年八月五日

国务总理　靳云鹏
陆军总长　蔡成勋

〔政府公报，1921年8月6日，第1958号〕

146. 大总统任命刘郁芬鹿钟麟为第十一师第二十一二十二旅旅长令

（1924年2月16日）

大总统令

任命刘郁芬为陆军第十一师步兵第二十一旅旅长，鹿钟麟为第二十二旅旅长，闻承烈为第四十二团团长，韩复榘为第四十三团团长，过之纲为第四十四团团长，张树声为骑兵第十一团团长，孙连仲为炮兵第十一团团长；葛金章为陆军第七混成旅步兵第一团团长，刘玉山为第二团团长，韩多峰为第三团团长；石友三为陆军第八混成旅步兵第一团团长，席液池为第二团团长，陈毓耀为第三团团长；佟凌阁为陆军第二十五混成旅步兵第一团团长，门致平为第二团团长，刘汝明为第三团团长。此令。

大总统盖印　国务总理孙宝琦　陆军总长陆锦
中华民国十三年二月十六日

〔政府公报，1924年2月17日，第2840号〕

147. 临时执政免去冯玉祥第十一师师长令

（1925年1月6日）

临时执政指令　第九号

令督办西北边防事宜冯玉祥

呈假期转瞬届满，仍请开去本兼各职，暂委代理十一师师长由。呈悉。已有令明发，陆军第十一师师长准由宋哲元暂行代理。此令。

陆军总长　吴光新

中华民国十四年一月四日

〔政府公报，1925年1月6日，第3150号〕

148. 袁世凯免去萧广传改任岳兆麟为第十二师第二十四旅旅长策令

（1916年2月6日）

政事堂奉策令：陆军第十二师步兵第二十四旅旅长萧广传，著开去旅长员缺，仍回卫侍武官原差。此令。

洪宪元年二月六日

国务卿　陆征祥

政事堂奉策令：任命岳兆麟署陆军第十二师步兵第二十四旅旅长。此令。

洪宪元年二月六日

国务卿　陆征祥

〔政府公报，1916年2月7日，第32号〕

49. 大总统任命岳兆麟为第十二师第二十四旅旅长策令

（1916年3月29日）

政事堂奉策令：任命岳兆麟为陆军第十二师步兵第二十四旅旅长，徐登朝为陆军第十二师步兵第二十四旅第四十八团团长。此令。

中华民国五年三月二十九日

国务卿　徐世昌

〔政府公报，1916年3月30日，第84号〕

150．大总统任命张之傑为第十二师步兵第二十三旅旅长令

（1917年11月5日）

大总统令

任命张之傑为陆军第十二师步兵第二十三旅旅长，张士鑑为陆军第十二师步兵第四十五团团长。此令。

中华民国六年十一月五日

国务总理
陆军总长　段祺瑞

〔政府公报，1917年11月11日，第649号〕

151．大总统任命王维城为第十二师第二十四旅旅长令

（1920年9月4日）

大总统令

任命王维城为陆军第十二师步兵第二十四旅旅长，李生春为陆军第十二师步兵第四十五团团长，袁树勋为步兵第四十七团团长。此令。

中华民国九年九月四日

国务总理
陆军总长　靳云鹏

〔政府公报，1920年9月5日，第1638号〕

152．关于任命陈宝琮为第十二师第二十三旅旅长呈令

（1920年10月）

（1）靳云鹏致大总统呈（10月26日）

呈为请简任旅长、团长仰祈钧鉴事：准江西督军陈光远咨称：本年九月十七日奉大总统令：任命张之傑为赣南镇守使。此令。等因。奉此。遵即转令遵照在案。所遗陆军第十二师步兵第二十三旅旅长员缺，查有炮兵第十二团团长陈宝琮，经验宏富，品学兼优，堪以升任。递遗之缺，查有炮十二团第二营营长董胜标，老成练达，有勇知方，堪以升任。除先行委任署理外，相应取具各该员履历备文咨请鉴核，呈请简任。等因。本部详加复核，均堪胜任，拟请任命陈宝琮为陆军第十二师步兵第二十三旅旅长，董胜标为陆军第十二师炮兵第十二团团长，俾重职守而专责成。理合具呈，伏乞鉴核训示施行。谨呈

大总统

兼署陆军总长　靳云鹏

中华民国九年十月二十六日

（2）大总统令（10月30日）

大总统令

任命陈宝琮为陆军第十二师步兵第二十三旅旅长，董胜标为陆军第十二师炮兵第十二团团长。此令

中华民国九年十月　日

〔北洋政府国务院档案〕

153．大总统任命萧安国为第十二师第二十四旅旅长令

（1921年3月3日）

大总统令

任命萧安国为陆军第十二师步兵第二十四旅旅长，王永贵为陆军第十二师步兵第四十六团团长。此令。

中华民国十年三月三日

国务总理
陆军总长　靳云鹏

〔政府公报，1921年3月4日，第1806号〕

154．大总统免去陈宝琮改任周荫人为第十二师第二十三旅旅长令

（1921年3月24日）

兼署陆军总长靳云鹏呈：陆军第十二师步兵第二十三旅旅长陈宝琮，另有差委，请免本职。陈宝琮准免本职。此令。

中华民国十年三月二十四日

国务总理
陆军总长　靳云鹏

大总统令

任命周荫人为陆军第十二师步兵第二十三旅旅长。此令。

中华民国十年三月二十四日

国务总理
陆军总长　靳云鹏

〔政府公报，1921年3月25日，第1827号〕

155．大总统免去陈光远兼第十二师师长及江西军队著归蔡成勋节制令

（1922年6月15日）

大总统令

江西督军兼第十二师师长陈光远，呈请辞职，陈光远准免本兼各职。此令。

大总统盖印

国务总理
外交总长 顾惠庆

中华民国十一年六月十五日

大总统令

陈光远业经免职，所有江西全省军队，著均归援赣总司令蔡成勋节制。此令。

大总统盖印　　国务总理顾惠庆　　陆军总长

中华民国十一年六月十五日

〔政府公报，1922年6月16日，第2258号〕

156．周荫人就任第十二师师长电

（1922年7月15日）

北京国务院总理、参陆部总次长钧鉴：本月十五日奉援赣总司令蔡寒电开：兹准参陆部庚电开：第十二师师长以周荫人升署，希转饬即行到差。又承准国务院庚电开：请简任周荫人为第十二师师长，已由陆军部以部令发表，当即转饬该师长任职，以重军务。各等因。特此电知照，仰该师长即行遵照任职。等因，奉此。

师长遵于本月十五日在前方就职。理合特电呈报，伏乞鉴核。陆军第十二师师长周荫人叩。删。印。

〔北洋政府陆军部档案〕

157．大总统任命李生春徐登朝为第十二师第二十三二十四旅旅长令

（1922年10月31日）

大总统令

任命李生春为陆军第十二师步兵第二十三旅旅长，徐登朝为步兵第二十四旅旅长，苏埏为步兵第四十五团团长，孔昭同为步兵第四十七团团长，沙泰昇为步兵第四十八团团长。此令。

大总统盖印　国务总理王宠惠　陆军总长张绍曾

中华民国十一年十月三十一日

〔政府公报，1922年11月1日，第2392号〕

158．大总统任命周荫人靳云鹗为第十二十四师师长令

（1923年11月13日）

大总统令

任命周荫人为陆军第十二师师长，靳云鹗为陆军第十四师师长。此令。

大总统盖印　国务总理高凌霨　陆军总长

中华民国十二年十一月十三日

〔政府公报，1923年11月14日，第2754号〕

159. 大总统任命孔昭同为第十二师第二十四旅旅长令

（1923年11月21日）

大总统令

任命孔昭同为陆军第十二师步兵第二十四旅旅长，蒋启凤为陆军第十二师步兵第四十七团团长。此令。

大总统盖印　　国务总理高凌霨　　陆军总长

中华民国十二年十一月二十一日

〔政府公报，1923年11月22日，第2762号〕

160. 临时执政任命刘俊为第十二师第二十四旅旅长令

（1925年11月6日）

临时执政令

任命刘俊为陆军第十二师步兵第二十四旅旅长，王清邻为步兵第四十七团团长，王其忠为步兵第四十八团团长。此令。

陆军总长

中华民国十四年十一月六日

〔政府公报，1925年11月7日，第3447号〕

161. 军务司为拱卫军改为第十三师以李进才为师长等情移付

（1916年8月5日）

军务司为移付事：据第十三师师长李进才呈报全师改编成营

日期等情。除由本师备案外，相应抄录原详移付贵司查照可也。
此移
军衡司
　　计抄件
中华民国五年八月五日

呈为具报全师改编成营日期事：窃奉钧部饬开：民国五年七月十一日奉大总统策令：任命李进才为陆军第十三师师长。此令。同日奉策令：任命刘金标为陆军第十三师步兵第二十五旅旅长，刘富有为第二十六旅旅长。此令。同日又奉策令：任命李得胜为陆军第十三师步兵第二十五旅第四十九团团长，王汝俭为五十团团长，范乐田为第二十六旅第五十一团团长，崔维藩为第五十二团团长，郭桂林为陆军第十三师骑兵第十三团团长，田友望为炮兵第十三团团长。此令。各等因。除关防另案刊发外，合行饬知，仰该师长迅将团附、营长各员妥为编配，并具详细履历，详候核办。等因。当将各该员履历详送在案。嗣于七月二十四日恭读《政府公报》登载：大总统策令：陆军部呈请以蔡景良充任陆军第十三师步兵第四十九团团附，许钟荣充任第五十团团附，高文禄充任第五十一团团附，王冠三充任第五十二团团附，冀汝梅充任骑兵第十三团团附，闵朝栋充任炮兵第十三团团附，王万福充任步兵第四十九团第一营营长，白金章充任第二营营长，张凤翰充任第三营营长，王殿樟充任第五十团第一营营长，宫文彩充任第二营营长，陈玉堂充任第三营营长，商发科充任第五十一团第一营营长，石松山充任第二营营长，张炳充任第三营营长，梁仲明充任第五十二团第一营营长，葛传训充任第二营营长，任联甲充任第三营营长，李先达充任骑兵第十三团第一营营长，葛效伊充任第二营营长，王树榕充任第三营营长，孙海峰充任炮兵第十三团第二营营长，沈炳南充任第三营营长，吴欢乐充任工兵第十三营营长，李振龙充任辎重兵第十三营营长，罗明春充任机关枪营营长，应照准。此令。奉此。遵即分饬拱卫军原有各营营长按照陆军定章妥为编配。兹于八月一日将十三师应设步、骑、炮、工、辎各旅、团、营及机关枪营一律编配齐全，成立操练。除履历及各项清册另文呈送外，所有奉饬改编陆军第十三师各旅、团、营编成日期，理合备文呈报，伏乞鉴核施行。再，本师关防尚未奉发，仍用拱卫军总司令关防。合并陈明。谨呈

陆军总长

陆军第十三师师长　李进才

〔北洋政府陆军部档案〕

162. 大总统任命李进才为第十三师师长刘金标刘富有为第二十五二十六旅旅长策令

（1916年7月11日）

大总统策令

任命李进才为陆军第十三师师长。此令。

中华民国五年七月十一日

国务总理
陆军总长　段祺瑞

大总统策令

任命刘金标为陆军第十三师步兵第二十五旅旅长，刘富有为第二十六旅旅长。此令。

中华民国五年七月十一日

国务总理
陆军总长　段祺瑞

〔政府公报，1916年7月12日，第187号〕

163. 关于王怀庆兼任第十三师师长令呈

（1920年9—11月）

（1）大总统令（9月8日）

大总统令

任命王怀庆兼陆军第十三师师长。此令。

中华民国九年九月八日

国务总理
陆军总长 靳云鹏

〔政府公报，1920年9月9日，第1642号〕

（2）王怀庆致国务院咨呈稿（9月？日）

咨呈国务院

为咨呈事：窃于本年九月八日奉大总统令：任命王怀庆兼陆军第十三师师长。此令。等因。奉此。〇〇遵于本月十日就职任事。除呈报外，理合咨呈钧院察照备案。此咨呈

国务院

京畿卫戍总司令兼陆军第十三师师长王〇〇

〔北洋政府热察绥巡阅使署档案〕

（3）王怀庆致陆军总长呈（11月13日）

呈为具报领到简任状日期事：窃于本年十一月九日，奉钧部第三六八一号训令内开：中华民国九年九月八日，奉大总统令：任命王怀庆兼陆军第十三师师长。此令。等因。奉此。兹由本部办就简任状一封，合即令行查照收执，并将领到日期具报备案可也。此令。计简任状一封。等因。奉此。师长遵于是日敬谨祗领。理合备文呈请钧部鉴核备案施行。谨呈

陆军总长

兼陆军第十三师师长王怀庆

中华民国九年十一月十三日

〔北洋政府陆军部档案〕

164．大总统任命陶经武为第十三师第二十五旅旅长令

（1922年5月28日）

大总统令

任命陶经武为陆军第十三师步兵第二十五旅旅长，王敬绅为陆军第十三师炮兵第十三团团长。此令。

大总统盖印　　国务总理周自齐　　陆军总长假

中华民国十一年五月二十八日

〔政府公报，1922年5月29日，第2241号〕

165．大总统免去刘富有改任崔维藩为第十三师第二十六旅旅长令

（1924年10月3日）

大总统令

帮办热河军务、陆军第十三师第二十六旅旅长兼第二军前敌总指挥刘富有，著免去本兼各职。此令。

大总统盖印　　国务总理颜惠庆　　陆军总长陆锦

中华民国十三年十月三日

大总统令

任命崔维藩为陆军第十三师第二十六旅旅长。此令。

大总统盖印　　国务总理颜惠庆　　陆军总长陆锦

中华民国十三年十月三日

〔政府公报，1924年10月4日，第3065号〕

166．大总统免去王怀庆兼第十三师师长其所部交由米振标收束令

（1924年11月11日）

大总统令

热察绥巡阅使兼陆军第十三师师长王怀庆，著免去本兼各职。此令。

大总统印　国务院摄行　国务总理黄郛　陆军总长李书城

中华民国十三年十一月十一日

大总统令

王怀庆现已免去本兼各职，其所率各军残部，著热河都统米振标妥为收束。此令。

大总统印　国务院摄行　国务总理黄郛　陆军总长李书城

中华民国十三年十一月十一日

〔政府公报，1924年11月13日，第3103号〕

167．临时大总统任命蒋国斌孙葆瑢为第二十七二十八旅旅长令

（1912年12月15日）

临时大总统令

任命蒋国斌署第二十七旅旅长。此令。

中华民国元年十二月十五日

国务总理　赵秉钧
陆军总长　段祺瑞

临时大总统令
任命孙葆瑢为第二十八旅旅长。此令。
中华民国元年十二月十五日

国务总理　赵秉钧
陆军总长　段祺瑞

〔政府公报，1912年12月16日，第229号〕

168．孙道仁关于第十四师师长杜持等领到任命状咨

（1913年2月8日）

闽都督咨为照案准贵部咨开：奉临时大总统令：任杜持为第十四师师长。此令。又奉令：蒋国斌署第二十七旅旅长、孙葆瑢为二十八旅旅长。此令。并送委任状一纸。等因。当经转发各该员祇领去后。兹据各旅呈报，均于一月十一日祇领。等情。据此。相应咨请贵部请烦查照施行。此咨
陆军部

孙道仁

中华民国二年二月八日

〔北洋政府陆军部档案〕

169．许崇智报告接代第十四师师长电

（1913年4月25日）

北京陆军部总长钧鉴：崇智奉孙都督文开：准陆军部删电开：

奉大总统令：寒电悉。许中将崇智应准暂行留闽，代理十四师师长任务。该中将富有血性，才略亦优，将来可成大器，勉之望之等因。特达。饬即遵照。崇智遵于念二日接印视事。理合肃电报告请备案。暂代理第十四师师长许崇智叩。有。

〔北洋政府陆军部档案〕

170．临时大总统任命蒋国斌为第十四师第二十七旅旅长令

（1913年5月21日）

临时大总统令

任命蒋国斌为陆军第十四师步兵第二十七旅旅长。此令。

中华民国二年五月二十一日

国务总理
陆军总长　段祺瑞

〔政府公报，1913年5月22日，第374号〕

171．临时大总统著将许崇智撤职查办令

（1913年7月25日）

七月二十五日临时大总统令：

代理福建陆军第十四师师长陆军中将许崇智，附和乱党，背叛共和，复敢致代理国务总理、陆军总长段祺瑞电文，据该总理呈阅，原电语多狂悖，实属大干军纪，罪无可逭。许崇智应即褫革军官军职，并严行查拿，按法惩办，以为甘心从逆者戒。此令。

〔北洋政府陆军部档案〕

172. 关于孙葆瑢接任第十四师师长电

(1913年8月)

(1) 参陆两部致孙道仁密电(8月7日)

福建孙都督：闽密。奉大总统令：代理第十四师师长许崇智业经撤差拿办，所有师长一差，即著孙葆镕〔瑢〕署理。等因。特达。参陆两部。阳。印。

〔北洋政府陆军部档案〕

(2) 孙葆瑢致参陆两部电(8月26日)

北京参谋陆军两部总长钧鉴：葆瑢奉令署理陆军第十四师师长，遵于八月二十六日到师任事。谨此电达。孙葆瑢叩。宥。印。

〔北洋政府陆军部档案〕

173. 杜持关于拟回师任职电

(1913年9月)

(1) 致段祺瑞密电(9月2日)

北京陆军总长段钧鉴：道密。持东日抵闽，都督派代表带船来接，军官佐咸到马江相迎。谒见都督，礼貌优加，并云前已密电大总统，饬持回任。观此情形，应即遵命回任，惟闻孙葆瑢已奉大总统令署理，应请电饬各回原任，以便到师任事，维持一切。再，闽土及上下府，均属安静。知念谨闻。杜持叩。冬。印。

(2) 致段祺瑞电(9月6日)

北京陆军部总长段钧鉴：各电谅登钧座。连日各军官敦促回任，都督深愿持回本任，因碍于省界关系，专候部令。现孙葆瑢已电中央请示，恳请迅赐示遵。受业杜持叩。鱼。

〔北洋政府陆军部档案〕

174. 大总统关于取销福建第十四师令

（1913年12月16日）

十二月十六日大总统令

据兼领福建都督刘冠雄电呈：福建军队已次第裁并就绪等语。所有福建陆军第十四师应即取销。此令。

〔北洋政府陆军部档案〕

175. 戴戡拟将在川之滇黔军合编为两师以顾品珍熊其勋分任师长密电

（1917年4月30日）

加急。北京段总理、陆军总长钧鉴：华密。川事纠纷，以至破裂，成此不可收拾之势，其主因即在军事。目前处置川事，仍先从军事始；处置军事，又必先从滇、黔军始。今两军在川既决不可去，拟即趁此合编为国军两师，盖有数利：一、消除滇、黔、川军名义，又有熊其勋从中斡〔斡〕旋，渐可图与川军相安，免再发生枝节。二、前请求之款，滇军年百八十万元，黔军年九十万元，今合编两师，其全饷必较前减少。三、以前滇、黔军虽定为一师二旅一团，因川局纷扰，饷项无著，迄未改编，至今滇军仍两师，黔军仍十四营，如合成两师，裁额计已不少。滇、黔军裁编定后，庶可着手裁减川军。四、罗督去职，滇军苦不相安，危迫情形，匪可言喻。趁此改编，必可以安军心，复可消患无形。戡连日言议，舍此实无善策可以补救川局。一得之愚，如蒙俯准，拟即以顾品珍、熊其勋为两师师长，即责成该师长等设法改编。至滇军第七师师长赵又新及其旅长等，将来再请中央另予位置，以酬有功。戡为收拾军事以〔与〕川局起见，是否有当，迫候示遵。再，日前已请任命顾品珍为师长，仍恳迅速发表，盖于此电计划并无妨害故也。戴戡叩。卅。印。

〔北洋政府陆军部档案〕

176. 关于以顾品珍为第十四师师长令电

（1917年4—5月）

（1）国务院等致戴戡密电（4月27日）

急。成都戴省长鉴：循密。留川之滇军编为第十四师，师长以顾品珍充任，即日呈请明令发表。惟现在驻川之滇军尚不止一师之数，仍望查照前议，于六月后即行归并。院、部。感。印。

〔北洋政府陆军部档案〕

（2）大总统令（4月28日）

大总统令

任命顾品珍为陆军第十四师师长。此令。

中华民国六年四月二十八日

国务总理
陆军总长 段祺瑞

〔政府公报，1917年4月29日，第466号〕

（3）顾品珍致大总统等电（5月3日）

北京大总统、国务院、陆军部、参谋部钧鉴：顷奉戴兼督军令开：奉大总统令：任命顾品珍为陆军第十四师师长等因。窃念品珍谬以庸才，膺兹重寄，愧无片善之长，弥增绠短之虑。所幸近隶中枢，得所禀承，尤望特颁榘诲，俾资循率。合电申悃，无任切企。陆军第十四师师长顾品珍叩。江。印。

〔北洋政府陆军部档案〕

177. 关于将驻川滇军一师改编为第十四师令文

（1917年4月28日）

（1）段祺瑞致大总统呈稿

呈为请编陆军第十四师，简任顾品珍为师长，仰祈钧鉴事：准四川省长暂行兼代督军戴戡电称：云云。等因。查川省现在收束军队之际，所有主客各军亟应择栗分黄，妥为编遣。滇军自上年入川以来，于地方防守事宜，尚称得力，未便议裁，拟请改编为陆军第十四师，驻扎川南，以资捍卫。如蒙允准，该省长所保顾品珍一员，聿著功勋，军情翕服，以充陆军第十四师师长，堪以胜任，拟请简任，俾重职守。理合具呈，伏乞鉴核训示施行。谨呈

大总统

陆军总长段　谨呈

中华民国六年四月　日

〔北洋政府陆军部档案〕

（2）大总统令

大总统令

驻川滇军一师著编为陆军第十四师。此令。

中华民国六年四月二十八日

国务总理
陆军总长　段祺瑞

〔政府公报，1917年4月29日，第466号〕

178．靳云鹗就任第十四师师长密电

（1922年7月10日）

北京陆军部代理部务金次长钧鉴：昌密。窃于七月七日奉钧部训令：准将八旅改编成师，暂定为陆军第十四师，即以该旅长升任师长，仰即遵照办理等因。奉此。云鹗遵于本月十日成立师部，就职师长。除分别电陈并著手改编旅、团各部外，合电钧部鉴核备案。伏维垂察。师长靳云鹗叩。蒸。印。

〔北洋政府陆军部档案〕

179．大总统任命陈文钊王允忠为第十四师第二十七二十八旅旅长令

（1924年3月15日）

大总统令

任命陈文钊为陆军第十四师步兵第二十七旅旅长，王允忠为步兵第二十八旅旅长，李万春为步兵第五十三团团长，史柏龄为步兵第五十四团团长，王乔为步兵第五十五团团长，杨绍先为步兵第五十六团团长，阎曰仁为骑兵第十四团团长，萧玉清为炮兵第十四团团长。此令。

大总统盖印　　国务总理孙宝琦　　陆军总长陆锦

中华民国十三年三月十五日

〔政府公报，1924年3月16日，第2863号〕

180．袁世凯任命周骏为第十五师师长熊祥生黄鹄举为第二十九三十旅旅长策令

（1916年2月29日）

政事堂奉策令：任命周骏为陆军第十五师师长，仍兼重庆镇守使。此令。
洪宪元年二月二十九日

国务卿　陆征祥

政事堂奉策令：任命熊祥生为陆军第十五师步兵第二十九旅旅长，黄鹄举为陆军第十五师步兵第三十旅旅长。此令。
洪宪元年二月二十九日

国务卿　陆征祥

〔政府公报，1916年3月1日，第55号〕

181．陈宧关于第十五师所属旅团号数应否按军顺序编列密电

（1916年3月2日）

北京统率办事处、陆参两部钧鉴：陆密。奉佥电开：准将周骏所部一师改为国军第十五师等因。查该师所属旅、团号数，应否按照军顺序编列，请即分□〔别〕核示，以便饬遵，并□换关防，俾资□□。值兹军事吃紧，□□〔拟暂〕由宧刊发。统乞核示遵行。陈宧叩。冬。印。

〔北洋政府陆军部档案〕

182．大总统任命刘湘为第十五师第二十九旅旅长策令

（1916年5月30日）

大总统策令

任命刘湘为陆军第十五师步兵第二十九旅旅长。此令。
中华民国五年五月三十日

国务卿 陆军总长 段祺瑞

〔政府公报，1916年5月31日，第146号〕

183．齐耀琳请将第五混成旅扩编成师并委刘询为师长密电

（1917年8月8日）

大总统、国务院、参谋本部、陆军部钧鉴：华密。窃维苏省带江□海，风气浮嚣，素称难治。民国以还，愈益多故，北而徐海匪焰日涨，南而宁苏乱人思逞。所有主客各军，分辖防地数本不多，一遇事变，更形支绌。去岁江阴之变，以本省原有兵力，几不足以削平，嗣经调沪军第十师暨安武、定武各军，合本省之第十九师及禁卫军各一部，始克协同收复。省垣空虚，则由清江调第五混成旅移驻。其余各属，所赖以维持治安者亦皆客军之力居多。本年七月复辟问题发生，分驻徐海之定武军骤不可恃，沪军第四师又调赴浙，而苏、常、通、海、清、扬防军各有任务，碍难抽调。其时定武军势力达于浦口，省西太平方面，该军数营亦有蠢动之意。宁垣根本之地，若徒恃省城所有军队攻防，一切穷于应付，且方准备联军会师北伐，非空言能济。时机迫切，万不获已，乃就近将第五混成旅扩充成师，计添募步兵两团，其骑、炮、工、辎等兵，亦均分别增补，当届七月中旬编制成立。现值兵事初平，库储方绌，军事正宜收束，岂愿更扩张，无如苏省奥〔？〕区，情形迥异，大局虽定，隐患仍多。徐淮海一带，自定武军不稳，群盗如毛，因之而起，将来无论如何，该军改编，势须另有得力队伍填扎，方足以资镇慑。成师万难从缓。应请大部俯赐察

核，准予立案。并请陆军部挨次编定该师号数，俾便遵循。至该师官佐，除团长以下各员另文呈请任命外，其师长一缺，拟请即以前第五混成旅旅长刘询升充，旅长二缺，拟以前该旅步一团长张国溶、步二团长齐宝善等二员升授。如蒙允准，并乞即予明令公布施行，无任叩祷。兼代江苏督军齐耀琳叩。庚。印。

〔北洋政府陆军部档案〕

184．关于以刘询为第十五师师长令呈

（1917年8—10月）

（1）大总统令（8月18日）

大总统令

任命刘询为陆军第十五师师长。此令。

中华民国六年八月十八日

国务总理
陆军总长　段祺瑞

〔政府公报，1917年8月18日，第571号〕

（2）刘询致陆军部呈（10月23日）

呈为领到简任状日期具报事：窃于本年十月十七日奉钧令内开：中华民国六年八月十八日奉大总统令：任命刘询为陆军第十五师师长。此令。等因。奉此。兹由本部办就简任状一封，合亟令行查照收执，并将领到日期具报备案可也。此令。计简任状一封。等因。奉此。当于本月十七日师长奉到简任状一封，遵即敬谨收执。理合将领到简任状日期备文呈报，仰乞钧部鉴核施行。谨呈

陆军部

陆军第十五师师长　刘询

中华民国六年十月二十三日

〔北洋政府陆军部档案〕

185．陆军总长关于任命张国瑢齐宝善为第十五师第二十九三十旅旅长咨稿

（1917年9月24日）

陆军总长为咨行事：中华民国六年九月十八日奉大总统令：任命张国瑢为陆军第十五师步兵第二十九旅旅长，齐宝善为步兵第三十旅旅长，卜胜家为步兵第五十七团团长，刘汝赞为步兵第五十八团团长，张拱辰为步兵第五十九团团长，王乃镔为步兵第六十团团长，冯家俊为炮兵第十五团团长。此令。等因。相应咨行贵督军查照饬遵可也。此咨

江苏督军

中华民国　　年　　月　　日

〔北洋政府陆军部档案〕

186．大总统关于取消第十五师并免去刘询师长本职令

（1920年8月3日）

大总统令

陆军第十五师现经取消，师长刘询著免去本职。此令。

中华民国九年八月三日

国务总理　萨镇冰

陆军总长

大总统指令　第一千九百十二号

令陆军次长代理部务罗开榜

呈请取消陆军第十五师，并将该师长刘询暨所属官佐均免去本职由。呈悉。准如所拟办理，刘询已另有令免去本职矣。此令。
中华民国九年八月三日

国务总理　萨镇冰
陆军总长

〔政府公报，1920年8月4日，第1606号〕

187．大总统准裁撤第十六师改编为第十五师令

（1922年5月24日）

大总统指令　第一千三十四号

令代理部务陆军次长金绍曾

呈陆军第十六师拟请裁撤，改编为陆军第十五师，并请简任师长由。呈悉。准如所拟办理，彭寿莘已有令任命矣。此令。

大总统盖印　　国务总理周自齐　　陆军总长假
中华民国十一年五月二十四日

〔政府公报，1922年5月25日，第2237号〕

188．大总统任命彭寿莘为第十五师师长令

（1922年5月24日）

大总统令

任命彭寿莘为陆军第十五师师长。此令。

大总统盖印　　国务总理周自齐　　陆军总长假
中华民国十一年五月二十四日

〔政府公报，1922年5月25日，第2237号〕

189. 熊炳琦关于第十五师系由第十四混成旅等改编函

（1922年5月26日）

月波① 仁兄大鉴：奉示敬悉。第十五师系以十四混成旅及补充一、四两团合并编练，业由帅座电饬彭师长② 遵办矣。专复。即请刻安。

弟熊炳琦启　五月廿六日

〔北洋政府直鲁豫使署档案〕

190. 大总统任命郭敬臣郭之桢为第十五师第二十九三十旅旅长令

（1922年8月29日）

大总统令

任命郭敬臣为陆军第十五师步兵第二十九旅旅长，郭之桢为步兵第三十旅旅长，李景武为步兵第五十七团团长，刘锡龄为步兵第五十八团团长，关甘霖为步兵第五十九团团长，宋锡光为步兵第六十团团长。此令。

大总统盖印　　国务总理王宠惠　　陆军总长张绍曾

中华民国十一年八月二十九日

〔政府公报，1922年8月30日，第2332号〕

---

① 姓赵，时任直鲁豫巡阅使署军务处处长。

② 指第十五师师长彭寿莘。

191.关于由李桂林充任吉长镇守使兼第十五师第八旅旅长函令

（1928年5月）

（1）大元帅府秘书厅致国务院公函（5月9日）

大元帅府秘书厅公函　十七年秘字第五六一号

迳启者：本月八日收督办吉林军务善后事宜张作相为吉长镇守使兼第八旅旅长陈玉崑因病出缺，拟请以李旅长桂林升任呈一件。呈奉大元帅谕：交院。等因。相应备函送请查核办理可也。此致

国务院

附原呈一
履历一件〔略〕

中华民国十七年五月九日

呈为吉长镇守使兼第八旅旅长陈玉崑，因病出缺，拟请以李旅长桂林升任，恭呈仰祈任命事：窃查吉长镇守使兼步兵第八旅旅长陈玉崑，于本年四月二十九日在任病故。遗缺查有十五师第二十六旅旅长李桂林，勋勤久著，为守兼优，且于对晋战事，尤为出力，拟请以之升任仍兼第八旅旅长，俾便调度，业经作相电奉钧座俞允在案。除令饬该旅长赴任就职外，谨检同该员履历具呈，恳祈颁发任命，以专责成。所有拟请任命吉长镇守使兼任第八旅长缘由，理合呈请鉴核训示施行。谨呈

大元帅

计呈履历一份〔略〕

督办吉林军务善后事宜张作相

中华民国十七年五月五日

（2）大元帅令（5月10日）

大元帅令

任命李桂林为吉长镇守使兼陆军第十五师步兵第八旅旅长。此令。

中华民国十七年五月十日

国务总理　潘复
军事总长

〔北洋政府国务院档案〕

192．关于任命王廷桢为第十六师师长呈令

（1917年9月）

（1）段祺瑞致大总统呈稿（9月？日）

为呈请简任师长员缺事：窃查禁卫军改编为陆军第十六师，业经呈明在案。所有陆军第十六师师长一缺，拟请简任王廷桢充任。理合具文呈请钧鉴公布施行。谨呈

大总统

陆军总长　段

中华民国六年九月

〔北洋政府陆军部档案〕

（2）大总统令（9月12日）

大总统令

任命王廷桢兼陆军第十六师师长。此令。

中华民国六年九月十二日

国务总理
陆军总长　段祺瑞

〔政府公报，1917年9月13日，第596号〕

193．大总统任命关忠和田献章为第十六师第三十一三十二旅旅长令

（1917年11月9日）

大总统令：

任命关忠和为陆军第十六师步兵第三十一旅旅长，田献章为步兵第三十二旅旅长，傅崇恩为步兵第六十一团团长，翟殿林为步兵第六十二团团长，罗寿恒为步兵第六十三团团长，刘锡龄为步兵第六十四团团长，吴金声为骑兵第十六团团长，冯家祜为炮兵第十六团团长。此令。

中华民国六年十一月九日

国务总理
陆军总长 段祺瑞

〔政府公报，1917年11月10日，第653号〕

194．关于任命王廷桢兼任第十六师师长呈令

（1920年1—2月）

（1）靳云鹏致大总统呈稿（1月？日）

呈为请以王廷桢兼任十六师师长仰祈钧鉴事：窃民国八年十二月二十六日奉大总统令：任命王廷桢为察哈尔都统。此令。等因。查王廷桢原任十六师师长，现既奉简察哈尔都统，所遗师长一缺，本应遴员接充，惟该师长在职有年，感情夙惬，拟请仍令兼任，俾重职守。如蒙俞允，当即由陆军部行知遵照。理合具呈，伏乞鉴核训示施行。谨呈

大总统

陆军总长 靳

中华民国九年一月　日

〔北洋政府陆军部档案〕

（2）大总统指令（2月10日）

大总统指令　第四百二十八号

令陆军总长靳云鹏

呈请仍以王廷桢兼任第十六师师长由。呈悉。准其兼任。此令。

中华民国九年二月十日

国务总理
陆军总长　靳云鹏

〔政府公报，1920年2月11日，第1436号〕

195. 大总统任命张景惠为第十六师师长令稿

（1920年9月21日）

大总统令

任命张景惠兼陆军第十六师师长。此令。

中华民国　年　月　日

〔北洋政府国务院档案〕

196. 关于杨森任第十六师师长函电

（1922年12月—1923年1月）

（1）吴佩孚致张绍曾电（1922年12月19日）

北京陆军部张总长鉴：顷接大咨，准以杨森充第十六师师长，由部令发表。并颁到令文一件，嘱即转发。等因。除将令文转交杨师长收执，并报告曹大帅外，特复。吴佩孚。皓。

〔北洋政府陆军部档案〕

(2) 杨森致王怀庆公函（1923年1月？日）

陆军第十六师司令部公函　第一号

迳启者：案奉陆军部训令第一四八四号开：派杨森为陆军第十六师师长，仰即遵照到差，并将该师编制报部备案。此令。等因。奉此。遵于中华民国十二年一月一日在宜昌师司令部就职视事。除呈报并分函外，相应函请贵署即烦查照，并希转令所属一体知照，实纫公谊。

此致

热察绥巡阅使王

师长　杨　森

中华民国十二年一月　日

〔北洋政府热察绥巡阅使署档案〕

197. 临时执政任命王缵绪为第十六师师长令

（1925年9月23日）

临时执政令

任命王缵绪为陆军第十六师师长。此令。

陆军总长　吴光新

中华民国十四年九月二十三日

〔政府公报，1925年9月24日，第3406号〕

198. 傅良佐请将湖北第二师改为第十七师以陈复初为师长与陆军部往来电

（1917年10月）

(1) 傅良佐致陆军部等密电（10月10日）

国务总理、陆军部钧鉴：正密。庚电奉悉。遵即转电朱旅长传令嘉奖。此次刘、林叛逆，湘中第一师多被煽惑，独第二师守正不阿，奋勇争先，迭著战绩。该师军士训练尚精，纪律严明，颇具国军之资格。现值用兵之际，如蒙特准以该省第二师改为国军第十七师，即任陈复初为该师师长，实足以作士气而励戎行，于军事前途，甚有裨益。是否？乞示遵。良佐。蒸。印。

(2) 陆军部复傅良佐电稿（10月13日）

长沙傅督军鉴：蒸电悉。第二师改第十七师，以陈复初为师长，准即呈请公布，请兄饬遵照。陆军部。元。印。

〔北洋政府陆军部档案〕

199．大总统任命陈复初为第十七师师长令

（1917年10月19日）

大总统令

任命陈复初为陆军第十七师师长。此令。

中华民国六年十月十九日

国务总理
陆军总长　段祺瑞

〔政府公报，1917年10月20日，第632号〕

200．大总统准第十七师师长陈复初回原职指令

（1918年4月10日）

大总统指令　　第六百六十八号

令陆军总长段芝贵

呈请任命朱泽黄等为十七师旅、团长，并拟饬陈复初仍回十

七师师长原职由。呈悉。朱泽黄等已有令明发，陈复初准回原职，即由该部转行遵照。此令。
中华民国七年四月十日

国务总理　段祺瑞
陆军总长　段芝贵

〔政府公报，1918年4月11日，第795号〕

201．陆军部关于任命朱泽黄为第十七师第三十三旅旅长咨稿

（1918年4月25日）

陆军总长为咨行事：中华民国七年四月十日，奉大总统令：任命朱泽黄为陆军第十七师步兵第三十三旅旅长，周崇岳为步兵第六十五团团长，毛树骏为步兵第六十六团团长。此令。等因。相应咨行贵督军查照饬遵可也。此咨
湖北督军

〔北洋政府陆军部档案〕

202．曹锟请将第十六混成旅改为第十七师与参陆办公处往来密电

（1920年9—10月）

（1）曹锟致参陆办公处密电（9月28日）

保定来电　九年九月廿八/廿九日下午九时十分发/到

北京参陆办公处鉴：同密。查冯玉祥所部之第十六混成旅兵额约计有万余之众，该旅久经训练，纪律严明，而官兵尤勇敢善战，洵为节制之军。查陆军部直辖之第十七师已经解散，若以冯

旅编为第十七师，即任命冯旅长玉祥为该师师长，每月饷项既不加增，且可收整齐划一之效。该旅官兵历年来为国勤劳，卓著成绩，一经改编为师，更足以鼓励士气，诚一举而数善兼备。特此电陈，务祈贵处查照转陈，乞予照准，实为公便。曹锟。勘。印。

（2）参陆部复曹锟密电（10月2日）

保定曹巡阅使鉴：同密。勘电业经转呈。冯旅为节制之师，历年战役，成绩昭然，中央久弥倚畀。该使所拟改旅为师一节，本属可行，应俟军事计划通盘筹定，将各处队伍酌量归并，再令改编，较为妥善。奉谕，特复。参陆部。冬。印。

〔北洋政府参陆办公处档案〕

203. 大总统任命沈鸿英兼第十七师师长令

（1923年9月15日）

大总统令

任命沈鸿英兼陆军第十七师师长。此令。

国务院摄行　国务总理
陆军总长
外交总长　顾维钧
内务总长　高凌霨
财政总长　张　弧
海军总长　李鼎新
司法总长　程　克
教育总长
农商总长　袁乃宽
交通总长　吴毓麟

中华民国十二年九月十五日

〔政府公报，1923年9月16日，第2699号〕

204．大总统任命邬右文陈春光为第十七师第三十三三十四旅旅长令

（1923年12月20日）

大总统令

任命邬右文为陆军第十七师步兵第三十三旅旅长，陈春光为陆军第十七师步兵第三十四旅旅长，谢椿胜为陆军第十七师步兵第六十五团团长，沈润塘为陆军第十七师步兵第六十六团团长，何品清为陆军第十七师步兵第六十七团团长，谢瑞光为陆军第十七师步兵第六十八团团长。此令。

大总统盖印　　国务总理高凌霨　　陆军总长

中华民国十二年十二月二十日

〔政府公报，1923年12月21日，第2791号〕

205．大总统任命刘宗仪为第十八师第三十六旅旅长令

（1916年10月15日）

大总统令

任命刘宗仪为陆军第十八师步兵第三十六旅旅长。此令。

中华民国十年十月十五日

国务总理　靳云鹏

陆军总长　蔡成勋

〔政府公报，1921年10月16日，第2026号〕

206. 徐树铮转达第六混成旅编师经奉准密电

（1917年11月1日）

武昌王督军鉴：正密。承示敬悉。第六混成旅编师一案，当陈揆座照准。除由部呈请外，特先奉达。树铮。东。印。

〔北洋政府陆军部档案〕

207. 大总统准将第六混成旅与混成第二团合编为第十八师令

（1917年11月6日）

大总统指令　第一千七百九十八号

令陆军总长段祺瑞

呈准湖北督军王占元请将第六混成旅、混成第二团合并编为陆军第十八师由。呈悉。应准改编，即由该部转行遵照。此令。

中华民国六年十一月五日

〔政府公报，1917年11月6日，649号〕

208. 关于以王懋赏等分任第十八师师旅长各职文电

（1917年11月—1918年1月）

（1）王占元致国务院等密电（1917年11月2日）

武昌来电

二分。北京国务院、陆军部钧鉴：正密。前呈请将第六混成旅加以暂编第一混成团改编一师，已蒙钧部核准，所有该师师长及旅长各缺，亟待明令简任。查有现任第六混成旅旅长王懋赏，畅晓戎机，韬钤素裕，严肃军纪，统驭适宜，有勇知方，士卒乐为用命，若蒙擢任师长，必能临机因应，藉收驾轻就熟之功。所部两旅，拟暂假定。如第一旅旅长一缺，查有二师骑兵第二团团长南元超，久历行阵，经二十余年，胆识兼优，骁勇善战，于军学战略加意讲求，堪以拟正。又二师步兵第八团团长刘鼎臣，素娴战术，才识过人，忠勇朴诚，资劳卓著，堪以拟陪。如第二旅旅长一缺，查有第六混成旅步兵一团团长刘锡广，历经战役，智勇冠倡，调度有方，久著成绩，堪以拟正。又第六混成旅步兵第十三团团长王都庆，勤奋耐劳，认真训练，防边剿匪，卓著战功，堪以拟陪。以上四员，均属历事贤劳，宅心忠悫，驰驱赞助，实为偏裨中不可多得之才，合无吁恳钧慈，于该四员中遴请简任，于此次改编，一切必能措置裕如，设有缓急，足备干城腹心之选。占元为整饬师干鼓励裨将起见，是否有当，伏候钧裁采择，并祈训示，无任感祷。占元谨肃。冬。印。

（2）段祺瑞致大总统呈稿（11月8日）

呈为请简师长、旅长仰祈钧鉴事：窃陆军第六混成旅暨鄂省陆军第二混成团改为陆军第十八师，业经呈明在案。所有师、旅长各职，亟应遴员请简。兹准湖北王占元电请以陆军第六混成旅旅长王懋赏擢任该师师长，陆军第二师骑兵第二团团长南元超、陆军第六混成旅步兵第一团团长刘锡广，补充该师旅长各职前来，本部详加复核，均堪胜任，拟请简任王懋赏为陆军第十八师师长，南元超为陆军第十八师步兵第三十五旅旅长，刘锡广为陆军第十八师步兵第三十六旅旅长，以资编练而策进行。理合具呈，伏乞鉴核训示施行。谨呈

大总统

陆军总长　段

中华民国　年　月　日

(3) 陆军部复王占元电（11月8日）

武昌王督军鉴：各电悉。师、旅长各职，准以王懋赏等呈请简任。陆军部。□。印。

〔北洋政府陆军部档案〕

(4) 大总统令（11月13日）

大总统令

任命王懋赏为陆军第十八师师长，南元超为陆军第十八师步兵第三十五旅旅长，刘锡广为步兵第三十六旅旅长。此令。

中华民国六年十一月十三日

国务总理
陆军总长 段祺瑞

〔政府公报，1917年11月14日，第657号〕

(5) 王占元致陆军部咨（1918年1月8日）

为咨行事：案据陆军第十八师师长王懋赏呈称：窃于六年十二月二十八日奉陆军部令开：中华民国六年十一月十三日奉大总统令：任命王懋赏为陆军第十八师师长，南元超为陆军第十八师步兵第三十五旅旅长，刘锡广为步兵第三十六旅旅长。此令。等因。奉此。兹由本部办就简任状三封，合亟令行查照收执转发，并将领到日期具报备案可也。此令。计简任状三封。等因。奉此。除分行遵照具报外，查师、旅暨各团、营长关防亟应呈请颁发，以便启用。前将第六混成旅步兵第二第三两团编为第三十五旅步兵第六十九团第七十团，第六混成旅步兵第一团暨混成第二团编为第三十六旅步兵第七十一团第七十二团，第六混成旅炮兵第一营编为陆军第十八师炮兵第一营等情，业经呈奉指令照准在案。其应需各关防，拟请转咨颁发，以资信守而昭核实。所有请发关防并领到简任状日期缘由，理合备文呈请鉴核转咨施行。等情。

除令准转咨外，相应咨行贵部，请烦查照分别备案刊颁是荷。此咨

陆军部

民国七年一月八日

湖北督军　王占元

〔北洋政府陆军部档案〕

209. 大总统任命王都庆为第十八师第三十五旅旅长令

（1918年8月23日）

大总统令

任命王都庆为陆军第十八师步兵第三十五旅旅长。此令。

中华民国七年八月二十三日

国务总理　段祺瑞

陆军总长　段芝贵

〔政府公报，1918年8月24日，第927号〕

210. 大总统任命张俊峰为第十八师第三十六旅旅长令

（1920年5月14日）

大总统令

任命张俊峰为陆军第十八师步兵第三十六旅旅长。此令。

中华民国九年五月十四日

国务总理
陆军总长　靳云鹏

〔政府公报，1920年5月16日，第1528号〕

211. 大总统免去王懋赏改任孙传芳为第十八师师长令

（1921年3月24日）

大总统令

兼署陆军总长靳云鹏呈：陆军第十八师师长王懋赏，因病恳请辞职。王懋赏准免本职。此令。

中华民国十年三月二十四日

国务总理
陆军总长 靳云鹏

大总统令

任命孙传芳为陆军第十八师师长，王都庆为陆军第二十一混成旅旅长，宋大霈为陆军第十八师步兵第三十五旅旅长。此令。

中华民国十年三月二十四日

国务总理
陆军总长 靳云鹏

〔政府公报，1921年3月25日，第1827号〕

212. 大总统任命马金荣为第十八师第三十六旅旅长令

（1921年5月14日）

大总统令

任命马金荣为陆军第十八师步兵第三十六旅旅长。此令。

中华民国十年五月十四日

国务总理
陆军总长 靳云鹏

〔政府公报，1921年5月15日，第1877号〕

213．大总统任命卢金山为第十八师师长令

（1921年8月31日）

大总统令

任命卢金山为陆军第十八师师长。此令。

中华民国十年八月三十一日

国务总理　靳云鹏

陆军总长　蔡成勋

〔政府公报，1921年8月31日，第1984号〕

214．大总统任命杨荫荣为第十八师第三十五旅旅长令

（1924年2月8日）

大总统令

任命杨荫荣为陆军第十八师步兵第三十五旅旅长，许钟荣为陆军第十八师步兵第七十团团长。此令。

大总统盖印　　国务总理孙宝琦　　陆军总长陆锦

中华民国十三年二月八日

〔政府公报，1924年2月9日，第2833号〕

215．蒋雁行关于启用江北第十九师关防电

（1912年4月9日）

大总统、各部长、各省都督、各军司令钧鉴：江北第十九师奉陆军部颁发关防，已于九号启用。谨此电闻。江北雁行泰叩。印。

〔北洋政府司法部档案〕

216. 临时大总统任命刘之洁为江北护军使兼第十九师师长令

（1912年5月1日）

临时大总统令

任命刘之洁为江北护军使兼充第十九师师长。江北地方灾歉之后，盗贼蜂起，即责成该师长督率军队妥筹防缉。此令。

中华民国元年五月初一日

唐绍仪、段祺瑞署名

〔政府公报，1912年5月2日，第2号〕

217. 临时大总统任命石佳华为第三十七旅旅长令

（1913年2月16日）

临时大总统令

任命石佳华为陆军步兵第三十七旅旅长。此令。

中华民国二年二月十六日

国务总理　赵秉钧

陆军总长　段祺瑞

〔政府公报，1913年2月17日，第281号〕

218. 刘询报告第十九师改编情形致段祺瑞禀

（1913年12月2日）①

夫子钧鉴：敬禀者：久隔门墙，频深葭溯，徒以河山 迢递，

① 原件无年代，据内容推断，当为1913年。

未克时聆教诲，怅也何如。兹者江北陆军第十九师，已由冯上将军著手改编，该师人数本不足额，仅系七成队伍，现在改编，仍设师长一员，步兵共编十营，每营正副目兵等二百八十八名，设步兵团长四员，每员兼带一营，不再另设旅长。其马、炮各两连，设一团长，名为马炮混成团长，已于本月一号实行。惟是项编制，虽因经济困难，为一时权宜之计，然不与各处陆军同一编制，将来能否收同等之效用，似难悬揣也。至江北各属，今岁旱灾之后，继以河决，其间又发生蝗蝻，以故禾麦收获甚微，人民俱相率越境求食。近来海州及涟水等县饥民，每日经过淮城不下三四百名之多。按江北各处，素称产匪之区，灾荒并至，筹赈维艰，待到残冬春至，正不知如何了结也。知关廑念，用特禀陈。敬请钧安。伏维垂鉴。学生刘询谨禀。十二月二号。

〔北洋政府陆军部档案〕

219.大总统任命刘文翰杨春普等为江北第十九师第三十七三十八旅旅长令

(1914年5月11日)

大总统令

任命刘文翰为江北陆军第三十七旅旅长。此令。

中华民国三年五月十一日

国务卿　徐世昌

大总统令

任命杨春普为江北陆军第十九师步兵第三十八旅旅长。此令。

中华民国三年五月十一日

国务卿　徐世昌

〔政府公报，1914年5月12日，第723号〕

220. 关于杨春普署十九师师长令详

（1914年8—11月）

（1）大总统策令（8月29日）

大总统策令

任命杨春普署第十九师师长。此令。

中华民国三年八月二十九日

国务卿　徐世昌

〔政府公报，1914年8月30日，第833号〕

（2）杨春普致陆军总长详（11月12日）

详为具覆事：窃师长于本月六日奉钧部第三百十四号饬开：前奉大总统策令：任命杨春普署十九师师长。此令。奉此。当经本部呈奉批准缓觐在案。兹缮具该师长简任状一张，呈请大总统盖印署名，并经国务院署名发还，合即饬仰祗领，并将领到日期具报备案。此饬。等因。并简任状一封。奉此。师长当即敬谨祗领。除将领到日期详报冯上将军查照外，理合备文详覆，仰祈总长鉴核备案施行。谨详

陆军部总长段

署陆军第十九师师长　杨春普

中华民国三年十一月十二日

〔北洋政府陆军部档案〕

221. 杨春普报告第十九师改编留裁情形致段祺瑞禀

（1914年12月10日）①

敬禀者：窃师长夙隶仁帡，涓埃未报，每怀钧范，时系孺忱。

① 原件无年代，据内容推断，当为1914年。

敬维总长大人勋华彪炳，景福骈臻。翘企德晖，莫名忭颂。师长供差江北，建树毫无，自愧庸愚，时虞丛脞，到差后奋勉从事，勤慎操防。职师现担任淮安、淮阴、泗阳三县防地。惟泗阳素称匪薮，经官兵实力搜剿，尚称安靖。现职师奉饬改编，计师部一，团部四，步兵十营，骑炮混成一团，刻已实行，共裁士兵约千余名，资遣出境。军心甚固，地方亦称平静。转瞬冬防，师长惟有督率官兵，认真防剿，绥靖地面。伏思师长驽骀下乘，冰渊时凛，嗣后军事一切进行，恳乞总长训示频颁，俾有遵守。如蒙恩植，仍愿趋叩钧座，听候驱策，以图报称。谨肃寸禀。虔叩勋安。陆军第十九师师长杨春普谨禀。十二月十号。

〔北洋政府陆军部档案〕

222. 关于任命杨春普为第十九师师长咨

(1918年3—4月)

(1) 李纯致陆军部咨(3月26日)

江苏督军公署为咨请事：案查署陆军第十九师师长杨春普，自民国三年八月间奉令任命署理是缺，迄今已三载有余，迭遇时局艰危，均能克尽厥职，实为将领中不可多得之才。本督军莅任后，留心考察，该师长才猷卓越，韬略宏深，纪律既极严明，军民皆深悦服。如以之实授该师师长，必能胜任愉快，于军事地方，均有裨益。相应咨请大部查照转呈，请予任命，以资鼓励而专职成，实为公便。望切施行。此咨

陆军部

江苏督军　李纯

中华民国七年三月二十六日

(2) 陆军总长致江苏督军咨(4月18日)

陆军总长为咨行事：中华民国七年四月十日奉大总统令：任命杨春普为陆军第十九师师长。此令。等因。相应咨行贵督军查照饬遵可也。此咨

江苏督军

中华民国　　年　月　日

〔北洋政府陆军部档案〕

223．潘矩楹为所部奉令新募两团请派员点验密电

（1913年9月22日）

特。北京陆军部钧鉴：通密。本师遵令新募补充步兵第十一、十二两团，现已招募足额，编制成营。除分报外，应请钧部派员莅师点验，以昭核实。伏乞示遵。潘矩楹。祃。印。

〔北洋政府陆军部档案〕

224．关于吴光新继潘矩楹署第二十师师长令呈

（1914年4—5月）

（1）大总统令（4月24日）

大总统令

任命吴光新署理陆军第二十师师长。此令。

中华民国三年四月二十四日

国务总理　孙宝琦

陆军总长　段祺瑞

〔政府公报，1914年4月25日，第706号〕

（2）潘矩楹致陆军部等呈①（4月30日）

① 潘矩楹另有一内容大致相同咨致新师长吴光新，兹略。

为呈报事：窃照师长前于四月初七日晋京，当将师部事宜饬派步四十旅范旅长国璋代拆代行。嗣于二十二日在绥远奉大总统电：任命潘矩楹署绥远城将军。此令。等因。遵即于二十四日任职，业经呈报在案。所有二十师任内一切事务，师长既已到绥，自未便回师交代，应仍由该旅长代行照办，以期便捷而资接替。已于四月三十日将本师关防、旗令、文卷、器具、中西药料暨官兵衔名、军需、军械各项册籍，备文咨交新任吴师长光新点验接收。

部
除分报外，理合具文呈请钧 处 鉴核备案施行。
都督

再，此件系由范旅长代行，仍用师长衔名，盖用二十师关防。合并呈明。谨呈

陆军部

参谋部

军事处

奉天都督张

中华民国三年　　月　　日

(3) 吴光新致陆军部等呈（4月30日）

为呈报事：窃照师长于四月二十四日奉大总统令：任命吴光新署理陆军第二十师师长。此令。等因。遵于四月二十九日驰抵新民防次。当准潘前师长备文，由代拆代行步四十旅范旅长国璋将关防、旗令、文卷、器具、中西药料暨官兵衔名、军需、军械各项册籍，于四月三十日咨交前来。师长即于是日任职，启用关

部
防。除电呈并咨复分报外，理合备文呈请钧 处 鉴核，备案施行。
都督

谨呈

陆军部

参谋部

军事处

奉天都督

中华民国三年四月　日

〔北洋政府陆军第二十师档案〕

（4）吴光新致大总统呈（5月6日）

陆军第二十师师长吴光新呈大总统，报明任职及启用关防日期文，并批

为呈报事：窃师长于四月二十四日奉大总统令：任命吴光新署理陆军第二十师师长。此令。等因。遵于二十九日驰抵新民防次，即于三十日任职启用关防。除电呈并分报分行外，理合具文呈请大总统鉴核施行。谨呈

批：据呈已悉。此批。

中华民国三年五月六日

国务卿　徐世昌

〔政府公报，1914年5月8日，第719号〕

225．张锡銮请仍任卢永祥为第二十师师长密电

（1914年4月25日）①

芝泉总长阁下：敬密启者：奉省秩序，安谧如常，祈释远注。潘丹廷现调他任，师长一席，如非兼署，即须择人委任。查卢子嘉②老成谙练，治军有声，前曾带兵驻奉多年，军民翕合。元年，复蒙任命为第二十师师长，彼时张、冯两师略生误会，事遂中止。现在张、冯深悔前非，颇形歉仄。今若仍任卢子嘉为第二十师师长，

① 系收文时间。

② 卢永祥字子嘉。

政府之命令，终克实行，奉军之意见，复资融洽，卢君来奉，定能收和衷共济之效，军界前途，受益匪鲜。阁下垂念东省，诸贝大力维持，用特函请鉴核为祷。敬颂勋绥。

张锡銮谨密启

〔北洋政府陆军部档案〕

226.大总统免去吴光新改任范国璋为第二十师师长策令

（1915年8月26日）

大总统策令

陆军第二十师师长吴光新因病恳请辞职，吴光新准免本职。此令。

中华民国四年八月二十六日

国务卿　徐世昌

大总统策令

任命范国璋署陆军第二十师师长。此令。

中华民国四年八月二十六日

国务卿　徐世昌

〔政府公报，1915年8月27日，第1187号〕

227.张建功报告接任第二十师第四十旅旅长咨陈

（1915年9月3日）

为咨陈事：案于九月三日承准贵旅长咨开：案奉师长衔字第一百零二号饬开：案照八月二十七日《政府公报》内载：八月二十六日奉大总统策令：陆军第二十师师长吴光新因病恳请辞职，吴光新准免本职。此令。同日任命范国璋署陆军第二十师师长，任命张建功署陆军第二十师步兵四十旅旅长。各等因。奉此。本师长准于九月二日交卸离职，合咨新任师长查照。等因。即于九月三日接任视事。所有四十旅关防、文卷、装械、马匹，相应检查清楚，咨请贵旅长接收见复施行。等因。承准此。当于是日检收清楚，接篆任事。除分行外，相应咨陈贵旅长查照转报施行。此咨陈

升任陆军第二十师师长前四十旅旅长范

步四十旅旅长　张建功

中华民国四年九月三日

〔北洋政府陆军第二十师档案〕

228．袁世凯任命范国璋为第二十师师长策令

（1916年2月24日）

政事堂奉策令：任命范国璋为陆军第二十师师长。此令。

洪宪元年二月二十四日

国务卿　陆征祥

〔政府公报，1916年2月25日，第50号〕

229.袁世凯任命张建功为第二十师第四十旅旅长策令

（1916年2月25日）

政事堂奉策令：任命张建功为陆军第二十师步兵第四十旅旅长，孙积孚为陆军第二十师步兵第四十旅第七十九团团长。此令。

洪宪元年二月二十五日

国务卿　陆征祥

〔政府公报，1916年2月26日，第51号〕

230. 大总统免去车震改任张纪为第二十师第三十九旅旅长策令

（1916年7月19日）

大总统策令

陆军第二十师步兵第三十九旅旅长车震，现已留湘任用，应即免去本职。此令。

中华民国五年七月十九日

国务总理
陆军总长　段祺瑞

大总统策令

任命张纪为陆军第二十师步兵第三十九旅旅长。此令。

中华民国五年七月十九日

国务总理
陆军总长　段祺瑞

〔政府公报，1916年7月20日，第195号〕

231. 第二十师司令部为新任第三十九旅旅长张纪等转发任状令

（1916年9月24日）

陆军第二十师令　衡字第六十八号

为通令事：案于九月二十四日奉陆军部训令：中华民国五年七月十九日奉大总统策令：任命唐之道为陆军第二十师步兵第七十七团团长。此令。又同日奉大总统策令：任命张纪为陆军第二十师步兵第三十九旅旅长。此令。……等因。奉此。兹由本部办就该员等简荐任状三封，合即令发，仰即转给祗领，并令将领到日期具报备案。等因。奉此。除转报外，合将简荐任状分别令发祗领，并仰各旅、团、营、连处一体知照。此令。

计发三十九旅简任状二封〔缺〕

炮二十团荐任状一封〔缺〕

中华民国五年九月二十四日由师司令部发

〔北洋政府陆军第二十师档案〕

232. 大总统任命孙积孚为第二十师第四十旅旅长令

（1918年3月2日）

大总统令

任命孙积孚为陆军第二十师步兵第四十旅旅长，回富兴为陆军第二十师步兵第七十九团团长。此令。

中华民国七年三月二日

国务总理　钱能训

陆军总长　段芝贵

〔政府公报，1918年3月3日，第757号〕

233. 大总统为第二十师师长范国璋开复官勋令

（1918年8月29日）

大总统令

四川、广东、湖南、江西四省经略使曹锟电称：前第二十师师长范国璋，剿匪出力，迭著成效，请予开复官勋，以资策励等语，范国璋著开复陆军中将，并给还勋位、勋章。此令。

中华民国七年八月二十九日

国务总理　段祺瑞

陆军总长　段芝贵

〔政府公报，1918年8月30日，第933号〕

234．大总统免去范国璋改任阎相文为第二十师师长令稿

（1920年10月3日）

大总统令

兼署陆军总长靳云鹏呈，请将陆军第二十师师长范国璋免职，另候任用。范国璋准免本职。此令。

中华民国九年十月　　日

大总统令

任命阎相文为陆军第二十师师长。此令。

中华民国九年十月　　日

〔北洋政府国务院档案〕

235．关于范国璋被免去第二十师师长遗缺以阎相文继任文电

（1920年10月）

（1）范国璋致曹锟电稿（10月14日）①

保定曹巡阅使钧鉴：璋奉令免职调京，另候任用等因。遵即□〔已〕电嘉鱼代行师长张纪，所有师长一切职务，准备移交。恳转饬阎师长即日赴嘉接收任职为祷。璋俟移交清楚，即行来辕，再图报效。特陈。旧属范国璋叩。寒。

（2）范国璋致王占元密电稿（10月14日）②

武昌王巡阅使钧鉴：瑜密。璋奉令免职来京，另候任用等因。

① 此件无年月，据内容推断，当为1920年10月。

② 同上。

遵此。已电嘉鱼张旅长纪准备交代。除电恳曹使速饬阎师长到嘉接收任职外，特电谨闻。又璋一俟移交事毕，再行来辕面谒钧座，禀陈一切。范国璋叩。寒。

(3) 范国璋致张纪等密电稿(10月14日)①

嘉鱼廿师副官长并转张旅长鉴：璋密。顷阅公令调京，另有任用。所有嘉鱼、新堤一带防务，均由各高级主官勉任其难，照常供职。其关于军需、装械、马匹等移交，着各该主任人员赶速办理。璋一俟到京各事料理就绪，即行来嘉与诸同袍握叙一切。惟望各官兵各尽其职，勿懈为嘱。又本师长一切职务，仍遵前令，着旅长张纪暂行护理。倘阎师长即日到嘉，着该旅长即时将印信如式移交。除电曹使转阎师长外，特电闻。饷项事，予仍严为催部。并及。璋。寒。

(4) 张纪等复范国璋密电(10月15日)

师长钧鉴：璋密。寒、删两电均敬悉。旅长等奉职无状，上累我宪，愧悚万千。事已至此，更复何言。惟有谨遵钧谕，督同各级官长，力维现状。一面赶办各项交代事宜，一面派慈团附于十六日赴许，迎迓阎师早日莅嘉，藉筹善后，请纾钧念。旅长张纪、孙积孚叩。删。印。

(5) 范国璋致陆军部禀(10月？日)②

敬禀者：窃国璋奉王巡阅使谕来京禀陈前方情形，适过保定，阅悉报载大总统令：陆军第二十师师长范国璋，着免职来京，另候任用，又大总统令：任命阎相文为陆军第二十师师长。各等因。奉此。国璋于十四日抵京。当即电至嘉鱼代行师长旅长张纪转知

① 此件无年月，据内容推断，当为1920年10月。

② 此件无年月日，据内容推断，当为1920年10月某日。

各部，并将师长关防、装械、文卷准备移交。除已电请曹巡阅使转饬阎师长速行赴嘉接收外，用特肃函，恳祈钧部电饬新任师长早日到差，以重防务，实为德便。肃此。恭叩钧祺。

范国璋谨禀

〔北洋政府陆军部第二十师档案〕

236．阎相文为接任第二十师师长与国务院来往电

（1920年11月）

（1）阎相文致国务院等电（11月13日）

北京国务院、陆军部钧鉴：本年十月十三日奉大总统令：任命阎相文为陆军第二十师师长。此令。等因。奉此。相文遵于十一月十二日驰抵陆军第二十师防次，随于十三日准前任师长范国璋，将原领暂编陆军第二十师师长木质关防一颗暨全师军需、军械、车骡、马匹、官兵花名各项清册及文卷，一并移交接管前来，相文即于是日接任视事。伏思相文以樗栎之材，谬膺师干之寄，矧值时艰多故，益惧陨越贻羞。惟既承简命之荣，合效驰驱之力，当竭驽钝，藉报涓埃。所有相文接任日期暨感激下忱，谨电禀陈。师长阎相文元叩。印。

（2）国务院复阎相文电（11月16日）

嘉鱼阎师长鉴：元电悉。执事整军经武，韬略冠时，荣总师干，曷胜忭贺。嘉防重要，仍望加意饬励戎行，用副倚畀。特复。院。铣。印。

〔北洋政府国务院档案〕

237. 陆军部以阎治堂调升第三十九旅旅长电

（1921年1月10日）

保定曹巡阅使鉴：东电悉。步三十九旅旅长张纪，准予长假，遗缺以团长阎治堂调升。除呈请分别任免外，请转饬遵照。陆军部。蒸。印。

〔北洋政府陆军部档案〕

238. 关于阎治堂就任第二十师师长令电

（1921年9月）

（1）阎治堂致蔡成勋密电（9月2日）

北京陆军部蔡总长钧鉴：统密。阎督殉国，变出非常，曾经联名分别电禀在案。旋奉曹、吴两使复电开：方今陕局粗定，善后甫经著手，督军暨廿师师长两职，均关紧要，冯师长已有电令署理陕西督军，师长一职即著阎旅长治堂代理职务。等因。奉此。拜命之余，悲悚无已。尤虑才疏资浅，弗克胜任。既奉委令，不得不勉力负荷。治堂遵于八月廿七日接任视事。除电禀曹、吴两使外，谨电禀呈。伏乞鉴核。代理廿师师长职务阎治堂叩。冬。印。

〔北洋政府陆军部档案〕

（2）大总统令（9月7日）

大总统令

任命阎治堂为陆军第二十师师长。此令。

中华民国十年九月七日

国务总理　靳云鹏

陆军总长　蔡成勋

〔政府公报，1921年9月8日，第1991号〕

239. 大总统任命石绍明为第二十师第三十九旅旅长令

（1921年9月25日）

大总统令

任命石绍明为陆军第二十师步兵第三十九旅旅长。此令。

中华民国十年九月二十五日

国务总理　靳云鹏

陆军总长　蔡成勋

〔政府公报，1921年9月26日，第2008号〕

240. 大总统任命王梦弼为第二十师第三十九旅旅长令

（1924年3月5日）

大总统令

任命王梦弼为陆军第二十师步兵第三十九旅旅长，郭连峰为陆军第二十师步兵第七十八团团长。此令。

大总统盖印　　国务总理孙宝琦　　陆军总长陆锦

中华民国十三年三月五日

〔政府公报，1924年3月6日，第2858号〕

241. 大总统免去阎治堂改任孙积孚为第二十师师长令

（1924年11月6日）

大总统令

陆军总长李书城呈，陆军第二十师师长阎治堂，请免本职。阎治堂准免本职。此令。

大总统印　国务院摄行　国务总理黄郛　陆军总长李书城
中华民国十三年十一月六日

大总统令
任命孙积孚为陆军第二十师师长。此令。
大总统印　国务院摄行　国务总理黄郛　陆军总长李书城
中华民国十三年十一月六日

〔政府公报，1924年11月7日，第3098号〕

242. 临时大总统任命周骙儒为四十二旅旅长令

（1912年7月初9日）

临时大总统令
任命周骙儒为四十二旅旅长。此令。
中华民国元年七月初九日
大总统盖印　　陆征祥、段祺瑞署名

〔政府公报，1912年7月初10，第71号〕

243. 段祺瑞请将四川第二师改为第二十一师四川两混成旅改为陆军第二十二三混成旅并请任命师旅长呈稿

（1918年1月19日）

呈为请改编陆军第二十一师并陆军第二十二、二十三两混成旅，任命师、旅长各职，缮具清单，仰祈钧鉴事：准四川督军刘存厚电称：云云。等因。查川滇战事发生以来，刘存厚所部各军在前敌屡建殊功，尚称劲旅，拟请准如所请，按照国军号数，将四川陆军第二师改为陆军第二十一师，四川陆军两混成旅改为陆军第二十二、第二十三两混成旅，以励士心，而资统一。现在川省军务紧要，师长一职，拟请仍以该督军刘存厚兼任。其所保旅长各员，均系历著战功，才堪胜任，拟请任命，俾重职守。理合缮单具呈，伏乞鉴核训示施行。谨呈

大总统

陆军总长　段

谨将请简陆军第二十一师师长、旅长暨陆军第二十二、二十三混成旅旅长人员缮具清单，恭呈钧鉴。计开：陆军第二十一师师长，请以四川督军刘存厚兼任。陆军第二十一师步兵第四十一旅旅长，请以舒荣衢简任。陆军第二十一师步兵第四十二旅旅长，请以陈洪范简任。陆军第二十二混成旅旅长，请以刘成勋简任。陆军第二十三混成旅旅长，请以汪可权简任。

中华民国七年一月　日

〔北洋政府陆军部档案〕

244. 大总统任命刘存厚兼第二十一师师长舒荣衢陈洪范为第四十一四十二旅旅长令

（1918年1月23日）

大总统令

任命刘存厚兼任陆军第二十一师师长。此令。

中华民国七年一月二十三日

国务总理　王士珍

陆军总长　段芝贵

大总统令

任命舒荣衢为陆军第二十一师步兵第四十一旅旅长，陈洪范为第四十二旅旅长。此令。

中华民国七年一月二十三日

国务总理　王士珍

陆军总长　段芝贵

〔政府公报，1918年1月24日，第721号〕

245．大总统任命田颂尧赖心辉为第二十一师第四十一四十二旅旅长令

（1918年7月5日）

大总统令

任命田颂尧为陆军第二十一师步兵第四十一旅旅长，赖心辉为第四十二旅旅长。此令。

中华民国七年七月五日

国务总理　段祺瑞

陆军总长　段芝贵

〔政府公报，1918年7月6日，第880号〕

246．刘存厚请任命田颂尧唐廷牧为第二十一二十二师师长密电

（1920年11月25日）

大总统、国务总理钧鉴：参谋、陆军部鉴：维密。窃查陆军第廿一师、第二十二师师长两职，向由存厚兼任。自本年川乱发生，各军率部西返，深恐直接指挥控制不便，始由存厚将第二十一师师长一缺，委任步兵第四十一旅旅长田颂尧代理，廿二师师长一缺，委任步兵第四十四旅旅长唐廷牧代理。计自入川以来，

为时已逾数月，该代理廿一师师长田颂尧首当前敌，屡克名城，奠定川疆，厥功至伟。而旧部率众归附者已逾一旅以上之兵力，合之国军一师编制尽属有余。兹拟即以该代理师长田颂尧任命为陆军第二十一师师长，其所属各特科、团、营，即以该师原有步兵四十一旅与新附部队组成之。至陆军步兵第四十二旅旅长赖心辉所部，此次未与战事。论功行赏，不能不稍有轻重，除赖心辉已改任川北边防司令外，兹拟由存厚另将该部先改编为川军一旅，俟川军收束裁并时，再予改编成师，较为妥协。又代理二十二师唐廷牧，老成谙练，所部官兵同深爱戴，此次于克复铜梁、大足诸役，亦属卓著勋劳，并请准予任命为陆军第二十二师师长，俾昭激劝。以上所举田、唐两员，存厚皆为奖励有功起见，用表中央酬庸之盛意。伏恳准予明令任命施行，毋任感祷。宁候训示。四川督军刘存厚叩。有。印。

〔北洋政府陆军部档案〕

247. 关于任命田颂尧唐廷牧为第二十一二十二师师长呈令

(1920年12月)

(1) 靳云鹏致大总统呈(12月20日)

呈为请简任师长仰祈钧鉴事：准四川督军刘存厚电称：查代理二十一师师长田颂尧，屡克名城，奠廓川疆，厥功至伟，而旧部率众归附者，又已逾一旅以上之兵力，合国一师编制有余。兹拟即以该代理师长田颂尧任命为第二十一师长。其所属各旅、团，即以该师原有之四十一旅及各特科、团、营与新附部队组成之。至第四十二旅旅长赖心辉所部，此次未与战争，论功行赏，不能不有重轻。除赖心辉已改任川北边防司令外，兹拟由存厚另将该部改为川军一旅，俟川军收束裁并时，再予改组成师。又代理二十二师长唐廷牧，此次于克复铜梁、大足诸役，亦属卓著勋劳，并请准予任命为第二十二师师长，俾昭激劝。以上所举田、唐两员，为奖励有功起见，伏恳准予任命施行。等因。本部详加复核，均堪信任，拟请简任田颂尧为陆军第二十一师师长，唐廷牧为陆军第二十二师师长，俾重职守　理合具呈，伏乞鉴核训示施行。谨呈

大总统

兼署陆军总长　靳云鹏

中华民国九年十二月二十日

(2) 大总统令(12月30日)①

大总统令

任命田颂尧为陆军第二十一师师长，唐廷牧为陆军第二十二师师长。此令。

中华民国九年十二月　　日

〔北洋政府国务院档案〕

248．大总统任命孙震等为第二十一师第四十一等旅旅长令

（1923年8月11日）

大总统令

任命孙震为陆军第二十一师步兵第四十一旅旅长，罗迺琼为步兵第四十二旅旅长，李根固为陆军第二十二师步兵第四十三旅旅长。此令。

国务院摄行　　　　国务总理

　　　　　　　　　陆军总长

① 此件原无日期，兹据《政府公报》查明为“30”日。

外交总长　顾维钧
内务总长　高凌霨
财政总长
海军总长　李鼎新
司法总长　程　克
教育总长
农商总长
交通总长　吴毓麟

中华民国十二年八月十一日

〔政府公报，1923年8月12日，第2664号〕

249. 大总统准将川军第三师改编第二十二师指令

（1918年7月5日）

大总统指令　第一千一百五十号

令陆军总长段芝贵

呈请将川军第三师改编国军、任命师长旅长由。呈悉。如拟改编，已有令任命钟体道等为师长、旅长矣。此令。

中华民国七年七月五日

国务总理　段祺瑞
陆军总长　段芝贵

〔政府公报，1918年7月6日，第880号〕

250. 大总统任命钟体道为第二十二师师长吴震唐廷牧为第四十三四十四旅旅长令

（1918年7月5日）

大总统令

任命钟体道为陆军第二十二师师长。此令。

中华民国七年七月五日

国务总理　段祺瑞

陆军总长　段芝贵

大总统令

任命吴震为陆军第二十二师步兵第四十三旅旅长，唐廷牧为第四十四旅旅长。此令。

中华民国七年七月五日

国务总理　段祺瑞

陆军总长　段芝贵

〔政府公报，1918年7月6日，第880号〕

251．临时执政免去唐廷牧陈国栋改任赖心辉刘文辉为第二十二三十一师师长令

（1925年9月23日）

临时执政令

陆军总长吴光新呈，请将陆军第二十二师师长唐廷牧，三十一师师长陈国栋免去本职。唐廷牧、陈国栋均准免职。此令。

陆军总长　吴光新

中华民国十四年九月二十三日

临时执政令

任命赖心辉兼陆军第二十二师师长，刘文辉兼陆军第三十一师师长。此令。

陆军总长　吴光新

中华民国十四年九月二十三日

〔政府公报，1925年9月24日，第3406号〕

252. 大总统任命第二十三四五六师各师长及第十二三四五混成旅各旅长令稿

（1920年10月17日）①

大总统令

任命王承斌为陆军第二十三师师长，张福来为陆军第二十四师师长，萧耀南为陆军第二十五师师长，曹瑛为陆军第二十六师师长。此令。

任命王用中为陆军第十二混成旅旅长，董政国为陆军第十三混成旅旅长，彭寿莘为陆军第十四混成旅旅长，孙岳为陆军第十五混成旅旅长。此令。

中华民国九年十月　　日

〔北洋政府国务院档案〕

253. 靳云鹏请任命第二十三四五六师及第十二三四五混成旅旅团营长呈

（1920年12月3日）

呈为请任命军职人员，缮具清单，恭呈钧鉴事：准直鲁豫巡阅使曹锟咨称：案照本月十九日奉大总统令：任命王承斌为陆军第二十三师师长，张福来为陆军第二十四师师长，萧耀南为陆军第二十五师师长，曹锳为陆军第二十六师师长。此令。同日，又奉大总统令：任命王用中为陆军第十二混成旅旅长，董政国为陆军第十三混成旅旅长，彭寿莘为陆军第十四混成旅旅长，孙岳为

① 此件原无日期，兹据曹锟1921年3月1日致陆军部咨所称，当为“17日”。

陆军第十五混成旅旅长。此令。等因。奉此。遵即转行各该师、旅长遵照去后。兹据各该师、旅长将旅、团、营长编妥呈报请转先行任命前来。本使复查所开各员，均系督率有方，询堪胜任。相应钞单① 备文咨行，请烦查照分别转呈任命。等因。本部详加复核，均无不合，拟请任命，俾重职守而专责成。理合缮单具呈，伏乞鉴核训示施行。谨呈

大总统

兼署陆军总长　靳云鹏

中华民国九年十二月三日

清单

谨将请简陆军第二十三、第二十四、第二十五、第二十六师旅长暨陆军第十二、第十三、第十四、第十五混成旅团长人员缮具清单，恭呈钧鉴。

计开：

陆军第二十三师步兵第四十五旅旅长，请以王维城简任。

陆军第二十三师步兵第四十六旅旅长，请以孙清山简任。

陆军第二十四师步兵第四十七旅旅长，清以王为蔚简任。

陆军第二十四师步兵第四十八旅旅长，请以苏世荣简任。

陆军第二十五师步兵第四十九旅旅长，请以王启贵简任。

陆军第二十五师步兵第五十旅旅长，请以陈嘉谟简任。

陆军第二十六师步兵第五十一旅旅长，请以刘景元简任。

陆军第二十六师步兵第五十二旅旅长，请以曹景桐简任。

陆军第二十三师步兵第八十九团团长，请以范晋铨简任。

陆军第二十三师步兵第九十团团长，请以阎治堂简任。

陆军第二十三师步兵第九十一团团长，请以部汝廉简任。

---

① 营长名单略。

陆军第二十三师步兵第九十二团团长，请以潘学洲简任。
陆军第二十三师骑兵第二十三团团长，请以毕翰章简任。
陆军第二十三师炮兵第二十三团团长，请以王焕斋简任。
陆军第二十四师步兵第九十三团团长，请以余茂德简任。
陆军第二十四师步兵第九十四团团长，请以孙耀齐简任。
陆军第二十四师步兵第九十五团团长，请以刘焕森简任。
陆军第二十四师步兵第九十六团团长，请以刘玉宸简任。
陆军第二十四师骑兵第二十四团团长，请以岳官平简任。
陆军第二十四师炮兵第二十四团团长，请以张广瑞简任。
陆军第二十五师步兵第九十七团团长，请以余荫森简任。
陆军第二十五师步兵第九十八团团长，请以陈德麟简任。
陆军第二十五师步兵第九十九团团长，请以牛拱辰简任。
陆军第二十五师步兵第一百团团长，请以彭寿华简任。
陆军第二十五师骑兵第二十五团团长，请以李炳煦简任。
陆军第二十五师炮兵第二十五团团长，请以陆澐简任。
陆军第二十六师步兵第一百零一团团长，请以朱鼎勋简任。
陆军第二十六师步兵第一百零二团团长，请以曹永祥简任。
陆军第二十六师步兵第一百零三团团长，请以穆文田简任。
陆军第二十六师步兵第一百零四团团长，请以张绍绪简任。
陆军第二十六师骑兵第二十六团团长，请以康绍畴简任。
陆军第二十六师炮兵第二十六团团长，请以赵以宽简任。
陆军第十二混成旅步兵第一团团长，请以冯鸿泽简任。
陆军第十二混成旅步兵第二团团长，请以李振东简任。
陆军第十三混成旅步兵第一团团长，请以时全胜简任。
陆军第十三混成旅步兵第二团团长，请以崔荩忠简任。
陆军第十四混成旅步兵第一团团长，请以葛树屏简任。
陆军第十四混成旅步兵第二团团长，请以张玉珂简任。
陆军第十五混成旅步兵第一团团长，请以刘德抡简任。

陆军第十五混成旅步兵第二团团长，请以曹士傑简任。

〔北洋政府国务院档案〕

254．大总统任命第二十三四五六师及第十二三四五混成旅旅团长令

（1920年12月9日）

大总统令

任命王维城为陆军第二十三师步兵第四十五旅旅长，孙清山为步兵第四十六旅旅长；王为蔚为陆军第二十四师步兵第四十七旅旅长，苏世荣为步兵第四十八旅旅长；王启贵为陆军第二十五师步兵第四十九旅旅长，陈嘉谟为步兵第五十旅旅长；刘景元为陆军第二十六师步兵第五十一旅旅长，曹景桐为步兵第五十二旅旅长；范晋铨为陆军第二十三师步兵第八十九团团长，阎治堂为步兵第九十团团长，郜汝廉为步兵第九十一团团长，潘学洲为步兵第九十二团团长，毕翰章为骑兵第二十三团团长，王焕斋为炮兵第二十三团团长；余茂德为陆军第二十四师步兵第九十三团团长，孙耀齐为步兵第九十四团团长，刘焕森为步兵第九十五团团长，刘玉宸为步兵第九十六团团长，岳官平为骑兵第二十四团团长，张广瑞为炮兵第二十四团团长；余荫森为陆军第二十五师步兵第九十七团团长，陈德麟为步兵第九十八团团长，牛拱辰为步兵第九十九团团长，彭寿华为步兵第一百团团长，李炳煦为骑兵第二十五团团长，陆澐为炮兵第二十五团团长；朱鼎勋为陆军第二十六师步兵第一百零一团团长，曹永祥为步兵第一百零二团团长，穆文田为步兵第一百零三团团长，张绍绪为步兵第一百零四团团长，康绍畴为骑兵第二十六团团长，赵以宽为炮兵第二十六团团长；冯鸿泽为陆军第十二混成旅步兵第一团团长，李振东为步兵第二团团长；时全胜为陆军第十三混成旅步兵第一团团长，

崔荩忠为步兵第二团团长；葛树屏为陆军第十四混成旅步兵第一团团长，张玉珂为步兵第二团团长；刘德抡为陆军第十五混成旅步兵第一团团长，曹士傑为步兵第二团团长。此令。

〔以下为任命各营长，兹略〕

中华民国九年十二月　　日

〔北洋政府国务院档案〕

255．曹锟关于领发第二十三师师长王承斌等简任状咨

（1921年3月1日）

直隶督军公署为咨覆事：案准贵部咨开：为咨行事：民国九年十月十七日奉大总统令：任命王承斌为陆军第二十三师师长，张福来为陆军第二十四师师长，萧耀南为陆军第二十五师师长，曹锳为陆军第二十六师师长。此令。同日，奉大总统令：任命王用中为陆军第十二混成旅旅长，董政国为陆军第十三混成旅旅长，彭寿莘为陆军第十四混成旅旅长，孙岳为陆军第十五混成旅旅长。此令。又民国九年十月三十日，奉大总统令：任命殷本浩为蓟榆镇守使。此令。各等因。奉此。兹由本部办就该员等简任状九封，相应咨送贵督军查照转发，并将领到日期具报备案可也。计简任状九封到署。除分别令发、并饬将领到日期具报外，相应备文咨覆贵部查照。此咨

陆军部

直隶督军　曹锟

中华民国十年三月一日

〔北洋政府陆军部档案〕

256、大总统免去王承斌改任王维城为第二十三师师长令

（1924年2月28日）

大总统令

陆军总长陆锦呈，督理直隶军务善后事宜王承斌呈请开去陆军第二十三师师长兼职。王承斌准免兼职。此令。

大总统盖印　　国务总理孙宝琦　　陆军总长陆锦

中华民国十三年二月二十八日

大总统令

任命王维城为陆军第二十三师师长。此令。

大总统盖印　　国务总理孙宝琦　　陆军总长陆锦

中华民国十三年二月二十八日

〔政府公报，1924年2月29日，第2852号〕

257. 大总统任命部汝廉为第四十五旅旅长令

（1924年2月28日）

大总统令

任命部汝廉为陆军第四十五旅旅长。此令。

大总统盖印　　国务总理孙宝琦　　陆军总长陆锦

中华民国十三年二月二十八日

〔政府公报，1924年2月29日，第2852号〕

258. 王承斌请将第二十三师仍归其节制密电

（1924年3月4日）

北京大总统钧鉴：恬密。顷奉明令：王承斌准免陆军第二十三师师长兼职，任命王维城为陆军第二十三师师长。等因。即聆之下，感激莫名。伏念承斌久荷恩知，师干谬领，负乘也□，日夕竞竞，得卸仔肩，允符素愿。惟查该师现分驻津浦、京奉各路线，关于剿匪护路及地方治安，任务均极重要，且补充计划，亦尚未完全施行，拟请俯准将该师暂归承斌节制，以便调遣，而资整顿。谨电叩陈，并祈垂察。王承斌叩。豪。印。

〔北洋政府大总统府档案〕

259. 王承斌陈辞去第二十三师师长缘由函

（1924年3月9日）

懋宣① 仁兄大鉴：日前吾兄到津，匆匆晤谈，旋复话别，至以为念。年来因时事多艰，才力棉薄，难胜艰巨，夙有引退之志。此次辞去师长职，实属出于至诚，无丝毫私意存乎其间。逦承挚爱逾恒，殷殷关注，缅维高谊，永矢弗谖。嗣后兄如别有所闻，务希时惠箴言，用资韦佩。专此布谢。敬颂勋绥。

愚弟王承斌拜启　　三月九日

〔北洋政府热察绥巡阅使署档案〕

① 王怀庆字懋宣，时任热察绥巡阅使。

260. 大总统任命曹恩培为第二十三师第四十五旅旅长令

(1924年9月20日)

大总统令

任命曹恩培为陆军第二十三师步兵第四十五旅旅长。此令。

大总统盖印　　国务总理颜惠庆　　陆军总长陆锦

中华民国十三年九月二十日

〔政府公报，1924年9月21日，第3053号〕

261. 大总统免去王维城改任王承斌为第二十三师师长令

(1924年11月4日)

大总统令

陆军总长李书城呈：陆军第二十三师师长王维城，请免本职。王维城准免本职。此令。

大总统印　国务院摄行　国务总理黄郛　陆军总长李书城

中华民国十三年十一月四日

大总统令

任命王承斌兼陆军第二十三师师长。此令。

大总统印　国务院摄行　国务总理黄郛　陆军总长李书城

中华民国十三年十一月四日

〔政府公报，1924年11月5日，第3096号〕

262. 大总统任命马良为第四十七旅旅长策令

（1914年8月6日）

大总统策令

任命马良为陆军步兵第四十七旅旅长。此令。

中华民国三年八月六日

国务卿　徐世昌

〔政府公报，1914年8月7日，第810号〕

263. 大总统免去苏世荣改任张广瑞为第二十四师第四十八旅旅长令

（1924年2月8日）

大总统令

陆军总长陆锦呈，陆军第二十四师步兵第四十八旅旅长苏世荣，因病恳请辞职。苏世荣准免本职。此令。

大总统盖印　国务总理孙宝琦　陆军总长陆锦

中华民国十三年二月八日

大总统令

任命张广瑞为陆军第二十四师步兵第四十八旅旅长。此令。

大总统盖印　国务总理孙宝琦　陆军总长陆锦

中华民国十三年二月八日

〔政府公报，1924年2月9日，第2833号〕

264. 张福来请以王为蔚为第二十四师师长致大总统府军事处密电①

（1924年3月）

（1）3月10日密电

开封来电。巡密。

张督理薰电：二十四师师长一缺，吴使②电保杨清臣升充，与鄙意极端不合，务望从缓发表。昨已派人向吴使陈述，并经允予另行电保。弟意于旅长王为蔚、葛树屏、时全胜三人中，专电呈请任用，务恳转陈，择一任命。详情已派吴团长文铠代表入觐，面陈一切。立候示复，至盼。

（2）3月15日密电

开封来电。元密。

张督理删电：窃自福来督理河南军务以来，事务纷繁，所有廿四师师长一缺，势难兼顾。查有职师四十七旅旅长王为蔚，以之接充，洵堪称职。递遗旅长一缺，查有河南第一补充团团长吴文铠，以之调升，尚属信任，应请转呈俯赐任命，至为祷盼。

（3） 3月16日密电

开封来电。元密。

张督理铣电：敝师师长一缺，曾保旅长王为蔚接充，业于删电呈明，谅邀照准在案。查二十三五两师各缺，均由本师择资深旅长升充，所以资熟手而系军心，伏乞垂念愚诚，俯允所请，不胜惶悚待命之至。

---

① 系电报摘要。

② 指直鲁豫巡阅使吴佩孚。

〔北洋政府大总统府档案〕

265. 关于免去张福来改任杨清臣为第二十四师师长令电

（1924年3月20日）

(1) 大总统令（3月20日）

大总统令

督理河南军务善后事宜张福来电称：责重事繁，势难兼顾，请辞陆军第二十四师师长兼职，张福来准免兼职。此令。

大总统盖印　　国务总理孙宝琦　　陆军总长陆锦

中华民国十三年三月二十日

大总统令

任命杨清臣为陆军第二十四师师长。此令。

大总统盖印　　国务总理孙宝琦　　陆军总长陆锦

中华民国十三年三月二十日

〔政府公报，1924年3月21日，第2873号〕

(2) 杨清臣致陆锦等电（1924年3月31日）

北京公府军事处陆处长、秘书厅王督办、指挥处周指挥使、收支处李督办钧鉴：恭奉大总统令：任命清臣为陆军第二十四师师长，遵于卅日到差任事。猥以樗栎，谬承斯乏，绠短汲深，恐滋陨越，仰承关垂有素，尚乞箴规时赐。专电奉达，伏冀教言。陆军第二十四师师长杨清臣叩。卅一。印。

〔北洋政府大总统府档案〕

266. 大总统免去萧耀南改任陈嘉谟为第二十五师师长令

（1924年2月28日）

大总统令

陆军总长陆锦呈，两湖巡阅使萧耀南呈请开去陆军第二十五师师长兼职。萧耀南准免兼职。此令。

大总统盖印　　国务总理孙宝琦　　陆军总长陆锦

中华民国十三年二月二十八日

大总统令

任命陈嘉谟为陆军第二十五师师长。此令。

大总统盖印　　国务总理孙宝琦　　陆军总长陆锦

中华民国十三年二月二十八日

〔政府公报，1924年2月29日，第2852号〕

267. 大总统任命余荫森为第五十旅旅长令

（1924年2月28日）

大总统令

任命余荫森为陆军第五十旅旅长。此令。

大总统盖印　　国务总理孙宝琦　　陆军总长陆锦

中华民国十三年二月二十八日

〔政府公报，1924年2月29日，第2852号〕

268. 大总统任命曹永祥为第二十六师第五十一旅旅长令

（1922年12月20日）

大总统令

任命曹永祥为陆军第二十六师步兵第五十一旅旅长，马望援为陆军第二十六师步兵第一百零二团团长，张光荣为陆军第二十六师步兵第一百零四团团长。此令。

大总统盖印　　国务总理王正廷　　陆军总长

中华民国十一年十二月二十日

〔政府公报，1922年12月21日，第2442号〕

269. 赵尔巽拟将奉天巡防营改编陆军两镇与陆军部来往咨函

（1912年8—9月）

（1）赵尔巽致陆军部咨（8月？日）①

奉天都督赵为咨请事：案照东省介居两大，地势严疆，现在国是甫定，而外谋日迫，非有重兵镇慑，不足以建威消萌。奉省原有巡防七十余营，兵力本不为薄，而形如散沙，难御大敌，近自蒙旗叛变，需兵尤殷，自非添练劲旅，无以巩固边陲，非编陆军，无以图谋集合。无如军兴以后，库藏匮乏，骤增多兵，力有未逮，自应将防营略仿陆军编制，变通办理，勤加训练，以备不虞。惟奉省伏莽未靖，蒙旗杂居，处处罅漏，若将防营悉数编练，而零星分扎，又不利于操防。兹经召集各将领并军备处酌筹计议，惟有将营数较多之中前两路及左路一路先行试办，饬令就原有营

① 此件无时间，据内容推断，当为1912年8月。

数酌量筹配暂编两镇。其编制较防营则略加扩张，较陆军则尚多节省。通盘筹划，原有薪饷虽属不敷，为数亦尚有限，应由奉省力为设筹。似此变通办理，于财力则不至艰窘，于军事则大有裨益。除饬令先行妥筹外，相应咨商贵部，请烦查照，务希迅赐核复施行。须至咨者。

（2）赵尔巽致陆军部函（8月29日）

敬启者：前以奉省防营改编陆军，曾经专函奉商，谅登荃察。兹复通盘筹计，拟将中前右三路防营仿照陆军章制，酌量变通，暂编两镇，拟派张统领作霖、冯统领德麟试署统制，先行试办，业经另文咨达冰案。惟奉省强邻逼处，觊觎日深，近复蒙旗叛变，事机益形紧迫，国防计划更未可稍疏，巽为先事预筹力巩边陲起见，务祈大部力予维持，迅赐核准，不胜殷盼。专此，敬请台安。

赵尔巽敬启

八月二十九日

（3）陆军部复奉天都督咨（9月9日）

为咨复事：准贵都督咨称：拟将巡防营数较多之中前两路及左路一路路略仿陆军编制暂编两镇，咨部核复等因。查各省巡防队亟应汰弱留强，改编陆军，俾成劲旅。惟大局甫定，地方类多不靖，不免有难遽更张之虑。贵都督通盘筹划，灼知此中利害，拟将奉省巡防队改编陆军两师，为建威销萌之计，办法极为合宜。希即转饬所属妥筹办理，并希将改编情形各项计划表册咨部备案。相应咨复贵都督查照可也。此咨

奉天都督

〔北洋政府陆军部档案〕

270. 关于任命张作霖冯德麟为第二十七二十八师师长咨令

（1912年9—10月）

（1）陆军部致奉天都督咨（9月14日）

为咨行事：迭准贵都督咨函内开：奉省巡防各营，拟酌量变通，暂编陆军两镇，并遴员试署统制等因到部，当经咨复，并呈请大总统任命在案。兹于九月十一日奉临时大总统令：任命张作霖为二十七师师长、冯德麟为第二十八师师长。此令。奉此。相应缮发该师长等将字第贰拾号暨将字第贰拾壹号委任状各一封，随文咨行贵都督查照转发祗领，并希将具领日期咨部备案可也。此咨

奉天都督　　　　计委任状二封〔缺〕

（2）陆军部令（9月14日）

陆军部令：九月十一日奉临时大总统令：任命张作霖为第二十七师师长，冯德麟为第二十八师师长。此令。

（3）赵尔巽复陆军部咨（10月21日）

奉天都督赵为咨行事：案准贵部咨送二十七师师长张作霖、二十八师师长冯德麟将字第二十第二十一号委任状各一封，咨请转发等因。准此。当经分别饬发去后。兹准张作霖复称：前项委任状于本年阳历九月十九号祗领；准冯德麟复称，于本年阳历九月二十号祗领。各等因。相应咨复贵部，请烦查照。此咨

陆军部

中华民国元年十月二十一日即壬子年九月十二日

〔北洋政府陆军部档案〕

271．临时大总统任命汤玉麟为第二十七师第五十三旅旅长令

（1913年2月28日）

临时大总统令

任命汤玉麟为陆军第二十七师步兵第五十三旅旅长。此令。

中华民国二年二月二十八日

国务总理　赵秉钧

陆军总长　段祺瑞

〔政府公报，1913年3月1日，第293号〕

272．大总统免去汤玉麟改任张景惠为第二十七师第五十三旅旅长令

（1917年5月）

（1）5月4日大总统令

大总统令

陆军总长段祺瑞呈：陆军第二十七师步兵五十三旅旅长汤玉麟，拟请免职。汤玉麟著即免去本职。此令。

中华民国六年五月四日

国务总理
陆军总长　段祺瑞

（2）5月5日大总统令

大总统令

任命张景惠为陆军第二十七师步兵第五十三旅旅长。此令。

中华民国六年五月五日

国务总理
陆军总长　段祺瑞

〔政府公报，1917年5月5日，第472号〕

273．关于以孙烈臣张作霖分任第二十七二十八师师长文电

(1917年7—9月)

(1) 张作霖致傅良佐密电(7月25日)

万急。北京陆军部傅次长清节兄鉴：亲译。雨密。敬电谨悉。承示总理意见，所虑极为深远，遵于本日发表二十八师师长由弟兼理，并以孙旅长烈臣代理二十七师师长事务。近以雨水阻滞，原拟孙赴北镇，尚未成行。变更并无窒碍，业于本日分令各该师知照。即请转呈总理，迅予明令发表，至为盼切。张作霖。有。印。

(2) 段祺瑞致军衡司手谕(7月30日)

廿八师之师长由奉张督兼，与廿七师之孙升师长，即办呈发表。

衡司　　　　段

(3) 段祺瑞致大总统呈稿(7月30日)

呈为请简任师长仰祈钧鉴事：窃陆军第二十八师师长冯德麟业经奉令褫职，所遗之缺，非得威望素著、军情翕服之员，难期胜任。查陆军第二十七师师长一职，原系奉天督军张作霖兼充，拟请开去该督军二十七师师长兼职，以步兵第五十四旅旅长孙烈臣升充，仍任命该督军兼任陆军第二十八师师长，俾得切实整顿，严加训练。是否有当，理合具呈，伏乞鉴核训示施行。谨呈

大总统

陆军总长 段

中华民国　　年　　月　　日

（4）张作霖致陆军部咨（9月29日）

副字　第一百零七号

奉天督军公署为咨报事：于本年九月九日准大部咨开：民国六年八月二日奉大总统令：任命张作霖兼陆军第二十八师师长。此令。又民国六年八月二日奉大总统令：任命孙烈臣为陆军第二十七师师长。此令。等因。奉此。兹由本部办就委任状二封，相应咨行查照收执暨转发，并将领到日期具报备案。等因。本督军遵将兼师长简任状祗领收执并转发去后。兹据师长孙烈臣复称：于九月十九日奉到简任状一封，遵即敬谨祗领呈请转咨等情前来。除指令外，相应备文咨报大部查照备案。此咨

陆军部

奉天督军兼署省长　张作霖

中华民国六年九月二十九日

〔北洋政府陆军部档案〕

274. 大总统任命张作相为第二十七师第五十四旅旅长令

（1917年8月18日）

大总统令

任命张作相为陆军第二十七师步兵第五十四旅旅长。此令。

中华民国六年八月十八日

国务总理
陆军总长　段祺瑞

〔政府公报，1917年8月18日，第571号〕

275．关于第二十七师概况

（1917年10月）

陆军第二十七师经历

一、成立之年月日	本师于民国元年九月一号改编成立。
二、成立时之情形	东三省地界强邻，编设陆军，以固国防。
三、今昔之变迁	本师由奉天巡防中前马步各营按照八成改编陆军。
四、驻在地点	分驻奉天省城暨铁岭、开原、新民、本溪、法库各处。
五、战役之有无	本师各军队除剿办胡匪、查拿乱党外，并无征战事宜。

〔北洋政府陆军部档案〕

276．大总统免去张作相改任蔡平本为第二十七师第五十四旅旅长令

（1919年5月22日）

大总统令

陆军总长靳云鹏呈：陆军第二十七师步兵第五十四旅旅长张作相，另有差委，请予免职。张作相准免本职。此令。

中华民国八年五月二十二日

国务总理　钱能训

陆军总长　靳云鹏

大总统令

任命蔡平本为陆军第二十七师步兵第五十四旅旅长。此令。

中华民国八年五月二十二日

国务总理　钱能训
陆军总长　靳云鹏

〔政府公报，1919年5月23日，第1185号〕

277. 大总统任命赵明德署第二十七师第五十三旅旅长令

（1920年2月4日）

大总统令

任命赵明德署陆军第二十七师步兵第五十三旅旅长。此令。

中华民国九年二月四日

国务总理
陆军总长　靳云鹏

〔政府公报，1920年2月5日，第1430号〕

278. 大总统任命赵明德为第二十七师第五十三旅旅长令

（1921年3月3日）

大总统令

任命赵明德为陆军第二十七师步兵第五十三旅旅长。此令。

中华民国十年三月三日

国务总理
陆军总长　靳云鹏

〔政府公报，1921年3月4日，第1806号〕

279．大总统任命李振声署第二十七师第五十四旅旅长令

（1921年4月27日）

大总统令

任命李振声署陆军第二十七师步兵第五十四旅旅长，孟昭田署陆军第二十七师炮兵第二十七团团长。此令。

中华民国十年四月二十七日

国务总理
陆军总长　靳云鹏

〔政府公报，1921年4月28日，第1860号〕

280．大总统任命张作霖兼第二十八师师长令

（1917年8月2日）

大总统令

任命张作霖兼陆军第二十八师师长。此令。

中华民国六年八月二日

国务总理
陆军总长　段祺瑞

〔政府公报，1917年8月2日，第555号〕

281．张作霖关于汲金纯就任第廿八师师长致陆军部咨

（1917年11—12月）

（1）11月5日咨

副字　第一百三十一号

奉天督军公署为咨请事：本督军前以兼摄民政，事务纷繁，当

将陆军第二十八师事务令委该师步兵第五十六旅旅长汲金纯兼代，业经咨行大部在案。现值蒙边多事，军务日急，本督军谬兼民政，实属兼顾未遑，应请免去陆军第二十八师师长兼职。所遗师长职缺，关系重要，自应拣员咨请查核转呈简任，以专责成。查有现在兼代该师师长、步兵第五十六旅长汲金纯，资深望重，素洽军心，有勇知方，熟娴韬略，堪以升任师长之职。除将该员详细履历另文补送外，相应备文咨请大部迅赐查核呈请简任施行。

此咨

陆军部

奉天督军兼署省长　张作霖

中华民国六年十一月五日

（2）12月8日咨

副字　第一百五十三号

奉天督军公署为咨报事：本年十一月十九日奉大总统令：奉天督军兼陆军第二十八师师长张作霖恳辞兼职，张作霖准免兼职。此令。同日，又奉令任命汲金纯为陆军第二十八师师长。此令。等因。奉此。当经检同陆军第二十八师师长木质关防一颗、文卷、饷项，一并令行遵照任职去后。兹据该师长汲金纯呈称：师长遵于十一月二十七日任职，理合具文呈请鉴核分别呈咨备案等情。据此。除呈报大总统并分咨参谋本部外，相应备文咨报大部，请烦查照备案。此咨

陆军部

中华民国六年十二月八日

奉天督军兼署省长　张作霖

〔北洋政府陆军部档案〕

282. 大总统免去张作霖改任汲金纯为第二十八师师长令

（1917年11月19日）

大总统令

奉天督军兼陆军第二十八师师长张作霖恳辞兼职，张作霖准免兼职。此令。

中华民国六年十一月十九日

国务总理
陆军总长 段祺瑞

大总统令

任命汲金纯为陆军第二十八师师长。此令。

中华民国六年十一月十九日

国务总理
陆军总长 段祺瑞

〔政府公报，1917年11月20日，第663号〕

283. 大总统任命郭瀛洲为第二十八师第五十六旅旅长令

（1917年12月20日）

大总统令

任命郭瀛洲为陆军第二十八师步兵第五十六旅旅长。此令。

中华民国六年十二月二十日

国务总理　王士珍

陆军总长　段芝贵

〔政府公报，1917年12月21日，第694号〕

284. 陆海军会计审查处关于第二十八师编成混成一旅案与军务司来往移付

(1918年2月)

(1) 陆海军会计审查处致军务司移付(2月5日)

陆海军会计审查处为移付事：案准奉天督军咨报：陆军第二十八师于民国五年四月编成混成一旅出发，经费计算书据请核前来。查原咨内称：前于民国五年四月间奉段上将军电令：承奉中央电令：二十八师编成混成一旅，出发保定，进驻信阳，并发给行军费大洋二十万元。等语。该师奉令编成军队出发，想必呈报核准有案，相应移付贵司查照见复，并希关于该案文件抄付过处，以凭办理。此移

军务司

中华民国七年二月五日

(2) 军务司复陆海军会计审查处移付(2月9日)

军务司为移付事：准移开：案据奉天督军咨报：陆军第二十八师云云，以凭办理等因。准此。查二十八师奉令编成混成一旅，出发保定，进驻信阳一案，本司并无是项案卷，相应移付贵处查照可也。此移

陆海军会计审查处

中华民国七年二月　日

〔北洋政府陆军部档案〕

285. 关于第二十八师概况

（1920年）

陆军第二十八师司令部经历

一、成立年月日　　民国元年十月一日。

二、成立时之情形　由奉天左路巡防统领任内，奉令改为暂编陆军第二十八师司令部。

三、今昔之变迁　民国二年十二月奉令按照八成完全编置〔制〕。

四、驻在地点　　奉天锦县东关。

五、战役之有无　　现无战役。

〔北洋政府陆军部档案〕

286. 关于第二十八师第五十五旅概况

（1920年）

陆军第二十八师步兵五十五旅经历

一、成立之年月日　于民国元年十月一日。

二、成立时之情形　由奉天左路巡防奉令改为暂编陆军第二十八师步兵五十五旅司令部。

三、今昔之变迁　　于民国二年十二月间奉部令按照八成编制。

四、驻在地点　　本旅部驻奉天黑山县属新立屯。

五、战役之有无　　并无战役。

〔北洋政府陆军部档案〕

287. 大总统任命陈锡武为第二十八师第五十五旅旅长令

（1920年2月10日）

大总统令

任命陈锡武为陆军第二十八师步兵第五十五旅旅长。此令。

中华民国九年二月十日

国务总理
陆军总长　靳云鹏

〔政府公报，1920年2月11日，第1436号〕

288. 关于第二十八师第五十六旅概况

（1920年）

陆军二十八师步兵五十六旅经历

一、成立之年月　民国元年九月十五日成立。

二、成立时之情形　由左路巡防改为暂编陆军。

三、今昔之变迁　至二年十二月十五日由暂编改为八成完全〔编制〕，余无变迁。

四、驻在地点　驻在锦县城内。

五、战役之有无　民国元年十二月征剿蒙匪，收复开鲁一次。

〔北洋政府陆军部档案〕

289. 大总统免去陈锡武改署杨德生为第二十八师第五十五旅旅长令

（1921年3月24日）

大总统令

兼署陆军总长靳云鹏呈：陆军第二十八师步兵五十五旅旅长陈锡武另经调用，请免本职。陈锡武准免本职。此令。
中华民国十年三月二十四日

国务总理
陆军总长 靳云鹏

大总统令
任命杨德生署陆军第二十八师步兵第五十五旅旅长。此令。
中华民国十年三月二十四日

国务总理
陆军总长 靳云鹏

〔政府公报，1921年3月25日，第1827号〕

290. 大总统任命杨德生为第二十八师第五十五旅旅长令

（1921年7月12日）

大总统令
任命杨德生为陆军第二十八师步兵第五十五旅旅长。此令。
中华民国十年七月十二日

国务总理 靳云鹏
陆军总长 蔡成勋

〔政府公报，1921年7月13日，第1934号〕

291. 大总统免去郭瀛洲改任张作涛为第二十八师第五十六旅旅长令

（1921年8月17日）

大总统令

陆军总长蔡成勋呈：陆军第二十八师步兵第五十六旅旅长郭瀛洲，另有差委，请免本职。郭瀛洲准免本职。此令。
中华民国十年八月十七日

国务总理　靳云鹏
陆军总长　蔡成勋

大总统令
任命张作涛为陆军第二十八师步兵第五十六旅旅长。此令。
中华民国十年八月十七日

国务总理　靳云鹏
陆军总长　蔡成勋

〔政府公报，1921年8月18日，第1970号〕

292. 大总统免去杨德生改任史魁元为第二十八师第五十五旅旅长令

（1922年1月22日）

大总统令
陆军总长鲍贵卿呈，陆军第二十八师步兵第五十五旅旅长杨德生，另有任用，请免本职。杨德生准免本职。此令。
大总统盖印　国务总理梁士诒　陆军总长鲍贵卿
中华民国十一年一月二十二日

大总统令
任命史魁元为陆军第二十八师步兵第五十五旅旅长。此令。
大总统盖印　国务总理梁士诒　陆军总长鲍贵卿
中华民国十一年一月二十二日

〔政府公报，1922年1月23日，第2118号〕

293. 吴俊陞请将所部扩编成师禀

（1914年6月24日）

总长钧鉴：敬禀者：窃镇守使前以编师一节，曾禀经奉天都督函请核办，迄今未奉示谕，理宜敬候，曷敢妄渎，惟镇守使有不能已于言者，不得不为我宪台缕晰陈之：镇守使原籍山左，寄隶辽源，自束发从戎，迄已卅载，平日之饮于辽食于辽，与部卒推诚心共甘苦，差堪自信，部伍亦引为不欺，所以一遇军务，尚能如身之使臂，臂之使手，手之使指，节节灵通，为我效命。扎镇之役，经棚之军，固蒙我宪台规画方略，而镇守使得以稍著成绩者，军士之力也。镇守使渥蒙宠遇，兼领旅防两部，月得薪俸不为不优，然为己计，则得之矣，而对于军士平日所谓推诚心者，奚存？共甘苦者，何在？扪心自问，恒用赧然。且旅防庞杂，不能一军士之心，服食两歧，何能免携贰之虑？此镇守使所以亟亟恳求而不能缄默者也。查奉省二十七八两师按八成编制，步兵二旅，骑、炮兵各一团，工程、辎重各一营，乐队附焉。今镇守使所部骑兵一旅，巡防十七营，以之改编八成一师，兵不加增；又防营饷约六万六千余两，二旅月饷约二万一千余两，共八万七千余两，以之合编一师，费不加巨。一转移间，国家即成一师，镇守使所部，亦咸归划一。兵士无相形之分，征战获致果之效。且东省逼处强邻，近接蒙境，陆军具对外性质，如蒙俯如所请，则安内即所以攘外，庶镇守使上有以报国家，下有以对军士。地方幸甚。镇守使幸甚。是否有当，理合肃禀，敬请训示。临颖无任悚惶待命之至。俊陞谨禀。

〔北洋政府陆军部档案〕

294．关于将奉天骑兵第二旅等改编为第二十九师并以吴俊陞为师长咨呈

（1917年7—8月）

（1）张作霖等致陆军部咨（7月3日）

奉天督军署为咨请事：查洮辽镇守使所属奉天后路巡防队与驻奉中央骑兵第二旅合并改编为陆军第二十九师一案，业经咨行大部核准在案，亟应遴选师长，以期编并训练。兹查洮辽镇守使兼奉天后路巡防队统领官、陆军中将吴俊陞，有勇知方，夙娴韬略，堪胜师长之任。除由本督军委任该中将先行着手编并训练，暨该师旅长以下各级官佐应俟改编就绪，再行随时咨请大部分别呈请外，相应备文咨请察照，迅赐呈请任命施行。此咨

陆军部

奉天督军兼署省长　张作霖

帮办奉天军务　冯德麟

中华民国六年七月三日

（2）陆军总长致大总统呈（8月　日）

呈为拟将奉天后路巡防队暨骑兵第二旅合并改编为陆军第二十九师，并请任命师长，以便统辖而资整饬，仰祈钧鉴事：窃查奉天后路巡防队原设马、步十数营，续添骑兵一旅，驻扎洮辽一带，捍卫边蒙，深资得力。惟编制有新旧之分，则统辖诸多不便。迭准奉天督军咨称：拟将上项军队合并改编为陆军一师，所需经费，仍以原有预算为准。等因。暨于军政得整饬之方，而于财政无溢支之虑，似可准予照办。并准该督军咨称：洮源镇守使兼奉天后路巡防统领官、陆军中将吴俊陞，有勇知方，夙娴韬略，堪胜师长之任。等因。本部复核无异。所有奉天后路巡防队暨骑兵

第二旅合并改编为陆军第二十九师一节，如蒙俯允，即请明令任命师长，以专责成。是否有当，理合呈请鉴核批示祇遵。谨呈
大总统

陆军总长

中华民国六年八月　日

〔北洋政府陆军部档案〕

295．大总统任命吴俊陞为第二十九师师长令

（1917年8月15日）

大总统令

任命吴俊陞为陆军第二十九师师长。此令。

中华民国六年八月十五日

国务总理
陆军总长　段祺瑞

〔政府公报，1917年8月15日，第568号〕

296．大总统任命耿玉田陈锡武为步兵第五十七旅骑兵第五十八旅旅长令

（1918年2月11日）

大总统令

任命耿玉田为陆军第二十九师步兵第五十七旅旅长，陈锡武为骑兵第五十八旅旅长。此令。

中华民国七年二月十一日

国务总理　王士珍

陆军总长　段芝贵

〔政府公报，1918年2月14日，第740号〕

297. 大总统免去耿玉田改任万福麟为第二十九师第五十七旅旅长令

（1920年4月20日）

大总统令

陆军总长靳云鹏呈，陆军第二十九师步兵第五十七旅旅长耿玉田，请予免职。耿玉田准免本职。此令。

中华民国九年四月二十日

国务总理
陆军总长　靳云鹏

大总统令

任命万福麟署陆军第二十九师步兵第五十七旅旅长，梁忠甲署步兵第一百十四团团长。此令。

中华民国九年四月二十日

国务总理
陆军总长　靳云鹏

〔政府公报，1920年4月21日，第1503号〕

298. 大总统任命万福麟为第二十九师第五十七旅旅长令

（1920年12月20日）

大总统令

任命万福麟为陆军第二十九师步兵第五十七旅旅长，梁忠甲为步兵第一百十四团团长。此令。

中华民国九年十二月二十日

国务总理
陆军总长　靳云鹏

〔政府公报，1920年12月21日，第1742号〕

299. 关于暂编第廿九师司令部概况

（1921年）

奉天暂编陆军第二十九师司令部经历

一、自民国六年七月一日成立。

二、因原带奉天后路巡防暨陆军骑兵二旅并后路巡防帮统所部合并改编陆军第二十九师名称。

三、以巡防步队八营改编陆军步兵第五十七旅一旅，工辎两营、马队七营改编陆军骑兵五十八旅一旅。余剩一营，拨补各营应添官兵缺额。并以骑兵二旅三四两团改编陆军骑兵炮兵第二十九团两团。另设军乐一连。

四、驻扎洮南县街。

五、未改编以前，于民国元年八月间，奉文督饬巡防剿抚扎镇两旗蒙逆，十一月，克复开鲁。二年十月，复督防军暨骑兵二旅援剿热河蒙乱，连获胜捷，先后克复经棚要隘及大王驼罗黄花各庙。五年秋间，巴匪犯顺，复在突泉、郭家庙等处迭次追剿。六年七月，编师以后，剿抚蒙众齐大拉巴等。共计前后战役数十次，屡蒙奖叙在案。

〔北洋政府陆军部档案〕

300. 关于暂编第二十九师第五十七旅司令部概况

（1921年）

暂编陆军第二十九师步兵五十七旅司令部经历：

一、民国六年七月一日成立。

二、原奉天后路巡防帮统部改编陆军二十九师步兵五十七旅司令部名称。

三、成立伊始，系巡防步兵六营改编陆军步兵两团。

四、驻扎黑龙江大赉县。

五、除巡防战役不计外，于民国六年七月间在开通、边昭、突泉、白音、花庙等处防剿蒙匪。十一月间在哈他们与匪接仗获胜。十二月间收抚蒙党首领齐大拉巴等千余人。先后战役数次，边患肃清。

〔北洋政府陆军部档案〕

301．关于暂编二十九师骑兵五十八旅旅部概况

（1921年）

暂编陆军二十九师骑兵五十八旅旅部经历

一、自民国六年七月一日成立。

二、以原有巡防后路帮统部兼马三营营部奉文改编为陆军二十九师骑兵五十八旅旅部名称。

三、变迁无。

四、驻扎辽源县街。

五、于民国六年九月间奉委征蒙，支队长曾经督带马、步、炮各队在宝门加拉嘎、洮源县嘎海吐小老头山、哈他们等处接仗，均经先后克复呈报在案。现无战役。

〔北洋政府陆军部档案〕

302．大总统任命邓锡侯等为第三十等师师长令

（1923年9月15日）

大总统令

任命邓锡侯为陆军第三十师师长，陈国栋为第三十一师师长，唐式遵为第三十二师师长，潘文华为第三十三师师长。此令。

国务院摄行　　国务总理
　　陆军总长
　　外交总长　顾维钧
　　内务总长　高凌霨
　　财政总长　张　弧
　　海军总长　李鼎新
　　司法总长　程　克
　　教育总长
　　农商总长　袁乃宽
　　交通总长　吴毓麟

中华民国十二年九月十五日

〔政府公报，1923年9月16日，第2699号〕

303．陈国栋就任第三十一师师长电

（1923年10月25日）

二份。北京国务院、参陆两部钧鉴：顷奉国务院删电开：奉大总统令：任命国栋为陆军第三十一师师长。此令。等因。窃国栋待罪戎行，于兹廿载，治军无状，内疚实深，今复仰承恩遇，饬总师干，宠命遥颁，弥增惶悚。祗以国务多艰，敢忘捍卫，匹夫有责，爰矢忠贞。兹谨于十月廿一日遵令就职，并将原有部曲一律改编，敬待教命。惟国栋谬以轻材，忝膺重寄，深虞陨越，用丛罪愆，切恳训迪时加，俾资遵守，下忱感戴，尤无纪极。谨此电陈，伏维查鉴。师长陈国栋叩。有。印。

〔北洋政府国务院档案〕

304. 大总统任命段荣琮朱宗慰为第三十一师第六十一六十二旅旅长令

（1923年11月29日）

大总统令

任命段荣琮为陆军第三十一师步兵第六十一旅旅长，朱宗慰为陆军第三十一师步兵第六十二旅旅长。此令。

大总统盖印　　国务总理高凌霨　　陆军总长

中华民国十二年十一月二十九日

〔政府公报，1923年11月30日，第2770号〕

305. 潘文华就任第三十三师师长电

（1923年11月12日）

特急。北京国务院、参陆部暨各部、院钧鉴：奉国务院删电开：奉大总统令：任命文华为陆军第三十三师师长等因，遵于十一月一日就职。伏念材微任重，陨越堪虞，尚希不惜箴规，时加指导，是为至盼。除呈咨外，谨此电达，伏祈垂鉴。陆军第三十三师师长潘文华。文。印。

〔北洋政府内务部档案〕

306. 大总统府秘书厅抄送潘文华电告就任第三十三师师长公函

（1923年11月20日）

大总统府秘书厅公函　第三七二号

迳启者：本月十九日收万县潘师长文华为奉令任命为陆军第

三十三师师长，谨于十一月一日遵令就职支电一件，呈奉大总统谕：交院等因，遵抄原电函送查照。此致
国务院

大总统府秘书厅

附抄电一件

中华民国十二年十一月二十日

特急。北京大总统钧鉴：奉钧令任命文华为陆军第三十三师师长等因，西陲拜命，北向滋惭。窃文华壮岁从军，频年转战，南郑久戎，西域远征，泊返梓桑，编师谬领，忘其樗栎，许国驰驱，鸱獍嚣张，蚕凫不靖，环甲以从，艰辛罔避，督部杀敌，效命争先，元恶愆诛，大勋待集，职责未尽，咎戾奚辞？我大总统宽其愆尤，隆以恩遇，特颁明令，改编国军，鸿施逾恒，鳌戴知重，誓于凶囚，藉报慈仁。谨于十一月一日遵令就职。谨电呈报，伏祈睿鉴。陆军第三十三师师长潘文华叩。支。印。

〔北洋政府国务院档案〕

307．大总统任命袁祖铭为第三十四师师长令

（1923年9月15日）

大总统令

任命袁祖铭为陆军第三十四师师长。此令。

国务院摄行

国务总理
陆军总长
外交总长　顾维钧
内务总长　高凌霨
财政总长　张　弧
海军总长　李鼎新
司法总长　程　克

教育总长
农商总长　袁乃宽
交通总长　吴毓麟

中华民国十二年九月十五日

〔政府公报，1923年9月16日，第2699号〕

308. 大总统任命马明亮刘端裳为第三十四师第六十七六十八旅旅长令

（1924年3月19日）

大总统令

任命马明亮为陆军第三十四师步兵第六十七旅旅长，刘端裳为陆军第三十四师步兵第六十八旅旅长。此令。

大总统盖印　　国务总理孙宝琦　　陆军总长陆锦

中华民国十三年三月十九日

〔政府公报，1924年3月20日，第2872号〕

309. 临时执政准将黔军改编为国军指令

（1926年1月20日）

临时执政指令　第六十六号

令陆军总长贾德耀

呈请将黔军改编国军，并请任命师、旅长由。呈悉。应准改编，并已有令任命师、旅长矣。此令。

国务总理许世英　　陆军总长贾德耀

中华民国十五年一月二十日

〔政府公报，1926年1月21日，第3514号〕

310. 大总统准将镇嵩军第一师改为第三十五师第二师改为陕西第二师指令

（1923年12月20日）

大总统指令　第二千三百七号

令暂行代理部务、陆军次长金绍曾

呈请将镇嵩军第一师改为陆军第三十五师，其第二师改为陕西陆军第二师，并请简任憨玉琨等为师长由。呈悉。准如所拟办理，憨玉琨等已有令明发。此令。

大总统盖印　　国务总理高凌霨　　陆军总长

中华民国十二年十二月二十日

〔政府公报，1923年12月21日，第2791号〕

311. 大总统任命憨玉琨张治公为第三十五师陕西第二师师长令

（1923年12月20日）

大总统令

任命憨玉琨为陆军第三十五师师长，张治功〔公〕为陕西陆军第二师师长。此令。

大总统盖印　　国务总理高凌霨　　陆军总长

中华民国十二年十二月二十日

〔政府公报，1923年12月21日，第2791号〕

312. 憨玉琨就任第三十五师师长电

（1924年2月20日）

北京国务总理钧鉴：窃玉琨前承简命，自愧铨材，顷奉军符，弥惭短绠。大切时艰之慨，敢辞报国之劳，谨于二月廿日启用关防，就任陆军第三十五师师长之职。望斗输诚，秉壮猷于元老，枕戈效命，占景运于洪钧。肃布微忱，伏乞垂察。憨玉琨叩。号。印。

〔北洋政府国务院档案〕

二、中央暂编各师

1. 临时执政任命鹿钟麟刘郁芬为暂编第一二师师长令

（1924年12月18日）

临时执政令

任命鹿钟麟为暂编陆军第一师师长，刘郁芬为暂编陆军第二师师长。此令。

陆军总长　吴光新

中华民国十三年十二月十八日

〔政府公报，1924年12月19日，第3139号〕

2. 临时执政任命韩复榘等为暂编第一二师各旅旅长令

（1925年3月6日）

临时执政令

任命韩复榘为暂编陆军第一师步兵第一旅旅长，过之纲为步兵第二旅旅长；孙良臣为暂编陆军第二师步兵第三旅旅长，张维玺为步兵第四旅旅长；石敬亭为暂编陆军第四混成旅旅长，蒋鸿遇为暂编第五混成旅旅长。此令。

陆军总长　吴光新

中华民国十四年三月六日

〔政府公报，1925年3月7日，第3208号〕

3．临时执政任命郑金声何遂为暂编第三第四师师长令

（1925年1月22日）

临时执政令

任命郑金声为暂编陆军第三师师长，何遂为暂编陆军第四师师长。此令。

陆军总长　吴光新

中华民国十四年一月二十二日

〔政府公报，1925年1月23日，第3167号〕

4．关于任命暂编第五师师旅团营长呈令

（1925年7月）

（1）吴光新致临时执政呈（7月6日）

呈为请任命军职人员缮具清单恭呈钧鉴事：窃准督办湖北军务善后事宜萧耀南咨开：案据陆军第十七混成旅旅长张联陞呈称：窃查前奉钧座三月勘日电令，以准陆军部感电，准以职部改编为暂编陆军第五师等因。当将全师旅、团、营长分别规定，电奉三月卅日及四月冬日各电，先后委令就职去后。兹据该旅、团、营长等各将本身履历分别缮呈前来，理合连同旅长履历，汇订成册，

遵章呈请钧座鉴核，俯赐咨明陆军部分别呈请明令简任，并将各该营长荐请任命。等情。据此。除指令照准外，相应检同履历并粘附清单，备文咨请大部，烦为查照，分别简荐，呈请任命，以重职守。等因。本部详加复核，均堪胜任，拟请分别任命，俾重职守。理合缮单具呈，伏乞鉴核训示施行。谨呈

临时执政

陆军总长　吴光新

中华民国十四年七月六日

清单

谨将请简暂编陆军第五师师、旅、团长人员缮具清单，恭呈钧鉴：

计开：

暂编陆军第五师师长，请以张联陞简任；

暂编陆军第五师步兵第九旅旅长，请以王宗荃简任；

暂编陆军第五师步兵第十旅旅长，请以刘文瑞简任；

暂编陆军第五师步兵第十七团团长，请以孙图华简任；

暂编陆军第五师步兵第十八团团长，请以王锦荣简任；

暂编陆军第五师步兵第十九团团长，请以郑智简任；

暂编陆军第五师步兵第二十团团长，请以张联文简任；

暂编陆军第五师骑兵第五团团长，请以葛润琴简任；

暂编陆军第五师炮兵第五团团长，请以蔡文藻简任。

清单

谨将荐任暂编陆军第五师营长人员缮具清单，恭呈钧鉴：

计开：

暂编陆军第五师步兵第十七团

第一营营长，请以李开传充任；

第二营营长，请以李延仲充任；

第三营营长，请以张占元充任。

步兵第十八团

第一营营长，请以张凤泽充任；

第二营营长，请以张景揆充任；

第三营营长，请以张季权充任。

步兵第十九团

第一营营长，请以端继先充任；

第二营营长，请以刘青莲充任；

第三营营长，请以邱锡田充任。

步兵第二十团

第一营营长，请以吴洪章充任；

第二营营长，请以丁国粱充任；

第三营营长，请以冯均澐充任。

炮兵第五团

第一营营长，请以陆嗣华充任；

第二营营长，请以萧连润充任。

工兵第五营营长，请以张道充任。

(2) 临时执政令（7月11日）

临时执政令

任命张联陞为暂编陆军第五师师长。此令。

中华民国十四年七月十一日

陆军总长　吴光新

临时执政令

任命王宗荃为暂编陆军第五师步兵第九旅旅长，刘文瑞为第十旅旅长，孙图华为暂编陆军第五师步兵第十七团团长，王锦荣为第十八团团长，郑智为第十九团团长，张联文为第二十团团长，葛润琴为骑兵第五团团长，蔡文藻为炮兵第五团团长。此令。

中华民国十四年七月十一日

陆军总长　吴光新

〔北洋执政府档案〕

5. 萧耀南请将第二混成旅与第二十一混成旅并成暂编第六师以王都庆为师长与军务厅来往密电

（1925年5月）

（1）萧耀南致张树元密电（5月12日）

急。北京执政府军务厅张将军少卿兄勋鉴：务密。窃维赏罚明而官兵效死，纪律严而士卒用命，自古治军者，靡不于此三致意焉。耀南掌绾军符，身受重寄，整军经武，责无旁贷。近查中央第二混成旅因循怠忽，难期整理，所有教练纪律，实属过于废弛；若不亟谋根本解决，无事则徒糜饷项，有事则贻误戎机，国家何乐而有此军旅耶？用敢不避专断之嫌，毅然电饬改组，令与中央第廿一混成旅归并为一，合组中央暂编第六师，即以廿一混成旅旅长王都庆升充师长，俾期统率有人，上紧整顿。当将一切详情于真日肃电呈请执政核准施行在案。伏查第廿一混成旅，节制之师，所至有名；该旅长王都庆，治军有方，素著能名，鄂省战事，无役不从，向未见其稍有矜伐之色。此次湘西有事，鄂边吃紧，该员身任防御总指挥，布置调度，悉合机宜，卒使熊、蔡不敢越雷池一步，保全甚大，厥功尤伟，实鄂省将领中不可多得之才，素为执政所赏识、我公所期许之人。且军队改组，饷糈为重。此次改组，关于饷项，并不生若何问题，事轻易举，不过一转移间事。一俟改组成立，该员负责整顿，不出数月，定成劲旅。上可效用国家，下可保障地方，关系实非浅鲜。素谂我公关心军旅，敢祈从旁赞助，鼎力玉成，俾得早日发表，无任感悚盼祷之至。特电布恳，并颂勋绥。萧耀南。文。印。

(2) 军务厅复萧耀南密电稿(5月15日)

急。武昌萧督办鉴：务密。文电请将中央第二混成旅归并中央第二十一混成旅，合组为中央暂编第六师，并拟以王都庆升充师长一案，奉谕：交军部核办。除函军部外，特电复查照。临时执政府军务厅。咸。印。

发。五月十五日。

〔北洋执政府档案〕

6. 杨如轩就任暂编第六师师长密电

(1925年6月9日)

特急。北京□□□□□七九号顾参议近之鉴：近密。请分呈张军务厅长、段公子骏良兄钧鉴：顷奉方督办转到陆军部宥电，蒙执政恩准，如轩所部滇军第二师暂编为陆军第六师，师长一职，以如轩充任等因。谨遵于六月五日就暂编陆军第六师师长职。窃如轩谬总师干，已惭蚊负，复膺宠命，益感鸿恩，幸报德之有阶，愧寸功之未建，惟有矢志忠贞，藉酬高厚，整饬军旅，力效驰驱。除派参议顾近之恭谢并分呈外，肃电驰陈，诸维睿照。暂编陆军第六师师长杨如轩叩。青。印。

〔北洋执政府档案〕

7. 临时执政任命杨如轩为暂编第六师师长令

(1925年9月12日)

临时执政令

任命杨如轩为暂编陆军第六师师长。此令。

陆军总长　吴光新

中华民国十四年九月十二日

〔政府公报，1925年9月13日，第3395号〕

8. 临时执政任命洪汝钧王鸿麟为暂编第六师第十一十二旅旅长令

（1925年12月23日）

临时执政令

任命洪汝钧为暂编陆军第六师步兵第十一旅旅长，王鸿麟为步兵第十二旅旅长；刘耀南为步兵第二十一团团长，熊光楚为步兵第二十二团团长，杨钟弼为步兵第二十三团团长，刘玉亭为步兵第二十四团团长。此令。

陆军总长　贾德耀

中华民国十四年十二月二十三日

〔政府公报，1925年12月24日，第3492号〕

9. 临时执政任命王都庆等为暂编第七师师旅长令

（1925年9月17日）

临时执政令

任命王都庆为暂编陆军第七师师长，刘占标署暂编陆军第七师步兵第十三旅旅长，阎得胜署第十四旅旅长。此令。

陆军总长　吴光新

中华民国十四年九月十七日

〔政府公报，1925年9月18日，第3400号〕

10. 临时执政任命王天培兼暂编第九师师长令

（1925年9月21日）

临时执政令

任命王天培兼暂编陆军第九师师长。此令。

陆军总长　吴光新

中华民国十四年九月廿一日

〔政府公报，1925年9月22日，第3404号〕

11. 临时执政任命周西成兼暂编第十一师师长令

（1926年1月20日）

临时执政令

任命周西成兼暂编陆军第十一师师长。此令。

国务总理许世英　　陆军总长贾德耀

中华民国十五年一月二十日

〔政府公报，1926年1月21日，第3514号〕

三、中央各混成旅

1. 中央直辖各混成旅等主官兵种驻地一览表

（1923年）①

军队名称	将领姓名	兵种数目	驻扎地点	备考
陆军第一混成旅	旅长潘鸿钧	混成一旅	山东济南	
陆军第二混成旅	胡念光	步二团、机枪二连、炮一营、工一连	湖北沙市	
陆军第三混成旅	高凤桂	混成一旅	江西丰信〔信丰〕龙南	

① 此件无时间，据内容推断，当为1923年。

陆军第四混成旅	张金标	混成一旅	张家口	十二年四月报
陆军第五混成旅	马鸿逵	步二团，山炮、机枪、辎重各一连	绥远、包头、归化、萨拉、	
陆军第六混成旅	何丰林	混成一旅	上　海	
陆军第七混成旅	张之江	混成一旅	通　州	
陆军第八混成旅	李鸣钟	混成一旅	南　苑	
陆军第九混成旅	方本仁	混成一旅	江　西	
陆军第十混成旅	孟昭月	混成一旅	福　建	十二年七月十日明令发表
陆军第十一旅混成	旅长王　麒	混成一旅	福　建	
陆军第十二混成旅	葛树屏	步二团、骑炮各一营、工一连、机枪二连	保　定	
陆军第十三混成旅	董政国	步二团、骑炮各一营、工一连、机枪二连	唐　山	
陆军第十四混成旅	时全胜	步二团、骑炮各一营、工一连、机枪二连	涿　县	
陆军第十五混成旅	孙　岳	步二团、骑枪各一营、工一连、机枪二连	大　名	
陆军第十六混成旅	曹士杰	混成一旅	北　京	
陆军第十七混成旅	张联陞	步二团、机枪二连、炮一营、工一连	湖南襄阳	
陆军第十八混成旅	于学渊	步二团、机枪二连、炮一营、工一连	湖北宜昌	

陆军第十九混成旅	张焕相	步六营、骑炮各一营，工辎混成一营	哈尔滨	
陆军第二十混成旅	吴长植	混成一旅	山东济南	
陆军第廿一混成旅	王都庆	步二团、机枪二连、炮一营、工一连	湖北嘉鱼咸宁	
陆军第廿二混成旅	王鸿恩	混成一旅	四川	
陆军第廿三混成旅	王麟庆	一旅	江西	
陆军第廿四混成旅	王永泉	混成一旅	福建	
陆军第廿五混成旅	朱哲元	混成一族	南苑	
陆军第一混成团	程希圣	步二营、骑一营、机枪、炮各一连	迁安、建昌	十二年四月报
陆军部卫队营	魏家昌	步四连、炮一连、军乐一连	北京	
毅军司令	朱振标	步十三营、骑五营三旂、炮一营、机枪一连、马卫队一连	承德、赤峰等县	

〔北洋政府陆军部档案〕

2．大总统任命王汝勤为第一混成旅旅长令

（1913年11月13日）

大总统令

任命王汝勤为陆军第一混成旅旅长。此令。

中华民国二年十一月十三日

国务总理　熊希龄

陆军总长　段祺瑞

〔政府公报，1913年11月14日，第550号〕

3．施从滨报告领到第一混成旅各团营长委任状详
（1914年10月25日）

详为具报各团、营领到荐任委任各状，并详准由旅缮发初级官长委任状日期事：案查职旅步兵第一团第二营营长赵子才，升任为第五师步十七团团长，遗缺当经详请以团附吴宏权等调补递补，业蒙核准饬发团附白良棠、营长吴宏权、旅副官邢裕墉等委任状各一纸到旅。其营副刘焕文等递补初级官长各缺，奉饬由职旅缮发委任状，分别发给。各等因。奉此。遵将奉到委任状以及由旅缮发之委任状一并饬发各该员等祗领到差任事。嗣又奉到钧部颁发步兵第一团团长潘鸿钧、步兵第二团团长张克瑶荐任状二件，亦即转发祗领各在案。兹据各该团长详称：所有领到团长荐任状日期，暨团附以下各员领到委任状到差日期，理合开具清摺详报等情前来。理合缮具清摺备文汇报。为此，详请钧部鉴核备案施行。谨详

陆军部

计详送清摺一扣

陆军第一混成旅旅长施从滨

中华民国三年十一月二十五日

陆军第一混成旅旅长施从滨谨将职旅各员领到荐任委任各状日期，以及领到旅发委任状并到差日期，一并缮具清摺恭请鉴核。须至摺者。

计开：

步兵第一团团长潘鸿钧荐任状一件，十一月五日领到。
步兵第二团团长张克瑶荐任状一件，十月二十四日领到。
步兵第一团团附白良棠委任状一件，十月二十日领到，电准先于十月一日到差。
步兵第一团第二营营长吴宏权委任状一件，十月二十日领到，电准先于十月一日到差。
第一混成旅旅副官邢裕墉委任状一件，十月十七日领到，电准先于十月一日到差。
步兵第一团第二营营副刘焕文委任状一件，十月十七日领到，即于是日到差，现已考留模范队。
步兵第一团第二营六连连长陈殿荣委任状一件，十月十七日领到，即于是日到差。
步兵第一团第一营二连排长王廷俊委任状一件，十月十七日领到，即于是日到差。
步兵第一团第二营七连司务长姜振源委任状一件，十月十七日领到，即于是日到差。
第一混成旅司号长柏云清委任状一件，十月十七日领到，即于是日到差。
中华民国三年十一月二十五日

〔北洋政府陆军部档案〕

4．关于任命潘鸿钧为第一混成旅旅长令电
（1918年6—7月）

（1） 大总统令（6月27日）

大总统令

任命潘鸿钧为陆军第一混成旅旅长，张克瑶为山东陆军混成第一旅旅长。此令。

中华民国七年六月二十七日

国务总理　段祺瑞
陆军总长　段芝贵

〔政府公报，1918年6月28日，第872号〕

(2) 潘鸿钧致大总统等电(7月14日)

北京大总统、国务院、参陆部钧鉴：顷阅公报，谨悉六月二十七日鸿钧奉令充任陆军第一混成旅旅长。奉命之下，感悚交萦，猥以菲材，谬蒙擢拔，结草衔环，当图报称。专电叩谢，并鸣下忱。旅长潘鸿钧寒叩。印。

〔北洋政府陆军部档案〕

5. 大总统任命程希圣为暂编第一混成旅旅长令

(1924年9月25日)

大总统令

任命程希圣为暂编陆军第一混成旅旅长。此令。

大总统盖印　　国务总理颜惠庆　　陆军总长陆锦

中华民国十三年九月二十五日

〔政府公报，1924年9月27日，第3058号〕

6. 吴庆桐关于领到第二混成协统领委任状呈

(1912年8月25日)

陆军第二混成协统领官吴庆桐为呈报事：窃照本年八月二十一日接奉钧部令开：八月初九日奉临时大总统令开：任命吴庆桐充陆军第二混成协统领官。此令。到部。奉此。除饬司注册外，合亟缮发将字第七号委任状一纸，令行该统领官祗领，一面将具领任事各日期及履历报部备案。切切。此令。计缮发委任状一封。等因。奉此。遵即祗领任事。除将履历造具清册随文附呈外，所有奉到委任状日期，理合备文呈报。为此具呈，伏乞宪鉴备案施行。须至呈者。

计呈履历清册一本〔缺〕

右　呈

陆军部

中华民国元年八月二十五日　即壬子年七月十三日

〔北洋政府陆军部档案〕

7. 王怀庆请任命褚恩荣为第二混成旅旅长密电

（1913年9月25日）

特。北京大总统、参谋部、陆军部钧鉴：拱密。陆军第二混成旅，现由怀庆督饬遣散完竣。新兵日内到多，该旅旅长亟应遴员请简，以专责成。查有中将衔陆军少将褚恩荣，兵学优裕，资望素孚，两次与蒙匪接仗，勇略兼备，应请任命为该旅旅长。至该旅团长以下各官，均由怀庆先行遴员委署，俟三个月后，察看情形，再为分别呈请任委，以昭慎重。其前任旅长于有富，于边地带兵不甚相宜，惟该员阅历尚深，拟请另于录用，以励前劳。是否有当，乞电示遵。怀庆叩。有。印。

〔北洋政府陆军部档案〕

8. 段祺瑞报告刊发第二混成旅旅长关防呈

（1913年11月22日）

陆军总长段祺瑞呈大总统，报明刊发陆军第二混成旅旅长关

防日期，请鉴核施行文，并批

为呈报事：案查驻多陆军第二混成旅业经编定，亟应颁发关防，以资信守。现刊就陆军第二混成旅旅长之关防一颗，已于本月十四日令行多伦镇守使王怀庆转发钤用在案。除启用日期应由该旅长自行呈报外，理合具文呈请鉴核施行。谨呈。

批：据呈已悉。此批。

中华民国二年十一月二十二日

国务总理　熊希龄

陆军总长　段祺瑞

〔政府公报，1913年11月26日，第562号〕

9. 吴庆桐报告领到混成第二旅旅长任命状详

（1914年11月6日）

详为具报领到任命状日期，乞予备案事：窃照本年十月三十日奉钧部饬开：为饬知事：本年八月七日奉大总统策令：任命吴庆桐为陆军第二混成旅旅长。此令。等因。奉此。业经本部呈奉批准缓觐在案。兹有该旅长任命状一张，现经呈奉大总统盖印署名，并经国务卿署名发还，合即饬仰祗领，并将领到日期具报备案。此饬。计任命状一封。等因。奉此。旅长遵即祗领在案。同日，又奉钧部颁发陆军第二混成旅步兵第一团团长赵福汇、第二团团长刘跃龙任命状各一封，遵即分别转给去后。兹据各该团团长赵福汇、刘跃龙等先后详称，奉发任命状，于本年十月三十日敬谨祗领，所有奉到日期，理合详情转报等情前来。旅长复查无异，理合将旅长暨一二两团团长领到任命状日期备文一并详报，伏乞钧部鉴核备案施行。谨详

陆军部

陆军第二混成旅旅长吴庆桐

中华民国三年十一月六日

〔北洋政府陆军部档案〕

10．吴庆桐报告交卸第二混成旅旅长兼职由刘跃龙接任电①

（1914年11月7日）

陆军部钧鉴：华密。电传江日大总统策令：陆军部呈称，南阳镇守使吴庆桐现因防务吃紧，应请开去陆军第二混成旅旅长兼职等语。吴庆桐准免兼职。此令。同日，任命刘跃龙为陆军第二混成旅旅长。此令。各等因。庆桐遵于本月七日将陆军第二混成旅关防一颗、军需官兵册籍等件，派参谋官梅盛芳赍送新任旅长刘耀龙接收，庆桐即于是日交卸旅长兼职。除另文呈报外，谨此电闻。吴庆桐叩。阳。印。

〔北洋政府陆军部档案〕

11．陆军部请将第二混成旅就地遣散密电

（1921年3月6日）

武昌王巡阅使鉴：维密。陆军第二混成旅刘耀龙所部，叠经溃变，扰害地方，官兵纪律，丧失殆尽。此项军队，实难应用，亟应将该旅全行遣散，以节军费。即请贵使饬员就近资遣，并转饬该旅长查照。至遣散一切办法，希先酌定迅复，以凭办理。陆军部。鱼。印。

〔北洋政府陆军部档案〕

---

① 系抄件。

12. 大总统免去刘跃龙改任胡念先为第二混成旅旅长令

（1921年12月11日）

大总统令

陆军总长蔡成勋呈：蒲通镇守使兼第二混成旅旅长刘跃龙，因病辞职。刘跃龙准免本兼各职。此令。

中华民国十年十二月十一日

国务总理　靳云鹏

陆军总长　蔡成勋

大总统令

任命胡念先为陆军第二混成旅旅长。此令。

中华民国十年十二月十一日

国务总理　靳云鹏

陆军总长　蔡成勋

〔政府公报，1921年12月12日，第2083号〕

13. 大总统任命荣道一为混成第三旅旅长令

（1913年12月19日）

大总统令

任命荣道一为陆军混成第三旅旅长。此令。

中华民国二年十二月十九日

国务总理　熊希龄

陆军总长　段祺瑞

〔政府公报，1913年12月20日，第586号〕

14. 张敬尧请以李长明为新编步兵第一团团长详

（1914年10月8日）

为详请事：窃职旅派员分赴直隶保定、皖北颍州等处招募新兵，将次募齐，业经详请赏发运照（照字衍）输护照，以便搭车运送在案。自上月二十八日至本月初五日，由各该募兵区域陆续运送到苑新兵已达二千名，编练步兵一团，绰乎有余。亟应遴派团长、营长，编制成营，以资训练。查骑兵第二营营长李长明，老成练达，守为兼优，充任新编步兵第一团团长，洵堪胜任。步二团团副官冷万春，精敏干练，武学优长，堪以升第一团附。职旅一等参谋官陈骥，品学兼优，精明稳练，堪以调补新编步兵第一团第一营营长。炮兵第一营第二连连长李云魁，有守有为，学术均优，堪以升补第二营营长。步一团第二营第七连连长张凤山，勤慎勇敢，素孚众望，堪以升补第三营营长。新编步兵第一团三营已于初五日完全成立。开创之初，百端待理，当饬团长、团附、营长等先行任事，俾资照料。如蒙俯准，即乞颁发委任状，以重职守，而专责成。所有新编步兵第一团暨各营成立日期以及拟请升补团长等员衔姓花名，除缮具履历外，理合备文详请鉴核批饬遵行。

谨详

陆军部

第三混成旅旅长　张敬尧

中华民国三年十月八日

〔北洋政府陆军部档案〕

15. 陆军部请免去鲍贵卿第三混成旅旅长并取消该旅名目呈暨大元帅批令

（1915年12月4日）

陆军部呈，陆军第三混成旅旅长鲍贵卿，现充讲武堂堂长，请免去本职，并将该旅名目取销文，并批令

为请免混成旅旅长本职，恭呈钧鉴事：据陆军第三混成旅旅长鲍贵卿详称：本年十月十三日奉统率办事处封交内开：本日奉陆海军大元帅训令：鲍少将贵卿所带之步兵一团，现驻通县，该少将另有委任，著将该团拨归第四师步七旅旅长臧致平管辖训练，并著臧旅长所部十三团移驻通县，以便指挥。其该旅部人员，应由杨将军酌量拨调来通，俾资办公。等因。除分行外。特交。等因。奉此。遵于十月二十九日将职旅步兵第一团及该团装械等项，分别造册，移交陆军第四师步兵第七旅臧旅长点收，业经详报在案。职现充陆军讲武堂堂长，自应请辞去第三混成旅差使，俾得专心教育，并缴混成旅关防一颗，请鉴核施行。等情。查该旅长鲍贵卿现充讲武堂堂长，应请免去陆军第三混成旅旅长本职。至该混成旅原编之步兵一团，现已拨归步兵第七旅旅长管辖，其陆军第三混成旅名目，应请一并取消。理合具呈，谨乞大元帅钧鉴训示施行。谨呈。

批令：鲍贵卿已有令准免旅长本职，所有旅长名目，应即取销。此批。

中华民国四年十二月四日

国务卿　陆征祥

〔政府公报，1915年12月7日，第1287号〕

16. 陆军部颁发第三混成旅关防奏摺暨批令

（1915年12月31日）

陆军部奏，陈明颁发陆军第三混成旅关防日期摺

奏为陈明颁发关防，仰祈圣鉴事：窃准统率办事处函称：南昌李将军电呈：奉准招募新兵，组织就绪，请钦定名称，并请饬发关防等情。奉令：此次新招一旅，著定名为陆军第三混成旅，应用关防，由陆军部刊发。等因。钞电函达到部。遵即刊就陆军第三混成旅木质关防一颗，已于本月二十九日咨送该将军转发钤用。所有颁发混成旅长关防缘由，谨恭摺具陈，伏乞皇帝陛下圣鉴训示。谨奏。

政事堂奉批令：悉。此令。

中华民国四年十二月三十一日

国务卿　陆征祥

〔政府公报，1916年1月9日，第4号〕

17．大总统任命陶祥贵署第三混成旅旅长令

（1916年9月10日）

大总统令

任命陶祥贵署陆军第三混成旅旅长。此令。

中华民国五年九月十日

国务总理
陆军总长　段祺瑞

〔政府公报，1916年9月11日，第248号〕

18．大总统任命陈光逵为第三混成旅旅长令

（1917年11月5日）

大总统令

任命陈光逵为陆军第三混成旅旅长，李鸿儒为陆军第十二师步兵第四十六团团长。此令。

中华民国六年十一月五日

国务总理
陆军总长 段祺瑞

〔政府公报，1917年11月6日，第649号〕

19．张敬尧请任命顾琢塘为第三混成旅旅长密电

（1918年9月8日）

十万急。北京大总统、国务院、参陆两部钧鉴：统密。窃查尧部军队，除第七师外，前于洛阳、除州续成三旅，均经呈报在案。其一、二两旅旅长各职，早经遵派刘振玉、刘朝臣两员充任。第三混成旅因一时难得相当人材，旅长一缺，暂行由尧兼代。出发汉、湘，转攻长、岳，战事虽极殷繁，指挥尚称便捷。惟自抵长沙以后，尧因军民两政百端待理，该旅事务颇难兼顾，势非遴员专任斯职，实恐贻误戎机。七月艳日，电请院、部商调炮兵十三团顾团长琢塘接充该旅旅长，业蒙允准。现该员业经奉令抵湘，理合专电呈请明令发表，俾该员早日到职整理一切，庶军事进行得无贻误。所有恳请任命顾琢塘为第七师混成第三旅旅长缘由，谨电上达。务乞鉴核，俯予早日发表，以专责成。是否有当，敬乞示遵。张敬尧叩。庚。印。

〔北洋政府陆军部档案〕

20．大总统免去张林改任高凤桂为第三混成旅旅长令

（1923年1月30日）

大总统令

兼陆军总长张绍曾呈：陆军第三混成旅旅长张林，因病恳请

免职。张林准免本职。此令。

国务总理
陆军总长 张绍曾

中华民国十二年一月三十日

大总统令

任命高凤桂为陆军第三混成旅旅长，曹铁林为陆军第三混成旅步兵第二团团长。此令。

中华民国十二年一月三十日

国务总理
陆军总长 张绍曾

〔政府公报，1923年1月31日，第2476号〕

21. 大总统任命唐福山为第三混成旅旅长令

（1924年1月16日）

大总统令

任命唐福山为陆军第三混成旅旅长。此令。

大总统盖印　　国务总理孙宝琦　　陆军总长陆锦

中华民国十三年一月十六日

〔政府公报，1924年1月17日，第2811号〕

22. 军务司关于第四混成旅退伍军官应择优送部存记移付

（1916年12月2日）

军务司为移付事：准总务厅付送办发武昌伍旅长有电一件，相应抄移贵司查照。此移

军衡司　计抄件

中华民国五年十二月二日

武昌伍旅长：华密。漾电悉。退伍业已派竣善后，所有官长，即由旅长择其成绩最优者送部存记。院、部。有。印。

〔北洋政府陆军部档案〕

23. 关于改编近畿第一旅为第四混成旅并以张锡元为旅长呈令

（1917年8月30日）

（1）段祺瑞致大总统呈

陆军总长段祺瑞呈大总统，拟改编近畿陆军第一旅为陆军第四混成旅，并以张锡元充任该旅旅长文

为拟将近畿陆军第一旅改为陆军第四混成旅，以符名实，仰祈钧鉴事：窃查近畿陆军第一旅成立于民国四年，仅编步兵一旅。近因讨逆之役，添练骑兵、炮兵、机关枪各一连，兵种较全，自应改为混成旅，以符名实。查第四混成旅，去岁在鄂裁遣完竣，此次改编之旅，拟即编为陆军第四混成旅，并请以该旅旅长张锡元充任陆军第四混成旅旅长。如蒙允准，即恳明令颁布，以便施行。是否有当？理合呈请钧鉴训示施行。谨呈。六年八月三十日。

〔政府公报，1917年9月1日，第585号〕

（2）大总统指令

大总统指令　第一千三百五十九号

令陆军总长段祺瑞

呈拟改编近畿陆军第一旅为陆军第四混成旅，并以张锡元充任该旅旅长由。呈悉。准予改编，张锡元已另有令明发矣。此令。
中华民国六年八月三十日

〔政府公报，1917年8月30日，第583号〕

24. 大总统任命张锡元为第四混成旅旅长令

（1917年8月30日）

大总统令

任命张锡元为陆军第四混成旅旅长。此令。

中华民国六年八月三十日

国务总理
陆军总长　段祺瑞

〔政府公报，1917年8月30日，第583号〕

25. 关于张锡元任第四混成旅旅长移呈

（1917年9—10月）

（1）军务司致军衡司移付（9月1日）

军务司为移付事：八月三十日奉大总统令：任命张锡元为陆军第四混成旅旅长等因。除分移外，相应将本部原呈抄移贵司查照备案可也。此移

军衡司　计抄件

中华民国六年九月一日

呈为拟将近畿陆军第一旅改为陆军第四混成旅，以符名实，仰祈钧鉴事：窃查近畿陆军第一旅成立于民国四年，仅编步兵一旅，近因讨逆之役，添练骑兵、炮兵、机关枪各一连，兵种较全，自应改为混成旅，以符名实。查第四混成旅去岁在鄂裁遣完竣，此次改编之旅，拟即编为陆军第四混成旅，并请以该旅旅长张锡元充任陆军第四混成旅旅长。如蒙乞准，即恳明令颁布，以便施

行。是否有当，理合呈请钧鉴训示施行。谨呈
大总统

陆军总长

（2）张锡元致陆军部呈（10月13日）

呈为领到旅长简任状日期恭报备案事：窃于本月十三日接奉钧部训令内开：中华民国六年八月三十日奉大总统令：任命张锡元为陆军第四混成旅旅长。此令。等因。奉此。兹有本部办就简任状一封，合亟令行收执并将领到日期具报备案可也。此令。等因。奉此。并随发简任状一封，遵即于是日敬谨祗领。理合备文呈报钧部鉴核备案施行。谨呈
陆军部

陆军第四混成旅旅长张锡元

中华民国六年十月十三日

〔北洋政府陆军部档案〕

26. 陆军部准以张善义充第四混成旅旅长电

（1918年5月29日）

济南张督军鉴：养电悉。张善义准充第四混成旅旅长，俟各旅编成报部，再并案呈请任命。陆军部。艳。印。

〔北洋政府陆军部档案〕

27. 大总统任命张金标为第四混成旅旅长令

（1922年8月8日）

大总统令

任命张金标为陆军第四混成旅旅长，张华庭为陆军第四混成旅步兵第二团团长。此令。

大总统盖印　　国务总理王宠惠　　陆军总长

中华民国十一年八月八日

〔政府公报，1922年8月9日，第2311号〕

28. 临时执政免去张金标改任宋玉珍为第四混成旅旅长令

（1924年12月22日）

临时执政令

陆军总长吴光新呈，请将陆军第四混成旅旅长张金标免去本职。张金标准免本职。此令。

陆军总长　吴光新

中华民国十三年十二月二十二日

临时执政令

任命宋玉珍为陆军第四混成旅旅长。此令。

陆军总长　吴光新

中华民国十三年十二月二十二日

〔政府公报，1924年12月24日，第3143号〕

29. 临时执政为第四混成旅兵变着即撤销令

（1924年12月31日）

临时执政令

陆军总长吴光新呈：据署察哈尔都统张之江等陈报，查办张垣陆军第四混成旅哗变事项，已将讯供不讳之该旅团长张葆初、张华廷，营长秦国珍、李守忠、安玉亭，暨携有赃物之变兵分别讯明正法等语。此次张家口第四混成旅遽尔肇变，统率长官事前既漫无防范，事发复不能严为制止，贻祸地方，殊堪痛恨。前察哈尔都统张锡元，身膺疆寄，约束不严，已有令免职，著仍交部严加议处。旅长张金标，纵兵殃民，情罪重大，著即褫夺官勋，由各省区通缉解究。营长李华擅、林桢、田仲濂等，在逃未获，应由该署都统张之江查明，一并饬令缉获惩治，散亡溃兵，并饬分途截堵，务获归案严办，以伸国法。其第四混成旅，著即撤销。张之江查办此案，尚称敏速，所有善后事宜，仍责成该署都统妥为办理。此令。

陆军总长　吴光新

中华民国十三年十二月三十一日

〔北洋执政府档案〕

30．刘询报告领到第五混成旅旅长任命状详

（1914年10月25日）

详为具报领到任命状日期事：本年十月十四日奉钧部饬开：本年八月七日奉大总统策令：任命施从滨为陆军第一混成旅旅长，吴庆桐为陆军第二混成旅旅长，张敬尧为陆军第三混成旅旅长，伍祥桢为陆军第四混成旅旅长，刘询为陆军第五混成旅旅长，王金镜为陆军第六混成旅旅长，唐天喜为陆军第七混成旅旅长，徐占凤为陆军第八混成旅旅长。此令。奉此。业经本部呈奉大总统盖印署名，并经国务卿署名发还。合即饬仰祗领并将领到日期具报备案。此饬。计任命状一封。等因。奉此。遵于十月二十三日敬谨祗领。所有领到任命状日期，理合备文详报，仰乞钧部鉴核

施行。谨详
陆军部

陆军第五混成旅旅长　刘询

中华民国三年十月二十五日

〔北洋政府陆军部档案〕

31．筹办模范队事务处为大元帅令派陆锦为筹办模范队事务咨

（1915年8月27日）

筹办模范队事务处为咨会事：承准统率办事处交奉陆海军大元帅令：着派陆军中将陆锦筹办模范队事务等因。此交。等因。除分咨函达外，相应咨会查照。此咨
内务部

筹办模范队事务

中华民国四年八月二十七日

〔北洋政府内务部档案〕

32．段祺瑞关于将混成模范团改编为第五混成旅并请简派魏宗瀚为旅长呈

（1917年10月18日）

陆军总长段祺瑞呈大总统，拟将混成模范团改编为陆军第五混成旅，并请简派旅长文

为拟将混成模范团改为陆军第五混成旅，以正名实而策进行，仰祈鉴核事，查陆军混成模范团第二期练习期满，由本部派员分别考验，成绩尚优，除毕业各生选送军官学校肄业，以期深造外，尚余六百余人，久置闲散，未免可惜，且京师为根本重地，所有

驻扎陆军陆续调拨他往，难免空虚之虑，似应将该团及时改编混成一旅，以蕲兼顾。况该团官兵训练有素，成绩优美，以之改编一旅，则将来蔚成劲旅，于军事前途，裨益匪鲜。如蒙俯允，即拟定名为陆军第五混成旅，并请任命该团团长魏宗瀚为旅长，以资熟手。至该旅应需经费，除已列预算之模范团底饷外，其不敷之款，应俟核定后，由财政部另行筹拨，俾便开支。所有拟请将陆军混成模范团改编陆军第五混成旅缘由，是否有当，理合呈请鉴核批示祗遵。谨呈。六年十月十八日。已奉指令。

〔政府公报，1917年7月21日，第633号〕

33. 大总统任命朱泽黄为第五混成旅旅长令

（1918年7月22日）

大总统令

任命朱泽黄为陆军第五混成旅旅长。此令。

中华民国七年七月二十二日

国务总理　段祺瑞

陆军总长　段芝贵

〔政府公报，1918年7月23日，第896号〕

34. 大总统准将湖南第一旅改编为第五混成旅指令

（1918年7月22日）

大总统指令　第一千二百三十四号

令陆军总长段芝贵

呈请将湖南陆军步兵第一旅改编国军第五混成旅，并请简任旅长由。呈悉。准予改编，已任命朱泽黄为旅长矣。余如所拟办理。此令。
中华民国七年七月二十二日

国务总理　段祺瑞
陆军总长　段芝贵

〔政府公报，1918年7月23日，第896号〕

35．大总统任命马鸿逵为第五混成旅旅长令

（1922年5月11日）

大总统令

任命马鸿逵为陆军第五混成旅旅长。此令。

大总统盖印　　国务总理周自齐　　陆军总长假

中华民国十一年五月十一日

〔政府公报，1922年5月12日，第2224号〕

36．李纯请以丁效兰为第六混成旅旅长等情密电

（1913年10月18日）

南昌电

陆军部鉴：拱密。承准洽电奉大总统令：新募旅定名为第六混成旅，营制、饷章照赣办理，开办费由部拨付，饷项统责省长速行筹划，应即知照等因，自应迅办。惟查所募该旅新兵，现已陆续到浔，兹即〔既〕奉令定名，亟应秉制设官，以资编练。查有丁中将效兰，沈勇明毅，屡与战事，颇著奇功，拟以该员署理第六混成旅长。该旅步兵第十一团团长一缺，查有现充军务课课长、少将赵学涛，精明谙练，屡立战功，拟即以该员署理。其该旅步兵第十二团长一缺。查有现充上校参谋、少将王余庆，前往〔任〕江苏团长有年，精明勇敢，富有经验，拟即以该员署理。除拟由

纯先行发给委状俾使各专责成外，其余营长以下各官佐。自当遴员给委署理，期速开练。其委署各旅、团、营长等官，容造履历表册咨呈大部，分别荐任、委任，用昭慎重。所有第六混成旅旅、团、营各关防，并拟由纯饬刊，以凭信守而期便捷。嗣当咨呈印摹备案查核。是否有当，统希示遵。李纯叩。啸。

〔北洋政府陆军部档案〕

37．陆军部报告颁发第六混成旅旅长关防呈

（1915年4月4日）

陆军部呈报颁发陆军第六混成旅旅长关防日期文，并批令

为呈报颁发关防，仰祈钧鉴事：窃查前奉令任命王金镜为陆军第六混成旅旅长等因。奉此。现经刊发木质关防一颗，文曰：陆军第六混成旅旅长之关防，于本月一日饬由陆军第二师师长王占元转发该旅长遵领钤用在案。除启用日期应由该旅长自行呈报外，理合具文呈报，伏乞大总统鉴核施行。谨呈。

批令：呈悉。此批。

中华民国四年四月四日

国务卿　徐世昌

〔政府公报，1915年4月8日，第1047号〕

38．关于张宗昌任第六混成旅旅长令呈

（1918年2月）

（1）陆军部委任令（2月9日）

陆军部委任令

令陆军第六混成旅旅长张宗昌

任命张宗昌充陆军第六混成旅旅长。除另由部呈简外，合行

令知遵照。此令。

(2) 张宗昌致陆军总长呈(2月11日)

呈为报明就职暨启用关防日期呈请鉴核事：本年二月十日，奉钧部委任令内开：任命张宗昌充陆军第六混成旅旅长。除另由部呈简外，合行令知遵照。此令。等因。并奉颁发关防一颗。宗昌遵于本年二月十一日在京就职，并于是日将奉发关防敬谨启用，以资信守。除分呈外，所有宗昌就职暨启用关防日期，理合具文呈明，伏乞鉴核备案。谨呈
陆军总长

陆军中将、第六混成旅旅长 张宗昌

中华民国七年二月十一日

〔北洋政府陆军部档案〕

39. 张怀芝请明令宣布张宗昌为第六混成旅旅长密电

(1918年6月3日)

急。北京陆军部鉴：正密。据张旅长宗昌呈称：前奉部令，该旅编制成立，即定名为陆军第六混成旅。嗣因前敌战事吃紧，未及呈请正式宣布，请赐电部转呈。等语。查该旅成立业经数月，现又值着手补充，自应将其陆军第六混成旅旅长张宗昌职名准予呈请明令宣布，以重责成而资遵守。即希贵部查照转呈，至为公便。并乞电复为祷。怀芝。江。印。

〔北洋政府陆军部档案〕

40. 关于将第四师第八旅改编为第六混成旅以何丰林为旅长呈令

(1920年6月23日)

（1）罗开榜致大总统呈

陆军次长暂行代理部务罗开榜呈大总统，请将陆军第四师步兵第八旅改编为陆军第六混成旅，该师补充团改为步兵第八旅第十五团，并请简任旅长文

为请将陆军第四师步兵第八旅改编为陆军第六混成旅，该师补充团改为步兵第八旅第十五团，任命旅长，仰祈钧鉴事：窃本部前准署理浙江督军卢永祥电称：陆军第四师原有第七第八两旅及补充步兵一团，现第八旅因统辖问题，不能不将该旅划出，拟请按照中央号数改编混成一旅，任命何丰林为混成旅长。其第四师所缺一旅，拟以该师补充团改为第八旅，编作第十五团。其第十六团，暂缓再筹，以卫队团划补。所有第四师第八旅旅长，查有现充第十六团团长王鸣珂，堪以升充，请转呈任命。等因。当查八年度预算，凡军队经费，应一律按照实支之数减去二成。该师能否改编，应视饷项盈绌为标准，咨行该署督军查复，以凭核办去后。兹准电称：该师及新改编混成旅，遵照裁减兵额办法，格外撙节，核定自九年度起，每月祗需饷银十三万六千元，核诸原有十五万八千元，每月可节省二万二千元，按之核减兵额二成之数，实已绰有余裕，请将各员早日任命等因前来。查该师饷项，既于改编后比较原数每月尚可节省二万二千元，似可准其改编，以资整饬。其所保旅长各员，本部详加复核，均堪胜任。拟请将步兵第八旅改编为陆军第六混成旅，第四师补充团改为步兵第八旅第十五团，如蒙俯准，并请简任何丰林为陆军第六混成旅旅长，王鸣珂为陆军第四师步兵第八旅旅长，俾重职守。理合具呈，伏乞鉴核训示施行。谨呈。九年六月二十三日。

〔政府公报，1920年8月4日，第1606号〕

（2）大总统指令

大总统指令　第一千六百九号

令陆军次长暂行代理部务罗开榜

呈请将陆军第四师步兵第八旅改编为陆军第六混成旅，该师补充团改为步兵第八旅第十五团，并请简任旅长由。呈悉。准如所拟办理，请简旅长各员，已有令任命矣。此令。

中华民国九年六月二十三日

国务总理　萨镇冰

陆军总长

〔政府公报，1928年6月24日，第1566号〕

41．大总统任命何丰林王鸣珂为第六混成旅旅长第四师第八旅旅长令

（1920年6月23日）

大总统令

任命何丰林为陆军第六混成旅旅长，王鸣珂为陆军第四师步兵第八旅旅长。此令。

中华民国九年六月二十三日

国务总理　萨镇冰

陆军总长

〔政府公报，1920年6月24日，第1566号〕

42．关于何丰林领到第六混成旅旅长简任状咨呈

（1920年9月）

（1）卢永祥致陆军总长咨（9月23日）

浙江督军署为咨行事：本月二十日准贵总长咨送第六混成旅

旅长何丰林、第四师步兵第八旅旅长王鸣珂简任状二封，嘱转发具报等因。除将是项简任状当即分发外，相应咨复贵总长，请烦查照备案。此咨

陆军总长

浙江督军　卢永祥

中华民国九年九月二十三日

（2）何丰林致陆军总长呈(9月28日）

呈为具报祗领简任状日期，仰祈鉴核备案事：窃于本年九月二十五日奉浙江督军署训令第七八二号内开：本月二十日准陆军总长咨开：民国九年六月二十三日奉大总统令：任命何丰林为陆军第六混成旅旅长，王鸣珂为陆军第四师步兵第八旅旅长。此令。等因。奉此。兹由本部办就该员等简任状二封，相应咨送贵督军查照转发，并将领到日期具报备案可也。等因。并简任状到署。除分发并咨复外，合将简任状令发，仰该旅长祗领具报。此令。计发简任状一封。等因。奉此。旅长遵将奉发简任状于本月二十五日敬谨祗领。除分报浙江督军署外，理合备文呈报，伏乞钧部鉴核备案施行。谨呈

陆军部长

陆军第六混成旅旅长　何丰林

中华民国九年九月二十八日

〔北洋政府陆军部档案〕

43．陆海军会计审查处关于第六混成旅添招目兵情形与军务司来往移付

（1920年12月）

（1）陆海军会计审查处致军务司移付(12月28日）

陆海军会计审查处为移付事：据暂编第一师师长张宗昌为呈报前第六混成旅开办招募等费册据请核前来，并准咨称：于民国七年一月接奉钧令，委充陆军第六混成旅旅长，所有队伍，即由江苏第七十四旅抽拨步兵一团、炮兵一连、机关枪一连，又游击队步兵一团，合并成立，迅速出发援湘等因。奉此。祇以湘省军事紧急，所有奉令拨给队伍，每团仅得目兵八百六十四名，机关枪连目兵七十二名，炮兵连目兵一百二十六名，额数过少，实属不敷分布。即经禀奉遴员前赴奉、鲁一带，按照每营目兵五百四名，备补兵三十六名章制，招足步兵一千五百十二名，暂编补充一团三营，骑兵二百四十名，编成一营，炮兵二百七十九名，同原有炮兵一连，合编一营，工兵一百三十五名，辎重兵一百三十五名，机关枪兵一百九十八名，同原有机关枪一连，暂编混成一营。又挑补军乐队乐兵二十八名，雇用熟谙乐兵十六名。又新补弁、护、号、医、匠目兵二百七十五名，伙夫、马夫、管驼兵三百十三名。又招募输卒一千名，以厚兵力而期克捷。等语。查该旅添招目兵，曾否报部有案，及招募数目是否与原案相符，相应付请贵司将此项原案抄送过处，以凭办理可也。此付

军务司

民国九年十二月廿八日

（2）军务司复陆海军会计审查处移付（12月31日）

为移付事：准付开：据云云等因到司。查该旅添招目兵，曾经陆续报部有案。至所招数目如何，相应检同原案移送贵处查核，并希办毕付还，以便归档可也。此付

陆海军会计审查处

附原案十八件〔缺〕

中华民国九年十二月　日

〔北洋政府陆军部档案〕

44. 陆军部为刊发第七混成旅旅长关防呈暨大总统批令

（1914年10月5日）

陆军部呈报刊发第七混成旅旅长关防日期文，并批令

为呈报颁发第七混成旅旅长关防，谨祈钧鉴事：窃查前奉令任命唐天喜为陆军第七混成旅旅长等因。奉此。应即颁发关防，以资信守。兹经刊就陆军第七混成旅旅长关防一颗，于本月三日饬发该旅长遵领钤用在案。除启用日期应由该旅旅长自行呈报，伏乞大总统鉴核施行。谨呈。

批令：据呈已悉。此批。

中华民国三年十月五日

国务卿　徐世昌

〔政府公报，1914年10月8日，第872号〕

45. 大总统免去唐天喜改任郑士琦兼第七混成旅旅长令

（1920年9月10日）

大总统令

兼任陆军总长靳云鹏呈，兖州镇守使兼陆军第七混成旅旅长唐天喜，因病呈请辞职。唐天喜准免本兼各职。此令。

中华民国九年九月十日

国务总理
陆军总长　靳云鹏

大总统令

任命郑士琦兼陆军第七混成旅旅长。此令。

中华民国九年九月十日

国务总理
陆军总长　靳云鹏

〔政府公报，1920年9月11日，第1644号〕

46．关于取消第七混成旅旅长职函移令

（1920年10—11月）

（1）国务院致陆军部公函（10月29日）

国务院公函　第二千六百七十三号

迳启者：准山东田督军咨呈称：第五师师长兼第七混成旅旅长郑士琦遵令将该旅遣散完竣，请将旅长职同时取消等因，相应照抄原文函达贵部查核办理可也。此致

陆军部

附抄原文

中华民国九年十月廿九日

山东督军署为咨呈事：据陆军第五师师长郑士琦呈称：窃师长奉令兼任第七混成旅旅长，并令将该旅队伍遣散。各等因。奉此。业经将接任及遣散各情形另行具报在案。伏思第七旅各团、营官佐兵夫既经一律遣散完竣，而旅长一职自应同时取销。除将该旅木质关防一颗及接收文卷等件另缮清摺随文呈缴外，所有拟请取销第七混成旅旅长兼职缘由，理合备文呈请鉴核，伏乞转呈并候指令施行。等情。并附清摺一扣，关防、文卷等件到署。据此。除指令暨将该师长先后所缴全旅关防十四颗咨送陆军部验收并将文卷等件留署备查外，理合备文咨呈钧院鉴核转呈，伏乞赐复施行。此咨呈

国务院

山东督军　田中玉

〔北洋政府陆军部档案〕

（2）陆军部总务厅致军衡司移付（11月9日）

总务厅为移付事：准山东督军咨开：据陆军第五师师长郑士琦呈称：窃师长奉令兼任第七混成旅旅长，并令将该旅队伍遣散。各等因。奉此。业经将接任及遣散各情形另行具报在案。伏思第七旅各团、营官佐兵夫既经一律遣散完竣，而旅长一职，自应同时取消。除将该旅木质关防一颗及接收文卷等件，另缮清摺随文呈缴外，所有拟请取销第七混成旅旅长兼职缘由，理合呈请鉴核，伏乞转呈，并候指令施行。等情。并附清摺一扣、关防、文卷等件到署。据此。除指令暨分呈并将文卷等件留署备查外，相应备文咨请大部查核转呈。所有该师长先后呈缴全旅关防，共计十四颗，一并抄单汇缴，并希验收见复。等因。附关防十四颗到部。除将所缴关防由厅分别查销外，相应移付贵司查照办理可也。此付

军衡司

中华民国九年十一月九日

〔北洋政府陆军部档案〕

（3）大总统令（11月18日）

大总统令

陆军第七混成旅业经遣散，所有该旅旅长各职，均著裁撤。此令。

中华民国九年十一月十八日

国务总理
陆军总长　靳云鹏

〔政府公报，1920年11月19日，第1710号〕

47．田中玉关于第七混成旅旅长郑士琦等领到简任状咨

（1920年11月29日）

山东督军署为咨复事：准大部咨开：民国九年九月十日，奉大总统令：任命何锋钰署兖州镇守使。此令。同日，奉大总统令：任命郑士琦兼陆军第七混成旅旅长。此令。又民国九年九月十二日，奉大总统令：任命施从滨为山东陆军第四十七旅旅长。此令。各等因。奉此。兹由本部办就该员等简任状三封，相应咨送查照转发，并将领到日期具报备案可也。等因。并附简任状三封到署。准此。当于十一月十七日，分别转给祗领在案。兹据兖州镇守使何锋钰等先后呈称：奉发简任状一封，均已敬谨领讫。恳请核转前来。相应咨请大部查照备案施行。此咨

陆军部

山东督军　田中玉

中华民国九年十一月二十九日

〔北洋政府陆军部档案〕

48．大总统任命张之江李鸣钟宋哲元为第七八二十五混成旅旅长令

（1923年10月4日）

大总统令

任命张之江为陆军第七混成旅旅长，李鸣钟为第八混成旅旅长，宋哲元为第二十五混成旅旅长。此令。

大总统印　国务院摄行　国务总理　陆军总长　外交总长顾维钧

内务总长高凌霨　　　　财政总长张　弧
海军总长李鼎新　　　　司法总长程　克
教育总长　　　　　　　农商总长袁乃宽
交通总长吴毓麟

中华民国十二年十月四日

〔政府公报，1923年10月5日，第2717号〕

49. 徐占凤报告领到第八混成旅旅长任命状详
（1914年10月22日）

陆军第八混成旅详　第六号

为详报事：案奉钧部饬知内开：本年八月七日奉大总统策令：任命施从滨为陆军第一混成旅旅长，吴庆桐为陆军第二混成旅旅长，张敬尧为陆军第三混成旅旅长，伍祥桢为陆军第四混成旅旅长，刘询为陆军第五混成旅旅长，王金镜为陆军第六混成旅旅长，唐天喜为陆军第七混成旅旅长，徐占凤为陆军第八混成旅旅长。此令。奉此。业经本部呈奉批准缓觐在案。兹有该旅长任命状一张，现经呈奉大总统盖印署名，并经国务卿署名发还，合即饬仰祗领，并将领到日期具报备案。此饬。计任命状一封。等因。奉此。于十月二十一日由邮局递到，遵即祗领。理合将领到任命状日期具文详请鉴核备案施行。谨详

陆军部总长段

陆军第八混成旅旅长　徐占凤

中华民国三年十月二十二日

〔北洋政府陆军部档案〕

50．关于任命靳云鹗为第八混成旅旅长文电

（1919年11—12月）

（1）国务院致陆军部函稿（11月28日）

公函　第二千二百五十一号

迳启者：据郑州徐旅长占凤电称：奉令任命将军府将军，所遗旅长一缺，查有职旅步兵第二团长靳云鹗，堪以接充，请钧裁等语。相应抄录原电，函请贵部查照办理可也。此致

陆军部

中华民国八年十一月　　日

北京国务总理靳钧鉴：兹奉钧院有电开：本日奉令：任命徐占凤为将军府将军。此令。等因。希即来京供职。除所遗旅长由部遴员请简外，特达。等因。奉此。伏思占凤豫省驻防，于今七载，愧迂疏之寡效，欲报称而未能。兹奉殊荣，端资鼎力，下怀感悚，莫可名言。容将防务赶紧料理即行趋叩外，特电恳者：所遗旅长一缺，查有职旅步兵第二团团长靳云鹗，心细才长，年力正富，驻豫七载，勇于任事，所有办理防务一切以及地方感情，无不众望咸孚，军民爱戴，以之接充斯缺，洵属人地两宜，俾收驾轻就熟之效。占凤为因地择人、慎重防务起见，是否有当，恭候钧裁。肃电谨谢。旅长徐占凤叩。有。

〔北洋政府国务院档案〕

（2）陆军总长致大总统呈（12月3日）

呈为请简旅长，仰祈钧鉴事：承准国务院函开：云云。等因。查原电内开：云云。等情。本部详加复核，堪以胜任。拟请简任靳云鹗为陆军第八混成旅旅长，俾重职守。理合具呈，伏乞鉴核

训示施行。谨呈

大总统

陆军总长　靳

中华民国八年十二月

〔北洋政府陆军部档案〕

(3)　大总统令(12月7日)

大总统令

任命靳云鹗为陆军第八混成旅旅长。此令。

大总统印

中华民国八年十二月七日

国务总理
陆军总长　靳云鹏

〔政府公报，1919年12月8日，第1378号〕

51．赵倜请销去第八混成旅旅长靳云鹗代理字样密电

(1920年12月6日)

北京大总统、国务总理钧鉴：陆军部鉴：统密。窃查驻郑陆军第八混成旅旅长靳云鹗，上年因公受过，改为代理，仰见中央整肃戎行，一秉大公之意。惟该旅长自驻郑以来，对于整顿军务，保持地面，以维护京汉路线黄河桥工，均系加意经营，不遗余力。郑州本为河南重镇，商务殷繁，全赖该旅长联络感情，商民爱戴。去冬之事，本出因公，迄将逾年，更加奋勉。倜近在咫尺，知之尤深，用敢仰恳恩施，俯准将该旅长销去代理字样，以策将来而资观感。倜为申张公论起见，并无见好之心，伏乞钧座恩准施行，不胜感激待命之至。河南督军赵倜叩。鱼。印。

〔北洋政府国务院档案〕

52．李纯关于将第六混成旅改为第九混成旅以丁效兰为旅长与统率处来往电

（1914年8月）

（1）李纯致统率处等电（8月6日）

抄南昌李将军鱼电　八月七日

大总统府、统率办事处钧鉴：江、支各电敬悉。原编混成旅号数错误，遵未发表。惟查本署所辖两旅，一为第六混成旅，一为补充队第五旅，均系新伍军队，曾蒙定名颁发关防在案。除补充队第五旅应遵改编外，其第六混成旅并未编列，与第一路备补各营所改之第六混成旅未免重复。是否遗漏，合亟电明，希即核夺施行。李纯。鱼。印。

（2）统率处复李纯密电（8月11日）

致南昌李将军真电　八月十一日

南昌李将军：华密。鱼电呈奉大元帅训令：江西旧有之第六混成旅，著改为陆军第九混成旅，即以丁效兰为陆军第九混成旅旅长，赵学涛为该旅步兵第一团团长，马孟骧为该旅步兵第二团团长，已另有令公布矣。等因。特寄。统率办事处。真。印。

〔北洋政府陆军部档案〕

53．李纯关于第九混成旅旅长丁效兰等领到任命状咨陈

（1914年11月3日）

昌武将军行署为咨陈事：案于本年十月三十日据陆军第九混成旅旅长丁效兰详称：窃奉陆军部饬开：本年八月十二日奉大总

统策令：任命丁效兰为陆军第九混成旅旅长。此令。奉此。业经呈奉批准缓觐在案。兹有该旅长任命状一张，现经呈奉大总统盖印署名，并经国务卿署名发还，合亟饬仰祇领，并将领到日期具报备查。此饬。计任命状一封。同日，又奉陆军部饬：奉大总统策令：陆军部呈请任命赵学涛为陆军第九混成旅步兵第一团团长，马孟骧为陆军第九混成旅步兵第二团团长，应照准。此令。奉此。业经本部呈奉批准缓觐在案。兹有该团长等荐任状各一张，现经呈奉大总统盖印，并经国务卿署名发还，合亟饬仰转给祇领，并将领到日期具报备查。此饬。计荐任状二封。各等因。奉此。旅长遵于十月二十七日祇领任命状一张，所有步兵第一二两团荐任状二封，亦于是日转发祇领。理合详请照转。等情。据此。相应咨陈大部，请烦查照备案。为此，咨陈

陆军部

昌武将军督理江西军务　李纯

中华民国三年十一月三日

〔北洋政府陆军部档案〕

54．李纯关于第九混成旅司令部改编情形咨陈

（1914年12月8日）①

昌武将军行署为咨陈事：本年十月十二日承准大部咨开：案查各陆军混成旅业经次第编定，各旅司令部编制亟应统筹划一。现由本部拟定旅司令部暂行编制薪饷表一纸，通行遵照，凡与此制不合者，限文到一月内照改报部，以免参差。相应咨行转饬各该混成旅旅长遵照办理可也。此咨。附表一纸。等因。承准此。查赣省陆军第六混成旅，前已遵令改为陆军第九混成旅，该旅司

① 系收文日期。

令部编制薪饷，原照江西章制，较表定不甚符合，当经转饬改编，据详于本年十一月一日实行编配，额设官佐分别改充，藉资熟悉。编余各员，饬即另候差委。等情。正核转间，承准咨开：案查陆军各混成旅，业经次第编定，前经拟定旅司令部暂行编制薪饷表一纸，通行遵照在案。兹念改编之始，事务稍为繁颐，拟于原定之外，添设司书生二员，马弁二员，以资指使。汇案呈请饬知各省，编组在先者一律查照改正。业奉大总统批令：准如所拟办理，即由该部转行遵照。表存。此批。等因。相应钞录原呈，咨行转饬各该混成旅遵照办理可也。此咨。计原呈。等因。复经转行遵照。添设司书生二员、马弁二名，造具履历清册，请予核转前来，复查无异。除参谋人员与原定名称稍有更易，另文咨陈参谋本部给委，新添二等军医、二等军需、一等兽医各一员，由本将军分别委任外，所有该混成旅司令部改编日期，相应检同履历清册，备文咨陈大部，请烦查核施行。再，该旅改编，因添设司书、马弁，另造清册，是以转报稍迟。合并声明。为此，咨陈
陆军部

计咨陈、履历清册各一本〔略〕

昌武将军、督理江西军务　李　纯

陆军第九混成旅旅长丁效兰为造呈事：谨将本旅改编官佐衔名、弁护目兵夫花名、年籍、三代、斗保暨入伍日期，缮造清册，呈请鉴核。

计开：

旅长一员　　陆军中将丁效兰

参谋长一员　　陆军步兵少校李希贤

〔下略〕

〔北洋政府陆军部档案〕

55. 关于第九混成旅旅长丁效兰辞职遗缺由吴鸿昌兼署文电

（1919年12月）

（1）陈光远致大总统等密电（12月1日）

大总统、国务总理钧鉴：陆军部鉴：治密。据赣南镇守使吴鸿昌卅电称：丁旅长效兰前因丧礼未毕，奉准续假。前接函电，因病恳请开缺，经电劝留。顷复接电称：连接电示，敬悉。兰丧虽毕，身弱多病，仍恳长假，以免旷职。等语。情词恳挚，难再敦劝。等情前来。查该旅长体弱多病，触劳即发，军兴以后，迭请长假，均经切电谆留。此次奔丧回籍后，又屡请开缺，一再续假。使〔便〕饬由吴使电劝回防，据电仍恳长假，情词恳挚。既称难再敦劝，未便过于强迫。如蒙恩准。所遗旅长一职，应请仍令吴使暂行兼署，以重军务。陈光远叩。东。印。

（2）国务院复陈光远密电（12月5日）

致南昌陈光远电　　十二月五日

治密。东电悉。丁旅长效兰恳请长假，所遗旅长一职，拟以吴镇守使暂行兼署，应照准，已交部查照办理。奉谕，特复。院、参、陆。敬①。印。

（3）陈光远致大总统等密电（12月10日）

大总统、国务总理钧鉴：参陆部鉴：治密。敬奉歌电传谕，当即恭录转行。据赣南镇守使兼署第九混成旅旅长吴鸿昌电称：奉电后，于庚日遵即命任事。伏念鸿昌西江备职、南赣典军，虽

① 应为“歌”字之误。

从投笔之戎，实玷干城之选，乃荷宠命，权领部军，鳌戴难胜，蚁忱莅感。等情。陈请代电前来。谨电转呈。陈光远叩。蒸。印。

（4）靳云鹏致大总统呈稿（12月12日）

呈为请免旅长本职，以镇守使暂行兼署，仰祈钧鉴事：准江西督军陈光远电称：云云。等因。查陆军第九混成旅旅长丁效兰，因病一再辞职，其未能力疾任事，自属实情。拟请准如该督军所请，免丁效兰陆军第九混成旅旅长本职。所遗旅长一职，以赣南镇守使吴鸿昌暂行兼署。理合具呈，伏乞鉴核训示施行。谨呈

大总统

陆军总长　靳

中华民国　　年　　月　　日

〔北洋政府陆军部档案〕

56．大总统免去丁效兰改任吴鸿昌为第九混成旅旅长令

（1919年12月17日）

大总统令

陆军总长靳云鹏呈：陆军第九混成旅旅长丁效兰，因病恳请辞职。丁效兰准免本职。此令。

大总统印

中华民国八年十二月十七日

国务总理
陆军总长　靳云鹏

大总统令

任命吴鸿昌暂行兼署陆军第九混成旅旅长。此令。

大总统印

中华民国八年十二月十七日

国务总理
陆军总长　靳云鹏

〔政府公报，1919年12月18日，第1388号〕

57．关于以赵学涛继吴鸿昌为第九混成旅旅长令电

（1920年8月）

（1）陈光远致国务总理等密电（8月1日）

北京大总统、国务总理钧鉴：陆军部鉴：同密。暂行兼署陆军第九混成旅旅长、赣南镇守使吴鸿昌，迭次恳辞兼职，拟请照准。所遗九旅旅长一缺，查有该旅第一团团长赵学涛，堪以胜任。递遗团长一缺，查有宪兵营营长李玉柱，堪以胜任。现当军务倥偬，旅、团长替代綦重，已由远委令，先行任事，恳即俯允所请，迅赐简命，以重职守而专职成。临电无任待命之至。光远。东。印。

〔北洋政府陆军部档案〕

（2）国务院复陈光远密电（8月6日）

南昌陈督军鉴：同密。江电悉。赣南吴使恳辞兼职，拟以赵团长学涛升任，遗缺以李营长玉柱递补各节，业交部查核办理。奉谕特复。院、参陆部。鱼。印。

〔北洋政府参陆办公处档案〕

（3）大总统令（8月14日）

大总统令

陆军部呈兼署陆军第九混成旅吴鸿昌恳辞兼职。吴鸿昌准免兼职。此令。

中华民国九年八月十四日

国务总理 陆军总长 靳云鹏

大总统令

任命赵学涛为陆军第九混成旅旅长，李玉柱为陆军第九混成旅步兵第一团团长。此令。

中华民国九年八月十四日

国务总理

陆军总长

〔政府公报，1920年8月15日，第1617号〕

58. 陈光远请以陈光逵张林分任第九第三混成旅旅长密电

（1921年3月9日）

十万急。北京陆军部鉴：同密。前据陆军第九混成旅旅长赵学涛因病呈请开缺，当经照准，并委赣南镇守使张之杰暂行兼代。现据该镇守使电称：防务紧要，力难兼顾，请速派员接任，自应照准。查有第三混成旅旅长陈光逵，谋勇兼优，胆略尤壮，堪以调第九混成旅旅长。所遗第三混成旅旅长一缺，查有第三旅第二团团长张林，朴实勇敢，洞达戎机，堪以升补。除先行委代饬各到差外，应请大部即予分别呈请免职简任，以重职守而专责成，实为公便。陈光远。佳。印。

〔北洋政府陆军部档案〕

59. 大总统免去赵学涛改任陈光逵张林为第九第三混成旅旅长令

（1921年3月22日）

大总统令

兼署陆军总长靳云鹏呈：陆军第九混成旅旅长赵学涛，因病恳请辞职。赵学涛准免本职。此令。

中华民国十年三月二十二日

国务总理
陆军总长　靳云鹏

大总统令

任命陈光逵为陆军第九混成旅旅长，张林为陆军第三混成旅旅长。此令。

中华民国十年三月二十二日

国务总理
陆军总长　靳云鹏

〔政府公报，1921年3月23日，第1825号〕

60．大总统任命王永贵为第九混成旅旅长令①

（1922年4月17日）

大总统令

任命王永贵为陆军第九混成旅旅长，李玉柱为陆军第十二师步兵第四十六团团长，章锡麟为陆军第九混成旅步兵第一团团长。此令。

大总统盖印　国务总理周自齐　陆军总长鲍贵卿

中华民国十一年四月十七日

〔政府公报，1922年4月18日，第2200号〕

① 据《政府公报》载，同年5月11日，又以“大总统令”形式，重新任命一次。

61. 大总统任命邓如琢为第九混成旅旅长令

（1922年9月21日）

大总统令

任命邓如琢为陆军第九混成旅旅长，王崇元为陆军第九混成旅步兵第二团团长。此令。

大总统盖印　　国务总理王宠惠　　陆军总长张绍曾

中华民国十一年九月二十一日

〔政府公报，1922年9月22日，第2355号〕

62. 临时执政任命张凤岐为第九混成旅旅长令

（1925年2月14日）

临时执政令

任命张凤岐为陆军第九混成旅旅长，朱恩铭为江西陆军第二师第三旅旅长。此令。

陆军总长　吴光新

中华民国十四年二月十四日

〔政府公报，1925年2月15日，第3188号〕

63. 大总统关于在闽编成第十十一两混成旅批令

（1914年9月2日）

大总统批令

陆军部呈核议福建护军使李厚基请将留闽两团改编混成旅，

并保唐国谟为旅长，拟请照准，应编定为第十混成旅。至

该省原有之二十七混成旅，并编定为第十一混成旅，仍准以王麒充任，请核示遵行由

应即照准，唐国谟、王麒已另有令任命矣。此批。

中华民国三年九月二日

国务卿　徐世昌

〔政府公报，1914年9月3日，第837号〕

64．大总统就改编混成第十十一两旅追加经费刊发关防等情批令

（1914年10月14日）

大总统批令

福建护军使李厚基呈，遵饬改编第十混成旅，设立旅部，追加经费，并将两旅原有各团、营按照新编次序，厘定名称，改换关防，以裕饷源而一军政，仰祈钧鉴由

所请追加旅部经费，应即照准，交部查照，按月发给。至改编混成两旅内步兵各两团，均应改为步兵第一团、步兵第二团。仰即查明各该团长衔名，呈候任命。所有应用关防，已饬陆军部刊发矣。此批。

中华民国三年十月十四日

国务卿　徐世昌

〔政府公报，1914年10月15日，第878号〕

65．大总统任命贾文祥为第十混成旅旅长令

（1919年4月29日）

大总统令

任命贾文祥为陆军第十混成旅旅长，王树林为陆军第十混成

旅步兵第一团团长，台永生为步兵第二团团长。此令。
中华民国八年四月二十九日

国务总理　钱能训
陆军总长　靳云鹏

〔政府公报，1919年4月30日，第1162号〕

66．大总统任命孟昭月为第十混成旅旅长令

（1923年7月10日）

大总统令

任命孟昭月为陆军第十混成旅旅长。此令。

国务院摄行

国务总理
陆军总长
外交总长
内务总长　高凌霨
财政总长　张英华
海军总长　李鼎新
司法总长　程　克
教育总长
农商总长
交通总长　吴毓麟

中华民国十二年七月十日

〔政府公报，1923年7月11日，第2632号〕

67．孙传芳关于恢复第十混成旅密电

（1923年6月29日）

北京陆军部钧鉴：肃密。有电奉悉。查陆军第十混成旅唐国

谟所部，去年军兴无形解散，现以闽省内容复杂，非有重兵难期收复，已就第二师原有之备补兵改编一混成旅，拟即命名为陆军第十混成旅。特电复。敬祈查核，备案施行。孙传芳叩。艳卯。印。

〔北洋政府陆军部档案〕

68．孙传芳请任命第十混成旅各团营长并刊发关防密电

（1923年7月17日）

北京国务院钧鉴：陆军部鉴：新密。案奉灰日电令：任命孟昭月为陆军第十混成旅旅长。此令。等因。当经训令该旅长遵照在案。所有该旅步兵第一团团长一职，拟请任命孟昭月暂行兼理。并荐任蔡琴堂为该团第一营营长，李海瀛为该团第二营营长，韩孜琦为该团第三营营长。至该旅步兵第二团团长一职，拟请任命王渌升充任。拟荐白云鹏为该团第一营营长，赵利荫为该团第二营营长，王家贵为该团第三营营长。除取具各该员履历另文送部备案，并饬令刻日先行分居就职，早资训练外，应请钧院、大部俯赐察核，迅予呈请同时发表，以专责成。又查原有第十混成旅之各关防钤记，早经遗失，无从征集，并恳饬印铸局迅将该旅全部关防钤记一律补刊，早日颁发，俾有信守。现该旅业已成军，所需旅、团、营、连各关防钤记暂由本署刊发颁用，以肃军制，俟局刊颁到，再行换用销毁。合并陈明，诸祈示复祗遵。孙传芳叩。筱。印。

〔北洋政府陆军部档案〕

69．大总统免去黄国樑改任孔繁蔚为第十二混成旅旅长令

（1917年4月4日）

大总统令

陆军第十二混成旅旅长黄国樑，著即免职。此令。

中华民国六年四月四日

国务总理
陆军总长　段祺瑞

大总统令

任命孔繁蔚为陆军第十二混成旅旅长。此令。

中华民国六年四月四日

国务总理
陆军总长

〔政府公报，1917年4月5日，第443号〕

70．大总统免去王用中改任葛树屏为第十二混成旅旅长令

（1922年4月27日）

大总统令

陆军总长鲍贵卿呈，陆军第十二混成旅旅长王用中，恳请辞职。王用中准免本职。此令。

大总统盖印　国务总理周自齐　陆军总长鲍贵卿

中华民国十一年四月二十七日

大总统令

任命葛树屏为陆军第十二混成旅旅长。此令。

大总统盖印　国务总理周自齐　陆军总长鲍贵卿

中华民国十一年四月二十七日

〔政府公报，1922年4月28日，第2210号〕

71．孙传芳请将所部第一二三混成旅改为中央第十二三四混成旅以彭德铨杨振东颜景宗分任旅长呈①

（1925年2月20日）

谨呈者：窃传芳频年转战，曾将畴昔增募及入浙后改编各队伍编为陆军第一第二第三三个混成旅，以彭德铨、杨振东、颜景宗分任旅长。尚有卫队旅一旅，人数亦近四千。各该旅年来效力颇著勤劳，值兹中央政府筹划统一全国军政之时，此种名义，似非所宜。查国军第十二第十三第十四各混成旅队号，现尚虚悬未补，伏恳钧座俯赐维持，准将传芳所部陆军第一混成旅，请改为中央陆军第十二混成旅，仍准以彭德铨为该旅旅长。其陆军第二混成旅，请改为中央陆军第十三混成旅，仍准以杨振东为该旅旅长。其陆军第三混成旅，请改为中央陆军第十四混成旅，仍准以颜景宗为该旅旅长。各该旅既蒙钧座锡以中央队号，即是国军，不惟可备钧座之驱策，而于统核全国军队力谋收束之时，亦可列入计划，策其将来，斯实传芳款款上恳之愚意也。传芳现俟各该旅奉令核准改为国家之后，即拟将卫队旅名目取消，将其兵士除酌补各营外，即行一律资遣，以树裁兵之先声，上副钧座之德意，下纾财政之困难。合附陈明，伏维垂鉴，统候训示祗遵。谨呈

夫子大人钧鉴

学生孙传芳谨呈　二月二十日

〔北洋执政府档案〕

---

① 临时执政段祺瑞在摺呈上批示："该省向来军费若干？此次有增加否？自今以往，必无□大之内讧，兵宜减勿多。军部查核办之。"

72. 陈宧请简新编第十三混成旅各团长并刊发关防密电

（1916年2月24日）

北京陆军部钧鉴：赓密。暂编第一混成旅奉令改为陆军第十三混成旅，业经遵令转饬遵照在案。惟该旅现任各团长，应请钧部将所属团号按序编定后，分别请简，以昭慎重，并请换发关防，俾资信守。值兹军事方殷，抑或由宧径行刊发，统乞卓核施行，并候钧示。陈宧叩。敬。印。

〔北洋政府陆军部档案〕

73. 大总统任命张继善为第十三混成旅旅长令

（1919年7月22日）

大总统令

任命张继善为陆军第十三混成旅旅长，屈得意为陆军第十三混成旅步兵第一团团长。此令。

中华民国八年七月二十二日

国务总理　龚心湛

陆军总长　靳云鹏

〔政府公报，1919年7月22日，第1243号〕

74. 大总统任命冯玉荣为第十三混成旅旅长令

（1924年3月10日）

大总统令

任命冯玉荣为陆军第十三混成旅旅长。此令。

大总统盖印　　国务总理孙宝琦　　陆军总长陆锦

中华民国十三年三月十日

〔政府公报，1924年3月11日，第2863号〕

75. 陆军部报告刊发第十四混成旅关防呈

（1914年11月19日）

陆军部呈报颁发陆军第十四混成旅关防日期文，并批令

为呈报颁发关防谨祈钧鉴事：窃查前奉令：任命董崇仁兼陆军第十四混成旅旅长。此令。等因。奉此。亟应颁发关防，以资信守。业经刊就木质关防一颗，文曰陆军第十四混成旅旅长关防，于本月十六日饬发钤用在案。除启用日期应由该旅长自行呈报外，理合具文呈报，伏乞大总统鉴核施行。谨呈。

批令：据呈已悉。此批。

中华民国三年十一月十九日

国务卿　徐世昌

〔政府公报，1914年11月24日，第918号〕

76. 大总统任命时全胜为第十四混成旅旅长令

（1922年10月28日）

大总统令

任命时全胜为陆军第十四混成旅旅长。此令。

大总统盖印　　国务总理王宠惠　　陆军总长张绍曾

中华民国十一年十月二十八日

〔政府公报，1922年10月29日，第2389号〕

77. 关于将第七师改编为第十五十六混成旅移呈

（1914年9月）

（1）军需司致军衡司移付（9月8日）

军需司为移付事：准总务厅付抄西安陆将军电一件。查事关委任官长，应由贵司主持。相应抄移贵司查照办理可也。此付

军衡司　计抄电

中华民国三年九月八日

陆军部鉴：华密。第七师取消，改编为第十三、十四混成两旅、一独立团，前已电部在案。惟该团须冠一号数，拟暂名卫戍独立团，俟大部编列号数时，再行更正。以师司令部之额饷充两混成旅部、一独立团部所有官佐之饷项，并添足各营下级官佐额数饷项之用外，多余四十两有奇。已于八月内编齐，请大部先发表贾德耀为第十三混成旅旅长，冯玉祥为第十四混成旅旅长，陆承武为卫戍独立团团长，管金聚为十三混成旅步兵第廿五团团长，雷存修为第廿六团团长，杨桂堂为第十四混成旅步兵第廿七团团长，何乃中为第廿八团团长。其团附及营长，另文咨请委任。凡各级官佐履历清册，随文咨送。并祈先行发各该旅、团之关防，以昭信守。并候电复。陆建章叩。江。印。

（2）段祺瑞致大总统呈稿（9月18日）

陆军总长段蓮呈为请将陆军第七师改编两混成旅、一独立团，并任命旅长、团长，以重职守，缮具清单恭呈钧鉴事：案准威武将军、督理陕西军务兼第七师师长陆建章华密江电称：第七师取消，至以昭信守等因。查本部前奉密谕：将军督理全省军务兼任师长，似不足以示崇隆，按各省现在情形，可否量将师部裁撤，改编两混成旅，仍归将军统辖，或任师改，长以一事权。等

因。遵于敬日电知该将军酌办去后。旋准宥电称：现在军队多用于弹压，至亦应由部酌选，如何为妥，仍应候电示遵。复经本部以宥电奉谕：准改混成旅，请正式拟请，以便明发，于艳日电复各在案。兹准前因，拟请开去该将军所兼第七师师长职缺，并取销第七师名目，改编两混成旅、一独立团，仍归该将军节制调遣，期于分任之中，得收统一之效。惟十三十四两混成旅，业经第九师改编，应改为十五、十六号数，以免重复。其卫戍独立团，则改为步兵团。如蒙俞允，该将军所拟旅长、团长各员，均系第七师旅长、团长接充，于接管军队情形尚为熟悉，拟请任命，以资简练而策进行。所有请将陆军第七师改编两混成旅、一步兵团并任命旅长、团长各缘由，是否有当，理合缮单具呈，谨乞大总统钧鉴训示施行。谨呈。

谨将拟请简任陆军混成第十五旅第十六旅旅长人员缮具清单恭呈钧鉴。

计开：

陆军混成第十五旅旅长，请以贾德耀简任。

陆军混成第十六旅旅长，请以冯玉祥简任。

谨将荐任陆军混成第十五旅第十六旅团长暨陕西陆军步兵团团长人员缮具清单恭呈钧鉴。

计开：

陆军混成第十五旅步兵第一团团长，请以管金聚充任。

第二团团长，请以雷存修充任。

陆军混成第十六旅步兵第一团团长，请以杨桂堂充任。

第二团团长，请以何乃中充任。

陕西陆军步兵团团长，请以陆承武充任。

〔北洋政府陆军部档案〕

78．关于将第七师改编为第十五十六混成旅电

（1914年9月）

（1）贾德耀致唐在礼电（9月9日）

大总统府唐厅长鉴：查七师队伍十三旅，步六营、马炮各一营，均系陆军编制。京卫二十一营马营，陆将军出京时，以步六营编成第十四旅，三营为中坚团，余三营按陆军编改为炮队一营，其二营拟名为工一营、辎一营。除炮队外，均系仍旧备补编制。前奉部电令：改编两混成旅、一独立团，薪饷不加，编制仍旧。德耀在京曾与次长面陈。现奉批摺内开：除留京两营外，尚有步队十五营、马二营、炮一营，实则步止十四营、炮二营、马二营。若全按陆军编制，则官兵员数、薪饷均须增加，需款甚多；若编制不改，将中坚团拨足，不惟独立团仅有两营，即十三旅一旅之中，薪饷、编制均属两歧，训练、经理殊多不便；若就十四旅步六营、马炮各一营，十三旅步四营、马炮各一营，薪饷、编制各仍其旧，编为混成团、旅，余步四营改为独立团，即以取销师部之款，添补两混成旅加增人员额数之用，俟款项宽裕，再行按照陆军章程改编。将军现在病假，用敢越陈叩商，敬乞代呈候示遵。德耀叩。青。印。

（2）统率办事处致陆建章电（9月14日）

西安陆将军：贾旅长德耀青电内称：七师编制复杂，拟就原有编制划改混成两旅、独立一团，薪公、饷项一概照旧。等语。业经呈奉大元帅谕：照拟办理。独立团应名为步兵团，十三、十四两旅，应改为十五、十六两混成旅。等因。特寄。统率办事处。愿。印。

〔北洋政府陆军部档案〕

（3）陆建章致大元帅等密电（9月15日）

北京大元帅钧鉴：统率办事处、陆军部鉴：华密。顷准愿电：奉大元帅谕：七师编制复杂，应就原饷编制，划改混成两旅、步兵一团，十三十四两旅应改为十五十六两混成旅等因。兹谨照改定，应请任命贾德耀为第十五混成旅旅长，冯玉祥为第十六混成旅旅长，其团长以下各级官佐，另文咨部呈请任命委任，并请先行刊发该两混成旅之关防，俾昭信守而符名实。所有第七师名义，一俟两混成旅旅长发表后，即行取销。谨此电乞鉴核。建章叩。翰。印。

〔北洋政府陆军部档案〕

79．关于任命贾德耀冯玉祥为第十五十六混成旅旅长呈

（1914年9—10月）

（1）陆建章致陆军部密电（9月21日）

陆军部大鉴：华密。读九月十八日大元帅策令：任命贾德耀、冯玉祥为第十五、十六两混成旅旅长。第七师名义遵于是日取消。该师关防另文缴送。查原编之二十五六七八等团，自应依照新改之混成旅另为编定团号。兹已将管金聚编为第十三混成旅步兵第二十九团团长，雷存修编为第三十团团长，杨桂堂编为第十六混成旅步兵第三十一团团长，何乃中编为第三十二团团长，陆承武编为步兵团团长，理合电请大部先行呈请任命，并刊发各该团之关防，俾昭信守，而符名实。其团附、营长暨同等官佐，另文咨请荐任。至各团长之履历，随文造送。此达，并希电示。陆建章叩。箇。

〔北洋政府陆军部档案〕

（2）陆军部致大总统呈(10月 1 日)

陆军部呈报颁发陆军第十五第十六混成旅关防日期文，并批令

为颁发混成旅长关防谨祈钧鉴事：窃查前奉令任命贾德耀为陆军第十五混成旅旅长，冯玉祥为陆军第十六混成旅旅长。此令。奉此。亟应颁发关防，以资信守。兹经刊就陆军第十五第十六混成旅旅长关防各一颗，于本月二十九日咨送咸武将军分别转发遵领钤用在案。除启用日期应由该旅长等自行呈报外，理合具文呈报，伏乞大总统鉴核施行。谨呈。

批令：据呈已悉。此批。

中华民国三年十月一日

国务卿　徐世昌

〔政府公报，1914年10月4日，第868号〕

80．大总统免去贾德耀改任管金聚为第十五混成旅旅长策令

（1916年 7 月15日）

大总统策令

陕南镇守使兼陆军第十五混成旅旅长贾德耀，因病呈请辞职。贾德耀准免本职。此令。

中华民国五年七月十五日

国务总理
陆军总长　段祺瑞

大总统策令

任命管金聚为陆军第十五混成旅旅长。此令。

中华民国五年七月十五日

国务总理
陆军总长　段祺瑞

〔政府公报，1916年7月16日，第191号〕

81．参陆部为陕西第十五旅改编两混成团与陈树藩等来往电（摘要）

（1920年？月）①

谨将十五旅改编事与陈督、张旅长来往电文摘由列呈钧鉴：

一、陕督五月敬电　管部十五旅自□〔王〕鸿恩，以代旅长名义分驻汉中，与本部早已脱离。而驻宝、虢各队，罗玉山尚能维持。就事实考核，该旅枪械迭次废坏，凤县之败，损失不少，实已不敷分配。凤、宝管部与在汉王部，力量相等，人数均一团以上，如与合并，种种困难。拟请将该旅改编为两混成团，任王鸿恩、罗玉山各为一团团长。

此件由陆部电复陈督：如拟办理。并电管使，将队伍暂归陈督编制。其任命王鸿恩为陕西陆军第三混成团长，罗玉山为陕西陆军第四混成团长，系于六月九日命令公布。

一、部致陕督八月微电　十五旅改编两混成团，交由张司令锡元管辖，编余队伍，并商该督迅速收束。

一、陕督八月蒸电　王团已改编就绪，已令率部协防川陕边界。管使刁难，未将凤、宝各队移交。罗团已将该部中枪械较多之严团〔？〕分拨镇嵩军编制。该两团在未改编前欠饷及编定后薪饷，如仍须由陕筹给，仍以由陕收束为妥。否则，朝令夕更，于本省军事，诸多窒碍，请大部收回微电。

此件箇日部复陕督，以该旅头绪复杂，非节节清理，收束愈难，贵署军务殷繁，或未暇兼顾，故令张锡元就近商承贵署前往

---

① 此件无时间，据内容推断，当为1920年。

收束，一切仍查照微电办理，云云。陈督接到箇电，复于漾日来电，仍请照蒸电办理。其立说与蒸电略同。并谓张司令东驻渭华，于凤、宝各队鞭长莫及。

一、张锡元八月蒸电　已派参谋秦国珍及督连长安晓岚分赴宝鸡、南郑等处，与罗、王两团长分别接洽接管事宜。

此件续据电陈草拟，改编罗部为两团。（另有详摺）〔详摺缺〕

一、张锡元八月元电　奉令接管十五旅，已派梁团长国璋赴省与陈督商洽。据该团长电称：陈督以十五旅改编两团，前经奉令归陕节制，现部复改为张司令接管，既未取消改编两团之令，不独手续未合，亦于地主面上难看。现已电部解释，非俟部复，未便遽行交代。经团长一再商榷，而陈督坚执不可。等语。报告前来。请部速电陈督解释，俾得进行。

此电由部箇日电复：已电陕督查照微电办理，仰即商承陈督进行，以期收束。张司令接到箇电，复于敬日电部：接陈督来电，仍电请钧部取消部令。是陈督确无交划之意，非旅长所能力争。除将派赴宝鸡秦参谋、派赴南郑安督连长分电调回外，如何处署，静候钧部主持。

〔北洋政府参陆办公处档案〕

82. 陆军部准将第十五旅改编两混成团等情密电

（1920年6月7日）

陕西陈督军鉴：统密。敬、宥电均悉。管使开缺，以张宝麟接署，并以十五旅改编两混成团，以王鸿恩、罗玉山充任团长，均如拟办理。至该旅原有官佐，望妥为位置为要。除呈候公布外，先行电达转饬遵照。陆军部。虞。印。

〔北洋政府陆军部档案〕

83. 管金聚所部第十五混成旅奉令改编两混成团有关密电

（1920年8—10月）

（1）管金聚致陆军部等密电（8月25日）

十万急。北京陆军部、西安陈督军钧鉴：统密。本月八号，准张司令咨开：以奉陆军部微电开：原驻陕南第十五混成旅改编两混成团，亦由该司令接管等因。兹派本部秦参谋国珍驰赴崇辕，商承一切，即与罗团长妥为接洽，商明接管暨开赴陕东一带，以便具报。相应备文咨请贵旅长查照。希即令饬罗王两团长一体遵照。等因。除分转外，当将十五混成旅司令部官佐弁护兵夫暨各团营连官兵箕斗清册并装械各册，备文咨送罗团长查照接收在案。兹据罗团长呈称：查前奉令改编陆军第四混成团，因诸多困难，迄未著手，时历二月有余，仍系钧座统率，既已奉令改归第四旅接办，应请旅长仍行担任，与张①司令直接商办改编事宜，实为公便。谨呈。等情。查十五旅自奉令改编，迭经旅长暨各团长等商请罗团长接管，稍卸仔肩，均已电报在案。此次备文移交，罗团长仍坚②不接收。除分电张司令妥商办法外，谨此电陈。十二旅旅长管金聚叩。有。印。

（2）管金聚致陆军部密电（9月5日）

飞急。北京陆军部钧鉴：统密。顷奉陈督军冬电开：陆部微电，手续未齐，业经一再电商该部，应仍遵照前次电令办理等因。查职旅自奉令改编，经即迭次催商罗团长接收，并随时电报在案。

① “张”字旁原有置疑号。
② “坚”字旁原有置疑号。

嗣奉钧部微电，改归张司令接办。彼时张司令已派秦参谋国珍抵宝商酌接收及开拔事宜。职正在预备交代，讵秦参谋接张司令来电内开：此次改编，恐非[①]一二十日所能解决，云云。窃念职旅官兵欠饷已逾十月，粮艰莫继，樵苏[②]后爨，维持实属困难，幸各军官明白大义，竭力安抚，各兵士感情素深，亦尚能仰体苦衷，恪尽职务，劝[③]三月来，所以未致发生意外。兹奉前因，莫知适从，军心惶惶，应付益苦无术。且迩日接济断绝，火食无出，属员既怀五日京兆之心，军佐将成流离涣散之势，奸人挟款，乘机煽惑，游匪闻风起[④]势环集，情形危迫，不堪言喻，使再解决无期，将恐一发不可收拾。为此次[⑤]请钧部俯念大局，迅予解决。力竭声嘶，无任哀祷。旅长[⑥]管金聚叩。微。印。

（3）陈树藩致国务院等密电（10月4日）

北京国务院钧鉴：参谋部、陆军部大鉴：统密。案据前陕南镇守使管金聚寝电节称：奉院、参陆部阳电：职旅仍归督军办理，当即遵命交代。除王团长鸿恩一部改编就绪与严团长全部划归镇嵩军不计外，所有现在官佐兵士装械骡马册卷、欠饷各节，统于九月廿六日交由罗团长玉山接收。严团昨已咨复，据称业请省长派员编制罗团点收装械各件，尚未咨复前来。拟于罗团咨复后，携带前十五旅木质关防启程，经省晋京。等语。除电复并俟罗团接收清楚呈报到署再行续报外，特此电陈。并乞转呈。陈树藩。支。

---

① “非”字旁原有置疑号。
② “苏”字旁原有置疑号。
③ “劝”字旁原有置疑号。此字应误。
④ “起”字旁原有置疑号。
⑤ “次”字旁原有置疑号。“次”字似为“恳”字之误。
⑥ “长”字旁原有置疑号。

印。

〔北洋政府陆军部档案〕

84. 陆军部为大总统任命杨桂堂继冯玉祥为第十六混成旅旅长电

（1917年4月1日）

廊房十六旅司令部并邹、周、陈、宋各团长：本日奉大总统令：陆军第十六混成旅旅长冯玉祥著调京另候任用。此令。同日奉令：任命杨桂堂为陆军第十六混成旅旅长。此令。各等因。又冯前旅长现已由部以镇守使存记。合并电达知照。陆军部。东。

〔北洋政府陆军部档案〕

85. 关于任命冯玉祥为第十六混成旅旅长呈

（1917年7月）

（1）段祺瑞致大总统呈稿（7月18日）

呈为请简任旅长仰祈钧鉴事：窃查前陆军第十六混成旅旅长冯玉祥委充东路第一纵队司令官，调度指挥，深资得力。拟请简任冯玉祥为陆军第十六混成旅旅长，俾重职守。理合具呈，伏乞鉴核训示施行。谨呈

大总统

陆军总长　段

中华民国六年七月　日

（2）冯玉祥致陆军总长呈（7月24日）

呈为谨将旅长就职日期暨感激下忱恳祈转呈事：窃旅长于本

月十七日恭奉钧令，任命为陆军第十六混成旅旅长等因。当以防务吃紧，遵于十八日到防就职，业将一切情形呈报在案。兹阅二十一日《政府公报》内载大总统令，任命冯玉祥为陆军第十六混成旅旅长。此令。等因。奉此。窃思旅长驽劣下乘，深膺巨任，敢不勉竭绵薄，切实训练，以副国家整军经武之至意，而报我大总统高厚鸿恩于万一。所有业经先期就职暨下忱感激各缘由，理合备文呈请钧部转呈大总统鉴核。谨呈

陆军总长段

陆军第十六混成旅旅长　冯玉祥

中华民国六年七月二十四日

〔北洋政府陆军部档案〕

86．大总统免去冯玉祥改以董世禄代理第十六混成旅旅长令

（1918年2月25日）

大总统令

前派陆军第十六混成旅旅长冯玉祥率师援鄂，乃竟沿途托故逗留，通电主和，业经严电诫斥。兹据湖北督军王占元电称：该旅长并在武穴勒提盐厘各款。似此抗违明令，任性妄为，殊属大干军纪，冯玉祥著即先行免职，交曹锟严切查明，呈候核办。此令。

中华民国七年二月二十五日

国务总理　钱能训

陆军总长　段芝贵

大总统令

任命董世禄代理陆军第十六混成旅旅长。此令。

中华民国七年二月二十五日

国务总理　钱能训

陆军总长　段芝贵

〔政府公报，1918年2月26日，第752号〕

87．大总统著销去第十六混成旅旅长冯玉祥免职处分令

（1918年6月17日）

大总统令

陆军第十六混成旅旅长冯玉祥，著给还陆军中将，并销去免职处分。此令。

中华民国七年六月十七日

国务总理　段祺瑞

陆军总长　段芝贵

〔政府公报，1918年6月18日，第862号〕

88．关于杨桂堂接任第十六混成旅旅长原旅长冯玉祥调任直隶巡防营统领令电

（1919年4月）

（1）陆军部致十六旅司令部电（4月1日）

廊坊十六旅司令部并周、陈、宋各团长：本日奉大总统令：陆军第十六混成旅旅长冯玉祥著调京另候任用。此令。同日奉令任命杨桂堂为陆军第十六混成旅旅长。此令。各等因。又冯前旅长现已由部以镇守使存记。合并电达知照。陆军部。东。印。

（2）陆军部致杨桂堂训令稿（4月2日）

陆军部训令

令陆军第十六混成旅旅长杨桂堂

民国六年四月一日奉大总统令：任命杨桂堂为陆军第十六混成旅旅长。此令。等因。奉此。仰即前往接任，并将任事日期呈报备案。此令。

中华民国　年　月　日

(3) 陆军部致冯玉祥训令稿(4月2日)

陆军部训令

令陆军第十六混成旅旅长冯玉祥

民国六年四月一日奉大总统令：陆军第十六混成旅旅长冯玉祥，著调京另候任用。此令。同日奉大总统令：任命杨桂堂为陆军第十六混成旅旅长。此令。等因。奉此。合行令知遵照。此令。

……

令陆军中将冯玉祥

冯玉祥调任直隶巡防营统领，应听候直隶省长饬委到任。除咨行外，仰即遵照。此令。

中华民国　年　月　日

(4) 冯玉祥致陆军总长等电(4月6日)

陆军部总长、参谋总长钧鉴：冬日奉令：陆军第十六混成旅旅长冯玉祥着调京另候任用。此令。同日，又奉令：任命杨桂堂为陆军第十六混成旅旅长。此令。各等因。奉此。遵即束装预备交代，并即派参谋长邱斌及马弁等赴京，请杨旅长迅速到差。现已数日，仍未抵廊，务请饬催杨旅长早日到差，以便离职晋京，叩谒钧座。无任感祷。陆军中将冯玉祥叩。鱼。

(5) 杨桂堂致陆参两部总次长电(4月10日)

陆军参谋两部总次长钧鉴：本月一日奉大总统令：任命杨桂堂为陆军第十六混成旅旅长。此令。等因。奉此。遵于十号到差视事，官兵妥谧，请纾廑念。除另呈外，特电禀闻。旅长杨桂堂叩。灰。

〔北洋政府陆军部档案〕

89. 大总统任命曹士杰为第十六混成旅旅长令

（1923年11月13日）

大总统令

任命曹士杰为陆军第十六混成旅旅长。此令。

大总统盖印　　国务总理高凌霨　　陆军总长

中华民国十二年十一月十三日

〔政府公报，1923年11月14日，第2754号〕

90. 关于将第九师改为第十七十八两混成旅以张联陞赵荣华分任旅长令电

（1918年2月）

（1）王占元致大总统等密电（2月19日）

北京大总统、国务院、参陆部钧鉴：正密。襄阳自主，旅长张联陞、团长赵荣华表示反对，为黎党所嫉，将张联陞置之樊城，严行监视。赵荣华忠勇性成，带队冒险将张接出河口，共图恢复，黎军自此多被牵掣，而第三师遂得专意进讨。襄阳既下，所有第九师师长一职，本拟令张联陞接充，并兼襄郧镇守使，九师十八旅拟令赵荣华升任，业经电陈转饬遵照在案。惟迭据张联陞电称：此次出险全系赵一人之力。恳请转呈不次擢用，以励忠勇。所有师长一职，实属受之有愧，万不敢遵命视事。惟愿暂任镇守使一职，以图报称。倘必责成兼任九师，拟即辞谢归耕，断不敢以无功之人忝居人上等语。复据赵荣华电称：擢任旅长，万分感激，仍愿隶属张联陞，听候驱策。等语。查该两员情词恳挚，出于至诚，惟贤让能，实为难得。惟当兹军事吃紧之际，所有整顿事宜，刻不容缓，倘任彼此推让，无人主持，责任既无所属，诚恐贻误于后。欲求两全之道，当有变通之方。拟请将第九师及第十七、十八两混成旅，以张联陞承充十七混成旅长并兼襄郧镇守使，以赵荣华承充十八混成旅长。所有经费，仍照第九师原领数目分配支给，既以酬赵团之功劳，且以成张旅之让德，于国家经费亦并无所增加。伏乞鉴核示遵。王占元肃。效。印。

〔北洋政府陆军部档案〕

(2) 大总统指令（2月27日）

大总统指令　第四百四号

令陆军总长段芝贵

呈核湖北督军请将陆军第九师改编两混成旅，并请简旅长由。呈悉。准予改编。张联陞等并已有令任命矣。此令。

中华民国七年二月二十七日

国务总理　钱能训

陆军总长　段芝贵

〔政府公报，1918年2月28日，第754号〕

91. 张联陞为被任第十七混成旅旅长兼襄郧镇守使谨伸谢忱电

(1918年2月26日)

北京陆军部总长钧鉴：奉王督军敬电开：准陆军部梗电：第九师驻守襄樊，运用殊多不便，应改为第十七十八两混成旅，以张联陞承充第十七混成旅长，并兼襄郧镇守使，已由部呈请任命等因。仰即克日改编具报。等因。奉此。联陞一介愚庸，材铨力薄，重蒙培植，兼镇边圻，惟有矢竭驽骀，勉图报称。谨伸谢忱，伏祈垂鉴。张联陞叩。宥。印。

〔北洋政府陆军部档案〕

92. 大总统任命张联陞赵荣华为第十七十八混成旅旅长令

（1918年2月27日）

大总统令

任命张联陞为陆军第十七混成旅旅长，赵荣华为陆军第十八混成旅旅长。此令。

中华民国七年二月二十七日

国务总理　钱能训

陆军总长　段芝贵

〔政府公报，1918年2月28日，第754号〕

93. 赵荣华为被任第十八混成旅旅长谨表谢忱电

（1918年2—3月）

（1） 2月27日电

陆军部总次长钧鉴：奉张督军号电转示钧部梗电，谨悉第九师改编两混成旅，已呈请任命荣华为第十八混成旅旅长等因。敬聆之下，莫名感戴，惟是才轻任重，深惧有负栽成，伏恳曲垂榘训，俾免陨越，至深叩祷。除遵令妥速改编并由督军咨转外，肃电申谢，伏乞垂鉴。旅长赵荣华叩。感。

（2） 3月10日电

陆军部总次长钧鉴：伏读《政府公报》二月二十七日奉大总统

令：任命赵荣华为陆军第十八混成旅旅长等因。窃念粗材入选，幸逢珊网宏收，重任初膺，益觉冰渊时惕，惟值时局风雨飘摇之会，正我军人涓埃图报之秋，誓竭驽骀，伏候鞭策。谨电申谢，伏祈垂鉴。旅长赵荣华叩。蒸。

〔北洋政府陆军部档案〕

94．关于由于学忠继赵荣华升任第十八混成旅旅长等情函令

（1923年11—12月）

（1）大总统府军事处致参陆办公处函（11月2日）

迳启者：奉大总统交谕：陆军第十八混成旅旅长兼施宜镇守使赵荣华，着加威字将军，调归将军府供职。所遗旅长一缺，以该旅团长于学渊〔忠〕升充。其施宜镇守使缺，可即裁撤，即由陆军第十八师师长卢金山兼任荆宜镇守使。等因。奉此。相应函达贵处，敬希查照办理，迅行发表为荷。此致

参陆办公处

大总统府军事处启　十一月二日

〔北洋政府参陆办公处档案〕

（2）大总统令（12月6日）

大总统令

暂行代理部务、陆军次长金绍曾呈，陆军第十八混成旅旅长兼施宜镇守使赵荣华调京，另有任用，请免本兼各职。赵荣华准免本兼各职。此令。

大总统盖印　　国务总理高凌霨　　陆军总长

中华民国十二年十二月六日

大总统令

任命于学忠为陆军第十八混成旅旅长。此令。

大总统盖印　　国务总理高凌霨　　陆军总长

中华民国十二年十二月六日

〔政府公报，1923年12月7日，第2777号〕

95. 大总统准黑龙江添编第十九混成旅指令

（1918年3月6日）

大总统指令　第四百四十三号

令陆军总长段芝贵

呈核黑龙江添编混成一旅，定为陆军第十九混成旅，并请任命旅、团长各职由。呈悉。旅长、团长各职，已有令分别任命矣。余如所拟办理。此令。

中华民国七年三月六日

国务总理　钱能训

国务总长　段芝贵

〔政府公报，1918年3月7日，第761号〕

96. 大总统任命鲍贵卿兼代第十九混成旅旅长令

（1918年3月6日）

大总统令

任命鲍贵卿兼代陆军第十九混成旅旅长。此令。

中华民国七年三月六日

国务总理　钱能训

陆军总长　段芝贵

〔政府公报，1918年3月7日，第761号〕

97．大总统免去鲍贵卿改任张焕相为第十九混成旅旅长令

（1919年8月24日）

大总统令

陆军总长靳云鹏呈：准吉林督军鲍贵卿电，请开去陆军第十九混成旅旅长兼职，俾专责成等语。鲍贵卿准免兼职。此令。

大总统印

中华民国八年八月二十四日

国务总理　龚心湛

陆军总长　靳云鹏

大总统令

任命张焕相为陆军第十九混成旅旅长。此令。

大总统印

中华民国八年八月二十四日

国务总理　龚心湛

陆军总长　靳云鹏

〔政府公报，1919年8月25日，第1276号〕

98．关于将第一旅改为第二十混成旅以吴长植为旅长呈令

（1918年6月11日）

（1）段芝贵致大总统呈稿

呈为呈请事：窃本部前据山东帮办军务张树元电称：东省匪患日深，动辄攻城劫寨，原有兵力不敷分布，恳派队协剿等情。当经令派第一旅旅长吴长植督率所部，迅赴东省，相机助剿去后。查该旅现既派赴山东协同该省剿匪事宜，责任较重，拟请改为陆

军第二十混成旅，如蒙俞允，并请仍以原充第一旅旅长吴长植任命为陆军第二十混成旅旅长，以专责成。是否有当，理合呈请批示遵行。谨呈

大总统

陆军总长　段

〔北洋政府陆军部档案〕

(2) 大总统指令

大总统指令　第一千十五号

令陆军总长段芝贵

呈第一旅在东剿匪，责任较重，拟请改为陆军第二十混成旅，仍以吴长植为旅长由。呈悉。应准改编，已有令任命吴长植为旅长矣。此令。

中华民国七年六月十一日

国务总理　段祺瑞

陆军总长　段芝贵

〔政府公报，1918年6月12日，第857号〕

99. 大总统任命吴长植为第二十混成旅旅长令

(1918年6月11日)

大总统令

任命吴长植为陆军第二十混成旅旅长。此令。

中华民国七年六月十一日

国务总理　段祺瑞

陆军总长　段芝贵

〔政府公报，1918年6月12日，第857号〕

100. 吴长植因故请开去第二十混成旅旅长电

（1920年1月24日）

北京国务总理、参陆办公处、陆军部钧鉴：窃长植生母痛于一月念四日在济南寓所疾逝。长植猝遭大故，恸不欲生，心志昏乱，不堪理事，恳请开去旅长差缺，俾得尽礼治丧。苫块昏迷，不胜泣血待命之至。陆军第二十混成旅旅长吴长植叩。敬。

〔北洋政府参陆办公处档案〕

101. 大总统关于王裕经暂行代理第二十混成旅旅长指令稿

（1920年11月7日）

大总统指令

令兼署陆军总长靳云鹏

呈旅长吴长植请假回籍，并以王裕经暂行代理职务由。呈悉。此令。

〔北洋政府国务院档案〕

102. 军务司为湖北省防两团拟改为第二十一混成旅以孙传芳为旅长移付

（1917年10月22日）

军务司为移付事：本司会同贵司承办呈大总统文一件，业经呈递在案。相应钞录呈稿移付贵司查照可也。此移

军衡司

计抄件

呈为拟将湖北省防两团改编为陆军第二十一混成旅，以固鄂防，恭请鉴核事：准湖北督军王占元咨称：湖北省防两团云云，拟将该两团编成混成一旅，认为正式国军，所有月饷，仍请咨商财政部由中央担任，以符原议。并以第二师步兵第三旅旅长孙传芳，调充该混成旅旅长。似此一转移间，则军心固而劲旅可期，兵力厚而疆圉足恃，咨请鉴核。等因。查湖北省防两团，于上年五月间成立，月需饷款三万数千元，暂由中央担任，列入本部特别预算。嗣因兵多饷绌，支配维艰，当咨商湖北督军预筹消纳之策。此项支款亟拟早为减除，藉纾财力。乃时事变迁，未及实行，而川、湘事起，牵及鄂防。该督军所称各节，系属实在情形，似应准予照办，以维现状。如蒙俯允，即拟将该旅定名为陆军第二十一混成旅，呈请任命孙传芳为旅长。是否有当，理合呈请鉴核批示遵行。谨呈

大总统

中华民国六年十月廿二日

〔北洋政府陆军部档案〕

103. 大总统任命孙传芳为第二十一混成旅旅长令

（1917年10月23日）

大总统令

任命孙传芳为陆军第二十一混成旅旅长。此令。

中华民国六年十月二十三日

国务总理
陆军总长　段祺瑞

〔政府公报，1917年10月24日，第636号〕

104. 孙传芳拟将所部与第十三混成旅合并成师并出任师长函

（1920年8月22日）

总司令① 钧座：久别枵辉，时深葵向，恭维崇勋日茂、福履时和为无量祝。敬陈者：此间上游吴光新部之十三混成旅，原以留鄂第二师之五团改编而成，所有各级军官，仍复五团旧人，亦均王督② 部下，其与鄂省各部队，感情素洽，若与吴部其他各旅一律遣散，未免可惜。况鄂省原有军队，除分担各地防务外，兵力尚嫌薄弱，与其招募新兵训练须时，何如收归旧有易资驱策，故王督拟将该旅与传芳所部合并改编成师，以期化散为整，俾益于统驭整顿良多。已经王督拟定改编办法，并保传芳承乏该师师长一缺，备文送请中央核准矣。在传芳资望较浅，才能无多，遽总师干，自知难于胜任，然既蒙王督知遇，自应感激图报。拟恳我公就中赞助，设法维持，俾底于成，以冀不负我公平昔期许之至意。幸甚！幸甚！专肃，敬请钧安。陆军第二十一混成旅旅长孙传芳谨陈。八月二十二日。

〔北洋政府京畿卫戍司令部档案〕

105. 大总统关于取消湖北暂编第一师名目仍复第二十一混成旅原状指令

（1921年3月24日）

大总统指令　第七百十号

令兼署陆军总长靳云鹏

呈请将湖北暂编第一师名目取消，仍复陆军第二十一混成旅

① 京畿卫戍司令部总司令王怀庆。

② 湖北督军王占九。下同。

原状，并请任免师长暨旅长人员由。呈悉。孙传芳、王懋赏等已有令明发，余如所拟办理。此令。

中华民国十年三月二十四日

国务总理
陆军总长　靳云鹏

〔政府公报，1921年3月25日，第1827号〕

106．大总统任命刘成勋汪可权为陆军第二十二二十三混成旅旅长令

（1918年1月23日）

大总统令

任命刘成勋为陆军第二十二混成旅旅长，汪可权为第二十三混成旅旅长。此令。

中华民国七年一月二十三日

国务总理　王士珍

陆军总长　段芝贵

〔政府公报，1918年1月24日，第721号〕

107．大总统任命王鸿恩为第二十二混成旅旅长令

（1923年8月9日）

大总统令

任命王鸿恩为陆军第二十二混成旅旅长。此令。

国务院摄行　　国务总理

陆军总长

外交总长　顾维钧

内务总长　高凌霨

财政总长
海军总长　李鼎新
司法总长　程　克
教育总长
农商总长
交通总长　吴毓麟

中华民国十二年八月九日

〔政府公报，1923年8月10日，第2662号〕

108．王永泉为所部奉令改为二十四混成旅密电

（1918年12月17日）

北京陆军部钧鉴：统密。职王队今日抵闽浦城。接驻京孔办事员咸电称：佳日奉部令，职旅改为二十四混成旅，所有编制，按照部章造册呈报等因，遵即□〔照〕办。其编制及官长履历、士兵花名册、装具等册，俟到福后造呈鉴核。谨禀。职旅长王永泉。筱。

〔北洋政府陆军部档案〕

109．关于将王永泉部改为部辖第二十四混成旅呈付

（1918年12月—1919年1月）

（1）军务司致军衡司移付（1918年12月19日）

军务司为移付事：前会同承办呈明大总统，请将援闽第一混成旅改归部辖，编为陆军第二十四混成旅，并令知该旅旅长王永泉遵照办理一案，业经分别呈奉部长判画缮发在案。除分移军需司外，相应抄录呈稿、令稿，付请贵司查照备案可也。此付
军衡司

计抄件

中华民国七年十二月十九日

呈为请将援闽陆军第一混成旅改归部辖，编为陆军第二十四混成旅，恭呈仰祈钧鉴事：窃查援闽陆军第一混成旅前经令饬该旅长王永泉率赴南省，自应改归部辖，俾一事权，拟请编为陆军第二十四混成旅，以便指挥。除该旅应设旅长以下各员另文呈请核办外，理合将援闽第一混成旅改编为陆军第二十四混成旅缘由，呈请训示祗遵。谨呈

大总统

陆军部训令

令援闽陆军第一混成旅旅长王永泉

案查该旅既经调往内地，自应改归部辖，编为陆军第二十四混成旅，以一事权。除呈报外，合亟令仰该旅长遵照迅将该旅饷额、编制按照部章造册呈报，以凭核办。此令。

（2）靳云鹏致大总统呈稿（1919年1月24日）

呈为请简旅长仰祈钧鉴事：窃本部呈请将援闽陆军第一混成旅改归部辖，编为陆军第二十四混成旅，于七年十二月十三日奉指令：呈悉。准如所拟办理。此令。等因在案。所有旅长一缺，查前任陆军第一混成旅旅长王永泉，堪以接充，拟请简任王永泉为陆军第二十四混成旅旅长，俾重职守。理合具呈，伏乞鉴核训示施行。谨呈

大总统

中华民国八年一月　日

陆军总长　靳

〔北洋政府陆军部档案〕

110．徐树铮为王永泉部改为部辖第二十四混成旅与靳云鹏来往函

（1919年1月）

（1）徐树铮致靳云鹏函（1月20日）

翼卿大哥惠鉴：顷接援闽王旅长来电，钞送台阅。名正言顺，诸事自易接洽。该电所请，不为无见，用特奉商，祈核夺办理为荷。敬颂台安。

如弟树铮启　一月二十日

钞福州来电　一月十八日

北池子盔头作徐参谋长钧鉴：□密。删电谅蒙崇察。查职旅虽借奉军成立，实则拱卫中央，计由参战、援闽以来，改归部辖，名目方更，观听应易。乃自出发以来，报章记载及一般造谣之徒，仍目职旅为奉军，以资煽惑。查奉军系奉属名词，自与直隶中央有别，职虽整肃军纪，融洽感情，而视听不新，终难免其歧视。现既由部改为二十四混成旅，伏恳就商翼卿总长，早为呈请极峰公布，以释疑误，实于将来军事进行，裨益非浅。谨禀闻。旅长王永泉。筱。

（2）靳云鹏复徐树铮函稿（1月20日）

又铮仁仲如握：奉惠书并抄示王旅长来电，诵悉一一。卓见极是，自应早为核定。台函已交司查案具复。特先闻。敬颂台绥。

如小兄云〇拜启　一月廿日

〔北洋政府陆军部档案〕

111．大总统任命王永泉为第二十四混成旅旅长令

（1919年1月29日）

大总统令

任命王永泉为陆军第二十四混成旅旅长。此令。

大总统印

中华民国八年一月二十九日

国务总理　钱能训

陆军总长　靳云鹏

〔政府公报，1919年1月30日，第1075号〕

112．大总统著即褫夺王永泉官职勋章令

（1922年10月7日）

大总统令

据福建督军李厚基电称：陆军第二十四混成旅旅长王永泉，在延平一带附和叛徒，扰乱地方，请明令褫夺官职、勋章，通饬拿办等语。王永泉著即褫夺官职、勋章，通缉严惩，以彰法纪。此令。

大总统盖印　　国务总理王宠惠　　陆军总长张绍曾

中华民国十一年十月七日

〔政府公报，1922年10月8日，第2370号〕

113．大总统免去王永泉本兼各职令

（1924年3月17日）

大总统令

据督理福建军务善后事宜孙传芳电称：帮办福建军务、兴泉永护军使兼二十四混成旅旅长王永泉，纵容所部，扰害地方，民怨沸腾等语。王永泉著免去本兼各职，听候查办。此令。

大总统盖印　　国务总理孙宝琦　　陆军总长陆锦

中华民国十三年三月十七日

〔政府公报，1924年3月18日，第2870号〕

114．大总统任命张俊峰为第二十四混成旅旅长令

（1924年4月19日）

大总统令

任命张俊峰为陆军第二十四混成旅旅长。此令。

大总统盖印　　国务总理孙宝琦　　陆军总长陆锦

中华民国十三年四月十九日

〔政府公报，1924年4月20日，第2902号〕

115．大总统任命褚其祥为第二十五混成旅旅长令稿

（1920年9月17日）①

大总统令

任命褚其祥为陆军第二十五混成旅旅长。此令。

中华民国九年九月十七日

〔北洋政府国务院档案〕

① 据《政府公报》载，大总统正式任命时间为“19日”。

116．大总统准将驻库混成旅改编为第二十五混成旅指令

（1920年9月19日）

大总统指令　第二千二百七十七号

令兼署陆军总长靳云鹏

呈请将驻库混成旅改编为陆军第二十五混成旅，并请简任旅长由。呈悉。准如所拟办理，已有令简任褚其祥为旅长矣。此令。

中华民国九年九月十九日

国务总理
陆军总长　靳云鹏

〔政府公报，1920年9月20日，第1653号〕

117．大总统免去褚其祥改任齐占九为第二十五混成旅旅长令

（1921年10月24日）

大总统令

陆军总长蔡成勋呈，陆军第二十五混成旅旅长褚其祥，因病恳请辞职。褚其祥准免本职。此令。

中华民国十年十月二十四日

国务总理　靳云鹏

陆军总长　蔡成勋

大总统令

任命齐占九为陆军第二十五混成旅旅长。此令。

中华民国十年十月二十四日

国务总理　靳云鹏

陆军总长　蔡成勋

〔政府公报，1921年10月25日，第2035号〕

118．陆海军会计审查处关于遣散第二十五混成旅费用移付

（1921年12月24日）

陆海军会计审查处为移付事：准贵司付送科员徐振鹏等赴张家口遣散第二十五混成旅官兵用款册据抄件请核办到处。查原付内开，共用洋七万七千五百六十元，核与册据总散数目，均属相符，应准照支。除付需司外，相应移付贵司查照办理可也。此付

军务司

中华民国十年十二月廿四日

〔北洋政府陆军部档案〕

119．齐占九报告领到第二十五混成旅旅长简任状呈

（1922年3月25日）

呈为具报旅长领到简任状日期，仰祈鉴核备案事：案奉钧部训令第四五五号内开：中华民国十年十月二十四日奉大总统令：任命齐占九为陆军第二十五混成旅旅长。此令。计简任状一封。等因。奉此。旅长遵于民国十一年三月二十三日祇领简任状一封。所有领到日期，理合具文呈报鉴核备案施行。谨呈

陆军部

陆军第二十五混成旅旅长　齐占九

中华民国十一年三月二十五日

〔北洋政府陆军部档案〕

120．田维勤为所部奉令改编为第二十六混成旅电

（1924年3月5日）

北京冯检帅、王巡阅使，南京齐巡帅，武昌萧巡帅，蚌埠马督帅，济南郑督帅，滦州彭帮办钧鉴：案奉吴巡帅①养电内开：顷接陆军部号电云：院函抄佥二电悉。田旅改编陆军第二十六混成旅，来电主张饷款仍旧由豫支发，自应照办，希即转电知照。等因。同日，奉张督理②电同前因。奉此。敝旅遵于二月敬日按照部章改编为陆军第二十六混成旅。除呈报外，伏念维勤驻豫两载，无补时艰，兹复蒙部准改隶中央，自惭铨〔辁〕材，深懔蚊负，惟希德威远照，时锡圭臬，俾免陨越。临风感祝，无任依驰。谨电奉闻。陆军第二十六混成旅旅长田维勤叩。歌。印。

〔北洋政府热察绥巡阅使署档案〕

121．大总统任命田维勤为第二十六混成旅旅长令

（1924年3月22日）

大总统令

任命田维勤为陆军第二十六混成旅旅长。此令。

大总统盖印　　国务总理孙宝琦　　陆军总长陆锦

中华民国十三年三月二十二日

〔政府公报，1924年3月23日，第2875号〕

---

① 直鲁豫巡阅使吴佩孚。

② 督理河南军务善后事宜张福来。

122. 大总统准将陕西第一独立旅改编为第二十六混成旅指令

（1924年 3 月22日）

大总统指令　第五百二十九号

令陆军总长陆锦

呈请将陕西第一独立旅改编陆军第二十六混成旅，并请简任旅长人员由。呈悉。应准改编，已有令任命矣。此令。

大总统盖印　　国务总理孙宝琦　　陆军总长陆锦

中华民国十三年三月二十二日

〔政府公报，1924年 3 月24日，第2875号〕

123. 大总统任命孙震为第二十七混成旅旅长令

（1924年 4 月10日）

大总统令

任命孙震为陆军第二十七混成旅旅长。此令。

大总统盖印　　国务总理孙宝琦　　陆军总长陆锦

中华民国十三年四月十日

〔政府公报，1924年 4 月11日，第2893号〕

124. 大总统准添编第二十八混成旅令

（1924年 8 月19日）

大总统指令　第一千三百六号

令陆军总长陆锦

呈请添编陆军第二十八混成旅，并请简任旅长人员由。呈悉。

准如所拟办理，王陵基已有令任命矣。此令。

大总统盖印　　国务总理顾维钧　　陆军总长陆锦

中华民国十三年八月十九日

〔政府公报，1924年8月20日，第3022号〕

125. 大总统任命王陵基为第二十八混成旅旅长令

（1924年8月18日）

大总统令

任命王陵基为陆军第二十八混成旅旅长。此令。

大总统盖印　　国务总理顾维钧　　陆军总长陆锦

中华民国十三年八月十八日

〔政府公报，1924年8月19日，第3021号〕

126. 临时执政任命孔昭同苏埏为第二十九三十混成旅旅长令

（1925年2月10日）

临时执政令

任命孔昭同为陆军第二十九混成旅旅长，苏埏为陆军第三十混成旅旅长。此令。

陆军总长　吴光新

中华民国十四年二月十日

〔政府公报，1925年2月11日，第3185号〕

127. 蒋雁行关于遣散第三十九混成旅缴销关防等情呈

（1912年12月1日）

徐州一带检察使蒋雁行为转呈事：窃遣散徐州三十九混成旅，

所遗该旅暨各团、营木质关防共拾叁颗，当经该旅长陈干缴送前来，并送到该旅各官佐请补实官简明履历册一本。理合具单转呈，仰乞总长鉴核验收，实为公便。须至呈者。

计呈

取销三十九混成旅木质关防拾叁颗〔缺〕

简明履历册一本〔略〕

〔北洋政府陆军部档案〕

128．大总统任命赵俊卿为第七十四混成旅旅长令

（1913年11月21日）

大总统令

任命赵俊卿为陆军第七十四混成旅旅长。此令。

中华民国二年十一月二十一日

国务总理　熊希龄

陆军总长　段祺瑞

〔政府公报，1913年11月22日，第558号〕

129．李纯为第七十四混成旅旅长陈调元领到简任状咨

（1918年2月18日）

江苏督军公署为咨报事：案于本年一月二十六日，准大部咨开：民国六年十二月二十七日，奉大总统令：任命陈调元为陆军第七十四混成旅旅长。此令。等因。奉此。兹由本部办就该员简任状一封，相应咨行贵督查照转发，并将领到日期具报备案可也。等因。准此。当经检同简任状转发该旅长遵照去后。兹据呈报，于本年二月四日奉到简任状一封，遵即祗领等情前来。相应备文咨

行大部，请烦查照备案。此咨
陆军部

江苏督军　李纯

中华民国七年二月二十八日

〔北洋政府陆军部档案〕

130．大总统任命方更生张仁奎为第七十五七十六混成旅旅长令

（1913年11月29日）

大总统令

任命方更生为陆军第七十五混成旅旅长，张仁奎为陆军第七十六混成旅旅长。此令。

中华民国二年十一月二十九日

国务总理　熊希龄
陆军总长　段祺瑞

〔政府公报，1913年11月30日，第566号〕

131．大总统关于将陆军两团改编混成第一二两团指令

（1916年10月1日）

大总统指令　第二百七十六号

令陆军总长段祺瑞

呈拟将上官建勋所带之第十八团改为暂编混成第一团、冠英杰之第一团改为暂编混成第二团由。呈悉。准予改定。此令。

中华民国五年十月一日

〔政府公报，1916年10月2日，第368号〕

四、中央暂编各混成旅

1. 大总统准将第一混成团改编为暂编第一混成旅指令

（1924年9月25日）

大总统指令　第一千四百六十一号

令陆军总长陆锦

呈请将陆军第一混成团改编为暂编陆军第一混成旅，并请任命旅长人员由。呈悉。应准改编，并已有令任命矣。此令。

大总统盖印　　国务总理颜惠庆　　陆军总长陆锦

中华民国十三年九月二十五日

〔政府公报，1924年9月27日，第3058号〕

2. 临时执政任命徐永昌庞炳勋刘廷森王允恭为暂编第一第二第三第十五混成旅旅长令

（1925年1月22日）

临时执政令

任命徐永昌为暂编陆军第一混成旅旅长，庞炳勋为暂编陆军第二混成旅旅长，刘廷森为暂编陆军第三混成旅旅长，王允恭为陆军第十五混成旅旅长。此令。

陆军总长　吴光新

中华民国十四年一月二十二日

〔政府公报，1925年1月23日，第3167号〕

3．临时执政任命彭德铨杨振东颜景宗为暂编第六第七第八混成旅旅长令

（1925年9月21日）

临时执政令

任命彭德铨为暂编陆军第六混成旅旅长，杨振东为暂编陆军第七混成旅长，颜景宗为暂编陆军第八混成旅旅长。此令。

陆军总长　吴光新

中华民国十四年九月二十一日

〔政府公报，1925年9月22日，第3404号〕

4．临时执政任命何璧辉李燊马明亮为暂编第九第十第十一混成旅旅长令

（1926年1月20日）

临时执政令

任命何璧辉为暂编陆军第九混成旅旅长，李燊为第十混成旅旅长，马明亮为第十一混成旅旅长。此令。

国务总理许世英　　陆军总长贾德耀

中华民国十五年一月二十日

〔政府公报，1926年1月21日，第3514号〕

五、中央各骑兵旅

1．临时大总统任命陈文运为骑兵第一旅旅长令

（1912年11月16日）

临时大总统令

任命陈文运为陆军骑兵第一旅旅长。此令。

中华民国元年十一月十六日

国务总理　赵秉钧

陆军总长　段祺瑞

〔政府公报，1912年11月17日，第200号〕

2．大总统任命苑尚品为骑兵第一旅旅长策令

（1914年6月13日）

大总统策令

任命苑尚品为骑兵第一旅旅长。此令。

中华民国三年六月十三日

国务卿　徐世昌

〔政府公报，1914年6月14日，第756号〕

3．临时大总统任命吴俊陞为骑兵第二旅旅长令

（1913年2月16日）

临时大总统令

任命吴俊陞为陆军骑兵第二旅旅长。此令。

中华民国二年二月十六日

国务总理　赵秉钧

陆军总长　段祺瑞

〔政府公报，1913年2月17日，第281号〕

4．张锡銮为骑二旅编成请委团长等官佐咨

（1913年4月15日）

奉天都督张为咨行事：案据陆军骑兵第二旅吴旅长俊陞呈称，

窃查前招马队四营，谨遵部文，改编陆军二旅，当奉大总统任命旅长兼第二旅旅长，颁发旅长木质关防，饬即祇领等因，遵将启用日期呈报在案。所有改编二旅应设两团八连及各项官佐、连、排长等差缺，亟宜拣员派充，以专责成。查巡防马一营管带官诺们巳图，谋勇兼长，堪委三团团长。马二营管带官石得山，战功卓著，堪委四团团长。其余应设团部官佐、连、排长各差，均经择选人差相宜哨弁分别委任，谨缮花名清册，呈恳转请，一并加札委任，俾昭慎重。再，两团长应用关防，未奉颁发。现值军事繁兴，应办一切公务，甚关重要，如无关防，难资信守。当由旅长暂刊三、四团团长木质关防两颗，饬发该团长暂为应用。将来应否由部颁发，或暂用现刊关防，恭候咨部核复，指示遵行。除饬该团长等赶将各队加意训练，勤慎操防，并各弁兵花名另行册报外，理合缮册具文，呈请查核转咨。等情。据此。查该旅长既经编练成旅，所有应派团长、连、排官佐各缺，自应由部分别委任，以专责成。相应检同清册，备文咨行贵部，请烦查照，酌核办理。至该两团所用关防，应自何处刊发一节，仍希见复。合并声明。此咨

陆军部

计咨送清册一本〔缺〕

中华民国二年四月十五日

〔北洋政府陆军部档案〕

5．关于任命张九卿为骑兵第三旅旅长并刊发关防令呈

（1913年6月）

（1）临时大总统令（6月13日）

临时大总统令

任命张九卿为陆军骑兵第三旅旅长。此令。
中华民国二年六月十三日

国务总理 陆军总长 段祺瑞

〔政府公报，1913年6月14日，第397号〕

(2) 段祺瑞致大总统呈（6月22日）

陆军总长段祺瑞呈大总统，报明刊发陆军骑兵第三旅旅长木质关防，请鉴核施行文，并批

为呈报事：前奉任命张九卿为陆军骑兵第三旅旅长。此令。奉此。兹由本部刊就木质关防一颗，文曰陆军骑兵第三旅旅长之关防，即日令发该旅长遵领钤用。除饬将启用日期呈报外，理合具文呈请鉴核施行。谨呈。

批：据呈已悉。此批。
中华民国二年六月二十二日

国务总理 陆军总长 段祺瑞

〔政府公报，1913年6月24日，第407号〕

6. 张九卿报告骑三旅奉令解散所辖各营分拨第七第十两师节制详

（1915年2月27日）

详为职旅五团已完全交出，所余一团请以刘团长专任统辖，并恳辞退兼统职务，仰祈钧鉴示遵事：窃于本年一月四日奉察哈尔何都统饬开：承准统率办事处东电开：华密。奉大元帅训令：骑兵第三旅前已有令饬令解散，所有原属第三师骑兵一营应拨归卢永祥节制训练，原属第四师骑兵两营应拨归张敬尧节制训练，以

专责成，仰即分饬遵照等因。特寄。等因。承准此。合行饬仰该旅即便遵照可也。此饬。等因。奉此。旋于本月十四日奉钧部饬开：准统率办事处函称：奉大元帅交下参谋本部钞呈骑兵第三旅旅长张九卿支电一件，内开：该旅奉令解散，原属第三师之骑兵一营奉饬拨归卢永祥节制训练，原属第四师之骑兵两营奉饬拨归张敬尧节制训练，所余原属第一师之骑兵三营，未经指明拨归何处及解散手续，仰恳饬部迅将该三营应拨何处，两团部应否裁留，一并饬下，以便遵行。等情。并奉谕：所余三营及统辖该三营之团部，应拨还原属之第一师，其余一团部，仍归该旅长兼统，拨归第七师张师长节制训练。等因。除已复参谋本部外，相应函达，希即查照该旅长支日通电。并分别转饬遵照。等因。除咨行何都统并分饬外，合行饬仰遵照办理。此饬。等因。奉此。旅长遵于二月十九日将五团团部暨原属第一师骑兵三营官兵、夫马、装械册籍，详蒙察哈尔何都统接收在案。现旅司令部暨六团所属各营，准于三月一日陆续开拔赴京。伏思五团既已完全交出，其余三营仍恳以该团团长刘德抡统摄，俾专责成，实未再由旅长兼统，致令多设机关，虚糜国帑。所有前奉大元帅谕令旅长兼统该团部之职，应恳钧部俯准辞退，以节糜费。可否之处，理合具文详请鉴核批示施行。谨详

陆军部

陆军骑兵第三旅旅长　张九卿

中华民国四年二月二十七日

〔北洋政府陆军部档案〕

7．大总统任命英顺署陆军骑兵第四旅旅长策令

（1914年9月9日）

大总统策令

任命英顺署陆军骑兵第四旅旅长。此令。

中华民国三年九月九日

国务卿　徐世昌

〔政府公报，1914年9月10日，第844号〕

8．大总统府军事处通知独立骑兵总司令张殿如在京设立办公处函

（1924年10月20日）

迳启者：顷接独立骑兵总司令张殿如函开：顷奉大总统令：特派张殿如为独立骑兵总司令等因。遵即在赤峰、赤开护军使署就职。兹特派公府侍从武官张铭勋为临时驻京办公处处长。该处现设在安定门内大经厂七号，贵处如有接洽事件，敬请知照该处长张铭勋为荷。等因。用特通知查照。此致

第一厅

大总统府军事处启

中华民国十三年十月廿日

〔北洋政府大总统府档案〕

（四）各省陆军编练及其主官任免

1．各省由巡防改编陆军单

（1917年）

各省由巡防改编之陆军

奉天

第二十七师

第二十八师

黑龙江

第一师　　骑兵旅

吉林

第一混成旅

第二混成旅　前清所改

第三混成旅

贵州

第一师

湖北

第十一师

广西

陆军第一师

陆军第二师

绥远

混成第一旅

〔北洋政府陆军部档案〕

2. 刘询报告直隶混成旅即将编成待命出发致段祺瑞禀

（1912年12月15日）①

夫子钧鉴：敬禀者：久阔门墙，时深葭溯之思。现在边事日急，非预备武装，不能解决和平。生旅步队六营，业已次第完全成立，马、炮各营缺额，亦已派员分往征募，至本月抄，均可一律征补足额，赶速训练，以备命令出发，躬赴前驱，以尽军人之天职。惟直隶军队过于单薄，计划成师，似亦不能视为缓图。缘财政未能充足，是以尚迟迟有待耳。知关廑念，用特专肃禀陈。敬请钧安。学生刘询谨禀。十二月十五日。

〔北洋政府陆军部档案〕

3. 大总统任命王承斌为直隶第一混成旅旅长令

（1917年5月24日）

大总统令

任命王承斌为直隶陆军第一混成旅旅长，龚汉治为陆军第一混成旅步兵第一团团长，阎治堂为第二团团长。此令。

中华民国六年五月二十四日

国务总理　伍廷芳

陆军总长

〔政府公报，1917年5月25日，第492号〕

① 此件无年代，据内容推断，当为1912年。

4. 关于将直隶防营左右两翼改编为第四第五混成旅等情呈令

（1917年10月）

（1）段祺瑞致大总统呈（10月20日）

呈为拟请将直隶各路防营改为守备队，两翼改为第四第五两混成旅，恭请鉴核事：窃准直隶督军曹锟咨开：直隶各路巡防，营数参差，而左右两翼营制，亦复大小不同，自应力为改编，以期统一。兹拟将各路防营，除三四两路远在朝阳、多伦，暂仍其旧外，其余一、二、五、六、七、八各路防营，改为四路守备队，每路设司令一人，即由各镇守使兼充，划分管区，以天津为第一区，冀南为第二区，蓟榆为第三区，宣化为第四区，由各区镇守使督饬训练，营制饷章，均仍防营之旧。其左右两翼，拟改为直隶第四第五两混成旅，切实训练，免致以有用之兵而成为无用之物。请查核施行。等因。查所拟改编各路防营为守备队，左右两翼为第四第五混成旅各节，系为划一章制整顿防务起见，似应准予照办。可否之处，理合呈请鉴核批示祇遵。谨呈

大总统

陆军总长　段祺瑞

中华民国六年十月二十日

（2）大总统指令（10月24日）

大总统指令　第一千七百三十一号

令陆军总长段祺瑞

呈拟请将直隶各路防营改为守备队，左右两翼改编为第四第五混成旅由

呈悉。准予分别改编，即由该部转行遵照。此令。

中华民国六年十月二十四日

国务总理
陆军总长　段祺瑞

〔北洋政府国务院档案〕

5．关于以曹锳商德全为直隶第四第五混成旅旅长移令

（1917年10月）

（1）军务司致军衡司移付(10月24日)

军务司为移付事：奉院交直隶督军曹锟呈一件，查系关于直隶防营改编并任用人员各节。除改编防营业由本司承办具呈请示外，其余各条，应由贵司核办。相应抄移贵司查照。此移

军衡司

计抄件

中华民国六年十月廿四日

谨将布置直省军防暨调用人员各情形缮摺恭呈钧鉴：

一、直省防营拟改为四路守备队，划分管区，每区设司令一人，即由镇守使兼充。

一、左右两翼，拟改为第四、第五两混成旅。

一、第四混成旅长，拟请以本署谘议厅长、陆军少将曹锳补充；第五混成旅长，拟请以前翼巡防统领、陆军中将商德全补充。

一、蓟榆镇守使范书田，久历戎行，尚有可为，惟困守一镇，非其所长，拟请任命为将军府参军。递遗镇守使一缺，拟请以前右翼巡防统领、陆军中将衔陆军少将张怀斌补充。

以上各条，现均分别办理，伏乞俯予照准，实为公便。

直隶督军曹锟呈

〔北洋政府陆军部档案〕

（2）大总统令（10月31日）

大总统令

任命曹锳为直隶陆军第四混成旅旅长，商德全为第五混成旅旅长，刘景元为直隶陆军第四混成旅步兵第一团团长，穆文善为第二团团长，曹景桐为第五混成旅步兵第一团团长，张绍绪为第二团团长。此令。

中华民国六年十月三十一日

国务总理
陆军总长 段祺瑞

〔政府公报，1917年11月1日，第644号〕

6．陆军部军务司关于拟将直隶防营改为守备队左右两翼改为第四第五混成旅移付

（1917年10月27日）

军务司为移付事：本部呈拟将直隶各路防营改为守备队，左右两翼改编为第四、第五混成旅一案，十月二十四日奉大总统指令：呈悉。准予分别改编，即由该部转行遵照。此令。等因。除咨直隶督军查照外，相应钞录原呈移付贵司查照可也。此移

军衡司

计抄件

中华民国六年十月廿七日

呈为拟请将直隶各路防营改为守备队、左右两翼改为第四、第五两混成旅，恭请鉴核事：窃准直隶督军曹锟咨开：直隶各路巡防营数参差，而左右两翼营制亦复大小不同，自应力为改编，以期统一。兹拟将各路防营，除三、四两路远在朝阳、多伦暂仍其旧外，其余一、二、五、六、七、八各路防营，改为四路守备队，

每路设司令一人，即由各镇守使兼充。划分管区，以天津为第一区，冀南为第二区，蓟榆为第三区，宣化为第四区，由各区镇守使督饬训练。营制饷章，均仍防营之旧。其左右两翼……拟改为直隶第四、第五两混成旅，切实训练，免致以有用之兵而成为无用之物，请查核施行。等因。查所拟改编各路防营为守备队，左右两翼为第四、第五两混成旅各节，系为划一章制整顿防务起见，似应准予照办。可否之处，理合呈请鉴核批示祇遵。谨呈
大总统

〔北洋政府陆军部档案〕

7. 曹锟为成立直隶第二混成旅请任命各级官佐咨
（1917年11月9日）

直隶督军公署为咨请事：窃查直隶陆军第二混成旅系于本年六月间成立，所有该旅各级官佐比经按格遴选分别派充，迄今训练已阅四月有余，经锟躬往检阅，成绩颇有可观，各级官佐尚称尽职。兹经饬造该旅上中级官佐履历表咨送贵部，请烦查核分别委任及转呈任命。至该旅下级官佐，一俟履历表造齐，容再咨请委任。所有拟请委任及转请任命直隶陆军第二混成旅上中级官佐缘由，相应缮单备文咨请贵部查核准予施行，实为公便。此咨
陆军部

计咨送清单一件、履历表册一本〔缺〕

直隶督军兼署省长　曹　锟

中华民国六年十一月九日

清单

兹将派充直隶陆军第二混成旅上中级官佐姓名缮单咨请查核施行。

计开：

直隶陆军第二混成旅旅长阎相文
直隶陆军第二混成旅少校副官孙耀齐
直隶陆军第二混成旅第三团团长牛向辰
直隶陆军第二混成旅第三团团附魏宝琳
直隶陆军第二混成旅第三团第一营长邢得春
直隶陆军第二混成旅第三团第二营营长余茂德
直隶陆军第二混成旅第三团第三营营长甯文祺
直隶陆军第二混成旅第四团团长杨清臣
直隶陆军第二混成旅第四团团附关甘霖
直隶陆军第二混成旅第四团第一营营长张琢齐
直隶陆军第二混成旅第四团第二营营长杨葆君
直隶陆军第二混成旅第四团第三营营长王槐诗
直隶陆军第二混成旅炮兵第二营营长王焕齐
直隶陆军第二混成旅副执法官王　沛
直隶陆军第二混成旅副军需官王　鸿
直隶陆军第二混成旅副军医官刘子波
直隶陆军第二混成旅第三团副军需官李金韶
直隶陆军第二混成旅第三团副军医官刘　谦
直隶陆军第二混成旅第四团副军需官王金城
直隶陆军第二混成旅第四团副军医官周　斌

以上共计上中级官佐二十员

中华民国六年十一月九日

〔北洋政府陆军部档案〕

8．大总统任命萧耀南为直隶第三混成旅旅长令

（1917年12月4日）

大总统令

任命萧耀南为直隶陆军第三混成旅旅长，崔魁文为步兵第一团团长，陈德麟为步兵第二团团长。此令。

中华民国六年十二月四日

国务总理
陆军总长　段祺瑞

〔政府公报，1917年12月5日，第678号〕

9．国务院等准直隶前编补充四团编为补充两旅函电

（1919年7月）

(1) 致曹锟密电稿（7月13日）

致天津曹经略使电

统密。蒸电①拟将直隶前编补充四团编为两补充旅一节，应即照准备案。特复。院、参陆部。元。印。

(2) 致财政部函稿（7月13日）

致财部函

迳启者：准曹经略使蒸电称：拟将直隶前编补充四团改为两补充旅，各为直隶陆军第二第三补充旅，照原有四团，仅加旅部并机关枪四连，请查照备案等因。查原电所请，将前编补充四团改为两补充旅，业经院、部电复照准备案。相应抄录来往电文，函达贵部查照可也。此致

财政部

参陆办公处启　七月十三日

〔北洋政府参陆办公处档案〕

① 曹锟蒸电缺。

10. 大总统任命曹景桐为直隶第五混成旅旅长令

（1920年9月16日）

大总统令

任命曹景桐为直隶陆军第五混成旅旅长。此令。

中华民国九年九月十六日

国务总理
陆军总长　靳云鹏

〔政府公报，1920年9月17日，第1650号〕

11. 军务司关于吴佩孚请将直隶原有军队改编扩充情形移付

（1920年10月15日）

军务司为移付事：院交吴副巡阅使函，请将一、二、三混成旅编为陆军第廿四五六三师，又一、二、三补充旅编为陆军第十二、十四、十五混成旅，又卫队混成旅编为直军第一混成旅，统计经费一千零廿八万元，除原有底饷暨十五师腾出经费拨充，尚亏二百廿八万元，由直省筹措。乞改编师、旅案及选定各师、旅长，均予速呈明令发表。等语。除分移军需司外，相应抄录原函付请贵司查核办理可也。此付

军衡司　附抄函

中华民国九年十月十五日

总理钧鉴：敬肃者：窃以强邻环伺，外交日急，北洋地处海疆，关系尤为重要。拟将直隶原有军队量予扩充，勤加训练，以资巩固国防，而作外交后盾。所有改编办法，业经议定，并由曹巡阅使选定师、旅长，呈请中央任命在案。兹钱洛议秉鉴来洛，藉

悉总理因恐款项稍绌，不敷分配，颇事踌躇，故改编师、旅之案，及任命师、旅长之命令，迟至今日，未曾发表。谨查直军第一、二、三混成旅改编为陆军第廿四、廿五、廿六师，每师每年经费应需二百廿万元，合计三师共需六百六十万元；又直军第一、二、三补充旅改编为陆军第十二、十四、十五混成旅，每旅每年经费应需九十二万元，合计三旅共需二百七十六万元；又卫队混成旅改编为直军第一混成旅，每年经费应需九十二万元。统计改编各师、旅，每年共需经费一千零廿八万元，除直军一、二、三混成旅反一、二、三补充旅并卫队混成旅原有底款共五百七十八万元即以抵支外，尚短四百五十万元。现陆军第十五师，业奉中央明令取消，遣散完毕，其腾出之该师常年经费款二百廿二万元，请即拨充此次改编师、旅之用，挹彼注兹，无待另筹。以十五师腾出之款，连同直军各旅原有底款，两项合算，已有八百万元之数，至下亏之二百廿八万元，由直省担负筹措应付。以上款项之措置，早已商得曹巡阅使暨曹省长同意，想总理亦必乐于赞成。今特专函缕晰上陈，并饬钱谘议回京面谒钧座，代表禀述一切，盼乞总理察照，将改编师、旅案及选定各师、旅长，均予从速呈请总统，即行明令发表，俾便遵章早日著手改编，整顿训练，为国效命。至款项，俱已有著，足敷分配，请纾廑怀，勿劳过虑，致改编案迟而又迟也。副使为增练军队保国卫民起见，肃函奉恳，不胜翘企待命之至。虔请崇安。敬维惠鉴。直鲁豫巡阅副使吴佩孚谨禀。十月一日。

〔北洋政府陆军部档案〕

12. 关于改编直隶各师旅并简任师旅长呈令

（1920年10月17日）

（1）陆军部致大总统呈

陆军部呈大总统，请改编直隶陆军各师、旅，并请简员任命，缮单呈鉴文

为请改编直隶陆军各师、旅简员任命缮单恭呈钧鉴事：准直隶督军曹锟电称：窃锟筹拟改编师、旅暨分配饷款情形，业经呈请鉴核在案。复查所拟改编师、旅名称，尚有宜加变更者。前拟将第一混成旅编为直隶陆军第一师，第二混成旅编为直隶陆军第二师，第三混成旅编为陆军第十四师。兹拟将各师名称概与陆军各师依序排列，即名为陆军第二十四、二十五、二十六等师。其第四五两混成旅编为直隶陆军第一师。又卫队混成旅、第一、二、三补充旅，前拟改编为直隶第一、二、三、四混成旅，兹拟将各旅亦与各混成旅排列，其第一补充旅编为陆军第十二混成旅，第二第三补充旅改编为陆军第十四、十五混成旅，卫队混成旅改为直隶陆军第一混成旅。所有月饷及一切用款，仍照原拟办法规定。现当入手改编之时，所有各师、旅长，亟应遴选得人，先行拟定请简。兹查有直隶第一混成旅旅长王承斌，堪以任为陆军第二十四师师长，第三师第六旅旅长张福来，堪以任为陆军第二十五师师长，直隶第三混成旅旅长萧耀南，堪以任为陆军第二十六师师长，直隶第四混成旅旅长曹锳，堪以任为直隶陆军第一师师长，直隶第一补充旅旅长王用中，堪以任为第十二混成旅旅长，第三师第五旅旅长董政国，堪以任为第十四混成旅旅长，直隶第三补充旅旅长彭寿莘，堪以任为第十五混成旅旅长，陆军中将孙岳，堪以任为直隶第一混成旅旅长。以上所列各员，均经详加选择，定能胜任。谨此电陈。恳请俯赐照准，分别任命。等因。查该督军所请改编直隶陆军各师、旅，原为划一军队、拱卫中央起见，拟请将直隶陆军各师、旅按照国军号数挨次改编，其暂定之直隶陆军第一师一混成旅，亦可顺次编列，毋庸再用直隶名义。如蒙俯准，该督军所保师、旅长各员，本部详加覆核，均堪胜任，拟请

任命，俾重职守。理合缮单具呈，伏乞鉴核训示施行。谨呈。九年十月十七日。

〔政府公报，1920年11月9日，第1700号〕

（2）大总统指令

大总统指令　第二千四百九十三号

令兼署陆军总长靳云鹏

呈请改编直隶陆军各师、旅，并请简员任命，缮单呈鉴由。呈悉。准如所拟办理，王承斌等均有令明发矣。此令。

中华民国九年十月十七日

国务总理
陆军总长　靳云鹏

〔政府公报，1920年10月18日，第1678号〕

13．张逊廷宣布就任直隶暂编第三师师长通电

（1927年8月21日）

通电①。均鉴②：顾亭林曰：天下兴亡，匹夫有责。当兹赤化祸国，澌灭礼教，举世贤豪，共张挞伐。迨今江南已告肃靖，朔北次第澄清。逊廷庸驽，追附骥尾，以期拯人民出水火，而登衽席，御外侮之聿视，永奠邦基。八月十三日奉褚总司令命令内开：兹委直隶陆军第七混成旅旅长张逊廷，升编为直隶陆军暂编第三师师长。除将关防另行颁发启用并通行外，仰该师长克日就职具报备案。等因。奉此。窃廷奉命之余，感愧交并，自顾庸才谫陋，绠短汲深，不学无术，时虞复𫗧。乃蒙我总司令恩厚知遇，益增愧恧，惟有兢兢业业，奋励为怀，以副提携之至意。兹择于八月

① 通电二字系原有。

② 衔名缺。

二十一日在江苏砀山县防次就职视事。除呈报外，谨此电闻。统希时赐规箴，以匡不逮。临电神驰无任祷切之至。直隶陆军第六军副军长、直隶暂编第三师师长张逊廷叩。马。印。

〔北洋政府外交部档案〕

14．张锡銮为选送奉天巡防右路改编混成旅营制饷章与段祺瑞来往函

（1914年11月）①

（1）张锡銮致段祺瑞函（11月？日）

芝泉仁兄总长麾下：遥分官辙，久判朋簪，白云在天，相思无极。比维禔躬笃祜，伟绩凝厘，至为慰颂。奉天后路巡防队统领、洮南镇守使吴俊陞，右路巡防队统领、东边镇守使马龙潭，共和以来，功绩昭著，迭承我公拔擢，蒙大总统赏赉有加，裨益边防，良非浅鲜。吴使拟以骑兵一旅、巡防十八营改编八成一师，马使拟以巡防兵队改编混成一旅，屡经详请，迄未转陈。顷吴使又复呈请转咨，情词真挚，未便批驳，致隳军心。且查编师章程与该使现统军队，饷均仍旧，兵不加多，公家无筹款之难，士卒收统一之效，审时度势，亦难过拂其情。用特转咨，并遣军需课长富葆廉入都，面陈一切，伏祈赐见，指示机宜。我公综理戎机，袍泽景附，奉省居特别地位，吴使为边宇将才，务乞俯念时艰，转请照准，边防幸甚。至马使改编情形，亦复相似。第同时并举，恐碍进行，谨先拟具编制草案，寄呈查酌，如蒙俯准，再行咨办。此次请奖该使剿匪出力人员，是汇案呈请，虽于大部章程稍有不符，然立功在先，颁章在后，并乞曲予维持，逾格照准，俾励将

① 此件原无时间。查张锡銮于1914年6月任镇安上将军，督理奉天军务，吴俊陞于1914年3月任洮南镇守使，故此件当形成于1914年11月间。

士而固边防，尤所切祷。馀饬富课长面陈，不赘。祗颂勋安。诸维亮察不备。

弟张锡銮肃启

谨将东边镇守使所部巡防右路改编陆军混成旅一旅暂行营制饷章缮具清单，送请查核。

计开：

旅司令部　计混成一旅，步兵两团，每团三营，骑、炮各一营，工、辎各一连。

旅长一员	俸银二百五十两 公银二百五十两	共五百两
一等参谋官一员		俸银一百五十两
三等参谋官一员		俸银五十两
执事官一员		俸银五十两
一等书记官一员		俸银六十两
军需官一员		俸银八十两
执法官一员		俸银六十两
书记长一员		俸银二十四两
司书生四名	每名俸银十二两	共四十八两
马弁四名	每名饷银八两四钱	共三十三两六钱
护目一名		饷银六两
护兵十名	每名饷银四两五钱	共四十五两
伙夫二名	每名饷银三两三钱	共六两六钱
骑马四匹(马、弁各一匹)	每匹乾银四两八钱	共十九两二钱

以上旅部每月共支俸公饷乾湘平银一千一百三十二两四钱。

步兵团部　每团三营

团长一员	俸银二百两 公银二百两	共四百两
教练官一员		俸银一百两
执事官一员		俸银五十两
副军需官一员		俸银六十两
副军医官一员		俸银六十两
二等书记官一员		俸银四十两
司书生二名	每名俸银十二两	共二十四两
马弁二名	每名饷银八两四钱	共十六两八钱
护目一名		饷银六两
护兵八名	每名饷银四两五钱	共三十六两
伙夫二名	每名饷银三两三钱	共六两六钱
骑马二匹(马、弁各一匹)	每匹乾银四两八钱	共九两六钱

以上团部每月应支俸公饷乾银八百零九两，计两团共湘平银一千六百十八两。

步兵一营　每营四连，每连三排三棚，每棚正副目兵十名。

营长一员	俸银一百两 公银八十两	共一百八十两
连长四员	每员俸银四十两 每员公银十　两	共二百两
排长十二员	每员俸银二十五两	共三百两
司务长一员		俸银二十两
军需长一员		俸银三十两
军医长一员		俸银四十两
书记长一员		俸银二十四两
司书生六名	每名俸银十二两	共七十二两
号目一名		饷银六两
号兵八名	每名饷银四两五钱	共三十六两

护目一名		饷银六两
护兵十二名	每名饷银四两五钱	共五十四两
正目三十六名	每名饷银五两一钱	共一百八十三两六钱
副目三十六名	每名饷银四两八钱	共一百七十二两八钱
正兵一百四十四名	每名饷银四两五钱	共六百四十八两
副兵一百四十四名	每名饷银四两二钱	共六百零四两八钱
伙夫三十八名	每名饷银三两三钱	共一百二十五两四钱

以上步兵一营，每月应支俸公饷银二千七百零二两六钱，计六营共湘平银一万六千二百一十五两六钱。

骑兵一营　计四连，每连二排，每排二棚，每棚正副目兵十名。

营长一员	俸银一百两 公银八十两	共一百八十两
连长四员	每员俸银四十两 每员公银十两	共二百两
排长八员	每员俸银二十五两	共二百两
司务长一员		俸银二十两
军需长一员		俸银三十两
军医长一员		俸银四十两
马医长一员		俸银三十两
书记长一员		俸银二十四两
司书生六名	每名俸银十二两	共七十二两
号目一名		饷银六两
号兵八名	每名饷银四两五钱	共三十六两
护目一名		饷银六两
护兵十二名	每名饷银四两五钱	共五十四两
正目十六名	每名饷银五两一钱	共八十一两六钱
副目十六名	每名饷银四两八钱	共七十六两八钱
正兵六十四名	每名饷银四两五钱	共二百八十八两

副兵六十四名	每名饷银四两二钱	共二百六十八两八钱
伙夫十八名	每名饷银三两三钱	共五十九两四钱
马夫目二名	每名饷银四两五钱	共九两
马夫二十名	每名饷银三两三钱	共六十六两
骑马一百九十五匹 （连排长、司务长、护号目兵各一匹。）	每匹乾银四两八钱	共九百三十六两

以上骑兵一营，每月应支俸公饷乾银二千六百八十三两六钱。

炮兵一营　计三连，每连三排，每排三棚，每棚正副目兵十名。

营长一员	俸银一百两 公银八十两	共一百八十两
连长三员	每员俸银四十两 每员公银十两	共一百五十两
排长九员	每员俸银二十五两	共二百二十五两
司务长一员		俸银二十两
军需长一员		俸银三十两
军医长一员		俸银四十两
马医长一员		俸银三十两
书记长一员		俸银二十四两
司书生五名	每名俸银十二两	共六十两
名目一名		饷银六两
号兵六名	每名饷银四两五钱	共二十七两
护目一名		饷银六两
护兵十二名	每名饷银四两五钱	共五十四两
正目二十七名	每名饷银五两一钱	共一百三十七两七钱

副目二十七名	每名饷银四两八钱	共一百二十九两六钱
正兵一百零八名	每名饷银四两五钱	共四百八十六两
副兵一百零八名	每名饷银四两二钱	共四百五十三两六钱
伙夫二十九名	每名饷银三两三钱	共九十五两七钱
马夫目二名	每名饷银四两五钱	共九两
马夫二十二名	每名饷银三两三钱	共七十二两六钱
炮马二百十六匹	每名乾银四两八钱	共一千零三十六两八钱

以上炮兵一营，每月应支俸公饷乾银三千二百七十三两。

工程一连　计三排，每排三棚，每棚正副目兵十名。

连长一员	俸银四十两 公银十两	共五十两
排长三员	每员俸银二十五两	共七十五两
司务长一员		俸银二十两
司书生一名		俸银十二两
号兵二名	每名饷银四两五钱	共九两
护兵二名	每名饷银四两五钱	共九两
正目九名	每名饷银五两一钱	共四十五两九钱
副目九名	每名饷银四两八钱	共四十三两二钱
正兵三十六名	每名饷银四两五钱	共一百六十二两
副兵三十六名	每名饷银四两二钱	共一百五十一两二钱
伙夫九名	每名饷银三两三钱	共二十九两七钱

以上工程一连，每月应支俸公饷银六百零七两。

辎重一连　计三排，每排三棚，每棚正副目兵十名。

连长一员	俸银四十两 公银十两	共五十两
排长三员	每员俸银二十五两	共七十五两
司务长一员		俸银二十两

司书生一员		俸银十二两
号兵二名	每名饷银四两五钱	共九两
护兵二名	每名饷银四两五钱	共九两
正目九名	每名饷银五两一钱	共四十五两九钱
副目九名	每名饷银四两八钱	共四十三两二钱
正兵三十六名	每名饷银四两五钱	共一百六十二两
副兵三十六名	每名饷银四两二钱	共一百五十一两二钱
伙夫九名	每名饷银三两三钱	共二十九两七钱
喂养夫十名	每名饷银三两三钱	共三十三两
驾车骡三十头（车十辆）	每头乾银四两八钱	共一百四十四两

以上辎重一连，每月应支俸公饷乾银七百八十四两。

统共全旅每月共支俸公饷乾湘平银二万六千三百一十三两六钱。

案镇守使所部步、马、炮十一营一连，常年共需经费大洋六十三万八千六百三十五元三角，改编陆军混成一旅，计步、骑、炮、工、辎八营二连，常年共需经费大洋六十三万八千四百五十二元四角，比较原支常年经费，尚节余大洋一百八十二元九角。

谨将东边镇守使署及所部巡防队常年经费并拟改编陆军混成一旅应需经费比较数目，一并开单，送请查核。

计开：

旧部项下		计巡防步、马十一营、炮一连
东边镇守使署		
一、常年经费		大洋二万元
巡防右路统领部	步队七营	马队一营
一、官佐一百三十员名		俸公银六万一千八百三十六两

一、差遣八员	津贴银二千三百二十八两
一、弁目兵夫二千八百一十四名	正饷银十五万零四百五十八两四钱
一、弁目兵二千五百六十五名	加饷银三万零七百八十两
一、骑马一百七十一匹	正加乾银一万二千三百一十二两
一、弁目兵二千五百六十五名	衣履费银二万五千六百五十两
一、医药费	目兵暑药费银四百两
一、各项杂款	杂支银二万五千两

以上各项,共支沈平银三十万零八千七百六十四两四钱,照章归合大洋四十三万七千五百九十一元三角。

附炮兵一连

一、官长六员名	俸公银二千零五十二两
一、兵夫一百五十九名	正饷银八千一百两
一、目兵匠一百三十四名	加饷银一千六百零八两
一、炮马九十五匹	正加乾掌银七千一百十三两六钱
一、过山炮六尊	擦炮油费三百六十两
一、兵夫柴价	柴价银四百八十两
一、中西药费	药费银二百两
一、目兵一百三十名	衣履费二千零零七两二钱
一、各项杂费	杂支银一千七百七十五两四钱

以上各项，共支湘平银二万三千六百九十六两二钱，照章归合大洋三万三千五百三十六元。

巡防右路帮统部　　步队一营　　马队二营

一、官佐四十员名	俸公银二万二千七百五十二两

一、弁目兵夫七百二十四名　正饷银三万八千五百二十九两六钱
一、弁目兵六百四十三名　加饷银七千七百一十六两
一、骑马二百五十七匹　正加乾银一万八千五百零四两
一、目兵六百四十三名　衣履费银六千四百三十两
一、医药费　目兵暑药费银一百五十两
一、各项杂费　杂支银一万两

以上各项，共支沈平银十万零四千零八十一两六钱，照章归合大洋十四万七千五百零八元。

以上各款，常年共需大洋六十三万八千六百三十五元三角。

新编项下　拟照旧制按八成改编陆军混成一旅，计步兵两团，骑、炮各一营，工、辎各一连。

正支额款

一、官佐二百四十九员名　俸公银十一万四千六百六十两
一、弁目兵夫三千三百四十四名　正饷银十七万五千二百四十两零八钱
一、弁目兵二千九百八十九名　加饷银三万五千八百六十八两
一、马骡四百四十九匹　正乾银二万五千八百六十二两四钱
一、马骡四百四十九匹　加乾银六千四百六十五两六钱

以上各项，共支银三十五万八千零九十六两八钱。

杂支额款

一、目兵二千九百八十九名　衣履费银四万六千一百五十两零一钱六分
一、马骡四百四十九匹　掌缰费银一千二百九十三两一钱二分
一、炮位十八尊　擦炮油费银一千零八十两

一、目兵医药费　　　　　　　　中西药费银二千四百两
一、兵夫三千三百四十四名　　　柴价银九千六百两
一、辎重车十辆　　　　　　　　键油费银六十两

以上各项，共支银六万零五百八十三两二钱八分。

杂支活款
一、倒毙马匹　　　　　　　　马价银三千七百七十一两
一、倒毙军骡　　　　　　　　骡价银四百五十两
一、修换鞍套　　　　　　　　鞍套价银二十一两六钱
一、房　　租　　　　　　　　房租费银三千两
一、修缮营房　　　　　　　　修理费银四千五百两
一、移防川资　　　　　　　　移防费银四千五百两
一、邮电费　　　　　　　　　电报费银六百两
一、获盗奖赏　　　　　　　　奖赏费银一千八百两
一、伤亡恤赏　　　　　　　　恤赏费银一千八百两
一、建筑营房　　　　　　　　建筑费银四千八百两
一、烧埋及各项杂费　　　　　杂支各款银七千二百两

以上各项，共支银三万二千四百四十二两六钱。

以上各项，常年共需湘平银四十五万一千一百二十二两六钱八分，照章归合大洋六十三万八千四百五十二元四角。

(2) 段祺瑞复张锡銮函稿(11月20日)

总长致盛京张上将军函

今颇仁兄上将军麾下：久阔光仪，时殷驰跂。师披华翰，藉慰渴枕。贵省巡防改编，饷不加增，自属轻而易举。但此时强邻窥伺，实力未充，从事改编，徒有增兵之名，致招外人之忌，甚不相宜。此东省特别情形，度亦吾兄所素稔。要在加意训练，隐求实际，不系乎师旅之名目，请以此意密告吴、马二使，姑从缓

议。至该镇使等功绩昭著，则中央深所信任，希饬勉为其难，力维大局，是所企盼。手复。敬颂勋安。

弟段　　顿首　十一月廿日

〔北洋政府陆军部档案〕

15．李如璋为奉军补充步兵第三旅等到大名招募新兵禀

（1918年8月6日）

军门① 钧鉴：璋旅前在大名招募新兵，诸承关照，感激万分。彼时所募之兵，为数本已足额。迨至洛阳，齐集官长，均未到齐，照料既属乏人，潜逃在所不免。又兼成营之始，先尽他处补拨，以故璋旅所空兵额，致达八百余名。于旅相差，为数亦在不少。通盘计算，两旅尚缺一千余名。会商于旅，派员前往招募。璋旅特派副官王丕文、孙思周等前往大名一带，续募新兵一千余名。并令特函晋谒轸辕，到时仍恳我军门推情照拂，通饬所属帮同一切，是为至祷。并随赐方针，俾该员有所遵循。惟屡费尊神，心实不安，伏念属在旧僚，祇有铭诸心版〔坎〕而已。肃禀。敬请钧安。余维垂察不备。李如璋谨禀。八月六日。

〔北洋政府冀南镇守使署档案〕

16．暂编奉天第一混成旅成立经过

（1918年）

暂编奉天陆军第一混成旅经历②

一、本旅于民国七年四月一日成立。

二、因西南各省反对中央，奉令招募壮丁，编制成旅，以备

① 对冀南镇守使王怀庆的尊称。

② 此件系选自暂编奉天陆军第一混成旅职员表前言部分。

援湘。

三、本旅民国七年四月成立时，为暂编奉天陆军第二混成旅，是年九月改暂编奉天陆军第一师步兵第二旅，八年十一月间改为暂编奉天陆军第一混成旅。

四、现驻奉天辽源一带。

五、民国七年，在湖南株州鸦株岭、张仙岭等处剿捕大股土匪数次。八年，因吉省风潮甚炽，奉令调吉，编为支队司令部，参与战役。九年，吉林同宾一带大股土匪猖獗，奉令剿捕经年，始将吉林省地面肃清。

〔北洋政府陆军部档案〕

17. 大总统任命张景惠邹芬阚朝玺为暂编奉军第一师师旅长令

（1918年8月）

（1） 8月24日大总统令

大总统令

任命张景惠为暂编奉军第一师师长。此令。

中华民国七年八月二十四日

国务总理　段祺瑞

陆军总长　段芝贵

〔政府公报，1918年8月25日，第928号〕

（2） 8月31日大总统令

大总统令

任命邹芬为暂编奉天陆军第一师步兵第一旅旅长，阚朝玺为第二旅旅长。此令。

中华民国七年八月三十一日

国务总理　段祺瑞
陆军总长　段芝贵

〔政府公报，1918年9月1日，第935号〕

18．暂编奉天第二混成旅成立经过

（1918年）

暂编奉天陆军第二混成旅经历①

一、成立之年月日　本旅于民国七年三月二十三日编制成立。

二、成立时之情形　奉省处特别地位，添编混成旅，以资保卫。

三、今昔之变迁　本旅各团、营、连，均由本省招募，迄无变迁。

四、驻在地点　本旅各团、营、连均驻北京南苑。

五、战役之有无　本旅各团、营、连军队，除剿办胡匪、查拿乱党，并无战争事宜。

〔北洋政府陆军部档案〕

19．暂编奉天第三混成旅成立经过

（1918年）

暂编奉天陆军第三混成旅经历②

一、成立之年月日　于民国七年五月一日成立。

二、成立时之情形　民国七年春，南北失和，奉省兵力单薄，奉令招募混成旅，本旅编为奉天暂编陆军第五混成旅[illegible]御国防。

三、今昔之变迁　民国七年冬十月，奉令改[illegible]制，以奉

① 此件系选自暂编奉天陆军第二混成旅职员表前言部分。

② 此件系选自暂编奉天陆军第三混成旅职员表前言部分。

天暂编陆军第五混成旅改为暂编奉天陆军第三混成旅。

四、驻在之地点　奉天省沈阳县。

〔北洋政府陆军部档案〕

20. 大总统任命暂编奉天一至五混成旅旅长令

（1918年9月18日）

大总统令

任命梁朝栋为暂编奉天陆军第一混成旅旅长，郑殿陞为第二混成旅旅长，蔡平本为第三混成旅旅长，王良臣为第四混成旅旅长，刘香九为第五混成旅旅长。此令。

中华民国七年九月十八日

国务总理　段祺瑞

陆军总长　段芝贵

〔政府公报，1918年9月19日，第953号〕

21. 张作霖为奉军副司令由新编第一师师长张景惠兼充电

（1919年7月13日）

国务院、参谋本部、陆军部鉴：现据奉军司令部副司令孙烈臣呈称：七月六日奉令，特任署理黑龙江督军等因。所有副司令一职，自应遴员接充。查有新编陆军第一师师长、驻湘奉军第一支队长张景惠，堪以兼充奉军司令部副司令。除电令刻日就职外，谨电陈明，希查照备案。张作霖。元叩。

〔北洋政府陆军部档案〕

22. 大总统任命张作相署奉天第二十七师师长令

（1919年8月24日）

大总统令

任命张作相署奉天陆军第二十七师师长。此令。

大总统印

中华民国八年八月二十四日

国务总理　龚心湛
陆军总长　靳云鹏

〔政府公报，1919年8月24日，第1275号〕

23. 大总统免去王良臣改任张海鹏为暂编奉天第四混成旅旅长令

（1920年1月28日）

大总统令

陆军总长靳云鹏呈：暂编奉天陆军第四混成旅旅长王良臣，另有差委，请予免职。王良臣准免本职。此令。

中华民国九年一月二十八日

国务总理
陆军总长　靳云鹏

大总统令

任命张海鹏为暂编奉天陆军第四混成旅旅长。此令。

中华民国九年一月二十八日

国务总理
陆军总长　靳云鹏

〔政府公报，1920年1月29日，第1423号〕

24. 大总统免去刘香九改任齐恩铭为暂编奉天第五混成旅旅长令

（1920年4月20日）

大总统令

陆军总长靳云鹏呈，暂编奉天陆军第五混成旅旅长刘香九，请予免职。刘香九准免本职。此令。

中华民国九年四月二十日

国务总理
陆军总长 靳云鹏

大总统令

任命齐恩铭署暂编奉天陆军第五混成旅旅长。此令。

中华民国九年四月二十日

国务总理
陆军总长 靳云鹏

〔政府公报，1920年4月21日，第1503号〕

25. 大总统任命张学良为暂编奉天第三混成旅旅长令

（1920年6月2日）

大总统令

任命张学良为暂编奉天陆军第三混成旅旅长。此令。

中华民国九年六月二日

国务总理 萨镇冰

陆军总长

〔政府公报，1920年6月3日，第1546号〕

26. 大总统任命梁朝栋为暂编奉天第一师第二旅旅长令

（1920年8月8日）

大总统令

任命梁朝栋为暂编奉天陆军第一师步兵第二旅旅长，孟文卿为步兵第二旅第三团团长，王文华为第四团团长，石万魁为骑兵第一团团长，赵玉周为炮兵第一团团长。此令。

中华民国九年八月八日

国务总理　萨镇冰

陆军总长

〔政府公报，1920年8月9日，第1611号〕

27. 大总统任命高凤城为吉林第二十三师第四十五旅旅长策令

（1915年3月22日）

大总统策令

任命高凤城为吉林陆军第二十三师步兵第四十五旅旅长。此令。

中华民国四年三月二十二日

国务卿　徐世昌

〔政府公报，1915年3月23日，第1031号〕

28. 孟恩远为二十三师改编为吉林第二三两混成旅电

（1915年7月5日）

北京政事堂、统率办事处、参谋本部、陆军部、财政部钧鉴：

陆军第二十三师已照呈准原案改编为两混成旅，于本年七月一日成立，师部亦即于是日裁撤。除详情另文呈咨外，合先电达。镇安左将军孟恩远。微。印。

〔北洋政府陆军部档案〕

29. 陆军部为吉林编成混成旅请任命各旅团长呈

（1915年7月15日）

陆军部呈请以裴其勋等为吉林陆军各混成旅旅、团各长缮单请示文，并批令

为请简旅长荐任团长并请缓觐见缮单恭呈钧鉴事：窃吉林陆军第二十三师，前由镇安左将军孟恩远呈请改编为两混成旅，于民国四年三月十七日奉批令照准在案。旋准该左将军咨请改编二十三师为吉林陆军第二第三两混成旅，其原有之陆军混成旅即改为吉林陆军第一混成旅。复经本部核准咨复，亦在案。兹准咨称：改编各混成旅已限期成立，旅、团长各职，请由部转请任命，暂缓觐见。等因。并开具职名清摺前来。查该省所编各混成旅，尚属妥协。其改充旅、团长各职，亦堪胜任。拟请任命，以重职守而专责成。至该旅、团长等，因改组伊始，事务较繁，可否暂缓觐见，恭候批令祇遵。谨缮单具呈，伏乞大总统钧鉴训示施行。谨呈。

批令：裴其勋等，已另有令分别任命矣。并均准其暂缓觐见。此批。

中华民国四年七月十五日

国务卿　徐世昌

〔政府公报，1915年7月18日，第1147号〕

30．关于编成吉林第四旅以任福元为旅长咨令

（1916年9月—1917年2月）

（1）孟恩远致陆军部咨（1916年9月16日）

吉林督军公署为咨请事，案照本督军前以蒙匪猖獗，全省兵力过单，防剿每难兼顾，拟请添募步、骑兵各三营，分配两团，编成一旅，即就原有陆军混成三旅，依次编号为吉林陆军第四旅，俾敷分布，而壮声威。并按照陆军编制，增设旅、团长等缺，以专责成各等情，均经大部核准电复在案。现在分投招募，将次成军，所有全旅应设旅长一员，步兵团、骑兵团团长各一员，步兵营、骑兵营营长各三员，亟应遴选妥员分别委任。且事机紧迫，与从容教练者不同。惟有就本省军中现任职员酌量升调，驾轻就熟，庶济急需。旅长表率全旅，关系尤要，本督军详加考察。查有三等文虎章、陆军少将衔步兵上校、本署副官长任福元，久膺专阃，历著殊勋。来吉后，于民国二年剿平扎旗蒙乱，厥功甚伟。此次巴匪肆扰，派充前敌支队长，防剿兼施，迭获胜仗。对于困难、交涉，尤属因应得宜。该员胆识兼优，夙孚众望，以之简任陆军第四旅旅长，必能胜任。……各员缺缘由，相应汇造详细履历清册，备文咨请大部查照，希即分别简、荐，转请任命，并缓晋谒，至纫公谊。此咨

陆军部

计送履历册一本〔略〕

吉林督军　孟恩远

中华民国五年九月十六日

〔北洋政府陆军部档案〕

（2）大总统令（10月11日）

大总统令

任命任福元为吉林陆军第四旅旅长，曹志刚为吉林陆军第四旅步兵团团长，张德海为吉林陆军第四旅骑兵团团长。此令。

中华民国五年十月十一日

国务总理
陆军总长　段祺瑞

〔政府公报，1916年10月12日，第277号〕

（3）孟恩远致陆军部咨（1917年2月2日）

吉林督军公署为咨请事：民国五年十一月二十一日准大部咨开：民国五年十月十一日奉大总统令：任命任福元为吉林陆军第四旅旅长，曹志刚为吉林陆军第四旅步兵团团长，张德海为吉林陆军第四旅骑兵团团长。此令。……兹于一月初八日，据陆军第四旅旅长任福元将各该团、营长等领到简、荐状日期呈请转咨前来，本督军覆查无异。除呈指令外，相应备文咨请大部，请烦查照备案施行。此咨

陆军部

吉林督军　孟恩远

中华民国六年二月二日

〔北洋政府陆军部档案〕

31. 孟恩远为吉林第四旅改编为第四混成旅又新募第五混成旅请呈荐任命各员缺咨

（1918年6月28日）

吉林督军公署为咨请事：案查吉林陆军第四旅原设步骑兵各一团，每团三营，编练成旅。嗣因去秋蒙边不靖，哈埠俄乱旋生，该旅兵力单薄，不敷分布，当经添募骑兵一团，又辎重一营，合以原有之数，计共骑兵二团，步兵一团，又辎重一营。并改编

该旅为吉林陆军第四混成旅。本年三月，又新募第五混成旅，计步兵三团，共九营。该两旅兵种之配备，均不合式，因以第四旅之骑兵一团拨归五旅，即拨第五旅之步兵一团以归四旅，似此一转移间，则编配适宜，裨益军事，当非浅鲜。以上各情，曾经本督军呈请大总统核准，并分别咨呈院、部查照在案。兹查该第四混成旅各级军官，除拨换之骑兵一团各官长已另案咨请荐任，业均奉令照准者不计外，其余各员缺，虽仍以第四旅原有人员充任。惟是原颁任命状并无混成字样，未免与事实不符。且由五旅拨换之步兵团各员，尚未呈荐，尤属参差不齐。当此边疆多故，军务吃紧之时，祗得援照交通不便省分变通办法，已饬各该员先行就职外，相应开列清单检同履历备文，咨请大部请烦查照，分别呈荐，请予任命，用昭一律而符名实，至纫公谊。此咨

陆军部

计咨送清单一纸、履历九纸〔缺〕

吉林督军　孟恩远

中华民国七年六月二十八日

〔北洋政府陆军部档案〕

32. 大总统任命高士傧为吉林第四混成旅旅长令

（1918年7月24日）

大总统令

任命高士傧为吉林陆军第四混成旅旅长，曹志刚为步兵第一团团长，刘焕章为第二团团长。此令。

中华民国七年七月二十四日

国务总理　段祺瑞

陆军总长　段芝贵

〔政府公报，1918年7月25日，第898号〕

33. 大总统任命么培珍为吉林第五混成旅旅长令

（1918年8月20日）

大总统令

任命么培珍为吉林陆军第五混成旅旅长，王玉珍为步兵第一团团长，王树棠为步兵第二团团长，张德海为骑兵团团长。此令。

中华民国七年八月二十日

国务总理　段祺瑞

陆军总长　段芝贵

〔政府公报，1918年8月21日，第924号〕

34. 孟恩远陈吉林新增第一师原委密电

（1918年10月17日）

急。北京陆军部香岩总长、宝斋次长、慕韩次长① 均鉴：统密。吉林新增陆军第一师，业经呈报在案。查此次添募军队，系出商民请求，饷项悉由地方担任。祇以旧有军队多占驻中东路线，不要遽撤，边防用兵既急，地面遂致空虚，胡匪竟至各处充斥，缓不济急，人心恐慌，流离逃避，迫而出此，是以未及候命，即行开募成军。此中为难情形，局外不知，或转发生疑忌，致干部驳。素承关爱，特此电陈。务希原谅苦衷，速于核准赐复。是所至盼。孟恩远。筱。印。

〔北洋政府陆军部档案〕

---

① 段芝贵字香岩，时任陆军部总长。张士钰字宝斋，时任陆军部次长。丁锦字慕韩，时任陆军部军务司司长。

35．孟恩远关于添编吉林第一师并请委高士傧为师长咨

（1919年1月17日）

吉林督军公署咨为军职重要，请予分别简、荐，以重职守而策进行事：案照添编吉林陆军第一师及成立日期，业经分别呈咨照准在案。所有师长及师部人员，均应及时咨请简、荐。查师部人员多由吉林陆军第四、五两混成旅分别调充，再以炮位购置不易，暂将第二混成旅炮兵一团完全拨归该师，另募骑兵一团，拨补第二混成旅。所有四、五两混成旅缺额军官及第二混成旅骑兵团官长，亦应一并及时简、荐任命，以重职守。查有第四混成旅旅长兼扶农镇守使、陆军中将衔少将高士傧，精明果敢，有勇知方，堪胜师长之任。所遗第四混成旅旅长兼扶农镇守使一缺，查有第三混成旅步一团团长、陆军少将衔步兵上校高峻峰，心精力果，识裕方长，堪以升任。第一师步一旅旅长一缺，查有第一混成旅步一团团长、陆军少将衔步兵上校诚明，老成谙练，谋勇兼优，堪以升充。该师步二旅旅长一缺，查有军署参谋长、陆军少将王瑞林，武学优长，朴实勇敢，久任边事，所至有功，堪以调充。各该员莅事以来，业经数月，均能胜任快愉。除呈大总统外，应请迅赐转呈简任，实为公便。至所有该师部及四、五两混成旅调遗各缺，第二混成旅补充骑兵团各军官等，另缮清单，一并请予转呈分别简任、荐任。并请刊发师长关防，以重职守。为此，咨请大部查照施行。此咨

陆军部

计咨送清单三扣〔略〕

吉林督军孟恩远

中华民国八年一月十七日

〔北洋政府陆军部档案〕

36．大总统关于请任高士傧等为师长各职经交陆军部查办指令

（1919年1月22日）

大总统指令　第二百四十三号

令吉林督军孟恩远

呈请简任高士傧等为师长各职由。呈悉。交陆军部查核办理。此令。

中华民国八年一月二十二日

国务总理　钱能训

陆军总长　靳云鹏

〔政府公报，1919年1月23日，第1068号〕

37．鲍贵卿为开复吉林骑兵旅旅长英顺官职与国务院等来往密电

（1919年11月）

（1）鲍贵卿致国务院等密电（11月26日）

吉林鲍贵卿宥电　十一月廿七日

北京大总统、国务院钧鉴：陆军部鉴：统密。窃查前江省骑兵旅旅长英顺，曩因擅调军队，经贵卿撤差查办，并呈请褫夺军官军职在案。当时江省军纪不振，贵卿视事伊始，不得不稍从严厉，藉示儆惩。惟该员在江多年，情形熟悉，究系有用之才。自经撤查以后，遵令交卸，涂知悔悟。其经手款项，亦经报销完竣，尚无弊混。本年夏间，吉事发生，该员奉令晓劝吉军，奔走往来，厥劳甚著。当此边事方亟，将才难得，似应曲予宽宥，以励将来。

拟恳将该员原受军官、军职特准开复，以示国家爱惜人才之至意。临电不胜惶悚待命之至。鲍贵卿。宥。印。

（2）国务院等复鲍贵卿密电（11月28日）

吉林鲍督军鉴：治密。宥电拟请开复旅长英顺官职一节，业交部查核办理。奉谕，特复。院、参陆部。勘。印。

〔北洋政府参陆办公处档案〕

38．大总统任命张九卿等为吉林一至五混成旅旅长令

（1920年8月31日）

大总统令

任命张九卿为吉林陆军第一混成旅旅长，胡文藻为第二混成旅旅长，诚明为第三混成旅旅长，李梦庚为第四混成旅旅长，李庆禄为第五混成旅旅长，高凤城为第六混成旅旅长。此令。

中华民国九年八月三十一日

国务总理
陆军总长 靳云鹏

〔政府公报，1920年9月1日，第1634号〕

39．鲍贵卿关于领到吉林各混成旅旅长简任状咨

（1920年11月22日）

吉林督军公署为咨复事：案于民国九年十一月十六日，准大部咨送吉林陆军第一混成旅旅长张九卿等简任状六封等因到署。准此。除分别转发祗领外，相应备文咨复大部，请烦查照备案。

此咨

陆军部

吉林督军　鲍贵卿

中华民国九年十一月二十二日

〔北洋政府陆军部档案〕

40．大总统任命胡永奎张九卿为吉林第一二混成旅旅长令

（1921年4月7日）

大总统令

任命胡永奎为吉林陆军第一混成旅旅长，张九卿为吉林陆军第二混成旅旅长。此令。

中华民国十年四月七日

国务总理
陆军总长　靳云鹏

〔政府公报，1921年4月8日，第1841号〕

41．大总统免去李梦庚改任刘香九为吉林第四混成旅旅长令

（1921年6月17日）

大总统令

陆军总长蔡成勋呈：准吉林督军孙烈臣咨：吉林陆军第四混成旅旅长李梦庚恳请辞职。李梦庚准免本职。此令。

中华民国十年六月十七日

国务总理　靳云鹏

陆军总长　蔡成勋

大总统令

任命刘香九为吉林陆军第四混成旅旅长。此令。

中华民国十年六月十七日

国务总理　靳云鹏

陆军总长　蔡成勋

〔政府公报，1921年6月18日，第1910号〕

42．大总统任命高士傧兼署吉林第四旅旅长令

（1921年10月10日）

大总统令

任命高士傧署理扶农镇守使兼署吉林陆军第四旅旅长。此令。

中华民国六年十月十日

国务总理
陆军总长　段祺瑞

〔政府公报，1917年10月12日，第624号〕

43．陆海军会计审查处关于吉林添招各师旅开办费情形移付

（1922年1月17日）

陆海军会计审查处为移付事：准前吉林督军鲍咨称：吉省兵力，从前本止三混成旅，嗣因地方不靖，匪患频仍，于民国五年九月添招第四旅一旅，六年十一月又添招步、骑新兵七营一连，分配补充于一、四各旅及卫队步、马兵营内，七年四月又添招第五混成旅一旅，十月又添招陆军第一师，全师先后均经孟前督军呈奉令准有案。查各该军队成立之初，计第四旅由本省财政厅领过开办费小洋十万元，第五旅由财政厅领过开办费小洋五十四万八千元，第一师由财政厅领过开办费大洋二百五十万元。除移拨前中东铁路警备费项下七十万元业已另文咨报不计外，计实列收百八十万元。以上各师、旅统共领过开办费小洋六十四万八千

元，大洋一百八十万元。至其开办所需购置及招兵一切用款，当时虽据分别呈报到署，而孟前督军任内，因军事纷纭，未及汇核造报。本督军接准移交，亦以裁兵善后各事诸待进行，未能克期代办。现在时经数载，自应查照原案赶速办理，以资清结。查第四旅计需大洋十三万七千九百九十五元五角二分七厘，又小洋四万七千九百零四元三角三分七厘；第五旅计需大洋九万二千二百九十一元九角八分七厘，又小洋七万零零三元七角零七厘；卫队马、步兵营计需大洋二万一千一百零一元六角四分四厘；第一师计需大洋四十六万一千七百零七元二角一分五厘；第一旅计需大洋三万九千九百九十七元九角；第二旅计需大洋一万五千九百三十八元四角八分五厘；第三旅计需大洋八千六百九十元零七角。以上统共需用大洋七十七万七千七百二十三元四角五分八厘，小洋十一万七千九百零八元零四分四厘。按之原领开办费数目，尚结存大洋一百零二万二千二百七十六元五角四分二厘，小洋五十三万零零九十一元九角五分六厘。一再详核，均属相符。相应检同册据等件咨报大部，请烦查照核销施行。再，查此次册列第一、二、三各旅所需用款，原系从前各该旅预算继续费内应置之项，因继续费经部删除，无款支销，故一并造册列报，统由第一师开办费内挪移开支。又第一师系以第四旅全旅，并抽编第五旅步兵两团，第二旅炮兵一团，混合组织成立。而各原旅所缺兵额，则系另行招募补充。其补充原因，既发生于第一师之抽编，故所需购置、招兵等款，统作为第一师开办费，汇总列报，以归实际而免纷歧。等因。查此项开办各费，据称呈奉令准有案，开支各款，是否与原案相符，本处无从查悉，相应移请贵司查照，希将关于此案往来文电及核实原案，一并检送过处，以凭核办可也。此付

军务司

中华民国十一年一月十七日

〔北洋政府陆军部档案〕

44. 大总统任命蔡永镇郭瀛洲为吉林第五第六混成旅旅长令

（1922年2月22日）

大总统令

任命蔡永镇为吉林陆军第五混成旅旅长，郭瀛洲为吉林陆军第六混成旅旅长。此令。

大总统盖印　　国务总理颜惠庆　　陆军总长鲍贵卿

中华民国十一年二月二十二日

〔政府公报，1922年2月23日，第2147号〕

45. 临时大总统任命许兰洲为黑龙江陆军旅长令

（1912年9月8日）

临时大总统令

任命许兰洲充黑龙江陆军旅长。此令。

中华民国元年九月初八日

大总统盖印　　赵秉钧、段祺瑞署名

〔政府公报，1912年9月初9日，第132号〕

46. 宋小濂请将黑龙江防营取消改为陆军旅并请任命旅长致大总统等电

（1912年11月—12月）

（1）11月28日电

大总统、陆军部、参谋部钧鉴：自民国成立，各省半多改编陆军。江省地属边瘠，屏蔽东北。近年以来，各省警报叠闻，影响所及，土匪因之四起，幸赖各防营分头剿办，地方赖以安堵。各营将士虽不必有陆军学识，而奋不顾身习于战阵，其刚强果毅之风，较之学堂出身者有过之无不及也。前以本省陆军不足一旅，曾将防军马队四营改编陆军马队一团，俾成一旅，业经呈准在案。此外，防军八路，若因仍不变，一旅之名称既异，即陆防之畛域攸分，实于军政前途大有窒碍。当此蒙氛日炽，外患日深，拟请取销防营名目，一律改为陆军，所有第一旅〔路〕统领袁庆恩、第三兼第四路统领马瑞禄、第五路统领巴英额等三员，均请暂编为独立旅改为旅长。其第二路统领系军政处长徐鼐霖兼充，亦酌改一旅。除第六第七两路未设统领外，其第八路仅有四营，驻扎黑河，第六路驻扎肇州大赉，距省窎远，均为独立团，立团长。其余各路帮统，一律改为团长，各营管带、哨官，均改为营长、连长。一切薪饷暂为防营开支。如蒙准，另行编制呈报。是否有当，理合电请示遵。宋小濂。勘。印。

（2） 12月14日电

大总统、陆军部、参谋部钧鉴：大总统微电敬悉。江省军队前请改防为陆，原系不得已之计。自去岁武昌起义，本省维持秩序保卫公安，全恃军队之力。平日防营薪饷减于陆军，待遇官兵不如陆军优厚，加以胡匪迭起，多任防军征剿，费少劳多，各军已不无觖望。自陆军补官章程通行以后，陆军官佐均得补授实官，防军效命有年，独不能蒙此优异。当此外患日逼，内匪未清，似非策励军人之道。前以本省财政极绌，故拟改编营制，先行变其名称，要不过为防军人员筹一出路，俾各军官佐均得补实官，既可统一军制，又可策励人材，于军界前途，不无裨益。兹奉电示，中央兵额尚须另行编制，江省军队自应俟公布后再行改编。现拟仍请改名陆军，一切饷章，暂仍其旧。且查陆军部补官章程第一条，载有凡民国服务军职人员，均得按其职级补授实官。又准陆军部请补授上等陆军官佐，限于本年阳历十二月三十一日截止，其有应补人员，务于限内赶报到。等因。现在期限已迫，各营军职服务民国将届期年，自未便令其向隅，致生怨望。除第二路统领系军政处长徐鼎霖兼充外，所有黑龙江军第一路统领袁庆恩、第三兼第四路统领马瑞禄、第五路统领巴英额，拟请先照陆军旅长特补实官，其第八路统领暨各路帮统各营管带、哨官，均请照陆军团长、营长、连长一律补授实官。为此办理，各营将佐皆得与陆军人员同邀异数，庶可以作士气而寄干城。小濂为策励将士起见，务请俯允施行，至为盼祷。宋小濂。寒。印。

〔北洋政府陆军部档案〕

47．朱庆澜就改编黑龙江混成旅陈述意见密电

（1914年6月10日）

急。北京统率办事处、参谋陆军两部钧鉴：华密。迭据姜参谋长电称：改编事，中央令许旅长赴京面商等语，自应照办。惟改编关系重要，手续纷繁，混成旅旧有步兵一团，不合编制，现将一路步兵三营改并一营，二路步兵四营改并两营，暂隶该旅，以为续成步团之计。许旅长分任指导，责有攸归，遽令赴京，大失臂助。且减政年度，仅隔十余日，改编不决，延误难辞。中央核定办法，恳速明颁命令，俾有遵循。庆澜责任所在，务尽靡遗。许旅长能缓赴京，即俟改编就绪后，再令前往。可否之处，立乞电示。黑龙江护军使朱庆澜。蒸。印。

〔北洋政府陆军部档案〕

48. 大总统任命许兰洲巴英额任国栋为黑龙江陆军第一师师旅长令

（1917年2月4日）

大总统令

任命许兰洲为黑龙江陆军第一师师长。此令。

中华民国六年二月四日

国务总理 段祺瑞
陆军总长 段祺瑞

大总统令

任命巴英额为黑龙江陆军第一师步兵第一旅旅长，任国栋为第二旅旅长，英顺为陆军骑兵第四旅旅长，张济元为黑龙江陆军第一师步兵第三团团长，鄂双元为第四团团长，吴士傑为骑兵团团长，达青阿为陆军骑兵第四旅第七团团长，李庆禄为第八团团长，袁庆恩为第九团团长。此令。

中华民国六年二月四日

〔政府公报，1917年2月5日，第385号〕

49. 毕桂芳领到黑龙江第一师师长许兰洲等简任状咨

（1917年3月30日）

黑龙江督军署为咨覆事：本年三月二十八日，准大部咨发黑龙江陆军第一师许师长兰洲等简荐状三十六封到署，除分别转令祗领外，相应备文咨请大部查核备案施行。此咨

陆军部

黑龙江督军　毕桂芳

中华民国六年三月三十日

〔北洋政府陆军部档案〕

50．鲍贵卿兼任黑龙江第一师师长电

（1917年9月24日）

北京国务院、陆军部、参谋部均鉴：号电悉。江省第一师师长许兰洲奉调赴奉，业于廿日启程离江。所遗师长，由贵卿暂行兼任，业于本日受事。特闻。鲍贵卿。敬。印。

〔北洋政府陆军部档案〕

51．鲍贵卿拟请以巴英额为黑龙江第一师师长等情密电

（1917年10月29日）

北京大总统钧鉴：国务院、陆军部、参谋本部均鉴：正密。黑龙江第一师师长一职，自前师长许兰洲调奉，经贵卿遵令暂行兼代，分别呈咨报告在案。查江省军民两署事务纷繁，现值收束军队清理善后之时，师长一职，实难久行兼摄，自应据实陈明，请予早日遴员简命，以重责成。兹查步兵第一旅旅长巴英额，老成果毅，久著战功。此次与旅长英顺拥护中央，尤属深明大义。如蒙准予简充师长，实足以奖劳勋，而励军心。贵卿为边局需才起见，敬举所知，以备酌择。又江省有绥、兰各属，商务繁盛，系全省精华所在，该处近接哈埠，水陆交通尤为江省门户，蒙、胡各匪，觎觇夙切，自非酌设重镇，不足以建威销萌。驻江骑兵第四旅旅长英顺，精干敏锐，智勇俱优。前次驻防该区，军民同声悦服。拟请特设绥兰镇守使一缺，驻扎呼兰，即以该旅长简授是

缺，实属人地相宜。愚昧之见，是否有当？伏乞鉴核训示施行。鲍贵卿。艳。印。

〔北洋政府陆军部档案〕

52．关于任命黑龙江各混成旅骑兵旅旅团长令电

（1918年5－7月）

（1）鲍贵卿致陆军部密电（5月27日）

特急。陆军部鉴：统密。漾电敬悉。本应遵办，惟查各该旅、团长等，自上年政争解决即充斯职，半载以来，悉心考察，均能胜任。现因本军厉行减政，全省军队又经裁去两旅长，以期节省经费。惟各军官鉴于迭次裁改，难免不怀疑虑。尤非速请，不足以资策励，而固军心。兹再将应请任命各旅、团长详晰开列于下：计开黑龙江陆军骑兵第一旅旅长袁庆恩，黑龙江陆军骑兵第一旅第一团团长刘宗尧，黑龙江陆军骑兵第一旅第二团团长于深澂，黑龙江陆军骑兵第二旅旅长并兼带骑兵第二旅第三团团长张奎武，黑龙江陆军骑兵第二旅第四团团长李相廷，黑龙江陆军第一混成旅旅长李庆禄，黑龙江陆军第一混成旅步兵第一团团长李德义，黑龙江陆军第一混成旅骑兵第五团团长杨恩纯，黑龙江陆军第五混成旅旅长张明九，黑龙江陆军第五混成旅步兵第二团团长江显珍，黑龙江陆军第二混成旅兼第六团团长胡永奎，黑龙江陆军第一混成团团长吴士傑，黑龙江陆军第二混成团团长李梦庚。除编制清册赶速续送外，所有上列各旅、团长，务恳即赐转呈，请予任命，实为公便。并希电复。鲍贵卿。感。印。

〔北洋政府陆军部档案〕

（2）大总统令（7月4日）

大总统令

任命李庆禄为黑龙江陆军第一混成旅旅长，张明九为第二混成旅旅长，袁庆恩为骑兵第一旅旅长，张奎武为骑兵第二旅旅长兼第二旅第一团团长，李德义为第一混成旅步兵团团长，杨恩纯为骑兵团团长，江显珍为第二混成旅步兵团团长，胡永奎为骑兵团团长，刘宗尧为骑兵第一旅第一团团长，于深澂为第二团团长，李相庭为骑兵第二旅第二团团长，吴士傑为陆军第一混成团团长，李梦庚为陆军第二混成团团长。此令。

中华民国七年七月四日

国务总理　段祺瑞

陆军总长　段芝贵

〔政府公报，1918年7月5日，第879号〕

53. 陆军部拟将第五混成旅改为黑龙江第二混成旅密电

(1918年5月31日)

黑龙江鲍督军鉴：统密。感电请将黑省各旅团长等从速任命，以资策励而固军心等因，应即照办。……原拟第五混成旅，应改为黑龙江陆军第二混成旅。又旅属各团，应按照成例，各自编号，以期顺序而归划一。特先电商，统希酌复。陆军部。卅一。印。

〔北洋政府陆军部档案〕

54. 大总统任命英顺巴英额为黑龙江第一第三混成旅旅长令

(1920年7月3日)

大总统令

任命英顺为黑龙江陆军第一混成旅旅长，巴英额为黑龙江陆军第三混成旅旅长。此令。
中华民国九年七月三日

国务总理　萨镇冰
陆军总长

〔政府公报，1920年7月5日，第1576号〕

55．大总统任命张海鹏为黑龙江第四混成旅旅长令

（1921年2月23日）

大总统令
任命张海鹏为黑龙江陆军第四混成旅旅长。此令。
中华民国十年二月二十三日

国务总理
陆军总长　靳云鹏

〔政府公报，1921年2月24日，第1798号〕

56．陆海军会计审查处为黑龙江第三混成旅编成与军务司来往移付

（1921年3—4月）

（1）陆海军会计审查处致军务司移付（3月30日）

陆海军会计审查处为移付事：准黑龙江督军咨送陆军第三混成旅八年十月至九年六月份计算书据到部。查该旅八年度未列有此项预算，是否新成队伍，抑系别项军队改编，本处无案可稽，相应移请贵司查明见复，并希将关于此案文件抄送过处，以凭考核可也。此付
军务司
中华民国十年三月三十日

（2）军务司复陆海军会计审查处移付（4月4日）

为移付事：准付开云云等因。查黑龙江陆军第三混成旅系由原有第一第二两混成团改编，曾于去年四月咨报备案。兹准前因，相应抄录原咨，移请贵处查照。此付

陆海军会计审查处

中华民国十年四月　日

〔北洋政府陆军部档案〕

57．大总统免去袁庆恩改任马瑞禄为黑龙江骑兵第一旅旅长令

（1921年10月2日）

大总统令

陆军总长蔡成勋呈：黑龙江陆军骑兵第一旅旅长袁庆恩另有任用，请免本职。袁庆恩准免本职。此令。

中华民国十年十月二日

国务总理　靳云鹏

陆军总长　蔡成勋

大总统令

任命马瑞禄为黑龙江陆军骑兵第一旅旅长。此令。

中华民国十年十月二日

国务总理　靳云鹏

陆军总长　蔡成勋

〔政府公报，1921年10月3日，第2014号〕

58. 大总统任命石得山等为黑龙江第一混成旅旅长等令

（1921年10月27日）

大总统令

任命石得山为黑龙江陆军第一混成旅旅长，李冠英为陆军第二十九师骑兵第五十八旅旅长。此令。

中华民国十年十月二十七日

国务总理　靳云鹏

陆军总长　蔡成勋

〔政府公报，1921年10月28日，第2038号〕

59. 靳云鹏为陈干所部拟裁留一混成旅请示汰留办法函

（1912年）①

总长钧鉴：陈旅长干来省报告该旅种种困难情形，当经商定缩小范围办法，拟裁留一混成旅，人数约四千余，现存人数六千余，尚须汰去二千余。该旅长亦欲急为解散，以了经手问题。第所部率皆草泽亡命，若去之太骤，仍难保其不散而为盗，虽小丑跳梁，不足为患，然不能不用兵剿锄，辗转之间，地方已大受其损失。该旅长用是踌躇，不敢操之过急，贻患地方，故为此渐进之谋，约将大概纲领电陈钧览。昨奉命令，陈旅长赴京，想系为此事件。究应若何解决，乞面示该旅长机宜，以便早日决定。该旅长志士自命，关怀大局，苟能力所能逮，无不遵命施行也。因其进谒之便，附书。敬候起居，诸惟钧照不备。学生云鹏谨上。

〔北洋政府陆军部档案〕

---

① 此件无时间，据内容推断，当为1912年。

60．段祺瑞关于马良调职电

（1914年8月8日）

急。济南靳将军鉴：鹏阳悉。马旅长调任，麻日已奉令，部文不日可到。祺○〔瑞〕。庚。印。

〔北洋政府陆军部档案〕

61．靳云鹏为山东第一旅自第五师划出官佐任免如何办理电

（1914年8月29日）

北京陆军部钧鉴：混成第一旅划出五师，该旅官佐升迁调补，是否直接大部，抑秉承冯上将军办理？乞速核电示，以便饬遵。靳云鹏。艳二。印。

〔北洋政府陆军部档案〕

62．大总统准山东各混成旅暂编为一师指令

（1918年1月4日）

大总统指令　第二十一号

令陆军总长段芝贵

呈核山东各混成旅改为一师，并请简师长、旅长、团长由。呈悉。准予暂行改编。施从滨等已有令任命矣。此令。

中华民国七年一月四日

国务总理　王士珍

陆军总长　段芝贵

〔政府公报，1918年1月6日，第703号〕

63. 大总统任命施从滨潘鸿钧张克瑶署山东暂编陆军第一师师旅长令

（1918年1月4日）

大总统令

任命施从滨署山东暂编陆军第一师师长。此令。

中华民国七年一月四日

国务总理　王士珍

陆军总长　段芝贵

大总统令

任命潘鸿钧署山东暂编陆军第一师步兵第一旅旅长，张克瑶署步兵第二旅旅长，萧树棠署步兵第一团团长，王宪芝署步兵第二团团长，方联甲署步兵第三团团长，雷长禄署步兵第四团团长，邓质仪署骑兵第一团团长。此令。

中华民国七年一月四日

国务总理　王士珍

陆军总长　段芝贵

〔政府公报，1918年1月6日，第703号〕

64. 陆军部准以张善义为山东第四混成旅旅长电

（1918年5月29日）

济南张督军鉴：养电悉。张善义准充第四混成旅旅长，俟各旅编成报部，再并案呈请任命。陆军部。艳。印。

〔北洋政府陆军部档案〕

65．关于将山东暂编第一师取消改为两旅令电

（1918年6月）

（1）施从滨致大总统等密电（6月8日）

急。大总统、国务院、参谋部、奉军徐总司令，天津曹宣抚使，长沙、南昌、武昌、南京、蚌埠督军，济南张帮办钧鉴：横〔衡〕州吴将军，兖州唐镇守使，禹县张司令、吴司令、上官团长，醴陵戴团长鉴：正密。麻日奉检阅使艳电，以出师五月有余，耗费甚巨，经费不充，难以支付，亟宜图收束，以期撙节用途，山东暂编第一师师长应行取销，改为两旅，第一旅仍为陆军第一混成旅，潘旅长鸿钧充任，第二旅仍为山东第一旅，委张旅长克瑶充任。等因。从滨遵于庚日交卸职务。谨闻。施从滨叩。庚。印。

〔北洋政府陆军部档案〕

（2）大总统指令（6月27日）

大总统指令　第一千一百三号

令陆军总长段芝贵

呈请裁撤山东暂编陆军第一师，改为两混成旅，并任命旅长由。呈悉。准如所拟办理，施从滨等均已有令明发矣。此令。

中华民国七年六月二十七日

国务总理　段祺瑞

陆军总长　段芝贵

大总统令

裁缺师长施从滨，著交援粤总司令张怀芝酌量任用。此令。

中华民国七年六月二十七日

国务总理　段祺瑞

陆军总长　段芝贵

〔政府公报，1918年6月27日，第872号〕

66. 张怀芝为山东招募补充一旅请行知财政部备案密电

（1918年6月26日）

急。国务总理钧鉴：参谋部、陆军部钧鉴：统密。怀芝前奉命为第二路总司令，督师南征，山东军队带去三旅之数。当以地方不靖，留省各军防剿不敷分布，呈请招募补充一旅。于二月蒸日准参陆部佳电开：阳三电已转呈，奉准暂招步兵补充一旅，事竣即裁撤。惟中央饷械支绌，应由该省勉为配筹。等因。当即遵照，积极筹备，派本署副官长、陆军少将陈宝龙为旅长，招募各县丁壮，随即募足成军，由财政厅暂拨开办费八万元，所需饷项按月由财政厅筹拨五万余元。迭饬严加训练。当各处土匪滋扰，即派出分防。迄募四月，成绩卓著。怀芝现复奉命援粤东省，伏莽未清，所有军队仍属不敷分布，该旅深资得力，从此益加教练，必能日起有功。所需饷项，由财政厅拨付，应请钧部行知财政部备案，以便支销。可否转呈明令之处，并候钧裁。特此电陈，统乞示复。张怀芝叩。寝。印。

〔北洋政府陆军部档案〕

67. 大总统任命何锋钰为山东第六混成旅旅长令

（1920年4月30日）

大总统令

任命何锋钰为山东陆军第六混成旅旅长，吴俊卿为山东陆军第六混成旅步兵第一团团长，贺对廷为山东陆军第六混成旅步兵第二团团长。此令。

中华民国九年四月三十日

国务总理
陆军总长　靳云鹏

〔政府公报，1920年5月1日，第1513号〕

68. 大总统任命施从滨为山东第四十七旅旅长令

（1920年9月12日）

大总统令

任命施从滨为山东陆军第四十七旅旅长。此令。

中华民国九年九月十二日

国务总理
陆军总长　靳云鹏

〔政府公报，1920年9月13日，第1646号〕

69. 关于驻峰县第七旅因哗变经遣散文电

（1920年9—10月）

（1）童焕文致参陆办公处密电（9月11日）

北京参陆办公处钧鉴：总密。焕文到济后，已将总统、总理训谕转达田督军。据云：款将筹妥，五六日内，当可开始遣散。惟兖州邮电、车站，均□①该军把持，其疑惧情形，可想而知。既不能密往，明查恐更滋疑惧，致生变故，故不得不稍缓数日，再为前往。因办法已定，利在机密速办，调查不妨稍缓。详另函陈。谨先电闻。参议童焕文谨禀。真。印。

（2）童焕文致参陆办公处密电（10月1日）

北京参陆办公处钧鉴：总密。驻峰县第七旅队伍，均经郑师长遣散完毕，约一二日即可竣事。参议童焕文谨禀。东。印。

（3）参陆办公处复童焕文密电（10月2日）

① 字迹不清，疑为"被"或"为"字。

山东枣庄探送童参议焕文：总密。迭电所报遣散队伍情形，均悉。现在已遣者若干，尚余若干，此项存留队伍作何安插，仍望分别详报。奉谕，特复。院、参陆部。冬。印。

（4）童焕文复参陆办公处密电（10月 3 日）

北京参陆办公处钧鉴：总密。冬电奉悉。第七旅队伍业于东日悉数遣散，并无存留，械亦收齐。惟杂项装具尚未点收清楚，不日即可竣事。谨先电陈，详另列表呈报。参议童焕文谨禀。江叩。

（5）参陆办公处致陆军部函（10月17日）

迳启者：据本处参议童焕文呈报，奉派赴滋阳调查第七旅军队哗变并收缴枪械各情形，另附兖城商民被抢情形一览表一件，相应将原件函送贵部查核备案可也。此致

陆军部

附原件二件〔缺〕

参陆办公处启

〔北洋政府参陆办公处档案〕

70．关于将山东混成旅裁销所部分交兖曹两镇管辖文电

（1920年10月—11月）

（1）田中玉致大总统呈（10月18日）

敬呈者：窃照山东陆军混成旅旅长宋振纲呈请辞职，当经挽留，乃该旅长一再坚辞，难拂其意，自应照准。查该旅步兵两团，其第一团协防兖州一带，第二团协防曹州一带，所有各该团一切防务，均系就近与兖、曹两镇守使接洽办理。现该两团一时既难回济集合训练，当此财政困难之际，拟将该旅旅部暂行裁销，即就近将第一团交由兖州何镇守使管辖，第二团交由曹州归张镇守使管辖，以便指挥而节经费。一俟地方平静，该两团回省训练时，

再行请派旅长建设司令部。是否有当，伏乞示遵。谨呈。

山东督军　田中玉

（2）国务院等复田中玉密电（10月21日）

山东田督军鉴：治密。呈悉。宋旅长振纲一再辞职，应即照准。所拟将旅部暂行裁销，该部队伍分交兖、曹两镇管辖各节，事属可行，并准照办，望即分饬遵照。奉谕特达。院、参陆部。箇。印。

〔北洋政府参陆办公处档案〕

（3）田中玉致陆军部咨（11月6日）

山东督军署为咨请事：前承准国务院箇电：准将山东混成旅旅部暂行裁撤，该部队伍分交兖、曹两镇守使就近管辖等因，当经分别饬遵在案。兹据山东陆军混成旅旅长宋振纲呈称：窃奉一九五零号令开：所有山东陆军混成旅旅部，即行裁销，旅部各项军械、军装造册送署，以便派员验收。其军官佐及弁护号兵，一律发给本月分薪饷。至由前边防第二师编入之军官，开单呈候咨部核办。等因。奉此。除各项军械、服装另行造册呈送外，谨将旅部由二师编入之军官衔名、数目缮具清单，呈请鉴核转咨，实为德便。等情。并附名单一纸到署。据此。除指令外，相应抄单咨请大部查照办理。再，前咨边防第二师第六团二营营附官蔡熊飞，现已补充连长。合并声明。此咨

陆军部

计咨名单一纸〔略〕

山东督军　田中玉

中华民国九年十一月六日

〔北洋政府陆军部档案〕

71．大总统任命张怀斌等为山东第二混成旅旅长等令

（1921年3月16日）

大总统令

任命张怀斌兼山东陆军第二混成旅旅长，张培荣兼第三混成旅旅长，张建功为第四混成旅旅长，李森为第五混成旅旅长；雷长禄为山东陆军第一混成旅步兵第一团团长，田种玉为第二团团长；王恩毓为第二混成旅步兵第一团团长，赵振清为第二团团长；马士贵为第三混成旅步兵第一团团长，张友臣为第二团团长；王克鸿为第四混成旅步兵第一团团长，时永胜为第二团团长；许瑞祥为第五混成旅步兵第一团团长，张永胜为第二团团长。此令。

中华民国十年三月十六日

国务总理
陆军总长 靳云鹏

〔政府公报，1921年3月17日，第1819号〕

72．大总统任命胡翊儒为山东第七混成旅旅长令

（1923年4月22日）

大总统令

任命胡翊儒为山东陆军第七混成旅旅长。此令。

国务总理
陆军总长 张绍曾

中华民国十二年四月二十二日

〔政府公报，1923年4月23日，第2555号〕

73．大总统免去张克瑶改任雷长禄为山东第一混成旅旅长令

（1923年5月29日）

大总统令

兼陆军总长张绍曾呈：山东陆军第一混成旅旅长张克瑶，呈请辞职。张克瑶准免本职。此令。

国务总理
陆军总长　张绍曾

中华民国十二年五月二十九日

大总统令

任命雷长禄署山东陆军第一混成旅旅长。此令。

国务总理
陆军总长　张绍曾

中华民国十二年五月二十九日

〔政府公报，1923年5月30日，第2592号〕

74．大总统调任徐鸿宾兼山东第三混成旅旅长令

（1923年6月25日）

大总统令

调任徐鸿宾为曹州镇守使兼山东陆军第三混成旅旅长。此令。

国务院摄行

国务总理
陆军总长
外交总长
内务总长　高凌霨
财政总长　张英华
海军总长　李鼎新
司法总长　程　克
教育总长
农商总长
交通总长　吴毓麟

中华民国十二年六月二十五日

〔政府公报，1923年6月26日，第2618号〕

75．关于张培荣兼山东第六混成旅旅长令呈

（1923年6—7日）

（1）大总统令（6月25日）

大总统令

调任张培荣为兖州镇守使兼山东陆军第六混成旅旅长。此令。

国务院摄行

国务总理
陆军总长
外交总长
内务总长　高凌霨
财政总长　张英华
海军总长　李鼎新
司法总长　程　克
教育总长
农商总长
交通总长　吴毓麟

中华民国十二年六月二十五日

〔政府公报，1923年6月26日，第2618号〕

（2）张培荣致国务院呈（7月3日）

呈为呈报到任日期，请予鉴核事：窃于民国十二年六月二十九日奉山东督军务字第八九七号训令内开：顷接京有电内开：国务院摄行大总统令：前据交通部呈报浦口北上快车驶至沙沟临城间，突遇匪徒劫掳情形，当将山东督军田中玉、省长熊炳琦交部议处。兹据田中玉呈报：肇事地点，系属兖镇防地，请将兖州镇守使兼山东陆军第六混成旅旅长何锋钰即行罢免等情。此次事变发生，该使漫无觉察，酿成重案，实属异常疏忽。何锋钰著免去兖州镇守使并山东陆军第六混成旅旅长本兼各职，听候查办。至

该镇旅、团、营长以次军官，姑准从宽，饬令立功赎罪，迅将被掳人等，一律救护出险；一面对于防汛地方，加意保卫，毋再疏虞，致干严谴。此令。调任张培荣为兖州镇守使兼山东陆军第六混成旅旅长。此令。调任徐鸿宾为曹州镇守使兼山东陆军第三混成旅旅长。此令。调任张培勋为陆军第五师步兵第九旅旅长。此令。调任黄德本为陆军第五师步兵第九旅第十八团团长。此令。各等因。奉此。除分行外，合行令仰该镇守使即便遵照，并将一切文卷、装械、马匹分别交代具报。此令。等因。奉此。遵于七月一日准兖州镇守使何锋钰将兖州镇守使关防一颗、卷宗各件移交前来，职镇即于是日接收任事。理合将任事日期呈请钧宪鉴核。谨呈

国务院

山东兖州镇守使　张培荣

中华民国十二年七月三日

〔北洋政府国务院档案〕

76. 大总统任命雷长禄为山东第一混成旅旅长令

（1923年12月7日）

大总统令

任命雷长禄为山东陆军第一混成旅旅长，张烈为山东陆军第五混成旅步兵第一团团长。此令。

大总统盖印　　国务总理高凌霨　　陆军总长

中华民国十二年十二月七日

〔政府公报，1923年12月8日，第2778号〕

77. 临时执政任命吕秀文为山东第三混成旅旅长令

（1925年2月10日）

临时执政令

任命吕秀文为山东陆军第三混成旅旅长。此令。

陆军总长　吴光新

中华民国十四年二月十日

〔政府公报，1925年2月11日，第3185号〕

78. 临时执政任命张克瑶为山东第一混成旅旅长令

（1925年4月1日）

临时执政令

任命张克瑶为山东陆军第一混成旅旅长。此令。

陆军总长　吴光新

中华民国十四年四月一日

〔政府公报，1925年4月2日，第3234号〕

79. 关于编成河南第一师以张锡元王钰锦王毓秀分任师旅长令电

（1912年12月30日）

（1）张镇芳致大总统等密电

北京大总统、陆军部钧鉴：辰。河南第一师编制，业已就绪，曾将升充师长张锡元，第一旅旅长王钰锦，第二旅旅长王毓秀暨军政司长王丕焕履历，均经咨部，务恳迅加任命，并求按级授职，以靖军心而示公允为感。至高等顾问官何其慎，军政司次长时鼎岑，可否优予奖励之处，伏祈钧裁。张镇芳叩。卅。印。

〔北洋政府陆军部档案〕

（2）临时大总统令

临时大总统令

任命王钰锦充河南第一旅旅长，王毓秀充河南第二旅旅长。此令。

中华民国元年十二月三十日

国务总理　赵秉钧
陆军总长　段祺瑞

〔政府公报，1913年1月5日，第239日〕

80．临时大总统任命柴得贵为河南第一师第二旅旅长令

（1913年8月8日）

临时大总统令

任命柴得贵为河南陆军第一师步兵第二旅旅长。此令。

中华民国二年八月八日

国务总理
陆军总长　段祺瑞

〔政府公报，1913年8月9日，第453号〕

81．大总统任命成慎为河南第一师第一旅旅长令

（1913年12月10日）

大总统令

任命成慎为河南陆军第一师第一旅旅长。此令。

中华民国二年十二月十日

国务总理　熊希龄
陆军总长　段祺瑞

〔政府公报，1913年12月11日，第577号〕

82．关于任命任耀武为河南第三旅旅长令咨

（1914年7—9月）

（1）大总统策令（7月2日）

大总统策令

任命任耀武为河南陆军步兵第三旅旅长。此令。

中华民国三年七月二日

国务卿　徐世昌

〔政府公报，1914年7月3日，第775号〕

（2）田文烈致陆军部咨陈（9月12日）

将军衔督理河南军务为咨陈事：案准贵部咨开：前奉大总统策令：任命任耀武为河南陆军步兵第三旅旅长。此令。奉此。当经缮具该旅长任命状一张，呈奉大总统盖印署名，并请国务卿署名送还。相应加封咨送贵将军查照转给祗领，并饬将领到日期具报备案。此咨。计任命状一张。等因。准此。当经转给祗领去后。兹据详复，遵于本年九月五日祗领，请予转咨前来。相应咨请贵部查照备案施行。为此，咨陈

陆军部

将军衔督理河南军务　田文烈

中华民国三年九月十二日

〔北洋政府陆军部档案〕

83．大总统任命成慎柴得贵为河南第一第二混成旅旅长策令

（1915年7月31日）

大总统策令

任命成慎为河南陆军第一混成旅旅长，柴得贵为河南陆军第二混成旅旅长。此令。

中华民国四年七月三十一日

国务卿　徐世昌

〔政府公报，1915年8月1日，第1161号〕

84．赵倜请将河南混成两旅及宏威军等改为河南暂编两师并以成慎宝德全分任师长咨

(1920年4月12日)

咨　第一二三号

河南督军公署为咨请事：案查河南军队原有陆军混成两旅，加以宏威、毅、防、游击等各营队，近年以来，分配驻扎，协同防剿，颇称得力。惟名目分歧，编制各异，未免窒碍时形，既于平时操防难期一致，即临时指挥，更不易收整齐划一之效。兹为整饬军备起见，拟将原有陆军第一第二两混成旅，合编为河南暂编陆军第一师，原有宏威军第二路前路巡防及西南两路巡缉并游击队，合编为河南暂编陆军第二师。如此办理，既于教育训练，容易划一，即统驭调遣，亦易收指臂之助。当饬各将领切实筹编，庶于改编之中隐寓归并之意。其第一师师长一职，查有第一混成旅旅长、陆军中将成慎，军学渊深，众望素孚，堪以兼任。第二师师长一职，查有归德镇守使、宏威军第二路统领、陆军中将宝德全，久历戎行，忠勇性成，堪以兼任。似此一转移间，兵不加多，饷亦仍旧，实于整顿军政前途大有裨益。除分令遵照外，相应咨请大部查照备案，并希分别呈请任命，实纫公谊。此咨

陆军部

河南督军　赵倜

中华民国九年四月十二日

〔北洋政府陆军部档案〕

85. 关于将河南军队改编两师并以成慎宝德全分任师长呈令
（1920年5月1日）

（1）靳云鹏致大总统呈

陆军总长靳云鹏呈大总统，请将河南军队改编两师，并请任命师长文

为请将河南军队改编两师，任命师长，仰祈钧鉴事：准河南督军赵倜咨称：案查河南军队，原有陆军混成两旅，加以宏威、毅、防、游击等各营队，近年以来，分配驻扎，协同防剿，颇称得力。惟名目分歧，编制各异，未免窒碍时形，既于平时操防难期一致，即临时指挥，更不易收整齐划一之效。兹为整饬军备起见，拟将原有陆军第一第二两混成旅，合编为河南暂编陆军第一师，原有宏威军第二路前路巡防及西南两路巡缉并游击队，合编为河南暂编陆军第二师。如此办理，既于教育训练容易划一，即统驭调遣，亦易收指臂之助。当饬各将领切实筹编，庶于改编之中，隐寓归并之意。其第一师师长一职，查有第一混成旅旅长、陆军中将成慎，军学渊深，众望素孚，堪以兼任；第二师师长一职，查有归德镇守使、宏威军第二路统领、陆军中将宝德全，久历戎行，忠勇性成，堪以兼任。似此一转移间，兵不加多，饷亦仍旧，实于整饬军政前途，大有裨益。除分令遵照外，相应咨请查照备案，并希分别呈请任命。等因。查该督军所请将河南陆军两混成旅及宏威、毅、防、游击各营队，改编两师，兵不加多，饷亦仍旧，自为划一军队起见，似可照准。其所保成慎、宝德全二员，均属久历戎行，聿著功绩，堪胜师长之任。拟请简任成慎为暂编河南陆军第一师师长，宝德全为暂编河南第二师师长，俾重职守。理合具呈，伏乞鉴核训示施行。谨呈。九年五月一日。已奉指令。

〔政府公报，1920年5月8日，第1520号〕

（2）大总统指令

大总统指令　第一千一百六十八号

令陆军总长靳云鹏

呈请将河南军队改编两师，并请任命师长由。呈悉。准如所拟办理。成慎、宝德全并已有令明发矣。此令。

中华民国九年五月一日

国务总理
陆军总长　靳云鹏

（3）大总统令

大总统令

任命成慎为暂编河南陆军第一师师长，宝德全为暂编河南陆军第二师师长。此令。

中华民国九年五月一日

国务总理
陆军总长　靳云鹏

〔政府公报，1920年5月2日，第1514号〕

86. 大总统任命岳宪玉为河南暂编第一师第一旅旅长令

（1920年10月14日）

大总统令

任命岳宪玉为河南暂编陆军第一师步兵第一旅旅长。此令。

中华民国九年十月十四日

国务总理
陆军总长　靳云鹏

〔政府公报，1920年10月15日，第1675号〕

87. 大总统任命柴得贵为暂编河南第一师第二旅旅长令

（1920年12月8日）

大总统令

任命柴得贵为暂编河南陆军第一师步兵第二旅旅长，于起光为步兵第一团团长，孙会友为步兵第二团团长，邢占魁为步兵第三团团长，郭连第为步兵第四团团长，王振标为骑兵第一团团长，张砚田为炮兵第一团团长。此令。

中华民国九年十二月八日

国务总理
陆军总长　靳云鹏

〔政府公报，1920年12月9日，第1730号〕

88. 大总统任命岳宪玉柴得贵为河南第一第二旅旅长令

（1921年1月14日）

大总统令

任命岳宪玉为河南陆军步兵第一旅旅长，柴得贵为河南陆军步兵第二旅旅长。此令。

中华民国十年一月十四日

国务总理
陆军总长　靳云鹏

〔政府公报，1921年1月15日，第1760号〕

89. 大总统著将河南暂编第一师裁撤改为步兵第一二两旅令

（1921年1月14日）

大总统令

河南暂编陆军第一师著即裁撤。此令。

中华民国十年一月十四日

国务总理
陆军总长　靳云鹏

大总统指令　第七十一号

令兼署陆军总长靳云鹏

呈请将河南暂编第一师师长一缺裁撤，改为步兵第一、第二两旅，并请简任旅长由。呈悉。准如所拟办理。岳宪玉等已有令任命矣。此令。

中华民国十年一月十四日

国务总理
陆军总长　靳云鹏

〔政府公报，1921年1月15日，第1760号〕

90. 成慎为暂编河南第一师奉令裁撤师长改任将军与国务院来往电

（1921年1月）

（1）成慎致国务院等电（1月18日）

漯湾河成慎来电　　　　一月十八日

大总统、国务总理、参陆部总长钧鉴：顷奉河南督军训令，转奉大总统令：暂编河南第一师着即裁撤，任命成慎为将军府将军等因。奉此。慎一介武夫，谬膺重任，常虞陨越，致干大戾，乃蒙矜全，晋升将军，感戴鸿恩，无时或已。现正清厘一切，遵令交卸师长任内事务。除径电谢赵督军外，所有感激微忱，谨先电闻。成慎叩。巧。

（2）国务院复成慎电稿（1月20日）

复漯湾河成将军电　一月二十日

巧电悉。执事夙裕韬钤，入参帷幄，嘉谟辰告，倚畀良殷，盼交卸即行来京供职，以慰跂望。院。号。印。

〔北洋政府参陆办公处档案〕

91．关于以赵傑为河南暂编第一师师长令电

（1921年8—9月）

（1）赵倜致大总统等密电（8月22日）

开封赵倜祃电　八月二十二日

大总统、国务总理钧鉴：陆军总长鉴：统密。窃河南额设暂编陆军二师，第一师因师长成慎早露逆谋，心怀叵测，不得已而将师长一缺根本取消，然此不过因成慎个人问题，原为一时权宜之计，而于事实上但有第二师长，而无第一师长，编制既未完全，名义亦嫌欠缺，祗以中间迭更事变，遂致一再因循。此次豫军奉命援鄂，当此事关大局，义应敌忾同仇，名虽为湘鄂局部之争，实已开南北交绥之衅，不得不出全力以赴，期挽浩劫于无形。因在各军中挑选精锐，编成一旅，派赵司令傑督率应援。当开赴前线之时，鄂军溃退之际，幸该旅将士用命，血战力持，连日交锋，迭获胜仗，计按各方战报，度已均在洞鉴之中。惟是战衅既开，断非旦暮所能解决。现正函电纷至，请求添队增援。虽本省治安亦须兼顾，而前方关系较重，尤不能不急其所先。所虑队伍皆集合而成，若无师长名义以为维系，不免存临时性质之念，实不足以收整齐统驭之功。合无仰恳钧恩俯念兵临前敌，准将该司令赵傑

任命为河南暂编陆军第一师师长，俾资激励而策进行之处，出自逾格鸿施。且河南第一混成暨补充两旅，均归该司令统率，其实际上已足成师而有余。所有应需经费，自当撙节预算，统由本省设法筹补，以免中央为难。理合肃电陈请，伏乞鉴核施行，迅赐明令发表。临电不胜翘切待命之至。河南督军赵倜叩。祃。印。

（2）赵倜致大总统密电（8月22日）

北京大总统钧鉴：豫密。窃祃电陈请任命倜弟傑为河南暂编陆军第一师师长，计已仰邀慈览。此事倜曾再三审度，雅不愿于兄弟之间稍涉阿私之迹，是以对于前次南阳镇守使一缺，几经迭电恳辞，始蒙恩准免职，其间一切经过手续，谅已均在钧座洞鉴之中。此次实因兵在前方，身临大敌，队伍亦临时调集，本非倜弟素属之兵，军心苟稍有差池，恐贻大局无穷之虑。为此，不揣梼昧，不避嫌疑，惟有仰恳俯鉴微衷，恩施照准，在钧座屋乌推爱，当能谅其委曲之情，而倜弟犬马有心，自必竭其涓埃之报。除再由倜随时加以督励之外，合肃陈情，伏乞垂鉴。沐恩赵 倜 叩。养。印。

奉批：交院、处。

（3）国务院等复赵倜密电（8月23日）

开封赵督军鉴：昌密。祃电拟请恢复暂编第一师编制，并以赵傑为该师师长各节，事属可行，应即照准，由部办理。奉谕特复。院、参陆部。漾。印。

〔北洋政府参陆办公处档案〕

（4）大总统令（9月8日）

大总统令

任命赵傑为暂编河南陆军第一师师长。此令。

中华民国十年九月八日

国务总理　靳云鹏

陆军总长　蔡成勋

〔政府公报，1921年9月9日，第1992号〕

92．赵倜拟将河南陆防各军改编为两师三混成旅密电

（1921年9月18日）

北京陆军部鉴：昌密。巧电敬悉。查河南陆防各军，前已通盘筹划，将各色军队一律改编，以期划一整齐。拟将原有第一混成旅计步、骑、炮、工十七营暨补充团三营，合编为暂编河南陆军第一师。又原有陆军第二混成旅计步、骑、炮十一营暨第五、六、七各混成团，合编为暂编河南陆军第二师。又原有陆军补充旅暨新练巡防三营一哨，合编为河南陆军第一混成旅。又原有陆军步兵第二旅暨骑兵一营，合编为河南陆军第二混成旅。又先锋队计步、骑、炮十二营，改编为河南陆军第三混成旅。以上统计改编陆军两师三混成旅。又毅军十营，仍如其旧。希即查核为祷。赵倜。巧。印。

〔北洋政府陆军部档案〕

93．大总统著褫夺河南第一师师长赵傑官职令

（1922年5月9日）

大总统令

据直鲁豫巡阅使曹锟电呈：据驻郑旅长靳云鹗、王为蔚等报称：河南第一师师长赵傑率领所部，袭攻郑州，职旅迫不得已，竭力抵御等情。查郑防向由该两旅驻守，赵傑竟敢声言驱逐，径行袭击，已电饬该旅长等固守原防，勿得轻进。请即将赵傑褫夺官勋，并免去本兼各职，交河南督军依法讯办。等语。豫省地方紧

要，该师长赵傑，身为将领，岂容任意称兵，扰乱防境，著即行褫夺官职并勋位、勋章，交河南督军赵倜依法讯办，以肃军纪。此令。

大总统盖印　　国务总理周自齐　　陆军总长假

中华民国十一年五月九日

〔政府公报，1922年5月10日，第2222号〕

94．大总统任命常德盛为河南暂编第一师师长令

（1922年6月2日）

大总统令

任命常德盛为河南暂编陆军第一师师长。此令。

大总统盖印　　国务总理周自齐　　陆军总长假

中华民国十一年六月二日

〔政府公报，1922年6月3日，第2245号〕

95．大总统任命郭明山常德盛为河南暂编第一师第一第二旅旅长令

（1922年6月10日）

大总统令

任命郭明山为河南暂编陆军第一师步兵第一旅旅长，常德盛兼步兵第二旅旅长，郁朝栋为步兵第一团团长，高际有为步兵第二团团长，常锡侯为步兵第三团团长，杨裕光为步兵第四团团长，李象山为骑兵第一团团长，杜国勋为炮兵第一团团长。此令。

大总统印　　国务院摄行　　国务总理周自齐

陆军总长假

中华民国十一年六月十日

〔政府公报，1922年6月11日，第2253号〕

96．大总统任命杜国勋为河南暂编第一师第二旅旅长令

（1922年8月14日）

大总统令

任命杜国勋为河南暂编陆军第一师步兵第二旅旅长，杨孝怀为步兵第二团团长，高际有为炮兵第一团团长。此令。

大总统盖印　　国务总理王宠惠　　陆军总长张绍曾

中华民国十一年八月十四日

〔政府公报，1922年8月15日，第2317号〕

97．大总统任命常锡荣李象山为河南暂编第一师第一第二旅旅长令

（1923年3月4日）

大总统令

任命常锡荣为河南暂编陆军第一师步兵第一旅旅长，李象山为河南暂编陆军第一师步兵第二旅旅长。此令。

国务总理
陆军总长　张绍曾

中华民国十二年三月四日

〔政府公报，1923年3月5日，第2507号〕

98．河南暂编第二师师长马灿林宣布解职并公推李鸿翥为河南第三混成旅旅长电

（1924年12月8日）

北京段总执政，各省各总司令，各师、旅、团长，豫省各镇守使，各法团，各道尹、知事均鉴：灿林前因豫省军省〔政〕长官

扩充军备，以应战局，委灿林为河南暂编陆军第二师师长。当以豫省财绌民困，一再呈辞，未经照准。然究未敢重累豫民，实行扩张。现战事将告终结，所有暂编第二师名义，即时取消。第灿林锋镝余生，近复病体支离，既不堪担任重责，又不忍恋栈，虚糜豫人之脂膏。现经会议公决：仍就原河南第三混成旅名义，推现第二师第三旅旅长，即原第三混成旅第一师师长①李鸿翥为旅长，灿林即于是日解职，李旅长亦即于是日任事。除布告并通函豫省各界一体知照外，特此电闻。卸任河南暂编陆军第二师师长马灿林叩。齐。印。

〔北洋执政府档案〕

99. 李树瀛为河南第三师编成请明令马志敏为师长电

（1924年12月9日）

北京执政府军务厅长张将军少卿②公钧鉴：违侍数载，景仰弥殷。洄溯在鲁，辱承眷渥，无怀依恋。顷阅报载，欣悉潞公再起，棨戟俱辉，引领功勋，倾心祝贺。瀛承丹宛郡，转瞬经年，绠短汲深，时虞陨越。此次战云促起，地方震惊，幸赖豫南镇守使马公志敏竭力维持，始获宁靖。前奉令扩充为河南陆军第三师，现已编制就绪。瀛与马公相处日久，深知其素爱和平，以保境安民为主旨。惟豫南廿七属，地方辽阔，保持殊难，拟恳转陈主座，早锡文令，俾易应付【时】艰。谨此沥陈，翘企训示。河南陆军第一混成团团长兼理南阳县知事李树瀛叩。佳。印。

〔北洋执政府档案〕

---

① 原文如此，疑有误。

② 张树元字少卿。

100. 孔庚报告领到山西第一师师长委任状电

（1912年10月2日）

大总统、国务总理、陆军部、参谋部总次长钧鉴：本月一日奉晋都督交下国务院有电内开：九月廿六日临时大总统令：任命孔庚充山西陆军第一师师长。此令。等因。并颁到陆军部将字廿二号委任状一纸。捧读之下，惭感万分。晋省为京畿右辅，西控秦、陇，北连蒙、套，师长一职，特关重要。不材如庚，曷堪胜任。谬蒙拔擢，用自兢兢。惟有勉竭驽钝，期无负为国遴材之至意。除另文呈请晋都督转报外，谨先电陈，伏希垂鉴。山西陆军第一师师长孔庚叩。冬。印。

〔北洋政府陆军部档案〕

101. 临时大总统任命孔繁霨为山西第一师第一旅旅长令

（1912年2月29日）

临时大总统令

任命孔繁霨充山西第一师步兵第一旅旅长。此令

中华民国元年十二月二十九日

国务总理　赵秉钧

陆军总长　段祺瑞

〔政府公报，1913年1月5日，第239号〕

102. 李敏报告山西军队演变及其纷岐情形函

（1913年3月6日）

芝泉总长① 钧鉴：窃查晋省自起义以来，风云变幻，争募军队，竟有三镇之多，名目复杂，形式参差。盖当纷攘之时，不得不以多为贵。迨共和宣布，阎都督由归绥率队返省，力图建设，返顾本省财政之支绌，始先行编汰军队为入手之办法。曾经临时省议会议决，晋省只能编一师一旅；暨奉中央命令，亦如此议。当返省之初，设有总司令部，节制全省陆防各军，由阎都督委任孔师长庚为总司令官，责令切实改编队伍，认真训练。彼时满目疮痍，惊心刁斗，地方之秩序未复，闾阎之生计困难。且也卒惰将骄，恃功横恣，稍一不慎，哗溃堪虞。而孔师长受事以来，精心擘画，如解散忻代宁公团、省防八旗巡防队，取消太原镇，解散太原镇巡防八旗，改编工程队、炮队、马队、步五标、三标、独立马步及游击马、步各等营。数月以还，不辞劳怨，举重若轻，始得有此成绩。遣散者一师有余，比户不惊，帖然就道，虽恩威之足以感人，亦由事权统一，故能收效如此也。所未改编者，仅大同镇巡防队及口外巡防八旗，暨河东一带军队。迨民国元年九月间，总司令部取消，中央正式任命孔师长为山西陆军第一师师长，曾由阎都督委任兼管辖大同口外各巡防各军。方拟将此两处巡防队伍一律改编陆军及裁汰河东军队，以符只成一师一旅之原案，讵意库事发生，边防吃紧，元年冬月间，曾奉中央电饬孔师长统率所部驰赴关外驻扎，以资防剿。等因。适孔师长因病未愈，当由参谋商承阎都督，饬派步兵第二旅旅长刘廷森统率所部先行驰往，扼要驻扎，一俟孔师长病愈，再行启程。乃刘旅长到防地后，归化张将军绍曾竟宣布戒严，请中央任命朱泮藻为中路司令官，将归

① 段祺瑞，字芝泉。时任陆军总长。

绥巡防各军据归节制。近又请任命大同镇陈希义为东路司令官，刘旅长为西路司令官。虽边防紧要，计划宜先，而号令不一，兵将不习，欲收疆场制胜之效，恐涉相州哗溃之嫌。查张将军将晋北各军区分三路，不过临时戒严，为战术上军队区分计划，岂能视为长久之计！所分三路司令，用作战命令可矣，何庸请大总统正式任命。且既有三路支队司令，必先任命一总司令，方为正当办法。窃谓晋北各军队，原属孔师长旧部，宜促令孔师长出关驻扎归绥，总司其事，方无遗误，否则不名不目，任令张将军一再宰割，无事尚可含混，有事谁负其责？又河东军队，曾由阎都督呈请任命孔繁霨为步一旅旅长。嗣因张、李风潮发生，中央派赵中将倜查办。旋又命之管辖，当由赵中将委该旅参谋刘之元护理。近又任命董崇仁为晋南镇守使，节制晋南各军队。一晋北军队也，既归孔师长管辖，又归张将军节制，既有旅长名目，又有镇台及司令之名目；一晋南军队也，既有正式孔旅长，又有护理刘旅长，既归赵中将管辖，又归董镇守使节制。似此一国三公，十羊九牧，发号施令，在下者，何所适从？征调防剿，在上者，徒多牵制。文移往返，既难迅赴戎机，权限不清，深恐每伏隐患。盖责任专，则伺察易周，若事权紊，则防范互诿。中央每责各省力图统一，而晋省军政故令纷歧，岂因地而制宜抑权衡之有别耶？敏本愚昧，罔识大计，惟职任参谋，有擘画军队之责，心所为危，不敢不言。究应如何统一晋省军政之处，仍乞钧部主持饬遵，以保治安而弭隐患。大局幸甚。三晋幸甚。专泐，奉达。敬颂勋祺。伏祈垂鉴。

山西陆军第一师参谋长李敏谨呈　三月六号

〔北洋政府陆军部档案〕

103. 临时大总统免去孔繁蔚山西第一师第一旅旅长令

（1913年9月6日）

临时大总统令

陆军总长段祺瑞呈称：山西陆军第一师步兵第一旅旅长、陆军少将孔繁霨，于收抚陈逆彩章后，防范无方，致令挟装潜逃，实属异常疏忽。拟请褫革军职军官，以肃军纪等语。应照准。此令。

中华民国二年九月六日

国务总理　熊希龄

陆军总长　段祺瑞

〔政府公报，1913年9月7日，第482号〕

104. 大总统任命刘廷森署山西第一旅旅长令

（1913年10月18日）

大总统令

任命刘廷森署山西陆军步兵第一旅旅长。此令。

中华民国二年十月十八日

国务总理　熊希龄

陆军总长　段祺瑞

〔政府公报，1913年10月19日，第524号〕

105. 阎锡山拟将山西军队编成三混成旅以温寿泉赵守钰黄国梁为旅长等情密电

（1914年8月27日）

北京陆军部段总长钧鉴：华密。迭奉电令，以全欧鏖兵，我国严守中立，凡保护外人，防缉乱党，至关重要等因。锡山即密饬各军遵照办理在案。惟当多事之秋，军队统系，首贵分明，指挥方能敏活。查晋省南北纵长二千余里，以天然形势论，平阳以南应另一驻兵区域，省垣为集中重地，合大同为一驻兵区域，包头为边防重镇，自应另划一驻兵区域。而第九师军队，分驻包头、大同、河东、平阳等处，南北穹远，呼应不灵，调遣、运输尤需时日；且晋南毗连陕、豫，伏莽潜滋，须将骑、炮各队属之旅部，分驻平阳、河东、潞泽等处，归晋南镇守使指挥调遣，诸多便利。省垣现设一混成旅，以所属之团、营分防大同，亦足兼筹并顾。至包头现驻军队全数，足编为一混成旅，即归晋西镇守使管辖节制，以固边圉。锡山再四筹维，拟将晋军所编三混成旅归钧部直辖，并转饬由钧部按照中央混成旅次序，定名为第几混成旅，以明统系，仍由锡山督理一切。晋军区分三路，于地势既形便利，于军事亦极敏活，于原定预算一师半之经费，亦毫无出入。如蒙允准，所有现驻平阳步兵第十七旅及分驻河东潞泽马、炮、工、辎各营连，改编为一混成旅，拟请以陆军中将温寿泉为旅长；现驻包头步兵十八旅及马、炮、辎重、工程各营，改编为一混成旅，拟请以陆军少将赵守钰为旅长；现驻省城之混成旅，拟请以陆军少将黄国梁为旅长。是否有当，伏候钧裁。再，包头现驻军队既编为混成旅，仍归晋西镇守使管辖节制，该镇守使孔庚自无庸兼充第九师师长。现陕西改师长为镇守使，已奉明令，故拟援案办理。除电呈大总统外，伏惟垂察。同武将军、督理山西军务阎锡山。沁。印。

〔北洋政府陆军部档案〕

106. 关于任命商震马开崧为山西第一第二混成旅旅长咨令

（1918年6—7月）

（1）阎锡山致陆军部咨（6月2日）

山西督军公署为咨请事：案查晋省陆军各混成旅，曾经按照预算编制成立，并先由本督暂派商震为山西陆军第一混成旅旅长，马开崧为山西陆军第二混成旅旅长各在案。兹查各该旅长任事以来，实心供业，整军经武，均堪胜任愉快，自应遵章呈请任命，以专责成。相应检同该旅长等履历各一份，咨送大部，请烦查照转呈施行。此咨

陆军部

计咨送履历册二份〔略〕

山西督军　阎锡山

中华民国七年六月二日

〔北洋政府陆军部档案〕

(2)大总统令(7月1日)

大总统令

任命商震为山西陆军第一混成旅旅长，马开崧为第二混成旅旅长。此令。

中华民国七年七月一日

国务总理　段祺瑞

陆军总长　段芝贵

〔政府公报，1918年7月2日，第876号〕

107．大总统任命陈树藩为陕西第二混成旅长策令

(1916年3月29日)

政事堂奉策令：任命陈树藩兼充陕西陆军第二混成旅旅长。此令。

中华民国五年三月二十九日

国务卿　徐世昌

〔政府公报，1916年3月30日，第84号〕

108．程德全关于江苏军队编留三师请以章梓刘之洁冷遹分任师长密电

（1913年2月4日）

南京都督电

陆军部鉴：辰密。江苏军队整理已渐就绪，原议编留三师，以资控制。兹拟暂编为江苏第一第二第三师，恳即呈请大总统任命章梓为江苏暂编第一师师长，刘之洁为江苏暂编第二师师长，冷遹为江苏暂编第三师师长。亟盼早日宣布，以固军心，无任跂祷。程德全。支。印。

〔北洋政府陆军部档案〕

109．程德全报告江苏军队布置情形并请以章梓章驾时冷遹分任江苏第一二三师师长密电

（1913年2月28日）

北京大总统、陆军部钧鉴：新密。德全由徐州一带巡阅回省，将军布置，尚拟变更，电请将蒸电所陈各节暂缓发表等情，电达钧览。德全蒸电所拟驻兵区域，本谓将来办法，江北地方必须驻屯一师一旅，方足以资镇慑，特以归并之初，不能不以三师所部分配于江宁、苏州、徐州三属，以利进行。并拟俟三师长发表后，即请将江北护军使取消，故有将刘之洁调委驻苏第二师师长之请。乃自到徐以后，体察情形，周谘父老，窃以江北匪患未熄，护军使一席暂时不可动摇，第九师专办徐匪，亦暂时难以他顾，前议请将淮、徐两师归并一层，拟请从缓。查之洁在淮，尚得军心，拟仍令兼统所部，暂缓变更，前请任命为驻苏第二师师长之处，应即取消。所有江苏第二师师长，查有江防水陆师师长章驾时，于

苏属军队感情极洽，拟请任命接充。其江防水师，应改编水上巡警，另案办理。其第一师师长，仍请任命章梓，第三师师长，仍请任命冷遹，请迅速一律发表。至驻防地点，除宁、苏两师管区仍照前议外，江北之驻防区域及军队组合，俟任命后，由刘之洁与冷遹会商核定，再行办理。照此计划，是江苏于规定三师以外，暂留刘之洁所部数千人，俟匪就戢，宁苏两师裁并既定，即可仍照前议量移有余兵力，分屯江北。该护军使及所部军队。即可逐渐取消，以符原定三师之议。德全系为目前归并军队保持治安起见，一再渎陈，具有苦心，尚恳鉴核允准，迅赐发表，无任跂祷。程德全。勘。印。

〔北洋政府陆军部档案〕

110. 关于陆军第二军改编为江苏第四师并以徐宝珍为师长呈令

（1913年5—6月）

（1）段祺瑞致临时大总统呈（5月28日）

为呈请任命军职，缮具清单，恭呈钧鉴事：军衡司案呈：案查前陆军第二军军长徐宝山惨被凶徒贼〔戕〕害，业奉钧令责成徐宝珍暂代该军司令，拊循将士，保守地方在案。查第二军向归本部直接管辖，自经裁并以来，所余军队不过一师之谱，保障淮、扬甚形得力，拟即改编为江苏陆军第四师，仍归本部直辖。其师长一职，责任至为重要，非得威望素著之员，断难胜选。暂代第二军司令、陆军中将徐宝珍，才略经验颇称优长，向在第二军供职，群情深为翕服。兹既奉令暂代该军司令。拟请任命为该师师长，以专责成，而重职守。所有拟将陆军第二军改编为江苏陆军第四师，仍归部辖，并以徐宝珍为该师师长缘由，理合缮具清单具文呈请，伏乞大总统钧鉴任命施行。谨呈

临时大总统

陆军总长 段祺瑞

中华民国二年五月二十八日

(2)临时大总统令(5月30日)

临时大总统令

任命徐宝珍署江苏陆军第四师师长。此令。

〔北洋政府国务院档案〕

(3)段祺瑞致大总统呈(6月25日)

陆军总长段祺瑞呈大总统，报明刊发江苏陆军第四师师长木质关防，请鉴核施行文，并□〔批〕

为呈报事：案查前奉任命徐宝珍署江苏陆军第四师师长。此令。奉此。兹由本部刊就木质关防一颗，□□□〔文曰江〕苏陆军第四师师长之关防，于本月二十一日令发该师长遵领钤用。除启用日期应由该师长自行呈报外，理合具文呈请鉴核施行。谨呈。

批：据呈已悉。此批。

中华民国二年六月二十五日

国务总理
陆军总长 段祺瑞

〔政府公报，1913年6月27日，第410号〕

111．程德全等请示第三十三旅遣散后费用如何解决密电

(1913年8月23日)

百万急。北京国务院、陆军部、财政部钧鉴：拱密。镇扬军队前因误会冲突，当经全等派员前往抚循，并由地方团体出为调停。与张镇抚使、徐师长接洽，留三十一旅防守地方，限令将三十二旅缴械遣散。由商会出立借据，向张镇抚使借洋五万五千元，

约半月归还，徐师长处借洋五千元，又由美孚洋行借洋三万五千元，共九万五千元，均交龚台长散放。所缴枪炮子弹，均由张镇抚使派员点收。此外，尚有应发三十一旅月饷二万元，允而未给。现据镇江各团体以前项暂借资遣之款，地方无力能任，请由公家筹还，未给月饷，并请发放前来。查遣散军队之费，理宜出自公家，未便使地方担此重负。镇江军队，前奉中央命令，本归扬军范围，当时既由张镇抚使、徐师长借给款项，限令遣散，所缴枪械，亦由张镇抚使点收，应请饬由张镇抚使、徐军长将前项借款与商会赶速结束，免致负累。其美孚洋行借款，尤关外人信用。苏省财政本绌，现在江北各县知事及厘捐局长，多由张镇抚使撤换另委，昨询张镇抚使，电复谓：师行所至，中央准予进退文武官吏，但如泰兴等处，并非行军地点，厘局长亦已更委，收款俱解武卫前军粮台，省库来源更稀，德全等实无权责可言，亦请饬令张镇抚使，从速筹还。至三十一团〔旅〕月饷，自不可缓。惟此军现守镇江炮台，系属要塞，经请示隶归何军暂辖，未奉核复。现在饷项应由何处发放，各团体在苏坐候，迫切万分，请迅赐裁夺祗遵。德全、德闳。漾。

〔北洋政府陆军部档案〕

112．朱熙报告江苏第二师经改编等情禀

（1913年10月4日）

谨再肃者①：苏属为东南财赋之区，所有防军，攸关大局，兵力自未可过单。第二师一部，系前驻苏第一混成旅、驻沪江防步旅、驻澄步队、苏巡防营组合而成，由前师长章驾时于本年五月间始行建设，业将全师官佐履历、驻在地点及饷械、服装各项表册，呈由前都督程转咨大部在案。惟章师长正在改编之际，适值

① 此件系致段祺瑞禀。从语气看，似尚有一禀在前，惟原件未发现。

甯沪乱事发生，因病辞职，师长受代。而后风鹤频警，专顾维持秩序，防堵要隘，昕夕不遑。迄今数月，地方尚未解严，是以于编制事宜，诸多未能着手。然用人行政，一切均照定章禀承督令，虽在危困，并未添招军队，将来若荷指挥，能将进行手续渐臻完备，诚为厚幸。辰下伏莽未清，军储奇绌，消极积极两端主义，均未敢急于求功。惟有镇辑抚循，力保治安，以纾垂廑。尚冀渠臬时颁，俾有遵循，曷胜企祷。再敂勋安。师长熙再肃。

〔北洋政府陆军部档案〕

113. 大总统为江南第四师裁并该师师长徐宝珍另候任用令

（1913年11月29日）

大总统令

江南陆军第四师现已裁并，该师师长徐宝珍著即来京，另候简用。此令。

中华民国二年十一月二十九日

国务总理　熊希龄

陆军总长　段祺瑞

〔政府公报，1913年11月30日，第566号〕

114. 大总统任命张鼎勋苏谦为江苏第二师第三第四旅旅长策令

（1915年2月1日）

大总统策令

任命张鼎勋为江苏陆军第二师步兵第三旅旅长，苏谦为江苏陆军第二师步兵第四旅旅长。此令。

中华民国四年二月一日

国务卿　徐世昌

〔政府公报，1915年2月2日，第983号〕

115．马玉仁报告江苏第一混成旅改编成军情形详
（1916年4月30日）

为详报事：窃于四月二十一日奉上将军饬委江苏陆军第一混成旅旅长，所有团、营□□□□□□□□□□□□□。奉此。查此项团、营改编，遵奉颁发编制，先于十八日成立两连，其余一律于四月三十日成军。除将军佐士兵花名清册另文造送外，理合具文详报，仰祈上将军鉴核查考。谨详宣武上将军、督理江苏军务冯

陆军中将、江苏陆军第一混成旅旅长马玉仁

中华民国五年四月三十日

〔北洋政府江苏督军署档案〕

116．关于以马玉仁为江苏第一混成旅旅长咨令
（1916年11月）

（1）冯国璋致陆军总长咨（11月2日）

江苏督军署为咨请事：案照本省所辖各师、旅补充军职人员，节经分期咨部办理在案。兹查有江苏陆军第一混成旅旅长马玉仁：团长郁汉川、马玉怀，巡缉队统领刘槐森等四员，照章应行请予简任，以重职权。相应检取各该员履历暨补充表各一份，咨行贵部，请烦查照办理。此咨

陆军总长

计履历、补充表各四份〔略〕

宣武上将军、江苏督军冯国璋

中华民国五年十一月二日

〔北洋政府陆军部档案〕

（2）大总统令（11月20日）

大总统令

任命马玉仁为江苏陆军第一混成旅旅长，郁汉川为第一混成旅步兵第一团团长，马玉怀为第一混成旅步兵第二团团长。此令。

中华民国五年十一月二十日

国务总理
陆军总长 段祺瑞

〔政府公报，1916年11月21日，第317号〕

117. 驻宁谍报员关于江苏第二师改编情形报告

（1918年2月1日）①

抄南京谍报员报告，录呈钧鉴：

一、驻苏第二师长朱熙率同该师旅长于本月十七日来宁晋谒李督，报告该师改编情形。闻该师全额兵数尚不及一旅，此次改编，尚须添招二百余名，始符定制。所余上中级军官改为军署谘议，下级军官一律改为差遣。此项办法，日内即可发表。

一、探闻南京收容所当欧战时所留置之德国官兵，定于二月一日由我国派员送往上海，乘哈得孙丸船回国，该所亦即撤消。

〔北洋政府陆军部档案〕

118. 大总统免去张鼎勋改任张彭年为江苏第二师第三旅旅长令

（1919年3月4日）

大总统令

① 系大总统府抄送时间。

陆军总长靳云鹏呈：江苏陆军第二师步兵第三旅旅长张鼎勋恳请辞职。张鼎勋准免本职。此令。

大总统印

中华民国八年三月四日

国务总理　钱能训

陆军总长　靳云鹏

大总统令

任命张彭年为江苏陆军第二师步兵第三旅旅长，李登科为江苏陆军第二师步兵第五团团长。此令。

大总统印

中华民国八年三月四日

〔政府公报，1919年3月5日，第1107号〕

119．大总统任命黄振魁等为江苏第二至第五混成旅各旅团长令

（1920年7月16日）

大总统令

任命黄振魁为江苏陆军第二混成旅旅长，李殿臣为第三混成旅旅长，吴恒瓒为第四混成旅旅长，陈调元为第五混成旅旅长；唐业枢为江苏陆军第二师步兵第六团团长；吴士芬为江苏陆军第十九师步兵第七十四团团长；杜义昌为江苏陆军第二混成旅步兵第一团团长，苏得胜为第二团团长；李凤鸣为江苏陆军第三混成旅步兵第一团团长，马保琛为第二团团长；陈孝思为江苏陆军第四混成旅步兵第一团团长，崔炳星为第二团团长；冯献瑞为江苏陆军第五混成旅步兵第一团团长，毕化东为第二团团长。此令。

中华民国九年七月十六日

国务总理　萨镇冰

陆军总长

〔政府公报，1920年7月17日，第1588号〕

120. 陆海军会计审查处询江苏第一师等招兵曾否报案移付

（1921年9月13日）

陆海军会计审查处为移付事：前准江苏督军咨送上年京畿发生战事筹防费用款册据请核前来。查册内列有上年七八月间暂编江苏陆军补充第一营招募新兵四百零三名，暂编江苏第二师由第一混成旅改编，添募新兵九百四十名，第七十六混成旅添募新兵一百六十八名，新编江苏第一师招募新兵九百八十五名。各等情。上列各机关所招新兵，曾否报部有案及招募数目是否与原案相符，相应移请贵司查明见复，以凭办理可也。此付

军务司

中华民国十年九月十三日

〔北洋政府陆军部档案〕

121. 吕公望报告就任浙江第六师师长电

（1912年8月9日）

大总统、国务院、陆军部、参谋部钧鉴：奉朱都督行知，奉大总统令，任命公望为第六师师长仍兼十一旅旅长。闻命之下，弥增惶悚。自愧菲材，罔知军事。忝司一旅，已虞陨越。今承殊宠，师旅兼摄。责任益重，肩荷益难。祗以身为军人，天职所在，未敢舍难趋易。谨遵于八月二十日就职视事。勉竭智力，督率将校，以修饬戎，保卫闾阎，用副大总统委任之盛意。除另文呈请都督、军长转报外，谨先电陈。第六师师长吕公望叩。哿。印。

〔北洋政府国务院档案〕

122. 朱瑞报告浙江第六师师长及第十一第十二各旅长就职任事呈

(1914年9月2日)

兴武将军督理浙江军务朱瑞呈报第六师师长叶颂清及第十一第十二各旅旅长任事日期文，并批令

为报明接充陆军第六师师长及第十一、十二各旅旅长任事日期仰祈钧鉴事：本年七月二十五日奉大总统策令：任命叶颂清为浙江陆军第六师师长，叶焕华为浙江陆军第十一旅旅长，童保暄为浙江陆军第十二旅旅长。此令。等因。奉此。遵即分别饬知。当将该师长、旅长等感激下忱并可否缓觐俾先就职各缘由，电请训示。嗣于七月三十日承准政事堂艳电：奉大总统令：叶颂清、叶焕华、童保暄均准缓觐。等因。当经转饬遵照。除原充陆军第六师师长吕公望，原充陆军第十一旅旅长张载阳，业已交卸分赴嘉湖、台州各镇守使新任，由瑞将就任日期另文呈报外，该叶颂清于八月四日交卸原充陆军第十二旅旅长，接任陆军第六师师长之职，童保暄并于是日就任陆军第十二旅旅长，又叶焕华因前旅长张载阳先于八月一日交卸，即于同日接任陆军第十一旅旅长，先后据报。并据合词详称：颂清、焕华、保暄等正愧拴庸，谬膺军寄，乃升途之递晋，更薄植以自惭，惟有整饬戎行，期免贻羞陨越，务勤职分，冀能稍报涓埃，请为转呈。等情。所有该师长、旅长等任事日期并感激下忱，理合据情一并呈报，伏乞大总统鉴核。谨呈。

批令：据呈已悉。此批。

中华民国三年九月二日

国务卿　徐世昌

〔政府公报，1914年9月5日，第839号〕

123．大总统任命童保暄张载阳来伟良等为暂编浙江第一第二师师旅长令

（1916年9月11日）

大总统令

任命童保暄为暂编浙江第一师师长，张载阳为第二师师长。此令。

中华民国五年九月十一日

国务总理 陆军总长 段祺瑞

大总统令

任命来伟良为暂编浙江第一师步兵第一旅旅长，李炜章为步兵第二旅旅长，韩绍基为第二师步兵第三旅旅长，潘国纲为步兵第四旅旅长，俞炜为混成旅旅长。此令。

中华民国五年九月十一日

国务总理 陆军总长 段祺瑞

〔政府公报，1916年9月12日，第249号〕

124．大总统任命李炜章伍文渊为暂编浙江第一师第一第二旅旅长令

（1918年11月19日）

大总统令

任命李炜章为暂编浙江陆军第一师步兵第一旅旅长，伍文渊为步兵第二旅旅长，石铎为步兵第一团团长，石国柱为步兵第四团团长。此令。

中华民国七年十一月十九日

国务总理　钱能训

陆军总长　段芝贵

〔政府公报，1918年11月20日，第1012号〕

125. 关于将张载阳调任浙江第一师师长令电

（1919年5月）

（1）杨善德致国务院等密电（5月24日）

急。国务院、参陆两部鉴：统密。顷据驻厦浙军刘参谋长体乾、旅长李炜章、伍斌渊梗电称：童师长葆暄于本日未时病故，现安谧如常，善后各事，亟望裁示等语。查和议中梗，军事正紧，孤军失将，现状益危。一面委派浙军第二师师长张载阳星驰赴厦接任军防，并为童故师长办善后；一面电致厦防将领，加意抚揗〔循〕，严防煽诱，以固军心；并电闽督协予维持。应请陆部呈请元首将张载阳调任浙军第一师师长，所遗二师师长职务，以旅长潘国纲暂行代理，以重要职。至童师长葆暄劳苦功高，为国尽瘁，并乞呈请明令优予饰终，以资观感。当否？统候钧裁示遵。杨善德。敬。

〔北洋政府陆军部档案〕

（2）大总统令（5月27日）

大总统令

调任张载阳为暂编浙江陆军第一师师长。此令。

中华民国八年五月二十七日

国务总理　钱能训

陆军总长　靳云鹏

〔政府公报，1919年5月28日，第1190号〕

126. 大总统任命潘国纲署暂编浙江第一师师长张载阳仍任暂编浙江第二师师长令

（1919年6月21日）

大总统令

任命潘国纲署暂编浙江陆军第一师师长。此令。

中华民国八年六月二十一日

国务总理　龚心湛

陆军总长　靳云鹏

大总统令

张载阳著仍回暂编浙江陆军第二师师长原任。此令。

中华民国八年六月二十一日

国务总理　龚心湛

陆军总长　靳云鹏

〔政府公报，1929年6月22日，第1214号〕

127. 大总统任命汪镐基为暂编浙江第二师第四旅旅长令

（1920年2月10日）

大总统令

任命汪镐基为暂编浙江陆军第二师步兵第四旅旅长。此令。

中华民国九年二月十日

国务总理
陆军总长　靳云鹏

〔政府公报，1920年2月11日，第1436号〕

128. 大总统任命郝国玺为暂编浙江第一师第一旅旅长令

（1920年9月2日）

大总统令

任命郝国玺为暂编浙江陆军第一师步兵第一旅旅长，姚琮为步兵第二团团长，徐震方为炮兵第一团团长。此令。

中华民国九年九月二日

国务总理
陆军总长 靳云鹏

〔政府公报，1920年9月3日，第1636号〕

129. 大总统任命盛开第为暂编浙江第二师第三旅旅长令

（1920年9月14日）

大总统令

任命盛开第为暂编浙江陆军第二师步兵第三旅旅长。此令。

中华民国九年九月十四日

国务总理
陆军总长 靳云鹏

〔政府公报，1920年9月15日，第1648号〕

130. 大总统著褫夺浙江第一师第一旅旅长郝国玺等官勋令

（1924年10月22日）

大总统令

据闽浙巡阅使孙传芳、浙江省长夏超电呈：浙江陆军第一师第一旅旅长郝国玺，在宁波与陆军少将王萼勾结土匪，扰害地方，业经派队前往缉拿。应请明令褫夺官职、勋章，通缉究惩等语。郝国玺、王萼著即褫夺官勋，通饬严缉，归案讯办。并责成该巡阅使等，妥速防剿，毋任窜扰，以靖闾阎。此令。

大总统盖印　国务总理
陆军总长颜惠庆　陆军总长陆锦

中华民国十三年十月二十二日

〔政府公报，1924年10月23日，第3083号〕

131．柏文蔚关于安徽军队经裁并为一师并自任师长电

（1912年12月20日）

安庆来电

陆军部鉴：皖省裁并军队，就省垣之混成旅及驻芜、庐之第十五师并第十四师之特种兵，编为一师，文蔚暂兼师长，业经电咨大部复准在案。所有该师第一第二两旅，上月卅一日奉大总统令胡万泰、龚振鹏为旅长。等因。文蔚即于奉电之日兼任师长，不另设师司令部，俾免添用人员，藉资节省。一切文件即盖都督印，以昭信守。用特电呈。柏文蔚。号。印。

〔北洋政府陆军部档案〕

132．临时大总统任命胡万泰龚振鹏为安徽第一第二旅旅长令

（1912年12月30日）

临时大总统令

任命胡万泰为皖军步兵第一旅旅长，龚振鹏为皖军步兵第二旅旅长。此令。

中华民国元年十二月三十日

国务总理　赵秉钧
陆军总长　段祺瑞

〔政府公报，1913年1月5日，第239号〕

133．临时大总统任命李乾玉代理安徽第二旅旅长令

（1913年7月15日）

临时大总统令

任命李乾玉代理安徽陆军第二旅旅长，仍兼第四团团长。此令。

中华民国二年七月十五日

国务总理
陆军总长　段祺瑞

〔政府公报，1913年7月16日，第429号〕

134．倪嗣冲为安武军改编安徽五混成旅请任命各级官佐咨

（1920年9月8日）

安徽督军公署为本省陆军改编就绪，开具官佐衔名清册，咨请鉴核备案，并分别呈请任命，以符名实而专责成事：窃嗣冲于七年六月呈奉令准将所属安武军八路步兵四十营、炮兵二营、骑兵一营、工兵一连，就原有饷项改编为安徽陆军五旅部、十团部、步兵三十营、炮兵两营、骑兵一营、机关枪十连、工兵一连，又步卫队一营、马卫队一连、宪兵一连，以期统一军制，而便训练等因一案，当遵照部颁表式分饬所属。自去年七月起开始改编，次第就绪。一切编制饷项，核与前呈拟办各节，尚属相符，旅长五员，业已专电另请任命。谨将本省陆军第一、二、三、四、五各混成旅所属荐任以上各级官佐衔名开列清摺，咨请查照，并咨参

谋本部分别备案，呈请任命，俾符名实而专责成。除径呈大总统鉴核外，所有安武军改编安徽陆军成立并请分别任命官佐各缘由，相应咨请大部查核办理，实纫公谊。此咨

陆军部

附清摺一扣

安徽督军倪嗣冲
帮办军务马联甲代

中华民国九年九月初捌日

清摺

谨将安徽陆军第一二三四五各混成旅荐任以上职员衔名开呈鉴核。

计开：

安徽陆军第一混成旅旅长马联甲 系帮办安徽军务、皖南镇守使兼任

安徽陆军第二混成旅旅长李传业

安徽陆军第三混成旅旅长王　普

安徽陆军第四混成旅旅长邱昌锦

安徽陆军第五混成旅旅长史俊玉

安徽陆军第一混成旅步兵第一团团长倪朝荣

安徽陆军第一混成旅步兵第二团团长马泗柱

安徽陆军第二混成旅步兵第三团团长倪金镛

安徽陆军第二混成旅步兵第四团团长王尚林

安徽陆军第三混成旅步兵第五团团长涂孝烈

安徽陆军第三混成旅步兵第六团团长张洪德

安徽陆军第四混成旅步兵第七团团长高世读

安徽陆军第四混成旅步兵第八团团长李锡麟

安徽陆军第五混成旅步兵第九团团长曹玉贵

安徽陆军第五混成旅步兵第十团团长华镨章

安徽陆军第一混成旅步兵第一团第一营营长靳青松
安徽陆军第一混成旅步兵第一团第二营营长王泽春
安徽陆军第一混成旅步兵第一团第三营营长李振国
安徽陆军第一混成旅步兵第二团第一营营长宋长庆
安徽陆军第一混成旅步兵第二团第二营营长张世贤
安徽陆军第一混成旅步兵第二团第三营营长乔从符
安徽陆军第二混成旅步兵第三团第一营营长裴明义
安徽陆军第二混成旅步兵第三团第二营营长庞怀忠
安徽陆军第二混成旅步兵第三团第三营营长杨克颖
安徽陆军第二混成旅步兵第四团第一营营长顾守绪
安徽陆军第二混成旅步兵第四团第二营营长何振扬
安徽陆军第二混成旅步兵第四团第三营营长王春林
安徽陆军第三混成旅步兵第五团第一营营长张学曾
安徽陆军第三混成旅步兵第五团第二营营长魏殿英
安徽陆军第三混成旅步兵第五团第三营营长范寿萱
安徽陆军第三混成旅步兵第六团第一营营长盛金元
安徽陆军第三混成旅步兵第六团第二营营长王云山
安徽陆军第三混成旅步兵第六团第三营营长倪朝臣
安徽陆军第四混成旅步兵第七团第一营营长郭同仁
安徽陆军第四混成旅步兵第七团第二营营长戎鸿照
安徽陆军第四混成旅步兵第七团第三营营长李荣标
安徽陆军第四混成旅步兵第八团第一营营长薛振邦
安徽陆军第四混成旅步兵第八团第二营营长张松龄
安徽陆军第四混成旅步兵第八团第三营营长马君衡
安徽陆军第五混成旅步兵第九团第一营营长张会元
安徽陆军第五混成旅步兵第九团第二营营长阎统贯
安徽陆军第五混成旅步兵第九团第三营营长王传禄
安徽陆军第五混成旅步兵第十团第一营营长吴大鹤

安徽陆军第五混成旅步兵第十团第二营营长张政德
安徽陆军第五混成旅步兵第十团第三营营长高恒玉
安徽陆军第一混成旅参谋长储莘系皖南镇守使署参谋长兼任
安徽陆军第二混成旅参谋长黄胪初
安徽陆军第三混成旅参谋长徐岳云
署理安徽陆军第四混成旅参谋长汪　瀚
安徽陆军第五混成旅参谋长路启坤
安徽陆军第一混成旅步兵第一团团附蒋业源
安徽陆军第一混成旅步兵第二团团附潘泽培
安徽陆军第二混成旅步兵第三团团附张敬芝
安徽陆军第二混成旅步兵第四团团附刘奇伟
安徽陆军第三混成旅步兵第五团团附杨　济
安徽陆军第三混成旅步兵第六团团附徐　涟
安徽陆军第四混成旅步兵第七团团附林凤翔
安徽陆军第四混成旅步兵第八团团附丁翰东
安徽陆军第五混成旅步兵第九团团附高佩顺
安徽陆军第五混成旅步兵第十团团附陶经邦
安徽陆军第一混成旅骑兵第一营营长吕鹏林
安徽陆军第一混成旅炮兵第一营营长张运卿
安徽陆军第二混成旅炮兵第一营营长王万顺
安徽陆军第一混成旅旅部少校副官马荣祥
安徽陆军第二混成旅旅部少校副官鲍兰芬
安徽陆军第三混成旅旅部少校副官田陞爵
安徽陆军第四混成旅旅部少校副官黄庭燎
安徽陆军第五混成旅旅部少校副官贾永清

中华民国九年九月初捌日

〔北洋政府陆军部档案〕

135．大总统任命马联甲等为安徽第一至第五混成旅旅长令

（1920年9月20日）

大总统令

任命马联甲为安徽陆军第一混成旅旅长，李传业为第二混成旅旅长，王普为第三混成旅旅长，邱畾锦为第四混成旅旅长，史俊玉为第五混成旅旅长。此令。

中华民国九年九月二十日

国务总理 陆军总长 靳云鹏

〔政府公报，1920年9月21日，第1654号〕

136．大总统任命高世读为安徽第四混成旅旅长令

（1922年4月27日）

大总统令

任命高世读为安徽陆军第四混成旅旅长。此令。

大总统盖印　　国务总理周自齐　　陆军总长鲍贵卿

中华民国十一年四月二十七日

〔政府公报，1922年4月28日，第2210号〕

137．大总统免去马联甲改任倪朝荣为安徽第一混成旅旅长令

（1924年4月2日）

大总统令

陆军总长陆锦呈：督理安徽军务善后事宜马联甲，请免去安徽陆军第一混成旅旅长兼职。马联甲准免兼职。此令。

大总统盖印　　国务总理孙宝琦　　陆军总长陆　锦

中华民国十三年四月二日

大总统令

任命倪朝荣为安徽陆军第一混成旅旅长。此令。

大总统盖印　　国务总理孙宝琦　　陆军总长陆　锦

中华民国十三年四月二日

〔政府公报，1924年4月3日，第2886号〕

138. 大总统任命马联甲暂署安徽第二混成旅旅长令

（1924年6月24日）

大总统令

任命马联甲暂行兼署安徽第二混成旅旅长。此令。

大总统盖印　　国务总理孙宝琦　　陆军总长陆　锦

中华民国十三年六月二十四日

〔政府公报，1924年6月25日，第2967号〕

139. 临时执政免去史俊玉改任华镛章为安徽第五混成旅旅长令

（1925年1月7日）

临时执政令

陆军总长吴光新呈：皖北镇守使兼安徽陆军第五混成旅旅长、苏皖鲁豫四省剿匪副司令史俊玉，请予免去本兼各职。史俊玉准免本兼各职。此令。

陆军总长　吴光新

中华民国十四年一月七日

临时执政令

任命华镕章为安徽陆军第五混成旅旅长。此令。

陆军总长　吴光新

中华民国十四年一月七日

〔政府公报，1925年1月8日，第3152号〕

140．临时执政任命李传业为安徽第二混成旅旅长令

（1925年1月7日）

临时执政令

任命李传业为安徽陆军第二混成旅旅长兼苏皖鲁豫四省剿匪副司令。此令。

陆军总长　吴光新

中华民国十四年一月七日

〔政府公报，1925年1月8日，第3152号〕

141．临时执政著裁撤安徽第二混成旅令

（1925年3月7日）

临时执政令

安徽陆军第二混成旅旅长兼苏皖鲁豫四省剿匪副司令李传业，调京另有任用，该旅旅部著即裁撤，所属两团，派新任淮泗道尹唐启垚切实编练，以重防务。此令。

中华民国十四年三月七日

〔北洋执政府档案〕

142．军务厅关于遣散安徽第二混成旅新招两团费用函

（1925年5月26日）

迳启者：奉执政交下安徽王兼督办啣电一件内开：遣散上年

所招国民军两团用费情形，并谕转告等因，合钞电文函达查照。此致

李前旅长

执政府军务厅启　五月二十六日

附钞电一件

北京执政府军务厅鉴：良密。窃前安徽第二旅旅长李传业，上年添招国民军两团，揖唐到任之后，以本省兵多饷绌，亟应收束。该前旅长承认将新招两团遣散，惟索费八万元，即经于上年十二月十二日发给三万元，本年一月二十七日发给五万元去后。旋据该前旅长报称：遣散完竣。讵意领款多日，仅散一团。直至该前旅长奉令免职后，尚有刘、尚、李三营，依然存在。其刘、尚两营，经唐道尹启垚于本署军需课借拨一千四百元，又由第五旅旅长华锐章向唐道尹启垚手续领一万五千元，尚未遣散完竣。其李传运一营，亦由唐道尹于本署军需课饷项内借拨五千元，始送回阜、亳两县。以上共用洋拾万零一千四百元，均属有案可稽。兹特将历次给发款项成案，列举陈明，统祈代陈主座为荷。王揖唐。智。印。

〔北洋执政府档案〕

143. 临时大总统任命刘世均等为江西第一旅旅长等令

（1912年8月初8日）

临时大总统令

任命刘世均为江西第一旅旅长，欧阳武为第二旅旅长，余鹤松为第三旅旅长，蔡森为第四旅旅长。此令。

中华民国元年八月初八

大总统盖印　　陆征祥、段祺瑞署名

〔政府公报，1912年8月初9日，第101号〕

144. 临时大总统任命欧阳武兼充江西第一师师长令

（1913年6月9日）

临时大总统令

任命欧阳武为江西护军使兼充第一师师长，所有江西陆军各营，均归节制。此令。

中华民国二年六月九日

国务总理
陆军总长　段祺瑞

〔政府公报，1913年6月10日，第393号〕

145. 参谋本部为江西编成二师一旅并任命师旅长与陆军部来往公函

（1913年6—7月）

（1）参谋本部致陆军部公函（6月25日）

参谋本部公函　二年函字第二百二十号

迳启者：顷接江西护军使马电称：赣省业已编成二师一旅，逾出部定军额，然为目前计，自不宜遽尔裁并。除第一师师长、第二师第四旅旅长已奉任命外，其二师长刘世钧及第一师第一旅长林虎、第二旅长但维谦、第二师第三旅长赵复祥，并第五旅长方声涛，均治军有术，拟请正式任命，以专责成。等因。当经录呈大总统。奉批：与贵部总长妥商办法。查前会议决定各省军额，赣省只定一师一旅，现当裁兵之际，该护军使拟请任命二师一旅之师长、旅长，与原定军额太形抵触，似当权宜轻重，计及久远，未便徒为一省目前计，致将来难以处置。用特将原呈函送贵部，即请酌核示复为祷。此致

陆军部　计送原呈乙件　　　　参谋本部启

中华民国二年六月二十五日

南昌欧阳武来电

北京参谋本部陈次长钧鉴：韧密。武以庸材，谬膺重任，祗以梓桑义务，未敢固辞，于十九日由浔返省，二十日接收都督印信、文卷。查赣省军队，业已编成两师一旅，实逾出部定军额之外，然为目前计，武当任事之初，自不宜遽尔裁并，藉以保一省治安。盖欲图治安，必先保民；欲图保民，必先整军；欲整军，尤在先得将领之心。赣军将领素服命令，武所深知，除第一师师长及第二师第四旅旅长蔡森先后已奉大总统任命外，其第二师师长刘世均及第一师第一旅旅长林虎、第二旅旅长但维谦、第二师第三旅旅长赵复祥①，并第五旅旅长方声涛等，均属治军有术，深明大义，拟请正式任命，以专责成。尚乞我公面陈极峰及陆军部，并转下忱。如能允许，即乞密示，再为专电呈请任命。再，武在九江时，已将第九团分调驻南康、白鹿洞、姑塘三处。此次过湖口时，查知江巡总监蔡锐霆业已辞职。其遗缺业经李前督委原任江巡副监何子奇升任，副监一缺，委湖口税局帮办余邦宪充任。原编之调练团，均系由各汛炮船调集之兵，已经武与该正副监商妥，将各兵派遣原船，各船亦均令陆续分扎各原汛。现在地方平靖如常，商民乐业。合并陈明，以释钧注。并祈转陈为盼。江西护军使欧阳武叩。马。

参谋次长陈宧谨呈　六月二十四日

（2）陆军部复参谋本部函稿（7月3日）

迳启者：准贵本部公函开：云云等因，到部。查赣省兵额，原定一师一旅，若照原呈所请概加任命，殊与原定兵额大相抵触，若仅按一师一旅任命，该省已有二师一旅之军额，又恐与现在情形

---

① 在第二师师长刘世均旁有“商之军部”批示；在“第一旅旅长林虎、第二旅旅长但维谦”旁有“可任”批示；在“第三旅旅长赵复祥”旁有“似亦可任”批示。

不无窒碍，似应就现状办理，俟军队裁留就绪，再行任命。相应函覆贵本部查照可也。此致

参谋本部

中华民国二年七月　日

〔北洋政府陆军部档案〕

146．李纯为江西奉令添募混成一旅请筹发开办费及薪饷密电

（1913年10月11日）

火急。北京大总统、陆军部钧鉴：拱密。前奉大部勘电：奉大总统令：据副总统有电称：该护军使拟先添募混成一旅，以厚兵力，事属可行，惟新兵须由北省招募，应即遵照办理等因。合电达。等因。遵派员分赴直、豫招募。蒙将应需正杂各款、装械、马骡分别造送表册，呈请军部核发。并新兵已到两营，恳定名称，以便组织，开始训练。等情。均经详陈在案。现新兵陆续将已到齐，而请定名称尚未奉复，是否将此混成旅归北洋范围，次第编号，饷章比照北洋陆军办理，抑归赣省所有，另定名称，军制饷章拟援照北洋陆军规定。事关军队定名定饷，不能不格外研求，出以慎重。惟查赣省艰窘情形，实非他省可比，久邀洞鉴，而军费难延，所关尤复甚巨，纯再四筹度，赣省财源目前万难责以全力，拟由军部筹发此混成旅开办费并三个月薪饷，暂纾赣力，俟赣局大定，来款可资，纵未及三个月，苟能商由民政长筹款，自当随时陈明，仍归赣省完全担负。纯为旅名未定无以进行，军饷不济亟宜预筹起见，不揣冒昧，统祈核示祗遵。李纯叩。真。印。

〔北洋政府陆军部档案〕

147. 大总统任命王余庆为江西第二旅旅长令

（1916年8月22日）

大总统令

任命王余庆为江西陆军步兵第二旅旅长。此令。

中华民国五年八月二十二日

国务总理、陆军总长段祺瑞

〔政府公报，1916年8月23日，第229号〕

148. 大总统任命王献廷为江西第二旅旅长令

（1919年9月22日）

大总统令

任命王献廷为江西陆军步兵第二旅旅长，杨镇中为江西陆军步兵第二旅第三团团长。此令。

中华民国八年九月二十二日

国务总理　龚心湛

陆军总长　靳云鹏

〔政府公报，1919年9月23日，第1305号〕

149. 大总统任命刘玉昆为江西第二旅旅长令

（1921年6月29日）

大总统令

任命刘玉昆为江西陆军步兵第二旅旅长，李鸿程为江西陆军第二旅第四团团长。此令。

中华民国十年六月二十九日

国务总理　靳云鹏

陆军总长　蔡成勋

〔政府公报，1921年6月30日，第1922号〕

150. 大总统免去张之傑赣东镇守使及刘玉昆江西第二旅旅长令

（1922年6月26日）

大总统令

陆军部呈，赣东镇守使张之傑，江西陆军步兵第二旅旅长刘玉昆，此次派赴赣南，应援不力，致误戎机，拟请免去本职，并将原有官勋一并褫夺等语。张之傑、刘玉昆均著免去本职，并褫夺原官、勋章，以昭儆戒。此令。

大总统盖印　　国务总理颜惠庆　　陆军总长

中华民国十一年六月二十六日

〔政府公报，1922年6月27日，第2269号〕

151. 大总统任命李鸿程为江西第二旅旅长令

（1922年9月21日）

大总统令

任命李鸿程为江西陆军步兵第二旅旅长，朱恩铭为江西陆军步兵第二旅第四团团长。此令。

大总统盖印　　国务总理王宠惠　　陆军总长张绍曾

中华民国十一年九月二十一日

〔政府公报，1922年9月22日，第2355号〕

152. 关于改编江西第三师并以冯绍闵陈玉洲关纯一分任师旅长文电

（1924年12月—1925年1月）

（1）方本仁致张树元密电（12月23日）

急。北京执政府军务处张处长鉴：昌密。养日抵樟镇时，接文绍云厅长马电云：面奉执政谕：以蔡部驻赣军队尚有一师两旅之众，拟以冯旅长绍闵编充师长，冀戢其众而慑其心．仰见执政顾念地方慎重安抚暨对本仁体恤周至之盛意，钦感莫名。惟我执政万几待理，宵旰忧劳，似于赣局战后真相有未深悉者，亦由本仁仓皇收束驰报稽疏，深自歉悚。谨将处置现状分晰陈之：一、原有第九混成旅，在敌前收降二十三混成旅之大部及补充团一团，已改编为近畿第一师，师长一职，请以旅长邓如琢升任。二、原有第三混成旅，收编江西原有之陆军第二团并近畿第一师之骑兵团，已改编为江西第一师，师长一职，请以旅长唐福岑升任。三、原有江西暂编第一旅，在敌前收降暂编第三旅之第五团，并收编江西原有之陆军第三团及二十三混成旅之步兵两营、骑兵一营，并原有之补充团一部，已改编为江西第二师，师长一职，请以旅长蒋镇臣升任。四、原有江西陆军步兵第二旅，收抚暂编第三旅之步兵一营，炮、机各一部，已改编为第九混成旅，旅长一职，请以原任旅长李鸿程充任。之〔五〕、原有近畿第一师，除投降改编外，现仅存冯旅全部、杨旅残部，杨旅长受伤被俘，炮兵不足两营，工、辎不全，拟将冯旅并残余之特种兵，改编为第三混成旅，旅长一职，请以冯绍闵充任。六、原有之江西暂编第三旅，现存约步兵两营，拟并同杨旅残部，编为江西暂编第一旅，旅长一职，请以杨旅之资深团长陈玉洲升任。此为原有军队及现在编定之大概情形也。其邓、唐、蒋、李各师旅长之职，比因应付谭部时机迫促，已一面令其暂代，一面另电呈请核示在案。窃查冯旅长绍闵所部，暗弱久著，战斗无力，此次遇战即溃，即为明证，亟宜严加训练，方可名副其实。且以丧师之人擢膺师长，既虑积习相沿，难期振作，尤恐赏罚失宜，有沮士气。本仁展转筹酌，未敢遽请者也。然我执政运用寰中，裁成各当，如必挈之高迁，或沐时雨春风之化，受恩感奋，亦本仁所乐为奉命者也。则拟将冯旅全部、杨旅残部，全编为江西陆军第三师，师长一职，即以冯绍闵充任。究应如何办理，一俟接奉执政确定钧旨，再行正式呈请。此次化零为整，按诸实际，军额既未增加，饷糈较前且减。欲求休养，须纾民力。值兹地方凋敝之余，又当国家多故之际，非以俭养廉，不足挽已伤之元气，非因才任使，不足祛积弱之颓风。此本仁之刻苦自励、亟欲仰酬我执政之期许者也。至于谭部之湘、滇各军，乘虚侵入赣境，意之所在，路人皆知。本仁守土责重，敢不竭力保卫，苟可曲达宁息之怀，必遵迭谕和平之旨。一切情形，已经陆续电陈，度邀鉴及。所有愚忱，恳为代呈执政，无任感祷。并盼示复。方本仁叩。漾。印。

(2) 执政府军务厅致方本仁密电(12月26日)

樟树方督办鉴：昌密。奉执政谕：据漾电所称，编定师长各职及所筹酌各办法，具见刻苦自励之忱，洵堪嘉许。至于拟将冯旅全部合杨旅残部编成一师之处，该督办妥为策划，无须遥制，一俟办理就绪，再为具报。惟迭电所陈谭军各节，真相已见。以后军事行动，妥筹熟虑临机应变可也。守土责重，保卫为先，务本此意，时策将士，为国家谋治安，为赣民造幸福，是为殷盼。等因。特达。执政府军务厅。宥。印。

发。十二月廿六号。

(3) 方本仁复张树元密电(12月27日)

急。北京执政府军务厅张厅长鉴：昌密。宥电奉悉。执政高悬明镜，俯鉴愚忱，体恤愈周，感悚弥切，敢不竞竞翼翼，以期仰副我执政责望之盛意。冯旅长绍闵已委任为江西陆军第三师师长，该师第五旅旅长已委该旅陈团长玉洲升任，第六旅旅长已委该旅关团长纯一升任，容俟督师返署，再行汇案呈报。至对谭部军事行动暨激战获胜各情形，业经叠电迳呈执政，度蒙钧鉴。本仁拟日内驰赴吉安，一面督促各部追击，速灭敌踪，早靖赣土，一面抚绥灾民，各复生计，以免流离。所有微忱，即希转呈执政鉴核，毋任盼祷。方本仁叩。泌。印。

（4）冯绍闵复执政府秘书厅密电（12月28日）

特急。北京执政府秘书厅钧鉴：昌密，祃电谨悉。誓当竭力报效，仰副执政谋国之至意。当即遵派妥员与方督办商承一切，以期协同动作，共维赣局。惟因无昌密，禀复稍迟，统乞转陈执政，至为跂祷。冯绍闵叩。勘。印。

（5）执政府军务厅致冯绍闵密电（12月31日）

复冯绍闵

安仁冯师长鉴：昌密。奉执政谕：据勘电称：与方督办协同动作，共维赣局等语。该师长深明大义，殊堪嘉尚。前据方督沁电称：冯旅长绍闵，已委任为江西陆军第三师师长。当于卅日电复照准矣。以后仍应督率所部，迅扫敌氛，为国宣勤，为赣除害，是为切要。等因。特达。执政府军务厅。卅一。印。

（6）方本仁致张树元密电（12月31日）

急。北京执政府军务厅张厅长鉴：昌密。沁电度邀转呈执政鉴察。兹据冯师长绍闵等卅电称：绍闵等猥以庸愚，谬蒙成全，屡辞不获，仰见优隆。然区区下怀，仍期早卸仔肩，冀遂归田之愿。乃异数忝膺，寄以师旅，宪恩高厚，感激同深。因念国正艰难，匹夫有责。值此一发千钧之际，若再坚意求去，既违国家养士之意，尤负督帅提拔之恩。再四思维，义难再辞，绍闵当遵于本月二十八日就任江西陆军第三师师长，王洲就任江西陆军第三师步兵第五旅旅长，纯一就任江西陆军第三师步兵第六旅旅长。以期追随左右，共济时艰。除通令所属一体遵照外，谨电禀闻，务赐垂察。等语。肃电奉达，即希转呈执政，俯赐分别任命，以专责成为祷。方本仁。卅一。印。

（7）陈玉洲等致执政府军务厅密电（1月2日）

急。北京执政府军务厅钧鉴：昌密。窃玉洲等顷奉冯师长交下钧厅卅一电，敬悉。我执政以下情为情，俯允所请，玉洲等誓必以执政之心为心，力图报效。谨肃芜电，恭谢隆恩。现已遵照分别任职矣。伏乞转呈为叩。江西陆军第五旅旅长陈玉洲、第六旅旅长关纯一率全体同叩。冬。印。

（8）冯绍闵复执政府军务厅密电（1月2日）

急。北洋执政府军务厅钧鉴：昌密。卅一电敬悉。我执政恩同海岳，渥荷成全，谨当遵令奉行，以期图报于万一。绍闵等现已分别任职，请纾廑系。伏乞转呈为祷。江西陆军第三师师长冯绍闵叩。冬。印。

（9）执政府军务厅复方本仁密电（1月3日）

樟树方督办鉴：昌密。卅一电悉。当转呈执政，奉谕：准予分别任命等因。除已于卅日电复沁电并通知陆军部外，特先电达。临时执政府军务厅。江。印。

发。正月三号。

（10）执政府军务厅致陆军部公函稿（1月3日）

径启者：顷准江西方督办卅一电，请任冯绍闵为江西陆军第三师师长，陈玉洲为三师步兵第五旅旅长，关纯一为三师步兵第六旅旅长。呈奉执政谕：准予任命。等因。除电复外，相应抄录原电，函请贵部查照办理，并希见复为荷。此致

陆军部

附抄电一件〔缺〕

中华民国十四年一月三日

（11）冯绍闵致执政府军务厅密电（1月7日）

特急。北京执政府军务厅钧鉴：昌密。窃绍闵前为维持现状

起见，权就江西第三师师长，并经电禀在案。兹准蔡前师长咨开：本师长一缺，前保杨旅长升任，现既因事不能到差，自应请贵旅长代理，以资统率。合将师长关防派员赍送，希收见复。等因。绍闵势不获已，当于本月虞日暂行师〔代〕〔理〕师长，仍候中央易简贤能。即祈转呈执政为祷。冯绍闵叩。虞。印。

（12）执政府军务厅致冯绍闵密电（1月13日）

安仁冯师长鉴：昌密。奉执政谕：虞电悉。该师师长一职，业经方督电保。所有收受关防一节，应就近向方督请示，再行遵照办理。等因。特达。希即查照为荷。临时执政府军务厅。元。印。

发。一月十三日。

〔北洋执政府档案〕

153. 临时执政任命冯绍闵陈玉洲关纯一为江西第三师师旅长令

（1925年1月21日）

临时执政令

任命冯绍闵为江西陆军第三师师长。此令。

陆军总长　吴光新

中华民国十四年一月二十一日

临时执政令

任命陈玉洲为江西陆军第三师步兵第五旅旅长，关纯一为步兵第六旅旅长。此令。

陆军总长　吴光新

中华民国十四年一月二十一日

〔北洋执政府档案〕

154. 赖世璜部改编为江西第四师并以赖为师长有关文电

(1925年1月)

(1) 方本仁致军务厅等密电(1月27日)

急。北京执政府军务厅、陆军部钧鉴：昌密。前据赣军赖世璜函称：时局纷扰，亟待挽救。明公为当今硕望，众流所归，坐镇洪都，雍容卧治。世璜从戎十载，乏所建树，际此明时，敢忘鲁钝，请缨有训，愿效驰驱。兹特派敝部参谋长卢道南、少校参谋吴德泽为全权代表，趋叩崇辕，面陈一切，马援择主，惟兼纳焉。等情。并准广东陈总司令来电介绍，暨该部卢参谋长、吴参谋及江西在省各界士绅先后恳请，将该部改回江西，以资编练。前〔等〕情。查该部系属赣军寄驻粤境，受粤军陈总司令指挥，历有年所。该赖世璜及所部官兵，宗旨均属纯正，素所知悉。兹既派员持函，恳请收编，情词极为恳切。加之各界以赣军归赣，服务乡邦，事所应尔，纷纷代为要求。当此时事尚未大定之际，自应取收抚政策，即予收编，以从其请，藉安其心。现经拟定，将该部改编为江西陆军第四师，师长一职，即以赖世璜充任。并拟即日派员前往改编，按原有枪械确数，适宜编定。其余徒手无械士兵，即行改〔解〕散，俾节縻〔糜〕费。嗣后该部每月饷项，均归江西担之。在粤事未定以前，该师仍暂留驻粤省，悉听陈总司令指挥，以利进行。除从权先行委署并饬遵照改编暨分行外，拟请转呈执政，俯赐对于赖世璜任江西陆军第四师师长命令发表，俾重职务，以专责成。肃电奉达，即希察照办理见复为祷。方本仁叩。沁。印。

南昌方督办鉴：昌密。沁电陈述权编赖世璜所部官兵为江西

（2）执政府军务厅复方本仁密电（1月29日）

陆军第四师一节，奉谕：陆军部酌核。除通知陆部外，特先电复。临时执政府军务厅。艳。印。

发。一月卅号。

（3）执政府军务厅致陆军部公函稿（1月31日）

迳启者：顷接方督办本仁为陈述权编赖世璜所部官兵为江西陆军第四师沁电一件，呈奉执政谕：交陆军部酌核等因。除原电系属分致不另抄送外，相应函请查酌办理。此致

陆军部

中华民国十四年一月卅一日

〔北洋执政府档案〕

155．临时执政任命唐福山蒋镇臣为江西第一第二师师长令

（1925年1月23日）

临时执政令

任命唐福山为江西陆军第一师师长，蒋镇臣为江西陆军第二师师长。此令。

陆军总长　吴光新

中华民国十四年一月二十三日

〔政府公报，1925年1月24日，第3168号〕

156．临时执政任命赖世璜为江西第四师师长令

（1925年2月24日）

临时执政令

任命赖世璜为江西陆军第四师师长。此令。

陆军总长　吴光新

中华民国十四年二月二十四日

〔政府公报，1925年2月25日，第3198号〕

157．方本仁关于点验第四师在赣各队兵力装备等情密电

（1925年3月26日）

北京执政府军务厅、陆军部鉴：昌密。顷据本署参议周继刚、参议邹继峄由瑞金留电称：所有江西第四师在赣各队，经职等分途先后点验完毕。计师部、八旅旅部、十三团团部及第一第二营、十四团团部及第一营、第十五团团部及第一第二营、七旅机枪连炮兵连各一部、八旅机枪连炮兵连各一部、电话输送各一棱。总计实有官员三百四十六员，士兵二千九百六十二名，夫五百零二名；步枪二千三百零四杆，内计七九枪一千零五十七枝，六八枪二百四十六枝，六五枪一百八十五枝，村田枪二百七十五枝，毛瑟枪五百一十三枝，曼利夏枪十一枝，单缌毛瑟十七枝，骑枪五十八枝；山炮三门，计管退式一门，架退式二门；机枪四架，计马克沁式二架，主黄式二架；自来得手枪七十七枝；步枪弹约三十余万粒，机枪弹约二万余粒，炮弹八十余颗，手枪弹六千余粒。士兵军容尚属整齐，官长均在青年，正式陆军学校毕业者十居八九，精神完〔充〕足，纲纪成绩极为优美。除将点验详细情形及各团营花名履历清册、各项军械名称数目表备文呈报外，谨电禀闻。

等情。除电饬该参议等对于该师在闽、粤各部队续往点验具报备转并分行外，特电奉闻，即希转呈执政为荷。方本仁叩。寝。印。

〔北洋执政府档案〕

158. 方本仁关于以刘宝题为江西暂编补充旅旅长密电

（1925年4月24日）

北京执政府军务厅、陆军部鉴：昌密。河南陆军第一师师长常德盛暨其旅长常锡荣等，克扣军饷，扰害地方，勾结匪徒，图谋不轨，所有派队剿抚情形，业经电达在案。查该师第一①旅参谋长齐审铨及团长尤②效先、兹③立元等，均于事先督率所部脱离常氏，效顺来归④，实属深明大义，忠勇可嘉。兹就该部编为江西暂编为补充旅，其旅长一职，即以陆军第一⑤师第一旅旅长刘宝题暂行兼任，参谋长一职，即以齐审铨充任，一团团长一职，即以尤效先充任，二团团长一职，即以兹⑥立元充任，用示鼓励而昭激劝。除分别委任外，敬特电达，即希查照备案为荷。方本仁叩。敬。印。

〔北洋执政府档案〕

---

① "一"字旁原有置疑号。

② "尤"字旁原有置疑号。

③ "兹"字旁原有置疑号。

④ "归"字旁原有置疑号。

⑤ "一"字旁原有置疑号。

⑥ "兹"字旁原有置疑号。

159．临时执政任命陈柽荫为江西第二师第四旅旅长令

（1925年8月15日）

临时执政令

任命陈柽荫为江西陆军第二师步兵第四旅旅长，郭𫗦为步兵第七团团长。此令。

陆军总长　吴光新

中华民国十四年八月十五日

〔政府公报，1925年8月16日，第3367号〕

160．大总统任命萧奇斌为福建混成旅旅长令

（1913年10月19日）

大总统令

任命萧奇斌为福建陆军混成旅旅长。此令。

中华民国二年十月十九日

国务总理　熊希龄

陆军总长　段祺瑞

〔政府公报，1913年10月20日，第525号〕

161．李厚基提出改编混成二十七旅计划密电

（1914年2月23日）

北京陆军部总长、次长钧鉴：华密。闽省改编混成二十七旅，酌设步兵两团、骑兵一连、炮兵一营、工兵半营，计缺兵额约八百余名。现当整顿伊始，拟将旧兵归并，腾出全营兵缺，募足新兵，编补成营，教练既易，程度亦齐。如蒙照准，遵即派员分赴福宁、延平、屏南三属，按格征募，其募费及小口粮，即由

缺额旷饷项下动用。乞电示遵。福建镇守使李厚基漾叩。印。

〔北洋政府陆军部档案〕

162．李厚基报告福建第一旅改编为第一师以姚建屏为师长文电

（1918年4—6月）

（1）致大总统等密电（4月22日）

特急。大总统、国务总理钧鉴：参谋总长、陆军总长钧鉴：正密。闽奉援粤，厚基不日即将亲赴前方督师，省垣重地，关系致〔至〕大，各处萑符未靖，奸人勾结侵掠，时有所闻，非有坐镇大员主持军事，不足以壮声威。现就驻省第一旅及新成补充各营，暂编为福建陆军第一师，所有师司令部之各官佐，均就第一旅原有人员兼充。一切应需经费，综计每月不敷约一千七百余元，即于军费内撙节挹注，不另开支。按之地方治案〔安〕战事计划，均属极有裨益。其师长一缺，查有现任福建陆军第一旅旅长姚建屏、胆识俱优，志趣纯正，以之任命为该师师长，洵堪胜任。除业经令委署理，并将该师编制另文分别呈咨备案外，拟请任命姚建屏为暂编福建陆军第一师师长，以专责成。合电呈报。李厚基叩。养。印。

〔北洋政府陆军部档案〕

（2）致大总统呈（6月8日）①

福建督军兼署省长李厚基呈大总统，报明闽省暂编陆军第一师成立日期文

为闽省暂编陆军第一师成立日期恭呈具陈，仰祈钧鉴事：窃闽省前就驻省第一旅及新成补充各营，暂编为福建陆军第一师，所有师司令部官佐，均由第一旅原有人员兼充，一切应需经费，

① 系刊登《政府公报》日期。

酌量支配，于军费内撙节挹注，不另开支，即派第一旅旅长姚建屏署理该师师长，并请任命，以专责成，分别电呈奉准在案。兹据该师师长呈报，遵即按照师司令部临时编制，将福建陆军第一旅部原有人员分别支配，具文请委，并呈报于五月一日改组成师前来。除官佐履历、目兵名册另文咨部外，所有闽省暂编陆军第一师成立日期，理合呈请大总统均鉴训示施行。谨呈。

〔政府公报，1918年6月8日，第853号〕

163．大总统任命姚建屏为福建第一师师长令

（1918年5月1日）

大总统令

任命姚建屏为福建陆军第一师师长。此令。

中华民国七年五月一日

国务总理　段祺瑞

陆军总长　段芝贵

〔政府公报，1918年5月2日，第816号〕

164．李厚基拟将第十四混成旅等改编为福建第二师以臧致平为师长密电

（1918年10月24日）

大总统、国务总理钧鉴：参谋部、陆军部鉴：中密。闽省前成补充十二营，分隶左右两翼，以赴前敌，本属暂时编派，便于临时指挥。惟统系未定，训练难专。现拟以第十四混成旅原有之兵、益以附属左翼补充营六营编并成师，改为福建陆军第二师，请以第十四旅旅长兼署汀漳镇守使臧致平为第二师师长，兼任第三旅长，仍兼汀漳镇守使。其第四旅旅长，请以第十四旅一团团长高全忠升任。该师军费，仍就十四旅及补充营原有之款分

别配用，所增无多。庶几部勒整齐，军气振奋。倘蒙允准，敢请即颁命令，以便遵行。除将成师日期及应请委任官佐履历另文呈报外，合谨电陈。福建督军李厚基。敬。印。

〔北洋政府陆军部档案〕

165．李厚基为新编福建第一混成旅请任命周永桂等为旅团长咨

（1919年3月31日）

福建督军公署为咨请事：查上年六月间，因闽省防务紧要，需兵甚急，将由北省所募输送队内抽选精壮一千八百人，照陆军营制，编制步兵三营、炮兵机枪各一连，派本署一等参谋周永桂带往延平一带驻扎防堵，以固上游。嗣以所带兵力嫌薄，不敷分布，复将奉省拨来之陆军两营调归该参谋调遣，以备缓急。此系暂时编派，以便临时指挥。惟统系未定，终属责成难专，乃以以上两项军队合编一旅，名为福建陆军第一混成旅，所需经费，仍就原营原有之款酌剂配用，即以周永桂为该旅旅长，以资统率。该旅步兵第一团团长，暂由旅长兼任，其步兵第二团团长，以奉军营长潘作藩升任，业经分别委署，于七年九月一日成立在案。查该旅成立后，分驻上游并厦门等处，防剿土匪，迭次出力。上年十月调回省垣驻扎，会福清、永泰两县相继告变，该旅赴机迅速，均不数日，而收克复之功。现仍驻扎省垣及永泰一带，以资巡防而固治安。至其内务之管理，均能合法，训练亦臻纯熟，洵为现时得力军队。应请大部将该旅编立缘由，准予备案，并准呈请任命周永桂为该旅旅长并兼任第一团团长，潘作藩为该旅第二团团长，以重职守。除荐委各员另案咨报外，相应检同履历，咨请大部查照办理。此咨

陆军总长

附履历表二张〔缺〕

福建督军　李厚基

中华民国八年三月三十一日

〔北洋政府陆军部档案〕

166. 李厚基为福建陆军一至四团及卫队营经改编请任命团营长咨

（1919年3月31日）

福建督军公署为咨请事：查闽省于上年三月间将民国六年九月所募补充兵六营及是年十二月续募十二营，合编为陆军六团，业经咨报在案。嗣因福建陆军第一旅、陆军第十四混成旅先后奉准改编成师，将六团之内抽出四团，以两团分配第一旅，于五月间编成第一师，以两团分配十四旅，于十月间编成第二师。此外，尚剩补充步兵两团。兼之上年二月间奉准将盐巡队五营改编陆军，因当时需兵甚急，即将该五营分隶第一第十四两旅遣用。续因该两旅改编成师，自应将该五营调集另编，以定系统而便指挥。遂将该五营及所剩陆军两团凑以输送兵之精壮者千余人，合编为福建陆军第一团、第二团、第三团、第四团，并本署卫队营一营，以备缓急。所需经费，仍就各原营原有之款酌剂配用。以第十混成旅营长王献臣升充福建陆军第一团团长，原第四团团长陈得才调充福建陆军第二团团长，原第六团团长史书年调充福建陆军第三团团长，第二支队长史廷飏兼充福建陆军第四团团长，并派王殿臣充本公署卫队营营长。以上各团、营，均于七年九月一日改编成立。查该团、营长等，于军事素多历练，任职以来，奉公勤奋，纪律严明，成绩均有可观。现第一团驻扎省垣暨福清等处，第二团驻扎晋江县属，第三团驻扎省垣，第四团驻扎厦门，卫队营驻扎近省之闽清县，昕夕巡防，无间风雨，匪徒于以敛迹，治安因之益固，实为现时得力军队。所有该四团及卫队营改编缘由，应请大部准予备案，并将团长王献臣等呈请明颁任命，以重职守。除其余荐委各员另案咨报外，相应检同履历，咨请大部查照办理。此咨

陆军总长

附履历五张〔缺〕

福建督军　李厚基

中华民国八年三月三十一日

〔北洋政府陆军部档案〕

167. 关于以高全忠任福建第二师师长令电

（1922年10月）

（1）李厚基致大总统等密电(10月3日)

北京大总统、国务总理钧鉴：参谋部、陆军部鉴：昌密。本年六月福建陆军第二师师长臧致平辞职，遗缺由厚基暂行兼领，当经呈报并分咨院、部，旋于九月冬日，准陆军部电复，准予备案在案。现在闽省军事紧急，防务重要，兼顾为难。查有该师第三旅旅长高全忠，智勇兼备，卓著资劳，堪胜师长之任，拟请以该旅长高全忠升任福建陆军第二师师长，以专责成。除另行令委外，理合呈请鉴核备案。谨电奉陈。李厚基叩。江。印。

〔北洋政府陆军部档案〕

（2）大总统令(10月24日)

大总统令

任命高全忠为福建陆军第二师师长。此令。

大总统盖印　　国务总理王宠惠　　陆军总长张绍曾

中华民国十一年十月二十四日

〔政府公报，1922年10月25日，第2385号〕

168. 高全忠就任闽军总指挥电

（1922年11月6日）

北京大总统、国务总理，参陆办公处，陆军、参谋、海军、财政、交通、内务、农商、司法、教育各部总长，王巡帅钧鉴：窃全忠戎行忝厕，海曲远屯，既无尺寸之功能，徒负殷勤之期许，抚膺循省，正切惭惶，乃蒙大总统恩眷，畀以闽军总指挥之职，拜命临风，骇汗如雨。伏念闽疆不靖，丑类横张，致星火之燎原，是椟中之毁玉。临淄不守，虽云咎有攸归，曹刿有言，敢谓鄙非同类。顾卧薪之方急，遽乘间以取荣，具有良心，难安屋漏。揆以妨贤之训，允宜非分之辞。是故奉电承恩，即欲陈情请命，袛以元戎未返，尚叹蒙尘，大憝不歼，实虞负固。万众之扬麾待誓，一时之仗节从权。兹者李督军已于月之微夜旋节鹭门，当将下情请为代达。猥蒙谆谕责以矫情，并荷温词策其后效，全忠不得已，谨于本月六日遵就闽军总指挥之职。驽庸贬驾，敢期辛远之能务，蚊类负山，不独颠危之足虑，差幸同仇敌忾，能偕众志以成城。但期卫国裨民，不惜捐躯以图报，敬承谟略，当操戈擐甲以前驰，定扫搀枪，还闽山越水以无恙。除一切进行事宜，恭候李督军计划指挥外，所有就职日期及感激下忱，肃电具陈，惟冀明察。高全忠叩。鱼。

〔北洋政府内务部档案〕

169. 大总统任命赵玉魁为福建第二师第三旅旅长令

（1922年11月9日）

大总统令

任命赵玉魁为福建陆军第二师步兵第三旅旅长。此令。

大总统盖印　　国务总理王宠惠　　陆军总长张绍曾

中华民国十一年十一月九日

〔政府公报，1922年11月10日，第2401号〕

170．大总统任命张毅李芳池张广汉为福建第一师师旅长令

（1924年3月8日）

大总统令

任命张毅为福建陆军第一师师长，李芳池为步兵第一旅旅长，张广汉为步兵第二旅旅长，汤玉林为步兵第一团团长，曲毓铎为步兵第二团团长，安且燠为步兵第三团团长，张耀为步兵第四团团长。此令。

大总统盖印　　国务总理孙宝琦　　陆军总长陆锦

中华民国十三年三月八日

〔政府公报，1924年3月9日，第2861号〕

171．张毅通告就任福建第一师师长快邮代电

（1924年4月29日）

北京大总统、国务总理、各总长，洛阳吴巡帅，南京齐巡帅，海军杜总司令，武昌萧巡帅，热河王巡帅，各省督军、督理、省长钧鉴：各护军使、镇守使，各司令、师旅长，各报馆均鉴：案奉督理福建军务善后事宜孙①文日电开：本年三月八日奉大总统令：任命张毅为福建陆军第一师师长。此令。等因。合亟电达，仰即遵照，并将就职日期具报转呈。等因。奉此。伏念毅以铨材，谬膺戎寄，渥承宠命，惶悚莫名。祗以闽局未宁，遽难卸责，遵于四月一日就职视事。除分别呈咨函令并布告外，谨此电陈，伫候明教。此电业于四月一日由泉州局拍发，当时军事繁

① 指督理福建军务善后事宜孙传芳。

兴，深恐中途有阻，复用代电。合并呈明。福建陆军第一师师长张毅叩。东。印。共计叁百叁十九字。
中华民国十三年四月廿九日

〔北洋政府热察绥巡阅使署档案〕

172. 大总统任命李凤翔为福建第三师师长令

（1924年10月8日）

大总统令

任命李凤翔为福建陆军第三师师长。此令。

大总统盖印　　国务总理颜惠庆　　陆军总长陆锦

中华民国十三年十月八日

〔政府公报，1924年10月9日，第3070号〕

173. 临时大总统任命陈炯明兼任广东陆军军长令

（1912年12月25日）

临时大总统令

任命广东护军使陈炯明兼充广东陆军军长。此令。

中华民国元年十二月二十五日

国务总理　赵秉钧

陆军总长　段祺瑞

〔政府公报，1913年1月5日，第239号〕

174. 临时大总统任命王肇基叶举罗炽扬为广东第一第二师各旅旅长令

（1913年1月22日）

临时大总统令

任命王肇基为广东陆军第一师步兵第一旅旅长，叶举为广东陆军第二师步兵第三旅旅长，罗炽扬为广东陆军第二师步兵第四旅旅长。此令。

中华民国二年一月二十二日

国务总理　赵秉钧

陆军总长　段祺瑞

〔政府公报，1913年1月23日，第257号〕

175. 临时大总统任命陈元泳为广东第一师第二旅旅长令

（1913年1月25日）

临时大总统令

任命陈元泳为广东陆军第一师步兵第二旅旅长。此令。

中华民国二年一月二十五日

国务总理　赵秉钧

陆军总长　段祺瑞

〔政府公报，1913年1月26日，第260号〕

176. 陆军部转达大总统准以龙觐光为广东第一师师长密电

（1914年2月1日）

广州龙都督：拱密。奉大总统令：勘电悉。所呈以龙觐光任第一师师长，马存发等任旅长、参谋长、团长、营长各节，已如拟任命矣。现在财政困难，军饷繁巨，该督所呈二月以后兵饷即可减少之处，具征恪遵命令，深体时难，仍望力求撙节，将裁兵一事锐励进行，以纾财力，而副倚注。等因。合电遵照。参谋部、陆军部。东。印。

〔北洋政府陆军部档案〕

177. 大总统任命谭浩明为暂编广东第一师师长马济莫荣新为暂编广东第一第二混成旅旅长令

（1916年11月12日）

大总统令

任命谭浩明为暂编广东第一师师长，马济为暂编广东第一混成旅旅长，莫荣新为暂编广东第二混成旅旅长。此令。

中华民国五年十一月十二日

国务总理
陆军总长 段祺瑞

〔政府公报，1916年11月13日，第309号〕

178. 大总统任命陈炯光为广东第一师师长令

（1923年3月20日）

大总统令

任命陈炯光为广东陆军第一师师长。此令。

国务总理
陆军总长 张绍曾

中华民国十二年三月二十日

〔政府公报，1923年3月21日，第2523号〕

179. 大总统任命钟景棠为广东第二师师长令

（1923年3月20日）

大总统令

任命钟景棠为广东陆军第二师师长。此令。

国务总理
陆军总长 张绍曾

中华民国十二年三月二十日

〔政府公报，1923年3月21日，第2523号〕

180. 大总统任命黄业兴为广东第一混成旅旅长令

（1923年3月20日）

大总统令

任命黄业兴为广东陆军第一混成旅旅长。此令。

国务总理
陆军总长 张绍曾

中华民国十二年三月二十日

〔政府公报，1923年3月21日，第2523号〕

181. 大总统任命王定华为广东第二混成旅旅长令

（1923年3月20日）

大总统令

任命王定华为广东陆军第二混成旅旅长。此令。

国务总理
陆军总长 张绍曾

中华民国十二年三月二十日

〔政府公报，1923年3月21日，第2523号〕

182. 大总统任命洪兆麟为广东第三师师长令

（1923年4月3日）

大总统令

任命洪兆麟为广东陆军第三师师长。此令。

国务总理
陆军总长 张绍曾

中华民国十二年四月三日

〔政府公报，1923年4月4日，第2537号〕

183. 大总统任命尹骥为广东第五师师长令

（1923年4月20日）

大总统令

任命尹骥为广东陆军第五师师长。此令。

国务总理
陆军总长 张绍曾

中华民国十二年四月二十日

〔政府公报，1923年4月21日，第2553号〕

184. 大总统任命李云复为广东第六师师长令

（1923年4月20日）

大总统令

任命李云复为广东陆军第六师师长。此令。

国务总理
陆军总长 张绍曾

中华民国十二年四月二十日

〔政府公报，1923年4月21日，第2553号〕

185. 大总统任命赖世璜为广东第七师师长令

（1923年4月20日）

大总统令

任命赖世璜为广东陆军第七师师长。此令。

国务总理
陆军总长 张绍曾

中华民国十二年四月二十日

〔政府公报，1923年4月21日，第2553号〕

186．大总统任命苏世安为广东第八师师长令

（1923年4月20日）

大总统令

任命苏世安为广东陆军第八师师长。此令。

国务总理
陆军总长 张绍曾

中华民国十二年四月二十日

〔政府公报，1923年4月21日，第2553号〕

187．大总统任命杨坤如为广东第九师师长令

（1923年4月20日）

大总统令

任命杨坤如为广东陆军第九师师长。此令。

国务总理
陆军总长 张绍曾

中华民国十二年四月二十日

〔政府公报，1923年4月21日，第2553号〕

188．大总统任命翁式亮为广东第十师师长令

（1923年4月20日）

大总统令

任命翁式亮为广东陆军第十师师长。此令。

国务总理
陆军总长 张绍曾

中华民国十二年四月二十日

〔政府公报，1923年4月21日，第2553号〕

189. 大总统任命陆宗宇为广东第四师师长令

（1923年4月21日）

大总统令

任命陆宗宇为广东第四师师长。此令。

国务总理
陆军总长 张绍曾

中华民国十二年四月二十一日

〔政府公报，1923年4月22日，第2554号〕

190. 大总统任命李根澐为广东第三混成旅旅长令

（1923年5月16日）

大总统令

任命李根澐为广东陆军第三混成旅旅长。此令。

国务总理
陆军总长 张绍曾

中华民国十二年五月十六日

〔政府公报，1923年5月17日，第2579号〕

191. 大总统任命关澄芳为广东第四混成旅旅长令

（1923年5月16日）

大总统令

任命关澄芳为广东陆军第四混成旅旅长。此令。

国务总理
陆军总长 张绍曾

中华民国十二年五月十六日

〔政府公报，1923年5月17日，第2579号〕

192．陆荣廷请以陈炳焜谭浩明分任广西第一第二师师长密电

（1913年4月2日）

北京大总统、陆军部、参谋部钧鉴：午密。广西军队，改旧练新，编为二师一旅。先〔？〕以所部相从已久，何能遽弃。是以此次改编，虽虞枘凿，然恃附循有素，又得陆军少将陈炳焜、谭渐〔浩〕明相助为理，卒能就范。盖旧军百一十队中，百战之士为多，其恢复之气，亦较寻常为甚，一言改组，诸形疑虑，廷亦知散之非难。第强邻伺于外，伏莽潜于内，与其召集一般未经战阵之少年从容训练，不如留此能阵惯战之士加以教育，俾成劲旅，庶几事半功倍。乃集诸将校，宣示大总统统一军政之至意，必令举国军人一致进行。陈、谭两少将，公忠体国，素得军心，不惮烦劳，善譬善喻，乃得军士欢声鼓舞，帖无间言。从此认真教练，不患不成干城之选。拟请我大总统特任陈炳焜为广西第一师师长，谭渐〔浩〕明为第二师师长，俾资督率而洽军情。该两员均系少将阶级，与陆军补官章程微有不符，惟因事择人，不得不尔，伏乞俯念边陲，破格擢用，无任惶悚待命之至！至旅长以下各官，谨当另电呈请，分别任命。当否？仍候钧裁。广西都督陆荣廷呈。冬。印。

〔北洋政府陆军部档案〕

193. 陆荣廷关于广西第一第二师师长陈炳焜谭浩明领状就职公函

（1913年5月28日）

广西都督公函

迳覆者：前准钧部函开：案查本部呈请任命桂军师长一案，于本月十七日奉临时大总统令：任命陈炳焜为广西陆军第一师师长，谭浩明为广西陆军第二师师长。此令。相应缮发本部任命状二纸，函送查照，分别令行该师长等祗领。等因。准此。当经分别令发去后。兹据第二师师长谭浩明呈称：奉发任命状，遵于五月十六日祗领任事，呈请函部备案前来。相应函请钧部查照备案。此致

陆军部

陆荣廷

中华民国二年五月廿八日

〔北洋政府陆军部档案〕

194. 临时大总统任命秦步衢莫荣新等为广西第一第二师各旅长令

（1913年5月30日）

临时大总统令

任命秦步衢为广西陆军第一师步兵第一旅旅长，莫荣新为广西陆军第一师步兵第二旅旅长，龙觐光为广西陆军第二师步兵第三旅旅长，林俊廷为广西陆军第二师步兵第四旅旅长，黄榜标为广西陆军步兵第五旅旅长。此令。

中华民国二年五月三十日

国务总理
陆军总长　段祺瑞

〔政府公报，1913年5月31日，第383号〕

195. 大总统任命陆裕光为广西第二师第三旅旅长策令

（1915年11月29日）

大总统策令

任命陆裕光为广西陆军第二师步兵第三旅旅长。此令。

中华民国四年十一月二十七日

国务卿　陆征祥

〔政府公报，1915年11月28日，第1278号〕

196. 关于以陆裕光升任广西第一师师长令电

（1916年8月）

（1）陈炳焜致大总统密电（8月23日）

加急。北京大总统钧鉴：国务院、参谋本部、陆军部均鉴：华密。窃炳焜遵令于本月三日就任广西督军职，当经电陈在案。所有炳焜原任广西陆军第一师师长及桂林镇守使遗缺，自应呈请简员继任，以重职守。惟广西系边防省分，军职重要，似应为地择人，庶足以收整军经武之效。兹查代理第一师师长、陆军少将、原任广西陆军步兵第二旅旅长陆裕光，将略家传，忠诚奋发，训练士卒，有勇知方。曾在前广西边防教导团毕业，由下级士官累功历晋今职，以该旅长升任第一师师长员缺，叙劳按绩，军心翕服。又查现代理桂林镇守使、二等文虎章、中将衔陆军少将林俊廷，久历戎行，威望卓著，由行伍出身，戍边多年，历建勋绩，累保今秩，以之实任桂林镇守使员缺，洵属人地相宜，克称厥职。云〔？〕该员等此次随同陆督军荣廷勋粤援湘，驰驱国事，厥功尤伟。炳焜为慎重军职起见，用敢密陈。是否有当，伏候钧裁示遵。广西督军陈炳焜呈。漾。印。

〔北洋政府陆军部档案〕

（2）大总统令（8月30日）

大总统令

任命陆裕光为广西陆军第一师师长。此令。

中华民国五年八月三十日

国务总理
陆军总长　段祺瑞

〔政府公报，1916年8月31日，第237号〕

197．大总统任命贲克昭陈坤培为广西第一师第一第二旅旅长令

（1917年4月15日）

大总统令

任命贲克昭为广西陆军第一师步兵第一旅旅长，陈坤培为第一师步兵第二旅旅长，吕达廷为第一师步兵第一团团长，万定楠为第一师步兵第二团团长。此令。

中华民国六年四月十五日

国务总理
陆军总长　段祺瑞

〔政府公报，1917年4月16日，第453号〕

198．黎元洪陈湖北军队编练计划并请派员监视裁编密电

（1912年6月12日）

武昌黎副总统来电　六月十四日

袁大总统钧鉴：军密。鄂省军队，拟编两军，每军两镇，军

设军统，镇设统制，因人众，器械、马匹不敷，拟马、炮每军一标，工、辎每军一营，一俟编就，即交中央直辖。并乞派员来鄂，监视裁编。如此办法，全国军制，方归统一。并希卓裁。元洪。文。印。

〔北洋政府陆军部档案〕

199. 黎本唐请辞湖北第一师师长电

（1913年2月17日）

北京大总统、陆军部段总长钧鉴：窃于一月效日承奉电开：任命黎本唐为湖北第一师长等情。祇聆之下，惶悚莫名。伏念师长一介武夫，不学无术，自问无将兵之才，竟忝膺司令之寄。本假定之充实，忽真除之锡宠，所谓施恩既重于鳌背，而效命实轻若鸿毛者也。回忆权授本职，已历经年，弥缝补苴，心力交瘁。迄于今日，悍将结党则联络寡方，骄卒成群则训练乏术，千疮百孔，彼擒此纵。痛军队之共和，愤人心之险诈，彼削足适履谋焉能藏，斯掩耳盗铃计终成拙。长此因仍，将何了局。清夜自扪，于心不安。务恳收回成命，别简贤能，决计归田，藉以养晦，□时俾得徐图报称，感戴鸿慈，曷其有极。否则以懦夫强举千钧之鼎，适见促其折膑，以凡鸟驱入四面之罗，不足形其掣肘。近状狼狈，谅邀洞鉴。所有以上缘由，除向副总统陈情并乞就近先行派员接代外，谨由〔祈〕示遵。陆军中将黎本唐霰叩。

〔北洋政府陆军部档案〕

200. 临时大总统任命石星川等为湖北一至六旅旅长令

（1913年2月19日）

临时大总统令

任命石星川为湖北陆军第一旅旅长，喻洪启为湖北陆军第二旅旅长，杜邦俊为湖北陆军第三旅旅长，胡廷佐为湖北陆军第四旅旅长，杜武库为湖北陆军第五旅旅长，李锦荣为湖北陆军第六旅旅长。此令。

中华民国二年二月十九日

国务总理　赵秉钧

陆军总长　段祺瑞

〔政府公报，1913年2月20日，第284号〕

201. 黎元洪关于湖北第一师长黎本唐等领到任命状咨

（1913年2月28日）

中华民国临时副总统领湖北都督事黎为咨行事：接准函开：军衡司案呈：于民国二年一月二十八日奉临时大总统令：任命黎本唐为湖北第一师师长，蔡汉卿为湖北第二师师长，王安澜为湖北第三师师长，徐镇坤为湖北步队第七旅旅长，刘佐龙为湖北步队第八旅旅长。此令。奉此。兹由本部发给该师长黎本唐等任命状五张。相应一并函送，希即转给祗领，并饬将领到日期具报备案。等因。当即发该师、旅长遵照收执，并饬将祗领日期具报核咨去后。兹据湖北第一师师长黎本唐，湖北第二师师长蔡汉卿，湖北第七旅旅长徐镇坤，湖北第八旅旅长刘佐龙各呈报于本年本月十四日奉到，湖北第三师师长王安澜呈报于本年本月十七日奉到。相应咨行贵部查照备案可也。此咨

陆军部

中华民国二年二月廿八日

〔北洋政府陆军部档案〕

202. 临时大总统任命应龙翔为湖北第三师第五旅旅长令

（1913年5月3日）

临时大总统令

任命应龙翔为湖北陆军第三师第五旅旅长。此令。

中华民国二年五月三日

国务总理
陆军总长 段祺瑞

〔政府公报，1913年5月4日，第356号〕

203. 临时大总统任命吴德振为湖北第三师第五旅旅长令

（1913年5月19日）

临时大总统令

任命吴德振为湖北陆军第三师第五旅旅长。此令。

中华民国二年五月十九日

国务总理
陆军总长 段祺瑞

〔政府公报，1913年5月20日，第372号〕

204. 临时大总统免去黎本唐湖北第一师师长令

（1913年6月4日）

临时大总统令

湖北第一师师长黎本唐，调京另候任用。此令。

中华民国二年六月四日

国务总理
陆军总长 段祺瑞

〔政府公报，1913年6月5日，第388号〕

205. 临时大总统任命朱兆熊为湖北第一师第一旅旅长令

（1913年6月4日）

临时大总统令

任命朱兆熊为湖北第一师第一旅旅长。此令。

中华民国二年六月四日

国务总理
陆军总长　段祺瑞

〔政府公报，1913年6月5日，第388号〕

206. 大总统任命刘佐龙为湖北第四混成旅旅长令

（1918年5月25日）

大总统令

任命刘佐龙为湖北陆军第四混成旅旅长。此令。

中华民国七年五月二十五日

国务总理　段祺瑞

陆军总长　段芝贵

〔政府公报，1918年5月26日，第840号〕

207. 王占元拟将湖北第三旅改编为混成旅密电

（1918年8月—1919年1月）

（1）1918年8月7日密电

北京陆军部鉴：统密。窃照湖北第三旅，原有步兵两团，炮兵一营，该旅部人员，系按照混成旅编制组织，拟将该旅加以混成字样，名曰湖北陆军第三混成旅，以符名实。其①有该旅长应增

① "其"字旁原有置疑号。

薪公，由湖北军费临时费项下腾挪开支。是否可行，盼电示。占元叩。虞。印。

（2）1919年1月11日密电

北京陆军部鉴：统密。湖北陆军第三旅，拟改编混成旅一案，曾于上年十月间电请大部查核在案。查该旅改编，既不增加经费，该部人员亦如其旧，仰祈俯予照准，迅赐电复，以便转令遵照，至纫公谊。占元叩。真。印。

〔北洋政府陆军部档案〕

208．陆军部军务司关于湖北警备队及省防军队改编陆军两旅移付

（1918年9月9日）

军务司为移付事：顷奉交出占元致国务总理函开：查现值军事繁兴，鄂省地居重要，原有军队实系不敷分布，当就湖北警备队及省防一、二两团，按照陆军编制办法，改编为陆军第一、第二两旅，以资训练。所有该两旅薪饷各费，均由湖北省地方担任筹给，前经禀陈钧座，业蒙俯准允行。惟陆军部段总长、张次长对于此项改旅办法，盖恐鄂省财政困难，意拟暂时且从缓议，以留伸缩之余地。审慎周详，至为仰佩。惟此间警备队及省防一、二两团成立已久，均经筹有的款，按月指拨，此次扩充为旅，尚觉无大出入。而因名义上之观念，所有各级军官一经改归陆军，奋发精神顿增十倍，殊与军务前途大有裨益。现正由占元拟具正式公文，咨请军部立案，合无仰恳总理俯赐转饬段总长、张次长，一俟文到，准即从速照议施行，俾资着手，实为公便。等语。并奉总理手批：军部酌之。等因。查该省省防两团及警备队之步兵

一团改编两旅一案，前经咨部，当由本司移请贵司备案在案。兹准前因，相应移请贵司查照。此付
军衡司
中华民国七年九月九日

〔北洋政府陆军部档案〕

209. 王占元关于湖北督署所辖各军编制人数等情密电
(1919年2月2日)

北京陆军部鉴：统密。卅电敬悉。除第二师、第十八师、第十七、十八、廿一等混成旅系直接中央外，谨将敝署管辖各军队编制人数、饷项额数、驻扎地点、将领姓名开列如下：湖北第一旅，三八一八员名，四五一五四四元，分驻武昌、五峰等处，旅长尹因愈；湖北第二旅，三八一八员名，四五一五四四元，分驻武昌、黄陂、郧阳等处，旅长南元超；湖北第三混成旅，四五五四员名，六四六九六元，分驻新堤、沔阳、巴东等处，旅长卢金山；湖北第四混成旅，四四四六员名，五二二一六四元，分驻德安、黄州、天门、应城、京山等处，旅长刘佐龙；湖北骑兵营二七九员名，五一八零四元，分驻武昌、咸宁等处，营长周鸿胜；湖北辎重营，二八五员名，三五五七四元，分驻武昌、咸宁等处，营长刘澈；湖北宪兵营，二九六员名，五九三四四元，驻武昌，营长贾起鹤；湖北督军公署卫队营，六二三员名，六四二六一元，驻武昌，营长武殿奎；汉口镇守使署所属巡缉三营，一四六七员名，一七三二三零元，分驻汉口、新堤，镇守使杜锡钧；湖北督军公署军乐连，五二员名，八八八八元，驻武昌，连长张启鹏；湖北督军公署马卫队，八十员名，一①三一五二元，驻武昌，队

① “一”字旁原有置疑号。

长冯华国。谨复。王占元。冬。印。

〔北洋政府陆军部档案〕

210. 大总统任命潘守蒸等为湖北第一混成旅等旅长令

（1923年1月26日）

大总统令

任命潘守蒸为湖北陆军第一混成旅旅长，寇英傑为第二混成旅旅长，刘佐龙为第四混成旅旅长，张允明为第五混成旅旅长；马金荣为陆军第十八师步兵第三十五旅旅长；邱长胜为湖北陆军第一混成旅步兵第一团团长，周鸿胜为第二团团长；贺国光为第二混成旅步兵第三团团长，贾万兴为第四团团长；聂庆宽为第三混成旅步兵第五团团长；刘镇湘为第四混成旅步兵第七团团长，王桂荣为第八团团长；张沛雨为第五混成旅步兵第九团团长；阎得胜为陆军第二十一混成旅步兵第一团团长，王静修为第二团团长。此令。

国务总理
陆军总长 张绍曾

中华民国十二年一月二十六日

〔政府公报，1923年1月27日，第2472号〕

211. 大总统免去潘守蒸改任孙建业为湖北第一混成旅旅长令

（1924年3月5日）

大总统令

陆军总长陆锦呈，湖北陆军第一混成旅旅长潘守蒸，另有任用，请免本职。潘守蒸准免本职。此令。

大总统盖印　　国务总理孙宝琦　　陆军总长陆锦

中华民国十三年三月五日

大总统令

任命孙建业为湖北陆军第一混成旅旅长。此令。

大总统盖印　　国务总理孙宝琦　　陆军总长陆　锦

中华民国十三年三月五日

〔政府公报，1924年3月4日，第2858号〕

212. 关于任命刘佐龙为湖北暂编第二师师长文电

（1925年7—8月）

（1）萧耀南致军务厅等密电（7月15日）

北京执政府军务厅、陆军部鉴：昌密。湖北暂编第二师师长刘佐龙，业荷允准成师在案。数月以来，该师长等训练有方，举凡一切整顿军队，保卫地方，颇资得力，拟请准予明令发表，以昭郑重。或恐地方有所藉口，不便明颁命令，则请准用部令办理，以示鼓励而专责成。其旅长以下各员，除俟取到履历再行咨请分别简荐外，特此电达，即希查照办理为荷。萧耀南。删。印。

（2）军务厅复萧耀南密电（7月18日）

武昌萧督办鉴：务密。删电悉。转呈奉谕：交军部等因。除通知陆军部外，特达，希查照。府军务厅。巧。

发。七月十八日。

〔北洋执政府档案〕

（3）陆军部致军务厅公函（8月4日）

陆军部公函　十四年官字第四四五号

迳复者：准贵厅公函开：奉执政交下湖北萧督办删电一件内开：湖北暂编第二师师长刘佐龙，业荷允准成师，请明令发表；如不便明布，则用部令办理，以示鼓励而专责成。其旅长以下各员，俟取到履历，再请分别简荐。等语。并批：军部查酌。等因。除原电系分致贵部无庸钞送外，相应录批函请查照，并见复。等因。查该员刘佐龙，业经本部令准，派充该师师长。除备案并咨复该督办查照外，兹准前因，相应函复贵厅查照可也。此致
临时执政府军务厅
中华民国十四年八月四日

〔北洋执政府档案〕

213．大总统任命胡叔麒为湖南第一旅旅长策令

（1915年3月21日）

大总统策令
任命胡叔麒为湖南陆军第一旅旅长。此令。
中华民国四年三月二十一日

国务卿　徐世昌

〔政府公报，1915年3月22日，第1030号〕

214．谭延闿为湖南军队改编为第一二两师请以赵恒惕陈复初为师长密电

（1916年10月12日）

大总统、段总理、陆军部钧鉴：赓密。湘省改编军队两师，已电陈钧座蒙准援照浙、黔例，暂编为湖南陆军第一、第二师在案。现在编制就绪。查有陆军中将赵恒惕，堪以任为第一师师长，中将衔陆军少将陈复初，堪以任为第二师师长。伏乞特予任命，以专责成。谭延闿叩。文。印。

〔北洋政府陆军部档案〕

215.大总统任命赵恒惕陈复初为暂编湖南第一第二师师长令

1916年10月18日

大总统令

任命赵恒惕为暂编湖南第一师师长，陈复初为暂编湖南第二师师长。此令。

中华民国五年十月十八日

国务总理
陆军总长 段祺瑞

〔政府公报，1916年10月19日，第284号〕

216．大总统任命李右文陈嘉佑为暂编湖南第一第二师各旅旅长令

（1916年11月11日）

大总统令

任命李右文为暂编湖南第一师步兵第一旅旅长，林修梅为第一师步兵第二旅旅长，陈嘉佑为第二师步兵第三旅旅长，朱泽黄为第二师步兵第四旅旅长，梁焯敏为第一师步兵第一团团长，彭树煌为第一师步兵第二团团长，宋鹤庚为第一师步兵第三团团长，廖家栋为第二师步兵第四团团长，李刚培为第一师炮兵第一团团长，彭寿衡为第二师步兵第五团团长，鲁涤平为第二师步兵第六团团长，毛述骏为第二师步兵第七团团长，周崇岳为第二师步兵第八团团长，赵梦炎为第二师炮兵第二团团长。此令。

中华民国五年十一月十一日

国务总理
陆军总长 段祺瑞

〔政府公报，1916年11月21日，第308号〕

217. 关于裁撤第十七师改为湖南第一旅并以朱泽黄为旅长文电

(1918年5—6月)

(1) 段祺瑞致大总统呈稿(5月28日)

呈为请裁撤陆军第十七师改编一旅，任命旅长，仰祈钧鉴事：前准湖北督军王占元电请将陆军第十七师步兵第三十三旅改为独立旅，仍以朱泽黄充旅长。等因。当经电商湖南督军张敬尧去后。兹准电称：王督军所陈，于军事、财政两有裨益，请即正式任命，并明令陈复初交尧酌量委用，以便另予相当位置。等因。查陆军第十七师，原祗步兵一旅，自湘西战事发生，该师两次援攻，均未得手，已有难于扩充之势，若仍用十七师名义，自觉名实不符，拟请将陆军第十七师即行裁撤，师长陈复初著交湖南督军张敬尧酌量任用。其原有之步兵第三十三旅，改为湖南陆军步兵第一旅，旅长一职，仍以朱泽黄补充。似［此］经费可资节省，而于军事进行亦较简捷。如蒙俯准，均请明令公布。是否有当，理合具呈，伏乞鉴核训示。谨呈

大总统

陆军总长　段

(2) 大总统指令(5月31日)

大总统指令　第九百五十八号

令陆军总长段芝贵

呈请裁撤陆军第十七师改编一旅、任命旅长由。呈悉。准予改编，并另有令任命朱泽黄为旅长矣。此令。

中华民国七年五月三十一日

国务总理　段祺瑞

陆军总长　段芝贵

〔政府公报，1918年6月1日，第846号〕

(3) 陆军总长致张敬尧咨稿(6月6日)

陆军总长为咨行事：案照本部呈请裁撤陆军第十七师改编一旅，任命旅长一案，于民国七年五月二十一日奉指令：呈悉。准予改编，并另令任命朱泽黄为旅长矣。此令。同日奉令：陈复初著交湖南督军张敬尧酌量任用。此令。同日又奉令：任命朱泽黄为湖南陆军步兵第一旅旅长。此令。各等因。相应咨行贵督军查照饬知可也。此咨

湖南督军

中华民国七年六月　日

〔北洋政府陆军部档案〕

(4) 陈复初致大总统等密电(6月14日)

北京大总统、国务院、参陆部总次长钧鉴：正密。职在宜昌谒吴总司令请示一切，正拟折赴南县，接奉湖南军署□转钧座先后电令，职师改编为湖南步兵一旅，任命朱泽黄为旅长，并将职师①湖南督军任用。嗣后一切进行事宜，希即禀承张督办理。各等因。祗奉之下，感悚莫名。遵即驰往长沙，晋谒张督，报告一切。现正着手将师部收束，并转令朱旅长迅将该旅改编。应行事宜，妥速悉心筹划，以期无负政府循名责实之至意。职并准于日内北上叩谒钧座，俾便将湘省现在所有情况及军事上之关系，面为详陈。谨此报告。职陈复初叩。寒。印。

〔北洋政府陆军部档案〕

① 原文如此。此处似漏一“交”字或一“归”字。

218．大总统任命朱泽黄为湖南第一旅旅长令

（1918年5月31日）

大总统令

任命朱泽黄为湖南陆军步兵第一旅旅长。此令。

中华民国七年五月三十一日

国务总理　段祺瑞

陆军总长　段芝贵

〔政府公报，1918年6月1日，第846号〕

219．张敬尧拟将第四十二旅改为湖南混成第一旅并以张敬汤为旅长与陆军部来往电

（1918年7月）

（1）张敬尧致大总统等密电（7月6日）

十万急。大总统、国务院、参陆两部钧鉴：统密。窃维军队战斗全视指挥，秩序整齐本诸系统。尧部四十二旅，自本年三月冬日陈明编练以来，协战湘省，屡著勋劳。现复分布湘西清乡防匪。惟各团、营尚用旧称，名义似不尽合。兹拟将四十二旅改为湖南陆军混成第一旅，内部各职，悉按第一旅名号改称，以期名实相符。该旅旅长一职，即以四十二旅旅长张敬汤调充，参谋长以四十二旅参谋长顾四瑞调充，副官长以四十二旅副官长沈锡恩调充，步兵第一团团长由旅长张敬汤兼充，团附以四十二团附□治恩调充，步兵第二团长以四十二团二营营长郭连峰升充。……名称既行变更，统驭尤为便易。为此，电呈鉴核。如荷俯允，恳即分别任命，以专责成。并祈示复。张敬尧叩。鱼。印。

（2）陆军部复张敬尧电（7月11日）

长沙张督军鉴：前接鱼电，拟以陆军第四十二旅改为湖南陆军第一混成旅，业经院、参陆部核准，于齐日电复在案。……陆

军部。真。印。

〔北洋政府陆军部档案〕

220．大总统准将湖南第四十二旅改为湖南第一混成旅以张敬汤为旅长令

（1918年7月23日）

大总统令

任命张敬汤为湖南第一混成旅旅长。此令。

中华民国七年七月二十三日

国务总理　段祺瑞

陆军总长　段芝贵

大总统指令　第一千二百四十一号

令陆军总长段芝贵

呈请将湖南步兵第四十二旅改编为湖南第一混成旅，并简任旅长由。呈悉。准予改编，已任命张敬汤为旅长矣。此令。

中华民国七年七月二十三日

国务总理　段祺瑞

陆军总长　段芝贵

〔政府公报，1918年7月24日，第897号〕

221．大总统著褫夺湖南第一旅旅长张敬汤等官职令

（1920年4月24日）

大总统令

据暂行留任湖南督军张敬尧电称：援衡总司令、湖南陆军第一旅旅长张敬汤，于湘潭一役，首先退却，以致险要尽失，请撤去总司令、旅长，并褫夺一切官职、勋章，交军法处先行看管，

听候中央处置。又第七师补充第三旅第五团团长张继忠，策应不力，失守衡山，请一并褫革，听候严惩。并自陈用人不当，请严加惩处。等语。张敬汤、张继忠，畏葸无能，贻误地方，厥咎甚重，均著即行褫夺军官、军职，并分别撤销勋位 勋章，即由该督派员押解来京，候令惩办。张敬尧调度无方，业经褫夺官职。此次据呈检举，尚能不徇亲私，著从宽暂免置议，以观后效。此令。

中华民国九年六月二十四日

国务总理　萨镇冰

陆军总长

〔政府公报，1920年6月25日，第1567号〕

222．关于裁撤陕西第一二两师长名目及裁余军队改归陕北陕南两镇守使兼管令呈

（1914年8月17日）

（1）大总统申令

大总统申令

陕西陆军第一第二两师师长员缺，著即行裁撤。此令。

中华民国三年八月十七日

国务卿　徐世昌

大总统批令

陆军部呈请将裁撤陕西陆军第一第二两师师长名目明令公布，并请饬该将军将裁余军队分别改归兼带由

所请裁撤各该师长名目，已另有令公布。至裁余军队分别改归陕南、陕北镇守使兼管，并准照办，即由该部分行遵照。此批。

中华民国三年八月十七日

国务卿　徐世昌

〔政府公报，1914年8月21日，第821号〕

（2）陆军部致大总统呈

陆军部呈，请将裁撤陕西陆军第一第二两师师长名目明令公布，并请饬该将军将裁余军队分别改归兼带文，并批令

为请将裁撤陕西陆军第一第二两师师长名目明令公布恭呈钧鉴事：案准统率办事处钞交致咸武将军、督理陕西军务陆建章电一件，内开：西安陆将军：华密。奉大元帅训令：有电悉。据呈第一第二两师现经裁减，应否将张钫、张云山两师长取消，并派贾德耀来京面禀要公等语。著即将师长名目裁撤，张钫、张云山应令专任陕南、陕北镇守使，仍带各该师裁余之军队，以重责成。余俟贾德耀到京陈述详情，再行核办。等因。特寄。统率办事处。勘。印。等因。并粘钞该将军原电到部。查陕西第一师师长，系陕北镇守使张云山兼任，第二师师长，系陕南镇守使张钫兼任。现在师长名目既奉训令裁撤，所有裁余军队，应请饬下该将军将原隶第一师者，归陕北镇守使兼带，原隶第二师者，归陕南镇守使兼带，以资整饬而专责成。所有请将裁撤陕西第一师第二师师长名目明令公布缘由，理合具呈，谨乞大总统钧鉴训示施行。谨呈。

批令：所请裁撤各该师长名目，已另有令公布。至裁余军队，分别改归陕南、陕北镇守使兼带，并准照办，即由该部分行遵照。此批。

中华民国三年八月十七日

国务卿　徐世昌

〔政府公报，1914年8月20日，第823号〕

223．大总统任命刘世珑党仲昭为陕西第一第二混成旅旅长令

（1916年11月12日）

大总统令

任命刘世珑为陕西第一混成旅旅长，党仲昭为陕西第二混成旅旅长。此令。

中华民国五年十一月十二日

国务总理
陆军总长　段祺瑞

〔政府公报，1916年11月13日，第309号〕

224．大总统免去党仲昭改任曾继贤为陕西第二混成旅旅长令

（1917年4月27日）

大总统令

陆军总长段祺瑞呈，陕北镇守使兼第二混成旅旅长党仲昭，迭请辞职。党仲昭准免本职。此令。

中华民国六年四月二十七日

国务总理
陆军总长　段祺瑞

大总统令

任命井岳秀署陕北镇守使，曾继贤为陕西陆军第二混成旅旅长。此令。

中华民国六年四月二十七日

国务总理
陆军总长　段祺瑞

〔政府公报，1917年4月28日，第465号〕

225．大总统任命张金印为陕西第二混成旅旅长令

（1919年9月2日）

大总统令

任命张金印为陕西陆军第二混成旅旅长。此令。

中华民国八年九月二日

国务总理　龚心湛

〔政府公报，1919年9月3日，第1285号〕

226．冯玉祥请改编靖国军为陕西暂编第一师与国务院来往密电

（1921年10月）

（1）冯玉祥致国务院等密电（10月13日）

西安冯玉祥来电　十年十月十三日

大总统钧鉴：国务院、陆军部大鉴：盛密。此次我军入陕，本中央救民水火之意，仰托国威，陈氏溃逃，余部虽未尽肃清，而三秦人民咸知国家德意，靖国军总指挥胡景翼于九月十九日在三原招集河北十五县公民开会，当众宣布靖军树帜缘起及亟应取消之理由，业于九月廿五日通电取消靖国军名义矣。该部队伍改编为师，已奉两湖吴巡阅使令，以胡景翼为陕西暂编陆军第一师师长。该部现正改编，拟以岳维峻为第一旅旅长，田玉洁为第二旅旅长，电请转请任命前来。查此次该部毅然取消靖军名义，归诚中央，固由仰体国家拯救陕民之德意，而深明顺逆，其功其心，亦甚可嘉。拟请任命胡景翼为陕西暂编陆军第一师师长，岳

维峻为第一旅旅长，田玉洁为第二旅旅长，以专责成而示鼓励。如蒙允准，即请早日发表，以昭激劝。不胜叩祷待命之至。署陕西督军冯玉祥叩。元。印。

（2）国务院复冯玉祥密电（10月14日）

致西安冯督军电　十月十四日

西安冯督军鉴：昌密。元电悉。胡景翼所部已取消靖国军名义，自应准予改编，俾资效用。所请任命各师、旅长，已交陆军部核办矣。先此电复。院。盐。印。

〔北洋政府参陆办公处档案〕

227．曹锟关于请任命胡景翼为陕西暂编第一师师长岳维峻等为旅长与国务院来往密电

（1921年10月）

（1）曹锟致国务院等密电（10月14日）

保定曹锟来电　十年十月十五日

北京国务院、参陆部鉴：盛密。顷接吴巡阅使文电开：窃以陈树藩窃位祸陕，中央明令罢免，简贤接替。而陈氏称兵抗命，糜烂地方，胡景翼慨然仗义，当以靖国军总指挥名义，躬率所部，自任一路，协助新督戡定陕乱，安辑关辅，厥功甚伟。旋以陈氏已去，陕局敉平，由胡景翼提倡渭北十五县公民开会议决，取消靖国军名义，通电宣布，公诸全国，大义昭然。查胡部第四路各营约有兵士八千余名，纪律严明，训练亦优，且其倾向中央，意甚诚挚，业经冯督军派员接洽，将胡部改为陕西暂编陆军第一师，饷项归陕省担任，其装械不完全者，由冯督军为之筹备补充，名为正式国军，驻陕担负省防。接洽业已允协，现正就手改编。除该师师长一席。应请即以胡景翼充任，俾遂其志而励有功外，其应设旅长二员，职任重要，兹由胡景翼保荐岳维峻为第一旅旅长，

田玉洁为第二旅旅长。查岳、田二员，忠诚勇敢，阅历极深，资格亦属相当，以之充任旅长，洵堪胜任。仰乞转电中央，呈请任命胡景翼为陕西暂编陆军第一师师长，岳维峻为第一旅旅长，田玉洁为第二旅旅长，即日明令发表，俾得各专责成。一俟该师收编就绪，即令其开往兴安，捍卫陕南，兼顾鄂北，实于统一陕局利益非浅。除另电冯督军径呈中央以符手续外，谨此禀陈。等语。特电奉陈，即乞查核转呈办理，并望赐复为荷。曹锟。愿。印。

（2）国务院复曹锟密电（10月15日）

致保定曹巡阅使电　十年十月十五日

保定曹巡阅使鉴：昌密。愿电悉。胡景翼所部改编办法，昨据冯督军来电，已交陆军部查照核办矣。院。删。印。

〔北洋政府参陆办公处档案〕

228．大总统任命胡景翼岳维峻等为暂编陕西第一师师旅长令

（1921年10月27日）

大总统令

任命胡景翼为暂编陕西陆军第一师师长。此令。

中华民国十年十月二十七日

国务总理　靳云鹏

陆军总长　蔡成勋

大总统令

任命岳维峻为暂编陕西陆军第一师步兵第一旅旅长，田玉洁为第二旅旅长。此令。

中华民国十年十月二十七日

国务总理　靳云鹏
陆军总长　蔡成勋

〔政府公报，1921年10月28日，第2038号〕

229. 胡景翼请将暂编陕西第一师及所属两混成旅改隶中央编号呈

（1923年11月7日）

呈为呈复事：顷奉钧处函开：奉大总统交核，所请将暂编陕西第一师暨所属两混成旅改隶中央编号呈一件，业经本处核呈。按近年各省暂编师旅甚多，应俟军事统一，规定军额，再行通盘筹计，一并挨次改定编号，以昭划一。再，所属两混成旅，查陕西本有暂编第一二两混成旅，并无归该师所属之明文，是否另有两旅，既未指出旅长姓名，部中无案可稽。等因。奉批：照办。相应函达查照。等因。奉此。查职师编为一师及两混成旅，曾由去年呈请大总统，在直鲁豫巡阅使任内时，与吴巡阅使核准编制。所属两混成旅，一为第一师混成第一旅，该旅长为岳维峻，一为第一师混成第二旅，该旅长为田玉洁。此两旅长前系步兵第一第二两旅长，于民国十年十月业奉明令发表，分别任命。至第一师之步兵第一第二两旅旅长，现已改委邓宝珊、李纪才。此皆归职师所属者也。又查陕西本有暂编第一第二两混成旅，一系田旅长维勤所部，一系曹旅长世英所部。此两旅于去年直奉战役随同职师陆续出关，殊不归职师所属者也。兹奉前因，合并陈明，呈请鉴核，准予所请施行。谨呈
参陆办公处

暂编陕西陆军第一师师长　胡景翼

中华民国十二年十一月七日

〔北洋政府参陆办公处档案〕

230. 大总统任命彭光烈为四川第三师师长令

（1913年10月20日）

大总统令

任命彭光烈为四川第三师师长。此令。

中华民国二年十月二十日

国务总理　熊希龄

陆军总长　段祺瑞

〔政府公报，1913年10月21日，第526号〕

231. 大总统任命孙兆鸾为川边第一师师长令

（1913年10月20日）

大总统令

任命孙兆鸾为川边第一师师长。此令。

中华民国二年十月二十日

国务总理　熊希龄

陆军总长　段祺瑞

〔政府公报，1913年10月21日，第526号〕

232. 胡景伊饬孙兆鸾遣散四川第一师情形密电

（1914年2月10日）①

急。北京大总统、参谋本部、陆军部鉴：拱密。阳电敬悉。川省第一师马、炮、工、辎各团、营，现正饬孙师长兆鸾遣散，约月余悉可竣事。歌电码似有误。谨此声明，以昭实在。四川都督

① 此件无年代，据内容推断，当在1914年。

胡景翼叩。蒸。印。

〔北洋政府陆军部档案〕

233. 大总统任命胡忠亮兼四川第三师师长策令

（1914年7月12日）

大总统策令

任命四川检察使胡忠亮兼任四川陆军第三师师长。此令。

中华民国三年七月十二日

国务卿　徐世昌

〔政府公报，1914年7月13日，第785号〕

234. 胡忠亮报告检察四川第三师情形密电

1914年10月3日

北京大元帅暨统率办事处、参谋本部、陆军部钧鉴：合密。前于巧电呈报川省军队检察情形，当奉钧处号电特寄大元帅训令，以所见甚是，饬仍将办理情形随时具报等因。奉此。窃查四川第三师出援陕、甘，军队陆续调回，忠亮奉令兼长该师，事权直接，责无旁贷，自应切实整顿，俾树风声。遵将最近办理情形分晰具报，计调回步兵第十、十一、十二团，炮第三团，骑第三团，及工程、辎重第营①。经迭次将该各团营官长、士兵学科、术科严加考验，军纪、风纪厉行整饬。其有学术荒疏或性情骄惰者，立即撤革，不稍宽假。除惩罚不计外，计中级官长撤差或自告退者十数人，下级告退六十余人，兵士则仍在继续斥革，约计将来千人上下。于考验惩革之外，尤注重精神讲话，先由忠亮以身作则，将军官、士兵随时召集，亲向演说，以宣布中央威信、民国国情、军人责任，晓以大义，兼诰诫勿为乱党邪说所鼓惑，以期上报国

① 原文如此，应有漏脱。

家为主旨。此考验整顿及演说之情形也。现依地方情形，□骑团派防邛来〔崃〕、雅安、洪雅一带。工程营则派防川东一带，其余亦将陆续派出防地。此检察已毕饬令出防三师之步队第九团一年以来在川东之情形也。隶各属游击，虽有功可录，而操练教育多付阙如。现饬令步第十团与该团换防，俟其到省，即实行检察，汰劣留良，期成劲旅。四川第二师步八团亦由援陕调回，正拟检察，适滇黔接壤之地匪势陡起，仓卒出防，势已不及，拟俟在省军队检察整理完毕，仍用换防之法，以期实事求是。此军队换防俾便检察之情形也。忠亮身兼重任，一息未敢偷安，对于军务所当尽者，竭心力而为之，万不敢自避嫌怨，仅图免过已也。再，川边兵变，团长稽廉被戕，据报因撤换营长而起。忠亮详加调查，闻去年尚有积欠之饷，久未补发，藉端鼓噪，亦其一因。川边兵力尚不甚单，风过水平，或免再生波浪。第虑叛兵走险，将与藏番勾结，为害边疆，已由成武将军密示方略，或可消弥余患，不至蔓延。知关廑系，谨电并闻。所有续报检查军队最近情形，暨川边兵变各缘由，理合电呈鉴核示遵。四川检察使兼第三师师长胡忠亮呈。江。印。

〔北洋政府陆军部档案〕

235．大总统任命张邦本钟志鸿等为四川第一第二师各旅旅长策令

（1915年8月18日）

大总统策令

任命张邦本署四川陆军第一师步兵第一旅旅长，熊祥生署四川陆军第一师步兵第二旅旅长，钟志鸿署四川陆军第二师步兵第三旅旅长，雷飚署四川陆军第二师步兵第四旅旅长。此令。

中华民国四年八月十八日

国务卿　徐世昌

〔政府公报，1915年8月19日，第1179号〕

236．大总统任命黄鹄举钟体道为四川第一第二混成旅旅长策令

（1915年8月18日）

大总统策令

任命黄鹄举署四川陆军第一混成旅旅长，钟体道署四川陆军第二混成旅旅长。此令。

中华民国四年八月十八日

国务卿　徐世昌

〔政府公报，1915年8月19日，第1179号〕

237．大总统任命周道刚为四川第一师师长令

（1916年8月17日）

大总统令

任命周道刚为四川陆军第一师师长。此令。

中华民国五年八月十七日

国务总理
陆军总长　段祺瑞

〔政府公报，1916年8月18日，第224号〕

238．大总统任命刘云峰为四川第二师师长令

（1917年4月20日）

大总统令

任命刘云峰为四川陆军第二师师长。此令。

中华民国六年四月二十日

国务总理
陆军总长 段祺瑞

〔政府公报，1917年4月21日，第458号〕

239. 关于任命徐孝刚为四川第一师师长令电

（1917年12月）

（1）周道刚致陆军部密电（12月15日）

万万万万飞急。北京陆军部鉴：诚密。四川陆军第一师师长一职，业经道刚呈请中央任命东路司令官徐孝刚接充，迄今未奉明令。刻值军事旁午，兼顾实难，已由刚委令徐孝刚暂行代理。查该员老成谙练，望重资深，一师军官多出门下，以之接充师长职务，必能胜任愉快。务恳大部据情转呈，早日宣布，以重职责，而资进行。道刚。删已。印。

〔北洋政府陆军部档案〕

（2）大总统令（12月21日）

大总统令

任命徐孝刚为四川陆军第一师师长。此令。

中华民国六年十二月二十一日

国务总理 王士珍
陆军总长 段芝贵

〔政府公报，1917年12月22日，第695号〕

240. 刘存厚请任命钟体道吴震田颂尧为四川第三第二十一师师旅长密电

（1918年6月10日）

飞飞。北京大总统、国务总理、参陆部总长钧鉴：辅密。窃自上年滇、黔藉口护法，反抗中央，川军奉命讨伐，第三师师长钟体道即率所部攻克资、富、泸各名城，代理二十一师旅长田颂尧、赖心辉，亦率所部随厚攻克荣、威、自贡、叙、嘉一带，懋著勤劳，久为中央所洞察。旋因渝城失陷，援军离川，熊师倡乱，伏莽蜂起，遂至众寡悬殊，强弱异势。川军因弹缺失利，遂有佯为附南缓敌待援之举。独第三师与廿一师连年剿逆，逆军受创最甚，衔恨最深。前该师、旅长等困处绵①阳，讽〔？〕熊逆等遂以援陕以为表示附南之真确。该师、旅长等乃佯允援陕之名，暗即派队疏通梓、剑，以图与秦军联合抵御。何图为逆军窥破，乃以优势兵力围攻，该师、旅长竭力抵战，节次退守广元，待援恢复。以饷穷弹尽之兵困守弥月，徒手支撑，死亡枕藉，而敌军复以种种利诱，均不为动。卒因奉援稽时，子弹未到，以致广元不守。现处山穷水尽，而杀贼之志益坚，实属拥护中央，百折不挠。应请钧座破格鸿施，特准将川军第三师编为国军，明令钟体道充任国军师长。其应设两旅长，请仍以现任旅长吴震、唐廷牧充任，以资鼓励而示优异。如蒙俞允，则该师将士当益思感奋，实于川局大有裨益。但现值战事方殷，请仍将该师拨归存厚节制，以一指挥。是否有当，伏候钧裁。再，第二十一师四十一旅旅长舒荣衢，四十二旅旅长陈洪范，早经另有差委。前因军事紧迫，权由厚暂令廿一师骑兵团长、炮兵上校田颂尧代理四十一旅旅长，炮兵团长、陆军少将赖心辉代理四十二旅旅长。受职以来，与逆百战，备尝艰险，督率有方，克尽职守，并请明加任命，俾专责成，毋任感祷。刘存厚叩。蒸。印。

〔北洋政府陆军部档案〕

① “绵”字旁原有置疑号。

241．大总统任命李树勋刘文辉为四川第二第九师师长令

（1924年 3 月29日）

大总统令

任命李树勋为四川陆军第二师师长，刘文辉为四川陆军第九师师长。此令。

大总统盖印　　国务总理孙宝琦　　陆军总长陆锦

中华民国十三年三月二十九日

〔政府公报，1924年 3 月30日，第2882号〕

242．大总统任命刘眷藩为四川暂编第十师师长令

（1924年 4 月 4 日）

大总统令

任命刘眷藩为四川暂编陆军第十师师长。此令。

大总统盖印　　国务总理孙宝琦　　陆军总长陆锦

中华民国十三年四月四日

〔政府公报，1924年 4 月 5 日，第2888号〕

243．大总统任命赖心辉杨春芳为四川第一第四师师长令

（1924年 4 月28日）

大总统令

任命赖心辉为四川陆军第一师师长，杨春芳为四川陆军第四师师长。此令。

大总统盖印　　国务总理孙宝琦　　陆军总长陆锦

中华民国十三年四月二十八日

〔政府公报，1924年 4 月29日，第2911号〕

244. 大总统任命郭汝栋何金鳌白驹为四川第一第二第三混成旅旅长令

(1924年5月6日)

大总统令

任命郭汝栋为四川陆军第一混成旅旅长，何金鳌为四川陆军第二混成旅旅长，白驹为四川陆军第三混成旅旅长。此令。

大总统盖印　　国务总理孙宝琦　　陆军总长陆锦

中华民国十三年五月六日

〔政府公报，1924年5月6日，第2919号〕

245. 大总统任命陈洪范为四川第八师师长令

(1924年6月18日)

大总统令

任命陈洪范为四川陆军第八师师长。此令。

大总统盖印　　国务总理孙宝琦　　陆军总长陆锦

中华民国十三年六月十八日

〔政府公报，1924年6月19日，第2961号〕

246. 大总统任命何光烈为四川第五师师长令

(1924年7月18日)

大总统令

任命何光烈为四川陆军第五师师长。此令。

大总统盖印　　国务总理顾维钧　　陆军总长陆锦

中华民国十三年七月十八日

〔政府公报，1924年7月19日，第2990号〕

247．大总统任命费东明为四川第六混成旅旅长令

（1924年8月4日）

大总统令

任命费东明为四川陆军第六混成旅旅长。此令。

大总统盖印　　国务总理顾维钧　　陆军总长陆锦

中华民国十三年八月四日

〔政府公报，1924年8月5日，第3007号〕

248．大总统准改编四川第十一十二师及第四七八十混成旅指令

（1924年10月8日）

大总统指令　第一千五百四十七号

令陆军总长陆锦

呈请改编四川陆军第十一、十二师暨第四第七第八第十等混成旅，并请简任师长、旅长人员，缮单呈鉴由。呈悉。应准改编，并已有令任命矣。此令。

大总统盖印　　国务总理顾惠庆　　陆军总长陆锦

中华民国十三年十月八日

〔政府公报，1924年10月9日，第3070号〕

249．大总统任命蓝世钲张成孝为四川第十一第十二师师长令

（1924年10月8日）

大总统令

任命蓝世钲为四川陆军第十一师师长，张成孝为四川陆军第十二师师长。此令。

大总统盖印　　国务总理颜惠庆　　陆军总长陆锦

中华民国十三年十月八日

〔政府公报，1924年10月9日，第3070号〕

250．大总统任命刘国孝等为四川第四混成旅旅长等令

（1924年10月8日）

大总统令

任命刘国孝为四川陆军第四混成旅旅长，蓝文彬为四川陆军第七混成旅旅长，郑世斌为四川陆军第八混成旅旅长，陈兰亭为四川陆军第十混成旅旅长。此令。

大总统盖印　　国务总理颜惠庆　　陆军总长陆　锦

中华民国十三年十月八日

〔政府公报，1924年10月9日，第3070号〕

251．临时执政著取消四川第十师队号令

（1925年3月7日）

临时执政令

据督办四川军务善后事宜杨森电呈，第十师全部解散，请销队号。四川陆军第十师队号，著即撤销。此令。

中华民国十四年三月七日

陆军总长

〔北洋执政府档案〕

252．临时执政著免去刘眷藩四川第十师师长令

（1925年3月7日）

临时执政令

四川陆军第十师师长刘眷藩，著免本职。此令。

中华民国十四年三月七日

陆军总长

〔北洋执政府档案〕

253．刘湘转请以孙震升任四川第二十一师师长曾宪栋罗乃琼分任第二十二二十七混成旅旅长电

（1926年5月5日）

特急。北京国务院、陆军部均鉴：前据四川西北屯殖总司令兼陆军二十一师师长田颂尧电称：现以兼理长殖，事务殷繁，所部各军，亟恳分别改编，请将本任陆军二十一师师长职务，以陆军二十七混成旅旅长孙震升任，递遗之职，以四十二旅旅长罗乃琼接任。又兼代二十二混成旅旅〔长〕刘惠心，业经编并，遗缺以独立旅旅长曾宪栋接任。并声明此类升调，均以执本军番号升转，并非另有扩充，恳予转请核准。等语。湘核其所陈各节，系为劝励有功起见。且查所保师长孙震，旅长罗乃琼、曾宪栋等，均系谋勇卓著，累积战功，于一月陷日呈政府请予任命，并先行暂予调委，以重戎务各在案。迄今改组就绪，明令待颁，分职赏加，益深延跂特再电请钧院、大部查核，俯为该总司令田颂尧所请，准予分别明令任令〔命〕，并仍归该总司令统率，以励勋劳而专职责，伏深叩祷。仍祈电示。刘湘叩。微。印。

〔北洋政府陆军部档案〕

254．蔡锷关于云南陆军编并为一师电

（1912年9月20日）

北京陆军部鉴：蒸电悉。滇省陆军第一师长李鸿祥充任，第二师长谢汝翼，现除西征及援黔军外，概归并为一师，谢调参谋

厅长。特此报闻。滇都督锷。智。印。

〔北洋政府陆军部档案〕

255．临时大总统任命刘祖武张子贞分任滇军第一师第一第二旅旅长令

（1912年12月30日）

临时大总统令

任命刘祖武为滇军第一师第一旅旅长，张支〔子〕贞为滇军第一师第二旅旅长，并均授为陆军少将。此令。

中华民国元年十二月三十日

国务总理　赵秉钧

〔政府公报，1913年1月5日，第239号〕

256．蔡锷关于云南编成第二师请委谢汝翼为师长密电

（1913年2月15日）

北京大总统暨参谋部、陆军部钧鉴：中密。删电计达。滇现编成第二师，以西征之师暨南防国民军改编之数营为第一旅，援黔之师行幕〔将〕调令返滇，拟编之为第二旅，拟请以谢汝翼充任第二师师长，责令刻日编成，赶紧训练，俾成劲旅，以纾中央南顾之尤，而奏建威销萌之效。合恳大总统任命施行。滇都督蔡锷。十五日。印。

〔北洋政府陆军部档案〕

257．临时大总统任命谢汝翼为云南第二师师长令

（1913年2月20日）

临时大总统令

任命谢汝翼为云南陆军第二师师长。此令。
中华民国二年二月二十日

国务总理　赵秉钧
陆军总长　段祺瑞

〔政府公报，1913年2月21日，第285号〕

258．临时大总统任命张开儒为滇军第二师第三旅旅长令
（1913年3月12日）

临时大总统令
任命张开儒为滇军第二师步兵第三旅旅长。此令。
中华民国二年三月十二日

国务总理　赵秉钧
陆军总长　段祺瑞

〔政府公报，1913年3月12日，第304号〕

259．谢汝翼请任命顾品珍刘祖武为云南第一第二师师长密电
（1913年10月13日）

国务院、陆军部钧鉴：院密。汝翼奉令权护督篆，固辞不获，勉于阳日接任，当经电呈在案。惟材轻任重，□□一事，已深惕惧，若兼任第二师事，则丛挫堪虞，尤滋罪戾。兹将第二师事暂委第一师步兵第一旅长刘祖武代理。又第一师长李善，奉令护理民政长，政务尤繁，势难兼顾军事，准该护民政长面商请代前来，亦经令委第一师步兵第四旅长顾品珍代理该师事务。查刘祖武、顾品珍两员，才识稳练，以之充任师长，均能胜任。伏祈查核，呈请任命，以重职守，而专责成。所遗第一旅长缺额，拟请以第一师参谋长李伯庚充任，第四旅长缺额，俟斟酌妥协，再行另案请简。刘祖武、顾品珍并请加陆军中将衔，李伯庚请加陆军少将

衔。除呈大总统外，理合电请查核施行。护理云南都督谢汝翼。印。元。

〔北洋政府陆军部档案〕

260．大总统任命李伯庚代理云南第一师第一旅旅长令

（1913年10月23日）

大总统令

任命李伯庚代理云南第一师第一旅旅长。此令。

中华民国二年十月二十三日

国务总理　熊希龄

陆军总长　段祺瑞

〔政府公报，1913年10月24日，第529号〕

261．大总统任命刘祖武代理云南第一师师长令

（1913年10月23日）

大总统令

任命刘祖武代理云南第一师师长。此令。

中华民国二年十月二十三日

国务总理　熊希龄

陆军总长　段祺瑞

〔政府公报，1913年10月24日，第529号〕

262．大总统任命顾品珍代理云南第二师师长令

（1913年10月23日）

大总统令

任命顾品珍代理云南第二师师长。此令。

中华民国二年十月二十三日

国务总理　熊希龄

陆军总长　段祺瑞

〔政府公报，1913年10月24日，第529号〕

263．大总统调张子贞韩凤楼分任云南第一师第一第二旅旅长令

（1913年12月22日）

大总统令

张子贞调充云南陆军第一师步兵第一旅旅长，韩凤楼调充云南陆军第一师步兵第二旅旅长。此令。

中华民国二年十二月二十二日

国务总理　熊希龄

陆军总长　周自齐

〔政府公报，1913年12月22日，第589号〕

264．国务院关于大总统任命沈江度为云南第二师师长等电①

（1914年3月4日）

国务院江日命令　需第二十七号

各省都督、徐州府均鉴：江日大总统令：……任命沈江度为云南陆军第二师师长兼督办迤南剿匪事宜。此令。……京。支。印。

〔北洋政府江苏督军署档案〕

① 系抄件。

265. 大总统任命赵钟奇韩凤楼分任云南第一师第一旅旅长第二师第三旅旅长令

（1914年3月31日）

大总统令

任命赵钟奇为云南陆军第一师第一旅旅长，韩凤楼为云南陆军第二师第三旅旅长。此令。

中华民国三年三月三十一日

国务总理　孙宝琦

陆军总长　周自齐

〔政府公报，1914年4月1日，第682号〕

266. 大总统任命王廷治刘云峰为云南第一师第一旅旅长第二师第三旅旅长策令

（1914年11月6日）

大总统策令

任命王廷治为云南陆军第一师步兵第一旅旅长，刘云峰为云南陆军第二师步兵第三旅旅长。此令。

中华民国三年十一月六日

国务卿　徐世昌

〔政府公报，1914年11月7日，第901号〕

267. 大总统任命刘祖武为云南第二师师长策令

（1915年9月25日）

大总统策令

任命刘祖武为云南陆军第二师师长。此令。

中华民国四年九月二十五日

国务卿　徐世昌

〔政府公报，1915年9月26日，第1216号〕

268. 大总统任命孙永安为云南第一师第一旅旅长策令

（1915年10月17日）

大总统策令

任命孙永安为云南陆军第一师步兵第一旅旅长。此令。

中华民国四年十月十七日

国务卿　徐世昌

〔政府公报，1915年10月18日，第1237号〕

269. 国务院关于滇军撤销师制改编为游击队密电稿

（1917年2月6日）

致广州陆督军鉴：华。鱼电谅达。滇军收束，如图应用之便，不必依师制改编。可照粤军办法，编为游击队若干营，遴员分统。张、方两师长，维护国体，战役久劳，如因改编后事权较简，不愿久羁，即由中央电调来京，优加擢用，以资展布，而报功勋。其接统之员，即由执事拣选妥员，电商任用。至此次收束需款，俟执事筹划妥洽，即当筹拨，并及。院、部。鱼二。印。

〔北洋政府陆军部档案〕

270. 大总统任命杨池生杨如轩为滇军第一第二师师长令

(1924年3月19日)

大总统令

任命杨池生为滇军第一师师长，杨如轩为滇军第二师师长。此令。

大总统盖印　　国务总理孙宝琦　　陆军总长陆锦

中华民国十三年三月十九日

〔政府公报，1924年3月20日，第2872号〕

271. 大总统任命洪汝钧为滇军第二师第三旅旅长令

(1924年3月22日)

大总统令

任命洪汝钧为滇军第二师第三旅旅长。此令。

大总统盖印　　国务总理孙宝琦　　陆军总长陆锦

中华民国十三年三月二十二日

〔政府公报，1924年3月23日，第2875号〕

272. 大总统任命王秉钧王维周吴楚材为滇军第三师师旅长令

(1924年5月2日)

大总统令

任命王秉钧为滇军第三师师长，王维周为滇军第三师步兵第五旅旅长，吴楚材为滇军第三师步兵第六旅旅长。此令。

大总统盖印　　国务总理孙宝琦　　陆军总长陆锦

中华民国十三年五月二日

〔政府公报，1924年5月3日，第2915号〕

273. 大总统任命刘瀚桥为滇军第二师第四旅旅长令

(1924年10月16日)

大总统令

任命刘瀚桥为滇军第二师第四旅旅长。此令。

大总统盖印　　国务总理颜惠庆　　陆军总长陆锦

中华民国十三年十月十六日

〔政府公报，1924年10月17日，第3077号〕

274. 大总统免去叶荃黄毓成韩凤楼贵州第一师师旅长令

(1913年11月3日)

大总统令

据贵州都督唐继尧电呈，贵州第一师师长叶荃，第一旅旅长黄毓成，第二旅旅长韩凤楼，呈请辞职，应照准。此令。

中华民国二年十一月三日

国务总理　熊希龄

陆军总长　段祺瑞

〔政府公报，1913年11月4日，第540号〕

275. 大总统任命熊其勋为暂编贵州混成旅旅长令

(1916年9月8日)

大总统令

任命熊其勋为暂编贵州陆军混成旅旅长。此令。

中华民国五年九月八日

国务总理
陆军总长　段祺瑞

〔政府公报，1916年9月9日，第246号〕

276．关于任命王文华为暂编贵州第一师师长令咨

（1916年9月）

（1）大总统令（9月8日）

大总统令

任命王文华为暂编贵州陆军第一师师长。此令。

中华民国五年九月八日

国务总理
陆军总长　段祺瑞

〔政府公报，1916年9月9日，第246号〕

（2）刘显世致陆军总长咨（9月29日）

贵州督军公署为咨陈事：案查本月九日接准京电传奉大总统令开：任命王文华为暂编贵州陆军第一师师长。此令。等因。奉此。当即转饬遵照去后。兹据该师长详报：接奉钧令，遵于九月十四日就任第一师师长之职，应请将就职日期转报查核。等情。据此。除转呈大总统暨咨呈国务院查核外，理合咨陈大部查核备案施行。为此，咨陈

陆军总长

贵州督军兼署省长　刘显世

中华民国五年九月二十九日

〔北洋政府陆军部档案〕

277．关于任命李雁宾卢焘为贵州第一师第一第二旅旅长呈令

（1917年2月）

（1）段祺瑞致大总统呈稿（2月1日）

呈为请简任旅长、团长，缮具清单，仰祈钧鉴事：窃暂编贵州第一师师长王文华，暂编贵州混成旅旅长熊其勋，业经本部呈请任命在案。所有第一师旅长、团长暨混成旅团长各职，应即呈请任命，以专责成。兹准贵州督军刘显世电请以李雁宾等查核转呈前来。本部详加覆核，均堪胜任。拟请任命，俾重职守。理合缮单具呈，伏乞鉴核训示施行。谨呈

大总统

陆军总长　段

谨将请简暂编贵州第一师旅长、团长暨暂编贵州混成旅团长人员，缮具清单，恭呈钧鉴。

计开：

暂编贵州第一师步兵第一旅旅长，请以李雁宾简任。

暂编贵州第一师步兵第二旅旅长，请以卢焘简任。

暂编贵州第一师步兵第一团团长，请以袁祖铭简任。

暂编贵州第一师步兵第三团团长，请以胡瑛简任。

暂编贵州第一师步兵第四团团长，请以何应钦简任。

暂编贵州第一师炮兵第一团团长，请以谷正伦简任。

暂编贵州混成旅步兵第一团团长，请以袁光辉简任。

暂编贵州混成旅步兵第二团团长，请以胡忠相简任。

暂编贵州混成旅步兵第三团团长，请以熊其斌简任。

〔北洋政府陆军部档案〕

（2）大总统令（2月5日）

大总统令

任命李雁宾为暂编贵州第一师步兵第一旅旅长，卢焘为第二旅旅长，袁祖铭为步兵第一团团长，胡瑛为第三团团长，何应钦为第四团团长，谷正伦为炮兵第一团团长；袁光辉为暂编贵州混成旅步兵第一团团长，胡忠相为第二团团长，熊其斌为第三团团长。此令。

中华民国六年二月五日

国务总理
陆军总长　段祺瑞

〔政府公报，1917年2月6日，第386号〕

278. 大总统任命彭汉章王天培为黔军第一第二师师长令

（1923年9月15日）

大总统令

任命彭汉章为黔军第一师师长，王天培为第二师师长。此令。

国务院摄行

国务总理
陆军总长
外交总长　顾维钧
内务总长　高凌霨
财政总长　张　弧
海军总长　李鼎新
司法总长　程　克
教育总长
农商总长　袁乃宽
交通总长　吴毓麟

中华民国十二年九月十五日

〔政府公报，1923年9月16日，第2699号〕

279．大总统调任王天培彭汉章为黔军第一第二师师长令

（1923年10月17日）

大总统令

调任王天培为黔军第一师师长，彭汉章为黔军第二师师长。此令。

大总统盖印　　国务总理高凌霨　　陆军总长

中华民国十二年十月十七日

〔政府公报，1923年10月17日，第2728号〕

280．临时大总统任命蒋松林为新疆陆军旅长令

（1912年10月初1日）

临时大总统令

任命蒋松林充新疆陆军旅长。此令。

中华民国元年十月初一日

大总统盖印　　赵秉钧、段祺瑞署名

〔政府公报，1912年10月初2日，第155号〕

281．国务院抄送毕桂芳呈报塔城成立混成团巡警队请领军械公函

（1912年12月8日）

国务院公函　元年密字第七十三号

径启者：奉大总统发下塔尔巴哈台参赞毕桂芳呈报成立陆军混成团及巡警队，并请领军械等语。除函致内务部外，相应钞送贵部查照办〔理〕可也。此致

陆军总长

塔尔巴哈台参赞毕桂芳为呈报事：窃维塔城为西北通道，毘连俄疆，理应设置重兵，以资镇摄。前署理参赞文琦曾由伊犁调来官兵数十名，立为标本，原为编练军队之计，衹因款项无著，迁延数月，迄未成军。桂芳在京时，亦曾筹划及此。到塔后，调查旧有营制，废弛已甚，矧值边警频传，尤不得不亟事整顿，因拟招练马步各队，经于九月上旬电奉照准在案。查塔城所辖满营及额鲁特营，乃屯牧之兵，早事农田，徒存名目。所恃以保卫边防弹压地面者，仅有巡防两翼、练军两旂参标并城守两营，总计三百余人，缺额过多，而又老弱羼杂，不娴纪律。以此疲敝之师，虚縻饷项，何如酌量裁并，别立劲旅，庶缓急调遣，有备无患。当经桂芳亲自点阅，就巡防各队中挑选精壮，并派员四出招募，改练步兵一营，马兵一营，炮兵一连，作混成团，兼设司令部为总摄之机关，规划布置，于九月下旬赶备齐集，即委任前署参赞调来伊犁军务部庶务正长郑巨长为混成团团长，参谋彭开运为混成团教练官，督队胡得权为步兵第一营营长。其马兵第一营营长，以前塔城练军右旂官杨金彪补充，炮兵连长，以前京师陆军第一镇炮队排长现本署卫队队官杨兴奇调补。其余各级官佐，分别任用。已于十月一日一律成立。其旧时巡防两翼、练军两旂、城守两营，概行撤裁。第新军现系创设，仅在城厢内外驻扎防卫。至塔属各处，地方旷远，不敷分布，应俟日后察看情形，再行扩充招练。又塔城居民汇集，蒙哈各族聚处一方，习尚性情，互相歧异，言庞事杂，抚辑维艰。桂芳为维持秩序起见，特于九月间选择旧营兵士一百名，编成巡警队，派委补用游击陈芝廷为巡警局长，京师提督府警务学堂毕业生程占魁为副局长，即令率带警兵，勤加训练，现已划定区域，分配出巡。目下桂芳任事未久，先将军队、巡警编制妥协，并时时加以督饬，总期各勤职务，勉励进行，庶使地方人民得能安堵，嗣后整理各项行政事宜，较易著手。所有塔城成立陆军混成团及设立巡警缘由，除咨行陆军部、内务部查照外，理合呈报大总统鉴核，并请交部立案。再，本署原存军械衹有十生的前膛开花炮数尊，曼利夏、来福单响毛瑟等枪二百余枝，此外有协标旧存九响毛瑟枪二百余枝，暂时凑集，藉资操练。然已朽涩过半，无裨实用。拟请由陆军部拣选五响毛瑟步枪六百杆，马枪四百杆，马刀五百柄，五生七山炮六尊，拨运来塔，以便分派。现在新军既立，自应设备完全，以期养一兵，即得一兵之用。此项军械需用紧要，务恳交部准拨，敬候批示施行。谨呈。

批：据呈已悉。所设军警，务当认真训练，期收成效。应需军械，由陆军部查照拨给。此批。

大总统印

中华民国元年十二月初八日

国务总理
内务总长　赵秉钧

陆军总长　段祺瑞

〔北洋政府陆军部档案〕

282. 郑巨川报告塔城混成团编成步马炮各营请拨军械电

(1913年3月7日)

北京陆军部总次长钧鉴：久深仰望，谒侍无由。团长上年承参赞命令，编成步马炮各营队，幸未陨越。塔属地面荒漠，东邻蒙古，西北各处，在在与俄接壤。当此边声不靖，敢不待旦枕戈，勤劳自励。现军士操练，渐有成效。惟全军仅有马提尼及单响毛瑟等枪二百余支，难备实用。除呈明参赞处，谨此电呈。伏恳酌拨枪炮、子弹、马刀等件，藉便派分，俾求精练，不胜叩祷。敬颂崇祉。塔尔巴哈台陆军混成团长郑巨川。叩。阳。

〔北洋政府陆军部档案〕

283. 姜桂题拟编热河混成第一旅以舒和钧为旅长与国务院等来往密电

（1920年4月）

（1）姜桂题致国务院等密电（4月20日）

承德姜桂题号电　四月廿一日

大总统、国务院、参谋部、陆军部钧鉴：统密。前奉明令裁兵，并奉颁八年度预算，热区军费核减达二十万元。值兹国库艰窘，自应勉图节减。惟陆防各军迭经裁汰，编制已不完全，若再按成抽裁，部伍益形不整。兹拟以陆军一二两团之步兵四营、北路巡防之步队一营，编为陆军步兵一团；陆军一二两团之骑兵工〔营〕、北路巡防之马队三营一哨，编并为骑兵一二两团；巡防炮队营及北路巡防炮队，编并为陆军炮兵二营，设置混成旅部统辖，定名为热河陆军混成第一旅，以重国防而资整顿。所有混成旅长一职，查有都统署参谋长、陆军中将舒和钧，历充师长、混成旅长，并经护理热河都统，边情熟悉，堪以兼任。步兵第一团团长，请以原任第一团团长、少将衔步兵上校程文源充之。骑兵第一团团长，请以原署第二团团长、步兵中校李葆鑫充之。骑兵第二团团长，请以原充北路巡防统带、上校衔骑兵中校展庆斋充之。除先行委署督促编并暨参谋长、营长等员缺另案电部请荐外，伏恳明令简补，以重职守。至中路巡防，原有步队三营、马队两营，编并为步马各二营。东路巡防，原有步队三营、马队二营，亦编并为步马各二营。游击马队，原有四营，并为三营，仍旧各置统带管辖。中、东两路及游击马队，已于三月底办理完竣。混成一旅，亦限于四月底编成。其余军事各机关，自五月一日起，均遵照颁布预算支给。此次统筹编配。经费虽忽有增减，综计适符核定总额。另编九年度修正预算，送部查核。桂题为维持预算、整饬军旅起见，是否有当，理合电请鉴核施行。再，预算颁布既已逾时，军饷积欠又复不易著手，勉力筹挪，幸获就绪。惟借款待还，仍乞查照前电，陆续拨发。其四月以前溢支款项，应请准由决算案内列报。合并声明。姜桂题叩。号。参谋长舒和钧代。印。

（2）国务院等复姜桂题密电（4月22日）

承德姜都统鉴：统密。改编事，已饬部核准，由部呈请明令简放。预算、决算各案，并交部核径复。奉谕，特达。院、参陆部。养。印。

〔北洋政府参陆办公处档案〕

284. 陆军总长为大总统任命舒和钧为热河第一混成旅旅长咨稿

（1920年6月）

陆军总长为咨行事：中华民国九年五月十五日，奉大总统令：任命舒和钧为热河陆军第一混成旅旅长，程文沅为步兵第一团团长，李葆鑫为骑兵第一团团长，展庆斋为骑兵第二团团长。此令。等因。相应咨行贵都统查照饬遵可也。此咨

热河都统

中华民国九年六月　日

〔北洋政府陆军部档案〕

285. 大总统免去舒和钧改任杨德生为热河第一混成旅旅长令

（1922年1月22日）

大总统令

陆军总长鲍贵卿呈，热河陆军第一混成旅旅长舒和钧，因病恳请辞职。舒和钧准免本职。此令。

大总统盖印　　国务总理梁士诒　　陆军总长鲍贵卿
中华民国十一年一月二十二日

大总统令

任命杨德生为热河陆军第一混成旅旅长。此令。

大总统盖印　　国务总理梁士诒　　陆军总长鲍贵卿
中华民国十一年一月二十二日

〔政府公报，1922年1月23日，第2118号〕

286. 大总统任命张林为热河第一混成旅旅长令

（1924年2月16日）

大总统令

任命张林为热河陆军第一混成旅旅长。此令。

大总统盖印　　国务总理孙宝琦　　陆军总长陆锦
中华民国十三年二月十六日

〔政府公报，1924年2月17日，第2840号〕

287. 田中玉关于将驻察军队改编混成两旅请转呈任命各旅团营长咨

（1918年10月3日）

察哈尔都统署为咨报事：案照本区拟将驻察军队改编混成两旅一案，业将大概情形拟具说帖，陈承国务院函准如拟照办在案。兹就本区巡防第五第六两路步兵九小营、独立骑兵团一团、警备队骑兵一小营零一队，又多伦淮军第四路划出步兵四小营、炮兵一营、机关枪一队，又驻察陆军二十五旅旅部及步兵四十九团一团、炮兵一连、机关枪一连，暂编为察哈尔陆军第一第二两混成旅。第一混成旅以步兵两团、骑兵一营、炮兵一营、工兵一连、机关枪两连编成，其旅长一缺，即以二十五旅旅长、陆军少将田友望改充；第二混成旅以步兵一团、骑兵一团、炮兵一营、辎重兵一连、机关枪两连编成，其旅长一缺，因改编伊始，头绪纷繁，即以本署参谋长、陆军少将胡翊儒暂行兼署，藉资筹画，俾易进行。不足兵额，并即派员分途按格选募，以备训练。统于十月一日著手办理。所有各该旅旅长、团长、营长各军官，现已分别拟就开单，送请大部分别简荐，明发命令，俾有遵守。其参谋以下中下各级军官佐，即由本署暂行委署，俾先任事，容再另案开单，咨请大部分别简委，以专责成。除分饬遵照外，相应开具旅团营长衔名履历清单，咨请大部转呈简荐施行。此咨

陆军部

计咨送清单一纸、履历一本〔略〕

察哈尔都统　田中玉

中华民国七年十月三日

清单

兹将察哈尔暂编陆军第一第二两混成旅拟请呈准简荐任各员衔名缮开清单，送请查核。

计开：

察哈尔暂编陆军第一混成旅旅长以田友望补充

以上一员原系陆军二十五旅旅长

第一混成旅步兵第一团团长以郭桂林补充

第一混成旅步兵第一团第一营营长以王万福补充

第一混成旅步兵第一团第二营营长以白金章补充

第一混成旅步兵第一团第三营营长以高天禄补充

以上四员原系四十九团团、营长

第一混成旅步兵第二团团长以孙焕章署理

第一混成旅步兵第二团第一营营长以刘永修署理

第一混成旅步兵第二团第二营营长以陈孝全署理

第一混成旅步兵第二团第三营营长以王樸署理
第一混成旅炮兵第一营营长以张烈署理
第一混成旅骑兵第一营营长以黄玺署理
以上六员均系新编
察哈尔暂编陆军第二混成旅旅长以胡翊儒兼署
第二混成旅步兵第三团团长以谭庆林署理
第二混成旅步兵第三团第一营营长以黄德桂署理
第二混成旅步兵第三团第二营营长以刘玉柱署理
第二混成旅步兵第三团第三营营长以胡东洙署理
以上五员均系新编
第二混成旅骑兵第一团团长以李壬辅补充
第二混成旅骑兵第一团第一营营长以范德全补充
第二混成旅骑兵第一团第二营营长以张士品补充
第二混成旅骑兵第一团第三营营长以袁天顺补充
以上四员原系陆军骑兵团团营长
第二混成旅炮兵第二营营长以王敬绅署理
以上一员系新编
中华民国七年十月　　日

〔北洋政府陆军部档案〕

288．李壬辅报告察哈尔军队改并为两混成旅以田友望胡翊儒分任旅长禀

（1918年10月8日）①

帅宪② 钧座：敬禀者：窃沐恩久违芝标，时深葭溯。昨读日报，欣谂我宪荣膺庆威将军，雀跃临风，欢腾竟日。敬维勋祺日

① 系收件日期。

② 对王怀庆的尊称。

茂，泰祉秋高。虎帐谈兵，早树声威于塞外；貔营笃眼，幸隆骏望于畿疆。大众戴德，中央依重，翘企牙辕，遥曳心旌。沐恩雄飞无分，雌伏增惭。本年阴历二月，为二竖子所困，错服医药，延至七月，方始大愈。刻下公私平安，请抒廑注。察防军队涣散，名目繁多，田帅兹为整齐划一起见，已将巡防及陆军归并改编两混成旅，以为察防主干。大致办法，以十三师二十五旅之步兵一团暨巡防五六路编为第一旅，旅长仍系田公友望充之；多伦谭部数营暨职团一团编为第二旅，旅长以军务处长胡翊儒兼充。另外，再添工程、辎重。刻下公事业经出渡，至迟下月便可发表实行矣。职团二、三营春间开驻乌得，兹因将届冬令，困难极多。沐恩刻奉田帅手谕，前往实地调查，往返约需一月，拟定十月六号出发，附陈奉闻。虔修寸禀，恭叩荣禧。敬请钧安。沐恩李壬辅谨禀。

〔北洋政府冀南镇守使署档案〕

289. 大总统任命胡翊儒兼察哈尔暂编第一混成旅旅长令

（1920年2月25日）

大总统令

任命胡翊儒兼察哈尔暂编陆军第一混成旅旅长。此令。

中华民国九年二月二十五日

国务总理
陆军总长　靳云鹏

〔政府公报，1920年2月26日，第1449号〕

290. 大总统任命谭庆林为察哈尔暂编第一混成旅旅长令

（1920年6月10日）

大总统令

任命谭庆林为察哈尔暂编陆军第一混成旅旅长。此令。

中华民国九年六月十日

国务总理　萨镇冰
陆军总长

〔政府公报，1920年6月11日，第1554号〕

291．大总统免去谭庆林改任陈锡武为察哈尔暂编第一混成旅旅长令

（1921年3月15日）

大总统令

兼署陆军总长靳云鹏呈：察哈尔暂编陆军第一混成旅旅长谭庆林，因病恳请辞职。谭庆林准免本职。此令。

中华民国十年三月十五日

国务总理
陆军总长　靳云鹏

大总统令

任命陈锡武为察哈尔暂编陆军第一混成旅旅长。此令。

中华民国十年三月十五日

国务总理
陆军总长　靳云鹏

〔政府公报，1921年3月16日，第1818号〕

292．张景惠报告察哈尔所辖军队名称数目密电

（1921年9月21日）

北京陆军部鉴：昌密。巧电敬悉。查察区管辖军队为陆军第十六师，第五十二〔二十五〕混成旅，察哈尔第一混成旅，察哈尔骑兵团，察哈尔巡防第一、第二、第三、第四各路及直隶第三路巡防马、炮队营，淮军步卫队营，侦探队等名称。第十六师计三十一、三十二两旅，师旅部官佐、兵夫一百六十二员名，步兵四

团，每团官佐、兵夫一千□〔五〕百四十八员名，四团共六千一百九十二员名，骑兵一团，计九百五十八员名，炮兵一团，计一千三百二十二员名，工兵一营，计五百一十四员名，辎重一营，计五百七十四员名，机枪四连，计四百四十四员名，军乐队七十二员名，合计全师官佐、兵夫一万零二百三十八员名。第二十五混成旅旅部官佐、兵夫六十五员名，骑兵一团，计一千一百四十七员名，机关枪一连，计一百八十二员名，合计全旅官佐、兵夫一千三百九十七员名。察哈尔第一混成旅旅部官佐、兵夫四十一员名，步兵两团，每团官佐、兵夫一千四百二十二员名，两团共二千八百四十四员名，骑兵一营，计二百一十三员名，炮兵一营，计四百一十三员名，工兵一连，计一百一十五员名，辎重一连，计一百三十五员名，机关枪一连，计一百二十员名，合计全旅官佐、兵夫三千八百八十一员名。察哈尔骑兵团共三营，合计全团官佐、兵夫一千一百一十九员名。察哈尔布〔巡〕防第一路共骑兵四营，合计全路官佐、兵夫六百八十四员名。二路共骑兵三营，合计全路官佐、兵夫四百三十八员名。三路共骑兵三营，合计全路官佐、兵夫四百三十四员名。四路共骑兵三营，合计全路官佐、兵夫四百三十九员名。直隶第三路巡防马队九营，共计一千二百二十四员名，炮兵一营，计二百四十七员名。淮军步卫队一营，计二百九十八员名，接济一营，计二百八十四员名，侦探队三十七员名，合计直隶第三路巡防及淮军官佐、兵夫二千零九十员名。以上统计陆防各军官佐、兵夫二万零七百二十员名。谨此电覆。张景惠。箇。

〔北洋政府陆军部档案〕

293. 大总统任命王兹栋陈锡武为察哈尔暂编第一混成旅骑兵第二旅旅长令

（1922年3月15日）

大总统令

任命王兹栋为察哈尔暂编陆军第一混成旅旅长，陈锡武兼任察哈尔陆军骑兵第二旅旅长。此令。

大总统盖印　国务总理颜惠庆　陆军总长鲍贵卿

中华民国十一年三月十五日

〔政府公报，1922年3月16日，第2168号〕

294. 关于丁长发继陈锡武任察东镇守使兼察哈尔骑兵第二旅旅长令电

（1922年5月）

（1）大总统令（5月28日）

大总统令

代理部务、陆军次长金绍曾呈：察东镇守使兼察哈尔陆军骑兵第二旅旅长陈锡武，因病恳请辞职。陈锡武准免本兼各职。此令。

大总统盖印　国务总理周自齐　陆军总长假

中华民国十一年五月二十八日

大总统令

任命丁长发署察东镇守使兼察哈尔陆军骑兵第二旅旅长。此令。

大总统盖印　国务总理周自齐　陆军总长假

中华民国十一年五月二十八日

〔政府公报，1922年5月29日，第2241号〕

（2）丁长发致大总统电（5月31日）①

多伦丁长发卅一电　六月三日

北京大总统钧鉴：本年五月二十八日奉大总统令：任命丁长发署察东镇守使兼察哈尔陆军骑兵第二旅旅长。此令。等因。奉此。长发猥以庸愚，屡荷宠锡，愧涓埃之未报，蒙恩惠之有加，闻命感惭，弥切惶悚。此后惟有凛遵夙训，益加奋勉，竭尽驽骀，力图报称。谨遵于是日接篆视事。特电奉闻，敬陈下悃。察东镇守使兼骑兵第二旅旅长丁长发叩。卅一。印。

〔北洋政府参陆办公处档案〕

295．张锡元请任命孟星魁等为察哈尔暂编第一混成旅旅团长密电

（1924年10月10日）

北京大总统钧鉴：元密。窃元前年莅察，即以察防兵单，就原有之残部添练第一混成旅，以资整备。旅长一职，当委孟星魁署理。关于编制及训练各事，均由该署理旅长办理。成军以后，分驻各县。维时察西匪患正炽，该旅协同各军克期剿定，嗣复协助地方官举办清乡，察区匪患得以肃清。地方得以安谧者，以该旅之力为最多。近因讨逆军兴，第四旅及察东丁使所部之第二旅，均经编入援军，开赴前线。现在察区军队祗有察西骑兵一旅及该混成旅，其察西乔使已奉令为察区防务副司令，所有察东填防以及张垣、察北等处，仅恃该旅分布，以维现状。当此战局初开，正需才孔亟之日。惟该旅长孟星魁尚未经呈请任命，团长以下亦属署理，殊不足以专责成，而资鼓励。应请大总统速颁明令，任命孟星魁为察哈尔暂编陆军第一混成旅旅长，张士品为察哈尔暂编陆军第一混成旅骑兵第一团团长，魏龚陞为察哈尔暂编陆军第

① 此件无年代，据内容推断，当为1922年。

一混成旅步兵第二团团长，急望迅速发表，以固军心。元为裨益军事鼓舞人材起见，伏乞鉴核恩准施行。察哈尔都统张锡元叩。蒸。印。

〔北洋政府大总统府档案〕

296. 执政府秘书厅为张之江请以蒋鸿遇王奎元分署察东镇守使骑兵第二旅旅长公函稿

（1925年4月29日）

公函　第八百六十三号

迳启者：奉执政发下察哈尔都统张之江呈一件，内称：察东镇守使兼察哈尔骑兵第二旅旅长丁长发辞职，各遗缺请以职属第五混成旅旅长蒋鸿遇及该骑兵旅第三团团长王奎元等以次署理，并请颁发任命等语。相应抄录原文检同履历，函达贵部查核办理可也。此致

陆军部

中华民国　年　月　日

呈为察东镇守使兼察哈尔骑兵第二旅旅长丁长发辞职，各遗缺请以职属第五混成旅旅长蒋鸿遇及该骑兵旅第三团团长王奎元等以次署理，并请颁发任命，恭呈仰祈钧鉴事：窃职区察东镇守使兼察哈尔骑兵第二旅旅长丁长发恳请辞职，业呈西北边防督办冯。旋奉令开：察东镇守使兼骑兵第二旅旅长丁长发恳请辞职，著调充西北边防督办署顾问。所遗镇守使一缺，以第五混成旅旅长蒋鸿遇署理，骑兵第二旅旅长一缺，以该旅第三团团长王奎元升署。等因。奉此。当即令行该使及该旅长等遵照在案。兹据该使等呈称：窃奉钧署令开：察东镇守使兼骑兵第二旅旅长丁长发恳请辞职，著调西北边防督办署军事顾问，月薪四百元。所遗镇守使一缺，以第五混成旅旅长蒋鸿遇署理，骑兵第二旅旅长一缺，

以该旅第三团团长王奎元升署。等因。奉此。除分命外，合亟令仰该使、旅长等遵令交代到差为妥。等因。奉此。职等遵即于四月四日将察东镇守使关防一颗、令箭十二支、明密电码本及各处卷宗，并所属淮军步卫队、接济营、侦探队、军械处、军医处、修械所等所存军装、军械、医药、器具、杂项物品清册及花名清册、欠发薪饷清摺，一并备文送交接收，并卸任到任日期，备文呈报，伏乞鉴核转呈。等情。据此。职复查该使等呈称各节，均属实情。所有该使等交代接收并卸任到任日期，理合备文呈报，并检同察东镇守使蒋鸿遇及察哈尔骑兵第二旅旅长王奎元等履历各二份，恭请颁发任命，以专责成。可否之处，伏乞鉴核施行。谨呈

执政段

附履历四份〔缺〕

署察哈尔都统　张之江

中华民国十四年四月二十日

〔北洋执政府档案〕

297．临时执政任命王奎元为察哈尔骑兵第二旅旅长令

（1925年5月20日）

临时执政令

任命王奎元为察哈尔陆军骑兵第二旅旅长。此令。

陆军总长　吴光新

中华民国十四年五月二十日

〔政府公报，1925年5月21日，第3282号〕

298. 徐廷荣报告代理第二混成旅长后绥远军队布防等情禀

（1914年8月10日） ①

总长钧鉴：敬禀者：窃廷荣自奉调到绥，所有经历办理情形，均经随时报告在案。兹谨将潘都统莅任后之一切经历办理情形敬为总长缕晰陈之：前中路混成第二旅，以吴旅长吉昌请假，该旅事宜归中路司令部直接办理。自潘都统莅任，因该司令部取消，委廷荣兼代理该旅旅长。廷荣本以材轻任重，未敢担任，而一则迫于潘都统之谆谆委任，义不容辞；一则彼时裕匪又有南犯消息，正拟迎剿，本八十混成团兵力单薄，一经任战，亦恐不敷分布，添带该旅，或可指挥便捷。有此两团，是以不得不勉效绵薄。查该旅原系步兵一团、骑兵一团，此外又炮兵一营。其步团，原有绥远旗兵两营，巡防改编者一营。其骑团，共只两营，一系绥远旗兵，一系巡防改编，每营皆各缺一连。至于炮兵营，亦只两连，俱系绥远旗兵。此炮兵营，固无庸深为置议。惟该两团，旗巡杂揉，性质不同，遇事不能齐一，若使之独立任战，恐无此能力。廷荣遂立意重新编配，将绥远原有土默特之步兵一营加入，暂改为第三第四两团，每团步兵两营，骑兵一营。第三团步骑各营，均系绥远旗兵，第四团系旧巡防改编者，步骑各一营，再以土默特一营添充步营之数。该团团长，以八十团步兵第二营营长郑金声调升，藉以借材整理。如此编配，期于遇事有济，化无用为有用。奉准改编后，遵即令第四团郑团长编成一支队前往，进剿裕匪。盖以彼时警耗颇急，故急于改编；且不如此，则支队长一差，亦甚难其选。该支队，仍以该员原带之八十团步兵第二营为主力。至于剿匪情形，业经潘都统前后报告在案，兹不赘陈。查归绥方

① 系收文日期。

面，自晋军退伍遣散，兵勇多未出境，各处时有匪扰。除本团担任靖匪之绥丰路线外，抢劫之案，迭有所闻。因禀奉潘都统，既已加有第二旅之兵力，遂分别派队剿捕，并择要分兵驻扎，以资镇摄。嗣经破获数十余起，萑苻亦已敛迹。现在各处颇称安谧，堪以上纾廑系。前因包头、张家口兵变之后，又归绥方面闲散人多，忽生一种谣啄〔诼〕，谓军队中将有冲突暴动之说。及经详密调查，毫无影响。此种谣言，多生于各界所淘汰之闲员，有求不遂，欲以泄其忿恨之私。经廷荣联合第一旅、警察厅会衔出示严禁，此风亦已顿熄。伏查归绥现有队伍，廷荣所带之八十混成团暨混成第二旅，共十一营又一连。第一旅，计五营又两连。其包头所驻第九师，系步兵一旅、马兵一团、炮兵两营，计十一营。统计不下三十营之谱。按以现时归绥之情形及幅员面积而论，所驻之兵，盖不为不多。廷荣所带混成第二旅一差，拟俟地面肃清，即请另委贤员接带，以专责成而免滥竽。谨此肃禀。敬请钧安。八十混成团团长代理混成第二旅旅长徐廷荣谨禀。

〔北洋政府陆军部档案〕

299．孟效曾自请派充归绥新编混成旅长或晋西镇守使致段祺瑞禀

（1915年1月7日）

总长钧鉴：敬禀者：窃旅长暌违仁晖，时殷孺恋，虽鲤笺频伸，而蚁衷莫释。际兹律转韶阳玉帐之祥光丕焕，喜凝泰运牙幢之佳气先征。敬维勋猷懋著，履祉崇宏。翘企铃辕，弥殷鼓颂。旅长庸疏依旧，岁序逢新。幸辖队之粗安，鸠拙藉掩。仰恩光之普照，燕忭维殷。敬有陈者：旅长自奉驻归绥以来，倏已三年，其中经过大小战事，异常艰辛，东剿西抚，鞍马劳顿，所幸匪党悉平，闾阎宁静，不敢云有微功，尚无陨越之虞，堪以仰副期望成

全之至意。惟查归绥自区域划分，局势顿改。现在潘都护拟将敝师支队划出，另将归绥所有之旗防各军汰弱留强，裁并改编，步骑各一团、炮兵一连，合为混成一旅，以节饷糈而资防守。惟旅长前委之混成第一旅长，当然取销，只有本师带来之骑步兵各一营、机关炮兵各一连之支队而已。现奉饬知，将此步兵一营调回张垣集合，只剩骑炮兵一营零两连，倘有战备，如何遣派？伏查归绥区域，南拥长城，以卫京畿，北据阴山，以临瀚海。非有知兵将领，难资防御。旅长所统兵力，既已太单，纵令新编一旅告成，而统将纷歧，事权不一，未必能收指臂之效。复查晋西镇守使孔庚，决意辞职。查该镇守使驻扎包头，距归境西北三百余里，与敝师支队防线接连。旅长于前年招抚伊盟，经历此地，于防线形势山川险要考察，似尚较明确。本不敢以此细微渎陈钧听，而知之较详，又不敢壅于上闻也。谨此肃禀。仰恳宪台俯赐成全，逾格嘘植，俾任归绥新编混成旅长，或请转达极峰，任命晋西镇守使兼领支队，则步、骑、炮兵齐备。自必化弱为强，防守得力，庶可上答提携训诲之恩，下收固边安民之望。临禀曷胜屏营待命之至。谨此肃禀。恭叩钧绥。伏乞垂鉴。旅长孟效曾谨禀。一月七日。

〔北洋政府陆军部档案〕

300．大总统准绥远现有各团营归复一旅指令

（1917年1月30日）

大总统指令　第一百五十七号

令陆军总长段祺瑞

呈核绥远都统电，拟就现有各团营仍归复一旅，请准照办由。呈悉。准如所拟办理。此令。

中华民国六年一月三十日

国务总理
陆军总长　段祺瑞

〔政府公报，1917年1月31日，第380号〕

301. 大总统准改编绥远混成旅并以徐廷荣为旅长批令

（1915年1月28日）

大总统批令

陆军部呈改编绥远陆军混成旅，并请简任徐廷荣为旅长由

准如所请改编，已另有令任命徐廷荣充任旅长矣。单存。此批。

中华民国四年一月二十八日

国务卿　徐世昌

〔政府公报，1915年1月29日，第979号〕

302. 范国璋转报徐廷荣就任绥远混成旅长等情详

（1915年2月18日）

详为据情转报绥远陆军混成旅徐旅长廷荣交卸八十混成团团长事务暨任事各日期事：窃于本年二月十八日准绥远陆军混成旅徐旅长廷荣咨开：案查民国四年一月三十号奉绥远都统饬开：本都统前以绥远军队复杂，章制参差。应即大加整顿，改编混成一旅。现奉大总统策令：任命徐廷荣为绥远陆军混成旅旅长。等因。所有该旅旅部亟应克日组织成立，以便著手进行。其原有绥防司令部暨混成第一旅旅部，并该旅所属之第二团团部，著即一律取销。至于绥远军队，除第一师支队外，统归徐旅长廷荣节制，以一事权。递遗八十混成团团长一缺，即以该团第三营营长王麟庆暂行代理。除分行外，合亟饬仰该旅长即便遵照，并将成立日

期具报备查。此饬。等因。奉此。遵于二月一号将绥防司令部取销，组织混成旅成立，并于是日将八十混成团团长关防并册籍各件，送交该团长王麟庆接收清楚。旋于二号奉发绥远陆军混成旅旅长关防一颗，即于三号敬谨启用任事。所有交卸八十团团长事务并启用混成旅关防任事各日期，除分别咨饬外，相应咨请贵旅长查照转报备案施行。等因。准此。理合备文详请师长鉴核备案施行。谨详

陆军第二十师师长吴

步兵四十旅旅长　范国璋

中华民国四年二月十八日

〔北洋政府陆军第二十师档案〕

303．关于恢复绥远混成旅旅部并任命王丕焕为旅长呈令

（1917年1月30日）

（1）段祺瑞致大总统呈

陆军总长段祺瑞呈大总统，复核绥远都统电，拟就现有各团营仍归复一旅，请准照办，并简任旅长文

为请简任旅长，仰祈钧鉴事：准绥远都统蒋雁行电称：查绥区僻在边隅，自去岁将混成旅取消后，各团官兵时有更调，其势殊形散漫，非设一旅部不足以资统摄。是以莅任以来，再四筹划，今拟暂就现有各团、营仍归复一旅，即以王少将丕焕为绥远混成旅旅长。如蒙允准，即请呈请任命，俾专责成。等因。本部详加复核，尚系实在情形，拟请准如所请归复旅部，并任命王丕焕为绥远陆军混成旅旅长，俾重职守。理合具呈，伏乞鉴核训示施行。谨呈。六年一月三十日。已奉指令。

〔政府公报，1917年2月2日，第382号〕

（2）大总统令

大总统令

任命王丕焕为绥远陆军混成旅旅长。此令。

中华民国六年一月三十日

国务总理
陆军总长 段祺瑞

〔政府公报，1917年1月31日，第380号〕

304．大总统任命李焕章杨以来为绥远混成旅旅长第一师第一旅旅长令

（1918年3月13日）

大总统令

任命李焕章为绥远陆军混成旅旅长，杨以来为陆军第一师步兵第一旅旅长，陈铨衡为陆军第一师步兵第一团团长。此令。

中华民国七年三月十三日

国务总理 钱能训

陆军总长 段芝贵

〔政府公报，1918年3月14日，第768号〕

305．曹锟为绥军王旅改编为第二十三混成旅请迅予发表密电

（1923年8月15日）

北京陆军部鉴：新密。顷接蔡督理震电开：绥军王旅改编案，前以二十二混成旅名义咨部备案，并迭电催促发表，迄未实行。兹闻二十二旅名义已另给他部，当拟改用二十三混成旅名义，并派员赴部商洽，仍未核定。现该旅已于七月一日改编成立，亟待中央明令发表，乞转催陆部迅予办理，俾免久悬。等语。查该旅既经改编成立，亟应规定番号，俾资进行。特此电达。敬希查

酌办理，迅予发表，并祈见复，是为盼祷。
曹锟。咸。印。

〔北洋政府陆军部档案〕

306．大总统任命郑金声为绥远混成旅旅长令

（1924年1月16日）

大总统令

任命郑金声为绥远陆军混成旅旅长。此令。

大总统盖印　　国务总理孙宝琦　　陆军总长陆　锦

中华民国十三年一月十六日

〔政府公报，1924年1月17日，第2811号〕

（五）其他陆军编练及其主官任免

一、毅军

1．姜桂题为改编毅军新旧各营队请立案咨

（1912年6月5日）

毅军军统、热河都统姜为咨请立案事：案查敝军于上年九月添招步、炮、马队十营一哨，除步队、马队九营一哨均系按照敝军旧制拟编办理不计外，惟炮队一营，前准大部拨借史高德陆炮十八尊，与旧制炮位多寡轻重不同，因之不得不就炮变通，改定新制，节经咨报在案。元年五月二十五日即壬子年四月初九日，准军事处函开：贵军前借黑龙江史高德炮十八尊，兹奉大总统谕：拟即拨还江省，由拱卫军接收，派员运解。等因。现在已于元年五月三十一日即壬子年四月十五日缴讫又在案。窃思比时就炮编练，既今无炮，名实难符。惟查该营将弁兵夫，自从上年成军以来，按日练习，均已心固艺精。值此时局尚未大定，弃置未免可惜，即于壬子年四月十六日改编步队一营。所有该步队之编制，仍照敝军旧章，以归一律。前此敝军曾经声明，仍曰毅军。自应益加整顿，弥觉有条不紊。统计敝军新旧共步队二十六营，马队三营一哨，炮队二营，拟以步队二十五营编为中前后左右五路，自第一营起，依次编号，至第二十五营。其步队第一营，即曰卫队第二十六营。至如马队三营，炮队二营，自第二十七营起，再依次编号。至第三十一营，名曰先锋队。其马队一哨，并隶于卫队。委于军事不无裨益，而于营数并无增减。相应备文咨请立案。为此，合咨大部，谨请查照施行。须至咨者。

右咨

陆军部
大中华民国元年六月初五日　即壬子年四月二十日

〔北洋政府陆军部档案〕

2．姜桂题拟委赵倜为毅军行营翼长并取消前敌营务处咨

（1913年1月10日）

毅军军统、陆军上将姜为咨明事：案查本军右路统领赵倜，上年督队前赴陕豫两省，当经委任为前敌营务处。嗣以豫省伊、嵩一带土匪猖獗，奉大总统电令，责成会剿豫匪。旋将大白狼、王平等股荡平，授为陆军中将各在案。现在豫匪尚未肃清，剿抚手续正繁，拟委任赵倜为本军行营翼长，所有驻豫各统领、管带以次，均归节制调遣。其前敌营务处名义，应即取消。相应咨明大部查核。此咨

陆军部
中华民国二年一月十日

〔北洋政府陆军部档案〕

3．姜桂题请慰留毅军参谋长兼混成旅旅长舒和钧密电

（1913年12月18日）

特。北京大总统、国务总理、参谋部、陆军部钧鉴：拱密。桂题躬膺边寄，正赖贤才相助为理。舒参谋长兼混成旅旅长和钧，自前都统熊任内，参赞机宜，规画军事，成绩卓著。桂题未到任以前，该员护理都篆，经营数月，秩序井然，深堪嘉佩，应令仍任参谋长兼混成旅长原职，藉资臂助。现闻该员巳电参陆部请假，回籍葬亲，恳饬慰留，共谋进行，无任盼祷。姜桂题叩。肃。印。

〔北洋政府陆军部档案〕

4. 大总统著毅军改归陆军部管辖令

（1922年1月20日）

大总统令

毅军全军，宣力国防，久著战绩。现在该军军统姜桂题，因病出缺，著即改归陆军部管辖。所有该军一应事宜，即责成该部妥筹办理。此令。

大总统盖印　　国务总理梁士诒　　陆军总长鲍贵卿

中华民国十一年一月二十日

〔政府公报，1922年1月21日，第2116号〕

5. 大总统派王怀庆会办毅军事宜令

（1922年2月2日）

大总统令

派王怀庆会办毅军事宜。此令。

大总统盖印　　国务总理颜惠庆　　陆军总长鲍贵卿

中华民国十一年二月二日

大总统指令　第二百四十二号

令陆军总长鲍贵卿

呈奉令筹办毅军事宜，拟请添设会办由。呈悉。已有令派王怀庆为会办矣。此令。

大总统盖印　　国务总理颜惠庆　　陆军总长鲍贵卿

中华民国十一年二月二日

〔政府公报，1922年2月3日，第2128号〕

6. 大总统派米振标常德盛分任驻近畿驻豫皖毅军司令令

（1922年3月12日）

大总统令

派米振标为驻近畿毅军司令，常德盛为驻豫皖毅军司令。此令。

大总统盖印　　国务总理颜惠庆　　陆军总长鲍贵卿

中华民国十一年三月十二日

〔政府公报，1922年3月13日，第2165号〕

7. 驻豫皖毅军司令部条例

（1922年4月）

驻豫皖毅军司令部条例

第一条　驻豫皖毅军司令部隶属于陆军部，指挥驻豫、皖毅军，保卫地方，剿办股匪，督饬训练，整顿军纪一切事宜，但关于各路队例行诸事，仍按原来统系办理。

第二条　驻豫皖毅军司令部设置职员如左：

司令一

副司令一

参谋长一

少校参谋一

上尉参谋一

副官长一

少校副官一

上尉副官一

军法官一

初级军法一

军需官一

军医官一

司号长一

书记官二

司书四

差弁十

伙夫二

第三条　驻豫皖毅军司令受陆军总长之指挥，及毅军会办之指示。

第四条　驻豫皖毅军司令管理司令部一切事务及划定各路防区，并因剿匪、调遣等事，呈报陆军部备核。

第五条　驻豫皖毅军司令有检阅归其指挥之部队之军纪、风纪、训练、教育及服行职务等程度之责。

第六条　副司令辅助司令办理第四、五条一切事宜（由部令任命之）。

第七条　参谋长辅佐司令督饬少校参谋、上尉参谋参划驻豫皖军之配置及教育计划，并一切军事上研究改良进行等事宜，暨监督指导命令之实行。

第八条　少校参谋、上尉参谋遵参谋长之指导，处理一切事务。

第九条　副官长承司令之命及参谋长之指导，督饬少校副官、上尉副官任传达报告本部警戒、军纪、风纪、接待来宾，暨弁兵、夫役、马匹、装械、库房等一切庶务之整理，并监视驻豫皖本军各遵〔项〕军务之进行。

第十条　少校副官、上尉副官遵副官长之指导，处理一切事务。

第十一条　军法官承上官之命，办理本军赏罚及军法施行一

驻豫皖毅军司令部编制饷章

名称 类别	司令	副司令	参谋长	参谋		副官长	副官	
阶级	中将	中(少)将	上(中)校	上尉	少校	中校	上尉	少校
员额	一	一	一	二		一	二	
月支薪饷数目	三〇〇元	二〇〇元	二〇〇元	六〇元	一二〇元	一四〇元	六〇元	八〇元
年支薪饷数目	三六〇〇元	二四〇〇元	二四〇〇元	七二〇元	一四四〇元	一六八〇元	七二〇元	九六〇元

差弁		十	一〇〇元	一二〇〇元
司书		四	三六元 四〇元	四三二元 四八〇元
书记官		二	五〇元 六〇元	六〇〇元 七二〇元
司号长	中尉	一	三〇元	三六〇元
军医官	三等军医正	一	六〇元	七二〇元
军需官	三等军需正	一	六〇元	七二〇元
初等军法	一等军法	一	四〇元	四八〇元
军法官	三等军法正	一	一〇〇元	一二〇〇元

（续前表）

伙夫	公费	共计
二		三一
一〇元	三〇〇元	二〇四六元
一二〇元	三六〇〇元	二四五五二元

附记

一 饷薪各款由全军截余项下开支

一 兼差人员支给七成薪水

中华民国十一年四月日

切事务。

第十二条　军需官承上官之命，掌会计、经理及装具、出纳、保管事项。

第十三条　军医官承上官之命，掌疗治人员伤病及卫生事项。

第十四条　书记官承上官之命，办理各项文书。

第十五条　司书承上官之命，掌缮写文件、经理卷册等事。

第十六条　本规则自公布之日施行。

〔北洋政府陆军部档案〕

8．大总统批准毅军司令部条例暨编制饷章指令

（1922年5月27日）

大总统指令　第一千六十三号

令代理部务陆军次长金绍曾

呈拟毅军司令部条例暨编制、饷章缮单呈鉴由。呈悉。准如所拟办理。此令。

大总统盖印　　国务总理周自齐　　陆军总长假

中华民国十一年五月二十七日

〔政府公报，1922年5月28日，第2240号〕

9．王怀庆为裁撤办理毅军事务处电

（1922年5月30日）

陆军部鉴：勘电敬悉。办理毅军事务处裁撤一节，业经转饬毅军米司令知照矣。特电奉复。王怀庆。卅。印。

〔北洋政府陆军部档案〕

10．临时执政著米振标所辖军队交阚朝玺收束令

（1924年12月11日）

临时执政令

热河都统米振标著来京供职，所辖军队，交阚朝玺妥为收束。此令。

陆军总长　吴光新

中华民国十三年十二月十一日

〔政府公报，1924年12月12日，第3132号〕

二、振武军

1．龙济光关于振武军编制及所需薪饷密电

（1917年9月10日）①

广东来电　九月十三日收到

大总统、国务院、陆军参谋部钧鉴：卿密。院庚电奉悉。济军更名振武军，其编制则按粤省现行警卫军章程。每营计兵三百二十四名，官长兵夫月支薪饷银四千七百七十四元。步兵五千人，编为十五营。三营设一统领，计统部五。每统部月支薪饷银六百元。又炮兵部两营，每营月饷五千一百六十六元。机关枪二连，每连月饷一千二百五十二元。军本部员额，比照师本部，略有增加，约四千二百元。济光应领上将薪公二千元，邀恳免支，应请即作为本部活支费，计六千二百元，共月支九万三千余元。此系极力收缩，无可再减。亦必俟此案核定，方能移防。本部兼办垦务，员额尚不敷分配。各项编制，容俟摺陈，并先刊督办两广矿务兼统振武全军关防启用。歌电请于应裁之万五千人内，再带五千人入

① 此件无年代，据内容推断，当为1917年。

琼屯田，以恩饷作为垦费，人给三十元，计十五万元。此不在前拨遣散迁移费四十万元内，应饬部迅为拨汇。至驻琼军饷，院电准由粤发给。本军直归部辖，粤省何能认饷，陆督又何肯给饷。如在粤领此，真向虎索肉，与羊谋皮，万不能办到。与其槁毙穷岛，何如远戍遐荒。现内蒙不靖，边警频闻，本军久经战阵，情愿率领全军荷戈出塞，为国宣劳。去粤较远，免受党攻，重劳钧廑。是否可行，不胜迫切待命之至。济光叩。蒸。印。

〔北洋政府陆军部档案〕

2．龙济光奉准在直奉添练新军两混成旅等情密电

（1917年？月23日）

龙巡阅使漾电

北京国务院钧鉴：参陆办公处、各部院，保定曹经略使，奉天张巡阅使，蚌埠倪巡阅使，济南张总司令、张护督军，龙华卢护军使，各省督军、省长，承德、归化、察哈尔各都统均鉴：统密。济光五月在京，奉准在直、奉添募新军两混成旅，早经编制完备，驻扎小站、塘沽等处，待令出发。……至本军在直、奉新招两混成旅，现驻小站、塘沽等处，日夕训练，均恪守纪律，地方尚无疑谤。恐远道传闻失实，特以奉闻，即希鉴察。龙济光。漾。印。

〔北洋政府陆军部档案〕

3．军务司关于龙济光新招振武新军两混成旅成立起饷日期移付

（1918年9月11日）

军务司为移付事：案准龙巡阅使济光咨报新招振武新军两混成旅成立起饷日期，并由该使执行总司令职权，原充总司令龙运

乾，另候呈请擢用等因到部，分司前来。除移需司外，相应抄录原文移付贵司查照。此移
军衡司　计抄件
中华民国七年九月十一日

为咨行事：案据振武新军总司令龙运乾呈称：本年二月奉钧宪命令，组织振武新军两混成旅，当经派员先行组织振武新军总司令部，呈请钧宪咨报陆军部有案。嗣奉钧令内开：准陆军部咨奉国务院令：该部招募振武新军，准在山东、奉天等处先行招募两混成旅，仰速派员招募等因。奉此。当即分派募兵委员长，率带募兵委员，分赴山东、奉天各处招募。嗣经各募兵委员长将各兵招齐，陆续运天津、小站、塘沽等处屯扎编练，并经总司令随时亲赴各处严加检查，妥为编配。兹于七月十五日两旅完全编配齐备，即日起发饷款。惟总司令部系因招募兵士暂时设立，以便筹办一切招募事宜，内部组织甚为单简，现在各兵士均已招齐，编配完全，总司令部应如何改组之处，应请钧核示遵。再，该两旅各官长，除旅、团、营长应请钧宪简员核委外，其连、排长，均由总司令遴员暂行委充呈报，以资督率。除将现时暂委如连、排长及各军佐名册并如团营士兵花名清册另案报请分别加委转报备案外，合将两混成旅编配成立及起饷日期报请转咨陆军部备案，并祈指令饬遵。等情。据此。查该总司令自奉令募兵以来，奔走奉天、山东等处，督同各路募兵委员长认真招募，历时四月，始将两旅兵士募编齐备，所招兵士，经本使亲赴小站检阅，尚属精壮，编配亦尚完备。现在各兵既已招齐，陆续开赴闽、粤等处，应由本使执行总司令职权。该总司令龙运乾办理招募，卓著劳勋，应即另候呈请擢用，以资鼓励。其第一第二混成旅旅长，业经电调前敌将领来京候委，俟委定后，再行连同各团营连排长名册及兵士花名清册另案分别呈报。其旅、团、营长，俟有勋劳再行呈请

任命外，所有振武新军两混成旅编配成立及起饷日期，相应咨请大部查核转报，实为公便。除分咨财政部并令该总司令遵照外。此咨

陆军部

两广巡阅使　龙济光

中华民国七年八月　日

〔北洋政府陆军部档案〕

4. 大总统关于振武新军裁遣改编后编制饷章交陆军部查办指令

（1919年1月30日）

大总统指令　第三百七十六号

令两广巡阅使龙济光

呈报振武新军裁遣改编事宜完竣，请交部核定编制饷章由。呈悉。交陆军部查核办理。此令。

大总统印

中华民国八年一月三十日

国务总理　钱能训

陆军总长　靳云鹏

〔政府公报，1919年1月31日，第1076号〕

三、参战军（边防军）、西北边防军

1. 段祺瑞组成督办参战事务处通电稿

（1918年3月2日）

各省督军、省长，龙巡阅使，各都统、护军使，库伦办事大员，恰克图、科布多都护副使鉴：祺〇奉令督办参战事，遵于三

月一日将事务处组织成立。嗣后凡关参战事件，请即随时与本处接洽。外患方殷，军事吃紧，并望勖勗，俾资进行。祺〇。冬。印。

〔北洋政府督办边防（参战）事务处档案〕

2．段祺瑞组成督办参战事务处电稿

（1918年3月4日）

驻外各国公使鉴：祺〇奉令督办参战事务，遵于三月一日将事务处组织成立。外患方殷，切望随时匡勖。祺〇。四日。

〔北洋政府督办边防（参战）事务处档案〕

3．督办参战事务处办事细则

（1918年）

督办参战事务处办事细则

第一章　总纲

第一条　本细则依据督办参战事务处组织令第七条规定之。

第二章　各处组织

第二条　各处处长、副官长承长官之命，督率所属各员办理本管事务。

第三条　各处依本章所定分设各股，掌理本处事务。

第四条　参谋处分股如左：

筹备股

作战股

交通股

谍报股

第五条　外事处分股如左：

翻译股

调查股

第六条　军备处分股如左：

人事股

兵器股

经理股

医务股

执法股

第七条　机要处分股如左：

文书股

译电股

缮校股

收发股

编纂股

第八条　各股置主任一人，承长官之命，管理本股事务。

第九条　各股置处员若干人，承长官之命，分掌本股事务。

第十条　各处视事务之繁简，得酌设办事员。

第十一条　本处酌设书记若干人，缮写一切文件。

第三章　办事程序

第十二条　本处各项文件，由参谋长核阅后，呈请督办核定。

第十三条　到文由机要处接收编号呈阅后，分交主管处办理，但事关急行者，得先送主管处拟办。

遇有机密文件，应送机要处处长亲自收拆。

第十四条　各处处员拟办文件，须由主稿处员及主任处员署名送请处长覆核呈判。

第十五条　各处文件经核定后，送由机要处交缮、编号、盖印、封发，并随时归档。其应登《政府公报》者，由主管处标明送登。

第十六条　各处承办事务有互相关联者，由主管处会商办理。

第十七条　凡未经宣布及应守秘密文件，本处各员均不得泄漏。

第十八条　星期日及例假日，各处须酌派处员承值。各处每日散值后，亦须派员轮班值宿。

第四章　会议

第十九条　本处会议，以参谋长、处长暨督办临时指约各员组织之。

第二十条　应行会议事件如左：

一、督办交议者；

二、会员提议者。

第二十一条　会议议定之事件，呈由督办核定施行。

第五章　庶务及会计

第二十二条　副官长掌理本处庶务会计。

第二十三条　副官承长官之命，分掌本处庶务会计。

第二十四条　本处需用一切经费，应于前月拟定预算案，呈由参谋长呈请督办核定。

第二十五条　每月十五日以前，应将上月收支各款造具决算清册，呈由参谋长呈请督办核阅。

第六章　考勤

第二十六条　本处各员须按照办公时刻到处办事，若遇特别事件发生，或事务不能中止时，得延长办公时刻。

办公时刻，由督办随时酌定之。

第二十七条　各员到处时，须于考勤簿内书到。其迟到早散者，应向该管长官声明理由。

第二十八条　各员因病或因事不能到处时，应向该管长官请假。

第七章　附则

第二十九条　本细则如有未尽事宜，得随时修正之。

〔北洋政府边防（参战）事务处档案〕

4. 靳云鹏关于拟定安徽等省为参战军募兵区域令

（1919年1月6日）

督理参战军训练事宜处　第七三号

令第三师师长陈文运

查本处成师计划现已筹备妥协，亟应征募新兵，以资编练。当经拟定安徽省为第一师征募区域，山东省为第二师征募区域，河南省为第三师征募区域。每区域计征募新兵约一万名，共计征募新兵约三万名，由处分别呈报大总统、陆军部鉴核，转行知照各在案。兹准陆军部函开：贵处拟在安徽等省募兵成师一案，业经本部咨行各该省查照转饬各地方官妥为接洽。等因。查该师系以河南省为征募区域，所有募兵县区及详细办法，应即由该师长派员自向各地方官接洽办理。除分令外，合亟令行遵照。此令。

中华民国八年一月六日

督练　靳云鹏

〔北洋政府边防军（参战军）第三师档案〕

5. 督理参战军训练事宜靳云鹏公布参战军师司令部条例令

（1919年1月）

参战军训练处令　第一号

兹制定参战军师司令部条例公布之。此令。

中华民国八年一月　日

督理参战军训练事宜　靳云鹏

参战军师司令部条例

第一条　师长直隶于督练，统率部下各军队，综理关于教育、训练、内务、经理及卫生一切事宜，并负编练之责任。

第二条　师长掌部下各军队及主管部队之动员、计划、征募及召集事宜。

第三条　师长管辖军法会审，统监部下各军队及所属署、局、所之军纪、风纪事宜。

第四条　师长对于部下各军队及所属官署、局、所，有随时检阅之权，并应就检阅情形及改良意见造具报告，呈请督练转呈督办核阅。

第五条　师司令部置左列各处：

参谋处

副官处

军法处

军械处

军需处

军医处

兽医处

第六条　参谋长统监参谋、副官两处事务，对于师长负整理之责。

第七条　军法、军械、军需、军医、兽医各处处长，分掌各主管事项，应负整理之责。

第八条　本条例自公布之日施行。

〔北洋政府督办边防（参战）军训事宜处档案〕

6．督理参战军训练处公布参战军师司令部服务规则

（1919年1月15日）

督理参战军训练处令　第二号

兹制定参战军师司令部服务规则公布之。此令。

中华民国八年一月十五日

督理参战军训练事宜　靳云鹏

参战军师司令部服务规则

第一条　师司令部人员，除师司令部条例所定外，应按照本规则分掌各项事务。

第二条　参谋长辅佐师长，参画戎机，监督命令施行，及司令部内服务一切事宜。

第三条　参谋长关于例行公事，即交各主管员径行办理。但关于重要及未经规定事项，应行拟定办法，呈由师长核定施行。其无关紧要者，得决行后再为报告。

第四条　参谋长应与参战军训练处参谋长、各课长常相通报，以期事无隔阂。

第五条　参谋处应办事宜如左：

一、该师主管部队之动员及作战计划；

二、军队之教育训练事项；

三、运输交通及调查事项。

第六条　参谋承参谋长之命，分掌前项事务。

第七条　副官长综理副官处一切事务，并任司令部内取缔事宜。

第八条　副官长关于例行公事，即行办理。但关于重要及未经规定事项，应行拟订办法，呈由参谋长察核。其无关紧要者，得决行后再为报告。

第九条　副官长逐日检视所收文件，分别交各主管员办理。

第十条　副官处应办事宜如左：

一、关于陆军官佐、军用文官之任免补充事项；

二、关于命令、报告、卫戍勤务及军队内务事项；

三、关于宣达、收发文件及保管图书事项；

四、关于征募及召集事项；

五、关于征发事项。

第十一条　副官承副官长之命，分掌前项事务。

第十二条　军法处处长承长官之命，掌事项如左：

一、关于军法会审事项；

二、关于监狱事项；

三、关于犯罪之审问、宣告、判决及执行判决事项；

四、关于军人犯罪逮捕及赦免移送事项。

第十三条　军法处处员辅助军法处处长，分掌前项事务。

第十四条　军械处处长承长官之命，掌事项如左：

一、关于枪炮、弹药筹划、支给、交换及检查事项；

二、关于各项器具、材料之经理及检查事项。

第十五条　军械处处员辅助军械处处长，分掌前项事务。

第十六条　军需处处长承长官之命，掌事项如左：

一、关于预算、决算及收支事项；

二、关于会计监督事项；

三、关于储金及账簿之保管及检查事项；

四、关于粮秣、被服购办、保管及供给事项；

五、关于营缮事项。

第十七条　军医处处长承长官之命，掌事项如左：

一、关于军医生以下之教育训练及勤务事项；

二、关于检查军人体格及卫生事项；

三、关于诊察应得恩恤之病伤事项；

四、关于传染病之预防及诊治事项；

五、关于病院及卫生材料事项；

六、关于卫生统计及调查报告事项。

第十八条　军医处处员辅助军医处处长，分掌前项事务。

第十九条　兽医处处长承长官之命，掌事项如左：

一、关于兽医生以下之教育训练及勤务事项；

二、关于军马防疫、治疗及蹄铁事项；

三、关于马匹检查卫生及材料蹄铁器具事项；

四、关于军马卫生统计及调查报告事项。

第二十条　兽医处处员辅助兽医处处长，分掌前项事务。

第二十一条　书记官长承长官之命，掌理文牍事宜。

第二十二条　书记官、书记辅助书记官长，分掌文牍事宜。

第二十三条　师司令部值日员，应由参谋副官内轮流派充；凡退公以后，各事均归值日员管理。

第二十四条　师司令部服务细则，应由参谋长规定后，呈由师长核定施行。

第二十五条　本规则自公布之日施行。

〔北洋政府边防（参战）军训事宜处档案〕

7．督办参战军训事宜军务课关于参战军第一师各旅团长分别任事移付

（1919年1月18日）

军务课为移付事：案据第一师师长曲同丰呈称：窃于七年十二月二十四日奉督练令开：转奉督办令开：派曲同丰为参战军第一师师长，苑尚品为第一旅旅长，程长发为第二旅旅长；李景林为步兵第一团团长，姜炳焱为步兵第二团团长，韩宾礼为步兵第三团团长，马登瀛为步兵第四团团长，宋玉珍为炮兵第一团团长，朱瀛海为骑兵第一团团长；李嘉霖为工兵第一营营长，江铭忠为辎重第一营营长，王体乾为机关枪第一营营长。并颁委任状十二件。除委任状另发外，合行令饬该师长督率所部刻日筹备成师，并取具各该员履历二份及任事日期，一并呈送本处，以便分别存转。

此令。等因。奉此。当即将奉发委任状祇领，并师长就职任事日期呈报在案。刻据步兵第一团团长李景林，工兵第一营营长王体乾，均于七年十二月廿四日呈报就职任事。骑兵第一团团长朱瀛海于七年十二月廿六日呈报就职任事。第一旅旅长葝尚品，第二旅旅长程长发，步兵第二团团长姜炳焱，均于八年一月一日呈报就职任事。炮兵第一团团长宋玉珍于八年一月六日呈报就职任事。步兵第四团团长马登瀛于八年一月十日呈报就职任事。等情。据此。除韩宾礼一缺，另呈以王连波接充外，所有该师师、旅、团及独立营长就职日期，相应转移贵课查照备案。此移

军需课

中华民国八年一月十八日

〔北洋政府督办边防（参战）军训事宜处档案〕

8. 陈文运报告参战军第三师所属各旅团组成呈稿

（1919年1月24日）

呈为谨将职师所属各旅暨各独立团、营等部成立日期具报备案事：窃据职师步兵第五旅旅长宋玉峰，步兵第六旅旅长张济元，骑兵团团长靳同明，炮兵团团长王坦，工兵第三营营长顾浩、辎重第三营营附罗恩恺、机关枪第三营营长刘兆坤等先后呈称：该部均于七年十二月二十七日组织成立，办公处暂行设在黄寺南军官教导团旧址，请予鉴核转报。等情前来。据此。师长覆查无异，理合备文转呈鉴核备案。谨呈

督理参战军训练处

参战军第三师师长　陈〇〇

中华民国八年一月廿四日

〔北洋政府边防军（参战军）第三师档案〕

9. 陈文运报告参战军第三师成立经过呈稿

（1919年2月21日）

呈为职师各旅、团、营完全成立，谨将经过情形暨拟定点验日期详细具报，恭请鉴核事：窃师长自奉令筹办之始，即派职师步兵第五旅旅长宋玉峰为招兵总委员长，带领招兵各委员，于本年一月廿四日，赴河南指定区域实行征募。所有征兵地点及一切规则，曾经详报钧处在案。兹据招兵总委员长宋玉峰电称：此项新兵业已陆续全数招齐，拟不日撤局，驰回防地。又迭据第五、第六两旅暨骑、炮、工、辎机关枪各团、营先后呈称：所募新兵一律到防，各旅、团、营均于二月十二日完全成立。各等情前来。窃查职师组织伊始，头绪纷繁，几至茫无措手，设筹备稍有未善即进行，不免延迟。师长知识又甚庸愚，夙夜兢兢，时以重任难胜，有负钧命为惧。今赖群策群力，不及一月之久，幸底于成，因人成事，虽藉众力以奏功，及早观成，实为始愿所不及。此后当益加奋勉，督饬所属认真操练，俾成劲旅，以期仰副我督练整练新军慎重国防之至意。师长谨拟于二月二十四日，带领参谋长以下各员亲赴窦店、姚村、保定、正定各兵地点，先行点验一次，事毕回京，再行呈请钧处委派专员复行查验。再，职师现已成立，除已领军械不计外，其余应行颁发军械尚属不齐，可否饬课从速补发，以资训练之需，并乞钧裁。所有各旅、团、营完全成立暨定期点验新兵各缘由，理合备文呈报鉴核，伏乞备案施行，实为公便。谨呈

督理参战军训练处

〔北洋政府边防军（参战军）第三师档案〕

10. 大总统关于督理参战军训练事宜改为督理边防军训练事宜参战军改为边防军指令

（1919年8月5日）

大总统指令　第一千九百八十二号

令督办边防事务段祺瑞

呈报督理参战军训练事宜应改为督理边防军训练事宜，并所辖之参战军一律改为边防军由。呈悉。此令。

大总统印

中华民国八年八月五日

国务总理　龚心湛

陆军总长　靳云鹏

〔政府公报，1919年8月6日，第1257号〕

11. 督办边防事务处为改拟该处组织令请议决公布函稿

（1919年8月8日）

迳启者：查本年七月二十日，奉大总统令：督办参战事务处应即裁撤，改设督办边防事务处等因，业经遵照改设分别呈报咨行在案。惟前奉教令公布之参战处组织令，现在既经改设，本处自应另行修改，其原设之外事处亦拟裁并副官处办理。兹特缮具组织令草案一件，相应函请贵院提国务会议议决，呈请教令公布施行，至深祷盼。此致

国务院

附组织令草案一件

督办边防事务处组织令

第一条　边防督办直隶于大总统，综理边防事务。

第二条　本处置参谋长一人，承督办之命，佐理一切事务。

第三条　本处酌置参赞、参议，由督办分别聘委。

第四条　本处设左列各处：

参谋处

军备处

机要处

副官处

除参谋处由参谋长兼领外，各处设处长一人，由督办遴派，掌理应办事务。

第五条　本处酌置处员，由督办遴派，承长官之命，分掌各处事务。

第六条　本处办事细则，由督办另定之。

中华民国八年八月八日

〔北洋政府督办参战（边防）事务处档案〕

12. 大总统公布督办边防事务处组织令令

（1919年8月15日）

大总统令

兹制定督办边防事务处组织令公布之。此令。

大总统印

中华民国八年八月十五日

国务总理　龚心湛

陆军总长　靳云鹏

教令　第十三号

督办边防事务处组织令

第一条　边防督办直隶于大总统，综理边防事务。

第二条　本处置参谋长一人，承督办之命，佐理一切事务。

第三条　本处酌置参赞、参议，由督办分别聘委。

第四条　本处设左列各处：

参谋处

军备处

机要处

副官处

除参谋处由参谋长兼领外，各处设处长一人，由督办遴派，掌理应办事务。

第五条　本处酌设处员，由督办遴派，承长官之命，分掌各处事务。

第六条　本处办事细则，由督办另定之。

〔政府公报，1919年8月16日，第1276号〕

13．曲同丰关于参战军改称边防军启用新关防公函

（1919年9月3日）

敬启者：敝师原属参战军第一师，驻扎北苑训练，一自督办参战处奉令撤消，并建设边防处，敝师亦即于本年八月五日奉令改为边防军。兹奉督理边防军训练事宜处令开：案奉督办边防事务处令开：兹刊就边防军各师、旅、团、营关防共八十一颗，合行开具清单，发仰该处，即便遵照收明转发启用报查，并将旧关防逐一截角缴销为要。此令。等因。奉此。查该师各旅、团、营，共计新关防二十七颗，除分令外，合行开单，发仰该师长遵照收明分别转发启用，仍将启用日期具报备查。所有旧关防应逐一截角，呈缴本处销毁。切切此令。计发关防二十七颗，清单一件。等因。奉此。遵即于九月一日将奉颁师长关防一颗，谨收启用。其余旅、团、营关防，亦即照发启用。除将旧关防缴销外，合将敝师更换名称、另行启用新关防日期函达贵师，请烦查照。嗣后

如有赐予指导之件，敬希一律改称边防军为荷。此致

边防军第三师

边防军第一师师长　曲同丰

中华民国八年九月三日

〔北洋政府边防军(参战军)第三师档案〕

14．督办边防事务处关于撤退驻海参崴参战军函

(1919年?月?日)

督办边防事务处函

迳启者：据林代将建章蒸电称：现在支队业已陆续退回国境，所有建章节制陆海军队字样，应请即予取销，仍以海军代将名义驻崴办理未完事宜，以符名实。如蒙俯准，至于职处如何收束之处，容再拟具办法请示遵行。当否？敬乞电示。等情。查宋支队撤回国境，昨据该支队长电称：定于七月六日开始撤退，至十二日终了等语。现该代将所请取消节制陆海军字样，以符名实各节，似可照准。相应函达贵院，即希提议公决见复是荷。此复

国务院

〔北洋政府督办边防(参战)事务处档案〕

15．大总统关于裁撤督办边防事务处令

(1920年7月28日)

大总统令

前以沿边一带地方不靖，当经令设督办边防事务处，以资控驭。现在屯驻边外军队，业已陆续撤退，该处事务较简，所有督办边防事务，应即裁撤。其所辖之边防军，著陆军部即日接收，分别遣散，以一军制而节冗费。此令。

中华民国九年七月二十八日

国务总理　萨镇冰
陆军总长

〔政府公报，1920年7月29日，第1600号〕

16．国务院关于边防军第二师改编混成旅所需饷款暂由烟酒局借垫公函

（1921年3月1日）

国务院公函　第四百五十六号

迳启者：奉大总统交下山东督军田中玉呈边防军第二师改编之新混成旅，现拟力行缩减，不敷暨所欠饷项，暂由烟酒局设法借垫，请饬部、署转行查照立案摺　件。奉批：交院、处、部。等因。除分函外，相应抄录原摺函达贵处查照核办见复。此致

参陆办公处

中华民国十年三月一日

谨呈者：查边防军第二师改编之新混成旅，饷源无着，迭经文电商请。嗣准陆军部九年九月盐电开：该旅饷款，可将烟酒局收入除去一切开支并潘旅饷款外，余款尽拨新旅。此外，再由鲁省设筹，藉期妥善。等因。当经查明该旅每年饷项约需七十九万余元，烟酒局十年度税款改收洋码后，约能收九十万元，内除局经费十二万元、潘旅饷四十二万元，暨拨还本年前半年短期公债九万元，约计尚可余二十七万元之谱，以之拨充新旅底饷，所差尚巨。中央既财政困难，无法筹补，鲁省亦罗掘俱尽，挹注无从。兹于无可设法之中，拟一力行缩减之计，即将该旅仿照鲁省各混成旅编制，改编八成队伍，计步兵两团，骑兵一营，炮兵一连。收束后每年约可节省三十余万元，计尚需饷项四十余万元。其不敷之十余万元，暂由烟酒局设法通融，抵借挪垫，以资周转。一俟该局拨还短期公债用款，至十年六月底满期后，即可勉敷该

月饷之用，届时再行陆续筹还前项借垫之款。似此撙节办理，庶该旅底饷有着，兵心得安，藉维地方。除已分别咨行外，谨此呈请钧鉴，俯念军饷重要，饬由部、署转行查照立案，并行鲁省烟酒局遵照办理。再，该旅上年九月至十二月四个月欠饷，及现拟收束该旅队伍，约共需洋二十万元，均暂由烟酒局抵借备用，以归有着。合并呈明。谨呈

大总统

山东督军田中玉谨呈

十年二月廿六

〔北洋政府参陆办公处档案〕

17. 军需司为边防军第二师改编为混成团移付

（1921年6月16日）

军需司为移付事：山东督军咨鲁省烟酒局商拨新旅月饷办法，检同新混成团编制、饷章一份，咨部备案等因。查前边防第二师前经改编混成旅，现又改编混成团。除由本司备案外，相应抄录编制表，移付贵司查照可也。此移

军衡司

计表一份〔略〕

中华民国十年六月十六日

〔北洋政府陆军部档案〕

18. 大总统特派段祺瑞为督办参战事务令

（1917年12月18日）

大总统令

特派段祺瑞督办参战事务。此令。

中华民国六年十二月十八日

国务总理
陆军总长　王士珍

外交总长　陆征祥

〔政府公报，1917年12月19日，第692号〕

19. 国务院关于造送督办参战事务关防咨

（1918年1月1日）

国务院为咨送事：十二月十八日奉令：特派段祺瑞督办参战事务。此令。当即令由印铸局遵铸督办参战事务银质关防一颗。兹据该局铸就呈送前来，相应咨送贵督办查收，仍希将启用日期知照备案可也。此咨

督办参战事务段

国务总理　王士珍

中华民国七年一月一日

〔北洋政府督办参战事务处档案〕

20. 段祺瑞就任督办边防事务呈稿

（1919年7月21日）

为呈报事：本年七月二十日奉大总统令：现在欧战告竣，所有督办参战事务处应即裁撤。惟沿边一带地方不靖，时虞激党滋扰，绥疆固圉，极关重要，着即改设督办边防事务处，特置大员居中策应，以资控驭，而赴事机。其参谋处未尽各事，并归该处继续办理，藉资收束。此令。同日，又奉大总统令：特任段祺○督办边防事务。此令。各等因。奉此。遵将参战事务处裁撤，祺○即于廿三日就督办边防事务之职。除分别咨行外，理合呈报，伏乞大总统钧鉴。再，现仍暂行钤用参战处关防，应请饬下国务院另刊督办边防事务关防，以资信守。合并呈明。谨呈

大总统
中华民国八年七月廿一日

〔北洋政府督办(边防)事务处档案〕

21. 督办边防事务处机要处关于委派各处处长移付

(1919年8月16日)

机要处为移付事：本日奉督办令：前奉大总统令：裁撤督办参战事务处，改设督办边防事务处，业经遵照在案。兹复奉令公布本处组织令。除将各处处长分别派委外，其外事处既经裁撤，应由副官处设一股办理，著即一体知照。此令。等因。又奉督办令：派傅良佐兼参谋处处长，翁之麟充军备处处长，张志潭充机要处处长，卫兴武充副官处处长。等因。相应移付贵处查照可也。此付
参谋处
中华民国八年八月十六日

〔北洋政府督办(参战)边防事务处档案〕

22. 大总统免去段祺瑞督办边防事务兼管理将军府事务令

(1920年7月28日)

大总统令
督办边防事务兼管理将军府事务段祺瑞迭呈辞职，段祺瑞准免本兼各职。此令。
中华民国九年七月二十八日

国务总理　萨镇冰
陆军总长

〔政府公报，1920年7月29日，第1600号〕

23. 大总统著褫夺边防军第一师长曲同丰等军官军职令

（1920年8月7日）

大总统令

边防军第一师师长曲同丰，第三师师长陈文运，陆军第九师师长魏宗瀚，第十五师师长刘询，谦威将军张树元，于此次徐树铮等称兵近畿，甘心助乱，以致士卒伤亡，生灵荼炭，均属罪有应得。曲同丰、陈文运、魏宗瀚、刘询、张树元，著即褫夺军官、军职，暨所得勋位、勋章，交陆军部依法惩办，以伸军纪。此令。

中华民国九年八月七日

国务总理　萨镇冰

陆军总长

〔政府公报，1920年8月8日，第1610号〕

24. 大总统关于开办西北边防筹备处并启用关防令

（1918年10月22日）

大总统指令　第一千七百八十一号

令西北边防筹备处处长徐树铮

呈报开办西北边防筹备处，并启用关防日期由。呈悉。此令。

中华民国七年十月二十二日

国务总理　钱能训

陆军总长　段芝贵

〔政府公报，1918年10月23日，第984号〕

25．大总统批准西北筹边使公署编制指令

（1920年4月7日）

大总统指令　第九百四十五号

令西北筹边使徐树铮

呈拟定西北筹边使公署编制，呈请鉴核由。呈悉。准如所拟办理。此令。

中华民国九年四月七日

〔政府公报，1920年4月8日，第1491号〕

26．徐树铮关于拟定西北筹边使公署编制呈

（1920年4月16日）①

西北筹边使徐树铮呈大总统，拟定西北筹边使公署编制呈请鉴核文（附摺）

为呈报事：窃查西北筹边使官制第六条载，西北筹边使拟定呈报等语。兹谨拟定西北筹边使公署编制，理合开摺呈报，伏乞鉴核施行。谨呈。九年四月七日。已奉指令。

西北筹边使公署编制

西北筹边使公署依据西北筹边使官制第六条，拟定编制如下，

第一条　本署分设左列各厅：

总务厅　财计厅　商运厅　邮传厅　垦牧厅　林矿厅

礼教厅　兵卫厅

第二条　每厅置监理一人为之长，所掌事务分科承办，科置司理一人。其下置詹事至多二人，佥事至多四人，主事至多六人，额以内视事务繁简定之。

① 系刊登《政府公报》日期。

第三条　本署各员司，秉西北筹边使之命，由各该监督指挥监理公务。其职掌如左：

一、总务厅分设机要、交涉、司法、考绩、庶务等科，典守印信、综理文电、交涉司法、赏罚、译校、收发及不属他厅各事宜；

二、财计厅分设赋税、财务、统计、盐运等科，综理财用统计会计、公债、库藏及盐硝各事宜；

三、商运厅分设商务、市财、制运等科，综理商务、银行及制造、采运各事宜；

四、邮传厅分设邮政、电政、路政、航空等科，综理邮电、道路、航空一切交通各事宜；

五、垦牧厅分设垦植、牧畜、渔猎等科，综理开垦地亩、牧畜、渔猎各事宜；

六、林矿厅分设林务、矿务等科，综理林木、矿山各事宜；

七、礼教厅分设礼俗、教养、市政、盟务等科，综理礼俗、教养、卫生、市政、封袭、会盟、典礼各事宜；

八、兵卫厅分设军屯、警务、驿站、测绘等科，综理屯兵、设防、置警、驿台、差马、卡伦、测绘各事宜；

九、秘书及文牍、翻译各委员、书记等，总隶于总务厅，由总务厅监理商同各长官酌量事务繁简，随时分派承办文牍、译校、缮录各项事件。

第四条　西北筹边使因咨询审议各种情事，得延聘京外衙署职员兼任参赞，但不得逾四员。又选委兼任参议．不得逾六员。均按财政部定章酌给夫马费。

第五条　本署因缮写文件及办理杂项，得酌用雇佣。

第六条　本制遇有应行修改时，由西北筹边使订定呈报。

第七条　本制自呈报日施行。

〔政府公报，1920年4月16日，第1498号〕

27. 大总统著裁撤西北边防总司令令

（1920年7月4日）

大总统令

西北边防总司令一缺，著即裁撤。其所辖军队，由陆军部接收办理。此令。

中华民国九年七月四日

国务总理　萨镇冰

陆军总长

〔政府公报，1920年7月5日，第1576号〕

28. 陆军部关于将西北边防军改为暂编陆军其所辖军队由部接办电

（1920年7月22日）

洛阳西北军宋旅长邦翰、张旅长鼎勋，廊坊宋旅长子扬，库伦褚旅长其祥，宣化李旅长如璋：本年七月四日，奉大总统令：西北边防总司令一缺，著即裁撤，其所辖军队，由陆军部接收办理。此令。等因。奉此。当经本部函请西北边防总司令，将所辖各旅移交本部管辖。兹经本部将西北边防军五字改为暂编陆军四字，各旅号次一律仍旧。各该旅长，凡从前禀承西北总司令者，今后应即禀承本部办理。并著迅将官佐兵夫名籍、现有器械、装具、物品、材料，一一造册报部，以凭办理。仰即遵照。切切。陆军部。祃。印。

〔北洋政府陆军部档案〕

29. 大总统著撤销西北军名义令

（1920年7月28日）

大总统令

前有令将西北边防总司令一缺裁撤，其所辖军队，由陆军部接收办理，所有西北军名义，应即撤销。著责成该部迅速收束，妥为遣散，仍将办理情形，克日呈复。此令。

中华民国九年七月二十八日

国务总理　萨镇冰

陆军总长

〔政府公报，1920年7月29日，第1600号〕

30. 大总统特派徐树铮兼西北边防总司令令

（1919年6月24日）

大总统令

特派徐树铮兼西北边防总司令。此令。

中华民国八年六月二十四日

国务总理　龚心湛

陆军总长　靳云鹏

〔政府公报，1919年6月25日，第1217号〕

31. 西北边防总司令部为该部总司令徐树铮就职咨

（1919年7月4日）

西北边防总司令部为咨行事：案查树铮原管西北边防筹备处，现经改为西北边防总司令部。并奉大总统令：特派徐树铮兼西北边防总司令。等因。奉此。树铮谨于六月二十五日就职任事。除

呈报并分别咨行外，相应咨请贵部查照。此咨

内务部

中华民国八年七月四日

〔北洋政府内务部档案〕

32. 大总统为徐树铮启用西北边防总司令部关防指令

（1919年8月12日）

大总统指令　第二千十七号

令西北筹边使兼西北边防总司令徐树铮

呈报启用西北边防总司令部关防日期由。呈悉。此令。

大总统印

中华民国八年八月十二日

国务总理　龚心湛

陆军总长　靳云鹏

〔政府公报，1919年8月13日，第1264号〕

33. 大总统为西北筹边使徐树铮启用新印指令

（1920年2月22日）

大总统指令　第五百二十八号

令西北筹边使徐树铮

呈报启用新印缴销旧印由。呈悉。此令。

中华民国九年二月二十二日

国务总理　靳云鹏

〔政府公报，1920年2月23日，第1446号〕

四、国民军

1.刘汝贤等请将国民军联合办事处改组为国军联合办事处呈

（1924年11月24日）

王乃模
国民军联合办事处主任刘汝贤为呈请事：窃维军事最重协同，
李含芳

感情尤贵一致，又况时局初定，统一待成，驻京各军及各省各军，尤有实行联合之必要，是以国民军班师之初，即组织联合办事处。成立以来，接洽各省区代表及地方团体，并检查新闻电报等项，颇著成效。现在执政抵京，北京附近驻扎各军，并各省各军驻京办公处等，头绪较前复杂，事务尤觉纷繁，使无联合机关协同办理，交换意见，深恐奸宄从中播弄，是非混淆，殊无以消除隔阂而资连络，甚非国家力谋统一之意。筹维再四，拟请将国民军联合办事处先行取消，另组国军联合办事处，并由各省各军驻京代表合组参议厅，则情感可通，连系自易，在政府易收协同一致之效，在各军可免隔阂挑拨之虞，似于大局不无裨益。汝贤等本日开会，商酌意见相同，理合缮具编制条例，备文呈请钧鉴。如蒙俯准，并恳咨呈执政、院核准，按月拨给经费，以资办理，实为公便。谨呈

总司令冯

附呈国军联合办事处编制条例一册

中华民国十三年十一月二十四日

国军联合办事处统系表

总执政府

- 正处长、副处长
  - 参议厅
  - 总务科
    - 文书股
    - 庶务股
    - 电务股
  - 交际科
    - 宣传股
    - 调查股
    - 接洽股
  - 检查科
    - 检查股
    - 稽查股
  - 军法科
    - 一等法官
    - 二等法官
    - 三等法官
    - 初级法官
  - 副官

国军联合办事处编制经费预算表				
职别	员数	阶级	薪津	总计
正处长	一	中将或少将	四〇〇	四〇〇
副处长	二	少将或上校	三〇〇	六〇〇
参议厅长	一	由副处长兼	不支	
参议	无定额 暂定五十名	聘请	五〇	二五〇〇
科长 一等法官	三 一	上校或中校	二〇〇	八〇〇

一等科员 二等法官	三 一	中校或少校	一四〇	五六〇
二等科员 三等法官	三 一	少　　校	一〇〇	四〇〇
三等科员 初级法官	九 三	上　　尉	八〇	九六〇
副　官	二	少　校　一 上　尉　一	一〇〇 八〇	一八〇
录　　事 司　　事 译电生	一六	一　　等 二　　等	三二 二四	四四八
弁　　目	一		一五	一五
马　　弁	四		一二	四八
护　　兵	八		八	六四
夫　　役	一二		七	八四
伙　　夫	四		七	二八
公　　费	纸张、文具、邮电、津贴等		每月约五〇〇	五〇〇
活　　支	交际、旅费、调查、炭水、药料、杂费等项		每月约一〇〇〇	一〇〇〇 实报实销
合计每月				八五八七

国军联合办事处条例

第一章　定名

本处为驻扎京师附近之镇威军及国民军并各省各军消除隔膜联络感情而设，故定名为国军联合办事处。

第二章　组织

本处设置职员如左：

正处长一

副处长二

参议厅长一

参议三十

总务科长一

交际科长一

检查科长一

军法科一等法官一

一等科员三

二等法官一

二等科员三

三等法官一

三等科员九

初等法官三

副官二

司事　录事　译电生　共十六

第三章　职守

正处长受总执政府之命令，督率本处职员办理各科事宜。

副处长兼任参议厅长，协同处长督率本处职员办理各科事宜。

参议由各军选派及各省各军驻京代表充之，备本处之谘询，并有随时供献意见于本处之权责。

总务科长督饬各科员办理文书、庶务、电务各股事宜。

交际科长督饬各科员办理宣传、调查、接洽各股事宜。

检查科长督饬各科员办理检查新闻邮电及稽察各项事宜。

一等法官秉承处长督率各法官分任军法案件及录供事宜。

科员秉承各科长分认股内应办事宜，副官秉承处长办理处内收发及不属各科之一切事务。

司事秉承科长办理一切杂务事宜。

录事秉承长官分担缮写文件，经理档案。

译电生秉承科长担任译电事宜。

第四章　经费

本处参议系属兼任，酌给夫马费，其余员司及弁护夫役。应需薪工与公费、交际等项，均另列详表。

第五章　附则

本处各科办事细则另订之。

本条例自奉准之日施行。

本条例如有未尽事宜，随时呈请修改。

〔北洋执政府档案〕

2．关于第十四师徐寿椿等部改编问题密电

（1924年12月）①

（1）何遂致段祺瑞密电（12月3日）

孙军长转呈段执政钧鉴：系密。我军军使刘团长崇武自道口接洽回部陈称：驻道口第十四师旅长徐寿椿推诚拥戴中央，师长陈文钊亦同一律。据呈以后悛〔悉〕受孙军长编制调遣。等语。情意恳切异常，定无改易。万恳军长迅予加慰，并由中央正式任命，以昭激劝，无任翘企待命之至。职何遂。江。印。

① 此件无年代，据内容推断，当为1924年。

（2）张树元复何遂密电稿(12月6日)

濮阳何司令鉴：系密。奉执政谕：江电悉。现财政艰窘，饷不易筹。徐、陈各军，应即迅予解散，以免兵多之患。等因。特此奉达。希即查照为荷。临时执政府军务长张○○。

〔北洋执政府档案〕

3．关于取消国民军名义文电

(1924年12月)

（1）冯玉祥致临时执政电(12月9日)

北京临时执政钧鉴：窃玉祥猥以菲材，谬绾军符，十余年来，驰驱疆场，虽效微劳于国家，无补时艰于万一。此次班师言和，悉本良心所驱使，冀救国家之危亡。国民军之编组，为谋军事上统辖指挥之便利，本一时权宜之计。胡军长景翼、孙军长岳，又推祥为总司令，而协力以副之。虽自视才能薄弱，胜任艰难，然义旂共兴，不敢不勉尽职责。幸天心厌乱，大难削平，和平可期，解甲愿遂。钧座出任艰巨，国家大计，赖有主持。军事既戢，国民军名义，自应速行取消，并解除总司令职权，俾队伍直隶中央，以资统辖。除将国民军名义即日取消，电达胡、孙两军长外，谨肃电呈，伏乞垂察。冯玉祥叩。佳。印。

（2）陆军检阅使署致军务厅函(12月13日)

迳启者：国民军名义，业经呈准执政并通电取销在案。嗣后对外一切事宜，概用检阅使署名义，继续办理，倘仍有假用国民军名义在外接洽者，敝署概不承认。相应函达，即希查照，并请转饬一并知照为荷。此致

军务厅公鉴

陆军检阅使署启　十二月十三日

〔北洋执政府档案〕

4. 胡景翼关于将王为蔚部改编为第五师与军务厅来往电

（1925年1月）

（1）胡景翼致军务厅电（1月5日）

北京执政府军务厅公鉴：萧电敬悉。查归德方面，王为蔚所部，现已改编为敝军第五师矣。请转陈为荷。胡景翼。微。印。

（2）军务厅复胡景翼密电（1月9日）

开封胡督办鉴：笠密。奉执政谕：微电悉。查第二十四师已于去年十二月十一日明令取销，屡请复旧，均未之允，亟宜妥为收束，不可改编为师等因。特达。希即查照为荷。临时执政府军务厅。佳。印。

〔北洋执政府档案〕

5. 孙岳为所部各师旅归部直辖全体官兵表示拥护电

（1925年2月2日）

陆军部钧鉴：卅一电敬悉。岳部各师长归钧部直辖，全体官兵同深荣幸。除转饬各师旅一体遵照并饬迅将编制一切造册呈报外，谨此电闻。并恳转陈主座为祷。孙岳叩。冬。印。

〔北洋执政府档案〕

6. 关于将国民军第二军改编并归中央管辖文电

（1925年2月22日）

（1）军务厅复胡景翼密电

开封胡督办鉴：笠密。奉执政谕：智电悉。各师旅改编之事，已交陆军部核矣。等因。特达。希即查照为荷。临时执政府军务厅。养。

(2) 军务厅致陆军部公函

临时执政府军务厅公函　第九一五号

迳启者：奉执政交下河南督办徻电一件，并谕：军部查核等因。相应抄录原电并批示，函请查照办理。此致

陆军部

附抄件

中华民国十四年二月廿二日

万急。北京临时执政府军务厅公鉴：笠密。窃查中央军事善后会议业经正式开幕，讨论进行，关于国民军各师旅改编任命各事宜，似应早日规定，以符建制而专责成。近闻国民军第一军现已编定三师六旅，国民军第三军现已编定一师三旅，均经先后呈请中央任命，并请中央直辖各在案。查职部计有四师五混成旅一旅骑兵，事同一律，自应援案改编。除第一师师长由景翼兼任，改为中央陆军第二十四师，第二师师长岳维峻，改为中央陆军第二十六师外，其余第三师师长田玉洁，第四师师长陈文钊，暨第一混成旅旅长蒋世傑，第四混成旅旅长邓宝珊，第五混成旅旅长彭富魁，骑兵旅旅长郑庠各部，尚未规定队号，分别任命。伏思该师、旅长等，此次戡定国难，卓著勋劳，若不优加奖叙，殊不足以昭激劝。可否援照国民军第一三两军成例，将职军各部队暨各师、旅长酌改编任命，并归中央管辖之处，伏乞转呈执政，迅赐核准施行。临电无任感盼之至。再，其余豫省未经改编各部队，一俟豫西憨师撤防后，即一律遣散，合并陈明。督办河南军务善后事宜胡景翼叩。徻。印。

〔北洋执政府档案〕

7. 魏益三率部宣布将国民第四军暂改为正义军通电

（1926年3月25日）

万飞急。北京执政钧鉴：各部、院，各省军民长官，王聘老、赵次老、孙慕韩、汪伯棠、江叔海、胡馨武、王铁珊、熊秉三①诸先生，各法团，各报馆均鉴：顷读王聘老、赵次老诸先生咸、效两电，仰见老成谋国，语重心长，上体彼苍好生之德，下慰斯民望治之心，凡有血气，能不赞同？溯自民国肇造十有五年，图治未遑，骚扰日甚，纪纲隳丧，外侮频仍，盗贼盈山，饿殍遍野，抚怀今昔，痛悼弥殷，吾民何辜，惨遭荼毒。窥诸主旨，同属为国，政见稍歧，至兴兵戎。殊途同的，各无不解之仇，同舟共济，宁有戴天之恨？益三等戎马余生，饱经世变，时艰怵目，弥切杞忧。窃思将帅无确切罢战宣言，难期彻底弭兵实效。爰将国民第四军暂改为正义军，藉表衷曲。一俟军事结束，直属中央政府。本行义达道之训，为屏邪崇正之图，保国卫民者，引为同志，扰害地方者，视为公敌。响者榆关撤退，藉资整顿，正以促进和平，耿耿之心，想已共谅。迩者军屯保定，匕鬯无惊，不为箕〔其〕豆之煎，冀减苍生之痛，海内明达，当鉴此衷。特电声明，敬候明教。正义军军长魏益三率旅长彭振国、吴魁鹭、金恩奎、周肇岐同叩。有。印。

〔北洋执政府档案〕

---

① 即王士珍（字聘卿）、赵尔巽（字次珊）、孙宝琦（字慕韩）、汪大燮（字伯棠）、胡惟德（字馨武，武又作吾）、王芝祥（字铁珊）、熊希龄（字秉三）。

8. 临时执政免去冯玉祥改任张之江为西北边防督办等职令

(1926年1月9日)

临时执政令

西北边防督办兼督办甘肃军务善后事宜冯玉祥电呈，恳辞本兼各职。畿甸澄清，洁身引退，远识高蹈，为全国倡。冯玉祥准予免去本兼各职。此令。

国务总理　许世英　陆军总长　贾德耀

中华民国十五年一月九日

临时执政令

特任张之江为西北边防督办，仍兼察哈尔都统。此令。

国务总理许世英　陆军总长贾德耀

中华民国十五年一月九日

〔政府公报，1926年1月10日，第3503号〕

五、安国军、直鲁联军、五省联军

1. 张作霖就任安国军总司令通电

(1926年12月1日)

各部、院，各省军民长官，各报馆，各法团均鉴：比以国政不纲，暴民乱纪，宣传恶〔赤〕化，勾结外援，年余以来，夺地争城，残民以逞，长此披猖，国将不国。顷据孙馨帅诸君，以时局艰危，暴徒肆虐，联名电请以安国军总司令名义，统率同志，保安国家。作霖自分驽骀，岂堪膺兹重任，屡经电辞，未承谅许。当兹危急存忘之秋，敢昧匹夫有责之义，爰于十二月一日在津就安国军总司令之职。所冀袍泽同仇，共纾国难，凡有敢于危害我国家安宁者，愿与同人共诛之，以全我安国军保安国家之夙志。近来暴徒骚扰，全国苦兵，凡安国军师行所至，军纪风纪整齐严肃，但知救国，决不扰民。作霖戎马半生，饱经忧患，祗期国家谋永久之安，决于个人无权利之见，事平之日，仍当与海内名流共商国是，总期造成真正法治之共和国家，不致使神明华胄陷于洪水猛兽，免为世界人类所不齿，则幸甚矣。特布区区。敬希谅察。张作霖。东。印。

〔北洋政府外交部档案〕

2．张宗昌就任安国军副司令兼直鲁联军总司令通电

（1926年12月3日）

收安国军副司令通电

均鉴①：天祸中国，赤逆嚣张，植党营私，残民以逞，若不亟谋根本肃清，何以正人心而扶国本。顷奉镇威上将军、安国军总司令张特派宗昌为安国军副司令仍兼直鲁联军总司令，责以讨赤救国，率师前驱。宗昌自维驽钝，深惧弗胜。惟念国家兴亡，匹夫有责，况分属军人，尤为义所应尽。遵当追随我安国军总司令及列帅之后，克日兴师，协力讨赤，矢以群策群力，荡涤逆氛，爰于江日在济南就安国军副司令仍兼直鲁联军总司令之职。所望全国名流，各省袍泽，时赐南箴，匡其不逮，是为企祷。特电，希察。张宗昌。江。

〔北洋政府外交部档案〕

① 衔名缺。

3. 孙传芳就任安国军副司令兼五省联军总司令通电

（1926年12月 3 日）

各部、院，各省区军民长官，各报馆，各法团均鉴：国家不幸，战祸频仍，民困难纾，国危日亟。传芳谬五省军符，荏苒经年，目睹暴民宣传恶〔赤〕化，勾结外援，甘心卖国，神州陆沉，殊深愤慨。爰于本月四日就职安国军副司令兼五省联军总司令职，矢竭驽钝，追随列帅之后，共建救国之业。所望海内袍泽，名流耆宿，常锡教益，以匡不逮，是所至祷。敬布微忱，敬希鉴察。孙传芳。江。

〔北洋政府外交部档案〕

4. 张作霖关于任命孙传芳等为安国军副司令电

（1926年12月 8 日）

国务院、各部、院、署，郑州吴玉帅，各省区军民长官鉴：本总司令特任孙传芳、张宗昌、阎锡山为安国军副司令。除分别电行外，特电查照。安国军总司令张作霖。庚。

〔北洋政府外交部档案〕

5. 张敬尧就任安国军直鲁联军第二军军长电

（1926年12月24日）

收历城张军长电

均鉴①：本年十二月二十二日奉山东保安总司令委任内开：．兹委任张敬尧为安国军直鲁联军第二军军长等因，并颁关防。一日在济就职，启用关防。窃敬尧半生戎马，莫补时艰，此次重绾

① 衔名缺。

兵符，益切临渊之惧。惟望列师同寅，不弃菲薄，时锡箴言，俾有遵循而免陨越，是所切祷。敬布区区，伏维垂察。安国军直鲁联军第二军军长张敬尧叩。敬。印。

〔北洋政府外交部档案〕

6．王乐善就任第十三混成旅旅长通电

（1926年12月24日）

收宝应陆军第十三混成旅旅长王乐善通电

本日奉浙闽苏皖赣联军总司令孙训令开：兹查有该员堪以委充陆军第十三混成旅旅长等因。奉此。遵于敬日在宝应行营就职。窃乐善一介庸愚，未尝学问，忝绾军政，讨赤鲜功，懋赏特邀，殊增惭悚。尚乞时锡箴言，用资循守。临电无任盼祷之至。陆军第十三混成旅旅长王乐善叩。敬。印。

〔北洋政府外交部档案〕

7．褚玉璞就任直鲁联军副司令兼前敌总司令通电

（1927年1月6日）

收徐州褚总司令通电

顷奉安国军总司令张令：委玉璞为直鲁联军副司令兼前敌总司令，所有前线直鲁各军，均归节制指挥，并令便宜行事等因。奉此。玉璞遵于本月三日在徐州就职。猥以驽骀，谬膺艰巨，材轻任重，深恐弗胜，凡我袍泽，尚祈时赐良针，匡其不逮，无任企祷。除呈报安国军总司令，直鲁联军总司令，遵令就职并通令外，谨电奉达，尚乞垂鉴。褚玉璞。鱼。

〔北洋政府外交部档案〕

8．褚玉璞关于启用直鲁联军副司令兼前敌总司令关防通电

（1927年2月8日）

北京国务院、各部院，各省军民长官，各法团，各报馆均鉴：玉璞前奉安国军总司令张令委为直鲁联军副司令兼前敌总司令，业经通电就职在案。兹复奉到总司令部颁发铜质关防一颗，文曰直鲁联军副司令兼前敌总司令之关防，谨于本日在徐启用。除电禀安国军总副司令并通令所属一体知照外，特电奉达，即希查照，并颂勋绥。直鲁联军副司令兼前敌总司令褚玉璞叩。庚。

〔北洋政府外交部档案〕

9．直鲁联军第六十四师师长宫梅峰宣布就职通电

（1927年4月7日）

收怀远宫师长通电

顷奉安国军直鲁联军总司令张委任令开：兹委宫梅峰为直鲁联军第六十四师师长。此令。等因。奉此。梅峰遵于四月七日在安徽怀远防次就职。窃思梅峰一介庸愚，谬掌师旅，自誓师讨赤以来，屈计转战经年。现值国难靡已，正惭无补时艰，复膺师长之命，尤深惶愧。自顾材轻任重，时履冰渊，尚乞时锡南针，俾匡不逮，是为至祷。除呈报就职外，特电奉闻，诸惟垂鉴。直鲁联军第六十四师师长宫梅峰叩。虞。印。

〔北洋政府外交部档案〕

10．五省联军副司令徐德铨通告就职电

（1927年4月12日）

收清江徐副司令电

国务院、各部总长、安国军总司令张钧鉴：太原阎百帅，蚌埠张效帅、许总司令，天津褚蕴帅，郑州张军团长、韩军团长勋鉴：案奉安国军副司令、联军总司令孙委德铨为联军副司令等因，遵于本月齐日在江苏淮阴行营就职。猥以庸愚，谬承重寄，竭蹶报称，惧难免夫贻羞，诱掖扶持，是所望于先觉。爰随具报，藉伸下怀，诸维亮察，无任祈祷。联军副司令徐德铨叩。文。

〔北洋政府外交部档案〕

11．镇威军第二十二军军长徐寿椿宣布就职通电

（1927年4月25日）

收赊旗镇徐军长通电

均鉴①：案奉镇威军第三四方面张、韩军团长铣电开：兹委寿椿为镇威第廿二军军长等因，遵于本月23日在赊旗镇防次就职。伏念寿椿出身军旅，待罪行间，愧无汗马之劳，忝任干城之寄，值此赤氛未清，世变方殷，正宜偕作同仇，共纾国难。诸公关怀大势，不乏良策，务祈示我周行，匡其不逮，是为至盼。徐寿椿叩。有。

〔北洋政府外交部档案〕

12．阎曰仁就任镇威军第二十三军军长电

（1927年4月27日）

北京、东三省、热、察、绥、直、鲁、豫各军师旅长、民政

① 衔名缺。

长官均鉴：顷奉镇威军军团长张、韩漾戌电开：委任阎日仁为镇威第二十三军军长。除转报上将军外，仰即遵照。等因。奉此。遵于宥日在周口防次就职。窃念日仁幼读儒书，深晓忠国，长历戎行，志保商民，痛恶共产邪说，决计歼灭赤氛，故湘鄂之役，展转千里，武胜血战，极大牺牲。原欲灭此朝食，共襄国是，旋以奉调剿匪，所志未竟。乃我豫民，日处水火之中，已成倒悬之势，若非正义之战，迫〔不〕作无理之争，是以豫战发生，抱定保境安民之旨，未加入一兵一卒。讨赤大计，日仁虽愚，敢不勉竭驽骀，以随诸公之后。惟祈教言时锡，俾有遵循，是为至祷。镇威第二十三军军长阎日仁叩。感。印。

〔北洋政府外交部档案〕

13．张学良等通告新收改编各军师旅队号电

（1927年5月1日）

北京国务院、各部院、顺承王府行辕军务厅、光明殿军团部、卫戍司令部、警察厅，太原阎百帅，扬州孙馨帅，蚌埠张效帅、褚蕴帅，盛京杨总参议，吉林张辅帅，齐齐哈尔吴兴帅，热河汤都统，绥远商都统，张家口高都统均鉴：敝军团入豫后，新收各军、师、旅队号如下：李振亚部为第十九军，于学忠部为第二十军，张治功〔公〕部为第二十一军，徐寿椿部为第二十二军兼暂编第三师，阎日仁部为第二十三军，郭振方部为暂编第一师，李鸿翥部为暂编第二师，李元葆部为暂编第四师，马文德部为暂编第五师，安锡嘏部为步兵第四十八旅，秦永义〔部〕为步兵四十九旅，李树林部为第五十旅，高景福部为第一百六十七团，均已改编就绪。特电奉闻。张学良、韩麟春。东未。印。

〔北洋政府外交部档案〕

14. 镇威军第十九军军长李镇亚等宣布就职通电

(1927年5月1日)

通电①。均鉴②：天降鞠凶，赤逆祸国，鼓荡邪说，为俄作伥。自其毒施吴越，祸延鄂汉，沦衣冠于禽兽，堕帝胄于犬羊，四维崩坏，八表同昏。本抢劫也，饰其词曰均产；本奸淫也，美其名曰公妻；本草菅人命也，文其非曰打倒帝国推翻专制。推其祸患所极，甚于洪水猛兽。此而不惩，国何以国？军、师长等忝总师干，痛心国难，为贯彻讨赤一致挞伐，先后奉张上将军及镇威三、四方面军团长张、韩二公委任，分别就职。誓遏孽焰，大江一苇可航，天堑犹容飞渡，行见白旄一挥，赤氛四散，兵移西湖，马立吴山也。倚马电陈，伏请鉴察。镇威第十九军军长李镇亚，二十军军长于学忠，二十一军军长张治公，二十二军军长徐寿椿，二十三军军长阎曰仁，第二师师长李鸿翥，第四师师长李元藻，第五师师长马文德同叩。东未。

〔北洋政府外交部档案〕

15. 镇威军第十六军军长胡毓坤就职任事通电

(1927年5月19日)

收孟庙村胡军长通电

均鉴③：顷奉张、韩军团长电开：转奉安国军总司令电令开：特任胡毓坤为第十六军军长，与十七军为十六十七联合军等因。奉此。遵于五月十九日就职任事。窃维毓坤猥以菲才，谬膺重寄，汲深绠短，陨越时虞。尚望时赐南针，以匡不逮，不胜切盼。除

① "通电"二字系原有。

② 衔名缺。

③ 衔名缺。

呈报总司令外，特此奉闻。镇威第十六军军长胡毓坤皓叩。

〔北洋政府外交部档案〕

16．国务院关于省防军制暂用原有名义等情公函

（1927年7月9日）

国务院公函　第三十四号

迳启者：本院致济南张效帅，吉林张辅帅，齐齐哈尔吴兴帅，天津褚蕴帅阳电一件，文曰：奉大元帅谕：现在更定国军编制，所有各军团长，业经特任在案。至于省防军制，自当从长详细讨论，另行规定，以归划一。在未经规定以前，均准暂时适用原有名义。等因。奉此。特电遵照。等语。除分函各部外，相应函达贵部查照。此致

内务部

中华民国十六年七月九日

〔北洋政府内务部档案〕

17．褚玉璞就任第七方面军团长电

（1927年7月13日）

北京国务院、各部院，济南张副司令，北京张军团长、韩军团长，济南孙军团长，齐齐哈尔吴军团长，吉林张军团长，承德汤都统，张家口高都统均鉴：顷奉大元帅鱼电开：兹为统一军制，应将作战军各部队概行编为方面军团，统归本大元帅直辖。军团以下为由各军团长统率之。所有安国军、镇威军、直鲁联军、五省联军、东北军各名称，均着一律取消，以一系统号。特任孙传芳为陆军第一方面军团长，张宗昌为陆军第二方面军团长，张学良为陆军第三方面军团长，韩麟春为陆军第四方面军团长，张作相为陆军第五方面军团长，吴俊陞为陆军第六方面军团长，褚玉

璞为陆军第七方面军团长。特任状、关防另行颁发。各团所辖各军迅行具报，统候另编令布。除令院、部查照外，特电遵照。等因。奉此。玉璞遵于阳日在济南行署先行就职。除电呈并分别呈报及令行外，相应电达。敬希察照。褚玉璞。元。印。

〔北洋政府军事部档案〕

六、讨贼联军

1．张敬尧关于结束讨贼联军运输司令部通电

（1926年12月 2 日）

收保定张运输司令通电

均鉴①：敬尧忝司运输，倏忽数月，时艰莫补，徒自怀惭。前经恳准委员接替，业已通电奉达在案。现将在保一部分，已于本月二日结束完竣，供职各员，分别咨送遣散，一切往来文件事宜，应由虞总指挥在郑继续负责办理。敬以奉闻，伏维垂察。卸任讨贼联军运输总司令张敬尧。冬。

〔北洋政府外交部档案〕

2．杨森就任四川讨贼联军第一路总司令通电

（1925年10月29日）②

万县杨森发各省通电　十月二十九日

特急。汉口讨贼联军总司令吴钧鉴：各省军民长官、参众两院、各省议会、各法团、各报馆均鉴：顷奉讨贼联军总司令吴漾电开：特委杨督理森为四川讨贼联军第一路总司令，电到即日就原驻地点就职，并自行刊刻关防一颗，文曰四川讨贼联军第一路

① 衔名缺。

② 系收件时间。

总司令，俾贸修安①。此令。等因。奉遵于宥日在万县行营就职，并刻关防〔一〕颗，即日坐〔启〕用。窃以国贼弄柄，纲纪荡然，皇皇中枢，动受挟制。森澄清有志，敢让先鞭，誓挽既倒之疑〔狂〕澜，敕作中流之砥柱。谨瞻玉帅马首，敬步诸公后尘。除率本部将士待命外，特电奉闻，〔伫〕侯明教。四川讨贼联军第一路总司令杨森叩。

〔北洋执政府档案〕

3．田公育就任第二十师第三十九混成旅旅长电

（1926年12月20日）

各部、院，各省区军民长官，各报馆，各法团均鉴：顷奉讨贼联军副司令兼第三军总司令田令开：任命田公育为陆军廿师第卅九混成旅旅长。此令。等因。奉此。公育遵于本月十五日在郑就职。除呈报外，相应电达。第念公育弱冠从军，未暗〔谙〕兵略，丁兹时局多难，赤寇披猖，深怀履冰之戒，时切复悚之虞。惟冀海内贤豪，耆年硕宿，不遗在远，时锡南针，用匡不逮，俾有遵循。谨此奉达，统希鉴察。田公育叩。号。

〔北洋政府外交部档案〕

4．寇英傑就任讨贼联军副司令兼前敌总司令通电

（1926年12月29日）

收河南寇督理通电

顷奉吴大帅俭电内开：夏间靳副司令驻保定时，因主张不同，解其兵柄，事非得已，心固歉然，期望之深，如夙昔也。武昌之役。再畀大权，令守汉阳，乃信甘言，设备简略，遂致失陷。本总司令自思已过，未敢尤人。莅郑以来，整饬部伍，力图反攻。

① 原文如此，当有误。

眷念前勋，爱惜仁望，欲全始终，相与有成，重托腹心，使总前敌。时将两月，进取无闻。遂令馨帅独当敌冲，九江不守，两赣之师，摧毁大半，外怵坐视不救之谚，内惭诚信未孚之愆。犹念饷弹不充，将士虑寒，但事筹维，不忍督责。迺者有靳副司令上本总司令书，印品散布，张贴通衢，至可骇怪。衣装未备，给养略迟，请领为所应行，拨发非无巨数。若故鸣穷困，诉诸途人，足懈军心，无补事实，适以自贬声价，腾笑友军，用意何在，殊不可解。惟靳副司令既已力竭声嘶，亦何忍强其所难，使增痛苦。兹将靳之副司令兼前敌总指挥职即行罢免，所有前敌任务，交由田副司令、魏总司令负责办理，使靳副司令对于负担少得优游，未竟之才，留为大用，庶几军旅之事不废，患难之交可全。除令行外，专电通告，即希知照。等因。奉此。先后又奉吴大帅令：特派英傑为讨贼联军副司令兼讨贼联军前敌总司令，田维勤为前敌总指挥，魏益三为副指挥。等因。英傑以督理责重事繁，值此多事之际，尚恐陨越，今复受兼职，材轻任重，益用悚惶，迭经恳辞，未获如愿。惟以赤贼肆虐，毒流江表，星火成燎原之势，神州有陆沉之忧，若不及早歼除，后患宁有穷期。英傑束发从军，疾恶如仇，本匹夫有责之义，矢救国卫民之诚，是用整我师旅，励我将士，以从列帅暨诸袍泽之后，冀于扫荡赤氛，共挽浩劫，出吾民于水火，维国脉于不坠。敢布悃忱，诸希亮察。并望时锡教言，匡我不逮，是所盼祷。寇英傑。艳。

〔北洋政府外交部档案〕

5．靳云鹗关于交卸联军副司令职电

（1926年12月30日）

收河南靳副司令电

均鉴①：顷奉吴大帅俭日通电：兹将靳副司令之副司令兼前敌总指挥职即行罢免，所有前敌任务，交由田副司令、魏总司令商承寇副司令负责办理等因。当复一电，文曰：云鹗奉职无状，重蒙体恤，下颁温谕，得遂初衷。除饬属赶办交代外，至前敌总指挥一职，因各军饷弹均缺，筹集需时，未敢就职。所有前敌总指挥关防一颗，由前敌联合参谋处保存。兹谨将联军副司令关防，即日遵令派员赍交田副司令、魏军长接收。云鹗老母年逾八旬，从役军旅，子职久亏，现职责已卸，自应归省，从此优游事外，俾得休养，皆大帅之赐也。特此电闻。靳云鹗叩。艳午。印。等语。谨电奉闻。靳云鹗叩。卅。

〔北洋政府外交部档案〕

6．寇英傑就任讨贼联军第三军团长统辖第十三十四十五三军通电

（1927年1月18日）

收郑州寇军团长通电

顷奉吴大帅筱电开：督理河南军务一缺，业经寇督理呈请废除照准通电行知在案。寇督理原有直辖各师、旅，亟宜改编成军。兹特派寇副司令为讨贼联军第三军团长，并将暂编第九师、暂编第六师合编为第十三军，以寇军团长兼任总司令；以暂编第四师及河南第五混成旅、第六混成旅合编为〔第〕十四军，派陈师长德麟为总司令；以暂编第五师及河南第四师合编为第十五军，派师

① 衔名缺。

长贺国光为总司令。第十三、第十四、第十五各军，归寇军团长统辖，其余未改编成军之各师、旅，一概由本部直辖。除发委任状、关防外，特电达，即希查照。等因。查本军团长呈请废除河南督理及改编军队各节，业于巧申电达在案。兹奉前因，遵于一月十八日在郑州行辕宣告就职，并启用关防。特电奉陈，希即查照。寇英傑。巧戌。

〔北洋政府外交部档案〕

7. 敖振翔通告就任讨贼联军直鲁豫皖临时别动队十路司令通电

（1927年2月14日）

收郑州敖司令通电

均鉴①：慨自赤氛南侵，纪纲荡然，战云弥漫。夫中原狂澜沸腾乎海内。既极流离颠沛之祸，应尽亟起直急之功。振翔束发受书，久服膺乎礼教，壮岁从戎，更饱尝夫艰苦。比者感国是之多故，悯梓桑之劫运，奋志投笔，敢抒讨贼之忱，毅然请缨，凛切复仇之念。列帅勋望懋绩，日月同昭，节麾义旗，河山共誓。爰整我旅，藉备驱策，谨率所部静待指挥，业于本年二月十三日在郑就职讨贼联军直鲁豫皖临时别动队十路司令。矢勤矢诚，敬随列帅以驰驱，允文允武，勉竭驽钝而报称。忽布所臆，伏维垂察。讨贼联军直鲁豫皖临时别动队十路司令敖振翔叩。盐。印。

〔北洋政府外交部档案〕

8. 齐燮元宣布自请解除讨贼联军副司令通电

（1927年2月14日）

收郑州齐抚帅通电

---

① 衔名缺。

均鉴①：燮元前承各省公推，再闻军事。周岁以来，追随诸袍泽之后，与玉帅相助为理。本期竭虑殚思，安民定国，乃事实与希望相左，欲谋国而国事愈纷，欲救民而民生益困。降至今日，虽伤心蒿目，亦已无可如何。固因时势之迭更，抑亦赞襄之乏策，抚躬自责，愧憾交并，爰于二月十四日在郑州自请解除讨贼联军副司令职责。从此永赋遂初，决不复闻国政，惟有期当局诸公、同胞贤达，同力〔心〕协力，撑此漏舟，俾濒危之国，渐即安全，垂绝之民，群登衽席，燮元虽为在野编氓，亦仰叨仁人之赐，荣幸有加焉。谨布衷曲，诸希鉴原。齐燮元。寒。

〔北洋政府外交部档案〕

9. 吴襄就任讨贼联军直鲁豫皖临时别动队第三路司令通电

（1927年2月21日）

收郑州吴襄司令等通电

均鉴②：案奉总司令洪令开：奉孚威上将军第八六五号令开：委吴襄为讨贼联军直鲁豫皖临时别动队第三路司令。此令。等因。奉此。遵于本月二十日在郑行营就职，启用关防。猥以樗材，谬膺重寄，誓竭忠奋，勉效驰驱。除呈报外，转电奉闻，伏希亮察。司令吴襄率旅长王恩沅、林福寿、、年德寿、宋希年叩。马。印。

〔北洋政府外交部档案〕

① 衔名缺。

② 衔名缺。

10．周鸣岐就任讨贼联军直鲁豫皖临时别动队第一路司令通电

（1927年2月24日）

收郑州周司令通电

均鉴①：二月廿日奉讨贼联军直鲁豫皖临时别动队总司令洪转奉孚威上将军讨贼联军总司令吴委任内开：兹委任周鸣岐为讨贼联军直鲁豫皖临时别动队第一路司令。此状。并颁发木质关防一颗，文曰讨贼联军直鲁豫皖临时别动队第一路司令关防。等因，奉此。遵即在郑行营就职，启用关防，督率指挥王继周，支队长史久恒、马洁元、刘向鲁、王万选、王仲瀛、高云鹏、乔龙海、王琢芝、朱鸿宾、聂同庆、张恩鸿、郭齐云等，严整所部，静候调遣。凡宗旨纯正，爱国保民，与我吴大帅、洪总司令正义讨逆者，皆在敬佩之列，莫非袍泽之交；倘有心存不轨、志怀吞并、黩武扬兵、破坏大局、甘冒不韪而不辞者，鸣岐不才，惟有躬率所部，追随我吴大帅、洪总司令及列帅之后，以与祸首相周旋。惟鸣岐以樗栎之材，谬膺重寄，蚊负岱宗，陨越堪虞，尚希不弃下愚，锡以南针，俾有遵循，毋任拜祷。讨贼联军直鲁豫皖临时别动队第一路司令周鸣岐叩。敬。

〔北洋政府外交部档案〕

① 衔……

中華民國史檔案資料滙編

第五輯　第二編

政治（二）

中國第二歷史檔案館編

鳳凰出版傳媒集團　鳳凰出版社

目　　录

〔五〕 国民党制造反共摩擦事件概况

（一） 防共限共法令与措施

(二) 第一次反共摩擦

一、对陕甘宁边区封锁与进犯

(三) 第二次反共摩擦

一、皖南事变

（四） 第三次反共摩擦

一、加强对陕甘宁边区封锁

〔五〕 国民党制造反共摩擦事件概况

（一） 防共限共法令与措施

中国国民党中央党部解释“共产党人自首法”疑义函电

（1937年7—8月）

（1）国民党湖南省党部电（7月27日）

南京中央执行委员会钧鉴：本部前呈共产党人自首，初核、复核委员会组织大纲。奉批。应遵照“共产党人自首法”办理。查自首法，首先移送法院，深恐自首者畏惧不前，各县无审查会之组织，亦感困难，究应如何办理，应请核示祗遵，即对于自首法令最近有无变更并乞核示。湖南省党部叩。感。印。

（2）国民党中央执行委员会组织部函（8月11日）

准贵处移送湖南省党部七月感电一件。以照“共产党人自首法”办理自首案件，须先移送法院，恐自首者畏惧不前，各县亦无自首审查委员会之组织，甚感困难，请核示等情。过部。查“共产党人自首法”，并无首先移送法院办理之规定。其第五条第一项，系指经自首审查委员会审查后，认为有自首不诚须依法判罪者，方附具意见移送法院。对诚意自首者，经审查委员会决定准予自首，办妥自首登记表、保证书、相片等件，呈报中央备案后，即属手续完备，毋庸再送法院。至各县如无审委员会之组织，则向各县自首者，可由各县党部将自首申请书呈送省党部转交自首审查委员会办理，毋庸另设县自首审查委员会。“共产党人自首法”系二十四年七月二十五日国府修正公布，以后并无变更。相应函复查照转陈

核示指令知照为荷。此致

中央秘书处

〔国民党中央执行委员会档案〕

2．蒋介石对中国共产党共赴国难宣言谈话及其特委会研究报告

（1937年11月）

（1）蒋介石谈话

“国民革命之目的，在求中国之自由平等”。总理曾说明三民主义，即希望全国国民一致为挽救国家危亡而奋斗。不幸十年以来，一般国人对于三民主义，不能真诚一致的信仰，对民族危机，亦无深刻之认识，致使革命建国之过程中遭受不少之阻碍，国力固因之消耗，人民亦饱受牺牲，遂令外侮日深，国家益趋危殆。此数年间，中央政府无日不以精诚团结共赴国难相号召，而国人昔日之怀疑三民主义者，亦均以民族利益为重，放弃意见，而共趋于一致，足证国民今日皆已深切感觉存则俱存，亡则俱亡之意义，咸认整个民族之利害终超出于一切之例证。宣言中所举诸项，如放弃暴动政策与文化运动，取消苏区与红军，皆为集中力量救亡御侮之必要条件，且均与本党三中全会之宣言及决议案相合。而其宣称愿为实现三民主义而奋斗，更足证明中国今日只能有一个努力之方向。余以为吾人革命所争者，不在个人之意义与私见，而求三民主义之实行，在存亡危急之秋，更不应计较过去之一切，而当使全国国民彻底更始，力谋团结以共保国家之生命与生存。今日凡为中国国民，但能信奉三民主义而努力救国者，政府当不问其过去如何，而咸使有效忠国家之机会。对于国内任何派别，只要诚意救国，愿在国民革命抗敌御侮之旗帜下共同奋斗者，政府自当开诚接纳，咸使集中于本党领导之下而一致努力。中国共产党人既捐弃成见，确认国家独立与民族利益之重要，吾人唯望其

真诚一致，实践其宣言所举之诸点，更望其在御侮救亡统一指挥之下，人人贡献能力，与国家与全国同胞一致奋斗，以完成国民革命之使命。总之，中国立国原则为总理创制之三民主义，此为无可动摇，无可移易者。中国民族既已一致觉醒，绝对团结，自必坚守不偏不倚之国策，集中整个民族之力量，自卫自助，以抵抗暴敌，挽救危亡。中国不但为保障国家民族之生存而抗战，亦为保持世界和平与国际信义而奋斗。世界明达之士，必能深切了解之也。

（2）特种研究委员会报告

第十二次大会中，总裁盱衡时局，对外对内作政策上之指示，对共产党仍本宽大政策，只要今后不违反法令，不扰乱社会秩序，不组织军队割裂地方，不妨碍抗战，不破坏统一，并能履行二十六年九月二十二日共赴国难之宣言，服从政府命令，忠实的实现三民主义，自可与全国军民一视同仁。恭聆之余，于十一月二十六日晚集会详细研究，佥认总裁经审慎考虑而发表之指示，大会应敬谨接受，拟在宣言中将此种意思明白宣示。惟为防止基层党政机关及人民误解起见，应由国民政府发表文告，在我国境之内，无论其为何人及其何种名义，凡有私自组织军队，企图割据地方；违反国家纪纲，扰乱社会秩序等情事，皆为国法所不容，政府必予以依法之制裁，务望均能彻底觉悟，服从法令，严守纪律，精诚奉行三民主义。诚能如此，则不问其过去之思想与行动如何，亦不问其为团体或为个人，政府当一视同仁，不特不予歧视，而且保障其公民应得之权利与自由。至本党更应加强组训，使一般同志对共党皆有确切之认识，对于思想迷误之青年，尤应感化劝导，尽量宽容，使之信仰三民主义，克尽国民天职，以完成时代之使命。

〔国民政府档案〕

3. 国民政府查禁延安民众团体悬挂共产党党旗有关函电

（1938年6—7月）

（1）国民党执委会密函（6月9日）

中国国民党中央执行委员会秘书处密函　　鄂感字第二五六七号

顷准军事委员会办公厅函开：奉交下西安行营主任蒋鼎文陕行政义字第一六三九号代电一件。内称："据谷厅长案呈，准陕西省党部本年五月四日族字第二四零号公函开：顷据肤施县党部皓电称：查此间各商号奉令制造本党党旗及共党旗，以资悬挂。本月十七日卫立煌将军来此，各商号奉令，准两党党旗制好者均即悬挂。而卫将军将到时令即将共党党旗卸去，旋又再令将本党党旗亦卸去。但卫将军去后，因开工人代表大会，又将两党党旗再为悬挂。等情。函请查照备考等由。除代电质问林祖涵外，谨闻。等情。并奉谕：函中央执行委员会秘书处转陈鉴核。等因。相应函达，敬请查照转陈，并希见复。等由。准此。查该县商店工人公然制造及悬挂共党党旗，殊属不合，应请贵院转饬禁止，以正观听。相应函达，即希查照办理为荷。此致

行政院

（2）行政院复电稿（6月11日）

电

西安行营蒋主任/孙主席：密。准中央执行委员会秘书处函告，陕西肤施县商店工人，公然制造及悬挂共党党旗，殊属不合，应请/仰即严饬查禁，以正观听。孔〇〇。真汉。院一。印。

（3）蒋鼎文代电（6月17日）

国民政府军事委员会委员长西安行营代电陕行政一字第1880

号　　中华民国二十七年六月十七日

汉口。行政院院长孔钧鉴：真汉一电敬悉。本案前于五月四日据陕西省党部转据肤施县党部呈报前来，当以此事如其实在殊有未合，经即据电林祖涵质问，并转报委座。嗣据第八路军后方留守处主任箫劲光筱代电称：在国内和平取得后，肤施各民众团体为宣传国共两党合作，曾动员各界制有国共两党党之旗悬挂庆祝。四月十七日边区举行第一次工人代表大会，由各界民众团体自动悬挂两党党旗，以表庆祝。适卫总司令长官莅肤，为免误会而固团结，当由公安局劝告民众将共产党旗卸下，此系实情。何人颠倒是非，向行营诬报，显系别有作用之徒企图批拨离间，应请查明，从严惩办，以利抗战。等情。复经以俭政一代电转报委座，并转陕西省党部各在案。奉电前因，谨将本案办理经过肃电奉闻。蒋鼎文叩。筱。政一。

（4）蒋鼎文致陕西省政府代电（7月7日）

陕西省政府代电　文字第2681号　　中华民国二十七年七月七日

汉口。行政院院长孔钧鉴：前奉钧院本年六月真汉一电，以准中央执行委员会秘书处函告陕西肤施县商民工人公然制造及悬挂共产党旗，殊属不合，转饬查禁。等因。当于六月寒日代电该县县长查明具报，并电复各在案。兹据该县县长马豫章本年六月俭日代电称：查五一纪念节，本县商店悬挂党国旗外并附挂镰刀斧头旗，当经派人查究。据该商民等称，系为表示全国统一、上下团结之意。县长认为不合，责令取缔，即将附挂之镰刀斧头旗一律摘除。奉电前因，除转饬遵照严禁外，谨此电复。等情。据此。除指令外，理合谨电鉴核。职蒋鼎文叩。虞。府文。印。

〔国民政府行政院档案〕

4. 黄绍竑关于宣传共产主义仍按危害民国紧急治罪法修订前法条取缔呈及行政院令

（1938年6—7月）

（1）黄绍竑致行政院呈文（6月10日）

浙江省政府呈行政院　呈字第九六号

中华民国二十七年六月十日

案据瑞安县政府呈称：查宣传共产主义归危害民国紧急治罪法，施行时期，素照该法第六条惩处，新法已将宣传与三民主义不相容之主义罪删去，今如有人宣传共产主义，是否法无明文不加处罚。兹因本府审理此类事件适用法律发生疑义，呈请核示遵行。等情。据此，案关法律解释，理合备文转陈，仰祈钧院迅赐核示，以便转令饬遵。谨呈

行政院

浙江省政府主席黄绍竑

查对党外各种政治团体及其份子之态度，业经本院以汉字第二七四四号训令通饬知照有案。如有违背，自应严加取缔。本件拟不必函中央核示，拟指令浙省府转饬照本院前令办理。鹏七、八

密令　迈七、九、

发七、九、　明七、十、

查请求解释，以就法令条文之疑义为限，为司法院统一解释，法令及变更则例规则第三条所明定，此件据称各节似非属于解释范围，案关国策，拟密函中央秘书处转陈核示见复，并先指令，当否仍请

核示。　松　欧七、五

（2）行政院指令（7月12日）

行政院指令 汉三〇九一
中华民国二十七年七月十二日

令浙江省政府

二十七年六月十日第九六号呈为据瑞安县政府呈请解释宣传共产主义应否加以处罚一案转请核示由。

呈悉。查对党外各种政治团体及其份子之态度，业经本院于本年六月二十一日以汉字第二七四四号训令通饬知照在案。仰即密饬遵照本院前令办理。此令。

〔国民政府行政院档案〕

5. 军委会办公厅为张允荣所拟对于中共华北抗日根据地对策致军令部电

（1938年6月）

军事委员会办公厅快邮代电　办四渝(三)字第七五一〇号

军令部勋鉴：兹奉谕抄送张允荣同志拟呈之今后对于华北共党之对策一件，即希就主管范团〔围〕参考核办为荷。(渝)军事委员会办公厅办四迥申(三)印。付抄原件一份。

今后关于华北共党之对策

一、当搜罗党政、经济、教育等华北有志之各项人材组成一种设计及推行指导监督机关，既足以充实第一战区司令部之知能而与之抗斗，更以华北之情形特殊，变化莫测，尤非随时随事随地而指导之必不为功。

二、在晋及晋东南建立华北军事根据地，彻底改良充实至晋城之交通及其工具。对于粮草、弹药须大量屯积，大量准备，以为据点而控制华北。此对日对共均有极大意义与作用。

三、在华北受共党摧残而失败归来之将领，应设法优待，以励来者。至若石友三、丁树本、孙良诚辈中之仅存军队，尤应改善其待遇，设法巩固之，作为规复华北之主力。

四、共党以暴力统制民众，对之恶感日深，正宜此时深入民间，加强组织，撤散其外围，纲〔网〕罗中间人材。对于民间武装，更应加强争取，如帮会之运用，旧日民间武装组织之吸引等，似亦应有专门人员以负责筹划推行之。即如现在之冀鲁交界处共党势力尚弱，正宜在此等处所推行此项政策。该各地现在所存部队受日共夹攻，接济困难，似应多方安慰之、优遇之。

〔国民政府军令部档案〕

6. 中国国民党社会部对中共八月二日延安党员大会决议案筹划对策函稿

（1938年10月28日）

中国国民党中央执行委员会社会部密函　渝字第九八一号

准朱秘书长寒电。为奉总裁交下据报：关于共党于八月二日在延安开党员大会，决议事项一案，希熟筹对策。等由。查该项决议，实为共党亟欲向外发展，夺取民众，进而夺取政权之一贯策略。在此全面抗战期间，固当避免磨擦，惟为巩固本党领导权，以统一国内阵容起见，自应妥筹对策，以资防范。现该党既多派特工人员分赴内地煽动，而于所谓边区附近各县，据最近各方面报告，尤属加甚，如煽惑农工，强征壮丁，压迫其所谓大地主之类，无不极尽其活动之能事，与当地党政机关冲突磨擦，殆无虚日。惟在此抗战严重局势之下，军事政治方面或不致有积极动作，其目前趋向，当在争取民众领导之一途。为针对该党此项策略，端在本党普遍的积极组织民众、训练民众，以根绝其活动之对象。若为目前急切之计，则首宜于接近所谓边区各县区作严密之布置，以防止其活动范围之扩大。兹拟具应付办法如下：

一、令陕甘省党部、省政府迅将接近所谓边区各县，限期完成保甲，严密组织民众自卫团及各种民众团体，选择多量干练同志参加工作，积极领导，组成民众包围阵线，一面秘密组织情报网，严密监视共党及其党徒之活动，使无机可乘。

二、中央对于上项工作，就人力、财力予以补助。如1．拨款补助办理上项工作各县党政机关或因加强上项有关工作所需之经费。

2．中央遴选业经受训及在各地有党务工作经验之人员分发各该省任用，协助或参加上项任务，其薪俸由中央发给，或由拨款项下支给。

三、令各省党部、政府严密防范。

以上所拟办法，是否可行，相应函达，即希查照转陈核办为荷。

此致

中央秘书处

附抄朱秘书长寒电一件

国民党执委会代电　十月十七日

渝感三七九

重庆中央社会部：0密。案奉总裁交下据报：“共党于八月二日在延安开党员大会，出席二千余人。决议如下：（一）对于边区及警备区（安边）（靖边）葭县等，所驻之中央人员，应防范其活动，并监视其言论，对其最近政治部所派之社训人员及绥德专署所派之巡回教师等，尤应注意。（二）九月份起，多派特工人员化装工、农、商、学、兵等分赴内地各省作各种活动，期在各地树立党的基础。（三）通令全边区政府努力生产，扩大红军，准备抗战后对国民党之斗争。”等语。除分电关系省党部、省政府及工作同志严加注意防范外，特电达，希熟筹对策。朱家骅。寒。汉。印。

〔国民党社会部档案〕

7. 鹿钟麟等关于破坏中共在河北省群众运动领导权文电

(1938年10月—1939年2月)

(1) 鹿钟麟代电(1938年10月17日)

快邮代电　字第7号　　中华民国廿七年十月十七日

中央党部、社会部陈部长勋鉴：本省前以处特殊环境之下，党务中断已久，各地民众团体以领导无人，遂于无形中停顿解散。本部抵冀后，各县民运，共产党早着先鞭，其组织系统县、区、村各设民族革命战地动员委员会，内分总务、组织、宣传动员、分配、人民武装、锄奸六部，其中最关重要之组织、人民武装二部，皆为共产党分子把持。全县之民众团体，如妇女救国会、农人救国会、工人救国会、店员救国会悉由该会领导，各民众团体县会之上均设有冀南总会，以求集中力量。八路军东进纵队政治部实为各县动委会及冀南民众团体各总会之发号施令总机关。本部外察实情，内凛职责，深知另组民众团体难免发生磨擦，今共产党将领导权完全交出绝非共党所愿，今后对民运工作之领导与组织应持何种态度？采何种方式？亟盼详为指示，以资遵循。再，关于民众团体各项规程，本部概付阙如，并请将有关民运法令每种检赐一份，以资遵循。主任委员鹿钟麟叩。筱。

(2) 国民党社会部签注(12月2日)

本件观其来电注重之点即为：冀省各县民运共党早着先鞭，今后对民运工作之领导与组织应持何种态度？采何种方式？

查关于战区中民众团体组织之形式问题，在新法令未颁布以前，首先即应依照人民团体法规组成农、工、商、青、特各种团体，以树立坚强基本。次乃以各该团体为会员，组织民众抗敌后援会，以厚植抗敌声援，然后由党、政、军组织动员委员会负指导之责。凡此皆原订有种种法令可资依据。纵其中不无困难，似可与八路军当局会商决定。因本党对共党态度中央早有决定在案，加以战区之中，敌我相持事实彰明，应与共同抵抗，似不能坚持党的排他原则，应另求本党积极活动方法，以为正本清源之至计。如：（一）即以军政全力争取民众，各县党务活动与军事、政治联为一体（即以县长兼县党部书记长及军事首长等），然后根据本部方案加强本党工作。（二）与八路军会商，设立联合干部，统一冀省民运之指挥。于民众组织之形式及各地民众团体之人事问题，均可于会商决定。在防区则由驻防军队领导之。倘共党不同意以上办法，则由冀省军事机关根据中央关于人民团体组织之法令，强制统一军政力量所及地区之民众组织，总以防止共产势力之扩张为主，似此似可以避免与共党发生磨擦，渐恢复本党领导民众地位。拟以此意电复。除俟沦陷区各民运方案制定后颁发外，先检寄民众运动法规方案汇编一部。当否，请核。

登敖十二、二、

（3）陈立夫密电（12月5日）

中国国民党中央执行委员会社会部电　渝字第1369号　中华民国廿七年十二月五日

洛阳救济院转河北省党部鹿主任委员勋鉴：△密。筱代电奉悉。查对党外团体及其份子之态度，中央曾决议原则五项，兹另函抄奉。乞察及河北省环境特殊，随机应变诸赖荩筹，今后民运工作惟有动员全体党员斟酌现行法规与地方实际状况统筹兼顾，并融合军事、政治积极进行。对党外自须取联络上层友谊，建立下层基础之方针于工作绝不可稍事退让。至其组织方式亦只可因地制宜，分区督导，统一指挥，似不必拘定形式。未识尊意以为然否，如须派员前来协助，自当尽力。至于民众运动有关法规方案另行邮上，并祈查收为荷。中央社会部部长陈立〇叩。△微。

（4）中执会秘书处致中央社会部函（1939年2月11日）

中国国民党中央执行委员会秘书处公函　渝（28）文字第1690号

民国二十八年二月十一日

据河北省党部执委韩振声报告："八路军在河北民运方面活动情形"等情。到处。相应抄同原报告密达，即希查照核办为荷。此致

中央社会部

附抄原报告一件

八路军在河北民运方面活动情形

民族革命战争战地动员委员会（简称战委会）为八路军到达河北后，首先组织之领导民运机关，由该军政治工作人员负责领导。各县多已设置。其中之组织部、武装部最为重要，各县此种部长几全为共产党员所担任，掌实际民运之权。其无关重要之总务、动员、分配、宣传等部部长间由非共产党员或本党同志担任，兹将其原定组织任务，及与各方关系，分述于左：

1。组织　设县、区、村各级战委会。各级均设正副主任一人，并分组织、宣传、总务、人民武装、动员分配、锄奸六部。各部设正副部长各一人。部之下设股，股设干事若干人。

2。任务　（一）积极组织民众，训练民众，武装民众。（二）实行合理负担，改善人民生活。

3。与各方关系　（一）与各地政府关系：A。举凡在战委会管辖下之各县、区、村一切战时动员工作，统由各级战委会办理，各级政府应积极协助，不得阻挠或破坏。B。凡一切与战地动员有关之事件，各县政府、区公所、村公所应服从战委会之规定，但战委会亦不得干涉县政府之经常工作。（二）与各部队之联系，战委会依据军事长官之命令，实现其动员计划。战区各部队得在总计划之下，向各级战委会提出要求，如粮食、行军、夫役等。

4。经费　由各级政府供给，数目不定。

5。工作　(一)组织各村自卫队、农民救国会、店员救国会、工会、妇女会。(二)代八路军募捐。

以上为战委会内容概况。实际八路军藉此领导群众，发挥力量，代替政权。现该会俨如太上政府，惟以负责工作人员多为该军政治部所派遣之幼稚党员及新收一般知识浅薄之青年，既不明了社会实际状况，复多蛮横异常，藉八路军势力滥行权威。群众处于压迫之下，只得随声附和。下级群众团体虽已组织，不过徒具躯壳。工作上所表现者，只为少数地痞利用，在社会上捣乱破坏，反差抗粮，强调改善民生，造成贫富对立现象，自相践踏。但利诱贫民之口号无从兑现，故亦怨声载道矣。

(5) 社会部签注（2月28日）

查河北战地情形特殊，游击队多为共党操纵，凭藉军事力量进为夺取群众企图，将来根固，隐患堪忧，消弭应付之方，惟在以事实答复事实，征集同志埋头苦干，努力工作。辟其宣传，期使民众在一个政府、一个信仰、一个领袖之认识下，从事民族复兴之艰巨工作。本部半年工作计划，关于民运干部之培养，第一项征集并训练沦陷区域民运干部、工作人员。工作瞬将开始，拟请：

一、通知在渝受训之河北省党委，征集河北有实际经验且有相当学识而能吃苦耐劳之同志四十人，呈送本部核定，以便先行召集训练，分发该省发动争取民众之干部工作。

二、现战区党政委员会对战区党、政、军之调整甚力，省府权力所及之处即党务发展之地，通知省党部应与省府密切联系，期党务、政治融成一片。发动全体党员依据中央法令及抗战建国纲领之指示，努力于民众之组训，建立抗战中党之领导。

果能各以艰苦之奋斗精神，斟酌情形，为果敢机警之应付，共党裹胁之各项组织，自必逐渐消灭，一切转入本党之组织之下，从事民族复兴各部门工作无疑。当否？请核。

职：王前溥　二十七

拟如签意见。俟游击区民运工作人员训练办法确定后，再照函冀省负责人保荐，并将上次本部关于冀省共党问题复冀省主任委员，电文摘要复秘书处。呈核

登敖　廿七

如拟　　　　　　美奂

冀中　二。廿八。

〔国民政府社会部档案〕

8。中国国民党中统局筹拟订推进陕甘边境党务办法

(1938年—1939年)

(1) 中统局拟办法(1938年)

推进陕甘边境党务办法

一、为推进恶势力盘据下之陕甘边境党务，充实本党力量，特订定本办法。

二、根据上述标准，暂定陕西省之肤施、甘泉、鄜县、安塞、保安、延川、延长、绥德、米脂、葭县、吴堡、清涧、神木、府谷、榆林、横山、靖边、定边、安定、宜川、洛川等廿一县及甘肃省之宁县、正宁、合水、庆阳、环县、镇原等六县为推进党务区域。

三、上述各县共划为下列四个督导区：

洛川区　辖洛川、肤施、甘泉、鄜县、延长、延川、宜川。

绥德区　辖绥德、米脂、清涧、吴堡、葭县、安定、安塞。

榆林区　辖榆林、神木、府谷、横山、定边、靖边、保

安。

陇东区　辖宁县、正宁、合水、庆阳、环县、镇原。

四、各督导区设督导员一人，除省党部委员分任外，由中央指派之，组织系统仍属于各该省党部，但中央得直接指挥之。

五、各督导区办事处设干事二人、视察员一人、助干一人、录事一人。

六、各县工作方针视恶化程度而具体规定如下：

1．恶化较深之县——如肤施、安塞、保定、延长、延川、甘泉、鄜县等县及其他各县被恶势力盘据之部份，均以争取党务发展、秘密进行调查、分化工作为中心。

2．恶化较浅之其他各县——如绥德、米脂、吴堡、清涧、庆阳、正宁、镇原等县，以积极组训民众，积极发展本党组织，并根绝恶势力之存在为中心。

七、各县党部人事配备：

书记长一人；

干事二人；

助干二人；

录事一人；

工友一人。

八、经费：

1．督导区经费：

督导员	由省党委兼任者，不发薪；由中央委派者，月薪百五十元。
干事二人	每月各支八十元。
视察员一人	月支八十元。
录事二人	各月四十元。
工友一人	月支十八元。
办公费	月支一百元。

交通费　　　月支一百元。

活动费　　　月支三百元。

共计每区月支九百八十八元。

2. 各县经费：

书记长　　　月支八十元。

干事二人　　各月支四十五元。

助干二人　　各月支四十元。

录事一人　　月支三十五元。

工友二人　　月支十六元。

办公费　　　月支五十元。

事业费　　　月支一百元。

每县共月支四百五十一元。

3. 下列三县有特殊情形须增加经费：

宜川县　因山西省最高党政机关所在地，环境复杂，拟增加活动费二百元。

洛川县　因系交通孔道，拟设一招待所，以招待陕北来往青年，拟增加经费三百元。

肤施县　因需要尽量运用机会进行公开联络，实行分化，拟增加经费三百元。以上经费预算。

关于陕西部份计

督导区三　共月需二千九百六十四元。

县二十一　共月需一万〇二百七十一元。

共计月需一万三千二百三十五元。

除中央补助陕省党部之陕北专费三千元应移充外，应由省党部与省政府商议加拨三千元，其余七千二百三十五元由中央增拨之。

关于甘肃部份计

督导区一　共月需九百八十八元。

县六　　　共月需二千七百〇六元。共计月需三千六百九十四元。

除甘肃省党部原发该区及各县之党务经费一千九百元，尚须中央增拨一千七百九十四元。

九、各县书记长由各该省党部选拔全省各县党务工作成绩优良之精干同志加以短期训练后调充之，并以尽量任用本省人为原则。

十、各区与省及中央之通讯，利用中央调查统计局在各该省所设之电台办理之。

十一、陕甘两省除边境以外之各县党务，各该省党部亦应实行分区督导，以示一律。

二十七年六月九日八十次常会每月增加三千元，以一千作推动陕北党务之用，二千推动陕南党务之用。

查原拟办法尚有实际需要中央补助之款，连前已拨定之每月三千元在内计，每月为一万二千四百二十九元，惟此款数内未扣除县党部原有经费数目，一经扣除，则中央增拨之数又可减少，拟先电陕西省党部查询陕北肤施等二十一县原有经费之数额及来源后再定中央增拨数额转陈核办。再此项办法拟送请
视察室杜刚同志参加意见，因杜同志曾一度视察陕省党务，于实际情形必更熟悉也。谨此签呈
鉴核。

谨查本计划所拟各区，即为陕一、二、三行政区暨甘第三行政区，其各区辖县拟予以行政区为准，仍请原起草人核。

查陕北共廿三县，现分一、二、三督导区并派员分别负责，陇东六县，现并二区督导，各在案。现为加强工作，拟办步骤如次：

一、各区督导员人选，应由中央分别充实。

二、由中央增拨县党部经费交省指定用于陕北及陇东特殊县份，以每县二百元计，二十九县应为五千八百元，另加特殊县份活动费六百元，共六千四百元。

三、各县书记长及工作人员责成省主任委员及书记长物色施训后委派。

四、关于各该特区工作，拟由中央指示要项，饬省详拟办法呈核。

五、中央工作于下周内决定，省工作限于三月底委派工作。

查中央按月补助陕西省党部转发陕南、陕北之特别费三千元，系属专款，不作别用。前据该部报告：陕南及邠、洛两工作团，月各支经常费一千二百，临时费一百六十元；绥德、榆林两工作团，月各支一百五十元。又补助陕北各县经费二百元均系实支之款。等情。经部准予备案在卷。奉谕前因，谨将该部对此项经费支配情形签请察核。

（2）组织部拟办法大纲（1939年）

推进陕甘边境党务办法大纲

一、陕甘边境情形特殊，应即仿推进北方党务办法实行长期分区督导制，以利党务之推进。

二、陕北三十三县，陇东八县，由中央重划督导区，每区以四县至六县为准，各设督导专员一人，除由省执行委员兼任外，并由中央另行派员充任。陕北二十三县为该省行政督察区第一、二、三区所辖之各县，陇东八县为该省行政督察区第三区所辖之各县。

三、区党务督导员须长期驻区督导，非经核准或奉命召，不准擅离职守。

四、各督导区督导员在组织系统上乃属于各该省党部，承省主任委员之命，执行省执行委员之职权，但中央得直接指挥之。

五、各区督导员办事处应工作之需要酌设干事、助理干事、录事若干人。

六、各县党部书记长及工作人员，责成各该省主任委员及书记长选拔，施以短期训练后委派。

七、酌增陕北陇东各县党务经费，以每县二百元为准。又特殊县份活动费，定为每县六百五十元，由各该省党部指定后，呈准核拨。

八、各督导区工作由中央指示要项，饬省详拟办法，经呈准后施行。

九、各督导区所属县以下各级党部，应绝对采秘密活动方式，一切党务工作应以党团活动的方法行之。

十、加强各督导区党政军之联系及合作，其办法由各该省党部斟酌当地情形，拟定呈核。

十一、陕甘边境党务督导区划分暨经费预算另订之。

查陕北二十三县原属陕省第一、二、三党务督导区，陇东八县属甘省第二党务督专区。兹以交通、地势及各县恶化程度为准，陕北二十三县重行划分为五区，陇东八县划分为二区，各区辖县如左：

榆林区	辖榆林、神木、府谷、横山。
绥德区	辖绥德、米脂、葭县、吴堡、清涧、安定。
肤施区	辖肤施、甘泉、延川、延长、宜川。
保安区	辖保安、安塞、定边、靖边。
洛川区	辖洛川、中部、鄜县、宜君。
庆阳区	辖庆阳、合水、镇原、环县。
泾川区	辖泾川、灵台、宁县、正宁。

说明：

一、陕甘边境情形特殊，且原有党务督导区所辖之县多者九县，少亦六县，地域辽阔，交通不便，督导工作势难周至圆满。最近陕省郭书记长来电，每区驻两人，概即为此，故拟援一三九次常会通过之分区原则第四项，但出之规定，将陕北十三县划分为五区，陇东八县划分为两区。

二、陇东之特殊县份原为六县，惟据甘省赵书记长电，泾川、灵台亦在第二督导区，故拟将此两县，加入划分。

三、关于各区对于省及中央之关系，拟按一三九次常会通过之原则第一项，并酌采统计局原草案意见规定，如第四项。

四、各区党政军应有较其他各处更为密切之联系与合作。廿八年间甘肃省党部为推进陇东党政军工作，曾拟具原则呈经中央第一二〇次常会准予备案可资参考。

党员入团、团员入党办法前曾起草办法未知结果如何？此案所提各点，均与此案有关，故谨请示。

自陕北局势突告紧急后，此间曾决定以莫茂、宪生、守约、玉柱等四同志分驻洛川、榆林两区奉到灰电后再从新分配，以莫茂、玉柱两同志驻榆，宪生、守约驻洛川，一切办法已定，日内可启程。至陕北各工作同志，峻已分令坚守原地工作，不得轻易撤退。郭寅。铣。

徐玉柱　　榆林。

荆宪生　　雒川。

张莫茂　　第一科科长。

张守约　　每区督导员一人，由省改派陕北县书记长。

原分三区督导

查陕北党务据郭紫峻三月十六日电调统局报告，业由该会推派荆宪生、张守约、徐玉柱等四人分别督导，刻日出发。等语。既据分区出发，关于陕北督导区拟仍旧贯，惟责成工作，拟指示要项：一、建立或恢复各县党部之组织，其不能公开活动之区域，应设法秘密建立或恢复之。二、加紧吸收各该县倾向本党、信仰本党之份子入党。三、加紧基层组织之活动与训练，并切实分配党员工作，经常指导考核执行奖励或处分。

谨草拟推进陕甘边境党务办法暨督导区划分各一种乞察核。

李海藻三、廿六

〔国民党组织部档案〕

9．中国国民党中执会秘书处密订“防制异党活动办法”电

（1939年4月）

极密。

中国国民党中央执行委员会秘书处代电

各省市党部政府密。查本党应付异党之对策与办法，在此团结御侮时期，关系极为重要，应以绝对保守秘密为原则，倘不慎而泄漏入于异党分子手中，则不仅易滋误会，甚且发生磨擦。为防患未然计，嗣后各地方党政机关关于应付异党之对策与办法，必须层层负责，尽量避免书面传递之方法。各机关拟具对策时亦应根据地方事实环境，立言不可辄用中央口气，或翻印中央，所颁布之原则。至必须保存之文件，亦应指定忠实可靠人员严密保管，以免泄漏。除分行外，特电达查照并密饬所属各主管人员切实遵照。中央执行委员会秘书处。删。印。

防制异党活动办法

查共产党在本党权利所及之区，犹能猖獗活动，长足发展，考其原因，虽非一端，而本党组织工作之不健全，而予人以可乘之机，实为主要因素。目前共产党控制下之陕北，彼能无论男女老幼采纳于各种组织之中，而由该党分子予以切实之领导与控制，遂造成今日形同铁桶之陕北特区，不但外人不易轻入，即入内亦难立足，更无论有所活动。本党目前防制异党活动之方，亦唯有采取此种坚强组织之办法，方能奏效，盖即所谓以组织对付组织之

意义。兹根据是项原则，制订具体办法如左：

（甲）关于积极方面：

一、加强民众组织，凡各界民众均应尽量加入一种法定人民团体，如工会、农会、同业公会、学生自治会、妇女会等，接受本党领导；

二、各地各种法定人民团体，如迄未成立者，应即限半年内组织成立；已成立而组织松懈徒具虚名者，应即切实整理，务使健全；

三、对无所归属之人民，如失业、失学青年及闲散群众等，应即依据时地之需要成立各种团体，如战时工作团、战地服务团或某某工作队等，务使此种组织领导工作均由本党居先发动，勿予异党以可乘之机，待其发起组织后，始又忙于对付；

四、各种民众团体中，应即成立本党党团或派遣党同志居中发生党的领导作用；已派有同志而不负责者，应即撤换，务使所用参加各种民众团体之份子均能接受党的训练、党的指导、党的监督，而不为外界所诱惑；

五、各级教育行政机关工作人员及公立大中学校教职员，应多派本党党员充任；各公私立大中学校，尤应有党的组织，加强党的领导与活动，以坚强本党在教育界及学生界之壁垒；

六、地方党政机关应经常派员至各级学校及各民众团体实行精神讲话，或乘党部举行纪念时，命令各该学校与民众团体负责人全体参加，不断予以党的训练，并提示防范异党活动之必要与方法，以资启迪；

七、各地党部对于富有爱国思想及革命性之青年，应尽量吸收加入本党或青年团，使为奉信本党主义而努力。倘当地尚无青年团组织或一时尚不能加入本党或青年团者，则应组织各种外围团体以罗致之，务使所有革命爱国青年均在本党领导之下从事活动；

八、地方政府机关对于保甲之编制，应多选择本党党员及思想纯正之青年担任保甲长，并经授以各种政治常识及防制异党活动之训练与指导，使每一保甲长均能兼尽政治、警察之任务，并能领导所属人民一致防制异党之活动；

九、如异党活动最烈之区域，应实行联保连坐法，使人民不敢与异党份子接近而受其利用，必要时并于保甲组织中建立保甲通讯网，指定乡村中纯良知识分子担任调查异党活动之通讯工作，以辅助保甲长力量之不逮；

十、各地党部应即发展乡村中之本党组织，并经常进行乡村中宣传工作，提高人民对于本党之信仰，并晓示参加异党组织之利害，以及防制其活动方法。

（乙）关于消极方面

一、各地党部及军政机关对于异党之非法活动，应采严格防制政策，不可放弃职守。纵因此而发生磨擦，设非出于本党之过分与不是，亦应无所避忌；

二、无论在战区与非战区，凡未经事前呈准有案，而假借共产党或八路军与新四军等名义擅自组织武装队伍者，当地驻军得随时派兵解散，不得有误；

三、如发现有宣传阶级斗争，鼓动抗租、抗税、罢课、罢工，破坏保甲，扰乱治安者，无论其假借任何名义，应一律依法从严制裁；

四、无论任何社团，应先办理立案手续后，方准活动。目前各地各种灰色社团，如青年文化救亡流亡等团体，凡未立案而擅自活动者，各地党政机关应即依照整理民众团体办法，切实取缔，勿稍宽纵；

五、已准立案之各种灰色社团体，地方党政机关应从新切实办理登记，严格考核其活动，并指派本党忠实积极之同志经常参加指导，不听者，得依法限制其活动；

六、对请求立案或备案之各种新组织社会团体及报社，如发现有异党分子在内，或其动机不明，且无本党党员参加者，应经过切实调查，确保无他后，始予照准；

七、对已立案之各种社会团体中，如发现有行为不轨之异党份子，主管党政机关应令饬所隶属之社团取消其团员资格，并强制其服务之机关、学校或工厂等开除其职务，藉以警戒其他份子；

八、各级军政机关与学校等非有特殊情形并经呈准者，一概不准擅自延用异党份子，对于已用人员各该机关负责人应随时监督考查，倘发现有异党或左倾份子，应即撤销其职务，否则一经检举，应负渎职之责；

九、各地党部及警察局、新闻邮电检查所等机关，对内容反动及违反抗战建国纲领之各种宣传刊物，如图书、杂志、报纸、小册子、壁报等应随时查禁，若经一再查禁，而仍秘密发行者，应从严制裁，以儆刁顽；

十、各地党部对于目前异党之猖獗活动及其阴谋野心，应密谕全体党员注意，以启迪其警觉性，并饬令经常调查异党之组织活动情形报告党部，以作随时应付之根据；

十一、各地印刷业、派报业、运输业、机器工业等公会，应尽先建全其组织与领导，一面防止异党之羼入活动，一面并领导其消极抵制该党宣传刊物之印刷与发行；

十二、为使防制异党工作易收实效起见，各级党政机关应于每星期定期经常会商进行办法，并互相交换情报；

十三、各地党政机关，对于防制异党活动工作，除经常联络进行外，并应将进行防制情形随时分别呈报中央。

〔国民政府社会部〕

10．中国国民党社会部"办理应付异党活动之经过情形概述"函

（1939年9月）

可均先生钧鉴：本月六日集议异党问题处理办法，商定事项中，社会部应行书面提出者，业经主管处办理就绪。谨具函送陈，敬祈

察阅，肃颂

钧绥。

附办理应付异党活动之经过情形概述

职詹〇〇谨肃

奉派参加徐副局长召集关于异党问题处理办法中之共党外围组织接收训练领导事宜。到会者：有调查统计局徐副局长恩曾、万科长大宏、政治部第二厅副厅长李骧骐、中央训练委员会刘秘书瑶章及朝阳五人。兹将所商定事项分列于下：

1．接收无济于事，且不可能；

2．训练部分交训练委员会拟办法——如何物色受训人员，尤应详加注意；

3．领导部分，由社会部、政治部分别办理：

A．政治部应将以往领导民运工作所得材料拟具报告；

B．社会部应将以往领导民运工作情形，以后领导办法写成书面，于下星期三以前送徐副局长，再定期开会研究。

詹朝阳　九月七日

办理应付异党活动之经过情形概述

一、自抗战发生以来，各党派乘时活动，盛极一时，尤以在陕西方面共党所领导之西北青年救国联合会及民族解放先锋队组织发展之速，有如燎原之火，我党于当地与之进行斗争一时极为

紧张。在以前党可以利用政治力量，以较严格之手段，限制或禁止一切非法团体之活动，其后政治情势变更，此项办理之适用范围大受限制，对于异党之活动自须因时因地权衡情势，以筹应付之办法。

二、本部应付异党之对策虽视情事而转移，然在原则上可归列为下开数项：

1．在西北一带党的基础薄弱之区，指示以充分之机动性展开党的工作，建立党在民众中领导力量，以应付异党之活动；

2．指示各地党部针对异党活动方法，决定防止办法；

3.规定凡有异党活动之学校，限期完成各该校内之党团组织；

4．规定省会及文化发达之县市组织文化党团指导干部为文化党团活动之核心；

5．令限各省市党部调查各党派领导之外围组织，并拟具对策，分别建立党团，以争取对各该组织之领导权；

6．密派干练党员参加异党外围组织，以侦察其活动情形，并逐渐开展党的领导力量；

7．指示建立与异党外围同性质之团体，以对抗其活动；

8．利用政治力量，改组或取缔异党领导之非法组织。

三、今后进行此项工作根本办法，在普遍健全各地民众组织，使异党无活动余地。本部现正拟订按照县各级组织纲领迅即完成县以下民众组织，及初期应组织之人民团体办法，即可付之实施，以期前项理想能逐步见诸事实。对于异党各种活动之防止，大体当仍循过去应付方策，督促实施。惟实施之功效如何？按照过去经验，端视当地党政军关系之是否调协，步骤之是否齐一而定。至于民运干部之如何养成？民运经费及人民团体之经费如何独立？尤为今后本党民运之能否开展之焦点，亟须加以注意也。

〔国民党社会部档案〕

11. 中统局关于晋省党部与公牺会举行反共座谈会报告函

（1939年10——11月）

（1）公函之一（10月30日）

中国国民党中央执行委员会调查统计局公函

渝情字第六〇〇号　　民国二十八年十月三十日

兹有关于晋省党部与公牺会举行座谈会报告一件，相应抄同原报告，函请查照参考为荷。此致

中央社会部陈部长

附抄原报告一件

局　长　朱家骅

副局长　徐恩曾

中华民国二十八年十月卅日

晋省党部与公牺会举行座谈会

宜川十月二十六日电

晋省党部为欲开展晋省党务，防止异党活动起见，近与公牺总会举行座谈会，当经决定：

（1）公牺会及各救亡团体之各级干部、优秀分子，应尽量介绍入党。

（2）本党各级党部与公牺会各级组织经常联系，交换工作意见。

（3）已组织之各救亡团体，应向党部登记，党部应依法或专案呈请中央核准。各团体应经常接受本党之领导。

除以上三点外，并决定对付异党活动办法两项：

（1）如公牺会以及各救亡团体内发现有异党分子潜伏其间、应由公牺会切实负责检举，或在其他方面发现者应即于开除。

（2）如发现异党在各地有秘密组织或叛乱行为者，应即依法惩办。

（2）公函之二(11月22日)

中国国民党中央执行委员会调查统计局公函

渝情字第七〇九号　　民国廿八年十一月廿二日

兹有关于晋省党部与公牺会举行座谈会报告一件，相应抄同原报告函请查照参考为荷。此致

中央社会部陈部长

附抄原报告一件

局　长　朱家骅

副局长　徐恩曾

晋省党部与公牺会举行座谈会

宜川十月二十五日讯(迟到)

晋省党部昨日与公牺会(即主张公道团与牺牲同盟会)举行座谈会，结果通过对于工作上之联系及调整案如下：

甲、原则

中国国民党山西省党部之工作，应如何与公牺会工作取得更密切之联系，配合一致，使共为三民主义，维护国家民族而奋斗，并增强公牺会之组织与工作之效能，以充实抗战建国力量。

乙、办法

一、公牺会及各救亡团体之各级干部多系优秀革命青年，应尽量介绍加入本党。

1。公牺总部会各干部同志，由梁敦厚、黄树芬、朱理三同志负责尽量于最短时间内介绍加入本党。

2。公牺会各中心区干部由梁敦厚同志负责介绍加入本党。

3。公牺会各县干部由梁敦厚同志及中心区负责同志介绍加入本党。

二、本党各级党部与公牺会各级组织应经常联系，交换工作意见。

1. 由省党部及公牺总会通告各级部会，本照上述所决定之原则精神，互相认识与信赖，将此种亲爱精诚理论与实际贯彻到每一单位。

2. 省党部与公牺总部会政治负责人最少每月应开座谈会一次。由省党部召集，届时先由各方准备，提出抗战救亡有关系之各种问题。时间及地点另行规定。

3. 公牺会对各级之指导暨出版刊物，并将一般情形随时经常地通知党部备查，或转呈中央。

4. 党部应经常地对于中央一切政令凡有关于救亡团体或与工作有关者，同时通知公牺会参酌办理。

5. 各区县之联系办法，规定至少开座谈会一次，其他工作应如何紧密联系，得由各区以上办法切实执行。

三、已组织之各救亡团体，应向党部登记，党部应依法或专案呈请中央核准。各团体并应经常接受本党之领导。

1. 各救亡团体经常应将一般现状以及工作情形或意见，经由公牺总部会报告党部，以便转报或解答。

2. 党部对各救亡团体之指示，应交由公牺总部会代为转达。

〔国民党社会部档案〕

12. 中统局关于豫鄂皖三省党部会商防止中共活动报告函

（1939年11月22日）

中国国民党中央执行委员会调查统计局分函

兹有关于豫鄂皖三省党部会商防遏共党活动报告一件，相应抄同原报告函请查照参考为荷。此致

中央社会部陈部长

附抄原报告一件

局　长　朱家骅

副局长　徐恩曾

豫鄂皖三省党部会商防遏共党活动

立煌十一月十六日电

共党在鄂、豫、皖边境企图制造特区，树立特种政权，鄂、豫、皖三省党部为谋会商办法，切实防止，乃各选派人员齐集立煌，举行会议。鄂东视察团员陈鹏于本月七日来立，豫省执委兼九区党务指导员张雨生、豫南区调查员梁起翔于十三日到立。十五日上午九时，在皖省党部举行座谈会。出席者有皖省执委会主委刘真如、书记长卓衡之、调统室甘舍棠及鄂豫两省代表。参加者有中委方治宣布开会意义，后由各代表分别报告共党在边境易于活动原因与活动事实，及今后防止意见，嗣即讨论，结果决定下列各项：

（一）组织方面：（甲）鄂、豫、皖边区党政委员会组织不合理，应请中央加派鄂、豫两省党部主委或边区党务负责人任委员，以增加领导权。（乙）设立边区党务单独指导机构，拟定名称为边区党务办事处，办理边区事宜。（丙）豫九区及鄂二区应分设党务办事处，派专人负责，应予全权。

（二）工作方面：（甲）调整边区党务机构。（乙）举行党务干部人员训练班，凡边区区党部以上人员，均应参加受训。（丙）三省边区各组一流动工作队，专司宣传、组训、调查工作。（丁）鄂东、豫南两边应请各该省教育厅增设临时中学一所，招收青年。

（三）经费方面：鄂、豫、皖边区各县经费分为两等，甲等县三百元，乙等县二百元。除原有经费外，请中央增加各区办事处经费每月最少为一千元。电请中央拨发。

（四）防止方面：凡属共党案件之处理，政军机关应接受当地党部意见。

〔国民党社会部档案〕

13. 周厚钧关于对鄂豫皖边区中共活动对策补充意见函

（1939年）

查鄂豫皖边区共党之活动，仍袭其北伐时期依附本党阴谋篡夺之故态。鲁厅长所拟对策，体大思精，尚中肯要，颇可采纳。兹更拟补充意见如次：

一、鄂豫皖边区共党活动之方式，乘间渗入军政组织，并利用无所谓之官吏，掩护工作，注重秘密活动，以潜行培植其党的基础，增强其党的实力，展布其党的工作，并进行其分化阴谋。除如鲁厅长所言以“组织对组织”之外，更须以“秘密破秘密”。在该区地带，宜扩大本党特务工作，并组织秘密活动之党团，分布在各项组织之中，用以侦视共党活动，监察行政官吏及部队士兵长官，并考核本党党员工作。

二、有计划有组织地发动优秀党员深入工农层，吸收优秀份子入党，并普遍组织民间各种战时团体及职业团体而把握其领导权，使共党活动无从羼入。

三、责成地方各级行政机关随时派员编查民间武器，指导自卫组织，务使民间武器不入于官，即归于其自卫组织，俾易于领导而便控制。编查武器时，须谨防造谣中伤，以致民众误会，须取得地方公正士绅之切实助力及本党同志切实宣传。各地土匪应由地方政府会同驻防军队，招抚收编，并派优秀党员担任其政训工作。

四、收容战区青年，除招致入军事学校，举办国立中学外，党部及教育行政机关，应举办青年登记，并联络技术机关，开办各种技术训练班，介绍工作，使战区青年就学就业随其志愿。更由省政府或专员公署等办战时地方行政人员训练班，选拔膺服本党主义才干优长之青年充任下级行政人员。

五、各县区长区员及联保主任等下级行政人员，应由党政当局严施考核，凡无所谓之官吏分别调派其他工作，或径予淘汰，一律以本党精干之党员接替之。

六、中央委员派赴各省指导党政时，除纠正其过份之设施外，并应多做沟通及联络工作。是否有当，请核示。

厚钧

〔国民政府教育部档案〕

14. 蒋介石密令中央党部筹组设反共机构代电

（1940年2月20日）

中央党部叶秘书长、军委会办公厅熊代主任、政治部陈部长勋鉴：极机密。关于中央纠纷案件，着由中央党部、军委会及政治部各设一负专责之机关负责处理。但关政治方面之宣传，应由政治部负责执行，仰即分别遵办，并具报为要。中〇。号酉令一元慎。

为保持机密封面写“亲启”（陈部长不在谕封面写贺衷寒转）。

〔国民政府军令部战史会档案〕

15. 国民政府军委会政治部制定“防止异党兵运方案”函

（1940年4月）

奉交下中国国民党中央执行委员会组织部爰渝军字第四一三七号公函，为函送油印防止异党兵运方案十份，请查收参考等由一案。并奉批“检送一、二厅及调查组各一份余汇存”。等因。除承办，分函检送外，相应检同原油印方案一份，随函送达，即希查收，存案为荷。

此致

调查组

附防止异党兵运方案一份

国民政府军事委员会政治部部长

办公厅机要组启　四月廿六日

防止异党兵运方案

甲前文：

本党因担当五千年国家民族之事业，肩负四百兆人民存亡绝续之使命，不得不领导全国民众发动神圣伟大之自卫抗战。在此二年六个月之抗战中，国内各党派能遵守其诺言，诚意奉行三民主义，拥护国民政府，服从本党总裁，以致力于抗战建国之活动者，为数固多。而藉抗战机会，发展组织，扩充实力，广收党徒，博植外围，以期遂行其政策，达成其阴谋者，尚所难免。即如最近陕西方面地方政府分配应征壮丁，竟有异党暗中挑选优秀士兵伪作壮丁，前往应征情事，意在作战部队伤亡甚大，补充频仍，如其鬼技得售，则次次补充之兵额皆有其党徒之混入，经过相当时间，所有全国作战部队势必均在其掌握之中。又据可靠情报，现在异党政治路线为：

1。极力取得政府的联络，争取活动之机会；

2。使直接国民党军或间接国民党军思想转变；

3。信任抗战最后胜利的前途，即十月革命的前途。

于此可知异党之蓄意狠毒，存心险恶之一般。按照规定，各党派活动只限于在社会民众中间从事抗战建国有关之宣传服务，不准在军事机关、军事学校、军队及宪警团队中活动。而今异党竟违约背信，幼稚荒谬有如此，自应严节纠正、取缔、制裁。质言之，即应采取积极斗争态度，斗争系一个革命党之必有手段，所谓："革命不能离开斗争"，革命力量必须从不断与反动势力作斗争中求得新生，如对其停止斗争，则必因反动势力之伸张，而受到抵损，斗争对象，包括一切革命势力。本党领导革命之目的，系建设三民主义之国家，故及与三民主义不相容之势力，即应对之作无情的斗争，此与容许异党份子在本党领袖领导下参加抗建阵线之原则截然两事，不相矛盾。

兹为提示各级军队党部以"防止异党兵运"为中心斗争之目的、原则、方法等项起见，特拟订本方案，颁发遵行，运用之妙，存乎一世。此不过略述其概要而已，各级军队党部如有其他特殊意见，亦得随时呈报，以备采择。

乙、目的：

一、在使本党原有之武力细胞，思想坚定，信仰集中，以加强革命力量；

二、在使本党新生之武力，份子单纯，行动统一，以确保抗战胜利；

三、在谋本党部队之坚壁清野，俾活动运用之异党份子无法由外打入；

四、在严密本党部队之检查搜索，将混迹幸存之异党份子，用力由内打出；

五、在运用广大民众之正感力，以粉碎其阴谋；

六、在运用异党外围之觉醒力，以消灭其毒计。

丙、原则：

一、阐发本党三民主义之精义及其伟大性，使每个士兵壮丁深刻认识坚决信仰，非任何邪说谬论所能转移——以理论克服理论。

二、严密与健全党的组织，掌握各种职业团体，并扩大党团的活动——以组织对付组织。

三、整个军队党员，应亲爱精诚，密取联系，在党与领袖领导支配之下，绝对服从命令，遵守纪律——以行动制取行动。

四、所有军队党员，应忠勇奋发、不避艰难、不辞困苦、为国家尽忠、为民族尽孝——以工作领导工作。

丁、方法：

一、考验：

1. 特别党部对于所有之兵，应予以心理、政治、常识、行为之考验、藉以明瞭其对领袖信仰、抗建认识、党义瞭解、德性修养等之程度；

2. 考验方法：可分直接、间接二种。直接考验：如制成测验表分发填缴，或以连为单位，实行口试；间接考验：如利用各项说话机会，提出某项问题，令其发表意见。

二、侦察：

1. 经考验结果，对于可疑士兵，应即严加侦察，以明底细；

2. 从事侦察工作，须普遍秘密组织侦察分队及侦察小队，以最忠实可靠之下级官长士兵，为组织之基本干部；

3. 每班成立一小队，以三人至五人组织之，就中指定一人为小队长，受主管分队之指挥监督；

4. 每连成立一分队，以五人至七人组织之，就中指定一人为分队长，直接受特别党部或直属区党部指挥监督，以主持侦察全连士兵工作；

5. 小队与小队，分队与分队，均不发生横的关系，惟小队长与主管之分队长，自应发生纵的关系。

三、密告：

1. 于各班中建立一密告网，指定曾受政工服务员训练之忠实可靠之优秀士兵一人担任之，将同班中可疑士兵之背景、思想、言论、行动、旨趣等项，拟具密报，直接封送特别党部或直属区党部查核；

2. 担任密告人员均由特别党部或直属区党部直接管辖，不必有中层组织；

3. 担任密告人员，须先予集中或个别严格之短期训练；

4. 对于密告正确并努力工作之密告人员，应予以相当之物质奖励，即平日亦得酌量津贴笔墨纸张费用；

5. 担任密告人不得有挟嫌诬陷情事，如经查出，严予制裁，并应先行严加诰诫。

四、查禁：

1. 各级军队党部应会同部队切实检查士兵之来往函电，发现可疑之语句时，即暗中予以销毁，并应多方侦询，以明究竟；

2．凡属内容反动及违反抗战建国纲领之各种宣传刊物，如图书、杂志、报纸、小册子、壁报等，一律查禁阅览。

五、联保：

1．实行联保并连坐办法，以班为单位，出具联保联坐切语，递呈特别党部或直属区党部存查；

2．凡被保人有违反三民主义及违背本党之领导指挥情事发生时，保证人应以生命负完全责任。换言之，即一班有异党份子，全班士兵应连坐处罚；

3．在未举办联保连坐之前，应剀切说明其性质及其严重程度，使每个士兵深刻了解，不致随便具保并不敢与异党份子接近受其利用。

六、检举：

1．运用联保连坐法之效能，诱导士兵互相监视，互相考查，认为行迹可疑者，各士兵均得秘密或公开向原属连党部检举；

2．连党部根据检举事实，应即径报特别党部或直属区党部，饬由侦察分队或小分队严密侦察，经侦察属实，应斟酌实际情况，予以适当之制裁；

3．检举属实者，应予奖励，检举不实者，不予反坐，惟有挟嫌诬陷情事，应对检举人严加惩诫。

七、分化：

1．对于异党中之游离份子，须极力诱导，使其分化，而自趋于转变；

2．密派最忠实干练之党员，多方设法与异党份子极力拉扰、交结，亲密于不知不觉之中发生分化作用。

八、吸收：

1．积极办理士兵集团宣誓入党手续，将所有士兵完全吸收为党员，予以党的严格训练，在消极方面可消灭异党份子之诱导，在积极方面可增加与异党斗争之力量；

2。对于思想错误，拒绝入党，但尚无其他政治团体关系之士兵，须予以客观的批评或纠正并指示其走上正确之道路，自动要求入党。

九、说服：

1。各特别党部或直属区党部，对于确系异常分子，应一面指派对主义有深切研究人员与之多次个别谈话、纠正错误，使其坦白自首；

2。自首份子，应填具退出异党声明书，呈由各特别党部或直属区党部交由报端公布，以昭信守，惟非异党中之重要人物，得用其他方式行之；

3。自首份子，应于声明退出异党后一个月内办竣入党手续，举行入党宣誓，编入党的小组，予以党的严格训练。

十、制裁：

1。各特别党部对于怙恶不悛之异党份子，得先酌量实际情形，予以适当之紧急处置后，再行呈报中央备案；

2。对于稍有知识之异党份子，应予长期监禁，令读总理遗教及领袖训词，直至反悟之日为止；

3。对于潜入本党部队中活动，并经故意参加集团宣誓入党之异党份子，应予秘密就地解决；

4。对于声明退出异党，并加入本党之份子，复发现其实际上并未与异党脱离关系时，亦应予秘密就地解决。

戊、应注意事项：

一、以上办法多为消极防止方面，而积极者，乃在部队党务政工人员，加紧士兵精神政治教育、改良士兵物质精神生活，并进而以身作则，艰苦与共，能与士兵打成一片，以收实际且防止之效；

二、训练担任侦察及密告人员时，应特别侧重于侦察与密告技术上之教授；

三、奖励及津贴密告费用，应在各特别党部经费预算活动费项下开支；

四、对于负责分化异党份子之人员，须防止其反分化；

五、侦察分队及小队，均编以数字，以资区别，如第〇侦察分队及第〇侦察小队；

六、各部队对于新补充之士兵，应密切注意，并应多多侦察与谈话，以防止其为异党所派之份子；

七、举行全班联保时，所有士兵均应亲笔签名于保证书之上，如系不识字者，用左手大拇指箕斗代替之；

八、保证书格式如左：

保证书

窃士兵等今以生命相互担保，士兵等确非异党份子，实系思想纯正，信仰坚定，愿在中国国民党暨总裁领导之下，努力实行主义，完成抗建工作；如士兵等今后有违反三民主义而参加其他组织之轨外行动，士兵等愿受连坐处分，所具保证是实。

〇师〇团〇连〇排〇班参加联保人

〇〇〇

（签字）

〇〇〇

中华民国二十年　月　日

九、异党份子退出异党声明书，应由异党份子，照规定声明书式亲笔缮写一份，呈由特别党部或直属区党部交付报端公布；

十、声明书式如左：

退出异党声明书

〇〇前于〇年〇月〇日参加〇〇〇组织，今已彻底觉悟，特郑重声明于〇年〇月〇日正式退出该党，与该党脱离一切关系，今后决心信仰三民主义，愿在中国国民党暨总裁领导之下，努力抗战建国工作，誓死不渝，敬谨自动缮具退出〇〇党声明书亲笔缮写一份，呈由特别党部交付报端公布，以昭信守，如有反复情事，愿受中国国民党最严厉之处分。

具退出〇〇党声明书人〇〇〇（签字）

中华民国二十年　月　日

已应用表格：

一、侦察情报表式如左：

第〇侦察分队或第〇侦察小队情报表

被侦察人姓　名	侦察动机	侦察经过	侦察结果	处置意见	备　注
附注	一、本表由各分队或小队进行填送特别党部。 二、有侦察对象时填报。				

二、密告人员密报表贰如左：

密　报　表

被密告人姓　名	别号	年令	籍贯	家庭概况	信仰	旨趣	密告员意　见	备注

密告员〇〇〇（盖章）

〔国民政府军令部战史会档案〕

16. 甘肃省政府为防制中共制定二、三两区特种工作大纲电

（1940年4月9日）

甘肃省政府快邮代电　民一字第一一三号

重庆行政院钧鉴：有一电奉悉。密。查本省陇东各县，自加强民众组织计划实施以后，成效卓著，中共一切活动均告失败。前据三区专署呈赍该军驻镇原办事处主任段德彰致西峰镇办事处主任林泽民原函节称：反动通讯网的灵活，使我等神奇不置，如我到保不到半小时，人家已了如指掌，党的干部发生动摇，党的本身已受到致命的打击。等语。足资证明。现经详加考虑，认为已往工作，虽有相当表现，尚未达到圆满境地。为使前项计划全部完成，兹厘计特种工作大纲，以资遵守。此项办法，在纳党政军团于一体，分工合作，藉期以组织对付组织，以活动对付活动。关于经费方面，则以陇东各县，夙号贫瘠，自中共窜扰，划设特区，地款收入，益形减少，如庆阳去年地丁仅收七成左右。最近事变，三、四两区完全被占，本年，地丁当不过三、四成，其他各县亦有同样情形，至于防共之特别费，历由省库拨付，而本年度收支不敷，为数甚巨，亦感无力负担。兹特依据工作大纲，遵照钧院指示，参酌实际需要，拟编概算，伏乞核准，如数补助，则陇东前途必可乐观也。并候核示遵行。职朱绍良。民一印。佳。印。附工作大纲一份。概算一份〔概算略〕。

中华民国二十九年四月九日

甘肃省二三两行政区特种工作大纲

一、工作目标：

（甲）消极方面，防制某党非法活动；

（乙）积极方面，提高本党领导权力。

二、工作原则：

（甲）目标一致，步骤一致；

（乙）意志集中，力量集中。

三、共同方针：

（甲）以执政党之立场，绝对居于主动领导地位，予某党以严格之督察，使其自觉自悟，就我范围；

（乙）以执政党之立场，凡国内任何团体或个人均应视为国民一分子，某党所有越轨举动，均应按法处理；

（丙）健全本身，惕厉自戒，努力于工作之竞赛，以提高人民信仰，达到以组织对付组织，以活动对付活动之任务；

（丁）对某党之态度，应根本打破利用观念，并彻底扫除恐怖心理，一本大公无私与人为善之精神，予以精诚感格；

（戊）始终坚持本党抗战建国纲领，领导参加抗日，巩固统一，争取国家之独立，民族之生存；

（己）制裁某党活动，应尽量运用民众力量，避免直接出面，尤须避免党派斗争痕迹及国际关系；

（庚）对付某党上层，应注重理性之折服，以严正对之；中下层，应注重事实之教训，以严厉对之，但纯洁之青年，应予以感化。

四、工作划分标准：

（甲）着重于层层负责，中央示以宽大，地方谨严下级斗争；

（乙）着着于分工合作，党部负斗争责任，青年团负宣传责任，政府处调和地位，军队则为后盾。

五、消极工作划分办法：

（子）党部以强硬之态度，对于某党之非法言论行为，尽量予以纠正；

（丑）党部对于某党苛虐人民之事实，应随时代表人民呼吁；

（寅）党部对于各机关，如发现有某党混迹，应负责检举；

(卯)党部对于各民众团体，如发现有某党主持混迹，应负责调查检举。其未经许可者，应会同政府予以解散。其已许可者，应撤销其许可证，并会同政府予以解散或改组；

(辰)某党一切非法宣传，如"统一战线"、"新阶段"、"拉丁化运动"、"新启蒙运动"、"民主政治问题"及"少数民族问题"应由党部负责取缔；

(巳)某党报章杂志，如有违禁之文字，书店如发售违禁之书籍，应由党部负责检举，并会同政府予以封闭；

(午)某党军队之政工人员在各地假借名义滥组非法团体，应由党部负责调查检举，并会同政府予以解散；

(未)某党外围组织，如民族解放先锋队、西北青年救国联合会、工人救国会、农人救国会、妇女救国会、全国学生联合会及其他类似之组织，由党部调查检举，并会同政府予以解散；

(申)某党之通讯网调查网，应由党部调查负责取缔。

(乙)青年团：

(子)青年团对于某党之非法言论行为，应与党部取一致行动，尽量批评并宣传其错误；

(丑)青年团对于某党苛虐人民之事实，应与党部取一致行动，随时代表人民呼吁；

(寅)某党一切非法宣传，如"统一战线"、"新阶段"、"拉丁化运动"、"新启蒙运动"、"民主政治问题"及"少数民族问题"，青年团应以正确之理论辟其荒谬；

(卯)某党报章杂志如有违禁之文字，青年团应以正确之理论纠正其错误；

(辰)某党之一切不法行为，青年团应随时与党部商洽，采取一致行动。

(丙)政府：

(子)政府以调和态度，协助党团

（丑）政府对于中共阻挠政令，破坏保甲之所为，应依法拘办；

（寅）政府对于某党鼓动人民殴辱官吏之所为，应依法拘办；

（卯）政府对于某党滥发钞票，行使伪钞之所为，应依法拘办；

（辰）政府对于某党鼓动人民抗款避役之所为，应依法拘办；

（巳）政府对于某党扰乱治安之所为，应依法拘办；

（午）属于党团范围以内事项，遵重党团意见，并予协助。

（丁）军队：

（子）军队以监视态度，保持沉默，以为党团政府之后盾；

（丑）某党假借名义滥组军队，苛虐人民，阻挠党务、团务、政令之所为，军队得根据党团部政府之请求，予以制止。

六、积极工作之划分办法：

（甲）党部：

（子）民众团体之训练，民运工作之加强，由党部负责办理，政府协助，务使某党无法煽动；

（丑）乡村基层党务之发展，由党部负责，政府协助；

（寅）出版业之调查统制，由党部负责，政府协助；

（卯）农贷事项，由党部派员负责指导监督；

（辰）其他有关党务之推动事宜，由党部负责，政府协助。

（乙）青年团：

（子）青年团应积极从事宣传工作，务使某党无法掩饰欺骗；

（丑）乡村团务之发展与推动，由青年团负责，政府协助；

（寅）政府政令，由青年团协助推行；

（卯）其他一切工作，青年团应随时督饬团员协助办理。

（丙）政府：

（子）政府应切实健全本身，务使某党无疵可指；

（丑）改善行政机构，由政府负责办理；

（寅）调整行政人员，由政府负责办理；

（卯）充实民众自卫武力及保安团队，由政府负责办理；

（辰）严密保甲，运用保甲，由政府负责办理；

（巳）自治业务之推进及工作竞赛，由政府负责办理；

（午）农贷业务之推进，由政府妥筹进行；

（未）关于政府办理事项，应充分采纳党团军队之意见。

（丁）军队：

（子）军队应与党团、政府行动切实配合；

（丑）军队应制止异动，支持保安队压迫某党就范；

（寅）军队政工人员，应加入党团活动；

（戊）情报由党团军政分别搜集，随时会报。

七、下级联系适用对付共产党活动办法实施纲要规定之小组会议。

八、加强陇东民众组织计划纲要之实施，参照本大纲，由党团军政努力推进。

九、本大纲由主管机关妥密保管，实际运用，不以命令转行。

十、本大纲如有未尽事宜，随时修改之。

〔国民政府行政院档案〕

17. 国民政府军令部企图缩小八路军新四军抗日区域接连制订三次反共方案签呈

（1940年4月19—22日）

（1）签呈之一（4月19日）

签呈 二十九年四月十九日
于第一厅第一处第十二科

查当此国步方艰，强敌压境之际，正捐除偏见，共赴国难之时，现倭寇已图穷匕见，溃败之期不远，而国军则经三载奋斗，胜利之望在即，孰意非法部队，假借抗战救国之名，阴为扩张实力之举。比月以来，强夺政权，排除异己，其非法行为，不胜枚举，实属罪大恶极，不容轻恕。惟因其与国军防地错杂，致其轨外行动诿之于对方，而有所藉口，不称友军向其袭击，即诬友军勾结日寇，且往往捏报战绩，或将友军之战果称为已有，是非颠倒，淆惑听闻，固应大事挞伐，以振纪纲，而为避免予倭寇以可乘之机，似应示以中央宽大之怀。谨就所见，拟具对案如左：

第一案（如附图）〔图略〕

不变更战斗序列，明确律定十八集团军及新四军之战斗区域：

十八集团军应在旧黄河—齐河市—馆陶—邯郸（新律定）—长治—太谷—平遥—介休〔已经律定〕相连之线以北地区，服行作战任务，线上属该集团军。新四军仍遵前令，开回江南京芜附近地区作战。

办法：

一、严令该集团军及新四军应在确定之战斗地区内作战，其在第一、第五鲁苏战区内之部队，限期撤退。

二、密令于总司令、沈副总司令、石副总司令、卫长官绵密部署，严加防范其越境。

三、未奉明令擅自越境，即以叛逆论惩，断行挞伐。

理由：

一、作战地域，既经明确划分，任务与防地，自然明显，则其非法行动，无所藉口，我之监视，亦较容易。

二、事实上，该地境线以北地区，已为该集团军非法割据，如以武力制裁，颇多困难，似应暂取慎重行动为宜。

三、派遣国军，再度进入该地区内，亦难恢复原有之地位，且易惹起更不良之结果。

第二案（如附图）〔图略〕

变更战斗序列：

委朱德为冀察战区总司令、彭德怀为副司令。

冀察战区南部之地境改为齐河—馆陶—邯郸以北相连之线（线上属冀察战区）。

办法：

一、限令该集团军在第二战区及鲁苏战区之部队，均开入冀察战区作战。

二、新四军仍遵前令，开回江南京芜附近地区作战。

三、陕北十二县仍维持现状。

理由：

一、在目前之一般态势，冀察战区除南部数县外，已为该集团军非法占据，根深蒂固，非短时间可以收复，故委以冀察战区总副司令，亦仅系加委之手续而已。

二、冀察战区有平津、通保及张家口等大都市，平津、平绥、津浦等铁路线，为倭寇所必争，该集团如遵行该方面之作战任务，于抗战前途亦属有利。

三、委以崇高之名义，减少其占据之地域，且足以表示中央宽大之怀。

四、可以截断十八集团军与新四军之连系。

两案之比较：

第一案未予该集团以较高之名义，惟事实上该集团已成割据冀察及晋东北之形势，反之，第二案，表面上该集团名义虽较高，实际上我不异收复晋东北及冀南矣。

如何之处，敬请

钧裁

（2）签呈之二（4月21日）

签呈 四月二十一日
第一处第十二科

查非法部队行动日益嚣张，惟因其与国军防地错杂，致其轨外行动诿之于对方，而有所藉口，不称友军向其袭击，即诬友军勾结日寇，且往往捏报事绩，或将友军之战功称为己有，是非颠倒，淆惑听闻，固应大事挞伐，以振纪纲，惟中倭战争已胜利在望，为避免予倭寇以可乘之机，似应示以中央宽大之怀。谨就所见，拟对案如左：

第一案（如附图）〔图略〕

变更战斗序列，将该集团军编划为冀察战区，委朱德为冀察战区总司令、彭德怀为副总司令。

冀察战区南部之地境，改为齐河—馆陶—邯郸各北端相连之线（线上属该集团军）。

办法：

一、限令该集团军在第二战区及鲁苏战区之部队，均开入冀察战区作战。

二、新四军仍遵前令开回江南京芜附近地区作战，或均开冀察战区作战，惟新四军应在第十八集团军遵令退出鲁苏战区后，新四军方可向冀察开入。

理由：

一、在目前一般之态势，冀察战区除南部数县外，已为该集团军非法占据，根深蒂固，非短时间可以收复，故委以冀察战区总副司令，仅系加委之手续而已。

二、战区之作战地境，稍有固定永久之性质，即经明确划分，任务与阵地，自然明显，则其越境非法行动，无所藉口，我之监视，亦较容易。

三、派遣国军再度进入冀察战区，亦难恢复原有之地位，且易惹起更不良之结果。

四、冀察有平津、通保及张家口各大都市，平津、平绥、平汉、津浦等铁路线，为倭寇侵略地之后方，该集团军如遵行该方面之作战任务，于抗战前途亦属有利。

五、委以崇高之名义，减少其非法占据之地域，且足以表示中央宽大之怀。

六、第十八集团军开入冀察，新四军开回江南，可以截断其连络，如均开入冀察，则尔后第三战区战斗进展时，可避免新四军之扩充实力，故以后者为有利。

第二案(如附图)〔图略〕

迁就事实，划数个作战区域。(如附图)〔图略〕

划分冀中区、冀北区、晋东南区、晋北区、冀察晋边区、京芜区等六个作战区域。

办法：

一、该集团军均开入划分六个区域内作战。

二、区域外仍由国军驻防。

第三案(如附图)〔图略〕

就现在状况，按兵力大小划数个作战区域。

本案与第二案之趣旨相同，故划分之区域亦无多大出入，惟按兵力之大小所划区域较第二案者为稍小耳。

第四案(如附图)〔图略〕

不变更战斗序列，明确律定第十八集团军及新四军之作战区域。

第十八集团军应在旧黄河—齐河县—馆陶—邯郸(新律定)—长治—太谷—平遥—介休(已经律定)各北端相连之线以北地区服行作战任务。

新四军应俟第十八集团军，已全数撤至该地境线以北地区后，亦开入该地区内，或仍遵前令，开回江南京芜附近地区，服行作战任务。

办法：

一、严令该集团军及新四军，应在确定之战斗地区内作战，其在第二、第五及鲁苏战区内之部队，限期撤退。

二、密令于、沈总副司令、石总司令、韩副总司令、李副长官、卫长官、顾长官绵密部署，监视其撤退，并严防其越境。

三、未奉明令擅自越境，即以叛逆论惩，断行挞伐。

理由：

一、事实上，该地境线以北地区已为该集团军非法割据，如以武力制裁颇多困难，似应暂取慎重行动为宜。

二、该集团军如能遵令撤入指定战斗地域后，苏鲁皖各省之非法部队，其轨外行动即无所藉口矣。

右拟各项，究以何者为是，敬乞

钧裁。

附要图两件〔图略〕

(3) 签呈之三(4月22日)

签 呈(四月二十二日)
第一处第十二科

查第十八集团军及新四军越轨行动，日益嚣张，中央如不规定其行动范围，律以作战地境，与国军防地仍相错杂，则尔后引起磨擦，愈益深刻，影响抗战至巨。谨拟定第十八集团军及新四军作战地境四案，附图签请

核定。

第一案：变更战斗序列，将第十八集团军及新四军划为一个战区(冀察)。委朱、彭为战区总副司令案。(作战地境如附图)〔图略〕

第二案：不变更战斗序列，明确律定第十八集团军及新四军之作战区域案。(作战区域如附图)〔图略〕

第三案：就第十八集团军及新四军现在态势，按兵力大小划分数个作战区域案。

作战区域如附图〔图略〕

第四案：就十八集团军及新四军现在分布情形，于黄河以北及长江以南划分两个作战区域案。

作战区域如附图〔略图〕

谨呈

部长　徐

次长　熊

　　　刘

总长　何转呈

委员长蒋

附图一份〔图略〕

〔国民政府军令部战史会档案〕

18. 徐永昌为诬蔑中共、阻挠八路军破坏敌后交通线呈

（1940年5月6日）

签呈

据阎长官马未参战天电转据第十八集团军朱、彭总副司令文参电略称：“敌近在华北除挑拨离间，破坏团结，并将我国旧有道路大部修复，现正以重兵掩护，积极修筑铁、公路中。我为经常阻止敌之修路，并破坏其已成之交通线，粉碎敌交通网之计划，已划分破坏区域，令饬各部队于四月十日起彻底破坏。”等情。查中共阴谋叵测，经审核此项部署，包括华北五省，当含有政治作用在内，如准其备案，则该部将来对于活动区域有所藉口。除复令转饬应遵照战斗序列之规定，受所属战区司令长官命令服行作战任务，至冀察、鲁苏两区敌后方交通破坏已分电卫长官、于总司

令部署实施外，理合将办理情形，恭呈
钧座鉴核。谨呈
总长何转呈
委员长蒋

附要图一份〔略〕

职徐永昌呈二十九年五月六日

〔国民政府军令部战史会档案〕

19. 陈诚为商订"共党问题处置办法"致徐永昌函

(1940年6月)

(1) 陈诚致徐永昌函(6月26日)

次辰吾兄勋鉴：兹奉上拟定共党问题处置办法暨该党不法行为一览表各一份，敬祈察收核签意见，即予见示为何。耑此敬颂
勋祺。

弟陈诚拜启　六月廿六日

共党问题处置办法
——分别密令各省党政军高级长官

(甲)原则

一、"国家至上，民族至上，军事第一，胜利第一，意志集中，力量集中"为我全国同胞实行抗战建国之最高原则，故凡违背国家民族之利益，减低军事胜利之把握，促使意志力量之分散之言论或行为，均为国人所共弃，断不容其存在。

二、共产党自抗战伊始，即自动宣言愿奉行三民主义，共赴国难，服从领袖。本党希望其实践宣言，服从中央，遵守法令，彻底取消其一切"特殊化"之行为与组织，今后一切设施与行动，必须合乎国家之统一与独立为唯一原则，不再自居于整个国家体制之外。

三、共产党既宣言奉行三民主义，拥护抗战建国，其中定不

乏忠诚为国之志士，为巩固统一，团结御侮，争取胜利，完成建国而努力。本党领导国民革命，居国内唯一执政政党之地位，对任何政治集团，均当负督导监察之责，其于共产，亦当本大公无私，与人为善之精神，予以精诚感格，使之服膺革命，猜惧歧视之心理，固须彻底扫除，利用敌对之观念，更应根本打破。

四、揆诸抗战以来之事实，共产党贡献于国家民族者少，谋一党之私利发展者多，在我固处处宽大为怀，相忍为国，而共党反觉有机可乘，日益放肆，长此以往，殊非国家民族之福，故吾人对共党虽仍应抱与人为善之态度，但对其非法活动与无理要求，必须严厉取缔或拒绝，断不可迁就退让，再事姑息，否则，适足以演成严重之局势。

五、处置共党对与对俄外交本为截然二事，中俄唇齿相依，邦交之亲睦，势所必然，况日寇之横暴，尤为两国共同之敌人，中国现在艰苦抗战，苏俄亦不愿袒庇共党，致碍抗日，故吾人欲求对俄外交之进步，更非坚定本党对共态度，而有严正之立场不可，若多事瞻顾，使共党之气焰日就嚣张，则非仅启英美法之疑虑，影响其对华援助之信念，且于苏俄之国际外交亦增多困难。

六、处置各地共党问题，我党军政步调必须完全协同一致，且特别着重层层负责与执法以绳，即凡共党违反法令与破坏统一等事件，各级均当依照法令，随时随地予以处分而纠正之。

七、最后，吾人处置共党问题，完全根据我最高革命领袖持平的及理智的态度，以整个国家民族利益，而为长期久远之谋划，决非狃于任何偏见，故事吹求，以激成共党之不安，此种至大至公之精诚，当为全体同志所必须深刻了解。

（乙） 对共党各种活动之限制

一、军事方面

（1）八路军与新四军之军政军令，必须统一于中央，旧八路军之番号，即应饬令取销，并通报全国。

（2）正规军只有驻地，并无防区，八路军与新四军自应服从上级司令部之指挥调遣，不得要求划给区域。

（3）游击部队可划定游击区域，但非得军事委员会之命令不得脱离驻区，尤不得越出其活动范围，八路军与新四军派遣游击部队，事先须请示中央，规定其位置与动向，藉与各友军取得联系，配合整个战略部署，否则即以违抗军令处置。

（4）八路军与新四军既经改编为国民革命军，必须完全造成国家武力，故其编制与补给办法，必须遵照军政部统筹规定，绝对不准自由招募，尤其不准就地征粮或收缴民枪，乘机扩充私有武力。

（5）陕北河防警备区改派其他部队接防，十八集团军另调第二战区防务。

（6）游击根据地之规定及当地政权之建立，应由主管战区司令长官协同战地党政委员会决定，而委派地方官吏及征收赋税，则仍归各该所隶省府办理。

（7）共党军队政训工作，应照军委会政治部所颁布之宣传纲领及其他规定之政训工作办法行之，而政工人员之编制与人事，亦应悉依政治部命令行之。

（8）在八路军与新四军之驻在区，军事委员会得指定中央与之互派联络员，监视其整个活动。

（9）共党不得以其军队或他种名义，随地设立后方办事处，以为秘密工作与通讯之掩护，嗣后所有各地办事处，非经呈准中央者，一律封闭。

二、党务方面

（1）党内党外均应一致遵奉抗战建国纲领，以实行三民主义为最高原则，任何纠纷皆当取决于领袖。

（2）共党在各地不得有任何公开或秘密之组织，如个别共产党员在各地公私机关团体服务者必须开列名单，呈报中央，否则一经发现，即以战时非法活动论罪。

（3）共党外围组织“民先队”与“救国会”应即令取销，其份子一律由中央指定机关接收训练。

（4）共产党员非经中央特许，绝对不准服务于各部队机关及军事性质之学校，交通及产业机构中。上述各种部门尤应严格防范共党潜入活动，发展其秘密组织。

（5）共党应即停止违反本党政策之种种荒谬宣传及共产主义思想之传播，关于“统一战线”、“新阶段”、“拉丁化运动”、“新蒙运动”、“民主政治问题”、与“少数民族问题”等反动宣传活动，即应取缔。

（6）共党不得单独设立机关报与杂志，及印刷前述种种及宣传品之书店，违则即行封闭。至于共党言论，在可能范围内准其发表于本党外围刊物。

（7）对付共产党员之态度，可分为二种：上层注重“理性之折服”，以“严正”对之；中下层当予事实上之“打击”，以“严厉”字对之，然对于思想不正之青年，各级负责同志，尤宜开诚感格，善为诱导，使之悔悟。

三、行政方面

（1）绝对否认共党所谓“陕甘宁边区”之组织，中共应决定认此为地方问题，授意各该省政府自动以种种必要手段，恢复管辖权力。

（2）共党在华北各省游击区内组织之地方政权，应即令移交冀察战区党政委员会分会。

（3）教育与训练机关，必须绝对统一中央，“陕北公学”与“抗大”应令停办，或归中央接收，至少其教员应由中央派遣。课程应呈请教育部核定。

（4）任何地方，不得建立违反本党立场及中央法令之经济制度。

(5) 根据重庆财政会议，战地省政府得发行以法币为基金之省钞及辅币(军用流通券)，但各省发行之数量，应先呈准，不得滥用滥发，以防流弊。

(丙) 目前亟待解决之问题

一、陕甘宁边区问题

(1) 调整陕北行政区域及人员——划绥德、清涧、吴堡、榆林、米脂、葭县、横山、安定、府谷、神水、延川等十一县为第一行政区，肤施、保安、安塞、延长、甘泉及靖边之一部份等七县为第二行政区(必要时可增划甘省之合水、环县、及庆阳之一部份归陕西第二行政区)，洛川、宜川、鄜县、宜君、中部等五县为第三行政区。第一、三两行政区之专员保安司令及各县县长，由本党遴选忠实精干有斗争经验之同志担任，第二行政区，则准由共党保荐，由省府任命。

如上述办法实行困难时，则就伪边区目前所占据之区域，成立陕北行政委员会，直属陕西省政府管辖，其人选得由共党提出名中之一部份，向陕西省政府推荐，经核准后任用。

(2) 加强“边区”党务——由中央遴派大员，赴陕北及邻近“边区”各县办理党务，积极训练干部，吸收党员，组织民众，对“边区”组成极坚固之封锁网，并会同当地军政负责人，组织党团，策划指导一切，逐渐肃清其势力。

二、八路军新四军问题

(1) 统一编制及确定兵额——八路军新四军之编制，应与其他国军之编制名实一致，其兵额亦应有限制，由军委会派员点编，经点编后，不得再以任何名义组织游击队或其他武力，其后非因作战伤亡，不得擅自补充或扩编。

(2) 确定作战任务及区域——由军委明令定之，嗣后只准在指定区域内执行任务，非得军委会命令不得越出范围。

(3) 各地方当局分别与该军之负责人切实约定，不得与地方发生关系，并不得作民众运动。

三、“晋察冀边区”问题

（1）伪“晋察冀边区政府”及其所组织之各县地方政权，应严令解散，限期移交各该省政府管辖，所发行之纸币，责令其负责收回，否则以军饷作抵。

（2）充实冀省之行政机构及人员，由本党中有斗争经验之精干同志充任各县县长，并与当地党部游击部队密切联系，积极与共党斗争。

四、其他问题

（1）抗大、陕公、妇女大学、工人大学等校，先勒令停办，听候解组。

（2）新中华报、新华日报、解放、群众等一律禁止发行。

（3）共党的组织，停止发展，不得在各机关、各部队、各学校、各团体中吸收群众。

（丁） 积极防止办法

以上所述，俱偏于消极的防止，惟今日之处置共党问题，非仅消极防止所可奏效，尤贵乎本党自身之充实力量健全发展，积极推进各项工作，以与其作积极斗争，方克有济，故吾人欲求共党问题之圆满解决，与其处处责备他人，不如事事求诸在我而从本身努力。

一、党务方面

1. 关于一般的：

（1）积极加强本党之民众运动，使之阶层民众，皆在本党领导之下，以杜绝共党活动之机会。

（2）全国各级党政军机关，应尽量吸收优秀青年，予以训练，分配其工作（是项经费将由中央统筹办理）。

（3）健全保甲组织，并发展本党党员，使每保或每甲皆有本党党员之分布，以任领导民众及防制共党活动之责。

（4）严厉统制出版事业．凡书店、报社、印刷所，一律收回国有国营。

（5）大量印行本党各种宣传书籍、报纸、杂志等，广事宣传，并充实文化驿站，普遍于全国各地，组织广泛的发行网，以利宣传。

（6）大批训练党的中下级干部，整饬党纪，健全各级组织机构。

2。关于游击区的：

（1）配合军事环境，与游击部队密切联系，在各游击区内，选择若干有利地区作为发展游击区党务之根据地，在每一根据地开办一规模完备之训练班，大量吸收游击区内之青年，施以训练，担任党的任务。

（2）在游击根据地以外之各县，视环境之需要与可能，亦各举办小规模之训练班或流动训练班，就地训练青年。

（3）在邻近游击区，如豫西、豫北、陕北、皖南等处，选择若干重要地点，各举办规模较大之训练班，以吸收离乡青年。

上述各种训练班，采分科训练方式，俾养成党的组织、训练、宣传、民运等各种有专长技能之人才。

（4）大量发行报纸及各种宣传刊物，并在各沦陷县份，建立普遍之交通网，以供宣传品之传递。

（5）用各种不同方式不同名义以组织游击区内之民众。

二、行政方面

1。改善地方行政机构，特别加强战区之地方行政干部，尽量选用贤能与青年，绝对不可利用贪污土劣，作防止共党之工具。

2。地方各级行政人员，对于处置共党问题，必须尊重当地党团之意见，并尽力协助党团，进行检举与肃反工作。

3。地方各级行政官吏，非经中央特许，不得引用共党份子在机关或学校中服务，利用共党份子之心理必须打破。

三、军事方面

1.加派有力部队或忠实精干之游击干部，前往冀鲁，俾加强本党在华北之武力，以压制共党之发展。

2.加派有力部队开入陕北，或陕北就地编组军队，以树立本党在该区内之武力，保障党政工作之推进。

（戊）方式与技术

一、中央党政军高级长官，每月会商一次，研讨对共党问题之处置，地方党政军每半月或一旬开联席会议一次，战地则由党政委员会分会协同当地最高军事机关随时协商或规定例会。

二、党政军各机关对付共党之态度，中央应不宽大，地方务须谨严，下级积极斗争；在分工上，党部负斗争责任，政府处调和地位，军队则为后盾。

三、制裁共党活动，应尽量运用民众力量，党政机关避免直接出面，尤须避免党派斗争之痕迹。

四、党政军各机关应指定本党忠实同志专责办理关于共党之案件，以保持绝对机密性。

五、搜集各地共党活动资料，每半月汇编调查专报，密令各级有关机关，协同防止。

六、以组织打击组织，仍为对共必要之方针，无论政治、军事、经济各方面，均应加强本党党团及特种组织之活动，并使中央颁布之防止异党活动办法能具体执行。

七、加强特务工作，以对付共党之间谍，组织特种党团，打入共党组织。

八、利用共党内部派别矛盾与思想斗争，令其组织类似“AB团”之反共活动，以分化其内部力量。

九、以一切有效方法，尽量破坏共党各地组织网、通讯网及其发行网。

(2) 徐永昌复陈诚函(6月28日)

辞修吾兄勋鉴：承示拟定共党问题处置办法暨该党不法行为一览表敬悉一一。兹遵属拟具军事方面办法十项，附函奉陈，即祈

卓裁为幸。耑复敬颂

勋祺。

弟徐永昌拜　启六月　日

关于军事方面九项，兹修正并添一项如下：

1.第十八集团军与新四军既经改编为国军，其军令军政应统一于中央，所有该两军编制、补给等均应遵照中央法令办理，不得有"特殊表现"及私行征募等情事。

2.为统一指挥机关之名称，所有以前各路名称不属于战斗序列者，均通令取销，第八路军名义亦经同时取销，不得再行沿用。

3.国军之驻地视情况为转移，统由军委会或战区以命令规定之，十八集团军与新四军自应服从上级命令，不得要求划给区域。

4.第十八集团军与新四军之战斗序列与游击区划分，统由军委会以命令行之，该两军不得自由变更，越出命令范围，凡经命令改入于另一战区者，应受该战区长官统一指挥。

5.严禁十八集团军及新四军强提团枪或缴友军枪械及私编部队私委名义，其已委之各部名称番号经报由军委会核准有案者，经费由战区统筹统支；严禁向地方征发与派款。

6.陕北由清涧河以北之河防，改派其他国军接替。

7.游击根据地之规定及当地政权之建立，统由该管战区司令长官协同战地党政委员会核定，其地方官吏之委派及赋税之征收仍归各该所隶省府办理。

8.十八集团军与新四军政训工作应照军委会政治部所颁布之宣传纲领及其他规定之政训工作办法行之，而政工人员之编制与

人事亦应悉依政治部命令行之。

9.军委会为求与十八集团军、新四军密切联系起见，照各军前例派联络参谋若干员前往联络考察，该参谋等应适时呈出报告，以便指导考核纠正。

10.十八集团军与新四军除在军委会行营及战区长官部所在地经准设置办事处外，其未经军委会核准者一律取缔，以杜流弊。

〔国民政府军令部战史会档案〕

20.军委会办公厅关于皖省方宏孝报告皖东党政军概况及社会状况并提供整理意见函

（1940年9月10日）

军事委员会办公厅快邮代电　办四渝三字第10542号　中华民国廿九年九月十日

军令部勋鉴：奉总长交下侍从室第三处抄送党政训练班毕业学员安徽省党部委员方宏孝报告皖东种种危机，附陈整理意见一份，特随电抄送，请查照参考为荷。军事委员会办公厅。办四蒸。三渝。

附抄方宏孝报告一件

抄原件

皖东危机

附提供意见

甲、地理形势

皖东为皖省行政第五区，辖全椒、含山、和县、滁县、来安、嘉山、天长、盱眙等九县，行政督察专员公署党务指导专员办事处均设于全椒西南陲之古河镇境内。有大别山余脉自东北迤逦于西南，淮河支干流汇入苏皖边境之洪泽湖，岗峦起伏，湖沼综错，利于游击。津浦路穿其中，淮南路贯其西南，西障大别，北控徐、蚌、南与宁(南京)、芜(芜湖)仅隔一江。倘以重兵游击，截断津浦、淮南两路，非特保障皖西、皖北之安全，且足以隔绝倭寇南北交通，进而威胁宁、芜，事实上极有可能。故目前，敌为汲汲乎欲彻底扫荡皖东，并积极笼络人心，无非所以保障其伪组织外围之安全，而免受我之威胁。但在我方言，如果皖东藩篱不固，不徒大别山不能安枕，即皖北豫东亦岌岌可危。总之，保障皖东，即所以保障皖省，皖东形势重要于此可见矣。

乙、党政军概况

(一)党务

皖东党务较皖之其他各地尤为废弛，党纪不严，党基不固，党德不修，党谊不明，凡属本党当前之病态靡不具备。自设处指导以还为时无多，虽云微有开展，但距理想尚属辽远。尤以青年思想受敌伪、新四军荒谬宣传之恶响，复杂异常。欲图根本廓清，当须付一绝大之努力。

(二)政治

皖东幅员破碎支离，各县均有敌伪、新四军之伪组织，我政治力所能行使之区狭隘可怜。即如滁县而言，仅有第二区韦家湾一隅之地，政府勉可施政，然尚受制于红枪会，不克顺利推行。红枪会之原先自动组织者，不受政府领导，为所欲为，抗拒纳税，反对征兵，甚至擅杀官吏(如和县红枪会杀死县长赵云治)。其他不法行为，概可想见矣。惟其仇恨新四军可云入骨，见则驱逐，捕则诛戮，以是新四军惧樱其锋，趋避其境。其于敌伪则互不侵犯。虽敌伪时施怀柔、观感、笼络、利〔诱〕，亦不就范。此点尚堪差强人意。皖东防卫力量单薄，省方复无兵可调以增防，行政当局于无可奈何中，一面因势利导，整饬原有之红枪会，一面运用保甲普遍组织红黄两种枪会(全椒已着手)，藉用以杀敌、锄奸、剿匪，惜为时甚暂，成效未著。至于保甲效用，几等于零。而行政官吏大多怯懦、腐化、贪污、自私，求能忠党、报国、爱民、实是求是、脚踏实地致力本位工作者，实不多觏。

(三)军事

皖东各县卫队，滁、来、嘉三县为新四军，扫數缴罄。全、含、和、巢四县原有武力既已不足自卫，后为新四军零星勒剿，所余凡难成队。惟盱眙一县，有十七中队之众，可谓雄厚，无如该县县长秦庆麟暴戾恣睢，拥兵自豪，秦之在盱、天两县俨然一大皇帝，政府惧其降敌，祗羁縻之而已。至其在区保安司令指挥之下者，有第五战区第十、第二十两游击纵队，暨行政督察专员李本一旧部国军一零二六团三营，一营、三营实力雄厚，军纪较严，战斗力颇强。第十游击纵队辖有刘、柏、谭三支队；第二十游击纵队亦辖三支队；率皆纪律败坏，军行所至，民众蹙额（现二十纵队已奉令撤销）。据敌伪评云："战刘支队，则一打一战；柏、谭两支队，一打十战；第二十纵队，只须两人即可击溃其全纵队矣。"以此可以概见该纵队战斗力之强弱矣。然为保障皖东北区之部队，年余来亦转战不休，伤亡惨重，疲惫已甚，亟待休息、整顿与训练。

(丙)社会现状

(一)敌伪

敌伪之皖东，由点线之维持，进而谋面积之扩展（汪逆登场后之动作）。于军事则不时扫荡，于政治则大施怀柔，于经济则恣意掠夺（刻正修筑淮南路、巢含公路、蚌合公路）。而党务则有各具整理委员会之伪组织，近已积极开始登记，并至各县吸收民众。至其内部，对政治机构则汰恶留良，对军事则锐意整饬伪绥靖队之军风纪，且极力扩充。近来其荒谬宣传品无孔不入，威胁利诱，极欺骗招徕之能事。曩昔敌区逃出之难民，感生计之艰难，受新四军之暴虐，纷纷返回原籍，以故敌区人口激增。如滁县城内，自敌人占领后，人口本极为寥落，但最近竟激增至六万三千余人。其外，如巢县、合肥、和县、凤阳、嘉山各城市人口亦日渐增多。又如滁县原有之武装民众，因不堪新四军之骚扰，及生活之压迫，携械前往投奔敌伪，受编伪绥靖队者最近亦竟增至二十余人之多。问题殊属严重。

（二）新四军

新四军盘据皖东为时最久。其在津浦路东之据点，为来盱边界之半塔；路西之据点，为滁定边界之藕塘。今年二月二十三日，该军于滁属施家集叛变后，各处发动，和含边界之陶家厂，阎义，滁县之珠龙桥亦皆为据点。新四军主力部队第四、五两支队战斗力颇强。至其收编之部队，名目繁多，不可胜记，实力亦难统计，大率皆痞棍所结合，武器窳败，斗志全无。自定远一役，其所诩勇敢善战之罗炳辉司令阵亡后，士气沮丧，不堪一战，日来行踪飘忽，专事搜乱良民，组织莠民，强征升斗之粟，勒捐钩铢之财。有数亩之田则指为地主，稍负声誉者则目为土劣。诬我忠实党员为反共投敌降派，指我行政官吏为汉奸，任意杀戳。种种暴行，罄竹难书。目前于其盘踞之区，良善逃匿（有携械投敌 者），痞 棍横行，农抗、青抗等伪组织林立。兹将其不法行为略举数事，以见一斑：

一、在滁县、定远县边界藕塘发行流通券七十万元，并在津浦路以东之来安、嘉山、泗县、盱眙、灵壁等县发行流通券一百二十万元。

一、在合肥县东乡、南岗集一带征烟苗捐，每保二千元，计可收集一百万元以上。

一、征集来安县粮食，屯聚半塔，致来安饿莩载道。

一、在合肥县马集活埋青年二十一人（因掩土不厚，最上层一人逃出坑，死者二十人）。

一、悬赏五十元购全椒县党部书记长金樾轩头。

一、勒捐滁县广卫刘（地名）胡长海法币千元、大米三百石。

一、三月十一日，于滁县施家集围缴滁县常备队械五百余支（来安、嘉山、天长等县自卫队械被缴一空）。

（三）走私

皖东九县县城，除和县、含山外，余皆为敌伪占领，极便仇货倾销，土产资敌（以食米、麦类、苎类、棉花、鹅毛、猪鬃等为大宗），负贩商贾络绎于途，人民商贾、公务员、货检处寖寖乎有走私竞赛之趋势。因此物价飞涨，生活奇高，目前食米每石竟涨至三十元之巨。长此以往，影响国计民生，至为严重。兹举数事以概其余。

一、当地游击队包运黄芝麻，每百斤征保送费八元三角，官得八元，兵得三角。

一、民众商贾偷运小麦至巢县之中，悍负贩结队竟有多至二、三百人一行者，每次获利与成本相埒。如鹅毛、耕牛、猪鬃、鸡蛋等物，黑夜抄小径源源以去，仇货旋随之滚滚而来。

一、当地县府及县商会藉名调剂民食，由古河源源舟运大米入敌区销售。

一、皖东财政厅第六仇货检查处没收鹅毛达四千余斤之多，于三月四日舟运赴南京，行抵全椒县属赤镇为和县红枪会枪〔抢〕去千余斤。至其对于仇货进口，则以征税为目的，从未依法加以取缔。

（四）毒苗

合肥东乡、梁园、南岗集一带及淮南路两侧（包括巢县境）毒苗匝地，际兹花开时节，红紫纷铺，深如色毡。巢县烟区为敌人控制，欲禁不能。合肥烟区，为我行使之地（目前为新四军盘踞），能而不禁。近来新四军每保征烟捐二千元，即于此等地区。

（五）民风

皖东民性逊于皖北之强悍，优于皖之柔弱，知识低下，民族意识本不强烈，乃复频受敌伪怀柔之暗示，顺民思想益加浓厚。无故潜入敌区领取良民证者，数见不鲜，而公务员其两面派者亦所在多有。近因社会情形激变，所有较热闹之镇市只见遍地之赌场与林立之烟馆。人民所存侥幸！不法心理已成一般风习。其遗留于敌区者，妇女则贞操全无，男子则廉耻道丧，稍具知识者咸抱降汪非降倭的谬见，其能与敌伪貌合神离者尚属庸【中】佼佼、铁中铮铮。

（六）青年问题

皖东青年其精神之苦闷较诸他处者为特甚。教育破产，驱之失学；政局混乱，驱之失业；兵燹迭见，驱之流离，驱之死亡。皖东当局劳于军事，对于青年之收容、训练与支配等工作未遑计及，纵曾想及之，亦苦无经费进行上项工作。此时际，敌伪则用金钱收买，新四军则用感情笼络。青年知识原即幼稚，情感复易冲突，以故投降新四军者有之，归顺敌伪者有之，徬徨十字街头者有之。为青年本身计，应有以安辑，为党国命脉计，应有以训练与领导，为消灭敌、新四军计，亦宜争取误入歧途者与徬徨十字街头者迅速来归。凡此种种，皆为目前严重问题。

（七）游击队问题

皖东所有游击队之数量与力量已如上述，其不容忽视者：其（一）则为纪律问题。处处混乱局面下，敌伪、新四军千方百计迎合民心，争取民众之际，我游击部队倘仍如前此之扰民害民，是不啻自断手足，为敌伪、新四军造机。其（二）则为素质问题。游击队士兵入伍以来，即调动不休，从无时间从事于军事、政治之训练。而官佐率系曩日地方之豪绅，军事常识，政治认识既已不够，而作威作福之恶习与本领反高妙深锢。其（三）则为薪饷问题。游击队士兵薪饷月仅六元，且不能按月发给，于百物腾贵，生活高涨之皖东，此寥寥之薪饷，糊口不足。其平素包庇走私，敲诈勒索等情，虽云训练不严，纪律不明，有以致之，然薪俸微薄，生活难安，亦为促成其不法因素之一。其（四）则为武器配备问题。游击队武器之来源，小部则为夺自敌人或截自溃败国军之手，大部则征自民间。夺自敌人者，以口径之不同，弹药缺乏，其征自民间者，率皆窳败。其所以战斗力薄弱者，此亦一因。其(五)则为游击战战术问题。游击队之效用，原贵灵活运用游击战术，而皖东游击队游击战术之不讲作战方式，全同正规军，以武器窳败之游击队，当坚甲利兵之顽敌，宜乎每辄多不利。(六)则为补充缺额问题。当游击队成立伊始，官佐既虚报名额以吞饷，加以作战经年，伤亡惨重，虚额益多，究其实力，虽云两纵队，倘切实配备，恐一纵队俱难健全。上述各项皆为整理游击队所应注意者也。

提供意见

皖东问题纯为军事问题，军事不能打击敌伪，扫荡新四军，党务、政治均难期进展，兹特根据现实提供整理皖东意见如下：

甲、军事

一、调遣中央军前往接防，既予游击队休息、整理、训练之机，复以中央军之威力扑灭新四军，捣毁一切伪组织，并截断津浦、淮南两路，阻滞敌伪陆路交通，保障皖西、皖北。迨上项工作告成，再以整理就绪、训练成熟之原有游击队接防，中央军调回。

二、成立直隶中央之特种行动队（秘密组织），专事打击敌、伪及防止新四军死灰复燃。并执行情报及惩治汉奸、贪污、走私、殃民等各项工作，但不直接干预地方行政。前项特种行动队之组织，实鉴于皖东颓势业已形成，如不采取严峻迅捷与秘密之措置，决不足以打击敌伪与匪军之行动，并使腐化分子有所警惕。至所以直隶中央，而不委之地方当局者，亦因当地官吏之苟且因循已成习惯，决无此智勇与毅力而切实执行前项工作。

乙、政治

一、成立各县新运促进会，以挽救奢侈、颓废、惰落之民风。

二、从速办理振济及农民信用贷款等，使民众沾得实惠。

三、筹办报纸、刊物，广事宣传，以提高民族意识，打击敌伪、新四军。

四、用军事力量稳扎稳打，逐步收复新四军占领乡区，即进行组织民众武力(如红枪会之类)。

丙、党务

一、拨发专款，翻印党义书籍，作为小组训练材料，提高党员素质。

二、普遍成立三民主义青年团分团部，积极吸收青年予以严格训练后(以劳动服务代替训练)，择其优秀者，用以组织特种行动队，并分令以动员工作、游击队政治工作、肃反工作等。

三、肃反后，将目前分子予以严格训练，严密组织，灵活指挥，既以防范其再事叛变，复用以打击敌伪、新四军，藉收以毒攻毒之效。

〔国民政府军令部战史会档案〕

21. 中执会关于皖省建立组织制订办法防止共产党活动情形报告

(1941年以前)

本省异党活动甚烈，刘主委为防止工作易收实效，会同党政军建立异党活动审议会，以资进行。并就皖省实际环境，拟具组织原则及工作范围和防止办法，于上月养日与政军开始研究中。兹将原文抄录于后：

1. 皖省防止异党活动组织原则及工作范围

(一)为防止异党活动易收实效起见，组织异党活动审议会。

(二)异党活动审议会以左列人员组织之：

甲、廖主席　乙、刘主委　丙、民政厅长陈良佐　丁、教育厅长方治　戊、主集团军总部参谋徐启明。

(三)以每周会谈一次为原则。

（四）以交换情报与决定防止及处置异党活动办法为工作范围。

（五）决定之防止或处置办法按其性质交有关机〔关〕会同，或分别负责执行。

（六）上项办法由党政军长官长联衔分呈中央及第五战区长官司令部备查。

2。防止异党办法

（甲）积极方面：

（一）在异党活动中心区及其武力盘据之县分，自县长以下之工作人员，应选本党忠实精干之同志任之。

（二）加强公务人员之政治修养，切实奉行党政军人员小组会议及公私生活行为辅导办法，并由各机关主管人按期检查其执行程度。

（三）切实健全保甲，实施保甲连坐法，使异党在民众中无可乘之机，民众对异党有警惕之念。并秘密布置保甲通信网，以乡村本党忠实同志及纯良知识分子担任调查异党活动通讯，以辅助保甲长力量之不逮。

（四）含有地方性之训练工作必须由当地党部会同政府合力办理。训练方面，各部门工作人员应由党部及政府调用，并严格注意其经历。教官如必须另行聘任时，更应详加审核。至其训练教材纲要，应遵照中央训练方案，或由党部策划进行。

（五）加强异党活动中心区域之党务，扩大县组织机构，充实其活动经费，完成其基层工作，以增高宣传、组训工作之效能。

（六）各地民众团体及各救亡社团，急应责成各地党部建立秘密党团起核心作用。若无党员参加之团体，即应开展建立之。

（七）督行各地党部每月举行本党活动分子会议一次，检讨异党防止工作之实施与研究发动及领导各该地民众之组织，并书〔尽〕量响应政府之号召，与扶助政令之推行，以防异党之争取。

（八）由党政机关确定具体办法，将各级动委会造成党政一元化，使各级之主任委员及指导员尽量由各地党政最高负责人兼任之。各工作团、宣传团等团体之领〔导〕人，加以切实考核，大量以本党同志充任，切实发动民众，以防异党分子羼入操纵。

（九）各地团队之各级长官及政工人员应加强政训工作，注意检查部属有无异党及左倾分子潜入，并利用精神讲话方式灌输本党主张，及揭发异党阴谋。

（十）对无组织之散漫群众尤应切力组训，切实领导，努力争取中间人（对现状不满，但却不是共产党）。并吸收由共党中退出，而不曾失革命情绪，又有群众工作及政治斗争经验之份子到本党内来。予异党争取同路人的策略和其他党派提出另一政治路线活动之正面打击，以扩大吾党之政治信仰。

（十一）教育行政机关人员及各中小学教职员，应尽量物色本党同志充任之。尤须将具有活动能力及优秀青年学生吸收入党，建立党的组织，领导及训练其日常生活，以坚强本党在教育界及学生中之壁垒。

（十二）各中小学校当局利用假期会同当地党部负责组织学生工作队，下乡宣传、训练民众及地方团队，期加强对主义之认识，唤起其祖国观念，并提高其抗敌意识，以确定其最〔后〕胜利之信心。

（十三）各级党部组织文化服务处或指定专人及鼓励私人，分正中书店介绍本党理论及宣传书报，供给各地文化食粮，防止异党书报之流行。

（乙）消极方面：

（一）各地异党分子发展组织秘密活动，制造纠纷，已经发觉或被检举，即以扰乱治安、破坏政令论罪。

（二）无论在沦陷或安全区，八路军、新四军等名义擅组武装，搜剿民枪，煽惑民众，苛捐勒索者，当地驻军得随时派兵清剿之。

（三）对各救亡及动员团体中人员须加以澄清及统制，宁任有忍〔任〕何影响而不放纵。凡未经立案擅自组织之各县民众团体，应一律取缔，使异党无托足与掩护之所。

（四）党政军各机关须协同一致，对各级工作人员以技术的加以清理。限令各主管人员限期清除异党及左倾份子，并具不任用异党及左倾份子之文据。

（五）党政军各级机关应会同派员查禁收藏与售卖异党之左倾之书报，限期执行。并组织书报审查委员会，凡出版刊物及创作之稿件，必先审查认可后，始得付印，统一发行。以三民主义为本位之言论，否则予以制裁。

（六）健全省邮检所，及建立各地邮检工作，以禁止异党宣传文字之流行。

（七）为使防止异党活动工作易收实效起见，各级党、政、军机关指派高级人员一人，经常会商联络，并交换情报。（完）

〔国民党中央执行委员会档案〕

22. 某反动份子所拟关于反共方针与对策文

（1941年1月7日）

对共方针及政策　1月7日所作

抗战迄今，敌人已决不能亡中国，然共党乘国之危，扩大势力，不服国纪，诚可谓心腹之患矣。尤以欧战爆发后，国际形势一时于我不利，共党乘时扩张势力，进攻国军，中央抱投鼠忌器之心，共党则恣蚕食自大之欲。在宣传上，亦取猛烈攻势，抨击政府外交政策，主张只有苏联为唯一友邦。近以中央态度严厉，国际形势好转，共党态度稍为软化，但今后自必等待机会进攻，吾党对共实不可不有一整个之政策也。

（甲）对于共党之三点观察

关于共党目前情形之研究，非本文所欲讨论。本文重在说明对策，仅就与对策有关者略述三点如下：

(一)欧战后，共党在河北、江苏各处骚动，其原因如下：

一、欧战暴发后，苏联地位甚为重要，共党一面以为“世界革命”之机会快来，一面以为正可挟苏俄以自重，故拼命在抗战中扩大势力，希望在最后颠覆政府。

二、共党深恐抗战胜利后本党解决之，故必在抗战中立于不败之地。

三、配合苏俄之希望，自苏俄之立场言之，自望中日长此相持，敌胜我胜，均非苏俄所愿，中日相持，苏俄一面可增强其操纵远东政局之力，一面可希望中共势力在此期间逐渐增长。就共党言，亦望中日相持之局长，但共党之骚动行动是否全受苏俄指挥，尚唯断定，不过心照不宣，则系事实。

(二)共党扰乱之目的在于三点：

第一、使八路军及新四军打成一片，并扩大根据地。

第二、在西北建立根据地，打通国际路线，因共党深知彼辈欲在中国得势非直接取得苏俄大批接济不可，但不能接壤苏俄，究不便公开援助。

第三、在各地扩大势力，组织同情份子，增强在社会上在政府中的地位，以为其武力之声援，并削弱中央之领导。

(三)有利于共党活动之因素有三：

一、官吏之腐败，经济之危机，有利于共党之活动。共党为一种社会病，惟社会不健全始可乘虚而入。查最近共党在河北、在江苏之骚扰，固其不知大体，而我方官吏之无才无守，亦难辞其咎也。过去鹿主席确有爱国之心，然治事无方。江苏方面腐败之事甚多，均共党得势之故。再最近统制失败，物价高涨，亦成为共党宣传之一机会，人民对政府怨望，即对共党同情，以自然之势也。

二、国际形势之孤立，有利于共党之活动。最近共党骚动之时期，正我国国际形势不利之时期。自六月至九月，德国胜利，滇缅禁运，共党攻击英美，实则利用我国际形势之弱点，使我不得不依赖苏俄，即不能不进一步敷衍共党。

三、本党对共党、对社会中间份子之无政策，有利于共党之活动。因本党对其共无政策，使各地军政当局无所遵循，有作因小失大之摩擦者，有因无备而为共党所乘者，甚至有不知中央政策而欲向共党讨好者。

共党在本党统治下区域之活动，主要利用其外围，但本党过去对于扶植社会正当力量一事，未予充分注意，或喜欢包办，增加他人反感，或只找一般名利小人便于颐气指使，而洁身自好者，则望望然去；或只重视社会上略有虚声之人物，而彼等因无原则而有大欲，毋宁希望利用国共矛盾以自重，或近之不逊，远之则怨，转增本党之麻烦。

总之，共党为国家之病，惟有可健全身体，则诸病可却。治病之道，在此。治共之道，亦在此。本文主意亦在于此。

(2) 解决共党之方策：

(一)和平解决已不可能

共党问题非不能和平解决者。本党抱天下为公之旨，如共党在国法范围以内从事活动，其军队能服从军令，则无所谓共党问题。其主张纵荒谬乖张，仍不过一通常言论集会之问题。唯共党之军队虽改为十八集团军及新四军后，仍不听军令，唯扩张地盘实力是图，且利用敌人攻势，进攻国军，是共党组织破坏国家统一及违害抗战之武力活动。在国家最艰难之日，彼等尚不实践其一致对外之诺言，则将来自亦不会自动放弃武力之活动，是共党自绝和平解决之途。而在共党不放弃武力活动之情形下和平解决已无希望，而本党同志亦不宜有此幻想。

(二)目前非武力解决共党之时

本党同志中，鉴于共党不法行动之横暴有害，有主张即以武力解决者；尤鉴于共党势力日益坐大，认为现不解决，将来更无机会者；本人之意，认为共党虽无和平解决之可能，现在决非武力解决之时候。理由有七：

(一)敌人大军尚压国境，一旦武力冲突，将与日寇以可乘之机。

(二)本党军力虽优于共党，但尚不能一举而击溃之，一旦旷日持久可生他变。

(三)本党问题为一政治问题，不能全恃军事解决。过去总裁在剿共时期，曾有三分军事七分政治之名言。今日本党政治虽有进步，但现有之政治，如无军事之掩护尚不足以应付共党。

(四)共党以其宣传策略，在社会上、在民间仍博得一部之信望。

(五)海内外民众惟恐内争，一旦武力对共，必引起人民之恐慌。

(六)苏俄与共虽非一体，但苏俄愿见共党势力强大，则不成问题。我国今日虽不倚赖苏俄，但苏俄友谊仍为必要，一旦武力对共党，苏俄有停止对我供给及与敌人妥协可能。

(七)英美虽不愿中国共党势大，但亦不望中国此时内争，一旦武力对共之事发生，足影响国际对我之观感。

然则对共应如何？曰：应时然后战。目前应划定最后关头，充分准备，一如过去总裁应付日寇之政略同。试本此义述之如后：

(三)解决共党最理想之时期

何时始为解决共党最适宜之时乎？解决之时，必须本党能以最小之力量，收最大之效果。换言之，即本党能在最短期间一举而解决之时，盖若迁延时日，则于国家不利，最低限度，亦须在下列情形之下始可从事武力解决：

(一)日寇势力相当退却，即日寇蠢动不致影响我方胜利之时，即国军对外对内有充分把握之时。

（二）国军素质配备均较共军优良，有绝对把握之时；国军对共党最得意之游击战术充分娴熟之时；国军有充分队伍应付共军而不致影响对寇作战之时。

（三）政府威信更加提高，在邻近共党地区得民众充分信仰，且对该地民众有充分组织训练及武装之时。

（四）共党之假面具相当暴露，民众深知本党委曲求全已至极限，而国军制裁共党亦毫不影响抗战，本党解决之，能得民众了解及赞助之时。

（五）国际形势更于我方有利特别是苏日妥协已无可能，而苏联在西方深感威胁之时。此种时期，最好与我对日举行反攻之时相合。我方在发动对日总反攻时，当同时考虑对共军事问题。换言之，即使日寇与共军同时解决，国军以排山倒海之力追击日寇，乘时将共军加以扫荡，最为适当。总之，共党问题实抗日问题之一部分，抗建成功，共党问题亦必同时解决。理论如此，事实必须依此方针充分准备。

（四）划定最后关头

本人认为制裁共党最良时期，为对日大反攻之时，但非谓在此时期以前，应一一听共党骚扰不加计较，空候理想时期之来。而是争取时间，充分准备，一面避免小问题（如类于平江事件等），尽可能将制裁共党之时期延至对日反攻之时，一面加强准备，准备万一，但总当使对日反攻之前，不致对共党举行大规模之制裁也。

查现在共党之策略，亦系争取时间，亦并不愿过早冲突。据云：共党对我有所谓"硬不破裂，软不让步。之决定。本党办法，亦应如此。双方都在争取时间，故本党之根本战略，厥在武力解决前，不使共党在战略上、政略上取得更有利之地位。其应注意之事有三：

（一）所谓最后关头之义，应在口头加以宣传，（避免见之文字）即谓共党利用国难作各种不法行为，中央顾全大局，望其改悔，不料别有用心，故意祸国，为日寇作别动队。中央容忍已至最后阶段，自今以后共党每一新的进攻，必受国法之制裁。今后统一之能否保持，全视共党之能否服从国纪，是否拥护抗战。如共党破坏抗战，国家自不能对破坏抗战者原谅。云云。此意应告诫全体将士及武装同志，同时明白告知共党。盖一面提高本党同志之敌忾心，一面在精神上予共党以压力。本党应非正式的通知共党，如共党服从国法，本党自许其公开活动，宪政实施后同为国家之政党。否则，共党利用战时国难，危害国家，本党不特对其军有制裁决心，对其党亦将不许存在。国民党为革命党，有不辞内外同时作战之决心。云吾党应主动的造成间歇的严重空气，使共党有所顾忌而不敢大规模扰乱。

（二）此种最后关头，不仅是口头上的，而且必定是局部实行的。凡与共接壤之区，重要之战略地点，必有忠勇之国军扼守戒备，不可以杂牌军当之，万一共党进犯，即予以迎头痛击。而共党每一新攻势（政治的军事的），必由另一面反击之，务使共党明白，再进一步即有大冲突可能。

（三）据闻最高统帅最近曾命共党撤至一定区域，作者意料此时共党必执行一部分稍作让步，但本党不能认为此事即已解决。而必须不时敦促共党履行命令，此种场合用得着一种神经战，即不断的，但应间歇的将此问题提出，而在可能之际解决其一部分之队伍，或解决后依然将其发还，挫共党之气，阻其大规模之扰乱。

总之，目下只有充分戒备，充分准备，使共党不得利用时间，而本党能利用时间。

（五）积极准备

根据以上所述，当前即应准备之事如左：

（甲）军事上之准备：

（1）隔断共军之联络。应极力防止共军之集中及有利战略地点之获取，使国军在必要时期有各个包围击破之便利。原则如此。详细部署，自应由参谋本部详细计划。

（2）阻止共党打通国际路线。打通所谓国际路线，为共党长期企图。今日苏俄对共似尚无直接接济，但一旦共军与蒙新接壤，苏俄必接济之。故本党在军事上，必尽全力隔断共党与蒙新之接壤，本党必在甘西绥北建立强固之军事据点。

（3）实行堡碉政策。将来共党必集中冀察，此将为国军与共作战之地，亦中日最后鏖战之地。本党似当于接近共党之区建立碉堡，防止共党之扩张，且为他日缩小包围圈与夫推进据点，逼共党与日军冲突，或可收一石二鸟之功。

（4）加强军队战斗力。至于接近共军之部队须增强配备，提高政治意识，与夫娴熟游击战术等等，自为不待言之事实。过去剿共无功，多由军队腐败，必纪律配备及民族意识均无缺憾之军队，始能应付共党。

（乙）宣传上之准备：

宣传为共党一大武器，不可等闲视之。此处所谓宣传，不仅指文字上之批评，必须是一整个的攻心战略。其应注意之事如下：

（1）避免对共党作琐屑论争及人身攻击，此事无益有害。

（2）应加强宣传今日之问题，为民族抗战，为全民族之统一对外，不是什么国共合作，并应宣传无所谓国共问题，国民党为民权主义政党，政府亦未否定共产党之合法自由，但军队均应服从军令。共产党问题，不是共产党之党的存在问题，而是过去共产党军今日应服从国家法令问题。此种宣传，可以各种方式行之。例如用“各国军制论”、“建军论”等题目，不必直射共党，不仅可得国民同情，亦可动摇共党。此外，应对中国历史上军权统一之事实，各现代国家军权统一之事实，多加介绍与宣扬。

（3）本党上层领袖应时与共党党人接近，力言国家至宪政时期后，本党在法律上之地位与一般政党相同。但一现代国家决无党军，深望共党奉还军权，而引用共党参加中央政府为条件，若共党自立军队，不服国纪，不仅非国家之福，且必使中国宪政延期。并由中立方面人士宣传此意，（不必站在国民党立场专门维护本党）特别宣传共党之党军为国家宪政之障碍，应宣传中国共产党只有二前途：一为国家之政党；一为封建式的割据军阀。前者是前步的路，后者是没落的路，以动摇共产党人之信心。

（4）共产党对平江惨案等曾叠肆宣传，本党应将共产党在抗战中之实际活动予以暴露，使国人知其面目。但暴露之法不在专门出一不署名之小册子，而应用其他名称，如"抗战中中国之进步"、顺便叙述汉奸无耻贪污殃民、奸商居奇，而说及共党之不法，希望他们自省。云云。此较专出一"共党不法行为之真相"之类，效力更大。

（5）无论在学校及各种出版刊物上，应极力阐扬现在是民族战争及工业科学的时代，唯物辩证法业已落伍，不认马克斯主义为新奇，而认之为陈腐，以纠正青年之迷信，应出各种丛书，介绍现代科学知识，使青年得知建国之大道。

（6）切实整理本党出版事业，凡不合水准者不如停办，以免降低本党之信用，使人认本党无理论人才。发行方面，亦有扩大整饬必要。此外，则切实提拔优秀之青年作家，而用本党之钱为共党张目之刊物应予停止，节省物力。

（丙）政治上之准备：

所谓政治上之准备，包括政府及党团之改进。兹择要建议于下：

（1）保护民权，整饬官常，实行责任制，提高行政效率。抗战以来，政府威信日益提高，纪纲日益振作，此为一般人民所公认。惟以积弊之深，尚有迅速改革者，在其最当注意者，厥有三端：

一曰：保护人民之权利，保民而治。此中国政治哲学之精华，亦现代政治之理想。我国过去一般有权机关，如军、警、司法机关，每喜对人民示威随意拘捕，一旦被拘入狱，则监狱之苦不堪想像，影响所至，人民不习于奸滑，即对政府怀恨。现在警察随便打人，军事机关干犯司法，常有所闻。此事虽小，但影响人民观感则大。而因现在政府振作纲纪之故，军警机关将人民捉去以后，惟恐人民控告，每设法罗织人民之罪状，以求自立于不败之地，是故，在严刑峻法声中，人民亦可受明法之累矣。民间疾苦有如此者，是故，政府宜通令全国军警及地方政府机关一切与人民接触之官吏对人民决不可有暴慢讹诈之行为，而对人民之干涉必依法律之程序，一切旧日监狱中之积弊，必尽量扫除。人民对政府爱护，不独共党必无所施其技，而法治精神之发扬，亦赖官吏之率先守法也。二曰：整饬官常。共党得势，为利用本党政治上之弱点，而中国政治上最大之弱点，即系贪污之存在。考贪污之生，由于社会原因，由于家族制度，非本党所能负责者，惟本党负国家之责任，彼等遂集矢于本党。然本党既负革命重任，自亦不能不加强人力，剔除旧染，如一刻不能全部解决，至少当于接近共党区域做到廉明政治。但要官吏有守，则对于官吏薪俸，亦当酌予提高，尤以下级胥吏为然，如军警机关俸不足自养，欲求其不欺百姓难矣。三即提高行政效率。因徒不贪污，并非即可了事。如上所述，年来因国家振作纪纲，若于官吏惟恐多事，习于不求有功，但求无过之哲学，以敷衍为能事。此亦无益于国家，且一样能为害于百姓，故政府不任命官吏则已，如任命之，即当赋以职权内之全权。欲使官尽责，首须处之于负责之地。权责分明，始可依功过为赏罚。故欲求行政效率之提高，非统计表格所能为力，亦非谆谆告谕所能生效，而在树立责任制度：一须使机构合理；二为与官吏以权责。此不仅所以杜泄沓之风，亦所以励有为之士也。上述三事，不独对共为必要，即一般政治之革新，亦当以此为目标也。

（2）次为党与团问题。共党之主义不合国情。本党之主义，合乎国情。然在民众及青年间所不能完全战胜共党，则有足为吾党深省者矣。为健全本党，以及适应由训政而宪政之过渡期的新环境起见，似宜注意数事：一曰：实行以党监政。目下党政混合之制度流弊极多。查总理所谓“以党治国”，即以党监政之意。今后自中央至地方，凡从事党务工作者，一律不兼政府职务。同志之适宜于行政事务者，即不必在党务上负责，使优秀党员对政府立于扶助及监督之地位。此不仅可以消极的避免本党对政治上之人事负责，亦积极发挥政党作用，推动政治之刷新。但为避免党政摩擦起见，应规定地方党部无权直接干涉地方政府，仅能报告中央，由中央解决之。二曰：发挥党内民主集权精神。本党党员不患少，而患不精，入党为一种义务，而非一种权利及敲门砖。各级党部应经常开会，而为避免浪费时间计，可在夜间开会，党内讨论绝对自由，将其结果报告上级党部，而一经决定，绝对服从，于是每一党员均与本党同其休戚，不至人人是党员，而人人非党员也。而亦惟有民主基础，党纪始可森严有效也。三曰：提高党团机关人选水准。省党部及县党部之负责人才能、品行、经验均应以第一流为标准。党务负责之人，应完成以人才为标准，不以人事为升沉。若本党在党内不能做到此点，政治永无清明之望矣。至少目前在邻近共党地区，必须做到此点（尝观某地代表与朱德谈话纪录，朱固强词夺理，然本党代表实不足折服朱德）。四曰：党团工作应有分工，以免摩擦。

（3）为人才问题，政治问题，无论党与政府，最后总是人才问题。论及此点，下列诸事似当注意：一曰：引用一段人才。凡属国家之人才，无论其为党员或非党员，均当引用及吸收尊敬之及亲近之。二曰：善用人才。凡属人才，宜使其发挥其专长。第一须用其长；第二须专其任。专其任者，即不宜兼职，分散心力，最好一人一事，使得有余暇研究，计划其工作，否则忙于工作，忙于人事，即是人才，亦将毁之。况事实上，一人之精力有限，工作过忙，势必至委其事于秘书等等之手，仍不能尽其才能矣。三曰：训练人才。优秀之青年，应吸收至党内服务，而本党各地负责人员均宜受相当时期之训练。目下中央训练团虽有相当效果，但时间过短，尚宜有一较长之训练班(如三个月)，调训党团负责人员而有专人与彼等同起居，不仅研究主义与国策，且作人格之砥砺，特别是实际工作同志，亦必须在工作相当时期后作理论进修。本党拥有多数之人才，自不畏共党矣。

(4) 打击共党外围分子，组织本党同情份子。共党拥有多数同情分子，彼等为共党扩大势力之媒介，此等份子，分为两类，而本党对策，应有分别：一为有为国民党友人之可能者，彼等或因失意、或因朋友关系，或因受人包围，而为共党言论者，对此等人，本党宜接近之，劝说之。二为绝无为本党友人可能者，彼等多为野心政客、空头学者，甘为共党傀儡(如所谓人民阵线及少数过去共党投降份子)者，则本党应冷淡之打击之或调查其腐败生活(如打牌挟妓)而逮捕之，对其招摇(如在根本上谈话宣讲)耻笑之，如假借本党名义为共党张目则开除之，在国民之前堕落其信用。此外，凡于国家有用之人才，本党不一定强其入党，而同情本党之群，使在必要之时发挥较大之作用。

(丁)外交上之准备：

我国外交政策，在总裁领导下，有一贯方针，已大著成效。今后只须据此一贯方针努力即可。但有数事稍足注意者。

(1) 继续一面联英美，一面联苏俄之政策。英美势力愈衰，苏俄即易于左右中国，共党即可乘时要索。所谓一元外交，即中央党之计，必须双管并用，始能保中国自主之立场。

(2) 为加强中国与英美之联系计，中国除当复修滇缅铁路外，当于滇缅路沿线欢迎英美国资本(机器、工厂、技术等)之输入。政府除继续已有外交活动外，尚应颁布保障外国投资之法令，并与英美财团接洽投资我国之可能性。

（3）自动联苏。但中国今日仍不可缺乏苏俄之援助，中国应对苏俄造成一强烈性印像。中国爱护苏俄，但不欢迎共产主义。惟与论上，千万不可将苏俄与共党混为一谈。对于苏俄合并波罗的海三国事，应解释为收复失地而赞成之。本党应制造多数站在民族立场上，拥护中苏合作之人及舆论。此外，在最近期间，本党似可派一历史威信学问极好之人才访问第三国际，谈谈中共问题。共党在理论为第三国际之一支部，苏俄不承认其与共党有关，不如将计就计，派人与第三国际谈谈，一面与彼等以希望，一面示中国统一之决心。第三国际虽名存实亡，但此举可由第三国际对苏俄发生影响。

（4）树立南洋政策。南洋为中国生命线。在日寇策动南进之时，中国对南洋工作应有进一步的政治、经济的活动，其可得而言：（一）应劝导及组织泰国华侨取得泰国国籍，其他各地侨胞亦尽可能入籍，以便公开政治上活动，甚至成立政党（如“泰华党”之类）’始能保护华侨，且为立国永久准备；（二）组织一南太平公司，促进中国与南洋各国贸易。此不仅为遏日本南进之措置，且为组织侨胞之方法。此外，应切实保护侨胞投资。近共党对华侨颇肆煽惑与活动，本党必须留意。

（5）推广国际宣传。今后国际宣传之问题，应以建国为主，中国应以动人方法，宣传投资中国之利益，适合外人心理，宣传三民主义之意义，宣传新中国之光明，唤起各国对中国之兴趣，且使各国对中国之特殊性有正确之认识。认识中国决无共产主义之前途，惟有中国能安定东亚，惟有国民党能安定中国。英美左派人士虽同情中国，但多受共党宣传之影响，将共党地位幻想得过高，对于本党甚为不利。

（6）提高国民国际知识。共党之国际理论流传甚久，即本党人士亦不免受其影响，如夸张资本主义社会之对立。所谓反对一切帝国主义论，只有苏俄为中国友邦等等。本党应在各方面教育国民，使对世界大势为客观之分析，而坚持独立自主之外交立场。

（戊）经济上之准备：

查共党运动所以发生，由于经济之病态。共产运动有二种形态：一为工人暴动，即马克斯主义运动；二为农民暴动。我国历史上之赤眉、黄巾以及黄巢、李闯以至太平天国皆是也。不过，在工业国家，因社会有组织工人暴动并不易发生，苏俄之革命为工农革命并非纯粹之工人暴动也。由此可得一结论：工业国之共产暴动难，农业国之共产暴动易。我国之共产党名为工人政党，实则为农民之组织，如脱离世界，仅以中国而论，则解决共产党之方法在于安定农业经济，但今日欲解决农业问题，必须解决工业问题，提高民族之生产力。不特如此，今日战时动员大批人民，一旦战事结束，如不能行化兵为工之政策，则复员之时必生社会之混乱，便于共党之煽动，即化民为农，亦不能消约如此大量之人力也。是故，我国欲立国于现代世界，固非发展工业不可，即欲预防共产党之种子，亦非发展工业不可，有恐工业发达形成阶级斗争者，是不知中国共产党之特性也。是故，共产党之问题，亦即国防经济建设之问题。关于国防建设为国家当前大政，自不能在此细述，但目前最关重要之事有七：

1．欲发达实业，必先发展交通；而交通之中以国际路线为最要。我国欲在西南立国防经济之基，必须续修滇缅铁路。此路之必修，犹有国际上之意义。必须有滇缅路，始能得英美之援助，均衡苏俄之作用。否则，苏俄即可制中国生死之权。我国将无解决共党之自由矣。

2．欲发达实业，必须物尽其用，即须使全国财力物力均集中于生产。然欲物尽其用，必须政府采取有系统的保护政策，保证投资之安全及合法利润。在抗战时期，交通失常，原料、人工高涨，工厂又易受轰炸，投资者不愿投资工业，致有工不如商，商不如屯之现象。此我国目前经济之根本病象，亦物价暴腾之根本原因也。我国工业如无政府保护，决无发达之可能。查各国保护生产之法有下列各端：（一）保护关税，抵制不必要之外货进口。（一旦抗战结束，如无关税保护，工业则不出三月，全国战时辛苦树立之工业根基将全被扫荡。）（二）保息。凡属有利国家之生产，由政府派人指导，营业之损失，由政府辅助之。（三）包销。政府为鼓励某种生产计，先予定金包购出品。（四）低利、保险及贷款。此在我国业已实行，惟回行贴放须先保险，而中央信托局之保险率未免过高耳。（五）出口津贴。此在我国根本未曾实行，而贸易委员会因出价过低反发生物资逃避及走私之现象。

3。欲发展实业，必须货畅其流。欲达货畅其流之目的，第一步须开发交通，以破自然之障碍；第二步须改良税制，以解除人为之障碍，若关卡林立，税目繁多，甚至军人阻挠商运，一面将使物价增高，一面将使市场滞塞。所谓现代国家，第一步在形成统一之国内市场，即必须有统一之币制及税制在国内市场上货物流通自由。我国币制虽已臻统一，仍待清厘。而税制方面，尤待调查。过去我国废厘金设统税，国库日增，商贾，称便。自抗战军兴，关税被劫，政府设转口税为足国用，诚不得不尔，惟因抗战之故，地方政府以及驻军每多立名目抽税，至于乾没讹诈，亦甚寻常。今为便于人民计，最好将内地货物流通之税设法调整，规定一种抽一次后一律通行，任何机关、军队人员不得再立名目重征。此为最低限度所应实行者，否则，有势者可逃税，一般人民则吃苦，国家所得有限，而人民之嗟怨百出，物价因而增高，工商为之困顿矣。

近军委会对统制运输有统一检查办法，舆论欢迎，惟据闻领证每张五千元，此则犹待改革。

4，合理统制。现代集权国家所行统制经济，其方针在以统制外汇为方法，限制利润为目标，并非一言统制，即须国营。惟自此词输入我国以来，因受误解，以统制即系官营，弊端百出。我国行政效率缺陷犹多，以不甚健全之机构担负经济之重任，必使经济建设受行政之累，况统制须一国工业相当发达始可行之。中国患在生产不足，放任固非所宜，统制亦非其道，允宜实行保护政策，始合乎国情。此我国目前经济政策所均宜考虑者也。然此亦非谓统制之义绝不可行，目下外汇管理犹待加强，而利润限制则国家未尝注意。德国统制之法，对于过分利润限其购买国债及投资国防工业。若师此意，在我国宜使过分利润转入再生产之途，可由国家颁布公司法，规定公司纯利分红仅能分百分之几，不得每年由股东分尽，除纳税外，红利大部分须转入公积金中，庶资本可以累积，而国民亦必乐于接受。此中国当行之统制也。若目前官吏经营之方法，国家不能受益，人民先受其困。民困矣，国家收入亦减，国家无收入矣又须另立方法取之人民，结果为民族资本之衰微，官僚资本之膨大。历代以此亡国。帝俄以此革命。故在政治尚未清明之国，实行国营必酿共产官僚资本，将为共产之厉阶。此诚中国经济之一大问题也。

若无强大之民族资本，决不能抵抗共党。抗战以来，民族资本有江河日下之势，此国家之真危机也。

5. 平定物价。自杨氏伏法后，物价渐趋稳定，然决非谓即可从此平定，物价狂涨，社会秩序不安，此足为共党活动之机会。目前物价之无办法，似由于未注意物价有关之问题，只是就目前物价解决物价，其实物价为经济问题之集中表现，必须在生产运输上谋根本解决也。严刑峻法，仅为治标之道，且须一面禁止投机，另一方面鼓励游资投于生产，始能有济。诚能物尽其用，货畅其流，物价必趋平定。

6. 劳工政策 游民为共党基础之一，开发产业可以消纳游民。今日因劳力缺乏，机器工业人才尤缺乏，而将来一旦大规模建设兴，决无失业问题，故中国决不患工人之共产运动。以今日而论，本党工人运动障碍有二：一即旧式之秘密会党及工头制，以及一般工人缺乏教育，不知节省；二即共产党之罢工宣传与阶级斗争号召。二者皆民族的劳工政策所当解决。过去本党为应共党计，常有利用旧式工人组织者，此似非正道。今后对于工人运动似应注意二事：一即保障工人福利之制度必须尽量推行；二即对工人之教育必须特予注意。共党在工人中并无深厚基础，本党能得工人拥护，共党决无前途也。

7. 对共区实行经济封锁。以上所说，主要关于经济建设问题。此外，尚应在经济上对共党进攻，目下寇共断接壤我方之反封锁圈，应将寇共所在之地一并包括在内，对寇共同时封锁，其当注意者，将后方有余之货输入寇共区，同时以高价吸收寇共区内我国所需物资。此其一。次则开发与共接壤地区之交通与经济造成繁荣，使共区之人民脱离共党及反对共党。此其二。此外，则组织与共接壤区之人民使其能武装自卫，并消纳附近游勇，而加强训练之。我有正规军为前卫，又有武装人民为后盾，则共产即不能侵入，终必在我方经济压力下溃败，但此必须党政军三方配合努力，始能有效也。

以上所说各种准备，不一定专门对共，而系一般抗战建国所当取之政策，但抗战建国有办法，共党问题即可连带解决矣。

(六)在反攻日寇之时一举而击溃共党武力

以上之准备工作如能切实进行，一年则我共势力之对比必甚悬殊，而此时之敌人亦必不堪，本党之势力威望日强，共党之势力威望日弱。于是我方对日寇反攻之时即可同时解除共党之武装，于是第一解决共党不影响抗战；第二我军在追奔逐北之际，可发生最大攻击力；第三此时可以解决汉奸等伪军等名义解决共党，彼等宣传将无所施其技，

而在此时政府应同时宣布召开国民大会，宣示实行宪政决心，

并宣布共党合法行动均受法律保障，则无论国内国外将无不赞助解决不服军纪之共党，而共党内部亦必更趋于动摇。

唯同时必须注意，务当避免仇杀。过去剿共时期政府之严刑及共党之惨杀，不仅丧国家之元气，且予民族以不良影响。有人谓：法国今日仍受大革命时代恐怖之害。诚然，杀仅为万不得已之一法，故对共军仅以解除武装为目标，至后方共党如无行动可置不理，必要时仅拘之从事劳动，如共党不能以武力危害国家，自不妨听其存在也。本党此种伟大精神，亦当为从事此项工作之同志所了解。

(七)两个必须考虑的问题

如此原则不谬，则吾党目下表面上对共宜避免不必要之摩擦，而进行最切实之准备。在宣传上力言国法军纪之当遵守，不作意气之言，同时则极力改进党务，健全政治，开发经济，增强武力，一面监视共党使不得逞；一面准备对寇共同时解决。唯有两大问题与此问题有关者：

(一)日本南进问题。如德国在地中海发动攻势之时，日本进兵西贡泰国非不可能。日寇果不举南进，我国无论在军略上、外交上有向安南推进之必要。盖敌人南进成功，即我国莫大之威胁。是故，我国将来有与日寇在印度支那半岛作一大战之可能，在国际局势无重大变化情形下，共党或不至大举进攻，但如在轴心国举行攻势，日寇南进之时，共党有乘时进攻之可能。换言之，即共党在客观上有为日寇别动队之可能。是故，目下政府对于兵力应有整个估计，对日寇及共党均能应付，即在南方作战之时，寇共不能予我以威胁，不致临时有南北调军之必要。

(二)苏俄干涉问题。国军最后反攻寇共之时，其他各地之寇共武力不难一扫而光。惟寇共所在之冀察恐难一举解决。日寇经营十年之东北，将尤不易攻。而共党最后或亦以东北为最后藏身之地。如我国将来进兵东北之时，即令日寇退击出苏联颇有资助共党盘踞东北之可能。盖苏联对我东北有长期经营之历史，今日颇有保有之意愿。是故，当我国收回东北之时，苏俄之态度实不可知，将来之事目前不可知。不过有二点宜有准备：一即在思想上必须使收回东北之思想深入人心；其次，必有人深入东北内地埋头苦干，以为异日之用也。

总之，对一问题不能立时正面解决时，必先由侧面解决之。如欲断一树，不能一刀砍断，则频频以手摇之，亦属无益，如踞踞其四面，然后乘风运斤当不难应声而倒。另一方面言之，共党之发生由于中国社会之衰病，体弱之人，如施手术亦甚危险，必须培补元气或可使病霍然而愈，或施猛药亦不碍健康。治共党之病，亦在使国家健全也。

最后，尚有一言者，对共工作贵在秘密，不幸本党同志对于保守秘密素不留心，虽总裁叠次告诫，仍无大的进步。兹建议四事：(一)凡负对共执行责任之同志应首先提醒其严守秘密之义务，如有泄漏，可处死刑；(二)本党应设一秘密印刷所，有工人校对，仍须绝对忠实，有关共党文件仅能在此印刷；(三)凡与对共问题无直接关系之同志，不必使其知道对共决定，更〔原缺〕

〔国民党中央执行委员会档案〕

23. 蒋介石通饬不得沿用八路军名义令

(1941年1月11日)

行政院训令勇贰字632号

三十年一月十一日

令社会部

准军事委员会本年一月四日办四渝礼字第二三〇号公函，为八路军名义早已取销，改为第十八集团军。现各方文电，仍多相习沿用八路军字样，除由会令饬所属不得再行沿用外，相应函请查照，并饬属知照。等由。准此。除分令外，合行另仰知照并转饬所属一体知照。此令。

院长蒋中正

〔中国国民党社会部档案(十一)5911〕

24. 国民政府军委会把中共改称"某党"为"奸党"密令

(1941年4月7日)

社会部训令　发文机字第十号

令重庆市工运督导专员室

案准行政院秘书处机字第一一四一号函开：案准军事委员会办公厅巧申办四渝礼代电开：近来某党一切阴谋活动无非破坏抗战，出卖祖国，实与汉奸无异。经决定：以后一切文件上关于某党应一律改称奸党，以正观听，即希查照并密饬所属知照。等由。到院。奉谕"密行转饬知照。等因。除分函外，相应密达查照。"等由。准此。除分行外，合函密饬知照！

此令

中华民国三十年四月七日

部长谷正网

〔国民政府社会部档案〕

25. 陈宏谟等关于中共拟在国内外发动速捐运动以抗不发十八集团军经费等情电

(1941年4—5月)

(1) 陈宏谟等密电　(4月25日)

重庆军令部部长徐钧鉴：浩密。职于迥日与叶剑英、吴玉章、陈绍禹等谈话。彼等除一致表示团结抗战外，并称中央如仍不发给十八集团军经费，拟将发起国际国内即速捐款运动，以维生存。等语。谨电呈。职陈宏谟、周励武、郭亚生叩。有。印。

（2）军令部第一处签呈 （4月30日）

签呈民国三十年四月三十日

于第一处

甲、陈宏谟等有电大意：于二十四日与叶剑英、吴玉章、陈绍禹等谈话，彼等除一致表示团结抗战外，并称中央如仍不发给18AG经费，拟将发起国际国内即速捐运动，以维生存。等语。

乙、核议意见：

查匪军问题，既非政治方法，或不停发饷项所能解决，故对本案拟如下处理：

一、拟以军令部名义复陈宏谟"十八集团军私自扩充军队，设立银行，发行纸币，并向人民苛政赋税，禁用法币，如因此而发动募捐运动，公论自有制裁，如能停止一切不法行动，服从中央命令，在事实上真正团结抗战，中央自仍一视同仁。"

二、对策：

（1）即以18AG私发纸币（并搜集非法各银行纸券证据），横征暴敛，禁用法币事实对海外华侨及国内发动宣传，制止其藉募捐运动之反宣传；

（2）发动各地党部社团制止一切非法募捐。

右拟除一项由本部办，二项由联密处办。可否？乞核示。

〔注：何应钦批："可。并报告委座后再复。何应钦。"〕

（3）军令部第一厅签呈 （5月7日）

签呈 三十年五月七日
于军令部第一厅

甲、陈宏谟等陷电大意：艳日与朱副长官、叶参谋长、萧司令金明谈话中，谓：国共关系如要好转，中央目前至少应有下列办法：

一、停止逮捕共党人员及反共军事和交通封锁；

二、继续发给18AG各月份经费及弹药补充；

三、N4A余部尚有八九万人，应即整编，至移防一节如政治上有确实保障，自可商谈，否则于情于理碍难遵命。

乙、核议意见：

一、共党人员只要能在合法范围内并一致抗战，中央绝无歧视，更不能无故加以逮捕。所谓反共军事和交通封锁，不知何所指。至于陕筑碉堡及防御设施，交通封锁乃系防止走私。

二、关于请发经费，前已据报，经签呈委座核示，尚未批准，本项拟俟与前签并办。

三、查前N4A以不服从命令，中央为维持军令计，故予解散。

右拟各项当否，乞

示

附原电乙件。

〔注：何应钦批：“可。钦。”〕

部次长徐刘钧鉴：一、寝电敬悉。已转告朱副长官及萧司令矣。二、艳日朱副长官、叶参谋长、萧司令金明等谈话当中，谓：国共关系如要好转，中央目前至少应有下列各项办法：A、停止逮捕共党人员及反共军事和交通封锁；B、继续发给十八集团军各月份经费及弹药补充；C、新四军余部尚有八九万人即编整，至移防一节，如政治上有确实保障，自可商谈，否则，于情于理碍难遵命。等情。谨呈。职陈宏谟、周励武、郭亚生叩。陷。印。

〔国民政府军令部战史会档案〕

26. 蒋介石密令核定“捕获”中共人员给奖办法电

（1941年7月15日）

政治部密查。前据第五战区李长官本年五月冬电请示：俘虏匪军官兵及枪械应如何给奖前来，经核定两项：“（一）对奸党军事行动，俘虏名义不适用。（二）捕获奸党官兵党羽，除关系重要者，或临时专案核办，或根据已有法令（如陆海空军奖励条例）办理外，概不给奖。”并电复在案。除分知各行营、行辕、各战区、各绥署暨其他关系各部厅外，特电知照，并密饬所属知照为要。中正。“删”。渝办制。印。

〔国民政府军令部战史会档案〕

27. 国民政府军委会关于打击中共发行钞票办法改为查禁字样电

（1941年10月20日）

军令部余部长：密。关于奸党滥发伪钞，破坏法币一案，曾订定紧急处置办法及补充办法各五项与乃拟补充办法七项，经于本年三月以办四寝二字第一七四六三、一七四六四号代电暨七月办四回机二字第二〇三七九号代电抄发遵照在卷。兹复准行政院十月二日勇伍字第一五二九九号函略：从“前据财政部呈拟打击中共伪钞办法到院，经核可行。并以勇伍字第一〇二五六号函达查照暨分令遵照在案。兹以原办法“打击”二字意义稍欠妥适，应改为“查禁中共伪钞办法”较为适宜。除分行外，相应函达查照，并希转饬知照为荷。”等由。特电知照。军事委员会办四渝（二）。哿。印。

〔国民政府军令部战史会档案〕

28. 陕西省党部为增加机密专款与中央组织部等往来函电

（1943年2月—1944年3月）

（1）陕西省党部密电（1943年2月2日）

中央组织部〈3655〉：子马电奉悉。6112自应遵办。惟以本省环境特殊，防奸工作重要，前奉总裁面谕，准予拟定计划，增加防奸专款。故所拟之防奸工作计划，意在增强各级党部力量，与另列机构不同。而尤为重要者厥在经费有着，方能发动党员共同致力陕省党务，经费各县月只数百元，仅能维持少数人经常生活，不克应付特殊环境也。谨再电恳请将该项经费数额核定示遵为祷。陕西省党部叩。丑冬。组。印。

（2）国民党组织部签注（2月12日）

前据陕西省执行委员会呈送防奸工作计划简则请核示一案，经签奉批"此次工作原系该省党部最主要工作，应以各级整个机构全力以赴，另设委员会反而分散力量也。"等因。经以子马电复。兹据电呈以前，奉总裁面谕：准予拟定计划，增加防奸专款。本省以各县经费困难，不克应付特殊环境，请将该项经费数目核定示遵　等情。查所称各节尚属实在，拟函准中央秘书处由特别费项下酌予核发，并饬按照前电指示积极推进防奸工作。可否？请核示。

职多杰二、十二、

拟函秘书处，请准在特别费项下指拨专款五拾万元，专供该省防奸工作之事业经费。至于各级机构仍照前令办理。如何。

庞镜塘　二、十三

对付奸党之专款称机密费，公函之外，似应另以部长名义函吴秘书长，俾克有成。

一鹏　十五。

朱　十六。

（3）国民党中执会公函（6月18日）

中国国民党中央执行委员会秘书处公函　　民国卅二年六月十八日
渝(32)会字三五二二号

前准贵部和渝普字第一九〇四号函，为据陕西省党部呈，以前奉总裁谕令，增加榆、洛、邠三区经费，以加强防止奸伪工作。

遵经拟具计划及经费概算，计需款一百二十万元，请核示。等情。复准组织部函，以该省环境特殊，防奸工作为该省最重要之中心工作，所请核增经费确属需要，拟请于中央机密专款项下先行指拨该省五十万元，俾资统筹支用。等由。查机密专款曾于三十年四月经奉中央第一七四次常会决议，指拨三百万元存储，备作防止奸伪经费。经历年陆续动支，已将告罄。现时所存，亦均已照案支配无余，似须续拨若干，以备应付。经移请中央财务委员会提经第二十二次会议决议，先拨一百万元，由秘书处统筹支配，在国家岁出概算第二预备金项下动支，并报告中央第二三〇次常会在卷。除函国防会饬拨中监会备查外，相应函复，即希查照。至陕西省党部上项防奸用费，俟拨到再行核发，并希饬知为荷。此致

中央组织部

（4）陕西省党部密电（12月11日）

组〇密。查本部前以防奸工作关系重要，经奉电饬，拟具防奸工作计划，并经呈奉戌齐普电，以该项计划正呈请核示中。惟以奸党节节进逼，本会为顾及事实需要，自不能不即时加强防范。除已在各重要据点加派干员，并随时派员四出工作外，并已成立邠、洛两区防奸工作队。此外，如针对奸伪抗粮、抗役之煽惑而发动之拥护粮政、役政之运动，又如为根绝奸伪潜伏而加强之农会、工会组织，亦均相继展开，故本省防奸工作当可顺利推进。至经费一项，虽经据权多方挪用，究非久计，且目前本会经费拮据万状，势难维持。用特电恳俯念本省情形特殊，迅赐查案，核拨防奸工作专款，俾利工作而免贻误为祷。陕西省党部。亥真。印。

（5）中国国民党中执会公函（1944年3月2日）

中国国民党中央执行委员会秘书处公函

民国三十三年三月二日

渝(33)会字二六二九号

准贵部和渝字第二〇〇五一及平渝普字第一八一六号，先后来函略。为准陕西省党部一月廿日第五〇号代电，以该省地位重要，为安全地方秩序，增加抗战力量，防止奸伪活动起见，特会同省府青年团委派专员分赴各区县份，督导成立农、工等会及扩大宣传政令。现已依照计划，大致已告完竣。至邠、洛两区成立工作队，所有人员均已派赴沿边区县份巡回工作。遇有奸伪份子即联合地方力量予以捕缉，并配合党、政、军严予防范。惟推行工作在在需款请拨经费。函请速予核发。等由。查上项防奸经常费前经函请财委会核议追加去后，兹准务字第一九七号函复，准在机密费项下一次拨发陕省党部卅三年度防奸特别费十二万元。除报监委会备查并电陕省党部编制分配预算送核外，相应函复，即希查照为荷。此致

中央组织部。

（6）中国国民党组织部签注(11月6日)

奉查陕西省卅二年二月八日与廿九日丑漾两电呈请核发防奸经费一案，本部即于该年二月十七日以和渝字第一九〇四号函，请中央秘书处并笺函吴秘书长铁城拨发。吴秘书长三月三日复以"该项机密专款叁百万元截至去年底止，约尚余壹百贰拾余万元。查案本年度应拨之款已不下乙百七十余万元，上项机密专款尚感不敷支配，该省请之款实属无法指拨。"又中秘处六月十八日复以："查机密专款曾于三十年四月经奉中央第一七四次常会决议，指拨三百万元存储备，作防止奸伪经费。经历年陆续动支，已将告罄，现时所存已均已照案支配无余，似须续拨若干，以备应付。经移请中央财务委员会提经第二十二次会议决议，先拨壹百万元由秘书处统筹支配，在国家岁出概算第二预备金项下动支，

并报告中央第二三〇次常会在卷……。至陕西省党部上项防奸用费，俟拨到再行核发。”等由。本部即于六月廿四日录案，电复该省知照在案。又该省于同年十二月十五日以亥真再电请拨防奸经费，本部即于是月廿二日以和渝一〇〇五一号函请中央秘书处拨发去后。中央秘书处于三十三年三月二日复以“查上项防奸经费前函请财委会核议追加去后，兹准务字第一一九七号函复准在机密费项下一次拨发陕西省卅三年度防奸特别费十二万元。除报监察委员备查，并电陕西省党部编制分配预算送核。”本部即于是年三月十日电饬该省知照。奉查经过情形节录如上，并将前后经过各案附呈。敬请鉴核。

职王醒吾谨签十一、六、

〔中国国民党组织部档案〕

29．中国国民党中宣部拟制“对中共采用何种宣传策略”文

（1943年10月18日）

自抗战军兴，共产党宣言：“（一）为实现三民主义而奋斗；（二）取消暴动政策与赤化运动；（三）取消苏维埃政府，期全国政权统一；（四）取消红军，改编为国民革命军，受国民政府军事委员会统辖。”以后，本党对于中共之宣传策略，可分三期：自中共宣言发表至新四军事件发生之前夕，可称为放任时期。在此期中，本党因欲感化中共，不惜以诚相见，对于中共之宣传，完全放任，不加干涉。自新四军事件发生之前夕至新四军事件之解决，又称为公开反攻时期。在此期中，本党以中共违背诺言，阴谋捣乱，乃一面利用新闻检查机构及图书杂志审查机构钳制中共之言论；一面发动舆论，揭其阴谋。西安行营主任程潜并于纪念周公开指责中共危害友军破坏抗战之罪恶，几有针锋相对之势。自新四军事件解决以后至本年十一中全会开会以前，又称为暗中防患时期。在

此期中，本党顾虑国际关系停止对中共之公开反攻，而暗中严为防患。一面加紧新闻检查及图书杂志审查之工作，一面用各种出版社之名义，刊行中共内幕及罪行之小册子（如延安内幕野百合花等）。自十一中全会以后，虽为时尚短，似又转入一新时期矣。

上述三种策略之结果如何，殊堪研究。在放任期中，中共利用各种方式宣扬陕北之政绩，誉为最民主最进步之圣地，夸张八路军之战绩，誉为最坚强最精锐之队伍。延安政府，遂尔全国闻名。平型关之捷亦几于妇孺共晓。驯至一般青年醉心陕北，不惜舍弃一切冒险前往，洪水滔滔不可遏止。故放任策略故为最失败之策略。在公开反攻时期中，本党尝不断揭发中共危害友军，破坏抗战之事迹，使民众逐渐明瞭中共之阴谋，减杀中共之气焰。但英美等国昧于中国之内情，深虑因此削弱抗战实力，且其时第三国际尚未解散，可为中共声援。故公开反攻之策略，在国内虽可收相当效果，在国际上则殊起反感，抗战期间不无顾虑。在暗中防患期中，中共在后方各省固无所施其技，但在沦陷区则颇为活跃，在国际上，则通过共产国际，利用他国之共产党，从事宣传。本年八月间苏人罗果夫且在美国纽约时报及纽约前锋论坛报发表论文，谓：中国投降派及失败主义者进行政治阴谋，企图挑起内战云云，一时颇动国际观听。故暗中预患之策略，虽较前二种策略为优，终嫌过于消极，是以十一中全会以后，本党之宣传策略，似又略有改变。

本党十一中全会，关于中共问题之决议案。有曰："对中国共产党祇冀其不破坏国家统一，不妨害抗战胜利，不惜再之委曲求全，加以涵容。兹仍当本此一贯精神，交常委会负责处理"详为'开导'，促其觉悟。"本月十五日外国记者招待会上张部长道藩答复某记者询问中央常会处理共产党所用之政治方法亦曰："详为'开导'，促其觉悟"可见本党今后对中共之策略为"开导"策略，今后之时期可称为开导时期。

此种开导策略，究应如何运用，颇费研究。鄙见以为有两个原则似可采取：第一，要多用事实开导，而少用理论开导；第二，应多用间接开导，而少用直接开导。试由下文申述之：

第一，应多用事实开导，而少用理论开导。本党之开导策略其目不仅开导中共，同时亦所以开导国人；不仅宣告本国，同时亦可以宣告世界。若用理论开导，则理论本身，本无绝对之是非，开导甚难。且中共所恃以发展其势力者，并非共产之理论，而为渲染夸张之虚伪事迹（如伪造八路军之战绩，陕北之民主等）。故理论之开导实属不切实际，甚难奏效。目前中外所最关心者为抗战，故对于中共破坏抗战之事迹，予以正确之披露，实为开导中共，宣告中外最有力之武器。例如前年当中条山战役时，中央社披露中央电令十八集团军参战，而该集团军迄未与敌接触之消息后，大公报即撰述社论，责备十八集团军，应即与敌接触，并谓中共多年来对于国家之贡献皆为"负号的"。使当时新华日报不得不捏词声辩，丑态毕露。本月中央社披露：山东建设厅厅长秦启荣因遭十八集团军迫攻，捐躯鲁南之消息。美国各报均以极显著地位登载，纽约人士甚为注意，并即相当批评（见中央社纽约十月专电），可见事实开导实较理论开导为有效，今后应本此原则继续运用。

第二、应多用间接开导而少用直接开导。本党与中共曾有长时期之冲突，故本党之直接开导不论国内国外均不免认为带有主观色彩而疑信参半，且事实上本党为应付国际复杂之环境，间亦有不便直接开导之处。过去中央社直接传播不利于中共之消息，虽效果甚宏，而所召之反感亦大，今后似以多用间接开导为宜。所谓间接开导者，即不用本党或本党控制下之新闻机关之名义。发布正式开导之文告，而用其他名义透过不属开导性质之文告，从事开导。其要点有二：第一，要用其他名义；第二、透过不属开导性质之文告，从事开导。所谓其他名义，即用私人名义或某某出版社之名义含义甚明无庸词赘。所谓透过不属开导性质之文告，即利用表面上不属开导性质之文告，参以少许开导之文字，使阅者于不知不觉之中，翻然醒悟。例如中共在中山条攻击友军一事，不必由中央社披露“尚未据报与敌人接触”之硬性消息，可由中央社通讯员以私人名义撰述中条山战役经过详情一篇，用客观之态度叙述当时战场之形势及战役之经过。如此，则中共攻击友军之罪行，自然毕露，而民众所得之印象，亦极为深刻，较之披露一二句硬性及空洞之文句，其效果固不可同日而语。过去所发行关于中共问题之小册子，亦属于间接开导之性质，今后当继续采用。惟过去间接开导之使用，似仅限于小册子，今后应推广于新闻纸也。

在开导时期中，新闻检查及图书杂志审查之方法仍须继续采用，以宏开导之效果。

〔国民党中央执行委员会档案〕

30. 中国国民党中宣部对中共报刊登载边区整风运动等文字对策

（1943年）

针对奸伪以文字攻击本党及其实行所谓坦白运动之虚妄宣传办法：

一、奸伪在报纸或刊物、剧本上登载攻击本党之文字、仍由新闻检查局、图书杂志审查委员继续切实注意审查检扣。其在国际宣传或在国内利用外人主办之报纸刊物以为宣传者，应仍由本部国际宣传处注意驳斥与检扣。

二、奸伪在报纸或刊物、剧本上登载边区实行所谓坦白运动之虚妄宣传之不当文字，应由新检局、图书审委会、国际宣传处分别注意删扣。

三、由本部发动各地党报及有关报纸一致针对奸伪之所谓坦白运动，尽情揭发其虚妄宣传，藉以纠正国际人士与国内人民之视听。

四、由本部三民主义研究会资料室逐日审查新华日报，并随时摘录其不当文字分送新检局、图杂审委会、国际处用备参考。

五、由本部三民主义研究会主办之盟利社，尽量撰发左列各项通讯稿：

（1）描写本党党员在抗战期中，为公服务之刻苦奋斗精神，与为国牺牲之伟大贡献事迹；

（2）报道本党主办之国营事业，在艰苦中力求进步之情形；

（3）利用各种机会，以客观态度，从侧面暴露奸伪内部之黑暗与其份子内心之动摇。

〔国民党中央执行委员会档案〕

31. 中国国民党中宣部所拟“各党派之言论分析与对策”文

(1943年)

分析

一、青年党与国社党之言论分析

青年党与国社党之公开言论，一般说来，尚称温和：

（1）关于三民主义者：

（a）应找出实行的条理，不必空谈——左舜生在民宪发刊词中说：“今天全国人都赞成民主，都愿接受三民主义，就大家来实行民主，实行三民主义好了，就大家来找出实行民主实行三民主义的条理好了，为什么还要在字面上兜圈子，以主义来作空谈的斗争呢？我觉得三民主义是明明白白的，是如布帛菽粟一般为人所共知的，用不着多加解释。民族是民主，民权是民主，民生也还是民主。多去解释即不免支离，不免曲解，所要紧的是在发挥我们先民笃实践履的精神，研究如何去实行。并且要实行得厘然有当于人心便够了。”

（b）政府应许人民以依照良知而解释三民主义之自由——余家菊在“宪政与三民主义共和国”文中说：“于三民主义施以解释者有三种权威：一曰：党；二曰：国；三曰：民”。后者即依据各人之良知所作之解释。故云：“对于宪法规定‘中华民国为三民主义共和国’，我不欲漫加反对。但愿政府许人民以依照良知而为解释之自由。因为解释自由，或可相安无事，于政策上所见纵有出入，犹可诉诸讨论也”。余氏对三民主义所作之良知解释则曰：“信仰国家主义者，决无背于三民主义。何以故？三民主义之目的，在求中国之自由平等。国家主义，内求统一，外求独立，自由平等，其意即独立也，此其一。三民主义讲民族、民权、民生，国家主义认定国家是全民的国家，故当由全民主政以求全民福利。所以二者无甚出入，此其二”。

（2）关于民主者：

（a）要完成建国工作，必须实施民主宪政：

左舜生认为中国要在未来和平世界取得一重要地位，首先“中国必须是一个和平统一的国家”“中国必须是一个和平统一的民主国家”。并认为民主为和平统一之前提。他说：“欲实现和平统一，必须民主，不民主或民主而成分不高，则和平统一之实现，必增加困难或减低其可能性”。

张君劢在其“确定中华民国对于四强系统之关系及其地位”文中，谓今日中国“强国地位之外围，既由盟国为之树立矣。今后所应急者，反为吾国家内容之充实。其所以充实之者如何。曰国防，曰工业，曰科学，此其为立国之要端，固为人民所共见矣。然此诸端之后更有其基本之基本，是为政治之安定，是为宪法的政府，此则吾人愿以在野党之资格与当局协力以求其实现者也”。

（b）要消除外人疑虑，适应世界潮流，必须实行民主：

张君劢在其“大爱国心”文中说：“方今盟友之所以怀疑者，皆由吾国从来不民主之积习使然，非一朝一夕能转移外人之观听者。

然为吾目前防患计，为失土收复计，与其因外人之疑吾政治制度而功则败于垂成，何如是改革现制，不独在内可以相安，外人之疑虑亦焕然冰释。是所得者大，所失者小，果何乐而不为乎？”

左舜生在“论加强美英苏中四国的团结”文中认为加强中美英苏四强之团结，中国有宜切实注意的自处之道，“第一，吾人宜以国家与世界的和平为重，凡个人或少数人的成见与爱憎，应一扫而空；第二，全国必须切实团结，尤以国共的关系调整为然；第三，必须加速实现民主，以澄清国际的疑虑，并举国内团结之实”。

孙宝琦在其“世界政治之主流与吾国内政之修明”文中说：现在是一个现实主义的世界，内政为外交之基础，故“吾国今后应充分予以认识，急谋内政之修明，以求国力之充沛，俾能周旋于此现实主义的权力的政治之国际之林”。修明内政的方法，就是“实行民主政治”。

(c)促进团结，解除纠纷，只有实行民主：

张君劢对于国内党派纠纷与为现在即须解决，他说：“吾人以为与其待之于战后，何若决之于今日，与其徒恃国民大会与宪法之形式，何若就其争执其实际而解决之。”解决之道：“第一，政府方面就民主宪政之实质问题，如各党各派之言论结社与行动之自由，如民意机关之预算监督权，予以许可以保障；第二，中共之军队，除现时共同作战外，视上项保障之增进程度，逐渐统一于中枢。”又说：“吾人以中山先生民族、民权、民生主义之下，所包含者广，可以容纳者多，各党各派问题，按之此种政论，尽有回旋之余地，与其因此事之久悬不决，而陷国家于分裂，何若政府先伸己手，予之以让步，其为人民者或者不能不感政府求治之殷，而亦以琼瑶报之乎”？

左舜生也说：“国内团结必须促其实现”“如果大家在原则上还承认民主的话，则凡要求团结、商量团结，以及其所以不能，不能团结的症结所在，应将其事实经过，全部向国民公开……直接诉诸国民”，不能“私斗”或“私和”。

(d)目前所需之民主内容：

张君劢在其“决战年之一致团结”文中说：“今日所谓民主，非宪法之谓也，非选举之谓也。目前之争点不外乎政治结社之公开，言论自由之开放，财政金融与一切之方针取得人民同意”。并认为“此二三项之实现，自足以平国人之心而达一致团结之目的。”

张氏在另一文中又说：“今后之政体，惟有民主，惟有有言论结社之民主，惟有有反对党之民主；所以去乱国而成为治国者，舍此无他道矣。”

张氏在“大爱国心”文中又说“倘我政府一旦毅然开诚心布公道，不注意形式方面之国民大会与成文宪法，先将目前各项实际问题，如国军之军国化，如言论自由之确立，如各党活动之公开，如参政会权限之扩大，先一一实行，则内部之摩擦既除，团结因之确立，以周旋于英美苏之间，益有把握，以之应付国外舆论，自能拨云雾而睹青天，以之改革内政，则各党各派且拥护之不暇”。

二、职教社派言论分析：

职教社派之公开言论，与青年党、国社党之公开言论大致相若。如认为：(一)民主为世界潮流；(二)唯民主可以团结各党各派及全国人民，完成抗建功业等。惟与后者相较，则其更强调两点：(一)根据国父遗教，以强调民主宪政。(二)代表民族工业家之利益。其言论大要如次：

(1)及早实现民主制度：

黄炎培等所发布之“民主与胜利宣言”，胪陈九点：其一即曰：“民主为我中华早定之国体，宪政为国父手订军政、训政以后主要之政纲，实施宪政为领袖涣汉大号之政策，必须竭尽可能尽速实行，一切设施，均须本此精神，充分发挥使人民渴望之民主制度，及早实现，不惟其名，务求其实，藉以范围全国之人心，使轨外纠纷之举，不因抗战结束而发生”。

（2）切实执行训政时期约法：

同宣言之第二点曰："中华民国训政时期约法，为正在施行有效中之根本法，必须合全国上下，切实执行，以迄于宪法之公布"。所谓切实执行约法，即凡"约法中所规定人民应尽之义务，亦既实际的充分的履行，所有规定各项权利，如身体与财产之保护，言论出版集会结社之自由等，亦须予以实际的充分的享受与保障"。

（3）切实开放言论：

同宣言对开放言论主张："除图书事前审查业已废止外，其他杂志、日报，凡受检查与限制，应以涉及军事秘密或反对抗战者为限。总须诱使昌言，以收舆论建议与监督之效。

（4）行治公开与民更始：

同宣言主张："行政机构，自中央以迄基层，一切政令，皆须绝对公开与民更始"。

（5）给产业界以一切解放：

同宣言认为："因民之利为财务行政，经济行政不刊之原则，必须给产业界以一切解放，简化各项法令与手续，维护其一线生命，于积极扶助增进生产，流通金融，发展交通之中，使社会经济因之活动，政府财用，因之取给"。

（6）提高国民参政会之职权，并加强其国民代表性：

此点张志让氏主张：（甲）参政会之决议，应在原则上有拘束各有关机关之效力。（乙）参政会既为民意机关，自应力图其国民代表性之增强。虽在此过渡时期不能完全实行民选，然亦应择选举之较易实行者，酌定部分选举办法"。

以上所引原文，俱见"宪政"一至九号。

对策

一、三点认识：

（1）青年党、国社党及职教社派之发展。以本党开放政权为最有利；次之，在本党及中央相持不下之局面下亦可以稍收渔人之利；至于在本党或中共独揽政权之形势下则最不利。

(2)在思想上各小党派(青年党、国社党、职教社派，下仿此)实与本党易于接近，在本质上，毋宁说彼等大多具有厌共之心理。

(3)各小党派均属温和派，言论不甚激烈，对本党之态度亦均能保持相当之限度而作和平之要求，彼等只要政府实行民宪，予以公开活动平等竞争之机会，彼等必愿为本党之友，反之，如目前状况无改善希望，彼等则不免与中共对要求民主事作桴鼓之相应。

二、我应付时之三项原则：

(1)必须拆散各小党派与中共联盟之形势：——本党对现状如无任何改变，则在"民主宪政"之共同要求下，各小党派可能与中共成立联盟，加厚反政府之力量。目前有种种象征，证明此一可能性之日益显著。故本党现阶段对各小党派，当尽力疏隔其与中共之关系，不使有任何形式之反政府联盟可以产生。

(2)采取对各小党派开放，对中共抑压之政策：——要拆散各小党派与中共之联盟形势，必须一方面尽可能给予他们以言论结社之自由，及参政之机会。另方面对中共则尽量予以钳制。如此，不但可一新国人之耳目，且可以转移国际(苏联方面例外)观听。

(3)拉拢各小党派，增我外围实力，以孤立中共：——本党如对各小党派稍示公开，彼等必如张君劢所云："感政府求治之殷""亦以琼瑶报之"，而可能成为本党外围，如善加扶植及运用不但可以孤立中共，抑可助我完成统一。

三、我应付时之两个办法

1. 加强连系：——依据各小党派先天厌共心理，本党以特别指定若干高级干部经常与其上层负责人接触，发生连系，保持私人友谊，藉以乘间陈说利害，(如本党实施民主宪政之决心及中共之阴谋等是)使其毋为中共所利用，并对我保持好感。

2. 有限度的满足其要求：——各小党派之要求，主要的是：

(一)言论自由；(二)活动公开；(三)参加各级民意机构。本党如能在此三方面予以有限度之满足，彼等必不至于依附中共为本党敌。不过本党有限的满足其要求，同时应提出如下的附带条件，即彼等必须疏离中共，并在宣传上不能响应中共。(如最近提出"国是会议""联合政府"等等，以后中共自仍有许多新口号新攻势)。

〔国民党中央执行委员会档案〕

32. 韩德勤为充实反共力量请在太和附近设立省干训团电

(1944年3月16日)

太和

特急。重庆行政院院长蒋、副院长孔：○密。案奉钧院丑东一电略。以本省行政干部人员训练事宜可于蒙城设班办理，无庸设干训团。等因。查本省各县行政干部人员仍留辖境，从事抗剿，推行政令，若不加以训练，激励其精神，坚定其意志，充实其学识技能，何足与敌伪奸匪斗争，确保敌后政权。又，查本省为全国政治、经济中心，战后复员工作尤为艰巨，所需干部人员亦必较为众多。为储备人才，准备复员计，亦须选择现有干部，并招致优秀青年予以切实训练，俾能负担数年后一切自治工作。且本府移驻太和，环境安定，人才与设备均较便利，训练工作正易办理。用再申叙理由，电恳赐准在太和附近设立省干训团，以宏造就。并乞示复为祷。职韩德勤。寅铣。秘。印。

〔国民政府行政院档案〕

33. 中国国民党中央党部拟订对中共所应采取对策总检讨稿

(1944年10月)

我对奸伪所应采取对策总检讨　李三明

奉交"奸伪情况军事实力与企图"，计共六个文件，性质虽各个独立，而内容则互相关联，倘逐个草拟对策必有重叠之虞。爰

就本问题性质分类，而将原件中所涉及各点之对策，分隶于各个类门之中，庶纲举目张，便于核阅。　　编者谨志

简目

(一)关于打击□□□在奸伪地位之对策；

(二)关于针对奸伪国际宣传之对策；

(三)关于针对奸伪国内宣传之对策；

(四)关于争取各党各派知识分子文化人及青年之对策；

(五)关于争取沦陷区民众之对策；

(六)关于唤醒边区民众之对策；

(七)关于瓦解奸伪组织之对策；

(八)关于减轻奸伪军事影响之对策；

(九)关于商谈之对策；

(十)最后在健全我们自己。

(一)关于打击□□□在奸伪地位之对策

□□□在奸伪之地位完全依靠一部份奸伪军人与有经验之工作同志，即握有武力或民众力量者，故其地位较为稳固，但其路线与政策在此时原为比较的右倾，新民主主义即为其掩护右倾之理论，整风运动与坦白运动便系其趋向右倾之肃反工作。试举一例可以证明，不久以前，奸伪机关报宣扬其模范党员申长林，而申长林实一地主或富农。又如奸伪利用李鼎铭，以标榜“民主”，或说明其对于过去“土地政策”之转变，而李则如按奸伪所持之主义而论，原为应夷九族之劣绅。

因此吾人对打击□□□地位之工作，可集中于下列三点：

1．抨击新民主主义：对此假冒三民主义招牌之新民主主义必须用各种方式不断批评之，□□□一日不倒，奸伪政策一日不变，吾人即绝不停止。其抨击宣传一事，必须反复为之，方能生效。至于批评之方法，可先伪装共产主义者，用纯粹的马列主义之理论，

此即所谓“反间宣传”马列主义，一向主张中国之社会主义革命须经过民主革命阶段，并非谓实现民主主义或新民主主义。而□□□之新民主主义则建基于武力之上，以致武装同志染有严重之军阀思想。减租减息，还租还息之土地政策，乃与地主及富农之妥协办法与土地国有之共产主义思想相去绝远。工作十小时与劳动英雄运动更为与资产阶级之妥协办法。吾人应巧妙的运用共产主义学者之立场，用更激烈更泼刺之笔调痛责□□□早已背叛共产主义，不许其再用“中国共产党”之招牌挂羊头卖狗肉。此为反击宣传之奇兵，但同时须另以站在三民主义之严正立场对新民主主义不三不四之谬论作无情的驳斥，此为反击之正兵。

2. 以“党性”头衔加诸中共一切政策：□□□即以新民主主义为其现阶段理论之中心，而新民主主义之内容不过为一九二六年第三国际第七次扩大会议案之翻印，并无新颖质素。故吾人试追究其用心，其在现阶段所发生之最高作用，不外为其领导一元化与增强党性政策之掩护。因此吾人可对中共一切政治设施，如三三制等，可均吁之为用以骗人的“党性政治”，意即除了中共独裁，并无民主气味，即其他经济政策，唯物论等等，以后在宣传上，似可均冠以“党性”字样，以显示中共之包办一切。盖奸伪所倡导之“一元化”、“增强党性”以及哲学的党派性等等理论，其为“党性哲学”与“党性政治”彼固无法否认也。

3. 调查□□□与国际派争执之点：□□□与国际派争执之点，应就奸伪十年来发展历史之演变寻求其蛛丝马迹，然后进一步：(a)可利用其冲突之点作宣传上之挑拨攻势；(b)可藉此窥查奸伪内部过去各种势力之盈虚消长，藉以推测其未来之演进。

(二)关于针对奸伪国际宣传之对策

奸伪自认其国际宣传最为成功，本年且新增对外广播。吾人似可依据下列原则与办法，加以反击：

1．今后国家之原则：

（甲）尽量公开：似此则奸伪失去造谣之掩蔽，倘恐公开发表增加其重要性，可不必由官方通讯社发表。

（乙）国内外同时发表：中英文稿不宜有区别，否则无以取信于外人。

（丙）态度宜严正：在此时应特别提醒盟邦者，为：①奸伪乃日寇故意纵容在中国后方捣乱抗战的阵线之一种阴谋，故奸伪虽阳称抗战，而实则不啻为日寇之工具，因此奸伪问题闹得愈凶，日寇愈引为得计；②奸伪问题本为中国内政问题，原易解决。而奸伪似为待价而估之"奇货"，国际愈重视，外人愈说话，则奸伪愈不肯放弃此"奇货"，愈欲高抬其售价，而问题乃更难解决。故奸伪在抗战初期，犹能服从，而今日则否，即由于友邦记者之过分宣传捧场所造成；③对美国应特别说明勿上英国之当；对英国应特别说明勿以为日寇在战后尚可利用；对美英两国同时须特别说明奸伪本来反对国民政府与英美联合作战者。（可引新华日报数年前之言论为证）

（丁）材料宜选择：外人对奸伪所注意者，为其积极方面，所可贡献于抗日之力量，及其消极方面，对中国现局之影响，故过去关于奸伪罪行之宣传，目前似已失效用。今后所宜采用者，似应为如下数点：①说明政府委曲求全之至大精神与维持军令、政令统一之至刚精神；②处处以统一为前提，说明倘奸伪能接受军令、政令之统一，则边区内纵有一切腐恶现象，我政府均可以"视民如伤"之态度引为己责；③抨击奸伪时，一切集中于减损抗战、破坏抗战一点，例如我现在军事失利，其中有一部份原因为奸伪之牵掣，并可引一二八淞沪作战时江西之实例，在国外可加宣传，不必隐讳；④关于奸伪本质，可暴露其增强党性，亦即灭绝个性，使崇尚个人主义之西人生厌恶之感；⑤关于奸伪罪行，可从其灭绝人性之残酷行为着手，最好以文艺手腕写出；⑥对奸伪实力(军力、民众、经济基础等)，不必一笔抹煞，不妨忠实叙述，但旨在尽量减低其夸大宣传之骗术。

(戊)主动宜争取："先入为主"中外皆然，例如此次对奸伪之谈判，设吾人于谈判之前先将政府谋求统一之苦心向国外宣传，则国际同情必更能倾向我方。

(己)论点宜单纯：集中一两点，反复宣传，方有效力，论点不可多，多则力分。

(庚)资料宜划一：数字必须一致，不能参差。

(辛)内容宜信实：绝对避免捏造，一次失信，长久不能恢复。

(壬)态度宜恳挚：我宣传之对象既为友邦，故我本身之缺陷不必尽加掩饰，不妨酌予宣布说明其原因，属望友人援手，以示我态度之恳挚，但对友邦之错觉，亦应不客气的婉辞辩正。

(癸)检查宜废止。

2。今后国宣之办法：

(甲)宜利用国际友之力量：奸伪之背景原为一国际组织，在美即有美国共产党协助，故力量甚大，今后吾人亦宜联络——国际友人之团体加强吾人之阵容，并竭力说明中国之奸伪为一蓄有国际阴谋之团体。

(乙)宜妙选本党干材充任：担任国外宣传之人，最需要者为"术""智""情"三者之配合。"术"为流利之方言，"智"为高深之学养，"情"为效忠于党之热情。擅方言而对国学无修养世界潮流不认识者，固不足以任特宣；学养甚高而自命清流之学者，似更不宜膺选，必须具备党的热情，始能发生效用，倘三者不可得兼则宁首取"情"而次取"智"，只须有深明中央方针，确能随机应变，因时制宜之忠实同志一、二人驻在国外主持发号施令，则善方言之华侨，甚至外国友人其材不可胜用也。盖在国宣时"方言"并非首要条件，外人在华宣传者，何尝人人熟谙中文乎。

（丙）宜各方配合增强战力：除国宣处外，其他驻外人员，如使领、武官、学者、作家应全体发动，在本党驻外负责之忠实大员统一指导之下，一致宣传方有效力。

（丁）宜以消息充分供给在渝外籍记者：外籍记者之乐于共党宣传，半因我无充分材料供给之，其救济办法为：(a) 添设对外通讯机构，凡中央社不便发之稿件，（并非特种资料，仅为一切政府不愿以官方态度发表之资料，如我工商业情况，经济进展等材料皆属之。）皆令其以纯新闻立场供给外人；(b) 由上述机构供给参考消息与外人声明不必发表，俾能自动间接透露；(c) 发行白皮书，凡军政上之重大事件，未曾公布者，于时效过后，用此种方式向国际发表。

（戊）宜发动本党学者名流与在华外人往来：其必要交际费用由政府支付。

（己）宜令忠实党员参加在华各国新闻处工作：目的在发生正面作用，不可采侦查作风，招致疑忌。

（庚）宜鼓励学术机关向外宣传我国文化及战时成就：从正面增进外人对我之敬爱。

（辛）宜建立一海外示范报纸：海外侨办报纸虽不能发生更大作用，然任其落伍，适足启人轻视，倘择一培植，使成能与国内第一流报纸媲美之报纸在国际间亦可助我声威。

（三）关于针对中共国内宣传之对策

其方式亦可由"原则"与"办法"两项说明之：

（一）原则方面：

（甲）力量宜配合：在通俗戏剧、新闻各方面均渗入特种宣传，方能中人于无形，倘特宣与一般宣传分家，人必望望然去之。

（乙）方式宜公开：理由与国宣节同。

（丙）态度宜客观：理由同前。

（丁）主动宜争取：理由同前。

（戊）论点宜单纯：理由同前。

（己）态度宜恳挚：此次参政会中，对政府责难纷至，领袖最后作一次坦白之自承，而全体参政归心，可知此种态度用于国内宣传，必可发生意外之宏效。

（庚）材料宜精选：现阶段之宣传材料，应集中二点：（a）统一为今日抗战建国之第一需要，故必维护此国民政府之中心力量，凡强谓必先民主而后统一者，皆为本末倒置；（b）对奸伪之抨击，一切归结于破坏抗战，无异为敌人作桴鼓之应。

（二）办法方面：

（甲）利用民歌鼓词故事：奸伪善用秧歌、山歌，如“太阳出了一点红”之类，以取得人民信任，又利用故事，如谓“泽”者，水也，陕北近年雨水多，因为毛“泽”东带了水来，等等。吾人过去太忽视此层，今后切宜致力。

（乙）利用口语：奸伪在民间之宣传多采口头传播，故能尽量造谣，我亦宜以口语宣传应付之。

（丙）深入工厂、学校及民间会社：学校、工厂为奸伪宣传主要对象，我宜有人严密注意。而集会结社，尤为奸为所欲利用之机会，我方更宜训练同志经常参加奋斗，不可丝毫畏缩退让，倘发觉对时局重大问题，其中有人受有蛊惑时，应立即发动党团人员或社会高级人士前往演说或辩论，针对说明真相，以弭患无形，甚至造成论争局面，亦所不惜，为达成此目的，我中枢应与地方党团部加紧密切联系，不可一味机密，俾我在地方负责之党员亦茫无所知。

（丁）发动学者从学术立场抨击谬论：奸伪近常以学术的面具掩护其阴谋，例如范文澜之“中国通史简编”即其明证。对此类谬说，宜发动学者从学术立场上根击之。

（戊）揭发奸伪宣传上之矛盾：以客观方式从纵的方面列举奸

伪对某一事件在几个阶段内之宣传，而暴露其矛盾，例如德苏战争前后之宣传矛盾最甚，其对人民所作之诺言亦多，自相矛盾处均可揭发。

(己)奇正相生：今日在宣传上一致抨击奸伪的势所不能置之不理，则彼攻我正烈似宜奇正相生，党的报纸担任正面，党外报纸担任侧面，同时尚宜建立一、二种报纸与奸伪书报杂志对崎，随时迎击，以减杀其气陷。

(庚)分区设计：在重庆宜缓和，在各地似不妨严励。

(卒)尽量放宽事前之检查尺度，但于违背时严格执行法律，以制裁之，不必时时采取请示方式也。

3。最近之趋向：

最后吾人不能已于言者，为特宣工作为一艰巨而历程甚长之工作，从事于斯者，不能过度兴奋而偾事，更不能以环境之艰困而消极，必也忍辱负重于夹缝中迈进，方期有成功之日。此其一。民主政治与党派论争，实并行不悖，更进一步言之，有民主政治，必有党派论争，若一党专制之时无其他党派存在，尚何论争之可言。近人之理解，似反是今日民主政治之呼声方起，而对于奸伪之正常论争，反即匿迹，社会风气似凡与奸伪作理论上或政策上之辨难者，即为“反民主”必也依阿奸伪，方为织时俊髦，此种错觉，摇惑已甚。吾人应大声疾呼曰：“与中共作正正堂堂之理论或政策论争”此正其时，否则不足以称民主。此其二。镇定为应变之基本，今日对奸伪问题适逢变局，吾人应加倍镇定，但所谓镇定，乃胸有成竹，可以随机应变之谓，非麻木瘫痪，一事不做，只管挨打之谓也。此其三。

(四)关于争取各党各派士绅知识分子文化人及青年学生之对策

奸伪在联络各党各派孤立本党及运用知识分子充实其基层组

织等工作，既发生重大效用，吾人亟应对我过去政策加以检讨并谋今后改进：

1. 过去之检讨：

(甲)对各党各派太漠视：各党派虽不满我措施，然亦未尝不以我为宽大易与，而对奸伪怀有戒心，惜我未加争取。

(乙)对士绅太放任：奸伪虽利用士绅，但在政治上则由党人发生领导作用，我则反是争取之后，即完全放任，以至此辈士绅反藉党为护符加倍营私，使民众集怨本党。

(丙)对知识分子及青年太疏远：未能利用青年爱国热情予以疏导，反事事隐瞒与之疏远，坐令彼等为奸伪所诱致。

(丁)对文化人不起领导作用：奸伪对文化人之策略，虽违反人性，然我则偏向另一极端，太不发生领导作用，今日大后方之文化人苟非别有图谋必感异常空虚，因党并未付以任何使命也。

(戊)一切太自由：总括言之，一切太自由，有“自由”，而无“组织”，以济其穷，为本党今日一切弊状之根因，我宜效法英美之组织方式，力求纠正。

(二)今后之改进：今后改进，除就上述五点作积极之纠正外，尚可具体补充者如次：

(甲)利用宪政实施协进会为团结各小党之组织：以青年党、国社党为中心作为吾人之永久同盟。至于职业教育社，仅对本党政经设施有所不满，甚易争取。难于团结者，仅有第三党及救国会派思想比较左倾，但人数极少，不足为虑，且此辈之真正动机亦无非热中做官而已，羁縻之术何患无之？

(乙)在学校运用党的文艺组织与青年接近：利用青年对文艺之爱好，提高其创作欲，代其发表，使其志趣升华，俾不致因苦闷而为奸伪所争取。

(丙)多举行时事讲座：理由见前“国内宣传”节。

(丁)对边区逃亡之青年，善予安置诱导。

(戊)对边区逃亡之文化人放宽检查：边区实行"疲劳检查"并强制文人"学习"，纳其思想于固定范畴，边区文人多不堪其苦，彼等对我记者团多表示甚愿逃出边区，但对环绕边区之检查，又怀畏惧，我宜尽量放宽此种检查，消释其恐惧，以争取大量来归。

(己)对左派文人之态度应加考虑：过去我争取左派文人之政策相当成功，然亦有反作用，即使忠于本党之文人发生怨望，以为被漠视是也。今后似宜：(一)同时进行匡助本党文化人之工作；(二)对已争取之左派文人，应发生领导作用。

(庚)培养文人专业化之趋向：西方文人多赖写作以维其生计。我国出版事业之发展尚未臻此阶段，应由政府宽筹经费，国立编译馆以专责培养文人专业化之倾向，俾有志写作者能从稿费维持其生活，此不但可争取大量文人，且对时代文化水准亦有重大贡献。

(辛)总之，吾人为争取第三者计，须有度量而又有魄力。有度量，方可兼收并蓄，以孤奸伪之势；有魄力，则应拨大宗经费资助出版宣传及一切研究工作，使名流、学者、文人、青年均能倾向于本党。吾人应使除奸伪外，一切党派为本党之外围，而万不可听任一切党派为奸伪之外围，以环攻本党也。

(五)关于争取沦陷区民众之对策

1. 党政军领导一元化：一新过去重复错综之习惯，将党政军领导权集中在沦陷区，须由党建军，由军建政，然后使军与政一切听命于党，俾能迅应事机。目前政府已注意及此，深盼其能发生实效。

2. 精选能人自为战之干员：奸伪在敌后区域之实力，虽泰半夸大，但均能人自为战，故无事时潜伏，有事时即发生作用。我必须精选能人自为战之第一流党团员入敌后工作。

3. 减轻摩擦，注意苛扰：今日沦陷区之现象，我方人员往往互相摩擦，力量对销，党政军一元化后，此种现象切宜避免。又游击部队对民众多有苛扰，尤宜纠正。

4. 在敌后遍设据点，监视奸伪：奸伪在敌后设有若干细胞，其人数还过一、二人，且均彼此分立，似无甚作用，但一旦时机成熟，彼等即可将各个细胞连为一条亘线。此在未来反攻时，其害将不胜言。我宜速多设细胞在旁监视，并随时切断其联系，同时在此时际应加紧策动伪方军政人员之反正工作，于必要时藉肃清奸伪为其第一步之表现，更进而进于里应外合驱逐敌寇，似此则在总反攻时，我方大势尚有可为。

(六)关于唤醒边区民众之对策

边区民众对奸伪之态度，因彼等知识浅陋，生活欲望极低，在奸伪诱骗政策之下，往往不惜出死力相报，但若辈亦未尝不易争取，因彼等生活实为人类最悲惨之缩影，倘有人从旁提醒，彼必终能觉醒也。谨拟对策如次：

1. 以口语宣传，唤醒其迷梦：在边区作文字宣传绝不可能，且边区农民多不识字，故宜密派干员灰色行动，进入边区，尽量进行口语宣传。其内容如次：(a)奸伪目的在以巧言换取农民之血汗，所谓"劳动英雄"头衔对农民除无谓之虚荣外，究有何补而彼等则因此损失其健康(边区农民近往往因工作过渡而吐血)；(b)奸伪处处捧农民，叫党员向民众"学习"，实际在紧要关头，奸伪绝对帮助党员，例如边区诉讼案件，通常用调解办法（即所谓马锡五审判方式）和公开审判，其间皆以党员利益为依归，而假民主之名行之，尤以公开审判，因党员有组织，所谓民众公意，全为党员所假借；(c)揭发运盐的黑幕，证明奸伪为增加其财政收入，不惜拖毙民间驴马，使人民赔累不堪。(据金东平君报告边盐每驮成本约合一千九百元(法币)由三边运至延安，需时二十二日以上，海日每驼运费至少七百元，运至延安后已值一万七千三百元，延安收价三十三年六月仅一万六千元，民众运盐一驼，除去一月劳力外，还须赔一千三百元）解放日报上反肆词欺骗，谓运盐如何有厚利；（d）评述边区以外之情形，边区因封锁关系，人民对外间情形多不明瞭，奸伪乃利用此点，诬蔑我方如何贪腐残酷，亟宜口头说明我后方真相，以释其疑。

2。以事实昭示其来归；事实胜于雄辩。宣传之后，无事实以济之，终难收效。边区近所以吸引人民者，奸伪之诱致为一因；我之为丛驱雀为又一因，亟宜刷新政治，减轻民众负担，宽放边区检查，以诚坦示人，以事实相比较，则风声所播，边区民众之苦高压者，必若水之就下，纷纷向我方转移矣。

（七）关于瓦解奸伪的组织之对策

奸伪党性之强，为有目共睹之事实。其力量即由此发生。吾人为谋对策，除加强打入攻势外，尤须健全自己。谨分拟如次：

1。健全自己，即打击奸伪：奸伪之生存发展由于本党组织之不健全，以致生出腐肉，予彼以寄生之所生，故健全自己，即等于打击奸伪。其办法如下：

（甲）对干部严格课以责任，规定其对党必须完成之任务，从而分别奖惩；

（乙）对干部负责任，凡忠实干部，应代其解决一切困难。我方现象，忠于党者，并无保障，党对之并不甚关心；而不忠于党者，又多无惩处，此点亟宜纠正。

（丙）上下紧密连系，不可脱节。

（丁）对过去工作不断之检讨与反省：由小组会议加强之，北伐前后之精神，应予恢复。

（戊）从速自动的刷新政治。

（己）扩大知识青年从军运动，尤须立刻发动三十五岁以下之党员团员全体或半数以身作则的从军，编练新军之中下级干部，使此干部成为与农民打通之基本力量。本党与青年团之新生命必从此点开拓，方能博得全国民众之信赖。

2。打入奸伪，瓦解中共之办法：

（甲）励行口语宣传：奸伪干部知识分子居少数，其中下层多农工，此辈大脑单纯，口语宣传最有效。至宣传资料，可分为如下二点：（a）本党之自由与民主；（b）中央政府治下之富庶与平等。以上两点，反复行之，必能生效。惟必有事实配合，故健全自己为第一要义。

（乙）挑动奸伪本身内在之冲突：由于整风运动与坦白运动，奸伪表面上似更一致，但其内在冲突则日益增多，时久必发，事理之常。以奸伪组织之严密，大规模之暴动不可能，但随时相机挑动，加强其敌视与仇意，积小怨而为大怨，后必生效，惟担任此工作者，非有绝顶之机智不可。

3。瓦解奸伪社会组织之办法：

最后吾人尚宜对奸伪社会组织加以研究，在社会方面组织为奸伪之所长，凡奸伪势力巩固之地，其社会即成为一坚强之战斗体。吾人对此，只有采取实行完全的地方自治之一法。盖战斗体之社会，只有“组织”，没有“自由”，实行地方自治，则“组织”与“自由”二者兼有，即此一点，可以攻破其凭藉为天堑之社会堡垒。

（八）关于减轻奸伪军事影响之对策

对奸伪军力不可过份低估，吾人宜正视事实。兹谨就几方面试拟对策如次：

1. 减低国际之重视：国际所以重视奸伪实力者，以能为反攻之用也。但据奸伪自称其惯于游击战的部队要改为正规军至少要加上一年的训练，可见国际对奸伪参加抗日战争之热望无法实现。又如奸伪向外侈陈彼牵制在华日军百分之六十五至八十，但此次河南之战，华北接近边区之敌人并未被牵制。湘桂之战，敌集中如此巨大数量亦未闻中共从旁牵制。再如，平型关之战，中共甚至以描写神话方式夸陈之，但阎长官招待记者时，其参谋长则细述其亲历之状况，奸伪在此役之“贡献”诚为一滑稽剧。又中国目前最无抵抗日寇气氛之地点，即为延安区域，因日寇连轰炸都不去也。凡此均可对外宣扬。

2。化释奸伪之怨毒：□□□为培养奸伪仇我心理，多捏词诬蔑，例如要士兵耕种时，必谓：“你们今天辛苦耕地是因为国民党不给八路军饷。”要奸伪去袭友军，必曰：“国民党又要像江西一样围剿我们了。”遇士兵受伤时，必曰：“你这伤可以不致残废，但因美国接济我们的药被国民党扣住了，所以，你这手非割不可。”故在边区奸伪谈及本党时，咸欲生吃其肉，此种误会，亟直疏解。

3。揭穿□□□之诡诈：□□□治军之第一原则，为绝对禁止各单位主管发生偶像作用，吾人似可根据此点，请熟谙奸伪系统及历史者研究之，因而相机揭发离间其军官与□□□之情感。

4。唤醒民众之迷梦：林祖涵此次在参政会席上称：“我们招募壮丁容易，所以民兵有这样多”，其实奸伪募兵之方法纯为骗民众上钩，彼等假“劳动互助”之名，将农民组成“变工”“札工”“运输”等队，复挑选之为基干自卫军，最后为正规军。其最初以耕地互助为名，而最后则归结到替他们上杀场，因其运用巧妙，故农民多逐步上钩，而不自觉，倘能适时揭发，必使民众厌恶奸伪。

5。整肃我军之阵容与风纪：积极方面在取得民众之爱护合作，遏制奸伪之发展；消极方面在不引起人民之恶感，不被奸伪打入核心。

(九)关于商谈之对策

对奸伪商谈时，吾人应有下列两种：① 奸伪绝对不愿谈判之成功；② 因此他们是得寸进尺，见风涨价，以便将破裂之责，诿之我方。例如，此次谈判，西安所谈者比去岁林彪师长携来之条件已进一层，而中央所提示者比西安所可给予者又进一层，林祖涵两次所提出之二十条，则较提示案增加甚多，林某在参政会席上报告临时又加上联合政府与国是会议两个新的要求。最近□□□在延安谈话更径谓：要改组我政府与军部，俨然以主权者自命，即联合政府亦所不屑矣。其所以如此者，恐谈判成功，彼将再无玩弄之余地也。我对策应为：

1．采取主动宣传：向国内外随时抢先说明我对谈判之诚意。

2．立场坚定：在谈判之始，即将吾人所能允诺之分际，一口说明，表示无讨价还价之余地，以后任其涨价，吾人始终坚定，决不增加一点，则彼必无所施其技。须知奸伪所囤积之“奇货”只有本党去做买主，本党不买，彼非跌价不可。又此等谈判，最好随时公开，例如谈判之时，奸伪所要求者为七分，我审度可能允诺之最大限度为六分，不妨一口答应其六分，而将双方条款内容同时宣布，以公正人之资格委之国民，则同情可期，而对奸伪运用舆论上之压力，亦可望生效。反之，倘吾人与彼谈判一次，不一口讲定价钱，而他日又想去买，则奸伪必另提更高之要求，而我则被迫加价，奸伪又可因而提再高之要求，我又被迫加价，三数盘旋，我出价已超过七分，甚或十分，而谈判尚无接近之可能，奸伪复从而宣传曰：“此乃政府无诚意之故”事之可怪，孰过于此。

（十）最后在健全我们自己

归结一句：最后在健全我们自己。我果政治修明，军纪良好，贪污绝迹，民生康乐，奸伪将失去存在之条件。反之，则奸伪问题即能解决，我仍难坐致富强。

此外，为争取同情起见，我对民生措施应议论与实际同时并进，例如言论开放一点，中央确具决心，而民众并未周知，施行亦未达至善。吾人应一面动员其大量人力、财力、物力从事宣传；

一面改变检查制度，放任吾方同志作“以眼还眼，以牙还牙，以刀还刀，以枪还枪”之宣传，而奸伪有违法之宣传时，则绳之以事后之懲处。

最后，吾人尤宜注意党的组织，一个党而无组织焉能斗争，不能斗争，焉能生存。吾党当初革命之使者多尚健在，而富于热血之青年，其战斗精神亦甚健旺，目前所苦者，正如数千数万之散兵游勇无一发号施令，信尝必罚之将领以统率而指挥之耳。若长此因循方针，则举棋不定，纪律则荡然无存，尤一盘散沙之所至，非至土崩瓦解而不止，危急存亡系于一发，谓宜训练十万，乃至二十万之优秀党员与团员授以政治斗争之要义，军事作战之技术，使之充任文武各级干部，而由中央乃至地方层层节制，由最高领袖指定高级干部若干人以统率之，则参谋本部建立，作战部队编成，而谓吾党不能以组织胜奸伪之组织不敢信也。

〔潘公展批语〕：“最速件，今日即抄发。展。十四。用复写纸写三份，送一份于展，一份于立公，一份送郑忠华，原稿存会中。公展。”

〔中国国民党中央党部档案〕

34. 兵役部区党部为军委会特别党部制发“防止奸伪活动办法”电

（1944年12月）

兵役部区党部密电　党端组字第162号

第九区分部兼指导员鉴：奉军委会特别党部密令：以奸伪份子乘战事步入艰危阶段，狂施挑拨离间之一贯政策，溷迹各级组织，企图不軏阴谋。本党为巩固革命政权，完成历史任务，不得不施以有效之防范，因之特颁防止奸伪活动办法一份，兹择要抄发一、七两款，盼即切实执行，并保守机密为要。兵役部区党部。亥印。附抄发防止奸伪活动办法第一、七两项□文一份（机密）

极机密

防止奸伪活动办法　三十三年十二月　日

一、区分部执委及小组长，对所属党员之行动思想、进修、德性均应随时考查；对新进人员尤须考查其历史及各方关系，如有可疑人员，应即密报本部书记长，不必公文呈转。

二、嗣后关于奸伪情报本部酌量印发各单位参考，以“高举”为本部代字，但各单位必须指定妥员慎密保存，或即焚毁，如有泄漏在外，一经查觉当严加惩办，切勿草率从事。在各区党分部执委会议中，各将是项情报加以研讨，就所属范围内采取适宜对策。

〔国民党政府军令部战史会档案〕

35. 兵役部区党部关于军委会特别党部制发“防止异党兵运实施方案”实施令

（1944年12月）

兵役部区党部密令党端组字第163号

中华民国三十三年十二月　日令第八区分部

案奉军事委员会特别党部军特组字第二一〇六号密令，内开：“查本党对倭武力侵略行为发动抵抗之初，对外即谋人心之团结，意志之统一，动员全国力量，共同肩负此历史赋予之伟大任务；对内复恢军队党部，确定养成革命武力，完成革命任务，主义以指示全党同志为步趋之鹄的。数年以还，赖全国人民及党员同志在总裁领导之下极力奋勉，使抗战接近胜利，建国奠定初基。手令对倭战事正步入艰苦阶段，国家民族正处存亡绝续关头，巡奸伪分子以为机会可乘，狂施挑拨分化，诋毁离间，揆其用意，实欲颠覆政府，以遂其一贯之政治阴谋。本党为巩固革命政权，以完成历史任务，对破坏抗战不顾国家民族利益之奸伪分子，消弥防范，自属责无旁贷。本部所在机关，为国家最高之军事首脑，抗战军事胜利所关，当不容奸伪份子之嚣张溷迹，检举与防范工作自应加强实施，前经奉颁防止异党兵运实施方案分饬切实遵照办理，以时移岁隔，各级单位甚少遵照实施，殊属非是。兹再重申规定并经本部第二次总干事联席会议，以“各单位对奸伪工作之筹划实施甚少注意，当此抗战接近胜利之紧要关头，应依照中央防止奸伪兵运实施方案之规定，加强实施一致决议通告，遵照加强实施。等语。记录在卷。用特录案，并印发防止奸伪兵运实施方案一份，并由本部颁发防止奸伪活动办法，令仰切实遵照。仰将策划实施情形及承办是项业务人员具报为要。”等因。附发防止异党兵运实施方案、防止奸伪活动各一份。奉此。合行抄发上项办法各一份，令仰切实遵照，策划实行，并将承办是项业务人员具报为要。再，查是项业务关系抗建至巨，办理亟应缜密，本部派史和瞻同志负责办理，各士兵小组之联络考察专派徐文楷同志办理。除分令外，合行令仰同志切实策划办理，具报为要。

此令。

附抄发防止异党兵运实施方案、防止奸伪活动办法各一份

指导员鹿钟麟

总干事张梅谷

中华民国三十三年十二月　日

防止异党兵运方案（略。见前）

〔国民政府军令部战史会档案〕

36. 军委会战区军风纪第五巡察团关于陕东陕北晋西一带党政军统治情形报告电

（1945年3月27日）

军事委员会战区军风纪第五巡察团代电　饬机字第917号

军令部徐部长赐鉴：本主任委员去冬巡察陕东、陕北、晋西一带，所见党、政、军各部门成绩优劣以及粮役警政等各要政之兴革，参照时势需要，谨将管见所及汇编成册，供诸各界参考。除呈报并分电外，相应电请察照见复为荷。军事委员会战区军风纪第五巡察团主任委员樊崧甫。秦(卅四)。寅感。仿机。附巡察所见乙份。

中华民国三十四年三月二十七日

陕东、陕北、晋西巡察所见

一、巡察动机

甲、巡察河防部队军风纪之良否，军民感情融洽程度，及作战能力。

乙、集结各地方党、政、军、民首领，检讨各界联系是否密切，职务上之过失及困难，并宣示军风纪巡察团之职权与作风。

丙、渡河至吉县，谒阎长官，协定巡察勤务之推进，并视察晋西党、政、军成绩。

丁、视察陕北，沿特区碉堡线特殊情形。

二、巡察所见

甲、河防部队(第一军)(第三十四集团军所属第十六军、第九十军、新七军、第八十军)

军风纪　自待遇改善后，日渐严肃。

军民感情　尚融洽。

战斗能力　因工事及其他美观工作分心太多，尚须集中意志及力量，严密训练。教育方式亦宜改进。

驻韩城对面河津、河滩之第一战区第一挺进总队核定只两支队．而收编陆支队，滥委副司令多至七八员。给与相差太巨，因而就地征借、走私、贩毒，并有奸党乘机混入，民怨滋甚。应速予改编，汰弱留强，按额给与，并取消其番号。

中央及各司令部派遣之特务人员及便衣队，因相隔遥远，本直属长官无从督率，而当地驻军最高军官复以系上峰所派出，不敢过问，而此等员队复利用当地氓痞为爪牙，更狐假虎威，诗张为幻，走私贩毒，敲诈勒索，应明令规定对职务虽各行其是，而地方治安及纪律责成驻军最高长官负责监督，以一事权。

乙、党政及民治之检考

党务

党团对此次智识青年从军运动均尚努力，但以竞争体面与摊派及优待方式不能将抗战大义宣传深入民间，仍不免发生畏避买替情事。郃阳党部书记长及职员三人，超过法定人数从军，且将生活亏负巨数，以致该县党务一时陷于停顿。

政务

1。官吏良污　各区、县专员、县长大多数尚能励精图治，虽方法或有未适民宜，而贪污之风颇未见闻。

2。兵役　地方政治，以兵役为最坏。适壮丁抽签不公开一也，买穷困之人替代二也，截拘行人逼代三也，由领兵军官介绍游兵顶替，与乡长分肥四也，壮丁入伍，视同囚犯五也，由领兵人员直接向乡保摧〔催〕丁，滋扰地方六也。各县已征壮丁数量均似极巨，实际上有智力、体力、财力之壮年大部都躲避闾阎。因兵役之不良，战时士兵每抛弃武器逃亡，以致屡战屡败。国家欲建确能应战之兵，必须切实施行征兵法令，其违犯者应处以极刑，不得以非军人而宥之。

3。粮政　自治人员帮助摧〔催〕粮，而不经收，可免额外附加之弊。但在收发、保管、运输上，病民之端尚多，一、民众所纳粮异常洁净，一入仓库，加入土沙，发出时灰土超过定量。二、收发之间秤不公平，争执时见。三、有粮无库，保管不良。四、管粮人最善移转，可报定量消耗。五、运转时接收人常折磨运夫，从中渔利。六、配赋不良，甲地驻军而乙地领粮，乙地又向丙地领粮，徒耗人力物力。

粮管人员对民众纳粮既决不轻饶，则不如定明收支均须绝对洁净，更不须有含土沙百分数之必要。收发时应当由第三者过手。有粮必造库，以免因小失大。粮库少转移，军民须联系确实，免配粮失当。

4. 燃料　渭河南岸各县内军队未配发煤炭，致发生砍伐果木，占用炭窨，并有冒充军人截购柴炭转卖谋利情事。解决此问题：(一)由大荔专署配发军用煤炭。(二)柴炭由当地政府统筹统支，勿使军队自行砍取。

5. 征运　约为购粮、购燃料及国防工事材料与马乾并车运或临时派款，诸项副食品前亦代办，现已停止。无论办理良否，究为人民额外重大负担，国家一大弊政，溯其发生原因：(一)军队待遇不敷，生活事实上须就地征派。(二)中央所发物价与当地市价相差太远，超出之数不能不使人民负担。(三)民众智识浅薄，盲涨价，追加预算赶不上物价增涨。(四)生产消费素无统计统制，办理不良。目下所现实弊端：(一)负担过重，且多保甲长为顾虑不能收齐足数，层层加成派征。(二)前线地区部队麕集，生产量不敷供应，尤以马乾及车辆为尤甚。(三)负担不均。

6. 棉花　去秋收成不佳，在花收时公价、市价相差过巨，致向敌伪方面偷漏，恐难照定额购定。

7. 警政　国家因保护生存，按原则设立内外警察，陆海空军、国际警察也。为防国境以内盗贼，则设治安警察、行政警察、税警、法警。现治安警察分崩离析，警备部队、保安部队、警察局、国民兵团皆同一参与治安职务，而应负责之警察反枪械不精，经费艰窘，事权全为额外代疱者所剥夺，殊有统一组织必要。

8. 盐务　巡察渭南时，因缉私盐，地方团队与缉私队发生冲突，伤毙多人。按盐税系征收统税，应在盐场完成税收，近处不缉私，而在远处缉私，徒资纷扰。查蒲、渭交界卤池（土名盐滩）出产碘盐运往商雒一带销售，可医治大腫脖病。以盐场走私，故私盐渡渭南运者甚伙。据盐务机关云：其致此之故：（一）盐政与缉私系统分立，联系势难密切。（二）盐警待遇太薄，易于放私。（三）盐警数量既少，枪械弊劣，力不足以制私贩。

改进意见 （一）税警改归税局统辖，以一事权。

9。军队组训民众动员总队与国民兵团两机关性质类似，只须充实国民兵团组织及职责，实可不必双套门面，以一事权，而节财力。

10。司法 因行政官吏兼司军职关系、管辖关系，时起争执，亟应分厘明白。又，军队寄押罪犯，常因他调置之不问，既不能判，复不可释，其他政财机关亦有类此。以小案件而押留经年者，罪限已满或无罪须开释，而以无保仍囚囹圄，悉应设法改良。

丙、第二战区方面 山西西部此一抗战据点，介于敌伪及特区之间，情况特殊，其党、政、军现状殊与内地回〔迥〕异。

1。党务 以民族革命同志为中心，而党部反不能实施职务。据云为应付环境，报经总裁允准，为输助军□□□□宜之计，然在国民党立场而言，则应属于省党部指导之下为合法。

2。政治 兵农合一，全部戎装生产，消费悉行统制，安乐、患难上下与共，此其政治特点。桥头堡垒之得以撑支，是其主因。惟民众武装稍碍军队体制，外宾入境非受招待，无以供食宿，此则尚待改良也。

3。军事 兵农不分，为其特色。每三壮丁结为一小组，以其一任现役，其二员生产，三年后互易，故无兵役无买替逃亡之弊。惟官兵以大部时间自营生活，训练不精，战斗低能，且教战式甚为守旧，是皆有待于改进。

丁、沿途区碉堡线方面 由宜川经洛川、黄陵、宜君、同官至耀县，此区昔以回乱，互相残杀，故地旷人稀，每平方公里平均只有二人。宜、洛两县驻军及各机关人数较民众为多，而抽练、团队补给、运输、马乾、燃料供应至为浩繁，人力、物力罗掘几穷。共党更于边界示惠，免兵免税，招亡纳叛，若非全省统筹量予补助，则后患可忧也。且在此等地域，各级军事机关派出侦谍及便衣队特多，而特区组织严密，难以混入，于是乃以走私、贩毒手段冀达其任务，及为共党所利用。

〔国民政府军令部战史会档案〕

37．第十战区制订关于清剿八路军新四军计划与对策之作战机密日记

（1945年5—6月）

五月一日

清剿计划及对策

奉委员长蒋卯庚令一元游电：〇密。极机密。(一)兹拟订清剿沦陷区奸匪，以利配合盟军登陆作战方案。随电附发。(二)查沦陷区奸匪除扰乱与小股袭击我军外，近复集中全力进攻我一点，兹拟订沦陷区奸军集中全力进攻一点时之对策。随电附发。(三)查国军各部队虽经对敌寇作战八年，但对剿匪战术多已生疏，各战区干训团应增加此项课程，并以剿匪手本为教材，同时研究奸匪近来惯用战法之对策。以上希即遵照办理，并将奉到日期及实施情形具体为要。附清剿沦陷区奸匪，以利配合盟军登陆作战方案，及沦陷区奸军集中全力进攻我一点时之对策各乙份。

清剿沦陷区奸匪以利配合盟军登陆作战方案

第一方针

一、为打破奸匪妨害国军接应盟军登陆之企图，应使沦陷区党政军彻底一元化，并就现行区分加强其力量，集中全力以消灭奸匪之组织及武力。而利国军配合盟军之登陆作战，各地清剿工

作，应于七月以前完成。

第二指导要领

二、各战区方面军应针对奸军之发展及实际状况、敌我态势，兵力等，划定清剿区域，指定有力正规部队及有剿匪经验之清剿指挥官统一指挥党政军及地方一切武力，巧妙策动伪军使与奸军火并，以利清剿进行；并限于四月底部署完成，实施具报。

三、各战区间应切实严密协同，相互策应，以防奸军流窜。

四、党政方面切实配合军事，使清剿工作易于进展，并随军事之进展，迅速恢复地方之组织，巩固政治基础。

五、极力宣传奸伪之暴行、阴谋及力量之虚弱，形成有力之战斗，使达及盟军不受其欺骗煽惑，同时对政府建设民国之艰难伟大对民众宣传。

六、接近匪区及沦陷区之党政军各级阶层应极力使之清廉，建树对民众信仰，以争取民众，进而建立防剿奸军阵线，使奸军无法立足：（一）各战区应分别限止并缩小奸军活动区域，逐渐围困歼灭之；（二）阻止奸军南窜，勿使南北合流，在黄河以北者，勿使窜至长江流域，在长江流域者，勿使窜至沿海；（三）在各地区及沿海者，勿使彼此合流，以期各个孤立，乘其立足未稳时，立即进剿，各个歼灭之；（四）各区应指定堵击部队及进剿部队，各指挥进剿部队与邻接区应不分畛域，紧密协同，积极进行清剿，均于七月底以前根绝之；（五）预料盟军可能登陆之海岸附近要点，务须各保有之。

七、清剿部队，应对以训练良好、思想坚定及精神旺盛者担任，以收民众乐于协助之效。

八、清剿部队政工工作应予加强，并积极开展，以协助军事清剿。

九、甲、党政方面：1．积极组训沦陷区之党团员，敏活指导运用，发动争取民力；2．党之斗争及活动应积极配合，军事采重点主义，使军事易于发展。

乙、政治方面：(一)各级地方政府应以协助军事和向导、伕力、物品、采购等,使军事行动不受滞碍;(二)严密乡镇保甲组织，增强自卫之力量，清査奸匪，封锁奸匪，使无法立足民间；(三)建立民间情报网，侦察奸匪行动，以供军队利用；(四)晓谕民间奸匪过去之暴殃使勿受其胁诱，并极力宣扬政府之德威，完成领导抗战之功绩，以坚立民间之信仰；(五)政治设施极力配合军事采重点组织主义，由军事之进展逐渐促进政治复兴。

沦陷区奸军集中全力进攻我一点时之对策〔见前，略〕

奉电后经以轨辰齐蕃电呈复委员长蒋：○密。卯有发卯庚令一元游电及附件辰东完全奉到，正遵办中。谨覆。

五月十八日

清剿计划

奉委座卯庚令一元游电暨附发方案及对策后．兹遵照颁发方案，拟订本战区清剿奸匪计划，以轨辰巧辰啸二代电令饬临泉指挥所何主任、廿一集团军李兼总司令、苏北挺进军王总指挥、长江下游挺进军李总司令、豫南挺进军张总指挥、五十一军周军长等，遵照实施具报。

第十战区剿匪实施计划

甲、方针

1.本战区以逐次肃清区内奸匪，以利接应盟军登陆作战之目的，以一部对敌伪警戒，确保现态势,主力配合党政大举进剿,限七月底肃清之。

乙、实施要领

2.本战区划分淮北、淮南、豫南、苏北、长江下游等五个清剿区．各区境界同作战地境。

3.各区应以一部对敌伪警戒,主力配合党政,限五月底部署实施，七月底前肃清。

4.在清剿期间，各该清剿区内党政各机关、地方武力，概归剿匪地区指挥官统一指挥。

5、各清剿区应派党政人员，配属各该区协助清剿及重建工作。

6、各区应紧密连系，相互策应，并将不分畛域，越境搜剿。

7、各地区应依军事之进展，逐次向外扩张，每得一地，即择要建碉筑工，防匪回窜。

8、临泉指挥所应先肃清涡北地区，次及陇海路以南地区，特须注意匪之东西流窜。山东方面，以能控制山东半岛沿海各要点及胶济路东段为目的，尽可能应先遏止匪势发展，以次压迫远离之，依实际情形，自行策定实施。

9、淮南兵团仍按该辖区原区分，先肃清控制地区内散匪，遮断罗山西南奸匪南北会合及长江匪南北交通，尔后渐次压缩匪区向外扩张，相机摧毁银屏山、大小悟山、藕塘等匪。

10、豫南挺进应确保现态势，杜绝匪势发展，特须强固正阳西南之守备，以遮断匪南北交通。

11、苏北挺进军、长江下游挺进军应确保现控制地区，杜绝匪势发展，渐次向外扩张，压缩匪区，依实际环境，自行策订实施。

12、五十一军为预备兵团，仍于原位置归本部指挥。

丙、交通通信补给卫生

从略

丁、其余遵照轨辰巧蕃电办理

除策定剿匪计划，分饬各部实施外，并将关于党政方面之事项以轨辰有蕃代电转饬安徽省政府、省党部、党政第一、二总队遵照办理具报。及以轨辰巧代电转饬皖战干团增加剿匪战术课程并以剿匪手本为教材，同时研究奸匪近来惯用之战法与对策。

又上项清剿奸匪计划以轨辰马蕃电呈报委座汉中主任核备。

六月一日

调整部署

以轨礼巳东巳电令：临泉何主任、张总指挥、五一军周军长、暂九军傅军长，调整部署：（一）淮北兵团仍分左右两兵团，惟军队区分应酌予调整，力求保持建制，以免过度分割之弊。又十二军应稍向东北地区移驻；（二）暂九军全部着改归豫南兵团张总指挥指挥，任该兵团右翼之守备，其部署由张总指挥酌情调整，惟罗山方面仍由五一军派出强有力部队一团驻守；（三）五一军有十三师（只驻守罗山之团）俟豫南兵团部署就绪后归建，集训于潢固商地区；（四）统限巳删前部署完毕具报。

六月五日

调整部署：

以轨礼巳微电呈调整部署：（一）临指所仍分左（15AG）、右（19AG）两兵团，惟军队区分应着予调整，以保持建制；（二）暂九军全部改归豫南兵团张总指挥指挥，任该防区右翼之守备，罗山方面仍由五一军派一团驻守；（三）五一军百十三师（欠驻守罗山之团）集训潢固地区；（四）统限巳删前部署完毕。

六月十三日

调整部署：

据豫南挺进军张总指挥巳佳午宝寰电报：遵轨礼巳东巳电调整部署如次：（甲）暂九军主力位置于龙口附近，以一个师进驻万金店附近地区，该师应以一个团挺进寒冻，除对汝敌监视搜索外，并清剿当地奸匪；（乙）豫南挺进军：（一）十五纵队位置于陈寨庙对阮店一带地区监视正阳之敌，并清剿当面之奸匪；（二）十四纵队（附新息保安各一大队）固守铜钟、钟河、陡沟一带地区，任淮北守备，并截断奸匪南北交通；（三）十三纵队以一个支队驻守永兴铺、王庄（铜钟东五公里）一带，协力十四纵队巩固正阳西南防务，主力位置于汝南阜、油坊店一带地区，协力十五纵队巩固正阳以东防务；（四）廿纵队为兵团总预备队集结岳城附近。（丙）暂九军与豫南挺进军作战地境为东自新蔡经寒冻、马官庄地区，迄古城之线，线上属暂九军。该军右与百十一师及朱指挥官国衡部队连系。（丁）除令各部积极行动外，并限巳寒部署完竣，据电复，经以轨礼巳元未电饬将暂九军部署情形及已开达防地之师报查。

六月廿三日

剿匪计划

据苏北挺进军王总指挥辰世诚一电呈剿匪计划如次：

甲、方针

1.本挺进军以确保控制地区，杜绝匪势发展，以利尔后接应盟军登陆作战，策应国军反攻之目的，以一部固守敌后各据点，对敌伪警戒，主力配合党政地方武力及可能利用之伪军，机动作战，渐次扩展领区，压缩匪区，肃清奸匪。

乙、实施要领

2.本挺进军辖区划分徐西、路东、淮阜、海灌、阳浦五个清剿区，各区境界同作战地境。

3.各区应以一部对敌伪警戒，确保控制区，主力配合党政地方武力及可能利用之伪军，机动作战，尽速肃清匪军。

4.各区应配党政机关并统一指挥地方武力，以利作战。

5.各区应紧密联系，互相策应，并得不分畛域，越界搜剿。

6.各区应依军事进展，逐次向外扩展，每得一地，即择要建碉筑工，防匪回窜。

7.各部应对附近伪军积极策动，设法利用。

丙、任务及行动

8.徐西军区，应以一部确保控制区各据点，主力先肃清陇海路南匪军，打通砀涡交通线，再逐次肃清陇海北之匪，遏止鲁省之匪南窜，并防匪之乘敌退却时抢占交通线及重要城市。

9.路东军区，应确保现控制区，一面坚工固守，一面策动运用伪军，机动出击，压缩匪区，速谋规复高楼、火车头等据点，遏止津浦路徐蚌段之东西流窜及陇海路徐州东段匪之南北交通，并严防匪之乘敌退却时抢占交通线及重要城市。

10.海灌军区，应速在区内建立强固核心，据点逐次向外扩展领区，压缩匪区，遏止匪之流窜，并利用伪军，确实控制陇海路及各重要城市，俾于盟军登陆，敌军撤退时，藉免匪之乘机抢占。

11.淮阜军区，应择区内适宜地点建立强固据点，逐次压缩匪区，开展领区并策动运用伪军，确实控制运河交通及各重要城市，免于敌军退却时为匪抢占。

12.杨浦军区，应确保控制区内各据点，肃清区内敌匪，压缩匪区，扩展领区，遮断匪之长江南北交通，并遏止其乘敌退却时抢占区内重要城市。

丁。补给

13.各部队给养由军区就辖区内各县统筹配发。

戊。通信

14.各军区与本部及各部队间通信，以无线电为主。

六月廿日

剿匪计划

据临泉何主任已佳来翔代电呈剿匪计划第十战区临泉指挥所剿匪计。

第十战区临泉指挥所剿匪计划

甲。方针

1.基于战区剿匪方针，以逐次肃清淮北奸匪之目的，决以有力部队先期肃清周漯池区，尔后抽集主力肃清涡北，并重建匪区党政，分区筑碉而固守之。在山东方面，则竭力保持现态势，以利尔后之作战。

乙。指导要领

2.淮北方面，划分周漯、涡北二个清剿区。周漯地区先期实施；涡北地区应于周漯地区肃清后，再行实施，限七月底清剿完毕。

3.山东方面，应以保持现态势为主，并尽可能控制鲁东沿海及胶济路东段各要点，依实际环境，自行策定实施具报。

4.清剿期间，凡属区内党政机构及地方武力概归清剿指挥官统一指挥。

5.清剿区内党政机构，应随军事之进展重建匪区党政，并以地方武力配合搜剿散匪，彻底肃清奸匪地方组织，以使国军后方安全。

6.清剿部队应依军事进展，分区筑碉，加强工事，并以各要点为核心向外扩张，以利战守，并对当面伪军及敌后我军分别策动连系，以使我军作战容易。

丙。任务及行动

7.周漯地区由左兵团负责清剿，以一部进出洪河左岸与豫南兵团协力堵剿汝上边区奸匪，主力肃清砖桥、化陂、五沟营、东面洪桥一带奸匪后，以地方团队配合党政机构，筑碉固守，以截断奸匪南北之连系线。

8.涡北地区由右兵团负责，以一部先期攻占龙山，主力一举进出北淝河之线，择沿河要点施工筑碉而固守之，并为尔后进出浍河之准备，为防止奸匪回窜及彻底肃清涡河以北陇海路以南地区奸匪主力计，得抽调机动兵团之有力部队参加进剿。

〔国民政府军令部战史会档案〕

38. 第六战区密发蒋介石拟订在沦陷区遭八路军等攻击对策电

(1945年5月9日)

第六战区司令长官司令部代电　　中华民国三十四年五月日

略字〇七二三号

秀山平凯八十六军朱军长奉委员长蒋卯庚令一元游代电节开：极机密。查沦陷区奸匪除扰乱与小股袭击我军外，近复集中其全力进攻我一点。兹拟订沦陷区奸军集中全力进攻我一点时之对策，随电附发，仰即遵照。等因。兹检同沦陷区奸军集中全力进攻我一点时之对策一份，随电附发，仰该军长亲自密存。除准摘要口述指示所属外，绝对严禁印发，仰即遵照。并将奉到日期具报为要。孙连仲。辰佳。炎略。附发沦陷区奸军集中全力进攻我一点时之对策一份。(略对字拾伍号)

沦陷区奸军集中全力进攻我一点时之对策

查年来奸军之所以能集中兵力打击我一点者，系有左列原因：

一、奸军方面：

1.目的在藉抗战夺取政权，集中力量以谋我。

2.党政军能协同，故指挥运用灵活，集散自如。

3.企图积极，行动敏活，战术上采绝对攻势。

4.无必守点线之顾虑，分散集结容易，能彻底集中兵力于一点。

二、我军方面：

1.目的在抗战建国，集中力量以对敌。

2.党政军配合不密切。

3.企图消极，不求有功，但求无过，常处被动地位。

4.各军图自保实力，不能相互策应。

基于以上检讨，拟定我军对策如次：

一、由战区划定分区，负责防奸地区，对要点应构筑强固工事，指定固守部队与机动部队，针对奸军作战惯技，研究训练打击方法。

二、党政军务彻底一元化，在有奸军盘踞窜扰区域，应以军事为主体，党政须密切配合，以期指挥运用灵活。

三、各区应集结有力部队，于重要方面打击奸军窜扰，使其兵力无法集中。

四、各区之军队应设法调正，使其精神与建制能趋一致，俾统一指挥，容易分散集结，进退自若，各区应有精练部队以为骨干，使奸匪无法打入。

五、各区联防相互策应，商定协同作战计划，密切连系，奸军攻我一点时，固守部队应沉着固守，平时须准备十日存粮与可固守十日以上坚强之工事，机动部队应把握时机，予以猛烈打击，并速分报上级及连合各区邻接部队，须即出动，且有自动援助之义务，对奸军包围合击，或设法诱至我有利地点而痛歼之，并阻止其增援窜逃，尤其重要地点绝对不可放弃。

六、严密对奸情报网，适切判断状况，勿为匪之阳动所眩惑，并随时判断其企图，争取主动先制，以粉碎其企图。

七、须兼顾敌情，以奸匪常与敌平行动作，我应设法诱敌与奸发生战斗，除确保要点，或我兵力较敌奸双方兵力优势时，宜避免同时与敌奸双方发生战斗。

八、注意军纪之整饬，务使军民能彻底合作，争取民众帮助。

九、加强部队政训工作，使官兵明瞭奸伪之阴谋罪行，以养成其疾恶如仇心理。

十、加强宣传工作，揭发奸伪之阴谋罪行，使人民勿受其欺骗利用，并群起反抗之。

〔国民政府军令部战史会档案〕

39．中国国民党第六次全国代表大会通过特委会对中共问题之决议及工作方针案纪录（节录）

（1945年5月17日）

特种审查委员会提出对于中共问题之决议案及本党同志对中共问题之工作方针，请公决案。

决议：通过（全文附后）。

对中共问题之决议案（略，见前〔三〕）

本党同志对中共问题之工作方针

本党本团结抗战之精神，数年以来，对中共问题坚立以政治方式力求解决。今后自仍应本此既定方针，继续努力。惟根据中共问题之总报告，中共一贯坚持其武装割据，藉以破坏抗战，致本党委曲求全，政治解决之苦心，讫无成效。而本党同志在各地坚苦奋斗，惨遭中共残害，书不胜书，追溯往事能无愤慨。乃中共最近更变本加厉，提出联合政府口号，并阴谋制造其所谓“解放区人民代表会议”，企图颠覆政府，危害国家，凡我同志均应提高警觉，发挥革命精神，努力奋斗，整军肃政，加强力量，使本党政治解决之方针得以贯彻。兹特提示今后全党同志对此问题之工作方针如左：

一、本党同志应切实深入农工群众，解除农工痛苦，大量吸收农工党员，发展本党在农工社会中之组织。

二、应以革命进取之精神，吸收富于革命性之知识份子，并正确的领导青年。

三、对外应配合政治环境，加强国际宣传；对内应加强党员政治训练，纠正中共之虚伪宣传。

四、一切社团中之本党同志应加强党团组织，争取第三者对本党之同情。

五、在沦陷区应确立并加强党的领导权，一切军政设施，均须适应党的工作方针，并由中央选派坚强干部深入敌后工作。

六、加强中央及各地对于本问题之统一指导机构。

第六届中央执行委员会应将上列工作方针通令全国各级党部，勗勉同志一致力行，中央并应随时本此方针规划具体办法，切实施行。

〔国民党中央执行委员会宣传部档案〕

40. 中国国民党特种会议第一次关于中共七全大会之分析与对策纪录

（1945年8月2日）

日　期：卅四年八月二日（星期四）下午三时。

地　点：中央党部第二会议室。

题　目：总裁代电关于“奸伪七全大会之综合研究”及“中共七全大会之分析研究与对策”。

出席者：邓彦棻、何联奎、叶秀峰、邹志奋、唐　纵、余井塘。

主　席：邓彦棻。秘书：邹志奋。纪录：王绍通。

邹志奋：

（1）报告总裁两代电之内容；（2）归纳总裁代电指示，归纳我们应研究的问题有三：

（1）本党现状与中共现状之比较；（2）本党的缺点及其改善方法；（3）中共新党章加强党员与民众及上级与下级的连关一点，应切实研究仿效实施办法。

主　席：

（1）两代电性质似有点不同。第一个代电是说明奸伪七全大会一般情形，内容都是关于“党”的方面；第二个代电应由我们负责研究，所提出的对策是包括军政党三方面，尤其侧重于军事方面，应由党及军政、青年团各方面负责。

（2）关于第二个代电，我们研究对策，先要站在党方面研究，然后与军政，及青年团方面所研究的结果配合一同呈复。

（3）我们六全大会可与奸伪七全大会作一比较，如他们开会五十天，他们党章改了若干，他们当选的新中委及被淘汰的旧中委均可和我们作一比较，尤其是他们策动党员去领导民众方面，我们应比较事实，找寻原因。

唐　纵：

（1）应把研究的问题列举出来，推定每人担任研究一个问题。

（2）待大家研究有结果后，才实行集体研究交换意见。

主　席：

（1）初步研究应每人研究一个问题，抑作综合的研究？

（2）本人主张作综合的研究，但各人可以特别注意某一点。

何联奎：

（一）专门研究较综合研究为妥，本人主张分开各部门推定人员担任研究。

主　席：

内容恐不容易分开清楚。

佘井塘：

（一）如果时间许可各人回去先作综合的研究，得有结果后，然后再作集体研究，集中于某一点，共同讨论。

主　席：

（一）第一个代电限一个月呈复——即八月廿四日须呈复，我们预算八月十二日前个别研究完毕，十三、四日整理，十五日至二十日集体研究，多开几次会，廿一、二日整理，廿三、四日缮写，廿四日即可呈复。

余井塘：

（一）总裁的指示不过是一个方式，我以为不一定要依此方式去研究，我们应检讨整个党的问题。

（二）我提出应研究的三个问题：（1）本党现状与共党现状的比较；（2）本党六全大会与中共七全大会的比较；（3）本党的缺点及其改善方法。

（三）如能找到中共七全大会的全部议案及他们的新党章来作一比较更好，这是材料问题。

主　席：

（一）关于“奸伪大会之综合研究”内容有八点，我们有无补充？内容是否正确？都要切实研究；

（二）小的问题也要分析，集中许多小问题便可得大的问题。

余井塘：

（一）这八点是否正确？我们没有材料，无法判断；

（二）新华日报登载“中共七全大会”可以供给我们一部份材料，但其他未有发表的材料请尽量供给。

主席：（结论）

（一）每人先作全部的综合研究。

（二）研究的问题有四：1. 本党现状与共党现状的比较；2. 本党六全大会与共党七全大会的比较；3. 本党的缺点及其改善方法；4. 我们的对策。

（三）时间分配如下：1. 个别研究——八月三日至十二日；2. 初步整理——八月十三、四日；3. 集体研究——八月十五日至二十日；4. 整理——八月二十一、二日；5. 缮写——八月二十三、四日；6. 呈复八月二十四日。

（四）请叶秀峰、唐纵同志尽量搜集材料，寄给各同志参考，如材料丰富，或可延长时间呈复，否则依时呈复。

主　席：

（一）两代电附件之内容不尽相同。"综合研究"与党关系特多，应由本小组负责研究。"分析研究与对策"包括党政军各方面，尤其侧重于军事与政治，应由党政军及青年团共同负责研究。

（二）关于"分析研究与对策"之研究，我们应负责研究与党有关各问题。并应依限将研究结果与军政及青年团方面所得研究结果一同呈复。

（三）本党六全大会经过可与奸伪七全大会经过作一比较，研究其中利弊得失，并分析其原因以资改进。

叶秀峰：

（一）奸党所作的工作不一定依照宣传去做，他们的宣传有时多过事实。（二）我们在研究时候，要切实留意，不要为他们宣传所欺骗。

唐　纵：

（一）应把研究的问题列举出来，由各人分配担任，每人担任研究一个问题。

（二）待个别研究有结果后，再集体研究交换意见。

主　席：

（一）初步研究每人只应研究一个问题，抑作综合的研究？似可考虑。

（二）本人主张每人都作一综合的研究，但对其业务有关问题应特别注意，详加研究。

何联奎：

专门研究较综合研究为妥，本人主张分开各部门推定人员研究。

余井塘：

如果时间许可，每人应先作综合的研究，待得有结果后，再作集体研究。

主　席：

第一个代电限一个月内呈复——即八月二十四日前须呈复总裁。研究时间似可作如下之分配：八月十二日以前个别研究完毕，将结果送达秘书处。十三、四两日汇齐作初步整理。十五日至二十日集体研究。二十一、二两日重行整理。二十三四日缮写。二十四日呈复。

余井塘：

（一）总裁的指示，不过是一个方式，我们不宜以此为限，我们应检讨整个党的问题。

（二）我提出应研究的三个问题：（1）本党现状与共党现状的比较；（2）本党六全大会与中共七全大会的比较；（3）本党的缺点及其改善方法。

（三）如能找到中共七全大会的全部议案及他们的新党章来作比较更好。

主　席：

（一）关于"综合研究"之结论曾列举八点，我们有无补充？有无不同之意见？都要切实研究。

（二）对其中每一个问题如材料充足即须加以分析，集中许多小问题的研究结果也可得到总的结论。

余井塘：

（一）这八点是否正确？我们若果没有原始材料即无法判断。

（二）新华日报登载"中共七全大会"可以供给我们一部份材料，但其他未有发表的材料，请尽量供给。

主席：（结论）

（一）每人先作全部的综合研究。

（二）研究的问题有四：

1．本党现状与共党现状的比较；2．本党六全大会与共党七全大会的比较；3．本党的缺点及其改善方法；4．我们的对策。

(三)时间分配如下：

1. 个别研究——八月三日至十二日；2. 初步整理——八月十三四日；

3. 集体研究——八月十五日至二十日；

4. 整理——八月廿二日；

5. 缮写——八月廿三四日；

6. 呈复——八月廿四日。

(四)请叶秀峰、唐纵同志尽量搜集材料寄给各同志参考，如材料充足事实上需更多的研究时间可请求延长，否则决依时呈复。

本党之缺点及应有之改进

本党缺点	改进意见
一、党员革命精神不足，成分不均衡。	(一)战后六个月内举行党员总考核，彻底整理党籍，并按其参加抗战工作成绩严格考核，切实淘汰腐恶份子。 (二)今后征收党员应重质不要重量，入党前应经短期之训练，由中央委员介绍入党办法应即取消。 (三)吸收党员应对成分须定一定比率作有计划主动的吸收，并应分别知识青年与农工群众入党手续，后者力求简易，以大量吸收工农入党。 (四)加强党员对主义之认识与研究。 (五)管理党员政治生活，协助党员经济生活，发展党员社会生活，并调查现任党工人员工作态度，对党工作无热烈兴趣者，一律另行分配工作。

二、党的组织欠健全，党内民主精神不足。	（一）各级代表大会必须按时举行，各级干部必须由群众产生。 （二）基层组织应力求健全，上级组织可予紧缩。 （三）党内各项重大问题，应交由全体党员层级研讨，使党员有充分发表意见机会，如对中共七全大会之研究，即可交各级党部热烈讨论研求对策。 （四）党务行政与党的组织工作界限应划分明白，行政工作当以效能为目标，组织推动当以领导为基础。 （五）运用党团（或健立核心组织）以充实党的组织活动： 1．在从政党员中建立党团； 2．在各职业单位中建立党团； 3．在社会团体中建立党团。 （六）以党的组织控御民意机关，以民意机关控御政府，以党团组织影响行政，领导社会。 （七）共党在新党章中规定“党员是党的主体，党应时常听取党员的批评和意见，在进行自我批评时，首先听取下级对上级的批评，然后帮助下级检讨自己的缺点与错误，这便是集中指导下的民主”，本党如能仿照实行，厉行党内民主，则中央与地方不致间隔，党员与党不致脱节，各种蒙蔽窒塞现象均可一扫而空。

三、党务机关衙门化，党务工作形式化，党务工作人员官僚化。	（一）各级党务机关应切实调整紧缩，办事手续力求简单。 （二）确定干部政策，选拔年轻有为干部作有计划之训练培植与分配。 （三）一切工作均应有重点有中心有计划有步骤，必须深入民间，适应民众需要。
四、党部与党员脱节，党员与群众脱节。	（一）每一党员必须指定担任一定的工作，参加一定的会议和党部经常保持组织关系。 （二）每一党员均须深入民间，每人至少参加一个民众团体发挥领导作用，至少参加一个社会工作，转移社会风气均由党部作有计划的分配和辅导。 （三）加强党团活动，并设置各项党的外围团体，以团结广大民众作党的外围。 （四）共党七全大会之新党章规定党员四项义务可参考，其中一项是“为人民服务巩固与群众的联系，及时反映群众的需要和要求，向非党群众解释党的政策，有党员先是人民的勤务员，然后才是人民的领导者，先是人民的学生然后才是人民的先生”等语。我们能防照而行发动党员为人民服务，党员便不致与群众脱节。
五、纪律不明，考核不严，督导不周。	（一）加强监察制度，健全各级监察机构，切实执行党纪。 （二）订定实际有效之党员考核办法，经常考核党员品格、学识、能力、为党工作成

	绩，每年一次分别奖惩。 （三）对从政员党之考绩操行应有特别考核办法，随时予以检讨奖惩。
六、党政不能互相配合，互相沟通。	（一）优秀人才应集中于党指导政府的推进，改正过去重政轻党及以党为从政桥梁之观念。 （二）各级党部应与民意机构和政府机关互相配合，尤其基层组织应切实配合，以奠立自治基础。 （三）党为集中人才、培育人才的机构，各级行政机构所需人才应由党作有计划的分配，以期沟通。

〔国民党宣传部档案〕

41. 第三战区拟订“协助同盟军登陆前后防制奸伪活动办法”

（1945年）

前　　言

东南奸伪向以皖南沿江与苏南沦陷区为其生存尾闾，恃长江可以自由偷渡之便利，往来流窜靡定，每藉敌寇侵扰与敌取平行行动，乘机渗入我第一线后方。因我第一线部队防堵严密，始终未能越苏、皖南、浙西、浙东我防守地带而内侵。但在皖南、浙南、闽粤边境，仍时有地下组织之潜谋活动。最近据报伪新四军长陈毅有自任长江南北总司令，以伪第六师长谭震林为江南总指挥之说，并划苏南为三个军区，上海为一个特别区，统一指挥江南匪军，争占宁沪沦陷城市。又公开宣言，将来首先迎接盟军登陆者必为中共部队。刻盟军在太平洋节节胜利，在我东南沿海登陆之期，日益接近，届时我军配合反攻，敌寇溃退，判断东南奸伪可能有以下三种动向：

一、力图与登陆盟军接近，藉以夸大虚伪宣传，淆惑国际视听，利用盟军掩护，潜谋扩展。

二、在宁沪沦陷区重要城市附近，潜布武力，乘敌溃退时，以少数部队先我占领之，藉以扩大对国际宣传。

三、乘我军追敌前进时，向我后方山岳地带渗入，建立武装根据地，作次一行动准备。

基上判断，并综合东南目前情势，谨拟具盟军登陆前后之防制办法如次：

甲．盟军登陆前防制奸伪活动办法

1．建立沿海军政一元化据点

一、就本战区地理形势观察：盟军在沿海可能登陆之地点，大致在金山卫、镇海、象山、海门、温州、福州、泉州、厦门、漳州等处。

二、以上各处，无论在我控制区与否，必须在各地或其附近建立军政一元化之据点，在盟军未登陆前，运用当地党政军力量，作种种周密准备与必要措施，预先与盟军取得密切联系，俾任何时机不为奸伪所乘。

三、此项一元化据点，以军事机关负责人为主体，沿海各地党政机关为辅，在统一指挥督导下建立之。

四、建立办法及程序：

子．详细调查区域内可能登陆地点之港湾情形，船舶输力及粮食数量。

丑．督促地方编组保甲，清查户口，严密民众组织，加强民众训练，为盟军作向导，担任运输、补给事项。

寅．遵照本部规定，组织肃奸防谍网、加紧工作。

卯．联合地方党团，扩大特种宣传，对民众揭发奸伪破坏抗战种种罪行与阴谋，对盟军根本不承认战区有中共部队之存在，自新四军叛变被解散后，已无该军正式部队参加作战，有之均为假借名义之伪军与土匪。

辰。在据点及其四周发现有奸伪之秘密组织，必须竭力设法摧毁而消灭之，其武装活动，尤应积极进剿，早予肃清或驱逐远离海岸，使无法与登陆盟军接近，俾我与盟军取得密切联系与配合。

巳。负责主持机关，应随时召集党政军联席会议，或加强原设之联席会报，商讨进行。

2。肃清第一线后方残匪及其秘密组织

一、依据既定方案，加强浙苏皖边区浙东及闽浙赣三省党政军联系，限期清剿各该区奸匪武力，并摧毁其地下组织。

二、遵守三分军事七分政治之剿匪原则，以防制重于进剿，斗争重于防制为实施程序。

三、明确规定剿匪区向各党政军主管之责权，严加考核，厉行奖惩，以为防剿不力者戒。

四、建全党团组织，澄清吏治，根绝贪污，整饬部队纪律，实施剿匪部队特种训练，加强军民合作，争取群众，收抚民心。

五、肃清各机关社团潜伏分子，严密防奸小组，防止奸伪在部队实施兵运阴谋。

六、慎选专员县长，注意乡镇保甲小学教育国民兵干部基层人员之训练。

七、健全保甲，清查户口，实行联保连坐办法。

八、发动党团员深入民间，组训民众，争取农工发生核心领导作用，用争取说服方式扩大自新自首运动，加强自新自首份子之管训。

九、联合党政部队政工人员、文化机关，组织特种宣传机构，扩大特种宣传，以揭发奸伪之阴谋与罪行。

十、整理地方团队，编练民间武力，并罗致地方公正士绅，鼓励其参加肃奸剿匪工作。

十一、以地方团队担任守碉护路，协助堵剿及肃清散匪任务。

十二、以国军或保安团队担任进剿股匪任务，必须争取主动，并以反复不断搜剿及跟踪穷追之方法，使匪无喘息余地，以达完全肃清之目的。

十三、以专员兼绥靖分区指挥，以县长兼督剿官，期能统一事权，在预订期间内，将是项清剿任务转移于地方，由行政机关负责。

十四、运用党团员配合行政基层力量，组织地区情报网．侦察奸伪地下秘密组织及其一切活动。

十五、运用自新自首分子及侦察线索扩大破获，以彻底摧毁其秘密组织，使其武装与党脱节。

十六、利用政治方式，或悬重赏缉捕首要，以瓦解其组织。

3。加强敌后工作

一、如期行动，迅捷与秘密，凡在沦陷区之党政机构必须力求简单一元化，专员、县长均应深入敌后实际工作，不得在控制区内设治遥领。

二、县长、县党部书记长可交换兼任，先率必要之少数党政工作人员，随同挺进部队进入陷区协同组织民众，安抚民心，建立政治据点。

三、建立之政治据点，一经稳固，即应发动民众，组织自卫武力，争取伪军，运用伪组织及各种关系，逐渐扩大点面。

四、专员、县长及党部书记长，进入陷区后，应努力宣传中央德意，推行政令，争取民众，安抚民心，以巩固敌后政权。

五、专员、县长及党部书记长，进入敌后，应即加强情报，以为挺进部队之耳目，励行军民合作，统筹挺进部队供应，勿使挺进部队直接向民众征取，以维持严肃之纪律。

六、挺进部队应严整纪律，加强训练，以最迅速之行动，挺进陷区，配合党政，集中优势寻匪主力，予以有效打击。

七、挺进部队应协助党政机关执行政令，组训民众，争取民众合作，扶植地方武力。

八、挺进部队应加紧策动运用伪军，促其对奸匪警觉，鼓励其打击奸匪。

九、避免与敌伪正面作战，并设计诱致敌伪夹击奸匪。

十、统一策反运动，确实掌握伪军，运用伪组织，加强情报，调正机构，联合党政军，作反攻一切准备。同时予奸伪以有效打击，以削弱其力量，消除反攻障碍。

乙。盟军登陆后防制奸伪活动办法

1。加强登陆盟军之联系

盟军登陆地点，如不在我控制区内，则对奸伪之企图接近，防范难期周密，尤其奸匪盘踞地带，有鞭长莫及之势，根本问题，犹视我与登陆盟军之联系如何耳？倘能予先取得密切联系，纵令奸伪如何狡黠，亦无所施其技。

一、请中央在战区设一军事外交机构，统一加强登陆盟军与战区之直接联系。

二、由战区各省予先训练组织可供登陆盟军向导及通译人员，并禁止盟方直接在各地自行雇用。

三、予先指定挺进部队及敌后党政工作人员，就地联合组成服务队，专负登陆盟军向导之责，尽可能设法迅速与之取得联系。

四、指定坚强有力纪律优良具有机动性之部队，以最迅速之方法，推进至敌后盟军登陆地点附近及其周围，竭力阻止奸伪与盟军接近。

五、用非官方名义发行报纸刊物，扩大对盟军宣传，尽量揭发奸伪之阴谋与罪行，俾登陆盟军不致为其虚妄之片面宣传欺骗。

六、普遍发动对内宣传，并统一宣传指导，务使政府及东南各地人民对奸伪之态度与言论趋于一致，以正国际视听。

2. 划分区域建立据点，组织先遣部队

目前奸伪已潜布于沪宁沿线城市近郊，一旦盟军登陆，敌寇溃退时，我正规军追击无论若何快速，亦不易争先占领。惟奸伪力量，究甚脆弱，如果予先组织若干强有力部队指挥控制已策动成熟之伪军，埋伏城市，届时突然出现，亦不难制其机先。欧西登陆盟军，赖法国地下军之配合，益能运用维琪伪组织，可资借鉴。

一、利用策动成熟伪军之掩护，于淞沪宁锡及江北划分若干区域，各别建立秘密工作据点。

二、选派智虑忠纯素具胆识之高级军官一员，率领(或训练)若干干部，利用伪军关系，予先打入伪军或伪组织，进行以下各项秘密工作：

子. 坚定伪军对抗战信心，对中央信仰。

丑. 协助鼓励伪军，正饬纪律，加强训练，并设法提高其对奸伪警觉与防范。

寅. 调查该地区内敌寇军事设备、交通运输情形及工矿事业、生产机构、生产状况。

卯. 调查敌伪经营事业，及其财产、伪组织及社会概况。

辰. 宣达中央德意，传布国际真实情况，联络当地公正士绅，在野名流。

巳. 调查奸伪分布力量及其一切阴谋活动。

三、确实掌握已策动成熟之伪军后，应即严密组训，必要时，得选派一部精干部队，利用伪军掩护，秘密挺进重要城市近郊，作为联合组织先遣部队之基干。

四、慎重选择策动伪军之对象，以素质装备训练比较优良能受纪律之严格约束而无扰民之行为者为标准。

五、注意伪保安团队及地方武力，利用其乡土观念，俾在敌寇溃退时，能竭力维持地方秩序，阻扰敌之破坏工作，并防止奸伪土匪及非法之武装组织乘机占领城市，扰乱治安。

六、为加强此项先遣部队实力，必须有一定编制经费，必要时得秘密予以武器装备及新的特殊训练。

七、一旦盟军登陆，敌寇溃退时，即由该区最高负责领导人员，集合予先打入之各级干部，迅速组成机构，以予先委定之适当名义，突然出现于各该沦陷城市宣布占领，并指挥基干部队及策动成熟之伪军与伪地方团队为我反攻部队及登陆盟军之前驱。

八、此项先遣部队必须予以一部潜伏沦陷区重要城市，或其近郊，极力迫使奸匪远离所欲占领之目标，且绝对保持秘密，非必要时不以见诸行动。

九、临时须以最迅速方法，通知登陆盟军与资取得密切联系，俾不致为奸匪所乘。

3。健全地方武力，巩固后方，及新收复城市

当敌寇溃退，我大军追击前进时，尤须注意巩固后方及收复之沦陷城市，以防制奸伪乘我不备向后方山岳地带潜图发展。

一、严令第一线部队，在奉命追敌前进以前，加紧防范，不容再有乘机渗入后方，及接近其潜伏武装之机会。

二、本“组”组织民众“堵”四面堵剿“抚”招抚自新要诀，对后方帮会土匪及奸伪零星武装彻底剿灭之。

三、健全地方武力，严密地方组织，加强党政联系，将剿匪肃奸任务完全转移于地方，使能直接负责。

四、当我大军追敌前进时，应暂时保留后方各绥靖指挥机构，及重要城市交通地点之戒严警备司令部，酌量留置一部兵力，以便策应地方配合防剿。

五、于新收复之重要城市设置警备戒严司令部，担任肃奸剿匪，维持后方交通之责。

六、各部队奉命追敌前进通过匪区时，应本敌匪并重之要领，

用敌匪不分之手段，一面紧追敌寇，一面注意完成对奸匪之防范，尽可能予以有效打击，俾其无力足以妨碍我之作战或向后方流窜。

〔国民政府军令部战史会档案〕

（二） 第一次反共摩擦

一、对陕甘宁边区封锁与进犯

1. 蒋介石密令封锁陕甘宁边区电

（1937年6月10日）

代电。训令朱长官、胡副长官：

（一）北战场之敌，似将以主力窥伺关中，以一部威胁第五战区侧背并延修平汉路。陕北奸伪似有乘机向西向南流窜之企图。（二）国军以确保抗战基地及国际交通之目的，决以第一线兵团广领前方要地，行战略持久战，并先机巩固秦岭、六盘山各隘路，严防敌奸之侵入，见机再转攻势。（三）第八战区应：甲、以陕东现有兵力，利用函潼及黄河天险，行持久战。乙、关中公、铁路上各要点及秦岭各隘路口，应即时配备必要一部，特须以有力部队控置西安、三原、咸阳三要点，另以有力一师（六十一师）控置大散关，以一师控置陇县（新四十一师），以一师（新三十四师）控置平凉。各增筑一个师坚固据点、群工事，严防敌奸之袭击。丙、骑三军主力控置陇县、汧阳。另由马步芳部抽调骑兵一师控置平凉，马鸿逵部抽调骑兵一旅控置固原，严防奸伪向西南流窜。丁、绥西伊盟方面应积极绕袭牵制敌人，并监围奸伪。戊、万一潼关及其以北河防被敌突破时，陕东主力应向大散关、陇县之线撤退而固守之。特须置重点于大散关方面，并注意各军师务保持建制，并将各集团军之任务妥为分配。关中公、铁路上各部队应掩护主力通过后，逐次南向秦岭各隘路口撤退而固守之。但西安、三原、咸阳三要点应留置有力部队，加强防守力量，行韧强之抵抗。己、如奸伪以抗敌口号企图南窜时，可令向三原以东、渭河以北截击敌人，但须绝对防止其向该线以西、以南流窜。我监围部队，应由东向西，逐次向长武、邠县、杨邑、正宁方面转移。庚、朱长官应即在天水，胡副长官在双石铺设预备指挥所。以上各项希遵照，并将实施情形具报。中〇。巳蒸午。令。一元辛。

本代电及计划业另缮，派王征萍乘飞机专送矣。六．十三。

〔国民政府军令部战史会档案〕

2．蒋介石手令朱绍良对陕北飞运须经其许可等情电

（1937年12月12日）

兰州。朱主席△：甘肃省政目前以组织民众彻底改革教育，以各地民众学校是为基础，使之成为管教养卫之中心，使民众全为政府所用，不为反动派引诱为第一要政。请兄彻底做到，万勿徒事消极。今日西北实为中国存亡惟一之关键也。教育厅长应即更换或暂保葛武棨充任亦可。其次，外交应特别注重，凡事应操之在我，不可放纵，无论货物交待、行人来往皆应用正式手续，不可漫无限制，致陷于无国界状态，造成东北第二也。对于其高级外交官员，为国交计固应与以礼貌，但亦须内方外圆，不亢不卑也。以后无论飞机、汽车或货物到兰后，必须由战区司令部接收经管。向各地运出，必须请示于中正，许可后方得放行。如其有欲飞向陕北或运往陕北之飞机、物品，更非得中正之许可与中央之护照，切勿擅自放行，此例万不可开也。闻苏俄大使即将经兰州来汉，则请优礼遇之，已令外交部特派驻兰外交员办理交涉也。中正。手启。文午。机。牯。印。

〔国民政府军令部战史会档案〕

3．军委会政治部等关于争夺陕西边区定边甘泉等县地方政权函电

（1938年5月—1940年2月）

（1）军委会政治部公函　（1938年5月25日）

国民政府军事委员会政治部公函　治民(一)字第七一六号

案据陕西省民政厅厅长彭昭贤二十七年五月三日报告称：案据定边县县长常绍先四月十六、十九两次来函节称：定边全境多半隶入特区，我方政令之所能及者仅安边一隅，约占六分之一，共分七联保：一区外狩联保，三区砖井联保，四区安边、东滩、边山、堆子梁四联保，五区随城联保。此内外狩边山、砖井、随城四处尚系半特区。外狩属之白泥井及堆子梁两处皆有天主堂，各持其妄为垄断甘言小惠之伎俩，以诱惑居民。筱日，定边边区专署派秘书长贺某偕同八路军警二团李科长来安边堡，根据三中全会决议承认特区裂土分治，嘱将随城联保之边界地方划入特区，等情。又据该县长四月卅日陷电称：与共军军政两界运用手段争夺领导权，职当即据理力争，誓以死抗，结果允还二十余村庄。现共军骑兵团已开定边县城，据称参加五一节。职已严密注意。等情。除电复三中全会并无承认特区组织，饬仍据理交涉不可放松外，谨报告。等情。据此。除分函中央执行委员会秘书处外，相应函请贵处查明核办见复为荷。此致

行政院秘书处

中华民国二十七年五月二十五日

(2) 中国国民党中执会秘书处函(6月9日)

中国国民党中央执行委员会秘书处函　鄂仁字第二六五五号
中华民国廿七年六月九日

案准贵院汉字第二三六六号函为："军事委员会政治部函为：据陕西省民政厅长彭昭贤报告定边县地方情形，原件已准分函请查照转陈核办。见复。等由"一案。当以业经移送中央宣传部核办。等语。先行函复在案。兹查政治部原函所请查明三中全会有无承认特区裂土分治之决议一节，经查明：三中全会绝无此项决议。除函复政治部外，相应函达，即希查照为荷。此致

行政院

（3）蒋鼎文代电（10月5日）

国民政府军事委员会委员长西安行营快邮代电

陕行政一字第二七四七号

重庆行政院院长孔钧鉴：顷据陕西甘泉县县长徐继森筱电报称：中共甘泉伪县长强晓初升任三边"定边"行政专员，遗缺由王明月继任。等情。据此。除饬陕西省政府严密注意监视外，谨闻。蒋鼎文。微。政。一。

（4）陕西省政府代电（1939年3月1日）

陕西省政府代电　秘字第三九二〇号

重庆行政院院长孔钧鉴：密。查前据肤施县长马濯江本年一月鱼电称：边区政府于本日因我辟窑问题，竟派大批军警将我飞行场之县府办事处包围，并封锁电话及迫使民众携械示威。当场被绑去士兵二名，形势严重。等情。即经电饬绥德何专员绍南就近处理。旋据教育厅一月养代电：据延安师范学校校长柴孺瞻鱼电报告：该校凿窑动工，被边区政府压迫工人不准受雇。现学生陆续返校，无法住宿、上课。请核示前来。复经电饬绥德何专员迅予介决。嗣又据肤施县马县长及延安师范学校校长柴孺瞻二月虞日会电呈：以边区政府屡次嗾使民众压迫我方机关。顷又煽惑农民威迫延安师校，即日离肤。情势甚急，请予核示。等情。当以边区政府既系非法组织，及又派遣武装包围县府办事处，绑掳士兵，并煽惑农民迫令师校迁移。凡此行动，殊属越轨，经电请第十八集团军驻陕办事处转达，切实制止，并复饬据理交涉，学校不必迁动。各在案。兹复据肤施马县长二月皓电：据柴校长面称：本校已于佳日全部移甘泉县待命。等情。正核办间，又据甘泉县长徐继森佳代电，以本日准延安师校柴校长函：本校为边区政府所迫，先行迁甘待命。今日首派教导主任张集率领学生起程，到达后请为关照。等情。同时并据该校校长柴孺瞻寒代电称：本校自上年十一月间，延安被敌机轰炸后，奉教厅令迁往乡间上课。在乡觅地自凿土窑，讵中途被当地伪工会阻止停工。旋商得朱家塬村住户同意，在该村租窑，并自凿土窑数眼。乃当地伪政府先后六次，煽惑农民来村，逼迫本校迁移。本月六日来校之自卫军态度更为强硬。七八两日，伪市府公安局复派警探前来威胁，为避免冲突计，于本月九、十两日师生全体移甘，十一日照常上课。请予鉴核。等情。查该校长柴孺瞻不遵命令，擅自迁移，殊属玩视功令。除饬教育厅即将该校长撤职，迅派干员克日前往接替，以资正饬而维政权，暨分报中央执委会军事委员会天水行营第十战区司令长官司令部外，理合将办理经过情形电请鉴核。陕西省政府主席蒋鼎文叩。东府。秘。印。计抄呈柴校长原代电一件。

抄代电　二八、二、十六、

陕西省政府主席蒋钧鉴：顷奉精密电内开：虞电悉。已电第十八集团军驻省办事处转达制止，仍仰据理交涉，勿□勿畏（电码恐有错误），不必迁动，致自惊扰为要。等因。奉此。查职校自上年十一月二十日敌机来延轰炸后，暂到野外上课。嗣奉教育厅令，决定在乡觅地自凿土窑，讵中途受当地伪工会阻止，几经设法，始商得朱家塬村住户同意，在该村租赁并自凿修理土窑数眼，暂维课业。乃当地伪政府又先后派人，六次来村，逼迫职校迁走。经职校及第二战区政治部派员向十八集团军留守处及伪边区政府屡次交涉，最初该处府以“下级讨论”推诿，继之完全置之不理。其历次来村人民均系当地自卫军或各级伪政府工作人员，逼迫职校离走之重要理由为，本校“不合农民要求”。实则该村及附近村庄之人民与职校相处甚洽，常将上级指示驱逐职校计划来告，故前数次所来自卫军均系奉上级命令，手持刀矛，预备以武力对待者。但结果总因职校应付得法，碍于情面，未忍施以暴力。伪政府查悉此种情形，遂一面警告本地学生不准到校上课，一面警告该自卫军人民，若再不迅速实行驱逐职校离走，即系“反对边区组织”，即系“汉奸”，当即拘捕严惩。因此，本月六日来校之自卫军态度特别强硬，言语毫不容情，并限职校立刻迁走。七八两日伪公安局复派警察四名，前来威胁，职校一方面为避免抗战期间国内之冲突，另一方面怜念人民之居中为难，且念学校以维持课业为主要任务，若长此纷扰相持，或不免彼此武力冲突，校务立有停顿之虞。复以先于一月十五日已奉教育厅电令，准备迁往洛川或鄜县，业经派员到各该县勘查校舍完毕，正呈厅核夺中。是职校之离延南迁仅系时间问题，现值学期结束之期，移动亦较方便，遂即决定呈报教育厅，暂迁甘泉上课，一俟厅中决定正式校址，再行继续南迁。九十两日师生全体携带重要书物、文件先后移甘，十一日即照常上课。蒙当地徐县长及各机关士绅热忱协助，校务进行甚便，现正整顿一切，将来如能正式迁至一适当地点，本校复兴希望甚大。除将职校迁甘待命经过另文呈报教厅外，兹谨肃电奉闻，恳请鉴核为祷。省立延安师范学校校长柴孺瞻叩。寒。

(5) 陕西省政府代电（8月14日）

重庆行政院院长孔钧鉴：案查前准钧院秘书处本年六月十九日吕字第六七五号笺函，以准中央执行委员会秘书处函。据陕西省党部呈转，据甘泉县士绅阎庆丰等呈报，该县共党横行无忌，请充实自卫力量一案，奉谕交陕西省政府妥为办理具报。抄送原函嘱查照。等由。当经将本府办理此案经过情形代电，复请转陈在案。兹据第三区行政督察专员钟相毓七月卅日呈称：案奉钧府廿八年七月江府秘字第零九二八三号代电，以甘泉县究竟有无调兵镇摄必要，饬即查照前电并案速复。等因。遵查，该县自二十四年夏沦为赤区，县城被围八月之久，四乡保甲日粮价陡涨，军民交相争食，斗米七元尚属有价无粮。考其原故虽多，而其最大至因则以八路军近日由晋西渡，大批军队统制食粮，并以大价购买，以故贩者希牟厚利，多半南运。似此情形，设再延长时日，影响前途，实非浅鲜。绅等以事关民生，至为重要，用敢不揣冒昧，肃电吁恳，拟请转电中央，一面该军统制食粮维持军需，一面严令保甲对于屯粮之户尽量出售，不得居奇，俾粮路源源而来，以纾民困。等由。据此。除商请县政府严令保甲长禁止屯粮居奇，谨电奉闻，请予转恳中央阻止八路军统制食粮，以纾民困。等情。据此。谨电请鉴核。中国国民党陕西省执行委员会叩。江。诚。

(6) 国民党执委会密函(1940年1月17日)

中国国民党中央执行委员会秘书处密函

渝(29)文字第八七八号

中华民国二十九年一月十八日

顷据陕西省执行委员会删代电，为"转据甘泉县党部报告：该县为伪政府势力范围，我方县政当局不能行使职权，电请鉴核"。等情。相应抄同原代电函达，即希查照为荷。此致

行政院

附抄送原代电一件

抄原代电

重庆中央执行委员会钧鉴：密。据甘泉县党部陷电称：本县乡间为伪县政府之势力范围，即县城内我方政府亦不能行使我政权，若召集民众，彼方则以武力阻止。城内驻八路军独立营第六连一连，人数约七八十人；驻伪保安队一队，约六七十人；警卫排一排，约二三十人。伪县府亦在城内。查城内现虽仍为保甲制，实属有名无实。城内居民及商家共有一百一十四户，人数为六百零九人；我方有小学校一，学生卅余；中山民校二，环境关系，无学生。等情。据此。谨特电请鉴核。中国国民党陕西省执行委员会叩。删。诚。

（7）国民党执行委员会密函（2月5日）

中国国民党中央执行委员会秘书处密函　渝（29）文字第一九〇一号
中华民国廿九年二月五日

顷据陕西省执行委员会代电为："（一）据甘泉县党务指导员王性庵报告：伪方非法检查邮件，经数交涉，仍未解决，正设法制止，祈核示。（二）据密报：伪方破坏保甲，违反邮件检查规则情形。（三）据密报：甘泉伪县府派保安科人员非法检查邮件，交涉竟置不理，请转请天水行营制止或派员成立邮检所"。各等情。相应抄同各原件函达即希查照为荷。此致
行政院

附抄送原代电三件

抄原代电一

中央执行委员会钧鉴：案据甘泉县党务指导员王性庵俭电称："衔略"。甘密。查伪方自本月廿六日起，将来往公文函件一律带至保安科详为检查。职与杨县长商酌即会同致函邮局，关于本处与县政府之公文、函件不得交付非法检查，并与每日伪方监视拆包须得通知本处与政府监视，以便提取公文、函件。职于本日下午二时与县政府潘科长至邮局，适有本处公文一束已被伪方带去检查，后伪检查员王思恭在局又要将是日中公文、函件一律带出，职即提出声明：未经军委会核准，不得检查邮件，况本处及县政府既非汉奸机关，所有公文、函件不许检查。该检查员称，并未检查，但奉令得将所有邮件一律带回检查。经我等与之辩驳，再以公文、函件被拆之痕迹证明，彼无言答对，故是日之公文未能带去。但此问题仍未解决，正在设法制止中，理合将此种情形电请鉴核示遵。等情。据此。除分别电令外，谨电请鉴核。

陕西省执行委员会。

抄原代电二

中央执行委员会钧鉴：案据甘泉县党务指导员王性庵梗电称：查本县因以邮件检查县训壮丁与伪方发生磨擦，业经电报在案。此事虽经县政府与驻军伪方数度谈话，仍无结果。而伪方对于城区壮丁编为自卫军共五班，已开始训练。并于十四日晚派兵将我方前散发之义壮队符号尽数收去，咋始将多日威胁我方之哨兵撤去。理合将伪方破坏保甲、违犯邮件检查规则情形电请鉴核示遵。等情。据此。除分电外，谨电请鉴核。陕西省执行委员会。

抄原代电三

中央执行委员会钧鉴：案据甘泉县党务指导员王性庵元电称：窃查伪甘泉县政府派该府保安科人员非法检查邮件事，曾经我与县政府向驻防八路军与伪政府遵照军委会颁发邮电检查施行规则第八条提出抗议，在未经核准前不准检查邮件。而驻军与伪方置之不理，每日将来往邮件运回保安科检查后，始准邮局发出。此种非法行为理合电请鉴核，转请天水行营制止，或派员成立邮件检查所。正核办间，复据该员感电称：查彼方非法检查邮件更复变本加厉，所有本处与县政府之公文、函件悉数拿去检查，此种行为显系别有企图，理合电请鉴核，转请行营请饬制止。等情。据此。除分电外，谨请鉴核。陕西省执行委员会。

〔国民政府行政院档案〕

4. 蒋鼎文等调派骑二师侵驻陕北与军令部等往来文电

（1939年6—8月）

（1）军令部签呈(6月15日)

一、蒋鼎文元酉恭一电大意：查晋敌此次西犯当仍为达其肃清目的，并乘机占据渡口、渡河侵陕。现宜川附近河防仅66D之一部，云岩河迄马镇间仍为18AG之警备各团防守，此段河防颇觉可虑。职意防敌侵陕，以先巩固河防为第一义，拟将驻三原洛川间之暂2KD(马禄)全部调赴陕北，接替吴堡附近河防，或控制于绥德以东，满堂川、义合镇、延家川地区拨归阎长官指挥，或仍归文节制。当否，乞示遵。

二、查晋敌西犯目的在肃清晋西我游击部队，目下暂无渡犯企图，业已证明。(军渡柳林，均相继克复。晋西方面亦无大量敌军。)陕北河防虽渐趋稳定，但为防患未然计，实有调整部署必要。18AG所担任云岩河迄马镇间河防共长三百二十余公里，查该军长于游击战，对于正式之攻防战缺乏经验，吴堡对岸之柳林军渡又为敌将来由晋西犯陕重要渡河点，故吴堡附近河防力量似应加强，以防不测。蒋长官所请以暂2KD接替吴堡附近河防一节甚为切要，拟准予所请。复查18AG在陕北部队迭与地方挑衅，干涉行政，无所不为，因我在陕北无正规军难于镇压。如将暂2KD调驻陕北，对该地区河防得较形巩固，并可镇压18AG在陕北种种暴行(暂2KD调陕北后，拟归阎长官指挥为宜)。

右拟是否有当，伏候钧夺。

(2) 军令部签呈(6月19日)

前据蒋长官元酉参一电称：以陕北河防实力薄弱，拟将该战区驻三原、洛川之暂2KD(马禄)全部调赴陕北，拨归阎长官指挥或仍归文节制。等情。经于谏辰令一元光电程主任核办去后，兹据程主任巧未行静子电称："查陕北河防原归前西安行营担任，自去岁将驻陕中央军调前方作战，陕北一空，而阎长官又不负责，是以共产党委派肖劲光担任河防，但该党军向以游击为事，每闻风先逃。蒋长官所具确有深意，但径行接替河防，共党是否肯让，恐有问题。拟请准予所请，以暂编骑二师控置于绥德以东，满堂川、义合镇、延家川地区或布置于李家沟、枣林坪、镇而方地区并拨归阎长官指挥，以厚陕北实力。当否，敬乞裁示。”等情。究应如何办理，恭请核夺示遵。

（3）程潜电（6月30日）

长安。

急。重庆委员长蒋：艳午令一元光电奉悉。贡密。关于暂骑二师调驻陕北一节，经已商得阎长官意见，以控置绥东侧之满堂川、义合镇附近地区，归邓总司令宝珊指挥为宜。已分别令行遵办，并以勘午行静子电呈报在案矣。陕。职程潜叩。卅午行静子。印。

（4）程潜电（7月22日）

长安：

即到。重庆委员长蒋：狮密。周恩来二十日电称：顷闻以马禄师移驻鄜县，不胜惊讶。查马师北上，原系增强，职极难了解。因鄜县久隶边区范围，且属后方，八路军留守在该地驻守甚久，天旱粮缺，决无增驻部队之必要与可能。倘冒然开来，必生误会，枸邑之变尚未解决，想明如公必不愿以此不必要之误会增益边区问题解决之困难。敢请我公或令马师仍留原地，或仍令马师循宜川两县两路线北上，以利团结而以边区问题之早日解决，实系幸甚。急电陈词，敬候回示。等情。除复以查马师开鄜系遵委座删申令一元光电示，基于预期将来作战之需要与巩固西防整个防务应有之处置，事关军令，未便骤改。大敌当前，举国团结之不暇，更何误会之有。尚希吾兄转告该部第十八集团军部队勿自惊讶，并本同舟共济之旨，共赴国难为盼等语外，谨电鉴察。陕。职程潜。养巳行涛甲。印。

（5）程潜电（8月4日）

长安。

急。重庆委员长蒋：江辰令一元光电奉悉。狮密。查马师遵令开鄜途中。据报第十八集团留陕部队增兵鄜县，拒绝该师入境。职为慎重计，已令该师暂在街子河以南亘洛川附近停止待命，并电周恩来、肖劲光说明原委，并告以情况，必要时仍须令马师继续北开，经以七月艳午涛甲电呈在案矣。谨复。陕。职程潜。支戌行孟西。印。

（6）程潜电（8月5日）

长安。

重庆委员长蒋：支戌行孟西电计呈。兹据肖劲光冬午电称：狮密。艳电奉悉。前以鄜县并无敌态，马师忽然终止开赴卢缦，改向防务巩固之边区境内进驻。其遵值镇祈、宁县、栒邑等地无故被攻之后，各地消灭边区、驱逐八路军、摧毁共产党流言蜂起之际，鄜、甘一带人心惊惧，不为无因。兹奉电令，已令马师停止进驻鄜县。仰见钧座体念地方情形，俯顺下级请求，意至深厚，边区军民同声感戴。除遵令速饬鄜县驻军巩固防务，与洛川马师妥为联络，并传谕尊旨务期精诚协作，藉符巩固团结，避免纠纷之素志外，谨此电复。等语。程潜。微午行孟西。印。

〔国民政府军令部战史会档案〕

5. 陕北行政专员何绍南等关于限制共产党在陕北发展抗日力量函电

（1939年7—8月）

（1）防止异党在陕北活动办法

防止异党在陕北活动办法：

一、否认（或撤消）共党所委绥、米、葭、吴、清警备司令员陈奇涵，关于地方治安由各区保安司令负责。

二、否认（或撤消）共党所委河防司令萧劲光，另请行营遴员负责。

三、八路军未经中央核准成立之部队，如警备团及特区保安队等足供该军补充之用，且该军现有兵额已超过中央原规定者（三个师）数倍，所有陕北原划归该军之募补区应予取消。至于安定、清涧、鄜县等保甲区内尤应立即停止强募抓兵，以杜纠纷。

四、陕西第二行政区自二十六年冬即无中央军驻防，仅恃地方团队维持治安，应请拨派中央军两团或按正规军编制另行增编两个团归第二区保安司令指挥，由中央发饷。

五、陕北旱象已成，共党利用此危机劝诱各县壮丁赴所谓边区工作，暗中施以训练，以备异日遣回，保甲代为宣传，亟应请振委会拨款以工代振，由我方加以组训，免为共党所操纵。

六、请中央派员担任晋、陕、绥边区总司令部军法执行监，以肃军纪，而纠正越轨行动。

七、请中央加派党务干员率领干部同志前往主持、推进陕北党务工作，并会同当地军政负责人秘密组织党团，策划指导一切。

（2）陕北工作办法大纲

（一）事权统一实行逐级负责制：

陕北为中共根据地，乃策动赤化工作之总枢纽。彼党虽以组织力量策动工作，而其领导组织之全权实集中于毛泽东一人之手，故能指挥统一运用自如。我方则以职权范围系统限制，各行其是，不能集中意志，分工合作，甚至形成互相牵制，力量对消之弊。是以必须事权统一，选派全责之干员将辖区内之党、政及地方武力全权交与统一处理。对于共党方易应付，以组织对组织，以行动对行动。

兹将组织系统列表于次：

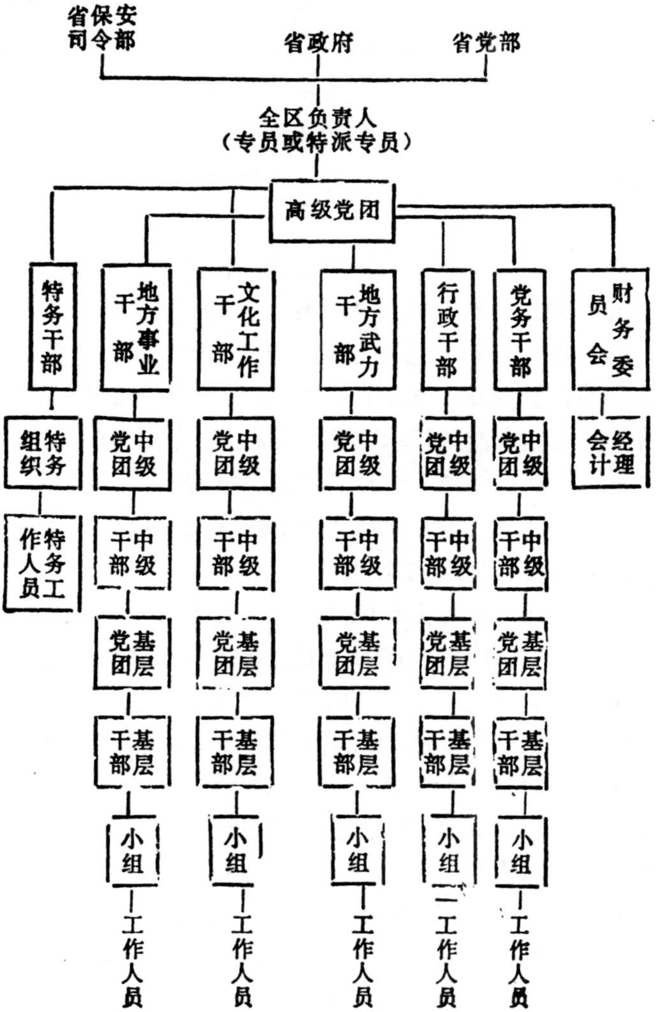

说明：

一、全区负责人对上级负全责，对次级指挥监督。

二、各部门高级干部对全区负责人负全责，对次级指挥监督。

三、各中级干部对高级干部负全责，对次级指挥监督。

四、各基层干部对中级干部负全债，对工作人员指挥监督。

五、各部门之工作人事必须逐级透过党团，由逐级负责人作最后决定，藉以表现民主集权制精神。

六、为发挥横的联系作用，除特务组织外，各部门应按期举行汇报。

七、逐级党团组织须绝对秘密，按期举行党团会议，研讨各项理论与工作。所有党团决议案，应逐级呈报全区负责人核阅。

八、特务组织须绝对秘密。特务干部除对全区负责人负一切责任，并得参加高级党团会议外，不得与其他部门发生横的关系。所有特务工作人员其行动亦须绝对秘密，更不得与任何人发生横的关系，但遇有特殊工作任务时，得秘密参加其他各部门工作，以作掩护。其运用办法，由特务干部将参加工作原因及名单经呈全区负责人提交高级党团任用。

（二）依据管教养卫原则实行地方自治：

查共党区域内对管教卫三事似有成效，故居住该区域内与来往人民皆不准自由自卫，与教育工作亦比较普遍，考其原因系运用党的组织起核心作用，由党决定一切交军政方面执行，并对于户口清查小组会议与特务工作之运用均能绝对严格施行。我方欲封锁该区，限制共党向外发展，并逐渐缩小赤化区域，第一步，即要加强本身组织与工作；第二步，各封锁线向赤化区域围攻。兹拟具工作原则与步骤如左：

一、全区负责人，对区内之工作、人事以及奖惩得全权处理一切。

二、全区之人事配备与单行办法，应请中央及省府尽量采纳全区负责人之意见。

三、全区党政及地方武力工作人选须具左列条件：

1. 本党意志坚决、理论充实、忠勇而有实干、苦干、快干、硬干精神，并有事业心者。

2. 明瞭共产活动情形，具有特务技能，抱有成功成仁之决心者。

3. 能说能写并能吃苦耐劳者。

4. 有专门技能，能切实负一部责任者。

5. 有组织观念，不作个人活动而具百折不挠精神者。

四、全区各县工作以三年为期，以分类分期逐渐推进为原则。其步骤如次：

1. 第一年以管卫工作为主，教养工作辅之。

（一）切实清查户口，登记民有武力与交通工具。

（二）厉行保甲制度，管理人民行动及出生、死亡等项办法。

（三）每行政专员区除编练三个保安团外，并实行国民兵制度，凡十八岁至四十五岁之国民均编为国民兵。

（四）凡十四岁至十七岁之青年均编为少年团，十三岁以下编为儿童团，均受简单之军事训练。

（五）凡四十五岁以上者编入尊长会。

（六）凡十四岁以上之妇女均编入妇女会。

（七）凡老弱残废而无能力自养者均收入救济院。

（八）以上各种组织均分小组实施政治教育。

（九）每联保设中心小学，每保设基础小学。

（十）设计并逐渐实施造林、水利、开垦、合作筑路等项工作。

（十一）举办干部人员训练班。

（十二）创办日报、刊物、书店及印刷所。

2. 第二年以教育工作为主，管卫养辅之。

（一）继续执行第一年所做到之管卫工作。

（二）整理教育基金及中级教育，必要时因地方干部人才之需要，举办地方专门人才训练班。

（三）普遍设立夜校补习班及识字班。

（四）发动各种民运组织实行民权初步教育。

（五）创办民众俱乐部并设立宣讲处。（宣传本党主义、政纲、政策及领袖言行，讲解政府法令及做人作事之道。）

（六）举行各种竞赛会并予以讲评与奖励。

（七）各县设立书院，延聘宿学贤儒讲解国学及四维八德以正人心，而移风气。

（八）增加自卫武器，设立民众运动场。

（九）根据第一年之造林、水利、开垦、合作筑路等项工作计划逐渐实施。

（十）设计集体农场、幼稚园、托儿所及各种工厂。

（十一）筹集奖学基金，选送优秀青年或干部予以深造。

（十二）肃清土豪、劣绅、地痞、流氓。

3。第三年以养为主，管卫教辅之。

（一）继续第一、二年之管教卫工作。

（二）实行土地呈报。

（三）开辟水利。

（四）举办集体农场。

（五）设立各种合作社。

（六）造林。

（七）筑路。

（八）设立工厂。

（九）创办幼稚园及托儿所。

（十）改良种子及畜牧。

（十一）改良农具及耕种方法。

（十二）肃清游民及文盲。

（附注）：

一、三年计划完成后，斟酌当时情形实行平均地权、节制资本办法，并进行民选制度。

二、第一年计划拟请中央及省府补助人力、财力十分之七，第二年计划补助人力、财力十分之五，第三年计划补助人力、财力十分之三。至详细预算，须按每年实际工作计划另行编造。

三、各项工作以运用人民力量为主，注重鼓励、劝导、竞赛等方法，必要时强迫执行。

（三）对中共应采取积极与消极两种办法：

查中共对本党之手段固为拥护上层，打倒中层，拉拢下层。而在工作策略上仍为积极强固彼党之本身力量，伺本党之隙而乘机进攻，故本党对彼党之策略亦应采取积极与消极两种办法进行。兹说明如次：

一、积极方面：

1．健全本党组织，以党的组织力量推动政府各项工作，其组织系统列左：

（说明）

一、所有一切工作必须逐级通过党团。

二、高级党团以全区负责人为书记，各部门之党团以负责干部为书记，党政军或与其他部门共同组织之党团以党部负责人为书记，其党团组织均须绝对秘密。

三、县党部以下之组织须绝对秘密，党员亦须用公开工作掩护进行党的活动，以收公开掩护秘密、秘密巩固公开之效。

四、建立双层外围组织，以防汉奸、异党潜入本党组织活动。

五、吸收新党员必须经过外围组织的工作关系。

六、中心外围组织应半公开活动，普通外围组织应尽量公开

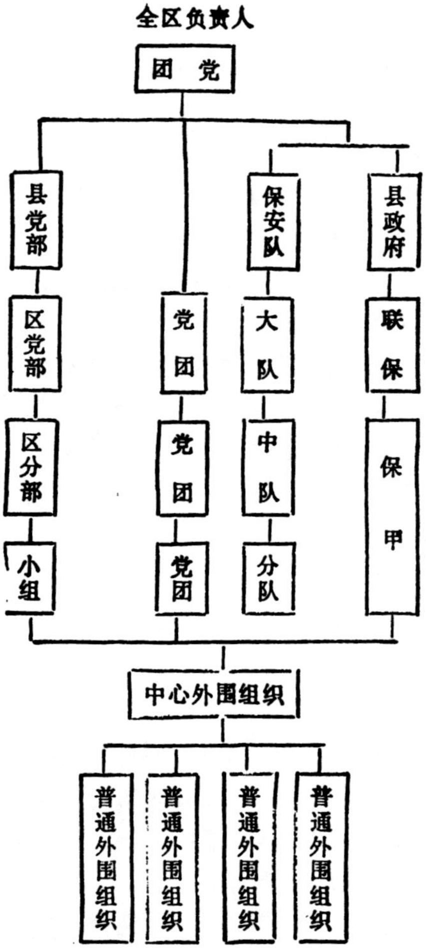

活动。

2．健全本党文化宣传组织，以正确的思想和理论纠正共党一般行动和言论的错误，其组织系统如次：

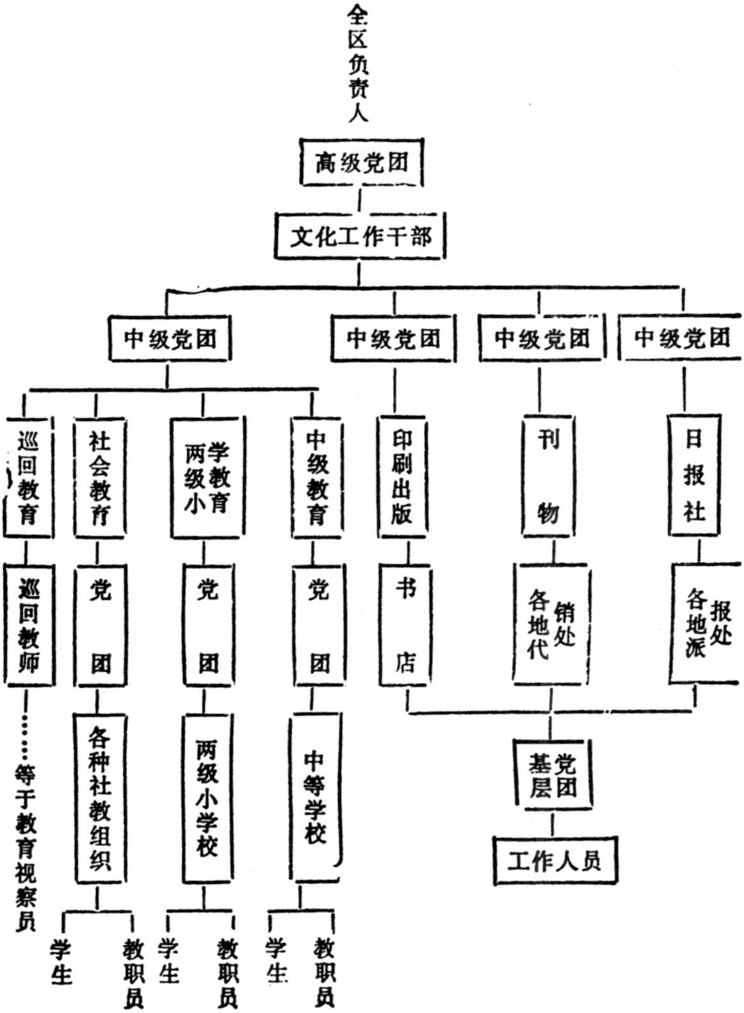
全区负责人
高级党团
文化工作干部
中级党团
中级党团
中级党团
中级党团
巡回教育
社会教育
两级小学教育
中级教育
印刷出版
刊物
日报社
巡回教师
党团
党团
党团
书店
各地代销处
各地派报处
……等于教育视察员
各种社教组织
两级小学校
中等学校
基层党团
工作人员
学生
教职员
学生
教职员
学生
教职员

3. 健全地方事业组织，积极增加生产，以安民生并加强抗战力量，其组织系统如次：

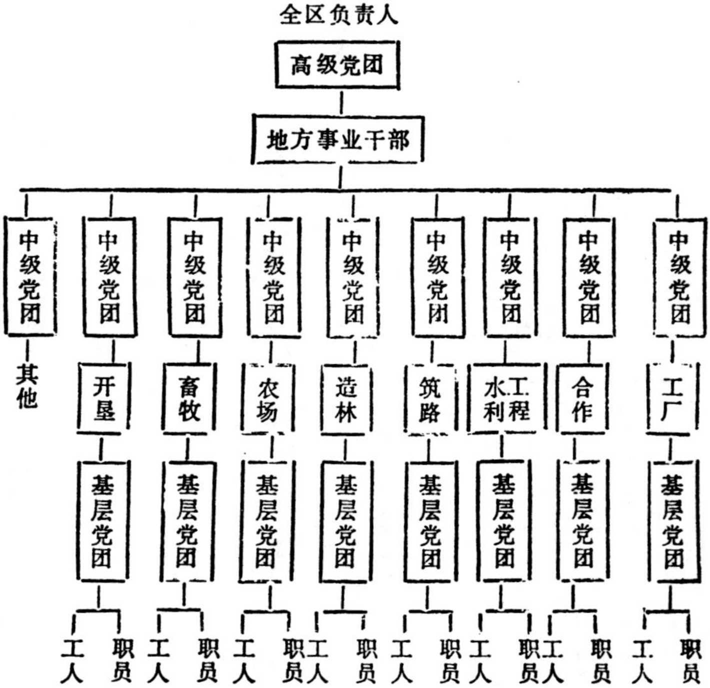

二、消极方面：中共经常明密派员潜伏我保甲区活动，并不断的借故生事，故我方除加强前项积极工作外，在消极工作方面亦应加强，藉以组织对付组织，行动对付行动。第一步务使我保甲区内不能有一共党分子存在，同时加强共党内在情报网。第二步运用民众力量向赤化区域进攻，其办法如次：

1. 健全特务组织：

特务工作为全部工作之耳目与监察网，尤其对付中共更应加强其情报与行动工作，知己知彼方能百战百胜。兹将组织系统列表如次：

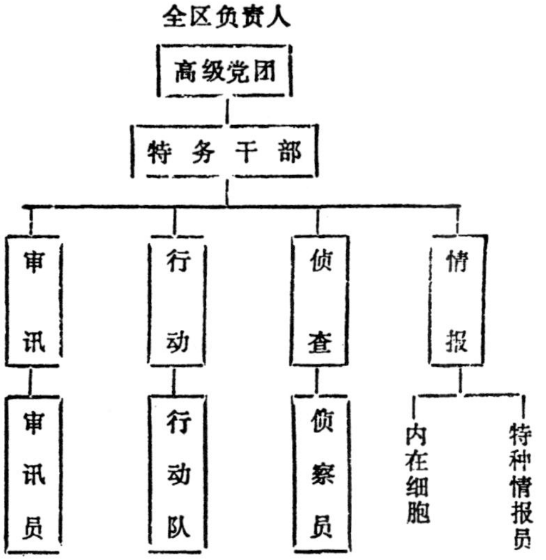

2. 完全运用民众力量与共党斗争，倘彼党有越轨、挑衅行为，再用保安队与国民兵予以打击，而资保卫。

3. 我方完成民众组训即可利用各种不同的方式收回各县政权，并逐渐缩小以至于消灭赤化区域。

〔注：何应钦批：交办公所主办。何应钦二八、七、一八〕

（3）"调整陕北军政办法"

调整陕北军政办法：

一、划绥德、清涧、吴堡、榆林、米脂、葭县、横山、安定、府谷、神木、延川等十一县为第一区，以现任第一区专员富文为专员，以现任第二区专员何绍南为保安司令。除原辖保安第七团及各县保安队外，拟请中央准予拨调或按正规军编制就地方民有枪枝增编两个团，负全区治安之责。在武力未充实以前，拟请电令晋北之陆军第十九军（王靖国部）及骑兵第一军（赵承绶部）分派部队担任黄河东岸防务，并由陕北之陆军第二十二军（高双成部）

及骑兵第二军（何柱国部）防守黄河西岸各渡口，且新一军邓军长宝珊兼任晋、陕、绥边区总司令。对于本区各县自当派队分防，以维治安。惟首要问题须派适当人员联系各方，务使晋、陕、绥边区各军确能联合一致，调遣敏捷，方可应付裕如。

二、划肤施、保安、安塞、延长、甘泉、定边（安边堡西五十里，至砖井南三十里，至刘家庄、贺家卯东五十里，至二十里塘西北五十里，至白泥井东北三十余里，至堆子梁原属保甲区仍应划归第一区）、靖边（宁寨梁西，至定边之二十里、塘北二十里，至刘桂湾南一百里，至宁寨堡、边墙壕、罗家涧东南一百二十里，至新城堡东北五十里，至延家寨、龙州堡、旧县城、张家坪原属保甲区仍应划归第一区。）等七县为第二区（必要时可增划甘肃省属合水、环县及庆阳之一部归陕西第二行政区）。以现任八路军后方留守主任萧劲光为专员，调绥、米、葭、吴、清警备司令员陈奇涵为保安司令，应将现驻各区警备团及特区保安队一律调回本区或开赴前方补充，八路军不必分驻他区藉免误会磨擦。

三、划洛川、宜川、鄜县、宜君、中部等五县为第三区，仍由现任专员钟相毓负责，并由第十战区司令长官司令部酌派相当兵力维持地方治安。

四、行政区实行改划后，第一区专署仍设榆林，第一区保安司令部设绥德；第二区专署及保安司令部均设肤施；第三区专署及保安司令部仍在洛川。

五、原第一区专署经费，应按原预算规定划出一部作为新划第一区保安司令部经费。原第二区专署经费，除拨一部作为绥德县政府经费外，余作新划第一区保安司令部经费。新划第二区行政如能遵令施行，则专署及保安司令部经费即由陕西省府按预算另行筹拨。原第三区经费照旧。

六、倘共党不接受本办法时，则新划第一、三两区加强民众组训，充实团队武力，遵照中央命令切实施行。先使边区无法扩大，再制裁越轨行动，逐渐融化、肃清。或就伪边区目前所占据之区域成立一陕北行政委员会，直属陕西省政府管辖。该会设正副主任委员各一人，委员若干人，正副秘书长各一人。在行政委员会下设民、财、建、教及保安五处，各设正副处长各一人。所属各县均设地方行政委员会，各设正副主任各一人，秘书一人，助理秘书一人。各县委会下设民、财、建、教及保安五科，各设正副科长一人。所有各项人选均由国共两党平均提出名单，向陕西省政府推荐，经核准后正式任用。

（4）对国民党中央及省府的请求

对中央及省府之请求

请求抽调一师兵力，未明示准否？待核。保安团队允予酌量增编。	一、按目前陕北情势观察，共党准备效河北解决张荫梧各部之手段，解决我在陕北之地方武力。仅保安团队之力量似不足以制止彼党之暴动企图，拟请中央抽调一师兵力驻防绥德、吴堡、安定、清间、米脂等五县，并就地增编保安团两团。
二项似宜签请总长核示，其中关于拨给救灾专款似宜另函行政院令振委会办。	二、陕北绥德、吴堡等十数县旱灾严重，目前人民已有食草根、树皮，并出卖婴孩之事实发生。中央应乘机收揽民心，拨给救灾专款，以工代振。并请由陆军第五军拨给废车胎二百付，以便急造木板车二百辆，作为由关中运输振粮之交通工具。

三项拟分函政治、军政两部核办。	三、陕北交通修阻，文化落后，共党之书籍、刊物及宣传品普遍于各县镇。本党之书刊极感缺乏，拟请中央尽量发给本党书刊及宣传品，以资抵制而广宣传，并请发给载重汽车一部，按月发给汽油六百加仑以便往返绥德、重庆之间。
四项似并函政治部。 五项签请总长核示。	四、为发展陕北各项工作，请中央指派理论充实、擅长文字及富于合作经验与对地方自治有研究之各干部，前往绥德协助进行。 五、陕北地方武力纯系步枪，不足以应付环境，请中央发给机枪十八挺、手枪三十枝。

总按以上各项，除酌量增编保安团队于处置异党办法内陕北问题有决议案外，其余无案，可资核对，谨附签注。谭讷。

(5) 何绍南致何应钦函(7月31日)

敬公总长钧鉴：昨聆钧诲，无任感戴。窃以解决陕北问题必须顾及抗建大计，谨就钧座垂询各点补具意见如左：

(一)现驻陕北榆林、神府一带之第二十二军高双成部，可就近担任府谷至葭县、螅蜊峪(含)沿黄河防务。

(二)现驻陕北洛川、鄜县一带之新编骑兵第二师马禄部，可就近担任葭县、螅蜊峪至宜川、汾川镇(含)沿黄河防务。

(三)现驻陕北绥德、清涧、吴堡、安定、米脂、葭县各地之第十八集团军所属"警备团"可开赴河东，补充前方作战部队，以免该军在陕北另行募补兵额。

(四)陕北绥、榆区地方治安由区保安司令及各县保安团队负责，以一事权。上列各项应否即刻实行，抑或斟酌情形相机办理，拟请钧座交由程主任、蒋主席就近会商核办，以期妥慎。是否有当，伏乞鉴核施行。职俟军辆接洽妥协，日内即行回陕。谨肃禀陈。敬叩崇安

职何绍南顿首　七月卅一日

（6）何应钦致军委会办公厅电（8月9日）

代电

军委会办公厅贺主任贵严兄勋鉴：据陕北行政专员何绍南函：一、请撤销第十八集团军所委之绥、米、葭、吴、清警备司令及河防司令，另以高双成、马禄两部分担河防。二、陕北绥、榆区治安由一区保安司令负责，并请成立保安两个团。三、陕北所驻十八集团军警备团应饬开河东。等情。查所请各节与最近提议修正之“共党问题处置办法”有关，除保安团似可准电成立一个，惟须由陕省府转请电复遵照外，特抄附原函电请查照核办见复为荷。何○○。（佳）务游渝。印。附抄原函一件（何函见前）。

（7）何应钦致何绍南电（8月15日）

代电（两路口兴昌宾馆）

重庆。何专员绍南鉴：呈附件均悉。所呈陕北工作纲要尚属妥适，除留参考外，兹分别核示如次：（一）所请“抽派一师兵力驻防绥德、吴堡等五县”，该方面现在情形尚不需要，应从缓。（二）“陕北绥德等十余县旱灾严重，已转电振济委员会核赈。（三）请发机枪十八挺、手枪三十支，俟饬司核办。另案饬遵，电仰遵照。何○○。（删）。渝务游。

〔国民政府军令部战史会档案〕

6．军委会办公厅关于封锁边区增加陕北兵力电

（1939年9月4日）

军令部徐部长勋鉴：密。查绥德、米脂、吴堡、葭县、清涧

等五县八路军划为警备区一案，经电询程主任是否经行営备案。又该警备区此际可否取消在卷。顷接程主任有酉行高参电复略称：查绥、米、吴、葭、清原为八十六师高双成防地。在二十六年十月间，因晋绥方面敌情日急，陕北吃紧，高师主力集结府神榆横一带，所遗防地因八路军请求担任，西安行营准予派队接替，曾报委座有案。至警备区则其自称，司令亦所自委，并未呈报备案，而其军事部署则以吴堡为中心。共党久倡武力保卫边区，及警备区之议近日准备更形积极，彼对马师北开即调动兵力实行抵抗。我在陕北绥、米各县无大兵力，空言取销，无补事实。所可虑者两边至神木河防为该军担任，兵力实嫌不足，且彼惯用游击战术，恐一旦有事，弃而不守耳。当遇机与周恩来商定河防责任问题，以增加陕北兵力，则警备区问题或易解决。等语。特电希查照为荷。军事委员会办公厅(渝)办。四支。印。

〔国民政府军令部战史会档案〕

7. 蒋鼎文企图扣留由新疆归队之八路军致何应钦密电

（1940年1月15日）

长安。

总长何：0691密。极机密。元申令一亨电令各节自当遵办。惟据查彭德怀已在晋发难，近共党在陕北行动亦日趋积极。此时徐部留新官长若任其返防，隐患实至可虑。职再四思维，拟该部到兰时，一面盛情招待晋庸所派之护送人员，并请其交由我方接运，一面将该部扣留，仍照子蒸府机电办法以为釜底抽薪之计。情急势迫，未敢缄默，除电报委座外，仍乞钧座主旨裁示为祷。职蒋鼎文。府机。删酉。印。

〔国民政府军令部战史会档案〕

8．何应钦与徐永昌等关于增兵西北往来密电

（1940年1—2月）

（1）何应钦致徐永昌代电（1月20日）

军令部徐部长次宸兄勋鉴：兹据罗泽闿函呈，略称：西北政治环境之错综复杂，则较全中国任何一角落为最甚。最显著者为八路军与晋绥集团均各有主张与作风，如何能消弭摩擦、领导其在统一指挥之下贯彻中央抗战建国之国策。钧座高瞻远瞩，想早成竹在胸。职意基本办法仍在培植、充实中央在西北之部队，以形成坚强之核心力量，则一切困难，一切问题不难迎刃而解。等情。特电希核办为盼。何应钦。渝办四。哿（三）。印。

（2）徐永昌复电稿（1月26日）

签呈一月二十六日

案奉钧座渝办四哿三电节开：以据罗泽闿函呈建议充实中央在西北之部队，以形成坚强之核心力量。等语。饬核办。等因。谨核议意见如下：

查西北与西南同为收复失地之两大根据地，尤以西北地势乘便为进出华北之根据，且以目前西北形势特殊，陕、甘、宁、青中央力量之强固不但有关内政，且为扼制外交之锁钥。以目前1A、16A、90A、42A、80A似有兵力不足之虞。

（一）拟如可能，应再充实中央在陕甘之兵力。

（二）宁、青四马部队除前已整理并增经费外，似应特须加强其精神教育及一般训练。

（三）晋、绥军有其历史关系，自以由阎长官整理为宜。

以上所拟原则可否之处，理合签呈鉴核。谨呈总长何。

职徐〇〇呈

(3) 军令部致军政部密电(2月8日)

代电

军政部勋鉴：极密。案奉总长何哿办四(三)代电开：据罗泽闿函呈，略称：西北政治环境之错综复杂"云云至"、特电。希核办。等因。查西北与西南同为收复失地之两大根据地，尤以西北地势乘便为进出华北之根据，且以目前西北形势特殊，陕、甘、宁、青中央力量之强固，不但有关内政，且为扼制外交之锁钥。以目前1A、16A、90A、42A、80A似仍有兵力不足之虞，经本部拟具原则三项：(1) 拟如可能,应再充实中央在陕甘之兵力。(2) 宁、青四马部队除前已整理并增经费外，似应特须加强其精神教育，及一般训练。(3) 晋、绥军有其历史关系自以由阎长官整理为宜。○呈奉江办四(三)电核议罗泽闿建议充实中央在西北部队之意见尚属可行，希分别办理。除第二项分电程主任、朱长官、军训部办理外，关于第一项请由贵部查照核办为荷。军令部。庚申。渝。一亨。印。

(4) 军政部复电(2月21日)

军令部勋鉴：廿九年二月亨字第一二六五号、庚申渝一亨代电敬悉。西北环境复杂，情况特殊，确属实情。年来对该方面各部队之整理、扩编分述如下：(一)廿八年：(1) 1A、16A、90A各军之分期列入整训；(2) 四马部队之核定编制与增加经费；(3) 35A、42A两军之各扩编为三个师，并将42A列入第二期战区整训；(4) 陕西抗日义勇军第一纵队何文鼎部之改扩编为新廿六师；(5) 陕西警备第一旅王竣部之扩编为新廿七师；(6) 甘省保安团队改编为新十二旅；(7) 由平秦师管区选拨三个团照廿七年新制加以装备，归韩锡侯负责督练；(8) 两次核准八十六师增加经费二万元，伊东五个游击支队增费五千元。(二) 最近：(1) 16A列入第三期军委会直辖整训，增加其特种兵部队；(2) 第九、第廿四两补训处各按廿七年新制装备三个团(共六团)，编为第廿四补训处(未装备之六个团则为第九补训处)；(3) 装备第六补训处三个团；(4) 由廿六补训处拨一团与新十二旅张俊耀部合编为新卅四师(三团制)，以马志超为师长，张俊耀为副师长；(5) 成立第卅六补训处，发给枪械基上所列。对于西北方面中央武力之培植过去似已尽相当努力，今后在经费、武器可能范围内，仍当设法充实，以固边防。特电复，请查照为荷。军政部(马)。渝。务编。

附：国民党在西北扩充部队表

已装备各补训处师管区及新成部队一览表

番号	姓名	驻地	编成情形	备考
第三十五军	傅作义	五原以南地区	扩编三个师	
第四十二军	杨德亮	兰州	扩编三个师	
新二十六师	何文鼎	固原	陕西抗日义勇军第一纵队改编为师	
新二十七师	王端	朝邑	陕西警备第一旅改编为师	
平秦师管区	萧作霖	平凉	选三个团按二十七年新制加以装备	
第十六军	董钊	西安	新增特种部队	
第二四补训处	李强	南郑	按二十七年新制装备六个团	由第九、第廿四两补训处各装备三个团，编为第三四补训处。
第六补训处	王认曲	安康	装备三个团	
新三十四师	马志超	澄城附近	二、六补训处拨一团与新十二旅合编。	
第三六补训处	李绳武	天水长安镇	新成立	

〔国民政府军令部战史会档案〕

9. 蒋介石密令阻挠新疆汽车东开致蒋鼎文电

(1940年2月5日)

有线。

联衔。长安蒋主席、兰州朱主席：○密。以后凡有令准自新疆东来汽车之人、物，无论何项必须在兰州为止境，不得再允东开。中○。删。川。侍。参。

〔国民政府军令部战史会档案〕

10．蒋鼎文不准由新疆去延安人员通过致何应钦密电

（1940年2月）

（1）蒋鼎文电（2月21日）

长安。

总长何：6236密。前次徐向前部由新东下官兵，迭据我方监获人员报称：均系技术人员及学生，其借名朦混，别有企图，毫无异义。此后如再有此类情事，如晋庸电请通过时，拟恳勿迳允准，先交第八战区或十战区核办。则此间自可相机处理，在中央则可不伤晋庸情感，复可免彼藉词奉准，难以转圜。谨贡蒭见，敬乞裁示。职蒋鼎文。马。府秘。机。印。

（2）何应钦批（2月22日）

复可后。送军令部

何应钦

廿九年二月廿二日

已复

〔国民政府军令部战史会档案〕

11．中国国民党中执会关于陕甘宁边区及十八集团军新四军作战地境编制问题提案（节录）

（1940年7月16日）

二、关于“陕甘宁边区”问题

中央最后决定：区域：为陕省之绥德、米脂、吴堡、葭县、清

涧、延安、延长、延川、保安、安定、安塞、甘泉、鄜县及定边、靖边两县之各一部(定边县城不在内，靖边县城在内)，甘省之合水、环县及庆阳之一部(县城在内)，以上共十八县(内定边、靖边、庆阳不完整)。其全部区域如附图。(略)

名称：改为“陕北行政区”，其行政机关称为“陕北行政区公署”。

隶属及管辖：“陕北行政区公署”暂隶属行政院，但归陕省府指导。又，区内各县由该区公署直接管辖，不再设中间机关。

组织：区公署设主任一人，其详细组织由政府以命令定之。县以下之行政机构一律不得变更。

政令：区内政令一律遵照政府现行法令办理。

人员：区内主任准由朱总司令德保荐，其所辖各县县长准由该区主任保荐，并一律由政府核委之。

驻军：十八集团军在陕、甘、宁、留守部队一律撤至该区内。

附记：除此一区外，其他任何地方一律不得援例。各方面公务人员以及公物等件经过该区时不得留难。区内不准擅自发行钞票。区内人民过去有与十八集团军感情不融洽者，一律不得加以仇视。在绥德须设立军事委员会办事处及驻军。

三、关于十八集团军及新四军作战地境问题

中央最后决定：一、取消冀察战区，将冀察两省及鲁省、黄河以北并入第二战区。阎锡山仍任战区司令长官，卫立煌、朱德仍分任副司令长官。

第二战区之地境如附图(略)，但此项地境为临时性非永久性，亦非政治性。军事委员会之作战命令绝对不受限制。

二、关于作战指挥应由战区司令长官专承军委会命令办理，各副司令长官应绝对服从司令长官之命，实行作战。并不得干涉战区内各省之政治、党务，或擅发钞票。

三、为遂行作战便利起见，晋东南方面由卫副长官负责，冀察两省、鲁北及晋北之一部由朱副长官负责，晋西南方面由战区司令长官直接负责。关于晋省内作战地境之细部划分由阎长官统筹呈军事委员会核定。

四、十八集团军全部及新四军全部应悉数调赴朱副长官所负责之区域内（即冀察两省及鲁北晋北），并将新四军加入第十八集团军战斗序列，归朱副长官指挥。

五、十八集团军及新四军须于奉命后一个月内全部开到前条之规定地区内。

六、十八集团军及新四军调赴前条规定之地区后，不得在原驻各地设立留守处、办事处、通迅处及其他一切类似机关。

七、十八集团军及新四军调赴前条之规定地区后，不得变更名义留置部队或武器、弹药于原地，更不得藉抗日民众力量为掩护秘密武装在原地活动，以免惹起地方纠纷。

八、十八集团军及新四军在前条规定之地区内非奉军事委员会命令，不得擅自越出地境线外。又，除军事委员会别有命令规定外，在其他各战区以及任何地方一律不得再有十八集团军及新四军名义之部队。

九、冀察两省主席由中央遴选任命，省府委员得由朱副长官保荐三人至五人。

冀察两省政府暂设在大名、蔚县附近，以便执行职权。

四、关于十八集团军及新四军的编制问题

中央最后决定：一、十八集团军除编为三军六个师三个补充团外，再加两个补充团。不准有支队（师之编制为整理师两旅四团制）。

二、新四军编为两个师（师之编制为整理师两旅四团制）。

三、十八集团军及新四军应遵守下列各条：

壹：绝对服从军令。

贰：所有纵队、支队及其他一切游击队一律限期收束。编军之后，不得再委其他一切名义或自由成立部队。

叁：军事委员会随时派员点验。

肆：人事经理遵照陆军法规办理，经费暂以军为单位，直接向军需局请领。

伍：对于所属官兵之待遇，须遵照中央规定之饷章，军事委员会随时派员点验。

〔国民党中央执行委员会档案〕

12. 徐永昌等关于增强陕绥甘宁边区兵力与蒋介石往来呈电

(1940年8月)

(1) 徐永昌致蒋介石呈(8月5日)

甲、胡宗南有电节称：(1) 晋西北叛军、民华中学及牺盟政工人员二千余，均退驻葭、米、绥、吴一带，与原驻该地中共连合并，抽集壮丁、搜编民枪极形活跃。闻贺龙部亦有西调陕北说。(2) 自绥德被占，晋西尽入中共叛军势力范围后，陕北榆林已陷入三面包围之中，情势日趋严重。(3) 现驻该处部队仅邓宝珊之一旅及高双成之一师，殊感不足，似应统筹加强力量，以固陕甘绥宁边区等语。

乙、签议意见：(1) 为加强陕甘绥宁边区防务，邓宝珊不能负责，业经签呈钧座加强高双成职权，并变更第二、八战区作战地境，将晋陕绥边区划归八战区，以便由八战区统一指挥。业奉批准，并电令发表在案。(2) 查马鸿宾部现已到达伊盟，高双成在伊盟部队可回陕北增强防务。目前由中共协定进行期间，既有以上增强防务措置，似不宜对陕北增兵。(3) 惟李文军现在乡宁附近，阎长官划定该军担任乡宁、吉县(不含)以南、河津以北、稷山以西地区游击。该地区仅能对汾河北岸、新绛、河津少数敌人游击，不能直接威胁同蒲路，似无投置一军兵力之必要。为对陕北收镇摄之效，拟将李文军调回河西岸宜川、韩城附近地区。

右各项经签奉总长批："可"。李文军调回宜川，须签呈钧座后，再下令。等因。该军可否调回？敬乞核示。谨呈总长何。委员长蒋。

〔蒋介石批语：如拟。李文军可准备西调，但暂缓行可也。〕

(2) 蒋介石致胡宗南密电（8月10日）

长安。胡总司令：（　　）密。有编南电悉。查马鸿宾部现已到达伊盟，高双成在伊盟部队可回陕北增强防务，并为指挥便利，已将三边以北地区划归第八战区，而以高双成为陕北警备司令。以上增强陕北防务处置，均经明令发表。目前毋须另行增兵。特复知照。中○。灰辰。令一亨。印。

(3) 蒋介石致阎锡山密电（8月10日）

兴集。阎长官：（春）密。为对陕北收镇摄之效，第九十军李文部似可作西调宜川、韩城之准备，但缓实行。特电知照。中○。灰辰。令一亨。印。

〔国民政府军令部战史会档案〕

13. 胡宗南要求调派军队至陕北致蒋介石电

（1940年12月）

长安。

限即到。重庆。委员长蒋：筱机渝电奉悉。祉密。异党情势日趋紧张，其基干部队如贺龙、刘伯承、林彪等师均已陆续渡河西调。窥其用意，盖以在江北、河北各区可藉敌伪之掩护，以游击流窜之方式而生存，故集结主力于陕北。消极可确保边区根据地；积极可南取西安，或经平凉以出陇南，或西驱兰州，北取宁夏，均有可能。或避实击虚，南守北进，先略取榆林，进占伊盟，以打通国际路线。总之一旦国共破裂，主战场必在陕甘无疑。如我陕甘部队被异军击破，则西北全局瓦解。查陕甘驻军自何文鼎师由陇东北调绥西，孔令恂军由陕东调至中条以后，兵力大感薄弱。陇东原三个师，正面现仅由九十七及预七两师守备，陕境可使用之兵力仅九十军三个师、十六军两个师（欠禹门守河防之预一师）及七十六军两个师（欠西安警备之一九六师）而已。自碉堡完成后，防线绵亘千余里，处处薄弱，控置部队甚少。陕东河防之第一军亦无预备队，如欲实施直捣肤施之攻势作战，或异军集中兵力攻我某一点时，甚觉顾此失彼，兵力不敷。查第一战区河南及晋南防务调整后，集结之部队甚多，敌情亦甚缓和，如原拟调至宝鸡整训之十四军现仍在洛阳附近。根据匪情判断，权衡全局，似应调整战略配置，拟请将现驻灵宝之卅六军赵锡光部及在晋东南之廿七军范汉杰部调至关中控置，以应付非常事变。如蒙裁可，再将全般部署及对肤施攻势作战计划呈核。如何？乞电示遵。陕。职胡宗南叩。养。译。印。

〔国民政府军令部战史会档案〕

二、陇东事件

1. 张涤吾关于谢觉斋提出解决陇东事件五项提案电

（1939年2月13日）

谢觉斋昨午来峰晤李，与会商谢丛头提（1）庆、厮、环、镇、宁、正六县系边区，应归还。（2）维持该部镇宁两县事变前之军事状。（3）撤换肇事人员。（4）抚恤被害人员。（5）交换俘虏（指翟县长、柳生枝）。等项。讨论结果，除谢允放回翟，李允请示释柳外，余未决。查该方来函及宣言均谓：陇东系委员长指定该部防地。仍竟如此，殊属无理取闹。目前异党所有种种强占，我有充分准备，似应予以严正之处置。张涤吾。元。

〔国民政府军令部战史会档案〕

2．任冠军关于“陇东事件”呈军委会政治部报告

（1939年4—9月）

（1）报告之一（4月24日）

报告 二十八年四月二十四日
任冠军于政治部

谨将近数日所得情报恭录于后：

（一）自三区保安司令部特务队将镇原、屯子镇、中原镇、平泉镇等处八路军工作人员先后捕获后，驻镇原七七零团三营营长张怀兴明密派人监视县长邹介明，凡县府公务员出入城门，均严密检查方可放行。每日下午六时后，在城内各处设岗布哨，任何人不许通过。

（二）镇原七七零团第三营于本月五日派该营九连排长带该连九十余人，枪支齐全，开往县属马渠镇，协助工作人员活动。

（三）镇原县长邹介民以该县驻军节节威胁，情势严重，电请钟专员设法援助。钟拟抽调驻何家地坑一带之特务队两中队，另由庆阳保安大队附李鸿儒带往镇原弹压。该县前调来之保安分队刘耀魁部已于十七日奉命返防矣。

（四）一六五师九八八团第二营于本月二十日奉命调驻镇原、太平镇。

（五）驻镇原三八五旅七七零团第三营全营官长及政治人员于本月十六日赴驿马关开会。内情不详。

（六）镇原三八五旅七七零团第三营派兵向该县太平镇强索骡八十头，限二十一日送齐。适见我军于二十日到达，即仓皇返

县。

（七）三区专署于本月二十一日派特务大队两中队，开驻镇原、太平镇一带。

（八）镇原三八五旅七七零团三营自三区专署将其屯子镇工作人员焦映苍、李自成等六名捕获后，形势陡变，每日城内各巷及县府门首设岗，并架机枪，戒备极严，与我保安队有一触即发之势，并言将逮捕县长及各机关首领。县长邹介民及党部书记李纪三于本月二十日化装逃出，现驻该县屯子镇。

（九）庆阳三八五旅函向驿马关各联保，强要壮丁二千名，并谓系奉上级命令须将函件保存急速征拨。联保主任迫于无奈，持函来专署恳求设法制止。

（十）据报，延安八路军训练五千余政工人员，将来陇东各县大肆活动工作。

（十一）合水、店子镇伪后援会及警七团三营营部不时派人到处搜查各保甲长家，计第一联二保保长刘绍西、副保长徐连汉、甲长何天成、何天富，三保保长高坠奎、二联一保保长刘志成等家均先后被搜查，且加以种种难堪之侮辱。该保长等现多数来峰暂避其锋。第三区之保甲经此次破坏，人民均感不安。又，第三区二联二保副保长张自立前由峰道店子镇，不知何故被该地伪后援会捆去拷打，至今未释放。

（十二）环县县长刘谦抵任后，积极整理保甲。不料八路军竟不顾一切，公然阻挠破坏，嗾使其保安队以武力相加，并有反动份子杨玉亭自称伪县长，更散出荒谬布告，颠倒是非。幸当地民众一致拥护刘县长，故汉奸终未得逞。

（十三）合水、店子镇第三区后援会派人四出公开召集民众，不准承认新编保甲，违则捆往后援会拷打。

（十四）镇原八路军七七零团第三营营长张怀兴（河南人）、营附方思盛、指导员江贵汝，全营仅三连轻机枪四挺、步枪二百六七十支，手榴弹颇多，数目不详。该营县城内驻二连，马渠镇驻一连，近数日来活动异常。

（十五）镇原三八五旅七七零团三营闻一六五师部队已至，则大起恐慌。昨（二十）日晚，竟夜紧张，各街满布哨兵，严密搜查。各商店断绝交通，即县府门首亦派兵驻守，禁止县府人员出入。二十一日晨，始稍和缓。

（十六）驻镇原三八五旅七七零团三营二十日公然张贴标语，辱骂专员及县长。城内之一切非法组织（如救国会等），亦公然挂牌不顾一切。

（十七）镇原县自卫总队队附杨生福，为训练壮丁致惹三八五旅之仇视，并加以破坏自卫队之罪名，时时设法陷害。曾派便衣队多人，暗带手枪，企图行刺。该队附避匿县府，迄今数日尚未解决。

右报告军事委员会政治部部长陈

（2）报告之二（5月3日）

报告治辰字第三号 二十八年五月三日
任冠军于政治部

社情：（甲）镇原形势更为紧张，据报：（一）近几日来镇原城内情形较为和缓，城门照常开放，商人照常营业（系八路军所迫）。但白天检查极严，入夜若临大敌，戒备极严，且每夜有八路军数十人由曲子来镇原城内，企图不明。（二）上月二十九日晚，八路军百余人率三岔伪自卫军二百余人进攻马渠镇（距镇原九十里），于三十日晨被陷，被掳去联保处书记叶缘昌、保长李万昌二人，掠去电话机一部，伤义勇警察五人。该镇联保主任朱彦昌下落不明。云云。（乙）镇原县八路军非法活动之一班：据驻镇原南山镇马国藩四月二十九日报告：（一）镇原县中原镇现有民运科长曾子英等，在各保强迫民众组织农会，及编制少年团，积极巡回训练，并对民众宣传有饭大家吃，有衣大家穿，不准与贫穷之户摊粮、派款，每日吃穿均由富户捐给，并谓今后再不准接受自卫队之训练。（谓抽壮丁训练不公，有钱有面子的不去受训，没面子人保长强迫受训，民众苦乐不均）。（二）镇原未得出城之常备队，枪枝长短共四十二枝，一并被八路军缴去。（三）四月二十五日，八路军强迫县城内民众组织乡政府，公推刘福庵充任主任，街道门牌一律改换。同时开农民大会，宣传县长、区长等罪大恶极，应起来铲除，以解民众痛苦。屯子镇区员刘兴国素行卑污，亦随声附和如此宣传。（四）镇原南三镇义勇警察队长徐子发、士绅刘积堂二人，现仍押在八路军营部，日夜私行吊拷，命在旦夕。（五）平泉、新城二镇联保主任保甲长等，一律赴屯镇暂避凶炎〔焰〕。该镇八路军民运科派游击队数十名，在该镇巡回训练民众。农会已组织就绪，努力荒谬宣传。（六）四月屯子有八路军九人，突然进城，即时放枪，将城门卫兵杨培林中弹一粒，尚未取出。（丙）宁县情况：据张云渠五月三日下午于宁县桥子上党部报告：（一）据驻宁八路军警七团第二营营长汪祖米，假谈日前经各代表谈判和平解决，即允许方县长恢复自由和保安全。惟城外保安队及壮丁不但未完全撤走，而且渐渐增加，似有包围之势。本营为防范计，故将城门关闭，如果城外壮丁及保安队部队撤回原防，本营开放城门，允许县府各级人员自由出入办公。但城内保安队只能在县府站岗；城外保安队不能带武装出进城门，只方县长及所有公务人员之安全自由本人当然负责云。（二）方县长虽被困楼上，然态度非常镇静，饮食有保安队（未持枪）与人民为偷送。保安队亦毫无惶恐状态。（三）据方县长谈：是役伤五人、亡一人。八路军伤二三十人，死排长一人、士兵七八名。（四）此间壮丁秩序纷乱，不堪运用，枪弹毫无，食粮不便，三四日来已有怨声。（五）第一营昨日奉令回驻焦村，即日又奉令返宁，陈营长为免八路军注意致事件扩大，计因驻距宁城十里之桥子上，以观动静，并严饬部队实行军民合作，以收民心。(六)职进城内，八路军故意放松军事设备，以掩外人耳目。究竟如何，容待查报。(七)八路军营部驻东山城门及城墙上，余部未悉驻处。(八)据方县长谈：本月二日夜，八路军进城军队约一百余人，并谓当以大无畏之精神保存宁城。(九)保安队及壮丁食用均向民间征收，民有啧言。已请田参谋资哲妥为办理矣。(十)八路军警备第七团第一营致陈营长函云：该军增驻南义井部队已经由该营呈报批准，定于明日收回原防驻扎，绝不食言。云云谨呈

军事委员会政治部部长陈

(3) 报告之三(5月9日)

报告治辰字第四号

谨将本部派赴宁县调解之成锦报告一件抄呈鉴核。兹将职赴宁县调解宁县事变经过情形及驻宁八路军对政府之危害，抢劫实况，以及现在双方军事之对峙形势分述于下：

一、职于五月一日奉命会同八路军驻峰办公处乔副官及专署代表同赴宁县，制止双方军事行动。即日晚九时到达焦村，以电话与陈营长及三区保安谭副司令云：八路军刻攻县府，正急须立即前往制止。职即前往制止。职即又连夜赶抵县城，时已夜半二时，即与陈营长、谭副司令会商办法。遂又赶入县城，初八路军哨兵阻止通过，后经说明，仅允许一人进城，相待约时许，始得过河进入第一层城。又故意留难时许，才又入第二层城。城有三门，土闭其二，仅东门可通。城墙密布哨兵，步步为阻。及至东门城楼，彼方云：汪营长未在(八路军)，须待天明。遂在城楼坐以待旦，且与彼营指导员作初步商谈。至次日晨始得见汪营长，职即以公函为原则作详细商谈，略谓现双方均应停止军事行动，是非曲直听候双方上峰派员解决。现一切均应恢复事变前之状态，政府要照常办公，驻军亦恢复原来之防地，一切战时戒

备须立即撤除，城门须准许县府职员及保安队自由出入，食品饮料须允许县府自由购置。保安队亦恢复原来防地驻扎，对政府应负保护之责。对县府职员之安全，驻军应负全责。彼方完全同意接受。职即赴县府高楼与方县长会谈。方县长意志坚决，誓不屈服，对职提出之条件，方县长亦完全赞同，遂相率下楼同赴县府查看。刚至院中，城上八路军即又以机枪高架瞄准，禁止下楼。职即又往交涉，经三次往返，始得允许至县府内巡查，各处院中血迹斑斑，室内均零乱不堪，抢劫一空。职即嘱彼照常办公，听候上峰解决，虽八路军鸣枪，亦勿还击，暂忍数日。职将双方调解完毕后即转道出城，继又被八路军哨兵扣回，谓：警七团指导员有事相商，遂再返城内，再与之会谈，仍以原来之条件为原则，结果仍照原来办法执行。彼且保证决负完全责任实施条件，并保障县长及职员之安全。职交涉毕，即辞出，晤陈营长。当日晚十时返抵西峰至师部报告一切。

二、八路军抢劫、危害政府之实况：自事变以后，该军进占县府，将县长困于高楼。对县府大肆抢劫，将历年之文卷悉数携至城楼顺风吹散，会计室亦被劫空，桌、椅多被打碎，更断绝县长粮食及饮料，致使县府职员及保安队四日仅食干馍两餐。又于县府四周密布哨兵，于县府后方及侧方高架机枪二挺，不时袭击。城内居民多闭不出门，唯见八路军荷枪实弹往来于大街小巷。

三、双方军事对峙之形势：宁县城内为八路军警备第七团第一营驻扎，城门紧闭，城外山头亦多为八路军所占有，为合水开到之警七团驻扎。另外，隔河为我一六五师陈营及保安队驻扎成对峙形势，唯我方不便进攻，因有两条小河为阻，渡河进攻又为彼凭高凌下所击，唯我后方有通西峰之汽车路较比方便。谨呈。等情。理合转呈

军事委员会政治部部长陈

陆军第一百六十五师政治部代主任任冠军

五月九日

(4) 报告之四(7月2日)

报告治午字第一号 七月二日任冠军于西峰镇一六五师政治部

关于宁县、镇原两事件迁延已及两月，双方代表顷于六月二十九日上午十一时在庆阳驿马关谈判，签定初步解决办法，条文如次：

甲、原文

一、恢复两县纠纷以前之原状，即镇原恢复四月二十日以前之原状，宁县恢复四月二十三日前之原状，但东城(北城角不限，南城角为止)归三八五旅驻扎。

恢复原状之具体办法如左：

1. 邹县长进城，方县长行使应有职权，汪、郭两营及两县政府应互相尊重。

2. 一六五师在邹县长、保安队进城同时撤出。桃园子、太平镇部队在方县长行使职权及保安队进城同时，撤出宁县附近及焦村部队。

3. 原驻镇宁两县之保安队进城仍驻原地(但宁县东门守卫不在内)，并执行其原有任务。

4. 城内守卫仍照事前配备共同防守(宁县东门不在内)。

5. 专署特务大队及各县驻镇宁两县附近保安队，首先撤回西峰镇，或分回各县。

6. 十八集团军增加镇宁两县部队，俟一六五师撤退后，一星期内撤回原防。

7. 在本事件未完全解决以前，此方军队撤退，彼方团队不得进驻。

二、责任，损失等，须按各种可靠之人证、物证为根据，由双方所派谭、王两代表会同调查真象，并公平处理之。如有不能解决者，将事实呈报上峰解决。

三、其他问题，俟原状恢复后，再行会商，求得合理解决，以促进永远团结，并拟具公平妥善办法呈请上峰核准施行。

附记

一、专署特务大队及各县在镇宁两县附近保安队于七月一日撤退。

二、镇宁两县原状之恢复及一六五师之撤退，在双方代表派员监督下，于七月三日实行。

三、监视人员由谭王两代表各指派四人，于七月一日在西峰镇集合，分途前往监视。

乙、参加人员

一、谭季纯、李志东、王致云、任冠军。

二、王观澜、王维舟、张才千、谢扶民。

丙、实行情形

一、驻镇原保安队已于一日晚回抵西峰镇。

二、一六五师部队今日开始撤回西峰镇及萧金镇。

右报告

军事委员会政治部部长陈

(5) 报告之五(9月6日)

陆军第一百六十五师政治部呈　政申字第三六号

案奉钧部治队巴字第零零九八三号代电，内开：第一六五师政治部任代主任，删巳申电暨七月份工作计划均悉，准予补发各部队小组会议简则一份。至三八五在镇原、宁县制造之磨擦事件，仰将远因、近因及发生经过和演变等，专案详报工作计划存案。陈诚。午宥。治队。巳。印。等因。奉此。即遵将该两事件之发生原因及经过和演变情形汇编报告书一件，理合具文一并呈覆。敬请鉴核备查。谨呈

部长陈

附报告书一份

凤翔陆军第一百六十五师政治部代主任任冠军

中华民国二十八年九月六日

陇东三八五旅制造之镇原宁县事件报告书

共党为谋取国际之支援，故竭尽全力经营西北，彼以陕北为中心，而向陇东发展。而庆阳则又为陇东之据点，故镇原、宁县两事件之发生虽系地方事件，但亦并非偶然发生，乃系彼方有计划之制造也。兹将该两事件之前因后果及经过和演变详情分别详述如下：

一、镇原事件

1．起因：

远因八路军侵占镇原以后，首在组训民众，使之为彼所用。最近更举行抽征壮丁及扩大生产运动，没收人民土地，政府均不赞成。政府举办之保甲社训，八路军破坏则不遗余力。后双方均取监视态度。八路军更派大批民运工作人员至该县各镇，组织非法团体，兹恶意宣传，谩骂政府。

近因地方政府因八路军得寸进尺，故派遣保安队到处搜捕捣乱份子。四月八日晚，镇原屯子镇三八五旅工作人员召集当地民众密开会议，为政府探知，当由专员公署派保安队捕获六名，拘押专署审讯。本月九日晚，三八五旅派兵将镇原太平镇区员及区丁捕去九名，区长脱网。该旅更派便衣来西峰镇刺探军情，被保安队发觉，捕获四名。四月十日庆阳义门附近捕获三八五旅便衣队六名。同日，义门保安队与三八五旅便衣队发生冲突，鸣枪百

余响，均无伤亡。镇原平泉镇八路军工作人员破坏征兵，阻挠社训、组织非法团体，被保安队捕获二名，十二日解押专署。八路军捕押镇原马渠镇十二保保长魏文珍，强迫民众机关参加镇原南三镇之农民大会，如不参加，则以汉奸论罪。三八五旅每日派游击队巡回各镇，捕捉公务人员，故各机关职员均已逃空。镇原八路军强迫民众均地，除每人留廿五亩外，余均拟没收公用。自三区保安司令部屡次逮捕彼方工作人员后，镇原七七〇团三营营长张怀兴即派人明密监视邹县长介民，对县府公务员出入城门严加检查，方可通行。每日下午六时后，在城内各处戒备，任何人均不得通过。县长以情势紧急，电请钟专员援助。钟派保安队两中队，由庆阳保安大队附李鸿儒带往弹压，形势日趋恶化。四月二十一日，邹县长介民及县党部书记长李季三均化装逃出后，即住镇原屯子镇。镇原社训教官藏入县府，不得出县府一步。二十日，镇原城内即已公然张贴标语，谩骂专员及县长，而一切非法组织亦公然挂牌行使职权，镇原保安队亦相继出城，至此已正式的冲突。

2．双方调停经过

四月二十四日，第十战区令双方停止军事行动，听候处置，并令一六五师王师长治岐负责调解。王师长当即令驻大平镇九八八团第二营张营长贞就近调查，并着停止军事行动，听候调处。初保安队城内尚存有一部，后藉口演习，全部移出。八路军与邹县长公函其中提出条件谓：邹县长应负全责，并提出解决办法如下：

a．贵府向群众大会道歉，并登报声明道歉。

b．立即释放被捕人犯，并交还枪枝、子弹。

c．保证本军以后外出人员之安全，并扶植救亡团体。

d．严惩吴区长、杨巡官、刘区员等员。

三八五旅司令部、政治部会同发来宣言，末谓“现在本部为顾全大局，不愿事态扩大，除呈报上峰外，并先对钟专员及邹县长提出严重抗议，以促其最后反省。其抗议如次：

a. 立即释放被捕去之十人，并缴还枪枝。

b. 保证本部民运工作人员今后在镇原县境内及陇东各县之安全，并有民运工作之自由。

c. 由邹县长介民及专员公署登报声明：此次非法行动之不当，并惩办祸首。

当由镇原县政府函复，一一驳斥。城内八路军即行搜查各地机关，并强迫学生组织宣传队。校方藉旅行之名，率领学生均逃出城外。城内外交通断绝，遂成对峙之局。经一六五师张营开到后，即行函达八路军，从中调解（双方公函从略）。其最后仍行提出前列条件。观其动静，并无解决之诚意，事件遂成僵局。

八路军自拒绝保安队进城后，即以武力将县府及各机关电话及保安队常备队服装、枪弹全数攫去；并禁止公务员出城，武装威迫保甲长召集人民开会；并勒索猪、羊、捐款，声称系人民欢迎之礼物；又将保甲门牌均行更换，另改挂区署为乡政府；开用仓粮，解放看守所之匪犯。任意非为，损失情形仍在调查中。

二、宁县事件

1. 起因

远因，赤化陇东乃共党所决定之阴谋，共产党之六中全会已决定扩展共产党势力，增加后方生产。去年十月间，朱德曾至庆阳一带视察，则决定三个月内将陇东完全控制，故在三区一带八路军即倒行逆施，处处破坏统一，诬蔑政府。后虽一时受挫，但其阴谋未尝一日放松，政治之不足，继之以武力，殴打庆阳社训王督练员玉秀，非法攻破区署，逮捕合水王区长永清，故陇东地方政府完全处于被动地位。彼既占有庆阳驷马关以北之地及合水等处，故对镇原宁县遂作进一步之攫取，以威胁庆阳之全部。

近因，陇东当局对于八路军悉心抵制，彼更施行所谓扩大生产运动，掠田自耕，又抽征壮丁。庆阳、合水一带掠去耕田约三千余顷，合水壮丁征去三百余人。宁县当然也不能例外，但因该县民众素有训练，故田地、壮丁一无所得，且将所贴之标语、布告及荒谬宣言完全撕去。八路军遂恨方县长入骨，骂方为托匪、汉奸，遂下武力干涉之决心。

2。事变前后之情形

四月二十三日，八路军无故将宁县保安队在东门之岗兵驱逐，侵占东山，阻止壮丁进城受训。谓方县长如不代为征兵，彼即采取有效办法。方县长置之未理。廿七日，该军即在城垣构筑工事。廿九日，将保安队四门岗兵枪械缴去，并捕去数名后，即侵占各城楼，并以机枪八挺对县府及保安队架设。方县长以威胁为彼等之惯技，故未作准备。至夜半一时许，该军即开始攻击。至此已正式冲突。保安队及方县长及县府职员均被围困于辑宁楼。当三十日午，方县长即电朱主席及钟专员。专员派三区保安谭副司令率保安队一中队前往增援。适王师长奉令派员制止，乃由九八六团陈营长宗谟调处。二日，专员电八路军后方留守处主任萧劲光，请其迳电制止在宁县八路军之非法行动，并由一六五师政治部派成锦前往制止。调解交涉要点：即双方停止军事行动，听候双方派员解决，一切恢复事变前之状态。撤除一切战时戒备，开放城禁，准许公务员自由出入县府。所需食品、饮料得自由购置。当时，八路军负责人均完全接受，惟事后履行者仅允许方县长在县府内之自由而已。

3。宁县被袭击后之情形：

保安队当被袭击后，即逃跑大半，缴械俘虏者甚多，伤保安队五名，亡一名。损失步枪七十八枝，大刀一百二十五把，手枪三枝。八路军伤二十余人，死排长一，士兵数名。县政府、县党部、保安大队部印信均行遗失，卷宗完全被焚。县政府损失公款三千四百二十余元，财物损失约在两万元以上。城内情形极为混乱。方县长弹尽粮绝，被困孤楼。五月四日，八路军向方县长下最后通谍〔牒〕，谓：如不缴械，即将拆毁辑宁楼（被困之处）。方县长勉励部属誓与该楼共存亡。一六五师王师长令陈营长武装调停，切实监视，形势稍告和缓。城内外形成对峙之局，八路军更提出条件谓：（一）宁县武装部队悉数撤回原处。（二）县府代为征兵。（三）县府代派田地予之耕种。（四）以马连河为界，以东为红区，以西为白区等。遂成僵局。城内不时鸣枪，但并未起较大冲突。

三、双方代表前后交涉之经过及初步解决办法

第八战区司令长官司令部代表谭季纯及八路军萧劲光代表王观澜先后到达庆阳，经迭次磋商均未获结果。后谭代表再度赴西安、兰州请示，二次返庆阳，双方代表于六月二十九日上午十一时在庆阳驷马关谈判，签订初步解决办法：

甲、办法条文：

一、恢复两县纠纷以前之原状，即镇原恢复四月二十日以前之原状，宁县恢复四月二十三日以前之原状。但东城（北城角不限，南城角为止）归三八五旅驻扎。

恢复原状之具体办法如左：

1．邹县长进城，方县长行使应有职权，汪郭两营及两县政府应互相尊重。

2．一六五师在邹县长及保安队进城同时撤出，桃园子、太平镇部队在方县长行使职权及保安队进城同时，撤出宁县附近及焦村部队。

3．原驻镇宁两县之保安队进城仍驻原地（但宁县东门守卫不在内），并执行其原有任务。

4．城内守卫仍照事变前配备，共同防守（宁县东门不在内）。

5．专署特务大队及各县驻镇、宁两县附近保安队首先撤回西峰镇，或分回各县。

6．十八集团军增加镇守两县部队，俟一六五师撤退后，一星期内撤回原防。

7．在本事件未完全解决以前，此方军队撤退，彼方团队不得进驻。

二、责任损失等项，须按各种可靠之人证、物证为根据，由双方所派谭王两代表会同调查真象，并公平处理之。如有不能解决者，将事实呈报上峰解决。

三、其他问题，俟原状恢复后再行会商，求得合理解决，以促进永远团结，并拟具公平妥善办法呈请上峰核准施行。

附记

一、专署特务大队及各县在镇宁两县附近保安队，于七月一日撤退。

二、镇、宁两县原状之恢复及一六五师之撤退，在双方代表派员监督下，于七月三日施行。

三、监视人员由谭王两代表各指派四人，于七月一日在西峰镇集合，分途前往监视。

乙、谈判参加人员：

a．谭季纯、李志东、王致云、任冠军。

b．王观澜、王维舟、张才千、谢扶民。

丙、实行情形：

一、驻镇原之保安队均于七月一日晚回抵西峰镇。

二、一六五师部队于三日晨撤回西峰镇及萧金镇各防地。

三、邹县长已入城，方县长已行使职权。

〔国民政府军令部战史会档案〕

3. 军委会办公厅关于朱绍良报告陇东镇宁事件解决经过情形电

（1939年8月1日）

国民政府军事委员会办公厅快邮代电　办四渝字第7546号

行政院勋鉴：顷奉委员长交下甘肃省政府朱主席筱个民一电一件，为报告陇东镇宁事件派员交涉，鉴定初步解决办法。彼方延未履行。等由。兹特将原电抄附，电请查照参考为荷。军事委员会办公厅(渝)办。四先。印。

中华民国二十八年八月一日

抄电

〔衔略〕陇东镇宁事件，经派高级参议谭季纯与十八集团军代表王观澜交涉，于上月艳日签定初步解决办法。其要点：(甲)镇原、宁县恢复事变前原状：1. 两县保安队进城仍驻原地点。2. 城内守卫仍照事前配备共同防守。3. 专署特务大队于七月一日撤回西峰镇。4. 165师在两县保安队进城同时撤出桃园太平镇、焦村及宁县附近。5. 十八集团军增援部队候165师撤退后一星期内撤回原防。(乙)责任损失由谭、王两代表会同调查处理。(丙)其他问题候原状恢复后再行商办。(丁)甲项一、二、四款由谭、王两代表派人监督，于七月三日实行等项规行。旋据谭灰电略称：初步解决办法，我方完全履行已满一周。十八集团军镇、宁两县城内及马渠镇南义井等处新增部队仍未遵约撤退，镇原庙碉堡多处暨宁县西城亦多未让出，依然控制。县政府交涉无效。等情。查该项办法为解决陇东纠纷之初步，彼方部队缺乏诚意，延不遵约撤退，实足影响进行。除电饬妥速交涉并电萧劲光转饬照约履行外，谨电陈明详情续报。职朱绍良。民一午。筱。印。

〔国民政府行政院档案〕

4. 甘肃省政府关于陇东镇宁事件概况及处理经过报告

（1939年）

陇东纠纷概况及处理之经过

陇东东连陕西，北接宁夏，南控西兰公路，为甘肃东部锁钥。不幸，民国十八年刘子丹窜扰庆环合一带，与共党遥通声气，遂种下今日纠纷种子。迨二十五年红军西犯，内外夹攻，遂致环县沦陷，中央方拟彻底肃清，旋有西安双十二事变。甘肃于前主席秉承西安军委会命令，将环县划为红军驻在区域，势力逐渐扩展。自抗战军兴，红军改编为八路军，乘国家多事之秋，挟企图割据之谋，僭组甘宁青边区政府为该党活动之枢纽，因是一切纠葛即随之而生。

八路军活动之方式及藉口

按八路军活动之方式，一则以军队为掩护，秘密进行赤化工作，一则以甘宁青边区政府为依据，企图扩大特区，而其藉口则为中央所决定。国内和平取得后，凡设有乡镇府所在地皆属边区管辖，且其范围并不限于现占之区域而已。准此以论，是不但边区为合法之组织，而其占据系得之中央许可。自欺欺人至于此极。依其藉口，按其方式，毗邻特区地域则以蚕食之手段逐渐侵蚀；有军队驻在之地域则以便衣士兵下乡活动，利用流氓、地痞遍组非法团体，鼓动人民抗税、避役。是以毗邻特区及该军驻在之地域无日不在冲突摩擦之中，其影响最巨者：一则为擅委县长，使一县之内有两个县长，行政区域割裂为二，致县府职权无法行使。一则为应征公款无法征收，应征壮丁亦受影响。据最近调查统计，本省陇东各县已被划为特区之地域如左：

庆阳被占区域：

庆阳被占绝对不能行使政权之区域为第四区五分之四，占全县面积二分之一强。其行使政权困难之区域为第四区五分之一、第一区三分之一，第三区全部，如以数字计之则为四千四百五十八方公里。区内居民计三千四百七十一户，二万零八百二十六口。区内田赋计地丁二万余两，正粮三百六十余仓石，带征地方款约计二万三千余元。

合水被占区域：

合水被占绝对不能行使政权之区域为第三区胡芦河以东地方，面积约二百八十余方公里，占全县面积十分之一。区内居民约二百六十余户，地丁约三百余两。

正宁被占区域：

正宁被占绝对不能行使政权之区域为一三两区之一部，面积约三百七十余方公里，占全县面积七分之三。区内居民为一千八百五十五户，一万二千三百余口，赋税约五千六百二十余元。

宁县被占区域：

宁县被占区域为一四两区之一部，面积约五百余方公里，占全县面积十分之二。区内居民约十余保，田赋正银千余两，连同地方款及各种合法税收计数一万余元以上。

固原被占区域：

固原被占区域为一四两区之一部，其面积及田赋人口数目尚待调查。惟八路军亟图发展，派兵进驻三岔。甘肃省政府为防止侵占，已调九十七师一连进驻王家凹严密防范。

环县：

环县则自二十五年以后，即已为八路军势力范围。全县面积为四千六百二十万公里，居民五万八千五百八十三人，田赋五千零三十一两，皆属八路军统辖。

总上所述各县被占区域面积合计一万零二百三十余方公里，边区政府在上述占据区域。

被占区域边区政治设施

于环县分设环县及曲子二县，环县县治设环县，旧治曲子县治设环县曲子镇。庆阳则设化赤县，县治设新镇堡。合水设华池县，县治设立将川达子沟门。宁县设新宁县，县治设齐家川。正宁设新正县，县治设湫头镇。固原设固北县，县治设苦水掌。并于曲子设有庆环区行政督察专员公署，管辖环县、曲子、华池、固北、化赤等五县。新正、新宁二县则隶关中区行政督察专员公署管辖。其：

边区组织系统：

行政组织系统于边区政府之下设置专署，专署辖数县，县行政区域划分数区。区设区政府，区行政区域划分乡若干，镇设乡（镇）政府。乡镇之下则为村。庆环区专署设专员一人兼曲子县县长，下设秘书室第一、二、三三科，另设财政特派员、粮食委员各一人。县政府之组织与专署同。另增设一承审员，办理司法事件。区政府设区长秘书、助理员各一人。乡（镇）政府设乡镇长及经济建设、优待抗日军人家属、文化、除奸等委员各一人。村设村长一人。各级政府皆有：

民意机关：

议会组织，村由村人民选举代表一人至二人，名曰村代表。乡（镇）由村每二十人选举代表一人，名曰议员组织。乡（镇）议会，区由乡每五十人选举代表一人组织。区议会，县由区每一百五十人选举代表一人组织。县议会名谓民意机关，实则共党操纵把持。又边区参议会已于本年一月十六日举行成立大会。其境内：

民众组织：

民众组织较为严密，依年龄差别分别编组。十岁至十五岁编为儿童团，十六岁至二十岁编为少年先锋队，二十至三十岁为基本干部自卫队，三十一岁至四十五岁为普通自卫队。其训练指挥则县有团长，区有营长，乡（镇）有连长，村有排长，层层节制。此被占领区域内边区政府政治设施之情形也。

驻军概况：

至毗连特区各县则以军队为掩护，军队所至活动随之。现八路军部队分布三区各县者计：合水县城驻一二九师三八五旅一营，约四百余人。宁县县城驻一二九师三八五旅七七〇团一营，约四百余人。庆阳驿马关驻一二九师三八五旅一团，约一千人。柳树湾、刘家岗驻警备第七团一团，约五百余人。镇原县域驻一二九师三八五旅七七〇团一营，约五百余人。一二九师三八五旅旅部设庆阳旧城。去年十二月又加派四千余人分驻各县。此为八路军兵力分布之概况。惟时有调动，近情不明。此类驻军随时派员下乡活动，强派粮秣、款项，遍组非法团体，县有县农会、工会、后援会。区乡亦如之，要皆假藉名义欺骗民众。如庆阳、合水、镇原、宁县等民众团体，皆为八路军把持，受其指挥，挟制政府，甚或殴辱官吏而诿谓暴政。然其扩展势力、强占地方之野心已昭昭可见矣。

甘肃省政府为求政令之推动，自二十六年改组以后，一再据理交涉，迄无效果。同年十一月与八路军驻兰办事处处长谢觉哉商定：

协定划界办法及其失败：

暂行划界办法数项如下：一、十一月有日（二十五日）以前，经八路军编组乡镇正式选举负责人员之地区暂划为八路军暂驻区域。有日以后八路军不得再行编组乡镇，由各该县政府依法编组保甲。二、有日以后各县人民团体依照中央法规重行改组。三、已编组乡镇而同时编组保甲者，应将乡镇撤销，经依据协定派员前往主持办理。乃八路军毫无诚意，无法进行，遂致搁置，不得不另谋合理解决途径，以杜赤化之传播。然困难多端，处理不易，一则为时局紧张，不敢因地方之纠纷轻启衅端，以重中央内顾之忧。一则为八路军军事、政治齐头并进，对外则分两途，其实则表里一体，藉此推诿闪烁，致使交涉无对象。于此情况之下，惟有于不破坏精诚团结及维持行政权统一之范围以内，以工作上之努力限制其活动。且默察已往情形，因整个之方针未定，坐使八路军方面得振振有词。如特区组织，甘肃省政府始終未奉明令，八路军与甘省庆、环、合、宁、正等五县发生关系，系因军政部划为该军募补区域，并奉西安行营二十六年十一月灰政陕军电，以募补区域仅限于募补新兵，未便干涉地方行政，乃八路军坚持其素所藉口，谓：中央决定，遂致各县疑是疑非，不免因迟疑而多贻误。甘肃省政府为统一各县工作方针，特规定：

八项方针：

应付原则八项：一、边区组织在未奉中央明令及正式委派负责人时，应认为非法，不予承认。二、对于边区政府，应绝对避免行文关系。如必要时，亦应函由当地驻军转达。三、对于八路军业已占据之区域，仍应视为募补区。四、对于行使政权困难之区域，应加紧工作，以资抵制。五、对于与特区接壤之地域，应遴选干员充任联保主任，保甲长、县长不时巡视，以提高人民信仰。六、县境驻有八路军地带应严密监视，并随时注意其行动。七、县境如发生纠纷，应依据不破坏精诚团结及维持行政权统一之原则据理交涉。八、八路军如派员赴县进行民运或其他工作，应竭力防范，以能不令参加为原则，但万不得已时应会同县党部或其他机关据理交涉，依中央法规办理，并由县党部指导及县政府监督为原则。以上各原则经以代电令发有关区县遵循，复以已往对于此类事件类多视为地方性质，每由区县主持交涉，为求第三行政督察区所辖各县工作得以顺利进行，特召集党、政、军三方负责人员会同商定：

十二原则：

第三行政督察区党政军工作推进原则十二项：一、党政军人事方面从新调整。二、加强党政军之合作及联系。三、提高行政督察专员及各县长职权。四、该区设党务特派员，由行政专员兼任。五、各县党部成立执行委员会，委员三人，一由县长兼任，一由地方驻军或保安团队首长兼任，一由书记长兼任。六、该区专员、县长遴选忠实干练党员充任。七、民众运动实验县设西峰镇，由专员兼办。八、军队沿指定界限驻防。九、切实普遍整理保甲，并调整保甲长。十、保训合一，训练提前，在该区办理甲长训练，由各县提前分别举办。十一、小学教员训练即速在该区举办。十二、选派大批党政教育干部人员前往协助该区专员、县长工作。该区各县如需特别费用，由省府予以补助。嗣即依据上述原作〔则〕分别实施。关于第三项：

提高三区专员职权：

提高专员职权，业经甘肃省政府委员会议议决，赋予三区专员特权如次：一、特区事件由三区专员按照省府上述八项方针拟具具体办法呈经核定后，由专员督促施行，全权处理。二、三区各县保安团队如专员认为必要时，得自行调动配备。三、凡受专员指挥监督之工作人员，如有工作不力，除县长应加具意见呈报本府核办外，其余均可先行直接奖惩。事机紧迫时，并得电请任免。四、凡预算内之支出，如为特区事件所必需而一次在五百元以下经县政会议通过者，得由专员一面核准一面补报。但如系预算外之支出，必须临时摊派加重人民负担者，仍应呈报核准。以上各项经令饬三区专员遵照，无非提高职权，俾得临机应变处置。咸宜。关于第六项：

调整专员县长：

调整专员、县长人选，该省三区专员钟竟成、庆阳县长王致云、宁县县长方镇五等，皆属本党忠实党员，服务多年，志虑忠贞，堪资倚畀。关于第九项：

整理保甲：

整理保甲：三区各县保甲于一月廿一日由省府派员会同各该县政府从新编查整理，同时调整保甲长并举行公民宣誓，藉收组织民众之效。关于第十一项：

举行小学教员训练：

举行小学教员训练，三区各县小学教员已由甘肃省政府教育厅会同西北干部训练团举办学生寒假训练，并于庆阳创设师范学校，俾青年有所归，免被利用。关于第十二项：

遴派工作人员

遴派党政教育人员，已由甘肃省政府呈请第八战区司令部、政治部遴派政治员二十人，率领西北训练团三期毕业学员九十一人前往三区各县工作，交由三区专员指挥，并指定赤化较深之地区多量分配，已被占据之区域亦应酌量派遣，藉资抵制。其他各项亦将分别督促各主管机关切实实施，期以党政军三方面之力量限制八路军之活动，收复被占之地区。又查八路军方面历：

发展民运：

以民运为最重要之工作，常宣称八路军与民众水乳相融，其详细情形前已述之。然被之所谓民运者并非合法之民众团体，而为流痞之结合，是以一切发动民力办法，几无不与县府对抗。甘肃省政府斟酌情形，尝函请各主管机关对于各该县民众团体勿直接行文，均由三区专署转达，并责成三区专署交涉改组民众团体。其发动民力亦经规定三项办法：一、确为合法之民众团体应设法协助其发动民力。二、为八路军主持而经改组之民众团体，得酌量情形令饬办理。发动民力事件仍应严密注意。三、为八路军主持未经改组之民众团体，应限制其活动，仍设法进行改组，期以和平的手段取得民众运动之领导。此甘肃省政府处理特区之经过情形也。

现正进行之工作：

据最近报告，八路军方面有所谓三个月赤化陇东计划。其内容虽属近于虚张，然不可不事先防范。且就过去情形观察，我方愈软弱则彼愈进攻，星星之火，每致燎原，迨其势力已丰，必贻噬脐。嗣乃将已往消极的应付方式变而为积极的反攻方式，以迫其就范。现正进行之工作一则为：

恢复环县县治：

恢复环县县治，盖环县自被八路军占据以后，县政府仅于西峰镇设办事处，不能行使职权，曾经一度裁撤。嗣据报告，该县深山之中尚有一部份人民以赵恕堂为首，不与八路军合作，深望本府恢复县治。本府既决定反攻策略，复有民众为后盾，乃决定恢复环县，遴委刘谦为环县县长，进行恢复县治工作。现刘县长报告已派员与赵恕堂接洽，赵欣然派员来迎。大致县政府将于环县甜水堡地方设治。该县县政府政权可及之区域固属有限，而甘省之行政系统于以完整亦幸事也。至该县将来推进工作之方法，俟县府组织后再行筹划。二则为：

庆阳县政府迁旧城：

庆阳县政府迁回旧城庆阳。自民国十九年匪陷县城，各机关均被焚毁，经呈准甘肃省政府暂在西峰镇办公，历任仍之迄未迁徙。自八路军入驻即以庆阳旧城为活动之大本营，其在三区各县发号施令之机关三八五旅旅部即在庆城。人民受其统制，敢怒而不敢言。甘肃省政府为使人民精神上得有安慰，已令庆阳县长王致云克日迁回旧城。据最近电报，已正在办理中。三则为：

军事布置：

军事布置：按之第三区党政军工作推进原则第八项，应派军沿指定界限驻防。惟其对西峰镇新编第二军正在集结训练，而其他部队因防务关系未便抽调，且恐发生正面冲突，是以迁延迄今未克实行。乃该军越演越烈，不得不即速布置，以资防范。适第八战区司令部奉令布置有力部队对付日军，暂抽调新二军向指定地点开拔，以遏止该军赤化陇东之新企图，驱逐其三区各县固有之势力。自前项办法实行以后，据三区专员钟竟成电报：八路军复加派队伍遍布岗哨，警戒森严，如临大敌。据此观察，该八路军殆不惜出于一逞，现第八战区司令部已饬属妥慎处理，避免冲突，惟该军态度强硬，气焰嚣张，在我方已竭尽忍耐之能事，而犹以为未足，将来如何演变，尚难逆料。

总而言之，甘肃省政府对于解决特区纠纷已下最后决心，然履霜之渐并非一朝一夕之故，欲一举而廓清之，实亦事实上所难能。惟赖中枢随时指导审查环境情形，以工作上之努力取得人民之信仰，而以军事力量辅助之庶可上纾中枢之眷系，下解人民之倒悬也。

〔国民政府行政院档案〕

5. 胡宗南报告陕北陇东军队部署情况密电

（1940年6月6日）

长安。

重庆。委员长蒋、总长何：种密。谨将陕北陇东我军、中共态势概呈如下：甲、（领密）我军配置：（一）七八师在宜川附近，右接黄河西岸起，经云岩河，左接洛川。骑二师任对延长、甘泉、鄜县方面警备。（二）种密骑二师二八旅归十六军董军长指挥。右接七八师。由沟口村起，经捌子河南古寨，上畹子迄石并镇之线担任警备。（三）第三预备师九十七师归十军孔军长指挥。右接二八旅，由正宁超〔起〕，经良平镇、西峰镇、羊干君迄韩家丝畔之线，担任警备。（四）第七预备师右接九十七师。由白马庙起，经李纲堡迄吴家埫之线担任警备。各部队于所在区域扼要构筑据点、工事，完成封锁线。（五）陕西保三旅归董军长指挥，担任辉县、同官、宜君县境内警备。乙、当面中共态势：（一）延长临真镇一带为警五团，千余。鄜县附近至张家村驿间为警一、警三、警八、特务等团，万余。七一七团驻直罗镇，七百余。（二）三八五旅之一营驻淳化，另一团驻秋头镇。独立一营分驻马家堡、长舌头（栒邑东北）。二七七零团警七团分驻合沙、庆阳、望宁堡、驷駮关一带。三岔驻自卫游击、警卫各队。马湍驻独立一营。谨闻。职胡宗南。

鱼。经岗。印。

〔国民政府军令部战史会档案〕

三、平江惨案晋西事变确山惨案

1. 中国国民党中宣部查禁新华日报刊追悼新四军平江嘉义留守处遇害烈士启事函

（1939年8月26日）

准中央秘书处函开："案据调查统计局报告：此次第十八集团军驻渝办事处开会追悼平江被杀人员，新华日报发行追悼特刊及登载启事，事先卫戍司令部及市党部已令新闻检查所严加扣禁，因是项稿件并未送检致未能阻止。等情。查新闻检查工作今后尚须加紧改进，所有新闻应一律送检查，以免遗漏。兹据前情，相应密达，即希查照转饬注意。等由。到部。准此，特为函达查照，询明兹事经过具报，以凭办理为要。此致

战时新闻检查局

中央宣传部

〔国民政府军委会新闻检查局档案〕

2. 第二十七集团军在平江杀害中共湘鄂赣边区特委李秋帆等四十余人报告

（1940年12月）

甲、部队现状〔略〕

乙、各军人马械弹数量〔略〕

丙、驻地政治情形：

平江辖二十二乡，幅员约二一二八二市方里，人口原有七十余万，自狡匪蹂躏后，现仅四十余万。全境山田参半，粮米如遇丰收，可以自给，民俗守旧而敦雍睦。

六、地方政治概况，平江县府县长陈鲲为本县人，熟习民情，尚能依照法令，实施县政，各机关法团亦尚融洽，役政推行尚属顺利。国民兵团成立已逾一载，组训壮丁尚属认真。各战时任务队，已组训完毕，经本部派员检阅，人数已达二万一千六百名。各乡中心小学、保学及由敌区迁来之联中、联师两校均照常授课。人民对抗战认识，较过去良好，尚能收军民合作之效。

七、党务概况　党部与三青团意见一致，行动协调。全县党员均分区分期实施特别训练，三青团员已发展至一千五百人，其外围组织之战工队为数亦相将深入农村活动，可谓有利抗战。

八、惩治狡匪情形　平江为狡匪过去长期活动之地，最近解决之新四军，籍隶平江者亦甚多。自本部来平后，探悉该匪在境内秘密活动，经会同县府、党部、三青团等严密剿办，截至廿九年年底止，计捕杀该匪湘鄂赣边区特委李秋帆等重要干部四十余人，监禁张怀一等八人，经良民担保自新，仍派员监视者，共一千二百余人，近虽仍有少数狡匪潜来境内密谋活动，刻正严密清剿，务断根株中。

九、其他各县　本集团部队驻地右自江西之修水界起，左至洞庭湖之东岸止，包括江西之修水、湖北之崇阳、通城，湖南之临湘、岳阳、湘阴、平江等县。崇、通、临、岳四县沦入敌手，各该县政府均在本集团各军前线选地办公，其县政中心在抚集流亡，铲除汉奸，发动游击等与我前线各部配合行动，其他修水、湘阴两县均接近前线，县政中心工作均偏重军事联系，如铲除汉奸，防范狡匪等，均有成绩。

丁、兵要地理〔略〕

参谋参谋长　邵　陵呈

〔国民政府军令部战史会档案〕

3. 程潜报告晋新军起义经过及袭击情形密电

(1940年1月2日)

长安。

限即到。重庆委员长蒋：卅午令一元健电奉悉。狮密。极机密。查晋军局部变乱概况，业先后电呈在案。谨将所得变乱情形，综合续陈如次：百川以迩来晋省政治，大部陷于牺盟份子之手，新旧两军，形成对立，真象渐明，深恐尾大不掉，乃于本年十月间召开所谓革命同志代表大会，拟籍整顿决死队之名，消灭牺盟中共份子之势。当时独立第二旅政治主任韩钧等，积极反对，会议无结果而散。但韩钧等已探知底蕴，遂于返防后与隰县专员张文昂，乘我冬季攻势开始之际，率独立第二旅及第一游击纵队各一部，在隰县附近，独立第七旅政治主任李力枚、第三游击纵队政治主任刘玑亦率各该旅队之一部，在方山一带分别叛变，各向附近我军攻击。陈长捷、王靖国、赵承绶等部已奉百川令清剿叛徒，已实行叛变者大部解决，晋西情势已不甚严重。同时晋东南方面因孙楚奉百川命到达晋城附近后，即着手整饬，惟据报长治专员伍胜率独立第三旅及第二游击纵队各一部，窜往陵川，沁县专员薄一波有率独立第一旅及第八游击纵队集中沁源之说，孙楚刻正在指挥未叛部队，积极清除中。就以上情形观察，牺盟中共份子之势力，尚未达根深蒂固之境。此次变乱之爆发，虽影响冬季攻势作战之顺利进行，然较之将来时机成熟有重大之变乱，尚属不幸中之幸。现叛部经我晋西部队之痛剿，与晋东南部队之制压，可望逐渐解决，不致扩大，其残部或将投往第十八集团军，为其归宿。奉电前因，关于善后办法，遵即亲往与百川会商，除出发日期及商洽情形续报外，谨先奉闻。陕。职程潜。冬巳。建度。卯。

〔国民政府军令部战史会档案〕

4. 第六集团军陈长捷部在晋西袭击张文昂抗日部队战斗详报

（1939年12月12—31日）

第一、讨伐前叛我态势概要

一、讨伐前叛逆态势之概要

第六区行政专员张文昂与独立二旅政治主任韩钧，原系中共分子，为巩固抗日阵线，故不拘党派，为我司令长官阎启用。该逆等既有背景，遂蓄志发展其基础工作，唆使隰县附近独立二旅、汾西附近一九六旅、石口川口附近二零九旅、康城附近专员公署及保安十一、十二两团等阴谋叛变。叛变事实，即于二十八年十一月二十九日实现。十一月二十九日独七旅政治主任李力果率独七旅叛部政袭三十三团鲁应禄部，十二月二日将驻隰县□□□□□□□□□□□□攻缴械，又在汾西将二零八旅□□□□□□□□□□□□缴械惨杀，并在康城、石口、大麦□□□□□□□□□□□□语。声言先介解六十一军与暂一旅，次及十九军□□□□□□水头、将三十三军特务营解决，并所谓吃喝小部，集中兵力突破一部，破坏我民族革命统一战线，等等不法行为，事实昭著。于本（十二）月七日奉司令长官阎电命令：先后据一九六旅旅长白英杰、独二旅旅长艾子谦分别报称：该两旅所部被独二旅政治主任韩钧私自勾结一部反抗命令，将奉长官部调往保卫，政治部陈雉卿团强制不会听命，并擅自更换军官，陈团长不知下落，等等目无法纪行为。韩钧着即撤职拿办，所有独二旅、一九六旅旅部队着艾、白两旅长妥为收抚，其不甘附逆，率部来归者，准予免究。如有甘心附逆之徒，即明令剿除。此令。仰知照。韩逆奉令后，其阴谋不但未减，反公然于十二月九日以千余叛逆兵力，号称天下第一军、进袭石楼、岔沟十九军四零六团第一连之梁英贤排，排长以下伤亡者十余名。十日拂晓，又以逆二十八团，五十一团、五十三团约两千余、企图攻占石楼至沙窑村前后日河，即向十九军四零六团及南山之六二二团分路进攻，经该团之迎头痛击，激战至午，逆不克，向东南方向窜去。同日复以二零九旅之一部及十七团、四十一团约二三千余，企图进占隰县，即向千家庄之十九军四一一团前进。该团齐营长士贤，竟图争取出与接洽，巨料竟被惨杀，遂发生激烈战斗，经逆数次之冲搏，均未得逞，遂向东北窜去。

二、讨伐前我军态势之概要：敌犯吕梁山战事甫毕，奉司令长官电略开：委座皓申令一元电开：国军以消耗敌人，对于国军尔后作战于有利之目的，行冬季攻势(余从略)。西路军总司令陈长捷指挥第六集团军(欠杜春沂军)及彭毓斌军附郝玉玺旅、薄毓相旅孙定国等部、王思田师、刘、奉浜师、崔道修旅陈光斗辖艾子谦、白英杰、张效良等部、以彭军先肃清新绛、稷山、河津之敌，尔后进出汾河左岸，向曲沃、运城间活动，协同南路军肃清三角地带之敌，其余各部袭击当面之敌，并分遣一部进出曲沃以北同蒲路沿线，彻底破坏铁路、公路，断敌交通，掩主力军之侧背。奉命后，即行如左之部署：

1.彭毓斌军附孙定国、薄毓相、郝玉玺各旅及段勇杰团(属独八旅)先肃清河稷、新绛敌人,尔后以主力由新绛向候马、曲沃以南进出于曲沃、闻喜间活动，协助南路军肃清三角地带之敌。

2.吕瑞英军附崔道修旅，以一部围困黑龙关之敌，分路向临汾、洪洞、赵城进出，将曲沃以北该区内同蒲路及公路行段的彻底破坏，断敌南北交通，以掩护主力军之侧背。

3.陈光斗总指挥，指挥艾子谦、白英杰、张效良等旅，分路向灵霍进出，先肃清汾河右岸之敌，尔后将灵霍县城之敌围困，协力东山之南路军将该区内同蒲路及公路，段段彻底破坏，尔后将灵霍县城之敌围困,协力东山之南路军将该区内同蒲路及公路，段段彻底破坏，以阻绝敌人之运输。

4.王思田师、刘奉滨师归本部直接指挥。王师在隰县以东地区集结，刘师在大宁午城间集结，准备向洪赵进出。

5.田齐卿旅（欠段勇杰团）在沁水浮山西南地区，向临汾以南活动（以下从略）。

以上部署甫毕，于十二月十日将各部推至各山口，十五日即将汾河左岸之敌肃清，巨料张文昂与韩钧竟公然诱胁独二旅、一九六旅、二零九旅及保安十一、十二两团在克城、大麦郊、石口、川口等处誓师叛变。遂奉司令长官阎讨伐电令如左：

据报：张文昂、韩钧等语胁独二旅、一九六旅、二零九旅及保安十一、十二两团叛变，盘据隰县东北水头、川石、勍香、康城一带，有勾结敌人扰乱后方之阴谋。该西路军冬季攻势暂缓实施，即指挥六十军二零一旅（欠两团）、二一八旅（欠一团）、七十三师（欠一团）、二零六旅（欠一团）十九军暂一旅、六十六师等部予以痛剿。

第二、影响于战斗之天候气象及战斗地之状态

三、影响于讨叛之天候气象：

十二月十日至十二月三十一日天气晴朗，日出于上午八时，日没于下午六时十分，因入冬天气寒冷，与警戒宿营稍感困难，但于讨伐叛逆尚无十分影响。

四、影响于作战地之状态：

石口、川口、勍香、康城、克城、山云等地均属隰县东北汾西、灵石、霍县以西地区，位于吕梁山中部，为晋西抗战据点，握吕梁山交通枢纽，东出直截同蒲铁路，西藉亘山峰，以作防御，再加以军政民化合力之建筑，诚为良好强固之抗战游击根据地，其影响于抗战实莫大焉。

第三、讨伐间叛我兵力及队号与军官姓名：

五、讨伐间叛逆之兵力队号与军官姓名：第六区行政专员兼保安司令张文昂，政治主任彭永年；保安第十一团团长张文龙（未叛前即脱离）。每连有轻机枪两挺，步枪多系杂集，政治主任金树

源；保安第十二团团长李子法（已反正）；独二旅（改假名为长城部或同蒲部）旅长艾子谦（未叛前即脱离），（每团有迫击炮二门，重机枪六挺、轻机枪二十七挺、步枪四十五支、人数充足。）政治主任韩钧，副主任廖井丹，郝德青；二十七团（改为第一团假名金刚部）团长王英清，政治主任张清源；二十八团（改为第二团假名罗汉部）团长钟义成、政治主任李晓村、副主任佘平者；二十九团团长陈雉卿（已反正），政治主任李曙森、副主任刘英；第一九六旅（改假名长江部）旅长白英杰（未叛前即脱离），政治主任徐荣；十五团（改假名洞庭部）团长曹诚（人数充足，但战斗力弱），政治主任李文炯；十七团长杨育才（与十五团同），政治主任李明成；四十一团长郝鸿庆（已被日寇俘去）（人数少战斗力弱），政治主任孙迪民；二零九旅（改假名吕梁部或正太部）旅长张效良（未叛前即脱离）；五十一团团长郭生财（被残杀）战士尽系儿童无多大战斗力，政治主任杨国兴；五十二团团长白彭年，政治主任张金；五十三团团长贾耀祥。

统计上述叛逆兵力共十一团约万余人，但内部份子复杂，大多为盲从或被威胁者，故时有反正逃亡情事，实系乌合之众，而为少数有背景者之驱使，如匪徒流寇耳。

六、讨伐间我之兵力队号与军官姓名，

（如附表）〔表略〕

第四、讨伐部署及其主要理由并讨伐时所下之命令：

七、讨伐叛逆计划（如附图第一）〔表略〕。

甲、方针：军以兼顾右侧，对该逆部行分路包围，将叛部歼灭于隰县东北之康城地区。

乙、部署及各部任务：

1.总指挥及南路总指挥统由本总司令兼，指挥六十一军（欠黄师）、二零一旅（欠两团）、七十三师（欠一团）、二零六旅（欠一团）分两纵队。六十一军（欠黄师）附二零一旅（欠两团）为右纵队，以有力之一部对黑龙关倭寇警备，主力由蒲县向克城、山云、勍香、王堤、双池前进。

七十三师附二零六旅(欠一团)为左纵队，由午城向义泉、上庄、岭儿上、康城前进。南路重点在右方，两纵队作战地境为薛关、陈庄、下岭上(山云镇西)、半坡、腰里、回龙之线，线上属右纵队。

2.北路军总指挥梁培璜。

指挥十九军全部，亦分两纵队、保持重点于右方。

二一零旅附三十三团为左纵队，由石楼指向水头；六十八师(欠六二四团)二一七旅附炮兵两连为右纵队，由永和向隰县、石口、川石、康城前进。

六二四团为总预备队，集结永和东侧地区

3.右侧支队长崔道修指挥暂编第一旅，由刘家垣、薛家窑、霍家坪向泉子坪前进，并适机向康城、双池行包围与截击。

4.直辖部队二一八旅(欠一团)由现地向午城推进。六十九师主力在现地，对倭寇警戒，一部在窑头。

六十六师主力向永和、桑壁推进，收容并监视反正之叛军。一部留于现地，对马头关方面注意。

丙、作战地境：

南路军北路军桑壁、车家坡(隰县南)，硙沟、康城(南北军围目标)、双池、孝义之连线、线上属南路军。

丁、指导要领：

1.各部十月十三日开始推进，至十五日为第一期：南路军应到达克城、义泉之线，完成一切准备。

北路军应到达隰县东之无槐村，亘张村(隰县北)、南岭、罗家沟之线，完成一切准备。

右侧支队应到达薛家窑，掩护军侧背。

2.十六日至十七日为第二期：

南路军扫荡霍家坪、山云、勍香、岭儿上一带叛部。

北路军扫荡硙沟、石口、水头线上之叛军。

3.十八日至十九日为第三期：

南路军两纵队与北路军主力协同围攻康城。

北路军之左纵队，由交口、水头向东庄进追，肃清川口、赵村（川口北）、狮子和（大麦郊西）线上叛部。

4.十九日以后为第四期：南路军向双池追击，北路军向兑九峪追击。

5.各纵队应保持强度纵深，并互相密切连系，行稳扎稳打，齐头渐进方式，均须依限到达各指定之线。

6.应用兵力须较集结，行军驻军均应远探行，严密警戒。

7.叛部当企图行一度强力反噬，各部应互相呼应，协力与以围歼，将逆部以重火器痛击后，须迅行猛追，以瓦解逆部。如逆等向西北或东北逃窜时，各部应多方相机独断行截堵，以歼灭之。

8.各部应多派干员潜入叛部，行瓦解工作，并提高警觉性，防其诈降叛袭。

戊、连络：

1.以有线电为主通信，无线电付之。各部推进时，应竭力用无线电连络。

2.经常连络，以左方纵队向右方纵队连络为准。

3.识别号另规定。

八、对前讨伐叛逆部署所要之理由：

1.石口、川口、勍香、康城、克城、山云等地为叛逆盘据，巢窝居吕梁山中部，握交通枢纽且为政治中心区主要之一。若为叛逆据有，于我抗战上之影响实莫大焉。我若打击日寇，逆便乘机扰我后方，实不啻与叛以壮大活动之机也。故奉司令长官阎电："冬季攻势暂缓实施，着手痛剿叛逆。"故调集大军，多路围歼也。

2.叛部份子复杂，多系乌合盲从之众、与受少数有背景者之威胁趋使，时思逃亡反正，其战斗力与精神之脆弱，更无足言。故我决然除留一部策应南路军实施冬季攻势，另以多数游击小组向当面之敌与各据点之敌行积极袭扰牵制佯动外，即以迅雷不及掩耳，与分进合击围歼之部署，一鼓而肃清之。

九、讨伐时所下之命令与指导：

一、十二月十三日给予北路与直辖六十六师命令如左：

六十六师暂归北路军梁总指挥指挥，肃剿永和附近叛逆。

二、十二月十三日给予南路军各部之指导如左：

据报叛逆以诱惑手段，持旗假反正，我若派员接洽，逆即乘我不备向我军袭击，仰饬注意，勿为欺骗。

三、给予三十四军与直吕军六十九师之指导如左：

查国军冬季攻势，我军大部因讨逆未能积极实行，但为策应南路军进展顺利计，希该部以多数游击小组向当面各据点之敌行袭扰，以行佯动牵制为要。

四、十二月十三日午，逆以千余由蓬门经王家原向崔家一带窜扰，即给警卫军七十师指导如左：

七十三师刻向午城东北地区推进，现叛逆一部约千余窜向孙家庄、王家原、崔家(罗正堡北)，希该师速集结兵力于大宁，对东北桑壁方向严密警戒为要。

五、十二月十五日给北路军梁总指挥与警卫军六十六师王师长、七十师刘师长指导如左：

(一)七十师现在桑壁之团应星夜前往隰县城接防，六十六师派一营或两营接替桑壁防务。

(二)隰县城北路军二一七师之一部应即进归还建制，增强该纵队势力。

六、十二月十五日给南北路军各部之指导如左：

(一)本(十五)日南路军右纵队与叛部保安十一、十二两团在庞家岭一带激战，左纵队推进至古县、上庄、谙正、还朱、岭儿上、硙沟之线。北路军六十八师及三十三团已将永隰间叛部二十七、二十八团击溃，进出于罗正堡、蓬门以北地区，叛部向石口方向逃窜。二一七旅在上下均庄附近，二一零旅推进至前后罗村，向老龙神红腰叛部激战。综合上述各方情判断，叛部将渐被压于康城、川口、石口附近地区。

（二）指导为不使叛逆逃脱，演成流寇态势，各纵队应迅速进围，行果敢的歼逆于康城、川口间，并行大麦郊猛追。兹指示如次：（甲）南路军右纵队应全力攻康城，左纵队以右梯团协攻康城，左梯团（二零六旅）径向川口进，右侧支队迅进出泉于坪以北，同回龙前进断逆后方。（乙）北路军二一七旅以全力急攻石口、继向川口攻击；二一零旅攻向石口前进，密切协同二一七旅围攻石口、川口；六十八师附三十三团紧追叛逆，向石口压迫，协攻川口，并准备向大麦郊追击。（丙）康城、川口会战后，南路军右纵队应向回龙、双池以北；左纵队应向大麦郊郊，右侧支队应向双池以东各行猛追。北路军全部分路向大麦郊（含）、兑九峪以北地区猛追，务各多分支队，详密扫荡而歼灭之。

七、为加强南路军右纵队强力给吕纵队与直辖二一八旅命令如左：

直辖军二一八旅归南路军右纵队吕纵队长指挥，即由川庄于十八日开抵克城。

八、十六日给南北路军各纵队电令如左：

为不使逆部以小部牵制我行动，速溃其主力起见，各部进攻务较勇速。攻击时各兵团务以锥形之部署，加猛重力于一点，以促其崩溃，再继以扫荡，逆部有窜于我远侧后者，应勿过于顾虑，务先击破当前之敌，以操胜利之券。第二线兵团，我有相当部署，即逆部有窜到蒲南者，则如已入网之鸟，更可就擒。前方部队不宜为此有所观望，能协力迈进，则战争是绝对胜利，当即转饬遵照。

九、为适应尔后情况使用兵力，十二月二十一日给予南路军右纵队与右侧支队命令如左：

为适应尔后情况使用兵力起见，着右侧支部归右纵队吕纵队长指挥。

十、连日经我南北路各纵队在康城、川口、大麦郊会战后，逆溃不成军，遂给各追击之指导如左：

大麦郊会战后，判断逆部当分向东方之兑九峪及北方之上义棠、弓阳镇、关上各地区窜逃军之指导：(一)北路军主力应分沿交口、交则村及水头岔上直向上义棠，弓阳镇方向追击，更以有力一部向关上以北挺进，与郭军之一部合力截击。(二)南路军右纵队及二一八旅向兑九峪追击，左纵队应指向郭家掌，花家窊、上义棠方向追击，暂一旅应向兑九峪、孝义以南地区积极截击。(三)追击动作，须迅速勇猛，多行分支迂回，必求尽歼逆部，以竟全功。

十一、十二月二十四日给各路军之指导如左：

(一)叛部主力被我击溃后，去向不明，各部应速详侦，依一般形势判断，当向上义棠、南大井、师家庄、三角之中阳以东地区窜。兹指导如次：

(甲)南路军左纵队经郭家掌、上义棠继向南大井、三角庄以吴城为目标，搜索逆踪行追击，与扫荡右纵队务向大麦郊（各搜寻逆踪行追击与扫荡)、兑九峪以此地区搜寻逆踪，厉行扫荡而肃清之。肃清后暂在大麦郊以西地区集结待命，但应侦察兑九峪、双池方面倭情。暂一旅可在回龙附近地区肃清残逆。二一八旅即向康城集结待命。

(乙)北路军分路一经弓阳，向开泥村、师家庄以油房坪为目标；一经凤尾、关上向中阳两侧地区各搜寻逆踪行追击，与扫荡主力保持于右侧。

(二)此指导是概略基准，各部队须适应逆情为自主的行动，搜索残逆，务跟踪穷追，期收歼灭之果。最好追击逆部不辞劳苦，紧行夜袭，盖目下残逆已无应战能力。

十二、在扫荡肃清绥靖地方时期，给各部之指导如左：

据报：叛部到处暗布武装便衣小组，煽惑民众，解决我非武装办公人员，并诬我军与敌妥协，残杀牺盟分子，致民众惶惶附逆不悟。等情。布各部多派武装小部分途巡查，防制其活动，并着政工人员对民众宣传韩、张是叛变，我是奉命讨伐，目下叛逆业经消灭。又部队所到处，应召集民众开讨逆宣传大会，宣布张、韩种种罪状及讨逆军之胜利战绩，与今后布展新政治，解除民众痛苦，组织民众，登用优秀青年，务努力办理，以收绥靖之效。

十三、叛逆经我击溃后，大部约两千余，经关上西窜，复经北路军之紧追，于二十五日下午六时窜抵平底、三交一带。奉司令长官阎有电：着警卫军傅军长存怀率七十师及七十三师白石楼西北地区追击，与平底附近之三十三军二零二旅合力围歼叛逆。除以此电，当给警卫军傅军长外，复给七十三师刘师长电令如左：

贵师即集结于石口附近，奉司令长官阎有电：贵师归警卫军傅军长指挥，继向石楼以北追剿残逆。

十四、给与二零六旅命令：

二零六旅即着开赴隰大间，归本部直接指挥。

第五，各时期之战斗经过

十、分进合击、围剿时期：

十二月十二日各部进展情形(如附图第二)〔图略〕

一、南路军：

右纵队本(十二)日各部到达石门、山范头、马武一带。

左纵队本(十二)日各部到达午城、上下胡村、阳坡、罗曲镇、美原、大小冯村、上下吉亭、前后楼底寺、落川庄一带。

右侧大队本(十二)日由刘家垣向前推进。

二、北路军：

叛逆于九、十两日企图袭占石楼与隰县，被我迎头痛击，失败后复于十二日晚以二十七团、二十八团共约二千余，经蓬门到前后蔡家沟，将我派往接洽之少校参谋曾昌寅杀害，企图直扑永和。九、十两日与我接触之逆亦一部到合式沟西，东合事一带，谋合攻永和，即以直辖军六十六师控制主力于上下巴骨一带。

左纵队六十八师一部，在永和附近戒备。

右纵队除一部在隰县附近，余由石楼向水头推进。

三、直辖军：

六十六师本(十二)日令归北路军梁总指挥指挥，肃清永和附近叛逆。

二一八旅本（十二）日到达川庄寺、落桃园一带、策应南路军。

十二月十三日各部进展情形：(附图第二)〔图略〕

一、南路军：

右纵队推进到马武、克城一带。

左纵队本(十三)日令向隰县推进，策应北路军夹击企图进犯永和之叛逆，当晚至习里、冯家坡、曹村一带。

二、北路军：

企图会攻永和之叛逆本(十三)日午窜抵红毛沟（永和东二十里)、忠子山附近，企以持旗诈降诱惑手段，欺骗我军，经我左纵队六十八师一部在经红毛沟、郭家岭之猛烈打击，逆不支窜向孙家庄一带(罗正堡北)是役毙伤逆约二十余，我亦略有伤亡。

十二月十四日各部进展情形：(如附图第三)〔图略〕

一、南路军：

右纵队本(十四)日上午十时，二零八旅分向克城、山云间叛部扫荡，至下午二时推进至姑射山、安头、庞家岭、官道岭之线，余推进至上下流村，续向山云、勍香推进。

左纵队七十三师本（十四）日推进至桑峨古县、黄头、曲阳、义泉一带，二零六旅至习美、马家原、下留家河、白耳里、还朱一带。

二、七十师一团本（十四）日到桑壁附近，一团在大宁、午城间地区。

三、北路军：

十三日被我在红毛沟、郭家岭击溃之逆，本（十四）日上午六时窜向榆林子、中阳村、宋家沟（罗正堡北）一带，经我一部袭击，稍事抵抗，即北窜。我除令隰县城二一七旅留一部警备外，着各纵队向隰县东北推进，使与南路军成包围态势。

十二月十五日各部进展情形：（如附图第三）〔图略〕

一、南路军：

右纵队本（十五）日上午六时三十分，二零八旅四三五团由勍香经云城、罗殿、上向、上下克俄推进，与叛逆保安十一、十二两团、二十七团及一部番号不明之部队在高家沟、太阳角、中村之线展开剧烈激战，该团因突出稍受损失，至下午八时，与七十二师二零八旅全部在吕家沟迄庞家岭之线仍在激战中。

左纵队七十三师本（十五）日推出古县，村上庄、谙正、曲阳村，二零六旅推进至庞派里、曲原池、还朱一带，与右纵队取得密切联系。

二、北路军：

本（十五）日二一七旅推进至上下均庄，向石口继进；六十八师本（十五）日与前窜抵永隰间中阳村、榆林子（罗正堡北）叛逆激战，至午逆不支，一部窜蓬门东（据俘获叛逆称为五十二团），一部窜车家坡、黄家庄转向石口（据报为叛之二十七二十八团）。二一零旅本（十五）日推进至前后罗村，与窜考龙神红腰（以上各地均在石口东北）之叛逆接触，以一部夜袭双自坪（石口西北）叛逆，斩获颇多，逆向石口溃去，正追击中。

十二月十六日各部进展情形：（如附图第二）〔图略〕

十一、围歼追剿时期：

连日经我各部分进合击，将叛逆大部兜于康城、石口、川口一带地区。据报：韩、张两逆分任拥阎讨逆总副司令，将独二旅、一九六旅改编为十五、第二十七、第二十八、第二十九共四个团，约三千余，保安第十一、第十二团合编为保安团，约千二百人；二零九旅之五一团、五十二团约千余，番号仍旧；更以二十七团、五十一团编为第一纵队，王玉清任指挥，十五团、五十二团编为第二纵队，曹诚任指挥，其余为独立团，并有某路军晋西游击支队、支队长为陈士渠辖两团，约千六百余人，任叛逆掩护及作战指导，并改独二旅代名为长城部，或同蒲部，所属二十七团，二十八团为金刚罗汉部，一九六旅代名长江部，十五团为洞庭部，二零九旅代名为吕梁部，或正太部，某路军之支队代名为解州部，叛部军事人员多被看扣部队，分拨官兵多不明真象，扰攘不安等等。可供我讨叛参考之资料，遂给各部之指导如左：

（甲）南路军右纵队十五日在庞家岭、吕家沟与叛部保安十一、十二、二十七团及番号不明之部队激战中。左纵队本（十六）日早向姑射山、岭儿上、硙沟之推进，已令直辖军二一八旅向克城前进，加强右纵队。

（乙）北路军方面，二一七旅十五日午到上下均庄，向石口前进；二一零旅一团十五日午已接近石口；六十八师本（十六）日分路追叛部到朱家峪东北之冯家村、平家禹之线，续向蛾香村，上田村追击中，叛部各部均东窜。

（丙）叛部似集结主力对南路军右纵队，我各部应密切联系，互相策应，断行果敢之攻击，以击破逆部团力，切忌为逆小部炫惑，致行动迟滞，逸失良机。

一、南路军：

右纵队本（十六）日上午六时，叛部以二十七、二十八、保安

十一、十二等团及某路军之独立支队全力向右纵队反攻，激战至为猛烈，经该纵队分路猛击，迄下午八时，叛不支，向康城方向窜去。斯役毙伤叛逆约四百，俘逆三百余，我亦伤亡官兵伍拾余名。

左纵队本（十六）日早向姑射山、岭儿上、硙沟之线推进，迄下午八时，将该线之叛部完全肃清，继向康城推进。

二、北路军：

十五日夜，六十八师四零五团包围叛逆五十二团于罗正堡附近，以三十三团由左进袭黄家庄之叛。十六日拂晓，逆五十二团全部溃散，继进追剿，本（十六）日到达石口西方之上田村、峨香村地区。

十二月十七日各部进展情形：（如附图第四）〔图略〕

据报：叛逆改编后，以一部集结石口、水头一带，企图以石口、川口、水头作成据点为强有力之反噬，并预在交口、东山一带构筑工事，求最后之一掷，但我各路军仍能奋勇进展，予叛部以极大打击。其情形如左：

一、南路军：

右纵队本（十七）日分经裴开里、圪娄里、向上仙村（康城南）、田家窊、东头村、田村之线推进。

左纵队本（十七）日晨进展至史家崖底、岭儿上及还朱以东各地，与毛四沟、马家山、官首果之线，继向康城进迫。

二、北路军：

本（十七）日叛逆二十八团窜石口东北，企图东窜，经六十八师与二一零旅之截击，仍窜回水头、西山，二一七旅继向石口进迫。

十二月十八日各部进展情形：（如附图第四）〔图略〕

一、南路军

右纵队本（十八）日下午八时进占康城，继向北推进，扫荡叛逆。

左纵队本(十八)日推进至上王脚北村、李家山、解家宧、石家岭、贺家崖一带。

二、北路军：

二一零旅本(十八)日下午二时进展至白家梁、刘家庄、卫家崖(石口东北)；二一七旅与土地沟、龙神殿之叛逆千余发生激战，经二一零旅猛击，逆不支，东溃水头、西山二一六四高地附近，当夜复被六十八师及三十二团将该逆包围于高地南北地区，以步炮之密切协同，激战至十九日午，始将逆击溃，向东山、安头窜去，我续向该逆等追剿。

十二月十九日各部进展情形：(如附图第四)〔图略〕

康城一带叛逆被我南路军各部击溃后，一部分窜泉子坪、双池；一部盘据川口、北赵村一带；又一部由赵村窜凤尾村、水头间；另一股由西窜水头。总合判断，叛部有分窜关上、中阳及大麦郊、兑九峪企图。对南北路军有如左之指导：

二、南路军于攻下川口后，右纵队主力向大麦郊追击、一部向双池、回龙追击；左纵队以全力向大麦郊、兑九峪追击，须与北路军联系行动。

二、北路军攻下川口后，以主力扫荡交口、水头、凤尾叛军，继向北追以一旅向大麦郊追击。

南北路军进展情形如左：

一、南路军：

本(十九)日各纵队积极肃清康城东西地区及孔家庄、郑家岭、穆家渠等地叛逆。

二、北路军：

本(十九)日各纵队继续向川口围攻，六十八师已追过水头。

十二月二十日各部进展情形：(如附图第四)〔图略〕

一、南路军：

本(二十)日午推进至康城以北上下硖石、南庄上、赵家圪塔之线，叛部狼狈北窜于高家条附近之化角村、齐家庄、龙耳山、上下益千盘据，其辎重大部运至大麦郊东北之郭家掌，孝义一带。据俘逆士兵供称：本(二十)日与我接触之逆为保安十一、十二两团及独二旅之全部。

二、北路军：

本(二十)日二一七旅向川口进攻，二一零旅由南梁村继向逆追剿，至安头村、青荣圪塔等地，逆以二千余向二一零旅左侧包围，激战至下午八时，复经六十八师一部之夹击，逆溃不成军，毙伤数百，我亦伤亡数十。据俘逆士兵供称：为韩钧亲率之二十七团、十五团及二零九旅之一部窜向赵村一带，二一零旅继向该逆追击。

十二月二十一日各部进展情形：(如附图第五)〔图略〕

一、南路军：

右纵队昨(二十)日夜十二时将盘据刘分村、王家庄之叛部六百余击溃后，本(二十一)日上午六时继向高家条、白峪里、上下益千进击，至十时在高家条东南地区与叛接触，至下午四时逆窜据县索村，遂发生激战，至下午七时逆不支狼狈北溃，我继追击。

左纵队于(二十一)日午攻占高家条、龙耳山，继向大麦郊推进。本(二十一)日崔支队到达回龙附近，二一八旅推进至康城。

二、北路军：

昨(二十)日二一七旅到川口北郭家岭、堡上村、梁家河，本(二十一)日上午六时向盘据赵村一带叛逆猛击。二一零旅向西山上进攻，至午叛军一部由安头黄草圪塔绕袭二一零旅侧背，经六十八师由后水头方面侧击，激战至下午四时，逆大部向西北窜去。仍留一部死力据守，复经二一七旅入夜猛袭，叛始不支，于二十二日辰狼狈东窜。我颇有斩获。

十二月二十二日各部进展情形：(如附图第五)〔图略〕

一、南路军：

右纵队本(二十二)日推进至北隅村、北村与东西之叛部接触，经我猛力压迫，不支，即纷向东北溃窜，于下午八时进展大麦郊及西岐沟、庄子上、高楼底等地。

左纵队于本(二十二)日亦推进至大麦郊郭家窑附近。

二、北路军：

六十八师本(二十二)日推进至大麦郊附近。二一零旅夜袭交则、岔山、樊家沿(大麦郊北)之叛逆，俘获人马械弹甚多，残逆向东北窜去。

十二月二十三日各部进展情形：(如附图第五)

一、南路军：

右纵队本(二十二)日分向兑九峪追击，扫荡至横罗村、何家塔、崔家庄等地(均大麦郊东北)，遇叛逆数百，经猛击，叛向兑九峪方向窜去，继向该逆尾追。

左纵队本(二十三)日向大麦郊、郭家掌以北地区扫荡。晋一旅本(二十三)日午扫荡芝港里、刘家焉一带叛逆，颇有斩获。

本日(二十三日)给北路军之指导如左：

(一)综合各方情报判断，叛部主力似已窜暖泉附近，有更向西北逃窜企图。

(二)该路军将弓阳、开泥、关上、凤尾一带叛部肃清后，应分路向暖泉北之乾村、冯家岔、石口头、穆家庄地区协同三十三军二零二旅急追叛部，与以歼灭。

二、北路军：

本(二十三)日各纵队向弓阳、关上、凤尾追击，残逆窜冯家岔、石口头一带。本(二十三)日经三十三军二零二旅一部之迎击，迄晚仍在激战中。

十二月二十四日至三十一日(如附图)(第一)〔图略〕

十二、扫荡肃清抚绥地方时期。

十二月二十三日晚，叛部一部约七八百窜两渡镇方向，企图渡汾河东窜。正渡间，被日寇发觉，击溃一部四五百窜孝义之孟家南庄牛芝原村附近，即令南路军右纵队及暂一旅于本(二十四)日向该逆扫荡，二十六日逆复窜东西董屯(孝义南)一带，该纵队继向该逆扫荡。十二月二十五日，二十三日窜抵冯家岔、石口头一带叛逆数约二千余，与三十三军二零二旅一部激战后盘据未动。本(二十五)日晚复经二一零旅之夜袭，斩获颇多，逆遂不支，大部转向留誉西北方向窜去。

十二月二十六日给警卫军傅军长电令如左：

贵军即率七十师、七十三师向石楼以北追剿，协同三十三军二零二旅围歼留誉北窜之逆。又令二一八旅即由康城开至午城大宁间，归本部直接指挥。

本(二十六)日南路军右纵队与暂一旅扫荡兑九峪以南地区潜伏叛逆，在上下荆封遇残逆，二三百稍有接触，即向东南窜去。又叛逆千余由车鸣峪窜关上东北之上桥。又二百余由石槐沟亦向上桥窜去，向该逆继续扫荡。

本(二十六)日晚北路军二一零旅追至留誉以南地区，六十八师到石楼以北地区，与三十三军二零二旅已取得连系，向三交方向推进。二一七旅本(二十六)日午经关上亦向三交追击扫荡。

昨(二十五军)由留誉北窜之逆二千余，经三交东之白家原窜金家庄，复于二十七日窜柳林南之曹家山，官家沟，二十八日午经日寇之袭击，窜虎头峁(留誉东二三十里)一带，二十九日窜招贤镇(碛口东北)，一部仍在柳林南之上下迷支、上下罗堠、金家庄、虎头峁一带，另一部由俭东窜上桥村附近。判断逆部有与晋北各新军会合企图，对各部之指导如左：

一、南路军右纵队应由大麦郊经上义棠、南大井向北三角庄、师庄目标追击扫荡。左纵队由关上分经开泥、万年堡以上桥村、中阳为目标向北扫荡。肃清残逆后，由柳林进出，归警卫军傅军长存怀指挥。暂一旅及二一八旅可先分置大麦郊及川口警戒侧后，并绥靖地方，防敌南窜。

二、北路军由留誉、暖泉分路对柳林以南上下迷支、上下罗垛、虎头峁之叛部追击，向中阳、关上地区扫荡。

十二月二十八日南路军右纵队在扫荡叛逆中一部，于二十八日在碾则堰、庆余、柏坡底等村附近与日寇八九十名激战，毙伤日寇二十余，获步枪三枝。

十二月二十九日：给警卫军傅军长指导如左：

本（二十九）日七十三师到关上开府地区，兹着向车鸣峪上桥之逆追击，肃清该地区叛逆后，仍向柳林以南前进，归贵官指挥。

一、南北路军连日积极扫荡，肃清窜上桥及留誉以东地区内之叛逆，汾内、汾军公路，贺家庄、张家庄（吴城西北）、柳林及招贤庄等地窜去，复与三十三军骑兵军在汾军公路以北对战中。于十二月三十一日奉司令长官阎电如左：

（一）着六集团军总司令陈长捷指挥六十一军、三十四军（附薄毓相旅段勇杰团）及王思田师崔道修旅妥为部署，肃清汾军公路以南叛逆。等因。给予各部之指导如左：（如附图第七）〔图略〕

十九军暂在永和、隰县、大宁一带整顿补充。

王思田师任石楼绥靖责于三交、留誉、暖泉、义牒各分驻一部，以与汾军公路以北部队连系。

崔道修旅任洪赵地区绥靖责。

六十一军之高旅任蒲县汾西绥靖责，于克城、勍香须驻相当兵力，与康城十九军之部协力维护灵霍政权。

第六，讨伐叛逆后彼我之态势及行动。

十三、讨逆后逆之态势及行动。

逆大部被我大麦郊会攻后溃不成军，一部约二三千窜向汾军公路以北临县、文水交城一带，复与某路军勾结，与三十三军及骑兵军接触。汾军公路以南，我即按上部署肃清绥靖地方，但大麦郊、康城、石口、川口及汾西、隰县等地区为叛部过去之根据地时潜伏少数企图活动，至现在(二九年四月底止)止，我军仍在随时随地肃清中。

十四、讨逆后我军之态势及行动。

六十一军除留二零八旅在克城、康城、勍香等地任绥靖地方，维护汾霍政权，并随时肃清潜伏灵霍汾各地叛逆外，余大部仍回原防整训。

暂一旅即开赴洪赵地区，任肃清该地区之叛逆责，二一八旅及二零一旅即开回原防整训，警卫军之六十六师与七十三师归十九军梁总指挥指挥，在石楼以北绥靖地方，并随时整训。

第七可为参考之览〔略〕

〔国民政府军令部战史会档案〕

5. 阎锡山报告袭击山西汾阳等地区抗日新军电

(1940年7月)

(1) 致蒋介石电(7月9日)

重庆委员长蒋：种密。叛逆：一、东我高旅长金波率领所部郭、解两团及崔道修部张支队薄毓相部卫支队东渡，扫荡汾河左岸叛逆。冬日进抵左村、阎贺、武家庄、大小李岩、洪洞东之线。江复督部会向广胜寺叛逆主力二三千猛攻，激战三昼夜，毙逆甚众。鱼午残逆分向沁源及霍山溃窜，我当将广胜克复，续向溃逆追击中。二、现安泽以东地区盘据叛逆景疯一部，数目不详。城西南张家沟、湾里一带发现叛逆三四百，我正痛剿中。三、东艾旅率团围剿郭家庄山头、双池镇西叛逆二三百，毙逆数十，生俘五十余，余逆向东北溃窜，我正追击中。四、连日我陈庆华师扫荡双河兑九峪以西叛逆，毙逆二百余，现大麦郊、弓阳镇及双池、兑九峪间地区已无叛逆。我续向灵石、孝义挺进中。谨闻。阎锡山。青。中参战天。印。

(2) 致蒋介石电(7月18日)

委座蒋：重庆。种密。叛逆：一、支、微两日我高金波部肃清苏堡镇、广胜寺、洪洞、东安泽间地区叛军，复正续向北扫荡之际，佳拂晓中共第三八六旅主力联合叛逆第二五团等三个团，共约万余之众，分路反攻，经我高旅长金波督部迎击激战终日，搏战者再，我伤亡颇重，我以众寡悬殊，当晚高旅郭、解两团转至太平村、坡里村、大阳镇东一带，张、卫两支队西渡抵石止、公孙堡、洪洞西一带，整顿队势，准备再攻。二、刻叛逆主力集结北马、苏堡、洪洞东一带，其一部五六千向河西屯、里盘石、洪洞西南一带活动，企图遮断我高旅退路，我正准备进击中。三、齐我陈庆华师黄团一部在庆余、灵石西北夹击，叛逆二百余歼灭大半。谨闻。阎锡山。巧。密。参战天。印。

(3) 致蒋介石电(7月25日)

渝委座蒋：度密。叛逆：一、中离柳公路以西以南盘据叛，连日被我于军扫荡，已告肃清。二、现汾中大道以南地区共有叛逆三千余，计在南北段各三百余，大石头千余，克家甘村一带千余，师庄千余，我温怀光军正进剿中。三、现汾濠、灵石边境共有逆三千余，计宣化原大麦郊东以东区及双池至灵石大道沿线各有逆千余，连日分股窜扰，均被我击退。四、删、铣两日逆由汾河东岸窜入汾西境内千余，有增援西犯模样。本旬以来，汾灵孝边境叛逆兵力倍增，似有巩固其占领区域，防我袭击之模样。谨闻。阎锡山。有未。参战天。印。

(4) 致蒋介石电(7月30日)

Chg委员长蒋：度密。叛逆：一、据报马日由洪洞西渡叛逆约一个团，现驻东西龙马、赤荆村、洪洞城西一带，已饬侦剿。二、皓子我王思田师一部进剿苏达村、孝渠城西南叛逆，毙逆数十，现郭家掌、大麦郊东北一带有逆二千，近甚活跃。三、盘据大石头中孝大道间叛逆约二千余，内有八路军一一五师一部份五百余，窜抵上桥中扬城东内，养子猛攻弓阳镇、大营村，均在中阳城东经我师宋团击退北窜。除分报外，谨闻。阎锡山。卅未。参职天。印。

〔国民政府军令部战史会档案〕

6. 蒋介石借镇压"晋西事变"名义企图消灭共产党电

（1941年1月10日）

（1）蒋介石致黄树芬电

急。兴集战区长官司令部译转黄树芬同志：报告悉。原密。查此次晋西韩钧叛变，共党否认系其策动，我为振肃纲纪，剿灭叛军，自属名正言顺。阎长官所拟一二两案，以第一案为妥，希转达阎长官为要。中〇。灰未。令一元慎。印。

（2）蒋介石致程潜电

西安程主任颂云兄：狮密。顷据黄树芬报告称：阎长官对此次韩钧叛变，拟分两案处理：（一）分汾东汾西，藉剿叛军名义北上，肃清共党势力。（二）就事论事，用政治方法解决。惟前者有扩大之虑，后者有养痈之虞，究以如何处理为宜，请核示。等语。查此次晋西部队叛变，共党否认系其策动，我为振肃纪纲，剿灭叛军，自属名正言顺。阎长官所拟一二两案，以第一案为妥，除复饬转达外，特电知照。中〇。灰未。令一元慎。印。

〔国民政府军令部战史会档案〕

7. 蒋介石密令"剿办"中共竹沟四县联合办事处电

（1940年12月25日）

有线

老河口李长官：○密。据洛阳马日密报：共党筹备之确山、信阳、桐柏、泌阳四县联合办事处于本月一日在竹沟正式成立，并举行会议，当推吴偃绪为主任，各县设干事一人，暂定经费每月四百八十元。警卫方面，先由确山派一中队驻竹沟，其他三县部队临时听调。等语。特电知照剿办。中○。有未。令一元轩。印。

〔国民政府军令部战史会档案〕

四、对冀鲁察绥地区袭击

1. 何应钦等鼓励蒋军积极反共密电

（1940年1月4—6日）

（1）何应钦致于学忠电（1月4日）

无线加表。限即到。于总司令孝候兄：○密。据威海卫专员郑维屏宥电节称：第十八集团军近盘据文登迤南，公开组织政府，征粮索税，强迫民众加入该军部队，否则处以极刑，形成恐怖，虽迭经痛剿，然每因兵力薄弱，弹药不继而退。该军刻有干部万余，民众被迫参加者不可数计，似此情况，若不迅派劲旅前来痛剿，胶东前途，难抱乐观。伏祈迅赐机宜。等语。除电复外，希对该专员径予指示并盼见复。何○○。支午。令一元钧。印。

（2）何应钦致郑维屏电（1月4日）

代电。威海卫管理公署译转郑专员维屏：宥电备悉。该员忠贞为国，与匪苦斗，良用嘉慰，所请各节已电于总司令援助，并径予指示矣。何○○。支午。令一元钧。渝。

(3) 蒋介石致郑维屏电(1月6日)

代电。威海卫管理公署译转郑专员维屏：该员忠贞卫国，与匪苦斗，良堪嘉慰，所请各节，已交由何总长电于总司令援助，并径予指示矣。中〇。鱼。令一元钧。渝。

〔国民政府军令部战史会档案〕

2. 军委会办公厅有关解释冀察战区总司令职权及独断专行之意电呈

(1940年2月)

(1) 办公厅代电(2月12日)

军令部徐部长勋鉴：顷据程主任鱼辰计深电称：转据朱怀冰感电节称：中枢处置河北之事，视为基常之场合，以机断转出之，如迁延未已，喧腾遐迩，功效未收，转予对方以防害预防之机，影响极大。河北既情形特殊，中枢简派主持军政之大员，应予以独断专行之权，不必俟请而后行，每有请未接复，而形势已变，以致陷入被动。等情。即希查照核办为荷。渝。军事委员会办公厅。办四。锡三。印。

(2) 十二科签呈(2月19日)

签呈 民国廿九年二月十九日 于十二科

一独断专行，只要不违上级企图，无论何级人员均可作去，何况方面大员。对中共问题，因中枢前此未确立应付方针，只以敷衍处理，以致直接折冲者不得途径。现在则方针既立，通令已下，只要不违背大原则，所谓阃以外各方面大员主之已无疑问矣。以河北现在国军之实力，应付中共部队，绝不会一筹莫展，不过鹿总司令较为过于小心，不敢放手作去，中枢方面或宜相当鼓其心气耳。

二本案似与党政会无关，拟不必移。

（3）第二处签呈（2月20日）

签呈　民国二十九年二月二十日　于第二处

奉交办公厅转朱怀冰感电云云，饬处科研究等因，谨拟具研究意见如左：

一、所称中枢简派主持军政之大员，应予独断专行之权。等语。查游击战区总司令部组织大纲第二条规定：总司令承军事委员会及天水行营之命指挥本区作战一切事宜，副总司令辅助总司令处理作战一切事宜。此所谓承命乃律定指挥系统之谓。只要合乎长官意图，并未强令事事请示，亦未禁其独断专行也。

二、复查原电所称，似系专指党政方面，此则非本部职权所及，亦未知中央对此之方针如何，无法指示。

拟将第一项电复程主任转朱军长知照。原电转战地党委会核办，并将办理情形复办公厅查照可否，乞示。

（4）蒋介石致程潜电（2月21日）

有线。西安程主任：狮密。鱼辰计深电悉。所称河北情形特殊，中枢简派主持军政之大员，应予以独断专行之权，不必俟请而后行。等语。经饬查游击战区总司令部组织大纲第二条规定：总司令承军事委员会及天水行营之命指挥本区作战一切事宜，副总司令辅佐总司令处理作战一切事宜。此所谓承命，乃律定统帅系统之谓。只要合乎中央方针，长官意图，尽可判断全般状况，适应实际需要，当机立断，负责处置，并未强令事事请示，亦未禁其独断专行，希本此旨转知鹿、朱可也。中〇。马未。令一亨。

〔国民政府军令部战史会档案〕

3. 程潜关于八路军刘伯承部在罗川地区遭围击电

（1940年2月12日）

长安

渝。委员长蒋、何总长敬之兄、陈部长辞修兄：微申计深电计陈。兹据朱怀冰鱼电称：邻密。顷接朱总司令德江电开：据刘师长伯承报称：贵部二八0团突于上月卅一日由邢台西路罗川袭我冀支独立营于侯峪，将该营全部消灭，计阵亡营长兆鸿山一员，连长陈东文，政治指导员刘锦标负伤，其余官兵二百三十余人伤亡过半，被俘百余人，失步枪一百八十五枝，轻机枪两挺，驳壳枪八枝，军马六匹。又我东纵一团卫生队以及其同行十余人，上月感日经路罗以北赵家沟，被二八零团扣留准备感夜活埋，惟该队长已脱险，其余生死不明。等情。据此。查贵我两军素极敦睦，而自贵军此次开抵冀西，所有行动大异畴，昔从不打击敌人，专意与我军磨擦，并破坏行政权。初尚以或系下级所为，曾电兄制止。乃我兄复电虽友善，无以为复加。而据报挑衅行为，却日益变本加厉，正滋惊疑，乃贵部二八零团竟大举向我部进攻，以致我部伤亡惨重。此种亲痛仇〔快〕事，今亦由兄部发动，实意料不及。我兄若仍顾念素好，即请即日先将部扣之人员枪械释放发还，并绝对禁止贵部今后一切磨擦挑衅行为，否则今后事态负责。等语。……谨闻。等情。陕程潜。文午。计深。印。

〔国民政府军令部战史会档案〕

4. 卫立煌等迫令八路军撤至长治邯郸以北地区与蒋介石往来电

（1940年3月）

（1）卫立煌电（3月17日）

急。重庆委员长蒋：据密。据朱彭元杨--电节称：职等决本委座精神，团结、坚持抗战意旨，除留唐天际部维护晋北兵站交通线外，即日将高平陵川之三八五旅三四四旅主力一律撤至树掌以北地区。复据称复钧座删酉电节称：职部在高平以东及陵川境内部队除留小部维护兵站线外，一律撤至平顺线，豫北辉县、林县各部一律撤至漳河沿线，并声言自文日起，开始撤退。各等情。查所称各节，仍与钧座迭电指示不符，钧座对朱彭删酉电如何示复，恳即电示为祷。职卫立煌。筱亥。智。印。

(2) 蒋介石电(3月21日)

有线。限即到。晋城卫长官：〇筱亥电悉。朱、彭删酉电至今并未接到，无论其如何，来电必须令其撤至长治、邯郸之线以北地区，并须限定时日为要。我军应在长治、邯郸之线从速构筑防线，不得任其南犯为要。如何设防报中正。(马)。川侍参。

(3) 蒋介石电(3月22日)

联衔(有线)。提前即到。西安程主任、晋城卫长官：〇密。俊如筱亥智电悉。(一)致朱彭手启：寒酉(非删酉)令一元慎电曰："希即遵照天水行营与卫长官叠次电令：贵军如期撤至长治、邯郸之线以北地区待命。勿误为要。"特电知照。(二)朱彭删扬电称：职等决本钧座夙诫团结，坚持抗战之意旨，遵令将职部在高平以东及陵川境部队，除留少数维护兵站线外，一律撤至平顺。将在辉县、林县之部队一律撤至漳河沿线，自文日起，已开始撤退。等语。查所以撤退之线仍与前令不符，除复"务望遵照前令迅速向白晋路以东，长治、东阳关、邯郸线以北地区撤退为要。至于留置唐天际部维护晋北兵站交通线一节，已电程主任、卫长官核办矣"外，仰即斟酌处理，并严密监视其是否向指定地区撤退，具报为要。中〇。养酉。令一游。印。

(4) 程潜电(3月23日)

限即到。重庆委员长蒋：养酉令一游电奉悉。狮密。晋东南及豫北之中共部队应一律撤至指定地区，唐天际部亦不能准其留置现地，除电俟如就近督促限期实施并将限定日期及撤退情形具报外，谨先奉复。陕。职程潜。梗酉。计深。印。

〔国民政府军令部战史会档案〕

5. 国民政府军令部对鲁西南八路军划定作战区域企图歼灭签呈

（1940年4月8日）

签呈　四月八日　于第一厅第一处十二科

谨将最近鲁西非法部队之行动，详加研究，拟具意见及办法如左：

一、非法部队最近之行动态势，如附表附图。〔略〕

二、意见：查非法部队借抗战名义，私自扩充实力，排除异己，解决游击队，强夺政权，宣传赤化等种种阴谋，业经暴露无遗。近且变本加厉，作有计划之大举进攻，始而晋陕，继而河北，近则及于鲁苏豫皖边境，节节进逼，蚕食无厌，且于一处改决缓和之后，又在他处扰乱非法，势非欲达到其最后目的不已。近据鹿总司令、沈主席各电报称：非法部队在鲁西南之行动，已趋明显，且河北前车之鉴不远，似应筹有效制止办法，以免养痈贻患，再蹈覆辙。

三、拟具办法：

一、拟俟晋东南十八集团军就范后，严令其将鲁西（津浦路西黄河南）部队及鲁南（津浦路东胶济南）部队开黄河以北，（作战地区如附图）服行作战任务，并将开动日期及实施情形具报。

二、密令于总司令、沈主席、石总司令等确实布置，严加防范，以注视其行动。

三、该部若不奉令，即作有效之制裁，决行剿办。右拟可否乞示。

〔国民政府军令部战史会档案〕

6. 何应钦庇护石友三勾结敌伪并迫令八路军退出鲁西电

(1940年5月16日)

代电

第十八集团军重庆办事处叶参谋长剑英译转朱总司令、彭副总司令：佳扬电悉。委座四月宥令一游电计达。经查：石军并无勾结敌军之行伪，其驻防鲁西系程主任指定呈报有案，不可妄加诬蔑。该集团所部未奉令负有鲁西方面作战之任务，南乾熈何以有彭朱支队，仰饬开回该集团之指定地区以内，服行作战任务，以免再生磨擦为要。何应〇。铣。令一游。印。

〔国民政府军令部战史会档案〕

7. 沈鸿烈报告袭击鲁省各地八路军密电

(1940年7—8月)

(1) 致蒋介石电(7月13日)

重庆。军事委员会委员长蒋：卷密。查省属各师队剿办中共军情形，经以巳蒸统电陈在案。兹将六月份战役次数及俘获数目分别统计汇陈如次：(甲)鲁西第二区专员孙秉贤、保安第十五团齐子修及清县保安队等部于何西(董河泽西角)、范庄(茌平西南)、颜店(长陵西北)等战三次，共毙伤该军一五〇余名，获枪二五枝，我伤亡士兵二四名。(2)鲁北海军陆战队第一团会同十区专员薛儒华、十四区专员张景月及保安第八旅长周胜芳、第七旅长李法焘、第六旅张子良等部于马泯(胱棣东北)、星佛楼(博兴东北)、王高(寿光北)、贺家庄(博兴东北)、李家桥(广饶东北)、刘官庄(博兴境)、崔家(寿光东北)、辛集(博兴东)、申明亭(寿光境)、纯化镇(博兴北)、閞以院(寿光东北)等战十二次，共毙伤该军七七〇余名，俘一一〇名，获枪一二一枝，我伤亡官兵一一五名（未完）。沈鸿烈。午元酉。统一。印。

（2）致蒋介石电（7月13日）

重庆。委员长蒋：卷密。（加表）续前。（丙）鲁东行署督率十三区专员赵保原、九区专员蔡晋康、七区专员郑维屏及保安第二旅长张戈铭、第四旅长秦毓堂、保安第一团长安廷赓各部于上下门家（蓬莱东北）、霍宋林（文登东南）、冯家（牟平南）、长夼（文登西北）、米山（文登西南）、北台（平度北）、下徐村（文登南）、大山（平度北）、孙家疃（蓬莱境）、高家（平度北）、李家沟（蓬莱西南）、九里圹（平度东北）、土屋（福山西）等战十三次，共毙伤该军八七零余，俘一三七名，获枪九八枝，我伤亡官兵一零六名。（丁）鲁南我新四师海军陆战队第二团、省府教导团十二区专员朱永宝、保安第团及沂水蒙阴莒县各县保安队等部于陡山（蒙阴东南卅里）、佛堂（诸耿西南）、长命（沂水西南）、循家水营（蒙阴南）、筑庄（沂水西北）、南蜓坡（泰安东南）、徐家庄（蒙阴北百里）、大黄匾（蒙阴北）、铁厥寨（蒙阴北）等战九次，共毙伤该军七零零余名，俘二七名，获枪五四支，我伤亡七四名。（戊）统计以上六月份战役三七次，共毙伤该军二四零零余名，俘二七四名，获枪二九八枝，子弹四三零零余粒，我伤亡官兵三一九名，消耗子弹九二零零零余粒，除分报各主管机关外，谨呈。沈鸿烈。午元酉。统二。印。

（3）致何应钦电（8月18日）

总长何：密。谨将八月上旬在鲁奸伪活动概况分陈如次：（一）午月敬亥鲁西行署保一团智永德等部进剿牛黑楼（定陶东北）奸伪，战至有巳，奸伪溃窜常庄、葛集一带，计共毙其百余名，俘四十三名，获轻机枪一挺，长短枪五十八支，我伤亡官兵四十二员名。截至月抄各该部在管楼（定陶东北）东北地区迭与激战，互有伤亡。（二）十一区团队张全忠部午月敬亥，在刘饭棚庄（单县南）截击奸伪，当毙伤其十四名。又该处之奸伪黄河支队，闻将他调，伪湖西专署正招集民众开会挽留。（三）午佳、巧、皓十四区团队在刘家屯（寿光西）、桑家官庄（寿光北）等处与奸伪三度接触，共毙俘其九名，获枪十一支及食粮甚伙。（四）午月筱、哿保十六旅三团两次进剿花官庄（广饶北）、大日村（博兴东南）奸伪，共毙其十六名，俘五名，获枪八枝，我伤亡士兵十二名。（五）午月寒晚，奸伪千余突犯保六旅游击大队孙家提（无棣北）防地，被毙伤百余名，后向西北溃窜。该大队伤亡官兵十九员名，并俘获军用品颇伙。（六）奸伪千余，午月宥晚窜萧家、冯家、赵家（惠民南），当与五区王福成团激战，被毙伤百五十余，狼狈西窜。该团伤亡士兵十四名，获枪十四枝。（七）冬戌平度保安团一营二连进袭窜扰潘家庄（平度东北）之奸伪山纵五旅三团一部，毙其十余名，俘伪指导员一，获步枪十余枝。（八）窜据发城、赤山（均海阳西北）之奸伪，冬日以来城敌伪出扰大部逃窜牟海栖边境，致该处均陷敌手，其一部千余北窜黄城、䧟上下薛家（蓬黄栖边区）一带，声言进犯九区团队防地。（九）山纵二旅三团一部二百余，午有由马家窑（莒县东南）北窜莒日公路附近，将周家店一带民众自卫武器全行掠去。（十）山纵一旅二团除一部五六百名仍驻下马泉（蒙阴东北）一带外，主力千余上月抄北窜寿光。（十一）番号不明之奸伪步兵两千，骑兵一千，上月抄由江苏窜驻南墙峪甄家疃（沂水西南）一带。（十二）奸伪益都县队百余艳亥突犯省暂一师李家（博山东）防地，经夜击退，计毙其十余，该师伤亡六名。（十三）一一五师后方师部及伪鲁南区专署县府等部约三千余，东夜经宝山前（费县南）东窜，扬言赴青成（赣榆东南）开会。除分报外，谨陈。沈鸿烈。未巧。编。印。

（4）致何应钦电（8月19日）

总长何：查中共军于寒日窜据鲁村后仍续向东北窜扰，为阻其前进计，乃由省会附近之中央四师、陆战队、教导团各一部及三纵队等自巧晨起向鲁村周围该军合力反攻，旋新四师由东北两方前进全路连续进占王村、北官庄、石家庄（均鲁村附近）及小张庄、刑家庄、拖东山、拖东路推进至唐家、沙沟。黄埠岭（鲁村东南七里）南面之陆战队、教导团、三纵队亦于巧日相继攻占小黄庄（鲁村南八里）、雕岩、顾坡并向五老岭四地（均鲁村南）推进。惟以该军凭藉围圩，节节顽抗，并强迫多数愚民冲锋，致我军弹药消耗殆尽，其中数部竟有以乱石为武器，与匪浴血奋斗者，现各部仍与该军对战中。除分报外，谨闻。沈鸿烈，未效。申统。印。

〔国民政府军令部战史会档案〕

8．沈鸿烈报告袭击鲁南八路军密电

（1940年7月11日）

渝委员长蒋：密。据保安二师张师长步云佳亥电称：庚晨职遵派三个团分两路向张兰、日照西北匪军山纵二支根据地推进，佳晨与该军千余在张兰东面接触，激战数时，该军损失奇重，狼狈向西南逃窜，我于午刻占领张兰，现正义程追击中。等情。除分报各主管机关及军令部外，谨陈。沈鸿烈。午真。酉统。印。

〔国民政府军令部战史会档案〕

9．石友三等报告袭击冀鲁边区八路军电

（1940年7月）

（1）石友三电（7月13日）

即到。重庆。委员长蒋：进密。（加表）文亥电计蒙钧览：（一）退据玉皇庙、马口尊、金提一带之共匪，经我各部猛勇之攻击，

至未刻晋匪全线溃向范县以西五里候、方子铺方面逃窜，其伤兵数百，向郓城方向运去，我各部正向范县及其以西地区右追。(二)本日计毙伤匪五百余，俘一百六十二名，我阵亡中校参谋杨樾泰一名，并伤亡连长以下官兵及政工人员六十余员名。等情。谨闻。职石友三叩。元亥。印。

(2) 石友三电(7月14日)

即到。渝。委员长蒋：迤密。(加表)共匪杨勇、萧华等部元日被我军击溃，向范县以西五里候、方子铺附近逃窜。寒晨忽由山西方面开来一一五三团，由冀中方面开来赵成金部三团，回到谷疃集、将军岩、丰王庙、范县、观城关一带，人数充足，装备完整，与萧、杨等匪会合，人数料两万以上，有向我军决战企图。现在颜村铺诸县西南附近与我一八一师正激战中。详情续陈。职石友三叩。寒戌。印。

(3) 熊斌电(7月16日)

渝。委员长蒋：卷密。极机密。石友三文电称：(一)盘据大杨铺、白羊寺、大屯、龙王庄(在范县西南三十里)一带之萧华、杨勇两部，并由朝城方向加增之共匪共约一万二千，异常顽强，尤以萧华部为甚。经孙良诚部、邵鸿基部及一八一师之张旅、新六师之一旅并新四旅终日痛击，卒将该匪击退，一部向黄河南逃窜，大部溃退据玉皇庙、马口尊、金提(范县西南约十里)一带，我各部正跟攻中。(二)是役毙伤匪约千五百，俘获另报。我阵亡营长王毓龙、于耀光两员，伤亡官兵千余员名。等情。谨闻。职熊斌。铣申。办劾。印。

(4) 石友三电(7月22日)

即到。XP3委员长蒋：迤密。加表。(一)退据古鼠集、文明岩、濮县北附近，马午经我跟追之米石两部迅攻痛击，战至申刻，匪不支，分向范县、观城方面窜逃。（二）高师长推进至柳下屯濮县西附近。濮县西南地区之匪，已向濮阳以南方向窜去。谨禀。职石友三叩。养未。印。

〔国民政府军令部战史会档案〕

10．察绥游击队阴谋进攻察绥人民抗日根据地电

（1940年12月—1941年4月）

（1）察绥游击队改进之意见电（1940年12月19日）

包头十二月十九日电

自察绥沦陷以来，我民众武装部队，在雁北绥东及大青山，先后建立根据地，时予敌人以打击。去岁共党违约叛变，各游击部队先后被消灭驱逐，截至现在为止，察绥沦陷区域我游击部队消声匿迹。窃以敌区游击既可牵制敌军兵力，复可与异党争取领导。而在察绥沦陷区，于日寇妄思西侵，占我宁甘；异党企图北进，打通外蒙之情势下，大规模有计划建立据点，展开游击，尤属刻不容缓。兹对所有游击部队情形，略并陈述所见，以供采择：

（一）查东北挺进军，目标既在东北，挺进应入敌区，乃该军偏处雁北及准格尔旗，久不开动，三载于兹。

（二）86师所属伊东五个游击支队，驻扎伊盟，并无游击对象，似应深入敌区，名符其实。

（三）军委会游击第一军，月领国币七万元，战斗官兵仅一千数百人，所部久驻陕北，毫无深入敌后之意，该军委任之乔日成、陈凤桐两部，虽确系驻扎雁北，并领饷糈，但乔至今仍未反正（此应追究），陈又为八路军健将，（此为条件）舆论哗然，尤觉怪异，该军总司令张砺生同志，察哈尔籍，服务军政界有年，如率所部深入察省，人望所归，号召自易，惜磋砣时日，屡失良机。

（四）绥远自卫军，系归包武装各县民团及壮丁组织，饱受敌人蹂躏家乡，该军仍不宜安驻伊蒙及绥西。

以上各军似均应深入敌后，分别在热察绥三省建立巩固游击根据地，展开游击战斗云。

（2）蒋介石电（1941年3月30日）

国民政府军委会快邮代电　字第3750

军令部徐部长勋鉴：兹抄发平绥路特别党部陈述收复绥远大青山理由报告一件，即希核办。中正。感。川传六。附发抄件一件。

抄朱部长骝先兄来函，以据平绥铁路特别党部寅巧电：

据确报：绥远大青山现仅有十八集团军四百余人，领导人为杨植林，主要工作为征收捐款，训练壮丁，并将壮丁分批遣送晋西北编队。大青山十八集团军实力既形单薄，似亟应派军收复。谨将理由及办法陈明，敬请鉴核。并祈转函军事当局采择，转绥远敌后我无甚游击根据地，若不亟图挽救，非特敌后党务政治无法开展，即抗战胜利，绥远政权势必有日落之虞。现伊盟准格尔旗、达拉特旗所驻游击部队甚多，军纪败坏，又加地方贫瘠，人食马草两感缺乏，军队搜索给养三尺，当地人民逃往敌区者甚众，为渊驱鱼，实堪痛心。该军等放弃敌后建立根据地工作，既失游击之名，复违抗战之义，按现住伊盟准、达两旗之游击部队，有绥远抗日自卫军第二、第三、第五路等三路，合计枪马已全者有二五〇〇人以上，二十二军所属以东各支队枪马齐全者亦在两千以上，合计实力将近五千人，均系绥远土著，如能限期收复大青山，较主使党力量超过十倍，既可安定伊盟秩序，复可建立敌后根据，一举两得，意义深长，如失时机，绥远奸党根基日形巩固，摧残困难矣。所述各军如开赴大青山，伊盟尚驻有其他各军甚多，防务丝毫不受影响。并闻。

（3）军令部签呈（4月1日）

签呈民国三十年四月一日于军令部第一厅第一处

（甲）平绥路特别党部陈述收复绥远大青山理由，具报告大要如次：

（一）绥远大青山现仅有匪军四百余人，实力既形单薄，亟应派军收复。

（二）现绥省敌后我无游击根据地，若不亟图挽救，即抗战胜利绥省政权势必有没落之虞。

（三）伊盟准、达两旗现驻游击队，自绥远抗日自卫军第二、第三、第五路等三部，枪马齐全者有二千五百人，又二十二军所属伊东各支队枪马齐全者亦有两千以上，合计实力将近伍千，该军等纪律败坏，放弃敌后根据地工作，既失游击之名，复违抗战之义。

（四）如能限期收复大青山，驱逐匪军，既可安定伊盟次序，复可建立敌后根据，如遗失时机，则奸党根基巩固，摧毁困难矣。

（五）所属各军，如开赴大青山，伊盟防务丝毫不受影响。

（乙）审核意见：

（一）查大青山形势险要，北扼固阳，南控包萨，亟应建立敌后根据地，惟该山一带闻由匪军盘据，若不设法予以驱除，则奸党根基巩固，摧毁确感困难。

（二）查大青山距外蒙土谢图汉部甚近，由此乌苏得可直达库伦，此路无敌军势力，匪军有以大青山为根据，连接库伦交通之企图，第八战区对于大青山无论对敌对匪应确实掌握。

（三）大青山一带已由八战区划归包东归绥武川区范围，并已指定由绥远自卫军负责。关于本案，拟令朱长官切实办理具报。所拟当否，乞示。

〔国民政府军令部战史会档案〕

11.卫立煌报告高树勋等部袭击冀鲁边区八路军电

（1940年—1941年9月）

（1）电之一(1940年7月8日)

ghg委座蒋：钧密。(表)一据高树勋冬午电称：职部随同石、孙两公各部由曹县考城县境连日分途向北推进，今日职部到达濮阳以东四十里之柳下屯，石、孙各部到达濮阳西濮县，敌伪经我压迫后，已分窜清丰、濮阳以南以西地区，连日与职部在南头大小狼冲激战，斩获甚多，歼〔残〕匪纷向内黄方向溃逃。郭郊共匪杨勇部共约万人窜集濮阳东北，其他各部匪军则分布各县。职部刻正积极清乡，组织民众，并绕击中。二、据石友三鱼午参电称：共匪杨勇部在武强镇(清丰东三十里)附近麕集，约万余，有进犯职军企图，已饬各部队严防矣。等情。谨闻。卫立煌。总齐未。参战。印。

（1）电之二(1941年5月12日)

委员长蒋、总长何：2734密。(一)据高树勋齐电称：奸党千余，歌辰窜山里寨(清濮观交界)，经我张汉全师一部击溃，毙奸党五十余，获步枪卅一枝，俘廿五名。另鲁西朱专员世义之保安团一部江日于单县东北黄德寺击毙奸党队长一,俘士兵十,获手枪十余支,马一匹。(二)据毕绎宇虞电称：鱼午我军一部攻……(前后除南)毙奸党四十余，我伤亡官兵十余。(三)据孙良诚齐电称：我赵云祥师之王旅一部支辰向前马楼，王举人庄游击，毙奸党四十余，我伤士兵三，失踪二，等情。谨闻。洛。卫立煌。辰文。总日。印。

（3）电之三(5月22日)

委员长蒋、总长何：7438密。据高树勋铣电称：(一)奸党赵承金部二千余，真辰在武强镇聂庄集(清丰东)被我暂廿九师阴秀山、阎中云两团击溃，计毙伤奸党一百廿余，获步枪十四枝、手榴弹百余枚，我伤亡官兵卅余员名。(二)寒午我新六师二部向盘据霍子岩、土塔(清丰东)一带进剿，计毙伤奸党五十余，俘指导员一名，获步枪六枝，伤士兵十七名。(三)微巳我专员世勤之保安团一部向二郎庙、冯庄(金乡南)一带游击，当毙伤敌奸党卅余，俘五名，我排长一员及士兵八名失踪。等情。谨闻。洛。卫立煌。辰养亥。总日。印。

(4) 电之四(6月3日

特急。部长何：3904密。据高树勋感电称：(一)敬日我新第十军兵力两团及第二九军一部分向常庄、温庙、陈家(濮县西南)之奸党进剿，血战竟日，奸党不支，分向东北范县窜去。是役毙伤奸党二百七十余，俘卅余，获马步炮卅二，马骡四十二匹，手榴弹一百四十余。我伤亡官兵八十二员名。(二)有辰奸党约千余窜瓦屋、颊山、里寨一带(濮县西北)，经我徐团击退，计毙伤奸党廿余。我伤官兵六员名。(三)宥午我部鸿基支队一部向濮县西文留集附近游击，计毙伤奸党卅余。我亦伤亡士兵十一名。(四)我段洛洲纵队主力感进剿清溹属小冯村、老沿河之奸党赵承金部，计毙伤奸党二百三十余，获手步枪十三枝。我伤亡官兵五十七员名。等情。谨闻。洛。卫立煌。巳江亥。总日。印。

(5) 电文五(6月10月)

委员长蒋、部长何：1140密。据高树勋巳支电称：(一)宥日奸党五千余，窜六塔集、瓦屋头一带(濮县西北)，经我新第六师及暂廿九师各一部击退，毙伤奸党四百余，俘廿四，获步枪十七枝，子弹三千五百余粒、铁锹卅三把。我伤亡官兵五十九。(二)艳日我鲁西行署保安团向范县属之孟楼游击，毙伤奸党廿余。我伤兵九。（三）奸党五百余，东午在曹县西北之韩集被我暂第卅师一部击溃，毙伤一百廿余。我伤亡官兵廿六，损坏步枪七枝。等情。谨闻。卫立煌。巳灰亥。总日。印。

（6） 电之六（8月7日）

渝。军令部：矩密。（甲）据高树勋午俭电称：寒辰我第一八一师一零？四团赴保安寺（濮县北）一带游击，与奸党五百余遭遇，计毙敌廿余伤十余名。（乙）据孙良诚感硝电称：（一）寒午我驻谢滩（曹县西北）暂第卅师张团击退进犯之奸党，毙伤奸党四十余，我伤亡官兵七员名。（二）敬（戌）我暂第卅师张文烈团及赵廷会等营并附鲁西保安团队一部分向牛黑楼、傅楼、王集（均定陶东北）一带之奸党进剿，激战竟日，卒予分别击溃，计毙伤奸党百余，俘营政治员以下四十三员名，获轻机枪一挺，步枪五十六枝，我伤亡官员四十二员名。等情。谨闻。洛。卫立煌。未虞。总日。印。

（7） 电之七（8月16日）

渝。委员长蒋：矩密。据高树勋未蒸电称：（一）新六师尹瀛洲旅一部鱼辰进剿范县属双庙、朱庄之奸伪，计毙伤卅余，获步枪两枝，我伤士兵六名。（二）第一八一师一〇七四团之一部佳卯向观城东南姜庄、常庄一带游击，与奸伪卅余遭遇，激战时许，毙伤十余。（三）邵鸿基纵队一部并配合地方团队鱼未赴东明境推行县政，经马集（东明城东）与奸伪杨德志之特务团遭遇，激战至晚，奸伪不支向西南溃窜，计毙伤奸伪四十余，获步枪四枝，我伤亡官兵六员名。等情。谨闻。洛。卫立煌。未铣亥。总日。印。

（8） 电之八（8月27日）

特急。渝。委员长蒋：8765矩密。甲、据孙良诚未马电称：盘据保宁集（定陶西北）之奸伪千余，经我王清瀚旅一部于支辰击退，同时奸伪一一五师三千余固守傅楼、楚楼一带(定陶东北)，经我派王发祥率永德张汉三等三团分路猛攻，当予分别击溃，计毙伤奸伪四百余，俘五十余，我伤亡官兵八十八员名。乙、据高树勋未皓电称：一、奸伪第廿团一部三百余，真申扰瓦岗、邢庄(濮县西)，经我新六师一部击溃，毙伤奸伪指导员一，士兵卅余，俘卅余，获手步枪三枝、自行车一辆，骡两头，我伤兵六名。二、奸伪独立团裴士光二百余，巧午窜六塔集、吴家村(濮县西北)，经我暂廿九师一部击毙兵二，获步枪二，手榴弹六枚。等情。謹闻。洛。卫立煌。未感亥。总日。印。

(9) 电之九(9月19日)

渝。军令部：矩密。甲：据高树勋申元电称：一、新六师一部微未向岳村(清濮交界)一带游击，与奸伪廿一团胡乃超部发生激战，旋经派暂廿九师一部增援，当即击溃，计毙伤卅六名，获手步枪四，我伤士兵三名。二、窜扰清河头(濮县西)奸伪廿一团之一部，佳与我孟照进旅一部遭遇，激战两小时，计毙伤廿名，我伤亡兵三名。三、奸伪廿一团一部三百余真夜袭击我新六师阎团防地七宝寨、立即击退，计毙七名。乙、据王清瀚申文电称：奸伪教导第七旅赵其美部廿团一部真晚窜扰烧饼赵（曹县西北），我张文烈团长率部迎击，激战六小时，计毙八十余名，俘六名，获步骑枪八枝，炸弹十三枚，我张团长须部受微伤，士兵伤七名。等情。謹闻。洛。卫立煌。申皓亥。总日。印。

〔国民政府军令部战史会档案〕

五、对晋豫地区袭击

1. 鹿钟麟等阻挠八路军开展晋东南及豫北抗日地区电

(1940年2月12日)

军政部：6874密。极机密。总长何转陈总裁蒋：顷闻十八集团军向中央声明：因冀粮缺乏，自动向晋东南及豫北移动。查上述地区为第一、第二、冀察、苏鲁四战区之连络中枢，尤为冀察、苏鲁之唯一补给要线，若一旦被其掌握，则黄河以北之国军必将陷于受困无以立足之绝境，是则不惟等于放弃华北西岸，更恐山河变色，沦为赤区。此事粗视，似属限于一隅，然其影响所及，势必动摇国是，颠复国基，万祈钧座速订针对大计。并密令一、二战区将晋东南与豫北之部队从新部署，凝成一片，对晋城至武涉、磁邯之交通，尤盼速派重兵，确实扼守。时迫势急，伏乞早日睿断，并候示复。职鹿钟麟、石友三、朱怀冰同叩。文未。参。印。

〔国民政府军令部战史会档案〕

2. 刘斐等关于鹿钟麟企图侵占陵川围歼八路军往来文电

(1940年2月19—22日)

(1) 刘裴等签呈(2月19日)

对鹿钟麟删酉参战电谨拟办法如次：

一、积极办法：中共部队在晋东南行动确具阴险毒策，中央为巩固晋东南现在地位，保有冀南、豫北交通线，实有驱逐陵川附近共军之必要。惟此举有引起正面冲突，扩大纠纷之虞，拟先电朱德限期遵照前令，将该地部队移至白长路以东长耶路以北地区，如仍延不遵行，则中央为维持统帅威信及彻底执行军令起见，可按照鹿总司令所拟办法实施，同时令卫长官遵照。

二、消极办法：中央为顾虑避免事态之扩大，若去电朱德，而朱又置不作复，顽强不将部队移动，企图听其自然，构成事实，故中央可先令卫长官妥为部署，从中监视，取包围形势，如共军无轨外行动，我则不先发动，如侦知其有异动时，我即以已准备之态势断然歼之。

三、指示方针：查中央对第十八集团军之作战区已有规定，其在陵川附近之部队已于一月以筱未令一元健电令朱德将其移至白长路以东长邯路以北地区，复于二月以寒未令一元健电重申前令，至冀察鹿部尔后之行动亦于二月以元令一元慎电指示，对晋东南豫北各部队之指挥问题亦经承办铣酉令一元慎电委座手令统归卫长官指挥各在案。故以后对该方面之事件应本既示方针，由卫长官负责处理，无须一一请示。右拟是否有当，敬乞钧裁。谨呈

部长　徐

次长　熊　刘

总长　何

附呈原电一件

〔注：何应钦批：可采行第二项办法及第三项指示方针。何应钦二、廿〕

(2) 蒋介石致程潜密电　(2月22日)

(有线)西安程主任：寒戌计深电悉。洛阳卫长官：〇密。据鹿总司令删酉电节称：查陵川至树掌间驻有共军六个团，若不驱逐，则豫北冀南之我军必陷于弹尽粮绝之窘境，恳令庞炳勋、李家钰两军迅将陵川占领，并将该地共军驱逐，职亦设法抽调两个团至林县以西之小凹寨堵截。等情。查我对陵川附近共军可先行部署，从中监视，形成包围态势，如其无轨外行动，我可不先发动；如侦知其有异动时，我即以已准备之态势断然围歼之。除复已电卫长官遵办外，仰即妥筹部署具报（对程主任除已令卫长官妥筹部署具报并复饬遵照外，特电知照）。为要。中〇。养。日令一元慎。叩。

(3) 蒋介石致鹿钟麟密电(2月22日)

(无线)即到。鹿总司令瑞伯兄：真午删酉电悉。〇密。(一)对陵川附近共军可先行部署，从中监视，形成包围态势，如其无

轨外行动，我可不先发动，如侦知其有异动时，我即以准备之态势断然围歼之。除电卫长官遵办外，希协助办理。(二)对中共部队在华北之行动应本既定方针善为处理，毋须一一请示，致失机宜。中〇。养。巳令一元慎。叩。

〔国民政府军令部战史会档案〕

3. 卫立煌为增加晋东南反共力量与蒋介石往来电

(1940年2月—3月)

(1) 卫立煌电(2月28日)

限即到。重庆。委员长蒋：养巳令一元慎电奉悉。繁密。遵正部署中，惟查陵川至顺树掌一带共有中共部队约十个团，现仍陆续增加。至我方各部多负有防敌任务，处此情况之下，深感现有军力不敷非常事变之用，敬祈钧座迅拨有力部队增加晋东南俾易达成任务。洛。职卫立煌。勘机。印。

(2) 蒋介石电(3月2日)

(有线)即到。洛阳。卫长官：勘机电悉。〇密。所请迅拨有力部队增加晋东南一项暂从缓议，惟中共在晋东南行动，企图各个击破我军确具整个计划，仰照宥午天电所呈部署，妥速实施，以应事变，乃勿以局部磨擦视之为要。中正。冬酉。令一元慎。印。

〔国民政府军令部战史会档案〕

4. 程潜指示豫北陆军对中共部队施加压力电

(1940年3月16日)

长安。限即到。渝。委员长蒋、何部长敬之兄、陈部长辞修兄：据卫立煌长官删电称：邻密。(甲)豫北中共部队部署，据报：以一个支队千余人驻坪罗(临淇西南)一带。挺进支队二千余人分驻合涧、临淇。警卫旅三千余人分驻林县及东窑集一带。青纵队千余人及一二九师之五个团分驻林县北秦家庄、大柳滩、李家岗、合顺集、东西张村、任村、豹台、石村峪、门口古城、东西达城直至涉县。(乙)豫北我军各部情形：(一)鹿钟麟元午率七八百人到达修武西北之平窑。(二)新五军军部驻林县北西丰村该部除驻涉县之第八团被迫撤回东西盘汤外，余均在旧位置。(三)新廿四师张东凯部到达淇县西北之董家洞、春华驼圈一带；新二师金宪章部及夏维礼部在安阳边境施家沟一带；三区专员张傧生率地方团队在土门、芳兰一带，正与中央对峙中(丙)除饬张东凯、金宪章、夏维礼、张傧生各部集结黄家洞东西一带，由张东凯统一指挥，确保淇河南岸一带地区外，等情。除复饬迅即整顿，对中共施以压力，以期恢复原来态势外，谨闻。陕程潜。铣。巳计深。印。

〔国民政府军令部战史会档案〕

1. 程潜报告庞炳勋等部开赴陵川林县一带反共电

（1940年3月）

长安一即到。重庆。委员长蒋、何总长敬之兄、陈部长辞修兄：鹿瑞伯蒸电称：止密。朱军已被共军重围夹击。四十军、二十七军既令北开，按目前之形势应饬庞军由陵川以南地区绕至林县，而以范军进驻树掌、若悉由陵川绕树掌前进，则该叛党共军扼守，恐旷日持久，朱军消耗尽净，豫北冀南悉沦共手，万恳转饬庞、范各部星夜驰援，并乞将该军发动日期、地点示知，以便派员连络为祷。各等情。除复以庞军已开林县，范军已开陵川，李家钰军已开陵川以南，希与确取连系外谨闻。程潜。霰申。计深。印。

〔国民政府军令部战史会档案〕

6. 蒋介石为核办八路军陵川兵站遭第四十六师围击致卫立煌电

（1940年3月27日）

洛阳、卫长官：卷密。据朱、彭总副司令马、养两电节称：十八日范军四六师一三、七八两团进到平城、神郊树掌之线，一部到行间附近向我掩护后方运输之一连及后方机关围击。我为顾全大局未予还击，被迫退出平城。又我陵川、平居之兵站于十五日被范军豫八师二三团一、三两连包围解决。是日我同善镇兵站亦被十四集团军围缴，抢去大部西药，扣留兵站人员，并派兵一连追击。该兵站退出人员伪称系奉卫长官命令.请严加制止并放还被扣人员、资材，恢复后方交通等。各等情。即希核办具报。中○。（感）。令一游。印。

〔国民政府军令部战史会档案〕

7. 程潜指示第二八、十各战区反共密电

（1940年3月28日）

重庆。委员长蒋：极机密。谨遵照在渝钧座所示应付中共非法行动方针，对卫、阎、朱、蒋各长官分别电示如次：（一）第二战区：甲、晋东南方面第十八集团军部队，应遵照规定作战地境，迅速移于白长路以东邯长路以北地区服行作战任务，所有经晋城、陵川、树岨亘晋豫省界通林县之交通，着由卫副长官统筹部署，以两师以上兵力占领确保之，以维护冀察战区之后方补给路线；乙、晋西北方面应绝对拒止第十八集团军部队侵入汾阳离石军渡公路（1112）以南地区，确保晋西抗战根据地。至该公路以北地区，则相机收复之。（二）第八战区□〔对〕陇东现有中共势力，应密派有力部队严密监视，绝对不准其再事曼延，对平凉尤须确实掌握。（三）第十战区对陕北中共势力应配置有力部队于洛川附近，绝对

拒止其南犯右翼，并须与宜川方面阎长官所部密取连系，对凉化、栒邑须确保现态势。谨电奉闻。陕。职程潜。俭申。计深。印。

〔国民政府军令部战史会档案〕

8. 蒋介石密令搜索晋东南八路军电

(1940年4月6日)

有线

即到。洛阳。卫长官：〇密。晋东南第十八集团部队位置及最近活动情形，希督饬各部严密搜索，随时具报为要。中〇。麻令。一元健。印。

〔国民政府军令部战史会档案〕

9. 何应钦拒绝八路军请求担任进攻潞城平顺壶关长治间敌军签呈

(1940年4月20日)

据朱德呈卫长官元扬电：请求该部担任进攻潞城、平顺、壶关、长治间之敌，并以六个团进攻白晋公路北段，中央军进攻壶关、长治一案。查晋东作战区域前经明令规定：长邯路长治至东阳关之线以北地区为18AG作战地域，令该集团请将作战任务向该线以南地区扩张，与前案不符，且凡作战地境之区划系因情况而定，在情况未发生变化时，原规定区域似不应有所变更，是否应电卫长官加以指示，敬乞核夺。

〔刘斐批语：所请示作战上尚属合理，但于规定不符，是否可以照准请示。

刘斐　廿日〕

〔何应钦批语：不准。应照原规定区域不得变更。〕

何应钦

〔国民政府军令部战史会档案〕

10. 何应钦拒绝八路军赴长邯平顺一带抗日致卫立煌电

（1940年4月24日）

即到。晋城。卫长官俊如兄：○密。据叶剑英转呈朱总司令、彭副总司令呈兄元扬电一件。其中所请该集团拟担任长邯路以南平顺、潞城、壶关一带之攻击任务，应饬仍照原规定区域不得变更，所请不准，希转饬遵照。何○○。迥。令一元健。印。

〔国民政府军令部战史会档案〕

11. 国民政府军令部调派庞炳勋部攻击平汉铁路八路军援应石友三部电

（1940年8月24日）

有线

急。洛阳。卫长官：□密。准西安办公厅皓电节称：（一）综据各方情报：第十八集团军最近调动三万五千以上兵力，形成围歼石军之态势。（二）此时似应密令庞军酌派有力部队相机进出武涉公路，以行牵制平汉路以西之第十八集团军部队。特电参考。等情。除复已电卫长官酌办外，〔下缺〕

〔国民政府军令部战史会档案〕

六、对苏皖鲁豫及鄂豫皖边区袭击

1. 国民政府军令部制定反共指导方案及蒋介石批

（1940年3月22日）

第一　方针

一、国军以肃清淮河流域及陇海路东段以南附近地区异党之目的，以李品仙、韩德勤各集团之一部进出于淮南路以东及洪泽湖以南地区；以李仙洲军（附骑兵一师）与韩德勤之一部进出于淮河以北地区，将该地区内非法活动之异党压迫于大江以南，或相机剿灭之，务须截断新四军与十八集团军南北之连系，预期于六月中旬以前肃清该地区内非法活动之异党势力。

第二　部署概要

二、第二十一集团军须派出有力之一部（至少一个师）及地方游击团队进出于津浦、淮南两路中间地间地区，驱逐该地区内之新四军第四支队后推进至洪泽湖以南地区与第八十九军及李明扬部之各一部协力肃清该地区内非法活动之异党。

三、第九十二军（附何柱国骑兵一师及该地区内之地方团队）进出于涡阳、永城、夏邑、宿县、萧县附近，驱逐该地区内之新四军彭雪枫部后推进至洪泽湖以北地区，与第八十九军之一部协力肃清该地区内非法活动之异党。

四、第八十九军以一部驱逐沭阳、宿迁、连水边境非法活动之异党，以一部及李明扬部之一部驱逐大桥仙女庙（江都县属）附近地区非法活动之异党，尔后分别进出于洪泽湖南北地区，与第廿一集团军之一部及第九十二军协力肃清该地区内非法活动之异党。

五、于总司令应指派一部监视陇海路东段以北附近地区非法活动之异党。

六、第三战区对于渡江南窜，自由行动之异党，须严密监视并预作有效之处置。

七、鲁苏战区之进剿部队，由贾副军长韫山统一指挥之。

八、豫皖边区淮河以南地区之进剿部队，由李总司令品仙统一指挥。

九、由第一战区何柱国骑兵一师暂归李军军长仙洲指挥。

十、各进剿地区内之地方游击团队，统归该地区内之最高指挥官统一指挥。

十一、第九十二军仍属第五战区战斗序列。

何柱国部之骑兵一师仍属第一战区战斗序列。

第三　附记

十二、为使各部队之行动一致起见，将进剿之步骤区分为两个时期：

第一期：预期于五月中旬完成。

第廿一集团军之一部及第九十二军（附骑兵一师）在本期内分别肃清津浦路南段以西地区。

第八十九军之一部及李明扬部之一部在本期内肃清运河以东地区。

第二期：预期于六月中旬完成。

各进剿部队协力肃清洪泽湖南北地区，对于其在洪泽湖策立之根据地彻底覆灭之。

〔蒋介石批语：

"第一方针部分批语"：此用正式作战用大规模进剿办法必难奏效，应以政治工作为主，再配属正规军特种训练多数之小部队，须纪律最严明，政治知识最充实之官兵编组之。如此进剿，方能有效也。中正。

"第二部署概要部分批语"：此项恐不能实施。在淮河以北地区，如用正规军与之斗争不能奏效或反吃亏。

"第三附记部分批语"：此种进剿不可用是期计划，只要侦察准备时间充分，若一开始动作，最多不能过半月，必须用最迅速移动与之一网打尽。如果半月时间未能奏效，则可暂时向安全地区集中，作第二次进剿办法，方为妥当。如果正规军在淮河以北地区防剿至半月以上，即使伪军不能阻碍我行动，而倭寇亦将乘机来攻也。中正。〕

〔国民政府军令部战史会档案〕

2. 蒋介石密令"剿办"苏皖鲁豫边区八路军新四军电

(1940年3月28日)

(1) 致李品仙电

急。(第廿一集团军)李兼总司令：蒸戌游民保勤智两电均悉。(加表)○密。(一)着选编纪律严明，政治知识充实之多数机动小部队，各配属以优秀政工人员，派员统一指挥，预为充分之准备，先肃清淮南路两侧及蒙、涡、宿、永各附近地区之伪军伪组织，尔后相机迅速进出于洪泽湖南北附近地区，与韩兼副总司令部队协力，将伪军压迫于大江以南或一举剿灭之，务截断南北伪军之连系，并侧重政治工作。(二)进剿要领：(甲)行动须迅速，企图须秘密，力求击破伪军之主力，或将其向倭寇较多之地区压迫。(乙)伪军化整为零时，划分区域扫荡。(丙)伪军化零为整时，则集结各进剿部队相机一举聚歼之。(丁)进剿开始后，如经半月未收预期之成果时，则撤回安全地区，再准备第二期之进剿。(三)已饬李仙洲军删日由桐柏开阜阳、怀远归该兼总司令指挥。(四)除分令外，仰即遵照，并准备及剿办情形随时具报为要。中○。俭申。令一游。

〔何应钦批语：可发。但须将李兼总司令等(关于匪军事)来电请示之电尾记入。应钦　三、廿九、〕

(2) 致韩德勤电

急。(鲁苏战区)韩兼副总司令：佳志电悉。(加表)○密。(一)着选编纪律严明，政治知识充实之多数机动小部队，各配属以优秀政工人员，派员统一指挥，预为充分之准备，先肃清运河以东之伪军伪组织，尔后相机迅速出于洪泽湖南北附近地区，与李兼总司令部队协力，将伪军压迫于大江以南或一举剿灭之，务截断南北伪军之联系，并侧重政治工作。(二)进剿要领：(甲)行动须迅速，企图须秘密，力求击破伪军之主力，或将其向倭寇较多之地区压迫。(乙)伪军化整为零时，划分区域扫荡。(丙)伪军化零为整时，则集结各进剿部队一举聚歼之。(丁)进剿开始后，如经半月未收预期成果时，则撤回安全地区，再准备第二期进剿。(三)除分令外，仰即遵照并将准备及剿办情形随时具报为要。中〇。俭申。令一游。

附反共方案

剿办苏皖鲁豫边区非法活动之伪军指导方案：

第一　方针

(一)国军以肃清苏皖鲁豫边区伪军伪组织之目的，以李品仙集团与韩德勤部选编多数加强机动之小部队预为充分之准备，迅速出于淮河南北附近地区，将盘据于该地区附近之伪军组织压迫于大江以南或相机歼灭之。各进剿部队应以政治工作为主，并侧重截断南北伪军之连系。

第二　指导要领：

(二)各地剿部队应求伪军之主力迅速击破之，或向倭寇较多之地区压迫之。

(三)进剿开始后，经半月不能奏预期之成果时，则撤回安全地区，再准备二次之进剿。

(四)伪军如化零为正时，则集结进剿部队相机一举击破之。

(五)伪军如化正为零时，则将进剿之区域划分之，由各进剿部队分区担任扫荡之任务。

第三　部署大要

(六)第二十一集团军(附九十二军)应以精练之一部编我多数之小部队，先肃清津浦路淮南路中间地区及蒙城、涡阳、宿县、永城边境附近地区之伪军，尔后相机进剿泗县、灵壁附近地区之伪军。

（七）韩德勤部应以精练之一部编组多数之小部队，先肃清江都边境及连县、宿迁、沭阳边境附近地区之伪军，尔后与第廿一集团协力相机进剿洪泽湖南北附近地区之伪军。

（八）各进剿部队由李兼总司令及韩兼副总司令各派员统一指挥之。

第四　附记

（九）各进剿小部队须以纪律最严明，政治知识最充实之官兵编组之，配属以优秀之政工人员，并预为相当之训练。

（十）进剿之前，须为适当之准备为要。

〔国民政府军令部战史会档案〕

3. 李品仙等报告袭击鄂豫皖边区八路军新四军电

（1940年1月—1941年3月）

（1）电之一（1940年1月17日）

立煌。急。分送渝。委员长蒋、行政院长蒋：霹密。上半月异党情况：甲、江南匪军日前开往苏南部队已开回泾南地区之外，驻泾、铜、南、繁、青、贵等县匪军之一、三两支队，六个团驻云岭军部，官兵均集中泾旌境交界之麻岭以北，卖山以东，茂林以南及榔桥三溪以西山地。鱼日起，我军开始围剿戴匪千余。我四十师占榔桥亘白花罩以西高地。六二师克黄岭、高岭、栏干岭等据点。七九师由章家湾向茂林挺进。新七师由青阳向云岭搜剿。一四四师出击黄岭。现匪全力集结茂林附近之大坑及鹿角山坡口间。乙、江北：一、匪军张体学部九百余，冬晨分犯裴属许家岭、下仓铺等处，当经我击退，毙匪团长一员及士兵卅余，近窜抵蕲黄属边境之罗汉堂、邱家山、骄北冲、陈汉镇隘口一带。并派便衣队四出窜扰。刻我向隘口陈汉沟推进中。二、驻无为沿江之三官殿、新沟一带匪军大部南渡增援，仅留收税机关及少数便衣队

三、连日我军分途向定滁及来晤集合各地区匪军四、五两支队暨江北纵队扫荡，斩获颇多。津浦路东匪县府迫令各乡镇公所。属民众联名向我方要求国军停止对其进攻。四、第十八集团军第四纵队主力由怀豪近向涡北集结，系镇压匪军耿云斋部投诚，所以辖第四旅长谭朋林闻奉令赴延安出席会议，暂由团长饶子健代理。又所委伪乡镇长现并由抗大分校学生接充。谨闻。立皖主席李品仙，系集子筱。印。

(2) 电之二(2月25日)

无线。特急。渝。委员长蒋：禹密(加表)(甲)匪情：(一)皖东：(一)删日皖八团向盘据西王集(全椒属)之匪军约千余进攻，激战六小时，将匪击溃，计毙匪百余，俘卅余。我阵亡营长一员，士兵数十名。(二)马日我一零五二团及游击队会攻鸡鸣桥(古河西北)之匪军，匪不支向西北溃退，计伤毙匪三百余。我伤亡官兵正调查中。(三)梗日我军向盘据鱼岗集(古河北)一带匪军扫荡前进，自辰至午，激战甚烈，匪不支向北败窜，计毙匪约三百余，获枪数十支。我柏支队长负伤，余待查中。(二)鄂东：(一)冬日程汝怀部在黄安南中和县附近与匪军激战，毙匪八，获手枪七。又匪独立团吴林发残部向谌郯河(黄安南)窜扰，被我击退，我获电话机一。(二)虞日鄂保八团一营进剿孙家冲(黄冈屋)残匪军，俘一并获手榴弹、文件。寒日张漆等匪军七百余向宋坳(黄冈屋)窜扰，经王药宇纵队击退，共伤毙匪十余。(乙)敌情：(一)巧午有敌伪约二三百向古沟集(宿县西)进犯，经我粟天一纵队堵击，损失未详。(二)皖保六团便衣队筱夜冲入凤台敌步哨线，击毙敌数名，耗敌弹甚多。上各项谨电呈察。立职李品仙、张义纯。有巳。参。印。

(3) 电之三(7月18日电)

立煌。重庆。委员长蒋：糖密。据嘉山县寒电称：鱼日自卫队长胡明玉率部四百余攻入来安屯仓第三区署，击毙匪军牛区长等二十余人。该地被编之后备队纷纷反正，并占领看场架等五个村，旋由路西开到匪军千余向我围攻，激战三昼夜，看场架唐营均被焚烧，我仍坚守高营、景营二次，共毙匪八十余。除饬加派得力部队继续进剿外，谨闻。职李品仙、保所勤。巧。印。

（4）电之四（11月1日）

立煌。Chy。委员长蒋：舰密。剿匪战况：鄂：一、元马两日，我王啸风部队分向黄冈、滚子河、圻春、四安寨及五云枋等处匪军进剿，计毙匪百廿余，伤卅余名。二、匪军张体学部三百余，宥日窜至英山、杨柳湾附近，被我驻军及英山自卫团于朱紫关，激战颇烈，现正增队围击中。皖全椒石沛桥附近匪军冯国钧部三百余，巧日为我五一二团一连搜剿，毙匪十余，获步枪二支。谨电呈察。立职李品仙、张义纯、机东。绥。印。

（5）电之五（11月21日）

无线。急。重庆。委员长蒋：斧密。（加表）综合匪军情报：甲、鄂东：（一）寒晚窜抵竹瓦店之张体学匪部七八百余，删晨窜八冈境与我傅支队及冈自卫队在十家冈回尤山一带激战，至晚，即分两股溃窜，一股四百余向淋山河北窜，一股三百余向浠水回窜。铣辰在学院坳与我七军第一野补团之一排遭迂，战约一小时，即经大坳冲、古庙河、张家咀、仁圣寺、白鸡鸣河窜逃。（二）匪军团长林唤，大队长漆少谅、傅大诏等部千五百余，删由冈安麻边境开到潺子河，即与十八游击纵队之第一支队对峙。另张波河西南毛集、刘集等处由江南开到匪军五六百，总计冈境匪军现共约三千余。势力尚弱，正续剿中。乙、皖中：（一）匪军江北游击纵队第二团在河东文集被我一三八师一一三团袭击，伤亡十余，该匪现窜据大魏集一带。(二)匪军后方医院现驻滁西带山岭、大口、汪林，伤兵约二百余。由滁西王尖山至界牌集一带匪军筑有强固工事，有进扰模样，并在其盘据区域内积极编组民众，加强力量。(三)豫南新四军第七团大队长张和晚、张方宁等六七个大队，共二千余，现盘据朱堂店、黄港店一带，有青山店、双桥镇一带侵占模样。等情。谨闻。职李品仙、张义纯。谋强。马午。印。

(6) 电之六(12月4日)

立煌。渝。委座蒋、部长徐：饯密。(表)异军战况：1.四一二团及第七纵队一部马日攻击盘据周家冈、鸦窝集、滁县西之匪军第七支队，激战一日，该军伤亡六百余。养、漾先后克服。残匪向常山岭溃退。我军伤亡九十余名，夺获步枪廿支。2.四一四团梗日攻击界牌集匪军之一部约千余。该军凭工事顽抗。入晚我一部冲入集内巷战甚烈。敬日午刻，该军由藕塘增援千余，现仍相峙中。匪军伤亡三百余，夺获步枪五支，我伤亡官兵四十余员名。3.匪八百余由吴家圩经站难冈三斗岭向我进袭。我军之四一二团一部于郭集、小李集、蒋集之线迎击，该军不支，仍向吴家圩溃退。等情。除分报外，谨闻。李品仙、张义纯。机和。支辰。印。

(7) 电之七(1941年2月5日)

无线。渝。急。委员长蒋、行政院长蒋：霹密。本省匪军下半月情况：甲、江北：一、连日盘踞无为、三官殿区匪军经敌伪扫荡，损失甚众。效日大部退入银屏山，与巢南匪军合股，赶筑工事，防我进剿。另一部由郑秉衡率领窜庐桐沿江一带。二、由宿松窜太湖境匪军张体学部七八百，经我追剿，宥日经岳西冶溪乡。感日窜黄河岭残部，艳日溃入英山境，现我堵击中。三、定滁嘉地区匪军连日经定远敌伪军扫荡，同时我军北剿，匪军伤亡三百余，纷向东溃窜。四、自敌伪进犯涡河沿岸，匪军彭纵队主力纷向怀蒙风边移动。乙、江南匪军不遵命令，经我围剿，计击毙匪军三千余，投诚及被俘达四千四百余，仅残部千余由副军长项英率领经南繁边区窜铜陵之牡丹山，企图北渡。谨闻。立职李品仙。保集。丑微。印。

（8）电之八（3月27日）

无线。急。渝。委座蒋：盔密。（加表）。据一七一师师长漆道徵参一马巳电称：扫荡银屏山附近奸匪战斗要报如下：（一）师于丑有在沐家集以东芳山、槐林咀、盛家桥间地区集结完毕。宥日以蒙团附山炮一门在右，潘支队在左，为第一线，展开于严家桥、曹家山口至石家村之线，将重点保持于右翼，向隔山、大小任家山、银屏山之匪攻击，逐次进于石涧埠、大秀山。苍头方面以覃团为预备队，在严家桥之虎皮山附近，策应各方之作战。第一线各部先后将严家桥至高林桥之线奸匪驱逐，至有未展开完毕，进抵曹家山口附近，匪百余来袭，被我击毙十余，旋即向银屏山窜去。待续。立职李品仙、张义纯。感午。总参一。印。

〔国民政府军令部战史会档案〕

4. 蒋介石密令第五战区“协剿”新四军第三挺进团队电

（1940年1月13日）

有线。（联衔）急。老河口李长官、唐河孙副长官、（无线）李总司令鹤龄：〇密。据严代主席呈称：平汉南段匪军近已改编为新四军第三挺进团队，以李威为司令，实力不下三四千人，不时向我地方团队乘机扰袭，到处骚扰。我防范之力不足，剿办更属维能，请饬驻鄂国军予以协剿。等情。即转饬所属遵照。麻西令一元梧通令确与地方团队协剿，以遏乱萌为要。中〇。啸午。令一元梧。印。

〔国民政府军令部战史会档案〕

5．程潜转报袭击豫鄂边区八路军新四军计划电

（1940年4月5日）

长安——重庆委员长蒋、何总长、徐部长：据孙桐萱冬电称：卷密。遵将职属汛东各部所辖各区内规定肃清计划如下：甲、商亳区：由何副总指挥柱国负责指挥该军全部（欠步兵旅）附第二区保安司令王瘦吾部为主力部队，以第一战区豫皖边区所辖各县团队为配属部队应积极推动军事政治力量，并须发动民众，肃清所辖区内中共势力，并策应开太区内之肃清。乙、开太区：由廿二师张测民负责指挥该师全部及二、七两纵队为主力部队，以第七、第十二两行政区所辖各县地方团队为配合部队，应积极推动军事政治力量，并须发动民众，肃清所辖区内中共势力，并策应商亳区内之肃清。除令各该部队均限令到之日部署实施具报并电呈外，以上是否有当，祈鉴核示遵。等情。除电复随时督饬实施，必要时并须亲往督导外，谨闻。程潜。微申。计深。印。

〔国民政府军令部战史会档案〕

七、对新四军摩擦

1．严立三报告袭击鄂东新四军电

（1939年9月—1940年4月）

（1）电之一（1939年9月7日）

恩施

渝军事委员会委员长蒋钧鉴：持密。据第二区司令程汝怀东电：廿一集团军游击第五大队张体学部，绑架杀人案如山积，又复规避作战，行动自由，此次总攻更敢违抗命令，致使王啸凤部蒙受重大损失，似此破坏政令、军令，妨害抗战，业经，呈准张

军长遵照层令以匪论剿办，于东日剿竣，现正分途清搜中等语。除复饬将斩获数目既搜剿情形续报外，谨闻。施。职严立三。虞保。一印。

(2) 电之二(9月20日)

恩施。重庆军事委员会委员长蒋钧鉴：盥密。查张体学部破坏政令、军令，前由第二区司令程汝怀派队剿办经已转呈。兹复据该司令蒸电：上月东、冬两日毙张部匪众百余，俘三百一十三名，缴获步枪二百二十一支(内一七二师缴一三五支)，八音手枪一支，乜子枪二支、驳壳枪四支，小迫二残缺之机枪二，步弹五二四二发，电机三架，被复线七十斤，马一匹，肉票卅九人，残匪正在清剿，肉票已分别饬领，俘匪亦列册分发各县感化处理等语。除电复嘉慰外，谨闻。施。严立三。哿。保一。印。

(3) 电之三(1940年1月1日)

恩施。重庆军委会委员长蒋钧鉴：掌密。据第鄂东行署主任程汝怀：前在平汉铁路南段沿线盘据之匪军，近改组番号为新四军第三挺进团队，以李威，亦名先念为司令兼扫荡第五战区前敌副指挥，修强任副司令兼大队长，下设六个大队：张体学、许金标、罗厚福、陈大姐、周志坚任大队长，每大队员名五百、枪三百，合计该团队员兵三千、枪二千余，其实权在杨子明、何志坚之手，陶铸涛、程坦、郭杰郧均任内部要职，并有军官学校及各种赤色训练班，密设孝感、云萝边界之大霍山麓，积极扩大蔓延云萝、安陆、随枣等地。等语。查李威、张体学、罗厚福等违法活动情形迭经电呈在案，除分电第三区石司令暨程主任合力剿办外，谨电呈鉴核。施。职严立三叩。子真。民保。一印。

(4) 电之四(4月18日)

恩施。渝委员长蒋钧鉴：掌密。前据第二区石司令电称：李先念等匪近以京属大山头，马家冲等处为根据地，经我一六一师朱、万两团及地方团队合力痛剿损失甚大，四处逃窜，携枪向我方投诚者甚多等语。前令战地各区剿抚兼施在案。复据鄂东行署程主任真文电称：(一)匪二千余窜陂□边境，经派袁、王两支队及李大队驰剿，卒因弹尽转移。该匪窜据安属八里湾，坐板康一带，我加派五纵队堵剿中。(二)筱辰我胡翼武部乘敌寇向孝属花园窜退之敌，予以猛击，突遇四百余攻袭，我高部当奋力堵剿毙伤匪六十余，匪向东南溃窜等语。除饬民众督剿外，谨闻。职严立三叩。卯巧。保一。印。

(5) 电之五(4月19日)

恩施。重庆委员长蒋：掌密。据鄂东行署主任程汝怀电称：删日周志坚率匪众千余，由铁道西窜至礼山属二郎店，我蒋章骧部陈、张各支队在高家店等处堵击，灰晚匪渡河逃窜，随令各部跟追，该匪竟强占沙河店附近有利地形顽抗，除复饬令国军续剿外，谨闻。施。职严立三叩。卯皓。保一。印。

〔国民政府军令部战史会档案〕

2. 战地党政委员会转报顾祝同部袭击新四师梅光迪部电

(1939年10月11日)

军令部勋鉴：据第三战区顾司令长官宥酉驰电称：查梅光迪部反复无常，经令王副总司令派队协助俞一则部进剿。旋据报称：俞部二支队齐辰在胶山、无锡东与梅部发生激战，俘获官兵数十名，长短枪四十余支，灰辰该支队又与梅部激战半日，倪家桥匪兵一部被我包围解决，俘匪连附以下廿二人，获驳壳枪二支，步枪十七支，我谍报员深入匪降地生擒匪一名，获枪十余，匪不支溃窜甘露荡口，现正分头追击中。旋又据报称：梅匪部铣日，经我俞部追剿后东窜太仓、嘉定，我部为打破梅匪实力剿抚兼施计、已委派邓本殷为收编主任，曹滂为副主任负责收编，并由三十三旅派兵一营归邓指挥，协同俞一则办理。除进展情形续报外，谨呈鉴核备案各等情。除饬一面收抚一面进剿外，谨闻。等情。除登记存查外，特电请查照为荷。战地党政委员会。战军渝(真)。印。

中华民国二十八年十月

〔国民政府军令部战史会档案〕

3. 顾祝同关于处置第六十二师等部攻击浙西新四军不力电

(1940年1月29日)

(1) 电之一

铅山。急。渝委员长蒋：6503密。(表)亥筱始电计呈。据陶总司令先后转报电称：(一)为准备尔后对长广地区奸匪之进剿，此次进剿之各部队均已归制，并令挺一纵队一个支队及浙西行署一个团负责守备浙西防务，六二师全部集结孝丰西南地区，为尔后进剿作充分之准备；(二)损耗伤亡：六二师一五六团，计伤官二，兵二五、亡官一、兵一三，损坏轻机枪二、步枪一、刺刀二、损失步炮二、刺刀十四、消耗步弹六四九〇发、六二机弹一二七〇二发、迫炮弹四六粒；六二师一八六团计伤兵一七、亡官三、兵一一〇、失踪官三、兵三九，损失轻机枪六、步枪三四、刺刀一一〇、重机枪身一、枪筒一、消耗步弹九九六发、机弹四三五发、钢心弹三一九六发，枪榴弹三三八二粒。待续。职顾祝同。子艳。英绥。印。

(2) 电之二

渝委员长蒋：4728密。续子艳英绥电(三)过失查明：查六十二师刘师埙长浩对匪情侦察不确，指挥不当，记大过一次。忠救军三纵一支队贾支队长维禄及新编一团谢团长昆锟行动迟缓，未能达到预期任务，各记大过一次。浙西行署指派专署陈副司令鸿伯指挥保安特务大队未如限参战，影响部署，已电浙西行署查办，各等情。除复准按所请失职长议处，并将陈副司令查办具报外，谨电鉴核。职顾祝同。子艳。英绥。印。

〔国民政府军令部战史会档案〕

4. 李宗仁报告袭击皖东等地区新四军电

（1940年2月—1941年3月）

（1）电之一（1940年2月16日）

老河口。渝委员长蒋：狮密。据李副长官元电称：皖省第六区专员兼本战区第十四游击司令盛子瑾骄横跋扈，措置乖张，擅收缴民枪，勒派捐款，滥编土匪，把持税收，致令民不聊生，分向投敌，乃将该员调充二一集团少将参军，派马馨亭赴泗县接事，该员即勾结第八路军彭雪枫部抗不交待，并击毙马馨亭部支队长、大队长、中队长数员及军民伤亡甚重，兹寇祸方深，该员竟敢阋墙兴祸，抗命称兵，若不严予惩办，将何以振纲纪，除粟天一代理该专员职，率兵前往与马馨亭予以剿办及通饬缉拿，以彰法纪外，恳饬第八路军停止援盛，并请令江苏省府派队协剿等情。除复电剿办具报外，请饬友军暨苏省府协剿为祷。谨电核示。光。职李宗仁。铣巳。瑜绵。印。

（2）电之二（2月24日）

老河口。渝委员长蒋：窥密。据李兼总司令品仙委勤养电称：（一）皖东北方面新四军又开到一部，邳县八路军亦陆续向泗阳移动，该地原有贵阳大队胡炳云、乐阳大队孙效布南进支队连同新增约共七、八千人，均归徐向前指挥，似有不放弃洪湖根据地企图，其办事处设丰城，主任刘玉柱；（二）宿、灵、泗各县敌军到处活动，并闻八路军代表吴某及叛部盛子瑾所委第七支队长之沈连城于支日在路东太庠与伪维持会长闵庆云及日军代表秘密开会，确立互不侵犯，以防范我军东开；(三)现盛子瑾已被八路军利用反抗政府；(四)八路军之新四军此次系以军余经营，现全力出动争取洪湖根据地，先后经我击毙四百余，逃散五百余。近又由邳县增调一部及连同盛子瑾部共计约五千人，除派一三八旅前往剿办外，恳严电八路军、新四军停止非法行动，并请令江苏省政府派队协剿，等情。除饬剿办外，请饬友军暨江苏省府协剿为祷。光。职李宗仁。敬午。瑜绵。印。

(3) 电之三(2月25日)

老河口。渝委员长蒋：窥密。据李兼总司令品仙禡密电称：据报盛子瑾前奉戴笠支渝电已和平解决，委员长盼勉力维持现状，办法现正商讨中。现查盛态度异常强硬，有不顾一切之势，近又联合八路军、新四军对马馨亭猛烈攻击。现泗境与马有关系之圩寨被其攻陷者甚多，所得粮械尤多。泗县长朱天修因与马有联络，曾被盛扣留四天。另据各方情报，皖东北今日局势已非成个人问题，而为一极严重之党派问题，故其解决方法恐非单纯军事力量所能奏效，除派龙旅长率队逼剿，并电江苏韩总司令派队协剿外，请核示等情。除饬继续剿办外，谨电核示。光。职李宗仁。径巳。瑜绵。印。

(4) 电之四(3月26日)

老河口。特急。渝委员长蒋：熏密。顷据李副长官号电称：定远、全椒、含山、和县、嘉山等县已为新四军次第袭占，驱逐县长，擅派行政人员。鲁南八路军及彭雪枫部盘据泗县、灵宿及亳蒙边境，江南异党尽数调过江北包围无为，我龙旅兵力不足，进至蒙城不能东进。谭副师长率兵一团策应五区进至八斗岭，受异党罗炳辉率兵三团四面包围。李本一率三支队在五河与新四军对峙。保八团在无为亦受包围形势，但均未正式接触，皖省危机日见扩大，等情。查新四军皖北部队在高敬亭统率时期不过千余人，殆因政府对其宽容，遂逞野心到处勒缴袭击地方自卫武力，破坏行政系统，一年以来扩充势力达数万众，近更公然暴动，企图夺取政权，养痈遗患，隐忧日深，拟请钧座严令该党必须恪遵前令，速开江南岸不得再藉词违抗命令，以维政府威信。谨电呈察，敬候钧裁。光。职李宗仁。宥。印。

（5）电之五（11月9日）

老河口。重庆委员长蒋：战地党政委员会：旁密。据李副长官课鱼卯电称：（一）我东进之一三八师四一三团于上月宥日推进至草庙集（含肥东），与新四军第四支队遭遇，适我四一四团赶到包围，战至全晚，匪军不支向八斗岭方面溃窜，我以一部乘胜跟追，主力分向青龙厂、梁园、圆疃集扫荡，世午克复梁园。周家岗残部，亦分股向八斗岭东窜，我以四一四团之一部留置于青龙厂附近向八斗岭警戒；（二）戴匪季英东窜部队被我到达全椒、古河之四一二团截击，全午克复白厂村、复兴集，东辰进达全椒之三官集；（三）师部及直属部队冬晚已通过淮南路，江到圆疃集，支续向东推进；（四）张云逸、戴季英两部先后为我击毙近千，现支队主力在八斗岭，一股窜滁属鸦窝集，其第三支队罗炳辉部已窜至合巢交界之黄山附近，仍在有积极阻我东进企图。等情。谨闻。职李宗仁。瑜。佳午。鸣。印。

（6）电之六（1941年1月24日）

老河口。重庆委员长蒋、军令部长徐次宸兄、战地党政委员会：风密。剿匪情形：（甲）鄂中区：（一）铣辰敌占洛阳店，新一部向东南窜去；（二）我二九军先头部队已进占古城畈柳林店之线，并续向东扫荡中。（乙）淮北区：匪军蓝建肯部，经我骑六师派队扫荡，文晚向大兴集方面窜去，刻我骑三师已进至义门集东北黄桥附近，向匪进迫中。光。李宗仁。迥。瑜巳建。印。

（7）电之七（3月18日）

老河口。重庆委员长蒋：窥密。据李兼总司令品仙灰、元两电节称：一、盘据天长县属之新四军第五支队第四、八两团实力约千余，收买流氓，勒缴民枪、擅组织游击队、没收食粮、滥罚款项、扩充实力；二、盱眙泰县长率洪营及该县后备队围剿官庄异军，计毙异匪十二名，该在挂港一带对峙中，等情。谨电呈察。光。职李宗仁。巧。巳瑜。印。

〔国民政府军令部战史会档案〕

5．第一一七师刘漫天部在天长六合盱眙等地区袭击新四军战斗详报

（1940年4月1日—8日）

甲、南进督剿前匪我之态势（附图一）〔图略〕

一、匪情：竹镇集、马家集、东旺庙以南一带，新自江南增来逆匪七、八百人，与原有匪众，共约□余人，似有集中力量以作一逞之企图。半塔集有匪五、六百人，附近贾家山、苏家山中潜匪甚伙，出没无常；古城附近有匪共七、八百名，欲图北犯；围攻王店集之匪千余名；仇集、涧溪等处均为逆匪盘踞，共约数百余名。

二、我军：我独六旅十六、十八两团正分别向竹镇集、东旺庙、马家集等处之匪进剿；三四九旅除一部位置波罗山一带，协攻王店之匪外，其六九七、六九八两团分别位置于龙口涧、大钟营一带占领据点，堵击古城、半塔、竹镇之匪，并由六九七团分出一部，位置张公铺，维护后方交通，补充旅之一部附嘉山国民兵团，在兵店集附近被匪包围中，其一部在涧溪附近，一部固守盱眙城防，□，常十旅正奉命向张公铺，汉涧急进中，付总部特务团

（水警总团）除一营，位置高良涧、黄家集对汇淮〔？〕之敌警戒外，余均分驻观音寺、金沟黎城及老子山等处，对湖河警戒。第三游击分区直属第一支队魏志新部，位置顺河集，警戒淮阴之敌。

乙、敌我作战部队番号及指挥官姓名

一、匪方：竹镇集、马家集、东旺庙一带，原有之匪四、五百名，系匪军第五支队罗炳辉所属之一部，后自江南增来之七、八百名，系第一支队陈毅及第四支队梅加生所属各一部，陈、梅二匪均在队指挥半塔集、古城、王店集、莲塘、旧铺等处，作战之匪为罗匪所部之第八、第十一两团之教导营、特务营等皆较顽强，仇集、涧溪、河稍桥等处亦均为罗匪所部，其统一指挥部系为前第一支队队长徐海东。

二、我方：我方作战部队有独六旅翁达所部，三四九旅王锴所部，常十旅张能忍所属补一旅秦鹏云所部及嘉山、盱眙、六合、天长、仪征等地方部队，担负警戒任务之部队有□总部，特务团、黄岫峰部、军特务营朱长忠部，第三游击分区直属第一支队魏志新部、□游击第十四支队徐衍琨部，由本师代师长刘漫天统一指挥。

丙、进剿经过

四月一日十时，据向汉涧急进中之常十旅张旅长于其主力，通过泥沛湾时报告情况如下：

一、补一旅在王店集之部队，被约千余之匪包围，昨夜突围而出，已有一部三百余退至泥沛湾附近。

二、嘉山国民兵团约四百余，由周县长少藩率领亦随补一旅部退至泥沛湾。

三、昨夜占据王店集之匪有一部约五、六百人，窜至旧铺，新铺亦有匪迹。

基上项情况判断，匪有乘虚攻占泥沛湾，以截断我汉涧以南作战部队后方交通之企图。当即以电话给予张旅长命令要旨如下：该旅主力暂集结于泥沛湾附近，派出□营迅速占领张公铺，策应独六旅；另以一营向新铺搜索，务驱逐匪之先头部队而占领之，占领新铺后构筑工事，严密警戒，并派一部向旧铺实行威力搜索具报。同时以东巳电□，此项情况及处置通知翁旅长。

十二时得情报，旧部之匪已有一部窜至莲塘。

十三时得王旅长东巳电告：今晨兴隆集、竹镇集一带，有匪七、八百人进犯西浮山、西山集、萧大营之线，并向我取包围形势，我六九七团扼守阵地，正与匪激战中。

本部以前方汊涧、新铺情况吃紧，又以莲塘亦有匪踪，判断匪之重心东移，有截□马坝、汊涧间交通之企图，乃决心歼灭此股逆匪，以转危局。即时电令张旅长要旨如下：□旅主力着控制于泥沛湾附近，以一团展于冈村、双庙子之线，务歼灭东进之匪，当将蒋坝防务交军特务营负责，本部乃于十三时率直属部队进驻马坝指挥，十七时到达马坝。十八时在马坝得知张旅长方面情况如左：

一、常十旅十九团在新铺以西，与东犯之匪约三百余激战中。该团另有一营位置双庙子协同防剿。

二、匪一部约二百余，已由旧铺南窜至张洪营一带。

三、王店集之匪续向旧部推进，罗逆炳辉亦随到旧铺。

四、窜至莲塘之匪刻已他窜，独六旅之十六团，本日午后在汊涧以南曹旂营与匪激战中。

又据盱眙秦县长电话：逆匪五、六百人窜至官庄（盱眙城南二十里），刻与我补一旅激战，涧溪附近亦有激战，形势危急。

综集各方情况决心驱逐旧铺之匪，当即给予各部队如左之任务：

一、令常十旅以两营控制于马坝以南地区为机动部队，以主力控制于泥沛湾、新铺、双庙子、张公铺一带，务驱逐旧铺、张洪营之匪，并策应独六旅巩固后方，同时另令该旅驻马坝之二十团派出一连进驻冈村，担任警戒，与穆家店、双庙子部队密取联络（东戌电）。

二、令补一旅退出王店集之部队在高桥收容后，即刻进驻穆店、莲塘（每处一营），对旧铺及西高庙方面警戒，旅部应移至永兴集，均限黄昏前到达（第三十三号命令）。

三、令翁旅长仍统一指挥在汉涧、半塔集以南之独六旅、三四九旅（东戌急电）。

二十一时，奉到副总司令韩世酉志宜电略：着一一七师刘代师长漫天，即日进驻汉涧，所有运河以西，南山河南北地区各部队统归刘代师长统一指挥等因。当以情况关系，暂在□坝指挥，俟将旧铺之匪肃清后再行进驻汉涧指挥，并将此意电呈总座。

二十二时，奉副总司令韩世申电：指示作战方针：

据报罗逆炳辉率匪千余人，已抵古城、半塔集增援等语。查该匪颇富冲力，到后势必反攻，希选定于我决战有利地区构筑工事，作能持久之部署准备，一面集结多数兵力控置于机动地位，如匪来犯，俟其展开后有相当消耗，我军主力即从一翼或两翼施行包围，不顾一切迅速猛烈予以歼灭。

四月二日八时，据报情况：

一、常备十旅在新铺之部队，刻在新铺以西与匪激战中。

二、秦县长迭次电话告急报称：官庄之匪仍与该部相持中。

九时，奉到副总司令手启东戌电指示，部署其要旨如左：

一、常备十旅以现势态，对王店集东窜之匪严密防剿。

二、三四九旅（欠六九八团）附十三团之一营，固守张公铺、汉涧附近一带地区。

三、独六旅（附六九八团）主力集结张洪营、乐半镇一带地区，一部对王店集、半塔集方向警戒，当以冬申电转三四九旅遵照（时独六旅电台不通，由三四九旅代转），十时，盱眙秦县长电话一再告急，谓盱眙、西高庙情势紧急等语。当令穆店之营驰往西高庙以东策应，其在莲塘之一营仍在原处续行警戒，同时手令□国民兵团暂在高桥集中整理，与盱眙之县队切取联络，并将盱眙吃紧情形及□处置与常十旅军米困难情形，以冬午电呈报副总司令内容如下：

一、盱眙秦县长今晨报称：西高庙情况不明，涧溪、官庄均在激战中，罗炳辉在该方面指挥企图夺取盱眙等情，已令在穆店补一旅集结之营赶赴西高庙侧击该匪，并令涧溪、官庄竭力固守嘉山。国民兵团已令集结高桥，必要时仍可策应盱眙。

二、常十旅军米困难，除饬派员往淮宝购办外，祈转饬黄、刘两县长代办。

十五时，奉副总司令东电令：常十旅酌留两连附战炮两门，监视观音寺以东河面防务，主力向王店集猛进，予罗匪以迎头痛击，刘代师长指挥位置可在马坝附近相机前移。等因。十八时又奉到副总司令冬巳电令：将马坝以南常十旅之两营酌留一部，余均移至泥沛湾附近增援驱剿兵力，并将张公铺之部队向西北推进至葛家巷附近，以资策应。等因。查当时常十旅之二十团马坝一营、泥沛湾一营、冈村一营，态势与指示各同，观音寺以东河防有黄岫峰部附战炮担任，惟独六旅电台、电话始终未通。

十七时，以冬申电询三四九旅部署情形是否已到指定位置，并令速即架通电话以便协同动作，向旧铺之匪进剿。

四月三日，七时以限一小时到之江辰电询王旅长，该旅及独六旅是否遵照副总司令手启：东戌电部署及汉涧以南匪军动态如何（时独六旅电报、电话仍未通）。

同时，奉到副总司令手启东戌电略开并转独六旅：逆匪似有主力由旧铺南北地区东犯，截断我军后路企图，除电饬翁达酌留足够固守汉涧之兵力，扼要部署严堵当前之匪勿使北窜，迅速抽出两团以上兵力，向旧铺方面猛进，痛击该匪之侧背，同时常十旅向西并力猛攻，俾收歼灭之效，毋稍迟延。

基上电当以江巳电转饬各旅长遵照。并分别指示如左：

一、令翁旅长，应遵照部署迅向张洪营、旧铺之匪猛攻，并与常十旅联系协同（该电由三四九旅转）。

二、令张旅长，除分电翁指挥官遵照部署，迅向张洪营、旧铺之匪猛攻外，希与独六旅速取连络，协同向旧铺之匪猛攻而聚歼之。

三、令王旅长，除分电翁指挥官、张旅长迅即遵照实施外，希即遵照将汉洞以南匪情严密侦察，并与常十旅密取联络。

九时，据王旅长冬戌电报告，冬申参战电奉悉。已遵照副总司令东戌手启电部署情形如下：

一、六九七团（欠一营）守汉洞附近一带地区兼为机动部队，六九八团着归翁旅长指挥，明日职率六九七团三营固守张公铺。

二、十三团之一营，翁旅长另派有任务。独六旅之十六、十八两团现在汉洞，明日可遵循任务。

三、电话已饬令架通。

十时，据张旅长电话称：旧铺之匪刻增至一千余人，罗炳辉亦亲在该处指挥，有东犯泥沛湾模样，并有一小部向北活动中。又据本部派驻高桥之联络参谋张旭电话报称：派往莲塘之补一旅一营迄未到达。等情。据报后：

一、当令派在高桥之本部骑兵连派出八排推进永兴，向莲塘、穆店搜索情况。

二、另以第三十一号命令：着常十旅二十团派出冈村之一营，务于本日十三时前到达。对莲塘之补一旅切取联络，并对该方面派出侦探向前搜索。

三、同时以江巳电将本午情况及遵令部署情形分报副总司令及军长。十二时奉到军长冬戌参战电要旨如下：

此后宜注意集中兵力打破匪之一点，切勿处处布防，为匪各个击破，对山河、渡河点应预备百只以上渡船，以备万一。等因。当即遵照力〔办〕理。十六时，张旅长电话称：旧铺之匪分出一股三百余人向莲塘北进，莲塘补一旅部队未行通知，即撤向盱城，现为打击逆匪不得向北发展，势不能再待，与独六旅连络后，方始动作，乃决心令常十旅即向莲塘攻击。当以十万火急江申电予张旅长要旨如左：

一、旧铺之匪于本(三)日十三时，一部三百余人北窜至莲塘，似有北犯企图。

二、贵旅应迅以在双庙子之一营向莲塘攻击，务将该匪歼灭而占领之。

三、已令在冈村部队，即刻派出一连向莲塘以北推进，侧击莲塘之匪。

四、予在马坝。

同时，盱眙秦县长又电话告急，请求增援。本部为使其明瞭上峰意旨起见，特以江未代电将副总司令手启东戌电转饬知照。另以江申电将当时情况报告副司令内容如下：

一、独六旅附六九八团今晨向张洪营，乐丰镇移动，迄未得到报告，独六旅与三四九旅，常十旅亦未取得联络。

二、本日午旧铺匪一股约三百余向莲塘北进，原派守莲塘补一旅之一营未行报告，即擅撤至盱眙，以致莲塘为匪占据，仍企图北犯。

三、职以情况急转，势不能再待，与独六旅取得联络，方始动作，即决心先行消灭莲塘之匪。部署即以双庙子之一营由莲塘进击，新铺之营派出一部向莲塘以北夹击，同时以新铺之营派出一部向旧铺佯攻，牵制其主力不能增援，现已在莲塘以东钱老庄一带及旧铺以东与匪击战中。

四、连日窥匪之行动完全避实就虚，似宜控置主力于马坝、泥沛湾以西地区，随时出击，方能夺取主动，不致分散兵力。

五、敌分数路犯盱眙，补一旅战斗力太弱，弹药亦缺，拟接济子弹二、三千。十七时奉副总司令江午电要旨如下：

我军以策应补一旅，巩固盱眙之目的，应即缩短战线之区处：

一、以一旅配置张公铺以北至新、旧铺，泥沛湾一带地区，以一旅配置于穆家店、马湘店、莲塘附近之线，以西至冈村、永兴集一带地区；其余一旅迅向高桥、积头桥附近一带地区集结。

二、补一旅应缩短战线防守盱城。

三、补一旅情况紧急时，可令常十旅派有力部队往穆家店策应。

基上电令，当以限刻之江申电转各旅长遵照，并按各部现态势，适应情况，运动迅速起见部署如左：

一、王旅长率张公铺之一营，即时移驻马坝附近，余团长率汉涧之两营星夜赶至永兴、冈村接替常十旅之防务，六九八团跟进至马坝西南七、八里之村落集结待命。

二、独六旅由现驻地即时移驻泥沛湾、新铺、张公铺以北地区接替常十旅防务，于拂晓以前接替完毕（旅部驻泥沛湾）。

三、常十旅俟各处防务交替后，即迅速移驻高桥、积头桥、穆家庄一带（旅部驻高桥）策应补一旅。

四、各部队到达位置后，对当面十五里内之匪情，务极力搜索，随时具报（常十旅、三四九旅电发，独六旅电台不通由三四九旅转）。

同时另以江申电令盱眙秦县长要旨如次：

奉副总司令韩江午电节开：补一旅应极力缩短战线，防守盱眙城附近山地，重点应置于左翼，与我策应部队联系。等因。除星夜派兵一旅控置于积头桥东西策应该部外，务祈遵照实施，竭力固守。

二十一时王旅长江酉参群电略称：

一、独六旅今晨出发，据悉已抵葛家巷，十六、十八、六九八3团均集结于该处附近，张洪营匪已退去。

二、汊涧以南匪已撤退，东旺庙约有千余，闻匪伤亡二百余名，竹镇集仍为匪盘据。

三、六九八团随独六旅、六九七团除第三营驻张公铺外，其余一营随余驻汊涧，同时独六旅电话架通，当以电话传达副总司令江午电要旨：令六九八团二十时给副总部特务团黄团长以江戌参战电，令该团长就近指挥副总部战炮连，备于山河沿岸，构筑阵地，严密警戒敌之汽艇活动。

二十三时奉到军长江酉电要旨如下：

一、连日以来，敌四、五百附炮五门攻占大小瓦甸之后，有打通运河北岸之企图，并由江南调来小兵舰及水警数百名，蒋坝有被截击之虞。

二、望即抽调三四九旅一团先固蒋坝之防务，并换特务营两连回原防。

三、对匪暂取守势，不必前进深入，匪若来犯，当以全力击破其一点，不必处处攻击受匪牵制。

奉电后，除即拟抽调一团巩固蒋坝防务外，暂先令工兵连进驻蒋坝接替之特务营防务，并着朱营长即速率队开回河东，对匪作战方针自应遵办。

四月四日五时据张旅长电话称：旧铺、莲塘之匪，经我军昨夜今晨几度进击后，现已据守不出。另匪一股二百余江西窜至穆家店，现已派队进击中。

又据秦县长电话称：我军仍在西高庙、河稍桥一带与匪激战中。据报后，当以支辰电将遵令部署及常十旅战况分报副总司令及军长。八时奉副总司令江戌电：令饬暂以不能作战而素质尚好之地方团队或民众武力开运东训练等因。即当以三五号命令驻高桥之嘉山国民兵团俟常十旅到达接替防务后，即移驻东阳城整理待命。同时又奉副总司令豪戌志宜电：令设法驱逐莲塘、旧铺之匪。八时半据张旅长电话称：刻旧铺北窜之匪两营向本旅左侧迂回，同时穆家店增来匪之教导营三百余人，三面向我包围，战况至为激烈。判断当时情况为匪有继续北窜之模样，为与补一旅取得联系，即以三十四号令：着常备第十旅二十团汪团长迅率该团第三营进驻积头桥及其以西地区，与补一旅切取联络相机策应。

十二时半，得余团长十一时于冈村报告略称：

一、莲塘五、六百人向冈村进犯。

二、本团(欠第三营)于九时半到达冈村。

三、职率部在冈村固守。

当给余团长命令要旨如下：

一、该团应固守冈村，严密监视，防匪北窜永兴。

二、另饬该团第三营派兵一连进驻永兴。

三、希就近转饬常十旅二十团之两营，务在冈村、永兴之线，将匪击溃后再行归还建制。

十四时，据六九七团十二时八分于冈村报告称：常十旅二十团之两营，已于十一时许退回村。又据张旅长电话称：今晨匪向旧铺增援两营，向我左侧钱老庄一带迂回。又由穆增来匪之教导营三百余，三面向我包围，激战至午后，二时经三次冲杀，始将匪分头击退，双方伤亡甚重。

十八时五十分，得王旅长十八时三十分于马坝发出报告转据余团长报告：

一、莲塘逆匪约五、六百，本日午与常十旅激战后，似有固守莲塘模样，常三十团之两营于十四时三十分由张旅长率领经高桥往积头桥。

二、本团奉命固守冈村兵力部署如左：

（一）第一营固守冈村本圩。

（二）团直属部队及第二营（欠一连）位置圩内为团预备队。

（三）第五连位置于樊庄为前哨连对穆店、莲塘、旧铺严密警戒（该团第三营已令位置永兴集归还建制）。

十九时据余团长电话称：龙王山、莲塘之匪兵约一千数百人有东犯之模样，一路四、五百人于十七时经染家山，一路约三、四百人于十七时三十分经贾家山向我前进中。

二十时独六旅李副旅长持函来部面呈称：该旅连日士兵疲惫万状，寝食俱废，弹药缺乏，军食无从购置，并请示尔后进剿方针等语。又接翁旅长冬电，大意略同，当发子弹二千发，并商谈将该旅兵力再略为集集〔中〕控置，主力以便尔后出击有利。同时，以电话告知翁旅长。

本部基上各情况，为积极防剿逆匪计，乃于二十时给余团长命令要旨如后：

一、该团第三营已令进驻永兴集，归还该团建制。

二、该团对冈村至永兴集间，应派出小部驻守以取连系，又冈村至双庙子间应派出斥候部队不断巡梭。

三、双庙子已有独六旅部队驻守，务与切取联络，如匪犯冈村时，已令独六旅自动出击，如匪犯双庙子该团该予策应，如匪窜至冈村、兴集间，驻该地之中间部队应极力拒止，同时永兴、冈村之部队应迅即出动夹击而歼灭之。

四、今夜天黑风大，务希严密警戒。

复于二十时以限即到之支戌电给予独六旅如左之命令：

一、敌情如贵官所知。

二、贵旅应以主力控置于敬山堂附近地区，以一营位置于泥沛湾并派出斥候班于新铺、张公铺、大通镇等处监视逆匪。以一营位置于冈村、泥沛湾间（双庙子附近）地区，对莲塘之匪严密警戒，并与冈村之六九七团切取连络。

三、在移动时间，本部与贵旅之通信连络切勿中断。

四、如匪进犯冈村时，贵旅驻双庙子之一营，务希迅即自动出击，如匪犯双庙子时，驻冈村之六九七团亦应迅即出击以收协同之效。

五、务于明日拂晓前部署完毕。

并综结：

一、逆匪主力集结莲塘，今夜猛犯及常十旅伤亡情形。

二、各部队已遵照部署完毕。

三、东旺庙匪情。

四、独立旅请示方针等情形，以支酉电分报副总司令及军长。

二十二时，奉副总司令支午志宜电，指示独六旅江午抵葛家巷希迅与连络等因。查二、三两日本部迭次与独六旅联络，其电台始终不通。

二十四时三十分，奉到副总司令江未电令，就近拨济补一旅弹药等因。本部弹药无多遵即暂拨步弹二千五百发。

同时接翁旅长冬午电略称：本日拂晓前因部队未能遵时到达指定地点，至冬寅始亲率十八团、十六团前往解围，十六团幸亦脱险，伤亡损耗甚巨。及支申电称：

一、马家集本日到匪一团。

二、西浮山有匪四百余，在西陈营腊后去向不明。

三、旧铺现有匪二百余。

四月五〔日〕六时，据报莲塘、穆家店一带之逆匪，为罗炳辉部之第八、第十一两团及教导大队特务营等人数约近二千，江夜支辰经我常十旅及六九七团几度痛剿后，匪伤亡甚重，现在一面构筑工事，一面积极由汊涧向北增援中。

八时，据余团长电话报略称：

一、常十旅十九团于今晨五时半，经冈村六时四十分向常家墩出发，以一营驻在栅庄向穆家店警戒，第十八团第七连今晨三时到达双庙子。

二、本团第三营于昨日十八时三十分到达永兴集，并今第八连位置于永兴集、冈村之间担任连络警戒。

三、樊庄之前哨连因限于地形，昨(四)日十八时四十分改为排置，位置于冈村西五、六百公尺处集团家屋。

八时十分，据秦旅长四日十五时于盱眙报告略称：涧溪、仇集一带之匪部第八团有与古城四十里桥之匪协同进扰盱眙之企图。

十二时，本部综合各方情况判断，匪有据守待援模样，并歼灭匪主力，并策应盱眙起见，乃决心于今夜对莲塘、穆家店之匪予以痛剿，当先以三十九号命令，着王旅长即率六九八团之一营推进华堂(马坝西南十五里)指挥六九七团痛剿。

同时，接得报告：六九七团派兵一部向莲塘威力搜索，在贾家梗、冈村一带与匪激战三小时，匪退至莲塘。

十六时，据张旅长支酉代电报告：昨(三)日进击情形略同。本旅奉令江夜攻击莲塘，当遵部署以二十团之一营由双庙子向钱老庄、莲塘攻击，另一连由冈村经小叶庄向莲塘进击，以十九团之一营由李夏营向沟窜子、管家营、莲塘攻击，另一营派部向竹园庄、旧铺之匪佯攻，各部队均于当夜八时出动，先后占领莲塘附近各据点，与匪激战尽夜至支晨四时匪数百分由旧铺、莲塘来援，向我三面包围，经我数度冲击，始将击溃。此役匪、我伤亡均惨重。

十八时，将各种情况以微酉电分报副总司令及军长内容如下：

一、莲塘、穆店之匪为罗逆第八、第十一团及教导营、特务营等人数将近二千，江夜支晨经我六九七团及常十旅几度痛击后伤亡颇重，现正由汊涧、西浮山向北增援中。

二、拟本晚遵照指示，竭力驱逐莲塘之匪，以使其不得东窜或西犯盱眙。

三、各部队位置除独六旅对南已有顾虑、令稍加集结外，常十旅仍在高桥、积桥头策应，六九七团主力驱剿莲塘之匪。

同时，本部为遵照副总司令豪成志宣电示：决心驱剿旧铺莲塘之匪，乃以未申电令王、翁、张各旅长要旨如左：

一、穆店、莲塘之匪有据守模样。

二、三四九旅六九七团今夜子时向莲塘之匪攻击。

三、独六旅应派一小部向旧铺之匪袭击扰乱，策应六九七团，

四、常十旅应派一部向穆家店之匪袭，策应六九七团。

五、各旅剿击部队务于夜十一时到达预定位置，十二时开始动作。其余各部队应在原地严密戒备。

十九时，据翁旅长微辰电得知该旅部署情形如下：

一、十六团(欠一营)随旅部驻李家楼附近。

二、十八团主力位置敬山堂附近，第三营位置泥沛湾、双庙子等处，新铺、张公铺、大通镇各有一班至两班之斥候。

十九时十分命令(面谕冯团长于本部)六九八团移驻马坝为机动部队，并任马坝防务，设盘查哨对通西及东南道路严密警戒。

二十时，据秦旅长四日十六时报告称：古城匪首连日开会商计军事计划，现决议以主力先攻盱眙再攻蒋坝等情。

四日六日六时，据各旅长电话报告：各部队于昨（五）夜均遵照本部总攻命令，积极动作，综其进展情形概要如下：

一、常十旅一部于夜十二时以前先头占领穆家店，将该处之匪驱逐，匪退至莲塘。

二、六九七团第二营六时占领贾家硬(莲塘东北附近)，逆匪退至山上，凭险顽抗，构筑工事，刻与我六九七团攻击部队对峙中，该团已令第三营推进至周党庙协助策应。

三、独六旅十八团第三营向新、旧铺之匪进袭，策应六九七

团之主攻击(昨夜十时翁旅长报告匪已有小部窜至新铺附近)。

本部以常十旅及六九七团刻已占领相当据点，逆匪转取守势，当令(电话)各旅长一面站脚步，一面乘势进击，竭力压迫，务将该匪主力予以重大打击而乘机歼灭之。

九时三十分奉到副总司令限两小时到歌亥电内开：兹为巩固运东根据地起见，特改订部置如下：

一、三四九旅应陆续开回运河东岸，归顾师长直接指挥。

二、独六旅开至蒋坝任山河北岸防务。

三、常十旅应在山河南岸、马坝附近占领阵地，拒止逆匪北犯掩护各部队渡河。

四、补一旅必要时向常十旅靠近确取连络。

五、山河南北两岸各部队仍归刘代师长指挥，仰即遵照妥为部署，并转饬各部队切实注意转移之秩序与时间，慎密实施，妥存为要。

十时命令嘉山县长周少潘先率所部开往南甸(马家集西南 集结待命。

十二时据秦旅长四月五日二十时报告称：本旅一部在涧溪为匪击破被俘士兵甚多。顷据探报：旧铺之匪有着我军臂章服装向我混扰之企图，请饬属注意等情。当以鱼午参战代电急转张旅长注意严防。同时，据秦旅长五日十八时报告略称：

一、匪第八团附炮兵一连，昨开抵嘉山泗县，匪增来五百余，刻抵钱家嘴，涧溪、仇集约匪四营均系匪第十团；西高庙四十里桥一带有匪约四连，为第八团。

二、本旅奉命缩短战线，遵将部队右自打石山、左至朱家围之间配置。

同时，据报常十旅及六九七团仍与匪相持中。

本部奉到北移命令后，以未明河东情况恐有贻误，同时又觉兹事重大，乃电召各旅长来部会商，结果咸以为应于今晚即行遵令北移，以期策应河东，当一面令各旅长先回部队计划转移事项，一面给予如左之命令（十三时补送笔记命令）要旨如次：

一、奉副总司令韩歌亥电开如原电等因。

二、本部遵令部署如左：

（一）三四九旅六九七团应于今夜开驻郭家圩附近，六九八团开驻南甸附近，明晨续向河东，曹甸、塔儿头、黄口一带集结待命。

（二）独六旅今夜应以一团移驻蒋坝、四河坝、山河头一带，一团集结观音寺北岸一带地区待命。

（三）常十旅今夜应以一团移驻马坝、东阳城之线严密监视当面之匪竭力拒止，以一团控置于观音寺以南地区。

三、予率直率部队于明晨一时前移驻蒋坝。

注意事项：

一、各部队应遵照附表，规定实施切勿延误或提前。

二。各部队移动时之警戒与秩序，务目行慎密计划，逐次掩护。

三、各部队夜间行动务求秘密静肃与迅速，严禁吵杂及打手电等。

（附表如下）：

本部四十一号命令部队移动时间规定表

部队别	出发地点	出发时间	渡河地点	渡河时间	今晚到达地点
本部直属队	马坝	今晚七时	南山河	今晚十时	蒋坝
六九七团	冈村	今晚九时	观音寺	明晨二时	郭家圩
六九八团	马坝	今晚六时	观音寺	今晚九时	南甸附近
十六团	李大楼	今晚六时	南山河	今晚十二时	蒋坝以南（西河坝一带）
十八团	敬山堂	今晚十时	观音寺	明晨五时	观音寺附近
十九团	击凤桥	今晚十时			马坝东河
二十团	积头桥	今晚七时			观音寺以南

十五时以第四二号命令给予秦旅长告知，已令常十旅移驻马坝、东阳城之线，该旅必要时与常十旅靠近，切取联络。

十六时本部及直属部队即整队向蒋坝移动，于二十三时到达蒋坝，即在该处指挥。四月七日拂晓前之各部队态势如左：

一、独六旅(欠十八团)在蒋坝、四河坝、三河口一带，十八团在郭家圩一带。

二、三四九旅到达南甸附近，今晨续向河东行进中。

三、常十旅十九团在马坝、东阳城之线占领阵地拒匪北犯。二十团在观音寺以南。

四、秦县长已率所部于昨夜转移至三河尾、四河坝一带。

当将移动部署及现位置，以虞寅电呈报副总司令，以阳午电呈报军长，九时奉到副总司令韩麻戌电略开：歌亥电令暂不实施，希督饬各部队迅向盱眙援应补一旅，协力击破匪之主力等因。十时又奉到副总司令阳子电略开：如三四九旅已过河，即调一团回运东，一团暂留蒋坝南北两岸，保持后方交通，独六旅仍与常十旅协同防剿，并切实应援补一旅稳固盱眙等因。本部奉两电后，因部队已早遵歌亥电示移动完毕，恢复原有态势自属不易。当以虞午电呈报副总司令陈述，所见请示行动内容如下：

麻戌与阳子两手启电均于部队北移，方始奉到，如再恢复原有态势，因匪情进展不无困难。窃以为目前情况，必须敌匪兼顾，而运河线为湖东、湖西之连络补给地带尤不能被敌切断，方可呵成一气呼应作战。蒋坝为湖西重镇尤不可无兵驻守，此后已届水汛，山河随时有敌艇及敌舰潜入之虞，而顺河集、高良涧间部队杂集，似无力应付，淮阴南犯之敌，一旦缓急即成问题。至于山河南岸匪情在穆店、莲塘、旧铺一带，已经证实者有五支队之第十一、第八两团及教导营、特务营等，所谓农匪均在其后方训练，尚无力开来作战。常十旅莲塘之役，激战半日，官兵伤亡愈百，足证有相当顽强。综上情况，拟恳策定一对敌对匪之基本方案以资遵循。职以目前势，钧座歌亥电指示之态势已成，似宜暂时站稳足跟，整顿阵容，三四九旅仍可开回湖东使不分割，俟吴卫久支队到达，且与谭师确实取得联络协同，再事积极进剿为妥。是否有当，谨电核示。又昨夜山河线断，竟夜电话不通，马坝以前匪情，容侦察后续报。

同时派传骑送给王旅长以第四四号命令，着该旅留一团暂在仁和集待命，其余由该旅长率领开往曹甸、塔儿头一带归师长直接指挥。

十五时盱眙秦县长来部，当予秦旅长第四五号命令由其转送，着该旅就现态势拒止当面之匪，至必要时移向常十旅靠近密取连络，仍在山河以南地区续行剿击，并多派远探侦查匪情随时具报。

同时给予翁旅长四六号命令要旨如下：

着该旅以一部担任蒋坝、四河坝、三河渡及洪泽湖面警戒，一部担任三河头至永丰间山河北岸警戒，并切实控河船只，策应常十旅在南岸作战。

十六时予副总部特务团黄团长以如左之命令：

一、该团长应派员连夜将永丰船只集中控制，以免流散为匪利用。

二、该团所有钢板艇应集中，准备明（八）日开始封锁湖面巡弋警戒。

十七时电话令翁旅长要旨如下：

一、对蒋坝即行特别戒严，检查户口。

二、严缉奸细造谣，维持治安定人心。

十九时，蒋坝至观音寺间电话接通（自昨夜以来蒋坝至马坝及观音寺间山河一段之电话为匪截断，未能与张旅长通话，当时派通信速修理至今始通），始与在观音寺之张旅长通话，得知情况如左：

莲塘、穆店之匪约千余人，于本（七）日十一时由马坝以东向马坝围击，激战半日，十九团逐渐向观音寺以南撤退，同时观音寺南之二十团，亦于十九时与匪激战，请示尔后行动等语。旋电话突又被破坏，当以传骑飞送，予张旅长之函令，着其不得已时，向永丰逐渐抵抗，另候命令，并以虞申电将山河岸情况及常十旅尔后行动等呈报副总司令请示。

二十时以火急虞酉电令张旅长在未奉到副总司令电示以前，如受匪威胁太重，最好先移于永丰，一面仍可由永丰渡河，一面有逐次掩护撤退之余裕，如情况万不许可时，亦可在永丰以东地区吸收地方武力，施行游击兼收牵制之效，俟奉电示后再作区处。

同时山河南岸发现枪声，已有匪踪出没，当令(电话)独六旅河防部队及黄岫峰钢板艇迅即确实控制湖西山河各渡口，严密警戒，加紧巡弋。

四月八日拂晓情况：

一、昨日以来山河南岸、永丰及三河渡对岸一带之匪不时向我步哨射击，迭次偷渡足未得逞。

二、常十旅电话(观音寺至蒋坝)竟夜未通，观音寺情况不明，本部为加强河面警戒起见，乃一面令独六旅即刻封锁山河及湖口(三河头、三官集间)，禁止渔船、民船行动，防匪混入，一面予黄特务团长以四十七号命令，着该团驻金沟、黎城等处之部队于必要时可移至山河北岸，占领阵地，拒匪北犯，所有船只一律控置于三河北岸，将各渡严密封锁，防匪偷渡，派钢板艇在山河及湖面加紧巡弋，如发觉偷渡之逆匪，务于水面即予歼灭之。

同时分令将前归黄特务团长指挥之副总部战炮连，暂拨归独六旅翁旅长指挥，十时补一旅全部亦渡过山河集结于四河坝一带，当予该旅第五一号命令要旨如次：

一、贵旅迅即进驻永丰、黎城至桥河口间，山河北岸各渡口占领阵地拒匪北犯，切实断绝两岸交通，封锁船只，控置渡点，并派一部位置赤水涧、鹿家集对宝应、湖西严密警戒（旅部应位于高家集）。

二、如有警戒疏忽，拒止不足，以致匪再窜至北岸，定依军法从事。

同时将山河南岸匪情各部队态势及本部决心以齐巳电分呈副总司令及军长，十一时据报：山河南岸之匪仍不时向我射击。据报确有偷渡模样，本部为镇定军心，加强河防计，乃以参战一六九号训令严令各部队长：务必确实控置渡船不使南靠，并在北岸各渡口分别构筑工事，严阵以待，如匪企图渡河，必以最大决心予以歼灭、如有戒备不严，疏忽任务，拒止不力，准各部队长先以军法从事，再行呈报。

十三时收到张旅长七日十四时于观音寺河北岸发来报告称：第十九团虞午与由永兴来犯之匪一千六、七百人于马坝、东阳城之线激战五小时，迄酉四面被围，弹药殆尽，乃向东北突围，转移至观音寺附近，同时观音寺西南之部队亦与匪激战，当令二十团之一营占领阵地，拒止逆匪，掩护部队陆续渡河，迄齐寅主力渡至北岸，现集结于新集附近等情。当令该旅在原地集结待命听候赋予任务。

十四时本部以山河北岸有独六、常十、补一三旅之兵力，且沿河防务已渐趋稳固，匪欲偷渡决难得逞，乃令驻在金沟、黎城、观音寺北岸之特务团候补一旅到达接替后，移驻蒋坝以北五里牌、周桥一带，并集结钢板艇于蒋坝至高良涧各渡口不断巡弋，严密警戒将以上部署用齐由参战电呈报副总司令。十七时接得张旅长八日十二时于新集报告称：

一、本旅各部队已于八日拂晓完全由观音北渡。

二、本旅暂固守北岸自孙武大庄至吴圩子一带阵地等情。

同时接翁旅长虞酉代电报告：该旅在山河头至永丰北岸防务布置完毕。二十时据报山河南岸观音寺之匪集结民船多只有偷渡模样，本部当以五三号命令：分令常十、补一各旅黄总队长担任防务，部队切实固守，如有逆匪偷渡务痛击以歼灭之，警戒尤须严密，步哨线应推至河边彻夜轮派巡查。

二十一时得余团长阳齐电报称：该团现集结仁和集待命。

四月九日拂晓，综合各方情况：山河南岸、金沟、黎城之七、八两团，罗匪等均在该处指挥。昨夜已来南岸各渡口匪情，不断向我步哨射击，黎城、金沟之匪各备民船多艘有偷渡模样；又周集一带之匪约七八百人续向老子山方向移动，似有由该处偷渡模样。

拂晓以前，各旅已分别遵令部署完毕。

九时本部决心固守山河以北，洪泽湖以东地区，决不容匪有一兵一卒得隙北窜。□为有重新部署划定地区，以明职守之必要，乃于十二时以五四号命令予各部队长大要如下：

一、当面匪情如贵官所知。

二、我军以固守山河以北及洪湖以东地区拒匪北窜之目的，兹重新部署如下：

（一）独六旅应担任自五里牌（含）、蒋坝经三河头迤东沿观音寺北岸至胡庄（不含）止各要点，占领阵地，拒匪北犯，并确实巩固蒋坝之重点。

（二）常十旅应担任胡庄（含）起（接独六旅）至曹家冈北岸渡口（含）止各要点，占领阵地，拒匪北犯。

（三）补一旅应担任自曹家冈北岸渡口（不含）起（接常十旅）经黎城北岸至应家集湖岸间各要点，占领阵地，拒匪北犯，仍派有力一部位置赤水涧对高宝湖方面警戒。

（四）副总部特务团应担任自五里牌（不含）以北（接独六旅）经周桥至高良涧（含）间之湖面警戒，并集结钢板艇于蒋坝、高良涧间在湖面严密警戒往返巡弋，务使不能活动。

（五）第六九七团着位置双沟为控制策应部队。

三、各部队统限于本（九）日十八时前，分别到达划定地区部署完毕具报。

四、师指挥所现在蒋坝，十四时移驻大严渡(万集西五里)。

同时以青午电将上项部署情形分呈副总司令及军长，十五时以各部分别遵移调部署，本部率直属部队于二十三时前到达大严渡就指挥位置，当夜报据各队均已到达划定地区，部署完毕。

丁、剿匪经验与教训

一、搜索匪军作战之最大技能，即为能活用侦探，广为搜索我方情况，而逐□其避实击虚之惯技，而我军对匪情之搜索多未能于远距离外，派出便衣远探，或利用民众潜入匪区刺探匪情，以致对匪军动态每不明瞭，时蒙不意之袭击与损害。

二、战斗方法，匪军常用窜扰之游击战术，秘匿主力于第一线，分出多数小组乘机钻隙，虚张声势，形成以小组包围我军之形势，惑我军心，我若惊慌失措，暴露弱点，必堕其术中。历察我各部队则多用呆板战斗方式，展转不灵，运用迟滞，致为匪少数兵力所牵制。今后对策，一面用远距离之搜索，以期明瞭匪情，一方面应站稳足跟，沉着应战，尤须力求机动与灵活，认清匪之主力，一鼓而歼灭之。

三、部署：我军部署时多不能控置主力，以致处处设防，处处薄弱，一旦为其所乘，即陷于被动地位，故兵力分散之最大缺点，即为不能争取主动。

四、战机：我方各级指挥官缺乏独断专行之精神，每一动作均待命令，即有良好机会亦不肯断然出击，坐失良机，深堪惋惜。

五、协同：我各部队协同精神欠佳，每不能在同一命令下分别贯彻其任务，而失去时机，转入各自为战情势，易遭敌各个击破。

六、运动：与匪作战，常须出奇致胜，而行军之强速，实为必要条件，我军行装苯重，运动力太差，远不如匪军之飘忽轻捷，运用裕如。

七、单独作战：各部队配合作战，每存依赖心理，故今后各部队应养成单独作战之信念及能力，纵无友军协同，应以已力歼灭敌人以达成其任务。

八、时间：我各部队行动每多迟缓，尤缺乏机动精神，部队移动常不能遵时到达，以致战局转变常有贻误。

九、情报：各部队对匪情估计常易超过实况，致影响于士兵心理及指挥官之判断者均大。

十、通信设备：我军现用通信器材为有(无)线电，每因气候或部队移动即将中断，且材料缺乏，每有一、二天内指挥官与部队间尚不能取得连络，前线部队常无法架设电话，连络更形困难，影响于指挥及协同更巨，今后各部队应设传骑交递步哨等补其不足。

十一、纪律：我军因输送组织未臻健全，部队行动时仍有拉伕情事，结怨民众予匪以拨反宣传之机会。

十二、政工：剿匪胜利建筑于政治之基础者实多于军事，故策动民众武力配合我军作战实为至要。此次剿匪各部队政工人员对于匪之罪恶，未能充分宣传以唤发士兵之敌忾心，今后各级政工人员应积极努力。

十三、弹药：每次战役我消耗弹药经调查均较敌为多，而匪绝不滥行射击，敌我士兵之无的放矢不惟效力毫无且启敌轻视心理。

〔国民政府军令部战史会档案〕

6．徐永昌迫令江北新四军开往江南企图一举歼灭电

（1940年4月13日）

无线。(新四军)叶军长、项副军长奉交下鱼电悉。○密。查该军隶属第三战区战斗序列，应在江南京芜附近地区服行作战任务。任务既经确定，自宜切实履行，期收划一之效。不意贵军骚

扰江北，曾经委座一再电令，将江北部队迅速开回江南归还第三战区战斗序列在案。贵军若恪遵电令，行动一致，节节相制，自成节制之师，纵有困难，亦当徐图克复，况所称渡江困难各情形尚多臆测。近据报所属部队仍不断源源由江南擅开江北，所谓天堑不能飞渡及士兵多属江北土著当不尽然，抑尤有进者遵守战斗序列固不囿于乡土之见，否则战区后方各省战事尚未延及，而征调相断势必使闾里骚然。来电所谓爱国，爱乡结果适与初衷相戾，而前方各战区当始终不能得后方省区兵员之补充矣，其非切中事情实至明显。至所报张参谋云逸眷属及饷项七万元被无为保安团扣留一节，已以虞申电李主席查明办理，并以阳申代电叶处长剑英转达在案。仍希遵照委座三月有令一游电，速将江北部队撤回江南服行京芜附近地区作战任务，歼寇目的既属相同，合力以图，幸勿稍缓。徐永〇。元。一游。

〔国民政府军令部战史会档案〕

7. 第六十七军许绍宗报告袭击鄂东新四军电

（1940年4月20日）

急。渝委员长蒋，彭密。（一）职军朱团长再明连日向安应间新匪李先念部压迫，加紧政工，成立各站编组甲保，予匪以致命之打击，策动其内部分化。该匪鉴于形势险恶，希图脱离我党政军力量之压迫，大部已向铁路以东逃窜。（二）朱团一面破坏陆雷公店、隆城各线交通，一面努力政工加强民众组织，已有显著之进步。职为达成使命，除饬各部及朱团应排除万难贯彻任务，以副中枢期望之至意。谨电垂察。钟祥。六七军职许绍宗。卯哿。酉参。印。

〔国民政府军令部战史会档案〕

8. 蒋介石密令"剿办"上杭龙岩一带新四军游击队电

(1940年5月24日)

兴宁香总司令：亚密。据报闽西南奸党特委魏金、谢育才等率人枪八十余，窜往永定、上杭与龙岩交界茫荡洋地方从事活动等情，仰即剿办具报为要。中〇。辰迥。辰令一元新。印。

〔国民政府军令部战史会档案〕

9. 李明扬等报告在苏北江都泰县等地袭击新四军电

(1940年7—8月)

(1) 李明扬等电(7月27日)

部长何：0608密。6639。窃职自奉读委座真令一游电后，益自感奋，谨当恪遵训示，以图报效。查新划职部辖区内，在运河以西之江都地区及江都边境，则异党势力正在发展之中。顷据报：在江南之新四军梅克迪部已到圩塘，正拟渡江至七圩港登岸；而江都大桥附近等处之匪军四、五百人，亦由口岸附近之敌军区域内东窜，拟与七圩方面匪军结成一气，以实现其赤化苏北之企图。综合该项匪军在江都及泰县、泰兴境内之势力，号称六团，实则有四、五千人之众，若不急予遏止，后患何堪设想，拟即采取迅雷不及掩耳之手段一举歼灭，以为职部由泰县赴湖西到达六合、天长等县逐步推进各区之张本。除指挥所部一致动员外，谨电呈报，乞予鉴核为，祷。职李明扬，李长江叩。沁戌。印。

(2) 李明扬电(8月6日)

重庆委座蒋、部长何：卷密(加表)。据第七纵队司令秦庆霖冬虎电称：职派两大队渡河，于冬日拂晓一攻马坝，一攻观音寺，激战约六时，均相继占领，乃岗村匪部以一营绕击我侧背，至下午四时，我因子弹缺乏，匪又增援，转移至距马坝十五里之卧龙岗附近，相机进击。是役毙匪四十余名，内连长一员，生擒指导员一名，女指导员五名，获枪一支、轻机枪一挺、步枪七支、子弹三百二十粒。我伤中队长秦效文一员，医生一员，士兵五名，阵亡七名，损失步枪六支、大刀六把，消耗七九弹五千二百粒、六五弹八百二十粒、盒枪弹一百五十粒等情，除分报外，谨闻。泰李明扬。鱼巳。参战。印。

(3) 李明扬等电(8月25日)

重庆委员长蒋：舍密(加表)。极机密。谨将巳月俭日至午月微日与异军郭村、麻村、吴家桥之役战斗要报分呈于下：一、异军兵力及动态：新四军管文蔚部约二千余人，占据江都属之吴家、白塔、王家桥、麻村、麾村、郭村周家楼等处。陈毅梅率部千余人，由江南乘机窜至泰兴境：拟与郐村等处之异军打通，企图赤化苏北。二、我军兵力及部署：第二纵队(缺一支队)由界沟经广福桥驱逐杨家桥、白塔河之异军，一支队接测口防务。第一纵队(缺二支队)应积极驱逐吴家桥之异军后楼，就地固守，以期异军南窜。二支队位于市港口，缪湾镇、刁家铺之线，以防口岸之敌乘机北犯。第四纵队位于墙头、夏家庄之向郭村、周镇楼之异军进击。第六纵队(缺二支队)位于宜陵、砖桥以防仙女庙之敌东犯。二支队担任城防。第三纵队位于宣家堡东张家堡，以利泰兴境内之异军北窜。保安第三旅步兵一团向麾村、麻村攻击，占领麾村、麻村后即联合第二、四两纵队围攻郭村。三、战斗经过：第一纵队之一支队及第二纵队之二支队于俭日分向吴家桥、白塔河、杨家桥之异军进攻，激战终日，遂将各该异军击溃而占领之。保三旅之一团即向麾村、麻村攻击前进，于午后一时占领麾村，续向麻村进攻。艳日第四纵队、第二纵队之两支队、保三旅一团联合进攻郭村、麻村、周家楼之异军，于当日我第四纵队攻占庄家桥、吴家河、黄毛墩等处。第二纵队之一部攻占董家桥。保三旅之一团攻占麻村。该匪残部即回窜至郭村及东西周庄固守。陷日围攻郭村及东西周庄等处，激战终日，遂占领各该村附近之村庄。世日拂晓，复行总攻，而该匪凭工事固守，激战终日，未定得手，遂将各村及东西味庄整个包围，正在图歼灭中。而第三纵队之第八支队长陈玉生意志薄弱，毙匪诱惑，突然于东日率部绕敌后方北窜，并联合向大桥坛援之异军共约千余人，进袭宜陵、白塔，我驻宜陵、砖桥、白塔河之第六纵队部队(未有抵抗)，终因卒不及防，遂被该匪军占领。而各村之匪复集结全力向我第四纵队阵地猛扑致被突破，第二纵队后路及被匪军截断，遂转移阵地，蒙团反攻，而该异军于占领宜陵、白塔河、塘头后复化整为零，窜扰各村。冬日即饬各部分道围剿，此剿彼窜，且扬州溢西方面异军不时增援，兜剿数日，势难短期肃清，复因我官兵疲劳过甚，遂于鱼日令饬第四纵队暂移至杨家庄、郑家庄；文第二纵队之两纵队移至界沟，孔家庄之线；保三旅之一团仍回原防，构筑工事固守，待机进剿。四、战后：战后匪后之情况，异军前后共约四千余人，现据郭庄村、宜陵、塘头等处，仍有进犯泰县企图；我第二纵队之二支队现在孔家庄、界沟之线；第四纵队在杨家庄、郑家庄；第六纵队之一支队在九采沟；第三支队之一支队在吴家桥；保三旅之一团仍回原防均筑工事固守。五、匪我伤亡：是役匪伤亡官兵及被俘五百七十余员名，我伤亡兵一百六十八员名。六、武器损失：弹药消耗及俘获，我获匪军步枪二十五枝，驳壳枪十枝，步弹二百十余。驳壳弹四十八，损失步枪三百二十八支，轻机关枪十五挺，手枪十八支，驳壳二枝，大刀九十二把，刺刀一百四把，消耗弹药十五万一千二百余发，驳壳枪弹二千九百余，手榴弹一千九百余枚，迫击炮弹一百二十六发，除分报外，谨闻。职李明扬，李长江。咸申。参战。印。

（4）李明扬电（8月25日）

重庆委座蒋，舍密（加表）。据冯纵队司令子固个午秘电称：（一）窜据皖北复兴河西禾樊楼于王庄之匪军黄河支队彭熊部及匪湖边队李贞干部共约千余。于筱日拂晓，以匪三、四百人于十字河北向东偷渡，窜踞沙庄一带，当经我二十二支队胡支队长子良派队进剿，激战三小时，匪不支纷向复新河逃窜，是役毙匪二十余名，我无损失。（二）筱晚我二十二、二十四支队之各一部共五百余人，附迫炮一门，机枪十挺，由胡支队长指挥，并联络丰县常备总队向禾樊楼一带匪军进袭，是夜我二十二、二十四两支队全部渡河西进正追剿中，是役匪伤亡二十余名，我无损失等情，谨闻。职李明扬。有。参战。印。

〔国民政府军令部战史会档案〕

10. 陈泰运报告袭击苏北新四军情形致何应钦密电

（1940年9月7日）

部长何：3140。密。进剿鼎桥赤匪于支晨开始，按保安第一旅、一一七师、独立旅、职部邢署楚公亲临曲塘指挥、集结由曲塘、古溪、黄桥线前进。微到达夏家庄、王业垛、刘家垛、分界桥、北溪河岸线。鱼晨匪主力即向我右翼攻击，保一旅、一一七师受挫，夜分向海安、曲塘、大小白米之线撤退，职部现驻大小米，谨闻。职陈泰运。虞午。印。

〔国民政府军令部战史会档案〕

11. 刘汝明报告派兵进袭新四军豫鄂挺进纵队电

（1940年9月20日）

泌阳。急。重庆委员长蒋钧鉴：春密。奉卫长官筱巳日电开：据报朱官冲、西双河、许家冲（信陆西南）一带，发现新四军豫鄂挺进纵队李先念部三个团计九个大队，其首领为李先念，从事煽动民众工作，希查明派队驱逐。等因。遵令119师刘副师长广信，带步兵四营由小林店经黄龙寺向朱宫冲、西双河、许家冲一带进剿，谨闻。职刘汝明叩。申智戌戌参一。印。

〔国民政府军令部战史会档案〕

12．蒋介石诬蔑江北新四军并迫令移至江南密电

（1940年9月25日）

（1）蒋介石致叶挺电

（有线）特急。泾县叶军长：巧巳馆电：悉。甸密。查该军原属第三战区战斗序列，应在江南京芜村附近一带作战，去年九月经以筱辰令一享电令，迅将该军在江北之部队速调江南作战，迄今半载，该军不特未遵奉命令实施，且不断将江南部队擅自移向江北，且行动越轨，破坏抗战，莫此为甚。最近据各方报告，该军在江北仍未放弃上项行动。兹摘要列举事实如下：（一）三月鱼、虞两晚，该军由江南陆续调兵过江北，并以南京支队由六合绕道天长捣毁五区专员办事处扣留泗县县长，攻击盱眙、嘉山县府，围攻滁县、嘉山常备队，并收容叛军盛子瑾部。（二）三月真日该军袭占定远，县长不知下落。将庐江部队纷纷调过淮南路，将津浦以东部队调往路西。（三）该军两团在合肥青龙厂开会，并在肥北肆行扰乱。（四）该军张爱萍等部盘踞六区霸占泗县、五河、灵壁各县。（五）该军第六支队彭雪枫部集结五千余人于涡阳、曹市集侧击友军各等情。仰即切实查报制止，不得纵容庇护，并立即遵照前令将江北部队全数移至江南服行作战任务，不得故意延宕，并仰具报为要。中〇。有。令一游。印。

（2）蒋介石致顾祝同电

有线。特急。上饶顾长官：〇密。查新四军原属第三战区战斗序列，应在江南京芜附近一带作战，去年九月经以筱辰令一享电

令，迅将该军在江北之部队速调江南作战，迄今半载，该军不特未遵奉命令实施，且不断将江南部队擅自移向江北，且行动越轨，破坏抗战，莫此为甚。最近据各方报告，该军在江北仍未放弃上项行动，除令立即遵照前令将江北部队全数移至江南服行作战任务，不得故意延宕，否则以违抗命令，破坏抗战论罪，仰切实督令遵照实施并具报。中〇。有。令一游。印。

〔国民政府军令部战史会档案〕

13. 陈诚报告袭击鄂东新四军致蒋介石何应钦电

（1940年9月—1941年2月）

（1）致蒋介石电（1940年9月1日）

恩施。渝军委会委员长蒋钧鉴：蓊密。据兼鄂东游击总指挥程汝怀敬电报称：鄂东匪情及剿办经过如下：查鄂东匪军番号为新四军豫鄂挺进纵队，司令李先念，政委张体学，下属六团，团长罗厚福、周志坚、许金标、程大姐、裴成祖、钟伟璋，教导团长程坦，团附吴林焕，枪约五千。自本年四月由平汉路西经孝属青山口、矿山东窜安陂礼边地，后经派十六、十九、廿一纵队及独一、独六各支队在安陂礼之姚家、大小悟山一带予以痛剿，该匪不能立足，遂分二股，一股枪约二千，由李先念率领回窜陆云应；一股枪约三千，由张体学率领回窜黄属张渡湖周围，凭藉团风、新洲、瓜埠、阳逻四周敌寇掩护，尽量发展，以吴林焕、丁字家、漆尉川、刘洪顺等匪约千人出扰大特山西南地区，以一部四、五百分扰浠蕲县境，又以罗厚福、程大姐等匪约千人西扰安陂礼麻一带。是时鄂东主力正参加豫鄂会战向平汉各县自卫队清剿巴河以东残匪。并沿巴河堵匪东窜，以十六、十九、廿一各纵队对敌监视搜剿残匪，并防止匪北窜以期一网打尽，各计划均于午月开始施行，一月来官兵用命昼夜驰剿，先后歼俘七、八百。现复分二股，一股渡江分扰鸭蛋洲、萝藿洲、叶家洲一带，一股由张体学率领窜浠蕲英边地、三角山、仙人台一带大山中，我正继续围追，并一面扶植地方自卫，惟匪行甚速，一日夜能窜一、二百里，各处分遣便衣队散布谣言，使我不易察悉，我各部极缺通迅材料，故指挥连络均感困难，刻正严督穷剿，务予根绝，乞纾垂注、等语。除电军政、军令两部外，谨闻。施。职陈诚叩。申东。(9:00)民保一。印。

(2) 致蒋介石(9月2日)

恩施。渝军委会委员长蒋钧鉴：蓊密。据鄂东行署主任程汝怀宥电：(1) 前由陂孝东窜之匪约千人，其主力刻盘据于礼属天台山以南夏家岗一带，时以三、五十人分向吕河公路及安礼边境活动。(2) 梗辰匪百余窜伏冈属徐家楼附近，当令王啸风部进剿，匪向东南窜去，计毙匪三十余，我亡兵二等语。除电军政、军令两部外，谨闻。施。职陈诚叩。申冬。民保一。印。

(3) 致蒋介石(9月30日)

恩施。渝委员长蒋：蓊密。据兼鄂东游击总指挥程汝怀陷电：(1) 逃窜黄冈、鸭蛋洲、萝霍洲、贾家洲之刘锡尧、吴林焕、漆少川、帘德顺等匪部约二千，利用黄洲、诸城、团风、阳逻各据点敌之掩护及长江天险，将四周民船封扣对岸，有、寝两日经王啸风部乘夜用木排渡袭，均以江流太急，且被匪发觉未获成效。(2) 浠圻英边地之张体学、熊桐扬等匪部约千人，自经王药宇等部及国军汪团追剿后，于寝、感两日陆续窜宿太边地二郎河、霸王庙、刘家畈一带，刻国军萧营及宿太自卫队进至弥陀寺，刘家畈我王丹侯支队进至张家榜、两河口、圻春属之线，正协力拟将该匪向南堵至平地而歼灭之。等语。除电军政、军令两部外，谨闻。施。陈诚叩。申江。(16:00)民保一。印。

（4）致何应钦（9月6日）

部长何：5555密。据鄂东行署程主任引冬两电：（1）马晚张体学匪部七百余，向蕲属、张家桥窜扰、连攻十余次，该县办事处主任陈廉、区长陈澍澂督属防守达两昼夜，王药宇部派队协助击溃，计毙匪十余、伤三十余，我亡班长一名。（2）冈属方高坪敌因我方连日在其附近搜剿残匪畏而撤退，我保安八团吴营随于东丑占领方高坪，适残匪数十人冒充敌军向我绕击，当毙匪四、俘七，余向团风窜去，获电丝网十（？）公斤及其他军用品甚多，并将该地堡垒、公路彻底破坏各等语。除分报外，谨闻。陈诚。申鱼。（9：00）民保一。印。

（5）致蒋介石（9月9日）

恩施。渝委员长蒋：殖密。据鄂东行署主任程汝怀微电：江寅保八团吴营向冈属詹家嬗漆匪少川部围剿，匪凭工事顽抗，激战三时，于连奋勇突入，余亦相继冲入，当毙匪兵六人，匪慌乱，泅水溃窜，多被我机枪击毙，其登陆图逃者亦被炮击，共毙匪百余、俘匪五、获步枪二及医药器材甚多，我吴营亡兵一伤五等语。除电军政、军令两部并复外，谨闻。施。陈诚。申佳。帐府、民保一。印。

（6）致何应钦电（9月11日）

何部长：1161密。据兼鄂东游击总指挥陈〔程〕汝怀鱼电：云孝边区股匪二千余，匪首李先念、周志坚、许金标；其东窜应礼边地匪三百余，经蒋司令章骧部进剿后，仍窜回铁路以西安麻、礼陂。散匪约千人，匪首罗厚福、程沈〔大〕姐，近与李司令九皋部时有接触。黄冈、萝霍洲、叶家洲之匪刘锯〔锡〕尧、吴林焕、漆少川等部约二千，一周来经王司令啸风数次渡袭，均被黄州、团风之敌阻击或被匪发觉未获成效。逃窜宿太之匪张体学、熊桐扬等部千余人，东、冬两日仍回窜浠圻边境，经王司令药宇部及汪团围剿，在黄梅之大河铺、浠水之六神港两役，双方伤亡均重，现化整为零，到处乱窜，刻已饬属派队搜剿中等语。除分呈外，谨闻。陈诚。申真。(15.00)民保一。印。

(7) 致蒋介石(9月13日)

恩施。渝委员长蒋钧鉴：夺密。据第一区保安司令李辉武申江电：鄂城属华容附近之段家店，到有新四军二、三百人，武装齐全，已饬各部切实堵截等语。除电军令部外，谨闻。施。职陈诚叩。申元。(14:40)民保一印。

(8) 致蒋介石电(9月17日)

恩施。重庆军委会委员长蒋钧鉴：殖密。据鄂东行署主任程汝怀文电：一、感于蒋章骥部在应山、李家店附近与匪军遭遇，激战六时，毙匪二十余，匪不支南窜。二、东巳匪军张体学部由大河铺东窜，我陈耀铭部队在广济之青蒿铺附近堵剿，毙匪八、伤十四各等语。除电军政、军令部外、谨闻。施。职陈诚叩。申筱。(15:30)保一。印。

(9) 致蒋介石电(9月22日)

委员长蒋、总长何：1661密。据吴兼司令转据(440)陈师长电称：删辰宜昌对岸点军坡敌施放毒瓦斯系喷嚏性催泪性混合毒剂，由轻重迫炮弹射出，毒气持久性为至十分钟，我受伤士兵(13)名，中毒官兵二百余，内(50)余稍重，当用硼酸液疗治后始恢复战斗力，其余中毒稍轻之百六十余人均能继续战斗等情。除转饬各部队妥为预防外，谨闻。陈诚。禡。戌黄。印。

(10) 致何应钦电(10月3日)

军政部何部长赐鉴：据鄂东行署主任程汝怀俭电：1161密。窜踞查家山(英山属)等处之匪军，感日经王药宇部及保八团吴、谢两营协剿，匪不支经汤流山分向甘家河、夏家嘴窜去，我李支队及吴、谢两营刻至皖边大湖属之夹洲、筑鲁家边附近，共伤毙匪六十余等语。除呈军委会并复外，特闻。施。陈诚。酉江。幸保一。印。

(11) 致蒋介石电(10月15日)

恩施。急。重庆军委会委员长蒋钧鉴：夺密。据鄂东行署主任程汝怀江电：匪军刘洪顺部约四百由彭思桥向陶店(黄冈属)窜扰，当令傅部黄大队前往迎击，三十日在熊咸山与匪夜间激战数小时，敌不支向路口窜去，计伤毙匪十余，我伤亡士兵四等语。除分报军令部外，谨闻。施。职陈诚。酉删。保一。印。

(12) 致何应钦电(10月17日)

何部长：1161密。据鄂东行署主任程汝怀青电称：(一)属萝鸭二洲匪军刘锡尧、吴林焕、桌〔漆〕少川等部约二千，乘我主力向蕲梅边境进剿，向陶店、回龙山、滚子河一带(昭属)扰乱，迭次激战、双方互有伤亡。(二)蕲春、宿太边区张体学股，支卯经我王织宇，邓支队在雨台山附近迎击，激战至三小时，伤毙匪三十余，获匪一枪一，匪向横山溃窜，微日邓支部追剿，匪向鸭公山、三面山溃窜，我分途猛追，计毙匪廿余获油印机一及药材、文件甚多等情。除电呈军委会并复外，谨闻。施。陈诚。筱。民保一。印。

(13) 致何应钦(10月19日)

军政部何部长：2460密。据鄂东行署主任程汝怀鱼真电：(一)蕲县彭思桥附近匪六百余，支日经派詹支队长率保八团彭营及浠、蕲两县自卫队前往迎击，匪向浠境逃窜，彭营及蕲属自卫队转向方家衖地方围剿，与匪百余遭遇，毙匪七十余，向湖中逃窜，当击沉民船二只，船内匪全溺毙，又获七九步枪二、军米十二石。(二)同日匪首吴林焕集结匪军八百余，进犯冈属鹅公堡、黄龙岩等地方与我邵大队长激战数小时，复经黄冈自卫队及补八团迫炮连分途猛攻，匪向望省亭撤退，歌晓我余、傅两支队长亦分途出击，匪不支，一部六百余向辛家冲逃窜，一部二百余向淋山河西南退窜，我各部追至黄柳树一带，又遇敌百余与我激战，是役匪伤亡五十余，我伤甚小等情。除电呈军委会外，谨闻。陈诚。酉皓。保。印。

(14) 致蒋介石(11月13日)

恩施。重庆委员长蒋：夺密。据鄂东行署主任程汝怀支微电：(一)巧戌漆少川率匪七十向我冈属辛家冲进犯，与我范支队激战甚烈，皓子经派队增援，匪即溃退，伤毙匪五十余，我阵亡中队长一兵五。(二)冈属扬鹰岭附近地区先后窜到股匪五、六百，当饬余、傅两支队抽队往剿，匪不支溃退，计伤毙匪五十余。除电军令、军政两部外，谨闻。施。职陈诚。戌元。保一。印。

(15) 致蒋介石(11月30日)

恩施。渝军委会委员长蒋：舰密。据鄂东行署主任程汝怀东电：(一)冈境匪军刘锡尧、吴林焕、温亚杰等共二千余人，近与王啸风部余、王、傅各支队及冈自卫队在辛家冲、五云山、回龙山等地时有接触。(二)蕲梅匪军张体学、易元鳌等共千人分四股乱窜，一股百余养日在蕲属海泽湖、散花洲被自卫队击溃，我获步枪二、军服四十余套，一股二百余感午在蕲太边界、枣树岭、马牛石一带，经王药宇部李支队截击，伤毙匪廿余。(三)蕲自卫队在茅山捕获重要匪犯刘耀、李文武、李七德等三名，并获德造自来得三枝。讯据系奉令召集刘锡尧等与李先念面谈，并传令张体学开赴铁路以西待命等语。除电军令部、军政部外，谨闻。施。陈诚。戌阮。民保一。印。

(16) 致何应钦电(11月25日)

军政部长何：1161密。据鄂东行署主任程汝怀齐刚电：(一)云孝股匪三千，匪首李先念、周志坚，近与蒋章骥部时有接触。(二)冈巧日董绍明、吴林焕等匪近二千。冬、江两日等股约六、七百与我余、傅两支队在黄土岗、回龙山迤东激战，计伤毙匪四十余。(三)蕲梅张体学、刘锡尧等匪千余人。(1)世日我蕲春自卫队在茅山附近，毙匪一、俘匪二、获驳壳枪三。(2)艳一股五百余在蕲属车门冲与我王药宇部及保八团彭营激战一昼夜，俘匪二名、毙匪卅、获枪二支。(3)元日一股三、四百向宿太东窜，一股六、七百经蔡家桥、杨家祠西窜，似有与冈匪会合企图，刻正严饬各部堵剿中等语。除电呈军委会外，特闻。施。陈诚叩。戌有。民××保一。印。

(17) 致何应钦电(11月29日)

部长何：1161密。据鄂东行署主任程汝怀巧电：(一)删寅王啸风部傅支队在黄岗、范家冈与张体学匪股七百余激战七时，伤毙匪五十余。(二)铣寅詹支队及保八团彭营协助傅支队之一部围剿张匪，共伤毙匪百余，其一股约三百于筱晨向浠境葛家店东窜，一股三百西窜团新公路附近。(三)董绍明、吴林焕等匪约千五百余，由冈安麻边境南窜与我余支队对峙于滚子河附近。(四)总计冈境新旧各匪共三千左右，现正分途进剿中等语。除电呈军委会外，特闻。陈诚。戌艳。民保一。印。

(18) 致蒋介石电(12月2日)

Chg委员长蒋：翁密。据鄂东行署主任程汝怀养电：(一)文晨黄冈自卫队向张渡湖南岸刘家集、冈属之易、熊两匪进剿，匪不支，向大埠街等处逃窜，计毙匪卅余俘匪八名。（二）冈属纯阳寺董绍明等匪八百余，经余支队进剿匪向淋山河铲窜逃，毙匪十六伤四十余。除分电外，谨闻。职陈诚。亥冬。民保一。印。

（19）致蒋介石电（1941年2月26日）

恩施。渝委员长蒋：据第三区司令胡舜生电称：麃密。（一）京安应随各县匪军，刻由豫鄂边区游击总指挥王仲廉负责清剿。（二）匪军主力现盘踞古城、畈平坝、大山头、八字门等处。（三）我曹勖部位置于三里山；保九团位置于尚家店；李守正纵队位置于六合冲等处。陈诚。丑寝。保一。印。

〔国民政府军令部战史会档案〕

14. 陆军第一三八师莫德宏部在皖东地区袭击新四军机密作战日记

（1940年10—12月）

十月四日，命令通报报告主要内容：

据本师四一二团何团长述圣支酉电呈报对皖东敌伪匪部署戒备情形如次：（一）第一营附步炮二门于东王集附近地区，向全椒敌伪及以北新四军江北纵队之匪军戒备游击。（二）第二营（缺步兵一连）重机两挺于东王集以西之大马厂附近地区，对以北匪军警戒游击，并与第一营切取连系。（三）第三营附步炮两门于含山西北之仙踪为预备队，策应各方面之作战。（四）团部及步兵第四连重机两挺于全椒西南之古河等语。

十月六日，命令通报报告主要内容：

师遵照廿一集团军总副座机兰感酉电：将六安防务及留置部队，本师野补团，原配属指挥之第八、第十三两游击纵队，既对肥城方面派出之谍报工作人员，即于本月通报一七二师交接清楚，并呈报备案在卷。

十月十一日，命令通报报告内容：

奉廿一集团军总副司令九月机兰感酉电：饬率兵两团进出皖东，策应于学忠、韩德勤两部对敌匪之作战等因。当将野补团及配属指挥之第十三游击纵队留置淮南路北段以西地区，第八游击纵队留置肥西，由本师龙副师长炎武指挥，旋奉四十八军军部参作真午电转，奉廿一集团军总副座机培庆电节开：(一)着驻合肥南三河军野补第二团之蒋营即开桐城归一七六师郑师长指挥。(二)着保四团庞团长金龙暂留一营在舒城，自率主力克日开三河镇接军野补第二团蒋营防务，归肥西张新墟一三八师龙副师长指挥，任三河之守备及肃清附近残匪等因。右各部队自本日起归本师龙副师长炎武指挥，对合肥西南及淮南路北段敌伪之戒备，游击龙副师长并就近暂归一七二师程师长指挥。

十月十二日，命令通报报告主要内容：

师遵照二十一集团军总副座机兰感酉电：进出皖东策应于学忠、韩德勤两部对敌匪之作战所下命令如次：(一)本师(缺已开驻古河之四一二团及留置六安归龙副师长指挥野补团工兵营战车炮车)奉命进出皖东津浦路附近，并指挥皖东党政军扫荡该方面匪军策应苏鲁战区友军之作战。(二)进出部队及留置部队：(1)进出部队：师司令部(缺留守人员)师直属队特务连、通信连、野战医院卫生队、辎重营第一连、输送连、四一三团、四一四团。(2)留置部队：师部留守人员特务连之一排、工兵营战车防御炮连、电话两班、无线电排第三班、辎重营(缺第一连)、野战补充团。(三)各进出部队为秘密行动，力求安全通过淮南路北段敌伪区域，区分行动如左：1．第一次进出部队师部人员及直属队二分之一党务政工人员、四一三团全部，以上各人员，部队统限于本月十六日到达吴山庙附近，准备行动位置归四一三团韦团长区处行进。2．第二次进出部队师部人员及直属队(除第一次进出外)、四一四团全部，以上人员部队统限于本月二十日以前到达吴山庙附近，准备行动位置归崔参谋长、四一四团颜团长区处行进。(四)第一次进出部队人员着于本月二十日以前通过淮南路到达草庙集东南地区，四一三团则对西南之敌伪严密警戒，师部及直属队员兵候师部到达时归还建制。(五)第二次进出部队人员着于二十五日以前通过淮南路到达花张集、八斗岭间地区，四一四团则对东北西各方敌伪严密警戒，师部及直属队员兵则归还建制。(六)留置野补团并第八游击纵队归龙副师长指挥，限于十四日以前接替四一三团及四一四团防务，第八游仍在原地，各对合肥及淮南路北段游击，龙副师长指挥各部及第十三游击纵队并归一七二师指挥。(七)留置之工兵营、战车炮连、无线电第三班归龙副师长指挥。(八)各进出部队进出时应于事先对通过淮南路之敌情地形，通过时机，路线警戒等详加侦察，把握时机，务力求安全通过，避免无谓之战斗。(九)各部队于准备位置前，先将一切补充械弹冬服、器材装具整理完竣，行李力求简单，以利行动。(十)各团未办完文件及不必需物品，得酌留人员，一律迁移于立煌流波疃办理。(十一)后方运输、连络另令规定之。(十二)进出部队每士兵携带粮食三天。(十三)行动时予在师部(第三次进出部队行进)。

十月十六日，命令通报报告主要内容：

1. 本师龙副师长炎武铣午电呈报当面敌情如次：合肥及淮南路北段之敌为尾崎独立第十三旅团共两大队，骑兵一小队，重炮两门，山炮六门，小钢炮数门，装甲汽车二十一辆，肥城指挥官大泽中佐，淮南路北段指挥官田川大佐，另有一大队在淮南路南段为五十君中佐指挥。

2. 又铣未电呈报对当面敌伪布防情形：(一)右翼队：保四团庞团长金龙部除第二营在舒城外，余均于删午到达三河镇布防并指挥，第二行政区署特务大队两中队及合肥自卫两中队，一、三两区后备队共六中队，配置于新河口，罗小店、丙子下、中派河等处，对东北游击警戒。(二)中央队：第八游(欠四、六两大队)附新编十个特务队现配置于上派河、烧脉岗、城西桥、小蜀山、将军岭之线，对东游击警戒。(三)左翼队：野补团(欠三、七、八连)附第八游两大队，师工兵营山炮、战炮各一连混合编组织，特种大队之一部配置于土山寺、高塘集、陶楼之线对东游击警戒，主力控置于吴山庙附近，构筑工事。(四)职率野补团第三连并一七二师之野补团，在张新圩、焦婆店为机动部队策应各方之作战。

十月二十二日，命令通报报告主要内容：

师遵照委座九月文令一元电令及廿一集团军总部九月机兰感酉电：进出皖东策应苏北于学忠、韩德勤两部对匪军之作战，经将进出路东之部署于十月十二日发出命令后本部参作养电令：(一)四一三团即开始行动，利用夜间越路，四一四团及师部逐次继续。(二)野补团第二营进驻淮南路北段、罗集以西之油坊岗附近，对大犯岗、罗集、双墩集各据点之敌警戒，掩获进出路东各部之安全通过。(三)匪在路东活跃，圆疃集、埠子李等处之匪有阻袭我军通过淮南路之企图，四一三团越路后须即将该匪扫荡，一部占领圆疃集、埠子李，主力到草庙集附近集结，对敌伪匪戒备，掩护后续部队之越路。

十月二十六日，命令通报报告主要内容：

1. 本师遵照廿一集团军总副司令九月机兰感酉电令：除留置步兵一团于肥西外，其余进出皖东扫荡该方匪军，策应苏鲁战区友军之作战，至遗六安防务交由我一七二师接替。本部参一寝酉电报告如下：(一)本师留置野补团、工兵营、战车防御炮连及后方留守必要人员，部队并归龙副师长指挥外，其余司令部及直属队四一三团、四一四团均为进出皖东扫荡部队。(二)野补团于十三日到淮南路北段以西地区接替四一三团任务，当将所有淮南路北段附近陶楼、高塘集、土山寺亘肥西第八游击纵队所担任北分路口、城西桥、上派河之线之原阵地，交由本师龙副师长指挥，第十二游击纵队守备庄墓桥、车王集之线，归第一七二师指挥，同时将六安方面防务及三河守备并移交该师接替，本师同时解除该方面之指挥任务。（三）本师进出路东行动，经参一有卯电呈报在案。

2. 本师进出路东行动如下：

四一三团全部于本月二十四日晚十一时，由野补团第三营掩护于淮南路北段罗集、双墩集敌伪据点间隙处安全越路。圆疃集匪军二百余闻讯逃窜，已无匪踪。四一二团第三营于本月二十五日到达草庙集接运饷弹。四一三团同日到达路东草庙集附近宿营，并积极构筑据点工事对各方敌伪匪严密戒备，策应尔后路西本师后续部队之越路。此次四一三团第二营取道下塘集、罗集敌伪据点间越路遇敌巡路火车，时有少数行李部队致失连络，不能同时通过路东，暂后退至路西，二十六日仍乘黑夜继续越路。

3. 据越过皖东先头部队四一三团团长韦介伯宥酉电报称：（一）皖东粮食购买困难，地方民众备尽匪害，勇跃输将肥东五、六两区现筹备军粮二百石供我备价购用。（二）淮南路东青龙厂、梁园等处附近散住匪军号称三团，防我东进部队之扫荡。（三）职团现进驻圆疃集、埠子李、草庙集等处，布防对敌伪匪戒备，掩护我后续部队越路之安全。

十月二十七日，命令通报报告主要内容：

一、本部参作感亥电：饬越过淮南路东之先头部队四一三团之处置，该团就现地位置，随处利用村落为据点，对各方敌伪匪严密警戒，如有防害后续部队通过时务极力排除，并将已收复地区迅速恢复基层行政组织，及侦察匪军所在之实力。

二、本师遵照委座九月文令一元电令及廿一集团总部机兰感酉电令：进出皖东策应于、韩两部对匪军之作战，本部参俭电告韩主席内容如下：（一）敝师进出皖东先遣一团（四一三团），有日越过淮南路到达八斗岭、梁园间地区，后续部队陆续开动中，淮南路东埠子李、圆疃集、梁园等处匪军，经我压迫后，其一部窜埠子李以北，一部窜梁园东南地带，后续部队到达即部署实施扫荡。

三、本部参一俭电告韩主席内容如下：职师进出皖东部队先遣四一三团已于有子安全越过淮南路，有申到达草庙集。路东匪情：在四一三团将通过淮南路前，匪军曾集结一大部于圆疃集、埠子李间，企图妨碍我进出部队行动，我四一三团到达时，即向该匪节节进迫，该匪遂向各方窜去，现其一部仍盘据青龙厂附近，一部号称三团盘据店埠以东，梁园东南地区其支队部，设距梁园东南约十一华里，我四一三团以第一营驻草庙集，第二营驻埠子李及路口集一带，第三营驻园疃集，五十头马、黄寺一带对敌匪严密戒备，我俟后续部队到达，即向该匪实施扫荡。现我已饬四一三团就现位置迅将所在及已收复地区极力协助行政机关恢复基层行政组织及扩大宣传工作。

四、据本师四一三团感辰电，对本师后续部队进出淮南路东之意见：(一)第二次越路跃进之部队以营为单位于晴夜逐夜通过，以期缩短距离，免失连络，仍以路西陶楼及吴山庙东南五十铺为准备越路位置，一部经罗集、下塘集间，一部经罗集、双墩集间同时通过，翌晨一部到埠子李，一部到园疃集早饭后，当晚到草庙集集结。(二)匪一部主力在青龙厂及以北地区，一部主力在梁园东南一带，我如以四一四向花张集、八斗岭推进，以职团向梁园方面推进，俟师座到达草庙集指挥，即可向各方匪军扫荡，以肃清肥东地区。(三)罗集南北两通过路线安全无虞，我便衣队已于感夜越过路，并往来侦察路线多次，准备接应我师后续部队之越路等语。

十月二十八日，命令通报报告内容：

据本师四一三团俭酉电报告：1，据报淮南路敌警戒非常严密，罗集以南通过路线张大树、老虎塘一带，敌已构筑工事，感夜在张大树用机枪向我通过路线彻夜不断扫射，吴店子现有敌军六、七十名。2. 除饬第三营马营长迅饬各连络站，拟由高塘集起经张家岗、老岸、八斗岭、亭成庙、马黄寺等处至园疃集止（在张大树、卫田之间），另辟新通过路线外如何续呈等语。

右电查该敌当有防我后续部队越过路东之企图，本师以扫荡皖东匪军进出津浦路策应苏北我友军之作战，力求安全越路以遂行任务，该四一三团所拟另辟新通过路所见甚当，经电饬如拟办理。

十月三十一日，命令通报报告内容：

据本师四一二团何团长述圣酉电报告：世拂晓率一、二两营向盘据全椒西、复兴集、三河集、白庙李等处匪军第九团及独立营约千余施行扫荡，匪向北周家岗、鸦窝集溃窜等语。

右电查该团对当面匪军扫荡亦属嘉许，但本师尚未完全越过淮南路以前，应稳扎稳打。总以能策应掩护本师完全越路已足，至积极扫荡皖东匪军应候我后续部队到达，由师整个计划实施，当经本师参作世亥电饬该四一二团团长遵照办理。

十一月一日，命令通报报告内容：

本部参东电报告21Ag及韩主席德勤关于重要敌伪匪情如下：（一）皖东敌情：淮南路北段尾崎旅团步骑炮合约二千余，伪军千余，分据合肥城及以北双墩集、罗集、下塘集沿线，大小据点廿余处，阻绝皖中、皖东连路，（二）皖东匪情：新四军江北指挥官张云逸指挥罗炳辉、孙仲德、詹云雨、戴秀英等部，盘据皖东梁园附近及青龙厂以北定远间暨全椒西、复兴集、界牌集、藕塘集一带建立赤化政权，向我方进迫，发生战斗，（三）本师奉命进出皖东津浦线有日陆续越过淮南路，并令本师原驻古河之四一二团向北进击戴秀英部，以利主力迅速行动，乃敌匪约多我处□之敌多方阻击，本师决力除障碍向东迈进，服行任务，惟皖东粮食歉收，淮南路为敌占据，交通梗阻，补给不易，尤影响部队行动，正极力筹设中。

十一月二日，命令通报报告内容：

(一)查淮南路北段罗集南北附近，前经我四一三团韦团长介伯掌握之，伪保长作越路响导，现已被敌查觉，将该伪保长撤换，我后续部队之进出皖东设法另寻响导。

(二)本部参一冬电：皖东部队第十游击纵队，本师四一二团、四一三团指导作战要领：在本师未完全越过铁路以前，兹分饬各部行动如下：(1) 第十纵队及保八团，四一二团着由第十纵队李司令本一指挥，依现态势对和县、全椒、淮南路之敌切实警戒，以四一三团之一部作机动，于大马厂、复兴集、隆兴集间对北匪巢相机逐步压迫，并与四一三团相呼应，以策应本师全部之进出。(2) 四一三团就现位置，除向铁路戒备外，一部确保梁园向南股匪警戒，一部于埠子李，路口集、滙东之线向北警戒，以接应本师完全越过铁路，并与柘皋之保八团及我四一二团相呼应，以形成有利之态势。(3) 各部应切实详查前方匪军实力所在及其动向，尔后清剿之准备。(4) 运用逐步为营，稳扎稳打，处处设防，处处连击，免为匪乘。(5) 对已收复地区即以军事力量协助行政机关加紧恢复基层组织，推行政令并促民众之自觉培植抗建意识，防范匪类煽惑。(6) 交通补给不易，务极力节省弹药。

十一月三日，命令通报报告内容：

(一)本师四一二团附江西电呈报遵照本部参一冬电作如下之部署：(1) 匪军在全椒西、复兴集、三河集，十月三十日被我击灭三百余后，现其大部仍据守周家岗、鸦窝集一带。(2) 部署：第一营附步炮一门，位置东王集(全椒西)对全椒之敌匪警戒；游击第二营附步炮一门于大马厂、复兴集、三河集对北匪军戒备，游击并与第一营取连络；第三营(欠步一连)驻仙踪，为预备队策应各方作战；团部直属队及第八连驻古河等语。右电依据敌伪匪情等之判断，在师全部未越过皖东以前部署尚当，俟师尔后整个计划部署所属实行对匪扫荡时亦可依其现态势，任该方面准备对匪之扫荡。

（二）师长遵照21Ag冬电：饬速行出发，进出皖东意旨，决于东日出发，冬晚安全越过淮南路东到达目的地。本部江巳电饬知所属各部内容如下：冬晚七时三十分率四一四团第二营由吴山庙东（淮南路北段以东）石牌坊，经任小郢、徐大郢、曲小庙、家岗、下油坊、巴斗岭、彭岗、马黄寺，江辰七时到达肥东园疃集，该路线通过敌据点颇安全，后续部队着由四一三团派队接应，依该路线越路。

（三）本部参一江午电呈报：二十一集团总副座内容如下：师长率四一四团第二营东辰由六安出发，冬晚越淮南路，江巳到达肥东园疃集，支到草庙集，其余师部人员及四一四团全部继续越路中。

右电本部冬晚越路由敌据点间通过时，利用伪保长响导，以本师各部便衣组为先遣之搜索，野补团以一部对行进路两侧敌据点及铁路之警戒，掩护错误之处：（一）伪保长至铁路时误以野补团对敌两侧警戒之部队为敌伪。（二）我便衣组平时训练太差，致失连络。（三）野补团派出之掩护部队情况不明，对我越路两侧据点之敌事前并无警戒，如该据点之敌对我施行袭击，则我即不能安全越路矣。

十一月四日，命令通报报告内容：

本师奉命进出皖东，通过淮南路北段敌伪各据点，利用伪保长为响导，十月二十四日及十一月冬日两晚先后越路，各部队尚能避免为敌所阻，时冬日晚本部越路后，因已数次通过敌据点，似已为其发觉。兹据本师四一三团韦团长介伯支戌电报告如下：（一）吴店子、张大树（淮南路北段、罗集东南及西南）南路通过线仍安全，连日均无敌踪；（二）钧座冬晚率四一四团第二营由九成庙（罗集南）以南越路；敌得悉后江辰由卫田上炮击九戍庙三发；（三）江辰伪军百余占据三十头，经我派队游击，毙伪数十，该敌伪即向双墩集（肥城北）溃退。

十一月九日，命令通报报告内容：

本部参一桂电呈报21Ag、48A进出皖东情形：（一）现进出皖东部队四一三团、四一四团及师部直属驻地，四一三第一营（欠第三连）附步炮一门驻梁园，第二营（欠一连）附步炮一门驻青龙厂，另一连驻埠子李，第三营（欠一连）附步炮一门驻园疃集，另一连驻马黄寺，一连驻五十头，团部及直属第三连驻草庙集；（二）当面匪情：匪军主力窜梁园以南地区，其一部千余驻亚子城东北附近，另五百余驻造甲店；（三）现将所到达各地附近残留匪军肃清，恢复基层行政组织，推行政令等工作；（四）据报肥敌于罗集附近自行破坏铁路一段，肥城内敌眷妓、商人向芜湖运去；（五）党政整委会真日可到路东吴山庙由野补团护送越路。

十一月十五日，（一）本师进出皖东；对于后方连络线淮南路北段以东地区之敌伪匪军亟应力予排除，以利交通，尔后对匪整个计划实施扫荡之行动。兹据本师四一三团韦团长介伯阳代定报告：进出皖东后十月廿五日至十一月五日扫荡经过情形：（一）本团敬晚越路时，据报吴店子一带有匪军一部有阻挠我企图，并有乘我越路之际利用与淮南路北之敌发生战斗使向我夹击，当不顾一切即向吴店子扫荡前进，有日拂晓将吴店子、园疃集先后克复，匪向北窜；（二）敬晚第二营由罗集北越路将埠子李、路吕集、海宝集、青龙厂等处匪军驱逐完全占领；（三）俭巳据报敌军十余名向吴店子进犯，我便衣队两组诱敌深入，即行夹击，敌后退去；（四）三十日派第二营向梁园匪予以扫荡，匪向北窜；（五）十一月三日淮南东之三十头敌伪军合百余有向我进犯企图，当日园疃集第三营派兵一部前往袭击，敌向双墩集（肥城北）退去等语。

（二）本部参一删午电报21Ag、48A本师进出皖东扫荡经过情形：(一)职师奉命进出皖东部队经陆续越过淮南路完全进出；(二)进出之准备：上月中旬将六安方面防务移交一七二师接替后，同时完了进出前所有准备，将部队集结于待机位置，并即多方侦察淮南路北段敌情地形及其附近伪组织，利用伪保甲长三十余名为响导，策定通过线，待机越路；(三)进出之区分，以期缩短行军长径，通过容易。将部队区分数个单位，分路逐次进出；(四)进出前淮南路东敌伪态势：养日我预定通过到达地点埠子李、园疃集等处，有匪军千余迫近淮南路，阻碍我通过，匪首张云逸并率主力在梁园附近策应，我首次进出部队排除障碍通过后，敌发觉派兵进驻罗集以南对我原定通过路扼要构筑工事，彻夜戒严，多方阻碍我后续部队之进出，当令四一二团及四一三团依现态势各向当面匪军扫荡，策应我后续部队之进出，一面侦察敌情另觅越路路线；(五)进出经过情形：第一次四一三团全部敬晚由高刘集西端准备位置，乘夜开始分两路由罗集南北两路通过扫荡匪军前进，南路将罗集东吴店股匪扫荡后继即收复园疃集，北路将海宝集股匪驱逐后相继扫荡埠子李、青龙厂，有晚该匪分向南北逃窜，俭辰罗集敌百余附炮一门乘我进出部队立足未稳犯我吴店子，与我连哨及便衣队激战二小时，敌不支退守罗集，当令四一三团以一部继续扫荡梁园匪不支向北王子城溃窜，全日收复梁园，即令四一二团主力由古河大马厂(全椒西)向北匪军扫荡，世日将复兴集、三河集一带完全收复，残匪向周家岗北窜，职遂率四一三团第二营冬晚越路，江晨罗集敌发觉向我炮击十余发，旋敌伪百余进占双墩集，东方三十头企图中途向我阻袭，被我派队击退，职即续进梁园东之栏杆集指挥作战。微晚四一四团第一营继由罗集通过铁路时被敌巡路机车截断，鱼拂晓始恢复连络向草庙前进，职部直属并四一四团团部及第三营于齐晚由崔参谋长坚指挥，由罗集南北分两路越路，佳日到草庙集，真日完全到达栏杆集附近，准备展开清剿匪军工作；(六)职师指挥各部位置：四一二团全椒西南、占河、东王集、大马厂；四一三团肥东、园疃集、草庙集、青龙厂、梁园；第十游击纵队古河含山赤镇；保八团柘皋、马集、包家坊。各部于所在地积极协助恢复政令之推行，以利扫荡之推进。

（三）本部参二删电：（一）职师未进出皖东以前，新四军江北指挥官张云逸所指挥罗炳辉、孙仲德、詹化雨等部号称四团约三千余，盘据梁园以南地区，另一部约三千余占据园疃集、埠子李、青龙厂、社集、朱家湾等处。张云逸指挥部于全椒西、复兴集、周家岗间山地。戴季英自率一部三千余于藕塘根据地，并分占八头岭、王子城间大举抢夺勒索推行赤化；（二）匪军闻我进出皖东消息，遂向梁园、青龙厂等处抽调兵力于园疃集、埠子李间图阻截我之越路东进并全椒属三河集、复兴集方面南进巢县之一部东进，企图会攻古河。待上月敬日职师先遣四一三团以机密行动越路，将匪扫荡园疃集、青龙厂、梁园等处，股匪相继被我驱逐复兴集，南进之一部巧日被我四一二团击溃，至梁园以南匪之一部亦乘隙北窜；（三）截至灰日止，匪主力仍盘据古城、周家岗及以北藕塘集、皇甫山等处，张云逸指挥部在定远南得胜集；戴季英在太平集；江北游击纵队谭希林在大魏集，其一部在定远、合肥边境，一部在合肥巢县含山边境，一部在滁县西孤山、周家岗；新八团在巢境夏阁镇；第四支队之第九团在巢县属之北山口，积极防我东进。

十一月十八日，一、状况判断：关于作战之计划及其理由或起因之要旨：

新四军江北匪首张云逸指挥所部罗炳辉、戴季英、詹化雨、谭希林等共五千余。十一月二十日以前被我先后逐次扫荡，其主力盘据于滁县以西周家岗、鸦窝集、藕塘集、界牌集、吴家圩等处，积极构筑工事并藉淮南路全线及和县、全椒、滁县珠龙桥、定运、老人舍等处之敌伪作对我大包围之态势，企图利用掩护达其固守该处地带，以迟滞牵制我军进迫津浦路之目的。基此判断，决以一部对东方面及淮南路敌伪之戒备，以防其对我进犯，主力即对东北津浦路以西匪区积极施行扫荡，并依军事之进展掩护党政设施，恢复原有政权，以巩固皖东，使易近接苏北友军（韩兼总司令德勤部）协同对匪作战。

二、命令通报报告内容：

师遵照委座九月交令一元电，总长何、副总长白江申令游电，二十一集团军总部九月机兰感酉电及十月十三日命令附发扫荡匪军作战计划，十一月十八日拟定颁发指挥所部实施对匪作战计划如下：

甲、方针：师遵照集团军作战方针，策应苏北友军之作战，须将皖东匪伪肃清，并依军事之进展逐次整理党政，恢复政权，以巩固皖东，使易近接苏北友军协同作战行动之目的，决于十一月二十日起以一部向东南方向地区戒备，主力向东北津浦路以西地区实施扫荡。

乙、指导要领：一、以配合之部队分为数个扫荡队以极机动之姿态向主要匪区逐次推进，于本月二十日起半个月内分两期预定扫荡目标：1．第一期——腰铺以西周家岗、广兴集、萧家圩、向家铺、青龙厂间之线；2．第二期——滁县西珠龙桥、仁和集、天长集、官桥、兴隆集、杜集之线及线内花山、孤山、甫山各处匪巢。二、师以主力对主要匪区分数扫荡队向各期预定目标扫荡推进，以一部对淮南路南段及巢县含山、全椒间地区之匪伪、敌伪等搜剿及戒备，使掩护主力及侧后之安全，以策应对匪主力之扫荡。三、对匪军战法宜熟察情况步步为营稳扎稳打处处设备，并须与各方切取连击互相策应，使能相互协同行动，期能达成任务。四、对匪主力根据地所在宜熟察外围情况，分进合击，并与各方切取连系，以求一举歼灭之。五、对匪之小部队应以极机动之行动迅将歼灭。六、对零星散窜飘忽无常之匪派队游击，并利用地方武力为响导使易寻求其所在而扫剿之。七、部队到达之地区在须继续推进，前先派队向当面匪军方向极力活动，不断游击，施行搜索。八、在匪军外围之作战须构筑工事，防其突击，深入匪区时，以协同之行动迅将占据。九、利用政治及党务力量促匪区内民众之自觉及策动匪伪反正，以分化瓦解匪势收事半功倍之效，并以军事力量掩护地方武力之组织及协助地方行政之设施。十、对匪区散布据点之敌以最小限之相当兵力，相机予以占据。

丙、部署：十一、军队区分：右扫荡队队长步兵四一二团团长上校何述圣，步兵四一二团，第十游击纵队第一支队，地方武力李锡堂大队；中央扫荡队队长步兵四一四团团长上校颜俊隆，步兵四一四团（欠一营），地方武力陈化斌、许天职两大队；左扫荡队队长步兵四一三团团长上校韦介伯，步兵四一三团、合肥第五、六两区地方武力，王柱东大队，谢广臣大队；东南地区扫荡队队长第十游击纵队司令少将李本一，第十游击纵队（欠一支队），保安第八团，地方武力杨一明大队，总预备队、四一四团第一营。十二、战斗地区（略）。十三、任务及行动：1．右扫荡队以游击队一部或配正规军一小部为右翼侧之掩护正规军，一部（李燊营）任古河镇之守备并协助向全椒、含山、巢县间对敌伪之警戒；李锡堂大队任响导开始扫荡；2．中央扫荡队以陈化斌、许天职两大队任响导，至扫荡至小马厂或藕塘集间附近地区，依情况以一部或全部与右扫荡队协同行动，向右战斗地境寻求匪军主力合击而歼灭之；3．左扫荡队以一部对淮南路北段及肥城店埠敌伪戒备及我路西连络交通；谢少臣、王柱东两大队任搜索警戒响导随中央扫荡队之进展，以一部逐次扫荡向中央扫荡区协同进击萧家圩、大魏村匪巢，以策应右扫荡队之作战；4．东南地区扫荡队以一支队任全椒、含山、巢县间对敌伪之戒备，一支队搜剿匪伪，保八团对巢县方向戒备敌伪外并附杨一明大队搜剿匪伪。十四、总预备队为师机动部队并任栏杆集附近之守备。

丁、通信、补给、卫生及其他等从略。

十一月二十日，命令通报报告内容：

本部十一月十八日于栏杆集发出对匪扫荡作战计划，限令各部于本月二十日开始实施。各部本(二十)日报告如下：

1. 第十游击纵队李司令本乡智戌电报告：职率四一二团(欠一营)及刘支队于智申到大马厂(全椒西)，本拟马卯向周家岗（匪据点)前进，旋因无线电机损坏，现尚在修理中，决于马夜开始行动，向该匪区扫荡等语。

2. 四一三团韦团长介伯智戌电报告，谨将扫荡部署如下：(一)以第一营(欠步兵一连)附常备队一中队准于养日集结于护城(肥东北梁园北十余里)、杨店子之线，向八斗岭、富旺集之匪开始扫荡；(二)以第二营附常备队两中队准养日集结于商冲花、张集之线，向许集、向家铺、唐井子之匪开始扫荡；(三)第三营附第一营之一连及地方武力一大队，于青龙厂（淮南路北段下塘集东)、园疃集（青龙厂）、草庙集、梁园之线，对淮南路敌伪警戒；(四)职率直属队定漾日至花张集指挥作战等语。

3. 四一四团颜团长俊隆智戌电报告：职率所部(欠第一营)及地方武力；决于马晨向王子城附近扫荡前进，请饬左、右扫荡队协同行动，以资策应等语。右各扫荡队所报行动，查右扫荡队李司令本一所报，因无线电损坏改至二十一日开始行动，与本部策定扫荡计划于本月二十日实施，相差迟延一日之时间，其他之扫荡队亦因匪情及部署等关系不能恰于计划之确定日期实施开始，但各部亦可因此得以达到协同行动恰合原则。

十一月二十一日，命令通报报告内容：

(一)四一三团韦团长介伯马午电报告：智戌电计达。顷接四一四团马辰电得悉该中央扫荡队马晨向王子城附近前进，刻已饬第一营养午进抵富旺集、八斗岭之线，第二营进抵许集、向家集、唐井子之线，策应四一四团对该方面匪之扫荡等语。

(二)本部乡一马酉电：饬左扫荡队四一三团韦团长介伯注意各项：1. 智戌、马午两电均悉；2. 该扫荡队尔后须直接与中央扫荡队连络协同动作；3．王集（梁园东约三十里）仍由该团派兵一连驻守，维护交通连络；4．该团第三营部署特须注意确保梁园及淮南路东西之交通线。

十一月二十三日，命令通报报告内容：

（一）本部十一月十八日发出对扫荡匪军作战计划，限令各部于半个月内分两期预定扫荡目标：第一期滁县西周家岗、广兴集、萧家圩、向道铺、青龙厂之线。兹据右扫荡队长李本一养未电报告：职率右扫荡队养拂晓向周家岗扫荡，与匪激战至东，将周家岗克复。中央扫荡队长颜俊隆梗午电报告：哿夜到达三官集，马日分向王子城、刘兴集扫荡前进，该各处匪敌百名溃向界牌集退窜，本（二十三）日辰续向界牌集匪军八百余攻击，该匪据守坚固工事顽强抵抗。左扫荡队长韦介伯养酉电报告：养午到达向道铺、许集、唐井子、八斗岭、富旺集之线，惟界牌集地形及工事较好，该匪固守顽抗，非最短期间所能攻克。当经限令肃清达到作战计划之要求。

（二）本部乡作梗酉电呈报扫荡匪军经过如下：一、扫荡队李司令本一及四一二团养拂晓分向周家岗、鸦窝集扫荡，匪首张云逸、罗炳辉指挥该处匪军四千余激战至未斩获颇多，该匪向北常山岭方向溃去；二、中央扫荡队四一四团梗辰于王子城（肥东、梁园东北），刘兴集分向大魏家之匪扫荡，激战二小时，匪向界牌集溃去，零时三十分我进迫界牌集与匪千余激战中；三、左扫荡队四一三团养午收复富旺集、八斗岭间地区，一部进至花张集向郭集、小李集推进扫荡中。

十一月二十四日，命令通报报告内容：

（一）本部乡作敬戌电，饬所属对扫荡界牌集匪之处置：（1）四一四团自梗午起攻击界牌集匪藉工事固守，本辰又由小马厂增援数百，激战迄本晚，仍未攻下，（2）着四一三团派营长率步兵两连、机枪一排，限有午赶到山头集，归四一四团指挥加入战斗相机将匪驱逐；（3）着李司令本一（第十游击纵队），于有日起，由鸦窝集酌派队向小马厂方向不断游击策应。

（二）皖东粮食因欠收并被匪军搜括，淮南路南段又被敌阻绝米源，本师各部自进出皖东，日粥两餐并杂以杂粮充饥，尚觉军无宿营夜之粮，似此情形无论对匪或敌取积极作战行动，后方粮食补给影响所及至为危险。本部乡作迥戌电饬如下：四一四团粮食补给困难，四一三团速令肥东谢区长运粮送到山头集补给，毋误戎机为要。该电令因市面购办困难，本师各部粮食全由地方筹办备价购用，即此足见给养困难情状之一斑也。

十一月三十日，命令通报报告内容：

查皖东匪军张云逸指挥所部五千余，旬日来被我压迫扫荡窜扰滁县西亘定远以南地区一带，数日来并积粮万余担，于藕塘集以东地区。本师中央扫荡队四一四团攻击界牌集匪之据点，该匪连日增援，日夜赶筑工事，似有固守顽抗，以巩固其藕塘集匪巢根据地，牵制我军压迫其退窜津浦路东，待机乘各方敌伪对我扫荡时施行袭扰之企图，使我撤回肥西而得盘据皖东以与银屏山股匪之连络。我当饬中央扫荡队四一四团对界牌集积极进攻以打破其企图。兹据四一四团陷辰电报告：界牌集匪连日被我围攻，俭日晚匪将工事毁坏，艳晨我继续攻击，激战至午，匪向藉塘集、常山岭方向溃窜，我遂占领界牌集等语。本师对匪作战第一期预定到达目标业经完成，当饬各部占领滁县西周家岗、鸦窝集、界牌集亘定远、南江巷、蒋集、小李集之线之现态势戒备，整理作第二期预定扫荡到达目标之准备。

十二月一日，命令通报报告内容：

本部参作东电请第五战区李副长官如下：职师进出皖东后，当经遵照命令对匪军实施扫荡，予以重大打击，现匪主力仍窜据滁县西常山岭、藕塘集间山地，一部在定远西南朱家湾、附近地带、巢县南银屏山匪军乘我主力向津浦路西扫荡之际，其一部窜出夏阁镇企图牵制我之北进。最近又由津浦路东增援一股约三千余，有向我反攻企图。在我实行剿匪中各方敌伪又乘机蠢动，定远敌已有增加且向南修路，将至张桥镇、巢县敌伪陆续向清溪镇增加四百余，有进攻含山企图。综合皖东情势，在敌伪匪环伺之下危机实甚优虑堪虞，我所率三团应付此严重局势，四方布置，捉襟见肘，兵力极端不敷，兹为达成任务计，拟请：（一）迅饬补充团开来皖东使用；（二）地方团队及各县自卫队剿匪尚属得力，但缺乏弹药，请迅发子弹六万发，以厚实力。

右电呈出后，奉21Ag江申机兰电：（1）着172D派兵一团及135D之野补团统归龙副师长炎武指挥，进出皖东，集结于八斗岭、护城附近，准备策应138D之作战及策应该后方之安全；（2）龙副师长原任肥西防务由172D即日派队接替，龙副师长俟交防后不待候命令即行移动；（3）着84A派兵一团接替正阳关（寿县南）172D之五一五团防务、该团交防后归172D指示；（4）着172D拨步机弹廿万发、手榴弹三千颗、步炮弹四万发交龙副师长带赴皖东，另由该师派员来库领还。

十二月二日，命令通报报告内容：

师递奉第五战区司令长官敬未琴电：卫长官养电，何总长限令驻在五战区内之叶挺军于十一月底以前向黄河以北撤退，对于贵战区新四军之动态请饬随时电告以致协同，并仰将该匪动态另行电报等因。

右电关于新四军之动态：江北匪首张云逸指挥所部约五千余，被我积极扫荡后仍盘据滁县西常山岭、藕塘集及定远以南附近，利用敌伪环伺皖东姿态为掩护，企图俟敌对我实行扫荡之际乘机扰我侧后盘据皖东，当无遵令如限向北撤退之行动。江南叶挺指挥所部自我第三战区限令北移后，其一部约五千余窜据巢县、银屏山间，并派出一部窜过淮南路南段以北地区夏阁镇附近，牵制我对津浦路西匪首张云逸所部之扫荡。

十二月四日，命令通报报告内容。

师递奉21Ag机兰冬辰一及江辰二两电开：(一)奉委座寝令一游电开：据报新四军长江南北两岸连络线及其登陆地点计分六处：(1)繁泥线，由繁昌县属之沙洲城渡江至北岸无为县属之泥汊镇登陆；(2)无刘线，由无为县属之南岸舒家坝渡江至北岸刘家渡登陆；(3)观风线，由无为县属南岸观音阁渡江至无为北岸凤凰登陆；(4)铜新线，由铜陵县属坝埂头渡江至北岸无为县新沟登陆；(5)无胡线，由无为属南岸控沟渡江至北岸之胡陇登陆；(6)铜工线，铜陵小湖洲江埂章仓渡江至北岸土桥登陆。(二)据邓专员吴明军戌铣电称：据探报驻皖南新四军对北调命令无服从诚意，故提出条件甚苛，索款二百余万元、步机弹二百万发，轻机枪百挺、步枪五百枝，并请划溧水、溧阳、金坛、宜兴为暂驻区，借此拖延时日。(三)查该军干部多皖南人，而士兵泾南繁籍约六千人，半系逃避兵役而被吸取，多不愿北调，该军纵服从命令开动，势将一部逃散，此该军不愿遵调之真实原因。

右电师决以主力对津浦路西江北匪首张云逸指挥所部寻求扫荡外，一部于淮南路南段地区对江南叶挺部窜据银屏山后图向东北窜出之堵剿。

十二月五日，命令通报报告内容：

李总指挥明杨十一月廿一日手函开德宏师长仁兄勋鉴：久违英姿，时切遐思。顷接本部驻立(立煌县)参议褚宪庭电告：敬悉台端已率雄师东指，间关跋涉拯〔拯〕民水火，翘企吉辉，欣慰奚似，第特派参谋慕韩前来欢迎，敬请赐教。又本部独立支队周廷栋、陈逸之等驻定嘉、和江各县，对于敌伪情况尚称熟悉，希与连系，以利抗战，是所切盼。专肃顺颂勋安。等因。

右函当经将本师进出皖东实施扫荡匪军张云逸所部经过及现处皖东敌伪匪环伺情况之下而我之对策等情形函覆，去后，除韩德常有电报连络外，迄现在该方面情况如何未能详悉。

十二月六日，命令通报报告内容：

本师龙副师长炎武冬戌电复称：遵于艳日抵三河镇（合肥西）策动匪伪郭老窝，人枪约三百余编为巢湖水上公安总队，委张克文为第一大队长统辖该郭老窝所部。至长临河区（合肥南）伪军夏可三、陈步先、夏绩三等均有代表到来接洽，正设法招抚中。等语。

十二月九日，命令通报报告内容：

一、21Ag机兰佳未二电开：准韩主席德勤戌鱼酉夏电开：本部与138D迄来取得连络，现鲁省霍师南来，江日过陇海路到达宿北正与该师向匪突击中。138D现在到达何处请即电示，并嘱138D将到达地点及尔后进出方向随时通知以资连系等因。除本部电复138D正驱逐梁园（肥东）一带匪军，即继续东进外，仰将逐日到达位置径与韩部连络为要。等因。

二、递奉参谋总长何十月皓电开：新四军应即遵令将皖南部队北移，各自十二月东日起开始移动至十二月底，该军在长江以南部队着全部渡过长江，并指定泾县马头镇、杨柳铺、预家铺、绝桥、飞鲤桥、郎溪城、定埠至上兴埠道为该军北移之交通路运，转移期间战区应转饬有关各部队尽力予以协助，俾得顺利迅速转移完毕。除饬叶军长遵照外，希予以协助等因。

三、韩主席德勤亥佳丑夏电开：连日新四军一、二、三、四、五、九各团及八路军第五纵队彭明治部各匪军不下两万，一部犯腊化外围，主力向安丰、曹甸、泾口一带，不分昼夜猛力进攻，迭经敝八十九军属淳守义师予以迎头痛击，毙匪无算，终以众寡悬殊，骤难击灭，贵师奉命东进增援，现在已抵何处，务希切实电复，俾便连络并设法派队接应为盼。等因。

十二月十二日，命令通报报告内容：

一、韩主席德勤亥文辰夏震电开：1. 旬日以来，逆匪集结二万余人向我安丰、曹男、泾河镇、许圩子(淮安东南)等地分头围攻，经我五七军霍师、八九军主力沉着堵击，歼匪四、五千，俘数百人、卤获轻重机枪二十余、步枪三百余，匪势大挫。佳、灰两日匪复由运西增到新四军第四支队第十、十一两团，近三千余人积极准备，希图再犯；2。贵师现抵何处？情况如何？希盼电复。等因。

本师进出皖东连接右项电报，皖东敌伪匪环伺之下，一面剿匪，一面对敌戒备游击，自十月廿五日先遣部队四一三团进出淮南路北段以东地区后迄现在，不断战斗，情形复杂，自当电复以与韩部切取连系，协同作战行动。

二、21Ag文未总参二电开：据报：(一)匪军由繁昌、营房咀、铜陵坝、埂头渡江向无为移动，辎重甚多；(二)南陵、繁昌比邻之八郎头、中分村有匪军两营，铜陵兵力不详；(三)该匪军夜间收捕壮丁人民恐慌，等情。仰各饬属注意防范，并仰莫师部署具报，等因。查江南新四军其一部五千余，已渡过江北窜据银屏山一带，并有少数窜至巢县北夏阁镇附近，但判断该匪军仰无遵令北移，有占据银屏山藉淮南路敌伪掩护，乘敌与我作战行动之际袭扰我侧后，扩张其势力之企图，我之部署仍以主力搜剿津浦路东之匪；一部对巢县银屏山匪之堵剿及淮南路敌伪之戒备。

十二月十六日，命令通报报告内容：

一、韩主席德勤亥佳丑夏电及亥文辰夏震电，本部参作铣电复如下：(一)敝师东进先头部队到全椒西、东王集、大马厂，主力到梁园以东栏杆集地带、江北匪首张云逸指挥所部五、六千乘机阻击，经力予排除、激战旬余，被我击毙颇多，现仍在周家岗、鸦窝集、界牌集、江巷、青龙厂之线对峙；(二)叶挺部已陆续渡江与银屏山股匪会合，约五、六千，一部窜淮南路巢县北夏阁镇间扰我侧背，正予堵剿中；(三)贵方情形请随时电示。

二、递奉委座令一元文申电开；(一)新四军江南部队已限令亥月底前移江北，调限令于三十年元月底前所有新四军及第十八集团军部队扫数移黄河以北战区，经严令朱彭及叶挺遵行，现因实施上项命令之规定，并候汤集团到达协同动作起见，贵集团目前以暂取守势为宜，如在此期间其江南部队不遵限北移，或向胁骗犯，韩集团即应向淮南匪军攻击策应苏北之作战，其行动听候指示可也。等因。本师自十一月底部署所属积极对匪实施扫荡，第一期预定扫荡目标周家岗、鸦窝集、向道铺、青龙厂之线，藉军事之进展掩护党政之设施，恢复原有政权后再作第二期之推进扫荡，现遵令暂取守势，我对匪作游击戒备行动，并积极整饬基层组织，推行政令，以防其窜扰。

三、21Ag删戌总参一电开：顾长官佳电开：综合最近情报，江南新四军已开始移动，其主力似由铜陵、繁昌渡江，其一部约二千已抵郎溪，拟俟其北渡后再令移运河西岸续开鲁北，如江北匪军继续向兴化复攻，断然予以处置，等由。莫师对匪应暂行停止攻击并缩小正面，尤须注意巩固后方交通连络与安全，俟新四军动态明瞭再定处置，仰莫师长即将部署情形报查，一面宣传送新四军赴黄河北岸抗战为要，等因。本部参作铣酉电呈报如下：总副座删戌总参一电及军座参作元电均奉悉。176D谭副师长率兵两团扫荡银屏山匪巢，何时开始行动乞示知。兹谨将部署如下：(一)四一二团仍在东王集、周家岗、鸦窝集、三河集、复兴集、大马厂间地区对东北戒备；(二)四一三团配置界牌集、山头集向道铺、小李集、蒋集、王子城、八斗岭间地区对北戒备；(三)四一四团在赵集(阁岗集南十二里)附近集结，作机动使用，对银屏山匪北窜之堵剿；(四)野补团主力集结梁园、草庙集，一部于圆疃集亘以北青龙厂，任淮南路北段敌之戒备及路西后方交通连络；(五)第十游配置于赤镇含山仙踪间地区，保八团于柘皋镇及以东尉子桥对敌伪戒备及银屏山匪北窜之堵剿。

十二月十七日，命令通报报告内容：

一、韩主席兼总司令德勤亥複酉电参作铣电诵悉：(一)匪首陈毅、雕〔彭〕明治等率新四军、八路军共有十余团向我倜安东、曹甸、安丰等据点分进猛犯，与我八十九军姜师及五十七军霍师激战十余日，毙匪五、六千；(二)匪受创后现率新四军向南回窜，八路军仍由曹甸西地区窜溃，我军为夹击歼匪计，除电饬各部扫荡搜剿外，请贵部对当面之匪猛烈攻击后，迅速东进应援，贵方情况，希随时电示为感，等因。

右电本师对新四军如不遵限北移，当仍取积极行动，施行痛剿。现江北匪首张云逸所部自我扫荡后现仍盘据津浦路东常山岭亘定远以南地区，似有滞留该处以牵制我对银屏山该匪窜扰之堵剿。本师处皖东敌伪匪环伺之下，兵力部署捉襟见肘，极感不敷，剿匪则敌乘空向我扫荡，击敌而匪又复以谋我，自进出皖东以迄现在，无日不与敌伪匪发生战斗，且我因迭次作战伤亡损耗，后方交通补给淮南路为敌阻梗，战斗力感难维持，尤其食粮一项，皖东欠收，官兵日食粥两餐，尚需杂以绿豆及粟等各半，军无宿夜之粮，但环境纵如何恶劣，仍当以抗战剿匪之责努力达成任务。

二、21Ag参一删辰电转奉参谋总长何、副参谋总长白真午令一游电：转奉委座九日手令开：前令第十八集团军及新四军各部限期开到黄河以北作战，兹分别地区宽展时期，凡在长江以南之新四军全部限本年十二月三十一日到长江以北地区，明年一月三十日以前开到黄河以北地区作战，现在黄河以南之第十八集团军所有部队，限本年十二月三十一日止开到黄河以北地区，希即遵照何、白正副总长十月皓日所示之作战地区内，共参作战，克尽职守，毋得再误此令。

十二月二十三日，命令通报报告内容：

一、68A参作漾电，转奉21Ag养末参一电转奉委座铣午令一元训令开：十八集团军在黄河以南部队，限本年十一月三十日前移长江以北，三十年元月三十日前移黄河以北作战，如该军不遵限北移而乘机集中主力向鲁苏友军攻击，国军为整饬纪纲，贯彻军令，应为预备之处置。李品仙集团军、汤恩伯集团军集中待命，归李长官指挥，各军在规定十八集团军及新四军北移限期内应采守势，但该军不遵限北移反向鲁苏攻击，第五战区不待集中完毕，即向东进出扫荡，据匪各部应派搜索队、密布谍报网掩护主力集中，并准备尔后之行动等因。除处置另案饬遵外，特达。等因。

二、判断新四军江南部队渡江窜银屏山后，似无遵限北移，有窥犯皖东企图，本师以肃清皖东匪患，恢复原有政权为任务，自当增厚实力抽调师野补团，由西路西进出皖东，并电请我一七二师于路西，必要时为对该匪窜扰之策应扫荡。

三、于总司令学忠梗未策划电：贵部到达何处请电示之为盼。等因。

十二月二十五日，命令通告报告各内容：

一、本师参作有午电复于兼总司令学忠梗未策划电如下：梗未策划电奉悉。(一)敝师戌月东进先头部队达全椒西之东王集、大马厂，主力达梁园、栏杆集，匪首张云逸指挥所部五、六千乘机阻击，经我力予挑〔排〕除，激战旬余，毙匪颇多。我一部进至周家岗、鸦窝集、界牌集、江巷之线与匪对峙，随时发生战斗；(二)江南新四军一部约五千余上旬陆续渡江到达无为、银屏山一带，准备北窜中；(三)全椒敌五百余、山炮数门，马辰向我周家岗进犯，一度被敌占据，养日为我收复。等语。

十二月三十一日，命令通告报告内容：

21Ag总参一陷午电转奉委座漾午令一元电开：该战区战斗序列无新编第四军或第十八集团军部队，如有上项部队或该战区无案之游击队在该战区活动时，即系匪伪潜入冒充，仰自即日起由该战区长官指定部队，分区剿办，彻底肃清，以遏乱萌，并克日部署实施具报，等因。当经遵照并转饬所属继续积极扫荡，肃清皖东匪伪。

师　长　莫德宏
副师长　龙炎武

中华民国二十九年十二月

〔国民政府军令部战史会档案〕

15. 陈诚转报鄂东行署部署剿办张体学部密电

（1940年11月19日）

恩施。渝军委会委员长蒋钧鉴，夺密。据鄂东行署主任程汝怀俭电：(一)张体学股匪在太湖分数股，段亚杰、刘锡尧窜黄岗，另一股窜郑么塔东梅广界间滚子河、陶路口及张渡湖(冈境)扁岸之匪(系漆少川、刘洪顺等)约千余，一带膊浠水、三角山东窜。(二)剿办方法：(甲)军事：1.王药宇部控置张家榜、弥一寺之线，不分地域，专剿张匪之王啸风率保八团进驻妆畈，扼据仙人台前面三角山要道，与英山驻军切取连络、搜剿山内匿匪，现以大部控置刘公河东之胡家凉亭，随时剿办希蕲、梅广流窜之匪；2.詹剧峰支队控置曹河镇、彭思桥肃清浠蕲边区残匪；3.王丹候支队协同广济自卫队搜剿窜匪，并监视武穴、田家镇等据点之敌；4.沈光贞部担任大崎山西南守备，并将警戒线延伸至团陂；5.王啸风部三个支队分别控置于黄泥塘、东岳庙及宝龙集、幸家冲，并督同冈自卫队剿办巴水、举水间及张鹿湖沿岸之匪。(乙)政治：1.各县均须完成自卫工事(土雕)；2.规定鄂东各县剿匪时期清乡暂行办法；3.各县地方分设监防哨网制匪活动；4.积极宣传匪之罪恶与政府剿办决心及匪末路；5.规定民众获匪、获枪及携械投诚给奖奉。(三)现各地匪投诚自新者络绎不绝，尤以思桥方面为多等语。除电军政两部，并复饬将剿办情形续报外、谨闻。施。职陈诚。戌皓。民保一。印。

〔国民政府军令部战史会档案〕

16. 何应钦支援韩德勤攻击苏北新四军电

（1940年12月5日）

〇〇韩副总司令楚箴兄：亥冬辰夏电奉悉。〇密。根据地未可轻离，诚如尊论，援军已兼程前进，惟到达尚须时日，望竭力苦撑待援，若能击破其未攻之一股，则情势当可转好。至派机送款一层，已分别饬办，天候转佳，即可起飞也。何〇〇。微。秘。

〔国民政府军令部战史会档案〕

17. 蒋介石等为核查镇江县县长庄梅芳在高庄谋害新四军战士电

（1940年12月）

（1）蒋介石电（12月3日）

（有线）溧阳冷副总指挥：痕密。军令部呈转新四军第一支队联络参谋许建华艳电报称：该支队所属部队屡次与现镇江县县长庄梅芳发生摩擦，均经冷副总指挥就地解决。最近复因庚、佳两日该部在延陵九里山与敌激战不支，于灰日转移，有战士王晓和等三人落伍经高庄时被镇江县县长之士众谋害有据，群情极愤，有即报复势，拟请将该县长更调，以免发生纠纷。等情。除由军令部复饬该员径行商请该副点指挥核办外，查该镇江县县长庄梅芳有无更调必要，希核办具报。川。中〇。肴未。令一元琦。印。

（2）徐永昌电（12月3日）

（又）溧阳第二游击区总指挥部转许联络参谋建华艳电悉。央密。所请更调镇江县县长庄梅芳以平息纠纷等情，仰径商请冷副总指挥核办可也。徐〇〇。江未。一元琦。印。

（3）冷欣电（12月16日）

溧阳。渝委员长蒋钧鉴：痕密。肴未令一元琦电奉悉。查新四军第一二支队自进入苏南以来，煽惑民众，收缴民枪，私自扩编及设卡收税，其违犯纪律之行为皆陆续呈报顾长官在案。近四月来更复嚣张，屡与地方政府冲突，虽迭经职就近解决，乃该部别具用心，依然阳奉阴违，恣意无忌，除饬属避免与该部正面摩擦并加紧严防外，至镇江县县长庄梅芳系本党忠实党员，抗战前在党部工作，设突予更换，不但助长该部气焰，抑且引起误会而影响民众趋向，故拟暂不更换。是否有当，谨电鉴核。溧阳。职冷欣叩。力铣。午明。印。

〔国民政府军令部战史会档案〕

18．军委会侍从室抄送关于皖南新四军移动情形情报

（1940年12月）

敬启者：奉谕抄送皖南新四军移动情形续报情报乙件，即请查照参考为荷。

此上

何总长

附抄情报乙件。十二月廿六日

军事委员会委员长侍从室　　谨启

情报　　十二月廿四日　侍六第38557号

一、新四军军部人员及重要文件，由泾县云岭陆续向繁昌县渡北移，该县宛里丁家湾附近尚驻有该军一营。

二、该军北移者仅新编部队及政工员与眷属等，其主力仍集结该县南陵以西地区，县南三里店、鸡山一带驻有傅秋东部一团，六里丁、何家湾驻黄火星部一团，戴家会、张家山、凤凰山、鸡头附近该驻军第三支队两团，赤沙滩驻一营、仓屋里驻游击队三

百余人。十二月一日有辎重队约千人渡江开往无为。九日夜有一千人由泾县西南章家渡移驻南陵以南汀潭。又北贡里至何家湾途中不断有行李及零散部队北开。小河口修械所亦移走。十一日有六百余携带短枪由马头镇东开。

三、泾县新四军政工人员到达郎溪县后，即化装贩卖烹卷糖果，潜入高淳、溧阳、溧水等县刺探我军情。

〔国民政府军令部战史会档案〕

19．张治中转报皖南新四军最近动态情报

（1940年12月20日）

转呈皖南新四军最近动态情报二则，恭请鉴核由。

案据第三战区政治部李主任亥筱义电称：

“据视察专员张超转据派驻新四军内线工作人员李克文、蔡淇鱼电称：1.新四军军部以时局紧张，本月初突下紧急戒备密令、察其用意，似为防止我方采取断然行动之措置；2.该军岩寺兵站，实奉令撤退，暂驻太平待命，有部队随行，至本月四日已撤退完竣等情。前来，理合电请鉴核”。

等情。到部。理合转呈恭请

鉴核。

谨呈

总长何

〔国民政府军令部战史会档案〕

20．国民政府军令部制订“防制皖南新四军具体意见”

（1940年）

抄原防制皖南新四军具体意见

一、根据各方情报及直接观察所得：皖南中共最近之主要政

治策略似略有转变，而寄于一种所谓，“政治进攻军事退守”之口号之中，其意即谓与国军间极力避免摩擦及激烈之敌对行动，而于政治上则取更为坚定积极之立场，不可丝毫松懈，以示继续巩固扩大该党之政治影响及势力。吾人于中共往来函件中发现有所谓“三年计划”者，其中勖勉该党党员做长时间忍耐与沉默之努力，一俟时机成熟即一鼓而造成类似陕甘边区之特殊局势。

二、皖南中共虽正考虑其策略路线之改变问题，然与国军之摩擦暗潮仍未稍戢俟，党驻皖南泾南、繁、铜四县境内之新四军原仅有该军之第三支队全部，与军部直属队合计约为五个团。近因与五十二师等摩擦日烈，特由皖北调来三个团，最近又将第一团扩编为两个团，遂使该军在皖南之实力骤增至九个团，其人数约为一万三千至一万五千，枪枝约为七千余，其中品类繁多堪用者不过七八成，轻机枪各团配备不同，无从统计该军实力，最强者为第一团及新第一团两团。

三、中共在皖南之非法政治活动，举其大者约有如次诸端：

（一）成立非法团体，如所到之处即组织农抗会、妇抗会及少年抗敌先锋队以供其操纵利用。

（二）破坏地方行政系统，如擅行委派、撤换、逮捕乡镇保甲长，微有不遂即以武力烂加镇压，严然十年前恐怖政策之复活。

（三）强制收缴民枪裹胁地方团队，民间蓄有枪枝者，率皆被加罪名横遭没收，地方自卫队过去被包围缴械者曾有数起。

（四）煽动农民抗租减租。

（五）强制收购军粮，家有存谷二十石以上者即被引为富豪，遭遇者其米谷即使不被乱加罪名横遭没收，亦必以过度低贱之价格强被收购，稍有拒绝必受尽污辱，该军之称解决民食，实际不过聚敛该军之军食耳。

（六）诋毁友军，该军常派大批政工人员伪装落伍士兵，向老百姓“那个军队纪律好？”如百姓答称某师怎样怎样，彼等必从中夸大共词说，“某某师确是不抗日扰民的军队，只有新四军才是老百姓的军队”等，最后则告诉百姓说，“新四军是共产党的！那些坏军队是国民党的！”

（七）仇害国军政工人员，凡该军以外之政工人员，咸被目为并称为“国民党的败类”此等，政工人员在某一时期中，凡成为被等特特别仇视之对象，曾有“一个政工人员的头两百块钱”的谣传。

（八）扰乱兵役行政，彼等以“新四军薪饷多待遇好”，引诱各地中籤壮丁致各地办理，役政遭遇意外困难。

（九）煽动国军下级官兵叛变，该党在各部队仍以秘密小组施行“兵运”活动，始则以各种宣传使下级官兵发生离心倾向，继则利用时机鼓动部份哗变，终则使之与新四军合流。总之，中共在皖南因缺乏顺利发展之环境，其一切表现愈尽狂悖之能事，彼所恃为掩护及发展之工具者惟唯一之新四军，吾人此次如能对该军行动严加制限，使不越范围并于其周围布置一严密之政治防线，及必要之军事警戒，则皖南目前纷乱定可大戢一时也。

四、为防制中共在皖南利用固定防区以达成其政权之特殊化起见，吾人必须于军事、政治两方兼等并顾即以必要之军事措置，防制彼等军事之意外，以政治防御抵御彼等政治之进攻，是以具体对策应如下列：

（一）军事方面：

（1）不划分该军作战区域（即仅有驻军区而无作战区）。

（2）由司令长官部命令该军第三支队仍归二十五军指挥，不归还建制。

（3）一四四师与五十二师应切取联络，以遮断第三支队与该军军部之联系。

（4）二十五军与五十军应常派小部队，向章家渡以南地区活动，以威胁小河口与三岭间之交通。

（5）江南未复旧观以前，该军与江南交通线不应使之恢复。

(6) 为威胁有力起见，除五十二师于泾南繁··四四师位置，于青铜外应控制有力之一师于旌德与太平之间。

(二)政治方面：

(1) 加强保甲组织，以县为单位，保甲长轮调集训并严加甄别。

(2) 集训县自卫队及国民兵团各级干部，并切实整理掌握地方自卫武力。

(3) 加强地方党部集训，党员分配其工作并积极发展三民主义青年团组织，广泛吸收地方青年。

(4) 健全地方动员机构并推动其工作。

(5) 组织"政治别动队"，专以宣扬三民主义驳斥反动宣传，及取缔一切非法活动及非法组织为任务。

〔国民政府军令部战史会档案〕

八、黄桥事件

1. 蒋介石等密令肃清洪泽湖南北地区新四军文电

(1940年4月6—26日)

(1) 蒋介石密电稿(4月6日)

韩兼总司令：江申电悉。卷密。(加表)仍希勖勉所部，相机肃清洪泽湖以南伪军，并与李兼总司令密切连系，准备一举协力打通苏皖补给路线为要。中〇。鱼未。令一游。印。

(2) 军令部第一厅第一处第十二科签呈(4月24日)

签呈 民国二十九年四月二十四日
于第一厅第一处第十二科

查韩德勤直辖一个军及七个保安旅，惟因缺乏训练，素质不佳，困居苏北，师老无功，坐视敌伪扩大。似应饬令对所部严加

整训，并加强党政军一元化之机构，以恢复洪泽湖南北地区而驱逐敌伪。可否乞示。呈

部次长阅

可。四、廿五、徐永昌(印)

(3) 蒋介石密电稿(4月26日)

无线。

韩副总司令：卷密。(加表)查苏北毗连京沪，地处大江、津浦、陇海三交通要路之间，为将来收复失地之根据地，形势重要，极应予以确保。现该部所属在数量上足以担当是项重任，惟敌伪日益坐大，洪泽湖南北各县相继为伪军所割据，殊堪隐忧。仰砥厉所属，严加整训，务期练成劲旅，并加强苏北党政军一元化之机构，以期迅速恢复洪泽湖南北地区而驱逐敌伪为要。中〇。宥。令一游。

(4) 何应钦密电稿(4月26日)

李总指挥明扬：筱电悉。卷密。(加表)已由委座电饬韩副总司令整训所部，并加强党政军一元化之机构，以期迅速恢复洪泽湖南北地区。仰砥厉所属，勉负巨艰，并与韩副总司令洽商共驱敌伪为要。何应〇。宥。令一游。

〔国民政府军令部战史会档案〕

2. 韩德勤关于恢复洪泽湖南北地区等情密电

(1940年5月9日)

特急。渝委员长蒋：卷密。(加表)奉宥令一游电令，整训所属，期成劲旅，迅速恢复洪【泽】湖南北地区，剿驱敌伪等因谨悉。窃职自蒙钧座畀委军政重任以来，深知苏北地位之重要，敢不努力

整饬策历所部，确实保守推进而驱除敌伪，以副〔负〕钧座之希望。惟弹药为作战之要素，苏皖补给线为苏北之命脉，上月以异军袭占盱、嘉、定远、来仪各县，命脉遮断，曾集中兵力向盱六进剿，原期与皖省部队东西夹击，一鼓歼灭，恢复运输。讵江南铁路以西，洪【泽】湖以北，各匪军据险顽抗，迭经激战未能解决，而各部队弹药告罄，皖省部队尚远在合肥附近，难收夹击之效。同时运东、高宝之敌，又积极进犯，不得已遵照钧座俭申令一渝电意旨，将进剿盱六部队撤至南山河以北地区，相机再行进剿，前经呈报在案。现弹药来源既断，每兵所带平均不足三十粒，敌复犯扰，逐渐消耗，势将罄尽，瞻念前途惶恐万状，再四思维，除打通苏皖补给路线外，别无善策。拟仍恳俯察实际困难，派遣有力部队，协同皖省部队，由定远向嘉山、盱贻进剿。如能过津浦路以东地区，并携带大批弹药，职当再调精锐出山河南岸，向天长、盱贻夹击，以期恢复而维危局，迫切待命，谨乞示遵。兴。职韩德勤。鱼明。印。

〔国民政府军令部战史会档案〕

3．于学忠转报李明扬在郭村地区进攻新四军失败经过密电

（1940年6月19日）

渝委员长蒋：迓密（加表）。据李明扬咸电，综合自六月俭日至七月微日与盘踞江都属之吴家桥、白塔河、杨家桥、麻村、麾村、郭村、周家楼等处之新四军管文蔚部约二、三千人战斗经过概要如次：一、我一、二纵队共派三个支队于俭日分向吴家桥、白塔河、杨家桥一带之中共军进攻，激战终日，卒将该军击退。同日保三旅三一团即向麾村进攻，于午后一时攻下。艳日各上述各部及四纵队联合进攻各〔郭〕村、麻村、周家楼一带之中共军，当先将各地攻占，惟各〔郭〕村未下。被击溃之中共军均逃窜郭村、周

庄等处，凭藉工事顽守。我于卅、世两日复行包围猛击，不意此际该第三纵队之第八支队长陈玉生竟被该军蛊惑，突于东日率部叛变，并联合由大桥增援之共军约千余人进袭我驻宜陵、白塔河之六纵队，该纵队以猝人〔不〕及防，遂被击退。而郭村之共军复乘势集结全力，向我四纵队阵地反扑，二纵队后路亦被截断，各队遂转移阵地。冬日以后，我各部又分道剿击数日，因官兵过于疲惫，极须休养，遂于鱼日令上述各队分别移驻杨家庄、郑家庄及界沟一带，保三旅之江团仍回原防，各筑工事固守。二、是役共军伤亡及被俘官兵共五百七十余员名，我伤亡官兵一百六十八员名。三、我获枪共卅五支，损失步手枪等共一百四十余支，轻机枪十五挺，各种弹药共十五万零五十余发等情。职于学忠。皓。辰策划。印。

〔国民政府军令部战史会档案〕

4. 李明扬等进攻郭村新四军电

（1940年6月29日）

委员长蒋：查新四军窜扰泰县、泰兴境内，企图赤化苏北，经以沁戎电呈在案。为歼灭该异军以免蔓延计，当即部署于俭日拂晓开始进攻，激战终日，已将吴家桥、杨家桥、白塔河（均在泰县西约卅余里）之异军先后肃清。其残部窜至郭村（泰县西北十八里）、麻村（郭村西七里）该军之大本营，据守顽抗待援。我正包围歼灭中，除督饬各部务期一鼓荡平并分报外，谨闻。职李明扬、李长江。艳未参战。印。

〔国民政府军令部战史会档案〕

5. 蒋介石关于李明扬部第八支队长陈玉生起义密电稿

（1940年7月22日）

（代电）军政部何部长勋鉴：兹据于学忠皓辰策划电略称：据

李明扬咸电，综合自六月俭日至七月微日，与盘踞江都一带之新四军管文蔚部战斗情形，该部第三纵队之第八支队长陈玉生，竟被中共蛊惑，突于东日率部叛变等情。除电饬严防兵运并续追剿外，特电知照。中○。养。令勋。

〔国民政府军令部战史会档案〕

6. 韩德勤关于进攻麻村郭村等地新四军密电

(1940年7月2日)

渝委员长蒋：卷密。加表。新四军管文蔚部于筱日进犯樊川情形，经号明电呈报在案。自智日起，新四军第五支队罗炳辉部二千余人，陆续由高邮湖西窜，至麾村、郭村、麻村（均在泰县西北）一带。又梗日该军挺进纵队管文蔚部，又由杨中渡江二千余人，窜至泰兴南方家桥一带。查该军集结兵力，企图夺取两泰，兴猖棏化苏北，已极明显。我为确保苏北游击根据地，扫荡抗敌障碍起见，特令鲁苏皖边区李总指挥明扬部队及八十九军李军长守维暨保十旅张旅长能忍等部，分别向麾村、樊村、真村、刁家铺（均在泰兴西北）以及山河（天长）南杨军开始进击。(一)保三旅张星昼部于俭日攻占麾村后，当即向麻村进攻，激战多时，“匪”凭坚顽抗未克得手，艳晨复向该处攻击，激战数时，“匪”不支，向郭村溃窜，刻正跟踪追击中。(二)艳日我何指挥克谦部攻占昆卢市、虾蟆圩（均在泰兴东南）等处，刻正协同进剿部队向刁家铺之“匪”进击中。(三)有日盱眙、泰兴、长庆，霖率部进击山河南岸孙家湾（黎城东南）、马家坝（盱贻东）、老子山（盱贻东北）等处“匪军”，双方激战竟日，毙敌官兵十八名，毙伤“匪”四十余，获步枪十余支，钢板划两只。又我亦负伤官兵数人，进攻马家坝之一部，刻正协同天长县队向该处挺进中。又丰县“异军”一一五师黄缔夫队、严雄队三千余人，寒晨突向我县庄、刘老庄、便易集（均在丰县西北）该县常备旅及铜山阳专员铁飞部猛犯，经该部官兵迎头痛击，激战至午，忽有苏鲁豫支队彭明治一股三千余人，由丰县刘九集赶来应援，又向我各部队包围，几度冲杀，均经我守备军击回，"匪"以伤亡过重，弹药又复告尽，乘机窜退。是役毙伤"匪"约四百余名，获步枪百支；我亦伤亡官兵十余人。除分报外，谨闻。韩德勤。午冬。孟彩。印。

〔国民政府军令部战史会档案〕

7. 李明扬关于进攻郭村等地新四军密电

（1940年7月2日）

重庆委员长蒋：卷密（加表）。艳未电计邀均鉴：① 渍窜郭村、麻村等处之异军，经我部围剿，业于艳酉先后占领郭村、麻村，该"匪"残部现分窜郭村及东西周庄一带据守顽抗，我正围剿中。② 亦桥、口岸东窜之异军，经我派队分别围剿，均经击溃，其残部经泰兴属之夏家岱、中马甸及过仆港，渡江南窜，虾蟆圩、昆卢市、新镇市（泰兴南）等处，均被我何部先后占领。现泰兴南部已无异军踪迹。除分报外，谨闻。泰。李明扬。冬。申参战。印。

〔国民政府军令部战史会档案〕

8. 陈泰运部署进攻黄桥新四军密电

（1940年7月2日）

部长何：密。（一）"赤匪"陈毅率部于陷日与我一纵队在倪许庄附近激战后，现已窜至黄桥，甚为猖獗。（二）我军部署如次：一一七师驻海安，独六旅驻南塘，职部驻姜堰。（三）楚公拟"进剿"，委李明扬为"进剿"总指挥，李守绉〔维〕、李长江为副总指挥，即七日开始"进剿"，谨先电闻。陈泰运。冬午。印。

〔国民政府军令部战史会档案〕

9. 李明扬关于韩德勤部黄桥之役惨败经过电

（1940年10月10日）

李司令其实兄请译呈次长刘钧鉴：查异军管文蔚等部前于巳月俭日起，进占江都之郭村、麻村、宜陵、弄家桥等据点，威胁泰县。本部即派队围剿，血战七昼夜，将其击溃。一部乘隙东窜泰兴之七圩港，虾幕圩等处，得与江南陈毅等部打通一气，迫将黄桥、占溪我保四旅何克谦部击溃后，声势益张。陈、管等部侵入黄桥后，楚公即派员往与接洽，令其返回江南原防，职部决计开始剿办。申江辰奉副总司令部未世□命令，令长江率三个支队集结姜堰待命，杨亦赶往向楚公请示机宜。俟部队行抵苏陈庄，距泰十八里，突据报敌舰三艘，敌兵约廿人，已在高港登陆（口岸西约二里许），有乘机袭泰县模样，长江当即率队前往堵击，到达刁家铺仰北地区，正部署袭击，敌见我有备，鸣炮□余发，返舰驶去。楚公恐敌再乘机进扰，令杨仍回泰坐镇，严加戒备。渠于申月支日，亲率一一七师独六旅、保一旅、保四旅、保六旅、保九旅及陈泰运部两纵队，向黄桥进剿。以保四旅、保九旅、保六旅各一部分守海安、曲塘、姜堰之线，防共北窜，其余为进剿军。本部抽调□个支队，担任姜堰以西至泰县刁家铺线之守备，□九十里，旋我进剿军失利，即向胡家集、曲塘之线撤退，以保六旅、保九旅到姜堰，陈泰运部守曲塘、大小白米、马沟之线，主力集结于海安、胡家集，异军跟踪进攻曲塘，姜堰未及救援，姜堰遂告失守。此次楚公将主力使用于左翼，并限定右翼须由蒋垛以东前进，而蒋垛及以西之严徐庄、顾高庄、老叶庄，异军尚盘据两团以上之兵力，陈毅之司令部即设在严徐庄，未曾顾及，致姜堰被迫放弃，此第一次剿异经过情形也。当时□□、□□亲赴呼吁和平，楚公允许异军退出姜堰，再协商办法，一面积极备战。九月卅日异军退出姜堰，楚公令本部接防，同时八九军李军长令保五旅之一团、吴春科部第五纵队守备海安，陈泰运部守备曲塘、大小白米，亲率一一七师三个团，另该师独立旅二团、三三师两个团。独立第六旅三个团、军部独立团特务营及保五旅一团，向黄桥开始攻击。本部遵楚公卅电令，由长江第一纵队主力于申卅辰过驻姜堰，藉扰策应。适高邮三垛之敌，乘我内部有事之际，纠合一千二百余人，附炮□门，于申卅辰向我东区樊川、永安、丁沟、小纪、老阁等处进犯。东日樊川、永安相继沦陷，老阁亦一度失守，兴泰、东泰间交通一时中断，东防异军，西御顽寇，泰县情况顿告紧张。除抽调一部增强小纪、丁沟防务，防敌东犯，另派兵一部协助收复永安。惟樊川之敌占领该镇后，即于四周备筑坚强工事，意在久占，屡次反攻，迄未得手。又检获异军函件云，东路如受迫，仍将有西窜企图。正部署防堵间，复奉楚公酉支巳电令，遵将第三、第六两纵队部署苏陈庄、张甸、大泗庄、孔家桥、宣家堡之线，严密堵截，并相机进剿之，此第二次剿异经过情形也。李军长所部进攻黄桥，已冲入该镇西圩内，忽军部被冲散，渠即率卫士先行口达命令进攻部队，转移海安集合。查该地河流甚多，港汊纷岐，我军士气极旺则进太猛，截有桥梁未暇控制，异军策动民力完全破坏，致我军接济补充均感困难。及闻撤退之命，路径不熟，异又尾追，乃至争先兢渡河，践踏落水而死者甚多，如李军长新甫、丁参谋长琥、翁旅长达、秦团长鹏云等。官兵被俘者亦多，如孙师长启人、彭参谋长鸿文、张旅长能忍、苗旅长瑞体、王团长学楷等兵员武器损失奇重，军心顿呈涣散，而因海安、富安、东台均自动放弃，八路军复由涟泗经阜盐南下，向兴泰形成包围之势，此次惨败，实属空前，痛心曷极。楚公于此两次原为一鼓歼灭计，将兵力集团使用，攻以扰乱击破其主力，则两翼自然崩溃。倘不为地形所限，联络确实，接济容易，亦得民力为助，异军纵不覆灭，亦定必他窜矣。楚公退兴后，即以积劳卧病，明扬二次趋谒，商承善后，偏踞苏北一隅，危机已到最后关头，誓矢忠诚团结精神，遵照委座、墨公指示要旨，共挽危局。近两泰间杨邮、樊川之敌，不时向我小纪、丁沟、八字桥、永安、砖桥、宜陵、白塔河、塘头等处进扰，虽均被击溃回窜，而敌兵忿极，则即到处焚烧，附近村落，惨成焦土。近各处敌伪又在大量增兵，其重武器弹药均多，仙女庙一带之敌，本晨向塘头、白塔河进攻，似有扰乱泰州之企图。本日白塔河、塘头均一度失守，刻又追至宜陵附近激战矣。数日以来，此间战事未停。谨闻。职李明扬叩。灰。

〔国民政府军令部战史会档案〕

10. 陈泰运关于郭村战役李明扬失败妥协密电

（1940年7月16日）

军政部长何：3141密。苏冀〔异〕党猖獗，运河以西地区皆被占去。李守维部现守运河以东之线。泰县李明扬部与异军冲突，李部受相当损失，异军提出条件，双方妥协，目前可苟安。谨闻。职陈泰运叩。铣一。印。

〔国民政府军令部战史会档案〕

11. 蒋介石李明扬等企图消灭江都等地区新四军往来文电

（1940年7月27日—8月25日）

（1）李明扬等密电（7月27日）

重庆委座蒋均鉴：卷密。（加表）窃职自奉读真令一游电后，益自感奋，谨当恪遵训示，以图报效。查新划职部辖区内，在运河以西之江都地区及江泰边境，则异党势力正在积极发展之中。顷据报：在江南之新四军梅光迪部已到圩塘，正拟渡江至七圩港登【岸】，而江都大桥附近等处之“匪军”四、五百人亦由口岸附近敌军之区域内东窜，拟与七圩方面“匪军”合成一气，以实现其赤化苏北之企图。综合该项“匪军”在江都及泰兴境内之实力号称六团，实则四、五团人之众，若不早予遏止，后患何堪设想。拟即采取迅雷不及掩耳之手段，一举歼灭。以为职部由泰县赴湖西、仪征、六合、天长等县，逐步推进。该区之张杰除指挥所部一致动员外，谨电呈报，乞予鉴核为祷。职李明扬、李长江叩。沁戌。印。

(2) 蒋介石密电稿(7月31日)

急。泰州李总指挥明扬、李副总指挥长江：沁戌电悉。○密(加表)。对十八集团【军】及新四军，中央正谋整个之调整。为避免冲突，目前应暂缓实施，静候解决为要。中○。引。令一游。印。

(3) 李明扬密电(8月6日)

重庆委座蒋、部长何：卷密(加表)。据第七纵队司令秦庆霖冬戌电称：职派两大队渡河，于冬日拂晓一攻马坝，一攻观音寺，激战约六时，均相继占领。乃岗村匪部以一营绕击我侧背，至下午四时，我因子弹缺乏，匪又增援，转移至距马坝十五里之卧龙岗附近，相机进击。是役毙匪四十余名，内连长一员，生擒指导员一名，女指导员五名，获枪一支，轻机枪一挺，步枪七支，子弹三百二十粒；我伤中队长秦效文一员，医生一员，士兵五名，损失步枪六支，大刀六把，消耗七九弹五千二百粒，六五弹八百二十粒，盒枪弹一百五十粒等情。除分报外，谨闻。泰。李明扬。鱼巳。参战。印。

(4) 李明扬等密电(8月15日)

重庆委员长蒋：舍密(加表)。极机密。谨将巳月俭日至午月微日，与“异军”郭村、麻村、吴家桥之役战斗要报分呈如下：(一)

“异军”兵力及动态。新四军管文蔚部约二千余人，占据江都属之吴家桥、白塔、王家桥、麻村、麾村、郭村、周家楼等处，陈毅、梅【光迪】率部千余人，由江南乘机窜至泰兴境，拟与郭村等处之“异军”打通，企图“赤化”苏北。(二)我军兵力及部署。第二纵队(缺一支队)由界沟经广福桥，驱逐杨家桥、白塔河之“异军”，一支队接测口防务。第一纵队(缺二支队)应积极驱逐吴家桥之“异军”以后，就地固守，以期“异军”南窜。二支队位于市港口、缪湾镇、刁家铺之线，以防口岸之敌乘机北犯。第四纵队位于塘头、夏家庄之线，向郭村、周家楼之“异军”进击。第六纵队(缺二支队)位于宜陵、砖桥，以防仙女庙之敌东犯，二支队担任城防。第三纵队位于宣家堡、东张家堡，以利泰兴境内之“异军”北窜。保安第三旅步兵一团向麾村、麻村攻击，占领麾村、麻村后，即联合第二、四两纵队，围攻郭村。(三)战斗经过。第一纵队之一支队及第二纵队之二支队，于俭日分向吴家桥、白塔河、杨家桥之“异军”进攻，缴战终日，遂将各该“异军”击溃而占领之。保三旅之一团，即向麾村、麻村攻击前进，于午后一时占领麾村，续向麻村进攻。艳日，第四纵队、第二纵队之两支队，保三旅一团，联合进攻郭村、麻村、周家楼之“异军”，于当日我第四纵队攻占庄家桥、吴家河、黄毛墩等处，第二纵队之一部攻占童家桥，保三旅之一团攻占麻村。该“匪”残部，即回窜至郭村及东西周庄固守。陷日围攻郭村及东西周庄等处，激战终日，遂占领各该村附近之村庄。世日拂晓，复行总攻，而该“匪”凭工事固守，激战终日，未定得手，遂将各村及东西咪庄整个包围，正在图歼灭中，而第三纵队之第八支队长陈玉生意志薄弱，被“匪”诱惑，突然于东日率部绕敌后方北窜，并联合向大桥增援之“异军”共约千余人，进袭宜陵、白塔河我驻宜陵、砖桥、白塔河之第六纵队，部队未有抵抗，终因卒不及防，遂被该“匪”占领。而各村之“匪”复集结全力向我第四纵队阵地猛扑，致被突破。第二纵队后路即被“匪军”截断，遂转移阵地。蒙团反攻，而该“异军”于占领宜陵、白塔河、堰头后，复化整为零，窜扰各村。冬日即饬各部分道“围剿”，此“剿”被窜。且扬州、溢西方面“异军”不时增援，兜“剿”数日，势难短期肃清。复因我官兵疲劳过甚，遂于鱼日令饬第四纵队暂移至杨家庄、郑家庄。又第二纵队之两纵队移至界沟、孔家庄之线，保三旅之一团仍回原防，构筑工事固守，待机进“剿”。（四）战后“匪”我之情况。“异军”前后共约四千余人，现据郭庄村、宜陵、塘头等处，仍有进犯泰县企图。我第二纵队之二支队现在孔家庄、界沟之线，第四纵队在杨家庄、郑家庄，第六纵队之一支队在九采沟，第三支【纵】队之一支队在吴家桥，保三旅之一团仍回原防，均筑工事固守。（五）“匪”我伤亡。是役“匪”伤亡官兵及被俘五百七十余员名，我伤亡兵一百六十八员名。（六）武器损失、弹药消耗及俘获。我获“匪军”步枪廿五支，木壳枪一百九十三支，弹二百十余发，木壳弹四十八【枚】。损失步枪三百二十八支，轻机关枪十五挺，手枪十八支，驳壳枪二支，大刀九十二把，刺刀一百〇四把，消耗弹药十五万一千二百余发，驳壳枪弹二千九百余发，手榴弹一千九百余枚，迫击炮弹一百廿六发。除分报外，谨闻。职李明扬、李长江。咸。申参战。印。

（5）李明扬密电（8月25日）

重庆委座蒋：舍密（加表）。据冯纵队司令子固箇午秘【密】电称：（一）窜据皖北复兴河西朱樊楼、于王庄之匪军黄河支队彭明治部及匪湖边队李贞乾部，共约千余，于筱日拂晓以匪三、四百人于十字河北向东偷渡，窜据沙庄一带，当经我二十二支队胡支队长子良派队进剿，激战三小时，匪不支纷向复兴河退窜。是役毙匪二十余名，我无损失。（二）筱晚我二十二、二十四支队之各一部，共五百余人，附迫炮一门，机枪十挺，由胡支队长指挥，并联络泰县常备总队，向朱樊楼一带匪军进袭，是夜我二十二、二十四两支队全部渡河西进，正追剿中。是役匪伤亡二十余名，我无损失等情。谨闻。职李明扬。有。参战。印。

〔国民政府军令部战史会档案〕

12. 韩德勤关于何克谦等部溃败情形密电

(1940年8月4日)

无线。特急。渝委员长蒋：舍密。加表。午艳辰孟震电计邀均鉴：俭辰“匪军”千余人，在北街附近与我苏北游击指挥陈泰运部孙天放纵队接战，该纵队以警戒此间，为匪所困，苦战八小时，冲出重围，受创甚重，转进至姜堰附近整理。“匪”继续向东进犯，艳辰与我鲁苏皖边区游击第十纵队在古溪附近发生激战。该纵队因弹药用尽，撤至黄桥以东，与保安第四纵队连合作战，该“匪”跟踪尾追，其主力同时由白家庄、印报园向黄桥猛犯，经我保四旅何克谦部奋勇抵抗，激战至夜，双方伤亡无算，“匪军”数百人，纷由西、北两圩门冲入，复鏖战数小时，该旅卒以伤亡惨重，于本卅巳刻撤退至黄桥镇以南地区。职以何、陈各部均须整理，不得已将独立第六旅全部调海安、曲塘附近，协同游击指挥陈泰运部，并电令李总指挥派队就姜、曲、海线上重新部署，拟重整态势、建制，稳脚后跟相机“进动”，余情续报。东。职韩德勤。午卅。孟震。印。

〔国民政府军令部战史会档案〕

13. 韩德勤报告所属部队番号位置兵力密电

(1940年8月30日)

委员长蒋：有令一元德电奉悉。舍密(表)。谨将职部第一游击区所属各部队番号兵力位置报告如下：①八九军军部沙沟、兴化北，独立团临泽、兴西北，第三三师淮安于家湾，97旅旅部暨193团涟水佃湖，194团曹甸、宝应东，99旅旅部曹甸、宝应湖西，197

团曹甸，198团塔儿头，一一七师师部海安，349旅旅部暨69、76、98团海安附近，351旅旅部及702团担任兴化城防，701 团盐城刘庄（盐城南）。② 独立第六旅全部集结曲塘（如皋西北）。③ 保一旅旅部马塘（如皋东），一、二两团岔河（马塘西）、海安一带，保二旅旅部及三、四两团阜宁，保三旅旅部樊川（泰县西北），五、六两团樊川、永安一带，保四旅旅部及七、八两团海安附近及其以南地区，保五旅旅部海门聚星镇，九、十两团在海（安）启（东）一带，保六旅旅部蒋家庄（兴化南），十一团老阁河口（蒋家庄西）一带，保八旅旅部湖垛（盐城西），十五团在建阳（湖垛西）整训，保九旅旅部夏朱舍（溱潼南），十八团驻江南，十七团姜堰（泰县东）西南之北新街、老叶庄一带，保十旅旅部张桥（宝应县北），十九、廿两团洪家桥、泾河镇一带。④ 苏北游击指挥部姜堰，第一纵队及第二纵队部（每纵队分两支队，一支队约兵力一团）姜堰附近地区。⑤第三纵队部铜山，第四纵队部望直港（宝应东），第五纵队部南通以东地区，第六纵队部如皋以东地区。⑥ 盐阜边区游击司令部，计两大队阜宁。谨复。东。韩德勤。未卅午孟仲。印。

〔国民政府军令府战史会档案〕

14. 朱家骅关于苏北新四军活动等情密函

（1940年8月28日）

案据江苏省党部文电称：本省“异党”活动，日趋激烈。现运河以西地区，我军已不能立足，淮河以北各县，无不遭受甲、乙两军之压迫，盘踞江都、吴家桥等处之新四军，近来节节向泰州及樊川侵犯，上月俭日经鲁苏皖边区游击总指挥部第四纵队陈司令中柱及驻樊保安第三旅旅长张星炳两同志率部猛予打击，激战九日，稍戢凶焰，刻仍相持于泰州近郊。“异党”阴谋企图于本年完成苏北抗日民主根据地。我方部队，多数缺乏消灭共党之诚意，士兵训练，亦感不足，一经临阵，往往被其麻醉，却战斗志绪，而指挥不统一，意志不集中，尤为养成“异党”坐大之主因。苟不及早图谋对策，则苏北武装部队十万人，不消灭于敌寇之手，将为“异党”各个击破无余矣。本部目击心伤，除随时慰勉各“剿共”部队长官并与各部队取得联络，以利“剿共”军事进展暨督饬各区县党部加紧工作外，为特沥陈本省现况，敬乞鉴核，迅赐有效电示，不胜迫切待命之至等情。据此，除订定增强官兵、党员对党兵之认识办法，通饬实施并电复外，相应函达，即希查照转饬注意为荷。此致

军事委员会办公厅

部长朱家骅

〔国民政府军令部战史会档案〕

15. 陈泰运关于该部溃败退出黄桥密电

（1940年8月30日）

部长何：密。“异匪”攻泰县得便宜后，复经泰县以南刁家铺附近东窥，俭子与我一纵队激战于姜堰以南之老叶庄、倪许庄一带，时我二纵队守防海安，不能即刻撤防赶援，我一纵队因弹尽于午时撤至张甸，损失机枪一挺，伤亡官兵二百余名；“匪”伤亡四、五百名。艳辰，“匪”又东窜至黄桥，与保安第四旅、如靖常备旅接触。陷寅黄桥失守。职部现奉命守曲塘、姜堰，独六旅守海安。职部作战以来，未得补充，将来不免于消灭，谨呈。职陈泰运叩。

〔国民政府军令部战史会档案〕

16. 于学忠韩德勤关于解救苏北危局请求增援密电

（1940年9月2—6日）

（1）韩德勤密电（9月2日）

限即到。渝委员长蒋：舍密（加表）。（甲）中共现集中兵力进逞苏北。（一）彭明治部五、六千人击破我徐海行署及东海专署直属部队后，刻在宿、泗边境与我保七旅王殿华部激战中。（二）第一一五师之一旅及罗【炳】辉部约七千人及山炮一连，攻占蒋家坝，高良涧后，主力过运北夹攻王殿华，其一部向淮、宝间运河岸窜扰。（三）皖泗方面第一一五师之一旅，附张爱萍、钟辉各部，亦向宿、泗移动。又所有在皖北涡、蒙及徐西各军均过津浦线南进。（四）陈毅、管文蔚等部六、七千人，攻占黄桥、古溪后，逐步向南通、如皋东进。综合以上各情，中共确有于最短期间由南北两路攻取盐、兴、东、泰，利用苏北资源，以作赤化苏鲁皖豫，反抗中央之根据地，极为明显。（乙）苏北关系大局极重，惟有基干部队有限，不敷分配，且弹药缺乏，独立支持，实无把握，拟恳钧座迅派大军增援，并携大批弹药，以挽危局。万一一时不易抽派，缓不济急，务恳调五十七军缪澂流部，就近由鲁南迅速南下，与八十九军合力击破涟水、淮阴、泗阳以北运河两岸之“匪军”，全力稳定苏北，打通苏皖运输线，再回鲁南。事关抗战大局，务恳俯赐照准，免遭异党各个击破。临电不胜迫急待命之至。职韩德勤叩。冬午。印。

附于学忠电

渝。委座蒋：阵密（表）。极机密。漾巳策划电谅邀均鉴：查进援苏北一案，前经派定霍师前往，现变起〔化〕非常，顾虑颇多，为应付目前局势并策防地安全，免为敌伪、中共乘机侵入计，拟请将霍师暂缓进援，以维现状。除电韩副总司令知照外，所请当否，敬候钧裁。职于学忠。漾。策划。印。

（2）于学忠密电（9月6日）

限即到。渝。委员长蒋：怖密(加表)。据韩副总司令冬电称：(同上——略)当经电复：鲁省划区正在组织部署，而异军积极活动情形彼此相等，缪军一时颇难抽派，仍希努力支撑，前将中央前拨发之弹药，赶速运苏备用。去后兹据歌电复称：匪势猖獗，如迁延日久，更难收拾，仍请抽派缪军南下会剿。至奉准弹药尚未到洛，且运西至阜头路线全被异军所阻，无法通过，鲁苏唇齿相依，恳请赐准照办，免被各个击破等情。查鲁有异军自攻占鲁村后，集结主力行动甚趋积极，而费南及沂临边区出没之异军动态亦极活跃，倘饬缪军南下，所有该部防区势必悉被异军攫去。除电复仍希竭力支撑外，恳请俯念苏北危急及鲁省有特殊情形，迅派部队增援，以挽危局为祷。职于学忠。鱼。申策划。印。

〔国民政府军令部战史会档案〕

17．陆军一一七师黄桥之役战斗详报

(1940年9月5日—10月6日)

(1) 117师师部战报

甲、战斗前匪我态势之概要

本师司令部率师直属部队七零一团及独立旅第二团(欠一营)，九月五日晨于古溪奉命推进至分界策应前方攻击部队。迨至午后，我进剿军主力部队因战略关系已向海安转移，当又奉令转进至营溪掩护前方转移□□□部队，斯时匪军正分路向我转移部队跟踪追击，并知我营溪部队兵力单薄，乃集合其精锐部队约四团之众先后占据加力市、花园桥、孙家庄，围攻营溪。

乙、影响战斗之天候气象地形及住民状态

一、天候晴明，夜色如银，双方目视均感容易。

二、附近村落连接，树木丛杂通视困难，我军火力极难发扬，匪军最易潜伏接近。

三、四周港汊纷歧，河川纵横，最足使匪军攻击增加困难，但亦不利于我出击部队之行动。

四、匪区居民受匪欺骗，泰半遭其毒化，故对我进剿部队，殊乏好感。

丙、匪我兵力部队番号及主官姓名

一、围攻营溪之匪军系由其第一纵队司令管文蔚、副司令聂扬率领，计有老二团，第四团、新六团、第九团等约共三千余人，悉为匪之精锐部队，装备较优，附有重机枪多挺，轻机枪数十挺、步枪以中正式、三八式居多。

二、我方营溪作战部队，计有师直属部队、七〇一团及独立旅第二团(欠一营)等，由副师长单洪培指挥。

丁、战斗经过

十月四日晚，师直属部队，七〇一团及独立旅第二团(欠一营)由单副师长率领在古溪宿营，五日晨四时许，奉军长李□寅电令略开：该部着由现地即时出发，经分界向小二房庄推进，增援孙(三十三)师。等因；当即转饬直属部队七〇一团及第二团(欠一营)遵照，于是晨四时五十分出发向小二房庄急进，九时三十分我已进行至分界西之钱家庄(距小二房庄约七里许)时又奉军长李手令开：该部着在分界停止待命。等因；当即率部拆返分界待命。十五时奉军长李微未电令略开：该部着由分界经搬经、加力转进至营溪待命。等因；当即转饬遵照，以七〇一团为前卫，第二团(欠一营)为后卫向营溪行进。二十一时三十分，师直属部队、七〇一团及独立旅第二团(欠一营)抵达营溪宿营，当令师直属部队以一部位置营溪东北端，以一部担任营溪内部警戒，七〇一团以一营位置营溪东南端，以一营位置营溪西北端，以一营控制于营溪东端，第二团(欠一营)以位置张家卫构筑工事，严密戒备，六日八时许匪军第二团(欠一营)阵地，以主力向我营溪东南七〇一团第二营阵地进犯，数度猛冲，被我阻击，均未得逞，匪势稍戢，遂成对峙状态。十一时许匪老二团、新六团、第九团纷向营溪四面围攻，我军沉着迎击，匪虽顽强屡次猛扑，我仍固守阵地以炽盛火力歼匪甚众，斯时杀声震野，尸陈遍地，战况极为激烈。十二时三十分奉副总司令韩电令节开：如匪向该部进逼，可相机向海安撤退。等因，于是重行〔新〕部署，准备突围。十七时四十分我以一部任掩护，余即分头突围奋勇冲杀，惟因地形复杂，河川纵横，运动极为困难，遂遭匪重兵扼守咽喉，重重包围，处处设伏，乘机予我猛烈袭击，幸我官兵上下一心，反复与匪死命搏斗，卒能夺开血路先后转进至海安。

戊、战后匪我之行动及态势

一、匪军占据营溪、孙家庄等地，祖师庙、张台庄、海洛桥亦有小股出没，有续犯海安之企图。

二、师司令部直属部队、七〇一团及独立旅第二团(欠一营)抵达海安集结待命。

己、作战经验与教训

一、匪军轻装简束，行动轻捷，并善迎合人心，利用民众，故能处处便利，著著占光。

二、我军连络不确，行动迟笨，政工又不健全，不能组织民众，加之干部及士兵泰半教育欠佳，不能爱护民众，确实合作，致处处困难，著著落后。

三、匪军攻击精神旺盛，冲锋力富，有韧性。我以射击技术欠佳，往往浪费弹药，又缺乏坚忍精神，至最近距离搏斗时每每不能沉着应付。且以指挥官决心不坚，不能支持至最后五分钟获得战果。

四、此次进剿，我因忽视后方之交通，对于重要道路及桥梁不知设法维护，致大部队转进，蒙受惨重损失。

(2) 349旅战报

甲、战斗前匪我之概况

一、新四军叶挺部陈毅率领兵力约八个团之众，盘据〔踞〕黄桥、古溪、营溪、加力市、搬经及其以北地区，并以四个团侵占姜堰，其便衣队活动于海安、胡家集之线以南及姜堰附近地区。

其政治部则力谋夺取政权，煽惑民众，组织各种抗会，并擅自组织县政府，破坏行政机构。

二、本旅在胡家集待命，及各友军均集中于海安、曲塘之线。

乙、影响战斗之天候地形

一、时届中秋，高粱、玉蜀黍均已砍去，有利于我军剿匪战术。

二、黄桥、古溪附近河汉纵横，既宽且深，桥梁甚少，所有桥梁均被匪全数破坏，此为我军蒙受损失之主因。

丙、匪作战部队番号兵力及指挥官姓名

匪军为新编第四军挺进总队陈毅所部，兵力计十二个团（后由江南增来）。

丁、战斗经过

九月二十九日奉令本旅为总预备队，于明（三十）日由胡家集出发，限本晚占领加力市宿营。三十三师附军独立团、一一七师、独立旅（欠一团）为左纵队，由海安出发，今晚到达大小丁庄宿营。独六旅为右纵队，由胡家集出发，今晚到大小夏堡宿营。当时营溪、孙家庄、加力市、搬经一带均有匪军盘据〔踞〕。

三十日五时，本旅由胡家集出发，向加力市搜索前进，沿途经孙家庄、倪百叉庄一带，匪军均已退去，十五时三十分我前卫六九七团行抵北荡南端，发现匪军步哨，当即驱逐之。十六时抵庙子口，与匪军遭遇战，至十八时，匪不支向搬经溃窜，当击毙六、七十名，获步枪七枝，我仅伤亡士兵三名，是晚奉命宿营于北荡。

加力市之匪闻讯后，亦于当夜撤退，加力市被三十三师一九七团占领。

十月一日至二日因天雨，奉命暂停前进。

十月三日至四日，由北荡经吴家林、古溪、八字桥向黄桥攻击前进，古溪之匪已撤退，于八字桥以北之村落发现少数匪军向西运动，为我侧方警戒部队驱逐。

十月四日十五时本旅到达野房基宿营。左纵队独六旅到达张家庙与六团之匪激战终夜，其十六团三日晚在八字桥渡河中稍有损失，当日三十三师已抵黄桥东门外，并一部占领东圩，与匪激战一昼夜。

五日十时三十三师阵地为匪突破，向后撤退，匪军集中全力进犯本旅阵地，密集部队正在右前一千公【尺】之村落运动时，我即以山炮及迫击炮密集火力出击，并派六九七团第一营（欠机一连）由左翼出击，战斗一小时，因多寡悬殊奉令退回阵地。十二时许匪由西南正面猛冲我六九七团，续又猛攻我东北方面之六九八团，我军火力炽烈，匪军集其所有兵力，兵咸激昂、慷慨、呼啸，而士气之旺盛，得未曾见。

十六时本旅奉令掩护全军撤退，与匪保持胶着状态，以图牵制匪之追击，并随右纵队之后以掩护撤退。

十八时本旅互相掩护遂向东北移动，示意深夜昏黑，地形参杂，港汊纵横，且桥梁均被匪军破坏，各要道口亦均有匪军设伏，在此四面受匪压迫，前进遂告〔造〕成重大之损失。

十月六日本旅抵海安集合整训。

戊、作战经验与教训

一、战术失败——我军本系攻击部队，行动当绝对主动，方可使匪疲于奔命，穷于应付。我兵力约倍于匪，倘能断然施行攻击，并互相密切联系，则匪军应无法抵挡我猛力之突击。不幸我军进抵黄桥附近时，即由主动一变而为被动，各部队均固守其村落据点，不愿越雷池一步，且自始至终，我两翼队与总预备队即未尝发生联系，匪军利用此弱点集中精锐数团攻击一点，我其他部队因恐离开据点，有受匪军包围之危险，于是均固守阵地，各自为战，给匪以各个击破之机会。

二、后方交通之重要性——此次失败，未失败于战斗，实失败于后方交通之断绝，因我军前进时，后方交通线之桥梁均已随时被匪军所破坏，当我军未与匪接触前，即少以预测，倘不能克匪，则亦不能安全撤退。古溪虽有一团兵力驻守，亦不能保持此长距离之安全。故我军前进越深则危险越大，且即使匪军不足以败我，亦将为弹药粮秣之断绝所败也。

三、情报不确实——我军情报机构不健全，对匪情不能明了，而本身行动又不能保守秘密（无法防止匪探），致战于被动，即兵力亦不能灵活之运用。

四、政工不健全——军队所到区域，政工应即刻组织民众，利用民众组织之力量给予我军种种便利与帮助，至少亦须破坏匪方政工，勿使民众为匪利用。此次剿匪所过之处，匪军仍在后方到处流动，破坏我军交通，致我军于不利，此政工不能辞一部分之责任也。

(3) 698团战报

甲、战斗前匪我状态之概要

一、匪军自占领泰兴、黄桥为根据地后，复进占分界、搬经镇、加力、古溪、蒋垛等地为其屏障，又攻占姜堰积极整理，扩充军队组织民众，其目的在赤化苏北，扼守长江两岸夺取政权，其警戒步〔部〕队营溪、孙家庄约有一团，蒋垛约有两团，加力一带约有一团。

二、我军以巩固里下河为作战根据地起见，凡妨害三民主义之推行，阻碍抗战前途者，必以全力扫除而歼灭之，以期获得抗战最后胜利，以达成抗战建国之目的。

三、本团原驻胡家集西端黄自粮，王家祠堂，担任胡集外围警戒，于九月十日奉命出发（命令附后）。

乙、影响与战斗之天候及地形

一、九月三十日午夜，星光皎洁，天气晴朗，忽于拂晓后浓云密布，气候晕暗，似有阴雨之兆，于二十时风雨交加，连绵三天，道途泥泞，人马难以行动，影响战斗。

二、该地港汊分歧，河流错杂，道途狭小，桥梁又多为匪破坏，河水颇深，不能徒涉，大部队之运动恒感困难，兼以道路陌生，又无良民响〔向〕导，地形生疏且又复杂，影响战斗颇大。

丙、匪之兵力番号及指挥官姓名

查盘据黄桥、姜堰、古溪、蒋垛、分界、搬经一带之匪系新四军挺进总队，其番号为新一团、新二团、新四团、新五团、新六团、老二团、老八团及收编何克谦之新四旅，后又增老一团、老九团等，其指挥官在加力附近指挥，与我抵抗者为陈同生，在黄桥附近指挥官陈毅、管文蔚、罗炳辉。

丁、战斗经过

九月三十日四时，本团奉令由胡集出发向南三里港、加力搜索前进，行底〔抵〕杨家庄附近，据报孙家庄已发现匪之少数便衣队，当即通知各部队严密警戒；行抵三里港，闻前方及侧方有浓密之枪声，据报北荡附近已发现股匪与我六九八团正激战中，约一小时许，匪不支溃退。是晚在南三里港宿营，并构筑工事，一戒〔密〕警戒。

十月一日二日天气阴雨，停止待命。

三日五时，奉命由南三里港出发，十七时到达吴家林宿营，并构筑阵地，严密警戒。

四日五时奉旅长王电令，要旨如左：

一、古溪确为我占领，匪有撤退模样。

二、本旅即时由吴家林出发，经古溪、八字桥、野房基向黄桥急进。

三、六九七团为前冲【锋】，六九八团跟进。

本团奉命后，即按部署行进，十一时经古溪向黄桥攻击前进，行至八字桥之村落，右翼发现匪军向西运动，已为我先头部队所驱逐。继向前进，经何家桥到达野房基时，右翼我独立第六旅与匪发生激战，是时即奉命在野房基占领阵地，构筑工事，并派兵一连破坏何家桥桥梁，当即派第三连前往破坏，任务完毕后即归还建制。本团之部署：第一营占领野房基之东南之独立村落，第二营占领野房基南端阵地，第三营占领野房基北端村落。（西有我六九七团各部）；到达指定地点后，迅速作工，固守阵地。时值黄昏，匪军星夜调动部队包围我独立第六旅，战斗激烈，枪声浓密。在本团附近枪声四起，乃匪之少数便衣队为我警戒部队击退。

十月五日，本团仍固守野房基。匪经激夜战斗大受打击，六日晨即转移目标，以全力攻我右翼三三师阵地，未逞。自江南增援两团（老一团、老九团），复又猛攻，阵地稍有转移。七时，匪又由正前方村落向我运动中。奉旅长王命令：炮兵迅速放射，对何家塘村落封锁，又令六九七团派兵一营由左翼出击，六九八团派兵一连由右翼出击。第二营营长陈紫绶灵活指挥，即派第四连连长杜亚民率全连乘炮火掩护之下奋勇当先，沉着指挥向敌猛攻，卒将来犯之匪击退，并获文件一包，匪军为炮火损失伤亡无算，死尸枕籍，我四连任务达成，安然回防。匪军复又东窜，绕至东北一带村落，另一股由八尺沟东绕向我阵地北一带村落向我包围，约于十时，匪由北面、东面及东南向我运动，与我警戒部队接触，激战约一时，即退守主阵地，匪即向我第一营阵地屡次猛扑，幸第一营营长经纬指挥有方，全体官兵沉着应战，又派第一连排长赵景云率领该排奋勇出击，不惜牺牲，将该匪击退，获步枪二支，手枪一支（因转进时被匪军掳击遗失，该连长亦告失踪），赵排长不幸中弹阵亡。是时情况转急，奉旅长王手令：着六九七团机枪第一连归六九八团第三营乔营长指挥。兵力增加士气旺盛，但该营阵地沟渠纵横，凹道很多，匪军寻此弱点，转以主力向我第一营阵地攻击，为我击退，屡次利用地形或农产物之掩护向我攻击，并利用旗号来欺骗向我接近，第三营营长乔轶群从容指挥，派第【？】连连长经国华率领该连出击，该连官兵跃出阵地汹涌而上，生擒土匪四名，奉军长命令即时放回，获步枪三支(因向后渡口损失)，匪乃溃退。十九时，天已黄昏，匪援军到达，利用夜暗匍匐向我进攻，以轻机枪、手榴弹猛烈向我发射，此时虽相距咫尺，而我官兵仍能沉着应战，毫无惧心，乃以火力与手榴弹还击，匪伤亡无算，稍向后撤，我士气旺盛，精神振奋，军〔官〕兵均抱有我无匪之决心，与匪决最后之胜负。激战至七时，闻已有援军由我左翼出击，我军阵地更为稳定，士兵亦愈沉着应战。至八时许，匪军伤亡奇重，不敢猛进，两相对峙。忽奉令转移阵地，即令协助独立第六旅突围，并掩护军部撤退，各营按次掩护撤退，但此时天近深夜，气候昏暗，方向难辨，兼以地形不熟，港汊岔歧，河川纵横，桥梁皆被破坏，匪又以重兵扼守咽喉，三面受敌，前路断绝，以致损失颇重。

戊、战斗后匪我阵地及行动

一、本团自奉命转进后，各部队均能迅速脱离敌人，分向海安集结整理，复又奉令转移时堡镇整训，但匪军仍北窜，并占古溪、营溪、蒋垛等地势向北进攻之企图。

己、剿匪教训与经验

一、我军各部队不知互取连络，动作不能协同。

二、各级指挥官不能灵活运用部队，以致部队动作迟缓，常失时机。

三、我军射击技术不精确，至近距离不能将匪军悉数消灭。

四、下级干部不能确实掌握部队。

五、我军士兵旺盛，敌忾心重，故临阵时毫无疑惧或畏缩不前者。

六、匪军以四面包围，猛烈冲锋，我军能沉着固守，勇敢果断，予匪以重大之伤亡。

七、匪军攻击精神不惜牺牲，始终冲锋前进，此为其特长。

八、匪军小部队指挥及运用均甚灵活。

九、匪军政工人员能力较强。

(4) 701团战报

甲、战斗前彼我形势之概要

我围攻黄桥之进剿军主力于十月五日开始向海安背进，匪军分路向我跟踪追击，因随师部为总预备队，于十月五日奉命于营溪防守，掩护主力安全背进。

乙、影响及于战斗之天候气象及战斗地之状态

营溪系二百余家之小镇，四周有小沟渠，无围墙，附近有小村落，通视困难，隐蔽容易。

丙、彼我兵力交战敌兵部队番号及其指挥者之姓名

交战之匪为第一团、新第四团、新第六团及老第二团约二千之众，指挥官陈毅。

丁、战斗经过

十月五日十八时于分界团奉命随师部转进营溪宿营，二十三时到达，以第一营担任营溪西北端防务，第二营担任营溪东南端防务，第三营控制于营溪东端东岳庙。六日八时，匪新第四团进犯张家卫与师独立旅第二团(欠一营)接触，八时三十分匪军新第四团主力由宣家堡向我营溪西南方向进犯，当与第二营第六连接触。九时许，匪进攻益急，我以火力向匪制压，战势至为剧烈，匪数

度猛冲，均以伤亡綦重未逞，战势稍转沉寂。至十一时许，匪军新六团、老二团、第一团陆续增援，四面围攻，不断猛冲，我以绵密火力封锁，匪虽前扑〔赴〕后继，终不能当我密集火力之歼灭。至此，匪屡攻屡挫，尸陈四野，相持至黄昏后，奉令逐次转进至海安待命。是役匪伤亡四、五百名，我阵亡第二连长王德功、第三连长刘寅声，少尉排长陈洞惠等三员，士兵十五名，负伤士兵五名，失踪官佐第六连上尉连长满金辉等十一员，失踪士兵二百三十一名，损失消耗武器、弹药等见附表〔表略〕。

戊、战斗后彼我阵地或行动。

团遵于六日黄昏后七时许，逐次转进海安集结待命。

〔国民政府军令部战史会档案〕

18. 陈泰运关于一一七师等进攻黄桥失败密电

（1940年9月7日）

部长何：3141密。进剿鼎桥赤匪于支晨开始，按保安第一旅、一一七师、独立旅（职部所署，楚公亲临曲塘指挥。）集结，由曲塘、古溪、黄桥线前进。微到达夏家庄、王业垛、刘家垛、分界、桥北溪河岸线。鱼晨匪主力即向我右翼攻击，保一旅、一一七师受挫，夜分向海安、曲塘、大小白米之线撤退。职部现驻大小白米，谨闻。职陈泰远。虞午。印。

〔国民政府军令部战史会档案〕

19. 李明扬关于日军策应苏北国民党军队进攻新四军密电

（1940年9月7日）

重庆委座蒋：余密。（加表）据探报：华中敌酋现探悉我军已开始围剿异军，特密令杨仙、邵邮、靖江、杨中、口岸、大桥、泰兴各处敌伪军，积极严密准备截堵，勿任逃窜，俟将异军肃清后，乘我军疲惫之际，即分由㈠高宝犯樊川、兴化；㈡杨仙、大桥犯泰州；㊂口岸敌伪策应之等情，除饬属严防并分报外，谨闻。泰。李明扬。虞。申参谍。印。

〔国民政府军令部战史会档案〕

20．蒋介石调派李品仙等部增援苏北密电稿

（1940年9月10日）

（1）给李品仙密电稿

特急。（无线加表）李兼总司令品仙：△密。查苏北局势严重，于、韩迭电请求增兵，希迅速派队进出津浦沿线，以为声缓〔援〕，并盼与于、韩随时连系为要。中〇。灰。令一游新。印。

（2）给于学忠密电稿

特急。（无线加表）于总司令孝候：鱼申阳未两策划电悉。△密。苏北情势较鲁省为急，中央远道增援，缓不济急。除电李品仙迅速派队进出津浦沿线声援外，希即适疗机宜，统筹办理，或先派一部南下，俟苏北局势稳定，再回鲁省，以收集中兵力各个击破进犯匪军之效如何？盼复。中〇。灰。令一游新。印。

附件：签呈　廿九年九月十日于第十二科

甲、于学忠鱼（六）阳（七）两电，为转据韩德勤冬（二）电，苏北告急，请派队南下夹击进犯之异军。现鲁省异军非常活跃，且情形特殊，拟恳中央迅派部队增援苏北。

乙、意见具申：

一、查韩德勤有正规军两师一旅，保安团队约十个旅，游击部队计八个纵队之多，因平时对党政工作不力，对军事未加整理，故力量薄弱，今如不设法增援，苏北确属可虑。

二、查于学忠有正规军共六个师，其他团队游击队亦甚多，现鲁省省会地址（鲁村）虽已被陷，但情势较苏北为援〔缓〕，此时

中央增兵缓不济急，于学忠既负战区责任，应按情形缓急，适机处理，不能坐视，可无疑义。

三、查84A已奉准调鄂东归李品仙指挥，而李之部队可以进出津浦沿线，远作声援。

四、拟将苏北情势电告李品仙，至令迅速派队进出津浦沿线，声援苏北。同时电于总司令统筹办理，或先派一部南下，使苏北稳定，再回师剿除鲁省异军，以收各个击破之效。

〔国民政府军令部战史会档案〕

21．军令部编纂黄桥之役战斗经过概要

（1940年9月10日）

黄桥之役战斗经过概要

起　因

不法侵苏之N4A及18AG等部，企图以武力夺取整个苏北，破坏抗战，盲之发指。自八月以来不断袭击友军，强夺黄桥（泰兴东），自九月十三日又陷姜堰（泰州东），我苏北各方之补给线悉被截断，该军仍复节节进迫，形成包围歼灭韩军之势，韩迫不得已为打开补给线及自卫计，乃于九月三十日立予抵抗，故有黄桥之役。

战斗前彼我之态势

一、N4A管文蔚、陈毅等部，自攻占姜堰后，得寸进尺，分兵东犯，北扰溱潼，号称四路：第一，管文蔚纵队辖1R、3R、4R三个团；第二，王剑纵队辖2R、6R、9R三个团；第三，陈毅纵队辖N1R、N2R两个团；第四，李浚纵队辖战地服务团等部，总计兵力约十个团，由陈毅、粟裕分任正副指挥，盘据〔踞〕两泰东北地区相机蠢动，有夺取泰县、东台、兴化之企图。北线18AG徐向前之115D一旅及彭明治等部，企图呼应南线之N4A一股五千余，在涟水东北相机东渡进犯阜宁，一股约四个团，位

置于涟淮间之地区，企图东进。

二、韩军除以一部在阜宁凤谷村等地附近对北据守外，南面分为两路部署。左路任李守维为总指挥，辖89 A主力及6 B S全部位置于海安方面。右路任李明扬为指挥，辖所部三个支队及苏北游击指挥陈泰运部位置于泰州方面，形成夹击N4 A之态势。

战斗经过

韩军如右述部署，于九月卅日开始进击，卅巳左路翁旅(6 B S)将盘据营溪、古梁(均在加力北)N4 A管部三团击溃，反复激战四小时，毙管部数百，我亦阵亡二、三十员名，至晚进至三里港(海安南方)。孙师(33 D)经祖师庙(在关帝庙北海安南)达大小陈庄(加力北)毙匪数百，李军长守维率部进至南三里港（海安之南)，同(卅)日姜堰(泰州东）匪南撤向东转退，当电左路李明扬相机收复姜堰，十月一日大雨，二日河水暴涨，道路泥泞未获进展，三日我左路军分三路向黄桥(泰兴东)进攻，匪部在古溪（黄桥东北)约四团，分界(黄桥东)约三团，经我翁(达)孙(启人）两部奋力攻击，该匪纷纷西撤，我已确占古溪、加力市、分界（均在黄桥东北）等据点，并饬右路军李明扬严厉攻击，四月酉刻我左路军孙师(33 D)及翁旅(6 B S)、王旅(349 B/117 D）等部攻至黄桥以北之樊家集、邵庄、张家庄，孙师(33 D)曾一度攻入黄桥东门，克复黄桥指顾间耳。此时匪军（原为八个团，复由江南增来两个团)以主力向我（6 B S）翁达右翼猛冲，该旅之16R损失严重，代团长韩振翼阵亡，即令17R、18R反攻，毙匪千余，激战至五日辰，弹尽力疲，忍痛转进。我左翼33 D(孙启人)连日围攻陶团(黄桥东北)未果，孙师长启人及苗旅长瑞体被俘，加之弹药耗尽，部队即呈混乱状态，纷向后撤。中路349 B/117 D 进至野房基(黄桥北)附近，连日激战，至五日申刻，我阵地被匪突破，李军长守维落水，生死不明，我左路全军以此顿失主脑，兵心动摇，遂于溃退，所有桥梁悉被破坏，匪仍四面截击，翁旅长(6 B

S)及17R团长秦蒋云落水，生死不明，乃将各部收容陆续撤至东台，人员武器伤损过半。九日辰该匪续向东台进逼，其先头已至安丰(东台南)，佳亥抵梁垛(东台南)之匪约四团攻我东台，我保4B据碉力阻，歼匪甚重，我伤亡亦重。十日晚匪分两路突入城市，该旅弹尽援绝，被迫北转，东台乃于十日失守。十一日匪继续分向盐城及兴化前进，其先头已抵东台北之白驹镇及兴化东之唐子镇(匪约三团)，有与彭明治部会合打通通(南通)榆(赣榆)路及包围兴化之企图。

北线18AG彭明治部于五日酉乘我南线黄桥失利之际，以二千人由涟水东北时家码头渡河进抵胡集(大程集北)，另一部由蔡上渡河已达线圩、大朱圩等处，有进犯羊寨、佃湖(涟阜边境)东窥盐埠之企图。六日子由时家码头(涟水东北)渡河之匪，主力五千余已窜至洲门单码头(均在阜宁西)河西之线，向我保一路徐继泰部左团猛攻，我以众寡悬殊终被强渡，围攻洲门(阜宁西)。六日丑由蔡上渡河之匪二千余进攻佃湖北沙(均在阜宁西北)与我邢团接触，双方伤亡均重，匪势顿挫，折向南移犯我东沟益林(阜宁西南)与我杨仲华旅(保8B)激战，该旅伤亡甚重，退至杨家集(益林南)防堵。匪军又分两股经建阳向湖垛及蒋营(均在盐城西北)前进，我保7B王殿华部正苦撑中。七日阜宁被陷，徐部退至沟安墩(阜宁南)，九日拂晓该匪复向沟安墩阵地进犯，我保2B以伤损过重被迫向蛤蜊港(阜宁东)转进。同日彭明治部三团到凤谷村(益林西)与我杨仲华旅一部激战中。十一日子刻，凤谷村之匪以一股六、七百攻车桥(凤谷村西南)，一股三百攻泾口(凤谷村南)，两日来与我孙师(33D)一团激战，毙匪数百，刻复增匪两团准备南犯，同日晚淮涟匪军集中千余，大部由建阳、湖垛(均在盐城西北)进占盐城，我被迫南撤，一部由冈门(盐城西)到达火冈(盐城南)，兴化东北之秦南、仓顾、殿堡(均在盐城西南)各处亦到匪军二、三百，骑兵数十，装配机枪担任冲锋。又罗炳辉率匪三团到达淮安南林家码头，有向运东进犯之企图。湖西已到匪二、三千，雇集民船只数百只，似有渝渡模样。此次南北匪军作有计划之合力谋我苏北，以致一蹶莫起，溃不成军，亦云惨矣。

韩军失败之原因

一、韩军意志不统一，精神不团结，如李明扬部始终阳奉阴违，甚至与匪勾结，按兵不动。

二、匪军富有作战经验，更有精良武器，质量上又较我优势。

三、各补给线早被匪军截断，故弹药缺乏，不能收火力压制之效，反遭巨创。

四、政工及军训欠强，以致军心涣散，军力不强，信仰不一（如李明扬被匪勾结是），民众力量毫无表现。

上列数项似为此次韩军被N4A及18AG夹攻惨败之一大因也。

〔国民政府军令部战史会档案〕

22. 何应钦迫令新四军退出黄桥密电稿

（1940年9月18日）

急。韩兼副总司令：○密。（加表）据叶剑英译转叶挺佳电节称：八月初陈毅进抵黄桥与陈、谭、周、许等商谈纠纷，约定管部驻黄桥、蒋垛、琯溪巷、园桥等地，不意支日韩军攻占我管部驻地，职又令向加力市、芦家庄、丸荷之线后撤，仅留一部在古溪押运行李辎重。微午又被迫而战，请转令立予制止等情前来，除复上列各地原属鲁苏战区作战区域，该军无进出该地之任务及必要，应即退回原防外，即希知照。何应○。啸。令一游新。印。

〔国民政府军令部战史会档案〕

23. 陆军三十三师某团进攻黄桥战斗详报

(1940年9月30日—10月6日)

(一)黄桥战役

甲、战斗前敌我态势概要

一、匪军于姜埝撤退后，将其部队集结黄桥镇固守，另以部队易装潜伏于芦庄、分界镇乘机袭击，并以少数部队于搬经镇、加力市、池岸等处。

二、本团有步兵三营于九月卅日奉命编入左纵队，本队归孙师长指挥。由海安镇、王家庄、祖师庙、花园桥搜索前进。

乙、影响于战斗之地形状态

黄桥镇位于泰兴、如皋之间，西至泰兴，有城黄公路，东至如皋，船舶可通，南至季家市，北经蒋垛至姜埝，地势平坦，港汊纷歧，市面繁荣，诚谓商业枢纽，苏北货物出纳多经黄桥转运，形成苏北商业咽喉，匪军占据后筑有双重土圩困守之。

丙、战斗经过

九月三十日四时，本团奉命由海安随左纵队司令部后跟进，十七时许抵孙家庄，发现潜伏之匪军，本团先头部队业已遭遇，当即分头迎击，其部署如左：

一、着第一营占领孙家庄后向西威力搜索。

二、着第二营占领莱子庄侧击敌人。

三、着第三营派兵两连向莱子庄、东小村庄威力搜索。

激战约三十分钟，匪军不支向东南窜去，是役我获匪军便衣队二十余名，步枪三支，我方无损失。是晚本团奉命在孙家庄宿营，派第二营在莱子庄严密警戒并构筑工事。

九月卅日晚大雨，十月一日仍雨未止，匪军有一部不时向第一、三两营阵地扰击，本团除派一部游击并搜索外，余均在原阵地警戒。

十月二日八时奉左纵队司令部十月二日六时作命海第〇三号命令内开：

一、匪军陈毅部刻已退出姜埝，有向古溪集结模样，搬经镇附近有匪管文蔚部约三百余人。

二、我左纵队刻在南三里，北荡附近停止，正准备向古溪之匪进击，并有攻占之任务，兹部署如左：

（一）着九九旅（欠一九八团）于本月（二）日八时进驻加力市待命，并向搬经方向严密戒备，施与威力搜索。

（二）着一九三团于本（二）日八时推进至张家堡（加力市西北）待命，并对西北方向严密警戒。

（三）着一一七师独立旅（欠一团）于本（二）日十时由现驻地推进至加力市河南岸附近待命，对加力市西南方向严密警戒。

（四）着军独立团于本（二）日八时由现驻地推进至张许庄（加力市东北），另以一营位置谢家甸，对如皋之敌注意警戒。

（五）纵队司令部及直属部队（仍由少校副官江祝平指挥）于明（二）日八时推进至加力市东端。

三、各旅团到达指定地区后，应筑强固之工事防敌袭扰，并须与邻接部队确取联络。

注意事项：

一、各部队粮秣就地以现金购买，随时储备三日干粮。

二、各旅团政训人员应在本纵队到达地区内，努力从事安民工作，俾收军民合作之效。

三、各部队应严行诰戒所部不得任意放枪，务须确守射击纪律。

四、各部官兵应尽量爱护民众，不得有扰民事件发生。

五、各部队应另派干探详确察侦匪情，随时具报。

遵令于本（二）日九时率所部向指定地区推进，并部署如左：

一、团部及直属部队第二营驻加力市东小村庄。

二、第一营驻张许庄对西北古溪方向警戒。

三、第三营驻谢家甸对如皋方向警戒。

并令各营连驻地附近构筑强固工事。

十月三日奉左纵队司令部十月二日十九时三十分作命海第五号内开：

一、奉军长李冬巳、午两电命令如另纸。

二、刻匪军独立团所部千余人分布于搬经、芹湖、分界一带地区。

芦家庄有匪政治教育队及挺进队所部约三百余人。

分界至黄桥间有匪管文蔚部约两团。

三、本纵队以奉命于明（三）日拂晓开始由现驻地向搬经、芹湖、分界之敌进击，到达分界后，协同我右纵队会剿黄桥之敌并攻占之任务。兹部署如左：

（一）着九九旅（欠一九八团）附迫炮两门于明（三）日六时开始向搬经之敌攻击，限八时前占领该镇而固守之。

（二）一九三团受九九旅苗旅长指挥于明日六时由现地出发随一九七团后跟进，俟一九七团占领搬经后即向芹湖之敌攻击，限明（三）日十一时前攻占该地而固守之。

（三）一一七师独立旅（欠一团）于明（三）日六时由现地出发沿官河南岸进击，于鲍家塔、西力河、鲍庄、大杨庄之线，应协同我攻击搬经、芹湖、分界之部队，并掩护我左翼之安全。该旅到达大杨庄后，即以一部牵制芦家庄之敌，主力推进之〔至〕291村落附近向分界之敌压迫，俟我军独立团占领分界后，即推进至张家苍头、王家苍头一带构筑工事，对芦家庄、野庙塘、黄桥之敌严密警戒。

（四）司令部及直属部队随攻击部队逐次推进至搬经、芹湖、汤里。

四、余在纵队司令部。

规定事项：

一、各旅团攻击部队开始攻击前及到达新地后，即举燃草堆为号，攻占新地时并须立即派员向本部报告。

二、各部队到达新地后，应分派小部队向附近村落威力搜索。

三、各部队到达新地后，应即构筑坚固工事，严行戒备防敌袭击。

四、各旅团卫生队应随各团设立绷带所。

五、各团大行李派付〔副〕官一员率领至加力市，西头集合归本部之少校付〔副〕官张任指挥。

第五号别纸(一)

奉军长李冬巳进达命令如下：

一、匪军主任陈毅部自姜堰退出后，判断必集中在蒋垛、古溪之线。

二、我军以寻匪主力击破之目的，决向古溪、黄桥前进。

三、右纵队独立六旅由现地出发经樵子阙、鞠家厦向古溪攻击，到达攻击位置时，主力应控制古溪东南方二里路村庄中，攻下古溪后待命前进。

四、左纵队孙师由现地出发经搬经、芹湖向分界攻击前进，到达分界后停止待命，行军时以主力在如皋通黄桥之官河北岸。

五、军率本队一一七师经小夏堡、东西牟尼湖到达吴家林停止，但该师须派一团在军先头驱逐路上之散匪。

六、各部队前进时，每到一地点应即派员追向本部报告。

七、各部队大小行李应以团为单位集中在道旁行进，以免妨碍部队之进出路，违则拿办行李官长以军法从事。

八、攻击时间另候命令。

九、各部队给养应就地购买杂粮补给。

十、前进时余在本队前卫团后行进。

第五号别纸(二)

奉军长李冬午电：

冬已进达作战命令电计达，军决定于明(江)日拂晓全线开始向匪攻击前进，仰即遵令开始向分界攻击为要。

遵奉前令，本团于三日六时自加力市随纵队司令部出发，并下达如左之命令：

命令　十月三日五时三十分于加力市东端小村团部。

一、情况：如纵队司令部第五号命令。任务：本团随纵队司令部跟进，与我一九七团攻占搬经后即受苗旅长指挥攻占分界镇。

二、第一、二营(欠一、四连)为后卫，本队准纵队司令部行进路线前进。

第三营为后卫警戒，准本队行进路线跟进。

三、第一、二营应各派一连任路侧右、左翼警戒，第一连在左，第四连在右。

四、各营大小行李集中团部，由王副官指挥跟纵队司令部行李前进。

五、迫炮连及团部各室在第一营后跟进。

六、余在第一营先头前进。

下达法：本团于部署后跟纵队司令部推进至搬经、芦湖，即得探报盘据〔踞〕分界之匪军已窜走，十五时抵西分界宿营。本团部署如次：团部及第一营向杨家庄警戒，第二营向杨家园方向警戒，第三营向土山庙方向警戒。

十月四日奉左纵队司令部十月四日一时作命海第六号命令内开：

一、奉军长李江亥电开：军决于明(支)日向黄桥攻击前进。(一)该纵队于明(支)日拂晓前向黄桥挺进。(二)右纵队于明日由古溪向八字桥前进。(三)本部及一一七师由古溪随右纵队之线跟进。等因。

二、盘据〔踞〕黄桥之匪军主力似已向西撤去，其一部仍在黄桥近郊构筑工事据守，西分界至黄桥有少数部队，【系】游动之匪军

三、本纵队基于军长李江亥电所示任务决于本(四)日拂晓继续向黄桥之敌攻击而占领之。兹部署如左：

(一)着一九三团归苗旅长指挥，于本(四)日七时由现地出发沿官河北岸向黄桥之敌攻击前进，限于十--时前占领黄桥镇。

(二)第九九旅(欠一九八团)附山炮两门于本(四)日七时由现地出发在一九三团后跟进，并协助其作战。

(三)军独立团于本(四)日七时由现地出发，将沿官河南岸杨家庄、常家桥南、刘家堡、焦家庄一带散匪驱逐，确实掩护我左侧翼之安全；俟我一九三团到达黄桥东郊后，即以主力向黄桥东南近郊压迫，使我主力作战容易而攻占之。

(四)第一一七师独立旅(欠一团)于本(四)日七时由现地集合后随余前进，并派一部注意东西沿河两岸各方警戒。

四、第一九三团第九九旅(欠一团)占领黄桥后，其余部队应在黄桥近郊集结停止待命。

五、余现在大界沟，纵队司令部行进时在独立旅先头。

附记：

各旅团于本(四)日六时卅分到西分界西端集合后待命出发。

本团遵即着第一营为前卫，第二营为侧卫向杨家庄、常家桥方向搜索前进，第三营派连络兵不时向左纵队连络。本团于区分后，侧卫部队即于杨家庄、常家桥、张家苍头等处搜索，本团前卫第一营于八时占领南刘家堡，侧卫部队搜索至南刘家堡停止，钱家村除派少数搜索部队警戒外，其余先后归还本队。

奉孙纵队司令八时卅分命令：军独立团迅即向刘家堡、大焦庄一带搜索前进，如遇小匪驱逐，大匪即行向本纵队报告，并向章家基、胡家堡九九旅确取连络。

遵即着第一营由现地出发向大焦庄搜索占领之，第二营派兵两连在南刘家堡南警戒，其余在刘家堡西警戒，第三营随余前进，于九时卅分第一营已占领大焦庄，将匪军驱逐后全团挺进大焦庄。

奉孙纵队司令十时四十分命令：

一、军独立团迅即向黄桥南端挺进，威胁敌之右侧。

二、刻本纵队先头部队已到小二房以南，正向顽抗之敌二、三百人攻击中。

遵即着第一营向黄桥西南方向威力搜索前进，第二、三营派出一部向左、右翼警戒，其余随本队前进，全团行李集中道旁跟进。

同时又接奉旅长苗通知：

一、黄桥东端有匪军约二、三百人顽强抵抗。

二、一九七团团部在小二房庄东端，其第一线在小二房庄西端及以北地区与敌激战中。

三、我炮兵已进人阵地，对黄桥开始射击。

奉孙纵队司令十一时命令：

一、军独立团迅即以一部向黄桥西南郊绕胁敌之侧背。

二、本纵队五团已于十时四十分，确实占领黄桥东圩门，刻正向市区扫荡中，残敌向黄桥西北溃退。

奉令后遵即着第一营向盘踞南门之匪军攻击并占领之，第二营派兵两连在通黄桥南门之沙港沿岸佯攻，协助第一营攻击，其余在陈家庄构筑工事，第三营为团预备队，位置于陈家庄东端小村庄构筑工事。

第一营奉令后即开始向青子桥攻击，经与据守该桥之匪军激战约一时许，选拔奋勇队冲击数次，敌不支，退南圩附近小村庄企图顽抗，后经我方派出少数部队绕击及左侧匪军连续受挫窜去圩门桥北，将桥焚毁，双方对峙，是役匪军伤亡甚重，我方伤见习官一员、士兵八十三名。

奉孙纵队司令十四时三十五分令：

一、刻一九三团之一部在黄桥东圩内与敌激战中。

二、着该团即以一营向黄桥南门之敌攻击，协助我一九三团作战，其余部队即开至小二房庄构筑工事固守之。

三、右纵队刻已开始攻击。

四、余现在纵队司令部。

遵即下如左之命令：

命令　十月四日十四时五十分于陈家庄团部。

一、敌情如贵官所知。

二、奉孙纵队司令命令如另纸。

三、着第一营俟第二营将阵地接替后即转进陈家庄随团部前进。

四、第二营派兵两连即刻接收第一营占领之阵地，相机向桥北之敌攻击，其余两连仍在原地警戒，并确实掩护团部及第一、三营转移新阵地。

五、第三营由现地向小二房方向威力搜索，并占领小二房西端构筑工事严密戒备。

六、各部之大行李均随团部。

七、余在团部。

十月四日十五时卅分，本团绕道至小二房庄时，途中已遭潜伏之匪军侧射，幸地势低洼未受损失，当令先头部队迅进小二房庄占领房屋上掩护部队作工，十七时据搜索部队报告原在该庄我一九三团之一部已撤去，匪已占小二房庄西端附近之优势地形，于我团进入村庄时施行猛烈射击，反复冲杀均为我击退，我团仓遭奇袭，奋起应战，因地形开阔，匪已占得优势，我团损失甚重，不得已暂时转进至小二房庄东端，派第一营占领该庄东北端及东南端阻止匪军前进，第三营在东端整顿，迅即构筑工事，准备反攻，同时与我一九七团取得连络。

匪军于六时向我阵地再度猛冲，我官兵沉着迎击，反复激战，是时已混战状态，除令第三营固守现阵地乘机反攻外，其余部队即令向我一九七团阵地伍间增加，极力抵战，匪军乘傍晚之际反复冲击，我全团官兵再接再励将敌反复冲退，至午夜均保原态。

据第二营报告，匪知我团大部东移，派出大部匪军绕攻侧背，该营三面受敌，匪军向其阵猛冲，双方激战至七时许，终因防区辽阔，敌众我寡，防守前韩庄之排长高怀清及全排士兵尽作牺牲，阵地因为匪突破时值黑夜，不得已转进至陈家庄东一小村庄，另派第六连将前失之前韩庄夺回，遂暂成相持之势，一面整理阵地反攻，敌不得势，遂取包围形势再度猛冲，匪军虽未得逞，该营已陷入重围，四面受敌，与本团相隔之空隙有七里之遥，失去连络，地形特殊，已成孤立，无险可守。该营冲出重围，至大焦庄又猝遇匪军之奇袭，幸发觉尚早，未为所算，当将该部潜伏之匪军击退，即至大焦庄东北整理收容准备反攻。当时本团之一、三营均为敌在二房庄之西南两面发生激战，实已无法连络，该营即至章家基转至纵队司令部报告，当奉孙纵队司令谕即加入一九三团作战，该营即就近加入一九三团第二营阵地作战，本团之部队除第三营占领阵地抵抗外，余因无明确之阵地，零落随附在别团作战，无法统一指挥，并无以发展之状态，当晚与我团混战之匪军虽反复冲杀，至十月五日晨均未得逞。

十月五日，匪军于拂晓前占领何家庄，对我军取半月形之包围，机枪架于屋上，用猛烈之火力掩护向我猛冲，均经我军击退，匪军于拂晓时攻击，又遭失败，退而坚守其已得之阵地。在匪军退却时，我即挑奋勇队追击，终因其地形熟谙又匪军坚守不退，我稍有损伤退返原阵地，官兵经一昼夜之苦斗，双方固守原阵地，暂入休息状态，待机出击。

双方相持至十二时许，我方已准备逐除该匪，而匪之生力军大部赶到，对我军猛击相持激战，匪之伤亡较我过数十百倍，其生力军仍不断增加，冲击我军，极其压迫不能发展，一九七团之阵地因伤亡过重，子弹已尽、为匪突破，全部动摇，又加匪军冲至不能立足，部队均向西北转进，企图占领村庄整收部队再战，夹如四面受匪军潜伏便衣之袭击，不能复振矣。

本团因无明确之阵地，局促一角，仅第三营占有阵地尽力堵击，已伤亡过半，弹药消耗殆尽，其余部队均附一九七、一九三团作战，夹杂友军中退走，势益孤立、兵力单薄，机枪又生故障，不得已撤退，以图收容部队再作反攻。

当部队转进至北河家塘时，正收容部队再作反攻，前面掩护部队已均后撤，颓势已呈不能为力，转进至古溪，除留员收容部队外，再进海安。

十月六日自海安至安丰宿营，同晚奉主席令，自安丰移驻东台西溪整理。是役本团伤亡官四员，士兵三五名，消耗械弹如附表（表略）。

丁、作战之经验教训

一、搜索太疏，使敌得易装潜伏。

二、情报不确。

三、兵骄轻敌。

四、协同动作欠差，易生误会。

五、报告战况与事实不符，使指挥官不能明了实际情况掌握全线兵力而运用之。

六、转移阵地时无指定部队切实掩护，以致所有防线均为转进之队伍牵动而不可收拾。

〔国民政府军令部战史会档案〕

24. 韩德勤报告黄桥战况密电

（1940年10月 5 日）

渝。委员长蒋：支子往电计呈均鉴。舍密。通630加表。综合李军长及翁旅长截至微日止各电如下：(一)翁旅电：支申在黄桥西之十里万家集、邵庄线上遇匪主力约五六千人，激战至亥拂晓战事稍停，微辰仍对峙中。(二)李军长电：铣晨分北东南三路包围黄桥之卅三师，半夜到达黄桥附近，一部由东门冲入，遇街内匪约二千余人顽强抵抗，因翁旅未能如期合围，一九三团颇有伤亡，现已飞调一一七团增援中。各等情。谨闻。余再续呈。东。职韩德勤。酉微。午往。印。

〔国民政府军令部战史会档案〕

25. 蒋介石等关于曲塘会议往来密电

（1940年10月13日—11月23日）

(1)蒋介石密电稿(10月13日)

无线电。

韩副总司令：骏农密(加表)。据叶剑英译转李明扬及士绅韩国钧世电节称：国钧、明扬曾应各方要求，并征得省府与新四军同意，于十月三十一日在曲塘召集各方军民代表会议，会议意见，共计七款等由，其真相如何，仰迅速查明详复为要。中〇。元未。令一游。

(2) 韩德勤密电(11月15日)

无线。

渝。委员长蒋：元未令一游电奉悉。宝密(加表)。查上月陈毅提出五条条件，要求派员会商，曾于上月皓申电呈报在案。旋由陈毅邀约李总指挥明扬赴海安与韩国钧商议开会地点日期，当以李韩两人名义，通电召集军政人员及多数士绅，于上月效日在哂〔曲〕塘会议，职闻被召士绅，多系陈毅黄逸峰所提出，必系希图假造民意淆乱听闻之作用，且哂〔曲〕塘又系苏北游击指挥第三纵队司令黄逸峰司令部驻扎地，部队极为复杂，当即复电予以否认，效(上月卅日)〔?〕韩国钧、陈毅、管文蔚、黄逸峰等率士绅多人，仍到哂〔曲〕塘集合，等候开会，同时李总指挥明扬亦在哂〔曲〕塘迎接韩国钧赴泰州，而陈毅、黄逸峰等手腕灵活，即率士绅十余人与韩李一起谈话，当场提出意见十条，已于本月支电呈报在案，并强迫韩李签名电呈中央，韩李拒未签名，最后仅允签字转达省府而散。职以此项谈话会，全系共党假造民意，希图淆乱听闻搪塞中央之诡计，当电嘱李总指挥对于该项意见，无庸步〔?〕式转达省府，遂作罢论，此系哂〔曲〕塘会议之实际情形。钧座所接韩李十月三十一日通电，当系陈毅假借名义所发，谨电呈复。兴。职韩德勤。戌删亥。印。

(3) 徐永昌电稿(11月23日)

第十八集团军重庆办事处叶参谋长剑英勋鉴：十一月九日抄呈新四军转来李总指挥明扬士绅韩国钧等世电阅后，当经分电调查真相。兹据韩副总司令德勤戌删亥电及李总指挥明扬支电先后呈复曲塘会议情形及否认事实，并云世电当系陈毅等假借名义，意图伪造民意，淆惑听闻。所发各等语，即希查照。徐〇〇。漾〇一游渝。

〔国民政府军令部战史会档案〕

26. 韩德勤关于新四军在苏北十月上半月动态密电

(1940年10月16日)

无线。急。重庆。委员长蒋：舍密(加表)。谨将十月份上半月苏北异军动态呈报如下：

甲、泰东方面：盘踞海安之“匪军”新四军陈毅部约四团之众，已于灰日上午七时侵占东台，现仍有分道进犯兴化之企图。

乙、两淮方面：一、盘踞运西高良涧、荡河“匪军”罗炳辉部千五百余人，由蒋坝经岔河至林码头，现有偷渡运河进犯模样。二、洪泽湖西“匪军”约两团，似有向泗阳、南新集方向移动。三、风谷村之“匪军”彭明治部六七百余人，于六日午后，由风谷村进犯东桥泾口（淮安东南）激战三昼夜，“匪军”终未得逞，损失颇重。现向涧河以北南字头、张墩一带退守，我军正于长江阵地积极准备反攻中。

丙、盐阜方面：一、十八集团军彭明治部千数百人，由阜宁西洲门钱家码头出入道，进犯阜宁西南板湖、东沟、益林等地。虞日起，激战两昼夜，板湖，益林均被陷，双方伤亡颇重，现在益林西计沟河南岸对峙中。二、阜宁东之东沟，齐辰又被“匪”侵占。三、佳晚东沟、益林之匪军经湖垛、上冈进犯盐城，当以“匪”势颇炽，众寡悬殊，我军弹药消耗已尽，被迫退出致盐城被占。除分报外，谨闻。职韩德勤。酉铣。往成饶转敬。印。

〔国民政府军令部战史会档案〕

27. 卢印泉等关于韩德勤部失败情况电

（1940年10月18日）

兴化中央统计局转来：

渝。请转军法执行总监部王副监东战、陆高级参谋海泉钧鉴：(1)军事戌敌人在苏北无行动，新四军自八月猛攻泰州不逞，即东窜泰兴属黄桥、古溪、蒋垛，人枪三四千，实力不强。八月中旬楚公、师公决分两路进剿，以师公为进剿军总指挥，新浦副之，以师公所属主力及苏北游击指挥部陈指挥官泰运所属两纵队为右翼，以(89)军(117)师独二旅为左翼，令下后，即扣押保二旅、四旅张翼、何克谦两旅长未能果，直到九月初始由楚公直接指挥左右两翼向黄桥进攻，未能达成任务并有损失，即向海安、曲塘撤退。匪跟踪攻击曲塘，未几而姜堰失守，后经士绅奔走，劝新四军退出姜堰，一致抗敌。楚公令师公派队进驻姜堰，本月初再以李军长为前线总指挥，率(33)师两团、(117)师独立第六旅三团、(33)师独立旅二团、军部独立团及保安队，均由左翼进袭黄桥。右翼由师公及贾指挥官所属，扼守曲塘、白米、溱潼、姜堰之线，防匪北犯；西守姜堰、泰州、宣家堡线，防匪西窜，并应援黄桥。四师攻击开始即放弃古溪、加力村，新浦忽于搜索，不事联络，深入黄桥北郊，匪当向独立旅攻击，计前后八次皆被击退，匪死伤一二千人，主力损失过半，但此则余匪抄至彼后，即将桥梁破坏，猛攻我(33)师，有一部败退，波及军部，危急仓卒间不加部署，不令全军退却，结果伏兵四起，纪律不好，人民蜂起追杀，全军覆没，李军长、翁旅长及参谋长、团营长若干人失踪，师长孙启仁被俘，苗旅长、谢参谋长、张旅长等重要官长无一生还。据退回士兵报告，当作战时我军并未失败，匪即准备回窜，如我军能悉力前进，沉着固守，必能致胜。失败原因：因事前互不联络，不搜索，不设侧卫、密卫，大军前进时主为沉着，不坚决，浮乱误事。当新浦率主力进攻黄桥时，敌乘机进攻东口、弄川、永安、丁沟等地，师公时派队御敌，收复新口、来口、丁沟、小纪。(2）匪情：匪主力本月初迄今两日得利后，即行追击前进，七日占海安、富安、安丰。四日进东台，西占大坝，北占白驹，同时八路军自涟阜南占盐城，已与新四军取得联络，再西进安北丰，想向兴化包围，匪势初非甚强，今战线又延展数县，其力量又转形分散。(3）楚公自月初患病，至今未愈。新浦失踪，以顾锡九代军长，集中残余暂住□□。计川西去，人心浮动，士气全失，前途危难，殊难设想。(4）师公所部在郭村，塘头一带，陈泰运所部在曲塘、溱潼一带，曾与匪军苦战，虽有损失，但主力依然健强，现又配置于匪军背后及侧面，如楚公能与之通力合作东进，则尚能支持危局，固守兴泰。(5) 目前最大危机为一切陷于僵局，在楚公以主力全失不愿讲话，师公以次各将领则以地位关系亦不愿有所主张，其余党政军各统帅部素少接触，地方绅民亦无处呼吁，因之自本月五日，我军覆没至今十余日，各方信使不通，人民思苦皆异，待时局变化匪军横行，对苏局善后曾无人加以筹划。以目前情形观之，如再贻误一两月，必至搁置而无法挽救。(6) 善后办法：依据实际情况及党政军意见，治本办法，希望中央能派威望勋著之人，率领生力军两师来曲【塘】坐镇，用收拾人心，树立威信，进而整军、整财、振刷政治。救急办法，须由中央依据现实，将省府少〔稍〕事调整，严令楚公开诚布公，共同负荷，并集结苏北武力支持危局，确保兴泰。因在事实上，此次进攻新甫虽失败，但苏北实力李、陈各部，均扼敌背后，如能切实开诚布公，尚足以固守。(7) 此间各级军官各党政军各士绅如韩紫石等，既熟知匪方狡猾伎俩，无一人不思精诚团结，渡过难关，只要中央能决定大计，以苏北物质环境之优越，实不难挽回危局等因。以苏北远处边隅，中央不易详知此间情形，故冒然谨陈，供作参考，尤乞为国为民，向委座、何部长、张部长分别呼吁，如需要详知，当随时电陈。泉本拟即去职，惟以危难日深，乃不愿在患难中弃去，刻拟将眷住沪，决个人随楚公作此挣扎。职卢印泉、卞斐园同叩。巧。

〔国民政府军令部战史会档案〕

28. 国民党中央秘书处关于韩德勤部在黄桥之役中溃败拟调大军收拾苏北残局密函

(1940年10月26日)

据江苏省党部寒电称：新四军陈毅部自占领黄桥攻占姜堰后，一面向各方呼吁以示弱，一面布置反包围阵线，于我军进抵黄桥附近，将我军节节冲断，层层包围，我方指挥人员积极下令撤退，讵军心慌乱，无法维系，致二十余团大军全部溃散，高级将领如李守维、孙启仁、翁达，张能忍等迄今生死不明，陈毅率部乘机占领海安，复于灰日占领东台，八路军苏部更乘虚由益林、湖垛南进，于文日占领盐城，现两军已在刘庄一带会合，有西犯兴化霸占整个苏北企图。我方经此打击，主力部队损失殆尽，军政机关均分散于兴化、泰州、沙沟附近，四面受敌，进退失据，情势至为危急，理合电陈鉴核，恳予转陈军委会，乘该军等立足未稳之际，迅派大军来苏收拾残局，以保留此一片抗战根据地，否则苏北一隅南陷，千万劫不复之境，临电不胜迫切之至，等情到处。经陈奉批“送军事委员会”，除电复外，相应函达。即希查照核办为荷。此致

军事委员会

〔国民政府军令部战史会档案〕

29. 刘裴解决苏北军政问题函

（1940年10月28日）

慭功吾兄惠鉴：

本月廿六日大函敬悉，并奉总长交下廿五日函同前由。查新四军及十八集团军所属各部，非法在苏北与韩、李各部冲突经过，已先后接得各方电告，除已由总长去电朱、彭总副司令、叶军长转令十八集团军及新四军制止外，中央正与周恩来商讨整调解决办法，对苏北军政问题。亦在研究有效善后处置中。在整个调整办法未决定前，并已分电韩主席与李明扬、陈泰运、顾锡九等通力合作，协助韩主席挽回危局。卢、卞两同志所陈治本及救急诸办法，均极中肯【切】要，当提供采择，希转告为盼。专肃。顺颂

勋祺

弟 刘 裴敬启

十月二十八日

〔国民政府军令部战史会档案〕

30. 韩德勤关于黄桥等地国共双方兵力集结与战斗情况密电

(1940年11月1—29日)

(1) 电之一(11月1日)

无线。

限即刻到。渝。委员长蒋：宝密(加表)。谨将苏北"匪军"最近分布情形呈报如下：(一)黄桥驻"匪军"第二大队由副指挥负责指挥。(二)卢庄、石庄、老叶庄一带以及黄桥附近驻匪军新四旅。(三)海安、胡家集、清平港等地驻"匪军"管文蔚之挺进纵队，海安有"匪军"一团，陈毅驻此。(四)曲塘驻"匪军"一排。(五)东台安丰、梁垛、富安一带，驻"匪军"第一纵队，有支十八集团军接驻说。(六)戴家窑驻"匪军"约四百名，东村、西村各驻五六十，何家堡约二百名。(七)北安丰驻"匪军"二百余名。(八)大邹庄之东北驻"匪军"约四百名，其附近小邹庄、向家庄各驻"匪军"不足百。(九)盐城驻"匪军"约百名，为十八集团军彭明治部，说系罗炳辉第第五纵队某部，已改十八集团军名义。(十)冈门关驻"匪军"三百余名，为黄克诚部。(十一)绘南仓驻"匪军"约四百名，系彭明治部三大队。(十二)顾殿堡、周店、至化北驻"匪军"共二百余名。(十三)湖垛驻"匪军"四百余名。(十四)涪沟安北乡一带共驻"匪军"一千余名。(十五)沭阳"匪军"为十八集团军之苏豫支队彭明治部之湖西大队，共约千二百名，号称两团，尽驻寻〔?〕集、驻马店、颜集等地。(十六)涟水近开到三个纵队，人数未详。另据报本日午后"匪军"将以罗炳辉部任中路，陈玉生部任左翼，管文蔚部任右翼，三路围攻兴化，彻底肃清我所有各部，企图推翻省府之目的。除分电呈报外，并督饬各部就现在位置严密防堵，待机剿办。谨闻。兴。职韩德勤。戌东。未夏杰皖转冬。印。

（2）电之二（11月2日）

无线。急。渝。委员长蒋：分化表宝密。据三师姜代师长呈报近日匪军行动如次：

（甲）盐城方面：〈一〉现城内驻匪军司令部暨步骑兵各二百余名。〈二〉冈门、新河庙、秦南仓、湖垛、建阳各处，共有匪军千余，骑兵二百余，在各该处调动颇繁。〈三〉新兴场、上冈等地，共有匪军步兵约五百余。

（乙）淮安方面：〈一〉运西近有匪军五个支队，间至林家码头、屠庄、黄雄、岔河等地，罗炳辉现住黄家集。〈二〉运西有两个支队，于梗、敬两日由板闸渡河，东开增援，十八集团军准备向我进攻。〈三〉涧河北匪军，为十八集团军苏鲁皖抗战支队、黄河大队、淮阜大队各番号。

（丙）阜宁方面：匪军在裴家桥、冯家荡以北之太平桥征集民船二百余只，外装铁板，其企图正侦察中。根据以上情况判断，匪军将集中兵力南犯，以于最短期间，造成既成事实。除饬陈师长严密戒备并分电呈报外，谨闻。兴。职韩德勤。戌冬。亥夏明饶转支。印。

（3）电之三（11月5日）

无线。重庆。委员长蒋：宝密〈加表〉。据省保安处微日报称：（一）上冈〈盐城北〉有"匪"新兵训练处，现有新兵一千多名。（二）彭明治现住冈门，司令部即在该地。（三）泊垛、回阳由东沟、益林（均阜宁西南）增来"匪军"甚多，建湖现共有"匪"一千五六百人。（四）秦南仓"匪军"亦有增加，现共有一千多人。又据一一七师戌支电称：柯家堡（东台西南）、戴家窑、赵台西南之匪，召开民众大会各等情。综合以上情况，南线"匪军"无动态，北线"匪军"渐次集结，畏我反攻，其他各处如柯家堡、戴家窑等处之匪军积极政治活动，余无变化。谨闻。兴。职韩德勤。戌微。印。

（4）电之四（11月5日）

无线。特急。渝。委员长蒋：宝密。代（加）表。（一）据报五十七军霍师支晨过陇海路已到宿迁北部，当即电令宿迁邳县长率部接应向导，并协同该师南下。（二）查第十八集团军彭明治及二七师三四四旅各部，现在盐阜以西冈门、湖垛、建阳、东沟、益林、凤谷村一带约有八千人，冈门有彭匪明治司令部，霍师如续向涟阜前进，有随时与敌匪作战之顾虑，今后应如何指挥连系接济补充，已电请于总司令明令饬遵。（三）霍师南下后，为连系确实作战便利起见，似宜先攻占东沟、益林、凤谷村之线，与本军靠拢，再合力规复盐阜，届时职当抽派得力部队出东桥、泾口切实策应，以收夹击之效，除电于总司令请示外，谨闻。兴。职韩德勤。戌微。酉夏饶转庚。印。

（5）电之五（11月7日）

无线。重庆。委员长蒋：宝密。〈加表〉。（一）据三三师姜代师长戌鱼电：从东沟、益林开至建阳"匪军"一千人，尚在陆续增加，并有向洪家桥、推夏庄南进企图。（二）据八九军顾代军长戌微电称：东日，乡西、林家码头、岔河之"匪"均向万家集退去，企图不明。（三）据省保安处戌鱼情报：津浦路东"匪军"约二千人，携带军用品及食粮，连日分向高邮、金沟、闵家桥及宝应城等地集中，企图不明各等情。除继续侦报外，谨闻。兴。职韩德勤。戌虞。午夏寅。印。

（6）电之六（11月10日）

无线。限即到。渝。委员长蒋：宝密（表）。一、据一一二师霍师长守义佳申参电称：该师于佳日已全部到达沭阳以南之钱家集。职已就涟阜两淮一带敌伪据点及东沟、益林、凤谷村匪军动态电复，以作行动准据。二、皖省李主席谍敏风鱼晨电转据莫师长参江电称：该师四一三团在合守交界之草厂集与新四军第四支队对战，至有午经我四一四团相继赶到，战斗至全晚，“匪军”不支溃退。至冬日，莫师一部抵定远东南廿余公里之三官集，主力到合肥东北七十公里之梁园，除将运河两岸匪情电李主席转知莫师长外，谨闻。兴。职韩德勤。戌灰。戌朽柯明饶转。印。

(7) 电之七(11月16日)

无线。特急。渝委员长蒋：宝密(加表)。霍守义师(欠一团)会同派往宿、沭、宝应之鲁唐轩、马侠男两部，已于删日渡旧黄河到达苏家咀以东地区，据报匪第五纵队黄克诚部向东沟、益林增加，企图截击霍师。职已令卅三师姜代师长率三个团出东桥向凤谷村、苏家咀之匪攻击，策应霍师，已于删午占领凤谷村向北挺进。据陈指挥官泰运铁电报称：匪军闻中央派大军向皖北开动，甚为恐慌，声称将先制人，不日向兴化，秦潼等处进攻。综合以上各情，职除督饬所属严阵以待，如匪向兴化进犯，当予重大打击外，拟候霍师长稍事整理休息后，即以姜代师长率部协同攻占益林、东沟等处，相机收复盐、应。兴。职韩德勤。戌铣。亥夏。印。

(8) 电之八(11月19日)

无线。急。委员长蒋：宝密。匪军动态：(甲)南线东台、如皋一带：(一)东台为新四军第二纵队王俭部二千余，分布于戴家窑、金家庙、获埠、大顾庄一带流动扰乱。(二)海安为陈毅之指挥部及挺进二纵队千余人。(三)如皋“匪军”约三团，向我保一旅及第六纵队近迫，我保一旅已被其解决四个连。(乙)北线盐城、阜宁一带、秦南仓、大邹庄、冈门、湖垛、建阳一路，“匪军”小股窜扰东沟、益林、凤谷村之线，自霍师南下，我卅三师姜师长即率三个团出东桥、泾口策应，于铣晚我姜师黄团攻占凤谷村，与霍师取得连络，现将主力向阜宁、盐城方面集结，有伺机向我袭击模样。(丙)湖西林家码头之"匪军"罗炳辉部千余人，巳向岔河、万家集退去。(丁)皖省一三八师莫德宏部冬日推进三界集(定远南)、梁园集(合肥东)一带，该部与沿途新四军张匪云逸、戴匪季英等部连日作战，现仍在合肥以东梁园迄全椒、藉西、马厂之线，尚未越过津浦路等情。谨闻。韩德勤。戌皓。夏明。印。

(9) 电之九(11月22日)

无线。

急。委员长蒋：戌皓夏明电计呈钧鉴。宝密。匪军动态：(一)匪军苏指挥官陈毅及罗炳辉等在海安开重要军事秘密会议，拟再度提出和平运动。(二)马海安匪军计有新四军十八集团军二大队，武器精良，富安有两大队，其口溪、蒋垛、相哈庄及运粮河一带，为其新四旅防守。(三)东台"匪军"冀日准备船只绳索等，有移动模样，马辰南开四五百名，附近"匪军"在纷纷集中。(四)盐城大冈现有匪千余人，安丰有匪五百余，内有女政治员二百，大邹庄有匪二百余，小邹庄、向家庄各有匪一百余人，白驹、刘庄共有匪四五百人。(五)戴家窑"匪军"现征集民船甚多，有移动模样，马夜大邹庄、顾沺堡一带匪军二百余向我中堡进犯，被我八十九军独立团击溃，伤亡颇多，余无异动。除分呈外，谨闻。兴。职韩德勤。戌养。夏明。印。

(10) 电之十(11月28日)

无线。渝委员长蒋、总长何：宝密。表。近日中共"匪军"动态如次：(甲)运西方面。据八十九军感戌电话：林家码头、汊河、高淳涧、随河集等处共有千余名，系第十八集团军第五纵队之一部，感日征集民船二百余支，用意未明。(乙)运东方面。北线：据顾代军长锡九宥寅电，各处匪军调动频繁，秦南仓原有匪甚伙，漾又由安丰调到千余，敬日向北开去七八百名。又安丰匪千余，俭辰向西移动，余匪征集民船，企图不详。南线：(一)据保安处俭辰电话：东台匪已增至三千余，内有陈毅部之第二团，有进犯兴化企图。(二)据一一七师俭酉电话：姜堰俭辰到新四军第一团，同时戴家窑由东台调到新四军第四团，征用民船，架设浮桥。(三)据李明杨戌感电：黄桥共有匪三纵队，每纵队辖三团。(四)据一一七师抄呈六九八团被俘逃回班长徐勇兰报称：该士兵于黄桥战役被俘，看管地点适与伪司令管文蔚房间比邻，窃听其开会报告，大意谓五十七军一一二师抵达后，我志与之一决胜负，胜则苏北属我，败则以最大牺牲获得安全撤退。兴化现为省府及最高军事机关所在地，如能攻下，一切自无问题。(五)据陈泰运戌感电：匪军占领区内，必多方劝导青年受训，强抽壮丁入伍，摊派捐款，并肆意诋毁中央，其政治部宣传有我中央中途投降日本等谬语各等情。除饬属严密防范外，谨闻。兴。职韩德勤。戌俭。戌夏□□饶转。印。

(11) 电之十一(11月29日)

无线。即到。委座蒋：宝密(表)。戌俭戌夏棣电计呈钧察。近来“匪军”主力集结盐城以西湖垛、建阳、东夏庄、秦南仓一带，共约万余人，马夜曾以一部由顾殿堡向东草渡袭击，被我击退后，连日匪军调动频繁，秦南仓有民船二三只，东台方面戴家窑、北安丰、大邹庄各到匪军二三千，征民夫甚多。公开声言中央与日妥协，将派大军剿共，我们不能不进攻兴化，先发制人等语。本晨大纵湖北马宋庄、南宋庄发现匪军两三千人，向我八九军独立旅刘立倬团进犯，一度击退，乃改由东西墩子角向南绕犯，正午与该团激战，往复冲击数小时，敌死无算，获步枪七支，子弹一箱，我伤亡官兵百余人。迄晚仍在激战中。综合以上情形，匪军对中央限期撤退命令不特毫无遵守诚意，近且变本加厉，乘高宝之敌向我进攻甚烈之际，集中全力向西进犯，希图消灭我军，夺取苏北政权，以为反抗中央之根据地，极为明显，除督饬所属尽力协击外，惟当此敌匪夹攻之际，饷弹两缺，敬恳迅调得力部队增援，并派飞机送款济急，可否，乞电示遵。兴。职韩德勤。戌艳。酉夏。印。

〔国民政府军令部战史会档案〕

31. 蒋介石关于韩德勤部溃败后饬韩严整风纪密电稿

(1940年11月4日)

无线加表。急。兴化韩副总司令：骏密。据苏北各部队自被击溃后，官兵全失斗志，军风纪荡然，且溃兵为匪，民不聊生，苏北民众反誉匪军为救民军，冀早日到达，而苏民困，诚吾人之奇耻大辱等语。务望严整所部，努力争取民众同情，毋使匪伪有所藉口为要。中〇。支。令一游。印。

〔国民政府战史会档案〕

32. 韩德勤关于该部在黄桥溃败后乞求援军密电

(1940年11月8日)

无线。分送。特急。渝。委员长蒋、总参谋长何：宝密。化表戌微酉电计呈钧察。一、顷接于总司令麻酉电略开：微未电敬悉。因缪军内部关系，霍师暂归本部直接指挥，该师以一师欠一团之力，全力应按稳扎稳打之要领，行动不宜要求过大，猛进太急等因。二、安徽方面李总司令派莫德宏师进出皖东，十月世日，本部接据莫师长俭电：先头一团，越过淮南路，沿途与匪接战，有日到达八斗、零梁、围间地区(合肥东北)，后续部队陆续开动中等语。数日来无线电连络不通，尚无继续东进消息。三、连日北线匪军无变化，南线有大部队向东台以南移动，有向通山启海方面进扰企图。四、职属第八十九军及独立第六旅，现在兴化、临泽、时堡、射阳、曹甸、塔儿头、泾军桥一带整理补充。保七旅驻黄浦、泾河、壳平桥一带，扼守运河。保十旅及八十九军独立团驻中堡及缩布荡以东楼子头、娄王庄一带，对盐阜方面警戒。五、综合匪军行动以及本军整补情形，最短期内，若无其他生力军增援，尚难实施反攻。除督促所属严密戒备外，并与友军切取连系，待机出击。谨呈。兴。职韩德勤。戌庚。午夏侥转佳。印。

〔国民政府军令部战史会档案〕

33. 李明扬报告在黄桥地区进攻新四军遭到惨败电

（1940年11月10日）

总长何钧鉴：查异军管文蔚等前于巳月俭日进占江都之郭村、麻晨〔村〕、宜陵、弄家桥等据点，威胁泰县，本部即派队围剿，血战七昼夜将其击溃，一部乘隙东窜泰兴之圩港、虾幕圩等处，得与江南陈毅等打通一气，迫将黄桥、古溪我保四旅何克谦部击溃后，声势益张。陈管等部侵入黄桥后，楚公即派员往与接洽，令其返回江南原防，决计开始剿办。申江辰奉副总司令部未世命令，令长江率三个支队集结姜堰待命，杨亦赶往向楚公请示机宜。讵部队行抵苏陈庄，距泰十八里突据报：敌舰三艘，敌兵约二十人，已在高港登陆（口岸、西乳之间）有乘机袭泰县模样，长江当即率队前往堵击，到达习家铺、仰北地区，正部署袭击，敌见我有备，鸣炮十余发，返舰驶去。楚公恐敌再乘机进扰，令杨仍回泰坐镇，严加戒备。渠于申月支日亲率一一七师独立六旅、保一旅、保四旅、保六旅、保九旅及陈泰运部两纵队，向黄桥进剿。以保四旅、保六旅、保九旅各一部分守海安、曲塘、姜堰之线，防其北窜，其余为进剿军。本部抽调□个支队担任姜堰以西至泰县及习家铺线之守备九十里。旋我进剿军失利，即向胡家集、曲塘之线撤退，以保六旅、保九旅到姜堰，陈泰运部守曲塘、大小白米、马沟之线，主力集结于海安、胡家集。异军跟踪进攻曲塘，姜堰，未及救援，姜堰遂告失守。此次楚公将主力使用于左翼、并限定右翼须由蒋垛以东前进，而蒋垛及以西之严徐庄、颜高庄、老叶庄异军尚盘踞两团以上之兵力，陈毅之司令部即设在严徐庄，未曾顾及，致姜堰被迫放弃，此第一次剿异经过情形也。当时地方士绅四处呼吁和平，楚公允许异军退出姜堰再协商办法，一面积极备战。九月卅日异军退出姜堰，楚公令本部接防。同时，八九军李军长令保五旅之一团、吴春科部第五纵队守备海安，陈泰运部守备曲塘、大小白米，亲率一一七师三个团，另该师独立旅二团、三三师两个团、独立第六旅三个团、军部独立团、特务营及保五旅一团，向黄桥开始攻击。本部遵楚公卅电令，由长江率第一纵队主力于申卅辰进驻姜堰借资策应。适高邮、三垛之敌，乘我内部有事之际，纠令一千二百余人，附炮□门，于申卅晨向我东区樊川、永安、丁沟、小纪、老阁等处进犯，东日，樊川、永安相继沦陷，老阁也一度失守，兴泰、东泰交通一时中断，杜防异军，西御顽寇，泰县情况顿告紧张。除抽调一部增强小纪、丁沟防务，防敌东犯，另派兵一部协助收复永安，惟樊川之敌占领该镇后，即于四周构通〔筑〕坚强工事，意在久战，屡次反攻迄未得手。又检获异军函件云：东路如受迫，仍将有西窜企图。正部署防堵间，复奉楚公西支巳电令，遵将第三、第六两纵队部署苏陈庄、张甸、大泗庄、孔家桥、宣家堡之线严密堵截，并相继进剿之。此第二次剿异情形也。李军长所部进攻黄桥，已冲入该镇之圩内，忽军部被冲散，渠即率卫士先行，口达命令进攻部队，转移海安集合。查该地河流甚多，港汊纷岐，我军士气极旺，则〔前〕进太猛，截有桥梁未能控制，而异军策动民力完全破坏，我军接济补充均感困难，及闻撤退之命，路径不熟，异军又尾追，乃至争先竞渡河，践踏落水而死者甚多，如李军长新甫、丁参谋长琥、翁旅长达、秦团长鹏云等，官兵被俘者亦多，如孙师长启人、彭参谋长鸿文、张旅长能忍、苗旅长瑞体〔林〕、王团长学 楷 等，兵员武器损失奇重，军心顿呈涣散，因而海安、富安、东台均自动放弃。八路军复由涟、泗经阜、盐南下，向兴、泰形成包围之势。此次惨败实属空前，痛心曷极。楚公于此两次原为一鼓歼灭计，将兵力集团使用，以扰乱击破其主力，则两翼自然崩溃，倘不为地形所限，联络确实，接济容易，得民力为助，异军纵不覆灭，亦必他窜矣。楚公退兴后，即以积劳卧病，明扬二次趋竭，商承善后，苏北一隅危机已到最后关头，誓矢忠诚团结精神，遵照委座、墨公指示要旨，共挽危局。近两泰间之敌，不时向我小纪、丁沟、八字桥、永安、砖桥、宜陵、白塔河、塘头等处进扰，虽均被击溃回窜，而敌兵忿极，则即到处焚烧，附近村落惨成焦土。近各处敌伪又在大量增兵，其重武器弹药均多，仙 女 庙、宜陵、三江营一带之敌，本晨向塘头、白塔河进攻，似有扰乱泰州之企图。本日白塔河、塘头均一度失守，刻间又追至宜陵附近激战矣。数日以来，此间战事未停。职谨闻。职李明扬叩。灰。

〔国民政府军令部战史会档案〕

34. 韩德勤关于苏北形势及国民党军政腐败等情密电

（1940年11月11日）

无线。委员长蒋：支令一游电奉悉。宝密。（一）窃查苏北各游击队及保安团队确有不良士兵，乘大局动摇发生破坏纪律情事，自当遵照格外从严，彻底整理。至此次八十九军及独立六旅参加黄桥作战部队虽受损失牺牲，但官兵夙具中心思想，无论精神纪律，迄未稍变懈。转进时除少数士兵落伍外，余均遵照部署依次撤至指定地点，只因弹药消耗用尽，立脚未稳，不得不缩短战线，巩固湖沼地区。上月文日，匪军一一五师三四四旅猛攻车桥、泾口，我三十三师撤退部队甫抵曹甸。〔？〕午补充，当即反攻解围，局势得以稳定，斗志坚强，确系事实。该军旋经整理补充，无论精神物质，仍为苏北惟一基干部队。（二）民众方面每因匪军初到时欺骗麻醉感觉新鲜，易受其蛊惑愚弄，随声附和，及匪军盘踞稍久，狰狞面目毕露，绑架勒索，收缴枪械、残杀善良，无所不为。现在淮徐海各地民众，痛恨刺骨，敢怒而不敢言，惟日盼国军之莅临。（三）苏北各地，复杂不堪，敌伪异党，均以正规军为攻击目标，此外刻〔则〕尽量分化煽惑，以达其各个击破之阴谋，及我方不肖军人与失意政客，亦无时不思破坏正规军，削弱正规军，使政局失其重心，俾遂其割击〔据〕地盘，把持税收，自由扩充之野心。敬乞钧座赐予察核，作处理苏北军事之参考，以利抗剿为祷。兴。职韩德勤叩。真亥。印。

〔国民政府军令部战史会档案〕

35．于学忠关于八路军等在苏北驻地番号情况等密电

（1940年11月14日）

无线。渝。委员长蒋：迓密（加表）。（甲）据韩副总司令转据八九军顾代军长锡九佳电称：盐阜涟淮匪军番号为十八集团军第五纵队司令黄克城部三个支队，第一支队彭明治分、驻盐城、冈门、秦南仓一带。第二支队分驻新河庙、湖垛、建阳、娄夏庄一带。第三支队分驻东沟、益林、凤谷村及黄河南北岸一带。又东沟、益林发现匪一一五师三四四旅番号，湖垛、建阳一带发现六八七团番号。盐阜匪军现积极利用地痞流氓收缴民枪，组织民众自卫团，阜匪已委廿八个团长，正组织中。（乙）据李总指挥明扬齐电称：江强钢镇北之李家坝、余家桥一带有匪军便衣队约五十余人，近日活动甚烈。徐西匪军陈新冉等部现甚活跃。匪军百余，上月宵夜突犯我睢铜边境杨桥、张庄防地，我六大队长赵宜臣率部沉着抵

抗，午不支窜去，是役匪仅伤亡二十余，我无损失各等情。谨闻。沂。于学忠。寒。酉策划。印。

〔国民政府军令部战史会档案〕

36. 军事委员会办公厅关于李明扬呈报曲塘会议情形代电

(1940年11月16日)

军事委员会办公厅快邮代电　办四渝(三)字第13409号

军令部勋鉴：兹奉谕抄送李总指挥明扬灰午电一件，以供参考。除复悉外，即希查照为荷。渝。军事委员会办公厅。办四叶(三)印。附抄原电一件。

抄原电。

委员长蒋、部长何：密。韩主席前电请韩国钧出面负责邀请韩主席、陈毅、陈泰运及职等在泰县开和平会议，韩主席专派省府秘书长马镇邦、保安司令部政训处长董铎二人为代表，于齐到泰，韩国钧偕陈毅之代表新四军军部战地服务团团长朱克清氏，亦于佳未到泰。旋马镇邦与韩国钧两人密谈结果后，马于灰晨赶返兴化，向韩主席请示，所谈内容俟续呈报，谨闻。泰。职李明扬叩。灰午。印。

〔国民政府军令部战史会档案〕

37. 张治中转报韩德勤部在黄桥溃败等情呈

(1940年11月27日)

案据江苏省政府驻渝办事处译转江苏省保安处处长顾锡九感未电称："(1) 此次黄桥战役失利，匪部分南北两路陷落东台、盐城、阜宁各县，近更节节压迫，进窥兴化，情势极为紧张。(2) 我八九军及省保安旅团现集结约两万人枪于兴化、沙沟、射阳、安丰、曹甸一带湖沼地区，固守待援，士气尚旺，惟弹药缺乏，殊堪隐虑。（3）现八九军李军长守维，参谋长丁琥，独立第六旅旅长翁达，团长陈学武、韩振翼、秦鹏云等阵亡，三三师师长孙启人，旅长苗瑞体〔林〕，团长王学阶，一一七师参谋长张诏英等被俘，迄未释放。（4）匪部首领陈毅在泰州方面竭尽挑拨离间勾结分化之能事，其部队更积极活动，毫无服从中央之诚意。（5）主席韩楚公忧劳成疾，军事暂委职代理，除淬励〔砺〕部属坚苦支撑外，仍盼中央予以有效办法断然处置，最先须下令释放被俘各将领，并严令撤退至指定防区，特谨电禀，并乞裁示。”等情到部。理合转报，恭请鉴核。谨呈
总长何

〔国民政府军令部战史会档案〕

38. 韩国钧等为曲塘会议发表团结抗日电①

（1940年10月31日）

部长徐钧鉴：苏北抗战三年有余，城池大半沦陷，民众处于水深火热之中，近政府军队与新四军磨擦，虽经多次竭力调解，均告无效，以致黄桥之战，人力物力两均消耗，且八十九军高级将领或伤或亡，痛心何似。最近双方均认为非团结不足以抗敌，非抗敌不足以救民，国钧、明扬等应各方要求，并征得省府与新四军同意，于十月三十一日在曲塘召集各方军民代表会议，会议中各方意见摘要如下：（一）实现在苏军民党政抗敌合作，国共大团结。（二）以三民主义为最高原则，以实现抗战建国纲领实现抗日民主政治为目前任务，立即组织民意机关。（三）实现廉洁政治，肃清贪污，减轻人民负担，改善人民生活。（四）实行严格整军统一指挥，务必成为抗日爱民的军队。（五）立即给人民以言论出版结社

① 此电系叶剑英转报国民政府军令部的抄件。

之民主自由。(六)实施对敌经济封锁，调剂金融，增加生产，组织各种合作社救济农村。(七)实施抗日教育，肃清麻醉堕落教育与敌人奴化教育，确定教育经费，改善教员待遇，现正进行与省府及各军征求具体办法，以便推行。谨敢专呈，敬乞指示，国家幸甚，苏北幸甚。韩国钧、李明扬同叩。十月三十一日。

〔国民政府军令部战史会档案〕

39. 韩德勤关于进攻东台盐城等地新四军经过情形密电

(1940年12月2日)

上饶。委员长蒋、总长何：戌艳酉夏电计呈钧鉴。宝密。表。甲、敌情：一、淮安敌三百余，并附炮二门，于艳未沿运堤南犯，与我保七旅在头二涵洞发生激战，同时宝应敌二百余名附炮二门，会同八仙滩之敌二百余名，北犯猛攻，炮击百余发。当经我姜师王团及王旅一团迎头合击，双方伤亡均重。于艳申淮宝来东之敌，均为我阻击未逞，纷向淮、宝应撤退。二、临泽之敌，近征集民船，董家团有敌伪百余，携大批械弹，敌酋森宁在董家団一带侦察，并掘开通河流之封锁线，有犯兴化企图。乙、匪情：一、东台方面，匪军约三团，卅寅分向唐子镇、大垛镇我保六旅猛犯，激战甚烈，入夜后守大垛之陶营长阵亡，守唐子镇之营长负伤，官兵伤亡过半，弹药消耗殆尽，完全被匪包围，增援部队中途遭匪阻击，大垛、唐子镇遂呈混战状态。二、盐城方面，秦南仓、头殿堡一带匪军五千余人于艳酉继续向我北宋庄八九军徐旅进犯，同时丁共冈、娄夏庄、蒋营线匪以全力猛攻，与我保三旅、保十旅激战中。丙、综合各方战况，敌匪互相呼应，东西夹击，我军疲敝之余，饷弹奇缺，长久消耗，断难维持。拟令八十九军主力及霍守义、李明杨、陈泰运各部分向盐城、海安出击，作死中求生之计，务恳钧座顾念苏北大局速调大军驰援，并即日派机送款接济，以挽危局，可否，仍乞示遵。兴。职韩德勤。戌卅亥。夏明饶转柬。印。

意见：

1. 拟令汤部迅速行动，以资策应。

2. 对江南N4A，即命部北移，否则采军事行动。一切问题，均以该军停止攻击友军及北移后再谈判。

〔国民政府军令部战史会档案〕

40. 韩德勤关于进攻苏北新四军八路军溃败情形密电

(1940年12月2—22日)

(1) 致蒋介石电(12月2日)

限一小时到。渝。委员长蒋：宝密。表。东日匪军窜扰情形如次：(甲)北线八路军第五纵队一、二、三三个支队(每支队三个团)及新四军大部共约一万六七千人，由秦南仓、北安丰之线，越大纵湖向沙沟镇进犯。我八十九军独立旅在马宋庄、北宋庄、张家庄、东西王庄、东沙沟、周荡口、南宋庄各处部部〔步步〕堵击，激战至烈，两方伤亡均重。东夜匪军猛冲十余次，迄未稍停。二、由娄夏庄经九里荡及蒋营、沙家庄向射阳镇进攻，与我八十九军第六九七团激战甚烈，申刻一部约千人窜袭兰亭，攻占碉堡两座。我一九四团仅有守兵两连，反复冲杀，将其夺回，双方巷战数小时，该团团长黄炎率一部增援，将其击退。现该匪仍增加，有再犯企图。三、据霍师长守义东未电，匪千五百余人，晨由益林分窜凤谷村附近及车桥以北地区，向罗家桥、大扒头、任家桥、陈庄、仇家桥一带分点配备，对该师形成包围形势等语。(乙)南线匪军新四军第一、第四两团约三千人，自陷夜攻占唐子镇大垛后，向竹横港进犯。我保六旅之一营，仍在尽力堵击中。又据报蚌蜒河岸关口附近，本晨到有匪军甚多，企图不明。(丙)似此匪军全线向我猛攻，显系决心反抗中央，夺取整个苏北，赤化鲁苏皖豫边区之根据地无疑。职除饬督饬所部，尽力固守，并抽兵出击外，惟饷弹奇缺，恐难持久。万一战况不利，北有盐河及旧黄河，西有运河及洪泽、高宝各湖之障碍，大部队退却极为不便，且目前伙食已发放不出，如离开根据地，在敌匪区域内征发粮草，实有困难。恳钧座一面飞调大军驰援，一面即日派机送款。可否仍乞电示。兴。职韩德勤。亥冬。辰夏。印。

（2）致蒋介石电（12月3日）

无线。限即刻到。渝。委员长蒋：宝密。加表。亥冬辰夏电计呈钧鉴。（甲）北线战况：沙沟方面我八十九军徐旅在大纵淦〔湖〕西岸、东西王庄、东沙沟、周荡口、南宋庄各处，与匪往复冲杀。南宋庄、东沙沟失而复得三四次，双方伤亡极重，迄江仍在血战。其另一路分由娄夏庄、蒋营进犯，东申袭占兰埠后，我一九四团于冬子赶到，将匪击退。旋于兰亭东荡中开到匪船数十余只，向我猛冲，复被击沉十余只，匪军不敢再犯，乃转向射阳东六九七团攻击，该团奋力抵抗三小时，卒以弹药用尽。南街发现便衣匪百余名，手枪炸弹向堡塘集中抛掷射击，以一部向我侧击，我姜师黄旅增援不及，该团阵地遂被突破。江卯一九三团会合三五零旅于严家大桥、陶林附近，与二、三千匪一股发生激战，毙匪二十余，我亦伤亡甚多，午后隔河与匪对峙中。南匪军近取九里沟后，与我保六旅在兴化以东芦洲、杨家荡三线对峙中。（乙）据报匪军在北安丰开会，决定先以主力摧毁北线我军各部队，竟后围攻兴化。务恳钧座速派大军增援，并派机送款，以解厚围，忱乞电示。兴。职。韩德勤。江。戌夏明。印。

（3）致蒋介石等电（12月6日）

即到。委员长蒋、总长何：江戌夏明电计呈。宝密。谨将匪情及战况续报如下：（甲）据顾代军长支辰电略称：（一）蚂蚁甸、小闸子、圣家桥等处到匪三四千，查系罗炳辉部下，现向霍师形成包围之势。（二）黄吴两旅冬日与匪四千余，在陶家林附近激战竟日，我伤亡营长以下三百余员名，毙匪亦甚多，为与霍师确保连系集中全力起见，已令该两旅江戌向曹甸，安丰之线转移。（乙）续据顾代军长支巳微辰两电略称：支午匪千余，分由鲁庄北沙子头向雀堡进犯，微晨占领雀堡后，复向曲家舍、黄口、曹甸进攻，现在激战中。又由周庄、蚂蚁甸南进之“匪”共约二千余人，与我保七旅激战于许圩、泾河，同时运河以西“匪”军亦强渡东犯泾河，战况至烈。又据淮安黄县长报称：睢泗方面有装备精良匪军一万余人，冒称五十七军正向两淮东进中。（丙）兴化外围及中堡、沙沟一带之匪共约四千余，分股窜扰，经我堵击，均未得逞。综上情形，现在匪军主力，集于黄谷村、车桥、曹甸、安丰及平桥、泾河之四周，对我八九军及霍师形成包围。运西之匪又已大部东渡，连合向我军进攻，并有先行消灭我八九军企图，若睢泗更有万余之“匪”东进，则以现有兵力更兼饷弹奇缺，实难久持，且一旦根据地不保，更无余力从事游击。究应如何应付，乞赐示遵。职韩德勤。鱼。子鱼饶转。印。

（4）致蒋介石等电（12月7日）

限即到。渝。委员长蒋、总参谋长何：宝密。鱼子电计蒙钧察。（甲）据顾代军长鱼未电节称：微晨进攻曹甸之“匪”约千余人，午刻复由陶家林方向增到两千人。番号为八路军第一支队，申刻会同占领茅家舍、烈帝庙之新四军一千五百名向曹甸四面围攻，激战竟夜，双方伤亡均重，因我沉着应战，匪未得逞。本寅八路军向小南沟、营圩撤退。我一九五团从大施河向“匪”进攻，该“匪”据村死守，刻顽强抵抗中。又新四军一千余人窜据金吾庄以南地区，与我姜师一九七团激战甚烈。同时林溪窜至“匪”七百余人，截断安丰、曹甸间交通。又余新庄窜到七百余人，向我三五零旅进沟家庄。鱼酉电续报称：围攻曹甸“匪”攻，其另一股约七百人窜至军激战竟日，双方损伤甚大，“匪”不断增加向我猛扑，冲杀十余次，酣战至烈。又我一九七团及卫支队在金吾庄与匪二千余人激战，该团伤亡甚重。又本午起，塔儿头、黄口各处“匪”军分布后堆一带，窜曹甸，与各处电话不通，职决率全体官兵死守曹甸。虞巳电续报称：猛犯曹甸、安丰之“匪”连日与我搏斗数十次，匪未逞，双方伤亡甚重。我三五零旅昨夜以一部出击，俘匪三十余名，缴获步枪五十余支，轻机枪一艇〔挺〕。我仍固守各据点。现匪主力分踞崔堡、黄口、于家湾、金吾庄、太仓一带。（乙）据霍师长守义虞午电称：本晨有匪三千余由曹甸、安丰，金桂庄方向向泾口进犯，已派队迎击，同时有匪千五百余，由蚂蚁甸、许圩子向我增援曹甸之贡团进犯，经该团在小施河、朱河以西地区痛击，“匪”伤亡甚重，俘匪四名，获轻机枪一艇〔挺〕，步枪卅支，该“匪”均陷动摇状态各等情。（丙）沙沟方面，匪军一千五百余名连日进攻益林，我保一旅坚强抵抗，昨鱼夜击沉匪船数只，毙匪甚多。（丁）兴化外围大垛、竹唐子镇一带匪军二千余人，仍在芦洲与我保六旅相持，分股向兴城四周窜扰。（戊）据确报，新四军近由江南增调过江者甚多，其一部约一千数百人号称苏州支队，已于江日开至东台境之北安丰，向大纵湖西进，其余到黄桥附近结集。综合以上情形，“匪”军自上月卅日起，全线猛烈进攻，并从江南继续增兵，似有非达夺取苏北目的不成之势。职除督励官兵奋勇杀贼死守待援外，惟各部队弹药消耗殆尽，恐难持久，且伙食早经告绝，全凭强迫征发米麦杂粮充饥，本年兴化附近各县旱荒，民食不敷甚巨，粮价奇昂，现金购买已属不易，若再予征发，民怨益深，军心更难维系。职与各高级干部虽抱牺牲决心，但饷弹两缺，环境恶劣，深恐无补大局，并增罪戾，敬乞钧座速调大军驰援，携带多数弹药兼程东进，并电航委会周主任即日派机送款来兴济急。可否，乞电示。兴。职韩德勤叩。亥阳。戌夏。印。

(5) 致蒋介石等电(12月8日)

即到。委员长蒋、总长何：宝密。(一)齐巳卅三师姜代师长率一九三、一九八两团与霍师车团会同猛攻塔儿头、祝舍之线，并由曹甸派一九四团之一部及军特务营两连出击邵庄，激战九时许，“匪”伤亡数百不支，向崔堡撤退，是役我伤亡官兵六十余员名，俘“匪”官二兵卅余，获枪四十余支。(二)午刻匪约四千，由张桥、蔡林一带，向塔儿头及以北地区东犯，经霍师车团及六七二团、姜师一九八团迎击，双方伤亡均大，迄酉仍在塔儿头西端及大施河一带激战中。(三)金吾庄自鱼日我一九七团与两千余“匪”搏斗十余小时，我团伤亡惨重，阵地被匪突破【后】，本午后“匪”新四军六、九两团复向该处集结，有与崔堡附近之“匪”再犯曹甸企图。(四)虞申“匪”新四军第一、二、三、四各团共三千余猛犯安丰，与三五零旅搏战竟夜未退，双方损伤均重。(五)王殿华旅庚寅电：职部坚守许圩连日“匪”三千围攻，激战甚烈，迭次出击，予“匪”重创。惟苏西方面“匪”军续增千余，进攻益猛，双方伤亡均重，该部食粮弹药均将告罄，阵地支点已有一部被“匪”突破，现正奋力堵击中。(六)保二旅吴旅长卫久率部虞日于枯树庄附近与“匪”二千余激战半日，卒将该“匪”击退，俘粤籍四名，步枪廿余枝，驳壳二支，汽枪一支，双方伤亡均重，吴旅长右臂部受伤，仍来督所部激战中。(七)我军连日苦战士气极振，毙“匪”甚多，惟弹药均将告罄，粮食缺少，征发不易，极堪焦虑。除督率各属坚守待援外，谨闻。兴。职韩德勤。亥齐。夏饶转。印。

(6) 致蒋介石电(12月15日)

即到。渝。委员长蒋：宝密。表。据卅三师九十七旅黄代旅长炎删辰电称：(一)职率部固守曹甸，自微日午后起与“匪”激战至删日。幸我官兵沉着应战，“匪”未得逞，尤以元寒两日“匪”军增至八团之众，向我猛扑，战况激烈空前所未有，与“匪”恶战二十八小时，未曾稍停。是役毙“匪”第三团团长、中校团副各一员，又营长五员，“匪”伤亡二千余人，俘“匪”百余名，获轻机枪四挺，步枪二百余支。我阵亡营长一员，连长二员、伤亡官兵百余名。刻“匪”因伤亡惨重，现仍盘踞邹宅、祝舍、小南沟、烈帝庙、钱场之线，仍对我包围，并不断与我接触。(二)职率一九四团固守曹甸共计十一日，竟日夜与匪激战，士气甚旺，惟精神疲劳已极，弹药告罄，只有以迎刃与“匪”肉搏，与曹甸共存亡等情。(三)查自共军进犯以来，企图一鼓消灭我军，赤化苏北。我为巩固根据地，确保政权，已严饬所部坚持苦战，虽至一兵一弹，仍继续奋斗，惟饷弹两缺，究应如何办理，仍乞电示，兴。职韩德勤。亥删。申夏明。印。

(7) 致蒋介石等电(12月16日)

特急。重庆。委员长蒋、总长何：宝密。“共匪”新四军八路军十团以上兵力，微日以来，分向曹甸、安丰、许圩猛烈围攻，与我黄代旅长炎、吴旅长漱泉、王旅长殿华及霍姜两师苦战恶斗十余日，毙“匪”五千人以上，但我军伤损消耗亦极重大。陈毅彭明治等“匪”首仍在崔堡、张桥附近指挥，一面紧围曹甸，决死猛攻，一面对我霍姜两师拼命阻击，企图各个击破，现霍姜两师与“匪”在施河、朱河一带成胶着状态，不能南进，曹甸守军黄旅经十余日之苦战，弹尽粮绝，危在旦夕。安丰吴旅、许圩王旅均自保不暇，不能援救。又据报盘踞通如以东之新四军第三纵队陶勇部及黄桥、海安东台境内之“匪”，近日均向北窜，似此“匪”军集中力量，拟先消灭我八十九军及霍守义师，然后围攻兴化。职思维再四，北线主力如被“匪”击破，兴化亦绝难保守，特抽调兴化中堡守备部队四个团于明筱日由职亲率前往援应，先解曹甸之围，然后合力夹击该“匪”而歼灭之。谨闻。兴。职韩德勤。亥铣。亥夏筱由饶转。印。

（8）致蒋介石等电（12月19日）

特急。渝。委座蒋、总长何：鲁密。综合各方情报：（一）“匪”军陈毅、黄克诚全部约近二万人，自上月艳日起向我进犯，其计划第一步集中力量，消灭北线我八十九军主力后，围攻兴化。第二步不战而占泰州，夺取整个苏北，建立伪政权，反抗中央。（二）卅日以后全线激战，我三四九旅在临泽与敌作战，伤损极重，撤至射阳整理，弹药消耗殆尽，又遭“匪”军猛袭，因以不支。我九七及三五〇两旅、保五旅、保二旅均尚在运河线及临泽附近，与敌伪激战，胶着之际，仓猝转移至阮家庄、枯树亭一带防堵，因射阳突破，部署不及，当令撤至嶷谦、曹甸、泾河、平桥之线。自微日起，黄克诚部主力及陈毅部之第二纵队，共约十二个团，分别包围安丰、金吾庄、曹甸、许圩、泾河、平桥、望直港、唐拖沟各点，尽夜猛攻，我军沉着应战，坚守阵地，不时逆袭，毙“匪”极众，各部亦有卤获，我亦损失，保二旅旅长邓卫久负伤失踪，我军霍师当派车团协同我姜师主力，由车桥南下，向曹甸及其以西出击。激战至灰日，“匪”因伤亡惨重，攻势稍形顿挫。（三）文日“匪”首陈毅变更策略，亲率九个团，围攻曹甸一点，下令不惜任何牺牺，志在必得。曹甸守兵仅军部特务营及一九四团，元寒两日两夜激战之烈，及曹甸西南两面碉楼尽为“匪”占，杞圩门被匪突破数次，均黄代旅长炎亲率守兵奋勇冲杀，反复肉搏夺回综恩，先后俘匪二百余人，卤获轻机枪十余挺，步枪三十余支。删铣两日，匪仍进攻，不时猛冲，我伤亡营长以下二百余人，弹药告罄，官兵疲劳不堪，而卅三师姜师长率一九三、一九四两团及霍师一团，与黄匪在车桥、曹甸中间苦战，数日损失颇重，不能进展，曹甸危急，已达极点。职不得已，于铣日亲率兴化、中堡各地守兵三团北上应援，一面电令霍师长守义，率马旅由车桥南下夹击。（四）“匪”军猛攻不已，先后伤亡，总计至少在五千人以上。又据俘“匪”供称：“匪”首陈毅于元日在烈帝庙前线督战，遭我逆袭，击伤口部牙齿脱落，又因我军南北夹击于筱日起向车桥西北地区及射阳望直港、睢家林撤退，现曹甸、安丰、车桥、许圩各据点间交通已恢复，我军士气极旺，惟弹药确已告罄。每枪不越十粒，且作战主旨在持久待援，故亦不敢猛追，各派有力部队逐步压迫，俟“匪”情确实明瞭后，再定攻守部署。（五）“匪”军伤兵仍向东台、盐城运去，以“匪”种种征象，并无遵令开赴中央指定地区之意。敬乞钧座一面催促援军兼程东进，一面并令李明扬、陈泰运各部迅速出动，一致进剿，免遭各个击破，陷苏北大局于不可收拾。可否，仍乞示遵。职韩德勤叩。皓。亥马饶灰。印。

（9）致蒋介石等电（12月22日）

即到。渝。委员长蒋：皓亥电计达钧鉴。总长何：鲁密。（一）顾代军长霍师长皓日各电报称：此次匪军败后，八路军第五纵队黄克诚部二千余，仍窜回车桥西北地区分佃、石戌、周庄镇、冯蚁甸、小角、兰家滩、三角镇、陈家港一带，其先头已接近车桥，霍师正派队进剿中，今晨我军攻占曲家舍俘获“匪”八路军彭支队医务所长孙苹静及士兵卅余名，药品十余箱。（二）三五〇旅吴旅长漱泉皓戌电称：匪军大部本日由射阳西移，其先头已达下行甸、三角口（曹甸南）之线，向方家舍推进中，似有再犯曹甸企图。（三）一一七师刘师长报称，今晨匪三百余名犯我鲍庄（兴化东北十余里），经我守军猛烈击退，毙“匪”连长一名，兵廿余名，俘获一名。（四）独六旅纪代旅长皓东来电称：临泽之敌忽增加数百名，并积极向时堡修筑公路，现已修至大李庄，扬言将攻取敦堡，进犯兴化，其掩护修路部队二百余，被我七〇二团击退，敌我互有伤亡各等情。谨闻。兴。职韩德勤。亥养。午饶转。印。

〔国民政府军令部战史会档案〕

41．徐永昌等关于处置苏北新四军签呈稿

（1940年12月4日）

（1）徐永昌签呈稿

签呈　　十二月四日

事由：为苏北新四军继续向韩德勤部猛攻，谨拟处置办法呈核。

一、韩德勤卅电称：廿九日淮安、宝应、临泽之敌，与保7B及33D等部激战，有犯兴化企图。卅日东台匪伪三团向我保6B猛犯，盐城匪伪五千余向兴化北89A徐旅进攻，另一部与我保3B、10B激战中，我各部均伤亡甚大，弹药消耗殆尽，查敌匪东西策应，相互夹击，断难维持，拟令89A主力112D霍守义师、李明杨、陈泰运各部，分向盐城、海安出击，作死中求生之计，务恳连派大军增援，派机送款弹，以挽危局等情。

二、拟办意见。

1。拟令汤恩伯即日率部东进，并请将前次签呈之剿灭匪伪计划，早赐核准，以便办令。

2。汤部东进，仍恐缓不济急，故对江南之N4A拟不准其由饶〔镇〕江北渡，只准由江南原地北渡，或由顾长官另予规定路线，以免该部直接参加对韩德勤部之攻击。

3。若江北匪伪竟敢攻击兴化，则第三战区应立即将江南N4A予以解决。

4。派机送款接济一项，已令军政部速办。

右拟是否有当，敬乞核示。祇遵。谨呈

总长何

委员长蒋　　　　　　　　　　　　　　职　徐永〇

（2）何应钦对签呈之意见

一、应并案办理。

可令汤恩伯东进，但仍恐缓不济急，故对在江南之N4A不准由镇江北渡，只准由江南原地北渡，或另予规定路线，以免该部直接参加对韩德勤部之攻击。

若江北异军竟敢攻击兴化，则第三战区应将江南新四军立予解决。

二、本案请照上意见速签呈委座核示。

何应钦

〔国民政府军令部战史会档案〕

42. 国民党江苏省党部执行委员会凌绍祖等关于八十九军黄桥溃败等情密电

（1940年12月5日）

无线。委员长蒋、参谋总长何、政治部长陈：密。苏北异党敌伪联合环攻，幸赖韩主席领导党政军民艰苦支持，而八十九军及独立第六旅全体将士在黄桥、临泽诸役连续血战五十余日，现又与匪军二万余人，抗战于兴化外围及运河东线，生死存亡，间不容发，乃有少数政客及游击部队昧于大义，既不协同兜剿，犹复捏词蒙蔽，造谣分化，扰惑人心，影响抗建，殊为痛恨，用特电恳钧座俯鉴下情，电饬韩赓续任劳任怨之情神，作再接再厉之奋斗，并严饬苏北游击部队克日协剿，毋再观望。致予敌匪各个击破之阴谋，临电毋庸迫切待命之致。江苏省党部执行委员会凌绍祖、周化鹏、许叔彪、牛践初、苗启平率县党部书记长颜成泰、王友生、王秀三、孙肖、沈光亚、吴雷有、张万勤、施□千、顾伯奋、叶冠群、杨祚杰、安林生、沈援、孙儒、朱葆良、姚仁寿、朱天明、陈以惠、季小南、蔡兄尧、吴效乾、周懋轩、黄体润、陈观康、葛英华、张理隆、沈桂甲、赵晓民、顾锡康暨县农会、商会、总工会、教育会、妇女会同叩。亥歌。印。

〔国民政府军令部战史会档案〕

43. 国民政府航委会抄送驻苏省谍报员关于韩德勤部反共溃败等情代电

(1940年12月8—13日)

（1）周至柔电(12月8日)

航空委员会快邮代电　情庚蓉字第1442号

重庆。军事委员会总长何钧鉴：兹谨抄呈本会派驻苏省谍报员所报新四军与我军战况电报一份，请鉴察。职周至柔。灰。情庚蓉。附抄电一份。

中华民国廿九年十二月十日发

抄件

本(十二)月五日

现兴化外围之大据点，如蒋营镇、射阳镇、兰亭、天平庄、陶家村、中堡镇、大邹庄、安丰镇、黄庄、魏庄、大躲镇、唐于镇、竹泓港等据点，均先后失守。又沙沟、崔垛情况不明，距城仅十余里，韩主席明令死守兴化，并令城内商民准备粮草三个月，否则即行迁出。

本(十二)月六日

韩主席现因兴化外围各据点均失守，孤城堪虞，特派民政厅长王公玙、教育厅长金宗华赴秦潼、泰州两处，商请税警总团长陈泰运及鲁苏皖边区游击总指挥李明扬，分别出兵袭击新四军后路。请李明扬攻海安，请泰运攻东台。王金两氏已于江(三)日抵秦潼。支(四)日转泰州。

（2）周至柔电(12月13日)

航空委员会快邮代电　情庚蓉字第1447号

重庆。军事委员会总长何钧鉴：兹谨抄呈本会派驻苏省课报员所报新四军与我军战争情况电报一份。请鉴察。职周至柔。元。情庚蓉。（附抄电一件）
中华民国廿九年十二月十三日发

抄件

本（十二）月七日

现兴化一城已被包围中，查东南竟〔竹〕泓港、东大垛镇、东北湖东口（距城最近）及魏庄、黄庄、北大邹庄、中堡镇、西北射阳、沙沟等各大据点均沦共军手。又西北临泽（距城四十里）及西南樊川各据点均沦敌手。刻我守城部队正堵塞各巷口，构筑工事，准备巷战之用。

本（十二）月八日

现新四军及八路军挺进队，积极追击八十九军，曾在陶家村、射阳镇、蒋营镇积攻不支，移驻曹甸及西安丰等地。六日又被围攻，损失颇大。刻新四军及八路军集中该处兵力有十团之众，企图消灭八十九军。

本（十二）月十日

（一）现新四军及八路军将主力两万余人，集中曹甸、安丰、车桥、泾河等处，猛攻我八十九军三三师姜云青部及五七军一一二师之霍守义部，激战甚烈。

（二）盘据【踞】临泽之敌，现积极增兵六七百人，有进占沙沟，乘机夺取兴化之模样。

【国民政府军令部战史会档案】

44．韩德勤关于该部反共惨败等情密电

（1940年12月 7 日）

上饶。即刻到。渝。委员长蒋：谚密。加表。极机密。顷奉

顾长官先未电开：顷与重庆通讯，得悉军令部对于异军调防，已拟定计划，并希望镇静固守，切勿挑战等语，特密闻等因。窃查此次匪军乘敌人向我扫荡之际，以签呈委核示大举进行到处宣传中央派汤恩伯率大军廿万剿共与日敌妥协，并有何总 长 为亲自【日】渡河【派】首领，系第二个大汉奸，其决心反抗中央，先发制人，夺取整个苏北，已极明显。本军自经失利后，现补充元气尚未恢复，又遭敌伪扫荡，激战兼旬，伤损既重，弹药消耗尤无法补充，正在浴血奋斗之中，何能再向匪军作战。推究中共用心不外饰词混蒙，以缓兵之计，本不足怪，若我中央信以为真，而不早下决心迅速派大军驰援，则本军所余实力势必完全牺牲，苏北政权实难恢复。因本军伤损既重，弹药奇缺，军饷积欠数百万元，伙食无法维持，人事不能调整，指挥极为困难。尤其各方传说省府即将改组，八十九军取消，另派冷欣接任军长，致士气人心，均受影响。最近匪军全线总攻，激战一周，毙匪虽多，但我伤亡消耗亦重，实难持久。而运西罗炳辉部现已强渡东犯，又据报睢泗方面到有匪军一万余人，开两淮急进，一旦根据地被其突破，绝无余力从事游击。又查苏北地境，极为复杂，不独敌伪匪党以省府及本军为对象，任意破坏，尽剩摧毁于我方不利，军人无聊政客或欲望不满，或挟嫁嫉恨，造谣中乘机挑拨离间，无所不用其极。职本庸才，谬蒙拔擢，处境恶劣，环境措施，宁能尽当，遗误自所难免。惟有恳请钧座严予处分，另简贤能主持苏北军政以挽危局，而轻罪戾为祷。兴。职韩德勤叩。虞。转饶。印。

附：签呈　十二月十日于第十二科

一、抄韩德勤虞（七日）电大意。

1. 弹药消耗，无法补充，军饷积欠数百万元，伙 食 不能维持。

2. 中共计在缓兵，若中央不早下决心，迅派大军驰援，则本军势必完全牺牲，苏北政权，难于恢复。

3. 职处境恶劣，所有措施，难免遗误，恳请严予处分，并另简贤能，主持苏北军政。

二、核议意见。

1. (1)(2)两项，或已交军政部饬办，或已另具计划及签呈。

2. 抗战三年来，韩之统御指挥能力，似为欠缺，政治党务，亦感松怠，似应另选军事政治干才，以求补救，但在苏北事件未完全解决及人选未决定以前，拟电复免予处分，并着勉力支持大局，可否，乞。

核夺

〔国民政府军令部战史会档案〕

45. 于学忠关于韩德勤部在曹甸地区反共溃败等情密电

(1940年12月9日)

无线。渝。委员长蒋：岚密。(专表)甲、据韩付〔副〕总司令阳戌夏电称：一、进攻曹甸之匪约千余人，午刻会同陶家村方面增到两千人，番号为八路军第一支队之匪。占领茅家舍、烈帝庙之新四军一千五百人，向曹甸四面围攻激战竟夜，双方伤亡均重，因我沉着应付，匪未得逞。本寅八路军向小南沟、营圩撤退，我一九四团从大施河向匪进攻，该匪据村死守，刻顽强抵抗中。又新四军一千余窜踞金吾庄以南地区，与我姜师一九七团激战甚烈。同时材溪窜至匪七百余，截断安丰、曹甸间交通，及余新庄窜匪七百余，向我三六零旅进攻。其另一股约七百人，窜至陶家庄。二、鱼酉电续报称：围攻曹甸匪军激战竟日，双方损伤均大，匪不断增加向我猛攻，冲杀十余次，酣战甚烈。又我一九七团及魏支队在金吾庄与匪二千余激战，该团伤亡甚重。又本午起，塔儿头、黄口各处匪军分布后堆一带窜曹甸，与各处电话不通，职决率全体官兵死守曹甸。三、虞巳电续报称：猛犯曹甸、安丰之匪，连日与我搏斗数日夜，匪未退，双方伤亡甚重。我三五零旅昨夜以一部出击，俘匪三十余名，缴获步枪五十余支，轻机枪一挺，我仍固守各据点。现匪主力分布崔堡、黄口、于家湾、金吾庄、太仓一带。乙、据霍师长守义虞午电称：本晨有匪三千余，由曹甸、安丰、金吾庄方向向泾口进攻，已派队迎击，同时有匪千余由蚂蚁甸、许圩子向我增援曹甸之东团进犯，经该团在小施河、米河以西地区痛击，匪伤亡甚多，俘匪四名，获轻机【枪】一挺，步枪卅支，该匪已陷动摇状态等情。丙、沙沟方面匪一千余人连日进攻益林，我保十旅坚强抵抗，昨鱼夜击沉匪船数只，毙匪甚多。丁、兴化外围大壶、竹唐子镇一带匪军二千余人，仍在瓜〔？〕洲与我保六旅相持，分股向兴城四周窜扰。又据确报：新四军近由江南增调过江北甚多，其一部约千余人号称苏州支队，已于江日开至东台境之安丰向大纵湖西进，其余到黄桥附近集结。综合以上情形，匪军自上月卅日起，全线猛烈进攻，又渡江继续增兵，似有非达到夺取苏北目的不止之势。职除督励官兵奋勇杀匪固守待援外，惟各部队弹药消耗殆尽，恐难持久，且伙饷早经告绝，全凭强迫征发米麦杂粮充饥。本年兴化附近各县旱荒，民食不敷甚巨，粮价奇昂，现金购买，已属不易，若长此征发，民怨益深，军心更难维系。职与各高级干部虽抱牺牲决心，但饷弹两缺，环境恶劣，窃恐无补大局，益深罪戾。敬乞钧座速调大军，驰往携带多数弹药兼程东进，并电航委会周主任即日派机送款来兴济急等情。拟请先派机送饷济急为祷。沂。于学忠。佳巳策。

〔国民政府军令部战史会档案〕

46. 蒋介石顾锡九关于八十九军在曹甸地区溃败等情往来密电

(1940年12月11—19日)

(1) 顾锡九密电(12月11日)

即到。渝。委员长蒋钧鉴：览密。加表。(一)八九军于黄桥战役后，遵照中央指示集结兴化、沙沟、陶林、射阳、安丰、曹甸一带游击地区，调整补充，固守待援。乃运河线之敌，忽于十一月寒日，进犯临泽、黄埔、八仙埠、时堡等地，我军奋勇迎击，苦战兼旬，盐阜“匪军”陈毅、黄克诚、彭明治等部乘我与敌激战之际，竟会合二万之众，攻陷蒋营、射阳、兰亭各要点，是时我八九军军部驻陶林指挥，前有敌后有“匪军”，激战一昼夜，然湖沼地区之腰膂，终被切断，我遂转进曹甸、安丰等据点后，该“匪”复集中全力猛犯曹甸、安丰，达五昼夜之久，虽经利用据点工事歼“匪”甚众，然该“匪”凶顽异常，层层包围，昼夜猛攻，我士气尚旺，决心死守。惟弹药消耗涸竭，殊堪顾虑。(二)五七军之霍师现驻守车桥、涉口一带，曾派队策应，冀解曹甸之围，与“匪”接触数次，惟因受“匪”牵制，固收效甚微。(三)职死守曹甸、安丰等据点，与该“匪”决斗到底，以报党国。(四)苏北情势已至紧要关头，援军若能早日到达，苏北大局仍不难开展。谨电奉陈。曹甸。职顾锡九。真。酉筱。酉饶。转印。

(2) 蒋介石密电稿(12月19日)

顾代军长锡九：真酉筱酉饶转电悉。〇密。该军迭经苦战，至堪嘉慰。援军已兼程前进，惟尚须时日。尚望激励士卒，苦撑待援为要。中〇。皓。令一元均。印。

〔国民政府军令部战史会档案〕

47. 李明扬关于确保兴泰等情密电

(1940年12月14日)

无线。限即到。渝。委员长蒋：极机密。鲁密。一、情况如前。二、遵烦钧座及总长迭电所示，确保兴泰。惟目前形势，单独出击，顾虑虽多，专守待援，陷于被动。为保持主动与机动，非攻守并行，无以分散匪之兵力，策应车桥、曹甸之友军。三、除以有力部队巩固泰防以备敌伪外，拟以主力由姜堰经曲塘向海安，以另一部由姜堰经姜坝及由坝塘湾、张甸分向黄桥，并以一部向安丰、东台之匪攻击，以之占领海安、黄桥后，各以一部分向拼茶、马塘、掘港方向推进清剿通如以南地区之匪，及阻止江南匪之渡江，并掩护我之右侧背。其余部队集结海安附近，相机会合安丰、东台部队向北推进，协同顾军及霍师歼灭兴化以北地区之匪。除请电韩主席外，谨电呈报。是否有当，乞电示遵。又职部文夜已予海安附近之匪以大打击，并闻。泰。职李明扬叩。寒。亲印。

〔国民政府军令部战史会档案〕

48. 蒋介石关于挽救苏鲁危局密电稿

（1940年12月24日）

无线加表。限即到。于总司令孝候：皓申策划电悉。4441密。所见甚是，中央已有处置，一月后便可实现。希按照前令，尽全力巩固鲁省，至对苏北，可无须再抽兵增援也。中○。敬。未令一元钧。印。

附：签呈　民国二十九年十二月二十一日。于第一厅第一处。

一、抄于学忠皓(十九)申电大意：1. 元(十三)寒（十四)两日，曹甸、车桥(兴化北)之役，匪虽顿挫，但根株不除，仍有增援卷土重来之虞。

2. 韩部久战疲惫，饷弹两缺，相持愈久，愈感危急。

3. 苏省绾谷南北，一旦有失，不惟鲁省之危，亦华北全局之忧。

4. 在鲁中共部队，对我正规军，亦渐露进袭之真面目，加之敌人渐将小据点放弃，必须派兵收复，故兵力已感薄弱，对于苏北殊难再有更进之援助。

5。欲救苏北之危，似宜以一军兵力，迎接应援为有利，倘苏北一失，即派大军，亦恐难以进入，伏乞核示。

二、核议意见：

（一）查援应鲁苏，已有处置，鲁省为巩固根据地待援，当再难抽兵援苏。

（二）于总司令意见，皖北部队如遥相策应，恐难救苏北之危，请派一军直接进入。查汤集团现正集中，李集团单独进出淮南路，力量不足。似以仍照原计划，俟限期届满（此时我可集中完毕）即由淮河两岸向东推进为有利，可否，乞。
核示

〔国民政府军令部战史会档案〕

49。蒋介石关于韩李矛盾处理办法密电稿

（1940年12月28日）

有线。

限即到。上饶。顾长官：密。据报李明扬不服韩之指挥，坐观成败。（一）望电李明扬说明匪之惯技为挑拨离间，各个击破，河北各军即以此受骗之不应援，致均被击破，希转饬李韩应以大局为重，紧密联系，精诚合作，俟匪军击破后苏北恢复一切，自易解决。（二）希饬王、冷两同志速赴苏北整理。上二项希速转饬遵办具报。中。俭。未令一元钧。印。

〔国民政府军令部战史会档案〕

（三） 第二次反共摩擦

一、皖南事变

1. 何应钦关于“解决”江南新四军亲笔函

（1940年12月3日）

可令汤恩伯东进，但仍恐缓不济急，故对在江南之N4A不准由镇江北渡，只准由江南原地北渡，或另予规定路线，以免该军直接参加对韩德勤部之攻击。

若江北异军竟敢攻击兴化，则第三战区应将江南新四军立予解决。

何应钦

十二、三、

本案请照上意速签呈委座核示。

〔国民政府军令部战史会档案〕

2. 徐永昌关于“解决”江南新四军致蒋介石等呈及蒋介石批

（1940年12月4日）

（1）签呈

为苏北新四军继续向韩德勤部猛攻谨拟处置办法呈核：

一、韩德勤卅电称：二十九日淮安、宝应、临泽之敌与保7B及33D等部激战，有犯兴化企图。三十日东台匪伪三团向我保6B猛犯。盐城匪伪五千余向兴化北89A徐旅进攻。另一部与我保3B、10B激战中。我各部均伤亡甚大，弹药消耗殆尽。查敌匪东西策应，相互夹击，断难维持，拟令89A主力112D霍守义师李明扬、陈泰运各部分向盐城、海安出击，作死中求生之计，务恳速派大军增援，派机送款弹，以挽危局。等情。

二、拟办意见：

1. 拟令汤恩伯即日率部东进，并请将前次签呈之剿灭匪伪计划早次核准，以便办令。

2. 汤部东进仍恐缓不济急，故对江南之N4A拟不准其由镇江北渡，只准由江南原地北渡，或由顾长官另予规定路线，以免该部直接参加对韩德勤部之攻击。

3. 若江北匪伪竟敢攻击兴化，则第三战区应立即将江南N4A予以解决。

4. 派机送款接济一项已令军政部速办。

右拟是否有当，敬乞核示只遵。谨呈

总长何

委员长蒋

（2）蒋介石批

蒋批：1. 已批；2. 照办；3. 可；4. 可。

〔国民政府军令部战史会档案〕

3. 蒋介石密令顾祝同"解决"江南新四军电

（1940年12月10日）

特急。（有线加表）上饶顾长官：○密。（一）查苏北匪伪不断进攻韩部，为使该军江南部队不致直接参加对韩部之攻击，应不准其由镇江北渡，只准其由江南原地北渡，或由该长官另予路线亦可。（二）该战区对江南匪部应按照前定计划妥为部署并准备，如发现江北匪伪竟敢进攻兴化，或至限期（本年十二月卅一日）该军仍不遵命北渡，应立即将其解决，勿再宽容。（三）右二项仰即遵办具报为要。中〇。灰酉。令一游。印。

〔国民政府军令部战史会档案〕

4. 顾祝同转报袭击皖南新四军军部致何应钦密电

（1941年1月8日）

上饶。总长何：3025密。极机密。鱼未翰电计呈。顷据上官总司令虞午利电称：（一）支晚由湾滩章家渡南窜之匪军主力约五千余，因雨滞留于茂林、铜山徐一带山地中。鱼辰其警戒部队与我方师搜索部队在茂林、铜山徐附近接触中。（二）集团军基于钧座鱼未翰电要旨，以迅速围剿该匪之目的，于苏南及宣城方面对敌伪暂取守势，以主力于本（七）日拂晓开始围剿茂林、铜山徐一带之匪军。（三）第二游击区应严阵守备，迅即扫清该防区内之残匪及其兵站设施与秘密工作人员。（四）右翼军应以有力部队守备原阵地，主力展开于后山湾滩、李庄、溪里风、东流山之线，与左翼军切取连系，防该匪攻击。（五）左翼军（并指挥七九师）任进剿之主力，以一部扫荡清弋江以西匪区内之残匪，进出于南陵戴家汇、何家湾之线而占领之。另以一部守备章家渡及沿无名河以防匪军回窜。以主力与右翼军连系展开于屯仓徐、杨家、麻岭、小山、丁家、孝河口之线，向匪军攻击。（六）两翼共军作战地境为小葛村（三溪东北十二里）、坦口、流山、茂林、滩湾里、南陵县城峨桥之线，线上属右。（七）六二师控置予旌德芳川附近机动。上七项，除已分电遵照外，谨电鉴核。等情。谨电鉴核。职顾祝同。齐壬翰铋。印。

〔国民政府军令部战史会档案〕

5. 陆军第四十师方日英部在皖南围击新四军军部战斗详报

（1941年1月4—15日）

甲、战斗前匪我之态势

异军借抗战之名义，负嵎大江南北，三年以来，大事扩充势力，不遵命令，自由行动，破坏政令，残害友军。我中央委曲求全，本宽大为怀之旨，促其自觉，乃限令彼驻皖南、苏南之队于上年十二月底渡江北上抗日，予以自新之路。不意，该军阳奉阴违，初以其非战斗人员及辎重等先行出动，佯为遵令，取道苏南渡江，以图掩饰而集其主力于云岭一带，多方要挟。元月四日，突离巢穴，经湾滩章家渡渡河后向茂林集结（番号为第一、二、三支队及其第一、三、五团、新一、三团、特务团、教导队、独立营），并以一部向麻岭坑、铜山徐推进。元月六日复以其全力分兵三路（一由榧岭山口，一由屯仓徐源岭，一由人坑双家洲）向我进攻，欲将本师主力击破而达其阴谋之企图。

本师将宜溧防务交毕后，于十二月二十七日行动，十二月三十一日师抵胡乐司，奉总司令上官电令：限本师（欠野战补充团）于元月三日黄昏前到达溪里风、茂林村、铜山徐、小河口、水东翟之线，归廿二集团军刘副总司令指挥。二日到达三溪后，因力避与匪军磨擦，旋奉命暂停止于三溪附近，严密向匪方搜索及警戒。师秉承上峰意旨，仰体时艰，乃集结部队待机，并于五日夜派步兵两连分向巧峰镇经湾滩及由星潭经榧岭向茂林搜索。六日拂晓，惠团搜索之一连在高坦徐附近与匪军遭遇，发生战斗，迄六日拂晓前，匪我之态势如附图一。〔图略〕

乙、战斗经过

一月二日午后三时，师主力到达三溪镇附近后，奉总司令上官电话谕：暂在三溪附近略为集结整备，再遵前令前进。等因。当于本(二)日在三溪附近停止，并律定各部集结地及警戒地区及构筑工事区域如左：

一一八团集结于过问村、梅圹、王家、郑村地区，担任右自风形山、六甲村至黄村镇之线，对东警戒并构筑工事；

一一九团集结于浙溪镇、马家桥地区，担任浙溪镇东3847高地及西5205高地警戒，并构筑工事；

一二〇团集结于麻竹坑、倪家村、星潭地区，担任自岂山山口外屋之线警戒，并构筑工事；

工兵营位予沥岭、源岭；骑兵连位于龙首山对北对西筑工警戒。

各部队均于黄昏前均到达指定地点，部署完毕。

一月三日师仍在原地休整待命，并饬各部加紧构筑工事。

为明了预期作战地区内地形及交通状况起见，将青弋江以南，三溪、陈村之线以北，分区令饬各团派干员详细侦察具报。午后奉副总司令刘电话谕。饬师分派相当兵力于柳河桥镇、星潭、观音桥等处。当下达如下之部署命令：

命令　元月三日14时于三溪师部

一、奉副总司令刘电话谕："着该师分派相当兵力于柳河桥镇、星潭村、观音桥等处警戒。"等因。

二、着一一八团派兵一营进驻柳河桥镇对通泾县求岭、硃砂庵大路搜索及警戒。右与五十二师，左与一二〇团切取连络。一二〇团派兵一营进驻星圹村对西及西北警戒。右与一一八团，左与一一九团切取连络。一一九团派兵一营进驻三溪西南约八公里观音桥，对西及西南严密警戒。右与一二〇团，左与一四四师四三〇团切取连络。

三、余现在三溪镇师司令部。

附记：一、一二〇团警戒茂林山道之部队应多派便衣队，行远方搜索，并断绝交通。

二、各警戒部队应构筑碉堡工事，并严密搜查行人。

三、驻地附近必须构筑多数各个抵抗巢，并严密监视土民动静。

四、各团应规定警急集合场，并侦察驻地附近地形。

一月四日奉副总司令刘江西争英电：奉总司令上官江辰参电开：第四十师除以一团位置于柳桥河镇并以一个营推进于巧峰镇外，师主力集结于三溪镇附近，并派步兵一营位于观音桥附近。各部队到达指定驻地后，须严密警戒，并多派便探向茂林村及其以北地区搜索，希转饬遵照具报。等因。希即遵办具报。等因。当即令饬一一八团、一一九团遵照。下达如左之命令：

一、"着一一八团即推进至柳河桥镇，并以一营推进至巧峰镇，右与五二师切取连络。

二、着一一九团派兵一营推进至观音桥附近，左与七九师切取连络。

三、各该团营到达指定地点后，择要点构筑工事，严密警戒，并多派便探向茂林村及其以北地区搜索具报为要。"

同时并饬一二〇团多派便探搜索山口西北山地至茂林及其以北地区，随时具报。

一月五日据本部谍报员报称："新到铜山徐之匪约二百人，刻正盛行构筑工事，其斥候不时向榧岭方面刺探我军情。"等情。当饬各部严防，并多派远方斥候，以侦察匪情。午后三时许，接副总部参谋团电话：据一四四师谍报员报称：今晨由滩湾渡过河南岸之匪约五百余，随即向东南开去。又由章家渡渡过南岸者约五千余向茂林方面前进。又奉总司令上官电话谕：据报：匪军于昨(四)晚已离其根据地向繁昌方面窜去。等情。希即派有力部队星夜向湾滩、章家渡、茂林一带搜索，限明(六)日十二时前具报。等因。当下达如左命令要旨：

命令　元月五日午后六时于三溪

一、着一一八团即派兵一连由巧峰镇出发，经湾滩向章家渡方向搜索前进。

二、着一二〇团即派兵一连由星潭出发，经榧岭向茂林搜索前进。

以上两团搜索部队有无情况，限明（六）日上午十一时前具报。

三、一一九团驻观音桥之一营对左侧警戒须特别注意，并须派出侦探多组向西向北通茂林、铜山村各道路搜索匪情。又由三溪镇通太平之电话线路，着由该营派兵梭巡保护。

奉副总司令刘电话谕："四十师应于明(六)日推进至青弋江南岸湾滩迄苏江之线。"等因。当下达如左之命令要旨：

命　令　元月五日午后十一时四十分于三溪

一、师决遵上命，于明(六)日午前六时向青弋江南岸湾滩迄苏口之线推进，以主力集结于茂林附近。

二、第一一八团除屠营由巧峰镇出发，取捷径向溪里风前进，晚即在该处宿营，并以一连推进至湾滩警戒外，主力着于明(六)日午前七时由现驻地出发，经倪家村、榧岭向风村前进，到达后即占领溪三风以西昆山亘丰山之线高地筑工警戒。

三、第一一九团除程营由观音桥出发，经铜山徐向康营前进，到达后即占领康营以北以西一带山地，构筑工事，归师直接指挥外，主力于(六)日午前六时三十分推进至倪家村集结待命。

四、第一二〇团着于明(六)日午前六时由驻地出发，经榧岭向茂林前进，到达后即占领西山及其西南约五公里一带山地，构筑工事，并派出一个连占领溪口向章家渡搜索前进，即担任沿河警戒。

五、师司令部及直属队(欠炮一连、辎重营、野战医院)于明(六)日午前八时由驻地出发，经屯仓徐、高坦徐（茂林东南约四公里)前进，晚即在该处宿营。

六、明(六)日黄昏前，通信网之构成约定如下：1。师与后方副总部之线路归119团负责；

2。由119团至高田徐师司令部之线路由通信连负责。该连于随队行动时，即行架设。

3。一一八团及120团向师架设线路。

4。一一九团程营之通信由师通信连架设。

七、辎重营、野战医院在三溪待命。

午夜奉总司令上官电话命令：饬师暂在现地停止待命。等因，当即转饬各部遵照。一月六日，昨夜午后十时，各团派出之搜索部队，除一一八团派出由巧峰镇向湾滩、章家渡搜索之步兵一个连尚未报告外，一一九团搜索部队于本日午前九时在麻岭与匪两连遭遇，激战时许，毙匪数名。因匪据有坚固工事，且众寡悬殊，以搜索任务已达，乃退回原阵地，扼守高岭鸦鹊山之线。一二〇团之搜索部队于本晨七时许行至高山徐附近与匪军老三团之先头部队遭遇，激战约二小时，将匪击退，毙匪十数名，俘三名，获短枪一支。据匪供称：匪军大部队均集茂林附近。该连以搜索目的已达，乃退回榧岭扼守。

师为防止匪之流窜，将部署略为变更。午后一时许下达如左之命令要旨：

命　令　元月六日午后一时于三溪

一、据报：匪军于昨(五)日午后二时由湾滩渡过南岸约五百余人，随即向东南移动。

又由章家渡渡过南岸者约五千余名，向茂林方向前进，企图不明。

本(六)日午后九时小河口散匪二百余，向铜山徐移动。

二、本师为防止匪之流窜，将现部署略事变更之：

三、着一一九团即推进自观音桥至陈村附近。该团程营应即推进至内浮溪附近，并占领高岭、麻岭一带山地，防堵匪之南窜。

一月七日，晨奉副总司令刘鱼酉争电命令要旨：

一、微午由章家渡、焦石埠南进匪军兵力约三、四千人，微晚到达茂林附近。其一部于高坦徐、铜山村附近与四十师对峙中。

二、本军决集中，共同将茂林附近匪军压迫至章家渡河流南岸一举歼灭之。

三、右翼队指挥官第四十师师长方日英指挥第四十师（欠野战补充团），展开于屯仓徐、狮子山亘麻岭之线向茂林村、铜山村攻击，主力指向茂林村，右与五二师，左与七九师确取连络。另以有力部队控置于陈村附近保持机动，阻匪流窜。等因。当即持令一一九团以主力（附山炮、战车、防御炮各一门）经麻岭向铜山村、茂林村攻击前进。一部经高岭向康营、茂林攻击，限令午前九时到达攻击准备位置，开始攻击。同时，并令控置于柳河桥之一一八团迅即开往观音桥以北地区待命。

是日上午六时，匪军以全力分三路向我进攻：一由大坑经双家洲向坦里口攻击；一经榧岭向山口攻击；一经屯仓徐南下向源岭攻击。晨六时许，我惠团派出于榧岭之前哨连，即与匪军特务团手枪队约六百余人接触，激战达二小时，将匪击退。八时许，岂山西北坦里口守备部队亦与由双家洲南犯之匪（兵力约一营）接触，榜山为匪占领，激战时许，予匪以重创而溃逃。迄九时许，榧岭方面之匪大股分由榧岭南北一带山岭向我包围，并已窜入一部共约四个连，内手枪一连。此时惠团主力即展开于山口左右高地至里方坑之线，与匪血战。我占有利地势，当以炽盛火力予匪以重大杀伤，毙匪二百余，卒不得逞。该匪似有退却及向南移之模样，师即令骑兵连、工兵营迅速占领龙首山尾、龙首山至沥岭之线。十时许，一一八团除巧峰镇之一营尚未到达归还建制外，其余均已到达浙溪镇附近停止，并令即派步兵一连于龙首山尾向西北警戒，以一营即推进至礼方、源岭一带占领阵地。十时半，我工兵营之一连即在源岭以南地区与匪遭遇，即以电话令向铜山徐方面攻击之一一九团停止，并速向东南移动，占领内浮溪迄鸦鹊山、七十二罐、牛栏岭之线，阻匪南窜。同时奉副总司令刘电话谕：段师在黄华岭之文团归师指挥，当令出发，经陈村向观音桥集结待命。十一时许，在源岭与匪激战之工兵第一连，因众寡悬殊，被匪突破。匪三、四千之众由高岭、源岭分路大举南窜。我刘团先头之第三营适时赶到，即展开于叶家殿以北至牛栏岭一带地区与匪发生激战，该营长杨孝忠亲督所部与优势之敌搏斗、反复冲杀，战至午后三时，毙敌三百余，不幸杨营长孝忠及第七连吕连长先后阵亡，排长伤亡二员，士兵伤亡甚大，不已乃转移至龙首山西南一带阻匪南窜。四时十二分，该团主力已抵陈村附近，得知第三营已与敌激战，乃以第二营由黄华岭进出大礼村，占领金龙岗前往岭东北端高地，协力第三营之战斗，第一营占领前德岭亘黄华岭之线阵地。四时五十五分第二营已与敌接触，战况较为稳定。一一八团之第三营亦于午后二时许，在小和里附近与敌激战。午后四时许，我乃重整部署向匪反攻，卒于黄昏前将匪压迫至礼方村西北牛栏岭南七十二罐前往岭北之线，与匪对峙。午后七时，为防匪军由双家洲、榔桥河镇向东南逃窜计，即令一一八团二营迅开汤村北之蚕岭附近扼守防堵。晚九时，敌之另一路向我坦里口、山口之惠团及礼方村之一一八团第三营猛攻达旦，齐辰六时二十分来犯之敌均被我击退。九时三十分，奉副总司令刘电话命令要旨：饬师除将刘团现阵地交段师文团接替后，各归还建制，其主力保持于左，毋使匪向外逃窜，以有力一部驱逐坦里口、山口匪军，向屯仓徐地区压迫。等因。当下达如左之命令要旨：

命　令　元月七日午后十时三十分于三溪

一、敌情如贵官所目睹。

二、师决于明（八）日晨四时开始攻击当面之敌，重点保持于左。

三、第一二〇团（附山炮一门）为主攻部队，即将岂山、坦里口之防务交由一一八团接替后，该团以一部固守山口外屋之线，以主力向榧岭南高地绕攻，将榧岭占领后即进击于屯仓徐附近地区而占领之。

四、第一一九团（附山炮一门）应于明（八）日二时三十分将一一八团第三营礼方、小和里附近防务接替，并连接金龙岗之线，占领阵地，确实固守之。另以有力之一部由风流铺向北攻击，策应友军及我一二〇团之攻击，该团阵地左须与七九师切取连络。

五、第一一八团除张营交防后应控置于蒋家外，该团派出守蠢岭之一营即归还建制，主力集结于洲溪镇以西北地区为机动部队，以一部接替一二〇团岂山、坦里口之防务而固守之。

六、龙首山尾、龙首山7654高地亘延寿寺之线守备部队概归工兵营赵营长指挥，确保该线防匪逃窜。

七、攻击开始后之通信，须随攻击部队之进展向第一线部队灵活构通之。

八、卫生队应即于郑村开设绷带所。

一月八日午前一时许，奉副总司令刘电话命令：在庙首之一四八师八八四团之唐营开绵川洞归本师指挥。等因。当即转令该营即刻开拔，到达后，扼守绵川洞要隘，并派一部占领蚂王山。拂晓前各部已遵昨夜十一时三十分命令，分别将防务交接完毕。徐、刘两团主力均已到达指定地点。六时许，一四八师八八四团唐营亦已赶到，此时控置之机动部队颇为强大，战局益臻稳固。是日战斗经过：惠团方面：土匪约两个团于拂晓后以主力向我榧岭山口攻击，企图突破我防线而进出星潭。我乃抽出预备队疾向匪之侧背抄袭，同时正面守备部队以炮火猛烈轰击，甚收步炮协同之效，毙匪甚众，匪即狼狈退窜，溃不成军，我即尾追袭击，连克数高地，并悉数扫荡，将潜伏于榧岭东北各地之残匪俘获尤多。刘团方面：午后八时许，匪以一部数百人企图经小和里西窜，被我猛击，退回源岭附近，为我七十九师包围痛剿，至十一时许，该团开始搜剿风流铺至文昌阁一带残匪，至午后三时许，肃清残匪向西北一带高地逃窜。斯时刘、惠两团已取得连系。本日我当面之匪经我痛击后，其主力已转移于东流山以东地区之榜山附近，企图夺路逃窜，又与我五二师在榜山附近激战。师为协助友军作战，防匪逃窜，乃于午后七时以一一八团第二营主力推进至马渡桥，并以一连占领榔桥河镇，构筑工事，掩护友军之侧背，求达歼匪之目的。（附图二）〔略〕

一月九日，本师当面战斗稍形沉寂，拂晓后命一二〇团速派有力部队向榧岭及其以北地区搜索前进，并将残匪驱逐而占领之。师为策应友军作战进展，速完包围歼灭之功，乃于正午十二时将现部署略事变更如左命令：

命　令　元月八日午后七时于三溪

一、当面匪寇经我连日痛剿，伤亡惨重，其主力已向我右翼军方面移动，今晨在榜山以北地区与我五二师激战中。

二、师为肃清当面残匪，策应友军作战，速完包围歼灭之功，将现部署略事变更，并尽量集结待机。

三、第一一八团仍以现态势对榜山方面之敌严密监视，与五二师切取连系，主力应迅速集结待机。

四、第一二〇团应推进右自里方坑亘榧岭以南高山山脉至风流铺（含）之线，占领阵地，构筑强固工事，并以一个连向屯仓徐推进，扼守控置叉路口。该团控置于浙溪镇之一营着即归还建制。

五、第一一九团礼方至观音桥之守备部队，着即集结于蒋家、荡家村地区，充分补给待命。

六、守备龙首山之骑兵连，着即开回原驻地集结待命。

七、工兵营应占领龙首山尾、龙首山亘金龙岗之线，强加工事而守备之。

八、各部队均限本（九）日午后四时前部署完毕，电话报告。

九、余现在三溪师部。

匪寇经我军堵击围剿无法逃窜，狼狈万分。其主力已麕集于东流山北鹿角山南狭窄地区，已逞混乱状态。师为协力友军迅予彻底围歼之功，乃于午后六时抽调一一八团（欠一营）星夜经山口、榧岭、屯仓徐向高坦徐搜索前进，捕捉匪踪而歼灭之。其余各部队随时准备行动。该团黄昏后由马渡桥出发，十一时许先头第三营到达榧岭脚，即发现榧岭方面尚有残匪盘据，经二小时之战斗，即将匪驱逐向东流山方面窜去，我乃将榧岭完全占领，随即以第三营继续前进至高坦徐附近。

一月十日，正午前奉总司令上官电话命令："茂林东南一带残留之匪军，着由各师分区围剿。四十师除以一部扼守坦里口、山口、风流铺、榧岭各要隘，以防匪之漏窜外，主力应即分路围剿东流山残匪。等因。"当以电话予各部之命令要旨后，再下达笔记命令如左：

命令　元月十日十二时三十分于三溪师司令部

一、匪寇三日以来经我军痛剿，伤亡惨重，士气衰落，无力再战，师遵上命意旨，即开始围剿，务期将盘据东流山残匪包围捉捕而歼灭之。

二、第一一八团仍实施前令任务，到达高坦徐后，随战况之推移，须逐步与我一四四师部队切取连系，尔后由屯仓徐、高田徐向东北压迫，以策应一一九团完成包围东流山之残匪，突击而歼灭之。另以一部扼守屯仓徐东西高地，防匪向东向南逃窜。

三、第一一九团即由蕩家村、蒋家出发，到达倪家村后，即分数纵队向东流山搜索前进，务期将匪包围而歼灭之。

四、第一二〇团除应固守原阵地之部队外，努力抽集步兵一营控置于三口附近。

五、工兵营仍守备原阵地。

六、骑兵连应留置一排于三溪镇担任后方师部之警戒外，其余即至山口指挥所。

七、通信连应以山口战斗指挥所为基点，构通刘副总部及各团间之有线通信网。

八、卫生队应以一部推进至倪 村，担任伤患者收容转送外，其余各部仍在原地待命。

九、余现在三溪司令部，午后三时在山口战斗指挥所。

本日战斗概况：徐团第三营于今晨在高坦徐东北山地搜索残匪，与匪百余激战数十分钟，将匪击散，俘匪二十余名，获步枪十数枝。惠团派一部搜剿榧岭东北东南一带散匪，俘匪数名，获步枪数枝。刘团午后一时许全部由荡家村及蒋家出发，分两纵队经倪家村、榧岭向东流山搜索前进。

一月十一日晨三时许，刘团进至榧岭北端一带高地棱线，是时因月落天暗，不能行动，暂在该处停止，六时许继续搜索前进，至八时该团左纵队已在东流山东之长坑附近与匪军独立三营约二百余名遭遇，我即展开向匪猛攻，匪借优势地形顽强抵抗，激战良久；右纵队于午前十时许与匪主力在东流山东北一带高地战斗，迄午尚在激战中。旋奉总司令上官真午电话命令开：

一、残匪主力约二千余人刻正由东流山北端高地向鹿角山攻击，以图北窜，我一五四团及六四四团正与该匪激战中。

二、着贵师长速令一一九团全部速向双家洲、溪里风之线，迅速攻击匪之背后，并注意捕获匪首叶、项、袁各要匪。

三、限一一九团于午后二时半前到达双家洲、溪里风之线。等因。当即以电话令一一九团遵照。并下达如左之命令：

命 令 元月十一日上午11时于倪家村师战斗指挥所

一、着一一九团除以一部监视东流山残匪，勿为吸引牵制外，主力应即由东流山逐次向北攻击前进，并与双【家】洲一五六团切取连络。

二、第一二〇团即以陈营推进至坦里口附近，对北严密警戒，以防匪漏窜。

三、第一一八团须确保高坦徐两侧高地及要隘，并相机策应一一九团作战。

四、由椰桥河镇至陈营之通信，由师通信连架设之。

并令一一八团屠营即刻出发增援东流山，归刘团长指挥。刘团奉命后，即以一部分别将两股匪逐步包围，主力即向指定之线前进，迄午后三时许，右翼已进展至双家洲附近，乃向西北旋回。此时东流山之最高峰已为我占领大半，被围之匪因地形复杂，封锁不易，逐渐向北及西北方面逃窜，五时许东流山已为我全部占领。

一月十二日晨五时三十分，奉总司令上官电话命令："各部队即刻开始向当面之匪行拂晓攻击。"等因。当即以电话予各攻击部队之任务与调整第二线之部署命令如左：

命　令　元月十二日上午五时四十分于山口师指挥所

一、残匪主力经我各友军及我刘团围剿，伤亡惨重，状极狼狈，现退守东流山北麓鹿角山南附近地区。

二、奉总司令上官十二日上午五时三十分电话命令："各部队即刻开始拂晓攻击。"等因。

三、师为迅速歼灭残匪，决于本(十二)日拂晓与友军协力开始攻击，将残匪压迫于东流山东北山麓地区，包围捉扑而歼灭之。

四、一一九团(附一一八团第二营)应以一部扼守东流山要点，以主力于拂晓前开始向当面之敌攻击，右与五二师一五六团，左与我徐团切取连系。

五、一一八团(欠一营)附一二〇团第三营(欠一连)应以各一部扼守屯仓徐、高田徐，主力迅即扫荡东流山西侧残匪，并策应刘团之战斗。

六、一二〇团附一一八团之一连(欠第三营)在坦里口之一营即调回星潭集结待命。其余仍服行前任务，但对左翼与七九师及工兵营切取连络。

七、其余各部队任务同前。

八、余现在山口师指挥所。

各部队奉令后，即开始部署，其战斗经过情形如次：

一、刘团(附一一八团第一营)晨三时开始攻击后，至九时许，主力集至东流山北麓，察知匪主力四千余盘据于东流山北麓及其西北山谷一带，乃以二、三两营逐次推进，至九时三十分将山麓之匪约六、七百围剿。该团第一营绕攻东流山北端高地，与匪百余激战，约时许，该匪扬言投诚，乃暂停攻击。至十一时许，匪无投降诚意，乃集中火力猛烈攻击。斯时二、三营方面之战斗亦异常激烈，搏斗竟日，毙匪甚众，迄午后五时许，遂将东流山及其以北高地完全占领，俘匪二十余名，获步枪百余枝、轻机枪数挺，我伤亡官兵数十余名。

二、徐团主力于午前四时开始攻击东流山西北之残匪，以炽盛之机炮火力向匪轰击，匪被迫逐渐向孙村逃窜，迄午后一时许，与七九师之两个营将孙村之匪约五百余包围攻击，匪借工事土堡顽强抵抗，至四时许始将孙村完全占领，匪除一部向东北逃窜，尚有一小部据守于两个土堡内顽抗，刻仍在围攻中。该团本日战斗俘匪十余名，获枪二十余枝。

午后七时许，匪主力被我压迫已麕集于东流山北端高地东北鹿角山西南溪里风以南地区，为我军重重包围，其包围圈亦已逐渐缩小，我为避免混乱，令各攻击部队暂行停止攻击，即就现态势占领阵地，严密包围监视。晚八时许，匪复倾其主力向我刘团东流山方面猛烈反攻，企图向东南突围逃窜，激战竟夜，皆不得逞。一月十三日晨四时许，接七九师电话：通报匪主力已由一四四师方面脱围逃窜，同时，我刘团当面之匪约千余，仍向东流山反攻甚烈。当判知匪主力并未逃窜，仍在鹿角山西南地区，为求迅速歼匪计，遂决心于拂晓后开始向匪总攻。下达如左之命令：

命　令　元月十三日上午六时于山口师指挥所

一、困守鹿角山南残匪主力经本师连日围歼，伤亡惨重。本日拂晓前匪数百分向我东流山乱窜，旋被击退，一部已由一四四师方面突围，各友军正堵击追歼中。

二、师为迅速歼灭残匪，决于本日拂晓与友军协力开始向困守东流山北麓角山南残匪主力实施总攻，务期一举而包围歼灭之。

三、一一九团（附一一八团第二营）为右翼队，应于上午八时前就现态势完成攻击准备后，即行开始向当面之敌攻击，不得进出于鹿角山南部，畏缩不前者杀无赦。

四、一一八团（欠一营又一连）附一二〇团第三营应于上午八时前就现态势完成攻击准备后，即向当面之敌开始攻击，尔后进击孙村北约三里之无名村之线，畏缩不前者杀无赦。

五、一二〇团（欠第三营）以一部守备山口南北之线，另派一部扼守坑口，防匪逃窜，并与我扼守岂山部队及一一九团工兵营保持连络。余为师预备队，位置于屯山徐附近地区保持机动。

六、八八四团之唐营即进驻三溪镇担任后方警备，另一部位置于毛滩，对西北警戒，右与我工兵营切取连络。

七、骑兵连以主力占领马渡桥构筑工事，对西北警戒，并与五二师及我扼守岂山部队切取连系。

八、通信连应以屯山徐师指挥所为基点，随战斗展进，构成各部队间之通信网。

九、军械处、卫生队应将弹药交付所、绷带所推进至山口、榷岭附近，分别开设。

十、其余各部队任务同前。

十一、余现在山口师指挥所。

各攻击部队于上午八时完成攻击准备后，即开始向当面之敌攻击。战斗经过如次：（如附图三）〔图略〕

右翼队刘团方面，八时后担任正面攻击之一、三两营即向当面之匪攻击前进，匪初顽抗，经连续不断攻击，乃向鹿角山逃窜，复为该团二营猛烈侧击。斯时我五二师正由鹿角山向南压迫，匪复回窜，我刘团一、三两营奋勇向前猛冲，直捣匪军军部。同时各部队亦逐步迫进，匪态势大乱，尤复作困兽之斗，战斗异常激烈，至本日午后五时许，匪大部就歼，战况始渐沉寂。另残匪一部约数百，在鹿角西侧被我各友军包围中。此役卤匪五百余，小迫击炮三门，枪四、五百枝。该团乘胜之威，以一部协力友军转向鹿角西面攻击，以全歼灭之功。

左翼徐团方面，八时后开始由孙村东北攻击，迄十时许，将残匪约二百余包围于孙村东北之无名村，将敌歼灭，俘匪数十名，获步枪数十枝。

本日战斗，计毙匪千余，匪首袁国平确已被我刘团击毙。我营长屠守仁于饥寒交迫中尤淬励所部勇猛攻击，不幸于击灭匪军部时中弹阵亡，合计官兵伤亡共百余员名。

师战斗指挥所于上午十时由山口推进至屯仓徐，下午二时到达。

一月十四日，昨晚徐、刘两团各以一部搜剿当面残匪。午奉副总司令刘元申凌电命令节开：“奉总司令上官西利电命令：（甲）鹿角山西南东流山以北高地溪里风、李村以东之线残匪，本（元）日被我各部击灭及俘虏者共约三千余人，残匪约千余人仍在原地企图最后挣扎中。（乙）右翼军应严密封锁湾滩至黄村之线，防匪逃窜。(丙)左翼军：一、应即加强茂林、溪口、章家渡、湾滩沿河守备，严密封锁；二、七九师之二三五团及二三七团应在章家渡以南茂林乡以西之线搜剿逃窜之残匪。(丁)方、刘两师以主力密切连系，攻击东流山以北无名高地鹿角山以西溪里风至孙村间之残匪，限明(十四)日于午后三时以前将匪彻底肃清，一方师坚固双家洲、东流山北无名高地、孙村、高坦徐至左家(含)及高坦徐、屯仓徐、榧岭、山口、坦里口之线外，并协同五二师攻击东流山北溪里风至孙村间之残匪，按依限完成任务。以上各项，仰即遵照具报为要。等因。当予各部如左之命令：

一、一一九团应以主力占领右自双家洲至东流山北无名高地(含)之线，坚固守备，捉捕逃窜残匪。另以一部扫荡辖区以内残匪，配属该团之第一一八团之二营，着即归还建制。

二、一一八团应以主力占领右自孙村东北高地高田徐，左至左家(含)之线，坚固守备，捉捕逃窜残匪。另以一部肃清区内残匪。

三、一二〇团(欠第三营)应占领坦里口、山口、榧岭至屯仓徐之线，严密封锁，捉捕散匪而歼灭之。

四、其余各部队任务同前。

是日各部搜剿残匪，俘匪数十名，内有匪军第五团团长徐金树及团参谋长梁金华各一名，并击伤第三支队队长张云逸，击毙新三团团长黄大星，获枪数十枝，匪军全部就歼，战斗至此告一段落。

一月十五日以后，各部分反搜剿散匪，每日皆可获，至十九日，除仍各留一部担任搜剿外，将各部队集结于榔河桥镇三溪一带。(如附图四)〔图略〕此本师剿匪战斗之经过概要也。

丙、伤亡损耗俘获(如附表第一、二、三号)〔表略〕。

丁、战后所见

一、匪军失败之原因：

甲、精神上之失败：

1．师出无名：匪军背叛中央，不遵命令，破坏抗日阵线，危害国家民族利益，向我进攻，企图造成混乱局面，以达其夺取政权之迷梦，欺骗部众美其名曰“敌后进军”，稽之事实与敌后进军背逆而驰，因之与我接触之后，即遭顿挫，溃不成军，终而被歼灭也。

2．意志不一：匪军此次行动，乃为一、二匪首之阴谋，事先极为秘密，据被俘之匪军第五团团长徐金树及其他俘匪官兵口供，多数干部至对我袭击后始明真相，故于元月七、八两日遭受重大打击，即在屯仓徐有所谓“斗争会议”之召集，多数干部埋怨项英此举之荒谬。由此观之，匪军军心早已瓦解，故士无斗志。

乙、关于估计上之错误及战术上之失败：

1．对于战力估计之错误：匪以本师在苏南作战半年，战力损耗，复经八日之行军，人马疲惫，攻人之弱点亦为其所长，故举其全力欲一举而将本师击破，则我军主力已失，必可达其阴谋之企图。庸知年来，本师与敌周旋于赣、皖、苏各省，血肉洗礼何止一战，官兵战斗技能之增进与堪耐困苦，缺乏锻练，诚所谓愈战愈强，故虽遭不意之猛袭，尤能于仓卒间作韧性之抵抗，反予以匪军全部歼灭，实出匪军预想之外。

2．关于战术上之错误：匪军基于绝对疲惫劣势军对优势装备军无重点之攻击，比之以沙投石，成败之数不问可知。山口及源岭两处之突破已告成功，卒为我猛烈之火力所顿挫，略事反攻一点被突破全线，溃不成军。此为匪军失败之症结所在也。

二、我之得失：

甲、优点：

1．运用灵活，合于山地战术及革命战术之原则：榧岭、山口一带惠团之战斗，我以少数兵力扼守榧岭被其突破后，诱敌深入，随即以两侧高山之伏兵向敌侧背包袭，使其感受莫大之威胁，而不能突破我山口以西阵地反向后溃退。

牛栏岭刘团之战斗，该团原为协助七九师向铜山徐方面攻击，待源岭、榧岭方面发生情况，即以电话令其停止前进，并向东南移动，该团杨营能迅速向枪声方面移动。又白营到达黄华岭后知杨营已发生战斗，亦向枪声茂密方面移动，故能达到阻敌南窜之任务。

东流山附近刘团之战斗，皆能合乎山地之原则，该团主力到达榧岭后即分数纵队利用棱线(不走道路)以接近敌阵，故敌控置要道之主力(知屯仓徐北通东流山之道路皆重兵)等于无用，尤能占领最高点(如东流山最高峰及每个山头皆有我部队)以瞰制敌人，使其无法活动。

徐团于东流山西北孙村及飞业岭附近之战斗亦皆合乎山地战之原则，与友军协同良好，能运用炮火及重兵器以挫敌志气，歼敌颇多，而能得以极少数之伤亡换取大代价。

2。士气旺盛，确能独断作战：

此次战斗敌举全力分三路向本师攻击，来势凶猛，且我因战斗正面达五、六十里，故敌每处兵力亦皆较我为大，而尤能挫敌锐气，实为士气旺盛之素因。诸如杨营长孝忠在牛栏岭负伤后仍能指挥战斗，以至再负伤而阵亡为止。其他如官兵负伤不退者亦不少。牛栏岭刘团杨营之战斗，高田徐东北一带徐团张营之战斗，鹿角山西南刘团白营之战斗，皆因情况转变迅速，或因离团过远，无法通讯连络，而均能自行与友军协同发挥独断作战之精神，收歼敌之全功。

3。吃苦耐劳之精神特长：

战事发生后，无论官兵，咸能忍苦耐劳，如徐团屠营于元月七日至八日由巧峰镇至三溪至蠡岭，随即调马渡桥昼夜之行军达一百二十华里，其疲劳程度已可概见，而复于东流山方面作战精神并不稍减。

刘团在东流山一带因给养补给困难，除携带炒米已食尽后，官兵有一、二日未进食者，其余各部队在山峰上露营达七昼夜而不知倦，实为精神维系战斗，乃克敌效果之主因。

乙、缺点：

1．通信不灵：此次战斗，师对上级之通信尚属灵活，对下之通信最感痛苦，此因材料缺乏与乎线路过长之所致，技术之拙劣亦为其主因。

2．连络不确实：各部队间，尤以师与师间之信号连络既不运用规定之信号（识别旗号音、灯火等），又不规定临时之连络法，故往往友军发生误会，乃一大缺点。

3．上级命令欠适时适切：如副总部六日晚之命令，文长约六百余字，由太平用电话转三溪电报局，再转师译，至七日下午一时许始送达，使师当时无法处置。又上峰迭次于时间上之限制，稍欠适当，盖因地图与实地不合，尤以山地为甚，往往在地图上看去不过三数里，实地有一、二十里，故此次作战对于命令未能按时实施者甚多。

4．对匪军士兵欠政治宣传：第一线部队皆不知用宣传方法使匪军投诚，据被俘之匪称：皆以为被俘后我军即将其斩杀或活埋，故不敢投诚而顽强抵抗致遭击毙甚众，殊为痛惜耳。

〔国民政府军令部战史会档案〕

6．陆军第一四四师唐明昭部在皖南围击新四军军部战斗详报

（1941年1月5～20日）

第一、时间：三十年一月五日至廿日。

第二、地点：于安徽泾县章家渡及茂林东北地区。

第三、战斗前彼我态势。

匪军叶挺、项英所部在皖南、南繁、铜泾间地区共有七个团

（第一团、新一团、第三团、新三团、第五团、第六团、特务团）及一个教导总队（六个连）共约八千余人，于本年一月四日集中于章家渡、汀潭一带地区，于五日拂晓分由章家渡、湾滩渡河东进。

师（欠四三二团驻守太平仓库之两连）受二十三集团军副总司令刘指挥于二十九年十二月下旬以防止该军万一反动之目的，分向云岭、戴家汇方向严密搜索警戒，旋以一团兵集结太平，防匪南窜，复于一月五日除以四三二团之两营由二十三集团军副总司令刘指挥及以四三〇团之一营留置太平外，就龙门天都山厚岸附近一带地区坚工扼守，向泾县、云岭方面警戒。

第四、战斗经过

一月六日，十一时奉副总司令刘电话（即虞巳争凌电令要旨）：该师除四三二团（欠第一营）仍留原地受本部直接指挥及四三零团之第三营留任本部警卫外，该师即向云岭挺进。等因。师长当即决心，以一部经文村、华树岭向章家渡挺进，主力经黄栗树、中村向云岭前进。即下达命令如次：

第一四四师命令 三十年一月六日十一时
于盛村师司令部

一、匪军今晨窜到茂林，被我友军堵击中。

二、师有肃清章家渡、云岭村匪巢，防匪回窜之任务，决以主力进占云岭，以一部占领章家渡，扫荡匪巢肃清残匪。

三、四三一团即推进至黄栗树，应不失时机断然占领中村、云岭，并即肃清北贡里、四顾山等处残匪。

四三零团（欠第三营）即推进至文村、华树岭，应不失时机，断然占领章家渡，即肃清清弋江河北岸及大蓝山、四顾山以南残匪，并占领苏口、溪口向茂林方面严密警戒。

四三二团第一营即日进驻新丰、明（七）日随指挥所进驻包村，工兵营除以一连随师前进外，应即移驻新丰，加强该地工事。

四、各部行进时，须严密搜索，并应以一部经不道左右两侧制高点搜索前进，对山地小道尤须注意。

五、师通信连速由包村向四三一团、四三零团架设电线，并严饬配属各团之无线电班，随时与师连络。

六、辎重营之第一、第二两连受本部军械官赵恩年之指挥，携足一个携行基数弹药，即日推进至包村附近，准备开设弹药交付所。

七、野战医院之一部即推进至老潭，卫生队即推进至包村准备开设。

八、余现在盛村师部，明(七)日十时在包村指挥所。

右令：各团长、工兵营长、辎重营通信连长、野战医院长、卫生队长。

下达法——先以电话告以命令要旨，随即笔记专送。

各团遵即向指示之目标前进，第四三一团第一营当于十八时占领云岭及北贡里、汀潭等处；第二营占领下浒；团部及第三营进驻中村。我四三零团第二营于十六时占领章家渡；第一营占领溪口、我岸；团部进驻文村，现在搜剿残伏余匪中。

一月七日，五时师长率领指挥人员及四三二团第一营、工兵第二连由盛村出发，于八时到达包村两团之电线亦架设完善，当即在电话讯问两团长得悉。均在组训民众搜剿伏匪中。

八时二十分，奉副总司令刘鱼西争英电令要旨：(一)师(欠四三二团之两营及四三零团之一营)指挥新七师第二旅为左翼军之左翼队，除以一团兵力控置于乔木湾附近，及以有力一部抗守戴家汇亘六里丁至何家湾之阵地，与右翼五二师确取连络，向敌警戒外，主力展开于包村、白沙山、毛架山之线，向大蓝山、云岭、碎石岭前进，而占领之，重点应指向云岭，尔后以主力集结中村附近，東应各方，并向四顾山、北贡里方向警戒，以一部封锁湾滩、章家渡、溪口、苏口间河流，阻匪回窜。(二)中央队与左翼队之作战地境为油榨坑、龙门、万村沿章家渡河至苏口、大蓝山、中村、汀潭之线，线上属左，左翼队与右翼军之作战地境为楖桥河、东流山、茂林、湾滩之线，线上属右。(三)各队应于虞日八时展开完毕，于十时开始攻击。等因。师长以奉到电令时任务先已完成，除即电话新七师蒋参谋长转令该师第二旅以一团控置于乔木湾附近待命，以一团抗守戴家汇亘六里丁、何家湾一线阵地外，并即电话四三零团长令该团已占领章家渡之第三营即向左右延伸，占领溪口、苏口、湾滩、我岸，严密封锁防匪回窜。

十五时四十分奉副总司令刘电话令（即虞申麦电令要旨）：(一)七九师已占领茂林，匪有由山口向东南逃窜之模样。(二)该师即以一团以上兵力，由章家渡渡河向茂林以左东南地区压迫。等因。师长奉令后，以迅速渡河向茂林东南地区压迫匪军而围歼之目的。当令四三零团(缺一营)附现在下浒之四三一团第二营先以一部由溪口渡河直赴茂林，主力由章家渡渡河向茂林前进以制机先，该团河防着由四三一团派队接替。随即下达命令如次：

第一四四师命令 三十年一月七日十五时五十分
于包村指挥所

一、匪军五六千人被我四十师堵击于坦里口、函口、沥岭附近。

二、师除守河防外，有派队渡河向茂林东南地区压迫匪军背后而围歼该匪之任务。

三、四三零团附四三一团第二营立即分由溪口、章家渡渡河向茂林前进，向茂林东南地区之匪军压迫，务协同友军围该匪。

四三二团第一营即派兵两连接替苏口、溪口河防，并严密封锁，防匪回窜。四三一团速以四个连，限于本(七)日二十时前接替溪口(含)、焦石埠、章家渡、萧家村亘湾滩沿岸防务，右与四三二团第一营，左与五二师确实连系、严密封锁，防匪回窜。

四、四三〇团对本部通信以无线电为主，徒步传达为辅。

五、弹药交付所暂留包村。

六、野战医院暂留老潭，卫生队即进至章家渡开设。

七、予在包村指挥所。

右令：四三〇团、四三一团、四三二团第一营及通信连、卫生队。

下达法——先以电话授以命令要旨，随即笔记专送。

我四三〇团第一营即于溪口渡河，第二营及四三一团第二营即在章家渡渡河，均于二十一时全部渡河完毕，分向茂林及夙村前进。我四三一团即以第一营除留一连在云岭附近搜剿散匪外，其余部队即接守溪口、章家渡、湾滩河防，第三营除以步兵一连留守团部外，其余部队接守章家渡（不含）亘湾滩之防，务均于二十一时接替完毕。团部即进驻下浒。

一月八日，二时三十分奉副总司令刘阳酉争英电令要旨：（一）由茂林南窜之匪军，本日以来与第四十师、第七九师在榧岭、麻岭附近激战，截至本晚，匪我仍坦里口、山口、牛栏岭、七十二罐、鸦雀山、麻岭之线战斗中。右翼军五二师主力已到达榔桥河附近，继向南进中。（二）我军决集中全力将匪包围于屯仓徐附近山谷地带而歼灭之。（三）第一四四师（欠一团）指挥新七师第二旅任务仍旧，以一部沿章家渡河流左岸严密警戒外，以主力向屯仓徐方向压迫，务左与五二师及四十师确取连络。（四）七九师与一四四师作战地境为苏口沿河至溪口、潘村、南容至屯仓徐之线，线上属右。（五）各部仍继续攻击，务于八日拂晓前歼灭该匪。等因。师长以现向茂林前进之四三〇团即向匪之背后攻击。师指挥所亦进驻章家渡。随即下达命令如次：

第一四四师命令　三十年一月八日四时
于包村指挥所

一、奉副总司令刘阳酉争英电令要旨（如前记此略）。

二、师除严守河防外，决以向茂林前进之部队迅即协同友军向匪军后背攻击，压迫该匪于屯仓徐山谷地带而歼灭之。

三、四三〇团(附四三一团第二营占领茂林后，除以一部于茂林东南地区坚工扼守并督饬地方保甲清剿残匪外，即经高坦徐向枥岭、山口、坦里口之匪军后背攻击，务不顾一切右与七九师，左与五二师连系，将匪包围于屯仓徐山谷地带而歼灭之。

四三一团(欠第二营)除严密封锁溪口亘章家渡至湾滩沿岸河防外，应派兵一部在云岭、中村、四顾山通章家渡道路游击，肃清残匪。

四三二团第一营任务仍旧，并派兵一排立即到师指挥所担任警卫。

四、野战医院即推进至包村开设；卫生队仍在章家渡；弹药交付所在章家渡开设。

五、余现在包村，本(八)日九时在章家渡指挥所。

右令：四三〇团、四三一团、四三二团第一营及野战医院。

下达法——四三一团先以电话告以命令要旨，四三〇团派上尉专勤附员张浑园乘马经溪口向茂林追送，其余专送。

我四三〇团第一营于五时将茂林之匪百余人驱逐后，六时即将东山占领；第二营亦同时将凤村占领，匪军百余退据飞叶岭、昆山相拒，我仍续向匪进攻，战至十三时三十分，第一营攻克飞叶岭，第二营攻克溪边山、昆山一带高地，匪三百余即退至高坦徐、东流山、鹿角山相拒，是役我俘匪三名，获步枪三枝。五时师指挥所由包村出发文村，于八时四十分到达章家渡西北端之下浒。师长随即派员视察河防，并督饬保甲清查匪党。

十四时，奉副总司令电话命令(即总司令上官齐午电令要旨)：该师速派兵一营扼守湾滩、法相寺、丁家与现在黄村之五二师朱副师长连络策应，防匪北窜，章家渡及溪口尤为重要。等因。师长当即令四三一团派兵一营前往，并饬河防部队注意守备。该团即命副团长张邦孝率第三营于四时三十分出发，由湾滩渡河，当于十六时三十分到达湾滩。该副团长以地形关系，即命该营进至花林乡及大坑以北高地占领阵地，严密封锁大坑隘路。

一月九日，一时三十分奉副总司令刘电（即齐亥争英电令要旨）：(一)集团军决于明(九)日拂晓再行全线总攻击，务于九日正午以前将匪包围于现在地区而歼灭之。(二)该师应抽出一部于四时前准备完毕，于拂晓前另由电话指示目标，开始攻击。等因。师长当以奉令时已夜午，无线电因天候关系不能通报，若待临时指示目标攻击，则又为时所不许，即令四三〇团于九日拂晓前向屯仓徐、东流山之匪攻击。下达四三〇团之命令如次：

第一四四师命令　三十年一月九日一时四十分
于下浒指挥所

一、匪军连日向我七九师、四十师、五二师突击，均经我击退，刻穷蹙屯仓徐东南地区，消灭在即。

二、集团军决于九日拂晓向该匪再度施行总攻击。

三、该团即于九日拂晓向屯仓徐之匪攻击，协同友军将该匪聚歼于屯仓徐山谷地带。

右令：四三零团。

下达法——军官乘马飞送，限三时三十分送达茂林。

四时，我四三零团第一营由飞叶岭向高坦徐之匪攻击，第二营由溪边山、昆山向东流山、鹿角山之凹地进攻。十时，该团第一营已迫近高坦徐，第二营已占领东流山、鹿角山山腹。匪军第五团突来增加，猛烈反扑，经该团痛击，战至四小时之久，凶焰始杀，匪仍就该山山麓、利用地形地物，顽强抵抗。

十五时，师长基于副总司令齐酉争电要旨：即令该团就飞叶岭、溪边山、昆山之线坚工扼守准备攻击。十八时，我在花林乡附近之四三一团第三营当面发现匪徒三百余，猛扑我阵地，经该营奋力击退，俘获匪兵十六名，步枪十一枝，伤毙匪军百余人。

师为指挥便利计，于同(九)日八时三十分，师指挥所进驻茂林，并令四三一团派兵一部接替四三二团第一营所任苏口、溪口防务，该营于任务交代后，即进驻羊山待命。通信连立即架设章家渡至茂林村之电话。野战医院之一部即推进至溪口北岸开设卫生队，及弹药交付所即推进至茂林开设。师长于十时到达茂林杨山桥指挥所后，即赴前方侦察地形，当察茂林附近地区地形复杂且森林繁茂若确保茂林之安全与阻止亡命窜逃之匪及彻底歼灭该匪计，现以四个营之兵力似觉薄弱，当以佳电报告副总司令，请以新七师第二旅现在乔禾湾三一团进驻章家渡，担任河防，或由副总部直接指挥河防部队，师以便集中力量击灭该匪。

二十时奉副总司令刘佳争英佳市争令两电要旨：〈一〉一四四师四三二团着即归还建制，并已令孟旅乔木湾之一团立即进驻章家渡附近，归该师长指挥。〈二〉该师应确保鹿角山、昆山、羊山、茂林村亘麒麟山之线扼要，构筑碉堡工事，严密封锁，阻匪西北窜，右与段师毛粟山部队确取连络。等因。师长当以佳亥电令各团：

一、四三二团(欠一营)除以一部占领麒麟山、南容各要点外，以主力封锁高坦徐要口，右与毛粟山之段师，左与四三零团切取联络。

二、四三零团(缺一营，附四三一团之朱营)应于飞叶岭、溪边山、昆山亘雷塘东端无名山之线先稳固阵地后，即派有力之一部攻击东流山之匪，并于奎山、颈东山、西山、羊山岭之线，构筑预备阵地。

三、四三一团(缺一营)将防务交与孟旅接替后，即开赴茂林集结待命。

四、孟旅之一团立即接替四三一团溪口、焦石埠、章家渡、湾滩、丁家渡及丁家、法相寺、花林乡等地防务，严密封锁、防匪北窜。

师长为准备尔后之攻击，当电话在盛村之副师长转饬现在穰溪河之山炮兵连即日前来茂林，并饬迅即将后方步兵弹药追送至茂林。

一月十日，一时二十分，奉副总司令电话命令(即佳亥凌电令要旨)：集团军以迅速歼灭该匪之目的，决于十日拂晓连续猛攻东池山匪主力而歼灭之。该师应守备现阵地及扼守茂林沿无名河、溪口、章家渡、湾滩左岸之线，与左右两翼友军切取连络外，以有力之部队当面之匪攻击。等因。此时，我四三二团(欠一营)在南容、景照公、西风吴之线；四三零团在飞叶岭、溪边山、昆山之线；四三一团仅一营在大坑西北，其余一营须于拂晓前始可将河防交替完毕。右翼七九师尚未达到，左翼五二师现在黄村。匪军主力确在东流山附近。师长为达成守备现地围歼该匪之目的，当决心以四三二团、四三零团除守备现阵外，各以一部向屯仓徐、高坦徐、东流山之匪攻击，昆山及大坑附近之部队务严密守备现阵，防匪窜逃。随即下达命令如次：

第一四四师命令 三十年一月十日一时三十分
于杨山桥师指挥所

一、匪军经我连日攻击，主力困于东流山一带，粮弹渐绝，战志消沉。

集团军决于十日拂晓继续向匪攻击，我四十师即向坦里口、屯仓徐攻击；五二师主力由湾滩、黄村方面以有力之一部由花家洲，分向当面之匪猛攻。

二、师除守备现阵及扼守茂林沿无名河、溪口、章家渡、湾滩、左岸之线外，并以有力部队协同友军向当面之匪攻击。

三、四三二团(欠第一营)除守备南容、景照公、西风关一线阵地外，应以有力之一部于十日拂晓分向屯仓徐、高坦徐之匪攻击，奏功后，即向左横扫，协同四三零团攻击东流山、孙家及东流庵之匪军。

四三零团除应加强溪边山、昆山阵地守备外，应先以有力一部于十日拂晓向孙家以左之老虎尾（又名状元山）攻击而占领之，尔后即与四三二团协力进攻东流山、孙家及东流庵之匪军。

四三二团第一营即推进至茂林、东山附近，主力应集结羊山策应各方面之战斗。

四三一团欠第一营将防务交替后，即推进至雷塘、冬青树东北地区，右接昆山之四三零团第一营亘李村、大坑一线，严密守备。

新七师第二旅第三团除严密守备溪口亘章家渡至湾滩沿岸河防外，以一个营推进至湾滩、法相寺、丁家之线扼守，该团河防重点应保持于萧家村、法相寺附近。

四、第一线各部战斗地境：

四三二团 四三零团	潘村→西风关→孙家→之连线，线上属四三二团。
四三零团 四三一团	杨村→李村→溪里风→四节水→相连之线，线上属四三零团。

五、攻击各部队动作务须协同，所有炮火均集中使用于攻击方面，于十日四时前攻击准备完毕，视奎山头红色信号弹（二发）即开始攻击。

六、卫生队及弹药交付所仍在茂林。

七、四时余在奎山头指挥。

右令：各团长及四三二团第一营及新七师第三团。

下达法——先以电话告以命令要旨，随即笔记传送。

三时五十分，师长到达奎山头，于五时即令各部开始攻击。我四三二团第二营由营长率领步兵两连、机枪一排由金官凹迂击屯仓徐；第三营副营长率步兵四排、机枪一排、迫击炮一排向高垣徐攻击。四三零团第一营长率步兵两连、机枪一排、迫击炮一排向老虎尾攻击。当时匪我枪炮齐发，山谷震荡，于十时三十分四三二团第一营即将屯仓徐占领，四三二团第三营亦于十一时将高坦徐占领，伤毙匪军百余，俘匪三十七名，残匪向东流山逃去。我四三零团第一营进攻老虎尾，遭敌顽强抵抗，反复冲击，形同拉锯，激战至五小时之久。我四三二团张团长乃令第二营即越东流山向东流山北麓鞍部攻击；第三营孙村及老虎尾攻击，企图一举围歼该匪。四三〇团即向当面之匪猛攻，反复冲杀，战斗甚烈。我四三二团之第二营一度将东流山通鹿角山之鞍部占领，旋以入暮且遭敌之夹击，仍转移于景照公之线。四三〇团因当面匪之要冲，入暮后与匪战斗尤烈，先后俘匪二十五名、枪十三枝，伤毙匪军约三百余人。是日匪经我痛击，且我军占领高坦徐以后，包围圈即渐缩小，匪军全部即被本师封锁于东流山、鹿角山地区。同（十）日四三一团于三时三十分先后将河防交由新七师二旅三团接替，该团长即率第一营于十时许到雷塘、冬青树部防，防匪向西北窜。

十一日，一时至八时，匪六七百人迭次向我溪边山、昆山、溪里风四三零团第二营攻击，均被该营击退，先后俘匪五十三名，重机枪一挺，步枪二十余枝。

十五时奉副总司令刘真午争英电：饬派兵一团进攻求岭，当即遵照以电话令四三一团由溪里风、鹿角山向求岭攻击。该团先以第一营由溪里风攻击，因山势险峻，超越不易，该团长不失时机，即命在左翼之第三营由大坑经五二师地境向求岭攻击，激战至四小时之久，攻至该山山腹，俘匪八十三人，排长一员，马四匹，轻机枪二挺，步枪五十四枝，伤毙匪百余人以上。

十二时许，我四三二团先后将高坦、景照、公西、风吴一线防务分别交由四十师及七九师接替。该团即集结风村附近为总预备队，炮兵第一团第六连亦已到茂林附近，各部弹药亦补充完竣。当时师长以当面之匪已陷入我之重围，若不迅予歼灭，必有万一之失，且东流山面当茂林地形上甚利于匪，乃决心先将东流山之匪消灭后再进攻鹿角山南麓之匪军，即令本日拂晓到达之山炮兵在东山占领阵地，并集中四三零团迫击炮在飞叶山附近，限本日完成射击准备，以备明(十二)日拂晓之攻击。

十五时十分，据新七师二旅第三团王代团长电话报告：四顾山发现匪军千余，师长当令该团长立即派队清剿，并令将现在法相寺、丁家之一营撤返北岸，遗防交与四三一团派队接替，并严令该团对溪口、章家渡、湾滩、丁家渡之河防特别注意，严密防守。

一月十二日，一时许奉副总司令刘电话命令(即真申凌争电令要旨)：〈一〉该师除以茂林至羊山各阵地交由七九师接替外，应由羊山(不含)亘昂山至溪里风之线构筑坚工重重层配备，严防匪军由西北窜逃，其主力应控置于适当地区。〈二〉该师与七九师战斗地境为溪口、杨村、羊山至沈村之线，线上属七九师。等因。师长当即决心停止本(十二)日对东流山之攻击，除以炮火支援友军之攻击外，即令各部加强现阵守备，并令四三二团在风村附近部署第二线阵地带。同时，又奉副总司令刘电话：以四三零团飞叶岭、溪边山部队交由七九师指挥，除以电话通报七九师外，并即以文稿电令各团长立即到，各团长奉、副总司令刘真申凌争电令要旨：〈一〉该匪军主力集结于东流山北鹿角山南地区内，似有向西北突窜模样。〈二〉一四四师除以茂林至羊山各阵地交由七九师接替外，应由羊山(不含)亘昂山至溪里风之线构筑坚工层层配备防匪逃窜，其主力应控置于适当地点。等因。师为适当前情况，防堵匪军逃窜计：〈一〉四三零团之刘营着拨归李团长志千指挥，四三一团朱营仍归张团长昌德指挥；〈二〉四三一团应占领羊山(不含)亘昂山至溪里风之线，构筑坚工，层层配备，严防匪军突围，该团应将攻求岭之部队撤回阵地，即交五二师接替；〈三〉四三二团为预备队，应构筑金门、临风村、冬青村、雷塘、花林乡附近高地据点工事；〈四〉四三一团与段师之作战地境为溪口、杨村、羊山至沈村之线，线上属段师；〈五〉四三零团即归七九师段师长指挥。该团战斗经过仍报备查；〈六〉匪军被困我最小包围圈内，各部队应采积极行动，严密协同，聚歼残匪，并防匪突围。以上各项，除分令外，仰遵照办理具报为要。

七时三十分据新七师第二旅孟旅长电话报告：奉副总司令命令，刻率第四团(欠第一营)已到达章家渡，师长当即令注意河防并肃清四顾山残匪。

八时三十分奉副总司令刘由无线电转来上官总司令命令：五十二师第一五四团即受该师指挥，师长当即由电话令四三一团团长转令该团长务将李村、大坑一带坚工固守，与四三一团确实联系，防匪溃窜。

本(十二)日我炮兵援助友军之攻击，于十七时即将东流山攻克，于十七时遵照副总司令刘电话(即元未争亥电要旨)，即将山炮兵第一团第六连拨归七九师指挥。

本夜二十三时许，匪约千余，分三路袭击：一路由溪里风凹地向我昰山以左进攻；一路向五二师一五四团所守李村，大坑进攻；一路由溪里风、李村向我四三一团第一营进攻。匪多持手枪及手榴弹，亡命向我冲击，战斗至为猛烈。当时师长为防匪万一突围起见，当在电话商同七九师段师长派兵一团移驻羊山为我第三阵地带，匪我激战至十三日三时已有匪两股冲至我第二阵地带，当即陷入我阵地预设之包围圈内伏势火力之下，于六时许该匪卒被我击退。是役计四三零团第二营俘匪一百三十四人，四三二团第三营俘匪一百四十九人，四三一团两营共俘匪二百八十三人，综计俘匪男女官兵共计五百六十六人，伤毙匪二百余人，夺获轻重机枪拾余挺，步枪百余枝。我亦伤亡官兵二百余。

一月十四日，六时三十分匪约千人，又由鹿角山经溪里风向我四三一团阵地猛扑，我阵地守兵乘战胜之余精神，异常兴奋，当予痛击。此时我四三一团李团长志千趁匪顿挫之际，即派队由左逆袭，当将该匪击溃，复俘匪官兵二百八十八人。

综计自十二日二十三时至十三日入暮时止，我共俘匪男女官兵八百三十八名，获步枪一百三十余枝，轻重机枪拾余挺及零星物品一百余件，被我伤毙之匪约五百余人。

一月十四日，当面匪军自昨(十三)日经本师痛击之后，匪气沮丧，战志消沉，复经我友军之攻击，已溃不成军，师除令各部守备原阵外，并饬各清扫当面残匪，本日复先后俘匪二百余人，伤毙二百余人，夺获步枪一百九十余枝。同日，我当留太平守护副总司令部之第四三〇团第三营之第七连在中山柴棚发现散匪十余人，当即开枪射，击毙匪五名，夺获轻机枪一挺，步枪一枝，命令二件等。我无伤亡。

一月十五日，十一时三十分奉副总司令刘电话命令：匪主力已被我歼灭，叶挺投诚，项英生死不明，所有溃逃之匪散伏于章家渡河流以南地区，该师除以大部仍守原阵及清获项英外，并以一部肃清湾滩、花林乡、冬青树沿无名河至溪口外，线内散匪限十七日肃清。等因。师长当决心以四三零团及四三一团仍守原阵并清获项英外，四三二团立即前往章家渡河流以南之弧线内肃清残匪。随即下达命令如次：

第一四四师命令　三十年一月十五日十二时
于杨山桥指挥所

一、匪主力已被我歼灭，叶挺投诚，项英生死不明，所有溃逃之匪散伏于章家渡河流以南地区。

二、师除以大部仍守原阵地及清获项英匪首外，并以一部限十七日前肃清湾滩、花林乡、冬青树沿无名河至溪口弧线内之散匪。

三、四三零团及四三二团除固守原阵外，应派队清扫各该地区内散匪，并清获项英。

四三二团立即出发担任清扫湾滩、花林乡、冬青树、风村、杨山桥沿无名河至溪口、焦石埠、章家渡间地区散匪并清获项英。

四、各部统限于本(一)月十七日前肃清具报。

右令：各团长。

下达法——先以电话援以命令要旨，随即笔记传送。

各部当即当照办理，截至十七日至，我第四三零团俘匪第三支队长张正坤夫妇以下共十一名，第四三一团俘匪兵共十五名，四三二团俘匪官兵五十一名，总共俘匪官兵七十七员名。

一月十八日，十五时许奉副总司令刘电话命令（即巧未争凌电令要旨）：(一)泾南、繁铜一带有小股匪出没。(二)该师担任由章家渡沿溪口、苏口、水东、翟村之线以北章家渡、汀潭、牌楼铺、梅山村之线(不含)以西梅山村、戴家汇、何家湾之线(不含)以南地区内搜剿散匪，并搜掘匪军埋藏物资，并立即派兵先往章家渡接替新七师第二旅所任河防。等因。师长当即电话四三一团派第二营、立即前往章家渡接替河防。

一月十九日，八时命四三二团第一营押解俘虏赴三溪交四十师。

九时令各团前往搜剿散匪。

第一四四师命令三十年一月十九日十时三十分

于杨山桥指挥所

一、泾南、繁铜地区仍有小股散匪出没。

集团军为肃清散匪，搜掘匪军埋藏物资，特分区派队清扫。

二、师奉命担任章家渡沿溪口、苏口、水东以北章家渡、汀潭、牌楼铺、梅山村之线以西梅山村、戴家汇、河家湾之线以南地区搜剿散匪。

三、四三零团(前拨附指挥之四三一团第二营即归还建制)担任汀潭、左坑、三里店、牌楼铺、山口村、梅山村、戴家汇、六里丁、何家湾、青坑、黄柏岭、坎上王、十三店间地区搜剿散匪。

四三一团除以一营担任河防外，其余担任汀潭、十三店、坎上王、黄柏岭、厚岸、盛村、水东沿河流北岸至章家渡地区搜剿散匪，并对章家渡至水东应严密警戒，勿使南岸散匪北窜。

五、各团各友军作战地境如左：

五二师	汀潭→左坑→三里店→牌楼铺→山口村→梅山村之线、线上属五二师。
四三零团	梅山村→戴家汇→六里丁→何家湾之线，线上属新七师二旅。
新七师二旅	

四三零团	汀潭→十三里→坎上王→黄柏岭之线，线上属四三一团
四三一团	

六、四三二团位置于云岭附近，为机动部队，并任云岭附近清扫之责。

七、野战医院仍驻茂林，受二十五军王院长指挥，收容匪军伤病官兵。

八、卫生队随指挥所进驻云岭。

九、各团奉命后，立即向指定地区移动，开始清扫时，须协同地方保甲确定清查后，编训民众，务尽诸般手段达成任务，严禁藉此扰民，违者枪决。

十、师指挥所于明(二十)日七时移驻云岭。

右令：各团长、医院及卫生队。

下达法——先由电话授以命令要旨，随即笔记传送。

各团当即遵照办理，于本日四时前各团渡河完毕，宿营章家渡附近地区。师指挥所因云岭电话尚未架设完备，仍留杨山桥。

一月二十日，师指挥所移驻云岭。

十一时参谋长在杨山桥奉副总司令电话命令：(一)三条冲发现匪军六七百人。该师即以一团兵力前往接替新七师第二旅所任梅山村、戴家汇、六里丁、何家湾一线阵地。该旅即以全力进剿该匪，并以一团推进至烟墩铺。随即下达命令如次：

第一四四师命令　三十年一月二十日十四时
于云岭罗里村指挥所

一、残匪六七百人集结三条冲附近，我新七师第二旅立即前往清剿。

二、四三零团即（二十）日进至梅山村、戴家汇、六里丁、何家湾之线扼守，并与右翼五二师、左翼新七师及进剿三条冲匪军之新七师第二旅确实联系。

三、四三二团即（二十）日进驻烟墩铺，以一部清剿公路沿线附近残匪，大部集结待命。

右令：第四三零团、第四三二团。

下达法——军官乘马传达。

各团即于当夜到达指定位置，着手清剿。

一月二十一日，十五时奉副总司令刘电话命令：敌在长兴方面有所动作，五二师及七九师均有新任务，该师即派兵一团接任五二师所任清弋江亘南陵至梅山村一线防务，并令派兵一营接替七九师茂林防务，并守获麻岭坑匪军修械所。等因。当即令四三二团立即前往南陵接守五二师防务，四三一团副团长率兵一营前往茂林接任七九师防务，各部当即遵照办理，于二十二日十二时前各处防务均接替完毕。

剿匪战斗至此终结。

第五、战斗终结

一、各时期战斗经过。如附图第一第二第三〔图略〕

二、人马死伤如附表第一。〔表略〕

三、械弹损耗如表第二。〔表略〕

四、卤获如附表第三。〔表略〕

第六、战斗后所见

一、匪之弱点：

1.决心不坚定。(匪即由茂林东窜，一经阻击，又折而向西，结果被围于山谷被我歼灭。)(与其退而灭亡，不若乘其初出之势，粮弹俱较充裕之时，集中兵力，击破一点之为得策。)

2.计划不周密，对国军战斗力估计过低。(匪军在章家渡即分两纵队前进，并先以一部(2B)为其右侧支队占领铜山村、椎山岭、麻岭驻止掩获、茂林主力即分由榧岭、求岭越过大山、合力将山口四十师第一二零团击破后，向三溪前进，殊右阻于七九师，左阻于五二师，而集中力量击破山口之计划逐告失败，更欲折向本师当面图逃，终遭击溃。)

3.非战斗员随军者太多，行动迟滞。(匪无武装之非战斗人员约占三分之一，行李不但增多，给养亦所不资，不合于流窜条件'且不应在茂林停留两日，以候我军之展开。)

二、我之优劣：

1.能活用地形，达成堵匪任务。(四三一团奉命派兵一营扼守湾滩、法相寺、丁家等地堵截大坑方面之匪北窜，该团断然命陈营推进占领茂林乡至大坑间各要点，故九日十八时匪四百余由大坑突窜当被该营迎头痛击、伤毙二十余，俘虏十余人，其余仍即退回，嗣后大坑之匪连日向西北突围，均被该营击退，未逃漏一人。此我能活用地形，达成任务者也。)

2.对友军之协同良好。(十二日我七九师派兵由高坦徐攻击，东流山孙家匪之据点，适本师奉命固守飞叶岭、溪边山、昆山、溪里风之线，乃自动集中山炮及四三零团四三二团迫击炮火力向匪阵地猛射，以援助我友军之进攻，卒于是日十四时许将孙村据点占领，将匪主力封锁于东流山、鹿角山间之洼地内。

3.我官兵均能仰体上官意旨，不分畛域，勇敢沉着，忍苦耐劳，达成歼匪任务。(自十二日我各部逐渐缩小包围圈，将匪主力封锁于东流山、鹿角山间，匪企图向西北突窜，本师直当其冲，匪昼夜不断向我昆山、溪里风、李村等处突击，均经我各部以有匪无我之决心，不分畛域，相互应援，将匪击退，尤以十二日夜为最，是夜匪集结一千二百余人多携手枪，沿溪里风洼地向我猛扑，经我各部沉着应战奋勇堵击，激战至拂晓，伤毙匪二百余，俘虏五百余，退回者仅四百余人，匪气更加沮丧，战志消沉，卒被我悉数歼灭。

4.我之劣点：通信不敏捷。（因上级通信管区未随战况推进，致使师通信愈前进则愈困难。）

右呈

军事委员会委员长蒋

附图三幅、表三份〔均略〕

陆军第一四四师师长唐明昭

剿匪左翼军左翼队长

〔国民政府军令部战史会档案〕

7．蒋介石关于歼灭皖南新四军并撤销新四军番号通令

（1941年1月30日）

行政院训令　　勇贰字1574号

三十年一月卅日

令社会部

准军事委员会筱令一元一二字第四九〇八号代电开：“据第三战区司令长官顾祝同删亥电称：国民革命军新编第四军违抗命令，不遵调遣，蓄意扰乱战局，破坏抗日阵线，阴谋不轨，已非一日，本月初自泾县潜向南移，竟于四日胆敢明白进攻我前方抗日军队阵地，危害民族，为敌作伥，丧心病狂，莫此为甚。我前方被袭各部队，对此不测之叛变，若不忍痛反击，不仅前线各军之将士无以自卫，而且整个抗战之国策亦必被其破坏无余。瞻念前途，痛愤无已。职为应付危急，伸张纲纪，不得不为紧急处置。关于该

军叛变全部阴谋，业于昨日将拿获该军参谋处长之供词电陈钧察。兹已将该新编第四军全部解散编遣完毕。该军军长叶挺于当日就地擒获，该军副军长项英潜逃未获，正在饬部严缉归案。所有处理新四军叛变经过，理合先行呈报，敬候钧核示遵。等语。据此。该新编第四军抗命叛变，逆迹昭彰，若不严行惩治，何以完成国民革命军抗战之使命，着将国民革命军新编第四军番号即予撤销，该军军长叶挺着即革职交军法审判依法惩治，副军长项英着即通令各军严缉归案，藉申军纪、而利抗战。”等由。准此。除分令外，合行令仰知照，并转饬所属一体知照。

此令。　　　　　　　　　　　院长　蒋中正

〔国民党社会部档案〕

8. 陆军第七十九师段霖茂部在皖南茂林一带围攻新四军作战详报

（1941年1月）

（一）战斗前彼我形势之概要

盘距泾县以西云岭一带之匪军，于本月五日约六七千分三纵队由湾滩、章家渡等处渡清弋江南窜，迄六日其先头窜至求岭、榧岭、高岭、麻岭及樵山岭各附近地区。

本师于本（一）月二日到达太平后，即奉令集结于城效附近，准备机动并对北及西北严密警戒。

（二）影响所及于战斗之天候气象及战斗地之状态

甲、战地之状态：太平东北地区均系绵亘山岳地带，道路崎岖，章家渡西南之清弋江支流因天雨山洪爆发，架桥不易，部队行动至感困难，而影响于战斗之指挥甚大。

乙、天候气象之交感

月　　日	天候	气象	月　　龄	温度	备　　注
一月七日	阴	微明	望前五日	寒	
一月八日	晴(夜雨)	昏暗	望前四日	寒	
一月九日	阴	明	望前三日	寒	
一月十日	晴	明	望前二日	寒	
一月十一日	晴	明	望前一日	微寒	
一月十二日	晴	明	望	微寒	
一月十三日	晴	明	望后一日	微暖	
一月十四日	晴	明	望后二日	微暖	
一月十五日	晴	明	望后三日	微暖	

(三)彼我兵力交战敌兵之部队番号及主官姓名

甲、当交战之初期,本师当面之匪为新四军特务团刘别生部教导总队周子昆部、第三团黄火星部、第五团徐田柱部，不下四千余人，及至东流山附近战斗时为匪军主力，但经发现之番号为第三团黄火星部、第五团徐田柱部。

乙、本师参加剿匪部队为第二三五团、第二三六团(七日攻击开始时为左翼军总预备队归副总司令刘直接指挥，七日夜七时归还本师建制)、第二三七团及师直属部队(欠骑兵连)并副总部配属战车防御炮第十六连及第一四四师第四三二团(欠一营)，但均于七月九日先后归还建制,至十二日又以山炮第六连归本师指挥,于十五日归还副总部直辖。

(四)各时期战斗经过与有关联之邻接部队之动作

甲、源岭高岭附近战斗(七日至十一日)

一月六日午后十一时，奉副总司令刘要旨,命令本师(欠第二三六团)指挥第一四四师四三二团(欠第一营)附战车防御炮第十六连为剿匪左翼军中央队，展开于岭头、新岭、小河口、水东、翟村之线，重点保持于右，向张家山、鸡爪山、麻岭坑攻击而占领之。依次，即令二三七团附迫击炮一连为右翼队，于七日八时以前展开于樵山岭、岭头、新岭之线，向张家山、鸡爪山攻击而占领之。便衣队在屠刀山归第二三七团文团长指挥，任该团右翼之掩护，第四三二团(欠第一营附工兵一排)为左翼队，于七日七时以前展开于小河口、金家窝、杨家、水东、翟村之线佯攻当面之敌，两翼队之攻击开始时期为七日午前十时。第二三五团为预备队，位置于抬坑口附近，尔后随战斗之进展，向浮溪口附近推进，至七日八时二十分两翼队均已就攻击准备位置，此时师长率直属部队及第二三五团到达抬坑口附近，得知如左情况。

本(七)日六时许茂林村之匪约六七百向东南窜扰，刻与我第四十师之一团在榧岭附近激战中。

八时三十分，着彭副师长率领所有人员及第二三五团向浮溪口前进，九时三十分到达，迄十二时第二三七团到达奎坑东西高地之线，一部向铜山村搜索前进。同时据报铜山、茂林均无匪踪。并得副总部电话：由榧岭东窜之匪千余，刻与我四十师之一团于山口附近激战中。此时师长将所得情况综合判断后，即令第二三七团以一部向鸡爪山、茂林村附近搜索前进，并于午后一时向副总司令刘具申意见如下：拟以本师主力向东压迫榧岭方面匪军侧背而歼灭之。午后二时奉令：以第二三五团(欠第二营)经和尚岭至黄华岭，附在陈村之第二三六团第三营归第四十师方师长指挥，同时据第二三七团团长文礼电话报告：该团已占领麻岭，高山坪、毛粟山之线。

午后六时三十分师长进至浮溪口，奉副总司令刘电话：命令第七十九师第二三六团着即归还该师建制，并指挥一四四师第四三二团之两营即以一部接替第四十师牛栏岭，七十二罐、鸦鹊山之线阵地，以有力一部驱逐沥岭、源岭附近匪军。与两翼友军确取连络，向屯仓徐压迫。该师应置重点于右翼，并以一部控置于左翼，防止匪军西窜。当即令第二三五团接替第四十师一一九团阵地，第二三六团之两营控置于陈村附近，第二三七团进出于高岭、狮子山之线，第四三二团即由小河口经铜山村于明(八)日四时前展开于金官凸、屯仓徐以北高地之线，向南压迫，期将匪军包围于屯仓徐附近地面而歼灭之。师部及直属部队于八时即向黄华岭附近前进，准备明(八)日拂晓之攻击。

八日午前一时师长到达黄华岭，接第二三五团团长王永树报称：该团(欠第二营)并第二三六团之第三营已接替第四十师一一九团金龙岗、叶家殿、七十二罐以南高地迄鸦鹊山之线阵地。二时三十分即以第二三五团（欠第二营附迫击炮一连第二三六团第二营)为右翼队，第二三六团(欠第一二营附第二三五团第二营)为中央队，第二三七团(附迫击炮一连无线电一班)为左翼队，各于本(八)日五时三分以前在金龙岗、叶家殿、大礼村以北高地鸦鹊山内浮溪以北及麻岭以东高地之线完成攻击准备，一举攻略栏岭、七十二罐、高岭之线匪阵地，包围匪军于屯仓徐附近各地而歼灭之。第四三二团(欠第一营附工兵一排)为左侧支队，于本(八)日四时前展开于金官凸、高坦徐之线，向东南攻击，协同左翼队压迫匪军背后。第二三六团第一营为预备队，位置于大礼村附近。为指挥便利起见，着彭副师长率所要人员于午前五时赴大礼村设指挥所。至午前八时我右翼队先后攻击占牛栏岭、沥岭、源岭及七十二罐东北端高地，残匪五六百向西北溃退，迄午后二时经我左翼队在水岭、吴家、杨家之线予以堵击，伤毙颇众。我右翼队中央队复于八时藉轻重火力掩护仰攻七十二罐西北高地，而盘踞该高地附近之匪约千余，顽强固守最高点，因地险峻复杂，进展不易，迄午后四时顷始行攻占，残匪向北溃窜。我第四三二团于本(八)日八时到达铜山村，午后一时进至南容附近，与匪千余遭遇，激战至午夜仍在对峙中。我第四十师午后二时占领榧栏附近。

九日三时我右、中、左翼开始向源岭西南西北高地及狮子山、椅子堂之匪攻击。八时左右我右翼第二三七团占领椅子堂，午后二时占领狮子堂，计毙匪百余，残匪向东北逃窜，除以一部任扫荡外，并以一营兵力推进至南客附近策应一四四师四三二团之战斗，并占领毛栗山、麒麟山之线，防匪西窜。我右翼队中央队第二三五团及第二三六团午后二时亦将沥岭、源岭西南西北无名高地之匪完全肃清。午后五时十分奉总司令上官电话：（一）匪主力正向东流山、鹿角山向西运动，有由茂林村西南地区突围企图。（二）我四十师之一团于高坦徐附近，第一四四师之五个营左茂林村。（三）该师第二三七团着于午后八时以前占领茂林村以南沿小河西岸之对东阵地，阻匪西窜。另由该师彭副师长率兵一团向铜山村以北地区急进，到达后应保持机动，阻匪西窜，限午后十二时前到达。依上之命令，即以第二三七团于午后八时以第二三七团占领景河公、沿小河至茂林村对东阵地。该团第一营守备南容、麒麟山、毛栗山阵地、第二三二团守备沥岭、源岭、七十二罐、高岭三线阵地，防匪南窜。彭副师长于午后七时由大礼村率领第二三五团及直属部队三部经黄华岭、麻岭至十二时三十分始全部到达铜山村以北地区。此时我第二三七团第一营奉令接替四三二团麒麟山南容之防务后，于午后十二时进抵南容附近，即与南窜之匪千余接触，该营因夜暗地形之不利，即占领金官凸东南地之线匪特众来犯，经该营迎击匪攻势顿挫，至十日三时经我第二三七团主力二三五团之一部于麒麟山南北之线向其攻击，激战至十一时，匪不支，向东越浮河岭溃散，匪之南窜企图被我打破，是役毙匪二百余，俘匪二十余名，步枪十余支，其他军用品甚多。

十一时奉副总司令刘电话命令：即令第二三六团完成礼方（不含）沥岭——沥岭西北高地——狮子山含之封锁线；第二三五团完成狮子山——椅子堂——杨家——王家——金官凸——麒麟山北麓之封锁线；第二三七团控置于康营附近保持机动。（本师遵部署命令如附件第一）。

午后十一时奉副总司令刘灰未争凌电文，即部署如附件第二。

一月十一日六时顷，师长为便于指挥计，即率所要人员赴高山坪设指挥所。彭副师长于康营指挥所。至七时五十分我二三五团已攻占俘盖山西端高地。而浮盖山东北山地有潜伏残匪五六百名，师长令该团继续彻底肃清。午后二时以第二三六团第三营推进狮子山、椅子堂之线，并向东北搜索。并令第二三六团派一加强连占领屯仓徐南二里之高地，严密警戒。此时本师封锁线内之匪已完全肃清矣。

午后六时遵副总司令刘电话：以第二三六团一部守备沥岭、高岭附近之线；第二三五团占领高坦徐（不含）——左家——景照公——西风吴（不含）之线；第二三七团接替西风吴（含）、茂林——羊山之线防务，防匪西南溃窜。

乙、孙村附近战斗（十二日）

一月十二日八时，师长由高山坪到达康营附近。此时副师长率所要人员及直属队之一部赴奎山头设指挥所。作如下之部署：（一）以二三七团第一营任西风关——茂林东侧沿河之扼守；二三两营展开于飞叶岭，先夺占孙村西北高地后，以一部对北警戒，主力向东南席卷。（二）二三五团第二营由高坦徐西侧协同二三七团夹击孙村附近之匪。（三）令四三零团在飞叶岭溪边山之部队当本师开始攻击时暂取防御，以免混乱。至零时三十分，各依计划开始攻击前进，于飞叶岭东侧地区即与匪发生激战，迄午后二时三十分因为步炮火之协调，二三五团第二营逐占领孙村西南高地。是时，我右翼进展过速，而高坦徐之友军未能协同推进，故右侧颇有顾虑，即令二三五团第一营派兵一连进出高坦徐北端森林地，掩护第二营之右侧安全。二三七团方面，因受孙村西北高地匪之侧防瞰制之攻击，未能如期进展，至午后三时二十分奉副总司令刘电话：炮一团山炮第六连归本师指挥，即令已在东山进入阵地之山炮第六连及迫击炮集中火力指向该侧防阵地，至四时即被我完全破坏，二三七团逐占领孙村西北高地，匪伤毙甚众，狼狈向北溃窜。该团以一部肃清即占地区内之残匪，主力附二三五团第二营向北压迫，激战至六时．因天色昏暗，为避免与友军混乱计，暂与匪保持接触，是役我俘获匪官兵五八员名，轻机枪一挺，步枪二十七支，其他军用品甚多。至六时三十分，战况转沉寂。查孙村及其东北高地为匪左翼重要据点，自经克服，已扼匪之咽喉，匪因之全部动摇，当时判断，匪必突围，曾向唐师长贡献加强该师左翼兵力，防匪西向突围。并经转报总司令上官、副总司令刘，迄夜十二时，鹿角山西南地区枪炮声激烈，旋得唐师长电话，匪有向一四四师溪里风附近突围之企图，副师长即令第一线部队与匪确保接触，严防匪之突围，并集结一团兵力于茂林北端，归一四四师唐师长指挥，以策应该师之作战。

丙、茂林附近之清剿（十三日至十六日）

十三日五时三十分奉副总司令刘电话命令：（一）残匪一部突围，向西北逃窜，双家洲——孙村——高坦徐——左家（含）之线防务着由四十师负责。（二）七九师即占领茂林村——杨山桥——乌亀周——溪口沿河之线，阻匪西窜。（三）溪口西北有我新七师扼守，至六时我二三五团二三七团先后到达茂林附近，依右之指定位置占领阵地，是时我一四四师仍在冬青树以东激战中，迄七时遵令由副师长率领以二三五团主力清扫茂林经杨村道；一部清扫风村经冬青树、花岭乡至余村道；二三七团主力于九时清扫风村至青紫庵南五生的无名村道各两侧地区之残匪，一部仍在孙村西北高地协同友军压迫匪军。至下午二时二三五团搜至章村东北地区，发现章家渡河南之无名村残匪百余，当以一部向之围剿。截至午后六时，即俘卤一部，大部经我歼灭。二三七团于六时搜至大路徐附近，俘溃匪一部。至午后八时，奉命以二三五团开回风村二三七团冬青树附近策应友军之作战。至九时，奉副总司令电话要旨命令：正面之匪不多，着段师、彭副师长所率之五个营仍在章家渡南岸地区清剿残匪。但此时部队遵前令出发已一小时，至十二时各到达冬青树风村附近。是役计俘匪官兵九八员名，重机枪一挺，步枪七十余支，马五匹。我伤亡甚少。迄午夜冬青树以东地区战况复转沈寂。

匪军经我连日围击，伤亡甚重。其主力于十二日未经我消灭于东流山、鹿角山附近地区，少数化装散窜。本师于十四日六时遵令以肃清残匪之目的，二三五团于风村附近，随时准备策应友军之清剿；二三六团于左家(不含)经茂林、羊山、杨家至溪口构成封锁线，主力控置于茂林附近，防匪西窜；二三七团清剿章家渡、花林乡以西地区潜伏残匪。至十五日九时二十五分遵令，以二三五团清剿溪口(不含)苏口、麻岭坑、铜坑口、金竹山、吕村中间地区；二三六团清剿茂林(含)溪口、十里边山最高顶点以东金竹山、吕村(不含)、康营、景照公中间地区,迄十六日午后,我二三五团于麻岭坑附近搜获轻重机枪十余挺，步枪七百余支，步枪管五百余枝，修械机器五部，俘虏十余名。

(五)战斗之成绩并决胜负之景况

本师自七日奉命担任剿匪左翼军中央队以来，协同友军形成包围态势，逐步压迫东南窜之匪，经七昼夜之战斗，官兵不顾疲劳，奋勇围剿。面该匪士气沮丧，毫无斗志，迄十四日主力被我歼灭，余少数化装流散潜伏，亦经我派队清剿搜获,全战役卤获。

(六)战斗后彼我之阵地及行动

匪军经我歼灭后，其少数化装潜伏于茂林附近地区，我除以二三七团控置于茂林附近外，第二三五团、第二三六团分任茂林村西南地区散匪之清剿。

(七)可为参考之所见

(1) 此次剿匪团以下部队及友军间之连络尚欠确实，因之战斗动作难期协同。

(2) 部队无一定之战斗正面与任务，而调遣无定颇，受无谓之疲劳，影响战斗颇大。

（3）使用部队过于分割建制，致指挥不易灵活。

（4）通信为军之脉络，影响于作战之胜负至巨。此次剿匪战役，因本过去作战之经验，通信设施极为重视，本师本器材之缺乏而先后完成黄华岭、麻岭、铜山村、茂林干线路。因此情况偶一变化及友军之行动，能即时上达于高级司令部及友军间，指挥之能适时适切，匪之能迅速消灭者，实通信灵活之功效。

附件第一

作命甲第四号

第七十九师命令　一月十日十四时
于黄华岭师司令部

一、当面匪军经我各军连日围剿伤亡甚大，企图化整为零，分途逃窜之模样。

二、师奉总司令上官灰巳电令集团军期于最短期内彻底肃清残匪之目的，特划分各师封锁线及扫荡区如另纸要图。该师应于本（十）日完成礼方（不含）经狮子山——王家——金家凸——麒麟山北麓之封锁线，尔后逐次推进，将敌捕捉而歼灭之。

三、第二三六团应即完成礼方（不含）——沥岭——沥岭西北高地——狮子山（含）之封锁线。

四、第二三五团应即完成狮子山——椅子堂——杨家——王家——金官凸——麒麟山北麓之封锁线。

五、第二三七团控置于康营西南约三里之高地附近，保持机动，策应各方面之战斗。

六、各团于完成上列封锁线后，应逐次推进，缩小封锁区域，严密防匪漏窜，并与邻接部队密切联系。

七、余在黄华岭，战斗指挥所在吕村。

右令

（附封锁线划分要图一份）

师　长　段霖茂

副师长　彭战存
参谋长　胡碧华

封锁线划分要图　（一月十日）

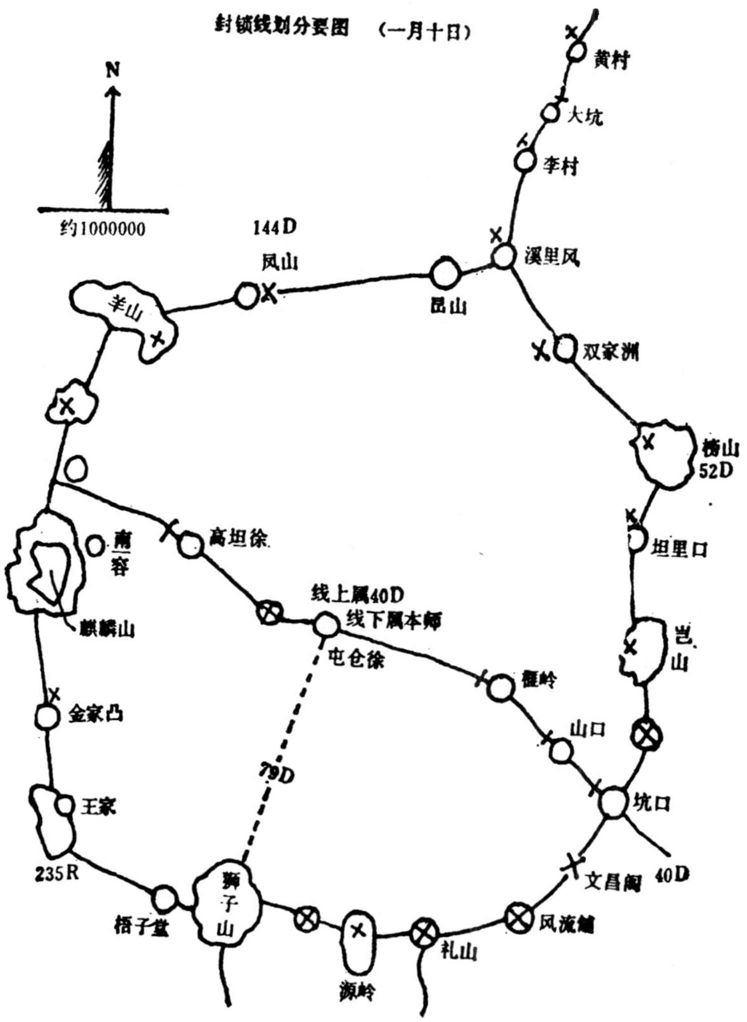

附件第二

作命甲第五号

第七十九师命令　一月十日午后十一时
　　　　　　　　于黄华岭师司令部

一、匪军连日以来经我围击伤亡过半，现分头逃窜于我包围圈内。

我第四十师明(十一)日以主力清扫双家洲至溪里风以南及溪里风无名村、飞叶岭至高坦徐之线以东，即东流山周围地区之残匪。

军之企图，如另纸第一电令。

二、师以肃清残匪之目的，于明(十一)日以一部占领现在各要点，以主力扫荡山口至高坦徐之线以及高坦徐、南容、麒麟山、高山坪以东地区之残匪。

三、第二三六团（欠第二营附迫击炮二门附第二三五团第三营)应于明(十一)日五时以一部固守礼方(不含)沥岭、源岭及其西北无名高地、狮子山各据点，以主力扫荡山口，屯仓徐以南及屯仓徐至狮子山以东地区残匪。清扫完毕，即在屯仓徐以东南及西南高地构筑坚固据点工事，协力友军歼灭残匪。

四、第二三五团(欠第一营附迫击炮二门第二三六团第一营)应于明(十一)日五时以一部固守狮子山(不含)、椅子堂、杨家、高山坪、王家、金家凸、麒麟山、南容各据点，以主力扫荡屯仓徐至高坦徐之线以南及高坦徐、南容、麒麟山、高坦坪以东地区残匪。清扫完毕，即在浮山及其以东(约三生的处)高地构筑坚固据点工事，协力友军歼灭残匪，并控营兵力于金家凸附近。

五、两团均限明(十一日)黄昏以前完成任务具报。守备据点部队须候令始得撤收。

六、第二三七团位置于康营西南高地附近，保持机动，以能随时策应各方之战斗。

七、各团明(十一)日扫荡时连络规定如另纸第二。

八、余在黄华岭师部，战斗指挥所任铜山村附近。

右令

师　长　段霖茂

副师长　彭战存

参谋长　胡碧华

作命甲第五号另纸第一

限一小时到。段师长：异密。奉总司令上官午秘电开：关于本日分区清剿计划，业已口授，命限开始实施刻补给电令如下：(一)残匪伤亡过半，三日未食，自昨(九)晚起战志全失，匪首无法掌握，已分头窜逃星散，于我包围圈内。(二)左翼军：甲、方师应占领礼方、文昌阁、山口、里方坑、坦里口、榧岭、山仓后、高坦、后飞峰岭各要点，非有命令不得撤退，并以主力清扫双家洲至溪里风以南及溪里风无名村，飞叶岭至高坦徐之线以东，即东流山周围地区之残匪。乙、段师应占领礼方(不含)、沥岭、源岭及其西北无名高地、狮子山、椅子堂、杨家、金家凸、麒麟山、南容各要点，高山坪亦特须占领，各据点非有命令不得撤退，并以主力清扫山口至高坦徐之线以南及高坦徐、南容、麒麟山、高山坪以东地区内之残匪，限本(十)日黄昏前清扫完毕。丙、唐师应占领康营、景照公、东山、茂林、羊山、风村无名山、王村至(山加日头)山各要点，非有命令，不得撤退，并以一部清扫飞叶岭至(山加日头)山之线以西及高坦徐至景照公之线以北地区之残匪。另以大部清剿颓林至(山加日头)山，溪里风之线以北，即溪里风、李村、大坑至黄村之线以西地区内之残匪，限本(十)日黄昏前清剿完毕。(二)右翼军刘师及我师李团周围应占领榜山、洪家老屋、董家山、双家洲及鹿角山南端无名高地、溪里风、李村、大坑、黄村至湾滩之线(以上各点，非有命令，不得撤退)，该线以东以北地区内之残匪。并以一部由鹿角山向南协助方师清扫东流山以北高地之残匪(叶挺、项英高级人员均在高处)，限本(十)日黄昏前清扫完毕。以上各项，务须严令所部努力遵照施行，随时具报至要。等因。仰即遵照办理具报。惟唐师应斟酌当情况，遵照工令，妥为布署。刘雨卿。灰未争凌。印。

作命甲第五号另纸第二

十一日扫荡部队连络规定：

甲　号音　二长三短。

乙　烽火　占领俘盖山时放烟火二处。

丙　手旗　(可用白手巾制之)左右摆动三次，立即放下。

〔国民政府军令部战史会档案〕

9. 陆军第五十二师刘秉哲部在皖南围攻新四军战斗详报

(1941年1月)

甲、战斗前彼我之态势

一、敌情

匪军原奉令进驻皖南担任繁昌至铜陵间之对敌守备与指挥其所属任敌后游击，在与本师防地毗连，战前为其驻皖兵力约八千余，其部队单位及番号如左：

(一)第三支队(长谭震林)，下辖第五六两团、第三团亦归其指挥，驻孙村镇、八房村、桂村桥、沙土角(支队部)、戴家会、童村街、三里店一带。

(二)独立支队(长傅秋涛)下辖新一团、老一团、驻大小岭、汀潭、土塘(支队部)、金村一带。

(三)军部及直属部队、教导团、特务团、附第五团之第三营，驻云岭附近。

该匪军驻皖南时间约三年余，藉抗战之名义而行其阴谋，如颠覆友军、擅行收缴民枪、毒化民众、非法征集壮丁，尽各种手段扩充实力，并派遣大批间谍刺探友军情况，而为背逆党国，出卖民族之准备。

迨至二十九年十二月，军令限其于是月底驻皖兵力全部移至苏北，开往华北作战，岂期该匪军不但不遵限北移，忽于本(卅)年元月五日夜向友军四十师防地袭击，我为制裁其背逆行为及整饬抗战军纪计，故令予以实力处置——其经过如后：

匪军在皖时兵力部署如附图第一。(图略)

二、我军状况

(一)我右翼一零八师在宣城、双桥、敬亭山、青弋江一带，对敌防御。

(二)我左翼一四四师在河家湾、毛山、大小岭及戴家会、六里丁间地区，对敌防御。

(三)我四十师集结于三溪附近整训。

(四)本师原任南陵正面防务及西河黄墓渡、平沟铺、麻桥等据点之守备，对敌于一月六日奉命南调剿匪。

乙、战斗经过

一、师奉命向巧峰镇附近开进

一月六日十五时奉军长张电话命令，要旨如左："着该师即进出巧峰镇以西地区，于明(七)日拂晓合围茂林方面匪军。"师奉令后即以电话命令各团行动如左：

一、第一五六团即由现驻地出发，经琴溪桥到达石山铺后向黄村、大坑方向搜索前进。

二、第一五五团由现驻地出发，经晏公堂到达巧峰镇后向茂林方向搜索前进。

三、第一五四团除留一营俟交防后行动外，其主力即由驻地经徐家坡向泾县以南集结。

十八时，师指挥所及直属队亦向晏公堂方向推进，于廿四时奉军长张鱼亥润电："奉总司令上官鱼申也电开：极机密。命令：一、支晚由湾滩、章家渡南窜之匪军主力因天雨仍滞留于茂林、铜山徐一带山地中。本（六）日上午其警戒部队与我方师搜索部队在茂林东南十余华里及铜山徐附近接触中。二、集团军以迅速围歼该匪之目的，繁南及宣城方面暂取守势，即以主力于明（七）日拂晓开始围剿茂林、铜山徐一带之匪军。三、第二游击区应严阵守备，迅即扫清该防区内之匪军及其兵站设施与秘密工作人员。四、右翼军应以有力部队担任宣城至南陵间原阵地，主力展开茂林、后山、湾滩、李村、溪里风、东流山之线，与左翼军切实连系，于明（七）日拂晓向茂林方面匪军攻击。五、右翼军（并指挥七九师）任进剿之主力，以一团（新七师）扫清弋江以西匪区内残匪，进出于南陵、戴家会、何家湾，乘机而占领之。以主力与右翼军连系，展开于屯沧徐（茂林东南六公里）、杨甯、麻岭、小山、丁家、阴潭、小河口之线，于明（七）日拂晓向茂林、铜山徐方面匪军攻击，并以一部守备章家渡及沿无名河对茂林方面警戒，以防匪窜回老巢，该军应置重点于右。六、两翼军作战地境为小葛村（三溪镇东北十二公里）、坦里口、东流山、茂林、湾滩、后山、曹家湾、许牛头山、南陵县城峨桥之线，线上属右。七、六二师控置于东岸附近待命。上七项，除分电外，仰即遵照具报。等因。军部署如下：一、戎师以有力部队仍任原阵地守备，并酌派一部即接替刘师清弋江、南陵防务。二、刘师展开于后山、湾滩、李庄、溪里风、东流山之线，与左翼军切取连系，于明（七）日拂晓向茂林方面匪军攻击。该师左方作战地境同本军与左翼军。上两项仰各妥慎部署，遵限实施为要。"

师奉上项电令后，饬各团仍向任务地前进。

七月一时卅分，一五五团第三营刘营长电话报告："职营已达巧峰镇，并派出部队向西南警戒"。

五时五十分，一五四团张团长报告："职团刻已达徐家板，并有一营通过徐家板正前进中。"接上项报告，即予以电话指示如下："该团继续前进，到达泾县城后，即对西南派出警戒。"

六时二十分，接一五六团电话报告："职团第三营已到达石山铺，一、二两营正前进中，师以各团均已到达开始搜索前进之地带，遂于七时分别对一五五及一五六团以电话指示如左：一、着一五六团派兵一营向大坑方向行威力搜索，并准备向黄村西南地区攻击与一五五团派出之一营取连系。二、着一五五团派兵一营向大坑方向行威力搜索，并与一五六团派出之一营切取连系，协同向茂林搜索前进。

十三时得情报："四十师在山口与匪军接触。该匪已窜过皮岭，另一股窜至文昌阁，似有东窜模样。"此时，师判断敌情如下："匪主力如向茂林攻击，恐有由空隙东窜之可能。"故仍以策应四十师作战为宜。当以电话请示军长张，于十四时十分奉军长张电，命令如左："着该师即行向巧峰镇推进，与四十师协同攻击，阻匪东窜。"师奉上项电话后，即作如下之处置。十四时十分予各部队命令如下：

命令　元月七日十四时十分
　　　于晏公堂指挥所

一、匪军主力于本(七)日辰在皮岭发现，刻与我四十师部队在山口、文昌阁附近战斗，似有东窜企图。

二、师奉命策应四十师作战，阻敌东窜而围剿之。

三、着一五五团即以兵力一营占领坡脚山及其以南之无名山，掩护师主力之向南进出及防匪东窜。该团主力集结乌溪待命。

四、第一五六团即以兵力一营经东坑向黄村攻击后，即向黄村通大坑中间之两侧无名山高地攻击，确实占领，并派出便探向大坑搜索。如大坑无敌踪，即出皮岭扫荡残敌而尾追之。该团主力即进出榔桥河，占领榔桥河以北山地，确实□□交通并派一部向马渡桥威力搜索，以为尔后攻击之准备。

五、第一五四团即向晏公堂集结待命，为师总预备队。

六、余仍在晏公堂指挥所。

二、梛河桥之占领及小白花之争夺

七日十六时，一五五团段副团长电话报告："职团已到达乌溪并派出一营至坡脚岭任掩护"。十七时二十分，一五四团二、三两营亦先后到达晏公堂，当时指示该团至石山铺向西南方向警戒。

十七时卅分发一五六团第三营命令如左：

命令　元月七日十七时卅分
　　　于晏公堂师指挥所

一、自本(七)日六时起，匪军主力与我四十师在皮岭、文昌阁、沥岭一带战斗激烈，企图向东流窜。

章家渡、茂林村均已被我友军占领。

二、榜山似有匪军，一五五团已向榜山以北高地推进。一五六团已向梛河桥推进。

三、着该营迅向大坑前进，如无匪踪，经求岭向榜山以北地区搜索前进，设无匪踪，即向梛桥河归还建制。

同时以电话对一五五团如下之指示："据报榜山发现小股匪军，该团即以一部占领坡脚山南侧无名高地，任左翼之掩护。"

一五四团留南陵交防之第一营，到本晚可达赤滩渡河。

十八时令补充团邓团长转告该营：本晚可驻赤滩附近，明(八)日九时前到达巧峰镇。

十八时卅分，对一五五团之电话指示如下："该团除加意守备坡脚山及其以南无名高地外，并派兵力一连向榜山搜索，其主力向洪家老屋集结，断绝该处交通，免匪东窜，并令该团第一营可归还建制。

十八时卅五分，奉军长张虞申树电话命令如左："奉总司令上官虞未电开：一、榧岭、山口一带匪军千余，与我一二〇团激战中。二、刘师在巧峰铺之一五六团应向槲桥河前进，与方师协力歼灭该匪。石山铺之一五四团迅速进出湾滩、查村之线，向茂林方向匪军断然攻击。一五五团推进至巧峰附近策应。上两项，仰即遵照具报。等因。特电照照。”

师奉上项电令后，因一五六团已向槲桥河推进中，一五五团已进至巧峰镇，即将两日来师各部队行动以运虞亥海电复呈军长张(如后)：十九时奉军长虞酉参电如下：“奉总司令上官电令：先敌占领槲桥河，从重尝；将敌驱逐者，尝洋五千元；如不能恢复及失守者，师团营长均从重治罪。特电遵照。”

槲桥河此时为匪我两方必争之据点，匪如占领槲桥河，可掩护其主力东窜，更无法收拾；我如先敌占领，则匪走头无路，诚歼匪致胜之主因。故师奉命后饬一五六团不顾疲劳迅速赶往，卒得先敌而占领之。于十九时卅分接一五六团周团长电话报告如下：“职于十八时卅分占领槲桥河，敌主力似在三溪以西地区，马渡桥有我四十师之一连占领。”当予以下之指示：“一、槲桥河奉令固守，须占领以东高地。二、该团令第一营到弋村，第二营在槲桥河，并派出侦察榜山敌情，以为尔后处置之依据。”十九时因以西情况尚不明瞭，即令一五四团推进乌溪附近，对西警戒。予以命令如左：

命令　元月七日十九时五十分于晏公堂师指挥所

着该团即向乌溪集结，以一部占领叫天山，向西警戒。

二十四时，对一五六团电话指示如下：“一、该团第一营除加紧守备弋村外，并派兵力一排向榜山搜索。二、派兵力一连前往马渡桥接四十师之防务。”

同时与一五五团电话指示如下：“着该团第三营即向宗保园搜索前进，若该处无匪踪，即转向坦里口，向四十师取连络。”

二十四时将日来各部队行动以虞亥海电呈报军长张，原文如下："虞申树电奉悉。密。谨将本师各部队行动情形呈报如次：一、鱼未奉军长张电话要旨命令：着即进出巧峰以西地区，于明（七）日拂晓合围茂林方面匪军。本师即遵照指示，未末饬一五六团由驻地出发，经琴溪桥指定到达石山铺后，向黄村、大坑方向搜索前进。一五五团由现驻地出发，经晏公堂指定到达巧峰镇后，向茂林方向搜索前进。虞日拂晓，一五六团一、二两营集结石山铺附近，其第三营经东坑向黄村前进中。一五五团斯时亦到达巧峰镇。一五四团主力（二、三营）由南陵正向泾县运动中，午刻到达泾县附近，准备向茂林方向攻击。未刻复奉电话：命令策应山口、文昌阁附近四十师之作战，阻止匪军东窜。未末令一五五团推进乌溪，以兵力一营占领坡脚山及其以南无名高地，对敌警戒，至亥刻尚在运动中。二、师指挥所及直属部队鱼戌自陶冶出发，本（七）日辰到达晏公堂，于亥刻推进至巧峰镇。等情。余续报。谨闻。"

奉军长张忠虞亥电报命令："奉总司令上官手启虞酉电开：一、敌情如贵官所知。二、应严令五二师、四十师及七九师（右翼方面军）各向当面之敌断然攻击，并将各路口予以严密封锁，免敌乘夜漏窜。三、七九师及一四四师之主力应不避疲劳，乘夜断然攻击麻岭、山口至榜山一带高地敌之背后，以收夹击之效，歼敌之机即在今夜至明拂晓数小时内。各师长、团长应不避一切督率所部猛攻。均均等因。该师迅速占领巧峰铺、椰桥河、马渡桥之线，死力拒止东进之敌，相机转取攻势，以收夹击之效，仰将详细部署具报。"

一五五团奉命后向宗保园前进，于八日拂晓前到达小白花镇。于八日三时电话报告军长张如下："一、周团于七日申刻占领椰桥河。二、一五五团于本日拂晓前到达小白花镇。三、一五五团及一五六团派出之各一营约于本日上午可归还建制。"

此时各团兵力部署如附图。（略）

三、榜山童家山之战斗

据报榜山发现匪军，当于八日四时四十分令一五五团派兵力一连攻击。予以电话指示如下："榜山刻发现匪军，该团即派兵力一连由北向榜山之匪攻击。"

一五五团当派第八连攻击，与匪遭遇于洪家老屋前之小高地，激战甚烈。同时左翼亦发现匪军向第七连攻击，是时战斗益烈，我第八连排长曾志才亦壮烈牺牲。

同时一五六团第一连之一班于拂晓向弋村之匪攻击，激战两小时，因匪据守工事顽强抵抗，未果，旋以迫击炮二门向匪猛击，匪不支退去，我步兵乘机强袭，毙匪二十余名，余向榜山逃窜。此时予一五六团之指示："该团第一连经王家村继续向坦里口搜索前进。"

八时廿分发一五五团戴营长及一五六团熊营长命令如左：

命令　元月八日八时廿分于巧峰镇指挥所

一、敌二千余刻盘据董家山、门档坑、宗保园、榜山一带，我一五五团刘营、一五六团李营均分别攻占洪家老屋、弋村、五甲桥之线，刻仍继续攻击中。

二、着该营即取捷径向乌溪归还建制。

十时接一五五团电话报告："匪军千余由榜山东犯，刻向我刘□□□前进，□□□□接该团电话："匪军将近三节水，职团兵力不敷分配。"

师接上两项电话后，即以一五四团第二营策应该团作战，予以电话命令如下："着该营即占领三节水地区，策应一五五团作战，与小白花镇一五五团部队切取连络"。

师因一五五团战况紧急，故将指挥所推进至坡脚岭指挥，并令炮兵四连之一排进入阵地。

十三时四十分一五五团张团长电话报告："王家村之第一连向坦里口攻击，该处业无匪踪，现仍向东北之无名高地搜索。"当予以如下之指示："已令三节水以南小高地之第九连归还建制。二、炮兵现准备射击，令第一线部队注意观察弹着点。"

派往大坑方向搜索之一五五团第一营，因该处已无匪踪，于十二时返回，当令集合于乌溪待命。现该团情况紧急，令其向小白花镇归还建制。十五时四十分电话指示如下："着该营即向小白花镇归还该团建制途中与第九连连络，令其速归还建制。"并以电话指示一五四团第二营："该营即占领三节水以南高地第二峰，掩护一五五团第一营通过。"

十六时四十分予一五五团电话："该团戴营已由乌溪向小白花镇归还建制，希派部迎接。"

据一五四团第三营报告："敌人向小白花方向前进，现第一、二两峰均有敌人。"接上项报告后，即电话指示一五六团如下："敌在一五五团右翼有东窜模样。二、该团第二营返回后即集结兵力，准备向北攻击，策应一五五团之作战。"

十八时五十分一五五团电话报告："职团第一营已到达小白花镇。"

匪军刻在榜山，企图东窜，师为歼灭该匪，决令一五五团、一五六团、一五四团各一部夹击该匪，即分别予以电话指示如下："一、一五五团暂取守势，防匪东窜，并相机协同一五六团会攻榜山。二、一五六团主力由现地向北攻击，务于拂晓前歼灭榜山之匪，与一五五团切取连系。三、一五四团攻击小白花西北之匪，与一五五团切取连系。"

各团于二十二时开始攻击，经两小时之激战，于拂晓前分别将匪军击溃。九日三时廿分予一五五团电话指示如下："占领之各攻击目标，务构筑工事，防匪反攻。占领弋村以东平顶山之部队与一五六团确取连络。"

总合以上各情况，于八日以运乔申海电呈报军长张原文如下："一、匪军（第三支队并特务团、教导队各一部）约二千余名盘据宗保园、门档坑、董家山、榜山一带，似有东窜企图。二、本日拂晓前我一五五团挺进小白花镇附近，并以三营八连向榜山搜索，卯刻与匪数百遭遇于榜山山麓，匪伤亡甚重。比时一五六团第一营进至五甲桥，该营一连之一排即向弋村之匪攻击，战约二小时，因顽匪据守工事抵抗，未果，旋我以迫炮工门向其猛击，匪不支后退，我步兵乘机向匪强袭，毙匪二十余，余向榜山逃窜，此俘获匪二名，步枪五枝。该连复经王家村继向坦里口搜索前进。辰刻榜山匪军数百东窜小白花镇被我一五五团阻击，战斗迄午，仍在对峙中。午未师令一五四团第二营进出三节水附近策应一五五团作战。比时师指挥所推至坡脚岭。我炮四连亦进至坡脚岭附近占领阵地，未刻向榜山匪射击。斯时搜索大坑一五五团之第一营，因该处已无匪踪，返回乌溪。三、一五六团一营一连午刻到达坦里口、当门、榜山西南无名高地之匪猛击，遂占领该处，曾俘获匪一名，获步枪一枝。四、一五四团第一营虞日将南陵清弋江防交与六四四团接替后，于本日拂晓到达赤滩，入暮抵乌溪。五、本日战斗我伤亡廿余，匪百余。我弹药消耗山炮弹四六发，余步机枪、手榴弹待査后报。谨闻。”

一五六团第一营于八日四时派兵一排攻击榜山，于山腰与敌遭遇，激战两小时，我以迫炮射击掩获，毙敌十余，俘匪二名。

九日三时卅分奉军长张佳子电："奉司令长官顾庚未秘电开：一、匪军经我围剿，穷蹙彷徨，消灭在即，期于最短期内彻底肃清，希即督励所部努力进剿，严密包围于现地区，限电到十二小时内一鼓而聚歼之。等因。二、集团军决于明（九）日拂晓再行全线总攻击，务于明（九）日正午以前将敌包围于现地区内而聚歼之。三、左右翼军所属各师应自行斟酌情形，除以必要之部队留守要隘，包围残匪及与敌对峙之原阵地及主要山峰外，'务本长官顾所示要旨，努力抽出攻击部队，或主力，或以一部应于明（九）日拂晓四时前准备完毕。四、因匪军意在夺取逃窜，其主力随时变更方向，试行突破，故各部出击目标须按拂晓前临时以电话指定之，以变临时变更之企图，务希各贵官竭尽诸般手段，克服困难，努力实施为盼。等因。特电遵照为要。”等因。

于榜山被我击溃之匪军一部，利用夜暗大雨北窜，猛冲我一五四团王营(第三营阵地)，经我予以痛击，敌不支，向坡脚山以南无名高地及永流峰溃窜，当俘获匪兵五十余名，轻机枪一挺，步枪数十枝。

奉军长张齐戌润电报命令如下：“我师之六四四团着以一营向石山铺，两营向巧峰镇推进，其驻丁王殿之邵营着即进至溪头都，务均星夜赶往。以上各部连同原驻溪都头之骑兵连统归刘师长指挥。”等因。

师以一五四团与匪在坡脚岭以南对峙，即电话六四四团令派兵一营速至乌溪待命。

我一五六团协同一五五团经两次冲击后，占领弋村北侧高地。同时一五六团第一营官副营长率第一连奋勇队三十余名夜袭榜山，至五时卅分将榜山占领，歼匪甚众，我副营长官良亦不幸中弹阵亡。

据报匪军主力似在董家山及榜山北麓，于九日八时廿分向右移动有向西北逃窜模样，师遵总司令电示，决予攻击歼灭该敌。予各团指示如下：“一五四团(欠王营李营附戴营)向南攻击无名高地。二、一五五团(欠戴营归一五四团指挥)、一五六团(欠殷营)并急向西攻击，进出双家洲河岸。三、一五六团殷营挺进无名高地西侧河岸，邀击西窜之匪。四、一五四团第一营为预备队。”

各团奉令后开始攻击，于巳刻匪军全线总崩溃，师为彻底该匪之目的，决予追击。

九时四十分予一五六团电话命令如下：“匪军有向西北逃窜模样，榜山可停止攻击，向该方监视，即沿一五五团右翼追击匪军。”

九时四十五分予一五五团指示：“一、匪军向西北逃窜，一五六团已沿该团右翼向西追□【击】，□□□即开始追击逃窜之匪。”

九时五十分予一五四团电话："一、榜山匪有向西北逃窜模样。二、已饬一五五团、一五六团向该匪追击。三、着该团第二营即向大坑方向包剿逃匪。”

将以上匪军逃窜方向及追击部署情形于十时电话报告军长张。

为顾虑敌向北逃窜，于十时发六四四团作命参天字第053号命令如左：

命令　元月九日十时于乌溪师指挥所

一、榜山附近之匪军已被我全部击溃，现向榜山西北宗保园、承留峰、鹿角山方向北窜。

二、我一五五团及一五六团刻已分别由榜山东北西南溃窜之匪追击中。一五四团七连位置于叫天山。

三、着该团即取捷径进占大坑及其以西高地后，向求岭、承留峰推进，阻敌北窜，对于东侧河流，务必确实封锁。

一五六团第三营于十时到达乌溪，即饬该营沿榔桥河以西之乡村道向南搜索。进至三叉河时即停止，对西及西南警戒。

十一时十五分对一五四团电话指示："一、一五六团第二营现至三叉河，归该团长指挥。二、戴营及李营（第一营）均令向承留峰之溃匪攻击。”

各团奉命追击后于十五时许先后接到电话报告如下："一、一五五团于十四时追抵双家洲北约三华里之河边，斯时匪后冲正在渡河，经我痛击，遗弃军用品甚多，死伤枕籍，残匪渡河逃窜，我亦过河追剿。二、一五六团在榜山东南之中间山溃匪向茂林方向窜去，第一营全力向该匪尾追中。”

斯时匪我之态势如附图第〈四〉。

据报后予以下之指示："一、一五五团双家洲之部队即停止追击，向西向北警戒。二、一五六团团长率一、二两营由董家山沿无名高地向西北迂回包围无名山之残匪而歼灭之。三、一五四团第二营由无名山东麓向残匪攻击，一五六团三营令在承留峰地区潜伏邀击。"并予一五六团第三营作命参天字第254号命令如左：

命令　九日十五时于坡脚岭指挥所

一、无名山刻已发现匪军，似有向西及南模样。

二、着该营即出乌溪西南之三叉河，择要占领阵地，阻止匪军北窜，并另派兵力一连沿西支流东岸向西南宗保园方向进出，邀击西窜残匪，并随时具报。

三、余现在坡脚岭指挥所。

榜山已无匪踪，匪盘于无名山，师决于明(十)日拂晓攻击无名山之匪，于十六时卅分电话报告军长张如下："我一五五团已追至双家洲。二、匪现盘据于无名山，师拟以三团兵力于明(十)日拂晓攻击该匪。"

十六时卅分予一五五团电话："一、双家洲之追击部队可撤回河东岸监视。二、准备明(十)日拂晓攻击无名山之匪。"

十七时接六四四团报告："一、本团遵令以兵力占领叫天山北方高地，一部进出河对岸之山地，一俟立脚稳定后，即向求岭推进。二、团部署如下：以两营为第一线，一营为预备队，各部队均于下午四时部署完毕。"

十八时发六四八团作命参天字055号命令如左：

命令　元月九日十八时于乌溪指挥所

奉军长电令："着该团除骑兵连仍留现地外，余均取捷径向潘村营集结待命，到达时搭设电话与师部连络。"

廿时奉军长电话谕："着贵师长率兵两团前往黄村向南攻击。"等因。

师因当前各山匪军尚未彻底歼灭，即电话请示军长如下："职师当前各山之匪尚未彻底歼灭，拟先将残匪歼灭后再议。"当奉军长允准，复于廿时奉军长电谕："着该师一五四团张团长率兵一团即开黄村、湾滩间"。

师奉上项电令后，即发一五四团、六四四团及补充团命令如左：

命令　元月九日廿三时五十分于乌溪师指挥所

一、盘据宗保园、榜山附近之匪经我日来之攻击，刻已溃不成军，狼狈万状，刻一部已被我围歼，其残余一部已西窜，有向北逃窜模样。

二、我一四四师刻已有一营在湾滩布防。

三、着一五四团周团长则居率兵一营于明（十）日拂晓前向黄村集结，归□□□□□□长指挥。

四、补充团着派兵力两连于明（十）日拂晓前集结黄村，归一五四团周副团长指挥。

五、六四四团并指挥一五四团周副团长所部，担任湾滩至黄村、大坑之防务，防匪北窜。

总合以上各战果，于九日廿四时以运佳亥海电呈报军部。原文如左：

"一、当面匪军连日遭我痛击，穷蹙彷徨，伤亡奇重。佳晨经我总攻全线崩溃，一部渡河向西窜，一部退据无名山（榜山北）高地，乃令各团分途围攻，以聚歼之。二、齐酉一五四团第二营占领三节水以南高地，将东窜之敌击退，乃令一五五团（欠戴营）左翼采取守势，阻匪东窜。右翼即协同一五六团夹击弋村以北之匪，奏效后，再由右翼协同一五四团夹击小白花西北之匪，经两小时激战，于拂晓前先后将匪击溃，毙匪甚夥。该匪即利用夜暗大雨北窜，猛冲坡脚山之一五四团王营阵地，经我痛击后，匪不支，向坡脚山以南无名高地溃窜。当时俘获匪五十余名，马一匹，轻机枪一挺，步枪数十枝。我一五六团（欠段营）协同一五五团经两次冲击始攻占弋村北侧高地，同时该团第一营官副营长率第一连奋勇队卅余名夜袭榜山。斯时一五五团第二营之两连协力进剿，一五五团第三营主力亦向董家山附近攻击，拂晓榜山高峰被我奋勇队占领，歼敌甚众，获匪十余，步枪五枝，骡马各二匹，话机一座，残匪即西北乱窜。我官副营长亦不幸中弹阵亡。辰刻师令一五四团(欠王营李营附戴营)南攻无名山高地。一五五团(欠戴营)、一五六团(欠殷营)并向西攻击，进出双家洲河岸。一五六团殷营挺进无名高地西侧河岸，邀击西窜之匪。巳刻全线崩溃。未刻一五五团、一五六团进出于双家洲河岸，适匪西渡，遭我痛击，匪死伤枕籍。三、申未我一五四团藉炮兵掩护占领无名山高峰，残匪乃退至山西麓，仍在顽抗。四、师决歼灭无名山西麓残匪，乃令各团尽量缩小包围圈，并令一五四团李营加强河西部队，准备明(灰)拂晓包围而聚歼之。至本日我伤亡官兵卅余名，毙匪近千，消耗弹药待查明后报。谨闻。"

九日廿四时奉军长张忠佳亥树电："奉总司令上官佳亥利电开：甲、被我围剿之匪军连日经我痛击，伤亡惨重，已全失战志，现困于鹿角山、东流山、羊山、花林乡、湾滩中间地区，状至狼狈。乙、集团军以迅速歼灭该匪之目的，决于明(十)日拂晓继续猛攻，务求敌之主力而歼灭之。丙、右翼军以主力由湾滩(不含)、黄村方面以有力之一部由双家洲分向当面之匪猛攻。丁、左翼军以一部任茂林村沿无名河流到溪口、章家汲、湾滩之线，向当面之匪猛攻。戊、两翼军攻击前进时，应严密连系，协同动作，并以小部占领要点，以防匪军之漏窜为要。等因。仰即妥密部署，确实遵照具报为要。"

复奉军长张忠灰辰参代电补发命令如下："奉总司令上官佳亥利电开：甲、当面残匪经我围歼，现因据鹿角山、东流山、羊山、花林乡间地区，已成努末。乙、两翼军本(九)日夜应严密封锁，部署业已以电话分别予以指示外，兹补要旨如下：一、右翼军应严密封锁湾滩、黄村沿无名河流榜山至坦里口(不含)，防匪逃窜。二、左翼军应严密封锁坦里口迄茂林、湾滩间，现阵地尤须注意茂林沿无名河、溪口、章家渡至湾滩之守备。三、各部队应不断派小部队至封锁线前方广为搜索，予匪以扰袭，对战斗地境附近尤须密切连系，注意戒备为要。等因。特电遵照。"

十日拂晓，一五六团第二营继续向无名山西北攻击，激战约一小时半，匪不支，向北逃窜。同时该匪猛冲三叉河一五六团殷营阵地，战斗益形激烈，十时卅分接殷营长电报告如下："由无名山窜下之匪向我扰袭，现在激战中。"

师接上项报告，即令一五四团张团长率兵一连前往三叉河指挥，并视察战况，结果毙匪甚多，残匪向西北逃窜。同时一五五团第二营在双家洲以北无名河东岸向西北搜索，俘匪甚多，余向求岭方向鼠窜。于十二时接该团电话报告如下："职团将匪军少将参谋处长赵凌波在榜山北麓俘获。"当以电话转报军部。

十日八时发六四四团李团长命令如左：

命令　元月十日八时于乌溪指挥所

一、连日与我作战之匪于九日被我击溃，伤亡惨重，大部西窜，退据董家山以北无名高地，经我昨夜攻击，该高地之最高峰被我占领，残匪均退至高地西麓顽抗，现正聚歼中。

二、着该团沿鹿角山、求岭、承留峰向南进出，沿河清剿，与我沿河部队设法连络。

三、着周副团长所部仍留置湾滩、黄村间担任守备。

四、大坑、求岭、鹿角山之围剿。

十日十二时奉军长张电话命令如下："命令：奉总司令上官灰午电开：关于本（十）日分区清剿计划，业已口授命令，开始实施，特补给电令如下：一、残匪伤亡过半，三日未食，自昨（九）日晚起，战志全失，匪首无掌握，已分头逃窜，星散于我包围圈内。二、左翼军：甲、方师应占领礼坊、文昌阁、山口裡、方坑、坦里口、榧岭、屯仓徐、高坦徐、飞叶岭各要点，（非有命令不得撤退）并以主力清扫双家洲、溪里风以南及溪里风无名村、飞叶岭至高坦徐之线以东，即东流山周围地区内之线残匪。乙、段师应占领礼坊(不含)、沥岭、源岭及其西北高地狮子山、椅子堂、杨家金、□凸、麒麟山，东南要点高山坪亦特须占领，各据点（非有命令不得撤退）并以主力清扫三口至高坦徐之线以南及高坦、南容、麒麟山、高山坪以东地区内之残匪，限本(十)日黄昏前扫清完毕。丙、唐师应占领康营、景照公、东山、茂林、羊山、抚村、无名山、王村、后昆山各要点(非有命令不得撤退)并以一部清扫飞叶岭至昆山之线以西及高坦徐至景照公之线以北地区之残匪。另以大部清扫茂村至昆山、溪里风之线以北及溪里风、李村、大坑至黄村之线以北地区与续攻残匪，限本(十）日黄昏前清扫完毕。二、右翼军刘师及我师李团、周团应占领榜山、洪家老屋、董家山、双家洲及鹿角山南端无名高地、溪里风、李村、大坑、黄村至湾滩之线(以上各要点非有命令不得撤退)，肃清该线以东以北地区内之残匪，并以一部由鹿角山向南协助方师清扫东流山以北高地之残匪(叶挺、项英高级人员均在该处)，限本日黄昏清扫完毕。四、以上各项务希严令所部努力遵照实施，随时具报至要。等因。特电遵照。"

师奉上项电令后，即遵照指示，准备于明(十一)日拂晓围剿，以期歼匪。于十二时卅分发各团参天字第257号命令如左：

命令　十日十二时卅分于乌溪指挥所

一、西窜之匪已溃不成军，似退居求岭、鹿角山一带地区，其军部似在鹿角山西南地区。

二、师决彻底肃清该匪。

三、着六四四团即展开于大坑(不含)、求岭、承留峰迄三叉河流(不含)之线西南，向求岭、鹿角山搜索，可进出于溪里风、宗保园之线。

四、第一五四团全部移转黄村，向南推进(第一营归还建制)，展开于大坑(含)、李村、溪里风之线东南，对鹿角山搜剿，进出于溪里风、宗保园之线。

五、第一五六团(殷营归还建制)一部位置于董家山、榜山，主力展开于三叉河迄宗保园之线(重点保持在右)西北，向鹿角山搜剿，会合友军进出于溪里风、宗保园之线。

六、各搜剿部队左右务设法互取连系、确实策应，进展情形随时具报。

七、第一五五团除以一营仍在无名山附近往剿残匪，余向坡脚山、小白花集结，为师预备队。

八、补充团拨归一五四团周副团长之两连归还建制，仍留一部担任永济桥之警戒。

九、余现在乌溪师指挥部。

十五时五十分与四十师电话连络，将本师情况告知如下："无名山西麓被我搜剿后已无匪迹，残匪向西窜去。二、本师已决以三个团兵力于明(十一)日拂晓三面搜剿鹿角山、承留峰地区之残匪。"

十六时给一五六团电话："殷营现在三叉河附近，希派人连络，令其归还该团建制，并准备明拂晓开始搜剿鹿角山之残匪。"

六四四团抵达鹿角山、求岭之线后于廿时接该团报告如下："本团于本(十)日十四时已推进至鹿角山、求岭之线，团部驻□□矣。"

综合以上各战果，于廿时以运灰西海电呈报军部，原文如左："由榜山北窜匪军(独立支队)被我压迫于无名山以西地区，经我整日包围搜剿伤亡惨重，斩获甚众，余股似向求岭、鹿角山一带逃窜。一、本(十)日拂晓一五六团阵营继向无名山西北攻击，约一小时半，匪不支北窜。同时该匪猛冲三叉河殷营阵地，战斗骤烈，师令一五四团张团率兵一连赴三叉河指挥，毙匪甚夥，残匪向西逃窜。卯时一五五团第二营在双家洲以北无名河东岸搜剿，余匪向求岭方向鼠窜，当即俘获匪军参谋处长赵凌波，匪兵约百余，步枪十余支。二、午刻奉分区搜剿电话命令后，师遵照指示，准备明(十一)日拂晓围剿窜求岭、鹿角山一带残匪。变更部署如下：甲、六四四团推进至大坑、求岭、承留峰迄三叉河之线，向西南搜剿。乙、一五四团全部转移黄村，向南推进于大坑、王村、溪里风之线，对东南搜剿。丙、一五六团一部位置董家山、榜山，主力推至三叉河迄宗保园之线，向西北搜剿。丁、一五五团除以一营仍在无名山附近清剿残匪，余集结坡脚山、小白花为预备队。三、本日我伤亡士兵数名，毙匪三、四百，消耗弹药待查明后报。谨闻。"

二十时发一五四团、一五六团及六四四团命令如左：

命令　元月十日二十时于乌溪指挥所

一、各部队于明(十一)日拂晓开始攻击，午刻达成任务。

二、东流山以北有匪军首领及高级人员，一五四团及一五六团搜剿进指定位置后，各派一部向东流山以北搜索，务必一网打尽，俟会合友军四十师后撤回原阵地待命。

三、六四四团之粮弹补给，希派员向巧峰镇请领。

各团奉令后，即开始行动，于拂晓后先后接到报告如左：

一、六时卅分一五四团真丑电如下："职团于十日七时由乌溪出发向黄村前进，十一日三时到达，拟七时向鹿角山攻击。谨闻。"

二、九时卅分一五六团电话报告："职团第三营已达树坑附近。"

三、九时到六四四团真巳电话如下："本团本(十一)日在承留峰以西地区与匪交战竟日，将匪分别击溃，毙匪四十余名并获匪上校参谋曹汝霖，官兵二五员名，步枪八支，手榴弹四七枚，步弹五百余粒，除步弹存团，俘获另文呈报外，谨先电闻。"

师得以上各项报告后，即分别予各团指示如左：

一、九时卅分发一五四团运真巳钦电："求岭方面匪军与我六四四团激战中。二、着转知六四四团迅速向南压迫。”

二、九时四十分电话指示一五六团：“着该团团部及第一营推进至双家洲东南桥附近。”

三、九时五十分予一五五团指示：“着该团第三营即推进董家山附近地区，并派兵一连占领乌溪西南桥梁，以一部队沿河西向西北搜索，与向西之一五六团连络。”

以上各战况及对各团之处置于九时五十分电话报告军长：“一、求岭方面匪军与我六四四团激战中。二、一五五团及一五六团均于本日拂晓到达指定地点。三、六四八团石山铺之营已令向黄村进出。”

辰时一五六团向北搜剿，该团第三营之一部在无名河北岸与匪激战，当令驻小白花之一五五团第三营推进至董家山附近，准备殷营攻击奏效后，由该方面扩张战果。

十日十一时卅分奉军长张真巳润电报命令：“奉总司令上官真辰利电开命令：甲、残匪在我包围圈内弹尽粮绝，我以三倍以上之兵力历五日之围剿，迄未肃清，实我各级将领之耻。乙、右翼军应令刘师长即进驻黄村，严督所部遵照本部蒸正午电令所示，限本(十一)日黄昏前肃清区内残匪，擒捕叶项袁等各要匪，如至期未达成任务，团长以上官长严予议处，仰即确实遵照具报。等因。仰即督励所部务于本（十一）日黄昏前努力达成任务具报为要。”

师奉上项电令后，以求岭之匪尚未肃清，如指挥所推进至黄村，则此方面指挥不便，为使尔后围剿容易起见，拟令朱副师长率六四八团之一营至黄村设指挥所，指挥一五四团及六四四团。师指挥所仍设乌溪。以期彻底肃清求岭之残匪，于十一时四十分电话请示军长张：“真巳润电奉悉。职拟令朱副师长率六四八团至黄村设指挥所，现求岭尚在激战，倘职移动，不便指挥。”

上项得军长允准后，于十一时四十分电话指示朱副师长：

"一、着贵官即进至黄村指挥，六四八团应以一营在黄村，一营在东坑，一营在石山铺。二、后方师部由补充团邓团长负责指挥。"

一五四团第一、三两营于拂晓开始攻击，于十二时二十分接该团真午电如下："运真巳钦电二项转六四四团李团长遵照外，本团李、王二营巳时抵鹿角山，现正交战中，据俘虏供称：鹿角山有匪军军部及第三团、老新三团、老新一团等情。谨闻。"

接上项电报后，以为匪军情况及该团到达地点不能确实明了，即以运真未钦电复询如下："真未电悉。一、该团与六四四团是否确取连络？二、当面匪军兵力番号？三、究竟到鹿角山何处？统希查复。四、副师长率六四八团至黄村，该团、六四四团及六四八团均归副师指挥，仰即遵照。"

十四时一五四团一营将李村附近敌之警戒部队驱逐后，向鹿角山西麓及溪里风攻击，同时第三营占领大坑后向鹿角山北麓攻击前进。十五时该团指挥所亦进至大坑西北之吴村。

向求岭攻击之一五六团殷营，于十三时半占领求岭，匪死伤枕籍。同时第二营即迫近鹿角山南，当时电话报告军长张 如下："一、一五六团第三营已攻占求岭；第二营正向鹿角山推进中。二匪主力似在鹿角山南。三、副师长率六四八团向黄村设指挥所指挥。六四八团、六四四团及一五四团现尚未到达。"

十六时半发六四四团电："匪主力在东流山附近。二、我一五六团王营于十三时半已占领求岭；第二营向鹿角山推进中。三、该团速向南庄压迫并与一五六团切取连络。四、朱副师长已率六四八团向黄村设指挥所。该团、六四八团及一五四团均归副师长指挥。"

同时发一五四团运真申宜电如下："一、我四十师已攻克东流山，残匪向溪里风窜逃，刻正派队向溪里风追剿中；我周团殷营于未刻攻占求岭；陈营进迫鹿角山。该团进展情形如何？溪里风是否占领？仰速电报。"

为准明(十二)日拂晓继续攻击，并防匪反攻起见，令各团就现地构筑工事，并从事互相连络，对各团指示如左：一、令一五四团并译转六四四团真酉初电："着该团目下到达位置，一面构筑工事，一面整理搜索，并与两翼友军确取连络，准备明日拂晓继续搜剿为要。"

二、十九时予一五六团电话指示如下："该团就现地占领位置须从速构筑工事，防匪反攻。"

三、令一五四团真酉未电："一、希酌留一部固守大坑、李村、溪里风，防敌北窜。二、匪军□□□围圈内希严饬所部努力搜剿，务必将匪首擒获为要。"

四、令炮兵就现地向东流山东北，鹿角山西南山凹中施行扰乱射击。

五、又令一五四团真戌电如下："着该团即在原阵地构筑工事，防匪向西北窜围，饬遵真□□□办理。"

综合本日战果，以运真戌海电呈报军部。

十一日廿二时军长电话指示，在湾滩之补充团第二营移驻黄村。师遵照指示，于廿四时电话指示补充团如下："驻湾滩之于营着移驻黄村，归副师长指挥，湾滩可由该营派出少数部队警戒。"

十二日拂晓各团继续搜剿。

六时卅分予一五五团电话指示："该团二、三两营即集结准备向西出动。"

师准备歼灭东流山、鹿角山中间地区之敌，一面与四十师确取连系，一面令各团从速攻击准备。七时卅分电话报告军长如下："一、职师与四十师及一四四师已确实连络。二、匪军在东流山、鹿角山中间地区。三、职拟率一五五团、一五六团推进至双家洲出击该匪。"

当得军长同意后，分别予各团如左之指示：令六四四团转副师长电："一、希即率领六四八团之一营进出大坑附近，指挥六四四团及一五四团积极向南压迫。二、余现率一五五团向双家洲推进，准备向鹿角山以南攻击。”

予一五六团电话：“一、该团第一营占领河东岸，其余两营准备攻击。”

一五四团于三时奉军长谕：暂归一四四师指挥。予七时与一四四师连络电话如下：“一、本师一五四团归贵师指挥。二、本师决向西攻击，贵师注意堵击，同时令一五四团遵照该团拂晓三时前完成攻击准备后，第一营以一部占领溪里风，其主力协同第三营攻击鹿角山峰，奏效后即向南推进，并与四十师会合进出于宗保园，同时团部与第二营推进至李村北端高地。于十一时卅分接该团文巳电如下：“一、本团奉钧座电令归一四四师指挥，遵照派员将兵力部署要图向唐师长报告并请示尔后任务。二、我仍向鹿角山巅攻击，左右友军均取连络。”

接上项电报，复奉令一五四团归还本师定制，故复以文午一电如下：“真酉文巳电悉。一、该团奉令归还建制，听受朱师长指挥。二、进剿时务于两翼友军确取连络，免生误会。三、本师长今晨率领一五五团一个营前往双家洲，加强进剿。特复。”

上午八时，师指挥所率一五五团向双家洲推进，于十二时达梓坑（宗保园北无名桥西）。

九时四十五分发六四八团命令如左：

命令　十二日九时四十五分于乌溪师指挥所

一、匪军蝟集于鹿角山以西地区，我各部队于明（十三）日拂晓开始围剿。

二、着该团派一营由团长率领，携带迫击炮于明（十三）日拂晓到达双家洲附近之梓坑，其余一营仍担任乌溪、坡脚山及陈家荡附近之警戒任务外，并派出小部队清扫巧峰镇、乌溪至小白花之线之残匪。

三、余于明（十三）日八时到达鹿角山最高峰指挥。

该团奉命后，于十三时半呈来报告如下："本团第一营已由东坑到达乌溪，第二营已将警戒配备完毕。"

十二时六四四团文巳电："一、大坑附近匪军四千名，真日经我团及友军围剿南窜，我正在大坑东南方一带高地激战中。二、本团真晨□□已计俘获匪上校参谋以下官兵百余，步枪卅五支，轻机枪三挺，子弹三千粒，手榴弹一百发。三、团部于文晨与第一线部队追击至大坑。"

一五六团陈营于八时许推进至鹿角山东侧高地。于十三时据该营长电报告："一、我第四连已与四十师右翼在鹿角山以南取得连络。二、李村以南鹿角山以西一五四团正与匪激战中。三、职营现在鹿角山以东高地。"

师接上项报告，处置如下：予陈营电话："一、该营在鹿角山以南留少数部队，主力向鹿角山之匪攻击。二、转知第三营求岭留置一部担任守备，主力向西攻击。"

我一五四团团部推进至李村北端高地后，令周副团长率迫击炮四门及步兵一连至李村西端高地掩护步兵攻击。第一、三两营在炮兵掩护之下向当面之匪猛攻，匪虽顽强抵抗，终因我官兵攻击精神之旺盛，前仆后继，激战六小时之久，我王营八连将鹿角山第二峰占领。并派第一营李营长自率一连至溪里风堵击，防匪由溪里风逃窜。十三□□□该团文巳电："本团已占领鹿角山第二峰，匪有向西南窜逃模样。职已令第二营派出一连到达溪里风堵截。副师长率六四八团之第三营到达大坑吴家。谨闻。"

据报后，即复以文午电，并译转副师长如下："文巳电悉。一五六团已占领鹿角山，着一五四团迅向溪里风推进，六四四团迅向鹿角山西南压迫，当面匪军数目及番号为何？希速电报。"

六四四团文午电："一、当面匪军确为一、三两支队全部。二、连日来盘据大坑附近（约二千）为第一支队主力，经我军数度清扫，已溃不成军，支队长下落不明，新一团长腿部负伤，其余两团长逃走。三、文日拂晓与我激战之匪军为一、三支队，在大坑以南高地上为该军所在地，迫炮甚多，顽强甚厉。等情。谨闻。”

一五四团一、三两营占领鹿角山峰后，该团复令第二营第四连增加至溪里风与鹿角山之间，又予匪以猛烈之打击。十六时接该团文未电：“本团李、王两营于十三时占领鹿角山高峰，现该两营及第二营之第四连仍在该西南麓与匪激战中。”

十五时十分得四十师电话通报：“匪军主力似仍在鹿角山南东流山北附近地区中。”

师据报后，即令各团加紧搜索及连络，予一五四团并译转副师长运文未宜电如下：“一、据四十师通报：匪军主力似窜至东流山北鹿角山南附近山谷中隐伏。二、我周团陈营攻击鹿角山，现正向西麓清剿中。三、希即饬张、李两团迅即南进，并将当面匪军兵力及其军部所在地详查具报。四、予在双家洲西北。”

十五时五十分发一五五团命令如左：

命令　十二日十五时五十分于梓坑指挥所

一、据四十师电话称：匪主力似窜至东流山北鹿角山附近山谷中隐伏。

二、着该团即派兵两连占领宗保园河西北无名高地，向该地区严密搜索，迅速具报。并与一五六团陈营，左与四十师东流山部队设法连络。

十六时卅分电话予一五六团指示：“着该团速派军官一员向鹿角山北麓与一五五团及六四四团连络。”

十六时四十分予一五五团电话：“着率二、三两营进驻桂坑，向东流山、鹿角山中间地区切实搜索。”

一五六团第二营占领鹿角山尖。予十六时四十分接该团电话报告：“一、匪大部仍在鹿角山西北地区。二、第二营已占领鹿角山尖，第三营仍在求岭。”

据报后即指示如下：“该团二、三两营除加意警备现阵地外，仍须派小部向西搜索，并派员向一五四团及六四四团连络。”

发一五四团运文酉海电报命令如下：“命令：一、一五六团鹿角山尖部队报称：匪军大部现似蛸集于鹿角山西北地区。二、该团应确占领阵地，努力搜索匪情，并向鹿角山尖陈营切取连络具报为要。”

将以上各情况及战果电话报告军部。

十九时半收到军长张文申树电补给本日拂晓攻击命令如下：“奉总司令上官文辰利电开：补给本日拂晓总攻击命令：一、敌情如贵官所知。二、右翼军应以五二师一部（一五四团、六四四团）由求岭、鹿角山向南攻击，主力（一五五团、六四四团）由双家洲向西攻击，着刘师长率六四八团主力亲到双家洲指挥。三、右翼军应以：甲、四十师主力（二九团及一一六团之一营）由东流山东北端向鹿角山地区夹击。乙、一四四师以主力由现地位置向东攻击。丙、七九师仍继续清剿指定区内之散匪。四、蒸正午电指定各部队应占领之封锁要点，不得撤去。五、各部队攻击前进时应密切联系，并注意观察友军之进展，以免与友军发生误会。六、放火烧山并令前线士兵喊其投降。上六项希即切实遵照具报。等因。特电遵照。等因。仰遵照。指示部署攻击之情形，以运文戌海电呈报军部（如后）：

十九时四十分复奉军长张文戌参电报命令如下：“一、敌情如贵官所知。二、军为粉碎残匪计，本（十二）日夜停止攻击，明（十三）日拂晓攻势再兴，该师应控置主力于双家洲附近地区，确遵忠灰未树电指示各要点严密扼守，一五四团与六四四团速谋连系，力求齐头。另各以一部搜索承留峰、求岭、鹿角山之敌，务使不得在本清扫区内脱逃。三、该师主力左翼向一一九团及一二〇团连络，一五四团右翼向溪里风附近四三一团取连络。四、明（十三）日拂晓攻击，由该师详密部署实施具报。”

师奉上项电令后，即于廿时发各团左之命令：

命令　元月十二日二十时于梓坑师指挥所

一、西窜残匪仍蝟集鹿角山西南地区。

二、师为彻底肃清残匪，决予以围剿。

三、着六四四团（欠一营）应占领求岭、鹿角山（含鹿字山峰）及鹿角山以北第二、第三、第四无名高地西北李村之线（以资深营长位置于求岭），防匪东窜、北窜。

四、第一五六团（欠殷营）应将求岭防务交六四四团接替，占领鹿角山（鹿字不含）及鹿角山以第一、第二无名高地迄宗保园榜山（含）之线，防匪东窜。

以上两团统限于明（十三）日八时前变更部署，占领指定据点完毕，如无命令应固守，不得撤退。

五、朱副师长指挥一五四团及六四四团、六四八团各一营于明（十三）日拂晓由现阵地向南猛攻，限明（十三）日十二时前进，出溪里风至宗保园西北无名高地之线。

六、第一五五团（戴营归还建制）于明（十三）日拂晓进出宗保园西北无名高地以西地区，阻止残匪南北流窜并捕捉而歼灭之。

七、六四八团（欠一营）以一营位置石山铺—巧峰镇—乌溪—小白花之线清剿残匪，其余部队于明（十三）日拂晓前到达梓坑待命。

八、师预备队（一五六团殷营）位置于鹿角山东侧。

九、余明（十三）日八时前到达鹿角山高峰指挥。

同时以运文戍宜电令一五四团译转副师长命令如下："命令：一、西窜残匪刻仍蝟集鹿角山以西。二、师决予以围剿。三、六四四团（欠一营）应占领求岭、鹿角山半部（鹿字含）及向北第二、三、四、无名高地西北李村之线（以资深营长位置求岭），防匪东窜北窜。四、一五六团（欠殷营）将求岭防务六四四团接替后，占领鹿山（鹿字含）及其以南第一、二无名高地宗保园榜山之线，防匪东窜。五、以上两团统限元日八时前变更部署，占领据点完毕，无命令不得撤退。六、朱副师长指挥六四四团及六四八团各一营及一五四团于元日拂晓由现阵地向南猛攻，限午刻进出溪里风至宗保园西北无名高地之线。七、一五五团于元日拂晓进出于宗保园向无名高地以西地区阻止残匪南北流窜，并捕捉而歼灭之。八、六四四团应在大坑设总机向求岭架设电线，一五四团向大坑架设话线，求岭至鹿角山话线由师部架设。九、余于元午前率周团殷营至鹿角山师指挥所。除分令外，仰即转张、李两团遵照具报为要。”

总合本(十二)日全日情况、战况及变更部署情形，以运文戌海电呈报军部。原文如下：“窜据求岭、鹿角山一带之残匪（独立支队）经我两日搜剿歼灭大半，余股似仍蛸集鹿角山以西及溪里风以东地区，我继续围剿中。一、本（文）日拂晓令各团续行搜剿，并以一五五团向双家洲附近集结，准备向鹿角山以南攻击，期将残匪压迫于该山谷地，包围而歼灭之。卯刻一五六团陈营推进鹿角山东侧高地；一五四团于巳刻占领鹿角山第二峰，匪被迫西南逃窜，该团李(一)营之一连即至溪里风堵击。同时朱副师长率六四八团第三营到大坑吴家；中午六四四团主力到承留峰以北山地；周团陈营已攻克鹿角山与殷营仍在求岭，与六四四团左翼取得连络。

二、文午师指挥所推进至梓坑(图上宗保园北无名桥西)，戌刻师部下达歼敌命令如下：甲、六四四团(欠一营）应占领求岭、鹿角山(鹿字含)及西北二、三、四无名高地亘西北李村之线防匪东窜北窜。乙、一五六团(欠殷营)求岭交六四四团应占领鹿角山(鹿字不含)及其以南第一、二无名高地迄宗保园榜山(含）之线，防匪东窜。丙、一五五团于明(元)日拂晓进出宗保园西北无名高地以西地区，阻止残匪南北流窜。丁、六四八团(欠一营)以一营位置石山铺、巧峰、乌溪、小白花，清剿残匪，余部元日拂晓前到梓坑待命。戊、一五六团殷营为预备队，位置鹿角山东侧。三、本日匪伤亡约百余名，俘获匪百名，步枪廿余枝，弹药消耗待查明后报。谨闻。”

十二日十七时，一五四团为整理阵地防匪窜逃计，以王营一部守备鹿角山峰，以一部向当面残匪搜索。第一营除固守阵地外，仍以小部向前搜索，与敌保持接触；第二营于溪里风、李村以西高地，占领阵地。此时匪首叶挺仍在其中，廿时匪向第一营溪里风阵地冲锋数次，我官兵沉着应战，以火力击退匪军，匪死亡无算，俘虏百余，当夜阵地仍旧。

十三日三时，据七九师通报：匪军大部北窜，应即以运元丑钦电询副师长如下：“一、据七九师通报：匪军大部北窜。二、该处当面之匪有无变化？究在何处？溪里风是否仍在我手？希速具报。”

为顾虑匪军残余北窜而影响于全般战斗计，乃于四时予补充团如下之指示：“一、匪军有北窜企图。二、着该团全部即进入天官阵地，防匪北窜。三、转令六四七之一营进入琴溪桥阵地。”

并于四时发副师长运元寅钦一电复案：“一、为防止匪军北窜，已令六四八团周团长率兵一营至茅山附近占领阵地。二、如匪真正北窜，可令该处指挥六四八团之一营□□□□，并抽派六四四团部队尾追该匪。三、当面情况希随时具报。”

五时令六四八团周团长率兵一营至茅山占领阵地，防匪北窜，并令在黄村之营归还该团建制。

四时五十分将上项情况电话报告军部如下：“匪军残余有北窜企图恐难实现，为防止起见，已令补充团进入天官阵地；六四七团二营进入琴溪桥阵地。”

同时以运元25206宜电呈报军部如下：“一、六四八团周团长已率兵力一营驱占茅山，约十时可达。二、已饬朱副师长如匪确有一部北窜，即以六四八团大坑之营归还建制，担任茅山、黄村之守备，防匪东窜。并迅予抽调六四四团尾追之。至一五四团仍按原任务（向溪里风、宗保园进出）实施。谨闻。”

五时五十分，奉军部电话转来元辰参二电：“奉总司令上官电：残匪已由溪里风向冬青树西北方向逃窜。该师长即率兵四营向冬青树攻击，不顾其他残匪，限七时到达冬青树，如敌逃窜，迅速跟踪追击。等因。特电遵照。加紧追击为要。”

奉上项电令后，即以运元卯钦电令一五四团译转副师长如下：“一、顷奉军部电话：匪军在冬青树（茂林东北十二公里）与我一四四师激战中。二、由副师长率领六四四团、六四八团之各一营速至湾滩以南之无名高地（两个峰），占领阵地，防匪北窜。”

我一五六团陈营于八时十分攻击鹿角山，将其西南无名高地占领，并与二九团取得连络。于十一时予六四四团第二营转副师长电话如下：“一、一五六团第二营已占领鹿角山西南无名高地。二、着黄村、大坑间留必要兵力扼守，大部兵力集结控置。三、匪由一四四师正面突破西窜，着六四四团第二营归还建制，向西压迫。四、通知周团长随战况进展向大坑推进。五、余现在求岭，尔后随战况进展向大坑推进。”

十二时我一五五团攻击进展通过鹿角山南侧向西前进，至未刻攻击溪里风西南高地，残匪不支，向大坑方向鼠窜。

十四时予一五六团指示：“该团第一营即派兵一连守备求岭以西，派兵一排占领鹿角尖余在原位置，注意警戒。”

师指挥所随战况之进展，于十六时率一五六团殷营、六四四团张营向大坑前进，并令一五六团第二营鹿角山尖留兵力一排交防于胥营后，亦随师指挥所前进，行进至承留峰、鹿角山隘路中，张营与匪遭遇（内匪军教导队数百自西南窜来），师决歼灭该匪。当即部署如下：一、令一五六团殷营由承留峰向西北攻击前进。二、陈营自鹿角山向东北攻进。三、六四四团张营沿求岭至大坑道路两侧向北突进。

匪我两方激战数小时之久，该匪系匪军之精干部队，顽强抵抗，我官兵虽努力进剿，亦未完全奏效，至戌刻仍在激战中。

综合十三日全日战果及情况，以运元戌海电呈报军部。原文如右："被我围困于鹿角山、溪里风中间地区残匪文夜企图向北突围，经我守备溪里风、李村、大坑之部队截击后，一部经昂山北窜，其大部分向西南东北两方窜。本(元)日师按原定计划实施，继续搜剿残匪：一、元寅令六四八团（黄村之营归建制）向茅山占领阵地，并以一部位置黄村阻匪北窜；辰刻一五六团陈营已占领鹿角山西南高地(并与四十师二九团取得连系)，该团殷营仍在求岭掩护一五五团向溪里风攻进。比时师指挥所向求岭推进，巳末到达。我六四四团张营亦由承留峰进至求岭，当时大坑西南枪声浓密，匪我激战。师即令六四四团张营归还大坑，该团除在大坑西南鹿角山以北留置必要兵力协同一五四团阻匪北窜，主力准备侧击匪军及追踪搜剿。午刻一五五团已通过鹿角山南侧向西前进，未刻攻击溪里风西南高地，残匪向大坑方向鼠窜。申刻师指挥所并一五六团殷营向大坑前进，在俞家山（图上无，位鹿角山东北承留峰西）以北张营与匪遭遇(匪教导队百余自西南窜来)。二、师决歼灭该匪，令一五六团殷营由承留峰向西北攻击；陈营即自鹿角山向东北攻进；六四四团张营沿求岭至大坑道路两侧向北突进，迄戌刻仍在俞家山以北地区激战中。三、本日我伤亡士兵约十名，毙匪百余，俘匪卅余，轻机枪二挺，步枪十余枝，消耗弹药待查明后报。谨闻。"

五、生擒匪首及分区清剿

十三日廿二时，奉军长张忠元戌电开："奉总司令上官元酉利电开：命令：甲、在鹿角山以南东流山以北高地及溪里风至李村以东地区之匪，本(元)日被我各部队击毙及俘获者共约三千人，其余约千人仍在原地，企图最后挣扎中。乙、右翼军应严密封锁湾滩至黄村之线，防匪逃窜。丙、左翼军：一、应加强茂林、溪口、章家渡湾沿河之守备，严密封锁。七九师二三五团及二三七团仍在章家渡以南花林乡以西之地区搜索逃窜之残匪。丁、方、刘两师以主力严密连系，夹击东流山以北鹿角山以东及李村、溪里风至李村间之残匪，限明(十四)日午后三时以前彻底肃清。戊、一四四师于明拂晓由前线分别多派小部队扫清各团当面之残匪，并协同夹击。上五项，仰即遵照。等因。特电遵照为要。"

师奉上项电令后，决遵限肃清残匪，发各团作命参天字第061号命令如左：

命令　元月十三日二十时于俞家山指挥所

一、层奉总司令上官元酉礼略开：残匪在我包围圈内，企图最后挣扎，限寒未时前彻底肃清残匪。部署如左：一、师决遵限肃清残匪，部署如下：甲、防堵部队：六四八团占领湾滩、黄村、平原、三叉河、乌溪、小白花之线，防匪东窜。

乙、助剿部队：子、一五四团驻守溪里风、李村、大坑（不含）之线。丑、六四四团驻守大坑、鹿角山全部、求岭之线。寅、一五六团驻守承留峰全部、梓坑、宗保园之线。卯、以上助剿部队以四个连驻守防匪流窜，以九个连清剿各该线两侧散匪。

丙、进剿部队：一五五团由东流山北部沿溪里风、大坑、平原、乌溪之线以右地区，会同助剿追蹑匪踪，逐步清剿，并捕捉其主力而歼灭之。

丁、以上各部队统限寒日未时前彻底肃清残匪具报。

戊、余在求岭，寒晚回驻乌溪。

俞家山以北之匪，经我一五六团陈、殷两营及六四四团夹击，匪不支，向东坑、大坑方向逃窜。十四日拂晓仍有一部散匪在鹿角山隘路口与张营战斗，予八时发该营命令如下："着该营努力击溃当面逃窜之匪，尔后协同左右友军扫清残匪并将进展情形随时具报为要。"

十一时接该营报告如下："一、职营昨(十三)日黄昏后奉命搜出，进出大坑南北高地山口，复奉命占领大坑南北高地，拒匪流窜。二、本日一时驱逐该高地残匪占领之，复奉蜂涌回击，至八时五十分匪军已潜伏逃窜，职营仍在原山位置。三、尚未与团部取得连络。”

十时廿分予一五六团电话指示：“一、鹿角山以小部队据守制高点。二、求岭留重机枪一挺、步枪少许，其余任搜索。三、师指挥所将由求岭经梓坑回驻乌溪。”

师清剿部署如附图第〈六〉。〔略〕

十一时接一五四团寒辰电，原文如下：“一、本团仍占大坑西侧高地鹿角山最高峰□□□□之线。二、一五五团元酉到达鹿角山南麓，已取得连络。三、匪军现仍有千余名盘据鹿角东麓。四、副师长在大坑。”

接上项电报后，于十一时半发一五四团转副师长运寒午钦一电如下：“一、鹿角山以西之残匪在元晚向大坑突围，现大坑东南正在混战中。二、已令六四四团第二营由大坑以南向大坑以北进击；一五六团第三营向大坑以东进击。三、着该官即令六四四团预备队（必要时使用六四八团一个营）由大坑以北向大坑以南进击．务彻底肃清大坑附近之残匪为要。”

一五五团奉寒巳电令后，即以广正面向大坑方向搜剿，在鹿角山以西遭遇散匪，当缴其步枪五十余支，俘匪百余，刻该团跟踪追剿中。

师指挥所奉命进驻乌溪，于十四日十六时抵达。

为防匪东窜起见，于十二时对一五六团电话指示如下：“着该团殷营以一部兵力向求岭北山峰占领阵地；胥营占领江村、三叉河、姚村附近阵地；陈营继续向大坑以东地区搜剿。

匪经我数日痛剿已成零星状态，且多天未食，狼狈已极，故各不相顾，四散奔逃，匪首叶挺随带十余人，亦隐伏鹿角山以西山冲中。我一五六团陈营十四日十六时搜剿至该冲中将叶挺俘获。于十九时五十分据该团电话报告："匪首叶挺被我第二营第四连在鹿角山以西山冲中俘获，刻已向大坑副师长处解送。"

据报后，即电话报告军长并转知副师长，要叶挺告知项英的下落及收容其部队。

综合十四日全日战果，于廿时以运寒戌海电呈报军部。原文如左：

"隐伏大坑西南鹿角山东北地区之残败匪（第三支队、特务团、教导大队等），经我痛击已成零散小股向东北山地流窜。寒日师遵照总司令上官礼酉电示，继续猛攻求岭主力而清剿之。一、俞家山以北散匪，元戌经我一五六团陈、殷两营及六四四团张营三面夹击，遂向东坑、大坑方向逃窜。寒日拂晓，一部散匪仍在鹿角山隘路口与张营战斗。二、元亥师奉限期肃清残匪电令后，即变更部署如下：甲、六四八团为防堵部队占领湾滩、黄村、平原、三汊河、乌溪、小白花之线，防匪东窜。乙、驻剿部队之一五四团驻守溪里风、李村、大坑（不含）之线；六四四团驻守大坑、承留锋、求岭之线；一五六团驻守鹿角山、梓坑、宗保园之线；各该团应以一部任驻守，防匪流窜，主力清剿各该线两侧残匪。丙、一五五团为进剿部队，由东流山北部沿溪里风、大坑、平原、乌溪之线以右地区，会同驻剿散匪。三、本日午刻一五五团以广正面向大坑方向搜剿，在鹿角山以西遭遇散匪，当缴其步枪五十余支，俘匪百余，刻该团跟踪追剿中。师指挥所申刻移驻乌溪。午未俞家山以北枪声稀疏，为防匪东窜计，令一五六团殷营以一部兵力向求岭北山峰占领阵地，胥营占领江村、三叉河、姚村各附近；陈营继续向大坑以东地区搜剿。申刻陈营攻鹿角山以北匪军，在山谷内俘获匪首叶挺，余匪回窜。酉刻得报东坑以南发现散匪约二百余。四、本日我伤亡数名，俘获匪首叶挺以下官兵约二百余，步枪约六十支，弹药消耗待查明后报。谨闻。"

十四日十八时据骑兵连便探报告：东坑以南发现匪军二百

余。当处置如下：一、令六四八团刘营担任吴村、平原、徐家岭之线防务，并向大坑该团连络。二、令一五六团胥营（欠一连，在梓坑防务交四十师接替后，归殷营长指挥），沿乌溪、石山铺、下坊岭线以西向东坑搜剿。二、殷营（附胥营一连）沿无名河东岸北进，夹击该匪。

师为彻底歼灭匪之目的，决继续搜剿。予十五日三时发各团运删丑钦一电报命令如下："一、匪情无变化，双家洲、梓坑、鹿角山南麓有我友军四十师部队。二、师仍继续搜剿，以期歼灭。三、各部队行动如下：甲、六四四团在原占领位置向鹿角山南部延伸，继续搜剿。乙、一五四团仍在原定占领位置继续搜剿。丙、六四八团担任黄村、大坑东北高地承留峰、求岭之线之堵剿。丁、一五六团担任石山铺、巧峰镇、乌溪之线以西清剿零星散匪。戊、一五五团担任湾滩、泾县、黄村地区堵剿，并侦察清弋江西南之匪情。己、炮兵排着归还蔡村坝该连建制。四、各部队限八时到指定位置，开始行动。上项希遵照为要。"

师指挥于十六时移驻潘村营，一五五团搜索亦到达泾县附近。

师全般部署如附图第〈七〉。〔略〕

于十五日十六时奉军长张转总司令上官分区搜捕残匪之电报命令如下："奉总司令上官寒酉利电开：甲、匪军主力现已消灭，其残余仍星散各山村及丛林中。乙、集团军为严密清扫战场，捕获匪首，特分区清扫如下。丙、右翼军以五二师严密封锁湾滩、黄村沿无名河至双家洲（不含）之线，清扫该线以南以西及双家洲、凤村、冬青树、花林乡、湾滩以北以东地区之散匪。丁、左翼军：一、七九师应严密封锁双家洲沿无名河山口、榧岭、屯仓徐、高坦徐、景照公、茂林之线，清扫该线以西以北以东及茂林、凤村、双家洲以南区内之散匪。二、一四四师应严密封锁茂林（不含）沿无名河经溪口、章家渡至湾滩（不含）之线，清扫该线以东以南及湾滩、花林乡、冬青树、凤村、茂林以西以北地区内之散匪。戊、以上各部队均限明(删)日正午以前到达指定位置，即速清扫，限十七日黄昏前清扫完毕。己、着戎师之六四四团交防后开杨柳铺附近归还建制。庚、着四十师交防后于明(删)日黄昏前集结于榔桥河、三溪间待命，归还该军建制。辛、新七师第二旅应俟一四四师接替茂林、溪口、章家渡至湾滩防务后，仍担任南陵（不含)至何家湾之线守备，并搜剿何家湾、戴家会一带地区内之散匪。壬、各部队细密清扫战场，特须注意遗弃械弹及化装潜逆之匪军要员，勿使漏逃。上九项，仰即遵照具报。等因。仰即遵照具报为要。”

师奉上项电令后，将电内甲、乙、丙、丁、戊、寅等项以运删戌宜电转令各团及副师长，并令仍遵照师运删丑钦电之规定努力实施清剿，并限篠日前清剿完毕。

东坑以南之残匪二百余，经我一五六团第三营于十五日黄昏包围，十六日拂晓前悉数歼灭。

师指挥所于十六日晨移驻赤滩。

六、战斗后之行动及清剿中击毙匪政治部主任袁国平。

为顾虑尔后之作战起见，于十七日廿时令六四八团归还建制。

并发各团命令如左：

命令　十七日廿一时于赤滩指挥所

一、着一五四团除留一营仍驻大坑清剿残匪外，余即移驻泾县城担任城厢防务。

二、着一五五团先以一营接替南陵、黄墓渡防务外，其余经枫坑、大岭、小岭、汀潭、左坑、三星店、戴家会向南陵西北地区搜索散匪，调查匪军遗留军需品，安抚民众，宣传此次剿匪意义，并匪化民众之自新。以上两团务于明(十八)日拂晓开始行动。

三、着一五六团仍驻原地清剿。

四、补充团仍驻赤滩

五、师直属部队按本(一)月六日位置移动。

本(十七)日将匪首叶挺等九人送呈军部，报告如下："职师十四日午后于鹿角山北麓搜剿之际，擒获匪首叶挺等九人，兹派员解送钧部，乞押收为祷。"

并将此次战役中获匪方有关日志及兵力部署要图等恭请鉴核赐收为祷。附进军日志一册、皖南十万分一兵力部署要图一幅(计大小幅)、苏北皖北一百五十万分一兵力部署要图一幅。

十八日奉军长张忠巧未树电如下："奉总司令上官巧巳利电开：一、泾南、繁铜一带仍有小股散匪出没。二、集团军为肃清散匪、搜掘匪军埋藏一切物资，分区清剿，特定部署如下。三、右翼军之五二师以一部留置鹿角山、大坑一带陆续清扫，以主力搜剿泾县、南陵及该军作战地境以内之散匪，并任南陵至梅山村(含)线之守备。四、左翼军：甲、四十师以一部搜剿东流山附近散匪，主力集结三溪、榔桥待命，并任俘匪之监管、编队等事。乙、七九师继续搜剿茂林、章家渡、苏口、麻岭坑、小河口、铜山徐区内散匪及匪军埋藏物资。丙、一四四师任搜剿章家渡(含)、水东翟以北及该军作战地境以西之散匪与匪军物资。丁、新七师孟旅与五二师连系，任梅山村(不含)、戴家会、何家湾线之守备，并以一部进驻繁昌城搜剿附近残匪及匪军物资。五、两翼军作战地境为双家洲、茂林(不含)、章家渡、汀潭、上牌、头埠、梅山村、晏公殿、峨桥镇、三山镇之线，线上属右。六、各搜剿部队务须配合当地党政机关人员努力剿办，须于最短期内肃清散匪及一切匪化设施，特须注意抚慰地方，严禁骚扰。以上六项，除分电刘副总司令外，仰即遵照具报。等因。特电遵照为要。"等因。

师遵示，仍留一五六团清剿；一五五团前往南陵接防。一五六团奉令留置原地清剿后，该团即遵照清剿散匪，胥营派兵两连向东坑、黄村一带搜剿，俘匪十余名，廿时返回，该方无匪踪。陈营向求岭西山冲搜剿竹林内，发现伏匪十余名，击毙五、六名，俘获五、六名，并获三八式轻机枪一挺。殷营在巧峰镇间各山地搜索，无匪踪。

十九日拂晓，一五六团殷营至巧峰镇、平原中间地区清剿散匪，辰刻遇匪十余名携短枪四处逃窜，我当向该匪射击，俘匪政治部勤务兵刘洪深一名，余深匿丛林中，下午一时被我包围企图猛冲突围，遭我迎击后，当击毙匪军政治部主任袁国平及其随从参谋陈某。

击毙袁国平后，当摄其尸像呈送军部六帧，并由其衣中搜出生前像片二张同时呈送。

斯时匪军完全经我歼灭。于廿一日奉军长张忠马亥树电，原文如下："奉总司令上官马未利甲电开：一、着一〇八师以一旅即开晋节渡、十字铺附近待命。二、着五二师刘师长(或朱副师长)率该师两个团开至门口圹附近待命；其余一团应确由一四四师接替南陵至清弋江防务后，继续跟进。上两项仰即遵照并将开拔换防及到达日期具报。"

师奉上项电令，于交防后，各部队分别集结于琴溪桥、施窑及马头附近，于一月廿三日向苏南开拔。

丙、敌兵力番号及指挥官姓名(如附表第七)〔略〕

丁、战斗后之感想

一、此次剿匪战役，以搜自民间窳旧之武器与我军作战实无彼火力发扬之余地，我以火力压制匪军，则一切行动处有利地位，而致歼剿殆尽，可知装备之优劣实于作战上之影响至巨，若装备优势者，已得胜利之半矣。

二、战术必活用不可拘泥，情况判断明了后，决心须神速而果断。师此次榔桥、小白花镇之占领，与确保一五六团胥营之迂回宗保园成功，实予匪以致命之打击而得尽歼残匪。

三、"胜不可骄，败不可馁"。一般习惯，在战斗胜利时，其士气定骄，故军纪亦随之败坏，由此经验可知其“愈在战况有利之时，军纪愈须严格”。

四、在整个抗战的大道上是不容任何个人及团体来破坏的。匪军虽为国家编制，而私自扩军，不遵命令，擅自袭击友军，实罪大恶极，今得包围而聚歼之，实国家幸甚，民族幸甚，抗战前途愈见光明矣！

〔国民政府军令部战史会档案〕

10. 豫鄂边区游击总指挥王仲廉部策应皖南事变袭击豫鄂边区新四军阵中日记

（1941年1月）

元月五日　阴

位置：本部于随县两河口。

作战：本部微亥参战电报总司令部电文如下：

总司令汤：密。漾午参战三电奉悉。遵将清剿部署电呈如下：(甲)方针：(一)军以扫荡大洪山及安陆、应城、应山一带新匪暨策动本集团军主力活动容易之企图，先以主力指向随南方面，以有力之一部机动于中华山及铁道两侧，采取呼应作战方式同时并举，制其流窜而歼灭之。(二)为迅速廓清及适应尔后进展容易计，第一步应先领取中华山、大洪山附近各要点，俾作稳打稳进，军政齐发之基础，同时呈〔成〕立党政军联合办事处，统一事权，以政治资源，统制力量，封锁其活动，以补军事之不足而制其死命。(三)尔后应相机进出应安云及平汉线以东地区截断其连络，并占领要点，以策应主力军之作战容易。(乙)部署：(一)洪军于鱼日集结环潭、均川附近，尔后进出贯庄店、柳材店、洛阳店、古城畈一带，限二月底负责肃清随南新匪，但对随县、浙河、马坪方面之敌伪严重监视。(二)第□、第七两纵队统归洪副总指挥显成指挥，于鱼日先以主力集结浆溪店西望山附近，以一部挺进青石桥，尔后负责肃清中华山及铁路线附近新匪，限二月底完成。赵纵队俟将大庙畈、中华山附近新匪肃清后，即迅速进出经扶实行本任务。(三)曹文彬部着归洪副总指挥指挥，应以主力监视信阳方面之敌伪，以一部扫荡青石桥附近新匪。(四)第四纵队仍在朱家店附近续行前任务，并准备策应洪部之活动。(五)第六纵队集结天河口附近继续整训，并担任第一分区之民运工作。(六)职于微申率必要幕僚进驻环潭。以上甲乙两项，除实施情形随时具报外，谨闻。

元月八日　晴

位置：本部于随县两河口。

第七纵队集结于浆溪店东南土门垭至长岭岗一带。

第一纵队集结于浆溪店东北地区。

第四纵队除以一大队接收王子城防务外，其余仍驻原地。

曹文彬纵队在西望山之崔支队由张支队接防后，已令推进至仙石畈附近待命。其余仍在黄龙寺信阳附近警戒。

作战：剿新匪部署：本部齐辰参战电报司令长【官】陈电文如下：

司令长官陈：密。职部即进剿随南及桐柏山迤东南地区之新匪，谨将部署情形电呈如次：(一)职部以第一、第七两纵队统归副总指挥洪显成指挥，鱼日在浆溪店附近集结，即进出中华山及铁道两侧附近，肃清该地区之新匪，并限丑月底完成，尔后逐向豫皖边境挺进扫荡，以协同本集团军主力之作战。(二)陈大庆军于鱼日集结环潭、安居附近，对随南贯庄店、柳林店、洛阳店、古城畈一带之新匪即行剿办，并限丑月底肃清，尔后逐向安(居)、应(山)、应(城)、云(梦)扫荡，务期彻底歼灭，根绝匪患。(三)职率所要人员微申至环潭并于二十九集团军取得连络，并于胡专员切实连系，召集第三行政区各县长及当地党政军各要员商讨进剿计划及绥靖地方与重建沦陷区党政机构具体办法，除详情另呈及剿匪情形随时具报外，谨闻。

元月九日　晴

位置：本部随县两河口附近。

第七纵队赵指挥官虞电称：职部于虞申到达浆溪店附近，当面敌匪情形详侦具报。

情报匪情：〔见下表〕

作战：本部佳参战澴代电：

二十九军陈军长：密。为便于集中力量戡除匪伪起见，鄂属第三行政督察区所辖各县之地方团队、各游击部队及民有武力统归兄指挥，除分电胡专员外，特电遵照。

元月十一日　晴

位置：本部于随县两河口。

作战：一、本部文午参战电报长官李、副长官孙、总司令汤电文如下：即到。长官李、副长官孙、总司令汤：密。(一)洪军在环潭、均川附近集结后，即分两路沿环潭、茅茨畈及安居、均川、□□分向长岗店、三里岗及安居、均川挺进，对古城畈、平坝及柳林店、贯庄、洛阳店新匪扫荡。(二)洪军于真日推进位置：甲、第一路曹家湾(环潭西南三十里)、邱家畈附近。乙、第二路鲍家集、朱家集附近。丙、第三路茅茨畈附近。丁、军部及直属部队曾家湾附近。谨闻。

二、本部真申参战电报长官李、总司令汤电文如下：

即到。长官李、总司令汤：密。陈大庆军于灰日集结于环潭、均川附近，洪显成部于齐日集结于浆溪店、四望山附近，并分别对当面匪伪就准备配置。职真申返两河口，预定元日赴四望山附近指挥，除部署情形另电呈报外，谨闻。

新四军豫鄂挺进纵队重要职员调查表

三十年元月九日　游击总部参二课制

职级	姓名	籍贯	出身	略历	备考
纵队司令	李先念	湖北黄安	中央军校毕业	曾任红军贺龙部旅长	
参谋长	杜石公	河南信阳	金陵大学毕业	曾任高俊亭部参谋长及应城汤池合作社训练班教官	
参谋处长	王克	湖北汉阳	中央军校毕业	曾任该军路东支队司令	
政治委员	朱理治	湖南桑植	中央大学毕业	中共中央华中局委员	
	郑孺平	河南	武汉大学毕业	同右	
主任指导员	胡林	湖北永绥	抗大毕业	曾充贺龙部营长	
	萧松年	河南	武汉大学毕业	汤池合作社训练班职员	
	李林	河南	抗大毕业		
豫鄂边区党政军联合办事处主席	许子威	湖北应城	金陵大学毕业	应城县游击司令	即许金彪
政训处长兼抗日报编辑主任	蔡承祖	河南	抗大毕业		
秘书	孙耀华	湖北	金陵大学毕业		
	沈肇华	湖北	同右		

新四军豫鄂挺进纵队兵力驻地调查表

三十年元月九日　游击总部参二课制

番　号	主官姓名	兵　力	驻　地	备　考
纵队司令	李先念	官兵约八千、枪五千支、轻机枪百余挺	应城、京山、钟祥、应山、孝感、汉川、天门各县	
第一支队	周志坚	官兵约二千四百余、步枪五百支、轻机枪八十支	古城畈、永兴场、圣场市、洛阳店附近	近日一部进占王家店
第一团队	罗厚德	官兵八百余、步枪约五百支、轻机枪二十七挺	古城畈、永兴场	
第二团队	徐体祥	同右	六合店、双河店	
第三团队	蔡涛安	同右	六合店、双河店	
第二支队	陶　铸	官兵八千五百员名、枪八千二百余支	应城、京山、钟祥、荆山县边境	
第五团队	蔡松云	官兵六百余、枪五百支	应城属之养马畈及京山属之观音岩	
第六团队	郭仁泰	官兵六百余、枪四百支	钟属白口	

续 表

第七团队	李仁林	官兵三百余、枪三百支	钟属芦排	
第三支队	陈少敏	官兵一千二百名、枪八九百支	安陆、孝感、云梦县	该支队长女性又名陈大姐
第四团队	钟 伟	官兵四百名、枪三百余支	仁和店、桑树店	
第八团队	许金彪	同右	八字门	
第九团队	萧 筠	同右	孝 属杨家岗、寒山寺	
第四支队	杨经曲	官兵四千二百名、枪一千支	应城、汉川等县边区	
第十团队	黄仁灏	官兵六百余、枪五百余支	汉川属高家店	
第十一团队	杨雨平	官兵六百余、枪五百支	汉属鸡窝	
附 记	本表据	四十五军及随应各县通报及报告综合判断而调制。		

元月十二日　晴

位置：本部于随县两河口。

作战：总司令汤灰密参电开：

补发。探报。王副总司令并转新二军陈军长：密。亲译。极机密。奉委座铣（十六日）午令一元训令节开：（一）第十八集团军及新四军部队迭令移黄河北指定地域作战，迄未遵行。复经中正手令，宽限一月，即第十八集团军在黄河以南部队限于本年十二月世日前移黄河以北作战，新四军部队限于十二月廿日前移长江以北。三十年元月三十日前移黄河以北作战，业令朱德、彭德怀、叶挺遵照下令施行。（二）如第十八集团军及新四军部队不遵令北移，或乘机集中主力向鲁苏友军攻击，为整饬纲纪，贯彻军令，应为预防之处置。（三）第一战区豫皖边区所部何柱国军、孙桐萱军一师、新编第七军马彪骑兵师，并所有第一战区泛滥（尉氏以北不含）及其以东部队一律归第三十一集团军汤总司令恩伯指挥。等因。除分电外，特电遵照。

一、本部以文戌参战电陈军长遵照。

二、本部文甲参战电：

长官李、总司令汤：密。陈大庆军刻已向随南方面新匪进剿，兹为作战便利计，恳饬鄂中游击部队曹勖部暂归该军指挥，以一事权。

〔国民政府军令部战史会档案〕

11．陆军第三十二集团军上官云湘部围击皖南新四军军部战斗详报

（1941年1—2月）

第一　第三十二集团军皖南剿匪军战役使用地图接合表

皖南五万分一地图接合表

南陵县 汀潭镇 章家渡 铜山村	清弋江 泾县 溪头都 三溪镇	宣城县 黄渡镇 板桥 东岸镇	孙家埠 水东 宁国县
太平县	孙村		

皖南十万分一地图接合表

泾县	宣城县
茂林县	宁国县
太平县	旌德县

第二　战斗前匪我态势之概要

甲、匪军战斗前态势：

匪(新四军)军所部第一、第二、第三支队第一、第三、第五团，特务教导团，独立营等共约万余，盘据苏南皖南一带，借抗战名义大肆扩充其实力，三年于兹，屡训不改，不遵命令，自由行动，破坏政令，残害友军，种种行为，违害抗战至大，我中央本宽大为怀，促其自觉，乃限令该军驻苏南皖南之部队于上年十二月底以前渡江北上抗日，俾与以自新之路。而该军竟敢阳奉阴违，初则以非战斗人员及辎重等先行佯动，企图掩饰，继而集结其主力于茂林、云岭一带，忽于元月四日夜突离老巢渡河南窜向茂林(泾县西南)集结，并以一部向麻岭坑、铜山徐推进。六日竟倾其全力分三路：一路由榧岭山口，一路由屯仓徐、源岭，一路由大坑、双家洲，向我集结于旌德、三溪整训之四十师进击。

乙、我军战斗前之态势：

集团军辖苏南第二游击区之八八军、忠义救国军、六三师挺进第二纵队、独立三十三旅及皖南第二十五军之五二师、四十师、一零八师等部担任苏南皖南之守备。敌自上午十月流窜失败后，尚无积极行动。本部为使疲敌计，除时时袭敌外，并积极整训。元月六日匪倾其全力向我四十师进攻。本部奉令进剿，并以七九师、六二师、一四四师及新七师之一旅拨归本部指挥，遂以苏南第二游击区之部队仍任原守备任务。而以皖南之二十五军（欠四十师）为右翼军。以四十师、七九师、一四四师、新七师之一旅为左翼军。六二师为第二线部队，向匪进剿，务期将匪包围于泾县以南地区，一举而歼灭之。

一、附进剿军计划。

二、附战斗前匪我态势要图〔略〕

第三十二集团军进剿匪军计划，民国二十九年十二月二十九日于宁国万福村

方　针

一、集团军遵照司令长官顾帑午攻召代电暨宥未攻召电之指示：以策应苏鲁友军作战，决先扫荡苏南皖南一带匪军、匪党为目的。于苏南方面对敌伪及匪军采取守势，以主力逐步构筑碉堡，稳进稳打，摧破皖南方面匪巢，务求彻底肃清之。

进剿开始时日，另有命令。

指导要领

二、封锁长荡湖至固城湖间及泾县至马头镇间匪军行军路线，确实隔断苏南皖南匪军之连系，并肃清各防区内及沿途残留匪军与其秘密组织。

三、苏南方面严密守备现阵地，肃清防区内之残匪　其诸设施。

四、任皖南方面进剿队应于十二月三十一日以前秘密推进至南陵、泾县、茂林、铜山徐、小河口、水东、翟包村、乔木湾、钱家桥、丫山镇之线，扼要构筑工事，确取连系，对匪区严密警戒，

随时防止匪军乘隙逃窜，并防其以各个击破之手段，集其主力向我反攻。攻击开始后，两翼军协力，先进出南陵、戴家会、峡山口之线，尔后向北压迫，务于长江南岸歼灭之。

五、攻击开始后，随战况之进展逐步扼要构筑碉堡，严密封锁，一面继续向旧县荻港坝埂头江岸压迫之，一面配合党政扫清残匪，安抚民众，救济农村，恢复原有区乡保甲组织，推行政令。

六、第二线部队于攻击开始后，协同党政机关迅速肃清驻地附近匪党及其秘密组织，并随时保持机动。

部署大要

七、第二游击区兼总指挥上官云相、总指挥冷欣，指挥第八八军、忠义救国军、第六十三师、独立三十三旅、挺进二纵队及苏南地方武力担任原阵地守备，肃清防区内匪军匪党，并适当控置机动部队，防止该方面匪军为策应其皖南方面作战向我袭扰或暴动等行为，并于适当时机扫清在郎溪至竹箦桥之匪军兵站及其秘密工作人员，截断匪军苏皖交通，忠义军须准备一个团以便于必要时立即分路派出清扫郎溪至孙家铺间匪军之兵站及秘密工作人员。

八、剿匪右翼军指挥官第二十五军军长张文清，指挥第二十五军（欠四十师）附炮一团第二营（欠五六两连），应以一部担任宣城方面之守备，主力与左翼军确取连系，展开于南陵、泾县、永济桥、丁家渡之线，向戴家会、三里店、汀潭附近匪军攻击，尔后向繁昌方面追剿。

九、剿匪左翼军指挥官副总司令刘雨卿，指挥第四十师、第一四四师、新七师之第二旅附炮一团第二营第六连暨战炮总队直属第四营（欠十五连）展开于湾滩、茂林村、苏口、包村、乔木湾、钱家桥、丫山镇之线，向云岭、何家湾、沙土角（戴家会西北四公里）各附近匪军攻击而占领之，尔后与右翼军协力，向旧县、荻港、坝埂头江岸追剿。

十、第七十九师位置于太平、石埭间，六十二师位置于榔桥河镇三溪间，随时保持机动。

十一、第一线各部队务于到达位置后，立即完成必要之工事，并即派队占领附近主要山峰，截断或堵塞通敌道路，配备守兵，严查行人，或断绝阵地前之交通，并多派侦探于远方，一面与友军妥密连系。

十二、各部于未奉攻击开始命令之前，应取防守姿势，并竭力避免冲突。

十三、第二线部队务竭力准备，须能随时立即出动，以便追剿与应援。

作战地境：

第十集团军	
	焦村—小百店—障吴村—张芝圹—亩桥—虹溪镇—吕山镇—钱家渡之线，线上属右。
第二游击区	
	焦村（不含）—园树街—四路桥—裘村—南呢咀—至水阳之线，线上属右。
剿匪右翼军	
	竹园村（三溪北八公里）—双家洲—大坑—法相寺—后山—大岭（汀潭东西二公里）—孝义岭—三里店—大黄村—戴家会—柏冲—大庄（赤滩东二公里）—冲里湖（繁昌西七公里）—小榼山上甲口之线，线上属右。
剿匪左翼军	
第二十三集团军	

第三　影响所及于战斗之天候气象及战斗地之状态

战斗直前连日霪雨，清弋江山洪瀑涨，道路泥泞，匪军行动于深山之中颇受迟滞。至战斗后，天气转趋严寒益增匪军之困难，且在丛山峻岭中战斗，日久匪即弹尽粮绝，又在战斗开始时，月色皎洁，匪军不易漏逃，天气地形均有利于我，实为消灭匪军之一助也。

第四　我军兵力指挥系统及部队番号主官姓名表：

陆军第三十二集团军指挥系统表

（三十年三月一日）

总司令上官云相，参谋长徐吉勛，副参谋长张襄葆，参谋处长武之屋：

第五十二师师长刘秉哲（钟吾），副师长朱惠荣（赓廷），

参谋长黄家桢，参谋主任邵建中：

第一五四团团长张俊清。

第一五五团团长张乃鑫，

第一五六团团长周鉴。

野补团团长邓光锋。

重迫炮营营长蒋之信。

工兵营营长陈金辉。

辎重营营长邱焕文。

炮五四团一营第一连。

第二游击区兼总指挥上官云相，副总指挥冷欣（容庵），

参谋长徐笙（雨笙），参谋处长李克廷（亚钦）：

第八八军军长范绍增，副军长罗君彤，

参谋长杨焜，参谋处长周治寰：

新二一师兼师长罗君彤，副师长杨焜，

参谋长吴韵金，参谋主任戴正中：

第六一团团长徐有成。

第六二团团长李文密。

第六三团团长黄君珠。

野补团团长黄行□。

独立三三旅旅长黄镇中(辟疆)，副旅长王文(匡抉)，

参谋主任吴楚山(亦字行)：

第六九七团团长王□□。

第六九八团团长钟□□。

第六九九团团长卢□□。

第六三师代师长赵锡田，副师长李浡(警涛)，

参谋长任培生(佩绅)，参谋主任金作声(子锵)：

第一八七团团长程树槐。

第一八八团团长李白村。

第一八九团团长蒋方奎。

补充团团长杨赓扬。

工兵营营长顾振武。

辎重营营长任人。

挺二纵队司令顾心衡(元之)，副司令胡炎(新晨)，

参谋长梁百川，参谋主任张振翼：

第四团团长胡炎。

第五团团长朱陆。

第六团团长杨中极。

特务营营长欧梁。

忠义救国军总指挥周伟龙(道三)，副总指挥杨蔚，

参谋长尚望(渭夫)，参谋处长：

教导第一团团长郭墨涛。

教导第二团团长李穰。

教导第三团团长阮清源。

淞沪行动纵队队长盖子瑾。

暂编教导第二纵队梅明章。

特务营营长周超□；

第二十五军军长张文清(廉夫)，副军长温鸣剑(明敬)，参谋长韩子正(谦明)，参谋处长张思义(敬唐)：

第四十师师长方日英，副师长陈士章(俊杰)，参谋长朱恺仁(泽谷)，参谋主任朱宇华：

第一一八团团长徐瑞享。

第一一九团团长刘万俊。

第一二〇团团长惠景施。

补充团团长曾正我。

炮兵营营长张重德。

工兵营营长赵朴。

辎重营营长黄道兴。

炮五四团一营(欠一连)。

第一〇八师师长戎纪五，副师长罗哲东，参谋长史耀东，参谋主任荆绍唐(宗光)：

第三二二团团长刘修杰。

第三二三团团长李荣林。

第三二四团团长周振声。

野补团团长李世镜。

炮兵营营长张凤口。

辎重营营长胡舟口。

军直属部队：

野补团团长刘伟民。

特务营营长刘凤德。

通讯营营长龚振。

辎重营营长朱敦典。

集团军直属部队：

特务营代营长张荣春。

廿二营营长潘海容。

宪十五团一营营长姜和瀛。

宪八团一营营长童鹤莲。

第五　战斗经过(附要图)〔图略〕

元月六日

情况：

(一)支晚由湾滩、章家渡南窜之匪，主力因天雨仍滞留于茂林、屯仓徐一带山地中。(二)本(六)日上午匪军警戒部队与我四十师搜索部队在茂林东南十余华里及铜山徐附近接触中。

处置：

甲、本部以鱼申利电给予左翼军刘总指挥雨卿、右翼军张总指挥文清、七九师段师长霖茂、六二师陶师长柳及上官兼总指挥、冷副总指挥命令要旨如左：

(一)匪情(如情况)。(二)集团军以迅速围剿该匪之目的，于苏南及宣城方面对敌伪暂取守势，即以至力于明(七)日拂晓开始围剿茂林、铜山徐一带匪军。(三)第二游击区应严阵守备，迅即扫清该防区内之残匪及其兵站设施与秘密工作人员。(四)右翼军应以有力部队担任宣城至南陵间原阵地守备，以主力展开于后山、湾滩、李庄、溪里风、东流山之线，与左翼军切取联系，于明(七)日拂晓向茂林方面匪军攻击。(五)左翼军（并指挥七九师已任进剿之主力以一部新七师)扫荡清弋江以西之匪区内残匪，进出于南陵、戴家会、何家湾之线而占领之。主力与右翼军连系，展开于屯仓徐、杨家、麻岭、小山、丁家、阴潭、小河口之线，于明(七)日拂晓向茂林、铜山徐方面匪军攻击，并以一部守备章家渡及沿无名河对茂林方面警戒，以防匪军窜回老巢。该军应置重点于右。(六)两翼军作战地境为小葛村、坦里口、东流山、茂林、湾滩、后山、曹家湾、里许、牛头山、南陵县城峩桥之线，线上属右。(七)七九师即归入左翼军作战序列，六二师控置于东岸附近待命。

七日

情况：

(一)匪约二千余由茂林向山口、岂山我四十师攻击，正对峙中。其攻击岂山之匪被我击退，现坦里口附近对峙中。(二)牛栏岭以北有匪五六百名，麻岭以东之无名山有匪二三百名，与我七九师对峙中。(三)榜山已被匪占领。

处置：

甲、奉司令长官顾鱼未翱电开："叶挺、项英不遵命令以主力由皖南渡江就指定位置，乃擅率驻皖南所部于支晚开始移动，企图窜据苏南，勾结敌伪、挟制中央，似此违背命令，自由行动，破坏抗战阵线，殊堪痛恨。为整饬纪纲，贯彻军令，对该军擅自行动部队决予进剿，仰贵总司令迅速部署所部开始进剿，务期于原京赣铁路以西地区彻底加以肃清，并严督党政方面配合军事积极工作，俾绝根株。又对该军化整为零，企图流散时之清剿，并希预为计划及准备为要。"等因。

本部进剿匪军及对匪军流散时处置(如进剿匪军计划)，上电以虞午利电分别转饬所属各部队(独立旅及挺进纵队以上)，并各党政机关协力进剿。

乙、以虞未利电给予刘总指挥雨卿命令要旨如左：

榧岭山口附近匪军与我方师一二〇团激战甚烈，为防止匪军主力由该处突围逃窜，除令刘师以一五五团向榔桥河急进协力方师作战；一五六团迅速进驻湾滩、查村之线，向茂林方面攻击；一五四团推进巧峰策应外，希饬方师确实掌握榧岭山口之隘路，并严令段、唐两师迅向屯仓徐、茂林一带匪军断然攻击，务于最短时期内将该匪歼灭为要。

丙、以虞未利电给予张总指挥文清命令要旨：

（一）匪情（同上电）。（二）刘师在巧峰之一五五团应即向榔桥河镇前进，与方师协力歼灭该匪。山石铺之一五六团迅速进出湾滩查村之线，向茂林方面匪军行断然攻击。其一五五团即推进至巧峰附近策应。

丁、以虞申利电给予刘总指挥雨卿命令要旨：

（一）据报由茂林向我方师进犯之匪军约二千人，现仍在山口及坦里口附近与我激战中。高岭及麻岭东之无名山各有匪数百与我一一九团及段师一部战斗中。茂林附近已无敌踪。（二）着一四四师立即渡河急向山口及坦里口匪之背后猛力攻击，以收迅速聚歼之效。（三）七九师在铜山徐之部队，应速抽派一部迅即绕至高山坪，夹击麻岭以东及高岭之匪军。

戊、以虞申利电给予张总指挥文清命令要旨：

（一）着五二师刘师长务率该师主力于一小时内占领榔桥河镇。（二）如该镇有敌，应不惜任何牺牲，断然全力攻击，务于本晚十二时以前占领之。

己、以虞酉利电给予刘总指挥雨卿，张总指挥文清命令要旨：

（一）匪情如贵官所知。（二）应严令五二师、四十师及七九师（在南正面一部）各向当面之敌断然攻击，并将各路口予以严密之封锁，以免匪乘夜漏窜。（三）七九师及一四四师之主力应乘夜努力前进，不顾疲惫，分向麻岭、山口至榜山一带山上与我对峙之匪侧背后予以断然攻击，以收夹击之效，歼匪之机即在今夜至拂晓数小时内，各师团长务必不顾一切督率进攻。切切。

庚、以虞酉利甲电给予刘总指挥雨卿、张总指挥文清并立转各师旅团长命令要旨：

（一）匪以乌合之众不过五千人，枪二千余枝，缺弹无炮，窳败实不堪一击。（二）刻匪四面被围，官兵恐慌，毫无斗志，欲逃不能，欲守不可。（三）我以精兵五师业已合围，若不能予以歼灭，使匪漏逃，实为吾辈莫大之耻辱，无以对委座及长官。（四）歼敌别无他法，只有不顾一切断然乘夜施行攻击，仰各贵官应不待命令，自竭诸种手段，以赴事功。至嘱至祷。

战况：

本（七）日晨匪军约千余分向榧岭方师一二〇团进犯，被我击溃。午刻，匪复增加，向榧岭以南高地窜入，陷我榧岭、沥岭，继向山口、牛栏岭猛攻，该师一一九团由内浮溪向匪迂回，当即占领牛栏岭、七十二罐、鸦鹊山之线，与南犯匪军激战至黄昏，匪集中约二千猛扑牛栏岭，战斗至烈。该团第三营营长杨孝忠殉职，部队转移于金龙冈、鸦鹊山之线坚持。虞未大坑匪之第一团主力向坦里口、岂山一二〇团窜犯，截至入夜，匪我仍在该线对峙。巳刻七九师二三七团推进至岭头新岭，发现桐山村、麻岭仅匪小部队，均经派队驱逐，先后于午刻占领该据点，同时并将高山坪、毛栗山各高地占领，以一部向茂林前进，主力向麻岭以东匪军攻击。本晚该师二三五团、二三六团各以两营共接替四十师一一九团防务。

新七师孟旅于本（七）日拂晓推进至戴家会、大里丁、何家湾，向繁昌方向警戒。该旅第三团集结于乔木湾一带。

（附七日战斗经过要图）〔略〕

八日

情况：

（一）零时四十分牛栏岭至坦里口一带匪军攻击甚烈，山口匪伤亡达七八百，牛栏岭匪伤亡亦三四百。（二）据方师四时捕获俘虏供称：匪主力两支队均在山口及坦里口，叶、项、袁诸匪首均在内，并在山口集众训话，以手枪连猛冲礼坊，牛栏岭系一个支队。（三）七时，我左翼军七九师部队由高山坪向东南压迫。牛栏岭附近之匪有抽调部队向高岭迎击模样。（四）十一时，洪家老屋及弋村我五二师部队与匪接触三四小时。（五）四十师当面之匪为一、二、五、六教导、特务团等六个团，昨（七）日晚在风流铺与匪激战甚烈。本（八）日辰已趋沉寂。

处置：

甲、以齐辰利电予七九师段师长命令要旨：着贵官立即率全师全线向东进攻，夹击在牛栏岭、文昌阁、山口、坦里口一带与我四十师对峙匪军之侧背，务期于本午十二时以前解决歼灭之。

乙、以齐午电予一四四师唐师长命令要旨：（一）匪军主力渐向北移，有窜回泾县图逃之样，其一部约千人正在榜山以东至坡脚山之线与五二师之一五五团对战中。（二）已令五二师朱副师长率兵一团扼守黄村、大坑之线，防匪北窜。（三）贵师务速向湾滩、丁家渡各派一营竭力据守，并酌派兵抢守法相寺，与黄村朱副师长连络策应，防匪北窜至要，章家渡、溪口尤为重要。

丙、十二时十五分以电话予张总指挥文清命令要旨：

（一）判断山口附近之匪军有北窜泾县模样。（二）五二师朱副师长即率在晏公堂之部队进驻黄村，与原在大坑附近之两营防匪北窜。（三）军预备队即由杨柳铺向泾县城前进。

丁、以齐午二电予刘总指挥雨卿、一四四师唐师长明昭、七九师段师长霖茂命令要旨：

（一）匪军千余正在榜山脚下与五二师一五五团激战中。刘师长集结四营于乌溪，决于本（八）日下午二时向榜山、双家洲之匪断然攻击，务期夺占榜山。（二）巧峰至椰桥河布防甚稳，极有把握。（三）已令朱副师长率五二师野补团由泾县急赴黄村占领之，防匪北窜。（四）段师长务督促该师主力竭力向东北攻匪之侧背，并以一部协同四十师速扫荡七十二罐之匪。（五）唐师在茂林之团务速以一部攻双家洲匪之侧背，并于鹿角山、昆山、山羊三要点各派兵两连占领之，尤须确保茂林村至要。

丁、以齐未利电呈报长官顾以上各处置。

戊、二十一时奉司令长官顾庚未秘电开：匪军经我各部围剿。穷蹙一点，消灭在即，为期能于短时间彻底肃清，毋使漏网起见，希即督励所部协同友军切取连系，努力进剿，务严令包围于现地区。限电到十二小时内一鼓而聚歼之，勿使逃窜分散为要。

总司令基于上电，以齐亥利电予刘总指挥雨卿、张总指挥文清命令要旨：

(一)转长官顾庚未秘电。(二)集团军决于明(九)日拂晓再行全线总攻，务于明(九)日正午以前将匪包围于现地区而聚歼之。(三)左、右翼军所属各部应自行斟酌情形，除以必要部队留守要隘，包围残敌及与敌对峙于原阵地与主要山峰外，务本长官顾所示要旨努力抽出攻击部队，或以主力，或以一部应于明(九)日拂晓四时以前准备完毕。(四)因匪军意在夺路逃窜，其主力随时变换方向试行突破，故各部出击目标须俟拂晓前临时以电话另行指示之，以免临时变换之苦，希各贵官竭尽诸般手段，克服困难，努力实施为盼。

战况：

五十二师于本(八)日拂晓以一五五团挺进小白花镇附近，派队向榜山搜索，卯刻与匪数百遭遇于榜山麓，匪向我猛冲，企图东窜，均被我阻击，迄午仍对峙中。刻一五六团第一营前进至六男桥，一部向苏村之匪攻击，激战二小时，残匪逃至榜山，我即前进向榜山西南无名高地之匪攻击，激战至午，均为我攻克。我一五四团第二营为策应一五五团之作战，亦进出水雷附近，申刻即向该地西南无名山之匪攻击，于酉刻攻占其以东第一、二两峰。一五五团一营分向榜山、小白花镇以西攻击，正激战中。计毙匪百余，我伤亡二十余。

七九师于齐辰二三五团之一部占领高岭，主力于巳刻先后攻占牛栏岭、沥岭继向狮子山、椅子堂攻击。二三六团于齐申攻占七十二鑢，俘虏匪军数名，枪数支。二三七团虞午扫清麻岭以东无名山残匪，继续东进中。

四十师本（八）日零时四十分牛栏岭至坦里口一带匪攻击甚烈，正与我激烈战斗中，匪伤亡已达千余，拂晓战斗转趋沉寂，匪我仍在坦里口、□□、牛栏岭一带对峙中。我炮兵亦开始向牛栏岭射击，协力七九师之攻击，与我四十师在坦里口、山口对战之匪计有一、二、五、六、教导、特务等六个团。

一四四师四三一团鱼申占领云岭；四三〇团鱼申占领章家渡；四三二团虞申由小河口渡河向铜山村、茂林前进，虞午攻占奎坑、飞叶岭继向东流山、高坦徐攻击。

（附八日战斗经过要图）〔略〕

九日

情况：

（一）二时三十分匪主力似有移动方向之模样，但尚未判明。（二）三时三十分据报：榜山以北为匪之第三支队，以南为其特务团，共约千人。（三）六时三十分据报：狮子山、椅子堂附近源岭西南及西北两无名山均有匪军，惟数目不详。（四）十时二十五分据报：本（九）日九时我五二师攻占榜山，匪向东流山退去。（五）十时卅四分据报：在茂林之一四四师四三〇团已进抵屯仓徐。（六）十时四十五分四十师一二〇团已占领榧岭，榜山西北之匪军一部窜到鹿角山，高岭之匪已被我七九师包围攻击中。（七）狮子山、高岭一带之匪，刻向东流山方向退窜。（八）十三时东流山以北之匪向茂林攻击。（九）十六时据报：东流山之匪仍向四三〇团高潭徐、飞叶岭一带攻击，均被击退，现仍激战中。（十）廿四时据报：匪约二千余已退至东流山上，高潭徐为匪占领。大坑匪已被我一五四团驱逐。

处置：

甲、以佳辰电予刘总指挥雨卿命令要旨：

速令段师即以两个团（各欠一营）编为两个攻击支队，由源岭、沥岭分两路出击：一路向框岭、榜山之匪侧击；一路向东流山、茂林之间屯仓徐一带突击匪军之侧背。其余部队迅速包围肃清椅子堂一带残匪。

乙、以佳午利电予段师长霖茂命令要旨：

对于高岭、狮子山地区之残匪，务以二三五、二三六两团之全力四面围攻，期于本(九)日黄昏前解决之。二三七团务严密配置于毛栗山至茂林之线，防匪西窜。

以佳西利电呈长官顾本日战况。

丙、以佳亥利电予刘总指挥雨卿、张总指挥文清命令要旨：

(一)集团军以迅速歼灭该匪之目的，决于明(十一)日拂晓继续猛攻，务将匪之主力而歼灭之。(二)左翼军以主力由湾滩(不含)、黄村方面，以有力之一部由双家洲分向当面之匪猛攻。(三)右翼军以一部经茂林村沿无名河流至溪口、章家渡、湾滩左岸之守备，至力由坦里口、屯仓徐、茂林、花林乡、湾滩之线向当面之匪猛攻。(四)两翼军攻击前进时应密切协同动作，并各以小部占领要隘，以防匪之漏窜。

上电以佳亥利电呈长官顾。

战况：

五二师于昨(八)日廿四时向榜山之匪攻击，激战甚烈，与我对战之匪颇精锐，迄本(九)日三时许战况转趋沉寂。在山巅及其附近地区以北为匪第三支队，以南为匪之特务团，刻我一五六团(欠一营)在榜山东南，一五五团及一五四团在榜山东北乌溪一带，于本(九)日辰九时我一五五团及一五六团攻占榜山，匪向东流山退去，我正肃清中。廿时四十五分许，榜山以北小高地之匪约四五百名各占三个山头，现已被我攻占一个，俘虏匪约百余，枪四五十支，刻仍向匪续行攻击中。该师一五四团于廿四时将大坑之匪完全驱逐而占领之。

一〇八师在泾县之六四四团由泾县向大坑附近前进，于本

(九)日四时到达黄村。

四十师一二〇团于十时四十分攻占榧岭，并向高潭徐前进，到达后即向茂林之匪攻击，该部占领后，即掩护该师一一八团由山口经屯仓徐至高潭徐，准备明(十)日辰向高潭徐之匪攻击。

七九师二三七团于三时开始向狮子山、椅子堂前进，与匪遭遇，激战至十三时，匪不支，向东流山方向撤退，该师二三六团即占领高岭东之无名山及狮子山、椅子堂、杨家；二三七团占领南容、王家当会同四十师一二〇团由榧岭向高潭徐前进，到达后向茂林攻击敌之侧背。

一四四师方面，廿一时向我茂林攻击之匪被我击退，唐师长已进抵茂林指挥。东流山之匪向四三〇团高潭徐、飞叶岭一带攻击，均被击退。四三二团已到达麒麟山。

(附九日战斗经过要图)〔略〕

十日

情况：

(一)五时据报：榜山残匪尚在包围中。(二)五时十五分据报：南容、高潭徐均有匪军。

处置：

甲、以蒸正午电予刘总指挥雨卿、张总指挥文清清剿计划要旨：

关于本日分区清剿计划业已口授命令开始实施，特补给电令如下：(一)残匪伤亡过半，三日未食，自昨(九)日晚起，战志全失，匪首无法掌握，已分头窜逃星散于我包围圈内。(二)左翼军：(甲)方师应占领礼坊、文昌阁、山口里、方坑、坦里口、榧岭、屯仓徐、高坦徐、飞叶岭各要点(非有命令不得撤退)，并以主力清扫双家洲至溪里风以南及溪里风无名村、飞叶岭至高坦徐之线以东，即东流山周围地区内之残匪；(乙)段师应占领礼坊（不含)、沥岭、源岭及其西北无名高地狮子山、椅子堂、杨家、奎官凸、麒麟山、南容各要点，高山坪亦特须占领（各据点非有命令不得撤去），并以主力清扫山口至高坦徐之线以南及高坦徐、南容、麒麟山、高山坪以东地区内之残匪，限本（十）日黄昏前清扫完毕。（丙）唐师应占领康营、景照公、东山、茂林、羊山、风村无名山、王村至昆山各要点（非有命令不得撤去），并以一部清扫飞叶岭至昆山之线以西及高坦徐至景照公之线以北地区内之残匪，另以大部清扫茂林至昆山、溪里风之线以北及溪里风、李村、大坑至黄村之线残匪，限本日黄昏前清扫完毕。（三）右翼军刘师及戎师之李团、周团应占领榜山及洪家老屋、董家山、双家洲及鹿角山南端无名高地、溪里风、李村、大坑、黄村至湾滩之线（以上各点非有命令不得撤去），肃清该线以东以北地区内之残匪，并以一部由鹿角山向南协助方师清扫东流山以北高地之残匪（叶挺、项英高级人员均在该处），限本日黄昏清扫完毕。（四）以上各项务希严令所部努力遵照实施，随时具报。

战况：

五二师本（十）日由榜山北窜匪军（独立支队）被我压迫于无名山以西，经我整日包围搜剿，斩获甚众，余匪向求岭、鹿角山一带逃窜，拂晓我一五六团陈营续向无名山西北攻击，激战时许，匪不支北窜。同时该匪猛冲三叉河殷营阵地，战斗激烈，遂以一五四团张团长率兵一连增援，遂将匪击溃，残匪向西逃窜，即刻一五五团第二营在双家洲以北无名河东岸搜剿，当与匪发生激战，余匪不支向求岭方向逃窜，当即俘虏匪军参谋处长赵凌波一员及匪兵百余，步枪十余支，并准备明（十一）日搜剿求岭、鹿角山一带之残匪。本日计伤亡士兵卅五名，毙匪三四百名。

四十师一一九团主力及一一八团一部于午刻攻占东流山最高点，刻正扫清残匪中。

七九师文团主力及王团一部于本（十）日辰展开于麒麟山南北之线，向匪攻击，激战至午，匪不支，越浮盖山溃散，计毙匪二百余，俘虏十余。该师一部昨午迄本(十)日先后占领沥岭各高地及王家、奎官凸亘南容、浮盖山各要点，清扫潜伏该区内残匪大部在茂林附近以防匪军向西北窜逃。二三六团于本辰接替七九师二三七团麒麟山阵地线。

一四四师四三〇团于本辰在飞叶岭、唐家埂、溪山、王村、昆山及雷圹东面之无名山一带。四三一团将溪口至丁家渡河防交新七师后即向古里圹以东挺进，该团第三营仍在茂林乡以东李村、大坑及黄村以南各无名山地，后将黄村西南孤山及花林乡东北山头交新七师田营。为防匪突围计，该师已于辰刻向匪总攻，激战甚烈。刻四三〇团已攻至东流山腰。四三二团于本辰由南容分向屯仓徐、高坦徐攻击，战约五小时，匪不支，分向东流山溃退，该团于十一时许先后占领屯仓徐、高坦徐各要点。入夜，匪倾其全力大举进犯，我仍坚持高坦徐、飞叶岭、溪边山、昆山之线，酉刻鹿角山匪军约四百人攻我四三一团溪里风右侧高地，激战二小时被击退。

新七师一部接替溪口、丁家渡河防。该师田营接替黄村西南孤山花林乡东北山头。其第三团到达章家渡。

连日以来匪军经我果敢围剿，歼灭大半，迄本日止仅余少数，现在我积极清剿中。

(附十日战斗经过要图其一、二、三)〔略〕

十一日

情况：

(一)六时据报：在东流山之高峰望见鹿角山及其以南无名山有满山谷之匪军、马匹等，大部向西北，一部向溪里风移动，共约数千。(二)二十三时据各部报：我俘虏甚众，正清查中。

处置：

甲、奉司令长官顾佳戌翱健电开：新四军不遵命令，自由行动，亟应严加防范，在此期间党政军务须切实连系，嗣后凡关地方防止异党活动及一切善后事宜，贵总司令对江南皖南两行署及军长对于专员，师长对于县长均得以命令指挥，并转饬军师长。

上电以真申利电转各军师长遵照。

乙、以真酉利电报长官顾蒸真两日战况：

(甲)佳午残匪大部窜据东流山、鹿角山一带，一部三、四百残留南容、浮盖山地区。(乙)蒸日：(1) 卯刻我方师徐团向高坦徐攻击，辰刻占领，残匪向东流山逃去；(2) 辰刻段师文团及唐师四三二团合歼南容、浮盖山之匪，当被击散，四三二团即占领南容，现仍在扫荡中。(丙)真辰我六四四团、一五四团、四三一团合向鹿角山、求岭之匪攻击，刻已进抵鹿角山西麓及大坑以南地区，方师刘团向东流山攻击，巳刻占领该山最高峰，匪大部窜北麓无名高地，一部约二三百被我包围，现正围歼中。(丁)自虞辰至本(十一)晓各部俘虏匪官兵九百余人，枪支文件甚多。

战况：

五二师及一〇八师：拂晓一〇八师之六四四团在求岭、鹿角山以北高地与匪遭遇。此时我五二师之一五六团已到达指定地点向匪搜索。巳刻一五四团之一、三两营到达李村即向鹿角山之匪攻击，迄申仍激战中。未刻我一五六团殷营攻占求岭，毙匪甚众。陈营已迫近鹿角山南。申末一〇八师六四四团占领鹿角山，毙匪五十余并俘虏匪军上校参谋曾汝霖一名，及酉该团在原线一面构筑工事，一面搜剿并准备明(十二)日续行搜剿，并以一五四团以一部占领溪里风及李村西南高地，防匪突窜。

四十师于未刻将东流山之匪完全击溃，全部占领之。在东流山以北山高地仍有残匪一部，我正肃清中。匪大部麕集于鹿角山附近，徐、刘两团正向匪围剿中。

七九师于本(十一)日丑刻已肃清划定区域内之残匪，计先后在屯仓徐、浮盖山附近俘匪十余。

一四四师四三一团经不断向鹿角山、求岭进攻，已将溪里风前各小高地占领，夺获重机枪一挺、步枪数支，俘虏匪军数十名。午刻该团由左翼迂回，由求岭向大坑进攻及抵山腹时已薄暮，遂在原线彻夜，于明(十二)日拂晓续行攻击，计俘虏匪八十余、马四匹、迫击炮一门、轻机枪二挺、步枪五十余支。

(附十一日战斗经过要图其一、二)〔略〕

十二日

情况：

(一)四时四十五分据报：匪首叶项等仍在东流山之孙村。(二)十六时孙村之匪已被我包围，正聚歼中。

处置：

甲、以文辰利电予刘总指挥雨卿、张总指挥文清命令要旨：

兹补本日拂晓总攻命令：(一)匪情各贵官所知。(二)右翼军应以五二师之一部(一五四团、一五六团)由求岭、鹿角山向南攻击，主力(一五五团、一五六团)由双家洲向西攻击，着刘师长率六四八团主力亲到双家洲指挥。(三)左翼军：(1)四十师主力(一一九团及一一八团之一营)由东流山东北端向鹿角山之匪夹击；(2)一四四师以全力由现位置向东攻击；(3)七九师仍继续搜清指定区内之散匪；(4)蒸正午电指定各部队应占领之封锁要点，不得撤去；(5)各部队前进时应密切连系，并注意观察友军之进展，以免与友军发生误会；(6)放火烧山并令士兵喊其投降。上六项，希即切实遵照。

战况：

五二师本(十二)日拂晓以各团续行搜剿，并以一五五团向双家洲附近集结，准备向鹿角山以南攻击。卯刻一五六团第二营推近鹿角山东侧高地，巳刻攻占鹿角山山巅。一五四团已占领鹿角山第二峰，匪被迫向西逃窜，该团并派队至溪里风堵截。斯时朱副师长率六四八团第三营到达大坑吴家。午刻六四四团主力到达东流峰以北山地。师指挥所亦推进至梓坑四十师刘团于本(十二)日十六时许将东流山及其以北无名高地之匪包围，该团以果敢之攻击，遂将该匪击溃，当即占领该山及各高地，俘虏匪百余，获步机枪百余支，残匪于十七时曾一度向无名高地猛攻，被我击溃，匪散亡极重。孙村及其附近各小高地残匪百余，已被我徐团全部肃清。

七九师二三七团之两个营，文午由飞叶岭北端高地向东流山、孙村一带匪军攻击。以二三五团之一营由高坦徐西侧协同二三七团夹击孙村南端高地之匪，激战至未，赖我步枪之协力遂即攻占孙村南北各高地。二三七团因受敌侧防火力之瞰制，攻击未能如期进展，迄申经我以追击炮猛击，该团即夺占孙村附近高地，当以一部肃清区内之残匪，主力附二三五团之一营续行向北压迫，至酉刻已时孙村南北山麓及西方高地残匪肃清而占领之，俘获甚多。

一四四师，本(十二)日十时卅分，匪主力集中东流山西面及鹿角山南面，企图向我南面突围，昨(十一)夜以来不断向我四三〇团、四三一团阵地猛攻，均被击退，现我除加强工事外，大部协力友军攻击当面之匪，务于本日内肃清残匪，以四三二团在羊山、凤村、雷塘之线层层配备，构筑坚固工事，防匪突围。

(附十二日战斗经过要图)〔略〕

十三日

情况：

(一)二时据报：匪主力千八九百于昨(十二)日廿四时由溪里风一带突围，现正与唐师在冬青树、雷塘一带激战中。(二)六时五十分东流山北无名高地有匪千余昨夜向我冲击三次，拂晓我一一九团向匪攻击中。(三)十二时据报：我六四四团俘虏匪军少将秘书长一员。(四)十八时卅分四十师攻击东流山西北无名高地之匪，其主力已被歼灭十分之七八，俘虏达八九百，闻袁国平被我击毙。

处置：

甲、二时总司令以电话予刘总指挥雨卿、张总指挥文清命令要旨：

(一)令朱副师长率领大坑之一个营迅向黄村、湾滩间之点线路交叉路口，亦以一部占领湾滩南之无名高地，堵截匪之北窜。又乌溪一个营速向湾滩、黄村间急进，到达后归朱副师长指挥。(二)令刘□〔副〕师长率领四个营向溪里风、冬青树进攻，限本(十三)日晨到达冬青树。又双家洲至傍山以两个营担任守备，协力友军求匪主力而歼灭之。(三)令彭副师长率两个团由茂林向冬青树、雷圹急进，增援唐师之堵击，寻匪主力而歼灭之。段师其余部队迅于茂林集结待命。

乙、九时总司令以电话予刘总指挥雨卿、张总指挥文清命令要旨：

(一)匪军大部已于本晨由溪里风突围经冬青树、凤村向章家渡窜去，残留二百余现在冬青树围歼中。

(二)朱副师长所率之一个营即向花林乡急进堵击，并侦察匪军。

(三)刘师长率部由冬青树取捷路向章家渡寻匪主力追击。

(四)由乌溪向黄村前进之一个营到达后，协同野补团之一营严密封锁黄村至湾滩之线。

(五)向冬青树前进之七九师四个营，即以两营向湾滩搜击匪军，另以两营向章家渡寻匪追击。

(六)在云岭、中村之部队即分别推进至湾滩、章家渡、溪口至茂林沿河防务。

丙、以元酉利电呈长官顾战况。

丁、以元酉利电予刘总指挥雨卿、张总指挥文清命令要旨：

(一)在鹿角山以南东流山以北高地及溪里风至李村以东地区之残匪，本(九)日被我各部击毙及俘虏者共约三千余人，残余约千余仍在原地，企图作最后挣扎中。

(二)右翼军应严密封锁湾滩至黄村之线，防匪逃窜。

(三)左翼军：(1)应即加强茂林、溪口、章家渡、湾滩沿河之守备，严密封锁；(二)七九师之二三五团及二三七团仍在章家渡以南、花林乡以西地区搜剿逃窜之残匪。

(四)方、刘两师以主力密切连系，突击东流山以北鹿角山以东及李村、溪里风至孙村间之残匪，限明(十四)日十五时以前彻底肃清。

(五)一四四师于拂晓前由前线分别多派小部队扫清各团当面之残匪，协同夹击。上五项，仰即遵照。

战况：

五二师方面：文夜企图逃窜之匪，经我守备部队截击后，一部经昆山北窜，大部分向西南东北方窜逃。该师于本(十三)日仍以各团续行搜剿。寅刻六四八团向茅山占领阵地，一部位置于黄村，阻匪北窜。辰刻一五六团第二营占领鹿角山以南高地，第三营仍在求岭掩护一五五团向溪里风攻击。六四四团主力向鹿角山承流峰南侧攻击，相继攻占鹿角山北端高峰，求岭承流峰匪军主力被迫退守鹿角山东南山地。当时大坑西南枪声浓密，即令六四四团第二营归还大坑，并令该团除在西南鹿角山以北留置必要兵力协同一五四团阻匪北窜，主力准备侧击逃匪，并跟踪搜剿。未刻一五五团攻占溪里风西南高地，残匪向大坑方向逃窜。同时师指挥所及一五六团第三营向大坑前进。六四四团之第二营即与匪遭遇，当令一五六团之第三营由承流峰向西北进攻；第二营即自鹿角山向东北进攻。六四四团第二营沿求岭至大坑道路两侧向北突进，迄戌刻仍在保家山以北地区激战中。

四十师本(十三)日于茂林附近将匪军主力歼灭，袁国平被我当场击毙，俘虏匪军达七八百，获炮二门、步枪五六百支。

七九师辰刻以二三五团主力清扫茂林经杨村至章村道，一部巳刻清扫凤村经冬青树、花林乡至余林道；二三七团主力于巳刻清扫凤村至青紫庵南约五里无名村道各两侧地区之残匪，一部于孙村西北高地向溪边山东南地区压迫匪军。迄未刻二三五团搜至章村东北地区，发现章家渡南之无名村有残匪百余名，该团当即以一部向之围剿，遂将匪之大部歼灭，并俘虏甚多。二三七团酉刻搜至大路徐附近，亦俘溃匪一部。戌刻奉令以二三五团开至凤村二三七团冬青树附近，策应友军作战。

一四四师四二一团方面：十四时许匪四百余向该团猛袭被我迎头痛击，卒将该匪击溃，卤获甚多。

（附十三日战斗经过要图其一、二、三）〔略〕

十四日

匪军连日经我各部围剿以来，主力已全部消灭，匪首叶挺已遭我擒获，仅项英率小部化装在逃，尚有零星散匪散布该区，兹为彻底根株计，遂以寒酉利电予刘总指挥雨卿、张总指挥文清下达分区清剿命令要旨：

（甲）匪军主力现已消灭，其余散匪仍星散隐匿各山村及丛林中。

（乙）集团军为严密清扫战场，搜捕匪首，特分区清扫如下：

（丙）右翼军以五二师严密封锁湾滩、黄村沿无名河至双家洲（不含）之线，清扫该线以南以西及双家洲、凤村、冬青树、花林乡、湾滩以北以东区内之散匪。

（丁）左翼军：（一）七九师应严密封锁双家洲沿无名河、山口、榧岭、屯仓徐、高坦徐、景公照、茂林之线，清扫该线以西以北及茂林、凤村、双家洲以南区内之散匪；（二）一四四师应严密封锁茂林（不含）沿无名河经溪口、章家洲至湾滩（不含），清扫该线以东以南及湾滩、花林乡、冬青树、凤村以西以北区内之散匪。

（戊）以上各部队均限明（删）日正午前到达指定位置，迅即清扫，限十七日黄昏前清扫完毕。

（己）着戎师之六四四团及六四八团交防后开杨柳铺附近，归还建制。

（庚）着四十师交防后于明（十五）日黄昏前集结于椰桥河、三溪间，待归复该军建制。

（辛）新七师第二旅俟一四四师接替溪口、茂林、溪口、章家渡至湾滩防务后，仍担任南陵（不含）至章家渡之线守备，并搜索何家湾、戴家会、繁昌一带地区内之散匪。

（壬）各部细密清扫战场，特须注意遗弃械弹及化装潜匿之匪军要员，勿使漏逃。上九项，仰即遵照。

本（十四）日申刻我五二师在鹿角山擒获匪军军长叶挺及要员多人。

二十一日

以马未利乙电予刘总指挥雨卿、张总指挥文清命令要旨：

匪军今已肃清，着左右两翼军以本月廿六日为任务完毕之期，自廿六日起一四四师及新七师之一旅与四十师均即归还建制，两翼军之战斗序列亦即终止，希即遵照具报。

上电以马未利乙电报长官顾。

第六　附表〔略〕

第七　作战检讨

甲、我军成功之主因

一、部署适当，该匪军自投罗网。

二、我军行动迅速，匪军无从应付。

三、对部队督促严厉。

四、稳扎稳打，兼能勇敢突击。

五、四十师绪战挫匪锐气。

六、天候地形使我特殊有利。

七、通讯一般良好。

八、补给尚称圆滑。

九、官兵无惧敌观念，士气振奋。

乙、匪军失败之主因

一、状况判断错误，轻离老巢，南过章家渡，投我部署上最强之包围圈内。

二、前有大山，后有大河，地形特殊不利。

三、天候阴雨，迟滞行动。

四、战前匪军各将领因决定北移路线之意见分歧，战时傅秋涛先逃，叶、项亦离心离德，不能统一指挥。

五、携带有限粮秣，困斗于贫瘠之山地中，饥寒交迫，失却战斗力。

丙、作战

一、各级指挥官对所得情况，务须缜密研究，加以正确判断，然后呈报上级指挥官以作决心之资料，对不正确之情况，宁可缓报或不报，以免扰乱上级指挥官之决心。

二、各级指挥官如情况无大变化，应努力贯彻决心。

三、在下达要求部队依限达成任务之命令时，对时间特须注意，一经下达，即须彻底要求遵时达成，否则立予处分，以立指挥官之威信及命令之尊严。

四、部署不严密，致匪逃窜一部。

五、每次战役，我炮兵往往不能发挥威力，其主要原因固在配付弹药量太少，而部队指挥官亦常因对步炮协同事项指示欠周密，以致未能令其适时加入作战，此应切实研究改善。

六、各部队鲜能利用好机为独断之行动，致企图欠旺盛，尔后上级指挥官指示任务时，应使下级指挥官有独断专行之余地，以免下级指挥官动作掣肘。

七、各级指挥所组织仍欠健全，致使工作不能充分表现。

八、战斗于包围圈缩小时，各级指挥官须互相切实连系，规定连络记号，并将友军情形随时详告第一线各部队，以免发生误会；

又在包围圈以外各要隘，应酌留部队担任警备，以防股匪之漏逃。

九、四十师不顾一切先予敌以坚强之抵抗，继以猛烈攻击，将匪军完全击溃，足可证明旺盛之企图心，才能克复一切达成致胜之目的。

十、战斗一经开始，对部下赏罚应适时明令公布，以资鼓励与警诫。

十一、团以下通报报告太少，使各级司令部不能明了全般状况，而在前线各师长更感困难。

十二、山地作战，上级指挥官依照地图下达命令，不宜过于拘束，盖实地情形与图上相差悬殊耳。

十三、各部队战斗接触后，务须将营以上各部队与指挥所位置及全日战况经过、伤亡概况，自动以电话报告上级指挥部。

十四、关于各部用电话径报上级主管之战况，部下幕僚因不便询问主官，致对细部永不明了，未能将敌我势态适时标示图上，因之对全般状况难适时呈出所要之资料，为补救此缺点，主官旁应有幕僚记载，或主官随时告知幕僚记录。

十五、幕僚不能指挥部队，为多年来部队指挥之惯例，如军长在电话上可严令某师速派一营限时往援某师某地，而军参谋长即不能如此，一经客气商酌即误时机，乃指挥习惯不良，亦指挥官之苦处。

十六、各部队对上级指挥官命令，尚有未能彻底奉行者。

十七、命令有过于干涉细部之嫌。

丁、情报：

一、搜索不力，匪军南移均不知之，嗣后前线各部队须广派侦探群及便衣队与敌时时保【持】接触，以利情报。

二、情报参谋应尽诸种手段搜集所要情报，适时报告指挥官与通报上级情报参谋。

戊、后方勤务

（子）、通讯：

一、有线通讯，因线路过长，增设线路不易，致感线路少，报话拥塞。

二、师以下电话通讯网，每日均有变更，于到达新位置后不能将电话迅速架通，甚或有数日不通话者，致使命令、通报、报告均不能如期传达，贻误事机。尔后各部队应将所有通讯器材妥加运用，虽在短时间之停止，亦须与所要之上级及下级指挥部连络，以利指挥。此种设施需要妥密之计划与纯熟之技术，故平时对训练上应特加注意，各级亦应随时注意，必要时更可特别指示之。

三、师以下电台每日均有行动，常因连络时间错过，即不连络，以致不能通讯，今后应注意改进。

四、各部队之无线电通讯多有未能按时取得连络者，查其原因，不外电台故障或不遵守连络时间所致，此种弊病应由指挥官及幕僚时时注意督饬，对损坏机件应随时修理，不可存得过且过之心理。

（丑）、补给

一、此次作战事前因绝对保守秘密，致积集粮秣弹药甚少，故部队到达，食米不济，弹药未能随时运齐，嗣后应注意及之。

二、各部队平时弹药有不照规定基数携带者，故一受作战任务，即告弹药缺乏，各部队应注意办理。

三、各部队在作战间不能时时明了弹药消耗状况预请补给，非至消耗将尽，始请补给，且不按正式手续办理，纵能予以补给，焉能适时交付，此系一般通病，应力行改革。

四、作战之前呈奉准发之铅线，至战事结束尚未运到，究其原因，系由上饶启运既感路途过远，又因交通工具不完备，致误时机，应请由就近之器材库发给。

五、各部队请发粮秣手续多有不合，致兵站无法补给请补粮秣，部队应出证人数、留守人数、补给地，叙明电请以便核补。

六、粮秣补给因积屯地点不适宜，各兵站未能预期分别储备，以致不能适时补给，以后如有充裕之粮秣时应分配各站所存储，倘存粮较少应于兵站线路之交点存积，以便随时补给。

七、师以下指挥部时有移动，兵站末地交付物品时常感不明补给地点之苦。关于部队变更位置时，应随时通知兵站末地或留置辎重兵一部，以备接收物品。

八、各部参战人马、械弹及伤亡损耗情形每多呈报迟缓，以致无法统计，嗣后各部应于参战之次日即行报部，并将伤亡、损耗，俘获等情形逐日具报，俾便随时得以明了，而利补给。

九、各部应按期呈报械弹旬(月)报表，并分报分监部，使本部易于核清，分监部亦可明了需弹之种类，以利补给。

(寅)运输

一、兵站输力不足，一遇运输忙时，动则临时雇用民伕，常因军队过境，伤患后送均要民伕，地方因支应不及，兵站雇夫亦有耽误，嗣后作战准备时应饬兵站拟定输送计划，先饬地方编组运输队以应兵站需用。

(卯)幕僚业务

一、各司令部在战时应有简单精干之指挥机构，可使指挥沉静简单而圆满，故应将战时必要之最小限人员及各员战时之业务等项预为绵密之规定，一遇作战即按照实施以收圆满之效果，在设立前方指挥所时更属有利。

二、各级参谋业务始终不完满，例如各部队报告通报多不能按照阵中要务令规定实施，致早晚繁简未能一律，使上级参谋业务极感困难，嗣后对于作战情报、后方及其他要求于各部之事项应于平时先行规定，战时即指示各参战部队遵照实施，以调整以往紊乱之弊。

〔国民政府军令部战史会档案〕

12. 中国国民党中宣部等颁发制造皖南事变宣传要点电

（1941年1月23日）

各级党部等均鉴：兹颁发第一二六次宣传要点如下：皖南新四军一万余人借口遵命北移，不遵统帅部指定路线，竟由太平向东南进发，拟先解决上官司令部，再消灭冷部，进据江南，并拟由江南进入苏北攻击韩德勤部，以达其窃据江苏全省之阴谋。该军一再违抗命令，吞并友军，自应受军纪严厉之制裁。现中央已将该军番号取消，改编竣事，叶挺交军法审判，项英通缉归案，此种公正严明之处置，实为抗战期间巩固统一，加强团结必不可少之措施。我宣传机关对于此事应注意次列两点：一、此次事件纯出于皖南新四军之不遵命令，攻击友军，在纪律上自应受相当之制裁，乃纯粹军纪问题，绝不含政治的或党派斗争的意义。二、军纪之执行以行为为根据，此次违抗命令，破坏军纪者，只新四军。各言论机关，如有评述，应以新四军为范围予以评述，对中共及十八集团军可勿涉及，希即查照办理为要。中央宣传部、军事委员会政治部、三民主义青年团中央团部。子梗。印。

〔国民政府军令部战史会档案〕

13. 陆军第九十二军袭击皖北新四军第四师情形报告书

（1941年1—5月）

清剿部署

军于本年一月奉总司令汤电令：规定以太和、阜阳、颍上、凤台、怀远、蒙城、涡阳、宿、萧等九县为第三清剿区。本军并指挥骑八师、暂二十六师、游击第十四纵队担任本区之组织及扫荡，左与骑二军以沈邱、义门集、界首、永城、铜山之线为作战境界；右与第二十一集团军以淮河为作战境界，线上均属右。本军划分固镇、界沟集、楚村铺、老庙集、十二里铺之线以南为第一分区，以北为第二分区。第一四二师傅兼师长为第一分区指挥官，辖一四二师，骑八师、游击第十四纵队，以主力控置顺河集、阚疃集间地区，先肃清涡阳以西潜伏份子，组织健全后向怀远扫荡前进。第二十一师侯师长为第二分区指挥官，辖二十一师、暂二六师，以主力巩固涡阳蒙要点，先肃清涡河以西潜伏份子，组织健全后向宿县扫荡前进。暂十四师以阜阳为核心，任泛滥以西阜、太、颍县境之组织及肃清潜伏分子。各部均于一月中旬到达指定位置，开始实施清剿任务。

清剿经过

本军依既定部署，逐步东进，当面之敌以津浦、陇海两路外围据点感受威胁，遂由陇海东段抽调兵力约一联队南犯涡蒙，于一月二十七日与我开始激战，奸伪乘我兵力转用之际，节节西窜，与敌齐头并进，无异左右两纵队之互相策应，迨敌进陷太和，奸伪万余已迫近西淝河，企图进窥阜颍。军以一部抢守沙河沿岸要点，监视奸伪之活动，主力以机动战法分途夹击突进之敌，历两周之血战，卒将顽敌击溃，当令两分区一举推进淝河左岸，续行清剿任务。又以龙亢河溜为奸伪重要根据地，故置重点于第一分区方面，第二分区则先肃清张村铺、涡蒙间奸伪，恢复原态势，力即协力第一分区之扫荡。二月十日晨，第一四二师四二六团进攻江口集奸伪刘震部，约千余，据坚顽抗，激战达八小时，歼匪近半，遂将该集占领。骑八师同时攻新庙线，匪东窜，我蹑踪追剿，复攻占展沟集、阚疃集。十六日二十一师围歼王市集对岸奸伪百余。两分区同时由淝河左岸向顾家桥、高隍庙、董家集、江家集、楚店集之线推进，奸伪主力退据黄河沿岸及涡蒙一带。十九日至二十一日第二十一师先后收复涡蒙，毙匪三百余，残部向涡河北岸溃退。该师以一部巩固涡蒙要点，主力向蒙城东南压迫，协力第一分区夺取龙亢。三月初，第一分区于半古店、罗集附近将奸伪第六八九团全部歼灭，生擒二三百名，获步枪三百余，轻机枪约二十挺。奸伪涡河右岸势穷力蹙，意志颓丧，然以龙亢河溜为其经济支援之生命线，犹冀收容残部为困兽负隅之斗，我以疾风迅雷之势，于八日一举复灭奸伪最后根据地，斩获尤众，涡河右岸遂告肃清。奸伪化整为零向北淝河狼狈溃逃，其被胁迫或欺骗者卒携械作鸟兽散。前此所诩为善游击战者，至是已无复战斗力矣。

军以乘机肃清津浦路以西浍河以南奸伪之目的，部署第一分区以主力控置黄河沿岸，肃清散匪及组织民众，并以有力一部在颍上、丁家集、古路岗、河溜、西新集间构成封锁线，控制淮河右岸奸伪之活动。另派以步骑兵两团为基本之支队，配合游击纵队之一支队先肃清北淝河沿岸残匪，即连系第二分区向东北扫荡前进。第二分区以一个师巩固涡蒙要点，一个师进出涡河左岸，逐步向浍河推进。又因进剿地区敌伪匪犬牙相错，大部队通过困难，故编为多数纵队，分别控制涡河北岸要点，随时侦察奸伪主力所在，以奇袭方法，将其一举扑灭。自四月至五月间，先后摧毁浍河以南奸伪据点，毙匪近千。第一分区以有力纵队越包家集、褚家集向东北进剿时，有斩获。四月十九日第一四二师四二五团团长陈锐霆突在涡河左岸施庄附近以奉命向津浦路推进欺骗部属，率该团第二营及骑兵一连投降奸伪，傅兼师长督部进剿。二十二日骑八师马师长率该师及一四二师各一部在大营集附近将彭雪枫部十四团全部歼灭，毙伪团长以下五六百名，俘二百余名，获轻机关枪二十挺，步枪二百余支，彭逆仅以身免。陈逆锐霆率部至灵壁，官兵始发觉其阴谋，莫不愤恨填胸，由第二营副营长边长发及干事袁锡珏等秘密发动，于五月一日手刃陈逆及伪政委等三十余人，全部于四日归队，仅伤官兵各一。傅兼师长所部复于是日在罗集歼匪一营，获匪官兵及抗大师生百八十余人，步枪百余支。至是，奸伪深知我军官兵皆国民党忠实信徒，决难实行兵运阴谋，且因此更蒙重大之损失，遂越津浦路，与洪泽湖附近部队合股，转向苏北窜扰。六、七两月，青纱帐起，散匪不免乘机啸聚，各部积极剿除，并构筑工事，改造地形，以防敌伪之进犯。八月涡河以北敌军屡图蠢动，拟俟情况稍缓，即派有力部队配合游击纵队向津浦路以东推进。综计半载以来，毙匪四千余，俘匪八百余名，获步枪五六百支，轻重机枪四十余挺，其他军用品文件甚多。

〔国民政府军令部战史会档案〕

14．陆军第二十一师侯镜如部在皖北涡阳蒙城袭击新四军战斗详报

（1941年2月）

二月十四日　晴

情况：

(一)蒙城为匪新四军六八八团盘据，匪县长谢騤。

(二)张村铺附近有匪军约千余人，涡阳亦为匪军盘据，数目不详。

命令：

午后十时奉军长李文巳诚智电转奉总司令汤灰未参一电节开：

(一)敌第六、第十三师团此次经我反扫荡，狼狈回窜信阳一带，经我各部猛烈追击及沿途截击，伤亡甚大，似有固守信阳外围据点、抽调兵力开回整补之模样。

(二)军遂行原任务。

(三)九二军、骑二军及八一师应恢复黄滥区以东原来态势，续行前任务。

部署：

本分区遵照右令，并基于当面之情况，午后八时决定部署如次：

(一)第二十一师第六十一及六十三团着在原地待命。

(二)第二十一师第六十二团(欠一营)应于明(十五)日午前七时出发，推进至王老人集以东周寨附近地区，集结待命。

(三)暂十四师第三团应于明(十五)日午前八时出发，推进至苏集以东附近地区，集结待命。

(四)第六十二团之一营随本部待动。

(五)卫生队应于明(十五)日午前八时推进至王老集附近。

(六)野战医院以一部推进至茨河铺，其主力位置于曹寨附近。

(七)本部及迫炮营、通讯连应于明(十五)日午前七时由现地出发，推进至王老人集附近。

二月十五日　晴

情况：

(一)午后三时由楚店集方向窜到张村铺匪军约千余，一部在张村铺西南向李桥口方面布置警戒，主力驻张村铺及其以北地区。

(二)淝河东岸自椿树店至孙集(顺河集对岸)有匪第六支队张太生部约千余名，各渡口均有匪军据守。

命令：

午后三时奉军长李删世诚智电节开：

(一)窜扰淝河右岸江口集、展沟集、刘家店一带匪军经我连日痛剿，伤亡惨重，残余向顾家桥、丁家集附近溃窜，蒙城、涡阳、张村铺、吕望集中间地区有匪军约七千余。

(二)军决定恢复原来态势，逐步向东扫荡，组织前进。

(三)第二分区应以一部肃清淝河右岸各渡口，主力即渡河进占董家集、刘家集、江家集、楚店集各要点，尔后连系第一分区向涡蒙扫荡前进，努力恢复原来态势。左翼应特别注意与骑二军设法连络。

(四)涡蒙宿地方团队统归侯指挥官指挥。

部署：

本分区遵照右令，以稳扎猛打，逐次东进扫荡当面匪军，恢复原来态势之目的。午后八时决定部署如次：

(一)第二十一师第六十二团应于明(十六)日拂晓前以一部将六十三团淝河西岸马店子(含)至朱寨(不含)沿岸各渡口守备任务接替完毕，主力控制于王市集附近地区，积极构筑工事，不得使匪军窜入淝河西岸。

(二)第二十一师第六十一团应于明(十六)日拂晓前以二部占领淝河西岸朱寨(含)至四大王庙沿岸各渡口，担任守备任务，主力控置于汝集东北附近地区，积极构筑工事，不得使匪窜入淝河西岸。

(三)第二十一师第六十三团应以一营于本(十五)日晚渡过淝河东岸，将王市集对岸之匪驱逐，确实掌握该渡口，掩护架桥，主力控制于王市集，相机进出淝河东岸。

(四)暂十四师第三团应于明(十六)日拂晓前推进至王老人集附近，以一营开至李寨附近。

(五)通信连限明(十六)日拂晓前构成通讯网。

(六)各直属部队仍在原地待命，对东南方向应严密警戒。

(七)指挥部仍驻王老人集东二里李寨。

(部署情形如附图第十三)〔略〕

二月十六日　阴

情况：

(一)王市集对岸匪军向椿树店逃窜。

(二)午前十时由张村铺、刘家集、椿树店转至张集以南附近，合股之匪约千四、五百名，向我六十三团反攻。

(三)午后五时，当面之匪退至张家集、阎营、张桥口附近，有向江集逃窜模样。

（四）马店子、孙埠口附近，有匪便衣队约百余名。

（五）退至张家集之匪，其一部本晚又窜回张营附近。

战斗经过：

（一）昨（十五）夜十二时，我六十三团第二营附迫炮二门，由顺河集强渡淝河东岸，沿岸向王市集对岸匪军扫荡，掩护我主力渡河。本日拂晓，该匪不支，向东南椿树店方向逃窜。午前十时，由张村铺、刘家集、椿树店转至张集以南附近合股之匪约千四、五百名向我反攻，当与我六十三团第三营在前后冯楼、张营一带接触，激战甚烈，斯时我王市集渡口浮桥已架设完峻，当令第二营即由右翼向该匪夹击，至午后二时许，匪一部向我左翼迂回至江楼附近，当被我援队击退，伤毙匪营长赵傅贤以下百余名，遗尸数十具。午后三时许，匪复由张营反扑，激战至午后五时许，复经我第二营由左翼迂回侧击，匪不支，退至张家集、阎营、张桥口附近，有向江家集逃窜模样。午后九时该匪一部又窜回张营附近，当饬六十一团赵镜明营附迫炮二门推进至路家集寻匪，主力向南逐次压迫，以收夹击之效，夜十二时许匪即向东南窜去。

（二）马店子、孙埠口附近有匪便衣队约百余名盘据，本午与我第六十二团赵营之一部接触，至午后五时将该匪击退。至淝河东岸残遗散匪，正积极搜剿中。

（三）是役伤毙匪营连长各一员，匪兵百余名，俘匪兵二名，获步枪三支，日记一本；我伤官兵各一。战斗经过如附图第十一〔略〕。

二月十七日　晴

情况：

（一）张集、阎集之匪午前十时分向椿树店、刘家集逃窜。

（二）午后一时，椿树店残匪纷向董家集逃窜。

（三）张村铺匪军向东南逃窜。

战斗经过：

(一)本日拂晓前，我六十一及六十二团先后到达张村铺、张集、冯寨附近。晨六时，我六十三团由前后冯寨开始向阎集、张集之匪攻击。七时许，我六十一团挺进路集之一营向南压迫时，我六十三团二、三营先后到达张集、阎集附近与盘据该处之匪接触，匪乃顽强抵抗，我第三营藉炮火掩护，数次向阎集猛冲，至十时许匪不支，纷向椿树店、刘家集逃窜。张集之匪以受我双方夹击，同时亦向刘集奔逃，我趁势跟踪追击，匪伤亡甚重。于十一时许，我三营进抵椿树店附近，匪以一部掩护，大部向董家集以东方向逃窜，至午后一时椿树店完全为我占领。我六十二团之一部推进至张家集附近，对东警戒中。

(二)我暂十四师第三团于拂晓前接替河防后，以一部由大渡口渡河与散匪一部遭遇，当予猛袭，毙匪四、五名，余匪向东南窜去，缴获步枪一支。

(三)我庄团赵营本午向张村铺之匪猛袭，该匪狼狈向东南溃窜，当俘兵一名。

(四)是役共伤毙匪百余，俘虏一名，获步枪一支。我无伤亡。其战斗经过如附图第十五。〔图略〕

二月十八日　晴

情况：

(一)涡阳城内为匪新四军十四、十六团盘据，约千余人，武器不良，弹药缺乏，匪县长李晨。

(二)经我击溃之匪现窜据丹凤集、火烧桥、蒋町集一带。楚店集附近盘据匪军约一营。

(三)淝河以东至涡蒙间长途电话线被敌伪匪破坏无遗。

命令：

午后三时奉军长李巧申诚智电开：

窜扰涡阳右岸守军经我连日扫荡望风逃窜，我追剿各部队亟应把握战机稳扎猛打，总期消灭该匪实力，若任其安全窜过涡河，后患益难收拾。

战斗经过：

我六十一团于本日午前五时到达楚店集西南七里许之张水波就攻击准备位置，即向楚店集之匪攻击前进，匪不支，向涡阳方面溃窜，晨七时完全占领，除以一部跟踪追击外，该团主力集结于楚店集严密警戒，准备向涡阳挺进。

部署：

本分区遵照军令，基于当面之情况，决于明（十九）日拂晓向盘据涡阳之匪攻击而歼灭之。午后四时二十分决定部署如左：

（一）第二十一师六十一团附迫击炮一连主攻涡阳应于明（十九）日上午六时展开于八里桥、陈庄、尹庄（涡阳城西南）之线就攻击准备位置即向该敌开始攻击而歼灭之。

（二）第二十一师六十二团派加强步兵一营应于明（十九）日上午六时展开于王庄、何大屋（涡阳城南八里许）之线就攻击准备位置即向涡阳东关攻击，压迫该敌于涡河南岸而歼灭之。其余控置于王方庙东北附近地区为机动部队，并对东对北严密警戒。

（三）第二十一师第六十三团及暂十四师第三团仍在原位置积极将各该部附近地区之散匪肃清，两团应切取连络。

（四）通讯连以王方庙为基点，应于明（十九）日午前七时构成六十一、二团与本部之通讯网，六十二团及廖师第三团以无线电连络。

（五）宿蒙两县国民兵团着归第六十三团团长曹仁风指挥。

（六）涡阳县国民兵团着归第六十一团团长庄村夫指挥。

（七）指挥部于明（十九）日拂晓前进驻王方庙。

二月十九日　晴

情况：

（一）晨六时我克复涡阳，斩获甚夥，残匪分向涡北及蒙城溃窜。

(二)义门集敌百余，炮二门，汽车六辆，午后一时窜至赵旗屯涡河向我涡城炮击十余发，其步兵亦向我南岸射击。

(三)丹凤集附近匪军昨(十八)晚向北窜去。

(四)蒋町集有匪之十三团部蒙城仍为匪六八八团盘据。

战斗经过：

本晨三时三十分我六十一团由楚店集向指定地区前进，四时许，行至李官桥附近即与匪之警戒部队接触，当由该团二营将该匪驱逐后，五时许进至南董家、八里桥、三里王之线，匪约二百余阻我前进，激战至六时，经我猛攻，毙匪甚众，匪不支，向涡阳溃窜。该团跟踪追击时，我六十二团派出之加强营已进至五里姚庄、赵桥与匪军百余激战，当将该匪驱逐，协同庄团扫荡前进，直抵涡阳县城附近，该匪复负隅顽抗，我以炮火掩护，双方夹击，我六十二团之一部攻入东关，斩获颇多，匪势不支，分向涡河北岸及东南逃窜。同时我六十一团亦由南门攻入县城，以一部渡河追击，六十二团之一部沿河向东跟踪追击，复毙匪数十名。至上午九时许，敌战车两辆，汽车七辆、炮两门，由义门集开至蔡庄附近向我射击十余发，至十一时许返回。同时伪军五、六百名开至赵旗屯并召集民众讲话会，企图不明。除继续搜剿残匪外，并令庄、路两团各派兵一营沿涡河南岸布防，并确实掌握主力。

是役计伤毙匪三百余，马四匹，俘男女匪兵官兵二十余名，获马三匹，步枪四支，脚踏车一辆，文件书籍百余件及军用品甚夥。我伤亡士兵四名。

部署：

本分区除令王团仍沿淝河右岸布防、免为敌伪所乘外，决乘匪军立足未稳之际，以主力先扫荡丹城集、蒋町集之匪，准备向蒙城挺进。午后十时决定部署如左：

(一)第二十一师第六十一团附迫击炮一连及涡阳国民兵团应将涡阳附近残匪肃清，协助恢复地方组织，以一营配合地方团队确守县城，余控置于涡阳城西南附近，严密警戒并侦察各方敌伪情形，随时具报，对义门集方面尤须特别注意。

(二)第二十一师第六十三团附迫击炮一连及宿蒙国民兵团于明(二十)日晨推进至周家集附近，对丹凤集、中町集、蒙城严密搜索警戒，准备向蒙城挺进。

(三)暂十四师第三团仍在马店子、王市集、李桥口、四大王庙各渡口严密警戒。

(四)第二十一师第六十二团应于明(二十)日拂晓前推进至陆竹园、陈家庄、陆家营中间地区(蒋町集西)，向蒋町集、旧城集、蒙城严密搜索警戒，准备向蒙城挺进。

(五)通讯连应以郑大寨为基点，于明(二十)日午前八时构成通讯网。庄团及王团与本部以无线电随时连络。

(六)指挥部及直属部队于明(二十)日拂晓前进，驻郑大寨。

(本日战斗及部署情形如附图第十二)〔图略〕。

二月二十日　晴

情况：

(一)丹凤集、蒋町集匪被我驱逐，午前十时向蒙城逃窜。

(二)匪军主力向龙亢方向奔窜，蒙城仍为匪军六八八团盘据，恐慌异常。

命令：

奉军长李号酉诚智电开：傅师王团到达篱笆集，三义集无匪踪。该分区应遵照本部号巳诚智电令，迅速行动，歼匪实力，克日恢复蒙城。

部署：

丹凤集、蒋町集一带匪军于本晨十时许经我六十三团及六十二团之一部先后驱逐，向蒙城逃窜。本分区遵照军令，决于明(二十一)日向蒙城之匪扫荡而歼灭之。午后三时决定部署如次：

(一)第二十一师第六十三团应于明(二十一)日午前四时展开

于十二里铺、海子之线，即开始向蒙城扫荡前进，并酌派相当部队位置于六里王余家庄附近伏击败退之匪。

（二）第二十一师第六十二团派加强步兵一营于明（二十一）晨午前四时展开于关帝庙、侯家之线，即开始向蒙城北扫荡前进，并以一部沿河南岸扫荡北关渡口，断匪渡河北窜，其余控置于海子、闻大庄附近为机动部队。

（三）第六十一团及暂十四师第三团仍负原任务。

（四）通讯连以六十二团总机（海子附近）为基点，构成通讯网。

（五）指挥部及直属部队于本晚十二时前进，驻牛王铺。

二月二十一日　晴

情况：

（一）拂晓我克蒙城，残匪分向涡北及龙亢、河溜老巢奔逃。

（二）义门集敌二百余构筑工事，向我警戒。

命令：

午后十一时奉军长李马申诚智电开：

（一）蒙城于本晨收复，残匪向涡河北岸及龙亢方向逃窜。

（二）第一分区努力恢复原来态势，续向东扫荡前进，务先肃清涡河右侧岸匪军。

（三）第二分区应以主力巩固涡蒙要点，一部肃清蒙城南及其东南附近散匪，并迅速整顿态势，准备努力向涡河左岸扫荡。

（四）两分区作战地境，侧卫延伸至褚家集、蕲县集之线。

战斗经过：

涡河右岸匪军经我连日扫荡，伤亡惨重，志气沮丧，本晨二时许我六十三团及六十二团之一部开始向蒙城残匪扫荡。该匪惧我歼灭，乃于我先头部队甫抵县城时，即怆惶远飏，纷向涡河北岸及龙亢、河溜老巢奔逃。晨三时我完全占领县城。同时我先头部队进至全集对岸白园附近，龙亢、河溜对岸已无匪踪。晨六时我乃协助县府积极恢复地方组织，并沿河布置警戒。

〔国民政府军令部战史会档案〕

15．第五战区游击纵队袭击银屏山新四军战斗详报

（1941年2—3月）

二月二十日

一、地址：金牛镇。

二、时间：二月二十日。

三、气候：阴雨。

四、命令：

本部奉命于明 二十一）日开至盛家桥附近集结候命，并有搜索当面敌情、地形及对匪军袭击严加警戒之任务。（2）各大队务于明（二十一）日晨六时三十分前早餐完毕后在本镇南□□岗头集合，听训后待命出发。（3）行军系列按三大队、二大队、步炮队、第一大队之顺序。（4）大小行李归本部滕军需指挥，按行军序例在第二大队后尾跟进下□杂队伍行列。（5）各大队设营人员各于明（二十一）日上午五时前齐集第一大队部，归该大队附李位九指挥，先行出发。（6）各部现有余枪及笨重物品各派负责人员归本部服务员孟巨卿指挥，留守金牛镇。（7）各队应向指定各【乡】公所交涉两日食米。（8）行进时余在部队先头。

二月二十一日

一、地址：盛家桥。

二、时间：二月二十一日。

三、气候：上午大雾至十二时晴。

四、命令：（1）敌匪情况如前，□五一二团明（二十二）日到魏家坝集结（在槐林咀南二十五里）。（2）本支队奉命于明（二十【二】）【日】到达槐林咀〔附〕近集结，并向银屏山方向警戒。【（3）】第一大队为先遣队，应于明（二十二）日午前七〔时〕先行出发，经

七里铺、十八里店向槐林咀搜索前进，并派一部为警戒部队，掩护我军安全进入宿营地。□【(4)】其余各部于明(二十二）日午前□□【到】达盛家桥口端集结，候命出发。(5）各部设营人员务于明(二十二)日午前六时到达第一大队集合，归本部副官刘化远指挥，随同第一大队尖兵连出发，不准擅自先行，宿营分配仍由刘大队长分配之。(6）各部给养须由士兵自行携带两日之需，无命令不准擅用。(7）各队进入宿营地迅速构筑简单工事，并详细侦察通敌匪之道路。(8）各部队严守军风纪。

二月二十二日

一、地址：槐林咀下陈村。

二、时间：二月二十二日。

三、气候：风阴。

四、布置：本日下午一时全部行抵槐林咀附近，支队长决定各大队宿营位置及警戒方向、应注意事项，当即下达简单之命令如左：(1）第一大队驻上店村须占领龙山为该大队本阵地，并派一部进占当面之山为前哨，对曹家山口特别注意警戒，以防敌匪乘我未稳前来袭击。(2）第三大队占领槐林咀，须火速构筑工事，并派一部进占凌家山为该大队前进哨，对高林桥散兵镇巢湖方向警戒。(3）第二大队驻井头蒋村。(4）各队须密【切】连络。(5）各部布置就绪后即速侦察通敌之道路绘图具报。(6）余赴□□□侦察地形□归回下陈村支队部。

五、决心：支队长侦察地形归部后，意欲明了敌匪真象位置及将来进攻之道路熟习起见，【即】令一、三两大队【以】威力搜索。

六、搜索命令：(1）着第二大队□□【派一】中队由□地出发，经过石头桥、柳山咀到达开门山口威力搜索匪情及地形；着第三大队派一中队由驻地出发，经过荷叶地、小汪村、高岭山到达高林桥搜索匪情及地形。(2）该搜索部队应于明(二十二)日午前八时出发严密搜索，将任务达成后，由原路归还。（3）该两中队应切取连络，注重军风纪。（4）归还驻地后，迅速将搜索情形绘图具报为要。

二月二十三日

一、地址：槐林咀下陈村。

二、时间：二月二十三日。

三、气候：阴。

四、地形：北为巢湖南岸，多沟渠水田，高林桥一带山地崎岖多松树，形势复杂。

五、作战敌我之状态：原来敌匪在我军未到之前时常出没高林桥以西地区，宣传共党主义并掠取民粮。我军到达该处，以威力搜索地形、侦察匪情及封锁通敌之道路及巢湖船只后，敌遂在高林桥一带盘据。

六、敌我之番号及兵力兵种：敌约有五千余，纯系步兵，番号是江北游击队，指挥官项英。我□□□队及五一□团附山步炮各数门。

七、我之企图以歼灭匪军为目的。

八、敌我之状态：据刘、葛两大队报称：分别摘要如下：（1）刘大队长报称：银屏山大东庙一带均有匪□□□，兵力不详，□经过道路及搜索地区如图【图略】。（2）葛大队报称：遵命按时派杨连长如梅率兵搜索至高林山时，发现匪军约百余名怆惶向大山撤退，并未发枪，遂即退入高林桥，捕获嫌疑犯二名押解送部，对所经过道路及搜索地区，另图呈报〔略〕。

二月二十四日

一、地址：同前。

二、时间：二月二十四日。

三、气候：阴。

四、地形地物：同前。

五、命令：（1）巢湖船只不准往于湖上，应尽量扣留，如不服者开枪射击。（2）湖面梭巡队统归第三大队长葛维邦指挥。（3）一、二两大队所派出搜索队须将经过路线及到达目的地预先呈报备查，以便通知友军，免发生误会。（4）各主官须将口信号音记清楚，以便连络为要。

六、敌我状态：据刘、葛两大队长报告摘要如下：葛大队长搜索队报称：高村桥附近并无敌情，大田山亦然，惟距大田山北约五里许高山有□□数百名，在大田山隐隐可见有运动。

七、现定侦探出入步哨□□途中相遇各记号。

二月二十五日

一、地址：同前。

二、时间：二月二十五日。

三、气候：阴雨。

四、地形：同前。

五、敌我之状态：刘大队长报称：（1）曹家山口二十三日夜有匪军四五百，昨二十四日已无匪踪。大江家至柑子树之间少有穿军服之匪军，但便衣队仍常川往来，柑子树仍有戏歌，白日匪军多在下散居，夜间则不知去向。（2）散兵镇并无多数匪军，仅有便衣队出没，二十四日散兵镇匪军一部下湖乘船，约三、四十艘，全系无枪之徒手及病号，不知运往何处，散兵镇除开走之船外，现仍有四、五十只。葛大队长报称：（1）高林桥至散兵镇敌匪多便衣队，来往不定，（人数不详）所有□兵及新兵徒手均乘船运送湖下。（2）所有武装大批股匪都在大田山内任家山顶家山一带，昼伏乡村，夜在山岭。职据第一线各大队报告后，即决心进攻，遂招集各大队长当面指示攻击之区域及方法，本晚即准备进攻各种动作。

二月二十六日

一、地址：槐林咀。

二、时间：二月二十六日。

三、气候、晴。

四、地形：北岸巢湖南岸东□□家山全系山地、水田、沟渠，地形复杂，运动困难。

五、敌我之状态：1．连日以来，敌人忽来忽去，行动无常，判断如其抵抗，不过小小部队掩护撤退。

六、匪军约四、五千人，步炮两【门、机枪】六架，指挥□项英，番号是江北游击队。

七、部署命令：（1）匪情【如】贵官所知。五一二团于本（二十六）日奉命为右翼队与本团同时展开于严家桥至曹家山口之线，向隔山大任家山之匪攻击，逐次进出于石涧铺大秀山之线。五一二团为我师预备队，位置于朱山脚下大楼岭一带地区。（2）本团奉命为左翼队应展开于曹家山口、王家、十家村之线，以主力向任家山、银屏山匪军之侧背攻击，以一部向散兵镇进袭，阻匪北窜，进出于董家山、散兵镇之线，将匪包围于山地内而歼灭之。（3）刘俊民营配属步枪一门、弹药二十发（柴分队长指挥），为本团之右翼队，应展开于曹家山口以北大山至王家以南之线，向桃花岭、任家山、董家山攻击前进，并与五一二团及葛维邦营切取连络。葛维邦营为本团之左翼队，应展开于王家、老张家、十家村之线，向姥山、放牛山、楚歌之线攻击前进，并以一部沿水陆两路相机向散兵镇进袭，阻匪北窜。两翼队之线战斗地区如左：

五一二团

[illegible]门王尝家山口大任家山、仙人岭之线，线上属右。

刘俊民营

大汪家、姥山、大尖山、放牛山、楚歌岭之线，线上属右。

葛维邦营

李良材营（缺第七连及一排）为预备队，应位置于高林桥附近待命推进，步炮队（缺二八之一）第七连归余直接指挥。（4）师卫生队设盛家桥；前进收容所设置于笑□□；□卫生队【设】高林桥。

(5) 刘副官化远应命同军需(附第二大队步兵排)在高林桥设补给所，筹办各部给养，各部可派员到高林桥解运。(6) 各部攻击时间另令之。(7) 余现【在】高林桥南上汪家。

八、本日晚接到第一【线】刘、葛两大队长报告：在上午十一时前后到达指定展开地点已发现匪军，各大队遂将匪驱逐而占领目的地，并与左右翼取得连络，遂决定明日拂晓开始攻击前进，当即下令如：(1) 本团于明(二十七)日午前五时遵照前令所规定作战地区与蒙团同时开始攻击前进，仰各切实遵照。

二月二十七日

一、地点：高林桥南上汪家。

二、时间：二月二十七日。

三、气候：雨雾。

四、敌我之状态：敌经我第一线之部队在高林桥东地区攻击后，即节向后撤退，我第一线士兵精神大振，均照所规定时间及指定地区开始进攻，支队长按时遂以第一线之部队前进。

五、行抵东大山接第一线刘、葛两大队长报告：葛大队长第一次报告：午前七时将放牛山、尖山完全占领，即向姥山攻击前进；第二次报告：于八时将姥山完全占领，续向小任家山、楚歌岭、散兵镇等处攻击前进。同时接刘大队长第一次报告：于下午二时行抵小任家山与匪军遭遇，战约半小时，匪即【向】银屏山撤退；第二次报告：先头部队已到达邵家山之线。同时又接刘、葛大队长报告：任家山、黄山均已攻下，并以三个中队进攻散兵镇，【现】已接触。

六、支队长率领预备队【到达大】徐家时天降大雨，将近黄昏遂决心停止攻击前进，给第【一】线命令如下：(1) 第一线攻击部队应齐占领附近山地要点，暂缓攻击，严密搜索警戒，并速与左右翼队切取连络。(2) 余现驻母山南大徐家村。

七、本晚九时接葛大队长报告：散兵镇已攻下，敌向盛家山撤退。(2) 该大队在散兵镇附近宿营，并清查各村有无匿藏匪军。

八、据第一线各部报告后，即判断匪军无若大抵抗，决定次日继续攻击前进，经予各部命令如下：(1) 匪情如贵官所知。(2) 本支队第一线攻击部队应于明(二十八)日继续搜【索】残匪而歼灭之。(3) 刘俊民营应于明(二十八)日午前六时继续向仙人岭、狮子【楼】方向攻击前进，务到达尖山、顶家山之线停止待命，并向巢县城及银屏山方向严密警戒。(4) 葛维邦营应于明(廿八)日午前六时继续向楚歌岭、祖家山、鹰子山方向攻击前进，务到达鹰子山赵氏祠之线停止待命，向巢县及巢湖沿岸方向警戒，并以一小部留置散兵镇看守我军固有船只，禁止湖上船只往来。(5) 李良材预备队应于明(二十八)日午前六时向张师岭、菱角山附近推进，集结待命。(6) 各地给养就地购办，或派员到高林桥解运。(7) 余现仍驻大徐家，明(二十八)日午前七时出发，九时拟到达【楚】歌岭。(8) 注意左右翼队攻击前进时，务切取连络。

二月二十八日　晴

一、地址：散兵南上凌家。

时间：二月二十八日。

三、气候：晴。

四、地形：北界巢湖运动【困】难。

五、敌我状态：匪军经我第一线猛攻后，即连夜向铁道逃窜。我部官兵攻击精神旺盛。

六、本日上午十一时前接到第一线刘、葛大队长报告：均已到达指定地点停止警戒，并无匪踪；第二大队已到达指定位置。

七、友军已到达目的地。

八、遂令第一线各部对巢县巢湖各方面严密警戒，并清查各村有无散匪藏匿。

九、据葛大队长报称：巢县之敌四处拉伕，不知用意何在，遂令前方各部严加注意。

三月一日　晴

一、地址：上凌家。

二、时间：三月一日。

三、气候：晴。

四、敌我状态：匪军大部已经远飘，我第一线部队在原位置待命。

五、恐匪军隐匿民【间】，遂令刘大队克日派一部向大秀山、银屏山；葛大队以一部向长塘咀，分头搜索【前进】，并令对巢【县】之敌侦察动态若何。

六、据第一大队长刘俊民【报告】：盛家湾有散匪百余名，当即令七、八两连前往清剿，在茶停与匪接触约一小时，匪势不支，向东南小司家窜去，近至东门口天色已晚，当场【被我】夺获汉造七九步枪一只、大刀三把、子弹十三粒，次日归还建制。

七、令刘大队严密搜剿溃匪命令：（1）盛家湾、车门附近潜残匪百余名，步炮六十余支，手枪七支，经我第七、八两连痛击至黄昏时，该匪向盛家湾东南大司家、凌家山、大秀山方向逃窜，仰该营长迅即酌派兵力严密搜剿为要。

〔国民政府军令部战史会档案〕

二、继续对陕甘宁边区封锁与进犯

1. 第一〇九师陈金城报告接替封锁陕北电

（1941年1月10日）

军事委员会军令部来电纸

自中部来　字第360号

重庆。军令部长徐：2469密。本师奉令：电十六军补一团为陕北封锁线中央守备区第一分区守备部队，担任交口河(不含)和金锁关(含)间一带碉堡之守备，已由佳日先后分别派队驻各地接替完毕。谨闻。109师师长陈金城叩。灰申。印。

〔国民政府军令部战史会档案〕

2. 蒋介石等转报关于高双成拟定进犯盐池袭击三边计划密电

(1941年5月19日)

(1) 蒋介石致朱绍良电(5月19日)

兰州。朱长官：〇密。据高军长卯有午机电称：窃职部防地特殊，毗连奸党，抗战以来，为避免磨擦，虚与委蛇，冀可团结对外，乃狼子野心，不顾国家民族而惟政权是攫，近更逆迹昭著，实难再事容忍，只有本歼恶务尽之旨，追随诸军之后，以尽棉薄。兹以戍边情形略熟，谨贡刍荛，以备选择。查职军以一师兵力及所属各游击支队分防榆横府神以迄准旗、郡旗一带，东西几及千里，南北亦略相等，在此情势一触即发之际，拟将大部主力兵力控制于府神、榆林、镇川、石湾等攻守兼施，其余兵力散布各乡镇，专力于坚守碉寨，维护素所组织之地方民众，以增强其自卫武力，严密封锁路线。至奸党在陕北全面行动证其最近举动，积极抽调在晋西北部队，并于黄河沿岸制造多数船只便其往来应援，或穷蹙东逃，且赶修汽车路数段：一由延安经安塞，一由延安及保安、川宁，塞川至安边。窥其用意，似欲巩固三边，以保盐池兼为延安不守后第二根据地。至奸党三边断难固守，用意是企图窜往后套，打通国际路线，以为第三步之准备。我军若由庆阳进取其保安军实储藏地本属捷径，但以山岭丛杂，行军不便，故宜虚张声势，佯示进攻，而暗中则密派得力部队以迅雷之势袭取盐池，一鼓而占领三边，将其阴谋粉碎，且以阻其北窜后套，免致坐大滋蔓难图，然后乘势沿其所修公路，直捣保安、安塞、延安。国军复由南北进抵石湾，骑步兵队直冲安定，会师延安。而以职部榆属镇川部队取米绥，藉为石湾前进之左翼，奸党势必穷蹙渡河东走，则由二战区部队堵截夹击。职部府神部队则对封锁黄河，使各路部队同时分头袭击，则奸党必至首尾不能相顾，而自趋于瓦解矣。所陈是否有当，敬乞裁夺。等情。除复勉外，特电参考。中○。辰效。令一元忠。印。

（2）何应钦致高双成电（5月19日）

榆林。高军长：卯有午机电悉。○密。所呈各节，俱见忠谋远虑，殊甚嘉慰。所拟调整该军部署甚妥，希请示朱长官施行。且希淬砺所部严密防范为要。何○○。辰皓。令一元忠。印。

〔国民政府军令部战史会档案〕

3. 第八战区司令长官朱绍良报告袭击八路军密电

（1941年6月9日—11日）

（1）电之一（6月9日）

特急。总长何：鱼戌材震电计达。江秘电奉悉。4491密。巳鱼、虞两日，我严师长指挥(191)师(573)团（欠一营），预七师(19)团及一营并骑十师之廿九团一部进剿匪部，该匪在北庄里（扫竹岭西北八公里）负隅顽抗，经我痛击，激战至烈，匪尸及伤匪约三百余。据报匪首马国琳、马一贵、王建功及李某等四人已被我击毙，残匪约四百余人失去领导，分散为三五十人一股，各自窜匿于扫竹岭以西山沟中。已饬严师长加紧搜剿，确查马国琳等下落具报。并饬胡保安司令受谦指挥四一军补充团，骑十师二九团主力进驻硝河城穆家营新营一带堵去，防匪外窜，暨清剿各地匿匪，并令甘省速筹善后外，(87)师之(261)团因陇南防务重要，已饬归还建制。余情速陈，敬闻。兰朱绍良。佳未。材震。印。

（2）电之二（6月11日）

委员长蒋、总长何：佳申材震电计呈钧鉴：4535密。窜匿扫竹岭以西山沟中之残匪四百余人，经我连日加紧搜剿，一部被我捕获，其余则将武器掩埋藏匿民间，已饬继续搜寻法办，务绝乱根。并拟定善后办法如下：（一）彻底清乡。（二）加强政府力量。（三）赈济灾黎。（四）在沙沟扫竹岭等要点构筑营房，驻屯部队，辅助政治推行。除分饬甘肃省政府及杨军长遵照办理具报外，谨闻。朱绍良。真。材震。印。

〔国民政府军令部战史会档案〕

4. 朱绍良关于调整陇东封锁线与蒋介石往来密电

（1941年7月）

（1）朱绍良电（7月4日）

兰州。渝。委座蒋：寠密。陇东调整部署，前奉东午令一亨鹏电核准，当经转饬遵办。去后。兹据杨军长午东电称：各部调动因当时西山匪氛甚炽，以致迟缓未行，目前，匪患已平，已饬各部队开始调动。其计划为次，谨请鉴核：（一）为警戒严密，防范奸敌对我袭击计，分次抽调接替。（二）预七师抽调一团，先将九七师镇原以左防务接替，限七月六日以前接替完毕。（三）九七师于预七师将镇原以左接替完毕后，该师主力及抽调步兵两团前往里城接替一九一师内部防务，限七月十二日以前接替完毕。（四）一九一师先抽调一、二接替九七师平凉附近防务，限七月八日以前到达平凉。（五）预七师左任固原附近防务，待九七师后续部队接替后撤归建制，限七月廿一日以前接替完毕。（六）九七师镇原以右部队，待一九一师到达接替后，撤归建制，并接替预七师左翼防务，一九一师主力限七月廿日以前到达西峰镇接替完毕。

（七）各部队调防行动，务须极端秘密。等情。除复外。谨闻。职朱绍良。午豪。咨苇调。印。

（2）蒋介石电（7月9日）

有线。兰州。朱长官：午豪咨苇调电悉。密。所呈可行。希将变更部署后之详细位置附图具报为要。中〇。午佳。令一元八。印。

〔国民政府军令部战史会档案〕

5．朱绍良报告胡宗南部第八师接替陕北封锁线电

（1941年9月26日）

兰州。重庆委员长蒋：禽密。据胡总司令申漾直经庚电：兹为调整防务，令新卅七师徐保开邠县附近集结整训，所遗对陕北封锁左守备区（甘肃正宁附近）任务，由现驻长武附近之第八师袁朴部开往接替。等情。谨电鉴核。兰朱绍良。宥。辰松縻。印。

〔国民政府军令部战史会档案〕

6．朱绍良报告袭击甘肃宁县八路军电

（1942年2—3月）

（1）电之一（2月25日）

兰州。重庆委员长蒋：盒密。谨将三十一年元月份我匪激战情形摘报如下：甲：我攻匪。（一）我一九一师五七三团虞团长鱼晨率部两连，机枪一连，迫击炮二门向宁县望宁堡奸军攻击，当即发生猛烈战斗，是役毙匪排长及指导员各一名，士兵四十余名，伤匪八十余名。我阵亡排长一员，士兵七名。谨闻。兰朱绍良。交有。卓路。印。

（2）电之二（3月14日）

兰州。急。重庆委员长蒋：盅密。谨将二月份奸我战斗情形摘报如次：甲〔略〕乙、我攻奸：(一)我驻宁县之一九一师五七三团虞团长东西率步兵两营及小炮连向望宁堡奸军攻击，奸军未敢迎战。次日我即退回南义井防地。是役我炮毁奸碉堡两座，营房数间。谨闻。兰朱绍良。寅寒亥。卓路。印

〔国民政府军令部战史会档案〕

7、军政部等关于撤销商同邠洛两区动员指挥部后对陕北解放区加强封锁电及蒋介石批

(1942年9—11月)

(1) 军政部电(9月19日)

国家总动员会议勋鉴：准军事委员会办公厅办主礼渝字第二七〇号

代电：略为据报陕西省第十三行政区施政困难情形电请查照一案，将有关事项抄送参考，并就主管部份加具改善办法，以谋军政协调，增进抗战效能，特电请查照。军政部(皓)渝。务军。附抄送甲项动员指挥问题。

抄陕西省第十三行政区施政困难情形。

(甲) 动员指挥部问题：陕西省军队组训民众动员指挥部，乃根据二十八年委座手令组成，其目的在求工作之实施与行政措施相辅而行，并与军事相互配合，以符全国总动员之旨。同年十一月分别成立"邠洛"、"商同"两动员指挥部，前者由梁千乔负责，后者由蒋坚忍负责。邠洛区之实际表现，为各保警备之编练与劳动服务营之设立，耀县、淳化、栒化三县皆已实施，表面确有相当成就，实则县长之行政职权大受牵制，人民亦众感疲乏。即以警备班而论，该班份子全系城内各商店之店员，凡每店有店员二人者，必须有一人加入，而各该店员一经加入后，即不在店工

作，然每日仍归用膳，以致店中无形大受损失。商同区之工作开始于韩、宜、郃三县，每县设有战工总队，由县长兼总队长，实权则操之总队附之手。每乡皆有大队之组织，由副乡长兼任大队长，因之正副乡长间之职权冲突甚剧，县政遂有一个三公之概。总之邠洛、商同两区民众前者苦于防奸，后者疲于防敌，皆有民穷财尽之势。

(2) 国家总动员会呈(10月2日)

案准军政部电：据陕西省商同、邠洛两区民众动员指挥部报请转呈行政院令饬陕西省政府自本年七月份起继续发给经费，事涉地方制度，转请核办见复。等由。准此。谨按前陕西省军队组训民众动员总指挥部原系由前第十战区蒋司令长官，胡总司令呈奉钧座批准，于二十九年八月组织成立，旋于同年十一月复成立商同、邠洛两区民众动员指挥部，每月经费共计十万元，由军事委员会与陕西省政府按月各发给五万元，规定于三十年十二月底结束。届期复经依胡总司令之请求核准，结束总指挥部仍保留商同、邠洛两区指挥部，归陕西省政府继续办理，由军事委员会咨请本院转饬陕西省政府拨发经费，比以该两区指挥部既系预期于六个月内可收复囊形地带，爰即由院转令陕西省政府自三十一年一月至六月止，仍予月拨五万元，以观成效，并以总指挥部既经结束，仅存两区指挥部，撙节开支月支五万元应可敷用，而原定由军事委员会按月拨给之五万元实际已发至三月份止。兹据该两区指挥部报称：陕省接邻敌伪奸区，情势需要该两区指挥部之继续存在工作，请求自七月份起按月续发给拾万元整，并补发四、五、六月份各五万元，以利事功。等情。窃查国家总动员法施行后，国家总动员物资及业务依法应统由各主管机关管理执行。在地方之主管机关法定为省、市、县政府指挥动员，既属管理执行权限内事，而组训民众与动员民众复属于人力动员业务，应由省、市县政府统一办理，不宜另有组训民众动员指挥机构之存在，以一权责而免纷繁，且该两区所属各县之动员工作，实际系于县政府暨乡镇公所内指定或酌添人员办理兼受该区指挥部之指挥而已。该两区指挥部似应饬即撤销，所有经办事项移交省政府或其指定之县政府继续办理，以符总动员法之规定。惟该两区指挥部原为应付陕省特殊环境需要而设立。复奉钧座核准于总指挥部结束后仍予保留。事关专案，究竟应存应废未敢擅专，理合沥陈缘由敬祈鉴核示遵。如奉准继续存置，并恳规定其期限，俾便遵行。

谨呈

院长蒋

附缮呈军政部宥渝务整代电一件

陕西省商同、郃洛两区动员指挥部原报告及节略各一件

附件留处候调

〔蒋介石批："应撤销。但对匪区特殊事项与组织须不因此松懈，预谋加强办法为要。"中正。〕

商同郃洛两区动员指挥部成立经过及现状节略。

一、成立起因

蒋长官、胡总司令于二十八年十二月奉委座佳酉机渝手令：饬以军队组训民众，遵即拟具陕甘宁三省军队组训民众实施纲要（手令及纲要可详郃洛区动员工作实验总报告第十六、十七、十八页）呈奉委座电令批准，爰于二十九年　月十五日遵令成立军事委员会陕西省军队组训民众动员总指挥部，呈准由蒋长官任总指挥，胡总司令任副总指挥、陶副总司令任参谋长，并于同年十一月成立商同、郃洛两动员指挥部。商同区选定郃阳、韩城、宜川三县；郃洛区选定栒邑、淳化、耀县三县，先行实验。此实验区

之选定，固不仅在于实验动员工作之是否可能实施，而尤在于适应陕西军事政治之特殊需要。盖当时河防形势紧急，而陕北奸党正复乘隙思逞实迫处此非动员民众加强政治与军事之密切配合，实难肆应正面与侧背之威迫也。

二、实施经过

两区指挥部仰体委座手令意旨，根据军队组训民众实施纲要及秉承总指挥部之命令，拟具工作实施计划，于二十九年十一月下旬开始工作，至三十年十二月周年届满，乃分别举行总检阅。曾蒙委座及部长简派犹主任国才为检阅官，陕甘两省府及各机关均派代表随行。所有工作经过实情具详两区动员工作实验总报告。当时犹检阅官之讲评谓："各项人力物力经济动员均树有相当成效，若假以时期加强组训，无论抵抗敌寇，防止异党俱有裨补，企认为的中肯棨此则同人等窃愿益自淬励以图，有以仰副上峰之期望者也。"

三、现在情况

两区实验工作为求符合委座手令分期分区计时程功之竟旨，各选定三县并预定于三十年十二月结束实验阶段，因此胡总司令于去年十二月二十一日电呈委座，请结束陕西省动员总指挥部，保留商同，邠洛两区指挥部，归陕西省政府继续办理。曾奉部长何丑筱备电开：自四月份起，两区动员指挥部经费由陕西省政府统筹支给各在案。是两区动员工作不仅应予继续，并根据实际需要，区域似应扩大，盖实验已著成效，为抗战计，自应赓续加紧进行，故总指挥部固可结束，而区以下之工作推展则未可一日缓也。

旋奉陕西省政府卯帑府财三制代电谓："奉行政院三十一年三月二十日顺会字第四九三七号训令：准发商同、邠洛两区指挥部每月经费五万元，并发至六月底止。七月以后之经费并未提及。是前此（民国二十九年冬）每月十万元经费预算，以十分之九用之于两区实际工作者，今因物价高涨，而经费反仅得其半，实属无法维持。可以想见，况六月以后经费若不明令确定，则两区亦将无形取消，使陕西特殊情形下有效工作弃于一旦，可惜孰甚。故此问题必须于六月底以前请示定夺，作一解决者也。”

四、扩张有命

去年五月间，胡总司令奉委座艳酉令一元度电略开：“国军以防止匪向陕甘边区流窜，应于秦岭北麓及关山、陇山、六盘山各东麓及渭水上游，凡由陕北通陕甘川边区道路，扼险筑碉，以歼灭流窜匪军于各隘路中。组训关中及陇东民众，不为奸党潜入并能协助国军之准备及作战。组训民众计划及经费预算应拟定呈核，限六月上旬开始实施。”当经拟具军队组训民众纲要并附具编制预算（每区每月编列五万余元）呈复委座请求准予成立平凉、天水、凤宝、秦岭四区指挥部。旋奉委座申梗令一元北电示：“所请准予备案，每区每月由中央酌给三千元，不足之数应由陕甘两省自行筹备。等因。各在案。陕甘情形特殊，非他省所可同日而语者。委座烛照机先，明令煌煌，早作未雨绸缪之深意，实非寻常之所能及也。乃委座二十八年佳酉机渝手令竟延至二十九年八月始缩小范围实行。而三十年艳酉令一元度电令则至今无法遵办，在各方牵制固多，而当事者之跼蹶亦可以想见矣。

五、两点说明

根据两区动员工作之实验，有二事必须说明者：（一）三民主义尚未深入社会基层。封建残余势力非现有行政力量所能打破。故动员工作可以配合军事、政治之运用，以抵抗强寇，防止奸伪；可以提高农村之生产力，以促进经济建设、安定社会秩序，其为当务之急着，此也。而必遭若干之贪污豪劣所反对非议者，亦此也。欲求抗建大业能提早完成，则针对此含有病象之社会及政治现状之动员工作实为今日救急之良病也。（一）动员工作干部纳入于行政体系之中。如两区现所实验者，县以县长为指导员，加设干事辅助之。乡以下以动员干部任副乡长、副保长，实有相助相成之效，可无扞隔磨擦之虞，其工作更非分道扬镳，而实足加强行政力量也。盖在今日社会散漫情形下，若无动员干部组织而仅责之于行政机构与现有之行政人员，则恐无以上副国家总动员之殷望也。

六、最后意见

对于陕西特殊环境两区动员工作，决有继续与扩大区域之必要。邠洛区为完成囊形地带之包围与相机收复，至少须增加同官、宜君二县。商同区为加强陕北封锁至少须加洛川、中部二县。俾与邠洛区连成一线，则两区指挥部应予存在实属当务之急。惟陕西省政府月仅发经费五万元，并发至六月底止，似存在又有问题。为解决此问题，谨提供意见如左：

一、请军政部根据委座批准继续办理明令，提请军委会令行政院转饬陕西省政府，自本年四月份起，仍照原预算继续发给两区每月共十万元，七月以后照发。

二、按照陕西动员总指挥部未裁撤以前办法，自四月份起仍由军政部每月补助两区五万元，余五万元由省政府发给，七月以后照发。

三、自七月份起，将商同、邠洛两区动员指挥部改由全国总动员会议，直接指挥，归陕西省政府指导监督，经费由军政部及省政府支给，其余各战区亦按事实需要成立动员实验区域。

（3）国家总动员会呈（11月2日）

谨查关于陕西省商同、邠洛两区民众动员指挥部之存废一案，前经签奉钧批："应撤销。但对匪区特殊事项与组织须不因此松懈，预备加强办法为要。"等因。遵即电达陕省熊主席预拟该两区指挥部撤销后加强应付匪区之军政联系办法候核，俾得妥筹并办，兹准电复开："关于撤销商同、邠洛两区指挥部，委座指示周详，自应遵办。查本省沿匪区碉堡线向由国军及保安团队分区担任警戒，统归陶总司令峙岳指挥。其特殊事项制止组织亦系由联合检查站担任，指挥部仅立于协助地位，推行已久，尚属严密。该两区指挥部裁撤后，对于匪区防务尚不至发生影响。兹遵拟加强应付联系办法四项：(一)加强邻近边区各县党政军联席会报。(二)遵照中央规定于邻边区各县一律设军民合作站。(三)于县政府提前成立社会科。(四)组训国民兵团，并实施壮丁队守望巡查联防会哨暨组织保甲交通纲。上述各项如以为可，即请先行转陈并祈电复为荷。”等由。查所拟加强军民联系办法，似尚可行。其第一、二两项办法似应以驻在地之部队长为主。第四项似应向当地部队长联系。拟饬迅拟详细实施计划及商同、邠洛两区指挥结来办法报院候核、并限该两指挥部于十一月底以前结束。是否有当，理合签请鉴核示遵。谨呈

院长 蒋

〔蒋介石批："十二月底为期为宜，并电询胡总司令与陶总司令之意"〕

〔国民政府国家总动员会议档案〕

三、对冀豫抗日根据地袭击

1. 第一一四师在山东沂水地区袭击八路军陆明阁部战斗详报

(1941年2月)

甲、敌我态势概要

民国三十年二月十日，中共军陆明阁部约千余人，附重机关枪一挺、轻机枪十余挺、步枪、七百余枝，以多数手榴弹为主要火力(每匪携四枚以上)之兵力集结于崔家峪附近，分三路向我防区凤凰洞、平栏坪、良山、芝麻顶等地袭击。又上位、松泉、官

庄附近盘踞中共军陆明阁一部约二百余名，辉泉附近有中共沂蒙支队一团。我为确保防地巩固。我据点免陷匪手之目的，奉令指挥六八四团之第一营（刘营）及驻九山官庄之沂蒙大队一队、木团一营（赵营）之第三连相机歼灭或驱逐之。（敌我态势如附图第一）。〔略〕

乙、中共之企图与我之决心及处置

二月十一日晨，该匪仍盘据凤凰洞、良山、芝麻顶一带山地内，并积极构筑工事，企图□□顽抗，切断我九山与朱位间连络线。我为自卫及巩固该连络线，完成任务□□率所要人员于七时出发，进驻马头崖、招集各部队长商讨驱逐及配属计划后，遂命六八四团第一营配属沂蒙大队驻九山、官庄之第一队及县保第一营之两排分为左右两支队，以该营第一连、沂蒙第一中队为右支队，向牛栏坪及对荆峪之匪袭击。该营第三连及县保第一连之排为左支队，向凤凰洞袭击。本团第一营亦分为两支队，以第三连及特务大队为左支队，向芝麻顶之匪袭击。该营赵营长率机一连为右支队，向石家、官庄之袭击。均于十二日拂晓开始攻击。指挥部移驻王庄。（兵力部属及路线如附图之第二）〔略〕

丙、战斗经过详报

十二日拂晓，各纵队按照计划分别向指定之目标开始袭击。于上午九时半，本团赵营孟连与良山匪军接触，当即发生激烈争夺战，至九时，匪势不支，向芝麻顶溃窜，该连即将良山占领，当即协同特务大队向芝麻顶围攻。该匪经我猛攻，终成混战，于十二时许，在我炽盛火力制压之下退向崔家峪方向，该连旋将芝麻顶及大山姜峪占领。刘营左支队于拂晓与凤凰洞之匪接触，至十时，匪势不支，向莫峪方向溃退，该队当即将凤凰洞占领。向牛栏坪对荆峪推进之右支队，于拂晓与匪接触，激战数小时，至力猛烈，该营伤排长一员，伤士兵六名、亡一名。至十时，经该营猛攻，匪无力抗拒，退向荆山头一带，该支队当将牛栏坪对荆峪占领。至十二时，赵营推进至石家、官庄、黄泉、向上位推进，并派二连一班同时向东大崮之匪攻击，至下午五时，二连三班将东大崮匪驱逐而占领之。三时，赵营与松泉、官庄、上位之匪接触，激战三小时，匪不支，向朱家坪窜去。此役匪军伤亡甚重，即夜回窜公路以南，现在我防区已无匪踪。

丁、战斗结果

是役，中共匪军在芝麻顶及良山两处伤亡约三十名，在凤凰洞伤亡约二十名，在牛栏坪对荆峪伤亡二十名。于东大崮亡一名，松泉、官庄及上位伤亡十余名。此后，综合此役匪军伤亡当在八十名以上，弹药消耗约四千余发。惟在各战斗区域内发见未爆炸之手榴弹三四百枚。我之人员伤亡及弹药消耗如附表第（□□）。〔略〕

戊、此次战役之经验及意见分条列左：

一、经验：

一、该匪之贯技，专利用百姓以虚张声势，滥竽充数，而行恫吓之手段，更可藉此消耗我弹药为目的。

二、该匪常集结较远之地区，出我不意施行奇击，更以利用夜袭，以补其弹药不足弱点。

三、该匪之火力仅以土造手榴弹为其猛冲唯一之利器，但该匪之手榴弹效力极微，爆炸仅六七瓣，而不发火者尤多。

二、意见：

一、对我之轻机枪射手人材应极以专门训练之，以加强射击技能。

二、对于我构筑之工事前应敷设简单之障碍物（如鹿柴等），村落之街巷亦然(或多设掩体)防匪之猛冲。

三、该匪专以多数密集之队形携大量手榴弹向我某一点施行猛冲，但我决不可因一点之突破而惊慌动摇，极应以沉着之精神以打破其诡计。

中华民国三十年二月

〔国民政府军令部战史会档案〕

2. 于学忠关于袭击鲁省各地区八路军致徐永昌等电

(1941年2—12月)

(1) 致徐永昌电 (2月6日)

无线。军令部长徐(风表):据李总司指挥明扬养电称:谨将顾豹岭部剿匪情形电呈如次:(一)上年鱼午该员亲率自卫队百余人袭击阜宁属之八滩匪军,毙其指导员一名,俘官兵八十余员名,获手枪五枝、步枪百余枝。我仍回原防,齐已复率队三百余人围攻八滩之匪军,激战至未,匪不支,向西溃窜。是役俘匪十余名,伤亡匪二十余名,获枪十余枝。蒸巳匪三百余向我反攻,激战竟夜,终未得逞,仍窜回原防,是役匪伤亡数十名,我阵亡士兵二名。宥寅匪军阜宁大队约二营全部向我激战数小时,被我击溃。是役,俘匪军营长一,获枪五枝,手枪两枝。(二)一月东未,我第二支队袭击蔡桥(东坎东南十余公里)之匪军,战数小时,匪不支,向东坎溃窜,伤匪十余名,获枪十余枝。微申匪军六百余向我三头长发庄(八滩西南十余公里)第二支队特务队防地进犯,激战至酉,匪向西窜去。是役毙匪六十余名,伤十余名,获枪四十余支。等情。谨闻。沂。于学忠。鱼申。策划。印。

(2) 致何应钦电 (10月14日)

部长何,4135、6639。密。制裁奸伪战况:(甲)牟总指挥虞电:(一)据张师长冬电:(A)艳未我(684R)团长率第六区及平射炮一班艳寅进剿上姜坡、沂西南,二营拂晓由黄囤、虎屯、凤凰山等处向黑碗进攻,拂晓进瓦屋寨,包围下李庄朱位东奸伪,伤亡甚重,上午十时突围溃窜。我三营沿瓦屋寨东进,同时,六连经杜泉、官庄向南大坪进攻，午后一时许，六连与三营会合向奸伪老窠大坪、朱家坪一带攻袭，同时电饬(680)李团率部进驻门庄、盘龙岗一带蒙东北协助（684R）作战；(B)艳未我（684R）六连进占朱家坪东南山顶，因天晚撤回南大坪，卅寅在大顶〔图(5u)高地〕集结百余以手榴弹向我猛攻，战二小时，因恐奸伪增援，撤退南大坪晏婴冢。是役，伤毙奸伪四五十，俘获步枪89支。(二)我张景月部东日在牛郝岭在寿光南一带与奸伪(3B)残余及其（5B）轻重马宝山之各一部共约千余激战竟日，奸伪窜毛陀、寿光西北又被我击退。计毙伤奸伪二十余。我亡兵二。(三)周保安旅长电：我北进部队虞晨在博兴北刘官庄与奸伪百余遭遇，战二小时，毙敌伪十余、俘五，获步枪三枝，我亡士兵二名。(2)常师长真电：(一)我（662R）与游击队长祝书彦申俭在四门口、涛雒南将涛雒奸伪公所摧毁，获其所征之铜器(500)余斤。(二)我(665R)之主力及经游队周广庆部灰晨将盘据狮子口、大店东之奸伪滨海区办事处奸伪(400)余，击退毙奸(30)余，并获给养四万余斤，我伤亡各五。(丙)吴师长文电：我王补营游击小组于上月有日在狗跑泉与奸伪二十余接触，将其击退，获枪二支。(丁)（337B）有真电：我(683R)之一部齐辰在车辋以南一带游击，申时返至车辋北端，适奸伪（4R）一连百余，企图设伏，当被我发觉，迎头击退，奸伪仓皇向银厂东南窜去。计毙奸伪十余，我伤兵二名。等情。谨闻。于学忠。酉盐。戌策划。印。

（3）致何应钦电 （10月26日）

部长何：4135、6639密。机密。制裁奸伪战况：(甲)韩旅长寅艳电：(一)我（683R）第一营感丑向前后银厂奸伪进剿，感寅冲入前银厂，巷战约一小时，奸伪伤亡(80)余，俘(23)名，尚有少数残余向白山窜去，我仍跟踪追至白山以北。第二营亦于寅晚向白山奸伪进剿，将该庄占领，复会合第一营向王庄、张庄一带进剿。第三营于感辰将寨山前奸伪乡公所摧毁，毙伤奸伪十余。（二）第（673R）第二营协同（21）支队一大队感辰向涧村、发阳奸伪进剿。该处奸伪均闻风远逃。是役斗毙奸伪（60）余，俘（14）名。内有第四梯队政委兼代鲁南专员赵鏄一名，专署科长一名。马三匹、骡二头，枪五支、手榴弹四枚，子弹（383）粒。无线电收发报机各一台，炸毁电话机二。我负伤兵二。（二）八纵队刘司令报告：奸伪（684R）一部，及苍山大队全部约千余于申支亥袭我泉里铺、寨子西（42）支队二大队部，战二小时，将奸伪击退。是役计毙伪（40）余。我阵亡中队长以下（11）名，伤（14）名，被俘（29）名，损失步枪（59）枝。（三）（27）支队长洪狼报称：宥子我一、四两大队及特务大队向赵庄、寨子西南一带奸伪袭击。寅夜，攻入该庄，奸伪不支窜去。计毙奸伪（30）余，俘（17），获男女肉票（42）名，步枪（30）支，手榴弹（52）枚、马一匹，其文件公物（500）余件，我无伤亡。（乙）常师长酉皓电：（一）我（666R）二营于筱寅进攻姚家埠、中楼营南五六十之奸伪，未时将该庄占领，奸伪向库山窜去。是役毙奸伪十余，获手榴弹四枚。我无伤亡。（二）我（668R）于卅子向大店进攻，行到陡山子，该地驻有奸伪千余，我即向之攻击，奸伪不支，向大店溃退。是役毙敌四五十，我阵亡兵一、伤九。（丙）吴师长酉世电：世辰第（1R）自王家石沟进攻小张庄葡萄岭。第（2R）进攻福吉、山月庄、洼泉等处奸伪。该各团均于世卯先后占领，未时被伪（700）余攻我葡萄岭，月山、小张庄均鲁村西南，二时均被我击退。是役，毙伤奸伪百余。我阵亡排长一、伤官兵（18）（丁）牟总指挥俭卅电：（一）我文县长张国航马辰率部（250）名向东推动，行至文登西北风口与奸伪驻该村之县队百余接触，当即被我击退。计毙奸十余，俘三十，获土枪二支。（二）智、马等日我张专员景月第（27R）及特务营分向寿光东北李官庄、广阴及南河、北河中町一带之奸伪搜剿，奸伪闻风逃去。又，敬晚广饶李团将寿广边区之奸伪旅独立营击退。计毙奸伪十余、获枪四支。漾辰我孟团长率兵(60)由王家营、寿光西向吕村、郇庄,俘奸伪游小组五名,获枪二支、手枪一支。同时临淄徐代县长亦率部与孟团会合，向寿光西洋河搜剿，将奸伪百余击退。我（27R）六连朱连长作战重伤殒命。(三)奸伪（5B）(2000)余酉文夜向沿海我六纵队防地进犯，战五小时，敌伪不支窜去。计毙奸伪百余，获步枪十余，我伤兵三。(四)酉漾我张景月部徐振中营与孟团搜索寿光西洋河一带，有奸伪士(60)携械至徐营投诚。(五)敬日奸伪李人风率部千余，分向徐营李家户、寿光西防地袭击。战数小时，被我击退。计毙伤奸伪(30)余，获枪一支，我亡兵二。(戊)韩副总司令艳电：(一)酉佳独(6B)(16R)八连颜连长率该连及迫炮连一排、机枪连一班向淮安东北顺河集袭击，与奸伪(200）余接触。战三小时，将其击退。毙伤奸伪连长以下三十余，获驴马(31)匹。酉灰(117D)（702B)三连刘连长率部袭击盐宝边境刘家荡附近奸伪。毙其中队长以下十余，获步枪二。(三)阜宁西境管家沟奸伪(300)余西犯，与我(112D)(671R）第一营在金家庄附近凤凰村东接触，战二小时。毙奸伪（21）余、俘一、获步枪二、我伤一。(四)酉沁苏家咀奸伪（200)余南犯任家桥、凤凰村北与我(112D)(668R）第四连战二小时，被我击退。毙伤奸伪十余。等情。谨闻。于学忠。戌宥酉。胜算。印。

（4）致徐永昌电(10月31日)

无线。重庆。军令部长徐：益密。(加表)机密。制裁奸伪战况：(甲)赵师长酉俭电：(一)我文登县长张恕𡟤感辰率兵（200)余向文登西陈家埠推行县政，当与敌伪乡队及其基干团约(80)余接触，奸伪不支窜去。计毙奸伪六，俘二、获土枪七、手枪一。(二)我特务团第二大队长率部(70）余向平度东南白门一带游击，行抵平度东凤凰山与奸伪百余接触。战二小时,奸伪东窜。计毙伤奸伪七，获步枪三支。(乙)第六纵队秦司令酉宥俭电：(一)马日奸伪十余将潍北乡长、埠南保长掳去。养日我(17)支队三队赴南北城阳、石拉沟、海阳北一带搜剿，与奸伪三十余战一小时，奸伪不支，窜去。梗辰复派刘大队往剿，在石拉沟与奸伪百余战二小时，被我击退。计毙奸伪十余，俘一、获步枪一。(二)我(34)支队第二大队长刘守田感日赴海阳及海阳东北带游击，与奸伪(40)余押运给养遭遇，将其击退。获给养万余斤。俭日，该支一大队在海阳东四公里莱坪宫陶家沿铁路游击与奸伪三十余押运给养遭遇将其击退。俘一、获铜(600)斤，给养千余斤。(丙)韩副总司令酉梗电：(一)酉东奸伪刘杰部窜至东海县西境桃林镇，经赣榆保安团击退。毙伤奸伪(30)余。(二)酉皓我七支队向阜宁局之裴家桥、太平桥东与官渡间获奸伪小船一、毙奸伪排长一名、士兵一名、获驳壳枪二支。等情。谨闻。于学忠。酉引。午胜。印。

(5) 致何应钦电 (11月6日)

部长何：4135加码密。机密。奸伪战况：(甲)牟军酉俭电：迥酉我补充团二营五、六两连进攻盘据曹家顶（周家、上庄、东图、上无）奸伪约四五百名。该奸伪凭高据险抵抗，旋我六八四团二营率兵二连协同进攻，补五连冲入圩寨后，奸伪不支，夺路逃窜。我逆将曹家顶克复。复乘胜进击，先后将团园崮、蝙娄峪、冯家、艾上薛等庄先后克复。是役，计毙奸伪二十余，我伤兵二名。(乙)赵师长戌江电：酉俭由莱阳县五、八两区队各一部，向盘据莱阳西二董各庄之奸伪区队百余进剿，当被我击退。毙奸伪区长郑可嘉、助理员吴成章二名。(丙)荣旅长艳电：感拂晓派六六七团二营两个连及六六八团一营第一连，附迫击炮排进剿石坑县联合临沂西南约四百余之奸伪及区公所，战二时许。奸伪不支。同时韩旅击溃白山东窜县庄之奸伪二百余亦被我击溃。至酉时各连返归。是役伤毙奸伪三十余，俘区长邱玉磐以下三名，获步枪五支，我阵亡兵一伤二、失踪一。（丁）韩旅长戌支电：我七六八三团第五连冬丑建邢家村、扶邱费西南一带游击，于寅时到达扶邱，适奸伪边区及专署约千人经该庄西窜，将其该第一大队附李凯捕获，马二匹，及文件。等情。除分报外，谨闻。职于学忠。戌麻。戌胜算。印。

（6）致何应钦电（11月12日）

部长何：4105、6639。密。奸伪战况：（甲）牟军长东电：我（677R）于酉卅卯对盘踞卞山大诸葛、马站西南一带之奸伪约五六百加以扫荡后，旋将沂河以东以北地区之奸伪完全肃清及一切之伪组织摧毁无余。是役计奸伪（40）余，俘（2）、获马（7）、给养二百余斤。我伤亡兵（3）。（乙）四纵队王司令戌齐电：东晚，我十支二大队向昌邑东北夏店一带之奸伪进剿。相持一昼夜，奸伪不支，渡潍河西窜。计毙奸伪十余，俘（5）。（丙）韩旅长戌佳电：酉俭奸伪（3B）（2B）罗少青部窜扰高苑北殷卢一带。艳日我（2B）团长朱岫云率队往剿，战三小时，奸伪不支西窜。计毙奸伪（40）余。又该团江日在高苑东北萧胜官庄击毙奸伪自卫团长曹成才一名。（丁）七纵队申司令感电：奸伪胡允升部（400）余，于戌江晨窜据瓦屋峪、丁马庄、滕县东北，当派冯春亭率部进剿，于江午接触，奸伪凭桑木山山顶顽抗，至酉刻职亲率（19）支队增援，将丁马庄克复。并将死守山顶之奸伪以手榴弹火力击溃。至支巳将桑木山克复，是役，毙奸伪三十余，获枪四支，棉衣多件，我伤兵四名。等情。谨闻。于学忠，戌震。胜算。印。

（7）致徐永昌电（12月15日）

无线。渝。军令部长徐：矛密。加码。制裁奸伪战况：（甲）吴师长号电：本辰我驻地上部队派兵两连及自卫袭击博山东南下庄之奸伪。将其击溃。获步枪一支，给养千斤。（乙）赵师长亥麻电：我第二团刘团附智晨率兵两营向莱阳东南奸伪进剿。在大小夏格庄附近与奸伪六旅一团约五六百名遭遇，战四小时，将其击退。计毙伤奸伪五六十名，我亡二名、伤六名。各等情。除分报委座外，谨闻。沂。于学忠。亥有巳。胜算。印。

〔国民政府军令部战史会档案〕

3. 沈鸿烈报告袭击鲁东地区八路军密电

(1941年3月6日)

总长何：0514、6639密。查鲁东我军集中兵力反攻牟平奸党情形，经以东辰编电转陈在案。兹又据鲁日东行署李专员先良及(13)区赵专员保原东电称：参加剿匪各部均于俭日同时东进，右路于即日进至黄村、石头圈，均在牟平南(48)公里一带；左路进至午极牟平西南(35)公里一带；中路进至南西屋牟平西南(48)公里及上下万口车道牟平西南(42)公里一带。奸党闻风向昆俞山区枣子园牟平东南(32)公里一带回窜。我军决彻底肃清驻地附近之奸党小组及潜伏份子，并相机前进中。等情。谨闻。沈鸿烈。鱼辰。编。印。

〔国民政府军令部战史会档案〕

4. 高树勋报告袭击鲁西地区八路军密电

(1941年4月—5月)

(1) 电之一(4月19日)

无线。重庆。委座蒋：我昨拂晓开始分途追剿各卫队先后将赵承金、杨勇、杨得志等匪击溃，其主力向东北逃窜，毙伤匪数百，获枪百余枝。右纵队米、张两师主力推进古云集、孙堤口董家楼一带；左纵队张、马两师主力推进瓦屋头、六塔集一带。职率预备队到卫城集一带。又匪约一万七千余，山迫炮二十余门，已窜濮东及范县南部，有向我濮城威胁模样，已抽派主力准备跟踪追剿。特闻。职高树勋。皓辰。智。印。

（2）电之二（4月24日）

无线。重庆。委员长蒋钧鉴：被我击溃窜至观城东北王庄集、大柳村、袁家庄及观城西北巩营、郭牌、刘庄之匪在马陵集、鸠集其各高级将领会议后，即集结大部，会合马陵集以北地区新增来穿草鞋奸党冀南支队四千余人南窜。其巩营附近匪军七千余窜至瓦屋头、孙庄即开始向我左纵队驻张村、夏村、英村、北梁村之部队（张汉全师）进犯，激战终夜，曾猛扑三次，经我官兵奋勇迎击，终未得逞。至敬巳，我主力部队向匪猛攻夹击，另抽调大部，分别绕击，匪始不支，分向瓦屋头、弯针园方向溃退，我乘胜追击，已占瓦屋头，弯针园（清丰东南三十余里），匪仍向东北溃退中。是役毙匪五百四十余，遗尸百五十三具，我伤亡官兵五十七。谨闻。职高树勋叩。卯敬。申。印。

（3）电之三（4月25日）

办事处译来。渝办事处：密。转呈委员长蒋钧鉴：顷据确报：敬日在清丰东南夏村、北梁村一带被我左纵队新八军击溃之匪，共有六个团，已侦明之番号为赵承金之二十一团，民军第四团、十一团及杨得志所属新改称之三十三团，除赵匪二十一团外，均系由濮阳西北井店方面窜来。现该匪经我痛击后，死伤甚重，刻向观城以南之上大张家方面逃窜。查该匪现仍由各方纷纷调集，企图报复，已分令各部严密戒备，准备继续痛击。谨闻。职高树勋叩。卯有。酉智。印。

（4）电之四（5月4日）

濮阳来电：重庆孔处长：密。译呈军令部部长徐钧鉴：一、自濮观交界之古云集及清濮交界之麦村一带，将奸党大部击溃后，匪确死伤四千余人，其残部及由卫河与聊城、临清各方增来之匪共万六七千人，仍分窜于观、清、范等县南部及濮县东部地区，准备向本军进犯，正分令各部队清剿中。二、连日杨勇、许寿青、杨德志等部匪军及番号不明之一部，共约四五千人窜集濮县南十五里铺、毛岗、马棚及濮阳东南边界之石墓头，王常堌、白岗一带地区，向本军防地南面施扰，饬由新八军孟旅长昭进带三团及张支队长栋臣率领一部，分途兜剿中。三、孟旅今晨九时在文留集南之齐王庄一带与匪两千余遭遇，激战三小时，毙匪二百余，获枪三十余支，机枪一挺，子弹数千粒，我伤亡百余。刻仍在激战中，张支队今拂晓将向濮阳附近之匪驱逐后，即向白岗之匪进剿。除令各部队并力兜剿，务期痛歼外，谨闻。职高树勋。辰支•申智。

（5）电之五（5月13）

濮阳来电：重庆孔处长：密。译呈部长何钧鉴：（一）被我击退流窜仙庄集以北地区之匪军赵承金部十一、十四两团及民军第四团，共两千余，于蒸夜复经武强镇、聂庄集窜至六塔西南之单拐、大小官上、西南庄一带，仍图向我进犯。（二）职派暂二十九师阴秀山、阎中云两团于真辰由后任村经赵庄、王村、大小瞿湾、神当头向该匪进剿。当在西南庄单拐与匪接触，激战竟日，至晚十时，我阴、阎两团向匪猛攻，将西南庄、单拐占领。匪仍退据大小安上，顽抗至拂晓，匪始向聂庄集溃退，我军跟踪追击，当即占陈庄、李家、郭小岩等村，将匪包围，数次猛冲，率将匪军击溃，向东北狼狈逃窜。真晚，我完全占领聂庄集。（三）是役伤匪军一百余，遗尸十三具，获步枪十四枝，手枪弹一百三十枚，我伤排长三，士兵二十余。谨闻。职高树勋叩。辰元。辰智。

（6）电之六（5月24日）

濮阳来电：重庆孔处长：密。译呈部长何钧鉴：（一）敬早四时我进剿部队开始分途推进，由李副师长率陈、田两团分向常庄、温庙前进，沿途击溃匪之残余部队。至卯时，方与匪在温庙、王常、堌集、后陈家之线发生激战，同时刘、李两团及骑兵一部由孟旅长指挥进至尚楼及王庄以南地区后与寺台村、齐王庄、徐楼之线余匪军接触，我骑兵亦与进至金钢集以西地区，压迫匪军左翼，各线战况至为激烈。（二）今辰我朱师长率刘、王、宋三团及骑兵由濮县南阳楼、彭楼分沿大堤向后陈家、赵庙推进，猛攻匪军右翼。温庙、王常堌、后陈家之匪受我三面围攻，已呈动摇，支持至午，匪全部由侯官、温庙向黄河对岸溃窜，朱师长指挥刘、王、宋各团跟踪追击。李副师长率陈、田两团由温庙沿堤转向西南急进，策应孟旅所攻，寺台村、齐王庄均经我李、刘各团攻占，该匪溃窜白岗。我军乘胜尾追，匪复窜东寨、李河渠渡河东窜。我各路追击部队进至河东董口、项城一带，会合后，以匪军复窜向东北范境及分部于酉刻折回彭楼、白岗各地、刻已分令肃剿散匪，建立据点。是役计俘匪三十余名，毙伤匪二百七十余，获马步枪三十三支，骡马十二匹，手枪弹一百四十余枚，我伤连长一员，排长二员，士兵五十余人，阵亡士兵二十一人。谨闻。职高树勋叩。展敬。智。

〔国民政府军令部战史会档案〕

5. 汤恩伯报告袭击豫省各地区八路军新四军密电

（1941年4月—5月）

（1）电之一（4月2日）

重庆委员长蒋：国密。据吴副师长求剑巧申电称：我黄旅于铣日全部向双桥镇、涩港店以西及马家冲、朱唐店以东地区之新匪七、八两团队大举扫荡、在双桥镇、黄家山前后遇匪全股约七八百，激战二小时许，毙匪数十并获文件甚多。现其一部窜铁路西，其余潜伏在黄城山以东地区活动。该旅主力在邓家店、五里棚青山店、涩港店以北之刘家畈之线构筑工事，组训民众，健全行政机构中。等情。除饬努力搜剿外，谨闻。职汤恩伯叩。冬辰。参潔。印。

(2) 电之二(5月17日)

急。渝委员长蒋：舜密。战报：据黄子华微真电节称：一、职旅奉命扫荡朱家店附近之匪，微子由青山店开始进剿。第一团经刘家畈，黄城山向古佛寺；第二团经马家湾、共家畈向朱家畈之匪进剿。二、各该处据点微卯被我占领，匪向杜家畈、左家店方向逃窜。杜家畈现有匪二千余，真日我第一团向堂店、古佛寺一带，第二团向周塘埂、杜家畈、左家后一带扫荡。周塘埂匪第四团队被我袭击及向柳林车站附近逃窜。真巳敌百二十余由柳林窜抵杜家畈附近，被我第二团不意猛袭，伤亡惨重，迄未回窜。等情。谨闻。职汤恩伯叩。筱申。敢。印。

(3) 电之三(5月23日)

急。渝委员长蒋：铣午敢电计呈：突密。据何总司令转徐师长智辰电称：1.派骑九团全部携弹药两万发，并耿蕴斋、刘瑞岐两部驰往应援。复电：三十支队蒋嘉宾部积极进攻匪黄河支队根据地，藉收夹攻牵制之效。2.据随张特派员荣田北上之李团附桂青报称：江苏专员董汉槎率驻沛部队约四千余，辰东在南北臀口集附近与匪黄河支队邓初明即彭雄部四千余，双方反复层层包围，战斗颇烈，匪我伤亡均重，辰冬耿少孚派兵两营前往增援，现匪在臀积岗附近与我军隔河对峙中。等情。谨闻。职汤恩伯叩。梗午。敢。印。

〔国民政府军令部战史会档案〕

6. 熊斌转报高树勋部在冀鲁边区袭击八路军密电

(1941年5—6月)

(1) 致军令部电(5月1日)

长安。重庆军令部：瓶密。据高树勋：(甲)卯巧电略称：(一)我左右两纵队于今早五时分向匪军进击，右纵队宋、张两师主力早九时到达古云集，将杨勇部七八百人击溃，进占古云集。孙堤口、董家楼一带地区匪向东北溃窜。(二)左纵队马、张两师主力早七时推进至卫城集、主堡寨之线，将赵承金之二十一团及杨得志之第四团等部击退，匪分向东北、西北逃窜，部塔集、瓦屋头、北梁村、张楼一带地区当被我占领。(三)匪军大部约万六七千人山迫炮二十六七门，转向濮县以北及东北六家集、龙王庄一带扰窜，有向濮县进犯势，已饬各部准备攻击。(乙)卯号电略称：督率各部与匪赵承金、杨勇、肖华及青年纵队第四旅等部共约两万余人，激战两昼夜(由巧辰迄号卯)，将匪全部击溃，纷向马陵集方向溃去。我右纵队晚在追击匪军，是夜我各部队前后共毙伤匪军约千一百余名，俘八十余名，获步枪三百余，惟土造甚多，军用品甚多，马十七匹。我右纵队张、宋两师伤亡营长一员，尉官十三员，士兵四百二十一名，左纵队张、马两师亡尉官七员，士兵一百四十三名，弹药消耗各约五分之一，炸药消耗甚多，正清查中。(丙)卯漾电略称：此次匪军在古云集一带作战损失奇重，其七七一团尤甚。现向吴城东北各村索要担架三千余人付，匪军伤兵之多可知，已饬各部竭力清剿散匪，组训民众中。(丁)卯下电略称：此次古云集一带战役奸党伤亡确定三千人，其残部主力现在范县南二十里之王庄、闵予寨、薛屯一带停顿。鲁西北各县之匪现正向南采荣北三十里之村馆饨附近集结，并积极准备进犯器材，依此判断，匪军受此重创，决不甘心，必将大举来犯，除饬各部严加侦防，准备痛剿，并令新八军进剿，部队主力晚移瓦屋头、六塔集一带清剿散匪。各等情。除电复嘉慰外，特闻。西安办公厅。辰东。陕办。勇。印。

（2）致徐永昌电（5月12日）

长安。徐部长：围密。据高树勋：（甲）辰鱼午电据称：（一）近月来边区奸党屡被本军痛击，死伤逃散甚夥。近屡由东南各县及卫河各地调集增援，企图报复。数目符号？新八军及六十九军各清剿区均有接触，零星毙俘奸党甚多。（二）歌辰窜三里店（清濮□交界）奸党千余，经我张汉全部击溃，毙伤百余。歌窜七里堂奸党百余，复经张师击溃，毙五十余，获枪三十支。（三）鱼辰奸党千余复窜七里堂，我张师正予痛击中。（乙）辰未电略称：微日在托王庄、刘楼一带奸党、经我孟、李各部一再痛击，当将白岗、大小新庄庙、王常固集、侯官等村攻占，奸党近集石墓头、杨楼、前后陈庄、大小姚庄一带。（二）鱼日拂晓，我军出发包剿，奸党主力向东窜溃，其一部二千余后陈庄、赵庙、王沙堆一带顽抗不退，我仍在围歼中。（三）连日与奸党激战，毙伤约七八百，俘六七十名我亦伤亡百余名。各等情。特闻。熊斌。辰文。陕办。勇。印。

（3）致蒋介石电（5月14日）

长安。渝委员长蒋、总长何：勑密。据高树勋辰虞午电略称：（一）连日经我各部痛击之匪，确为徐寿青新四旅第十、第十八及七七一三个团与杨勇之第七团，杨得志第三旅之一部，共约万余人，歌申窜温庙，侯官、王常固一带，经我痛击后大部向东逃窜。（二）鱼申该匪全部窜集后陈家、赵庙、躬庄、杨楼、前后李庄一带顽强抵抗，经我各部队奋勇进剿，攻入以上各村，匪最精锐之七七一团全部被歼，残匪百余向东北逃窜。（三）自支日来共毙伤匪约千数百人，俘获亦多。我方共伤亡二百七十余人，俘获损耗正清查中。(四)据俘匪供称：此次匪来目的，拟利用大河堤套造成一根据地，经连日痛击已粉碎其企图。又辰虞亥电略称：(一)匪军四百余，微寅由东北窜清丰东南七季马。又一部窜山脚寨，当被我军击退，毙匪十余，伤二十余，获步枪五支，予弹百余粒。我伤士兵三名。(二)鱼亥匪军一部向我张村新六师第三团进扰，被我击毙二十余人，匪北窜。(三)匪第二十一团及清丰县府共一百余，盘据瓦屋头东张林子、刘林子、霍子寨一带，其一部二百余窜七季马。鱼丑经我进剿，当将刘林子攻占。毙匪五十余人，获枪八支，子弹五百余粒，我伤兵三名。各等情。谨电鉴察。职熊斌。辰寒。陕办。勇。印。

(4) 致蒋介石电(5月22日)

长安。委员长蒋、总长何：3910密。据高树勋辰铣电称：(一)佳日被马师陈、田两团在苏村击溃北窜之匪军第十六团文辰复又窜至我驻地以北之霍子堡、土塔一带盘据。(二)职为肃清该匪即饬马师田团由瓦屋头、张林子、山里塞、七李马分路向之进剿，寒午，我军将张林子匪军全部驱溃，复向霍子寨匪军进剿。匪凭实拒抗，激战时余，我到达张林子部队进至邕司向匪包围，匪感右面威胁，撤至土塔抗抵，我四团跟踪追击一举攻入村内，混战至申，匪纷向北逃窜，我占领该村，肃清残匪后仍撤回瓦屋头、康村原防。(三)是役，毙伤匪五十余名、俘匪指导员一名、获枪两支。我伤士兵十七名。等情。谨电鉴察。职熊斌。辰养。陕办。勇。印。

(5) 致蒋介石电(5月29日)

长安。渝委座蒋：据高树勋辰马电称：窦密。查奸党徐寿青、杨德志、赵成金、肖华、杨勇、匡彬等部，自卯月以来屡被我军痛击，死伤惨重。现该匪等为报复计，近又鸠聚残部并由内滑荷等县及河北之景县调集一部共约两万五千余，另一部匪党环绕我东西北三面防地封锁肆扰，其主力约万余人转移我二濮防地南面，盘据彭家楼、王称、固集、石墓头、小濮州、平绥、白岗、温庙十村庄，企图向我大举进犯。皓戌其一部千余，曾向我驻文留集孟昭进旅之李团猛犯，我官兵据案近击，激战至拂晓，匪死伤颇重，仍向东南窜退。至号午匪军八百余复窜张庄东盆城一带与我刘、李两团接触，嗣经我李团第一营增援围攻，毙敌二十余，获枪两支。匪始向东退去。号戌匪复以两千之众猛袭文留，我李团官兵昼夜应战，并经刘团分由赵庄、盛庆一带分头向匪追截，战至马丑，匪不支退窜。是役，匪遗尸二十七具，被俘五名、负伤之匪尤多。先为彻底再予打击计，拟由新八军抽派步兵四团及骑兵一部，六九军抽调步兵三团骑兵一部，侦明匪军主力，分途围剿，期收一举扑灭之效。又辰养电称：马巳杨勇匪部复窜文留集东北三棘黄庄附近，经我孟旅李团一团部队痛击，战一小时北窜。我军追至巴庄，复与窜到增援之匪七八百接触，激战至未，被我奋勇击溃，向东窜去。是役，毙伤匪军八十余，我阵亡上等兵一名，伤列兵四名。至养卯匪许寿青部千余在王称、固集附近大场向西南运输其先头三百余，养辰窜至我第三支队郭庄防地东南之窦楼、肖庄附近与我部支队赵景师团接触，激战至午，仍在对峙中。现匪大部逐渐向濮南进压，除令王副军长带五个团于明日进剿，并令八九军派三团相机夹击。各等情。谨电鉴察。职熊斌。辰蹯。陕办。勇。印。

（6）致蒋介石电（5月30日）

长安。渝委座蒋、总长何、宝密。据高树勋辰敬电略称：（一）敬卯李副师长率陈、田两团与匪军在温庄、王长姑集、后陈家之线发生激战。同时孟旅长指挥步骑约两团与寺史村、齐王庄、徐楼线上之匪接触。战况至烈。(二)辰刻我朱师长率步骑三团由濮县南杨楼、彭楼向后陈庄、赵庙推进，猛攻匪军右翼。温庄、王常固、后陈家之匪受我三面围攻，午刻全部经侯官、温庄向黄河右岸溃退，朱师跟踪追击。李部由温庄转向西南急进，策应孟旅。此时寺史村、齐王庄四路我军攻占，匪军经白岗、东寨、李河渠渡河东窜。(三)我各追击队会合于河东董口项城一带，后因匪已回窜范境，乃分别折回彭楼，白岗各地。刻已分别肃剿散匪，建立据点。(四)是役，俘匪三十余，毙伤匪二百七十余，获马骡四十二匹，手榴弹一百四十余枚，我伤连排长各一员，士兵五十七名，阵亡二十一名。等情。谨电鉴察。职熊斌。辰世。陕办。勇。印。

(7) 致徐永昌电(6月7日)

长安。重庆徐部长：4535密。据高树勋辰感电略称：(一)奸党赵承金部及观、清两县独五团共约千余，有寅窜六塔集东唐堤口与瓦屋头以南之张村一带。(二)职为争主动，当令张师汉全率陈、阎两团及段海洲部之徐团于宥辰向该匪分途进剿。(三)各部与匪激战至午，匪纷纷退窜瓦屋头以北，唐堤口张村，均被我军占领。乘胜追至张村、瓦屋头一带。(四)是役，毙伤匪四百余，俘二十四员名，获步枪十七支，子弹三百八十余粒，迫炮弹二十五颗，铁锄二十三把，并文件数十种，我伤亡官兵一〇四名，耗步枪弹二二一八四粒，迫炮弹九二发，手榴弹七二五颗。等情。特闻。熊斌。巳虞。陕办。勇。印。

〔国民政府军令部战史会档案〕

7. 沈鸿烈报告袭击津浦铁路一带八路军密电

(1941年8月25日)

总长何：密。据刘委员旭初未养电称：自奸党冀南军区司令陈载道部侵入夏津后，津浦路之奸伪骤形活跃，企图在腰站(平原西南二十一公里)一带会合。我为彻底剿除计，经与四区张专员会商，拟定办法如下：(一)令保二十二旅周致中部抽调精锐一团入夏津西境，将奸伪渡口北曹寺(临清东北)占据，焚烧其渡河船只，截断归路。(二)令四区保安副司令兼健九指挥区保安独立二团刘化溥、保独三团邓协忱、保独四团赵性符、特四团谢化武等部由夏津东境进剿，与保二十二旅联合夹击。(三)令陈盛甫团开平原铁路以西地区，防铁路东奸伪西窜。(四)令保独九团李连祥部布防齐河、禹城、长清边境，严防长清奸伪北进。现正赶速调度，准备实施，等情。除电复，从速进行并分报外，谨闻。沈鸿烈。未宥。编。印。

〔国民政府军令部战史会档案〕

四、对晋绥抗日根据地袭击

1. 蒋介石关于侵占绥省大青山袭击八路军与朱绍良往来密电

（1941年4—5月）

(1) 蒋介石电(4月2日)

兰州。朱长官：厉密。据平绥路特党部陈述收复绥省大青山理由报告大要录原鉴呈：(一)……至(五)项等情。查大青山形势险要，北扼固阳，南控包萨，亟应建立敌后游击根据地。惟该山一带向由匪军盘据，若不设法予以驱除，则匪军有以大青山为根据连接库伦交通之可能。该战区无论对敌、对匪均应确实掌握大青山地区，仰即妥拟办法，限期收复该地，并具报为要。中〇。冬。令。一元忠。印。

(2) 朱绍良电(4月26日)

兰州。渝。委员长蒋：微辰神震电计呈。据傅付长官卯梗已珍电称：突密。查匪军现大青山一带盘据者，计李井泉支队千余，绥蒙游击支队邹凤山部二百余，山西动委会程支队六百余，共约千八百余，于一月奉委座文申令一元育电后，即计划肃清该匪，建立敌后游击根据地。现我自卫军伍路之一部在萨县以北大青山内游击，不时与匪伪军接触。又于三月间由游击程师廷抽一部向大青山一带搜索前进。该两师其余部队俟稍加训练后，即饬全部开往清剿匪伪军。自卫军三路亦提前加训练，然后派往协同作战。自卫军二路久驻战地，一般纪律较差，拟先选地集训。伊东游击纵队各支队，除一部担任马栅至城坡间河防外，其余已饬即开府谷、神木一带，由高军长双成负责选地集结训练。等情。谨电鉴核。兰。朱绍良。寝。神震。印。

(3) 蒋介石电（5月1日）

兰州。朱长官：寝神夏电悉。〇密。查所拟部署大致尚可，准予备案。惟大青山为军略要点，形势险要，仍应遵照冬令一元忠电指示，迅速实施。关于绥西各游击部队详细驻地，仰速查明具报为要。中〇。辰东。令一元忠。印。

〔国民政府军令部战史会档案〕

2．蒋介石密令朱绍良调派新二十六师分驻乌审旗制止共产党活动电

（1941年7月21日）

兰州。朱长官：窦密。据报驻桃力民之新二十六师拟派所部分驻乌审旗制止奸伪活动，因未征得乌旗奇玉山司令同意，尚在犹豫中。沙王为使地方安宁，甚盼该师分派兵力驻扎该旗。沙之所见甚当，拟请电令该师遵照原计划进行，切实制止奸伪在乌旗活动，并饬奇司令竭诚协助之，不得歧视。等情。查伊盟乌旗奸伪最为活动，新二十六师拟应开驻一部以资镇摄，仰即核办具报为

要。中〇。午箇。令一元八。印。

〔国民政府军令部战史会档案〕

3. 陆军暂编第四十八师娄福生部与八路军陈赓等部在山西浮山四十里岭战斗详报

(1942年2月)

浮山县四十里岭(北自浮山城南至沁水界)土桥子、上官庄之攻击(自二月二十一日至二十八日)

第一、战斗前彼我形势之概要(如附图第二)

一、敌之态势：奸叛三八六旅(陈赓部)主力在冀氏南北孔滩一带，二一二旅(孙定国部)盘据于四十里岭东西地区，数月来，积极开展政权，强征食粮。宣传共产主义，赤化民众，并有向冀沁公路以扩张政权之企图。

二、我之态势：本师(暂四十八师)第一团驻王庄，第二团驻赵城村，第三团驻合鹿西马，师部驻大马圪塔，数月来，正在建设已占领之据点，一面对敌叛警戒，一面整理训练我第一线部队，不断与叛有小接触。

三、友军态势：四十六师第三团在桥坞孔村一带，六十九师二零七团在堌堆里、堌家垣、米家坦一带。

第二、影响于战斗之天候气象及战斗地状态：

四、影响于战斗之天候：日出六时四十分日没六时二十分。二十一日晴朗至晚天渐阴。二十二日阴沉，二十二日晚十二时雨雪，至二十三日下午九时止，雨雪满地，寒风凛烈，士兵虽衣单被薄，但精神旺盛，亦于战斗无妨。二十四日渐晴朗。二十五日上午浓雾，下午晴朗。二十六日至二十八日晴朗。

五、战斗地之状态：四十里岭地形高峻，难攻易守，岭东岭西坡度稍缓，均系半石土山，岭东人烟稀少，地瘠民贫。当地征发给养困难。

第三、敌之兵力及交战敌兵之番号及指挥官之姓名：

六、敌之兵力：叛逆二一二旅（三团）共七八百名，与我交战之叛为该旅第五、六团，约五六百名及太岳游击队约百余名，指挥官旅长孙定国。

七、我之兵力：参加作战之兵力为四十八师（附山炮一门）第一团、第二团（欠一营）及四十六师之第三营、三团第三营，共千余名，指挥官师长娄福生。

第四、攻击之部署（如附图二）及主要理由并关于战斗所下之命令：

八、部署及其理由：

甲、部署：（1）第一团为右支队，主力由木尔凹、石凹进攻土桥之叛；以一部由付家园包围土桥子，歼灭土桥之叛，尔后进出于杨家沟、苏家沟之线。（2）第二团为左支队，先消灭石碑垣之叛，尔后向上潭家沟、高家庄之线进攻。（3）四十六师之第三营驱逐上下沟北之叛后而占领之，警戒本师右侧。（4）师部率第三营随右支队行动，各部均于二十一日黄昏前到达指定之线。师部于黄昏前到杨家沟附近。

乙、对前案部署之理由：叛逆鬼计多端，往往乘我军之空隙绕至我后行不意之袭击。本师为防范其乘隙钻入我后，并为严密搜索肃清其潜伏分子起见，故区分数支队行广正面之进攻，以期彻底肃清其潜伏分子。

1. 敌情：叛逆二一二旅部驻川口，第五、六团驻于四十里岭东西地区（樊家河、高家庄、关条沟等处），其小部及太岳游击队活动于上下沟北土桥一带。

2. 任务：本师奉命以一部保守原据点，主力向东推进，先肃清□西之叛，继向岭东推进。

九、战斗间所下之命令：

命令：二月十九日下午十时，于大马圪塔司令部

一、军令如另纸。

二、本师遵军之命令部署如左：

1. 张团（欠一营）为左支队，先包围消灭石碑垣附近之叛，尔后向上谭家沟、高家庄一带进攻，于二十一日黄昏前到达。

2. 曹团（欠一连）为右支队，主力由本尔凹、石凹向土桥以北包围进攻，以一营为基干之一部由付家园包围迂回土桥之东南截叛后路而歼灭之。以大部由正面佯攻牵制之，将土桥占领后，续向杨家庄、苏家沟之线推进，于二十一日黄昏前到达。

3. 曹、张两团之作战地境为西马、范家庄、四人沟、寨圪塔、松树窑、青壁之线，线上及其以北地区属张团，以南属曹团。

4. 杨营为预备队，在曹团主力后跟进。

5. 周师之营于二十一日黄昏前驱逐上下沟北之小部叛逆而占领之，警戒右侧并向曹团确实连络。

6. 尚团（欠杨营）及张团之第三营固守原据点，并向四十里岭以西地区派小部活动扫荡，建立政权，搜索囤粮。

7. 各团于二十二日拂晓后，即开始以小部向前活动，主力仍在四十里岭为根据，构筑工事，建设据点。张团向塞圪塔及其东北地区扫荡。曹团向榆社及以东地区扫荡，并将扫荡情形随时报告。

8. 师部（山炮排特务连）随右支队行动。二十一日晚，在杨家沟附近。二十二日向高家庄附近推进。

三、各部官兵务本有叛无我，有我无叛之决心，奋勇深入包围而歼灭之。如遇叛军反攻，即以瞄准打死不退之精神对付之，如任意退却时，均依军法从事。

四、通信连络，遵军规定。

五、详细规定，遵照会议施行之。

右令：

第一、二、三团、杨营特务连、四十六师三团三营张营长、山炮连长。

师长娄福生

指导：二月二十一日下午九时于西关条沟师指挥所

一、敌情：

叛逆大部已东窜回范村，塞圪塔以东地区有其小部活动。

二、攻击部署：

1．本师拟以大部驻守已占领之地域，以分部向塞圪塔、山交、上官庄、松山上之线以西地区扫荡。兹指示如下：

（1）曹团于深沟、孟家沟各留驻一连警戒（深沟之连对岭顶特别注意），再以四连为基干之支队，由副团长率领于明（二十二日）上午八时到达塞圪塔，先扫荡塞圪塔附近之叛，尔后再扫荡松山上以西之叛，其余部队及团部驻于西柳村、半沟一带，以东警戒。

（2）张团应以一营兵力于明（二十二）日上午八时到达玉帛村，扫荡玉帛村附近之叛，尔后再向上官庄以西黑虎庙底以南地区扫荡。（如高师在黑虎庙底以北之部队距离很近时，可与之连络）

其余部队及团部仍驻于上中下谭家沟及樊家河附近。（担任扫荡之营，扫荡完毕后可驻于山交附近地区，与团连络上为好。）

3．杨营于明（二十二）日上午八时到达高家庄待命。（八连仍驻庙沟，九连来高家庄，由师代为通知。）

4．师部于明（二十二）日上午八时到高家庄。

注意：岭东村小人稀，给养困难，各部于明日向各村尽量搜集给养，最好将已吃熟粮补齐为好，一二团可在山交、榆社之沟内较大村庄搜集给养。

右令：

第一、二团、杨营、山炮连。

师长娄福生

指导：二月二十四日上午八时于高家庄师部

一、本师任务既达第一步，拟以四十里岭为根据，暂且固守待命。兹布署如左：

1．曹团应集结于金山沟、苏家沟、四人沟、关条沟之线，对东对南警戒，右翼应与四十六师三团三营连络之。

2．张团（及第三营）应集结于一六九二八六高地至樊家河之线，对东对北警戒左翼，左翼与六九师连络之。

3．山炮连应在庙沟附近之岭顶选择阵地，支援曹、张两团之作战，与庙沟之第八连协同动作，同一进退。

4．杨营应着第八连附重机枪一挺，在庙沟警戒，确实掩护炮兵左右，与曹、张两团部队连系，其余随师行动。

5．师部第一步撤至岭西冬家沟、杜家河附近。

二、各部应于本（二十四）日下午五时以前准备完了待命转进，不得有错前错后之行动。

三、如遇叛逆大部应猛烈击溃之。如无命令不得任意擅离防地。

四、到四十里岭是待命性质，各部应准备给养，免到岭上有缺粮之虞。

五、各部充分准备战斗，病号及笨重不用者先送回原防地。

此致

第一、二团，杨营长、山炮连、特务连。

师长娄福生

第五、各期间经过及邻队关联动作：

第一期战斗经过：第一、二团攻击部队均于二十一日上午六时由各驻地遵照前进；右支队（一团）分两路前进：一路由南街内杨家园、傅家园之路线迂回土桥，主力由木尔凹、石凹之路线包围土桥，于上午十时右支队第三营进至土桥西端高地，与叛百余接触。第三营营长段成全窥叛乌合，决无斗志，遂以重机枪掩护向叛猛攻，叛见势很猛，狼狈东窜，遂将该高地占领并以火力追击，傅家园之叛二十余亦来增援，见我势猛均向东窜。我俘虏叛逆五名，击毙五名。我右支队节节搜索前进，于下午五时到达孟家沟、苏家沟之线。左支队经南驼窑、乔家山、石碑垣，于上午九时第一营先头部队于四十里岭与叛警戒部队发生战斗。该逆等三百余驻扎樊家河、场上村、小庄子一带，闻讯后即占领小庄子以南之山梁顽强抵抗。第一营张营长即派第二连由左翼迂回，率第一、三连并以追击炮掩护，由正面攻击。该逆等经我炮火猛烈射击，遂渐不支，即行溃逃。该营即派第一连猛力追击，叛伤二名，亡三十余名、俘虏叛逆十七名，手枪一支，步枪一枝。我伤兵二。我左支队于下午五时即占领中潭家沟、高家庄之线。（如附图第三）

第二期战斗经过：叛逆大部已向东窜，西范村、塞圪塔以东地区有其小部活动。本师即以大部驻守已占领之地域，以分部向塞圪塔以东上官庄、松山上之线以西地区扫荡。除第一、二两团于深沟、孟家沟、上中下潭家沟各留置一部外，即命第一团副团长李正霆率领四连之兵力向塞圪塔及松山上以西地区扫荡。第二团派一营之兵力向玉帛村及上官庄以西地区扫荡。第一团扫荡部队于二十二日上午四时二十分出发，共分两路：一路向塞圪塔以南围攻；一路向塞圪塔以北围攻，于上午八时到达塞圪塔，并无叛踪，续向松山上、上官庄之线扫荡，于十二时到达上官庄附近，与叛二百余接触，激战半时许，叛渐不支，似有动摇，即命第二营刘营长率所部以重机枪掩护向叛攻击。我官兵气极旺盛，声势浩荡，叛逆见势不佳遂向后撤，我士兵奋勇追击，叛逆狼狈而逃，叛伤三名，亡二十名，被我俘虏八名，步枪一支，我伤兵一名，于下午六时扫荡任务既达。同时第二团扫荡部队亦已到达八亩之线。两团取得连系后，第一团扫荡部队撤至塞圪塔，第二团扫荡部队撤至阎庄、山交附近。（如附图第四）

第三期战斗经过：叛逆大部已向东窜，为肃清当地潜伏分子，建立政权，按抚民众起见，由师划分区域，于二十三日开始作肃清及民运工作，并搜获叛逆留守物品甚多，（见附表第二）于二十四日工作完毕。本师任务既达，拟以四十里岭为根据暂且固守，于二十五日即命第一团集结于金山沟、苏家沟、四人沟、关条沟之线，对南对东警戒；第二团集结于一六九二八六高地至樊家河之线，对北警戒。师部撤至郭家沟。二十六日师指挥所移至柴家垣，于二十八日各部仍在原地待命。

第六、作战成绩：

10. 我伤亡数、缴获数如附表第一、二、三〔略〕。

第七、战斗后敌我阵地及行动：

11. 战斗后叛逆向冀氏南北孔滩逃窜，我部集结四十里岭附近待命。

第八、可为参考之所见：

12. 叛逆宣传共产主义，当地民众被影响甚大，脑筋特殊。

13. 叛逆宣传我军及我政府不抗日，并且宣传我军解决攻打抗日部队（决死队及共产军），民众起先信以为真，及至我部队到达后给以解释叛军之阴谋及我军剿叛军之任务，民众始恍然觉悟叛军之奸诈罪恶。

14. 叛军在岭西抢夺之食粮，并以少数分给岭东之贫民，所以少数贫民对叛军影响好。

陆军暂编第四十八师师长娄福生呈

〔国民政府军令部战史会档案〕

4. 陆军暂编第四十八师娄福生部与八路军陈赓部在山西浮山太岳山战斗详报

（1942年4月）

浮山县司空山四十里岭金山沟之防御

（自四月十五日上午四时至下午十时）

第一、战斗前彼我形势之概要（如附图第一）

一、敌之态势：奸叛三八六旅驻于东西峪及南北孔滩一带，二一二旅活动于马壁以西四十里岭以东地区。其原驻横水村之新五旅亦于上月中旬开至沁河沿岸本月十二、十三日以来奸叛，各旅均集结于马壁、南北孔滩一带，似有瞅我晋西部队与敌作战之际而来乘伙打劫，夺取我汾东政权。

二、我之态势：本师自二月底四十里岭剿叛战役以后，我以四分之三兵力驻守大马圪塔、王庄、合鹿、赵城村之根据地，以四分之一兵力进驻四十里岭及金山沟之线，掩护岭西政权，防止小股奸叛西窜。师部驻大马圪塔。

三、友军态势：四十六师之第一团在本师左翼驻守堝堆里、米家恒之地区；第三团驻桥坞村、贾村附近，其师部驻张家坡。

第二、影响于战斗之天候气象及战斗地之状态：

四、影响于战斗之天候：日云天，无浓雾，于战斗无影响。

五、战斗地之状态：司空山及四十里岭、金山沟等地形均极高峻，均系半石土质山顶。有我构筑之碉堡山腰，死角较小，固守容易、攻击较难。

第三、敌之兵力及交战敌兵之番号与指挥官之姓名：

六、敌之兵力：奸叛三八六旅、新五旅、独一旅及二一二旅，共十三团之兵力。与我交战之奸叛为三八六旅、新五旅、独一旅，共七团之兵力，附山炮三门，约五千余名，指挥官三八六旅旅长陈赓。

七、我之兵力：本师全部（辖三团），附山炮二门，约三千余名，与叛交战之部队第一团之第二营及第三连，第二团之第三营，第三团之第三营，约八百余名，指挥官师长娄福生。

第四、阵地之占领（如附图第二），攻击之部署及主要理由并关于战斗所下之命令：

八、阵地之占领及其理由：

甲、阵地之占领：第一团（欠一营）占领王庄之阵地，第二团占领赵城、秦家圪塔之阵地。以一营兵力进驻四十里岭掩护岭西政权。第三团占领合鹿、西马之阵地。以一营驻金山沟与二团四十里岭之营协同连系，掩护岭西政权。一团二营为师预备队，驻上东村，相机应援本师之作战。师部附山炮连驻大马圪塔。

乙、对前案阵地占领之理由：赵城村、合鹿、大马圪塔一带地区，本师已筑有坚固之工事，为师之根据地。另以二营之兵力进驻四十里岭及金沟之线，为掩护岭西政权，防止小股奸叛之窜扰。

1. 敌情：奸叛十二、十三日以来，大部向南北孔滩、马壁一带集结，其游击小组仍不断活动于四十里岭以东地区。我驻岭上及金山沟之部队不断与其小组接触，其集结之部队似有犯我企图。

2. 任务：本师奉命：主力驻守大马圪塔、赵城、合鹿之根据地，以一部驻四十里岭之线，掩护岭西政权。

九、战斗间所下命令：

命令　四月十四日下午三时

于大马圪塔师司令部

一、据报驻东西峪之奸党三八六旅及独一旅（薄一波部）及最近由太行山开来驻沁河沿岸之新五旅及当面之叛二一二旅，均向南北孔滩、马壁一带结集，似有犯我企图。本师为固守已建立之根据地，兹将兵力部署如左：

1. 第一团（欠一营）驻守王庄之据点；第二营为师预备队，分驻上东村，相机应援本师作战。

2. 第二团以主力固守赵城村、秦家圪塔之据点，以一部驻四十里岭，掩护岭西政权，如叛小部来攻，则固守而歼灭之；如叛大部来攻，应撤回赵城团主阵地而固守之。

3. 第三团以主力固守合鹿、西马之据点，以一部驻金山沟掩护岭西政权，如叛小部来攻，则固守而歼灭之，如叛大部来攻，则撤回合鹿团主阵地而固守之。

4. 山炮连仍住于赵家坡，以火力援助各据点之作战，必要时待命转移阵地于大马圪塔。

二、师团间通信以有线电话及传令为主要，必要时以无线电通讯。

三、余在大马圪塔。

传达法：派军官送达。

师长娄福生

命令　四月十五日上午八时

于大马圪塔师司令部

一、今(十五)晨进犯堌堆里、四十里岭及金山沟之奸叛，均系三八六旅及独一旅及新五旅等部。

二、判断此次进犯之奸叛，是有计划之进攻。我四十里岭及金山沟之部队应即刻撤回赵城、合鹿团主阵地，不可与叛粘着，以免孤军吃亏。

三、第一团应速再派一部增援司空山二营之作战。

四、师绷带所在王四堌堆。

五、余在大马圪塔。

师长娄福生

第五、各期间战斗经过(如附图第三)及邻队关邻动作：

一、司空山战斗之经过：第一团占领王庄之阵地，第二营为师预备队驻于上东村，师司令部驻浮山、大马圪塔，于四月十五日拂晓，闻堌堆里枪声甚烈，判断系驻堌堆里之四十六师第一团与叛发生激战，师长立即命驻上东之第二营营长刘深河率领所部沿司空山前往增援，不意堌堆里之战斗时间甚短，即被叛占领，继续向司空山进犯，向本师侧后取包围态势，并企图切断军师间连络。当该营到达司空山南端高地后，该山之六个碉堡已被叛占领四个。我二营速即占领两个碉堡与叛军接触，叛乘我立足未稳之际，又被夺取碉堡一个。我二营营长率部以手掷弹投掷，与叛肉搏又夺回碉堡一个。我又乘势以手掷弹刺刀、与叛格斗，双方反复争夺数次，而叛增援部队仍涌涌而上，我即以山炮射击其增援部队，经我官兵奋勇肉搏卒将已失之碉堡夺回五个。至十一时，双方正在对峙之际，该团副团长李正霆率第三连及迫击炮一门前来增援，即以迫击炮掩护，继续冲锋，将碉堡完全夺回，叛伤亡甚重，逐渐不支，继续后撤，我即跟踪追击，并以山炮、迫击炮火力追击，该逆等撤至堌堆里后，复顽强抵抗。我复向之攻击，于下午三时将堌堆里占领，叛皆狼狈窜逃。此役计叛伤亡百余，遗弃死尸五十余具，我阵亡见习排长一员，士兵十名，受伤排长一员，士兵十九名，俘叛四名，获轻机枪一挺，电话机一部，步枪八枝，七九枪机三十个。

二、四十里岭之战斗经过：第二团占领赵城村、秦家圪塔之阵地，为掩护岭西政权计，以第三营进驻四十里岭。驻四十里岭之三营于十四日下午八时接探报告：三八六旅及新五旅先头部队到达唐村一带，该营长孟平海当即饬属注意，并派兵一排于阵地前活动，于十五日上午四时半我张家凹高地警戒之排与叛接触，该排亦予以抵抗，接战二小时，该营即命该排撤至营主阵地，但已被叛重重包围，命令无法传达，忽九连之阵地亦与叛接触，叛以波浪冲锋，前仆后继，卒赖我官兵沉着，以瞄准打死不退的精神，将叛击溃，阵地之外壕遗尸狼籍。该连之手掷弹尽数用罄，士兵伤亡过半，而阵仍屹然不动。该营长为该连手掷弹业已用尽，为免吃亏起见，遂命该连撤至四十里岭以西高地阵地，侧击叛逆。于上午十时叛复向我主阵地继续冲锋，经七、八连官兵奋勇迎战，以轻重机枪火力将叛击溃，旋奉团长命令，为恐被叛包围吃亏计，命该营撤回赵城团主阵地，但此时正与叛酣战之际，未能脱离敌人，即命轻重火器加紧射击，叛火力稍渐间断，即命七连掩护八、九连向外撤退，于上午十二时撤回赵城村团主阵地，我伤亡数如第一号附表〔略〕。

三、金山沟战斗之经过：第三团主力占领合鹿、西马之阵地，第三营进驻金山沟，掩护岭西政权，并与二团之三营密取连系，防止岭东小股叛逆向西窜扰。于十五日上午四时闻四十里岭二团三营之阵地与叛接触，该营长杨明德正欲派部应援之际，该营阵地前警戒部队亦与叛接触，当即占领阵地，与叛对抗，叛逐渐增加，向我各据点波浪冲锋。我守兵以守必固之决心，待叛接近，以手掷弹数次击溃，叛仍不断增援，继续冲锋，前仆后继，血肉横飞，激战至九时，我八连王排之阵地因手掷弹消耗已尽，卒因众寡悬殊，被敌突破，在阵地内肉搏半小时，叛逆死伤惨重，遗弃尸体纵横遍地，我全排官兵，亦尽数牺牲。至十一时叛逆部队仍涌涌而来，我阵地均陷重围，叛仍继续冲锋，我官兵奋勇抵御，叛伤亡奇重。我伤亡官兵十余名。至下午一时，叛逆以迫击炮、掷弹筒、轻重机枪向我第九连阵地集中射击，至下午二时叛大举向我第九连阵地猛攻，该连阵地遂被敌突破。该连长赵长秋率部三十余与叛肉搏数次，叛伤亡奇重，卒因寡不敌众，该连长同官士兵三十余悉数牺牲。是时，我七、八连阵地仍与叛对峙，惟叛攻势稍缓，稍渐后撤。至下午五时奉团长命令向团主阵地转进，该营待黄昏后，率部冲击，于下午十时撤回合鹿阵地。(我俘获及伤亡数如附表)

第六、作战成绩：

十、我伤亡卤获损耗数如附表第一、二、三。

第七、战斗后敌我阵地及行动：(如附图第四)

十一、战斗后叛逆仍向东北及四十里岭逃窜，我二团三营撤回赵城，三团三营撤回合鹿，仍固守合鹿、赵城及大马圪塔之阵地。

第八、可为参考之所见：

1. 我对叛战法，不可专以碉堡，应以寨子式筑城应付之，叛逆对我之碉堡，先以山炮及迫击炮实行破坏射击，进至三百公尺再以掷弹筒射击，近至六、七十公尺及最近距离猛力冲锋，以手掷弹投入碉堡。经叛此三次火力，我碉堡官兵已伤亡不少，碉堡已被摧毁。碉堡战法对叛已不可应用，可用塞子式筑城。

2. 守碉堡或守寨子时，应以枪杀为主，必须在六十公尺以外将叛歼灭，否则叛进至我阵地前六十公尺以内，以小手掷弹向碉堡内投掷，我即受其损害矣。

3. 叛以五倍以上之兵力，不惜牺牲，用密集队形，波浪冲锋，实行包围攻击，似与我军有势不两立之决心。

4. 我军攻击牺牲固守阵地之精神很充足，士气亦较旺盛，具有我无叛之决心与必胜之信念。

5. 我军山炮弹及手掷弹十分之六七不炸。

6. 新发之六五轻重机枪子弹壳稍粗不能全体进入弹膛，所以在枪膛爆炸之弹壳很多，并且因此损坏机枪。

陆军暂编第四十八师师长娄福生呈

〔国民政府军令部战史会档案〕

5. 陆军第六十九师高金波部在山西太岳山地区与刘伯诚部战斗详报

（1942年4月）

太岳山战役战斗详报：三十一年四月十九日

于左村司令部

左村栢树庄李家堡之防御（四月十五日——十六日）

第一、战斗前彼我形势之概要：（如附图第一）

一、敌之态势：奸叛二五团及三八五旅集结于石壁村、贾村、五马岭及其以北地区；三八四旅由东调来，集结于和川、罗云、唐城镇一带；三八六旅在马壁、石槽一带；叛二一二旅在山高村、榆村一带；西屋岭刘元郭店一带亦到了叛部一团；叛县府及游击队在南安、坡头、郭店、小店一带流窜滋扰。

二、我之态势：师以主力构筑左村、柏树庄、李家堡据点工事，并派小部四出活动，打击小股奸叛，维护浮山、安泽、洪洞政权开展。

第二、影响及于战斗之天候气象（日出日没时间及夜间明暗之度）及战斗地之状态：

三、影响及于战斗之天候气象：日出于上午五时，日没于下午六时半，战斗开始之时适值黎明。

四、战斗地之状态：战斗地均系黄土高山，有利地形均为我占，并筑有寨子式筑城，主要道路被我封锁，小路均被破坏，断绝通行，附近村民稍被感化，因叛化日久，仍未脱去畏叛心理。

第三、彼我之兵力、交战敌之部队番号，及指挥官姓名。

五、敌与我交战兵力番号指挥官姓名：与我交战之部队系第十八集军之三八四旅、三八五旅、三八六旅、第十旅、新一旅及决死队，及二一二旅之一部，共约六千余，指挥官系第十八集团军一零五师师长刘伯诚。

六、我参加作战之主力、番号、指挥官姓名：我参加作战部队系第六十九师全部，共约三千余，指挥官为师长高金波。

第四、防御布署及主要理由，并关于战斗所下命令：

七、部署及其理由：

甲、部署：师部率二零七团全部固守左村，分一连于三义路口（左村北三里）为前进据点，以二零五团（欠第一营〈欠第二连〉）主力固守柏树庄、小蒜堰据点，分第三营干茶房，担任柏树庄与左村中间之连系，必要时撤回左村据点；以第二零六团固守李家堡、沙眼据点，各分一连于胡子岭、店平窳（五十亩垣西五公分）为前进据点。

乙、对前案布置之理由：

1. 叛情：奸叛飘忽强悍，部队甚机动，且其惯技好施波浪冲锋，我占领扼要据点，叛则无以施其技。

2. 任务：师奉命建立左村、李家堡据点，维护浮山、安泽、洪洞政权之开展，以我兵力单薄，据点多，则兵力不足，再前推，则后方空隙甚大，亦不能达成任务。

八、战斗间所下命令：各据点自战斗开始迄结局，均系独立作战，除指示各团鼓励士气，节省弹药固守外，即亲自督导二零七团作战。

第五、各期战斗经过及邻队关联动作：

九、第一期战斗经过：

1. 第二零五团于四月十五日上午四时许左村、茶房、李家堡方面枪炮声均甚激烈，当即令各部就入预定阵地，严阵以待，随即由崔家庄方面窜来奸叛四百余名，向我栢树庄阵地猛烈射击，并向我崔家庄东南阵地之第二连猛攻。赖我官兵瞄准打，将其数次之波浪冲锋均击挫。其时我固守小蒜堰之第二营（欠第五连）亦与叛发生接触，判断奸叛对我系整个计划，若分散兵力必致吃亏，遂将第二连撤回栢树庄阵地，旋叛兵陆续增加，即分三路向我栢树庄阵地围攻，实行波浪冲锋，数次均被击退。后见奸叛猖獗，当将第六连撤回以便出击，时奸叛攻击更烈，即派五连排长李延春率奋勇队二十余名逆袭肉搏，反复三次，叛伤亡惨重，不支向崔家庄撤去。继有奸叛百余由于子沟窜来向我猛攻，我部排长奋不顾身，指挥所部将叛击退。我邵排长振智不幸阵亡。叛稍整顿继续猛攻，为确保它家庄存粮存布，即令第六连连长翟永庚率两排将叛击退。同时向我小蒜堰围攻之叛，经我射击及逆袭击退，并由茶房窜来一股亦被击退。我排长乔应泉身先士卒阵亡。时下午三时许战况始稍沉寂，我仍鼓励士气加强工事，准备再战。

2. 我据守茶房之第三营于是日上午三时许遭叛八百余围攻。

因该营系活动部队，必要时撤回左村主阵地，当以情况危急，先令八、九连向左村增援，韩营长宪彬自率第七连在阵地掩护，不料奸叛猖獗，断我退路，遂决心固守。迄辰至未，叛曾以枪炮火掩护行数十次波浪冲锋，均被沉着击退。突入阵地数次，均被刺死于壕外，迄下午三时许奸叛二百余，叛弹尽，气馁不敢再攻。

3. 第二零六团：于四月十五日上午三时许即发觉奸叛向我围攻，当令各部进入阵地，时各部陆续与叛稍有接触，至四时许，叛包围圈体成，遂一齐向我李家堡、沙眼阵地猛烈围攻，激战三时许，我李团长丙申身先士卒，奋不顾身，亲率所部出击，将叛击退，不幸腹负重伤，当即抬回李家堡据点内，尤复卧床忍痛指挥，益为兴奋。而奸叛仍持续不断猛攻，赖我官兵沉勇无不击退，迄下午一时许，奸叛伤亡惨重，锐气已失，战况遂即沉寂。我俘获掷弹筒一具、步枪二十余枝及其他军用品甚多。但奸叛仍调集援军，整顿态势。

4. 第二零七团：于四月十五日上午四时各据间号音迅速进入阵地，固守据点，奸叛千余不顾一切向我左村北端阵地及其他各据点猛扑，同时将三岔口之第三连四面包围，五次冲入阵地内，赖我官兵以瞄准打死不退之坚强意志，与叛肉搏，终将其击退。我韩排长光泰以下三员阵亡。叛遗尸三十余具，战况惨酷。于上午八时许，叛约千余，复由西直蜂拥而来，向左村西北端六连阵地猛攻。该连士气旺盛，沉着射击，叛伤亡甚多，至下午一时许未能进展一步。我尚连长明义臂腹负伤。时另一股叛，约四百余由槐树凹向左村东北阵地猛攻，然奸叛顽强，仍继续冲锋，当时即令方营长元周率四、五连及便衣队全部向三岔口出击，占领右据点后，我便衣被包围，向之波浪冲锋数次，危急之际，四、五连即集中火力侧射掩护，随即奋勇攻击，战斗激烈，卒将叛击退。继以一部断叛退路，将其包围，叛不支，向西北溃窜，遗尸四十余具。斯时除一部向叛追击外，率主力向三岔路口猛攻，叛腹背受敌，不支溃击，遗尸三十余具。于上午七时许，叛约五百余占领寺庄以西高地向我西家坡阵地射击，继则冲锋，一时战斗剧烈，我三营营长赵翼蓉亲在阵地指挥，不幸阵亡。但叛终未得逞，至下午五时许，全面战况稍显沉寂。

5. 师部仍在原地沉着办公。特务连奋勇士兵三名随二零七团出击，俘获叛兵三名，步枪三枝。

十、第二期战斗经过：

1. 第二零五团：黄昏后战况仍甚沉寂，但叛紧围未退，为防叛翌日以大兵力硬攻而吃亏计，遂于十六日上午四时许突围撤出阵地，与师连络，奉师命集结于贾家坡据守。守茶房之韩宪彬营于下午七时许突围撤回左村。

2. 第二零六团：迄下午五时许，奸叛增至三千余，并附有各种炮（山炮、平射炮、迫击炮、小炮）十余门，掷弹筒数十具，重机枪数挺，准备与我决战。时我团长李丙申益感兴奋，遂指示官兵曰：李家堡即我们的家乡，我们的坟墓，决一死战，以鼓励士气，官兵无不奋慨。时叛集中所有枪炮火向我阵地实行摧毁，掩护其步兵一齐蜂拥而上，我以炽盛枪火及手掷弹击毙者不计其数。惟奸叛顽强，仍反复冲杀，以死尸堆积，企图突入阵地，数处均与叛肉搏一团状极惨烈。于六时许，我五连伤亡过半，阵地失守。迄七时许，七、九连伤亡待尽，阵地被叛占领，其余仍激战甚烈。惟以五、七、九连阵地重要，危及全般。战况恶转，我团长李丙申伤势沉重，操劳过度、兼之气愤填膺，仍奋呼李家堡是我们的家乡，是我们的坟墓，失之可耻，我官兵应固守，我不能贯彻到底，对不起我国家民族及全体官兵，语毕亡故，殊堪惜惋。时少校团附张淮，奋勇指挥，身数处负伤，后因掌据乏人，各据点已失连系，叛益猖獗，我残部始突围而出，团部官兵失去战斗能力，大多被俘。残部收容后，集结李家庄整顿。

我固守胡子岭之第八连受叛数倍以上兵力之围攻，终日彻夜，弹尽援绝，李家堡失守后尤坚守一夜，叛因伤亡惨重，未敢再攻。至十六日上午六时许复向该连阵地遂蜂拥而入，我官兵仍与之格斗，因众寡悬殊，一时陷于混乱，除已死者外，余均被俘。

是役，我伤士官兵百余，毙伤奸叛八百余。

3．第二零七团：围攻贾家坡奸叛，迄下午五时许尚与我对峙，遂派少校团附刘玉率二零五团八连及二零七团九连绕至贾家坡圪堰出击，奸叛于我猛攻之下，苍慌向李家庄退去，叛遗尸二十余具。

4．师部仍在左村。

第六、战斗成绩：

十一、我伤亡数卤获数如附表一、二、三、四。

第七、战斗后敌我之阵地及行动：

十二、敌之行动：叛于十六日上午，主力即分向洪屯公路以北及四十里岭以东窜去，留一部配合县府游击队等在我附近活动。

十三、我之行动：将叛击退后，本战役经验教训，积极加强改进据点工事，鼓励士气，以防其再犯。

第八、可为参考之所见：

十四、各级官兵士气兴奋，沉着灵活。

十五、叛逆行动飘忽，官兵吃苦耐劳，牺牲精神甚强。

十六、奸叛装备较我为优，附有各种炮及自动兵器，今后之战法及阵地内均应改进。

十七、我军刺刀缺乏，致不能充分发挥逆袭威力，应速设法补充。

陆军第六十九师师长高金波呈

〔国民政府军令部战史会档案〕

五、继续对鄂豫苏皖新四军袭击

1．程汝怀为重建豫鄂皖苏边区以袭击八路军新四军密电

（1941年1月3日）

黄冈。重庆。军政部长何、军令部长徐：（虞密）奉第七军张军长俭戌电转二十一集团军李总司令宥电节开：集团军重建豫鄂皖苏边区之目的，以一部守备大别山脉根据地，另以有力一部扫荡皖中当面以东地区之障碍。如十八集团军及新四军不遵中央命令逗留滋扰，即我出淮南路以东地区而廓清之。军队区分：（甲）扫荡军指挥官张淦，第一、二、三扫荡队长莫德宏、程树芬、漆道徵。（乙）守备军鄂东区长程汝怀一七一师之一团，七军野补团第二、第十六、十七、十八纵队，第一师之第六独立支队，鄂保八团及区内地方团队，潢商罗一区长莫树杰，一七四师第三、第四、第十九、第二十三纵队，一七一师五一三团及区内地方团队。等因。谨电闻。鄂东游击总指挥程汝怀。子江。参一。印。

〔国民政府军令部战史会档案〕

2．汤恩伯报告袭击豫鄂边区四望山一带新四军电

（1941年1月20日）

急。渝委员长蒋：崧密。据豫鄂边区兼游击总指挥王仲廉寒电称：谨将四望山一带进剿情形电呈于下：（一）第一纵队以四望山为根据，一部占领黄土山、孙家坪一带要点，掩护第七纵队向大庙畈、复兴沟进剿。（二）第七纵队向包子岭、冯家冲之线挺进，其先头部队已到达大庙畈。（三）曹纵队之一支队以八里坂、仙石畈为根据、推进玉皇顶、女光寨之线，防堵新匪向黑龙潭、白龙潭沟等处窜扰，主力仍对冯家冲、玉皇顶、西双河敌据点警戒。（四）新匪第三、七两总队被我击溃，除俘匪排长二名，并击毙二

十余名，余向小河、中华山一带逃窜。(五)敌各据点兵力略有增加并戒严，职已对调注意。(六)四望山以东民众匪化较深，现正着手宣抚组织中。(七)职明日召集应山县县长及信阳区长等开会，成立应信联防办事处，负责组织户口，办理善后等事宜。等情。谨闻。职汤恩伯叩。哀号。巳三。印。

〔国民政府军令部战史会档案〕

3. 于学忠报告袭击苏北新四军战况请速派兵东进密电

(1941年1月21日)

无线。特急。重庆军令部长徐：风密。(加表)霍师在苏北连日苦战，饷弹两缺，经已混战三四天，荣旅长由鲁南率队赴苏解送。兹据霍师长电称：(一)荣旅长率队铣酉到达七集以东地区，与匪军约五千遇战，异常激烈，弹药消耗十分之七，前进困难，遂于筱戌突围，渡六塘河，北肺荡被匪尾追，仍续向西北活动中。(二)随荣旅长前进之补充团被匪重重包围，团长包德仁受伤阵亡，该团官兵奋勇突围，皓丑到达车桥。(三)凤谷村筱夜有匪六、七千，一部约二千巧午窜抵三角墩附近铁桥，向车桥以北集结。(四)涟水附近匪军现有大举进犯模样，恳饬李军速行东进等情。查霍师饷早经断缺，比次输送，又被阻绝，倘匪军集结反攻不无可虞，所请饬李军速即东进一节，似有必要。谨电请核示。于学忠。马申。荣划。印。

〔国民政府军令部战史会档案〕

4. 陈诚报告王伯高部袭击荆钟地区新四军不力电

(1941年2月20日)

渝委员长蒋：月密。据霍代总司令筱电转据73军彭军长电称：据前荆江潜三县指挥官王伯高俭电略称：新四军毛酌部近增调匪军千余窜扰柴家集、曾家集一带，职率队与之激战两昼夜，终因匪众我寡，弹尽粮绝，不支而退。是役计伤亡官兵百五十余，损失长短枪百余。该匪现窜至襄十路西大肆劫掠等情。查新四军在荆钟一带日益活跃，而王伯高所部复故步自封，不知改进，实有使毛匪坐大之势，隐忧堪虞。等情。除电饬凌总指挥查明注意矣。等情。除复令凌总指挥即派队专任搜剿，务期扑灭之，及分电各部堵击外，谨呈。施。职陈诚。智午。黄游。印。

〔国民政府军令部战史会档案〕

5．陆军骑兵第二军何柱国部在苏豫皖边区袭击新四军第四师战报概要

（1941年2—4月）

奸伪彭雪枫部于二十七年冬窜抵涡北蔓延滋长，势渐猖獗，盘据亳东、夏南、永西南涡北，蹂躏地方，污蔑本党，破坏中央政权，捣乱抗战。为扫除抗战建国障碍，必须彻底肃清。一月奉汤总司令虞午参一及虞未参一电要旨：（一）骑二军军长指挥骑二军八一师、暂二五师、李宣德、王瘦吾、刘锡五等各纵队，担任界首、义门集、永城以北之线之扫荡及组织应先将淮、太、亳、永一带恶势力分途肃清。（二）如新四军本月底仍不遵令北开，即开始扫荡。

骑三师张副师长率七、九两团于一月末渡涡河后，盘据于龙岗一带之奸伪造谣污辱我军，碍我行动并有挑衅行为，遂于二月九日开始进剿，经李楼、龙岗、翟楼、郑楼、张楼诸役，奸伪寿松涛、高凌云两部连遭痛击，被我毙伤百余，狼狈不堪，窜匿谷村不敢出动。本军为彻底肃清，本清剿区奸伪遂以三月灰戌宏精电部署如下：（一）徐师长率骑三师及八十一师补充团并指挥蒋谦、蒋嘉宾、蒋心亮、耿蕴斋各游击队渡涡河，彻底肃清永夏奸伪势力，重建地方组织。（二）王师指挥骑六师王瘦吾、蒋聚五、袁天柱各游击队主力，移古城附近，伺机占领义门集策应徐师并肃清防区

内潜伏奸伪。(三)孟旅仍在槐店、界首间整训。

三月下旬，骑三师徐师长率该师及八一师补充团，永、夏、商各游击部队作彻底之清剿。

1. 夏老家、丁堌堆、丁楼、韩庄、秦庄之役：

四月三日该师向夏老家、丁堌堆、丁楼一带之奸伪第四师寿松涛团全部及永城县队进剿，攻克夏老家、丁堌堆后，奸伪大部窜据丁楼顽抗。第七团于八、九团、补充团策应下，将丁楼包围，官兵不顾牺牲冲入寨内，将奸伪全数解决。黄昏后，各部移韩庄、秦庄一带宿营，奸伪新锐数百跟踪进犯，激战竟夜，拂晓前分别溃窜弃尸遍地。

2. 张楼之役：

四月五日奸伪饶子建旅千余，拂晓前冒雨向我驻地张楼夜袭，连向西门突犯，均被击退，天色微明纷纷溃窜，我追击至尹庄以南地区。

3. 万楼、苏枣园之役：

四月七日午前，徐师长率各部分三纵队向梁堰、万楼一带之奸伪第六旅全部、第五旅、肖县独立旅各一部进剿，战斗开始，先后被我攻占者十余村，包河以南奸伪大部窜据万楼，分部于猛烈枪火下将万楼四面包围下，遵冲锋命令后官兵争先恐后向寨墙猛扑，涉水扒墙，先后冲入，演成激烈巷战，午后四时，据守该寨之旅部一部及十六团第一营全部被我解决，无一人逃出。

〔国民政府军令部战史会档案〕

6. 陆军骑兵第三师等部在豫东永城县境袭击新四军第四师战斗详报

(1941年2—4月)

一、作战时间：二月七日至四月九日。

二、作战地点：河南省永城县李楼、龙岗、翟楼、张楼、夏老家、丁堌堆、丁楼、韩庄、秦庄、万楼一带。

三、战地地势概要：

永城西南地区，东有浍河，西有包河，南有涡河，地形平坦。村落稠密，奸匪盘据三年以来对丹城、马村桥、书案店，酇县城龙岗中间地区道路之破坏，形成网状，行动战斗均可利用。张楼、翟楼、李楼、丁楼、万楼等村均筑有寨围，外绕水壕，为奸匪重要根据地据点，尤以万楼寨壕为附近之完整者，水深三四尺，墙高丈余，通过不易。此地区东接永城，西近亳县，有临涣、扎粑集、济阳集、余集、耿皇寺等敌伪据点散布周围。

四、战斗前匪我态势：

匪军：奸匪彭雪枫部二十八年春由睢杞太窜抵涡北书案店、新兴附近、嗣后蔓延滋长，番号屡更，迄进剿前已编为新四军第四师，盘据于夏南、永西永西南、永南、永东南、涡北、亳县两乡镇一带，吞并地方武力，破坏中央政权，反对省委县长入境，擅县长掌政，苛捐厚敛，民不堪生。

我军：本师及各团活动于涡、永、亳边境组织地方，改变地形，严防敌匪进犯，永、夏、商、亳各游击队各在原地区活动。

五、匪我兵力及指挥官：

匪军：新四军第四师辖四、五、六三旅、特务团、萧县独立旅、睢杞太独立团、亳东独立团、永萧两模范营、涡、永、夏、亳、萧各县队共约八九千人，由师长彭雪枫指挥。

我军：骑兵第三师、附八十一师、野补团、游击十九支队、二十支队豫、皖独立游击纵队第二支队、祁炎藁支队、赵广云团、商永两县县队，各部统计四五千人，指挥官师长徐梁。

六、我军任务及部置：

1. 军长何丑月佳亥宏精电及佳辰宏精代电要旨：(一)新四军本月底仍不遵令北开，即开始扫荡。(二)徐师任务地区为永、夏、商、亳四县，战斗指挥所可设义门集。(三)积极整饬所部，搜集情报，候令开始行动。

2. 军长何寅月灰戌宏精、浩午宏精两电要旨：徐师长率骑三师及八十师补充团并指挥蒋心亮、蒋谦、蒋嘉宾、耿蕴斋各游击队渡涡河以吴桥寺、麻种集、裴桥、鄼县城之线为中心根据地，将南北打通，再向东西发展，重建地方组织，彻底肃清永夏奸匪势力。

师长基于以上任务，遂作如左之部署：

1. 师指挥所率第八团推进义门集，七团位置耿皇寺，九团移至黄桥，建树政权，严防奸匪活动。游击第二十支队位置观音堂、沙土集，一部推进刘集子、泥台店，切断奸匪东西连络。

2. 三月下旬，各团返涡河南整补完竣，遂于三月三十日率七、八、九团及八十一师补充团渡涡河向北进剿，四月六日与高永夏各游击队会合，续行清剿任务。

七、战斗经过：

1. 李楼、龙岗、郝庄、王鸿庄一带：二月九日午前八时三十分至午后四时。

天候：晴。气温华氏四十八度。午前八时各部在田楼集结完了，分两纵队向书案店方向前进。师部率第七团、附永城各区队为左纵队，到达谢庄南端即遭李楼之匪寿松涛部四百余名射击，遂令第七团李团长指挥该团三、四连及永城区队徒步攻击前进，机关枪连及随伴炮队在谢庄东南两端分别占领阵地，第二连向匪右翼包围，控置第一连于秦庄附近，对南警戒。各部队攻击开始，即利用路沟及火力掩护交互前进。战斗时许，该团第二连进抵李楼东端，各部亦先后迫近李楼，第二连由左翼包围，三、四两连合力夹攻，突破李楼，匪不支南窜，经第三连追击，死伤枕藉。该连张排长于此时阵亡。当左纵队与匪接触，右纵队之第九团及十九支队一部已将龙岗集七、八十名匪军驱逐占领。该集即令九团派一部驰援，抵李楼南张庄、李楼已被左纵队占领。九团之一部遂乘机追击溃败之匪，毙十余名、获步枪一支。我左、右两纵队取得连络后追歼残匪，匪窜至孙饭棚附近，抵抗约半小时，分窜郝庄、王鸿庄与增援匪军二百余顽强据守，遂令左纵队向王鸿庄，右纵队向郝庄攻击，官兵奋勇直前，激战至午后三时许，匪军伤亡奇重，弃寨沿沟向东逃窜。我将郝庄、王鸿庄分别占领后，四时许仍撤至田楼、龙岗集一带宿营。

2. 翟楼、郑楼一带：二月十日午前十时至午后七时。天候：晴。气温华氏四十九度。二月十日复分两纵队向南续剿：左纵队第九团，附十九支队午前十时抵夏楼以东，盘踞翟楼之匪寿松涛部四百余名向我截击。该纵队即由于团长指挥，由西南北三面对翟楼施行围攻。午后二时许，各部均接近水寨外围，寨墙坚固，仅西面水壕较浅，遂选拔奋勇队四十名协同十九支队特务队分由二连连附郭耀忠、十九支队特务队蒋分队长率领，在我炽盛火力掩护之下奋勇猛攻，甫将寨墙突破。匪乃集中火力向突入口猛烈射击，郭连附及蒋分队长均壮烈牺牲，士兵亦伤亡十余名，攻击稍呈顿挫，武器亦有损失。南北两面因地形开阔，受匪军火力制压，抽调困难，遂令第一连连长赵文华率该连拼命冲击格斗时许，赵连长腿部负伤，仍督所部前进，卒由西面冲入，匪不支，向南溃窜。师部率第七团及永城赵县长部为右纵队，十二时许抵孙庄西端，占据郑楼一带之匪寿松涛、高凌云部共五百余名阻止前进，当令第七团迫击炮行制压射击，掩护各部逐步向郑楼接近，战斗约二小时，匪仍据寨顽抗，遂令由东北两面向郑楼包围。左翼到达于楼西南，遭匪伏击战斗时许，复令第三连及第八团四连乘马迂回至郑楼东南向匪夹击，匪不支，该包河南窜，溃乱不堪。第三连追击至尹庄以南又与匪军援队二百余名遭遇。该连继续进攻，匪退守袁楼抵抗，经增派第二连协力夹击后，续向南窜。右纵队移张阁附近宿营。当右纵队向郑楼围攻时，我为续行前进，即令第七团第四连赴翟楼附近送达续进命令，并援应左纵队，午后四时半抵翟楼。

左纵队已移至张楼附近宿营。该连回返中途经倪庄、杨庄、马庄连遭伏击，因道路破坏错离及减小目标，遂徒步行广正面搜索，以主力掩护，空马前进，抵苏楼、韩庄附近天色已晚，遂乘马向南急进，经杜楼张瓦房又受两次狙击，八时许到张阁右纵队宿营地。

此役计毙伤匪军六十余名，获轻机枪一挺，步枪二十九枝，乘马一匹。我阵亡官三员，伤官一员，士兵伤亡失踪二十余名，损失步枪七枝，手枪三支，阵毙乘马十七匹，失踪七匹。

3. 张楼附近：二月二十四日午前四时三十分至午后六时。天候：晴。早雾。气温华氏五十四度。二十四日午前四时三十分，奸匪十八团三百余名由团长寿松涛率领携带扒墙工具，乘阴雾之际，到达第九团驻地张楼附近，随即由东西两寨门向我袭击。我步哨以火力拒止，匪以手榴弹投掷，我官兵迅即进入阵地，沉着应战，匪数次猛扑未逞。天明我即集中火力猛击，激战至六时许，匪不支，退入附近路沟内。旋第九团第三、四两连协同蒋、赵各一部由右翼包剿，第一连由东寨门出击，第七团一、四两连经李半截楼向马庄、于庄等处之匪猛击，匪伤亡颇重，纷纷窜据翟楼。嗣我七、九团各一部到达于庄西南，蒋、赵率兵一大队进抵张菜园东南，又协力向翟楼围攻，匪军窜退倪庄时已午后六时，遂停止战斗。是役计毙匪教导员以下五十余名，我伤亡士兵八名。

4. 夏老家、丁堌堆、丁楼、韩庄、秦庄一带：四月三日午前七时十分至四月四日午前四时。三日晴。气温华氏六十度。四日阴雨。气温华氏五十八度。

四月三日分两纵队，以师指挥部第八团、野补团为左纵队；七、九团为右纵队，向胡老家方向进剿，午前七时十分抵豫楼南北之线，盘踞夏老家、夏平楼、丁堌堆、张沟沿、丁楼、张庄、梁李庄等村之奸匪第四师第六旅第十八团寿松涛全部及匪永城县队开始向我射击，当令左纵队第八团、野补团展开于夏桥以东至张瓦房之线，向夏老家、丁堌堆攻击前进；右纵队七、九团展开于孙楼、柴凹、杨庄之线，向梁李庄、张庄、丁楼、张沟沿等村攻击。师指挥部附骑炮排停止于孙楼。战斗开始后，我官兵藉炮火之威力奋勇冲击，将夏老家、丁堌堆、夏平楼、张沟沿、张庄、梁李庄先后攻下，匪大部窜聚于丁楼及以东各村凭寨据守，遂令第八、九团、补充团策应第七团及师特务连进攻丁楼。各连即将丁楼包围，匪大部进入民房，凿孔及利用寨壕极力顽抗，一部沿沟北窜。我当派七、八团各以一个连乘马速占领张瓦房东端土埂，匪又折回丁楼时，第七团迫击炮即向丁楼猛烈射击，掩护该团第二连由冯连附率领由孙庄、李阁向西逐次跃进，官兵不顾牺牲，到达丁楼附近，三、四、一连已由西南北三面开始冲锋，越过水壕，冲入寨内，肉搏半小时，将匪全数解决，无一逃出。嗣又令八、九团、补充团续向魏庄、丁大庄、刘大楼、孙庄、李阁以东跟踪追剿，匪以丁楼被我攻下并尽被擒获歼灭，其他各村庄之匪纷纷向东逃窜。午后三时许，遂令各部集结于孙楼附近，黄昏后撤至蔡楼西北韩庄、秦庄、刘楼、宰桥一带宿营。宿营甫毕，匪新锐五六百名复跟踪向我追来，晚八时分别向师部及七团驻地韩庄，八团驻地秦庄、九团驻地宰桥、补充团驻地夏庄、刘楼进犯。时阴雨昏黑，迭次猛扑终未得逞。宰桥曾攻出攻入者数次，卒被击退，激战竟夜，于拂晓前匪残部向北撤退，弃尸遍地，计前后共毙伤匪军二百余，生擒指导员、工作员、匪永城县队连排长、县府科长，收发主任及匪兵男女百余，获枪百余支及其他文件等甚多。我补充团张营长于攻夏老家时负伤。第七团阵亡负伤排长各一员，第八团负伤副官一员及各部士兵伤亡三十余名，阵毙乘马三匹。

5．张楼附近：四月五日午前三时十五分至午后一时。晴、风。气温华氏五十七度。匪军旅长饶子建，团长寿松涛等率部千二百余人，拂晓前冒雨向我师部及八团驻地张楼夜袭，我守兵发觉后，即开始射击西面匪军，主力选拔干部分三次连向西门突犯。第八团二连守兵集中火力猛烈射击，匪仍向寨墙猛扑，均被击退，激战时许，天色微明，匪即利用路沟，分经史庄、夏楼向南，一路经郝庄向西北逃窜。当率七、八、九团各有力一部及商邱县队向南追击，余对西北警戒，匪沿路利用倪庄、韩庄、苏楼各寨逐次阻我前进，沿途血迹，我追击部队到达苏楼、尹庄以南之线，匪已远窜，遂令各部向秦庄、苏楼一带集结。是役，计毙匪军营教导员、连指导员、连排长以下四十余员名、俘获十五名，获枪十一支。我部第八团伤排长一员、补充团阵亡士兵一名。

6. 万楼苏枣园附近：四月七日午前八时至午后四时三十分。晴。气温华氏五十六度。我进剿各部本日分三纵队沿包河前进，上午八时到达梁堰、梁安楼以西之线，即与盘踞梁堰、刘庄、梁安楼、梁大庄等村之匪军饶子健第六旅全部，滕海青第五旅及萧县独立旅各一部接触。战斗开始后，我左纵队补充团、第八团将梁堰、张庄、胡蔡楼，中央纵队第七团刘支队、祁支队将梁安楼、胡官庄，右纵队第九团、赵广云十九支队将梁大庄王庄、等村分别先后攻下。此时包河北岸之匪全部向胡老家方向逃窜，南岸之匪退据苏枣园、万楼各村，大部据守万楼寨，遂令补充团及刘支队一部向苏枣园，大部向万楼于匪军猛烈枪火下分别施行包围。午后三时我大部均利用纵横路沟，将万楼四面包围水泄不通，三时半下达冲锋命令，迫击炮开始射击，各部官兵均由沟中跃出，争先恐后向前猛冲，匪据寨作殊死抵抗，我伤亡颇重，官兵仍奋不顾身，由四面齐向寨墙猛扑，继则涉水扒墙。我第八团首由西北再冲入，即以手榴弹掩护各部向前进，匪军大部惊惶向东门奔闯。我第九团及赵团集中火力阻击，毙五十余名。蒋祚支队继将西门拥开。第七、九团、刘支队、赵团由东南北三面冲进，演成剧烈巷战。四时许，即将据守该寨之旅部一部及十六团第一营全部解决，无一人逃出。此役计毙匪副旅长、教导员、指导员、连排长以下官兵百余名，生擒副官、主任、营长、指导员、连排长等以下百余人，各部共获轻机枪四挺、长短枪百余支、各部共伤亡官兵七十余名。

八、战后匪我之行动：

匪军：大部由彭雪枫、吴芝圃、饶子建、寿松涛等率领，越过津浦铁路经灵壁、泗县东窜洪泽湖一带。尚有零星散匪流窜于石弓山东南附近。

我军：分区活动于永东北、永西南、夏东、亳东、涡北地区严密清乡，并协助地方推行县政、改变地形。

九、战绩特著人员姓名及战绩如附表〔略〕

十、战役价值：

永西南地区奸匪完全肃清、新四军之中坚武力损失大半，守寨袭击均遭失败。我搜获秘密党员及机密文件甚多一切阴谋伎俩全部泄露，华中三年余窜扰之根据地被我摧毁，地方秩序重新恢复。

十一、本战役经验教训及感想：

1. 奸匪枪劣弹缺，士兵多系强求参加者，战斗力微弱，内幕与宣传完全不同。

2. 远袭奔袭与干部突袭，乃奸匪由来认为最有把握之战术。我官兵如能先知匪之战术与惯技，警戒严密，临事沉着，则毫无顾虑。

3. 宿营地之寨墙应以少数兵力防守，主力控制于周围，待机进犯时以阵地战歼灭之，派遣游动哨乃必需者。

4. 奸匪惯于造谣，对匪区民众应加紧宣传工作，剿匪军应自信心坚定，免为匪欺骗。

5. 匪区道路破坏纵横连贯，并均有射击设备，战斗时确有价值。

6. 匪军为便于夜间动作，匪区民犬均用打狗队杀死，引起民众反感甚大，故对收复之匪区安民为首要工作，以期民心向我。

〔国民政府军令部战史会档案〕

7. 顾祝同关于袭击江南新四军办法电

（1941年3月19日）

上饶。总长何：7518密。特件。自皖南叛军解决后，其溃散零星小部份向各地逃窜。据报：近有少数分批潜往浙西，有在天目山建立根据，并向沪杭游击区扩展阴谋。其苏南部分则将江阴、常熟一带之江抗、农抗等外围部队改编为第三支队，归并谭震林部，其势力已由丹、金、句、武、澄、锡沿京沪路以东渐扩展至青浦一带，一方以扬中为枢纽，将苏南、苏北连成一气。又查叛军除抗战后在苏南、皖南吸收者外，大半由闽省西北及赣南浙边归时匪部改编。此次被剿逃散，难免无潜回原籍，流为土匪者。兹拟具防剿办法：（一）令忠义救国军全部开入第一、二两游击区，分成四个挺进纵队分途清剿，并设法截断匪扬中交通线。该军（欠苏嘉沪挺进纵队）仍归上官兼总指挥指挥，必要时于丹、金、武、宜方面控置有力部队协助之。（二）苏嘉沪挺进纵队（教导第三、四、淞沪行动总队，教导第一总队）归陶总指挥指挥，并令第一游击区积极发动游击，确实控制据点，防止匪军流窜及一切活动。并饬有关党政军机关加紧联系，防止奸党活动，并堵截散匪窜。（四）饬闽浙赣边区绥靖指挥官积极清剿，依限肃清。（五）迅充实改组战地各县党部下级机构，并军政方面协助之。以上各项，除分饬实施并分报外，谨闻。顾祝同。效午。琳。印。

〔国民政府军令部战史会档案〕

8. 程汝怀报告袭击鄂东地区新四军密电

（1941年3—11月）

（1）致何应钦电　　（3月1日）

部长何：1153密。续丑东参二电：乙、匪情：云孝股李先念、许金标、钟伟等四千余；罗礼股程大姐、周志坚、罗厚福、何耀㓥等共四、五千。子艳罗厚福部约八百南窜安陂边境长堰附近，与我独六支队激战两日，世晨经李九皋亲率一、二两支队驰援，匪不支，向西溃窜。蕲梅宿股张体学、刘锡尧、【熊】桐柏、易元鳌等共千余，子径一股约百人窜菩堤坝被蕲自卫队击溃，俘枪匪十名。艳、卅等日张体学匪部八百余连夜西窜黄冈、沙蠓图、百福寺一带，经王丏宇部猛剿，匪于世申窜回新公路西淋头畈、詹家咀等处，与冈匪吴林唤、漆少川、余亚杰、孙达苏等会合，刻正严督各部进剿中，冈程汝怀。丑东。参二。印。

（2）致何应钦等电（3月22日）

黄冈。特急。重庆军政部长何、军令部：奚密。综合本周敌匪情形：东窜三角山之张体学、刘锡尧、熊桐柏、张明、李东明等匪共千人，于筱、号等日先后分途向回龙山、瓦寺前经我英山头自卫队凭碉拒抗，伤毙匪百余，匪仍向仙踪窜去。黄冈程大姐、秦首才、杨方南等匪共千人，刻在孙家咀、陶店、回龙山、方高坪等处，已密饬我王支队向方高坪失守被匪占地区出击围剿，致各敌向我夹击，激战二小时，敌我均返原防。窜扰冈安麻边境迎河集、闵家集、潘塘一带匪为漆少川、胡正国及程大姐之一部，共八九百人，与王啸风部迭战，匪军事长董绍明有阵亡说。安陂孝边境匪李先念、罗厚福、钟伟等共三千，均于筱、巧、皓等日向宣化店北窜。谨闻。冈程汝怀。寅养。参二。印。

（3）致何应钦等电（3月29日）

军政部长何、军令部长徐：4236密。综合本周敌匪情形：（甲）敌情略同上周。（乙）匪情：向宣化店北窜之匪李先念、罗厚福、钟伟等三千余，因受我友军蒋、曹两纵队压迫，复于梗、敬等日南窜陂孝边境青山口、杨梅一带。冈安麻幽、潘塘、迎河集等处之匪为漆少川、胡正言及程大姐等共八、九百，近经我王啸风部进剿，互有伤亡。浠浠边境方高坪、陶店、孙家咀、何家寨一带匪程大姐、杨方南、秦首才等共千人，寝夜东窜汪家岗，经王右翼及永自卫队于感巳夹击，匪溃回窜。冈安圻广之匪张明部三、四百，近在竞竹、王店进迫亭岗、菩堤咀一带窜扰。圻广边境张体学、熊桐柏等匪均二千余养、梗、敬等日迭向何家铺、檀林河、 河口，迭经我自卫队凭分守拒抗，均未逞。现该匪主力均北窜桐㯼冲一带，正统筹剿办中。冈程汝怀。寅艳。参二。印。

(4) 致何应钦电(5月10日)

黄冈。重庆军政部长何、军令部长徐：4236密。匪情：李先念、江岳洪、蔡成祖、钟伟、程大姐、罗厚福、漆少川等匪共四五千，均于东、冬等日会合于冈安、陂柿、沉店、占店、八里湾、岐亭、三店一带，并时以一部向团风、黄州附近窜扰。江、微、齐等日经余、傅、任各支队先后在辛家、冲上、巴河、沙河、围城等地痛剿，毙匪甚多。圻太广边境张体学、刘锡九〔尧〕、熊桐柏、张明、李汉清等匪二千余，周来径国军周团及王药宇、沈光武各部迭予痛剿，大部向圻广边境逃窜，正续剿中。冈程汝怀。辰蒸。参二。印。

(5) 致何应钦电(5月17日)

黄冈。重庆军政部长何、军令部长徐：嬰密。本周鄂东敌伪匪情：匪军李先念、钟伟、蔡成祖等部二千仍在平汉南段两侧附近活动，其许金榜股元日被我二十一纵队在坡孝边境歼灭大半，残部东窜黄安与江岳洪、罗厚福、程大姐等匪会合。黄安之匪漆少川、曾朗亭、胡正国等一千余，周来经王啸风部痛剿，一股六七百窜冈安麻边境，一股三四百向黄州、团风间逃窜。圻广太边境张体学、刘锡尧、熊桐柏、张明、李汉渚等三千余，经我周团及王、沈两纵队夹击进剿后，大股东窜。岳太一股二百南窜圻广边境，正追剿中。程汝怀。十七日电。

（6）致徐永昌电（6月21日）

黄冈。重庆军令部长徐：1694密。本周鄂东敌伪匪情：张体学、刘冠〔锡〕尧、熊桐柏、万少华等匪二千余，仍向圻、英、宿、太、福山地窜扰，并时以一部五六百流窜浠、圻、广、济边江地带。江山洪、林〔罗〕厚福、程大姐、吴林唤、漆少川等匪近三千，在冈麻、黄安、黄陂各敌近限制分股流窜，元、寒等日电程、傅两支队在麻冈、山庙河、涂家脑、薛家坳等地迭予重创。巧辰哈屿李九皋部吴支队在黄安刘家河西北王家等地痛剿，伤毙匪三十余，残匪向南逃。李先念、周志坚、钟伟、蔡成祖、广暹安等匪近日来在平汉铁路南段两侧附近活动，正分别剿办中。冈程汝怀。巳马。参二。印。

（7）致徐永昌电（7月5日）

黄冈。重庆军令部长徐：1694密。本周鄂东敌伪匪情：本月份先兰冈各地之等匪近三千仍活动于平汉路南段界线附近。江岳洪、程大姐、罗厚福、吴林唤、马少第等匪约三千，前分股流窜于冈陂安麻边境。冬、江等日经保八团彭营向黄冈、七里岗、叶头岗等地追剿，冯毙匪千余，刻流窜黄梅边江地带。五、万少华股六百余，流窜圻英宿太边境各山地。六、桐柏有匪七百余，六月俭、艳等日由三角山窜浠宁境东三十里，经浠自卫队在走马店、汤步墩痛剿，当经获浠水县委张士若一名，俘伪指导员李金标及杨文效二名，刻正续剿。冈程汝怀。子微。参二。印。

（8）致徐永昌电（7月12日）

黄冈。重庆军令部长徐：494密。本周鄂东敌伪匪情：李先念、周志坚等匪二、三千仍在平汉路南段两侧附近。毡山〔江岳〕洪、程大姐、罗厚福、何耀武、漆少川等匪共千六百在安陂冈麻边境分股流窜，其一股约千人于齐、佳等日与我十六纵队张支队在麻城、林店、周家楼等地迭战，互有伤亡。熊桐柏股四、五百，刻在黄岗、陶店、孙家咀附近。张体学、李汉清等匪约九百在圻广梅边江地带。万少华股六百余在圻英太宿边境各山地流窜，刻正分别剿办中。冈程汝怀。午文。参二。印。

(9) 致徐永昌电(7月26日)

黄冈。重庆军令部长徐：廷密。本军鄂东敌伪匪情：李先念、周志坚、许金标等匪三四千仍在平汉南段附近活动。李匪本人现驻黄陂姚家山附近。江岳洪、罗厚福、程大姐、漆少川等匪二千余仍分股流窜于冈麻安陂边境，养、梗、敬等日经我李九皋、王啸楠各部及麻城自卫队先后在晏家庄、新集、花园铺、迴龙山、孙家咀等地围剿，共伤毙匪五十余。熊桐柏、万川〔少〕华等匪共千人近在三角山盘据。张体学、游〔李〕汉清等共千余人在圻广梅边江地带流窜，正严剿中。冈程汝怀。午宥。叩。二。印。

(10) 致徐永昌电(7月31日)

黄冈。重庆军令部长徐：4545密。本周战报：鄂东敌伪匪情：许金标、周裕兴等匪约千人在陂孝礼边境青山口、姚家山一带。江岳洪、杨洪先、居宗彩等匪共千人在冈安麻及安礼黄边境流窜。灰、寒前后经我李九皋师吴、李两营在卢家塘、河口、张家河等处痛剿，共伤毙匪三十名，获步枪十二枝。寒、删等日陂黄烽火山匪张体学、罗厚福、熊桐柏、漆少川等共三千经王啃风部夹剿，当退叶店、李家集一带。皓、号李先念七、八百由陂安窜冈西与四十团会合，似对我有所企图。万少华、熊林、李汉【清】等共千人仍在三角山四周活动，正续剿中。等情。谨闻。职程汝怀。未梗。东二。印。

（11）致徐永昌电（8月30日）

黄冈。重庆军令部长徐：4545密。本周鄂东敌伪匪情：周子纲股皓日在陂孝礼边境之岳洪集、朱家集、居家集约共千人，在冈麻安及安礼径边境分股窜扰之敌，养、敬前后与我李国安团在刘家集、打谷岭迭次激战，共毙伤匪数十余。罗厚福、田俊、漆少川等匪股共二千五百余人，分在柳叶店、汪家集、辛家湾及团风、淋山河附近一带。熊家湾、杨林店等处有匪七、八百，马、宥前后与我守军在浠水属之桃树坳、云架山、魏家山一带激战。张体学、刘华清等股共约千余人在圻冈边境及浠圻广边境活动，刻正分饬各部剿办中。冈程汝怀。未三十。参二。印。

（12）致徐永昌电（9月30日）

黄冈。重庆军令部长徐：4545密。本周鄂东敌伪匪情：张体学、熊桐柏、张仁华、士雄、林汉清等共二千余人分驻冈陂圻浠等地。又广梅沿江地带，佳、蒸前后径我梁丹部在三角山、羊角山等地迭予痛剿，毙伤数十。又漆少川股七百余在黄州、团风间活动。又李先念部罗厚福、陆有志两部主力四千余，江辰猛犯黄安东之大道集，我李、胡两纵队与之激战至烈，未得逞。另一部千余齐辰由安北西王家集、刘家畈饶袭江阴朝宗旅，激战至齐未，我因弹尽援不至，转进至西张店、大马庄继续抵抗，是役毙伤匪伪数十名。我亦有相当损失。等情。谨闻。程汝怀。申元。筹二。印。

（13）致何应钦电（11月20日）

部长何：3961密。戌月中旬鄂东敌伪匪情：李先念、罗厚福等二、三千，于删、铣由冈西回窜陂孝边境，与周正标、许金标等匪会合于专山口、姚家山、大小悟山一带。江岳洪、漆少川（2000）余，仍分股流窜巩冈屹麻边及鄂东南边江地带，世、元、寒等日径我傅团先后在黄冈夏家畈，迴龙山、杨鹰岭等地进剿，共伤毙匪军二十余，获步枪二支。张体学、熊桐柏、万少华等千余，现向英宿太边境及圻广梅地带流窜，正分别剿办中。谨闻。程汝怀。戌智。参二。印。

〔国民政府军令部战史会档案〕

9．戴笠呈报第一七六师袭击皖西新四军部署情形报告

（1941年4月28日）

报告　四月二十八日　情渝三一五号

谨附呈安徽我军剿匪情形续报一则，敬请鉴核谨呈

总长何　　　　　　　　　　　　　　生　戴　笠

安徽我军剿匪情形续报

关于安徽我军剿匪情形经于四月二十二日情渝二九三号呈报在案。兹据续报：我四十八军一七六师副师长谭何易于四月十七日率部三百人抵皖西南太湖县负责指挥剿匪。其决定剿办计划如下：调该师原驻庐江之五二七团陆岱隆部驻防桐城，五二八团周雄部调驻太湖宿松，该师驻桐城之野战补充团丘清英部与皖省游击第十一纵队李盛宗之一支队开驻该县属青草隔与怀宁属石牌等地。该师五二六团覃振元部仍驻潜山，并另调该军一三八师部队协助，预订四月底发动围剿。

〔国民政府军令部战史会档案〕

10．汤恩伯报告袭击豫皖边区新四军密电

（1941年5月1日）

重庆委员长蒋：罔密。据李仙洲有酉诚电称：据侯指挥官有辰电转据第五支队长韩金山报：（一）删日我派兵千余渡浍河由卿家庙侧应十二路进剿小营集附近匪军，激战数小时，当毙匪四十余，

残匪向西北窜去。俘匪连长以下官兵二十余，获轻机枪一挺，手枪二枝，步枪五十七枝，手榴弹三十余枝，大刀十二把，单棉军服二十四套。我损失步枪七枝。(二)养寅我乘十二路占领小赵集压迫向北遗窜之匪，在双庙旋、韩圩子一带截击，又毙匪二、连排长三员，俘匪官兵二十余，获步枪十七枝，轻机枪二挺。等情。谨闻。等语。除复勉外，谨闻。职汤恩伯。东申。参漯。印。

〔国民政府军令部战史会档案〕

11. 蒋介石密令"剿办"皖南一带新四军电

(1941年5月31日)

有线。急。上饶顾长官：3904密。据报：一、奸党特委会仍潜伏于铜繁间，武力约两团之众。二、匪军第二支队第三团团长黄火星及营长彭家洪率领残部二百余在皖赣边区活动。三、奸党有赣北特委会组织并领导伪工农红军第一、二、三大队。四、泾县太平边界有匪二百余窜扰，其他各县亦有残匪出没。等情。仰即剿办并具报为要。中〇。辰世。申令二元新。印。

〔国民政府军令部战史会档案〕

12. 陈诚企图消灭新四军在鄂东地区布署反共部队密电

(1941年6月10—17日)

(1) 致蒋介石电(6月10日)

恩施。特急。渝委员长蒋：阳川侍六电奉悉。悃密，已饬查报剿除并部署如下：(一)二十集团军应即派有力一团配合出击队先求江陵、后港、黄家场(潜江西北)等地附近奸匪剿灭之。(二)江防军应即派兵一营配合出击队先求石岭子、丰月山一带奸匪剿灭之。尔后协同友军向河容镇附近围剿。（三）二十六集团军应派兵一营配合出击队先求跑马冈附近奸伪剿灭之。尔后协同友军向河溶镇、脚东港一带围剿。（四）游击总部应即派一师先求螺山（洪湖西南）江陵第五区郝西乡奸匪剿灭之。一部协同友军向江陵、后港、黄家场、河溶镇、西岑山、横店子一带围剿。（五）各出击队仍服行原任务。（六）以上统限巳月删日开始实施，午月删日前一律肃清，除电李长官派队协剿及剿办情形容待续报暨清剿计划另呈外，谨电复请核备。陈诚。灰午。黄游。印。

(2) 致蒋介石电（6月17日）

恩施。重庆委员长蒋灰午黄游电计呈。悃密。谨将各部先后呈报遵办情形电呈如次：（甲）二十集团军已饬新二十三师派步兵一团并令五三军、七三军出击队协助剿灭。（乙）江防军已饬九四军派兵一营配合出击队驰赴指定地区清剿。（丙）二十六集团军已饬十三师派兵一营配合出击队先将跑马岗附近奸匪剿灭，尔后协同各友军向河溶镇、脚东港一带围剿。（丁）游击总部已分饬洞庭湖挺进支队派有力一部向螺山方面之奸匪相机剿灭。游击第一纵队派兵一部将江陵第五区郝西乡潜匿之奸匪彻底予以清剿，游击第二纵队第五支队派有力一部与右翼出击队切取连络，越西荆河经高家场向据扰于黄家场、蚌湖一带之奸匪围剿。直属第一支队以一部与右翼出击部队切取连络，对河溶镇、石岭子、横店子一带之奸匪协同围剿。直属第三支队以主力协同友军向蚌湖、后港一带围剿，并与左右翼友军切取连络。直属第四、五两支队各以有力一部与各出击部队切取连络，相机协同友军向黄家场、后港一带之奸匪围剿。除剿办情形随时呈报外，谨电鉴核。施。职陈诚。巳。篠午。黄游。印。

〔国民政府军令部战史会档案〕

13. 陈诚报告湖北保安队袭击襄阳新四军电

(1941年6月12日)

湖北省政府快邮代电　　省保一特施字第2458号
三十年六月十二日

重庆军令部徐部长次宸兄：据第五区专员李石樵冬电：奸匪李先念率三百余于艳晚窜据襄属耿家集东南之七里冲，我保四团萧营长星如乘夜率兵四连向匪围攻，激战至三十午，将匪完全击溃，毙匪支队长兼鄂北政治特派员谢惠祉、特务队长詹风良等(28)名，获步、手枪十一枝，我萧营长阵亡并亡排长及士兵十三员名等语。除电呈军委会并饬协军续剿外，特闻。施。陈诚。文保一。

〔国民政府军令部战史会档案〕

14. 蒋介石密令实查在怀远河溜集围击新四军第四师战绩电

(1941年6月)

(1) 蒋介石致徐永昌电(6月7日)

军令部徐部长勋鉴：据报：我142D师长傅立平与K8D师长马彪在怀远河溜集围剿新四军第四师十三团，夺获轻机枪二十一挺，步枪三百余枝，俘匪三百余人。等情。是否属实，即希查报。中正。遇。川侍六。

中华民国三十年六月七日

(2) 蒋介石致李宗仁电(6月12日)

有线。老河口李长官：密。据报：我一四二师师长傅立平与骑八师师长马彪在怀远河溜集围剿伪新四军第四师十三团，夺获轻机枪二十一挺，步枪三百余枝，俘匪三百余人等情。是否属实，希速饬查明具报。中〇。巳文午。令一元毅。印。

(3) 马彪致蒋介石电(6月15日)

委员长蒋钧鉴：窃职部此次于汜河北徐庄、罗集、杨集、刘富、新庄及天井湖各地剿匪之役，先后三次，所有俘损械弹数目分析如下：(一)损失七九步枪二三枝，七九轻机枪一挺，自来得手枪九枝，消耗七九步弹四三五八零粒，六五步弹五四三零粒，七九机弹五四八零粒，盒子弹一二五零粒，手榴弹三二零颗。(二)俘获七九步枪三二零枝，六五步枪一一枝，水连珠步枪七枝，七九轻机枪二一挺，内有破坏一挺，除留用机枪全数外，其余各种步枪三三八枝业已呈缴第三十一集团军十二路指挥部验收矣。以上战役俘损情形，除另造剿匪战役俘获损耗械弹报告表分报军政部，第一战区司令长官部、第三十一集团军各一份外，谨电呈赍祈鉴核备案为祷。职马彪叩。删午。械蒙、印。附呈剿匪战役俘损械弹报告表一份〔略〕

〔国民政府军令部战史会档案〕

15. 蒋介石密令袭击豫鄂皖边区新四军第五师致李宗仁电

(1941年7月31日)

有线。老河口李长官：〇密。据卫立煌午敬电称：奸伪李先念部在豫鄂皖边区一带谋积极扩充实力，半年来激增至四万余人，枪二万五千余支。其伪十四旅张体学部四千余在鄂皖边区一带窜扰，企图策应皖西奸伪打通鄂皖交通。其伪鄂东指挥江岳洪及一支队许金标部七千余向礼麻信一带窜扰。在襄西之十五旅王海山部正积极向外发展中，南召、鲁山等县亦发现伪政工人员活动，似有逐渐向桐柏伏牛山地区发展之企图。等情。仰即迅派队清剿，并将清剿部署具报为要。中○。午世。巳令一元五。

〔国民政府军令部战史会档案〕

16. 李宗仁呈报第二十一、三十一两集团军反共战绩及向蒋介石请功电

（1941年8月）

第五战区司令长官司令部代电　光瑜字第二三九○号、中华民国三十年八月二十三日发

重庆委员长蒋：辰卅令一元轩电奉悉。遵将战区剿匪各军一至五月份剿匪战绩表共二分，随电发呈乞核予奖惩以资激励为祷。光。职李宗仁。梗。瑜建。附剿匪战绩表二份（见插页）。

17. 第二十三集团军唐式遵部在皖南事变后继续袭击皖南一带新四军概况

（1941年8—10月）

第一、匪情

一、自叛军解散后，奸伪仍企图于铜陵、繁昌、南渡、泾县、青阳、太平等县重建皖南根据地，以该方面之敌我中间地区，纠合各地潜伏散匪，利用过去组织关系，争取保甲人员建立伪政基层，搜括民间粮食，发掘埋藏武器，藉山深林密之有利地形，与避实击虚之惯技〔伎〕俩，培养匪力，伺隙而逞。一方面控置繁昌属之黑沙洲、紫沙洲及无为属之白马洲等渡口，沟通皖北，确保连络，以期流窜自如。综合最近各方情报，匪之主力似为伪新七师张鼎丞部，计有伪十九旅五五团谢忠良人枪二百余，五六团刘全人枪五百余，五七团黄火星（黄河清）人枪三百余，约共千余人。最近项英率匪军千余渡江南来，合其他零星散匪，判断其人枪总数当在三千以上，因匪踪飘忽无定，聚散靡常，及其偷渡便利，此

剿彼窜，人数亦时有增减，目前匪势以繁昌较为猖獗，铜南次之，泾太又次之。

第二、清剿计划

一、集团军以根绝匪祸，安定地方，保证抗战胜利之目的，对铜、南、繁、泾及其毗邻地境在党政军统一指挥原则之下彻底予以清剿。为一劳永逸计，遵照三分军事七分政治之要旨，务求先以治标方法击破匪军主力后，更应积极训练民众，编查户口、健全保甲、加强自卫，务使匪类无从潜踪，然后治本，彻底肃清，故必剿抚并施。

二、依皖南奸匪流窜情形，划铜、南、繁、泾四县为绥靖区，设绥靖指挥部，专负清剿奸伪之责，以便通盘筹划清剿事宜。

三、绥靖开始日期为八月一日，第一期三个月，至十月三十一日止，为进剿完成时期；第二期三个月，至明年一月三十一日止，为清乡完成时期，即完全肃清时期。

第三、部署

一、兵力：

1. 陆军第五二师；

2. 铜陵县自卫队；

3. 南陵县自卫队；

4. 繁昌县自卫队；

5. 泾县自卫队。

二、任务：

1. 进剿部队以五十二师主力担任，自卫队一部配属之。

2. 清乡部队以自卫队大部担任，五十二师一部协助之。

第四、清剿成效

清剿部队遵照指示，进行以来，已渐著成效，除次第击破匪之主力外，凡经过一次痛剿之后，立即举行清乡检举，以完成保甲制度，充实自卫武力，确立基层行政机构，除使用武力外，极

尽“封锁”、“策动”、“分化”、“说服”诸种手段，俾达剿抚兼施之目的，故各地自新、自首者已日益加多。同时并利用各地自新分子极力宣传奸伪阴谋暴行，以争取民众，并促奸党之觉悟。奸党重建皖南根据地之企图已被摧毁。

附奸伪情形调查表与奸伪及五二师清剿态势要图〔略〕

兼总司令唐式遵

〔国民政府军令部战史会档案〕

18. 李宗仁关于第五战区部署及袭击新四军情形致蒋介石密电

(1941年10—11月)

(1) 电之一(10月2日)

老河口。急。渝委员长蒋：盥密。据曹勖申寝电呈剿匪部署如次：(一)奉三十师张师长命令节开：游击第六纵队以第二支队应于俭日前占领二三二四高地，经杨家老湾至王家冲阵地，向王家店(均在均川东南)奸匪严密警戒，归八八团长指挥。其余各部暨施，胡两大队主力进占三八三0高地，经毛家冲、马头山等地至复兴寺(均在柳林店西北)阵地，监视柳林店奸伪并相机扑灭之。(二)本部奉命部署如次：(1)六纵队酌留一部于原阵地外，余部队均遵令限感晚出动到达指定地点。(2)命本部副司令谢浩率保九团一、三两营机炮连暨随县之一、三两保安大队协同六纵队之一、三两支队之各一部向柳林店方向相机推进，并歼灭当地奸匪。(3)保九团第二营集结本部附近整训、警卫待命。随县保安第二大队驻防均川，以一中队驻防厉山。(4)动委会政工队随本部副司令出发，担任组训民众工作，均限于感日出发。等情。谨闻。光。职李宗仁。冬辰。瑜建。印。

(2) 电之二(10月2日)

老河口。重庆委员长蒋：勒密。剿匪战报：甲、鄂中区：一、寒日我曾宪成部四、六两大队进剿路官涡（钟洋西北）附近匪军，激战数时许，将匪击溃。皓寅续攻殷家洪，先后共毙匪七十余，击落耕井肉票甚多。二、匪警卫大队三百余，感日向均川附近袭击，经我第六纵队守军击溃，计毙匪五名，获步枪一支。乙、淮南区：一、皓夜匪军五百余向我十三纵队金湾（信阳东北龙井附近）驻军，激战一昼夜，毙匪七十余。二、铣辰我进剿窜据江朝二、檀树岗（均黄安北）一带匪军，击匪军二千余。筱辰将江朝二克复。三、铣午我进剿窜据禹王城（礼山东北）附近匪，毙匪七十余。现在继续清剿中。四、盘据吴浠蕲边境匪军张体学部，经我进剿已窜梅广滨江地区，刻仙人台，三臽山已无匪踪。五、申东匪二千余将我十三纵队砖桥（庐江东南）驻军包围，先后激战八次，均被我击退，东未我转移至黄源河附近，毙匪三十余，我阵亡大队长章幹以下五名。六、元宙匪军陈士良部勾结伪军百余，附炮二门，分两路向我宿松东牵岗岭驻军攻击，激战八小时，我增援反攻，匪木梓街窜去。是役计毙匪二十余，我中队长以下五名。七、删日我五一一团一部进剿窜扰三官殿附近匪军，匪增援七百余向我反攻，激战六时，匪窜万庄附近。是役计毙匪百余。丙、淮北区：一、灰寅匪军黄河支队邓克明部千余向我卅支队马良集（砀山北）驻军袭击，入夜被我击溃，计毙匪九十余，获步枪十五支。二、元日我卅支队一部分两路进剿军单县东北张家花园匪军，激战二小时，匪向西溃击，计毙伤匪二十余，获步枪四支，子弹二三粒。谨闻。光。李宗仁。冬巳。瑜建。印。

（3）电之三（10月13日）

老河口。重庆委员长蒋：勒密。剿匪战报：1．申有我第三纵队（曾宪成部）进匪二神庙（钟祥西北）附近匪，共毙匪十三名，获手枪一枝。冬日该部续在冷水铺（钟祥西南）与匪军一团遭遇，激战肉搏，毙匪营连长各一，士兵数十名，获步枪五枝，匪向南溃去。2。申微我十二纵队一部在寿县东倪大郢子附近与匪千余遭遇，激战六小时，我因弹尽撤至庄墓桥附近，是役伤毙匪七十余。2〔3〕。删日我黄梅自卫队击退向马尾山溃窜匪军，毙匪二十余。4。总计淮南区九月份共与匪军战十六次，伤毙匪千余，俘匪十余名，获步枪十七枝，小炮一门，炮弹四发，西药十余种，食粮五十石，其他物品多件。谨闻。光。职李宗仁。文。瑜建。印。

（4）电之四（10月29日）

老河口。重庆委员长蒋：勤密。综合剿匪战报：甲、鄂中区：子、京山县国民兵团自卫第二、第四、第六中队于支在将军岭（三阳店西南）与匪二百激战四小时，毙匪大队长一员，兵五名，匪不支溃退。微日自卫第一中队与将军岭附近匪百余人战约两小时，毙匪中队长一员，兵三名。虞日第四中队及便衣队在笔架山（将军岭西南）与匪三百余战约十余时，毙匪官一员，兵十余名，伤匪二十余名，获步枪四支。丑、酉微曹纵队一部在主岗（杨柳河西南）与匪二百余激战，毙匪二十余。酉东一七一师五三一团于陈家田、魏家咀（礼山西南地区）与匪军周志坚部约二千余人激战至江辰，匪不支，向南窜去。是役毙匪百四十余人，俘匪参谋长黄晓松，谍报长刘少卿以下士兵十一名，获步枪七支，我伤士兵三名。寒辰五一一团三营及第十纵队一支队进剿盘据界牌集之匪，激战至删晨，我以主力由广兴集向界牌集猛攻，匪军不支，向得胜集、鸦窝集东北山地窜去。计毙伤匪三十余，我伤亡兵五名。铣辰六八团及游击十纵队各一部搜剿新集山庙（界牌集东北八里）于新集附近与五百余之匪激战至夜，我遂返防，计毙匪官兵四十余员名，我伤亡士兵十三名，获步枪二支。筱辰五二团三营及十纵队大队向安子集（界牌东北）一带匪巢扫荡，与匪精锐部队千五百余激战至申，匪不支，向北溃窜。计毙匪二百余，获步枪十支，我伤亡士兵六名。谨闻。光。职李宗仁。酉艳。巳瑜修。印。

(5) 电之五(11月2日)

老河口。重庆委员长蒋：勒密。综合匪情：甲、鄂中区：匪军十五旅一部刻窜至八字门、向家冲一带，原据该地十三旅之一部于宥日移驻均川附近。乙、淮南区：1. 豫鄂边区匪军第二纵队黄林部二千余，刘子厚部二千余，现踞五里店、朱堂店、九里关及犬庙畈切取连络张幼琴部千余，李雨膏部五百余。信罗路北淮河南岸一带王光汉部一团，周应渠部五百余，应山以北信阳以西地区居宗彩部五百余，刻仍在罗山南、鸡龙山、壘斗一带窜扰。2. 鄂东周志坚部三千余，何耀榜、江岳洪两部各二千余，现仍活动于礼安陂及礼山东北黄安东南地区，我正分别剿办中。3. 鄂皖边区：窜扰于英霍岳边境之匪军熊桐柏团，经我进剿，除一部二百余在该地潜伏活动外，主力五百余与张体学部千余均窜至英山、仙人台、何家铺一带。又漆少川团千余现仍据黄冈属陶店、回龙山。程大姐部二百余，现正向粳山以南窜扰中。4. 皖中：匪第二师副师长罗炳辉，近在桐城罗家店召集桐庐怀各县匪首举行会议，决定夺取鄂皖边区各山地，勾结鄂东匪军向鄂进犯，其挺进支队林新部五百余现正向潜宿一带窜扰中。5. 皖东：盘踞王子城、八斗岭(合肥东)一带之匪军谭希林部二千余，经我进剿，纷向得尾集以东山地窜去。其一部千余窜至朱巷、庄墓桥一带，五百余进据杨唐集、马家湖，企图窜扰我后方，我正分别剿办中。丙、苏北：1. 匪首陈毅率第十、十一独立旅。现第五、第九旅各一部自删日起向我驻泗阳西北陈道口之保三纵队王殿华部围攻，迄梗午仍在激战。其第三师一部约四个团于删日由东沟大林窜顺河集、马广(盱眙东北)，刻正与增援部队激战。2. 匪军一师一旅叶飞部千余刻由江都境向高邮以东地区窜扰。匪首陈毅自酉东起密令所属各部推行其动员二十万新兵入伍计划。计分三期，共六个月。第一期每保抽壮丁二十名，施以军训；第二期编为常备队，施以基层党的训练；第三期则编为正规军或补充各军。丁、判断：苏北匪军现正推行其扩党扩军及夺取苏北之计划，向苏北我军豫中、皖中、鄂东及豫鄂边区、鄂皖边区，匪军似有联合向大别山内围窜扰之企图。谨闻。光。职李宗仁。冬午，瑜建。印。

(6) 电之六(11月9日)

老河口。急。渝委座蒋：勒密。综合匪情：淮南区：(一)窜扰于信阳一带之匪军黄林部二千余，灰、文等日分窜周党畈东北及罗山南定远店一带，并分途向东窜扰，我正堵剿中。(二)皓、智等日匪师长李先念率陈〔程〕大姐、漆少川等部三千余由安岗麻边区窜至浠水西南何家寨，并在何家寨附近召开军事会议，有向东窜扰模样。(三)张体学部千余，刻仍流窜于英山以南地区，其一部二百余活动于英、霍、岳边境。(四)寒匪支队长林新率部五百余窜至宿松、下仓铺、九成畈一带，其留守桐、怀、潜边区之一部约六百余，经我进剿，分窜大小龙湾一带，智日我已将其根据地罗家岭占领，现仍继续追剿中。(五)匪孙仲德旅主力刻仍盘据无为境内，其一部续由砖桥推进至大小矶山(庐江东南)，我正饬队剿办中。(六)盘据滁、定、全、合边境匪军经我一七一师进剿，先后将其12、13、16、18各团击溃，迄养未已将其重要根据地周家岗完全占领。现匪军均散据附近各小据点，企图顽抗，并向我后方袭扰，我正分别剿办中。谨闻。光。职李宗仁。佳午。瑜建。印。

(7) 电之七(11月11日)

老河口。重庆委员长蒋：勒密。剿匪战报：甲、鄂中区：冬日我暂三十六师一部进剿至万和店附近匪军，毙匪八名，匪向南溃去。乙、淮南区：(一)寝午一七三师一部进剿砖桥附近匪军，与匪五五团激战三小时，毙匪三六，俘匪二名，获步枪二支，残匪向南溃去。(二)养晚我第十纵队及保八团主力分在界牌集、大马厂会攻周家岗(皖东匪军主要根据地)，先后将匪十二、十六、十八各团并将复兴集、小马厂、鸦窝集各据点次第占领。梗未推进至周家岗，与凭险据守匪军五百余激战二小时，经派敢死队猛冲，匪不支，向东北溃去。周家岗当被我完全占领。是役毙伤匪四百余，俘匪四十余，获枪十余支，马四十余匹。(三)俭晚匪十八团残部二百余向我复兴集守军偷袭，经我猛烈扫射，匪不支，向北溃去。是役伤毙匪十余名，获大刀八把。谨闻。光。职李宗仁。蒸未。瑜建。印。

(8) 电之八(11月11日)

老河口。重庆委员长蒋：勤密。综合匪情：(一)匪军黄林部二千余，刻仍盘据信阳东南及罗山岗，定远城东一带。(二)冬、江两日匪军二千余由平汉路西窜至礼山以北以西地区，企图围攻县城，我正分别堵击中。(三)窜至浠水何家寨附近匪军，其一股八百余陈〔程〕大姐率领窜至黄梅西。陈胛一附近，一股千余由漆少川率回窜至周风东陶店、回龙山一带。其余千余由李先念指挥，现仍集结何家寨附近。(四)冬日匪军张体学部千六百余集结广济城南两路口、吕祖祠一带，企图攻城，经我鄂保三旅痛剿，自冬戌至江午，激战达十六小时，匪军伤亡惨重，纷向黄梅境内窜去。(五)宿松东南泊棚附近，现驻有匪军鄂皖纵队丁帙恩、商晓东、朱继群、林新(据报鄂皖纵队系张体学旅林新支队及鄂皖边区散匪编成，张体学任司令)等部共二千余。(六)匪林新支队一部千余，现分踞桐潜边铜罗尖及怀宁北大小龙湾等处。(七)盘据庐江东南之匪军五五团九百余，经我进剿，纷向无为境内窜去，刻砖桥、牛埠一带已无匪踪。各方面溃窜至皇甫山、藕塘一带山地之匪军二千余，刻仍凭据工事与我激战中。其盘据张桥镇（定远南）一部千余，现均向朱家湾（定远西）窜去。（九〔八〕）匪师长张云逸率部五百余刻经六合、仪征向龙潭窜去。谨闻。光。职李宗仁。铣午。瑜建。印。

〔国民政府军令部战史会档案〕

19．陆军第八十四军莫树杰部与新四军第五师李先念等部在河南商城一带作战机密日记

（1941年10—12月）

十月一日，天候：晴。宿营地：河南商城。

一、命令通报报告内容：

1．一七四师牛师长参一艳电报行动如左：

“职三十日亲率黄建猷团及师指挥所向宣化店推进，顺道扫荡被我各纵队击破复向北分股流窜之散匪，扫荡情形容后呈报。”

右电经军参战酉东电转呈总部。

十月二日，天候：阴。宿营地：河南商城。

一、战斗经过之概要：

1．据一七四师牛师长申俭辰及申全戌电报五二二团及520R行动如左：

1．第四挺进纵队第二支队第二大队及五二二团一加强连宥辰由归店（周党畈南二公里）出发，沿定远店、宣化店扫荡前进、在宣化店南七里铺附近与奸匪约百余遭遇，当即向匪猛攻，匪不支向东南散窜。是役，伤毙匪十余。五二二团及第二大队宥晚在宣化店及其南侧地区宿营，明感日继续前进。2．奸匪五六十盘据代新湾（周党畈）南附近申全，经我由周党畈开往定远店之黄团第二营顺道进剿，匪向南散窜。是役，毙匪五，我伤兵一，耗步枪弹三七〇。

十月三日，天候：阴雨。宿营地：河南商城。

一、命令通报报告内容大要：

1。一七四师牛师长参战酉东亥电报第二步进剿部署如左：

"即刻。84A军长莫、四纵队李司令、522R李团长、520R黄团长：〇密。极密。命令：(一)师以彻底肃清礼孝奸伪，并摧毁其根据地，树立党政之目的，以正规军配合挺进纵队进出大小悟山、姚家山、蔡梅店各附近地区，求奸伪之主力而击破之，并将匪巢之一切设施作彻底之破坏。(二)第四挺进纵队张司令指挥所部(欠一个中队)及五二一团(欠一营)为右扫荡队，于江酉以前完成诸准备，并先以军一个营配合挺进纵队之一部秘密进出李家河（大悟山与小河溪间)附近，担任伏击，酉支以挺进纵队主力配合五二一团(欠二营)由毛家集经王家冲向大小悟山、姚家山进剿，实入后，以一部对小河溪、夏店之敌警戒，主力彻底肃清该地区之奸伪。(三)五二二团李团长指挥所部(欠一营)及第四纵队之一个中队为左扫荡队，于酉江以前完成诸准备，酉支由四姑墩经刘家集向蔡梅店挺进，扫荡各该时近奸伪后，即酉向姚家山直捣匪巢，期与右扫荡队会合，以收夹攻之效。(四)左右两扫荡队之作战地境为彭陈店、夏店、叚家田、汪家河(蔡店西五华里)、姚家山之线，线上属左扫荡队。(五)各扫荡队应以神速之机密行动，周密之连络，求奸伪之主力而击破之。(六)五二〇团为预备队，位置于宣化店附近，搜剿墨斗关、古家店、姚家畈、半家店各附近之奸伪，尔后预定向毛家集附近推进。(七)师指挥所现设宣化店附近，尔后向毛家集附近推进。上各项谨电呈察，仰各遵照。"

右电经军：A、参战酉江巳电转报总部。

B。参战酉江午电择要通报三十九军并请饬该军进剿部队进出高桥河、长轩岭线，予以协助。

C。参战江巳电复饬一七四师牛师长迅速行动具报。

2。一八九师张师长参作酉冬电报五六六团原驻光山之部队于江日全部移驻潢川附近，以便集中整训。

二、战斗经过之概要：

1. 一七四师牛师长全戌及东申电报称：(1)职部及五二〇团全辰由周党畈出发，沿罗礼公路两侧扫荡前进，于午后先后到达定远店附近宿营。(2) 职部及黄团(欠向墨斗关搜索之韦营)东卯由定远店出发，沿途搜剿散匪，于未刻到达宣化店宿营。

2. 转据四纵队张司令电报：右及中央扫荡队九月二十八日战报及行动如左：

1. 俭日我于行动间，奸伪二百余窜五岳山(姚家畈西五公里)向我右扫荡队袭击，经我派队驱逐，匪向汪洋店方向溃窜。是役，毙匪五名，获步枪一支，机弹一六八发。俭酉职率右扫荡队进抵王家店以北地区。(二)艳日除饬中央扫荡队进出彭陈店、余家河之线外，职率右扫荡队进出新府集、毛家集附近，即在各该处对东南警戒，并搜剿附近地区散匪，准备第二步之进剿。"

十月五日，天候：阴雨。宿营地：河南商城。

一、作战经过概要：

1. 据一七四师牛师长参战申全未及酉东午两电报五二二团俭日全日战报及行动于左：

"据五二二团李团长俭申电称：职俭辰由宣化店出发，主力经卡房三再山，一部由邬子铺向南扫荡前进，俭申到达黄陂站刘家河、熊家河附近。又据该团全午电称：全辰一部沿黄禹大道，主力经钱家湾(黄陂站东南)将散匪驻逐后，于全午进占禹王城。等情。谨闻。"

2. 据一七四师牛师长东午、东甲两电称：(1)卅申四纵队三支队进抵毛家集，纵队指挥所驻新府集。(2) 五二一团艳晨由彭陈店出发，沿途搜剿散匪，于午刻进占桥店。(3) 五二零团东日派出搜剿墨斗关奸伪之第一营，东晨由定远店出发，绕经墨斗将奸伪五六十名驱逐，申刻该营到达宣化店。"

十月七日，天候：晴。宿营地：河南商城。

一、命令通报报告主要内容：

1、一七四师牛师长参战酉支酉电及酉微晨电报：各扫荡队支、微等日行动于左：

“1。右扫荡队以四纵队第三支队曹支队长指挥所部（欠第三中队）及五二一团二、三两营，江日由毛家集进出李家河，担任伏击并以一部对小河溪之敌警戒外，其余部队准于支日由毛家集分路向大小悟山、姚家山、新屋畈（大悟山西北十里）挺进扫荡。2。左扫荡队五二二团支晨进出达四姑墩，微拂晓越过夏河公路将匪驱逐后，已进占蔡店及其附近。”

右电经军参战酉虞晨电转报总部，并通报三十九军。

二、战斗经过概要：

1。牛师长江亥、微酉等电报各扫荡队战报如左：

“（1）酉江牛师黄团第三营进剿盘据卡畈（黄陂站东约十三里）之匪三百余，经猛烈攻击后，匪向南逃窜，我跟踪进击至土地岭（卡畈南十里），匪星散无踪。是役，毙匪八，伤匪十余，我消耗步机弹四六七。（2）酉微牛师李团第一营向蔡店（礼山属）搜索奸匪，在会冈（夏店东南十三里）与匪特务团五六百遭遇，战斗猛烈，经我侧翼压迫，匪即向西南溃退。是役，毙匪三十余，伤匪五十余，俘匪十，获步枪一。该团是日进驻蔡店附近。”

十月八日，天候：晴。宿营地：河南商城。

一、命令通报报告内容：

1。一七四师牛师长鱼晨电报各扫荡队，支微等日行动于左：

“（1）右扫荡队支日已分路进抵马吼岭（礼山西）及新街（礼山南十里）各附近地区。微日续向新屋畈（礼山南二十里）及大小悟山挺进扫荡，尔后向姚家山直捣匪巢。2。左扫荡队微日进抵蔡店，鱼日西向汪家河（蔡西七里）推进，尔后与右扫荡相应直捣姚家山。”

右电经军参战酉齐辰电转报总部，并通报三十九军。

十月九日，天候：半晴。宿营地：河南商城。

一、命令通报报告内容：

1．一七四师牛师长参战庚亥电将五二一团（欠两营）调回礼山如左：

“（一）据报：奸伪李先念大部被我扫荡后，即逃窜路西。现我各部深入匪巢，复率四、五个团队之众，由路西转窜至东新店、大新店、双桥镇一带。（二）着苏团长即率该团（欠第三营）佳日由现驻地开至新府集附近，灰日正午十二时以前到达冷涂家冲附近，向师部报到。”

对右电军之处置：

A．军参战佳申电复饬一七四师：a．我后方部队除积极搜剿外，每驻一地应择坚固守，稳扎稳打，匪对我绝难得逞。b．判断：匪全部一时难于转移，希饬毋为宣传所惑，继续挺进，以竟捣巢全功，并饬右扫荡队右翼队绵密搜索，防截奸伪西窜。

B．军参战酉佳申电转报总部。

2．一七四师牛师长酉虞戌及酉虞酉各电报扫荡队行如左：

1．右扫荡队除伏击部队，鱼日进抵李家河，虞日续向青山口推进，担任伏击外，余部鱼、虞两日已分途进至会亭河、杨家湾（均在大悟山南）各附近地区，预于齐日经小悟山向姚家山挺进扫荡。2．左扫荡队鱼日扫荡蔡店附近残匪，虞日拟将梅店附近奸伪扫荡后进出汪家畈（姚家山东五里）攻击匪特务旅根据地以后，再夹攻姚家山。3．师指挥所及五二〇团齐向丰家店前进，顺道搜剿由大悟山北窜散匪，并续向毛家集进出。”

右电经军参战酉佳巳电转报总部。

十月十一日，天候：阴。宿营地：河南商城。

一、命令通报报告主要内容：

1．一七四师牛师长参战酉齐亥电报会剿姚家山后之处置原电如左：

谨拟定各扫荡部队会合姚家山后之处置如下：（甲）、左扫荡队李团在汪家畈（梅店西十公里）陈家畈地区集结。（二）右扫荡队中央队第一支队在田家山、姚家山地区集结，第三支队配合苏团第三营之伏击队在张家冲、刘家湾、王分湾、中分湾（均在青山口北地区）集结，纵队指挥所及第二支队苏武杨团（欠两营）暂在会亭河（大悟山南）附近集结，策应各扫荡队之作战。（三）各扫荡队应在集结地区选定地形，构筑工事，并积极搜剿各该地区附近之散匪，但李团应对姚家集，第三支队应对小河溪之敌严密警戒。（乙）尔后行动拟分多数纵队从横扫荡夏店、姚家集以西，小河溪、青山口以东，姚家山以北：（1）李团由汪家畈经兴庵（大悟山东南五公里）、周家冲、老屋冲（夏店西南六公里）、严家畈（大悟山东北）、新街（毛家集南）、毛家集到达汪洋店集结待命。（2）第一支队经小悟山、会亭河、大悟山到达新屋畈（毛家集西南十二公里）候命。（3）第三支队经四方山、王家河（小河溪东）、樊家畈到达张店集（阳平口东南十公里）集结待命。苏团第三营归建制。（4）四纵队指挥第二支队及苏团（欠一营）到达毛家集候命。（5）指挥所及黄团在冷家湾、涂家冲（毛家集北八公里）地区集结。（丙）礼孝区为反攻主要路线，党政机构破坏无余，亟须重建，拟以四纵队之一部扼守泉水岭、朱木岭之线，防匪北窜。其主力则由张司令选择适当地点建立游击根据地。上三项除甲项已令饬各部遵照外，（乙）、（丙）两项谨候电示祗遵。”

本部处置：

（1）参战酉灰申电复示牛师长：甲项准予备案，乙、丙两项亦准如拟实施。

（2）参战酉真晨电将牛师长处置转报总部，并拟待该师各部开回礼山附近集结后，拟暂留牛师一团掩护四纵队建立礼山根据地及重建礼孝地方党政。牛师主力开回宣化店、定远店地区候命。当否，乞电示遵。

十月十二日，天候：晴。宿营地：河南商城。

一、命令通报报告主要内容：

1。一七四师牛师长参战佳巳电报礼孝奸伪已概告肃清，拟请开始重建原电如左：

“特急。84A军长莫另派员专送张司令：〇密。窜扰礼境奸伪自中宥开始扫荡以来，迅速顺利进展，至酉庚巳会师姚家山匪之老巢，奸伪除一部逃窜黄安境外，大部均向路西溃退，其根据地之建设亦捣毁净尽，礼境已渐次恢复旧观，人心亦镇定如恒。至各山岳地带内虽尚留有残匪，均系被我击溃或匪之外围游击部队，兵力有限，不难肃清。本师掩护张纵队进出礼孝任务已达成，以后工作端在重建，各能顾虑，周到部署，适宜掌握民众，军政融恰，当无问题，希张司令速赴前方主持礼孝分区之防务，并协助党政之重建为要。谨电呈察，希即遵照。”

对右电处置：

(1) 参战文未电将原电转报总副座，并报已经另电饬第四挺进纵队并指挥礼孝两县地方团队担任礼孝游击区之袭击剿匪任务，并积极协助地方党政重建。

(2) 参战酉文电饬牛师长将捣毁匪巢，破坏奸伪设施情形报查。

2。一七四师牛师长齐、佳、灰各电报师部及五二〇团、五二一团行动如左：(1) 五二〇团除留第一营于宣化店附近堵剿北窜散匪外，师部及五二〇团(欠一营)于齐辰由宣化店出发，申刻抵斗家店附近宿营，灰卯续由宣化店经王家店向毛家集扫荡前进，沿途无匪情，未刻抵冷涂冲(毛家集北)附近宿营。(2) 五二一团(欠两营)于灰午撤回汪洋店附近，准备向北岸五岳山附近散匪搜剿(由路西绕窜而来)。”

十月十三日，天候：晴。宿营地：河南商城。

一、命令通报报告内容：

1. 军参战酉元酉电饬四纵队担任礼孝游击区之防务如左：

“特急。一七四师牛师长、四纵队张司令抄送189D张师长：○密。命令：一、防区以重建礼孝游击根据地，以利尔后及反攻作战之目的，着第四挺进纵队并指挥礼山、孝感两县地方团队(必要时配属正规军一部)，任礼孝游击区之守备及击敌剿匪。二、第四纵队候命解除，牛师长之指挥应以主力控制于礼山、毛家集以北附近，一部分置于区内各要点，继续肃清区内残匪及防止鄂中奸伪之东北窜，并不时轮派小部队对广花间之敌袭击，随时破坏其交通，妨害其运输，相机袭占其据点，并积极协助区内党政重建。三、作战地境：(1) 本防区与鄂东区为沿豫鄂省境迄界牌冈经禹王城、河口至长轩岭、卢一营店、三汊港之线，线上属信罗区。上三项。仰各遵照知照。”

十月十五日，天候：阴。宿营地：河南商城。

一、命令通报报告主要内容：

1. 一七四师牛师长参战酉元戌电报返回扫荡部署如左：

“即到。军副座、四纵队张司令、522R李团长：○密。(一)查我军自开始扫荡以来，匪军不堪一击，已于酉庚进出姚家山之线，匪军分窜路西赵家棚及安陂县境，所有一切军事设备经捣毁无余，其被击溃小股三二十不等，仍潜伏山岳地岸。兹遵军副座参战酉灰申电意旨，以新部署如下：(二)四纵队(欠一个大队)为左扫荡队，经青石板(青山口北、十里)、四方山(青山口北二十里)、樊家畈、张店集、柳林河(礼山西南二十里)，由南向北纵横扫荡，到柳林河后，开汪洋店集结。(三)五二二团李团长指挥所部(欠一营)及五二一团第二营、四纵队一个支队为右扫荡队，经姚家山、悟山、会亭河、大悟山、新屋畈、新街(礼南八里)由南向北纵横扫荡，到达新街后，即开新府集结候命。但行抵朱木岭时，即将所指挥之支队留置朱木岭、泉水岭(礼山西南十五里)之线，归还张纵队建制。(四)各部均于酉删开始行动，到达指定地点后，除李团另候处置外，四纵队应令在朱木岭、泉水岭之支队构筑工事，择要扼守，并不继向大小悟山、四方山等处游击，防匪北窜，余部由张司令自行部署，建立游击根据地。上各项谨电报察，仰各遵照。”

右电经军参战酉删辰电转总部。

2. 奉总副座总参一酉佳电转作战指挥上之注意事项如左：

“遵奉委座酉东令：一、皓、有电开：训令：查作战指导之最高原则必须先为不可胜以待敌之可胜，故各战应随时注意第一防线，不使敌妄肆窜扰而生动摇，使我全战局发生不良影响。兹将应注意事项指示如下：(一)各线区对于防线之编成及构筑不可专注意正面，应注意巩固其翼侧及确实掩护其背后连络线，否则敌利用其空中侦察之协力，极易向我忽略地区参透，甚至分别迂回奇袭，使我防线发生动摇。(二)阵地之接合部，一般均薄弱，往往为敌攻击重点之所，故应特别注意预为增强。(三)对于阵地，须纵深配置，尤应设备第一线兵力退后占领之预备阵地，否则第一线兵力后移，敌即可以跟踪突入，不惟退之兵力难与敌再战，甚至对第二线部队亦发生不良影响，应特别注意及之。等因。仰各并饬遵照为要。”

右电经军参战酉删电将饬一七四师、一八九师遵照。

十月十七日，天候：阴。宿营地：河南商城。

一、命令通报报告内容：

1. 一七四师牛师长参一酉寒电，报捣毁匪巢情形如左：

“参战酉文电奉悉。谨复如下：(一)朱木岭、泉水岭、大小悟山、姚家山、四方山、蔡梅店各附近之奸伪野战工事及碉堡等，除拆卸焚烧外，均完全捣毁。(二)奸伪根据地内之奸伪行政及收税机关、新旧医院院址、被服械弹厂所、抗大校舍与新屋畈之师司令部均经焚毁无余。上二项，谨电报查。”

十月十九日，天候：晴。宿营地：河南商城。

一、命令通报报告主要内容：

1. 总副座总参一绥酉元电复饬将礼孝奸伪肃清后再将牛师撤回，原文如左：

"参战酉真辰电悉。关于礼孝方面党政重建，除经电请党政分会办理外，余准予照办。惟须将大小悟山、姚家山等附近地区匪患肃清后实施，并将游击根据地建立情形报查为要。"

2. 一七四师牛师长参战酉筱辰电报五二二团行动如左：

"(1) 五二二团寒寅由卢家冲(姚家山西北八里)进出袁家集、南山(青山口南十里)一带搜剿，与四纵队三支队会合后，申刻仍回原地宿营。(2) 该团并指挥四纵队一支队及苏团第三营于删日遵照新部署，于纵横扫荡大小悟山、会亭河各地区奸伪（均未发现匪情)后，申刻全部到达新屋畈(礼山西南二十里)附近宿营，预于铣日除留一支队在朱木岭、泉水岭(礼西南十五里)一带防剿外，该团率苏团第三营经新街开新府集待命。"

右电经军战酉皓辰电转报总部。

十月二十日，天候：晴。宿营地：河南商城。

一、命令通报报告主要内容：

1. 四纵队张司令参一酉巧戌电报礼孝游击区部署如左：

"参战酉元酉电奉悉。(一)纵队司令部及直属队附第二支队之一个大队于巧末进驻冷涂家冲。(二)第二支队以一部控制于高家店、师家寨(汪洋店北八里)汪洋店地区警备，以主力经常活动于双桥镇、栗林店间地区，清剿残匪，掩护重建及防路西奸伪东窜，并不时派队向广水、王家店之敌袭击。(三)第三支队以一部控制于老虎岩(涂家冲西)、七里冈(礼西七里)、付家寨地区警备，以主力经常活动于新屋畈、余家河(礼东南十五里)间地区，清剿奸伪，掩护重建，防鄂中奸伪北窜，并不时派队向花园敌之袭击。(四)第二支队(欠一个大队)对丰家店、宣化店各以一部进驻，维护补给线并不时派队向彭陈店、禹王城游击，控制于三河店(礼山北三十里)附近，策应各方向之作战。(五)各部统限皓午前就部署完毕，谨电呈察。”

2。一七四师牛师长筱申、巧申三电报四纵队行动如左：

“(1) 五二二团及五二一团第三营铣辰由新屋畈出发，未刻到达新府集附近。(2) 四纵队一支队铣日已留朱木岭、泉水岭之线，筑工防剿。(3) 四纵队(欠一支队)删日分途扫荡后返抵新屋畈、苏家庙(新屋畈西十二里)各附近宿营，铣日全部到达柳林河(毛家集西十二里)附近集结。”

右电经军参战智未电转报总部。

3。军参战酉智电修正信罗、礼孝两游击区作战地境，原文如左：

“急。总副座、174D牛师长并转四纵队张司令、189D张师长：〇密。兹变更信罗与礼孝游击区作战地境，为界牌冈经宣化店、姚家畈、大新店达驼子岗之线，线上属礼孝游击区。谨电呈察，仰各知照。”

十月二十二日，天候：晴。宿营地：河南商城。

一、命令通报报告主要内容：

1。一七四师牛师长参战酉巧酉电报肃清礼山山岳地带潜伏奸伪部署如左：

“1。职师以肃清礼山山岳地带潜伏奸伪的目的，于筱日部署如下：(一)五二〇团(欠驻宣化店之韦凌云营)移驻王家店及其以西附近地区，并负责北岸山东新店、双河镇、汪洋店地区内奸伪之清剿。(二)五二一团(欠第一营)移驻姚家畈附近地区，并负责清剿三瓜山、五岳山、期天山、大小鸡笼山、顺河店、新寨(宣化店西北十二里)、宣化店(不含)一带之奸伪。(三)五二二团(欠第三营)附师属搜索连移驻九房沟(王家店东南六里)附近地区，另以一部分驻丰家店，并负责清剿彭陈店、乔店、禹王城，黄陂站内之奸伪。(四)五二零团第一营(欠驻固始之一连)仍驻宣化店服行原任务。2。各部均于巧未到达指定地区。3。职部及直属队于巧午到达南田(王家店东二里)。上各项,除各部搜剿情形容后续报外,谨电报察。”

右电经军参战养辰电转报总部。

十月二十三日，天候：晴。宿营地：河南商城。

一、命令通报报告主要内容：

1。军参战酉梗辰电请示拟调牛师一团返商整训，原电如左：

“特急。总副座：〇密。总参一绥酉佳代电附发剿匪计划及总参一绥酉元电均奉悉。查礼孝奸伪经我军此次扫荡，现已概告肃清，拟以牛师(欠一团)并指挥第四纵队续行剿灭该区残匪。牛师以一团开回商城整训。张师以有力之一部清剿信罗散匪可否？候电示遵。”

2。军参战酉梗巳电饬豫南九区保安大队及地方团队归张师长指挥如左：

“急。189D张师长并译转梅兼保安司令：〇密。豫南第九区保安司令部所辖之各保安大队及罗息潢光泾各县地方团队，着归一八九师张师长文鸿指挥，仰即并饬遵照为要。”

3。军参战酉梗电饬党政大队以主力进出礼孝工作，原电如左：

“急。174D牛师长、189D张师长并转党政第一大队何大队长：〇密。礼孝奸伪经我先后扫荡，现已概告肃清，并为重建该区党政计，业经电请豫鄂党政总队刘兼总队长派党政队协助。去后。顷准刘兼总队长秘酉号电开：参战酉筱辰电敬悉。党政第一大队蒙归吾兄指挥，实施礼孝重建，请即就近令饬该队遵照办理。”等因。希党政第一大队除以一部分布于豫南、信罗、光泾各县续行原任务，受张师长指挥，其余主力(即大队人员)推进礼孝游击区，配合牛师及四纵队工作，并受牛师长之指挥，仰各遵照。并将配属报到时间由该大队拟具实施计划，分别呈核为要。”

十月二十四日，天候：晴。宿营地：河南商城。

一、作战计划之大要及有关事项：

1．奉总副座总参绥酉马二电转长官部全面剿匪计划要旨如左：

奉长官李酉铣瑜绥明电开：奉委座酉微令一元特电开：据报：奸伪拟以桐柏山、伏牛山为建立华中军事政治根据地。上年奸伪第五师一部由应山方面侵占桐柏山地之浆溪店、朱家店、黄龙寺一带为巢穴，整编组伪独立旅。目前除电蒋长官派队清剿伏牛山奸伪外，查桐山为反攻武汉、信阳作要地，不容奸伪侵占，乃奸伪第五师五千人复于月初由礼山方面窜据溪家，尔后更难清剿。惟桐柏山、大别山、鄂东、鄂中及大洪山各地区均为奸伪第五师活动区域，仅向某一地区进剿，则匪有此剿窜机会。特电该战区分期清剿鄂东奸伪计划如左：（节录）第一、方针：（一）战区为澈底肃清奸伪以利尔后反攻目的，依现态势，各以一部兵力配合地方党政力量于十月有日开始全面清剿。（二）清剿期为两个月，限本年十二月底完成任务。第二、指挥要领（略）。第三、兵团部署：（八）右地区（略）。（九）中央地区（略）。（十）左地区指挥官第六八军长刘汝明应以一师兵力并配属左集团之各挺进队彻底清剿该区内奸匪，并阻止铁路以东之奸匪西窜。（十一）平汉路西各清剿队之到达线为下洋港、皂市、应城、花园、广水之线。（十二）大别山兵团应如左部署清剿：

1．豫南区指挥官第八四军长莫树杰，应以八四军主力向礼山以南大小悟山一带搜剿，另以一部协同左地区清剿罗山、五里店附近之奸匪。2．鄂东区指挥官第三十九军长刘和鼎，应以三九军一部并配属地方团队协同豫南区向黄安、河口以西地区搜剿，另以一部向浠水、黄梅、广济一带奸伪各根据地搜剿。3．巢南区指挥官四十八军军长苏祖馨，应以该军主力及地方游击部队清剿该区内奸伪，另以有力一部向巢湖以南无为、卢江一带搜剿。

4. 巢北指挥官第七军长张淦，应以该军主力向巢湖以北及津浦，淮南南路附近之奸伪搜剿。(十五)各部均限十月敬日准备完了，有日开始实施。豫南、鄂东区正在进剿之各部应即继续进行，毋庸另行准备。以上除呈报外，仰即遵照实施具报。等因。查豫南、鄂东两区正在实施，应即继续清剿，并与友军剿匪部队切取连络，协同进剿，以期迅速彻底清除。巢南、巢北两区仍着遵照本部剿匪计划实施，除呈复并分电外，合电遵照。

右电经军参战酉迥巳电转饬一七四师、一八九师遵照准备。

十月二十五日，天候：晴。宿营地：河南商城。

一、命令通报报告内容：

1. 军参战酉有辰电饬续行肃清礼北奸伪，原电如左：

“特急。174D牛师长并转四纵队张司令：○密。参战酉迥巳电计达。该师并指挥第四纵队应即续行肃清礼北残匪，并确立礼孝根据地党政基础，尔后除留置一部于礼北地区担任根据地之守备，掩护后方安全，并与友军切取连络，防止路西及信罗奸伪之向东向南流窜外，主力准备再行进出礼孝敌后扫荡奸伪，限于本年十二月底完成任务。除剿匪计划另案颁发外，仰先遵照实施具报为要。”

十月二十八日，天候：晴。宿营地：河南商城。

一、命令通报报告主要内容：

1. 奉总副座参一绥酉寝电开：“特急。84A莫军长：○密。参战酉梗辰电悉。均准照办。特复。”

奉右电，本部处置如左：

A. 参战酉俭酉电饬牛师以一团开商整训，原电如下：“急。174D牛师长：○密。参战酉宥电悉。(附后)着该师抽调正规军一个团，于十一月删日前开抵商城，归本部直接指挥督训，其余该师部队仰遵本部参战酉俭代电附发剿匪计划续行剿匪任务，仰即遵照具报。”

B。参战俭酉电将右处置呈报总部。

2。一七四师牛师长参战酉宥电报礼北剿匪重建部署，节录如左：

“军副座：参战酉有辰电奉悉。(1)兹调整礼北清剿重建区部署如次：1。由朝天山(五岳山北约十八里)起至周家湾、洪家冲、于家田、新府集、毛家集迄新集之线止，以东属第一清剿重建区，以西属第二清剿重建区（线上属第二清剿区）。2。第二清剿重建区归四纵队张司令负责指挥，所部附党政第三分队及辖区内地方党政机关，任该区内散匪肃清及党政之重建，并作进出礼孝敌后奸伪扫荡之准备。

3。本师指挥党政第二分队及辖区内地方党政机关，任第一区清剿重建区内散匪之肃清及党政之重建（但礼山县府归本师直接指挥)。4。第二清剿区在该区地境内应扼止礼孝奸伪之北窜及路西奸伪西窜。5。各清剿重建区均限酉艳开始行动，戌月底 完成任务(依状况得适宜伸宿之)。6。师指挥所现在南田(王家店东二里)，艳日回驻宣化店。”

右电经：A。参战酉俭申电转报总部。

B。参战艳未电复一七四师牛师长。

二、作战计划之大要及有关事项：

1。军遵奉战区及总部全面剿匪计划，策定豫南区剿匪计划第三号如左：

豫鄂皖边区(大别山兵团)豫南区剿匪计划 第三号 民国三十一年十月二四日

第一、方针

一、防区为根据〔绝〕奸伪隐患，重建地方党政，以利尔后总反攻之目的，依现态势，续以主力配合党政力量，彻底肃清辖区奸伪，确立地方党政基础。

二、第二次实施进剿日期为十月二十五日，限本年十二月底完成任务。

第二、指定要领：

三、实施进剿时，各区之扫荡部队任大股奸伪之搜剿，务期一举而将匪之主力而歼灭之。驻剿部队（地方团队在内）任监视封锁扑灭散匪及掩护党政重建诸任务。

四、各进剿部队应以神速机敏之行动，力求轻装急进，并应互取连系，以免此剿彼窜，对两地区之接合尤应注意。

五、各剿匪部队应巧妙运用堵击、伏击、穷追、包围诸战法，以收奇袭之效。

六、剿匪期间，党政大队人员除以一部分布剿匪区各县治及其行政要点督率地方机关推行政令及剿匪后勤工作外，以大部人员随剿匪部队行动，受剿匪部队长之指挥，随时重建规复各地区之党政。

七、各剿匪部队在邻区境界附近剿匪时，应不分畛域，必要时，复越境追剿之。

八、深入敌后清剿时，特应注意对敌之警戒，免为敌伪所乘。

在剿匪期间应避免与敌决战，以期早期肃清匪患。

九、各剿匪部队应注意纪律之维持，俾与民众合作，以利进剿。

第三、军队部署

十、军队区分（同豫南区作战计划第九号规定）。

十一、作战地境，除信罗与礼孝游击区已改为由界牌冈经宣化店、姚家畈、大新店迄驼子冈之线，线上属礼孝游击区外，与友军作战地境不变。

十二、各部队任务及行动：

1．一八九师应抽调约一团并附豫南九区保安大队一部（约一大队）兵力为剿匪部队，先以其主力进出信罗地区，扑灭该区奸伪；以一部进驻三里城、九里关一带，防止路西之奸伪东窜，尔后以其主力分途扫荡大小鸡笼山及大新店一带奸伪。

守备部队应以一部兵力控置于经扶以南及以西地区，扑灭该区散匪，并防止鄂中奸伪之北窜。

2．一七四师（缺一个团）并指挥第四挺进纵队任礼孝区之清剿，应即肃清礼山以北地区残匪并确立礼孝游击根据地之党政基础，然后除留置一部于礼北地区担任根据地之守备，掩护我军后方之安全，并防止路西及信罗奸伪之向东、向南流窜外，主力即深入礼孝敌后，扫荡大小悟山、姚家山一带匪巢，寻求奸伪主力一举而歼灭之，但须注意对敌之警戒。

进出礼孝剿匪时，尤应注意与鄂东区友军连络，以期协力夹剿。

其余之一七四师之一个团，候令调回商城附近整训。

第四、通信补给卫生

十三、通信：各剿部队之通信以无线电为主，有线电话为辅，其他连络法辅助之。

十四、弹药补给：

1．正规军照现时携行定量配足，尔后视状况追送补给之。

2．挺进队照现有数尽量携行使用，尔后视状况随时补给之。

十五、粮秣补给：

剿匪部队之给养，应依军粮办法办理，不得向当地索派，并应随时携行三日份粮秣。

十六、卫生：

1．以本部一个野战医院推进至光山，并以一部于周党畈开设收容所，担任剿匪部队伤病者之收容后送。

2．责成辖区各县遵照层宪规定，编组义务担架队。

第五、其他：

十七、各区应随军事之进展督导各县地方党政机关办理清乡，实行左列各事项：

1. 清查户口,登记民枪;

2. 举办五家联保。

3. 充实保甲组织。

4. 组织盘查哨。

5. 充实保甲情报网。

6. 健全乡镇保甲党之小组及乡镇地方之自卫。

7. 发动民众协助军队剿匪(如组织军粮运输队、义务担架队等)。

8. 举办军民合作站,供应军事需要。

9. 清查户口及举办五家联保后,即印发国民身份证及通行证。

十八、本计划遵据长官李酉铣渝绥明电战区全面清剿奸伪计划及总副座三十一年十月总参一绥酉佳代电附发之剿匪计划而策定之。

十九、本计划自公布之日实施。

配布区分表

受领机关或主官姓名	份数	备考
二十一集团军总司令部	二	发文第一、二号
一七四师牛师长	一	发文第三号
一八九师张师长	一	发文第四号
第四纵队张司令	一	发文第五号
军长	一	发文第六号
副军长	一	发文第七号
参谋长	一	发文第八号
陆高参	一	发文第九号
副参谋长	一	发文第十号
参一课	一	发文第十一号

十月二十九日 天候:晴。宿营地:河南商城。

一、命令通报报告主要内容：

1.一七四师牛师长参战酉宥酉电报：第一清剿重建区部署如左：

参战酉宥电计邀察阅。兹将礼北第一清剿重建区各部（即本师各团）部署如下：1．五二零团以一部进驻丰家店，主力控制于王家店附近地区，负责礼山丰乐乡之剿匪重建，并策应第二清剿区之作战。2．五二一团（附党政第二分队）以一营驻姚家畈负责礼山孝友乡剿匪重建，其余主力移驻黄陂站负责肃清黄陂站、新府集、彭陈店、禹王城地区之奸伪及重建党政。3．师部及五二二团（欠第三营）位于宣化店附近，负责礼山宣化乡、明乡之剿匪重建任务。

右电经参战酉艳未电转报总部。

2.军参战酉陌电将本军进剿部署大要通报三十九军刘军长。

十一月二日，天候：晴。宿营地：河南商城。

一、命令通报报告内容：

1.一七四师牛师长参一酉世电报四纵队剿匪重建部署如左：

"据张司令参一酉艳戌电报称：(一)第二清剿重建区部署以于家田（王家店南四里）、何家店、久家店、七里岗（双桥镇南八里）之线，分南北两清剿分区，线上属南分区。(二)张支队长指挥所部及党政人员任北分区（安化、五义、三合、三益等乡）之清乡重建，以主力控制于王家冲（汪洋店北二十里）附近，以一部进驻东新店东南地区，逐次清剿重建，防敌匪东窜，并作进出礼孝敌后奸伪扫荡之准备。(三)曹支队长指挥所部及党政人员任南分区（崇德、同仁、义善等乡）之清剿重建，以一部集结付家湾（涂家冲南四里）任东南警戒，以主力出进汪洋店，二郎店、阳平口、柳林河之线，逐次清剿重建，防敌匪东北逃窜，并作进出礼孝敌后奸伪扫荡之准备。(四)第二支队以一部进驻新府集附近，对东南警戒，并相机协助老山乡之清剿重建外，主力集结冷涂家冲，帅家右电经军参战戌冬未电转报总部。

2.一七四师牛师长参一酉全午电:"急。84A葛参谋长辰光兄:○密。军副座参战酉俭酉电奉悉。李昇营在内还是在外，敬希电复。"本部复电:"参一酉全午电敬悉。若调李团返商，李昇营应在内，但为准备校阅，似以调黄团返商积极整训为宜，因黄团长对校阅事宜较有经验，且该团年来返往作战尚无整训机会，兄如同意，待该团抵商，可饬李昇营归建，如何请卓裁商。弟诸葛曙。参战。戌冬。印。"

十一月三日，天候:阴。宿营地:河南商城。

一、命令通报报告内容:

1.第五战区第十三挺进纵队程司令耀德十月二十五日公函(驻正阳铜钟)节开:"本部以第二支队担任陡沟一带淮防;第一支队第一大队分驻潘店、大林店阻匪东窜;另以第三支队一部由张湾渡河向梅黄店、王建楼、高店一带清剿,一部由平和店渡河向白马坡、萧王店、顾店一带清剿，后会师前进，直捣黄家院奸匪巢穴，请饬贵军剿匪部队与取连系协剿。"

右函经军参战戌江巳电转饬一八九师张师长，饬逕取连系协剿。

十一月六日，天候:晴。宿营地:河南商城。

一、命令通报报告内容:

1.一七四师牛师长参战戌支巳电:"(一)奉军副座参战酉俭酉电开:着该师抽调正规军一个团于戌月删日前开抵商城，归本部直接指挥督训。其余该师部队仰遵本部剿匪计划,续行剿匪任务。等因。着五二零团黄团长即率所部依限开商城,向军部报到,尔后归军部直接指挥督训。(二)恳军副座转饬五二二团第三营于黄团到商后，即开宣化店归建。上两项谨电呈察，仰各遵照。"

2.一七四师牛师长参战戌江午电报调整部署如左:

湾一带策应各清剿分区之作战。(五)各部统限酉全部署完毕，戌东开始实施。"

"特急。84A，军副座另发。衔略。〇密。(一) 五二零团奉令开商城，归军部直接指挥督训。(二)五二一团除第三营留驻黄陂站服行剿匪重建任务，第二营仍驻姚家畈外，余部移驻丰家店续行清剿重建任务。(三)五二二团(欠第三营)仍驻宣化店服行原任务。"

右电经军参战戌鱼辰电转报总部。

十一月七日，天候：晴。宿营地：河南商城。

一、命令通报报告内容：

1.一八九师张师长参作戌微巳电报剿匪部置如左：

"1.师为根绝信罗地区奸匪，重建地方党政，除以主力仍依前态势服行原任务外，以一部彻底搜剿区内奸匪。2.五六五团(欠第三营)附五六七团第二营、豫南九区保安大队一大队为搜剿部队，以一部沿黄城山、左家店、杜家畈向左旋回，沿铁路以东向南挺进，遮断奸匪与路西之连络，然后以主力经杨家店，大小鸡笼山向三里城、大新店方向压迫会师，沿铁路南下之进剿部队将奸匪聚歼之，以后，以一部兵力控置于九里关、三里城等地防堵窜匪，主力返复扫荡区内残匪。3.限灰日开始行动，十二月底完成任务。"

右电经军参战戌虞午电转报总部并通报一七四师。

十一月八日，天候：晴。宿营地：河南商城。

一、命令通报报告主要内容：

1.一七四师牛师长戌鱼申电称：

"(1) 黄团虞日由现地(王家店) 出发经宣化店向商城前进。(2) 苏团除第二营仍驻姚家畈，第三营留驻黄陂站外，团部及第一营微日移驻丰家店东四里之谭家湾、罗湾。"

右电经军参战戌佳巳电转报总部。

十一月十三日，天候：阴。宿营地：河南商城。

一、作战计划及有关事项：

1.奉总副座总参一戌蒸电开："参战酉俭辰代电暨附件均悉。查本部总参一绥酉佳代电所颁发大别山剿匪计划，关于清剿期限原策定为三个月，由十月二十日开始至三十二年一月二十一日完成任务。而以两个月为第一期，军事为主，党政为辅；以一个月为第二期，党政为主，军事为辅。正颁发中，旋奉长官李酉铣瑜绥明电所颁战区清剿奸伪计划到部。查所定清剿期限与本部策定期限略有出入，当经电请准予仍照本部所拟计划实施。去后。兹奉长官戌歌瑜绥明电开：总参一绥酉俭电悉。准予所请。等因。除分电外，希即更正并遵照本部所颁发剿匪计划实施为要。"

奉右电后，遵据总部剿匪计划，修定豫南区剿匪计划如左：

豫鄂皖边区（大别山兵团）豫南区剿匪计划　第四号　三十一年十一月十二日修正

第一、方针

一、防区为根绝奸伪隐患，重建地方党政，以利尔后总反攻之目的，依现态势，续以主力配合党政力量，彻底肃清辖区奸伪，确立地方党政基础。

二、第二次实施进剿日期为十月二十日，限三十二年一月二十一日完成任务。

第二、指导要领

三、清剿匪患，概分两期完成：

第一期，由本（三十一）年十月二十日至十二月十日，在此期间以军事为主，党政为辅，以有力部队配合党政力量，分途进剿，寻求防区内奸伪主力而歼灭之，或协助友军堵剿，同时展开重建地方党政。

对防区内有奸伪潜藏及零星散匪之区域，亦应以一部兵力协助地方党政办理清乡。

第二期，由本年十二月十一日至明（三十二）年一月二十一日，在此期间，党政为主，军事为辅，以军事力量肃清区内残匪及潜伏奸伪，并掩护党政人员积极加强党政之重建，务期根绝匪患，抚辑流亡，但对接近敌伪区域或以报剿灭之地区，应由当地党政军警负责防范，随时清查，毋使窜入死灰复燃。在剿办期间，尤须注意于内奸份子之防检。

右述各期清剿及清乡工作完毕后，应由各区指挥官及地方党政机关分别呈报。

四、实施进剿时，各区之扫荡部队任大股奸伪之搜剿，务期一期而将匪之主力歼灭之。驻剿部队（地方团队在内）任监视对封锁扑灭散匪及掩护党政重建诸任务。

五、各进剿部队应以神速机敏之行动求轻装急进，并应互取连系，以免此剿彼窜，对两地区之接合部，尤应注意。

六、各剿匪部队应巧妙运用堵击、伏击、穷追、包围诸战法。以收奇袭之效。

七、剿匪期间，党政大队人员，除以一部分布剿匪区，各县治及其行政要点，督率地方机关推行政令及剿匪后勤工作外，以大部人员随剿匪部队行动及剿匪部队长之指挥，随时重建规复各地区之党政，尤在第二剿匪期，该部党政人员应于军事力量掩护下，务尽全力督导地方党政官员乘时积极完成党政重建任务。

八、各剿匪区部队在邻区境界附近剿匪时，应不分畛域，必要时得越境追剿之。

九、深入敌后清剿时，特应注意对敌之警戒，免为敌伪所乘。

在剿匪期间，应避免与敌决战，以期早期肃清匪患。

十、各剿匪部队特应注意纪律之维持，俾与民众合作，以利进剿。

第三、军队部署

十一、军队区分（同豫南区作战计划第九号规定）。

十二、作战地境，除信罗与礼孝游击区已改为由界牌冈经宜化店、姚家畈、大新店迄驼子冈之线，线上属礼孝游击区外，与友军作战地境不变。

十三、各部队任务及行动：

1.一八九师应抽调约一团并附豫南九区保安大队一部（约一大队）兵力为剿匪部队，并指挥党政大队之一部，第一期应先肃清信罗及礼孝边境奸伪，并防止路西奸伪之东窜。第二期完成清剿任务，并掩护党政完成重建。

守备部队应以一部兵力控置于綵扶以南以西地区，于第一期立即肃清该区散匪，掩护党政完成重建，并防止鄂东奸匪之北窜，进剿时应与邻区及路西友军切取连络，夹剿奸伪。

2.一七四师(缺一团调商城整训)并指挥第四挺进纵队及党政大队主力任礼孝区之清剿，于第一期第一步肃清礼山以北地区残匪，并确立礼孝游击根据地之党政基础。第二步留置一部于礼北地区担任根据地之守备，掩护我军后方之安全，并防止路西及信罗奸伪之向东向南流窜外，主力即深入礼孝敌后扫荡大小悟山、姚家山一带匪巢，寻求奸伪主力一举而歼灭之。第二期留置约一团兵力归四纵队区处掩护其完成清乡重建工作，余部撤回整训。

进出礼孝剿匪时，特应注意对敌警戒，并以鄂东区友军切取连系，以期协力夹剿。

〔国民政府军令部战史会档案〕

20. 蒋介石密令“剿办”襄樊一带新四军第五师致李宗仁电

（1941年11月17日）

有线。急。老河口李长官：〇密。据报奸伪第五师第三十八、三十九两团现由平汉路东调至随县柳林店、古城畈一带，拟潜往襄樊交界之黄龙档活动，企图建立大洪山根据地，已派人前往探询路线，图间道潜往。等情。仰转饬该地驻军严密剿办为要。中〇。戌筱。令元五。印。

〔国民政府军令部战史会档案〕

21. 蒋介石密令"剿办"襄河西岸新四军致李宗仁电

（1941年11月26日）

有线。急。老河口李长官：〇密。据报：奸伪新四军现派有约两团兵力，已渡襄河西岸，潜伏各处秘密活动，刻么口堆已有该部奸伪发现。等情。希即派队剿办具报为要。中〇。戌宥。令一元五。

〔国民政府军令部战史会档案〕

22. 陆军第二十一集团军李品仙部袭击鄂豫皖边区新四军作战机密日记

（1942年4—6月）

四月一日

一、命令通报报告主要内容：

查皖东敌匪环伺情形特殊，为使皖东党政军各部门工作推行容易，并强化其重建工作，以巩固皖东游击根据地，特制定指导方案并以总会参一卯东电令饬第七军张军长、一七一师漆师长、苏皖党政区会张主任，漆副主任遵照。其方案如次：

其一、方针

（一）为强化皖东党政军重建工作与巩固皖东游击根据地之目的，自淮南路以东，长江以北，淮河以南，运河以西之辖区内地方行政各机关统归苏皖党政区会指挥监督，各区党务督导团，各县党部受区会之指导，以军事之力量掩护党政之树立，以党政之力量协助军事之开展，彼此密切配合，统一运用之。

其二，指导要领：

（二）军事：1．以正规军一师（欠一团）配合当地保安团队及挺进部队编成皖东游击部队，其指挥官由高级长官兼任之。2．对敌人战斗用柔性战术为本则，硬性战术为变则；对匪用硬性战术为本则，柔性战术为变则，以使皖东根据地巩固及开展并掩护党政之树立。3．敌人向我游击根据地进攻，务运用敌后游击战、机动战与之周旋，尤须以侧击、伏击诸方法将敌击破之，或分散兵力，以牵制之。4．对敌占领区之据点，则编成多数之小部队，依必要以一部地方团队配合，昼夜不断向敌袭击，破坏其交通，封锁其补给，又可能时选择最有危害于我之敌据点常作猛烈之袭击，使其感受不断之疲扰与恐慌，迫其缩小或放弃其占领地点。5．对奸伪无论驻军、行军、战斗必须严密搜索警戒，在战斗时尤应稳扎稳打，且在驻止间亦应依时间之久暂分别构筑工事，强固围寨，以防止其强力猛攻与骤然之奇袭。6．依状况应将奸伪扫荡逐出于滁定公路以北地区而封锁之，并于得胜集附近建设第二游击根据地，以备敌人向我古河附近根据地扫荡之退步。7．辖区内地方武力统归区会整理督训及指挥调遣，依必要得集中使用，以充实战斗力量。

（三）党政：1．辖区内各专县行政机关受区会之指挥监督（上下机关行文应均由区会处理分报党政分会、省府核备，各区党务督导团，各县党部受区会之指导，以期事权统一，增强效能及确能协助军事之开展）。2．辖区内各专县行政机关工作人员未能进驻其辖境推行政令者，应集中于区会办公，但仍保留原系统及名义，至能进驻其辖境时为止。3．依必要得将各专县特务队、自卫队及其党政工作人员之一部编为重建工作队，秘密组织深入其沦陷县境内工作。4．凡地方党政各机关各级人员之工作成绩，由区会考核报请奖征之。5．区会因党政工作之开展，依必要得增派切合工作之职员，该项人员分别由皖省府省党部派遣兼任之。

（四）情报及宣传谋略：1．凡辖区内情报宣传各机关统由区会受上级机关之命统一运用，不得各行其是，并严密组织地方保甲情报网，以满足情报之要求。2. 宣传重点在利用各种手段唤起民众之敌忾心及对奸伪之痛恨，俾军民合为一体，同时防止敌伪及奸伪之宣传。3. 谋略之实施：A. 对奸伪应利用宣传挑拨离间破坏诸手段，瓦解其组织，进而为我利用。B. 对敌伪应用破坏手段，遮断其交通通信，并用空室清野方法，妨害敌伪之侵入，物资之获得，尤要与宣传并用，唤起伪军反正及敌军反战思想与行动。C. 对我党政军干部士兵应力谋团结巩固，防止奸伪造谣离间，利用并实行公务人员联保联坐法。

（五）粮食：1. 在古河设立粮食管理机关，负责军民粮食之管理分配，以谋军食、民食之充足。2. 地方民众或机关对于粮食如有走私资敌以及操纵等情事，由区会依法办理之。3. 区会应按军队及党政机关所需之数量，储备军米之粮食，分置于安全地点。

（六）财政及经费：1. 凡辖区内地方财政（属于中央者除外）由区会受省会之命，切实整理并统筹分配，以谋自给自足之效。2. 辖区内各县行政经费为监督容易起见，由区会代领核发。3. 凡辖区内各专县所派出之党政工作人员，或团队编成之重建工作队所需经费仍由各该派出机关原经费项下开支之。4. 关于地方武力之编整扩充训练事项必要之经费，得报请总部核办之。

十六日，命令通报报告主要内容：

1. 据四十八军参作卯元巳电称：据五二八团周团长雄卯真酉电称：

1. 第二纵队奉令归鄂东程汝怀指挥，仍在原地服行原任务。现该部以一支队位置于张家榜，主力位置于黄梅渡河桥附近，清剿该区附近散匪，作战地境张家榜黄梅之线。2. 查职团位置于张家榜，任务于沈部相同，兼之张家榜补给困难，两部同集一处诸感不便。等情。拟将五二七团第二营开潜山油房街归连，构筑工事及策应五二六团作战，遗英山弥陀等防务着由五二八团接替，当否请示。

本部以总参一绥卯铣电核饬如次：（一）巢南区应以一部自英山至张家榜（不含）间择要筑碉，构成封锁线，阻止奸伪向东北流窜，并另以一部按置于亭前驿，保持机动，以防止奸伪由张黄间向东溢窜。（二）豫鄂区应准照程汝怀部署，以第二挺进纵队于张家榜、渡河桥、黄梅之线择要筑碉，构成封锁线，防止奸伪由东向西或西向东流窜。（三）五二七、五二八团着由该军自行调整部置，除分令八十四军莫军长遵照外，仰即遵照。

2。令莫军长电内容同右。

十七日，命令通报报告主要内容：

1。给八十四军莫军长总参一绥卯洽电：奉长官李卯齐瑜克电节开：1. 奉委座寅梗令一元特电开：奸伪以确实掌握华北，巩固华中，发展华南为其既定政策。其军事行动正逐实施中，国军以先肃清黄河以南奸伪，以利抗战之目的，各战区同时行动，一为歼灭华中、华南方面之奸伪，华北方面亦同时袭攻巩固并扩充游击根据地。五战区应划分清剿区，指定负责清剿部队，限期清剿。鄂东方面，并须加派一部支援程汝怀部，并与李仙洲部确切协同，遮断奸伪东西连络而击灭之。政治配合部份，另电饬遵。2. 本战区为分期肃清当面之奸伪，以利作战之目的，以有力一部进出敌后，一举扑灭襄河右岸及钟祥、京山、安陆及应山以北与信北附近地区之奸伪，建立游击根据地，俟完成后，进出京钟路以南及应城黄陂以北地区，肃清残匪。3. 一、随北清剿区司令由池军长峰城担任，指挥约一师兵力及该区挺进部队，清剿随县浙河、马坪、应山、广水、平汉路西侧信阳、杨柳河以南，与第一线间之匪军肃清后，以一部驻守该区，协力党政机构之建设，尔后再进出应山以南地区，清剿余匪。二、信罗区司令由刘军长汝明担任，以兵力约两团并指挥田镇南部，清剿杨柳河、信阳及信罗路以北之奸匪，并协力党政机构之建设。4. 大别山兵团鄂东方面，除照前计划肃清巴河东西之奸伪外，应以约两团兵力及挺进部队协同路西清剿军，先肃清平汉路以东，信罗以南，礼山以北之奸伪，肃清后，指定部队驻在该地协助督导之建设，尔后再进出于黄陂、孝感以北，仍将清剿敌后潜伏之余匪。5. 行动日期：预期于辰月东日开始实施。6. 在剿匪期间各集团之对敌袭击任务暂行停止。又奉长官瑜启灰电开：鄂东奸伪应即日肃清，并限四月底以前办竣，着照原计划实施。在本部未另派兵支援程部以前，仰即就近抽派兵力，遵令迅速完成鄂东清剿任务，并随时具报。各等因。查该部呈拟豫鄂区剿匪计划，经转呈委座、长官并饬知在案。在未奉核示以前，仍仰照该计划迅速实施为要。

十八日，命令通报报告主要内容：

据第七军张军长参作铣电称：为顾虑正阳关方面情况，将淮南路以西部队部署变更如次：(一)五一六团以一部任双庙集防务，主力移保义集附近，策应正阳关方面之作战。(二)五一五团(欠一营)由三河镇开赴前方，接收五一六团双枣树、三义集防务。(三)防战炮连炮兵各一连，仍归一七二师钟师长指挥。(四)五一三团开六安训练，并准备策应各方面作战。等情。右电本部以总参一卯巧电核复如次，仍仰对敌不断袭击，迫其缩小据点，以维持路东西之连络线为要。

二十一日，命令通报报告主要内容：

给予八十四军莫军长总参一绥卯箇电：奉长官李瑜建卯巧申电开：贵部除应遵照卯灰瑜启电迅速行动完成清剿鄂东之奸伪之任务外，至平汉路以西各部，兹定于辰月东日开始行动，删日以前完成第一期任务。仰即查照卯齐瑜克电转饬八十四军派队同时进剿，并将部署具报。等因。该部除一八九师应仍照前令迅速行动清剿鄂东奸伪之任务外，应另以正规军一团配合第四纵队主力协同路西清剿军，先肃清平汉路以东，信罗以南，礼山以北之奸伪，肃清后，指定部队驻在该区，协助督导之建设，尔后再进出于黄陂、孝感以北，清剿敌后潜伏之余匪，并须按期同时进剿，仍将部署情形具报。

二十四日，命令通报报告主要内容：

呈报长官李总参一绥卯迥电如次：瑜建卯巧申电奉悉。遵经转饬去后。兹据莫军长参卯养申电称：兹将下达命令呈复如次：

（一）盘据豫鄂边区奸伪李先念部约万四千余，分股盘扰信罗边境、礼陂边境、安麻边境及浠圻广梅地区。其巴河以东张体学部四千余，旬来除一部千余留驻原地外，大部向麻冈地区移动窜扰，与礼陂方面匪军呼应，避我围剿企图，我路西友军准辰月东日开始行动，预定删晨前肃清应随以北匪军，尔后进出应山以南地区清剿。

（二）防区以肃清辖区奸伪，重建党政机构，以利尔后作战之目的，以正规军有力之一部配合保安团队，挺进部队暨党政总队，主力先肃清巴河以东及平汉路东，信罗路以南，礼山以北地区奸伪，尔后再转移兵力，协同友军由东向西，由北向南将匪军余部压迫于礼南而歼灭之。

（三）豫南分区，除续行守备任务外，应以正规军一个团（欠一营）配合挺进队，主力于辰东开始行动，肃清平汉路东，信罗路以南，礼山以北地区匪军，并与路西友军连络堵剿东窜匪军。

（四）一八九师（欠三个营）应以一个团（欠一营）兵力于辰东开始行动，由北向南清剿英、罗、浠、圻边境及浠圻县境内匪军，尔后向广济、黄梅地区挺进扫荡余匪。该师五六七团续行原任务，迅速肃清安麻股匪待命，与巴河以东剿匪部队连系，压迫余匪于礼陂边境而聚歼之。该师其余部队除以一营守备滕家堡及九资河仓库及以两营归军直接指挥外，余为机动部队，随师行动。师指挥所，目前以挺进于乘马岗为宜。

（五）鄂东分区应以一个保安旅及第□纵队任堵剿，迅遵前令于黄陂及以西沿巴河之线构成封锁线，断匪东西流窜，限辰东前部署完毕，辰佳前完成所需之封锁碉堡。该分区其余部队续行原任务。英山、张家榜、黄梅之封锁线有我一七六师五二八团扼守，应径取连络。

（六）各剿匪部队应极力避免对敌作战，俾奏早功。

（七）关于党政事项，另令饬遵。

（八）补给弹药随时报部，追送补给。

（九）剿匪期间均于鄂东设指挥所，本兼司令官亲赴指挥所督剿。等情。除指饬第五项关于第二纵队仍应服原任务，负责张家榜至黄梅线之封锁外，谨呈。

二十九日，命令通报报告主要内容：

给予苏军长、莫军长总参一绥卯赚电：查迩来鄂东奸伪日行猖獗，先后攻陷礼山、广济。兹为指挥便利，并期迅速肃清该方面奸伪起见，特从新整调如次：

（一）巢南区应以五二八团（必要时可配合十一纵队一部）负责自英山至张家榜、黄梅线，择要筑碉封锁，构成封锁线，以阻止奸伪向东向北流窜。第二纵队依莫军长所拟办理。

（二）豫南区应速按照该区剿匪计划实施，先将巴河以东奸伪肃清后，再转兵力将巴河以西奸伪肃清，仰各克日实施报查为要。

五月二十日，命令通报报告主要内容：

1．据八十四军莫军长参廿辰巧未一行电报：一七四师五二二团第二营于筱未收复罗山县城，敌向五里店退去。等情。

本部为求确守罗山，特以总参一辰号辰电指示莫军长如次：罗山既为我军收复，除应赶速办理善后及抚缉流亡外，仰即加派兵力配合地方部队构筑工事，以图固守，尤应将罗山通信阳公路予以彻底破坏为要。

2．给张军长、苏军长、莫军长总参一绥辰帑电：奉长官李辰皓瑜克命令开：(一)综合诸报告：当面之敌，仍继续向后抽调兵力，无积极企图。襄西之匪，经我进剿，业已溃退襄河左岸。雁门口、聊屈山一带，仍据匪千余。汉天边境据匪二千余，似为王海山旅。随南、洛阳店、宋全、叶树店一带先后集结之匪不下八千余，有顽抗模样。信应奸匪大部窜据麻穰市中华山、雉公山一带，其一部并有反攻大庙畈行动。鄂东之匪大部仍在英浠圻广，其一部份窜于礼南麻北各附近。皖中及苏皖边境匪情无大变化。(二)战区以击溃当面匪军，完成第一期清剿之目的，除应分别肃清各残匪外，并加强随南之进剿。(三)信罗区肃清区内股匪后，除掩护重建工作外，并应酌派一部协力随北区之清剿。(四)大别山方面仍按预定计划清剿，不必待刘军到达，以免失机。(五)行动期间，应避免与敌作战。(六)应严防匪潜入我部队及后方之扰乱。等因。除八十四军仍应照原计划积极进剿并努力党政重建工作外，其余各军应对各该辖区内之奸匪速予彻底肃清为要。

二十一日，一、命令通报报告主要内容：

奉司令长官李号申经鸣电转奉委座皓巳令一元五电节开：1.敌于删日业已分别向我浙东、浙西各守备地区发动攻势，似有进犯金衢企图。2.各战区以策应三战区作战目的，同时发动游击战，牵制当面敌人。该战区速饬二十一集团军以两师兵力袭击安庆、合肥，其余各方面亦须发动有力之游击战。等因。

本部遵即以总参一作辰养辰电下达第七军、四十八军、八十四军及一三八师李师长命令如次：

(一)敌于删日业已分别向我浙东、浙西各守备地区发动攻势，似有进犯金衢企图。

(二)集团军遵照委座皓巳令一元五电令：以两师兵袭击安庆、合肥，策应三战区之作战。

(三)巢南区，应以一七六师(欠五二八团)另指挥丁铁夫支队，郝文波大队配属山炮一连，分两路进袭安庆，并相机袭取之。

(四)巢北区，应以一七二师主力配属山炮二门及交通队之一部，进袭合肥，并切断破坏淮南路，乘机将合肥收复之。

(五)其余各部任〔仍〕服行原任务，并积极发动有力之游击战，以策应巢南、巢北之作战。

(六)一三八师抽派步兵一营归苏军长指挥，控置岳西附近，以防奸伪之内窜。

(七)以上各项，仰各遵照，限于有日开始实施。

右令，同时呈报长官部备查。

二十三日，命令通报报告主要内容：

据莫军长辰参战养申行电称：谨将职部下达剿匪命令呈报如次：(甲)军队区分：1．豫南清剿区(含礼山)：指挥官一七四师副师长牛秉鑫，部队第一区原指挥部队(五二另团归建)、保四旅、豫南及礼山各县地方团队。2．安麻清剿区：指挥官保三旅长王啸风，部队保安旅两个团，一八九师五六七团(欠一营)，安麻各县地方团队。3．浠圻广梅清剿区：指挥官一八九师长张文鸿部队(欠五六五团第二营及五六七团)，保二旅，第二挺进纵队，浠、圻、广、梅、英、罗各县地方团队。4．军机动部队五六七团之一营，五六六团第二营。(乙)匪敌情及友军：A．敌情：1．平汉南段各据点，敌中旬来大部南撤，开赴湘北增援，并于筱未放弃罗山，退守五里店。2．陂麻及沿江各据点之敌，均无积极企图。B．匪情：1．巴河东西地区奸伪吴林焕等部，连日经我进剿后，除以一部回窜三角山、东西山脉外，其主力仍分据蒋家山山脉及广济一带。其四一团漆少川部于铣午由冈东西窜汪家集。2．平汉路东地区，除奸伪李先念、周志坚等部二千余仍在礼南，黄林部二千余仍据信东北及柳林西侧地区。半月来以其何耀榜部分据于经光礼边境，乘隙窜扰。3．麻安边境仍有股匪二千盘据，并以小股五六百不时向麻东北地区流窜。4．判断当面匪军，除以一部乘隙扰乱外，似有以其主力分散，极力避战，以保全其实力之企图。C．友军：1．五二八团于英山、张家榜至黄梅之线，任督剿。2．路西州军池峰城部，现正向路西匪军扫荡中。(丙)本防区以扫荡辖区奸伪，重建党政，以利尔后总反攻之目的，即行变更部署，分区同时进剿，限期肃清完成，然后转移兵力，协同友军进出陂孝，剿灭潜伏敌后之残匪。(丁)部署及任务区分：1．作战地境：A．本防区与各邻接区不变更。B．豫南清剿区与安麻清剿区为沿豫鄂省境之天台山、老君山及迄礼陂孝边境之线，线上属豫南分区。C．安麻清剿区与浠圻广黄清剿区，为麻罗县境之线，线上属安麻区。2．豫南清剿区，除续行守备任务外，应仍以正规军一个团配合挺进部队，保安旅团，主力负责该辖区内奸伪之肃清，另以一个支队进驻经扶并与路西池峰城军连络，堵击东窜之匪。3．安麻清剿区王指挥官应于有日率所指挥之保安团，自麻北之黄土冈挺进，待五六七团归入隶下后，即将麻北之奸伪先行肃清，继由东北向西南扫荡。4．浠圻广梅清剿区张指挥官应饬五六七团(欠一营)于宥日开乘马岗归王啸风指挥，所部及归军直辖五六七团之一营于有日出发，经滕家堡开罗田，追所指挥之部队归入隶下后，即由西北向东南开始扫荡。5．各区限于巳有底完成清剿，除酌派一部担任巴河西岸之封锁外，仍应肃清黄岗县境散匪。6．王丹候旅，沈纵队王作名团，仍在原地清剿残匪，掩护重建，待张指挥官到达罗田后，即归入其隶下。7．军机动部队到达滕家堡，即接替刘世安营防务。李奇铮营仍服行原任务。8．关于党政配合事项，另令饬遵。9．各清剿区与军之连络及各清剿之互相连络，以尽量利用既设线通信为辅(余略)。等情。

右电，经本部以总参一绥辰漾电指覆。惟该部剿匪应运用夹击，围击战法，以收聚歼之效为要。

同时转报长官部备案。

二十五日，命令通报报告主要内容：

据四十八军苏军长参作辰漾卯电呈覆，攻袭安庆部署情形如次：

1. 着一七六师谭师长速遵照钧部命令第三项行动，但五二八团应注意黄梅孔垅方面敌伪，并严防奸伪内窜。

2. 十一纵队应加强袭击望江之敌，并注意黄宿之匪情。

3. 一七三师应加强当面之游击，并攻袭棕阳汤家沟之敌。

4. 丁铁夫支队限敬申开高河埠北端，归谭师长指挥。

5. 一三八师之一营限有日前开到衙前镇，防匪内窜，并维护岳西来榜河之通信。

右电经本部以总参一辰有辰电指覆如次。参作辰漾卯电悉。惟应注意击敌之虚，勿作坚强战斗为要。

二十七日，命令通报报告主要内容：

据第七军张军长参作考酉电呈覆，进袭合肥部署如次：

甲. 一七二师方面：1. 五一五团二、三两营中抽一营向合肥南门袭击。2. 五一四团(含五一五团黄起营)抽集两营向合肥西北两门进袭。3. 五一六团以一营附交通队向罗集、下塘集间铁道破坏，并阻敌增援。4. 统限五月有亥开始行动。5. 各地区守备任务仍旧。

乙. 一七一师方面，以五一二团(欠两营)并指挥五一一团之一营(欠一连)及工兵一排于回日集中梁园，有日开始由肥东协力钟师攻击合肥，并另以五一一团之一营配属士兵一排进出龙城店撮镇西山驿向敌袭攻破坏。

右电本部以总参一辰宥巳电覆，部署尚妥，惟应相机进袭，勿作强袭。至路东方面须注意奸伪乘机扰乱为要。

二十七日，命令通报报告主要内容：

据八十四军莫军长辰参战漾未行电转一七四师牛师长调正豫南分区部署：

1. 五二二团以第二营进驻罗山，并于栏杆铺附近扼要占领阵地，对敌警戒，第三营推进至外围葺铺附近，其第一营仍驻周觉暇。

2。原分驻河口寨及南李店之十三纵队两个大队，着分别推进至朱兴集及子路河各附近，对敌警戒。

3。左右两游击之地境改为南李店、兴隆店、青山店、亘东双河之连线，线上属右。

二十九日，命令通报报告主要内容：

1。据张军长参一辰寝酉电转一七二师钟师长调整部署如次：

一、五一五团（欠一营）为右地区队（接替第八纵队防务），任三河亘四十铺之守备。

二、五一四团（配属五一五团一营及战车防御炮一连）为中央地区队，担任肥西小蜀山亘三义集之守备。

三、五一六团为左地区队（接替十二纵队之防务），担任寿东双庙集亘正阳关之守备。

四、第八纵队、十二纵队开六安整训。

五、各部经于号接防完毕。

右电本部纵总参一赚辰三电指复，惟应加强各守备地区之工事，并切取连系，以利攻守为要。

2。奉委座辰俭巳令一元五电节开：现敌由各方抽调兵力向三战区进攻，该集团以两师兵力袭击安庆、合肥，关系至为重要，仰即彻底实行。等因。本部以总参一辰赚午电转饬第七军、四十八军分别遵照。

三十日，命令通报报告主要内容：

奉长官李辰感瑜尧电开：左集团军与大别山兵团之作战地境着修正经铜钟、潘店沿浙河至连河廸南沿铁路之线，线上属大别山兵团。等因。本部以总参一辰卅巳二电转饬八十四军莫军长遵照修正。

六月一日，命令通报报告主要内容：

1．呈长官李总参一绥巳东二电：据莫军长参战感酉行电称：兹将各部部署及行动列报：（一）豫南区：1．西纵队除以一个支队（欠一大队）于寝日进驻经扶，并另以两个大队分归五二〇团及五二二团第一营指挥外，其余部队续行原任务，并清剿三里城北岸山附近窜匪。2．五二〇团移至周党畈，指挥四纵队一个大队及光山团队，由北向南肃清光经边境奸伪，尔后待命，进出陂孝。3．五二二团第一营，指挥四纵队之一个大队进出涩港店，搜剿信罗路南侧奸伪，仍归师直辖。4．第十三纵队除以一个大队清剿信罗北侧散匪，两个大队与五二二团第一营会剿信罗路南侧奸伪外，余服行原任务。5．保四旅并指挥礼山团队，负责清剿礼境奸伪，重建党政。6．五二二团（欠一营）任务同前。五二一团除任护运，仍在潢整训。（二）安麻区，除保三旅第一团于有日已进至麻城外，王啸风率保三旅第二团及保八团一个营机连（欠一排）配属，于宥日进抵白果，感日经麻城率同第一团开黄土冈，遂行任务。五六七团（欠一营）寝日已集结乘马冈待命。（三）浠圻广梅区，除王丹候旅及王团、沈纵队各在原地肃清散匪，掩护重建。张师长有日通过乘马冈，向罗田推进中。谨电呈察。

〔国民政府军令部战史会档案〕

23．陆军暂编第一师王认曲部在随南袭击新四军第五师战斗详报

（1942年4—8月）

第一章 战斗前敌我形势之概要

第一节 匪之兵力番号主官姓名及其动态

匪新四军之第五师辖第十三、十四、十五三个旅及警卫团、特务团、随南支队、洪山支队、安应大队、抗大分校、保安司令部等部共九千六百余人，枪五千四百余枝，盘踞于京山以北之杨家庙、火龙垱、八字门、五谷台、向家冲及随县以南之平坝、古城

畈、洛阳店、柳林店、贯庄店间地区，设立伪豫鄂地区政府，发展势力，以实现其巩固华中政策。

在洛阳店西北十余里之梭罗湾，有匪兵工厂，围山有其粮食库，胡家河有其医院，匪豫鄂边区书记陈绍敏、新五师师长李先念，十三旅旅长徐修祥，十四旅旅长罗厚福，十五旅旅长陈绍敏’每旅均为三团制。

第二节　我军态势

本师为守备大洪山四十五军之预备队，师部驻双河、仓湾，第一团驻新集，第二团驻观音堂，第三团驻双河附近之黄家湾。

第二章　师向三里岗附近就攻击准备配置

第一节　师由双河出发，及到三里岗以东之攻击准备配置

四月十五日十四时奉军长陈卯元辰毅效代电略闻：

“奉长官李卯齐瑜克电闻：‘……随南清剿区司令由陈军长鼎勋担任，指挥暂一师及二十七师之一团，曹勖、戴焕章、郭耀廷等挺进部队，清剿京山，安陆及涢水右岸，与第一线间之匪军肃清后，以一部驻守该区，协力党政机构之建设，尔后再进出于应城、云梦附近地区，清剿余匪……’。等因。除清剿计划另电颁发外，（1）希各部队担前准备粮弹输送事项。（2）派探深入积极侦察奸伪实力动态，随时电告……”。等因。

四月十六日派员分赴枣阳、滦潭、平林市、茅茨畈、三里岗等处，积极购买军粮并召集各部队长开会，使秘密准备。

四月二十一日奉军部卯号酉毅郊电开：“戴、郭两挺进支队，着即改归暂编第一师师长王认曲指挥。”

四月二十二日，奉军部卯皓午毅效代电，颁发清剿奸伪计划。

四月二十三日九时，奉军部作命第一号命令要旨如左：

“一、略。

二、军奉命担任随南清剿任务，决以有力之一部进出敌后，分期剿灭京山、安陆、涢水右岸之奸伪，建立游击根据地后，进出于应城、云梦以北地区，肃清残匪。

三、右翼队于四月二十七日以前，应占领河口店、刘家湾、徐家榨、天宝寨、蜂子山之线，构筑阵地并侦察当面匪情、地形及攻击诸准备。另一部推进六房咀、刘店、小埠街之线，以掩护主力之行动。

该翼队应特别注意六房咀方面奸伪之进袭大洪山，并与一二五师确取连系。

四、左翼队于四月二十七日以前，应占领纱帽山、独山、熊家楼、九里岗、九童观之线，构筑阵地，侦察当面匪情、地形及攻击诸准备。另以一部推进柳林店、三义湖之线，以掩护主力之行动。

五、左右翼队之攻击开始，应待另令实施。

六、预备队于二十七日前集结于长岗店、三里岗间之东庄畈附近，尔后依状况适时推进。”

附军队区分：

“右翼队长暂编第一师师长王认曲；

暂编第一师(欠一团)；

戴焕章挺进支队；

郭耀廷挺进支队。

左翼队长第六挺进纵队司令曹勖；

第六挺进队纵队；

第二十七师八零团。

预备队：暂编第一师之一团。”

据派赴各地购粮人员报告：粮米奇缺，筹购无着，而各部队仅零星购买，或每日一餐，或食稀饭，故携行粮秣迄未筹得办法，经电请军部请拨洪山库粮，一部以便携行，亦未奉准，因是决于二十七日开始行动；一部于二十八日，主力于二十九日可到达指定地点，经以敬瑞仓代电报请军部备案。

四月二十四日十二时师下达命令要旨如左：

“一、略。

二、师(欠第一团)附戴、郭两支队为右翼队，奉命于本月二十七日以前占领河口店、刘家湾、徐家榨、天宝寨、蜂子山之线，构筑阵地，侦察当面匪情、地形及攻击诸准备。另以一部推进下房咀、小埠街、刘店之线，以掩护主力之行动。

师与左翼队之作战地境为尚家店、谢家店、孔家湾、雷公店、胡金店之线，线上属左翼队。

三、戴支队长焕章率领所部推进至小埠街、刘店之线；郭支队长耀廷率领所部推进至六房咀附近，均限本月二十八日以前到达，并即扼要构筑工事，以掩护主力之行动。

四、第三团附无线电一班于本月二十七日出发，限于二十九日以前以主力占领河口店、刘家湾之线，以一部位置于分水岭附近构筑阵地，侦察当面匪情、地形，作攻击诸准备，并注意六房咀方向奸匪之进袭大洪山，与三五师确切连系。该团第一日宿营地应在长岗店，第二日在三里岗各附近。

五、第二团附辎重营第一连及无线电一班，于本月二十七日出发，限于二十九日前占领徐家榨、天宝寨、蜂子山之线，构筑阵地，侦察当面匪情、地形，作攻击诸准备。该团第一日宿营地应在鲍家集，第二日尚家店、何家店各附近。

六、第二、三两团之搜索地境为柳木桥、胡家畈、青林店、人和店、双和店之线，线上属第二团。

七、第一团为区预备队，应于本二十七日出发，到王家店，二十八日到达东庄畈集结，并向区司令部报到，尔后听其直接指挥。

八、师部及直属部队，于本月二十八日出发，到长岗店附近宿营，二十九日推进至分水岭附近。"

四月二十六日，据先遣参谋电报匪情，当即发各部队卯寝瑞仓代电要旨如左：

"'衔'"据报：柳林店、大堰角、徐家畈、青龙尖附近增加奸匪千余名，各部队通过尚家店、三里岗后，向蜂子山、天宝寨、刘家湾一带前进时，应严密搜索警戒，以防不意之匪袭为要"。

四月二十七、八两日，各部队按规定先后出发。四月二十八、九两日据报：各部队已先后到达指定地点，师部在分水岭、古庙。其部署如附图第一。〔图略〕

第二节　匪攻蜂子山第二团阵地之战斗经过

四月三十日据第二团团长杨艺报称："匪三百余，步枪百余枝，轻机枪两挺，于本(三十)日十六时五十分犯我蜂子山阵地，猛攻数次，经我第一连将该匪击退，回窜柳林店，至二十时战斗终止。是役毙伤匪十余名。"等情。当经卯卅戌瑞古电呈报军部在案。

第三节　师奉令变更部署

五月二日奉军部辰东酉毅效电略开：

"一、据报洛阳店、九口堰等地奸伪于俭、艳两日先后向古城畈、刘店一带移动。二、暂一师在河口店阵地，应即推进至龙王寨、王家城，连接徐家榨之线，并确实巩固六房咀、曲山店之线。三、两翼队于龙王寨、天宝寨、纱冒山，亘九童观间守点看线，纵深配备，并积急〔极〕构筑工事，主力集结适当地区，机动使用。四、预备队应推进至三里岗附近策应。"

五月三日十四时师下达命令要旨如左：

"一、第三团在河口店之部队即推进至龙王寨、王家城，连接上院子之线。二、第二、三两团应于龙王寨、天宝寨、蜂子山之线，守点看线，纵深配备，积极构筑工事，主力集结于适当地区，机动使用。"

五月四日据第三团团长周石震报告：在河口店部队，已遵令推进。

同日十四时奉到军部作命第二号命令要旨如左：

“一、二、略。

三、右翼队应以一部于板橙岭、六房咀、曲山店、王家城、徐家榨、天宝寨地区守点看线，纵深配备，侦察当面匪情、地形及攻击诸准备。并以一部在刘店、小埠街向当面奸伪不断游击，搜索匪情，主力控署三里岗、尚家店间地区，机动使用。

四、左翼队应以一部于蜂子山、纱帽山、独山、熊家楼、九里岗、九童观间地区守点看线，纵深配备，侦察当面匪情、地形及攻击准备。并以一部在汪家寨、柳林店、三义湖之线，向当面奸伪不断游击，搜索匪情，主力控置于尚家店、均川间地区，机动使用。

五、剿匪地境线变更如左：

右翼队与一二五师之概略线为三里岗至板橙岭之线，线上属右翼队。右翼队与左翼队为尚家店、青林店、人和店、河水店亘胡金店之线，线上属左翼队。

六、预备队即集结于三里岗附近地区策应，尔后依状况适时推进。”

同日十六时三十分，师基于右令下达命令要旨如左：

“一、略。

二、师奉命以一部占领板橙岭、天宝寨间地区，守点看线；以一部在刘店、小埠街游击，主力控置三里岗、尚家店间地区，机动使用。

三、独立挺进第二支队占领板橙岭至六房咀（不含）间地区，守点看线；右与一二五师，左与第一支队确取连系。

四、独立挺进第一支队以主力于六房咀（含）、曲山店间地区，守点看线；以一部在刘店、小埠街向当面奸匪不断游击，搜索匪情，与第三团确取连系。

五、第三团以一营位置于三里岗以东附近，归本部直接指挥；以一部于龙王寨、王家城(不含)间地区，守点看线。其余集结于刘家湾附近，机动使用。

六、第二团以一部于王家城(含)、徐家榨、天宝寨间地区，守点看线；其余集结于古庙附近，机动使用，与左翼队确取连络。

该团在蜂子山部队应确实移交左翼队，后移动。”

五月六日据各部队报告，已遵令变更部署完毕，师部在三里岗。

同日十六时，奉军部辰鱼酉毅效电开：“军拟于灰日前后开始进剿，希各妥储粮秣，详探匪情为要。”等因。当即饬令办粮人员积急〔极〕筹储，并转饬各部队遵照。

第四节　匪攻三零五高地及天宝寨第二团阵地之战斗经过

据第二团团长杨艺报称：“本月六日十五时四十分，有匪六十余名，身着便服，携步枪四十余枝，手枪数枝，向我蜂子山阵地三三零五高地潜进，经我斥候发觉。至十六时，该匪进至我阵地前四百公尺处，并向我猛袭，企图威胁我蜂子山阵地之侧背，经我守三零五高地之第三连及蜂子山之第一连，各以一部火力矛以奇袭射击，至十六时三十分匪不逞，向柳林店以南窜去。是役毙伤匪十三、四名，该匪为警卫团第三营之一部。等情。当经辰佳午瑞三代电呈报军部在案。

又据第二团团长杨艺报称：“本月八日六时五十分有匪独立十四旅之一部约二百余人，步枪七十余枝，轻机枪五、六挺，向我天宝寨左翼阵地约六百公尺处之左前方高地，以轻机枪两挺射击，我以距离尚远，未予还击，匪复前进至距我四百公尺处集中机枪火力向我射击，掩护其步兵前进，经我第八连守兵还击，战斗约四十分钟，匪不逞向汪家寨方向退去。是役毙伤匪二十余名”。等情。当经辰佳申瑞三代电呈报军部在案。

第五节　师为严防京北奸匪并便尔后攻击之变更部署

据探报：京北奸匪逐有增加，师为严防该匪北窜，并便于尔后进攻计，决定部署略有变更，于五月九日十九时下达命令要旨如左：

“一、匪情如另纸。

二、戴支队将六房咀、曲山店间阵地交由第三团接收后，以一部位置于小埠街，主力推进至刘店附近，向当面奸匪不断游击。

三、第三团以主力在六房咀(含)、曲山店、王子尖、龙耳山、王家城间地区守点看线，其余集结于河口店东南附近地区。

四、第二团以一部在天宝寨、张家尖山间地区，守点看线，主力集结于古庙附近，并不断向当面奸匪游击。

五、郭支队任务仍旧，应对五谷台、向家冲、火龙垱方面侦察匪情，不断游击。

六、第三团第三营归还建制。”余略。

五月十日对上项变更部署，以灰戌瑞三电报告军部。

五月十一日据报：各部队已遵令变更部署完毕。

第三章　第一期攻击

第一节　攻击雷公尖、古城畈、青白林寨一带之经过

奉军部佳辰毅效电节开：“军原拟真日进剿，刻因粮秣困难，须缓至铣日实施。”等因。当即转电各部队遵照。

五月十二日十六时，奉军部作命第三号命令要旨如左：

“一、匪情如别纸要图(略)。

二、军以击灭随南奸伪之目的，决于五月十六日拂晓开始攻击，逐次肃清古城畈、柳林店、贯庄店间之奸伪，尔后会攻洛阳店，，击灭奸伪之主力，重点保持于柳林店、古城畈间地区。

三、右翼队应于五月十六日拂晓前展开于曲山店、王家城、

天宝寨之线，以有力之一部协力左翼队，攻略十九山后，连系左翼队，重点指向古城畈、偏头山、白莲寨间地区，攻击其占领板橙岭、六房咀、曲山店之部队应坚工防守，并派队分向向家冲、八字门、火龙垱、杨家庙间及古城畈、大山头、洛阳店间地区游击。

四、左翼队应于五月十六日拂晓前展开于汪家寨、蜂子山、纱帽山、熊家楼、九童观之线，先分别攻略十九山、柳林店、王家店、鹰爪山地区之奸伪后，即继续向永兴店、贯庄店间地区之奸伪攻击，并注意随浙方面之敌情。

五、第一期攻击到达线为古城畈、青白林寨、西钩、绩岭，慈山、紫山、贯庄店之线。

六、两翼队攻击前进期间，对地境内之要点，应酌留兵力控置，占领攻击到达线后，应积急〔极〕构筑工事，肃清残匪，并协助地方政府清查户口，组训民众，准备尔后之攻击。

七、作战地境线仍为尚家店、青林店、人和店亘胡金店之线，线上属左翼队。

八、军预备队位置于三里岗附近，随战斗之进展前进，于右翼队之中央后。”

五月十四日十五时，师基于右令下达攻击命令要旨如左：“一、匪情如另纸要图(略)。

二、师决于五月十六日拂晓前展开于曲山店、王家城、天宝寨之线，以有力之一部协力右翼队攻略十九山后，连系左翼队，重点指向古城畈、偏头山、白莲寨间地区攻击。

三、戴支队应以一部在小埠街、桃园之线，占领阵地，对三阳店、大山头方向敌匪严密警戒，主力于五月十六日四时三十分以前展开于老湾、天主堂、大湖冲之线，连系第二团逐次攻略广福寺、洞几岩、古城畈间之奸伪后，协力第二团向偏头山之奸匪攻击。该支队重点应保持于右。

四、第二团应于五月十六日四时以前展开于咀子湾、杨家榨之线，连系左翼队逐次攻略雷公尖、半边寨、桑树湾、棉花桥间地区奸匪，并以一部协力左翼队攻略十九山后，继向偏头山、白林寨攻击，该团应保持重点于左。

五、第三团仍占领六房咀、曲山店、王家城之线，坚工防守，并集结必要兵力，准备协力第二团之攻击。

六、郭支队仍占领板橙岭、龚家冲之线，向向家冲、八字门、火龙垱、杨家庙间地区游击。

七、第一期攻击到达线，本翼队为古城畈、偏头山、白林寨之线；左翼队为青林寨、西钩、绩岭、慈山、紫山、贯庄店之线，各部占领攻击到达线后，应积急〔极〕构筑工事，肃清残匪，并协助地方政府清查户口，组训民众，准备尔后之攻击。

八、战斗地境(线上属左)：

第一二五师
　　为三里岗、板橙岭之线。
郭　支　队
　　为陈家河、刘村、田村之线。
第　三　团
　　为殷家垱、小埠街、三阳店之线。
戴　支　队
　　为张家冲、王家咀、陈家祠、棉苍桥、杜家畈、蓝家湾、流石坡之线。
第　二　团
　　为尚家店、青林店、人和店、河水店、胡金店之线。
左　翼　队

五月十六日五时，据第二团杨团长及戴支队、杨参谋电话报告：各该部已遵令展开攻击前进，是日师部推进至上院子。

同日十七时，据戴支队长报称："(一)本支队本(十六)日十一时半攻占洞儿岩、高尖寨等地。(二)奸匪被击溃后东窜。(三)古城畈地势低凹，已在我控制之下。(四)本日毙匪十余，我阵亡士兵三名。”同日，又据第二团杨团长报称：“(一)本团于八时三十分攻占雷公尖、半边寨，在汪家寨之匪向我侧击，经我攻击后，向东溃退。(二)当面之匪为警卫团之一部五十余，被我毙伤十余名。(三)因左翼队未能连系，故未续进。”各等情。经以铣戌瑞电呈报军部。

五月十七日七时，据戴支队长报称：“匪约二百余人，于十六日二十时乘暗夜大风雨向我高尖阵地袭击，我守兵第六中队与匪激战一小时，未及增援，致得而复失，该大队长于本(十七)日三时三十分率第四、六两中队冒雨反攻，激战四十分钟，匪不支窜去，当即克复高尖。”

同日十四时，又据戴支队长报称：“我第二大队克复高尖后，跟踪追击败退之匪，匪向偏头山窜去，我于八时占领古城畈。”

同日十九时，据第二团杨团长电话报称：“本(十七)日我攻占柳树湾、桑树湾之线，刻我第一营仍与匪在柳树湾附近激战中，匪已纷纷向青白林寨溃退，本日因大雨无大进展。”

以上摘要，于筱戌电呈军部。

五月十八日十八时据第二团杨团长报称：“当面之匪为四、五团及三、七团之各一部，被我击溃后，向偏头山、白林寨退窜，我于十三时已占领棉花桥、查山寺、金家桥之线，现正追击，并肃清残匪中。”又据戴支队长报告：“本(十八)日肃清古城畈附近残匪及巩固占领地点。”各等情。经巧戌代电摘要报呈军部。

同时据戴支队长报告：“巧日三阳店之敌百余向厂河集方向出动。”等情。当即报告军部，并饬第三团注意严防。

五月十九日十六时，据第二团杨团长报称：“一、匪三七团及四二团分布于青白林寨及杨家冲高地永兴店附近山地，其在青白莲寨及偏头山者共约七百余人，筑有工事，企图顽抗。

二、团以第一、三营为第一线展开于毕家山一带高地；第二营为预备队于辰时开始进攻，至杨家冲与匪接触，激战一小时，匪不支退至青白林寨一带，凭借工事，顽强抵抗，经我继续猛攻，并以迫击炮火支援，激战至十一时四十分，匪不支，分两股，一向道金寨、太平寨，一向围山方向溃退，同时在偏头山之匪感受我之侧击及戴支队由右侧之攻击，亦相继溃退，至十二时许，青白林寨、偏头山遂为我全部占领，并派出一部跟踪追击，至永兴店东南山地而返。

三、团完成第一期攻击任务后，即在青白林寨，坚工固守，派队游击，侦察匪情，准备第二期之攻击。

四、是役匪遗尸五十余具，伤约百余人。”

同日，据戴支队长报称：“一、本十九日七时三十分，我第二大队开始进攻，偏头山匪百余名凭借工事顽强抵抗，激战三小时，匪不支，向青林店方向逃窜，我遂占领偏头山。

二、第三大队于八时进抵圣场市，该地散匪十余名未曾抵抗即退窜。

三、本（十九）日战斗结束，第三大队以一个中队在圣场市对平坝方向警戒，其余在雷家畈、陈家湾、周家咀间地区，第二大队以两个中队在偏头山、双尖之线，其余在蓝家湾，构筑工事，严防匪袭。以上于皓酉电摘报军部。

对雷公尖、古城畈、青白林寨之攻击经过如附图第二。〔图略〕

五月二十一日发各部队马辰瑞上电要旨如左：“‘衔’。密。奉宪皓辰毅效电节开：侦得匪军计划，以退却集中，快速向我主力攻击一点，希饬各部队注意。等因。仰各部选择要点，构筑碉堡，并对驻地四周封锁阻绝，昼夜严密警戒为要。”

第二节　郭支队在杨家集方面之游击

五月二十一日，据郭支队长巧日报告称：“（一）于删日派第三中队游击至杨家集东北之皮家湾，与匪特务团之一部五十余人接触，毙匪三名，残匪退守摩集、观山。(二)童家冲右侧司马山，我已派队占领。”等情。经以养申瑞电呈报军部。

第四章　第二期攻击

第一节　攻击部署及推进至攻击到达线

五月二十三日奉军部作命第四号命令要旨如左：“一、盘据古城畈、谢家店、柳林店、王家店、何家店、贯庄店一带地域之奸伪，于号晚前被我各部先后分别击溃，其大部向东南及向家冲、八字门方向窜去，一部退集洛阳店附近山地中顽抗。

二、军为达成击灭随南奸伪之任务，决于五月二十四日拂晓继续攻击，一举击灭洛阳店附近之奸伪后，再肃清溳水西岸及京山以北之残匪，攻击重点保持于左翼队之右翼方面。

三、右翼队应于五月二十四日拂晓，由现阵地以兵力一团连系左翼队，推进至圣场市、练石坡之线，占领阵地，适时支援左翼队之作战，主力控置于刘店附近地区策应。其占领板橙岭、六房咀、圣场市之部队，应特别注意三阳店及京山以北敌匪之动态，并派队向向家冲、八字门、火龙垱、杨家庙间地区游击及平坝、周店以南地区追击。

四、左翼队应于五月二十四日拂晓于现阵地以主力向大狼山、盘谷山、胡家村、软脚岭一带地区；一部向中平山、鸡公山、冈山、金鸡山、东钩、绩岭一带地区攻击前进，并注意随浙方面之敌情。

五、第二期攻击到达线为圣场市、练石坡、太平、寨山、金家棚、东钩、绩岭之线。

六、作战地境线为尚家店、汪家寨、永兴店、平坝、宋沂店之线，线上属左。”

五月二十三日十四时师基于右令下达命令要旨如左：

“一、略。

二、本翼队奉命于五月二十四日拂晓，以兵力一团连系左翼队推进至圣场市、练石坡之线，占领阵地，适时支援左翼队之作战，主力控置于刘店附近地区策应。

三、第二团应由现阵地适时连系左翼队，推进至圣场市、练石坡之线，占领阵地，并支援左翼队之作战，对青白林寨应酌留兵力控置。

四、戴支队在桃园之部队应于二十四日推进至周店；在圣场市之部队俟第二团接替后即推进至唐家洞，向周店、平坝以南地区游击，并避免惹动三阳店之敌，及注意及动态。

五、第三团任务仍旧，特应注意三阳店及京北敌匪之动态，并派队向小埠街西南地区游击。

六、郭支队任务仍旧，特应注意京北敌匪之动态，不断派队向八字门、向家冲、火龙垱、杨家庙间地区游击，并搜索匪情、地形准备，尔后本翼队向京山以北地区肃清残匪。

七、第一团控置于刘店附近。

八、第二期攻击到达线，本翼队为圣场市、练右坡；左翼队为太平、寨山、余家棚、东钩、绩岭之线。

九、作线地境(线上属左)：

第一二五师 郭支队 第三团 戴支队	仍旧。
第二团	青林寺、周家咀、娘娘湾、殷家台之线。
左翼队	尚家店、汪家寨、永兴店、平坝、宋河店之线。”

五月二十四日据报：第二团未时推进至圣场市、练石坡之线，以一连守备青白林寨。戴支队之一部推进至唐家洞、黑湾、林湾间及六家垭、雷家庙、周店各附近，并各派队游击及续侦匪情。以上经敬戌电报告军部。

第二节 本期内之游击战斗

据郭支队长报称："敬日派中队长率兵两分队，游击至六木岭与匪警戒部队接触，战二十分钟，匪向花儿洞退去。是役毙匪谍报兵一名。"等情。经辰有瑞电报军。

五月二十七日又据郭支队长报称："职于二十五日率兵两中队向司马山、烟灯坡游击，与匪特务团赵文斌营百余人遭遇，匪被我包围击溃，分向猫儿岭、李家冲退窜。是役毙匪五名。"等因。经辰感午瑞上电报军。

同日据第二团杨团长报称："本月二十六日二十三时有匪百余，由牛皮坡方向向我在牛皮坡高地之第五、六两连阵地袭攻，当经发觉，战斗四十分钟，匪不支，向平坝方向退去。是役毙匪三名。"等情。经辰感申瑞上电报军。

五月二十八日据郭支队长报称："向家冲之匪六十余于二十六日八时乘大雨向我王子尖阵地袭击，经我守兵还击，匪不得逞，向六木岭方向退去。"

同日据戴支队长报称："于二十八日六时派兵两中队，游击抵三清观遇匪四十余名，经我痛击，匪不支，向胡家冲溃窜。是役俘匪一名，我谍报兵一名被匪流弹所伤。"等情。以上经辰俭戌瑞电报军。

五月三十日据郭支队长报称："于二十八日职率两中队向长岗岭、青树尖等处游击，至土寨子与匪特务团赵文彬部百余人接触，匪不支，向李家冲东之缠石岭退去。又匪黎兆元营八十余人，自夹冲向我迂回，我一中队予以侧击，该匪向杨家集退去，我追至秦报垭以东之柳林河始返防。"等情。经辰卅申瑞电报军。

第五章　第三期攻击

第一节　攻击部署

五月三十日奉军作命第五号命令要旨如左：

“一、平坝、同兴店、洛阳店、三里店间地区之奸匪，于五月二十七日前被我击破其主力窜聚平坝、宋河以南大山头及其附近高地一带；一部窜聚向家冲、八字门一带，行踪诡密。

我两翼队之一线，刻已到达圣场市、练石坡、软脚岭、太平寨、洛阳店、金鸡岭、东钩、绩岭之线，左翼队之一部并已进至太平山、自由山一带。

二、军以击灭当面奸伪之目的，决于六月三日拂晓以有力之一部向京山东北地区攻击主力指向山地；另以一部扫荡北兆山、罐子岭及其附近平坝、双合店间攻击山地之残匪。

三、独立纵队于集结完毕后，即以全力扫荡雁门口、聊屈山、京山、南山之奸匪，尔后挺进京山、应城间地区，截止奸匪退窜湖区。

四、右翼队于六月三日拂晓以主力由六房咀向向家冲、火龙垱一带山地逐次攻击，将敌捕捉而歼灭之。另以有力一部由平坝南下向平坝、三阳店间山地之奸匪攻击，并连系左翼队之主力作战。

五、左翼队于六月三日拂晓以一部扫荡三里店、雷公店、烟墩店间北兆山、罐子岭一带山地之残匪，以主力向平坝、双合店间山地攻击。

该翼队应以一部确实巩固洛阳店附近要点。

六、两翼队之攻击到达线为火龙垱、严家岭、邵家山、双合店之概略线。

七、作战地境：

独立纵队		京钟路延伸至青龙镇之线，线上属独立纵队。
右翼队		圣场市、平坝、万家塔、马店、应城之线，线上属右翼队。
左翼队		

八、军预备队仍位置于三里岗，依战斗适时推进。”

附另纸军队区分：

“右翼队

长暂编第一师师长王认曲；

暂编第一师；

独立挺进第一支队；

独立挺进第二支队。

左翼队长第二十七师师长许文耀；

第二十七师(欠一团)；

第六挺进纵队。

独立纵队长第三挺进纵队司令曾宪成；

挺进第三纵队。

预备队

第一二五师三七五团。”

六月一日十四时师基于右令下达命令要旨如左：

“一、军令如另纸。

二、本翼队决于六月三日拂晓以主力由六房咀、向向家冲、火龙垱一带；以有力一部向平坝及平坝、三阳店间之奸匪攻击。

三、第三团于六月三日拂晓展开于六房咀以南地区，向向家冲、杨家庙、大小槐岭、火龙垱一带之匪逐次攻击，而歼灭之。

四、挺进第二支队就现在态势展开，尔后归第三团周团长名震指挥，协力第二团之攻击。

五、挺进第一支队(欠一个大队)于六月三日拂晓展开于纸厂山、小埠街间地区，连系第三团向罗汉岭、五谷台、八字门一带之匪逐次攻击而歼灭之。

六、第二团附挺进第一支队之一个大队于六月三日拂晓由现地攻击平坝及平坝、三阳店间山地之匪，并连系左翼队主力之作战。

七、第一团为预备队，于六月二日推进至六房咀附近。

八、攻击到达线为火龙垱、严家岭、邵家山、双合店之概略线。

九、战斗地境(线上属右)：

曹纵队 第三团	京钟路延伸至青龙镇之线。
戴支队	曲山店、厂河集、张家凹、天王寺、青龙镇之线。 刘店、三阳店、宋河、石板河之线。
第二团 左翼队	圣场市、平坝、万象塔、马店、应城之线。

同日发军部一电如左：

"彪。〇密。作命第五号命令奉悉。遵以第三团及戴支队(欠一个大队)、郭支队由六房咀向火龙垱攻击；第二团附戴支队之一个大队由现地向平坝、三阳店间山地攻击，均于江日拂晓开始。第一团为预备队，位置于六房咀附近，尔后随第三团推进。

职冬日未时移至六房咀。谨闻。明巳东午瑞上。印。”

是日师鉴于连日大雨，部队运动不便，拟改于本月五日开始攻击，经电话向军部请示。奉准。并转达各部队。

六月二日第三团结集于六房咀附近。

六月三日询悉：左翼队仍于六月三日开始攻击，为策应计，本翼队决于四日开始攻击。

是日发军部一电如左：

“彪。○密。(一)本翼队决支日开始攻击，以资策应左翼队作战。(二)本日雨大，溪水骤涨，徒涉困难，师司令部及第一团决支日推进六房咀。谨闻。明巳江午瑞上。印。”

六月四日师部及第一团到达六房咀附近，当令第一团第三营推进巴家冲，归第三团周团长指挥作战。

第二节 主力向向家冲之攻击经过

六月五日据第三团团长周名震报称：“一、本团支日由店子河经柏树岭、魁花寺，向牛角尖、金花寨、黑垭岭一带匪阵地进攻，匪顽强抵抗，自九时半激战至十六时，匪不支，向横门冲、缠丝岭溃退。我继续追击，第三营已占领巴家冲、缘木岭、花儿冲以南高地。(二)第一营已驱逐匪警戒部队，占领厂河集。(三)该匪为警卫团及保安大队共八百余人，枪三百余枝。(四)是役毙伤匪五十余名，我伤亡士兵三名。”等情。经巳微午瑞六电报军。

同日据戴支队长微午电称：“职队(欠第三大队)支日推进至关帝庙，第二大队刻正向罗汉岭攻击，职率第一大队现在厂河集。”

同日又据戴支队长微申电称：“(一)我第二大队(附第三中队)向罗汉岭之匪攻击，于午时开始接战匪二、三百人据守山顶，凭借工事，顽强抵抗，我迭次猛攻，迄十六时，仍未奏功。(二)本日第二大队被匪俘去士兵二名。(三)该大队刻在罗汉岭西北端高地与匪对峙中。(四)拟鱼日拂晓继续进攻。”

同日据第三团报称："(一)团本(五)日由严家台、李家冲、苍儿冲、厂河之线，继向青树尖、缠丝岭、天门关之线攻击。(二)激战竟日，已占领青年寨、李家冲、陈家冲、陈家湾、青树尖、缠丝岭、天门关以北高地之线。(三)该匪为警卫团及保安大队三百余，四三团三百余。(四)是役我伤亡兵十一名。"等情。经已微亥瑞六电报军。

六月六日据第三团报称："(一)团于本(六)日令郭支队由青树尖向龚家岭；第三营向牛毛冲；第一营向天门关以南高地进攻。(二)已将牛毛冲及天门关以南高地之线占领。(三)是役毙伤匪四十余名，获土枪一枝。(四)该匪仍为警卫团、保安大队、特务营、四三团等部，共约千余，被我击溃后，向向家集方向退去。"

同日又据戴支队长报称："本(六)日攻占罗汉岭、仙人岭等处，残匪向南溃退。"各等情。经已鱼戌瑞六电报军。

同日又据郭支队报称："微辰匪由向家冲增来三百余，猛攻我青树尖阵地，我因兵力过少，被迫退守土寨，旋于十四时令第一、三中队反攻，夺回原阵地。是役毙伤匪五十余名，我阵亡兵六名，伤分队长一员，兵二名。等情。经已鱼酉瑞六电报军部。

六月七日据第三团报称："(一)团于（七）日以郭支队向龚家岭，侧攻向家集，第三营由太平寨、新寨攻向家集；第一营及第一团三营攻占天门关后，以第一营会攻向家集。(二)已将天门关、向家集占领。(三)是役毙伤匪一百三十余名，遗尸四十余具（内女匪尸一具），俘匪排长孙建功一名，兵二名，残匪向南溃窜。(三)我鱼、阳两日阵亡士兵十一名，伤排长一员，兵二十一名。(四)第二连于昨(六)日五度争夺天门关时，溃失刺刀两把"。又据戴支队报称："阳日攻占仙人冲、陀树岭、余家台、白马庙之线，匪向五谷台退却，正派队尾追中"。各等情。经已阳戌瑞六电报军。

本翼队主力向向家冲之攻击，经已如附图第三。〔图略〕

第三节　第二团圣场市战役

一、战斗前匪我之态势

匪自被我各部队逐次击破后，其主力在双合店、大山头一带，一部在向家冲、八字门一带盘据。

本翼队奉令于六月四日以前将主力移至六房咀方面，向向家冲进攻，以第二团附戴支队之第三大队在圣场市附近，连系左翼主力向平坝、三阳店间地区山地进攻。该团自第二期攻击到达圣场市附近后，即坚工固守，待命进攻，乃奉到第三期攻击命令后，因左翼队太平寨、软脚岭等处尚未攻下，一时不能向平坝进攻，故该团亦处于待机态势，其部署见附图第四。〔图略〕

二、战斗经过

六月五日十一时，据第二团微巳电称："(一)微日辰，匪千余向我圣场市阵地猛攻。(二)另一股二千余分二路，一经唐家洞向古城畈；二经严家坳向周店总攻我之侧背。(三)我一、三两营正激战中。"等情。当饬该团固守，并经微午六电报告军部。同时以电话报告刘代军长承示："即派在三里岗之三七五团驰往应援。"

同日十三时三十分，据第二团微午电称："(一)匪近两千，分四路向我圣场市阵地包围猛攻，我第三营被围，第一营出击，自辰至午与匪激战。匪伤亡颇重，不支溃退。(二)是役毙伤匪三百余，我伤亡二十余。"等情。经微申瑞六电报军。

同日十四时三十分奉到军微辰毅效电开："巳江午瑞上电悉。贵翼队向平坝方向攻击，部队切实策应左翼队之作战，向向家冲方向挺进部队，积极扫荡残匪，主力仍集结刘店附近地区，机动使用。"同时，又奉军部微巳毅效电开："巳支酉瑞六电悉。希仍按照本部微辰毅效电切实实施。"各等因。当以此电与原命令有出入，经职用电话向刘代军长请示：究应如何办理。接刘代军长答复谓："师主力仍在六房咀附近不动，照原来军部命令实施。二团之围，用军预备队，另以四营兵力救援之。"当经微申瑞一·六电报军备查。其原文如左：

“彪。〇密。微辰毅效电十四时半奉到，经电话请准：本翼队仍遵第五号作命，以主力由六房咀进攻向家冲一带，以第二团及戴支队之一个大队由圣场市连系左翼队攻击。谨电备查。明戌微申瑞一六。印。”

同时十九时奉到军部冬巳毅电开：

“……根据现情况，贵翼除以有力一部向向家冲、火龙垱攻击外，另以一部向平坝、三阳店间山地攻击，并相机越过地境，向王义贞店方向攻击匪之侧背，主力仍控置刘店附近策应为宜。彪。冬巳毅效。”

当经复以微戌瑞一六电原文如左：

“彪。〇密。冬巳毅效电微酉始奉到，本翼队部署已于微申瑞一电呈报在案。无变更，惟电报迟误，请查明为祷。明巳微戌瑞一六。印。

旋接刘代军长虞午电节开：“贵师第二团在圣场损失，深为？完冬巳毅效电迟误三日，现正清办中。”

六月五日十八时据第二团鱼四电报称：

“(一)此次匪以五团兵力企图歼本团，经一昼夜苦战，匪不支，鱼日十一时分两股向平坝退去，圣场、河西尚有残匪。(二)第三营刘营长失踪，第七连全部及九连一部、机三连大部在圣场阵地牺牲，计伤亡官兵二百余，武器损失待查。(三)毙伤匪近千，俘匪三十余，获步枪五枝，弹药五千粒，手榴弹二百枚。(四)我仍固守原阵地。”等情。经巳鱼戌瑞六电报军。

战后据第二团详细报告称：

“匪为三七、三八、三九、四二、四三团及随南支队，共约五千人，步枪三千余枝，轻机枪百余挺，重机枪二十余挺，由伪师长李先念率领，于本月五日拂晓以三团兵力向古城畈、周店运动，以两团及随南支队向圣场南北夹击，将圣场四周我警戒部队奇袭解决，至八时二十分与我圣场预备队第三营接触，激战三十分钟，匪以两团即完成对我三营局部包围，发生激烈巷战，团即令第一营(欠一连)向圣场东端高地攻击，而以众寡悬殊，激战至十一时，始得达圣场附近，我第三营之一部得其支援，遂突围而出，占领圣场东南山地。斯时我第三营除第八连(该连原归二营指挥)守流石坡以南高地，未在圣场及七、九连、机三连各一部突出外，其第七、九连、机三连各大部之官兵已在圣场市作壮烈牺牲，其小部及第三营刘营长被俘，而匪仍潜伏于圣场周围山地，我第一营援应三营后，被匪两团包围。另一团由圣场东南向我第二营阵地攻击，至十三时，包围第一营之匪，因受我炮火打击，渐形紊乱，第一营乘势予以打击后撤回原阵地固守，旋匪连系向我第一、二营阵地猛攻，而在阵地之东北又发现股匪两千猛攻。斯时我第一、二营东西北三面被匪包围，激战至申时，匪伤亡过重，气势大挫，团即令第一、二营各抽一部出击，至酉时匪渐动摇后撤，遂令第三营之一部连系一营，加强工事，防匪夜袭，至二十一时，值细雨暗夜，匪复倾全力向我周围猛袭，屡挫屡进，是夜竟达八次，终不得逞。至六日六时匪以伤亡惨重，解围向平坝退去，在我阵地四周，尚留置约有一团之众，似为其掩护部队。团即令第一三营抽大部兵力在炮火掩护下，二次出击，十时匪遂全部逃窜，至十六时许，援军第三七五团之加强，营始到圣场取得连络，是夜匪忽一部卷土重来，激战昼夜，于七日拂晓退去。是役毙伤匪约在千名，(阵地四周及圣场市遗尸遍地，战后据俘匪供称：匪九个医院伤兵均已住满，伪师长李先念表示对日作战数次，从未受此重大伤亡。)俘匪三十余人，伪师长李先念负重伤，第三八团夏团长被击毙，获匪步枪五枝，子弹五千余粒，手榴弹二百余枚，我阵亡官长二员，士兵七十二名，伤官长十一名，士兵七十五名，失踪官长一员，士兵一百二十名，损失步枪一百零二枝，轻机枪九挺，重机枪三挺，枪榴弹筒七具，损坏步枪六枝，轻机枪三挺，消耗步弹57878粒，轻尖弹66960粒，钢心弹100粒，迫击炮弹350发，枪榴弹280发，手榴弹1121枚，又我第三营刘营长被俘旋放回。

“配属本团之戴支队第三大队曾于五日九时令其以两中队由三清观侧击包围圣场之匪，该队到娘娘湾、唐家洞间被围包围，该队即占领北寨子抵抗。同时该大队三清观大皮坡阵地亦被匪攻击，午时以后战况尤烈，入夜渐沉寂，至二十三时其出击之两中队撤回原阵地，七日夜匪三、四百复犯三清观、大皮坡、炮楼寨等阵地，炮楼寨兵力仅一班，被匪歼灭。是役该大队阵亡排长一员，士兵十余名，失踪七名，损失七九步枪十一枝，六五步枪五枝。”

是役战斗经过，如附图第四。〔图略〕

第四节　主力向刘店古城畈间之转移

六月七日奉军部虞酉毅效电略开：

“密查奸伪行踪诡秘，飘忽无定，近时集中兵力乘夜急袭，常使我增援失时，军为针对该匪作战惯技，特将部署调整如次：(一)军以主力集中要点，一部不断袭击诱敌而歼灭之。(二)右翼队应以六个营集中刘店、古城畈地区，一部向向家冲方向进剿。(三)左翼队主力应保持于洛阳店附近，以一部占领有利地区进剿。(四)军预备队一二五师三七五团仍回三里岗。(五)仰各将遵办情形具报。彪。巳虞酉。毅效。印。”等因。当即电饬第三团及戴、郭两支队暂停进剿，构筑工事，巩固占领地域，肃清残匪。

六月八日十二时，师下达命令要旨如左：

“一、军电令如另纸。

二、本翼队遵令，调整部署如次：

三、郭支队应在青树尖(现阵地)附近选择要点，筑碉扼守，并派队向杨家集一带游击，并与戴支队确取连系。

四、戴支队(第三大队归还建制)应在龚家岭、天门关间地区(接替三团阵地)选择要点，筑碉扼守，控置主力，机动使用，并派队向五谷台、火龙垱方向游击。

五、第一团第三营应在厂河集附近集结兵力，选择要点，筑碉扼守，并策应戴、郭两支队之作战。

六、第三团将阵地交出后，于六月十日出发，限十一日到达古城畈、岳家畈地区，集结兵力待命进剿。

七、第二团仍守备圣场市原阵地。

八、第一团(欠第三营)为师预备队，位置于刘店附近。”

同日并决定留副师长率必要人员在六房咀组织副指挥部，负该方面之战斗指挥，师指挥部拟定十日移至上院子。以上处置，经于巳齐未巳真酉两电先后报军。

同日据戴支队长巳齐申电略开：“本队拟佳日向指定地区推进，惟以龚家岭地形突出，且限于兵力关系，拟不占领该地。”等情。经电饬照准。

六月九日电饬第三团应于灰日到王家城，真日至目的地，并选路线报师。旋据该团佳未电称：“本团于佳日将阵地交由戴、郭接替后，决于灰日经曲山店到王家城宿营。”等情。

同日据戴支队长佳酉电称：“今日接替第三团阵地，已部署完毕，正积极加强工事中。”

六月十日十四时，师部到达上院子。第一团(欠第三营)到达刘店附近。经于巳灰酉电报军。

同日奉军部佳巳毅效电开：

“〇密。(一)我右翼队一部现在青树尖、龚家岭(向家冲附近)、厂河、周店、圣场市各附近地区，主力真日前可集结刘店、古城畈间地区；左翼队一部现占领青白莲寨、永兴店、小珠宝山、罗山、围山、东钩、绩岭一带地区阵地，主力集结谢家店、洛阳店、贯压店间地区；一二五师三七五团现控置于古城畈、圣场市附近，俟暂一师主力集中后，即移驻三里岗附近。(二)两翼队调整部署后，我之兵力位置应随时活用，尤其担任进剿之一部，先肃清附近残匪，秘密行动，进出距离以我主力能急行支援为祷。我之主力亦当适应进剿，而互变其兵力位置，行动以秘密而对匪之飘忽，不分前后左右，遇匪即集中兵力而歼灭之。本部虞酉毅效电之实施，即属此意，特电遵照。彪。佳巳。毅效。印。”等因。当即转令各部队遵照。

六月十一日据第三团真申电称：“职团真巳日十二时到古城畈。第一营位于李家畈；第二营位于上方营；第三营位于王家垱。团部位于张家老湾。现正构筑工事中。”

第五节　由六月十一日至十六日间之游击战

六月十一日，据第二团电称：“匪二百余，真日四时半由牛皮坡东北方向向我圣场前一、二营阵地袭击，激战至五时二十分，匪不支，向平坝方向溃退。是役毙伤匪十余名，我伤士兵一名。”等情。经巳真申瑞上电报军。

同日，据戴支队长电称：“灰酉匪二百余向我新寨子阵地进犯，我兵第四中队与匪激战终夜，匪不得逞，于真日拂晓退回龚家岭。”等情。经巳真申瑞一上电报军。

六月十三日，据戴支队长报称：“匪二、三百名于真日二十时分四股向我天门关阵地袭击，均被击退。文日四时半向汪家寨方向窜去。”等情。经派队向该方向截击，并饬“以后匪如来袭，应予歼灭，勿任其在我阵地附近窜扰。”并经巳元辰电报军。

六月十六日，据郭支队长报称：“匪警卫团、特务团共集合四百余人，于十五日一时二十分三路犯我土寨子、青年寨、青树尖等阵地，激战至四时，我以一中队出击右侧，匪不支，向刘家河、么盆寨撤退。是役，我中尉分队长及中士一名负伤。”等情。经铣未瑞钢上电报军。

同日，奉军部巳删午毅效电略开：“右翼队即以有力一部向古城畈、平坝方向游击，策应左翼队之作战。”等因。当即令饬第三团以一个营向该方向游击。

同日，奉军部巳铣辰毅效电略开：“奉长官部电：为肃清随南奸匪计，以许师全部开赴，一二五师主力加入随南清剿，务期贯彻战区第一期清剿意图，并限于七月删日前完成具报。”等因。经转饬各部遵照。

第六节　全部转移六房咀厂河一带暨向京北之攻击经过

六月十七日，奉军部作命第六号命令要旨如左：“一、二、略。

三、右翼队应于本月二十一日前，以一部巩固六房咀、曲山店要点，对三阳店、宋河方向之敌警戒，主力展开于六木岭、方村、厂河集地区沿山之线，向杨家庙、向家冲，火龙垱、八字门一带地区之奸匪攻击，努力向东压迫，务将匪各个击破而歼灭之。

四、左翼队应即迅速肃清占领区域内残匪，于本月二十一日前以一部巩固洛阳店附近要点；另以一部由额头店、双合店方向；主力由同兴镇、王义真店，分向平坝以南山地攻击，务将匪一举包围而歼灭之。但须注意随浙、安陆方向之敌情。

五、攻击到达线为火龙垱、宋河镇、新街、桑树店之概略线。

六、两翼队之作战地境为柳林店、古城畈、三阳店、宋河镇、罗店、应城之线，线上属左翼队。”

同日二十时，师基于右令下达命令要旨如左：“一、军令如另纸。

二、本翼队决于本月二十一日由天门关、张家岭间地区，向杨家集、五谷台、火龙垱之奸匪攻击。

三、第三团附郭支队及第一团之一个营，于二十一日拂晓展开于青树尖、天门关间地区，向杨家集、大小槐岭、火龙垱一带之奸匪攻击。

四、戴支队将阵地交第一团后，于二十一日拂晓展开于张家岭附近，与第三团连系，向五谷台之奸匪攻击。

五、第一团(欠一个营)以一个营占领三步岭，对三阳店方向之敌匪严密警戒，其余接替天门关戴支队之阵地，尔后任策应第一线之作战。

六、第二团以一营位置于花山寨附近，派出一连于曲山店附近，扼要构筑工事，对三阳店方向之敌匪严密警戒，主力在六房咀附近，对黄家集方向之敌人配置警戒，并任师司令部之警卫。

七、战斗地境(线上属左)：

第三团 戴支队	厂河—白马庙—田湾—八字门之线。
戴支队 左翼队	柳林店—古城畈—三阳店—宋河镇—罗店—应城之线。

八、攻击到达线为火龙垱、宋河镇之概略线。"

六月十八日，将右命令之要旨，经巧辰瑞钢上电报军。

六月十九日，奉军部皓辰毅效电：改敬日开始进剿，是日第一团由刘店附近出发，到达三步岭附近，第三团由古城畈附近出发，到曲山店宿营。

六月二十日，师部及直属部队由上院子出发，到达六房咀；第二团同时出发，其一营到达曲山店、花山寨附近；主力到达六房咀附近；第三团由曲山店出发，到天门关、杜家塔附近。

同日，以号申瑞钢六电，将各部移动情形报军。

同日，以号酉瑞钢六电，饬各部队改敬日开始进剿，在未进剿前，派队游击，肃清残匪。

同日，据戴支队长报称："匪警卫团之一部二百余，皓日拂晓，由龚家岭分两股向我新寨子、向家寨阵地猛攻，数次被我击退，至午时匪二百余复猛攻，迄号日第三团到达支援，匪向龚家岭退去。”又据郭支队长报称：“皓日拂晓，由杨家集窜来匪千余至土寨、徐家垭、司马山、巴家冲、童家冲一带，将本支队包围于青树尖、青岩寨附近，迄号日仍在激战中。”经饬第三团驰援，至二十一日，又据郭支队长报称：“围攻本支队之匪为伪警卫、特务两团，激战一昼夜，于号寅退去。是役，毙伤匪八十余名，我阵亡中尉分队长一员，士兵六名，伤中尉分队长一员，士兵二名。”各等情。经号酉马辰瑞钢等电，先后报军。

六月二十三日，据第三团报称：

为尔后进攻容易计，于马日派郭支队向松树坡、石板冲；第三营向张部垭、油毛冲；第二营向龚家岭；第一营向大槐岭西北地区搜索。其在龚家岭、大槐岭附近之匪系警卫、特务两团及保安大队共九百余人，其一部被我一、二营击溃后，退守木鸡关、易家岭、大槐岭之线。是役，毙伤匪四十余名。”

同日，又据戴支队长报称：“养日派三中队向五谷台方向游击，十时进抵高家湾，遇匪十余，被击逃窜。午抵周家咀（五谷台东北里许），遇匪三四十名，当予痛击半小时，匪向五谷台退去。是役，毙伤匪五六名，获手枪一枝，红旗一面（上划镰刀斧头）。”各等情。经漾午、漾未瑞钢六两电报军。

同日，为指导进攻，发第一、三团及戴支队电如左：

“‘御’。○密。（一）综合各方情报，匪主力现在寿山及三元店一带，有乘机窜扰我左翼侧背之企图。本翼队正面有匪千余，在王子寨、小槐岭、马蚁山、汪家寨、杨家集一带。（二）着各部敬日拂晓开始进剿，第三团应向大小槐岭攻击，重点保持于左；另以一部由杨家集方向侧击，并与戴支队呼应，求匪而捕之。（三）戴支队应迅速攻击王子寨、马蚁山及李湾之匪，尔后抄袭火龙垱，断匪退路。（四）第一团团部应推进至天门关附近指挥其第一营策应第一线之作战，并派队不断向向家集西南地区搜索，防匪潜袭侧背，仰即遵照。并随时报告战况为要。明巳。漾辰。瑞钢六。

印。”

六月二十四日据报：第三团附郭支队及戴支队，已遵令开始进攻。

同日，据郭支队长报告：在巴家冲、田家台、李家冲、横门冲一带潜有散匪千余，企图扰我后方。同时证以本部谍报员之侦得情形在该一带确有散匪，但为数当在数百人。

同日，据第三团梗酉电称：“职率部明(24)日拂晓向大槐岭、易家岭、古安岭、杨家集分途攻击前进。顷据郭支队长报称：杨家集奸匪突来七百余人，窜扰青树尖、育年寨、田家台、巴家冲等处，拟请派兵清剿，并确实占据龚家岭及两青田巴各据点，防匪乘虚钻隙为盼。姓巳。梗酉。印。”

同日，据戴支队长敬未电开：“一、龙土山、河口山、马蚁山之奸匪，共七、八十名被我第三大队痛击后，向仰天凹、朱木岭退窜。该大队于十时已占领龙土山、马蚁山、河口山，刻正续向王子寨攻击中。(二)第一大队于十时将西河店之匪十余名驱逐后，已到达江家咀之线。(三)被我击溃之匪为警卫团第二营。礼巳。敬未。印。”

师基于以上各情形，决先肃清残匪，以免流窜，并使进攻容易。当即给予各该部电令如左：

“着第三团占领杨家集、木鸡关、大小槐岭、桐子岭；戴支队占领马蚁山、河口山、龙王寨、五谷台，坚工固守，肃清残匪，继侦匪情，待命进攻；第一团有日以一部守备新寨子、天门关等处，其余清剿巴家冲、童家冲、李家冲、田家台、青树尖一带散匪，仰即遵照具报为要。明巳。敬酉。瑞钢六。印。”

同日，奉军部敬午毅效电：饬本翼队以一部控置于小埠街、周店间地区，负责清剿。等因。当以刘店附近有军预备队，第一二五师之三七五团控制，而本翼队攻击部队前进较远，对杨家集方向控置及清剿需兵力较多，在六房咀及曲山店一带之部队，亦已分置扼守要点等原因，经以电话商请，仍令驻曲山店、花山寨之第二团部队每日向该方面游击，并饬第二团遵照矣。

同日，奉军部敬午毅效电开："奉长官本梗辰参电开：仰饬右翼队于肃清京山以北，宋河口以西地区后，不受作战地境之限制，协力左翼队夹攻大山头附近奸匪而歼灭之。并须严防安陆以北之匪窜涢水西而策应为要。等因。仰各遵照为要。"等因。当即转饬遵照。

六月二十五日，据第三团有卯电称："(一)敬日攻占古安岭、钟鼎观、易家岭、大槐岭之线匪四百余，被我击溃，向火龙垱方向逃窜。是役，毙匪二十余人。(二)郭支队攻占杨家集，残匪百余人向余家河退窜。(三)当面之匪为警卫、特务、保安团等部。"等情。当经合并敬日戴支队战果，以有午瑞钢六电报军。

六月二十六日，将二十五、六两日停止进攻清剿散匪情形，于寝未瑞钢六电报军。

同日，电饬第三团感日继向火龙垱，戴支队继向八字门进攻，第一团以一连留三步岭，其余推进至龚家岭、天门关一带策应。

六月二十七日，据第一团杨团长报称："一、职率两营于有日六时出发，第一营分向李家冲、张家园、张家冲、牛毛冲、田家台；第三营分向六木岭、邓家河、巴家冲搜剿。寝日继向青树尖、李家冲、段山沟搜剿，感辰返原防。(二)第一营在段山沟与匪彭有德残部十余人遭遇，痛击后，匪向平峰关逃窜。(三)据探报：在搜剿区内曾潜匪二、三百人，已先日闻风向杨家集西南退窜。"等情。经感午瑞钢六电报军。

同日，据报：本(二十七)日第三团攻占分水岭、易家畈、汪关及其两侧高地落脚寺东南高地之线；戴支队攻占马鞍山、牛城、王化寨、高尖山、枯山寨之线，当面之匪仍为警卫团、特务团等部，被我击溃后，向火龙垱、五台庙、王兴桥一带退窜。等情。经感戌一瑞钢六电报军。

六月二十九日，据第三团报告略称："一、俭申攻占火龙垱、三口堰。二、当面之匪仍为(43)警卫、特务团各一部，共约千余，曾据汪家寨、龙潜山之险顽抗，被我猛攻溃败后，向中关子、大河头、熊家滩逃窜。三、是役毙伤匪百余名，得获手枪一枝，军用品数十件，我阵亡士兵六名，伤三名。"

又据戴支队报称："一、俭日攻占朱横岭，并守备枯山寨。二、在包家冲、八字门一带有匪工事，匪约千余。"各等情。当经艳辰瑞钢六电报军，并饬各该部续攻八字门。

六月三十日，据报：艳日第三团清剿火龙垱附近残匪；戴支队攻占曾家湾、百牛坡、台子上。等情。经饬三十日第三团以一部进攻吴包冲、狮子寨、破老山；戴支队进攻包家冲，会师八字门。并于卅巳瑞钢六电报军。

同日，据电话报告：卅卯第三团及戴支队已攻占八字门及其两侧高地，匪大部向熊家滩、石板河退窜，有继退湖区模样，经饬向熊家滩方向游击，并于卅午瑞钢六电报军。

向火龙、八字门之攻击经过。见附图第五。〔图略〕

第六章　向应城追击及肃清京北残匪

第一节　追剿及肃清残匪

六月三十日，奉军部作命第七号命令要旨如左："一、右翼队派兵一团附戴、郭两支队为右追击队，立即经青龙镇、石板河向应城方向追击，务将京应以北之残匪肃清。

右翼队之主力即控置于六房咀、杨家庙地区，择要构筑工事，并肃清残匪，协助地方政府建立机构。

二、左翼队以六纵队并附一二五师三七五团之主力为左追击队，立即经双合店、桑树店向应城、云梦方向退击。

三、两追击队之作战地境为宋河镇延至罗店、应城之线，在地境线内之残匪应由各追击队负责肃清，惟实施追击时，应不受地境线之限制。”

七月一日，师基于右令下达追击命令要旨如左：“一、第三团附戴、郭两支队为追击队，于本月三日出发，分两路(自选路线)向潘家集、新街方向追击，务将京应以北残匪肃清。

二、本翼队追击队与左翼队追击队之作战地境为宋河镇延至罗店应城之线。

三、第一团(第二营归还建制)于三步岭、木鸡关各控置一部兵力，主力控置于天门关附近，对杨家集以北残匪负责肃清，并派队向火龙垱方向游击。

四、第二团任务仍旧。

同日，将以上要旨以东戌瑞钢电报军。

七月二日，据第三团报称：“第二营上月俭日攻击汪家寨时，战斗激烈，曾失踪士兵二名，遗失步枪一枝，刺刀二把。”等情。经冬戌瑞钢电报军。

七月四日，据追击队电称：“江日推进至王家畈、无极平及八字门东南地区，清剿残匪。”等情。经午支未一瑞钢电报军。

七月五日，据追击队长周名震微电称：“匪警卫、特务、保安团及四三团之一部约千余人，占领五童观、天王寺、石人头之线。支日对该匪包围攻击，至十六时将各该处攻克，匪退守天生寨、文家寨、龙袍寨、常家山、黄家大山等处。本日毙伤匪三十余人，我伤士兵五名。又本日大雨山洪暴发，拟停止一日。等情。除饬准一日外，经午微辰瑞钢电报军。

第二节　主力向应城挺进威胁敌人以策应第三战区并肃清残匪

同日，奉军部支申毅效电略开：“本军长遵照总司令所示，任务部署如左：（1）暂一师并指挥戴、郭两支队为右翼队，××应继续进剿外，应于删日开始以一部控置京山以北山地，扼要坚工守备，并肃清京山以北残匪；主力向应城方面挺进搜剿，摧毁奸伪盐区根据地，破坏其经济基础，协力地方政府组织民众，健全行政机构，并威胁敌人。(2) 第一二七师(欠一团)并指挥第六纵队为左翼队，……两翼队之作战地境为三阳店、宋河镇、罗店、应城、长江埠之线，线上属左。”

七月六日，据追击队队长周名震报告：“微日攻占玄武寨、天生寨、大竹园、金山寺之线匪，九百余退据刺山、龙袍寨、老公山以北一带。”等情。当经鱼午瑞钢六电报军。

同日，奉军部微酉毅效电开：

“贵翼队在删日前，应在京山以北地区搜剿残匪，俟第一二五师主力到达平坝后，再深入为要。”

师基于右电，当即电饬追击队要旨如左：

“着该团并指挥戴、郭两支队在熊家滩、天王寺一带选择有利地形，以对敌匪之目的，构筑工事，肃清京山以北山地残匪，俟删日左翼师主力到达平坝后，再向应城挺进……鱼辰。瑞钢。”

七月七日，据追击队电称：“(一)鱼日郭支队攻占刺山、唐毛山之线；戴支队攻占大粟树湾、白洋泉之线；第二营攻占黄家大山、鲁班冲之线。(二)匪被我击溃后，一部三百余后茎山、王家河；一部五百余向熊家滩西南山地退窜；又十五旅之一部退窜曹武街附近。(三)石板河东北五里之处台山驻有敌军步兵三十余，机枪二挺。(四)本日毙匪三十余，我负伤兵一名。”等情。经虞巳瑞钢六电报军。

七月八日，据第三团虞电略称：“鱼辰瑞钢电奉悉。遵于虞日以戴部于瓜子坡、陈家棚、石人头；郭部于五童庙；第三营于胜景山；第一、二两营于天王寺、文家寨等地区，各占领有利地形，坚工固守，清剿残匪。”

七月十一日，据第三团周团长报称：“戴支队于虞日派队向陈家岭游击；第二、三两营虞日派队向阳和冲、陈家冲游击，毙匪八名，残匪四百余窜曹武街；另三百余窜京山以北附近山地。”又据第一团杨团长报称："我第二、三营于齐、佳两日将杨家集、火龙垱东北地区散匪肃清，残匪窜杨家集、火龙垱、苍山寨以南地区。"各等情。经真未瑞钢电报军。

七月十四日，据第一团杨团长报称："据探报匪警卫团一部六十余，潜伏中关子(火龙垱南)附近，当派第二营伍营长率一加强连于灰日七时往剿，至中关子北端遭遇，立予包围痛击，至十二时匪溃败远窜。是役毙匪二十余名，俘匪兵一名，得获德造步枪、土造手枪各一枝，我负伤兵一名。"等情。经寒辰瑞钢六电报军。

同日，又据第三团电称："第三营八连元日向易家冲游击，与匪四十余遭遇，经痛击后向停止冲溃窜。是役毙匪八名，卤获土造手枪五枝，该连于密林中追击时遗失轻机枪预备枪管一个。"等情。经寒午瑞钢电报军。

七月十七日，据第一团报称："窜苍石寨之匪八、九十名，铣日被我第三营围击，毙匪四名，俘一名，余匪西窜。"等情。经筱申瑞钢六电报军。

七月十八日，奉军午巧申毅效电略开："一、军主力向云应挺进，改于马日拂晓实施。二、曹纵队于挺进三日向曹武街、潘家集附近前进，归右翼队指挥。三、戴支队于皓日由现地进驻刘家港，归左翼队指挥。四、两翼队作战地境改为三阳店、宋河镇、张家茶棚、隔浦潭之线，线上属左。"

师基于右电，当即先行电饬戴支队遵限出发，并于十九日下达命令，要旨如左：

"一、奉军部午巧申毅效电，如另纸抄附。

二、本翼队决于马日拂晓，以主力向应城附近挺进，以一部控置京山以北地区，搜索残匪，威胁敌人。

三、曹纵队到达曹武街、潘家集后，即负责肃清曹家场、曹武街、石板河以东地区残匪，尔后挺进应城东北地区，继续肃清残匪。

四、第三团附郭支队于马日拂晓开始向石板河附近挺进，先掩护曹纵队之集中，即负责肃清曹家场、曹武街、石板河以西及京北地区残匪，并对京山之敌严密警戒。

五、第一团将三步岭阵地交第二团后，在火龙垱、杨家集附近各集结一部兵力，主力控置于吴家集附近，负责肃清火龙垱、八字门、杨家集等处残匪，并向京山、黄家集间之敌严密警戒。

六、作战地境(线上属左)：

第一团
　　三阳店、八字门、京山之线。
第三团
　　贾店、曹武街、皂市之线。
曹纵队
　　三阳店、宋河、张家茶棚、隔浦潭之线
左翼队

七、戴支队于皓日出发，自选捷径，向刘家港前进（仁和店南)，限马日前到达，归左翼队指挥。

八、第二团应由驻苍山寨部队抽出一个连，于马日前接替三步岭第一团阵地，其余各部任务仍旧。

九、与曹纵队及第三团通信以无线电为主，第一、二团以有线电为主。”

以上处置，当日电呈军部。

七月十九日，据卫生队报称：“本月十五日二十三时有奸匪三十余，轻机枪一挺，分两股向本队袭攻，当经还击，旋匪迫近本队所据之碉堡，互击终夜，至十六日拂晓，匪向巴家冲方向窜去。是役消耗步枪弹五百三十六发。”

同日，据第三团筱电称：“一、第一、二营筱日分向上下横岭(八字门南二十里)、丁家河搜剿，遇匪数十，击毙二名，余向曹武街逃窜，卤获待修步枪二枝。二、第二营在彭家凹搜获废枪四枝，土造手枪十五枝。三、匪郑绍文现窜据曹武街以东之燕家湾、瞿家湾，其警卫、特务保安团各一部约五百人流窜于马家冲(曹武街东八里)、田家堰附近。石板河有散匪出没。四、匪十五旅之一部窜应城南陈家河。五、敌汽车六辆载兵(150)名，删日由安陆经京山开赴孙桥。”等情。经午皓未瑞钢六电报军。

七月二十日，接曹纵队皓酉电谓：“归本翼队指挥，尚未奉到明令，担任平坝防务，亦无明令交替。”等情。当电军请军部饬催。

七月二十二日，据曹纵队养巳电略开：“敌围攻大山坡，第一支队参加作战，俟该支队归还建制，即经阳宋间过公路向曹武街推进。”

七月二十三日，奉军部养申毅效电略开：“一、昨日袭大山坡之敌千人，刻仍盘据该地。二、贾店、罗店增敌千人，孙桥、官桥增敌数百人，京山有敌千人。三、判断敌似有向我清剿部队扫荡企图。四、军以集中兵力击溃进犯敌，以利清剿之目的。处置如下：甲、右翼队深入石板河之一部，即转移至天王寺附近地区，与该翼队主力联系，以保京北要点，敌如来犯，予以痛击。乙、左翼队……”等因。当即饬第三团转移于火龙垱、八字门一带，曹纵队推进至天王寺、熊家滩间地区清剿残匪，敌如来犯，即予痛击。

第三节　停止策应第三战区仍积极肃清残匪

同日，奉军部午养巳毅效电略开：“一、层奉委座筱令一元申电：第三战区情况已缓，前饬各战区发动有力之游击战，袭击敌人，希即停止。二、右翼队即以主力巩固京山以北山地要点，肃清潜匪，并协力地方政府积极建立行政机构，以一部配合曹纵队向京应路以北至作战地境间断地点搜剿残匪。三、左翼队……。四、作战地境仍旧。等因。当以曹纵队尚未到达指定地点，仅先电第三团遵照。

同日，据曹纵队梗丑电略称：“职率一、二支队梗丑到三台，即与第三团连络。”

同日，据第三团电称：“马日以郭支队控置天王寺、胜景山，肃清天王寺、观音寨以西残匪。以第二营经鲁班冲、马家冲、新湾；第三营经向家畈、刘家冲、赵家岭，分向石板河方向搜剿。在石板河、梅家岭间残匪，经我扫荡，向曹武街以东逃窜。是日毙匪十余名，俘匪一名。”等情。经午漾午瑞钢六电报军。

同日，据曹纵队梗头电略开：“职部梗午到达水洋泉。”

七月二十五日，据曹纵队敬未电略称：“奉巳电变更部署如下：纵部队位置八字门，一支队位置于泉湾，肃清宋河、贾店间地区残匪；二支队位于周家冲，肃清曹武街、京山间残匪，定有晨分别移动。”

同日，奉军部敬午毅效电略开：“板橙岭要点，着由明师派队占领。”等因。当由第二团派兵一连前往占领。

同日，奉军部午有辰毅效电略开：“……右翼队暂一师，主力应即集结于向家冲、天门关、六房咀、板橙岭间地区，严密监视宋河、三阳店方面之敌情，并向机侧击青峰山方面之敌，协力一二五师之作战，以一部配合曹纵队郭支队在杨家集、火龙垱、八字门一带肃清残匪……。”等因。师基于右电，当即下达电令如左：

“本翼队遵军有辰毅效电，部署如下：（一）曹纵队位于火龙垱、八字门附近，肃清京北及石板河方向残匪，并监视京山、宋河方面敌人。（二）第三团附郭支队以主力位置于大小槐岭，一部在杨家集及青树尖各附近，肃清附近残匪，并选择据点监视黄家集、东桥、官桥方向敌人。（三）第一团以主力位厂河集与吴家集间地区，准备策应东西两面作战；一部在许家寨、罗汉岭、火石尖间地区，选择据点，监视宋河、三阳店之敌人。（四）第二团仍旧。仰即遵照具报。明。午有。酉瑞钢六。印。”

以上处置，经有酉瑞钢六电报军。

同日，据第一团杨团长迥电称：赵匪文斌部百余人在潘家冲潜扰，梗日我派队围剿，毙匪二十余人，俘匪三名，卤获步枪三枝，余匪向西南溃窜。”等情。经午有巳瑞钢六电报军。

七月二十六日，据第三团寝电略称："一、团遵令于亍寝辰由火龙垱到大小槐岭附近。二、郭支队在杨家集，一部在青树尖；第三营占领易家岭、龚家岭之线，第一营占领大槐岭、桐子岭之线，团部及第二营五童湾(大槐岭西北四里)。

同日，奉军部午宥午毅效电略开："……军为达成专事清剿随南区奸匪，并使两翼队主力脱离敌据点，可以会攻之地区，免为敌乘之目的，两翼队应遵照本部午有辰电集结主力，并派游击小组肃清区内残匪……再以较大部队深入云梦、应城附近剿匪……。"等因。当即转电各部队遵照。

七月二十七日，据曹纵队宥未电略称："于宥午纵队部到周家畈，一支队主力在石湾、斗岭湾，二支队主力在大小胡湾，旋大队在石子头。"

七月二十九日，据第一团杨团长俭日报称："派第一连于寝感两日清剿巴家冲、童家冲一带散匪。该匪系彭有德部四五十人，被击溃后，向平坝观逃窜。是役毙匪数名，卤获步枪四枝。"等情。经午。艳辰。瑞钢六电报军。

第七章 停止进剿主力转移于古城畈平坝地区

八月一日，奉军部午世未毅效电略开："命令：一、奉总司令孙卅未电开：该军应即停止向云应进剿任务，已挺进各部队应撤至京山以北，大山头、白兆山一带，肃清残匪，并应以一部接替二七师涢水以西防务。二、挺进第六纵队并指挥暂一师之一团(欠一营)即以一部于杨家庙、火龙垱、八字门一带积极肃清残匪，主力控置板橙岭、天门关、六房咀间地区机动使用，并特别注意当面及左侧之敌情。三、暂一师(欠二营)并指挥郭支队以一部于平坝以南大山头一带山地积极肃清残匪，主力集结平坝、古城畈间地区机动使用，并须特别注意三阳店、宋河方面之敌情。四、第一二七师……。五、作战地境：第六纵队与暂一师为三里岗、小埠街、三阳店、宋河镇、罗店之线，线上属右；暂一师与一二七师为柳林店、永兴店、王义真店、雷公店、花子店之线，线上属右……。”

师基于右电，当即下达命令，要旨如左：

一、奉军部午世未毅效电，如另纸抄附。

二、曹纵队并指挥第三团（欠一营）即以一部于杨家庙、火龙垱、八字门一带积极肃清残匪，主力集结板橙岭、天门关、六房咀间地区机动使用，并注意当面及左侧之敌情。

三、第一团并指挥郭支队江日出发，宿营王家城附近。支日以一部于平坝以南山地及大山头一带，择要构筑据点工事，肃清残匪。主力位于平坝附近，并对三阳店、宋河敌人严密警戒。

四、作战地境（线上属右）：

曹纵队 第一团	为三里岗、小埠街、三阳店、宋河、罗店之线
第一团 第一二七师	为柳林店、永兴店、王义真店、雷公店、花子店之线。

五、第二团为预备队，冬日四时出发，宿刘店附近。江日推至瑶池宫、棉花桥间地区，并于桃园、周店之线，派出小部对三阳店敌人严密警戒。

六、第三团之一营，冬日四时出发，宿曲山店附近。江日推进至朱家楼（刘店东北）附近，尔后归师直接指挥。

七、师司令部及直属部队冬日出发，宿上下院子。江日推进古城畈附近。”

八月三日，师部到达二五畈（古城畈北十里）；第二团到瑶池宫棉花桥间地区，团部在瑶池营；第三团第三营到二五畈附近。

八月四日，第一团到指定地点，其第三营驻平坝以南山地；郭支队驻大山头附近；主力在平坝以北附近；团部在黄家湾。

第八章 战后匪我之态势

在本翼队当面之匪被我逐次击破后退窜京山、南山及湖区，其小部不时在应城以北窜扰，师主力集结于平坝、古城畈间地区机动使用，一部附郭支队在平坝以南山地大山头一带肃清残匪，另以两营配属于挺进第六纵队，在六房咀、板橙岭一带肃清残匪。

第九章 可为参考之所见

（一）在敌据点内剿匪，如能组织有力挺进部队直捣其剿〔巢〕穴，则匪立可崩溃；否则迁延日久，惹敌出动，则剿匪难竟全功。

（二）匪惯隐蔽主力，俟机打击我一点，然沿用旧战法，不利用地形，悍然冲锋，我不为所动，发扬炽盛之火力，匪死伤甚重，乘势出击，辄狼狈溃逃。

（三）匪每袭击一点时，抽调远在数百里或百余里之部队昼夜急进，但训练不精，战术、战斗均差，疲困之余若我有备，即能将其击溃。

（四）匪尝派精悍之一部钻入后方扰乱，如我警戒严密，即不敢深入。本师驻六房咀时，第三团追击至熊家滩、天王寺，匪以伪特务团长曹永清潜由京山空隙上中关子、花石冲，企图进袭六房咀，我第一团控制杨家集、向家冲各要点，匪计未逞，反被我击散。

（五）此次剿匪政治工作未能与军事配合，故最初民众受匪宣传，被匪利用，收复后迟迟不能恢复政治机构，致散匪潜伏，军事力量不能达到。

（六）收复区域广大，且多接近敌之据点，势难以兵力处处守备，故对地方武力之利用，民众之组织训练至为急切，但纯恃地方政府力有未逮，应指定或特设有武力之机关或部队负党政专责，切实整理之。

（七）我游击部队份子复杂，纪律不齐，且待遇廉薄，致有骚扰地方，民怨沸腾者，畀匪良机关系至重，今后对游击部队应严格编整，优厚待遇，严申纪律，否则无益国家，徒滋弊害。

〔国民政府军令部战史会档案〕

24. 陆军第四十五军在随南进袭新四军第五师战斗详报

（1942年4—8月）

甲、战斗前匪我态势（如附图第一）〔略〕

本军于四月二十二日以前，以第一二五师及第一二七师担任丰乐河、长寿店、板凳岭、三里岗及大洪山一带防务，军率暂编第一师集结双河附近地区整训。

军当面奸伪于五月以前，共约八千人，一部散布于平坝、古城畈、永兴店、谢家店、柳林店、贯庄店一带地区，其主力分别控置于京山以北及洛阳店附近地区。自五月一日起，奸伪豫鄂边区党委陈少敏及第五师十六旅旅长罗厚福率四个团，由涢水东岸西窜至永兴店附近山地，其在京山、南山及应城湖区之各一部，亦陆续北窜至洛阳店附近，且以陈少敏任前进军总指挥，杨径曲任右翼指挥，罗厚福任正面指挥，余莫任左翼指挥，其部队占领大山头、胡王二河、大小十九山、东钩、绩岭、鹰爪山、紫【山】一带，共约万余人，企图凭藉山地，准备顽抗模样。

乙、匪我兵力及与我交战匪之番号指挥官姓名

盘据当面奸伪新四军第五师李先念部，计第十三旅肖远久之第三一、第三二、第三三团，第十四旅王海山部之第三四、第三五、第三六团，第十五旅杨径曲部之第四三、第四四、第四五团，第十六旅罗厚福部之第三七、第三八、第三九团及警卫、特务、保安各团，共约万余人。我先后参与清剿部队为暂编第一师、第一二七师及第一二五师之一部，第二七师之两团，第六挺进纵队独立第一、二挺进支队。

丙、影响于战斗之天候及战斗地之状态

此次清剿战役历时数月，中间雨少晴多，气候亢阳，匪我战斗时虽易疲乏而行动则甚便利。惟七月上旬，大雨倾盆，山洪暴涨，颇阻我军进剿行动，战斗当更感困难。至随南洛阳店及京北火龙垱附近，地势均系重山峻岭，交通困难，由平坝东南下至应城附近地区，始渐平坦，实守易攻难之地也。

丁、战斗之战绩

此次进剿于柳林店附近地区，我第六挺进纵队及暂第一师一部，将匪各个击破于洛阳店附近之道金寨、蜜蜂寨、月落岭一带地区，后经我第二七师主力适机围攻，毙匪甚众，俘获尤多。于京山以北及平坝以南山地，经我暂编第一师、第一二七师、第一二五师之一部及第六挺进纵队先后击溃匪之主力，倾其匪巢穴，该匪遂分向应城及京山以南溳水以东逃窜，经我各部分头追击，该匪伤亡惨重，损失奇巨。

戊、剿匪区分及战斗前期匪我之行动

四月二十日，层奉长官李卯齐瑜克二电令要旨如左：

(一)战区以分期扫荡当面奸伪，以利作战之目的，特规定剿匪之区分及清剿区域。

(二)随南清剿区司令，由陈军长鼎勋担任，指挥暂编第一师及第二七师之一团，曹勖、戴焕章、郭耀廷等挺进队，清剿京山、安陆及溳水右岸与一线间之匪军，肃清后以一部驻守该区，协力党政机构之建设，尔后再进出于应城、云梦地区，清剿残匪。

(三)随北清剿区司令，由池军长峰城担任，指挥约以一个师兵力，与该区挺进部队清剿随县、浙河、马坪、广水、平汉路两侧及信阳、杨柳河以南地区之奸匪。

(四)行动日期，预定于五月一日开【始】实施。

(五)各清剿军之战斗地境概略，为襄河之线，襄花路之线及平汉路之线。

(六)在剿匪期间，各部对敌袭击任务，暂行停止(余从略)。

军基于上项命令下连作命第一号。

军作命第一号　4月22日

使用地图湖北省十万及五万分一

一、当面奸伪新四军第五师李先念部十三、十五、十六及第十四旅之一部及特务、警卫保安各团，分布于杨家庙、火龙垱、八字门、五谷台、向家冲、平坝、古城畈、洛阳店、柳林店、贯庄店间地区，其主力分别集结于洛阳店附近及京山以北地区。

战区为分期肃清奸伪，以利抗战之目地，约以一个师之兵力，清剿襄河西岸奸伪；约以一个师之兵力，肃清随北、应山、广水、平汉路西侧及信阳、杨柳河以南与第一线间之奸伪力量，尔后再进出于应山以南地区，肃清残匪。

二、军奉命担任随南清剿任务，决以有力一部进出敌后，分期剿灭京山、安陆、涢水以西之奸□□□□据地后，再进出于应城、云梦以北地区，肃清残匪。

三、右翼队于四月二十七日以前应占领河口店、刘家湾、徐家榨、天宝寨、蜂子山之线，构筑工事，并侦察当面匪情地形及完成攻击准备，另以一部推进至六房咀、小埠街、刘店之线，掩护主力之行动。

四、左翼队于四月二十七日以前应占领纱帽山、独山、熊家楼、九里岗、九龙观之线，构筑工事，侦察当面匪情地形及完成攻击诸准备，另以一部推进至柳林店、三七湖之线，掩护主力之行动。

该翼队应注意随浙方面之敌情，与第二十七师确取连系。

五、第一二五师在剿匪期间，应确实巩固洪山核心，严密防范京山南北地区奸伪之进袭大洪。

六、两翼队之攻击开始待命实施，

七、第三区行政专员公署应于攻击进展后，从速恢复行政机构，筹办善后事宜，并发动民众，协力军队之进剿。

八、战斗地境：

右翼队 ╲ 尚家店—谢家店—孔家湾—雷公店—胡金店

左翼队 ╱ 之线，线上属左。

九、预备队于二十七日前集结于长岗店、三里岗间之东庄畈附近，尔后依状况适时推进。

十、军通信基点为三里岗。

十一、余在双河军司令部。

作命第一号别纸。

军队区分：

右翼队长暂编第一师师长王认曲

暂编第一师(欠一团)。

独立挺进第一支队。

独立挺进第二支队。

左翼队长第六挺进纵队纵队长曹勖

第六挺进纵队。

第二七师第八十团。

预备队

暂编第一师之一个团。

四月二十九日，层奉长官李俭辰电令要旨如左：

随南清剿区，左纵队指挥任务，着由第二七师许师长文耀担任；右纵队指挥任务，由王师长认曲担任，以上两纵队均归陈军长鼎勋统一指挥。等因。军当转令遵照。

四月二十七日，两翼队均遵照作命第一号之指示进占领指定之线，原拟五月一日开始实施，以粮秣无着，推进困难，始呈准延至五月十七日。于此定长期中各部，除于占领地带，构筑工事，防匪袭击，侦察当面匪情地形，准备进并不断派队施行威力搜索外，更积极筹备粮秣，而奸伪亦先后以主力集中于洛阳店附近，并于柳林店至洛阳店间占领数线阵地，严密警戒，准备顽抗。

五月三日，军下达作命第二号如左：

军作命第二号　5月3日

使用地图湖北省十万及五万分一

一、军综合各方报告：盘据京山以北火龙垱、八字门、五谷台、向家冲一带之奸伪，约三千余人，刘店附近约五百人，古城畈约千人，古城畈至洛阳店间约三千余人，柳林店、贯庄店约千余人，为奸伪新四军第五师主力，共约九千余人。

二、军于准备期中，决以一部在板橙岭、亘九龙观之线占领阵地，构筑工事，侦察当面匪情地形，主力集结三里岗、均川间地区，并以一部不断施行威力搜索。

三、右翼队应以一部于板橙岭亘天宝寨地区守点看线，纵深配备，完成攻击诸准备，并以一部在刘店、小埠街向当面奸伪不断游击，搜索匪情，主力控制三里岗、尚家店间地区。

该翼队应特别注意六房咀方面奸伪之进袭大洪山，并与第一二五师确切连系。

四、左翼队应以一部于蜂子山亘九龙观地区守点看线，纵深配备，侦察当面匪情地形，完成攻击诸准备，并以一部在汪家寨亘三七湖之线，主力控置尚家店、均川间地区。

该翼队应注意随浙方面之敌情，并与随北清剿区确切连系。

五、两翼队攻击开始，应待命实施。

六、战斗地境变更如次：

第一二五师
　　为尚家店、青林店、人和店、河水店
右　翼　队
　　为尚家店、青林店、人和店、河水店亘胡金店之线，线上属左。
左　翼　队

七、预备队即集结三里岗附近地区，军应尔后随状况适时推进。

八、军之通信队有线电为主，无线电及递步哨为辅，有线电基点为三里岗，两翼队应即向基点架设电话。

九、余在双河军司令部。

作战第二号别纸。

军队区分：

右翼队长暂编第一师师长王认曲。

暂编第一师(欠一团)。

独立挺进第一支队。

独立挺进第二支队。

左翼队长第二十七师师长许文耀

第二十七师第八十团。

第六挺进纵队。

预备队

暂编第一师之一个团。

四月三十日十六时许，匪三百余向我右翼队暂编第一师第二团蜂子山阵地猛攻，经激战后，匪不支，向柳林店方面窜去。同时，匪第三八、第三九团及警卫营乘机向我第六挺进纵队第二大队柳林店附近警戒阵地猛扑，虽经我官兵沉着应战，反复冲杀，约五小时，卒因众寡殊，该大队于二十二时转移至纱帽山警戒。同日第二十七师第八十团第三营进至三七湖附近，与何家店奸伪警卫团游击队激战，约时许，将匪击溃。

五月一日拂晓，我第二七师第八十团第三营挺进至三义湖，二日晚向何家店奸伪夜袭，与匪三百余在陈家畈、龙家寨附近遭遇，激战三小时，毙匪甚众，迄夜奸伪退据何家店。

六日十六时，奸伪警团第三营便衣队六十余，向我暂一师第二团蜂子山阵地之305高地偷袭，经我守备该地之第三连及蜂子山之第一连各以一部火力猛烈予以射击，约三十分钟，该匪始向柳林店以南窜去。

八日六时五十分，独立第十四旅之一部约二百余窜至距我暂一师第二团天宝寨左翼阵地约四百公尺处，集中机枪火力向我猛烈射击，掩护其步兵前进，经我第八连沉着应战，并予以逆袭，战斗约四十分钟，匪不逞，向汪家寨方向退去。

本月十二日以前，各部以先后完成攻击诸准备，军当下达作命第三号命令如左：

军作命第三号　　五月十二日

使用地图湖北省十万及五万分一

一、匪情如另纸所出。

二、军以击灭随南奸伪之目的，决于五月十六日拂晓开始攻击，逐次肃清古城畈、柳林店、贯庄店间之奸伪，尔后会攻洛阳店，击灭奸伪之主力，攻击重点，指向于古城畈、柳林店间地区。

三、右翼队应于五月十六日拂晓展开于曲山店、王家城、天宝寨之线，以有力一部协力左翼队攻略十九山后，连系左翼队，重点指向古城畈、偏头山、白林寨间地区攻击。其占领板凳岭、六房咀、曲山店之部队，应坚工固守，并派队分别向向家冲、八十门、大龙垱、杨家庙间及古城畈、大山头、洛阳店间地区游击。

四、左翼队应于五月十六日拂晓展开于汪家寨、蜂子山、纱帽山、熊家楼、九龙观之线，先后别攻略十九山、柳林店、王家店、鹰爪山地区奸伪阵地后，即继续向永兴店、贯庄店间地区之奸伪攻击，并注意随浙方面之敌情。

五、第一期攻击到达线为古城畈、青白林寨、西钩、绩岭、慈山、紫山、贯庄店之线。

六、两翼队攻击前进期间，对敌境内之要点，酌留。步兵控制，占领攻击到达线后，应积极构筑工事，肃清残匪，并协力地方清查户口，组训民众，准备尔后之攻击。

七、作战地境仍旧。

八、军预备队位置于三里岗附近，随战斗之进展前进于右翼队中央后。

九、军情报搜集所，寒日开设三里岗。

十、余在双河军司令部。

各翼队均遵限部署完毕，于五月十六日拂晓开始攻击前进。

巳、战斗经过

第一期（如附图第二）〔略〕

五月十六日　阴

一、我右翼队于本日拂晓，由王家城、天宝寨之线向当面奸伪进攻，该翼队之第二团于八时三十分攻占雷公尖、半边寨，在汪家寨之奸伪警卫团向我不断侧击，经我奋勇进攻后，匪向东窜去。十一时半，独立第一挺进支队攻占猴儿寨、高尖寨，奸伪向东窜去。古城畈已在我控制之下。

二、我左翼队于本日拂晓，由纱帽山、熊家楼、九龙观之线进攻，其第六纵队之第一、二两支队与奸伪第四五团激烈战斗于十九山、柳林店、王家店等处，至十二时，第一支队将十九山，第二支队将柳林店、王家店分别占领，匪由谢家店窜去。其第二七师之第八十团同时向奸伪第三七团及警卫团攻击，五时许占领何家店，匪三百余退据鹰爪山、顾家河，企图顽抗，经该团奋勇追击，匪不支，向慈山溃退，七时许我占领骑马山、鹰爪山、顾家河各要点。

五月十七日　雨

我右翼队第六挺进纵队第一支队第二大队于本日十一时向奸伪第四五团之警戒部队进击，该匪百余人稍作抵抗，即向西钩、绩岭窜去。该大队当进入谢家店，于十五时以两翼友军未能并进，恐为匪乘，遂撤回黄土垭警戒。该纵队之第一、二两支队主力仍占领十九山、田家冲东南高地之线。

五月十八日　阴

一、我左翼队之第六纵队第一支队于午前九时，由十九山、黄土垭向香炉山攻击，匪四百余凭险顽抗，该支队第二大队奋勇进攻，毙匪甚众，我亦伤亡中队长张汉涛以下官兵十余员名。十一时将香炉山完全占领，匪向西钩、绩岭逃窜。同时第二支队向谢家店东北高地压进，于十二时许占领谢家店及其东北高地。午后五时该纵队第三支队第五大队向真观庙奸伪第四三团攻击，与匪二百余激战二小时，毙匪十余名，匪不支，向西钩、绩岭以东窜去，我当占领真观庙。

二、我第二七师第八十团向慈山、梓山、贯庄店一带之奸伪十五旅阵地攻击，十时，第三营与贯庄店奸伪四百余激战，约二小时，匪不支，向洛阳店方向溃退。该营于十二时占领贯庄店及其以南何家店、跑马岗之线。同时，第一营向慈山攻击，匪五百余据险顽抗，激战至午，占领慈山，匪退梓山，复行顽抗，经第三营合力兜剿，匪伤亡惨重，向洛阳店方向窜去。十五时，我完全占领慈山、鸦雀岭、梓山之线，我阵亡中尉排长姜清德以下士兵十余名。

五月十九日　晴

一、我右翼队于本晨向偏头寨、白林寨一带山地进攻，匪众七百余，凭藉工事，顽强抵抗，激战两小时，匪不支，向永兴店溃退，午刻我占领偏头寨、白林寨各要点。同时，戴支队向大山头、洛阳店间地区游击，其一部已进至圣场市附近。

二、我左翼队第六纵队第一支队今晨向西钩、绩岭攻击，与匪数百激战时许，匪不支，向永兴店窜去，当即占领五五五八高地枣树垭亘青林寨西北高地之线，第三支队于六时向东山城进攻，十时许将匪击退，占领赵家台西北高地东山城、任家湾之线，同时第二十七师之第八十团第二营搜索洛阳店附近之匪情，至大珠、宝山将匪便衣队驱逐后占领该山，严密警戒。

第二期（如附图第三）〔略〕

五月二十二日以前，两翼队已先后攻击到达第一期所示之线，军当下达作命第四号如左：

军作命第四号　五月二十二日

使用地图湖北省十万及五万分一

一、盘据古城畈、谢家店、王家店、何家店、贯庄店一带地区之奸伪于皓晚前被我各部先后分别击溃，其大部向平坝东南及向家冲、八字门方向窜去，一部退集洛阳店附近山中顽抗。

二、军为达成击灭随南奸伪之任务，决于五月二十四日拂晓继续攻击，一举歼灭洛阳店附近之奸伪后，再继续清剿涢水西岸及京山以北之残匪，攻击重点，保持于左翼队之右翼方面。

三、右翼队应于五月二十四日拂晓，由现阵地以兵力一团连系左翼队，推进至圣场、练石坡之线占领阵地，适时支援左翼队之作战，主力控道于刘店附近地区，策应其占领板凳岭、六房咀之部队，应特别注意三阳店及京山以北敌匪之动态，并派队向向家冲、八字门、火龙垱、杨家庙间地区游击。

四、左翼队应于五月二十四日于现地以主力向大狼山、盘谷山、胡家村、软脚岭、太平寨一带地区，一部向中平山、鸡公山、围山、金鸡山、东钩、绩岭一带地区攻击前进，并注意随浙方面之敌情。

五、第二期攻击到达线为圣场市、练石坡、太平寨山、余家棚、东钩、绩岭之线。

六、两翼队攻击前进时务须密切连系，互相策应，并避免惹动敌人。

七、两翼队到达第二期攻击到达线后，左翼队即于洛阳店附近，择要坚工控道，并肃清涢水西岸残匪，另以一部不失时机向平坝、王义贞店、双合店、桑树店、宋河店地区进击；右翼队应准备向京山以北地区肃清残匪。

八、作战地境为尚家店、汪家寨、永兴店、宋河店之线，线上属左。

九、原任军预备队之暂编第一师第三团即归还建制。第一二五师之第三七五团即进驻三里岗附近，为军预备队，策应两翼队之作战。

十、余在双河军司令部。

五月二十四日　阴晴

一、我右翼队暂一师第二团于午刻进至练石坡、圣场市之线；独立挺进第一支队挺进至周店、圣场市东南；独立挺进第二支队挺进至向家冲、杨家庙附近地区。

二、左翼队第六纵队于本晨四时许分向当面奸伪攻击前进。其第一支队于十一时占领胡王二河，匪百余退据道金寨顽抗，经第一大队奋勇猛攻，毙匪十余名，匪不支，向南窜去，于十四时占领道金寨。第二支队于十二时占领小珠宝山后，向大岭攻击，匪第三十七团五百余人凭险顽抗，激战约三小时，毙匪数十名，于十六时将大岭占领，匪向东南溃窜，我乘胜进占张家冲后，于十八时攻占蜜蜂寨，据寨之匪百余名，伤亡过半，余向南窜去。第三支队之一部于十二时亦将罗山，方家冲克后〔复〕，准备向软脚岭攻击。此役该纵队伤亡胡安涛以下官兵七名。同时该翼队第二七师之第八十团第一营向金鸡岭、祖师顶、钩绩岭一带进攻，奸伪数百稍行抵抗，即向罗山方向逃窜。该团第一连于八时占领洛阳店、金鸡岭、祖师顶，第三连占领东钩、绩岭各要点。

五月二十五日　阴

我左翼队第二十七师第八十团续向当面之匪进剿，团山北乌鸦尖之匪二百余凭险顽抗，激战至午，毙伤匪五十余，该匪不支，向月落岭溃窜，十二时许遂占领团山、乌鸦尖、义合店之线，并以一部向邓家咀附近地区搜剿残匪。

五月二十六日　雨

一、本日为大雨所阻，运动困难，各部均未前进攻击。

二、准三十军池军长敬申电称：第二七师将关帝庙、何家庙之线防务交与第三十一师后，除以一团留驻鹿头镇，担任该地附近潜伏奸伪之侦剿外，其余即开随南归贵军指挥，任随南奸伪之清剿。

三、第二七师交防后，即以第七十九团进驻均川、何家店中间地区，准备进剿；八十团占领洛阳店附近各据点，加强工事，侦察匪情。

五月二十七日　晴雨

一、本晨京山以北周家冲匪百余，乘雨向我王子尖右翼之独立挺进第二支队袭击，我守兵奋勇应战，将匪击退，该匪向六木岭方向窜去。本晚有匪百余乘星夜向我牛皮坡西北高地右翼队暂一师第二团第二营阵地袭击，经我发觉，激战约四十分钟，匪不支，向平坝方向窜去。

二、左翼队第六纵队第三大队于本晨冒雨续向软脚岭攻击，匪二百余持险抵抗，经我奋勇冲杀，毙匪三十余名，余匪向南退去，我于十二时将软脚岭占领。同时，第三支队向人和店方向游击，遇匪百余名，经我不意袭击，仓皇向南窜去。此役该纵队新〔斩〕获特多。

五月二十八日　晴

一、本晨我右翼队独立挺进第二支队长郭耀庭率两个中队向长岭岗、青树尖一带袭击，至大寨子与奸伪特务团赵文彬部百余遭遇，当予猛击，匪不支，向季家冲东之缠石岭退去，忽匪一部百余人自夹冲向我迂回，其第一中队予以迎头痛击，匪向杨家集窜去。

二、左翼队第二七师第八十团于本晨向自由山、童店、太平寨奸伪攻击，其一部于自由山与匪数百激战二小时；其另一部由左翼压迫，毙匪三十余，即占领自由山、童店，匪向太平寨溃退。

该团第一营主力跟踪追击，适与第六挺进纵队第三支队进攻太平寨部队会合，协力奋勇攻击，匪据险顽抗，激战三小时，毙匪数十名，于申刻第八十团第一营占领太平寨。该团之另一部于未刻占领邓家咀，匪五十名向跛子畈窜去。此役夺获匪物甚多，我伤亡中队长蔡履善以下官兵二十余员名。

五月二十九日　晴雨

一、被我击退之匪大部于本日拂晓回窜，向我太平寨左翼队之第二七师第八十团之一部猛犯，激战甚烈，以匪我众寡悬殊，致该寨得而复失。是晚十二时，月落岭奸伪三百余向我自由山第八十团第三连袭击，激战约三小时，经我第一连增援侧击，至拂晓始将该匪击溃。

二、本日七时我左翼队第六挺进纵队第一支队第一大队向人和店、彭家店一带游击，与匪二百余在彭家畈遭遇，激战两小时，毙匪二十余名，匪不支，向平坝方向窜去，该大队于午后返原防。是晚十二时，太平寨之匪三百余向我软脚岭之第三支队第二大队进犯，经我沉着应战，复以第二支队之一部增援，匪以优势兵力猛烈进扑，反复冲杀，激战二小时，匪始窜回太平寨。

五月三十一日　雨

今晨七时，我左翼队第六挺进纵队第三支队向太平寨攻击，并以第二支队之一部占领丁家冲高地，掩护第二支队之右侧，匪据险顽抗，并向数度反复激战竟日，毙匪百余名，我第二、三两支队伤亡分队长李佐卿、黄明玉、宋先哲等以下官兵二十余员名。

六月一日　晴

本晨窜援大花寨、小畈咀之奸伪三百余，经我左翼队第二七师第八十团第三营截于十字岗、大山头一带(东钩、绩岭东北)高地，激战二小时，毙匪十余名，匪向青龙潭方向窜去。

第三期(如附图第四)〔略〕

五月三十日军下达作命第五号如左：

军作命第五号　五月十三日

使用地图湖北省十万及五万分一

一、平坝、同兴店、洛阳店、童店地区之奸伪，于五月俭日前被我击破，其主力窜据平坝以南大山尖及其附近高地一带，一部窜聚京北向家冲、八字门一带，行踪诡密。

二、军以击灭当面奸伪之目的，决于六月三日拂晓以有力一部向京东北地区攻击，主力指向平坝以南山地，另以一部扫荡白兆山、罐子岭及其附近山地之残匪。

三、右翼队于六月三日拂晓，以主力由六房咀向向家冲、火龙垱一带山地逐次攻击，将匪捕捉而歼灭之。另以一部由平坝南下，向平坝、三阳店之奸伪攻击，并连系左翼队之主力作战。

四、左翼队于六月三日拂晓，以一部扫荡三里店、雷公店、烟墩店间及白兆山、罐子岭一带山地之残匪，以主力向平坝、双合店间山地攻击。

该翼队应以一部确实巩固洛阳店要点。

五、两翼队之攻击到达线与火龙垱、严家岭、邵家山、双合店之概略线。

六、两翼队之作战地境为圣场市、平坝、万家寨、马店、应城之线，线上属右翼队。

七、预备队位置于童岗，依战况适时推进。

八、余在双河军司令部

作命第五号别纸。

军队区分

右翼队长暂编第一师师长王认曲

暂编第一师

独立挺进第一支队

独立挺进第二支队

左翼队长第二七师师长许文耀

第二七师(欠一团)

第六挺进纵队

预备队长第一二五师第三七五团团长陈玲

第三七五团

六月三日　雨

今晨三时，奸伪随南游击大队百余人乘大雨向我第二十七师第七十九团第七连现光山阵地袭击，我官兵沉着迎击，激战约一小时，毙伪分队长一员李子贵，亡兵八名，俘伪班长刘万贵一名，其余部因雨停攻。

六月四日　晴

一、右翼队暂一师第三团于本晨经柏树岭、魁花寺向牛角尖、金花寨一带之匪攻击，据险顽抗，激战至十六时，匪不支，向横门冲，缠丝岭溃退，我跟踪追击。第三营于申刻占领巴家冲、六木岭、花儿冲以南高地；第一营驱逐匪警戒部队后，占领厂河集。

二、左翼队第二七师第八十团主力，于本晨向月落岭攻击，与匪数百激战至午，将匪击溃，占领该地。其一部协力第六纵队之第一、二两支队向太平寨攻击，点度冲杀，以山险匪众，未克奏功。盘据太平寨一带之匪，共约五千余人，伪五师师长李先念亲在偏头山老寨指挥，似有顽抗之模样。

六月五日　阴

一、本晨拂晓奸伪第三七、第三八、第三九各团及随南支队与其他部队，共约四千余人，由伪五师师长李先念亲自指挥，分三路：一向周店，一向圣场市，一向古城畈，向我右翼队暂编第一师第二团古城畈阵地攻击。该匪猛扑八次，激战甚烈，卒以匪众我寡，致该团第三营被包围于圣场市与古城畈间，至晚，我官兵仍奋勇苦战中。又向家冲之匪，约四百，向我独立第二挺进支队青树尖阵地猛攻，酣战至十六时，始将该匪击退。

二、本日晚间太平寨之匪数百，向我右翼队第六纵队三支队严家寨、蜜蜂寨、云雾山一带阵地袭击，激战彻夜，毙匪百余，第三支队阵地被突破，中队长王诚诰、分队长肖萍臣受伤，董存津、王士秀阵亡，士兵伤亡五十余名。

三、军以击灭进犯古城畈奸伪之目的，当令军预备队（第一二五师三七五团并指挥三七三团之一营）立向古城畈方向兼程赴援，务协力暂一师将进犯之匪击溃。右翼队应集中主力攻略太平寨，且须适时策应右翼队之作战。

六月六日　晴

一、我第一二五师三七五团于本拂晓前到达周店附近，当分向进犯古城畈之奸伪压迫，暂编第一师第二团复奋勇反攻，匪伤亡甚大，始分向平坝以南窜去。是役，匪首李先念肩负重伤，伪第三十八团夏团长阵亡，其于〔余〕部队损伤均重，尤以第三七、三八两团溃不成军。而我暂编第一师第二团第三营亦损伤过半，该营刘营长被俘。

同时该师第二团向京山以北之牛毛冲、缠丝岭、天门关以南一带高地之匪警卫团、保安大队、特务营及第四十三团等部约千余人进攻，激战至午，毙伤匪四十余，匪不支，向向家冲方向窜去，我即占领以上各地。

二、本晨进犯我左翼队第六挺进纵队阵地蜜蜂寨之匪源源增加，激战竟日，将我第二支队包围于蜜蜂寨、朱家山阵地。

六月七日　晴

一、我右翼队暂一师第二团除于古城畈附近地区收容整理外，其余第三团继续攻占向家冲、天门关一带地区，残匪向南窜去，毙伤匪一百三十余名，遗尸四十余具，我伤排长一员、士兵二十余名。

同时该翼队独立第二挺进支队攻占仙人岭、罗汉岭、徐家台、白马庙一带，匪向五谷台退去。

二、本晨左翼队第六挺进纵队第二支队仍与匪激战于蜜蜂寨，午刻其第一、三两支队分别将黄毛尖之匪击退，第二支队乘机以一部分向朱家山各山头逆袭。将匪第四、五团击溃，遂得突围，迄晚，该队占领永兴店、珠宝山、罗山之线。是役，毙伤匪百余名，我伤亡官兵四十余人。

今晨拂晓，该翼队第二七师第七九团第二营向夏家河、青龙潭之匪攻击，匪稍作抵抗，即向南窜去。该营于十一时占领青龙潭，同时第八十团第一营主力向老寨、四方尖、宝女冲之匪攻击，与匪三百余激战，至午将匪击退，我当占领四方尖、偏头岭。一部于七时进跛子畈，旋以第六纵队阵地被匪突破，该营乃于日暮转移于团山、乌鸦尖、童店、自由山、东钩、绩岭之线。

三、军鉴于奸伪行踪诡密，飘忽无定，不时集中兵力，乘机急袭，常使我增〔损〕失时，特以虞毅效电将部署调整如次：

1. 军以主力集中于要点，并以一部不断袭击该匪而歼灭之。

2. 右翼队应以六个营集中刘店、古城畈附近地区，一部向向家冲进剿。

3. 左翼队主力应保持于洛阳店附近地区，一部向当面领有区域搜剿。

4. 军预备队仍回集童岗策应。

六月十日　晴

一、今晨三时，奸伪第三七团八百余向我左翼队第六纵队第三支队第二大队东岳庙、小珠宝山及第二七师第八十团第三营罗山阵地猛犯，经我第二七师第七九团第一营由方家冲攻匪右侧，第六纵队第一二支队以一部由黄土垭攻匪左侧，激战至十一时，将匪击溃，分向胡王二河、太平寨窜去。

二、本晚匪二百余向我右翼队之独立挺进第一支队新寨子阵地进犯，激战终夜，匪未得逞，于真日拂晓向龚家岭退去，同夜匪约三百余，由牛皮坡东北方向向我暂编第一师第二团第一、二两营阵地进犯，激战至真日五时二十分，始向平坝方向退去。

六月十五日　晴

一、本日拂晓，我左翼队第二七师第七九团及八十团第三营分向罐子岭、月落岭、太平寨之奸伪攻击，匪第十三旅千余人凭险顽抗，激战至七时，将匪击退，我先后占领罐子岭、太平寨、月落岭各要点，奸伪向东南逃窜，我第二九团第三营分向同兴店、偏子山跟踪追击，迄十四时占领同兴店。

同时该翼队第八十团欠一营附第六挺进纵队第二支队向道金寨攻击，奸伪约四百余稍作抵抗，即向南窜，八时我占领道金寨，十五时续克蜜蜂寨、云雾山后，继向人和店、王义贞店、平坝一带搜剿。

二、同时拂晓，匪警卫团、特务团之各一部约四百余人，分三路向我右翼队独立第二挺进支队大寨子、青年寨等阵地进犯，激战至寅刻，以有力部乘势反攻，将匪击溃，向刘家河窜去。

六月十六日　晴

层奉长官李巳盐瑜超电令要旨：兹为肃清随南奸伪计，着第二七师全部加入随南清剿。对敌游击任务着暂停止，务期贯彻战区第一期清剿意图，限七月删日前完成。

六月十七日　晴

盘据道金寨、蜜蜂寨、太平寨、月落岭、偏子山、罐子岭、跛子畈一带之奸伪，已被我左翼队于删日晚以前先后击退，其大部约两千人经双合店向南，一部向涢水东岸逃窜，现人和店、雷公店以北已无匪踪，惟平坝以南及京山以北地尚集结匪约五千人，似有逐渐抵抗模样。现我左翼队先头部队到达人和店、同兴店之线。

军基于上项命令当面匪情下达作命第六号如左：

军作命第六号　六月十七日

使用地图湖北省十万及五万分一

一、盘据道金寨、蜜蜂寨、太平寨、月落岭、偏头山、罐子岭、跛子畈一带之奸伪，已被我左翼队于删日以前先后击溃，其大部约两千人经双合店向南，一部向涢水东岸逃窜，现人和店、雷公店以北已无匪踪，惟平坝以南及京山以北山地尚集结匪约五千人，似有逐次抵抗之样。

我左翼队先头部队晚已到达人和店、同兴店之线。

二、军以击灭京山以北及平坝以南奸伪之目的，决于二十一日拂晓继续攻击，分别将京山以北，平坝以南山地之奸伪一举歼灭后再挺进至梦云、应城附近，肃清残匪，攻击重点，指向平坝方面。

三、右翼队于本月二十一日以前，以一部巩固六房咀、曲山店要点，对三阳店方向之敌警戒，主力展开于六木岭、厂河集地区沿山之线，向杨家庙、向家冲、火龙垱、八字门一带地区之奸伪攻击，努力向东压迫，务将其各个击破，而歼灭之。

四、左翼队应即迅速肃清占领区内残匪，于本月二十一日以前以一部巩固洛阳店附近要点，另一部由额头店方向，主力由同兴店、王义贞店分向平坝以南山地攻击，务将匪一举包围而歼灭之。

五、攻击到达线为火龙垱、宋河店、新街、桑头店之概略线。

六、两翼队作战地境为柳林店、古城畈、三阳店、宋河镇、罗店、应城之线，线上属左。

七、第一二五师应以一个团兵力于巧日晚前推进至古城畈附近地区，监视三阳店之敌人，并策应两翼队之作战，其主力应巩固洪山要地。

八、余在双河军司令部。

六月十九日　晴

军为使各部准备周到，并增强左翼队力量计，以皓辰毅效电令，调整部署如次：

一、第一二五师第三七五团即归左翼队徐指挥官文耀指挥。

二、左翼队（附第一二五师三七五）除按原部署实施任务，应即控置有力一部于刘店、古城畈附近地区，监视三阳店方面敌人，并策应两翼队之作战。

三、本期进剿日期改为本月敬日开始实施。

六月二十四日　晴

一、本日拂晓，我右翼队由六木岭、方村、厂河集之线分向当面奸伪攻击，先后与匪激战于大小槐岭、河口山、蚂蚁山一带，至十四时，将匪击溃。我暂编第一师第三团（附独立第三挺进支队及第一团之一营）占领大小槐岭、杨家集。独立挺进第一支队占领河口山、蚂蚁山、五谷台等要点。匪大部退至火龙垱、八字门附近，一部约数百窜至司马山，巴焦冲、董家冲一带潜伏。

二、我左翼队第二七师第七九团于今晨三时分由河水店、庙岗攻击前进，六时将六合店、晏店、双河店匪之警戒部队驱逐。该匪第四五团占据大山坡、冯二寨、竹峰寺顽抗。该团当以第二营占领刘家垭、羊家垭，向冯二寨、中界、石岭攻击。第三营占领侯家坡，向大山头攻击。第一营猛向杨家棚、聂家庙挺进，攻袭匪后，激战三小时，毙匪百余名，匪向青峰寺、横山、四刘冲溃退，迄午后一时，花石寨、冯二寨、大山头、杨家棚先后被我占领，续向竹峰寺、偏头山、青峰寺、横山攻击。下午五时，第一营挺进部队占领横山。是役，斩获均众。该翼队第六挺进纵队于同日拂晓将平坝以北之奸伪击溃，其第一支队于十二时占领平坝、王家寨。奸伪第三八团退老虎寨。第二支队同时占领晏安岭、蓝家寨。第三七五团于午后二时占领林家寨。各队续向灯笼冲、篆子岭、老虎寨攻击，迄下午三时，第一支队攻占仙境寨、老虎寨、沙湾，匪向西南溃退。

六月二十五日　晴

一、本晨我右翼队以匪数百窜至我右侧后之司马山、巴焦冲潜伏活动，威胁甚大，当以暂一师第一团一部协力第一二五师第三七四团部队搜剿，经一日夜之连续激战，至宥晨将匪击溃，向杨家集东南窜去。

二、我左翼队第二七师第七九团于同日拂晓向当面之匪进剿，第二营攻击香山寺、偏头山；第一营攻击青峰寺、刘家冲，匪据险顽抗，战斗至为激烈，毙匪五十余名，迄十二时，我将以上各地完全占领，匪向徐家冲、崔家冲逃窜。该翼队第六挺进纵队第二支队于今晨九时占领天保寨后，续向龙王寨搜剿，与匪随南支队二百余激战时许，匪伤亡二十余名，向西逃窜，我于十二时占领龙王寨。该翼队第一二五师第三七五团亦于八日八时攻占余家寨。

六月二十六日　晴

一、平坝以南奸伪经我左翼队及右翼队之一部合力进剿后，伤亡惨重，损失奇巨，溃不成军，其第三七、三九、四三、四五、四八各团均由宋河镇东南向京山县属之南山窜去。

六月二十七日　晴

我右翼队暂一师第三团于本日巳刻攻占分水岭、易家畈、汪关及其西侧高地。独立第一挺进支队攻击马鞍山、牛城、王化寨、高尖山、枯山寨之线，匪向火龙垱、五星桥窜去。

六月二十八日　晴

本晨我右翼队继续向当面奸伪进攻，于午刻前暂一师第三团攻占火龙垱、三口堰。独立第一挺进支队攻占朱家山。奸伪第三四团及警卫、特务等团之各一部约千余人，狼狈向大河头、熊家滩方向窜去。

第五期（如附图第六）〔略〕

我进剿各部奋勇前驱，与当面奸伪苦战至六月二十九日，将其击溃。该匪分向京山、应城、云梦方向及涢水东岸地区窜去。我两翼队已先后到达火龙垱、宋河镇、新街、桑树店之线。军当下达作命第七号要首如左：

军作命第七号　六月二十七日

使用地图湖北省十万及五万分一

一、当面奸伪被击退后，分向京山、应城、云梦方向及涢水东岸地区窜去。

我右翼队已先后到达火龙垱、宋河镇、桑树店、新街之线。

二、军拟向京山、应城、云梦方向分头追去，务将京山、应城以北地区之残匪一举肃清，完成清剿任务。

三、右翼队派兵一团附独立第一、二挺进支队为右追击队，立即经青龙镇、石板河向应城方向追击，务将京应以北之残匪肃清。其主力即控置于六房咀、杨家庙地区，择要构筑工事并肃清残匪，协力地方政府建立行政机构。

四、左翼队以第六挺进纵队附第一二五师第三七五团，主力为左追击队，立即经双合店、桑树店向应城、云梦方向追击，务将应城以北，云梦、安陆以南残匪肃清。该翼队第二七师主力控置洛阳店附近，一部控置于平坝以南山地，构筑工事，肃清以西残匪，并协力地方政府建立行政机构，且须注意防匪回窜及随淅方面之敌情。

五、两追击队之作战地境为宋河镇延伸至罗店、应城之线，在地境线内之残匪应由各追击队负责肃清，惟实施追击时，应不受地境线之限制。

六、第三区行政专署应在收复地区积极健全行政机构，推行地方政治，安抚人民，力谋追击任务达成后控置地方之有效处置。

七、军情报搜集所在三里岗开设。

八、余在双河军部。

七月一、二两日以大雨倾盆，山洪暴涨，阻碍各部前进，致未免如期跟踪追击。

七月三日　阴

一、我右追击队于本晚前到达王家畈、天柱坪及八字门东南地区。

二、我左追击队于本晚前到达新街、仁和店、上下周河之线，其先头部队已挺进至养马畈附近。

七月四日　晴

一、我右追击队于本日十二时到达五童庙、天王寺、石人头附近，与窜据该地之匪警卫、特务、保安各团及第四三团之各一部约千余人激战至十六时，占领以上各地，匪退守，天生寨、文家寨、龙袍寨、常家山、黄家山一带地区。

二、本晨我左追击队分向新街、养马畈窜至刘家港、张家茶棚一带之奸伪第四五及第十五旅特务连、第四三团之一部及地方杂色部队共约千余人围剿，于十七时将该匪击溃，向应城方向退去。

七月五日　晴

奉总司令孙午江电令要旨如左：

一、奉长官李巳卅计年电开：(1) 战区为策应第三战区方面之作战，着右集团即以约两师兵力向应城、云梦挺进，攻击搜剿残匪，威胁敌人。

(2) 右集团向应城、云梦挺进攻击时期，第二七师仍归右集团指挥，应以主力控置洛阳店、烟墩店、何家店地区，监视敌匪，确实掩护右集团挺进部队左翼之安全，并防匪回窜。等因。

二、四一军之第一二二师及第四五军之一师为守备队，由四一军曾代军长甦元指挥，担任京钟路及大洪山之守备任务。

三、第四五军之一个师、暂一师、第六挺进纵队、独立挺进第一、二两支队为挺进军，由第四五军陈军长指挥，于肃清京山以北及平坝附近奸伪后，继续向云梦、应城方面分路挺进，搜剿残匪，威胁敌人。

四、第二七师归本部直接指挥，以主力控置洛阳店、烟墩店、周家河间地区，应确实掩护挺进部队之左侧背，并防匪回窜。

五、集团总预备队位置于李家楼、宋家集、新集诸地区，限铣日以前到达。

六、第一二四师接任第一二七师流水沟、江山观、沙河店亘花山寨、温峡口至乌龟山之防线，交接自微日开始，灰日完毕。

七、挺进军于微日继续向云应方向挺进（余略）。

七月六日军基于上项，电令下达作命第八号如左：

军作命第八号　七月六日

使用地图湖北省十万及五万分一

一、军以策应第三战区方面作战为目的，拟向应城、云梦挺进，攻击搜剿残匪，威胁敌人。

二、右翼队除原追击部队继续进剿外，应于本月删日开始，以一部控置京山以北山地，扼要坚工守备，肃清潜匪，主力向应城方向挺进，搜剿摧毁奸伪盐区根据地，破坏其经济基础，并威胁敌人。

三、左翼队交防后，集结古城畈、平坝附近地区，并于删日开始，以一部控置平坝以南山地，扼要坚工守备，肃清潜匪，主力向云梦方向挺进，搜剿摧毁奸伪根据地，并威胁敌人。但须先以一个团于真日前到达平坝以南，暂归第六纵队曹勖指挥，交换第一二五师第三七五团归还建制，其京钟路防务自乌龟山以西，交由第一二二师，以东交由第一二五师分别接任，并须于灰日交接完毕。

四、军预备队位置于圣场市附近地区，尔后随战况之进展，适时推进，策应两翼队之作战。

五、两翼队之作战地境为三阳店、宋河镇、罗店、应城、长江埠之线，线上属左。

六、第一二七师尔后归总部直接指挥。

七、第一二五师尔后归第四十一军曾代军长指挥，仍担任洪山守备。

八、军部删日进驻三里岗。

作命第八号别纸。

军队区分：

右翼队长暂编第一师师长王认曲；

暂编第一师；

独立第一挺进支队；

独立第二挺进支队。

左翼队长第一二七师师长王澄熙；

第一二七师(欠第三七九团)；

第六挺进纵队。

预备队长第一二七师第三七九团代团长唐开；

第三七九团。

第六期　(如附图第七)〔略〕

本军主力向应城、云梦挺进，原拟本月删日开始实施，继以第一二七师交防及粮秣关系未能如期到达指定地点，致两翼队主力之挺进遂改为马日开始。

为便搜剿曹武街、潘家集附近盐区之奸伪计，左翼队于开始挺进之日，第六挺进纵队即经罗店附近向曹武街、潘家集附近前进，归右翼队指挥，独立挺进第一支队于皓日由观地出发，取捷径，进驻刘家港，归右翼队指挥。

两翼队之作战地境改为三阳店、宋河镇、张家茶棚、隔浦潭之线，线上属左。

第一二七师各部均于巧日前先后到达指定地区，其部署以独立挺进第一支队附第三八〇团之一营为右挺进队，集结刘家港西北地区，第三八一团为左挺进队，集结双合店西南。第三八〇团

(欠一营)，并指挥第三七九团之一营为预备队，位置于岳家畈附近。

七月二十一日　晴

一、右翼队暂一师第三团附独立挺进第二支队于本日十三时许将石板河以西之线匪驱逐后，于十四时到达石板河；第六挺进纵队正向曹武街方面挺进搜剿中。

二、左翼队之左挺进队于本日拂晓展开于仁和店西南地区，正拟向桑树店、刘家港间地区之奸伪攻击，突有敌步兵四百余，炮二门，由宋河、罗店向新店前进。其右挺进队甫越宋应公路，至敖家寨与该敌遭遇，发生战斗，该队因地形不利，后续部队又被敌截断，激战约二小时，被迫经杨家棚、冯二寨山地转移。该敌即向该翼队之左挺进队在八字门楼、大堰角之第二营攻击，来势至猛，赖我第一营经养马畈向西北侧击，予敌重创，敌未得逞，遂转向伍家咀、大山坡我第三营阵地攻击，激战约三小时，我官兵抱必死之决心，阵地屹然未动，殊敌又由贾店经杨家棚增来二百余(炮一门)，会同原有之敌，悉向我大山坡猛扑，而刘家港之奸伪亦乘机向我第一营左侧背袭击，妨害该营向大山坡之增援，正苦战间，雷公店之敌二百余(炮一门)将晏店之新街中队击溃后，南下占领冯二寨、相鹤冲向我第三营阵地背后猛袭，该营浴血鏖战，卒因众寡悬殊，伤亡重大，被迫转移至胡家楼附近。第一营将奸伪击退后，仍占领养马畈以北高地。第二营据守八字门楼、大堰角阵地，至二十时，敌人先后增到大山坡、伍家咀等处者达千余。

三、军以集中兵力击溃进犯之敌，以利清剿之目的，当令右翼队深入石板河附近之部队即转移于天王寺附近地区，与翼队之主力连系，确保京北要点；左翼队深入仁和店附近之部队即集结平坝附近，联系该翼队之主力，确保平坝以南山地要点，并以全力反攻恢复原有阵地。

四、是晚左翼队之左挺进队第一营转移至白鹤岭、侯家坡之线，占领阵地；第二营转移至胡家楼、吕家林之线，占领阵地；第三营集结于晏大湾；第三八〇团（欠一营）挺进至槐树岗东南陈家凹、八步湾附近，并将原拨右挺队指挥第三八〇团之一营归还建制，位置于偏头山，准备翌日反攻；独立挺进第一支队移六合店附近整理。

七月二十二日　阴

昨日攻陷我大山坡、伍家咀之敌于本晨向我白鹤岭、侯家坡、胡家楼之第三八一团第一第二两营阵地攻击，战斗甚烈，敌我伤亡均众，旋经我第三八〇团先以一营赶到加入战斗，而该团占领偏头山之一营亦经冯二寨向大山坡侧击，协同向敌猛烈反攻，激战至十八时，敌因左侧感受威胁，仍退据大山坡、伍家咀之线。

七月二十三日　晴

一、于昨日退据大山坡、伍家咀一线之敌，因伤亡甚大，其大部于当晚乘夜分向宋河、贾店撤退；其一部于本晨拂晓亦被我第三八一团遂于五时恢复大山坡、伍家咀阵地；我第三八〇团之两营当分途尾追至贾店、罗店附近始撤回新街、杨家棚附近地区。

二、本晚以前，右翼队暂一师主力已集结于向家冲、天门关、六房咀、板橙岭间地区。其第三团与第六纵队及独立第二支队于杨家集、火龙垱、八字门一带，正积极肃清残匪，协助地方组织行政机构中。

七月三十一日　晴

奉总司令孙午卅未慎金电令要旨如左：

一、奉长官李午艳未计年电开：（1）第二二集团军应即停止向云应进剿任务，已挺进各部应撤至京山以北大山头、白兆山一带，肃清残匪，并以一部即接替第二十七师涢水以西防务。（2）第一二三师迅饬开襄樊归制，第三十一军（欠一师）应集结枣阳附近待命。（3）以上除分令外，仰即遵照具报为要。

二、仰即遵照，并由该师立即派兵一师接替第二十七师涢水以西之防务之要。

军基于上项电令，下达军作命第九号如左：

军作命第九号　七月三十一日

使用地图湖北省十万及五万分一

一、军以彻底肃清占领区内残匪之目的，即停止向应城、云梦挺进攻击。

二、挺进第六纵队并指挥暂编第一师之第三团(欠一营)，即以一部于杨家庙、火龙垱、八字门一带，积极肃清残匪，主力集结板橙岭、天门关、六房咀间地区，机动使用。

三、暂编第一师(欠第三团)(欠一营)并指挥挺进第二支队，即以约一个团之兵力接替第一二七师平坝方面之防务，于江晚前接替完毕，尔后以一部于平坝以南山地，积极肃清残匪，主力集结平坝、古城畈间地区，机动使用，并应注意三阳店、宋河之敌情。

四、第一二七师(欠第三八一团)(欠一营)并指挥挺进第一支队，将平坝方面防务交待后，即以约四营兵力接替第二七师涢水以西防务，务于微晚接替完毕，尔后以一部于王义贞店、雷公店以北涢水以西山地积极肃清残匪；另以一部控置于贯庄店附近，向随县、浙河、马坪方面之敌警戒，掩护军之左侧背，主力集结洛阳店附近地区，机动使用，并须注意平林市方面奸伪之回窜。

五、作战地境：

挺进第六纵队、暂编第一师：三里岗—小埠街—三阳店—宋河镇—罗店之线。

第一二七师：柳林店—永兴店—王义贞店—雷公店—花子店之线，线上属右。

六、军预备队第三八一团(欠一营)支晚进驻永兴店附近。

七、余在三里岗军司令部。

各部以于八月六日以前先后到达指定地区，并派队继续肃清占领区内之残匪。

以下接□匪我现态势。(如附图第八)〔略〕

〔国民政府军令部战史会档案〕

25. 陆军第八十四军在豫鄂区进击新四军第五师战斗详报

(1942年5月1日—8月15日)

时间一卅一年五月一日至八月十五日

地域一豫鄂边区

甲、进剿前彼我态势概要(四月卅日以前)(附图一)

一、奸伪新四军第五师(师长李先念)共约万四千余，其主力以陂孝敌后大小悟山、姚家山一带为根据，小部则分股盘扰于豫南信罗县境及鄂东安麻冈边境浠圻广梅各地区。四月下旬，乘我保四旅及四纵队出击陂河公路(黄陂至河口公路)之际，集中周志坚、罗厚福等部主力四千余，由匪首李先念率领，侧击我袭敌之友军，并攻占毛家集(即礼山县)，复于廿五日进据彭陈店(礼山东)，将我鄂东保一旅第一团(张维生部)全部缴械。吴林焕(十四旅长)部于四月廿日东窜巴河，廿五日袭占广济盘据安麻境内之程坦等部，亦向麻城西南地区移窜，以图滋扰。

二、当面之敌仍为第三师团，主力除以小部于四月七日分窜麻城、白果劫掠财物，当经我一八九师五六六团派队驱逐外，同时信罗之敌，复以一部兵力由罗山向南流窜绕道三里城，但经我军夹击，仍回窜原防。主力则分据各要点，凭险固守，无积极企图。

三、军于三月二十六日奉总部总参一调寅梗电担任豫鄂区之守备，并增加指挥鄂东各保安团队、第二挺进纵队暨地方团队，先以一八九师为基干，专负清剿巴河以东奸伪，尔后转用兵力肃清巴河以西之奸伪。乃于四月一日策定"豫鄂区剿匪计划"，并积极准备进剿工作（如在剿匪时期党政配合，与督导给养、服装之筹办，特工队连络，军官之训练，敌匪情之侦察，配属部队实力之调查等。）其间曾一度为应付敌人之出扰所延搁，延至四月下旬始准备完毕，旋奉总副座卯个电饬豫鄂区，除一八九师应仍照前令迅速行动，清剿鄂东奸伪外，应另以正规军一团配合第四挺进纵队主力，协同路西清剿军，先肃清平汉路以东，信罗以南，礼北以北之奸伪，肃清后，指定部队驻□该区，协助督导重建工作，尔后再进出于黄陂、孝感以北，清剿敌后潜余之匪军。依据预定剿匪计划下达参卯养申电令如左：

"1. 盘据豫鄂边区奸伪李先念部，约万四千余，分股盘扰信罗边境、礼陂边境、安麻冈边境及浠圻广梅各地区，其巴河以东张体学部四千余，旬来除一部千余留置原地外，大部向安麻冈地区移窜，求与礼陂方面匪军呼应，避我围剿企图，我路西友军（随北清剿区指挥官池峰城）准辰东开始行动，预定辰删前肃清应随以北匪军，尔后进出应山以南地区清剿。

2. 防区以肃清辖区奸伪，重创党政机构，以利尔后作战之目的，以正规军有力之一部配合保安团队、挺进部队暨党政总队主力，先肃清巴河以东及平汉路东，信罗路以南，礼山以北地区奸伪，尔后再转移兵力，协同友军由东向西，西北向南，将匪军余部压迫于礼南而歼灭之。

3. 豫南分区，除续行守备任务外，应以正规军一个团（欠一营），配合挺进部队主力于辰东开始行动，肃清平汉路东，信罗路以南，礼山以北地区匪军，并与路西友军连络，堵剿东窜匪军。

4. 一八九师（欠三个营）应以一个团（欠一营）兵力于辰东开始行动，由北向南，清剿英罗浠圻边境及浠圻县境内匪军，尔后待命向广梅地区挺进，扫荡余匪。该师五六七团续行原任务，迅速肃清安麻股匪待命，与巴河以东剿匪部队连系，压迫余匪于礼陂边区而聚歼之。该师其余部队，除以一营守备塍家堡及九资河仓库及以两营（含李奇铮营）归军直接指挥外，余为师机动部队，随师行动。师指挥所目前以推进乘马岗为宜。

5。鄂东分区应以一个保安旅及第二挺进纵队任堵剿，迅遵前令，于团陂及其以西沿巴河之线构成封锁线，断匪东西流窜，限辰东前部署完毕，辰佳前完成所要之封锁线碉堡。该分区其余部队续行原任务，英山、张家榜、黄梅之封锁线有我一七六师周雄团扼守，应径取连络。

6。各剿匪部队应极力避免对敌作战，俾早奏功。

7。关于党政事项，另令饬遵。

8。补给弹药随时报部，追补充粮秣除屯积另令饬遵外，每正规军之团，由军配属辎重兵一连，携备粮秣，随团行动。

9。卫生另令饬遵。

10。剿匪期间，军于鄂东设指挥所，本兼司令官亲赴指挥所督剿，行动日期临时电知。”

同时以参卯梗午会电令：饬豫鄂党政总队各大队分别配属各剿匪部队，以使军政并用，剿建齐施。

奸伪于四月廿二日北犯礼山后，复与我四纵队二支队及保四旅激战于礼山以北。我方颇有损失。故于廿六日乃令一七四师饬前令派出清剿礼山以北奸伪之五二〇团（缺一营），提前出发，兼程向礼山挺进，并令一八九师五六七团由七里坪向西扫荡，进占禹王城，以策应五二〇团之作战。

乙、影响于战斗之天候气象及地形之状态

当军剿匪之期适为初夏，天气温和，部队运动容易，惟时而暴雨，军队之行动不无障碍也。

豫鄂边境地区辽阔，形势险要，大别山脉蜿蜒其间，峰峦矗立，群山巍峨，且奸伪多潜伏于深山僻野中，凭藉地形之复杂，与山林之纵横，以作天然之掩护，故与大军之运动及补给诸多困难矣。

丙、彼我之兵力兵种曾与交战之敌部队番号及其指挥官之姓名

盘据于豫鄂边区之奸伪，为奸伪新四军第五师（师长李先念），其所部计有特务旅（罗厚福）、十三旅（周志坚）、十四旅（吴林焕）、十五旅（杨经曲）、第二纵队（黄林）、第三纵队（何耀榜），共计人约一万四千余，枪约一万枝，多数为诱胁当地之无知愚民及稍有知识之青年，素质复杂，训练缺乏，战力脆弱，惟赖荒谬宣传之掩护，聚散无常，流窜不已，故剿之亦靡易也。

军指挥剿匪部队为一八九师（师长张文鸿）全部，一七四师五二〇团（黄建猷）及五二二团之一部，配属指挥者有第四挺进纵队（李倜生）一部，第二挺进纵队（沈光武）及鄂东保安第二、三、四旅，其中配属部队虽兵员甚众，然素质低劣，战力薄弱，若无国军协助进剿，颇感困难。

丁、各时期之战斗经过及与有关之邻近部队动作

一、第一时期之进剿（五月一日至五月廿四日）：

甲、豫南

四月下旬，匪首李先念率部北犯礼山即（毛家集），乃命一七四师五二〇团提前兼程向礼山前进。该团奉命后，即于四月廿八日由光山出发，经南向店、宣化店、丰家店于五月一日已急进至礼山以北之冷涂家冲附近，五月二日晚一举而将礼山附近奸伪击溃，五月三日克复礼山，溃匪仍回窜礼孝敌后之老巢。

五月五日该团因任务关系，乃逐次北撤至黄陂站附近，一面机动策应各方面之进剿，一面搜剿黄陂站宣化店、古家店一带残匪，礼山防务暂交由保四旅负责。

五月中旬，当我各区已开始向奸伪进剿后，奸伪乃藉其狡奸

技俩，不时派出小股向我信罗及光经县境乘隙窜扰，企图牵制我之进剿，但均被我后方部队一一扑灭。

乙、鄂东

1。一八九师五六七团自本(卅一)年初进驻黄安七里坪即任防剿安麻奸伪任务，至五月一日奉命进占禹王城，以策应五二〇团之作战。该团奉命后，于五月三日即向禹王城急进，甫抵禹王城附近，即与匪罗厚福部千余遭遇，经我乘夜勇猛冲杀，卒将该地奸伪击溃。五月四日拂晓，该团复续向溃匪追击，匪乃向四姑墩以南窜去。是役，共毙匪三百四十余，遗尸七十余具，伤匪百廿余，俘匪二名，我伤士兵二名。五月五日该团因任务已达，仍撤回七里坪附近，续行肃清安麻县境散匪，先后于西张店、沙河集、江朝二各附近扑灭散匪甚多。

2。一八九师五六六团于奉命进剿巴河以东奸伪后，于五月三日由滕家堡进抵罗田县，即召集当地党政各首长商讨进剿事宜，五月五日进抵长岭冈附近，一面搜剿该地附近奸伪，一面施行侦察，准备向浠圻县境进剿。

五月十三日确悉奸伪张体学部二千余集结于浠水东策山山脉一带，企图筑工固守，防我进剿。该团乃于五月十六日拂晓，直向策山之匪进剿，当将匪警戒部队驱逐，直捣匪巢时，第二纵队亦进至界岭街附近，经我双方夹击，匪不支，纷向蒋家山山脉(界岭街西南廿里)溃窜。是役，计毙匪五六十名，拿获嫌疑匪四十余，夺获步枪四枝。

该团于扫荡策山山脉奸伪后，在浠广(浠水通广济)公路以北地区及三角山、仙人台一带搜剿残匪，并掩护党政重建，同时以保二旅之一部及第二纵队位于石头咀、界岭迄漕河之线(浠广公路上)，担任兜剿及封锁。

3。鄂东游击总指挥程汝怀奉命以一旅及第二纵队担任巴河封锁线，后只因第二纵队迟迟不动，未能遵命前往，故该线之封锁任务则交由保二旅及保三旅各一部担任，第二纵队则在漕河、刘公河一带搜剿，其余各保安旅则在原防地驻剿，无显著结果。

4. 军为期指挥灵活，督剿容易起见，乃于进剿初期（五月八日）即在滕家堡设立行营，军长亲赴指挥，五月十九日赴黄土岭参加鄂东党政军扩大联席会议，对鄂东之剿匪重建详加指示，旋赴黄冈、浠水、英山、罗山各县匪区巡视督剿，六月一日返抵滕家堡。

5. 当军进剿期间，我巢南区友军一七六师五二八团已奉命位置于英山经张家榜迄黄梅之间，担任封锁，截断鄂皖省境奸伪之流窜，并不断以一部兵力协助五六六团之进剿。

二、第二时期之进剿（五月廿五日至八月十五日）。

五月廿二日军鉴于进剿初期之战果甚微，且指挥上亦稍欠敏活，为期速收战果，根绝匪患起见，乃以辰参战养申行电，调整部署要旨如左：

1. 军队区分：（A）豫南清剿区（含礼山）指挥官一七四师师长牛秉鑫，一七四师，第四、第十三挺进纵队、保四旅及豫南暨礼山各县地方团队。（B）安麻清剿区指挥官保三旅旅长王啸风，保安旅两个团，张师谢团（缺一营），安麻各县地方团队。（C）浠蕲广梅清剿区指挥官一八九师师长张文鸿，一八九师（缺五六五团第二营及五六七团），保二旅，第二挺进纵队，浠圻、广梅、英罗各县地方团队。（D）军机动部队五六七团第二营，五六五团第二营。

2. 豫南清剿区，除续行守备任务外，仍应以正规军一个团配合挺进部队、保安旅团主力，负责该辖区内奸伪之肃清。另以李纵队之一个支队进驻经扶，并与路西池峰城军连络，堵击东窜之匪。

3. 安麻清剿区王指挥官于有日率所指挥之保安团向麻北之黄土冈推进，待谢团归入隶下后，即将麻北之奸伪先行肃清，继由东北向西南扫荡。

4．浠圻、广梅清剿区张指挥官应饬五六七团(缺一营)于宥日开乘马冈，归王啸风指挥，率所部及归军直辖谢团之一营于有日出发，经滕家堡开罗田、追所指挥之部队归入隶下后，即由西北向东南开始扫荡。

5．各区限于巳月底完成清剿任务，申月底重建完毕。

6．鄂东分区程指挥官除酌派一部担任巴河西岸之封锁外，仍应肃清黄冈县境散匪。

除军事方面，各区已遵照右令实施外，并令豫鄂党政总队以第二大队配属豫南清剿区，第二大队配属浠圻、广梅清剿区，第三大队配属安麻清剿区，以协助军事重建党政，兹将各区奉命后之进剿经过概述如左：

甲、豫南清剿区

〈1〉该区于五月卅日开始行动，以五二〇团移至周党畈，由北向南肃清光山经扶边境奸伪，另以五二二团一营及挺进部队三个大队进剿信罗路南北地区奸伪，保四旅进剿礼山以北地区奸伪。

〈2〉六月初，五二〇团附四纵队一个大队于扫荡经扶西北地区之流匪后，于六月八日晨分途向墨斗关(匪根据地)、凌云寺、陡沙河(经扶西)各地区搜剿，在古家店附近毙匪七十余人，获步枪二枝，迄六月中旬，仍在该区附近搜剿并饬重建。

〈3〉六月九日，五二二团第一营附四纵队一个大队，佳日由涩港店进占朱堂店，续向盘据黄城山（信阳东南）一带之奸伪攻击。

〈4〉十三纵队卅八支队(欠一大队)亦于六月十日进抵青山店(罗山西南)附近，协剿并掩护党政重建。

〈5〉六月初，保四旅派出第三团进剿礼山以北姚家畈北岸山、五岳山一带奸伪，但因该部实力脆弱，故无显著战果。

〈6〉六月廿二日，五二〇团(欠一营)附四纵队一个大队由经扶西陡沙河出发，先行扫荡天台山、老君山一带奸伪，续向黄陂站急进时，罗厚福部约千五百余尚集结于黄陂站附近，我乘其不意，向其猛攻，卒将匪主力击溃。是日，我遂攻占黄陂站。是役，计毙匪营连排长各一，士兵七十，伤匪百余，遗尸二七具，获步枪二，我亦伤连长一员，士兵十三名。

〈7〉七月初，五二〇团并指挥四纵队一个加强支队，奉命出击平汉路武广间之敌，策应九战区之作战，迄七月廿四日始奉命停止出击，其余各剿区部队，仍分散于各地续行扑灭残匪，迄八月初，五二〇团奉命调回潢川附近集结，准备应付淮北发现之怪异部队。

乙、安麻清剿区

〈1〉该区各部队〔五六七团(缺第二营)、保三旅(缺第三团)、鄂保八团(缺一营)于五月廿八日分别集结于麻城以北乘马岗、黄土岗各附近地区完毕。

〈2〉五月卅一日开始向西张店、河头店、林店一带奸伪进剿。六月二日，五六七团及保三旅第一团于驱逐该地附近奸伪后，乃推进至该线附近，续行搜剿残匪。区指挥部设黄土岗。

〈3〉六月七日，各部续向西推进至七里坪(黄安北)、江朝二、两道桥迄谢店(黄安东南)之线，将匪部驱逐并捣毁匪巢多处，然后在该线以西地区扑灭余匪甚多，同时区指挥部推进林店。

〈4〉六月廿三日，五六七团移驻桤树岗、七里坪、佛塔山(黄安西北)堵匪北窜，并肃清黄安迄河口以北地区散匪，保三旅第一团移驻两道桥、谢店一带，肃清黄安至宋埠公路以东地区奸伪，同时探悉匪卅九、四〇两团约千四百余溃集于歧亭、宋埠(麻城西)、八里湾一带，乃饬保三旅第二团于廿三日晚即乘隙向该匪突击。

〈5〉六月廿四日晚，保三旅第二团进抵歧亭、宋埠间扫荡，匪向北溃窜，我乘机急追，计毙匪廿余，俘匪二，我伤官兵共五。

六月廿五日，该团进占八里湾，捣毁匪税收机关两所，捕获匪犯三名。

两日来，其余各部在防地附近，亦积极搜剿，共计毙匪六十余，俘匪二。

〈6〉六月卅日晚，保三旅第一团向盘据邓家湾、槐树岗（八里湾西廿里）一带之奸伪五百余进剿，激战时许，匪即向东北溃窜，当尾追至大小金山一带，复与匪特务旅及卅七、卅八、卅九、四〇、边抗团等八个团兵约五千余遭遇，剧战一昼夜，该团以众寡悬殊伤亡甚大，乃据守吴三湾，匪即向我包围，冲锋肉搏者不下百次，七月一日午即派两营兵力驰援，对战至七月二日，匪不支，仓惶向黄陂窜去。是役，计毙匪五百八十余，遗尸三百余，伤匪七百余，俘匪四，获步枪卅一枝，我阵亡营长一员，排长三员，士兵一一三名，负伤官长十二员，士兵一三五名，嗣因该团损失奇重，乃于七月三日调回林店附近整理。

其余仍在原防地防剿奸伪，并配合党政第三大队督导地方政府，重建党政机构。

（7）八月一日，匪首李先念率卅七、卅八、卅九各团，共约三千余，围攻驻两道桥、叶枫河之保三旅第一团，剧战一昼夜，复经我五六七团及保八团主力驰援，匪复据险顽抗，经我奋勇攻击，反复冲杀，于六月四日卒将顽匪击溃，残匪纷向安宋公路以西溃窜。是役，共计伤毙一千一百余，俘匪十五，获步枪廿七枝，我阵亡官长七员，士兵八十名，伤官长八员，士兵八十名。

同时于八月二日至三日匪为策应其两道桥之作战，不断以小部奸伪向我驻七里坪之五六七团余部袭击，以行牵制，但均被我击溃。

丙、圻蕲广梅清剿区

1．该区张指挥官文鸿遵命于五月廿五日由原驻地（经扶）出发，五月卅日进抵罗田县。该区所辖部队（五六六团及五六五团第一营、保二旅及第二纵队）仍分布原地（巴河以东浠罗广各县境）搜剿。

2. 六月六日，在罗田召集该区党政军首长开剿匪重建会议，并策定进剿部署：以保二旅为广梅分区驻剿部队；第二挺进纵队为浠圻分区驻剿部队，担任各分区内残匪之肃清及掩护党政重建；该师各部为搜剿部队，由北向南扫荡奸伪，先将盘据广济之匪击溃，然后分途于区内搜剿追求匪之主力而击灭之，于六月十日开始进剿。

3. 六月十日，我搜剿部队开始行动，十一日以一部经长塘、角策山山脉向界岭街进出搜剿，掩护广梅分区部队之进入驻剿及浠圻分区驻剿部署，主力先将三角山（浠水东北）、回龙池、袁敬冲等地之奸伪击溃，然后进出刘公河，准备向广济搜剿。

十二日，我搜剿部队主力续向广济搜剿，盘据广济之匪略加抵抗，即分向栗木桥、大金铺等地逃窜，我分途追击，在两路口附近将匪四一团痛击，毙匪官兵数十名余，匪狼狈分股逃窜。

十三日，我广梅分区驻剿部队保二旅所部在我搜剿部队之掩护下，向广济推进，掩护党政重建，搜剿部队仍分途进剿各地奸匪，是日五六五团第一营在栗木桥、宫仁桥等地又将奸匪四一团再度痛剿，击毙其官兵六十余员名。五六六团第二营于十五日追至郑公塔附近，将奸匪向洪股击溃。

奸伪经我数日搜剿，大部沿滨江向西逃窜及渡过江南，广济县属已无大股奸匪，惟沦陷日久，零匪仍属潜滋，故搜剿部队，仍续在原地搜剿。

六月廿三日，据报：被我击溃之匪一部由滨江向西逃窜，至浠圻边境之大册桥、白羊山、福主庙等地勒税派款；于是我搜剿部队复经蒋家山、福主庙向该匪追剿，到达后，该匪已渡巴河向西窜去。六月廿八日，九江、武穴之敌乘我剿之际向黄梅、广济进犯，同日广济、黄梅沦陷，奸伪得敌伪之掩护，一部又回窜于滨江地带，似有乘敌我混战之际，乘机袭扰之企图，惟我洞察其鬼计，一面对敌作战，一面仍复继续搜剿，使匪无法施其伎俩。

七月六日，先后将黄梅、广济收复，所辖区内已无大股奸匪流窜，将搜剿部队分置于要点搜剿，以五六五团第一营控制于浠水附近，五六七团第二营住于英山附近，五六六团全部分置于黄梅、广济县境扑灭潜匪，第二纵队分驻漕河、界岭街、张家榜各附近，保二旅分驻于广济、黄梅，担任驻剿，并掩护重建。

丁军长行营，自六月一日于巡视鄂东各县返塍家堡后，为欲明了安麻豫南各区情况，并为督导推进军政起见，续于六月廿一日由塍家堡出发，西行经龟头河（麻城县府所在地）、阎家河、黄土岗，于廿八日抵林店（昔日匪巢），当即召集安麻清剿区各党政军首长开剿匪检讨会，检讨进剿以来之得失经验与教训，并策定而后重建之方针，卅日经两道桥（前为匪之根据地）而抵七里坪（黄安县府所在地），对军政剿匪配合开会指示后于七月二日抵黄坡站（五二〇团于六月廿二日始将匪驱逐所克复之匪巢）。三日进抵礼山丰家店对保四旅官兵训话，并开军政检讨会。五日抵罗山张家湾点验四纵队并训话（时四纵队与廿一纵队合并整编方完毕）。七日续经罗山县城（五月十七日将敌驱逐而克复者）孙铁铺。九日抵潢川，翌日召集豫南清剿区党政军各首长开剿匪重建检讨会，于七月十三日返回商城。

戊、进剿后彼我形势

一、进剿经过，各期匪情变换如附图第三。〔略〕

二、八月初，卅九军已继续由鄂北开至豫南潢川附近集结。八月十五日军奉廿一集团军兼总司令李副总司令张参一灰申代电及作战计划第七号，饬将本军鄂东防务移交卅九军接替。交防后，鄂东游击指挥部所属各保安旅团队及地方团队均改归卅九军刘兼军长和鼎指挥。第二纵队移交防务后开英山整训，归总部直辖。奉命后，卅九军先后将一八九师鄂东防务于九月十三日前接替清楚。

一八九师陆续开豫南接替一七四师防务。两师于九月廿一日交接豫南防务完毕。一七四师复于十月廿四日向周党畈附近集结，准备续向礼孝敌后奸伪扫荡。

己、剿匪所得经验教训

甲、奸伪之研究：

一、惯用战术：奸伪以其素质之不良，装备之窳劣，然为完成其扩大组织，充实力量，巩固根据地之迷梦，故不得不采用柔性之游击战术，以对我其惯用之战法，如左：

1。化整为零；

2。聚零为整；

3。钻隙兜圈；

4。昼伏夜行；

5。以大食小(集中优势之兵力袭击我小部队)。

二、战斗上之优劣：

A、优点：

1。情报绵密，行动迅速秘密；

2。奋斗精神及忍苦耐劳力均强；

3。部队政治工作良好，且各级干部掌握指挥灵活，故聚散自如，行动神速。

B、劣点：

1。装备不良，素质不一，故战斗力甚薄弱；

2。弹药补充、粮秣补给均缺乏；

3。一般士兵无战斗意志，仅盲目服从其指挥官之领导；

4。当战斗时，常吹奏冲锋号音，其目的在威胁我官兵心理，如我稍不沉着，即有受其震骇之虞，但我如沉着，予以反击，则匪必狼狈四散；

5。常利用其欺骗手段诱胁民众，久而久之，民众亦与之生反感；

6. 利用烧杀政策威胁无知民众，故民众敢怒不敢言，时机一至，民众必群起杀匪。

乙、我军对策及今后战斗上应有之改进：

一、我军对策(即防匪惯用之对策)：

1. "化整为零"：

(1) 利用党政力量及军事力量在匪区施行清乡，办理保甲切结，奖励检举，提倡自新(但对自新分子须使其确实有所保证方可允许，如使其携械投诚或杀死匪首)，并严定奖惩办法；

(2) 于交通要点，小路蹊径(尤以匪所惯窜者)，昼夜派出小部队卡守，捕俘化零四散之匪徒，或利用既设碉堡以行封锁；

(3) 利用民众盘查，哨瞭望哨，绵密封锁。

2. "聚零为整或整股未散"：

(1) 当妥为部置秘密行动，实行包围或夹击（区分多数纵队施行分进合击)，并判断其逃遁之方向，预先埋伏部队，实行伏击，一经与其接触，即不许其再行脱离；

(2) 若其化整为零，则以前条所述之方法以清之，如其成股逃窜，则不分昼夜衔尾直追，行超越追击；

(3) 多利用便衣武装部队，施行侦察并担任伏击。

3. 钻隙兜圈：为匪军以消极之避战，对我积极之进剿，最得意之战法，我若欲以堂堂正正之势求其主力而击破之，殊属不易，停止封锁堵剿，因地区辽阔，实不能阻止其流窜故应：

(1) 将停止之堵剿变为流动面式之搜剿。今后之军队部署当以营为独立单位，深入匪区握咽喉之，形成犄角之势，各营之距离可在一至二日行程之间，部署完毕，即行绵密之侦察，如其在我各营间之流窜，则实行夹击或迎头痛击；如其不在我各营之间而集结于他处，则以机敏之行动实行分进合击；如其集中优势兵力向我某一营围攻，我则以其他之部队施行包围而击灭之。

(2) 在接近匪区或匪惯窜经路之要点构筑碉堡，由地方团队派兵驻守，以断匪之流窜。

4．昼伏夜行：

（1）施行夜间游击：在昼间则派人四出侦察其惯窜路及常据地点，夜间则实行游击，但对行军警戒特须注意。

（2）匪若利用夜暗向我袭击，我应在驻地附近构筑工事，蓄备粮食，沉着固守，匪绝难得逞。

5．以大食小：

（1）我坚忍死守以待援，因匪战力薄弱，如我坚忍固守，则匪必不得逞。

（2）我若以正规军化装为地方团队，以诱匪，待其来袭，我反扑而击灭之；或以正规军之一部配合地方团队进入匪区，再另以正规军之一部密置于其附近之处，待其来袭，则内外夹击之。

二、我军应有之改进：

1．正规军多轻匪，故忽于警戒防范；游击（保安）部队多畏匪，故一战即溃，均应痛加改进。

2．整饬军纪为争取民众之先决条件，争取民众为剿匪之基础，故剿匪部队对军纪必须严加整饬，否则兵为匪徒所逞，而藉口分化离间。

3．军行所至，部队无论大小，时间无论久暂，均应构工备粮，严密警戒，并于远方四周派出便衣侦探，防匪来袭或流窜。

4．加强军队及地方情报机构，严禁谎报情报及扩大匪情。

5．进剿及追剿部队务须轻装急进，以达神速机敏之要求。

6．匪区粮秣困难，进剿部队务须携备三日以上之粮食。

7．利用地方士绅，协助军队进剿，健全地区组织。

8．对地方团队加以组训，使能协助军队担任堵剿及驻剿。

9．追剿时应不分畛域，实行穷追。

10．多利用夜暗，施行游击及远距离之袭击。

11．奸伪便衣队活动甚力，我军无论行军、驻军须注意警戒，免为匪袭击骚扰，反之我亦应多派便衣队以扰匪。

12。威胁匪徒家属，促其子弟从速归来，否则严惩。

13。奸伪常把握利用各地帮会，组织地方民众，故对各地之帮会应加以登记统制，并可利用以作内线。

14。对匪区应彻底施行经济及粮食封锁。

丙、党政与军事进剿之配合：奸伪以其薄弱之实力而得以蔓延滋长者，无他端，赖其党政运用与宣传煽动之得力，故今日之剿匪亦当以党政为首要，军事为辅助，即所谓三分军事，七分政治是也。

兹略举数端，以作尔后剿匪之参考：

A、以政治对政治：

1。树立廉洁风尚，整饬地方行政机构，铲除贪污；

2。建立基层组织，加强保甲训练；

3。清查户口，举办五家连保切结；

4。减轻人民不合法之负担，破除办理兵役各弊端

B、以宣传对宣传：

1。揭破奸伪阴谋及其罪恶；

2。宣传党义；

3。揭破奸伪不合我国国情之政治主张；

4。加强宣传工作，扩大宣传范围。

C、以组织对组织：

1。严密党之组织；

2。加紧军队政治工作；

3。奖励自新自首，并保证自新家属之安全；

4。健全特务工作，瓦解奸伪内部。

D。党政与军事切实配合：

1。督饬党政人员随剿匪部队行动，收复一地，即迅速恢复当地之行政组织；

2. 协助军事之进剿(如组设盘查，哨瞭、望哨、递步哨及担架队、运输队)；

3. 蓄备军粮，以备军食。

附　态势图两份〔略〕

　　战果统计表一份〔略〕

附记：

(一)当面奸伪之兵力(编制装备)：

一、基干部队计四个旅(特务旅罗厚福、十三旅周志坚、十四旅吴林焕、十五旅杨经曲)、一个支队(信应独立支队)，除十五旅及信应支队经常在平汉路以西随京一带活动外。其盘据豫鄂边区之奸伪计共约兵员九千余人，手枪一百三十余枝，步枪五千七百八十余枝，轻机枪一百七十四挺，重机枪六挺，迫击炮九门。

(二)分布(盘据及流窜)地区：

二、第五师部经常于路西中华山及北枣山与路东之姚家山一带：

第十三旅为特务旅，经常于礼、孝、陂、安、麻、岗一带；

第十四旅经常于巴河两侧之冈、浠、圻、广、梅、英、宿一带。

三、地方武力，计信罗方面：有第二纵队黄林及信罗联防总队张牧耘部，罗礼经边境第三纵队何耀榜部，安麻边区石建金程坦部，巴河东西两侧地区第一纵队残部（该纵队于六月下旬将其全部五个团编入第十四旅，所部尚余残部二百余人，改编为浠圻游击大队及浠水独立营，仍归张体学指挥)，综计上述兵员共约六千余人，步枪三千七百余枝，轻机枪廿九挺。

(三)进剿以来匪军损失统计：

四、计反正俘虏毙伤三千九百余人，损失步枪、手枪等三百余枚，轻重机枪数挺。

(四)目前兵力估计：

五、进剿前，当面匪军之基干队部，其最大兵员约为一万二千余人，除经我进剿以来，其兵员消耗三千九百五十余人外，估计其目前最大兵员约九千余人（另地方武力一第二、三纵队所部共约三千余人，素质甚差，武器窳败，战斗力甚弱）。

(五)进剿各期我军克复匪占领之要地：

1. 礼山于四月廿三日失守，五月三日收复。

2. 广济于四月廿五日失守，六月十二日收复。

3. 林店于廿九年十二月失守，卅一年六月一日收复。

4. 两道桥于廿九年十二月失守，卅一年六月七日收复。

5. 江朝二于卅年十二月失守，卅一年六月七日收复。

〔国民政府军令部战史编纂委员会档案〕

26. 陆军第廿一集团军李品仙部袭击豫鄂皖边区新四军作战机密日记

(1942年10月9日)

十月九日

一、命令通报报告主要内容：

遽奉委座卅机渝电：以大别山奸伪猖獗，饬即拟具根本肃清计划，从速实施。等因。本部遵即拟具豫鄂皖边区剿匪计划如次：

第一　方针

一、边区(兵团)为廓清匪军之目的，以第一线兵团之一部守备现阵地及对敌游击，主力配合党政力量逐步将有形无形奸伪匪军积极彻底肃清之，以利尔后之作战。

二、开始实施进剿日期为10月20日，预定3个月肃清之。

第二　指导要领

三、兵团清剿匪患，概分两期完成：第一期由本年10月20日至12月10日，此期间概以军事为主，对有大股匪军区域，派遣有力部队配合党政力量分途进剿，或协助友军堵剿，毋使有奸匪之盘据及重建地方党政，但同时对有奸伪潜藏及另星散匪之区域，则以一部兵力协助地方党政办理清乡。第二期由本年12月11日至（明）（卅二）年1月21日，此期间以政治为主，配合军事力量，专剿区内残匪及潜伏奸伪，务期根除，并抚辑流亡。

但对接近敌匪区域或已报剿灭之地区，应由当地党政军警负责防范，随时清查，毋使窜入，死灰复燃。在剿区期间，尤须注意于内奸伪份子之防检。

右述各期清剿及清乡工作完毕后，应由各区指挥官及地方党政机关分别呈报。

四、边区划为五个防区，各区境界即依边区兵团第七号作战计划之规定施行。

五、各防区之部队，第一线部队分为剿匪部队与守备部队，第二线为整训部队（在有命令指定者）。各区对匪患较重，或大股匪军区域，应以有力一部之正规军及挺进部队或保安团队编为剿匪部队，配合党政力量，搜求匪军主力而剿灭之，并即重建地方党政，并须于第二期完成清乡工作。至各区应如何划分清剿，或各该区指挥官拟定呈报。

六、各区部队在剿匪期间，应避免与敌决战，以期于短期内将匪肃清，至被剿而窜入敌境之股匪，应以一部筑垒守备，严防其回窜。

七、各区守备部队任对敌游击及原阵地之守备，但对潜伏防区附近之奸伪份子，应依前条办理，并须与剿匪部队相呼应随时就近堵截防匪流窜。

八、各区剿匪部队应以主力编为扫荡队若干，任对大股匪军之剿灭，以必要之一部编为肃清队任对溢出散匪之清剿及协助地方之重建工作。

九、各区剿匪部队进剿时，豫鄂党政总队大部份人员（部队政工人员）及地方党政人员在必要区域内，应随同剿匪部队行动，在每收复一地，即行协助清乡，编户保甲，加紧重建工作，恢复党政机构。

十、各区奸伪若化整为零，仍散窜在我扫荡区域内时，此时肃清队及地方党政机关地方团队应密切配合，积极展开剿匪工作，如期廓清之，依必要择要构筑碉堡，交由地方团队守备之，以防匪之回窜。

十一、各区地方团队、保安团队在扫荡期间非奉有特别命令者，应固守原阵地并尽诸种方法手段，断切奸伪之食粮与交通运输。

十二、各区剿匪部队在剿匪行动中特应注意秘密及机动，并与地方党政机关配合，严密情报网组织，随时侦知奸伪之行动及敌伪对我袭扰之企图。

第三　部署

十三、立煌区应以主力担任立煌之警备事宜及彻底肃清防区内之潜在恶化份子，以一部编为剿匪部队以任窜入区内匪军之搜剿，须于第一期完成清乡工作，但须随时准备以有力部队策应或协助邻区之剿匪。

十四、豫南区应以有力之正规军（约一个师）及挺进部队编成剿匪部队，配合豫鄂党政大队及地方党政力量，第一期先肃清盘据礼孝地区之匪军，同时另以一部对信罗方面匪军之监视，以防其东窜。尔后再转兵力将信罗地区之匪军剿灭之，掩护地方党政之重建工作，并对他区域之散匪及潜藏奸伪完全肃清之，对礼孝、信罗各区均应于第二期完成清乡工作，但依状况相机策应路西友军之剿匪。

十五、鄂东区应以正规军一部配合鄂东保安团队严密监视浠圻广黄附近之奸伪，相机剿除之；以有力一部(约两个团)及鄂东保安团队编成剿匪部队配合豫鄂党政大队进出八里湾附近，先肃清该方面之奸伪，尔后再进出高桥河，长轩岭之线，与豫南区剿匪部队切取连络，转向西北，彻底扫荡礼孝方面之奸伪，并协助地方党政之重建。右述各区域应于第二期完成清乡工作，但依状况，相机策应友军之堵剿。

十六，巢南区应以有力正规军之一部(约两个团)及挺进部队编成剿匪部队，配合地方党政力量清剿该区内之匪患，协助友军之进剿，堵截匪军之窜入。对巢湖东南、西南及匪患较重之区域，应于第二期完成清乡工作。其他区域，应于第一期完成之。

十七、巢北区应以有力正规军之一部(约两个团)及挺进部队编成剿匪部队，第一期先清剿巢湖西南、西北两地区附近之零星奸匪，及瓦埠湖。东北方面之奸伪，须于第二期完成其清乡工作。其他区之清乡须于第一期完成之，并须适时策应路东我军之剿匪，依状况相机策应淮河以北友军之防剿。皖东方面应以一部监视当面之敌，以主力及挺进部队编成剿匪部队，配合地方党政力量积极清剿该方面之匪患，确实重建地方党政须于第二期完成清乡工作。

十八、各区剿匪部队，在邻区境界附近剿匪时，应不分畛域，依必要，得越境追剿之。

十九、各区剿匪部队特应注意纪律之严明，俾与民众合作，以利进剿。

二〇、第二线兵团(第一七三师第二挺进纵队)，仍在毛坦厂附近整训。

二一、各区剿匪部队之通信，以无线电为主，以电话为辅，并利用其他手段补助通信。

二二、各区剿匪部队之给养，应依军粮办法办理，不得向当地索派，并应随时携行二日份之粮秣，以备补给之不继。

二三、各区剿匪部队之弹药应自行携带，但以不妨害轻装为主，不敷时，再由各区后方机关追送之。

二四、各区剿匪部队伤病者之收容，与后送由各区卫生机关自行担任之，依必要，得责成地方组织义务担架队辅助之。

第五　其他

二五、各区应随军之事之进展督导各县地方党政机关办理清乡，实行左列各事项：

1. 清查户口，登记民枪；

2. 举办五家联保；

3. 充实保甲组织；

4. 组织盘查哨；

5. 充实保甲情报网；

6. 健全乡镇保甲党的小组及乡镇地方之自卫；

7. 发动民众协助军队剿匪（如组织军粮运输队、义务担架队）；

8. 举办军民合作站，供应军事需要；

9. 清查户口及举办五家联保后，即印发国民身份证及通行证。

二六、各区地方党政机构应受剿匪部队最高指挥官之督导及指挥。

〔国民政府军令部战史会档案〕

27. 陆军第四十一军曾甦生部在湖北应山地区袭击新四军第五师机密作战日记

（1944年2月）

二月二十三日

据一二四师刘师长电话报称：奸匪第五师所辖应南应北大队

共约千余，窜扰界河、新店、应山县府，企图围歼该县地方武力，该方面守军（第七挺进纵队）未行抵抗，即行退走，应山县府派员请求增援。等情。本部即电话请示总部，准予派队解围。本部即转令一二四师派队解围。

二月十五日

一二四师乃派三七一团第二营由该团副团长由苍率领前往界河解围，而奸匪已先我以一部守备玉皇顶及一二三寨，我以进路被匪阻竭，乃于万家店西北高子坡附近停止，警戒侦察敌情，并作攻击之部署。

二月十六日

解围部队原部署以一连牵制正面，主力由玉皇顶以北地区迂回敌之侧背攻击，孰料于该营主力未运动到攻击准备位置，正面任牵制之第四连于铣七时三十分即自动先行攻击前进，迄十二时攻下玉皇顶及一二寨，而主力部队则仍未到达，旋匪以全力至界河增援反攻，该连伤亡甚大（亡十八、伤六、失踪三），损失亦重，被迫退却，令部作战计划亦因此反有失败而自陷于不利地位。此乃攻击计划欠周详，部队执行任务欠彻底，且骄敌心理之结果。

二月十七日

当面奸匪日来益增，共约三千人，一二四师因感于匪势浩大，以一营兵力诚难清剿，复请求增加剿匪兵力，本部经请示后，准予加派部队。

二月十八日

（一）一二四师决以三七一团之二三营及三七二团之二三营（欠一连）由严团长率领全部加入剿匪序列，军为因派出四个营于作战地境外作战，故重新调整部署，乃以三六八团由该团团长黄伯亮率领二个营向唐县镇推进，另报请总部派兵一团至枣阳为军预备队，（据张师长丑巧巳敖一电报称：奉总司令孙参建字第四二四号命令节开：着该师派兵一团于丑皓出发，首途开赴枣阳，归军部直接指挥。等因。遵派职师第三六六团附无线电一班于丑皓出发，号可到枣阳。

(二)一二四师丑巧酉参战电报：严团长剿匪指挥位置于谌家冲，预定号午后，各部就攻击准备位置，号拂晓开始攻击，并地方武力在组织中(略)。

二月十九日

一、本晨本部接历山情报所报称：“1．玉皇顶及一二三寨之奸匪已于18日上午11时退走。2．现玉皇顶及一二三寨由第七挺进纵队派队接守。”本部获悉是项情报后，即饬令一二四师迅查具报，并将处置报部。

二、一二四师午后电话报称：“1．当面奸匪于18日午后3时向东退去。2．师已饬严团长跟踪追击。”

三、综合以上两情报对照，即得以下结果：

1．奸匪乃于18日11时自动撤退。

2．一二四师严团长于18日晚或19日晨始接获是项情报。

3．经單电饬后，严团始行追击行动。

四、军因界河方面距作战地境线外五六十里之遥，故饬一二四师追击部队不得超过界河。

〔国民政府军令部战史会档案〕

28．第一战区临泉指挥所“防剿”指挥部在涡北袭击新四军战斗详报

(1944年8月28日—10月24日)

甲、战斗前敌我态势之概要

自中原战起，国军大部西调，敌人占据平汉全线之后，我豫皖边区形成孤立，奸匪欲乘机侵占路西，破坏抗建，为其来日夺取政权之根据地。匪首陈毅、彭雪枫、黄克诚等集结主力万五千余，于8月上旬分由苏北、鲁南西犯，先后击破我王传绶、刘瑞

岐、吴信元等挺进部队，窜据萧、永、夏、砀边境，有进犯边区企图。我当局为确保边区彻底肃清奸匪计，即于8月28日成立防剿指挥部于张村铺，命令暂十四师、暂三十师、骑八师、一一七师及涡北军区所属各挺进部队迅即完成战斗准备，并于9月11日进驻涡河之线，待机进剿，聚奸西犯之匪(参阅附图第一)〔图略〕。

乙、影响于战斗之天候气象及战斗之状态

自9月12日至25日天气晴朗，我军行动较为便利，惟涡北地区遭受敌伪匪连年骚扰，多已十室九空，大军经过，给养补充至感困难，且劫后民众缺乏组训，对于国军进剿每多不能援助，兼之保安山一带为我挺进部队历年所经营之游击根据地，有坚强据点之设备，芒砀山位其北，奶奶山位其南，互为犄角，地势险要，利于防守，附近道路悉已破坏，堑壕深陡，兵力转用维艰，此实使我军进剿增加莫大之阻碍也。

丙、匪我兵力部队番号及其主官姓名

一、奸匪部队番号主官姓名及兵力：

综合各方情报，与我对战之匪军为新四军第四师之第十、十一旅及第三师之第七、第九旅、教二旅、教四旅与骑兵团并运河大队，兵力约万五千余。其主官姓名如左：

新四军军长	陈　毅
第三师师长	黄克诚
第四师师长	彭雪枫
第十旅旅长	康志祥
第廿八团团长	赵　明
第廿九团团长	倪玉彬
第卅团团长	王其瑞
第十一旅旅长	滕海青
第卅一团团长	陈治国
第卅二团团长	陈胡子

第卅三团团长　张　明

第七旅旅长　彭明治

第十九团团长　胡炳云

第二十团团长　葛泽化

第廿一团团长　王加大

第九旅旅长　韩国治

第廿五团团长　王　林

第廿六团团长　潘隆昌

第廿七团团长　孙绍荣

鲁南军区司令　张广中

教二旅旅长　曾国华

教四旅旅长　王秉璋

二、我部队番号及兵力：

我军计有暂十四师、骑兵第八师、刘子仁纵队、刘显庭纵队之一部、刘树元支队、胡开祥支队。

丁、各期战斗部署及经过

十月十二日

情况及我军行动：

据报奸匪主力刻集结于薛家湖、张大屯、保安山一带，另一部约千余于本月10日流窜砀山以南地区，正与我胡庆鎏部在激战中。

所奉电令及处置：于本(12)日1时奉总司令陈酉真申电略开："希据下列四项原则，速向奸匪进剿：(一)于克日开始，限巧(18)日前完成任务，回到涡南待命。(二)务将各挺进部队带回敌后，重建根据地，不得逗留涡河附近，但涂建堂之唐支队及蒋心纯、周同等部可暂留涡河附近，以便尔后使用。(三)进剿部队可由铁佛寺以西地区北上东进，务勿过事分散及遭受过大损失。(四)总之，此次进剿完全振奋敌后挺进部队士气及率领涡河挺进部队重入敌后，建立根据地为目的。等因。遵即以防命字第七号（作命第一号）命令各部行动，其要旨如次："（一）本部决于明（13）日开始向薛家湖、保安山一带前进扫荡奸匪。（二）骑八师指挥魏振铎纵队之胡开祥支队为右纵队，于10月13日开始行动，14日到达百善站附近地区，15日即与左纵队切取连系，向洪河集之匪攻击前进。（三）暂十四师指挥刘显庭纵队之一部为左纵队，于10月13日开始行动，14日到达界首集附近地区，15日与右纵队切取连系，即向薛家湖之匪攻击前进，并应加强右翼警戒。（四）刘指挥官子仁指挥所部及胡庆鋆纵队、蒋心亮纵队、张朝纲支队于10月14日开始行动，15日即向太邱集以东保安山一带之匪攻击前进。（五）耿继勋、刘瑞岐部于10月14日开始行动，15日即向张大屯之匪攻击前进。（六）王副军长秉钺指挥一一七师及蒋心亮、韩金山各部巩固蒙城及其以北地区，并以一部进袭宿县以南桃园附近之匪，以策应主力军之作战。（七）暂卅师附刘树元支队巩固涡阳及石弓山据点，维护主力军后方之交通，并应随时准备策应主力军之作战。（八）部队无论行军驻军，力求秘密，应严密监视匪之流窜，并应绝对封锁我方消息，使敌伪匪无从探悉我军行动。（九）所有涡北永夏萧砀各县地方行政人员一律随队工作。（十）余现在涡阳指挥部，尔后推进至石弓山。

十月十三日

情况及我军行动：

一、当面匪情无变化；

二、本日各部开始遵照本部12日8时防指作命第七号命令行动，骑八师（附胡开祥部）于19时到达曹市集附近宿营，暂十四师（附刘显庭部）亦于同时到达龙山附近宿营。

十月十四日

情况及我军行动：

一、当面匪情无变化；

二、指挥部于本日14时进驻石弓山以南之张庄，骑八师（附胡开祥部）进驻石弓山东南大寺附近，暂十四师（附刘显庭部）进驻李楼，各就宿营并构筑工事，严密警戒。

处置：

本（14）日18时以防命第八号（作命第二号）命令，指示各部行动，其要旨如次：

（一）匪情如贵官所知。（二）本部决取分进合击势态，继续前进，将窜扰洪河集、薛家湖、王白楼、太邱集、大屋集一带之匪包围而歼灭之。（三）右纵队应于明（15）日推进至阎楼以南地区宿营。（四）左纵队应于明（15）日推进至王庄附近地区宿营。（五）两纵队前进时，应严密搜索并密切协同。（六）刘子仁及耿继勋部行动仍如前令所示。（七）暂卅师（附刘树元支队）仍以一部进驻石弓山，主力控制于涡阳至龙山间地区，策应各方作战。（八）指挥部于明（15）日推进至李集附近宿营。（九）余随在纵队后行进，尔后位于李集（菊集西）附近。

十月十五日

情况及我军行动：

一、匪情：据本部先遣谍报员捕获奸匪武装便衣郭洪盛供称："奸匪主力仍盘据薛家湖一带，另有小股向东南一带活动，似有阻止我军行动之模样。"

二、本（15）日晨我分左右两纵队向浍河以北薛家湖方向挺进，于16时许指挥部及右纵队到达菊集，左纵队到达窦楼附近宿营，严密警戒。

处置：

为歼灭奸匪主力计，决继续向北挺进，即于本（15）日20时以防命第九号（作命第三号）命令各部行动，其要旨如次："（一）匪情如贵官所知。（二）任务同前。（三）右纵队应于明（16）日继续向刘楼、王寨、王楼方向搜索前进，到达后，应严密警戒，构筑工事，

(四)左纵队于明(16)日继续向侯楼、柳河寨方向搜索前进，到达后，应严密警戒，构筑工事。(五)两纵队前进时应随时派出连络班互相连络，密切协同，规定第一次连络线为大孟庄、梁河之线，第二次连络线为王集、柳河寨之线。(六)余现在菊集指挥部，行进时在右纵队后指挥。”

十月十六日

情况：

一、本(16)日晨据报：奸匪有一股约步兵千余在苗庄东南一带活动，有袭击我军之模样。

二、刘子仁指挥所部本(16)日约可到达永城西十八里附近，惟与本部尚未取得连系。

午前之处置：

为驱逐苗庄一带之匪，乃以传骑送手令与左右两纵队：(一)与右纵队之手令：“1。有奸匪约千余刻在苗庄东南一带活动，有袭击我军之模样。2。该纵队应即在曹河沿、大曹庄之线占领阵地，驱逐来袭之匪。”(二)与左纵队之手令：“1。有奸匪约千余刻在苗庄东南活动，有袭击我军模样。2。本部及右纵队刻集结于曹河沿、大曹庄附近，准备驱逐该匪。3。该纵队应暂停止于李林附近，协助右纵队之作战。”

战斗经过：(参阅附图第二)〔图略〕

本(16)日晨7时许，本部及右纵队由菊集出发，行经曹河沿附近，据本部便衣谍报报称：“有奸匪约千余，自东北方面分股向我来犯。”当令右纵队及本部特务第一、二营（暂卅师八九团第一营，挺进第五纵队特务大队为特务第二营)在曹河沿、大曹庄之线占领阵地，准备迎击，于8时许，即与犯匪遭遇，我官兵奋勇攻击，激战2时许，匪受重创，退据冯庄、姬庄、菊集之线，与我对峙，形成胶着状态。

我左纵队于本(16)日晨出发后，其先头部队未能遵照命令确与本部取得连系，于9时行至罗官庄、黄营附近，亦与匪徒二百余遭遇，激战二时许，匪不支，向薛家湖方向窜去。该纵队于16时方始到达李林汁。是日战役，毙匪数十名，我亦略有伤亡。

午后之处置：

为便利尔后战斗，遂于本(16)日15时以防命第十号（作命第四号）命令右纵队及本部直属部队，其要旨如次：(一)奸匪约千余刻正与我对峙中。(二)本部俟左纵队到达后，即向该匪出击。现调整部署如左：1. 骑二团应占领大曹庄，构筑坚固工事，严密警戒。2. 本部特务第一、二营应占领三座楼，构筑坚固工事，严密警戒。3. 骑一团应占领杨楼，构筑工事，严密警戒。4. 本部及骑八师司令部并该师第三团进驻于阎楼，并由第三团配置警戒，构筑工事。(三)各部队统限16时前调整完毕。(四)余现在阎楼。

本晚战斗经过(参阅附图第二)〔图略〕：

本日来犯之匪遭受我军打击后，即于夜22时集其全力向大曹庄我骑八师正面猛袭，经该师官兵沉着应战，屡犯未逞，翌日拂晓前其向东北窜去。是役，计毙匪百余名，我无伤亡。

十月十七日

情况及我军行动：

(一)当面之匪，经我昨(16)日打击后颇形狼狈，主力向西北流窜，一部向东北逃窜，似有逃避我主力进击模样。

(二)此次进剿，我各部队仅带三日份给养，连日行军多已用尽，当地补充困难。

(三)刘子仁部本(17)日尚未与本部取得连络。

处置：

本部为与我刘子仁部取得连系，增补军食，并欲跟踪捕捉奸匪，予以扫荡，乃决向太邱集方向挺进，遂将右纵队改为左纵队，左纵队改为右纵队，于本(17)日10时以防命第11号(作命第5号)命令各部队行动，要旨如次：(一)奸匪主力已向西北流窜，一部向东北逃窜。(二)本部以扫荡该匪之目的，决于本(17)日继续向西北太邱集方向挺进，捕捉该匪主力而歼灭之。(三)骑八师（附胡开祥部)为左纵队，应即出发，严密搜索前进，于到达张楼附近后，应配置警戒，构筑工事。(四)暂十四师附刘显庭部为右纵队，即时出发，严密搜索前进，于到达罗楼附近后，应配置警戒，构筑工事。(五)两纵队行进时，应各派出侧卫及后卫，确实掩护主力前进，并切实互相连络。(六)余现在阎楼指挥部，行进时在左纵队先头。

战斗经过(参阅附图第三)〔图略〕：

本(17)日晚，奸匪第四师第三二团分两路向我暂十四师一、三团驻地终夜袭扰，以该师官兵沉着反击，匪不支，向东北逃去。是役计匪伤亡三百余，生俘十二名，我军伤亡甚微。

本晚之处置：

本日20时，以防命第12号（作命第6号）命令各部队要旨如次：(一)匪情同前。(二)任务同前。(三)右纵队于明(18)日到达姬庄附近宿营，严密配置警戒，构筑工事。(四)左纵队明(18)日到达太邱集附近宿营，严密配置警戒，构筑工事。(五）行进时，各纵队应派出侧卫及后卫掩护纵队主力前进。(六)余现在得道口指挥部明(18)日行进时，在左纵队主力先头。

十月十八日

情况：

(一)已与刘子仁部取得连系，该部于本日由陈楼出发，刻已到达保安山附近。

(二)据刘子仁报告：奸匪经我军连日追击，颇形恐慌，主力已向王白楼一带窜去。

处置：

为扫荡奸匪主力计，决继续向东北保安山挺进。本日20时以防命第13号(作命第7号)命令，其要旨为次：(一）本部决于明

(19）日继续向东北保安山方向挺进扫荡该匪。（二）右纵队于明(19)日7时出发，经洪小楼、李莱园、十字楼向王楼方向严密搜索前进，到达王楼，即以王楼为核心，严密配置警戒，构筑坚固工事。（三)左纵队于明（19)日7时出发，经黄寨、孟楼、乔楼、王阁、李奶奶庙向蔡瓜楼方向严密搜索前进，到达蔡瓜楼，即以该地为核心，严密配置警戒，构筑坚固工事。（四)两纵队行进时应派出侧卫及后卫，确实掩护纵队主力之前进。（五)余现在太邱集指挥部，行进时在左纵队主力先头。

十月十九日

情况：

本部于本(19)日行进至李奶奶庙附近，接到刘子仁报告："奸匪主力已于昨(18)日晚回窜保安山、芒砀山、山城集一带，正与本部在窑山集、陶山一带战斗中。

处置：

本(19)日12时许，以手令命左右两纵队行动要旨如次："（一)奸匪主力于昨(18)日晚回窜保安山、芒砀山、山城集一带。（二）我刘子仁部刻已占领窑山集及陶山一带，与匪对峙中。（三)两纵队应即遵照前令，继续向指定目标前进。"

战斗经过(参阅附图第四)〔图略〕：

本(19)日7时，我分两路向保安山方向挺进，于13时许，我暂十四师行至郑庄附近与匪接触，匪以优势兵力凭坚顽抗，经该师奋勇攻击，匪受重创，退据吕楼、李楼、我遂占领曹阁、棚厂、王楼一带，与匪对峙。同时本部与骑八师已进入蔡瓜楼、宋庄、刘庄等村落时，以天将黄昏，即各就宿营地构筑工事，严密警戒，入夜匪分两路向我暂十四师之王楼、棚厂、十字楼猛袭，一部向我刘子仁部陶山、翟庄正面窜扰，当即展开战斗，双方于两阵地间肉搏争夺，战斗至为激烈，当令骑八师派兵两连迂回匪后袭击该匪，匪受重创，退回吕楼，与我对峙。是役，毙匪千余，生俘甚多，虏获步枪十二支，地雷数个，我忠勇官兵亦有伤亡。

十月二十日

情况：

一、盘据山城集、保安山一带之匪，似有凭险顽抗，待援反攻之企图。

二、据报：(一)匪首陈毅亲率第七旅及十二、廿四团并骑兵团、炮兵团约步兵骑兵八千余，越津浦路，增援保安山。(二)鲁南、鲁西之奸匪张广中率教二旅、教四旅亦越道南犯增援保安山。

三、我刘瑞岐、耿继勋等部未能如期前进，协同作战。

处置：

当面之匪连日遭我痛击，伤亡甚重，故决定乘其增援来到一举攻击而歼灭之。遂于本日10时30分以防命第十四号（作命第八号）命令，其要旨如次：(一)奸匪约步骑兵三四千，现困守于保安山、芒砀山、窑山集一带，作最后之顽抗。(二)本部决向该匪攻击而歼灭之。(三)暂十四师应以有力之一部为攻击部队，先驱逐吕楼之匪，继向保安山前进，一举而攻略之。(四)刘子仁部以主力向芒砀山攻击，尔后协同十四师相机进攻山城集。(五)骑八师应派骑兵两连任刘子仁部左侧背之掩护。(六)胡开祥部应以一大队归十四师李师长指挥，加强张厂工事，严密警戒，以巩固我十四师之后方安全。(七)本部及骑八师主力仍控制于蔡瓜楼附近，随时策应各方之作战。(八)余现在蔡瓜楼指挥部。注意事项：

(一)攻击开始以山炮射击为号。(二)如占领某地，即以放火为号。

战斗经过(参阅附图第七)〔图略〕：

本(20)日13时，我攻击各部队按照预定计划，开始向吕楼及芒砀山攻击。当与奸匪展开激烈战斗约二时许，我暂十四师攻至吕楼外围，以奸匪凭寨顽抗未能攻下而芒砀山高耸云霄，屏障山城集，尤为匪我必争，我刘子仁部冒冲弹两攻至山麓，亦以奸匪据险隘守，未能继续进展，时已薄暮，遂令各部仍集结原阵地积极备战。

入夜20时许，奸匪倾全力分股向我暂十四师之王楼、曹阁、棚厂、十字楼及骑八师之梁庄、宋庄各据点猛犯，我官兵均能沉着应战，毙匪甚多，夜匪不顾牺牲继续来袭，战斗至为激烈，尤以王楼附近为甚。当即电令李师长激励士气，坚决固守原据点，并应派兵袭击奸匪侧后，以稳定王楼之守备。李师长以派兵困难，无法策应，遂令骑八师第二团及胡开祥一大队即向攻王楼之匪侧背袭击，此时守王楼之王团长电话中断，战斗益加猛烈，但李师长以情况恶化，意志动摇，再三请求撤退，转移阵地，致该师官兵失去战意，故决心转移太平集有利地形，再与奸匪周旋，遂电令暂十四师李师长应妥为部署，并派强大有力掩护部队向太平集西南地区前进，到达后应即构筑工事，整备战斗。余率骑八师及胡开祥支队即向太平集转移。暂十四师因部署未善，连络不确，致途中受匪袭击，颇受损失。余率骑八师、胡开祥支队虽受少数奸匪伏击，损失甚微，于21日早6时安全到达太平集。此时李师长率一部已到达指定地区，正拟集结部队，准备尔后战斗。据李师长已率一部向西南疾驰甚远，似向涡亳方向移动及据报匪主力约四个团乘机向西南窜扰，有犯涡阳模样，为保全我涡阳根据地，即率骑八师、胡开祥支队向涡阳前进，并令暂十四师经鄲县城向西南方向前进，防匪侧击，但因该师行动甚速，未能取得连络，遂未果。

十月二十一日

情况及我军行动：

一、据报奸匪主力刻经太邱集与埋头集间，向鄲阳集方向窜去，似有南犯涡阳及截击我军之企图。

二、我除令刘子仁部配置于太平集西南地区，掩护主力侧背安全，主力即向涡南转进，截击该匪。指挥部及骑八师于本(21)日到达夏邑西南十里铺附近警戒宿营。

三、据报我暂十四师继续西去，惟该师第一团于20日晚转进时被匪围胶着，在鄲阳集附近发生激烈战斗，损失甚重。

十月二十二日

情况及我军行动：

一、本日拂晓以来，奸匪主力窜抵龙山，与我暂三十师熊团发生激战，一部窜抵吴桥寺。

二、奉总司令陈酉戌夜电节开："着王军长毓文指挥，洪显成、廖运昇、马步康等三师，蒋心纯、涂建堂两纵队确实守备风台怀远间，与河溜、龙元、蒙城、涡阳亘尹沟之线，涡河防务置重点于左翼。"等因。遵即率领骑八师及胡开祥支队继向涡南转进，于18时到达泥台店附近宿营。

三、据闻暂十四师已于本日由大寺集渡过涡河南去。

十月二十三日

情况及我军行动：

一、本日吴桥寺方面之匪继向我八里庄暂卅师八九团及龙山八八团阵地猛犯，该团官兵沉着应战，毙匪数百余，匪复四面围攻，该团伤亡较重，遂转移彭渡口，与匪对峙中。

二、余率骑八师于本晚由义门集东渡过涡河到达沙暗楼附近。

十月二十四日

本日指挥部到达涡阳，骑八师到达蒙城关店附近。据闻：暂十四师已开赴原墙集，当晚即遵总司令陈酉戌应电所示，将涡河防务调整部属，以防命十四号（作命第九号）命令各部队要旨如次：(一)暂卅师附刘显庭、蒋心亮、周同、刘树元等部及涡阳地方团队任李楼（含）至石雁沟（含）间河防守备。(二)魏振铎指挥骑八师蒋心纯部任蒙城（含）至李楼（不含）间河防守备。(三)一一七师附怀远县团队任河溜至蒙城间河防守备。(四)余回至董家集军区司令部指挥。

戊、战斗后匪我之阵地及行动

匪于龙山与我战斗后，一部窜至曹市集、洪城□一带，主力仍盘据龙山附近，积极组训民众。

我军自在龙山与匪战斗后，大部转进涡河南岸，遵奉总司令陈酉戌应电令调整部署，巩固涡河(如附图八)〔图略〕。

己、作战之经验与教训

1．匪我之优劣点：

(一)我军之优点：

1．士气旺盛，攻击力强；

2．官兵沉着，愤〔奋〕不顾生，能支撑危局；

3．能吃苦耐劳。

(二)我军之劣点：

1．情况侦察不确；

2．射击技术不良，尤以重火器为甚；

3．挺进部队与国军连络未臻确实，不能发生整个力量；

4．夜间战斗教练不娴熟。

(三)奸匪之优点：

1．地形熟习，情报灵通；

2．企图旺盛，行动果敢；

3．兵力运用迅速灵活；

4．能聚散无常，化整为零，聚零为整。

(四)奸匪之劣点：

1．战斗力薄弱，不能作正面战斗；

2．士兵被欺骗入伍，军心不固；

3．初施小惠于人民，经久则搜刮无厌，人民怨恨。

2．奸匪惯用之战法及我军应取之对策：

(一)奸匪惯用夜袭、猛袭、奇袭、伏击诸战法，集中主力于一点，以造成局部优势；有效，则继续扩大，不成功则分窜远去，无影无踪，行动诡秘，使我感受威胁，故我军对策应搜索警戒严密，步步为营，坚强工事，稳扎稳打，遇其来袭，则沉着应战，俟其疲惫，则聚而歼之。

（二）奸匪惯于欺骗民众，运用侦探我军行动，故我应严守纪律，加强党政工作与之争取民众。

〔国民政府军令部战史会档案〕

29. 何柱国报告袭击豫皖边区八路军新四军计划电

（1944年9月4日）

渝委座蒋：（径密。表）。申支巳匏俨电计达。对豫皖边区奸匪窜犯之处置如下：（一）组织皖北剿防指挥部，以陈大庆兼指挥官、蒋珍翊副之；（二）已饬刘子仁、魏振锋分别指挥永夏及宿西挺进部队，确保涡北及涡西、另于涡阳、太和间集结骑兵一个师，步兵三个师、暂十四、暂三十四，百十七各师，伺机渡涡剿办，先确保永夏、宿进而收复肖砀；（三）原在丰沛、肖砀间之挺进部队，已饬积极整理恢复失地；（四）太康、淮阳、西华边境奸匪，已饬陈又新部剿办；（五）豫南、淮河两岸奸匪，已饬豫八、九两区专员指挥地方部队剿办，并分电豫南总指挥张轸、五十一军周军长协力以期扑灭。除示后情形续报外，谨电鉴核。职何柱国。申支。辰匏杰。印。

〔国民政府军令部战史会档案〕

六、对闽赣抗日游击队“清剿”

1. 蒋介石密令顾祝同等“清剿”闽赣边境抗日游击部队电

（1941年2月21日）

（1）致顾祝同电

(有线)急。上饶顾长官：〇密。据报：赣省共匪：(一)横峰、弋阳、上饶各县委特务队长谢兰声人十枪八，林镇瑞人枪各五，蒋炳光、严金生人枪各七，各特务员散在：1。横峰、霞坊、余塘；2。弋阳，西章、黄沙港；3。杨家桥、双溪口、太平、纸坊。以上各队均受县委指挥，首在掩护各级组织工作之推动及扩展武力。(二)横峰、上饶边境杨文瀚有百二十余人，长短枪七二枝、轻机枪一挺，以饶属乌风洞、黄泥岭等为根据地，该匪为共党外围武力。(三)鄱阳、赣北第一军长张强人枪各五百余，以分水岭、连荷山、茅屋岭、螺丝岭、茶塘、盘湾、侯家港、黄涌坝一带深山为根据地。(四)彭泽谢云山人枪各数十，踞彭泽、武山间，该匪受浮三区廖龙海指挥。(五)都昌李彭人六十余、枪二十余枝，踞武山下之黄金山，该匪受项英指挥。以上各地土匪即希分别负责，彻底清剿具报为要。中〇。马巳。令一元。印。

(2) 致陈仪电

(有线)急。南平。陈主任：〇密。据报闽省共匪：(一)闽赣游击队人枪各千二百余，以崇安为根据地，潜据崇安、建安及赣贵溪、光泽等县边境。(二)乌军有七百余人，枪四百余枝，以崇安为根据地。(三)曾镜冰有二、三百人，枪五百余枝，潜据崇安、长港源等地。以上各匪即希分别负责，彻底清剿具报为要。中〇。马巳。令一元。印。

(3) 致薛岳电

(有线)急。长沙。薛长官：〇密。据报：赣省共匪：(一)萍安莲边境游击队谭余保人枪各约二百余，以武功、明月、太平等山内为根据地。(二)宜春湘赣边境游击总指挥部李辉人数未详，枪五十余枝，以宜春峰顶山脉为根据地，匪巢在峰顶山铁炉背。(三)宜春便衣避役队(又名营生队)林和盛有六、七十人，手枪十余枝，亦以峰顶山为根据地，受李辉指挥。以上各地土匪即希分别负责彻底清剿具报为要。中〇。马巳。令一元。印。

(4) 致熊式辉电

(有线)急。泰和。熊主席：〇密。据报：赣省共匪：(一)铅山县委特务队长姚金生人十二，枪五，散住铅山各地，该匪受县委指挥，首在掩护各级组织工作之推动及扩展武力。(二)安福救生队彭侠民有数十人，枪四十余枝，踞安福五区泰山一带，现已窜往武功山。(三)兴国抗敌自卫军李树贤(化名张湘赣)人枪各百二十余，以东固山为根据地。(四)兴国避役队钟明新、何光道有数十人，手枪一枝，鸟枪十余枝、手榴弹七枚，以崇贤乡、太平圩、白芒一带为根据地。(五)兴国游击小组人数十、枪三十余枝，一部潜崇贤矿山，有枪十余枝，一部潜茶芫岗、浪川有步枪十余枝、短枪三枝。(六)瑞金闽赣游击大队刘国兴人百余，枪七十余枝，踞瑞金与闽长汀边界。(七)泰和逃生队刘赞臣、刘山辉人百余，枪六十余枝，以六□七十都、碧江洲、曹家、游家、津洞为根据地，与永生逃生队相呼应。该区为共党外围多逃役避役壮丁有可集四五百人。(八)吉安逃生队王子臣、萧家杰人百余，枪百三十余枝，以四区山地为根据地。(九)新淦逃生队马定国人数百，枪百余枝，踞匿活动于新淦、乐平、峡江、永丰边境。(十)信丰钟泽兴人数十，枪二十枝，踞信丰三区山地。(十一)虔南萧国冈人七十余，枪五十余枝，踞龙虔边境。以上各地土匪，即希分别负责，彻底清剿具报为要。中〇。马巳。令一元。印。

〔国民政府军令部战史会档案〕

（四） 第三次反共摩擦

一、加强对陕甘宁边区封锁

1. 第八战区修正围击陕甘宁边区特种作战兵站设施指导纲要

（1943年）

第一　方针

（一）本纲要以能适应我各兵团之新部署，使对奸匪作战各部队补给圆滑而无遗憾为主旨。（关于各部队新部署应由各级兵站分别向长官部、副长官部及集团军，总司令部请示录取）

第二　指导要领

二、此次对奸匪作战以地区辽阔，部队众多，补给任务繁重，应分为两部份办理：关中区由第八战区第一运输处负责陇东、宁夏、绥伊、陕北及兰州；河西各区由第八战区兵站总监部负责，但整个战区之兵站业务仍由总监部统筹督导。

三、作战开始时机尚待命令决定，但兵站应预先根据部队调动之兵力及期限，分别于指定各要点集结必要之汽车，并准备适量油料以便输送各部队如期到达准备位置。对于粮弹屯备、输力调配、卫生设施、通讯设备等务于本年十二月底以前完成一切准备。

四、第八区兵站总监部及第一运输处应依本纲要所示迅即实施，并详拟兵站设施计划呈核。

第三　兵站配备及任务

五、第三十七集团军兵站分监部归第八战区第一运输处指挥，必要时并由运输处派遣必要人员设置办事处于咸阳（郲县或宝鸡)，以资策应。

六、第八战区独立兵站分监部及第十七、第三十八、第三各集团军兵站分监部归第八战区兵站总监部直接指挥，必要时并由总监部设置办事处于宁夏，以资策应。(届时可将现驻靖远之兵站支部调驻宁夏作为办事处基干，另于靖远派设有力分站一个。)

七、各兵站分监部任务如左：

1．第三十七集团军兵站分监部任关中兵团之补给。(但隶属三十四集团军之部队必要时仍由第三十四兵站分监部补给之。)

2．第三十八集团军兵站分监部任陇东兵团之补给。

3．第十七集团军兵站分监部任宁夏兵团之补给。

4．第八战区独立兵站分监部任陕北兵团之补给。

5．第三集团军兵站分监部任第三集团军之补给。

八、各兵站配备应由第八战区兵站总监部及第一运输处统筹调设。(其现有单位、番号、驻地、详附表第一)〔表略〕

九、第二线兵团及后方守备各部队之补给，其部队驻地如系在各兵站分监部管区内者，即由该管区之兵站分监部担任之；其在总监部或第一运输处直属管区内者，由总监部及运输处分别担任之。

十、各兵站分监部将来之位置应视战况进展，由各分监秉承各该兵团(集团)总司令之指示设置之。

第四　兵站基地主地

十一、第八战区第一运输处：

兵站基地——西安

兵站主地——咸阳　三原——邠县

十二、第八战区兵站总监部：

兵站基地——兰州

兵站主地——平凉——宁夏——陕坝——桃力民——武威

第五　兵站管区

十三、第八战区兵站总监部与第一运输处之原有直属管区，应应由总监部按照部队新部署及兵站补给任务，酌予调整，重行划分。

十四、各兵站分监部应以各该兵团(集团)作战地境为其管区，并由兵站总监部依据战区对奸匪作战计划分别规定之。

第六 兵站线路

十五、第八战区兵站总监部及第一运输处暨各兵站分监部之兵站线路，除原已布设者仍旧使用外，并应注意如左之措置：

1. 蒲城——白水〈宜川、洛川〉线之调查利用

2. 〈平凉——静宁、兰州——秦安〉天水后方线之布设

3. 兰州——靖远——中卫——宁夏线之布设

4. 兰州——武威线应延伸至民勒

5. 宁夏——横城——盐池线之布设

6. 宁夏——灵武——吴思堡〈惠安堡、金积——豫旺〉线之布设

7. 宁夏——平罗——石咀山——新召〈桃力民、鄂托克旗〉线之布设

8. 榆林——高家堡——神木——府谷线之延伸布设

9. 东胜——神山——沙梁镇——府谷线之延伸布设

第七 粮秣补给

十六、第八战区作战部队军粮，除经常给养应照案运补外，另于各要点依各该方面部队之兵力，分别筹屯一个月至二个月之用量，并限于十二月底以前屯足，以资准备。(其分屯地点如附表第二)〔表略〕上列各要点应需屯粮，除将陕甘两省特案屯粮及兵站三个月控制粮已屯之数尽先拨抵外，不敷之数即由陕甘两省三十一年度欠粮及三十二年度配拨新粮提前催收运屯。关中区，由第一运

处负责催办；陇东区及第八兵站总监部直辖区，第二兵站分监部管区，由第八兵站总监部催办，绥伊陕北区即请傅副长官饬绥省府将三十二年度配拨军粮及委购军粮提前收屯；宁夏区由第十七兵站分监部负责催收运屯。

十七、上列各要点屯粮应配置之库所，除利用兵站及粮秣处原有者外，如有不敷，由第八兵站总监部及第一运输处各按管区酌量调拨。

十八、马粮一项，仍由军政部发给马乾费交各部队自行就地采办，另请军政部转催粮食部，根据商定筹办战备马粮案，于陕甘宁青绥各省照四万九千五百四马数，先行筹购一个月马粮交兵站在各要点屯备，以为必要时向前线运补之用。

十九、军盐仍照食盐公给办法办理，必要时由兵站将保管之屯盐酌量运补。

第八　弹药补给

二十、兵站屯积主要弹药（步机弹、中口径迫炮弹、手榴弹等），应按各兵团及第二线暨后方、守备部队兵力分别准备，计：关中区：十六个师，步机弹两个基数，迫炮弹、手榴弹各三个基数，陇东区、八个师；宁夏区：八个师；绥伊陕北区：十个师；兰州及河西区：十四个师，步机弹两个基数，迫炮弹、手榴弹各三个基数。另为陇东宁绥部队准备二十六个师，步机弹一个基数，迫炮弹、手榴弹各一个半基数。总共约需准备五十六个师之步机弹两个基数，迫炮弹、手榴弹各三个基数。（其各地应屯备弹药种数如附表第三）〔表略〕此外枪榴弹及手枪弹依规定基数比例配屯，各种山野榴炮弹及战防炮弹按实有火炮门数，每门准备一百发至三百发。（视火炮性能与后方库存多寡而定）至后方无存品之炮弹（如七五迫炮弹等）只可就部队及兵站现有弹药使用，并将弹药情形由兵站总监部呈明战区司令长官部，以便适时调换其他火炮使用。

廿一、兵站弹药应按作战计划，就各兵站基地、主地及前进补给各要点，分别运屯之。

廿二、各部队携行弹药应于作战开始以前由兵站分别予以补足，各部队务须全部携带。

廿三、兵站应准备之各种弹药，除现有者外，不敷之数，由本部通知军政部请迅就宝鸡、兰州各库拨足，并请军政部在宝鸡、兰州各地控存两个基数之主要弹药。

第九　交通运输

廿四、兵站汽车之配备如左：

1. 辎汽第四团第一营营部率第一连驻兰州，配属第八兵站总监部；第四营之第十二连应开宁夏，配属第十七兵站分监部，亦〔以〕备调兵，不可轻易使用；第四营之第十一连原定开驻酒泉，并挑选好车一排开驻哈密，配属当地分站，但在部队尚未大部开驻河西以前，暂由总监部妥为掌握，以厚输力。

2. 辎汽四团第四营营部及第十连暨第一营之第二、第三两连，由该团团长率领驻在兰州，配属陕甘公路线区，除必要时担任军运外，均应集结整训，以备机动策应之用。

3. 配属总监部、分监部使用三个连，其所需油料应按三个月用量分别运屯之。

廿五、战区内控制之汽车配备如左：

1. 辎汽四团第三营七、八两连，由营部率领驻咸阳。

2. 辎汽四团第二营四、六两连，由营部率领驻平凉。

3. 辎汽四团第二营第五连及第三营第九连(缺一排)由副团长率领，驻邠县。

4. 以上各连车辆集结整训，专任将来调动部队之用。

5. 平凉应屯汽油四万加仑，邠州、咸阳各屯三万加仑备用。

廿六、兵站人兽输力之配备，应依左列各项要领办理之：

1. 关中区：第三十七兵站分监部补给十六个师日需粮弹(168)吨，按一日行程配备计，需输力(336)吨，第一运输处及第三十七兵站分监部共配有大车五个大队，驮马一个中队，驮驴两个中队，人力四个中队，手车三个中队，共计输力(340)吨，可经常担任一日行程(三十公里)之运补任务。

2. 陇东区：第三十八兵站分监部补给八个师日需粮弹(84)吨，按一日行程配备计，需输力(168)吨，第三十八兵站分监部现配有大车两个大队，驮马两个大队，驮驴三个中队，人力两个中队，共计输力(185)吨，可经常担任一日行程(三十公里)之运补任务。

3. 宁夏区：第十七兵站分监部补给八个师日需粮弹(84)吨，按一日行程配备计，需输力(168)吨，该分监部已核准配设骆驼四个大队，(加强西北兵站输力案内：宁省应征驮马现改征骆驼一千头。又委座申东侍参电饬购骆驼一千头，应请马副长官迅即征购拨交该分监部接收，共编四个大队。)人力两个中队，共计输力(334)吨，可经常担任两日行程(六十公里)之运补任务。

4. 绥伊陕北区：独立兵站分监部共补给十个师日需补给粮弹(105)吨，按一日行程配备计，输力(210)吨，该分监部已配设骆驼十个大队，牛车三个大队，共有输力(972)吨，可经常担任四日半行程(一百三十五公里)之运补任务。

廿七、第三兵站分监部补给六个师日常粮弹(637)吨，按一日行程配备计，需输力(126)吨，已饬由总监部拨配骆驼一大队，大车一大队，人力一中队，共计输力(140)吨可经常担任一日行程之运输任务。

廿八、第八战区兵站总监部共计已配属大车三个大队，骆驼一个大队，驮驴一个中队，人力五个中队，应注意重点配备，尤其对绥宁陕北区及陇东关中区之策应与补给运转。

廿九、第八战区兵站总监部及第一运输处暨各兵站分监部应依实际需要，将所属各输队适宜配置于各重要运输线，担任运输。

(详附表第四)〔表略〕并注意督饬各输队积极整补充实，尤其兵站总监部对于加强西北兵站输力案内应征编之车马骆驼各队，务速催收编齐应用。

三十、第八战区各级兵站所属输队，应随军事之进展适时调整配置，以期达成追送补给之任务。

卅一、凡已配备建制输队各线，应以尽量利用建制输力为主，其余不敷输力概以利用地方输力协助之。

卅二、各县军运代办所为地方输力之征调管制机构，应由各级兵站机关就近切实督导，务使组织健全，俾便随时征雇应用，以利军运。

卅三、兰州、宁夏应由兵站总监部分别控置必要之船筏备用。

卅四、对于战区内新筑或修筑各道路，应随时注意其交通状况，妥为利用。

第十　通信

卅五、第八战区兵站总监部，除原有五十瓦机无线电台一台仍旧外，另调本部特九台十五瓦机一台担任第二级中心电台工作。又第一运输处第卅四、第卅七、第卅八各兵站分监部及平凉第二兵站支部、陕坝独立兵站分监部均各利用原有之通信设备。

卅六、调整及新拨通信部队核定如左(详附表第五)〔表略〕：

1. 吴忠堡之独通二营四连十四班电台调配宁夏第十七兵站分监部使用。

2. 敦煌之总监部第三电台调配酒泉第一兵站支部使用。

3. 张掖之总监部第四电台配调靖远第三兵站支部使用。

4. 桃力民独立兵站分监部之第一兵站支部应拨配十五瓦机一部，由通二营预备连第九班担任。

5. 东胜、榆林两分站各拨配十五瓦机一部，由独通二营预备连第十班分拨各半班使用。

6. 第十七兵站分监部所需有线电话一班，应商由该集团军总司令部指拨通信部队配属之，至器材已由本部商请交通司补充。

7．第八战区兵站总监部宁夏办事处所需通信机构，可即利用将来由靖远调驻宁夏第三兵站支部之通信部队。

8．第一运输处咸阳办事处所需无线电台由本部加拨十五瓦机一部，交由配属该处之电台于必要时拨派半班人员随往设置。

卅七、各兵站机关，除使用本身通信设备外，应妥为利用原有部办、省办及部队之通信设备，以补不足。

第十一　卫生

卅八、预计对奸匪作战部队总兵力约五十六万人，以作战员兵四十万人，按伤病率百分之五计算，应有总收容量二万人之准备。

卅九、第八战区兵站总监部及第一运输处应就现有卫生机关（番号、驻地及单位数详附表第六）〔表略〕，依照此次作战部署，统筹调配，灵活运用。

四十、第一运输处对于咸阳至邠县与三原至洛川及三原至郃阳各公路之重要点，应速分别加强布设卫生机关，并迅就西安、宝鸡、武功各方面选定收疗基地，从事必要之设施。

四十一、第八战区兵站总监部，对于长武至宁夏公路，与由宁夏通鄂托克盐池暨榆林通盐池各大道，以及由东胜至神木、府谷与东胜至榆林各线，应速分别加强布设卫生机关，并迅就宁夏、兰州、天水、双石铺各方面选定收疗基地，从事必要之设施。

四十二、各地区伤运应尽量利用回空输力。

四十三、关于各卫生机关医药护理人员与看护、担架士兵以及卫材担架与被服等，应切实督饬整补充实。

四十四、第八战区兵站总监部及第一运输处各应储屯所辖兵站卫生机关三个月用量之卫生材料，并补充部队应需之救急包等项

第十二　监护

四十五、第八战区兵站总监部所需监护兵力，应就原有监护部队指挥使用。

四十六、第一运输处、第三十七兵站分监部、第三十八兵站分监部、第十七兵站分监部、独立兵站分监部及第三兵站分监部所需监护部队，应由各该处部呈请副长官部及各集团军总司令部分别拨派部队担任之。

〔国民政府军令部战史会档案〕

2. 吴锡照关于袭击陕甘宁边区筹划兵站等事项报告

（1943年9—10月）

报告　十月一日于参-科

谨将奉谕赴侍从室第二组第六组及军令部与各主管人员面洽要案情形摘列于左：

一、第八战区

（1）关于咸宁公路及由宁夏通鄂托克（改为东胜）、盐池重要大道各要点使用兵力，为陇东兵团、陕北兵团之各序列部队。

（2）对陕甘宁边区奸匪作战部署，除鄂托克已改为东胜骑兵一军外，余照原计划不变。

（3）关于原附件二后方设施概要之一——七各项已由侍从室承办会令下达，饬由交通部从速完成。惟据罗参谋告交通部申复困难，但会指复仍应照原案办理，不得延误。

（4）兵站及部队携行弹药数量表，现尚未拟定。据罗参谋告携行数拟按照军政部规定之携行数办理。至兵站屯备数量，须俟与军令部商定后再定。

（5）作战时间：预定一个月半。

（6）输力准备各项：均系依照朱长官要求所需数量而定，然亦无详细计算，如本部准备有困难时，可签拟办法。（或由军委会令饬各省府征购交兵站）

（7）关于朱长官申感天明电内所称之计划第五项：后方之设施输力准备各项，即系指附件二之九项各款而言，并已由侍从室复本部矣。

（8）此项计划仍由侍从室主办，并不交军令部，但已将本案情形通知军令部主管二、三人而已。

（9）我军及奸军态势如附抄图〔略〕。

二、收复宜沙案

（1）作战计划修正部份如原稿内修改。

（2）第五、六战区炮兵使用统计，如附表。

（3）七四军昨日午后仍决定不使用。

右项　理合将洽商结呈乞

鉴核。谨呈

部长俞

副部长端木

职吴锡照

第五战区炮兵部队

部队番号	口径	种　　类	数　　量
16AR	7.5	法　　野	24门
重迫炮第一团第一营	15		16门
55A炮兵营		克　　山	6门
63A炮兵营	3.8	野　　炮	12门
41A炮兵营		克　　山	6门
12A炮兵营		克式山 六式山	7门 4门
30A炮兵团		克野 达野	9门 12门
共六营炮八十六门			

第六战区炮兵部队

8 AR	7.5	法　　野	24门
重迫炮第四团	15		18门
重迫炮第一团第二营	15		6门
18A 炮兵营		俄野 榴	5门 4门
73A 炮兵营	7.5	轻　　榴	10门
77A 炮兵营		日野 山	4门 5门
59A 炮兵团		克山 克野　俄榴	8门 8门　4门
94A 炮兵团		克 俘式山	14门 8门
共八营　　炮114门			

甘肃河西兵力驻地一览表

卅二年九月廿一日令一亨调制

番　　号	主官姓名	驻　　地	备　　　考
42A 军部	杨德亮	武威民勤间	
预 7 D	严　明	武威民勤间	
西北交警总队	谢义铎	武威民勤间	
新 4 D	周熙龙	肃州敦煌玉门一带	接交警总队及预七师防务
91A 军部	周上璠	武　　威	
暂58 D	叶　诚	武　　威	
骑10D	陈延生	张　　掖	
陆军混成旅	徐汝诚	酒　　泉	主力酒泉一个团驻哈密

〔国民政府军令部战史会档案〕

3. 蒋介石密令马鸿逵派兵布防宁夏灵武一带袭击八路军电

（1943年9月12日）

马副长官勋鉴：兹为防止奸匪窜扰，第十七集团军须选派精锐步兵一个师(168D或35D)、骑兵两个旅，统一指挥，担任宁夏、灵武附近守备，并随时准备出动。又另派出步兵一个师移驻平罗，分一团驻磴口。以上各师旅番号，均须先行呈报并限于九月底以前到达。其余集团军主力亦应完成随时出动之准备。中〇。申元。侍秦。

〔国民政府军令部战史会档案〕

4. 新编陆军第三十七师政治部呈送陕北封锁线守备计划电

（1945年5月19日）

陆军新编第三十七师快邮代电　情字第185号

重庆军委会政治部部长张钧鉴：谨将本师目前兵力部署，守备计划，赍集一分，随电附呈钧览，恳祈钧座鉴核备查为祷。陆军新三十七师副师长兼政治部主任林华钧。辰皓。华情。叩附。陕北封锁线第二守备区第一分区守备计划一分。

中华民国三十四年五月十九日

陕北封锁线第二守备区第一分区守备计划　华治情第一八五号　新编三十七师

民国卅四年五月十九日政治部　第一科呈

第一、方针

1. 师为防止奸军南犯，确保洛川、黄陵、宜君等据点及咸榆公路交通安全之目的，一部配置于第一线碉堡，主力控利置于后方重要据点，相机转移攻势，以击破当面进袭之敌人。

第二、指导要领

2. 敌如抽调大军正然向我进攻，企图窜扰我后方时，应固守洛川、隆坊、七里镇、建庄及黄陵、宜君诸要点碉堡，而确保守以待后续部队增援、予以歼灭之。

3. 敌如以主力攻击某一地区时，除邻近地区队对敌部队袭击扰乱外，并由总领队增援予以歼灭之。

4. 各据点间之空隙，由各地区队洽派部队游击、并组织便衣队以为耳目，务期封锁严密。

5. 通敌主要道路应予以彻底破坏以阻止敌进袭路。

6. 各据点周围已构筑坚固防御工事，并储存供十日之粮弹、水草、燃料。

7. 各据点守备队非奉到命令不得擅自放弃碉堡而出击，以防敌之诱袭。

第三、兵力部署

8. 师于五月十日奉命向右延伸碉防至洛川、训村之线。

9. 步一一零团〔欠一营（欠步兵机关枪各一连）〕附无线电一班为右地区守备队，以一营兵力守备训村（含）亘河地（含）间各要点附近之碉堡，其余部队控制于洛川附近任洛川县城之守备，并支援其守碉部队。

10. 步一零九团〔欠一营（欠步兵一连）附无线电一班为中央地区守备队，以四连兵力守备河地（不含）亘柯罗寺、段家湾（含）间各要点附近之碉堡，其余部队控置于隆坊附近，任隆坊之守备，并支援其守碉部队。步一一一团以步兵一营控置于七里镇，受一〇九团潘团长之指挥，任该地守备，并支援当面之守备部队。

11. 步兵一一一团（欠一营）附无线电一班为左地区守备队，以步兵一营（欠机枪一连及步兵一连）守备段家湾（不含），亘建庄至一三九八二高地间各要点附近之碉堡，以一营兵力控置于宜昌，任该城之守备，团直属及步兵机关枪各一连守备建庄，并支援其守碉部队。

12. 各地区队之战斗地境如左：

新三十七师
第二守备区
第一分区

榆林河——训村之线（线上属左）。

右地区

交口河——河地——南村之线（线上属右）。

中央地区队

陈家原——段家湾——双柳树之线（线上属右）。

左地区队

石马庄——油坊台——王家河——13928高地——13672高地之线（线上属右）。

第二守备队

13. 师直属部队及一零九团之一营（欠机关枪、步兵各一连）位置于黄陵附近，任黄陵县城之守备。一一〇团之步兵一营（欠步兵、机关枪各一连）为总预队，位置于交河附近，以策应洛川及隆坊间之作战。

14. 各地区防务之交接于本月十八日晨开始，当日黄昏完毕。

15. 控制于洛川、交口河、七里镇、建庄、黄陵、宜君各地部队正积极整训中、并依照师颁训练要点，限于七月二十日完成。

〔国民政府军令部战史会档案〕

二、对鲁南豫南八路军袭击

1. 李延年等报告袭击鲁南地区八路军电

（1945年7月）

（1）电之一

中央执行委员会钧鉴：奸伪战报：（甲）鲁东昌邑十五纵队王司令豫辰筱电：铣我军进剿鲁北夏店、三区堂、石桥、东塚一带奸伪，毙伤五十余，俘六，获步枪八、九。鲁南淄川廿八纵队程司令骏通辰文电：我军进剿黄家峪奸伪，毙伤廿。鲁西：一、鱼台申司令从周辰敬电：巧栋我军进剿滕东南韩村及滕西湖口、石口一带奸伪，毙伤廿余，俘五，获步枪二、马二，伤连长二。二、高唐第三纵队张司令樾臣辰有电：敬日特务营在高平边区腰站与奸伪激战，毙伤奸伪廿余，我伤连长二、士兵二。三、十八旅李连祥部辰有电：梗在齐河西即屯与奸伪遭遇战，毙伤奸伪廿，我被俘兵一。未完。职李延年、臧元骏代。巳佳。总诚一。

（2）电之二

中央执行委员会钧鉴：续总诚一电：四、曹县第六纵队司令孙性斋巳冬电辰养奸伪犯我裴武孀、崔楼，掳去武庄中学生十余名。又辰世我军进剿梁堤头、祝口、陈河集、姜庄奸伪，毙伤十余，获步枪八，俘奸伪十一，我伤兵一。五、单县十九纵队司令陈伯杨辰有电：文马寨冬日我军在城武王申楼、曹县王楼、张油房奸伪毙伤五十余，俘五。六、鱼台十纵司令赵毅轩辰卅电：敬我军往剿邹桃、城枰奸伪，毙伤指导员一、兵八一。鲁北：一、邹平十四纵队司令张斌濡辰梗电：马奸伪千余犯我猷桑楼被击退，奸伪遗尸十二具，获步枪十，我伤兵四。二、寿光张司令景月辰有电：马奸伪千余犯我益都西徐振中团，我亡兵四、伤八。又，敬奸伪赵寄舟部千余犯我莱园子被击退，毙伤六十余，我伤亡排长以下十一，失纵五。三、历城廿五纵司令岳伯芬辰佳电：微我军在历济边区沟杨家毙伤奸伪十余，获步枪廿三。四、桓台卅五纵队司令隽宇澄辰文电：我军在兴福镇茅河毙伤奸伪廿余。续完。职李延年、臧元骏代。巳佳。总诚二。

〔国民中央执行委员会档案〕

2. 豫南挺进军袭击正阳蓝青店陡沟一带八路军新四军战斗详报

（1945年1月）

（甲） 战斗前匪我态势

、奸匪

自平汉线沦陷后，豫鄂皖边区奸匪日益猖獗，以政治配合武力，逐渐向路东地区蔓延，企图蚕食大别山基地，扩大赤区，威胁中央，以造成不利抗战之局面。自十二月下旬以来，奸伪新四军第五师李先念部及由陕北窜来之奸匪第八路军贺龙部，合计六千余人，装备齐全，同时窜至淮北路东一带积极向东进展，企图与皖北奸匪连成一气。元月十五日以后，其先头部队与我淮防守军逐渐接触，遂造成蓝青店清剿之役。

二、我军

军自汝南埠战役结束后，主力控置于汝南埠岳城附近，积极整训，并以一部占领王岗镇、寒冻、油坊店、铜钟、陡沟各据点，监视当面敌伪及防止奸匪之窜犯。

三、友军

军右翼为十二军，左翼为鄂东兵团。

（乙） 战斗地区、时间及当时之天候：

一、战斗地区

正阳西南蓝青店、陡沟一带平原地。

二、战斗时间

三十四年元月十七日起至二十三日止。

三、战斗时之天候

时值冬令，天气严寒，风雪遍地，行军宿营均觉不便、土木工作尤感困难。

（丙）敌我交战兵力、番号、主官姓名

一、敌军兵力、番号、主官姓名：

奸匪第八路军第一军贺龙部队：第一师董士豪，人枪二千余，步炮十余门。

新四军第五师李先念部队：第二十七团尚毅兵力千余；第三十七团闵兰俊兵力千余；豫挺第二团李卓英兵力千余；淮北支队赖鹏兵力千余(土共)。

二、我军兵力、番号、主官姓名：

第十三纵队第二支队董九渊(兵力如附表)〔略〕。

第十四纵队阮勋。

第十五纵队第一支队袁家政。

第二十纵队王慈博。

（丁） 战斗经过情形

元月十五日奸匪豫挺第二团千余，附土共千余，猛袭蓝青店我守军正阳团队。十六日夜，该匪又将板桥店、王店（铜钟西九公里)两处团队击破后，窜蓝青店及其以西胡冲店一带，当派王司令慈博星夜往援不及，该团队损失颇重。

十七日得悉蓝青店现有匪军两千余，胡冲店及其西南地区之匪正在集结中，似有大举向东窜犯之模样。军以击破该匪东窜企图之目的，当派二十纵队王司令慈博为进剿指挥官，指挥二十纵队并十五纵队之第一支队，以先发制人之手段，决心先将蓝青店之匪肃清，然后进出胡冲店以西地区，将淮北奸匪一鼓尽歼之。

同时并派朱教育长其平率十四纵队主力，并十三纵队之一部，由汝南埠、王岗镇两地向十三里庄集结，以策应前方部队之作战准备，予当面顽匪以更有力之打击。十八日午刻我进剿部队在徐庄(铜钟南五公里)附近集结完毕，由十五纵队袁支队长家政指挥，自现地出发向蓝青店方向推进，入夜到达钟家店西北地区就攻击准备位置。当令二十纵队欧阳大队为右翼队攻击蓝青店东面，十五纵队向先清大队为左翼队攻击蓝青店南面，另以两个中队位置于蓝青店西北六王庄附近监视胡冲店方向之匪，任攻击部队左侧后之掩护；一个中队沿板桥店至蓝青店大道前进，任攻击部队右侧后之掩护；其余一个大队位置于钟店附近为预备队。

十九日拂晓，我攻击部队以分进合击态势开始向蓝青店攻击前进。我向大队长先清身先士卒奋勇突进，先后夺回奸匪阵地十余处，匪被我压迫退守蓝青店寨内，我当将该匪全部包围，匪凭坚顽抗鏖战至午，突由萧店方向窜来悍匪千余向我左侧背猛袭，寨内之匪亦同时向我夹击，我虽腹背受敌，犹苦战待援，迄未刻我援军分途驰至，当即向匪夹攻，肉搏十余次，始将我蓝青店攻击部队救出重围，从容退回原阵地。斯役，匪我损失均重，入夜我仍转进钟店与匪对峙中。

二十日，我十四纵队及十三纵队之第二支队先后在十三里庄（钟店东七公里）附近集结完毕后续向钟店方面增加。当日侦悉萧店及其以南地区集结奸匪正规军约两千余，有大举向我进犯企图。蓝青店方面之匪亦有待机蠢动模样，当令朱教育长其平统一指挥该地各清剿部队，并令第一线部队加强工事，待机反攻；令王勉夫支队为陡沟守备军，对萧曹店之匪严密戒备，并积极搜索蓝青店一带匪情，防其东窜。未刻，淮南奸匪五百余由魏塆、孙庄向我陡沟守军进犯，猛扑数次，均未得逞。

二十一日上午十时，蓝青店奸匪两千余分两路进犯钟店，与我当地守军血战至下午四时，双方伤亡均极惨重入夜仍在鏖战中。

同日午后三时，萧店悍匪董士豪部（系奸伪八路军第一军贺龙所属）三百余（内有迫击炮十余门）突向陡沟包围猛扑十余次均未得逞。黄昏后匪藉炽盛火力掩护再度猛扑，寨西北隅被匪突破，战王支队长勉夫驰救不及，遂率所部死守城东各碉堡，与匪在陡沟市中发生最激烈之巷战。此时匪势嚣张，情况万急，我全体官兵皆抱必死之决心，虽弹药奇缺，仍苦斗待援。当夜陡沟方面战时吃紧，我遂变更部署，令阮司令勋率所属十四纵队暨十三纵队之第二支队乘夜暗向陡沟疾进，侧击包围陡沟之匪，援应王勉夫支队作战。

二十二日拂晓，我转用部队到达陡沟东北地区，当即分两面向包围陡沟奸匪侧背猛攻。我陡沟守军闻援军大至，勇气百倍，争先出击，激战至午，匪腹背受攻，锐气尽失，强支至未刻，被我全部击溃，纷纷向淮南龙井方向逃窜，狼狈万分。我追击部队直追至河岸附近，匪遗尸五十余具窜去。

二十三日辰，我钟店附近部队向蓝青店方面之匪反攻，同时我陡沟阮勋部队亦在蓝青店奸匪侧背威胁，匪仓惶万状，遂弃蓝青店西窜胡冲店一带。奸匪闻陡沟失利，相率溃窜。我当派董支队长九渊率十三、十四纵队各一部分三路向西扫荡，子敬先后收复胡冲店、江店、萧曹店等要地，残匪遂告肃清。综计自子皓至子敬，恶战六昼夜，击伤奸匪千余，毙匪五百余；我伤大队长以下官兵一百余，阵亡三百余员名，士兵生死不明者三百余名。以上战斗经过情形，已逐日分报层峰及有关机关暨友军各在案。

（戊） 战斗后敌我态势

一、匪军

匪自被我击溃后，损失奇重，遂退守淮南顾店等处。第八路军董士豪部回窜大小悟山一带，已不敢轻谈东进矣。

二、我军

军为一面休整，一面防范奸匪再度窜犯计，遂于子卅调整部署如左：

1. 十四纵队接替二十纵队任务，守备淮防。

2. 十五纵队调汝南埠附近整补。

3. 二十纵队调岳城附近整补。

4. 十三纵队董支队归建。

（己） 战斗后之检讨

一、敌我优劣比较

(1) 敌军(奸匪)优劣：

甲、优点：

(一)装备较我为优。

(二)情报确实。

(三)兵力运用比较灵活。

(四)攻击企图旺盛。

乙、劣点：

(一)作战缺乏持久力。

(二)弹药缺少。

(三)官兵心理矛盾（奸匪里士兵良民居多一遭挫败即行星散）。

(2) 我军优劣：

甲、优点：

(一)官兵皆能吃苦。

(二)官兵因受主义薰陶，故意志坚强，无怯敌心理。

(三)上下团结巩固。

乙、劣点：

(一)情报不确实。

(二)因通讯器材缺乏，致连络未能适时迅速。

二、所得经验与教训

(1) 经验：

(一)查奸匪此次对主攻目标之攻击，尝以最大兵力集中一点，不顾一切牺牲，果敢直前；我军固守碉寨，往往陷入被动地位，蒙受极大损失。今后如不力求改进，争取主动，势必再踏覆辙。

(二)敌情资料之汇集为指挥官作战决心之依据，我各级情报人员向缺乏训练，致战时敌情不明，影响所及，实非浅鲜。今后无论对敌对匪作战，均应注意谍报之迅速确实。

(2) 教训：

（一）平时警戒，应特加注意。奸匪狡黠，其部队因不固守一点，运用较我灵活，尝以飘忽不定之战术，使用快速部队，作大距离之奇袭。我方平时警戒不周，往往为彼所算，子删王店之役，匪军兵临城下，而当地团队尤未发觉，遂至全军覆没，蒙受重大损失。今后应提高部队警觉性，随时作战斗准备，庶几有补于将来。

（二）第一线兵力使用不可过大。此次战役，奸匪当我正面酣战正烈时，突以精锐部队猛袭我左翼（陡沟），我正面（钟店方面）兵力使用过大，致策应兵力抽调困难，我左翼部队遂受惨重损失。今后对奸匪作战务改进，最初第一线兵力应力求节约，预备队兵力，以较大为有利。

〔国民政府军令部战史会档案〕

三、对晋绥八路军袭击

1．朱绍良报告袭击乌旗八路军电

（1942年5月18日）

兰州。急。渝委座蒋：据傅长官辰元电称：御密。（一）乌旂奸叛最初联合军民混合，共约千余，经我节节进剿，毙伤三百余，散去百余，我收复乌旂府时向西南昌汉脑包付蠡西亥庙退窜，灰日经我包围扫荡，击毙四十五人，残余逃窜，现已接近奸区。（二）奸伪方面以少数人策动蒙人暴动，实有其事，协同叛徒作战尚未发现事实。（三）乌旗西南之叛徒已伤。何师继续扫荡，迅予彻底歼灭。等情。谨闻。兰州朱绍良。辰巧。辰天震（二）。印。

〔国民政府军令部战史会档案〕

2．陆军第六十一军梁培璜部与八路军孙定国等部在山西太岳区战斗详报

（1944年4—9月）

一、浮山米家垣等地战报　四月廿五--廿九日

第一、战斗前我叛态势之概要

（一）我军态势：军部及直属小部队驻东张村附近；暂四十八师浮山以北左村、霍寨堡、杨家掌地区；七十二师控置于梁家河西王北陈村间地区；六十九师据守二峰山，四峰山据点，挺进二纵队段村、杜村地区。

（二）叛逆态势：叛太岳区第三军分区司令部附七七二团盘据四十里岭以东塞圪塔附近地区；三八六旅沁水属端氏镇附近地区；五十四团分驻赵城秦家圪塔；五十七团主力米家垣分一部于归家垣；三十八团李家堡迤东景疯子；太岳游击支队五十亩，原附近地方游击队分驻浮山南北，共约兵力八千余人，日来不断以小部到我阵地前活动，扰乱破坏我行政设施。

第二、影响所及于战斗之天候气象及地形

（三）影响于战斗之天候，日出五时三十分，日没六时四十分。二十六日天阴暗，夜无月光。二十七日至二十九日时阴时晴。

（四）地形：连山地黄土质，起伏不平，沟壑纵横，雨天泥泞难行，重兵器运困难，不适于大兵力作战。

第三、我叛之兵力交战，敌兵之部队番号及主将指挥官之姓名：

（五）我之兵力番号及指挥官姓名：六十一军军长梁培璜，辖六十九师、七十二师、四十八师三个师各一部并配属山炮一营、工兵一团（欠一营）、第二挺进纵队，兵力共约六千余人。

（六）叛之兵力部队番号及指挥官姓名：（甲）战斗初期系三军分区司令员孙定国指挥五十四、五十七、七七二团及青城游击队，兵力约三千余人。（乙）战斗中期三八六旅由四十里岭以东增来，旅长王海亭辖十六、十七、十八三个团（七七二团原即到四十里岭附近），兵力约三千五百人，三十八团及洪赵游击支队共约兵力千五百人，统计兵力共约八千余人。

第四、攻击部署及其主要理由并关于所下之命令：

（七）攻击部署及其理由：

甲、攻击部置：第六十九师（配属炮兵一连）除确保四峰山、二峰山主阵地外，以一部任打援部队。二零七团主力于二十五日下午九时开始行动，向盘据米家垣之叛逆，五十七团主力用奇袭强袭之手段歼灭并迅速占领之，以备围歼向我反攻之叛。另以有力之一部于核桃岭附近，准备主力对米家垣夜袭开始时，进歼丁家圪塔叛之排哨后迫进红枣凹，以援助主力之作战。第七十二师（欠二一六团配属山炮一连）于二十五日下午十二时前，主力经古路霸东西要向湾子里急进，并于古路霸东西要村各留有力之一部，以其余向陈家圪塔徐进，均限于二十六日上午四时前到达指定地点，依六十九师袭米家垣部队所发信号弹，得以判知之成果。自拂晓起，将油房圪塔、吉家岭归家垣叛之警戒部队歼灭后，即协同六十九师围歼吸引向我反攻之叛逆。

第二挺进纵队（六五支队）随同七二师以狙击侧后潜伏沟内之叛逆小组及由沟内逃窜之叛逆。

军长梁培璜率参谋副官及二一六团第二营挺进二纵队第五支队为总预备队，于二十六日上午四时前集结于堌堆庙、母儿凹地区。

乙、前案理由：

1. 军为控制浮东后交煤窑区，解除军民燃料困难计，拟在后交南侧山地建立强固据点而固守之。

2. 使上项目的顺利完成，须先将盘据米家垣之叛五十七团主力歼灭，以减除右侧背之威胁。

（八）关于作战所下之命令：

军作命令第二号

命令　四月二十日下午七时于东张村军司令部

一、叛情如别纸要图（如附图二）。

我四十八师自十九日以来既已完成据点工事，分向霍寨、茶坊、下安子、南北卦地、杨家掌一带叛逆施行扫荡，并向下安子、杨家掌推进，碉堡正顺利遂行中。

二、军拟捕捉米家垣叛五十七团之主力而歼灭之，并以该地为守点，吸收附近叛，于该地区运用主力依守点攻击之要领包围而歼灭之，乘机在油房圪塔、十里原及后交南侧山地建立据点而固守之，以控制后交煤窑区。

三、第六十九师除确保四峰山、二峰山主阵地外，于二十三日上午二时三十分开始捕捉米家垣之叛逆而歼灭之，并于该地作迅速之占领准备叛逆向我反攻而围歼之。如夜袭不能顺利遂行时，该部应分置于丁家圪塔、花池窑附近，准备协同七十二师主力围歼米家垣附近地区之叛逆，并准备以火力遮断赵城村至米家垣道上之交通，夜袭任务达成时，须发绿蓝色信号弹连三发，不能顺利遂行时须发红色信号弹连三发。

该师配附之山炮连须推进于堌堆里附近，对米家垣及其迄东及东南地区准备直接射击。

四、第七二师之主力并配属山炮兵一连于二十二日黄昏后在现地秘密完成准备，于二十三日上午二时三十分由现地出发，分向陈家圪塔、古路霸、湾子里迅速前进，依六十九师所发信号弹而判知之成果，迅速完成所要之攻击准备，在六十九师夜间行动顺利完成时，该师应秘密到达指定地点，先行静伏，俟叛部向米家垣返攻时，即从外围予以包围，逐次迫近，内外夹击而歼灭之。在六十九师夜间行动不能顺利进行时，该师到达指定地点后，应即向米家垣，归家垣地区进行包围，俟完成包围后，集中炮火压倒叛逆突入而歼灭之。

在以上两时机须顾虑叛可能应援之方向，而适当控制打援部队。

五、挺进二纵队应以主力在七十二师主力之其后行动，准备协力并顾虑其两侧谷地之清扫工作。

六、二一六团第二营及挺进二纵队第五支队之主力为总预备队，于二十三日上午五时集结堝堆里、母儿凹地区。

七、各部任务完成后，第六十九师及总预备队即日回复原防，第七十二师应以预定之部队，分向油房圪塔、十里原及后交南侧山地迅速建立碉堡而确保之，在工事构筑中应控置主力于适当地区，以资掩护，挺进二纵队主力亦配合该师之行动。

八、通信以无线电为主，军师指挥部所携之电台应每隔十分钟连络一次（行动中例外）。

九、行动时一律轻装，但须携带二日份熟粮。

十、关于构筑碉堡所需材料及煤窑之开采与道路之修复，须由第七十二师与浮山工作团直接连系，而获其助力。

十一、余等现在东张村军司令部，二十三日拂晓，到堝堆庙总预备队位置。

右令

六十九师、七十二师、暂四十八师、杨纵队。传达法：笔记送达。

军　长　梁培璜

参谋长　祁应午

（九）二十二日正午至二十三日黄昏，因天阴雨，当以电话令各部暂缓实施。二十四日天晴，对各部复下如左之命令：

军作命第三号

命令　四月二十四日下午一时于东张村军司令部

一、因雨阻未能实施之作命第二号，应再予加强，并实施之。

二、叛情及我目的无变化，惟昨（二十三）日叛有向米家垣运送食粮模样。

三、第六十九师（配属炮兵连、工兵团）除确保四峰山、二峰山主阵地外，于二十五日下午九时开始行动，以主力经堝堆庙、核桃岭、萧家角、桐树凹、务于二十六日上午三时前由张前岭向米家垣之叛逆并用奇袭、强袭歼灭之，并于该地作迅速之占领，准备在该地附近诱歼向我反攻之叛逆。另以有力之各一部留置于萧家角、桐村凹、张前岭及南岭里(张前岭东约三公里)各附近，分别对赵城村、秦家圪塔、驼腰里阻断叛五十四团之增援，多方设伏以狙击之，并再派一部于核桃岭，准备主力对米家垣夜袭开始时进歼丁家圪塔叛之排哨、进迫红枣凹，以援助主力之作战。

如该师主力不能顺利遂行原计划时，应确保到达之地点，准备于拂晓时共同包围米家垣之叛而歼灭之。

夜间袭击成功时，须发绿蓝色信号弹连三发；如不能遂行时，须发红色信号弹连三发。

师炮兵应推进于堌堆里附近，准备对米家垣、赵城村及其中间地区施行有效射击。

四、第七二师(欠二一六团配属山炮连)于二十五日下午十二时前后，以主力向湾子里急进，并于古路霸、东西要村各留有力之一部，以其余向陈家圪塔徐进，限于二十六日上午四时前到达指定地点，依六十九师之主力所发信号弹得以判知之成果，而为所要之准备。自拂晓起，分向油房圪塔、吉家岭、归家垣扑灭叛之小部聚歼于米家垣附近地区，但在周师主力夜袭开始时，应以轻快之一部迅速扑灭油房圪塔叛之排哨，以声援周师主力之夜袭。

又拂晓攻击开始后，切须顾虑判可能应援之方向，适当控置打援部队。

五、挺进二纵队(欠第五支队)宜随同七十二师以狙击侧后叛逆小组之目的，积极协力其行动。

六、二一六团第二营主力及第五支队为总预备队，于二十六日上午四时前集结于堌堆庙、母儿凹地区待命。

七、其余均依作命第二号实行。二十六日拂晓前，余等到堌堆庙总预备队位置。

注意：细部事项参照预计各部行动经过要图。(附图三)〔略〕

右令

第六十九师、第七十二师、第二纵队。

传达法：笔记交付命令受领者。

军　长　梁培璜

参谋长　祁应午

二十四日下午二时致四十八师曹师长命令要旨如左：

军以先歼灭米家垣叛逆五十七团主力，尔后在后交南侧山地建立据点，以控置煤区之目的。令六十九师、七十二师各以两个团之主力于二十五日下午九时开始行动，用奇袭、强袭之手段击灭之。仰该师派有力之一部，对当面之叛实行佯动为要。

二十八日夜十时许、军接前方电话；叛由岭东方面调来三八六旅，分路向我陈家圪塔二一五团新建据点猛烈袭击中，同时曹方面亦闻有激烈之枪炮手掷弹声，情况不明。等情。当由电话令：郭、周两师长要旨如左：

1. 郭师主力迅速集结于西王天坛里地区，准备于二十九日拂晓向攻击陈家圪塔之叛围击。

2. 周师迅将主力集结于堌堆里，另派有力一部进出花池窑，准备于二十九日拂晓协同郭师围歼攻击陈家圪塔之叛，并对赵城、合鹿方面严密戒备，防叛增援。

第五、各期间战斗经过(附作战经过要图如附图四)〔略〕

(十)第一期：四月二十五日下午九时第六十九师第二零七团(欠一个连)经秦家角、核桃岭、张前岭向米家垣前进。二十六日上午二时三十分，第三营秘密接近叛逆一举突入村内，我第一营相继侵入该村北端阵地；第二营占领村东端三叉路高地，同时以手掷弹猛击，叛即时混乱，纷纷跳沟逃窜，我俘叛三十一员名，毙伤叛五十余员名及其他军品甚多。同时二零六团一部攻占丁家圪塔。二十六日上午四时，叛五十四团一部由赵城村向萧家角我阵地进犯，收容其残叛经我二零五团一部截击，叛回窜赵城村。二十六日夜三时七十二师二一四团附二一五团一个营，抵古路霸留置一个营，其余于四时半攻占湾子里，继占归家垣，叛纷纷逃窜。同时二一五团(欠一个营附山炮二门)攻占油房圪塔，叛向郑家原逃窜，经我炮兵及古路霸之营截击，叛跳沟东窜，我【俘】叛三，获步枪三，毙伤叛甚多。下午三时，各部任务已达。六十九师归复原防。七十二师二一五团、二一四团服行第二步兵任务在陈家圪塔、十里原贾家圪塔、孙家山建立据点。

(十一)第二期：二十八日叛以报复企图，纠集三八六旅及五十四、五十七、三十八各团并两个游击支队，兵力八千余人，分向浮山南北之陈家圪塔、霍寨堡、庄里我新建据点强袭。浮南约五千人于夜十二时强袭陈家圪塔我七十二师二一五团新建据点，展开激战，我八连连长高成楼阵亡，督战委员郭整中左臂负重伤，裹创应战，嗣以叛数度增加，碉堡被击塌，战况危急之际守碉官兵高呼与阵地共存亡，以手掷弹拉火与叛打成一片，我官兵十三人壮烈牺牲。斯时，叛继续十数次波浪冲锋，我官兵英勇奋发，坚具死不退必歼敌之信心，肉搏格斗，惨烈空前，卒挫叛逆攻势。十九日拂晓时，我由二翼出击，叛不支，狼狈溃逃，死亡枕藉，因天未晓，地形复杂，未予深追，是役叛伤亡五百余名。

二十八日夜十二时，叛约三千人袭击浮北霍寨堡、庄里(图上会霍塞堡南三华里)我暂四十八师第三团新建据点，展开激烈战斗，我英勇官兵与来袭之叛反复冲杀十数次，叛因伤亡过重，于二十九日拂晓时，向东溃窜，我跟踪追击十余里返回原防，叛遗尸遍野，叛伤亡三百余名。

(十二)第三期：叛经我两次打击后，因伤亡损失重大，主力窜回岭东集结整理，当面仍留三军分区各团及地方游击队活动。我各部队，除积极加强据点工事外，并清扫残留阵地前之零星叛逆，以备扩展根据地。

第六、决胜败时之景况，并战斗之成绩：

（十三）六十九师夜袭米家垣因我预将通米家垣之道路、地形、叛驻地情形侦察明确，行动密秘，动作迅速，出敌意表，与以迅雷不及掩耳手段，将其击溃，叛只有跳沟奔命。

（十四）陈家圪塔七十二师二一五团方面，当决战时，叛十数次波浪冲锋，其一、二、三波打手掷弹，不顾牺牲，向我工事猛扑，我官兵以瞄准打死，不退，不做俘虏，与阵地共存亡之决心。叛因伤亡过重，攻击受挫后，我由两翼出击，叛向东溃去。

庄里、霍寨堡暂四十八师第三团方面，当激战时，叛波浪冲锋一度突入庄里阵地，遂发生白刃战。我官兵登房顶抵抗，旋我援兵驰到，内外夹击，叛纷纷溃去。

（十五）战斗成绩：彼我伤亡、消耗、俘获如附表第一、二、三、四〔略〕。

第七、战斗后，彼态势及行动：

（十六）彼五十四团仍在赵城一带，五十七团集结西城村，三八六旅窜回岭东，三十八团李家堡附近，其三军分区司令部仍驻乔家山。

（十七）第六十九师、四十八师恢复原态势。七十二师以两个团主力掩获构筑后交煤窑南侧新据点工事，挺进二纵队协助之。

第八、可作参考之所见及所得经验教训，

（十八）叛军方面：

甲、优点：

1．能利用地下组织优越条件，深入我区侦察

2．叛行军力颇强，夜间战斗动作迅速。

3．善于欺骗宣传。

4．死伤官兵能迅速掩埋或后运。

乙、劣点：

1．叛武器不良，弹药缺乏，三、四小时战斗不成功，迅即退去。

2. 叛多用密集部队，携带多数手掷弹，施行波浪冲锋，敌死伤倍我。

3. 叛仅以手掷弹与肉搏猛冲猛打，不怕牺牲。

4. 手掷弹威力小。

（十九）我军方面：

甲、优点：

1. 情报确实，计划周详。

2. 行动秘密、迅速。

3. 能沉着不发枪，接近阵地后，以手掷弹开火，猛冲猛打，使叛无应战之余暇。

4. 官兵士气旺盛，均能与阵地共存亡。

乙、劣点：

1. 干部不能确实掌握射击，致消耗弹药甚多。

2. 打援部队只注意致打援，没有注意到截击沟内逃跑之叛逆，致使叛逆大部由沟内窜走。

第六十一军军长梁培璜　呈

（二）太岳区战报　九月九日—二十二日

第一、战斗前我叛态势之概要（如附图一）〔略〕

一、战斗前我之态势：

六十九师、七十二师、六十八师各以全力加强浮山南北据点群，并肃清当面叛逆及潜伏内地之伪装份子，准备扩展根据地。

四十八师控制浮南西王村附近地区，为军机动部队，并积极整训。

挺进二纵队及六纵队一部在浮山南北区及塔儿山区担任肃清零星窜扰之叛及敌伪。三十七师在汾河以西新绛、汾城地域以主力掩获运粮，以一部防守沿山各据点。

二、战斗前叛之态势：

当面叛系五十四、五十七、三十八团及青城、浮山、洪赵、临襄各游击队与景疯子地方游击队，共约二千余人，九月初日其五十四、五十七、三十八团均调至四十里岭以东地区，扬言到沁源整训，当面仅留少数地方游击队活动。

在月之五、六日接获各方情报，叛由山东、河南、河北抽调大量兵力增加太岳区在晋城，阳城一带校阅民兵，并准备大量柴草、给养、担架、云梯、棺木等。同时封锁消息。

第二、影响于战斗之天候、气象及战斗地之状态：

三、影响于战斗之天候气象：天晴朗，无风、秋天气候、日出五时十五分，日没下午六时十分。

四、战斗地之状态：战斗地多山纵横，山沟颇为复杂。浮山县城以北均系黄土山地形，较为平坦；浮山县城以南多系半石质山、地形险峻，山顶有我构筑之碉堡及寨子，或筑城，惟死角较大，固守容易，攻击较难。

第三、彼我之兵力交战敌之部队番号及指挥官姓名：

五、敌之兵力、番号及指挥官姓名：三八六旅、三五八旅、独立一旅、新四旅、独立旅、二一二旅及地方各游击队，号称四十个团两万五千人，附山炮三门，平射步兵炮四门，总指挥官一二九师师长刘伯承，副指挥太岳区司令陈赓，二一二旅长孙定国。

六、我之兵力及指挥官姓名：六十九师、七十二师、暂四十八师、六十八师、三十七师、挺进二纵队、挺进六纵队之全部山炮一营又一连，工兵一团(欠一营)，共约四万余人，指挥官第六十一军军长梁培璜。

参加战斗者为七十二师全部，六十九师、四十八师、六十八师、三十七师、挺进二、六纵队各一部，并炮兵营，共约一万五千人。

第四、我之部署及其主要理由，并关于战斗间所下之命令：

七、部署及其理由：(如附图二)〔略〕

甲、部署：军部及直属部队、工兵团(欠一个营)驻东张村附近，必要时军指挥所推进至上东村，扼制二峰山及四峰山咽喉。六十九师全部固守浮南二、四峰山、陈家圪塔、十里原据点群，并派小部向当面积极活动，肃清前地零星叛逆。七十二师、六十八师各以一部固守浮北徐安子岭、上柏村、左村、杨家掌、杜村据点群，主力一面整训，一面加强工事，并相机肃清当面活动之地方游击队及三十八团。暂四十八师为军机动部，全部在西王附近集结整训。挺进二纵队及六纵队之一部在浮山南北地区及塔儿山区活动，肃清流窜小股叛逆。

乙、对前案部署之理由

1. 叛情：奸叛飘忽不定，惯用奔袭打援，反突击并波浪冲锋等战法，经常派游击小组远出活动，将强有力之部队控置于数日行程以外之地带，伺机急进奇袭。

2. 地形：四十里岭以西地区为绵亘山地，并多纵横山谷，易守难攻，惟饮水困难，若无蓄水设备，不宜常时间之固守。

3. 任务：本军奉命开展汾东政权为先，为不可胜，以待敌之可胜计，故先在浮山南北地区选定有利地形，建立坚固根据地，尔后伺机再向太岳区进展。

4. 友军：孤军深入敌叛区，孤立无援，故须藉地形天险占稳脚步，再求开展。

八、战斗间所下之命令：

(甲)电报：

1. 限十分钟到。暂四十八师曹师长：该师第二团附山炮一门，即刻由上北陈村出发，与挺进二纵队第四支队配合，策援柏村七十二师之作战。到达柏村后，即归七十二师郭师长指挥，仰将出发附闻报查。申佳辰。参战二。

2. 限十分钟到。六十八师郭师长：刻叛大举向郭唐贤师全面进犯。该师应速抽集一团之兵力，即时进出柏村，策应郭师之作战。到达柏村后，即归郭师长指挥，并着电台随时连系，将出发时刻报查。军长梁培璜。佳卯。参战。

3．限十分钟到。六十九师周师长：刻叛大举向郭唐贤师全面进犯，该师应速抽集一团之兵力，即时进出徐安子，策应二一五团之作战，并将出发时刻报查。军长梁培璜。申佳卯。参战二。

4．限二十分到。六十八师郭师长：命令：曹师现在中村与叛对战，柏村岭上之围，尚未解除，着该师即行秘密撤去左村、杨家掌阵地，务于真日拂晓开始向柏村突进，努力击灭该地叛逆，继续解柏村岭上之围。另候分配驻地，仰妥办具报。梁培璜。蒸戌。参。

5．即到。六十八师郭师长：该师既奉迟限真日黄昏到达西佐后，与四十八师取连系，文日拂晓前开始向贾庄、聚粮村之线进攻，以解柏村岭上之围。军长梁培璜。申真午。参战一。

6．即到。六十九师周师长：军决于文日拂晓聚歼围攻柏村之叛逆，曹、郭两师进攻杜老凹、贾庄之线。该师应于二、四峰山、陈家圪塔、十里原据点各留必要之兵力，主力于拂晓前在十里原附近集结，看各方进展情形，留一部占着高地，其余向北垣、上三、安子之叛逆相机猛扑，截以收战果，文黄昏后，仍各返原防为要。军长梁培璜。申真未。参战。

7．暂四十八师曹师长：六十八师因奉命迟今晚到达西佐，决定文日拂晓开始进攻，该师本日应向前佯动，并注意与六十八师连系，于文日拂晓向杜老凹、岭儿上之线进攻，以解柏村之围，六十九师出叛背后。军长梁培璜。申真午。参战一。

（乙）命令：

军作命第六号

命令　九月十二日下午一时于东张村军部

一、综合所得各方情况：

浮北柏村、岭上村、王村一带系叛三八六旅盘据，其游击小组向南北西河、中村一带活动。

龙王庙、塔儿山一带系叛五十四团及地方游击队,共约千五、六百名，现与我保五九团及爱乡支队在龙王庙附近激战中。

口子里、贺家庄一带今(十二)晨发现五六百人窜扰。

二、军为巩固根据地，争取主动之目的，各部暂集结于浮南地区，瞅叛之弱点，集中全力而消灭之。

三、兵力部署：

(甲)六十九师全部附工兵一团第一营仍固守二、四峰山、陈家圪塔、十里原之据点。

(乙)六十八师
七十二师 为军机动部队，其住地如左：

1。七十二师主力梁家河附近，分一团住西王村附近。

2。六十八师主力上北陈村、西北陈村、梁村附近，分一团住岗头村，并抽一加强营住口子里。

(丙)四十八师全部住南上东、心壁村、阎家河、上庄、南北桥头地区结集整训。

(丁)狙击二纵队以一个支队住南杜村，以两个支队在东郭村至口子里之线活动，积极消灭叛逆之游击小组。

(戊)军部及工二十一团(欠一、三营)仍在东张村香贯村。

四、各部队防务统限九月十三日调整完毕，将新驻地报军备查。

五、各部驻地调整后，速派员来张村供给部，接洽给养及柴草料等之拨给。

六、余在东张村司令部。

右令

六十九师、六十八师、七十二师、四十八师、狙击二纵队、工二十一团。

传达法——笔记派员接搜。

军　长　梁培璜

参谋长　祁应午

军作命第七号

命令　九月十四日下午八时于东张村军部

一、综合情报：

1. 岗头村与我六十八师杨团对峙之叛十一团，经杨团出击，激战时许，叛稍筑工顽抗，我即撤回原防。

2. 韩家河发现叛千余，徐村驻有司令部，朱家山有迫炮一门，浮北似有大部，杨言到梁家河抢粮。

3. 燕村苏寨之叛，均被我曹师三团及二团三营驱逐。

根据以上情况判断，叛似有大举进攻我梁家河之企图。

二、军决心以梁家河为守点，运用守点攻击战法，歼灭攻之叛逆。

三、各部任务：

(甲)七十二师集中兵力固守梁家河据点，并相机策应友军的攻势。

(乙)六十八师留一营固守岗头村，如叛大举进攻时，每固守一日奖大洋两万元，其余应准备由梁家河西侧地区侧击来进攻之叛逆而歼灭之。

(丙)六十九师留一团固守二、四峰山，留一营固守陈家屹塔，如遇叛大举进攻，每固守一日各奖洋两万元。

其余应准备于杜村附近，侧击来攻之叛逆。

右两师开始时间，临时指定。

(丁)二纵队以一部在梁村附近地区布置狙击，以主力在韩家河通梁家河两侧布置狙击，努力歼灭来攻之叛逆。

(戊)四十八师为军总预备队，集结于东张村附近地区。

四、连络信号：号音问二长声，答三短声，信号问绿二星，答红三星。

五、余在东张村令司令部。

右令

六十九师、七十二师、四十八师、六十八师、二纵队

传达法——笔记派军官领取

军　长　梁培璜

参谋长　祁应午

命令　九月十六日上午七时于东张村军部军作命字第八号

一、叛七七二团及二十团一股约六、七百，十五日拂晓侵入契里村。另一股约三、四百人向南判桥北朱李村一带窜扰，经周、曹两师各派一部迎头痛击，叛不支后退，黄昏后，我各部仍撤回原防。

二、军拟将窜扰李村，南判桥之叛逆驱逐后，包围侵入之契里之叛而歼灭之。

三、兵力部署：

1。四十八师、六十八师、七十二师各抽一个团之兵力，十六日上午八时在南上东集结，尔后归曹师长指挥，驱逐南判桥北朱李村之叛逆后，协同六十九师将侵入契里之叛逆包围而歼灭之。

2。六十九师抽有力之一部，于十六日上午十一时在二峰山附近集结，依四十八师之进展情形，协同四十八师包围侵入契里之叛逆而歼灭之。

3。现配属六十八师之山炮排，于十六日上午八时到达南上东，暂归曹师长指挥。

四、两师作战地境：

四十八师
六十九师官里——张家坡——迄契里之线(含)以左属六十九师，以右属四十八师。

五、其他从略。

六、余在东张村军部前方指挥所，随同曹师行进。

右令

六十九师、四十八师、七十二师、六十八师。

传达法——笔记派军官送达。

军　长　梁培璜

参谋长　祁应午

军作命第九号

命令　九月十九日上午十时于东张村军部

一、综合情报：

子、奸叛以号称四十个团二万五千人之兵力，自九月九日以来向我全面进攻，经十二昼夜之血战，叛伤亡在五千五百人以上。截至十八日晚，似转移浮北及二、四峰山以东地区。

丑、据俘虏供称：叛五七、七七二、二十等团伤亡殆尽，每团不足六、七十人，现已将各地游击队大部编并正规军内，战斗力脆弱。

寅、迩日向我后方交通线及塔儿山一带窜扰，业被击退之叛逆，系独六旅五十四团及姚登山游击队，共约三千六七百人。

二、军以先求自固，待机进展之目的，以小部兵力肃清临翼浮间地区残留之零星叛逆，集结主力，积极整顿，准备尔后之开展。

三、兵力部署及任务：

甲、六十九师配属山炮第四连、士兵二十一团第一营仍固守、二四峰山及陈家圪塔据点群，并派游击小组向二、四峰山前方不分昼夜积极活动，肃清零星叛逆。

乙、七十二师配属山炮第六连(欠一排)，以一部固守梁家河据点，主力在梁村、张村、孙家河地区集结整顿，并配合第四支队肃清该区内之零星叛逆。

丙、六十八师配属山炮　六连之一排，在南席坡、吕寨、月山岭间地区集结休整。

另派一个团在岗头建立据点，并分遣一个营进占口子里配合狙击队第五支队肃清岗头、口子里一带叛逆。

该师可在郭家庄附近建立师战术据点。

丁、三十七师附山炮一连，以一个团在槐坞、燕村、苏寨、贺家庄之线积极活动，维护东张至坑原上之交通路上之安全。

师主力在卫村、仁彰、尧头村及毕曲附近集结，并在卫村建立师战术据点。

戊、四十八师配属狙击第六支队(欠一大队)主力在心壁、南上东附近集结整训，并游击小组配合狙击队在桥坞、契里南北、朱南判山之线积极活动，肃清零星叛逆，另派一部于坑原上维护该地以西交通线之安全。

己、狙击第二纵队，除分遣外，应在杜村集结，并向西王村以小组活动。

庚、狙击第六纵队，主力在圣王山高村附近，派一部在东峰顶、龙王庙一带活动，消灭姚登山匪部，并于三十七师部队及坑原上守军切取连系。

辛、军直属部队工兵二十一团(欠一、三营)仍住东张、香贯，加强核心工事。

四、通信连络以有线电为主，无线电为副，各部队速依驻地情形，向东张村加设电话线。

五、各部限九月二十日移动完毕。

六、余在东张村军司令部。

右令

六十九师、四十八师、七十二师、六十八师、三十七师、二纵队、六纵队、工二十一团。

传达法——派军官授领。

军　长　梁培璜

参谋长　祁应午

命令　九月二十日下午一时于东张村军部军作命临字第一号

一、盘据口子里一带之叛逆，系新四旅及独立六旅一部，并五十四团全部，共约两千人。狙击六纵队自二十一日开始对盘据塔儿山地区之姚登山部队跟踪追剿，二十五日终止。

二、军决心肃清交通路以北地区窜扰之叛逆，以一部占据岗头据点，以主力经蔓天岭、口子里向临浮公路之线压迫而歼灭之。

三、兵力部署及任务：

1．七十二师抽一团之兵力于二十一日早六时前占领岗头，防叛由韩家河沟东窜。

2．六十八师全部于二十一日拂晓前，由现驻地出动，经蔓天岭，于早八时将口子里之敌驱逐，即行临浮公路压迫而歼灭之。

攻击到达线：东乔村——西佐村——中村之线，任务完成后，即回原防，仍执行军作命第九号命令。

四、七十二师守岗头之团，俟六十八师任务完成回防后，即回原防，仍执行军作命第九号命令。

五、余在东张村军部。

右令

六十八师、七十二师。

传达法：派军官送达

军　长　梁培璜
参谋长　祁应午

命令　九月二十一日下午一日于东张村军部军作命临字第二号

一、盘据塔儿山地区窜扰之叛逆，系姚登山匪部，共约二、三百人，现窜至襄陵山下地区。

二、军决心第六纵队全部将盘据塔儿山姚登山之匪部跟踪追剿而歼灭之。

三、部队行动前与行动间确于该区保五团及襄曲爱乡支队取连系，以便协同。

四、行动期限——自九月二十一日拂晓开始，二十五日终止。战果、战况随时报军，以便区处。

五、任务完成后，仍执行军作命第九号命令。

右令

第六纵队。

传达法——派军官送达。

军　长　梁培璜
参谋长　祁应午

第五、各期战斗经过及邻队关联动作（如附图第三）〔略〕

九、第一其战斗经过：此次叛大举进攻纠集三五八、三八六、二一二旅、新四旅、新六旅、独一旅，共约四十个团附炮六门及平介、临洪、襄浮等县各游击队，共约二万五千人，并强迫人民无算，企图于挑起内战前，摧毁我汾东基础。军于九月初迭获叛逆由各地调动的消息，突于九月八日夜半，骤以全力进攻徐安子我七十二师及二一五团据点，同时包围我岭上二一四团及围攻柏村我七十二师及二一六团据点。又二一四团二连丞相河连给据点，亦遭重层包围。战至九日上午五时许，我以六十九师主力援徐安子，进至四百公尺之距离，与叛重创。二一五团亦乘势反攻，至黄昏全部安全脱围。另以四十八师第二团配合挺进六支队援柏村，进至聚粮村附近；六十八师二零四团配合五支队进至贾庄附近，与强大之叛部猛斗经日，未能打通，形成对峙状态。下午四时许得报塔儿山区东侧亦发现叛数百名，与我保安团队在扎营坡、四家湾、马尾山一带发生战斗。

十日以四十八师全部并六十八师二一四团及二纵队主力，复进援柏村，仍未奏效。同时我柏村据点之村落部分被叛焚毁，全部进入阵地陷于缺水状态。

十一日我决以全力就柏村与叛决战，但因无线电对六十八师发生错误，改于十二日拂晓实行，十一日黄昏叛对柏村增到生力军，而六十八师撤出左村发生迟滞，次早不能到达柏村外围，不得已决即乘夜突围，二一四团进行顺利师及二一六团兵员损失约二百余，重火器均折埋，零件分别携回，要员亦多受伤被俘。

十二日上午十一时许，令六十八师当晚在上北陈西北陈岗头附近地区，四十八师西王村附近地区集结待命，七十二师在梁家河附近地区将容整理，叛亦分布全面及后方向我进迫。是夜叛新六旅全力奔袭我岗头六十八师二零三团被击退。

十、第二期战斗经过：

十三日至十七日凡五日间迭与契里南北朱李村扎营坡南畔桥、南畔山、岗头等地之叛击战，予叛重创，而叛屡次增兵，企图以优势兵力击破我一点。

十八日上午二时许，以四个团之兵力约四千余人附山炮一门向槐墕三十七师师部及二团一部围攻，同时东坡里、燕村亦被围攻，激战至上午八时，叛不顾牺牲冲入村内，发生激烈巷战。经该师三团猛冲十二次，始将叛击退村外，成对峙状态。又三十七师第一团驰援，将打援之叛约千余名在圣王山击溃而占领之。计槐墕一村，叛遗尸四百余具。下午三时许，我为聚歼来犯之叛，以六十八师挺进六纵队及二一四团分路围击，战至天黑，叛不支分向塔儿山及口子里方向窜去。

十一、第三期战斗经过：

十九日叛全部动摇，我乘机尽全力出击，叛分向浮北及二、四峰山以东窜去。我各部均集结于浮南地区，一面积极加强工事，并准备而后之进展。

此次全部战事，以徐安子之七十二师第二一五团，聚粮村附近之四十八师第二团、六十八师二零四团及槐壖附近之三十七师第三团为最猛烈，歼叛亦最多。徐安子之战，叛七七二团、二十团各团为主体战后，该两团仅余二、三百人，聚粮村为二八六旅旅部所部，损害亦大。槐壖之战，叛孙定国任指挥，被三十七师第三团赴援十二次之冲锋，叛遗尸达四百余具，叛基干一团团长刘文明阵亡，二一二旅旅长孙定国伤亡。契里之役，叛七七二团团长被六十九师击伤，保安团在高村亦能发挥战力，击退叛五十四团及之围攻。

第六、战绩：

十二、我伤亡数卤获数如附表一、二、三〔略〕

第七：战斗后敌我之态势（如附图第四）〔略〕

十三、战斗后敌之行动：

奸叛主力于二十日上午分向浮北及二、四峰山以东地区窜去，当面仍留零星小股活动。

十四、战斗后我之行动：

各部均集结于浮南地区，积极整理并加强据点工事准备进展。

第八、可为参考之所见及所得经验教训：

十五、我叛优劣点：

甲、我军优点：

1．官士兵吃苦英勇，坚忍不拔之精神很够，虽缺乏饮食毫无怨言。

2. 能做远不发枪手掷弹开火。

3. 行动迅速果断。

4. 山炮及迫炮均射击准确，命中良好。

5. 非战斗人员均能参加战斗。

6. 能充分发扬枪火威力，击退叛逆波浪冲锋，

7. 被围不惊，战斗愈激烈，士气愈旺盛。

乙、我军劣点：

1. 鼓励士气作的不够，负伤官兵无人安慰。

2. 情报不灵通，侦察人员无训练。

3. 阵地无控制水源与储水设备。

4. 用不上民力作工运，送子弹抬运伤兵均未借助民力。

5. 射击技术欠佳。

6. 构筑工事一般太大。

7. 应战精神充满，自动杀敌精神不够。

8. 缺少照明器材。

9. 未能确实做到节省弹药及不丢枪。

丙、叛逆优点：

1. 冲锋攻击精神尚好

2. 狙击技术优良。

3. 惯于夜战。

4. 情报灵活，行动秘密。

5. 能集中使用民力运送弹药，抬送伤兵，取水送饭皆为大部民兵与人民。

6. 能集中绝对优势的兵力于决胜点。

7. 行军力强。

丁、叛逆劣点：

1. 人多枪少刺刀少

2。波浪冲锋，牺牲人员太多。

3。手掷弹威力小。

4。手掷弹多数不爆炸，且不拉火者甚多。

5。叛逆善利用伪装，但攻击时多不利用地形。

十六、所得经验教训：

1。叛惯用集中炮火破坏一点，并挖坑道破坏我外壕及碉堡；我阵地要有坚固的侧防工事，并于外壕内多设荆刺类之木桀，使不能跳到外壕内。

2。叛攻击时多用数波之密集部队冲锋，我守兵如能沉着发挥各种武器之效能，决能尽外来犯之敌。

3。叛惯用大兵力施行一点突破；我应多控置机动部队，以备适时逆袭。

4。叛围困我一据点，在据点外围，设伏打援甚妙；我应严防切忌以小兵力应援遭受损失。

5。我每一战役消耗弹药过多，究其原因，战士不能沉着射击，上其逗子弹之当，嗣后应加强士兵射击教育。

6。我现用之手掷弹较叛逆之手掷弹重，不能施行对战，应改良与叛逆之手掷弹重量相等。

7。研究对叛向我各点牵制、围攻一点，并应援的各种对策。

8。应将军师医院住地整理整齐清洁而使伤患者静心休养。

第六十一军军　长　梁培璜

参谋长　祁应午

〔国民政府军令部战史会档案〕

3. 朱绍良报告对大青山八路军开始总攻击电

（1945年7月23日）

重庆委员长蒋：据傅副长官巳啸申解两电称：现大青山我各路部队，由虞日起开始对奸军总攻击，奸军虽不断增加，但我军进展甚速，勇敢攻击，斩获亦多。职为孤立奸军，便于进剿计，除严令骑兵挺进第一、五两纵队加速围攻，务能一劳永逸外，又令骑兵挺进第四纵队邬青云部向绥东、陶林一带挺进，以收围歼之效。现该部业于巳寒渡河，正积极挺进中。此外为截断奸军晋西北之连络，又令骑兵挺进第二纵队郭长青部开驻绥南、清水河一带，阻止其通路，截击其增援，东北挺进军马占山部选派部队东进支援。顷据骑兵挺进第五纵队鄂司令友三报称：职部剿奸部署，共分三路，分别接近奸巢酒馆、阜庆沟、大小耗赖(归绥西北)一带地区进攻。现各路部队均与奸军接触，战斗甚烈，需弹甚急，恳派兵站速送弹药。等情。除战况续报外，谨闻。等情。谨闻。朱绍良。巳梗。忠甲彬。

〔国民政府军令部战史会档案〕

4. 新编陆军骑兵第五师慕新亚部在绥远凉城南天门渡口堡一带袭击八路军一二〇师战斗详报

(1945年9月)

(一)南天门战役

新编陆军骑兵第五师战斗详报九月一日于归绥薩尔沁

一、战斗前彼我形势之概要：

敌方：奸军自日军投降后，即由晋北向和凉扩张起势力，于和凉之间南天门、石峡口、富生庄、哈达合少诸要点埋伏兵力将近万余，企图打击国军。其盘据形势如要图〔图略〕。

我方：本师克复托城后，于八月二十一日即派先遣队与挺进第二纵队（均为临时编组）向和凉前进，于八月二十五、二十六两日先后将两县克复。师主力转进至和林后，奉命令经凉城向卓资山集结，为预防南天门隘路进出时之阻碍，于二十九日令第十三团第二连向南天门施行威力搜索。该连行抵该处时，随遭奸军夜袭。

二、影响于战斗之天候气象及地形状态：

时值阴历七月下旬，气候炎热，夜间月光朦胧，展视困难，南天门位于西山间之鞍部，扼和凉交通要冲，形势险要，其东西地区山岭峻险，军队行动极为困难。

三、敌我交战之兵力部队番号及指挥官之姓名

敌方：奸军实力约一千余人，其番号及指挥官姓名不详。

我方：我军骑兵第十三团第二连与游击第一支队武德胜部官兵计一五〇员名，由第十三团第二连连长柳茂森指挥之。

四、战斗经过：

李师行抵和林后，奉令经凉城向卓资山集结。据报：和林东北哈达合山（和林东十五里）有奸军两千余，府平在一带奸军出没无常；凉城西石峡口有奸军八千余，企图攻占和凉，师以侦察赴凉路线俾利推进计，于八月二十九日十二时派骑兵第十三团之第二连与武德胜部（奉命编组之游击支队）七十人，由和林出发，经章盖富生庄向南天门作威力搜索，预防师主力隘路进出时之阻碍。该连于夜间十时许行抵南天门西端，正在搜索前进时，奸军一千余人预伏两侧山上，突以火力向我猛袭，我虽地处山谷，以月色暗淡，展视困难，于枪林弹雨之中奋力占领南天门两侧高地，与敌抵抗，奸军四面向我围攻，激战达四小时之久，最后弹药告罄，并兼之众寡悬殊，被敌人击溃。我军生还者十余人，其余均行失踪生死不明。

五、我方伤亡及损耗情形：

我军人马伤亡见附表第一，械弹损耗见附表第二〔表略〕

（一）可作参考之意见：

此次我军威力搜索，虽属失败，然以大局着眼，则我失小而收效大。盖和凉之间山岭层错，道路崎岖、非断崖即绝壁，骑兵行动极为困难，不然我军径沿公路直进。奸军兵民不分，到处依险设伏，均有被围之虞，倘主力深入则难免悲惨之境遇，故此我

军得以变更部署，转道前进，准备作尔后之进剿。

（二）凉城战役：

新编陆军骑兵第五师战斗详报九月二日于绥远卓资山

一、战斗前彼我形势之概要

敌方：奸军两千余名，分布凉城田家镇周围丛山之中，企图进占凉城县城。

我方：本师先遣队约四十余人于克复凉城后，即率同收抚伪警约百余人防守该城，严密警戒奸军之窜扰。

二、影响战斗之天候气象及地形状态

值七月下旬，夜间月光暗淡，不便展视，凉城城门倒塌，故防守较为困难。

三、敌我交战之兵力部队号及指挥官姓名

敌方：奸军兵力约一千余人，由贺龙所辖晋北部队指挥官吕指挥之。

我方：我军四十名与收抚之伪警一部百余人，由本师先遣队队长李永昌指挥之。

四、战斗经过：

我先遣队克复凉城后，当时收抚伪警百二十余人，相与日夜严行警戒并组织夜间游动哨于城中施行巡逻。奸军久有侵占凉城之企图，闻我城内实力薄弱，于二十七日拂晓，奸军相聚约一千余人将凉城包围，以机枪向我守城部队猛烈射击。我军据城孤抗，沉着应战，李队长亲令士兵不至最近距离，绝不开始射击，故奸军屡次前进屡被击退，如是相持一日，奸军无奈我何，至夜间时分，奸军利用夜暗，以机枪掩护，由城墙破坏处登城，以众寡不敌，兵力过小，顾此失彼，伪警又兼意志不坚，李师主力不能往援，该队长于左右为难之下，乃于二十九日拂晓前率部由城内冲出，向卓资山集结，一度为我先克复之凉城，至此又被奸军所陷矣。

五、我方人马伤亡及损耗情形

我方人马伤亡见附表第一，械弹损耗见附表第二〔表略〕

六、可为参考之意见：

奸军战法向以化整为零，集零为整为能事，遇我方大部队，则化整为零，潜匿无踪；遇我方小部队，则集零为整，利用夜暗，向我军施行袭击扰乱，故对奸军此种战法，我军与彼作战时行军宿营务须严密警戒，如彼乘夜暗扰乱时，务要沉着，天明时以优势之兵力与之决战。此次本师先遣队于凉城之战斗，奸军即以集零为整之方式于夜间施行包围，因兵力太相悬殊，故凉城终陷奸军之手是可为戒。

(三)渡口堡战役

战斗由来：

查自八月十日敌人投降后，本师于十二日奉命由准旗里格老湾渡河进出托、和、凉三县地区。克奸收复各县城，当于八月十四日全师渡河经多次激烈之战斗，半月之间，先后将托、和、凉三县次第克复。第一步之任务于以完成旋奉命向察南宣化前进，至九月三日全军五、六两师集结丰镇时，大同已下。我十二战区先头部队进抵阳高与奸军相持，军为策应阳高方面战区主力之作战，威胁奸军之侧背，乃取道隆盛庄、张皋镇、白家营、新平堡、西阳间、渡口堡山地向柴沟堡一带前进。本师为先头部队，沿途扫荡奸军颇形顺利，至九月九日晨，本师先头进抵柴沟堡西之郭家房子，奸军为随行其阻止国军东进，盘据张家口，截断平绥路之企图，敌我两方随即展开激烈之战斗。此渡口堡之战斗由来也。

新编陆军骑兵第五师战斗许报九月三十日于大同

一、战斗前彼我形势之概要

敌方：奸军自我军东进，沿途经我猛力扫荡后，主力退守柴沟堡、阳高天镇之线。

我方：我军于丰镇集结后，为策应战区主力之作战，于九月六日本师奉命为先头部队沿途经隆盛庄、张皋镇、白家营、新平堡，至九月八日进占至西阳河至渡口堡乙带地区。敌我态势如附图第一〔图略〕。

二、影响于战斗之天候气象及地形

柴沟堡地处西北高原，昼夜之气候变化不齐，值此凉秋九月，我军单衣作战，颇受影响，昼则山雾弥漫，观测困难。地形上山岭起伏，层峦叠嶂，中间流一条不便军队运动，指挥连络亦感困难，犹不适于骑兵之运动。

三、敌我交战之兵力部队号及指挥官之姓名

敌方：奸军兵力计第七、十七、二十五、新四团、独立团六个团，由奸军晋察冀军区聂永〔荣〕臻指挥之。

我方：我军骑兵第十三、十四、十六三个团，兵力约一千余名，由师长慕新亚指挥之。

四、攻击部署及理由

甲、攻击部署：

我军于九月八日进占渡口堡后，获悉奸军约二、三千人集中柴沟堡，本师奉令为策应阳高、天镇方面战区主力之作战，连夜即行部署兵力向该敌进攻，以骑兵第十三团为右翼队，第十六团为左翼队，特务连为预备队，各翼队于沙家屯东端南北之线，就攻击准备位置保持重点，于右翼驱逐敌之警戒部队后继续攻，向柴沟堡攻击，进占该城，将敌捕捉于城中而歼灭之。攻击部署如附图第二〔图略〕。

乙、理由

一、沙家屯位于柴沟堡西约五公里，第一线各部队攻击准备位置选择于此适在敌轻火器有效射程之外，若再行前进，则与郭家房子敌之警戒部队接触，暴露我军企图，故以选择此线较为适宜。

二、柴沟堡南通阳高，东至张家口，敌若经我军压迫必向南或东南逃逸，重点保持于右翼，目的即在截断其归路，且地形能收瞰制之利，易于发扬火力，指挥连络均较容易。

三、敌若由张家口或天镇坛援，必攻击我之右翼，为减少侧背之威胁，重点亦宜保持于右翼。

五、关于攻击命令之下达及战斗经过：

甲、攻击命令：

新编陆军骑兵第五师命令九月八日二十时三十分于渡口堡师司令部

一、当闻奸军约二、三千人现集中柴沟堡城内，郭家房子一带有敌之少数警戒部队。

二、师奉命为策应阳高方面战区主力作战之任务，即于明(九)日拂晓攻击当面之敌，保持重点于右翼，将敌捕捉于城中而歼灭之。

三、骑兵十三团为右翼队，于明(九)日二时三十分于沙家屯东端完成攻击准备，三时开始攻击前进，驱逐敌之警戒部队，继向柴沟堡、西关东站攻击，占领西关后，以一部维持治安，扫荡关内残余之敌，主力与左翼队协力向城垣进攻，务将敌捕捉于城内而歼灭之。骑兵第十六团为左翼队，连系右翼队，于明(九)日二时三十分在沙家屯东北公路两侧完成攻击准备，三时向柴沟堡、西关攻击前进，该关占领后，继续向城垣进攻，力求将敌捕捉于城中而歼灭之。城垣占领后，维持市内治安，并以一部对城南水闸屯方向严行警戒，以防张家口敌之增援。

两翼队之战斗地境为郭家房子北端，二道台西城门之线，线上属左。

四、迫击炮队于明（九）日二时三十分在沙家屯东端占领阵地，协力第一线部队之攻击，并制压防害我前进敌之重火器，尔后随第一线部队之进展，逐次变换阵地于前方。

五、先遣第二纵队(临时编组者)徐国华部选择精壮士兵二十名为爆破队，于明(九)日拂晓前，将柴沟堡南通张家口间周家河之铁桥及电线彻底破坏，主力经张家窑子展开于东阳河南端，力求由柴沟堡西北关登城，协力我第一线部队城垣之攻击。

六、特务连为预备队，位置于沙家屯西端，尔后在第一线部队后跟进。

七、野战病院于明(九)日三时在关帝庙开设临时绷带所。

八、余现在渡口堡，战斗时在沙家屯东端战斗指挥所。

(下达法：笔记命令送达之)

乙、战斗经过：

攻击命令下达后，各部队于九日二时三十分到达指定地区，分别准备完毕。三时零分第一线部队在我迫击炮火之掩护下开始攻击前进，至郭家房子与敌之警戒部队六、七十名接触，当即被我驱逐，我军遂即占领该处。至天明五时许，我爆破队已将周家河铁桥电线完全破坏。同时我军第一线逼近柴沟堡西关与附近，当即发生激烈之战斗，敌以野山炮轻重机枪由城中向我第一线猛烈轰击，我军奋勇异常，勇猛前进，迨接近西关城墙时，敌以手榴弹向我投掷，我军冒死登城，但顽敌死守，工事坚固，同时由张家口运来奸军约四千余名向我右翼猛烈攻击，战况顿呈恶化，我以众寡悬殊，且敌处城中，我处城外，地形不利，相持至正午十时，敌仍增援不已，我军为避免与敌决战起见，下令后撤，逐次掩护，第一步向郭家房子转移阵地，与敌作猛烈抵抗约半小时，敌火非常激烈，向我三面施行包围，我以侧背受敌，复向沙家屯转移阵地。我军占据该屯与敌死战，战斗至为剧烈，该屯失而复得者数次。因敌炮火猛烈，民房多被摧毁，该村过小，不能久占，后敌藉芦苇之掩蔽，绕出我军后方，我军后路被截，复向关帝庙转进，敌以步骑炮联合各兵种向我正面及侧翼猛烈冲击，同时向我两翼后方深入，有进占渡口堡之企图。查渡口堡地处两山之间，扼我军连络咽喉，倘该城为敌占领，则我军后路截断，腹背受敌。为顾虑我军背后补给路线免被敌人截断计，当时我军一度与敌人作殊死战，以白刃相搏，敌势稍挫，我军乘机向渡口堡转移阵地，师长率十三、十六团、特务连、通信连、第二纵队官兵六百人于正午十二时撤至渡口堡城内，构筑工事，准备以必死之决心。敌作最后之抵抗，当时下达如左之命令：

新编陆军骑兵第五师命令九月九日十二时十五分于渡口堡师司令部

一、奸军主力现由关帝庙方向分途向我驻地施行包围，东北方面其兵力似较雄厚。另外敌之一部，正向王家湾前进中。

二、师以掩护军主力以策应阳高方面战区作战之目的，即拟防守本城，拒止奸军之西入。

三、兹将各部队防守区域划分如左：

1.由城东北角炮台（含）至西北角炮台（不含），由骑兵第十六团防守。

2.由城西北角炮台（含）至西南角炮台（含）由骑兵第十三团防守，特别以火力控制西门之外围土城。

3.由城西南角炮台（不含）至城东南角炮台（含）由通信连防守。

4.由城东南角炮台（不含）东北角炮台（不含）特务连防守，特须以火力制压东门外外围土城占据之敌。

四、各防守部队务切实协力于守备地区内城墙上构筑工事，消灭死角，阻止敌人。

五、城内秩序由二纵队负责维持，并于巷口街道构筑工事，敌如侵入城内，坚决消灭之。

六、各守城部队官兵务沉着应战，极力节省弹药，以符一颗子弹消灭一个敌人。

七、余现在南门里司令部。

下达法：召集各部队长口述使之笔记

上述命令下达后，部署甫定，奸军大部跟踪而至，计兵力六团，势力庞大，将渡口堡层层包围，并以一部占领王家湾南北之线，截断我与西阳河间之连络，复由张家口陆续增援，不分昼夜，以野山炮、迫击炮、轻重机枪向城内猛烈轰击，弹落如雨。我军扼城抵抗，敌人数次登城，均被击退。至十五时，奉总司令电令要旨如左：

一、本军决固守渡口堡、西阳河、新民堡三据点，策应阳高方面战区之力之作战，以开尔后东进之路。

二、拟真日拂晓以徒步兵应援渡口堡之战斗，并以徒步兵替换骑兵出城，另作机动使用，届时由西城攻入城内妥为准备，俾收里外夹击之效。

三、守城部队务尽量准备给养，俾能持久。

四、应援前进时另行电达。

师于奉到上项电令后，即转令守城部队坚决抵抗，并极力加强工事，期能持久，待增援部队到达后，收内外夹攻击之效。激战至二十时，敌迄未得逞，复奉总司令中佳酉胜电令略开：贵师长应以镇静态度，下最大决心，则敌不难击破，刻正集结六师之徒步部队，拟蒸（十日）晚亲率驰援。盖以徒步队今日长途行军过劳，不克即往，现天镇仍为我军固守，并电请傅长官饬阳高附近国军进援天镇，而电达兴和蒙军第六师派队东掩护军之侧背，如此则我军两侧安全不受威胁矣。再关敌情详侦电报俾作参考。等情。当即令知守城部队个个振奋，沉着应战，至次（十一）日天明敌迄来〔未〕越雷池一步，将敌击退于五百公尺以外，我方并派武装小部队于火力掩护下出城搜索，但以城外地形复杂，敌人潜伏于禾稼丛莽中，不易发现，截至正午十二时，计击毙敌人两千余名，敌以伤亡惨重、战况一度稍缓。但至午后四时激战又重展开，城垣面积狭小，且多处倒塌，必藉火力方可制止敌之登城，敌人炮弹如雨点般射入城中，我骑兵第十三团长孙玉清身负重伤，官军伤亡益形惨重，且弹药渐遑不继，师长为顾尔后战况恶化，影响本军战略计，于午后六时发出左记电报，电请总司令应援：

总司令马钧鉴：刻奸军向我猛攻，战况万分激烈，渡口堡地形复杂，兼有伤兵弱为实难为处，请钧座速派有力部队应援，俾收夹击之效。

旋奉总司令电令：电悉。已令十四团本晚前进，明(十一)日拂晓进攻，希官心镇静处理为要。

奉到上项电令，判断援军可于明日三时到达，此后敌我激战，敌人屡屡登城，均为我方击落，敌人死于城下，堆集如坵，但至次(十一)日拂晓三时，我西阳河应援之第十四团至王家湾口时，为敌所阻，随于该处发生激战，故未到达。此时我守城部队弹尽援绝，马匹大半为敌火伤毙，敌人乘我火力薄弱冲入城内，随演成剧烈肉搏战，师长激励全体官兵，勉以报国大义，无不感痛悲愤，以一当百，为杀声振天，血流成渠，拼命死战，将敌大部击退城外，但奸军兵力雄厚，一波甫退，一波又起，师长亲率士兵数十名与敌肉搏，将敌稍稍击退，血战两昼夜之我军，至此已声嘶力竭。敌见我势孤，如江海波涛汹涌而来，我方官兵牺牲十之八、九。师长于此悲惨严重之情况下，下令突围，率士兵十余人越墙而出，落于乱尸之上，幸未跌伤，渡口堡随为奸军所陷，我军于新平堡收容集结。血战两昼夜之战斗，暂告结束。

六、战斗后敌我之行动

敌方：奸军进占渡口堡后，次日主力向兴和前进，企图进占该城，扩大其占领区域，以作张家口外围之根据地。

我方：我军于渡口堡突围后，以伤亡惨重，人员、马匹、械弹均待补充，故于新平堡收容集结后，奉命经隆盛庄丰镇至大同整补，兼任大同附近交通之控制及警戒。

七、战斗成绩：

我军人员马匹伤亡见附表第一，卤获见附表第二，损耗见附表第三甲、乙两表〔表均略〕。

八、可为战斗参考之资料

一、奸军战法向以山地游击战为其特长，敌来我走，敌走我追，声东击西，化整为零，化零为整，出没无常，故我军与之作战往往中彼奸计，对奸军战法行军宿营特别注意警戒，以优势兵力，炽盛火力，以外线作战之方式，逐渐压缩包围圈而聚歼之；或以三面包围驱敌于平原不利地区，与之决战，为此奸军离开山地，失却屏赖，必可早日剪除。

二、此次我军骑兵部队因处于山岳地带，运动不便，不能作机动之适用，固守城垣、致为奸军所乘，骑兵特长在藉其冲力及运动力用于搜索威胁敌之侧背，袭击敌人，或追击或掩护不可使用于山岳地带，此于次我官兵忠勇气概，是可动天地而泣鬼神，唯以弹药不继，被困城垣，受地形限制，不能机动运用，致蒙重大损失，良可概也。

三、奸军份子多为沦区青年，久受奸军麻醉，思想荒谬、内部造成恐怖，手段残忍，人人自危，今后我军应特别加强政治工作，宣传奸军阴谋劣点及早唤醒青年，勿为奸军所用。

四、奸军自日本投降后，积极向重要城市窜扰，扼挽交通咽喉，夺取日寇之精良武器装备，其本身故能一反其劣势，而变为优势。此次张垣日本弹药库武器库均被奸军得获，故蔚成极端优势，此后国军与奸军作战非有强大之火力，难克压倒歼灭。

〔国民政府军令部战史会档案〕

四、对湘鄂、鄂赣八路军南下支队袭击

1. 第三十集团军王陵基部在湘鄂边境袭击八路军南下支队作战机密日记

（1945年3—4月）

三月一日　天候雨

一、敌情：

1. 鄂南大冶流水里一带，奸匪自丑东以来续有增加。

2. 丑佳在长江北岸之大悟山附近发现奸匪第八路军三个团，装备齐整，并有过江之祥。

3. 茶陵敌大部于丑寝夜向攸县撤退，我四四军一五零师于丑感收复该城。

4. 永新敌千余，经我三九、四四两团于俭猛攻后，敌不支仓惶向大旺市方向逃窜，本东日克占该城并向败溃之敌追歼中。

二、奉长官薛丑迴培人电：

（一）本战区挺一纵队经饬增编暂一、暂二两个支队，以副司令率暂编两支队开驻德瑞、九星等县地区，专任清剿奸伪。以该司令率原有第一、第二两个支队仍驻武宁附近，服行原任务。

（二）挺二纵队经饬增编暂三支队，以副司令率第三、第四两个支队仍在醴陵作战。其余（含暂三支队）由盛司令率领回鄂南（大鄂武等专任清剿奸匪）。

（三）挺进三纵队经饬增编暂四支队，以副司令率两个支队（第八、暂四）开驻通、崇通等县地区，专任清剿奸伪。其余第六、第七两个支队仍由吴司令率驻平江，服行原任务。

（四）挺进四纵队经饬增编暂五、暂六两个支队，以参谋长率两个支队（第十、暂六）开驻咸、蒲、嘉等县地区，专任清剿奸伪。其余第九、暂五两个支队仍由王司令率领、服行原任务。

(五)各支队增编之暂编支队，经费军粮等，均由各驻在县平均负担，奉到上电后，当即以寅东巳略电转各挺进纵队司令及七二军傅军长。

三月三日　天候阴晴

(一)窜据鄂南奸匪计有八路军南下独立第一支队王震部及伪李先念所辖之特务营及罗通、郑多、雷同、肖珍等四个团，共有匪兵七千余，马百余匹，装备齐整，并有湘籍民大、抗大毕业之干部百余人，尚有一个支队在鄂东大悟山，即有窜鄂南之企图。

(二)奉长官薛寅东申明电：

请兄即令七二军傅军长率军部及一个师由现地出发，经宜春、万载、铜鼓密开修水并指挥新十六师及鄂南各挺进纵队剿办窜扰鄂南奸匪，限寅灰到达。

(三)奉到上电后，当以寅江辰略一电指示傅军长，祝、江、杨、吴师长如下：

(甲)新十五师四四团归还建制，该师迅即接替三四师湛口、打铁、石岗、鼓岭、蜈蚣岭一带防务；以一部守备里陂、津洞、耶陂一带；四三团以一个营担任安福总部指挥所警戒。(乙)三四师将防务交代并该师一百团归还建制后，即随同七二军部经宜春、万载、铜鼓密开修水依限到达。(丙)新十三师部暂驻洲湖，以一个团驻洋门头、桂林坊一带；以一个团驻梅塘、夏阳一带，并以一部进驻石灰桥；以一个团开驻天河附近，其在栏木桥之一个营归还建制。至下南坑之李营即开宜春担任总部警戒。(丁)七二军部应即由现地先行出发，务必依限早到，准备一切。(戊)新十六师暂驻原地，听候傅军长之指挥。

(四)并将上项处理呈报委员长蒋、主任顾、长官薛。

三月七日　天候晴

一、据三十四师王副师长寅鱼酉修电：

(1) 奸匪新四军一部于微日回窜大磨山，将咸宁自卫队全部解决，继由楠林桥渡河沿杨芳林南窜中。

(2) 已令守备九宫山之一零一团第一营守备九宫山外，其余部队于本日午后四时出发宿营温汤，限明(虞)日午前十二时赶到南茶待命。

(3) 已令守备修水之一百团第三营以一个连守备修水，其余于本晚推进至上坑附近。据杨师长寅鱼午电话：

昨(鱼)日窜至金塘坳之奸匪后续主力部队约三千余，现已进窜崇阳东南之港口大源、高枧等地，有续向修铜进窜之样。

二、以寅虞巳略电处置如下：

1. 饬王副师长决采防御，确保修水；

2. 饬四八团镇静备战；

3. 饬一百团轻装兼程赴修；

4. 电傅军长知照；

5. 电蔡专员广为宣传大军将到，以安人心，免致误会。

并以寅虞未略电孙副总司令，请饬第一纵队即以一个支队、一个保安队由副司令率领立开赴修水并留置一部于三都防剿。

三、以寅虞未略电将上项处置呈报长官薛核备，并分电军师遵照。

三月十日　天候晴

一、奉长薛佳未明电：

寅虞未略电悉。(子)所拟处置可照办，请暂督饬努力进剿，不得使匪南窜，增加尔后进剿困难。(丑)请速令傅军长率三十四师星夜兼程向修水、渣津急进。(寅)请立令新十三师速经宜春、万载、铜鼓，星夜兼程密开修水，加强剿匪兵力；暂留新十五师主力驻守吉安，一团驻守泰和。兄率总部回驻铜鼓、修水指挥，俾使进剿，希遵照具报。

二、以寅灰子略电长官薛：

寅佳未明电奉悉。自应确遵立办，惟查此次窜扰奸匪声势，迥非昔比。据调查室电报尚有后续匪部二万余。至于长江北岸再有无大股继续增加，目前尚未查明，但以华北各省驻军既被奸匪消灭尽净，则该匪以主力南侵，深入扩大赤区，事属可能。加以延安匪魁正向中央无理要求之际，乘机普遍蠢动，以图遂其野心，似有必然之势。若不乘其初动立足未稳之际一鼓荡平，一旦窜入铜浏山岳地带，进剿更为困难，恐贻误不可收拾之患。谨将歼剿意见具申如次：(一)鄂南十县以迄赣北，纵横绵亘不下一千里之地，目前既无建制国军镇守，到处俱是空隙。而奸匪索性诡谲，此剿比窜，在此广大地域，若我兵力不敷分配，则有攻剿，即无防堵；有追奸，即不能顾及侧后，故须以可期必胜兵力周密部署收复原来态势，庶不致影响尔后作战，湘鄂赣边区数十县地域亦不致有匪流窜旋灭旋兴也。(二)职集团当面之敌目前大部多已南窜，而永新、莲花、茶陵各县亦已相继收复。现在醴陵、攸县、茶陵一带敌情似已无若何顾虑，拟请钧座另饬一部兵力监视遂川之敌，准将新十五师一同调返，俾利歼剿期奏速效。(三)对武宁、修水、阳新、通山一带之防堵及攻剿为期能得统一步调，呼应灵活起见，复恳将第一纵队暂拨归职部指挥，俾该方全面均能动活机宜，藉释廑虑。左三项是否可行？伏乞鉴核立电示遵。

三、寅灰辰略电长官薛：

寅佳未明电奉悉。际已转饬新十三师灰日由洲湖洋、门头、天坳一带出发，兼程密开修水外，职率本部指挥人员于本(灰)辰由清溪出发，向宜春前进，并电委员长蒋，主任顾核备。

四、以寅灰巳略电杨师长饬立由现地出发，经安福、洞富、宜春、万载、铜鼓道向指定目标不分星夜兼程前进。

并同电傅军长、祝、江师长知照。

三月十一日　天候晴

一、奉长官薛寅灰明电：

寅灰子略电悉。新十五师准开往剿匪。挺一纵队准归兄指挥，并已另电孙副总司令知照。

二、据三十四师王副师长寅灰修电：

（一）前窜大源、高枧之奸匪大部约二千人，于灰辰向东窜，似有窜犯太阳山、九宫山之样。

（二）通山南杨芳林附近刻又发现奸匪二千余。

三、以寅真申略电复长官薛，并同电饬新十五师即由现地出发，经安福、宜春、万载迅速开至铜鼓附近地区集结待命，并电康司令遵照转饬所属切遵。

四、集团总部本（真）未到达宜春，准备明日继续前进。

三月十二日　天候晴

以寅文酉命令本部各单位及新十五师四三团第二营：

（1）本部于明（十三）日八时由现地出发，经万载、罗陂头、黄岗口、小三都向修水前进。第一日宿营三阳桥。第二日万载。第三日罗陂头。第四日黄岗口。第五日小三都。第六日山口。第七日修水。

（2）各处、室、台、排及特务营，除指定人员随余赴修水外，余仍留驻宜春原地。

（3）行军序列（另表略）

（4）午膳宿营各地区由副官处派员指挥各单位派遣之设营给养，诸人员于每日出发前二小时出发照规定办理。

（5）有无线电台各一部，应先至午膳宿营各地开设通信所。

（6）如遇空袭时，各单位主官指挥所属注意掩蔽疏散，勿使目标暴露。

（7）行军时，各单位应严守秩序，恪守军风纪，不得散离队伍，任意行动。

三月十九日　天候雨

一、奉委员长蒋寅佳令一元游电：王震系奸匪一零二师三五九旅，战力较强。去戌月初由陕北开鄂西北，若果属实，应饬属注意，努力剿办，并希详查及设法捕获俘虏、文件证实。

二、集团奉上电后，当即以寅皓午剀电转饬军师及各纵队遵照。并将奸匪窜扰鄂南情形呈报委员长蒋如下：

（1）此次窜鄂南之匪，除新四军外，并由陕北调来一部，由王震率领，共约万人，在阳通公路以南地区约五千余，公路以北地区约四千余。

（2）寅微窜过崇通公路后续窜大源、高枧、蒲口街、溪口、九曲岭、全丰、黄袍山一带地区。

（3）该匪指挥所在大源，政工人员亦在大源、全丰、黄袍山各地区活动中。

（4）判断窜扰鄂南奸匪，似有窜据湘鄂赣边区建立江南赤化根据地之样。

三月二十日　天候雨

（子）敌一四师一一六师陆续向岳武后撤转用，二七师将由赣陆续向南雄、曲江经粤汉北撤或南撤。

（丑）我军先后克复浏、平、莲、永、遂各县，对赣州、南康、大庾、醴陵、攸县、安仁各县之敌继续攻击必可克复，各军师长等切勿失此时机。

（寅）三十集团军对流窜鄂南各地奸匪应督饬努力剿灭，以安湘鄂赣边区而保我作战资源，望我全体将士同心协力，本战区必能于本年之内建立大功，以报党国，请兄转所属知照。

（二)集团奉到上电后，当即以寅号戌略电军师及各纵队遵照。

三月二十一日　天候雨

一、奉长官薛寅巧明电：

（子）着七二军以一师进剿太阳山、九宫山等地区之奸匪；一师进剿高枧、全丰、龙门厂间地区之奸匪；一师进剿修水；新十六师驻渣津，作机动作用。

（丑）着第三纵队立由现地出发，兼程经南江桥西进与第四纵队负责，会同进剿通城临湘黄岸市地区之奸匪，并限寅月辰将各地区完全肃清具报。

二、集团鉴于吴纵队之六、七支队单独轻进，于塘湖遇匪围攻，主力损失甚重，支队长邓美成阵亡，现开回长寿街整理，一时恐难西移与四纵队会剿，除以寅马未略电转长官薛，寅巧明电饬军师及三、四两纵队遵照外，并以寅马申略电呈复长官薛以三纵队之残部准调长寿街整理。

三月二十二日　天候雨

一、奉长官薛寅皓明电：

（子）据报：张体学部筱辰由岳阳属卢家塅向上塔市、九曲岭窜扰，有占领幕阜山企图。已令挺四纵队跟踪追剿，并令平江自卫团向北堵击，阻匪南窜。（丑）着第三纵队迅速向上塔市南江桥急进，索匪攻击，协助第四纵队剿灭之。仰即遵照具报。

二、集团以第三纵队之六、七支队主力已攻破，邓支队长阵亡，现正准其在长寿街整理，恐不能即时行动，拟处置如下：

1．详细查明匪情，作整个部署进剿。

2．问王司令剿办情形及现在部署。

并将办理情形呈复长官薛。

三月二十三日　天候晴

一、匪情：

1．大源匪主力似向通城平江窜去，该地尚有残匪六、七百。

2．楠林桥北之山口、石门一带有匪约四千人。

3．小沙坪有匪约千余。

4．塘城坳有匪约五百余，马日全部向全丰窜扰。

二、奉长官薛寅号明一电：

请兄妥密计划，严督七二军及各纵队努力进剿，务于寅月底将匪全部肃清，以保湘鄂赣边区安全，俾利尔后作战。

集团奉到上电后，除即以寅梗午略电转饬七二军及各挺进纵队切实遵照努力剿办外，并以寅梗酉略电对七二军指示如下：

为准备进剿奸匪，该军各部应明如下指示动作：（一）挺进第一纵队张副司令所部应准备向青泥湾、湛家塅之线进出。（二）三十四师应以一部确保九宫山、太阳山外，其派在渣津、幽居各营应立即归还建制，准备向黄沙口、蒲口、仙居岭之线进出。至幽居库军品着由新十六师四八团派兵一营守获。（三）新十五师除留置山口附近之一个团及修水之一个营外，该师主力到达修水附近后应立即以一部兵力占领新屋埂、上坑、五里坳、牛岭、坪寺、斗脑之线，对大源方面严密警戒，其余部队位置于修口南方之露水岭、桥坪一带地区，并准备尔后进驻甘家塅、刘家（马坳西南）一带，担任守备。（四）新十三师主力仍在现位置程坊，并以一部兵力配置于马坳以北之香炉山、戴家坪、郭家、柳田需一带警戒，但应准备向雷峰尖、鸡崔尖、石门、安坑之线进出。（五）新十六师仍在现位置应于渣津北方及古市岭东南之下杨田、铁铺里、扬明山、万家岭、李家垄、溪港一带对小沙坪、白沙岭、朱溪厂方向严密警戒。

三月二十四日　天候晴

一、大源及其以南一带奸匪于号、马等日窜至桃树港、白沙岭后，梗辰分两路窜小沙坪、麦市、天岳关一带，其指挥所已移华楼咀附近。

二、集团以寅敬巳略电对傅军长再指示如次：

(一)据报：大源奸匪似已西窜。(二)本部为采稳慎行动，免中该匪诡计，应急一面实施严密搜索，一面准备进剿。(三)该军各部着即遵照寅梗酉略电所示，立就准备位置，并照下列搜索路线及区域先派干练官长率领能战部队分区前往搜索：(子)挺一纵队张副司令应立酌派一部兵力沿黄荆岭、湾头、沙龙桥、柏株窝道向龙巢湾、小林坳、枫树塘一带搜索；丑 三十四师酌派约一营兵力沿高岗岭、独石里、但坑、锭字坵向铺上、大源、九曲岭一带搜索；(寅)新十三师酌派一营兵力沿马坳、石门、梅家庄、马家殿、黄泥湾、古坑、干坑一带搜索；(卯)新十六师酌派一部兵力向古市岭、道兰坑、路口、白沙岭、白石桥各地搜索。

(四)各部队于搜索前进时，须注意两侧警戒及要点占领而行广正面之严密搜索，逐步前进。

(五)各搜索部队前进中，应逐段设置递步哨，与后方连络，迅速报告匪情，俾得应机处置。

并以寅敬巳略电饬吴司令即酌派得力之小部队分 途 立 向 枯石、浆市街、庐八斗岭及山下屋、天岳关一带山地严密搜索。至船洞、桃花洞、三洞源、代家铺等之山地仍应派队搜索，并随时将所得匪情确切具报。

三月二十六日　天候雨

一、匪情：

1。谭家桥附近奸匪约二千余，仍在原地未动。

2。平江、全丰、塘城坳、小沙坪、桃树港、白沙岭、白石桥一带奸匪于梗辰至回，陆续向青村、小坪、虹桥、南江桥一带窜去，其主力在虹桥。

集团以寅宥辰略电对傅军长指示如次：

(一)据报：大源、桃树港、白沙岭、白石桥一带奸匪经我三十四、新十三两师压迫，均陆续向西南逃窜。现该两师先头一部已进占大源、古源各地区。又奸匪约两大队于敬晚窜至山口铺(通山西北)附近胁征多数乡导，似有继续南窜之样。(二)本集团为跟踪搜剿，并防制阳通公路以北之匪继续南窜，决以有力一部向北防堵，以主力先扫清浆市街、虹桥南北两方之匪，再向西北前进，索匪歼剿之。(三)第七二军及其各师并配属之挺一纵队张副司令所部照如下指示分别部署行动：(子)张副司令所率部队应即于青泥坑、庐家垄、沙龙桥一带向通山、杨芳林方向警戒，并搜索该方面匪情，右与太阳山，左与玉莲市殿下友军切取连系，防匪南窜。三十四师除一零零团第一营仍在九宫、太阳两山守备外，至该师主力应分别位置于花泥、黄沙口、董家仓下及陈家坑、罗家窝、中庄各地区，并由罗家窝之一部中酌派兵力担任东坑、杨窝(横岭港北)、老虎墩、牛巷、东岳庙、原岭(均在大源附近)之警戒，并努力搜索通山、杨芳林、中堡、青山铺一带匪情，更由该师以有力一部推进于梅家庄、烟洞、大港、弦朱子坪各地，即由该师酌派兵力于古源附近警戒，并搜索高枧、华罗寨、黄袍山，师长古尖、苦竹岭一带匪情；(丑)新十三师应立即进出朱溪厂附近，分置于和尚尖(朱溪厂东北)、慎坊埚、老屋里各地区之附近，搜索南楼岭、天岳关、浆市街、虹桥一带匪情，应机进剿；(寅)新十五师(欠四五团)应即由现地出发，沿东渡港台庄、长嵛岭道，以一团推进至土龙铺及其东北；一个团推进至大口埚各附近地区(均在龙门厂正南)，搜索古楼岭、山下屋、白马庙一带匪情，应机进剿；(卯)新十六师仍在原地担任守备，并酌派一部向右延伸，担任渣津东北区马坳附近地区警戒。(四)第七二军部应即推进至渣津指挥。(五)新十五师四五团应即推进于修水西之黄四附近，所有山口附近守备任务概由新十六师四八团负责。(六)各部队应立即开始行动，并于到达指定地区后，即自行严密警戒，择地作工，但须随时准备机动，期能应机进剿为要。(七)以上各项仰即遵照，并转饬各部遵照具报。

三月二十八日　天候晴

一、奸匪宥日窜平江三眼桥约二千余，感日续窜献钟加义市，本俭日复分两路向长寿街猛犯，'判断该匪似以我七二军主力向西北扑空，东方无兵之际，乘机东进，攻我后背。同时彻底击破第三纵队，以减少其南下左侧背之威胁。

二、集团基于左之匪情及判断，作如下处置：

1. 以寅俭未略电令傅军长：

一、奸匪二千余由嘉义市分两路东窜，本午在长寿街附近与我第三纵队激战中。(二)新十三师现在朱溪厂附近之一部立即推进至桥头附近，向天岳关、虹桥方向严密搜索警戒；其在老屋里之一部立即推进至朱渔厂；其在和尚尖之一部应即进占和尚尖、黄竹尖、徐家咀之线，占领阵地，准备应战，并向西北两方搜索警戒。(三)新十五师(欠四五团)兼程到达上龙铺、头口墈后继续向西向南前进，以一部(约一营)进至罗家墈、小港、曼家洞附近一带占领阵地，向天岳关、虹桥方向警戒。该师主力即由汨江以南茅塘、白土街大道两侧地区向长寿街西南前进，索匪侧背猛攻，协力第三纵队先将此股奸匪剿灭为要。除分电外，仰即遵照具报。

2. 同电嘉勉吴司令，并饬努力阻击，确保长寿街。

3. 并将处置以寅俭申略电分报委员长蒋、主任顾、长官薛。

兼总司令王陵基

中华民国三十四年三月日

四月一日　天候晴明

一、本当面敌情：

1．德安、箬溪、王家铺一带为敌独七旅团一二五大队，兵力千余。

2．通山亘崇阳各据点敌为独十二旅团二三五大队，大队长荻原，兵力约千人，通城亘赵李桥一带，二三八大队大队长高桥，兵力约千二百人，该旅团部及二三六大队驻咸宁，旅团长村田孝生，兵力约千五百人。

3．粤汉路武咸段，敌仍为独十二旅团之二三七大队，兵力约千余。

二、鄂南湘北匪情：

1．奸匪张体学旅人枪四千余，寅宥由茶地铺窜大幕上，有在该地建立根据地之样。

2．由大源回窜路北奸匪张体学旅一部，随同所掠物品于寅感窜抵高桥、四门楼与我第五纵队对峙中。

3．窜据平江境内奸匪为王震旅，全部人枪五千余，其一部二千余于寅月俭、艳两日被我新十五师及第三挺进队，在长寿街击溃后回窜嘉义、献钟一带，扬言将大举回窜外，该匪大部在团山铺、钟洞、梅仙、汪坪、三眼桥一带活动中。

三、集团鉴于各部所报匪情常多出入，且因我谍报人员时有被地方附匪人民举发，不能深入匪方侦察关系，为求确实明了匪情及匪主力所在，以便部署进剿，予以彻底剿灭之目的，特拟定搜索办法，颁发各部并指示各部搜索队之搜索范围如次：

（1）搜索要领：

（甲）新十六师以搜索连并酌加派步兵连编成第一搜索队，搜索苦竹岭、南楼岭、盖文岭一带地区，到达后并以各一部进出于高枧、黄袍山及麦市、天文观、张公墩一带搜索。

（乙）三十四师以搜索连并酌加派步兵编成第二、三两搜索队，搜索丰岭、华楼咀、天岳关一带地区，尔后逐渐以斥侯幕进出上塔市、南江桥一带搜索。

（丙）新十三师以搜索连并酌加派步兵编成第四搜索队，搜索山下屋、桃花洞三墩、三洞沅、钟洞一带地区，尔后逐渐以斥候幕进出于梅仙市、平江一带搜索。

（丁）新十五师以搜索连并酌加派步兵编成第五搜索队，搜索毛坪里、板桥洞、船冲、钟洞附近及嘉义、献钟一带地区，尔后逐渐以斥候幕进出于大扬里、平江、三眼桥一带搜索。

（戊）第三挺进纵队一以个大队之兵力为第六搜索队搜索杨林街、龙须洞一带地区，尔后逐渐以斥候幕进出于长田市、思村一带搜索。

（2）搜索地境线：

（甲）新十六师与三十四师为日沙岭、下大清、烂泥冲界头三埠桥之线，线上属右。

（乙）三十四师与新十三师为龙门厂、枯石山、下屋桥、头铺、江毛洞、张家坳之线，线上属右。

（丙）新十三师与新十五师为岭峄山、下铺、雷家里、毛坪里、白石塅、平江之线，线上属右。

（丁）新十五师与第三纵队为沿汨罗江河流至大桥北岸之线，北岸属新十五师，其河流及南岸属第三纵队。

四月二日　天候晴明

一、被我于长寿街附近击溃之奸匪王震部二千余回窜三眼桥后，现已大部经钟洞向西北窜去。

二、集团近以各挺进部队所报匪情不是夸大，即甚含糊，且对饬剿命令亦多不彻底奉命，乃令调查室派遣连络参谋数员各携电台一部分赴各挺进纵队充任连络，以能确实明了匪情及各部奉行作命程度，以利部署指挥剿灭奸匪，并为规律各联络参谋任务范围及行动注意等项，特拟订连络参谋须知一则，发令遵守。其大概内容如次：

（1）连络参谋任务在调查各部队当面奸匪部队之确实番号、匪首姓名、兵力位置及行动企图等项，同时并考察该所在部队奉到上级作命后之时间、处置并对此命令之奉行程度如何与指挥部署及战斗经过实况，又对该部队之军风纪及地方党政团人员对于剿匪之协助与措施并当地人民之背向，均须一并考察之。

（2）连络参谋基于所受任务，应将所得各种情况随时专电密呈本部。

（3）连络参谋对本部之通信连络，统由其派出之机关（调查室）收转。关于电码密本及电台呼号、波长等，概由该机关约定之。

（4）连络参谋本身应特别注意礼节、言行，无论对所在部队之各级官兵，随处均应和蔼谦虚，俾能圆满达成任务，尤宜提高品格，不得图利受贿，敷衍塞责。

（5）连络参谋之奖惩概依其工作成绩及过失轻重，分别奖惩之。

四月四日　天候阴晦

一、奸匪张体学旅仍在谭家桥及其以西之高家、茶地铺、石门市一带与我第五纵队对峙中。奸匪王震旅主力以潜伏于严江东北之团山铺、钟洞及平江城附近地区。刻三眼桥、献钟、嘉义市一带仍有该匪一部活动中。

二、我奉命向平浏地区进剿之九九军其所属之九二师已到达沿溪桥永和市、古港一带，九九师已到达浏阳城附近。

三、集团基于右之匪情及友军状况，拟对通山方面之匪暂予防止外，决以七二军主力及各挺进纵队协同浏阳方面友军由东北南三面同时向平江南北之匪围剿，以期一举而歼灭之目的，特作如左处置，并分电各部照此准备，完善待命攻剿：

（1）第二纵队现在樊湖之马支队不断箝攻武昌、大冶境内奸匪，不得使匪南窜；

（2）第五纵队应对高桥、茶地铺、石门市一带奸匪努力箝攻，不得使匪南渡富河增援；

（3）第四挺进纵队之九、十两支队应推进至夹石洞、“梅仙市西北”东西之线，向梅仙、平江一带索匪侧背攻击，并随时注意与新十三师切取连络；

（4）新十六师仍在原地担任守备并与西北方友军切取连络，防匪乘隙南窜；

（5）七二军应以一有力一部留置于正面，准备迎击由北南窜之匪，以主力向平江南北地区前进，索匪主力攻剿。其各应本如次要领行动：

（甲）第一挺进纵队张副司令所部仍在原地向北警戒，防止富河北岸之匪南窜，并与蔡专员守获大源之团队及南端之卅四师部队切取连络；

（乙）新十五师四五团应位置抗口附近，以一部进至上杭，对通山崇阳方面之匪严密警戒，并与第一纵队张副司令所部切取连络；

（丙）卅四师仍就现态势对通山、崇阳、通城方面之匪严密警戒，并准备一部兵力于必要时增援新十三、新十五两师之战斗，其已派出之搜索队俟新十三师到达虹桥后，即移于犖楼咀、黄袍山一带掩护新十三师侧背；

（丁）新十三师第一步向虹桥附近前进索向西南方奸匪攻击，此际依情况以一部向戴家铺、钟洞前进，以策应新十五师之作战，至新十五师击破加义、献钟附近之奸匪向三眼桥进出时，该师应速向浆田附近地区前进索匪攻击，此时可酌以兵力防止其他方面之匪。又对于经路南方之大山地须严密警戒搜索；

（戊）新十五师（欠四五团）应协同第三纵队先将加义、献钟之匪击破，再进出三眼桥向平江方向索匪攻击，并对于进路北方大山地须注意搜索警戒；

（己）新十三、新十五两师应呼〔互〕相呼应密切协同，倘匪潜藏于三敦、钟洞之山谷区域盘路、平江附近时，应协力南北夹击，以剿灭之。如遇邻接部队为匪大部所阻进展困难时，则此方一师应努力迅速击破当面之匪，向邻接部队之匪后背前进，方无被匪各个击破之虞，是即为山地战协同之真谛；

（庚）第三纵队应以一部留置于长寿街附近固守，以主力沿加义、献钟、三眼桥道以南地区，常在新十五师外翼协同攻击前进。

下达左令后，同时电请长官薛转饬九九军主力进出安定桥、平江，向西南向东北攻击。

四、本日集团宋参谋长相成电复吉安长官部指挥所于主任益钧，关于此方匪情及进剿经过原文如次：

寅艳堃电敬悉。查奸匪一二〇师三五九旅王震部辖四个大队人枪六、七千，号称南下支队，由延安经晋豫渡黄河入鄂境，于武昌鄂城间渡长江与新四军第五师一四旅张体学部人枪五六千会合，仍袭用新四军名义混淆我方耳目，企图先在湘鄂赣边区建立根据地，俟寇军向东南海岸撤退之际，即藉名收复失地，讨好人民，袭占长沙、武汉，对抗我中央政府，狼子野心，至为险毒。至所采手段，则在扑灭我方党政机构，解除军队武装，利诱人民，控制伪军，所用战法则为数次冲锋，侧背抄袭，后退包围而流窜偷袭，尤极诡诈。自丑月抄袭占鄂南之谭家桥，击溃盛纵队马钦五部后，复窜大幕山击溃成纵队并解决咸宁自卫队、鄂一专署、保安十三、十四大队亦次第被其击溃。寅月初窜过富河南岸袭占大源、高枧。大源专署及各机关损失綦重，蔡专员仅以身免。吴纵队当时进至白沙岭未遵守本部指示，自向高枧前进，致于塘湖市附近，蒙受重大损害，几至不可收拾，于是匪势益张，大有乘我修武铜平一带空虚继续南侵。幸长官薛俯察其奸，立调在吉泰一带抗战之七二军全部回师剿办，否则此时情形如何真不堪设想矣。三十四师因先奉调由傅军长率领兼程北进，早于寅元赶至修水，得以阻遏该匪分向修铜窜扰之企图。号日本部到达修水即策定进剿计划，以稳扎猛打，军政配合，防剿兼施，逐步前进方略，督饬所属军师纵队并地方党政机关施行。敬日大源奸匪张体学部经我三十四及新十二两师由东南两面猛烈压迫，遂以一部附王震指挥，经麦市向西南平浏地区逃窜，大部回窜通山东北及其以西之高桥、山口铺一带。宥日王震匪部窜踞平江、三眼桥后，感日东窜献钟，声称解决吴纵队。俭日复分两路向长寿街进犯，吴纵队凭碉抵抗，激战半日，该匪伤亡虽大，而吴纵队情势亦危。本部以对北防堵，一面由西南向东北进剿之目的，当令七二军以一部于蒲口西北向北防堵外，主力进出朱溪厂、龙门厂西南地区；一面监视黄袍山、天岳关一带匪情，应视进剿并续以有力一部星夜出大口墈向长寿街急进，增援与吴纵队，协剿该匪。艳日拂晓，该军一部（新十五师）赶到长寿街附近南北地区，立即加入战斗，向匪攻击，激战至未，卒将该匪击溃，斩获颇多，该匪负创回窜。现其主力似在团山、钟洞、平江一带，一部仍在加义、献钟、三眼桥各地活动。我为详侦匪情，即于围剿，除已饬七二军各师各派一个或两个搜索队向上培市、南江桥、桃花洞、三墩、平江、三眼桥一带行广正面之搜索，并准备以鄂南之盛、成两部向武昌、大冶、咸宁境内之匪箝攻阻其南窜，增援王纵队，由东北向西南。七二军主力分两路由西南向东北，并请长官饬派九九军主力向安定桥、平江附近前进。各部分由东北南三面向平江南北地区之奸匪协力围歼。除剿办情形容续奉闻外，敬电复陈并祈指教，藉资攻错。

四月五日　天候阴雨

一、奉长官薛卯江午明迟到电：

(子)迭据吴、王两司令报称：奸匪三五九旅及十四旅张体学部现窜至加义市、三眼桥、平江城间地区，梅仙市以北已无匪踪。

(丑)着七二军以两个师及第三纵队由长寿街向加义市、安定桥、平江，以一个师经上垄、钟洞向三眼桥、平江跟踪索匪猛剿。

(寅)第一纵队张副司令所部及新十六师仍服行寅俭申明电所指示之任务。

(卯)第二纵队留鄂南部队及第五纵队主力经崇阳、通城之东，自东北向西南循窜路跟踪追剿，如匪有后续，残匪继续南窜时，该两纵队应以全力阻匪南窜。

(辰)第四纵队速向梅仙、平江间地区努力追剿。

(巳)九九军于永和市、浏阳间地区集结完毕，另令剿匪，但该军应先确实扼守东门市、官渡、古港、浏阳以北山地，隘路阻匪南窜。

二、集团奉右电后，除将四日处置呈复外，并申述现在鄂南之盛、我两部自被奸匪击溃，残破之余，实无能力出击，且通山东北及其以西地区尚有张体学部大股奸匪活动，亦不容其向南攻击，且该匪有伺机南窜阴谋，果将七二军全部西进，遇匪南窜则无力防堵，并请再以九九军一个师兵力向北协剿，俾得四面早期歼灭，复请将现在醴陵以东任务并经核准调返鄂南之第二纵队主力立饬开返，至醴东防务可以萍乡附近之五八军接替去讫。

按此时曾据第五纵队成司令建议，若将第二纵队全部调回鄂南以之扼守长江南岸要点，封锁奸匪由江北南渡，绝其来源，则对已窜鄂湘边境之匪剿歼较易，且可免顾此失彼之虞。又长官薛处置，如不待该军集结完毕，即饬其一部向北协剿，使匪无隙可遁，则尔后之效果必较宏大也。

四月六日　天候阴雨

一、奸匪张体学部主力四千余自卯支辰起，即分三路向我杨林桥、毛伯世第五纵队围攻，战斗颇烈，双方伤亡均重，刻仍在该一带地区战斗中。盘踞平江附近奸匪王震部主力，除一部沿梅仙北窜外，其余仍在该地未动。

二、本日十时许，接吉安余主任电话转来长官薛口谕：现已令饬九九军由南向北攻剿，希饬七二军迅速攻击前进。等因。除立电呈复集团已饬各部准备就绪，请示九九军开始北进攻剿时间，以便命令各部一齐开始进剿而免奸匪乘隙逃窜去后，复将对七二军及各纵队部署情形，电知九九军梁军长查照，并问其进剿兵力、即开始行动时间、进出地线，以便转令各部连络，协同去讫。

四月七日　天候阴云

一、奸匪王震旅近在平江扩编部队，复妄称为"国民革命军湖南人民抗日自卫军"并散发张贴荒谬无稽之文告。

二、本日我七二军各师搜索队到达麦市、天文观、白家坳、南江桥之线。第四纵队一部在孟城关附近之黄土山、车廖家一带与由公田、大段等处窜来之匪千余战斗中。

三、集团昨将长官所示九九军要旨，并七二军及各纵队部署电知该军查照。去后。本日十六时由铜鼓连络员转来九九军梁参谋长电话：该军尚未奉到长官薛向北进剿之命令。等情。除立以长官薛补发之电报合同命令照转该军外，同时并电呈长官薛鉴核。

四月八日　天候雨

一、据九九军梁军长虞亥艳电节称：本军刻始奉到长官薛饬向平江进剿奸匪电令，惟以本军集中南华补给机关未到，弹药缺乏，粮盐无着，除饬九二、九九两师各派一个先遣支队（各约一个营)分经思村社港市道向安定桥前进与七二军协剿外，主力俟求得补给后，即行续进剿办。等情。

二、集团据右电后，以奸匪行踪飘忽，若待九九军全部北进会剿，则恐匪已他窜，然为顾虑等待该部先遣部队同时开始攻击。以免该匪此剿彼窜，有隙可逃计，特对七二军及第三纵队下达如左之攻击命令：

（1）当面匪情如责官所知；

（2）现在永和市、浏阳一带奉命与我协剿之九九军因待补给，刻以两个先遣支队(各约一个加强营)于本日分经思村社港市向安定桥前进中；

（3）七二军及第三纵队应本卯支辰略电所示要领，立即开始攻击前进，其第一次攻击到达线如次：

(甲)七二军以新十三师向虹桥南及金家湾、唐家边之线攻击前进；新十五师向加义南北地区攻击前进；

(乙)第三纵队主力由吴司令率领，在新十五师外翼并与该师连系向加义东南青木洞、大坳一带攻击前进。

（4）各部队到达指定之攻击线后，应即整顿态势，部署妥当，防匪反扑，并准备继续攻击前进，索匪痛歼。至与南北两方友军，须特注意联络。

四月九日　天候雨

一、奉长官薛卯齐巳明电，

(甲)奸匪张体学旅已越通城、崇阳境地向北逃窜。至楠林桥、谭家桥间地区与我第二、第五两纵队战斗中王震旅，于黄岸市附近被我王前波部截击，伤亡逾千，现狼狈经过通城北港间越崇阳境向大幕山逃窜。我王前波纵队续在卯田、公田地区向东侧击。

(乙)战区以歼灭北逃奸匪之目的，重新部署如次：

(子)新十六师及第一纵队张副司令所部立派多批小部队向太

阳山、大源以北杨芳林、小沙坪间地区截击北逃之匪；

（丑）七二军立以三十四师速向全丰、麦市、高枧间以北地区，由南向北追剿经过崇北逃之匪。傅军长亲率新十三、新十五两师立向南江桥、梅仙、平江间地区进剿。

（寅）九九军除留一团留守浏阳城外，主力向三眼桥、安定桥、平江城追剿，除分电外仰切遵具报。等因。

二、集团奉右电后，除立转饬各部遵照外，并斟酌当面实际情况，分别指示如次：

（1）张副司令所部应即以有力一部向高湖、朱藕塘、青山下一带不断搜索清剿，并截击外窜之匪外，其余仍在原地严密守备。

（2）鄂一专署除以必要兵力拱卫大沅外，应即酌派所属保警部队向塘口、港口、中堡一带不断搜索清剿，并准备截击逃窜之匪。

（3）新十六师除仍在原地担任守备外，即以其派出之搜索队以苦竹、南楼两岭为根据，向黄袍山、高枧、塘湖市、清水塘、麦市、七里市间地区不断搜索清剿，并准备截击逃窜之匪。

（4）三十四师仍就原态势准备机动，并以派出之两个搜索队以盖文岭、丰岭及垡楼东或西端为根据，向麦市、七里市、官塘坳、聂家大屋、吴氏祠及上塔市、上下红石岩、垡楼咀、黄袍山及各地间不断搜索清剿，以便截击逃窜之匪。

（5）七二军（欠三十四师）由傅军长亲自率领照所示目标妥为部署前进追剿。

（6）第三纵队应即沿所示路线前进，向三眼桥、平江附近之匪追剿。

同时并以七二军因遵长官薛所示任务，其准备进出嘉义市，向平江攻击前进之新十五师已转向虹桥与新十三师统由傅军长率领，向长官所示目标前进，第三纵队已饬沿平江、龙门厂大道向平江之匪追剿，各情电九九军梁军长查照。

三、据第四纵队王司令卯支亥迟到电：以支卯奸匪陆续增援，向该纵队陈家坪、小水洞之线猛攻，战斗颇烈，至巳刻匪一部二十余复由柘洞经渭洞抄袭其侧背；另一部千余经茨洞向湾头包围其左翼，遂被迫向丰仓山、溪洞之线转移，继续转移至公田、茆田一带，一面收容，一面准备继续作战。等情。与长官薛卯齐明电所示：该纵队战况颇有出入。查其原因，不外因长官部与其隔离甚远，难于放寔，为求功奖，不免夸大战果。至对本部则相距较近，不能擅造战绩，而对匪情则因其流窜无定，无从查核，故欲夸大，冀图派队增援，免遭危险，并脱卸任务。盖所报进攻该部之匪果有五千之众，当不能听其安全转移；若真有五千之众，该部更无击溃奸匪能力也。

四月十日　天候晴明

一、据傅军长卯佳巳自觉电：

卯佳酉略电奉悉。遵以卯佳未自觉电令：饬新十三师即刻由现地出发经虹桥、长庆、南江桥道及大坪、张家墩、圩坑、李岭、上塔市道；新十五师(欠四五团)以一部(原在思溪之搜索队)经戴家铺，主力经木瓜洞道向上塔市、南江桥、朱坡(梅仙西北约五华里)各以西附近之线前进，索匪攻击，尔后向黄岸市歼追。职于明(灰)日由渣津向桥头(龙门厂北约十华里)前进。

二、接宜春长官部指挥所转来长官薛谕：据报：奸匪已向大云山(临湘东南)回窜，着傅军立向黄岸市、南江桥、梅仙猛进；梁军立向平江猛进。等因。

三、集团据傅军长所报之处置及奉长官指示后，立即电复傅军长指示如次：

(1) 该军前进目标对长官薛所示之梅仙无兵进出，且仅有两个搜索队其出北方与上峰企图不合。

（2）该军以两师重叠在隘路中行动之一长纵队，左方仅有用两个连编成之搜索队行进，不仅比两连有被击破之虞，且不能保障该军主力纵队之安全。

（3）两师在隘路中行动，必致后不能顾前，如先头遇匪时，该军即不能展开优势兵力应战，有被逐次击破之虞，仰注意改正为要。

四、本日午后二时许，新十三师遵照该军电令进至黄陂洞附近，即与向我南江桥附近三十四师搜索队追击之匪三千余遭遇。该师因在隘路，乃将续到部队逐次展开于黄陂洞、蛇形屋、大略尖、湘溪洞之线，是以为匪先制态势，颇感不利。当时七二军部据报后，即令新十五师速以一部向该师左翼增援，同时指示该师以其越幕埠山向黄岸市前进之右纵队三七团速沿茶盘、长子岭转向东南击匪侧背。殊此指示在未下达该师前，该师已饬其右纵队仍循原路撤回黄泥塘、长庆附近，防匪突入，使有用部队往返徒劳于跋涉，而未以之投入于战场诚属遗憾也。

四月十一日　天候晴

一、战况：

本辰我新十五师一部到达长庆以西地区加入新十三师左翼，协同向白合山、黄陂洞、湘滨洞一带之匪猛烈反击，激战至午，毙伤匪众二百余，匪亦不支向板江方面溃退，我续向匪追攻中。

二、奉长官薛卯灰戌明电：

（子）向大云山方面逃窜之奸匪王震旅，连日与我第四纵队激战，死伤甚众，于佳辰经北港、通城间向鄂南逃窜。

（丑）请兄严令所部放胆迅速追剿，勿为当面零星散匪迟误时机。等因。

三、集团奉电后，除立即转令七二军及第二纵队切实遵照，放胆猛攻外，并电第一纵队张副司令所部及新十六师饬其严防该匪回窜，并准备应机截击。

四月十二日　天候晴明

一、据新十五师卯真巳电称：据报：梅仙市附近尚有大股奸匪盘踞，其医院及学校均在该处。等情。

二、集团据右报后，当时转知七二军并饬其严秘侦察，若果梅仙市附近确有大股奸匪，则对新十五师现在三墩之四四团要随时应有援之准备；新十三师之三七团亦不可过于远出北方，免再遭受各个击破之危险。

四月十三日　天候晴

一、七二军遵照集团昨日所示要旨，处置如次：

（1）新十六师（欠一个营位置长庆）即以搜索队向团山、板江、双江口各地搜索匪情。

（2）新十五师四四团仍在戴家铺、竹山口方向服行原任务，并派一个搜索队搜索宋家坡匪情，四三团仍控置于湘滨洞，并派一个搜索队搜索山枣坳、汪平方面匪情。

（3）俟匪情明了后，再定攻击部署。

二、集团据七二军右之处置报告时，再指复如次：

该军应迅速进出西官桥隘路以西地区，查明匪情，对于小股匪部方面酌以必要兵力防堵外，主力应指向匪主力，与九二军一致动作，应机向该军当面之匪进剿。至所报各部位置，既极含糊，复未照本文文日所示行动，再作指示亦难期其适合，故于目前希照上述要领，妥为部署动作可也。

四月十四日　天候晴

一、南江桥附近地区之残匪，元日已被我七二军新十三师完全肃清。

平江三眼桥附近奸匪千余，经我第三纵队压迫，文晚向梅仙方向逃窜。

二、集团再对七二军指示如次：

（1）应以新十三师暂就现态势，向西北严密警戒，并酌派兵力搜索北方及注意监视板江、柘港洞方面匪情。

（2）新十五师主力应立向桨田西南之田家坳附近前进，即由该师酌派兵力攻击梅仙之匪，并确实占领该地，达成长官所示第一步攻击目标之任务。

四月十五日　天候晴明

战况：

本寅我新十五师向梅仙市之匪攻击前进，拂晓进至该地东南附近，即向该一带地区之匪千余猛烈攻击，激战至午，将匪击溃向西北逃窜。该师遂将该地完全占领后，并以主力推进至板江、夹石洞、宋家坡、车由谌之线，继续搜剿中。

四月十六日　天候晴明

一、被我各部在南江桥、梅仙及平江附近击溃之奸匪王震部主力现窜集柘港洞、谭家坊一带，一部在唐家尖、板江各地活动中。

二、集团左方协同进剿之九二师已进占平江及其以北各地区。

三、集团为继续向梅仙西北索匪主力剿歼，并防匪沿黄岸市、上塔市附近向东北逃窜，期得应机截击之目的，对七二军及各纵队调整部署如次：

（1）第一纵队张副司令所部及新十六师、三十四师仍就原态势服行原任务，并须严密向北搜索，准备截击东逃之匪。

（2）七二军指挥所应视电话线路情形，酌向西移；该军之新十三师主力分置于毛家大屋、沙铺里、长子岭及黄陂洞各地区，并以一部兵力守备井坡狮子坳、庙龙里、屋场湾、方家洞、蜈公咀、上屋里、浆田一带，详密搜索西北两方匪情，准备进剿及截击；新十五师将梅仙交与第三纵队接守后，应以主力位于柘庄哲寮，一部位于宋家坡各附近地区，并酌派兵力守备止大洲迄都水塅一带河沅东南岸各要点，详密搜索西北方匪情，准备继续进剿。

（3）第三纵队应立即推进至梅仙向西北严密搜索警戒，并确保该地准备继续进剿。

四卯铣午模电　委员长蒋

长 官 薛

六全大会军党代表职承钧座拨擢当选为复选代表，惟职僻处边陲，路遥时迫，恐出席逾期，有违会章，拟恳准予即刻赴会藉聆钧座委座训示。至湘鄂赣边区奸区经我进剿，迭予打击，职虽暂时离部，由职部参谋长宋成代行指导，进剿必定指挥如意，仍能歼剿该匪。所请当否？电核示。

四月十九日　天候晴

一、奉长官薛卯巧午明电：

（子）奸匪王震旅残部现窜至黄岸市、茅田、朱公桥间地区，有继续经通城西北向鄂南逃窜模样。

（丑）七二军应以新十三、新十五两师急向黄岸市、昭明关、北港、茅田间地区进剿；新十六师三十四师仍暂在原位置待机使用。

（寅）九九军应各以一个团守备平江、浏阳，以主力及第三纵队均归九二师艾师长指挥，急向朱公桥、公田、杨林街、关王桥间地区进剿。军部进住古港指挥，除分电外，仰立遵具报。

二、集团奉右电后，除立即转令七二军遵照外，并即着手研究进剿部署。

三、奉长官薛卯巧慎电：

卯铣午模电悉。查六全大会代表系分区复选由中央集中开票，以在全国各区得票最多者为当选，兄虽在本复区得最多数票，但是否当选尚须中央集中开票后始能决定，因在中央，办法无形，统制本战区，如兄等得票较多者能否获选为代表，尚待委座之恩赐也。

四月二十日　天候晴

一、集团遵照长官薛卯巧午明电所示要旨：本稳扎猛打之要领，逐步推进，向指定目标区域攻剿之目的，特策定进剿计划（如附图）（图略）及步骤，并立电七二军遵照：

（1）该军之新十三师除以现在马鞍山附近之有力一部在该师主力右后方取梯次行进外，至该师主力并再分为两纵队：以一部为右纵队，沿马鞍山、向家坳、保定关、卢墩里、昭明关、方家墩道前进；以大部为左纵队，沿南江桥、荣龙塝、独石桐、树坡山、坡冲、茶兜坡、摩头岭道前进。至其第二线之梯次部队，应本右纵队之行进路线前进，该部队须随时有防匪向东北方绕袭该师背后及必要时加入第一线作战之准备。新十五师应以其主力为右纵队，沿柘庄、何家沅、板江、黄岸市、小港、横岭道前进；以有力一部（一个加强营或由团长率两个营）为左纵队，沿上大洲、双口咀、娥眉坳、小坪渡、头港道前进，该纵队须特注意搜索其西南面山地匪情，以防柘港洞方面奸匪之侧击，并须探查都水墩、山枣坳、新开港、东溪洞之大道有无友军前进及其逐一到达大概位置，适时与之联络，并将此路友军位置随时报告。

（2）各师第一度之到达地带为何家坳、蒲台石、板江、清河洞一带，新十三师之第二线梯次部队为雨南坡附近，第二度到达地带为傅丹赛、独立月、田西北及甘田里一带；新十二师之第二线梯次部队为何家坳北端南庙咀南端及沙坪一带；新十三师之第二线梯次部队为寺田屋、保定关间地区，第四度到达地带为方家塅、摩头岭、横岭渡、头港一带，新十三师之第二线梯次部队为傅家提、西港间地区。

（3）该军须按当面匪情及左方友军前进状况并粮食之追送情形等，或按每度之地带逐步攻剿前进，或依情况一次进至两度以上之到达地带，并须于到达地带后，或攻占一地时应即设施工事，不断向匪方搜索警戒，防匪之偷袭反扑及敌军之袭扰。至通城之敌，如果向北撤退时，尤须防匪沿通城附近向该军右侧背窜扰。

同时并将七二军行动概略电知九九军梁军长，并讯问该军之行动。

二、奉中央党部组织部卯虞军选致兼总司令王电：

查同志已当选为六全大会军队党员出席代表，希于五月四日前来渝报到。等因。集团兼总司令以此次代表大会实关今后抗建大计，且以陆上交通阻塞，时间迫切，故决于马日由修起程赶赴赣南候机飞渝报到。当将此准备立复组织部备查外，并以本部职务交由宋参谋长代理，通电所属知照。

四月二十一日　天候晴

一、奸匪王震部一部被我七二军新十五师在汪坪、夹石洞、烂石冲一带击溃，向柘港洞方向窜逃后，该匪主力似已由张谷英、东溪洞移集于饶村、朱公桥一带。又黄岸市附近仍有奸匪千余活动中。

二、据梁军长巧亥晏电通报称：奉长官薛巧午电令：以九二师艾师长指挥该师及九九师一部并第二纵队向朱公桥、杨林桥、公田关、王桥地区之匪进剿，除遵饬艾师俟补给后于梗日开始行动。等情。

三、集团基于右之情况，立即作如次处置：

(1) 将九九军主力开始向北进剿日期电知七二军，并令其同于梗日开进，按照预定步骤，索匪攻击前进。

(2) 将七二、九九两军行动概要电知第四纵队王司令，并饬于梗日同时向北港、茅田及其东南地区，索匪侧背攻剿。

四月二十二日　天候雨

一、奉长官薛卯马午明电：

卯巧午明电计达。着七二军及九九军、第三纵队遵照巧午明电所示任务，于梗日拂晓开始进剿，限宥日将平江、通城、湘阴、岳阳、临湘间边区之奸匪王震部残部完全肃清具报，切勿违误。

二、集团奉右电后，除即转令七二军遵照外，并将已饬开始攻剿日期呈复。

三、卯养辰模电委员长蒋、主任顾、长官薛。

奉中央组织部卯虞选军电开：查同志已当选为军队党员代表，希于五月四日前来渝报到。等因。遵于卯马由修启程驰赴赣南候机飞渝报到，部务暂交参谋长宋相成代行，除分呈外，谨电鉴核。

四月二十三日　天候雨

一、战况：

进犯金牛附近吴官塘、晏公庙一带奸匪张体学部三千余，经我第五纵队连日反击不逞，已于漾日向北退去。

二、本辰我七二军新十三、新十五两师开始攻击前进后，新十三师于板江附近将匪二百余击溃，当将杨家坡、唐家尖、板江一带占领；新十五师将当面残匪肃清，进至师塝、苦竹、坑坟山坡一带。

三、本日根据九九军及七二军各师及第三纵队电报，均以所到之地因早被奸匪蹂躏，粮食空乏，士兵有二日来均食两冷稀粥，及并日而食者请求设法补给前来。集团以粮食影【响】官兵志气及剿匪行动至巨，除电长官薛请予设法外，并严令三十分监部迅速追送补给。

四月二十四日　天候晴

一、奉长官薛卯漾慎电：

奉委座卯号侍恭电开：查六全大会军队代表业经选定，兹规定凡在敌后或在前方作战之代表，非由本委员长批准不必出席，以免贻误职守，希遵照。等因。柳遵照。

二、本部奉右电后，因兼总司令已于马日，离部正在途，拟俟到达能通电讯之位置后即行转去。

四月二十六日　天候晴

一、奉委员长蒋智亥侍参发兼总司令电：

查同志业经当选本党六全大会代表，因任务关系，应准免予出席。等因。

二、本部奉右电后，适值兼总司令到达安福，以电话告知，宋参谋长当即将委座来电在电话上念去后。兼总司令即遵令停止前往，并即电复如次：

卯智亥侍参电奉悉。六全大会选举恭承钧座裁成，弥深感激，谨遵钧命，不来渝出席，仍即返部供职。谨电奉复。

四日二十七日　天候晴明

一、有日奉长官薛电指示：奸匪一股现窜高枧，兄应立令三十四师、新十六师主力迅速进剿，切实掩护七二军主力侧背，仰遵照。等因。当径转令击后。兹据祝师卯有电报：小沙坪、高枧一带仅有少数散匪，业径派队肃清。等情。并即呈复去讫。

二、集团以七二军新十三、十五两师连日行动部署多未按照本部预定计划，即指示办理；特电该军师长纠正。原电如次：

查新十三、十五两师连日所报前进部署，即攻击目标，均未确遵本部指示。如新十三师过于偏向西南，占据新十五师前进正面道路及攻击目标，至对其右侧背保定关、琉璃坳方面又未派有掩护部队，尤属不当。新十五师过于落后在新十三师左后行动迟缓，对西南方面瞻顾甚均不合上峰及本部要求，着即改正，各照本部卯号电令所示行动部署，迅速占领指定目标为要。

四月二十八日

一、被我新十三师连日在相思山、卢家塅一带击溃之奸匪王震部主力，据报于感夜沿木桥铺十里（通城以西以南）向通城东南逃窜。本午其先头一部二千余已窜至麦市、七里山、官塘坳一带地区，其大部陆续东窜中。

二、奉长官薛卯宥酉明电：

据四纵队卯有电：敬日方山洞、石庙奸匪千余窜车家山，申刻窜沙团，在黄金垄、山前坳、虾蟆石宿营，现石庙、西港山已无匪踪。等情。查奸匪已逐步北窜，请兄遵前令所示目际猛力追剿，勿使脱逃。等因。

三、集团奉右电及基于右之匪情，立作如次处置：

1．转令七二军傅军长并电第四纵队王司令饬勿再徘徊瞻顾，应速向东南攻击，与七二军协剿相思山、卢家塅一带之匪，免其脱逃他窜。

2．令三十四师除已派在垄楼咀之两个搜索队外，该师长应即率领该师主力立向路口南楼岭、盖文岭，白沙岭、白石桥各地区前进，准备堵击截击。

四、本日午夜二时复以电话对七二军指示如次：

1．该军新十五师应先调至上塔市附近，侦明奸匪主力逃窜方向，向东或向北追击，如匪主力果回窜至麦市、官塘坳地区时，该师应速经垈楼咀、云溪猛烈追击截击。

2、该军新十三师应即在尖山、九岭、琉璃坳、相思山一带防匪南犯，并准备机能向溃匪追击。

四月二十九日　天候晴

一、俭辰窜至麦市附近之奸匪王震部二千余，艳日复经高枧向大源进窜，其主力约四千余窜至上下高滩一带，似有沿中堡逃窜之样。

二、七二军各师行动位置：

1、三十四师于艳日以一部占领南楼岭、苦竹岭、盖文岭一带，主力推进至古市岭附近，准备截击向东南逃窜之匪。

2、新十五师于艳日经上塔市向东窜之匪追击，一部到达垈楼咀，主力进至雷家洞、明镜坳一带地区。

3、新十三师仍在三角尖、九岭、梧桐山、相思山、灵官桥各地区防匪南窜。

三、集团基于右记状况，以继续剿歼东逃之匪之目的，决以七二军全力及第一纵队之一部立向逃窜之匪施行尾击、截击、侧击，期于大源及上下高滩一带包围而剿灭之。当于本日辰八时下达如左之命令：

1、奸匪王震部经我七二军连日痛剿后，已于俭日夜分沿通城南北地区向东逃，一股二千余窜至麦市后，艳日复经高枧向大源进窜，主力约四千余似已窜至上下高滩附近。

2、集团为继续剿歼东窜之匪，特指示各部队任务如次：

（甲）第一纵队张副司令所部应即就地准备，相机截击沿高枧、高滩向大源、中堡逃窜之匪。

（乙）新十六师仍就原态势，一面防堵，一面准备机动策应各方作战。

（丙）七二军应即向大源、高枧、高滩之匪跟踪追剿，并行截击、侧击。其各师行动概要如次：

（子）三十四师除九官山詹营仍守原阵外，其余部队由该师长率领沿大港、弦陈坊、蒲口、南茶道前进，由侧面施行追击，并向大源方向之匪截击；

（丑）新十五师应速沿伞楼咀向白沙岭、古源道向大源附近败退之匪猛烈尾追痛击；

（寅）新十三师应沿九岭、麦市及高枧附近向大源以北中保附近之匪跟踪追击。

（3）各部应照此部署立即开始行动，不得迟误，同时并将上项处置分呈委座及长官备查。

兼总司令王陵基

中华民国三十四年　四月　日

〔国民政府军令部战史会档案〕

2. 新编第十三师杨本固部在湘鄂赣边区袭击八路军南下支队战斗详报

（1945年3—8月）

甲、进剿前匪我态势：

一、延安奸匪于去年敌陷湘桂，国军南调时乘机派王震（又名王金龙）率部南下。本（三四）年春初窜抵鄂南，配合新四军之一部在大源、高枧、蒲口一带积极活动，企图于抗战胜利前在湘鄂赣边区树立根据地，扩充实力，以推翻本党统治，组织苏维埃政府。

二、师于本年春攻克永新后，集结安福西南之洲湖附近整补时，奉副长官王寅灰巳明电饬经宜春、万载、铜鼓、昼夜兼程密开修水，参加剿匪，乃于三月十日午正由现地出发，二十一日全部到达修水马坳附近集结整顿，待命进剿。

乙、匪我兵力及番号·

一、奸匪王震部系八路军一二〇师三五九旅，初窜鄂南时，仅有一、二、三、四四个支队，乃由原七、八、九团及特务团改编而成，兵力约三千余，连新四军第五师十四旅张本学部总共不过五千余人，而王震匪部旋于鄂南湘北陆续招收当地青年壮丁与散兵游勇及吞并挺进部队地方团队与接收新四军在大屋山拨补之一部，增编为五、六支队，以叛变投入之平江自卫团编为独立支队，单位虽多，但逐次被我歼剿，蒙受极大伤亡，结果实际兵力不上八千人。

二、我军兵力如附表〔略〕。

丙、战斗经过：

一、长寿街战役：

三月二十七至二十九日师遵军部指示，由马坳附近出发，逐步搜索前进，到达朱溪厂附近及由白沙岭、白沙桥、浆市街之线。

(二)十日奉军长傅寅卅未自觉电令："着新十三师立派三九团经龙门厂、大口塅、茅湾以北地区兼程前进至胡田附近，受新十五师陈代师长指挥，仰即遵照为要。师当即以寅卅未谨电令卿团如下：

(一)窜据长寿街奸匪于昨（二九）日经我十五师击溃后，本(卅)日该匪复增加兵力一团，续向长寿街进犯。

(二)师奉命派兵一团驰赴长寿街附近，协助江师之作战。

(三)第三九团即由现地出发，取道龙门厂、土龙铺、大口塅、黄土湾、茅湾道驰赴胡田附近，受新十五师陈代师长之指挥。

(四)余现在朱溪厂师司令部。

我三九团即时出发兼程向指定地前进，旋奉总部参谋长宋电话谕：该师长立率三七、三八两团星夜前进至长寿街附近之幽居、黄土湾各附近地区集结。师当下达如左之命令，以规定各部行动：

师作命第二十二号

新十三师命令　三月三十日二十时于朱溪厂师司令部

(一)长寿街奸匪经我新十五师及第三纵队击溃，退至南北两翼大山后，续由三眼桥方面增来兵力二千余，似有向我反扑之样。

(二)师奉命向黄土湾、幽居一带地区推进，策应该方面之作战。

(三)第三八团（原派在浆市街、罗家塅、曼家洞游击之步兵一连，机枪一排仍在该地服原任务)即由现地出发，取道龙门厂、土龙铺、大口塅向幽居推进，到达后，须派队占领马兰洞、鸡洞、坑下三连各高地向东南西各方严密警戒，防匪由以南大山之袭击。

(四)师司令部于本(卅)日二十四时出发，准三八团经路随该团后尾向黄土湾附近推进。

(五)第三七团(欠第一营)即由现地出发，随师部后向鲁家里、马踏橙间地区推进，到达后，酌派兵力向各方警戒，并于大源派兵一连扼守之。

(六)行进时余在师司令部先头。

三月三十一日正午，师长率三七、三八两团行抵大口塅附近，因向长寿行前进之匪业已回窜平江东北地区，奉总部电话令仍开回龙门厂附近地区集结待命。师当令三七团向龙门厂东北地区，师部及直属部向龙门厂以南地区，三八团向土龙铺以北地区集结，各部于入暮前先后到达，至拨归新十五师指挥之。三九团直至四月三日始奉副长官王卯江未略电：令归还建制，集结土龙铺附近。

本役我三九团拨附新十五师于三十一日拂晓与该师部队在陈副师长统一指挥下进抵长寿街东北郊，匪经我强大兵力之压迫，乃怆惶向西南逃窜，致未发生如何战斗。

二、南江桥战役：

四月上旬奸匪主力先后流窜于钟洞、平江东南三眼桥及南江桥各地洞口，虹桥、秦家坊、梅仙市一带时有其少数便衣及政工人员活动。师除派三七团第三营为搜索队，由龙门厂逐步向虹桥、长庆一带搜索前进外，其余部队集结龙门厂附近从事整顿。

四月九日午正，奉军长傅卯佳巳自觉电令：(一)平江、三眼桥、梅仙、安定桥方面奸匪大部似已向黄岸市、北港及崇阳东北地区陆续逃窜，并一部在南江桥附近与我三十四师邱营战斗中。(二)该师应先遣一个团速经虹桥、长庆、南江桥道前进，以主力协力三十四师邱营击破南江桥附近之奸匪，并确保之以一部占领上塔市对面北永、梅仙方面警戒，掩护军之前进，仰即遵办具报为要。

师当派第三八团附第三七团之第三营及无线电一班为先遣团即时出发，由指定路线前进。

同日十六时，奉军长傅卯佳未自觉电令要旨：新十三师即刻由现地出发，以一部经大坪、坪坑、上塔市道以主力沿先遣团行进路向上塔市、团山、梗水坪、江背屋之线迅速前进，索匪攻击。

师当即下达各部命令如左：

师作命第二十四号

新十三师命令　三四年四月九日十七时于龙门厂师司令部

(一)平江方面奸匪主力似向黄岸市、北港及崇阳东北方面陆续逃窜。另一部在南江桥附近与我三十四师之邱营战斗中。三十四师将转用于高枧、麦市方面。新十五师一部经截家铺向柘庄、宋家坡之线搜索前进，主力经木瓜向洞口、虹桥前进。本师与新十五师之作战地境为长庆、桥头屋、田家坳、黄家洞之线，线上属本师。

(二)师奉命向上塔市、团山、梗水坪、江背屋之线迅速前进，索匪攻击。

本师第三八团奉派为先遣团，已于本(九)日正出发，向南江桥前进中。

(三)各部队行动规定如次：

1. 第三八团应于明(十)日续向梗水坪、江背屋、戴家洞之线前进，索匪攻击。

2. 第三七团(欠第一营至原派为搜索队之第三营沿虹桥以北归还建制)于明(十)日午前五时出发，经大坪、张家塅、坪上、李家岭道向上塔市、团山之线前进，索匪攻击。

3. 第三十七团与三八团之搜索及战斗地境为林源(虹桥西北八公分)、沙铺里、苦竹坡、高箕垄、石溪头、梧桐塝之线，线上属右。

4. 师司令部及直属队于明(十)日午前五时出发，准三八团经路向南江桥以东之洴湖前进。

5. 第三九团于明(十)日午前五时三十分出发，由土龙铺过河，准师部经路向南江桥东南地区前进，到达后，各派一部于分水岭、湘滨洞向西南方向严密警戒。

(四)通信连以洴湖为基点向各团构成通信网。

(五)各团应于朱溪厂粮库洽领食米，并就地筹借。

(六)前进时余在师司令部先头。

四月十日十六时，师率三九团进抵长床附近，得知情况如次：

(一)百合山奸匪百余于十四时即于我先遣之三八团接触，刻仍激战中。

(二)南江桥窜来奸匪二千余，正向我三八团右侧猛攻。

师基右记情况，当作如左之处置：

师作命　第二十五号

新十三师命令　四月十日十七时于长庆师司令部

（一）百合山（南江桥东五公分）奸匪百余人，本（十）日午后二时与我三八团接触，战至黄昏时，南江桥匪二千余向我三八团右侧猛攻，刻正激战中。

（二）第三七团（欠第一营）应以一部速即占领莲花案、皮匠岩、长子岭南北各道，对西北严密警戒。主力即沿鱼形坳、茶盘岭、师姑山、长子岭前进，向百合山之匪侧击，并与三八团切取连络。

（三）第三九团（欠第二营）立即前进占领大略尖、湘滨洞、黄水坡之线，掩护三八团左侧，并适时夹击百合山附近之匪。

（四）余率三九团第二营刻在长庆，拟于明（十八）日拂晓到山西岭指挥。

入暮后，匪由黄陂洞以东高地绕窜西公桥，将守备该地之三十四师邱营两连击溃。师团交通被匪遮断，致送卿团长之命令无法传递。匪居高临下向我三八、三九两团部队攻击，我因处于黄陂洞狭窄沟谷，骤遭袭击，部队不便展布，一时颇为不利，然经我沉着应战，匪终未逞。

四月十一日午前四时许，据报：匪约百余窜过大茅尖向山西岭前进，师遂调整阵线：令三八团移向邱家洞及其东南高地亘山西岭之线；三九团移向大略尖、大屋场及其以南高地之线；三七团以一部位置一峰尖故址、张古老故址，主力移至长庆东北地区确察匪之动向后，再作机动使用。午前八时，三八、三九两团即向当面之匪猛攻，予以重创，战斗至午正该匪除留六百余于百合山、油炸湾、湘滨洞各地与我对峙外，其余密向板江窜去。师复严令各部一面整顿队势，一面续向当面之匪攻击。

四月十二日晨六时，奉军长傅卯真未自觉电令要旨：杨师除以一部确保南江桥向西警戒外，主力应由黄泥湾、韩家坳、张古老故址、沙铺里、张家湾、毛家里、张家湾、黄泥邱之线，由东北西三方面协同新十五师之南方攻击部队围歼黄陂洞、大茅尖、西公桥一带地区之奸匪，希迅速开始围攻为要。师当即下达各团命令如左：

师作命　第二十六号

新十三师命令　四月十二日七时于山西岭师司令部

（一）盘据百合山及其南北高地奸匪约六百余人，南江桥以西之高滩、戴家洞、林子屋间地区有匪千余人。

（二）师即以主力向百合山及其南北高地之奸匪攻击，一部确实占领虎形湾、上寺、黄泥坵之线各要点，掩护师左侧之安全。

（三）第三八团应即向横江、黄泥尖、百合山、邓家垄一线之匪攻击，彻底扫清该地带奸匪而确保之，并特别注意右侧匪之抄袭。

（四）第三七团应以一部确实占领虎形湾、上寺、黄泥坵之线各要点，掩护师左侧之安全。主力向陈家咀、黄家河、杏树坡之线攻击，彻底扫清该地之奸匪而确保之，并与右翼三八团切取连络，适时策应协助攻占百合山要点。

（五）两团战斗地境为平头林、山西岭、西公桥、朱家湾、王家咀、香炉尖、高滩之连线，线上属第三八团。

（六）第三七团（欠第一营）除一部位置一峰尖故地掩护师之右侧外，其余部队即集结于谢家垄、黄坭塘间地区为预备队，随时准备应战。

（七）野战医院即在山西岭以西之下新屋开设。

（八）余在山西岭指挥。

各部于十时即开始行动，我右翼三八团与匪激战至十五时，先后攻占黄泥尖、百合山两地，同时三九团亦攻上百合山，奸匪伤亡惨重，分向小水岭、高滩窜去。即以三八团主力在黄泥尖、百合山、朝洋安、黄陂洞各地；三九团主力在邓家垄、廖家湾、杏树坡、虎形湾、上寺、长坡里各地彻底肃清奸匪潜伏份子，各以一部向上塔市、南江桥以西搜索匪情。十六时奉军长傅仰真西自觉电令要旨：新十三师应即肃清当面残匪后，以主力由马鞍山、南江桥，一部由老鸦咀、毛家岭向上塔市、新屋里、团山、张家山、三关庙附近地区进击，对匪严密搜索警戒，仰即遵照为要。

师当即下达命令如左：

师作命　第二十七号

新十三师命令　四月十二日十八时于山西岭指挥所

(一)南江桥附近奸匪二千余，经我攻击后，于本(十二)午主力经小水岭向黄岸市方向窜去，一部向板江西南方向窜去，尚有少数残留于南江桥附近。

军仍继续前进，逐次索攻奸匪。

三十四师除主力仍就原位置准备机动外，以一个营位置饽楼咀、天岳关、大坳附近地区对西对北严密搜索警戒，一个营位置于虹桥。

新十五师主力向鹰子坪、黄家岭、青竹山、梨树坳之线进击，以有力一部仍在井湾里、屯龙屋、蒋家坪、黄泥坪、梨树湾附近严密搜索警戒。

本师与三十四师之作战地境为南宫殿、流水庵、独石岩、曾家大屋、白石岩之线，线上属本师；与新十五师之作战地境为沙庵里、大略尖、姚家湾、杨树湾、画坳、梗水坪之线，线上属新十五师。

(二)师应推进至茶盘岭、长子岭、湿湖、油炸湾、虎形湾之线，续向上塔市、张师山、团山、张家山、三关庙之线索匪攻击。

(三)各部队行动暨任务规定如次：

1．第三八团为右翼队，应即肃清大兴厂、长潭桥附近潜伏奸匪后，以主力推进至小坪、梧桐尖、茶盘岭、师姑尖、太平庵之线；一部向上塔市、陈家山、张师山、傅山之线索匪攻击并占领之。

2。第三九团为左翼队，以主力推进至长子岭、白门楼、三门头、南江桥、虎形湾之线；一部向张家山、梅家屋、三关庙之线索匪攻击并占领之。

3。第三八、三九两团统限于明(十三)日拂晓开始行动，其战斗地境为野猪咀、沙铺里、对门屋、新屋里、高箕垄之线，线上属左。

4。第三七团(原在一峰尖故址、毛家屋附近之两连彻底肃清该地附近之奸匪潜伏份子后，即归还建制)为预备队，于明(十三)晨以一营推进至黄陂洞附近，其余推进至西公桥以西地区。

(四)通信连以黄陂洞为基点，向各团构成通信网。

(五)师卫生队于上洲屋开设，野战医院仍在黄泥湾开设。

(六)余在黄陂洞师司令部。

四月十三日八时，各部先后推进至小坪、茶盘岭亘长子岭，虎形湾之线，同时派队续向上塔市、张师山、三关庙之线搜索，午后先后到达，只左翼小水岭附近有少数奸匪与我搜索队战斗两小时，即向西逃窜。

此后师遵总军部所示，亦以主力分置于大兴厂、南江桥一带，彻底肃清各该地附近潜伏奸匪，一部逐日向上塔市、团山、板江、双江口各地逐段搜索前进。

三、月田战役

四月二十二日九时，奉军长傅卯马未自觉电令要旨：新十三师应于养日(后奉卯马申自觉电令改为梗日)午前八时，以一部向汤家坡、何家坳、西源坳、陈家山之线前进，掩护该师右侧背；主力分经沙塘里、土地堂、石桥、马鞍山、丁泗坳、蜂子岭、官坡里、分水垄道及南江桥、小水岭、高庄到西岭道向烂泥冲、唐家尖、大峰山、板江之线前进，剿歼奸匪，并确保该线以利尔后攻击，但对马鞍山、南江桥附近须酌派一部兵力担任警戒，并保持机动。

师当即下达命令如左：

师作命第二十九号

新十三师命令　四月二十二日十一时于四方里师司令部

(一)江塅．月田、黄岸市一带有匪千余，似为匪之第二支队，板江到西岭、梗水坪、胡竹洞各地驻匪六百余人，另新开港、柘港洞、清水洞各地有匪第三支队之一部，兵力约四百余人。

军继续逐步向长官薛卯巧午明电及副长官王卯号酉略电所示地区前进，先以主力向汤家坡、陈家山、烂泥冲、唐家尖、大峰山、板江、赵公坪、苦竹坑、新铺、坪乡之线前进，剿灭奸匪；以一部仍守上大洲、王思坳、张家山之线，向西防堵；新十五师以一部仍守上大洲、王思坳、张家山之线，以其主力向送师塝、赵公坪、墩上、屋里、苦竹坑、新铺里、坪乡之线前进剿歼匪，并确保该线主力集结丁泗湾、江背屋、大桥湾间地区，准备策应本师之战斗。

(二)师于明(二十三)日以一部向汤家坡、何家坳、西源坳、陈家山之线前进，掩护师右侧背之安全；以主力向烂泥冲、唐家尖、大峰山、板江之线前进剿歼该一带地区之奸匪，并确保该线以利尔后之进剿，在马鞍山、南江桥附近另留一部兵力担任警戒，并保持机动。

本师与新十五师之作战地境为姚家湾、狮头湾、庐家洞、滕头洞、五〇八二高地、送师塝、甘溪坳之线，线上属本师。

(三)各部行动暨任务规定如次：

1．第三七团(欠第一营)为右翼队，应占领汤家坡、何家坳、西源坳、陈家山之线，掩护师右侧背之安全。

2．第三九团为左翼队，应向大峰山、板江之线攻击前进，左与新十五师切取连络。

3．两翼队之战斗地境为毛家大屋、狮子堋、石头桥、蒲台石之线，线上属右。

4．第三八团为预备队，应分置于徐家垄、龙家洞、方家洞各附近地区；至马鞍山、南江桥各地须酌派兵力担任守备，并确保持机动。

5．各部统限明(廿三)日午前七时开始行动。

(四)通信连以钟家垄为基点，向各队间及南江桥军总机构成通信网。

(五)卫生队在南江桥开设，野战医院在西公桥以西开设。

(六)使用携行粮秣就地筹借，另保持三日份以上。

(七)余于明(廿三)日午前九时后在钟家垄师司令部。

四月二十三日十四时许，我右翼三七团进至汤家坡、何家坳、西源坳、陈家山之线；左翼三九团占领方家山、大峰山、官坡里及邓家山到西岭、硬树坪之线，续向板江攻击前进。十六时与该地奸匪二百余接触，激战两小时，将其击溃，我即确占板江。

四月二十四日得知情况如左：

(一)奸匪五百余于本日九时许向我陈家塅、板江、硬树坪阵地反扑，我三九团第三营现正在到西岭以西山地与之激战。

(二)另有奸匪二百余由板江西南向新十五师守备地区之赵公坪反击，正与新十五师部队战斗。

同时奉到军长傅卯梗戌自觉电令要旨：新十三师明敬日应以一个团向雄狮岩、大石坡、胡家岭、朱家坡、傅家山之线搜索前进，并占领该线扼要部署，掩护该师之右侧背；又对番花岭、六三五四高地须以一小部警戒之；主力即向保定关、枫树铺、蒋家山之线攻击前进。师部推进至大坪附近。

师为便于尔后之前进及策应新十五师之作战，决先歼灭此匪后，再向军部指定之线前进，乃严督第三九团继续猛攻，该团与匪激战至十二时，将其击溃。于十三时下达如左之命令：

师作命第三十号

新十三师命令　四月二十四日十三时于丁泗坳师司令

部

(一)当面奸匪经我击溃后，大部向黄岸市附近窜去，尚有少数在板江附近与我战斗中。

军于本(廿四)日续向保定关、月田、溪洞口之线攻击前进，剿灭奸匪。

新十五师有力一部经送师桥沿新墙河右岸高地向井冲、溪洞口之线前进；主力推进至硬水坪、功家屋、画坳地区策应本师之作战。

(三)师于本(廿四)日午后，以一部向三角尖、雄狮岩、大石坡、胡家岭、朱坡之线搜索前进，并占领该线后掩护师右侧背之安全，主力续向保定关、枫树铺之线攻击前进。

本师与新十五师作战地境为太白桥、坳背、李家头沿新墙河至湾头之线，线上属新十五师。

(三)各部行动暨任务规定如次：

1. 第三七团(欠第一营)即以一小部(约一排)兵力守备上塔市；主力即向三角尖、雄狮岩、大石坡、胡家岭、朱坡之线搜索前进，并占领该线扼要部署兵力，掩护师右侧背之安全。

2. 第三九团(附三八团之第三营)即向保定关、枫树铺、蒋家山之线攻击前进。

3. 两团之战斗地境为白家坳、南家冲、缺头山、韩家塅、大石坡、肖家塅、寺田屋、哑叭冲之线，线上属右。

4. 第三八团(欠第三营)以一个营位置于团山附近，其余于大坪附近地区。

(四)通信连以团山为基点，向各团间构成通信网。

(五)各队所需粮秣于兵站粮秣交付，所未推进南江桥前，仍就地筹借。

(六)卫生队在团山，野战医院在南江桥开设。

(七)余即推进至团山指挥所。

十九时顷，我三七团推进至雄狮岩、八斗岭、杨家岭、云龙山、王家山、建鸡山之线；三九团（附三八团第三营）推进至鸡赶山、白石山、王家坳及其西南高地亘江坝之线；三八团（欠第三营）及师部推进至预定位置。

四月二十五日拂晓，各部开始行动，续向前记三十号命令指定目标索匪攻击前进。三七团于十二时到达石坡、胡家岭、朱坡之线；三九团（附三八团第三营）之第一、二两营于七时许进至老祖山附近，与匪百余人遭遇，激战时，江坝方面亦有匪百余人向我三九团攻击，八时三十分我三八团第三营攻占独石，九时我攻占老祖山北端高地，九时三十分匪由月田增来两中队向老祖山反扑，战斗益形激烈。另我三八团第三营之一部于十二时进占保定关、老鸦尖并协同右翼部队对老祖山奸匪施行包围，激战三小时后，天已入暮，遂与匪成对峙状态。

四月二十六时拂晓，我三九团（附三八团第三营）续向当面之匪攻击前进，八时三十分三八团第三营及三九团第二营之一部攻占望东园、王家墩、枫树铺、黄沙之线。第一营主力进至金竹棚及其以南之线。第三营一部占领三六五二高地，主力控制桥头附近。第二营向蒋家山三百余人之匪猛攻。九时匪约八九百人向我三八团第三营及三九团第一营反扑，激战至十时许，该两营以主力出击予匪以重创，殊匪再由月田增来二百余人向我三六五二高地猛烈反扑，我乃利用既设工事，并由卿团长亲率迫炮连、特务排赴该地指挥，匪数度向我冲杀均不得逞，伤亡惨重。（伤团长一亡营长一）我乘其攻击顿挫，以三九团第二营由大陂田西背高地截击匪归路，以右翼营之一部向西南侧击，匪即陷于不利态势，同时蒋家山之匪亦经我第二营击溃，怆惶分两路向黄岸市东北逃窜。至枫树铺、黄沙一带之匪亦屡反扑未逞，十一时我三九团第三营一部确实占领月田，主力转向樟木冲以西高地，继续攻击，激战至十二时，将该地及其以北之半洞确实占领。午后以□□继续肃清战场残匪及搜索当面匪情。

四、相师山战役

师长于四月二十六日得知在蒋家山、月田被我击溃之匪一部约千余向相师山方面窜去，同时目击相师山凌云耸峙，如为奸匪据守，则我军尔后活动即受其瞰制，不但前进困难，且有被匪安全由油铺方面绕犯我右侧之危险，乃于是(廿六)日午后派三七团第二营雷副营长率四、六两连进攻相师山，于黄昏后以奇袭手段一举攻占该山。殊匪于半夜后竭其全力向我反击，激战两小时，我以兵力薄弱，乃退守保定关以北高地。

四月二十七日十一时，奉军长傅卯宥戌自觉电令：(一)当面奸匪经我连日痛击后，其主力似于本(宥)未向相师山及黄岸市西北地区逃窜中，其一部三千余似仍在相思山、黄岸市一带顽抗。军之左侧方新开港、柘港洞、清水洞一带山地似有零星散匪潜伏。(二)军以截击奸匪之目的，即迅速击破相思山、黄岸市一带奸匪后，以主力向西港、李家塅、贺家冲之线截歼匪人。军之右侧方仍以一部向西警戒之。(三)新十三师仍以有力一部占领三角尖、枫树铺、枣树坡、李家岭、胡家岭、田家山、琉璃坳并占领张家山、肖家冲一带要点，对通城方向敌匪严密警戒，掩护该师右侧背主力迅速击破当面残匪，复以相思山、琉璃坳、保定关、古伦关为根据地，向西港、李家塅、庐家塅、贺家山之线分途截歼奸匪，并注意与大出山方面王纵队连络。又对上塔市须以一小部警戒之。(四)新十五师须以一部扼要占领溪洞口、九曲庵、三角尖、李师坡、双江咀、湄洞一带，向西警戒并与左方之王纵队连络；主力即协同新十三师击破当面残匪后，以一部进出佛坳、黄土山、邹家山、枫树山、西坑附近之线，向西北警戒；主力控置月田、老祖山、江塅附近地区，准备机动。又对南江桥、板江须以一小部警戒之。(五)三十四师在盘文岭、天岳关、华楼咀附近部队注意通城东南方之敌匪情，并与三角尖附新十三师部队切取连络。(六)

作战地境：三十四师与新十三师为独石岩向北延伸至傅家山、排子山、高塘、杨家岩之线，线上属右。（七）以上各项仰即切实遵照具报为要。

师当即以三七团(欠第一营)主力占领三角尖、枫树铺、枣树坡、李家岭、胡家岭、田家山、琉璃坳及张家山、肖家冲一带，严密警戒，掩护师右侧之安全。在保定关附近之一部由张家山、老福洞（均在相师山南）地区三八团由琉璃坳向相师山之匪包围攻击，并以三八团尔后进出西港、李家塅、卢家塅之线截歼奸匪；三九团同时以一个加强营展开了老鸦尖、枫树铺以北之线。其余部队控制于白竹、独石附近。十七时我三八团一部攻上相师山。三七团部队攻上山顶。三九团部队前进至赵家洞、梧树坡南端之线。此时师长在肖家塅得知如左之情况：

(一)奸匪千余由百箬向梧桐山窜犯，先头已抵油铺，主力到达木桥铺。

(二)据新十五师逃回谍员称：有“卢家塅、李家塅、詹家桥间地区共集结匪三个支队(王震指挥所驻甘沙洞)。”

师判断匪有向我右翼进犯之企图，并为防匪南下，巩固大局计，乃以三七团一部仍扼守相师山，主力右靠，占领九岭、宝盖山；三八团占领梧桐山、团山、田家山、琉璃坳、五斗山；三九团一个营在保定关、老鸦尖巩固右翼；其余部队移至田家山以南地区机动使用。

此后师遵总军部指示：以主力确保三角尖、黄蜡岭、九岭、宝盖山、万家山、梧桐山、相师山及胡家岭、田家山、保定关之线，防堵奸匪南窜；有力一部逐步向朱港、李家塅、卢家塅、贺家山、北港各地索匪攻击。

五、高枧战役

四月三十日十七时，奉军长傅卯卅电令要旨：(一)刻奸匪五千余沿高枧以东向大源方向窜去。(二)新十三师立即出发经九岭、麦市及高枧附近向大源附近之匪跟踪尾击。限本(卅)日到达麦市，并注意侧方警戒。

师当令各部即时由现地出发，以三九团及师直属队为右纵队，由易家塅、中云溪道；三七、三八两团为左纵队，由关王殿、杨泗庙、大坑、张源洞道向指定目标前进。

五月一日拂晓，各部先后到达麦市、中云溪、七里市各附近地区。此时奉军长傅卯卅未自觉电令要旨：新十三师应于明(东)晨由麦市附近出发，一部经大坳坪、小山界向山角塘；主力向高枧急进索匪攻击，尔后以全力向大源及其西北围歼大源附近奸匪，但须注意右侧后之敌匪情。

师当即下达各部命令如左：

师作命第三十四号

新十三师命令　五月一日四时于中云溪师司令部

(一)奸匪王震部经我痛击后，其主力五千余人经通城、官塘坳、麦市附近，卯月艳日沿高枧向大源窜犯。

军于本(一)日以全力开始向大源附近奸匪攻剿前进，由两翼包围歼灭之。

新十五师于本(一)日午前七时由现在占领之马江殿、古源、对门岭附近准备位置向大源、寒泉及其以南附近地区开始攻击前进。

(二)师应以一部向山角塘、腊树坳，主力向高枧急进索匪攻击后，以全力向大源及其西北附近地区围歼大源附近奸匪。

右与新十五师之作战地境为苦竹岭、上源塅、寒泉之线，线上属新十五师。

(三)第三九团(欠第二营)为右纵队，即由麦市出发，经大坳坪、小山界向山角塘前进索匪攻击，右与新十五师切取连络。

(四)第三七团(欠第一营)为左纵队，前卫即由七里市出发，经太白塅、龙印桥、鸡鸣岭、桃花洞向高枧索匪攻击前进。

(五)两纵队之搜索战斗地境为港背、大盆山、尖山祸、上半山、黄沙、叶家岭之线，线上属右。

(六)第三八团及三九团第二营为本队（行军序列为师直属队三九团第二营)在前卫后二千公尺跟进，但三八团须先派一个营为左侧卫，经龙印桥、江氏桐、石头岭、珠藏坑向腊树坳前进，掩护师左侧背之安全。

(七)余在本队先头行进。

十七时顷我右纵队到达山角塘及其以西地区。左纵队前卫进抵高枧附近，与该地东南地区之残匪百余人战斗一小时，将其击退，进占一字尖、高枧、前山屋及其西北高地之线，向东警戒，同时本队到达福龙寺附近(师部宿营桃花洞)，左侧卫到达腊树坳附近。

五月二日拂晓，以右纵队由山角塘、九曲岭、山峰尖前进，由南向大源攻击；左纵队前卫由高枧沿下半山、东山、平岭道搜索前进，向大源以西地区攻击(本队在前卫后跟进)；左侧卫由腊树坳沿下提坳、官山咀、黄沙、梅岭、尖屏山下道向东岳庙索匪攻击前进。六时左纵队前卫之左侧搜索部队于鹅公凡与匪七八十人接触，战斗一小时，经我猛攻后，匪不支向北逃窜。七时左侧卫于香窝与匪六七十人接触细港附近之匪约四百余人口向岭上包、下提坳前进，企图袭击我之侧背，乃令前卫折转经白土寺、鱼形山向周家田、岭上包之匪侧击，至八时许我即攻占周家田、岭上包、横埂之线，同时左侧卫亦攻占香窝以东各高地，匪一再反扑向我横埂要点死力猛冲，我官兵沉着应战，激战至十二时许，匪未得逞，我续督饬各部乘势猛攻，匪不支，即退据细港、五里埂、黄莺尖之线；左侧卫亦逼近黄莺尖西南附近开成包围态势，匪因腹背受击，与黄昏前狼狈向黄杨湾逃窜，时已入暮，我即以前卫就廖家寨、栗树尖、周家田之线，三八团就岭上包、黄莺尖、落水槽之线，彻夜与匪对峙。右纵队于十九时许进至老虎墩、下堡、高平咀之线。

五月三日拂晓，退据黄杨湾之匪向北逃窜，当即以三八团第一营派队尾追至石鼓山附近，与之激战两小时，将匪击溃。我追击部队即撤回原阵地。各部因筹粮关系，本(三)日仍在大源及其以北之老虎墩、下堡、高平咀及周家田亘黄莺尖之线未动。

六、中堡战役

五月四日以来，王震匪约三千余分头辗转流窜于南茶、小流及小沙坪、中堡、鼓响岭、清水塘等地。师遵总军部指示，以主力集结大源、金塘、寒泉各附近地区积极整补，一部逐日向小沙坪、中堡、鼓响岭一带搜索，期于彻底侦明匪之所在后，与新十五师合力围攻，将匪彻底歼灭。

五月六日三时，奉军长傅辰微未自觉电令要旨：新十三师除留一部于大源附近向西北两方警戒，防匪南窜外，该师主力应即击破当面之匪，向花坟前夏铺一带随匪主力尾追。

师当即下达各部命令如左：

师作第三十八号

新十三师命令　五月六日三时于大源师司令部

(一)奸匪王震部一股约千余人被我三十四师在双港口击溃后，于江、支两日经辽里街、松子树下窜至毛坪、江源一带，似有转向西北上下富有逃遁之样。其主力由匪首王震率领在大源、高枧一带被我新十五师及本师进击，退据中堡后，支日大部沿塘口界头塘向杨芳林、通山方向逃窜；一部约千余仍据守小沙坪、小岭坳、龟背山一带，似为掩护其主力安全逃窜。

军以主力继续分头进击，捕歼该匪。

三十四师留一部于辽田附近，主力沿四面山东西两侧向当面之匪猛追，进击沙洲甸、郭源之线后，就沙洲甸、郭源、杨林铺各地附近整顿队势，继续进歼奸匪。

新十五师留置一部于蒲口、南茶向北防堵主力，索王震匪主力追击前进，第一次到达西隅岭、冷水坪之线，第二次到达烂泥堂之线，第三次到达横石潭、江家畈之线。

(二)师留一部于大源附近担任守备，防匪南窜，主力先击破当面之匪，尔后向花坟、前夏铺一带追剿溃退之匪。

(三)第三九团(欠第一营)为右纵队，即一部(约一个营)由黄金坪、双港口、文笔山道；主力由唐坪、金家边、灵宫殿、花坟尖道向横岭、西庭岩之线前进，准备攻击小沙坪附近之奸匪。

(四)第三八团为左纵队，即以一部由借牛下向南庭岩高地前进；主力由骆马坳、仰山殿道向花凉亭东西高地之线前进，准备攻击中堡附近之匪。

(五)两纵队之搜索警戒地境(战斗时为战斗地境)为借牛下、八一二〇高地、竹塌口、枫树坳、狮子口之线，线上属右。

(六)第三七团以有力一部推进至灯条、唐家掩护师之侧后安全，(尔后归还建制)其余部队防匪南窜，于大源附近协同当地保警队扼要配备，防匪南窜。

(七)各纵队统限于本(六)日到达上述攻击准备位置，明(七)日拂晓开始攻击前进。

(八)第三九团第一营为师预备队，随师部向桃坪附近前进。

(九)卫生队、野战医院暂随师部后尾跟进。

(十)余率师部及直属队向桃坪附近前进。

十七时师长行抵余山桥，得知情况如左：

(一)匪之一部因过公路被敌所阻，于微巳窜回小沙坪、中堡、王里上一带。

(二)该匪刻在加紧构筑工事，并派兵在南庭岩北侧及花凉亭附近向我严密警戒中。师基于右记情况，当作如左之处置：

(一)令各部暂就现地停止整顿队势，准备次日拂晓攻击。

(二)派队施行威力搜索，严密监视其行动。

此时右纵队进至文笔山亘桃坪东西之线；左纵队进至横山下

及其以东之线。

五月七日一时许，小沙坪、中堡、王里上之匪开始经鼓响岭西窜，师当应机处置：令三八团派有力一部向中堡地区搜索，并截击西窜之匪，于五时我搜索队进至河山口附近，即与残匪三百余发生战斗，约二小时，匪不支向西逃窜，我即确占河山口，并向中堡搜剿残匪。同时令三九团亦派兵一部向小沙坪地区搜索。此后至月底，匪以张体学部(兵力约二千余)盘据大暮山，牵制我赣北方面之进剿部队，王震率一二四独立及三五六支队分途流窜于大市、咸蒲崇间及清水塘、蔡家墩、虎爪石、药姑山各地区。师遵层峰指示，先后于杨芳林、塘口、小沙坪、中堡、清水塘各地肃清残匪及防堵奸匪向东南各方之窜扰。

七、大云山战役

六月二日在小沙坪附近奉副长官王巳冬未略电令：(一)奸匪张体学旅及王震旅由该匪首亲率之一部仍在富河北岸谭家桥、大暮山、古田畈各地区。该匪之另一部由匪政委王首道指挥，将我大云山之第四纵队一部击破后，刻仍在该地及白羊田一带活动中。(二)本总部以一次剿灭该匪之目的，决先以七二、九九两军之各一部并第三、第四两纵队剿歼湘北大云山一带之匪，调整部署后，再以七二军主力进入鄂南剿办之。(三)各部队应照如下所示之部署行动：(子)七二军所属之二十四师，除九宫山守备部队不动并酌留一部于船埠搜剿该方面散匪外，主力应移于小流、黄沙、南茶间地区随时准备机动堵击截击向东逃窜之匪；新十五师应移于文笔山、金家边各地区，除酌派一部于金塘附近向西警戒外，并应不断向北搜索，准备截击向东逃窜之匪；新十三师应于江日由现地出发，沿麦市、九岭道进出于詹家桥东南之珠港、相思山之线，向西进剿索匪侧背猛攻。(丑)新十六师至渣津西北担任守备。(寅)九九军除以必要部队守备平江、浏阳两地，并搜索残散奸匪外，其余应移至将军坪、宽家洞向石坡一带于江日开始向大桥、长安桥、浇港之线前进，到达该线后，即与右方友军密切联络，准备进出孟城关、大云山一带索匪攻剿。又现在黄岸市东南之第三纵队，大云山西麓之第四纵队，统由梁军长指挥，同时由东南向西北及西北向东索匪攻剿，合力围歼之。（四）右须除分电梁军及傅军各师外，希即遵照部署行动，并将进剿情形，逐日具报为要。

六月三日拂晓，师由小沙坪、金塘间地区出发，以三八团为前卫，师直属队及三九、三七两团为本队，向指定地区前进。十六时各部先后到达龙印桥、荻田铺、高枧一带宿营。

六月四日师仍依三日军队区分继续前进，九时顷，前卫进抵麦市西北之水兴附近，与由通城派出抢粮之敌百余人遭遇，激战至十四时，将其击退，我于十七时进至云溪宿营。同时得知如左之情况：

原窜大云山、詹家桥一带之奸匪约二千余，五月三十日窜黄岸市、月田、湾头，我三纵队于是日在黄沙洞与该匪发生战斗后，该队东退至南江桥、大洲一带，是日夜匪有一小部窜至小水岭。

六月五日，师基于右记情况，以三八团为右纵队，由高桥、易家塅、关玉殿道；三九团为右纵队前卫，由塘下屋、桅杆屋、三埠桥道向指定目标逐步推进索匪攻击（其余为本队在前卫后跟进）。十七时许，三八团到达田家山、高家坡之线，三九团到达徐家岭、仙人石之线，其余部队在施家塅附近。

六月六日十六时，三七团到达梧桐山油铺、朱港之线；三八团占领高家坳、眉毛尖之线；三九团及师直属队进至琉璃坳、保定关地区。

六月七日九时，三七团进至木桥铺、五斗岭之线；三八团进至三色屋、南港、丁家冲、摩天岭之线；三九团进至桃树坡、王家坡之线；师部进至白箬。同时派三八团第一营截击由药姑山经南港、马鞍山窜至南冲附近之奸匪（兵力千余），十时该营进至卿鱼山附近，与匪后尾部队激战至十四时，匪不支，即全部经南冲西北山地向詹家桥窜去。此时以部队正超过指定进出之线，而吴纵队未能到达，九二师一部尚在茅田与匪激战，乃令各部暂就前进到达之线停止，明瞭各方情况后，再定尔后之行动。

六月八日九时顷，三七团占领昭明关、方家塅、城山里之线，掩护师之右侧背安全；十二时三八团到达詹家桥；三九团到达孟城关；师部进至珠港。十七时得知情况如左：

（一）奸匪主力虞夜即向药姑山窜去。

（二）九二师部队已到达沙团、黄金塘；三纵队部队到达龙家冲、白沙坳各地。

同时奉副长官王巳齐巳略电令：（一）如奸匪主力确在药姑山，则希防匪沿赛公桥南窜，袭扰该师侧背，该师即应以主力推进至赛公桥、北港间以南地区，以有力一部协助九二师向詹家桥进剿，尔后即协助左方九二师部队沿北港两侧向药姑山进剿。（二）如匪主力仍在詹家桥以南及孟城关、大云山地区，该师即以有力一部向药姑山、赛公桥方向警戒，主力向詹家桥、孟城关一带索匪侧背，迅速予以猛击，尔后依匪逃窜方向，予以追击。（三）除已饬九二师立即进出孟城关、大云山追剿。如该地之匪向东北逃窜，即分沿詹家桥、雁岭、桃树坳及其以东地区追剿，特电遵照。

师基于右记情况及电令所示，乃于九日肃清詹家桥、孟城关、珠港各地潜伏残匪。十日移就赛公桥、北港间以南之广东庙、仰山庙、朱港各附近地区集结，准备进剿四甲铺、马镇、药姑山一带之匪。

八、药姑山战役

六月十二日晨，下达开始攻剿药姑山奸匪之兵力部署命令如左：

师作命第四十九号

新十三师命令　六月十二日四时于朱港师司令部

(一)窜至药姑山附近山地一带之匪约三千余人，该山东南之水口铺、四甲铺等地时有小股出没；又窜罗内、岭川一带奸匪二千余人，目前动向企图不明；石楠桥、北港两据点共有敌二百余人，日来对我戒备甚严。

(二)师决以一部经赛公桥、北港间地区向四甲铺、马镇方面索匪攻击前进，以主力经詹家桥、璧山、罗筐洞向大药姑附近攻击前进，剿歼奸匪。

(三)第三七团(欠第一营)为右纵队，应利用本(十二)日夜由北港以东乘隙通过前进至莲花塘、尖山附近，完成攻击准备，明(十三)日午前十时即开始向四甲铺、马镇各地之匪猛攻，尔后进出于仙人殿、走马畈之线马镇要点，应始终控制。水口铺附近残匪，应派队扫荡之。

(四)第三八团第三营为中央纵队，应于本(十二)日午前十二时由现地出发，自取捷径推进至杨家庙、詹家桥东北附近，完成攻击准备，明(十三)日拂晓即经断峰山、蔡冲道向小药姑、白云寺、大药姑索匪攻击前进，并与老纵队切取连络，随时准备策应该方面之作战。

(五)第三九团为左纵队，应于本(十三)日午前十二时由现地出发，自取捷径推进至水丹山、南山、唐家畈附近地区，完成攻击准备，明(十三)日拂晓经竹毛坑、打水岭、璧山、鱼角亭向大药姑西北山地及箩筐洞、冷板凳之线索匪攻击前进，寻匪主力而歼灭之。

(六)各纵队战斗地境线如左规定，线上均属右：

右纵队＼
中央纵队／ 奉头冲、三圣庙、合苏岭、双尖、大风坳、垄溪冲之线。

中央纵队＼
左纵队／ 冷家棚、童坑、晒股、石南冲之线。

（七）第三八团（欠第三营）为预备队，应于本（十二）日午后一时由现地出发，随师部后推进至詹家桥东南附近地区集结，尔后随战况之进展在左纵队后跟进。

（八）对右纵队及中央纵队之通信连络以徒步传达为主，至纵队则以有线电话连络之。

（九）师卫生队及野战医院本日均随师部行动，明（十三）日医院开设詹家桥，卫生队随预备队后推进。

（十）粮秣补给，仍就地筹借。

（十一）余率师部及直属队于本（十二）日午前十二时出发进驻詹家桥，尔后随左纵队后行动。

六日十三日十三时，右纵队与水口铺、杨家铺各地附近之匪八百余接触，激战至入暮后，匪顽抗不退，与我对峙于上下九甲、大坡、罗家庄之线高地。至该纵队左翼之四甲铺有匪六十余，经我驱逐后经东源冲向马镇退去，我即确占领该地。中央纵队与十四时进至小药姑、花果源之线左纵队，与十五时进至桃树坪高家岭之线，该方仅有少数残匪经我攻击，即向东逃窜。师部及三八团于十六时进至唐生江家地区。

六月十四日晨，以三七团为右翼队，续剿四甲铺、水口铺附近之匪后，进出于蔡家山、了头山之线；三八团第三营沿东源洞道由西北向东南协同三七团夹击四甲铺附近之匪后，受三七团之指挥；三九团为左翼队，先肃清大药姑、龙窖源山谷地带残匪后，确占马镇、箭杆山、仙人殿、鳜鱼冲、笔架尖各要点；堵歼由东南向西北逃窜之匪各部于十二时先后占领蔡家山、了头山、马镇、仙人殿、笔架山之线，同时得知匪主力于昨（十三）夜向东关、石门、白螺畈方向逃窜，而龙窖源残匪亦彻底肃清。乃以三七团占领长坡以南高地亘水江铺、天井山之线阻匪由东南窜扰。三八团有力一部（一加强营）沿仙人殿至胡家祠道以南山地向东关及其以北高地索匪攻击前进，以一小部位置于马镇控制通各方大道，主力分置于杨家铺、四甲铺各附近地区，保持机动。三九团主力沿十字坳至石门道两侧山地间杨家尖、新屋王之线索匪攻击，一部(一营)扼制十字坳、大屋、刘家、药姑山各地点。十二时我三七团派出索搜宋家畈之部队进至团山湾附近，与匪百余遭遇，战斗一小时，将其击溃向东北逃窜，我即占领该地。六月十五日九时，三八团第一营进至港下湾附近，与匪七八十人遭遇，激战一小时，将匪击退。三九团主力同时进至桃树坳、张古坑发现该处密林内有匪伏兵二百余，经该团一、三两营以一部在正面保持接触，主力由两翼包围，激战至十一时三十分被我击溃，我各攻击部队乘胜跟踪猛击，残匪退至栖真岭、天井坡、大竹源、双港桥各要点，复由东关、石门方面增匪三百余，企图顽抗，我攻击部队集中机炮，以炽盛火力向匪猛击，该匪不支，向东陆续败退，我三八团第一营于十二时攻占栖真岭、天井坡之线。三九团攻占钟湾、大竹源、双港桥之线。十四时各部续向东关、石门之匪攻击前进，激战至十六时，三八团第一营攻占新屋南北高地之线；三九团攻占百露山石头坪各要点，师部及其余部队仍在四甲铺附近。

六月廿六日拂晓，以三七团为右翼队，向新屋王、水桶坳、马鞍山之线推进，完成攻击准备，次(十七)日向土湾头、佛堂之匪攻击；三九团为左翼队，向殿家冲、烟坪岭之线完成攻击准备，次日向石门、宝林一带之匪攻击，各翼队均于十六时到达指定之线。我左翼队侦知石门之匪五百余有逃窜之样，当即派队攻击与匪后尾部队于佛堂、马家坳各地战斗一小时，匪即向北窜去。三八团除留两连控制马镇、十字坳两要点外，其余为预备队，十七时推进至大竹源、桃花坳间地区、师部推进至战场山指挥。

六月十七日拂晓，我左右两翼队开始向白螺畈、宝林一带之匪攻击，先后与占领师古台、黄土泉、苏家坳一带高地之匪千余接触，反覆冲杀，激战至十二时，匪不支，向虎爪石以北溃退，我当即派队尾追，并以各翼队主力推进至官塘冲、八字门及丁七塘、鸡鸣峰之线，清剿残匪。三八团除以一部在战场山搜剿散匪外，其余主力分置于双港桥、李家、十字坳各要点，师部移于大竹源。

此后师遵层峰指示，先后集结于药姑山、四甲铺各附近地区，肃清潜伏散匪，并积极整备待命进剿。

九、长乐街(含长乐桥)战役

六月二十二日十三时奉军长傅午马未自觉电令：奉副长官王午号戌略电开：奉长官薛午皓未明电开：(子)现奸匪三次由鄂南窜湘北；敌分途进犯浏阳。(丑)七二军应即以两师剿办鄂南窜犯奸匪；九九军应以主力攻击进犯浏阳之敌伪。等因。除以电饬九九军遵照并以有力一部确保平江要点，防堵西窜关王桥、长乐街之奸匪向东南回窜外，该军应照如次指示要领部署行动：(1)三四师现在九宫山以北防线须缩小，除以九宫山、大阳两山酌布必要之少数兵力守备并与龙港、燕厦及横石潭等处及时派有力部队游击外，其主力应即集结南茶、黄沙口、蒲口、陈坊一带，对由西北两方窜来之匪作战；(2)新十五师(欠四五团)应即移至高枧、麦市一带集结，于东北及西南两方酌派警戒，不断搜索，并准备对中堡、大沙坪方面窜来奸匪作战，及适时经上塔市向西增援新十三师；(3)新十三师应即南移于相思山、黄岸市一带地区，查明匪情，妥为部署，逐步攻剿杨林街、关王桥、长乐街各附近之匪，仰即遵照办理具报为要。等因。仰即遵照迅速开始行动，并具报为要。

师即下达命令如左：

师作命第五十六号

新十三师命令　七月二十二日十四时于四甲铺师司令部

(一)匪首王震率一、二、四、五支队及平江独立团、岳阳总队等部，兵力约五千余人，于本(七)月中旬由崇蒲地区西窜。现匪先头部队已窜抵归义附近，长乐街以西地区尚有少数残匪。

（二）师奉命于黄岸市、相思山间地区集结，准备逐步进剿西窜之匪。

（三）第三九团应于明（二十三）日午前一时由现地出发，经庄前、枫树畈、南港、何家坳、李家塅、黄岸市道前进至沙坪附近地区集结，到达后应于易家湾、陈家尖、祝家山各要点派队向西南警戒。

（四）师部及直属队应于明（二十三）日午前二时由现地出发，随三九团后前进至国清门附近地区集结。

（五）第三八团应于明（二十三）日午前二时五十分由现地出发，经庄前、珠港、卢家塅道前进至稻田、牛车铺附近地区集结，到达后应于望东园、鲁家坳、黄泥冲、湾头各要点派队向东南警戒。

（六）第三七团（欠第一营）应于明（二十三）日午前四时三十分由现地出发，随三八团后前进至冷水井、小港间地区集结，到达后应于土地坡、贺家山、虎形湾各点派队向北警戒，但该团应先派一部兵力于本（二十三）日黄昏后进至庄前东南地区之大坡、白石坳、牌楼屋各点对石楠桥之敌警戒，掩护师主力通过后即撤收随该团后尾跟进。

（七）通信连应以国清门为基点，构成各团间之通信网。

（1）余在师司令部先头。

七月二十三日十六时，各部先后到达前记命令所示位置。

七月二十五日因侦得匪主力已窜新市、归义及其以南地区，乃以三八团为右纵队，由长安桥、公田、饶港道；三七团为左纵队，前卫由马鞍山、枫树桥、黄土桥道逐步前进索匪攻击；师直属队及三九团为本队，在前卫后跟进，十五时各部先后到达杨林卫、朱公桥各附近地区。

七月二十六日以右纵队由龟形庄、登龙桥道；左纵队前卫由下洞、洪源洞道继续搜索前进；本队在前卫后跟进，十五时先后到达关玉桥及其东南亘水口桥之线。

七月二十七日以右纵队及左纵队前卫续向长乐街东北地区搜索前进，十五时进至长乐街东北刘公咀、石字碑、四斗碰、知源洞之线；本队进至团山附近。至当面奸匪已于前数日陆续窜至敌后新开市以南之白鹤洞、大龙山及神鼎山、归义市一带，故于二十五日以来在长安桥、杨林街、关王桥、长乐街各地仅遇有少数散匪及便衣，经我压迫即逃散，未曾发生激烈战斗。

是日二十四时，长乐街及其西南各据点之敌(日寇)抽集约二百余人，由石字碑、剪刀冲向我攻击。我为遵层峰指示避免无谓冲突，即以三九、三七两团逐次转移至羊角岭、毛栗坳、袁家山、洞井源、羊牯岭之线。

七月二十八日三时许，敌复由渡头桥西北各据点抽集约三百余人，由虎形塝、盘石冲进犯，即配合其右翼之敌一致向我三九团之鲁家冲、袁家山及三七团之庙树洞、洞井源各地反复猛攻，激战八小时，未得逞。乃以主力转向我左翼陈家洞、智源洞各高地进攻，同时更由长乐街增来炮二门，步兵百余人，数度向我猛冲，其机炮亦发扬炽盛火力，不断射击，企图由羊牯岭、冷水井抄袭我智峰山、官家山阵地之侧后，我乃利用洞井源、智峰山高地既设工事，死力抵抗，直至入暮，敌终无法进展战况渐趋沉寂。十八时奉副长官王午感酉略电令要旨：

该师应暂就到达地点停止于岭川、洪源洞、团山一带地区，详细侦明敌匪情后，相机予匪主力猛攻而击灭之。

师即以三八团向洪源洞、水口桥；三九团向向家洞、三枣坳、塅暗冲；三七团向岭川；师部向紫宵观各地转移，各部于半夜先后到达上述指定位置。

八月二日五时，敌约四百余附步兵炮二门，分由关王桥、富贵洞及三江口、新桥两路向我三八团进犯，七时许与我接触在红花尖、新桥、三二〇高地战斗至十五时，该敌被我击退，向关王桥方向窜去。

此后师以受敌威胁整补困难，而当面奸匪主力又由王震率领窜抵长沙附近渡过湘江；同时另有奸匪十三旅团周子建部渡长江南窜，至樊湖、胡家街及黑桥、板坑、前后沙坪一带。乃遵军部未江午自觉电指示，于八月七、八两日移集黄岸市附近地区从事整补，准备向北攻剿。八月中旬日军投降。下旬开赴崇阳、通城间地区，准备接收该地日军据点，剿匪战斗至此告一段落。

而鄂南奸匪主力即于此时渡江。

〔国民政府军令部战史会档案〕

3．陆军第九十二师在湘鄂地区袭击八路军南下支队战报

（1945年4—9月）

第一、战斗起止日期：三十四年四月九日至九月十八日

第二、战斗地区：湖南长沙、湘阳、浏阳、平江、岳阳、临湘间地区。

第三、战斗前敌我态势(如附图第一)〔略〕

自鄂南大幕山地区南窜之匪王震部本年三月上旬以来，与挺进第三、第四纵队激战于临湘、平江间地区。三月下旬，其一股五千余窜据平江县城三眼桥、嘉义市各要点，并续向浏阳县境流窜，积极摧毁党政机构，吞并地方武力，搜刮资财，企图建立湘北赤区，阻挠抗战。

同时，伪兴亚军毕逆翰卿部流窜长、浏、平、湘地区恣行劫杀，荼毒地方，并图乘隙进窥浏阳，建立伪政权，与奸匪遥通声气，糜烂地方。

本师于本年三月十九日自湘南资兴北调。二十九日进驻江西萍乡集结。四月一日复奉命进出浏阳以东古港、永和市间扼要守备，堵匪南窜。九日开始向北进剿，以克复平江城，扫荡湘北地

区之匪，为作尔后总反攻之准备。

第四、我军及匪伪交战部队番号及兵力

我军：本师：战斗员兵二六四二人：

九十九师二九五团及二九六团第一营九八四人；

挺进第三纵队八二〇人；

挺进第四纵队八一五人。

匪伪：奸匪湖南人民抗日救国军（以第八路军一二九师三五九旅及新四军第五师十三旅为基干）约万人；伪兴亚长浏警备第二旅二千余人。

第五、影响战斗之季节天候及地形

本战役亘春夏二季，故进剿期间霪雨时沛，我军行动颇感困难，清剿期间则烈暑逼人，部队疲劳特甚。战地为山岳地带，崇山峻岭，绵亘不绝，运动颇受影响，尤以辎重为然，且森林丛密，通视困难，故匪军得藉地形之遮蔽，到处流窜，行踪飘忽，我军进剿则搜索难期周密，且匪众流窜区域广大，我军兵力不足，故不克一举围歼，且战地民众大半被奸匪甜言蜜语所麻醉，乐为匪利用，尚未能与进剿部队密切合作，加以兵站设施未臻妥善粮弹追补欠圆滑，战地饥荒成灾，粒米难筹，故进剿部队时因补给困难、而逸失战机，驯有数日不得一饱而枵腹作战者。

第六、战斗经过之概要

其一　克复平江城之役（如附图第二）〔图略〕

四月九日十三时，师先遣支队（二七六团第二营为基干）越十八盘向窜据思村之奸匪进击。匪百余据守思村市街261高地顽抗，激战至十七时，匪势不支，向培塘、二地桥北窜，先遣支队乃进占思村及261高地亘金鸡坳之线。二十三时安定桥之匪以一股约二百人增援，向261高地及金鸡坳以北高地反扑，先遣支队沉着应战，反复肉搏，至十日二时将来犯之匪完全击溃，毙伤匪三十余，俘匪政治指导员及副连长等八名，夺获马一匹、步枪四枝，残匪仓皇向安定桥溃窜。先遣支队即尾匪猛追，十二时进克安定桥，匪闻风向公堰逃窜。十八时平江城之奸匪以一股四百余南援，二十一时窜抵大桥附近。二十三时田陌口长陂一带亦有匪出没。十一日五时，八山堰之匪三百余回窜安定桥，为我先遣支队猛烈阻击于乾塘坡，匪陆续由大桥增援，冒死猛扑，激战至八时四十分，匪势不支，纷向大桥、八山堰退窜。十时师主力进抵思村以南，匪一股百余匿伏百福洞附近，企图突击。师司令部立派二七四团搜剿，十二时百福洞附近之匪经我搜剿，仓皇向献钟窜去，十四时二七四团进抵爽源、中陂堰。十一日汨江南岸之匪，均为二七四团及先遣支队先后驱逐。十二日十四时，师主力进抵安定桥，即策定对平江城之突出计划，并征集渡河材料，着手诸攻击准备。十三日全般准备完毕，黄昏开始向平江城攻击前进。

四月十四日二时，二七六团先头进抵石子岭附近，匪前进部队百余据高地顽抗，激战半小时，匪不支，向平江退去。四时二七六团将洪家堰以北高地之匪警戒部队驱逐，展开碧潭渡东岸亘三阳街沿江之线。同时二七四团第三营突击天岳山，匪二百余仓皇应战，激战至四时四十分，匪不支渡江北窜，该营遂完全占领天岳山。同时二七四团第二营突去晋坑，匪三百余凭有利地形顽抗，激战至五时二十分，乃将该匪完全击溃，残匪沿汨江北窜。五时三十分师于汨江沿岸展开完毕，即开始渡河攻城。五时四十五分，二七六团第二营以木筏强渡碧潭渡，匪据守河岸碉堡顽抗，激战至七时，该营陆续渡过汨江进薄河岸匪碉，匪势不支北溃，该营乃进占碧潭渡，直迫古城岭。同时二七四团亦进抵落里滩、晋坑间河岸，以渡河材料缺乏，与匪隔江对战。七时二十分，二七六团第三营于三阳街附近强渡汨江，进占大小码头、公共体育场，平江城内之奸匪乃形动摇，开始向西北溃窜。七时四十分，二七六团完全占领平江城。同时二七四团亦渡过汨江，进占269高地及刘家岭，对西窜之匪猛烈截击，毙伤匪百余，残匪向程陂洞乱窜。十四时，二七六团追抵狮子坳附近，适匪千余自三眼桥北窜，当予猛烈截击，毙伤匪四十余，匪乃仓皇经枫林向梅仙市溃窜。十七时该营追抵团山附近。同时二七四团第三营追抵英集岭附近，匪均已北窜，各该地无匪踪。

十五日七时，二七六团第三营追抵梅仙市附近，匪三百余据守南端碉堡顽抗，激战半小时，匪不支，向西北溃窜，七时三十分乃完全攻占梅仙市。八时新十五师之先头部队亦到达，乃将该地交新十五师守备。二七六团第三营续向沙咀搜索散匪，九时进抵大石滩附近，匪六、七百窜集该地之早餐中，乃即对之突击，匪仓皇退据河西岸应战，激战至九时二十分，二七四团第四连自沙咀沿河北上夹击，激战至九时四十分，毙伤匪五十余，匪势不支，乃向西北溃窜。十四时二九六团第二营进抵钟洞，该地已无匪踪。黄昏各追剿队均归还平江城集结待命。

其二　大云山东麓第一次进剿之后（如附图第三）〔图略〕

四月二十三日师（附二九五团及挺进第三纵队）继续向北进剿，以肃清湘北地区奸匪，因大雨滂沱，道路泞滑，行动不易，且山洪暴涨，梅仙河两岸泛滥，桥梁悉被冲没，又无舟楫堪渡，是晚师乃滞留于仙人桥、沙咀、杨梅江各附近宿营。二十四日七时，续分三纵队北进。十一时二七六团第三营进抵谭家坊追及，匪后卫一股三百余当予猛击，匪不敢应战，仓皇北窜，毙伤匪二十余。同时二九五团亦于黄毛洞附近，将匪之后卫一股百余人击溃，毙匪十余。十七时五十分，二七六团进抵深坑。二九五团进抵强怒堂。师直属队及二七五团进抵包湾。二七四团进抵水口桥各附近宿营。二十五日，师仍尾匪北追，向昌水两岸进击。八时二七六团先头将滞留大陂内附近之匪一股五十余击灭。十一时二十分追抵朱家里附近，匪二百余据守山谷隘口顽抗，二七六团第二营即对之猛击，第五连连长向定国身先士卒，突入隘口，奋战殉职，激战至十二时四十分，匪仓皇北溃。该团乃尾匪猛追，十七时三十分追抵张谷英将匪之后卫一股百余击溃，匪弃其辎重，仓皇北窜，卤获弹药三十余箱，作业器材等十余担，毙匪七十余。二十一时二十六分追抵黄土林、双石附近，匪首王震率残匪三千余乘夜经东溪洞、黄岸市北窜。同时二九五团进抵朱公桥。二七五团及属直属队进抵岳阳方。二七四团进抵石塘。胡少保挺三纵队进抵渭家洞附近。

二十六日十一时，挺三纵队进抵渭洞附近，师乃命各部续向昌水南岸推进，搜剿散匪。十三时二七六团进抵东溪洞，适奸匪二百余窜集该地，当对之痛击，匪仓皇应战，激战至十四时三十分，毙伤匪三十余。匪乃匿入山林，四散溃窜。该团乃续向黄岸市搜剿前进。十七时二九五团进抵李汉冲，将滞留该地之匪一股百余击溃，即尾追至平星岭，适溃退之匪七百余麕集该地以北亘枫树桥附近炊爨，当予猛击，匪仓皇向北溃逃，毙伤匪六十余。二十一时二十分，二七六团追抵丁家咀，适残匪四百余于该地渡河，当予截击，毙伤五十余，残匪仓皇落水北窜。二十四时，挺三纵队进抵枫树桥附近。二九五团进抵公田、浇港之线。二七四团进抵王安屋、相林街之线。师直属队及二七五团进抵饶村。二十七日四时独石方向枪声浓密，而黄岸市尚无友军到达，师为策应友军作战，乃命二七六团进击黄岸市，向东向北搜索。十时综合各方情报，得悉王震率残余约五千人已于二十五、六日分股经黄岸市、相思山西侧珠港向北港窜去。昌水两岸大云山南麓地区均无匪踪。

二十七日十五时，新十五师四十四团进抵黄岸市，乃命在该地之二七六团于二十八日六时回驻荷包冲并即调整部署，以挺三纵队任丁家咀迄公田线昌水沿岸之警戒；二九五团以一部任浇港、篮漆寿线沿河警戒；主力集结花里坪附近；二七四团以一部任王安屋迄林街沿河警戒，主力集结姑桥。师搜索连于胡少保附近师左侧背之警戒。二七五团、二七六团、师直属队均集结饶村。

四月三十日守备平江城之二九六团第二营电报：伪兴亚军毕彭张诸逆率伪军三千余进据更鼓台、双江口，其一股窜抵晋坑，有乘隙进窥平城之企图，乃命该营集结兵力增修工事，并统一指挥平江各自卫团队，坚守平城。五月一日，师遵饬各部分渡昌水北剿，十四时挺三纵队进抵白箬附近；二七六团进抵珠港附近；二九五团进抵南冲；二七四团进抵孟城；师直属队及二七五团进抵黄金港。北窜药姑山之残匪三千余，三十日由王震率领向蒲圻、崇阳窜去；由相思山东窜之匪一股千余窜抵麦市、通城间地区。湖南境内已无匪踪。十七时二九六团第一营急电：毕匪一股五百余，卅日晨进犯五里牌，激战至午退去，刻又进犯落星滩，正激战中，乃命二七五团星夜驰援，平江城始能确保。

五月二日，师命各团各以有力部队向石南桥、庄前、药姑山南麓搜索，黄昏归报均无匪踪，师乃遵在原地集结待命。四日奉命进剿长浏、平湘边境伪军。五日开始南下。六日抵忘私桥东港之线集结。

其三　长浏平湘边境围剿伪军之役（如附图第四）〔图略〕

五月九日，师于忘思桥、东港之线完成攻击诸准备，乃于十日十二时开始行动，十六时二七四团进抵五马槽；二九五团进抵金罗墈；二七六团进抵侯家庄；师直属队进抵瓮江潭，就攻击准备位置。十一日三时，攻击开始。八时二九五团先头进抵蒲塘北端，伪匪一股百余沿公路两侧高地顽抗，战斗约半小时，毙伤匪十余，俘八名，残匪仓皇南窜。十时四十分，二七五团进抵玉楼洞附近，伪匪四百余据小隘顽抗激，战至十一时二十分，匪不支，向金井溃窜，该团乃尾匪猛追，十二时十分追抵团山、白马庙之线。同时二七六团亦进抵大桥、棣萼楼之线；二九五团进抵谷咀上、梁家巷之线，匪千余仍据守涧山、金井、四家间地区顽抗。十二时五十分，二七四团进抵脱甲桥即对几溪源匪巢（伪警备第二旅旅部及仓库）突击，匪仓猝应战，余部慌乱四窜（易便衣匿入民舍)，匪首彭浩(伪旅长)率残匪四百余冒死突围，向长江源山地逃窜。十四时二七四团第二营进抵金井，四时三十分，该团第三营进抵四家喻家堰之线，十五时开始扫荡包围圈内残匪，十九时金井、九溪源间伪军有组织之抵抗完全予以击破，其散匿民居及山林之残匪甚多，(因多半系当地土民加入者)故尚须清剿。

十二日五时，麻林市附近之伪军第一旅张逆天泉，以一股五百余东窜，企图救援彭匪残部。七时二九五团自九溪源对之进击，该股匪乃据桂华尖、大山塘之线顽抗，激战至十时，毙伤匪五十余，匪势不支，仍向麻林市溃窜。

十三日十二时，二七六团进抵长江源附近。彭浩率残匪三百余已于十二日乘夜经石洞、麻峰咀向麻林市窜逃。同时二七四团进抵江家桥。二九五团仍于九溪源附近搜剿散匪。二七五团附二九六团第二营进驻金井。师直属队进驻洞山。

十四日，二七四团向飘风山、麻石山；二七六团向检市厂、麻峰咀；二九五团向福林铺搜剿，均无匪踪。十五日八时，二九五团开范林桥归制，并饬二七四团进击青山市搜剿。同日十二时，据报：王震率匪三千余复南窜抵饶村、罗内间，有继续南窜平江模样。乃饬二九六团第二营仍开返平江城守备。二七六团向汨江南岸搜索。十六日六时，奸匪林星桥部约五百余窜抵涪口，十一时续窜抵石洞，与我向北搜索之二七六团第三营遭遇，当即展开激战，十六时匪势不支，仍向北溃窜，毙伤匪三十余，获步枪三支。十七日涪口之奸匪回窜梓江。王震率匪主力约三千窜抵岭川、渭洞，有会犯平江模样，乃命二七五团星夜开回平江增防，堵匪南窜。同时伪匪毕张彭残部向枫林港、黄狮浪窜去。师乃进出上杉市搜剿，旋奉命回金井附近，督导地方办理清乡善后事宜。三日奉命北剿奸匪，旋敌伪进犯浏阳，与九九师激战于大桥市，乃奉命集结金井，准备策应九九师作战，饬挺三纵队进出黄岸市、毛田间，策应挺四纵队固守大云山。

其四　大云山附近第二次进剿之役（如附图第五）〔图略〕

奸匪王震率匪众三千余，乘本师围剿长浏边境伪军之隙，复窜抵渭洞、岭川、罗内间地区，并纠集湘阴土匪游福绵等约千五百余进据湖源洞、浯口间地区。师乃于六月二日开始北剿，十四时二七五团及三七六团在梧尚源；二七四团在余家坳完成突击诸准备。六月三日一时开始向湖源洞搜剿前进，九时二七四团抵湖源洞；十时三十分二七五团进抵浯口；十一时二七六团进抵清江口，匪闻风向长乐街以西渡江北窜，一股向神鼎山窜去。十三时师直属队进抵栗山巷，乃使各团于浯口、湖源洞间宿营。四日师续分目浯口、清江口渡汨水北剿，十二时二七六团进抵陈家堰附近，奸匪四百余扼守山道隘口顽抗，该团即对之包围进击，激战至十七时，匪势不支，乃利用山林隐匿，陆续向东北溃窜，十七时五十分师抵横山桥、王家坊线。五日十二时，二七四团进抵朱胜得以南，适匪七百余自大荆街以西窜集该地，当予突击，匪以百余据木鱼山应战，大部仓皇北窜。同时二七六团进抵九峰附近，适匪四百余北窜中，即予截击，激战至十四时将之击溃，乃尾匪猛追。十七时卅分二七四团追抵姑桥；二七六团追抵佛坳；师直属队及二七五团进抵岳阳方。王震率匪四千余窜集大云山附近，昌水南岸已无匪踪。六日十四时师变更部署：十七时二七六团进驻骆家巷附近；二七五团进驻枫树桥；二七四团进驻公田；师直属队进驻板桥。二十二时匪首王震亲率其精锐四个半支队，约五千余人，分股自黄岸市、长安桥、公田、浇港渡、昌水直扑饶村，企图乘夜袭一举击破本师。七日一时十五分，奸匪第二支队陈东阳股千余钻隙窜抵骆家巷，突击我二七六团团部。该团直属队奋勇迎击，激战甚烈。另股匪千余企图自公田渡河，为我二七四团阻击未逞，乃隔河对战，旋自长安桥偷渡汨水之匪一股（第一支队）钻隙窜抵扬家冲，企图突击板桥师司令部，我工兵连、特务连奋勇阻击，毙伤匪二百余。激战至二时卅分，该股匪乃以一股三百余窜平星岭，为我搜索连及二七五团第三营围击，至三时十分向饶村溃窜。同时另股匪千余窜枫树桥，企图突击二七五团团部，为该团第四连及特务排坚强阻击，激战至烈。四时与二七六团激战于骆家巷附近之匪，以一股二百余窜据鸡毛尖；一股二百余窜据黎家山；其主力约八百余直窜大冲，二七五团第二营（欠第四连）及第一营师予猛烈夹击，激战至烈。四时二十分二七六团第二营将骆家巷、小湄、大桥间残匪完全肃清。第三营攻克鸡毛尖，四时五十分再克黎家山。同时工兵连攻占唱歌尖、扬家冲、马鞍山、大冲间之匪乃经聚龙山东溪洞向湄洞逃窜。五时我清扫战场，计击毙匪第二支队长陈东阳及大队长二、连排长十三、匪卒八百余，夺获步枪八十余支及其他匪支队部关防等文件甚多。

六月八日师乃北渡昌水尾匪追剿，十八时二七六团抵沙滩；二七五团及师直属队抵黄金塘。廿一时二七四团肃清大云山附近残匪，进驻孟城。挺三纵队抵桂家大屋、詹家桥线。挺四纵队进抵雁岭、石庙线。药姑山以南大云山东麓已无匪踪。惟七日为本师于板桥附近击溃之残匪二千余。九日窜抵岭川另股自浇港渡河南窜之匪约千余，则窜抵洪源洞附近。十日师移驻毛田、平安墈、长安桥间部署清剿，并令挺三纵队以相思山为核心；挺四纵队以大云山为核心，筑碉扼守，堵匪南北流窜。十二日湘阴附近奸土匪游杨胡诸股北窜洪源洞，与自昌水南窜奸匪合流，共约三千余，流窜于昌水以南汨水以北地区，行踪飘忽。十五日该股匪以二千余经关王桥、熊家埠自敌军占领区内窜抵篢口以北之白湖墈。另股千余仍向长乐街以西窜去。十六日北窜奸匪续窜抵平□、岩□间，似有窜过粤汉铁道，再东窜鄂南老巢模样。十七日十三时，师进抵白羊田附近集结。十八日饬副师长冼盛楷率二七六团及挺四第十支队经石田畈、东湖庙深入沦陷区，对该匪进剿。二十三时廿分冼部进抵苧麻咀，奸匪闻风即自长安驿、路口铺间窜过粤汉铁道东窜。十九日十二时，冼部进抵云溪以南搜剿，铁道以南大云山以西地区已无匪踪，乃命该部回驻百羊田。廿日师奉命开湄洞集结，督导临湘、岳阳、平江、湘阴四县办理绥靖事宜。

其五　长浏湘平边境清剿之役（如附图第六）〔图略〕

附奸土匪游杨胡诸股约千余人，仍以白鹤洞、神鼎山为巢穴，流窜长平湘边境、到处胁迫人民加入奸匪，企图扩大赤色组织，伺机蠢动。七月三日师主力遵向平江集中，并饬副师长冼盛楷率二七四团及湘警第五大队湘阴自卫第七队进出汨水两岸扫荡奸伪，并转饬挺三纵队开醴陵接替挺二纵队防务。七月五日十时，冼部进抵蓝家洞，适匪一股百余在该地劫掠，当予痛击，匪仓皇溃逃，毙匪十余，俘六名，夺获步枪四支。十六时师主力进驻平江城，冼部抵浯口，适奸匪四百余窜集该地，当予突击，匪据碉顽抗，激战至十八时二十分，匪势不支，向西逃窜，冼部乃进驻浯口。八日廿一时冼部夜袭湖源洞匪巢，匪大部闻风西窜，仅一股百余应战，战斗约廿分钟，毙伤匪十余，俘二名，夺获步枪二支，余匪仍向山林溃窜。十日冼部续向长江源附近搜剿，无匪踪。十一日冼部续向伍公市、湖源洞搜剿，奸匪均已西窜，该地无匪踪。十四日奸匪王震率四千余仍向云溪附近窜过铁道，经箦口、关王桥南窜。十五日窜抵岭川、洪源洞一带，乃命冼部对北堵剿。十七日奸匪王震股四千余窜抵蓝家洞附近。同时窜匿神鼎山附近之杨游胡诸匪千余，复窜湖源洞附近，有夹击冼部之企图，乃命先部移驻晋坑，待命出击。

十八日奸匪一股千余窜抵脱甲桥。主力三千余窜湖源洞、神鼎山企图，乘敌军之撤退，先窜入长沙城。同时伪军张天泉部千余人窜抵金井，烧杀奸淫。其时自赣南湘南北溃之敌，窜抵醴陵以东及以北地区，师奉命固守平江，堵敌北窜。廿日自醴陵北窜之敌抵浏阳西南，师为策应九九师作战，除饬副师长冼盛楷率二七四团及平江自卫团队守备平江，堵匪东南窜。师主力于廿一日进驻思村以北地区集结。

八月六日浏醴之敌，已向赣北窜去。奸匪王震率三千余亦已分批西渡湘江后南窜，游杨胡诸匪千余仍流窜金井、涪口间地区。师饬二七六团于七日进驻更鼓台，八日向金井进剿，匪闻风西窜，十四时二七六团抵涧山。十日复以第二营向瓮江，第三营向江家桥搜剿，各该地已均无匪踪。乃令二七六团于金井附近筑碉扼守，办理清乡事宜。

八月十三日，师奉命向长沙附近推进，洽办长湘日军解除武装事宜。十四日二七六团抵楠水冲。二七四团抵界牌岭。二七五团抵大桥市。师直属队抵河陕坪。二十四日湘境日军已停止战斗，向长衡区集中，准备缴械。奸匪王震率三千余窜抵长潭、醴陵以南地区。杨游胡诸匪千余，仍流窜长湘边境。师为排除接收日军武装之障碍，饬二七六团进出麻林市、白鹤洞荡歼该股残匪。廿五日二七六团进驻青山市，匪向白鹤洞逃窜。卅日二七六团进抵白鹤洞，匪略事抵抗，即纷向铁道附近窜逃。九月一日二七六团进抵新开市附近，二日进抵丰仓附近，流窜各该地之匪均已西窜。三日二七六团进驻常公桥附近，四日搜剿梓木洞散匪，毙匪十余，俘四名。五日二七六团进驻常家冲，该地均无匪踪。七日乃饬二七六团回驻青山市附近。九日师奉命向浏阳集中，乃于十日开始行动。十一日抵浏阳城郊附近集结。十二日奸匪王震率二千余窜抵萍乡东南，续向西北急窜中，师乃饬二七四团向东南堵截，以掩护军部向萍乡移动。

九月十三日十二时，奸匪王震残部二千余窜抵桐木南卅里之杨岐山，仍续向北急窜，乃饬进抵太平桥之二七六团向东截击。十四日十九时，二七四团进抵秋江附近，该股匪已北窜文家市附近。十五日饬二七六团进出古港向东截击，并饬二七四团尾匪猛追。十五日十五时二七四团追抵文家市，匪已经青江、蒋埠江北窜，十六时窜抵兵马桥，续向北急窜，廿时卅分二七六团进抵信渡市，并于逵浒市附近，派队设伏。十六日三时二七六团第二营抵白羊冲、上家冲附近，乃埋伏道路两侧，三时廿五分由兵马桥北窜之匪先头三百余，窜抵逵浒市、恒丰庄附近，向我设伏部队猛扑，当予夹击，四时匪后续千余陆续窜抵增援，向我二七六团第二营围击，激战至四时卅分，二七六团主力进抵沙冈上，当即对匪侧背痛击，激战至十一时，毙伤匪二百余，俘十余名。匪势不支，乃分两股溃窜，一股四、五百窜东门市，一股千余经连云山向平铜边境窜击，乃饬二七六团尾匪猛追，十五时二七四团进抵逵浒市，十七时卅分二七六团追抵东门市，匪经平铜边境向鄂南急窜，平浏境内已无匪踪，乃命二七四、二七六团就地清剿散匪。十七日师奉命向江西万栽集中，湘北地区剿匪战役乃告一段落。

第七　战果

一、我军死伤如附表第一。〔表略〕

二、我军械弹损耗如附表第二。〔表略〕

三、毙伤俘虏匪伪人员获如附表第三。〔表略〕

第八　战后所见

一　匪伪方面：

甲、优点：

（1）行军力强，机动性大，故能到处流窜，飘忽不定。

（2）富刻苦耐劳之精神。

（3）干部均自负行李，亦无杂役士兵，故非战斗兵甚少。

（4）射击军纪严肃，不滥发一弹。

（5）政工人员密切，随第一线部队工作，情报均由人民供给。

乙、劣点：

（1）中心思想错误，故匪卒意志薄弱，一遭我军打击，即形沮丧。

（2）伪军上下交争和精神涣散，团结不坚。

（3）大部系纠集地痞流氓组成，分子复杂，装备差池，未经训练，故战力甚低。

（4）到处恣行劫掠，人民恨之刺骨。

（5）补给困难，弹药缺乏，攻坚既不能，守亦难于确保。

（6）奸匪及伪军干部指挥能力差池。

（7）匪军战术无创意，一仍旧贯，攻击时为豕突无计划与准备。

二、我军方面：

甲、优点：

（1）士气旺盛，攻击精神充溢，故能守固攻克。

（2）军纪肃然，所遇秋毫无犯，且能节食赈济灾民，故人民爱戴。

（3）官兵对主义之信仰坚确，战斗意志坚强。

（4）各级掌握确实且均能看破好机，独断专行。

乙、劣点：

（1）兵站人员不力，粮弹进补不圆滑，故进剿部队时因筹备补给而坐失进剿好机，且时有奔战终日不得一饱者。

（2）各部队之协同未臻周密，致时有观望而不适机互相支援者。

（3）进剿时指挥不统一，（未指定全权之指挥官）致命令、情报层相递转延误事机。

（4）地方团队欠健全，徒耗粮饷，未能尽力剿匪卫士，且多鱼肉乡民。

中华民国三十五年三月　日

师长艾　瑷

〔国民政府军令部战史会档案〕

4. 陆军第三十四师祝顺锟部在湘鄂赣边区袭击八路军南下支队战斗详报

（1945年5—6月）

一、三月上旬奸匪王震部（原十八集团军一二零师二三九旅）附新四军第五师十四旅兵力七八千，窜驻鄂、南大王殿、黄沙铺、大幕山一带，提缴鄂南保安队及咸、蒲、通、崇各县自卫队械弹，扩充实力，私设税卡，印发纸币，自称湖南人民抗日救国军，鼓动陷区青年加入奸党，企图乘机袭占湘鄂赣边区作为根据老巢，策应延安方面之蠢动。

二、三月五日前，师于太和以西之湛口、上横、白土街、蜈蚣岭一带担任守备。三月三日奉副长官王寅江辰一、二、三、四各电：饬经宜春、万载、铜鼓、修水进剿王震匪部，遵于是月五日出发，十四日兼程赶到修水。斯时我原留置于修水之一零零团第三营已先令调于南茶、上杭之线严密戒备。留置于九宫山担任守备之一零一团第一营，除服原任务外，并以一个连守备太阳山。

影响于战斗之天候、气象、地形之状态：

一、本战役行动期间为三月下旬至五月初旬，日出为四点四十五分至六点四十分，日没为六点零五分至七点三十五分，春夏交季，气候温和，惟赣北全属山地，道路窄长、小溪纵横，兼之两季当时山洪时发，交通常为梗阻，行军作战均颇受影响。

二、大源、南江桥、东林、毛坪、南岭口等地均属塘地，四周皆山，交通除山沟道路，或纵或横可资利用，则山上间有小径，勉可通行，奸匪可扼要据险节约兵力，藉此阻止国军进攻，以施行时集时散之狡技，攻者则因交通不便，通信困难，匪之主力所在不易探明，难收聚歼之效。

匪我交战部队之番号及其主将姓名：

一、匪军番号及主将姓名如附表第〔略〕

二、我参加部队及各级主管姓名如表第一〔表略〕

三月十六日奉军长傅寅删午自觉电要旨如左：

军以掩护集中之目的，三十四师暂指挥第一挺进纵队之第一、二两支队主力及阳新通山两县自卫大队，主力任九宫山、太阳山、大仰山、南茶、上杭街及修水地区之守备；一部任保护山口附近军之野战仓库。

师基于右令，当下达如左之命令要旨：

一、一零一团以第三营守备乌鱼垄亘金竹洞之线阵地，受师直接指挥。该团部即率第二营向船滩北之白沙推进，指挥该团第一、二两营及在石艮山、郅源、留咀桥之阳新自卫大队并一天门古老庵之通山自卫大队，担任该方面之守备。

二、一零零团除以第二营担任上沙溪军野战仓库之守护外，主力守备金竹洞亘月山之线阵地。

三、一零二团除以第一营在下沙溪守护军之野战仓库外，主力任月山(不含)亘抗日之线守备。

四、第一挺进纵队张副司令所部，除三都之一中队及双江口之第一支队第二大队应集结马塅附近机动使用外，主力担任太阳山、黄沙之守备。

战斗经过

三月十七日六时，一零零团派该团第九连向蒲口街搜索匪情，并侦察夏庄附近十九粮库损失情形。于十三时到达蒲口西之茅坳，与匪二百余遭遇，当展开于该地南北之线向匪攻击，激战二小时，毙伤匪十余名，匪不支，沿永福桥、陈家坑向北溃窜，当据报夏庄、罗家窝尚驻匪大部，该连恐中匪狡计，乃于是日十九时就廖家附近设防监视。

三月二十四日，遵军寅敬巳自觉电，派一零零团第二营沿双江口、黄金坪、横岭港、大源道协力新十三、新十六两师之各一营向大源、寒泉山、角塘、塘城坳、小沙坪等地区搜索前进。同时遵军寅敬午自觉电：以挺进第一纵队之一、二两支队主力向白青泥坑，一部向港家墩。一百团除第二营向大源搜索外，主力向董家仓下。一零二团向蒲口、仙居岭地区。一零一团（欠第一营守备九宫山）向黄沙口。师部向南茶前进，俟匪情明晰，开始进剿。

各部遵右之指示，于二十五日入暮先后到达新位置。

又大源地区之奸匪，经我一百团第二营及新十三、新十六两师之各一营猛力压迫，向大沙坪方向逃窜，大源当于二十六日十二时许为我占领。

二十七日八时，据报大源、桃树港奸匪经我猛力压迫后，刻已窜至通城附近，征集多数向导，有向南窜模样。同时遵军寅宥申自觉电：以掩护军之右侧，俾利新十三、新五两师向蒋市街、虹桥南北地区进剿之目的，令挺进第一纵队之一、二两支队主力占领青泥坑、芦家垄、沙垄桥各地区，向通山杨芳林警戒。一零零团以一营占领宝莲寺亘大源岭之线向西北严密警戒，主力集结董家仓下、港口地区。一零二团以加强一营一附电台一部占领大港弦、梅家庄、烟洞、朱子坪一带，扼要向西北两方严密警戒。并由该营派出一连至古源向高枧、华罗岩、黄袍山、狮古尖、苦竹岭一带搜索匪情。该团主力向陈家坑、罗家窝、中庄地区集结。一零一团（欠第一营守九宫山）集结花湾、黄沙口地区，机动使用。师部即移蒲口。各部遵上指示，行动于当日入暮前部署完毕。

三月二十八日，师为加强大港弦方面兵力，以固军之左侧及策应该方作战容易计，令集结蒲口之一零二团（欠第三营在大港弦、梅家庄、烟洞、朱子坪向西警戒）以一连在陈家坑向西警戒，受师直接指挥，主力于艳晨向大港弦集结。该团第三营即归还建制，仍服原任务。该团遵右指示于二十九日十二时到达指定位置。

三月三十日十二时，据报：向三眼桥、献钟溃之奸匪，复向长寿街回窜。师遵副长官王电话指示，处置如左：

一、第一挺进纵队之一、二两支队主力除派出一部担任宝莲寺警戒外，仍就现态势向北严密警戒。

二、一零零团即向杨泮、古源集结，以一部于黄沙、上下东山、小山界、止源等处向高枧、黄袍山方向搜索匪。

三、一零二团即向塘湖、汪平山地区集结。陈家坑之一连已令归还，以一部在路口向西北两方搜索匪情。

四、一零一团除第一营仍任九宫山守备外，主力即向蒲口附近集结。

五、各部限即开始行动。

六、师即进驻大港弦。

各部遵右令，于当日入暮到达指定位置。

三月二十一日，据报：被我新十五师击溃向嘉义市逃窜之奸匪，于三十日由眼桥增来四千余，分沿龙平大道南北地区向长寿街前进，似有反扑企图。师遵军长傅寅世丑自觉电指示处置之大要如次：

一、一零零团即经大港弦、古市岭取捷径进出杨厂、绣花针、马鞍岭(含)之线，左与一零二团连络，向西北严密警戒。

二、一零二团即经古市岭、朱溪厂进出马鞍岭、(不含)桥头、竹园里之线，右与一零零团密切连络，并派出一部于浆市街向西北严密警戒。

三、一零一团(欠第一营仍任九宫山守备)主力即向西源、大港弦间集结。

四、各部队即刻开始行动到达位置后，即应积极构筑工事，并与左右友军密切连络，严密搜索匪情，适时具报。

五、师部即向朱溪厂移动。

四月一日，遵副长官王卯东未略电：派一零零团第三营营长张德杨率素质优良之步兵两个连为集团第二搜索队，沿宫田桥逐段向半岭、牮楼咀、天岳关、南宫殿、姚家坳、上塔市、白家坳一带；一零二团第一营营长邱能率步兵两连为集团第三搜索队沿浆市街逐段向太平、毛源、虹桥、张公桥、黄泥湾、山西岭、黄泥塘、南江桥、浆田一带搜索匪情。该两营遵于二日拂晓开始行动。

四月四日，据报：奸匪王震部在长寿街被我新十三、新十五两师击溃后，其主力似潜伏船山铺、平江城、钟洞一带。三眼桥、献钟、嘉义有该匪之一部。又匪第五师张体学部经我压迫后，其一部似附王震指挥，主力于寅感同窜通山东北及高桥、茶地铺、山口铺、石门一带。同时奉副长官卯支辰略电：新十三师第一步进出虹桥后向戴宫铺、钟洞；新十五师击破嘉义之匪后沿三眼桥向平江方向前进。三十四师仍就现态势，对通山崇阳方向严密警戒，并准备一部兵力必要时策应新十三、新十五两师作战。到达虹桥之两搜索队可移于牮楼咀、黄龙山方面，掩护新十三师之右侧背。师遵上令饬集结大港弦之一零一团(欠第一营)守九宫山，以其第三营移至蒲口，并由该营派一部于南茶，对北严密警戒。并令一零零及一零二两团派出之两搜索队，继续向目标搜索前进，俟新十三师到达任务地后，再向牮楼咀、黄龙山方面移动，掩护该师右侧背。

四月七日我搜索队一零零团第三营及一零二团第一营先后到达上塔市、南江桥一带。是日十四时奸匪二百向我南江桥之一零二团第一营(欠机步各一连)来犯，我官兵奋勇阻击，战约二小时，匪不支，向江背屋、硬水坪方向溃退，是役我毙匪十余名，夺获三八式步枪一枝。四月九日二十三时，奸匪三百余向我搜索掩护队一零二团第一营一日合山阵地来犯，该营当以一部出下三十屋向西侧击，该匪激战二小时，匪不支，向小水岭窜去。

四月十日十一时，军之新十三师三八团已沿山西岭向南江桥攻击前进，乃令第三搜索队一零二团第一营暂撤至虹桥附近待命。十一日遵军长傅卯真巳自觉电：令搜索队一零零团第三营以盖文岭、半岭为根据，向麦市、七里市、官塘坳、聂家大屋、东岳庙；一零二团第一营以牮楼咀为根据地，向吴氏祠、上塔市、白家坳、罗家屋场及黄龙山西南地区搜索奸匪王震部。

四月二十六日奸匪王震部经我新十三师、新十五两师痛剿后，其兵力约万余于是日窜抵通城附近。其先头约千余于十二时许窜至麦市附近，与我第二搜索队一零零团第三营之一连在该地附近发生激战，因匪众我寡，该连乃撤至南楼岭，防匪南窜。二十四时复遵军长傅卯俭亥自觉电处置如次：

一、一零零团即以任搜索之第三营占领南楼岭、盖文岭之线，阻止匪人南窜；第一营主力即向白石桥集结，向西严密警戒，策应该方面作战，由该营派兵一连进驻金井向北搜索匪情。该团长亲率第二营进驻白沙岭。

二、一零一团（欠第一营仍任九宫山守备）仍任南茶、蒲口、大港弦等要点之守备。

三、师率一零二团于艳日拂晓向古市岭推进。

四月三十日十时，复据报：窜通城南北地区之王震匪部正向高枧、大源、中堡一带东窜。师遵副长官王卯三十辰略电：以协力军主力追歼该匪之目的，处置如次：

一、一零一团除第一营任九宫山守备外，主力即向南茶、蒲口移动，截击东窜匪人。

二、一零二团即沿大港弦道前进，本晚以一部进出杨津，主力进出瑞庆宫，于明（五）日向大源方向侧击败溃之匪。

三、一零零团即经古市岭到达大港弦，随本部到蒲口待命。

各部遵右令行动，除一零零团因撤收部队需时，当晚仅到达古市岭集结外，其他各部均于是日入暮前后到达指定位置。

五月一日拂晓，我一零二团除以其第一营留置陈方、瑞庆宫间掩护师之后背外，主力沿韭叶湖、九曲岭向大源攻击前进，于十时许到达沙坪湖北麓，遇匪二百余据该地东端高地阻我前进，当展开向其攻击，战约一小时，毙匪二十余，该匪不支，狼狈向东溃逃，大源遂告克复。是日十二时许，沿大源东窜匪一千六、七百，其先头窜至八子坳附近，与一零一团第三营之一部发生激战，当令该团以其第二营沿黄土岭向东北侧击，激战至十七时许，匪不支向小流方向溃窜，师为继续追击该匪，并截击向东南窜犯之目的，当令甫到达蒲口之一零零团于本夜月色起时开始行动，沿南茶、东林道前进，截击该匪。并饬一零二团兼程赶到蒲口，防堵大源东北地区之匪南窜。

五月二日，我沿南茶、东林前进之一零零团先头部队第二营，于拂晓到达东林附近，与匪遭遇，当展开激战，至八时许，该团后续部队一、三两营均先后到达战场，当以其第二营于东林南北高地向西北；一、三两营沿毛锥段南北高地向东北攻击，匪据徐山排、神仙庙、交椅、乌背、梗洞口、何桥窝里顽抗。当令一零一团(欠第一营任九宫山守备)除以第三营在茶南以北山地掩护师之侧背外，第二营即随师向九楼推进，策应一零零团之作战，并饬一零二团速向南茶、九楼间集结待命。我一零零团官兵奋勇攻击，自卯至午激战六小时，毙匪二百余，遗尸五十余具，狼狈沿小湖窝里向三军殿、朱温汤方向溃退，当饬迅速清扫战场。又为歼灭溃匪之目的，乃分三路令一零一团（欠第一营任九宫山守备）沿船滩本日附图以西向白石南北地区，一〇〇团沿东林向马家山、汤溪坑；一〇二团沿东林、小湖窝里、中高庄王向石梗山、西王庄之线追击。如附图第二〔图略〕

五月三日八时三十分，各团追击至白石、马家山、易溪坑、石梗山、西王庄一带，该匪复回麻布街、辽里街逃窜，与我任九宫山守备之一零一团第一营第一连发生激战，当令一零一团（欠第一营）续沿温汤木皋向辽里街追击前进；一零零团第一营向白石

东北地区；一零二团沿石梗山、西王庄向苏家坳、源头湾搜索残匪，一零零团主力随即至辽田附近集结，相机打击匪人向东南逃窜。是日十三时许，一零一团追击至辽里街附近，匪被该团第一营截击，被我生俘一名，复向洞口逃窜，该团继续追击，于十五时追至郭溪西端与匪尾接触，战约二小时，匪退郭西洞口东西高地顽抗，其主力则续向果子树下逃窜，因时已入暮，地形又复险峻，战场乃趋沉寂。师当以继续追歼该匪之目的，乃令一零零团即刻行动，以一部追击大木田、杨庄之线，阻匪东窜；主力进出仙鹅、扼蛋、黄沙之线。一零一团向北追击，并令守备九宫山之一零二团第一营抽出一部进出牵牛山向东侧击，该团主力沿走马江协力一零零团之作战；一零二团（欠第三营集结辽田随师行动）集结苏家坳、源头湾机动使用。

五月四日拂晓前，踞郭溪洞口东西高地之匪向港口铺、果子树下逃窜。斯时，我一零零团亦全部到达指定地，乃令协同走马江之一零一团（欠第一营）跟踪追击。八时许，该匪经我一零一团主力及一零零团追击及一零一团守备九宫山之第一营之一部沿窜牛山侧击，该匪复大部向沙洲甸，于十四时窜至石桥与我守备九宫山之一零一团第一营第三连发生激战，经该连奋勇截击，战约二小时，该匪向毛坪窜去。师为避免匪人之欺骗，即行广阵面之搜剿，当作如左之处置：

一、一零零团沿果子树下、长埂上张家、李家道向平坑搜索前进，到达该地后，以一营向大平山、沙州甸东端，图上无名，一营向沙洲甸搜剿。

二、一零一团除第一营任九宫山守备外，主力即向留咀桥追击前进。

三、一零二团即以该团第一营向船埠推进，俾巩固九宫山守备，主力即向辽田集结。

五月五日，各部遵右指示行动，于九时许，我一零一团沿留咀桥追击，匪据花烟坑阻我前进。当令该团以主力猛攻，并令船埠之一零二团第一营沿曾我涂家向东侧击，协力一零一团之作战。我官兵奋勇攻击，前仆后继，激战至十四时许，毙匪七十余，不支，向王坪溃退。当令该团迅速整顿队势，准备继续追击，迄十八时许，我一零零团亦追击至西坑口。当令各部于六日拂晓，照左之处置行动：

一、一零零团以主力沿西坑口东北端，一部沿水牛山东端向西攻击。

二、一零一团沿留咀桥向北攻击。

三、一零二团主力仍集结辽田，机动使用。该团第一营仍到船埠受师直接指挥，俾巩固九宫山并适时打击向西逃窜之匪。

五月六日拂晓，我一零零及一零一两团遵右指示，向毛坪附近各高地之奸匪攻击，战至八时许，匪不支，向杨林铺、南岭口之线溃退，当饬该两团继续攻击，至十一时许，毙匪二支队第三营营长以下约二百，遗尸四十余具，一部向斑鸠、尖垱山、燕厦方向溃退，大部向下富有溃逃。（如附图第三）〔略〕我俘匪二十余名，夺获轻机枪一挺，步枪十支及其他战利品甚多。当令副师长王刚毅指挥一零零团向燕厦逃窜奸匪追剿；一零一团（欠第一营任九宫山守备）主力集结留咀桥、郭源间；一零二团第一营仍集结船埠，该团主力仍集结辽田。是日午后，向燕厦溃退奸匪，经我一零零团追击，匪复转向上下富有窜去。当饬该团以一部占领牛头石、王岩尖、和尚尖、中路山之线，向北警戒，主力仍尾匪跟追。一零一团（欠第三营集结辽田）主力集结船埠，准备追剿。

五月八日十九时，奉副长官王辰齐未略电，其要旨如左：

三十四师除留置一部于辽田附近及九宫山之一零一团第一营守备留咀桥、郭源、船埠，并由王副师长指挥一部搜索燕厦以西横石潭附近地区残余潜散奸匪外，该师主力应即移高湖朱及其西北地区界牌、大源口、黄英尖一带，酌配警戒，准备向西南窜之匪截击，协力新十五师之作战。师基于右令，当作如左之处置（如附图第四）〔略〕：

一、一零零团于九日拂晓由现地出发，取道江源、船埠、界牌、大河背向高湖朱集结，酌以一部于小源口担任界牌、竹林警戒。

二、一零二团第三营归还建制，于明（九）日拂晓由现地出发，经界牌、小源口向大源口附近集结，派出一部于东坑岭、黄英尖向北警戒。

三、一零一团除一部集结辽田外，主力担任留咀桥、郭源、船埠之守备，并另派一部搜索燕厦以西及横石潭一带地区残余潜散奸匪。该团受王副师长刚毅指挥。各部遵右指示，于九日十八时先后到达指定地。至燕厦以西及横石潭一带地区搜索于十日完竣，尚无异状。

五月十日，据报：奸匪一部似回窜夏铺、花坟前一带。师遵副长官王辰佳午略电指示：令一零零团以一个营推进宝石河对花坟前、泉港一带严密警戒并搜索该方向匪情，该营于本（十）日十六时到达指定位置。

通崇川南奸匪经本军猛烈追歼后，自齐日起，继续向富河北岸窜去，刻路南已无匪踪。师于十四日遵军辰元巳自觉电：以一零一团住西坑口亘九宫山守备，主力集结辽田、易溪坑地区，各部于十五日先后到达新位置。

战斗后敌我态势：

一、窜通崇川南王震匪部经本军各师追歼后，伤亡甚重，其残部悉向富河北岸窜去。

二、师自击溃王震匪部后，即奉命以一部住西坑口亘九宫山守备，主力集结辽里、易溪坑地区。（如附图第四）〔图略〕

〔国民政府军令部战史会档案〕